Amtliches Einkommensteuer-Handbuch 2022

EStG
EStDV 2000
EStR 2012
Hinweise 2022

Anhänge

Stichwortverzeichnis

Druck: CPI books GmbH, Leck

Vertrieb: Richard Boorberg Verlag GmbH & Co KG
Stuttgart · München · Hannover · Berlin · Weimar · Dresden
ISBN 978-3-415-07343-2

NWB Verlag GmbH & Co. KG, Herne
ISBN 978-3-482-65010-9

Stollfuß Verlag
www.stollfuss.de
ISBN 978-3-08-360022-0

Erich Schmidt Verlag GmbH & Co. KG, Berlin
www.ESV.info
ISBN 978-3-503-20663-6

Amtliches Einkommensteuer-Handbuch

2022

Herausgegeben vom Bundesministerium der Finanzen

Vorwort

zum
Amtlichen Einkommensteuer-Handbuch 2022 (EStH 2022)

Das Einkommensteuer-Handbuch **2022** enthält die für den **VZ 2022** geltenden Vorschriften des **EStG**, der **EStDV** und der **EStR**.

Soweit in den Richtlinien, Hinweisen und im Anhang abgedruckten BMF-Schreiben Aussagen zu Ehegatten und zur Ehe enthalten sind, sind diese auch für **Lebenspartner** und **Lebenspartnerschaften i. S. d. § 1 Abs. 1 LPartG** anzuwenden (§ 2 Abs. 8 EStG).

Die für den **VZ 2022** überarbeiteten **Hinweise** sind von den **obersten Finanzbehörden des Bundes und der Länder** beschlossen worden. Sie machen den Rechtsanwender aufmerksam auf höchstrichterliche Rechtsprechung, BMF-Schreiben und Rechtsquellen außerhalb des Einkommensteuerrechts, die in das Einkommensteuerrecht hineinwirken. Sie enthalten den ausgewählten aktuellen Stand[1]

— der höchstrichterlichen Rechtsprechung und
— der im Bundessteuerblatt veröffentlichten BMF-Schreiben.

Die im Bundessteuerblatt veröffentlichten Urteile und Beschlüsse des BFH sind in gleich gelagerten Fällen anzuwenden, soweit hierzu kein „Nichtanwendungserlass" ergangen ist.

Ausgewählte BMF-Schreiben sind im **Anhang** abgedruckt. Sofern diese Schreiben durch aktuellere Gesetze, Verwaltungsanweisungen oder Rechtsprechung überholt oder bestätigt worden sind, wird darauf in Fußnoten regelmäßig hingewiesen.

Erläuterungen:

— Die **Stichworte** in den Hinweisen sind i. d. R. alphabetisch geordnet.
— Das **Zeichen >** weist auf weitere Informationen hin, die an der angegebenen Stelle nachgelesen werden können.
— *Fett-Kursiv-Druck* kennzeichnet die Änderungen oder Ergänzungen gegenüber der Vorauflage. **Randstriche** weisen auf die Stellen hin, an denen Text weggefallen ist. Davon ausgenommen sind die Inhaltsübersicht, das Abkürzungsverzeichnis, die Tabellarische Übersicht, die Anhänge und das Stichwortverzeichnis.
— Die amtlichen **Aktenplan-Nummern** (z. B. S 2170) der Finanzverwaltung sind am Rand angegeben.
— Soweit in den **Beispielen** die Jahre mit „01" usw. bezeichnet sind, handelt es sich um neutrale Jahresangaben.
— Soweit nicht anders angegeben, beziehen sich die zitierten **Paragraphen** in den **Hinweisen** und **Fußnoten** auf das EStG.
— Die zitierten **Hinweise** und **Anhänge** des **Amtlichen Lohnsteuer-Handbuchs** beziehen sich auf das Jahr dieses EStH, soweit keine Jahreszahl angegeben ist.

---

[1] Redaktionsschluss: 22.02.2023

Vorwort

Empfohlene Zitierweise:

Bei den **Richtlinien** sollte die Nummer der Vorschrift zitiert werden:

Beispiele: R 25 EStR 2012
R 3.44 EStR 2012
R 33a.1 Abs. 2 EStR 2012

Bei den **Hinweisen** sollte die Fundstelle im Bundessteuerblatt oder im EStH zitiert werden:

Beispiele:
Bei Aussagen zum Stichwort
„Zurechnung des Kindergelds": BFH vom 16.03.2004 – BStBl II 2005 S. 594
oder auch: H 31 (Zurechnung des Kindergelds) EStH 2022
Bei Aussagen zum Stichwort
„Schweigepflicht": BFH vom 26.02.2004 – BStBl II S. 502
oder auch: H 4.10 (5-9) Schweigepflicht EStH 2022

Berücksichtigte Vorschriften

Im Amtlichen Einkommensteuer-Handbuch **2022** sind berücksichtigt:

1. das **EStG** in der Fassung der Bekanntmachung vom 08.10.2009 (BGBl. I S. 3366, S. 3862, BStBl I S. 1346) unter Berücksichtigung der Änderungen durch
   - Artikel 1 des Gesetzes zur Beschleunigung des Wirtschaftswachstums (Wachstumsbeschleunigungsgesetz) vom 22.12.2009 (BGBl. I S. 3950, BStBl I 2010 S. 2),
   - Artikel 1 des Gesetzes zur Umsetzung steuerlicher EU-Vorgaben sowie zur Änderung steuerlicher Vorschriften vom 08.04.2010 (BGBl. I S. 386, BStBl I S. 334),
   - Artikel 1 des Jahressteuergesetzes 2010 (JStG 2010) vom 08.12.2010 (BGBl. I S. 1768, BStBl I S. 1394),
   - Artikel 8 des Gesetzes zur Restrukturierung und geordneten Abwicklung von Kreditinstituten, zur Errichtung eines Restrukturierungsfonds für Kreditinstitute und zur Verlängerung der Verjährungsfrist der aktienrechtlichen Organhaftung (Restrukturierungsgesetz) vom 09.12.2010 (BGBl. I S. 1900),
   - Artikel 1 des Gesetzes zur bestätigenden Regelung verschiedener steuerlicher und verkehrsrechtlicher Vorschriften des Haushaltsbegleitgesetzes 2004 vom 05.04.2011 (BGBl. I S. 554, BStBl I S. 310),
   - Artikel 7 des Gesetzes zur Umsetzung der Richtlinie 2009/65/EG zur Koordinierung der Rechts- und Verwaltungsvorschriften betreffend bestimmte Organismen für gemeinsame Anlagen in Wertpapieren (OGAW-IV-Umsetzungsgesetz – OGAW-IV-UmsG) vom 22.06.2011 (BGBl. I S. 1126),
   - Artikel 1 des Steuervereinfachungsgesetzes 2011 vom 01.11.2011 (BGBl. I S. 2131, BStBl I S. 986),
   - Artikel 2 des Gesetzes zur Umsetzung der Beitreibungsrichtlinie sowie zur Änderung steuerlicher Vorschriften (Beitreibungsrichtlinie-Umsetzungsgesetz – BeitrRLUmsG) vom 07.12.2011 (BGBl. I S. 2592, BStBl I S. 1171),
   - Artikel 20 des Gesetzes zur Verbesserung der Eingliederungschancen am Arbeitsmarkt vom 20.12.2011 (BGBl. I S. 2854),
   - Artikel 13 Absatz 4 des Gesetzes zur Neuordnung der Organisation der landwirtschaftlichen Sozialversicherung (LSV-Neuordnungsgesetz – LSV-NOG) vom 12.04.2012 (BGBl. I S. 579),
   - Artikel 3 des Gesetzes zur Änderung des Gemeindefinanzreformgesetzes und von steuerlichen Vorschriften vom 08.05.2012 (BGBl. I S. 1030),
   - Artikel 1 des Gesetzes zum Abbau der kalten Progression vom 20.02.2013 (BGBl. I S. 283, BStBl I S. 186),
   - Artikel 1 des Gesetzes zur Änderung und Vereinfachung der Unternehmensbesteuerung und des steuerlichen Reisekostenrechts vom 20.02.2013 (BGBl. I S. 285, BStBl I S. 188),

Vorwort

- Artikel 2 des Gesetzes zur Stärkung des Ehrenamtes (Ehrenamtsstärkungsgesetz) vom 21.03.2013 (BGBl. I S. 556, BStBl I S. 339),
- Artikel 2 des Gesetzes zur Fortentwicklung des Meldewesens (MeldFortG) vom 03.05.2013 (BGBl. I S. 1084),
- Artikel 1 des Gesetzes zur Verbesserung der steuerlichen Förderung der privaten Altersvorsorge (Altersvorsorge-Verbesserungsgesetz – AltvVerbG) vom 24.06.2013 (BGBl. I S. 1667, BStBl I S. 790),
- Artikel 2 des Gesetzes zur Umsetzung der Amtshilferichtlinie sowie zur Änderung steuerlicher Vorschriften (Amtshilferichtlinie-Umsetzungsgesetz – AmtshilfeRLUmsG) vom 26.06.2013 (BGBl. I S. 1809, BStBl I S. 802),
- Artikel 1 des Gesetzes zur Änderung des Einkommensteuergesetzes in Umsetzung der Entscheidung des Bundesverfassungsgerichtes vom 7. Mai 2013 vom 15.07.2013 (BGBl. I S. 2397, BStBl I S. 898),
- Artikel 11 des Gesetzes zur Anpassung des Investmentsteuergesetzes und anderer Gesetze an das AIFM-Umsetzungsgesetz (AIFM-Steuer-Anpassungsgesetz – AIFM-StAnpG) vom 18.12.2013 (BGBl. I S. 4318, BStBl I 2014 S. 2),
- Artikel 1 des Gesetzes zur Anpassung steuerlicher Regelungen an die Rechtsprechung des Bundesverfassungsgerichts vom 18.07.2014 (BGBl. I S. 1042, BStBl I S. 1062),
- Artikel 1 bis 3 des Gesetzes zur Anpassung des nationalen Steuerrechts an den Beitritt Kroatiens zur EU und zur Änderung weiterer steuerlicher Vorschriften vom 25.07.2014 (BGBl. I S. 1266, BStBl I S. 1126),
- Artikel 3 des Gesetzes zur Änderung des Freizügigkeitsgesetzes/EU und weiterer Vorschriften vom 02.12.2014 (BGBl. I S. 1922, BStBl I 2015 S. 54),
- Artikel 4 und 5 des Gesetzes zur Anpassung der Abgabenordnung an den Zollkodex der Union und zur Änderung weiterer steuerlicher Vorschriften vom 22.12.2014 (BGBl. I S. 2417, BStBl I 2015 S. 58),
- Artikel 2 Absatz 7 des Gesetzes zur Modernisierung der Finanzaufsicht über Versicherungen vom 01.04.2015 (BGBl. I S. 434), geändert durch Artikel 13 des Steueränderungsgesetzes 2015 vom 02.11.2015 (BGBl. I S. 1834, BStBl I S. 846),
- Artikel 3 Absatz 11 des Gesetzes zur Neuregelung der Unterhaltssicherung sowie zur Änderung soldatenrechtlicher Vorschriften vom 29.06.2015 (BGBl. I S. 1061),
- Artikel 1 und 2 des Gesetzes zur Anhebung des Grundfreibetrags, des Kinderfreibetrags, des Kindergeldes und des Kinderzuschlags vom 16.07.2015 (BGBl. I S. 1202, BStBl I S. 566),
- Artikel 5 des Gesetzes zur Entlastung insbesondere der mittelständischen Wirtschaft von Bürokratie (Bürokratieentlastungsgesetz) vom 28.07.2015 (BGBl. I S. 1400),

Vorwort

- Artikel 234 der Zehnten Zuständigkeitsanpassungsverordnung vom 31.08.2015 (BGBl. I S. 1474),
- Artikel 1 bis 3 des Steueränderungsgesetzes 2015 vom 02.11.2015 (BGBl. I S. 1834, BStBl I S. 846),
- Artikel 2 des Gesetzes zur Umsetzung der EU-Mobilitäts-Richtlinie vom 21.12.2015 (BGBl. I S. 2553),
- Artikel 1 des Gesetzes zur Änderung des Einkommensteuergesetzes zur Erhöhung des Lohnsteuereinbehalts in der Seeschifffahrt vom 24.02.2016 (BGBl. I S. 310, BStBl I S. 502),
Bekanntmachung über das Inkrafttreten des Gesetzes zur Änderung des Einkommensteuergesetzes zur Erhöhung des Lohnsteuereinbehalts in der Seeschifffahrt vom 18.05.2016 (BGBl. I S. 1248, BStBl I S. 503),
- Artikel 123 Abs. 6 des Zweiten Gesetzes über die weitere Bereinigung von Bundesrecht vom 08.07.2016 (BGBl. I S. 1594),
- Artikel 4 des Gesetzes zur Modernisierung des Besteuerungsverfahrens vom 18.07.2016 (BGBl. I S. 1679, BStBl I S. 694),
- Artikel 3 des Gesetzes zur Reform der Investmentbesteuerung (Investmentsteuerreformgesetz – InvStRefG) vom 19.07.2016 (BGBl. I S. 1730, BStBl I S. 731),
- Artikel 7 des Gesetzes zur Neuregelung des Kulturgutschutzrechts vom 31.07.2016 (BGBl. I S. 1914),
- Artikel 2 des Gesetzes zur steuerlichen Förderung von Elektromobilität im Straßenverkehr vom 07.11.2016 (BGBl. I S. 2498, BStBl I S. 1211),
- Artikel 1 bis 3 des Gesetzes zur Beendigung der Sonderzuständigkeit der Familienkassen des öffentlichen Dienstes im Bereich des Bundes vom 08.12.2016 (BGBl. I S. 2835, BStBl I S. 1419),
- Artikel 7 bis 9 des Gesetzes zur Umsetzung der Änderungen der EU-Amtshilferichtlinie und von weiteren Maßnahmen gegen Gewinnkürzungen und -verlagerungen vom 20.12.2016 (BGBl. I S. 3000, BStBl I 2017 S. 5),
- Artikel 9 des Dritten Gesetzes zur Stärkung der pflegerischen Versorgung und zur Änderung weiterer Vorschriften (Drittes Pflegestärkungsgesetz – PSG III) vom 23.12.2016 (BGBl. I S. 3191),
- Artikel 6, 7 und 9 des Gesetzes zur Bekämpfung der Steuerumgehung und zur Änderung weiterer steuerlicher Vorschriften (Steuerumgehungsbekämpfungsgesetz – StUmgBG) vom 23.06.2017 (BGBl. I S. 1682, BStBl I S. 865),
- Artikel 1 und 2 des Gesetzes gegen schädliche Steuerpraktiken im Zusammenhang mit Rechteüberlassungen vom 27.06.2017 (BGBl. I S. 2074, BStBl I S. 1202),
- Artikel 4 des Zweiten Gesetzes zur Entlastung insbesondere der mittelständischen Wirtschaft von Bürokratie (Zweites Bürokratieentlastungsgesetz) vom 30.06.2017 (BGBl. I S. 2143, BStBl I S. 890),

Vorwort

- Artikel 2 des Gesetzes zur strafrechtlichen Rehabilitierung der nach dem 8. Mai 1945 wegen einvernehmlicher homosexueller Handlungen verurteilten Personen und zur Änderung des Einkommensteuergesetzes vom 17.07.2017 (BGBl. I S. 2443, BStBl I S. 1246),
- Artikel 3 des Gesetzes zum Ausschluss verfassungsfeindlicher Parteien von der Parteienfinanzierung vom 18.07.2017 (BGBl. I S. 2730, BStBl I S. 1218),
- Artikel 9 des Gesetzes zur Stärkung der betrieblichen Altersversorgung und zur Änderung anderer Gesetze (Betriebsrentenstärkungsgesetz) vom 17.08.2017 (BGBl. I S. 3214, BStBl I S. 1278),
- Artikel 1 bis 3 des Gesetzes zur steuerlichen Entlastung der Familien sowie zur Anpassung weiterer steuerlicher Regelungen (Familienentlastungsgesetz – FamEntlastG) vom 29.11.2018 (BGBl. I S. 2210, BStBl I S. 1374),
- Artikel 1 bis 3 und Artikel 19 des Gesetzes zur Vermeidung von Umsatzsteuerausfällen beim Handel mit Waren im Internet und zur Änderung weiterer steuerlicher Vorschriften vom 11.12.2018 (BGBl. I S. 2338, BStBl I S. 1377),
- Artikel 6 Abs. 2 des Gesetzes zur Umsetzung der Richtlinie (EU) 2016/2341 des Europäischen Parlaments und des Rates vom 14. Dezember 2016 über die Tätigkeiten und die Beaufsichtigung von Einrichtungen der betrieblichen Altersversorgung (EbAV) (Neufassung) vom 19.12.2018 (BGBl. I S. 2672),
- Artikel 1 des Gesetzes über steuerliche und weitere Begleitregelungen zum Austritt des Vereinigten Königreichs Großbritannien und Nordirland aus der Europäischen Union (Brexit-Steuerbegleitgesetz – Brexit-StBG) vom 25.03.2019 (BGBl. I S. 357, BStBl I S. 223),
- Artikel 9 des Gesetzes gegen illegale Beschäftigung und Sozialleistungsmissbrauch vom 11.07.2019 (BGBl. I S. 1066, BStBl I S. 814),
- Artikel 1 des Gesetzes zur steuerlichen Förderung des Mietwohnungsneubaus vom 04.08.2019 (BGBl. I S. 1122, BStBl I S. 1306),
- Artikel 74 des Zweiten Datenschutz-Anpassungs- und Umsetzungsgesetzes EU (2. DSAnpUG-EU) vom 20.11.2019 (BGBl. I S. 1626, BStBl I S. 1308),
- Artikel 6 des Dritten Gesetzes zur Entlastung insbesondere der mittelständischen Wirtschaft von Bürokratie (Drittes Bürokratieentlastungsgesetz) vom 22.11.2019 (BGBl. I S. 1746, BStBl I S. 1313)
- Artikel 1 bis 4 des Gesetzes zur weiteren steuerlichen Förderung der Elektromobilität und zur Änderung weiterer steuerlicher Vorschriften vom 12.12.2019 (BGBl. I S. 2451, BStBl I 2020 S. 17),
- Artikel 2 des Gesetzes zur steuerlichen Förderung von Forschung und Entwicklung vom 14.12.2019 (BGBl. I S. 2763, BStBl I S. 122),

Vorwort

- Artikel 5 des Gesetzes zur Einführung einer Pflicht zur Mitteilung grenzüberschreitender Steuergestaltungen vom 21.12.2019 (BGBl. I S. 2875, BStBl I S. 127),
- Artikel 1 und 2 des Gesetzes zur Umsetzung des Klimaschutzprogramms 2030 im Steuerrecht vom 21.12.2019 (BGBl. I S. 2886, BStBl I S. 138),
- Artikel 197 der Elften Zuständigkeitsanpassungsverordnung vom 19.06.2020 (BGBl. I S. 1328, BStBl I S. 553),
- Artikel 2 des Gesetzes zur Umsetzung steuerlicher Hilfsmaßnahmen zur Bewältigung der Corona-Krise (Corona-Steuerhilfegesetz) vom 19.06.2020 (BGBl. I S. 1385, BStBl I S. 550),
- Artikel 1 und 2 des Zweiten Gesetzes zur Umsetzung steuerlicher Hilfsmaßnahmen zur Bewältigung der Corona-Krise (Zweites Corona-Steuerhilfegesetz) vom 29.06.2020 (BGBl. I S. 1512, BStBl I S. 563),
- Artikel 3 des Gesetzes zur Reduzierung und zur Beendigung der Kohleverstromung und zur Änderung weiterer Gesetze (Kohleausstiegsgesetz) vom 08.08.2020 (BGBl. I S. 1818, BStBl I 2021 S. 3),
- Artikel 6 des Gesetzes zur Einführung der Grundrente für langjährige Versicherung in der gesetzlichen Rentenversicherung mit unterdurchschnittlichem Einkommen und für weitere Maßnahmen zur Erhöhung der Alterseinkommen (Grundrentengesetz) vom 12.08.2020 (BGBl. I S. 1879, BStBl I 2021 S. 4),
- Artikel 1 und 2 des Zweiten Gesetzes zur steuerlichen Entlastung von Familien sowie zur Anpassung weiterer steuerlicher Regelungen (Zweites Familienentlastungsgesetz – 2. FamEntlastG) vom 01.12.2020 (BGBl. I S. 2616, BStBl I S. 1347),
- Artikel 4 des Gesetzes zur Digitalisierung von Verwaltungsverfahren bei der Gewährung von Familienleistungen vom 03.12.2020 (BGBl. I S. 2668, BStBl I S. 1350),
- Artikel 1 des Gesetzes zur Erhöhung der Behinderten-Pauschbeträge und zur Anpassung weiterer steuerlicher Regelungen vom 09.12.2020 (BGBl. I S. 2770, BStBl I S. 1355),
- Artikel 1bis 3 des Jahressteuergesetzes 2020 (JStG 2020) vom 21.12.2020 (BGBl. I S. 3096, BStBl I 2021 S. 6),
- Artikel 9 des Gesetzes zur Verbesserung der Transparenz in der Alterssicherung und der Rehabilitation sowie zur Modernisierung der Sozialversicherungswahlen und zur Änderung anderer Gesetze (Gesetz Digitale Rentenübersicht) vom 11.02.2021 (BGBl. I S. 154),
- Artikel 1 und 2 des Dritten Gesetzes zur Umsetzung steuerlicher Hilfsmaßnahmen zur Bewältigung der Corona-Krise (Drittes Corona-Steuerhilfegesetz) vom 10.03.2021 (BGBl. I S. 330, BStBl I S. 335),

Vorwort

- Artikel 1 des Gesetzes zur Verlängerung des erhöhten Lohnsteuereinbehalts in der Seeschifffahrt vom 12.05.2021 (BGBl. I S. 989, BStBl I S. 853), Bekanntmachung über die Anwendung des Gesetzes zur Verlängerung des erhöhten Lohnsteuereinbehalts in der Seeschifffahrt vom 29.06.2021 (BGBl. I S. 2247, BStBl I S. 854),
- Artikel 7 Abs. 7 des Gesetzes zur Umsetzung der Richtlinie (EU) 2019/2034 über die Beaufsichtigung von Wertpapierinstituten vom 12.05.2021 (BGBl. I S. 990, BStBl I S. 935),
- Artikel 1 und 12 des Gesetzes zur Modernisierung der Entlastung von Abzugsteuern und der Bescheinigung der Kapitalertragsteuer (Abzugsteuerentlastungsmodernisierungsgesetz – AbzStEntModG) vom 02.06.2021 (BGBl. I S. 1259, BStBl I S. 787),
- Artikel 3 des Gesetzes zur Stärkung des Fondsstandorts Deutschland und zur Umsetzung der Richtlinie (EU) 2019/1160 zur Änderung der Richtlinien 2009/65/EG und 2011/61/EU im Hinblick auf den grenzüberschreitenden Vertrieb von Organismen für gemeinsame Anlagen (Fondsstandortgesetz – FoStoG) vom 03.06.2021 (BGBl. I S. 1497, BStBl I S. 803),
- Artikel 1 des Gesetzes zur Umsetzung der Anti-Steuervermeidungsrichtlinie (ATAD-Umsetzungsgesetz – ATADUmsG) vom 25.06.2021 (BGBl. I S. 2035, BStBl I S. 874),
- Artikel 5 des Gesetzes zur Modernisierung des Körperschaftsteuerrechts vom 25.06.2021 (BGBl. I S. 2050, BStBl I S. 889),
- Artikel 2 des Gesetzes zur Abwehr von Steuervermeidung und unfairem Steuerwettbewerb und zur Änderung weiterer Gesetze vom 25.06.2021 (BGBl. I S. 2056, BStBl I S. 895),
- Artikel 2 des Gesetzes zur Rehabilitierung der wegen einvernehmlicher homosexueller Handlungen, wegen ihrer homosexuellen Orientierung oder wegen ihrer geschlechtlichen Identität dienstrechtlich benachteiligten Soldatinnen und Soldaten vom 16.07.2021 (BGBl. I S. 2993),
- Artikel 1 und 2 des Steuerentlastungsgesetzes 2022 vom 23.05.2022 (BGBl. I S. 749, BStBl I S. 662),
- Artikel 11 des Gesetzes zur Regelung eines Sofortzuschlages und einer Einmalzahlung in den sozialen Mindestsicherungssystemen sowie zur Änderung des Finanzausgleichsgesetzes und weiterer Gesetze vom 23.05.2022 (BGBl. I S. 760),
- Artikel 1 bis 3 des Vierten Gesetzes zur Umsetzung steuerlicher Hilfsmaßnahmen zur Bewältigung der Corona-Krise (Viertes Corona-Steuerhilfegesetz) vom 19.06.2022 (BGBl. I S. 911, BStBl I S. 931),
- Artikel 2 des Gesetzes zur temporären Senkung des Umsatzsteuersatzes auf Gaslieferungen über das Erdgasnetz vom 19.10.2022 (BGBl. I S. 1743, BStBl I S. 1435),
- Artikel 1 des Gesetzes zum Ausgleich der Inflation durch einen fairen Einkommensteuertarif sowie zur Anpassung weiterer steuerlicher Regelungen (Inflationsausgleichsgesetzes – InflAusG) vom 08.12.2022 (BGBl. I S. 2230, BStBl I 2023 S. 3),

Vorwort

- Artikel 1 bis 3 des Jahressteuergesetzes 2022 (JStG 2022) vom 16.12.2022 (BGBl. I S. 2294, BStBl I 2023 S. 7).

2. die **EStDV 2000** in der Fassung der Bekanntmachung vom 10.05.2000 (BGBl. I S. 717, BStBl I S. 595)
   unter Berücksichtigung der Änderungen durch
   - Artikel 7 des Gesetzes zur weiteren steuerlichen Förderung von Stiftungen vom 14.07.2000 (BGBl. I S. 1034, BStBl I S. 1192),
   - Artikel 2 des Gesetzes zur Senkung der Steuersätze und zur Reform der Unternehmensbesteuerung (Steuersenkungsgesetz – StSenkG) vom 23.10.2000 (BGBl. I S. 1433, BStBl I S. 1428),
   - Artikel 2 des Gesetzes zur Umrechnung und Glättung steuerlicher Euro-Beträge (Steuer-Euroglättungsgesetz – StEuglG) vom 19.12.2000 (BGBl. I S. 1790, BStBl I 2001 S. 3),
   - Artikel 30 des Sozialgesetzbuches – Neuntes Buch – (SGB IX) Rehabilitation und Teilhabe behinderter Menschen vom 19.06.2001 (BGBl. I S. 1046, BStBl I S. 48),
   - Artikel 322 der Siebenten Zuständigkeitsanpassungs-Verordnung vom 29.10.2001 (BGBl. I S. 2785),
   - Artikel 2 und 23 des Gesetzes zur Änderung steuerrechtlicher Vorschriften (Steueränderungsgesetz 2001 – StÄndG 2001) vom 20.12.2001 (BGBl. I S. 3794, BStBl I 2002 S. 4),
   - Artikel 2 des Gesetzes zur Änderung steuerrechtlicher Vorschriften und zur Errichtung eines Fonds "Aufbauhilfe" (Flutopfersolidaritätsgesetz) vom 19.09.2002 (BGBl. I S. 3651, BStBl I S. 865),
   - Artikel 2 des Gesetzes zur Förderung von Kleinunternehmern und zur Verbesserung der Unternehmensfinanzierung (Kleinunternehmerförderungsgesetz) vom 31.07.2003 (BGBl. I S. 1550, BStBl I S. 398),
   - Artikel 270 der Achten Zuständigkeitsanpassungsverordnung vom 25.11.2003 (BGBl. I S. 2304),
   - Artikel 2 des Gesetzes zur Umsetzung der Protokollerklärung der Bundesregierung zur Vermittlungsempfehlung zum Steuervergünstigungsabbaugesetz vom 22.12.2003 (BGBl. I S. 2840, BStBl I 2004 S. 14),
   - Artikel 49 des Gesetzes zur Einordnung des Sozialhilferechts in das Sozialgesetzbuch vom 27.12.2003 (BGBl. I S. 3022, BStBl I 2004 S. 118),
   - Artikel 10 des Haushaltsbegleitgesetzes (HBeglG 2004) vom 29.12.2003 (BGBl. I S. 3076, BStBl I 2004 S. 120),
   - Artikel 2 Abs. 18 des Gesetzes zur Reform des Geschmacksmusterrechts (Geschmacksmusterreformgesetz) vom 12.03.2004 (BGBl. I S. 390),
   - Artikel 2 des Gesetzes zur Neuordnung der einkommensteuerrechtlichen Behandlung von Altersvorsorgeaufwendungen und Altersbezügen

(Alterseinkünftegesetz – AltEinkG) vom 05.07.2004
  (BGBl. I S. 1427, BStBl I S. 554 und S. 740),
- Artikel 2 des Gesetzes zur Umsetzung von EU-Richtlinien in
  nationales Steuerrecht und zur Änderung weiterer Vorschriften
  (Richtlinien-Umsetzungsgesetz – EURLUmsG) vom 09.12.2004
  (BGBl. I S. 3310, Berichtigung vom 27.12.2004, BGBl. I S. 3843,
  BStBl I S. 1158),
- Dreiundzwanzigste Verordnung zur Änderung der Einkommensteuer-
  Durchführungsverordnung vom 29.12.2004
  (BGBl. I S. 3884, BStBl I 2005 S. 369),
- Artikel 372 der Neunten Zuständigkeitsanpassungsverordnung vom 31.10.2006
  (BGBl. I S. 2407),
- Artikel 2 des Gesetzes über steuerliche Begleitmaßnahmen zur Einführung
  der Europäischen Gesellschaft und zur Änderung weiterer steuerrechtlicher
  Vorschriften (SEStEG) vom 07.12.2006
  (BGBl. I S. 2782, Berichtigung vom 24.01.2007, BGBl. I S. 68,
  BStBl I 2007 S. 4),
- Artikel 2 des Gesetzes zur weiteren Stärkung bürgerschaftlichen Engagements
  vom 10.10.2007 (BGBl. I S. 2332, BStBl I S. 815),
- Artikel 1a des Jahressteuergesetzes 2008 (JStG 2008) vom 20.12.2007
  (BGBl. I S. 3150, BStBl I 2008 S. 218),
- Artikel 2 des Jahressteuergesetzes 2009 (JStG 2009) vom 19.12.2008
  (BGBl. I S. 2794, BStBl I 2009 S. 74),
- Artikel 2 des Gesetzes zur Modernisierung und Entbürokratisierung des
  Steuerverfahrens (Steuerbürokratieabbaugesetz) vom 20.12.2008
  (BGBl. I S. 2850, BStBl I 2009 S. 124),
- Artikel 2 des Gesetzes zur Sicherung von Beschäftigung und Stabilität in
  Deutschland vom 02.03.2009 (BGBl. I S. 416),
- Artikel 9 des Begleitgesetzes zur zweiten Förderalismusreform vom 10.08.2009
  (BGBl. I S.2702, BStBl I S. 866),
- Artikel 1 der Verordnung zur Änderung steuerlicher Verordnungen
  vom 17.11.2010 (BGBl. I S.1544, BStBl I S. 1282),
- Artikel 63 des Gesetzes über die weitere Bereinigung von Bundesrecht
  vom 08.12.2010 (BGBl. I S. 1864),
- Artikel 2 des Steuervereinfachungsgesetzes 2011 vom 01.11.2011
  (BGBl. I S. 2131, BStBl I S. 986),
- Artikel 2 der Verordnung zum Erlass und zur Änderung steuerlicher
  Verordnungen vom 11.12.2012 (BGBl. I S. 2637, BStBl I 2013 S. 2),
- Artikel 3 des Gesetzes zur Stärkung des Ehrenamtes
  (Ehrenamtsstärkungsgesetz) vom 21.03.2013
  (BGBl. I S. 556, BStBl I S. 339),
- Artikel 2 der Verordnung zur Übertragung der Zuständigkeit für das
  Steuerabzugs- und Veranlagungsverfahren nach den §§ 50 und 50a
  des Einkommensteuergesetzes auf das Bundeszentralamt für Steuern

Vorwort

- und zur Regelung verschiedener Anwendungszeitpunkte und weiterer Vorschriften vom 24.06.2013 (BGBl. I S. 1679),
- Artikel 2 des Gesetzes zur Anpassung steuerlicher Regelungen an die Rechtsprechung des Bundesverfassungsgerichts vom 18.07.2014 (BGBl. I S. 1042, BStBl I S. 1062),
- Artikel 24 des Gesetzes zur Anpassung des nationalen Steuerrechts an den Beitritt Kroatiens zur EU und zur Änderung weiterer steuerlicher Vorschriften vom 25.07.2014 (BGBl. I S. 1266, BStBl I S. 1126),
- Artikel 3 der Verordnung zur Änderung steuerlicher Verordnungen und weiterer Vorschriften vom 22.12.2014 (BGBl. I S. 2392, BStBl I 2015 S. 72),
- Artikel 235 der Zehnten Zuständigkeitsanpassungsverordnung vom 31.08.2015 (BGBl. I S. 1474),
- Artikel 5 des Gesetzes zur Modernisierung des Besteuerungsverfahrens vom 18.07.2016 (BGBl. I S. 1679, BStBl I S. 694),
- Artikel 1 der Dritten Verordnung zur Änderung steuerlicher Verordnungen vom 18.07.2016 (BGBl. I S. 1722, BStBl I S. 725),
- Artikel 19 Abs. 14 des Gesetzes zur Stärkung der Teilhabe und Selbstbestimmung von Menschen mit Behinderungen (Bundesteilhabegesetz – BTHG) vom 23.12.2016 (BGBl. I S. 3234),
- Artikel 8 der Vierten Verordnung zur Änderung steuerlicher Verordnungen vom 12.07.2017 (BGBl. I S. 2360, BStBl I S. 892),
- Artikel 4 des Gesetzes zum Ausschluss verfassungsfeindlicher Parteien von der Parteienfinanzierung vom 18.07.2017 (BGBl. I S. 2730, BStBl I S. 1218),
- Artikel 1 der Fünften Verordnung zur Änderung steuerlicher Verordnungen vom 25.06.2020 (BGBl. I S. 1495, BStBl I S. 555),
- Artikel 2 des Gesetzes zur Erhöhung der Behinderten-Pauschbeträge und zur Anpassung weiterer steuerlicher Regelungen vom 09.12.2020 (BGBl. I S. 2770, BStBl I S. 1355),
- Artikel 6 des Jahressteuergesetzes 2020 (JStG 2020) vom 21.12.2020 (BGBl. I S. 3096, BStBl I 2021 S. 6),
- Artikel 10 des Gesetzes zur Modernisierung der Entlastung von Abzugsteuern und der Bescheinigung der Kapitalertragsteuer (Abzugsteuerentlastungsmodernisierungsgesetz – AbzStEntModG) vom 02.06.2021 (BGBl. I S. 1259, BStBl I S. 787).

3. die **EStR 2005** vom 16.12.2005 (BStBl I 2005 Sondernummer 1/2005), geändert durch die **EStÄR 2008** vom 18.12.2008 (BStBl I S. 1017) und durch die **EStÄR 2012** vom 25.03.2013 (BStBl I S. 276).

Im Amtlichen Einkommensteuer-Handbuch **2022** wird der für den **VZ 2022** geltende Rechtsstand wiedergegeben.

Inhaltsverzeichnis

Abkürzungsverzeichnis

Tabellarische Übersicht

A. Einkommensteuergesetz, Einkommensteuer-Durchführungsverordnung, Einkommensteuer-Richtlinien, Hinweise

Einführung

- I. **Steuerpflicht**

§ 1	**Steuerpflicht**
§ 1 EStDV	Anwendung auf Ehegatten und Lebenspartner
R 1.	Steuerpflicht
§ 1a	

- II. **Einkommen**
  1. **Sachliche Voraussetzungen für die Besteuerung**

§ 2	**Umfang der Besteuerung, Begriffsbestimmungen**
R 2.	Umfang der Besteuerung
§ 2a	**Negative Einkünfte mit Bezug zu Drittstaaten**
R 2a.	Negative ausländische Einkünfte

  2. **Steuerfreie Einnahmen**

§ 3	
§ 4 EStDV	Steuerfreie Einnahmen
R 3.0	Steuerbefreiungen nach anderen Gesetzen, Verordnungen und Verträgen
R 3.2	(zu § 3 Nr. 2)
R 3.26a	(zu § 3 Nr. 26a)
R 3.29	(zu § 3 Nr. 29)
R 3.40	(zu § 3 Nr. 40 – Teileinkünfteverfahren)
R 3.44	(zu § 3 Nr. 44)
§ 3a	**Sanierungserträge**
§ 3b	**Steuerfreiheit von Zuschlägen für Sonntags-, Feiertags- oder Nachtarbeit**
§ 3c	**Anteilige Abzüge**

  3. **Gewinn**

§ 4	**Gewinnbegriff im Allgemeinen**
§ 6 EStDV	Eröffnung, Erwerb, Aufgabe und Veräußerung eines Betriebs
§ 7 EStDV	(weggefallen)
§ 8 EStDV	Eigenbetrieblich genutzte Grundstücke von untergeordnetem Wert
§ 8a EStDV	(weggefallen)
R 4.1	Betriebsvermögensvergleich

XVII

R 4.2	Betriebsvermögen
R 4.3	Einlagen und Entnahmen
R 4.4	Bilanzberichtigung und Bilanzänderung
R 4.5	Einnahmenüberschussrechnung
R 4.6	Wechsel der Gewinnermittlungsart
R 4.7	Betriebseinnahmen und -ausgaben
R 4.8	Rechtsverhältnisse zwischen Angehörigen
R 4.9	Abziehbare Steuern
R 4.10	Geschenke, Bewirtung, andere die Lebensführung berührende Betriebsausgaben
R 4.11	Besondere Aufzeichnung
R 4.12	Entfernungspauschale, nicht abziehbare Fahrtkosten, Reisekosten und Mehraufwendungen bei doppelter Haushaltsführung
R 4.13	Abzugsverbot für Sanktionen
R 4.14	Abzugsverbot für Zuwendungen i. S. d. § 4 Abs. 5 Satz 1 Nr. 10 EStG
§ 4a	**Gewinnermittlungszeitraum, Wirtschaftsjahr**
§ 8b EStDV	Wirtschaftsjahr
§ 8c EStDV	Wirtschaftsjahr bei Land- und Forstwirten
R 4a.	Gewinnermittlung bei einem vom Kalenderjahr abweichenden Wirtschaftsjahr
§ 4b	**Direktversicherung**
R 4b.	Direktversicherung
§ 4c	**Zuwendungen an Pensionskassen**
R 4c.	Zuwendungen an Pensionskassen
§ 4d	**Zuwendungen an Unterstützungskassen**
	Anlage 1 (zu § 4d Absatz 1)
R 4d.	Zuwendungen an Unterstützungskassen
§ 4e	**Beiträge an Pensionsfonds**
§ 4f	**Verpflichtungsübernahmen, Schuldbeitritte und Erfüllungsübernahmen**
§ 4g	**Bildung eines Ausgleichspostens bei Entnahme nach § 4 Absatz 1 Satz 3**
§ 4h	**Betriebsausgabenabzug für Zinsaufwendungen (Zinsschranke)**
§ 4i	**Sonderbetriebsausgabenabzug bei Vorgängen mit Auslandsbezug**
§ 4j	**Aufwendungen für Rechteüberlassungen**
§ 4k	**Betriebsausgabenabzug bei Besteuerungsinkongruenzen**
§ 5	**Gewinn bei Kaufleuten und bei bestimmten anderen Gewerbetreibenden**
R 5.1	Allgemeines zum Betriebsvermögensvergleich nach § 5 EStG

Inhaltsverzeichnis

R 5.2	Ordnungsmäßige Buchführung
R 5.3	Bestandsaufnahme des Vorratsvermögens
R 5.4	Bestandsmäßige Erfassung des beweglichen Anlagevermögens
R 5.5	Immaterielle Wirtschaftsgüter
R 5.6	Rechnungsabgrenzungen
R 5.7	Rückstellungen
§ 5a	**Gewinnermittlung bei Handelsschiffen im internationalen Verkehr**
§ 5b	**Elektronische Übermittlung von Bilanzen sowie Gewinn- und Verlustrechnungen**
§ 6	**Bewertung**
§ 7 EStDV	(weggefallen)
§ 8 EStDV	(zu § 4 EStG abgedruckt)
§ 8a EStDV	(weggefallen)
§§ 8b bis 8c EStDV	(zu § 4a EStG abgedruckt)
§ 9a EStDV	(zu § 6b EStG abgedruckt)
§§ 10 bis 11d EStDV	(zu § 7 EStG abgedruckt)
R 6.1	Anlagevermögen und Umlaufvermögen
R 6.2	Anschaffungskosten
R 6.3	Herstellungskosten
R 6.4	Aufwendungen im Zusammenhang mit einem Grundstück
R 6.5	Zuschüsse für Anlagegüter
R 6.6	Übertragung stiller Reserven bei Ersatzbeschaffung
R 6.7	Teilwert
R 6.8	Bewertung des Vorratsvermögens
R 6.9	Bewertung nach unterstellten Verbrauchs- und Veräußerungsfolgen
R 6.10	Bewertung von Verbindlichkeiten
R 6.11	Bewertung von Rückstellungen
R 6.12	Bewertung von Entnahmen und Einlagen
R 6.13	Bewertungsfreiheit für geringwertige Wirtschaftsgüter und Bildung eines Sammelpostens
R 6.14	Unentgeltliche Übertragung von Betrieben, Teilbetrieben und Mitunternehmeranteilen
R 6.15	Überführung und Übertragung von Einzelwirtschaftsgütern
§ 6a	**Pensionsrückstellung**
R 6a.	Rückstellungen für Pensionsverpflichtungen
§ 6b	**Übertragung stiller Reserven bei der Veräußerung bestimmter Anlagegüter**
§ 9a EStDV	Anschaffung, Herstellung

R 6b.1	Ermittlung des Gewinns aus der Veräußerung bestimmter Anlagegüter i. S. d. § 6b EStG
R 6b.2	Übertragung aufgedeckter stiller Reserven und Rücklagenbildung nach § 6b EStG
R 6b.3	Sechs-Jahres-Frist i. S. d. § 6b Abs. 4 Satz 1 Nr. 2 EStG
§ 6c	**Übertragung stiller Reserven bei der Veräußerung bestimmter Anlagegüter bei der Ermittlung des Gewinns nach § 4 Absatz 3 EStG oder nach Durchschnittssätzen**
R 6c.	Übertragung stiller Reserven bei der Veräußerung bestimmter Anlagegüter bei der Ermittlung des Gewinns nach § 4 Abs. 3 EStG oder nach Durchschnittssätzen
§ 6d	**Euroumrechnungsrücklage** – nicht abgedruckt –
§ 6e	**Fondsetablierungskosten als Anschaffungskosten**
§ 7	**Absetzung für Abnutzung oder Substanzverringerung**
§ 10 EStDV	Absetzung für Abnutzung im Fall des § 4 Abs. 3 des Gesetzes
§§ 10a bis 11b EStDV	(weggefallen)
§ 11c EStDV	Absetzung für Abnutzung bei Gebäuden
§ 11d EStDV	Absetzung für Abnutzung oder Substanzverringerung bei nicht zu einem Betriebsvermögen gehörenden Wirtschaftsgütern, die der Steuerpflichtige unentgeltlich erworben hat
§ 15 EStDV	Erhöhte Absetzungen für Einfamilienhäuser, Zweifamilienhäuser und Eigentumswohnungen
R 7.1	Abnutzbare Wirtschaftsgüter
R 7.2	Wirtschaftsgebäude, Mietwohnneubauten und andere Gebäude
R 7.3	Bemessungsgrundlage für die AfA
R 7.4	Höhe der AfA
R 7.5	Absetzung für Substanzverringerung
§ 7a	**Gemeinsame Vorschriften für erhöhte Absetzungen und Sonderabschreibungen**
R 7a.	Gemeinsame Vorschriften für erhöhte Absetzungen und Sonderabschreibungen
§ 7b	**Sonderabschreibung für Mietwohnungsneubau**
§§ 7c bis 7f	**(weggefallen)**
§ 7g	**Investitionsabzugsbeträge und Sonderabschreibungen zur Förderung kleiner und mittlerer Betriebe**
§ 7h	**Erhöhte Absetzungen bei Gebäuden in Sanierungsgebieten und städtebaulichen Entwicklungsbereichen**
R 7h.	Erhöhte Absetzungen nach § 7h EStG von Aufwendungen für bestimmte Maßnahmen an Gebäuden in Sanierungsgebieten und städtebaulichen Entwicklungsbereichen

Inhaltsverzeichnis

§ 7i | **Erhöhte Absetzungen bei Baudenkmalen**
R 7i. | Erhöhte Absetzungen nach § 7i EStG von Aufwendungen für bestimmte Baumaßnahmen an Baudenkmalen

4. Überschuss der Einnahmen über die Werbungskosten

§ 8 | **Einnahmen**
§ 9 | **Werbungskosten**
§ 9a | **Pauschbeträge für Werbungskosten**
R 9a. | Pauschbeträge für Werbungskosten

4a. Umsatzsteuerrechtlicher Vorsteuerabzug

§ 9b
R 9b. | Auswirkungen der Umsatzsteuer auf die Einkommensteuer

5. Sonderausgaben

§ 10
§ 29 EStDV | Anzeigepflichten bei Versicherungsverträgen
§ 30 EStDV | Nachversteuerung bei Versicherungsverträgen
§§ 31 bis 44 EStDV | (weggefallen)
R 10.1 | Sonderausgaben (Allgemeines)
R 10.2 | Unterhaltsleistungen an den geschiedenen oder dauernd getrennt lebenden Ehegatten
R 10.3 | Versorgungsleistungen
R 10.3a | Versorgungsausgleich
R 10.4 | Vorsorgeaufwendungen (Allgemeines)
R 10.5 | Versicherungsbeiträge
R 10.6 | Nachversteuerung von Versicherungsbeiträgen
R 10.7 | Kirchensteuern und Kirchenbeiträge
R 10.8 | Kinderbetreuungskosten
R 10.9 | Aufwendungen für die Berufsausbildung
R 10.10 | Schulgeld
R 10.11 | Kürzung des Vorwegabzugs bei der Günstigerprüfung
§ 10a | **Zusätzliche Altersvorsorge**
§ 10b | **Steuerbegünstigte Zwecke**
§§ 48 bis 49 EStDV | (weggefallen)
§ 50 EStDV | Zuwendungsbestätigung
R 10b.1 | Ausgaben zur Förderung steuerbegünstigter Zwecke i. S. d. § 10b Abs. 1 und 1a EStG
R 10b.2 | Zuwendungen an politische Parteien
R 10b.3 | Begrenzung des Abzugs der Ausgaben für steuerbegünstigte Zwecke

§ 10c		**Sonderausgaben-Pauschbetrag**
§ 10d		**Verlustabzug**
R 10d.		Verlustabzug
§ 10e		**Steuerbegünstigung der zu eigenen Wohnzwecken genutzten Wohnung im eigenen Haus**
		– nicht abgedruckt –
§ 10f		**Steuerbegünstigung für zu eigenen Wohnzwecken genutzte Baudenkmale und Gebäude in Sanierungsgebieten und städtebaulichen Entwicklungsbereichen**
R 10f.		Steuerbegünstigung für zu eigenen Wohnzwecken genutzte Baudenkmale und Gebäude in Sanierungsgebieten und städtebaulichen Entwicklungsbereichen
§ 10g		**Steuerbegünstigung für schutzwürdige Kulturgüter, die weder zur Einkunftserzielung noch zu eigenen Wohnzwecken genutzt werden**
R 10g.		Steuerbegünstigung für schutzwürdige Kulturgüter, die weder zur Einkunftserzielung noch zu eigenen Wohnzwecken genutzt werden

6. **Vereinnahmung und Verausgabung**

§ 11		
R 11.		Vereinnahmung und Verausgabung
§ 11a		**Sonderbehandlung von Erhaltungsaufwand bei Gebäuden in Sanierungsgebieten und städtebaulichen Entwicklungsbereichen**
R 11a.		Sonderbehandlung von Erhaltungsaufwand bei Gebäuden in Sanierungsgebieten und städtebaulichen Entwicklungsbereichen
§ 11b		**Sonderbehandlung von Erhaltungsaufwand bei Baudenkmalen**
R 11b.		Sonderbehandlung von Erhaltungsaufwand bei Baudenkmalen

7. **Nicht abzugsfähige Ausgaben**

§ 12		
R 12.1		Abgrenzung der Kosten der Lebensführung von den Betriebsausgaben und Werbungskosten
R 12.2		Studienreisen, Fachkongresse
R 12.3		Geldstrafen und ähnliche Rechtsnachteile
R 12.4		Nichtabziehbare Steuern und Nebenleistungen
R 12.5		Zuwendungen
R 12.6		Wiederkehrende Leistungen

8. **Die einzelnen Einkunftsarten**
   a) **Land- und Forstwirtschaft (§ 2 Absatz 1 Satz 1 Nummer 1)**

§ 13	**Einkünfte aus Land- und Forstwirtschaft**
§ 51 EStDV	Pauschale Ermittlung der Gewinne aus Holznutzungen
§ 52 EStDV	(weggefallen)
R 13.1	Freibetrag für Land- und Forstwirte
R 13.2	Abgrenzung der gewerblichen und landwirtschaftlichen Tierzucht und Tierhaltung
R 13.3	Land- und forstwirtschaftliches Betriebsvermögen
R 13.4	Rechtsverhältnisse zwischen Angehörigen in einem landwirtschaftlichen Betrieb
R 13.5	Ermittlung des Gewinns aus Land- und Forstwirtschaft
R 13.6	Buchführung bei Gartenbaubetrieben, Saatzuchtbetrieben, Baumschulen und ähnlichen Betrieben
§ 13a	**Ermittlung des Gewinns aus Land- und Forstwirtschaft nach Durchschnittssätzen**
	Anlage 1a (zu § 13a) Ermittlung des Gewinns aus Land- und Forstwirtschaft nach Durchschnittssätzen
R 13a.1	Anwendung der Gewinnermittlung nach Durchschnittssätzen – nicht abgedruckt –
R 13a.2	Ermittlung des Gewinns aus Land- und Forstwirtschaft nach Durchschnittssätzen – nicht abgedruckt –
§ 14	**Veräußerung des Betriebs**
R 14.	Wechsel im Besitz von Betrieben, Teilbetrieben und Betriebsteilen
§ 14a	**Vergünstigungen bei der Veräußerung bestimmter land- und forstwirtschaftlicher Betriebe** – nicht abgedruckt –

   b) **Gewerbebetrieb (§ 2 Absatz 1 Satz 1 Nummer 2)**

§ 15	**Einkünfte aus Gewerbebetrieb**
R 15.1	Selbständigkeit
R 15.2	Nachhaltigkeit
R 15.3	Gewinnerzielungsabsicht
R 15.4	Beteiligung am allgemeinen wirtschaftlichen Verkehr
R 15.5	Abgrenzung des Gewerbebetriebs von der Land- und Forstwirtschaft
R 15.6	Abgrenzung des Gewerbebetriebs von der selbständigen Arbeit
R 15.7	Abgrenzung des Gewerbebetriebs von der Vermögensverwaltung
R 15.8	Mitunternehmerschaft

R 15.9	Steuerliche Anerkennung von Familiengesellschaften
R 15.10	Verlustabzugsbeschränkungen nach § 15 Abs. 4 EStG
§ 15a	**Verluste bei beschränkter Haftung**
R 15a.	Verluste bei beschränkter Haftung
§ 15b	**Verluste im Zusammenhang mit Steuerstundungsmodellen**
§ 16	**Veräußerung des Betriebs**
R 16.	Veräußerung des gewerblichen Betriebs
§ 17	**Veräußerung von Anteilen an Kapitalgesellschaften**
§ 53 EStDV	Anschaffungskosten bestimmter Anteile an Kapitalgesellschaften
§ 54 EStDV	Übersendung von Urkunden durch die Notare
R 17.	Veräußerung von Anteilen an einer Kapitalgesellschaft oder Genossenschaft

c) Selbständige Arbeit (§ 2 Absatz 1 Satz 1 Nummer 3)

§ 18	
R 18.1	Abgrenzung der selbständigen Arbeit gegenüber anderen Einkunftsarten
R 18.2	Betriebsvermögen
R 18.3	Veräußerungsgewinn nach § 18 Abs. 3 EStG

d) Nichtselbständige Arbeit (§ 2 Absatz 1 Satz 1 Nummer 4)

§ 19	
§ 19a	**Sondervorschrift für Einkünfte aus nichtselbständiger Arbeit bei Vermögensbeteiligungen**

e) Kapitalvermögen (§ 2 Absatz 1 Satz 1 Nummer 5)

§ 20	
R 20.1	Werbungskosten bei Einkünften aus Kapitalvermögen
R 20.2	Einnahmen aus Kapitalvermögen

f) Vermietung und Verpachtung (§ 2 Absatz 1 Satz 1 Nummer 6)

§ 21	
§ 82a EStDV	Erhöhte Absetzungen von Herstellungskosten und Sonderbehandlung von Erhaltungsaufwand für bestimmte Anlagen und Einrichtungen bei Gebäuden – nicht abgedruckt –
§ 82b EStDV	Behandlung größeren Erhaltungsaufwands bei Wohngebäuden
§§ 82c bis 82e EStDV	(weggefallen)
§ 82f EStDV	(zu § 51 EStG abgedruckt)
§ 82g EStDV	Erhöhte Absetzungen von Herstellungskosten für bestimmte Baumaßnahmen – nicht abgedruckt –
§ 82h EStDV	(weggefallen)

§ 82i EStDV		Erhöhte Absetzungen von Herstellungskosten bei Baudenkmälern
		– nicht abgedruckt –
R 21.1		Erhaltungsaufwand und Herstellungsaufwand
R 21.2		Einnahmen und Werbungskosten
R 21.3		Verbilligt überlassene Wohnung
R 21.4		Miet- und Pachtverträge zwischen Angehörigen und Partnern einer nichtehelichen Lebensgemeinschaft
R 21.5		Behandlung von Zuschüssen
R 21.6		Miteigentum und Gesamthand
R 21.7		Substanzausbeuterecht

g) Sonstige Einkünfte (§ 2 Absatz 1 Satz 1 Nummer 7)

§ 22	**Arten der sonstigen Einkünfte**
§ 55 EStDV	Ermittlung des Ertrags aus Leibrenten in besonderen Fällen
R 22.1	Besteuerung von wiederkehrenden Bezügen mit Ausnahme der Leibrenten
R 22.2	– unbesetzt –
R 22.3	Besteuerung von Leibrenten und anderen Leistungen i. S. d. § 22 Nr. 1 Satz 3 Buchstabe a Doppelbuchstabe aa EStG
R 22.4	Besteuerung von Leibrenten i. S. d. § 22 Nr. 1 Satz 3 Buchstabe a Doppelbuchstabe bb EStG
R 22.5	Renten nach § 2 Abs. 2 der 32. DV zum Umstellungsgesetz (UGDV)
R 22.6	Versorgungsleistungen
R 22.7	Leistungen auf Grund eines schuldrechtlichen Versorgungsausgleichs
R 22.8	Besteuerung von Leistungen i. S. d. § 22 Nr. 3 EStG
R 22.9	Besteuerung von Bezügen i. S. d. § 22 Nr. 4 EStG
R 22.10	Besteuerung von Leistungen i. S. d. § 22 Nr. 5 EStG
§ 22a	**Rentenbezugsmitteilungen an die zentrale Stelle**
§ 23	**Private Veräußerungsgeschäfte**

h) Gemeinsame Vorschriften

§ 24	
R 24.1	Begriff der Entschädigung i. S. d. § 24 Nr. 1 EStG
R 24.2	Nachträgliche Einkünfte
§ 24a	**Altersentlastungsbetrag**
R 24a.	Altersentlastungsbetrag
§ 24b	**Entlastungsbetrag für Alleinerziehende**

III. Veranlagung

§ 25	**Veranlagungszeitraum, Steuererklärungspflicht**
§ 56 EStDV	Steuererklärungspflicht

Inhaltsverzeichnis

§§ 57 bis 59 EStDV	(weggefallen)	
§ 60 EStDV	Unterlagen zur Steuererklärung	
R 25.	Verfahren bei der Veranlagung von Ehegatten nach § 26a EStG	
§ 26	**Veranlagung von Ehegatten**	
R 26.	Voraussetzungen für die Anwendung des § 26 EStG	
§ 26a	**Einzelveranlagung von Ehegatten**	
§ 61 EStDV	Antrag auf hälftige Verteilung von Abzugsbeträgen im Fall des § 26a des Gesetzes	
§§ 62 bis 62c EStDV	(weggefallen)	
§ 62d EStDV	Anwendung des § 10d des Gesetzes bei der Veranlagung von Ehegatten	
R 26a.	Veranlagung von Ehegatten nach § 26a EStG	
§ 26b	**Zusammenveranlagung von Ehegatten**	
§ 62d EStDV	(zu § 26a EStG abgedruckt)	
R 26b.	Zusammenveranlagung von Ehegatten nach § 26b EStG	
§ 27	**(weggefallen)**	
§ 28	**Besteuerung bei fortgesetzter Gütergemeinschaft**	
§§ 29 und 30	**(weggefallen)**	

IV. Tarif

§ 31	**Familienleistungsausgleich**	
R 31.	Familienleistungsausgleich	
§ 32	**Kinder, Freibeträge für Kinder**	
R 32.1	Im ersten Grad mit dem Stpfl. verwandte Kinder	
R 32.2	Pflegekinder	
R 32.3	Allgemeines zur Berücksichtigung von Kindern	
R 32.4	Kinder, die Arbeit suchen	
R 32.5	Kinder, die für einen Beruf ausgebildet werden	
R 32.6	Kinder, die sich in einer Übergangszeit befinden	
R 32.7	Kinder, die mangels Ausbildungsplatz ihre Berufsausbildung nicht beginnen oder fortsetzen können	
R 32.8	Kinder, die ein freiwilliges soziales oder ökologisches Jahr oder freiwillige Dienste leisten	
R 32.9	Kinder, die wegen körperlicher, geistiger oder seelischer Behinderung außerstande sind, sich selbst zu unterhalten	
R 32.10	Erwerbstätigkeit	
R 32.11	Verlängerungstatbestände bei Arbeit suchenden Kindern und Kindern in Berufsausbildung	
R 32.12	Höhe der Freibeträge für Kinder in Sonderfällen	
R 32.13	Übertragung der Freibeträge für Kinder	

Inhaltsverzeichnis

§ 32a	**Einkommensteuertarif**
§ 32b	**Progressionsvorbehalt**
R 32b.	Progressionsvorbehalt
§ 32c	**Tarifermäßigung bei Einkünften aus Land- und Forstwirtschaft**
§ 32d	**Gesonderter Steuertarif für Einkünfte aus Kapitalvermögen**
R 32d.	Gesonderter Tarif für Einkünfte aus Kapitalvermögen
§ 33	**Außergewöhnliche Belastungen**
§ 64 EStDV	Nachweis von Krankheitskosten und der Voraussetzungen der behinderungsbedingten Fahrtkostenpauschale
R 33.1	Außergewöhnliche Belastungen allgemeiner Art
R 33.2	Aufwendungen für existentiell notwendige Gegenstände
R 33.3	Aufwendungen wegen Pflegebedürftigkeit und erheblich eingeschränkter Alltagskompetenz
R 33.4	Aufwendungen wegen Krankheit und Behinderung sowie für Integrationsmaßnahmen
§ 33a	**Außergewöhnliche Belastung in besonderen Fällen**
R 33a.1	Aufwendungen für den Unterhalt und eine etwaige Berufsausbildung
R 33a.2	Freibetrag zur Abgeltung des Sonderbedarfs eines sich in Berufsausbildung befindenden, auswärtig untergebrachten, volljährigen Kindes
R 33a.3	Zeitanteilige Ermäßigung nach § 33a Abs. 3 EStG
§ 33b	**Pauschbeträge für Menschen mit Behinderungen, Hinterbliebene und Pflegepersonen**
§ 65 EStDV	Nachweis der Behinderung und des Pflegegrads
R 33b.	Pauschbeträge für behinderte Menschen, Hinterbliebene und Pflegepersonen
§ 34	**Außerordentliche Einkünfte**
R 34.1	Umfang der steuerbegünstigten Einkünfte
R 34.2	Steuerberechnung unter Berücksichtigung der Tarifermäßigung
R 34.3	Besondere Voraussetzungen für die Anwendung des § 34 Abs. 1 EStG
R 34.4	Anwendung des § 34 Abs. 1 EStG auf Einkünfte aus der Vergütung für eine mehrjährige Tätigkeit (§ 34 Abs. 2 Nr. 4 EStG)
R 34.5	Anwendung der Tarifermäßigung nach § 34 Abs. 3 EStG
§ 34a	**Begünstigung der nicht entnommenen Gewinne**
§ 34b	**Steuersätze bei Einkünften aus außerordentlichen Holznutzungen**
§ 68 EStDV	Nutzungssatz, Betriebsgutachten, Betriebswerk
R 34b.1	Gewinnermittlung
R 34b.2	Ordentliche und außerordentliche Holznutzungen

	R 34b.3	Ermittlung der Einkünfte aus außerordentlichen Holznutzungen
	R 34b.4	Ermittlung der Steuersätze
	R 34b.5	Umfang der Tarifvergünstigung
	R 34b.6	Voraussetzungen für die Anwendung der Tarifvergünstigung
	R 34b.7	Billigkeitsmaßnahmen nach § 34b Abs. 5 EStG
	R 34b.8	Rücklage nach § 3 des Forstschäden-Ausgleichsgesetzes

V. Steuerermäßigungen

1. Steuerermäßigung bei ausländischen Einkünften

§ 34c

§ 68a EStDV	Einkünfte aus mehreren ausländischen Staaten
§ 68b EStDV	Nachweis über die Höhe der ausländischen Einkünfte und Steuern
§ 69 EStDV	(weggefallen)
R 34c.	Anrechnung und Abzug ausländischer Steuern

§ 34d **Ausländische Einkünfte**

2. Steuerermäßigung bei Einkünften aus Land- und Forstwirtschaft

§ 34e (weggefallen)

2a. Steuerermäßigung für Steuerpflichtige mit Kindern bei Inanspruchnahme erhöhter Absetzungen für Wohngebäude oder der Steuerbegünstigungen für eigengenutztes Wohneigentum

§ 34f – nicht abgedruckt –

2b. Steuerermäßigung bei Zuwendungen an politische Parteien und an unabhängige Wählervereinigungen

§ 34g

3. Steuerermäßigung bei Einkünften aus Gewerbebetrieb

§ 35

R 35. Steuerermäßigung bei Einkünften aus Gewerbebetrieb

4. Steuerermäßigung bei Aufwendungen für haushaltsnahe Beschäftigungsverhältnisse und für die Inanspruchnahme haushaltsnaher Dienstleistungen

§ 35a Steuerermäßigung bei Aufwendungen für haushaltsnahe Beschäftigungsverhältnisse, haushaltsnahe Dienstleistungen und Handwerkerleistungen

5. Steuerermäßigung bei Belastung mit Erbschaftsteuer

§ 35b Steuerermäßigung bei Belastung mit Erbschaftsteuer

6. Steuerermäßigung für energetische Maßnahmen bei zu eigenen Wohnzwecken genutzten Gebäuden

§ 35c Steuerermäßigung für energetische Maßnahmen bei zu eigenen Wohnzwecken genutzten Gebäuden

VI. Steuererhebung

1. Erhebung der Einkommensteuer

§ 36	Entstehung und Tilgung der Einkommensteuer
R 36.	Anrechnung von Steuervorauszahlungen und von Steuerabzugsbeträgen
§ 36a	Beschränkung der Anrechenbarkeit der Kapitalertragsteuer
§ 37	Einkommensteuer-Vorauszahlung
R 37.	Einkommensteuer-Vorauszahlung
§ 37a	Pauschalierung der Einkommensteuer durch Dritte
§ 37b	Pauschalierung der Einkommensteuer bei Sachzuwendungen

2. Steuerabzug vom Arbeitslohn (Lohnsteuer)

§ 38	Erhebung der Lohnsteuer
§ 38a	Höhe der Lohnsteuer
§ 38b	Lohnsteuerklassen, Zahl der Kinderfreibeträge
§ 39	Lohnsteuerabzugsmerkmale
§ 39a	Freibetrag und Hinzurechnungsbetrag
§ 39b	Einbehaltung der Lohnsteuer
§ 39c	Einbehaltung der Lohnsteuer ohne Lohnsteuerabzugsmerkmale
§ 39d	(weggefallen)
§ 39e	Verfahren zur Bildung und Anwendung der elektronischen Lohnsteuerabzugsmerkmale
§ 39f	Faktorverfahren anstelle Steuerklassenkombination III/V
§ 40	Pauschalierung der Lohnsteuer in besonderen Fällen
§ 40a	Pauschalierung der Lohnsteuer für Teilzeitbeschäftigte und geringfügig Beschäftigte
§ 40b	Pauschalierung der Lohnsteuer bei bestimmten Zukunftssicherungsleistungen
§ 41	Aufzeichnungspflichten beim Lohnsteuerabzug
§ 41a	Anmeldung und Abführung der Lohnsteuer
§ 41b	Abschluss des Lohnsteuerabzugs
§ 41c	Änderung des Lohnsteuerabzugs
§§ 42 und 42a	(weggefallen)
§ 42b	Lohnsteuer-Jahresausgleich durch den Arbeitgeber
§ 42c	(weggefallen)
§ 42d	Haftung des Arbeitgebers und Haftung bei Arbeitnehmerüberlassung
§ 42e	Anrufungsauskunft
§ 42f	Lohnsteuer-Außenprüfung
§ 42g	Lohnsteuer-Nachschau

3. **Steuerabzug vom Kapitalertrag (Kapitalertragsteuer)**
   - § 43 — Kapitalerträge mit Steuerabzug
   - § 43a — Bemessung der Kapitalertragsteuer
   - § 43b — Bemessung der Kapitalertragsteuer bei bestimmten Gesellschaften
     Anlage 2 (zu § 43b)
   - § 44 — Entrichtung der Kapitalertragsteuer
   - § 44a — Abstandnahme vom Steuerabzug
   - § 44b — Erstattung der Kapitalertragsteuer
   - R 44b.1 — Erstattung von Kapitalertragsteuer durch das BZSt nach §§ 44b und 45b EStG
   - R 44b.2 — Einzelantrag beim BZSt (§ 44b EStG)
   - § 45 — Ausschluss der Erstattung von Kapitalertragsteuer
   - § 45a — Anmeldung und Bescheinigung der Kapitalertragsteuer
   - § 45b — Angaben zur Bescheinigung und Abführung der Kapitalertragsteuer
   - R 45b. — – nicht abgedruckt –
   - § 45c — Zusammengefasste Mitteilung zur Bescheinigung und Abführung der Kapitalertragsteuer
   - § 45d — Mitteilungen an das Bundeszentralamt für Steuern
   - § 45e — Ermächtigung für Zinsinformationsverordnung

4. **Veranlagung von Steuerpflichtigen mit steuerabzugspflichtigen Einkünften**
   - § 46 — Veranlagung bei Bezug von Einkünften aus nichtselbständiger Arbeit
   - § 70 EStDV — Ausgleich von Härten in bestimmten Fällen
   - R 46.1 — Veranlagung nach § 46 Abs. 2 Nr. 2 EStG
   - R 46.2 — Veranlagung nach § 46 Abs. 2 Nr. 8 EStG
   - R 46.3 — Härteausgleich
   - § 47 — (weggefallen)

VII. Steuerabzug bei Bauleistungen
- § 48 — Steuerabzug
- § 48a — Verfahren
- § 48b — Freistellungsbescheinigung
- § 48c — Anrechnung
- § 48d — Besonderheiten im Fall von Doppelbesteuerungsabkommen

VIII. Besteuerung beschränkt Steuerpflichtiger
- § 49 — Beschränkt steuerpflichtige Einkünfte
- R 49.1 — Beschränkte Steuerpflicht bei Einkünften aus Gewerbebetrieb

Inhaltsverzeichnis

R 49.2	Beschränkte Steuerpflicht bei Einkünften aus selbständiger Arbeit
R 49.3	Bedeutung der Besteuerungsmerkmale im Ausland bei beschränkter Steuerpflicht
§ 50	**Sondervorschriften für beschränkt Steuerpflichtige**
§ 73 EStDV	(weggefallen)
R 50.	Bemessungsgrundlage für die Einkommensteuer und Steuerermäßigung für ausländische Steuern
§ 50a	**Steuerabzug bei beschränkt Steuerpflichtigen**
§ 73a EStDV	Begriffsbestimmungen
§ 73b EStDV	(weggefallen)
§ 73c EStDV	Zeitpunkt des Zufließens im Sinne des § 50a Abs. 5 Satz 1 des Gesetzes
§ 73d EStDV	Aufzeichnungen, Aufbewahrungspflichten, Steueraufsicht
§ 73e EStDV	Einbehaltung, Abführung und Anmeldung der Steuer von Vergütungen im Sinne des § 50a Abs. 1 und 7 des Gesetzes (§ 50a Abs. 5 des Gesetzes)
§ 73f EStDV	Steuerabzug in den Fällen des § 50a Abs. 6 des Gesetzes
§ 73g EStDV	Haftungsbescheid
R 50a.1	Steuerabzug bei Lizenzgebühren, Vergütungen für die Nutzung von Urheberrechten und bei Veräußerungen von Schutzrechten usw.
R 50a.2	Berechnung des Steuerabzugs nach § 50a EStG in besonderen Fällen

IX. Sonstige Vorschriften, Bußgeld-, Ermächtigungs- und Schlussvorschriften

§ 50b	**Prüfungsrecht**
§ 50c	**Entlastung vom Steuerabzug in bestimmten Fällen**
R 50c.	Wertminderung von Anteilen durch Gewinnausschüttungen
§ 50d	**Anwendung von Abkommen zur Vermeidung der Doppelbesteuerung**
§ 50e	**Bußgeldvorschriften; Nichtverfolgung von Steuerstraftaten bei geringfügiger Beschäftigung in Privathaushalten**
§ 50f	**Bußgeldvorschriften**
§ 50g	**Entlastung vom Steuerabzug bei Zahlungen von Zinsen und Lizenzgebühren zwischen verbundenen Unternehmen verschiedener Mitgliedstaaten der Europäischen Union**
	Anlage 3 (zu § 50g)
§ 50h	**Bestätigung für Zwecke der Entlastung von Quellensteuern in einem anderen Mitgliedstaat der Europäischen Union oder der Schweizerischen Eidgenossenschaft**
§ 50i	**Besteuerung bestimmter Einkünfte und Anwendung von Doppelbesteuerungsabkommen**

Inhaltsverzeichnis

§ 50j	Versagung der Entlastung von Kapitalertragsteuern in bestimmten Fälle
§ 51	Ermächtigungen
§§ 74 bis 80 EStDV	(weggefallen)
§ 81 EStDV	Bewertungsfreiheit für bestimmte Wirtschaftsgüter des Anlagevermögens im Kohlen- und Erzbergbau
§ 82 EStDV	(weggefallen)
§ 82a EStDV	(zu § 21 EStG – nicht abgedruckt –)
§ 82b EStDV	(zu § 21 EStG abgedruckt)
§§ 82c bis 82e EStDV	(weggefallen)
§ 82f EStDV	Bewertungsfreiheit für Handelsschiffe, für Schiffe, die der Seefischerei dienen, und für Luftfahrzeuge
§ 82g EStDV	(zu § 21 EStG – nicht abgedruckt –)
§ 82h EStDV	(weggefallen)
§ 82i EStDV	(zu § 21 EStG – nicht abgedruckt –)
§ 83 EStDV	(weggefallen)
§ 51a	Festsetzung und Erhebung von Zuschlagsteuern
§ 52	Anwendungsvorschriften
§ 84 EStDV	Anwendungsvorschriften
§ 85 EStDV	(gegenstandslos)
§ 52a	(weggefallen)
§ 52b	(weggefallen)
§§ 53 und 54	(weggefallen)
§ 55	Schlussvorschriften (Sondervorschriften für die Gewinnermittlung nach § 4 oder nach Durchschnittssätzen bei vor dem 1. Juli 1970 angeschafftem Grund und Boden)
R 55.	Bodengewinnbesteuerung
§ 56	Sondervorschriften für Steuerpflichtige in dem in Artikel 3 des Einigungsvertrages genannten Gebiet
§ 57	Besondere Anwendungsregeln aus Anlass der Herstellung der Einheit Deutschlands
§ 58	Weitere Anwendung von Rechtsvorschriften, die vor Herstellung der Einheit Deutschlands in dem in Artikel 3 des Einigungsvertrages genannten Gebiet gegolten haben
§§ 59 bis 61	(weggefallen)

X. Kindergeld

§ 62	Anspruchsberechtigte
§ 63	Kinder
§ 64	Zusammentreffen mehrerer Ansprüche
§ 65	Andere Leistungen für Kinder

Inhaltsverzeichnis

	§ 66	Höhe des Kindergeldes, Zahlungszeitraum
	§ 67	Antrag
	§ 68	Besondere Mitwirkungspflichten und Offenbarungsbefugnis
	§ 69	Datenübermittlung an die Familienkassen
	§ 70	Festsetzung und Zahlung des Kindergeldes
	§ 71	Vorläufige Einstellung der Zahlung des Kindergeldes
	§ 72	Festsetzung und Zahlung des Kindergeldes an Angehörige des öffentlichen Dienstes
	§ 73	(weggefallen)
	§ 74	Zahlung des Kindergeldes in Sonderfällen
	§ 75	Aufrechnung
	§ 76	Pfändung
	§ 77	Erstattung von Kosten im Vorverfahren
	§ 78	Übergangsregelungen
XI.	Altersvorsorgezulage	
	§ 79	Zulageberechtigte
	§ 80	Anbieter
	§ 81	Zentrale Stelle
	§ 81a	Zuständige Stelle
	§ 82	Altersvorsorgebeiträge
	§ 83	Altersvorsorgezulage
	§ 84	Grundzulage
	§ 85	Kinderzulage
	§ 86	Mindesteigenbeitrag
	§ 87	Zusammentreffen mehrerer Verträge
	§ 88	Entstehung des Anspruchs auf Zulage
	§ 89	Antrag
	§ 90	Verfahren
	§ 91	Datenerhebung und Datenabgleich
	§ 92	Bescheinigung
	§ 92a	Verwendung für eine selbst genutzte Wohnung
	§ 92b	Verfahren bei Verwendung für eine selbst genutzte Wohnung
	§ 93	Schädliche Verwendung
	§ 94	Verfahren bei schädlicher Verwendung
	§ 95	Sonderfälle der Rückzahlung
	§ 96	Anwendung der Abgabenordnung, allgemeine Vorschriften
	§ 97	Übertragbarkeit
	§ 98	Rechtsweg

Inhaltsverzeichnis

	§ 99	Ermächtigung

XII. Förderbetrag zur betrieblichen Altersversorgung

	§ 100	Förderbetrag zur betrieblichen Altersversorgung

XIII. Mobilitätsprämie

	§ 101	Bemessungsgrundlage und Höhe der Mobilitätsprämie
	§ 102	Anspruchsberechtigung
	§ 103	Entstehung der Mobilitätsprämie
	§ 104	Antrag auf die Mobilitätsprämie
	§ 105	Festsetzung und Auszahlung der Mobilitätsprämie
	§ 106	Ertragsteuerliche Behandlung der Mobilitätsprämie
	§ 107	Anwendung der Abgabenordnung
	§ 108	Anwendung von Straf- und Bußgeldvorschriften der Abgabenordnung
	§ 109	Verordnungsermächtigung

XIV. Sondervorschriften zur Bewältigung der Corona-Pandemie

	§ 110	Anpassung von Vorauszahlungen für den Veranlagungszeitraum 2019
	§ 111	Vorläufiger Verlustrücktrag für 2020 und 2021

XV. Energiepreispauschale

	§ 112	Veranlagungszeitraum, Höhe
	§ 113	Anspruchsberechtigung
	§ 114	Entstehung des Anspruchs
	§ 115	Festsetzung mit der Einkommensteuerveranlagung
	§ 116	Anrechnung auf die Einkommensteuer
	§ 117	Auszahlung an Arbeitnehmer
	§ 118	Energiepreispauschale im Einkommensteuer-Vorauszahlungsverfahren
	§ 119	Steuerpflicht
	§ 120	Anwendung der Abgabenordnung
	§ 121	Anwendung von Straf- und Bußgeldvorschriften der Abgabenordnung
	§ 122	Nichtberücksichtigung als Einkommen bei Sozialleistungen, Unpfändbarkeit

XVI. Besteuerung der Gas-/Wärmepreisbremse

	§ 123	Grundsatz der Besteuerung
	§ 124	Einstieg und Milderungszone
	§ 125	Zufluss und Besteuerung
	§ 126	Anwendung von Straf- und Bußgeldvorschriften der Abgabenordnung

Inhaltsverzeichnis

B. Anlage zu den EStR 2012

Anlage   Übersicht über die Berichtigung des Gewinns bei Wechsel der Gewinnermittlungsart

C. Anhänge

Anhang 1   **Abschreibungsvorschriften**

         I. Übersicht über die degressiven Absetzungen für Gebäude nach § 7 Abs. 5 EStG

        II. Bemessungsgrundlage für die Absetzungen für Abnutzung nach Einlage von zuvor zur Erzielung von Überschusseinkünften genutzten Wirtschaftsgütern;
Anwendung der Urteile des BFH vom 18. August 2009 (X R 40/06 – BStBl 2010 II S. 961) und vom 28. Oktober 2009 (VIII R 46/07 – BStBl 2010 II S. 964)

        III. Absetzungen für Abnutzung eines in der Ergänzungsbilanz eines Mitunternehmers aktivierten Mehrwerts für ein bewegliches Wirtschaftsgut;
Anwendung des BFH-Urteils vom 20. November 2014 – IV R 1/11 –

        IV. Anwendungsschreiben zur Sonderabschreibung für die Anschaffung oder Herstellung neuer Mietwohnungen nach § 7b Einkommensteuergesetz (EStG)

        V. Nutzungsdauer von Computerhardware und Software zur Dateneingabe und -verarbeitung

Anhang 1a   **Altersvorsorge/Alterseinkünfte**

        I. Steuerliche Förderung der privaten Altersvorsorge

        II. 1. Einkommensteuerrechtliche Behandlung von Vorsorgeaufwendungen

            2. Sonderausgabenabzug für im Rahmen einer Unterhaltsverpflichtung getragene Basiskranken- und Pflegepflichtversicherungsbeiträge eines Kindes bei den Eltern nach § 10 Absatz 1 Nummer 3 Satz 2 EStG;
BFH-Urteil vom 13.3.2018 – X R 25/15 – (BStBl 2019 II S. 191)

        III. Anwendung des § 10 Abs. 1 Nr. 2 Satz 1 Buchstabe a EStG bei Beiträgen an berufsständische Versorgungseinrichtungen;
Aktualisierung der Liste der berufsständischen Versorgungseinrichtungen

Inhaltsverzeichnis

	IV.	Vorsorgeaufwendungen, Aufteilung eines einheitlichen Sozialversicherungsbeitrags (Globalbeitrag); Anpassung der Aufteilungsmaßstäbe für den Veranlagungszeitraum 2021
Anhang 2	**Angehörige**	
	I.	Steuerrechtliche Anerkennung von Darlehensverträgen zwischen Angehörigen
	II.	– unbesetzt –
	III.	Berücksichtigung ausländischer Verhältnisse; Ländergruppeneinteilung ab 1. Januar 2021
Anhang 3	**Außergewöhnliche Belastungen**	
	I.	Berücksichtigung von Aufwendungen für den Unterhalt von Personen im Ausland als außergewöhnliche Belastung nach § 33a Absatz 1 Einkommensteuergesetz (EStG); Überarbeitung des BMF-Schreibens vom 7. Juni 2010 (BStBl I Seite 588)
	II.	Allgemeine Hinweise zur Berücksichtigung von Unterhaltsaufwendungen nach § 33a Absatz 1 Einkommensteuergesetz (EStG) als außergewöhnliche Belastung; Überarbeitung des BMF-Schreibens vom 7. Juni 2010 (BStBl I Seite 582)
Anhang 4	– unbesetzt –	
Anhang 5	**Baugesetze**	
	I.	Baugesetzbuch (BauGB – Auszug)
	II.	1. Verordnung über wohnungswirtschaftliche Berechnungen (Zweite Berechnungsverordnung – II. BV – Auszug)
		2. Verordnung zur Berechnung der Wohnfläche (Wohnflächenverordnung – WoFlV)
Anhang 6	**Beteiligungen an Kapitalgesellschaften**	
	I.	Ertragsteuerliche Behandlung von Gesellschafterdarlehen
	II.	Rückwirkende Absenkung der Beteiligungsgrenze in § 17 Absatz 1 Satz 4 EStG; Auswirkungen des Beschlusses des BVerfG vom 7. Juli 2010 – 2 BvR 748/05, 2 BvR 753/05 und 2 BvR 1738/05 (BStBl 2011 II S. 86); Zuordnung von Veräußerungskosten
Anhang 7	– unbesetzt –	
Anhang 8	**Betriebsaufspaltung/Betriebsverpachtung**	
	I.	Zweifelsfragen im Zusammenhang mit der Ausübung des Verpächterwahlrechts gemäß R 139 Abs. 5 EStR

	II.	Bedeutung von Einstimmigkeitsabreden beim Besitzunternehmen für das Vorliegen einer personellen Verflechtung im Rahmen einer Betriebsaufspaltung; Anwendung der BFH-Urteile vom 21. Januar 1999 – IV R 96/96 – (BStBl 2002 II S. 771), vom 11. Mai 1999 – VIII R 72/96 – (BStBl 2002 II S. 722) und vom 15. März 2000 – VIII R 82/98 – (BStBl 2002 II S. 774)
	III.	Anwendungsschreiben zu § 16 Absatz 3b EStG
Anhang 9	**Bilanzierung**	
	I.	Bilanzsteuerrechtliche Behandlung des Geschäfts- oder Firmenwerts, des Praxiswerts und sogenannter firmenwertähnlicher Wirtschaftsgüter
	II.	Bewertung des beweglichen Anlagevermögens und des Vorratsvermögens (§ 6 Abs. 1 Nrn. 1 und 2 EStG) hier: Voraussetzungen für den Ansatz von Festwerten sowie deren Bemessung
	III.	Maßgeblichkeit der handelsrechtlichen Grundsätze ordnungsmäßiger Buchführung für die steuerliche Gewinnermittlung; Änderung des § 5 Absatz 1 EStG durch das Gesetz zur Modernisierung des Bilanzrechts (Bilanzrechtsmodernisierungsgesetz – BilMoG) vom 15. Mai 2009 (BGBl. I S. 1102, BStBl I S. 650)
	IV.	Bewertung von Tieren in land- und forstwirtschaftlich tätigen Betrieben nach § 6 Abs. 1 Nr. 1 und 2 EStG
	V.	Abzinsung von Verbindlichkeiten und Rückstellungen in der steuerlichen Gewinnermittlung nach § 6 Abs. 1 Nrn. 3 und 3a EStG in der Fassung des Steuerentlastungsgesetzes 1999/2000/2002
	VI.	Teilwertabschreibung gemäß § 6 Absatz 1 Nummer 1 und 2 EStG; Voraussichtlich dauernde Wertminderung, Wertaufholungsgebot
	VII.	Zweifelsfragen zu § 6 Absatz 3 EStG im Zusammenhang mit der unentgeltlichen Übertragung von Mitunternehmeranteilen mit Sonderbetriebsvermögen und von Anteilen an Mitunternehmeranteilen mit Sonderbetriebsvermögen sowie mit der unentgeltlichen Aufnahme in ein Einzelunternehmen; Verhältnis von § 6 Absatz 3 zu § 6 Absatz 5 EStG
	VIII.	Zweifelsfragen zur Übertragung und Überführung von einzelnen Wirtschaftsgütern nach § 6 Absatz 5 EStG
	IX.	Passivierung von Verbindlichkeiten bei Vereinbarung eines einfachen oder qualifizierten Rangrücktritts; Auswirkungen des § 5 Abs. 2a EStG

Inhaltsverzeichnis

	X.	Bilanzsteuerliche Behandlung von Pensionszusagen einer Personengesellschaft an einen Gesellschafter und dessen Hinterbliebene
	XI.	Steuerliche Gewinnermittlung; Bilanzsteuerrechtliche Berücksichtigung von Verpflichtungsübernahmen, Schuldbeitritten und Erfüllungsübernahmen mit vollständiger oder teilweiser Schuldfreistellung, Anwendung der Regelungen in § 4f und § 5 Absatz 7 Einkommensteuergesetz (EStG)
	XII.	– unbesetzt –
	XIII.	Bewertung des Vorratsvermögens gemäß § 6 Absatz 1 Nummer 2a EStG – Lifo-Methode

Anhang 10 **Buchführung**

Buchführung in land- und forstwirtschaftlichen Betrieben

Anhang 11 – unbesetzt –

Anhang 12 **DBA/Ausländische Besteuerung/Steuerabzug nach § 50a EStG**

    I. – unbesetzt –

    II. 1. Verzeichnis ausländischer Steuern in Nicht-DBA-Staaten, die der deutschen Einkommensteuer entsprechen

        2. Verzeichnis von Nicht-DBA-Staaten bzw. Nicht-DBA-Gebieten mit Quellensteuern auf Dividenden, Zinsen und Wertpapierveräußerungsgewinne, die der deutschen Einkommensteuer entsprechen

        3. Verzeichnis von Nicht-DBA-Staaten bzw. Nicht-DBA-Gebieten ohne Quellensteuern auf Dividenden, Zinsen und Wertpapierveräußerungsgewinne

Anhang 13 **Erbfolgeregelungen**

    I. Ertragsteuerliche Behandlung der Erbengemeinschaft und ihrer Auseinandersetzung

    II. Ertragsteuerliche Behandlung der vorweggenommenen Erbfolge;
hier: Anwendung des Beschlusses des Großen Senats vom 5. Juli 1990 (BStBl II S. 847)

    III. Abzug von Schuldzinsen als Betriebsausgaben oder Werbungskosten – Aufgabe der sog. Sekundärfolgenrechtsprechung durch den BFH;
Anwendung der BFH-Urteile vom 2. März 1993
– VIII R 47/90 – (BStBl 1994 II S. 619), vom 25. November 1993 – IV R 66/93 – (BStBl 1994 II S. 623) und vom 27. Juli 1993 – VIII R 72/90 – (BStBl 1994 II S. 625)

    IV. Einkommensteuerrechtliche Behandlung von wiederkehrenden Leistungen im Zusammenhang mit einer Vermögensübertragung

Inhaltsverzeichnis

Anhang 14 – unbesetzt –

Anhang 15 – unbesetzt –

Anhang 16 **Gewinnermittlung**
- I. 1. Betrieblicher Schuldzinsenabzug nach § 4 Absatz 4a EStG
- 2. Schuldzinsen für Kontokorrentkredite als Betriebsausgaben oder Werbungskosten
- II. Steuerliche Anerkennung von Aufwendungen für die Bewirtung von Personen aus geschäftlichem Anlass in einem Bewirtungsbetrieb als Betriebsausgaben
- III. Ertragsteuerliche Erfassung der Nutzung eines betrieblichen Kraftfahrzeugs zu Privatfahrten, zu Fahrten zwischen Wohnung und Betriebsstätte sowie zu Familienheimfahrten nach § 4 Absatz 5 Satz 1 Nummer 6 und § 6 Absatz 1 Nummer 4 Satz 1 bis 3 EStG; Berücksichtigung der Änderungen durch das Gesetz zur Eindämmung missbräuchlicher Steuergestaltungen vom 28. April 2006 (BStBl I S. 353) und des Gesetzes zur Fortführung der Gesetzeslage 2006 bei der Entfernungspauschale vom 20. April 2009 (BGBl. I S. 774, BStBl I S. 536)
- IV. Ertragsteuerliche Behandlung des Sponsoring
- V. – unbesetzt –
- VI. Zweifelsfragen im Zusammenhang mit § 6b Absatz 2a EStG
- VII. Nutzungsüberlassung von Betrieben mit Substanzerhaltungspflicht des Berechtigten; sog. Eiserne Verpachtung
- VIII. Gewinnerzielungsabsicht bei kleinen Photovoltaikanlagen und vergleichbaren Blockheizkraftwerken
- IX. Steuerliche Gewinnermittlung; Zweifelsfragen zur bilanziellen Behandlung sog. geringwertiger Wirtschaftsgüter nach § 6 Absatz 2 EStG und zum Sammelposten nach § 6 Absatz 2a EStG in der Fassung des Gesetzes zur Beschleunigung des Wirtschaftswachstums vom 22. Dezember 2009 (BGBl. 2009 I S. 3950, BStBl 2010 I S. 2)
- X. Bildung gewillkürten Betriebsvermögens bei der Gewinnermittlung nach § 4 Abs. 3 EStG; BFH-Urteil vom 2. Oktober 2003 – IV R 13/03 – (BStBl II S. 985)
- XI. 1. Ertragsteuerliche Behandlung von Aufwendungen für VIP-Logen in Sportstätten

XXXIX

Inhaltsverzeichnis

	2.	Ertragsteuerliche Behandlung von Aufwendungen für VIP-Logen in Sportstätten, Anwendung der Vereinfachungsregelungen auf ähnliche Sachverhalte; BMF-Schreiben vom 22. August 2005 – IV B 2 – S 2144 – 41/05 – (BStBl I S. 845)
	XII.	Gewährung der Freibetrages nach § 16 Abs. 4 EStG und der Tarifermäßigung nach § 34 Abs. 3 EStG
	XIII.	Zuordnung der Steuerberatungskosten zu den Betriebsausgaben, Werbungskosten oder Kosten der Lebensführung
	XIV.	Zinsschranke (§ 4h EStG; § 8a KStG)
	XV.	Anwendung des Teileinkünfteverfahrens in der steuerlichen Gewinnermittlung (§ 3 Nummer 40, § 3c Absatz 2 EStG)
	XVI.	Beschluss des BVerfG vom 7. Juli 2010 – 2 BvR 748/05, 2 BvR 753/05 und 2 BvR 1738/05 – (BStBl 2011 II S. 86); Auswirkungen auf Einlagen nach § 6 Absatz 1 Nummer 5 Satz 1 Buchstabe b EStG und Einbringungen nach § 22 Absatz 1 Satz 5 i. V. m. Absatz 2 UmwStG Zuordnung von Veräußerungskosten
	XVII.	Ertragsteuerliche Beurteilung von Aufwendungen für Fahrten zwischen Wohnung und Betriebsstätte und von Reisekosten unter Berücksichtigung der Reform des steuerlichen Reisekostenrechts zum 1. Januar 2014; Anwendung bei der Gewinnermittlung
	XVIII.	Eigener Aufwand des Unternehmer-Ehegatten für die Errichtung von Betriebsgebäuden auf einem auch dem Nichtunternehmer-Ehegatten gehörenden Grundstück; BFH-Urteil vom 9. März 2016 – X R 46/14 – (BStBl II S. 976)
Anhang 17	**Grundstückshandel**	
	Abgrenzung zwischen privater Vermögensverwaltung und gewerblichem Grundstückshandel	
Anhang 17a	– unbesetzt –	
Anhang 17b	**Heil- und Heilhilfsberufe**	
	Ertragsteuerliche Behandlung von Heil- und Heilhilfsberufen	
Anhang 18	**Investitionsabzugsbetrag**	
	Steuerliche Gewinnermittlung; Zweifelsfragen zu den Investitionsabzugsbeträgen nach § 7g Absatz 1 bis 4 und 7 EStG in der Fassung des Jahressteuergesetzes 2020 (JStG 2020) vom 21. Dezember 2020 (BGBl. I S. 3096)	

Inhaltsverzeichnis

Anhang 19   **Kapitalvermögen (Abgeltungsteuer)**
     I. Kapitalertragsteuer;
Ausstellung von Steuerbescheinigungen für Kapitalerträge nach § 45a Absatz 2 und 3 EStG;
Ergänzung des BMF-Schreibens vom 15. Dezember 2017 (BStBl 2018 I S. 13)
     II. Einzelfragen zur Abgeltungsteuer

Anhang 19a   **Kinderbetreuungskosten**
Steuerliche Berücksichtigung von Kinderbetreuungskosten ab dem Veranlagungszeitraum 2012 (§ 10 Absatz 1 Nummer 5 EStG); Anwendungsschreiben

Anhang 19b   **Kindertagespflege**
Ertragsteuerliche Behandlung der Kindertagespflege

Anhang 19c   **Kinder, Freibeträge**
     I. Übertragung der Freibeträge für Kinder;
BMF-Schreiben zu § 32 Absatz 6 Satz 6 bis 11 EStG
     II. Familienleistungsausgleich;
Lebenspartner und Freibeträge für Kinder
Gesetz zur Änderung des Einkommensteuergesetzes in Umsetzung der Entscheidung des Bundesverfassungsgerichtes vom 7. Mai 2013 (BGBl. I Seite 2397)

Anhang 20   **Land- und Forstwirtschaft**
     I. – unbesetzt –
     II. Besteuerung der Forstwirtschaft;
Ertragsteuerrechtliche Behandlung von forstwirtschaftlichen Flächen als Betriebsvermögen eines Erwerbsbetriebs
     III. Besteuerung der Forstwirtschaft;
Auswirkungen der Rechtsprechung des Bundesfinanzhofs vom 5. Juni 2008 (BStBl II S. 960 und 968) und Anpassung an die Änderungen des Steuervereinfachungsgesetzes 2011
     IV. – unbesetzt –
     V. Gewinnermittlung nach Durchschnittssätzen für Land- und Forstwirte gemäß § 13a EStG;
Neuregelung für die Wirtschaftsjahre 2015 ff. bzw. abweichenden Wirtschaftsjahre 2015/2016 ff.

Anhang 21   **Leasing**
     I. Ertragsteuerliche Behandlung von Leasing-Verträgen über bewegliche Wirtschaftsgüter
     II. Ertragsteuerliche Behandlung von Finanzierungs-Leasing-Verträgen über unbewegliche Wirtschaftsgüter
     III. Steuerrechtliche Zurechnung des Leasing-Gegenstandes beim Leasing-Geber

Inhaltsverzeichnis

	IV.	Ertragsteuerliche Behandlung von Teilamortisations-Leasing-Verträgen über unbewegliche Wirtschaftsgüter
Anhang 22	– unbesetzt –	
Anhang 22a	**Lebensversicherungen (Vertragsabschluss nach dem 31.12.2004)**	
	I.	Besteuerung von Versicherungserträgen im Sinne des § 20 Absatz 1 Nummer 6 EStG
	II.	Berechnung des Unterschiedsbetrages zwischen der Versicherungsleistung und der Summe der auf sie entrichteten Beiträge bei (Teil-)Auszahlungen des Zeitwertes von Rentenversicherungen nach Beginn der Rentenzahlung
Anhang 23	– unbesetzt –	
Anhang 24	**Mitunternehmer**	
	I.	1. Sonderbetriebsvermögen bei Vermietung an eine Schwestergesellschaft; Anwendung der BFH-Urteile vom 16. Juni 1994 (BStBl 1996 II S. 82), vom 22. November 1994 (BStBl 1996 II S. 93) und vom 26. November 1996 (BStBl 1998 II S. 328)
		2. Verhältnis des § 15 Abs. 1 Nr. 2 EStG zur mitunternehmerischen Betriebsaufspaltung; Anwendung des BFH-Urteils vom 23. April 1996 – VIII R 13/95 – (BStBl 1998 II S. 325)
	II.	1. Behandlung der Einbringung einzelner zum Privatvermögen gehörender Wirtschaftsgüter in das betriebliche Gesamthandsvermögen einer Personengesellschaft als tauschähnlicher Vorgang; Anwendung des BFH-Urteils vom 19. Oktober 1998 – VIII R 69/95 –
		2. Behandlung der Einbringung zum Privatvermögen gehörender Wirtschaftsgüter in das betriebliche Gesamthandsvermögen einer Personengesellschaft
	III.	Realteilung; Anwendung von § 16 Absatz 3 Satz 2 bis 4 und Absatz 5 EStG
Anhang 25	– unbesetzt –	
Anhang 26	**Private Veräußerungsgeschäfte** Zweifelsfragen zur Neuregelung der Besteuerung privater Grundstücksveräußerungsgeschäfte nach § 23 EStG	
Anhang 27	– unbesetzt –	

Inhaltsverzeichnis

Anhang 27a **Schulgeld**
Berücksichtigung von Schulgeldzahlungen als Sonderausgaben nach § 10 Abs. 1 Nr. 9 EStG;
Änderungen durch das Jahressteuergesetz 2009

Anhang 27b **Steuerermäßigungen**
I. Steuerermäßigung bei Einkünften aus Gewerbebetrieb gem. § 35 EStG
II. Steuerermäßigung bei Aufwendungen für haushaltsnahe Beschäftigungsverhältnisse und für die Inanspruchnahme haushaltsnaher Dienstleistungen (§ 35a EStG)
III. 1. Steuerermäßigung für energetische Maßnahmen bei zu eigenen Wohnzwecken genutzten Gebäuden (§ 35c EStG);
Bescheinigung des ausführenden Fachunternehmens;
Bescheinigung für Personen mit Ausstellungsberechtigung nach § 88 Gebäudeenergiegesetz
2. Steuerliche Förderung energetischer Maßnahmen an zu eigenen Wohnzwecken genutzten Gebäuden; Einzelfragen zu § 35c EStG

Anhang 27c **Tarifbegünstigung**
Anwendungsschreiben zur Begünstigung der nicht entnommenen Gewinne (§ 34a EStG)

Anhang 28 **Umwandlungssteuerrecht**
Anwendung des Umwandlungssteuergesetzes i. d. F. des Gesetzes über steuerliche Begleitmaßnahmen zur Einführung der Europäischen Gesellschaft und zur Änderung weiterer steuerrechtlicher Vorschriften (SEStEG)

Anhang 29 **Verluste**
I. Zweifelsfragen zu § 15a EStG;
hier: Saldierung von Gewinnen und Verlusten aus dem Gesellschaftsvermögen mit Gewinnen und Verlusten aus dem Sonderbetriebsvermögen
II. § 15a EStG;
hier: Umfang des Kapitalkontos im Sinne des § 15a Abs. 1 Satz 1 EStG
III. Anwendungsschreiben § 15b EStG
IV. Anwendungsschreiben zur Verlustabzugsbeschränkung nach § 15 Abs. 4 Satz 6 bis 8 EStG

Inhaltsverzeichnis

Anhang 30   Vermietung und Verpachtung

- I. Einkommensteuerrechtliche Behandlung von Gesamtobjekten, von vergleichbaren Modellen mit nur einem Kapitalanleger und von gesellschafts- sowie gemeinschaftsrechtlich verbundenen Personenzusammenschlüssen (geschlossene Fonds)
- II. Einkunftserzielung bei den Einkünften aus Vermietung und Verpachtung
- III. Einkunftsermittlung bei im Betriebsvermögen gehaltenen Beteiligungen an vermögensverwaltenden Personengesellschaften
- IV. Schuldzinsen als nachträgliche Werbungskosten bei den Einkünften aus Vermietung und Verpachtung nach Veräußerung des Mietobjekts oder nach Wegfall der Einkünfteerzielungsabsicht;
Anwendung der BFH-Urteile vom 21. Januar 2014 – IX R 37/12 – (BStBl 2015 II S. 631), vom 11. Februar 2014 – IX R 42/13 – (BStBl 2015 II S. 633) und vom 8. April 2014 – IX R 45/13 – (BStBl 2015 II S. 635)
- V. 1. Abgrenzung von Anschaffungskosten, Herstellungskosten und Erhaltungsaufwendungen bei der Instandsetzung und Modernisierung von Gebäuden; BFH-Urteile vom 9. Mai 1995 – BStBl 1996 II S. 628, 630, 632, 637 –; vom 10. Mai 1995 – BStBl 1996 II S. 639 – und 16. Juli 1996 – BStBl II S. 649 – sowie vom 12. September 2001 – BStBl 2003 II S. 569, S. 574 – und vom 22. Januar 2003 – BStBl II S. 569
  2. Anschaffungsnahe Herstellungskosten im Sinne von § 6 Absatz 1 Nummer 1a EStG; BFH-Urteile vom 14. Juni 2016 IX R 25/14 (BStBl II S. 992), IX R 15/15 (BStBl II S. 996) und IX R 22/15 (BStBl II S. 999)
- VI. Einkommensteuerrechtliche Behandlung des Nießbrauchs und anderer Nutzungsrechte bei Einkünften aus Vermietung und Verpachtung
- VII. Schuldzinsen bei einem Darlehen für die Anschaffung oder Herstellung eines teilweise vermieteten und teilweise selbstgenutzten Gebäudes bei den Einkünften aus Vermietung und Verpachtung; BFH-Urteil vom 25.3.2003 (BStBl 2004 II S. 348)

Anhang 31-32   – unbesetzt –

Inhaltsverzeichnis

Anhang 33 **Versorgungsausgleich**
Einkommensteuerrechtliche Behandlung von Ausgleichszahlungen im Rahmen des Versorgungsausgleichs nach § 10 Absatz 1 Nummer 1b EStG und § 22 Nummer 1c EStG

Anhang 34-36 – unbesetzt –

Anhang 37 **Zuwendungen nach §§ 10b, 34g EStG**
  I. Muster für Zuwendungsbestätigungen (§ 10b EStG)
  II. Steuerbegünstigte Zwecke (§ 10b EStG);
  Gesetz zur Stärkung des Ehrenamtes (Ehrenamtsstärkungsgesetz) vom 21. März 2013
  Anwendungsschreiben zu § 10b Absatz 1a EStG
  III. Steuerliche Anerkennung von Spenden durch den Verzicht auf einen zuvor vereinbarten Aufwendungsersatz (Aufwandsspende) bzw. einen sonstigen Anspruch (Rückspende)

D. Stichwortverzeichnis

Abkürzungsverzeichnis

A	=	Abschnitt
a. a. O.	=	am angegebenen Ort
ABl. EG	=	Amtsblatt EG
Abs.	=	Absatz
abzgl.	=	abzüglich
a. F.	=	alte Fassung
AfaA	=	Absetzung für außergewöhnliche Abnutzung
AfA	=	Absetzung für Abnutzung
AfS	=	Absetzung für Substanzverringerung
AG	=	Aktiengesellschaft
AIG	=	Auslandsinvestitionsgesetz
AktG	=	Aktiengesetz
Alg II	=	Arbeitslosengeld II
AltEinkG	=	Alterseinkünftegesetz
AnfG	=	Anfechtungsgesetz
AO	=	Abgabenordnung
AStG	=	Außensteuergesetz
ATE	=	Auslandstätigkeitserlass
AusIInvG	=	Auslandinvestment-Gesetz
BAföG	=	Bundesausbildungsförderungsgesetz
BAG	=	Bundesarbeitsgericht
BAnz.	=	Bundesanzeiger
BauGB	=	Baugesetzbuch
BBiG	=	Berufsbildungsgesetz
BEEG	=	Bundeselterngeld- und Elternzeitgesetz
BeitrRLUmsG	=	Gesetz zur Umsetzung der Beitreibungsrichtlinie sowie zur Änderung steuerlicher Vorschriften (Beitreibungsrichtlinie-Umsetzungsgesetz)
ber.	=	berichtigt
BerlinFG	=	Berlinförderungsgesetz
Betriebsrentengesetz	=	Gesetz zur Verbesserung der betrieblichen Altersversorgung – BetrAVG
BewG	=	Bewertungsgesetz
BFH	=	Bundesfinanzhof
BGB	=	Bürgerliches Gesetzbuch
BGBl.	=	Bundesgesetzblatt
BGH	=	Bundesgerichtshof
BilMoG	=	Gesetz zur Modernisierung des Bilanzrechts (Bilanzrechtsmodernisierungsgesetz)
BiRiLiG	=	Bilanzrichtlinien-Gesetz

Abkürzungsverzeichnis

BMEL	=	Bundesministerium für Ernährung und Landwirtschaft
BMF (BdF)	=	Bundesministerium der Finanzen
BMWF	=	Bundesminister für Wirtschaft und Finanzen
BStBl	=	Bundessteuerblatt
BT-Drs.	=	Bundestags-Drucksache
Buchst.	=	Buchstabe
BVerfG	=	Bundesverfassungsgericht
BVerfGE	=	Amtliche Sammlung der Entscheidungen des BVerfG
BVG	=	Bundesversorgungsgesetz
BZSt	=	Bundeszentralamt für Steuern
bzw.	=	beziehungsweise
DA-KG	=	Dienstanweisung des Bundeszentralamts für Steuern zum Kindergeld nach dem Einkommensteuergesetz
DBA	=	Doppelbesteuerungsabkommen
d. h.	=	das heißt
DMBilG	=	D-Markbilanzgesetz
DV	=	Durchführungsverordnung
EG	=	Europäische Gemeinschaften
EhfG	=	Entwicklungshelfer-Gesetz
EigZulG	=	Eigenheimzulagengesetz
einschl.	=	einschließlich
ErbStG	=	Erbschaftsteuergesetz
EStDV	=	Einkommensteuer-Durchführungsverordnung
EStG	=	Einkommensteuergesetz
EStH	=	Amtliches Einkommensteuer-Handbuch
EStR	=	Einkommensteuer-Richtlinien
EU	=	Europäische Union
EuGH	=	Europäischer Gerichtshof
EÜR	=	Einnahmenüberschussrechnung
EWR	=	Europäischer Wirtschaftsraum
FamEntlastG	=	Familienentlastungsgesetz
FamFG	=	Gesetz über die Verfahren in Familiensachen und in den Angelegenheiten der freiwilligen Gerichtsbarkeit
f., ff.	=	folgende, fortfolgende
fm	=	Festmeter
FördG	=	Gesetz über Sonderabschreibungen und Abzugsbeträge im Fördergebiet (Fördergebietsgesetz)
FVG	=	Finanzverwaltungsgesetz
GBl.	=	Gesetzblatt der DDR
GbR	=	Gesellschaft bürgerlichen Rechts

Abkürzungsverzeichnis

GdB	=	Grad der Behinderung
G. d. E.	=	Gesamtbetrag der Einkünfte
gem.	=	gemäß
GenG	=	Genossenschaftsgesetz
GewStG	=	Gewerbesteuergesetz in der für den jeweiligen VZ geltenden Fassung
GewStH	=	Amtliches Gewerbesteuer-Handbuch
GewStR	=	Gewerbesteuer-Richtlinien in der für den jeweiligen VZ geltenden Fassung
GG	=	Grundgesetz für die Bundesrepublik Deutschland
ggf.	=	gegebenenfalls
GmbH	=	Gesellschaft mit beschränkter Haftung
GmbHG	=	GmbH-Gesetz
GrEStG	=	Grunderwerbsteuergesetz
GWD	=	Grundwehrdienst
GWG	=	Geringwertiges Wirtschaftsgut
H	=	Hinweis
ha	=	Hektar
HAG	=	Heimarbeitsgesetz
HBeglG 2004	=	Haushaltsbegleitgesetz 2004
HGB	=	Handelsgesetzbuch
HwO	=	Handwerksordnung
i. d. F.	=	in der Fassung
i. d. R.	=	in der Regel
i. H. d.	=	in Höhe des/der
i. H. v.	=	in Höhe von
i. R.	=	im Rahmen
i. R. d.	=	im Rahmen des/der
i. S. d.	=	im Sinne des/der
i. S. v.	=	im Sinne von
i. V. m.	=	in Verbindung mit
InsO	=	Insolvenzordnung
InvStG	=	Investmentsteuergesetz
InvZulG	=	Investitionszulagengesetz
JStG	=	Jahressteuergesetz
KAGG	=	Gesetz über Kapitalanlagegesellschaften
KapErhStG	=	Kapitalerhöhungssteuergesetz
KapSt	=	Kapitalertragsteuer
Kfz	=	Kraftfahrzeug
KG	=	Kommanditgesellschaft

XLIX

Abkürzungsverzeichnis

KGaA	=	Kommanditgesellschaft auf Aktien
KHBV	=	Krankenhaus-Buchführungsverordnung
Kj.	=	Kalenderjahr
km	=	Kilometer
KStG	=	Körperschaftsteuergesetz
KStH	=	Amtliches Körperschaftsteuer-Handbuch
KStR	=	Körperschaftsteuer-Richtlinien in der für den jeweiligen VZ geltenden Fassung
KWG	=	Gesetz über das Kreditwesen
lfd.	=	laufend
LPartG	=	Lebenspartnerschaftsgesetz
LAG	=	Lastenausgleichsgesetz
LStDV	=	Lohnsteuer-Durchführungsverordnung in der für das jeweilige Kalenderjahr geltenden Fassung
LStH	=	Amtliches Lohnsteuer-Handbuch
LStR	=	Lohnsteuer-Richtlinien
MaBV	=	Makler- und Bauträgerverordnung
MinBlFin	=	Ministerialblatt des Bundesministers der Finanzen
MoMiG	=	Gesetz zur Modernisierung des GmbH-Rechts und zur Bekämpfung von Missbräuchen
MuSchG	=	Mutterschutzgesetz
m. w. N.	=	mit weiteren Nachweisen
Nr.	=	Nummer
o. a.	=	oder andere/anderer/anderes
o. ä./o. Ä.	=	oder Ähnliche/Ähnlicher/Ähnliches
o. g.	=	oben genannte/genannter/genanntes/genannten
OHG	=	Offene Handelsgesellschaft
OWiG	=	Gesetz über Ordnungswidrigkeiten
PartG	=	Parteiengesetz
Pkw	=	Personenkraftwagen
R	=	Richtlinie
Randnr., Rdnr., Rn.	=	Randnummer
Rz.	=	Randziffer
RdF	=	Reichsminister der Finanzen
RGBl	=	Reichsgesetzblatt
RFH	=	Reichsfinanzhof
RStBl	=	Reichssteuerblatt
s.	=	siehe
S. d. E.	=	Summe der Einkünfte

Abkürzungsverzeichnis

SEStEG	=	Gesetzes über steuerliche Begleitmaßnahmen zur Einführung der Europäischen Gesellschaft und zur Änderung weiterer steuerrechtlicher Vorschriften
SfH	=	Stiftung für Hochschulzulassung
SGB	=	Sozialgesetzbuch
sog.	=	sogenannt
StÄndG	=	Steueränderungsgesetz
Steuerbürokratie-abbaugesetz	=	Gesetz zur Modernisierung und Entbürokratisierung des Steuerverfahrens
StGB	=	Strafgesetzbuch
Stpfl.	=	Steuerpflichtiger
StPO	=	Strafprozessordnung
StSenkG	=	Steuersenkungsgesetz
StVergAbG	=	Steuervergünstigungsabbaugesetz
SvEV	=	Sozialversicherungsentgeltverordnung
Tz./Tzn.	=	Textziffer/Textziffern
u. a.	=	unter anderem
u. ä./u. Ä.	=	und Ähnliche/Ähnlicher/Ähnliches
UmwStG	=	Gesetz über steuerliche Maßnahmen bei Änderung der Unternehmensform (Umwandlungssteuergesetz)
UStG	=	Umsatzsteuergesetz
UStDV	=	Umsatzsteuer-Durchführungsverordnung
usw.	=	und so weiter
VAG	=	Versicherungsaufsichtsgesetz
VE	=	Vieheinheit
VermBG	=	Vermögensbildungsgesetz
VermG	=	Gesetz zur Regelung offener Vermögensfragen
vGA	=	verdeckte Gewinnausschüttung
vgl.	=	vergleiche
v. H.	=	vom Hundert
VO	=	Verordnung
vs.	=	versus
VVG	=	Versicherungsvertragsgesetz
VwVfG	=	Verwaltungsverfahrensgesetz
VZ	=	Veranlagungszeitraum
WEG	=	Wohnungseigentumsgesetz
Wj.	=	Wirtschaftsjahr
WoBauG	=	Wohnungsbaugesetz (Wohnungsbau- und Familienheimgesetz)
WoEigG	=	Wohnungseigentumsgesetz

Abkürzungsverzeichnis

WoFIV	=	Wohnflächenverordnung
WoPG	=	Wohnungsbau-Prämiengesetz
WÜD	=	Wiener Übereinkommen über diplomatische Beziehungen
WÜK	=	Wiener Übereinkommen über konsularische Beziehungen
z. B.	=	zum Beispiel
ZD	=	Zivildienst
ZDG	=	Zivildienstgesetz
ZPO	=	Zivilprozessordnung
ZRFG	=	Zonenrandförderungsgesetz
z. T.	=	zum Teil
zzgl.	=	zuzüglich
z. v. E.	=	zu versteuerndes Einkommen

Tabellarische Übersicht — EStH 2022

Übersicht über die betragsmäßige Entwicklung ausgewählter Tatbestände im Einkommensteuerrecht

	2020 €	2021 €	2022 €
sog. Übungsleiterfreibetrag (§ 3 Nr. 26 EStG)	2.400	3.000	3.000
allgemeiner Freibetrag für sonstige Einnahmen aus ehrenamtlicher Tätigkeit (§ 3 Nr. 26a EStG)	720	840	840
Geschenke (§ 4 Abs. 5 Satz 1 Nr. 1 EStG)	35	35	35
Verpflegungsmehraufwendungen bei Dienst-/Geschäftsreisen (§ 4 Abs. 5 Satz 1 Nr. 5 i. V. m. § 9 Abs. 4a EStG)			
Abwesenheit 24 Stunden	28	28	28
Abwesenheit eintägig und mehr als 8 Stunden	14	14	14
An- und Abreisetag bei mehrtägiger Abwesenheit mit Übernachtung	14	14	14
Homeoffice-Pauschale (§ 4 Abs. 5 Satz 1 Nr. 6b EStG)			
Tagespauschale (Höchstbetrag)	5 (600)	5 (600)	5 (600)
Grundstücksteile von untergeordnetem Wert (§ 8 EStDV)	20.500	20.500	20.500
Geringwertige Wirtschaftsgüter (§ 6 Abs. 2 EStG)	800	800	800
Sammelposten nach § 6 Abs. 2a EStG	250 – 1.000	250 – 1.000	250 – 1.000
Investitionsabzugsbetrag/Sonderabschreibung (§ 7g EStG)			
Einheitliche Gewinngrenze	200.000	200.000	200.000
Höchstbetrag für den Investitionsabzugsbetrag § 7g Abs. 1 EStG	200.000	200.000	200.000
Fahrten/Wege zwischen Wohnung und regelmäßiger Arbeitsstätte bzw. erster Tätigkeitsstätte (§ 9 Abs. 1 Satz 3 Nr. 4 EStG)			
– Entfernungspauschale bis 20 km	0,30	0,30	0,30
ab 21. km		0,35	0,38
– Höchstbetrag ohne Nachweis einer Kfz-Nutzung	4.500	4.500	4.500
Werbungskosten			
Geringwertige Wirtschaftsgüter (§ 9 Abs. 1 Nr. 7 EStG)	800	800	800
Pauschbeträge für Werbungskosten (§ 9a EStG)			
– zu Arbeitslohn	1.000	1.000	1.200
– zu Versorgungsbezügen (§ 19 Abs. 2 EStG)	102	102	102
– zu Einnahmen i. S. d. § 22 Nr. 1, 1a und 5 EStG	102	102	102
Kinderbetreuungskosten (§ 10 Abs. 1 Nr. 5 EStG)			
2/3 der Aufwendungen als Sonderausgaben, höchstens	4.000	4.000	4.000
Altersgrenze für Kinderbetreuungskosten	14	14	14
Aufwendungen für die eigene Berufsausbildung (§ 10 Abs. 1 Nr. 7 EStG)	6.000	6.000	6.000
Schulgeld (§ 10 Abs. 1 Nr. 9 EStG)			
30 Prozent des Entgelts, höchstens	5.000	5.000	5.000
Vorsorgeaufwendungen			
Altersvorsorgeaufwendungen § 10 Abs. 1 Nr. 2 EStG			
– abziehbarer Prozentsatz (§ 10 Abs. 3 EStG)	90 %	92 %	94 %
– Höchstbetrag (§ 10 Abs. 3 EStG)			
– zusammenveranlagte Ehegatten/Lebenspartner	50.092	51.574	51.278
– andere Personen	25.046	25.787	25.639
Max. Kürzungsbetrag nach § 10 Abs. 3 Satz 3 EStG	14.396	14.954	15.066
Sonst. Vorsorgeaufwendungen § 10 Abs. 1 Nr. 3, 3a EStG[1]			
– Höchstbetrag (§ 10 Abs. 4 Satz 1 EStG)	2.800	2.800	2.800
– Höchstbetrag (§ 10 Abs. 4 Satz 2 EStG)	1.900	1.900	1.900

---

[1] Beiträge für eine Basiskrankenversicherung und Pflegepflichtversicherung sind voll abziehbar >§ 10 Abs. 4 Satz 4.

Tabellarische Übersicht — EStH 2022

Übersicht über die betragsmäßige Entwicklung ausgewählter Tatbestände im Einkommensteuerrecht

	2020 €	2021 €	2022 €
Veräußerungsfreibetrag (§ 16 Abs. 4 EStG)	45.000	45.000	45.000
Kappungsgrenze (§ 16 Abs. 4 Satz 3 EStG)	136.000	136.000	136.000
Sparer-Pauschbetrag (§ 20 Abs. 9 EStG)			
– zusammenveranlagte Ehegatten/Lebenspartner	1.602	1.602	1.602
– andere Personen	801	801	801
Freigrenze für sonstige Leistungseinkünfte (§ 22 Nr. 3 EStG)	256	256	256
Freigrenze für private Veräußerungsgewinne (§ 23 Abs. 3 EStG)	600	600	600
Entlastungsbetrag für Alleinerziehende (§ 24b EStG)	4.008	4.008	4.008
Erhöhungsbetrag für jedes weitere Kind	240	240	240
Kinderfreibetrag (§ 32 Abs. 6 EStG)			
je Elternteil; in bestimmten Fällen doppelter Betrag	2.586	2.730	2.810
Freibetrag für den Betreuungs- und Erziehungs- oder Ausbildungsbedarf (§ 32 Abs. 6 EStG)			
je Elternteil; in bestimmten Fällen doppelter Betrag	1.320	1.464	1.464
Grundfreibetrag (§ 32a Abs. 1 EStG)	9.408	9.744	10.347
Unterhaltsaufwendungen (§ 33a Abs. 1 EStG)			
– Höchstbetrag bei gesetzlicher Unterhaltsverpflichtung und in bestimmten anderen Fällen[1]	9.408	9.744	10.347
– Anrechnungsfreier Betrag	624	624	624
Freibetrag für ein auswärtig untergebrachtes Kind über 18 Jahre in Berufsausbildung (§ 33a Abs. 2 EStG)			
– Höchstbetrag	924	924	924
Steuerermäßigung nach § 35a EStG			
– bei geringfügiger Beschäftigung (§ 35a Abs. 1 EStG) 20 Prozent der Aufwendungen, höchstens	510	510	510
– bei nicht geringfügigen haushaltsnahen Beschäftigungsverhältnissen und bei Inanspruchnahme haushaltsnaher Dienstleistungen (§ 35a Abs. 2 EStG) 20 Prozent des Arbeitsentgelts, höchstens	4.000	4.000	4.000
– bei Handwerkerleistungen (§ 35a Abs. 3 EStG) 20 Prozent des Arbeitsentgelts, höchstens	1.200	1.200	1.200
Steuerermäßigung für energetische Maßnahmen bei zu eigenen Wohnzwecken genutzten Gebäuden (§ 35c EStG)			
– 7 Prozent der Aufwendungen im Jahr des Abschlusses der Maßnahme, höchstens	14.000	14.000	14.000
– 7 Prozent der Aufwendungen im nächsten Jahr, höchstens	14.000	14.000	14.000
– 6 Prozent der Aufwendungen im übernächsten Jahr, höchstens	12.000	12.000	12.000
– Höchstbetrag je begünstigtem Objekt	40.000	40.000	40.000
Kindergeld (§ 66 Abs. 1 EStG)			
– für das erste und zweite Kind monatlich jeweils	204 [2]	219 [2]	219 [2]
– für das dritte Kind monatlich jeweils	210 [2]	225 [2]	225 [2]
– für das vierte und jedes weitere Kind monatlich jeweils	235 [2]	250 [2]	250 [2]
Steuererklärungspflichten			
– § 56 Satz 1 Nr. 1 Buchst. a EStDV	>18.816	>19.488	>20.694
– § 56 Satz 1 Nr. 2 Buchst. a EStDV	>9.408	>9.744	>10.347

[1] Der Höchstbetrag erhöht sich um die Kranken- und Pflegeversicherungsbeiträge nach § 10 Abs. 1 Nr. 3, soweit sie nicht bereits nach § 10 Abs. 1 Nr. 3 Satz 1 anzusetzen sind.

[2] zzgl. Einmalbeträge für jedes Kind von insgesamt 300 € für das Kj. 2020, von 150 € für das Kj. 2021 und von 100 € für das Kj. 2022

A.
Einkommensteuergesetz (EStG)
Einkommensteuer-Durchführungsverordnung 2000 (EStDV 2000)
Einkommmensteuer-Richtlinien 2012 (EStR 2012)
Hinweise 2022

Einführung

(1) Die Einkommensteuer-Richtlinien in der geänderten Fassung (Einkommmensteuer-Richtlinien 2012 – EStR 2012) sind Weisungen an die Finanzbehörden zur einheitlichen Anwendung des Einkommensteuerrechts, zur Vermeidung unbilliger Härten und zur Verwaltungsvereinfachung.

(2) Die EStR 2012 sind für die Veranlagung zur Einkommensteuer ab dem VZ 2012 anzuwenden. Die EStR 2012 sind auch für frühere VZ anzuwenden, soweit sie lediglich eine Erläuterung der Rechtslage darstellen.

(3) Anordnungen, die mit den nachstehenden Richtlinien im Widerspruch stehen, sind nicht mehr anzuwenden.

(4) Diesen Richtlinien liegt, soweit im Einzelnen keine andere Fassung angegeben ist, das Einkommensteuergesetz 2002 i. d. F. der Bekanntmachung vom 08.10.2009 (BGBl. I S. 3366 und S. 3862), zuletzt geändert durch Artikel 1 des Gesetzes zur Änderung und Vereinfachung der Unternehmensbesteuerung und des steuerlichen Reisekostenrechts vom 20.02.2013 (BGBl. I S. 285), zugrunde.

(5) Die Anordnungen, die in den Vorschriften über den Steuerabzug vom Arbeitslohn (Lohnsteuer) und in den dazu ergangenen Lohnsteuer-Richtlinien über die Ermittlung der Einkünfte aus nichtselbständiger Arbeit enthalten sind, gelten entsprechend auch für die Veranlagung zur Einkommensteuer.

Anwendung der Einkommensteuer-Richtlinien 2005

Die Einkommensteuer-Richtlinien 2005 (EStR 2005) i. d. F. vom 16.12.2005 (BStBl I Sondernummer 1/2005) unter Berücksichtigung der Einkommensteuer-Richtlinien 2008 (EStR 2008) vom 18.12.2008 (BStBl I S. 1017) sind mit den Abweichungen, die sich aus der Änderung von Rechtsvorschriften für die Zeit bis zum 31.12.2011 ergeben, letztmals für die Veranlagung zur Einkommensteuer des VZ 2011 weiter anzuwenden.

I. Steuerpflicht

§ 1
Steuerpflicht

(1) ¹Natürliche Personen, die im Inland einen Wohnsitz oder ihren gewöhnlichen Aufenthalt haben, sind unbeschränkt einkommensteuerpflichtig. ²Zum Inland im Sinne dieses Gesetzes gehört auch der der Bundesrepublik Deutschland zustehende Anteil
1. an der ausschließlichen Wirtschaftszone, soweit dort
    a) die lebenden und nicht lebenden natürlichen Ressourcen der Gewässer über dem Meeresboden, des Meeresbodens und seines Untergrunds erforscht, ausgebeutet, erhalten oder bewirtschaftet werden,
    b) andere Tätigkeiten zur wirtschaftlichen Erforschung oder Ausbeutung der ausschließlichen Wirtschaftszone ausgeübt werden, wie beispielsweise die Energieerzeugung aus Wasser, Strömung und Wind oder
    c) künstliche Inseln errichtet oder genutzt werden und Anlagen und Bauwerke für die in den Buchstaben a und b genannten Zwecke errichtet oder genutzt werden, und
2. am Festlandsockel, soweit dort
    a) dessen natürliche Ressourcen erforscht oder ausgebeutet werden; natürliche Ressourcen in diesem Sinne sind die mineralischen und sonstigen nicht lebenden Ressourcen des Meeresbodens und seines Untergrunds sowie die zu den sesshaften Arten gehörenden Lebewesen, die im nutzbaren Stadium entweder unbeweglich auf oder unter dem Meeresboden verbleiben oder sich nur in ständigem körperlichen Kontakt mit dem Meeresboden oder seinem Untergrund fortbewegen können; oder
    b) künstliche Inseln errichtet oder genutzt werden und Anlagen und Bauwerke für die in Buchstabe a genannten Zwecke errichtet oder genutzt werden.

(2) ¹Unbeschränkt einkommensteuerpflichtig sind auch deutsche Staatsangehörige, die
1. im Inland weder einen Wohnsitz noch ihren gewöhnlichen Aufenthalt haben und
2. zu einer inländischen juristischen Person des öffentlichen Rechts in einem Dienstverhältnis stehen und dafür Arbeitslohn aus einer inländischen öffentlichen Kasse beziehen,

sowie zu ihrem Haushalt gehörende Angehörige, die die deutsche Staatsangehörigkeit besitzen oder keine Einkünfte oder nur Einkünfte beziehen, die ausschließlich im Inland einkommensteuerpflichtig sind. ²Dies gilt nur für natürliche Personen, die in dem Staat, in dem sie ihren Wohnsitz oder ihren gewöhnlichen Aufenthalt haben, lediglich in einem der beschränkten Einkommensteuerpflicht ähnlichen Umfang zu einer Steuer vom Einkommen herangezogen werden.

(3) ¹Auf Antrag werden auch natürliche Personen als unbeschränkt einkommensteuerpflichtig behandelt, die im Inland weder einen Wohnsitz noch ihren gewöhnlichen Aufenthalt haben, soweit sie inländische Einkünfte im Sinne des § 49 haben. ²Dies gilt nur, wenn ihre Einkünfte im Kalenderjahr mindestens zu 90 Prozent der deutschen Einkommensteuer unterliegen oder die nicht der deutschen Einkommensteuer unterliegenden Einkünfte den Grundfreibetrag nach § 32a Absatz 1 Satz 2 Nummer 1 nicht übersteigen; dieser Betrag ist zu kürzen, soweit es nach den Verhältnissen im Wohnsitzstaat des Steuerpflichtigen notwendig und angemessen ist. ³Inländische Einkünfte, die nach einem Abkommen zur Vermeidung der Doppelbesteuerung nur der Höhe nach beschränkt besteuert werden dürfen, gelten hierbei als nicht der deutschen Einkommensteuer unterliegend. ⁴Unberücksichtigt bleiben bei der Ermittlung der Einkünfte nach Satz 2 nicht der deutschen Einkommensteuer unterliegende Einkünfte, die im Ausland nicht besteuert werden, soweit vergleichbare Einkünfte im Inland steuerfrei sind. ⁵Weitere Voraussetzung ist, dass die Höhe der nicht der deutschen Einkommensteuer unterliegenden Einkünfte durch eine Bescheinigung der zuständigen ausländischen Steuerbehörde nachgewiesen wird. ⁶Der Steuerabzug nach § 50a ist ungeachtet der Sätze 1 bis 4 vorzunehmen.

(4) Natürliche Personen, die im Inland weder einen Wohnsitz noch ihren gewöhnlichen Aufenthalt haben, sind vorbehaltlich der Absätze 2 und 3 und des § 1a beschränkt einkommensteuerpflichtig, wenn sie inländische Einkünfte im Sinne des § 49 haben.

EStDV

§ 1

Anwendung auf Ehegatten und Lebenspartner

Die Regelungen dieser Verordnung zu Ehegatten und Ehen sind auch auf Lebenspartner und Lebenspartnerschaften anzuwenden.

Steuerpflicht

R 1.

¹Unbeschränkt steuerpflichtig gem. § 1 Abs. 2 EStG sind insbesondere von der Bundesrepublik Deutschland ins Ausland entsandte deutsche Staatsangehörige, die Mitglied einer diplomatischen Mission oder konsularischen Vertretung sind – einschließlich der zu ihrem Haushalt gehörenden Angehörigen –, soweit die Voraussetzungen des § 1 Abs. 2 EStG erfüllt sind. ²Für einen ausländischen Ehegatten gilt dies auch, wenn er die Staatsangehörigkeit des Empfangsstaates besitzt. ³Für die Anwendung des § 1a Abs. 1 Nr. 2 EStG ist Voraussetzung, dass der Stpfl. selbst als

§ 1 EStG
R 1

unbeschränkt Stpfl. nach § 1 Abs. 3 EStG zu behandeln ist; die Einkunftsgrenzen des § 1 Abs. 3 Satz 2 und des § 1a Abs. 1 Nr. 2 Satz 3 EStG sind daher nacheinander gesondert zu prüfen[1].

---

[1]) R 1 Satz 3 überholt >H 1a (Einkünfteermittlung zur Bestimmung der Einkunftsgrenzen)

§ 1a EStG
H 1a

§ 1a

(1) Für Staatsangehörige eines Mitgliedstaates der Europäischen Union oder eines Staates, auf den das Abkommen über den Europäischen Wirtschaftsraum anwendbar ist, die nach § 1 Absatz 1 unbeschränkt einkommensteuerpflichtig sind oder die nach § 1 Absatz 3 als unbeschränkt einkommensteuerpflichtig zu behandeln sind, gilt bei Anwendung von § 10 Absatz 1a und § 26 Absatz 1 Satz 1 Folgendes:

1. Aufwendungen im Sinne des § 10 Absatz 1a sind auch dann als Sonderausgaben abziehbar, wenn der Empfänger der Leistung oder Zahlung nicht unbeschränkt einkommensteuerpflichtig ist. ^{2}Voraussetzung ist, dass

    a) der Empfänger seinen Wohnsitz oder gewöhnlichen Aufenthalt im Hoheitsgebiet eines anderen Mitgliedstaates der Europäischen Union oder eines Staates hat, auf den das Abkommen über den Europäischen Wirtschaftsraum Anwendung findet und

    b) die Besteuerung der nach § 10 Absatz 1a zu berücksichtigenden Leistung oder Zahlung beim Empfänger durch eine Bescheinigung der zuständigen ausländischen Steuerbehörde nachgewiesen wird;

2. der nicht dauernd getrennt lebende Ehegatte ohne Wohnsitz oder gewöhnlichen Aufenthalt im Inland wird auf Antrag für die Anwendung des § 26 Absatz 1 Satz 1 als unbeschränkt einkommensteuerpflichtig behandelt. ^{2}Nummer 1 Satz 2 Buchstabe a gilt entsprechend. ^{3}Bei Anwendung des § 1 Absatz 3 Satz 2 ist auf die Einkünfte beider Ehegatten abzustellen und der Grundfreibetrag nach § 32a Absatz 1 Satz 2 Nummer 1 zu verdoppeln.

(2) Für unbeschränkt einkommensteuerpflichtige Personen im Sinne des § 1 Absatz 2, die die Voraussetzungen des § 1 Absatz 3 Satz 2 bis 5 erfüllen, und für unbeschränkt einkommensteuerpflichtige Personen im Sinne des § 1 Absatz 3, die die Voraussetzungen des § 1 Absatz 2 Satz 1 Nummer 1 und 2 erfüllen und an einem ausländischen Dienstort tätig sind, gilt die Regelung des Absatzes 1 Nummer 2 entsprechend mit der Maßgabe, dass auf Wohnsitz oder gewöhnlichen Aufenthalt im Staat des ausländischen Dienstortes abzustellen ist.

H 1a

Hinweise

Allgemeines

Die unbeschränkte Einkommensteuerpflicht erstreckt sich auf sämtliche inländische und ausländische Einkünfte, soweit nicht für bestimmte Einkünfte abweichende Regelungen bestehen, z. B. in DBA oder in anderen zwischenstaatlichen Vereinbarungen.

§ 1a EStG
H 1a

Auslandskorrespondenten
>BMF vom 13.03.1998 (BStBl I S. 351)

Auslandslehrkräfte und andere nicht entsandte Arbeitnehmer
Befinden sich an deutsche Auslandsschulen vermittelte Lehrer und andere nicht entsandte Arbeitnehmer in einem Dienstverhältnis zu einer inländischen juristischen Person des öffentlichen Rechts, beziehen hierfür Arbeitslohn aus einer inländischen öffentlichen Kasse (>BMF vom 09.07.1990 – BStBl I S. 324) und sind in den USA (>BMF vom 10.11.1994 – BStBl I S. 853) bzw. Kolumbien und Ecuador (>BMF vom 17.06.1996 – BStBl I S. 688) tätig, ergibt sich ihre unbeschränkte Einkommensteuerpflicht bereits aus § 1 Abs. 2.

Beschränkte Steuerpflicht nach ausländischem Recht
Ob eine Person in dem Staat, in dem sie ihren Wohnsitz oder gewöhnlichen Aufenthalt hat, lediglich in einem der beschränkten Einkommensteuerpflicht ähnlichen Umfang zu einer Steuer vom Einkommen herangezogen wird (§ 1 Abs. 2 Satz 2), ist nach den Vorschriften des maßgebenden ausländischen Steuerrechts zu prüfen (>BFH vom 22.02.2006 – BStBl II 2007 S. 106).

Diplomaten und sonstige Beschäftigte ausländischer Vertretungen in der Bundesrepublik
>§ 3 Nr. 29

Doppelbesteuerungsabkommen
>Verzeichnis der Abkommen zur Vermeidung der Doppelbesteuerung, *Anhang 12 I LStH 2023*

Einkünfteermittlung zur Bestimmung der Einkunftsgrenzen
– Die Einkünfteermittlung nach § 1 Abs. 3 Satz 2 vollzieht sich in zwei Stufen. Zunächst ist in einem ersten Schritt die Summe der Welteinkünfte zu ermitteln. Dabei sind sämtliche Einkünfte, unabhängig davon, ob sie im In- oder Ausland erzielt wurden, nach deutschem Recht zu ermitteln. In einem zweiten Schritt sind die Welteinkünfte in Einkünfte, die der deutschen Einkommensteuer unterliegen, und in Einkünfte, die diese Voraussetzungen nicht erfüllen, aufzuteilen. Überschreiten die so ermittelten ausländischen Einkünfte die absolute Wesentlichkeitsgrenze des § 1 Abs. 3 Satz 2 i. V. m. § 1a Abs. 1 Nr. 2 Satz 3, ist eine Zusammenveranlagung zur Einkommensteuer auch dann ausgeschlossen, wenn sie, nach dem Recht des Wohnsitzstaates ermittelt, unterhalb der absoluten Wesentlichkeitsgrenze liegen (>BFH vom 20.08.2008 – BStBl II 2009 S. 708).
– Der Abgeltungsteuer unterliegende Kapitaleinkünfte sind in die Berechnung der Einkunftsgrenzen einzubeziehen (>BFH vom 12.08.2015 – BStBl II 2016 S. 201).

- Bei der Frage, ob Ehegatten die Einkunftsgrenzen (relative oder absolute Wesentlichkeitsgrenze) für das Wahlrecht zur Zusammenveranlagung in Fällen der fiktiven unbeschränkten Einkommensteuerpflicht (§ 1 Abs. 3) wahren, ist im Rahmen einer einstufigen Prüfung nach § 1a Abs. 1 Nr. 2 auf die Einkünfte beider Ehegatten abzustellen und der Grundfreibetrag zu verdoppeln (>BFH vom 06.05.2015 – BStBl II S. 957).

Erweiterte beschränkte Steuerpflicht
>§§ 2 und 5 AStG

Erweiterte unbeschränkte Steuerpflicht und unbeschränkte Steuerpflicht auf Antrag
- >§ 1 Abs. 2 bzw. § 1 Abs. 3 i. V. m. mit § 1a Abs. 2:
  Im Ausland bei internationalen Organisationen beschäftigte Deutsche fallen nicht unter § 1 Abs. 2 oder § 1 Abs. 3 i. V. m. § 1a Abs. 2, da sie ihren Arbeitslohn nicht aus einer inländischen öffentlichen Kasse beziehen. Mitarbeiter des Goethe-Instituts mit Wohnsitz im Ausland stehen nicht zu einer inländischen juristischen Person des öffentlichen Rechts in einem Dienstverhältnis und sind daher nicht nach § 1 Abs. 2 unbeschränkt einkommensteuerpflichtig (>BFH vom 22.02.2006 – BStBl II 2007 S. 106).
- >BMF vom 08.10.1996 (BStBl I S. 1191) – Auszug –:
  Billigkeitsregelung in Fällen, in denen ein Stpfl. und sein nicht dauernd getrennt lebender Ehegatte zunächst unter den Voraussetzungen des § 1 Abs. 2 unbeschränkt einkommensteuerpflichtig sind bzw. unter den Voraussetzungen des § 1 Abs. 3 i. V. m. § 1a Abs. auf Antrag als unbeschränkt steuerpflichtig behandelt werden,
  - der Stpfl. dann aus dienstlichen Gründen in das Inland versetzt wird,
  - der nicht dauernd getrennt lebende Ehegatte aus persönlichen Gründen noch für kurze Zeit im Ausland verbleibt und
  - die Voraussetzungen des § 1a Abs. 1 nicht erfüllt sind.
- >BMF vom 11.11.2020 (BStBl I S. 1212) Berücksichtigung ausländischer Verhältnisse; Ländergruppeneinteilung ab 01.01.2021
- Die in § 1 Abs. 3 Satz 3 aufgeführten inländischen Einkünfte, die nach einem DBA nur der Höhe nach beschränkt besteuert werden dürfen, sind in die inländische Veranlagung gem. § 46 Abs. 2 Nr. 7 Buchst. b i. V. m. § 1 Abs. 3 einzubeziehen (>BFH vom 13.11.2002 – BStBl II 2003 S. 587).

Europäischer Wirtschaftsraum
Mitgliedstaaten des EWR sind die Mitgliedstaaten der EU, Island, Norwegen und Liechtenstein.

§ 1a EStG
H 1a

Freistellung von deutschen Abzugsteuern
>§ 50d, Besonderheiten im Falle von DBA

Schiffe
Schiffe unter Bundesflagge rechnen auf hoher See zum Inland (>BFH vom 12.11.1986 – BStBl II 1987 S. 377).

Unbeschränkte Steuerpflicht – auf Antrag –
- >BMF vom 30.12.1996 (BStBl I S. 1506)
- Die zum Nachweis der Höhe der nicht der deutschen Steuer unterliegenden Einkünfte erforderliche Bescheinigung der zuständigen ausländischen Steuerbehörde ist auch dann vorzulegen, wenn der Stpfl. angibt, keine derartigen Einkünfte erzielt zu haben (sog. Nullbescheinigung). Die Verwendung eines bestimmten Vordrucks für die Bescheinigung ist gesetzlich nicht vorgeschrieben (>BFH vom 08.09.2010 – BStBl II 2011 S. 447).

Wechsel der Steuerpflicht
>§ 2 Abs. 7 Satz 3

Wohnsitz/Gewöhnlicher Aufenthalt in der Schweiz
§ 1a Abs. 1 ist bei Staatsangehörigen eines Mitgliedstaates der EU oder eines EWR-Staates bei Vorliegen der übrigen Voraussetzungen auch anwendbar, wenn
- der Empfänger der Leistungen i. S. d. Nr. 1 und 1a,
- die ausgleichsberechtigte Person i. S. d. Nr. 1b oder
- der Ehegatte/Lebenspartner i. S. d. Nr. 2

seinen/ihren Wohnsitz oder gewöhnlichen Aufenthalt in der Schweiz haben (>BMF vom 16.09.2013 – BStBl I S. 1325).

II. Einkommen

1. Sachliche Voraussetzungen für die Besteuerung

§ 2
Umfang der Besteuerung, Begriffsbestimmungen

S 2113

(1) [1]Der Einkommensteuer unterliegen
1. Einkünfte aus Land- und Forstwirtschaft,
2. Einkünfte aus Gewerbebetrieb,
3. Einkünfte aus selbständiger Arbeit,
4. Einkünfte aus nichtselbständiger Arbeit,
5. Einkünfte aus Kapitalvermögen,
6. Einkünfte aus Vermietung und Verpachtung,
7. sonstige Einkünfte im Sinne des § 22,

die der Steuerpflichtige während seiner unbeschränkten Einkommensteuerpflicht oder als inländische Einkünfte während seiner beschränkten Einkommensteuerpflicht erzielt. [2]Zu welcher Einkunftsart die Einkünfte im einzelnen Fall gehören, bestimmt sich nach den §§ 13 bis 24.

S 2114
S 2130
S 2201

(2) [1]Einkünfte sind
1. bei Land- und Forstwirtschaft, Gewerbebetrieb und selbständiger Arbeit der Gewinn (§§ 4 bis 7k und 13a),
2. bei den anderen Einkunftsarten der Überschuss der Einnahmen über die Werbungskosten (§§ 8 bis 9a).

[2]Bei Einkünften aus Kapitalvermögen tritt § 20 Absatz 9 vorbehaltlich der Regelung in § 32d Absatz 2 an die Stelle der §§ 9 und 9a.

S 2117
S 2118

(3) Die Summe der Einkünfte, vermindert um den Altersentlastungsbetrag, den Entlastungsbetrag für Alleinerziehende und den Abzug nach § 13 Absatz 3, ist der Gesamtbetrag der Einkünfte.

S 2112

(4) Der Gesamtbetrag der Einkünfte, vermindert um die Sonderausgaben und die außergewöhnlichen Belastungen, ist das Einkommen.

S 2280

(5) [1]Das Einkommen, vermindert um die Freibeträge nach § 32 Absatz 6 und um die sonstigen vom Einkommen abzuziehenden Beträge, ist das zu versteuernde Einkommen; dieses bildet die Bemessungsgrundlage für die tarifliche Einkommensteuer. [2]Knüpfen andere Gesetze an den Begriff des zu versteuernden Einkommens an, ist für deren Zweck das Einkommen in allen Fällen des § 32 um die Freibeträge nach § 32 Absatz 6 zu vermindern.

(5a) [1]Knüpfen außersteuerliche Rechtsnormen an die in den vorstehenden Absätzen definierten Begriffe (Einkünfte, Summe der Einkünfte, Gesamtbetrag der Einkünfte, Einkommen, zu versteuerndes Einkommen) an, erhöhen sich für deren Zwecke diese Größen um die nach § 32d Absatz 1 und nach § 43 Absatz 5 zu besteuernden Beträge sowie um die nach § 3 Nummer 40 steuerfreien Beträge und mindern sich um die nach § 3c Absatz 2 nicht abziehbaren Beträge. ²Knüpfen außersteuerliche Rechtsnormen an die in den Absätzen 1 bis 3 genannten Begriffe (Einkünfte, Summe der Einkünfte, Gesamtbetrag der Einkünfte) an, mindern sich für deren Zwecke diese Größen um die nach § 10 Absatz 1 Nummer 5 abziehbaren Kinderbetreuungskosten.

(5b) Soweit Rechtsnormen dieses Gesetzes an die in den vorstehenden Absätzen definierten Begriffe (Einkünfte, Summe der Einkünfte, Gesamtbetrag der Einkünfte, Einkommen, zu versteuerndes Einkommen) anknüpfen, sind Kapitalerträge nach § 32d Absatz 1 und § 43 Absatz 5 nicht einzubeziehen.

(6) ¹Die tarifliche Einkommensteuer, vermindert um den Unterschiedsbetrag nach § 32c Absatz 1 Satz 2, die anzurechnenden ausländischen Steuern und die Steuerermäßigungen, vermehrt um die Steuer nach § 32d Absatz 3 und 4, die Steuer nach § 34c Absatz 5, die Nachsteuer nach § 10 Absatz 5 und den Zuschlag nach § 3 Absatz 4 Satz 2 des Forstschäden-Ausgleichsgesetzes in der Fassung der Bekanntmachung vom 26. August 1985 (BGBl. I S. 1756), das zuletzt durch Artikel 412 der Verordnung vom 31. August 2015 (BGBl. I S. 1474) geändert worden ist, in der jeweils geltenden Fassung, ist die festzusetzende Einkommensteuer. ²Wurde der Gesamtbetrag der Einkünfte in den Fällen des § 10a Absatz 2 um Sonderausgaben nach § 10a Absatz 1 gemindert, ist für die Ermittlung der festzusetzenden Einkommensteuer der Anspruch auf Zulage nach Abschnitt XI der tariflichen Einkommensteuer hinzuzurechnen; bei der Ermittlung der dem Steuerpflichtigen zustehenden Zulage bleibt die Erhöhung der Grundzulage nach § 84 Absatz 2 außer Betracht. ³Wird das Einkommen in den Fällen des § 31 um die Freibeträge nach § 32 Absatz 6 gemindert, ist der Anspruch auf Kindergeld nach Abschnitt X der tariflichen Einkommensteuer hinzuzurechnen; nicht jedoch für Kalendermonate, in denen durch Bescheid der Familienkasse ein Anspruch auf Kindergeld festgesetzt, aber wegen § 70 Absatz 1 Satz 2 nicht ausgezahlt wurde.

(7) ¹Die Einkommensteuer ist eine Jahressteuer. ²Die Grundlagen für ihre Festsetzung sind jeweils für ein Kalenderjahr zu ermitteln. ³Besteht während eines Kalenderjahres sowohl unbeschränkte als auch beschränkte Einkommensteuerpflicht, so sind die während der beschränkten Einkommensteuerpflicht erzielten inländischen Einkünfte in eine Veranlagung zur unbeschränkten Einkommensteuerpflicht einzubeziehen.

(8) Die Regelungen dieses Gesetzes zu Ehegatten und Ehen sind auch auf Lebenspartner und Lebenspartnerschaften anzuwenden.

---

[1]) zur Anwendung des § 32c Abs. 1 Satz 2 >§ 52 Abs. 33a

§ 2 EStG
R 2

R 2.	**Umfang der Besteuerung**

(1) Das z. v. E. ist wie folgt zu ermitteln:

1		S. d. E. aus den Einkunftsarten
2	=	S. d. E.
3	−	Altersentlastungsbetrag (§ 24a EStG)
4	−	Entlastungsbetrag für Alleinerziehende (§ 24b EStG)
5	−	Freibetrag für Land- und Forstwirte (§ 13 Abs. 3 EStG)
6	+	Hinzurechnungsbetrag (§ 52 Abs. 3 Satz 5[1]) EStG sowie § 8 Abs. 5 Satz 2 AIG)
7	=	G. d. E. (§ 2 Abs. 3 EStG)
8	−	Verlustabzug nach § 10d EStG
9	−	Sonderausgaben (§§ 10, 10a, 10b, 10c EStG)
10	−	außergewöhnliche Belastungen (§§ 33 bis 33b EStG)
11	−	Steuerbegünstigung der zu Wohnzwecken genutzten Wohnungen, Gebäude und Baudenkmale sowie der schutzwürdigen Kulturgüter (§§ 10e bis 10i EStG, § 52 Abs. 21 Satz 6 EStG i. d. F. vom 16.4.1997, BGBl. I S. 821 und § 7 FördG)
12	+	Erstattungsüberhänge (§ 10 Abs. 4b Satz 3 EStG)
13	+	zuzurechnendes Einkommen gem. § 15 Abs. 1 AStG[2])
14	=	Einkommen (§ 2 Abs. 4 EStG)
15	−	Freibeträge für Kinder (§§ 31, 32 Abs. 6 EStG)
16	−	Härteausgleich nach § 46 Abs. 3 EStG, § 70 EStDV
17	=	z. v. E. (§ 2 Abs. 5 EStG).

---

[1]) jetzt § 52 Abs. 2 Satz 3
[2]) Eine Hinzurechnung entfällt ab VZ 2013, da diese bereits im Rahmen der Einkünfteermittlung vorzunehmen ist >§ 15 Abs. 1 AStG in der durch das AmtshilfeRLUmsG geänderten Fassung.

§ 2 EStG
H 2 R 2

(2) Die festzusetzende Einkommensteuer ist wie folgt zu ermitteln:

1		Steuerbetrag
		a) nach § 32a Abs. 1, 5, § 50 Abs. 1 Satz 2 EStG oder
		b) nach dem bei Anwendung des Progressionsvorbehalts (§ 32b EStG) oder der Steuersatzbegrenzung sich ergebenden Steuersatz
2	+	Steuer auf Grund Berechnung nach den §§ 34, 34b EStG
3	+	Steuer auf Grund der Berechnung nach § 34a Abs. 1, 4 bis 6 EStG
4	=	tarifliche Einkommensteuer (§ 32a Abs. 1, 5 EStG)
5	–	Minderungsbetrag nach Punkt 11 Ziffer 2 des Schlussprotokolls zu Artikel 23 DBA Belgien in der durch Artikel 2 des Zusatzabkommens vom 5.11.2002 geänderten Fassung (BGBl. 2003 II S. 1615)
6	–	ausländische Steuern nach § 34c Abs. 1 und 6 EStG, § 12 AStG
7	–	Steuerermäßigung nach § 35 EStG
8	–	Steuerermäßigung für Stpfl. mit Kindern bei Inanspruchnahme erhöhter Absetzungen für Wohngebäude oder der Steuerbegünstigungen für eigengenutztes Wohneigentum (§ 34f Abs. 1 und 2 EStG)
9	–	Steuerermäßigung bei Zuwendungen an politische Parteien und unabhängige Wählervereinigungen (§ 34g EStG)
10	–	Steuerermäßigung nach § 34f Abs. 3 EStG
11	–	Steuerermäßigung nach § 35a EStG
12	–	Ermäßigung bei Belastung mit Erbschaftsteuer (§ 35b EStG)
13	+	Steuer auf Grund Berechnung nach § 32d Abs. 3 und 4 EStG
14	+	Steuern nach § 34c Abs. 5 EStG
15	+	Nachsteuer nach § 10 Abs. 5 EStG i. V. m. § 30 EStDV
16	+	Zuschlag nach § 3 Abs. 4 Satz 2 Forstschäden-Ausgleichsgesetz
17	+	Anspruch auf Zulage für Altersvorsorge, wenn Beiträge als Sonderausgaben abgezogen worden sind (§ 10a Abs. 2 EStG)
18	+	Anspruch auf Kindergeld oder vergleichbare Leistungen, soweit in den Fällen des § 31 EStG das Einkommen um Freibeträge für Kinder gemindert wurde
19	=	festzusetzende Einkommensteuer (§ 2 Abs. 6 EStG).

Hinweise H 2

Erstattungsüberhänge
Der Hinzurechnungsbetrag nach § 10 Abs. 4b Satz 3 erhöht nicht den Gesamtbetrag der Einkünfte (>BFH vom 12.03.2019 – BStBl II S. 658).

§ 2 EStG
H 2

Hinzurechnung des Anspruchs auf Kindergeld oder vergleichbare Leistungen

Die Hinzurechnung des Kindergeldanspruchs bildet den letzten Schritt auf dem Weg zur Ermittlung der festzusetzenden Einkommensteuer und hat keinen Einfluss auf etwaige, vorher zu berücksichtigende Steuerermäßigungen. Hieraus ergibt sich bei Anwendung der Steuerermäßigungsvorschriften kein zusätzliches Verrechnungspotenzial (>BFH vom 14.04.2021 – BStBl II S. 848).

Keine Einnahmen oder Einkünfte

Bei den folgenden Leistungen handelt es sich nicht um Einnahmen oder Einkünfte:
- Arbeitnehmer-Sparzulagen (§ 13 Abs. 3 VermBG)
- Investitionszulagen nach dem InvZulG
- Neue Anteilsrechte aufgrund der Umwandlung von Rücklagen in Nennkapital (§§ 1, 7 KapErhStG)
- Wohnungsbau-Prämien (§ 6 WoPG)

Lebenspartner und Lebenspartnerschaften

§ 2 Abs. 8 gilt nur für Lebenspartner und Lebenspartnerschaften i. S. d. § 1 Abs. 1 LPartG. Andere Lebensgemeinschaften fallen nicht unter diese Vorschrift, selbst wenn die Partner ihre Rechtsbeziehungen auf eine vertragliche Grundlage gestellt haben (>BFH vom 26.06.2014 – BStBl II S. 829 und vom 26.04.2017 – BStBl II S. 903).

Liebhaberei

Liebhaberei bei Einkünften aus
- Land- und Forstwirtschaft >H 13.5 (Liebhaberei)
- Gewerbebetrieb >H 15.3 (Abgrenzung der Gewinnerzielungsabsicht zur Liebhaberei), >H 16 (2) Liebhaberei
- selbständiger Arbeit >H 18.1 (Gewinnerzielungsabsicht)
- Vermietung und Verpachtung >H 21.2 (Einkünfteerzielungsabsicht)

Preisgelder

- >BMF vom 05.09.1996 (BStBl I S. 1150) unter Berücksichtigung der Änderung durch BMF vom 23.12.2002 (BStBl I 2003 S. 76)
- Fernseh-Preisgelder >BMF vom 30.05.2008 (BStBl I S. 645)

Steuersatzbegrenzung

Bei der Festsetzung der Einkommensteuer ist in den Fällen der Steuersatzbegrenzung die rechnerische Gesamtsteuer quotal aufzuteilen und sodann der Steuersatz für die der Höhe nach nur beschränkt zu besteuernden Einkünfte zu ermäßigen (>BFH vom 13.11.2002 – BStBl II 2003 S. 587).

§ 2a[1])[2])
Negative Einkünfte mit Bezug zu Drittstaaten

(1) ¹Negative Einkünfte
1. aus einer in einem Drittstaat belegenen land- und forstwirtschaftlichen Betriebsstätte,
2. aus einer in einem Drittstaat belegenen gewerblichen Betriebsstätte,
3. a) aus dem Ansatz des niedrigeren Teilwerts eines zu einem Betriebsvermögen gehörenden Anteils an einer Drittstaaten-Körperschaft oder
   b) aus der Veräußerung oder Entnahme eines zu einem Betriebsvermögen gehörenden Anteils an einer Drittstaaten-Körperschaft oder aus der Auflösung oder Herabsetzung des Kapitals einer Drittstaaten-Körperschaft,
4. in den Fällen des § 17 bei einem Anteil an einer Drittstaaten-Kapitalgesellschaft,
5. aus der Beteiligung an einem Handelsgewerbe als stiller Gesellschafter und aus partiarischen Darlehen, wenn der Schuldner Wohnsitz, Sitz oder Geschäftsleitung in einem Drittstaat hat,
6. a) aus der Vermietung oder der Verpachtung von unbeweglichem Vermögen oder von Sachinbegriffen, wenn diese in einem Drittstaat belegen sind, oder
   b) aus der entgeltlichen Überlassung von Schiffen, sofern der Überlassende nicht nachweist, dass diese ausschließlich oder fast ausschließlich in einem anderen Staat als einem Drittstaat

---

[1]) § 2a Abs. 1 bis 2a i. d. F. des JStG 2009 ist in allen Fällen anzuwenden, in denen die Steuer noch nicht bestandskräftig festgesetzt ist >§ 52 Abs. 3 Satz 2 i. d. F. vor dem Gesetz zur Anpassung des nationalen Steuerrechts an den Beitritt Kroatiens zur EU und zur Änderung weiterer steuerlicher Vorschriften. Für negative Einkünfte i. S. d. § 2a Abs. 1 und 2 in der am 24.12.2008 geltenden Fassung, die vor dem 25.12.2008 nach § 2a Abs. 1 Satz 5 bestandskräftig gesondert festgestellt wurden, ist § 2a Abs. 1 Satz 3 bis 5 in der am 24.12.2008 geltenden Fassung weiter anzuwenden >§ 52 Abs. 2 Satz 2.

[2]) Durch das Steuerentlastungsgesetz 1999/2000/2002 ist § 2a Abs. 3 i. d. F. der Bekanntmachung vom 16.04.1997 (BGBl. I S. 821) ab dem VZ 1999 weggefallen, zur Anwendung >§ 2a Abs. 3 i. d. F. vor dem Gesetz zur Anpassung des nationalen Steuerrechts an den Beitritt Kroatiens zur EU und zur Änderung weiterer steuerlicher Vorschriften.
§ 2a Abs. 3 Satz 1, 2 und 4 i. d. F. der Bekanntmachung vom 16.04.1997 (BGBl. I S. 821) ist letztmals für den VZ 1998 anzuwenden >§ 52 Abs. 3 Satz 4 i. d. F. vor dem Gesetz zur Anpassung des nationalen Steuerrechts an den Beitritt Kroatiens zur EU und zur Änderung weiterer steuerlicher Vorschriften. § 2a Abs. 3 Satz 3, 5 und 6 in der am 29.04.1997 geltenden Fassung ist für die VZ ab 1999 weiter anzuwenden, soweit sich ein positiver Betrag i. S. v. § 2a Abs. 3 Satz 3 in der am 29.04.1997 geltenden Fassung ergibt oder soweit eine in einem ausländischen Staat belegene Betriebsstätte i. S. v. § 2a Abs. 4 i. d. F. des § 52 Abs. 3 Satz 8 i. d. F. vor dem Gesetz zur Anpassung des nationalen Steuerrechts an den Beitritt Kroatiens zur EU und zur Änderung weiterer steuerlicher Vorschriften in eine Kapitalgesellschaft umgewandelt, übertragen oder aufgegeben wird >§ 52 Abs. 2 Satz 3. Insoweit ist in § 2a Abs. 3 Satz 5 letzter Halbsatz in der am 29.04.1997 geltenden Fassung die Angabe „§ 10d Absatz 3" durch „§ 10d Absatz 4" zu ersetzen >§ 52 Abs. 2 Satz 4.

eingesetzt worden sind, es sei denn, es handelt sich um Handelsschiffe, die
- aa) von einem Vercharterer ausgerüstet überlassen oder
- bb) an in einem anderen als in einem Drittstaat ansässige Ausrüster, die die Voraussetzungen des § 510 Absatz 1 des Handelsgesetzbuchs erfüllen, überlassen oder
- cc) insgesamt nur vorübergehend an in einem Drittstaat ansässige Ausrüster, die die Voraussetzungen des § 510 Absatz 1 des Handelsgesetzbuchs erfüllen, überlassen

worden sind, oder
- c) aus dem Ansatz des niedrigeren Teilwerts oder der Übertragung eines zu einem Betriebsvermögen gehörenden Wirtschaftsguts im Sinne der Buchstaben a und b,

7. a) aus dem Ansatz des niedrigeren Teilwerts, der Veräußerung oder Entnahme eines zu einem Betriebsvermögen gehörenden Anteils an
   b) aus der Auflösung oder Herabsetzung des Kapitals,
   c) in den Fällen des § 17 bei einem Anteil an

einer Körperschaft mit Sitz oder Geschäftsleitung in einem anderen Staat als einem Drittstaat, soweit die negativen Einkünfte auf einen der in den Nummern 1 bis 6 genannten Tatbestände zurückzuführen sind,

dürfen nur mit positiven Einkünften der jeweils selben Art und, mit Ausnahme der Fälle der Nummer 6 Buchstabe b, aus demselben Staat, in den Fällen der Nummer 7 auf Grund von Tatbeständen der jeweils selben Art aus demselben Staat, ausgeglichen werden; sie dürfen auch nicht nach § 10d abgezogen werden. ²Den negativen Einkünften sind Gewinnminderungen gleichgestellt. ³Soweit die negativen Einkünfte nicht nach Satz 1 ausgeglichen werden können, mindern sie die positiven Einkünfte der jeweils selben Art, die der Steuerpflichtige in den folgenden Veranlagungszeiträumen aus demselben Staat, in den Fällen der Nummer 7 auf Grund von Tatbeständen der jeweils selben Art aus demselben Staat, erzielt. ⁴Die Minderung ist nur insoweit zulässig, als die negativen Einkünfte in den vorangegangenen Veranlagungszeiträumen nicht berücksichtigt werden konnten (verbleibende negative Einkünfte). ⁵Die am Schluss eines Veranlagungszeitraums verbleibenden negativen Einkünfte sind gesondert festzustellen; § 10d Absatz 4 gilt sinngemäß.

(2) ¹Absatz 1 Satz 1 Nummer 2 ist nicht anzuwenden, wenn der Steuerpflichtige nachweist, dass die negativen Einkünfte aus einer gewerblichen Betriebsstätte in einem Drittstaat stammen, die ausschließlich oder fast ausschließlich die Herstellung oder Lieferung von Waren, außer Waffen, die Gewinnung von Bodenschätzen sowie die Bewirkung gewerblicher Leistungen zum Gegenstand hat, soweit diese nicht in der Errichtung oder dem Betrieb von Anlagen, die dem

§ 2a EStG
R 2a

Fremdenverkehr dienen, oder in der Vermietung oder der Verpachtung von Wirtschaftsgütern einschließlich der Überlassung von Rechten, Plänen, Mustern, Verfahren, Erfahrungen und Kenntnissen bestehen; das unmittelbare Halten einer Beteiligung von mindestens einem Viertel am Nennkapital einer Kapitalgesellschaft, die ausschließlich oder fast ausschließlich die vorgenannten Tätigkeiten zum Gegenstand hat, sowie die mit dem Halten der Beteiligung in Zusammenhang stehende Finanzierung gilt als Bewirkung gewerblicher Leistungen, wenn die Kapitalgesellschaft weder ihre Geschäftsleitung noch ihren Sitz im Inland hat. [2]Absatz 1 Satz 1 Nummer 3 und 4 ist nicht anzuwenden, wenn der Steuerpflichtige nachweist, dass die in Satz 1 genannten Voraussetzungen bei der Körperschaft entweder seit ihrer Gründung oder während der letzten fünf Jahre vor und in dem Veranlagungszeitraum vorgelegen haben, in dem die negativen Einkünfte bezogen werden.

(2a) [1]Bei der Anwendung der Absätze 1 und 2 sind
1. als Drittstaaten die Staaten anzusehen, die nicht Mitgliedstaaten der Europäischen Union sind;
2. Drittstaaten-Körperschaften und Drittstaaten-Kapitalgesellschaften solche, die weder ihre Geschäftsleitung noch ihren Sitz in einem Mitgliedstaat der Europäischen Union haben.

[2]Bei Anwendung des Satzes 1 sind den Mitgliedstaaten der Europäischen Union die Staaten gleichgestellt, auf die das Abkommen über den Europäischen Wirtschaftsraum anwendbar ist, sofern zwischen der Bundesrepublik Deutschland und dem anderen Staat auf Grund der Amtshilferichtlinie gemäß § 2 Absatz 2 des EU-Amtshilfegesetzes oder einer vergleichbaren zwei- oder mehrseitigen Vereinbarung Auskünfte erteilt werden, die erforderlich sind, um die Besteuerung durchzuführen.

Negative ausländische Einkünfte

R 2a.

Einkünfte derselben Art

(1) [1]Einkünfte der jeweils selben Art nach § 2a Abs. 1 EStG sind grundsätzlich alle unter einer Nummer aufgeführten Tatbestände, für die die Anwendung dieser Nummer nicht nach § 2a Abs. 2 EStG ausgeschlossen ist. [2]Die Nummern 3 und 4 sind zusammenzufassen. [3]Negative Einkünfte nach Nummer 7, die mittelbar auf einen bei der inländischen Körperschaft verwirklichten Tatbestand der Nummern 1 bis 6 zurückzuführen sind, dürfen beim Anteilseigner mit positiven Einkünften der Nummer 7 ausgeglichen werden, wenn die Einkünfte auf Tatbestände derselben Nummer oder im Falle der Nummern 3 und 4 dieser beiden Nummern zurückzuführen sind. [4]Einkünfte der Nummer 7 sind auch mit Einkünften nach der jeweiligen Nummer auszugleichen, auf deren Tatbestände die Einkünfte der Nummer 7 zurückzuführen sind. [5]Positive Einkünfte aus

einem Staat können nicht mit negativen Einkünften derselben Art aus demselben Staat aus vorhergehenden VZ ausgeglichen werden, wenn hinsichtlich der positiven Einkünfte eine im DBA vorgesehene Rückfallklausel eingreift und die positiven Einkünfte deshalb als Besteuerungsgrundlage zu erfassen sind.

Betriebsstättenprinzip

(2) [1] Für jede ausländische Betriebsstätte ist gesondert zu prüfen, ob negative Einkünfte vorliegen. [2] Negative Einkünfte aus einer nicht aktiven gewerblichen Betriebsstätte dürfen nicht mit positiven Einkünften aus einer aktiven gewerblichen Betriebsstätte ausgeglichen werden.

Prüfung der Aktivitätsklausel

(3) [1] Ob eine gewerbliche Betriebsstätte ausschließlich oder fast ausschließlich eine aktive Tätigkeit nach § 2a Abs. 2 EStG zum Gegenstand hat, ist für jedes Wirtschaftsjahr gesondert zu prüfen. [2] Maßgebend ist hierfür das Verhältnis der Bruttoerträge. [3] Soweit es sich um Verluste zu Beginn bzw. am Ende einer Tätigkeit handelt, ist nach der funktionalen Betrachtungsweise festzustellen, ob diese Verluste im Hinblick auf die aufzunehmende oder anlaufende aktive Tätigkeit entstanden oder nach Ende der Tätigkeit durch diese verursacht worden sind.

Gesamtrechtsnachfolge

(4) Soweit im Rahmen des UmwStG ein Verlust i. S. d. § 10d Abs. 4 Satz 2 EStG übergeht, geht auch die Verpflichtung zur Nachversteuerung nach § 52 Abs. 3 Satz 5, 6 und 8 EStG[1]) über.

Umwandlung

(5) Umwandlung i. S. d. § 52 Abs. 3 Satz 8 EStG[1]) ist nicht nur eine solche nach dem Umwandlungsgesetz oder i. S. d. UmwStG, d. h. eine Einbringung der ausländischen Betriebsstätte in eine Kapitalgesellschaft gegen Gewährung von Gesellschaftsrechten, vielmehr jede Form des „Aufgehens" der Betriebsstätte in eine Kapitalgesellschaft.

Verlustausgleich

(6) Negative und positive Einkünfte nach § 2a Abs. 1 EStG sind in der Weise miteinander auszugleichen, dass die positiven und ggf. tarifbegünstigten Einkünfte um die negativen Einkünfte der jeweils selben Art und aus demselben Staat, in den Fällen des § 2a Abs. 1 Satz 1 Nr. 6 Buchstabe b derselben Art, zu vermindern sind.

---

[1]) jetzt § 52 Abs. 2 Satz 3

Zusammenveranlagung

(7) Bei zusammenveranlagten Ehegatten sind negative Einkünfte nach § 2a Abs. 1 EStG des einen Ehegatten mit positiven Einkünften des anderen Ehegatten der jeweils selben Art und aus demselben Staat, in den Fällen des § 2a Abs. 1 Satz 1 Nr. 6 Buchstabe b derselben Art, auszugleichen oder zu verrechnen, soweit sie nicht mit eigenen positiven Einkünften ausgeglichen oder verrechnet werden können.

Anwendung von § 3 Nr. 40, § 3c EStG

(8) Die Verrechnung von negativen Einkünften nach § 2a Abs. 1 EStG mit positiven Einkünften der jeweils selben Art und aus demselben Staat, in den Fällen des § 2a Abs. 1 Satz 1 Nr. 6 Buchstabe b derselben Art, erfolgt jeweils nach Anwendung des § 3 Nr. 40 und des § 3c EStG.

Hinweise

Allgemeines

§ 2a Abs. 1 schränkt für die dort abschließend aufgeführten Einkünfte aus Quellen in Drittstaaten den Verlustausgleich und Verlustabzug ein. Hiervon ausgenommen sind nach § 2a Abs. 2 insbesondere negative Einkünfte aus einer gewerblichen Betriebsstätte in einem Drittstaat, die die dort genannten Aktivitätsvoraussetzungen erfüllt. Der eingeschränkte Verlustausgleich bedeutet, dass die negativen Einkünfte nur mit positiven Einkünften derselben Art (>R 2a) und aus demselben Staat ausgeglichen werden dürfen. Darüber hinaus dürfen sie in den folgenden VZ mit positiven Einkünften derselben Art und aus demselben Staat verrechnet werden. Die in einem VZ nicht ausgeglichenen oder verrechneten negativen Einkünfte sind zum Schluss des VZ gesondert festzustellen. Die Regelungen in § 2a Abs. 1 und 2 wirken sich bei negativen Einkünften aus Drittstaaten, mit denen kein DBA besteht oder mit denen ein DBA besteht, nach dem die Einkünfte von der deutschen Besteuerung nicht freigestellt sind, unmittelbar auf die Besteuerungsgrundlage aus. Bei nach DBA steuerfreien Einkünften wirkt sich § 2a Abs. 1 und 2 im Rahmen des Progressionsvorbehalts auf den Steuersatz aus (>H 32b und >BFH vom 17.11.1999 – BStBl II 2000 S. 605).

Demgegenüber ermöglichte § 2a Abs. 3 in der bis einschl. VZ 1998 geltenden Fassung (Bekanntmachung vom 16.04.1997 – BGBl. I S. 821, nachfolgend a. F.) auf Antrag den Verlustausgleich und Verlustabzug für Verluste aus gewerblichen Betriebsstätten in einem ausländischen Staat, mit dem ein DBA besteht, wenn die Einkünfte nach dem DBA in Deutschland steuerbefreit und die Aktivitätsvoraussetzungen des § 2a Abs. 2 a. F. erfüllt sind. Fallen in einem späteren VZ insgesamt positive gewerbliche Einkünfte aus diesem Staat an, ist eine >Nachversteuerung durchzuführen. In diesem Fall ist ein Betrag bis zur Höhe des abgezogenen Verlustes bei der Ermittlung des G. d. E. hinzuzurechnen (§ 52 Abs. 2 i. V. m. § 2a Abs. 3 Satz 3 bis 6 a. F.).

§ 2a EStG
H 2a

Beteiligungen an inländischen Körperschaften mit Drittstaatenbezug (§ 2a Abs. 1 Satz 1 Nr. 7)

Beispiel 1 (Einkünfte nur nach § 2a Abs. 1 Satz 1 Nr. 7):
Der Stpfl. hält im Betriebsvermögen eine Beteiligung an der inländischen Kapitalgesellschaft A, die eine nicht aktive gewerbliche Betriebsstätte im Staat X hat. Außerdem hat er im Privatvermögen eine Beteiligung an der inländischen Kapitalgesellschaft B, die ebenfalls über eine nicht aktive gewerbliche Betriebsstätte im Staat X (kein EU-/EWR-Staat) verfügt. Während die A in den Jahren 01 bis 03 in ihrer ausländischen Betriebsstätte Verluste erleidet, erzielt die B in diesem Zeitraum Gewinne. Im Jahr 02 nimmt der Stpfl. eine Teilwertabschreibung auf die Beteiligung an der A vor. Im Jahr 03 veräußert der Stpfl. die Beteiligung an der B und erzielt hieraus einen Veräußerungsgewinn nach § 17.

Die Gewinnminderung aufgrund der Teilwertabschreibung in 02 erfüllt einen Tatbestand des § 2a Abs. 1 Satz 1 Nr. 7 (hier Buchst. a) i. V. m. Nr. 2.

Die Veräußerung der Beteiligung an der B in 03 erfüllt einen Tatbestand des § 2a Abs. 1 Satz 1 Nr. 7 (hier Buchst. c) i. V. m. Nr. 2. Die negativen Einkünfte aus der Teilwertabschreibung in 02 sind daher in 03 mit dem Veräußerungsgewinn zu verrechnen.

Beispiel 2 (Einkünfte nach § 2a Abs. 1 Satz 1 Nr. 7 und Nr. 1 bis 6):
Der Stpfl. hat eine nicht aktive gewerbliche Betriebsstätte im Staat X und eine Beteiligung an einer inländischen Kapitalgesellschaft A, die in X ebenfalls eine nicht aktive gewerbliche Betriebsstätte unterhält. Während der Stpfl. mit seiner ausländischen Betriebsstätte Gewinne erzielt, erleidet die ausländische Betriebsstätte der A Verluste. Der Stpfl. veräußert die Beteiligung an der A mit Verlust.

Die negativen Einkünfte aus der Veräußerung der Beteiligung erfüllen einen Tatbestand des § 2a Abs. 1 Satz 1 Nr. 7 (Buchst. a oder c) i. V. m. Nr. 2. Sie sind mit den positiven Einkünften aus der eigengewerblichen ausländischen Betriebsstätte auszugleichen, da diese Betriebsstätte den Tatbestand des § 2a Abs. 1 Satz 1 Nr. 2 erfüllt.

Betriebsstätte
>§ 12 AO

Einkünfteermittlung
Die Einkünfte sind unabhängig von der Einkünfteermittlung im Drittstaat nach den Vorschriften des deutschen Einkommensteuerrechts zu ermitteln. Dabei sind alle Betriebsausgaben oder Werbungskosten zu berücksichtigen, die mit den im Drittstaat erzielten Einnahmen in wirtschaftlichem Zusammenhang stehen.

Einkunftsart i. S. d. § 2a Abs. 1
– Welche Einkunftsart i. S. d. § 2a Abs. 1 vorliegt, richtet sich nur nach den im Drittstaat gegebenen Merkmalen (sog. isolierende Betrachtungsweise, >BFH vom 21.08.1990 – BStBl II 1991 S. 126).

- Eine nach deutschem Steuerrecht gebotene Umqualifizierung durch § 8 Abs. 2 KStG ist ohne Bedeutung (>BFH vom 31.03.2004 – BStBl II S. 742).

Nachversteuerung
- **Allgemeines**

§ 2a Abs. 3 in der bis einschl. VZ 1998 geltenden Fassung (Bekanntmachung vom 16.04.1997 – BGBl. I S. 821, nachfolgend EStG a. F.) ermöglichte auf Antrag den Verlustausgleich und Verlustabzug für Verluste aus gewerblichen Betriebsstätten in einem ausländischen Staat, mit dem ein DBA besteht, wenn die Einkünfte nach dem DBA in Deutschland steuerbefreit und die Aktivitätsvoraussetzungen des § 2a Abs. 2 a. F. erfüllt sind.

§ 2a Abs. 3 i. d. F. der Bekanntmachung vom 16.04.1997 (BGBl. I S. 821) lautete:

„(3) [1]Sind nach einem Abkommen zur Vermeidung der Doppelbesteuerung bei einem unbeschränkt Steuerpflichtigen aus einer in einem ausländischen Staat belegenen Betriebsstätte stammende Einkünfte aus gewerblicher Tätigkeit von der Einkommensteuer zu befreien, so ist auf Antrag des Steuerpflichtigen ein Verlust, der sich nach den Vorschriften des inländischen Steuerrechts bei diesen Einkünften ergibt, bei der Ermittlung des Gesamtbetrags der Einkünfte abzuziehen, soweit er vom Steuerpflichtigen ausgeglichen oder abgezogen werden könnte, wenn die Einkünfte nicht von der Einkommensteuer zu befreien wären, und soweit er nach diesem Abkommen zu befreiende positive Einkünfte aus gewerblicher Tätigkeit aus anderen in diesem ausländischen Staat belegenen Betriebsstätten übersteigt. [2]Soweit der Verlust dabei nicht ausgeglichen wird, ist bei Vorliegen der Voraussetzungen des § 10d der Verlustabzug zulässig. [3]Der nach den Sätzen 1 und 2 abgezogene Betrag ist, soweit sich in einem der folgenden Veranlagungszeiträume bei den nach diesem Abkommen zu befreienden Einkünften aus gewerblicher Tätigkeit aus in diesem ausländischen Staat belegenen Betriebsstätten insgesamt ein positiver Betrag ergibt, in dem betreffenden Veranlagungszeitraum bei der Ermittlung des Gesamtbetrags der Einkünfte wieder hinzuzurechnen. [4]Satz 3 ist nicht anzuwenden, wenn der Steuerpflichtige nachweist, daß nach den für ihn geltenden Vorschriften des ausländischen Staates ein Abzug von Verlusten in anderen Jahren als dem Verlustjahr allgemein nicht beansprucht werden kann. [5]Der am Schluß eines Veranlagungszeitraums nach den Sätzen 3 und 4 der Hinzurechnung unterliegende und noch nicht hinzugerechnete (verbleibende) Betrag ist gesondert festzustellen; § 10d Abs. 3 gilt entsprechend. [6]In die gesonderte Feststellung nach Satz 5 einzubeziehen ist der nach § 2 Abs. 1 Satz 3 und 4 des Gesetzes über steuerliche Maßnahmen bei Auslandsinvestitionen der deutschen Wirtschaft vom 18. August 1969 (BGBl. I S. 1214), das zuletzt durch Artikel 8 des Gesetzes vom 25. Juli 1988 (BGBl. I S. 1093) geändert worden ist, der Hinzurechnung unterliegende und noch nicht hinzugerechnete Betrag."

Fallen in einem späteren VZ insgesamt positive gewerbliche Einkünfte aus diesem Staat an, ist eine Nachversteuerung durchzuführen. In diesem Fall ist ein Betrag bis zur Höhe des abgezogenen Verlustes bei der Ermittlung des G. d. E. hinzuzurechnen (§ 52 Abs. 2 i. V. m. § 2a Abs. 3 Satz 3 bis 6 a. F.).

Der nach § 2a Abs. 3 Satz 1 und 2 a. F. abgezogene Betrag ist, soweit sich in einem der folgenden VZ bei den nach diesem Abkommen zu befreienden Einkünften aus gewerblicher Tätigkeit aus in diesem ausländischen Staat belegenen Betriebsstätten insgesamt ein positiver Betrag ergibt, in dem betreffenden VZ bei der Ermittlung des G. d. E. wieder hinzuzurechnen (§ 2a Abs. 3 Satz 3 a. F.). § 2a Abs. 3 Satz 3 a. F. ist auch dann anzuwenden, wenn nach den Vorschriften des ausländischen Staates ein Abzug von Verlusten in anderen Jahren als dem Verlustjahr allgemein nicht beansprucht werden kann (§ 52 Abs. 2 Satz 3). Der am Schluss eines VZ nach den § 2a Abs. 3 Satz 3 und 4 a. F. der Hinzurechnung unterliegende und noch nicht hinzugerechnete (verbleibende) Betrag ist gesondert festzustellen; § 10d Abs. 4 gilt entsprechend. In die gesonderte Feststellung nach § 2a Abs. 1 Satz 5 einzubeziehen ist der nach § 2 Abs. 1 Satz 3 und 4 AIG der Hinzurechnung unterliegende und noch nicht hinzugerechnete Betrag.

>§ 52 Abs. 2 Satz 3

Eine Nachversteuerung kommt nach § 52 Abs. 2 Satz 3 außerdem in Betracht, soweit eine in einem ausländischen Staat belegene Betriebsstätte

− in eine Kapitalgesellschaft umgewandelt,
− übertragen oder
− aufgegeben

wird. Die Nachversteuerung erfolgt in diesen Fällen auf folgender Rechtsgrundlage:

Wird eine in einem ausländischen Staat belegene Betriebsstätte

1. in eine Kapitalgesellschaft umgewandelt oder
2. entgeltlich oder unentgeltlich übertragen oder
3. aufgegeben, jedoch die ursprünglich von der Betriebsstätte ausgeübte Geschäftstätigkeit ganz oder teilweise von einer Gesellschaft, an der der inländische Stpfl. zu mindestens 10 % unmittelbar oder mittelbar beteiligt ist, oder von einer ihm nahestehenden Person i. S. d. § 1 Abs. 2 AStG fortgeführt,

ist ein nach § 2a Abs. 3 Satz 1 und 2 a. F. abgezogener Verlust, soweit er nach § 2a Abs. 3 Satz 3 a. F. nicht wieder hinzugerechnet worden ist oder nicht noch hinzuzurechnen ist, im VZ der Umwandlung, Übertragung oder Aufgabe in entsprechender Anwendung des § 2a Abs. 3 Satz 3 a. F. dem G. d. E. hinzuzurechnen. Dies gilt entsprechend bei Beendigung der unbeschränkten Einkommensteuerpflicht durch Aufgabe des Wohnsitzes oder des gewöhnlichen Aufenthalts sowie bei Beendigung der Ansässigkeit im Inland aufgrund der Bestimmungen eines DBA.

>§ 52 Abs. 2 Satz 3

§ 2a EStG
H 2a

- **Einzelfragen**
  - Nachversteuerung auch, wenn sich Verluste nur aufgrund deutscher Gewinnermittlungsvorschriften ergeben haben; Gleiches gilt, wenn in dem ausländischen Staat wegen vorgeschriebener pauschalierter Gewinnermittlung keine Verluste ausgewiesen werden können.
  - In Veräußerungsfällen ist bei der Hinzurechnung weder der Freibetrag nach § 16 Abs. 4 noch die Tarifermäßigung nach § 34 zu gewähren (>BFH vom 16.11.1989 – BStBl II 1990 S. 204).
  - Nachversteuerung auch hinsichtlich der Verluste, die vor 1982 abgezogen worden sind (>BFH vom 20.09.1989 – BStBl II 1990 S. 112).
  - Wird eine Personengesellschaft im Ausland als juristische Person besteuert, steht dies der Anwendung des § 52 Abs. 2 Satz 3 i. V. m. § 2a Abs. 3 Satz 3, 5 und 6 a. F. nicht entgegen (>BFH vom 16.11.1989 – BStBl II 1990 S. 204).
  - Die Entscheidung, ob und in welcher Weise sich positive gewerbliche Einkünfte i. S. d. § 52 Abs. 2 Satz 3 i. V. m. § 2a Abs. 3 Satz 3, 5 und 6 a. F. auswirken, ist im Veranlagungsverfahren zu treffen. Im Rahmen eines evtl. Feststellungsverfahrens hat das Betriebsstättenfinanzamt lediglich sämtliche tatsächlichen und rechtlichen Voraussetzungen festzustellen (>BFH vom 21.08.1990 – BStBl II 1991 S. 126).

Prüfung der Aktivitätsklausel
- Sowohl der Handel mit Grundstücken als auch derjenige mit Rechten fallen nicht unter den Begriff „Lieferung von Waren" i. S. d. § 2a Abs. 2 (>BFH vom 18.07.2001 – BStBl II 2003 S. 48).
- Der Handel mit Jagd- und Sportmunition ist keine Lieferung von Waffen i. S. d. § 2a Abs. 2 (>BFH vom 30.04.2003 – BStBl II S. 918).
- Auf einem Datenträger verkörperte Standardsoftware ist „Ware" i. S. d. § 2a Abs. 2 (>BFH vom 28.10.2008 – BStBl II 2009 S. 527).

Verlustabzug in Erbfällen
- Negative Einkünfte des Erblassers i. S. d. § 2a Abs. 1 gehen nicht im Wege der Erbfolge auf den Erben über (>R 10d Abs. 9 Satz 9, >BFH vom 23.10.2019 – BStBl II 2021 S. 138).
- Nachversteuerung gem. § 2a Abs. 3 a. F. >R 10d Abs. 9 Satz 13
- Hinzurechnung bei Verlusten nach § 2 AIG >R 10d Abs. 9 Satz 14

Verluste bei beschränkter Haftung (§ 15a)
>R 15a Abs. 5

Verluste aus VZ vor 1992
Negative ausländische Einkünfte, die in den VZ 1985 bis 1991 entstanden und bis zum VZ 1991 einschl. nicht ausgeglichen worden sind, sind in die VZ ab 1992 zeitlich unbegrenzt vorzutragen (>BFH vom 30.06.2005 – BStBl II S. 641).

§ 3 EStG
R 3.0 H 3.0

2. Steuerfreie Einnahmen

R 3.0 **Steuerbefreiungen nach anderen Gesetzen, Verordnungen und Verträgen**

¹Gesetze und Verordnungen, die die Deckung des Landbedarfs der öffentlichen Hand regeln, bestimmen zum Teil, dass Geschäfte und Verhandlungen, die der Durchführung der Landbeschaffung und der Landentschädigung dienen, von allen Gebühren und Steuern des Bundes, der Länder und der sonstigen öffentlichen Körperschaften befreit sind. ²Die Befreiung erstreckt sich nicht auf die Einkommensteuer für Gewinne aus diesen Rechtsgeschäften.

H 3.0

Hinweise

Steuerbefreiungen nach anderen Gesetzen, Verordnungen und Verträgen
- Unterschiedsbeträge nach § 17 Abs. 1 Arbeitssicherstellungsgesetz
- Leistungen nach § 17 Conterganstiftungsgesetz

S 2120
S 2121

§ 3

Steuerfrei sind

S 2342

1. a) Leistungen aus einer Krankenversicherung, aus einer Pflegeversicherung und aus der gesetzlichen Unfallversicherung,
   b) Sachleistungen und Kinderzuschüsse aus den gesetzlichen Rentenversicherungen einschließlich der Sachleistungen nach dem Gesetz über die Alterssicherung der Landwirte,
   c) Übergangsgeld nach dem Sechsten Buch Sozialgesetzbuch und Geldleistungen nach den §§ 10, 36 bis 39 des Gesetzes über die Alterssicherung der Landwirte,
   d) das Mutterschaftsgeld nach dem Mutterschutzgesetz, der Reichsversicherungsordnung und dem Gesetz über die Krankenversicherung der Landwirte, die Sonderunterstützung für im Familienhaushalt beschäftigte Frauen, der Zuschuss zum Mutterschaftsgeld nach dem Mutterschutzgesetz sowie der Zuschuss bei Beschäftigungsverboten für die Zeit vor oder nach einer Entbindung sowie für den Entbindungstag während einer Elternzeit nach beamtenrechtlichen Vorschriften;

§ 3 EStG
H 3.1

| Hinweise | H 3.1 |

Allgemeines
- Leistungen aus der gesetzlichen Kranken- und Unfallversicherung sind Bar- und Sachleistungen (§§ 21-22 SGB I).
- Zur Rechtsnachfolge bei diesen Leistungen >§§ 56-59 SGB I

Krankenversicherung
Steuerfrei sind auch Leistungen aus einer ausländischen Krankenversicherung (>BFH vom 26.05.1998 – BStBl II S. 581).

Unfallversicherung
Die Steuerfreiheit kann auch für Leistungen aus einer ausländischen gesetzlichen Unfallversicherung in Betracht kommen (>BFH vom 07.08.1959 – BStBl III S. 462).

§ 3

2. a) das Arbeitslosengeld, das Teilarbeitslosengeld, das Kurzarbeitergeld, der Zuschuss zum Arbeitsentgelt, das Übergangsgeld, der Gründungszuschuss nach dem Dritten Buch Sozialgesetzbuch sowie die übrigen Leistungen nach dem Dritten Buch Sozialgesetzbuch und den entsprechenden Programmen des Bundes und der Länder, soweit sie Arbeitnehmern oder Arbeitsuchenden oder zur Förderung der Aus- oder Weiterbildung oder Existenzgründung der Empfänger gewährt werden,

    b) das Insolvenzgeld, Leistungen auf Grund der in § 169 und § 175 Absatz 2 des Dritten Buches Sozialgesetzbuch genannten Ansprüche sowie Zahlungen des Arbeitgebers an einen Sozialleistungsträger auf Grund des gesetzlichen Forderungsübergangs nach § 115 Absatz 1 des Zehnten Buches Sozialgesetzbuch, wenn ein Insolvenzereignis nach § 165 Absatz 1 Satz 2 auch in Verbindung mit Satz 3 des Dritten Buches Sozialgesetzbuch vorliegt,

    c) die Arbeitslosenbeihilfe nach dem Soldatenversorgungsgesetz,

    d) Leistungen zur Sicherung des Lebensunterhalts und zur Eingliederung in Arbeit nach dem Zweiten Buch Sozialgesetzbuch,

    e) mit den in den Nummern 1 bis 2 Buchstabe d und Nummer 67 Buchstabe b genannten Leistungen vergleichbare Leistungen ausländischer Rechtsträger, die ihren Sitz in einem Mitgliedstaat der Europäischen Union, in einem Staat, auf den das Abkommen über den Europäischen Wirtschaftsraum Anwendung findet oder in der Schweiz haben;

S 2342

§ 3 EStG
R 3.2 H 3.2

R 3.2

¹Aus dem Ausland bezogenes Arbeitslosengeld gehört nicht zu den nach § 3 Nr. 2 EStG steuerfreien Leistungen. ²Es handelt sich dabei um wiederkehrende Bezüge i. S. d. § 22 Nr. 1 EStG, die ggf. nach dem DBA mit einem ausländischen Staat steuerfrei sein können.

H 3.2

Hinweise

Existenzgründerzuschuss
Zuschüsse zur Förderung von Existenzgründern aus Mitteln des Europäischen Sozialfonds und aus Landesmitteln sind nicht steuerfrei, wenn sie nicht der Aufstockung des Überbrückungsgeldes nach dem SGB III dienen (>BFH vom 26.06.2002 – BStBl II S. 697).

Leistungen nach dem SGB III
>R 3.2 LStR 2015

§ 3

S 2342

3. a) Rentenabfindungen nach § 107 des Sechsten Buches Sozialgesetzbuch, nach § 21 des Beamtenversorgungsgesetzes, nach § 9 Absatz 1 Nummer 3 des Altersgeldgesetzes oder entsprechendem Landesrecht und nach § 43 des Soldatenversorgungsgesetzes in Verbindung mit § 21 des Beamtenversorgungsgesetzes,

   b) Beitragserstattungen an den Versicherten nach den §§ 210 und 286d des Sechsten Buches Sozialgesetzbuch sowie nach den §§ 204, 205 und 207 des Sechsten Buches Sozialgesetzbuch, Beitragserstattungen nach den §§ 75 und 117 des Gesetzes über die Alterssicherung der Landwirte und nach § 26 des Vierten Buches Sozialgesetzbuch,

   c) Leistungen aus berufsständischen Versorgungseinrichtungen, die den Leistungen nach den Buchstaben a und b entsprechen,

   d) Kapitalabfindungen und Ausgleichszahlungen nach § 48 des Beamtenversorgungsgesetzes oder entsprechendem Landesrecht und nach den §§ 28 bis 35 und 38 des Soldatenversorgungsgesetzes;

S 2342

4. bei Angehörigen der Bundeswehr, der Bundespolizei, der Zollverwaltung, der Bereitschaftspolizei der Länder, der Vollzugspolizei und der Berufsfeuerwehr der Länder und Gemeinden und bei Vollzugsbeamten der Kriminalpolizei des Bundes, der Länder und Gemeinden

   a) der Geldwert der ihnen aus Dienstbeständen überlassenen Dienstkleidung,

   b) Einkleidungsbeihilfen und Abnutzungsentschädigungen für die Dienstkleidung der zum Tragen oder Bereithalten von

Dienstkleidung Verpflichteten und für dienstlich notwendige Kleidungsstücke der Vollzugsbeamten der Kriminalpolizei sowie der Angehörigen der Zollverwaltung,

    c) im Einsatz gewährte Verpflegung oder Verpflegungszuschüsse,

    d) der Geldwert der auf Grund gesetzlicher Vorschriften gewährten Heilfürsorge;

5. a) die Geld- und Sachbezüge, die Wehrpflichtige während des Wehrdienstes nach § 4 des Wehrpflichtgesetzes erhalten,

    b) die Geld- und Sachbezüge, die Zivildienstleistende nach § 35 des Zivildienstgesetzes erhalten,

    c) die Heilfürsorge, die Soldaten nach § 16 des Wehrsoldgesetzes und Zivildienstleistende nach § 35 des Zivildienstgesetzes erhalten,

    d) das an Personen, die einen in § 32 Absatz 4 Satz 1 Nummer 2 Buchstabe d genannten Freiwilligendienst leisten, gezahlte Taschengeld oder eine vergleichbare Geldleistung,

    e) Leistungen nach § 5 des Wehrsoldgesetzes;

6. Bezüge, die auf Grund gesetzlicher Vorschriften aus öffentlichen Mitteln versorgungshalber an Wehrdienstbeschädigte, im Freiwilligen Wehrdienst Beschädigte, Zivildienstbeschädigte und im Bundesfreiwilligendienst Beschädigte oder ihre Hinterbliebenen, Kriegsbeschädigte, Kriegshinterbliebene und ihnen gleichgestellte Personen gezahlt werden, soweit es sich nicht um Bezüge handelt, die auf Grund der Dienstzeit gewährt werden. ²Gleichgestellte im Sinne des Satzes 1 sind auch Personen, die Anspruch auf Leistungen nach dem Bundesversorgungsgesetz oder auf Unfallfürsorgeleistungen nach dem Soldatenversorgungsgesetz, Beamtenversorgungsgesetz oder vergleichbarem Landesrecht haben;

Hinweise

Bezüge aus EU-Mitgliedstaaten
§ 3 Nr. 6 ist auch auf Bezüge von Kriegsbeschädigten und gleichgestellten Personen anzuwenden, die aus öffentlichen Mitteln anderer EU-Mitgliedstaaten gezahlt werden (>BFH vom 22.01.1997 – BStBl II S. 358).

Gesetzliche Bezüge der Wehr- und Zivildienstbeschädigten, Kriegsbeschädigten, ihrer Hinterbliebenen und der ihnen gleichgestellten Personen
>R 3.6 LStR 2015

§ 3 EStG
H 3.7

§ 3

S 2121

7. Ausgleichsleistungen nach dem Lastenausgleichsgesetz, Leistungen nach dem Flüchtlingshilfegesetz, dem Bundesvertriebenengesetz, dem Reparationsschädengesetz, dem Vertriebenenzuwendungsgesetz, dem NS-Verfolgtenentschädigungsgesetz sowie Leistungen nach dem Entschädigungsgesetz und nach dem Ausgleichsleistungsgesetz, soweit sie nicht Kapitalerträge im Sinne des § 20 Absatz 1 Nummer 7 und Absatz 2 sind;

H 3.7

Hinweise

Allgemeines

Steuerfrei sind insbesondere folgende Leistungen, soweit sie nicht in Form zurückzahlbarer Darlehen, z. B. Eingliederungsdarlehen, gewährt werden:

Flüchtlingshilfegesetz (FlüHG)
- Laufende Beihilfe – Beihilfe zum Lebensunterhalt
- Besondere laufende Beihilfe (§§ 10 bis 16a FlüHG)

Lastenausgleichsgesetz (LAG)
- Hauptentschädigung – einschl. des Zinszuschlags i. S. d. § 250 Abs. 3 und des § 252 Abs. 2 LAG – (§§ 243 bis 252, 258 LAG)
- Kriegsschadenrente – Unterhaltshilfe und Entschädigungsrente – (§§ 261 bis 292c LAG)
- Hausratentschädigungen (§§ 293 bis 297 LAG), Leistungen aus dem Härtefonds (§§ 301, 301a, 301b LAG)
- Leistungen aufgrund sonstiger Förderungsmaßnahmen (§ 302 LAG)

§ 3

S 2342

8. Geldrenten, Kapitalentschädigungen und Leistungen im Heilverfahren, die auf Grund gesetzlicher Vorschriften zur Wiedergutmachung nationalsozialistischen Unrechts gewährt werden. ²Die Steuerpflicht von Bezügen aus einem aus Wiedergutmachungsgründen neu begründeten oder wieder begründeten Dienstverhältnis sowie von Bezügen aus einem früheren Dienstverhältnis, die aus Wiedergutmachungsgründen neu gewährt oder wieder gewährt werden, bleibt unberührt;

§ 3 EStG
H 3.8

Hinweise
H 3.8

Wiedergutmachungsleistungen
- \>Bundesentschädigungsgesetz
- \>Bundesgesetz zur Wiedergutmachung nationalsozialistischen Unrechts in der Kriegsopferversorgung
- \>Bundesgesetz zur Wiedergutmachung nationalsozialistischen Unrechts in der Kriegsopferversorgung für Berechtigte im Ausland
- \>Entschädigungsrentengesetz
- \>Wiedergutmachungsrecht der Länder

§ 3

8a. Renten wegen Alters und Renten wegen verminderter Erwerbsfähigkeit aus der gesetzlichen Rentenversicherung, die an Verfolgte im Sinne des § 1 des Bundesentschädigungsgesetzes gezahlt werden, wenn rentenrechtliche Zeiten auf Grund der Verfolgung in der Rente enthalten sind. Renten wegen Todes aus der gesetzlichen Rentenversicherung, wenn der verstorbene Versicherte Verfolgter im Sinne des § 1 des Bundesentschädigungsgesetzes war und wenn rentenrechtliche Zeiten auf Grund der Verfolgung in dieser Rente enthalten sind; S 2342

9. Erstattungen nach § 23 Absatz 2 Satz 1 Nummer 3 und 4 sowie nach § 39 Absatz 4 Satz 2 des Achten Buches Sozialgesetzbuch; S 2340

10. Einnahmen einer Gastfamilie für die Aufnahme eines Menschen mit Behinderungen oder von Behinderung bedrohten Menschen nach § 2 Absatz 1 des Neunten Buches Sozialgesetzbuch zur Pflege, Betreuung, Unterbringung und Verpflegung, die auf Leistungen eines Leistungsträgers nach dem Sozialgesetzbuch beruhen. ²Für Einnahmen im Sinne des Satzes 1, die nicht auf Leistungen eines Leistungsträgers nach dem Sozialgesetzbuch beruhen, gilt Entsprechendes bis zur Höhe der Leistungen nach dem Zwölften Buch Sozialgesetzbuch. ³Überschreiten die auf Grund der in Satz 1 bezeichneten Tätigkeit bezogenen Einnahmen der Gastfamilie den steuerfreien Betrag, dürfen die mit der Tätigkeit in unmittelbarem wirtschaftlichen Zusammenhang stehenden Ausgaben abweichend von § 3c nur insoweit als Betriebsausgaben abgezogen werden, als sie den Betrag der steuerfreien Einnahmen übersteigen; S 2342 [1]

---

[1] Nummer 10 in der bis zum 31.12.2005 geltenden Fassung wurde ab VZ 2006 aufgehoben. Nummer 10 in der am 31.12.2005 geltenden Fassung ist weiter anzuwenden für ausgezahlte Übergangsbeihilfen an Soldatinnen auf Zeit und Soldaten auf Zeit, wenn das Dienstverhältnis vor dem 01.01.2006 begründet worden ist >§ 52 Abs. 4 Satz 3. Nummer 10 in der am 31.12.2005 geltenden Fassung lautet:
  „10. Übergangsgelder und Übergangsbeihilfen auf Grund gesetzlicher Vorschriften wegen Entlassung aus einem Dienstverhältnis, höchstens jedoch 10.800 €;"

§ 3 EStG
H 3.11

S 2342

11. Bezüge aus öffentlichen Mitteln oder aus Mitteln einer öffentlichen Stiftung, die wegen Hilfsbedürftigkeit oder als Beihilfe zu dem Zweck bewilligt werden, die Erziehung oder Ausbildung, die Wissenschaft oder Kunst unmittelbar zu fördern. [2] Darunter fallen nicht Kinderzuschläge und Kinderbeihilfen, die auf Grund der Besoldungsgesetze, besonderer Tarife oder ähnlicher Vorschriften gewährt werden. [3] Voraussetzung für die Steuerfreiheit ist, dass der Empfänger mit den Bezügen nicht zu einer bestimmten wissenschaftlichen oder künstlerischen Gegenleistung oder zu einer bestimmten Arbeitnehmertätigkeit verpflichtet wird. [4] Den Bezügen aus öffentlichen Mitteln wegen Hilfsbedürftigkeit gleichgestellt sind Beitragsermäßigungen und Prämienrückzahlungen eines Trägers der gesetzlichen Krankenversicherung für nicht in Anspruch genommene Beihilfeleistungen;

H 3.11

Hinweise

Beihilfen
Entscheidendes Merkmal der Beihilfe ist ihre Unentgeltlichkeit und Einseitigkeit. Leistungen, die im Rahmen eines entgeltlichen Austauschgeschäfts erbracht werden, können nicht als Beihilfe qualifiziert werden. Danach sind die von den Jugendämtern an Vollzeitpflegeeltern geleisteten >Pflegegelder nach § 3 Nr. 11 steuerfrei. Demgegenüber sind Pflegesätze, die an ein erwerbsmäßig betriebenes Kinderhaus für die Unterbringung von Kindern gezahlt werden, keine Beihilfen i. S. d. § 3 Nr. 11 (>BFH vom 23.09.1998 – BStBl II 1999 S. 133).

Beihilfen und Unterstützungen, die wegen Hilfsbedürftigkeit gewährt werden
>R 3.11 LStR 2015

Beihilfen zu Lebenshaltungskosten
Beihilfen zu Lebenshaltungskosten können die Erziehung und Ausbildung, nicht aber die Wissenschaft und Kunst unmittelbar fördern (>BFH vom 27.04.2006 – BStBl II S. 755).

Erziehungs- und Ausbildungsbeihilfen
>H 3.11 (Steuerfreiheit nach § 3 Nr. 11) LStH

Öffentliche Stiftung
Eine öffentliche Stiftung liegt vor, wenn
a) die Stiftung selbst juristische Person des öffentlichen Rechts ist
   oder
b) das Stiftungsvermögen im Eigentum einer juristischen Person des öffentlichen Rechts steht
   oder

c) die Stiftung von einer juristischen Person des öffentlichen Rechts verwaltet wird.

Zur Definition der öffentlichen Stiftung >BVerfG vom 06.11.1962 (BVerfGE 15; S. 46)

Im Übrigen richtet sich der Begriff nach Landesrecht.

Pflegegeld
- Zur Behandlung der Geldleistungen für Kinder in Vollzeitpflege und anderen Betreuungsverhältnissen nach den §§ 32 bis 35 sowie 42 und 42a SGB VIII >BMF vom 31.08.2021 (BStBl I S. 1802)
- Zur Behandlung der Geldleistungen für Kinder in **Kindertagespflege** >BMF vom 11.11.2016 (BStBl I S. 1236)
- >Beihilfen

Anhang 19b

§ 3

11a. zusätzlich zum ohnehin geschuldeten Arbeitslohn vom Arbeitgeber in der Zeit vom 1. März 2020 bis zum 31. März 2022 auf Grund der Corona-Krise an seine Arbeitnehmer in Form von Zuschüssen und Sachbezügen gewährte Beihilfen und Unterstützungen bis zu einem Betrag von 1.500 Euro;

11b. *zusätzlich zum ohnehin geschuldeten Arbeitslohn vom Arbeitgeber in der Zeit vom 18. November 2021 bis zum 31. Dezember 2022 an seine Arbeitnehmer zur Anerkennung besonderer Leistungen während der Corona-Krise gewährte Leistungen bis zu einem Betrag von 4.500 Euro. ^{2} Voraussetzung für die Steuerbefreiung ist, dass die Arbeitnehmer in Einrichtungen im Sinne des § 23 Absatz 3 Satz 1 Nummer 1 bis 4, 8, 11 oder Nummer 12 des Infektionsschutzgesetzes oder § 36 Absatz 1 Nummer 2 oder Nummer 7 des Infektionsschutzgesetzes tätig sind; maßgeblich ist jeweils die am 22. Juni 2022 gültige Fassung des Infektionsschutzgesetzes. ^{3} Die Steuerbefreiung gilt entsprechend für Personen, die in den in Satz 2 genannten Einrichtungen im Rahmen einer Arbeitnehmerüberlassung oder im Rahmen eines Werk- oder Dienstleistungsvertrags eingesetzt werden. ^{4} Nummer 11a findet auf die Leistungen im Sinne der Sätze 1 bis 3 keine Anwendung. ^{5} Abweichend von Satz 1 gilt die Steuerbefreiung für Leistungen nach § 150c des Elften Buches Sozialgesetzbuch in der Fassung des Gesetzes zur Stärkung des Schutzes der Bevölkerung und insbesondere vulnerabler Personengruppen vor COVID-19 vom 16. September 2022 (BGBl. I S. 1454) auch dann, wenn sie in der Zeit bis zum 31. Mai 2023 gewährt werden;*

11c. zusätzlich zum ohnehin geschuldeten Arbeitslohn vom Arbeitgeber in der Zeit vom 26. Oktober 2022 bis zum 31. Dezember

S 2342 [1]

---

[1] zu Anwendungsfragen >BMF vom 26.10.2020 (BStBl I S. 1227)

§ 3 EStG
H 3.12, 3.13

2024 in Form von Zuschüssen und Sachbezügen gewährte Leistungen zur Abmilderung der gestiegenen Verbraucherpreise bis zu einem Betrag von 3.000 Euro;

S 2337
12. aus einer Bundeskasse oder Landeskasse gezahlte Bezüge, die zum einen
   a) in einem Bundesgesetz oder Landesgesetz,
   b) auf Grundlage einer bundesgesetzlichen oder landesgesetzlichen Ermächtigung beruhenden Bestimmung oder
   c) von der Bundesregierung oder einer Landesregierung

   als Aufwandsentschädigung festgesetzt sind und die zum anderen jeweils auch als Aufwandsentschädigung im Haushaltsplan ausgewiesen werden. ²Das Gleiche gilt für andere Bezüge, die als Aufwandsentschädigung aus öffentlichen Kassen an öffentliche Dienste leistende Personen gezahlt werden, soweit nicht festgestellt wird, dass sie für Verdienstausfall oder Zeitverlust gewährt werden oder den Aufwand, der dem Empfänger erwächst, offenbar übersteigen;

H 3.12
Hinweise

Aufwandsentschädigungen aus öffentlichen Kassen
- >R 3.12 LStR 2015
- >H 3.11 (Öffentliche Kassen) LStH

§ 3

S 2338
13. die aus öffentlichen Kassen gezahlten Reisekostenvergütungen, Umzugskostenvergütungen und Trennungsgelder. ²Die als Reisekostenvergütungen gezahlten Vergütungen für Verpflegung sind nur insoweit steuerfrei, als sie die Pauschbeträge nach § 9 Absatz 4a nicht übersteigen; Trennungsgelder sind nur insoweit steuerfrei, als sie die nach § 9 Absatz 1 Satz 3 Nummer 5 und Absatz 4a abziehbaren Aufwendungen nicht übersteigen;

H 3.13
Hinweise

Reisekostenvergütungen, Umzugskostenvergütungen und Trennungsgelder aus öffentlichen Kassen
- >R 3.13 LStR 2015
- >H 3.11 (Öffentliche Kassen) LStH

§ 3

14. Zuschüsse eines Trägers der gesetzlichen Rentenversicherung zu den Aufwendungen eines Rentners für seine Krankenversicherung und von dem gesetzlichen Rentenversicherungsträger getragene Anteile (§ 249a des Fünften Buches Sozialgesetzbuch) an den Beiträgen für die gesetzliche Krankenversicherung;

S 2342

Hinweise

Zuschüsse zur Krankenversicherung der Rentner
Die Steuerbefreiung gilt auch für Zuschüsse gem. §§ 106 und 315 SGB VI.

H 3.14

---

§ 3

14a. *der Anteil der Rente aus der gesetzlichen Rentenversicherung, der auf Grund des Zuschlags an Entgeltpunkten für langjährige Versicherung nach dem Sechsten Buch Sozialgesetzbuch geleistet wird;* [1]

15. Zuschüsse des Arbeitgebers, die zusätzlich zum ohnehin geschuldeten Arbeitslohn zu den Aufwendungen des Arbeitnehmers für Fahrten mit öffentlichen Verkehrsmitteln im Linienverkehr (ohne Luftverkehr) zwischen Wohnung und erster Tätigkeitsstätte und nach § 9 Absatz 1 Satz 3 Nummer 4a Satz 3 sowie für Fahrten im öffentlichen Personennahverkehr gezahlt werden. ²Das Gleiche gilt für die unentgeltliche oder verbilligte Nutzung öffentlicher Verkehrsmittel im Linienverkehr (ohne Luftverkehr) für Fahrten zwischen Wohnung und erster Tätigkeitsstätte und nach § 9 Absatz 1 Satz 3 Nummer 4a Satz 3 sowie für Fahrten im öffentlichen Personennahverkehr, die der Arbeitnehmer auf Grund seines Dienstverhältnisses zusätzlich zum ohnehin geschuldeten Arbeitslohn in Anspruch nehmen kann. ³Die nach den Sätzen 1 und 2 steuerfreien Leistungen mindern den nach § 9 Absatz 1 Satz 3 Nummer 4 Satz 2 abziehbaren Betrag;

S 2342

16. die Vergütungen, die Arbeitnehmer außerhalb des öffentlichen Dienstes von ihrem Arbeitgeber zur Erstattung von Reisekosten,

S 2338

---

[1] *Nummer 14a i. d. F. des Artikels 3 des JStG 2022 ist erstmals für den VZ 2021 anzuwenden >§ 52 Abs. 4 Satz 5. Ist in der für das jeweilige Leistungsjahr zuletzt übermittelten Rentenbezugsmitteilung i. S. d. § 22a in den nach § 22a Abs. 1 Satz 1 Nr. 2 zu übermittelnden Daten der Zuschlag an Entgeltpunkten für langjährige Versicherung nach dem SGB VI enthalten, haben die Träger der gesetzlichen Rentenversicherung als mitteilungspflichtige Stelle i. S. d. § 22a bis zum letzten Tag des Monats Februar 2024 für das jeweilige Leistungsjahr eine insoweit korrigierte Rentenbezugsmitteilung zu übermitteln. Ein Einkommensteuerbescheid ist infolge einer nach § 52 Abs. 4 Satz 6 korrigierten Rentenbezugsmitteilung insoweit zu ändern. Das gilt auch, wenn der Einkommensteuerbescheid bereits bestandskräftig ist; andere Änderungsvorschriften bleiben unberührt >§ 52 Abs. 4 Satz 6 bis 8.*

§ 3 EStG

		Umzugskosten oder Mehraufwendungen bei doppelter Haushaltsführung erhalten, soweit sie die nach § 9 als Werbungskosten abziehbaren Aufwendungen nicht übersteigen;
S 2121	17.	Zuschüsse zum Beitrag nach § 32 des Gesetzes über die Alterssicherung der Landwirte;
S 2121	18.	das Aufgeld für ein an die Bank für Vertriebene und Geschädigte (Lastenausgleichsbank) zugunsten des Ausgleichsfonds (§ 5 des Lastenausgleichsgesetzes) gegebenes Darlehen, wenn das Darlehen nach § 7f des Gesetzes in der Fassung der Bekanntmachung vom 15. September 1953 (BGBl. I S. 1355) im Jahr der Hingabe als Betriebsausgabe abzugsfähig war;
S 2342	19.	Weiterbildungsleistungen des Arbeitgebers oder auf dessen Veranlassung von einem Dritten

      a) für Maßnahmen nach § 82 Absatz 1 und 2 des Dritten Buches Sozialgesetzbuch oder

      b) die der Verbesserung der Beschäftigungsfähigkeit des Arbeitnehmers dienen.

     ²Steuerfrei sind auch Beratungsleistungen des Arbeitgebers oder auf dessen Veranlassung von einem Dritten zur beruflichen Neuorientierung bei Beendigung des Dienstverhältnisses. ³Die Leistungen im Sinne der Sätze 1 und 2 dürfen keinen überwiegenden Belohnungscharakter haben;

S 2342	20.	die aus öffentlichen Mitteln des Bundespräsidenten aus sittlichen oder sozialen Gründen gewährten Zuwendungen an besonders verdiente Personen oder ihre Hinterbliebenen;
S 2121	21.	(weggefallen)
S 2342	22.	(weggefallen)
S 2342	23.	Leistungen nach

      a) dem Häftlingshilfegesetz,

      b) dem Strafrechtlichen Rehabilitierungsgesetz,

      c) dem Verwaltungsrechtlichen Rehabilitierungsgesetz,

      d) dem Beruflichen Rehabilitierungsgesetz,

      e) dem Gesetz zur strafrechtlichen Rehabilitierung der nach dem 8. Mai 1945 wegen einvernehmlicher homosexueller Handlungen verurteilten Personen und

      f) dem Gesetz zur Rehabilitierung der wegen einvernehmlicher homosexueller Handlungen, wegen ihrer homosexuellen Orientierung oder wegen ihrer geschlechtlichen Identität dienstrechtlich benachteiligten Soldatinnen und Soldaten;

S 2342	24.	Leistungen, die auf Grund des Bundeskindergeldgesetzes gewährt werden;
S 2342	25.	Entschädigungen nach dem Infektionsschutzgesetz vom 20. Juli 2000 (BGBl. I S. 1045);

26. Einnahmen aus nebenberuflichen Tätigkeiten als Übungsleiter, Ausbilder, Erzieher, Betreuer oder vergleichbaren nebenberuflichen Tätigkeiten, aus nebenberuflichen künstlerischen Tätigkeiten oder der nebenberuflichen Pflege alter, kranker Menschen oder Menschen mit Behinderungen im Dienst oder im Auftrag einer juristischen Person des öffentlichen Rechts, die in einem Mitgliedstaat der Europäischen Union, in einem Staat, auf den das Abkommen über den Europäischen Wirtschaftsraum Anwendung findet, oder in der Schweiz belegen ist, oder einer unter § 5 Absatz 1 Nummer 9 des Körperschaftsteuergesetzes fallenden Einrichtung zur Förderung gemeinnütziger, mildtätiger und kirchlicher Zwecke (§§ 52 bis 54 der Abgabenordnung) bis zur Höhe von insgesamt 3.000 Euro im Jahr. ²Überschreiten die Einnahmen für die in Satz 1 bezeichneten Tätigkeiten den steuerfreien Betrag, dürfen die mit den nebenberuflichen Tätigkeiten in unmittelbarem wirtschaftlichen Zusammenhang stehenden Ausgaben abweichend von § 3c nur insoweit als Betriebsausgaben oder Werbungskosten abgezogen werden, als sie den Betrag der steuerfreien Einnahmen übersteigen;

Hinweise

Steuerbefreiung für nebenberufliche Tätigkeiten
>R 3.26 LStR 2015

§ 3

26a. Einnahmen aus nebenberuflichen Tätigkeiten im Dienst oder Auftrag einer juristischen Person des öffentlichen Rechts, die in einem Mitgliedstaat der Europäischen Union, in einem Staat, auf den das Abkommen über den Europäischen Wirtschaftsraum Anwendung findet, oder in der Schweiz belegen ist, oder einer unter § 5 Absatz 1 Nummer 9 des Körperschaftsteuergesetzes fallenden Einrichtung zur Förderung gemeinnütziger, mildtätiger und kirchlicher Zwecke (§§ 52 bis 54 der Abgabenordnung) bis zur Höhe von insgesamt 840 Euro im Jahr. ²Die Steuerbefreiung ist ausgeschlossen, wenn für die Einnahmen aus der Tätigkeit – ganz oder teilweise – eine Steuerbefreiung nach § 3 Nummer 12, 26 oder 26b gewährt wird. ³Überschreiten die Einnahmen für die in Satz 1 bezeichneten Tätigkeiten den steuerfreien Betrag, dürfen die mit den nebenberuflichen Tätigkeiten in unmittelbarem wirtschaftlichen Zusammenhang stehenden Ausgaben abweichend von § 3c nur insoweit als Betriebsausgaben oder Werbungskosten abgezogen werden, als sie den Betrag der steuerfreien Einnahmen übersteigen;

§ 3 EStG
R 3.26a H 3.26a, 3.26b

R 3.26a

(1) Voraussetzung der Begünstigung des § 3 Nr. 26a EStG ist, unabhängig davon, ob die nebenberufliche Tätigkeit im Dienst oder Auftrag einer juristischen Person des öffentlichen Rechts oder einer unter § 5 Abs. 1 Nr. 9 KStG fallenden Einrichtung ausgeübt wird, dass die Tätigkeit der Förderung gemeinnütziger, mildtätiger oder kirchlicher Zwecke dient.

(2) Bei Vorliegen auch der übrigen gesetzlichen Voraussetzungen können ehrenamtlich tätige Schiedsrichter im Amateurbereich – im Gegensatz zu Amateursportlern – die Steuerbefreiung nach § 3 Nr. 26a EStG in Anspruch nehmen.

H 3.26a

Hinweise

Anwendungsschreiben
>BMF vom 21.11.2014 (BStBl I S. 1581), *Anhang 12b LStH*

§ 3

S 2121

26b. Aufwandsentschädigungen nach § 1835a des Bürgerlichen Gesetzbuchs, soweit sie zusammen mit den steuerfreien Einnahmen im Sinne der Nummer 26 den Freibetrag nach Nummer 26 Satz 1 nicht überschreiten. ²Nummer 26 Satz 2 gilt entsprechend;

H 3.26b

Hinweise

Anwendungsschreiben
>BMF vom 21.11.2014 (BStBl I S. 1581), *Anhang 12b LStH*

§ 3

S 2121

27. der Grundbetrag der Produktionsaufgaberente und das Ausgleichsgeld nach dem Gesetz zur Förderung der Einstellung der landwirtschaftlichen Erwerbstätigkeit bis zum Höchstbetrag von 18.407 Euro;

S 2342

28. die Aufstockungsbeträge im Sinne des § 3 Absatz 1 Nummer 1 Buchstabe a sowie die Beiträge und Aufwendungen im Sinne des § 3 Absatz 1 Nummer 1 Buchstabe b und des § 4 Absatz 2 des Altersteilzeitgesetzes, die Zuschläge, die versicherungsfrei Beschäftigte im Sinne des § 27 Absatz 1 Nummer 1 bis 3 des Dritten Buches Sozialgesetzbuch zur Aufstockung der Bezüge bei Altersteilzeit nach beamtenrechtlichen Vorschriften oder Grundsätzen erhalten sowie die Zahlungen des Arbeitgebers zur Übernahme der Beiträge im Sinne des § 187a des Sechsten Buches Sozialgesetzbuch, soweit sie 50 Prozent der Beiträge nicht übersteigen;

28a. Zuschüsse des Arbeitgebers zum Kurzarbeitergeld und Saison-Kurzarbeitergeld, soweit sie zusammen mit dem Kurzarbeitergeld 80 Prozent des Unterschiedsbetrags zwischen dem Soll-Entgelt und dem Ist-Entgelt nach § 106 des Dritten Buches Sozialgesetzbuch nicht übersteigen und sie für Lohnzahlungszeiträume, die nach dem 29. Februar 2020 beginnen und *vor dem 1. Juli 2022* enden, geleistet werden;   S 2342

29. das Gehalt und die Bezüge,   S 1310
    a) die die diplomatischen Vertreter ausländischer Staaten, die ihnen zugewiesenen Beamten und die in ihren Diensten stehenden Personen erhalten. [2]Dies gilt nicht für deutsche Staatsangehörige oder für im Inland ständig ansässige Personen;
    b) der Berufskonsuln, der Konsulatsangehörigen und ihres Personals, soweit sie Angehörige des Entsendestaates sind. [2]Dies gilt nicht für Personen, die im Inland ständig ansässig sind oder außerhalb ihres Amtes oder Dienstes einen Beruf, ein Gewerbe oder eine andere gewinnbringende Tätigkeit ausüben;

---

§ 3 Nr. 29 EStG findet auf Wahlkonsuln keine Anwendung.   **R 3.29**

Hinweise   H 3.29

Wiener Übereinkommen
- vom 18.04.1961 über diplomatische Beziehungen (WÜD), für die Bundesrepublik Deutschland in Kraft getreten am 11.12.1964 (BGBl. II S. 959),
- vom 24.04.1963 über konsularische Beziehungen (WÜK), für die Bundesrepublik Deutschland in Kraft getreten am 07.10.1971 (BGBl. 1969 II S. 1587).

Inhalte:
1. Nach dem WÜD ist u. a. ein Diplomat einer ausländischen Mission und nach dem WÜK ein Konsularbeamter einer ausländischen konsularischen Vertretung, sofern er weder die deutsche Staatsangehörigkeit besitzt noch im Geltungsbereich des EStG ständig ansässig ist, im Geltungsbereich des EStG von allen staatlichen, regionalen und kommunalen Personal- und Realsteuern oder -abgaben befreit (>Artikel 34 WÜD – Artikel 49 Abs. 1 und Artikel 71 Abs. 1 WÜK).
2. Die Befreiung gilt u. a. nicht für Steuern und sonstige Abgaben von privaten Einkünften, deren Quelle sich im Empfangsstaat befindet. Das bedeutet, dass ein ausländischer Diplomat oder ein ausländischer Konsularbeamter nur mit seinen inländischen Einkünften i. S. d. § 49 steuerpflichtig ist und auch dann nur, soweit nicht § 3 Nr. 29 eingreift

oder in einem DBA abweichende Regelungen getroffen sind. Die bezeichneten Personen sind somit im Geltungsbereich des EStG nur beschränkt einkommensteuerpflichtig (§ 1 Abs. 4).
3. Gleiches gilt auch
   a) für die zum Haushalt eines ausländischen Diplomaten gehörenden Familienmitglieder, wenn sie nicht die deutsche Staatsangehörigkeit besitzen (>Artikel 37 Abs. 1 WÜD),
   b) für die Familienmitglieder, die im gemeinsamen Haushalt eines Konsularbeamten einer ausländischen konsularischen Vertretung leben (Artikel 49 Abs. 1 WÜK), wenn sie weder die deutsche Staatsangehörigkeit besitzen noch im Geltungsbereich des EStG ständig ansässig sind (>Artikel 71 Abs. 2 WÜK).
4. Familienmitglieder i. S. d. beiden Wiener Übereinkommen sind:
   a) der Ehegatte und die minderjährigen Kinder der privilegierten Person, vorausgesetzt, dass sie mit ihr in einem Haushalt leben. Eine vorübergehende Abwesenheit, z. B. zum auswärtigen Studium, ist hierbei ohne Bedeutung.
   b) die volljährigen unverheirateten Kinder sowie die Eltern und Schwiegereltern der privilegierten Person – unter der Voraussetzung der Gegenseitigkeit –, soweit sie mit der privilegierten Person in einem Haushalt leben und von ihr wirtschaftlich abhängig sind. Die Frage der wirtschaftlichen Abhängigkeit ist nach den Einkommens- und Vermögensverhältnissen des betreffenden Familienmitglieds von der Steuerverwaltung des Aufenthaltsstaates zu beurteilen. Diese Beurteilung erfolgt im Einzelfall nach der Abgabe einer Erklärung über das Einkommen und das Vermögen des betreffenden Familienmitglieds.
5. Für andere als die unter Nummer 4 genannten Personen (entferntere Verwandte der privilegierten Person in gerader Linie oder in der Seitenlinie) kommt eine Anwendung des Artikels 37 WÜD oder des Artikels 49 WÜK i. d. R. nicht in Betracht. In besonderen Fällen prüft das Auswärtige Amt im Einvernehmen mit den zuständigen Bundesressorts, ob die besonderen Umstände dieses Falles eine andere Entscheidung rechtfertigen.
6. Die Mitglieder/Bediensteten des Verwaltungs- und technischen Personals ausländischer Missionen/konsularischer Vertretungen und die zu ihrem Haushalt gehörenden sowie die mit ihnen im gemeinsamen Haushalt lebenden Familienmitglieder sind wie Diplomaten/Konsularbeamte zu behandeln, wenn sie weder deutsche Staatsangehörige noch im Geltungsbereich des EStG ständig ansässig sind (>Artikel 37 Abs. 2 WÜD, Artikel 49 Abs. 1 und Artikel 71 Abs. 2 WÜK).
7. Bei Mitgliedern des dienstlichen Hauspersonals einer ausländischen Mission bzw. einer ausländischen konsularischen Vertretung sind die Dienstbezüge im Geltungsbereich des EStG steuerfrei, wenn diese Personen weder deutsche Staatsangehörige noch im Geltungsbereich

des EStG ständig ansässig sind (>Artikel 37 Abs. 3 WÜD – Artikel 49 Abs. 2 und Artikel 71 Abs. 2 WÜK).
8. Bei privaten Hausangestellten sind die Bezüge, die sie von Mitgliedern einer ausländischen Mission aufgrund ihres Arbeitsverhältnisses erhalten, steuerfrei, wenn sie weder deutsche Staatsangehörige noch im Geltungsbereich des EStG ständig ansässig sind (>Artikel 37 Abs. 4 WÜD).
9. Anderen Mitgliedern des Personals einer ausländischen Mission und privaten Hausangestellten, die deutsche Staatsangehörige sind oder die im Geltungsbereich des EStG ständig ansässig sind, steht Steuerfreiheit nur insoweit zu, als besondere Regelungen, z. B. in DBA, für den Geltungsbereich des EStG getroffen sind (>Artikel 38 Abs. 2 WÜD).
10. Vom Tage des Inkrafttretens des WÜD bzw. des WÜK ist die Verwaltungsanordnung der Bundesregierung vom 13.10.1950 (MinBlFin 1950 S. 631) nur noch auf Mitglieder solcher ausländischer Missionen oder ausländischer konsularischer Vertretungen und die dort bezeichneten Bediensteten anzuwenden, deren Entsendestaat dem WÜD oder dem WÜK noch nicht rechtswirksam beigetreten ist.

§ 3

30. Entschädigungen für die betriebliche Benutzung von Werkzeugen eines Arbeitnehmers (Werkzeuggeld), soweit sie die entsprechenden Aufwendungen des Arbeitnehmers nicht offensichtlich übersteigen; — S 2342
31. die typische Berufskleidung, die der Arbeitgeber seinem Arbeitnehmer unentgeltlich oder verbilligt überlässt; dasselbe gilt für eine Barablösung eines nicht nur einzelvertraglichen Anspruchs auf Gestellung von typischer Berufskleidung, wenn die Barablösung betrieblich veranlasst ist und die entsprechenden Aufwendungen des Arbeitnehmers nicht offensichtlich übersteigt; — S 2342
32. die unentgeltliche oder verbilligte Sammelbeförderung eines Arbeitnehmers zwischen Wohnung und erster Tätigkeitsstätte sowie bei Fahrten nach § 9 Absatz 1 Satz 3 Nummer 4a Satz 3 mit einem vom Arbeitgeber gestellten Beförderungsmittel, soweit die Sammelbeförderung für den betrieblichen Einsatz des Arbeitnehmers notwendig ist; — S 2342
33. zusätzlich zum ohnehin geschuldeten Arbeitslohn erbrachte Leistungen des Arbeitgebers zur Unterbringung und Betreuung von nicht schulpflichtigen Kindern der Arbeitnehmer in Kindergärten oder vergleichbaren Einrichtungen; — S 2342
34. zusätzlich zum ohnehin geschuldeten Arbeitslohn erbrachte Leistungen des Arbeitgebers zur Verhinderung und Verminderung von Krankheitsrisiken und zur Förderung der Gesundheit — S 2342

§ 3 EStG

in Betrieben, die hinsichtlich Qualität, Zweckbindung, Zielgerichtetheit und Zertifizierung den Anforderungen der §§ 20 und 20b des Fünften Buches Sozialgesetzbuch genügen, soweit sie 600 Euro im Kalenderjahr nicht übersteigen;

S 2342

34a. zusätzlich zum ohnehin geschuldeten Arbeitslohn erbrachte Leistungen des Arbeitgebers

  a) an ein Dienstleistungsunternehmen, das den Arbeitnehmer hinsichtlich der Betreuung von Kindern oder pflegebedürftigen Angehörigen berät oder hierfür Betreuungspersonen vermittelt, sowie

  b) zur kurzfristigen Betreuung von Kindern im Sinne des § 32 Absatz 1, die das 14. Lebensjahr noch nicht vollendet haben oder die wegen einer vor Vollendung des 25. Lebensjahres eingetretenen körperlichen, geistigen oder seelischen Behinderung außerstande sind, sich selbst zu unterhalten oder pflegebedürftigen Angehörigen des Arbeitnehmers, wenn die Betreuung aus zwingenden und beruflich veranlassten Gründen notwendig ist, auch wenn sie im privaten Haushalt des Arbeitnehmers stattfindet, soweit die Leistungen 600 Euro im Kalenderjahr nicht übersteigen;

S 2337
S 2338
S 2341

35. die Einnahmen der bei der Deutsche Post AG, Deutsche Postbank AG oder Deutsche Telekom AG beschäftigten Beamten, soweit die Einnahmen ohne Neuordnung des Postwesens und der Telekommunikation nach den Nummern 11 bis 13 und 64 steuerfrei wären;

S 2342

36. Einnahmen für Leistungen zu körperbezogenen Pflegemaßnahmen, pflegerischen Betreuungsmaßnahmen oder Hilfen bei der Haushaltsführung bis zur Höhe des Pflegegeldes nach § 37 des Elften Buches Sozialgesetzbuch mindestens aber bis zur Höhe des Entlastungsbetrages nach § 45b Absatz 1 Satz 1 des Elften Buches Sozialgesetzbuch, wenn diese Leistungen von Angehörigen des Pflegebedürftigen oder von anderen Personen, die damit eine sittliche Pflicht im Sinne des § 33 Absatz 2 gegenüber dem Pflegebedürftigen erfüllen, erbracht werden. ²Entsprechendes gilt, wenn der Pflegebedürftige vergleichbare Leistungen aus privaten Versicherungsverträgen nach den Vorgaben des Elften Buches Sozialgesetzbuch oder nach den Beihilfevorschriften für häusliche Pflege erhält;

S 2334 [1])

37. zusätzlich zum ohnehin geschuldeten Arbeitslohn vom Arbeitgeber gewährte Vorteile für die Überlassung eines betrieblichen Fahrrads, das kein Kraftfahrzeug im Sinne des § 6 Absatz 1 Nummer 4 Satz 2 ist;

---

[1]) Nummer 37 ist letztmals für den VZ 2030 anzuwenden, sowie beim Steuerabzug vom Arbeitslohn auf Vorteile, die in einem vor dem 01.01.2031 endenden Lohnzahlungszeitraum oder als sonstige Bezüge vor dem 01.01.2031 zugewendet werden >§ 52 Abs. 4 Satz **12**.

38. Sachprämien, die der Steuerpflichtige für die persönliche Inanspruchnahme von Dienstleistungen von Unternehmen unentgeltlich erhält, die diese zum Zwecke der Kundenbindung im allgemeinen Geschäftsverkehr in einem jedermann zugänglichen planmäßigen Verfahren gewähren, soweit der Wert der Prämien 1.080 Euro im Kalenderjahr nicht übersteigt; S 2342
39. der Vorteil des Arbeitnehmers im Rahmen eines gegenwärtigen Dienstverhältnisses aus der unentgeltlichen oder verbilligten Überlassung von Vermögensbeteiligungen im Sinne des § 2 Absatz 1 Nummer 1 Buchstabe a, b und f bis l und Absatz 2 bis 5 des Fünften Vermögensbildungsgesetzes in der Fassung der Bekanntmachung vom 4. März 1994 (BGBl. I S. 406), zuletzt geändert durch Artikel 2 des Gesetzes vom 7. März 2009 (BGBl. I S. 451), in der jeweils geltenden Fassung, am Unternehmen des Arbeitgebers, soweit der Vorteil insgesamt 1.440 Euro im Kalenderjahr nicht übersteigt. ²Voraussetzung für die Steuerfreiheit ist, dass die Beteiligung mindestens allen Arbeitnehmern offensteht, die im Zeitpunkt der Bekanntgabe des Angebots ein Jahr oder länger ununterbrochen in einem gegenwärtigen Dienstverhältnis zum Unternehmen stehen. ³Als Unternehmen des Arbeitgebers im Sinne des Satzes 1 gilt auch ein Unternehmen im Sinne des § 18 des Aktiengesetzes. ⁴Als Wert der Vermögensbeteiligung ist der gemeine Wert anzusetzen; S 2342
40. 40 Prozent S 2121 [1])
    a) der Betriebsvermögensmehrungen oder Einnahmen aus der Veräußerung oder der Entnahme von Anteilen an Körperschaften, Personenvereinigungen und Vermögensmassen, deren Leistungen beim Empfänger zu Einnahmen im Sinne des § 20 Absatz 1 Nummer 1 und 9 gehören, oder an einer Organgesellschaft im Sinne des § 14 oder § 17 des Körperschaftsteuergesetzes oder aus deren Auflösung oder Herabsetzung von deren Nennkapital oder aus dem Ansatz eines solchen Wirtschaftsguts mit dem Wert, der sich nach § 6 Absatz 1 Nummer 2 Satz 3 ergibt, soweit sie zu den Einkünften aus Land- und Forstwirtschaft, aus Gewerbebetrieb oder aus selbständiger Arbeit gehören. ²Dies gilt nicht, soweit der Ansatz des niedrigeren Teilwerts in vollem Umfang zu einer Gewinnminderung geführt hat und soweit diese Gewinnminderung nicht durch Ansatz eines Werts, der sich nach § 6 Absatz 1 Nummer 2 Satz 3 ergibt, ausgeglichen worden ist. ³Satz 1 gilt außer für Betriebsvermögensmehrungen aus dem Ansatz mit dem Wert, der sich nach § 6 Absatz 1 Nummer 2 Satz 3 ergibt, ebenfalls nicht, soweit Abzüge nach § 6b oder ähnliche Abzüge voll steuerwirksam vorgenommen worden sind,

---

[1]) zur Anwendung >§ 52 Abs. 4 Satz *13*

b) des Veräußerungspreises im Sinne des § 16 Absatz 2, soweit er auf die Veräußerung von Anteilen an Körperschaften, Personenvereinigungen und Vermögensmassen entfällt, deren Leistungen beim Empfänger zu Einnahmen im Sinne des § 20 Absatz 1 Nummer 1 und 9 gehören, oder an einer Organgesellschaft im Sinne des § 14 oder § 17 des Körperschaftsteuergesetzes. ²Satz 1 ist in den Fällen des § 16 Absatz 3 entsprechend anzuwenden. ³Buchstabe a Satz 3 gilt entsprechend,

c) des Veräußerungspreises oder des gemeinen Werts im Sinne des § 17 Absatz 2. ²Satz 1 ist in den Fällen des § 17 Absatz 4 entsprechend anzuwenden,

d)[1] der Bezüge im Sinne des § 20 Absatz 1 Nummer 1 und der Einnahmen im Sinne des § 20 Absatz 1 Nummer 9. ²Dies gilt nur, soweit sie das Einkommen der leistenden Körperschaft nicht gemindert haben. ³Sofern die Bezüge in einem anderen Staat auf Grund einer vom deutschen Recht abweichenden steuerlichen Zurechnung einer anderen Person zugerechnet werden, gilt Satz 1 nur, soweit das Einkommen der anderen Person oder ihr nahestehender Personen nicht niedriger ist als bei einer dem deutschen Recht entsprechenden Zurechnung. ⁴Satz 1 Buchstabe d Satz 2 gilt nicht, soweit eine verdeckte Gewinnausschüttung das Einkommen einer dem Steuerpflichtigen nahe stehenden Person erhöht hat und § 32a des Körperschaftsteuergesetzes auf die Veranlagung dieser nahe stehenden Person keine Anwendung findet,

e) der Bezüge im Sinne des § 20 Absatz 1 Nummer 2,

f) der besonderen Entgelte oder Vorteile im Sinne des § 20 Absatz 3, die neben den in § 20 Absatz 1 Nummer 1 und Absatz 2 Satz 1 Nummer 2 Buchstabe a bezeichneten Einnahmen oder an deren Stelle gewährt werden,

g) des Gewinns aus der Veräußerung von Dividendenscheinen und sonstigen Ansprüchen im Sinne des § 20 Absatz 2 Satz 1 Nummer 2 Buchstabe a,

h) des Gewinns aus der Abtretung von Dividendenansprüchen oder sonstigen Ansprüchen im Sinne des § 20 Absatz 2 Satz 1 Nummer 2 Buchstabe a in Verbindung mit § 20 Absatz 2 Satz 2,

i) der Bezüge im Sinne des § 22 Nummer 1 Satz 2, soweit diese von einer nicht von der Körperschaftsteuer befreiten Körperschaft, Personenvereinigung oder Vermögensmasse stammen.

---

[1] Nummer 40 Satz 1 Buchst. d Satz 3 ist erstmals für Bezüge anzuwenden, die nach dem 31.12.2019 zufließen >§ 52 Abs. 4 Satz *14*.

² Dies gilt für Satz 1 Buchstabe d bis h nur in Verbindung mit § 20 Absatz 8. ³ Satz 1 Buchstabe a, b und d bis h ist nicht anzuwenden auf Anteile, die bei Kreditinstituten, Finanzdienstleistungsinstituten und Wertpapierinstituten dem Handelsbestand im Sinne des § 340e Absatz 3 des Handelsgesetzbuchs zuzuordnen sind; Gleiches gilt für Anteile, die bei Finanzunternehmen im Sinne des Kreditwesengesetzes, an denen Kreditinstitute, Finanzdienstleistungsinstitute oder Wertpapierinstitute unmittelbar oder mittelbar zu mehr als 50 Prozent beteiligt sind, zum Zeitpunkt des Zugangs zum Betriebsvermögen als Umlaufvermögen auszuweisen sind. ⁴ Satz 1 ist nicht anzuwenden bei Anteilen an Unterstützungskassen; [1]

Teileinkünfteverfahren

Bei der Veräußerung einbringungsgeborener Anteile ist R 3.40 EStR 2008 weiter anzuwenden.

Hinweise

Sondervergütungen für Gesellschafterdarlehen
Sondervergütungen eines Mitunternehmers für die Hingabe von Darlehen i. S. d. § 15 Abs. 1 Satz 1 Nr. 2 unterliegen auch dann nicht der anteiligen Steuerbefreiung nach § 3 Nr. 40, wenn sie ihrerseits aus nach § 3 Nr. 40 teilweise steuerbefreiten Einnahmen beglichen wurden (>BFH vom 06.02.2020 – BStBl II S. 448).

Wertaufholungen
Wertaufholungen nach § 6 Abs. 1 Nr. 2 Satz 3, denen in früheren Jahren sowohl voll steuerwirksame als auch nur teilweise steuerwirksame Abschreibungen von Anteilen auf den niedrigeren Teilwert vorangegangen sind, sind zunächst mit den nur teilweise steuerwirksamen und erst danach – mit der Folge der vollen Steuerpflicht daraus resultierender Gewinne – mit den voll steuerwirksamen Teilwertabschreibungen zu verrechnen (>BFH vom 19.08.2009 – BStBl II 2010 S. 760).

---

[1] zur Anwendung der Nummer 40 Satz 3 >§ 52 Abs. 4 Satz **16**

§ 3

S 2248-a [1]) 40a. 40 Prozent der Vergütungen im Sinne des § 18 Absatz 1 Nummer 4;

S 2121 [2]) 41. a) Gewinnausschüttungen, soweit für das Kalenderjahr oder Wirtschaftsjahr, in dem sie bezogen werden, oder für die vorangegangenen sieben Kalenderjahre oder Wirtschaftsjahre aus einer Beteiligung an derselben ausländischen Gesellschaft Hinzurechnungsbeträge (§ 10 Absatz 2 des Außensteuergesetzes) der Einkommensteuer unterlegen haben, § 11 Absatz 1 und 2 des Außensteuergesetzes in der Fassung des Artikels 12 des Gesetzes vom 21. Dezember 1993 (BGBl. I S. 2310) nicht anzuwenden war und der Steuerpflichtige dies nachweist; § 3c Absatz 2 gilt entsprechend;

b) Gewinne aus der Veräußerung eines Anteils an einer ausländischen Kapitalgesellschaft sowie aus deren Auflösung oder Herabsetzung ihres Kapitals, soweit für das Kalenderjahr oder Wirtschaftsjahr, in dem sie bezogen werden, oder für die vorangegangenen sieben Kalenderjahre oder Wirtschaftsjahre aus einer Beteiligung an derselben ausländischen Gesellschaft Hinzurechnungsbeträge (§ 10 Absatz 2 des Außensteuergesetzes) der Einkommensteuer unterlegen haben, § 11 Absatz 1 und 2 des Außensteuergesetzes in der Fassung des Artikels 12 des Gesetzes vom 21. Dezember 1993 (BGBl. I S. 2310) nicht anzuwenden war, der Steuerpflichtige dies nachweist und der Hinzurechnungsbetrag ihm nicht als Gewinnanteil zugeflossen ist.

² Die Prüfung, ob Hinzurechnungsbeträge der Einkommensteuer unterlegen haben, erfolgt im Rahmen der gesonderten Feststellung nach § 18 des Außensteuergesetzes;

S 2121 42. die Zuwendungen, die auf Grund des Fulbright-Abkommens gezahlt werden;

H 3.42

Hinweise

Fulbright-Abkommen

Neues Fulbright-Abkommen vom 20.11.1962, in Kraft getreten am 24.01.1964, >BGBl. 1964 II S. 27 und S. 215

---

[1]) zur Anwendung der Nummer 40a in der am 06.08.2004 geltenden Fassung >§ 52 Abs. 4 Satz **18**
zur Anwendung der Nummer 40a in der am 19.08.2008 geltenden Fassung >§ 52 Abs. 4 Satz **19**
[2]) Nummer 41 ist letztmals für den VZ 2021 anzuwenden >§ 52 Abs. 4 Satz **20**.

§ 3

43. der Ehrensold für Künstler sowie Zuwendungen aus Mitteln der Deutschen Künstlerhilfe, wenn es sich um Bezüge aus öffentlichen Mitteln handelt, die wegen der Bedürftigkeit des Künstlers gezahlt werden;

44. Stipendien, die aus öffentlichen Mitteln oder von zwischenstaatlichen oder überstaatlichen Einrichtungen, denen die Bundesrepublik Deutschland als Mitglied angehört, zur Förderung der Forschung oder zur Förderung der wissenschaftlichen oder künstlerischen Ausbildung oder Fortbildung gewährt werden. ²Das Gleiche gilt für Stipendien, die zu den in Satz 1 bezeichneten Zwecken von einer Einrichtung, die von einer Körperschaft des öffentlichen Rechts errichtet ist oder verwaltet wird, oder von einer Körperschaft, Personenvereinigung oder Vermögensmasse im Sinne des § 5 Absatz 1 Nummer 9 des Körperschaftsteuergesetzes gegeben werden. ³Voraussetzung für die Steuerfreiheit ist, dass

   a) die Stipendien einen für die Erfüllung der Forschungsaufgabe oder für die Bestreitung des Lebensunterhalts und die Deckung des Ausbildungsbedarfs erforderlichen Betrag nicht übersteigen und nach den von dem Geber erlassenen Richtlinien vergeben werden,

   b) der Empfänger im Zusammenhang mit dem Stipendium nicht zu einer bestimmten wissenschaftlichen oder künstlerischen Gegenleistung oder zu einer bestimmten Arbeitnehmertätigkeit verpflichtet ist;

---

¹Die Prüfung, ob die Voraussetzungen für die Steuerfreiheit der Stipendien vorliegen, hat für inländische Stipendiengeber das Finanzamt vorzunehmen, das für die Veranlagung des Stipendiengebers zur Körperschaftsteuer zuständig ist oder zuständig wäre, wenn der Geber steuerpflichtig wäre. ²Dieses Finanzamt hat auf Anforderung des Stipendienempfängers oder des für ihn zuständigen Finanzamts eine Bescheinigung über die Voraussetzungen des § 3 Nr. 44 Satz 3 Buchstabe a und b EStG zu erteilen. ³Auch eine in der EU oder dem EWR ansässige Körperschaft, Personenvereinigung oder Vermögensmasse i. S. d. § 5 Abs. 1 Nr. 9 KStG kann steuerfreie Stipendien vergeben, soweit sie bei sinngemäßer Anwendung der §§ 51 ff. AO gemeinnützig wäre und ein Amtshilfeabkommen mit dem Ansässigkeitsstaat besteht. ⁴Das Vorliegen der Voraussetzungen der §§ 51 ff. AO hat der Stipendienempfänger gegenüber dem für ihn zuständigen Finanzamt durch Vorlage entsprechender Unterlagen (z. B. Satzung, Tätigkeitsbericht) nachzuweisen.

§ 3 EStG
H 3.44, 3.45

H 3.44

Hinweise

Beihilfen zum Lebensunterhalt
- Die Steuerbefreiung von Forschungsstipendien nach § 3 Nr. 44 umfasst sowohl die der Erfüllung der Forschungsaufgaben (Sachbeihilfen) als auch die der Bestreitung des Lebensunterhalts dienenden Zuwendungen (>BFH vom 20.03.2003 – BStBl II 2004 S. 190).
- Zum Lebensunterhalt gehören die Mittel, die benötigt werden, um dem Stpfl. ein menschenwürdiges Leben in einem sozialen Umfeld zu sichern. Er umfasst die unentbehrlichen Aufwendungen für Wohnung, Verpflegung, Kleidung, Ausbildung, Gesundheit, angemessene Freizeitgestaltung und andere notwendige Ausgaben dieser Art. Dabei ist das Alter des Stpfl., seine akademische Vorbildung sowie dessen nach der Verkehrsauffassung typische Lebenshaltungskosten in seiner sozialen Situation zu berücksichtigen. Das Stipendium übersteigt den für die Bestreitung des Lebensunterhalts erforderlichen Betrag nicht, wenn es über die zuvor aus einem Beschäftigungsverhältnis bezogenen Einnahmen nicht wesentlich hinausgeht (>BFH vom 24.02.2015 – BStBl II S. 691).

Stipendien
Zwischen einem nach § 3 Nr. 44 steuerfrei gewährten Stipendium für Studienzwecke und den im Zusammenhang mit dem Stipendium entstehenden Mehraufwendungen besteht regelmäßig ein unmittelbarer wirtschaftlicher Zusammenhang i. S. d. § 3c (>BFH vom 09.11.1976 – BStBl II 1977 S. 207).

§ 3

S 2342

45. die Vorteile des Arbeitnehmers aus der privaten Nutzung von betrieblichen Datenverarbeitungsgeräten und Telekommunikationsgeräten sowie deren Zubehör, aus zur privaten Nutzung überlassenen System- und Anwendungsprogrammen, die der Arbeitgeber auch in seinem Betrieb einsetzt, und aus den im Zusammenhang mit diesen Zuwendungen erbrachten Dienstleistungen. ²Satz 1 gilt entsprechend für Steuerpflichtige, denen die Vorteile im Rahmen einer Tätigkeit zugewendet werden, für die sie eine Aufwandsentschädigung im Sinne des § 3 Nummer 12 erhalten;

H 3.45

Hinweise

Verfassungsmäßigkeit
Soweit § 3 Nr. 45 auf Arbeitnehmer beschränkt ist, liegt darin keine Verletzung des Gleichheitssatzes (>BFH vom 21.06.2006 – BStBl II S. 715).

§ 3

46. zusätzlich zum ohnehin geschuldeten Arbeitslohn vom Arbeitgeber gewährte Vorteile für das elektrische Aufladen eines Elektrofahrzeugs oder Hybridelektrofahrzeugs im Sinne des § 6 Absatz 1 Nummer 4 Satz 2 zweiter Halbsatz an einer ortsfesten betrieblichen Einrichtung des Arbeitgebers oder eines verbundenen Unternehmens (§ 15 des Aktiengesetzes) und für die zur privaten Nutzung überlassene betriebliche Ladevorrichtung; S 2342 [1])

47. Leistungen nach § 14a Absatz 4 und § 14b des Arbeitsplatzschutzgesetzes; S 2342

48. Leistungen nach dem Unterhaltssicherungsgesetz mit Ausnahme der Leistungen nach § 6 des Unterhaltssicherungsgesetzes; S 2342

49. (weggefallen) S 2121

50. die Beträge, die der Arbeitnehmer vom Arbeitgeber erhält, um sie für ihn auszugeben (durchlaufende Gelder), und die Beträge, durch die Auslagen des Arbeitnehmers für den Arbeitgeber ersetzt werden (Auslagenersatz); S 2336

51. Trinkgelder, die anlässlich einer Arbeitsleistung dem Arbeitnehmer von Dritten freiwillig und ohne dass ein Rechtsanspruch auf sie besteht, zusätzlich zu dem Betrag gegeben werden, der für diese Arbeitsleistung zu zahlen ist; S 2342

52. (weggefallen)

53. die Übertragung von Wertguthaben nach § 7f Absatz 1 Satz 1 Nummer 2 des Vierten Buches Sozialgesetzbuch auf die Deutsche Rentenversicherung Bund. ²Die Leistungen aus dem Wertguthaben durch die Deutsche Rentenversicherung Bund gehören zu den Einkünften aus nichtselbständiger Arbeit im Sinne des § 19. ³Von ihnen ist Lohnsteuer einzubehalten; S 2121

54. Zinsen aus Entschädigungsansprüchen für deutsche Auslandsbonds im Sinne der §§ 52 bis 54 des Bereinigungsgesetzes für deutsche Auslandsbonds in der im Bundesgesetzblatt Teil III, Gliederungsnummer 4139-2, veröffentlichten bereinigten Fassung, soweit sich die Entschädigungsansprüche gegen den Bund oder die Länder richten. ²Das Gleiche gilt für die Zinsen aus Schuldverschreibungen und Schuldbuchforderungen, die nach den §§ 9, 10 und 14 des Gesetzes zur näheren Regelung der Entschädigungsansprüche für Auslandsbonds in der im Bundesgesetzblatt Teil III, Gliederungsnummer 4139-3, veröffentlichten bereinigten Fassung vom Bund oder von den S 2121

---

[1]) Nummer 46 in der am 17.11.2016 geltenden Fassung ist erstmals anzuwenden auf Vorteile, die in einem nach dem 31.12.2016 endenden Lohnzahlungszeitraum oder als sonstige Bezüge nach dem 31.12.2016 zugewendet werden, und letztmals anzuwenden auf Vorteile, die in einem vor dem 01.01.2031 endenden Lohnzahlungszeitraum oder als sonstige Bezüge vor dem 01.01.2031 zugewendet werden >§ 52 Abs. 4 Satz **21**.

Ländern für Entschädigungsansprüche erteilt oder eingetragen werden;

S 2342   55. der in den Fällen des § 4 Absatz 2 Nummer 2 und Absatz 3 des Betriebsrentengesetzes vom 19. Dezember 1974 (BGBl. I S. 3610), das zuletzt durch Artikel 8 des Gesetzes vom 5. Juli 2004 (BGBl. I S. 1427) geändert worden ist, in der jeweils geltenden Fassung geleistete Übertragungswert nach § 4 Absatz 5 des Betriebsrentengesetzes, wenn die betriebliche Altersversorgung beim ehemaligen und neuen Arbeitgeber über einen Pensionsfonds, eine Pensionskasse oder ein Unternehmen der Lebensversicherung durchgeführt wird; dies gilt auch, wenn eine Versorgungsanwartschaft aus einer betrieblichen Altersversorgung auf Grund vertraglicher Vereinbarung ohne Fristerfordernis unverfallbar ist. ²Satz 1 gilt auch, wenn der Übertragungswert vom ehemaligen Arbeitgeber oder von einer Unterstützungskasse an den neuen Arbeitgeber oder eine andere Unterstützungskasse geleistet wird. ³Die Leistungen des neuen Arbeitgebers, der Unterstützungskasse, des Pensionsfonds, der Pensionskasse oder des Unternehmens der Lebensversicherung auf Grund des Betrags nach Satz 1 und 2 gehören zu den Einkünften, zu denen die Leistungen gehören würden, wenn die Übertragung nach § 4 Absatz 2 Nummer 2 und Absatz 3 des Betriebsrentengesetzes nicht stattgefunden hätte;

S 2342 ¹)   55a. die nach § 10 des Versorgungsausgleichsgesetzes vom 3. April 2009 (BGBl. I S. 700) in der jeweils geltenden Fassung (interne Teilung) durchgeführte Übertragung von Anrechten für die ausgleichsberechtigte Person zu Lasten von Anrechten der ausgleichspflichtigen Person. ²Die Leistungen aus diesen Anrechten gehören bei der ausgleichsberechtigten Person zu den Einkünften, zu denen die Leistungen bei der ausgleichspflichtigen Person gehören würden, wenn die interne Teilung nicht stattgefunden hätte;

S 2342 ¹)   55b. der nach § 14 des Versorgungsausgleichsgesetzes (externe Teilung) geleistete Ausgleichswert zur Begründung von Anrechten für die ausgleichsberechtigte Person zu Lasten von Anrechten der ausgleichspflichtigen Person, soweit Leistungen aus diesen Anrechten zu steuerpflichtigen Einkünften nach den §§ 19, 20 und 22 führen würden. ²Satz 1 gilt nicht, soweit Leistungen, die auf dem begründeten Anrecht beruhen, bei der ausgleichsberechtigten Person zu Einkünften nach § 20 Absatz 1 Nummer 6 oder § 22 Nummer 1 Satz 3 Buchstabe a Doppelbuchstabe bb führen würden. ³Der Versorgungsträger der ausgleichspflichtigen Person hat den Versorgungsträger der ausgleichsberechtigten Person über die für die Besteuerung der Leistungen erforderlichen Grundlagen zu informieren. ⁴Dies gilt nicht, wenn der

---

¹) zur Anwendung der Nummern 55a und 55b >§ 52 Abs. 28 Satz 9

Versorgungsträger der ausgleichsberechtigten Person die Grundlagen bereits kennt oder aus den bei ihm vorhandenen Daten feststellen kann und dieser Umstand dem Versorgungsträger der ausgleichspflichtigen Person mitgeteilt worden ist;

55c. Übertragungen von Altersvorsorgevermögen im Sinne des § 92 auf einen anderen auf den Namen des Steuerpflichtigen lautenden Altersvorsorgevertrag (§ 1 Absatz 1 Satz 1 Nummer 10 Buchstabe b des Altersvorsorgeverträge-Zertifizierungsgesetzes), soweit die Leistungen zu steuerpflichtigen Einkünften nach § 22 Nummer 5 führen würden. ²Dies gilt entsprechend S 2342

a) wenn Anwartschaften aus einer betrieblichen Altersversorgung, die über einen Pensionsfonds, eine Pensionskasse oder ein Unternehmen der Lebensversicherung (Direktversicherung) durchgeführt wird, lediglich auf einen anderen Träger einer betrieblichen Altersversorgung in Form eines Pensionsfonds, einer Pensionskasse oder eines Unternehmens der Lebensversicherung (Direktversicherung) übertragen werden, soweit keine Zahlungen unmittelbar an den Arbeitnehmer erfolgen,

b) wenn Anwartschaften der betrieblichen Altersversorgung abgefunden werden, soweit das Altersvorsorgevermögen zugunsten eines auf den Namen des Steuerpflichtigen lautenden Altersvorsorgevertrages geleistet wird,

c) wenn im Fall des Todes des Steuerpflichtigen das Altersvorsorgevermögen auf einen auf den Namen des Ehegatten lautenden Altersvorsorgevertrag übertragen wird, wenn die Ehegatten im Zeitpunkt des Todes des Zulageberechtigten nicht dauernd getrennt gelebt haben (§ 26 Absatz 1) und ihren Wohnsitz oder gewöhnlichen Aufenthalt in einem Mitgliedstaat der Europäischen Union oder einem Staat hatten, auf den das Abkommen über den Europäischen Wirtschaftsraum anwendbar ist; dies gilt auch, wenn die Ehegatten ihren vor dem Zeitpunkt, ab dem das Vereinigte Königreich Großbritannien und Nordirland nicht mehr Mitgliedstaat der Europäischen Union ist und auch nicht wie ein solcher zu behandeln ist, begründeten Wohnsitz oder gewöhnlichen Aufenthalt im Vereinigten Königreich Großbritannien und Nordirland hatten und der Vertrag vor dem 23. Juni 2016 abgeschlossen worden ist;

55d. Übertragungen von Anrechten aus einem nach § 5a Altersvorsorgeverträge-Zertifizierungsgesetz zertifizierten Vertrag auf einen anderen auf den Namen des Steuerpflichtigen lautenden nach § 5a Altersvorsorgeverträge-Zertifizierungsgesetz zertifizierten Vertrag; S 2342

55e. die auf Grund eines Abkommens mit einer zwischen- oder überstaatlichen Einrichtung übertragenen Werte von Anrechten auf S 2342

Altersversorgung, soweit diese zur Begründung von Anrechten auf Altersversorgung bei einer zwischen- oder überstaatlichen Einrichtung dienen. ²Die Leistungen auf Grund des Betrags nach Satz 1 gehören zu den Einkünften, zu denen die Leistungen gehören, die die übernehmende Versorgungseinrichtung im Übrigen erbringt;

S 2342
56. Zuwendungen des Arbeitgebers nach § 19 Absatz 1 Satz 1 Nummer 3 Satz 1 aus dem ersten Dienstverhältnis an eine Pensionskasse zum Aufbau einer nicht kapitalgedeckten betrieblichen Altersversorgung, bei der eine Auszahlung der zugesagten Alters-, Invaliditäts- oder Hinterbliebenenversorgung entsprechend § 82 Absatz 2 Satz 2 vorgesehen ist, soweit diese Zuwendungen im Kalenderjahr 2 Prozent der Beitragsbemessungsgrenze in der allgemeinen Rentenversicherung nicht übersteigen. ²Der in Satz 1 genannte Höchstbetrag erhöht sich ab 1. Januar 2020 auf 3 Prozent und ab 1. Januar 2025 auf 4 Prozent der Beitragsbemessungsgrenze in der allgemeinen Rentenversicherung. ³Die Beträge nach den Sätzen 1 und 2 sind jeweils um die nach § 3 Nummer 63 Satz 1, 3 oder Satz 4 steuerfreien Beträge zu mindern;

S 2121
57. die Beträge, die die Künstlersozialkasse zugunsten des nach dem Künstlersozialversicherungsgesetz Versicherten aus dem Aufkommen von Künstlersozialabgabe und Bundeszuschuss an einen Träger der Sozialversicherung oder an den Versicherten zahlt;

S 2121
58. das Wohngeld nach dem Wohngeldgesetz, die sonstigen Leistungen aus öffentlichen Haushalten oder Zweckvermögen zur Senkung der Miete oder Belastung im Sinne des § 11 Absatz 2 Nummer 4 des Wohngeldgesetzes sowie öffentliche Zuschüsse zur Deckung laufender Aufwendungen und Zinsvorteile bei Darlehen, die aus öffentlichen Haushalten gewährt werden, für eine zu eigenen Wohnzwecken genutzte Wohnung im eigenen Haus oder eine zu eigenen Wohnzwecken genutzte Eigentumswohnung, soweit die Zuschüsse und Zinsvorteile die Vorteile aus einer entsprechenden Förderung mit öffentlichen Mitteln nach dem Zweiten Wohnungsbaugesetz, dem Wohnraumförderungsgesetz oder einem Landesgesetz zur Wohnraumförderung nicht überschreiten, der Zuschuss für die Wohneigentumsbildung in innerstädtischen Altbauquartieren nach den Regelungen zum Stadtumbau Ost in den Verwaltungsvereinbarungen über die Gewährung von Finanzhilfen des Bundes an die Länder nach Artikel 104a Absatz 4 des Grundgesetzes zur Förderung städtebaulicher Maßnahmen;

S 2121
S 2342
59. die Zusatzförderung nach § 88e des Zweiten Wohnungsbaugesetzes und nach § 51f des Wohnungsbaugesetzes für das Saar-

§ 3 EStG

land und Geldleistungen, die ein Mieter zum Zwecke der Wohnkostenentlastung nach dem Wohnraumförderungsgesetz oder einem Landesgesetz zur Wohnraumförderung erhält, soweit die Einkünfte dem Mieter zuzurechnen sind, und die Vorteile aus einer mietweisen Wohnungsüberlassung im Zusammenhang mit einem Arbeitsverhältnis, soweit sie die Vorteile aus einer entsprechenden Förderung nach dem Zweiten Wohnungsbaugesetz, nach dem Wohnraumförderungsgesetz oder einem Landesgesetz zur Wohnraumförderung nicht überschreiten;

60. das Anpassungsgeld für Arbeitnehmer der Braunkohlekraftwerke und -tagebaue sowie Steinkohlekraftwerke, die aus Anlass einer Stilllegungsmaßnahme ihren Arbeitsplatz verloren haben;   S 2342 [1])

61. Leistungen nach § 4 Absatz 1 Nummer 2, § 7 Absatz 3, §§ 9, 10 Absatz 1, §§ 13, 15 des Entwicklungshelfer-Gesetzes;   S 2342

62. Ausgaben des Arbeitgebers für die Zukunftssicherung des Arbeitnehmers, soweit der Arbeitgeber dazu nach sozialversicherungsrechtlichen oder anderen gesetzlichen Vorschriften oder nach einer auf gesetzlicher Ermächtigung beruhenden Bestimmung verpflichtet ist, und es sich nicht um Zuwendungen oder Beiträge des Arbeitgebers nach den Nummern 56, 63 und 63a handelt. ²Den Ausgaben des Arbeitgebers für die Zukunftssicherung, die auf Grund gesetzlicher Verpflichtung geleistet werden, werden gleichgestellt Zuschüsse des Arbeitgebers zu den Aufwendungen des Arbeitnehmers   S 2333

   a) für eine Lebensversicherung,
   b) für die freiwillige Versicherung in der gesetzlichen Rentenversicherung,
   c) für eine öffentlich-rechtliche Versicherungs- oder Versorgungseinrichtung seiner Berufsgruppe,

   wenn der Arbeitnehmer von der Versicherungspflicht in der gesetzlichen Rentenversicherung befreit worden ist. ³Die Zuschüsse sind nur insoweit steuerfrei, als sie insgesamt bei Befreiung von der Versicherungspflicht in der allgemeinen Rentenversicherung die Hälfte und bei Befreiung von der Versicherungspflicht in der knappschaftlichen Rentenversicherung zwei Drittel der Gesamtaufwendungen des Arbeitnehmers nicht übersteigen und nicht höher sind als der Betrag, der als Arbeitgeberanteil bei Versicherungspflicht in der allgemeinen Rentenversicherung oder in der knappschaftlichen Rentenversicherung zu zahlen wäre;

---

[1]) Nummer 60 ist weiterhin anzuwenden für Anpassungsgelder an Arbeitnehmer im Steinkohlenbergbau bis zum Auslaufen dieser öffentlichen Mittel im Jahr 2027 >§ 52 Abs. 4 Satz **22**.

§ 3 EStG

S 2333 [1)]

63. Beiträge des Arbeitgebers aus dem ersten Dienstverhältnis an einen Pensionsfonds, eine Pensionskasse oder für eine Direktversicherung zum Aufbau einer kapitalgedeckten betrieblichen Altersversorgung, bei der eine Auszahlung der zugesagten Alters-, Invaliditäts- oder Hinterbliebenenversorgungsleistungen entsprechend § 82 Absatz 2 Satz 2 vorgesehen ist, soweit die Beiträge im Kalenderjahr 8 Prozent der Beitragsbemessungsgrenze in der allgemeinen Rentenversicherung nicht übersteigen. [2]Dies gilt nicht, soweit der Arbeitnehmer nach § 1a Absatz 3 des Betriebsrentengesetzes verlangt hat, dass die Voraussetzungen für eine Förderung nach § 10a oder Abschnitt XI erfüllt werden.

[2)]

[3]Aus Anlass der Beendigung des Dienstverhältnisses geleistete Beiträge im Sinne des Satzes 1 sind steuerfrei, soweit sie 4 Prozent der Beitragsbemessungsgrenze in der allgemeinen Rentenversicherung, vervielfältigt mit der Anzahl der Kalenderjahre, in denen das Dienstverhältnis des Arbeitnehmers zu dem Arbeitgeber bestanden hat, höchstens jedoch zehn Kalenderjahre, nicht übersteigen. [4]Beiträge im Sinne des Satzes 1, die für Kalenderjahre nachgezahlt werden, in denen das erste Dienstverhältnis ruhte und vom Arbeitgeber im Inland kein steuerpflichtiger Arbeitslohn bezogen wurde, sind steuerfrei, soweit sie 8 Prozent der Beitragsbemessungsgrenze in der allgemeinen Rentenversicherung, vervielfältigt mit der Anzahl dieser Kalenderjahre, höchstens jedoch zehn Kalenderjahre, nicht übersteigen.

S 2333

63a. Sicherungsbeiträge des Arbeitgebers nach § 23 Absatz 1 des Betriebsrentengesetzes, soweit sie nicht unmittelbar dem einzelnen Arbeitnehmer gutgeschrieben oder zugerechnet werden;

S 2341

64. bei Arbeitnehmern, die zu einer inländischen juristischen Person des öffentlichen Rechts in einem Dienstverhältnis stehen und dafür Arbeitslohn aus einer inländischen öffentlichen Kasse beziehen, die Bezüge für eine Tätigkeit im Ausland insoweit, als sie den Arbeitslohn übersteigen, der dem Arbeitnehmer bei einer gleichwertigen Tätigkeit am Ort der zahlenden öffentlichen Kasse zustehen würde. [2]Satz 1 gilt auch, wenn das Dienstverhältnis zu einer anderen Person besteht, die den Arbeitslohn entsprechend den im Sinne des Satzes 1 geltenden Vorschriften ermittelt, der Arbeitslohn aus einer öffentlichen Kasse gezahlt wird und ganz oder im Wesentlichen aus öffentlichen Mitteln aufgebracht wird. [3]Bei anderen für einen begrenzten Zeitraum in das Ausland entsandten Arbeitnehmern, die dort einen Wohnsitz

---

[1)] Der Höchstbetrag nach § 3 Nr. 63 Satz 1 verringert sich um Zuwendungen, auf die § 40b Abs. 1 und 2 Satz 1 und 2 in der am 31.12.2004 geltenden Fassung angewendet wird >§ 52 Abs. 4 Satz **23**.

[2)] Nummer 63 Satz 3 ist in der ab dem 01.01.2018 geltenden Fassung nicht anzuwenden, soweit § 40b Abs. 1 und 2 Satz 3 und 4 in der am 31.12.2004 geltenden Fassung angewendet wird >§ 52 Abs. 4 Satz **24**.

oder gewöhnlichen Aufenthalt haben, ist der ihnen von einem inländischen Arbeitgeber gewährte Kaufkraftausgleich steuerfrei, soweit er den für vergleichbare Auslandsdienstbezüge nach § 55 des Bundesbesoldungsgesetzes zulässigen Betrag nicht übersteigt;

65. a) Beiträge des Trägers der Insolvenzsicherung (§ 14 des Betriebsrentengesetzes) zugunsten eines Versorgungsberechtigten und seiner Hinterbliebenen an ein Unternehmen der Lebensversicherung zur Ablösung von Verpflichtungen, die der Träger der Insolvenzsicherung im Sicherungsfall gegenüber dem Versorgungsberechtigten und seinen Hinterbliebenen hat,

S 2333

b) Leistungen zur Übernahme von Versorgungsleistungen oder unverfallbaren Versorgungsanwartschaften durch eine Pensionskasse oder ein Unternehmen der Lebensversicherung in den in § 4 Absatz 4 des Betriebsrentengesetzes bezeichneten Fällen,

c) der Erwerb von Ansprüchen durch den Arbeitnehmer gegenüber einem Dritten im Fall der Eröffnung des Insolvenzverfahrens oder in den Fällen des § 7 Absatz 1 Satz 4 des Betriebsrentengesetzes, soweit der Dritte neben dem Arbeitgeber für die Erfüllung von Ansprüchen auf Grund bestehender Versorgungsverpflichtungen oder Versorgungsanwartschaften gegenüber dem Arbeitnehmer und dessen Hinterbliebenen einsteht; dies gilt entsprechend, wenn der Dritte für Wertguthaben aus einer Vereinbarung über die Altersteilzeit nach dem Altersteilzeitgesetz vom 23. Juli 1996 (BGBl. I S. 1078), zuletzt geändert durch Artikel 234 der Verordnung vom 31. Oktober 2006 (BGBl. I S. 2407), in der jeweils geltenden Fassung oder auf Grund von Wertguthaben aus einem Arbeitszeitkonto in den im ersten Halbsatz genannten Fällen für den Arbeitgeber einsteht und

d) der Erwerb von Ansprüchen durch den Arbeitnehmer im Zusammenhang mit dem Eintritt in die Versicherung nach *§ 8 Absatz 2 des Betriebsrentengesetzes.*

²In den Fällen nach Buchstabe a, b und c gehören die Leistungen der Pensionskasse, des Unternehmens der Lebensversicherung oder des Dritten zu den Einkünften, zu denen jene Leistungen gehören würden, die ohne Eintritt eines Falles nach Buchstabe a, b und c zu erbringen wären. ³Soweit sie zu den Einkünften aus nichtselbständiger Arbeit im Sinne des § 19 gehören, ist von ihnen Lohnsteuer einzubehalten. ⁴Für die Erhebung der Lohnsteuer gelten die Pensionskasse, das Unternehmen der Lebensversicherung oder der Dritte als Arbeitgeber und der Leistungsempfänger als Arbeitnehmer. ⁵Im Fall des Buchstaben d

gehören die Versorgungsleistungen des Unternehmens der Lebensversicherung oder der Pensionskasse, soweit sie auf Beiträgen beruhen, die bis zum Eintritt des Arbeitnehmers in die Versicherung geleistet wurden, zu den sonstigen Einkünften im Sinne des § 22 Nummer 5 Satz 1; soweit der Arbeitnehmer in den Fällen des *§ 8 Absatz 2 des Betriebsrentengesetzes* die Versicherung mit eigenen Beiträgen fortgesetzt hat, sind die auf diesen Beiträgen beruhenden Versorgungsleistungen sonstige Einkünfte im Sinne des § 22 Nummer 5 Satz 1 oder Satz 2;

Hinweise

Insolvenzsicherung
>R 3.65 LStR 2015

§ 3

S 2333   66. Leistungen eines Arbeitgebers oder einer Unterstützungskasse an einen Pensionsfonds zur Übernahme bestehender Versorgungsverpflichtungen oder Versorgungsanwartschaften durch den Pensionsfonds, wenn ein Antrag nach § 4d Absatz 3 oder § 4e Absatz 3 gestellt worden ist;

S 2342   67. a) das Erziehungsgeld nach dem Bundeserziehungsgeldgesetz und vergleichbare Leistungen der Länder,

b) das Elterngeld nach dem Bundeselterngeld- und Elternzeitgesetz und vergleichbare Leistungen der Länder,

c) Leistungen für Kindererziehung an Mütter der Geburtsjahrgänge vor 1921 nach den §§ 294 bis 299 des Sechsten Buches Sozialgesetzbuch sowie

d) die Zuschläge, die nach den §§ 50a bis 50e des Beamtenversorgungsgesetzes oder nach den §§ 70 bis 74 des Soldatenversorgungsgesetzes oder nach vergleichbaren Regelungen der Länder für ein vor dem 1. Januar 2015 geborenes Kind oder für eine vor dem 1. Januar 2015 begonnene Zeit der Pflege einer pflegebedürftigen Person zu gewähren sind; im Falle des Zusammentreffens von Zeiten für mehrere Kinder nach § 50b des Beamtenversorgungsgesetzes oder § 71 des Soldatenversorgungsgesetzes oder nach vergleichbaren Regelungen der Länder gilt dies, wenn eines der Kinder vor dem 1. Januar 2015 geboren ist;

S 2121   68. die Hilfen nach dem Gesetz über die Hilfe für durch Anti-D-Immunprophylaxe mit dem Hepatitis-C-Virus infizierte Personen vom 2. August 2000 (BGBl. I S. 1270);

S 2121   69. die von der Stiftung „Humanitäre Hilfe für durch Blutprodukte HIV-infizierte Personen" nach dem HIV-Hilfegesetz vom 24. Juli 1995 (BGBl. I S. 972) gewährten Leistungen;

70. die Hälfte
   a) der Betriebsvermögensmehrungen oder Einnahmen aus der Veräußerung von Grund und Boden und Gebäuden, die am 1. Januar 2007 mindestens fünf Jahre zum Anlagevermögen eines inländischen Betriebsvermögens des Steuerpflichtigen gehören, wenn diese auf Grund eines nach dem 31. Dezember 2006 und vor dem 1. Januar 2010 rechtswirksam abgeschlossenen obligatorischen Vertrages an eine REIT-Aktiengesellschaft oder einen Vor-REIT veräußert werden,
   b) der Betriebsvermögensmehrungen, die auf Grund der Eintragung eines Steuerpflichtigen in das Handelsregister als REIT-Aktiengesellschaft im Sinne des REIT-Gesetzes vom 28. Mai 2007 (BGBl. I S. 914) durch Anwendung des § 13 Absatz 1 und 3 Satz 1 des Körperschaftsteuergesetzes auf Grund und Boden und Gebäude entstehen, wenn diese Wirtschaftsgüter vor dem 1. Januar 2005 angeschafft oder hergestellt wurden, und die Schlussbilanz im Sinne des § 13 Absatz 1 und 3 des Körperschaftsteuergesetzes auf einen Zeitpunkt vor dem 1. Januar 2010 aufzustellen ist.

   ² Satz 1 ist nicht anzuwenden,
   a) wenn der Steuerpflichtige den Betrieb veräußert oder aufgibt und der Veräußerungsgewinn nach § 34 besteuert wird,
   b) soweit der Steuerpflichtige von den Regelungen der §§ 6b und 6c Gebrauch macht,
   c) soweit der Ansatz des niedrigeren Teilwerts in vollem Umfang zu einer Gewinnminderung geführt hat und soweit diese Gewinnminderung nicht durch den Ansatz eines Werts, der sich nach § 6 Absatz 1 Nummer 1 Satz 4 ergibt, ausgeglichen worden ist,
   d) wenn im Fall des Satzes 1 Buchstabe a der Buchwert zuzüglich der Veräußerungskosten den Veräußerungserlös oder im Fall des Satzes 1 Buchstabe b der Buchwert den Teilwert übersteigt. ² Ermittelt der Steuerpflichtige den Gewinn nach § 4 Absatz 3, treten an die Stelle des Buchwerts die Anschaffungs- oder Herstellungskosten verringert um die vorgenommenen Absetzungen für Abnutzung oder Substanzverringerung,
   e) soweit vom Steuerpflichtigen in der Vergangenheit Abzüge bei den Anschaffungs- oder Herstellungskosten von Wirtschaftsgütern im Sinne des Satzes 1 nach § 6b oder ähnliche Abzüge voll steuerwirksam vorgenommen worden sind,
   f) wenn es sich um eine Übertragung im Zusammenhang mit Rechtsvorgängen handelt, die dem Umwandlungssteuergesetz unterliegen und die Übertragung zu einem Wert unterhalb des gemeinen Werts erfolgt.

§ 3 EStG

³Die Steuerbefreiung entfällt rückwirkend, wenn

a) innerhalb eines Zeitraums von vier Jahren seit dem Vertragsschluss im Sinne des Satzes 1 Buchstabe a der Erwerber oder innerhalb eines Zeitraums von vier Jahren nach dem Stichtag der Schlussbilanz im Sinne des Satzes 1 Buchstabe b die REIT-Aktiengesellschaft den Grund und Boden oder das Gebäude veräußert,

b) der Vor-REIT oder ein anderer Vor-REIT als sein Gesamtrechtsnachfolger den Status als Vor-REIT gemäß § 10 Absatz 3 Satz 1 des REIT-Gesetzes verliert,

c) die REIT-Aktiengesellschaft innerhalb eines Zeitraums von vier Jahren seit dem Vertragsschluss im Sinne des Satzes 1 Buchstabe a oder nach dem Stichtag der Schlussbilanz im Sinne des Satzes 1 Buchstabe b in keinem Veranlagungszeitraum die Voraussetzungen für die Steuerbefreiung erfüllt,

d) die Steuerbefreiung der REIT-Aktiengesellschaft innerhalb eines Zeitraums von vier Jahren seit dem Vertragsschluss im Sinne des Satzes 1 Buchstabe a oder nach dem Stichtag der Schlussbilanz im Sinne des Satzes 1 Buchstabe b endet,

e) das Bundeszentralamt für Steuern dem Erwerber im Sinne des Satzes 1 Buchstabe a den Status als Vor-REIT im Sinne des § 2 Satz 4 des REIT-Gesetzes vom 28. Mai 2007 (BGBl. I S. 914) bestandskräftig aberkannt hat.

⁴Die Steuerbefreiung entfällt auch rückwirkend, wenn die Wirtschaftsgüter im Sinne des Satzes 1 Buchstabe a vom Erwerber an den Veräußerer oder eine ihm nahe stehende Person im Sinne des § 1 Absatz 2 des Außensteuergesetzes überlassen werden und der Veräußerer oder eine ihm nahe stehende Person im Sinne des § 1 Absatz 2 des Außensteuergesetzes nach Ablauf einer Frist von zwei Jahren seit Eintragung des Erwerbers als REIT-Aktiengesellschaft in das Handelsregister an dieser mittelbar oder unmittelbar zu mehr als 50 Prozent beteiligt ist. ⁵Der Grundstückserwerber haftet für die sich aus dem rückwirkenden Wegfall der Steuerbefreiung ergebenden Steuern,

71. der aus einer öffentlichen Kasse gezahlte Zuschuss

    a) für den Erwerb eines Anteils an einer Kapitalgesellschaft *in Höhe von bis zu 20 Prozent* der Anschaffungskosten, höchstens jedoch 100.000 Euro. ²Voraussetzung ist, dass

        aa) der Anteil an der Kapitalgesellschaft länger als drei Jahre gehalten wird,

        bb) die Kapitalgesellschaft, deren Anteil erworben wird,

            aaa) nicht älter ist als sieben Jahre, wobei das Datum der Eintragung der Gesellschaft in das Handelsregister maßgeblich ist, bbb) weniger als 50 Mitarbeiter (Vollzeitäquivalente) hat,

ccc) einen Jahresumsatz oder eine Jahresbilanzsumme von höchstens 10 Millionen Euro hat und

ddd) nicht an einem regulierten Markt notiert ist und keine solche Notierung vorbereitet,

cc) der Zuschussempfänger das 18. Lebensjahr vollendet hat oder eine GmbH oder Unternehmergesellschaft ist, bei der mindestens ein Gesellschafter das 18. Lebensjahr vollendet hat und

dd) für den Erwerb des Anteils kein Fremdkapital eingesetzt wird. ²Wird der Anteil von einer GmbH oder Unternehmergesellschaft im Sinne von Doppelbuchstabe cc erworben, gehören auch solche Darlehen zum Fremdkapital, die der GmbH oder Unternehmergesellschaft von ihren Anteilseignern gewährt werden und die von der GmbH oder Unternehmergesellschaft zum Erwerb des Anteils eingesetzt werden.

b) anlässlich der Veräußerung eines Anteils an einer Kapitalgesellschaft im Sinne von Buchstabe a in Höhe von 25 Prozent des Veräußerungsgewinns, wenn

aa) der Veräußerer eine natürliche Person ist,

bb) bei Erwerb des veräußerten Anteils bereits ein Zuschuss im Sinne von Buchstabe a gezahlt und nicht zurückgefordert wurde,

cc) der veräußerte Anteil frühestens drei Jahre (Mindesthaltedauer) und spätestens zehn Jahre (Höchsthaltedauer) nach Anteilserwerb veräußert wurde,

dd) der Veräußerungsgewinn nach Satz 2 mindestens 2.000 Euro beträgt und

ee) der Zuschuss auf 80 Prozent der Anschaffungskosten begrenzt ist.

²Veräußerungsgewinn im Sinne von Satz 1 ist der Betrag, um den der Veräußerungspreis die Anschaffungskosten einschließlich eines gezahlten Agios übersteigt. ³Erwerbsneben- und Veräußerungskosten sind nicht zu berücksichtigen;

72. die Einnahmen und Entnahmen im Zusammenhang mit dem Betrieb [1)]

a) von auf, an oder in Einfamilienhäusern (einschließlich Nebengebäuden) oder nicht Wohnzwecken dienenden Gebäuden vorhandenen Photovoltaikanlagen mit einer installierten

---

[1)] Nummer 72 i. d. F. des Artikels 1 des JStG 2022 ist für Einnahmen und Entnahmen anzuwenden, die nach dem 31.12.2021 erzielt oder getätigt werden >§ 52 Abs. 4 Satz 27.

§ 3 EStG § 4 EStDV

> *Bruttoleistung laut Marktstammdatenregister von bis zu 30 kW (peak) und*
>
> b) *von auf, an oder in sonstigen Gebäuden vorhandenen Photovoltaikanlagen mit einer installierten Bruttoleistung laut Marktstammdatenregister von bis zu 15 kW (peak) je Wohn- oder Gewerbeeinheit,*
>
> *insgesamt höchstens 100 kW (peak) pro Steuerpflichtigen oder Mitunternehmerschaft. ²Werden Einkünfte nach § 2 Absatz 1 Satz 1 Nummer 2 erzielt und sind die aus dieser Tätigkeit erzielten Einnahmen insgesamt steuerfrei nach Satz 1, ist kein Gewinn zu ermitteln. ³In den Fällen des Satzes 2 ist § 15 Absatz 3 Nummer 1 nicht anzuwenden.*

EStDV

S 2125

EStDV

§ 4

Steuerfreie Einnahmen

Die Vorschriften der Lohnsteuer-Durchführungsverordnung über die Steuerpflicht oder die Steuerfreiheit von Einnahmen aus nichtselbständiger Arbeit sind bei der Veranlagung anzuwenden.

§ 3a[1]
Sanierungserträge

(1) [1]Betriebsvermögensmehrungen oder Betriebseinnahmen aus einem Schuldenerlass zum Zwecke einer unternehmensbezogenen Sanierung im Sinne des Absatzes 2 (Sanierungsertrag) sind steuerfrei. [2]Sind Betriebsvermögensmehrungen oder Betriebseinnahmen aus einem Schuldenerlass nach Satz 1 steuerfrei, sind steuerliche Wahlrechte in dem Jahr, in dem ein Sanierungsertrag erzielt wird (Sanierungsjahr) und im Folgejahr im zu sanierenden Unternehmen gewinnmindernd auszuüben. [3]Insbesondere ist der niedrigere Teilwert, der nach § 6 Absatz 1 Nummer 1 Satz 2 und Nummer 2 Satz 2 angesetzt werden kann, im Sanierungsjahr und im Folgejahr anzusetzen.

(2) Eine unternehmensbezogene Sanierung liegt vor, wenn der Steuerpflichtige für den Zeitpunkt des Schuldenerlasses die Sanierungsbedürftigkeit und die Sanierungsfähigkeit des Unternehmens, die Sanierungseignung des betrieblich begründeten Schuldenerlasses und die Sanierungsabsicht der Gläubiger nachweist.

(3) [1]Nicht abziehbare Beträge im Sinne des § 3c Absatz 4, die in Veranlagungszeiträumen vor dem Sanierungsjahr und im Sanierungsjahr anzusetzen sind, mindern den Sanierungsertrag. [2]Dieser Betrag mindert nacheinander

1. den auf Grund einer Verpflichtungsübertragung im Sinne des § 4f Absatz 1 Satz 1 in den dem Wirtschaftsjahr der Übertragung nachfolgenden 14 Jahren verteilt abziehbaren Aufwand des zu sanierenden Unternehmens, es sei denn, der Aufwand ist gemäß § 4f Absatz 1 Satz 7 auf einen Rechtsnachfolger übergegangen, der die Verpflichtung übernommen hat und insoweit der Regelung des § 5 Absatz 7 unterliegt. [2]Entsprechendes gilt in Fällen des § 4f Absatz 2;
2. den nach § 15a ausgleichsfähigen oder verrechenbaren Verlust des Unternehmers (Mitunternehmers) des zu sanierenden Unternehmens des Sanierungsjahrs;
3. den zum Ende des dem Sanierungsjahr vorangegangenen Wirtschaftsjahrs nach § 15a festgestellten verrechenbaren Verlust des Unternehmers (Mitunternehmers) des zu sanierenden Unternehmens;
4. den nach § 15b ausgleichsfähigen oder verrechenbaren Verlust derselben Einkunftsquelle des Unternehmers (Mitunternehmers) des Sanierungsjahrs; bei der Verlustermittlung bleibt der Sanierungsertrag unberücksichtigt;
5. den zum Ende des dem Sanierungsjahr vorangegangenen Jahrs nach § 15b festgestellten verrechenbaren Verlust derselben Einkunftsquelle des Unternehmers (Mitunternehmers);

---

[1]) zur Anwendung des § 3a >§ 52 Abs. 4a

6. den nach § 15 Absatz 4 ausgleichsfähigen oder nicht abziehbaren Verlust des zu sanierenden Unternehmens des Sanierungsjahrs;
7. den zum Ende des dem Sanierungsjahr vorangegangenen Jahrs nach § 15 Absatz 4 festgestellten in Verbindung mit § 10d Absatz 4 verbleibenden Verlustvortrag, soweit er auf das zu sanierende Unternehmen entfällt;
8. den Verlust des Sanierungsjahrs des zu sanierenden Unternehmens;
9. den ausgleichsfähigen Verlust aus allen Einkunftsarten des Veranlagungszeitraums, in dem das Sanierungsjahr endet;
10. im Sanierungsjahr ungeachtet des § 10d Absatz 2 den nach § 10d Absatz 4 zum Ende des Vorjahrs gesondert festgestellten Verlustvortrag;
11. in der nachfolgenden Reihenfolge den zum Ende des Vorjahrs festgestellten und den im Sanierungsjahr entstehenden verrechenbaren Verlust oder die negativen Einkünfte
    a) nach § 15a,
    b) nach § 15b anderer Einkunftsquellen,
    c) nach § 15 Absatz 4 anderer Betriebe und Mitunternehmeranteile,
    d) nach § 2a,
    e) nach § 2b,
    f) nach § 23 Absatz 3 Satz 7 und 8,
    g) nach sonstigen Vorschriften;
12. ungeachtet der Beträge des § 10d Absatz 1 Satz 1 die negativen Einkünfte nach § 10d Absatz 1 Satz 1 des Folgejahrs und die negativen Einkünfte nach § 10d Absatz 1 Satz 2 des zweiten Folgejahrs. ²Ein Verlustrücktrag nach § 10d Absatz 1 Satz 1 und 2 ist nur möglich, soweit die Beträge nach § 10d Absatz 1 Satz 1 und 2 durch den verbleibenden Sanierungsertrag im Sinne des Satzes 4 nicht überschritten werden;
13. den zum Ende des Vorjahrs festgestellten und den im Sanierungsjahr entstehenden
    a) Zinsvortrag nach § 4h Absatz 1 Satz 5,
    b) EBITDA-Vortrag nach § 4h Absatz 1 Satz 3. ²Die Minderung des EBITDA-Vortrags des Sanierungsjahrs und der EBITDA-Vorträge aus vorangegangenen Wirtschaftsjahren erfolgt in ihrer zeitlichen Reihenfolge.

³Übersteigt der geminderte Sanierungsertrag nach Satz 1 die nach Satz 2 mindernden Beträge, mindern sich insoweit nach Maßgabe des Satzes 2 auch der verteilt abziehbare Aufwand, Verluste, negative Einkünfte, Zinsvorträge oder EBITDA-Vorträge einer dem Steuerpflichti-

§ 3a EStG
H 3a

gen nahestehenden Person, wenn diese die erlassenen Schulden innerhalb eines Zeitraums von fünf Jahren vor dem Schuldenerlass auf das zu sanierende Unternehmen übertragen hat und soweit der entsprechende verteilt abziehbare Aufwand, die Verluste, negativen Einkünfte, Zinsvorträge oder EBITDA-Vorträge zum Ablauf des Wirtschaftsjahrs der Übertragung bereits entstanden waren. [4]Der sich nach den Sätzen 2 und 3 ergebende Betrag ist der verbleibende Sanierungsertrag. [5]Die nach den Sätzen 2 und 3 mindernden Beträge bleiben endgültig außer Ansatz und nehmen an den entsprechenden Feststellungen der verrechenbaren Verluste, verbleibenden Verlustvorträge und sonstigen Feststellungen nicht teil.

(3a) Bei Zusammenveranlagung sind auch die laufenden Beträge und Verlustvorträge des anderen Ehegatten einzubeziehen.

(4) [1]Sind Einkünfte aus Land- und Forstwirtschaft, Gewerbebetrieb oder selbständiger Arbeit nach § 180 Absatz 1 Satz 1 Nummer 2 Buchstabe a oder b der Abgabenordnung gesondert festzustellen, ist auch die Höhe des Sanierungsertrags nach Absatz 1 Satz 1 sowie die Höhe der nach Absatz 3 Satz 2 Nummer 1 bis 6 und 13 mindernden Beträge gesondert festzustellen. [2]Zuständig für die gesonderte Feststellung nach Satz 1 ist das Finanzamt, das für die gesonderte Feststellung nach § 180 Absatz 1 Satz 1 Nummer 2 der Abgabenordnung zuständig ist. [3]Wurden verrechenbare Verluste und Verlustvorträge ohne Berücksichtigung des Absatzes 3 Satz 2 bereits festgestellt oder ändern sich die nach Absatz 3 Satz 2 mindernden Beträge, ist der entsprechende Feststellungsbescheid insoweit zu ändern. [4]Das gilt auch dann, wenn der Feststellungsbescheid bereits bestandskräftig geworden ist; die Feststellungsfrist endet insoweit nicht, bevor die Festsetzungsfrist des Einkommensteuerbescheids oder Körperschaftsteuerbescheids für das Sanierungsjahr abgelaufen ist.

(5) [1]Erträge aus einer nach den §§ 286 ff. der Insolvenzordnung erteilten Restschuldbefreiung, einem Schuldenerlass auf Grund eines außergerichtlichen Schuldenbereinigungsplans zur Vermeidung eines Verbraucherinsolvenzverfahrens nach den §§ 304 ff. der Insolvenzordnung oder auf Grund eines Schuldenbereinigungsplans, dem in einem Verbraucherinsolvenzverfahren zugestimmt wurde oder wenn diese Zustimmung durch das Gericht ersetzt wurde, sind, soweit es sich um Betriebsvermögensmehrungen oder Betriebseinnahmen handelt, ebenfalls steuerfrei, auch wenn die Voraussetzungen einer unternehmensbezogenen Sanierung im Sinne des Absatzes 2 nicht vorliegen. [2]Absatz 3 gilt entsprechend.

Hinweise	H 3a

Restschuldbefreiung bei Betriebsaufgabe
>H 16 (9) Restschuldbefreiung

§ 3b
Steuerfreiheit von Zuschlägen für Sonntags-, Feiertags- oder Nachtarbeit

(1) Steuerfrei sind Zuschläge, die für tatsächlich geleistete Sonntags-, Feiertags- oder Nachtarbeit neben dem Grundlohn gezahlt werden, soweit sie

1. für Nachtarbeit 25 Prozent,
2. vorbehaltlich der Nummern 3 und 4 für Sonntagsarbeit 50 Prozent,
3. vorbehaltlich der Nummer 4 für Arbeit am 31. Dezember ab 14 Uhr und an den gesetzlichen Feiertagen 125 Prozent,
4. für Arbeit am 24. Dezember ab 14 Uhr, am 25. und 26. Dezember sowie am 1. Mai 150 Prozent

des Grundlohns nicht übersteigen.

(2) [1]Grundlohn ist der laufende Arbeitslohn, der dem Arbeitnehmer bei der für ihn maßgebenden regelmäßigen Arbeitszeit für den jeweiligen Lohnzahlungszeitraum zusteht; er ist in einen Stundenlohn umzurechnen und mit höchstens 50 Euro anzusetzen. [2]Nachtarbeit ist die Arbeit in der Zeit von 20 Uhr bis 6 Uhr. [3]Sonntagsarbeit und Feiertagsarbeit ist die Arbeit in der Zeit von 0 Uhr bis 24 Uhr des jeweiligen Tages. [4]Die gesetzlichen Feiertage werden durch die am Ort der Arbeitsstätte geltenden Vorschriften bestimmt.

(3) Wenn die Nachtarbeit vor 0 Uhr aufgenommen wird, gilt abweichend von den Absätzen 1 und 2 Folgendes:

1. Für Nachtarbeit in der Zeit von 0 Uhr bis 4 Uhr erhöht sich der Zuschlagssatz auf 40 Prozent,
2. als Sonntagsarbeit und Feiertagsarbeit gilt auch die Arbeit in der Zeit von 0 Uhr bis 4 Uhr des auf den Sonntag oder Feiertag folgenden Tages.

§ 3c

Anteilige Abzüge

(1) Ausgaben dürfen, soweit sie mit steuerfreien Einnahmen in unmittelbarem wirtschaftlichen Zusammenhang stehen, nicht als Betriebsausgaben oder Werbungskosten abgezogen werden; Absatz 2 bleibt unberührt.

(2) ¹Betriebsvermögensminderungen, Betriebsausgaben, Veräußerungskosten oder Werbungskosten, die mit den dem § 3 Nummer 40 zugrunde liegenden Betriebsvermögensmehrungen oder Einnahmen oder mit Vergütungen nach § 3 Nummer 40a in wirtschaftlichem Zusammenhang stehen, dürfen unabhängig davon, in welchem Veranlagungszeitraum die Betriebsvermögensmehrungen oder Einnahmen anfallen, bei der Ermittlung der Einkünfte nur zu 60 Prozent abgezogen werden; Entsprechendes gilt, wenn bei der Ermittlung der Einkünfte der Wert des Betriebsvermögens oder des Anteils am Betriebsvermögen oder die Anschaffungs- oder Herstellungskosten oder der an deren Stelle tretende Wert mindernd zu berücksichtigen sind. ²Satz 1 ist auch für Betriebsvermögensminderungen oder Betriebsausgaben im Zusammenhang mit einer Darlehensforderung oder aus der Inanspruchnahme von Sicherheiten anzuwenden, die für ein Darlehen hingegeben wurden, wenn das Darlehen oder die Sicherheit von einem Steuerpflichtigen gewährt wird, der zu mehr als einem Viertel unmittelbar oder mittelbar am Grund- oder Stammkapital der Körperschaft, der das Darlehen gewährt wurde, beteiligt ist oder war. ³Satz 2 ist insoweit nicht anzuwenden, als nachgewiesen wird, dass auch ein fremder Dritter das Darlehen bei sonst gleichen Umständen gewährt oder noch nicht zurückgefordert hätte; dabei sind nur die eigenen Sicherungsmittel der Körperschaft zu berücksichtigen. ⁴Die Sätze 2 und 3 gelten entsprechend für Forderungen aus Rechtshandlungen, die einer Darlehensgewährung wirtschaftlich vergleichbar sind. ⁵Gewinne aus dem Ansatz des nach § 6 Absatz 1 Nummer 2 Satz 3 maßgeblichen Werts bleiben bei der Ermittlung der Einkünfte außer Ansatz, soweit auf die vorangegangene Teilwertabschreibung Satz 2 angewendet worden ist. ⁶Satz 1 ist außerdem ungeachtet eines wirtschaftlichen Zusammenhangs mit den dem § 3 Nummer 40 zugrunde liegenden Betriebsvermögensmehrungen oder Einnahmen oder mit Vergütungen nach § 3 Nummer 40a auch auf Betriebsvermögensminderungen, Betriebsausgaben oder Veräußerungskosten eines Gesellschafters einer Körperschaft anzuwenden, soweit diese mit einer im Gesellschaftsverhältnis veranlassten unentgeltlichen Überlassung von Wirtschaftsgütern an diese Körperschaft oder bei einer teilentgeltlichen Überlassung von Wirtschaftsgütern mit dem unentgeltlichen Teil in Zusammenhang stehen und der Steuerpflichtige zu mehr als einem Viertel unmittelbar oder mittelbar am Grund- oder Stammkapital dieser Körperschaft beteiligt ist oder war. ⁷Für die An-

§ 3c EStG
H 3c

[1)]

wendung des Satzes 1 ist die Absicht zur Erzielung von Betriebsvermögensmehrungen oder Einnahmen im Sinne des § 3 Nummer 40 oder von Vergütungen im Sinne des § 3 Nummer 40a ausreichend. [8]Satz 1 gilt auch für Wertminderungen des Anteils an einer Organgesellschaft, die nicht auf Gewinnausschüttungen zurückzuführen sind. [9]§ 8b Absatz 10 des Körperschaftsteuergesetzes gilt sinngemäß.

S 1983

(3) Betriebsvermögensminderungen, Betriebsausgaben oder Veräußerungskosten, die mit den Betriebsvermögensmehrungen oder Einnahmen im Sinne des § 3 Nummer 70 in wirtschaftlichem Zusammenhang stehen, dürfen unabhängig davon, in welchem Veranlagungszeitraum die Betriebsvermögensmehrungen oder Einnahmen anfallen, nur zur Hälfte abgezogen werden.

S 2140 [2)]

(4) [1]Betriebsvermögensminderungen oder Betriebsausgaben, die mit einem steuerfreien Sanierungsertrag im Sinne des § 3a in unmittelbarem wirtschaftlichem Zusammenhang stehen, dürfen unabhängig davon, in welchem Veranlagungszeitraum der Sanierungsertrag entsteht, nicht abgezogen werden. [2]Satz 1 gilt nicht, soweit Betriebsvermögensminderungen oder Betriebsausgaben zur Erhöhung von Verlustvorträgen geführt haben, die nach Maßgabe der in § 3a Absatz 3 getroffenen Regelungen entfallen. [3]Zu den Betriebsvermögensminderungen oder Betriebsausgaben im Sinne des Satzes 1 gehören auch Aufwendungen im Zusammenhang mit einem Besserungsschein und vergleichbare Aufwendungen. [4]Satz 1 gilt für Betriebsvermögensminderungen oder Betriebsausgaben, die nach dem Sanierungsjahr entstehen, nur insoweit, als noch ein verbleibender Sanierungsertrag im Sinne von § 3a Absatz 3 Satz 4 vorhanden ist. [5]Wurden Betriebsvermögensminderungen oder Betriebsausgaben im Sinne des Satzes 1 bereits bei einer Steuerfestsetzung oder einer gesonderten Feststellung nach § 180 Absatz 1 Satz 1 der Abgabenordnung gewinnmindernd berücksichtigt, ist der entsprechende Steuer- oder Feststellungsbescheid insoweit zu ändern. [6]Das gilt auch dann, wenn der Steuer- oder Feststellungsbescheid bereits bestandskräftig geworden ist; die Festsetzungsfrist endet insoweit nicht, bevor die Festsetzungsfrist für das Sanierungsjahr abgelaufen ist.

H 3c

Hinweise

Anwendung des Teileinkünfteverfahrens in der steuerlichen Gewinnermittlung (für Beteiligungen von nicht mehr als 25 %)

Anhang 16 XV

>BMF vom 23.10.2013 (BStBl I S. 1269)

[1)] zur Anwendung des Absatzes 2 Satz 3 und 4 (jetzt Satz 8 und 9) in der am 12.12.2006 geltenden Fassung >§ 52 Abs. 5 Satz 1
[2)] zur Anwendung des Absatzes 4 >§ 52 Abs. 5 Satz 3 und 4

Hinzurechnungsbetrag

Hinzurechnungen nach §§ 7, 10 AStG sind keine Einnahmen i. S. d. § 3c Abs. 1 (>BFH vom 07.09.2005 – BStBl II 2006 S. 537).

Teilabzugsverbot bei Mitunternehmerschaften

Das Teilabzugsverbot des § 3c Abs. 2 findet in dem Umfang auf Betriebsausgaben der Gesamthand keine Anwendung, wie diese Sondervergütungen der Gesellschafter i. S. d. § 15 Abs. 1 Satz 1 Nr. 2 sind (>BFH vom 06.02.2020 – BStBl II S. 448).

Verfassungsmäßigkeit

§ 3c Abs. 2 Satz 2 i. d. F. des JStG 2010 (jetzt: Satz 7) ist verfassungsgemäß (>BFH vom 02.09.2014 – BStBl II 2015 S. 257).

Zusammenhang mit steuerfreien Einnahmen

Ein unmittelbarer wirtschaftlicher Zusammenhang mit steuerfreien Einnahmen liegt vor, wenn Einnahmen und Ausgaben durch dasselbe Ereignis veranlasst sind. Dies ist der Fall, wenn steuerfreie Einnahmen dazu bestimmt sind, Aufwendungen zu ersetzen, die mit Einkünften i. S. d. § 2 in wirtschaftlichem Zusammenhang stehen. Daraus folgt, dass die Steuerfreiheit von Einnahmen, die der Erstattung von Ausgaben dienen, durch § 3c Abs. 1 rückgängig gemacht wird. Eine Aufteilung der Ausgaben in einen abziehbaren und einen nicht abziehbaren Teil nach dem Verhältnis der steuerfreien zu den steuerpflichtigen Einnahmen kommt nicht in Betracht. Diese Wirkungsweise des § 3c Abs. 1 rechtfertigt sich daraus, dass erstattete Ausgaben den Stpfl. nicht belasten und daher seine steuerpflichtigen Einkünfte auch nicht mindern dürfen (>BFH vom 27.04.2006 – BStBl II S. 755).

3. Gewinn

§ 4
Gewinnbegriff im Allgemeinen

(1) ¹Gewinn ist der Unterschiedsbetrag zwischen dem Betriebsvermögen am Schluss des Wirtschaftsjahres und dem Betriebsvermögen am Schluss des vorangegangenen Wirtschaftsjahres, vermehrt um den Wert der Entnahmen und vermindert um den Wert der Einlagen. ²Entnahmen sind alle Wirtschaftsgüter (Barentnahmen, Waren, Erzeugnisse, Nutzungen und Leistungen), die der Steuerpflichtige dem Betrieb für sich, für seinen Haushalt oder für andere betriebsfremde Zwecke im Laufe des Wirtschaftsjahres entnommen hat. ³Einer Entnahme für betriebsfremde Zwecke steht der Ausschluss oder die Beschränkung des Besteuerungsrechts der Bundesrepublik Deutschland hinsichtlich des Gewinns aus der Veräußerung oder der Nutzung eines Wirtschaftsguts gleich; dies gilt auf Antrag auch in den Fällen, in denen die Beschränkung des Besteuerungsrechts der Bundesrepublik Deutschland hinsichtlich des Gewinns aus der Veräußerung eines Wirtschaftsguts entfällt und in einem anderen Staat eine Besteuerung auf Grund des Ausschlusses oder der Beschränkung des Besteuerungsrechts dieses Staates hinsichtlich des Gewinns aus der Veräußerung des Wirtschaftsguts erfolgt. ⁴Ein Ausschluss oder eine Beschränkung des Besteuerungsrechts hinsichtlich des Gewinns aus der Veräußerung eines Wirtschaftsguts liegt insbesondere vor, wenn ein bisher einer inländischen Betriebsstätte des Steuerpflichtigen zuzuordnendes Wirtschaftsgut einer ausländischen Betriebsstätte zuzuordnen ist. ⁵Satz 3 gilt nicht für Anteile an einer Europäischen Gesellschaft oder Europäischen Genossenschaft in den Fällen

1. einer Sitzverlegung der Europäischen Gesellschaft nach Artikel 8 der Verordnung (EG) Nr. 2157/2001 des Rates vom 8. Oktober 2001 über das Statut der Europäischen Gesellschaft (SE) (ABl. EG Nr. L 294 S. 1), zuletzt geändert durch die Verordnung (EG) Nr. 885/2004 des Rates vom 26. April 2004 (ABl. EU Nr. L 168 S. 1), und

2. einer Sitzverlegung der Europäischen Genossenschaft nach Artikel 7 der Verordnung (EG) Nr. 1435/2003 des Rates vom 22. Juli 2003 über das Statut der Europäischen Genossenschaft (SCE) (ABl. EU Nr. L 207 S. 1).

⁶Ein Wirtschaftsgut wird nicht dadurch entnommen, dass der Steuerpflichtige zur Gewinnermittlung nach § 13a übergeht. ⁷Eine Änderung der Nutzung eines Wirtschaftsguts, die bei Gewinnermittlung nach Satz 1 keine Entnahme ist, ist auch bei Gewinnermittlung nach § 13a keine Entnahme. ⁸Einlagen sind alle Wirtschaftsgüter (Bareinzahlungen und sonstige Wirtschaftsgüter), die der Steuerpflichtige dem Betrieb im Laufe des Wirtschaftsjahres zugeführt hat; einer Einlage steht

die Begründung des Besteuerungsrechts der Bundesrepublik Deutschland hinsichtlich des Gewinns aus der Veräußerung eines Wirtschaftsguts gleich. ⁹In den Fällen des Satzes 3 zweiter Halbsatz gilt das Wirtschaftsgut als unmittelbar nach der Entnahme wieder eingelegt. ¹⁰Bei der Ermittlung des Gewinns sind die Vorschriften über die Betriebsausgaben, über die Bewertung und über die Absetzung für Abnutzung oder Substanzverringerung zu befolgen.

(2) ¹Der Steuerpflichtige darf die Vermögensübersicht (Bilanz) auch nach ihrer Einreichung beim Finanzamt ändern, soweit sie den Grundsätzen ordnungsmäßiger Buchführung unter Befolgung der Vorschriften dieses Gesetzes nicht entspricht; diese Änderung ist nicht zulässig, wenn die Vermögensübersicht (Bilanz) einer Steuerfestsetzung zugrunde liegt, die nicht mehr aufgehoben oder geändert werden kann. ²Darüber hinaus ist eine Änderung der Vermögensübersicht (Bilanz) nur zulässig, wenn sie in einem engen zeitlichen und sachlichen Zusammenhang mit einer Änderung nach Satz 1 steht und soweit die Auswirkung der Änderung nach Satz 1 auf den Gewinn reicht.

(3) ¹Steuerpflichtige, die nicht auf Grund gesetzlicher Vorschriften verpflichtet sind, Bücher zu führen und regelmäßig Abschlüsse zu machen, und die auch keine Bücher führen und keine Abschlüsse machen, können als Gewinn den Überschuss der Betriebseinnahmen über die Betriebsausgaben ansetzen. ²Hierbei scheiden Betriebseinnahmen und Betriebsausgaben aus, die im Namen und für Rechnung eines anderen vereinnahmt und verausgabt werden (durchlaufende Posten). ³Die Vorschriften über die Bewertungsfreiheit für geringwertige Wirtschaftsgüter (§ 6 Absatz 2), die Bildung eines Sammelpostens (§ 6 Absatz 2a) und über die Absetzung für Abnutzung oder Substanzverringerung sind zu befolgen. ⁴Die Anschaffungs- oder Herstellungskosten für nicht abnutzbare Wirtschaftsgüter des Anlagevermögens, für Anteile an Kapitalgesellschaften, für Wertpapiere und vergleichbare nicht verbriefte Forderungen und Rechte, für Grund und Boden sowie Gebäude des Umlaufvermögens sind erst im Zeitpunkt des Zuflusses des Veräußerungserlöses oder bei Entnahme im Zeitpunkt der Entnahme als Betriebsausgaben zu berücksichtigen. ⁵Die Wirtschaftsgüter des Anlagevermögens und Wirtschaftsgüter des Umlaufvermögens im Sinne des Satzes 4 sind unter Angabe des Tages der Anschaffung oder Herstellung und der Anschaffungs- oder Herstellungskosten oder des an deren Stelle getretenen Werts in besondere, laufend zu führende Verzeichnisse aufzunehmen.

(4) Betriebsausgaben sind die Aufwendungen, die durch den Betrieb veranlasst sind.

---

¹) zur Anwendung des Absatzes 3 Satz 4 und 5 >§ 52 Abs. 6 Satz 4 bis 6

§ 4 EStG

(4a) ¹Schuldzinsen sind nach Maßgabe der Sätze 2 bis 4 nicht abziehbar, wenn Überentnahmen getätigt worden sind. ²Eine Überentnahme ist der Betrag, um den die Entnahmen die Summe des Gewinns und der Einlagen des Wirtschaftsjahres übersteigen. ³Die nicht abziehbaren Schuldzinsen werden typisiert mit 6 Prozent der Überentnahme des Wirtschaftsjahres zuzüglich der Überentnahmen vorangegangener Wirtschaftsjahre und abzüglich der Beträge, um die in den vorangegangenen Wirtschaftsjahren der Gewinn und die Einlagen die Entnahmen überstiegen haben (Unterentnahmen), ermittelt; bei der Ermittlung der Überentnahme ist vom Gewinn ohne Berücksichtigung der nach Maßgabe dieses Absatzes nicht abziehbaren Schuldzinsen auszugehen. ⁴Der sich dabei ergebende Betrag, höchstens jedoch der um 2.050 Euro verminderte Betrag der im Wirtschaftsjahr angefallenen Schuldzinsen, ist dem Gewinn hinzuzurechnen. ⁵Der Abzug von Schuldzinsen für Darlehen zur Finanzierung von Anschaffungs- oder Herstellungskosten von Wirtschaftsgütern des Anlagevermögens bleibt unberührt. ⁶Die Sätze 1 bis 5 sind bei Gewinnermittlung nach § 4 Absatz 3 sinngemäß anzuwenden; hierzu sind Entnahmen und Einlagen gesondert aufzuzeichnen.

S 2145

(5) ¹Die folgenden Betriebsausgaben dürfen den Gewinn nicht mindern:
1. Aufwendungen für Geschenke an Personen, die nicht Arbeitnehmer des Steuerpflichtigen sind. ²Satz 1 gilt nicht, wenn die Anschaffungs- oder Herstellungskosten der dem Empfänger im Wirtschaftsjahr zugewendeten Gegenstände insgesamt 35 Euro nicht übersteigen;
2. Aufwendungen für die Bewirtung von Personen aus geschäftlichem Anlass, soweit sie 70 Prozent der Aufwendungen übersteigen, die nach der allgemeinen Verkehrsauffassung als angemessen anzusehen und deren Höhe und betriebliche Veranlassung nachgewiesen sind. ²Zum Nachweis der Höhe und der betrieblichen Veranlassung der Aufwendungen hat der Steuerpflichtige schriftlich die folgenden Angaben zu machen: Ort, Tag, Teilnehmer und Anlass der Bewirtung sowie Höhe der Aufwendungen. ³Hat die Bewirtung in einer Gaststätte stattgefunden, so genügen Angaben zu dem Anlass und den Teilnehmern der Bewirtung; die Rechnung über die Bewirtung ist beizufügen;
3. Aufwendungen für Einrichtungen des Steuerpflichtigen, soweit sie der Bewirtung, Beherbergung oder Unterhaltung von Personen, die nicht Arbeitnehmer des Steuerpflichtigen sind, dienen (Gästehäuser) und sich außerhalb des Orts eines Betriebs des Steuerpflichtigen befinden;
4. Aufwendungen für Jagd oder Fischerei, für Segeljachten oder Motorjachten sowie für ähnliche Zwecke und für die hiermit zusammenhängenden Bewirtungen;

5. Mehraufwendungen für die Verpflegung des Steuerpflichtigen. ²Wird der Steuerpflichtige vorübergehend von seiner Wohnung und dem Mittelpunkt seiner dauerhaft angelegten betrieblichen Tätigkeit entfernt betrieblich tätig, sind die Mehraufwendungen für Verpflegung nach Maßgabe des § 9 Absatz 4a abziehbar;
6. Aufwendungen für die Wege des Steuerpflichtigen zwischen Wohnung und Betriebsstätte und für Familienheimfahrten, soweit in den folgenden Sätzen nichts anderes bestimmt ist. ²Zur Abgeltung dieser Aufwendungen ist § 9 Absatz 1 Satz 3 Nummer 4 Satz 2 bis 6 und Nummer 5 Satz 5 bis 7 und Absatz 2 entsprechend anzuwenden. ³Bei der Nutzung eines Kraftfahrzeugs dürfen die Aufwendungen in Höhe des positiven Unterschiedsbetrags zwischen 0,03 Prozent des inländischen Listenpreises im Sinne des § 6 Absatz 1 Nummer 4 Satz 2 des Kraftfahrzeugs im Zeitpunkt der Erstzulassung je Kalendermonat für jeden Entfernungskilometer und dem sich nach § 9 Absatz 1 Satz 3 Nummer 4 Satz 2 bis 6 oder Absatz 2 ergebenden Betrag sowie Aufwendungen für Familienheimfahrten in Höhe des positiven Unterschiedsbetrags zwischen 0,002 Prozent des inländischen Listenpreises im Sinne des § 6 Absatz 1 Nummer 4 Satz 2 für jeden Entfernungskilometer und dem sich nach § 9 Absatz 1 Satz 3 Nummer 5 Satz 5 bis 7 oder Absatz 2 ergebenden Betrag den Gewinn nicht mindern; ermittelt der Steuerpflichtige die private Nutzung des Kraftfahrzeugs nach § 6 Absatz 1 Nummer 4 Satz 1 oder Satz 3, treten an die Stelle des mit 0,03 oder 0,002 Prozent des inländischen Listenpreises ermittelten Betrags für Fahrten zwischen Wohnung und Betriebsstätte und für Familienheimfahrten die auf diese Fahrten entfallenden tatsächlichen Aufwendungen; § 6 Absatz 1 Nummer 4 Satz 3 zweiter Halbsatz gilt sinngemäß. ⁴§ 9 Absatz 1 Satz 3 Nummer 4 Satz 8 und Nummer 5 Satz 9 gilt entsprechend;
6a. die Mehraufwendungen für eine betrieblich veranlasste doppelte Haushaltsführung, soweit sie die nach § 9 Absatz 1 Satz 3 Nummer 5 Satz 1 bis 4 abziehbaren Beträge und die Mehraufwendungen für betrieblich veranlasste Übernachtungen, soweit sie die nach § 9 Absatz 1 Satz 3 Nummer 5a abziehbaren Beträge übersteigen;
6b. *Aufwendungen für ein häusliches Arbeitszimmer sowie die Kosten der Ausstattung. ²Dies gilt nicht, wenn das Arbeitszimmer den Mittelpunkt der gesamten betrieblichen und beruflichen Betätigung bildet. ³Anstelle der Aufwendungen kann pauschal ein Betrag von 1.260 Euro (Jahrespauschale) für das Wirtschafts-* [1]

---

[1] *Absatz 5 Satz 1 Nr. 6b i. d. F. des Artikels 1 des JStG 2022 ist für nach dem 31.12.2022 in der häuslichen Wohnung ausgeübte Tätigkeiten anzuwenden >§ 52 Abs. 6 Satz 12. Für nach dem 31.12.2019 und vor dem 01.01.2023 in der häuslichen Wohnung ausgeübte Tätigkeiten ist § 4 Abs. 5 Satz 1 Nr. 6b Satz 4 i. d. F. des Artikels 1 des JStG 2020 (abgedruckt im EStH 2021) anzuwenden >§ 52 Abs. 6 Satz 16.*

oder Kalenderjahr abgezogen werden. ⁴Für jeden vollen Kalendermonat, in dem die Voraussetzungen nach Satz 2 nicht vorliegen, ermäßigt sich der Betrag von 1.260 Euro um ein Zwölftel;

6c.[1] für jeden Kalendertag, an dem die betriebliche oder berufliche Tätigkeit überwiegend in der häuslichen Wohnung ausgeübt und keine außerhalb der häuslichen Wohnung belegene erste Tätigkeitsstätte aufgesucht wird, kann für die gesamte betriebliche und berufliche Betätigung ein Betrag von 6 Euro (Tagespauschale), höchstens 1.260 Euro im Wirtschafts- oder Kalenderjahr, abgezogen werden. ²Steht für die betriebliche oder berufliche Tätigkeit dauerhaft kein anderer Arbeitsplatz zur Verfügung, ist ein Abzug der Tagespauschale zulässig, auch wenn die Tätigkeit am selben Kalendertag auswärts oder an der ersten Tätigkeitsstätte ausgeübt wird. ³Der Abzug der Tagespauschale ist nicht zulässig, soweit für die Wohnung Unterkunftskosten im Rahmen der Nummer 6a oder des § 9 Absatz 1 Satz 3 Nummer 5 abgezogen werden können oder soweit ein Abzug nach Nummer 6b vorgenommen wird;

7. andere als die in den Nummern 1 bis 6 und 6b bezeichneten Aufwendungen, die die Lebensführung des Steuerpflichtigen oder anderer Personen berühren, soweit sie nach allgemeiner Verkehrsauffassung als unangemessen anzusehen sind;

8. Geldbußen, Ordnungsgelder und Verwarnungsgelder, die von einem Gericht oder einer Behörde im Geltungsbereich dieses Gesetzes oder von einem Mitgliedstaat oder von Organen der Europäischen Union festgesetzt wurden sowie damit zusammenhängende Aufwendungen. ²Dasselbe gilt für Leistungen zur Erfüllung von Auflagen oder Weisungen, die in einem berufsgerichtlichen Verfahren erteilt werden, soweit die Auflagen oder Weisungen nicht lediglich der Wiedergutmachung des durch die Tat verursachten Schadens dienen. ³Die Rückzahlung von Ausgaben im Sinne der Sätze 1 und 2 darf den Gewinn nicht erhöhen. ⁴Das Abzugsverbot für Geldbußen gilt nicht, soweit der wirtschaftliche Vorteil, der durch den Gesetzesverstoß erlangt wurde, abgeschöpft worden ist, wenn die Steuern vom Einkommen und Ertrag, die auf den wirtschaftlichen Vorteil entfallen, nicht abgezogen worden sind; Satz 3 ist insoweit nicht anzuwenden;

8a. Zinsen auf hinterzogene Steuern nach § 235 der Abgabenordnung und Zinsen nach § 233a der Abgabenordnung, soweit diese nach § 235 Absatz 4 der Abgabenordnung auf die Hinterziehungszinsen angerechnet werden;

---

[1] *Absatz 5 Satz 1 Nr. 6c i. d. F. des Artikels 1 des JStG 2022 ist für nach dem 31.12.2022 in der häuslichen Wohnung ausgeübte Tätigkeiten anzuwenden >§ 52 Abs. 6 Satz 12.*

9. Ausgleichszahlungen, die in den Fällen der §§ 14 und 17 des Körperschaftsteuergesetzes an außenstehende Anteilseigner geleistet werden;
10. die Zuwendung von Vorteilen sowie damit zusammenhängende Aufwendungen, wenn die Zuwendung der Vorteile eine rechtswidrige Handlung darstellt, die den Tatbestand eines Strafgesetzes oder eines Gesetzes verwirklicht, das die Ahndung mit einer Geldbuße zulässt. ²Gerichte, Staatsanwaltschaften oder Verwaltungsbehörden haben Tatsachen, die sie dienstlich erfahren und die den Verdacht einer Tat im Sinne des Satzes 1 begründen, der Finanzbehörde für Zwecke des Besteuerungsverfahrens und zur Verfolgung von Steuerstraftaten und Steuerordnungswidrigkeiten mitzuteilen. ³Die Finanzbehörde teilt Tatsachen, die den Verdacht einer Straftat oder einer Ordnungswidrigkeit im Sinne des Satzes 1 begründen, der Staatsanwaltschaft oder der Verwaltungsbehörde mit. ⁴Diese unterrichten die Finanzbehörde von dem Ausgang des Verfahrens und den zugrundeliegenden Tatsachen;
11. Aufwendungen, die mit unmittelbaren oder mittelbaren Zuwendungen von nicht einlagefähigen Vorteilen an natürliche oder juristische Personen oder Personengesellschaften zur Verwendung in Betrieben in tatsächlichem oder wirtschaftlichem Zusammenhang stehen, deren Gewinn nach § 5a Absatz 1 ermittelt wird;
12. Zuschläge nach § 162 Absatz 4 der Abgabenordnung;
13. Jahresbeiträge nach § 12 Absatz 2 des Restrukturierungsfondsgesetzes.

²Das Abzugsverbot gilt nicht, soweit die in den Nummern 2 bis 4 bezeichneten Zwecke Gegenstand einer mit Gewinnabsicht ausgeübten Betätigung des Steuerpflichtigen sind. ³§ 12 Nummer 1 bleibt unberührt.

(5a) (weggefallen)

(5b) Die Gewerbesteuer und die darauf entfallenden Nebenleistungen sind keine Betriebsausgaben.

(6) Aufwendungen zur Förderung staatspolitischer Zwecke (§ 10b Absatz 2) sind keine Betriebsausgaben.

(7) ¹Aufwendungen im Sinne des Absatzes 5 Satz 1 Nummer 1 bis 4, 6b und 7 sind einzeln und getrennt von den sonstigen Betriebsausgaben aufzuzeichnen. ²Soweit diese Aufwendungen nicht bereits nach Absatz 5 vom Abzug ausgeschlossen sind, dürfen sie bei der Gewinnermittlung nur berücksichtigt werden, wenn sie nach Satz 1 besonders aufgezeichnet sind.

(8) Für Erhaltungsaufwand bei Gebäuden in Sanierungsgebieten und städtebaulichen Entwicklungsbereichen sowie bei Baudenkmalen gelten die §§ 11a und 11b entsprechend.

(9) ¹Aufwendungen des Steuerpflichtigen für seine Berufsausbildung oder für sein Studium sind nur dann Betriebsausgaben, wenn der Steuerpflichtige zuvor bereits eine Erstausbildung (Berufsausbildung oder Studium) abgeschlossen hat. ²§ 9 Absatz 6 Satz 2 bis 5 gilt entsprechend.

(10) § 9 Absatz 1 Satz 3 Nummer 5b ist entsprechend anzuwenden.

EStDV

§ 6
Eröffnung, Erwerb, Aufgabe und Veräußerung eines Betriebs

(1) Wird ein Betrieb eröffnet oder erworben, so tritt bei der Ermittlung des Gewinns an die Stelle des Betriebsvermögens am Schluss des vorangegangenen Wirtschaftsjahrs das Betriebsvermögen im Zeitpunkt der Eröffnung oder des Erwerbs des Betriebs.

(2) Wird ein Betrieb aufgegeben oder veräußert, so tritt bei der Ermittlung des Gewinns an die Stelle des Betriebsvermögens am Schluss des Wirtschaftsjahrs das Betriebsvermögen im Zeitpunkt der Aufgabe oder der Veräußerung des Betriebs.

§ 7
(weggefallen)

§ 8
Eigenbetrieblich genutzte Grundstücke von untergeordnetem Wert

Eigenbetrieblich genutzte Grundstücksteile brauchen nicht als Betriebsvermögen behandelt zu werden, wenn ihr Wert nicht mehr als ein Fünftel des gemeinen Werts des gesamten Grundstücks und nicht mehr als 20.500 Euro beträgt.

§ 8a
(weggefallen)

Betriebsvermögensvergleich

Betriebe der Land- und Forstwirtschaft

(1) ¹Bei einem Betrieb der Land- und Forstwirtschaft ist der Gewinn durch Betriebsvermögensvergleich nach § 4 Abs. 1 EStG zu ermitteln, wenn der Land- und Forstwirt nach den §§ 140, 141 AO verpflichtet ist, für diesen Betrieb Bücher zu führen und auf Grund jährlicher Bestandsaufnahmen Abschlüsse zu machen. ²Werden für den Betrieb freiwillig Bücher geführt und auf Grund jährlicher Bestandsaufnahmen Abschlüsse gemacht, ist der Gewinn durch Betriebsvermögensvergleich nach § 4 Abs. 1 EStG zu ermitteln, wenn der Antrag nach § 13a Abs. 2 EStG gestellt worden ist

oder der Gewinn aus anderen Gründen nicht nach § 13a EStG zu ermitteln ist.

Gewerbliche Betriebe

(2) ¹Bei einem gewerblichen Betrieb, für den die Verpflichtung besteht, Bücher zu führen und auf Grund jährlicher Bestandsaufnahmen Abschlüsse zu machen oder für den freiwillig Bücher geführt und regelmäßig Abschlüsse gemacht werden, muss der Gewerbetreibende den Gewinn durch Betriebsvermögensvergleich nach § 5 EStG ermitteln. ²Für Handelsschiffe im internationalen Verkehr kann der Gewinn auf Antrag nach § 5a EStG ermittelt werden. ³Werden für einen gewerblichen Betrieb, für den Buchführungspflicht besteht, keine Bücher geführt, oder ist die Buchführung nicht ordnungsmäßig (>R 5.2 Abs. 2), ist der Gewinn nach § 5 EStG unter Berücksichtigung der Verhältnisse des Einzelfalles, unter Umständen unter Anwendung von Richtsätzen, zu schätzen. ⁴Das Gleiche gilt, wenn für einen gewerblichen Betrieb freiwillig Bücher geführt und Abschlüsse gemacht werden, die Buchführung jedoch nicht ordnungsmäßig ist. ⁵Bei gewerblichen Betrieben, bei denen die Voraussetzungen der Sätze 1 bis 4 nicht vorliegen, kann der Gewinn durch Einnahmenüberschussrechnung nach § 4 Abs. 3 EStG ermittelt werden, wenn der Gewerbetreibende für den Betrieb diese Gewinnermittlungsart gewählt hat.

S 2150

Personengesellschaften

(3) Absätze 1 und 2 gelten sinngemäß.

Beteiligung an einer ausländischen Personengesellschaft

(4) ¹Sind unbeschränkt steuerpflichtige Personen an einer ausländischen Personengesellschaft beteiligt, die im Inland weder eine Betriebsstätte unterhält, noch einen ständigen Vertreter bestellt hat, ist der Gewinn der Personengesellschaft zur Ermittlung der Höhe der Gewinnanteile der unbeschränkt steuerpflichtigen Personen nach § 4 Abs. 1 oder 3 EStG zu ermitteln. ²Eine Buchführungspflicht nach § 140 AO kann auch eine ausländische Rechtsnorm begründen. ³Bei der Gewinnermittlung nach § 4 Abs. 1 EStG sind alle Geschäftsvorfälle unter Beachtung der Grundsätze ordnungsmäßiger Buchführung zu berücksichtigen, auch wenn sie in einer ausländischen Währung ausgewiesen sind. ⁴Das Ergebnis einer in ausländischer Währung aufgestellten Steuerbilanz ist in Euro nach einem Umrechnungsverfahren umzurechnen, das nicht gegen die deutschen Grundsätze ordnungsmäßiger Buchführung verstößt.

Ordnungsmäßigkeit der Buchführung

(5) ¹Für die Ordnungsmäßigkeit der Buchführung bei Gewinnermittlung nach § 4 Abs. 1 EStG gelten R 5.2 bis 5.4 sinngemäß. ²§ 141 Abs. 1 und § 142 AO bleiben unberührt.

§ 4 EStG
H 4.1

Hinweise

Aufzeichnungs- und Buchführungspflichten
- von Angehörigen der freien Berufe >H 18.2 (Aufzeichnungspflicht)
- für das steuerliche Sonderbetriebsvermögen einer Personengesellschaft (>R 4.2 Abs. 2) nach § 141 Abs. 1 AO obliegen nicht dem einzelnen Gesellschafter, sondern der Personengesellschaft (>BFH vom 23.10.1990 – BStBl II 1991 S. 401); Übertragung auf die Mitunternehmer ist nicht zulässig (>BFH vom 11.03.1992 – BStBl II S. 797). Die Gewinnermittlung für das Sonderbetriebsvermögen hat hierbei nach dem gleichen Gewinnermittlungszeitraum und nach der gleichen Gewinnermittlungsart wie bei der Personengesellschaft zu erfolgen (>BFH vom 11.12.1986 – BStBl II 1987 S. 553 und vom 11.03.1992 – BStBl II S. 797).

Gewinnermittlung
- Bei Beteiligung an ausländischer Personengesellschaft:
  - >R 4.1 Abs. 4 und BFH vom 13.09.1989 (BStBl II 1990 S. 57)
  - Für Zwecke der Anwendung des Progressionsvorbehalts auf Gewinnanteile ist R 4.1 Abs. 4 entsprechend anzuwenden (>BFH vom 22.05.1991 – BStBl II 1992 S. 94).
  - Ist die Personengesellschaft zur Buchführung und zur Aufstellung von Abschlüssen verpflichtet oder tut sie dies freiwillig, steht dem Mitunternehmer für die inländische Gewinnermittlung kein eigenes Wahlrecht zu, seinen Gewinn durch Einnahmenüberschussrechnung zu ermitteln (>BFH vom 25.06.2014 – BStBl II 2015 S. 141).
- Bei Handelsschiffen im internationalen Verkehr:
  >BMF vom 12.06.2002 (BStBl I S. 614) unter Berücksichtigung der Änderungen durch BMF vom 31.10.2008 (BStBl I S. 956) und vom 10.09.2013 (BStBl I S. 1152)
- Bei Land- und Forstwirtschaft:
  - >R 13.5
  - >Buchführung in land- und forstwirtschaftlichen Betrieben >BMF vom 15.12.1981 (BStBl I S. 878)

Anhang 10

Gewinnschätzung
- Bei einem gewerblichen Betrieb, für den keine Buchführungspflicht besteht, für den freiwillig keine Bücher geführt werden und für den nicht festgestellt werden kann, dass der Stpfl. die Gewinnermittlung nach § 4 Abs. 3 gewählt hat (>BFH vom 30.09.1980 – BStBl II 1981 S. 301), ist der Gewinn nach § 4 Abs. 1 unter Berücksichtigung der Verhältnisse des Einzelfalles, unter Umständen unter Anwendung von Richtsätzen, zu schätzen. Hat der Stpfl. dagegen für den Betrieb zulässigerweise die

§ 4 EStG
H 4.1, 4.2 (1) **R 4.2**

Gewinnermittlung nach § 4 Abs. 3 gewählt, ist auch eine Gewinnschätzung in dieser Gewinnermittlungsart durchzuführen (>BFH vom 02.03.1982 – BStBl II 1984 S. 504).
– Gewinnschätzung bei abweichendem Wj. >R 4a Abs. 4
– Gewinnschätzung bei einem Freiberufler, der seinen Gewinn für ein vom Kj. abweichendes Wj. ermittelt hat, >H 4a (Freiberufler)

Betriebsvermögen
Allgemeines

(1) ¹Wirtschaftsgüter, die ausschließlich und unmittelbar für eigenbetriebliche Zwecke des Stpfl. genutzt werden oder dazu bestimmt sind, sind notwendiges Betriebsvermögen. ²Eigenbetrieblich genutzte Wirtschaftsgüter sind auch dann notwendiges Betriebsvermögen, wenn sie nicht in der Buchführung und in den Bilanzen ausgewiesen sind. ³Wirtschaftsgüter, die in einem gewissen objektiven Zusammenhang mit dem Betrieb stehen und ihn zu fördern bestimmt und geeignet sind, können – bei Gewinnermittlung durch Betriebsvermögensvergleich (>R 4.1) oder durch Einnahmenüberschussrechnung (>R 4.5) – als gewillkürtes Betriebsvermögen behandelt werden. ⁴Wirtschaftsgüter, die nicht Grundstücke oder Grundstücksteile sind und die zu mehr als 50 % eigenbetrieblich genutzt werden, sind in vollem Umfang notwendiges Betriebsvermögen. ⁵Werden sie zu mehr als 90 % privat genutzt, gehören sie in vollem Umfang zum notwendigen Privatvermögen. ⁶Bei einer betrieblichen Nutzung von mindestens 10 % bis zu 50 % ist eine Zuordnung dieser Wirtschaftsgüter zum gewillkürten Betriebsvermögen in vollem Umfang möglich. ⁷Wird ein Wirtschaftsgut in mehreren Betrieben des Stpfl. genutzt, ist die gesamte eigenbetriebliche Nutzung maßgebend.

R 4.2
S 2134
R 4.2 (1)

Hinweise

H 4.2 (1)

Anwartschaften auf Hinterbliebenenversorgung bei Betriebsaufspaltung

Im Fall einer Betriebsaufspaltung sind Anwartschaften auf Hinterbliebenenversorgung, die auf einer dem Geschäftsführer der Betriebs-Kapitalgesellschaft erteilten Pensionszusage beruhen, im Besitzunternehmen auch dann nicht bereits während der Anwartschaftszeit zu aktivieren, wenn in der Betriebs-Kapitalgesellschaft die Zuführungsbeträge zur Pensionsrückstellung, soweit sie auf die Hinterbliebenenversorgung entfallen, als vGA zu beurteilen sind (>BFH vom 23.03.2011 – BStBl II 2012 S. 188).

Beteiligungen
– Eine Beteiligung gehört zum notwendigen Betriebsvermögen, wenn sie dazu bestimmt ist, die betriebliche Betätigung des Stpfl. entscheidend zu fördern oder wenn sie dazu dient, den Absatz von Produkten oder Dienstleistungen des Stpfl. zu gewährleisten (>BFH vom 10.04.2019 –

BStBl II S. 474). Eine rechtliche oder faktische Beherrschung der Kapitalgesellschaft ist nicht erforderlich. Eine Förderung der betrieblichen Betätigung des Stpfl. erfordert, dass der Stpfl. seine Beteiligung an der Kapitalgesellschaft zum Wohle seines Einzelgewerbebetriebs einsetzt. Dies ist regelmäßig dann gegeben, wenn zwischen der Kapitalgesellschaft und dem Einzelgewerbebetrieb eine intensive und nachhaltige Geschäftsbeziehung besteht, die sich für den Einzelgewerbebetrieb als erheblich vorteilhaft erweist und dieser Vorteil seine Ursache im Gesellschaftsverhältnis hat. Im Rahmen einer derartigen Geschäftsbeziehung wird die Kapitalbeteiligung erst recht zum Zwecke der Förderung des Einzelgewerbebetriebs eingesetzt, wenn diesem hierdurch fremdunübliche Vorteile verschafft werden (>BFH vom 12.06.2019 – BStBl II S. 518). Der Zuordnung einer Beteiligung zum notwendigen Betriebsvermögen steht nicht entgegen, wenn die dauerhaften und intensiven Geschäftsbeziehungen nicht unmittelbar zu der Beteiligungsgesellschaft bestehen, sondern zu einer Gesellschaft, die von der Beteiligungsgesellschaft beherrscht wird (>BFH vom 10.04.2019 – BStBl II S. 474).

- **Anteil eines Steuerberaters an einer GmbH,** deren Betrieb der Steuerberatungspraxis wesensfremd ist, gehört auch dann nicht zum Betriebsvermögen, wenn er in der Absicht erworben wurde, das steuerliche Mandat der GmbH zu erlangen (>BFH vom 22.01.1981 – BStBl II S. 564), oder wenn die anderen Gesellschafter der GmbH Mandanten des Steuerberaters sind und der Beteiligung wirtschaftliches Eigengewicht beizumessen ist (>BFH vom 23.05.1985 – BStBl II S. 517). Der Anteil eines Steuerberaters an einer GmbH gehört dagegen zum notwendigen Betriebsvermögen, wenn er ihn zur Begleichung seiner Honoraransprüche zu dem Zweck erhält, ihn später unter Realisierung einer Wertsteigerung zu veräußern (>BFH vom 01.02.2001 – BStBl II S. 546).
- **Anteil an Wohnungsbau-GmbH** kann zum notwendigen Betriebsvermögen eines Malermeisters gehören (>BFH vom 08.12.1993 – BStBl II 1994 S. 296).
- Freiwillig gezeichnete **Genossenschaftsanteile** sind nur dann notwendiges Betriebsvermögen, wenn sie für den Betrieb eine konkrete und unmittelbare Funktion besitzen (>BFH vom 04.02.1998 – BStBl II S. 301).
- Die Zuordnung der Beteiligung an einer Komplementär-GmbH zum notwendigen Betriebsvermögen eines Betriebsaufspaltungs-Besitzunternehmens wird nicht schon dadurch ausgeschlossen, dass die Komplementär-GmbH weder zum Besitzunternehmen noch zur Betriebs-Kapitalgesellschaft unmittelbare Geschäftsbeziehungen unterhält. In derartigen Fällen setzt eine Zuordnung zum notwendigen Betriebsvermögen voraus, dass die Komplementär-GmbH entscheidenden Einfluss auf den Geschäftsbetrieb der Gesellschaft (GmbH & Co. KG) besitzt, die aufgrund ihrer intensiven und dauerhaften Geschäftsbeziehungen zum Betriebsunternehmen die gewerbliche Betätigung des Stpfl. entscheidend fördert. Weiterhin ist erforderlich, dass der Stpfl. seinerseits durch

das Halten der Beteiligung an der Komplementär-GmbH in der Lage ist, deren Einfluss auf das geschäftliche Verhalten der GmbH & Co. KG maßgeblich zu fördern (>BFH vom 12.06.2013 – BStBl II S. 907).
- >Wertpapiere
- >H 18.2 (Geldgeschäfte)

Bodenschatz
- Zu der Frage, wann ein im Eigentum des Grundstückseigentümers stehender Bodenschatz als Wirtschaftsgut entsteht und ob ein solches Wirtschaftsgut dem Betriebs- oder Privatvermögen zuzuordnen ist >BMF vom 07.10.1998 (BStBl I S. 1221)
- Das selbständige Wirtschaftsgut Bodenschatz stellt weder notwendiges noch gewillkürtes Betriebsvermögen eines land- und forstwirtschaftlichen Betriebs dar, wenn es ausschl. zum Zweck des gewerblichen Abbaus durch Dritte erworben wurde (>BFH vom 24.01.2008 – BStBl II 2009 S. 449).
- Land- und Forstwirte können im eigenen Grund und Boden entdeckte Bodenschätze, deren Ausbeute einem Pächter übertragen ist, nicht als gewillkürtes Betriebsvermögen behandeln (>BFH vom 28.10.1982 – BStBl II 1983 S. 106).
- >H 6.12

Darlehensforderung eines Steuerberaters gegen seinen Mandanten
Die Darlehensforderung eines Steuerberaters gegen seinen Mandanten ist notwendiges Betriebsvermögen, wenn das Darlehen gewährt wurde, um eine Honorarforderung zu retten (>BFH vom 22.04.1980 – BStBl II S. 571).

Dividendenansprüche
Keine phasengleiche Aktivierung von Dividendenansprüchen bei Beteiligung einer Kapitalgesellschaft an einer anderen Kapitalgesellschaft, wenn nicht durch objektiv nachprüfbare Umstände belegt ist, dass am maßgeblichen Bilanzstichtag ein unwiderruflicher Entschluss zur Ausschüttung eines bestimmten Betrags vorliegt >BFH vom 07.02.2007 (BStBl II 2008 S. 340). Dies gilt auch für die Bilanzierung von Gewinnansprüchen in Fällen, in denen Gesellschafter einer Kapitalgesellschaft bilanzierende Einzelunternehmer oder Personengesellschaften sind, sowie in Fällen einer Betriebsaufspaltung, wenn sich die Beteiligung an einer Kapitalgesellschaft im Sonderbetriebsvermögen II des Gesellschafters einer Personengesellschaft befindet. Die Rechtsgrundsätze gelten auch für Bilanzstichtage nach In-Kraft-Treten des BiRiLiG (>BFH vom 31.10.2000 – BStBl II 2001 S. 185).
>aber Zinsansprüche aus Genussrechten

Durchlaufende Posten
Durchlaufende Posten sind auch bei Betriebsvermögensvergleich gewinnneutral zu behandeln. Die Gewinnneutralität ergibt sich durch Aktivierung

§ 4 EStG
H 4.2 (1)

bzw. Passivierung gleich hoher Wertzugänge und Wertabgänge. Bei Gewinnermittlung durch Betriebsvermögensvergleich setzt die Gewinnneutralität nicht voraus, dass das Geschäft erkennbar in fremdem Namen und für fremde Rechnung getätigt wird. Die Gewinnneutralität findet ihre Grenze in § 159 AO (>BFH vom 13.08.1997 – BStBl II 1998 S. 161).

Eiserne Verpachtung

Anhang 16 VII

Zur Gewinnermittlung bei der Verpachtung von Betrieben mit Substanzerhaltungspflicht des Pächters nach §§ 582a, 1048 BGB >BMF vom 21.02.2002 (BStBl I S. 262)

Erwerb mit betrieblichen Mitteln

Ein Wirtschaftsgut gehört nicht schon allein deshalb zum notwendigen Betriebsvermögen, weil es mit betrieblichen Geldmitteln erworben wurde (>BFH vom 18.12.1996 – BStBl II 1997 S. 351).

Forderungen

– Gem. § 252 Abs. 1 Nr. 4 zweiter Halbsatz HGB sind Forderungen nur zu berücksichtigen, wenn sie am Abschlussstichtag realisiert sind. Diese Voraussetzung liegt vor, wenn eine Forderung entweder rechtlich bereits entstanden ist oder die für die Entstehung wesentlichen wirtschaftlichen Ursachen im abgelaufenen Geschäftsjahr gesetzt worden sind und der Kaufmann mit der künftigen rechtlichen Entstehung des Anspruchs fest rechnen kann. Dies ist z. B. der Fall, wenn der Leistungsverpflichtete die von ihm geschuldete Erfüllungshandlung erbracht hat; danach sind Provisionsansprüche aus Vermittlungsleistungen mit Abschluss des jeweiligen Kaufvertrages und der Vereinbarung des Leistungsentgeltes, spätestens mit der Lieferung an den Auftraggeber, realisiert (>BFH vom 03.08.2005 – BStBl II 2006 S. 20).

– Nicht entstandene Rückgriffsansprüche sind als Forderungen nur zu berücksichtigen, soweit sie einem Ausfall der Forderung unmittelbar nachfolgen und nicht bestritten sind (>BFH vom 08.11.2000 – BStBl II 2001 S. 349).

– Umstrittene Forderungen können erst am Schluss des Wj. angesetzt werden, in dem über den Anspruch rechtskräftig entschieden wird oder in dem eine Einigung mit dem Schuldner zustande kommt (>BFH vom 14.03.2006 – BStBl II S. 650).

Gewillkürtes Betriebsvermögen

– Die Stpfl. haben kein (freies) Wahlrecht, gewillkürtes Betriebsvermögen oder Privatvermögen zu bilden. Vielmehr muss für die Bildung gewillkürten Betriebsvermögens eine betriebliche Veranlassung gegeben sein. Die Wirtschaftsgüter müssen objektiv „betriebsdienlich" sein. Die Willkürung muss ihr auslösendes Moment im Betrieb haben. Deshalb muss der Stpfl. darlegen, welche Beziehung das Wirtschaftsgut zum Betrieb hat und welche vernünftigen wirtschaftlichen Überlegungen ihn

veranlasst haben, das Wirtschaftsgut als Betriebsvermögen zu behandeln (>BFH vom 24.02.2000 – BStBl II S. 297).
- Die Zuordnung eines Wirtschaftsguts zum gewillkürten Betriebsvermögen bei Einlage muss unmissverständlich in einer Weise kundgemacht werden, dass ein sachverständiger Dritter ohne weitere Erklärung des Stpfl. die Zugehörigkeit zum Betriebsvermögen erkennen kann (>BFH vom 22.09.1993 – BStBl II 1994 S. 172).
- Die Zuordnung zum gewillkürten Betriebsvermögen erfordert, dass der notwendige Widmungsakt zeitnah in den Büchern oder in Aufzeichnungen dokumentiert wird (>BFH vom 27.06.2006 – BStBl II S. 874).
- Die Widmung setzt einen klar nach außen in Erscheinung tretenden Willensentschluss des Stpfl. voraus. Eine vom Finanzamt vorgenommene Zuordnung zum Betriebsvermögen führt selbst dann nicht zu einer solchen Widmung, wenn der Stpfl. die Auffassung des Finanzamts nur deshalb übernommen hat, weil er glaubte, ihr nicht mit Erfolg entgegentreten zu können (>BFH vom 10.10.2017 – BStBl II 2018 S. 181).
- Die Einlage von Wirtschaftsgütern als gewillkürtes Betriebsvermögen ist nicht zulässig, wenn erkennbar ist, dass die betreffenden Wirtschaftsgüter dem Betrieb keinen Nutzen, sondern nur Verluste bringen werden (>BFH vom 19.02.1997 – BStBl II S. 399).

Gewinnrealisierung
- Der Zeitpunkt der Gewinnrealisierung wird beim Verkauf von Vermögensgegenständen im Allgemeinen als erfüllt angesehen, wenn der Vermögensgegenstand ausgeliefert, der Anspruch auf die Gegenleistung entstanden und die Gefahr des zufälligen Untergangs auf den Käufer übergegangen ist. Die Forderung aus dem Verkauf eines Grundstücks ist demnach mit dem Übergang von Besitz, Gefahr, Nutzen und Lasten realisiert (>BFH vom 08.09.2005 – BStBl II 2006 S. 26).
- Gewinnrealisierung ist bei Übertragung des wirtschaftlichen Eigentums an einem Grundstück auch anzunehmen, wenn der Käufer am Bilanzstichtag des Veräußerungsjahres noch das Recht hat, unter bestimmten Voraussetzungen vom Kaufvertrag zurückzutreten (>BFH vom 25.01.1996 – BStBl II 1997 S. 382). Zur Bildung einer Rückstellung >H 5.7 (1) Rückabwicklung
- Der Gewinn aus einer Inkassotätigkeit ist realisiert, wenn und soweit dem Unternehmer für eine selbständig abrechenbare und vergütungsfähige (Teil-)Leistung gegenüber seinem Auftraggeber ein prinzipiell unentziehbarer Provisionsanspruch zusteht (>BFH vom 29.11.2007 – BStBl II 2008 S. 557).
- Die Gewinnrealisierung tritt bei Planungsleistungen eines Ingenieurs nicht erst mit der Abnahme oder Stellung der Honorarschlussrechnung ein, sondern bereits dann, wenn der Anspruch auf Abschlagszahlung nach § 8 Abs. 2 Honorarordnung für Architekten und Ingenieure (HOAI) a. F. entstanden ist (>BFH vom 14.05.2014 – BStBl II S. 968). Die Anwendung der Grundsätze dieses Urteils wird auf Abschlagszahlungen

§ 4 EStG
H 4.2 (1)

- nach § 8 Abs. 2 HOAI a. F. (gilt für Leistungen, die bis zum 17.08.2009 vertraglich vereinbart wurden) begrenzt (>BMF vom 15.03.2016 – BStBl I S. 279).
- Der Provisionsanspruch des Handelsvertreters ist nicht zu aktivieren, solange er unter der aufschiebenden Bedingung der Ausführung des Geschäftes steht. Provisionsvorschüsse sind beim Empfänger als „erhaltene Anzahlungen" zu passivieren. Mit den Provisionsvorschüssen im Zusammenhang stehende Aufwendungen sind nicht als „unfertige Leistungen" zu aktivieren, wenn kein Wirtschaftsgut entstanden ist (>BFH vom 26.04.2018 – BStBl II S. 536).
- Bei dem Anspruch des Insolvenzverwalters nach § 9 der Insolvenzrechtlichen Vergütungsverordnung handelt es sich um einen Anspruch auf Vorschuss auf die (endgültige) Vergütung, der bei einem bilanzierenden Insolvenzverwalter noch nicht zur Gewinnrealisierung führt (>BFH vom 07.11.2018 – BStBl II 2019 S. 224).

Gold
- **Barrengold** kommt als gewillkürtes Betriebsvermögen jedenfalls für solche gewerblichen Betriebe nicht in Betracht, die nach ihrer Art oder Kapitalausstattung kurzfristig auf Liquidität für geplante Investitionen angewiesen sind (>BFH vom 18.12.1996 – BStBl II 1997 S. 351).
- **Zahngold**; zum notwendigen Betriebsvermögen eines Zahnarztes gehört nicht nur das zu sofortiger betrieblicher Verwendung angeschaffte Zahngold, sondern auch das aus Goldabfällen stammende Altgold sowie i. d. R. das zu Beistellungszwecken erworbene Dentalgold (>BFH vom 12.03.1992 – BStBl II 1993 S. 36); der Erwerb von **Feingold** ist nicht betrieblich veranlasst (>BFH vom 17.04.1986 – BStBl II S. 607).

Instandhaltungsanspruch
Übernimmt der Pächter vertraglich die nach der gesetzlichen Regelung dem Verpächter obliegende Pflicht zur Instandhaltung der verpachteten Sache, ist der Instandhaltungsanspruch des Verpächters auch dann nicht zu aktivieren, wenn sich der Pächter mit der Instandhaltung im Rückstand befindet. Ist Pächter eine Personengesellschaft, wird der Instandhaltungsanspruch des verpachtenden Gesellschafters auch dann nicht nach den Grundsätzen der korrespondierenden Bilanzierung in dessen Sonderbilanz aktiviert, wenn die Gesellschaft in der Gesamthandsbilanz eine Rückstellung für rückständige Instandhaltungsverpflichtungen gebildet hat (>BFH vom 12.02.2015 – BStBl II 2017 S. 668).

Instandhaltungsrückstellung
Ein bilanzierender Stpfl., dem eine Eigentumswohnung gehört und der Zahlungen in eine von der Wohnungseigentümergemeinschaft gebildete Instandhaltungsrückstellung geleistet hat, muss seine Beteiligung an der Instandhaltungsrückstellung mit dem Betrag der geleisteten und noch nicht

verbrauchten Einzahlungen aktivieren (>BFH vom 05.10.2011 – BStBl II 2012 S. 244).

Kreditgrundlage/Liquiditätsreserve
- Wirtschaftsgüter, die weder zum notwendigen Betriebsvermögen noch zum notwendigen Privatvermögen gehören, können als gewillkürtes Betriebsvermögen berücksichtigt werden, wenn sie objektiv geeignet und vom Betriebsinhaber erkennbar dazu bestimmt sind, den Betrieb zu fördern. Förderungsmöglichkeiten in diesem Sinne bieten Wirtschaftsgüter insbesondere auch, wenn sie als **Kreditgrundlage** oder **Liquiditätsreserve** geeignet sind oder z. B. **höhere Erträge** bringen. In Betracht kommen neben Bargeld oder Bankguthaben vor allem risikofreie und leicht liquidierbare Wertpapiere (>BFH vom 18.12.1996 – BStBl II 1997 S. 351 und vom 19.02.1997 – BStBl II S. 399).
    >aber Termin- und Optionsgeschäfte
- Ein Wirtschaftsgut gehört nicht schon allein deshalb zum notwendigen Betriebsvermögen, weil es mit betrieblichen Mitteln erworben wurde oder der **Sicherung betrieblicher Kredite** dient (>BFH vom 13.08.1964 – BStBl III S. 502).
- >H 4.2 (2) Sonderbetriebsvermögen

Leasing — Anhang 21
>Anhang 21

Lebensversicherungen
- Ein Anspruch aus einer Versicherung gehört zum notwendigen Privatvermögen, soweit das versicherte Risiko privater Natur und mithin der Abschluss der Versicherung privat veranlasst ist. Dies ist insbesondere der Fall, wenn die Versicherung von einem Unternehmen auf das Leben oder den Todesfall des (Mit-)Unternehmers oder eines nahen Angehörigen abgeschlossen wird (>BFH vom 14.03.1996 – BStBl II 1997 S. 343).
- Schließt ein Unternehmen einen Versicherungsvertrag auf das Leben oder den Tod eines fremden Dritten ab, und ist Bezugsberechtigter nicht der Dritte, sondern das Unternehmen, kann der Anspruch auf die Versicherungsleistung zum Betriebsvermögen gehören (>BFH vom 14.03.1996 – BStBl II 1997 S. 343).
- Ansprüche aus Lebensversicherungsverträgen, die zur Tilgung oder Sicherung betrieblicher Darlehen dienen oder zu dienen bestimmt sind, werden durch die Abtretung oder Beleihung oder durch eine Hinterlegung der Police nicht zu Betriebsvermögen. Eine von einer Personengesellschaft auf das Leben ihrer Gesellschafter abgeschlossene Lebensversicherung (Teilhaberversicherung) gehört auch dann nicht zum Betriebsvermögen, wenn die Versicherungsleistungen zur Abfindung der Hinterbliebenen im Falle des Todes eines Gesellschafters verwendet werden sollen (>BFH vom 06.02.1992 – BStBl II S. 653).

§ 4 EStG
H 4.2 (1)

- Schließt eine Personenhandelsgesellschaft eine Lebensversicherung auf das Leben eines Angehörigen eines Gesellschafters ab, können Ansprüche und Verpflichtungen aus dem Vertrag dem Betriebsvermögen zuzuordnen sein, wenn der Zweck der Vertragsgestaltung darin besteht, Mittel für die Tilgung betrieblicher Kredite anzusparen und das für Lebensversicherungen charakteristische Element der Absicherung des Todesfallrisikos bestimmter Personen demgegenüber in den Hintergrund tritt. Der Anspruch der Gesellschaft gegen den Versicherer ist i. H. d. geschäftsplanmäßigen Deckungskapitals zum Bilanzstichtag zu aktivieren. Die diesen Betrag übersteigenden Anteile der Prämienzahlungen sind als Betriebsausgaben abziehbar (>BFH vom 03.03.2011 – BStBl II S. 552).

Nutzungsänderung
- >H 4.2 (4)
- >H 4.3 (2-4)

Nutzungsrechte/Nutzungsvorteile
- Unentgeltlich erworbene Nutzungsrechte/Nutzungsvorteile sind keine selbständigen Wirtschaftsgüter (>BFH vom 26.10.1987 – BStBl II 1988 S. 348).
- Zur Berücksichtigung von Eigenaufwand und Drittaufwand >H 4.7 (Eigenaufwand für ein fremdes Wirtschaftsgut), (Drittaufwand)
- Nutzt ein Ehegatte einen Gebäudeteil eines im Miteigentum stehenden Einfamilienhauses für betriebliche Zwecke insgesamt in Ausübung seines Rechtes als Miteigentümer, ergibt sich für die über seinen Miteigentumsanteil hinausgehende Nutzung kein gesondertes Nutzungsrecht, das ein Wirtschaftsgut im Betriebsvermögen des Stpfl. bildet und stille Reserven entstehen lassen könnte. Die betriebliche Nutzung entfällt mit ihrer Beendigung steuerneutral (>BMF vom 16.12.2016 – BStBl I S. 1431). *(Anhang 16 XVIII)*
- Die baurechtliche Nutzungsmöglichkeit von Grund und Boden stellt kein selbständiges Wirtschaftsgut „Nutzungsrecht" dar, sondern lediglich einen für den Grund und Boden wertbildenden Faktor (>BFH vom 10.03.2016 – BStBl II S. 984).
- Der Sondernutzungsberechtigte hat über seinen Miteigentumsanteil hinaus i. d. R. kein wirtschaftliches Eigentum an dem ihm zur Nutzung überlassenen Gemeinschaftseigentum (>BFH vom 05.07.2018 – BStBl II S. 798).

Schadensersatzforderung
Eine bestrittene Schadensersatzforderung ist auch nach Betriebsaufgabe noch Betriebsvermögen (>BFH vom 10.02.1994 – BStBl II S. 564).

Steuererstattungsansprüche

Zum Zeitpunkt der Aktivierung von in einem Musterverfahren gerichtlich bestätigten Steuererstattungsansprüchen, die vom Finanzamt bestritten worden waren, >BFH vom 31.08.2011 (BStBl II 2012 S. 190)

Termin- und Optionsgeschäfte

Branchenuntypische Termin- und Optionsgeschäfte sind dem betrieblichen Bereich regelmäßig auch dann nicht zuzuordnen, wenn generell die Möglichkeit besteht, damit Gewinne zu erzielen. Branchenuntypische Termingeschäfte sind betrieblich veranlasst, wenn sie der Absicherung unternehmensbedingter Kursrisiken dienen und nach Art, Inhalt und Zweck ein Zusammenhang mit dem Betrieb besteht, wobei das einzelne Termingeschäft nach den im Zeitpunkt des Vertragsabschlusses bekannten Umständen geeignet und dazu bestimmt sein muss, das Betriebskapital tatsächlich zu verstärken. Unbedingte Termingeschäfte und Optionsgeschäfte scheiden auch unter dem Gesichtspunkt einer betrieblichen Liquiditätsreserve im Falle branchenfremder Betätigungen als gewillkürtes Betriebsvermögen aus, da sie aufgrund ihres spekulativen Charakters in die Nähe von Spiel und Wette zu rücken sind (>BFH vom 19.02.1997 – BStBl II S. 399). Die Zuordnung von (Devisen-)Termingeschäften zum gewillkürten Betriebsvermögen setzt neben einem eindeutigen, nach außen manifestierten Widmungsakt des Unternehmers voraus, dass die Geschäfte im Zeitpunkt ihrer Widmung zu betrieblichen Zwecken objektiv geeignet sind, das Betriebskapital zu verstärken. Die objektive Eignung solcher Geschäfte zur Förderung des Betriebes ist bei branchenfremden Unternehmen nicht ohne weiteres ausgeschlossen, unterliegt aber wegen der hohen Risikoträchtigkeit der Geschäfte strengen Anforderungen (>BFH vom 20.04.1999 – BStBl II S. 466).

Umsatzsteuererstattungsansprüche

Umsatzsteuererstattungsansprüche aufgrund einer Rechnungskorrektur sind im Jahr der Rechnungskorrektur zu aktivieren (>BFH vom 15.03.2012 – BStBl II S. 719).

Vorsteueransprüche

Vorsteueransprüche können bereits zu einem Zeitpunkt aktiviert werden, in dem noch keine berichtigten Rechnungen vorliegen (>BFH vom 12.05.1993 – BStBl II S. 786).

Wertpapiere

– Wertpapiere können gewillkürtes Betriebsvermögen eines Gewerbebetriebs sein, wenn nicht bereits bei ihrem Erwerb oder ihrer Einlage erkennbar ist, dass sie dem Betrieb keinen Nutzen, sondern nur Verluste bringen (>BFH vom 18.10.2006 – BStBl II 2007 S. 259). Die Zurechnung von Wertpapieren zum gewillkürten Betriebsvermögen scheidet

§ 4 EStG
H 4.2 (1)

- nicht allein deshalb aus, weil sie in spekulativer Absicht, mit Kredit erworben und Kursverluste billigend in Kauf genommen wurden (>BFH vom 19.02.1997 – BStBl II S. 399).
- Wertpapiere werden durch ihre Verpfändung für Betriebskredite i. d. R. nicht zum notwendigen Betriebsvermögen (>BFH vom 17.03.1966 – BStBl III S. 350).
- Erwirbt ein Rüben anbauender Landwirt Aktien einer Zuckerfabrik, die satzungsgemäß mit Anbau- und Lieferverpflichtung verbunden sind, spricht eine tatsächliche Vermutung dafür, dass er diese Wertpapiere nicht als bloße Kapitalanlage, sondern zu betrieblichen Zwecken angeschafft hat und dass ihm andererseits diese Aktien aber auch nur aus betrieblichen Gründen überlassen wurden. Diese Aktien sind auch dann notwendiges Betriebsvermögen, wenn die damit verbundenen Rechte und Pflichten viele Jahre nicht beansprucht oder eingefordert worden sind (>BFH vom 11.12.2003 – BStBl II 2004 S. 280).
- Werden einem selbstständigen Kursmakler Anteile einer AG zur Erfüllung seiner Courtageforderung übertragen, gelangen diese im Erwerbszeitpunkt in das Betriebsvermögen (>BFH vom 29.09.2016 – BStBl II 2017 S. 339).

Wertpapierfonds
Der Anspruch auf Ausschüttungen eines Wertpapierfonds ist zu aktivieren, sobald nach den Vertragsbedingungen ein unmittelbarer schuldrechtlicher Anspruch auf Ausschüttung entstanden ist und ein konstitutiver Ausschüttungsbeschluss dazu nicht erforderlich ist (>BFH vom 18.05.1994 – BStBl II 1995 S. 54). Sofern in den Vertragsbedingungen lediglich ausgeführt wird, dass ordentliche Erträge i. d. R. ausgeschüttet werden, führt dies alleine noch nicht zur Entstehung eines Ausschüttungsanspruchs. Vielmehr entsteht ein Ausschüttungsanspruch in diesen Fällen erst durch die Konkretisierung im Ausschüttungsbeschluss (>BMF vom 18.08.2009 – BStBl I S. 931, Rz. 28).

Windpark
- Ein Windpark besteht aus mehreren selbständigen Wirtschaftsgütern. Jede Windkraftanlage, die in einem Windpark betrieben wird, stellt mit Fundament einschl. des dazugehörigen Transformators nebst der verbindenden Verkabelung ein zusammengesetztes Wirtschaftsgut dar. Daneben ist die Verkabelung von den Transformatoren bis zum Stromnetz des Energieversorgers zusammen mit der Übergabestation als weiteres zusammengesetztes Wirtschaftsgut zu behandeln, soweit dadurch mehrere Windkraftanlagen miteinander verbunden werden. Auch die Zuwegung stellt ein eigenständiges Wirtschaftsgut dar (>BFH vom 14.04.2011 – BStBl II S. 696).
- >H 7.4 (Nutzungsdauer)

Wirtschaftsgut
- **Auffüllrecht**

  Das Recht, ein Grundstück mit Klärschlamm zu verfüllen, ist kein vom Grund und Boden verselbständigtes Wirtschaftsgut (>BFH vom 20.03.2003 – BStBl II S. 878).

- **Begriff**

  Wirtschaftsgüter sind Sachen, Rechte oder tatsächliche Zustände, konkrete Möglichkeiten oder Vorteile für den Betrieb, deren Erlangung der Kaufmann sich etwas kosten lässt, die einer besonderen Bewertung zugänglich sind und zumindest mit dem Betrieb übertragen werden können (>BFH vom 19.06.1997 – BStBl II S. 808). Der Begriff des Wirtschaftsgutes setzt nicht voraus, dass es dem Betrieb einen Nutzen für mehrere Jahre bringt (>BFH vom 26.11.2014 – BStBl II 2015 S. 325).

- **Eingetauschte Wirtschaftsgüter**

  Für notwendiges Betriebsvermögen eingetauschte Wirtschaftsgüter werden zunächst (notwendiges) Betriebsvermögen (>BFH vom 18.12.1996 – BStBl II 1997 S. 351).

  >H 6b.1 (Entnahme, Tausch)

- **Leitungsanlagen**

  Leitungsanlagen als selbständige Wirtschaftsgüter >BMF vom 30.05.1997 (BStBl I S. 567)

- **Verlustbringende Wirtschaftsgüter**

  Wirtschaftsgüter, die bisher im Privatvermögen geführt wurden, dürfen nicht in das – gewillkürte – Betriebsvermögen aufgenommen werden, wenn damit lediglich der Zweck verfolgt wird, sich bereits abzeichnende Verluste aus dem Privatvermögen in den betrieblichen Bereich zu verlagern. Entsprechendes gilt, wenn beim Erwerb des Wirtschaftsgutes bereits erkennbar ist, dass der Erwerb dem Betrieb keinen Nutzen, sondern nur Verluste bringen kann (>BFH vom 19.02.1997 – BStBl II S. 399).

- *Virtuelle Währungen und sonstige Token*

  >BMF vom 10.05.2022 (BStBl I S. 668), Rn. 31 f., 41

Zinsansprüche aus Genussrechten

Zinsansprüche aus Genussrechten entstehen im Gegensatz zu >Dividendenansprüchen nicht erst durch einen Gewinnverwendungsbeschluss als selbständiges Recht, sondern bereits mit Ablauf des zugrunde liegenden Zinszeitraums. Sie sind daher in der Bilanz des Wj. zu aktivieren, in dem der Zinszeitraum abläuft. Dies gilt auch dann, wenn nach den Genussrechtsbedingungen der Schuldner die Ansprüche nicht bedienen muss, solange hierdurch bei ihm ein Bilanzverlust entsteht oder sich erhöhen würde (>BFH vom 18.12.2002 – BStBl II 2003 S. 400).

Zuzahlung des Veräußerers
>H 6.2

§ 4 EStG
R 4.2 H 4.2 (2)

R 4.2 (2)

Betriebsvermögen bei Personengesellschaften

(2) ¹Das Betriebsvermögen i. S. d. Absatzes 1 umfasst bei einer Personengesellschaft sowohl die Wirtschaftsgüter, die zum Gesamthandsvermögen der Mitunternehmer gehören, als auch diejenigen Wirtschaftsgüter, die einem, mehreren oder allen Mitunternehmern gehören (Sonderbetriebsvermögen). ²Wirtschaftsgüter, die einem, mehreren oder allen Mitunternehmern gehören und die nicht Gesamthandsvermögen der Mitunternehmer der Personengesellschaft sind, gehören zum notwendigen Betriebsvermögen, wenn sie entweder unmittelbar dem Betrieb der Personengesellschaft dienen (Sonderbetriebsvermögen I) oder unmittelbar zur Begründung oder Stärkung der Beteiligung des Mitunternehmers an der Personengesellschaft eingesetzt werden sollen (Sonderbetriebsvermögen II). ³Solche Wirtschaftsgüter können zum gewillkürten Betriebsvermögen gehören, wenn sie objektiv geeignet und subjektiv dazu bestimmt sind, den Betrieb der Gesellschaft (Sonderbetriebsvermögen I) oder die Beteiligung des Gesellschafters (Sonderbetriebsvermögen II) zu fördern. ⁴Auch ein einzelner Gesellschafter kann gewillkürtes Sonderbetriebsvermögen bilden.

H 4.2 (2)

Hinweise

Anteile an Kapitalgesellschaften
– *Allgemeines*
  – Die Beteiligung an einer Kapitalgesellschaft gehört zum notwendigen Sonderbetriebsvermögen II des Mitunternehmers, wenn sie der Begründung oder Stärkung seiner Beteiligung an der Mitunternehmerschaft dient. Eine Stärkung der Beteiligung an der Mitunternehmerschaft ist dann gegeben, wenn die Beteiligung an der Kapitalgesellschaft für das Unternehmen der Mitunternehmerschaft **wirtschaftlich vorteilhaft** ist oder **der Mitunternehmerstellung selbst dient**, weil durch die Beteiligung an der Kapitalgesellschaft der Einfluss des Gesellschafters in der Mitunternehmerschaft steigt bzw. gestärkt wird (>BFH vom 16.04.2015 – BStBl II S. 705).
  – Ein wirtschaftlicher Vorteil der Kapitalbeteiligung für das Unternehmen der Personengesellschaft wird regelmäßig nur dann bejaht, wenn zwischen dem Unternehmen der Personengesellschaft und demjenigen der Kapitalgesellschaft eine **enge wirtschaftliche Verflechtung** besteht, der Mitunternehmer der Personengesellschaft – ggf. zusammen mit anderen Mitunternehmern – die Kapitalgesellschaft **beherrscht** und die Kapitalgesellschaft neben ihren geschäftlichen Beziehungen zur Personengesellschaft **keinen anderen eigenen Geschäftsbetrieb** von nicht ganz untergeordneter Bedeutung unterhält (>BFH vom 23.01.2001 – BStBl II S. 825).
– *Anderer eigener Geschäftsbetrieb*
  – Sonderbetriebsvermögen II ist zu bejahen, wenn sich der Kommanditist einer GmbH & Co. KG an der Komplementär-GmbH beteiligt,

es sei denn, dass die Komplementär-GmbH außer ihrer Geschäftsführungstätigkeit für die KG noch einen eigenen Geschäftsbetrieb von nicht ganz untergeordneter Bedeutung ausübt (>BFH vom 16.04.2015 – BStBl II S. 705).

– *Eine (Mehrheits-)Beteiligung eines Kommanditisten an der Kapitalgesellschaft ist selbst dann nicht dem Sonderbetriebsvermögen II zuzuordnen, wenn die einen eigenen Geschäftsbetrieb von nicht ganz untergeordneter Bedeutung unterhaltende Komplementär-GmbH wirtschaftlich mit der GmbH & Co. KG verflochten ist und die Geschäftsbeziehungen aus Sicht der GmbH & Co. KG nicht von geringer Bedeutung sind. Dies gilt auch, wenn die einen eigenen Geschäftsbetrieb von nicht ganz untergeordneter Bedeutung unterhaltende Kapitalgesellschaft als Komplementär-GmbH gemeinsam mit dem an ihr beteiligten Kommanditisten eine aus ihnen bestehende zweigliedrige GmbH & Co. KG gründet (>BFH vom 21.12.2021 – BStBl II 2022 S. 651).*

– Beteiligt sich der Gesellschafter einer GmbH an dieser als atypisch stiller Gesellschafter, so gehört der Anteil an der GmbH zu seinem Sonderbetriebsvermögen II, sofern nicht die GmbH noch einer anderen Geschäftstätigkeit von nicht ganz untergeordneter Bedeutung nachgeht (>BFH vom 15.10.1998 – BStBl II 1999 S. 286).

– Der Geschäftsanteil eines Kommanditisten an der Kommanditisten-GmbH derselben KG gehört dann zu seinem Sonderbetriebsvermögen II bei der KG, wenn die Kommanditisten-GmbH keiner eigenen Geschäftstätigkeit nachgeht und ihr alleiniger Zweck die Beteiligung an der KG in einem erheblichen Umfang ist (>BFH vom 23.01.2001 – BStBl II S. 825).

– *Betriebsaufspaltung*
Die Beteiligung des Gesellschafters einer Besitzpersonengesellschaft an der Betriebskapitalgesellschaft gehört zu seinem notwendigen Sonderbetriebsvermögen II bei der Besitzpersonengesellschaft (>BFH vom 16.04.1991 – BStBl II S. 832).

– *Keine Beherrschung*
Die Beteiligung an einer Kapitalgesellschaft kann auch dann notwendiges Sonderbetriebsvermögen II des Gesellschafters einer Personengesellschaft sein, wenn die Beteiligung keinen beherrschenden Einfluss vermittelt. Dies ist z. B. der Fall, wenn die Personengesellschaft von der in der gleichen Branche tätigen Kapitalgesellschaft organisatorisch und wirtschaftlich abhängig ist (>BFH vom 03.03.1998 – BStBl II S. 383). Die Unterhaltung von Geschäftsbeziehungen zu einer Kapitalgesellschaft, wie sie üblicherweise auch mit anderen Unternehmen bestehen, reicht selbst dann, wenn diese Beziehungen besonders intensiv sind, nicht aus, um die Anteile des Gesellschafters einer Personen-

§ 4 EStG
H 4.2 (2)

gesellschaft an der Kapitalgesellschaft als notwendiges Sonderbetriebsvermögen II anzusehen (>BFH vom 28.06.2006 – BStBl II 2007 S. 378 und vom 13.02.2008 – BStBl II 2009 S. 414).

– *Keine Stärkung der Mitunternehmerstellung*
 Eine Minderheitsbeteiligung des Kommanditisten an einer geschäftsführungsbefugten Komplementär-GmbH von weniger als 10 % ist aber nicht dem Sonderbetriebsvermögen II zuzuordnen, wenn – ausgehend vom gesetzlich normierten Regelfall – in den Angelegenheiten der Gesellschaft die Abstimmung nach der Mehrheit der abgegebenen Stimmen erfolgt. Dies gilt auch, wenn die Komplementär-GmbH außergewöhnlich hoch am Gewinn beteiligt ist (>BFH vom 16.04.2015 – BStBl II S. 705).

Darlehen an Gesellschafter
>H 4.3 (2-4) Personengesellschaften

Gesellschafterforderung

– Um eine schuldrechtliche Forderung des Gesellschafters gegen die Gesellschaft und nicht um Eigenkapital der Gesellschaft handelt es sich bei einem Gesellschafterkonto dann, wenn der Gesellschafter insoweit einen unentziehbaren, nur nach den §§ 362 bis 397 BGB erlöschenden Anspruch gegen die Gesellschaft haben soll, der auch in der Insolvenz der Gesellschaft wie eine Forderung eines Dritten geltend gemacht werden kann und der noch vor der eigentlichen Auseinandersetzung über das Gesellschaftsvermögen zu erfüllen ist, also nicht lediglich einen Teil des Auseinandersetzungsguthabens darstellt (>BFH vom 26.06.2007 – BStBl II 2008 S. 103).

– Die korrespondierende Bilanzierung der Darlehensforderung eines Personengesellschafters in dessen Sonderbilanz und in der Gesamthandsbilanz der Gesellschaft endet mit dem Ausscheiden des Gesellschafters aus der Gesellschaft. Ab diesem Zeitpunkt verliert die in der Gesamthandsbilanz ausgewiesene Darlehensverbindlichkeit der Gesellschaft ihre Funktion als funktionales Eigenkapital und stellt entsprechend ihrem Bilanzausweis Fremdkapital dar. Umfasst der Erwerb des Mitunternehmeranteils auch die Gesellschafter-Darlehensforderung, wandelt sich diese von Fremdkapital (wieder) in funktionales Eigenkapital der Gesellschaft um. In der Sonderbilanz des Neugesellschafters ist die Forderung mit dessen Anschaffungskosten zu aktivieren. Demgegenüber ist die Darlehensverbindlichkeit in der Gesamthandsbilanz in unveränderter Höhe auszuweisen (>BFH vom 16.03.2017 – BStBl II S. 943).

Anhang 29 II
– >BMF vom 30.05.1997 (BStBl I S. 627), Tz. 4

Lebensversicherungen
>H 4.2 (1)

Nießbrauch
>H 4.3 (2-4) Keine Entnahme des Grundstücks oder Grundstücksteils

Nießbrauch an Gesellschaftsanteil
>H 15.8 (1) Nießbrauch

Sonderbetriebseinnahmen und -ausgaben
>H 4.7

Sonderbetriebsvermögen
- **Ausgleichsanspruch** eines Kommanditisten
  >H 15.8 (1)
- Bei **Betriebsaufspaltung**
  >H 15.7 (4) Sonderbetriebsvermögen
- Bei **ehelicher Gütergemeinschaft**
  >H 4.2 (12) Gütergemeinschaft
- Die **Einlage von Wirtschaftsgütern des gewillkürten Sonderbetriebsvermögens** muss mit der gleichen Eindeutigkeit geschehen wie die Einlage eines Wirtschaftsgutes des gewillkürten Betriebsvermögens in ein Einzelunternehmen. Besondere Bedeutung kommt dabei der buchmäßigen Behandlung zu, wenn diese auch nicht stets entscheidend ist (>BFH vom 23.10.1990 – BStBl II 1991 S. 401).
  >H 4.2 (1) Gewillkürtes Betriebsvermögen
- Bei **Land- und Forstwirtschaft oder freiberuflicher Tätigkeit**
  Notwendiges und gewillkürtes Sonderbetriebsvermögen kann es auch bei Mitunternehmern geben, die sich zur gemeinsamen Ausübung eines land- und forstwirtschaftlichen Betriebes oder eines freien Berufs zusammengeschlossen haben (>BFH vom 02.12.1982 – BStBl II 1983 S. 215).
- Zur **Unterscheidung** zwischen Sonderbetriebsvermögen I und Sonderbetriebsvermögen II >BFH vom 07.07.1992 (BStBl II 1993 S. 328)
- Für die Zuordnung von Sicherheiten zum notwendigen passiven Sonderbetriebsvermögen einer Personengesellschaft für Verbindlichkeiten einer GmbH, die in wirtschaftlicher Verbindung zur Personengesellschaft steht, an der aber nur die Personengesellschaft, nicht jedoch der Gesellschafter beteiligt ist, kommt es – wie bei der Zurechnung von Wirtschaftsgütern zum aktiven Sonderbetriebsvermögen – maßgebend auf den Veranlassungszusammenhang an. Der erforderliche Veranlassungszusammenhang kann nur bejaht werden, wenn die Sicherheitsbestellung ausschl. und eindeutig durch die Beteiligung an der Personengesellschaft veranlasst ist und dies der Mitunternehmer erforderlichenfalls nachweist. Im Rahmen der zur Feststellung des Veranlassungszusammenhangs notwendigen Gesamtwürdigung kommt der

§ 4 EStG
R 4.2 H 4.2 (2), (3)

Frage, inwieweit die Sicherheiten zu markt- bzw. fremdüblichen Bedingungen gewährt worden sind, besondere Bedeutung zu (>BFH vom 27.06.2006 – BStBl II S. 874).

R 4.2 (3)

Gebäudeteile, die selbständige Wirtschaftsgüter sind

(3) [1]Gebäudeteile, die nicht in einem einheitlichen Nutzungs- und Funktionszusammenhang mit dem Gebäude stehen, sind selbständige Wirtschaftsgüter. [2]Ein Gebäudeteil ist selbständig, wenn er besonderen Zwecken dient, mithin in einem von der eigentlichen Gebäudenutzung verschiedenen Nutzungs- und Funktionszusammenhang steht. [3]Selbständige Gebäudeteile in diesem Sinne sind:

1. Betriebsvorrichtungen (>R 7.1 Abs. 3);
2. Scheinbestandteile (>R 7.1 Abs. 4);
3. Ladeneinbauten, >Schaufensteranlagen, Gaststätteneinbauten, Schalterhallen von Kreditinstituten sowie ähnliche Einbauten, die einem schnellen Wandel des modischen Geschmacks unterliegen; als Herstellungskosten dieser Einbauten kommen nur Aufwendungen für Gebäudeteile in Betracht, die statisch für das gesamte Gebäude unwesentlich sind, z. B. Aufwendungen für Trennwände, Fassaden, Passagen sowie für die Beseitigung und Neuerrichtung von nichttragenden Wänden und Decken;
4. sonstige >Mietereinbauten;
5. sonstige selbständige Gebäudeteile (>Absatz 4).

[4]Dachintegrierte Fotovoltaikanlagen (z. B. in Form von Solardachsteinen) sind wie selbständige bewegliche Wirtschaftsgüter zu behandeln.

H 4.2 (3)

Hinweise

Abgrenzung

Zur Abgrenzung zwischen dem Gebäude und solchen Bestandteilen, die nicht der Gebäudenutzung selbst, sondern einem davon verschiedenen Zweck dienen >BFH vom 30.01.1995 (BStBl II S. 281)

Mietereinbauten

– >BMF vom 15.01.1976 (BStBl I S. 66); zur Höhe der AfA bei unbeweglichen Wirtschaftsgütern aber >H 7.4
– Mietereinbauten und -umbauten sind in der Bilanz des Mieters zu aktivieren, wenn es sich um gegenüber dem Gebäude selbständige Wirtschaftsgüter (verschiedener Nutzungs- und Funktionszusammenhang) handelt, für die der Mieter Herstellungskosten aufgewendet hat, die Wirtschaftsgüter seinem Betriebsvermögen zuzurechnen sind und die Nutzung durch den Mieter zur Einkünfteerzielung sich erfahrungsgemäß über einen Zeitraum von mehr als einem Jahr erstreckt (>BFH vom 15.10.1996 – BStBl II 1997 S. 533). Das gegenüber dem Gebäude

selbständige, materielle Wirtschaftsgut kann beweglich oder unbeweglich sein. Ein bewegliches Wirtschaftsgut liegt vor, wenn der Mieter sachenrechtlicher Eigentümer ist (Scheinbestandteil, § 95 BGB) oder eine Betriebsvorrichtung (§ 68 Abs. 2 Nr. 2 BewG) des Mieters besteht. Dagegen handelt es sich bei dem besonderen Zwecken dienenden und daher in einem von der eigentlichen Gebäudenutzung verschiedenen Nutzungs- und Funktionszusammenhang stehenden Gebäudebestandteil um ein unbewegliches Wirtschaftsgut. Das gilt auch für einen Gebäudebestandteil, der im wirtschaftlichen Eigentum des Mieters steht (>BFH vom 11.06.1997 – BStBl II S. 774).
– Mietereinbauten als selbständige Wirtschaftsgüter beim Mieter aufgrund wirtschaftlichen Eigentums >BFH vom 28.07.1993 (BStBl II 1994 S. 164) und vom 11.06.1997 (BStBl II S. 774)

Schaufensteranlage
Schaufensteranlage und Beleuchtungsanlage zum Schaufenster sind auch bei Neubauten selbständige Gebäudeteile (>BFH vom 29.03.1965 – BStBl III S. 291).

Unterschiedliche Nutzungen und Funktionen eines Gebäudes

(4) [1]Wird ein Gebäude teils eigenbetrieblich, teils fremdbetrieblich, teils zu eigenen und teils zu fremden Wohnzwecken genutzt, ist jeder der vier unterschiedlich genutzten Gebäudeteile ein besonderes Wirtschaftsgut, weil das Gebäude in verschiedenen Nutzungs- und Funktionszusammenhängen steht. [2]Wohnräume, die wegen Vermietung an Arbeitnehmer des Stpfl. notwendiges Betriebsvermögen sind, gehören zu dem eigenbetrieblich genutzten Gebäudeteil. [3]Die Vermietung zu hoheitlichen, zu gemeinnützigen oder zu Zwecken eines Berufsverbands gilt als fremdbetriebliche Nutzung. [4]Wird ein Gebäude oder Gebäudeteil fremdbetrieblich genutzt, handelt es sich auch dann um ein einheitliches Wirtschaftsgut, wenn es verschiedenen Personen zu unterschiedlichen betrieblichen Nutzungen überlassen wird. [5]Eine Altenteilerwohnung ist im Falle der Entnahme nach § 13 Abs. 4 EStG stets als besonderes Wirtschaftsgut anzusehen.

Hinweise

Mehrere Baulichkeiten
Mehrere Baulichkeiten sind selbständige Wirtschaftsgüter, auch wenn sie auf demselben Grundstück errichtet wurden und in einem einheitlichen Nutzungs- und Funktionszusammenhang stehen, z. B. Anbauten bei Gebäuden, es sei denn, sie sind baulich derart miteinander verbunden, dass die Teile des Bauwerks nicht ohne weitere erhebliche Bauaufwendungen voneinander getrennt werden können (>BFH vom 05.12.1974 – BStBl II 1975 S. 344, vom 21.07.1977 – BStBl II 1978 S. 78 und vom 15.09.1977 – BStBl II 1978 S. 123), oder sie besitzen keine eigene Standfestigkeit (>BFH vom 25.01.2007 – BStBl II S. 586).

§ 4 EStG
R 4.2 H 4.2 (4)

Miteigentum

Jeder nach R 4.2 Abs. 4 Satz 1 selbständige Gebäudeteil ist in so viele Wirtschaftsgüter aufzuteilen, wie Gebäudeeigentümer vorhanden sind (>BFH vom 09.07.1992 – BStBl II S. 948).

Nutzung im Rahmen mehrerer Betriebe

- Dient ein Gebäude (Gebäudeteil) ausschl. eigenbetrieblichen Zwecken, ist eine weitere Aufteilung auch dann nicht vorzunehmen, wenn es (er) im Rahmen mehrerer selbständiger (eigener) Betriebe genutzt wird.
- Von selbständigen Wirtschaftsgütern ist bei gleichen Nutzungsverhältnissen jedoch dann auszugehen, wenn das Gebäude (der Gebäudeteil) nach dem WEG in **Teileigentum** aufgeteilt wurde.

(>BFH vom 29.09.1994 – BStBl II 1995 S. 72)

Nutzungsänderung

- Ein zunächst betrieblich genutzter Gebäudeteil verliert ohne Entnahmehandlung seine Eigenschaft als Betriebsvermögen nicht dadurch, dass er zu fremden Wohnzwecken vermietet wird und sich in dem Gebäude ein weiterer zu fremden Wohnzwecken vermieteter Gebäudeteil befindet, der zum Privatvermögen gehört (>BFH vom 10.11.2004 – BStBl II 2005 S. 334).
- Die Nutzungsänderung eines bisher zum Privatvermögen gehörenden Gebäudeteils, der nunmehr für fremdgewerbliche Zwecke genutzt wird, führt nicht zur Zwangseinlage ins Betriebsvermögen, auch wenn ein weiterer, schon vorher für fremdbetriebliche Zwecke vermieteter Gebäudeteil dem gewillkürten Betriebsvermögen zugeordnet worden ist (>BFH vom 21.04.2005 – BStBl II S. 604).

Selbständige Wirtschaftsgüter

- Selbständige Wirtschaftsgüter nach Nutzung und Funktion des Gebäudeteils >BFH vom 30.01.1995 (BStBl II S. 281)
- Bei der Zuordnung zum Betriebsvermögen ist bei selbständigen Gebäudeteilen auf den Raum als Ganzes abzustellen; dieser ist die kleinste Einheit, die einer gesonderten Zuordnung fähig ist (>BFH vom 10.10.2017 – BStBl II 2018 S. 181). Bei mehreren Gebäudeeigentümern >Miteigentum

R 4.2 (5) **Abgrenzung der selbständigen von den unselbständigen Gebäudeteilen**

(5) [1]Ein Gebäudeteil ist unselbständig, wenn er der eigentlichen Nutzung als Gebäude dient. [2]>Unselbständige Gebäudeteile sind auch räumlich vom Gebäude getrennt errichtete Baulichkeiten, die in einem so engen Nutzungs- und Funktionszusammenhang mit dem Gebäude stehen, dass es ohne diese Baulichkeiten als unvollständig erscheint.

§ 4 EStG
H 4.2 (5) R 4.2

Hinweise
H 4.2 (5)

Unselbständige Gebäudeteile

Unselbständige Gebäudeteile sind z. B.:
- Bäder und Schwimmbecken in Hotels,
- Heizungsanlagen, Be- und Entlüftungsanlagen, Klimaanlagen, Warmwasseranlagen und Müllschluckanlagen, außer wenn sie ganz oder überwiegend einem Betriebsvorgang dienen,
- Sprinkleranlagen, außer wenn mit ihnen das Gewerbe unmittelbar betrieben wird,
- Beleuchtungsanlagen, außer Spezialbeleuchtungsanlagen, die nicht zur Gebäudebeleuchtung erforderlich sind,
- Personenaufzüge, Rolltreppen oder Rollsteige, die zur Bewältigung des Publikumsverkehrs dienen,

(>Gleich lautende Erlasse der obersten Finanzbehörden der Länder vom 05.06.2013 – BStBl I S. 734).
- Umzäunung oder Garage bei einem Wohngebäude (>BFH vom 15.12.1977 – BStBl II 1978 S. 210 und vom 28.06.1983 – BStBl II 1984 S. 196); aber >H 7.1 (Garagen)

Aufteilung der Anschaffungs- oder Herstellungskosten bei Gebäudeteilen   R 4.2 (6)

(6) [1] Die Anschaffungs- oder Herstellungskosten des gesamten Gebäudes sind auf die einzelnen Gebäudeteile aufzuteilen. [2] Für die Aufteilung ist das Verhältnis der Nutzfläche eines Gebäudeteiles zur Nutzfläche des ganzen Gebäudes maßgebend, es sei denn, die Aufteilung nach dem Verhältnis der Nutzflächen führt zu einem unangemessenen Ergebnis. [3] Von einer solchen Aufteilung kann aus Vereinfachungsgründen abgesehen werden, wenn sie aus steuerlichen Gründen nicht erforderlich ist. [4] Die Nutzfläche ist in sinngemäßer Anwendung der Verordnung zur Berechnung der Wohnfläche (Wohnflächenverordnung – WoFlV) vom 25.11.2003 (BGBl. I S. 2346) in der jeweils geltenden Fassung zu ermitteln.

Anhang 5 II 2

Grundstücke und Grundstücksteile als notwendiges Betriebsvermögen   R 4.2 (7)

(7) [1] Grundstücke und Grundstücksteile, die ausschließlich und unmittelbar für eigenbetriebliche Zwecke des Stpfl. genutzt werden, gehören regelmäßig zum notwendigen Betriebsvermögen. [2] Wird ein Teil eines Gebäudes eigenbetrieblich genutzt, gehört der zum Gebäude gehörende Grund und Boden anteilig zum notwendigen Betriebsvermögen; in welchem Umfang der Grund und Boden anteilig zum Betriebsvermögen gehört, ist unter Berücksichtigung der Verhältnisse des Einzelfalles zu ermitteln.

§ 4 EStG
H 4.2 (7)

Hinweise

Anteilige Zugehörigkeit des Grund und Bodens

Der Grund und Boden gehört i. d. R. im Verhältnis der Zugehörigkeit des Gebäudes oder Gebäudeteils zum Betriebsvermögen (>BFH vom 27.01.1977 – BStBl II S. 388 und vom 12.07.1979 – BStBl II 1980 S. 5).

Eigenaufwand für ein fremdes Wirtschaftsgut

>H 4.7

Ferienwohnung

Ferienwohnungen, die ein Stpfl. unter Einschaltung seines auf die Vermittlung von Immobilien, Mietverträgen und Verträgen über Ferienobjekte gerichteten Gewerbebetriebs vermietet, können zum notwendigen Betriebsvermögen des Gewerbebetriebs gehören (>BFH vom 13.11.1996 – BStBl II 1997 S. 247).

Land- und forstwirtschaftlicher Betrieb

- Erwirbt ein Landwirt einen langfristig verpachteten landwirtschaftlichen Betrieb in der erkennbaren Absicht, die Bewirtschaftung dieses Betriebes alsbald zu übernehmen, entsteht vom Erwerb an notwendiges Betriebsvermögen, wenn der Bewirtschaftungswille sich auch in einem überschaubaren Zeitraum verwirklichen lässt (>BFH vom 12.09.1991 – BStBl II 1992 S. 134).
- Eine vom Verpächter hinzuerworbene landwirtschaftliche Nutzfläche wird notwendiges Betriebsvermögen des verpachteten Betriebs, wenn sie nach dem Erwerb in das Pachtverhältnis einbezogen wird, und zwar selbst dann, wenn sie im Zeitpunkt des Erwerbs noch anderweitig verpachtet war (>BFH vom 24.09.1998 – BStBl II 1999 S. 55 und vom 19.12.2019 – BStBl II 2021 S. 427).
- Zum Vorliegen eines Forstbetriebs oder Forstteilbetriebs und zur Betriebsvermögenseigenschaft von forstwirtschaftlichen Flächen >BMF vom 18.05.2018 (BStBl I S. 689)

Anhang 20 II

Miteigentum

Gehört ein Grundstück nur teilweise dem Betriebsinhaber, kann es nur insoweit Betriebsvermögen sein, als es dem Betriebsinhaber gehört. Das gilt auch dann, wenn ein Grundstück Ehegatten gemeinsam gehört (>BFH vom 23.11.1995 – BStBl II 1996 S. 193).

Rettung einer betrieblichen Forderung

Ein Grundstück, das zur Rettung einer betrieblichen Forderung ersteigert wird, ist notwendiges Betriebsvermögen (>BFH vom 11.11.1987 – BStBl II 1988 S. 424).

§ 4 EStG
H 4.2 (7) **R 4.2**

Umlegungsverfahren

Die Betriebsvermögenseigenschaft eines in das Umlegungsverfahren eingebrachten Grundstücks setzt sich nur insoweit an dem zugeteilten Grundstück fort, als dieses in Erfüllung des Sollanspruchs gem. § 56 Abs. 1 Satz 1 BauGB zugeteilt wird. Die Zuordnung des den Sollanspruch übersteigenden ideellen Teils des Grundstücks zum Betriebs- oder Privatvermögen ist eigenständig nach den allgemeinen Grundsätzen zu beurteilen (>BFH vom 23.09.2009 – BStBl II 2010 S. 270).

Vermietung an Arbeitnehmer

Grundstücke, die an Arbeitnehmer vermietet werden, sind notwendiges Betriebsvermögen des Arbeitgebers, wenn für die Vermietung gerade an Arbeitnehmer betriebliche Gründe maßgebend waren (>BFH vom 01.12.1976 – BStBl II 1977 S. 315).

Zeitpunkt der erstmaligen Zugehörigkeit zum Betriebsvermögen

Eigenbetrieblich genutzte Grundstücke und Grundstücksteile sind ab ihrer endgültigen Funktionszuweisung notwendiges Betriebsvermögen, auch wenn der konkrete Einsatz im Betrieb erst in der Zukunft liegt; das gilt auch dann, wenn es an einer Willenserklärung des Stpfl. oder eines Ausweises in der Buchführung und in den Bilanzen fehlt (>BFH vom 06.03.1991 – BStBl II S. 829).

Grundstücksteile von untergeordnetem Wert   **R 4.2 (8)**

(8) ¹Eigenbetrieblich genutzte Grundstücksteile brauchen nicht als Betriebsvermögen behandelt zu werden, wenn ihr Wert nicht mehr als ein Fünftel des gemeinen Werts des gesamten Grundstücks und nicht mehr als 20.500 Euro beträgt (§ 8 EStDV). ²Dabei ist auf den Wert des Gebäudeteiles zuzüglich des dazugehörenden Grund und Bodens abzustellen. ³Bei der Prüfung, ob der Wert eines Grundstücksteiles mehr als ein Fünftel des Werts des ganzen Grundstücks beträgt, ist in der Regel das Verhältnis der Nutzflächen zueinander zugrunde zu legen. ⁴Ein Grundstücksteil ist mehr als 20.500 Euro wert, wenn der Teil des gemeinen Werts des ganzen Grundstücks, der nach dem Verhältnis der Nutzflächen zueinander auf den Grundstücksteil entfällt, 20.500 Euro übersteigt. ⁵Führt der Ansatz der Nutzflächen zu einem unangemessenen Wertverhältnis der beiden Grundstücksteile, ist bei ihrer Wertermittlung anstelle der Nutzflächen der Rauminhalt oder ein anderer im Einzelfall zu einem angemessenen Ergebnis führender Maßstab zugrunde zu legen. ⁶Sind >Zubehörräume (Nebenräume) vorhanden, kann der Stpfl. die Aufteilung auch nach dem Verhältnis der Haupträume vornehmen. ⁷Beträgt der Wert eines eigenbetrieblich genutzten Grundstücksteiles nicht mehr als ein Fünftel des gesamten Grundstückswerts und nicht mehr als 20.500 Euro, besteht ein Wahlrecht, den Grundstücksteil weiterhin als Betriebsvermögen zu behandeln oder zum Teilwert zu entnehmen. ⁸Zur Berücksichtigung von Betriebsausgaben,

§ 4 EStG
R 4.2 H 4.2 (8)

wenn der Grundstücksteil zu Recht nicht als Betriebsvermögen behandelt wird >R 4.7 Abs. 2 Satz 4.

H 4.2 (8)

Hinweise

Einlage

Zur Einlage des Grundstücksteils im Zeitpunkt des Überschreitens der absoluten Wertgrenze >BFH vom 21.07.1967 (BStBl III S. 752)

Zubehörräume

Anhang 5 II 2
- Zubehörräume i. S. d. § 2 Abs. 3 Nr. 1 WoFlV brauchen in die Berechnung des eigenbetrieblich genutzten Anteils nicht einbezogen zu werden (>BFH vom 21.02.1990 – BStBl II S. 578).
- >H 4.7 (Nebenräume)

R 4.2 (9) Grundstücke und Grundstücksteile als gewillkürtes Betriebsvermögen

(9) [1]Grundstücke oder Grundstücksteile, die nicht eigenbetrieblich genutzt werden und weder eigenen Wohnzwecken dienen, noch Dritten zu Wohnzwecken unentgeltlich überlassen sind, sondern z. B. zu Wohnzwecken oder zur gewerblichen Nutzung an Dritte vermietet sind, können als gewillkürtes Betriebsvermögen behandelt werden, wenn die Grundstücke oder die Grundstücksteile in einem gewissen objektiven Zusammenhang mit dem Betrieb stehen und ihn zu fördern bestimmt und geeignet sind. [2]Wegen dieser Voraussetzungen bestehen für den Ansatz von Wirtschaftsgütern als gewillkürtes Betriebsvermögen Einschränkungen, die sich nicht nur aus den Besonderheiten des einzelnen Betriebs, sondern auch aus der jeweiligen Einkunftsart ergeben können. [3]Daher können Land- und Forstwirte Mietwohn- und Geschäftshäuser, die sie auf zugekauftem, bisher nicht zum Betriebsvermögen gehörenden Grund und Boden errichtet oder einschließlich Grund und Boden erworben haben, regelmäßig nicht als Betriebsvermögen behandeln. [4]Dagegen kann ein Land- und Forstwirt, der sein bisher land- und forstwirtschaftlich genutztes Grundstück bebaut und das Gebäude an Betriebsfremde vermietet, dieses als gewillkürtes Betriebsvermögen behandeln, wenn dadurch das Gesamtbild der land- und forstwirtschaftlichen Tätigkeit nicht wesentlich verändert wird. [5]In Grenzfällen hat der Stpfl. darzutun, welche Beziehung das Grundstück oder der Grundstücksteil zu seinem Betrieb hat und welche >vernünftigen wirtschaftlichen Überlegungen ihn veranlasst haben, das Grundstück oder den Grundstücksteil als gewillkürtes Betriebsvermögen zu behandeln. [6]Wird ein Gebäude oder ein Gebäudeteil als gewillkürtes Betriebsvermögen behandelt, gehört auch der dazugehörende Grund und Boden zum Betriebsvermögen.

Hinweise

Beispiele für zulässigerweise gebildetes gewillkürtes Betriebsvermögen:

- Ein von einem freiberuflich Tätigen zur künftigen Betriebserweiterung erworbenes Grundstück kann gewillkürtes Betriebsvermögen sein (>BFH vom 15.04.1981 – BStBl II S. 618).
- Ein Gewerbetreibender kann i. d. R. Grundstücke, die nicht zum notwendigen Privatvermögen gehören, z. B. Mietwohngrundstücke, als Betriebsvermögen behandeln, es sei denn, dass dadurch das Gesamtbild der gewerblichen Tätigkeit so verändert wird, dass es den Charakter einer Vermögensnutzung im nicht gewerblichen Bereich erhält (>BFH vom 10.12.1964 – BStBl III 1965 S. 377).

Besonderheiten bei land- und forstwirtschaftlichen Betrieben

- Für die Willkürung eines Wirtschaftsguts muss es in Bezug auf die betreffende land- und forstwirtschaftliche Tätigkeit von der Sache oder vom Gegenstand her objektiv geeignet sein, den land- und forstwirtschaftlichen Betrieb zu fördern; es muss in einem gewissen objektiven Zusammenhang mit dem Betrieb stehen. Gewillkürtes Betriebsvermögen in der Land- und Forstwirtschaft können nur verpachtete land- und forstwirtschaftlich genutzte Grundstücke und alle Wirtschaftsgüter sein, deren Nutzung innerhalb der Land- und Forstwirtschaft möglich ist (>aber R 4.2 Abs. 9 Satz 4). Wirtschaftsgüter, die dem Betrieb der Land- und Forstwirtschaft wesensfremd sind und denen eine sachliche Beziehung zum Betrieb fehlt, können auch nicht im Wege der Willkürung zum Betriebsvermögen werden (>BFH vom 28.10.1982 – BStBl II 1983 S. 106).
- Werden bisher zum notwendigen Betriebsvermögen gehörende Grundstücke entgeltlich zu fremden Wohn- oder Geschäftszwecken genutzt und so umgestaltet, dass sie einer land- und forstwirtschaftlichen Nutzung nicht mehr zugeführt werden können, wird das Gesamtbild der land- und forstwirtschaftlichen Tätigkeit nicht wesentlich verändert, wenn der Umfang dieser Grundstücke nicht mehr als 10 % der Gesamtfläche des Betriebs beträgt (>BFH vom 24.03.2011 – BStBl II S. 692 bei Bestellung von Erbbaurechten zur Errichtung von Wohngebäuden; >BFH vom 22.08.2002 – BStBl II 2003 S. 16 bei Bebauung und Vermietung). *Ist die Geringfügigkeitsgrenze von 10 % überschritten, kommt es für das Vorliegen einer Entnahme regelmäßig nicht auf einen Vergleich der Erträge aus der Vermögensverwaltung und der Land- und Forstwirtschaft oder auf die Anwendung anderer Abgrenzungskriterien an (>BFH vom 31.03.2021 – BStBl II 2022 S. 312).*

Gewillkürtes Sonderbetriebsvermögen
>H 4.2 (12)

§ 4 EStG
R 4.2 H 4.2 (9)

Nachweis der Zuordnung zum gewillkürten Betriebsvermögen

Die Zuordnung eines Wirtschaftsguts zum gewillkürten Betriebsvermögen ist unmissverständlich in einer solchen Weise zu dokumentieren, dass ein sachverständiger Dritter ohne weitere Erklärung des Stpfl. die Zugehörigkeit des Wirtschaftsguts zum Betriebsvermögen erkennen kann (>BFH vom 02.10.2003 – BStBl II 2004 S. 985 und BMF vom 17.11.2004 – BStBl I S. 1064).

Anhang 16 X

Umlegungsverfahren
>H 4.2 (7)

Verlustbringende Grundstücke und Grundstücksteile
>H 4.2 (1) Wirtschaftsgut (Verlustbringende Wirtschaftsgüter)

Vernünftige wirtschaftliche Überlegungen für die Behandlung als gewillkürtes Betriebsvermögen

Darlegungspflicht durch den Stpfl.
- >BFH vom 22.11.1960 (BStBl III 1961 S. 97) zum Fall eines Bäckermeisters
- >BFH vom 01.12.1960 (BStBl III 1961 S. 154) zum Fall einer Rechtsanwalts- und Notarpraxis

R 4.2 (10) Einheitliche Behandlung des Grundstücks

(10) [1]Auch wenn ein Grundstück zu mehr als der Hälfte die Voraussetzungen für die Behandlung als Betriebsvermögen (>Absätze 7 und 9) erfüllt, können weitere Grundstücksteile, bei denen die Voraussetzungen des Absatzes 9 nicht vorliegen, nicht als Betriebsvermögen behandelt werden; Ausnahmen gelten für Baudenkmale bei den Einkünften aus Land- und Forstwirtschaft (§ 13 Abs. 2 Nr. 2 und Abs. 4 EStG). [2]Soweit das Grundstück bzw. Gebäude vor dem 1.1.1999 angeschafft, hergestellt oder eingelegt worden ist, gelten die Anweisungen in R 13 Abs. 10 Sätze 1, 3 und 4 EStR 1999 weiter.

R 4.2 (11) Grundstücke und Grundstücksteile im Gesamthandsvermögen einer Personengesellschaft

(11) [1]Gehört ein Grundstück zum Gesamthandsvermögen der Mitunternehmer einer Personengesellschaft, gehört es grundsätzlich zum notwendigen Betriebsvermögen. [2]Dies gilt auch dann, wenn bei der Einbringung des Grundstücks oder Grundstücksteiles in das Betriebsvermögen der Personengesellschaft vereinbart worden ist, dass Gewinne und Verluste aus dem Grundstück oder Grundstücksteil ausschließlich dem einbringenden Gesellschafter zugerechnet werden. [3]Dient ein im Gesamthandseigentum der Gesellschafter einer Personengesellschaft stehendes Grundstück teilweise der privaten Lebensführung eines, mehrerer oder aller Mitunterneh-

§ 4 EStG
H 4.2 (11), (12) R 4.2

mer der Gesellschaft, braucht der andere Grundstücksteil nicht als Betriebsvermögen behandelt zu werden, wenn für diesen Grundstücksteil die Grenzen des § 8 EStDV nicht überschritten sind; Absatz 8 Satz 2 ff. ist entsprechend anzuwenden.

Hinweise

H 4.2 (11)

Ausnahme bei privater Nutzung
– Ein zum Gesamthandsvermögen gehörendes Wirtschaftsgut kann nicht Betriebsvermögen sein, wenn es ausschl. oder fast ausschl. der privaten Lebensführung eines, mehrerer oder aller Mitunternehmer der Gesellschaft dient. Deshalb ist z. B. ein zum Gesamthandsvermögen gehörendes Einfamilienhaus, das unentgeltlich von einem Gesellschafter nicht nur vorübergehend für eigene Wohnzwecke genutzt wird, steuerlich nicht Betriebsvermögen der Personengesellschaft. Dann handelt es sich um notwendiges Privatvermögen der Gesellschafter (>BFH vom 16.03.1983 – BStBl II S. 459).
– >H 4.7 (Teilentgeltliche Überlassung)

Grundstücke und Grundstücksteile im Sonderbetriebsvermögen

R 4.2 (12)

(12) ¹Grundstücke oder Grundstücksteile, die nicht Gesamthandsvermögen der Mitunternehmer der Personengesellschaft sind, sondern einem, mehreren oder allen Mitunternehmern gehören, aber dem Betrieb der Personengesellschaft ausschließlich und unmittelbar dienen, sind als Sonderbetriebsvermögen notwendiges Betriebsvermögen der Personengesellschaft. ²Dient ein Grundstück dem Betrieb der Personengesellschaft nur zum Teil, sind die den Mitunternehmern zuzurechnenden Grundstücksteile lediglich mit ihrem betrieblich genutzten Teil notwendiges Sonderbetriebsvermögen. ³Betrieblich genutzte Grundstücksteile, die im Verhältnis zum Wert des ganzen Grundstücks – nicht im Verhältnis zum Wert des Grundstücksteiles des Gesellschafters – von untergeordnetem Wert sind (>§ 8 EStDV), brauchen nicht als Sonderbetriebsvermögen behandelt zu werden. ⁴Jeder Mitunternehmer kann dieses Wahlrecht ausüben; sind mehrere Gesellschafter zugleich Eigentümer dieses Grundstücks, braucht das Wahlrecht nicht einheitlich ausgeübt zu werden. ⁵Absatz 8 Satz 2 ff. ist entsprechend anzuwenden.

Hinweise

H 4.2 (12)

Angehörige eines Gesellschafters
Wohnung, die an den im Einzelunternehmen tätigen Sohn eines Einzelunternehmers zu Wohnzwecken vermietet ist, bleibt bei Einbringung des Unternehmens in eine KG (Sonder-)Betriebsvermögen, wenn das Gebäude weiterhin als (Sonder-)Betriebsvermögen bilanziert wird und objektive

§ 4 EStG
H 4.2 (12)

Merkmale fehlen, die darauf schließen lassen, dass eine spätere Verwendung als Werkswohngebäude ausgeschlossen erscheint (>BFH vom 11.10.1979 – BStBl II 1980 S. 40).

Gewillkürtes Sonderbetriebsvermögen
– Grundstücke oder Grundstücksteile im **Allein- oder Miteigentum** eines oder mehrerer Mitunternehmer können gewillkürtes Sonderbetriebsvermögen dieser Mitunternehmer sein (>BFH vom 03.12.1964 – BStBl III 1965 S. 92, vom 23.07.1975 – BStBl II 1976 S. 180 und vom 21.10.1976 – BStBl II 1977 S. 150).
– **Mietwohngrundstück** als gewillkürtes Sonderbetriebsvermögen eines Gesellschafters >BFH vom 17.05.1990 (BStBl II 1991 S. 216)
– >R 4.2 Abs. 9

Gütergemeinschaft
Wird eine im gemeinsamen Eigentum von Eheleuten stehende und im gemeinsamen land- und forstwirtschaftlichen Betrieb bewirtschaftete Forstfläche in das Alleineigentum eines Ehegatten übertragen, spricht eine tatsächliche Vermutung dafür, dass die bestehenden wirtschaftlichen Beziehungen aufrechterhalten bleiben und es sich nunmehr um Sonderbetriebsvermögen des Ehegatten, nicht aber um einen selbständigen Forstbetrieb handelt (>BFH vom 16.02.1995 – BStBl II S. 592).

Miteigentum von Nichtgesellschaftern
Zum notwendigen Sonderbetriebsvermögen einer Personengesellschaft sind die den Gesellschaftern zustehenden Anteile an einem Grundstück zu rechnen, das der Personengesellschaft dient, sich aber im Eigentum einer Gesamthandsgemeinschaft (z. B. Erbengemeinschaft) befindet, an der auch Nichtgesellschafter beteiligt sind (>BFH vom 18.03.1958 – BStBl III S. 262).

Notwendiges Sonderbetriebsvermögen
– Stellt ein Gesellschafter einer Personengesellschaft, deren Gesellschaftszweck in der **Errichtung und Vermarktung von Eigentumswohnungen im Bauherrenmodell** besteht, ein ihm gehörendes Grundstück für diese Zwecke zur Verfügung, ist das Grundstück dem notwendigen Sonderbetriebsvermögen zuzurechnen (>BFH vom 19.02.1991 – BStBl II S. 789).
– An die Personengesellschaft zur betrieblichen Nutzung **vermietete Grundstücke oder Grundstücksteile**, die im Eigentum eines oder mehrerer Gesellschafter stehen, sind notwendiges Sonderbetriebsvermögen (>BFH vom 02.12.1982 – BStBl II 1983 S. 215). Das gilt auch bei Weitervermietung des Grundstücks oder Grundstücksteils durch die Gesellschaft (>BFH vom 23.05.1991 – BStBl II S. 800).

- Zur Frage, ob bei einer mitunternehmerischen Betriebsaufspaltung oder bei der Vermietung an eine Schwester-Personengesellschaft notwendiges Sonderbetriebsvermögen vorliegt >BMF vom 28.04.1998 (BStBl I S. 583)

Anhang 24 I

Überlassung zu Wohnzwecken

Ein Grundstück, das ein Gesellschafter einer Personengesellschaft einem anderen Gesellschafter für dessen Wohnzwecke unentgeltlich überlässt, ist notwendiges Privatvermögen (>BFH vom 08.02.1996 – BStBl II S. 308).

Untervermietung

Vermietet der Gesellschafter einer Personengesellschaft einem Dritten ein Grundstück, damit dieser es der Gesellschaft zur betrieblichen Nutzung überlässt, ist das Grundstück Sonderbetriebsvermögen des Gesellschafters (>BFH vom 15.01.1981 – BStBl II S. 314); das gilt auch

- wenn der Gesellschafter das Grundstück zu einem Zeitpunkt erworben und an den Dritten vermietet hat, in dem er noch nicht Gesellschafter war; das Grundstück wird dann in dem Zeitpunkt Sonderbetriebsvermögen, in dem er in die Gesellschaft eintritt (>BFH vom 09.09.1993 – BStBl II 1994 S. 250),
- in Bezug auf den Grund und Boden bei Bestellung eines Erbbaurechts zugunsten des Dritten, der das von ihm errichtete Gebäude der Gesellschaft überlässt (>BFH vom 07.04.1994 – BStBl II S. 796),
- für ein Grundstück, das der Gesellschafter einer Personengesellschaft an einen Dritten vermietet, damit dieser es der Gesellschaft im Rahmen eines Pachtvertrages zur Nutzung überlässt, selbst wenn der Mietvertrag langfristig, der Pachtvertrag jedoch (nur) auf unbestimmte Dauer abgeschlossen ist (>BFH vom 24.02.2005 – BStBl II S. 578).

Keine Bindung an die Einheitsbewertung oder Bedarfsbewertung

R 4.2 (13)

(13) Für die einkommensteuerrechtliche Behandlung von Grundstücken und Grundstücksteilen als Betriebsvermögen kommt es nicht darauf an, wie ein Grundstück bei der Einheitsbewertung oder Bedarfsbewertung behandelt worden ist.

Erweiterte Anwendung

R 4.2 (14)

(14) Die Absätze 7 bis 13 gelten entsprechend für das Wohnungseigentum und das Teileigentum i. S. d. WEG sowie für auf Grund eines Erbbaurechts errichtete Gebäude.

Verbindlichkeiten

R 4.2 (15)

(15) [1]Mit der Entnahme eines fremdfinanzierten Wirtschaftsgutes des Anlagevermögens wird die zur Finanzierung des Wirtschaftsgutes aufgenommene betriebliche Schuld zu einer privaten Schuld. [2]Umgekehrt wird

§ 4 EStG
R 4.2 H 4.2 (15)

mit der Einlage eines fremdfinanzierten Wirtschaftsgutes die zur Finanzierung des Wirtschaftsgutes aufgenommene private Schuld zu einer betrieblichen Schuld. ³Wird ein betrieblich genutztes, fremdfinanziertes Wirtschaftsgut veräußert, oder scheidet es aus der Vermögenssphäre des Stpfl. aus, wird die zur Finanzierung des Wirtschaftsgutes aufgenommene Schuld eine privat veranlasste Schuld, soweit der Veräußerungserlös oder eine andere für das Ausscheiden des Wirtschaftsgutes erhaltene Leistung entnommen wird.

H 4.2 (15)

Hinweise

Ablösung einer Schuld
Wird eine Schuld zur Ablösung einer bereits bestehenden Schuld aufgenommen, rechnet die neue Schuld nur insoweit zum Betriebsvermögen, als die abgelöste Schuld betrieblich veranlasst war (>BFH vom 15.11.1990 – BStBl II 1991 S. 226).

Aufwandsbeiträge bei Franchiseverträgen
Von Franchisenehmern in einen „gemeinsamen Werbeetat" eingezahlte und zum Bilanzstichtag noch nicht verbrauchte zweckgebundene Werbebeiträge sind beim Franchisegeber als sonstige Verbindlichkeiten auszuweisen und demgemäß erfolgsneutral zu behandeln (>BFH vom 22.08.2007 – BStBl II 2008 S. 284).

Betriebsaufgabe oder -veräußerung im Ganzen
– **Schulden**, die während des Bestehens des Betriebs entstanden sind, bleiben betrieblich veranlasst, wenn der Betrieb insgesamt veräußert oder aufgegeben wird und soweit der Veräußerungserlös oder die Verwertung von Aktivvermögen zur Tilgung einer zurückbehaltenen, ehemals betrieblichen Schuld nicht ausreichen (>BFH vom 21.11.1989 – BStBl II 1990 S. 213 und vom 12.11.1997 – BStBl II 1998 S. 144). Wird der Veräußerungserlös nicht zur Tilgung der zurückbehaltenen Schuld verwendet, oder wird Aktivvermögen entnommen und dadurch einer Verwertung entzogen, mindert sich die betrieblich veranlasste Schuld um den Betrag des Veräußerungserlöses oder um den Verkehrswert des entnommenen Aktivvermögens (>BFH vom 11.12.1980 – BStBl II 1981 S. 463), es sei denn, mit dem Veräußerungserlös wird ein anderes Betriebsvermögen erworben. Die zurückbehaltene Schuld rechnet dann zu dem neu erworbenen Betriebsvermögen (>BFH vom 07.08.1990 – BStBl II 1991 S. 14). Werden die in das Privatvermögen überführten Wirtschaftsgüter im Rahmen einer anderen Einkunftsart genutzt, stehen die durch die ursprünglich betrieblichen Verbindlichkeiten verursachten Schuldzinsen nun in wirtschaftlichem Zusammenhang mit dieser neuen Einkunftsart und können bei dieser ggf. als Betriebsausgaben oder Werbungskosten steuerlich geltend gemacht werden (>BFH vom 28.03.2007 – BStBl II S. 642).

§ 4 EStG
H 4.2 (15)

- **Zurück behaltene Verbindlichkeiten** bleiben Betriebsschulden, soweit bei Aufgabe oder Veräußerung eines Betriebes der Verwertung von Aktivvermögen oder der Tilgung von Betriebsschulden Hindernisse entgegenstehen. Dies betrifft nur solche Verwertungshindernisse, die ihren Grund in der ursprünglich betrieblichen Sphäre haben. Nicht tilgbare frühere Betriebsschulden bleiben solange noch betrieblich veranlasst, bis ein etwaiges Verwertungshindernis entfallen ist (>BFH vom 28.03.2007 – BStBl II S. 642).
- Eine betrieblich veranlasste **Rentenverpflichtung** ist nach Betriebsaufgabe weiterhin als Betriebsschuld zu behandeln, wenn sie zwar durch die bei der Aufgabe erzielten Erlöse hätte abgelöst werden können, der Rentenberechtigte der Ablösung aber nicht zugestimmt hat (>BFH vom 22.09.1999 – BStBl II 2000 S. 120).
- Zahlt der Gesellschafter einer **Personengesellschaft** Zinsen für Verbindlichkeiten, die die Gesellschaft bei Aufgabe ihres Betriebs nicht getilgt hat, obwohl ihr bei ordnungsgemäßer Abwicklung ausreichende Mittel zur Verfügung gestanden hätten, kann er die Zinsen nicht als (nachträgliche) Betriebsausgaben abziehen. Das gilt auch für Zinsen auf Verbindlichkeiten, die einem Gesellschafter im wirtschaftlichen Zusammenhang mit seinem Sonderbetriebsvermögen entstanden sind, wenn er die Aktivwerte dieses Vermögens bei Beendigung seiner Mitunternehmerstellung nicht zur Tilgung der Verbindlichkeiten verwendet. Zahlt ein Gesellschafter aber Zinsen für fortbestehende Gesellschaftsverbindlichkeiten, so muss er sich nicht entgegenhalten lassen, dass er die Aktivwerte seines Sonderbetriebsvermögens zur Tilgung dieser Verbindlichkeiten hätte einsetzen können (>BFH vom 13.02.1996 – BStBl II S. 291).

Betriebsschuld
- Eine Verbindlichkeit gehört zum Betriebsvermögen, wenn sie durch den Betrieb veranlasst ist (Betriebsschuld). Für die Bestimmung des Veranlassungszusammenhangs ist allein die Verwendung der aufgenommenen Mittel ausschlaggebend. Eine für Betriebszwecke aufgenommene Verbindlichkeit ist unabhängig davon eine Betriebsschuld, ob der Stpfl. die fremdfinanzierten betrieblichen Aufwendungen auch durch eigene Mittel hätte bestreiten können oder ob der Betrieb über aktives Betriebsvermögen oder stille Reserven verfügt. Die betriebliche Veranlassung einer Verbindlichkeit wird nicht dadurch berührt, dass der betriebliche Fremdmittelbedarf auf Entnahmen beruht; >aber Finanzierung von Entnahmen. Eine Verbindlichkeit ist aber nicht deshalb eine Betriebsschuld, weil Eigenmittel für betriebliche Zwecke eingesetzt worden sind und aus diesem Grunde Fremdmittel für private Zwecke aufgenommen werden mussten; >Umschuldung Privatschuld in Betriebsschuld (>BFH vom 08.12.1997 – BStBl II 1998 S. 193).
- Werden die von einem Versicherungsmakler für Rechnung der Versicherungsgesellschaften vereinnahmten Versicherungsbeiträge (durchlaufende Posten) abredewidrig für private Zwecke verwendet und damit

§ 4 EStG
H 4.2 (15)

dessen Betriebsvermögen entzogen, werden zugleich die Auskehrungsverbindlichen in Privatschulden umqualifiziert (>BFH vom 15.05.2008 – BStBl II S. 715).

Finanzierung von Entnahmen
Werden Fremdmittel nicht zur Finanzierung betrieblicher Aufwendungen, sondern tatsächlich zur Finanzierung einer Entnahme aufgenommen, liegt keine Betriebsschuld vor. Ein solcher Fall ist gegeben, wenn dem Betrieb keine entnahmefähigen Barmittel zur Verfügung stehen und die Entnahme erst dadurch möglich wird, dass Fremdmittel in das Unternehmen fließen. Unerheblich ist, ob die Fremdmittel einem betrieblichen Konto zufließen, von welchem zuvor wegen fehlender Barmittel mit schulderhöhender Wirkung aus privaten Gründen Beträge abgebucht wurden (>BFH vom 08.12.1997 – BStBl II 1998 S. 193).

Fortfall der Rentenverpflichtung
Der Wegfall einer zum Erwerb eines betrieblichen Grundstücks eingegangenen Rentenverpflichtung infolge des Todes des Rentenberechtigten führt zu ihrer erfolgswirksamen Ausbuchung in der Bilanz zum Ende des betreffenden Wj. Das gilt auch, wenn die Rentenverpflichtung in früheren Wj. im Rahmen einer Bilanzberichtigung erfolgsneutral eingebucht worden ist (>BFH vom 26.06.1996 – BStBl II S. 601).

Gemischt genutztes Grundstück
Wird durch einheitlichen Kaufvertrag ein gemischt genutztes Grundstück erworben und die Kaufpreisschuld teils mit Fremd-, teils mit Eigenmitteln beglichen, ohne dass eine Zuordnung der Finanzierungsmittel erfolgt, sind die Zinszahlungen nur im Verhältnis des betrieblich zum privat genutzten Anteil als Betriebsausgabe abziehbar. Keine vorrangige Tilgung des privat veranlassten Teils (>BFH vom 07.11.1991 – BStBl II 1992 S. 141). Im Falle einer Zuordnung der Finanzierungsmittel gelten die Grundsätze des BMF-Schreibens vom 16.04.2004 (BStBl I S. 464) entsprechend für Grundstücke, die teilweise betrieblich und privat genutzt werden.

Anhang 30 VII

Optionsprämie
Für die Verpflichtung des Veräußerers einer Option (Stillhalter), auf Verlangen des Optionsberechtigten innerhalb der Optionsfrist den Optionsgegenstand zu verkaufen oder zu kaufen (Call/Put-Option), ist eine Verbindlichkeit i. H. d. dafür vereinnahmten Prämie auszuweisen. Die Verbindlichkeit ist erst bei Ausübung oder Verfall der Option auszubuchen. Für das die Höhe der Optionsprämie übersteigende Risiko darf nach § 5 Abs. 4a Satz 1 keine Rückstellung für drohende Verluste gebildet werden (>BMF vom 12.01.2004 – BStBl I S. 192).

Passivierungsverbot nach § 5 Abs. 2a
>H 5.1

§ 4 EStG
H 4.2 (15)

Rangrücktrittsvereinbarungen
Zur Passivierung von Verbindlichkeiten bei Vereinbarung eines einfachen oder qualifizierten Rangrücktritts >BMF vom 08.09.2006 (BStBl I S. 497)

Anhang 9 IX

Rückverkaufsoption
Zur bilanzsteuerrechtlichen Beurteilung der Rückverkaufsoption im Kfz-Handel >BMF vom 12.10.2011 (BStBl I S. 967)

Schadensersatz für GmbH-Verbindlichkeiten
– Wird der Gesellschafter einer vermögenslosen GmbH für deren Verbindlichkeiten im Wege des Durchgriffs in Anspruch genommen, sind die Verbindlichkeiten in seinem Einzelunternehmen Gewinn mindernd zu passivieren, wenn seine zum Ersatz verpflichtende Handlung dessen Betriebseinnahmen erhöhte (>BFH vom 06.03.2003 – BStBl II S. 658).
– >H 6.2 (Beteiligung an einer Kapitalgesellschaft)

Schuldzinsenabzug nach § 4 Abs. 4a
– >BMF vom 02.11.2018 (BStBl I S. 1207) unter Berücksichtigung der Änderungen durch BMF vom 18.01.2021 (BStBl I S. 119) und vom 05.11.2021 (BStBl I S. 2211)
– >BMF vom 12.06.2006 (BStBl I S. 416) zur Berücksichtigung von vor dem 01.01.1999 entstandenen Unterentnahmen

Anhang 16 I 1

Sekundärfolgenrechtsprechung
>H 4.7 (Schuldzinsen)

Umsatzsteuer
Zu Unrecht ausgewiesene Umsatzsteuer ist in dem Jahr zu passivieren, in dem sie durch den Ausweis in der Rechnung entstanden ist sofern keine Steuerhinterziehung vorliegt (>BFH vom 15.03.2012 – BStBl II S. 719).

Umschuldung Privatschuld in Betriebsschuld
Werden Eigenmittel für betriebliche Zwecke und deshalb Fremdmittel für private Zwecke verwendet, begründet die Fremdmittelaufnahme keine Betriebsschuld. Ein privates Darlehen kann nicht durch eine bloße wirtschaftliche Umschuldung in eine Betriebsschuld umgewandelt werden. Werden aber im Betrieb erzielte Einnahmen zur Tilgung eines privaten Darlehens entnommen und wird deshalb ein neues Darlehen zur Finanzierung von betrieblichen Aufwendungen aufgenommen, stellt das neue Darlehen eine Betriebsschuld dar (>BFH vom 08.12.1997 – BStBl II 1998 S. 193).

§ 4 EStG
R 4.2, 4.3   H 4.2 (16), 4.3 (1)

R 4.2 (16) **Betriebsvermögen bei Schätzung des Gewinns oder bei Gewinnermittlung nach § 13a Abs. 3 bis 6 EStG**[1]

(16) Wird der Gewinn geschätzt (>R 4.1 Abs. 2) oder nach § 13a Abs. 3 bis 6 EStG[1]) ermittelt, kommt gewillkürtes Betriebsvermögen nur in den Fällen des § 13a Abs. 6 Satz 2 EStG[2]), des Wechsels der Gewinnermittlungsart und der Nutzungsänderung in Betracht (>§ 4 Abs. 1 Satz 6 und 7 EStG).

H 4.2 (16)

Hinweise

Beibehaltung von gewillkürtem Betriebsvermögen
Beibehaltung von gewillkürtem Betriebsvermögen nach einer Nutzungsänderung >R 4.3 Abs. 3

R 4.3

R 4.3 (1)

Einlagen und Entnahmen

Einlagen

(1) ¹Gegenstand von Einlagen können abnutzbare und nicht abnutzbare, materielle und immaterielle Wirtschaftsgüter aller Art sein, unabhängig davon, ob sie dem Anlage- oder dem Umlaufvermögen zuzuordnen sind. ²Einer Einlage steht die Begründung des Besteuerungsrechts der Bundesrepublik Deutschland hinsichtlich des Gewinns aus der Veräußerung eines Wirtschaftsgutes gleich (Verstrickung). ³Darunter fällt insbesondere die Überführung eines Wirtschaftsgutes aus einer ausländischen Betriebsstätte, deren Einkünfte nach einem DBA von der inländischen Besteuerung freigestellt sind, ins Inland.

H 4.3 (1)

Hinweise

Banküberweisung
Eine Einlage ist bei Zahlung durch Banküberweisung erst geleistet, wenn die Gutschrift auf dem Empfängerkonto erfolgt ist (>BFH vom 11.12.1990 – BStBl II 1992 S. 232).

Bodenschatz
>H 4.2 (1)

Einlage bei Ausbuchung einer Verbindlichkeit
>H 6.12

Forschungszulage
Zur Behandlung der Forschungszulage als Einlage bei Einzel- und Mitunternehmern >BMF vom 11.11.2021 (BStBl I S. 2277), Rn. 286

---

[1]) jetzt § 13a Abs. 3 bis 7
[2]) jetzt § 13a Abs. 7 Satz 1

§ 4 EStG
H 4.3 (1)

Gewillkürtes Betriebsvermögen
>H 4.2 (1)

Immaterielle Wirtschaftsgüter
>R 5.5 Abs. 3 Satz 3

Namensrecht
>H 5.5

Nutzungsänderung
>H 4.2 (4)

Nutzungsrechte/Nutzungsvorteile
Die bloße Nutzung eines fremden Wirtschaftsguts zu betrieblichen Zwecken kann nicht eingelegt werden; dies gilt auch für unentgeltlich erworbene dingliche oder obligatorische Nutzungsrechte (>BFH vom 26.10.1987 – BStBl II 1988 S. 348 und vom 20.09.1990 – BStBl II 1991 S. 82).

Personengesellschaften
Die Einbringung von Einzelwirtschaftsgütern des Privatvermögens in das betriebliche Gesamthandsvermögen einer Personengesellschaft oder anderen Gesamthandsgemeinschaft gegen Gewährung von Gesellschaftsrechten stellt keine Einlage, sondern einen tauschähnlichen Vorgang dar (>BMF vom 29.03.2000 – BStBl I S. 462 und vom 11.07.2011 – BStBl I S. 713 unter Berücksichtigung der Änderungen durch BMF vom 26.07.2016 – BStBl I S. 684). Anhang 24 II 1, 2

Sacheinlage in das Vermögen einer Kapitalgesellschaft
Ein Wirtschaftsgut, das dem Vermögen einer Kapitalgesellschaft im Rahmen einer Überpari-Emission als Sacheinlage zugeführt worden ist, ist auch im Hinblick auf jenen Teilbetrag des Einbringungswertes, der über den Nennbetrag der Stammeinlageverpflichtung des Einlegenden hinausgeht und gem. § 272 Abs. 2 Nr. 1 HGB in die Kapitalrücklage einzustellen ist, ein vollentgeltlicher Vorgang und keine verdeckte Einlage (>BFH vom 24.04.2007 – BStBl II 2008 S. 253).

Unterlassene Bilanzierung
Die nachträgliche Aktivierung eines zum notwendigen Betriebsvermögen gehörenden Wirtschaftsguts, das bisher nicht bilanziert worden ist, ist keine Einlage. Es handelt sich vielmehr um eine fehlerberichtigende Einbuchung (>BFH vom 24.10.2001 – BStBl II 2002 S. 75); >H 4.4.

Verdeckte Einlage
– Verdeckte Einlage ist die Zuwendung eines bilanzierbaren Vermögensvorteils aus gesellschaftsrechtlichen Gründen ohne Entgelt in Gestalt

§ 4 EStG
R 4.3 H 4.3 (1)

von Gesellschaftsrechten. Als verdeckte Einlage sind nur Wirtschaftsgüter geeignet, die das Vermögen der Kapitalgesellschaft durch den Ansatz oder die Erhöhung eines Aktivpostens oder durch den Wegfall oder die Verminderung eines Passivpostens vermehrt haben (>BFH vom 06.11.2003 – BStBl II 2004 S. 416).

- **Verdeckte Einlage eines Geschäfts- oder Firmenwerts**, der bei Veräußerung eines Einzelunternehmens an eine GmbH unentgeltlich übergeht, >BFH vom 24.03.1987 (BStBl II S. 705); >H 5.5 (Geschäfts- oder Firmenwert/Praxiswert)
- Maßgebendes Kriterium für einen Übergang des Geschäfts- oder Firmenwerts von einem Einzelunternehmen auf eine Kapitalgesellschaft im Wege der verdeckten Einlage ist, dass dem nutzenden Unternehmen die materiellen und immateriellen Wirtschaftsgüter sowie die sonstigen Faktoren, welche sich im Geschäfts- oder Firmenwert niederschlagen, auf einer vertraglichen Grundlage überlassen werden, die Nutzung auf Dauer angelegt ist und kein Rechtsanspruch auf Rückgabe dieser Wirtschaftsgüter besteht (>BFH vom 02.09.2008 – BStBl II 2009 S. 634).

Vorbehaltsnießbrauch

- In den Fällen der Einräumung eines Vorbehaltsnießbrauchs liegt hinsichtlich des Nießbrauchsrechts im Ergebnis keine Einlage vor (>BFH vom 16.12.1988 – BStBl II 1989 S. 763).
- >H 4.3 (2-4)
- >H 4.7 (Nießbrauch) zu Betriebsausgaben eines Nießbrauchers

R 4.3 (2) Entnahmen

(2) [1] Ein Wirtschaftsgut wird entnommen, wenn es aus dem betrieblichen in den privaten oder einen anderen betriebsfremden Bereich übergeht. [2] Einer Entnahme für betriebsfremde Zwecke steht auch der Ausschluss oder die Beschränkung des Besteuerungsrechts der Bundesrepublik Deutschland hinsichtlich des Gewinns aus der Veräußerung oder der Nutzung eines Wirtschaftsgutes gleich (Entstrickung). [3] Neben der Überführung eines Wirtschaftsgutes vom Inland in eine ausländische Betriebsstätte nach § 4 Abs. 1 Satz 4 EStG (Entnahme des Wirtschaftsgutes) fällt darunter insbesondere die Nutzung eines Wirtschaftsgutes, das einer inländischen Betriebsstätte des Stpfl. zuzuordnen ist, durch eine ausländische Betriebsstätte (Entnahme der Nutzung), deren Einkünfte nach einem DBA von der inländischen Besteuerung freigestellt sind oder bei der Besteuerung ausländische Steuern nach § 34c EStG oder nach § 26 KStG oder auf Grund eines DBA anzurechnen sind. [4] Eine Entnahme liegt nicht vor in Fällen einer Strukturänderung eines Betriebs mit der Folge, dass die Einkünfte aus dem Betrieb einer anderen Einkunftsart zuzurechnen sind (z. B. wenn ein land- und forstwirtschaftlicher Betrieb wegen Überschreitens der Grenzen des § 13 Abs. 1 Nr. 1 EStG zu einem Gewerbebetrieb wird oder wenn

§ 4 EStG
H 4.3 (2-4) **R 4.3**

eine freiberufliche Praxis durch Übergang i. S. d. § 6 Abs. 3 EStG auf nicht qualifizierte Rechtsnachfolger zu einem Gewerbebetrieb wird).

Entnahmehandlung R 4.3 (3)

(3) [1]Eine Entnahme erfordert regelmäßig eine Entnahmehandlung, die von einem Entnahmewillen getragen wird. [2]Wirtschaftsgüter, die zur Zeit der Aufnahme in das Betriebsvermögen zulässigerweise zum Betriebsvermögen gerechnet worden sind, bleiben daher grundsätzlich solange Betriebsvermögen, bis sie durch eine eindeutige, unmissverständliche – ausdrückliche oder schlüssige – >Entnahmehandlung des Stpfl. Privatvermögen werden. [3]Bei buchführenden Stpfl. bietet die Buchung einen wesentlichen Anhalt, ob und wann ein Wirtschaftsgut entnommen worden ist. [4]Eine Entnahme liegt auch ohne Entnahmeerklärung oder Entnahmebuchung vor, wenn der Stpfl. die bisherige betriebliche oder berufliche Nutzung eines Wirtschaftsgutes auf Dauer so ändert, dass es seine Beziehung zum Betrieb verliert und dadurch zu notwendigem Privatvermögen wird. [5]Eine Nutzungsänderung, durch die das Wirtschaftsgut zwar seinen Charakter als notwendiges Betriebsvermögen verliert, jedoch nicht zu notwendigem Privatvermögen wird, ist ohne eindeutige Entnahmeerklärung des Stpfl. keine Entnahme des Wirtschaftsgutes; das gilt auch bei Gewinnermittlung nach § 13a EStG (§ 4 Abs. 1 Satz 7 EStG) sowie bei Vollschätzung.

Gegenstand einer Entnahme R 4.3 (4)

(4) [1]Gegenstand einer Entnahme können alle Wirtschaftsgüter sein, die zum notwendigen oder gewillkürten Betriebsvermögen gehören, also auch immaterielle (Einzel-)Wirtschaftsgüter, z. B. ein Verlagswert, sowie Nutzungen und Leistungen, auch wenn sie in der Bilanz nicht angesetzt werden können. [2]Im Fall des gewerblichen Betriebs einer Fotovoltaikanlage ist der private Verbrauch des Stroms keine private Verwendung der Anlage, sondern eine Sachentnahme des produzierten Stroms.

Hinweise

H 4.3 (2-4)

Altenteilerwohnung
>R 4.2 Abs. 4 Satz 5

Entnahmehandlung
– Für die Eindeutigkeit einer Entnahmehandlung ist ein Verhalten des Stpfl. erforderlich, durch das die Verknüpfung des Wirtschaftsgutes mit dem Betriebsvermögen unmissverständlich gelöst wird. Es bedarf nicht stets einer buchmäßigen Darstellung der Entnahme. Es kann auch ein anderes schlüssiges Verhalten genügen, durch das die Verbindung des Wirtschaftsguts zum Betrieb gelöst wird (>BFH vom 09.08.1989 – BStBl II 1990 S. 128 und vom 25.06.2003 – BStBl II 2004 S. 403).

§ 4 EStG
H 4.3 (2-4)

- Der Tatbestand der Entnahme ist auch erfüllt, wenn dem Stpfl. die an die Entnahme geknüpften Rechtsfolgen, insbesondere die Gewinnverwirklichung, nicht bewusst werden (>BFH vom 31.01.1985 – BStBl II S. 395).
- Eine Entnahmehandlung ist auch durch einen Rechtsvorgang möglich; ein solcher liegt immer dann vor, wenn sich die Rechtszuständigkeit für das Wirtschaftsgut ändert (>BFH vom 05.07.2018 – BStBl II S. 798).
- Die Entnahme eines Wirtschaftsguts, das nicht zum notwendigen Privatvermögen geworden ist, erfordert eine unmissverständliche, von einem Entnahmewillen getragene Entnahmehandlung und darüber hinaus, dass der Stpfl. die naheliegenden steuerlichen Folgerungen aus der Entnahme gezogen hat. Eine fehlende Eindeutigkeit der Entnahmehandlung geht zulasten des Stpfl. (>BFH vom 29.09.2016 – BStBl II 2017 S. 339).
- >Nachweispflicht
- >Nutzungsänderung
- >Personengesellschaften
- >Schenkung

Entstrickung
Zur passiven Entstrickung aufgrund erstmaliger Anwendung eines DBA >BMF vom 26.10.2018 (BStBl I S. 1104)

Erbauseinandersetzung und vorweggenommene Erbfolge

Anhang 13 I
- >BMF vom 14.03.2006 (BStBl I S. 253) unter Berücksichtigung der Änderungen durch BMF vom 27.12.2018 (BStBl I 2019 S. 11)

Anhang 13 II
- >BMF vom 13.01.1993 (BStBl I S. 80) unter Berücksichtigung der Änderungen durch BMF vom 26.02.2007 (BStBl I S. 269)

Geschäfts- oder Firmenwert
- Ein Geschäfts- oder Firmenwert kann nicht wie andere Einzelwirtschaftsgüter für sich entnommen werden, da er nur im Rahmen eines lebenden Betriebs, Teilbetriebs oder Mitunternehmeranteils übertragen werden kann (>BFH vom 24.11.1982 – BStBl II 1983 S. 113).
- >Verlagswert

Gewinnrealisierung
Steuerpflichtiger Entnahmegewinn ist der gesamte Unterschiedsbetrag zwischen dem Entnahmewert (§ 6 Abs. 1 Nr. 4) und dem Buchwert des entnommenen Wirtschaftsguts im Zeitpunkt der Entnahme. Das gilt auch dann, wenn das Wirtschaftsgut vor der Entnahme auch privat genutzt und die private Nutzung als Entnahme behandelt worden ist (>BFH vom 24.09.1959 – BStBl III S. 466; >Nutzungsentnahme). Zur Feststellung des

§ 4 EStG
H 4.3 (2-4)

Entnahmewerts von Nutzungen und Leistungen können die für die Bewertung von Sachbezügen entwickelten Grundsätze herangezogen werden (>BFH vom 22.07.1988 – BStBl II S. 995).

Grundstücke oder Grundstücksteile
- Wird auf einem bisher unbebauten Betriebsgrundstück ein zum Privatvermögen gehörendes Gebäude (z. B. ein auf Dauer zu eigenen Wohnzwecken bestimmtes Gebäude) errichtet, wird der Grund und Boden durch die Bebauung entnommen (>BFH vom 27.01.1977 – BStBl II S. 388, vom 11.03.1980 – BStBl II S. 740 und vom 14.05.2009 – BStBl II S. 811). Eine anteilige Entnahme des Grund und Bodens liegt vor, wenn auf einem Betriebsgrundstück ein Gebäude errichtet wird, das teilweise Privatvermögen ist (>BFH vom 24.11.1982 – BStBl II 1983 S. 365). Ggf. bleibt der Entnahmegewinn außer Ansatz (§ 13 Abs. 5, § 15 Abs. 1 Satz 3 und § 18 Abs. 4 Satz 1).
- >Personengesellschaften

Incentive-Reisen
>BMF vom 14.10.1996 (BStBl I S. 1192)

Keine Entnahme des Grundstücks oder Grundstücksteils
Keine Entnahme des Grundstücks oder Grundstücksteils liegt ohne Hinzutreten weiterer Umstände in folgenden Fällen vor:
- **Erbbaurecht** – Belastung eines land- und forstwirtschaftlich genutzten Grundstücks mit einem entgeltlich eingeräumten Erbbaurecht, wenn der vereinbarte Erbbauzins nicht weniger als 10 % des ortsüblichen Erbbauzinses beträgt und die Nutzungsänderung nicht mehr als 10 % der Gesamtfläche des Betriebs erfasst (>BFH vom 24.03.2011 – BStBl II S. 692).
- **Erklärung von Einkünften aus Vermietung und Verpachtung,** ohne dass der Stpfl. die naheliegenden steuerrechtlichen Folgerungen aus einer Entnahme zieht, wie Gewinnrealisierung nach § 6 Abs. 1 Nr. 4, unabhängig davon, ob innerhalb oder außerhalb der Buchführung (>BFH vom 09.08.1989 – BStBl II 1990 S. 128).
- **Gebäudeabriss,** wenn die betriebliche Nutzung der Freifläche möglich ist >BFH vom 06.11.1991 (BStBl II 1993 S. 391)
- Im **Hinzuerwerb** eines im Privatvermögen verbleibenden Miteigentumsanteils an einem Grundstück im Wege der Erbfolge liegt keine Entnahme des zum gewillkürten Betriebsvermögen gehörenden Anteils (>BFH vom 08.03.1990 – BStBl II 1994 S. 559).
- **Landwirtschaftlich genutzte Grundstücke**
    - Landwirtschaftlich genutzte Grundstücke bei denen keine ertragreiche Bewirtschaftung mehr möglich ist >BFH vom 12.11.1992 (BStBl II 1993 S. 430)
    - Bei Bebauung ursprünglich landwirtschaftlicher Grundstücke mit Einfamilienhäusern, die anschließend an betriebsfremde Personen

§ 4 EStG
H 4.3 (2-4)

- vermietet werden, wenn die Nutzungsänderung nur eine Fläche erfasst, die im Vergleich zur Gesamtfläche des Betriebs von geringer Bedeutung ist (>BFH vom 22.08.2002 – BStBl II 2003 S. 16); >H 4.2 (9) Besonderheiten bei land- und forstwirtschaftlichen Betrieben.
- Ursprünglich landwirtschaftlich genutzte Flächen eines Betriebs, die verpachtet wurden und nach Ablauf des Pachtverhältnisses nicht wieder aktiv bewirtschaftet werden, sondern brach liegen, bleiben Betriebsvermögen und können nur durch eindeutige Erklärung dem Finanzamt gegenüber entnommen werden (>BFH vom 17.01.2002 – BStBl II S. 356).
- Ohne Entnahmeerklärung verlieren ursprünglich landwirtschaftlich genutzte Grundstücke durch eine Nutzungsänderung, die nicht zu notwendigem Privatvermögen führt, ihre Eigenschaft als landwirtschaftliches Betriebsvermögen nur, wenn eine eindeutige Entnahmehandlung vorliegt. Deshalb scheidet ein zuvor zum notwendigen Betriebsvermögen gehörendes Grundstück nicht bereits dadurch aus dem Betriebsvermögen aus, dass es als Bauland behandelt wird und im Hinblick auf die geringe Größe und die umliegende Bebauung nicht mehr landwirtschaftlich genutzt werden kann (>BFH vom 14.05.2009 – BStBl II S. 811).
- **Nießbrauch** – ein Grundstück, das zum Sonderbetriebsvermögen des Gesellschafters einer GbR gehört, wird durch die Bestellung eines Nießbrauchs am Gesellschaftsanteil und am Grundstück i. d. R. nicht entnommen (>BFH vom 01.03.1994 – BStBl II 1995 S. 241).
- **Nutzung** – nur vorübergehende Nutzung zu eigenen Wohnzwecken (>BFH vom 17.01.1974 – BStBl II S. 240).
- **Nutzungsänderung**
  - Bisher betrieblich genutzte und seitdem ungenutzte (freie) Grundstücksflächen, deren spätere betriebliche Nutzung möglich bleibt, verbleiben ohne eine von einem Entnahmewillen getragene Entnahmehandlung im Betriebsvermögen (>BFH vom 06.11.1991 – BStBl II 1993 S. 391).
  - Ein zunächst betrieblich genutzter Gebäudeteil verliert seine Eigenschaft als Betriebsvermögen nicht dadurch, dass er zu fremden Wohnzwecken vermietet wird und sich in dem Gebäude ein weiterer zu fremden Wohnzwecken vermieteter Gebäudeteil befindet, der zum Privatvermögen gehört (>BFH vom 10.11.2004 – BStBl II 2005 S. 334).
- **Nutzungsrecht** – Belastung eines Grundstücks mit der Einräumung eines unentgeltlichen Nutzungsrechts und anschließende Anmietung vom Nutzungsberechtigten durch den Grundstückseigentümer (>BFH vom 11.11.1988 – BStBl II 1989 S. 872).

Nachweispflicht

Wer sich darauf beruft, dass ein als Betriebsvermögen ausgewiesenes Wirtschaftsgut vor vielen Jahren entnommen worden sei, muss die Entnahmehandlung nachweisen (>BFH vom 23.11.2000 – BStBl II 2001 S. 232).

Nutzungsänderung

Vermindert sich der Umfang der betrieblichen Nutzung eines Kfz, das dem gewillkürten Betriebsvermögen eines Unternehmens in einem früheren VZ wegen einer mehr als 10 %-igen betrieblichen Nutzung zugeordnet wurde, in einem Folgejahr auf unter 10 %, ändert dies an der Zuordnung zum gewillkürten Betriebsvermögen nichts, weil eine solche Nutzungsänderung allein keine Entnahme darstellt (>BFH vom 21.08.2012 – BStBl II 2013 S. 117).

Nutzungsentnahme

- Grundstücke oder Grundstücksteile >BFH vom 11.11.1988 (BStBl II 1989 S. 872) und >H 4.7 (Teilentgeltliche Überlassung)
- Betrieblicher Pkw bei Unfall auf Privatfahrt >BFH vom 24.05.1989 (BStBl II 1990 S. 8); >R 4.7 Abs. 1 Satz 3 bis 5
- Betrieblicher Pkw bei Diebstahl auf Privatfahrt >BFH vom 18.04.2007 (BStBl II S. 762); >Private Kraftfahrzeugnutzung

Personengesellschaften

- Die Übertragung eines Einzelwirtschaftsguts aus dem betrieblichen Gesamthandsvermögen einer Personengesellschaft oder anderen Gesamthandsgemeinschaft in das Privatvermögen eines Gesellschafters gegen Minderung von Gesellschaftsrechten stellt keine Entnahme, sondern einen tauschähnlichen Vorgang dar (>BMF vom 29.03.2000 – BStBl I S. 462, vom 11.07.2011 – BStBl I S. 713 und vom 26.07.2016 – BStBl I S. 684). *Anhang 24 II 1, Anhang 24 II 2*
- Eine (anteilige) Entnahme liegt nicht vor, wenn ein Wirtschaftsgut des Gesamthandsvermögens einer Personengesellschaft zu fremdüblichen Bedingungen an einen Gesellschafter veräußert wird (>BFH vom 28.07.1998 – BStBl II 1999 S. 53).
- Eine Entnahme liegt vor, wenn ein zum Gesamthandsvermögen einer Personengesellschaft gehörendes Betriebsgrundstück durch einen oder mehrere Gesellschafter mit Zustimmung der Gesellschaft für private Wohnzwecke des oder der Gesellschafter bebaut wird (>BFH vom 30.06.1987 – BStBl II 1988 S. 418). Eine Entnahme des Grundstücks liegt dagegen nicht vor, wenn der Gesellschafter ein der Personengesellschaft gehörendes Grundstück für private Zwecke bebaut und nachfolgend zu fremdüblichen Bedingungen erwirbt (>BFH vom 28.07.1998 – BStBl II 1999 S. 53).
- Wird ein Wirtschaftsgut aus dem Gesamthandsvermögen einer Personengesellschaft mit Zustimmung aller Gesellschafter derart entnom-

- men, dass es Eigentum nur eines Gesellschafters wird, wird der Entnahmegewinn allen Gesellschaftern zugerechnet, falls die stillen Reserven dem begünstigten Gesellschafter geschenkt worden sind (>BFH vom 28.09.1995 – BStBl II 1996 S. 276).
- Gewährt eine Personengesellschaft einem Gesellschafter ein Darlehen ohne betriebliche Veranlassung, gehört dieses Darlehen privatrechtlich weiter zum Gesamthandsvermögen. Da das Darlehen steuerlich nicht zum Betriebsvermögen gehört, ist es als Entnahme zu behandeln, die allen Gesellschaftern anteilig unter Minderung ihrer Kapitalkonten zuzurechnen ist (>BFH vom 09.05.1996 – BStBl II S. 642). Eine Entnahme und kein Darlehen liegt auch vor, wenn neben dem festen Kapitalkonto lediglich ein weiteres Konto zur Erfassung von Gewinnen, Einlagen und Entnahmen der Gesellschafter geführt wird, auf dem auch Verluste verbucht werden (>BFH vom 27.06.1996 – BStBl II 1997 S. 36).
- Werden die Mittel zur Begleichung der Beiträge zu einer Lebensversicherung von der Personengesellschaft dem Gesellschafter in Form eines Darlehens überlassen und dient die Versicherungsprämie der Absicherung von Verbindlichkeiten der Personengesellschaft, kann eine betriebliche Veranlassung für die Darlehensgewährung vorliegen, auch wenn der Versicherungsanspruch selbst nicht Betriebsvermögen ist (>BFH vom 16.10.2014 – BStBl II 2015 S. 267).

Private Kraftfahrzeugnutzung

- Ertragsteuerliche Erfassung der Nutzung eines betrieblichen Kfz zu Privatfahrten, zu Fahrten zwischen Wohnung und Betriebsstätte sowie zu Familienheimfahrten nach § 4 Abs. 5 Satz 1 Nr. 6 und § 6 Abs. 1 Nr. 4 Satz 1 bis 3 >BMF vom 18.11.2009 (BStBl I S. 1326) unter Berücksichtigung der Änderungen durch BMF vom 15.11.2012 (BStBl I S. 1099)

Anhang 16 III

- Nutzung eines betrieblichen Kfz für private Fahrten, Fahrten zwischen Wohnung und Betriebsstätte/erster Tätigkeitsstätte und Familienheimfahrten; Nutzung von Elektro- und Hybridelektrofahrzeugen >BMF vom **05.11.2021** (BStBl I S. **2205**), **Anhang 24 IV 6 LStH**
- Zerstörung eines betrieblichen Kfz anlässlich einer Privatfahrt >BFH vom 24.05.1989 (BStBl II 1990 S. 8) und R 4.7 Abs. 1 Satz 3 bis 5
- Wird der zum Betriebsvermögen gehörende Pkw während einer privat veranlassten Nutzung gestohlen, ist der Vermögensverlust nicht gewinnmindernd zu berücksichtigen (>BFH vom 18.04.2007 – BStBl II S. 762).
- >Nutzungsänderung

Schenkung

- Bei der schenkweisen Übertragung eines Wirtschaftsguts fehlt es an einer >Entnahmehandlung, wenn der Stpfl. wirtschaftlicher Eigentümer bleibt (>BFH vom 05.05.1983 – BStBl II S. 631).
- >Personengesellschaften

Verlagswert
- Entnahme als Einzelwirtschaftsgut möglich (>BFH vom 24.11.1982 – BStBl II 1983 S. 113).
- >Geschäfts- oder Firmenwert

Verlustdeckung bei einer Schwester-KG
Die Gewinnverwendung zur Deckung des Verlusts einer Schwester-KG ist eine Entnahme (>BFH vom 26.01.1995 – BStBl II S. 589).

Vorbehaltsnießbrauch
- Wird ein Wirtschaftsgut aus außerbetrieblichen Gründen einem Dritten unter Vorbehalt des Nießbrauchs unentgeltlich übereignet und aufgrund des Nießbrauchsrechts weiterhin betrieblich genutzt, wird das Wirtschaftsgut insgesamt entnommen, nicht nur ein um den Wert des Nießbrauchs geminderter Teil des Wirtschaftguts (>BFH vom 28.02.1974 – BStBl II S. 481, vom 02.08.1983 – BStBl II S. 735 und vom 08.12.1983 – BStBl II 1984 S. 202).
- >Nutzungsentnahme

Wettbewerbsverbot
Wird der Gesellschafter einer Personengesellschaft oder der Gesellschafter-Geschäftsführer ihrer Komplementär-GmbH im Handelszweig der Personengesellschaft tätig, kann dadurch ein Schadensersatzanspruch der Gesellschaft wegen Verstoßes gegen das Wettbewerbsverbot entstehen. Verzichten die anderen Gesellschafter ohne betriebliche Veranlassung auf die Geltendmachung des Anspruchs, liegt eine Entnahme der Forderung vor. Ein Schadensersatzanspruch entsteht allerdings nicht, wenn die anderen Gesellschafter mit der Tätigkeit des Gesellschafters ausdrücklich oder stillschweigend einverstanden waren; zu einer Entnahme kommt es dann nicht (>BFH vom 23.03.1995 – BStBl II S. 637).

Wochenendhaus
Wird ein Wochenendhaus auf einem Betriebsgrundstück errichtet, werden Grund und Boden und das Wochenendhaus erst dann notwendiges Privatvermögen und damit entnommen, wenn die Absicht der künftigen Verwendung des Wochenendhauses zu eigenen Wohnzwecken in Erklärungen oder in einem eindeutigen Verhalten des Stpfl. zum Ausdruck kommt (>BFH vom 29.04.1970 – BStBl II S. 754).

Bilanzberichtigung und Bilanzänderung

R 4.4

Bilanzberichtigung
(1) ¹Ist ein Ansatz in der Bilanz unrichtig, kann der Stpfl. nach § 4 Abs. 2 Satz 1 EStG den Fehler durch eine entsprechende Mitteilung an das Finanzamt berichtigen (>Bilanzberichtigung). ²Ein Ansatz in der Bilanz ist

unrichtig, wenn er unzulässig ist, d. h., wenn er gegen zwingende Vorschriften des Einkommensteuerrechts oder des Handelsrechts oder gegen die einkommensteuerrechtlich zu beachtenden handelsrechtlichen Grundsätze ordnungsmäßiger Buchführung verstößt. – Sätze 3 bis 8 nicht abgedruckt, da überholt durch BFH vom 31.1.2013 (BStBl II S. 317)[1]) – [9]Soweit eine Bilanzberichtigung nicht möglich ist, ist der falsche Bilanzansatz grundsätzlich in der Schlussbilanz des ersten Jahres, dessen Veranlagung geändert werden kann, erfolgswirksam richtig zu stellen. [10]Bei Land- und Forstwirten mit vom Kalenderjahr abweichendem Wirtschaftsjahr müssen beide Veranlagungen, denen die Schlussbilanz zugrunde liegt (>§ 4a Abs. 2 Nr. 1 EStG), geändert werden können.

Bilanzänderung

(2) [1]Wenn steuerrechtlich, in den Fällen des § 5 EStG auch handelsrechtlich, verschiedene Ansätze für die Bewertung eines Wirtschaftsgutes zulässig sind und der Stpfl. demgemäß zwischen mehreren Wertansätzen wählen kann, trifft er durch die Einreichung der Steuererklärung an das Finanzamt seine Entscheidung. [2]Eine Änderung dieser Entscheidung zugunsten eines anderen zulässigen Ansatzes ist eine Bilanzänderung. [3]Eine Bilanzänderung liegt nicht vor, wenn sich einem Stpfl. erst nach Einreichung der Bilanz die Möglichkeit eröffnet, erstmalig sein Wahlrecht auszuüben. [4]Eine Bilanzänderung ist zulässig, wenn sie in einem engen zeitlichen und sachlichen Zusammenhang mit einer Bilanzberichtigung steht und soweit die Auswirkung der Bilanzberichtigung auf den Gewinn reicht. [5]Ein enger zeitlicher und sachlicher Zusammenhang zwischen Bilanzberichtigung und Bilanzänderung setzt voraus, dass sich beide Maßnahmen auf dieselbe Bilanz beziehen und die Bilanzänderung unverzüglich nach der Bilanzberichtigung vorgenommen wird. [6]Bei einer Mitunternehmerschaft beziehen sich beide Maßnahmen auf die Bilanz der Mitunternehmerschaft (Gesamthandsbilanz, Ergänzungsbilanz und Sonderbilanz); beispielsweise kann eine Bilanzberichtigung in der Gesamthandsbilanz eine Bilanzänderung in der Ergänzungsbilanz oder Sonderbilanz des Mitunternehmers oder der Mitunternehmer zulassen.

H 4.4

Hinweise

Berichtigung einer Bilanz, die einer bestandskräftigen Veranlagung zugrunde liegt

– Die Berichtigung einer Bilanz, die einer bestandskräftigen Veranlagung zugrunde liegt, ist nur insoweit möglich, als die Veranlagung nach den Vorschriften der AO, insbesondere nach § 164 Abs. 1, § 173 oder § 175 Abs. 1 Satz 1 Nr. 2 AO, noch geändert werden kann oder die Bilanzberichtigung sich auf die Höhe der veranlagten Steuer nicht auswirken würde (>BFH vom 27.03.1962 – BStBl III S. 273 und vom 05.09.2001 – BStBl II 2002 S. 134).

---

[1]) >H 4.4 (Bilanzberichtigung)

§ 4 EStG
H 4.4

– Die Berichtigung eines unrichtigen Bilanzansatzes in einer **Anfangsbilanz** ist nicht zulässig, wenn diese Bilanz der Veranlagung eines früheren Jahres als Schlussbilanz zugrunde gelegen hat, die nach den Vorschriften der AO nicht mehr geändert werden kann, oder wenn der sich bei einer Änderung dieser Veranlagung ergebende höhere Steueranspruch wegen Ablaufs der Festsetzungsfrist erloschen wäre (>BFH vom 29.11.1965 – BStBl III 1966 S. 142). Unter Durchbrechung des Bilanzenzusammenhangs kann eine Berichtigung der Anfangsbilanz des ersten Jahres, bei dessen Veranlagung sich die Berichtigung auswirken kann, ausnahmsweise in Betracht kommen, wenn ein Stpfl. zur Erlangung beachtlicher ungerechtfertigter Steuervorteile bewusst einen Aktivposten zu hoch oder einen Passivposten zu niedrig angesetzt hat, ohne dass die Möglichkeit besteht, die Veranlagung des Jahres zu ändern, bei der sich der unrichtige Bilanzansatz ausgewirkt hat (>BFH vom 03.07.1956 – BStBl III S. 250).

Bilanzänderung
– Der **enge zeitliche und sachliche Zusammenhang** zwischen Bilanzberichtigung und Bilanzänderung setzt voraus, dass sich beide Maßnahmen auf dieselbe Bilanz beziehen. Die Änderung der Bilanz eines bestimmten Wj. ist danach unabhängig von der Frage, auf welche Wirtschaftsgüter oder Rechnungsabgrenzungsposten sich die Berichtigung dieser Bilanz bezieht, bis zur Höhe des gesamten Berichtigungsbetrages zulässig. Ein zeitlicher Zusammenhang liegt darüber hinaus nur vor, wenn die Bilanz unverzüglich nach einer Bilanzberichtigung geändert wird (>BMF vom 18.05.2000 – BStBl I S. 587).
– Der Zusammenhang einer Bilanzänderung mit einer Bilanzberichtigung liegt auch dann vor, wenn sich die Gewinnänderung im Rahmen der Bilanzberichtigung aus der **Nicht- oder der fehlerhaften Verbuchung von Entnahmen und Einlagen** ergibt (>BFH vom 31.05.2007 – BStBl II 2008 S. 665); außerbilanzielle Gewinnerhöhungen berühren dagegen keinen Bilanzansatz und ermöglichen deshalb keine Bilanzänderung (>BMF vom 13.08.2008 – BStBl I S. 845).
– Im Rahmen einer zulässigen Bilanzänderung kann der Stpfl. ihm zustehende, im Jahr der Bilanzänderung aber **noch nicht oder nicht in voller Höhe geltend gemachte Sonderabschreibungen** erstmals oder mit einem höheren Betrag in Anspruch nehmen. Dies gilt auch dann, wenn er die im Jahr der Bilanzänderung noch nicht ausgeschöpften Sonderabschreibungen in den Bilanzen der Folgejahre schon beansprucht hat (>BFH vom 25.10.2007 – BStBl II 2008 S. 226).
– Gewinn i. S. d. § 4 Abs. 2 Satz 2 ist der Bilanzgewinn i. S. d. § 4 Abs. 1 und nicht der steuerliche Gewinn. § 4 Abs. 2 Satz 2 erlaubt daher eine Bilanzänderung lediglich i. H. d. sich aus der Steuerbilanz infolge der Bilanzänderung des § 4 Abs. 2 Satz 1 ergebenden Gewinnänderung und nicht i. H. d. sich aus einer Bilanzänderung ergebenden steuerlichen Gewinnänderung, die auf einer Hinzurechnung außerhalb der Steuerbilanz beruht (>BFH vom 27.05.2020 – BStBl I S. 772).

§ 4 EStG
H 4.4

- Die Bilanzänderungsgrundsätze gelten auch für die Änderung der **Überleitungsrechnung**, die der Stpfl. anstelle einer gesonderten Steuerbilanz nach **§ 60 Abs. 2 Satz 1 EStDV** seiner Steuererklärung beifügt (>BFH vom 27.05.2020 – BStBl II S. 779).

Bilanzberichtigung
- Eine Bilanzberichtigung darf nur der Stpfl. selbst vornehmen (>BFH vom 13.06.2006 – BStBl II 2007 S. 94). Hält das Finanzamt eine Bilanz für fehlerhaft, darf es diese Bilanz der Besteuerung nicht zugrunde legen und muss eine eigene Gewinnermittlung durch Betriebsvermögensvergleich mit ggf. auf der Grundlage der Bilanz abgeänderten Werten vornehmen (>BFH vom 04.11.1999 – BStBl II 2000 S. 129 und vom 31.01.2013 – BStBl II S. 317).
- Das Finanzamt ist auch dann nicht an die rechtliche Beurteilung gebunden, die der vom Stpfl. aufgestellten Bilanz und deren einzelnen Ansätzen zugrunde liegt, wenn diese Beurteilung aus der Sicht eines ordentlichen und gewissenhaften Kaufmanns im Zeitpunkt der Bilanzaufstellung vertretbar war. Das gilt auch für eine in diesem Zeitpunkt von der Verwaltung und Rechtsprechung praktizierte, später aber geänderte Rechtsauffassung (>BFH vom 31.01.2013 – BStBl II S. 317).
- Eine Bilanz kann berichtigt werden, wenn ein darin enthaltener Ansatz nicht gegen Grundsätze ordnungsmäßiger Buchführung, sondern nur gegen steuerrechtliche Vorschriften verstößt. Kann eine Bilanz auf verschiedenen Wegen berichtigt werden, obliegt die Auswahl des Korrekturwegs dem Unternehmer (>BFH vom 14.03.2006 – BStBl II S. 799).
- **Absetzung für Abnutzung:** Sind in den Vorjahren im Hinblick auf eine zu niedrige Bemessungsgrundlage zu wenig AfA geltend gemacht worden, kann die letzte Anfangsbilanz gewinnneutral berichtigt werden, indem der richtige höhere Anfangswert gekürzt um die tatsächlich vorgenommenen Absetzungsbeträge in die Bilanz eingestellt wird (>BFH vom 29.10.1991 – BStBl II 1992 S. 512 und S. 516); >H 7.4 (Unterlassene oder überhöhte AfA).
- Die Voraussetzungen für eine Bilanzberichtigung sind für die Einkommensteuer und Gewerbesteuer gesondert zu prüfen. Eine Bilanzberichtigung für Zwecke der Gewerbesteuer hindert daher nicht die entsprechende einkommensteuerrechtliche Korrektur in einem späteren VZ (>BFH vom 06.09.2000 – BStBl II 2001 S. 106).
- Sind in den Vorjahren Sonderabschreibungen im Rahmen einer zulässigen Bilanzänderung anderweitig verteilt worden, sind nach den Grundsätzen des Bilanzenzusammenhangs nunmehr fehlerhafte Ansätze in den Bilanzen der Folgejahre zu berichtigen (>BFH vom 25.10.2007 – BStBl II 2008 S. 226).
- Maßgebender Zeitpunkt für die Bestimmung, welche Bilanz zu berichtigen ist (Bilanz der Fehlerquelle oder eine spätere Bilanz), ist der

Zeitpunkt der Einspruchsentscheidung, weil das Finanzamt darin abschließend über die Frage der Bilanzberichtigung befindet (>BFH vom 19.07.2011 – BStBl II S. 1017).

Einnahmenüberschussrechnung
>H 4.5 (1) Änderung der Einnahmenüberschussrechnung

Fehlerhafte Gewinnverteilung bei Personengesellschaften
Bei einer Personengesellschaft ist die fehlerhafte Gewinnverteilung, die einer bestandskräftigen Feststellung zugrunde liegt, in der Schlussbilanz des ersten noch änderbaren Feststellungszeitraums richtig zu stellen (>BFH vom 11.02.1988 – BStBl II S. 825). Die Fehlerkorrektur ist nicht zulässig, wenn für den dem Feststellungszeitraum der Berichtigung vorangegangenen Feststellungszeitraum eine Feststellung nicht durchgeführt wurde und wegen Ablaufs der Feststellungsfrist nicht nachgeholt werden kann (>BFH vom 28.01.1992 – BStBl II S. 881).

Nachträgliche Auflösung des negativen Kapitalkontos eines Kommanditisten
Ist das negative Kapitalkonto des Kommanditisten zu Unrecht nicht aufgelöst worden und die Veranlagung bestandskräftig, kann aufgrund des Bilanzenzusammenhangs die Auflösung im Folgejahr nachgeholt werden (>BFH vom 10.12.1991 – BStBl II 1992 S. 650).

Nicht erkannte Mitunternehmerschaft
Wurde unter Verkennung einer Mitunternehmerschaft eine Bilanz für ein Einzelunternehmen vorgelegt, ist die Inanspruchnahme des § 6b in der erstmalig vorgelegten Bilanz der Mitunternehmerschaft keine Bilanzänderung i. S. d. § 4 Abs. 2 Satz 2 (>BFH vom 18.08.2005 – BStBl II 2006 S. 165).

Realteilung
Im Fall der Realteilung mit Buchwertfortführung kann ein gewinnwirksamer Bilanzierungsfehler der realgeteilten Personengesellschaft nach den Grundsätzen des formellen Bilanzenzusammenhangs bei den Realteilern berichtigt werden (>BFH vom 20.10.2015 – BStBl II 2016 S. 596).

Richtigstellung eines unrichtigen Bilanzansatzes
Ein unrichtiger Bilanzansatz ist in der ersten Schlussbilanz richtig zu stellen, in der dies unter Beachtung der für den Eintritt der Bestandskraft und der Verjährung maßgebenden Vorschriften möglich ist, und zwar i. d. R. erfolgswirksam. Anzusetzen ist der Wert, mit dem das Wirtschaftsgut bei von vornherein zutreffender bilanzieller Behandlung – also bei Beachtung sämtlicher Gewinnermittlungsvorschriften – in dieser Bilanz erscheinen würde (>BFH vom 10.12.1997 – BStBl II 1998 S. 377). Die Korrektur eines fehlerhaften Bilanzansatzes setzt voraus, dass noch ein Bilanzierungsfehler vorliegt (>BFH vom 11.02.1998 – BStBl II S. 503).

§ 4 EStG
H 4.4

Tausch

Eine beim Tausch unterbliebene Ausbuchung des hingetauschten Wirtschaftsguts und Einbuchung einer Forderung auf Lieferung des eingetauschten Wirtschaftsguts ist in der ersten noch änderbaren Schlussbilanz erfolgswirksam nachzuholen (>BFH vom 14.12.1982 – BStBl II 1983 S. 303).

Unterlassene Bilanzierung

– Die rechtliche Beurteilung der **Zugehörigkeit eines Wirtschaftsguts** zum notwendigen Betriebsvermögen wird nicht dadurch berührt, dass es bisher nicht bilanziert worden ist. Ein Wirtschaftsgut des notwendigen Betriebsvermögens ist bei unterlassener Aktivierung mit dem Wert einzubuchen, der sich ergeben würde, wenn das Wirtschaftsgut von Anfang an richtig bilanziert worden wäre. In diesem Fall ist bei der Ermittlung des Einbuchungswerts eine „Schattenrechnung" (Absetzung der bisher unterlassenen AfA-Beträge von der Anschaffungs- oder Herstellungskosten durchzuführen (>BFH vom 24.10.2001 – BStBl II 2002 S. 75).

– Im Fall eines **„nicht erkannten Gewerbebetriebs"**, für den erst in einem späteren Wj. nach der Betriebseröffnung mit der Bilanzierung begonnen wird, sind bei erstmaliger Bilanzaufstellung die Grundsätze des formellen Bilanzenzusammenhangs unbeachtlich. Der erste Bilanzansatz eines zuvor nicht bilanzierten Wirtschaftsguts des notwendigen Betriebsvermögens bemisst sich nach dem Wert, mit dem es bei von Beginn an richtiger Bilanzierung zu Buche stehen würde. Die Einbuchung in die Anfangsbilanz erfolgt gewinnneutral (>BFH vom 26.11.2008 – BStBl II 2009 S. 407).

Unterlassene Erfassung einer Einlage

Werden (Sonder-)Betriebsausgaben, die aus privaten Mitteln bestritten worden sind, im Jahr der Entstehung des Aufwands nicht berücksichtigt, kommt eine erfolgswirksame Nachholung in einem Folgejahr – durch die Berichtigung der Position Einlagen innerhalb des Kapitalkontos – nach den Grundsätzen des formellen Bilanzenzusammenhangs nicht in Betracht (>BFH vom 17.06.2019 – BStBl II S. 614).

Unterlassene Erfassung einer Entnahme

Erfolgsneutrale Ausbuchung bei unterlassener Erfassung einer Entnahme >BFH vom 21.10.1976 (BStBl II 1977 S. 148)

Verbindlichkeiten

Eine Verbindlichkeit,

– die gewinnwirksam zu Unrecht passiviert worden ist, ist gewinnerhöhend aufzulösen (>BFH vom 22.01.1985 – BStBl II S. 308),

§ 4 EStG
H 4.4 R 4.5

- deren gewinnmindernde Passivierung der Stpfl. nicht bewusst rechtswidrig oder willkürlich unterlassen hat, ist gewinnmindernd einzustellen (>BFH vom 02.05.1984 – BStBl II S. 695).

Dies gilt auch dann, wenn der Betrieb inzwischen unentgeltlich, also unter Fortführung der Buchwerte, auf einen anderen übertragen wurde (>BFH vom 09.06.1964 – BStBl III 1965 S. 48) oder wenn der Betrieb zulässigerweise zum Buchwert in eine Personengesellschaft eingebracht wurde (>BFH vom 08.12.1988 – BStBl II 1989 S. 407).

Wahlrecht eines Mitunternehmers

Mitunternehmerbezogene Wahlrechte sind von dem Mitunternehmer persönlich auszuüben. Es wird vermutet, dass die Sonderbilanz mit dem Mitunternehmer abgestimmt ist. Diese Vermutung gilt nicht bei einem ausgeschiedenen Gesellschafter. In diesen Fällen ist die von der Mitunternehmerschaft aufgestellte Sonderbilanz keine Bilanz, die das Änderungsverbot des § 4 Abs. 2 Satz 2 auslöst (>BFH vom 25.01.2006 – BStBl II S. 418).

Zu Unrecht bilanziertes Wirtschaftsgut des Privatvermögens

Ein zu Unrecht bilanziertes Wirtschaftsgut des Privatvermögens ist gewinnneutral auszubuchen (>BFH vom 26.02.1976 – BStBl II S. 378).

Einnahmenüberschussrechnung

Anwendungsbereich

(1) [1] Der Stpfl. kann nach § 4 Abs. 3 EStG als Gewinn den Überschuss der Betriebseinnahmen über die Betriebsausgaben ansetzen, wenn er auf Grund gesetzlicher Vorschriften (>R 4.1 Abs. 1, 2 und 4) nicht verpflichtet ist, Bücher zu führen und regelmäßig Abschlüsse zu machen, er dies auch nicht freiwillig tut, und sein Gewinn nicht nach Durchschnittssätzen (§ 13a EStG) zu ermitteln ist. [2] Die Buchführung wegen der Eigenschaft des Betriebs als Testbetrieb für den agrarpolitischen Bericht der Bundesregierung oder als Betrieb des Informationsnetzes landwirtschaftlicher Buchführung (INLB) und die Auflagenbuchführung entsprechend den Richtlinien des Bundesministeriums für Ernährung, Landwirtschaft und Verbraucherschutz schließen die Gewinnermittlung nach § 4 Abs. 3 EStG nicht aus. [3] Der Gewinn eines Stpfl. ist nach den für diese Gewinnermittlungsart maßgebenden Grundsätzen zu ermitteln, wenn der Betrieb zwar die Voraussetzungen für die Gewinnermittlung nach § 13a EStG erfüllt, aber ein Antrag nach § 13a Abs. 2 EStG gestellt worden ist.

R 4.5

R 4.5 (1)

§ 4 EStG
H 4.5 (1)

H 4.5 (1) — Hinweise

Änderung der Einnahmenüberschussrechnung
Die Vorschriften über die Bilanzberichtigung (§ 4 Abs. 2 Satz 1) und die Bilanzänderung (§ 4 Abs. 2 Satz 2) sind auf die Einnahmenüberschussrechnung nicht anwendbar (>BFH vom 21.06.2006 – BStBl II S. 712 und vom 30.08.2001 – BStBl II 2002 S. 49).

Anlage EÜR
>H 25

Ergänzungsrechnung
Bei der Gewinnermittlung nach § 4 Abs. 3 sind die Anschaffungskosten eines Gesellschafters für den Erwerb seiner mitunternehmerischen Beteiligung in einer steuerlichen Ergänzungsrechnung nach Maßgabe der Grundsätze über die Aufstellung von Ergänzungsbilanzen zu erfassen, wenn sie in der Einnahmenüberschussrechnung der Gesamthand nicht berücksichtigt werden können (>BFH vom 24.06.2009 – BStBl II S. 993).

Gewinnschätzung nach den Grundsätzen des § 4 Abs. 3
>H 4.1 (Gewinnschätzung)

Wahl der Gewinnermittlungsart
- Die Entscheidung eines Stpfl., seinen Gewinn durch Einnahmenüberschussrechnung zu ermitteln, muss sich nach außen dokumentiert haben. Das Sammeln z. B. der maßgebenden Einnahmebelege reicht hierfür aus (>BFH vom 13.10.1989 – BStBl II 1990 S. 287).
- Der Stpfl. muss die dem Finanzamt gegenüber wirksam getroffene Entscheidung, den Gewinn durch Einnahmenüberschussrechnung zu ermitteln, nicht jährlich wiederholen (>BFH vom 24.09.2008 – BStBl II 2009 S. 368).
- Zeichnet ein nicht buchführungspflichtiger Stpfl. nur Einnahmen und Ausgaben auf, kann er nicht verlangen, dass seiner Besteuerung ein nach § 4 Abs. 1 geschätzter Gewinn zugrunde gelegt wird (>BFH vom 02.03.1978 – BStBl II S. 431). Durch den Verzicht auf die Aufstellung einer Eröffnungsbilanz und auf die Einrichtung einer den jeweiligen Stand des Vermögens darstellenden Buchführung hat er die Gewinnermittlung durch Einnahmenüberschussrechnung gewählt. Diese Wahl kann nachträglich nicht geändert werden (>BFH vom 05.11.2015 – BStBl II 2016 S. 468).
- Die Wahl der Gewinnermittlung durch Einnahmenüberschussrechnung kann nicht unterstellt werden, wenn der Stpfl. bestreitet, betriebliche Einkünfte erzielt zu haben (>BFH vom 08.03.1989 – BStBl II S. 714).
- Erzielt ein Stpfl. Gewinneinkünfte und hat er die Gewinnermittlung durch Einnahmenüberschussrechnung gewählt, ist er daran auch gebunden, wenn seine Einkünfte nicht mehr als freiberuflich, sondern als

§ 4 EStG
H 4.5 (1), (2) R 4.5

- gewerblich eingestuft werden (>BFH vom 08.10.2008 – BStBl II 2009 S. 238).
- Das Recht zur Wahl der Gewinnermittlung durch Einnahmenüberschussrechnung entfällt erst mit der Erstellung eines Abschlusses und nicht bereits mit der Einrichtung einer Buchführung oder der Aufstellung einer Eröffnungsbilanz (>BFH vom 19.03.2009 – BStBl II S. 659).
- Das Recht zur Wahl der Gewinnermittlung durch Einnahmenüberschussrechnung wird durch tatsächliche Handhabung ausgeübt. Die endgültige Wahl wird z. B. durch Übersendung der Gewinnermittlung an das Finanzamt zum Ausdruck gebracht. Nach wirksam ausgeübter Wahl ist ein Wechsel der Gewinnermittlungsart für das gleiche Wj. auch vor Eintritt der Bestandskraft nur bei Vorliegen eines besonderen Grundes zulässig. Dazu zählt nicht der bloße Irrtum über die steuerlichen Folgen dieser Wahl (>BFH vom 02.06.2016 – BStBl II 2017 S. 154).
- Das Wahlrecht zur Gewinnermittlung durch Einnahmenüberschussrechnung ist nicht dadurch ausgeübt, dass der Stpfl. die vermeintlichen Überschusseinkünfte durch Gegenüberstellung der Einnahmen und Werbungskosten ermittelt hat (>BFH vom 30.01.2013 – BStBl II S. 684).
- Ist eine ausländische Personengesellschaft zur Buchführung und zur Aufstellung von Abschlüssen verpflichtet oder tut sie dies freiwillig, steht dem Mitunternehmer für die inländische Gewinnermittlung kein eigenes Wahlrecht zu, seinen Gewinn durch Einnahmenüberschussrechnung zu ermitteln (>BFH vom 25.06.2014 – BStBl II 2015 S. 141).
- >H 4.6 (Wechsel zum Betriebsvermögensvergleich)

Zeitliche Erfassung von Betriebseinnahmen und -ausgaben

R 4.5 (2)

(2) [1] Bei der Gewinnermittlung nach § 4 Abs. 3 EStG sind die Betriebseinnahmen und die Betriebsausgaben nach den Grundsätzen des § 11 EStG zu erfassen. [2] Das gilt auch für Vorschüsse, Teil- und Abschlagszahlungen. [3] Hat ein Stpfl. Gelder in fremdem Namen und für fremde Rechnung verausgabt, ohne dass er entsprechende Gelder vereinnahmt, kann er in dem Wirtschaftsjahr, in dem er nicht mehr mit einer Erstattung der verausgabten Gelder rechnen kann, eine Betriebsausgabe in Höhe des nicht erstatteten Betrags absetzen. [4] Soweit der nicht erstattete Betrag in einem späteren Wirtschaftsjahr erstattet wird, ist er als Betriebseinnahme zu erfassen.

Hinweise

H 4.5 (2)

Darlehen

Geldbeträge, die dem Betrieb durch die Aufnahme von Darlehen zugeflossen sind, stellen keine Betriebseinnahmen und Geldbeträge, die zur Tilgung von Darlehen geleistet werden, keine Betriebsausgaben dar (>BFH vom 08.10.1969 – BStBl II 1970 S. 44).

§ 4 EStG
H 4.5 (2)

Darlehens- und Beteiligungsverlust
Darlehensverluste und der Verlust von Beteiligungen an Kapitalgesellschaften können nur dann wie Betriebsausgaben abgesetzt werden, wenn besondere Umstände ihre ausschl. Zugehörigkeit zur betrieblichen Sphäre ergeben (>BFH vom 02.09.1971 – BStBl II 1972 S. 334, vom 11.03.1976 – BStBl II S. 380 und vom 23.11.1978 – BStBl II 1979 S. 109). Für den Zeitpunkt und den Umfang einer etwaigen Berücksichtigung derartiger Verluste ist maßgeblich, wann und in welcher Höhe die für das Darlehen oder die Beteiligung aufgewendeten Mittel endgültig verloren gegangen sind (>BFH vom 23.11.1978 – BStBl II 1979 S. 109).

Diebstahl
Ein durch Diebstahl eingetretener Geldverlust führt nur dann zu einer Betriebsausgabe, wenn der betriebliche Zusammenhang anhand konkreter und objektiv greifbarer Anhaltspunkte festgestellt ist (>BFH vom 28.11.1991 – BStBl II 1992 S. 343).

Durchlaufende Posten
- In fremdem Namen und auf fremde Rechnung beigetriebene Beträge verlieren ihre Eigenschaft als durchlaufende Posten nicht dadurch, dass der Stpfl. sie für eigene Zwecke verwendet. Veruntreute Fremdgelder stellen keine steuerbaren Einnahmen aus der jeweiligen Einkunftsart dar (>BFH vom 16.12.2014 – BStBl II 2015 S. 643).
- Die Eigenschaft als durchlaufender Posten geht verloren, sobald der Wille zur Weiterleitung von vereinnahmtem Geld durch Abgabe einer Aufrechnungserklärung nach außen erkennbar aufgegeben wird (>BFH vom 29.09.2020 – BStBl II 2021 S. 431).

Fremdwährungsdarlehen
Die Mehrausgaben, die sich bei der Tilgung eines Fremdwährungsdarlehens nach einer Kurssteigerung der ausländischen Währung ergeben, sind im Zeitpunkt der Zahlung als Betriebsausgabe, umgerechnet in Euro, abzuziehen Wird infolge eines Kursrückgangs der ausländischen Währung ein geringerer als der ursprünglich zugeflossene Betrag zurückgezahlt, ist der Unterschiedsbetrag, umgerechnet in Euro, im Zeitpunkt der Zahlung als Betriebseinnahme zu erfassen (>BFH vom 15.11.1990 – BStBl II 1991 S. 228).

Gold
Physisches Gold ist entsprechend seiner Zweckbestimmung im Betrieb dem Anlage- oder Umlaufvermögen zuzuordnen. Dem Umlaufvermögen zuzuordnendes physisches Gold stellt keine den Wertpapieren vergleichbare nicht verbriefte Forderungen oder Rechte i. S. d. § 4 Abs. 3 Satz 4 Variante 3 dar (>BFH vom 19.01.2017 – BStBl II S. 456 und S. 466).

Investitionszuschüsse bei Einnahmenüberschussrechnung
>H 6.5

§ 4 EStG
H 4.5 (2)

Rückdeckungsanspruch
Ein Rückdeckungsanspruch stellt eine Forderung gegen den Versicherer dar, die zum Umlaufvermögen gehört. Der Erwerb eines Rückdeckungsanspruchs ist regelmäßig keine von § 4 Abs. 3 Satz 4 erfasste Anschaffung von Wertpapieren und vergleichbaren, nicht verbrieften Forderungen und Rechten des Umlaufvermögens (>BFH vom 12.12.2017 – BStBl II 2018 S. 387).

Sacheinnahmen
Sacheinnahmen sind wie Geldeingänge in dem Zeitpunkt als Betriebseinnahme zu erfassen, in dem der Sachwert zufließt (>BFH vom 12.03.1992 – BStBl II 1993 S. 36).

Tauschvorgänge
Durch die Lieferung von zum Betriebsvermögen gehörenden Wirtschaftsgütern im Tausch gegen andere Wirtschaftsgüter hat der Stpfl. eine Betriebseinnahme i. S. d. § 4 Abs. 3 realisiert, da ihm dadurch ein geldwerter Gegenstand zugegangen ist und dieser Zugang im Hinblick auf die Hingabe von Betriebsgegenständen betrieblich veranlasst ist. Ob die erlangte Gegenleistung in den betrieblichen oder in den privaten Bereich des Stpfl. gelangt ist, hat dafür keine Bedeutung. Eine Betriebseinnahme setzt nicht voraus, dass die erlangte Leistung Betriebsvermögen wird (>BFH vom 17.04.1986 – BStBl II S. 607).

Vereinnahmte Umsatzsteuerbeträge
>H 9b (Gewinnermittlung nach § 4 Abs. 3 und Ermittlung des Überschusses der Einnahmen über die Werbungskosten)

Virtuelle Währungen und sonstige Token
>BMF vom 10.05.2022 (BStBl I S. 668)

Vorschusszahlung
- Vorschussweise gezahlte Honorare sind auch dann zugeflossen, wenn im Zeitpunkt der Veranlagung feststeht, dass sie teilweise zurückzuzahlen sind Das „Behaltendürfen" ist nicht Merkmal des Zuflusses (>BFH vom 13.10.1989 – BStBl II 1990 S. 287).
- Nicht rückzahlbare Zahlungen, die ein Verlag zum Zweck der Vorfinanzierung erwarteter GEMA-Zahlungen an den Urheber erbringt und die mit den Ausschüttungen der GEMA zu verrechnen sind, sind unabhängig davon, ob sie als vorzeitige Teilerfüllung einer Vergütungspflicht des Verlages anzusehen sind, mit dem Zufluss als Betriebseinnahmen zu erfassen (>BFH vom 02.08.2016 – BStBl II 2017 S. 310).

Wirtschaftsjahr
§ 11 Abs. 1 Satz 2 ist auch bei abweichendem Wj. in der Land- und Forstwirtschaft anzuwenden (>BFH vom 23.09.1999 – BStBl II 2000 S. 121).

§ 4 EStG
R 4.5 H 4.5 (2)

Zahngold
Ausgaben eines Zahnarztes mit Gewinnermittlung nach § 4 Abs. 3 für Zahngold (>H 4.2 (1) Gold) bilden auch dann Betriebsausgaben, wenn der angeschaffte Goldvorrat den Verbrauch für einige Jahre deckt (>BFH vom 12.07.1990 – BStBl II 1991 S. 13 und vom 12.03.1992 – BStBl II 1993 S. 36). Indiz dafür ist der Verbrauch der Vorräte innerhalb eines Zeitraums von maximal sieben Jahren oder der Nachweis, dass bei Anschaffung mit einem Verbrauch innerhalb dieses Zeitraums zu rechnen war (>BFH vom 26.05.1994 – BStBl II S. 750).

Zufluss von Betriebseinnahmen
- **Provisionszahlungen** >H 11 (Provisionen)
- **Zahlungen des Auftraggebers an ein Versorgungswerk** als Betriebseinnahmen des Auftragnehmers im Zeitpunkt des Eingangs beim Versorgungswerk >BFH vom 01.10.1993 (BStBl II 1994 S. 179)
- **Veräußerungserlös** – der Erlös aus dem Verkauf eines Wirtschaftsgutes ist stets im Jahr des Zuflusses anzusetzen (>BFH vom 16.02.1995 – BStBl II S. 635); bei Inanspruchnahme des § 6c >aber R 6c Abs. 1 Satz 3 und 4.

R 4.5 (3) **Abnutzbare und nicht abnutzbare Anlagegüter**

(3) [1]Zu den Betriebseinnahmen gehören auch die Einnahmen aus der Veräußerung von abnutzbaren und nicht abnutzbaren Anlagegütern sowie vereinnahmte Umsatzsteuerbeträge. [2]Die Anschaffungs- oder Herstellungskosten für Anlagegüter, die der Abnutzung unterliegen, z. B. Einrichtungsgegenstände, Maschinen, der Geschäfts- oder Firmenwert oder der Praxiswert dürfen nur im Wege der AfA auf die Nutzungsdauer des Wirtschaftsgutes verteilt werden, sofern nicht die Voraussetzungen des § 6 Abs. 2 oder Abs. 2a EStG anzuwenden ist. [3]Neben den Vorschriften über die AfA, die Absetzung für Substanzverringerung, die Bewertungsfreiheit für geringwertige Wirtschaftsgüter oder die Bildung eines Sammelpostens gelten auch die Regelungen über erhöhte Absetzungen und über Sonderabschreibungen. [4]Die vorgenommenen Abschreibungen sind in die besonderen, laufend zu führenden Verzeichnisse des Anlagevermögens aufzunehmen. [5]Die Anschaffungs- oder Herstellungskosten oder der an deren Stelle tretende Wert sind bei nicht abnutzbaren Wirtschaftsgütern des Anlagevermögens, z. B. Grund und Boden, Genossenschaftsanteile, Wald einschließlich Erstaufforstung, erst im Zeitpunkt des Zuflusses des Veräußerungserlöses oder im Zeitpunkt der Entnahme als Betriebsausgaben zu berücksichtigen, soweit die Aufwendungen vor dem 1.1.1971 nicht bereits zum Zeitpunkt der Zahlung abgesetzt worden sind.

§ 4 EStG
H 4.5 (3) **R 4.5**

| Hinweise | H 4.5 (3) |

Eiserne Verpachtung
Zur Gewinnermittlung bei der Verpachtung von Betrieben mit Substanzerhaltungspflicht des Pächters nach §§ 582a, 1048 BGB >BMF vom 21.02.2002 (BStBl I S. 262)

Anhang 16 VII

Minderung des Buchwerts bei Holzeinschlag
>BMF vom 16.05.2012 (BStBl I S. 595)

Anhang 20 III

Veräußerung abnutzbarer Wirtschaftsgüter/Unterlassene AfA
Soweit Anschaffungs- oder Herstellungskosten für abnutzbare Wirtschaftsgüter des Anlagevermögens bis zur Veräußerung noch nicht im Wege der AfA berücksichtigt worden sind, sind sie i. d. R. (Besonderheit: >R 4.5 Abs. 5) im Wj. der Veräußerung als Betriebsausgaben abzusetzen, soweit die AfA nicht willkürlich unterlassen worden sind (>BFH vom 16.02.1995 – BStBl II S. 635). Eine Nachholung unterlassener AfA-Beträge kommt dagegen nicht in Betracht für Zeiträume, in denen das Wirtschaftsgut zu Unrecht nicht als Betriebsvermögen erfasst worden war (>BFH vom 22.06.2010 – BStBl II S. 1035).

Leibrenten

R 4.5 (4)

(4) [1]Erwirbt ein Stpfl. mit Gewinnermittlung nach § 4 Abs. 3 EStG ein Wirtschaftsgut des Anlagevermögens oder des Umlaufvermögens i. S. d. § 4 Abs. 3 Satz 4 EStG gegen eine Leibrente, ergeben sich die Anschaffungskosten für dieses Wirtschaftsgut aus dem Barwert der Leibrentenverpflichtung. [2]Die einzelnen Rentenzahlungen sind in Höhe ihres Zinsanteiles Betriebsausgaben. [3]Der Zinsanteil ergibt sich aus dem Unterschiedsbetrag zwischen den Rentenzahlungen einerseits und dem jährlichen Rückgang des Barwerts der Leibrentenverpflichtung andererseits. [4]Aus Vereinfachungsgründen ist es nicht zu beanstanden, wenn die einzelnen Rentenzahlungen in voller Höhe mit dem Barwert der ursprünglichen Rentenverpflichtung verrechnet werden; sobald die Summe der Rentenzahlungen diesen Wert übersteigt, sind die darüber hinausgehenden Rentenzahlungen in vollem Umfang als Betriebsausgabe abzusetzen. [5]Bei vorzeitigem Fortfall der Rentenverpflichtung ist der Betrag als Betriebseinnahme anzusetzen, der nach Abzug aller bis zum Fortfall geleisteten Rentenzahlungen von dem ursprünglichen Barwert verbleibt. [6]Erwirbt ein Stpfl. mit Gewinnermittlung nach § 4 Abs. 3 EStG Wirtschaftsgüter des Umlaufvermögens – mit Ausnahme der in § 4 Abs. 3 Satz 4 EStG aufgeführten Wirtschaftsgüter – gegen eine Leibrente, stellen die Rentenzahlungen zum Zeitpunkt ihrer Verausgabung in voller Höhe Betriebsausgaben dar. [7]Der Fortfall einer solchen Leibrentenverpflichtung führt nicht zu einer Betriebseinnahme.

§ 4 EStG
R 4.5 H 4.5 (4)

H 4.5 (4)

Hinweise

Fortfall der Rentenverpflichtung
Fällt die zur Anschaffung von Wirtschaftsgütern des Anlagevermögens eingegangene Rentenverpflichtung fort, z. B. bei Tod des Rentenberechtigten, liegt eine Betriebseinnahme i. H. d. Barwertes vor, den die Rentenverpflichtung im Augenblick ihres Fortfalls hatte (>BFH vom 31.08.1972 – BStBl II 1973 S. 51).

Nachträgliche Erhöhung der Rente
Die infolge einer Wertsicherungsklausel nachträglich eingetretene Erhöhung einer Rente ist in vollem Umfang beim Betriebsausgabenabzug im Zeitpunkt der jeweiligen Zahlung zu berücksichtigen (>BFH vom 23.02.1984 – BStBl II S. 516 und vom 23.05.1991 – BStBl II S. 796).

R 4.5 (5) **Raten und Veräußerungsrenten**

(5) [1]Veräußert der Stpfl. Wirtschaftsgüter i. S. d. § 4 Abs. 3 Satz 4 EStG gegen einen in Raten zu zahlenden Kaufpreis oder gegen eine Veräußerungsrente, ist in jedem Wirtschaftsjahr in Höhe der in demselben Wirtschaftsjahr zufließenden Kaufpreisraten oder Rentenzahlungen ein Teilbetrag der Anschaffungs- oder Herstellungskosten als Betriebsausgaben abzusetzen. [2]Bei der Veräußerung abnutzbarer Wirtschaftsgüter des Anlagevermögens kann der Stpfl. hinsichtlich der noch nicht im Wege der AfA als Betriebsausgaben berücksichtigten Anschaffungs- oder Herstellungskosten, abweichend von den allgemeinen Grundsätzen, entsprechend verfahren. [3]Wird die Kaufpreisforderung uneinbringlich, ist der noch nicht abgesetzte Betrag in dem Wirtschaftsjahr als Betriebsausgabe zu berücksichtigen, in dem der Verlust eintritt.

R 4.5 (6) **Betriebsveräußerung oder -aufgabe**

(6) [1]Veräußert ein Stpfl., der den Gewinn nach § 4 Abs. 3 EStG ermittelt, den Betrieb, ist der Stpfl. so zu behandeln, als wäre er im Augenblick der Veräußerung zunächst zur Gewinnermittlung durch Betriebsvermögensvergleich nach § 4 Abs. 1 EStG übergegangen (>Wechsel der Gewinnermittlungsart, >R 4.6). [2]Dies gilt auch bei der Veräußerung eines Teilbetriebs oder des gesamten Mitunternehmeranteiles und bei der Aufgabe[1]) eines Betriebs sowie in den Fällen der Einbringung, unabhängig davon, ob die Einbringung zu Buch-, Zwischen- oder gemeinen Werten erfolgt.

---

[1]) Bei der Realteilung ohne Spitzenausgleich einer Mitunternehmerschaft, die ihren Gewinn durch Einnahmenüberschussrechnung ermittelt, besteht aber keine Verpflichtung zur Erstellung einer Realteilungsbilanz nebst Übergangsgewinnermittlung, wenn die Buchwerte fortgeführt werden und die Mitunternehmer unter Aufrechterhaltung dieser Gewinnermittlungsart ihre Tätigkeit in Einzelunternehmen weiterbetreiben (>BFH vom 11.04.2013 – BStBl II 2014 S. 242).

Hinweise

Einbringungsgewinn
Im Fall der Einnahmenüberschussrechnung muss der Einbringungsgewinn auf der Grundlage einer Einbringungsbilanz und einer Eröffnungsbilanz der Gesellschaft ermittelt werden (>BFH vom 18.10.1999 – BStBl II 2000 S. 123).

Fehlende Schlussbilanz
Ist auf den Zeitpunkt der Betriebsveräußerung eine Schlussbilanz nicht erstellt worden, und hat dies nicht zur Erlangung ungerechtfertigter Steuervorteile geführt, sind in späteren Jahren gezahlte abziehbare Betriebssteuern und andere Aufwendungen, die durch den veräußerten oder aufgegebenen Betrieb veranlasst sind, nachträgliche Betriebsausgaben (>BFH vom 13.05.1980 – BStBl II S. 692).

Nachträgliche Betriebsausgaben
>H 24.2 (Nachträgliche Werbungskosten/Betriebsausgaben)

Tod eines Gesellschafters
Hat eine Personengesellschaft ihren Gewinn durch Einnahmenüberschussrechnung ermittelt, ist sie zur Feststellung der für die Berechnung des Veräußerungsgewinns erforderlichen Buchwerte im Fall der Übernahme aller Wirtschaftsgüter der Personengesellschaft durch die verbleibenden Gesellschafter bei Ableben eines Gesellschafters so zu behandeln, als wäre sie im Augenblick des Todes des Gesellschafters zur Gewinnermittlung nach § 4 Abs. 1 übergegangen. Der Übergangsgewinn ist anteilig dem verstorbenen Gesellschafter zuzurechnen, auch wenn er im Wesentlichen auf der Zurechnung auf die anderen Gesellschafter übergehender Honorarforderungen beruht (>BFH vom 13.11.1997 – BStBl II 1998 S. 290).

Übergangsgewinn
Die wegen des Übergangs von der Einnahmenüberschussrechnung zum Betriebsvermögensvergleich erforderlichen Hinzurechnungen und Abrechnungen sind nicht bei dem Veräußerungsgewinn, sondern bei dem laufenden Gewinn des Wj. vorzunehmen, in dem die Veräußerung stattfindet (>BFH vom 23.11.1961 – BStBl III 1962 S. 199). Die dem Gewinn hinzuzurechnenden Beträge können nicht verteilt werden (>BFH vom 13.09.2001 – BStBl II 2002 S. 287).

Wechsel der Gewinnermittlungsart

Wechsel zum Betriebsvermögensvergleich

(1) [1]Neben den Fällen des Übergangs von der Gewinnermittlung nach § 4 Abs. 3 EStG zur Gewinnermittlung nach § 4 Abs. 1 oder § 5 EStG ist eine >Gewinnberichtigung auch erforderlich, wenn nach einer Einnahmenüberschussrechnung im folgenden Jahr der Gewinn nach § 13a Abs. 3

§ 4 EStG
R 4.6 H 4.6

bis 5 EStG[1]) ermittelt wird. ²Bei dem Übergang zur Gewinnermittlung durch Betriebsvermögensvergleich kann zur Vermeidung von Härten auf Antrag des Stpfl. der Übergangsgewinn (Saldo aus Zu- und Abrechnungen) gleichmäßig entweder auf das Jahr des Übergangs und das folgende Jahr oder auf das Jahr des Übergangs und die beiden folgenden Jahre verteilt werden. ³Wird der Betrieb vor Ablauf des Verteilungszeitraums veräußert oder aufgegeben, erhöhen die noch nicht berücksichtigten Beträge den laufenden Gewinn des letzten Wirtschaftsjahres. ⁴Die zum Anlagevermögen gehörenden nicht abnutzbaren Wirtschaftsgüter und die in § 4 Abs. 3 Satz 4 EStG genannten Wirtschaftsgüter des Umlaufvermögens sind in der Eröffnungsbilanz mit dem Wert nach § 4 Abs. 3 Satz 5 EStG anzusetzen.

Wechsel zur Einnahmenüberschussrechnung

(2) Beim Übergang von der Gewinnermittlung durch Betriebsvermögensvergleich (§ 4 Abs. 1 oder § 5 EStG) zur Gewinnermittlung nach § 4 Abs. 3 EStG sind die durch den Wechsel der Gewinnermittlungsart bedingten Hinzurechnungen und Abrechnungen im ersten Jahr nach dem Übergang zur Gewinnermittlung nach § 4 Abs. 3 EStG vorzunehmen.

Hinweise

Ansatz- oder Bewertungswahlrechte
Ansatz- oder Bewertungswahlrechte gelten beim Übergang zum Betriebsvermögensvergleich als nicht ausgeübt (>BFH zu § 13a vom 14.04.1988 – BStBl II S. 672).

Bewertung von Wirtschaftsgütern
Die einzelnen Wirtschaftsgüter sind beim Übergang zum Betriebsvermögensvergleich mit den Werten anzusetzen, mit denen sie zu Buch stehen würden, wenn von Anfang an der Gewinn durch Betriebsvermögensvergleich ermittelt worden wäre (>BFH vom 23.11.1961 – BStBl III 1962 S. 199).

Erneuter Wechsel der Gewinnermittlungsart
Nach einem Wechsel der Gewinnermittlungsart ist der Stpfl. i. d. R. für drei Wj. an diese Wahl gebunden. Nur bei Vorliegen eines besonderen wirtschaftlichen Grundes (z. B. Einbringung nach § 24 UmwStG) kann er vor Ablauf dieser Frist zurück wechseln (>BFH vom 09.11.2000 – BStBl II 2001 S. 102).

---

[1]) teilweise überholt für Wj., die nach dem 30.12.2015 enden >BMF vom 10.11.2015, Anhang 20 V

§ 4 EStG
H 4.6

Gewinnberichtigungen beim Wechsel der Gewinnermittlungsart
– **Wechsel zum Betriebsvermögensvergleich**
  Der Übergang von der Einnahmenüberschussrechnung zum Betriebsvermögensvergleich erfordert, dass Betriebsvorgänge, die bisher nicht berücksichtigt worden sind, beim ersten Betriebsvermögensvergleich berücksichtigt werden (>BFH vom 28.05.1968 – BStBl II S. 650 und vom 24.01.1985 – BStBl II S. 255).
– **Wechsel zur Einnahmenüberschussrechnung**
  Soweit sich die Betriebsvorgänge, die den durch den Wechsel der Gewinnermittlungsart bedingten Korrekturen entsprechen, noch nicht im ersten Jahr nach dem Übergang zur Einnahmenüberschussrechnung ausgewirkt haben, können die Korrekturen auf Antrag in dem Jahr vorgenommen werden, in dem sich die Betriebsvorgänge auswirken (>BFH vom 17.01.1963 – BStBl III S. 228).

Gewinnschätzung bei Einnahmenüberschussrechnung
>H 4.1 (Gewinnschätzung)

Keine Verteilung des Übergangsgewinns
– beim Übergang vom Betriebsvermögensvergleich zur Einnahmenüberschussrechnung >BFH vom 03.10.1961 (BStBl III S. 565)
– bei Betriebsveräußerung oder Betriebsaufgabe >BFH vom 13.09.2001 (BStBl II 2002 S. 287)
– bei Einbringung eines Betriebs in eine Personengesellschaft zu Buchwerten >BFH vom 13.09.2001 (BStBl II 2002 S. 287)

Keine Verteilung des Übergangsverlusts
Ein Übergangsverlust, der bei einem Wechsel von der Einnahmenüberschussrechnung zur Gewinnermittlung durch Betriebsvermögensvergleich entsteht, ist nicht auf das Jahr des Übergangs und die beiden Folgejahre zu verteilen (>BFH vom 23.07.2013 – BStBl II S. 820).

Land- und Forstwirtschaft
– Bewertung von Vieh in der Übergangsbilanz >H 13.3 (Übergang zur Buchführung)
– Wird zugleich mit dem Übergang von der Einnahmenüberschussrechnung zum Betriebsvermögensvergleich ein landwirtschaftlicher Betrieb infolge Strukturwandels zum Gewerbebetrieb, ist die Gewinnberichtigung bei den Einkünften aus Gewerbebetrieb vorzunehmen; es liegen keine nachträglichen Einkünfte aus Land- und Forstwirtschaft vor (>BFH vom 01.07.1981 – BStBl II S. 780).
– Wechsel der Gewinnermittlung allgemein >R 13.5 Abs. 2

§ 4 EStG
R 4.7 H 4.6

Anlage

Übersicht über die Berichtigung des Gewinns bei Wechsel der Gewinnermittlungsart
>Anlage

Unterbliebene Gewinnkorrekturen

– Eine bei einem früheren Übergang vom Betriebsvermögensvergleich zur Einnahmenüberschussrechnung oder umgekehrt zu Unrecht unterbliebene Gewinnkorrektur darf bei der aus Anlass eines erneuten Wechsels in der Gewinnermittlungsart erforderlich gewordenen Gewinnkorrektur nicht berücksichtigt werden, soweit der Fehler nicht mehr berichtigt werden kann (>BFH vom 23.07.1970 – BStBl II S. 745).

– Wird ein Betrieb unentgeltlich auf einen Dritten übertragen, sind Hinzurechnungen und Abrechnungen, die infolge des Übergangs zu einer anderen Gewinnermittlungsart oder infolge Schätzung des Gewinns bei dem Rechtsvorgänger zu Recht nicht berücksichtigt worden sind, in der Weise bei dem Erwerber zu berücksichtigen, in der sie ohne die unentgeltliche Übertragung des Betriebs bei dem Rechtsvorgänger zu berücksichtigen gewesen wären (>BFH vom 01.04.1971 – BStBl II S. 526 und vom 07.12.1971 – BStBl II 1972 S. 338).

Wechsel zum Betriebsvermögensvergleich

Bei einem Wechsel von der Einnahmenüberschussrechnung zum Betriebsvermögensvergleich hat der Stpfl. das Wahlrecht zum Betriebsvermögensvergleich erst dann wirksam ausgeübt, wenn er zeitnah eine Eröffnungsbilanz aufstellt, eine ordnungsmäßige kaufmännische Buchführung einrichtet und aufgrund von Bestandsaufnahmen einen Abschluss macht (>BFH vom 19.10.2005 – BStBl II 2006 S. 509).

R 4.7

S 2143
S 2144

Betriebseinnahmen und -ausgaben

Betriebseinnahmen und -ausgaben bei gemischt genutzten Wirtschaftsgütern

(1) [1] Gehört ein Wirtschaftsgut zum Betriebsvermögen, sind Aufwendungen einschließlich AfA, soweit sie der privaten Nutzung des Wirtschaftsgutes zuzurechnen sind, keine Betriebsausgaben. [2] Gehört ein Wirtschaftsgut zum Privatvermögen, sind die Aufwendungen einschließlich AfA, die durch die betriebliche Nutzung des Wirtschaftsgutes entstehen, Betriebsausgaben. [3] Wird ein Wirtschaftsgut des Betriebsvermögens während seiner Nutzung zu privaten Zwecken des Stpfl. zerstört, tritt bezüglich der stillen Reserven, die sich bis zu seiner Zerstörung gebildet haben, keine Gewinnrealisierung ein. [4] In Höhe des Restbuchwerts liegt eine Nutzungsentnahme vor. [5] Eine Schadensersatzforderung für das während der privaten Nutzung zerstörte Wirtschaftsgut ist als >Betriebseinnahme zu erfassen, wenn und soweit sie über den Restbuchwert hinausgeht. [6] Die Leistung der Kaskoversicherung wegen Diebstahls eines zum Betriebsvermögen gehö-

renden Pkw ist unabhängig von einer Nutzung zu privaten Zwecken in vollem Umfang Betriebseinnahme, wenn der Pkw während einer betrieblichen Nutzung gestohlen wurde. [7]Wurde der Pkw während einer privaten Nutzung gestohlen, gilt Satz 5 entsprechend.

Betriebseinnahmen und -ausgaben bei Grundstücken

(2) [1]Entgelte aus eigenbetrieblich genutzten Grundstücken oder Grundstücksteilen, z. B. Einnahmen aus der Vermietung von Sälen in Gastwirtschaften, sind >Betriebseinnahmen. [2]Das gleiche gilt für alle Entgelte, die für die Nutzung von Grundstücken oder Grundstücksteilen erzielt werden, die zum gewillkürten Betriebsvermögen gehören. [3]Aufwendungen für Grundstücke oder Grundstücksteile, die zum Betriebsvermögen gehören, sind vorbehaltlich des § 4 Abs. 5 Satz 1 Nr. 6b EStG stets Betriebsausgaben; dies gilt auch im Falle einer >teilentgeltlichen Überlassung aus außerbetrieblichen Gründen. [4]Aufwendungen für einen Grundstücksteil (einschließlich AfA), der eigenbetrieblich genutzt wird, sind vorbehaltlich des § 4 Abs. 5 Satz 1 Nr. 6b EStG auch dann Betriebsausgaben, wenn der Grundstücksteil wegen seines untergeordneten Wertes (>§ 8 EStDV, R 4.2 Abs. 8) nicht als Betriebsvermögen behandelt wird.

Bewirtungen

(3) Der Vorteil aus einer Bewirtung i. S. d. § 4 Abs. 5 Satz 1 Nr. 2 EStG ist aus Vereinfachungsgründen beim bewirteten Stpfl. nicht als Betriebseinnahme zu erfassen.

Hinweise

H 4.7

Abgrenzung der Betriebsausgaben von den nicht abziehbaren Kosten der Lebensführung
>H 12.1 und H 12.2

Auflösung des Mietvertrags
Aufwendungen für vorzeitige Auflösung des Mietvertrags über eine Wohnung sind Betriebsausgaben bei ausschl. betrieblich veranlasster Verlegung des Lebensmittelpunkts (>BFH vom 01.12.1993 – BStBl II 1994 S. 323).

Berufskleidung
Aufwendungen für bürgerliche Kleidung sind nur dann als Betriebsausgaben i. S. d. § 4 Abs. 4 zu berücksichtigen, wenn es sich um „typische Berufskleidung" nach § 9 Abs. 1 Satz 3 Nr. 6 handelt, die nicht auch zu privaten Anlässen getragen werden kann (>BFH vom 16.03.2022 – BStBl II S. 614).

Betreuervergütung
Vergütungen für einen ausschl. zur Vermögenssorge bestellten Betreuer stellen Betriebsausgaben bei den mit dem verwalteten Vermögen erzielten

§ 4 EStG
H 4.7

Einkünften dar, sofern die Tätigkeit des Betreuers weder einer kurzfristigen Abwicklung des Vermögens noch der Verwaltung ertraglosen Vermögens dient (>BFH vom 14.09.1999 – BStBl II 2000 S. 69).

Betriebseinnahmen
Betriebseinnahmen sind in Anlehnung an § 8 Abs. 1 und § 4 Abs. 4 alle Zugänge in Geld oder Geldeswert, die durch den Betrieb veranlasst sind. Ein Wertzuwachs ist betrieblich veranlasst, wenn insoweit ein nicht nur äußerlicher, sondern sachlicher, wirtschaftlicher Zusammenhang gegeben ist (>BFH vom 14.03.2006 – BStBl II S. 650).

Drittaufwand
- Trägt ein Dritter Kosten, die durch die Einkünfteerzielung des Stpfl. veranlasst sind, können sie als so genannter Drittaufwand nicht Betriebsausgaben oder Werbungskosten des Stpfl. sein. Bei **Anschaffungs- oder Herstellungskosten** liegt Drittaufwand vor, wenn ein Dritter sie trägt und das angeschaffte oder hergestellte Wirtschaftsgut vom Stpfl. zur Erzielung von Einkünften genutzt wird (>BFH vom 23.08.1999 – BStBl II S. 782). Deshalb kommt die Berücksichtigung einer AfA oder einer Aufwandsverteilung für einen vom Nichteigentümer-Ehegatten betrieblich genutzten Gebäudeteil als Betriebsausgabe nicht in Betracht, wenn das Darlehen zur Finanzierung der Anschaffungskosten des Gebäudes allein vom Eigentümer-Ehegatten aufgenommen wurde und die Zahlungen zur Tilgung dieses Darlehens von einem gemeinsamen Oder-Konto der Eheleute geleistet werden (>BFH vom 21.02.2017 – BStBl II S. 819).

- Aufwendungen eines Dritten können allerdings im Falle der so genannten **Abkürzung des Zahlungswegs** als Aufwendungen des Stpfl. zu werten sein; Abkürzung des Zahlungswegs bedeutet die Zuwendung eines Geldbetrags an den Stpfl. in der Weise, dass der Zuwendende im Einvernehmen mit dem Stpfl. dessen Schuld tilgt, statt ihm den Geldbetrag unmittelbar zu geben, wenn also der Dritte für Rechnung des Stpfl. an dessen Gläubiger leistet (>BFH vom 23.08.1999 – BStBl II S. 782).

- **Erhaltungsaufwendungen** eines Dritten sind auch dann Betriebsausgaben oder Werbungskosten des Stpfl., wenn sie auf einem von einem Dritten im eigenen Namen, aber im Interesse des Stpfl. abgeschlossenen Werkvertrag beruhen und der Dritte die geschuldete Zahlung auch selbst leistet – abgekürzter Vertragsweg (>BFH vom 28.09.2010 – BStBl II 2011 S. 271). Bei Kreditverbindlichkeiten und anderen Dauerschuldverhältnissen (z. B. Miet- und Pachtverträge) kommt eine Berücksichtigung der Zahlung unter dem Gesichtspunkt der Abkürzung des Vertragswegs nicht in Betracht (>BMF vom 07.07.2008 – BStBl I S. 717). Deshalb können Schuldzinsen, die ein Ehegatte auf seine Darlehensverbindlichkeit zahlt, vom anderen Ehegatten auch dann nicht als Betriebsausgaben oder Werbungskosten abgezogen werden, wenn

§ 4 EStG
H 4.7

die Darlehensbeträge zur Anschaffung von Wirtschaftsgütern zur Einkünfteerzielung verwendet wurden (>BFH vom 24.02.2000 – BStBl II S. 314 und vom 21.02.2017 – BStBl II S. 819). Bezahlt hingegen der andere Ehegatte die Zinsen aus eigenen Mitteln, bilden sie bei ihm abziehbare Betriebsausgaben oder Werbungskosten (>BFH vom 02.12.1999 – BStBl II 2000 S. 312).

– Nehmen Ehegatten **gemeinsam ein gesamtschuldnerisches Darlehen** zur Finanzierung eines Wirtschaftsguts auf, das nur einem von ihnen gehört und von diesem zur Einkünfteerzielung genutzt wird, sind die Schuldzinsen in vollem Umfang bei den Einkünften des Eigentümer-Ehegatten als Betriebsausgaben oder Werbungskosten abziehbar (>BFH vom 02.12.1999 – BStBl II 2000 S. 310 und S. 312).

– Werden die **laufenden Aufwendungen** für ein Wirtschaftsgut, das dem nicht einkünfteerzielenden Ehegatten gehört, gemeinsam getragen, kann der das Wirtschaftsgut einkünfteerzielend nutzende (andere) Ehegatte nur die nutzungsorientierten Aufwendungen (z. B. bei einem Arbeitszimmer die anteiligen Energiekosten und die das Arbeitszimmer betreffenden Reparaturkosten) als Betriebsausgaben oder Werbungskosten geltend machen (>BFH vom 23.08.1999 – BStBl II S. 782).

– Nutzt ein Miteigentümer allein eine Wohnung zu betrieblichen oder beruflichen Zwecken und werden die Darlehen zum Erwerb der Wohnung gemeinsam aufgenommen und Zins und Tilgung von einem gemeinsamen Konto beglichen, kann er AfA und Schuldzinsen nur entsprechend seinem Miteigentumsanteil als Betriebsausgaben oder Werbungskosten geltend machen. Entsprechendes gilt für gemeinschaftlich getragene andere grundstücksorientierte Aufwendungen, z. B. Grundsteuer, allgemeine Reparaturkosten, Versicherungsprämien (>BFH vom 06.12.2017 – BStBl II 2018 S. 355).

Druckbeihilfen
Die einem Verlag von Autoren für die Veröffentlichung des Werkes gewährten Druckbeihilfen sind Betriebseinnahmen (>BFH vom 03.07.1997 – BStBl II 1998 S. 244).

Eigenaufwand für ein fremdes Wirtschaftsgut
– Trägt ein Stpfl. aus betrieblichem Anlass die Anschaffungs- oder Herstellungskosten für ein Gebäude, das im Alleineigentum oder Miteigentum eines Dritten steht, mit dessen Zustimmung und darf er den Eigentumsanteil des Dritten unentgeltlich nutzen, ist der Stpfl. wirtschaftlicher Eigentümer des Gebäudes, wenn ihm bei Beendigung der Nutzung dem Dritten gegenüber ein Anspruch auf Entschädigung aus einer vertraglichen Vereinbarung oder gesetzlich (§§ 951, 812 BGB) zusteht. Dem Hersteller eines Gebäudes auf einem fremden Grundstück steht i. d. R. ein Ersatzanspruch gem. §§ 951, 812 BGB zu, wenn er die Baulichkeit aufgrund eines Nutzungsrechts im eigenen Interesse und ohne Zuwendungsabsicht errichtet hat. Entsprechendes gilt für Gebäudeteile

§ 4 EStG
H 4.7

(>BFH vom 14.05.2002 – BStBl II S. 741 und vom 25.06.2003 – BStBl II 2004 S. 403).

– Ist der Stpfl. nicht wirtschaftlicher Eigentümer und hat er Anschaffungs- oder Herstellungskosten für ein im Miteigentum oder in fremdem Eigentum stehendes Gebäude im betrieblichen Interesse getragen, wird dieser Aufwand bei ihm als Posten für die Verteilung eigenen Aufwands aktiviert und ist nach den für Gebäude im Privatvermögen geltenden AfA-Regeln abzuschreiben (>BFH vom 09.03.2016 – BStBl II S. 976). Ein bei Beendigung der Nutzung noch nicht abgeschriebener Restwert wird erfolgsneutral ausgebucht und ist dem Eigentümer des Wirtschaftsguts als Anschaffungs- oder Herstellungskosten zuzurechnen (>BMF vom 16.12.2016 – BStBl I S. 1431).

Anhang 16 XVIII

– Zum eigenen Aufwand des Unternehmer-Ehegatten für die Errichtung von Betriebsgebäuden auf einem ihm zusammen mit dem Nichtunternehmer-Ehegatten oder auf einem dem Nichtunternehmer-Ehegatten allein gehörenden Grundstück >BMF vom 16.12.2016 (BStBl I S. 1431).

Anhang 16 XVIII

– Eine Aufwandsverteilung (>BMF vom 16.12.2016 – BStBl I S. 1431) für einen vom Nichteigentümer-Ehegatten betrieblich genutzten Gebäudeteil setzt voraus, dass dieser die Anschaffungs- oder Herstellungskosten getragen hat. Zahlungen von einem gemeinsamen Konto der Ehegatten gelten unabhängig davon, aus wessen Mitteln das Guthaben auf dem Konto stammt, jeweils für Rechnung desjenigen geleistet, der den Betrag schuldet, sofern keine besonderen Vereinbarungen getroffen wurden (>BFH vom 21.02.2017 – BStBl II S. 819).

Anhang 16 XVIII

– Ehegatten, die gemeinsam die Herstellungskosten des von ihnen bewohnten Hauses getragen haben und die darin jeweils einen Raum zur Einkünfteerzielung nutzen, können jeweils die auf diesen Raum entfallenden Herstellungskosten für die Dauer dieser Nutzung als Betriebsausgaben oder Werbungskosten (AfA und Aufwandsverteilung nach Gebäudegrundsätzen, >BMF vom 16.12.2016 – BStBl I S. 1431) geltend machen. Die Bemessungsgrundlage für die auf den jeweiligen Raum entfallende AfA und Aufwandsverteilung ist zu schätzen, soweit die Herstellungskosten nicht eindeutig dem Raum zugeordnet werden können. Maßstab ist das Verhältnis der Nutz- oder Wohnflächen (>BFH vom 23.08.1999 – BStBl II S. 774).

Anhang 16 XVIII

– Beteiligt sich ein Stpfl. (Ehegatte) finanziell an den Anschaffungs- oder Herstellungskosten eines Hauses, das dem anderen Ehegatten gehört, und nutzt er Räume dieses Gebäudes zur Einkünfteerzielung, kann er die auf diese Räume entfallenden eigenen Aufwendungen als Betriebsausgaben oder Werbungskosten (Aufwandsverteilung nach Gebäudegrundsätzen >BMF vom 16.12.2016 – BStBl I S. 1431) abziehen. Bemessungsgrundlage der Aufwandsverteilung sind die auf diese Räume entfallenden Anschaffungs- oder Herstellungskosten, soweit sie der Kostenbeteiligung des Stpfl. entsprechen (>BFH vom 23.08.1999 – BStBl II S. 778).

- Der Stpfl. trägt die Herstellungskosten für ein fremdes, aber zu betrieblichen Zwecken genutztes Gebäude auch dann im eigenen betrieblichen Interesse, wenn er als Gegenleistung für die Nutzungsbefugnis des Grundstücks auf einen Ersatzanspruch verzichtet (>BFH vom 25.02.2010 – BStBl II S. 670).

Eigenprovisionen
Provisionen, die ein Versicherungsvertreter vom Versicherungsunternehmen für den Abschluss eigener privater Versicherungen (z. B. Lebensversicherungen für sich oder seine Ehefrau) in gleicher Weise erhält wie für die Vermittlung von Versicherungsabschlüssen mit Dritten (sog. Eigenprovisionen), sind Betriebseinnahmen (>BFH vom 27.05.1998 – BStBl II S. 618). Das gleiche gilt für Vergütungen, die ein Vermittler von Beteiligungen an Personengesellschaften von einem Dritten für die Zeichnung eigener Beteiligungen an diesen Gesellschaften erhält. Sie sind nicht in der Gewinnermittlung der Personengesellschaft (als Sonderbetriebseinnahmen oder Minderung der anteilig auf den Vermittler entfallenden Anschaffungskosten) zu berücksichtigen (>BFH vom 14.03.2012 – BStBl II S. 498).

Entschädigungen
- Neben Förderzinsen zum Abbau von Bodenschätzen gezahlte Entschädigungen für entgangene/entgehende Einnahmen sind Betriebseinnahmen, wenn die Flächen im Betriebsvermögen bleiben (>BFH vom 15.03.1994 – BStBl II S. 840).
- Entschädigungen für die Eintragung einer beschränkt persönlichen Dienstbarkeit, die das Recht dinglich absichert, dass ein zum Betriebsvermögen des Eigentümers gehörendes Grundstück als Überflutungsfläche zur Hochwasserrückhaltung genutzt werden darf, sind Betriebseinnahmen (>BFH vom 21.11.2018 – BStBl II 2019 S. 311).

Erbschaft
Eine für den Betrieb eines Stpfl. (z. B. Altenheim) bestimmte Erbschaft ist als Betriebseinnahme zu versteuern (>BFH vom 14.03.2006 – BStBl I S. 650).

Fachtagung
Der geldwerte Vorteil aus der Teilnahme an einer vom Geschäftspartner organisierten Fachtagung, die den üblichen Rahmen geschäftlicher Gespräche überschreitet, ist Betriebseinnahme (>BFH vom 26.09.1995 – BStBl II 1996 S. 273).

Fonds, geschlossene
Zur Abgrenzung zwischen Betriebsausgaben, Anschaffungskosten und Herstellungskosten >BMF vom 20.10.2003 (BStBl I S. 546)

Anhang 30 I

Forschungszulage

Die Forschungszulage führt bei der Einkommensteuer nicht zu einer Betriebsvermögensmehrung bzw. Betriebseinnahme (>BMF vom 11.11.2021 – BStBl I S. 2277, Rn. 284).

Gemischt genutzte Wirtschaftsgüter

– Werden nicht zum Betriebsvermögen gehörende Wirtschaftsgüter auch betrieblich genutzt, können Aufwendungen einschl. der AfA, die durch die betriebliche Nutzung entstehen, als Betriebsausgaben abgesetzt werden, wenn die betriebliche Nutzung nicht nur von untergeordneter Bedeutung ist und der betriebliche Nutzungsanteil sich leicht und einwandfrei anhand von Unterlagen nach objektiven, nachprüfbaren Merkmalen – ggf. im Wege der Schätzung – von den nicht abziehbaren Kosten der Lebenshaltung trennen lässt (>BFH vom 13.03.1964 – BStBl III S. 455).
– Zu Fahrtkosten bei Geschäftsreisen >R 4.12 Abs. 2

Gewinnanteile des stillen Gesellschafters

Die an den typisch stillen Gesellschafter gezahlten Gewinnanteile sind insoweit keine Betriebsausgaben, als der Geschäftsinhaber die Vermögenseinlage des stillen Gesellschafters zu privaten Zwecken verwendet hat (>BFH vom 06.03.2003 – BStBl II S. 656).

Häusliches Arbeitszimmer

Scheidet ein häusliches Arbeitszimmer aus dem Betriebsvermögen aus, ist bei der Ermittlung des Veräußerungs- oder Aufgabegewinns der sich nach Abzug der AfA ergebende Buchwert auch dann maßgeblich, wenn die Abziehbarkeit der Aufwendungen für das häusliche Arbeitszimmer während der Ausübung der Tätigkeit gem. § 4 Abs. 5 Satz 1 Nr. 6b der Höhe nach beschränkt war. Eine Gewinnkorrektur für den nicht abzugsfähigen Teil der AfA kommt nicht in Betracht (>BFH vom 16.06.2020 – BStBl II S. 841).

Incentive-Reisen

>BMF vom 14.10.1996 (BStBl I S. 1192)

Losveranstaltungen

– Wird von einer Provision das Entgelt für Lose unmittelbar einbehalten und werden die Gewinne in vollem Umfang durch die Losentgelte finanziert, ist der Erwerb der Lose bereits Teil der Einkommensverwendung. Die Vorteile daraus stehen mit der Einkommenserzielung in keinem steuerlich relevanten Sachzusammenhang. Dies gilt auch dann, wenn die Lose nur von solchen Personen erworben werden können, die Leistungen gegenüber dem die Auslosung vornehmenden Unternehmen erbracht haben (z. B. selbständige Außendienstmitarbeiter einer Bausparkasse) (>BFH vom 02.09.2008 – BStBl II 2010 S. 548).

§ 4 EStG
H 4.7

– Der Gewinn aus Losen, die Vertriebsmitarbeiter für die Erzielung bestimmter Umsätze erhalten, ist betrieblich veranlasst (>BFH vom 02.09.2008 – BStBl II 2010 S. 550).

Mobilfunkdienstleistungsverträge
Vergünstigungen im Zusammenhang mit dem Abschluss von Mobilfunkdienstleistungsverträgen als Betriebseinnahmen >BMF vom 20.06.2005 (BStBl I S. 801), Rdnr. 11 ff.

Nachträgliche Betriebsausgaben
>H 24.2 (Nachträgliche Werbungskosten/Betriebsausgaben)

Nebenräume
Werden betrieblich oder beruflich genutzte Nebenräume in die Kostenberechnung einbezogen, sind die abziehbaren Kosten nach dem Verhältnis des gesamten betrieblich oder beruflich genutzten Bereiches (betrieblich oder beruflich genutzte Haupt- und Nebenräume) zu der Gesamtfläche aller Räume des Gebäudes aufzuteilen (>BMF vom 06.10.2017 – BStBl I S. 1320, Rdnr. 6a, *Anhang 19 I LStH*).

Nießbrauch
– Aufwendungen des Stpfl. im Zusammenhang mit dem betrieblich genutzten Grundstück oder Grundstücksteil sind Betriebsausgaben; hierzu gehören auch die abschreibbaren Anschaffungs- oder Herstellungskosten, die der Stpfl. selbst getragen hat (>BFH vom 16.12.1988 – BStBl II 1989 S. 763 und vom 20.09.1989 – BStBl II 1990 S. 368).
– Der Vermächtnisnießbraucher ist nicht berechtigt, AfA auf Anschaffungs- oder Herstellungskosten des Erblassers in Anspruch zu nehmen (>BFH vom 28.09.1995 – BStBl II 1996 S. 440).

Nutzungsausfallentschädigung
Die Entschädigung für den Nutzungsausfall eines Wirtschaftsgutes des Betriebsvermögens ist eine Betriebseinnahme. Unerheblich ist, ob der Schaden im Zuge betrieblicher oder privater Nutzung eingetreten ist. Setzt der Stpfl. die Aufwendungen für die private Nutzung eines Kfz nach § 6 Abs. 1 Nr. 4 Satz 3 an, mindert eine Nutzungsausfallentschädigung die Gesamtaufwendungen für das Kfz (>BFH vom 27.01.2016 – BStBl II S. 534).

Photovoltaikanlage
Wird eine Photovoltaikanlage betrieben, die auf das Dach eines im Übrigen nicht der Einkünfteerzielung dienenden Gebäudes aufgesetzt ist, können anteilige Gebäudekosten nicht als Betriebsausgaben im Wege der sog. Aufwandseinlage bei der Ermittlung der gewerblichen Einkünfte des Betriebs „Stromerzeugung" berücksichtigt werden. Die Photovoltaikanlage als Betriebsvorrichtung und das Gebäude stellen jeweils eigenständige Wirtschaftsgüter dar (>BFH vom 17.10.2013 – BStBl II 2014 S. 372).

§ 4 EStG
H 4.7

Praxisausfallversicherung

Eine Praxisausfallversicherung, durch die im Falle einer krankheitsbedingten Arbeitsunfähigkeit des Stpfl. die fortlaufenden Kosten seines Betriebes ersetzt werden, gehört dessen Lebensführungsbereich an. Die Beiträge zu dieser Versicherung stellen daher keine Betriebsausgaben dar, die Versicherungsleistung ist nicht steuerbar. Wird neben dem privaten Risiko der Erkrankung zugleich aber ein betriebliches Risiko versichert (z. B. die behördlich verfügte Quarantäne gegen einen Arzt), steht § 12 Nr. 1 dem Abzug der hierauf entfallenden Versicherungsbeiträge als Betriebsausgaben nicht entgegen. Maßstab für den anteiligen Betriebsausgabenabzug ist das Verhältnis der Prämien mit und ohne betrieblichen Versicherungsanteil (>BFH vom 19.05.2009 – BStBl II 2010 S. 168).

Preisgelder als Betriebseinnahmen

>BMF vom 05.09.1996 (BStBl I S. 1150) unter Berücksichtigung der Änderung durch BMF vom 23.12.2002 (BStBl I 2003 S. 76)

Provisionen für die Vermittlung von Anteilen an Personengesellschaften

Vergütungen, die ein Vermittler von Beteiligungen an Personengesellschaften von einem Dritten dafür erhält, dass er Dritten Anteile an Personengesellschaften vermittelt, an denen er auch selbst beteiligt ist, sind Betriebseinnahmen im Rahmen seiner gewerblichen Tätigkeit. Sie sind nicht in der Gewinnermittlung der Personengesellschaft zu berücksichtigen (>BFH vom 14.03.2012 – BStBl II S. 498).

Prozesskosten

Prozesskosten die einem Erben im Zusammenhang mit der Anfechtung des Testaments entstehen, stellen auch dann keine Betriebsausgaben dar, wenn zum Nachlass ein Gewerbebetrieb gehört (>BFH vom 17.06.1999 – BStBl II S. 600).

Risikolebensversicherung

Beiträge für eine Risikolebensversicherung sind nicht betrieblich veranlasst, weil dadurch das Leben des Versicherungsnehmers und nicht ein betriebliches Risiko abgesichert wird (>BFH vom 23.04.2013 – BStBl II S. 615).

Schadensersatz als Betriebseinnahme

Bei Schadensersatzleistungen eines Steuerberaters oder seines Haftpflichtversicherers wegen vermeidbar zu viel entrichteter Steuern kommt es entscheidend darauf an, ob die Entrichtung der Steuer zu einer Betriebsausgabe führt oder in die außerbetriebliche Sphäre fällt. Schadensersatz wegen einer zu hohen Einkommensteuerfestsetzung ist daher beim Mandanten keine Betriebseinnahme. Schadensersatz wegen einer zu hohen Körperschaftsteuerfestsetzung ist beim Mandanten Betriebseinnahme (>BFH vom 18.06.1998 – BStBl II S. 621).

§ 4 EStG
H 4.7

Schätzung von Betriebsausgaben
- Von tatsächlich geleisteten Betriebsausgaben kann nur ausgegangen werden, wenn deren betriebliche Veranlassung und Höhe nachgewiesen ist. Gelingt dieser Nachweis der Höhe nach nicht, obwohl offensichtlich Ausgaben angefallen sein müssen, sind die nicht feststellbaren Besteuerungsgrundlagen zu schätzen (§ 162 Abs. 2 Satz 2 AO). Die Schätzung muss insgesamt in sich schlüssig, wirtschaftlich vernünftig und möglich sein. Eine grobe, griffweise Schätzung kann diesen Anforderungen nur genügen, wenn keinerlei Möglichkeiten zur näheren Präzisierung der Schätzungsmethode, wie z. B. durch Anlehnung an die Richtsatzsammlung oder anhand von Erfahrungswerten der Finanzverwaltung bezüglich bestimmten Aufwandes, besteht. Die geltend gemachten Betriebsausgaben sind um angemessene Unsicherheitsabschläge zu kürzen. Nach der Schätzung ist zu prüfen, ob und inwieweit die fehlende Benennung der Zahlungsempfänger gem. § 160 AO dem Abzug der geschätzten Ausgaben entgegensteht (>BFH vom 24.06.1997 – BStBl II 1998 S. 51).
- >Verhältnis von Betriebsausgaben und Werbungskostenpauschale

Schuldzinsen
- Schuldzinsenabzug nach § 4 Abs. 4a
    - >BMF vom 02.11.2018 (BStBl I S. 1207) unter Berücksichtigung der Änderungen durch BMF vom 18.01.2021 (BStBl I S. 119) und vom 05.11.2021 (BStBl I S. 2211)   Anhang 16 I 1
    - >BMF vom 12.06.2006 (BStBl I S. 416) zur Berücksichtigung von vor dem 01.01.1999 enstandenen Unterentnahmen
- Schuldzinsen aus der Finanzierung von
    - Pflichtteilsverbindlichkeiten,
    - Vermächtnisschulden,
    - Erbersatzverbindlichkeiten,
    - Zugewinnausgleichsschulden,
    - Abfindungsschulden nach der Höfeordnung,
    - Abfindungsschulden im Zusammenhang mit der Vererbung eines Anteils an einer Personengesellschaft im Wege der qualifizierten Nachfolgeklausel oder im Wege der qualifizierten Eintrittsklausel,

    dürfen nicht als Betriebsausgaben oder Werbungskosten abgezogen werden (>BMF vom 11.08.1994 – BStBl I S. 603).   Anhang 13 III
- *Schuldzinsen für Kontokorrentkredite >BMF vom 10.11.1993 (BStBl I S. 930)*   *Anhang 16 I 2*
- >H 4.2 (15) Betriebsschuld

§ 4 EStG
H 4.7

Sonderbetriebseinnahmen und -ausgaben
- Erträge und Aufwendungen des Gesellschafters einer in § 15 Abs. 1 Satz 1 Nr. 2 genannten Personengesellschaft, die durch seine Beteiligung an der Gesellschaft veranlasst sind, sind bei ihm als Sonderbetriebseinnahmen oder -ausgaben zu erfassen und müssen auch Eingang in die einheitliche Gewinnfeststellung finden. Von Sonderbetriebsausgaben, die den Gewinnanteil des Gesellschafters mindern, sind die Betriebsausgaben abzugrenzen, die nur den Gewinn des eigenen Gewerbebetriebs des Gesellschafters mindern, z. B. eigene Rechts- und Beratungskosten (>BFH vom 18.05.1995 – BStBl II 1996 S. 295).
- Schuldzinsen für vom Gesellschafter übernommene Darlehensschulden der Mitunternehmerschaft sind als Sonderbetriebsausgaben des Gesellschafters abziehbar, wenn mit der Schuldübernahme eine vom Gesellschafter zu erbringende Einlageverpflichtung erfüllt wird. Wird eine andere Verpflichtung durch die Schuldübernahme erfüllt, liegen Sonderbetriebsausgaben vor, wenn mit der Schuldübernahme eine das Sonderbetriebsvermögen betreffende Verbindlichkeit des Gesellschafters erfüllt wird (>BFH vom 28.10.1999 – BStBl II 2000 S. 390).
- Die Berücksichtigung von Gewinnanteilen eines Unterbeteiligten als Sonderbetriebsausgaben des Hauptbeteiligten setzt voraus, dass der Unterbeteiligte eine Einlage leistet (>BFH vom 07.11.2018 – BStBl II 2019 S. 224).
- >H 15.8 (3) Tätigkeitsvergütungen
- >Eigenprovisionen
- ***Schadensersatzanspruch eines Mitunternehmers bei Prospekthaftung >H 16 (9)***

Sponsoring

Anhang 16 IV >BMF vom 18.02.1998 (BStBl I S. 212)

Steuerberatungskosten

Anhang 16 XIII Zuordnung der Steuerberatungskosten zu den Betriebsausgaben, Werbungskosten oder Kosten der Lebensführung >BMF vom 21.12.2007 (BStBl I 2008 S. 256)

Technische Sicherheitseinrichtung – TSE

Aus Vereinfachungsgründen wird es nicht beanstandet, wenn die Kosten für die nachträgliche erstmalige Ausrüstung bestehender Kassen mit einer TSE und die Kosten für die erstmalige Implementierung der einheitlichen digitalen Schnittstelle eines bestehenden elektronischen Aufzeichnungssystems in voller Höhe sofort als Betriebsausgaben abgezogen werden (>BMF vom 21.08.2020 – BStBl I S. 1047).

§ 4 EStG
H 4.7

Teilentgeltliche Überlassung

Die teilentgeltliche Überlassung von Grundstücken oder Grundstücksteilen aus außerbetrieblichen Gründen ist als Nutzungsentnahme zu behandeln (>BFH vom 24.03.2011 – BStBl II S. 692).

Unentgeltliche Übertragung eines Grundstücks oder Grundstücksteils an eine betriebsfremde Person unter Vorbehalt eines Nutzungsrechts für betriebliche Zwecke

Aufwendungen des Stpfl. im Zusammenhang mit dem betrieblich genutzten Grundstück oder Grundstücksteil sind Betriebsausgaben (>BFH vom 26.10.1987 – BStBl II 1988 S. 348); hierzu gehört auch die AfA auf Anschaffungs- oder Herstellungskosten, die der Stpfl. selbst getragen hat (>BFH vom 16.12.1988 – BStBl II 1989 S. 763 und vom 20.09.1989 – BStBl II 1990 S. 368); Bemessungsgrundlage für die künftige AfA ist der Entnahmewert (Teilwert/Buchwert >R 7.3 Abs. 6, R 7.4 Abs. 11; >BFH vom 20.09.1989 – BStBl II 1990 S. 368).

Veräußerung eines zum Betriebsvermögen gehörenden auch privat genutzten Wirtschaftsguts

Wird ein zum Betriebsvermögen gehörendes Wirtschaftsgut, das teilweise privat genutzt worden ist, veräußert, ist der gesamte Veräußerungserlös Betriebseinnahme (>BFH vom 16.06.2020 – BStBl II S. 845).

Verhältnis von Betriebsausgaben und Werbungskostenpauschale

Aufwendungen für unterschiedliche Einkunftsarten sind – ggf. im Schätzungswege – in Betriebsausgaben und Werbungskosten aufzuteilen und den jeweiligen Einkunftsarten, durch die sie veranlasst sind, zuzuordnen. Der Stpfl. kann keine beliebige Bestimmung treffen und neben der Werbungskostenpauschale sämtliche nachgewiesenen Aufwendungen als Betriebsausgaben geltend machen (>BFH vom 10.06.2008 – BStBl II S. 937).

Veruntreute Betriebseinnahmen

– Veruntreut ein Gesellschafter Betriebseinnahmen der Personengesellschaft, indem er veranlasst, dass in Kundenrechnungen der Gesellschaft ein Konto angegeben wird, von dem die übrigen Gesellschafter keine Kenntnis haben, und verwendet er anschließend die dortigen Zahlungseingänge für private Zwecke, ist die nach Aufdeckung des Vorgangs an die Mitgesellschafter geleistete Ausgleichszahlung nicht betrieblich veranlasst, wenn Inhaber des Kontos die Gesellschaft ist, die Zahlungseingänge als Betriebseinnahme der Gesellschaft behandelt werden und der Gewinn nach dem allgemeinen Schlüssel verteilt wird. Eine betriebliche Veranlassung liegt vor, wenn die veruntreuten Gelder dem Gesellschafter allein als Einkünfte zugerechnet worden sind (>BFH vom 08.06.2000 – BStBl II S. 670).

- Entgehen der Gesellschaft Einnahmen, weil ein Mitunternehmer die der Gesellschaft zustehenden Einnahmen auf ein eigenes Konto leitet, handelt es sich bei den Einnahmen um Sonderbetriebseinnahmen des ungetreuen Mitunternehmers (>BFH vom 22.06.2006 – BStBl II S. 838).
- Unberechtigte Entnahmen führen beim ungetreuen Gesellschafter, anders als im Fall der Umleitung von der Gesellschaft zustehenden Betriebseinnahmen auf das eigene Konto, nicht zu Betriebseinnahmen (>BFH vom 14.12.2000 – BStBl II 2001 S. 238).

VIP-Logen

Anhang 16 XI 1
- Aufwendungen für VIP-Logen in Sportstätten >BMF vom 22.08.2005 (BStBl I S. 845) und BMF vom 19.05.2015 (BStBl I S. 468), Rz. 15, *Anhang 23a LStH*

Anhang 16 XI 2
- Anwendung der Vereinfachungsregelungen auf ähnliche Sachverhalte >BMF vom 11.07.2006 (BStBl I S. 447) und BMF vom 19.05.2015 (BStBl I S. 468), Rz. 15, *Anhang 23a LStH*

Vorweggenommene Betriebsausgaben

- Vorweggenommene Betriebsausgaben sind abziehbar bei ausreichend bestimmbarem Zusammenhang zwischen den Aufwendungen und der Einkunftsart (>BFH vom 15.04.1992 – BStBl II S. 819); die Zahlung einer in einem Ausbildungsverhältnis begründeten Vertragsstrafe kann zu Betriebsausgaben führen (>BFH vom 22.06.2006 – BStBl II 2007 S. 4).
- Zu vorweggenommenen Betriebsausgaben bei Aufwendungen für eine berufliche Fort- und Weiterbildung >BMF vom 22.09.2010 (BStBl I S. 721), *Anhang 9 LStH*
- Zu vorweggenommenen Betriebsausgaben bei vergeblicher Investition in ein betrügerisches Modell über den Erwerb von tatsächlich nicht existierenden Blockheizkraftwerken >BFH vom 07.02.2018 (BStBl II S. 630)

Wahlkampfkosten

Wahlkampfkosten eines Bewerbers um ein ehrenamtliches Stadtratsmandat, aus dem Einkünfte im i. S. d. § 18 Abs. 1 Nr. 3 bezogen werden, können als Betriebsausgaben abzugsfähig sein (>BFH vom 25.01.1996 – BStBl II S. 431).

Zwangsverwaltung

Zur Ermittlung der Einkünfte für den Zeitraum einer Zwangsverwaltung >BMF vom 03.05.2017 (BStBl I S. 718), Rn. 28-32

Rechtsverhältnisse zwischen Angehörigen

R 4.8

Arbeitsverhältnisse zwischen Ehegatten

(1) Arbeitsverhältnisse zwischen Ehegatten können steuerrechtlich nur anerkannt werden, wenn sie ernsthaft vereinbart und entsprechend der Vereinbarung tatsächlich durchgeführt werden.

Arbeitsverhältnisse mit Personengesellschaften

(2) ¹Für die einkommensteuerrechtliche Beurteilung des Arbeitsverhältnisses eines Ehegatten mit einer Personengesellschaft, die von dem anderen Ehegatten auf Grund seiner wirtschaftlichen Machtstellung beherrscht wird, z. B. in der Regel bei einer Beteiligung zu mehr als 50 %, gelten die Grundsätze für die steuerliche Anerkennung von Ehegattenarbeitsverhältnissen im Allgemeinen entsprechend. ²Beherrscht der Mitunternehmer-Ehegatte die Personengesellschaft nicht, kann allgemein davon ausgegangen werden, dass der mitarbeitende Ehegatte in der Gesellschaft die gleiche Stellung wie ein fremder Arbeitnehmer hat und das Arbeitsverhältnis deshalb steuerrechtlich anzuerkennen ist.

Arbeitsverhältnisse zwischen Eltern und Kindern

(3) ¹Für die bürgerlich-rechtliche Wirksamkeit eines Arbeits- oder Ausbildungsvertrages mit einem minderjährigen Kind ist die Bestellung eines Ergänzungspflegers nicht erforderlich. ² >Arbeitsverhältnisse mit Kindern unter 15 Jahren verstoßen jedoch im Allgemeinen gegen das >Jugendarbeitsschutzgesetz; sie sind nichtig und können deshalb auch steuerrechtlich nicht anerkannt werden. ³Die Gewährung freier Wohnung und Verpflegung kann als Teil der Arbeitsvergütung zu behandeln sein, wenn die Leistungen auf arbeitsvertraglichen Vereinbarungen beruhen.

Hinweise

H 4.8

Arbeitsverhältnisse mit Kindern

- >Aushilfstätigkeiten von Kindern
- Beruht die Mitarbeit von Kindern im elterlichen Betrieb auf einem Ausbildungs- oder Arbeitsverhältnis, so gelten für dessen steuerrechtliche Anerkennung den Ehegatten-Arbeitsverhältnissen entsprechende Grundsätze (>BFH vom 10.03.1988 – BStBl II S. 877 und vom 29.10.1997 – BStBl II 1998 S. 149).
- >Bildungsaufwendungen für Kinder
- Ein steuerrechtlich anzuerkennendes Arbeitsverhältnis bei Hilfeleistungen von Kindern im elterlichen Betrieb liegt nicht vor bei geringfügigen oder typischerweise privaten Verrichtungen (>BFH vom 09.12.1993 – BStBl II 1994 S. 298); >Gelegentliche Hilfeleistung.
- >Unterhalt

§ 4 EStG
H 4.8

Arbeitsverhältnisse zwischen Ehegatten
- **Betriebliche Altersversorgung, Direktversicherung**
  >H 4b (Arbeitnehmer-Ehegatten)
- **Der steuerrechtlichen Anerkennung eines Arbeitsverhältnisses steht entgegen:**
  - wenn der Arbeitnehmer-Ehegatte monatlich vom betrieblichen Bankkonto des Arbeitgeber-Ehegatten einen größeren Geldbetrag abhebt und diesen selbst in das benötigte Haushaltsgeld und den ihm zustehenden monatlichen Arbeitslohn aufteilt (>BFH vom 20.04.1989 – BStBl II S. 655),
  - das Fehlen einer Vereinbarung über die Höhe des Arbeitslohns (>BFH vom 08.03.1962 – BStBl III S. 218),
  - die langzeitige Nichtauszahlung des vereinbarten Arbeitslohns zum üblichen Zahlungszeitpunkt; stattdessen z. B. jährliche Einmalzahlung (>BFH vom 14.10.1981 – BStBl II 1982 S. 119). Das gilt auch dann, wenn das Arbeitsverhältnis bereits seit mehreren Jahren ordnungsgemäß durchgeführt wurde und im Veranlagungsjahr Lohnsteuer und Sozialabgaben abgeführt wurden (>BFH vom 25.07.1991 – BStBl II S. 842),
  - das wechselseitige Verpflichtung zur Arbeitsleistung; ein Arbeitsvertrag ist nicht durchführbar, wenn sich Ehegatten, die beide einen Betrieb unterhalten, wechselseitig verpflichten, mit ihrer vollen Arbeitskraft jeweils im Betrieb des anderen tätig zu sein. Wechselseitige Teilzeitarbeitsverträge können jedoch anerkannt werden, wenn die Vertragsgestaltungen insgesamt einem >Fremdvergleich standhalten (>BFH vom 12.10.1988 – BStBl II 1989 S. 354),
  - die Überlassung eines Dienstwagens zur unbeschränkten und selbstbeteiligungsfreien Privatnutzung des Arbeitnehmer-Ehegatten im Rahmen eines geringfügigen Beschäftigungsverhältnisses i. S. d. § 8 Abs. 1 Nr. 1 SGB IV (>BFH vom 10.10.2018 – BStBl II 2019 S. 203).
- **Der steuerrechtlichen Anerkennung eines Arbeitsverhältnisses kann entgegenstehen:**
  - die Arbeitslohnzahlung in Form von Schecks, die der Arbeitnehmer-Ehegatte regelmäßig auf das private Konto des Arbeitgeber-Ehegatten einzahlt (>BFH vom 28.02.1990 – BStBl II S. 548),
  - die Überweisung des Arbeitsentgelts des Arbeitnehmer-Ehegatten auf ein Konto des Arbeitgeber-Ehegatten, über das dem Arbeitnehmer-Ehegatten nur ein Mitverfügungsrecht zusteht (>BFH vom 24.03.1983 – BStBl II S. 663), oder auf ein Bankkonto des Gesellschafterehegatten, über das dem Arbeitnehmer-Ehegatten nur ein Mitverfügungsrecht zusteht (>BFH vom 20.10.1983 – BStBl II 1984 S. 298).

§ 4 EStG
H 4.8

- **Der steuerrechtlichen Anerkennung eines Arbeitsverhältnisses steht nicht entgegen:**
  - die Darlehensgewährung des Arbeitnehmer-Ehegatten an den Arbeitgeber-Ehegatten i. H. d. Arbeitsentgelts ohne rechtliche Verpflichtung, nachdem dieses in die Verfügungsmacht des Arbeitnehmer-Ehegatten gelangt ist. Das gilt auch, wenn der Arbeitnehmer-Ehegatte jeweils im Fälligkeitszeitpunkt über den an ihn ausgezahlten Nettoarbeitslohn ausdrücklich dadurch verfügt, dass er den Auszahlungsanspruch in eine Darlehensforderung umwandelt (>BFH vom 17.07.1984 – BStBl II 1986 S. 48). Werden dagegen Arbeits- und Darlehensvereinbarungen von Ehegatten in einer Weise miteinander verknüpft, dass das Arbeitsentgelt ganz oder teilweise bereits als Darlehen behandelt wird, bevor es in die Verfügungsmacht des Arbeitnehmer-Ehegatten gelangt ist, so ist zur Anerkennung des Arbeitsverhältnisses erforderlich, dass auch der Darlehensvertrag wie ein unter Fremden üblicher Vertrag mit eindeutigen Zins- und Rückzahlungsvereinbarungen abgeschlossen und durchgeführt wird (>BFH vom 23.04.1975 – BStBl II S. 579),
  - die Schenkung – Laufende Überweisung des Arbeitsentgelts auf ein Sparbuch des Arbeitnehmer-Ehegatten, von dem dieser ohne zeitlichen Zusammenhang mit den Lohnzahlungen größere Beträge abhebt und dem Arbeitgeber-Ehegatten schenkt (>BFH vom 04.11.1986 – BStBl II 1987 S. 336),
  - die Teilüberweisung des Arbeitsentgelts als vermögenswirksame Leistungen nach dem Vermögensbildungsgesetz auf Verlangen des Arbeitnehmer-Ehegatten auf ein Konto des Arbeitgeber-Ehegatten oder auf ein gemeinschaftliches Konto beider Ehegatten (>BFH vom 19.09.1975 – BStBl II 1976 S. 81),
  - die Überweisung des Arbeitsentgelts auf ein Bankkonto des Arbeitnehmer-Ehegatten, für das der Arbeitgeber-Ehegatte unbeschränkte Verfügungsvollmacht besitzt (>BFH vom 16.01.1974 – BStBl II S. 294),
  - dass das vereinbarte Arbeitsentgelt unüblich niedrig ist, es sei denn, das Arbeitsentgelt ist so niedrig bemessen, dass es nicht mehr als Gegenleistung für eine begrenzte Tätigkeit des Arbeitnehmer-Ehegatten angesehen werden kann, weil ein rechtsgeschäftlicher Bindungswille fehlt (>BFH vom 22.03.1990 – BStBl II S. 776), >Gehaltsumwandlung, -verzicht,
  - die Zahlung des Arbeitsentgelts auf ein „Oder-Konto" bei im übrigen ernsthaft vereinbarten und tatsächlich durchgeführten Ehegatten-Arbeitsverhältnissen (>BVerfG vom 07.11.1995 – BStBl II 1996 S. 34).
- **Direktversicherung**
  >H 4b (Arbeitnehmer-Ehegatten)

§ 4 EStG
H 4.8

- **Gehaltsumwandlung, -verzicht**
  - Begnügt sich der Arbeitnehmer-Ehegatte mit unangemessen niedrigen Aktivbezügen, ist die Dienstleistung in einen entgeltlichen und einen unentgeltlichen Teil zu zerlegen. Betrieblich veranlasst ist nur der entgeltliche Teil. Verzichtet der Arbeitnehmer-Ehegatte ganz auf sein Arbeitsentgelt, ist von einer in vollem Umfang privat veranlassten familiären Mitarbeit auszugehen. Entsprechendes gilt, wenn ein Arbeitnehmer-Ehegatte ohne entsprechende Absicherung seines Anspruchs zugunsten eines erst viele Jahre später fällig werdenden Ruhegehalts auf seine Aktivbezüge verzichtet (>BFH vom 25.07.1995 – BStBl II 1996 S. 153).
  - >BMF vom 09.01.1986 (BStBl I S. 7)
- **Rückstellungen für Pensionsverpflichtungen**
  - Bei einer Pensionszusage an den Arbeitnehmer-Ehegatten, die an die Stelle einer fehlenden Anwartschaft aus der gesetzlichen Rentenversicherung getreten ist, können sich die Rückstellungsbeträge nicht gewinnmindernd auswirken, soweit die Aufwendungen die wirtschaftliche Funktion der Arbeitnehmerbeiträge haben. Fiktive Arbeitgeberbeiträge in der Zeit zwischen dem Beginn des steuerrechtlich anerkannten Arbeitsverhältnisses und der Erteilung der Pensionszusage können nicht als Betriebsausgaben berücksichtigt werden (>BFH vom 14.07.1989 – BStBl II S. 969).
  - >H 6a (9)
- **Rückwirkung**

  Rückwirkende Vereinbarungen sind steuerrechtlich nicht anzuerkennen (>BFH vom 29.11.1988 – BStBl II 1989 S. 281).
- **Sonderzuwendungen**

  Sonderzuwendungen wie z. B. Weihnachts- und Urlaubsgelder, Sonderzulagen, Tantiemen, können dann als Betriebsausgaben abgezogen werden, wenn sie vor Beginn des Leistungsaustauschs klar und eindeutig vereinbart worden sind und auch einem >Fremdvergleich standhalten (>BFH vom 26.02.1988 – BStBl II S. 606 und vom 10.03.1988 – BStBl II S. 877).
- **Unterarbeitsverhältnis**

  Ist ein Arbeitnehmer wegen anderer beruflicher Verpflichtungen nicht in der Lage, ein Aufgabengebiet in vollem Umfang selbst zu betreuen, kommt ein Ehegatten-Unterarbeitsverhältnis hierüber jedenfalls dann nicht in Betracht, wenn solche Tätigkeiten sonst ehrenamtlich von Dritten unentgeltlich übernommen werden (>BFH vom 22.11.1996 – BStBl II 1997 S. 187).

§ 4 EStG
H 4.8

- **Wertguthabenvereinbarung**
  Schließen Ehegatten im Rahmen eines Arbeitsverhältnisses zusätzlich eine Wertguthabenvereinbarung i. S. d. SGB IV ab, muss für diese gesondert ein Fremdvergleich geprüft werden. Im Rahmen der Gesamtwürdigung ist wesentliches Indiz, ob die Vertragschancen und -risiken fremdüblich verteilt sind. Eine einseitige Verteilung zu Lasten des Arbeitgeber-Ehegatten ist regelmäßig anzunehmen, wenn der Arbeitnehmer-Ehegatte unbegrenzt Wertguthaben ansparen sowie Dauer, Zeitpunkt und Häufigkeit der Freistellungsphasen nahezu beliebig wählen kann (>BFH vom 28.10.2020 – BStBl II 2021 S. 283).
- **Zukunftssicherung**
  Voraussetzungen für die Anerkennung von Maßnahmen zur Zukunftssicherung bei Ehegatten-Arbeitsverhältnissen >H 6a (9) und H 4b (Arbeitnehmer-Ehegatten)

Aushilfstätigkeiten von Kindern
Bei Verträgen über Aushilfstätigkeiten von Kindern ist der >Fremdvergleich im Einzelfall vorzunehmen (>BFH vom 09.12.1993 – BStBl II 1994 S. 298).

Bildungsaufwendungen für Kinder
- Ausbildungs- oder Fortbildungsaufwendungen für Kinder sind i. d. R. nicht abziehbare Lebenshaltungskosten. Aufwendungen für die Fortbildung von im Betrieb mitarbeitenden Kindern (z. B. für den Besuch einer Meisterfachschule) sind Betriebsausgaben, wenn die hierzu getroffenen Vereinbarungen klar und eindeutig sind und nach Inhalt und Durchführung dem zwischen Fremden Üblichen entsprechen, insbesondere auch Bindungsfristen und Rückzahlungsklauseln enthalten (>BFH vom 14.12.1990 – BStBl II 1991 S. 305).
- Aufwendungen für den Meisterlehrgang eines nicht im Betrieb mitarbeitenden Kindes sind nicht allein deshalb Betriebsausgaben, weil sie eine spätere Unternehmensnachfolge vorbereiten sollen (>BFH vom 29.10.1997 – BStBl II 1998 S. 149).
- Die Aufwendungen für die Facharztausbildung des als Nachfolger vorgesehenen Kindes sind ohne den Nachweis, dass sie auch für fremde Dritte im Betrieb des Stpfl. oder üblicherweise in anderen – nach Größe und Branche – vergleichbaren Betrieben getätigt worden wären, nicht betrieblich veranlasst (>BFH vom 06.11.2012 – BStBl II 2013 S. 309).

Darlehensverhältnisse zwischen Angehörigen
- >BMF vom 23.12.2010 (BStBl I 2011 S. 37) unter Berücksichtigung der Änderungen durch BMF vom 29.04.2014 (BStBl I S. 809)   Anhang 2 I
- >Personengesellschaften; – Abtretung
- >Personengesellschaften; – Darlehen
- Vertragsbeziehungen zwischen verschwägerten Personen >Fremdvergleich

§ 4 EStG
H 4.8

- **Schenkungsbegründetes Darlehen**
  - Die Kürze der zwischen Schenkung und Darlehensgewährung liegenden Zeit begründet keine unwiderlegbare Vermutung für die gegenseitige Abhängigkeit der beiden Verträge (>BFH vom 18.01.2001 – BStBl II S. 393 und BMF vom 23.12.2010 – BStBl I 2011 S. 37, Rdnr. 12). Dem gegenüber kann bei einem längeren Abstand zwischen Schenkungs- und Darlehensvertrag eine auf einem Gesamtplan beruhende sachliche Verknüpfung bestehen (>BFH vom 22.01.2002 – BStBl II S. 685).

    Anhang 2 I

  - Geht dem Darlehen eines minderjährigen Kindes an einen Elternteil eine Schenkung des anderen Elternteils voraus, und liegt diesen Rechtsgeschäften ein Gesamtplan der Eltern zur Schaffung von steuerlich abziehbaren Aufwendungen zugrunde (= sachliche Abhängigkeit), so kann hierin auch bei zeitlicher Unabhängigkeit zwischen Schenkung und Darlehen ein Missbrauch von Gestaltungsmöglichkeiten des Rechts (§ 42 AO) liegen (>BFH vom 26.03.1996 – BStBl II S. 443).
  - Ein Darlehensvertrag zwischen einer Personengesellschaft und dem Kind des beherrschenden Gesellschafters über einen Geldbetrag, den das Kind zuvor von diesem geschenkt bekommen hat, ist nicht anzuerkennen, wenn zwischen Schenkung und Darlehensvertrag eine auf einem Gesamtplan beruhende sachliche Verknüpfung besteht (>BFH vom 22.02.2002 – BStBl II S. 685).
- >Sicherung des Darlehensanspruchs
- **Verknüpfung von Arbeits- und Darlehensvereinbarungen zwischen Ehegatten**
  >Arbeitsverhältnisse zwischen Ehegatten, – Der steuerrechtlichen Anerkennung eines Arbeitsverhältnisses steht nicht entgegen, – die Darlehensgewährung

Eheschließung
Mehrere Jahre vor der Ehe abgeschlossene ernsthafte Arbeitsverträge zwischen den Ehegatten sind steuerrechtlich i. d. R. auch nach der Eheschließung anzuerkennen, wenn sich mit der Eheschließung in der Tätigkeit des im Betrieb beschäftigten Ehegatten nichts ändert und auch die Auszahlung des Arbeitsentgelts vor und nach der Heirat in gleicher Weise vollzogen wird (>BFH vom 21.10.1966 – BStBl III 1967 S. 22).

Erbfolgeregelungen

Anhang 13 I
- Ertragsteuerliche Behandlung der Erbengemeinschaft und ihrer Auseinandersetzung >BMF vom 14.03.2006 (BStBl I S. 253) unter Berücksichtigung der Änderungen durch BMF vom 27.12.2018 (BStBl I 2019 S. 11)

Anhang 13 II
- Ertragsteuerliche Behandlung der vorweggenommenen Erbfolge >BMF vom 13.01.1993 (BStBl I S. 80) unter Berücksichtigung der Änderungen durch BMF vom 26.02.2007 (BStBl I S. 269)

§ 4 EStG
H 4.8

- Einkommensteuerrechtliche Behandlung von wiederkehrenden Leistungen im Zusammenhang mit einer Vermögensübertragung >BMF vom 11.03.2010 (BStBl I S. 227) unter Berücksichtigung der Änderungen durch BMF vom 06.05.2016 (BStBl I S. 476) — Anhang 13 IV

Fremdvergleich
- **Angehörigen** steht es frei, ihre Rechtsverhältnisse untereinander so zu gestalten, dass sie steuerlich möglichst günstig sind. Die steuerrechtliche Anerkennung des Vereinbarten setzt voraus, dass die Verträge zivilrechtlich wirksam zustande gekommen sind (>BMF vom 23.12.2010 – BStBl I 2011 S. 37 unter Berücksichtigung der Änderungen durch BMF vom 29.04.2014 – BStBl I S. 809), inhaltlich dem zwischen Fremden Üblichen entsprechen und so auch durchgeführt werden. Maßgebend für die Beurteilung ist die Gesamtheit der objektiven Gegebenheiten. Dabei kann einzelnen dieser Beweisanzeichen je nach Lage des Falles im Rahmen der Gesamtbetrachtung eine unterschiedliche Bedeutung zukommen. Dementsprechend schließt nicht jede Abweichung vom Üblichen notwendigerweise die steuerrechtliche Anerkennung des Vertragsverhältnisses aus. An den Nachweis, dass es sich um ein ernsthaftes Vertragsverhältnis handelt, sind um so strengere Anforderungen zu stellen, je mehr die Umstände auf eine private Veranlassung des Rechtsverhältnisses hindeuten (>BFH vom 28.01.1997 – BStBl II S. 655). — Anhang 2 I
- Auch Vertragsbeziehungen zwischen verschwägerten Personen müssen steuerrechtlich einem Fremdvergleich standhalten (>BFH vom 22.05.2019 – BStBl II S. 795).
- Die Grundsätze des sog. Fremdvergleichs rechtfertigen es nicht, an Stelle der im Vertrag tatsächlich vereinbarten Leistung der Besteuerung eine höhere Gegenleistung unter Hinweis darauf zugrunde zu legen, dass eine solche unter fremden Dritten gefordert (und erbracht) worden wäre (>BFH vom 31.05.2001 – BStBl II S. 756).
- Leistet der als Arbeitnehmer beschäftigte Angehörige unbezahlte Mehrarbeit über seine vertragliche Stundenzahl hinaus, steht dies der Annahme, das Arbeitsverhältnis sei tatsächlich durchgeführt worden, nicht entgegen. Etwas anderes gilt nur, wenn die vereinbarte Vergütung nicht mehr als Gegenleistung für die Tätigkeit des Angehörigen angesehen werden kann und deshalb auf das Fehlen eines Rechtsbindungswillens zu schließen ist (>BFH vom 17.07.2013 – BStBl II S. 1015).
- >H 6a (9)
- **Personengesellschaften** – Die Grundsätze des Fremdvergleichs gelten entsprechend für die Verträge einer Personengesellschaft, die von nahen Angehörigen des anderen Vertragspartners beherrscht wird. Hierbei kommt es auf den rechtlichen und wirtschaftlichen Gehalt des jeweiligen Geschäfts und nicht auf die Bezeichnung durch die Vertragsparteien an (>BFH vom 09.05.1996 – BStBl II S. 642). Schließt eine Personengesellschaft aufeinander abgestimmte Arbeitsverträge mit

den Angehörigen ihrer Gesellschafter, bei denen keiner der Gesellschafter als allein beherrschend angesehen werden kann, ist der Fremdvergleich bei jedem einzelnen Arbeitsvertrag durchzuführen (>BFH vom 20.10.1983 – BStBl II 1984 S. 298). Ein Gesellschafter, der nicht in der Lage ist, für sich allein einen beherrschenden Einfluss auszuüben, ist dann einem beherrschenden Gesellschafter gleichzustellen, wenn er gemeinsam mit anderen Gesellschaftern einen Gegenstand von gemeinsamem Interesse in gegenseitiger Abstimmung regelt (>BFH vom 18.12.2001 – BStBl II 2002 S. 353).
- >Personengesellschaften; – Abtretung
- >Personengesellschaften; – Darlehen
- >Umdeutung
- **Umfang**
  - Der Fremdvergleich ist nur einheitlich für den gesamten Vertrag anzustellen. Das Herauslösen einzelner Vertragsteile, wie z. B. einzelner Tätigkeiten aus einem Arbeitsvertrag, ist nicht möglich. Der Vertrag kann auch nicht mit Blick auf diese Vertragsteile teilweise steuerrechtlich anerkannt werden, wenn der Vertrag im Übrigen dem Fremdvergleich nicht standhält (>BFH vom 09.12.1993 – BStBl II 1994 S. 298),
  - Wird zur Finanzierung eines Kaufvertrags zwischen nahen Angehörigen ein Darlehensvertrag mit einer Bank abgeschlossen, sind die in dem Darlehensvertrag getroffenen Vereinbarungen auch dann nicht in den Fremdvergleich hinsichtlich des Kaufvertrags einzubeziehen, wenn der Verkäufer zugleich Sicherungsgeber ist (>BFH vom 15.10.2002 – BStBl II 2003 S. 243).
  - >Mehrere Verträge zwischen Angehörigen

Gelegentliche Hilfeleistung
Arbeitsverträge über gelegentliche Hilfeleistungen durch Angehörige sind steuerrechtlich nicht anzuerkennen, weil sie zwischen fremden Personen nicht vereinbart worden wären (>BFH vom 09.12.1993 – BStBl II 1994 S. 298).

Gesellschaftsverträge zwischen Angehörigen
- >R 15.9
- >Umdeutung

Gewinnanteile aus geschenkter typisch stiller Beteiligung
Werden Geldbeträge vom Betriebsinhaber an seine minderjährigen Kinder mit der Auflage zugewendet, diese ihm wieder als Einlage im Rahmen einer typisch stillen Beteiligung zur Verfügung zu stellen, sind die Gewinnanteile nicht als Betriebsausgaben abziehbar, wenn eine Verlustbeteiligung ausgeschlossen ist (>BFH vom 21.10.1992 – BStBl II 1993 S. 289).

Mehrere Verträge zwischen Angehörigen
Bei der Prüfung, ob die Leistungsbeziehungen zwischen nahen Angehörigen dem >Fremdvergleich standhalten, sind mehrere zeitlich und sachlich zusammenhängende Verträge nicht isoliert, sondern in ihrer Gesamtheit zu würdigen (>BFH vom 13.12.1995 – BStBl II 1996 S. 180).

Miet- und Pachtverträge zwischen Angehörigen
– >R 21.4
– >Sonstige Rechtsverhältnisse zwischen Angehörigen

Minderjährige Kinder
– **Ergänzungspfleger** – Bei Verträgen zwischen Eltern und minderjährigen Kindern, die nicht Arbeitsverträge sind (>R 4.8 Abs. 3), ist ein Ergänzungspfleger zu bestellen, damit die Vereinbarungen bürgerlich-rechtlich wirksam zustande kommen und so eine klare Trennung bei der Verwaltung des Kindesvermögens und des elterlichen Vermögens gewährleistet ist (>BFH vom 23.04.1992 – BStBl II S. 1024 und BMF vom 30.09.2013 – BStBl I S. 1184, Rz. 4). *Anhang 30 VI*

– **Schwebend unwirksame Verträge, Insichgeschäfte** – Die klaren und ernsthaft gewollten Vereinbarungen (>Fremdvergleich) müssen zu Beginn des maßgeblichen Rechtsverhältnisses oder bei Änderung des Verhältnisses für die Zukunft getroffen werden. Ein Insichgeschäft i. S. d. § 181 BGB ist solange – schwebend – unwirksam, bis die Wirksamkeit z. B. durch Bestellung eines Ergänzungspflegers oder mit Erreichen der Volljährigkeit eines minderjährigen Kindes nachgeholt wird. Die nachträgliche Genehmigung des Rechtsgeschäftes hat zivilrechtlich zur Folge, dass die schwebende Unwirksamkeit des Vertrages rückwirkend entfällt (§ 108 Abs. 3, § 184 Abs. 1 BGB). Im Regelfall sind die steuerrechtlichen Folgerungen erst von dem Zeitpunkt an zu ziehen, zu dem die schwebende Unwirksamkeit entfallen ist (>BFH vom 31.10.1989 – BStBl II 1992 S. 506), es sei denn, die steuerrechtliche Rückwirkung ist ausdrücklich gesetzlich zugelassen (§ 41 Abs. 1 AO).

Nichteheliche Lebensgemeinschaften
Die für die steuerrechtliche Beurteilung von Verträgen zwischen Ehegatten geltenden Grundsätze können nicht auf Verträge zwischen Partner einer nichtehelichen Lebensgemeinschaft – ausgenommen eingetragene Lebenspartnerschaften – übertragen werden (>BFH vom 14.04.1988 – BStBl II S. 670); >R 21.4.

Personengesellschaften
– **Abtretung** – Tritt der Gesellschafter einer Personengesellschaft ihm gegen die Gesellschaft zustehende Darlehensansprüche zur Ablösung von Pflichtteilsansprüchen an einen Angehörigen ab, der die Beträge der Gesellschaft weiterhin als Darlehen belässt, so sind die an den

§ 4 EStG
H 4.8

neuen Darlehensgläubiger gezahlten Darlehenszinsen Betriebsausgaben der Personengesellschaft. Der Betriebsausgabenabzug kann nicht vom Ergebnis eines >Fremdvergleichs hinsichtlich der Darlehensbedingungen abhängig gemacht werden, wenn der Abtretende die Gesellschaft nicht beherrscht (>BFH 15.12.1988 – BStBl II 1989 S. 500).

- >Arbeitsverhältnisse zwischen Ehegatten
- >Darlehensverhältnisse zwischen Angehörigen
- >Fremdvergleich
- **Vermögen einer Personengesellschaft** kann nicht als Vermögen des Gesellschafterehegatten angesehen werden. Deshalb liegt ein Vermögenszugang beim Arbeitnehmer-Ehegatten auch dann vor, wenn das Arbeitsentgelt auf ein gemeinschaftliches Konto der Ehegatten überwiesen wird, über das jeder Ehegatte ohne Mitwirkung des anderen verfügen kann (>BFH vom 24.03.1983 – BStBl II S. 663).
- Keine betriebliche Veranlassung bei Vergabe eines zinslosen und ungesicherten **Darlehens** durch eine Personengesellschaft an ihren Gesellschafter. Die Frage der betrieblichen Veranlassung der Geldhingabe ist auf der Grundlage eines Fremdvergleichs zu beurteilen (>BFH vom 09.05.1996 – BStBl II S. 642). Wird neben dem (festen) Kapitalkonto lediglich ein weiteres Konto zur Erfassung von Gewinnen, Einlagen und Entnahmen der Gesellschafter geführt, handelt es sich nicht um ein Darlehenskonto, wenn auf dem Konto auch Verluste verbucht werden (>BFH vom 27.06.1996 – BStBl II 1997 S. 36).
- >Sicherung des Darlehensanspruchs
- Unterbeteiligung von Kindern an einer vermögensverwaltenden Personengesellschaft >H 21.6 (Unterbeteiligung an einer Personengesellschaft)

Rechtsfolgen bei fehlender Anerkennung

- Ist ein **Arbeitsverhältnis** steuerrechtlich nicht anzuerkennen, so sind Lohnzahlungen einschl. einbehaltener und abgeführter Lohn- und Kirchensteuerbeträge, für den mitarbeitenden Ehegatten einbehaltene und abgeführte Sozialversicherungsbeiträge (Arbeitgeber- und Arbeitnehmeranteil) und vermögenswirksame Leistungen, die der Arbeitgeber-Ehegatte nach dem Vermögensbildungsgesetz erbringt, nicht als Betriebsausgaben abziehbar (>BFH vom 08.02.1983 – BStBl II S. 496 und vom 10.04.1990 – BStBl II S. 741).
- Zinsen aus einem ertragsteuerlich nicht anzuerkennenden **Darlehen** unter nahen Angehörigen sind keine Betriebsausgaben; beim Empfänger sind sie keine Einkünfte aus Kapitalvermögen (>BFH vom 02.08.1994 – BStBl II 1995 S. 264).

Scheidungsklausel

Erwirbt ein Ehegatte (A) mit vom anderen Ehegatten (B) geschenkten Mitteln ein Grundstück, welches für betriebliche Zwecke an B vermietet wird, begründet weder die Schenkung der Mittel, die Vereinbarung zwischen den

Ehegatten für den Fall der Beendigung des Güterstandes auf andere Weise als den Tod, das erworbene Grundstück auf den anderen Ehegatten zu übertragen (sog. Scheidungsklausel), noch die B eingeräumte Möglichkeit zu seinen Gunsten oder zugunsten eines Dritten eine Auflassungsvormerkung in das Grundbuch eintragen zu lassen, wirtschaftliches Eigentum des B (>BFH vom 04.02.1998 – BStBl II S. 542).

Schenkung
- >Arbeitsverhältnisse zwischen Ehegatten; – Der steuerrechtlichen Anerkennung eines Arbeitsverhältnisses steht nicht entgegen; – Schenkung
- >Darlehensverhältnisse zwischen Angehörigen; – Schenkungsbegründetes Darlehen

Sicherung des Darlehensanspruchs
- Bei einem Darlehen einer Personengesellschaft an ihren Gesellschafter kann nicht ein künftiger Gewinnanteil des Gesellschafters als Sicherheit angesehen werden. Unüblich ist auch die Unverzinslichkeit eines Darlehens (>BFH vom 09.05.1996 – BStBl II S. 642).
- Die fehlende verkehrsübliche Sicherung des Darlehensanspruchs wird bei langfristigen Darlehen zwischen nahen Angehörigen als Indiz für die außerbetriebliche Veranlassung des Darlehens gewertet, wobei als langfristig jedenfalls Darlehen mit einer Laufzeit von mehr als vier Jahren angesehen werden (>BFH vom 09.05.1996 – BStBl II S. 642). Eine langfristige Darlehensvereinbarung zwischen Eltern und Kindern kann trotz teilweise fehlender Sicherheiten steuerrechtlich anerkannt werden, wenn die Kinder bei Darlehensabschluss bereits volljährig sind, nicht mehr im Haushalt der Eltern leben und wirtschaftlich von den Eltern unabhängig sind (>BFH vom 18.12.1990 – BStBl II 1991 S. 911).

Sonstige Rechtsverhältnisse zwischen Angehörigen
- Für die einkommensteuerrechtliche Beurteilung von Miet- und Pachtverträgen, Darlehensverträgen und ähnlichen Verträgen sind die Grundsätze zur steuerlichen Anerkennung von Ehegatten-Arbeitsverhältnissen entsprechend anzuwenden (>BFH vom 28.01.1997 – BStBl II S. 655).
- >Fremdvergleich

Umdeutung
Die steuerliche Beurteilung muss von dem ausgehen, was die Stpfl. rechtsgültig vereinbart haben, und zwar auch dann, wenn die Vereinbarung aus privater Veranlassung von dem abweicht, was unter fremden Dritten üblich ist. Haben die Beteiligten einen Gesellschaftsvertrag über eine Unterbeteiligung abgeschlossen, und kann der Gesellschaftsvertrag wegen der nicht fremdüblichen Ausgestaltung zu Lasten der Unterbeteiligung steuerlich nicht anerkannt werden, kann an die Stelle des wirksam abgeschlossenen

§ 4 EStG
R 4.9 H 4.8, 4.9

Gesellschaftsvertrags für die steuerliche Beurteilung **nicht** ein tatsächlich **nicht** existenter Vertrag über ein partiarisches Darlehen gesetzt werden (>BFH vom 06.07.1995 – BStBl II 1996 S. 269).

Unterhalt
Beschränkt sich der Stpfl. darauf, dem mitarbeitenden Kind Unterhalt zu gewähren (Beköstigung, Bekleidung, Unterkunft und Taschengeld), so liegen steuerlich nicht abziehbare Lebenshaltungskosten vor (>BFH vom 19.08.1971 – BStBl II 1972 S. 172).

Wirtschaftsüberlassungsvertrag
Anhang 13 IV
– Bei nach dem 31.12.2007 abgeschlossenen Wirtschaftsüberlassungsverträgen liegt keine begünstigte Vermögensübertragung im Zusammenhang mit Versorgungsleistungen vor (>BMF vom 11.03.2010 – BStBl I S. 227, Rz. 22, 81).
– Die auf einem nach dem 31.12.2007 abgeschlossenen Wirtschaftsüberlassungsvertrag beruhenden Leistungen können als Betriebsausgaben abziehbar sein. Dies gilt auch, wenn einzelne Regelungen im Wirtschaftsüberlassungsvertrag einem Fremdvergleich nicht standhalten, solange diesen nicht ein derartiges Gewicht zukommt, dass dies unter Berücksichtigung des Gesamtbilds der Verhältnisse die Nichtanerkennung des gesamten Vertragsverhältnisses rechtfertigt (>BFH vom 12.07.2017 – BStBl II 2018 S. 461).

Wohnungsüberlassung an geschiedenen oder dauernd getrennt lebenden Ehegatten
>H 21.4 (Vermietung an Unterhaltsberechtigte)

R 4.9

Abziehbare Steuern
– unbesetzt –

H 4.9

Hinweise

Änderung von bestandskräftigen Veranlagungen
Mehrbeträge an abziehbaren Steuern, die sich durch eine Betriebsprüfung ergeben haben, sind für sich allein keine neuen Tatsachen i. S. d. § 173 Abs. 1 Nr. 2 AO, die eine Änderung der bestandskräftigen Veranlagungen der Jahre rechtfertigen würden, zu denen die >Mehrsteuern wirtschaftlich gehören (>BFH vom 10.08.1961 – BStBl III S. 534).

Mehrsteuern
Ändern sich die Mehrsteuern bis zur Bestandskraft der Veranlagungen, sind die Änderungen bei diesen Veranlagungen zu berücksichtigen (>BFH vom 19.12.1961 – BStBl III 1962 S. 64).

§ 4 EStG
H 4.9, 4.10 (1) **R 4.10**

Rückstellung für künftige Steuernachforderungen
Die Behauptung des Stpfl., dass nach allgemeiner Erfahrung bei einer Betriebsprüfung mit Steuernachforderungen zu rechnen ist, rechtfertigt nicht die Bildung einer Rückstellung (>BFH vom 13.01.1966 – BStBl III S. 189). Abzugsfähige Steuern sind i. d. R. dem Jahr zu belasten, zu dem sie wirtschaftlich gehören (>BFH vom 03.12.1969 – BStBl II 1970 S. 229). Dagegen ist eine Rückstellung für hinterzogene Steuern bis zur Bilanzaufstellung erst zu dem Bilanzstichtag zu bilden, zu dem der Stpfl. mit der Aufdeckung der Steuerhinterziehung rechnen musste, bei einer Außen- oder Steuerfahndungsprüfung frühestens mit der Beanstandung einer bestimmten Sachbehandlung durch den Prüfer (>BFH vom 27.11.2001 – BStBl II 2002 S. 731 und vom 22.08.2012 – BStBl II 2013 S. 76).

Geschenke, Bewirtung, andere die Lebensführung berührende Betriebsausgaben

R 4.10

Allgemeines

R 4.10 (1)

(1) [1]Durch § 4 Abs. 5 Satz 1 Nr. 1 bis 7 i. V. m. Abs. 7 EStG wird der Abzug von betrieblich veranlassten Aufwendungen, die die Lebensführung des Stpfl. oder anderer Personen berühren, eingeschränkt. [2]Vor Anwendung dieser Vorschriften ist stets zu prüfen, ob die als Betriebsausgaben geltend gemachten Aufwendungen z. B. für Repräsentation, Bewirtung und Unterhaltung von Geschäftsfreunden, Reisen, Kraftfahrzeughaltung bereits zu den nicht abziehbaren Kosten der Lebensführung i. S. d. § 12 Nr. 1 EStG gehören. [3]Die nach § 4 Abs. 5 und 7 EStG nicht abziehbaren Betriebsausgaben sind keine Entnahmen i. S. d. § 4 Abs. 1 Satz 2 EStG.

Hinweise

H 4.10 (1)

Abgrenzung
Zur Abgrenzung der Betriebsausgaben von den Lebenshaltungskosten >H 12.1 und H 12.2

Ähnliche Zwecke i. S. d. § 4 Abs. 5 Satz 1 Nr. 4
– Unter den Begriff der Aufwendungen für ähnliche Zwecke fallen Aufwendungen, die der sportlichen Betätigung, der Unterhaltung von Geschäftsfreunden, der Freizeitgestaltung oder der Repräsentation des Stpfl. dienen. Die Ähnlichkeit mit den im Gesetz genannten Zwecken (Jagd, Fischerei, Segel- oder Motorjacht) kann sich entweder aus Besonderheiten hinsichtlich des Ortes und Rahmens der Veranstaltung (Beschaffenheit, Lage, Ausstattung) oder einem besonderen qualitativ hochwertigen Unterhaltungsprogramm am Ort der Veranstaltung ergeben (>BFH vom 13.07.2016 – BStBl II 2017 S. 161).
– >Golfturnier

§ 4 EStG
H 4.10 (1)

Ferienwohnung

Mehraufwendungen für Verpflegung und Reisekosten im Zusammenhang mit einem mehrwöchigen Aufenthalt in der eigenen, sonst gewerblich genutzten Ferienwohnung sind nur dann Betriebsausgaben, wenn der Aufenthalt während der normalen Arbeitszeit vollständig mit Arbeiten für die Wohnung ausgefüllt war (>BFH vom 25.11.1993 – BStBl II 1994 S. 350).

Golfturnier

– Die Aufwendungen für die Durchführung eines Golfturniers einschl. der Aufwendungen für die Bewirtung der Turnierteilnehmer und Dritter im Rahmen einer sich an das Golfturnier anschließenden Abendveranstaltung sind nicht abziehbare Betriebsausgaben gem. § 4 Abs. 5 Satz 1 Nr. 4. Dies gilt auch dann, wenn beide Veranstaltungen auch dem Zweck dienen, Spenden für die Finanzierung einer Wohltätigkeitsveranstaltung zu generieren (>BFH vom 16.12.2015 – BStBl II 2017 S. 224).

– Das Betriebsausgabenabzugsverbot nach § 4 Abs. 5 Satz 1 Nr. 4 gilt nicht für Aufwendungen im Zusammenhang mit einer Golfturnierreihe mit freier Teilnahmemöglichkeit für jeden Interessenten, zu deren Finanzierung sich ein Brauereibetrieb gegenüber seinen Geschäftspartnern, denen die organisatorische Verantwortung der Veranstaltung obliegt (hier: Vereine/Gastronomiebetriebe), im Rahmen von Bierliefervereinbarungen vertraglich verpflichtet (>BFH vom 14.10.2015 – BStBl II 2017 S. 222).

Häusliches Arbeitszimmer

– >BMF vom 06.10.2017 (BStBl I S. 1320), **Anhang 19 I LStH**
– Zur Ermittlung des Gewinns bei Veräußerung oder Betriebsaufgabe >H 4.7 (Häusliches Arbeitszimmer)

Segel- oder Motorjachten

– Segel- oder Motorjachten als „schwimmendes Konferenzzimmer" >BFH vom 03.02.1993 (BStBl II S. 367)
– Aufwendungen für Wege zwischen Wohnung und Betriebsstätte >H 4.12 (Motorboot)
– Die Anwendbarkeit des Abzugsverbots nach § 4 Abs. 5 Satz 1 Nr. 4 hängt nicht von der Art des Wasserfahrzeugs, sondern von dessen konkreter Bestimmung ab, wobei die Bestimmung durch den Fahrzeugtyp indiziert sein kann (>BFH vom 10.05.2001 – BStBl II S. 575).
– Kosten für eine Schiffsreise (z. B. für eine sog. Regattabegleitfahrt) mit Geschäftspartnern sind nicht als Betriebsausgaben abziehbar, wenn ein Zusammenhang mit der Unterhaltung der Teilnehmer oder der Repräsentation des Unternehmens nicht ausgeschlossen werden kann (>BFH vom 02.08.2012 – BStBl II S. 824).

§ 4 EStG
H 4.10 (1) R 4.10

Sozialeinrichtungen
§ 4 Abs. 5 ist nach seinem Sinn und Zweck nicht auf Aufwendungen für betriebliche Sozialeinrichtungen anwendbar (>BFH vom 30.07.1980 – BStBl II 1981 S. 58).

Veräußerung von Wirtschaftsgütern i. S. d. § 4 Abs. 5
Zur Berechnung des Veräußerungsgewinns ist als Buchwert der Wert anzusetzen, der sich unter Berücksichtigung der Absetzungen ergibt, die nicht abziehbare Aufwendungen i. S. d. § 4 Abs. 5 oder 7 waren (>BFH vom 12.12.1973 – BStBl II 1974 S. 207).

VIP-Logen
– Aufwendungen für VIP-Logen in Sportstätten >BMF vom 22.08.2005 (BStBl I S. 845) und BMF vom 19.05.2015 (BStBl I S. 468), Rz. 15, *Anhang 23a LStH* *Anhang 16 XI 1*

– Anwendung der Vereinfachungsregelungen auf ähnliche Sachverhalte >BMF vom 11.07.2006 (BStBl I S. 447) und BMF vom 19.05.2015 (BStBl I S. 468), Rz. 15, *Anhang 23a LStH* *Anhang 16 XI 2*

Geschenke R 4.10 (2)

(2) [1]Nach § 4 Abs. 5 Satz 1 Nr. 1 EStG dürfen Aufwendungen für betrieblich veranlasste Geschenke (>Geschenk) an natürliche Personen, die nicht Arbeitnehmer des Stpfl. sind, oder an juristische Personen grundsätzlich nicht abgezogen werden. [2]Personen, die zu dem Stpfl. auf Grund eines Werkvertrages oder eines Handelsvertretervertrages in ständiger Geschäftsbeziehung stehen, sind den Arbeitnehmern des Stpfl. nicht gleichgestellt. [3]Entstehen die Aufwendungen für ein Geschenk in einem anderen Wirtschaftsjahr als dem, in dem der Gegenstand geschenkt wird, und haben sich die Aufwendungen in dem Wirtschaftsjahr, in dem sie gemacht wurden, gewinnmindernd ausgewirkt, ist, wenn ein Abzug nach § 4 Abs. 5 Satz 1 Nr. 1 EStG ausgeschlossen ist, im Wirtschaftsjahr der Schenkung eine entsprechende Gewinnerhöhung vorzunehmen. [4]Das Abzugsverbot greift nicht, wenn die zugewendeten Wirtschaftsgüter beim Empfänger ausschließlich betrieblich genutzt werden können.

(3) [1]Zu den Anschaffungs- oder Herstellungskosten eines Geschenks zählen auch die Kosten einer Kennzeichnung des Geschenks als Werbeträger sowie die Umsatzsteuer (>§ 9b EStG), wenn der Abzug als Vorsteuer ohne Berücksichtigung des § 15 Abs. 1a UStG ausgeschlossen ist; Verpackungs- und Versandkosten gehören nicht dazu. [2]Übersteigen die Anschaffungs- oder Herstellungskosten eines Geschenks an einen Empfänger oder, wenn an einen Empfänger im Wirtschaftsjahr mehrere Geschenke gegeben werden, die Anschaffungs- oder Herstellungskosten aller Geschenke an diesen Empfänger die Freigrenze gem. § 4 Abs. 5 Satz 1 Nr. 1 EStG, entfällt der Abzug in vollem Umfang. R 4.10 (3)

§ 4 EStG
R 4.10 H 4.10 (2-4)

R 4.10 (4) (4) ¹Ein >Geschenk setzt eine unentgeltliche Zuwendung an einen Dritten voraus. ²Die Unentgeltlichkeit ist nicht gegeben, wenn die Zuwendung als Entgelt für eine bestimmte Gegenleistung des Empfängers anzusehen ist. ³Sie wird jedoch nicht schon dadurch ausgeschlossen, dass mit der Zuwendung der Zweck verfolgt wird, Geschäftsbeziehungen zu sichern oder zu verbessern oder für ein Erzeugnis zu werben. ⁴Ein Geschenk i. S. d. § 4 Abs. 5 Satz 1 Nr. 1 EStG ist danach regelmäßig anzunehmen, wenn ein Stpfl. einem Geschäftsfreund oder dessen Beauftragten ohne rechtliche Verpflichtung und ohne zeitlichen oder sonstigen unmittelbaren Zusammenhang mit einer Leistung des Empfängers eine Bar- oder Sachzuwendung gibt. ⁵Keine Geschenke sind beispielsweise

1. Kränze und Blumen bei Beerdigungen,
2. Spargeschenkgutscheine der Kreditinstitute und darauf beruhende Gutschriften auf dem Sparkonto anlässlich der Eröffnung des Sparkontos oder weitere Einzahlungen,
3. Preise anlässlich eines Preisausschreibens oder einer Auslobung.

⁶Zu den Geschenken i. S. d. § 4 Abs. 5 Satz 1 Nr. 1 EStG rechnen ebenfalls nicht die Bewirtung, die damit verbundene Unterhaltung und die Beherbergung von Personen aus geschäftlichem Anlass (>Absätze 5 ff.).

H 4.10 (2-4)

Hinweise

Freigrenze für Geschenke nach § 4 Abs. 5 Satz 1 Nr. 1
>H 9b

Geschenk
Ob eine Vermögenszuwendung unentgeltlich als Geschenk oder entgeltlich gemacht wird, entscheidet nach bürgerlichem Recht die hierüber zwischen den Beteiligten getroffene Vereinbarung. Ein Geschenk liegt nur vor, wenn beide Seiten über die Unentgeltlichkeit einig sind. Daher liegt schon dann kein Geschenk vor, wenn eine Seite von der Entgeltlichkeit der Zuwendung ausgeht (>BFH vom 23.06.1993 – BStBl II S. 806).

Selbständige Tätigkeit eines Angestellten
Übt ein Angestellter unter Mithilfe anderer Angestellter desselben Arbeitgebers auch eine selbständige Tätigkeit aus, handelt es sich bei diesen Mitarbeitern nicht um Arbeitnehmer des Angestellten und zugleich selbständig Tätigen (>BFH vom 08.11.1984 – BStBl II 1985 S. 286).

R 4.10 (5) **Bewirtung und Bewirtungsaufwendungen**
(5) ¹Eine >Bewirtung i. S. d. § 4 Abs. 5 Satz 1 Nr. 2 EStG liegt vor, wenn Personen beköstigt werden. ²Dies ist stets dann der Fall, wenn die Darreichung von Speisen und/oder Getränken eindeutig im Vordergrund steht. ³Bewirtungsaufwendungen sind Aufwendungen für den Verzehr von Spei-

sen, Getränken und sonstigen Genussmitteln. ⁴Dazu können auch Aufwendungen gehören, die zwangsläufig im Zusammenhang mit der Bewirtung anfallen, wenn sie im Rahmen des insgesamt geforderten Preises von untergeordneter Bedeutung sind, wie z. B. Trinkgelder und Garderobengebühren. ⁵Die Beurteilung der Art der Aufwendungen richtet sich grundsätzlich nach der Hauptleistung. ⁶Werden dem bewirtenden Stpfl. die Bewirtungsaufwendungen im Rahmen eines Entgelts ersetzt (z. B. bei einer Seminargebühr oder einem Beförderungsentgelt), unterliegen diese Aufwendungen nicht der in § 4 Abs. 5 Satz 1 Nr. 2 EStG festgelegten Kürzung. ⁷Dies gilt nur, wenn die Bewirtung in den Leistungsaustausch einbezogen ist. ⁸Die nach § 15 Abs. 1a UStG nichtabziehbare Vorsteuer unterliegt dem Abzugsverbot des § 12 Nr. 3 EStG.
⁹Keine Bewirtung liegt vor bei

1. Gewährung von Aufmerksamkeiten in geringem Umfang (wie Kaffee, Tee, Gebäck), z. B. anlässlich betrieblicher Besprechungen, wenn es sich hierbei um eine übliche Geste der Höflichkeit handelt; die Höhe der Aufwendungen ist dabei nicht ausschlaggebend,
2. Produkt-/Warenverkostungen, z. B. im Herstellungsbetrieb, beim Kunden, beim (Zwischen-)Händler, bei Messeveranstaltungen; hier besteht ein unmittelbarer Zusammenhang mit dem Verkauf der Produkte oder Waren. ²Voraussetzung für den unbeschränkten Abzug ist, dass nur das zu veräußernde Produkt und ggf. Aufmerksamkeiten (z. B. Brot anlässlich einer Weinprobe) gereicht werden. ³Diese Aufwendungen können als Werbeaufwand unbeschränkt als Betriebsausgaben abgezogen werden. ⁴Entsprechendes gilt, wenn ein Dritter mit der Durchführung der Produkt-/Warenverkostung beauftragt war.

¹⁰Solche Aufwendungen können unbegrenzt als Betriebsausgaben abgezogen werden.

Betrieblicher und geschäftlicher Anlass

(6) ¹Betrieblich veranlasste Aufwendungen für die Bewirtung von Personen können geschäftlich oder nicht geschäftlich (>Absatz 7) bedingt sein. ²Ein geschäftlicher Anlass besteht insbesondere bei der Bewirtung von Personen, zu denen schon Geschäftsbeziehungen bestehen oder zu denen sie angebahnt werden sollen. ³Auch die Bewirtung von Besuchern des Betriebs, z. B. im Rahmen der Öffentlichkeitsarbeit ist geschäftlich veranlasst. ⁴Bei geschäftlichem Anlass sind die Bewirtungsaufwendungen nach § 4 Abs. 5 Satz 1 Nr. 2 Satz 1 EStG nicht zum Abzug zugelassen, soweit sie den dort genannten Prozentsatz der angemessenen und nachgewiesenen Aufwendungen übersteigen. ⁵Hierbei sind zunächst folgende Kosten auszuscheiden:

1. Teile der Bewirtungskosten, die privat veranlasst sind;
2. Teile der Bewirtungsaufwendungen, die nach allgemeiner Verkehrsauffassung als unangemessen anzusehen sind (>Angemessenheit);
3. Bewirtungsaufwendungen, deren Höhe und betriebliche Veranlassung nicht nachgewiesen sind (>Absatz 8);

R 4.10 (6)
Anhang 16 II

§ 4 EStG
R 4.10

4. Bewirtungsaufwendungen, die wegen Verletzung der besonderen Aufzeichnungspflichten nicht abgezogen werden können (>§ 4 Abs. 7 EStG, R 4.11);
5. Aufwendungen, die nach ihrer Art keine Bewirtungsaufwendungen sind (z. B. Kosten für eine Musikkapelle anlässlich einer Informations- oder Werbeveranstaltung und andere Nebenkosten), es sei denn, sie sind von untergeordneter Bedeutung (z. B. Trinkgelder >Absatz 5); solche Aufwendungen sind in vollem Umfang abziehbar, wenn die übrigen Voraussetzungen vorliegen.

[6] Die verbleibenden Aufwendungen fallen unter die Abzugsbegrenzung. [7] Die Abzugsbegrenzung gilt bei der Bewirtung von Personen aus geschäftlichem Anlass auch für den Teil der Aufwendungen, der auf den an der Bewirtung teilnehmenden Stpfl. oder dessen Arbeitnehmer entfällt. [8] Aufwendungen für die Bewirtung von Personen aus geschäftlichem Anlass in der Wohnung des Stpfl. gehören regelmäßig nicht zu den Betriebsausgaben, sondern zu den Kosten der Lebensführung (§ 12 Nr. 1 EStG). [9] Bei Bewirtungen in einer betriebseigenen Kantine wird aus Vereinfachungsgründen zugelassen, dass die Aufwendungen nur aus den Sachkosten der verabreichten Speisen und Getränke sowie den Personalkosten ermittelt werden; es ist nicht zu beanstanden, wenn – im Wirtschaftsjahr einheitlich – je Bewirtung ein Betrag von 15 Euro angesetzt wird, wenn dieser Ansatz nicht zu einer offenbar unzutreffenden Besteuerung führt. [10] Unter dem Begriff „betriebseigene Kantine" sind alle betriebsinternen Einrichtungen zu verstehen, die es den Arbeitnehmern des Unternehmens ermöglichen, Speisen und Getränke einzunehmen, und die für fremde Dritte nicht ohne weiteres zugänglich sind. [11] Auf die Bezeichnung der Einrichtung kommt es nicht an; zu Kantinen können deshalb auch Einrichtungen gehören, die im Betrieb als „Casino" oder „Restaurant" bezeichnet werden.

R 4.10 (7)

(7) [1] Nicht geschäftlich, sondern allgemein betrieblich veranlasst ist ausschließlich die Bewirtung von Arbeitnehmern des bewirtenden Unternehmens. [2] Geschäftlich veranlasst ist danach die Bewirtung von Arbeitnehmern von gesellschaftsrechtlich verbundenen Unternehmen (z. B. Mutter- oder Tochterunternehmen) und mit ihnen vergleichbaren Personen. [3] Nur in dem Maße, wie die Aufwendungen auf die nicht geschäftlich veranlasste Bewirtung von Arbeitnehmern des bewirtenden Unternehmens entfallen, können sie unbegrenzt abgezogen werden. [4] Bei Betriebsfesten ist die Bewirtung von Angehörigen oder von Personen, die zu ihrer Gestaltung beitragen, unschädlich.

R 4.10 (8) **Nachweis**

Anhang 16 II

(8) [1] Der Nachweis der Höhe und der betrieblichen Veranlassung der Aufwendungen durch schriftliche Angaben zu Ort, Tag, Teilnehmer und Anlass der Bewirtung sowie Höhe der Aufwendungen ist gesetzliches Tatbestandsmerkmal für den Abzug der Bewirtungsaufwendungen als Betriebsausgaben. [2] Bei Bewirtung in einer Gaststätte genügen neben der beizufügenden Rechnung Angaben zu dem Anlass und den Teilnehmern der Be-

§ 4 EStG
H 4.10 (5-9) **R 4.10**

wirtung; auch hierbei handelt es sich um ein gesetzliches Tatbestandsmerkmal für den Abzug der Bewirtungsaufwendungen als Betriebsausgaben. ³Aus der Rechnung müssen sich Name und Anschrift der Gaststätte sowie der Tag der Bewirtung ergeben. ⁴Die Rechnung muss auch den Namen des bewirtenden Stpfl. enthalten; dies gilt nicht, wenn der Gesamtbetrag der Rechnung 150 Euro¹) nicht übersteigt. ⁵Die schriftlichen Angaben können auf der Rechnung oder getrennt gemacht werden. ⁶Erfolgen die Angaben getrennt von der Rechnung, müssen das Schriftstück über die Angaben und die Rechnung grundsätzlich zusammengefügt werden. ⁷Ausnahmsweise genügt es, den Zusammenhang dadurch darzustellen, dass auf der Rechnung und dem Schriftstück über die Angaben Gegenseitigkeitshinweise angebracht werden, so dass Rechnung und Schriftstück jederzeit zusammengefügt werden können. ⁸Die Rechnung muss den Anforderungen des § 14 UStG genügen und maschinell erstellt und registriert sein. ⁹Die in Anspruch genommenen Leistungen sind nach Art, Umfang, Entgelt und Tag der Bewirtung in der Rechnung gesondert zu bezeichnen; die für den Vorsteuerabzug ausreichende Angabe „Speisen und Getränke" und die Angabe der für die Bewirtung in Rechnung gestellten Gesamtsumme sind für den Betriebsausgabenabzug nicht ausreichend.

(9) ¹Zur Bezeichnung der Teilnehmer der Bewirtung ist grundsätzlich die Angabe ihres Namens erforderlich.² Auf die Angabe der Namen kann jedoch verzichtet werden, wenn ihre Feststellung dem Stpfl. nicht zugemutet werden kann. ³Das ist z. B. bei Bewirtungen anlässlich von Betriebsbesichtigungen durch eine größere Personenzahl und bei vergleichbaren Anlässen der Fall. ⁴In diesen Fällen sind die Zahl der Teilnehmer der Bewirtung sowie eine die Personengruppe kennzeichnende Sammelbezeichnung anzugeben. ⁵Die Angaben über den Anlass der Bewirtung müssen den Zusammenhang mit einem geschäftlichen Vorgang oder einer Geschäftsbeziehung erkennen lassen.

R 4.10 (9)

Hinweise

H 4.10 (5-9)

Angemessenheit
- Die Angemessenheit ist vor allem nach den jeweiligen Branchenverhältnissen zu beurteilen (>BFH vom 14.04.1988 – BStBl II S. 771).
- >H 4.10 (12)

Anlass der Bewirtung
Angaben wie „Arbeitsgespräch", „Infogespräch" oder „Hintergrundgespräch" als Anlass der Bewirtung sind nicht ausreichend (>BFH vom 15.01.1998 – BStBl II S. 263).

---

¹) ab 01.01.2017 250 € >§ 14 UStG i. V. m. § 33 UStDV

Aufteilung von Bewirtungsaufwendungen in einen betrieblichen und einen privaten Teil

Der eigene Verzehraufwand eines Gewerbetreibenden in Gaststätten, in denen er seine Waren mit Hilfe von aufgestellten Automaten vertreibt, ist nur insoweit als betrieblich veranlasster Aufwand abziehbar, wie im Einzelnen nachgewiesen wird, dass dabei die private Lebensführung als unbedeutend in den Hintergrund getreten ist (>BFH vom 14.04.1988 – BStBl II S. 771).

Bewirtung

Eine Bewirtung i. S. d. § 4 Abs. 5 Satz 1 Nr. 2 liegt nur vor, wenn die Darreichung von Speisen und/oder Getränken eindeutig im Vordergrund steht (>BFH vom 16.02.1990 – BStBl II S. 575). Keine Bewirtungsaufwendungen sind daher Aufwendungen für die Darbietung anderer Leistungen (wie insbesondere Varieté, Striptease und Ähnliches), wenn der insgesamt geforderte Preis in einem offensichtlichen Missverhältnis zum Wert der verzehrten Speisen und/oder Getränke steht (>BFH vom 16.02.1990 – BStBl II S. 575); solche Aufwendungen sind insgesamt nach § 4 Abs. 5 Satz 1 Nr. 7 zu beurteilen (>R 4.10 Abs. 12) und ggf. aufzuteilen. Die nach Aufteilung auf eine Bewirtung entfallenden Aufwendungen unterliegen sodann der Abzugsbegrenzung des § 4 Abs. 5 Satz 1 Nr. 2.

Bewirtung im gastronomischen Unternehmensbereich

Die Abzugsbegrenzung findet keine Anwendung, wenn die Bewirtungsaufwendungen entweder anlässlich einer Bewirtung von zahlenden Gästen (z. B. bei der Bewirtung von Fluggästen durch eine Fluggesellschaft) oder durch Präsentation bestimmter Speisen zu Werbezwecken anfallen (>BFH vom 07.09.2011 – BStBl II 2012 S. 194).

Bewirtung im Rahmen eines Leistungsaustauschs

Das Abzugsverbot gilt nicht bei Aufwendungen eines Gaststättenbetreibers für die Bewirtung von Busfahrern als Gegenleistung für das Zuführen von potenziellen Kunden (>BFH vom 26.04.2018 – BStBl II S. 750).

Bewirtung mehrerer Personen

Werden mehrere Personen bewirtet, müssen i. d. R. die Namen aller Teilnehmer der Bewirtung, ggf. auch des Stpfl. und seiner Arbeitnehmer angegeben werden (>BFH vom 25.02.1988 – BStBl II S. 581).

Bewirtung von Personen aus geschäftlichem Anlass

– Keine Betriebseinnahme >R 4.7 Abs. 3
– Steuerliche Anerkennung von Aufwendungen in einem Bewirtungsbetrieb als Betriebsausgaben nach R 4.10 Abs. 5-9 >BMF vom 30.06.2021 (BStBl I S. 908)

Anhang 16 II

Journalisten
Journalisten können die nach § 4 Abs. 5 Satz 1 Nr. 2 Satz 1 geforderten Angaben zu Teilnehmern und Anlass einer Bewirtung i. d. R. nicht unter Berufung auf das Pressegeheimnis verweigern (>BFH vom 15.01.1998 – BStBl II S. 263).

Nachholung von Angaben
Die zum Nachweis von Bewirtungsaufwendungen erforderlichen schriftlichen Angaben müssen zeitnah gemacht werden (>BFH vom 25.03.1988 – BStBl II S. 655). Die Namensangabe darf vom Rechnungsaussteller auf der Rechnung oder durch eine sie ergänzende Urkunde nachgeholt werden (>BFH vom 27.06.1990 – BStBl II S. 903 und vom 02.10.1990 – BStBl II 1991 S. 174).

Name des bewirtenden Stpfl.
Die Angabe ist Voraussetzung für den Nachweis der betrieblichen Veranlassung (>BFH vom 13.07.1994 – BStBl II S. 894).

Schulungsveranstaltung
Bewirtet ein Unternehmen im Rahmen einer Schulungsveranstaltung Personen, die nicht seine Arbeitnehmer sind, unterliegt der Bewirtungsaufwand der Abzugsbeschränkung gem. § 4 Abs. 5 Satz 1 Nr. 2 (>BFH vom 18.09.2007 – BStBl II 2008 S. 116).

Schweigepflicht
Rechtsanwälte können die nach § 4 Abs. 5 Satz 1 Nr. 2 erforderlichen Angaben zu Teilnehmern und Anlass einer Bewirtung i. d. R. nicht unter Berufung auf die anwaltliche Schweigepflicht verweigern (>BFH vom 26.02.2004 – BStBl II S. 502).

Unterschrift
Das zum Nachweis der betrieblichen Veranlassung der Bewirtung vom Stpfl. erstellte Schriftstück ist von diesem zu unterschreiben (>BFH vom 15.01.1998 – BStBl II S. 263).

Unvollständige Angaben
Sind die Angaben lückenhaft, können die Aufwendungen auch dann nicht abgezogen werden, wenn der Stpfl. ihre Höhe und betriebliche Veranlassung in anderer Weise nachweist oder glaubhaft macht (>BFH vom 30.01.1986 – BStBl II S. 488).

Gästehäuser
(10) [1]Nach § 4 Abs. 5 Satz 1 Nr. 3 EStG können Aufwendungen für Einrichtungen, die der Bewirtung oder Beherbergung von Geschäftsfreunden dienen (Gästehäuser) und sich außerhalb des Orts des Betriebs des Stpfl. befinden, nicht abgezogen werden. [2]Dagegen können Aufwendungen für

§ 4 EStG
R 4.10 H 4.10 (10-11), (12)

Gästehäuser am Ort des Betriebs oder für die Unterbringung von Geschäftsfreunden in fremden Beherbergungsbetrieben, soweit sie ihrer Höhe nach angemessen sind (>Absatz 12), als Betriebsausgaben berücksichtigt werden. ³Als „Betrieb" gelten in diesem Sinne auch Zweigniederlassungen und Betriebsstätten mit einer gewissen Selbständigkeit, die üblicherweise von Geschäftsfreunden besucht werden.

R 4.10 (11)

(11) ¹Zu den nicht abziehbaren Aufwendungen für Gästehäuser i. S. d. § 4 Abs. 5 Satz 1 Nr. 3 EStG gehören sämtliche mit dem Gästehaus im Zusammenhang stehenden Ausgaben einschließlich der Absetzung für Abnutzung. ²Wird die Beherbergung und Bewirtung von Geschäftsfreunden in einem Gästehaus außerhalb des Orts des Betriebs gegen Entgelt vorgenommen, und erfordert das Gästehaus einen ständigen Zuschuss, ist dieser Zuschuss nach § 4 Abs. 5 Satz 1 Nr. 3 EStG nicht abziehbar.

H 4.10 (10-11)

Hinweise

Ferienhausüberlassung an Arbeitnehmer
Aufwendungen des Arbeitgebers für seinen Arbeitnehmern unentgeltlich zur Verfügung gestellte Ferienhäuser sind unbegrenzt als Betriebsausgaben abziehbar und zwar auch dann, wenn die Ferienhäuser im Ausland belegen sind (>BFH vom 09.04.1997 – BStBl II S. 539).

Ort des Betriebs
Der Ort des Betriebs ist regelmäßig die politische Gemeinde (>BFH vom 09.04.1968 – BStBl II S. 603).

R 4.10 (12) **Angemessenheit von Aufwendungen**

(12) Als die Lebensführung berührende Aufwendungen, die auf ihre >Angemessenheit zu prüfen sind, kommen insbesondere in Betracht
1. die Kosten der Übernachtung anlässlich einer Geschäftsreise,
2. die Aufwendungen für die Unterhaltung und Beherbergung von Geschäftsfreunden, soweit der Abzug dieser Aufwendungen nicht schon nach den Absätzen 1, 10 und 11 ausgeschlossen ist,
3. die Aufwendungen für die Unterhaltung von Personenkraftwagen (>Kraftfahrzeug) und für die Nutzung eines Flugzeugs,
4. die Aufwendungen für die Ausstattung der Geschäftsräume, z. B. der Chefzimmer und Sitzungsräume.

H 4.10 (12)

Hinweise

Angemessenheit
Bei der Prüfung der Angemessenheit von Aufwendungen nach § 4 Abs. 5 Satz 1 Nr. 7 ist darauf abzustellen, ob ein ordentlicher und gewissenhafter Unternehmer angesichts der erwarteten Vorteile die Aufwendungen ebenfalls auf sich genommen hätte. Neben der Größe des Unternehmens, der

Höhe des längerfristigen Umsatzes und des Gewinns sind vor allem die Bedeutung des Repräsentationsaufwands für den Geschäftserfolg und seine Üblichkeit in vergleichbaren Betrieben als Beurteilungskriterien heranzuziehen (>BFH vom 20.08.1986 – BStBl II S. 904, vom 26.01.1988 – BStBl II S. 629 und vom 14.04.1988 – BStBl II S. 771).

Hubschrauber

Bei der Angemessenheitsprüfung ist darauf abzustellen, ob ein ordentlicher und gewissenhafter Unternehmer einen Hubschrauber angesichts der erwarteten Vorteile und Kosten ebenfalls als Transportmittel eingesetzt hätte. Dies ist von Fall zu Fall neu zu entscheiden. Sollte sich dabei ergeben, dass die Kosten des Hubschraubers dessen Nutzen deutlich übersteigen, ist ein Teil der Hubschrauberkosten nicht als Betriebsausgaben abziehbar (>BFH vom 27.02.1985 – BStBl II S. 458).

Kraftfahrzeug

Die Anschaffungskosten eines als „unangemessen" anzusehenden Kfz fallen als solche nicht unmittelbar unter das Abzugsverbot. Bei Zugehörigkeit des Fahrzeugs zum Betriebsvermögen sind sie vielmehr in vollem Umfang zu aktivieren (>BFH vom 08.10.1987 – BStBl II S. 853). Ob und inwieweit ein unangemessener betrieblicher Repräsentationsaufwand i. S. d. § 4 Abs. 5 Satz 1 Nr. 7 bei Beschaffung und Unterhaltung eines Kfz vorliegt, ist danach zu beurteilen, ob ein ordentlicher und gewissenhafter Unternehmer – ungeachtet seiner Freiheit, den Umfang seiner Erwerbsaufwendungen selbst bestimmen zu dürfen – angesichts der erwarteten Vorteile und Kosten die Aufwendungen ebenfalls auf sich genommen hätte (>BFH vom 29.04.2014 – BStBl II S. 679). Zu den unter das Abzugsverbot des § 4 Abs. 5 Satz 1 Nr. 7 fallenden Kraftfahrzeugaufwendungen gehört vor allem die AfA nach § 7 Abs. 1. Diese kann nur insoweit als Betriebsausgabe abgezogen werden, als sie auf den als „angemessen" anzusehenden Teil der Anschaffungskosten entfällt. Die übrigen Betriebskosten (Kfz-Steuer und Versicherung, Kraftstoff, Instandsetzungs-, Wartungs- und Pflegekosten, Garagenmiete usw.) werden i. d. R. nicht als „unangemessen" i. S. d. § 4 Abs. 5 Satz 1 Nr. 7 anzusehen sein, da diese Aufwendungen auch für ein „angemessenes" Fahrzeug angefallen wären (>BFH vom 08.10.1987 – BStBl II S. 853).

Besondere Aufzeichnung

(1) [1]Das Erfordernis der besonderen Aufzeichnung ist erfüllt, wenn für jede der in § 4 Abs. 7 EStG bezeichneten Gruppen von Aufwendungen ein besonderes Konto oder eine besondere Spalte geführt wird. [2]Es ist aber auch ausreichend, wenn für diese Aufwendungen zusammengenommen ein Konto oder eine Spalte geführt wird. [3]In diesem Fall muss sich aus jeder Buchung oder Aufzeichnung die Art der Aufwendung ergeben. [4]Das

§ 4 EStG
R 4.11 H 4.11

gilt auch dann, wenn verschiedene Aufwendungen bei einem Anlass zusammentreffen, z. B. wenn im Rahmen einer Bewirtung von Personen aus geschäftlichem Anlass Geschenke gegeben werden.

(2) ¹Bei den Aufwendungen für Geschenke muss der Name des Empfängers aus der Buchung oder dem Buchungsbeleg zu ersehen sein. ²Aufwendungen für Geschenke gleicher Art können in einer Buchung zusammengefasst werden (Sammelbuchung), wenn

1. die Namen der Empfänger der Geschenke aus einem Buchungsbeleg ersichtlich sind oder
2. im Hinblick auf die Art des zugewendeten Gegenstandes, z. B. Taschenkalender, Kugelschreiber, und wegen des geringen Werts des einzelnen Geschenks die Vermutung besteht, dass die Freigrenze gem. § 4 Abs. 5 Satz 1 Nr. 1 EStG bei dem einzelnen Empfänger im Wirtschaftsjahr nicht überschritten wird; eine Angabe der Namen der Empfänger ist in diesem Fall nicht erforderlich.

H 4.11

Hinweise

Besondere Aufzeichnung

- Die Pflicht zur besonderen Aufzeichnung ist erfüllt, wenn diese Aufwendungen fortlaufend, zeitnah und bei Gewinnermittlung durch Betriebsvermögensvergleich auf besonderen Konten im Rahmen der Buchführung gebucht oder bei Einnahmenüberschussrechnung von Anfang an getrennt von den sonstigen Betriebsausgaben einzeln aufgezeichnet werden (>BFH vom 22.01.1988 – BStBl II S. 535).
- Statistische Zusammenstellungen oder die geordnete Sammlung von Belegen genügen nur dann, wenn zusätzlich die Summe der Aufwendungen periodisch und zeitnah auf einem besonderen Konto eingetragen wird oder vergleichbare Aufzeichnungen geführt werden (>BFH vom 26.02.1988 – BStBl II S. 613).
- Eine Aufzeichnung auf besondere Konten liegt nicht vor, wenn die bezeichneten Aufwendungen auf Konten gebucht werden, auf denen auch nicht besonders aufzeichnungspflichtige Aufwendungen gebucht sind (>BFH vom 10.01.1974 – BStBl II S. 211 und vom 19.08.1980 – BStBl II S. 745). Bei der Aufzeichnung von Bewirtungsaufwendungen ist es jedoch nicht erforderlich, dass getrennte Konten für Aufwendungen für die Bewirtung von Personen aus geschäftlichem Anlass und für Aufwendungen für die Bewirtung von Personen aus sonstigem betrieblichen Anlass geführt werden (>BFH vom 19.08.1999 – BStBl II 2000 S. 203).
- Zur besonderen Aufzeichnung von Aufwendungen für ein häusliches Arbeitszimmer >BMF vom 06.10.2017 (BStBl I S. 1320), Rdnr. 25, **Anhang 19 I LStH**

Verstoß gegen die besondere Aufzeichnungspflicht
Ein Verstoß gegen die besondere Aufzeichnungspflicht nach § 4 Abs. 7 hat zur Folge, dass die nicht besonders aufgezeichneten Aufwendungen nicht abgezogen werden können (>BFH vom 22.01.1988 – BStBl II S. 535). Dies gilt nicht für eine Fehlbuchung, die sich nach dem Rechtsgedanken des § 129 Satz 1 AO als offenbare Unrichtigkeit darstellt (>BFH vom 19.08.1999 – BStBl II 2000 S. 203).

Entfernungspauschale, nicht abziehbare Fahrtkosten, Reisekosten und Mehraufwendungen bei doppelter Haushaltsführung   R 4.12

Aufwendungen für Wege zwischen Wohnung und Betriebsstätte
(1) [1] Die Regelungen in den LStR zu Aufwendungen für Wege zwischen Wohnung und regelmäßiger Arbeitsstätte[1]) sind entsprechend anzuwenden. [2] Ein Betriebsausgabenabzug in Höhe der Entfernungspauschale nach § 4 Abs. 5 Satz 1 Nr. 6 Satz 2 EStG kommt auch dann in Betracht, wenn die nach § 4 Abs. 5 Satz 1 Nr. 6 Satz 3 EStG ermittelten Werte geringer sind als die Entfernungspauschale. [3] Wird an einem Tag aus betrieblichen oder beruflichen Gründen der Weg zwischen Wohnung und Betriebsstätte mehrfach zurückgelegt darf die Entfernungspauschale nur einmal pro Tag berücksichtigt werden. [4] Die Regelung des § 4 Abs. 5 Satz 1 Nr. 6 EStG gilt nicht für Fahrten zwischen Betriebsstätten. [5] Unter Betriebsstätte ist im Zusammenhang mit Geschäftsreisen (Absatz 2), anders als in § 12 AO, die (von der Wohnung getrennte) Betriebsstätte zu verstehen. [6] Das ist der Ort, an dem oder von dem aus die betrieblichen Leistungen erbracht werden. [7] Die Betriebsstätte eines See- und Hafenlotsen ist danach nicht das häusliche Arbeitszimmer, sondern das Lotsrevier oder die Lotsenstation.

Reisekosten
(2) [1] Die Regelungen in den LStR zu Reisekosten sind sinngemäß anzuwenden. [2] Der Ansatz pauschaler Kilometersätze ist nur für private Beförderungsmittel zulässig.

Mehraufwendungen bei doppelter Haushaltsführung
(3) Die Regelungen in den LStR zu Mehraufwendungen bei doppelter Haushaltsführung sind entsprechend anzuwenden.

Hinweise   H 4.12

Abzug als Werbungskosten
Zum Abzug von Aufwendungen für Wege zwischen Wohnung und erster Tätigkeitsstätte sowie Fahrten nach § 9 Abs. 1 Satz 3 Nr. 4a Satz 3 und

---

[1]) jetzt erster Tätigkeitsstätte

von Mehraufwendungen bei doppelter Haushaltsführung von Arbeitnehmern als Werbungskosten >R 9.10 und 9.11 LStR 2015 sowie >H 9.10 und H 9.11 LStH

Betriebsstätte

Anhang 16 XVII >BMF vom 23.12.2014 (BStBl I 2015 S. 26)

Doppelte Haushaltsführung

Anhang 16 XVII >BMF vom 23.12.2014 (BStBl I 2015 S. 26)

Gesamtaufwendungen für das Kraftfahrzeug

Anhang 16 III
- >BMF vom 18.11.2009 (BStBl I S. 1326) unter Berücksichtigung der Änderungen durch BMF vom 15.11.2012 (BStBl I S. 1099), Rdnr. 32
- Bei Nutzung von Elektro- und Hybridelektrofahrzeugen >BMF vom **05.11.2021** (BStBl I S. **2205**), **Anhang 24 IV 6 LStH**

Menschen mit Behinderungen
- Auch bei Stpfl., die zu dem in § 9 Abs. 2 bezeichneten Personenkreis gehören, kann nur eine Hin- und Rückfahrt für jeden Arbeitstag berücksichtigt werden (>BFH vom 02.04.1976 – BStBl II S. 452).
- Nachweis der Behinderung >§ 65 EStDV, H 33b (Nachweis der Behinderung)

Miterledigung betrieblicher Angelegenheiten

Werden anlässlich einer Fahrt zwischen Wohnung und Betriebsstätte oder umgekehrt andere betriebliche oder berufliche Angelegenheiten miterledigt, können die dadurch bedingten Mehraufwendungen in voller Höhe als Betriebsausgaben abgezogen werden (>BFH vom 17.02.1977 – BStBl II S. 543).

Motorboot

Aufwendungen für Wege zwischen Wohnung und Betriebsstätte mit einem Motorboot (Jacht) sind nicht generell nach § 4 Abs. 5 Satz 1 Nr. 4 vom steuerlichen Abzug ausgeschlossen, sondern unterliegen der Abzugsbegrenzung nach § 4 Abs. 5 Satz 1 Nr. 6 (>BFH vom 10.05.2001 – BStBl II S. 575).

Pauschbeträge für Verpflegungsmehraufwendungen bei Auslandsgeschäftsreisen

>BMF vom **03.12.2020 (BStBl I S. 1256), Anhang 25 I LStH 2022**

Pkw-Nutzung für Familienheimfahrten

Die Abzugsbegrenzung für Familienheimfahrten nach § 4 Abs. 5 Satz 1 Nr. 6 ist verfassungsgemäß (>BFH vom 19.06.2013 – BStBl II S. 812).

§ 4 EStG
H 4.12 R 4.13

Reisekosten
>BMF vom 23.12.2014 (BStBl I 2015 S. 26)   Anhang 16 XVII

Wege zwischen Wohnung und Betriebsstätte
- >BMF vom 23.12.2014 (BStBl I 2015 S. 26)   Anhang 16 XVII
- >BMF vom 18.11.2009 (BStBl I S. 1326) unter Berücksichtigung der Änderungen durch BMF vom 15.11.2012 (BStBl I S. 1099)   Anhang 16 III
- Bei Nutzung von Elektro- und Hybridelektrofahrzeugen >BMF vom **05.11.2021** (BStBl I S. **2205**)**, Anhang 24 IV 6 LStH**

I

Abzugsverbot für Sanktionen

R 4.13

Abzugsverbot

(1) ¹Geldbußen, Ordnungsgelder und Verwarnungsgelder, die von einem Gericht oder einer Behörde in der Bundesrepublik Deutschland oder von Organen der Europäischen Gemeinschaften festgesetzt werden, dürfen nach § 4 Abs. 5 Satz 1 Nr. 8 Satz 1 EStG den Gewinn auch dann nicht mindern, wenn sie betrieblich veranlasst sind. ²Dasselbe gilt für Leistungen zur Erfüllung von Auflagen oder Weisungen, die in einem berufsgerichtlichen Verfahren erteilt werden, soweit die Auflagen oder Weisungen nicht lediglich der Wiedergutmachung des durch die Tat verursachten Schadens dienen (§ 4 Abs. 5 Satz 1 Nr. 8 Satz 2 EStG). ³Dagegen gilt das Abzugsverbot nicht für Nebenfolgen vermögensrechtlicher Art, z. B. die Abführung des Mehrerlöses nach § 8 des Wirtschaftsstrafgesetzes, den Verfall nach § 29a OWiG und die Einziehung nach § 22 OWiG.

Geldbußen

(2) ¹Zu den Geldbußen rechnen alle Sanktionen, die nach dem Recht der Bundesrepublik Deutschland so bezeichnet sind, insbesondere Geldbußen nach dem Ordnungswidrigkeitenrecht einschließlich der nach § 30 OWiG vorgesehenen Geldbußen gegen juristische Personen oder Personenvereinigungen, Geldbußen nach den berufsgerichtlichen Gesetzen des Bundes oder der Länder, z. B. der Bundesrechtsanwaltsordnung, der Bundesnotarordnung, der Patentanwaltsordnung, der Wirtschaftsprüferordnung oder dem Steuerberatungsgesetz sowie Geldbußen nach den Disziplinargesetzen des Bundes oder der Länder. ²Geldbußen, die von Organen der Europäischen Union festgesetzt werden, sind Geldbußen nach den Artikeln 101, 102, 103 Abs. 2 des Vertrages über die Arbeitsweise der Europäischen Union (AEUV) insbesondere i. V. m. Artikel 23 Abs. 2 der Verordnung (EG) Nr. 1/2003 des Rates vom 16.12.2002. ³Betrieblich veranlasste Geldbußen, die von Gerichten oder Behörden anderer Staaten festgesetzt werden, fallen nicht unter das Abzugsverbot[1]).

---

[1]) überholt für Geldbußen, die von einem Mitgliedstaat der Europäischen Union festgesetzt werden >§ 4 Abs. 5 Satz 1 Nr. 8 Satz 1

Einschränkung des Abzugsverbotes für Geldbußen

(3) [1] Das Abzugsverbot für Geldbußen, die von Gerichten oder Behörden in der Bundesrepublik Deutschland oder von Organen der Europäischen Union verhängt werden, gilt uneingeschränkt für den Teil, der die rechtswidrige und vorwerfbare Handlung ahndet. [2] Für den Teil, der den rechtswidrig erlangten wirtschaftlichen Vorteil abschöpft, gilt das Abzugsverbot für die Geldbuße nur dann uneingeschränkt, wenn bei der Berechnung des Vermögensvorteils die darauf entfallende ertragsteuerliche Belastung – ggf. im Wege der Schätzung – berücksichtigt worden ist. [3] Macht der Stpfl. durch geeignete Unterlagen glaubhaft, dass diese ertragsteuerliche Belastung nicht berücksichtigt und der gesamte rechtswidrig erlangte Vermögensvorteil abgeschöpft wurde, darf der auf die Abschöpfung entfallende Teil der Geldbuße als Betriebsausgabe abgezogen werden. [4] Die von der Europäischen Kommission festgesetzten Geldbußen wegen Verstoßes gegen das Wettbewerbsrecht enthalten keinen Anteil, der den rechtswidrig erlangten wirtschaftlichen Vorteil abschöpft und unterliegen in vollem Umfang dem Betriebsausgabenabzugsverbot.

Ordnungsgelder

(4) [1] Ordnungsgelder sind die nach dem Recht der Bundesrepublik Deutschland so bezeichneten Unrechtsfolgen, die namentlich in den Verfahrensordnungen oder in verfahrensrechtlichen Vorschriften anderer Gesetze vorgesehen sind, z. B. das Ordnungsgeld gegen einen Zeugen wegen Verletzung seiner Pflicht zum Erscheinen und das Ordnungsgeld nach § 890 ZPO wegen Verstoßes gegen eine nach einem Vollstreckungstitel (z. B. Urteil) bestehende Verpflichtung, eine Handlung zu unterlassen oder die Vornahme einer Handlung zu dulden. [2] Nicht unter das Abzugsverbot fallen Zwangsgelder.

Verwarnungsgelder

(5) Verwarnungsgelder sind die in § 56 OWiG so bezeichneten geldlichen Einbußen, die dem Betroffenen aus Anlass einer geringfügigen Ordnungswidrigkeit, z. B. wegen falschen Parkens, mit seinem Einverständnis auferlegt werden, um der Verwarnung Nachdruck zu verleihen.

§ 4 EStG

Hinweise

Abschöpfung

- Bemisst sich die wegen eines Wettbewerbsverstoßes festgesetzte Geldbuße – über den regulären gesetzlichen Höchstbetrag hinaus – unter Einbeziehung des durch die Zuwiderhandlung erlangten Mehrerlöses, wird zugleich der erlangte wirtschaftliche Vorteil abgeschöpft. Hat die Bußgeldbehörde die Ertragsteuern, die auf diesen Vorteil entfallen, bei der Festsetzung nicht berücksichtigt, mindert die Geldbuße bis zu den gesetzlich zulässigen Höchstbeträgen den Gewinn. Darauf, dass sich der abschöpfende Teil der einheitlichen Geldbuße eindeutig abgrenzen lässt, kommt es nicht an (>BFH vom 09.06.1999 – BStBl II S. 658).
- Die bloße Heranziehung des tatbezogenen Umsatzes zur Ermittlung der Höhe einer am Bilanzstichtag angedrohten und nachfolgend auch festgesetzten Kartellgeldbuße bewirkt keine Abschöpfung des unrechtmäßig erlangten wirtschaftlichen Vorteils i. S. d. § 4 Abs. 5 Satz 1 Nr. 8 Satz 4 Halbsatz 1 (>BFH vom 22.05.2019 – BStBl II S. 663).
- § 4 Abs. 5 Satz 1 Nr. 8 Satz 4 Halbsatz 1 ist dahingehend auszulegen, dass es auf die objektive Abschöpfungswirkung der Geldbuße ankommt; der Wille der Kartellbehörde ist dabei nicht entscheidend (>BFH vom 22.05.2019 – BStBl II S. 663).

Abzugsverbot für Geldstrafen, die in einem anderen Staat festgesetzt werden
>R 12.3

Ausländisches Gericht
Von ausländischem Gericht verhängte Geldstrafe kann bei Widerspruch zu wesentlichen Grundsätzen der deutschen Rechtsordnung Betriebsausgabe sein (>BFH vom 31.07.1991 – BStBl II 1992 S. 85).

EU-Geldbußen
Eine von der Europäischen Kommission wegen eines Kartellrechtsverstoßes verhängte Geldbuße, die sich nach dem Grundbetrag i. S. d. Art. 23 Abs. 3 EG-Verordnung 1/2003 bemisst, enthält keinen Abschöpfungsanteil (>BFH vom 07.11.2013 – BStBl II 2014 S. 306).

Leistungen zur Erfüllung von Auflagen oder Weisungen
Hinsichtlich des Abzugsverbots von Leistungen zur Erfüllung von Auflagen und Weisungen, die in einem berufsgerichtlichen Verfahren erteilt werden, >H 12.3.

Rückstellungen
>H 5.7 (1) Nicht abziehbare Betriebsausgaben

§ 4 EStG
R 4.14 H 4.14

R 4.14

Abzugsverbot für Zuwendungen i. S. d. § 4 Abs. 5 Satz 1 Nr. 10 EStG

[1]Zuwendungen i. S. d. § 4 Abs. 5 Satz 1 Nr. 10 EStG dürfen nicht als Betriebsausgaben abgezogen werden, wenn mit der Zuwendung von Vorteilen objektiv gegen das Straf- oder Ordnungswidrigkeitenrecht verstoßen wird; auf ein Verschulden[1]) des Zuwendenden, auf die Stellung eines Strafantrags oder auf eine tatsächliche Ahndung kommt es nicht an. [2]Mit der Anknüpfung an die Tatbestände des Straf- und Ordnungswidrigkeitenrechts werden auch Leistungen an ausländische Amtsträger und Abgeordnete vom Abzugsverbot erfasst. [3]Wird dem Finanzamt auf Grund einer Mitteilung des Gerichts, der Staatsanwaltschaft oder einer Verwaltungsbehörde nach § 4 Abs. 5 Satz 1 Nr. 10 Satz 2 EStG erstmals bekannt, dass eine rechtswidrige Handlung i. S. d. § 4 Abs. 5 Satz 1 Nr. 10 Satz 1 EStG vorliegt, ist der Steuerbescheid nach den Vorschriften der AO zu ändern.

H 4.14

Hinweise

Mitteilungspflicht

Bei Vorteilszuwendungen, die als Betriebsausgaben berücksichtigt wurden, besteht ein Verdacht i. S. d. § 4 Abs. 5 Satz 1 Nr. 10 Satz 3, der die Information der Strafverfolgungsbehörden gebietet, wenn ein Anfangsverdacht i. S. d. Strafrechts gegeben ist. Es müssen also zureichende tatsächliche Anhaltspunkte für eine Tat nach § 4 Abs. 5 Satz 1 Nr. 10 Satz 1 vorliegen (>BFH vom 14.07.2008 – BStBl II S. 850).

Umfang des Abzugsverbots

Das für die „Zuwendung von Vorteilen sowie damit zusammenhängende Aufwendungen" geltende Abzugsverbot des § 4 Abs. 5 Satz 1 Nr. 10 erfasst nicht nur die Bestechungsgelder als solche, sondern auch die Kosten eines nachfolgenden Strafverfahrens sowie Aufwendungen, die aufgrund einer im Strafurteil ausgesprochenen Verfallsanordnung entstehen. Zur Vermeidung einer verfassungswidrigen Doppelbelastung gilt das Abzugsverbot für verfallene Beträge jedoch nicht, wenn das Strafgericht die Ertragsteuerbelastung bei der Bemessung des Verfallsbetrags nicht mindernd berücksichtigt hat (>BFH vom 14.05.2014 – BStBl II S. 684).

Voraussetzung des Abzugsverbots

Wenn die Zuwendung der Vorteile eine rechtswidrige Handlung darstellt, die den Tatbestand eines Strafgesetzes verwirklicht, muss für das Abzugsverbot auch der subjektive Tatbestand des Strafgesetzes erfüllt sein (>BFH vom 15.04.2021 – BStBl II S. 703).

---

[1]) überholt durch BFH vom 15.04.2021 (BStBl II S. 703), >H 4.14 (Voraussetzung des Abzugsverbots)

§ 4 EStG
H 4.14, 4.15

Zuwendungen
- Abzugsverbot für die Zuwendung von Vorteilen i. S. d. § 4 Abs. 5 Satz 1 Nr. 10 >BMF vom 10.10.2002 (BStBl I S. 1031)
- Tatbestände des Straf- und Ordnungswidrigkeitenrechts i. S. d. § 4 Abs. 5 Satz 1 Nr. 10 sind:
  - § 108b StGB (Wählerbestechung),
  - § 108e StGB (Bestechung von Mandatsträgern),
  - § 265c Abs. 2 und 4 StGB (Sportwettbetrug),
  - § 265d Abs. 2 und 4 StGB (Manipulation von berufssportlichen Wettbewerben),
  - § 299 Abs. 2 StGB (Bestechung im geschäftlichen Verkehr),
  - § 299b StGB (Bestechung im Gesundheitswesen),
  - § 333 StGB (Vorteilsgewährung),
  - § 334 StGB (Bestechung),
  - § 335a StGB (Vorteilsgewährung und Bestechung ausländischer und internationaler Bediensteter),
  - Artikel 2 § 2 des Gesetzes zur Bekämpfung internationaler Bestechung (Bestechung ausländischer Abgeordneter im Zusammenhang mit internationalem geschäftlichen Verkehr),
  - § 119 Abs. 1 des Betriebsverfassungsgesetzes (Straftaten gegen Betriebsverfassungsorgane und ihre Mitglieder),
  - § 81 Abs. 3 Nr. 2 i. V. m. § 21 Abs. 2 des Gesetzes gegen Wettbewerbsbeschränkungen (Vorteilsgewährung für wettbewerbsbeschränkendes Verhalten),
  - § 405 Abs. 3 Nr. 7 AktG (Vorteilsgewährung in Bezug auf das Stimmverhalten in der Hauptversammlung),
  - § 152 Abs. 1 Nr. 2 GenG (Vorteilsgewährung in Bezug auf das Abstimmungsverhalten in der Generalversammlung),
  - § 23 Abs. 1 Nr. 3 des Gesetzes über Schuldverschreibungen aus Gesamtemissionen – SchVG (Vorteilsgewährung in Bezug auf die Abstimmung in der Gläubigerversammlung).

Hinweise | H 4.15

Abzugsverbot für Gewerbesteuer
- Das Abzugsverbot für die Gewerbesteuer ist verfassungsgemäß (>BFH vom 16.01.2014 – BStBl II S. 531 und vom 10.09.2015 – BStBl II S. 1046).
- § 4 Abs. 5b steht dem Abzug als Betriebsausgabe nur bei dem Schuldner der Gewerbesteuer entgegen, nicht auch bei demjenigen, der sich vertraglich zur Übernahme der Gewerbesteuer verpflichtet (>BFH vom 07. 03.2019 – BStBl II S. 696).

Hinweise

Kein Betriebsausgabenabzug für Erststudium

§ 4 Abs. 9 i. d. F. des BeitrRLUmsG erfasst Aufwendungen für ein Erststudium, das eine Erstausbildung vermittelt, auch dann, wenn das Studium objektiv und subjektiv der Förderung einer konkreten späteren Erwerbstätigkeit dient (>BFH vom 16.06.2020 – BStBl II 2021 S. 11).

§ 4a
Gewinnermittlungszeitraum, Wirtschaftsjahr

(1) ¹Bei Land- und Forstwirten und bei Gewerbetreibenden ist der Gewinn nach dem Wirtschaftsjahr zu ermitteln. ²Wirtschaftsjahr ist
1. bei Land- und Forstwirten der Zeitraum vom 1. Juli bis zum 30. Juni. ²Durch Rechtsverordnung kann für einzelne Gruppen von Land- und Forstwirten ein anderer Zeitraum bestimmt werden, wenn das aus wirtschaftlichen Gründen erforderlich ist;
2. bei Gewerbetreibenden, deren Firma im Handelsregister eingetragen ist, der Zeitraum, für den sie regelmäßig Abschlüsse machen. ²Die Umstellung des Wirtschaftsjahres auf einen vom Kalenderjahr abweichenden Zeitraum ist steuerlich nur wirksam, wenn sie im Einvernehmen mit dem Finanzamt vorgenommen wird;
3. bei anderen Gewerbetreibenden das Kalenderjahr. ²Sind sie gleichzeitig buchführende Land- und Forstwirte, so können sie mit Zustimmung des Finanzamts den nach Nummer 1 maßgebenden Zeitraum als Wirtschaftsjahr für den Gewerbebetrieb bestimmen, wenn sie für den Gewerbebetrieb Bücher führen und für diesen Zeitraum regelmäßig Abschlüsse machen.

(2) Bei Land- und Forstwirten und bei Gewerbetreibenden, deren Wirtschaftsjahr vom Kalenderjahr abweicht, ist der Gewinn aus Land- und Forstwirtschaft oder aus Gewerbebetrieb bei der Ermittlung des Einkommens in folgender Weise zu berücksichtigen:
1. ¹Bei Land- und Forstwirten ist der Gewinn des Wirtschaftsjahres auf das Kalenderjahr, in dem das Wirtschaftsjahr beginnt, und auf das Kalenderjahr, in dem das Wirtschaftsjahr endet, entsprechend dem zeitlichen Anteil aufzuteilen. ²Bei der Aufteilung sind Veräußerungsgewinne im Sinne des § 14 auszuscheiden und dem Gewinn des Kalenderjahres hinzuzurechnen, in dem sie entstanden sind;
2. bei Gewerbetreibenden gilt der Gewinn des Wirtschaftsjahres als in dem Kalenderjahr bezogen, in dem das Wirtschaftsjahr endet.

EStDV

§ 8b
Wirtschaftsjahr

¹Das Wirtschaftsjahr umfasst einen Zeitraum von zwölf Monaten. ²Es darf einen Zeitraum von weniger als zwölf Monaten umfassen, wenn
1. ein Betrieb eröffnet, erworben, aufgegeben oder veräußert wird oder
2. ein Steuerpflichtiger von regelmäßigen Abschlüssen auf einen bestimmten Tag zu regelmäßigen Abschlüssen auf einen anderen bestimmten Tag übergeht. ²Bei Umstellung eines Wirtschaftsjahrs, das

§ 4a EStG §§ 8b, 8c EStDV
R 4a

mit dem Kalenderjahr übereinstimmt, auf ein vom Kalenderjahr abweichendes Wirtschaftsjahr und bei Umstellung eines vom Kalenderjahr abweichenden Wirtschaftsjahrs auf ein anderes vom Kalenderjahr abweichendes Wirtschaftsjahr gilt dies nur, wenn die Umstellung im Einvernehmen mit dem Finanzamt vorgenommen wird.

EStDV

§ 8c
Wirtschaftsjahr bei Land- und Forstwirten

(1) [1]Als Wirtschaftsjahr im Sinne des § 4a Abs. 1 Nr. 1 des Gesetzes können Betriebe mit
1. einem Futterbauanteil von 80 Prozent und mehr der Fläche der landwirtschaftlichen Nutzung den Zeitraum vom 1. Mai bis 30. April,
2. reiner Forstwirtschaft den Zeitraum vom 1. Oktober bis 30. September,
3. reinem Weinbau den Zeitraum vom 1. September bis 31. August

bestimmen. [2]Ein Betrieb der in Satz 1 bezeichneten Art liegt auch dann vor, wenn daneben in geringem Umfang noch eine andere land- und forstwirtschaftliche Nutzung vorhanden ist. [3]Soweit die Oberfinanzdirektionen vor dem 1. Januar 1955 ein anderes als die in § 4a Abs. 1 Nr. 1 des Gesetzes oder in Satz 1 bezeichneten Wirtschaftsjahre festgesetzt haben, kann dieser andere Zeitraum als Wirtschaftsjahr bestimmt werden; dies gilt nicht für den Weinbau.

(2) [1]Land- und forstwirtschaftliche Betriebe können auch das Kalenderjahr als Wirtschaftsjahr bestimmen. [2]Stellt ein Land- und Forstwirt von einem vom Kalenderjahr abweichenden Wirtschaftsjahr auf ein mit dem Kalenderjahr übereinstimmendes Wirtschaftsjahr um, verlängert sich das letzte vom Kalenderjahr abweichende Wirtschaftsjahr um den Zeitraum bis zum Beginn des ersten mit dem Kalenderjahr übereinstimmenden Wirtschaftsjahr; ein Rumpfwirtschaftsjahr ist nicht zu bilden. [3]Stellt ein Land- und Forstwirt das Wirtschaftsjahr für einen Betrieb mit reinem Weinbau auf ein Wirtschaftsjahr im Sinne des Absatzes 1 Satz 1 Nr. 3 um, gilt Satz 2 entsprechend.

(3) Buchführende Land- und Forstwirte im Sinne des § 4a Absatz 1 Satz 2 Nummer 3 Satz 2 des Gesetzes sind Land- und Forstwirte, die auf Grund einer gesetzlichen Verpflichtung oder ohne eine solche Verpflichtung Bücher führen und regelmäßig Abschlüsse machen.

R 4a.

Gewinnermittlung bei einem vom Kalenderjahr abweichenden Wirtschaftsjahr

Umstellung des Wirtschaftsjahres

(1) [1]Eine Umstellung des Wirtschaftsjahres liegt nicht vor, wenn ein Stpfl., der Inhaber eines Betriebs ist, einen weiteren Betrieb erwirbt und für diesen Betrieb ein anderes Wirtschaftsjahr als der Rechtsvorgänger wählt. [2]Werden mehrere bisher getrennt geführte Betriebe eines Stpfl. zu einem

§ 4a EStG
H 4a **R 4a**

Betrieb zusammengefasst, und führt der Stpfl. das abweichende Wirtschaftsjahr für einen der Betriebe fort, liegt keine zustimmungsbedürftige Umstellung des Wirtschaftsjahres vor.

Zustimmung des Finanzamts zum abweichenden Wirtschaftsjahr

(2) ¹Das Wahlrecht zur Bestimmung des Wirtschaftsjahres kann durch die Erstellung des Jahresabschlusses oder außerhalb des Veranlagungsverfahrens ausgeübt werden. ²Bei Umstellung des Wirtschaftsjahres nach § 4a Abs. 1 Satz 2 Nr. 3 EStG ist dem Antrag zu entsprechen, wenn der Stpfl. Bücher führt, in denen die Betriebseinnahmen und die Betriebsausgaben für den land- und forstwirtschaftlichen Betrieb und für den Gewerbebetrieb getrennt aufgezeichnet werden, und der Stpfl. für beide Betriebe getrennte Abschlüsse fertigt. ³Die Geldkonten brauchen nicht getrennt geführt zu werden.

Abweichendes Wirtschaftsjahr bei Betriebsverpachtung

(3) Sind die Einkünfte aus der Verpachtung eines gewerblichen Betriebs Einkünfte aus Gewerbebetrieb (>R 16 Abs. 5[1])), kann der Verpächter ein abweichendes Wirtschaftsjahr beibehalten, wenn die Voraussetzungen des § 4a Abs. 1 Satz 2 Nr. 2 oder Nr. 3 Satz 2 EStG weiterhin erfüllt sind.

Gewinnschätzung bei abweichendem Wirtschaftsjahr

(4) Wird bei einem abweichenden Wirtschaftsjahr der Gewinn geschätzt, ist die Schätzung nach dem abweichenden Wirtschaftsjahr vorzunehmen.

Zeitpunkt der Gewinnrealisierung

(5) Der Gewinn aus der Veräußerung oder Aufgabe eines Mitunternehmeranteiles ist auch dann im Jahr der Veräußerung oder Aufgabe zu versteuern, wenn die Mitunternehmerschaft ein abweichendes Wirtschaftsjahr hat.

Hinweise

H 4a

Antrag auf Umstellung des Wirtschaftsjahres außerhalb des Veranlagungsverfahrens

Über einen außerhalb des Veranlagungsverfahrens gestellten Antrag auf Erteilung der Zustimmung zur Umstellung des Wj. hat das Finanzamt durch besonderen Bescheid zu entscheiden (>BFH vom 24.01.1963 – BStBl III S. 142).

Ausscheiden einzelner Gesellschafter

Das Ausscheiden eines Gesellschafters aus einer fortbestehenden Personengesellschaft führt nicht zur Bildung eines Rumpfwirtschaftsjahres

---

[1]) jetzt § 16 Abs. 3b

(>BFH vom 24.11.1988 – BStBl II 1989 S. 312). Der Gewinn wird im Kj. des Ausscheidens bezogen (>BFH vom 18.08.2010 – BStBl II S. 1043).

Betriebsaufspaltung
Wählt eine im Wege der Betriebsaufspaltung entstandene Betriebsgesellschaft ein vom Kj. abweichendes Wj., ist dies keine zustimmungsbedürftige Umstellung (>BFH vom 27.09.1979 – BStBl II 1980 S. 94).

Doppelstöckige Personengesellschaft
– Wählt eine Personenobergesellschaft, die selbst keine aktive Wirtschaftstätigkeit ausübt, ihr Wj. in der Weise, dass dieses kurze Zeit vor dem Wj. der Personenuntergesellschaft endet, liegt hierin eine missbräuchliche Gestaltung, da die Gewinne der Untergesellschaft nicht im laufenden VZ, sondern einen VZ später steuerlich erfasst werden und hierdurch eine einjährige „Steuerpause" eintritt. Dies gilt nicht nur bei der zustimmungspflichtigen Umstellung des Wj., sondern auch bei der – nicht zustimmungsbedürftigen – Festlegung des vom Kj. abweichenden Wj. anlässlich der Betriebseröffnung (>BFH vom 18.12.1991 – BStBl II 1992 S. 486).
– Legt eine Personenobergesellschaft ihr Wj. abweichend von den Wj. der Untergesellschaft fest, liegt hierin jedenfalls dann kein Missbrauch von Gestaltungsmöglichkeiten des Rechts, wenn dadurch die Entstehung eines Rumpfwirtschaftsjahres vermieden wird (>BFH vom 09.11.2006 – BStBl II 2010 S. 230).

Freiberufler
– Ermittelt ein Freiberufler seinen Gewinn für ein vom Kj. abweichendes Wj., kann die Gewinnermittlung der Besteuerung nicht zugrunde gelegt werden. Der im Kj. bezogene Gewinn ist im Wege der Schätzung zu ermitteln. Dies kann i. d. R. durch eine zeitanteilige Aufteilung der für die abweichenden Wj. ermittelten Gewinne erfolgen (>BFH vom 23.09.1999 – BStBl II 2000 S. 24).
– Eine in das Handelsregister eingetragene KG, die nur Einkünfte aus selbständiger Arbeit erzielt, kann kein vom Kj. abweichendes Wj. bilden (>BFH vom 18.05.2000 – BStBl II S. 498).

Gewinnschätzung
>H 4.1

Rumpfwirtschaftsjahr
– Bei der Umstellung des Wj. darf nur ein Rumpfwirtschaftsjahr entstehen (>BFH vom 07.02.1969 – BStBl II S. 337).
– H 6b.2 (Wirtschaftsjahr)

Umwandlung

- In der Umwandlung oder Einbringung eines Einzelunternehmens in eine neu gegründete Personengesellschaft liegt eine Neueröffnung eines Betriebes. Der Zeitpunkt der Umwandlung oder Einbringung ist das Ende des Wj. des bisherigen Einzelunternehmens und der Beginn des ersten Wj. der neugegründeten Personengesellschaft (>BFH vom 26.05.1994 – BStBl II S. 891).
- Wird ein bisher als Personengesellschaft geführter Betrieb nach Ausscheiden der Mitgesellschafter als Einzelunternehmen fortgeführt, liegt darin die Eröffnung eines neuen Betriebes mit der Folge, dass das Wj. der Personengesellschaft im Zeitpunkt der Umwandlung endet und das erste Wj. des Einzelunternehmens beginnt (>BFH vom 10.02.1989 – BStBl II S. 519).

Verpachtung eines Betriebs der Land- und Forstwirtschaft

Sind die Einkünfte aus der Verpachtung eines Betriebs der Land- und Forstwirtschaft als Einkünfte aus Land- und Forstwirtschaft zu behandeln, ist für die Ermittlung des Gewinns weiterhin das nach § 4a Abs. 1 Satz 2 Nr. 1 oder § 8c EStDV in Betracht kommende abweichende Wj. maßgebend (>BFH vom 11.03.1965 – BStBl III S. 286).

Wirtschaftsjahr bei Land- und Forstwirten

Das Wj. bei Land- und Forstwirten richtet sich nach der Art der Bewirtschaftung. Eine unschädliche andere land- oder forstwirtschaftliche Nutzung in geringem Umfang i. S. d. § 8c Abs. 1 Satz 2 EStDV liegt nur vor, wenn der Vergleichswert der anderen land- oder forstwirtschaftlichen Nutzung etwa 10 % des Wertes der gesamten land- und forstwirtschaftlichen Nutzungen nicht übersteigt (>BFH vom 03.12.1987 – BStBl II 1988 S. 269).

Wirtschaftsjahr für den Gewerbebetrieb eines Land- und Forstwirts

Kann ein Land- und Forstwirt erst nach Beginn des Wj. für seinen Betrieb erkennen, dass sich aus diesem Betrieb ein Gewerbebetrieb herausgelöst hat, reicht es für die Ausübung des Wahlrechts zur Bestimmung eines dem land- und forstwirtschaftlichen Wj. entsprechenden Wj. für den Gewerbebetrieb aus, wenn er dem Finanzamt einen einheitlichen Jahresabschluss für den Gesamtbetrieb verbunden mit einer sachlich nachvollziehbaren Aufteilung des Gewinns auf den land- und forstwirtschaftlichen Betrieb und den Gewerbebetrieb vorlegt. Das Finanzamt erklärt konkludent seine Zustimmung, wenn es im Einkommensteuerbescheid der Steuererklärung folgt (>BFH vom 07.11.2013 – BStBl II 2015 S. 226).

Zustimmungsbedürftige Umstellung des Wirtschaftsjahrs

- Die Zustimmung ist nur dann zu erteilen, wenn der Stpfl. in der Organisation des Betriebs gelegene **gewichtige Gründe** für die Umstellung

§ 4a EStG
H 4a

- des Wj. anführen kann. Es ist jedoch nicht erforderlich, dass die Umstellung des Wj. betriebsnotwendig ist (>BFH vom 09.01.1974 – BStBl II S. 238).
- Die Umstellung des Wj. eines im Wege der **Gesamtrechtsnachfolge** auf Erben übergegangenen Unternehmens auf einen vom Kj. abweichenden Zeitraum bedarf der Zustimmung des Finanzamtes (>BFH vom 22.08.1968 – BStBl II 1969 S. 34).
- Wird die Umstellung des Wj. wegen **Inventurschwierigkeiten** begehrt, kann die Zustimmung zur Umstellung des Wj. zu versagen sein, wenn die Buchführung nicht ordnungsmäßig ist und auch nicht sichergestellt ist, dass durch die Umstellung des Wj. die Mängel der Buchführung beseitigt werden (>BFH vom 09.11.1966 – BStBl III 1967 S. 111).
- Will ein Pächter sein Wj. auf das vom Kj. abweichende **Pachtjahr** umstellen, weil dieses in mehrfacher Beziehung für die Abrechnung mit dem Verpächter maßgebend ist, ist die Zustimmung im Allgemeinen zu erteilen (>BFH vom 08.10.1969 – BStBl II 1970 S. 85).
- Bei Forstbetrieben bedarf die Umstellung eines mit dem Kj. übereinstimmenden Wj. auf das sog. **Forstwirtschaftsjahr** (01.10.-30.09.) der Zustimmung des Finanzamts (>BFH vom 23.09.1999 – BStBl II 2000 S. 5).
- Die Erlangung einer „**Steuerpause**" oder anderer steuerlicher Vorteile ist kein betrieblicher Grund, der die Zustimmung des Finanzamts zur Umstellung des Wj. rechtfertigt (>BFH vom 24.04.1980 – BStBl II 1981 S. 50 und vom 15.06.1983 – BStBl II S. 672).

§ 4b
Direktversicherung

S 2144-a

¹ Der Versicherungsanspruch aus einer Direktversicherung, die von einem Steuerpflichtigen aus betrieblichem Anlass abgeschlossen wird, ist dem Betriebsvermögen des Steuerpflichtigen nicht zuzurechnen, soweit am Schluss des Wirtschaftsjahres hinsichtlich der Leistungen des Versicherers die Person, auf deren Leben die Lebensversicherung abgeschlossen ist, oder ihre Hinterbliebenen bezugsberechtigt sind. ² Das gilt auch, wenn der Steuerpflichtige die Ansprüche aus dem Versicherungsvertrag abgetreten oder beliehen hat, sofern er sich der bezugsberechtigten Person gegenüber schriftlich verpflichtet, sie bei Eintritt des Versicherungsfalls so zu stellen, als ob die Abtretung oder Beleihung nicht erfolgt wäre.

Direktversicherung

R 4b.

Begriff

(1) ¹ Eine Direktversicherung ist eine Lebensversicherung auf das Leben des Arbeitnehmers, die durch den Arbeitgeber abgeschlossen worden ist und bei der der Arbeitnehmer oder seine Hinterbliebenen hinsichtlich der Leistungen des Versicherers ganz oder teilweise bezugsberechtigt sind (>§ 1b Abs. 2 Satz 1 Betriebsrentengesetz). ² Dasselbe gilt für eine Lebensversicherung auf das Leben des Arbeitnehmers, die nach Abschluss durch den Arbeitnehmer vom Arbeitgeber übernommen worden ist. ³ Dagegen liegt begrifflich keine Direktversicherung vor, wenn der Arbeitgeber für den Ehegatten eines verstorbenen früheren Arbeitnehmers eine Lebensversicherung abschließt. ⁴ Als Versorgungsleistungen können Leistungen der Alters-, Invaliditäts- oder Hinterbliebenenversorgung in Betracht kommen. ⁵ Es ist gleichgültig, ob es sich um Kapitalversicherungen – einschließlich Risikoversicherungen –, Rentenversicherungen oder fondsgebundene Lebensversicherungen handelt und welche >Laufzeit vereinbart wird. ⁶ Unfallversicherungen sind keine Lebensversicherungen, auch wenn bei Unfall mit Todesfolge eine Leistung vorgesehen ist. ⁷ Dagegen gehören Unfallzusatzversicherungen und Berufsunfähigkeitszusatzversicherungen, die im Zusammenhang mit Lebensversicherungen abgeschlossen werden, sowie selbständige Berufsunfähigkeitsversicherungen und Unfallversicherungen mit Prämienrückgewähr, bei denen der Arbeitnehmer Anspruch auf die Prämienrückgewähr hat, zu den Direktversicherungen.

(2) ¹ Die Bezugsberechtigung des Arbeitnehmers oder seiner Hinterbliebenen muss vom Versicherungsnehmer (Arbeitgeber) der Versicherungsgesellschaft gegenüber erklärt werden (§ 159 VVG). ² Die Bezugsberechtigung kann widerruflich oder unwiderruflich sein; bei widerruflicher Bezugsberechtigung sind die Bedingungen eines Widerrufes steuerlich unbeachtlich. ³ Unbeachtlich ist auch, ob die Anwartschaft des Arbeitnehmers arbeitsrechtlich bereits unverfallbar ist.

§ 4b EStG
R 4b H 4b

Behandlung bei der Gewinnermittlung

(3) [1] Die Beiträge zu Direktversicherungen sind sofort abziehbare Betriebsausgaben. [2] Eine Aktivierung der Ansprüche aus der Direktversicherung kommt beim Arbeitgeber vorbehaltlich Satz 5 erst in Betracht, wenn eine der in § 4b EStG genannten Voraussetzungen weggefallen ist, z. B. wenn der Arbeitgeber von einem Widerrufsrecht Gebrauch gemacht hat. [3] In diesen Fällen ist der Anspruch grundsätzlich mit dem geschäftsplanmäßigen Deckungskapital der Versicherungsgesellschaft zu aktivieren zuzüglich eines etwa vorhandenen Guthabens aus Beitragsrückerstattungen; soweit die Berechnung des Deckungskapitals nicht zum Geschäftsplan gehört, tritt an die Stelle des geschäftsplanmäßigen Deckungskapitals der nach § 169 Abs. 4 VVG berechnete Zeitwert. [4] Die Sätze 1 bis 3 gelten auch für Versicherungen gegen Einmalprämie; bei diesen Versicherungen kommt eine Aktivierung auch nicht unter dem Gesichtspunkt der Rechnungsabgrenzung in Betracht, da sie keinen Aufwand für eine „bestimmte Zeit" (§ 5 Abs. 5 Satz 1 Nr. 1 EStG) darstellen. [5] Sind der Arbeitnehmer oder seine Hinterbliebenen nur für bestimmte Versicherungsfälle oder nur hinsichtlich eines Teiles der Versicherungsleistungen bezugsberechtigt, sind die Ansprüche aus der Direktversicherung insoweit zu aktivieren, als der Arbeitgeber bezugsberechtigt ist.

(4) [1] Die Verpflichtungserklärung des Arbeitgebers nach § 4b Satz 2 EStG muss an dem Bilanzstichtag schriftlich vorliegen, an dem die Ansprüche aus dem Versicherungsvertrag ganz oder zum Teil abgetreten oder beliehen sind. [2] Liegt diese Erklärung nicht vor, sind die Ansprüche aus dem Versicherungsvertrag dem Arbeitgeber zuzurechnen.

Sonderfälle

(5) Die Absätze 1 bis 4 gelten entsprechend für Personen, die nicht Arbeitnehmer sind, für die jedoch aus Anlass ihrer Tätigkeit für das Unternehmen Direktversicherungen abgeschlossen worden sind (§ 17 Abs. 1 Satz 2 Betriebsrentengesetz), z. B. Handelsvertreter und Zwischenmeister.

H 4b

Hinweise

Abgrenzung der Direktversicherung von einem Sparvertrag

Ist das für eine Versicherung typische Todesfallwagnis und bereits bei Vertragsabschluss das Rentenwagnis ausgeschlossen, liegt ein atypischer Sparvertrag und keine begünstigte Direktversicherung vor (>BFH vom 09.11.1990 – BStBl II 1991 S. 189 und R 40b.1 Abs. 2 Satz 2 bis 4 LStR 2015).

Arbeitnehmer-Ehegatten

Zur steuerlichen Behandlung von Aufwendungen für die betriebliche Altersversorgung des mitarbeitenden Ehegatten >BMF vom 04.09.1984 (BStBl I S. 495), ergänzt durch BMF vom 09.01.1986 (BStBl I S. 7). Die Aufwendungen sind nur als Betriebsausgaben anzuerkennen, soweit sie einem Fremdvergleich (>H 4.8) standhalten.

Beleihung von Versicherungsansprüchen
Vorauszahlungen auf die Versicherungsleistung (sog. Policendarlehen) stehen einer Beleihung des Versicherungsanspruchs gleich (>BFH vom 19.12.1973 – BStBl II 1974 S. 237).

Gesellschafter-Geschäftsführer
Der ertragsteuerlichen Anerkennung einer zugunsten des beherrschenden Gesellschafter-Geschäftsführers einer Kapitalgesellschaft abgeschlossenen Direktversicherung steht nicht entgegen, dass als vertraglicher Fälligkeitstermin für die Erlebensleistung das 65. Lebensjahr des Begünstigten vereinbart wird.

Hinterbliebenenversorgung für den Lebensgefährten
>BMF vom 25.07.2002 (BStBl I S. 706)

Konzerngesellschaft
>R 40b.1 Abs. 1 Satz 3 LStR 2015

Überversorgung
– Zur bilanzsteuerrechtlichen Berücksichtigung von überdurchschnittlich hohen Versorgungsanwartschaften (Überversorgung) >BMF vom 03.11.2004 (BStBl I S. 1045) und vom 13.12.2012 (BStBl I 2013 S. 35)
– >H 6a (17)

§ 4c

Zuwendungen an Pensionskassen

(1) ¹Zuwendungen an eine Pensionskasse dürfen von dem Unternehmen, das die Zuwendungen leistet (Trägerunternehmen), als Betriebsausgaben abgezogen werden, soweit sie auf einer in der Satzung oder im Geschäftsplan der Kasse festgelegten Verpflichtung oder auf einer Anordnung der Versicherungsaufsichtsbehörde beruhen oder der Abdeckung von Fehlbeträgen bei der Kasse dienen. ²Soweit die allgemeinen Versicherungsbedingungen und die fachlichen Geschäftsunterlagen im Sinne des § 219 Absatz 3 Nummer 1 Buchstabe b des Versicherungsaufsichtsgesetzes nicht zum Geschäftsplan gehören, gelten diese als Teil des Geschäftsplans.

(2) Zuwendungen im Sinne des Absatzes 1 dürfen als Betriebsausgaben nicht abgezogen werden, soweit die Leistungen der Kasse, wenn sie vom Trägerunternehmen unmittelbar erbracht würden, bei diesem nicht betrieblich veranlasst wären.

R 4c. Zuwendungen an Pensionskassen

Pensionskassen

(1) Als Pensionskassen sind sowohl rechtsfähige Versorgungseinrichtungen i. S. d. § 1b Abs. 3 Satz 1 Betriebsrentengesetz als auch rechtlich unselbständige Zusatzversorgungseinrichtungen des öffentlichen Dienstes i. S. d. § 18 Betriebsrentengesetz anzusehen, die den Leistungsberechtigten (Arbeitnehmer und Personen i. S. d. § 17 Abs. 1 Satz 2 Betriebsrentengesetz sowie deren Hinterbliebene) auf ihre Leistungen einen Rechtsanspruch gewähren.

Zuwendungen

(2) ¹Der Betriebsausgabenabzug kommt sowohl für laufende als auch für einmalige Zuwendungen in Betracht. ²Zuwendungen an eine Pensionskasse sind auch abziehbar, wenn die Kasse ihren Sitz oder ihre Geschäftsleitung im Ausland hat.

(3) ¹Zuwendungen zur Abdeckung von Fehlbeträgen sind auch dann abziehbar, wenn sie nicht auf einer entsprechenden Anordnung der Versicherungsaufsichtsbehörde beruhen. ²Für die Frage, ob und in welcher Höhe ein Fehlbetrag vorliegt, ist das Vermögen der Kasse nach den handelsrechtlichen Grundsätzen ordnungsmäßiger Buchführung unter Berücksichtigung des von der Versicherungsaufsichtsbehörde genehmigten Geschäftsplans bzw. der in § 4c Abs. 1 Satz 2 EStG genannten Unterlagen anzusetzen. ³Für Pensionskassen mit Sitz oder Geschäftsleitung im Ausland sind die für inländische Pensionskassen geltenden Grundsätze anzuwenden.

(4) ¹Zuwendungen an die Kasse dürfen als Betriebsausgaben nicht abgezogen werden, soweit die Leistungen der Kasse, wenn sie vom Trägerunternehmen unmittelbar erbracht würden, bei diesem nicht betrieblich veranlasst wären. ²Nicht betrieblich veranlasst sind z. B. Leistungen der Kasse an den Inhaber (Unternehmer, Mitunternehmer) des Trägerunternehmens oder seine Angehörigen. ³Für Angehörige gilt das Verbot nicht, soweit die Zuwendungen im Rahmen eines steuerlich anzuerkennenden Arbeitsverhältnisses gemacht werden (>R 4.8). ⁴Die allgemeinen Gewinnermittlungsgrundsätze bleiben durch § 4c Abs. 2 EStG unberührt; auch bei nicht unter das Abzugsverbot fallenden Zuwendungen ist daher zu prüfen, ob sie nach allgemeinen Bilanzierungsgrundsätzen zu aktivieren sind, z. B. bei Zuwendungen, die eine Gesellschaft für ein Tochterunternehmen erbringt.

(5) ¹Für Zuwendungen, die vom Trägerunternehmen nach dem Bilanzstichtag geleistet werden, ist bereits zum Bilanzstichtag ein Passivposten zu bilden, sofern zu diesem Zeitpunkt eine entsprechende Verpflichtung besteht (Bestimmung in der Satzung oder im Geschäftsplan der Kasse, Anordnung der Aufsichtsbehörde). ²Werden Fehlbeträge der Kasse abgedeckt, ohne dass hierzu eine Verpflichtung des Trägerunternehmens besteht, kann in sinngemäßer Anwendung des § 4d Abs. 2 EStG zum Bilanzstichtag eine Rückstellung gebildet werden, wenn innerhalb eines Monats nach Aufstellung oder Feststellung der Bilanz des Trägerunternehmens die Zuwendung geleistet oder die Abdeckung des Fehlbetrags verbindlich zugesagt wird.

Hinweise

H 4c

Hinterbliebenenversorgung für den Lebensgefährten
>BMF vom 25.07.2002 (BStBl I S. 706)

Zusatzversorgungseinrichtung
Eine nicht rechtsfähige Zusatzversorgungseinrichtung des öffentlichen Dienstes ist eine Pensionskasse i. S. d. § 4c (>BFH vom 22.09.1995 – BStBl II 1996 S. 136).

§ 4d
Zuwendungen an Unterstützungskassen

(1) ¹Zuwendungen an eine Unterstützungskasse dürfen von dem Unternehmen, das die Zuwendungen leistet (Trägerunternehmen), als Betriebsausgaben abgezogen werden, soweit die Leistungen der Kasse, wenn sie vom Trägerunternehmen unmittelbar erbracht würden, bei diesem betrieblich veranlasst wären und sie die folgenden Beträge nicht übersteigen:

1. bei Unterstützungskassen, die lebenslänglich laufende Leistungen gewähren:
   a) das Deckungskapital für die laufenden Leistungen nach der dem Gesetz als Anlage 1 beigefügten Tabelle. ²Leistungsempfänger ist jeder ehemalige Arbeitnehmer des Trägerunternehmens, der von der Unterstützungskasse Leistungen erhält; soweit die Kasse Hinterbliebenenversorgung gewährt, ist Leistungsempfänger der Hinterbliebene eines ehemaligen Arbeitnehmers des Trägerunternehmens, der von der Kasse Leistungen erhält. ³Dem ehemaligen Arbeitnehmer stehen andere Personen gleich, denen Leistungen der Alters-, Invaliditäts- oder Hinterbliebenenversorgung aus Anlass ihrer ehemaligen Tätigkeit für das Trägerunternehmen zugesagt worden sind;
   b) in jedem Wirtschaftsjahr für jeden Leistungsanwärter,
      aa) wenn die Kasse nur Invaliditätsversorgung oder nur Hinterbliebenenversorgung gewährt, jeweils 6 Prozent,
      bb) wenn die Kasse Altersversorgung mit oder ohne Einschluss von Invaliditätsversorgung oder Hinterbliebenenversorgung gewährt, 25 Prozent

      der jährlichen Versorgungsleistungen, die der Leistungsanwärter oder, wenn nur Hinterbliebenenversorgung gewährt wird, dessen Hinterbliebene nach den Verhältnissen am Schluss des Wirtschaftsjahres der Zuwendung im letzten Zeitpunkt der Anwartschaft, spätestens zum Zeitpunkt des Erreichens der Regelaltersgrenze der gesetzlichen Rentenversicherung erhalten können. ²Leistungsanwärter ist jeder Arbeitnehmer oder ehemalige Arbeitnehmer des Trägerunternehmens, der von der Unterstützungskasse schriftlich zugesagte Leistungen erhalten kann und am Schluss des Wirtschaftsjahres, in dem die Zuwendung erfolgt,
      aa) bei erstmals nach dem 31. Dezember 2017 zugesagten Leistungen das 23. Lebensjahr vollendet hat,
      bb) bei erstmals nach dem 31. Dezember 2008 und vor dem 1. Januar 2018 zugesagten Leistungen das 27. Lebensjahr vollendet hat oder
      cc) bei erstmals vor dem 1. Januar 2009 zugesagten Leistungen das 28. Lebensjahr vollendet hat;

soweit die Kasse nur Hinterbliebenenversorgung gewährt, gilt als Leistungsanwärter jeder Arbeitnehmer oder ehemalige Arbeitnehmer des Trägerunternehmens, der am Schluss des Wirtschaftsjahres, in dem die Zuwendung erfolgt, das nach dem ersten Halbsatz maßgebende Lebensjahr vollendet hat und dessen Hinterbliebene die Hinterbliebenenversorgung erhalten können. ³Das Trägerunternehmen kann bei der Berechnung nach Satz 1 statt des dort maßgebenden Betrags den Durchschnittsbetrag der von der Kasse im Wirtschaftsjahr an Leistungsempfänger im Sinne des Buchstabens a Satz 2 gewährten Leistungen zugrunde legen. ⁴In diesem Fall sind Leistungsanwärter im Sinne des Satzes 2 nur die Arbeitnehmer oder ehemaligen Arbeitnehmer des Trägerunternehmens, die am Schluss des Wirtschaftsjahres, in dem die Zuwendung erfolgt, das 50. Lebensjahr vollendet haben. ⁵Dem Arbeitnehmer oder ehemaligen Arbeitnehmer als Leistungsanwärter stehen andere Personen gleich, denen schriftlich Leistungen der Alters-, Invaliditäts- oder Hinterbliebenenversorgung aus Anlass ihrer Tätigkeit für das Trägerunternehmen zugesagt worden sind;

c) den Betrag des Beitrages, den die Kasse an einen Versicherer zahlt, soweit sie sich die Mittel für ihre Versorgungsleistungen, die der Leistungsanwärter oder Leistungsempfänger nach den Verhältnissen am Schluss des Wirtschaftsjahres der Zuwendung erhalten kann, durch Abschluss einer Versicherung verschafft. ²Bei Versicherungen für einen Leistungsanwärter ist der Abzug des Beitrages nur zulässig, wenn der Leistungsanwärter die in Buchstabe b Satz 2 und 5 genannten Voraussetzungen erfüllt, die Versicherung für die Dauer bis zu dem Zeitpunkt abgeschlossen ist, für den erstmals Leistungen der Altersversorgung vorgesehen sind, mindestens jedoch bis zu dem Zeitpunkt, an dem der Leistungsanwärter das 55. Lebensjahr vollendet hat, und während dieser Zeit jährlich Beiträge gezahlt werden, die der Höhe nach gleich bleiben oder steigen. ³Das Gleiche gilt für Leistungsanwärter, die das nach Buchstabe b Satz 2 jeweils maßgebende Lebensjahr noch nicht vollendet haben, für Leistungen der Invaliditäts- oder Hinterbliebenenversorgung, für Leistungen der Altersversorgung unter der Voraussetzung, dass die Leistungsanwartschaft bereits unverfallbar ist. ⁴Ein Abzug ist ausgeschlossen, wenn die Ansprüche aus der Versicherung der Sicherung eines Darlehens dienen. ⁵Liegen die Voraussetzungen der Sätze 1 bis 4 vor, sind die Zuwendungen nach den Buchstaben a und b in dem Verhältnis zu vermindern, in dem die Leistungen der Kasse durch die Versicherung gedeckt sind;

d) den Betrag, den die Kasse einem Leistungsanwärter im Sinne des Buchstabens b Satz 2 und 5 vor Eintritt des Versorgungsfalls als Abfindung für künftige Versorgungsleistungen gewährt, den Übertragungswert nach § 4 Absatz 5 des Betriebsrentengesetzes oder den Betrag, den sie an einen anderen Versorgungsträger zahlt, der eine ihr obliegende Versorgungsverpflichtung übernommen hat.

²Zuwendungen dürfen nicht als Betriebsausgaben abgezogen werden, wenn das Vermögen der Kasse ohne Berücksichtigung künftiger Versorgungsleistungen am Schluss des Wirtschaftsjahres das zulässige Kassenvermögen übersteigt. ³Bei der Ermittlung des Vermögens der Kasse ist am Schluss des Wirtschaftsjahres vorhandener Grundbesitz mit 200 Prozent der Einheitswerte anzusetzen, die zu dem Feststellungszeitpunkt maßgebend sind, der dem Schluss des Wirtschaftsjahres folgt; Ansprüche aus einer Versicherung sind mit dem Wert des geschäftsplanmäßigen Deckungskapitals zuzüglich der Guthaben aus Beitragsrückerstattung am Schluss des Wirtschaftsjahres anzusetzen, und das übrige Vermögen ist mit dem gemeinen Wert am Schluss des Wirtschaftsjahres zu bewerten. ⁴Zulässiges Kassenvermögen ist die Summe aus dem Deckungskapital für alle am Schluss des Wirtschaftsjahres laufenden Leistungen nach der dem Gesetz als Anlage 1 beigefügten Tabelle für Leistungsempfänger im Sinne des Satzes 1 Buchstabe a und dem Achtfachen der nach Satz 1 Buchstabe b abzugsfähigen Zuwendungen. ⁵Soweit sich die Kasse die Mittel für ihre Leistungen durch Abschluss einer Versicherung verschafft, ist, wenn die Voraussetzungen für den Abzug des Beitrages nach Satz 1 Buchstabe c erfüllt sind, zulässiges Kassenvermögen der Wert des geschäftsplanmäßigen Deckungskapitals aus der Versicherung am Schluss des Wirtschaftsjahres; in diesem Fall ist das zulässige Kassenvermögen nach Satz 4 in dem Verhältnis zu vermindern, in dem die Leistungen der Kasse durch die Versicherung gedeckt sind. ⁶Soweit die Berechnung des Deckungskapitals nicht zum Geschäftsplan gehört, tritt an die Stelle des geschäftsplanmäßigen Deckungskapitals der nach § 169 Absatz 3 und 4 des Versicherungsvertragsgesetzes berechnete Wert, beim zulässigen Kassenvermögen ohne Berücksichtigung des Guthabens aus Beitragsrückerstattung. ⁷Gewährt eine Unterstützungskasse anstelle von lebenslänglich laufenden Leistungen eine einmalige Kapitalleistung, so gelten 10 Prozent der Kapitalleistung als Jahresbetrag einer lebenslänglich laufenden Leistung;

2. bei Kassen, die keine lebenslänglich laufenden Leistungen gewähren, für jedes Wirtschaftsjahr 0,2 Prozent der Lohn- und Gehaltssumme des Trägerunternehmens, mindestens jedoch den Betrag der von der Kasse in einem Wirtschaftsjahr erbrachten

Leistungen, soweit dieser Betrag höher ist als die in den vorangegangenen fünf Wirtschaftsjahren vorgenommenen Zuwendungen abzüglich der in dem gleichen Zeitraum erbrachten Leistungen. ²Diese Zuwendungen dürfen nicht als Betriebsausgaben abgezogen werden, wenn das Vermögen der Kasse am Schluss des Wirtschaftsjahres das zulässige Kassenvermögen übersteigt. ³Als zulässiges Kassenvermögen kann 1 Prozent der durchschnittlichen Lohn- und Gehaltssumme der letzten drei Jahre angesetzt werden. ⁴Hat die Kasse bereits zehn Wirtschaftsjahre bestanden, darf das zulässige Kassenvermögen zusätzlich die Summe der in den letzten zehn Wirtschaftsjahren gewährten Leistungen nicht übersteigen. ⁵Für die Bewertung des Vermögens der Kasse gilt Nummer 1 Satz 3 entsprechend. ⁶Bei der Berechnung der Lohn- und Gehaltssumme des Trägerunternehmens sind Löhne und Gehälter von Personen, die von der Kasse keine nicht lebenslänglich laufenden Leistungen erhalten können, auszuscheiden.

²Gewährt eine Kasse lebenslänglich laufende und nicht lebenslänglich laufende Leistungen, so gilt Satz 1 Nummer 1 und 2 nebeneinander. ³Leistet ein Trägerunternehmen Zuwendungen an mehrere Unterstützungskassen, so sind diese Kassen bei der Anwendung der Nummern 1 und 2 als Einheit zu behandeln.

(2) ¹Zuwendungen im Sinne des Absatzes 1 sind von dem Trägerunternehmen in dem Wirtschaftsjahr als Betriebsausgaben abzuziehen, in dem sie geleistet werden. ²Zuwendungen, die bis zum Ablauf eines Monats nach Aufstellung oder Feststellung der Bilanz des Trägerunternehmens für den Schluss eines Wirtschaftsjahres geleistet werden, können von dem Trägerunternehmen noch für das abgelaufene Wirtschaftsjahr durch eine Rückstellung gewinnmindernd berücksichtigt werden. ³Übersteigen die in einem Wirtschaftsjahr geleisteten Zuwendungen die nach Absatz 1 abzugsfähigen Beträge, so können die übersteigenden Beträge im Wege der Rechnungsabgrenzung auf die folgenden drei Wirtschaftsjahre vorgetragen und im Rahmen der für diese Wirtschaftsjahre abzugsfähigen Beträge als Betriebsausgaben behandelt werden. ⁴§ 5 Absatz 1 Satz 2 ist nicht anzuwenden.

(3) ¹Abweichend von Absatz 1 Satz 1 Nummer 1 Satz 1 Buchstabe d und Absatz 2 können auf Antrag die insgesamt erforderlichen Zuwendungen an die Unterstützungskasse für den Betrag, den die Kasse an einen Pensionsfonds zahlt, der eine ihr obliegende Versorgungsverpflichtung ganz oder teilweise übernommen hat, nicht im Wirtschaftsjahr der Zuwendung, sondern erst in den dem Wirtschaftsjahr der Zuwendung folgenden zehn Wirtschaftsjahren gleichmäßig verteilt als Betriebsausgaben abgezogen werden. ²Der Antrag ist unwiderruflich; der jeweilige Rechtsnachfolger ist an den Antrag gebunden.

§ 4d EStG

Anlage 1
(zu § 4d Absatz 1)

Tabelle für die Errechnung des Deckungskapitals für lebenslänglich laufende Leistungen von Unterstützungskassen

Erreichtes Alter des Leistungsempfängers (Jahre)	Die Jahresbeiträge der laufenden Leistungen sind zu vervielfachen bei Leistungen	
	an männliche Leistungsempfänger mit	an weibliche Leistungsempfänger mit
(1)	(2)	(3)
bis 26	11	17
27 bis 29	12	17
30	13	17
31 bis 35	13	16
36 bis 39	14	16
40 bis 46	14	15
47 und 48	14	14
49 bis 52	13	14
53 bis 56	13	13
57 und 58	13	12
59 und 60	12	12
61 bis 63	12	11
64	11	11
65 bis 67	11	10
68 bis 71	10	9
72 bis 74	9	8
75 bis 77	8	7
78	8	6
79 bis 81	7	6
82 bis 84	6	5
85 bis 87	5	4
88	4	4
89 und 90	4	3
91 bis 93	3	3
94	3	2
95 und älter	2	2

§ 4d EStG
H 4d (1) **R 4d**

Zuwendungen an Unterstützungskassen

R 4d.

Unterstützungskasse

R 4d (1)

(1) ¹Für die Höhe der abziehbaren Zuwendungen an die >Unterstützungskasse kommt es nicht darauf an, ob die Kasse von der Körperschaftsteuer befreit ist oder nicht. ²Wegen der Zuwendungen an Unterstützungskassen bei Bildung von Pensionsrückstellungen für die gleichen Versorgungsleistungen an denselben Empfängerkreis >R 6a Abs. 15.

Hinweise

H 4d (1)

Allgemeines
>BMF vom 28.11.1996 (BStBl I S. 1435):
1. Konzeptions- und Verwaltungskosten,
2. Leistungsanwärter und Leistungsempfänger,
3. Ermittlung der Rückdeckungsquote,
4. Verwendung von Gewinngutschriften,
5. Unterbrechung der laufenden Beitragszahlung oder Beitragseinstellung,
6. Rückdeckungsversicherungen für unter 30jährige Leistungsanwärter,
7. zulässiges Kassenvermögen bei abweichender Fälligkeit der Versorgungs- und Versicherungsleistungen,
8. Übergangsregelung nach § 52 Abs. 5 Satz 2 a. F.,
9. zulässiges Kassenvermögen für nicht lebenslänglich laufende Leistungen,
10. tatsächliches Kassenvermögen und überhöhte Zuwendungen

Hinterbliebenenversorgung für den Lebensgefährten
>BMF vom 25.07.2002 (BStBl I S. 706)

Übertragung von Unterstützungskassenzusagen auf Pensionsfonds
Zur Übertragung von Unterstützungskassenzusagen auf Pensionsfonds nach § 4d Abs. 3 und § 4e Abs. 3 i. V. m. § 3 Nr. 66 >BMF vom 26.10.2006 (BStBl I S. 709) und vom 10.07.2015 (BStBl I S. 544)

Überversorgung
– Zur bilanzsteuerrechtlichen Berücksichtigung von überdurchschnittlich hohen Versorgungsanwartschaften (Überversorgung) >BMF vom 03.11.2004 (BStBl I S. 1045) und vom 13.12.2012 (BStBl I 2013 S. 35)
– Bei angemessenen Barlohnumwandlungen sind Beiträge für eine rückgedeckte Unterstützungskasse betrieblich veranlasst und ohne Prüfung einer sog. Überversorgung als Betriebsausgabe zu berücksichtigen (>BFH vom 28.10.2020 – BStBl II 2021 S. 279).
– >H 6a (17)

§ 4d EStG
R 4d H 4d (1)

Unterstützungskasse
Eine Unterstützungskasse ist eine rechtsfähige Versorgungseinrichtung, die auf ihre Leistungen keinen Rechtsanspruch gewährt (>BFH vom 05.11.1992 – BStBl II 1993 S. 185); >§ 1b Abs. 4 Betriebsrentengesetz.

Versorgungsausgleich
Zu den Auswirkungen des Gesetzes zur Strukturreform des Versorgungsausgleiches (VAStrRefG) auf Unterstützungskassen >BMF vom 12.11.2010 (BStBl I S. 1303)

Zuwendungen
Zuwendungen i. S. d. § 4d sind Vermögensübertragungen, die die Unterstützungskasse einseitig bereichern und nicht auf einem Leistungsaustausch beruhen. Es ist unerheblich, ob die Zuwendung auf einer Verpflichtung des Trägerunternehmens beruht oder freiwillig erfolgt (>BFH vom 05.11.1992 – BStBl II 1993 S. 185).

R 4d (2) ### Leistungsarten
(2) [1] Bei den von der Kasse aus Anlass einer Tätigkeit für das Trägerunternehmen erbrachten Leistungen muss es sich um Leistungen der Alters-, Invaliditäts- oder Hinterbliebenenversorgung oder um Leistungen bei Arbeitslosigkeit oder zur Hilfe in sonstigen Notlagen handeln. [2] Für die Frage, ob Leistungen der betrieblichen Altersversorgung vorliegen, ist ausschließlich § 1 Betriebsrentengesetz maßgebend. [3] Werden Leistungen in Aussicht gestellt, die mit denen einer Kapitallebensversicherung mit steigender Todesfallleistung vergleichbar sind, müssen diese nicht die in den LStR geforderten Voraussetzungen an den Mindesttodesfallschutz erfüllen. [4] Der Bezug von Leistungen der Altersversorgung setzt mindestens die Vollendung des 60. Lebensjahres voraus; nur in berufsspezifischen Ausnahmefällen kann eine niedrigere Altersgrenze zwischen 55 und 60 in Betracht kommen. [5] Für Zusagen, die nach dem 31.12.2011 erteilt werden, tritt an die Stelle des 60. Lebensjahres regelmäßig das 62. Lebensjahr. [6] Für andere als die vorgenannten Leistungen sind Zuwendungen im Sinne von § 4d EStG durch das Trägerunternehmen mit steuerlicher Wirkung nicht möglich. [7] Zu den lebenslänglich laufenden Leistungen gehören alle laufenden (wiederkehrenden) Leistungen, soweit sie nicht von vornherein nur für eine bestimmte Anzahl von Jahren oder bis zu einem bestimmten Lebensalter des Leistungsberechtigten vorgesehen sind. [8] Vorbehalte, nach denen Leistungen an den überlebenden Ehegatten bei einer Wiederverheiratung oder Invaliditätsrenten bei einer Wiederaufnahme einer Arbeitstätigkeit wegfallen, berühren die Eigenschaft der Renten als lebenslänglich laufende Leistung nicht. [9] Dasselbe gilt, wenn eine Invaliditätsrente bei Erreichen einer bestimmten Altersgrenze von einer Altersrente der Unterstützungskasse abgelöst wird. [10] Keine lebenslänglich laufenden Leistungen

§ 4d EStG
H 4d (2) R 4d

sind z. B. Überbrückungszahlungen für eine bestimmte Zeit, Waisenrenten, abgekürzte Invaliditätsrenten und zeitlich von vornherein begrenzte Leistungen an den überlebenden Ehegatten.

| Hinweise | H 4d (2) |

Lebenslänglich laufende Leistungen
Auch einmalige Kapitalleistungen einer Unterstützungskasse in geringem Umfang sind als lebenslänglich laufende Leistungen i. S. d. § 4d anzusehen (>BFH vom 15.06.1994 – BStBl II 1995 S. 21).

Zuwendungen zum Deckungskapital R 4d (3)

(3) [1]Das Deckungskapital für die bereits laufenden Leistungen (§ 4d Abs. 1 Satz 1 Nr. 1 Satz 1 Buchstabe a EStG) kann der Kasse sofort bei Beginn der Leistungen oder, solange der Leistungsempfänger lebt, in einem späteren Wirtschaftsjahr in einem Betrag oder verteilt auf mehrere Wirtschaftsjahre zugewendet werden. [2]Mithin kann

1. das Deckungskapital für eine Rente an einen früheren Arbeitnehmer in dem Zeitraum, in dem der frühere Arbeitnehmer Leistungsempfänger ist,
2. das Deckungskapital für eine Rente an den überlebenden Ehegatten in dem Zeitraum, in dem dieser Leistungsempfänger ist, und
3. das Deckungskapital für eine Rente im Falle der Ehescheidung oder der Aufhebung einer eingetragenen Lebenspartnerschaft an den Ausgleichsberechtigten nach dem VersAusglG in dem Zeitraum, in dem dieser Leistungsempfänger ist,

zugewendet werden. [3]Das Deckungskapital für die Rente an den überlebenden Ehegatten kann selbst dann ungeschmälert zugewendet werden, wenn das Deckungskapital für die Rente an den früheren Arbeitnehmer bereits voll zugewendet war. [4]Auf die Anrechnung des im Deckungskapital für die Rente an den früheren Arbeitnehmer enthaltenen Anteiles für die Anwartschaft auf Rente an den überlebenden Ehegatten wird aus Praktikabilitätsgründen verzichtet. [5]Das für die Zuwendungen maßgebende Deckungskapital ist jeweils nach dem erreichten Alter des Leistungsempfängers zu Beginn der Leistungen oder zum Zeitpunkt der Leistungserhöhung und nach der Höhe der Jahresbeträge dieser Leistungen zu berechnen; das Alter des Leistungsberechtigten ist nach dem bürgerlichen Recht (§ 187 Abs. 2 Satz 2, § 188 Abs. 2 BGB) zu bestimmen. [6]Bei den am 1.1.1975 bereits laufenden Leistungen ist für die Bemessung weiterer Zuwendungen auf das Deckungskapital von der als Anlage 1 dem Einkommensteuergesetz beigefügten Tabelle und von dem Lebensalter auszugehen, das der Berechtigte am 1.1.1975 erreicht hat; auf das so ermittelte Deckungskapital sind die früheren Zuwendungen zum Deckungskapital anzurechnen. [7]Lässt sich in den Fällen, in denen ein Trägerunternehmen die nach dem Zuwendungsgesetz (ZuwG) vom 26.3.1952 (BGBl. I S. 206)

§ 4d EStG
R 4d H 4d (3)

höchstzulässigen Jahreszuwendungen nicht ausgeschöpft und die Zuwendungen nicht nach den im ZuwG aufgeführten Kategorien gegliedert hat, nicht mehr feststellen, welcher Teil dieser Zuwendungen auf das Deckungskapital vorgenommen wurde, kann das Trägerunternehmen die Gliederung der früheren Zuwendungen nach eigener Entscheidung vornehmen.

H 4d (3)

Hinweise

Berechnungsbeispiel für die Zuwendung zum Deckungskapital

Deckungskapital zum 31.12.01 für die im Wj. 01 beginnenden laufenden Leistungen von jährlich 1.000 € an die männlichen Leistungsempfänger

A (63 Jahre): 12 x 1.000 € =	12.000 €
B (58 Jahre): 13 x 1.000 € =	13.000 €
	25.000 €

Der Kasse werden hiervon im Wj. 01 nur 10.000 € zugewendet.

Im Wj. 02 oder in späteren Wj. können der Kasse für die Leistungen an diese Empfänger nach § 4d Abs. 1 Satz 1 Nr. 1 Satz 1 Buchst. a insgesamt 25.000 € − 10.000 € = 15.000 € zugewendet werden.

R 4d (4) Zuwendungen zum Reservepolster

(4) [1]Für die Ermittlung der Höhe der zulässigen Zuwendungen zum Reservepolster nach § 4d Abs. 1 Satz 1 Nr. 1 Satz 1 Buchstabe b EStG besteht ein Wahlrecht. [2]Das Trägerunternehmen kann entweder von den jährlichen Versorgungsleistungen ausgehen, welche die jeweils begünstigten Leistungsanwärter im letzten Zeitpunkt der Anwartschaft, spätestens im Zeitpunkt des Erreichens der Regelaltersgrenze der gesetzlichen Rentenversicherung (§§ 35 und 235 SGB VI), nach dem Leistungsplan der Kasse erhalten können (Grundsatzregelung). [3]Statt dessen kann auch vom Durchschnittsbetrag der von der Kasse im Wirtschaftsjahr tatsächlich gewährten lebenslänglich laufenden Leistungen ausgegangen werden (Sonderregelung). [4]Das Trägerunternehmen hat in dem Wirtschaftsjahr, ab dem dieses Wahlrecht besteht bzw. in dem erstmals Leistungen über eine Unterstützungskasse zugesagt werden, zu entscheiden, ob die Ermittlung der Höhe der Zuwendungen zum Reservepolster nach der Grundsatzregelung oder der Sonderregelung erfolgen soll. [5]An die getroffene Wahl ist es grundsätzlich fünf Wirtschaftsjahre lang gebunden. [6]Die für das Wirtschaftsjahr zulässigen Zuwendungen zum Reservepolster ergeben sich, wenn auf den jeweils ermittelten Betrag die nach § 4d Abs. 1 Satz 1 Nr. 1 Satz 1 Buchstabe b Satz 1 EStG maßgebenden Prozentsätze angewandt werden; im Falle der Sonderregelung ist das Ergebnis mit der Anzahl der berücksichtigungsfähigen Leistungsanwärter zu vervielfältigen. [7]Wird die Zuwendungshöhe nach der Grundsatzregelung berechnet, sind die dem einzelnen Leistungsanwärter jeweils schriftlich zugesagten erreichbaren Leistungen nach den Verhältnissen am Ende des Wirtschaftsjahres der

Kasse maßgebend. ⁸Änderungen, die erst nach dem Bilanzstichtag wirksam werden, sind nur zu berücksichtigen, wenn sie am Bilanzstichtag bereits feststehen. ⁹Die Leistungen sind jeweils bezogen auf die einzelnen zulässigen Zuwendungssätze getrennt zu erfassen, wobei im Falle des § 4d Abs. 1 Satz 1 Nr. 1 Satz 1 Buchstabe b Satz 1 Doppelbuchstabe aa EStG jeweils gesondert die Leistungen der Invaliditätsversorgung bzw. Hinterbliebenenversorgung und im Falle des Doppelbuchstabens bb die Leistungen der Altersversorgung zu berücksichtigen sind. ¹⁰Wird die Zuwendungshöhe nach der Sonderregelung berechnet, ist vom Durchschnittsbetrag der von der Kasse in ihrem Wirtschaftsjahr tatsächlich gewährten lebenslänglich laufenden Leistungen auszugehen. ¹¹Zur Vereinfachung kann statt einer genaueren Berechnung als Durchschnittsbetrag der Betrag angenommen werden, der sich ergibt, wenn die Summe der im Wirtschaftsjahr der Kasse tatsächlich gezahlten lebenslänglich laufenden Leistungen durch die Zahl der am Ende ihres Wirtschaftsjahres vorhandenen berücksichtigungsfähigen Leistungsempfänger geteilt wird. ¹²Auf diesen Durchschnittsbetrag sind die Zuwendungssätze von jeweils 25 %, 12 % oder 6 % anzuwenden.

Hinweise

Ermittlungszeitpunkt
Zum Ermittlungszeitpunkt für die Höhe der Zuwendungen an eine Unterstützungskasse >BMF vom 07.01.1994 (BStBl I S. 18)

Näherungsverfahren
Zur Berücksichtigung von Renten aus der gesetzlichen Rentenversicherung >BMF vom 15.03.2007 (BStBl I S. 290) und vom 05.05.2008 (BStBl I S. 570)

Leistungsanwärter
(5) ¹Der Kreis der Leistungsanwärter umfasst grundsätzlich alle Arbeitnehmer und ehemaligen Arbeitnehmer des Trägerunternehmens, die von der Unterstützungskasse schriftlich zugesagte Leistungen erhalten können, soweit sie nicht bereits Empfänger lebenslänglich laufender Leistungen sind. ²Bei Zusagen von Hinterbliebenenversorgung ohne Altersversorgung gilt die Person als Leistungsanwärter, bei deren Ableben die Hinterbliebenenversorgung einsetzt; hierbei ist nicht zu prüfen, ob Angehörige vorhanden sind, die Anspruch auf eine Versorgung haben. ³Angehörige des Unternehmers oder von Mitunternehmern des Trägerunternehmens dürfen nur als Leistungsanwärter berücksichtigt werden, soweit ein steuerlich anzuerkennendes Arbeitsverhältnis (>R 4.8) vorliegt. ⁴Personen, die mit einer unverfallbaren Anwartschaft aus dem Trägerunternehmen ausgeschieden sind, gehören unter den vorstehenden Voraussetzungen zu den Leistungsanwärtern, solange die Kasse mit einer späteren Inanspruchnahme zu rechnen hat; sofern der Kasse nicht bereits vorher bekannt ist,

dass Leistungen nicht zu gewähren sind, braucht bei diesen Personen die Frage, ob die Kasse mit einer Inanspruchnahme zu rechnen hat, erst nach Erreichen der Altersgrenze geprüft zu werden. [5]Personen, bei denen bis zum Ablauf des auf das Erreichen der Altersgrenze folgenden Wirtschaftsjahres nicht feststeht, dass die Kasse mit einer Inanspruchnahme zu rechnen hat, gehören vom Ende dieses Wirtschaftsjahres an nicht mehr zu den Leistungsanwärtern.

Rückgedeckte Unterstützungskasse

R 4d (6) Allgemeines

(6) [1]Soweit die Unterstützungskasse die einem Leistungsempfänger oder einem Leistungsanwärter zugesagten Leistungen ganz oder teilweise durch den Abschluss einer Versicherung abgesichert hat, liegt eine rückgedeckte Unterstützungskasse vor. [2]Ist der Betriebsausgabenabzug nach § 4d Abs. 1 Satz 1 Nr. 1 Satz 1 Buchstabe c EStG ausgeschlossen, können die Zuwendungen im Rahmen des § 4d Abs. 1 Satz 1 Nr. 1 Satz 1 Buchstabe a und b EStG abgezogen werden. [3]Die Voraussetzungen für den Betriebsausgabenabzug nach § 4d Abs. 1 Satz 1 Nr. 1 Satz 1 Buchstabe c EStG sind auch dann erfüllt, wenn die Unterstützungskasse ihre Ansprüche aus von ihr abgeschlossenen Rückdeckungsversicherungsverträgen an die begünstigten Arbeitnehmer verpfändet, denen sie Leistungen in Aussicht gestellt hat.

R 4d (7) Zuwendungen für Leistungsempfänger

(7) [1]Werden die zugesagten Leistungen erst nach Eintritt des Versorgungsfalles rückgedeckt, können hierfür Einmalprämien mit steuerlicher Wirkung zugewendet werden. [2]§ 4d Abs. 1 Satz 1 Nr. 1 Satz 1 Buchstabe c Satz 2 bis 4 EStG ist nicht anzuwenden.

R 4d (8) Zuwendungen für Leistungsanwärter

(8) [1]Das Trägerunternehmen kann den für den einzelnen Leistungsanwärter an die Kasse zugewendeten Betrag der Versicherungsprämie nur als Betriebsausgaben geltend machen, wenn die Unterstützungskasse laufende Prämien zu entrichten hat. [2]Dies ist bei Zusagen einer Altersversorgung der Fall, wenn es sich um eine Versicherung handelt, bei der in jedem Jahr zwischen Vertragsabschluss und Zeitpunkt, für den erstmals Leistungen der Altersversorgung vorgesehen sind, Prämien zu zahlen sind. [3]Der Zeitpunkt, für den erstmals Leistungen der Altersversorgung vorgesehen sind, darf nicht vor Vollendung des 55. Lebensjahres des begünstigten Leistungsanwärters liegen. [4]Werden Leistungen der Invaliditäts- oder Hinterbliebenenversorgung rückversichert, muss die abgeschlossene Versicherung eine Mindestlaufzeit bis zu dem Zeitpunkt haben, in dem der Leistungsanwärter sein 55. Lebensjahr vollendet. [5]Eine Versicherung mit kürzerer Laufzeit ist nur begünstigt, wenn feststeht, dass im Anschluss an die Laufzeit des Versicherungsvertrages eine Zusage auf Altersversorgung besteht; ist diese rückgedeckt, müssen die Voraussetzungen der Sätze 2

§ 4d EStG
R 4d

und 3 erfüllt sein. ⁶Der Abzug der Zuwendungen als Betriebsausgabe ist in dem Wirtschaftsjahr ausgeschlossen, in dem die Kasse zu irgendeinem Zeitpunkt die Ansprüche aus der Versicherung zur Sicherung eines Darlehens verwendet. ⁷Soweit einem Leistungsanwärter vor Vollendung des 28. Lebensjahres (bei erstmaliger Zusage vor dem 1.1.2001: des 30. Lebensjahres, bei erstmaliger Zusage nach dem 31.12.2008: des 27. Lebensjahres) Zusagen mit vertraglicher Unverfallbarkeit gewährt werden, können hierfür laufende Prämien als Zuwendungen nur berücksichtigt werden, wenn die Bestimmungen der vertraglichen Unverfallbarkeit mindestens den Berechnungsvorschriften des § 2 Betriebsrentengesetz entsprechen.

Kürzung der als Betriebsausgabe abzugsfähigen Prämien R 4d (9)

(9) ¹Laufende Prämien sind bezogen auf die notwendige und vereinbarte Versicherungssumme nur begünstigt, wenn sie der Höhe nach entweder gleich bleiben oder steigen. ²Eine gleich bleibende Prämie liegt in diesen Fällen auch vor, wenn die von der Unterstützungskasse jährlich zu zahlende Prämie mit Gewinngutschriften aus dem Versicherungsvertrag verrechnet wird. ³In diesen Fällen kann der Kasse nur der verbleibende Restbetrag steuerbegünstigt zugewendet werden. ⁴Entsprechendes gilt, wenn die Gewinngutschriften durch die Kasse nicht mit fälligen Prämien verrechnet und auch nicht zur Erhöhung der Rückdeckungsquote hinsichtlich der bestehenden Zusage verwendet werden. ⁵Beruht die Verminderung der Beiträge auf einer Änderung der Versorgungszusage und sind die Prämien nach der Vertragsänderung mindestens in konstanter Höhe bis zum Eintritt des Versorgungsfalles zu zahlen, sind die Zuwendungen weiterhin als Betriebsausgaben abzugsfähig; Entsprechendes gilt bei der Änderung von Entgeltumwandlungsvereinbarungen. ⁶Eine Änderung der Versorgungszusage liegt auch dann vor, wenn der Arbeitgeber auf Verlangen des Arbeitnehmers eine Entgeltumwandlung im Wege einer vertraglichen Vereinbarung reduziert. ⁷Dies gilt unabhängig davon, aus welchem Grund die Gehaltsumwandlung vermindert wird. ⁸Sinkende Beiträge an eine rückgedeckte Unterstützungskasse führen auch dann (ausnahmsweise) nicht zu einer Versagung des Betriebsausgabenabzuges, wenn sich die Beitragsminderung aus gesetzlich vorgegebenen Faktoren ergibt (z. B. aus der Erhöhung der Beitragsbemessungsgrenzen in der gesetzlichen Rentenversicherung) und die Prämienzahlungen nach der Minderung mindestens in konstanter Höhe bis zum Eintritt des Versorgungsfalles zu leisten sind.

Nachweispflicht R 4d (10)

(10) Das Trägerunternehmen hat die Voraussetzungen des § 4d Abs. 1 Satz 1 Nr. 1 Satz 1 Buchstabe c EStG im Jahr der Zuwendung nachzuweisen.

§ 4d EStG
R 4d H 4d (6-10), (11)

H 4d (6-10)

Hinweise

Entgeltumwandlungen bei Ehegattenarbeitsverhältnissen
Zur Anwendung des Fremdvergleichsmaßstabes bei Entgeltumwandlungen in Beiträge für eine rückgedeckte Unterstützungskasse zum Zweck der betrieblichen Altersvorsorge >BFH vom 28.10.2020 (BStBl II 2021 S. 434)

Rückdeckungsversicherung
Der Betriebsausgabenabzug von Zuwendungen an eine rückgedeckte Unterstützungskasse nach § 4d Abs. 1 Satz 1 Nr. 1 Satz 1 Buchst. c ist bei einer Beleihung oder Abtretung von Ansprüchen aus der Rückdeckungsversicherung ausgeschlossen. Die Inanspruchnahme von Vorauszahlungen steht einer Beleihung gleich (>BFH vom 28.02.2002 – BStBl II S. 358).

Zweifelsfragen bei Zuwendungen an rückgedeckte Unterstützungskassen
- >BMF vom 31.01.2002 (BStBl I S. 214):
  1. Versicherung gegen laufende Einmalbeiträge
  2. Sinkende Beiträge aufgrund einer Bemessung nach variablen Gehaltsbestandteilen
- >H 4d (1) Allgemeines

R 4d (11)   Zuwendungen für nicht lebenslänglich laufende Leistungen
– unbesetzt –

H 4d (11)

Hinweise

Beispiel

Lohn- und Gehaltssumme des Trägerunternehmens im Wj. 01	1.000.000 €
Die Zuwendung beträgt im Wj. 01 1.000 € und liegt damit unter der möglichen Zuwendung von 0,2 % von 1.000.000 € = 2.000 €.	
Lohn- und Gehaltssumme im Wj. 02 bis zum Wj. 05 je	1.200.000 €
Zuwendungen im Wj. 02 bis zum Wj. 05 je 0,2 % von 1.200.000 €, zusammen	9.600 €
Kassenleistungen im Wj. 01 bis zum Wj. 05 zusammen	4.000 €
Lohn- und Gehaltssumme im Wj. 06	1.500.000 €
tatsächliche Kassenleistungen im Wj. 06	12.000 €
Im Wj. 06 können der Kasse statt der normalen Zuwendung von 0,2 % von 1.500.000 € = 3.000 € zugewendet werden:	
– die tatsächlichen Kassenleistungen im Wj. 06 von	12.000 €
– der aus den vorangegangenen 5 Wj. noch nicht durch Leistungen aufgezehrten Zuwendungen (10.600 € – 4.000 € =)	6.600 €
	5.400 €

§ 4d EStG
H 4d (13) **R 4d**

Lohn- und Gehaltssumme   R 4d (12)

(12) [1]Zur Lohn- und Gehaltssumme i. S. d. § 4d Abs. 1 Satz 1 Nr. 2 EStG gehören alle Arbeitslöhne i. S. d. § 19 Abs. 1 Satz 1 Nr. 1 EStG, soweit sie nicht von der Einkommensteuer befreit sind. [2]Zuschläge für Mehrarbeit und für Sonntags-, Feiertags- und Nachtarbeit gehören zur Lohn- und Gehaltssumme, auch soweit sie steuerbefreit sind. [3]Wegen der Vergütungen an Personen, die nicht Arbeitnehmer sind, >Absatz 15.

Kassenvermögen der Unterstützungskasse   R 4d (13)

(13) [1]Zuwendungen an eine Unterstützungskasse sind beim Trägerunternehmen nur abziehbar, soweit am Schluss des Wirtschaftsjahres der Kasse das tatsächliche Kassenvermögen nicht höher ist als das zulässige Kassenvermögen (§ 4d Abs. 1 Satz 1 Nr. 1 Satz 2 bis 7 und Nr. 2 Satz 2 bis 6 EStG). [2]Dabei ist die Unterstützungskasse bei der Ermittlung ihres zulässigen Kassenvermögens nicht an die Bewertungsmethode gebunden, die das Trägerunternehmen bei der Ermittlung des Dotierungsrahmens zum Reservepolster (>Absatz 4) angewandt hat. [3]Weicht das Wirtschaftsjahr der Kasse von dem des Trägerunternehmens ab, ist für die Frage, ob das tatsächliche Kassenvermögen das zulässige Kassenvermögen übersteigt, das Wirtschaftsjahr der Kasse maßgebend, das vor dem Ende des Wirtschaftsjahres des Trägerunternehmens endet. [4]Bei Kassen, die sowohl lebenslänglich laufende als auch nicht lebenslänglich laufende Leistungen gewähren, ist sowohl das tatsächliche als auch das zulässige Kassenvermögen für beide Gruppen von Leistungen gemeinsam festzustellen.

Hinweise   H 4d (13)

Beispiel

Tatsächliches Kassenvermögen einer Unterstützungskasse mit lebenslänglich laufenden und nicht lebenslänglich laufenden Leistungen am 31.12.02 vor der Zuwendung für das Jahr 02 720.000 €.

Die Kasse zahlt an bereits laufenden jährlichen Altersrenten seit dem Jahr 01 an 14 Berechtigte insgesamt 33.600 €, d. h. durchschnittlich 2.400 €.

Das Deckungskapital hierfür betrug bei Beginn der Leistungen im Jahr 01 340.000 €, zum 31.12.02 336.000 € (340.000 € voll zugewendet).

Am 01.01.02 kommen 3 laufende Leistungen mit je 2.400 € Jahresrente hinzu (Alter der männlichen Berechtigten 65 Jahre). Die Kasse hat daneben insgesamt 80 Leistungsanwärter, denen nach dem 31.12.2000 vom Trägerunternehmen eine Zusage erteilt wurde. Diesen ist nach den Verhältnissen zum 31.12.02 eine Jahresrente von je 2.400 € zugesagt. 10 Leistungsanwärter haben am 31.12.02 das 28. Lebensjahr noch nicht vollendet. 10 Leistungsanwärter haben zu diesem Zeitpunkt das 50. Lebensjahr vollendet. Die Lohn- und Gehaltssumme des Trägerunternehmens beträgt in allen Jahren je 1.500.000 €.

§ 4d EStG
R 4d H 4d (13)

Der Kasse können im Jahr 02 folgende Beträge zugewendet werden:
a) Das Deckungskapital für die neu hinzugekommenen laufenden
 Leistungen von 11 x 2.400 € x 3 = ... 79.200 €
b) Zuwendungen zum Reservepolster für lebenslänglich laufende
 Leistungen:
 aa) nach dem Grundsatz:
  2.400 €, hiervon 25 % (§ 4d Abs. 1 Satz 1 Nr. 1 Satz 1
  Buchst. b Satz 1 Doppelbuchst. bb) = 600 €, vervielfältigt
  mit der Zahl der berücksichtigungsfähigen Leistungsan-
  wärter: 600 € x 70 = ... 42.000 €
 bb) nach der Sonderregelung:
  Durchschnitt der laufenden Leistungen im Jahr 02:
  33.600 € + (3 x 2.400 €) = 40.800 € : 17 Empfänger
  = 2.400 €, hiervon 25 % (§ 4d Abs. 1 Satz 1 Nr. 1 Satz 1
  Buchst. b Satz 1 Doppelbuchst. bb) = 600 €, vervielfältigt
  mit der Zahl der berücksichtigungsfähigen Leistungsan-
  wärter: 600 € x 10 = ... 6.000 €
c) Zuwendungen für nicht lebenslänglich laufende Leistungen:
 0,2 % von 1.500.000 € = 3.000 €

Der Zuwendungsumfang beträgt
– unter Berücksichtigung von   b) aa) .... 124.200 €
– und unter Berücksichtigung von b) bb) .... 88.200 €

Zulässiges Kassenvermögen am 31.12.02:
Deckungskapital für die laufenden Leistungen
(336.000 + 79.200 =) .... 415.200 €
Reservepolster für lebenslänglich laufende Leistungen
– nach b) aa) 42.000 € x 8 = ... 336.000 €
– nach b) bb) 6.000 € x 8 = ... 48.000 €
Reservepolster für nicht lebenslänglich laufende Leistungen
(1 % von 1.500.000 € =) .... 15.000 €

Das tatsächliche Kassenvermögen von bisher 720.000 € würde nach der Zuwendung von 124.200 € – b) aa) – insgesamt 844.200 € betragen und damit das zulässige Kassenvermögen von (415.200 € + 336.000 € + 15.000 €) 766.200 € um 78.000 € übersteigen. Es sind deshalb nicht 124.200 €, sondern nur (124.200 € – 78.000 €) 46.200 € der Zuwendungen als Betriebsausgaben abziehbar. Unter Berücksichtigung des Zuwendungsumfangs unter b) bb) beträgt das zulässige Kassenvermögen nur (415.200 € + 48.000 € + 15.000 €) 478.200 €. In diesem Fall kann die Zuwendung im Jahr 02 nicht als Betriebsausgabe abgezogen werden.

R 4d (14) **Sonderfälle**

(14) [1]Bei Konzern- und Gruppenkassen ist die Bemessungsgrundlage für die Zuwendungen zum Reservepolster für jedes Trägerunternehmen gesondert nach den bei diesen Unternehmen vorliegenden Tatbeständen zu errechnen. [2]Die auf das einzelne Trägerunternehmen entfallenden Teile des tatsächlichen und zulässigen Kassenvermögens sind ebenfalls jeweils getrennt festzustellen.

§ 4d EStG
H 4d (14) **R 4d**

| Hinweise | H 4d (14) |

Zuwendungen an mehrere Kassen
Leistet ein Trägerunternehmen Zuwendungen an mehrere Unterstützungskassen, sind diese Kassen bei der Ermittlung der Höhe der steuerbegünstigten Zuwendungen i. S. v. § 4d als Einheit zu behandeln (§ 4d Abs. 1 Satz 3). Soweit danach der Betriebsausgabenabzug nach § 4d Abs. 1 Satz 3 beschränkt ist, gilt dies auch für den Fall, dass bei getrennter Betrachtung infolge der Unterdotierung einer oder mehrerer Kassen der Abzug nicht beschränkt wäre. Daran ändert sich selbst dann nichts, wenn sich der durch die Kassen begünstigte Kreis der Arbeitnehmer nicht überschneidet (>BFH vom 08.11.1989 – BStBl II 1990 S. 210).

(15) [1]Bei der Berechnung der Zuwendungen können neben den Arbeitnehmern auch Personen berücksichtigt werden, die nicht Arbeitnehmer sind, z. B. Handelsvertreter, wenn ihnen nach der Satzung der Unterstützungskasse Leistungen aus Anlass ihrer Tätigkeit für ein Trägerunternehmen zugesagt worden sind (§ 17 Abs. 1 Satz 2 Betriebsrentengesetz). [2]Die Provisionszahlungen oder sonstigen Entgelte an diese Personen sind zur Lohn- und Gehaltssumme i. S. d. § 4d Abs. 1 Satz 1 Nr. 2 EStG zu rechnen.

R 4d (15)

§ 4e
Beiträge an Pensionsfonds

(1) Beiträge an einen Pensionsfonds im Sinne des § 236 des Versicherungsaufsichtsgesetzes dürfen von dem Unternehmen, das die Beiträge leistet (Trägerunternehmen), als Betriebsausgaben abgezogen werden, soweit sie auf einer festgelegten Verpflichtung beruhen oder der Abdeckung von Fehlbeträgen bei dem Fonds dienen.

(2) Beiträge im Sinne des Absatzes 1 dürfen als Betriebsausgaben nicht abgezogen werden, soweit die Leistungen des Fonds, wenn sie vom Trägerunternehmen unmittelbar erbracht würden, bei diesem nicht betrieblich veranlasst wären.

(3) ¹Der Steuerpflichtige kann auf Antrag die insgesamt erforderlichen Leistungen an einen Pensionsfonds zur teilweisen oder vollständigen Übernahme einer bestehenden Versorgungsverpflichtung oder Versorgungsanwartschaft durch den Pensionsfonds erst in den dem Wirtschaftsjahr der Übertragung folgenden zehn Wirtschaftsjahren gleichmäßig verteilt als Betriebsausgaben abziehen. ²Der Antrag ist unwiderruflich; der jeweilige Rechtsnachfolger ist an den Antrag gebunden. ³Ist eine Pensionsrückstellung nach § 6a gewinnerhöhend aufzulösen, ist Satz 1 mit der Maßgabe anzuwenden, dass die Leistungen an den Pensionsfonds im Wirtschaftsjahr der Übertragung in Höhe der aufgelösten Rückstellung als Betriebsausgaben abgezogen werden können; der die aufgelöste Rückstellung übersteigende Betrag ist in den dem Wirtschaftsjahr der Übertragung folgenden zehn Wirtschaftsjahren gleichmäßig verteilt als Betriebsausgaben abzuziehen. ⁴Satz 3 gilt entsprechend, wenn es im Zuge der Leistungen des Arbeitgebers an den Pensionsfonds zu Vermögensübertragungen einer Unterstützungskasse an den Arbeitgeber kommt.

Hinweise

Pensionsfonds

Als Pensionsfonds i. S. d. § 236 VAG sind nur rechtsfähige Versorgungseinrichtungen in der Rechtsform einer AG oder eines Pensionsfondsvereins auf Gegenseitigkeit anzusehen, die den Leistungsberechtigten (Arbeitnehmer, ehemalige Arbeitnehmer und Personen i. S. d. § 17 Abs. 1 Satz 2 Betriebsrentengesetz) einen eigenen Anspruch ausschl. auf Altersversorgungsleistungen gegen den Pensionsfonds einräumen (§§ 236, 237 VAG).

Übertragung von Versorgungszusagen auf Pensionsfonds

Zur Übertragung von Versorgungsverpflichtungen und Versorgungsanwartschaften auf Pensionsfonds nach § 4e Abs. 3 i. V. m. § 3 Nr. 66 >BMF vom 26.10.2006 (BStBl I S. 709) und vom 10.07.2015 (BStBl I S. 544)

§ 4f
Verpflichtungsübernahmen, Schuldbeitritte und Erfüllungsübernahmen

(1) ¹Werden Verpflichtungen übertragen, die beim ursprünglich Verpflichteten Ansatzverboten, -beschränkungen oder Bewertungsvorbehalten unterlegen haben, ist der sich aus diesem Vorgang ergebende Aufwand im Wirtschaftsjahr der Schuldübernahme und den nachfolgenden 14 Jahren gleichmäßig verteilt als Betriebsausgabe abziehbar. ²Ist auf Grund der Übertragung einer Verpflichtung ein Passivposten gewinnerhöhend aufzulösen, ist Satz 1 mit der Maßgabe anzuwenden, dass der sich ergebende Aufwand im Wirtschaftsjahr der Schuldübernahme in Höhe des aufgelösten Passivpostens als Betriebsausgabe abzuziehen ist; der den aufgelösten Passivposten übersteigende Betrag ist in dem Wirtschaftsjahr der Schuldübernahme und den nachfolgenden 14 Wirtschaftsjahren gleichmäßig verteilt als Betriebsausgabe abzuziehen. ³Eine Verteilung des sich ergebenden Aufwands unterbleibt, wenn die Schuldübernahme im Rahmen einer Veräußerung oder Aufgabe des ganzen Betriebes oder des gesamten Mitunternehmeranteils im Sinne der §§ 14, 16 Absatz 1, 3 und 3a sowie des § 18 Absatz 3 erfolgt; dies gilt auch, wenn ein Arbeitnehmer unter Mitnahme seiner erworbenen Pensionsansprüche zu einem neuen Arbeitgeber wechselt oder wenn der Betrieb am Schluss des vorangehenden Wirtschaftsjahres die Gewinngrenze des § 7g Absatz 1 Satz 2 Nummer 1 nicht überschreitet. ⁴Erfolgt die Schuldübernahme in dem Fall einer Teilbetriebsveräußerung oder -aufgabe im Sinne der §§ 14, 16 Absatz 1, 3 und 3a sowie des § 18 Absatz 3, ist ein Veräußerungs- oder Aufgabeverlust um den Aufwand im Sinne des Satzes 1 zu vermindern, soweit dieser den Verlust begründet oder erhöht hat. ⁵Entsprechendes gilt für den einen aufgelösten Passivposten übersteigenden Betrag im Sinne des Satzes 2. ⁶Für den hinzugerechneten Aufwand gelten Satz 2 zweiter Halbsatz und Satz 3 entsprechend. ⁷Der jeweilige Rechtsnachfolger des ursprünglichen Verpflichteten ist an die Aufwandsverteilung nach den Sätzen 1 bis 6 gebunden.

(2) Wurde für Verpflichtungen im Sinne des Absatzes 1 ein Schuldbeitritt oder eine Erfüllungsübernahme mit ganzer oder teilweiser Schuldfreistellung vereinbart, gilt für die vom Freistellungsberechtigten an den Freistellungsverpflichteten erbrachten Leistungen Absatz 1 Satz 1, 2 und 7 entsprechend.

§ 4f EStG
H 4f

Hinweise

Aufwandsverteilung bei Verpflichtungsübertragungen

Zur steuerlichen Berücksichtigung des Aufwandes im Zusammenhang mit der Übertragung von Verpflichtungen, mit Schuldbeitritten und Erfüllungsübernahmen mit vollständiger oder teilweiser Schuldfreistellung >BMF vom 30.11.2017 (BStBl I S. 1619)

Anhang 9 XI

§ 4g
Bildung eines Ausgleichspostens bei Entnahme nach § 4 Absatz 1 Satz 3

(1) ¹Der Steuerpflichtige kann in Höhe des Unterschiedsbetrags zwischen dem Buchwert und dem nach § 6 Absatz 1 Nummer 4 Satz 1 zweiter Halbsatz anzusetzenden Wert eines Wirtschaftsguts auf Antrag einen Ausgleichsposten bilden, soweit das Besteuerungsrecht der Bundesrepublik Deutschland hinsichtlich des Gewinns aus der Veräußerung des Wirtschaftsguts zugunsten eines Staates im Sinne des § 36 Absatz 5 Satz 1 beschränkt oder ausgeschlossen wird (§ 4 Absatz 1 Satz 3). ²Der Ausgleichsposten ist für jedes Wirtschaftsgut getrennt auszuweisen. ³Der Antrag ist unwiderruflich. ⁴Die Vorschriften des Umwandlungssteuergesetzes bleiben unberührt.

(2) ¹Der Ausgleichsposten ist im Wirtschaftsjahr der Bildung und in den vier folgenden Wirtschaftsjahren zu jeweils einem Fünftel gewinnerhöhend aufzulösen. ²Er ist in vollem Umfang gewinnerhöhend aufzulösen, wenn ein Ereignis im Sinne des § 36 Absatz 5 Satz 4 eintritt oder wenn ein künftiger Steueranspruch aus der Auflösung des Ausgleichspostens gemäß Satz 1 gefährdet erscheint und der Steuerpflichtige dem Verlangen der zuständigen Finanzbehörde auf Leistung einer Sicherheit nicht nachkommt.

(3) (weggefallen)

(4) ¹Die Absätze 1 und 2 finden entsprechende Anwendung bei der Ermittlung des Überschusses der Betriebseinnahmen über die Betriebsausgaben gemäß § 4 Absatz 3. ²Wirtschaftsgüter, für die ein Ausgleichsposten nach Absatz 1 gebildet worden ist, sind in ein laufend zu führendes Verzeichnis aufzunehmen. ³Der Steuerpflichtige hat darüber hinaus Aufzeichnungen zu führen, aus denen die Bildung und Auflösung der Ausgleichsposten hervorgeht. ⁴Die Aufzeichnungen nach den Sätzen 2 und 3 sind der Steuererklärung beizufügen.

(5) ¹Der Steuerpflichtige ist verpflichtet, der zuständigen Finanzbehörde die Entnahme oder ein Ereignis im Sinne des Absatzes 2 unverzüglich anzuzeigen. ²Kommt der Steuerpflichtige dieser Anzeigepflicht, seinen Aufzeichnungspflichten nach Absatz 4 oder seinen sonstigen Mitwirkungspflichten im Sinne des § 90 der Abgabenordnung nicht nach, ist der Ausgleichsposten dieses Wirtschaftsguts gewinnerhöhend aufzulösen. ³§ 36 Absatz 5 Satz 8 gilt entsprechend.

(6) Absatz 2 Satz 2 ist mit der Maßgabe anzuwenden, dass allein der Austritt des Vereinigten Königreichs Großbritannien und Nordirland aus der Europäischen Union nicht dazu führt, dass ein als entnommen geltendes Wirtschaftsgut als aus der Besteuerungshoheit der Mitgliedstaaten der Europäischen Union ausgeschieden gilt.

§ 4h EStG

§ 4h
Betriebsausgabenabzug für Zinsaufwendungen (Zinsschranke)

(1) ¹Zinsaufwendungen eines Betriebs sind abziehbar in Höhe des Zinsertrags, darüber hinaus nur bis zur Höhe des verrechenbaren EBITDA. ²Das verrechenbare EBITDA ist 30 Prozent des um die Zinsaufwendungen und um die nach § 6 Absatz 2 Satz 1 abzuziehenden, nach § 6 Absatz 2a Satz 2 gewinnmindernd aufzulösenden und nach § 7 abgesetzten Beträge erhöhten und um die Zinserträge verminderten maßgeblichen Gewinns. ³Soweit das verrechenbare EBITDA die um die Zinserträge geminderten Zinsaufwendungen des Betriebs übersteigt, ist es in die folgenden fünf Wirtschaftsjahre vorzutragen (EBITDA-Vortrag); ein EBITDA-Vortrag entsteht nicht in Wirtschaftsjahren, in denen Absatz 2 die Anwendung von Absatz 1 Satz 1 ausschließt. ⁴Zinsaufwendungen, die nach Satz 1 nicht abgezogen werden können, sind bis zur Höhe der EBITDA-Vorträge aus vorangegangenen Wirtschaftsjahren abziehbar und mindern die EBITDA-Vorträge in ihrer zeitlichen Reihenfolge. ⁵Danach verbleibende nicht abziehbare Zinsaufwendungen sind in die folgenden Wirtschaftsjahre vorzutragen (Zinsvortrag). ⁶Sie erhöhen die Zinsaufwendungen dieser Wirtschaftsjahre, nicht aber den maßgeblichen Gewinn.

(2) ¹Absatz 1 Satz 1 ist nicht anzuwenden, wenn

a) der Betrag der Zinsaufwendungen, soweit er den Betrag der Zinserträge übersteigt, weniger als drei Millionen Euro beträgt,

b) der Betrieb nicht oder nur anteilmäßig zu einem Konzern gehört oder

c) der Betrieb zu einem Konzern gehört und seine Eigenkapitalquote am Schluss des vorangegangenen Abschlussstichtages gleich hoch oder höher ist als die des Konzerns (Eigenkapitalvergleich). ²Ein Unterschreiten der Eigenkapitalquote des Konzerns um bis zu zwei Prozentpunkte ist unschädlich.

³Eigenkapitalquote ist das Verhältnis des Eigenkapitals zur Bilanzsumme; sie bemisst sich nach dem Konzernabschluss, der den Betrieb umfasst, und ist für den Betrieb auf der Grundlage des Jahresabschlusses oder Einzelabschlusses zu ermitteln. ⁴Wahlrechte sind im Konzernabschluss und im Jahresabschluss oder Einzelabschluss einheitlich auszuüben; bei gesellschaftsrechtlichen Kündigungsrechten ist insoweit mindestens das Eigenkapital anzusetzen, das sich nach den Vorschriften des Handelsgesetzbuchs ergeben würde. ⁵Bei der Ermittlung der Eigenkapitalquote des Betriebs ist das Eigenkapital um einen im Konzernabschluss enthaltenen Firmenwert, soweit er auf den Betrieb entfällt, und um die Hälfte von Sonderposten mit Rücklagenanteil (§ 273 des Handelsgesetzbuchs) zu erhöhen sowie um das Eigenkapital, das keine Stimmrechte vermittelt – mit Ausnahme von Vorzugsaktien –, die Anteile an anderen Konzerngesellschaften und um

Einlagen der letzten sechs Monate vor dem maßgeblichen Abschlussstichtag, soweit ihnen Entnahmen oder Ausschüttungen innerhalb der ersten sechs Monate nach dem maßgeblichen Abschlussstichtag gegenüberstehen, zu kürzen. [6]Die Bilanzsumme ist um Kapitalforderungen zu kürzen, die nicht im Konzernabschluss ausgewiesen sind und denen Verbindlichkeiten im Sinne des Absatzes 3 in mindestens gleicher Höhe gegenüberstehen. [7]Sonderbetriebsvermögen ist dem Betrieb der Mitunternehmerschaft zuzuordnen, soweit es im Konzernvermögen enthalten ist. [8]Die für den Eigenkapitalvergleich maßgeblichen Abschlüsse sind einheitlich nach den International Financial Reporting Standards (IFRS) zu erstellen. [9]Hiervon abweichend können Abschlüsse nach dem Handelsrecht eines Mitgliedstaats der Europäischen Union verwendet werden, wenn kein Konzernabschluss nach den IFRS zu erstellen und offen zu legen ist und für keines der letzten fünf Wirtschaftsjahre ein Konzernabschluss nach den IFRS erstellt wurde; nach den Generally Accepted Accounting Principles der Vereinigten Staaten von Amerika (US-GAAP) aufzustellende und offen zu legende Abschlüsse sind zu verwenden, wenn kein Konzernabschluss nach den IFRS oder dem Handelsrecht eines Mitgliedstaats der Europäischen Union zu erstellen und offen zu legen ist. [10]Der Konzernabschluss muss den Anforderungen an die handelsrechtliche Konzernrechnungslegung genügen oder die Voraussetzungen erfüllen, unter denen ein Abschluss nach den §§ 291 und 292 des Handelsgesetzbuchs befreiende Wirkung hätte. [11]Wurde der Jahresabschluss oder Einzelabschluss nicht nach denselben Rechnungslegungsstandards wie der Konzernabschluss aufgestellt, ist die Eigenkapitalquote des Betriebs in einer Überleitungsrechnung nach den für den Konzernabschluss geltenden Rechnungslegungsstandards zu ermitteln. [12]Die Überleitungsrechnung ist einer prüferischen Durchsicht zu unterziehen. [13]Auf Verlangen der Finanzbehörde ist der Abschluss oder die Überleitungsrechnung des Betriebs durch einen Abschlussprüfer zu prüfen, der die Voraussetzungen des § 319 des Handelsgesetzbuchs erfüllt. [14]Ist ein dem Eigenkapitalvergleich zugrunde gelegter Abschluss unrichtig und führt der zutreffende Abschluss zu einer Erhöhung der nach Absatz 1 nicht abziehbaren Zinsaufwendungen, ist ein Zuschlag entsprechend § 162 Absatz 4 Satz 1 und 2 der Abgabenordnung festzusetzen. [15]Bemessungsgrundlage für den Zuschlag sind die nach Absatz 1 nicht abziehbaren Zinsaufwendungen. [16]§ 162 Absatz 4 Satz 4 bis 6 der Abgabenordnung gilt sinngemäß.

[2]Ist eine Gesellschaft, bei der der Gesellschafter als Mitunternehmer anzusehen ist, unmittelbar oder mittelbar einer Körperschaft nachgeordnet, gilt für die Gesellschaft § 8a Absatz 2 und 3 des Körperschaftsteuergesetzes entsprechend.

§ 4h EStG
H 4h

(3) ¹Maßgeblicher Gewinn ist der nach den Vorschriften dieses Gesetzes mit Ausnahme des Absatzes 1 ermittelte steuerpflichtige Gewinn. ²Zinsaufwendungen sind Vergütungen für Fremdkapital, die den maßgeblichen Gewinn gemindert haben. ³Zinserträge sind Erträge aus Kapitalforderungen jeder Art, die den maßgeblichen Gewinn erhöht haben. ⁴Die Auf- und Abzinsung unverzinslicher oder niedrig verzinslicher Verbindlichkeiten oder Kapitalforderungen führen ebenfalls zu Zinserträgen oder Zinsaufwendungen. ⁵Ein Betrieb gehört zu einem Konzern, wenn er nach dem für die Anwendung des Absatzes 2 Satz 1 Buchstabe c zugrunde gelegten Rechnungslegungsstandard mit einem oder mehreren anderen Betrieben konsolidiert wird oder werden könnte. ⁶Ein Betrieb gehört für Zwecke des Absatzes 2 auch zu einem Konzern, wenn seine Finanz- und Geschäftspolitik mit einem oder mehreren anderen Betrieben einheitlich bestimmt werden kann.

(4) ¹Der EBITDA-Vortrag und der Zinsvortrag sind gesondert festzustellen. ²Zuständig ist das für die gesonderte Feststellung des Gewinns und Verlusts der Gesellschaft zuständige Finanzamt, im Übrigen das für die Besteuerung zuständige Finanzamt. ³§ 10d Absatz 4 gilt sinngemäß. ⁴Feststellungsbescheide sind zu erlassen, aufzuheben oder zu ändern, soweit sich die nach Satz 1 festzustellenden Beträge ändern.

(5) ¹Bei Aufgabe oder Übertragung des Betriebs gehen ein nicht verbrauchter EBITDA-Vortrag und ein nicht verbrauchter Zinsvortrag unter. ²Scheidet ein Mitunternehmer aus einer Gesellschaft aus, gehen der EBITDA-Vortrag und der Zinsvortrag anteilig mit der Quote unter, mit der der ausgeschiedene Gesellschafter an der Gesellschaft beteiligt war. ³§ 8c des Körperschaftsteuergesetzes ist auf den Zinsvortrag einer Gesellschaft entsprechend anzuwenden, soweit an dieser unmittelbar oder mittelbar eine Körperschaft als Mitunternehmer beteiligt ist.

H 4h

Hinweise

Anwendungsschreiben

Anhang 16 XIV >BMF vom 04.07.2008 (BStBl I S. 718)

§ 4i
Sonderbetriebsausgabenabzug bei Vorgängen mit Auslandsbezug

¹Aufwendungen dürfen nicht als Sonderbetriebsausgaben abgezogen werden, soweit sie auch die Steuerbemessungsgrundlage in einem anderen Staat mindern. ²Satz 1 gilt nicht, soweit diese Aufwendungen Erträge desselben Steuerpflichtigen mindern, die bei ihm sowohl der inländischen Besteuerung unterliegen als auch nachweislich der tatsächlichen Besteuerung in dem anderen Staat.

§ 4j
Aufwendungen für Rechteüberlassungen

(1) ¹Aufwendungen für die Überlassung der Nutzung oder des Rechts auf Nutzung von Rechten, insbesondere von Urheberrechten und gewerblichen Schutzrechten, von gewerblichen, technischen, wissenschaftlichen und ähnlichen Erfahrungen, Kenntnissen und Fertigkeiten, zum Beispiel Plänen, Mustern und Verfahren, sind ungeachtet eines bestehenden Abkommens zur Vermeidung der Doppelbesteuerung nur nach Maßgabe des Absatzes 3 abziehbar, wenn die Einnahmen des Gläubigers einer von der Regelbesteuerung abweichenden, niedrigen Besteuerung nach Absatz 2 unterliegen (Präferenzregelung) und der Gläubiger eine dem Schuldner nahestehende Person im Sinne des § 1 Absatz 2 des Außensteuergesetzes ist. ²Wenn auch der Gläubiger nach Satz 1 oder eine andere dem Schuldner nach Satz 1 nahestehende Person im Sinne des § 1 Absatz 2 des Außensteuergesetzes wiederum Aufwendungen für Rechte hat, aus denen sich die Rechte nach Satz 1 unmittelbar oder mittelbar ableiten, sind die Aufwendungen nach Satz 1 ungeachtet eines bestehenden Abkommens zur Vermeidung der Doppelbesteuerung auch dann nur nach Maßgabe des Absatzes 3 abziehbar, wenn die weiteren Einnahmen des weiteren Gläubigers einer von der Regelbesteuerung abweichenden, niedrigen Besteuerung nach Absatz 2 unterliegen und der weitere Gläubiger eine dem Schuldner nach Satz 1 nahestehende Person im Sinne des § 1 Absatz 2 des Außensteuergesetzes ist; dies gilt nicht, wenn die Abziehbarkeit der Aufwendungen beim Gläubiger oder der anderen dem Schuldner nahestehenden Person bereits nach dieser Vorschrift beschränkt ist. ³Als Schuldner und Gläubiger gelten auch Betriebsstätten, die ertragsteuerlich als Nutzungsberechtigter oder Nutzungsverpflichteter der Rechte für die Überlassung der Nutzung oder des Rechts auf Nutzung von Rechten behandelt werden. ⁴Die Sätze 1 und 2 sind nicht anzuwenden, soweit sich die niedrige Besteuerung daraus ergibt, dass die Einnahmen des Gläubigers oder des weiteren Gläubigers einer Präferenzregelung unterliegen, die dem Nexus-Ansatz gemäß Kapitel 4 des Abschlussberichts 2015 zu

Aktionspunkt 5, OECD (2016) „Wirksamere Bekämpfung schädlicher Steuerpraktiken unter Berücksichtigung von Transparenz und Substanz", OECD/G20 Projekt Gewinnverkürzung und Gewinnverlagerung, entspricht. [5]Die Sätze 1 und 2 sind insoweit nicht anzuwenden, als auf Grund der aus den Aufwendungen resultierenden Einnahmen ein Hinzurechnungsbetrag im Sinne des § 10 Absatz 1 Satz 1 des Außensteuergesetzes anzusetzen ist.

(2) [1]Eine niedrige Besteuerung im Sinne des Absatzes 1 liegt vor, wenn die von der Regelbesteuerung abweichende Besteuerung der Einnahmen des Gläubigers oder des weiteren Gläubigers zu einer Belastung durch Ertragsteuern von weniger als 25 Prozent führt; maßgeblich ist bei mehreren Gläubigern die niedrigste Belastung. [2]Bei der Ermittlung, ob eine niedrige Besteuerung vorliegt, sind sämtliche Regelungen zu berücksichtigen, die sich auf die Besteuerung der Einnahmen aus der Rechteüberlassung auswirken, insbesondere steuerliche Kürzungen, Befreiungen, Gutschriften oder Ermäßigungen. [3]Werden die Einnahmen für die Überlassung der Nutzung oder des Rechts auf Nutzung von Rechten einer anderen Person ganz oder teilweise zugerechnet oder erfolgt die Besteuerung aus anderen Gründen ganz oder teilweise bei einer anderen Person als dem Gläubiger oder dem weiteren Gläubiger, ist auf die Summe der Belastungen abzustellen. [4]§ 8 Absatz 5 Satz 2 und 3 des Außensteuergesetzes gilt entsprechend.

(3) [1]Aufwendungen nach Absatz 1 sind in den Fällen einer niedrigen Besteuerung nach Absatz 2 nur zum Teil abziehbar. [2]Der nicht abziehbare Teil ist dabei wie folgt zu ermitteln:

$$\frac{25\,\% - \text{Belastung durch Ertragsteuern in \%}}{25\,\%}.$$

Hinweise

H 4j

Allgemeines
Anwendungsschreiben zur Lizenzschranke >BMF vom 05.01.2022 (BStBl I S. 100)

§ 4k[1])
Betriebsausgabenabzug bei Besteuerungsinkongruenzen

(1) [1]Aufwendungen für die Nutzung oder im Zusammenhang mit der Übertragung von Kapitalvermögen sind insoweit nicht als Betriebsausgaben abziehbar, als die den Aufwendungen entsprechenden Erträge auf Grund einer vom deutschen Recht abweichenden steuerlichen Qualifikation oder Zurechnung des Kapitalvermögens nicht oder niedriger als bei dem deutschen Recht entsprechender Qualifikation oder Zurechnung besteuert werden. [2]Satz 1 gilt nicht, soweit die Besteuerungsinkongruenz voraussichtlich in einem künftigen Besteuerungszeitraum beseitigt wird und die Zahlungsbedingungen einem Fremdvergleich standhalten.

(2) [1]Soweit nicht bereits die Voraussetzungen für die Versagung des Betriebsausgabenabzugs nach Absatz 1 vorliegen, sind Aufwendungen auch insoweit nicht als Betriebsausgaben abziehbar, als die den Aufwendungen entsprechenden Erträge auf Grund einer vom deutschen Recht abweichenden steuerlichen Behandlung des Steuerpflichtigen oder auf Grund einer vom deutschen Recht abweichenden steuerlichen Beurteilung von anzunehmenden schuldrechtlichen Beziehungen im Sinne des § 1 Absatz 4 Satz 1 Nummer 2 des Außensteuergesetzes in keinem Staat einer tatsächlichen Besteuerung unterliegen. [2]Handelt es sich bei dem Gläubiger der Erträge im Sinne des Satzes 1 um einen unbeschränkt steuerpflichtigen, unmittelbaren oder mittelbaren Gesellschafter einer ausländischen vermögensverwaltenden Personengesellschaft oder um eine Personengesellschaft, an der ein solcher Gesellschafter unmittelbar oder mittelbar beteiligt ist, gilt § 39 Absatz 2 Nummer 2 der Abgabenordnung nicht, soweit die in Satz 1 genannten Aufwendungen in dem anderen Staat zum Abzug zugelassen sind und die den Aufwendungen entsprechenden Erträge durch die vom deutschen Recht abweichende Zurechnung keiner tatsächlichen Besteuerung unterliegen. [3]Satz 1 gilt nicht, soweit den Aufwendungen Erträge desselben Steuerpflichtigen gegenüberstehen, die sowohl im Inland als auch nachweislich in dem Staat des Gläubigers oder, wenn es sich bei dem Gläubiger um eine Personengesellschaft handelt, im Staat des unmittelbaren oder mittelbaren Gesellschafters beziehungsweise des anderen Unternehmensteils im Rahmen einer anzunehmenden schuldrechtlichen Beziehung einer tatsächlichen Besteuerung unterliegen.

---

[1]) § 4k ist erstmals für Aufwendungen anzuwenden, die nach dem 31.12.2019 entstehen. Aufwendungen, die rechtlich bereits vor dem 01.01.2020 verursacht wurden, gelten bei der Anwendung des Satzes 1 nur insoweit als nach dem 31.12.2019 entstanden, als ihnen ein Dauerschuldverhältnis zugrunde liegt und sie ab diesem Zeitpunkt ohne wesentliche Nachteile hätten vermieden werden können. Ein Nachteil ist insbesondere dann wesentlich i. S. d. Satzes 2, wenn sämtliche mit der Vermeidung der Aufwendungen verbundenen Kosten den steuerlichen Vorteil infolge der Besteuerungsinkongruenz übersteigen. Satz 2 gilt nicht, wenn das Dauerschuldverhältnis nach dem 31.12.2019 wesentlich geändert wurde >§ 52 Abs. 8c.

(3) Soweit nicht bereits die Voraussetzungen für die Versagung des Betriebsausgabenabzugs nach den vorstehenden Absätzen vorliegen, sind Aufwendungen auch insoweit nicht als Betriebsausgaben abziehbar, als die den Aufwendungen entsprechenden Erträge auf Grund deren vom deutschen Recht abweichender steuerlicher Zuordnung oder Zurechnung nach den Rechtsvorschriften anderer Staaten in keinem Staat einer tatsächlichen Besteuerung unterliegen.

(4) ¹Soweit nicht bereits die Voraussetzungen für die Versagung des Betriebsausgabenabzugs nach den vorstehenden Absätzen vorliegen, sind Aufwendungen auch insoweit nicht als Betriebsausgaben abziehbar, als die Aufwendungen auch in einem anderen Staat berücksichtigt werden. ²Eine Berücksichtigung der Aufwendungen im Sinne des Satzes 1 liegt bei unbeschränkt Steuerpflichtigen auch vor, wenn der andere Staat den Abzug der Aufwendungen bereits nach seinen Vorschriften nicht zulässt, die diesem oder den vorstehenden Absätzen entsprechen; dies gilt nicht, wenn der Abzug der Aufwendungen in einem anderen Staat auf Grund einer diesem Absatz entsprechenden Regelung nicht zugelassen wird bei

1. einem mittelbaren oder unmittelbaren Gesellschafter eines unbeschränkt Steuerpflichtigen im Sinne des § 1 des Körperschaftsteuergesetzes oder
2. dem Steuerpflichtigen, sofern sich dessen Wohnsitz, Sitz oder Ort der Geschäftsleitung auch in einem anderen Mitgliedstaat der Europäischen Union befindet und dieser Staat den Steuerpflichtigen für Zwecke der Anwendung eines Abkommens zur Vermeidung der Doppelbesteuerung zwischen der Bundesrepublik Deutschland und diesem Staat als nicht in diesem Staat ansässig behandelt.

³Satz 1 gilt nicht, soweit den Aufwendungen Erträge desselben Steuerpflichtigen gegenüberstehen, die sowohl im Inland als auch nachweislich in dem anderen Staat einer tatsächlichen Besteuerung unterliegen. ⁴Bei unbeschränkt Steuerpflichtigen, bei denen eine Doppelbesteuerung durch Anrechnung oder Abzug der ausländischen Steuer vermieden wird, finden die Sätze 1 bis 3 nur Anwendung, soweit die Aufwendungen auch Erträge in einem anderen Staat mindern, die nicht der inländischen Besteuerung unterliegen.

(5) ¹Soweit nicht bereits die Voraussetzungen für die Versagung des Betriebsausgabenabzugs nach den vorstehenden Absätzen vorliegen, sind Aufwendungen auch insoweit nicht als Betriebsausgaben abziehbar, als den aus diesen Aufwendungen unmittelbar oder mittelbar resultierenden Erträgen Aufwendungen gegenüberstehen, deren Abzug beim Gläubiger, einem weiteren Gläubiger oder einer anderen Person bei entsprechender Anwendung dieses Absatzes oder der Absätze 1 bis 4 versagt würde. ²Satz 1 findet keine Anwendung, soweit der steuerliche Vorteil infolge einer Besteuerungsinkongruenz im

Sinne dieses Absatzes oder der Absätze 1 bis 4 bereits beim Gläubiger, beim weiteren Gläubiger oder bei der anderen Person im Sinne des Satzes 1 beseitigt wird.

(6) ¹Die Absätze 1 bis 5 finden nur Anwendung, wenn der Tatbestand dieser Absätze zwischen nahestehenden Personen im Sinne des § 1 Absatz 2 des Außensteuergesetzes oder zwischen einem Unternehmen und seiner Betriebsstätte verwirklicht wird oder wenn eine strukturierte Gestaltung anzunehmen ist. ²Einer Person, die mit einer anderen Person durch abgestimmtes Verhalten zusammenwirkt, werden für Zwecke dieses Absatzes und der Absätze 1 bis 5 die Beteiligung, die Stimmrechte und die Gewinnbezugsrechte der anderen Person zugerechnet. ³Eine strukturierte Gestaltung im Sinne des Satzes 1 ist anzunehmen, wenn der steuerliche Vorteil, der sich ohne die Anwendung der vorstehenden Absätze ergeben würde, ganz oder zum Teil in die Bedingungen der vertraglichen Vereinbarungen eingerechnet wurde oder die Bedingungen der vertraglichen Vereinbarungen oder die den vertraglichen Vereinbarungen zugrunde liegenden Umstände darauf schließen lassen, dass die an der Gestaltung Beteiligten den steuerlichen Vorteil erwarten konnten. ⁴Ein Steuerpflichtiger wird nicht als Teil einer strukturierten Gestaltung behandelt, wenn nach den äußeren Umständen vernünftigerweise nicht davon auszugehen ist, dass ihm der steuerliche Vorteil bekannt war und er nachweist, dass er nicht an dem steuerlichen Vorteil beteiligt wurde.

(7) Die Absätze 1 bis 6 sind ungeachtet der Vorschriften eines Abkommens zur Vermeidung der Doppelbesteuerung anzuwenden.

§ 5 EStG

§ 5
Gewinn bei Kaufleuten und bei bestimmten anderen Gewerbetreibenden

(1) ¹Bei Gewerbetreibenden, die auf Grund gesetzlicher Vorschriften verpflichtet sind, Bücher zu führen und regelmäßig Abschlüsse zu machen, oder die ohne eine solche Verpflichtung Bücher führen und regelmäßig Abschlüsse machen, ist für den Schluss des Wirtschaftsjahres das Betriebsvermögen anzusetzen (§ 4 Absatz 1 Satz 1), das nach den handelsrechtlichen Grundsätzen ordnungsmäßiger Buchführung auszuweisen ist, es sei denn, im Rahmen der Ausübung eines steuerlichen Wahlrechts wird oder wurde ein anderer Ansatz gewählt. ²Voraussetzung für die Ausübung steuerlicher Wahlrechte ist, dass die Wirtschaftsgüter, die nicht mit dem handelsrechtlich maßgeblichen Wert in der steuerlichen Gewinnermittlung ausgewiesen werden, in besondere, laufend zu führende Verzeichnisse aufgenommen werden. ³In den Verzeichnissen sind der Tag der Anschaffung oder Herstellung, die Anschaffungs- oder Herstellungskosten, die Vorschrift des ausgeübten steuerlichen Wahlrechts und die vorgenommenen Abschreibungen nachzuweisen.

(1a) ¹Posten der Aktivseite dürfen nicht mit Posten der Passivseite verrechnet werden. ²Die Ergebnisse der in der handelsrechtlichen Rechnungslegung zur Absicherung finanzwirtschaftlicher Risiken gebildeten Bewertungseinheiten sind auch für die steuerliche Gewinnermittlung maßgeblich.

(2) Für immaterielle Wirtschaftsgüter des Anlagevermögens ist ein Aktivposten nur anzusetzen, wenn sie entgeltlich erworben wurden.

(2a) Für Verpflichtungen, die nur zu erfüllen sind, soweit künftig Einnahmen oder Gewinne anfallen, sind Verbindlichkeiten oder Rückstellungen erst anzusetzen, wenn die Einnahmen oder Gewinne angefallen sind.

(3) ¹Rückstellungen wegen Verletzung fremder Patent-, Urheber- oder ähnlicher Schutzrechte dürfen erst gebildet werden, wenn

1. der Rechtsinhaber Ansprüche wegen der Rechtsverletzung geltend gemacht hat oder
2. mit einer Inanspruchnahme wegen der Rechtsverletzung ernsthaft zu rechnen ist.

²Eine nach Satz 1 Nummer 2 gebildete Rückstellung ist spätestens in der Bilanz des dritten auf ihre erstmalige Bildung folgenden Wirtschaftsjahres gewinnerhöhend aufzulösen, wenn Ansprüche nicht geltend gemacht worden sind.

(4) Rückstellungen für die Verpflichtung zu einer Zuwendung anlässlich eines Dienstjubiläums dürfen nur gebildet werden, wenn das Dienstverhältnis mindestens zehn Jahre bestanden hat, das Dienstjubiläum das Bestehen eines Dienstverhältnisses von mindestens 15 Jahren voraussetzt, die Zusage schriftlich erteilt ist und soweit der

Zuwendungsberechtigte seine Anwartschaft nach dem 31. Dezember 1992 erwirbt.

(4a) ¹Rückstellungen für drohende Verluste aus schwebenden Geschäften dürfen nicht gebildet werden. ²Das gilt nicht für Ergebnisse nach Absatz 1a Satz 2.

(4b) ¹Rückstellungen für Aufwendungen, die in künftigen Wirtschaftsjahren als Anschaffungs- oder Herstellungskosten eines Wirtschaftsguts zu aktivieren sind, dürfen nicht gebildet werden. ²Rückstellungen für die Verpflichtung zur schadlosen Verwertung radioaktiver Reststoffe sowie ausgebauter oder abgebauter radioaktiver Anlagenteile dürfen nicht gebildet werden, soweit Aufwendungen im Zusammenhang mit der Bearbeitung oder Verarbeitung von Kernbrennstoffen stehen, die aus der Aufarbeitung bestrahlter Kernbrennstoffe gewonnen worden sind und keine radioaktiven Abfälle darstellen.

(5) ¹Als Rechnungsabgrenzungsposten sind nur anzusetzen
1. auf der Aktivseite Ausgaben vor dem Abschlussstichtag, soweit sie Aufwand für eine bestimmte Zeit nach diesem Tag darstellen;
2. auf der Passivseite Einnahmen vor dem Abschlussstichtag, soweit sie Ertrag für eine bestimmte Zeit nach diesem Tag darstellen.

²Der Ansatz eines Rechnungsabgrenzungspostens kann unterbleiben, wenn die jeweilige Ausgabe oder Einnahme im Sinne des Satzes 1 den Betrag des § 6 Absatz 2 Satz 1 nicht übersteigt; das Wahlrecht ist einheitlich für alle Ausgaben und Einnahmen im Sinne des Satzes 1 auszuüben. ³Auf der Aktivseite sind ferner anzusetzen
1. als Aufwand berücksichtigte Zölle und Verbrauchsteuern, soweit sie auf am Abschlussstichtag auszuweisende Wirtschaftsgüter des Vorratsvermögens entfallen,
2. als Aufwand berücksichtigte Umsatzsteuer auf am Abschlussstichtag auszuweisende Anzahlungen.

(6) Die Vorschriften über die Entnahmen und die Einlagen, über die Zulässigkeit der Bilanzänderung, über die Betriebsausgaben, über die Bewertung und über die Absetzung für Abnutzung oder Substanzverringerung sind zu befolgen.

(7) ¹Übernommene Verpflichtungen, die beim ursprünglich Verpflichteten Ansatzverboten, -beschränkungen oder Bewertungsvorbehalten unterlegen haben, sind zu den auf die Übernahme folgenden Abschlussstichtagen bei dem Übernehmer und dessen Rechtsnachfolger so zu bilanzieren, wie sie beim ursprünglich Verpflichteten ohne Übernahme zu bilanzieren wären. ²Dies gilt in Fällen des Schuldbeitritts oder der Erfüllungsübernahme mit vollständiger oder teilweiser Schuldfreistellung für die sich aus diesem Rechtsgeschäft ergebenden Verpflichtungen sinngemäß. ³Satz 1 ist für den Erwerb eines

---

[1]) Absatz 5 Satz 2 i. d. F. des Artikels 1 des JStG 2022 ist erstmals für Wj. anzuwenden, die nach dem 31.12.2021 enden >§ 52 Abs. 9 Satz 1.

§ 5 EStG
R 5.1 H 5.1

Mitunternehmeranteils entsprechend anzuwenden. ⁴Wird eine Pensionsverpflichtung unter gleichzeitiger Übernahme von Vermögenswerten gegenüber einem Arbeitnehmer übernommen, der bisher in einem anderen Unternehmen tätig war, ist Satz 1 mit der Maßgabe anzuwenden, dass bei der Ermittlung des Teilwertes der Verpflichtung der Jahresbetrag nach § 6a Absatz 3 Satz 2 Nummer 1 so zu bemessen ist, dass zu Beginn des Wirtschaftsjahres der Übernahme der Barwert der Jahresbeträge zusammen mit den übernommenen Vermögenswerten gleich dem Barwert der künftigen Pensionsleistungen ist; dabei darf sich kein negativer Jahresbetrag ergeben. ⁵Für einen Gewinn, der sich aus der Anwendung der Sätze 1 bis 3 ergibt, kann jeweils in Höhe von vierzehn Fünfzehntel eine gewinnmindernde Rücklage gebildet werden, die in den folgenden 14 Wirtschaftsjahren jeweils mit mindestens einem Vierzehntel gewinnerhöhend aufzulösen ist (Auflösungszeitraum). ⁶Besteht eine Verpflichtung, für die eine Rücklage gebildet wurde, bereits vor Ablauf des maßgebenden Auflösungszeitraums nicht mehr, ist die insoweit verbleibende Rücklage erhöhend aufzulösen.

R 5.1	Allgemeines zum Betriebsvermögensvergleich nach § 5 EStG
	– unbesetzt –

H 5.1	Hinweise

Besonderes, laufend zu führendes Verzeichnis

Anhang 9 III
>BMF vom 12.03.2010 (BStBl I S. 239), Rn. 19 ff.

Betriebsvermögensvergleich für gewerbliche Betriebe
>R 4.1 Abs. 2

Bodengewinnbesteuerung
>H 55 (Abschreibung auf den niedrigeren Teilwert, Bodengewinnbesteuerung)

Buchführungspflicht einer Personenhandelsgesellschaft
Die Buchführungspflicht einer Personenhandelsgesellschaft für ihr gesamtes Betriebsvermögen (>R 4.2 Abs. 2) einschl. etwaigen Sonderbetriebsvermögens der Gesellschafter ergibt sich aus § 141 AO (>BFH vom 23.10.1990 – BStBl II 1991 S. 401 und vom 11.03.1992 – BStBl II S. 797).

Buchführungs- und Aufzeichnungspflichten nach anderen Gesetzen
>AEAO zu § 140 AO

§ 5 EStG
H 5.1

Gesetzliche Vorschriften
- Gesetzliche Vorschriften für die Buchführung und den Jahresabschluss i. S. d. § 5 Abs. 1 Satz 1 sind insbesondere die handelsrechtlichen Vorschriften (§§ 238, 240, 241a, 242, 264-264c, 336, 340a und 341a HGB) und die Vorschriften des § 141 AO.
- Gesetzliche Vorschriften für die Buchführungspflicht können auch ausländische Rechtsnormen sein (>R 4.1 Abs. 4 Satz 2 und BFH vom 25.06.2014 – BStBl II 2015 S. 141).

Gewinnermittlung für Sonderbetriebsvermögen der Gesellschafter
Die Gewinnermittlung für Sonderbetriebsvermögen der Gesellschafter einer gewerblich tätigen Personenhandelsgesellschaft (>R 4.2 Abs. 2) richtet sich ebenfalls nach § 5; sie erfolgt in der Weise, dass die Steuerbilanz der Gesellschaft mit den Ergebnissen etwaiger Ergänzungsbilanzen und den Sonderbilanzen der Gesellschafter zusammengefasst wird (>BFH vom 11.03.1992 – BStBl II S. 797).

Handelsregister
- **Eintragung im Handelsregister** ist für Annahme eines Gewerbebetriebs allein nicht entscheidend (>BFH vom 29.01.1952 – BStBl III S. 99 und vom 14.02.1956 – BStBl III S. 103).
- **Personengesellschaft** – Ist eine Personengesellschaft in das Handelsregister eingetragen, so besteht die Vermutung, dass gewerbliche Einkünfte vorliegen (>BFH vom 06.10.1977 – BStBl II 1978 S. 54). Diese Vermutung kann durch den Nachweis widerlegt werden, dass die Personengesellschaft eindeutig kein Handelsgewerbe betreibt (>BFH vom 19.03.1981 – BStBl II S. 527).

Maßgeblichkeit der Handelsbilanz
- Zur Maßgeblichkeit der handelsrechtlichen Grundsätze ordnungsmäßiger Buchführung für die steuerliche Gewinnermittlung >BMF vom 12.03.2010 (BStBl I S. 239) unter Berücksichtigung der Änderungen durch BMF vom 22.06.2010 (BStBl I S. 597) *Anhang 9 III*
- Zur Maßgeblichkeit der Handelsbilanz bei der Bewertung von Rückstellungen >H 6.11

Passivierungsverbot nach § 5 Abs. 2a
Die Regelung betrifft sowohl den Ansatz „dem Grunde nach" als auch den (weiteren) Ansatz „der Höhe nach", wenn zwar „tilgungsrelevante" Einnahmen (Erlöse) oder Gewinne angefallen sind, diese aber zur vollständigen Tilgung der Verbindlichkeit nicht ausreichen. In diesem Fall besteht für den Teil der Verbindlichkeit, der nicht aus den erwirtschafteten Beträgen getilgt werden kann, das Passivierungsverbot fort (>BFH vom 10.07.2019 – BStBl II S. 803).

Ordnungsmäßige Buchführung

Kreditgeschäfte und ihre periodenweise Erfassung

(1) [1]Bei Kreditgeschäften sind die Entstehung der Forderungen und Schulden und ihre Tilgung grundsätzlich als getrennte Geschäftsvorfälle zu behandeln. [2]Bei einer doppelten Buchführung ist für Kreditgeschäfte in der Regel ein Kontokorrentkonto, unterteilt nach Schuldnern und Gläubigern, zu führen. [3]Es ist jedoch nicht zu beanstanden, wenn Waren- und Kostenrechnungen, die innerhalb von acht Tagen nach Rechnungseingang oder innerhalb der ihrem gewöhnlichen Durchlauf durch den Betrieb entsprechenden Zeit beglichen werden, kontokorrentmäßig nicht erfasst werden. [4]Werden bei der Erstellung der Buchführung die Geschäftsvorfälle nicht laufend, sondern nur periodenweise gebucht, ist es nicht zu beanstanden, wenn die Erfassung der Kreditgeschäfte eines Monats im Grundbuch bis zum Ablauf des folgenden Monats erfolgt, sofern durch organisatorische Vorkehrungen sichergestellt ist, dass Buchführungsunterlagen bis zu ihrer Erfassung im Grundbuch nicht verloren gehen, z. B. durch laufende Nummerierung der eingehenden und ausgehenden Rechnungen oder durch ihre Ablage in besonderen Mappen oder Ordnern. [5]Neben der Erfassung der Kreditgeschäfte in einem Grundbuch müssen die unbaren Geschäftsvorfälle, aufgegliedert nach Geschäftspartnern, kontenmäßig dargestellt werden. [6]Dies kann durch Führung besonderer Personenkonten oder durch eine geordnete Ablage der nicht ausgeglichenen Rechnungen (Offene-Posten-Buchhaltung) erfüllt werden. [7]Ist die Zahl der Kreditgeschäfte verhältnismäßig gering, gelten hinsichtlich ihrer Erfassung die folgenden Erleichterungen:

a) Besteht kein laufender unbarer Geschäftsverkehr mit Geschäftspartnern, müssen für jeden Bilanzstichtag über die an diesem Stichtag bestehenden Forderungen und Schulden Personenübersichten aufgestellt werden.

b) Einzelhändler und Handwerker können Krediteinkäufe und Kreditverkäufe kleineren Umfangs vereinfacht buchen. [2]Es genügt, wenn sie die Wareneinkäufe auf Kredit im Wareneingangsbuch in einer besonderen Spalte als Kreditgeschäfte kennzeichnen und den Tag der Begleichung der Rechnung vermerken. [3]Bei Kreditverkäufen reicht es aus, wenn sie einschließlich der Zahlung in einer Kladde festgehalten werden, die als Teil der Buchführung aufzubewahren ist. [4]Außerdem müssen in beiden Fällen für jeden Bilanzstichtag Personenübersichten aufgestellt werden.

Mängel der Buchführung

(2) [1]Enthält die Buchführung formelle Mängel, ist ihre Ordnungsmäßigkeit nicht zu beanstanden, wenn das sachliche Ergebnis der Buchführung dadurch nicht beeinflusst wird und die Mängel kein erheblicher Verstoß gegen die Anforderungen an die >zeitgerechte Erfassung der Geschäftsvorfälle, die besonderen Anforderungen bei Kreditgeschäften, die Aufbewah-

rungsfristen sowie die Besonderheiten bei der Buchführung auf Datenträgern sind. ²Enthält die Buchführung materielle Mängel, z. B. wenn Geschäftsvorfälle nicht oder falsch gebucht sind, wird ihre Ordnungsmäßigkeit dadurch nicht berührt, wenn es sich dabei um unwesentliche Mängel handelt, z. B. wenn nur unbedeutende Vorgänge nicht oder falsch dargestellt sind. ³Die Fehler sind dann zu berichtigen, oder das Buchführungsergebnis ist durch eine Zuschätzung richtig zu stellen. ⁴Bei schwerwiegenden materiellen Mängeln gilt R 4.1 Abs. 2 Satz 3.

Hinweise H 5.2

Allgemeines
Allgemeines zur Führung von Büchern und Aufzeichnungen >§§ 140 bis 148 AO

Aufbewahrungspflichten
- >§ 147 AO (Ordnungsvorschriften für die Aufbewahrung von Unterlagen)
- >AEAO zu § 147 AO
- Haben Rechnungen usw. Buchfunktion, z. B. bei der Offene-Posten-Buchhaltung, so sind sie so lange wie Bücher aufzubewahren (§ 146 Abs. 5 i. V. m. § 147 Abs. 3 AO).
- Aufbewahrung digitaler Unterlagen bei Bargeschäften >BMF vom 26.11.2010 (BStBl I S. 1342)

Aufzeichnungspflichten
Besondere Aufzeichnungspflichten nach § 4 Abs. 7 >R 4.11

Belegablage
Anforderungen an eine geordnete und übersichtliche Belegablage >BFH vom 16.09.1964 (BStBl III S. 654) und vom 23.09.1966 (BStBl III 1967 S. 23)

Beweiskraft der Buchführung
>AEAO zu § 158 AO

Freie Berufe
Die Angehörigen der freien Berufe, die ihren Gewinn nach § 4 Abs. 1 aufgrund ordnungsmäßiger Buchführung ermitteln, müssen bei der Buchung der Geschäftsvorfälle die allgemeinen Regeln der kaufmännischen Buchführung befolgen (>BFH vom 18.02.1966 – BStBl III S. 496). Das in § 252 Abs. 1 Nr. 4 zweiter Halbsatz HGB geregelte Realisationsprinzip findet auch für die Gewinnermittlung bilanzierender Freiberufler Anwendung (>BFH vom 10.09.1998 – BStBl II 1999 S. 21).

Gesellschafterwechsel
Eine Personengesellschaft ist nicht verpflichtet, auf den Stichtag eines Gesellschafterwechsels eine Zwischenbilanz aufzustellen (>BFH vom 09.12.1976 – BStBl II 1977 S. 241).

Grundbuchaufzeichnungen
Die Funktion der Grundbuchaufzeichnungen kann auf Dauer auch durch eine geordnete und übersichtliche Belegablage erfüllt werden (§ 239 Abs. 4 HGB; § 146 Abs. 5 AO).

Grundsätze ordnungsmäßiger Buchführung (GoB)
- Eine Buchführung ist ordnungsmäßig, wenn die für die kaufmännische Buchführung erforderlichen Bücher geführt werden, die Bücher förmlich in Ordnung sind und der Inhalt sachlich richtig ist (>BFH vom 24.06.1997 – BStBl II 1998 S. 51).
- Ein bestimmtes Buchführungssystem ist nicht vorgeschrieben; allerdings muss bei Kaufleuten die Buchführung den Grundsätzen der doppelten Buchführung entsprechen (§ 242 Abs. 3 HGB). Im Übrigen muss die Buchführung so beschaffen sein, dass sie einem sachverständigen Dritten innerhalb angemessener Zeit einen Überblick über die Geschäftsvorfälle und über die Vermögenslage des Unternehmens vermitteln kann. Die Geschäftsvorfälle müssen sich in ihrer Entstehung und Abwicklung verfolgen lassen (§ 238 Abs. 1 HGB; >auch BFH vom 18.02.1966 – BStBl III S. 496 und vom 23.09.1966 – BStBl III 1967 S. 23). Grundsätze zur ordnungsmäßigen Führung und Aufbewahrung von Büchern, Aufzeichnungen und Unterlagen in elektronischer Form sowie zum Datenzugriff (GoBD) >BMF vom 28.11.2019 (BStBl I S. 1269) Ordnungsvorschrift für die Buchführung und für Aufzeichnungen mittels elektronischer Aufzeichnungssysteme >§ 146a AO, >AEAO zu § 146a AO
- Bei Aufstellung der Bilanz sind alle wertaufhellenden Umstände zu berücksichtigen, die für die Verhältnisse am Bilanzstichtag von Bedeutung sind (>BFH vom 20.08.2003 – BStBl II S. 941). Als „wertaufhellend" sind nur die Umstände zu berücksichtigen, die zum Bilanzstichtag bereits objektiv vorlagen und nach dem Bilanzstichtag, aber vor dem Tag der Bilanzerstellung lediglich bekannt oder erkennbar wurden (>BFH vom 19.10.2005 – BStBl II 2006 S. 371).
- >Zeitgerechte Erfassung

Inventurunterlagen
Vorlage der Inventurunterlagen >BFH vom 25.03.1966 (BStBl III S. 487)

Jahresabschluss
Der Jahresabschluss muss „innerhalb der einem ordnungsmäßigen Geschäftsgang entsprechenden Zeit" (§ 243 Abs. 3 HGB) aufgestellt werden (>BFH vom 06.12.1983 – BStBl II 1984 S. 227). Bei Kapitalgesellschaften

gilt § 264 Abs. 1 HGB. Bei bestimmten Personenhandelsgesellschaften gilt § 264a i. V. m. § 264 Abs. 1 HGB, soweit nicht § 264b HGB zur Anwendung kommt. Bei Versicherungsunternehmen gilt § 341a Abs. 1 HGB).

Kontokorrentkonto
Eine Buchführung ohne Kontokorrentkonto kann ordnungsmäßig sein, wenn die Honorarforderungen der Zeitfolge nach in einem Hilfsbuch erfasst sind und wenn der Stpfl. oder ein sachverständiger Dritter daraus in angemessener Zeit einen Überblick über die Außenstände gewinnen kann (>BFH vom 18.02.1966 – BStBl III S. 496).

Mikrofilmaufnahmen
Verwendung von Mikrofilmaufnahmen zur Erfüllung gesetzlicher Aufbewahrungspflichten >BMF vom 01.02.1984 (BStBl I S. 155)

Personenübersichten
Wo ein laufender unbarer Geschäftsverkehr mit Geschäftsfreunden, der im Interesse der erforderlichen Übersicht die Führung eines kontenmäßig gegliederten Geschäftsfreundebuches sachlich notwendig macht, nicht gegeben ist, genügt es, wenn die unbaren Geschäftsvorfälle in Tagebüchern zeitfolgemäßig aufgezeichnet und im Kontokorrentbuch lediglich die am Bilanzstichtag bestehenden Forderungen und Schulden ausgewiesen werden (>BFH vom 23.02.1951 – BStBl III S. 75).

Zeitgerechte Erfassung
Die Eintragungen in den Geschäftsbüchern und die sonst erforderlichen Aufzeichnungen müssen vollständig, richtig, zeitgerecht und geordnet vorgenommen werden (§ 239 Abs. 2 HGB). Die zeitgerechte Erfassung der Geschäftsvorfälle erfordert – mit Ausnahme des baren Zahlungsverkehrs – keine tägliche Aufzeichnung. Es muss jedoch ein zeitlicher Zusammenhang zwischen den Vorgängen und ihrer buchmäßigen Erfassung bestehen (>BFH vom 25.03.1992 – BStBl II S. 1010).

Bestandsaufnahme des Vorratsvermögens

Inventur

(1) ¹Die >Inventur für den Bilanzstichtag braucht nicht am Bilanzstichtag vorgenommen zu werden. ²Sie muss aber zeitnah – in der Regel innerhalb einer Frist von zehn Tagen vor oder nach dem Bilanzstichtag – durchgeführt werden. ³Dabei muss sichergestellt sein, dass die Bestandsveränderungen zwischen dem Bilanzstichtag und dem Tag der Bestandsaufnahme anhand von Belegen oder Aufzeichnungen ordnungsgemäß berücksichtigt werden. ⁴Können die Bestände aus besonderen, insbesondere klimatischen Gründen nicht zeitnah, sondern erst in einem größeren Zeitabstand vom Bilanzstichtag aufgenommen werden, sind an die Belege und Aufzeichnungen über die zwischenzeitlichen Bestandsveränderungen strenge Anforderungen zu stellen.

Zeitverschobene Inventur

(2) [1] Nach § 241 Abs. 3 HGB kann die jährliche körperliche Bestandsaufnahme ganz oder teilweise innerhalb der letzten drei Monate vor oder der ersten zwei Monate nach dem Bilanzstichtag durchgeführt werden. [2] Der dabei festgestellte Bestand ist nach Art und Menge in einem besonderen Inventar zu verzeichnen, das auch auf Grund einer >permanenten Inventur erstellt werden kann. [3] Der in dem besonderen Inventar erfasste Bestand ist auf den Tag der Bestandsaufnahme (Inventurstichtag) nach allgemeinen Grundsätzen zu bewerten. [4] Der sich danach ergebende Gesamtwert des Bestands ist dann wertmäßig auf den Bilanzstichtag fortzuschreiben oder zurückzurechnen. [5] Der Bestand braucht in diesem Fall auf den Bilanzstichtag nicht nach Art und Menge festgestellt zu werden; es genügt die Feststellung des Gesamtwerts des Bestands auf den Bilanzstichtag. [6] Die Bestandsveränderungen zwischen dem Inventurstichtag und dem Bilanzstichtag brauchen ebenfalls nicht nach Art und Menge aufgezeichnet zu werden. [7] Sie müssen nur wertmäßig erfasst werden. [8] Das Verfahren zur wertmäßigen Fortschreibung oder Rückrechnung des Gesamtwerts des Bestands am Inventurstichtag auf den Bilanzstichtag muss den Grundsätzen ordnungsmäßiger Buchführung entsprechen. [9] Die Fortschreibung des Warenbestands kann dabei nach der folgenden Formel vorgenommen werden, wenn die Zusammensetzung des Warenbestands am Bilanzstichtag von der des Warenbestands am Inventurstichtag nicht wesentlich abweicht: Wert des Warenbestands am Bilanzstichtag = Wert des Warenbestands am Inventurstichtag zuzüglich Wareneingang abzüglich Wareneinsatz (Umsatz abzüglich des durchschnittlichen Rohgewinns). [10] Voraussetzung für die Inanspruchnahme von steuerlichen Vergünstigungen, für die es auf die Zusammensetzung der Bestände am Bilanzstichtag ankommt, wie z. B. bei der Bewertung nach § 6 Abs. 1 Nr. 2a EStG, ist jedoch, dass die tatsächlichen Bestände dieser Wirtschaftsgüter am Bilanzstichtag durch körperliche Bestandsaufnahme oder durch >permanente Inventur nachgewiesen werden.

Nichtanwendbarkeit der permanenten und der zeitverschobenen Inventur

(3) Eine >permanente oder eine zeitverschobene Inventur ist nicht zulässig

1. für Bestände, bei denen durch Schwund, Verdunsten, Verderb, leichte Zerbrechlichkeit oder ähnliche Vorgänge ins Gewicht fallende unkontrollierbare Abgänge eintreten, es sei denn, dass diese Abgänge auf Grund von Erfahrungssätzen schätzungsweise annähernd zutreffend berücksichtigt werden können;
2. für Wirtschaftsgüter, die – abgestellt auf die Verhältnisse des jeweiligen Betriebs – besonders wertvoll sind.

Fehlerhafte Bestandsaufnahme

(4) [1] Fehlt eine körperliche Bestandsaufnahme, oder enthält das Inventar in formeller oder materieller Hinsicht nicht nur unwesentliche Mängel, ist

§ 5 EStG
H 5.3 **R 5.3**

die Buchführung nicht als ordnungsmäßig anzusehen. ²R 5.2 Abs. 2 gilt entsprechend.

Anwendungsbereich

(5) Die Absätze 1 bis 4 gelten entsprechend für Stpfl., die nach § 141 Abs. 1 AO verpflichtet sind, Bücher zu führen und auf Grund jährlicher Bestandsaufnahme regelmäßig Abschlüsse zu machen, oder die freiwillig Bücher führen und regelmäßig Abschlüsse machen.

Hinweise

H 5.3

Inventur
– Nach § 240 Abs. 2, § 242 Abs. 1 und 2 HGB haben Kaufleute für den Schluss eines jeden Geschäftsjahrs ein Inventar, eine Bilanz und eine Gewinn- und Verlustrechnung aufzustellen. Das Inventar, in dem die einzelnen Vermögensgegenstände nach Art, Menge und unter Angabe ihres Werts genau zu verzeichnen sind (>BFH vom 23.06.1971 – BStBl II S. 709), ist aufgrund einer **körperlichen Bestandsaufnahme** (Inventur) zu erstellen.
– Inventurerleichterungen >§ 241 Abs. 1 HGB, >R 6.8 Abs. 4, >H 6.8 (Festwert), (Gruppenbewertung)
– >Permanente Inventur

Permanente Inventur

Aufgrund des § 241 Abs. 2 HGB kann das Inventar für den Bilanzstichtag auch ganz oder teilweise aufgrund einer **permanenten Inventur** erstellt werden. Der Bestand für den Bilanzstichtag kann in diesem Fall nach Art und Menge anhand von Lagerbüchern (Lagerkarteien) festgestellt werden, wenn die folgenden Voraussetzungen erfüllt sind:
1. In den Lagerbüchern und Lagerkarteien müssen alle Bestände und alle Zugänge und Abgänge einzeln nach Tag, Art und Menge (Stückzahl, Gewicht oder Kubikinhalt) eingetragen werden. Alle Eintragungen müssen belegmäßig nachgewiesen werden.
2. In jedem Wj. muss mindestens einmal durch körperliche Bestandsaufnahme geprüft werden, ob das Vorratsvermögen, das in den Lagerbüchern oder Lagerkarteien ausgewiesen wird, mit den tatsächlich vorhandenen Beständen übereinstimmt (>BFH vom 11.11.1966 – BStBl III 1967 S. 113). Die Prüfung braucht nicht gleichzeitig für alle Bestände vorgenommen zu werden. Sie darf sich aber nicht nur auf Stichproben oder die Verprobung eines repräsentativen Querschnitts beschränken; die Regelung in § 241 Abs. 1 HGB bleibt unberührt. Die Lagerbücher und Lagerkarteien sind nach dem Ergebnis der Prüfung zu berichtigen. Der Tag der körperlichen Bestandsaufnahme ist in den Lagerbüchern oder Lagerkarteien zu vermerken.

§ 5 EStG
R 5.4 H 5.3

3. Über die Durchführung und das Ergebnis der körperlichen Bestandsaufnahme sind Aufzeichnungen (Protokolle) anzufertigen, die unter Angabe des Zeitpunkts der Aufnahme von den aufnehmenden Personen zu unterzeichnen sind. Die Aufzeichnungen sind wie Handelsbücher zehn Jahre aufzubewahren.

Zeitliche Erfassung von Waren

Gekaufte Waren gehören wirtschaftlich zum Vermögen des Kaufmanns, sobald er die Verfügungsmacht in Gestalt des unmittelbaren oder mittelbaren Besitzes an ihr erlangt hat. Dies ist bei „schwimmender" Ware erst nach Erhalt des Konnossements oder des Auslieferungsscheins der Fall (>BFH vom 03.08.1988 – BStBl II 1989 S. 21).

R 5.4

S 2164

Bestandsmäßige Erfassung des beweglichen Anlagevermögens

Allgemeines

(1) [1]Nach § 240 Abs. 2 HGB, §§ 140 und 141 AO besteht die Verpflichtung, für jeden Bilanzstichtag auch ein Verzeichnis der Gegenstände des beweglichen Anlagevermögens aufzustellen (Bestandsverzeichnis). [2]In das Bestandsverzeichnis müssen sämtliche beweglichen Gegenstände des Anlagevermögens, auch wenn sie bereits in voller Höhe abgeschrieben sind, aufgenommen werden. [3]Das gilt nicht für geringwertige Wirtschaftsgüter (§ 6 Abs. 2 EStG), für Wirtschaftsgüter, die in einem Sammelposten erfasst werden (§ 6 Abs. 2a EStG), und für die mit einem >Festwert angesetzten Wirtschaftsgüter. [4]Das Bestandsverzeichnis muss

1. die genaue Bezeichnung des Gegenstandes und
2. seinen Bilanzwert am Bilanzstichtag

enthalten. [5]Das Bestandsverzeichnis ist auf Grund einer jährlichen körperlichen Bestandsaufnahme aufzustellen; R 5.3 Abs. 1 bis 3 gilt sinngemäß.

Zusammenfassen mehrerer Gegenstände

(2) [1]Gegenstände, die eine geschlossene Anlage bilden, können statt in ihren einzelnen Teilen als Gesamtanlage in das Bestandsverzeichnis eingetragen werden, z. B. die einzelnen Teile eines Hochofens einschließlich Zubehör, die einzelnen Teile einer Breitbandstraße einschließlich Zubehör, die Überlandleitungen einschließlich der Masten usw. eines Elektrizitätswerks, die entsprechenden Anlagen von Gas- und Wasserwerken sowie die Wasser-, Gas- und sonstigen Rohrleitungen innerhalb eines Fabrikationsbetriebs. [2]Voraussetzung ist, dass die AfA auf die Gesamtanlage einheitlich vorgenommen werden. [3]Gegenstände der gleichen Art können unter Angabe der Stückzahl im Bestandsverzeichnis zusammengefasst werden, wenn sie in demselben Wirtschaftsjahr angeschafft sind, die gleiche Nutzungsdauer und die gleichen Anschaffungskosten haben und nach der gleichen Methode abgeschrieben werden.

Bestandsaufnahme und Wertanpassung bei Festwerten

(3) [1] Für Gegenstände des beweglichen Anlagevermögens, die zulässigerweise mit einem >Festwert angesetzt worden sind, ist im Regelfall an jedem dritten spätestens aber an jedem fünften Bilanzstichtag eine körperliche Bestandsaufnahme vorzunehmen. [2] Übersteigt der für diesen Bilanzstichtag ermittelte Wert den bisherigen Festwert um mehr als 10 %, ist der ermittelte Wert als neuer Festwert maßgebend. [3] Der bisherige Festwert ist so lange um die Anschaffungs- und Herstellungskosten der im Festwert erfassten und nach dem Bilanzstichtag des vorangegangenen Wirtschaftsjahres angeschafften oder hergestellten Wirtschaftsgüter aufzustocken, bis der neue Festwert erreicht ist. [4] Ist der ermittelte Wert niedriger als der bisherige Festwert, kann der Stpfl. den ermittelten Wert als neuen Festwert ansetzen. [5] Übersteigt der ermittelte Wert den bisherigen Festwert um nicht mehr als 10 %, kann der bisherige Festwert beibehalten werden.

Keine Inventur bei fortlaufendem Bestandsverzeichnis

(4) [1] Der Stpfl. braucht die jährliche körperliche Bestandsaufnahme (>Absatz 1) für steuerliche Zwecke nicht durchzuführen, wenn er jeden Zugang und jeden Abgang laufend in das Bestandsverzeichnis einträgt und die am Bilanzstichtag vorhandenen Gegenstände des beweglichen Anlagevermögens auf Grund des fortlaufend geführten Bestandsverzeichnisses ermittelt werden können; in diesem Fall müssen aus dem Bestandsverzeichnis außer den in Absatz 1 bezeichneten Angaben noch ersichtlich sein:

1. der Tag der Anschaffung oder Herstellung des Gegenstandes,
2. die Höhe der Anschaffungs- oder Herstellungskosten oder, wenn die Anschaffung oder Herstellung vor dem 21.6.1948[1]) oder im Beitrittsgebiet[2]) vor dem 1.7.1990 erfolgt ist, die in Euro umgerechneten Werte der DM-Eröffnungsbilanz,
3. der Tag des Abgangs.

[2] Wird das Bestandsverzeichnis in der Form einer Anlagekartei geführt, ist der Bilanzansatz aus der Summe der einzelnen Bilanzwerte (>Absatz 1 Satz 4 Nr. 2) der Anlagekartei nachzuweisen. [3] Ist das Bestandsverzeichnis nach den einzelnen Zugangsjahren und Abschreibungssätzen gruppenweise geordnet, kann auf die Angabe des Bilanzwerts am Bilanzstichtag für den einzelnen Gegenstand (>Absatz 1 Satz 4 Nr. 2) verzichtet werden, wenn für jede Gruppe in besonderen Zusammenstellungen die Entwicklung der Bilanzwerte unter Angabe der Werte der Abgänge und des Betrags der AfA summenmäßig festgehalten wird. [4] Die in Absatz 1 Satz 4 Nr. 1 und unter den in Satz 1 Nr. 1 bis 3 bezeichneten Angaben müssen auch in diesem Fall für den einzelnen Gegenstand aus dem Bestandsverzeichnis ersichtlich sein. [5] Die Sachkonten der Geschäftsbuchhaltung können als Bestandsverzeichnis gelten, wenn sie die in Absatz 1 und unter den in Satz 1

---

[1]) für Berlin-West: 01.04.1949; für das Saargebiet 06.07.1959
[2]) das in Artikel 3 des Einigungsvertrags genannte Gebiet >Einigungsvertragsgesetz vom 23.09.1990 (BGBl II S. 885 und S. 890)

§ 5 EStG
R 5.4, 5.5 H 5.4

Nr. 1 bis 3 bezeichneten Angaben enthalten und wenn durch diese Angaben die Übersichtlichkeit der Konten nicht beeinträchtigt wird.

Erleichterungen

(5) Das Finanzamt kann unter Abweichung von den Absätzen 1 bis 4 für einzelne Fälle Erleichterungen bewilligen.

H 5.4

Hinweise

Festwert
- >H 6.8
- Kein Zugang von Wirtschaftsgütern des Anlagevermögens, deren Nutzungsdauer zwölf Monate nicht übersteigt (kurzlebige Wirtschaftsgüter) zum Festwert (>BFH vom 26.08.1993 – BStBl II 1994 S. 232).
- Voraussetzungen für den Ansatz von Festwerten sowie deren Bemessung bei der Bewertung des beweglichen Anlagevermögens und des Vorratsvermögens >BMF vom 08.03.1993 (BStBl I S. 276)

Anhang 9 II

Fehlende Bestandsaufnahme

Ein materieller Mangel der Buchführung kann auch vorliegen, wenn die körperliche Bestandsaufnahme nach R 5.4 Abs. 1 fehlt oder unvollständig ist, es sei denn, dass eine körperliche Bestandsaufnahme nach R 5.4 Abs. 4 nicht erforderlich ist (>BFH vom 14.12.1966 – BStBl III 1967 S. 247).

Fehlendes Bestandsverzeichnis

Fehlt das Bestandsverzeichnis oder ist es unvollständig, so kann darin ein materieller Mangel der Buchführung liegen (>BFH vom 14.12.1966 – BStBl III 1967 S. 247).

R 5.5

Immaterielle Wirtschaftsgüter

Allgemeines

(1) [1] Als >immaterielle (unkörperliche) Wirtschaftsgüter kommen in Betracht: Rechte, rechtsähnliche Werte und sonstige Vorteile. [2] Trivialprogramme sind abnutzbare bewegliche und selbständig nutzbare Wirtschaftsgüter. [3] Computerprogramme, deren Anschaffungskosten nicht mehr als 410 Euro[1]) betragen, sind wie Trivialprogramme zu behandeln. [4] >Keine immateriellen Wirtschaftsgüter sind die nicht selbständig bewertbaren geschäftswertbildenden Faktoren.

Entgeltlicher Erwerb

(2) [1] Für >immaterielle Wirtschaftsgüter des Anlagevermögens ist ein Aktivposten nur anzusetzen, wenn sie entgeltlich erworben (§ 5 Abs. 2 EStG)

---

[1]) bei Anschaffung ab dem 01.01.2018 800 €

oder in das Betriebsvermögen eingelegt (>R 4.3 Abs. 1) wurden. ²Ein >immaterielles Wirtschaftsgut ist entgeltlich erworben worden, wenn es durch einen Hoheitsakt oder ein Rechtsgeschäft gegen Hingabe einer bestimmten Gegenleistung übergegangen oder eingeräumt worden ist. ³Es ist nicht erforderlich, dass das Wirtschaftsgut bereits vor Abschluss des Rechtsgeschäfts bestanden hat; es kann auch erst durch den Abschluss des Rechtsgeschäfts entstehen, z. B. bei entgeltlich erworbenen Belieferungsrechten. ⁴Ein entgeltlicher Erwerb eines >immateriellen Wirtschaftsgutes liegt auch bei der Hingabe eines sog. verlorenen Zuschusses vor, wenn der Zuschussgeber von dem Zuschussempfänger eine bestimmte Gegenleistung erhält oder eine solche nach den Umständen zu erwarten ist oder wenn der Zuschussgeber durch die Zuschusshingabe einen besonderen Vorteil erlangt, der nur für ihn wirksam ist.

Kein Aktivierungsverbot

(3) ¹Das Aktivierungsverbot des § 5 Abs. 2 EStG wird nicht wirksam, wenn ein beim Rechtsvorgänger aktiviertes >immaterielles Wirtschaftsgut des Anlagevermögens im Rahmen der unentgeltlichen Übertragung eines Betriebs, Teilbetriebs oder Mitunternehmeranteiles auf einen anderen übergeht (>Geschäfts- oder Firmenwert/Praxiswert). ²In diesem Fall hat der Erwerber dieses immaterielle Wirtschaftsgut mit dem Betrag zu aktivieren, mit dem es beim Rechtsvorgänger aktiviert war (§ 6 Abs. 3 EStG). ³Das Aktivierungsverbot findet auch dann keine Anwendung, wenn ein >immaterielles Wirtschaftsgut des Anlagevermögens eingelegt wird.

Hinweise

Abgrenzung zu materiellen Wirtschaftsgütern
Zur Einordnung von Wirtschaftsgütern mit materiellen und immateriellen Komponenten wird vorrangig auf das wirtschaftliche Interesse abgestellt, d. h. wofür der Kaufpreis gezahlt wird (Wertrelation) und ob es dem Erwerber überwiegend auf den materiellen oder den immateriellen Gehalt ankommt. Daneben wird auch danach unterschieden, ob der Verkörperung eine eigenständige Bedeutung zukommt oder ob sie lediglich als „Träger" den immateriellen Gehalt festhalten soll. Bücher und Tonträger sind als materielle Wirtschaftsgüter anzusehen (>BFH vom 30.10.2008 – BStBl II 2009 S. 421).

Arzneimittelzulassungen
- Eine entgeltlich erworbene Arzneimittelzulassung ist dem Grunde nach ein abnutzbares Wirtschaftsgut (>BMF vom 12.07.1999 – BStBl I S. 686).
- >Warenzeichen (Marke)

Auffüllrecht
Das Recht, ein Grundstück mit Klärschlamm zu verfüllen, ist kein vom Grund und Boden verselbständigtes Wirtschaftsgut (>BFH vom 20.03.2003 – BStBl II S. 878).

§ 5 EStG
H 5.5

Belieferungsrechte aus Abonnentenverträgen
Gelegentlich eines Erwerbs von Belieferungsrechten aus Abonnentenverträgen entstandene Aufwendungen begründen noch nicht den entgeltlichen Erwerb eines immateriellen Wirtschaftsguts (>BFH vom 03.08.1993 – BStBl II 1994 S. 444).

Emissionsberechtigungen
Ertragsteuerliche Behandlung von Emissionsberechtigungen nach dem Treibhausgas-Emissionshandelsgesetz >BMF vom 06.12.2005 (BStBl I S. 1047) unter Berücksichtigung der Änderungen durch BMF vom 07.03.2013 (BStBl I S. 275)

Erbbaurecht
Das Erbbaurecht ist als grundstücksgleiches Recht i. S. d. BGB ein Vermögensgegenstand i. S. d. Handelsrechts und ein Wirtschaftsgut i. S. d. Steuerrechts. Es gehört zum Sachanlagevermögen und ist damit kein immaterielles Wirtschaftsgut (>BFH vom 04.06.1991 – BStBl II 1992 S. 70).

Geschäfts- oder Firmenwert/Praxiswert

Anhang 13 II

- Firmenwert bei vorweggenommener Erbfolge >BMF vom 13.01.1993 (BStBl I S. 80) unter Berücksichtigung der Änderungen durch BMF vom 26.02.2007 (BStBl I S. 269)
- Geschäfts- oder Firmenwert, der bei Veräußerung eines Einzelunternehmens an eine GmbH unentgeltlich übergeht, kann Gegenstand einer verdeckten Einlage sein (>BFH vom 24.03.1987 – BStBl II S. 705). Zu den hierfür maßgebenden Kriterien >H 4.3 (1) Verdeckte Einlage
- Unterscheidung zwischen Geschäftswert und Praxiswert >BFH vom 13.03.1991 (BStBl II S. 595)
- Unterscheidung zwischen (selbständigen) immateriellen Einzelwirtschaftsgütern und (unselbständigen) geschäftswertbildenden Faktoren >BFH vom 07.11.1985 (BStBl II 1986 S. 176) und vom 30.03.1994 (BStBl II S. 903)
- Das „Vertreterrecht" eines Handelsvertreters ist ein immaterielles Wirtschaftsgut, das nicht mit einem Geschäfts- oder Firmenwert gleichzusetzen ist (>BFH vom 12.07.2007 – BStBl II S. 959).
- Bei der Aufteilung eines Unternehmens in Teilbetriebe geht der Geschäftswert nicht notwendigerweise unter (>BFH vom 27.03.1996 – BStBl II S. 576).
- Wird einem ausscheidenden Mitunternehmer eine Abfindung gezahlt, die auch den selbst geschaffenen, bisher nicht bilanzierten Geschäftswert abgilt, ist der darauf entfallende Anteil der Abfindung als derivativer Geschäftswert zu aktivieren. Der auf den originären Geschäftswert entfallende Anteil bleibt außer Ansatz (>BFH vom 16.05.2002 – BStBl II 2003 S. 10).

- Der Geschäftswert ist Ausdruck der Gewinnchancen eines Unternehmens, soweit diese nicht auf einzelnen Wirtschaftsgütern oder der Person des Unternehmers beruhen, sondern auf dem Betrieb eines lebenden Unternehmens (>BFH vom 26.11.2009 – BStBl II 2010 S. 609).
- Orientiert sich der für eine Arztpraxis mit Vertragsarztsitz zu zahlende Kaufpreis ausschl. am Verkehrswert, so ist in dem damit abgegoltenen Praxiswert der Vorteil aus der Zulassung als Vertragsarzt untrennbar enthalten (>BFH vom 09.08.2011 – BStBl II S. 875). Dies gilt auch, wenn ein Zuschlag zum Verkehrswert (Überpreis) gezahlt wird (>BFH vom 21.02.2017 – BStBl II S. 689). Die Vertragsarztzulassung kann nur dann Gegenstand eines gesonderten Veräußerungsgeschäftes sein und sich damit zu einem selbständigen Wirtschaftsgut konkretisieren, wenn die Leistung für die Zulassung ohne eine Praxisübernahme erfolgt, weil der Vertragsarztsitz an einen anderen Ort verlegt wird (>BFH vom 09.08.2011 – BStBl II S. 875 und vom 21.02.2017 – BStBl II S. 694).
- >H 6.1 (Geschäfts- oder Firmenwert), (Praxiswert/Sozietätspraxiswert)

Gewinnermittlung nach § 4 Abs. 1 oder Abs. 3
R 5.5 gilt bei der Gewinnermittlung nach § 4 Abs. 1 und 3 sinngemäß (§ 141 Abs. 1 Satz 2 AO, BFH vom 08.11.1979 – BStBl II 1980 S. 146).

Güterfernverkehrskonzessionen
- Keine AfA von entgeltlich erworbenen Güterfernverkehrskonzessionen >BFH vom 04.12.1991 (BStBl II 1992 S. 383) und vom 22.01.1992 (BStBl II S. 529)
- Zur Abschreibung auf den niedrigeren Teilwert >BMF vom 12.03.1996 (BStBl I S. 372)

Immaterielle Wirtschaftsgüter des Anlagevermögens
Die unentgeltliche Übertragung zwischen Schwestergesellschaften führt zur vGA an die Muttergesellschaft und anschließenden verdeckten Einlage in die begünstigte Schwestergesellschaft (>BFH vom 20.08.1986 – BStBl II 1987 S. 455).

Immaterielle Wirtschaftsgüter
sind u. a.
- Belieferungsrechte, Optionsrechte, Konzessionen (>BFH vom 10.08.1989 – BStBl II 1990 S. 15),
- Computerprogramme (>BFH vom 03.07.1987 – BStBl II S. 728 und S. 787, vom 28.07.1994 – BStBl II S. 873 und vom 18.05.2011 – BStBl II S. 865), aber >Keine immateriellen Wirtschaftsgüter,
- Datensammlungen, die speziell für den Stpfl. erhoben werden und auch nur von diesem verwertet werden dürfen (>BFH vom 30.10.2008 – BStBl II 2009 S. 421),

§ 5 EStG
H 5.5

- Domain-Namen (>BFH vom 19.10.2006 – BStBl II 2007 S. 301), >H 7.1 (Domain-Namen),
- Filmrechte (>BFH vom 20.09.1995 – BStBl II 1997 S. 320 und >BMF vom 23.02.2001 – BStBl I S. 175 unter Berücksichtigung der Änderungen durch BMF vom 05.08.2003 – BStBl I S. 406),
- Kaufoption aus einem Pkw-Leasingvertrag (>BFH vom 26.11.2014 – BStBl II 2015 S. 325),
- Lizenzen, ungeschützte Erfindungen, Gebrauchsmuster, Fabrikationsverfahren, Know-how, Tonträger in der Schallplattenindustrie (>BFH vom 28.05.1979 – BStBl II S. 734),
- Patente, Markenrechte, Urheberrechte, Verlagsrechte (>BFH vom 24.11.1982 – BStBl II 1983 S. 113),
- Rezeptur eines Pflanzenschutzmittels (>BFH vom 08.09.2011 – BStBl II 2012 S. 122),
- Rückverkaufsoption im Kfz-Handel (>BMF vom 12.10.2011 – BStBl I S. 967),
- Spielerlaubnisse nach Maßgabe des Lizenzspielerstatuts des Deutschen Fußballbundes (>BFH vom 14.12.2011 – BStBl II 2012 S. 238)
- Vertragsarztzulassung, wenn sie nicht zum Praxiswert gehört (>BFH vom 21.02.2017 – BStBl II S. 694),
- Wiederbepflanzungsrechte im Weinbau (>BFH vom 06.12.2017 – BStBl II 2018 S. 353), >H 13.3 (Wiederbepflanzungsrechte im Weinbau).

Keine immateriellen Wirtschaftsgüter
Keine immateriellen Wirtschaftsgüter sondern materielle (körperliche) und zugleich abnutzbare bewegliche Wirtschaftsgüter sind, wenn sie nicht unter anderen rechtlichen Gesichtspunkten, z. B. als Kundenkartei oder Verlagsarchiv, als immaterielle Wirtschaftsgüter anzusehen sind, Computerprogramme (>Immaterielle Wirtschaftsgüter), die keine Befehlsstruktur enthalten, sondern nur Bestände von Daten, die allgemein bekannt und jedermann zugänglich sind, z. B. mit Zahlen und Buchst. (>BFH vom 05.02.1988 – BStBl II S. 737 und vom 02.09.1988 – BStBl II 1989 S. 160).

Kein entgeltlicher Erwerb
Kein entgeltlicher Erwerb liegt u. a. vor bei
- Aufwendungen, die nicht Entgelt für den Erwerb eines Wirtschaftsguts von einem Dritten, sondern nur Arbeitsaufwand oder sonstiger Aufwand, z. B. Honorar für Dienstleistungen, für einen im Betrieb selbst geschaffenen Wert oder Vorteil sind (>BFH vom 26.02.1975 – BStBl II S. 443).
- Aufwendungen, die lediglich einen Beitrag zu den Kosten einer vom Stpfl. mitbenutzten Einrichtung bilden, z. B. Beiträge zum Ausbau einer öffentlichen Straße oder zum Bau einer städtischen Kläranlage; diese Aufwendungen gehören zu den nicht aktivierbaren Aufwendungen für

einen selbstgeschaffenen Nutzungsvorteil (>BFH vom 26.02.1980 – BStBl II S. 687 und vom 25.08.1982 – BStBl II 1983 S. 38).
- selbstgeschaffenen >immateriellen Wirtschaftsgütern, z. B. Patenten (>BFH vom 08.11.1979 – BStBl II 1980 S. 146).

Kundenstamm
- Der Kundenstamm ist beim Erwerb eines Unternehmens i. d. R. kein selbständig bewertbares >immaterielles Wirtschaftsgut, sondern ein geschäftswertbildender Faktor (>BFH vom 16.09.1970 – BStBl II 1971 S. 175 und vom 25.11.1981 – BStBl II 1982 S. 189).
- Kundenstamm und Lieferantenbeziehungen, die selbständig übertragen werden können, sind immaterielle Wirtschaftsgüter und nicht identisch mit dem Geschäfts- oder Firmenwert (>BFH vom 26.11.2009 – BStBl II 2010 S. 609).

Mietereinbauten
Einbauten oder Umbauten des Mieters sind als Herstellungskosten eines materiellen Wirtschaftsguts zu aktivieren, wenn sie unmittelbar besonderen Zwecken dienen und in diesem Sinne in einem von der eigentlichen Gebäudenutzung verschiedenen Funktionszusammenhang stehen (>BFH vom 26.02.1975 – BStBl II S. 443 und BMF vom 15.01.1976 – BStBl I S. 66).

Namensrechte
Der kommerzialisierbare Teil des Namensrechts einer natürlichen Person stellt ein abnutzbares immaterielles Wirtschaftsgut dar (>BFH vom 12.06.2019 – BStBl II 2020 S. 3).

Nutzungsrechte
Nutzungsrechte die durch Baumaßnahmen des Nutzungsberechtigten entstanden sind >H 4.7 (Eigenaufwand für ein fremdes Wirtschaftsgut)

Pensionszusagen
Ansprüche aus Pensionszusagen nach dem Betriebsrentengesetz können nicht aktiviert werden (>BFH vom 14.12.1988 – BStBl II 1989 S. 323).

Schwebende Arbeitsverträge
Schwebende Arbeitsverträge mit im Unternehmen tätigen Arbeitnehmern sind keine >immateriellen Wirtschaftsgüter, sondern nicht selbständig bewertbare geschäftswertbildende Faktoren (>BFH vom 07.11.1985 – BStBl II 1986 S. 176).

Vertreterrecht
Löst ein Handelsvertreter durch Vereinbarung mit dem Geschäftsherrn den Ausgleichsanspruch (§ 89b HGB) seines Vorgängers in einer bestimmten

§ 5 EStG
R 5.6 H 5.5, 5.6

Höhe ab, erwirbt er damit entgeltlich ein immaterielles Wirtschaftsgut „Vertreterrecht" (>BFH vom 18.01.1989 – BStBl II S. 549). Dieses ist nicht mit einem Geschäfts- oder Firmenwert gleichzusetzen (>BFH vom 12.07.2007 – BStBl II S. 959).

Warenzeichen (Marke)
Ein entgeltlich erworbenes Warenzeichen (Marke) ist dem Grunde nach ein abnutzbares Wirtschaftsgut (>BMF vom 12.07.1999 – BStBl I S. 686).

R 5.6 Rechnungsabgrenzungen

Transitorische Posten
(1) ¹Nach § 5 Abs. 5 Satz 1 EStG ist die Rechnungsabgrenzung auf die sog. transitorischen Posten beschränkt. ²Es kommen danach für die Rechnungsabgrenzung in der Regel nur Ausgaben und Einnahmen in Betracht, die vor dem Abschlussstichtag angefallen, aber erst der Zeit nach dem Abschlussstichtag zuzurechnen sind.

Bestimmte Zeit nach dem Abschlussstichtag
(2) Die Bildung eines Rechnungsabgrenzungspostens ist nur zulässig, soweit die vor dem Abschlussstichtag angefallenen Ausgaben oder Einnahmen Aufwand oder Ertrag für eine >bestimmte Zeit nach dem Abschlussstichtag darstellen.

(3) ¹Antizipative Posten (Ausgaben oder Einnahmen nach dem Bilanzstichtag, die Aufwand oder Ertrag für einen Zeitraum vor diesem Tag darstellen), dürfen als Rechnungsabgrenzungsposten nur in den Fällen des § 5 Abs. 5 Satz 2 EStG¹⁾ ausgewiesen werden. ²Soweit sich aus den ihnen zu Grunde liegenden Geschäftsvorfällen bereits Forderungen oder Verbindlichkeiten ergeben haben, sind sie als solche zu bilanzieren.

H 5.6 Hinweise

Abschlussgebühren
Abschlussgebühren können eine (Gegen-)leistung darstellen, die dem jeweiligen Bausparvertrag als Entgelt für den eigentlichen Vertragsabschluss zuzuordnen sind. Sie wirken sich unmittelbar mit ihrer Vereinnahmung erfolgswirksam aus und sind bilanziell nicht passiv abzugrenzen (>BFH vom 11.02.1998 – BStBl II S. 381).

Auflösung von Rechnungsabgrenzungsposten im Zusammenhang mit Zinsaufwand
Der Rechnungsabgrenzungsposten ist ratierlich über die gesamte Darlehenslaufzeit, bei Tilgungs- oder Abzahlungsdarlehen degressiv nach der Zinsstaffelmethode und bei Endfälligkeitsdarlehen linear, aufzulösen. Bei

---

¹⁾ *jetzt Satz 3*

vorzeitiger Sondertilgung des Darlehens ist der Rechnungsabgrenzungsposten im Verhältnis der Sondertilgung zu dem Gesamtdarlehensbetrag aufzulösen (>BFH vom 24.06.2009 – BStBl II S. 781).

Ausbeuteverträge
Vorausgezahlte Ausbeuteentgelte für Bodenschätze, mit deren Abbau vor dem Bilanzstichtag bereits begonnen wurde, sind in einen Rechnungsabgrenzungsposten einzustellen, der über die jährlich genau festzustellende Fördermenge aufzulösen ist. Ist mit dem Abbau vor dem Bilanzstichtag noch nicht begonnen worden, ist das vorausgezahlte Entgelt als Anzahlung zu behandeln (>BFH vom 25.10.1994 – BStBl II 1995 S. 312).

Bestimmte Zeit nach dem Abschlussstichtag
liegt vor:
- wenn die abzugrenzenden Ausgaben und Einnahmen für einen bestimmten nach dem Kj. bemessenen Zeitraum bezahlt oder vereinnahmt werden, z. B. monatliche, vierteljährliche, halbjährliche **Mietvorauszahlungen** oder Zahlung der Miete im Voraus für einen Messestand für eine zeitlich feststehende Messe (>BFH vom 09.12.1993 – BStBl II 1995 S. 202),
- bei **Übernahme von Erschließungskosten und Kanalanschlussgebühren durch den Erbbauberechtigten** (>BFH vom 17.04.1985 – BStBl II S. 617),
- bei zeitlich nicht begrenzten Dauerleistungen (>BFH vom 09.12.1993 – BStBl II 1995 S. 202, BMF vom 15.03.1995 – BStBl I S. 183 und BFH vom 15.02.2017 – BStBl II S. 884).

liegt nicht vor:
- wenn sich der Zeitraum nur durch **Schätzung** ermitteln lässt (>BFH vom 03.11.1982 – BStBl II 1983 S. 132),
- bei planmäßiger oder betriebsgewöhnlicher **Nutzungsdauer** eines abnutzbaren Sachanlageguts (>BFH vom 22.01.1992 – BStBl II S. 488).

Darlehen mit fallenden Zinssätzen
Der Darlehensnehmer hat bei einer Vereinbarung fallender Zinssätze einen aktiven Rechnungsabgrenzungsposten zu bilden, wenn im Falle einer vorzeitigen Vertragsbeendigung die anteilige Erstattung der bereits gezahlten Zinsen verlangt werden kann oder wenn das Darlehensverhältnis nur aus wichtigem Grund gekündigt werden kann und keine konkreten Anhaltspunkte für eine solche vorzeitige Beendigung bestehen (>BFH vom 27.07.2011 – BStBl II 2012 S. 284).

§ 5 EStG
H 5.6

Dauerschuldverhältnis
- Die Entschädigung für die Aufhebung eines für eine bestimmte Laufzeit begründeten Schuldverhältnisses kann nicht in einen passiven Rechnungsabgrenzungsposten eingestellt werden (>BFH vom 23.02.2005 – BStBl II S. 481).
- Eine Vergütung, die der Kreditgeber für seine Bereitschaft zu einer für ihn nachteiligen Änderung der Vertragskonditionen vom Kreditnehmer vereinnahmt hat, ist in der Bilanz des Kreditgebers nicht passiv abzugrenzen (>BFH vom 07.03.2007 – BStBl II S. 697).

Erbbaurecht
Für im Voraus gezahlte Erbbauzinsen ist ein Rechnungsabgrenzungsposten zu bilden (>BFH vom 20.11.1980 – BStBl II 1981 S. 398).

Ertragszuschüsse
Für Ertragszuschüsse ist ggf. ein passiver Rechnungsabgrenzungsposten zu bilden (>BFH vom 05.04.1984 – BStBl II S. 552).

Film- und Fernsehfonds
- Filmherstellungskosten >BMF vom 23.02.2001 (BStBl I S. 175) unter Berücksichtigung der Änderungen durch BMF vom 05.08.2003 (BStBl I S. 406), Tz. 34 und 35
- Zahlt ein Filmproduktionsfonds dem zum Alleinvertrieb des Films berechtigten Lizenznehmer einen Einmalbetrag für Medien, Marketing- und Kinostartkosten (Vermarktungskostenzuschuss), kann darin ungeachtet der Bezeichnung als verlorener Zuschuss die Gewährung eines partiarischen Darlehens gesehen werden, wenn mit der Zahlung eine Erhöhung der Lizenzgebühren verbunden und die Rückzahlung des Betrages abgesichert ist. Folglich dürfen weder i. H. d. vollen Vermarktungskostenzuschusses Betriebsausgaben angesetzt noch ein aktiver Rechnungsabgrenzungsposten berücksichtigt werden (>BFH vom 21.05.2015 – BStBl II S. 772).
- Zur Passivierung eines nur aus zukünftigen Verwertungserlösen zu bedienenden Filmförderdarlehens >H 5.1 (Passivierungsverbot nach § 5 Abs. 2a)

Finanzierungskosten
- Für ein bei der Ausgabe einer festverzinslichen Schuldverschreibung mit bestimmter Laufzeit vereinbartes Disagio ist in der Steuerbilanz ein Rechnungsabgrenzungsposten zu aktivieren (>BFH vom 29.11.2006 – BStBl II 2009 S. 955).
- >H 6.10 (Damnum, Kreditbedingungen, Umschuldung, Vermittlungsprovision, Zinsfestschreibung)

Forfaitierung von Forderungen aus Leasing-Verträgen
- >BMF vom 09.01.1996 (BStBl I S. 9) und >BFH vom 24.07.1996 (BStBl II 1997 S. 122)
- Abweichend von Abschnitt III 2 Buchst. b des BMF-Schreibens vom 09.01.1996 ist bei der sog. Restwertforfaitierung aus Teilamortisationsverträgen die Zahlung des Dritten an den Leasinggeber steuerlich als ein Darlehen an den Leasinggeber zu beurteilen. Die Forfaitierungserlöse sind von ihm nicht als Erträge aus zukünftigen Perioden passiv abzugrenzen, sondern als Verbindlichkeiten auszuweisen und bis zum Ablauf der Grundmietzeit ratierlich aufzuzinsen (>BFH vom 08.11.2000 – BStBl II 2001 S. 722).

Garantiegebühr
Wegen vereinnahmter Garantiegebühr gebildeter passiver Rechnungsabgrenzungsposten ist während der Garantiezeit insoweit aufzulösen, als die Vergütung auf den bereits abgelaufenen Garantiezeitraum entfällt (>BFH vom 23.03.1995 – BStBl II S. 772).

Gewinnermittlung nach § 4 Abs. 1
R 5.6 gilt bei der Gewinnermittlung nach § 4 Abs. 1 sinngemäß (§ 141 Abs. 1 Satz 2 AO, BFH vom 20.11.1980 – BStBl II 1981 S. 398).

Honorare
Sind im Voraus erhaltene Honorare zeitraumbezogen und besteht für den gesamten Zeitraum eine Dauerverpflichtung, ist für die anteilig auf folgende Wj. entfallenden Honorare ein passiver Rechnungsabgrenzungsposten zu bilden (>BFH vom 10.09.1998 – BStBl II 1999 S. 21).

Investitionszuschüsse
- Soweit Zuschüsse zu Anschaffungs- oder Herstellungskosten eines Wirtschaftsgutes geleistet werden, sind sie nicht passiv abzugrenzen (>BFH vom 22.01.1992 – BStBl II S. 488).
- >R 6.5

I

Kraftfahrzeugsteuer
Für gezahlte Kraftfahrzeugsteuer ist ein Rechnungsabgrenzungsposten zu aktivieren, soweit die Steuer auf die voraussichtliche Zulassungszeit des Fahrzeuges im nachfolgenden Wj. entfällt (>BFH vom 19.05.2010 – BStBl II S. 967).

§ 5 EStG
H 5.6

Leasingvertrag mit degressiven Leasingraten – Behandlung beim Leasingnehmer

– **Immobilienleasing**

Bilanzsteuerrechtlich ist die Summe der während der vertraglichen Grundmietzeit geschuldeten Jahresmieten in jährlich gleichbleibenden Beträgen auf die Grundmietzeit zu verteilen und demgemäß der Teil der vertraglichen Jahresmieten, der in den ersten Jahren der Grundmietzeit über den sich für die gesamte Grundmietzeit ergebenden Jahresaufwand hinaus geht, zu aktivieren (>BFH vom 12.08.1982 – BStBl II S. 696 und >BMF vom 10.10.1983 – BStBl I S. 431).

– **Mobilienleasing**

Für degressive Raten beim Leasing beweglicher Wirtschaftsgüter des Anlagevermögens ist kein aktiver Rechnungsabgrenzungsposten zu bilden (>BFH vom 28.02.2001 – BStBl II S. 645).

Maklerprovision

Für Maklerprovisionen im Zusammenhang mit dem Abschluss eines Mietvertrages kann kein aktiver Rechnungsabgrenzungsposten gebildet werden (>BFH vom 19.06.1997 – BStBl II S. 808).

Mobilfunkdienstleistungsverträge

Vergünstigungen im Zusammenhang mit dem Abschluss von Mobilfunkdienstleistungsverträgen >BMF vom 20.06.2005 (BStBl I S. 801) und >BFH vom 15.05.2013 (BStBl II S. 730)

Öffentlich Private Partnerschaft – ÖPP – (auch Public Private Partnership – PPP –)

– Zum A-Modell >BMF vom 04.10.2005 (BStBl I S. 916)
– Zur Anwendbarkeit auf andere Modelle und zur Bildung eines Passivpostens für künftige Instandhaltungsaufwendungen >BMF vom 27.05.2013 (BStBl I S. 722)

Öffentlich-rechtliche Verpflichtungen

Die Bildung passiver Rechnungsabgrenzungsposten ist nicht auf Fälle beschränkt, in denen Vorleistungen im Rahmen eines gegenseitigen Vertrags erbracht werden (>BFH vom 26.06.1979 – BStBl II S. 625). Sie kann auch in Fällen geboten sein, in denen die gegenseitigen Verpflichtungen ihre Grundlage im öffentlichen Recht haben (>BFH vom 17.09.1987 – BStBl II 1988 S. 327).

Urlaubsgeld bei abweichendem Wirtschaftsjahr

Es hängt von den Vereinbarungen der Vertragspartner ab, ob Urlaubsgeld, das bei einem abweichenden Wj. vor dem Bilanzstichtag für das gesamte Urlaubjahr bezahlt wird, anteilig aktiv abzugrenzen ist (>BFH vom 06.04.1993 – BStBl II S. 709).

Tabellarische Übersicht — EStH 2022

Übersicht über die betragsmäßige Entwicklung ausgewählter Tatbestände im Einkommensteuerrecht

	2020 €	2021 €	2022 €
sog. Übungsleiterfreibetrag (§ 3 Nr. 26 EStG)	2.400	3.000	3.000
allgemeiner Freibetrag für sonstige Einnahmen aus ehrenamtlicher Tätigkeit (§ 3 Nr. 26a EStG)	720	840	840
Geschenke (§ 4 Abs. 5 Satz 1 Nr. 1 EStG)	35	35	35
Verpflegungsmehraufwendungen bei Dienst-/Geschäftsreisen (§ 4 Abs. 5 Satz 1 Nr. 5 i. V. m. § 9 Abs. 4a EStG)			
Abwesenheit 24 Stunden	28	28	28
Abwesenheit eintägig und mehr als 8 Stunden	14	14	14
An- und Abreisetag bei mehrtägiger Abwesenheit mit Übernachtung	14	14	14
Homeoffice-Pauschale (§ 4 Abs. 5 Satz 1 Nr. 6b EStG)			
Tagespauschale (Höchstbetrag)	5 (600)	5 (600)	5 (600)
Grundstücksteile von untergeordnetem Wert (§ 8 EStDV)	20.500	20.500	20.500
Geringwertige Wirtschaftsgüter (§ 6 Abs. 2 EStG)	800	800	800
Sammelposten nach § 6 Abs. 2a EStG	250 – 1.000	250 – 1.000	250 – 1.000
Investitionsabzugsbetrag/Sonderabschreibung (§ 7g EStG)			
Einheitliche Gewinngrenze	200.000	200.000	200.000
Höchstbetrag für den Investitionsabzugsbetrag § 7g Abs. 1 EStG	200.000	200.000	200.000
Fahrten/Wege zwischen Wohnung und regelmäßiger Arbeitsstätte bzw. erster Tätigkeitsstätte (§ 9 Abs. 1 Satz 3 Nr. 4 EStG)			
– Entfernungspauschale bis 20 km	0,30	0,30	0,30
ab 21. km		0,35	0,38
– Höchstbetrag ohne Nachweis einer Kfz-Nutzung	4.500	4.500	4.500
Werbungskosten			
Geringwertige Wirtschaftsgüter (§ 9 Abs. 1 Nr. 7 EStG)	800	800	800
Pauschbeträge für Werbungskosten (§ 9a EStG)			
– zu Arbeitslohn	1.000	1.000	1.200
– zu Versorgungsbezügen (§ 19 Abs. 2 EStG)	102	102	102
– zu Einnahmen i. S. d. § 22 Nr. 1, 1a und 5 EStG	102	102	102
Kinderbetreuungskosten (§ 10 Abs. 1 Nr. 5 EStG)			
2/3 der Aufwendungen als Sonderausgaben, höchstens	4.000	4.000	4.000
Altersgrenze für Kinderbetreuungskosten	14	14	14
Aufwendungen für die eigene Berufsausbildung (§ 10 Abs. 1 Nr. 7 EStG)	6.000	6.000	6.000
Schulgeld (§ 10 Abs. 1 Nr. 9 EStG)			
30 Prozent des Entgelts, höchstens	5.000	5.000	5.000
Vorsorgeaufwendungen			
Altersvorsorgeaufwendungen § 10 Abs. 1 Nr. 2 EStG			
– abziehbarer Prozentsatz (§ 10 Abs. 3 EStG)	90 %	92 %	94 %
– Höchstbetrag (§ 10 Abs. 3 EStG)			
– zusammenveranlagte Ehegatten/Lebenspartner	50.092	51.574	51.278
– andere Personen	25.046	25.787	25.639
Max. Kürzungsbetrag nach § 10 Abs. 3 Satz 3 EStG	14.396	14.954	15.066
Sonst. Vorsorgeaufwendungen § 10 Abs. 1 Nr. 3, 3a EStG[1]			
– Höchstbetrag (§ 10 Abs. 4 Satz 1 EStG)	2.800	2.800	2.800
– Höchstbetrag (§ 10 Abs. 4 Satz 2 EStG)	1.900	1.900	1.900

---

[1] Beiträge für eine Basiskrankenversicherung und Pflegepflichtversicherung sind voll abziehbar >§ 10 Abs. 4 Satz 4 EStG.

Tabellarische Übersicht — EStH 2022

Übersicht über die betragsmäßige Entwicklung ausgewählter Tatbestände im Einkommensteuerrecht

	2020 €	2021 €	2022 €
Veräußerungsfreibetrag (§ 16 Abs. 4 EStG)	45.000	45.000	45.000
Kappungsgrenze (§ 16 Abs. 4 Satz 3 EStG)	136.000	136.000	136.000
Sparer-Pauschbetrag (§ 20 Abs. 9 EStG)			
– zusammenveranlagte Ehegatten/Lebenspartner	1.602	1.602	1.602
– andere Personen	801	801	801
Freigrenze für sonstige Leistungseinkünfte (§ 22 Nr. 3 EStG)	256	256	256
Freigrenze für private Veräußerungsgewinne (§ 23 Abs. 3 EStG)	600	600	600
Entlastungsbetrag für Alleinerziehende (§ 24b EStG)	4.008	4.008	4.008
Erhöhungsbetrag für jedes weitere Kind	240	240	240
Kinderfreibetrag (§ 32 Abs. 6 EStG)			
je Elternteil; in bestimmten Fällen doppelter Betrag	2.586	2.730	2.810
Freibetrag für den Betreuungs- und Erziehungs- oder Ausbildungsbedarf (§ 32 Abs. 6 EStG)			
je Elternteil; in bestimmten Fällen doppelter Betrag	1.320	1.464	1.464
Grundfreibetrag (§ 32a Abs. 1 EStG)	9.408	9.744	10.347
Unterhaltsaufwendungen (§ 33a Abs. 1 EStG)			
– Höchstbetrag bei gesetzlicher Unterhaltsverpflichtung und in bestimmten anderen Fällen[1]	9.408	9.744	10.347
– Anrechnungsfreier Betrag	624	624	624
Freibetrag für ein auswärtig untergebrachtes Kind über 18 Jahre in Berufsausbildung (§ 33a Abs. 2 EStG)			
– Höchstbetrag	924	924	924
Steuerermäßigung nach § 35a EStG			
– bei geringfügiger Beschäftigung (§ 35a Abs. 1 EStG) 20 Prozent der Aufwendungen, höchstens	510	510	510
– bei nicht geringfügigen haushaltsnahen Beschäftigungsverhältnissen und bei Inanspruchnahme haushaltsnaher Dienstleistungen (§ 35a Abs. 2 EStG) 20 Prozent des Arbeitsentgelts, höchstens	4.000	4.000	4.000
– bei Handwerkerleistungen (§ 35a Abs. 3 EStG) 20 Prozent des Arbeitsentgelts, höchstens	1.200	1.200	1.200
Steuerermäßigung für energetische Maßnahmen bei zu eigenen Wohnzwecken genutzten Gebäuden (§ 35c EStG)			
– 7 Prozent der Aufwendungen im Jahr des Abschlusses der Maßnahme, höchstens	14.000	14.000	14.000
– 7 Prozent der Aufwendungen im nächsten Jahr, höchstens	14.000	14.000	14.000
– 6 Prozent der Aufwendungen im übernächsten Jahr, höchstens	12.000	12.000	12.000
– Höchstbetrag je begünstigtem Objekt	40.000	40.000	40.000
Kindergeld (§ 66 Abs. 1 EStG)			
– für das erste und zweite Kind monatlich jeweils	204[2]	219[2]	219[2]
– für das dritte Kind monatlich jeweils	210[2]	225[2]	225[2]
– für das vierte und jedes weitere Kind monatlich jeweils	235[2]	250[2]	250[2]
Steuererklärungspflichten			
– § 56 Satz 1 Nr. 1 Buchst. a EStDV	>18.816	>19.488	>20.694
– § 56 Satz 1 Nr. 2 Buchst. a EStDV	>9.408	>9.744	>10.347

[1] Der Höchstbetrag erhöht sich um die Kranken- und Pflegeversicherungsbeiträge nach § 10 Abs. 1 Nr. 3 EStG, soweit sie nicht bereits nach § 10 Abs. 1 Nr. 3 Satz 1 EStG anzusetzen sind.

[2] zzgl. Einmalbeträge für jedes Kind von insgesamt 300 € für das Kj. 2020, von 150 € für das Kj. 2021 und von 100 € für das Kj. 2022

§ 5 EStG
H 5.6, 5.7 (1) **R 5.7**

Zeitbezogene Gegenleistung
Der Vorleistung des einen Vertragsteils muss eine zeitbezogene Gegenleistung des Vertragspartners gegenüberstehen (>BFH vom 11.07.1973 – BStBl II S. 840 und vom 04.03.1976 – BStBl II 1977 S. 380) und der Zeitraum, auf den sich die Vorleistung des einen Vertragsteils bezieht, muss bestimmt sein (>BFH vom 07.03.1973 – BStBl II S. 565).

Zinszuschuss
– Der kapitalisiert ausgezahlte Zinszuschuss für die Aufnahme eines langjährigen Kapitalmarktdarlehens ist passiv abzugrenzen (>BFH vom 24.06.2009 – BStBl II S. 781).
– >Auflösung von Rechnungsabgrenzungsposten im Zusammenhang mit Zinsaufwand

---

Rückstellungen

R 5.7
S 2137

Bilanzieller Ansatz von Rückstellungen
R 5.7 (1)

(1) [1]Die nach den handelsrechtlichen Grundsätzen ordnungsmäßiger Buchführung gem. § 249 HGB anzusetzenden Rückstellungen sind auch in der steuerlichen Gewinnermittlung (Steuerbilanz) zu bilden, soweit eine betriebliche Veranlassung besteht und steuerliche Sondervorschriften, z. B. § 5 Abs. 2a, 3, 4, 4a, 4b, 6 und § 6a EStG, nicht entgegenstehen. [2]Ungeachtet des Abzugsverbotes des § 4 Abs. 5b EStG ist in der Steuerbilanz eine Gewerbesteuerrückstellung zu bilden; dadurch verursachte Gewinnauswirkungen sind außerbilanziell zu neutralisieren.

Hinweise
H 5.7 (1)

Bewertung von Rückstellungen
>R 6.11

Drohverlust
– **Optionsprämie**
  >H 4.2 (15)
– **Rückverkaufsoption**
  >H 4.2 (15)
– **Teilwertabschreibung**
  Die Teilwertabschreibung hat gegenüber der Drohverlustrückstellung Vorrang. Das Verbot der Rückstellungen für drohende Verluste (§ 5 Abs. 4a Satz 1) erfasst nur denjenigen Teil des Verlustes, der durch die Teilwertabschreibung nicht verbraucht ist (>BFH vom 07.09.2005 – BStBl II 2006 S. 298).

§ 5 EStG
H 5.7 (1)

Eiserne Verpachtung
Anhang 16 VII

Zur Gewinnermittlung bei der Verpachtung von Betrieben mit Substanzerhaltungspflicht des Pächters nach §§ 582a, 1048 BGB >BMF vom 21.02.2002 (BStBl I S. 262)

ERA-Anpassungsfonds in der Metall- und Elektroindustrie
>BMF vom 02.04.2007 (BStBl I S. 301)

Gewinnermittlung nach § 4 Abs. 1
Die Grundsätze über Rückstellungen gelten sinngemäß bei Gewinnermittlung nach § 4 Abs. 1 (>141 Abs. 1 Satz 2 AO und BFH vom 20.11.1980 – BStBl II 1981 S. 398).

Handelsrechtliches Passivierungswahlrecht
Anhang 9 III

Besteht handelsrechtlich ein Wahlrecht zur Bildung einer Rückstellung, darf die Rückstellung steuerrechtlich nicht gebildet werden (>BMF vom 12.03.2010 – BStBl I S. 239).

Jubiläumszuwendungen
Zu den Voraussetzungen für die Bildung von Rückstellungen für Zuwendungen anlässlich eines Dienstjubiläums >BMF vom 08.12.2008 (BStBl I S. 1013)

Künftige Anschaffungs- oder Herstellungskosten
Das Passivierungsverbot nach § 5 Abs. 4b Satz 1 erfasst auch in künftigen Wj. als Anschaffungs- oder Herstellungskosten eines Wirtschaftsgutes zu aktivierende Aufwendungen, die zu keinem Ertrag mehr führen können (>BFH vom 08.11.2016 – BStBl II 2017 S. 768).

Nicht abziehbare Betriebsausgaben
Eine handelsbilanziell gebildete und damit für das Steuerrecht maßgebliche Rückstellung ist außerbilanziell zu neutralisieren, soweit der Rückstellung nicht abziehbare Betriebsausgaben i. S. d. § 4 Abs. 5 zugrunde liegen (>BFH vom 07.11.2013 – BStBl II 2014 S. 306 und vom 22.05.2019 – BStBl II S. 663).

Rückabwicklung
Für die Bildung von Rückstellungen im Zusammenhang mit Rückgewährschuldverhältnissen ist wie folgt zu differenzieren:
- Ein Verkäufer darf wegen seiner Verpflichtung zur Rückerstattung dann keine Rückstellung bilden, wenn er am Bilanzstichtag mit einem Rücktritt vom Kaufvertrag, bei Verbraucherverträgen mit Widerrufs- oder Rückgaberecht mit dessen Ausübung, nicht rechnen muss; das gilt auch dann, wenn noch vor der Aufstellung der Bilanz der Rücktritt erklärt bzw. das Widerrufs- oder Rückgaberecht ausgeübt wird.

– Ist jedoch bereits am Bilanzstichtag eine Vertragsauflösung durch Erklärung des Rücktritts bzw. Ausübung des Widerrufs- oder Rückgaberechts wahrscheinlich, so ist eine Rückstellung für ungewisse Verbindlichkeiten wegen des Risikos der drohenden Vertragsauflösung zu bilden. Ist der Verkäufer aufgrund eines Rücktrittsrechts bzw. eines Widerrufs- oder Rückgaberechts verpflichtet, die bereits verkaufte und übergebene Sache wieder zurückzunehmen, steht die Vorschrift des § 5 Abs. 4b Satz 1 der Rückstellungsbildung nicht entgegen. Die Rückstellung ist i. H. d. Differenz zwischen dem zurückzugewährenden Kaufpreis und dem Buchwert des veräußerten Wirtschaftsguts zu bilden. Sie neutralisiert damit lediglich den Veräußerungsgewinn.
(>BMF vom 21.02.2002 – BStBl I S. 335)

Rückstellungen für ungewisse Verbindlichkeiten
Grundsätze

R 5.7 (2)

(2) Eine Rückstellung für ungewisse Verbindlichkeiten ist nur zu bilden, wenn
1. es sich um eine Verbindlichkeit gegenüber einem anderen oder eine öffentlich-rechtliche Verpflichtung handelt,
2. die Verpflichtung vor dem Bilanzstichtag wirtschaftlich verursacht ist,
3. mit einer Inanspruchnahme aus einer nach ihrer Entstehung oder Höhe ungewissen Verbindlichkeit ernsthaft zu rechnen ist und
4. die Aufwendungen in künftigen Wirtschaftsjahren nicht zu Anschaffungs- oder Herstellungskosten für ein Wirtschaftsgut führen.

Verpflichtung gegenüber einem anderen

R 5.7 (3)

(3) [1] Die Bildung einer Rückstellung für ungewisse Verbindlichkeiten setzt – als Abgrenzung zur >Aufwandsrückstellung – eine Verpflichtung gegenüber einem anderen voraus. [2] Die Verpflichtung muss den Verpflichteten wirtschaftlich wesentlich belasten. [3] Die Frage, ob eine Verpflichtung den Stpfl. wesentlich belastet, ist nicht nach dem Aufwand für das einzelne Vertragsverhältnis, sondern nach der Bedeutung der Verpflichtung für das Unternehmen zu beurteilen.

Hinweise

H 5.7 (3)

Abrechnungsverpflichtung
Für die sich aus § 14 VOB/B ergebende Verpflichtung zur Abrechnung gegenüber dem Besteller ist eine Rückstellung zu bilden (>BFH vom 25.02.1986 – BStBl II S. 788); entsprechendes gilt für die Abrechnungsverpflichtung nach den allgemeinen Bedingungen für die Gasversorgung/Elektrizitätsversorgung (>BFH vom 18.01.1995 – BStBl II S. 742).

Aufwandsrückstellungen

Aufwandsrückstellungen können in der Steuerbilanz nicht gebildet werden (>BFH vom 08.10.1987 – BStBl II 1988 S. 57, vom 12.12.1991 – BStBl II 1992 S. 600 und vom 08.11.2000 – BStBl II 2001 S. 570); Ausnahmen >R 5.7 Abs. 11.

Eigenbetriebliches Interesse

Unabhängig von einer bestehenden Außenverpflichtung (hier: Räumung eines Baustellenlagers bei Vertragsende) ist der Ansatz einer Rückstellung für ungewisse Verbindlichkeiten ausgeschlossen, wenn die Verpflichtung in ihrer wirtschaftlichen Belastungswirkung von einem eigenbetrieblichen Interesse vollständig „überlagert" wird (>BFH vom 22.01.2020 – BStBl II S. 493).

Faktischer Leistungszwang

Eine Rückstellung für ungewisse Verbindlichkeiten ist nicht nur für Verpflichtungen aus einem am Bilanzstichtag bestehenden Vertrag zu bilden, sondern auch für Verpflichtungen, die sich aus einer Branchenübung ergeben (faktischer Leistungszwang). Dies ist z. B. der Fall, wenn ein Unternehmen von seinen Kunden Zuschüsse zu den Herstellungskosten für Werkzeuge erhält, die es bei der Preisgestaltung für die von ihm mittels dieser Werkzeuge herzustellenden und zu liefernden Produkte preismindernd berücksichtigen muss; die Rückstellung ist über die voraussichtliche Dauer der Lieferverpflichtung aufzulösen (>BFH vom 29.11.2000 – BStBl II 2002 S. 655).

Gesellschaftsvertraglich begründete Pflicht zur Prüfung des Jahresabschlusses

Für die Verpflichtung zur Prüfung des Jahresabschlusses einer Personengesellschaft darf eine Rückstellung nicht gebildet werden, wenn diese Verpflichtung ausschl. durch den Gesellschaftsvertrag begründet worden ist (>BFH vom 05.06.2014 – BStBl II S. 886).

Honorar-Rückzahlungsverpflichtung

Eine Rückstellung für mögliche Honorar-Rückzahlungsverpflichtungen kann nur gebildet werden, wenn am Bilanzstichtag mehr Gründe für als gegen das Bestehen einer solchen Verpflichtung sprechen. Ein gegen eine dritte Person in einer vergleichbaren Sache ergangenes erstinstanzliches Urteil genügt für sich allein noch nicht, um für das Bestehen einer entsprechenden Verbindlichkeit überwiegende Gründe annehmen zu können (>BFH vom 19.10.2005 – BStBl II 2006 S. 371). Dagegen ist für eine nach Maßgabe des § 106 Abs. 5a SGB V zu erwartende Honorar-Rückzahlungsverpflichtung an eine Kassenärztliche Vereinigung eine Rückstellung für ungewisse Verbindlichkeiten zu passivieren (>BFH vom 05.11.2014 – BStBl II 2015 S. 523).

§ 5 EStG
H 5.7 (3), (4) R 5.7

Kostenüberdeckung
Ist eine sog. Kostenüberdeckung nach Maßgabe öffentlich-rechtlicher Vorschriften in der folgenden Kalkulationsperiode auszugleichen (Rückgabe der Kostenüberdeckung durch entsprechende Preiskalkulation der Folgeperiode), liegt eine rückstellungsfähige ungewisse Verbindlichkeit vor (>BFH vom 06.02.2013 – BStBl II S. 954).

Provisionsfortzahlungen an einen Handelsvertreter
Eine Passivierung als Verbindlichkeit oder Rückstellung ist anders als bei einem Ausgleichsanspruch eines Handelsvertreters (>H 5.7 (5)) i. d. R. möglich, wenn die Zahlung unabhängig von aus der ehemaligen Tätigkeit stammenden zukünftigen erheblichen Vorteilen des vertretenen Unternehmens ist und sie nicht für ein Wettbewerbsverbot vorgenommen wird. Steht die Provisionsverpflichtung unter einer aufschiebenden Bedingung, ist die Wahrscheinlichkeit des Eintritts der Bedingung zu prüfen (>BMF vom 21.06.2005 – BStBl I S. 802).

Werkzeugkostenzuschuss
>Faktischer Leistungszwang

Öffentlich-rechtliche Verpflichtung   R 5.7 (4)

(4) ¹Auch eine öffentlich-rechtliche Verpflichtung kann Grundlage für eine Rückstellung für ungewisse Verbindlichkeiten sein; zur Abgrenzung von nicht zulässigen reinen Aufwandsrückstellungen ist jedoch Voraussetzung, dass die Verpflichtung hinreichend konkretisiert ist, d. h., es muss ein inhaltlich bestimmtes Handeln durch Gesetz oder Verwaltungsakt innerhalb eines bestimmbaren Zeitraums vorgeschrieben und an die Verletzung der Verpflichtung müssen Sanktionen geknüpft sein. ²Ergibt sich eine öffentlich-rechtliche Verpflichtung nicht unmittelbar aus einem Gesetz, sondern setzt sie den Erlass einer behördlichen Verfügung (Verwaltungsakt) voraus, ist eine Rückstellung für ungewisse Verbindlichkeiten erst zu bilden, wenn die zuständige Behörde einen vollziehbaren Verwaltungsakt erlassen hat, der ein bestimmtes Handeln vorschreibt.

| Hinweise |

H 5.7 (4)

Konkretisierung öffentlich-rechtlicher Verpflichtungen
– Die Bildung von Rückstellungen für öffentlich-rechtliche Verpflichtungen setzt eine hinreichende Konkretisierung voraus. Konkretisiert wird eine derartige Pflicht regelmäßig durch einen konkreten Gesetzesbefehl oder durch einen Rechtsakt, z. B. Verwaltungsakt, Verfügung oder Abschluss einer entsprechenden verwaltungsrechtlichen Vereinbarung (>BFH vom 25.01.2017 – BStBl II S. 780).

§ 5 EStG
H 5.7 (4)

- Allgemeine öffentliche Leitsätze, z. B. die Verpflichtung der Wohnungsbauunternehmen, im Interesse der Volkswirtschaft die errichteten Wohnungen zu erhalten, rechtfertigen keine Rückstellung (>BFH vom 26.05.1976 – BStBl II S. 622).

Rückstellungen für öffentlich-rechtliche Verpflichtungen sind u. a. zulässig für:
- die Verpflichtung zur Aufstellung der Jahresabschlüsse (>BFH vom 20.03.1980 – BStBl II S. 297),
- die Verpflichtung zur Buchung laufender Geschäftsvorfälle des Vorjahres (>BFH vom 25.03.1992 – BStBl II S. 1010),
- die gesetzliche Verpflichtung zur Prüfung der Jahresabschlüsse, zur Veröffentlichung des Jahresabschlusses im Bundesanzeiger, zur Erstellung des Lageberichts und zur Erstellung der die Betriebssteuern des abgelaufenen Jahres betreffenden Steuererklärungen (>BFH vom 23.07.1980 – BStBl II 1981 S. 62 und S. 63), aber >H 5.7 (3) Gesellschaftsvertraglich begründete Pflicht zur Prüfung des Jahresabschlusses,
- die Verpflichtung zur Aufbewahrung von Geschäftsunterlagen gem. § 257 HGB und § 147 AO (>BFH vom 19.08.2002 – BStBl II 2003 S. 131),
- die Verpflichtungen zur Wiederaufbereitung (Recycling) und Entsorgung von Bauschutt (>BFH vom 25.03.2004 – BStBl II 2006 S. 644 und vom 21.09.2005 – BStBl II 2006 S. 647); § 5 Abs. 4b ist zu beachten,
- die Verpflichtungen für die Entsorgung der ab dem 13.08.2005 in Verkehr gebrachten Energiesparlampen, wenn sich diese Pflichten durch den Erlass einer Abholanordnung nach § 16 Abs. 5 Elektro- und Elektronikgerätegesetz hinreichend konkretisiert haben (>BFH vom 25.01.2017 – BStBl II S. 780),
- die Zulassungskosten (Gebühren) für ein neu entwickeltes Pflanzenschutzmittel (>BFH vom 08.09.2011 – BStBl II 2012 S. 122),
- eine nach Maßgabe des § 106 Abs. 5a SGB V zu erwartende Honorar-Rückzahlungsverpflichtung an eine Kassenärztliche Vereinigung (>BFH vom 05.11.2014 – BStBl II 2015 S. 523).

nicht zulässig für:
- die Verpflichtung zur Durchführung der Hauptversammlung (>BFH vom 23.07.1980 – BStBl II 1981 S. 62),
- künftige Betriebsprüfungskosten, solange es an einer Prüfungsanordnung fehlt (>BFH vom 24.08.1972 – BStBl II 1973 S. 55); das gilt nicht für Großbetriebe >BMF vom 07.03.2013 (BStBl I S. 274),
- künftige Beitragszahlungen an den Pensionssicherungsverein (>BFH vom 06.12.1995 – BStBl II 1996 S. 406),

§ 5 EStG
H 5.7 (4), (5) R 5.7

- Kammerbeiträge (z. B. zur Handwerkskammer) eines künftigen Beitragsjahres, die sich nach der Höhe des in einem vergangenen Steuerjahr erzielten Gewinns bemessen (>BFH vom 05.04.2017 – BStBl II S. 900),
- die Verpflichtung zur Erstellung der Einkommensteuererklärung und der Erklärung zur gesonderten und einheitlichen Feststellung des Gewinns einer Personengesellschaft (>BFH vom 24.11.1983 – BStBl II 1984 S. 301),
- die Verpflichtung zur Entsorgung eigenen Abfalls (>BFH vom 08.11.2000 – BStBl II 2001 S. 570),
- gesetzliche Verpflichtungen, wenn die Rechtsnorm eine Frist für die Erfüllung enthält und diese am Bilanzstichtag noch nicht abgelaufen ist (>BFH vom 13.12.2007 – BStBl II 2008 S. 516, vom 06.02.2013 – BStBl II S. 686 und vom 17.10.2013 – BStBl II 2014 S. 302),
- gesetzliche Wartungsverpflichtungen vor Ablauf der zulässigen Betriebszeit (>BFH vom 09.11.2016 – BStBl II 2017 S. 379).

Sanierungsverpflichtungen
Zur Bildung von Rückstellungen für Verpflichtungen zur Sanierung von schadstoffbelasteten Grundstücken >BMF vom 11.05.2010 (BStBl I S. 495)

Wirtschaftliche Verursachung

R 5.7 (5)

(5) [1]Rückstellungen für ungewisse Verbindlichkeiten sind erstmals im Jahresabschluss des Wirtschaftsjahres zu bilden, in dem sie wirtschaftlich verursacht sind. [2]Die Annahme einer wirtschaftlichen Verursachung setzt voraus, dass der Tatbestand, an den das Gesetz oder der Vertrag die Verpflichtung knüpft, im Wesentlichen verwirklicht ist. [3]Die Erfüllung der Verpflichtung darf nicht nur an Vergangenes anknüpfen, sondern muss auch Vergangenes abgelten.

Hinweise

H 5.7 (5)

Aktienoptionsprogramme
Rückstellungen für Verbindlichkeiten aus Aktienoptionsprogrammen können nicht gebildet werden, wenn die Ausübung der Optionen von am Bilanzstichtag noch ungewissen künftigen Ereignissen abhängt. Dabei ist der Grad der Wahrscheinlichkeit des Eintritts dieser Ereignisse unerheblich (>BFH vom 15.03.2017 – BStBl II S. 1043).

Altersteilzeitverpflichtungen
Zur bilanziellen Berücksichtigung von Altersteilzeitverpflichtungen nach dem Altersteilzeitgesetz (AltTZG) >BMF vom 28.03.2007 (BStBl I S. 297) unter Berücksichtigung der Änderungen durch BMF vom 11.03.2008 (BStBl I S. 496) und vom 22.10.2018 (BStBl I S. 1112), letztmals abgedruckt im Anhang 7 II EStH 2020

§ 5 EStG
H 5.7 (5)

Arbeitsfreistellung
Rückstellungen für Verpflichtungen zur Gewährung von Vergütungen für die Zeit der Arbeitsfreistellung vor Ausscheiden aus dem Dienstverhältnis und Jahreszusatzleistungen im Jahr des Eintritts des Versorgungsfalls >BMF vom 11.11.1999 (BStBl I S. 959) und vom 28.03.2007 (BStBl I S. 297), letztmals abgedruckt im EStH 2020 Anhang 7 I und II

Ausgleichsanspruch eines Handelsvertreters
- Eine Rückstellung für die Verpflichtung zur Zahlung eines Ausgleichs an einen Handelsvertreter nach § 89b HGB ist vor Beendigung des Vertragsverhältnisses nicht zulässig, da wesentliche Voraussetzung für einen solchen Ausgleich ist, dass dem Unternehmer aus der früheren Tätigkeit des Vertreters mit hoher Wahrscheinlichkeit noch nach Beendigung des Vertragsverhältnisses erhebliche Vorteile erwachsen (>BFH vom 20.01.1983 – BStBl II S. 375).
- Zur Abgrenzung gegenüber einer Provisionsfortzahlung >H 5.7 (3) Provisionsfortzahlungen an einen Handelsvertreter

Beihilfen an Pensionäre
Für die Verpflichtung, Pensionären und aktiven Mitarbeitern während der Zeit ihres Ruhestandes in Krankheits-, Geburts- und Todesfällen Beihilfen zu gewähren, ist eine Rückstellung zu bilden (>BFH vom 30.01.2002 – BStBl II 2003 S. 279).

Entstandene Verpflichtungen
Eine am Bilanzstichtag bereits rechtlich entstandene öffentlich-rechtliche Verpflichtung ist zu diesem Zeitpunkt auch wirtschaftlich verursacht (>BFH vom 17.10.2013 – BStBl II 2014 S. 302).

Garantierückstellungen
Garantierückstellungen, mit denen das Risiko künftigen Aufwands durch kostenlose Nacharbeiten oder durch Ersatzlieferungen oder aus Minderungen oder Schadenersatzleistungen wegen Nichterfüllung aufgrund gesetzlicher oder vertraglicher Gewährleistungen erfasst werden soll, können bei Vorliegen der entsprechenden Voraussetzungen als Einzelrückstellungen für die bis zum Tag der Bilanzaufstellung bekannt gewordenen einzelnen Garantiefälle oder als Pauschalrückstellung gebildet werden. Für die Bildung von Pauschalrückstellungen ist Voraussetzung, dass der Kaufmann aufgrund der Erfahrungen in der Vergangenheit mit einer gewissen Wahrscheinlichkeit mit Garantieinanspruchnahmen rechnen muss oder dass sich aus der branchenmäßigen Erfahrung und der individuellen Gestaltung des Betriebs die Wahrscheinlichkeit ergibt, Garantieleistungen erbringen zu müssen (>BFH vom 30.06.1983 – BStBl II 1984 S. 263 und vom 24.03.1999 – BStBl II 2001 S. 612).

Gutscheine
Für Gutscheine, die einen Anspruch auf preisermäßigte künftige Leistungen gewähren, können im Ausgabejahr keine Rückstellungen gebildet werden (>BFH vom 19.09.2012 – BStBl II 2013 S. 123).

Nachbetreuungsleistungen bei Hörgeräte-Akustikern
Nachbetreuungsverpflichtungen sind im Zeitpunkt der Veräußerung der Hörhilfen auch wirtschaftlich verursacht (>BMF vom 12.10.2005 – BStBl I S. 953).

Prozesskosten
Bei am Bilanzstichtag noch nicht anhängigen Verfahren/Instanzen fehlt es an der wirtschaftlichen Verursachung (>BFH vom 06.12.1995 – BStBl II 1996 S. 406).

Sonderzahlungen an Versorgungseinrichtungen
Für Sonderzahlungen an Versorgungseinrichtungen zur Schließung künftiger Deckungslücken können wegen fehlender wirtschaftlicher Verursachung vor dem Bilanzstichtag keine Rückstellungen gebildet werden (>BFH vom 27.01.2010 – BStBl II S. 614).

Wartungsverpflichtung
Gesetzliche Wartungsverpflichtungen sind wirtschaftlich nicht in der Vergangenheit verursacht, da wesentliches Merkmal der Überholungsverpflichtung das Erreichen der zulässigen Betriebszeit ist. Dagegen kann bei einer privatrechtlichen Verpflichtung zur Übernahme künftiger Wartungsaufwendungen die Bildung einer Rückstellung für ungewisse Verbindlichkeiten in Betracht kommen, wenn bei Beendigung des Vertrages kein Anspruch auf Rückerstattung der Beträge besteht und der Stpfl. deshalb mit den vereinbarten Beträgen belastet bleibt (>BFH vom 09.11.2016 – BStBl II 2017 S. 379).

Zinszahlung
Eine Verpflichtung zur Zinszahlung ist am Bilanzstichtag nur insoweit wirtschaftlich verursacht, als damit eine Zeitspanne vor dem Bilanzstichtag abgegolten wird (>BFH vom 06.12.1995 – BStBl II 1996 S. 406).

Zuwendungen aus Anlass eines Geschäfts- oder Firmenjubiläums
Für rechtsverbindlich zugesagte Zuwendungen aus Anlass eines Geschäfts- oder Firmenjubiläums, die sich nach der Dauer der Betriebszugehörigkeit der einzelnen Mitarbeiter bemessen, ist eine Rückstellung in dem Umfang zu bilden, in dem die Anspruchsvoraussetzungen durch die vergangene Betriebszugehörigkeit des jeweiligen Mitarbeiters erfüllt sind. Die Regelung für Zuwendungen aus Anlass eines Dienstjubiläums (§ 5 Abs. 4) gilt dafür nicht (>BFH vom 29.11.2000 – BStBl II 2004 S. 41).

§ 5 EStG
R 5.7 H 5.7 (6)

R 5.7 (6)

Wahrscheinlichkeit der Inanspruchnahme

(6) ¹Rückstellungen für ungewisse Verbindlichkeiten setzen in tatsächlicher Hinsicht voraus, dass die Verbindlichkeiten, die den Rückstellungen zu Grunde liegen, bis zum Bilanzstichtag entstanden sind oder aus Sicht am Bilanzstichtag mit einiger Wahrscheinlichkeit entstehen werden und der Stpfl. spätestens bei Bilanzaufstellung ernsthaft damit rechnen muss, hieraus in Anspruch genommen zu werden. ²Die Wahrscheinlichkeit der Inanspruchnahme ist auf Grund objektiver, am Bilanzstichtag vorliegender und spätestens bei Aufstellung der Bilanz erkennbarer Tatsachen aus der Sicht eines sorgfältigen und gewissenhaften Kaufmanns zu beurteilen; es müssen mehr Gründe für als gegen die Inanspruchnahme sprechen.

H 5.7 (6)

Hinweise

Allgemeines

Eine Inanspruchnahme ist wahrscheinlich, wenn der Stpfl. nach den Umständen, die am Bilanzstichtag objektiv vorlagen und bis zum Zeitpunkt der Bilanzerstellung bekannt oder erkennbar wurden, ernstlich damit rechnen musste, aus der Verpflichtung in Anspruch genommen zu werden. Er darf im Hinblick auf seine Inanspruchnahme nicht die pessimistischste Alternative wählen; für die Inanspruchnahme müssen mehr Gründe dafür als dagegen sprechen (>BFH vom 19.10.2005 – BStBl II 2006 S. 371).

Entdeckung

Die Wahrscheinlichkeit der Inanspruchnahme ist gegeben, wenn die anspruchsbegründenden Tatsachen bis zum Tag der Bilanzaufstellung entdeckt sind (>BFH vom 02.10.1992 – BStBl II 1993 S. 153).

Hinterzogene Steuern

Hinterzogene Lohnsteuer ist vom Arbeitgeber in dem Zeitpunkt zurückzustellen, in dem er mit seiner Haftungsinanspruchnahme ernsthaft rechnen muss (>BFH vom 16.02.1996 – BStBl II S. 592).

Patronatserklärungen

Die Passivierung von Rückstellungen für Verpflichtungen aus sog. harten Patronatserklärungen setzt voraus, dass die Gefahr der Inanspruchnahme aus der Verpflichtung ernsthaft droht. Eine Inanspruchnahme aus einer konzerninternen Patronatserklärung der Muttergesellschaft für ein Tochterunternehmen droht dann nicht, wenn das Schuldnerunternehmen zwar in der Krise ist, innerhalb des Konzerns ein Schwesterunternehmen aber die erforderliche Liquidität bereitstellt und aufgrund der gesellschaftsrechtlichen Verbundenheit nicht damit zu rechnen ist, dass dieses Schwesterunternehmen Ansprüche gegen die Muttergesellschaft geltend machen wird (>BFH vom 25.10.2006 – BStBl II 2007 S. 384).

§ 5 EStG
H 5.7 (6) **R 5.7**

Schadensersatz
– Bei einseitigen Verbindlichkeiten ist die Wahrscheinlichkeit der Inanspruchnahme erst gegeben, wenn der Gläubiger die sich aus ihnen ergebende (mögliche) Berechtigung kennt. Dies gilt auch für öffentlich-rechtliche Verbindlichkeiten (>BFH vom 19.10.1993 – BStBl II S. 891).
– Bei privat-rechtlichen Schadensersatzansprüchen ist entweder die Kenntnis des Gläubigers von den den Schadensersatzanspruch begründenden Umständen oder zumindest eine derartige unmittelbar bevorstehende Kenntniserlangung erforderlich (>BFH vom 25.04.2006 – BStBl II S. 749).
– Bei der Bildung von Rückstellungen für Schadensersatzforderungen ist zwischen der Wahrscheinlichkeit des Bestehens der Verpflichtung und der Wahrscheinlichkeit der tatsächlichen Inanspruchnahme hieraus zu unterscheiden, da die beiden Voraussetzungen innewohnenden Risiken unterschiedlich hoch zu bewerten sein können. Ist nach einem von fachkundiger dritter Seite erstellten Gutachten das Unterliegen im Prozess am Bilanzstichtag nicht überwiegend wahrscheinlich, scheidet die Bildung einer Rückstellung aus (>BFH vom 16.12.2014 – BStBl II 2015 S. 759).

Rückstellungen für Erfüllungsrückstand bei schwebenden Geschäften

Schwebende Geschäfte   R 5.7 (7)

(7) [1]Schwebende Geschäfte sind gegenseitige Verträge i. S. d. §§ 320 ff. BGB (z. B. Dauerschuldverhältnisse wie Arbeits- oder Mietverträge), die von den Beteiligten noch nicht voll erfüllt sind. [2]Noch zu erbringende unwesentliche Nebenleistungen stehen der Beendigung des Schwebezustandes nicht entgegen. [3]Verpflichtungen aus schwebenden Geschäften werden nicht passiviert, es sei denn, das Gleichgewicht von Leistung und Gegenleistung ist durch Erfüllungsrückstände gestört; in diesen Fällen sind Rückstellungen für Erfüllungsrückstand auszuweisen.

Erfüllungsrückstand   R 5.7 (8)

(8) [1]Ein Erfüllungsrückstand entsteht, wenn ein Vertragspartner seine Leistung erbracht hat, der andere Vertragspartner die entsprechende Gegenleistung jedoch noch schuldet. [2]Eine Fälligkeit der vertraglich noch geschuldeten Leistung zum Bilanzstichtag ist nicht erforderlich. [3]Erfüllungsrückstände eines Vermieters liegen z. B. vor, wenn sich die allgemeine Pflicht zur Erhaltung der vermieteten Sache in der Notwendigkeit einzelner Erhaltungsmaßnahmen konkretisiert hat und der Vermieter die Maßnahmen unterlässt. [4]Die wirtschaftliche Verursachung der Verpflichtung richtet sich nach Absatz 5.

§ 5 EStG
R 5.7 H 5.7 (8)

H 5.7 (8)

Hinweise

Erfüllungsrückstand

- Ein Erfüllungsrückstand liegt insbesondere vor, wenn der Schuldner einer Verpflichtung nicht nachgekommen ist, die er im abgelaufenen Wj. hätte erfüllen müssen (>BFH vom 03.12.1991 – BStBl II 1993 S. 89). Die noch **ausstehende Gegenleistung** muss eine Vorleistung abgelten und ihr damit synallagmatisch zweckgerichtet und zeitlich zuordenbar sein (>BFH vom 05.04.2006 – BStBl II S. 593).
- Wegen der Verpflichtung, eine am Bilanzstichtag bestehende Darlehensverbindlichkeit – mit fest vereinbarter Vertragslaufzeit und ohne ordentliche Kündigungsmöglichkeit – in späteren Jahren höher zu verzinsen (Darlehen mit steigenden Zinssätzen), ist in der Bilanz eine Verbindlichkeit oder eine Rückstellung wegen eines wirtschaftlichen Erfüllungsrückstandes auszuweisen (>BFH vom 25.05.2016 – BStBl II S. 930).
- Für die Verpflichtung zur **Lohnfortzahlung im Krankheitsfall** kann keine Rückstellung gebildet werden (>BFH vom 27.06.2001 – BStBl II S. 758).
- Für die **Verpflichtung eines Vermieters**, den Mietgegenstand zum Ende der Mietzeit zu veräußern und den Veräußerungserlös insoweit an den Mieter auszuzahlen, als er einen vertraglich vereinbarten, unter dem Buchwert zum Vertragsende liegenden Restwert übersteigt, ist eine anzusammelnde und abzuzinsende Rückstellung in der Höhe zu passivieren, in der der vereinbarte Restwert unter dem Buchwert des Mietgegenstands liegt (>BFH vom 21.09.2011 – BStBl II 2012 S. 197).
- Für Verpflichtungen zur **Nachbetreuung bereits abgeschlossener Versicherungen** sind Rückstellungen wegen Erfüllungsrückstandes zu bilden (>BMF vom 20.11.2012 – BStBl I S. 1100, BFH vom 12.12.2013 – BStBl II 2014 S. 517 und vom 27.02.2014 – BStBl II S. 675, ber. S. 919).

Einzelfälle

R 5.7 (9) **Leistungen auf Grund eines Sozialplans**

(9) ¹Rückstellungen für Leistungen auf Grund eines Sozialplans nach den §§ 111, 112 des Betriebsverfassungsgesetzes sind insbesondere unter Beachtung der Grundsätze in den Absätzen 5 und 6 im Allgemeinen ab dem Zeitpunkt zulässig, in dem der Unternehmer den Betriebsrat über die geplante Betriebsänderung nach § 111 Satz 1 des Betriebsverfassungsgesetzes unterrichtet hat. ²Die Voraussetzungen für die Bildung von Rückstellungen für ungewisse Verbindlichkeiten liegen am Bilanzstichtag auch vor, wenn der Betriebsrat erst nach dem Bilanzstichtag, aber vor der Aufstellung oder Feststellung der Bilanz unterrichtet wird und der Unternehmer sich bereits vor dem Bilanzstichtag zur Betriebsänderung entschlossen

oder schon vor dem Bilanzstichtag eine wirtschaftliche Notwendigkeit bestanden hat, eine zur Aufstellung eines Sozialplans verpflichtende Maßnahme durchzuführen. ³Soweit vorzeitig betriebliche Pensionsleistungen bei alsbaldigem Ausscheiden infolge der Betriebsänderung erbracht werden, richtet sich die Rückstellungsbildung ausschließlich nach § 6a EStG. ⁴Die vorstehenden Grundsätze gelten sinngemäß für Leistungen, die auf Grund einer auf Tarifvertrag oder Betriebsvereinbarung beruhenden vergleichbaren Vereinbarung zu erbringen sind.

Patent-, Urheber- oder ähnliche Schutzrechte

(10) ¹Rückstellungen für ungewisse Verbindlichkeiten wegen Benutzung einer offengelegten, aber noch nicht patentgeschützten Erfindung sind nur unter den Voraussetzungen zulässig, die nach § 5 Abs. 3 EStG für Rückstellungen wegen Verletzung eines Patentrechts gelten. ²Das Auflösungsgebot in § 5 Abs. 3 EStG bezieht sich auf alle Rückstellungsbeträge, die wegen der Verletzung ein und desselben Schutzrechts passiviert worden sind. ³Hat der Stpfl. nach der erstmaligen Bildung der Rückstellung das Schutzrecht weiterhin verletzt und deshalb die Rückstellung in den folgenden Wirtschaftsjahren erhöht, beginnt für die Zuführungsbeträge keine neue Frist. ⁴Nach Ablauf der Drei-Jahres-Frist sind weitere Rückstellungen wegen Verletzung desselben Schutzrechts nicht zulässig, solange Ansprüche nicht geltend gemacht worden sind.

Hinweise

Patentverletzung

– Die Bildung einer Rückstellung wegen Verletzung fremder Patentrechte nach § 5 Abs. 3 Satz 1 Nr. 2 setzt nicht voraus, dass der Patentinhaber von der Rechtsverletzung Kenntnis erlangt hat.

– Wird ein und dasselbe Schutzrecht in mehreren Jahren verletzt, bestimmt sich der Ablauf der dreijährigen Auflösungsfrist i. S. d. § 5 Abs. 3 Satz 2 nach der erstmaligen Rechtsverletzung.

>BFH vom 09.02.2006 – BStBl II S. 517

Instandhaltung und Abraumbeseitigung

(11) ¹Die nach den Grundsätzen des § 249 Abs. 1 Satz 2 Nr. 1 HGB gebildete Rückstellung ist auch in der Steuerbilanz anzusetzen. ²Das Gleiche gilt für die Bildung von Rückstellungen für unterlassene Aufwendungen für Abraumbeseitigungen, die im folgenden Wirtschaftsjahr nachgeholt werden. ³Bei unterlassener Instandhaltung muss es sich um Erhaltungsarbeiten handeln, die bis zum Bilanzstichtag bereits erforderlich gewesen wären, aber erst nach dem Bilanzstichtag durchgeführt werden. ⁴Rückstellungen für Abraumbeseitigungen auf Grund rechtlicher Verpflichtungen sind nach § 249 Abs. 1 Satz 1 HGB (ungewisse Verbindlichkeit) zu bilden.

§ 5 EStG
R 5.7 H 5.7 (11), (12), (13)

H 5.7 (11)

Hinweise

Turnusmäßige Erhaltungsarbeiten

Bei Erhaltungsarbeiten, die erfahrungsgemäß in ungefähr gleichem Umfang und in gleichen Zeitabständen anfallen und turnusgemäß durchgeführt werden, liegt i. d. R. keine unterlassene Instandhaltung vor (>BFH vom 15.02.1955 – BStBl III S. 172).

R 5.7 (12) **Kulanzleistungen**

(12) Rückstellungen nach § 249 Abs. 1 Satz 2 Nr. 2 HGB für Gewährleistungen, die ohne rechtliche Verpflichtungen erbracht werden, sind nur zulässig, wenn sich der Kaufmann den Gewährleistungen aus geschäftlichen Erwägungen nicht entziehen kann.

H 5.7 (12)

Hinweise

Garantierückstellung
>H 5.7 (5)

Geschäftliche Erwägungen

Geschäftliche Erwägungen sind anzunehmen, wenn am Bilanzstichtag unter Berücksichtigung des pflichtgemäßen Ermessens des vorsichtigen Kaufmanns damit zu rechnen ist, dass Kulanzleistungen auch in Zukunft bewilligt werden müssen (>BFH vom 06.04.1965 – BStBl III S. 383).

R 5.7 (13) **Auflösung von Rückstellungen**

(13) Rückstellungen sind aufzulösen, soweit die Gründe hierfür entfallen.

H 5.7 (13)

Hinweise

Auflösung

Rückstellungen sind auch dann aufzulösen, wenn

– nach dem Bilanzstichtag, aber vor der Bilanzerstellung Umstände bekannt werden, die am Bilanzstichtag objektiv vorlagen, aus denen sich ergibt, dass mit einer Inanspruchnahme nicht mehr zu rechnen ist (>BFH vom 30.01.2002 – BStBl II S. 688),

– die Verbindlichkeit trotz weiterbestehender rechtlicher Verpflichtung keine wirtschaftliche Belastung mehr darstellt (>BFH vom 22.11.1988 – BStBl II 1989 S. 359).

Erfolgsneutrale Auflösung

Eine Rückstellung ist erfolgsneutral aufzulösen, wenn der Wegfall der Voraussetzungen für ihre Bildung und Beibehaltung auf Umständen beruht, die als Einlage i. S. d. § 4 Abs. 1 Satz 8 zu beurteilen sind (>BFH vom 12.04.1989 – BStBl II S. 612).

§ 5 EStG
H 5.7 (13), 5.8

Rechtsmittel
- Eine Rückstellung wegen einer gerichtsanhängigen Schadensersatzverpflichtung ist erst aufzulösen, wenn über die Verpflichtung endgültig und rechtskräftig ablehnend entschieden ist (>BFH vom 27.11.1997 – BStBl II 1998 S. 375).
- Eine Rückstellung ist nicht aufzulösen, wenn der Stpfl. in einer Instanz obsiegt hat, der Prozessgegner gegen diese Entscheidung aber noch ein Rechtsmittel einlegen kann (>BFH vom 30.01.2002 – BStBl II S. 688).
- Ein nach dem Bilanzstichtag, aber vor dem Zeitpunkt der Bilanzaufstellung erfolgter Verzicht des Prozessgegners auf ein Rechtsmittel wirkt nicht auf die Verhältnisse am Bilanzstichtag zurück (>BFH vom 30.01.2002 – BStBl II S. 688).

Schadensersatz
>Rechtsmittel

Verhandlungen
Wird am Bilanzstichtag über den Wegfall einer Verpflichtung verhandelt, so rechtfertigt dies nicht die Auflösung einer gebildeten Rückstellung (>BFH vom 17.11.1987 – BStBl II 1988 S. 430).

Hinweise
H 5.8

Verpflichtungsübernahmen
Zur bilanziellen Berücksichtigung von Verpflichtungsübernahmen, Schuldbeitritten und Erfüllungsübernahmen mit vollständiger oder teilweiser Schuldfreistellung >BMF vom 30.11.2017 (BStBl I S. 1619)

Anhang 9 XI

§ 5a
Gewinnermittlung bei Handelsschiffen im internationalen Verkehr

(1) ¹Anstelle der Ermittlung des Gewinns nach § 4 Absatz 1 oder § 5 ist bei einem Gewerbebetrieb mit Geschäftsleitung im Inland der Gewinn, soweit er auf den Betrieb von Handelsschiffen im internationalen Verkehr entfällt, auf unwiderruflichen Antrag des Steuerpflichtigen nach der in seinem Betrieb geführten Tonnage zu ermitteln, wenn die Bereederung dieser Handelsschiffe im Inland durchgeführt wird. ²Der im Wirtschaftsjahr erzielte Gewinn beträgt pro Tag des Betriebs für jedes im internationalen Verkehr betriebene Handelsschiff für jeweils volle 100 Nettotonnen (Nettoraumzahl)

0,92 Euro	bei einer Tonnage bis zu 1.000 Nettotonnen,
0,69 Euro	für die 1.000 Nettotonnen übersteigende Tonnage bis zu 10.000 Nettotonnen,
0,46 Euro	für die 10.000 Nettotonnen übersteigende Tonnage bis zu 25.000 Nettotonnen,
0,23 Euro	für die 25.000 Nettotonnen übersteigende Tonnage.

(2) ¹Handelsschiffe werden im internationalen Verkehr betrieben, wenn eigene oder gecharterte Seeschiffe, die im Wirtschaftsjahr überwiegend in einem inländischen Seeschiffsregister eingetragen sind, in diesem Wirtschaftsjahr überwiegend zur Beförderung von Personen oder Gütern im Verkehr mit oder zwischen ausländischen Häfen, innerhalb eines ausländischen Hafens oder zwischen einem ausländischen Hafen und der Hohen See eingesetzt werden. ²Zum Betrieb von Handelsschiffen im internationalen Verkehr gehören auch ihre Vercharterung, wenn sie vom Vercharterer ausgerüstet worden sind, und die unmittelbar mit ihrem Einsatz oder ihrer Vercharterung zusammenhängenden Neben- und Hilfsgeschäfte einschließlich der Veräußerung der Handelsschiffe und der unmittelbar ihrem Betrieb dienenden Wirtschaftsgüter. ³Der Einsatz und die Vercharterung von gecharterten Handelsschiffen gilt nur dann als Betrieb von Handelsschiffen im internationalen Verkehr, wenn gleichzeitig eigene oder ausgerüstete Handelsschiffe im internationalen Verkehr betrieben werden. ⁴Sind gecharterte Handelsschiffe nicht in einem inländischen Seeschiffsregister eingetragen, gilt Satz 3 unter der weiteren Voraussetzung, dass im Wirtschaftsjahr die Nettotonnage der gecharterten Handelsschiffe das Dreifache der nach den Sätzen 1 und 2 im internationalen Verkehr betriebenen Handelsschiffe nicht übersteigt; für die Berechnung der Nettotonnage sind jeweils die Nettotonnen pro Schiff mit der Anzahl der Betriebstage nach Absatz 1 zu vervielfältigen. ⁵Dem Betrieb von Handelsschiffen im internationalen Verkehr ist gleichgestellt, wenn Seeschiffe, die im Wirtschaftsjahr überwiegend in einem inländischen Seeschiffsregister eingetragen sind, in diesem

Wirtschaftsjahr überwiegend außerhalb der deutschen Hoheitsgewässer zum Schleppen, Bergen oder zur Aufsuchung von Bodenschätzen eingesetzt werden; die Sätze 2 bis 4 sind sinngemäß anzuwenden.

(3) [1]Der Antrag auf Anwendung der Gewinnermittlung nach Absatz 1 ist im Wirtschaftsjahr der Anschaffung oder Herstellung des Handelsschiffs (Indienststellung) mit Wirkung ab Beginn dieses Wirtschaftsjahres zu stellen. [2]Vor Indienststellung des Handelsschiffs durch den Betrieb von Handelsschiffen im internationalen Verkehr erwirtschaftete Gewinne sind in diesem Fall nicht zu besteuern; Verluste sind weder ausgleichsfähig noch verrechenbar. [3]Bereits erlassene Steuerbescheide sind insoweit zu ändern. [4]Das gilt auch dann, wenn der Steuerbescheid unanfechtbar geworden ist; die Festsetzungsfrist endet insoweit nicht, bevor die Festsetzungsfrist für den Veranlagungszeitraum abgelaufen ist, in dem der Gewinn erstmals nach Absatz 1 ermittelt wird. [5]Wird der Antrag auf Anwendung der Gewinnermittlung nach Absatz 1 nicht nach Satz 1 im Wirtschaftsjahr der Anschaffung oder Herstellung des Handelsschiffs (Indienststellung) gestellt, kann er erstmals in dem Wirtschaftsjahr gestellt werden, das jeweils nach Ablauf eines Zeitraumes von zehn Jahren, vom Beginn des Jahres der Indienststellung gerechnet, endet. [6]Die Sätze 2 bis 4 sind insoweit nicht anwendbar. [7]Der Steuerpflichtige ist an die Gewinnermittlung nach Absatz 1 vom Beginn des Wirtschaftsjahres an, in dem er den Antrag stellt, zehn Jahre gebunden. [8]Nach Ablauf dieses Zeitraumes kann er den Antrag mit Wirkung für den Beginn jedes folgenden Wirtschaftsjahres bis zum Ende des Jahres unwiderruflich zurücknehmen. [9]An die Gewinnermittlung nach allgemeinen Vorschriften ist der Steuerpflichtige ab dem Beginn des Wirtschaftsjahres, in dem er den Antrag zurücknimmt, zehn Jahre gebunden. [1])

(4) [1]Zum Schluss des Wirtschaftsjahres, das der erstmaligen Anwendung des Absatzes 1 vorangeht (Übergangsjahr), ist für jedes Wirtschaftsgut, das unmittelbar dem Betrieb von Handelsschiffen im internationalen Verkehr dient, der Unterschiedsbetrag zwischen Buchwert und Teilwert in ein besonderes Verzeichnis aufzunehmen. [2]Der Unterschiedsbetrag ist gesondert und bei Gesellschaften im Sinne des § 15 Absatz 1 Satz 1 Nummer 2 einheitlich festzustellen. [3]Der Unterschiedsbetrag nach Satz 1 ist dem Gewinn hinzuzurechnen:

1. in den dem letzten Jahr der Anwendung des Absatzes 1 folgenden fünf Wirtschaftsjahren jeweils in Höhe von mindestens einem Fünftel,
2. in dem Jahr, in dem das Wirtschaftsgut aus dem Betriebsvermögen ausscheidet oder in dem es nicht mehr unmittelbar dem Betrieb von Handelsschiffen im internationalen Verkehr dient,

---

[1]) zur Anwendung des Absatzes 3 >§ 52 Abs. 10 Satz 1 bis 3

§ 5a EStG
H 5a

3. in dem Jahr des Ausscheidens eines Mitunternehmers hinsichtlich des auf ihn entfallenden Unterschiedsbetrags; mindert sich die Beteiligung des Mitunternehmers, ohne dass er aus der Mitunternehmerschaft ausscheidet, erfolgt eine Hinzurechnung entsprechend der Minderung der Beteiligung.

[1]) ⁴Satz 3 Nummer 3 gilt auch in den Fällen der §§ 20 und 24 des Umwandlungssteuergesetzes. ⁵Wird ein Betrieb, Teilbetrieb oder Anteil eines Mitunternehmers an einem Betrieb auf einen Rechtsnachfolger zum Buchwert nach § 6 Absatz 3 übertragen, geht der Unterschiedsbetrag insoweit auf den Rechtsnachfolger über. ⁶§ 182 Absatz 2 der Abgabenordnung gilt sinngemäß. ⁷Die Sätze 1 bis 6 sind entsprechend anzuwenden, wenn der Steuerpflichtige Wirtschaftsgüter des Betriebsvermögens dem Betrieb von Handelsschiffen im internationalen Verkehr zuführt.

(4a) ¹Bei Gesellschaften im Sinne des § 15 Absatz 1 Satz 1 Nummer 2 tritt für die Zwecke dieser Vorschrift an die Stelle des Steuerpflichtigen die Gesellschaft. ²Der nach Absatz 1 ermittelte Gewinn ist den Gesellschaftern entsprechend ihrem Anteil am Gesellschaftsvermögen zuzurechnen. ³Vergütungen im Sinne des § 15 Absatz 1 Satz 1 Nummer 2 und Satz 2 sind hinzuzurechnen.

(5) ¹Gewinne nach Absatz 1 umfassen auch Einkünfte nach § 16. ²§§ 34, 34c Absatz 1 bis 3 und § 35 sind nicht anzuwenden. ³Rücklagen nach den §§ 6b und 6d sind beim Übergang zur Gewinnermittlung nach Absatz 1 dem Gewinn im Erstjahr hinzuzurechnen; bis zum Übergang in Anspruch genommene Investitionsabzugsbeträge nach § 7g Absatz 1 sind nach Maßgabe des § 7g Absatz 3 rückgängig zu machen. ⁴Für die Anwendung des § 15a ist der nach § 4 Absatz 1 oder § 5 ermittelte Gewinn zugrunde zu legen.

(6) ¹In der Bilanz zum Schluss des Wirtschaftsjahres, in dem Absatz 1 letztmalig angewendet wird, ist für jedes Wirtschaftsgut, das unmittelbar dem Betrieb von Handelsschiffen im internationalen Verkehr dient, der Teilwert anzusetzen. ²Für Wirtschaftsgüter des abnutzbaren Anlagevermögens sind den weiteren Absetzungen für Abnutzung unverändert die ursprünglichen Anschaffungs- oder Herstellungskosten zugrunde zu legen.

H 5a | **Hinweise**

Allgemeines
>BMF vom 12.06.2002 (BStBl I S. 614) unter Berücksichtigung der Änderungen durch BMF vom 31.10.2008 (BStBl I S. 956) und vom 10.09.2013 (BStBl I S. 1152); Rz. 12 Satz 2 bis Rz. 14 sind überholt und nicht mehr anzuwenden (>BFH vom 16.01.2014 – BStBl II S. 774)

---

[1]) *zur Anwendung des* Absatzes 4 Satz 5 bis 7 >§ 52 Abs. 10 Satz 4

§ 5a EStG
H 5a

Feststellung eines Unterschiedsbetrags
Ein Unterschiedsbetrag ist nur für diejenigen Wirtschaftsgüter festzustellen, die in der Steuerbilanz des Wj., das der erstmaligen Anwendung der Tonnagebesteuerung vorangeht, anzusetzen sind (>BFH vom 29.11.2012 – BStBl II 2013 S. 324).

Hilfsgeschäft
Die Veräußerung eines Schiffs stellt nur dann ein Hilfsgeschäft i. S. d. § 5a Abs. 2 Satz 2 dar, wenn dieses Schiff zunächst in der Absicht eingesetzt wurde, langfristig Handelsschiffe i. S. d. § 5a zu betreiben. Der Erwerb und die Veräußerung eines Schiffes mit dem Ziel, aus dem Veräußerungserlös erst ein anderes i. S. d. § 5a langfristig betriebenes Handelsschiff zu erwerben, ist kein Hilfsgeschäft nach § 5a Abs. 2 Satz 2 (>BFH vom 26.09.2013 – BStBl II 2014 S. 253).

Hinzurechnung einer Sondervergütung nach § 5a Abs. 4a Satz 3
Sondervergütungen i. S. d. § 15 Abs. 1 Satz 1 Nr. 2 sind auch in den Jahren vor Indienststellung eines Handelsschiffes dem nach § 5a Abs. 1 pauschal ermittelten Gewinn (dieser beträgt mangels Tonnage und mangels Betriebstagen 0 €) in vollem Umfang nach § 5a Abs. 4a Satz 3 hinzuzurechnen (>BFH vom 06.02.2014 – BStBl II S. 522).

Hinzurechnung eines Unterschiedsbetrags nach § 5a Abs. 4 Satz 3 Nr. 3
Der in dem Jahr des Ausscheidens eines Gesellschafters hinsichtlich des auf ihn entfallenden Anteils gem. § 5a Abs. 4 Satz 3 Nr. 3 dem Gewinn hinzuzurechnende Unterschiedsbetrag nach § 5a Abs. 4 Satz 1 führt nicht zu einem nach den §§ 16, 34 steuerbegünstigten Veräußerungsgewinn (>BFH vom 19.07.2011 – BStBl II S. 878).

Langfristiger Betrieb von Handelsschiffen
Die Anwendung der Gewinnermittlung nach der Tonnage setzt die Absicht zum langfristigen Betrieb von Handelsschiffen im internationalen Verkehr voraus. Wird der schuldrechtliche Vertrag über die Veräußerung eines Schiffes schon innerhalb eines Jahres seit dem Zeitpunkt geschlossen, zu dem erstmals alle übrigen Voraussetzungen des § 5a vorlagen (Jahresfrist), spricht eine widerlegbare Vermutung dafür, dass schon zu Beginn der Jahresfrist nicht die nach § 5a erforderliche Absicht zum langfristigen Betrieb von Handelsschiffen bestand (>BFH vom 26.09.2013 – BStBl II 2014 S. 253).

§ 5b
Elektronische Übermittlung von Bilanzen sowie Gewinn- und Verlustrechnungen

(1) ¹Wird der Gewinn nach § 4 Absatz 1, § 5 oder § 5a ermittelt, so ist der Inhalt der Bilanz sowie der Gewinn- und Verlustrechnung nach amtlich vorgeschriebenem Datensatz durch Datenfernübertragung zu übermitteln. ²Enthält die Bilanz Ansätze oder Beträge, die den steuerlichen Vorschriften nicht entsprechen, so sind diese Ansätze oder Beträge durch Zusätze oder Anmerkungen den steuerlichen Vorschriften anzupassen und nach amtlich vorgeschriebenem Datensatz durch Datenfernübertragung zu übermitteln. ³Der Steuerpflichtige kann auch eine den steuerlichen Vorschriften entsprechende Bilanz nach amtlich vorgeschriebenem Datensatz durch Datenfernübertragung übermitteln. ⁴Im Fall der Eröffnung des Betriebs sind die Sätze 1 bis 4 für den Inhalt der Eröffnungsbilanz entsprechend anzuwenden.

(2) ¹Auf Antrag kann die Finanzbehörde zur Vermeidung unbilliger Härten auf eine elektronische Übermittlung verzichten. ²§ 150 Absatz 8 der Abgabenordnung gilt entsprechend.

Hinweise

Allgemeines
Anwendungsschreiben zur Veröffentlichung der Taxonomie >BMF vom 28.09.2011 (BStBl I S. 855)

Atypisch stille Gesellschaft
>BMF vom 24.11.2017 (BStBl I S. 1543)

Taxonomien
- >BMF vom 09.07.2021 (BStBl I S. 911)
- *>BMF vom 21.06.2022 (BStBl I S. 954)*

Unbillige Härte
Eine „unbillige Härte" i. S. d. § 5b Abs. 2 ist danach zu beurteilen, ob die angesichts des Umfangs der Bilanz sowie der Gewinn- und Verlustrechnung vom Stpfl. zu tragenden Kosten der elektronischen Übermittlung unverhältnismäßig sind und somit ein nicht unerheblicher finanzieller Aufwand i. S. d. § 150 Abs. 8 Satz 2 erster Halbsatz AO vorliegt. Sie liegt nicht bereits deshalb vor, weil die Einkünfte des bilanzierenden Stpfl. im Wj. gering oder negativ sind (>BFH vom 21.04.2021 – BStBl II 2022 S. 52).

Verfassungsmäßigkeit
§ 5b Abs. 1 ist verfassungsgemäß (>BFH vom 21.04.2021 – BStBl II 2022 S. 52).

§ 6
Bewertung

(1) Für die Bewertung der einzelnen Wirtschaftsgüter, die nach § 4 Absatz 1 oder nach § 5 als Betriebsvermögen anzusetzen sind, gilt das Folgende:

1. Wirtschaftsgüter des Anlagevermögens, die der Abnutzung unterliegen, sind mit den Anschaffungs- oder Herstellungskosten oder dem an deren Stelle tretenden Wert, vermindert um die Absetzungen für Abnutzung, erhöhte Absetzungen, Sonderabschreibungen, Abzüge nach § 6b und ähnliche Abzüge, anzusetzen. ²Ist der Teilwert auf Grund einer voraussichtlich dauernden Wertminderung niedriger, so kann dieser angesetzt werden. ³Teilwert ist der Betrag, den ein Erwerber des ganzen Betriebs im Rahmen des Gesamtkaufpreises für das einzelne Wirtschaftsgut ansetzen würde; dabei ist davon auszugehen, dass der Erwerber den Betrieb fortführt. ⁴Wirtschaftsgüter, die bereits am Schluss des vorangegangenen Wirtschaftsjahres zum Anlagevermögen des Steuerpflichtigen gehört haben, sind in den folgenden Wirtschaftsjahren gemäß Satz 1 anzusetzen, es sei denn, der Steuerpflichtige weist nach, dass ein niedrigerer Teilwert nach Satz 2 angesetzt werden kann.

1a. Zu den Herstellungskosten eines Gebäudes gehören auch Aufwendungen für Instandsetzungs- und Modernisierungsmaßnahmen, die innerhalb von drei Jahren nach der Anschaffung des Gebäudes durchgeführt werden, wenn die Aufwendungen ohne die Umsatzsteuer 15 Prozent der Anschaffungskosten des Gebäudes übersteigen (anschaffungsnahe Herstellungskosten). ²Zu diesen Aufwendungen gehören nicht die Aufwendungen für Erweiterungen im Sinne des § 255 Absatz 2 Satz 1 des Handelsgesetzbuchs sowie Aufwendungen für Erhaltungsarbeiten, die jährlich üblicherweise anfallen.

1b. Bei der Berechnung der Herstellungskosten brauchen angemessene Teile der Kosten der allgemeinen Verwaltung sowie angemessene Aufwendungen für soziale Einrichtungen des Betriebs, für freiwillige soziale Leistungen und für die betriebliche Altersversorgung im Sinne des § 255 Absatz 2 Satz 3 des Handelsgesetzbuchs nicht einbezogen zu werden, soweit diese auf den Zeitraum der Herstellung entfallen. ²Das Wahlrecht ist bei Gewinnermittlung nach § 5 in Übereinstimmung mit der Handelsbilanz auszuüben.

2. Andere als die in Nummer 1 bezeichneten Wirtschaftsgüter des Betriebs (Grund und Boden, Beteiligungen, Umlaufvermögen) sind mit den Anschaffungs- oder Herstellungskosten oder dem an deren Stelle tretenden Wert, vermindert um Abzüge nach § 6b und ähnliche Abzüge, anzusetzen. ²Ist der Teilwert (Nummer 1

§ 6 EStG

Satz 3) auf Grund einer voraussichtlich dauernden Wertminderung niedriger, so kann dieser angesetzt werden. ³Nummer 1 Satz 4 gilt entsprechend.

2a. Steuerpflichtige, die den Gewinn nach § 5 ermitteln, können für den Wertansatz gleichartiger Wirtschaftsgüter des Vorratsvermögens unterstellen, dass die zuletzt angeschafften oder hergestellten Wirtschaftsgüter zuerst verbraucht oder veräußert worden sind, soweit dies den handelsrechtlichen Grundsätzen ordnungsmäßiger Buchführung entspricht. ²Der Vorratsbestand am Schluss des Wirtschaftsjahres, das der erstmaligen Anwendung der Bewertung nach Satz 1 vorangeht, gilt mit seinem Bilanzansatz als erster Zugang des neuen Wirtschaftsjahres. ³Von der Verbrauchs- oder Veräußerungsfolge nach Satz 1 kann in den folgenden Wirtschaftsjahren nur mit Zustimmung des Finanzamts abgewichen werden.

2b. Steuerpflichtige, die in den Anwendungsbereich des § 340 des Handelsgesetzbuchs fallen, haben die zu Handelszwecken erworbenen Finanzinstrumente, die nicht in einer Bewertungseinheit im Sinne des § 5 Absatz 1a Satz 2 abgebildet werden, mit dem beizulegenden Zeitwert abzüglich eines Risikoabschlages (§ 340e Absatz 3 des Handelsgesetzbuchs) zu bewerten. ²Nummer 2 Satz 2 ist nicht anzuwenden.

S 2175 ¹)

3. *Verbindlichkeiten sind unter sinngemäßer Anwendung der Vorschriften der Nummer 2 anzusetzen.*

3a. Rückstellungen sind höchstens insbesondere unter Berücksichtigung folgender Grundsätze anzusetzen:

a) bei Rückstellungen für gleichartige Verpflichtungen ist auf der Grundlage der Erfahrungen in der Vergangenheit aus der Abwicklung solcher Verpflichtungen die Wahrscheinlichkeit zu berücksichtigen, dass der Steuerpflichtige nur zu einem Teil der Summe dieser Verpflichtungen in Anspruch genommen wird;

b) Rückstellungen für Sachleistungsverpflichtungen sind mit den Einzelkosten und den angemessenen Teilen der notwendigen Gemeinkosten zu bewerten;

c) künftige Vorteile, die mit der Erfüllung der Verpflichtung voraussichtlich verbunden sein werden, sind, soweit sie nicht als Forderung zu aktivieren sind, bei ihrer Bewertung wertmindernd zu berücksichtigen;

d) Rückstellungen für Verpflichtungen, für deren Entstehen im wirtschaftlichen Sinne der laufende Betrieb ursächlich ist,

---

¹) *Absatz 1 Nr. 3 i. d. F. des Artikels 3 des Vierten Corona-Steuerhilfegesetzes ist erstmals für Wj. anzuwenden, die nach dem 31.12.2022 enden. Auf Antrag kann Absatz 1 Nr. 3 auch für frühere Wj. angewendet werden >§ 52 Abs. 12 Satz 2 und 3.*

sind zeitanteilig in gleichen Raten anzusammeln. ²Rückstellungen für gesetzliche Verpflichtungen zur Rücknahme und Verwertung von Erzeugnissen, die vor Inkrafttreten entsprechender gesetzlicher Verpflichtungen in Verkehr gebracht worden sind, sind zeitanteilig in gleichen Raten bis zum Beginn der jeweiligen Erfüllung anzusammeln; Buchstabe e ist insoweit nicht anzuwenden. ³Rückstellungen für die Verpflichtung, ein Kernkraftwerk stillzulegen, sind ab dem Zeitpunkt der erstmaligen Nutzung bis zum Zeitpunkt, in dem mit der Stilllegung begonnen werden muss, zeitanteilig in gleichen Raten anzusammeln; steht der Zeitpunkt der Stilllegung nicht fest, beträgt der Zeitraum für die Ansammlung 25 Jahre;

e) *Rückstellungen für Verpflichtungen sind mit einem Zinssatz von 5,5 Prozent abzuzinsen; ausgenommen von der Abzinsung sind Rückstellungen für Verpflichtungen, deren Laufzeit am Bilanzstichtag weniger als zwölf Monate beträgt, und Rückstellungen für Verpflichtungen, die verzinslich sind oder auf einer Anzahlung oder Vorausleistung beruhen.* ²Für die Abzinsung von Rückstellungen für Sachleistungsverpflichtungen ist der Zeitraum bis zum Beginn der Erfüllung maßgebend. ³Für die Abzinsung von Rückstellungen für die Verpflichtung, ein Kernkraftwerk stillzulegen, ist der sich aus Buchstabe d Satz 3 ergebende Zeitraum maßgebend; und ¹⁾

f) bei der Bewertung sind die Wertverhältnisse am Bilanzstichtag maßgebend; künftige Preis- und Kostensteigerungen dürfen nicht berücksichtigt werden.

4. Entnahmen des Steuerpflichtigen für sich, für seinen Haushalt oder für andere betriebsfremde Zwecke sind mit dem Teilwert anzusetzen; die Entnahme ist in den Fällen des § 4 Absatz 1 Satz 3 erster Halbsatz mit dem gemeinen Wert und in den Fällen des § 4 Absatz 1 Satz 3 zweiter Halbsatz mit dem Wert anzusetzen, den der andere Staat der Besteuerung zugrunde legt, höchstens jedoch mit dem gemeinen Wert. ²Die private Nutzung eines Kraftfahrzeugs, das zu mehr als 50 Prozent betrieblich genutzt wird, ist für jeden Kalendermonat mit 1 Prozent des inländischen Listenpreises im Zeitpunkt der Erstzulassung zuzüglich der Kosten für Sonderausstattung einschließlich Umsatzsteuer anzusetzen; bei der privaten Nutzung von Fahrzeugen mit Antrieb ausschließlich durch Elektromotoren, die ganz oder überwiegend aus mechanischen oder elektrochemischen Energiespeichern oder aus emissionsfrei betriebenen Energiewandlern gespeist werden (Elektrofahrzeuge), oder von extern aufladbaren Hybridelektrofahrzeugen, ist der Listenpreis dieser Kraftfahrzeuge

---

¹⁾ Absatz 1 Nr. 3a Buchst. e i. d. F. des Artikels 3 des Vierten Corona-Steuerhilfegesetzes ist erstmals für Wj. anzuwenden, die nach dem 31.12.2022 enden. Auf Antrag kann Absatz 1 Nr. 3 auch für frühere Wj. angewendet werden >§ 52 Abs. 12 Satz 2 und 3.

1. soweit die Nummern 2, 3 oder 4 nicht anzuwenden sind und bei Anschaffung vor dem 1. Januar 2023 um die darin enthaltenen Kosten des Batteriesystems im Zeitpunkt der Erstzulassung des Kraftfahrzeugs wie folgt zu mindern: für bis zum 31. Dezember 2013 angeschaffte Kraftfahrzeuge um 500 Euro pro Kilowattstunde der Batteriekapazität, dieser Betrag mindert sich für in den Folgejahren angeschaffte Kraftfahrzeuge um jährlich 50 Euro pro Kilowattstunde der Batteriekapazität; die Minderung pro Kraftfahrzeug beträgt höchstens 10.000 Euro; dieser Höchstbetrag mindert sich für in den Folgejahren angeschaffte Kraftfahrzeuge um jährlich 500 Euro, oder
2. soweit Nummer 3 nicht anzuwenden ist und bei Anschaffung nach dem 31. Dezember 2018 und vor dem 1. Januar 2022 nur zur Hälfte anzusetzen; bei extern aufladbaren Hybridelektrofahrzeugen muss das Fahrzeug die Voraussetzungen des § 3 Absatz 2 Nummer 1 oder 2 des Elektromobilitätsgesetzes erfüllen, oder
3. bei Anschaffung nach dem 31. Dezember 2018 und vor dem 1. Januar 2031 nur zu einem Viertel anzusetzen, wenn das Kraftfahrzeug keine Kohlendioxidemission je gefahrenen Kilometer hat und der Bruttolistenpreis des Kraftfahrzeugs nicht mehr als 60.000 Euro beträgt, oder
4. soweit Nummer 3 nicht anzuwenden ist und bei Anschaffung nach dem 31. Dezember 2021 und vor dem 1. Januar 2025 nur zur Hälfte anzusetzen, wenn das Kraftfahrzeug
    a) eine Kohlendioxidemission von höchstens 50 Gramm je gefahrenen Kilometer hat oder
    b) die Reichweite des Fahrzeugs unter ausschließlicher Nutzung der elektrischen Antriebsmaschine mindestens 60 Kilometer beträgt, oder
5. soweit Nummer 3 nicht anzuwenden ist und bei Anschaffung nach dem 31. Dezember 2024 und vor dem 1. Januar 2031 nur zur Hälfte anzusetzen, wenn das Kraftfahrzeug
    a) eine Kohlendioxidemission von höchstens 50 Gramm je gefahrenen Kilometer hat oder
    b) die Reichweite des Fahrzeugs unter ausschließlicher Nutzung der elektrischen Antriebsmaschine mindestens 80 Kilometer beträgt,

die maßgebliche Kohlendioxidemission sowie die Reichweite des Kraftfahrzeugs unter ausschließlicher Nutzung der elektrischen Antriebsmaschine ist der Übereinstimmungsbescheinigung nach Anhang IX der Richtlinie 2007/46/EG oder aus der Übereinstimmungsbescheinigung nach Artikel 38 der Verordnung (EU) Nr. 168/2013 zu entnehmen. ³Die private Nutzung kann abweichend von Satz 2 mit den auf die Privatfahrten entfallenden Aufwendungen angesetzt werden, wenn die für das Kraftfahrzeug insgesamt entstehenden Aufwendungen durch Belege und das Verhältnis der privaten zu den übrigen Fahrten durch ein ordnungsgemäßes Fahrtenbuch nachgewiesen werden; bei der privaten Nutzung von Fahrzeugen mit Antrieb ausschließlich durch Elektromotoren, die ganz oder überwiegend aus mechanischen oder elektrochemischen Energiespeichern oder aus emissionsfrei betriebenen Energiewandlern gespeist werden (Elektrofahrzeuge), oder von extern aufladbaren Hybridelektrofahrzeugen, sind

1. soweit die Nummern 2, 3 oder 4 nicht anzuwenden sind und bei Anschaffung vor dem 1. Januar 2023 die der Berechnung der Entnahme zugrunde zu legenden insgesamt entstandenen Aufwendungen um Aufwendungen für das Batteriesystem zu mindern; dabei ist bei zum Betriebsvermögen des Steuerpflichtigen gehörenden Elektro- und Hybridelektrofahrzeugen die der Berechnung der Absetzungen für Abnutzung zugrunde zu legende Bemessungsgrundlage um die nach Satz 2 in pauschaler Höhe festgelegten Aufwendungen zu mindern, wenn darin Kosten für ein Batteriesystem enthalten sind, oder

2. soweit Nummer 3 nicht anzuwenden ist und bei Anschaffung nach dem 31. Dezember 2018 und vor dem 1. Januar 2022 bei der Ermittlung der insgesamt entstandenen Aufwendungen die Anschaffungskosten für das Kraftfahrzeug oder vergleichbare Aufwendungen nur zur Hälfte zu berücksichtigen; bei extern aufladbaren Hybridelektrofahrzeugen muss das Fahrzeug die Voraussetzungen des § 3 Absatz 2 Nummer 1 oder 2 des Elektromobilitätsgesetzes erfüllen, oder

3. bei Anschaffung nach dem 31. Dezember 2018 und vor dem 1. Januar 2031 bei der Ermittlung der insgesamt entstandenen Aufwendungen die Anschaffungskosten für das Kraftfahrzeug oder vergleichbare Aufwendungen nur zu einem Viertel zu berücksichtigen, wenn das Kraftfahrzeug keine Kohlendioxidemission je gefahrenen Kilometer hat, und der Bruttolistenpreis des Kraftfahrzeugs nicht mehr als 60.000 Euro beträgt oder

4. soweit Nummer 3 nicht anzuwenden ist und bei Anschaffung nach dem 31. Dezember 2021 und vor dem 1. Januar 2025 bei der Ermittlung der insgesamt entstandenen Aufwendungen die Anschaffungskosten für das Kraftfahrzeug oder vergleichbare Aufwendungen nur zur Hälfte zu berücksichtigen, wenn das Kraftfahrzeug

   a) eine Kohlendioxidemission von höchstens 50 Gramm je gefahrenen Kilometer hat oder

b) die Reichweite des Kraftfahrzeugs unter ausschließlicher Nutzung der elektrischen Antriebsmaschine mindestens 60 Kilometer beträgt, oder

5. soweit Nummer 3 nicht anzuwenden ist und bei Anschaffung nach dem 31. Dezember 2024 und vor dem 1. Januar 2031 bei der Ermittlung der insgesamt entstandenen Aufwendungen die Anschaffungskosten für das Kraftfahrzeug oder vergleichbare Aufwendungen nur zur Hälfte zu berücksichtigen, wenn das Kraftfahrzeug

a) eine Kohlendioxidemission von höchstens 50 Gramm je gefahrenen Kilometer hat oder

b) die Reichweite des Kraftfahrzeugs unter ausschließlicher Nutzung der elektrischen Antriebsmaschine mindestens 80 Kilometer beträgt,

die maßgebliche Kohlendioxidemission sowie die Reichweite des Kraftfahrzeugs unter ausschließlicher Nutzung der elektrischen Antriebsmaschine ist der Übereinstimmungsbescheinigung nach Anhang IX der Richtlinie 2007/46/EG oder aus der Übereinstimmungsbescheinigung nach Artikel 38 der Verordnung (EU) Nr. 168/2013 zu entnehmen. ⁴Wird ein Wirtschaftsgut unmittelbar nach seiner Entnahme einer nach § 5 Absatz 1 Nummer 9 des Körperschaftsteuergesetzes von der Körperschaftsteuer befreiten Körperschaft, Personenvereinigung oder Vermögensmasse oder einer juristischen Person des öffentlichen Rechts zur Verwendung für steuerbegünstigte Zwecke im Sinne des § 10b Absatz 1 Satz 1 unentgeltlich überlassen, so kann die Entnahme mit dem Buchwert angesetzt werden. ⁵Satz 4 gilt nicht für die Entnahme von Nutzungen und Leistungen. ⁶Die private Nutzung eines betrieblichen Fahrrads, das kein Kraftfahrzeug im Sinne des Satzes 2 ist, bleibt außer Ansatz.

5. Einlagen sind mit dem Teilwert für den Zeitpunkt der Zuführung anzusetzen; sie sind jedoch höchstens mit den Anschaffungs- oder Herstellungskosten anzusetzen, wenn das zugeführte Wirtschaftsgut

a) innerhalb der letzten drei Jahre vor dem Zeitpunkt der Zuführung angeschafft oder hergestellt worden ist,

b) ein Anteil an einer Kapitalgesellschaft ist und der Steuerpflichtige an der Gesellschaft im Sinne des § 17 Absatz 1 oder Absatz 6 beteiligt ist; § 17 Absatz 2 Satz 5 gilt entsprechend, oder

c) ein Wirtschaftsgut im Sinne des § 20 Absatz 2 oder im Sinne des § 2 Absatz 4 des Investmentsteuergesetzes ist.

---

[1]) Absatz 1 Nr. 4 Satz 6 ist bis zum 31.12.2030 anzuwenden >§ 52 Abs. 12 Satz **5**

²Ist die Einlage ein abnutzbares Wirtschaftsgut, so sind die Anschaffungs- oder Herstellungskosten um Absetzungen für Abnutzung zu kürzen, die auf den Zeitraum zwischen der Anschaffung oder Herstellung des Wirtschaftsguts und der Einlage entfallen. ³Ist die Einlage ein Wirtschaftsgut, das vor der Zuführung aus einem Betriebsvermögen des Steuerpflichtigen entnommen worden ist, so tritt an die Stelle der Anschaffungs- oder Herstellungskosten der Wert, mit dem die Entnahme angesetzt worden ist, und an die Stelle des Zeitpunkts der Anschaffung oder Herstellung der Zeitpunkt der Entnahme.

5a. In den Fällen des § 4 Absatz 1 Satz 8 zweiter Halbsatz ist das Wirtschaftsgut mit dem gemeinen Wert anzusetzen; unterliegt der Steuerpflichtige in einem anderen Staat einer Besteuerung auf Grund des Ausschlusses oder der Beschränkung des Besteuerungsrechts dieses Staates, ist das Wirtschaftsgut mit dem Wert anzusetzen, den der andere Staat der Besteuerung zugrunde legt, höchstens jedoch mit dem gemeinen Wert.

5b. Im Fall des § 4 Absatz 1 Satz 9 ist das Wirtschaftsgut jeweils mit dem Wert anzusetzen, den der andere Staat der Besteuerung zugrunde legt, höchstens jedoch mit dem gemeinen Wert.

6. Bei Eröffnung eines Betriebs ist Nummer 5 entsprechend anzuwenden.   S 2179

7. Bei entgeltlichem Erwerb eines Betriebs sind die Wirtschaftsgüter mit dem Teilwert, höchstens jedoch mit den Anschaffungs- oder Herstellungskosten anzusetzen.   S 2179

(2) ¹Die Anschaffungs- oder Herstellungskosten oder der nach Absatz 1 Nummer 5 bis 6 an deren Stelle tretende Wert von abnutzbaren beweglichen Wirtschaftsgütern des Anlagevermögens, die einer selbständigen Nutzung fähig sind, können im Wirtschaftsjahr der Anschaffung, Herstellung oder Einlage des Wirtschaftsguts oder der Eröffnung des Betriebs in voller Höhe als Betriebsausgaben abgezogen werden, wenn die Anschaffungs- oder Herstellungskosten, vermindert um einen darin enthaltenen Vorsteuerbetrag (§ 9b Absatz 1), oder der nach Absatz 1 Nummer 5 bis 6 an deren Stelle tretende Wert für das einzelne Wirtschaftsgut 800 Euro nicht übersteigen. ²Ein Wirtschaftsgut ist einer selbständigen Nutzung nicht fähig, wenn es nach seiner betrieblichen Zweckbestimmung nur zusammen mit anderen Wirtschaftsgütern des Anlagevermögens genutzt werden kann und die in den Nutzungszusammenhang eingefügten Wirtschaftsgüter technisch aufeinander abgestimmt sind. ³Das gilt auch, wenn das Wirtschaftsgut aus dem betrieblichen Nutzungszusammenhang gelöst und in einen anderen betrieblichen Nutzungszusammenhang eingefügt werden kann. ⁴Wirtschaftsgüter im Sinne des Satzes 1, deren Wert 250 Euro übersteigt, sind unter Angabe des Tages der Anschaffung, Herstellung oder Einlage des Wirtschaftsguts oder der Eröffnung des Betriebs und der Anschaffungs- oder Herstellungskosten   S 2180

oder des nach Absatz 1 Nummer 5 bis 6 an deren Stelle tretenden Werts in ein besonderes, laufend zu führendes Verzeichnis aufzunehmen. [5]Das Verzeichnis braucht nicht geführt zu werden, wenn diese Angaben aus der Buchführung ersichtlich sind.

(2a) [1]Abweichend von Absatz 2 Satz 1 kann für die abnutzbaren beweglichen Wirtschaftsgüter des Anlagevermögens, die einer selbständigen Nutzung fähig sind, im Wirtschaftsjahr der Anschaffung, Herstellung oder Einlage des Wirtschaftsguts oder der Eröffnung des Betriebs ein Sammelposten gebildet werden, wenn die Anschaffungs- oder Herstellungskosten, vermindert um einen darin enthaltenen Vorsteuerbetrag (§ 9b Absatz 1), oder der nach Absatz 1 Nummer 5 bis 6 an deren Stelle tretende Wert für das einzelne Wirtschaftsgut 250 Euro, aber nicht 1.000 Euro übersteigen. [2]Der Sammelposten ist im Wirtschaftsjahr der Bildung und den folgenden vier Wirtschaftsjahren mit jeweils einem Fünftel gewinnmindernd aufzulösen. [3]Scheidet ein Wirtschaftsgut im Sinne des Satzes 1 aus dem Betriebsvermögen aus, wird der Sammelposten nicht vermindert. [4]Die Anschaffungs- oder Herstellungskosten oder der nach Absatz 1 Nummer 5 bis 6 an deren Stelle tretende Wert von abnutzbaren beweglichen Wirtschaftsgütern des Anlagevermögens, die einer selbständigen Nutzung fähig sind, können im Wirtschaftsjahr der Anschaffung, Herstellung oder Einlage des Wirtschaftsguts oder der Eröffnung des Betriebs in voller Höhe als Betriebsausgaben abgezogen werden, wenn die Anschaffungs- oder Herstellungskosten, vermindert um einen darin enthaltenen Vorsteuerbetrag (§ 9b Absatz 1), oder der nach Absatz 1 Nummer 5 bis 6 an deren Stelle tretende Wert für das einzelne Wirtschaftsgut 250 Euro nicht übersteigen. [5]Die Sätze 1 bis 3 sind für alle in einem Wirtschaftsjahr angeschafften, hergestellten oder eingelegten Wirtschaftsgüter einheitlich anzuwenden.

(3) [1]Wird ein Betrieb, ein Teilbetrieb oder der Anteil eines Mitunternehmers an einem Betrieb unentgeltlich übertragen, so sind bei der Ermittlung des Gewinns des bisherigen Betriebsinhabers (Mitunternehmers) die Wirtschaftsgüter mit den Werten anzusetzen, die sich nach den Vorschriften über die Gewinnermittlung ergeben, sofern die Besteuerung der stillen Reserven sichergestellt ist; dies gilt auch bei der unentgeltlichen Aufnahme einer natürlichen Person in ein bestehendes Einzelunternehmen sowie bei der unentgeltlichen Übertragung eines Teils eines Mitunternehmeranteils auf eine natürliche Person. [2]Satz 1 ist auch anzuwenden, wenn der bisherige Betriebsinhaber (Mitunternehmer) Wirtschaftsgüter, die weiterhin zum Betriebsvermögen derselben Mitunternehmerschaft gehören, nicht überträgt, sofern der Rechtsnachfolger den übernommenen Mitunternehmeranteil über einen Zeitraum von mindestens fünf Jahren nicht veräußert oder aufgibt. [3]Der Rechtsnachfolger ist an die in Satz 1 genannten Werte gebunden.

(4) Wird ein einzelnes Wirtschaftsgut außer in den Fällen der Einlage (§ 4 Absatz 1 Satz 8) unentgeltlich in das Betriebsvermögen

eines anderen Steuerpflichtigen übertragen, gilt sein gemeiner Wert für das aufnehmende Betriebsvermögen als Anschaffungskosten.

(5) ¹Wird ein einzelnes Wirtschaftsgut von einem Betriebsvermögen in ein anderes Betriebsvermögen desselben Steuerpflichtigen überführt, ist bei der Überführung der Wert anzusetzen, der sich nach den Vorschriften über die Gewinnermittlung ergibt, sofern die Besteuerung der stillen Reserven sichergestellt ist; § 4 Absatz 1 Satz 4 ist entsprechend anzuwenden. ²Satz 1 gilt auch für die Überführung aus einem eigenen Betriebsvermögen des Steuerpflichtigen in dessen Sonderbetriebsvermögen bei einer Mitunternehmerschaft und umgekehrt sowie für die Überführung zwischen verschiedenen Sonderbetriebsvermögen desselben Steuerpflichtigen bei verschiedenen Mitunternehmerschaften. ³Satz 1 gilt entsprechend, soweit ein Wirtschaftsgut

1. unentgeltlich oder gegen Gewährung oder Minderung von Gesellschaftsrechten aus einem Betriebsvermögen des Mitunternehmers in das Gesamthandsvermögen einer Mitunternehmerschaft und umgekehrt,
2. unentgeltlich oder gegen Gewährung oder Minderung von Gesellschaftsrechten aus dem Sonderbetriebsvermögen eines Mitunternehmers in das Gesamthandsvermögen derselben Mitunternehmerschaft oder einer anderen Mitunternehmerschaft, an der er beteiligt ist, und umgekehrt oder
3. unentgeltlich zwischen den jeweiligen Sonderbetriebsvermögen verschiedener Mitunternehmer derselben Mitunternehmerschaft

übertragen wird. ⁴Wird das nach Satz 3 übertragene Wirtschaftsgut innerhalb einer Sperrfrist veräußert oder entnommen, ist rückwirkend auf den Zeitpunkt der Übertragung der Teilwert anzusetzen, es sei denn, die bis zur Übertragung entstandenen stillen Reserven sind durch Erstellung einer Ergänzungsbilanz dem übertragenden Gesellschafter zugeordnet worden; diese Sperrfrist endet drei Jahre nach Abgabe der Steuererklärung des Übertragenden für den Veranlagungszeitraum, in dem die in Satz 3 bezeichnete Übertragung erfolgt ist. ⁵Der Teilwert ist auch anzusetzen, soweit in den Fällen des Satzes 3 der Anteil einer Körperschaft, Personenvereinigung oder Vermögensmasse an dem Wirtschaftsgut unmittelbar oder mittelbar begründet wird oder dieser sich erhöht. ⁶Soweit innerhalb von sieben Jahren nach der Übertragung des Wirtschaftsguts nach Satz 3 der Anteil einer Körperschaft, Personenvereinigung oder Vermögensmasse an dem übertragenen Wirtschaftsgut aus einem anderen Grund unmittelbar oder mittelbar begründet wird oder dieser sich erhöht, ist rückwirkend auf den Zeitpunkt der Übertragung ebenfalls der Teilwert anzusetzen.

(6) ¹Wird ein einzelnes Wirtschaftsgut im Wege des Tausches übertragen, bemessen sich die Anschaffungskosten nach dem gemeinen Wert des hingegebenen Wirtschaftsguts. ²Erfolgt die Übertragung im

Wege der verdeckten Einlage, erhöhen sich die Anschaffungskosten der Beteiligung an der Kapitalgesellschaft um den Teilwert des eingelegten Wirtschaftsguts. [3]In den Fällen des Absatzes 1 Nummer 5 Satz 1 Buchstabe a erhöhen sich die Anschaffungskosten im Sinne des Satzes 2 um den Einlagewert des Wirtschaftsguts. [4]Absatz 5 bleibt unberührt.

(7) Im Fall des § 4 Absatz 3 sind
1. bei der Bemessung der Absetzungen für Abnutzung oder Substanzverringerung die sich bei der Anwendung der Absätze 3 bis 6 ergebenden Werte als Anschaffungskosten zugrunde zu legen und
2. die Bewertungsvorschriften des Absatzes 1 Nummer 1a und der Nummern 4 bis 7 entsprechend anzuwenden.

EStDV

EStDV

§ 7

(weggefallen)

§ 8
Eigenbetrieblich genutzte Grundstücke von untergeordnetem Wert

(zu § 4 EStG abgedruckt)

§ 8a

(weggefallen)

§ 8b
Wirtschaftsjahr

(zu § 4a EStG abgedruckt)

§ 8c
Wirtschaftsjahr bei Land- und Forstwirten

(zu § 4a EStG abgedruckt)

§ 9a
Anschaffung, Herstellung

(zu § 6b EStG abgedruckt)

§§ 10 bis 11d

(zu § 7 EStG abgedruckt)

Anlagevermögen und Umlaufvermögen

R 6.1

(1) ¹Zum Anlagevermögen gehören die Wirtschaftsgüter, die bestimmt sind, dauernd dem Betrieb zu dienen. ²Ob ein Wirtschaftsgut zum Anlagevermögen gehört, ergibt sich aus dessen Zweckbestimmung, nicht aus seiner Bilanzierung. ³Ist die Zweckbestimmung nicht eindeutig feststellbar, kann die Bilanzierung Anhaltspunkt für die Zuordnung zum Anlagevermögen sein. ⁴Zum Anlagevermögen können immaterielle Wirtschaftsgüter, Sachanlagen und Finanzanlagen gehören. ⁵Zum abnutzbaren Anlagevermögen gehören insbesondere die auf Dauer dem Betrieb gewidmeten Gebäude, technischen Anlagen und Maschinen sowie die Betriebs- und Geschäftsausstattung. ⁶Zum nicht abnutzbaren Anlagevermögen gehören insbesondere Grund und Boden, Beteiligungen und andere Finanzanlagen, wenn sie dazu bestimmt sind, dauernd dem Betrieb zu dienen. ⁷Ein Wirtschaftsgut des Anlagevermögens, dessen Veräußerung beabsichtigt ist, bleibt so lange Anlagevermögen, wie sich seine bisherige Nutzung nicht ändert, auch wenn bereits vorbereitende Maßnahmen zu seiner Veräußerung getroffen worden sind. ⁸Bei Grundstücken des Anlagevermögens, die bis zu ihrer Veräußerung unverändert genutzt werden, ändert somit selbst eine zum Zwecke der Veräußerung vorgenommene Parzellierung des Grund und Bodens oder Aufteilung des Gebäudes in Eigentumswohnungen nicht die Zugehörigkeit zum Anlagevermögen.

(2) Zum Umlaufvermögen gehören die Wirtschaftsgüter, die zur Veräußerung, Verarbeitung oder zum Verbrauch angeschafft oder hergestellt worden sind, insbesondere Roh-, Hilfs- und Betriebsstoffe, Erzeugnisse und Waren, Kassenbestände.

Hinweise

H 6.1

Anlagevermögen
- Begriff >§ 247 Abs. 2 HGB
- Umfang >Gliederungsschema in § 266 Abs. 2 HGB

Baumbestand
Der in einem selbständigen Nutzungs- und Funktionszusammenhang stehende Baumbestand gehört als Wirtschaftsgut zum nicht abnutzbaren Anlagevermögen eines Forstbetriebs (>BMF vom 16.05.2012 – BStBl I S. 595).

Anhang 20 III

Digitale Wirtschaftsgüter
Zur Nutzungsdauer von Computerhardware und Software zur Dateneingabe und -verarbeitung >BMF vom **22.02.2022** (BStBl I S. **187**)

Anhang 1 V

Erwerb von Wirtschaftsgütern kurz vor Betriebsveräußerung
Wirtschaftsgüter, die zum Zweck der dauerhaften Einbindung in einen bereits bestehenden Geschäftsbetrieb erworben werden, sind auch dann im

§ 6 EStG
H 6.1

Anlagevermögen auszuweisen, wenn die gesamte organisatorische Einheit (Betrieb einschl. erworbener Wirtschaftsgüter) kurze Zeit später mit der Absicht der Weiterführung veräußert wird (>BFH vom 10.08.2005 – BStBl II 2006 S. 58).

Filme
In echter Auftragsproduktion hergestellte Filme sind immaterielle Wirtschaftsgüter des Umlaufvermögens (>BFH vom 20.09.1995 – BStBl II 1997 S. 320).

Geschäfts- oder Firmenwert
Anhang 9 I
- Zur bilanzsteuerlichen Behandlung des Geschäfts- oder Firmenwerts und sog. firmenwertähnlicher Wirtschaftsgüter >BMF vom 20.11.1986 (BStBl I S. 532).
- >H 5.5 (Geschäfts- oder Firmenwert/Praxiswert)

Gewerblicher Grundstückshandel
Anhang 17
>BMF vom 26.03.2004 (BStBl I S. 434), Tz. 33

Grund und Boden eines land- und forstwirtschaftlichen Betriebs
Anhang 17
>BMF vom 26.03.2004 (BStBl I S. 434), Tz. 27

Halbfertige Bauten auf fremdem Grund und Boden
- Halbfertige Bauten auf fremdem Grund und Boden werden als Vorräte dem Umlaufvermögen zugeordnet (>BFH 07.09.2005 – BStBl II 2006 S. 298).
- >H 6.7

Leergut in der Getränkeindustrie
- >BFH vom 09.01.2013 (BStBl II 2019 S. 150):
  - Leergut ist nach seiner Art unterschiedlich zu beurteilen: Der Eigentumsübergang erstreckt sich bei Einheitsleergut nicht nur auf den Inhalt, sondern auch auf die Flaschen und die Kästen selbst (BGH-Urteil vom 9. Juli 2007 II ZR 233/05, BGHZ 173, 159). Bei Brunneneinheitsleergut und Individualleergut erstreckt sich der Eigentumsübergang allein auf den Inhalt der Flaschen und Kästen.
  - Für die Verpflichtung zur Rückzahlung des erhaltenen **Pfandgeldes** für Brunneneinheitsleergut und Individualleergut ist eine Verbindlichkeit auszuweisen. Die Pfandverbindlichkeiten können um Bruch und Schwund zu mindern sein.
  - Ausführungen zu Mehr- und Minderrücknahmen bei einem Leergutpool
- Zur Anwendung des BFH-Urteils vom 09.01.2013 (BStBl II 2019 S. 150) und zur Vereinfachungsregelung bei Einheitsleergut >BMF vom 08.12.2020 (BStBl I S. 1367)

Musterhäuser
Musterhäuser rechnen zum Anlagevermögen (>BFH vom 31.03.1977 – BStBl II S. 684).

Praxiswert/Sozietätspraxiswert
>BFH vom 24.02.1994 (BStBl II S. 590)

Rohstoff
Zum Begriff des Rohstoffs und seiner Zuordnung zum Umlauf-(Vorrats-)vermögen >BFH vom 02.12.1987 (BStBl II 1988 S. 502)

Umlaufvermögen
Umfang >Gliederungsschema in § 266 Abs. 2 HGB

Vorführ- und Dienstwagen
Vorführ- und Dienstwagen rechnen zum Anlagevermögen (>BFH vom 17.11.1981 – BStBl II 1982 S. 344).

Anschaffungskosten

[1] Wird ein Wirtschaftsgut gegen Übernahme einer >Rentenverpflichtung erworben, kann der als >Anschaffungskosten zu behandelnde Barwert der Rente abweichend von den §§ 12 ff. BewG auch nach versicherungsmathematischen Grundsätzen berechnet werden. [2] Dagegen sind die Anschaffungskosten eines Wirtschaftsgutes, das mittels Ratenkauf ohne gesonderte Zinsvereinbarung erworben wird, stets mit dem nach §§ 12 ff. BewG ermittelten Barwert im Zeitpunkt der Anschaffung anzusetzen.

Hinweise

Ablösezahlungen im Profifußball
Zahlungen an den abgebenden Verein für den Transfer von Spielern sind aktivierungspflichtige Anschaffungskosten. Zu aktivieren sind auch die an Spielervermittler gezahlten Provisionen, soweit sie im Zusammenhang mit Vereinswechseln von Spielern gezahlt werden. Hingegen sind gezahlte Provisionen, die für Spieler gezahlt werden, die ablösefrei zu einem anderen Verein wechseln, als sofort abziehbare Betriebsausgaben zu behandeln. Gleiches gilt für Ausbildungs- und Förderungsentschädigungen, die für ablösefrei zu einem anderen Verein gewechselte Spieler gezahlt werden (>BFH vom 14.12.2011 – BStBl II 2012 S. 238).

Anschaffungskosten
Begriff und Umfang >§ 255 Abs. 1 HGB

§ 6 EStG
H 6.2

Ausländische Währung
- Bei einem Anschaffungsgeschäft in ausländischer Währung ist der Wechselkurs im Anschaffungszeitpunkt für die Berechnung der Anschaffungskosten maßgebend (>BFH vom 16.12.1977 – BStBl II 1978 S. 233).
- Ist der in einer Fremdwährung geleistete Einzahlungsbetrag eines Gesellschafters in die Kapitalrücklage der Gesellschaft, durch den sich die Anschaffungskosten seiner Beteiligung erhöht haben, später an den Gesellschafter zurückzuzahlen und hat sich der – in € – berechnete Wert jenes Betrags inzwischen durch einen Kursverlust der fremden Währung vermindert, entsteht für den Gesellschafter auch dann kein sofort abziehbarer Aufwand, wenn er die Beteiligung im Betriebsvermögen hält. Der Anspruch auf die Rückzahlung ist bei Gewinnermittlung durch Bestandsvergleich mit demjenigen Wert anzusetzen, der sich unter Berücksichtigung des Wechselkurses am Tag der Darlehensgewährung oder – im Fall der dauernden Wertminderung – eines ggf. niedrigeren Kurses am Bilanzstichtag ergibt (>BFH vom 27.04.2000 – BStBl II 2001 S. 168).

Ausschüttung aus dem steuerlichen Einlagekonto i. S. d. § 27 KStG
- Die Ausschüttung aus dem Eigenkapital nach § 27 KStG verringert wie eine >Rückzahlung aus Kapitalherabsetzung die Anschaffungskosten der Beteiligung an einer Kapitalgesellschaft.
- >BMF vom 04.06.2003 (BStBl I S. 366)
- >BFH vom 16.03.1994 (BStBl II S. 527) und vom 19.07.1994 (BStBl II 1995 S. 362)
- Ausschüttungen aus dem steuerlichen Einlagekonto i. S. d. § 27 KStG sind als Beteiligungsertrag zu erfassen, soweit sie den Buchwert übersteigen (>BFH vom 20.04.1999 – BStBl II S. 647).

Beteiligung an einer Kapitalgesellschaft
- Die Anschaffungskosten einer betrieblichen Beteiligung an einer Kapitalgesellschaft umfassen neben den ursprünglichen Anschaffungskosten auch die Nachschüsse sowie alle sonstigen Kapitalzuführungen durch die Gesellschafter, die auf der Ebene der Kapitalgesellschaft zu offenen oder verdeckten Einlagen führen. Sie umschließen – anders als im Bereich des § 17 (>R 17 Abs. 5) – nicht die Zuführung von Fremdkapital, wie die Gewährung von Darlehen, oder die Bürgschaftsleistungen von Gesellschaftern; die entsprechende Darlehensforderung ist vielmehr ein eigenständiges Wirtschaftsgut im Betriebsvermögen des Gesellschafters (>BFH vom 20.04.2005 – BStBl II S. 694).
- Die Zusammenlegung von GmbH-Anteilen lässt die Anschaffungskosten der betroffenen Anteile unberührt. Sie setzen sich in dem neu entstandenen Anteil fort (>BFH vom 09.11.2017 – BStBl II 2018 S. 575).

Disagio
Dem Veräußerer erstattete Damnum-/Disagiobeträge gehören beim Erwerber zu den Anschaffungskosten, wenn deren verpflichtende Erstattung im Kaufvertrag als Teil des Kaufpreises vereinbart worden ist (>BFH vom 17.02.1981 – BStBl II S. 466).

Einlagenrückgewähr
- >Kapitalherabsetzung (Rückzahlung aus Kapitalherabsetzung)
- >Ausschüttung aus dem steuerlichen Einlagekonto i. S. d. § 27 KStG

Erbauseinandersetzung und vorweggenommene Erbfolge
Anschaffungskosten bei Erbauseinandersetzung und vorweggenommener Erbfolge >BMF vom 14.03.2006 (BStBl I S. 253) unter Berücksichtigung der Änderungen durch BMF vom 27.12.2018 (BStBl I 2019 S. 11) und >BMF vom 13.01.1993 (BStBl I S. 80) unter Berücksichtigung der Änderungen durch BMF vom 26.02.2007 (BStBl I S. 269)

Anhang 13 I

Anhang 13 II

Erbbaurecht
- Zu den Anschaffungskosten des Wirtschaftsguts „Erbbaurecht" gehören auch einmalige Aufwendungen wie Grunderwerbsteuer, Maklerprovision, Notar- und Gerichtsgebühren, jedoch nicht vorausgezahlte oder in einem Einmalbetrag gezahlte Erbbauzinsen (>BFH vom 04.06.1991 – BStBl II 1992 S. 70 und vom 08.11.2017 – BStBl II 2018 S. 518).
- Beim Erwerb eines „bebauten" Erbbaurechts entfallen die gesamten Anschaffungskosten auf das Gebäude, wenn der Erwerber dem bisherigen Erbbauberechtigten nachweislich ein Entgelt nur für den Gebäudeanteil gezahlt hat, während er gegenüber dem Erbbauverpflichteten (Grundstückseigentümer) nur zur Zahlung des laufenden Erbbauzinses verpflichtet ist (>BFH vom 15.11.1994 – BStBl II 1995 S. 374).
- >H 6.4 (Erschließungs-, Straßenanlieger- und andere Beiträge)

Forderung auf Rückzahlung eines Fremdwährungsdarlehens
In der Bilanz ist der Anspruch auf Rückzahlung eines in Fremdwährung gewährten Darlehens mit demjenigen Wert anzusetzen, der sich unter Berücksichtigung des Wechselkurses am Tag der Darlehensgewährung oder – im Fall der dauernden Wertminderung – eines ggf. niedrigeren Kurses am Bilanzstichtag ergibt (>BFH vom 27.04.2000 – BStBl II 2001 S. 168).

Gemeinkosten
Gemeinkosten gehören nicht zu den Anschaffungskosten (>BFH vom 13.04.1988 – BStBl II S. 892).

§ 6 EStG
H 6.2

Grunderwerbsteuer
- **bei Anteilsvereinigung:** Die infolge einer Sacheinlage von Gesellschaftsanteilen aufgrund Anteilsvereinigung ausgelöste Grunderwerbsteuer ist von der aufnehmenden Gesellschaft nicht als Anschaffungs(neben)kosten der eingebrachten Anteile zu aktivieren (>BFH vom 20.04.2011 – BStBl II S. 761).
- **bei Gesellschafterwechsel:** Die infolge eines Wechsels im Gesellschafterbestand ausgelösten Grunderwerbsteuern nach § 1 Abs. 2a GrEStG stellen keine Anschaffungs(neben)kosten der erworbenen Kommanditanteile oder des vorhandenen Grundbesitzes der Objektgesellschaft dar (>BFH vom 02.09.2014 – BStBl II 2015 S. 260).

Grundstücke
>H 6.4

Kapitalherabsetzung
- **Rückzahlung aus Kapitalherabsetzung**
  Die Rückzahlung aus Kapitalherabsetzung verringert die Anschaffungskosten der Beteiligung an einer Kapitalgesellschaft, soweit die Rückzahlung nicht zu den Einnahmen i. S. d. § 20 Abs. 1 Nr. 2 rechnet (>BFH vom 29.06.1995 – BStBl II S. 725 und BMF vom 04.06.2003 – BStBl I S. 366).
- **Kapitalherabsetzung durch Einziehung von Aktien**
  Bei einer vereinfachten Kapitalherabsetzung durch Einziehung unentgeltlich zur Verfügung gestellter Aktien (§ 237 Abs. 3 Nr. 1, Abs. 4 und 5 AktG) gehen die anteiligen Buchwerte der von einem Aktionär zur Einziehung zur Verfügung gestellten Aktien mit deren Übergabe auf die dem Aktionär verbleibenden Aktien anteilig über, soweit die Einziehung bei diesen Aktien zu einem Zuwachs an Substanz führt. Soweit die Einziehung der von dem Aktionär zur Verfügung gestellten Aktien bei den Aktien anderer Aktionäre zu einem Zuwachs an Substanz führt, ist der auf die eingezogenen Aktien entfallende anteilige Buchwert von dem Aktionär ergebniswirksam auszubuchen (>BFH vom 10.08.2005 – BStBl II 2006 S. 22).

Mitunternehmeranteil
- Für den Erwerber stellen die Aufwendungen zum Erwerb des Anteils einschl. eines negativen Kapitalkontos Anschaffungskosten dar; ggf. sind sie oder Teile davon als Ausgleichsposten in der Ergänzungsbilanz des Erwerbers zu berücksichtigen (>BFH vom 21.04.1994 – BStBl II S. 745).
- Ist die Abfindung eines ausscheidenden Gesellschafters geringer als sein Kapitalkonto, sind in der Steuerbilanz i. H. d. Differenz die Buchwerte der bilanzierten Wirtschaftsgüter abzustocken. Buchwerte für Bargeld und Guthaben bei Geldinstituten können infolge des Nominalwertprinzips nicht abgestockt werden. Ist der Differenzbetrag höher als

die möglichen Abstockungen, muss im Übrigen ein passiver Ausgleichsposten gebildet werden, der mit künftigen Verlusten zu verrechnen und spätestens bei Beendigung der Beteiligung gewinnerhöhend aufzulösen ist. (>BFH vom 12.12.1996 – BStBl II 1998 S. 180).
– Zur Abschreibung von Mehrwerten in einer Ergänzungsbilanz >BMF vom 19.12.2016 (BStBl I 2017 S. 34)

Anhang 1 III

Nebenkosten
Nebenkosten gehören zu den Anschaffungskosten, soweit sie dem Wirtschaftsgut einzeln zugeordnet werden können (>BFH vom 13.10.1983 – BStBl II 1984 S. 101). Sie können nur dann aktiviert werden, wenn auch die Anschaffungs(haupt)kosten aktiviert werden können (>BFH vom 19.06.1997 – BStBl II S. 808).

Optionsprämie
Die für die Einräumung der Option ursprünglich angefallenen Anschaffungskosten sind bei Optionsausübung als Anschaffungsnebenkosten Teil der Anschaffungskosten der erworbenen Aktien (>BFH vom 22.05.2019 – BStBl II 2020 S. 44).

Preisnachlass oder Rabatt
Der Preisnachlass, der nicht von dem Verkäufer (Hersteller), sondern von dem Händler (Agent) aus dessen Provision gewährt wird, mindert ebenso wie ein vom Verkäufer gewährter Rabatt die Anschaffungskosten (>BFH vom 22.04.1988 – BStBl II S. 901).

Rentenverpflichtung
– Der Barwert einer übernommenen Rentenverpflichtung ist i. d. R. nach den §§ 12 ff. BewG zu ermitteln (>BFH vom 31.01.1980 – BStBl II S. 491).
– >aber R 6.2

Rückzahlung einer offenen Gewinnausschüttung
>H 17 (5)

Schuldübernahmen
– Schuldübernahmen rechnen zu den Anschaffungskosten (>BFH vom 31.05.1972 – BStBl II S. 696 und vom 02.10.1984 – BStBl II 1985 S. 320).
– >Erbauseinandersetzung und vorweggenommene Erbfolge

Skonto
Die Anschaffungskosten von Wirtschaftsgütern mindern sich weder im Anschaffungszeitpunkt noch zum nachfolgenden Bilanzstichtag um einen möglichen Skontoabzug, sondern erst im Zeitpunkt seiner tatsächlichen Inanspruchnahme (>BFH von 27.02.1991 – BStBl II S. 456).

Tätigkeitsvergütungen
>H 15.8 (3)

Vorsteuerbeträge
Zur Behandlung von Vorsteuerbeträgen, die nach dem UStG nicht abgezogen werden können, als Anschaffungskosten >§ 9b Abs. 1

Wahlrecht eines Mitunternehmers
>H 4.4

Waren
Werden die Anschaffungskosten von Waren nach dem Verkaufswertverfahren durch retrograde Berechnung in der Weise ermittelt, dass von den ausgezeichneten Preisen die kalkulierte Handelsspanne abgezogen wird, ist dieses Verfahren nicht zu beanstanden; bei am Bilanzstichtag bereits herabgesetzten Preisen darf jedoch nicht von der ursprünglich kalkulierten Handelsspanne, sondern nur von dem verbleibenden Verkaufsaufschlag ausgegangen werden (>BFH vom 27.10.1983 – BStBl II 1984 S. 35).

Wertaufholungsgebot bei Beteiligungen
– Für die Bemessung der Anschaffungskosten einer Beteiligung ist im Rahmen des steuerlichen Wertaufholungsgebotes als Obergrenze auf die historischen Anschaffungskosten der Beteiligung und nicht auf den unter Anwendung des sog. Tauschgutachtens fortgeführten Buchwert abzustellen (>BFH vom 24.04.2007 – BStBl II S. 707).
– Zu jedem Bilanzstichtag ist zu prüfen, ob (irgend)ein Grund für eine Bewertung unterhalb der historischen Anschaffungskosten vorliegt. Eine gewinnerhöhende Wertaufholung ist z. B. auch dann vorzunehmen, wenn nach einer ausschüttungsbedingten Teilwertabschreibung von Anteilen an einer Kapitalgesellschaft diese später wieder werthaltig werden, weil der Kapitalgesellschaft durch einen begünstigten Einbringungsvorgang neues Betriebsvermögen zugeführt wird (>BFH vom 08.11.2016 – BStBl II 2017 S. 1002).
– >H 3.40 (Wertaufholungen)

Wertsicherungsklausel
Die Anschaffungskosten eines gegen Übernahme einer Rentenverpflichtung erworbenen Wirtschaftsguts bleiben unverändert, wenn sich der Barwert der Rentenverpflichtung aufgrund einer Wertsicherungsklausel nachträglich erhöht (>BFH vom 27.01.1998 – BStBl II S. 537).

Zuzahlung des Veräußerers
Zuzahlungen im Rahmen eines Anschaffungsvorgangs führen nicht zum passiven Ausweis „negativer Anschaffungskosten". Vielmehr ist beim Erwerber ein passiver Ausgleichsposten auszuweisen, es sei denn, die Zu-

zahlung ist als Entgelt für eine gesonderte Leistung des Erwerbers, beispielsweise für eine Übernahme einer Bürgschaft, anzusehen (>BFH vom 26.04.2006 – BStBl II S. 656).

Zwangsversteigerung
Zu den Anschaffungskosten beim Erwerb eines Grundstücks im Zwangsversteigerungsverfahren gehört nicht nur das Gebot nebst den dazugehörigen Kosten, zu denen dem die Zwangsversteigerung betreibenden Grundpfandgläubiger das Grundstück zugeschlagen wird, sondern auch die gemäß § 91 des Zwangsversteigerungsgesetzes erloschenen nachrangigen eigenen Grundpfandrechte des Gläubigers, soweit sie nicht ausgeboten sind, wenn ihr Wert durch den Verkehrswert des ersteigerten Grundstücks gedeckt ist (>BFH vom 11.11.1987 – BStBl II 1988 S. 424).

Herstellungskosten

R 6.3

(1) In die Herstellungskosten eines Wirtschaftsgutes sind auch angemessene Teile der notwendigen Materialgemeinkosten und Fertigungsgemeinkosten (>Absatz 2), der angemessenen Kosten der allgemeinen Verwaltung, der angemessenen Aufwendungen für soziale Einrichtungen des Betriebs, für freiwillige soziale Leistungen und für die betriebliche Altersversorgung (>Absatz 3) sowie der Wertverzehr von Anlagevermögen, soweit er durch die Herstellung des Wirtschaftsgutes veranlasst ist (>Absatz 4), einzubeziehen[1]).

(2) Zu den Materialgemeinkosten und den Fertigungsgemeinkosten gehören u. a. auch die Aufwendungen für folgende Kostenstellen:
– Lagerhaltung, Transport und Prüfung des Fertigungsmaterials,
– Vorbereitung und Kontrolle der Fertigung,
– Werkzeuglager,
– Betriebsleitung, Raumkosten, Sachversicherungen,
– Unfallstationen und Unfallverhütungseinrichtungen der Fertigungsstätten,
– Lohnbüro, soweit in ihm die Löhne und Gehälter der in der Fertigung tätigen Arbeitnehmer abgerechnet werden.

(3) [1]Zu den Kosten für die allgemeine Verwaltung gehören u. a. die Aufwendungen für Geschäftsleitung, Einkauf und Wareneingang, Betriebsrat, Personalbüro, Nachrichtenwesen, Ausbildungswesen, Rechnungswesen – z. B. Buchführung, Betriebsabrechnung, Statistik und Kalkulation –, Feuerwehr, Werkschutz sowie allgemeine Fürsorge einschließlich Betriebskrankenkasse. [2]Zu den Aufwendungen für soziale Einrichtungen gehören z. B. Aufwendungen für Kantine einschließlich der Essenszuschüsse sowie für Freizeitgestaltung der Arbeitnehmer. [3]Freiwillige soziale Leistungen sind nur Aufwendungen, die nicht arbeitsvertraglich oder tarifvertraglich vereinbart worden sind; hierzu können z. B. Jubiläumsgeschenke, Wohnungs-

---
[1]) teilweise überholt durch § 6 Abs. 1 Nr. 1b

und andere freiwillige Beihilfen, Weihnachtszuwendungen oder Aufwendungen für die Beteiligung der Arbeitnehmer am Ergebnis des Unternehmens gehören. [4] Aufwendungen für die betriebliche Altersversorgung sind Beiträge an Direktversicherungen und Pensionsfonds, Zuwendungen an Pensions- und Unterstützungskassen sowie Zuführungen zu Pensionsrückstellungen.

(4) [1] Als Wertverzehr des Anlagevermögens, soweit er der Fertigung der Erzeugnisse gedient hat, ist grundsätzlich der Betrag anzusetzen, der bei der Bilanzierung des Anlagevermögens als AfA berücksichtigt ist. [2] Es ist nicht zu beanstanden, wenn der Stpfl., der bei der Bilanzierung des angeschafften oder hergestellten beweglichen Anlagevermögens die AfA in fallenden Jahresbeträgen vorgenommen hat, bei der Berechnung der Herstellungskosten der Erzeugnisse die AfA in gleichen Jahresbeträgen (§ 7 Abs. 1 Satz 1 und 2 EStG) berücksichtigt. [3] In diesem Fall muss der Stpfl. jedoch dieses Absetzungsverfahren auch dann bei der Berechnung der Herstellungskosten beibehalten, wenn gegen Ende der Nutzungsdauer die AfA in fallenden Jahresbeträgen niedriger sind als die AfA in gleichen Jahresbeträgen. [4] Der Wertverzehr des der Fertigung dienenden Anlagevermögens ist bei der Berechnung der Herstellungskosten der Erzeugnisse auch dann in Höhe der sich nach den Anschaffungs- oder Herstellungskosten des Anlagevermögens ergebenden AfA in gleichen Jahresbeträgen zu berücksichtigen, wenn der Stpfl. Bewertungsfreiheiten, Sonderabschreibungen oder erhöhte Absetzungen in Anspruch genommen und diese nicht in die Herstellungskosten der Erzeugnisse einbezogen hat. [5] Der Wertverzehr von Wirtschaftsgütern i. S. d. § 6 Abs. 2 oder 2a EStG darf nicht in die Berechnung der Herstellungskosten der Erzeugnisse einbezogen werden. [6] Teilwertabschreibungen auf das Anlagevermögen i. S. d. § 6 Abs. 1 Nr. 1 Satz 2 EStG sind bei der Berechnung der Herstellungskosten der Erzeugnisse nicht zu berücksichtigen.

(5) [1] Das handelsrechtliche Bewertungswahlrecht für Fremdkapitalzinsen gilt auch für die steuerliche Gewinnermittlung. [2] Sind handelsrechtlich Fremdkapitalzinsen in die Herstellungskosten einbezogen worden, sind sie gem. § 5 Abs. 1 Satz 1 1. Halbsatz EStG auch in der steuerlichen Gewinnermittlung als Herstellungskosten zu beurteilen.

(6) [1] Die Steuern vom Einkommen gehören nicht zu den steuerlich abziehbaren Betriebsausgaben und damit auch nicht zu den Herstellungskosten. [2] Entsprechendes gilt für die Gewerbesteuer (§ 4 Abs. 5b EStG). [3] Die Umsatzsteuer gehört zu den Vertriebskosten, die die Herstellungskosten nicht berühren.

(7) Wird ein Betrieb infolge teilweiser Stilllegung oder mangelnder Aufträge nicht voll ausgenutzt, sind die dadurch verursachten Kosten bei der Berechnung der Herstellungskosten nicht zu berücksichtigen.

(8) Bei am Bilanzstichtag noch nicht fertig gestellten Wirtschaftsgütern (>halbfertige Arbeiten) ist es für die Aktivierung der Herstellungskosten un-

erheblich, ob die bis zum Bilanzstichtag angefallenen Aufwendungen bereits zur Entstehung eines als Einzelheit greifbaren Wirtschaftsgutes geführt haben.

(9) Soweit die Absätze 1 und 3 von R 6.3 Abs. 4 EStR 2008 abweichen, darf R 6.3 Abs. 4 EStR 2008 weiterhin für Wirtschaftsgüter angewendet werden, mit deren Herstellung vor Veröffentlichung der EStÄR 2012 im Bundessteuerblatt begonnen wurde[1]).

Hinweise

Abraumvorrat
Kosten der Schaffung eines Abraumvorrats bei der Mineralgewinnung sind Herstellungskosten (>BFH vom 23.11.1978 – BStBl II 1979 S. 143).

Ausnutzung von Produktionsanlagen
– Die nicht volle Ausnutzung von Produktionsanlagen führt nicht zu einer Minderung der in die Herstellungskosten einzubeziehenden Fertigungsgemeinkosten, wenn sich die Schwankung in der Kapazitätsausnutzung aus der Art der Produktion, wie z. B. bei einer Zuckerfabrik als Folge der Abhängigkeit von natürlichen Verhältnissen, ergibt (>BFH vom 15.02.1966 – BStBl III S. 468).
– >R 6.3 Abs. 7

Bewertungswahlrecht
Ein handelsrechtliches Bewertungswahlrecht führt steuerrechtlich zum Ansatz des höchsten nach Handels- und Steuerrecht zulässigen Werts, soweit nicht auch steuerrechtlich ein inhaltsgleiches Wahlrecht besteht (>BFH vom 21.10.1993 – BStBl II 1994 S. 176).

Geldbeschaffungskosten
Geldbeschaffungskosten gehören nicht zu den Herstellungskosten (>BFH vom 24.05.1968 – BStBl II S. 574).

Halbfertige Arbeiten
– Bei Wirtschaftsgütern, die am Bilanzstichtag noch nicht fertiggestellt sind, mit deren Herstellung aber bereits begonnen worden ist, sind die bis zum Bilanzstichtag angefallenen Herstellungskosten zu aktivieren, soweit nicht von ihrer Einbeziehung abgesehen werden kann (>BFH vom 23.11.1978 – BStBl II 1979 S. 143).
– >H 6.1 und H 6.7 (Halbfertige Bauten auf fremdem Grund und Boden)

Herstellungskosten
Begriff und Umfang >§ 255 Abs. 2 HGB sowie BFH vom 04.07.1990 (BStBl II S. 830)

---

[1]) überholt, jetzt § 6 Abs. 1 Nr. 1b

§ 6 EStG
R 6.4 H 6.3, 6.4

Kalkulatorische Kosten
Kalkulatorische Kosten sind nicht tatsächlich entstanden und rechnen deshalb **nicht** zu den Herstellungskosten. Das gilt z. B. für:
- **Zinsen für Eigenkapital** (>BFH vom 30.06.1955 – BStBl III S. 238).
- **Wert der eigenen Arbeitsleistung** (fiktiver Unternehmerlohn des Einzelunternehmers >BFH vom 10.05.1995 – BStBl II S. 713); nicht dagegen Tätigkeitsvergütung i. S. d. § 15 Abs. 1 Satz 1 Nr. 2, die dem Gesellschafter von der Gesellschaft im Zusammenhang mit der Herstellung eines Wirtschaftsguts gewährt wird (>BFH vom 08.02.1996 – BStBl II S. 427) >H 6.4 (Arbeitsleistung).

Vorsteuerbeträge
Zur Behandlung von Vorsteuerbeträgen, die nach dem UStG nicht abgezogen werden können, als Herstellungskosten >§ 9b Abs. 1

Zinsen für Fremdkapital
>§ 255 Abs. 3 HGB sowie R 6.3 Abs. 5

R 6.4

Aufwendungen im Zusammenhang mit einem Grundstück
Anschaffungsnahe Herstellungskosten
(1) ¹Zu den Instandsetzungs- und Modernisierungsmaßnahmen i. S. d. § 6 Abs. 1 Nr. 1a EStG gehört auch die Beseitigung versteckter Mängel. ²Bei teilentgeltlichem Erwerb des Gebäudes können anschaffungsnahe Herstellungskosten nur im Verhältnis zum entgeltlichen Teil des Erwerbsvorgangs gegeben sein.

Kinderspielplatz
(2) ¹Entstehen dem Stpfl. Aufwendungen für die Anlage eines Kinderspielplatzes im Zusammenhang mit der Errichtung eines Wohngebäudes, liegen nur dann Herstellungskosten des Gebäudes vor, wenn die Gemeinde als Eigentümerin den Kinderspielplatz angelegt und dafür Beiträge von den Grundstückseigentümern erhoben hat. ²In allen anderen Fällen (Errichtung des Spielplatzes auf einem Grundstück des Stpfl. oder als gemeinsamer Spielplatz mit anderen Hauseigentümern) entsteht durch die Aufwendungen ein selbständig zu bewertendes Wirtschaftsgut, dessen Nutzungsdauer im Allgemeinen mit zehn Jahren angenommen werden kann.

H 6.4

Hinweise

Abbruchkosten
Wird ein Gebäude oder ein Gebäudeteil abgerissen, sind für die steuerrechtliche Behandlung folgende Fälle zu unterscheiden:
1. Der Stpfl. hatte das Gebäude auf einem ihm bereits gehörenden Grundstück errichtet,

2. der Stpfl. hat das Gebäude in der Absicht erworben, es als Gebäude zu nutzen (Erwerb ohne Abbruchabsicht),
3. der Stpfl. hat das Gebäude zum Zweck des Abbruchs erworben (Erwerb mit Abbruchabsicht),
4. der Stpfl. plant den Abbruch eines zum Privatvermögen gehörenden Gebäudes und die Errichtung eines zum Betriebsvermögen gehörenden Gebäudes (Einlage mit Abbruchabsicht).

aber: >Abbruchkosten bei vorheriger Nutzung außerhalb der Einkünfteerzielung

In den Fällen der Nr. 1 und 2 sind im Jahr des Abbruchs die Abbruchkosten und der Restbuchwert des abgebrochenen Gebäudes sofort abziehbare Betriebsausgaben (zu Nr. 1 >BFH vom 21.06.1963 – BStBl III S. 477 und vom 28.03.1973 – BStBl II S. 678, zu Nr. 2 >BFH vom 12.06.1978 – BStBl II S. 620). Dies gilt auch bei einem in Teilabbruchabsicht erworbenen Gebäude für die Teile, deren Abbruch nicht geplant war. Die darauf entfallenden Abbruchkosten und der anteilige Restbuchwert sind ggf. im Wege der Schätzung zu ermitteln (>BFH vom 15.10.1996 – BStBl II 1997 S. 325).

Im Fall der Nr. 3 gilt Folgendes:

a) War das Gebäude technisch oder wirtschaftlich nicht verbraucht, gehören sein Buchwert und die Abbruchkosten, wenn der Abbruch des Gebäudes mit der Herstellung eines neuen Wirtschaftsguts in einem engen wirtschaftlichen Zusammenhang steht, zu den Herstellungskosten dieses Wirtschaftsguts, sonst zu den Anschaffungskosten des Grund und Bodens (>BFH vom 04.12.1984 – BStBl II 1985 S. 208). Müssen bei einem in Teilabbruchabsicht erworbenen Gebäude umfangreichere Teile als geplant abgerissen werden, gehören die Abbruchkosten und der Restwert des abgerissenen Gebäudes insoweit zu den Herstellungskosten des neuen Gebäudes, als sie auf Gebäudeteile entfallen, die bei Durchführung des im Erwerbszeitpunkt geplanten Umbaus ohnehin hätten entfernt werden sollen. Dieser Anteil ist ggf. im Wege der Schätzung zu ermitteln (>BFH vom 15.10.1996 – BStBl II 1997 S. 325).

b) War das Gebäude im Zeitpunkt des Erwerbs objektiv wertlos, entfällt der volle Anschaffungspreis auf den Grund und Boden (>BFH vom 15.02.1989 – BStBl II S. 604); für die Abbruchkosten gilt Buchst. a entsprechend.

Wird mit dem Abbruch eines Gebäudes innerhalb von drei Jahren nach dem Erwerb begonnen, spricht der Beweis des ersten Anscheins dafür, dass der Erwerber das Gebäude in der Absicht erworben hat, es abzureißen. Der Stpfl. kann diesen Anscheinsbeweis durch den Gegenbeweis entkräften, z. B. dass es zu dem Abbruch erst aufgrund eines ungewöhnlichen Geschehensablaufs gekommen ist. Damit ist nicht ausgeschlossen, dass in besonders gelagerten Fällen, z. B. bei großen Arrondierungskäufen, auch bei einem Zeitraum von mehr als drei Jahren zwischen Erwerb und Beginn des Abbruchs der Beweis des ersten Anscheins für einen Erwerb in Abbruchabsicht spricht (>BFH vom 12.06.1978 – BStBl II S. 620). Für den Beginn der Dreijahresfrist ist i. d. R. der Abschluss des

obligatorischen Rechtsgeschäfts maßgebend (>BFH vom 06.02.1979 – BStBl II S. 509).
>Abbruchkosten bei unentgeltlicher Betriebsübertragung nach § 6 Abs. 3
Im Fall der Nr. 4 gehören der Wert des abgebrochenen Gebäudes und die Abbruchkosten zu den Herstellungskosten des neu zu errichtenden Gebäudes; der Einlagewert des Gebäudes ist nicht schon deshalb mit 0 € anzusetzen, weil sein Abbruch beabsichtigt ist (>BFH vom 09.02.1983 – BStBl II S. 451).

Abbruchkosten bei unentgeltlicher Betriebsübertragung nach § 6 Abs. 3
Die Rechtsgrundsätze zur Behandlung von Abbruchkosten beim Erwerb eines Gebäudes in Abbruchabsicht gelten auch für den unentgeltlichen Erwerb eines Mitunternehmeranteils im Wege der vorweggenommenen Erbfolge. Die aus der Abbruchabsicht resultierende Qualifikation als Herstellungskosten des neuen Gebäudes bleibt von der in § 6 Abs. 3 geregelten Buchwertfortführung unberührt (>BFH vom 27.05.2020 – BStBl II 2021 S. 748).

Abbruchkosten bei vorheriger Nutzung außerhalb der Einkünfteerzielung
Wurde das abgebrochene Gebäude zuvor zu eigenen Wohnzwecken oder anderen nicht einkommensteuerlich relevanten Zwecken genutzt, stehen die Abbruchkosten und ggf. die Absetzungen für außergewöhnliche Abnutzung ausschl. im Zusammenhang mit dem Neubau und bilden Herstellungskosten des neuen Gebäudes (>BFH vom 16.04.2002 – BStBl II S. 805).

Abgrenzung der selbständigen von den unselbständigen Gebäudeteilen
>R 4.2 Abs. 5

Abgrenzung von Anschaffungs-, Herstellungskosten und Erhaltungsaufwendungen
>R 21.1 und >BMF vom 18.07.2003 (BStBl I S. 386)

Ablöse- und Abstandszahlungen
- Ablöse- und Abstandszahlungen an Mieter oder Pächter >Entschädigungs- oder Abfindungszahlungen
- >Stellplätze
- Aufwendungen zur Ablösung des Erbbaurechts zählen zu den Herstellungskosten des anschließend auf dem Grundstück nach dem Abriss der vorhandenen Bebauung neu errichteten Gebäudes (>BFH vom 13.12.2005 – BStBl II 2006 S. 461).

Abtragung unselbständiger Gebäudeteile
>Baumängelbeseitigung

§ 6 EStG
H 6.4

Anschaffungskosten des Grund und Bodens
- >Erdarbeiten
- >Erschließungs-, Straßenanlieger- und andere Beiträge
- >Hausanschlusskosten
- >Zwangsräumung

Anschaffungsnahe Herstellungskosten
- >BMF vom 20.10.2017 (BStBl I S. 1447) Anhang 30 V 2
- Nicht zu den anschaffungsnahen Herstellungskosten gehören Aufwendungen für Instandsetzungsmaßnahmen zur Beseitigung eines Schadens, welcher im Zeitpunkt der Anschaffung noch nicht vorhanden war und nachweislich erst später durch schuldhaftes Verhalten eines Dritten am Gebäude verursacht worden ist (>BFH vom 09.05.2017 – BStBl II 2018 S. 9).
- Zu anschaffungsnahen Herstellungskosten können auch unvermutete Aufwendungen für Renovierungsmaßnahmen führen, die lediglich dazu dienen, Schäden zu beseitigen, welche aufgrund eines langjährigen vertragsgemäßen Gebrauchs der Mietsache durch den Nutzungsberechtigten entstanden sind. Dies gilt auch, wenn im Zeitpunkt der Anschaffung vorhandene, dem Stpfl. bei Erwerb aber verborgen gebliebene Mängel behoben werden (>BFH vom 13.03.2018 – BStBl II S. 533).

Arbeitsleistung
- Zu den Herstellungskosten des Gebäudes zählt nicht der Wert der eigenen Arbeitsleistung (>BFH vom 10.05.1995 – BStBl II S. 713).
- >H 6.3 (Kalkulatorische Kosten)
- >Tätigkeitsvergütung

Ausgleichsbeträge nach § 154 BauGB Anhang 5 I
Die anlässlich einer städtebaulichen Sanierungsmaßnahme zu zahlenden Ausgleichs- oder Ablösungsbeträge sind
- als Anschaffungs- oder Herstellungskosten zu behandeln, wenn das Grundstück in seiner Substanz oder seinem Wesen verändert wird (z. B. bei einer erstmaligen Erschließung oder bei Maßnahmen zur Verbesserung der Bebaubarkeit) oder
- als Werbungskosten/Betriebsausgaben sofort abziehbar, wenn z. B. vorhandene Anlagen ersetzt oder modernisiert werden.

Die Erhöhung des Grundstückswerts allein führt noch nicht zu Anschaffungs-/Herstellungskosten.
Die Aufwendungen sind nur dann als Anschaffungs-/Herstellungskosten zu behandeln, wenn
- die Bodenwerterhöhung 10 % überschreitet und

§ 6 EStG
H 6.4

- die Bodenwerterhöhung auf Verbesserungen der Erschließung und/ oder Bebaubarkeit beruht

(>BMF vom 08.09.2003 (BStBl I S. 489) einschl. Vordruck „Bescheinigung über sanierungsrechtliche Ausgleichs- oder Ablösungsbeträge nach dem Baugesetzbuch (§ 154 BauGB)").

Außenanlagen
- Hofbefestigungen und Straßenzufahrt stehen i. d. R. mit einem Betriebsgebäude in keinem einheitlichen Nutzungs- und Funktionszusammenhang. Die Aufwendungen gehören daher nicht zu den Herstellungskosten des Gebäudes (>BFH vom 01.07.1983 – BStBl II S. 686).
- >Erdarbeiten
- >Gartenanlage

Baumängelbeseitigung
- Aufwendungen zur Beseitigung von Baumängeln vor Fertigstellung des Gebäudes (mangelhafte Bauleistungen) gehören zu den Herstellungskosten des Gebäudes (>BFH vom 31.03.1992 – BStBl II S. 805). Das gilt auch dann, wenn sie zwar bei der Herstellung des Gebäudes aufgetreten, aber erst nach seiner Fertigstellung behoben worden sind (>BFH vom 01.12.1987 – BStBl II 1988 S. 431) sowie in den Fällen, in denen noch während der Bauzeit unselbständige Gebäudeteile wieder abgetragen werden müssen (>BFH vom 30.08.1994 – BStBl II 1995 S. 306).
- >H 7.4 (AfaA)
- >Prozesskosten
- >Vorauszahlungen

Baumaterial aus Enttrümmerung
Zu den Herstellungskosten des Gebäudes gehört auch der Wert des bei der Enttrümmerung eines kriegszerstörten Gebäudes gewonnenen und wieder verwendeten Baumaterials (>BFH vom 05.12.1963 – BStBl III 1964 S. 299).

Bauplanungskosten
- Zu den Herstellungskosten des Gebäudes gehören auch vergebliche Planungskosten, wenn der Stpfl. die ursprüngliche Planung zwar nicht verwirklicht, später aber ein die beabsichtigten Zwecke erfüllendes Gebäude erstellt (>BFH vom 29.11.1983 – BStBl II 1984 S. 303 und S. 306) und den Aufwendungen tatsächlich erbrachte Leistungen gegenüberstehen (>BFH vom 08.09.1998 – BStBl II 1999 S. 20).
- >Honorare

Bauzeitversicherung
Beiträge für die Bauzeitversicherung gehören nicht zu den Herstellungskosten des Gebäudes. Sie können nach den allgemeinen Grundsätzen als

§ 6 EStG
H 6.4

(vorweggenommene) Betriebsausgaben oder Werbungskosten abgezogen werden (>BFH vom 25.02.1976 – BStBl II 1980 S. 294).

Betriebsvorrichtungen
Aufwendungen für das Entfernen von Betriebsvorrichtungen gehören zu den Herstellungskosten des Gebäudes, wenn dieses dadurch wesentlich verbessert wird (>BFH vom 25.01.2006 – BStBl II S. 707).

Dingliche Belastungen
Erwirbt ein Stpfl. ein mit einem dinglichen Nutzungsrecht belastetes Grundstück, führt er seinem Vermögen ein um dieses Nutzungsrecht eingeschränktes Eigentum an diesem Grundstück zu. Dingliche Belastungen begründen keine Verbindlichkeiten, deren Übernahme zu Anschaffungskosten des Grundstücks führt (>BFH vom 17.11.2004 – BStBl II 2008 S. 296).

Eigenkapitalvermittlungsprovision
Eigenkapitalvermittlungsprovision und andere Gebühren bei geschlossenen Fonds >BMF vom 20.10.2003 (BStBl I S. 546)

Anhang 30 I

Einbauküche
Bei einer Einbauküche mit ihren einzelnen Elementen (Spüle, Herd, Einbaumöbel, Elektrogeräte, Arbeitsplatte) handelt es sich um ein einheitliches Wirtschaftsgut, das über einen Zeitraum von zehn Jahren abzuschreiben ist. Aufwendungen für die vollständige Erneuerung einer Einbauküche sind nicht als Erhaltungsaufwand abziehbar (>BFH 03.08.2016 – BStBl II 2017 S. 437).

Einbauten als unselbständige Gebäudeteile
Aufwendungen für Einbauten als unselbständige Gebäudeteile gehören zu den Herstellungskosten des Gebäudes, soweit die unselbständigen Gebäudeteile nicht Betriebsvorrichtungen sind (>BFH vom 26.11.1973 – BStBl II 1974 S. 132).

Entschädigungs- oder Abfindungszahlungen
Entschädigungs- oder Abfindungszahlungen an Mieter oder Pächter für vorzeitige Räumung eines Grundstücks zur Errichtung eines Gebäudes gehören zu den Herstellungskosten des neuen Gebäudes (>BFH vom 09.02.1983 – BStBl II S. 451).

Erdarbeiten
– **Buschwerk und Bäume**
  Zu den Herstellungskosten eines Gebäudes oder einer Außenanlage rechnen neben den Aufwendungen für die beim Bau anfallenden üblichen Erdarbeiten auch die Kosten für das Freimachen des Baugeländes von Buschwerk und Bäumen, soweit dies für die Herstellung des Gebäudes und der Außenanlage erforderlich ist (>BFH vom 26.08.1994 – BStBl II 1995 S. 71).

- **Hangabtragung**
  Die beim Bau eines Gebäudes regelmäßig anfallenden Erdarbeiten (Abtragung, Lagerung, Einplanierung bzw. Abtransport des Mutterbodens, der Aushub des Bodens für die Baugrube, seine Lagerung und ggf. sein Abtransport) gehören zu den Herstellungskosten des Gebäudes und der Außenanlage. Aufwendungen, die unmittelbar der erstmaligen oder einer wesentlich verbesserten Nutzung des Wirtschaftsguts Grund und Boden dienen, sind unter der Voraussetzung, dass der Grund und Boden durch diese Maßnahmen eine über seinen ursprünglichen Zustand hinausgehende wesentliche Verbesserung erfährt, nachträgliche Herstellungskosten des Grund und Bodens, ansonsten sofort abziehbare Betriebsausgaben (>BFH vom 27.01.1994 – BStBl II S. 512).

Erschließungs-, Straßenanlieger- und andere Beiträge
- **Erbbaurecht**
  - Wird ein Gebäude im Erbbaurecht errichtet und zahlt der Erbbauberechtigte den Erschließungsbeitrag, gehört der Beitrag weder ganz noch teilweise zu den Herstellungskosten des im Erbbaurecht errichteten Gebäudes (>BFH vom 22.02.1967 – BStBl III S. 417).
  - >H 5.6 (Erbbaurecht), (Bestimmte Zeit nach dem Abschlussstichtag)
  - >H 6.2
  - >H 21.2
- **Erstmalige Beiträge, Ersetzung, Modernisierung**
  Beiträge zur Finanzierung erstmaliger Anlagen sind nachträgliche Anschaffungskosten des Grund und Bodens, wenn durch die Baumaßnahmen, für die die Beiträge geleistet worden sind, eine Werterhöhung des Grund und Bodens eintritt, die unabhängig von der Bebauung des Grundstücks und dem Bestand eines auf dem Grundstück errichteten Gebäudes ist, und die Beiträge in einem Sachbezug zum Grundstück stehen. Werden hingegen Erschließungsanlagen ersetzt oder modernisiert, führen Erschließungsbeiträge zu Erhaltungsaufwendungen, es sei denn, das Grundstück wird hierdurch ausnahmsweise in seiner Substanz oder in seinem Wesen verändert (>BFH vom 22.03.1994 – BStBl II S. 842, vom 03.07.1997 – BStBl II S. 811, vom 03.08.2005 – BStBl II 2006 S. 369 und vom 20.07.2010 – BStBl II 2011 S. 35).
  Erhaltungsaufwendungen sind daher
  a) nachträgliche **Straßenbaukostenbeiträge** für ein bereits durch eine Straße erschlossenes Grundstück, die eine Gemeinde für die bauliche Veränderung des Straßenbelags und des Gehwegs zur Schaffung einer verkehrsberuhigten Zone erhebt (>BFH vom 22.03.1994 – BStBl II S. 842),
  b) die **Kanalanschlussgebühren**, wenn eine eigene Sickergrube oder Kläranlage ersetzt wird (>BFH vom 13.09.1984 – BStBl II 1985

S. 49 und vom 04.11.1986 – BStBl II 1987 S. 333). Werden durch eine einheitliche Erschließungsmaßnahme bisher als Weideland genutzte Flächen bebaubar, handelt es sich bei den darauf entfallenden Abwasserbeiträgen jedoch um nachträgliche Anschaffungskosten für den Grund und Boden, auch wenn ein Wohngebäude, das mit erschlossen wird, bereits über eine Sickergrube verfügte (>BFH vom 11.12.2003 – BStBl II 2004 S. 282).

- **Flächenbeiträge**

Ein Flächenbeitrag nach § 58 Abs. 1 BauGB kann zu nachträglichen Anschaffungskosten des Grund und Bodens führen, und zwar auch dann, wenn ein förmliches Umlegungsverfahren durch privatrechtliche Vereinbarungen vermieden wurde (>BFH vom 06.07.1989 – BStBl II 1990 S. 126).

- **Kanalbaubeitrag (Kanalanschlussgebühr)**
  - Der vom Hauseigentümer für Anlagen der Gemeinde außerhalb seines Grundstücks an die Gemeinde zu zahlende Kanalbaubeitrag (Kanalanschlussgebühr) gehört zu den Anschaffungskosten des Grund und Bodens (>BFH vom 24.11.1967 – BStBl II 1968 S. 178).
  - >Erstmalige Beiträge, Ersetzung, Modernisierung
  - >Hausanschlusskosten

- **Privatstraße**

Aufwendungen des Erwerbers eines Grundstücks für eine von einem Dritten zu errichtende Privatstraße stellen auch dann Anschaffungskosten eines selbständigen abnutzbaren Wirtschaftsgutes dar, wenn die Straße der erstmaligen Erschließung des Grundstücks dient (>BFH vom 19.10.1999 – BStBl II 2000 S. 257).

- **Zweit- oder Zusatzerschließung**

Beiträge für die Zweit- oder Zusatzerschließung eines Grundstücks durch eine weitere Straße sind nachträgliche Anschaffungskosten des Grund und Bodens, wenn sich der Wert des Grundstücks aufgrund einer Erweiterung der Nutzbarkeit oder einer günstigeren Lage erhöht. Das gilt auch dann, wenn ein durch einen Privatweg an das öffentliche Straßennetz angebundenes Grundstück zusätzlich durch eine erstmals errichtete öffentliche Straße erschlossen wird (>BFH vom 12.01.1995 – BStBl II S. 632, vom 07.11.1995 – BStBl II 1996 S. 89 und S. 190 und vom 19.12.1995 – BStBl II 1996 S. 134) oder wenn das Grundstück mittels eingetragener Zufahrtsbaulast auf dem Nachbargrundstück eine erweiterte Nutzbarkeit und damit ein besonderes, über den bisherigen Zustand hinausgehendes Gepräge erlangt (>BFH vom 20.07.2010 – BStBl II 2011 S. 35).

Fahrtkosten

Fahrtkosten des Stpfl. zur Baustelle gehören in tatsächlicher Höhe zu den Herstellungskosten (>BFH vom 10.05.1995 – BStBl II S. 713).

§ 6 EStG
H 6.4

Gartenanlage
– Die zu einem Gebäude gehörende Gartenanlage ist ein selbständiges Wirtschaftsgut (>BFH vom 30.01.1996 – BStBl II 1997 S. 25).
– >Umzäunung
– >R 21.1 Abs. 3

Gebäude
Begriff >R 7.1 Abs. 5

Gebäudebestandteile
– >Einbauküche
– >Heizungsanlagen
– >Kassettendecken
– >Waschmaschine
– >R 7.1 Abs. 6
– >H 4.2 (5) unselbständige Gebäudeteile

Generalüberholung
Anhang 30 V 1   >BMF vom 18.07.2003 (BStBl I S. 386)

Grunderwerbsteuer
– Aussetzungszinsen für Grunderwerbsteuer gehören nicht zu den Anschaffungskosten (>BFH vom 25.07.1995 – BStBl II S. 835).
– Säumniszuschläge zur Grunderwerbsteuer rechnen zu den Anschaffungskosten des Grundstücks (>BFH vom 14.01.1992 – BStBl II S. 464).

Hausanschlusskosten
– **Anlagen zur Ableitung von Abwässern**
  – Aufwendungen für die (Erst- oder Zweit-)Herstellung von Zuleitungsanlagen eines Gebäudes zum öffentlichen Kanal (sog. Hausanschlusskosten) einschl. der sog. Kanalanstichgebühr gehören zu den Herstellungskosten des Gebäudes, soweit die Kosten für Anlagen auf privatem Grund und nicht für Anlagen der Gemeinde außerhalb des Grundstücks entstanden sind. Aufwendungen für die Ersetzung, Modernisierung oder (ggf. teilweise) Instandsetzung einer vorhandenen und funktionsfähigen Kanalisation sind demgegenüber Erhaltungsaufwand. Dies gilt unabhängig davon, ob die Kosten für Anlagen auf privatem oder auf öffentlichem Grund entstanden sind (>BFH vom 03.09.2019 – BStBl II 2020 S. 191).
  – >Erschließungs-, Straßenanlieger- und andere Beiträge
– **Anschlüsse an Versorgungsnetze (Strom, Gas, Wasser, Wärme)**
  Die Kosten für den Anschluss eines Hauses an Versorgungsnetze gehören zu den Herstellungskosten des Gebäudes (>BFH vom 15.01.1965 – BStBl III S. 226).

Heizungsanlagen

Eine in ein Gebäude eingebaute Heizungsanlage ist regelmäßig als Gebäudebestandteil anzusehen. Für die Annahme einer Betriebsvorrichtung ist es nicht ausreichend, wenn eine Heizungsanlage für einen Betrieb aufgrund brandschutzrechtlicher Bestimmungen oder einfachgesetzlicher Umweltschutzbestimmungen vorgeschrieben ist. Entscheidend ist, ob die Gegenstände von ihrer Funktion her unmittelbar zur Ausübung des Gewerbes benutzt werden (>BFH vom 07.09.2000 – BStBl II 2001 S. 253).

Honorare

– Hat der Stpfl. ein zur Erzielung von Einkünften bestimmtes Gebäude geplant, aber nicht errichtet, und muss er deshalb an den Architekten ein gesondertes Honorar für Bauüberwachung und Objektbetreuung zahlen, ohne dass der Architekt solche Leistungen tatsächlich erbracht hat, gehören diese Aufwendungen nicht zu den Herstellungskosten eines später errichteten anderen Gebäudes, sondern sind als Betriebsausgaben/Werbungskosten abziehbar (>BFH vom 08.09.1998 – BStBl II 1999 S. 20).
– >Bauplanungskosten

Instandsetzung

– >BMF vom 18.07.2003 (BStBl I S. 386)   *Anhang 30 V 1*
– Renovierungskosten, die der Veräußerer der Wohnung im Kaufvertrag in Rechnung stellt, sind Bestandteil des Kaufpreises und deshalb Anschaffungskosten der Wohnung (>BFH vom 17.12.1996 – BStBl II 1997 S. 348).

Kassettendecken

Die Aufwendungen für eine abgehängte, mit einer Beleuchtungsanlage versehene Kassettendecke eines Büroraums gehören zu den Herstellungskosten des Gebäudes, weil die Kassettendecke Gebäudebestandteil und nicht Betriebsvorrichtung ist (>BFH vom 08.10.1987 – BStBl II 1988 S. 440).

Modernisierung

>BMF vom 18.07.2003 (BStBl I S. 386)   *Anhang 30 V 1*

Prozesskosten

Prozesskosten teilen als Folgekosten das rechtliche Schicksal der Aufwendungen, um die gestritten wurde. Gehören die Aufwendungen, um die gestritten wurde, zu den Herstellungskosten eines Gebäudes, gilt dies auch für die Prozesskosten (>BFH vom 01.12.1987 – BStBl II 1988 S. 431).

Restitutionsverfahren

Im Restitutionsverfahren nach dem VermG zum Ausgleich von Instandsetzungs- und Modernisierungsaufwendungen an einem rückübertragenen

§ 6 EStG
H 6.4

Gebäude geleistete Zahlungen stellen Anschaffungskosten dar (>BFH vom 11.01.2005 – BStBl II S. 477).

Stellplätze
Aufwendungen für die Ablösung der Verpflichtung zur Errichtung von Stellplätzen gehören auch dann zu den Herstellungskosten eines Gebäudes, wenn eine Verpflichtung zur nachträglichen Herstellung von Stellplätzen bei bereits bestehenden baulichen Anlagen abgelöst wird (>BFH vom 08.03.1984 – BStBl II S. 702). Bei (Nutzungs-)Änderung eines Gebäudes gehören sie zu den Herstellungskosten, wenn die zur Änderung führende Baumaßnahme als Herstellung i. S. v. § 255 Abs. 2 HGB anzusehen ist (>BFH vom 06.05.2003 – BStBl II S. 710).

Tätigkeitsvergütung
– Zahlt eine Personengesellschaft, die ein Betriebsgebäude errichtet, einem ihrer Gesellschafter für die Bauaufsicht und für die Koordinierung der Handwerkerarbeiten Arbeitslohn, gehört dieser auch dann zu den Herstellungskosten des Gebäudes, wenn es sich um eine Tätigkeitsvergütung i. S. d. § 15 Abs. 1 Satz 1 Nr. 2 handelt (>BFH vom 08.02.1996 – BStBl II S. 427).

– >H 6.3 (Kalkulatorische Kosten)
– >Arbeitsleistung

Umzäunung
Aufwendungen für die Umzäunung eines Mietwohngrundstücks (z. B. Maschendrahtzaun) können in einem einheitlichen Nutzungs- und Funktionszusammenhang mit dem Gebäude stehen und gehören daher i. d. R. zu den Gebäudeherstellungskosten (>BFH vom 15.12.1977 – BStBl II 1978 S. 210). Ein solcher Zusammenhang ist bei einem Betriebsgrundstück jedoch im Allgemeinen zu verneinen (>BFH vom 01.07.1983 – BStBl II S. 686). Diese Grundsätze gelten auch für angemessene Aufwendungen für das Anpflanzen von Hecken, Büschen und Bäumen an den Grundstücksgrenzen (lebende Umzäunung) (>BFH vom 30.06.1966 – BStBl III S. 541).

Versorgungsnetz
– >Erschließungs-, Straßenanlieger- und andere Beiträge
– >Hausanschlusskosten

Vorauszahlungen auf Herstellungskosten
– Vorauszahlungen auf Herstellungskosten für die der Stpfl. infolge Insolvenz des Bauunternehmers keine Bauleistungen erhalten hat und die er auch nicht zurückerlangen kann, gehören nicht zu den Herstellungskosten des Gebäudes, sondern können unter den allgemeinen Voraussetzungen als Betriebsausgaben bzw. Werbungskosten abgezogen

werden. Stehen ihnen jedoch Herstellungsleistungen des Bauunternehmers gegenüber, gehören sie zu den Herstellungskosten eines Gebäudes, selbst wenn die Herstellungsleistungen mangelhaft sind (>BFH vom 31.03.1992 – BStBl II S. 805). Vorauszahlungen auf Anschaffungskosten können als Betriebsausgaben oder Werbungskosten abgezogen werden, wenn das Anschaffungsgeschäft nicht zustande gekommen ist und eine Rückzahlung nicht erlangt werden kann (>BFH vom 28.06.2002 – BStBl II S. 758).
- >Baumängelbeseitigung

Wärmerückgewinnungsanlage
Eine Wärmerückgewinnungsanlage ist nicht schon deshalb als Betriebsvorrichtung zu beurteilen, weil es sich bei den Kühlzellen, deren abgegebene Wärme durch die Anlage aufbereitet wird, um eine Betriebsvorrichtung handelt. Eine Betriebsvorrichtung kann jedoch dann vorliegen, wenn die Anlage dem in einem Gebäude ausgeübten Gewerbebetrieb unmittelbar dient und der Zweck, das Gebäude zu beheizen und mit Warmwasser zu versorgen, demgegenüber in den Hintergrund tritt (>BFH vom 05.09.2002 – BStBl II S. 877).

Waschmaschine
Eine Waschmaschine ist kein Gebäudebestandteil, sondern ein selbständiges bewegliches Wirtschaftsgut. Das gilt auch dann, wenn sie auf einem Zementsockel angeschraubt ist und den Mietern gegen Entgelt zur Verfügung steht (>BFH vom 30.10.1970 – BStBl II 1971 S. 95).

Wesentliche Verbesserung
- >BMF vom 18.07.2003 (BStBl I S. 386)   Anhang 30 V 1
- Baumaßnahmen an einem betrieblich genutzten Gebäude oder Gebäudeteil führen zu einer wesentlichen Verbesserung i. S. d. § 255 Abs. 2 Satz 1 Alternative 3 HGB, wenn durch sie eine neue betriebliche Gebrauchs- oder Verwendungsmöglichkeit (>BFH vom 25.01.2006 – BStBl II S. 707) oder eine höherwertige (verbesserte) Nutzbarkeit (>BFH vom 25.09.2007 – BStBl II 2008 S. 218) geschaffen wird.

Wohnrechtsablösung
Aufwendungen für die Wohnrechtsablösung durch den Miterben führen zu nachträglichen Anschaffungskosten (>BFH vom 28.11.1991 – BStBl II 1992 S. 381 und vom 03.06.1992 – BStBl II 1993 S. 98).

Zwangsräumung
Wird ein unbebautes, besetztes Grundstück zwangsweise geräumt, um es anschließend teilweise bebauen und teilweise als Freifläche vermieten zu können, sind die Aufwendungen für die Zwangsräumung, soweit sie die zu bebauende Fläche betreffen, Herstellungskosten der später errichteten Gebäude, und soweit sie die Freifläche betreffen, Anschaffungskosten des Grund und Bodens (>BFH vom 18.05.2004 – BStBl II S. 872).

Zuschüsse für Anlagegüter

Begriff des Zuschusses

(1) [1]Ein Zuschuss ist ein Vermögensvorteil, den ein Zuschussgeber zur Förderung eines – zumindest auch – in seinem Interesse liegenden Zwecks dem Zuschussempfänger zuwendet. [2]Fehlt ein Eigeninteresse des Leistenden, liegt kein Zuschuss vor. [3]In der Regel wird ein Zuschuss auch nicht vorliegen, wenn ein unmittelbarer wirtschaftlicher Zusammenhang mit einer Leistung des Zuschussempfängers feststellbar ist.

Wahlrecht

(2) [1]Werden Anlagegüter mit Zuschüssen aus öffentlichen oder privaten Mitteln angeschafft oder hergestellt, hat der Stpfl. ein >Wahlrecht. [2]Er kann die Zuschüsse als Betriebseinnahmen ansetzen; in diesem Fall werden die Anschaffungs- oder Herstellungskosten der betreffenden Wirtschaftsgüter durch die Zuschüsse nicht berührt. [3]Er kann die Zuschüsse aber auch erfolgsneutral behandeln; in diesem Fall dürfen die Anlagegüter, für die die Zuschüsse gewährt worden sind, nur mit den Anschaffungs- oder Herstellungskosten bewertet werden, die der Stpfl. selbst, also ohne Berücksichtigung der Zuschüsse aufgewendet hat. [4]Weicht die Bewertung von der Handelsbilanz ab, sind die entsprechenden Anlagegüter in ein besonderes, laufend zu führendes Verzeichnis aufzunehmen (§ 5 Abs. 1 Satz 2 EStG).

Nachträglich gewährte Zuschüsse

(3) [1]Werden Zuschüsse, die erfolgsneutral behandelt werden, erst nach der Anschaffung oder Herstellung von Anlagegütern gewährt, sind sie nachträglich von den gebuchten Anschaffungs- oder Herstellungskosten abzusetzen. [2]Ebenso ist zu verfahren, wenn die Anlagen mit Hilfe eines Darlehens angeschafft oder hergestellt worden sind und der nachträglich gewährte Zuschuss auf dieses Darlehen verrechnet oder zur Tilgung des Darlehens verwendet wird.

Im Voraus gewährte Zuschüsse

(4) [1]Werden Zuschüsse gewährt, die erfolgsneutral behandelt werden sollen, wird aber das Anlagegut ganz oder teilweise erst in einem auf die Gewährung des Zuschusses folgenden Wirtschaftsjahr angeschafft oder hergestellt, kann in Höhe der – noch – nicht verwendeten Zuschussbeträge eine steuerfreie Rücklage gebildet werden, die im Wirtschaftsjahr der Anschaffung oder Herstellung auf das Anlagegut zu übertragen ist. [2]Zur Erfüllung der Aufzeichnungspflichten nach § 5 Abs. 1 Satz 2 EStG ist bei der Bildung der steuerfreien Rücklage der Ansatz in der Steuerbilanz ausreichend. [3]Die Aufnahme des Wirtschaftsguts in das besondere Verzeichnis ist erst bei Übertragung der Rücklage erforderlich.

Hinweise

Baukostenzuschüsse bei Energieversorgungsunternehmen

Nicht rückzahlbare Beiträge (Baukostenzuschüsse), die Versorgungsunternehmen dem Kunden als privatem oder gewerblichem Endabnehmer oder dem Weiterverteiler im Zusammenhang mit der Herstellung des Versorgungsanschlusses als Baukostenzuschüsse in Rechnung stellen, sind Zuschüsse i. S. v. R 6.5. Das gilt für von Windkraftanlagenbetreibern gezahlte Baukostenzuschüsse bei Energieversorgungsunternehmen entsprechend (>BMF vom 27.05.2003 – BStBl I S. 361).

Betriebsunterbrechungsversicherung

– Leistungen der Betriebsunterbrechungsversicherung sind keine Zuschüsse (>BFH vom 29.04.1982 – BStBl II S. 591).
– >H 6.6 (1) Entschädigung

Geld- oder Bauleistungen

Geld- oder Bauleistungen des Mieters zur Erstellung eines Gebäudes sind keine Zuschüsse, sondern zusätzliches Nutzungsentgelt für die Gebrauchsüberlassung des Grundstücks (>BFH vom 28.10.1980 – BStBl II 1981 S. 161).

Investitionszulagen sind keine Zuschüsse
>§ 13 InvZulG 2010

Investitionszuschüsse bei Einnahmenüberschussrechnung

Erhält ein Stpfl., der seinen Gewinn nach § 4 Abs. 3 ermittelt, für die Anschaffung oder Herstellung bestimmter Wirtschaftsgüter öffentliche Investitionszuschüsse, mindern diese die Anschaffungs- oder Herstellungskosten bereits im Jahr der Bewilligung und nicht im Jahr der Auszahlung. Sofern der Stpfl. den Zuschuss sofort als Betriebseinnahme versteuern will, muss er das entsprechende Wahlrecht ebenfalls im Jahr der Zusage ausüben (>BFH vom 29.11.2007 – BStBl II 2008 S. 561).

Mieterzuschüsse
>R 21.5 Abs. 3

Nachträglich gewährte Zuschüsse
Zur AfA >R 7.3 Abs. 4

Öffentliche Zuschüsse unter Auflage
>H 21.5 (Zuschüsse)

Rechnungsabgrenzungsposten
>H 5.6 (Investitionszuschüsse)

§ 6 EStG
R 6.6 H 6.5, 6.6 (1)

Wahlrecht
Das Wahlrecht, Investitionszuschüsse aus öffentlichen Mitteln nicht als Betriebseinnahmen zu erfassen, sondern von den Anschaffungs- bzw. Herstellungskosten des bezuschussten Wirtschaftsguts abzusetzen (>R 6.5 Abs. 2), ist rechtens (>BFH vom 05.06.2003 – BStBl II S. 801). Mit der Bildung von Wertberichtigungsposten nach der KHBV übt ein Krankenhausträger das Wahlrecht im Sinne einer Minderung der Anschaffungs- oder Herstellungskosten der mit Fördermitteln angeschafften oder hergestellten Anlagegüter aus (>BFH vom 26.11.1996 – BStBl II 1997 S. 390).

R 6.6
S 2138
R 6.6 (1)

Übertragung stiller Reserven bei Ersatzbeschaffung
Allgemeines

(1) ¹Die Gewinnverwirklichung durch Aufdeckung stiller Reserven kann in bestimmten Fällen der Ersatzbeschaffung vermieden werden. ²Voraussetzung ist, dass
1. ein Wirtschaftsgut des Anlage- oder Umlaufvermögens infolge höherer Gewalt oder infolge oder zur Vermeidung eines behördlichen Eingriffs gegen >Entschädigung aus dem Betriebsvermögen ausscheidet,
2. innerhalb einer bestimmten Frist ein funktionsgleiches Wirtschaftsgut (Ersatzwirtschaftsgut) angeschafft oder hergestellt wird, auf dessen Anschaffungs- oder Herstellungskosten die aufgedeckten stillen Reserven übertragen werden, und
3. das Wirtschaftsgut wegen der Abweichung von der Handelsbilanz in ein besonderes laufend zu führendes Verzeichnis aufgenommen wird (§ 5 Abs. 1 Satz 2 EStG).

H 6.6 (1)

Hinweise

Aufdeckung stiller Reserven
Das Unterlassen der Aufdeckung stiller Reserven in bestimmten Fällen der Ersatzbeschaffung ist aus einer einschränkenden Auslegung des Realisationsgrundsatzes herzuleiten; es gibt keinen durchgängigen Gewinnrealisierungszwang für sämtliche Veräußerungsvorgänge (>BFH vom 14.11.1990 – BStBl II 1991 S. 222).

Einlage
Die Einlage eines Wirtschaftsguts in das Betriebsvermögen ist keine Ersatzbeschaffung (>BFH vom 11.12.1984 – BStBl II 1985 S. 250).

Entnahme
Eine Gewinnverwirklichung kann nicht durch Ersatzbeschaffung vermieden werden, wenn ein Wirtschaftsgut durch Entnahme aus dem Betriebsvermögen ausscheidet (>BFH vom 24.05.1973 – BStBl II S. 582).

§ 6 EStG
H 6.6 (1) R 6.6

Entschädigung

- Eine Entschädigung i. S. v. R 6.6 Abs. 1 liegt nur vor, soweit sie für das aus dem Betriebsvermögen ausgeschiedene Wirtschaftsgut als solches und nicht für Schäden gezahlt worden ist, die die Folge des Ausscheidens aus dem Betriebsvermögen sind (z. B. Entschädigungen für künftige Nachteile beim Wiederaufbau, Ertragswertentschädigung für die Beeinträchtigung des verbleibenden Betriebs); ausnahmsweise können auch Zinsen in die Entschädigung i. S. v. R 6.6 Abs. 1 einzubeziehen sein (>BFH vom 29.04.1982 – BStBl II S. 568).

- Leistungen einer Betriebsunterbrechungsversicherung, soweit diese die Mehrkosten für die beschleunigte Wiederbeschaffung eines durch Brand zerstörten Wirtschaftsguts übernimmt, sind Entschädigungen i. S. v. R 6.6 Abs. 1 (>BFH vom 09.12.1982 – BStBl II 1983 S. 371).

- Es ist nicht schädlich, wenn die Entschädigung für das ausgeschiedene Wirtschaftsgut in einem Sachwert besteht, der Privatvermögen wird (>BFH vom 19.12.1972 – BStBl II 1973 S. 297).

- Wird einem vorsteuerabzugsberechtigten Unternehmer anlässlich eines Versicherungsfalls der Wiederbeschaffungswert einschl. Umsatzsteuer ersetzt, ist auch die Umsatzsteuer Teil der Entschädigung (>BFH vom 24.06.1999 – BStBl II S. 561).

Ersatzwirtschaftsgut

- Ein Ersatzwirtschaftsgut setzt nicht nur ein der Art nach funktionsgleiches Wirtschaftsgut voraus, es muss auch funktionsgleich genutzt werden (>BFH vom 29.04.1999 – BStBl II S. 488).

- Rücklagen für Ersatzbeschaffung können nur gebildet werden, wenn das Ersatzwirtschaftsgut in demselben Betrieb angeschafft oder hergestellt wird, dem auch das entzogene Wirtschaftsgut diente. Das gilt nicht, wenn die durch Enteignung oder höhere Gewalt entstandene Zwangslage zugleich den Fortbestand des bisherigen Betriebes selbst gefährdet oder beeinträchtigt hat (>BFH vom 22.01.2004 – BStBl II S. 421).

Veräußerung

Scheidet ein Wirtschaftsgut infolge einer behördlichen Anordnung oder zur Vermeidung eines behördlichen Eingriffs durch Veräußerung aus dem Betriebsvermögen aus, tritt an die Stelle der Entschädigung der Veräußerungserlös (>BFH vom 12.06.2001 – BStBl II S. 830).

Höhere Gewalt – behördlicher Eingriff

R 6.6 (2)

(2) [1]Höhere Gewalt liegt vor, wenn das Wirtschaftsgut infolge von Elementarereignissen wie z. B. Brand, Sturm oder Überschwemmung sowie durch andere unabwendbare Ereignisse wie z. B. Diebstahl oder unverschuldeten Unfall ausscheidet; eine Mithaftung auf Grund Betriebsgefahr

§ 6 EStG
R 6.6 H 6.6 (2)

ist unschädlich. ²Fälle eines behördlichen Eingriffs sind z. B. Maßnahmen zur Enteignung oder Inanspruchnahme für Verteidigungszwecke.

H 6.6 (2)

Hinweise

Behördlicher Eingriff

Behördlicher Eingriff ist zu **bejahen**
– bei Enteignung (>BFH vom 14.11.1990 – BStBl II 1991 S. 222),
– bei behördlichen Bauverboten (>BFH vom 17.10.1961 – BStBl III S. 566 und vom 06.05.1971 – BStBl II S. 664),
– bei behördlich angeordneter Betriebsunterbrechung (>BFH vom 08.10.1975 – BStBl II 1976 S. 186).

Behördlicher Eingriff ist zu **verneinen**
– bei Ausübung eines Wiederkaufsrechts durch die Gemeinde (>BFH vom 21.02.1978 – BStBl II S. 428),
– bei Aufstellung eines Bebauungsplans, der die bisherige Nutzung des Grundstücks wegen Bestandsschutzes unberührt lässt, selbst wenn dadurch eine sinnvolle Betriebserweiterung oder -umstellung ausgeschlossen wird; bei Veräußerungen zur Durchführung erforderlicher Maßnahmen zur Strukturanpassung kann aber eine Gewinnverwirklichung unter den Voraussetzungen der §§ 6b, 6c vermieden werden (>BFH vom 14.11.1990 – BStBl II 1991 S. 222),
– bei Veräußerung infolge einer wirtschaftlichen Zwangslage, selbst wenn die Unterlassung der Veräußerung unter Berücksichtigung aller Umstände eine wirtschaftliche Fehlmaßnahme gewesen wäre (>BFH vom 20.08.1964 – BStBl III S. 504),
– bei Tausch von Grundstücken oder Veräußerung eines Grundstücks und Erwerb eines Ersatzgrundstücks, wenn lediglich ein gewisses öffentliches Interesse an den Maßnahmen besteht (>BFH vom 29.03.1979 – BStBl II S. 412),
– bei privatrechtlich bedingten Zwangssituationen aufgrund zivilrechtlicher Vorgaben, z. B. bei der Übertragung von Aktien gegen Barabfindung gem. § 327a AktG, sog. Squeeze-out (>BFH vom 13.10.2010 – BStBl II 2014 S. 943).

Höhere Gewalt

Höhere Gewalt ist zu **bejahen**
– bei Abriss eines Gebäudes wegen erheblicher, kurze Zeit nach der Fertigstellung auftretender Baumängel (>BFH vom 18.09.1987 – BStBl II 1988 S. 330),
– bei Ausscheiden eines Wirtschaftsgutes infolge eines unverschuldet erlittenen Verkehrsunfalls (>BFH vom 14.10.1999 – BStBl II 2001 S. 130), >auch R 6.6 Abs. 2 Satz 1.

§ 6 EStG
H 6.6 (2), (3) R 6.6

Höhere Gewalt ist zu **verneinen**
– bei Unbrauchbarwerden einer Maschine infolge eines Material- oder Konstruktionsfehlers oder eines Bedienungsfehlers (>BFH vom 15.05.1975 – BStBl II S. 692).

Übertragung aufgedeckter stiller Reserven R 6.6 (3)

(3) ¹Bei einem ausgeschiedenen Betriebsgrundstück mit aufstehendem Gebäude können beim Grund und Boden und beim Gebäude aufgedeckte stille Reserven jeweils auf neu angeschafften Grund und Boden oder auf ein neu angeschafftes oder hergestelltes Gebäude übertragen werden. ²Soweit eine Übertragung der bei dem Grund und Boden aufgedeckten stillen Reserven auf die Anschaffungskosten des erworbenen Grund und Bodens nicht möglich ist, können die stillen Reserven auf die Anschaffungs- oder Herstellungskosten des Gebäudes übertragen werden. ³Entsprechendes gilt für die bei dem Gebäude aufgedeckten stillen Reserven.

Hinweise

H 6.6 (3)

Buchwert
Wegen des Begriffs Buchwert >R 6b.1 Abs. 2

Mehrentschädigung
Scheidet ein Wirtschaftsgut gegen Barzahlung und gegen Erhalt eines Ersatzwirtschaftsguts aus dem Betriebsvermögen aus oder wird die für das Ausscheiden eines Wirtschaftsguts erhaltene Entschädigung nicht in voller Höhe zur Beschaffung eines Ersatzwirtschaftsguts verwendet, dürfen die aufgedeckten stillen Reserven nur anteilig auf das Ersatzwirtschaftsgut übertragen werden (>BFH vom 03.09.1957 – BStBl III S. 386).

Beispiel:

letzter Buchwert des ausgeschiedenen Wirtschaftsguts	30.000 €
Entschädigung oder Gegenleistung für das ausgeschiedene Wirtschaftsgut (Wert des Ersatzwirtschaftsguts zzgl. der erhaltenen Barzahlung)	50.000 €
aufgedeckte stille Reserven	20.000 €
Anschaffungs- oder Herstellungskosten des Ersatzwirtschaftsguts	40.000 €
zu übertragende stille Reserven anteilig $\frac{20.000 \times 40.000}{50.000}$	16.000 €
Das Ersatzwirtschaftsgut wird angesetzt mit (40.000 € – 16.000 € =)	24.000 €
Steuerpflichtiger Gewinn i. H. d. nicht übertragbaren stillen Reserven (20.000 € – 16.000 € =)	4.000 €

§ 6 EStG
R 6.6 H 6.6 (3)

Teilwertabschreibung

Eine Teilwertabschreibung auf das Ersatzwirtschaftsgut ist nur möglich, wenn der nach der Übertragung der stillen Reserven verbleibende Betrag höher ist als der Teilwert (>BFH vom 05.02.1981 – BStBl II S. 432).

Übertragung aufgedeckter stiller Reserven

Die zu übertragenden stillen Reserven bemessen sich auch dann nach dem Unterschied zwischen der Entschädigung und dem Buchwert des ausgeschiedenen Wirtschaftsguts, wenn die Entschädigung höher ist als der Teilwert (>BFH vom 09.12.1982 – BStBl II 1983 S. 371).

Vorherige Anschaffung

Die Gewinnverwirklichung wegen eines behördlichen Eingriffs kann auch vermieden werden, wenn das Ersatzwirtschaftsgut vor dem Eingriff angeschafft oder hergestellt wurde. Erforderlich ist jedoch ein ursächlicher Zusammenhang zwischen Veräußerung und Ersatzbeschaffung (>BFH vom 12.06.2001 – BStBl II S. 830).

R 6.6 (4)
[1])

Rücklage für Ersatzbeschaffung

(4) [1]Soweit am Schluss des Wirtschaftsjahres, in dem das Wirtschaftsgut aus dem Betriebsvermögen ausgeschieden ist, noch keine Ersatzbeschaffung vorgenommen wurde, kann in Höhe der aufgedeckten stillen Reserven eine steuerfreie Rücklage gebildet werden, wenn zu diesem Zeitpunkt eine Ersatzbeschaffung ernstlich geplant und zu erwarten ist. [2]Die Nachholung der Rücklage für Ersatzbeschaffung in einem späteren Wirtschaftsjahr ist nicht zulässig. [3]Eine Rücklage, die auf Grund des Ausscheidens eines beweglichen Wirtschaftsgutes gebildet wurde, ist am Schluss des ersten auf ihre Bildung folgenden Wirtschaftsjahres gewinnerhöhend aufzulösen, wenn bis dahin ein Ersatzwirtschaftsgut weder angeschafft noch hergestellt worden ist. [4]Die Frist von einem Jahr verlängert sich bei einer Rücklage, die auf Grund des Ausscheidens eines Wirtschaftsgutes i. S. d. § 6b Abs. 1 Satz 1 EStG gebildet wurde, auf vier Jahre; bei neu hergestellten Gebäuden verlängert sich die Frist auf sechs Jahre. [5]Die Frist von einem Jahr kann im Einzelfall angemessen auf bis zu vier Jahre verlängert werden, wenn der Stpfl. glaubhaft macht, dass die Ersatzbeschaffung noch ernstlich geplant und zu erwarten ist, aber aus besonderen Gründen noch nicht durchgeführt werden konnte. [6]Eine Verlängerung auf bis zu sechs Jahre ist möglich, wenn die Ersatzbeschaffung im Zusammenhang mit der Neuherstellung eines Gebäudes i. S. d. Satzes 4 2. Halbsatz erfolgt. [7]Zur Erfüllung der Aufzeichnungspflichten nach § 5 Abs. 1 Satz 2

---

[1]) Die in Abs. 4 Satz 3 bis 6 EStR geregelten Fristen für die Ersatzbeschaffung verlängern sich jeweils um drei Jahre, wenn sie in einem nach dem 29.02.2020 und vor dem 01.01.2021 endenden Wj. ablaufen würden. Sie verlängern sich jeweils um zwei Jahre, wenn sie am Schluss des nach dem 31.12.2020 und vor dem 01.01.2022 endenden Wj. ablaufen würden. **Sie verlängern sich jeweils um ein Jahr, wenn sie am Schluss des nach dem 31.12.2021 und vor dem 01.01.2023 endenden Wj. ablaufen würden** (>BMF vom 20.09.2022 – BStBl I S. 1379).

EStG ist bei der Bildung der steuerfreien Rücklage der Ansatz in der Steuerbilanz ausreichend. ⁸Im Zeitpunkt der Ersatzbeschaffung ist die Rücklage durch Übertragung auf die Anschaffungs- oder Herstellungskosten des Ersatzwirtschaftsgutes aufzulösen. ⁹Absatz 3 gilt entsprechend.

Hinweise

Betriebsaufgabe/Betriebsveräußerung

Wegen der Besteuerung eines Gewinns aus der Auflösung einer Rücklage für Ersatzbeschaffung anlässlich der Veräußerung oder Aufgabe eines Betriebs >H 16 (9) Rücklage

Gewinnermittlung nach § 4 Abs. 3 EStG

(5) ¹Die vorstehenden Grundsätze gelten bei Gewinnermittlung durch Einnahmenüberschussrechnung sinngemäß. ²Ist die Entschädigungsleistung höher als der im Zeitpunkt des Ausscheidens noch nicht abgesetzte Teil der Anschaffungs- oder Herstellungskosten, kann der darüber hinausgehende Betrag im Wirtschaftsjahr der Ersatzbeschaffung von den Anschaffungs- oder Herstellungskosten des Ersatzwirtschaftsgutes sofort voll abgesetzt werden. ³Fließt die Entschädigungsleistung nicht in dem Wirtschaftsjahr zu, in dem der Schaden entstanden ist, ist es aus Billigkeitsgründen nicht zu beanstanden, wenn der Stpfl. den noch nicht abgesetzten Betrag der Anschaffungs- oder Herstellungskosten des ausgeschiedenen Wirtschaftsgutes in dem Wirtschaftsjahr berücksichtigt, in dem die Entschädigung geleistet wird. ⁴Wird der Schaden nicht in dem Wirtschaftsjahr beseitigt, in dem er eingetreten ist oder in dem die Entschädigung gezahlt wird, ist es aus Billigkeitsgründen auch nicht zu beanstanden, wenn sowohl der noch nicht abgesetzte Betrag der Anschaffungs- oder Herstellungskosten des ausgeschiedenen Wirtschaftsgutes als auch die Entschädigungsleistung erst in dem Wirtschaftsjahr berücksichtigt werden, in dem der Schaden beseitigt wird. ⁵Voraussetzung ist, dass die Anschaffung oder Herstellung eines Ersatzwirtschaftsgutes am Schluss des Wirtschaftsjahres, in dem der Schadensfall eingetreten ist, ernstlich geplant und zu erwarten ist und das Ersatzwirtschaftsgut bei beweglichen Gegenständen bis zum Schluss des ersten, bei Wirtschaftsgütern i. S. d. § 6b Abs. 1 Satz 1 EStG bis zum Schluss des vierten und bei neu hergestellten Gebäuden bis zum Schluss des sechsten Wirtschaftsjahres, das auf das Wirtschaftsjahr des Eintritts des Schadensfalles folgt, angeschafft oder hergestellt oder bestellt worden ist. ⁶Absatz 4 Satz 5 und 6 gilt entsprechend.

---

¹) Die in Abs. 5 Satz 5 und 6 EStR geregelten Fristen für die Ersatzbeschaffung verlängern sich jeweils um drei Jahre, wenn sie in einem nach dem 29.02.2020 und vor dem 01.01.2021 endenden Wj. ablaufen würden. Sie verlängern sich jeweils um zwei Jahre, wenn sie am Schluss des nach dem 31.12.2020 und vor dem 01.01.2022 endenden Wj. ablaufen würden. **Sie verlängern sich jeweils um ein Jahr, wenn sie am Schluss des nach dem 31.12.2021 und vor dem 01.01.2023 endenden Wj. ablaufen würden (>BMF vom 20.09.2022 – BStBl I S. 1379).**

§ 6 EStG
R 6.6 H 6.6 (5), (7)

H 6.6 (5) — Hinweise

Wechsel der Gewinnermittlungsart

Eine Rücklage für Ersatzbeschaffung kann auch fortgeführt werden, wenn der Stpfl. von der Gewinnermittlung durch Betriebsvermögensvergleich zur Einnahmenüberschussrechnung übergeht (>BFH vom 29.04.1999 – BStBl II S. 488).

R 6.6 (6) — Gewinnermittlung nach Durchschnittssätzen

(6) Wird der Gewinn nach Durchschnittssätzen gem. § 13a EStG ermittelt, sind das zwangsweise Ausscheiden von Wirtschaftsgütern und die damit zusammenhängenden Entschädigungsleistungen auf Antrag nicht zu berücksichtigen, wenn eine Ersatzbeschaffung zeitnah vorgenommen wird; die Fristen in Absatz 4 Satz 3 bis 6 gelten entsprechend.

R 6.6 (7) — Beschädigung [1]

(7) ¹Erhält der Stpfl. für ein Wirtschaftsgut, das infolge höherer Gewalt oder eines behördlichen Eingriffs beschädigt worden ist, eine Entschädigung, kann in Höhe der Entschädigung eine Rücklage gebildet werden, wenn das Wirtschaftsgut erst in einem späteren Wirtschaftsjahr repariert wird. ²Die Rücklage ist im Zeitpunkt der Reparatur in voller Höhe aufzulösen. ³Ist die Reparatur bei beweglichen Gegenständen am Ende des ersten und bei Wirtschaftsgütern i. S. d. § 6b Abs. 1 Satz 1 EStG Ende des vierten auf die Bildung der Rücklage folgenden Wirtschaftsjahres noch nicht durchgeführt, ist die Rücklage zu diesem Zeitpunkt aufzulösen. ⁴Absatz 4 Satz 5 und 7 gilt entsprechend.

H 6.6 (7) — Hinweise

Beispiel für den Fall der Beschädigung

Beschädigung des Wirtschaftsguts im Jahr 01, Versicherungsleistung aufgrund der Beschädigung im Jahr 01 50.000 €; Schadensbeseitigung im Jahr 02, Reparaturaufwand 49.000 €.

Rücklage für Ersatzbeschaffung im Jahr 01 (Entschädigung 50.000 €)	50.000 €
Reparaturaufwand im Jahr 02	49.000 €
erfolgswirksame Rücklagenauflösung im Jahr 02 in voller Höhe	50.000 €
steuerpflichtiger Gewinn	1.000 €

---

[1] Die in Abs. 7 Satz 3 und 4 EStR geregelten Fristen für die Ersatzbeschaffung verlängern sich jeweils um drei Jahre, wenn sie in einem nach dem 29.02.2020 und vor dem 01.01.2021 endenden Wj. ablaufen würden. Sie verlängern sich jeweils um zwei Jahre, wenn sie am Schluss des nach dem 31.12.2020 und vor dem 01.01.2022 endenden Wj. ablaufen würden. **Sie verlängern sich jeweils um ein Jahr, wenn sie am Schluss des nach dem 31.12.2021 und vor dem 01.01.2023 endenden Wj. ablaufen würden** (>BMF vom 20.09.2022 – BStBl I S. 1379).

§ 6 EStG
H 6.6 (7), 6.7 **R 6.7**

Gewinnübertragung
Wegen der Gewinne, die bei der Veräußerung bestimmter Anlagegüter entstanden und nach § 6b oder § 6c begünstigt sind, >auch R 6b.1 bis R 6c

Teilwert

R 6.7

[1] Der Teilwert kann nur im Wege der >Schätzung nach den Verhältnissen des Einzelfalles ermittelt werden. [2] Zur Ermittlung des niedrigeren Teilwerts bestehen >Teilwertvermutungen. [3] Die Teilwertvermutung kann widerlegt werden. [4] Sie ist widerlegt, wenn der Stpfl. anhand konkreter Tatsachen und Umstände darlegt und nachweist, dass die Anschaffung oder Herstellung eines bestimmten Wirtschaftsgutes von Anfang an eine Fehlmaßnahme war, oder dass zwischen dem Zeitpunkt der Anschaffung oder Herstellung und dem maßgeblichen Bilanzstichtag Umstände eingetreten sind, die die Anschaffung oder Herstellung des Wirtschaftsgutes nachträglich zur Fehlmaßnahme werden lassen. [5] Die Teilwertvermutung ist auch widerlegt, wenn der Nachweis erbracht wird, dass die >Wiederbeschaffungskosten am Bilanzstichtag niedriger als der vermutete Teilwert sind. [6] Der Nachweis erfordert es, dass die behaupteten Tatsachen objektiv feststellbar sind.

Hinweise

H 6.7

Abbruchabsicht
Bei der Ermittlung des Teilwerts eines Gebäudes ist die Abbruchabsicht nicht zu berücksichtigen (>BFH vom 07.12.1978 – BStBl II 1979 S. 729).

Beteiligung
Zur Bestimmung des Teilwerts einer Beteiligung >BFH vom 07.11.1990 (BStBl II 1991 S. 342) und vom 06.11.2003 (BStBl II 2004 S. 416)

Einlage
Zum Teilwert bei Einlage im Zusammenhang mit einer Betriebseröffnung
– >H 6.12 (Teilwert)
– >BFH vom 29.04.1999 (BStBl II 2004 S. 639)

Ersatzteile im Kfz-Handel
>BFH vom 24.02.1994 (BStBl II S. 514)

Fehlmaßnahme
– Eine Fehlmaßnahme liegt unabhängig von der Ertragslage des Betriebs vor, wenn der wirtschaftliche Nutzen der Anschaffung oder Herstellung eines Wirtschaftsguts bei objektiver Betrachtung deutlich hinter dem für den Erwerb oder die Herstellung getätigten Aufwand zurückbleibt und deshalb dieser Aufwand so unwirtschaftlich war, dass er von

§ 6 EStG
H 6.7

einem gedachten Erwerber des gesamten Betriebs im Kaufpreis nicht honoriert würde (>BFH vom 20.05.1988 – BStBl II 1989 S. 269).
- >Überpreis

Forderungen
- Der Wertberichtigung von Forderungen steht nicht entgegen, dass sie nach dem Tage der Bilanzerstellung (teilweise) erfüllt worden sind und der Gläubiger den Schuldner weiterhin beliefert hat (>BFH vom 20.08.2003 – BStBl II S. 941).
- Bei Forderungen aus Schuldscheindarlehen kann im Allgemeinen aus dem Anstieg der Marktzinsen nicht auf einen unter den Anschaffungskosten liegenden Teilwert geschlossen werden (>BFH vom 19.05.1998 – BStBl II 1999 S 277).
- Gekündigte Darlehensforderungen, bei denen Erlöse nur noch aus der Verwertung der Sicherheiten aber nicht mehr aus Zinszahlungen zu erwarten sind, sind im Rahmen einer Teilwertabschreibung auf den Betrag der voraussichtlichen Erlöse zu vermindern und auf den Zeitpunkt abzuzinsen, zu dem mit dem Eingang der Erlöse zu rechnen ist (>BFH vom 24.10.2006 – BStBl II 2007 S. 469).
- Bei einer eingeschränkten Solvenz des Schuldners eines ungekündigten Darlehens hängt die Abzinsung vom Umfang der noch zu erwartenden Teilleistungen ab (>BFH vom 24.10.2006 – BStBl II 2007 S. 469).
- Der Teilwert einer Forderung des Besitzunternehmens gegen die Betriebsgesellschaft kann nur nach den Maßstäben abgeschrieben werden, die für die Teilwertberichtigung der Beteiligung am Betriebsunternehmen durch das Besitzunternehmen bestehen; es ist eine Gesamtbetrachtung der Ertragsaussichten von Besitz- und Betriebsunternehmen notwendig (>BFH vom 14.10.2009 – BStBl II 2010 S. 274).
- *Anhang 9 VI* Die auf der Unverzinslichkeit einer im Anlagevermögen gehaltenen Forderung beruhende Teilwertminderung ist keine voraussichtlich dauernde Wertminderung (>BMF vom 02.09.2016 – BStBl I S. 995, Rn. 15).

Halbfertige Bauten auf fremdem Grund und Boden
- Halbfertige Bauten auf fremdem Grund und Boden sind mit den Herstellungskosten der halbfertigen Arbeiten, ohne die in solchen Arbeiten ruhenden, im laufenden Geschäftsbetrieb noch nicht aufzudeckenden Gewinnanteile anzusetzen. Bei der Einbringung zum gemeinen Wert oder Zwischenwerten nach dem UmwStG gehören zum gemeinen Wert halbfertiger Arbeiten auch darin enthaltene anteilige Gewinne (>BFH vom 10.07.2002 – BStBl II S. 784).
- Eine >Teilwertabschreibung auf halbfertige Bauten auf fremdem Grund und Boden ist hinsichtlich des gesamten Verlusts aus dem noch nicht abgewickelten Auftrag bis zur Höhe der aktivierten Herstellungskosten zulässig und nicht auf den dem jeweiligen Fertigungsstand entsprechenden Anteil begrenzt. Die Höhe der Teilwertabschreibung ist nach

der retrograden Bewertungsmethode (>H 6.8) zu ermitteln. Eine >Teilwertabschreibung ist regelmäßig nicht zulässig, wenn
- die Verpflichtung zur Fertigstellung des Bauvorhabens entfallen ist,
- selbständige Teilleistungen abgenommen werden oder
- die Aufträge bewusst verlustbringend kalkuliert werden (>BFH vom 07.09.2005 – BStBl II 2006 S. 298); >Verlustprodukte.
- >H 6.1

Investitionszuschüsse
Investitionszuschüsse mindern i. d. R. nicht den Teilwert der bezuschussten Wirtschaftsgüter (>BFH vom 19.07.1995 – BStBl II 1996 S. 28).

Retrograde Wertermittlung
- Bei der retrograden Ermittlung des Teilwerts von Wirtschaftsgütern können nach dem Bilanzstichtag entstehende Selbstkosten nur insoweit berücksichtigt werden, als auch ein gedachter Erwerber sie berechtigterweise geltend machen könnte (>BFH vom 09.11.1994 – BStBl II 1995 S. 336).
- >H 6.8 (Retrograde Bewertungsmethode)

Schätzung
Im Rahmen der Schätzung des Teilwerts gelten die Wiederbeschaffungskosten als Ober- und der Einzelveräußerungspreis als Untergrenze (>BFH vom 25.08.1983 – BStBl II 1984 S. 33).

Teilwertabschreibung
- Zur Teilwertabschreibung, zur voraussichtlich dauernden Wertminderung und zum Wertaufholungsgebot >BMF vom 02.09.2016 (BStBl I S. 995) *Anhang 9 VI*
- Die Teilwertabschreibung hat gegenüber der Drohverlustrückstellung Vorrang. Das Verbot der Rückstellungen für drohende Verluste (§ 5 Abs. 4a Satz 1) erfasst nur denjenigen Teil des Verlustes, der durch die Teilwertabschreibung nicht verbraucht ist (>BFH vom 07.09.2005 – BStBl II 2006 S. 298).
- Keine Teilwertabschreibung bei Einnahmenüberschussrechnung >BFH vom 05.11.2015 (BStBl II 2016 S. 468)
- Zur Teilwertabschreibung schadstoffbelasteter Grundstücke >BMF vom 11.05.2010 (BStBl I S. 495)
- Zur Anwendung des Teileinkünfteverfahrens bei Teilwertabschreibungen auf Darlehensforderungen (für Beteiligungen von nicht mehr als 25 %) >BMF vom 23.10.2013 (BStBl I S. 1269) *Anhang 16 XV*
- >H 17 (8) Einlage einer wertgeminderten Beteiligung
- >H 6.12 (Bodenschatz)

§ 6 EStG
H 6.7

Teilwertbegriff
Der Teilwert ist ein ausschl. objektiver Wert, der von der Marktlage am Bilanzstichtag bestimmt wird; es ist unerheblich, ob die Zusammensetzung und Nutzbarkeit eines Wirtschaftsguts von besonderen Kenntnissen und Fertigkeiten des Betriebsinhabers abhängt (>BFH vom 31.01.1991 – BStBl II S. 627).

Teilwertvermutungen
1. Im Zeitpunkt des Erwerbs oder der Fertigstellung eines Wirtschaftsguts entspricht der Teilwert den Anschaffungs- oder Herstellungskosten (>BFH vom 13.04.1988 – BStBl II S. 892; nicht ohne weiteres anwendbar bei Erwerb eines Unternehmens oder Mitunternehmeranteils >BFH vom 06.07.1995 – BStBl II S. 831).
2. Bei nicht abnutzbaren Wirtschaftsgütern des Anlagevermögens entspricht der Teilwert auch zu späteren, dem Zeitpunkt der Anschaffung oder Herstellung nachfolgenden Bewertungsstichtagen den Anschaffungs- oder Herstellungskosten (>BFH vom 21.07.1982 – BStBl II S. 758).
3. Bei abnutzbaren Wirtschaftsgütern des Anlagevermögens entspricht der Teilwert zu späteren, dem Zeitpunkt der Anschaffung oder Herstellung nachfolgenden Bewertungsstichtagen den um die lineare AfA verminderten Anschaffungs- oder Herstellungskosten (>BFH vom 30.11.1988 – BStBl II 1989 S. 183).
4. Bei Wirtschaftsgütern des Umlaufvermögens entspricht der Teilwert i. d. R. den Wiederbeschaffungskosten. Der Teilwert von zum Absatz bestimmten Waren hängt jedoch auch von deren voraussichtlichem Veräußerungserlös (Börsen- oder Marktpreis) ab (>BFH vom 27.10.1983 – BStBl II 1984 S. 35).
5. Der Teilwert einer Beteiligung entspricht im Zeitpunkt ihres Erwerbs den Anschaffungskosten. Für ihren Wert sind nicht nur die Ertragslage und die Ertragsaussichten, sondern auch der Vermögenswert und die funktionale Bedeutung des Beteiligungsunternehmens, insbesondere im Rahmen einer Betriebsaufspaltung, maßgebend (>BFH vom 06.11.2003 – BStBl II 2004 S. 416).

Überpreis
Die >Teilwertvermutung gilt auch bei Zahlung eines Überpreises. Ein beim Erwerb eines Grundstücks gezahlter Überpreis rechtfertigt allein keine Teilwertabschreibung auf den niedrigeren Vergleichswert zu einem späteren Bilanzstichtag. Eine Berufung auf eine >Fehlmaßnahme allein im Hinblick auf die Zahlung eines Überpreises ist ausgeschlossen. Der Überpreis nimmt jedoch an einer aus anderen Gründen gerechtfertigten Teilwertabschreibung in dem Verhältnis teil, das dem gegenüber dem Anschaffungszeitpunkt gesunkenen Vergleichswert entspricht (>BFH vom 07.02.2002 – BStBl II S. 294).

Unrentabler Betrieb
Zur Abschreibung auf den niedrigeren Teilwert bei unrentablem Betrieb >BFH vom 01.03.1994 (BStBl II S. 569) und vom 20.09.1989 (BStBl II 1990 S. 206)

Verlustprodukte
Eine Teilwertabschreibung ist bei sog. „bewussten Verlustprodukten" jedenfalls dann nicht zulässig, wenn das Unternehmen Gewinne erzielt (>BFH vom 29.04.1999 – BStBl II S. 681).

Vorzugspreise einer Gemeinde
Bei der Ermittlung des Teilwerts eines Grundstücks sind Vorzugspreise, die eine Gemeinde Erwerbern vergleichbarer Grundstücke aus ansiedlungspolitischen Gründen einräumt, nur zu berücksichtigen, wenn die Gemeinde dadurch nachhaltig, über längere Zeit und mit in etwa gleichbleibenden Beträgen in das Marktgeschehen eingreift, so dass zum Bilanzstichtag auch andere Eigentümer ihre Grundstücke nicht teurer verkaufen können (>BFH vom 08.09.1994 – BStBl II 1995 S. 309).

Wärmeenergie
Die Wärmeenergie verselbständigt sich zu einem eigenen Wirtschaftsgut, wenn sie über Wärmemengenzähler bestimmungsgemäß an Abnehmer geliefert oder für private Zwecke verbraucht wird. Der private Verbrauch selbst erzeugter Wärmeenergie ist eine mit dem Teilwert zu bewertende Sachentnahme. Die (Wieder)Herstellungskosten sind auch bei sog. Kuppelerzeugnissen tauglicher Maßstab zur Bestimmung des Teilwerts. Als Teilwert ist jedoch der Veräußerungspreis anzusetzen, wenn sich für Erzeugnisse gleicher Art und Güte ein niedrigerer Marktpreis gebildet hat (>BFH vom 12.03.2020 – BStBl II 2021 S. 226).

Wertaufholungsgebot
– Zum Wertaufholungsgebot >BMF vom 02.09.2016 (BStBl I S. 995)   Anhang 9 VI
– >H 6.2 (Wertaufholungsgebot bei Beteiligungen)

Wiederbeschaffungskosten
Wiederbeschaffungskosten umfassen auch die Anschaffungsnebenkosten (>BFH vom 29.04.1999 – BStBl II 2004 S. 639).

Zeitpunkt der Teilwertabschreibung
Eine Teilwertabschreibung kann nur zum Bilanzstichtag und nicht auf einen beliebigen Tag zwischen zwei Bilanzstichtagen vorgenommen werden (>BFH vom 05.02.1981 – BStBl II S. 432).

§ 6 EStG
R 6.8

R 6.8 — Bewertung des Vorratsvermögens
Niedrigerer Teilwert

(1) [1]Wirtschaftsgüter des Vorratsvermögens, insbesondere Roh-, Hilfs- und Betriebsstoffe, unfertige und fertige Erzeugnisse sowie Waren, sind nach § 6 Abs. 1 Nr. 2 EStG mit ihren Anschaffungs- oder Herstellungskosten (>R 6.2 und R 6.3) anzusetzen. [2]Ist der Teilwert (>R 6.7) am Bilanzstichtag auf Grund einer voraussichtlich dauernden Wertminderung niedriger, kann dieser angesetzt werden. [3]Die Vornahme einer außerplanmäßigen Abschreibung in der Handelsbilanz ist nicht zwingend in der Steuerbilanz durch eine Teilwertabschreibung nachzuvollziehen; der Stpfl. kann darauf auch verzichten. [4]Bei einer Abweichung von der Handelsbilanz sind die Wirtschaftsgüter in besondere, laufend zu führende Verzeichnisse aufzunehmen (§ 5 Abs. 1 Satz 2 EStG).

(2) [1]Der Teilwert von Wirtschaftsgütern des Vorratsvermögens, deren Einkaufspreis am Bilanzstichtag unter die Anschaffungskosten gesunken ist, deckt sich in der Regel mit deren Wiederbeschaffungskosten am Bilanzstichtag, und zwar auch dann, wenn mit einem entsprechenden Rückgang der Verkaufspreise nicht gerechnet zu werden braucht. [2]Bei der Bestimmung des Teilwerts von nicht zum Absatz bestimmten Vorräten (z. B. >Ärztemuster) kommt es nicht darauf an, welcher Einzelveräußerungspreis für das jeweilige Wirtschaftsgut erzielt werden könnte. [3]Sind Wirtschaftsgüter des Vorratsvermögens, die zum Absatz bestimmt sind, durch Lagerung, Änderung des modischen Geschmacks oder aus anderen Gründen im Wert gemindert, ist als niedriger Teilwert der Betrag anzusetzen, der von dem voraussichtlich erzielbaren Veräußerungserlös nach Abzug des durchschnittlichen Unternehmergewinns und des nach dem Bilanzstichtag noch anfallenden betrieblichen Aufwands verbleibt. [4]Im Regelfall kann davon ausgegangen werden, dass der Teilwert dem Betrag entspricht, der sich nach Kürzung des erzielbaren Verkaufserlöses um den nach dem Bilanzstichtag noch anfallenden Teil des durchschnittlichen Rohgewinnaufschlags ergibt. [5]Soweit es dem Stpfl. auf Grund der tatsächlichen Gegebenheiten des Betriebs, z. B. wegen Fehlens entsprechender Warenwirtschaftssysteme, nicht möglich ist, die für die Ermittlung des Teilwerts nach Satz 3 (sog. >Subtraktionsmethode) notwendigen Daten zu Grunde zu legen, ist es nicht zu beanstanden, wenn der Teilwert nach folgender Formel ermittelt wird (sog. >Formelmethode):

$$X = Z : (1 + Y1 + Y2 \times W).$$

[6]Dabei sind:
- X der zu suchende Teilwert
- Z der erzielbare Verkaufspreis
- Y1 der Durchschnittsunternehmergewinnprozentsatz (bezogen auf die Anschaffungskosten)
- Y2 der Rohgewinnaufschlagsrest
- W der Prozentsatz an Kosten, der noch nach Abzug des durchschnittlichen Unternehmergewinnprozentsatzes vom Rohgewinnaufschlagssatz nach dem Bilanzstichtag anfällt.

§ 6 EStG
R 6.8

[7] Macht ein Stpfl. für Wertminderungen eine Teilwertabschreibung geltend, muss er die voraussichtliche dauernde Wertminderung nachweisen. [8] Dazu muss er Unterlagen vorlegen, die aus den Verhältnissen seines Betriebs gewonnen sind und die eine sachgemäße Schätzung des Teilwerts ermöglichen. [9] In der Regel sind die tatsächlich erzielten Verkaufspreise für die im Wert geminderten Wirtschaftsgüter in der Weise und in einer so großen Anzahl von Fällen nachzuweisen, dass sich daraus ein repräsentativer Querschnitt für die zu bewertenden Wirtschaftsgüter ergibt und allgemeine Schlussfolgerungen gezogen werden können. [10] Bei Wirtschaftsgütern des Vorratsvermögens, für die ein Börsen- oder Marktpreis besteht, darf dieser nicht überschritten werden, es sei denn, dass der objektive Wert der Wirtschaftsgüter höher ist oder nur vorübergehende, völlig außergewöhnliche Umstände den Börsen- oder Marktpreis beeinflusst haben; der Wertansatz darf jedoch die Anschaffungs- oder Herstellungskosten nicht übersteigen.

Einzelbewertung

(3) [1] Die Wirtschaftsgüter des Vorratsvermögens sind grundsätzlich einzeln zu bewerten. [2] Enthält das Vorratsvermögen am Bilanzstichtag Wirtschaftsgüter, die im Verkehr nach Maß, Zahl oder Gewicht bestimmt werden (vertretbare Wirtschaftsgüter) und bei denen die Anschaffungs- oder Herstellungskosten wegen Schwankungen der Einstandspreise im Laufe des Wirtschaftsjahres im einzelnen nicht mehr einwandfrei feststellbar sind, ist der Wert dieser Wirtschaftsgüter zu schätzen. [3] In diesen Fällen stellt die Durchschnittsbewertung (Bewertung nach dem gewogenen Mittel der im Laufe des Wirtschaftsjahres erworbenen und gegebenenfalls zu Beginn des Wirtschaftsjahres vorhandenen Wirtschaftsgüter) ein zweckentsprechendes Schätzungsverfahren dar.

Gruppenbewertung

(4) [1] Zur Erleichterung der Inventur und der Bewertung können gleichartige Wirtschaftsgüter des Vorratsvermögens jeweils zu einer Gruppe zusammengefasst und mit dem gewogenen Durchschnittswert angesetzt werden. [2] Die Gruppenbildung und >Gruppenbewertung darf nicht gegen die Grundsätze ordnungsmäßiger Buchführung verstoßen. [3] Gleichartige Wirtschaftsgüter brauchen für die Zusammenfassung zu einer Gruppe (>R 6.9 Abs. 3) nicht gleichwertig zu sein. [4] Es muss jedoch für sie ein Durchschnittswert bekannt sein. [5] Das ist der Fall, wenn bei der Bewertung der gleichartigen Wirtschaftsgüter ein ohne Weiteres feststellbarer, nach den Erfahrungen der betreffenden Branche sachgemäßer Durchschnittswert verwendet wird. [6] Macht der Stpfl. glaubhaft, dass in seinem Betrieb in der Regel die zuletzt beschafften Wirtschaftsgüter zuerst verbraucht oder veräußert werden – das kann sich z. B. aus der Art der Lagerung ergeben –, kann diese Tatsache bei der Ermittlung der Anschaffungs- oder Herstellungskosten berücksichtigt werden. [7] Zur Bewertung nach unterstelltem Verbrauchsfolgeverfahren >R 6.9.

§ 6 EStG
H 6.8

Hinweise

Ärztemuster

Ein als unverkäuflich gekennzeichnetes Ärztemuster ist i. d. R. mit den Herstellungskosten zu aktivieren (>BFH vom 30.01.1980 – BStBl II S. 327).

Beispiele für die Bewertung von Wirtschaftsgütern des Vorratsvermögens, die durch Lagerung, Änderung des modischen Geschmacks oder aus anderen Gründen im Wert gemindert sind (>R 6.8 Abs. 2 ff.):

– Subtraktionsmethode

Die Anwendung der Subtraktionsmethode setzt voraus, dass aus der Betriebsabrechnung die nach dem Bilanzstichtag bei den einzelnen Kostenarten noch jeweils anfallenden Kosten ersichtlich sind.

Beispiel:

Der Stpfl. hat einen Warenbestand einer zu bewertenden Gruppe mit Anschaffungskosten von 10.000 €. Der Rohgewinnaufschlagssatz für diese Warengruppe beträgt 100 %. Der noch erzielbare Verkaufspreis beträgt 40 % des ursprünglichen Verkaufspreises (40 % von 20.000 € = 8.000 €). Der durchschnittliche Unternehmergewinn beträgt 5 % des noch erzielbaren Verkaufspreises (= 400 €). Nach dem Bilanzstichtag fallen ausweislich der Betriebsabrechnung noch 70 % der betrieblichen Kosten an. Die betrieblichen Kosten errechnen sich ausgehend von dem ursprünglich geplanten Verkaufspreis (20.000 €), der um die Anschaffungskosten und den durchschnittlichen Unternehmergewinn, bezogen auf den ursprünglichen Verkaufspreis (5 % von 20.000 € = 1.000 €), vermindert wird.

Niedrigerer Teilwert = voraussichtlich erzielbarer Verkaufserlös ./. durchschnittlicher Unternehmergewinn ./. des nach dem Bilanzstichtag noch anfallenden betrieblichen Aufwands

X = 8.000 € ./. 400 € ./. 70 % von 9.000 € (ursprünglicher Verkaufspreis 20.000 € ./. durchschnittlicher Unternehmergewinn 1.000 € ./. Anschaffungskosten 10.000 €)

X = 8.000 € ./. 400 € ./. 6.300 €

X = 1.300 €

– **Formelmethode**

In den Fällen, in denen der Stpfl. keine Betriebsabrechnung hat, die die für die Ermittlung des Teilwerts nach der Subtraktionsmethode notwendigen Daten liefert, ist es nicht zu beanstanden, die Formelmethode zugrunde zu legen.

Beispiel:

Der Stpfl. hat einen Warenbestand einer zu bewertenden Gruppe mit Anschaffungskosten von 10.000 €. Sein durchschnittlicher Rohgewinnaufschlagssatz beträgt 150 % der Anschaffungskosten. Der noch erzielbare Verkaufspreis beträgt 75 % des ursprünglichen Verkaufspreises (75 % von 25.000 € = 18.750 €). Der durchschnittliche Unternehmergewinn beträgt 5 % des ursprünglichen Verkaufspreises, das entspricht 12,5 % der Anschaffungskosten. Die nach dem Bilanzstichtag noch anfallenden betrieblichen Kosten, d. h. der dann noch

§ 6 EStG
H 6.8

anfallende Kostenanteil des ursprünglichen Rohgewinnaufschlagssatzes ohne den hierin enthaltenen Gewinnanteil, werden mit 60 % geschätzt.

X = 18.750 € : (1 + 12,5 % + 137,5 % x 60 %)
X = 18.750 € : (1 + 0,125 + 0,825)
X = 18.750 € : 1,95
X =   9.615 €

Ersatzteile im Kfz-Handel
>H 6.7

Festwert
– Begriff und Zulässigkeit >§ 240 Abs. 3 i. V. m. § 256 Satz 2 HGB
– Ansatzvoraussetzungen und Bemessung >BMF vom 08.03.1993 (BStBl I S. 276)   Anhang 9 II
– Bestandsaufnahme und Wertanpassung >R 5.4 Abs. 3 Satz 2 bis 5
– >H 5.4
– Der Festwert darf nur der Erleichterung der Inventur und der Bewertung, nicht jedoch dem Ausgleich von Preisschwankungen, insbesondere Preissteigerungen, dienen (>BFH vom 01.03.1955 – BStBl III S. 144 und vom 03.03.1955 – BStBl III S. 222).

Gruppenbewertung
>§ 240 Abs. 4 i. V. m. § 256 Satz 2 HGB

Retrograde Bewertungsmethode
– Die verlustfreie Bewertung von Waren und sonstigem Vorratsvermögen ist nicht auf die Bewertung großer Warenlager beschränkt, bei denen es technisch schwierig ist, die Wareneinstandspreise im Einzelnen zu ermitteln, sie kann auch bei individualisierbaren Wirtschaftsgütern mit bekannten Anschaffungskosten und selbst dann eine geeignete Methode zur Ermittlung des Teilwerts sein, wenn am Bilanzstichtag der kalkulierte oder der nach den Erfahrungen der Vergangenheit voraussichtlich erzielbare Veräußerungserlös den Anschaffungskosten entspricht oder darunter liegt. Bei der retrograden Bestimmung des Teilwerts sind als Selbstkosten insbesondere die noch anfallenden Verkaufs-, Vertriebs- und Reparaturkosten sowie ggf. auch anteilige betriebliche Fixkosten zu berücksichtigen (>BFH vom 25.07.2000 – BStBl II 2001 S. 566).
– >H 6.7 (Retrograde Wertermittlung)

Wertlosigkeit
Wirtschaftsgüter, die wertlos oder so gut wie wertlos sind, dürfen auch von Stpfl., die den Gewinn nach § 4 Abs. 1 ermitteln, nicht mit den Anschaffungs- oder Herstellungskosten ausgewiesen werden (>BFH vom 01.12.1950 – BStBl III 1951 S. 10).

R 6.9 Bewertung nach unterstellten Verbrauchs- und Veräußerungsfolgen

Allgemeines

(1) [1]Andere Bewertungsverfahren mit unterstellter Verbrauchs- oder Veräußerungsfolge als die in § 6 Abs. 1 Nr. 2a EStG genannte Lifo-Methode sind steuerrechtlich nicht zulässig. [2]Die Anwendung der Lifo-Methode setzt nicht voraus, dass der Stpfl. die Wirtschaftsgüter auch in der Handelsbilanz nach dieser Methode bewertet. [3]Eine Einzelbewertung der Wirtschaftsgüter in der Handelsbilanz steht der Anwendung der Lifo-Methode nicht entgegen. [4]Bei einer Abweichung von der Handelsbilanz sind die Wirtschaftsgüter in besondere, laufend zu führende Verzeichnisse aufzunehmen (§ 5 Abs. 1 Satz 2 EStG).

Grundsätze ordnungsmäßiger Buchführung

(2) [1]Die Lifo-Methode muss den handelsrechtlichen Grundsätzen ordnungsmäßiger Buchführung entsprechen. [2]Das bedeutet nicht, dass die Lifo-Methode mit der tatsächlichen Verbrauchs- oder Veräußerungsfolge übereinstimmen muss; sie darf jedoch, wie z. B. bei leicht verderblichen Waren, nicht völlig unvereinbar mit dem betrieblichen Geschehensablauf sein. [3]Die Lifo-Methode muss nicht auf das gesamte Vorratsvermögen angewandt werden. [4]Sie darf auch bei der Bewertung der Materialbestandteile unfertiger oder fertiger Erzeugnisse angewandt werden, wenn der Materialbestandteil dieser Wirtschaftsgüter in der Buchführung getrennt erfasst wird und dies handelsrechtlichen Grundsätzen ordnungsmäßiger Buchführung entspricht.

Gruppenbildung

(3) [1]Für die Anwendung der Lifo-Methode können gleichartige Wirtschaftsgüter zu Gruppen zusammengefasst werden. [2]Zur Beurteilung der Gleichartigkeit sind die kaufmännischen Gepflogenheiten, insbesondere die marktübliche Einteilung in Produktklassen unter Beachtung der Unternehmensstruktur, und die allgemeine Verkehrsanschauung heranzuziehen. [3]Wirtschaftsgüter mit erheblichen Qualitätsunterschieden sind nicht gleichartig. [4]Erhebliche Preisunterschiede sind Anzeichen für Qualitätsunterschiede.

Methoden der Lifo-Bewertung

(4) [1]Die Bewertung nach der Lifo-Methode kann sowohl durch permanente Lifo als auch durch Perioden-Lifo erfolgen. [2]Die permanente Lifo setzt eine laufende mengen- und wertmäßige Erfassung aller Zu- und Abgänge voraus. [3]Bei der Perioden-Lifo wird der Bestand lediglich zum Ende des Wirtschaftsjahres bewertet. [4]Dabei können Mehrbestände mit dem Anfangsbestand zu einem neuen Gesamtbestand zusammengefasst oder als besondere Posten (Layer) ausgewiesen werden. [5]Bei der Wertermittlung für die Mehrbestände ist von den Anschaffungs- oder Herstellungskosten der ersten Lagerzugänge des Wirtschaftsjahres oder von den durchschnitt-

lichen Anschaffungs- oder Herstellungskosten aller Zugänge des Wirtschaftsjahres auszugehen. ⁶Minderbestände sind beginnend beim letzten Layer zu kürzen.

Wechsel der Bewertungsmethoden

(5) ¹Von der Lifo-Methode kann in den folgenden Wirtschaftsjahren nur mit Zustimmung des Finanzamts abgewichen werden (§ 6 Abs. 1 Nr. 2a Satz 3 EStG). ²Der Wechsel der Methodenwahl bei Anwendung der Lifo-Methode (>Absatz 4) bedarf nicht der Zustimmung des Finanzamts. ³Der Grundsatz der >Bewertungsstetigkeit ist jedoch zu beachten.

Niedrigerer Teilwert

(6) ¹Wird der Ansatz des niedrigeren Teilwerts gewählt (§ 6 Abs. 1 Nr. 2 Satz 2 EStG), ist der Teilwert der zu einer Gruppe zusammengefassten Wirtschaftsgüter mit dem Wertansatz, der sich nach Anwendung der Lifo-Methode ergibt, zu vergleichen. ²Hat der Stpfl. Layer gebildet (>Absatz 4), ist der Wertansatz des einzelnen Layer mit dem Teilwert zu vergleichen und kann gegebenenfalls gesondert auf den niedrigeren Teilwert abgeschrieben werden.

Übergang zur Lifo-Methode

(7) Der beim Übergang zur Lifo-Methode vorhandene Warenbestand ist mit dem steuerrechtlich zulässigen Wertansatz fortzuführen, den der Stpfl. in der Handelsbilanz des Wirtschaftsjahres gewählt hat, das dem Wirtschaftsjahr des Übergangs zur Lifo-Methode vorangeht (Ausgangswert).

Hinweise

Bewertungsstetigkeit
>§ 252 Abs. 1 Nr. 6 HGB

Gebrauchtwagen
Keine Anwendung der sog. Lifo-Methode bei Gebrauchtwagen >BFH vom 20.06.2000 (BStBl II 2001 S. 636)

Grundsätze ordnungsmäßiger Buchführung
Eine Bewertung nach der sog. Lifo-Methode entspricht nicht den handelsrechtlichen Grundsätzen ordnungsmäßiger Buchführung und ist deshalb auch steuerrechtlich ausgeschlossen, wenn Vorräte mit – absolut betrachtet – hohen Erwerbsaufwendungen in Frage stehen, die Anschaffungskosten ohne Weiteres identifiziert und den einzelnen Vermögensgegenständen angesichts derer individueller Merkmale ohne Schwierigkeiten zugeordnet werden können (>BFH vom 20.06.2000 – BStBl II 2001 S. 636).

Lifo-Methode
>BMF vom 12.05.2015 (BStBl I S. 462)

Anhang 9 XIII

§ 6 EStG
R 6.10   H 6.10

R 6.10	Bewertung von Verbindlichkeiten

– unbesetzt –

H 6.10

Hinweise

Abzinsung
Anhang 9 V

Grundsätze für die Abzinsung von Verbindlichkeiten nach § 6 Abs. 1 Nr. 3 >BMF vom 26.05.2005 (BStBl I S. 699)

Anschaffungskosten
Als Anschaffungskosten einer Verbindlichkeit gilt der Nennwert (Rückzahlungsbetrag) der Verbindlichkeit (>BFH vom 04.05.1977 – BStBl II S. 802).

Bearbeitungsgebühren
Gebühren, die ein Schuldner an ein Kreditinstitut für die Übernahme einer Bürgschaft zu zahlen hat, sind auf die Zeit, für die sich das Kreditinstitut vertraglich verbürgt hat, aktiv abzugrenzen (>BFH vom 19.01.1978 – BStBl II S. 262).

Damnum
– Darlehensschulden, bei denen der dem Schuldner zugefallene Betrag (Ausgabebetrag) niedriger als der Rückzahlungsbetrag ist, sind mit dem Rückzahlungsbetrag anzusetzen; der Unterschiedsbetrag (Agio, Disagio, Damnum, Abschluss-, Bearbeitungs- oder Verwaltungsgebühren) ist als Rechnungsabgrenzungsposten auf die Laufzeit des Darlehens zu verteilen (>BFH vom 19.01.1978 – BStBl II S. 262).
– >aber Zinsfestschreibung

Eiserne Verpachtung
Anhang 16 VII

Zur Gewinnermittlung bei der Verpachtung von Betrieben mit Substanzerhaltungspflicht des Pächters nach §§ 582a, 1048 BGB >BMF vom 21.02.2002 (BStBl I S. 262)

Fremdwährungsverbindlichkeiten
Anhang 9 VI

Voraussichtlich dauernde Werterhöhung bei Kursschwankungen unterliegenden Verbindlichkeiten >BMF vom 02.09.2016 (BStBl I S. 995)

Kreditbedingungen
Eine Verbesserung der allgemeinen Kreditbedingungen seit der Darlehensaufnahme rechtfertigt es nicht, einen bei der Kreditaufnahme aktivierten Rechnungsabgrenzungsposten niedriger anzusetzen (>BFH vom 20.11.1969 – BStBl II 1970 S. 209).

Optionsprämie
>H 4.2 (15)

§ 6 EStG
H 6.10

Passivierungsverbot nach § 5 Abs. 2a
>H 5.1

Pfandverbindlichkeiten
>H 6.1 (Leergut in der Getränkeindustrie)

Rangrücktrittsvereinbarungen
Zur Passivierung von Verbindlichkeiten bei Vereinbarung eines einfachen oder qualifizierten Rangrücktritts >BMF vom 08.09.2006 (BStBl I S. 497) Anhang 9 IX

Rentenverpflichtungen
– Rentenverpflichtungen sind – vorbehaltlich >R 6a – mit dem Barwert anzusetzen (>BFH vom 31.01.1980 – BStBl II S. 491).
– Ergibt sich bei einer betrieblichen Versorgungsrente aus dem Inhalt der Versorgungszusage, dass eine rechtliche Abhängigkeit zwischen den Pensionszahlungen und der Erzielung von Gewinnen aus dem Betrieb nicht gegeben ist, kann die Passivierung der Rentenverpflichtung nicht mit der Begründung versagt werden, die Rentenzahlungen belasteten die Gewinne späterer Jahre (>BFH vom 07.04.1994 – BStBl II S. 740).

Umschuldung
Im Falle einer Umschuldung ist der bisherige Rechnungsabgrenzungsposten nur dann in voller Höhe aufzulösen, wenn die abgegrenzten Beträge in keinem wirtschaftlichen Zusammenhang mit dem neuen oder veränderten Darlehen stehen (>BFH vom 13.03.1974 – BStBl II S. 359).

Verbindlichkeiten mit steigenden Zinssätzen
Wegen der Verpflichtung, eine am Bilanzstichtag bestehende Darlehensverbindlichkeit – mit fest vereinbarter Vertragslaufzeit und ohne ordentliche Kündigungsmöglichkeit – in späteren Jahren höher zu verzinsen (Darlehen mit steigenden Zinssätzen), ist in der Bilanz eine Verbindlichkeit oder eine Rückstellung wegen eines wirtschaftlichen Erfüllungsrückstandes auszuweisen. Für die Höhe des zu passivierenden Erfüllungsrückstandes ist auf die dem Vertrag zugrunde liegende Durchschnittsverzinsung abzustellen. Die so ermittelte Zinsverbindlichkeit ist i. d. R. abzuzinsen (>BFH vom 25.05.2016 – BStBl II S. 930).

Verjährung
Eine Verbindlichkeit ist gewinnerhöhend auszubuchen, wenn anzunehmen ist, dass sich der Schuldner auf deren Verjährung beruft (>BFH vom 09.02.1993 – BStBl II S. 543).

Vermittlungsprovision
Aufwendungen, die dem Darlehensnehmer im Zusammenhang mit der Darlehensaufnahme durch Zahlungen an Dritte entstehen, z. B. Vermittlungsprovisionen, sind Betriebsausgaben des Jahres, in dem sie anfallen (>BFH vom 04.05.1977 – BStBl II S. 802).

Wohnungsbaudarlehen
Abzinsung >BMF vom 23.08.1999 (BStBl I S. 818)

Zahlungsunfähigkeit
Der Umstand, dass der Schuldner bei Fälligkeit der Verpflichtung zahlungsunfähig ist, rechtfertigt allein keine gewinnerhöhende Ausbuchung der Verbindlichkeit (>BFH vom 09.02.1993 – BStBl II S. 747).

Zinsfestschreibung
Ist der Zinsfestschreibungszeitraum kürzer als die Darlehenslaufzeit, ist der Rechnungsabgrenzungsposten für ein Disagio, Damnum, etc. auf diesen Zeitraum zu verteilen (>BFH vom 21.04.1988 – BStBl II 1989 S. 722).

Bewertung von Rückstellungen

Gegenrechnung von Vorteilen

(1) ¹Die Gegenrechnung setzt voraus, dass am Bilanzstichtag nach den Umständen des jeweiligen Einzelfalles mehr Gründe für als gegen den Eintritt des Vorteils sprechen. ²Die Möglichkeit, dass künftig wirtschaftliche Vorteile eintreten könnten, genügt für die Gegenrechnung nicht. ³Bei Rückstellungen, die in einem vor dem 1.1.2005 endenden Wirtschaftsjahr gebildet wurden, kann für die Gewinnauswirkung, die sich in einem vor dem 1.1.2005 endenden Wirtschaftsjahr aus der erstmaligen Anwendung von Satz 1 ergibt, jeweils in Höhe von neun Zehnteln eine gewinnmindernde Rücklage gebildet werden, die in den folgenden neun Wirtschaftsjahren jeweils mit mindestens einem Neuntel gewinnerhöhend aufzulösen ist (Auflösungszeitraum); sonstige gewinnwirksame Änderungen der Bewertung der Rückstellung bleiben unberücksichtigt. ⁴Satz 3 ist nur anzuwenden, wenn die Gegenrechnung nicht auf einer vertraglichen Vereinbarung beruht. ⁵Scheidet eine Rückstellung, für die eine Rücklage nach Satz 3 gebildet wurde, während des Auflösungszeitraums aus dem Betriebsvermögen aus, ist auch die Rücklage zum Ende des Wirtschaftsjahres des Ausscheidens in vollem Umfang gewinnerhöhend aufzulösen.

Ansammlung

(2) ¹In den Fällen, in denen der laufende Betrieb des Unternehmens im wirtschaftlichen Sinne ursächlich für die Entstehung der Verpflichtung ist, ist der Rückstellungsbetrag durch jährliche Zuführungsraten in den Wirtschaftsjahren anzusammeln. ²Dies ist insbesondere der Fall bei Verpflichtungen zur Erneuerung oder zum Abbruch von Betriebsanlagen. ³Verpflichtungen, die von Jahr zu Jahr nicht nur im wirtschaftlichen Sinne, sondern tatsächlich zunehmen, sind bezogen auf den am Bilanzstichtag tatsächlich entstandenen Verpflichtungsumfang zu bewerten. ⁴Dies ist beispielsweise der Fall bei Verpflichtungen zur Rekultivierung oder zum Auffüllen abgebauter Hohlräume. ⁵Die Summe der in früheren Wirtschaftsjahren angesammelten Rückstellungsraten ist am Bilanzstichtag auf das Preisniveau dieses Stichtages anzuheben. ⁶Der Aufstockungsbetrag ist

der Rückstellung in einem Einmalbetrag zuzuführen; eine gleichmäßige Verteilung auf die einzelnen Jahre bis zur Erfüllung der Verbindlichkeit kommt insoweit nicht in Betracht.

Niedrigerer handelsrechtlicher Wert

(3) ¹Mit Ausnahme der Pensionsrückstellungen darf die Höhe der Rückstellung in der Steuerbilanz den zulässigen Ansatz in der Handelsbilanz nicht überschreiten. ²Für den Gewinn, der sich aus der erstmaligen Anwendung des Gesetzes zur Modernisierung des Bilanzrechts (Bilanzrechtsmodernisierungsgesetz – BilMoG) vom 15.5.2009 (BGBl. I S. 1102) durch die Auflösung von Rückstellungen ergibt, die bereits in dem vor dem 1.1.2010 endenden Wirtschaftsjahr passiviert wurden, kann jeweils i. H. v. vierzehn Fünfzehntel eine gewinnmindernde Rücklage passiviert werden, die in den folgenden vierzehn Wirtschaftsjahren jeweils mit mindestens einem Fünfzehntel gewinnerhöhend aufzulösen ist (Auflösungszeitraum). ³Besteht eine Verpflichtung, für die eine Rücklage passiviert wurde, bereits vor Ablauf des maßgebenden Auflösungszeitraums nicht mehr, ist die insoweit verbleibende Rücklage zum Ende des Wirtschaftsjahres des Wegfalls der Verpflichtung in vollem Umfang gewinnerhöhend aufzulösen; Entsprechendes gilt, wenn sich der Verpflichtungsumfang innerhalb des Auflösungszeitraums verringert.

Hinweise

Abzinsung
Grundsätze für die Abzinsung von Rückstellungen nach § 6 Abs. 1 Nr. 3a Buchst. e >BMF vom 26.05.2005 (BStBl I S. 699)

Anhang 9 V

Altersteilzeitverpflichtungen
Zur Bewertung von Rückstellungen für Altersteilzeitverpflichtungen nach dem Altersteilzeitgesetz (AltTZG) >BMF vom 28.03.2007 (BStBl I S. 297) unter Berücksichtigung der Änderungen durch BMF vom 11.03.2008 (BStBl I S. 496) und vom 22.10.2018 (BStBl I S. 1112), letztmals abgedruckt im Anhang 7 II EStH 2020

Ansammlung
Bei Ansammlungsrückstellungen ist das Stichtagsprinzip zu beachten. Wird beispielsweise das einer Beseitigungspflicht für Bauten auf fremdem Grund und Boden zugrunde liegende Rechtsverhältnis über das Vertragsende hinaus fortgesetzt (Änderung des bisherigen Vertrages oder Begründung eines neuen Rechtsverhältnisses), ist der verlängerte Nutzungszeitraum bei der Rückstellungsbewertung zu berücksichtigen (>BFH vom 02.07.2014 – BStBl II S. 979).

Arbeitsfreistellung
Rückstellungen für Verpflichtungen zur Gewährung von Vergütungen für die Zeit der Arbeitsfreistellung vor Ausscheiden aus dem Dienstverhältnis

und Jahreszusatzleistungen im Jahr des Eintritts des Versorgungsfalls >BMF vom 11.11.1999 (BStBl I S. 959), letztmals abgedruckt im EStH 2020 Anhang 7 I

Aufbewahrung von Geschäftsunterlagen
- Die Rückstellung ist i. H. d. voraussichtlichen Erfüllungsbetrags zu bilden. Hierbei ist zu berücksichtigen, welche Unterlagen tatsächlich aufbewahrungspflichtig sind und wie lange die Aufbewahrungspflicht für die einzelnen Unterlagen noch besteht. Für die Berechnung der Rückstellung sind nur diejenigen Unterlagen zu berücksichtigen, die zum betreffenden Bilanzstichtag entstanden sind (>BFH vom 18.01.2011 – BStBl II S. 496).
- Eine Rückstellung für die Verpflichtung zur Aufbewahrung von Geschäftsunterlagen kann Finanzierungskosten (Zinsen) für die zur Aufbewahrung genutzten Räume auch dann enthalten, wenn die Anschaffung/Herstellung der Räume nicht unmittelbar (einzel)finanziert worden ist, sondern der Aufbewahrungspflichtige seine gesamten liquiden Eigen- und Fremdmittel in einen "Pool" gegeben und hieraus sämtliche Aufwendungen seines Geschäftsbetriebs finanziert hat (sog. Poolfinanzierung). Voraussetzung für die Berücksichtigung der Zinsen (als Teil der notwendigen Gemeinkosten) ist in diesem Fall, dass sie sich durch Kostenschlüsselung verursachungsgerecht der Anschaffung/Herstellung der Räume zuordnen lassen und dass sie angemessen sind (>BFH vom 11.10.2012 – BStBl II 2013 S. 676).

Deponien
Zur Bewertung der Rückstellungen für Aufwendungen zur Stilllegung, Rekultivierung und Nachsorge von Deponien >BMF vom 25.07.2005 (BStBl I S. 826) und BFH vom 05.05.2011 (BStBl II 2012 S. 98)

Eiserne Verpachtung

Anhang 16 VII

Zur Gewinnermittlung bei der Verpachtung von Betrieben mit Substanzerhaltungspflicht des Pächters nach §§ 582a, 1048 BGB >BMF vom 21.02.2002 (BStBl I S. 262).

Gratifikationen
Bei der Rückstellung für die Verpflichtung zur Gewährung einer Gratifikation ist die Fluktuation mindernd zu berücksichtigen (>BFH vom 07.07.1983 – BStBl II S. 753).

Jubiläumszuwendungen
Zur Bewertung von Rückstellungen für Zuwendungen anlässlich eines Dienstjubiläums >BMF vom 08.12.2008 (BStBl I S. 1013) unter Berücksichtigung der Änderungen durch BMF vom 27.02.2020 (BStBl I S. 254) **und BMF vom 02.05.2022 (BStBl I S. 631)**

§ 6 EStG
H 6.11

Maßgeblichkeit der Handelsbilanz
Der Handelsbilanzwert für eine Rückstellung bildet gegenüber einem höheren steuerrechtlichen Rückstellungswert die Obergrenze (>BFH vom 20.11.2019 – BStBl II 2020 S. 195).

Nachbetreuung abgeschlossener Versicherungen
– Zur Bewertung von Rückstellungen für Verpflichtungen zur Nachbetreuung bereits abgeschlossener Versicherungen >BMF vom 20.11.2012 (BStBl I S. 1100)
– Ist der Stpfl. vertraglich zur Betreuung von Versicherungsverträgen verpflichtet und erbringt er tatsächlich auch entsprechende Nachbetreuungsleistungen, hat er Aufzeichnungen zu führen, die so konkret und spezifiziert sein müssen, dass eine angemessene Schätzung der Höhe der zu erwartenden Betreuungsaufwendungen sowie des Zeitraums bis zum Beginn der erstmaligen Durchführung von Betreuungsmaßnahmen (Abzinsungszeitraum) möglich ist. Kann er keine der Rechtsprechung entsprechenden Aufzeichnungen über den Umfang der Betreuungsleistungen vorlegen, muss sich die dann vorzunehmende Schätzung des Betreuungsaufwandes im Hinblick auf die den Stpfl. treffende Darlegungs- und Beweislast im unteren Rahmen bewegen (>BFH vom 12.12.2013 – BStBl II 2014 S. 517).

Rückabwicklung
>H 5.7 (1)

Rückgriffsansprüche
(Unbestrittene) Rückgriffsansprüche sind bei der Bewertung von Rückstellungen zu berücksichtigen, wenn sie nicht als eigenständige Forderung zu aktivieren sind und derart in einem unmittelbaren Zusammenhang mit der drohenden Inanspruchnahme stehen, dass sie dieser wenigstens teilweise spiegelbildlich entsprechen, sie in rechtlich verbindlicher Weise der Entstehung oder Erfüllung der Verbindlichkeit zwangsläufig nachfolgen und sie vollwertig sind (>BFH vom 17.02.1993 – BStBl II S. 437 und vom 03.08.1993 – BStBl II 1994 S. 444).

Schadenrückstellungen der Versicherungswirtschaft
>BMF vom 20.10.2016 (BStBl I S. 1145)

Sparprämien
Rückstellungen für die Leistung einer Sparprämie bei Ablauf eines Sparvertrags sind über die Laufzeit des Sparvertrages anzusammeln und abzuzinsen (>BFH vom 15.07.1998 – BStBl II S. 728).

Urlaubsverpflichtung
Bei der Ermittlung der Höhe der rückständigen Urlaubsverpflichtung sind das Bruttoarbeitsentgelt, die Arbeitgeberanteile zur Sozialversicherung,

§ 6 EStG
R 6.12 H 6.11

das Urlaubsgeld und andere lohnabhängige Nebenkosten zu berücksichtigen. Nicht zu berücksichtigen sind jährlich vereinbarte Sondervergütungen (z. B. Weihnachtsgeld, Tantiemen oder Zuführungen zu Pensions- und Jubiläumsrückstellungen) sowie Gehaltssteigerungen nach dem Bilanzstichtag (>BFH vom 06.12.1995 – BStBl II 1996 S. 406).

Verbindlichkeiten mit steigenden Zinssätzen
>H 6.10

Verwendung von Wirtschaftsgütern
Können Wirtschaftsgüter, z. B. Roh-, Hilfs- und Betriebsstoffe oder unfertige Erzeugnisse, die bereits am Bilanzstichtag vorhanden waren, bei der Erfüllung von Sachleistungsverpflichtungen verwendet werden, sind sie mit ihren Buchwerten zu berücksichtigen (>BFH vom 26.06.1975 – BStBl II S. 700).

Weihnachtsgeld
In einer Rückstellung für zu zahlendes Weihnachtsgeld bei abweichendem Wj. kann nur der Teil der Vergütung berücksichtigt werden, der bei zeitproportionaler Aufteilung des Weihnachtsgeldes auf die Zeit vom Beginn des Kj. bis zum Bilanzstichtag entfällt (>BFH vom 26.06.1980 – BStBl II S. 506).

R 6.12 Bewertung von Entnahmen und Einlagen

(1) [1]Bei Einlage eines abnutzbaren Wirtschaftsgutes innerhalb von drei Jahren nach der Anschaffung oder Herstellung sind die Anschaffungs- oder Herstellungskosten um AfA nach § 7 EStG, erhöhte Absetzungen sowie etwaige Sonderabschreibungen zu kürzen, die auf den Zeitraum zwischen der Anschaffung oder der Herstellung des Wirtschaftsgutes und der Einlage entfallen. [2]In diesen Fällen sind die Anschaffungs- oder Herstellungskosten auch dann um die AfA nach § 7 EStG zu kürzen, wenn das Wirtschaftsgut nach einer Nutzung außerhalb der Einkunftsarten eingelegt wird.

(2) [1]Die einer Entnahme gleichgestellte Entstrickung ist mit dem gemeinen Wert anzusetzen. [2]Der gemeine Wert entspricht regelmäßig dem Fremdvergleichspreis.

(3) Das Buchwertprivileg des § 6 Abs. 1 Nr. 4 Satz 4 EStG findet auch dann Anwendung, wenn die übernehmende steuerbegünstigte Körperschaft das ihr unentgeltlich zur Verwendung für steuerbegünstigte Zwecke i. S. d. § 10b Abs. 1 Satz 1 EStG überlassene Wirtschaftsgut zeitnah weiterveräußert.

§ 6 EStG
Hinweise

Anteilsvereinigung bei verdeckter Einlage
Die in Folge der Einlage aufgrund Anteilsvereinigung entstehenden Grunderwerbsteuern erhöhen weder den Teilwert der eingelegten Anteile noch sind sie den bereits vorher gehaltenen (Alt-)Anteilen als nachträgliche Anschaffungs(neben)kosten zuzurechnen (>BFH vom 14.03.2011 – BStBl II 2012 S. 281).

Bausparvertrag
Einlage eines nicht zugeteilten Bausparvertrags ins Betriebsvermögen höchstens mit den gezahlten Bauspareinlagen einschl. der aufgelaufenen Guthabenzinsen und der Abschlussgebühren >BFH vom 13.01.1994 (BStBl II S. 454)

Bodenschatz
Ein im eigenen Grund und Boden entdecktes Kiesvorkommen ist ein materielles Wirtschaftsgut, das bei Zuführung zum Betriebsvermögen mit dem Teilwert zu bewerten ist. Es dürfen aber weder AfS noch **Teilwertabschreibungen** aufwandswirksam vorgenommen werden (>BFH vom 04.12.2006 – BStBl II 2007 S. 508 und vom 04.02.2016 – BStBl II S. 607).

Buchwertprivileg
– bei Betriebsaufgabe >R 16 Abs. 2 Satz 7
– zulässig bei Entnahmen im Fall des Übergangs von Sonderbetriebsvermögen auf den Erben, wenn die Gesellschaft aufgrund einer Fortsetzungsklausel mit den bisherigen Gesellschaftern fortgeführt wird >BFH vom 05.02.2002 (BStBl II 2003 S. 237)

Einlage bei Ausbuchung einer Verbindlichkeit
Darf eine Verbindlichkeit nach § 5 Abs. 2a nicht mehr passiviert werden, ist der daraus resultierende Wegfallgewinn bei gesellschaftsrechtlicher Verursachung durch eine Einlage i. H. d. werthaltigen Teils der Forderung zu neutralisieren (>BFH vom 10.08.2016 – BStBl II 2017 S. 670).

Einlage eines Anteils an einer Kapitalgesellschaft
– Die Einlage eines Anteils an einer Kapitalgesellschaft ist mit den Anschaffungskosten zu bewerten, wenn der Stpfl. an der Gesellschaft im Zeitpunkt der Einlage i. S. v. § 17 Abs. 1 oder 6 beteiligt ist. Dem steht nicht entgegen, dass es sich bei dem eingelegten Geschäftsanteil selbst nicht um eine Beteiligung i. S. v. § 17 Abs. 1 oder 6 handelt. Erforderlich und ausreichend ist vielmehr, dass der Stpfl. an der Kapitalgesellschaft überhaupt i. S. v. § 17 Abs. 1 oder 6 beteiligt ist (>BFH vom 05.06.2008 – BStBl II S. 965).

§ 6 EStG
H 6.12

Anhang 16 XVI

- Einlagen von Beteiligungen i. S. v. § 17 in ein Betriebsvermögen sind mit den Anschaffungskosten zu bewerten. Die Grundsätze der Entscheidung des BVerfG vom 07.07.2010 (BStBl II 2011 S. 86) sind erst im Zeitpunkt der Veräußerung durch außerbilanzielle Korrektur des Gewinns aus der Veräußerung der Beteiligung anzuwenden (>BMF vom 21.12.2011 – BStBl I 2012 S. 42 unter Berücksichtigung der Änderungen durch BMF vom 16.12.2015 – BStBl I 2016 S. 11).

Einlage einer wertgeminderten Beteiligung
>H 17 (8)

Einlagewert nach vorangegangener Entnahme
Der Einlagewert nach § 6 Abs. 1 Nr. 5 Satz 3 ist auch dann anzusetzen, wenn die vorangegangene Entnahme aus dem Betriebsvermögen steuerfrei gewesen ist (>BFH vom 20.04.2005 – BStBl II S. 698).

Geringwertiges Wirtschaftsgut
Sind bei Einlage innerhalb von drei Jahren nach der Anschaffung oder Herstellung die Anschaffungs- oder Herstellungskosten während der Zugehörigkeit des Wirtschaftsguts zum Privatvermögen nach § 9 Abs. 1 Satz 3 Nr. 7 Satz 2 in voller Höhe als Werbungskosten abgesetzt worden, beträgt der Einlagewert 0 € (>BFH vom 27.01.1994 – BStBl II S. 638).

Nutzungen
- Die Entnahme von Nutzungen ist mit den tatsächlichen Selbstkosten des Stpfl. zu bewerten (>BFH vom 24.05.1989 – BStBl II 1990 S. 8).
- >BFH vom 16.06.2020 – BStBl II S. 845

Private Kraftfahrzeugnutzung

Anhang 16 III

- >BMF vom 18.11.2009 (BStBl I S. 1326) unter Berücksichtigung der Änderungen durch BMF vom 15.11.2012 (BStBl I S. 1099)
- Bei Nutzung von Elektro- und Hybridelektrofahrzeugen >BMF vom **05.11.2021** (BStBl I S. **2205**), **Anhang 24 IV 6 LStH**
- >H 12.4 (Umsatzsteuer bei Anwendung der 1 %-Regelung)

Teilwert
- Bei Einlagen im Zusammenhang mit einer Betriebseröffnung entspricht der Teilwert i. d. R. dem gemeinen Wert der eingelegten Wirtschaftsgüter. Anschaffungsnebenkosten sind dabei zu berücksichtigen (>BFH vom 29.04.1999 – BStBl II 2004 S. 639).
- Ein geschenktes Wirtschaftsgut ist auch dann mit dem Teilwert ins Betriebsvermögen des Beschenkten einzulegen, wenn der Schenker das eingelegte Wirtschaftsgut innerhalb der letzten drei Jahre vor der Einlage angeschafft, hergestellt oder entnommen hat (>BFH vom 14.07.1993 – BStBl II 1994 S. 15).

Übertragung eines Kommanditanteils unter dem Buchwert des Anteils

Annahme einer Einlage i. H. d. Differenz zwischen fortzuführendem Buchwert und fehlendem oder niedrigerem Erwerbspreis bei privat veranlasster unentgeltlicher oder teilentgeltlicher Übertragung eines Kommanditanteils unter dem Buchwert des Anteils (>BFH vom 07.02.1995 – BStBl II S. 770).

Verdeckte Einlage

– Die Bewertung der verdeckten Einlage einer Beteiligung i. S. d. § 17 Abs. 1 Satz 1 bei der aufnehmenden Kapitalgesellschaft erfolgt mit dem Teilwert (>BMF vom 02.11.1998 – BStBl I S. 1227 und BFH vom 04.03.2011 – BStBl II 2012 S. 341).

– Behandlung der Einbringung zum Privatvermögen gehörender Wirtschaftsgüter in das betriebliche Gesamthandsvermögen einer Personengesellschaft >BMF vom 29.03.2000 (BStBl I S. 462) und BMF vom 11.07.2011 (BStBl I S. 713) unter Berücksichtigung BMF vom 26.07.2016 (BStBl I S. 684) *Anhang 24 II*

– Anteile an einer Kapitalgesellschaft, die eine juristische Person des öffentlichen Rechts in eine Tochtergesellschaft eingelegt hat, sind bei der Tochtergesellschaft mit dem Teilwert und nicht mit den Anschaffungskosten anzusetzen (>BFH vom 14.03.2011 – BStBl II 2012 S. 281).

Bewertungsfreiheit für geringwertige Wirtschaftsgüter und Bildung eines Sammelpostens — R 6.13

(1) ¹Die Frage, ob ein Wirtschaftsgut des Anlagevermögens selbständig nutzungsfähig ist, stellt sich regelmäßig für solche Wirtschaftsgüter, die in einem Betrieb zusammen mit anderen Wirtschaftsgütern genutzt werden. ²Für die Entscheidung in dieser Frage ist maßgeblich auf die betriebliche Zweckbestimmung des Wirtschaftsgutes abzustellen. ³Hiernach ist ein Wirtschaftsgut des Anlagevermögens einer selbständigen Nutzung nicht fähig, wenn folgende Voraussetzungen kumulativ vorliegen:

1. Das Wirtschaftsgut kann nach seiner betrieblichen Zweckbestimmung nur zusammen mit anderen Wirtschaftsgütern des Anlagevermögens genutzt werden,
2. das Wirtschaftsgut ist mit den anderen Wirtschaftsgütern des Anlagevermögens in einen ausschließlichen betrieblichen Nutzungszusammenhang eingefügt, d. h., es tritt mit den in den Nutzungszusammenhang eingefügten anderen Wirtschaftsgütern des Anlagevermögens nach außen als einheitliches Ganzes in Erscheinung, wobei für die Bestimmung dieses Merkmals im Einzelfall die Festigkeit der Verbindung, ihre technische Gestaltung und ihre Dauer von Bedeutung sein können,
3. das Wirtschaftsgut ist mit den anderen Wirtschaftsgütern des Anlagevermögens technisch abgestimmt.

⁴Dagegen bleiben Wirtschaftsgüter, die zwar in einen betrieblichen Nutzungszusammenhang mit anderen Wirtschaftsgütern eingefügt und technisch aufeinander abgestimmt sind, dennoch selbständig nutzungsfähig,

wenn sie nach ihrer betrieblichen Zweckbestimmung auch ohne die anderen Wirtschaftsgüter im Betrieb genutzt werden können (z. B. Müllbehälter eines Müllabfuhrunternehmens). [5] Auch Wirtschaftsgüter, die nach ihrer betrieblichen Zweckbestimmung nur mit anderen Wirtschaftsgütern genutzt werden können, sind selbständig nutzungsfähig, wenn sie nicht in einen Nutzungszusammenhang eingefügt sind, so dass die zusammen nutzbaren Wirtschaftsgüter des Betriebs nach außen nicht als ein einheitliches Ganzes in Erscheinung treten (z. B. Bestecke, Trivialprogramme). [6] Selbständig nutzungsfähig sind ferner Wirtschaftsgüter, die nach ihrer betrieblichen Zweckbestimmung nur zusammen mit anderen Wirtschaftsgütern genutzt werden können, technisch mit diesen Wirtschaftsgütern aber nicht abgestimmt sind (z. B. Paletten, Einrichtungsgegenstände).

(2) Bei der Beurteilung der Frage, ob die Anschaffungs- oder Herstellungskosten für das einzelne Wirtschaftsgut 150 Euro[1]), 410 Euro[2]) oder 1.000 Euro nicht übersteigen, ist,

1. wenn von den Anschaffungs- oder Herstellungskosten des Wirtschaftsgutes ein Betrag nach § 6b oder § 6c EStG abgesetzt worden ist, von den nach § 6b Abs. 6 EStG maßgebenden

2. wenn die Anschaffungs- oder Herstellungskosten nach § 7g Abs. 2 Satz 2 EStG Gewinn mindernd herabgesetzt wurden, von den geminderten

3. wenn das Wirtschaftsgut mit einem erfolgsneutral behandelten Zuschuss aus öffentlichen oder privaten Mitteln nach R 6.5 angeschafft oder hergestellt worden ist, von den um den Zuschuss gekürzten

4. und wenn von den Anschaffungs- oder Herstellungskosten des Wirtschaftsgutes ein Betrag nach R 6.6 abgesetzt worden ist, von den um diesen Betrag gekürzten

Anschaffungs- oder Herstellungskosten auszugehen.

(3) Stellt ein Stpfl. ein selbständig bewertungsfähiges und selbständig nutzungsfähiges Wirtschaftsgut aus erworbenen Wirtschaftsgütern her, muss die Sofortabschreibung gem. § 6 Abs. 2 EStG oder die Einstellung in den Sammelposten gem. § 6 Abs. 2a EStG in dem Wirtschaftsjahr erfolgen, in dem das Wirtschaftsgut fertig gestellt worden ist.

(4) [1]Wurden die Anschaffungs- oder Herstellungskosten eines Wirtschaftsguts gem. § 6 Abs. 2 oder Abs. 2a Satz 4 EStG im Jahr der Anschaffung oder Herstellung in voller Höhe als Betriebsausgaben abgesetzt, sind in späteren Wirtschaftsjahren nachträgliche Anschaffungs- oder Herstellungskosten im Jahr ihrer Entstehung ebenfalls in voller Höhe als Betriebsausgaben zu behandeln. [2]Dies gilt unabhängig davon, ob sie zusammen mit den ursprünglichen Anschaffungs- oder Herstellungskosten den

---

[1]) bei Anschaffung, Herstellung oder Einlage in das Betriebsvermögen ab 01.01.2018 250 €
>§ 52 Abs. 12 Satz **10**
[2]) bei Anschaffung, Herstellung oder Einlage in das Betriebsvermögen ab 01.01.2018 800 €
>§ 52 Abs. 12 Satz **8**

Betrag von 410 Euro[1]) bzw. im Falle der Bildung des Sammelpostens gem. § 6 Abs. 2a EStG von 150 Euro[2]) übersteigen.

(5) [1] Für jedes Wirtschaftsjahr, in dem vom einheitlich für alle Anlagegüter i. S. d. § 6 Abs. 2a EStG auszuübenden Antragsrecht zur Bildung eines Sammelpostens Gebrauch gemacht wurde, ist ein gesonderter Sammelposten zu bilden. [2] Nachträgliche Anschaffungs- oder Herstellungskosten, die nicht im Wirtschaftsjahr der Anschaffung oder Herstellung angefallen sind, erhöhen den Sammelposten des Wirtschaftsjahres, in dem die nachträglichen Anschaffungs- oder Herstellungskosten anfallen. [3] Macht der Stpfl. in diesem Wirtschaftsjahr vom Wahlrecht nach § 6 Abs. 2a EStG keinen Gebrauch, beschränkt sich der Sammelposten auf die nachträglichen Anschaffungs- oder Herstellungskosten der betroffenen Wirtschaftsgüter. [4] Dies gilt unabhängig davon, ob die nachträglichen Anschaffungs- oder Herstellungskosten zusammen mit den ursprünglichen Anschaffungs- oder Herstellungskosten den Betrag von 1.000 Euro übersteigen.

(6) [1] Der Sammelposten i. S. d. § 6 Abs. 2a EStG ist kein Wirtschaftsgut, sondern eine Rechengröße und damit beispielsweise einer Teilwertabschreibung nicht zugänglich. [2] Ein Sammelposten i. S. d. § 6 Abs. 2a EStG wird nicht dadurch vermindert, dass ein oder mehrere darin erfasste Wirtschaftsgüter durch Veräußerung oder Entnahme oder auf Grund höherer Gewalt (R 6.6 Abs. 2) aus dem Betriebsvermögen des Stpfl. ausscheiden. [3] Dies gilt auch für Wirtschaftsgüter, die nach § 6 Abs. 3 EStG zusammen mit einem Teilbetrieb übertragen, nach § 6 Abs. 5 EStG in ein anderes Betriebsvermögen überführt oder übertragen oder nach den §§ 20, 24 UmwStG zusammen mit einem Teilbetrieb in eine Kapital- oder Personengesellschaft eingebracht werden.

Hinweise

Allgemeines
Zweifelsfragen zur bilanziellen Behandlung geringwertiger Wirtschaftsgüter und zum Sammelposten >BMF vom 30.09.2010 (BStBl I S. 755)

Anhang 16 IX

Einlage
Zur Einlage von geringwertigen Wirtschaftsgütern, für die die Bewertungsfreiheit bereits während der Zugehörigkeit zum Privatvermögen in Anspruch genommen wurde >H 6.12 (Geringwertiges Wirtschaftsgut)

Private Mitbenutzung
Hat ein Stpfl. die Anschaffungs- oder Herstellungskosten eines geringwertigen Wirtschaftsguts im Jahr der Anschaffung oder Herstellung in voller Höhe als Betriebsausgaben abgesetzt, muss er den Teil der Aufwendun-

---

[1]) bei Anschaffung, Herstellung oder Einlage in das Betriebsvermögen ab 01.01.2018 800 €
>§ 52 Abs. 12 Satz **8**

[2]) bei Anschaffung, Herstellung oder Einlage in das Betriebsvermögen ab 01.01.2018 250 €
>§ 52 Abs. 12 Satz **10**

gen, der dem privaten Nutzungsanteil entspricht, während der Nutzungszeit des Wirtschaftsguts dem Gewinn jeweils in dem Umfang hinzurechnen, der der tatsächlichen Nutzung in jedem Wj. entspricht (>BFH vom 13.03.1964 – BStBl III S. 455).

Selbständige Bewertbarkeit bzw. Nutzungsfähigkeit

Die selbständige Nutzungsfähigkeit verbundener oder gemeinsam genutzter Wirtschaftsgüter ist kein Kriterium bei der Beurteilung der selbständigen Bewertbarkeit. Ein selbständig bewertbares Wirtschaftsgut liegt vor, wenn es in seiner Einzelheit von Bedeutung und bei einer Veräußerung greifbar ist. Ob es auch selbständig genutzt werden kann, hängt neben dem Zweck, den zwei oder mehrere bewegliche Sachen gemeinsam zu erfüllen haben, vor allem vom Grad der Festigkeit einer eventuell vorgenommenen Verbindung (§ 93 BGB), dem Zeitraum, auf den eine eventuelle Verbindung oder die gemeinsame Nutzung angelegt sind, sowie dem äußeren Erscheinungsbild ab. Erscheinen die beweglichen Gegenstände danach für sich genommen unvollständig oder erhält ein Gegenstand ohne den oder die anderen gar ein negatives Gepräge, ist regelmäßig von einem einheitlichen Wirtschaftsgut auszugehen; Entsprechendes gilt für Sachen, die in einen unbeweglichen Gegenstand eingebaut werden (>BFH vom 05.09.2002 – BStBl II S. 877).

ABC der selbständig nutzungsfähigen Wirtschaftsgüter

– Ausstellungsgegenstände – einzelne Gegenstände, die zu einer Verkaufsausstellung (z. B. Sanitärausstellung) zusammengefasst sind, es sei denn, einzelne der zu der Ausstellung zusammengefassten Wirtschaftsgüter haben ihre selbständige Bewertbarkeit dadurch verloren, dass sie fest und auf längere Dauer mit anderen Gegenständen verbunden sind und nur in dieser technischen Verbundenheit ihren bestimmungsgemäßen Zweck erfüllen können, z. B. Badewanne und Armaturen >BFH vom 09.08.2001 (BStBl II S. 842)

– Bestecke in Gaststätten, Hotels, Kantinen >BFH vom 19.11.1953 (BStBl III 1954 S. 18)

– Bibliothek eines Rechtsanwalts >BFH vom 17.05.1968 (BStBl II S. 566)

– Bücher einer Leih- oder Fachbücherei >BFH vom 08.12.1967 (BStBl II 1968 S. 149)

– Einrichtungsgegenstände in Läden, Werkstätten, Büros, Hotels, Gaststätten u. ä. – auch als Erstausstattung und in einheitlichem Stil >BFH vom 29.07.1966 (BStBl III 1967 S. 61)

– Fässer/Flaschen >BFH vom 01.07.1981 (BStBl II 1982 S. 246)

– Grundausstattung einer Kfz-Werkstatt mit Spezialwerkzeugen >BFH vom 17.05.1968 (BStBl II S. 571)

– Instrumentarium eines Arztes, auch als Grundausstattung >BFH vom 17.05.1968 (BStBl II S. 566)

– Kisten >BFH vom 01.07.1981 (BStBl II 1982 S. 246)

§ 6 EStG
H 6.13

- Lampen als selbständige Wirtschaftsgüter (Steh-, Tisch- und Hängelampen >BFH vom 17.05.1968 (BStBl II S. 567)
- Leergut >BFH vom 01.07.1981 (BStBl II 1982 S. 246)
- Legehennen in eiererzeugenden Betrieben
- Möbel in Hotels und Gaststätten, auch als Erstausstattung >BFH vom 17.05.1968 (BStBl II S. 566)
- Müllbehälter eines Müllabfuhrunternehmens, auch Systemmüllbehälter
- Musterbücher und -kollektionen im Tapeten- und Buchhandel >BFH vom 25.11.1965 (BStBl III 1966 S. 86)
- Notfallkoffer eines Arztes und darin enthaltene Geräte wie Sauerstoffflasche, Beatmungsbeutel, Absauggerät >BFH vom 07.09.2000 (BStBl II 2001 S. 41)
- Paletten zum Transport und zur Lagerung von Waren >BFH vom 09.12.1977 (BStBl II 1978 S. 322 und vom 25.08.1989 – BStBl II 1990 S. 82)
- Regale, die aus genormten Stahlregalteilen zusammengesetzt und nach ihrer betrieblichen Zweckbestimmung i. d. R. auf Dauer in dieser Zusammensetzung genutzt werden >BFH vom 26.07.1979 (BStBl II 1980 S. 176) sowie Regale, die zu Schrankwänden zusammengesetzt sind >BFH vom 09.08.2001 (BStBl II 2002 S. 100)
- Ruhebänke als Werbeträger
- Schallplatten
- Schreibtischkombinationsteile, die nicht fest miteinander verbunden sind, wie z. B. Tisch, Rollcontainer, Computerbeistelltisch >BFH vom 21.07.1998 (BStBl II S. 789) sowie einzelne Elemente einer aus genormten Teilen zusammengesetzten und verschraubten Schreibtischkombination, es sei denn, das einzelne Element ist aus technischen Gründen (z. B. wegen fehlender Standfestigkeit) nicht selbständig nutzungsfähig >BFH vom 09.08.2001 (BStBl II 2002 S. 100)
- Schriftenminima in einem Druckereibetrieb >BFH vom 18.11.1975 (BStBl II 1976 S. 214)
- Spezialbeleuchtungsanlagen in einem Schaufenster >BFH vom 05.03.1974 (BStBl II S. 353)
- Spinnkannen einer Weberei >BFH vom 09.12.1977 (BStBl II 1978 S. 322)
- Straßenleuchten >BFH vom 28.03.1973 (BStBl II 1974 S. 2)
- Tonbandkassetten
- Transportkästen in einer Weberei zum Transport von Garnen >BFH vom 17.05.1968 (BStBl II S. 568)
- Trivialprogramme >R 5.5 Abs. 1
- Videokassetten
- Wäsche in Hotels >BFH vom 17.05.1968 (BStBl II S. 566)

§ 6 EStG
H 6.13

ABC der nicht selbständig nutzungsfähigen Wirtschaftsgüter
- Beleuchtungsanlage als Lichtband zur Beleuchtung in Fabrikräumen und Werkhallen >BFH vom 05.10.1956 (BStBl III S. 376) oder zur Beleuchtung einzelner Stockwerke eines Wohnhauses >BFH vom 05.03.1974 (BStBl II S. 353)
- Bestuhlung in Kinos und Theatern >BFH vom 05.10.1966 (BStBl III S. 686)
- Bohrer i. V. m. Werkzeugmaschinen >Maschinenwerkzeuge
- Drehbank mit als Antrieb eingebautem Elektromotor >BFH vom 14.12.1966 (BStBl III 1967 S. 247)
- Drehstähle i. V. m. Werkzeugmaschinen >Maschinenwerkzeuge
- EDV-Kabel nebst Zubehör zur Vernetzung einer EDV-Anlage: Kabel, die als Verlängerung der Verbindung der Peripheriegeräte mit der Zentraleinheit genutzt werden, sind zwar selbständig bewertungsfähig, nicht jedoch selbständig nutzungsfähig und somit keine geringwertigen Wirtschaftsgüter >BFH vom 25.11.1999 (BStBl II 2002 S. 233)
- Elektromotor zum Einzelantrieb einer Maschine, einer Drehbank oder eines Webstuhls >BFH vom 16.12.1958 (BStBl III 1959 S. 77)
- Ersatzteile für Maschinen usw. >BFH vom 17.05.1968 (BStBl II S. 568)
- Formen >BFH vom 09.03.1967 (BStBl III S. 283)
- Formplatten >BFH vom 30.03.1967 (BStBl III S. 302)
- Fräser i. V. m. Werkzeugmaschinen >Maschinenwerkzeuge
- Gerüst- und Schalungsteile sowie Schalungstafeln, die genormt und technisch aufeinander abgestimmt sind >BFH vom 29.07.1966 (BStBl III 1967 S. 151)
- Kühlkanäle >BFH vom 17.04.1985 (BStBl II 1988 S. 126)
- Leuchtstoffröhren >Beleuchtungsanlage
- Lichtbänder >Beleuchtungsanlage
- Lithographien >BFH vom 15.03.1991 (BStBl II S. 682)
- Maschinenwerkzeuge und -verschleißteile >BFH vom 06.10.1995 (BStBl II 1996 S. 166)
- Peripheriegeräte einer PC-Anlage; dies gilt nicht für so genannte Kombinations-Geräte und für externe Datenspeicher >BFH vom 19.02.2004 (BStBl II S. 958)
- Pflanzen von Dauerkulturen >BFH vom 30.11.1978 (BStBl II 1979 S. 281)
- Regalteile >BFH vom 20.11.1970 (BStBl II 1971 S. 155); zu Regalen aus genormten Stahlregalteilen >Beispiele für selbständig nutzungsfähige Wirtschaftsgüter
- Sägeblätter in Diamantsägen und -gattern >BFH vom 19.10.1972 (BStBl II 1973 S. 53)
- Stanzwerkzeuge i. V. m. Werkzeugmaschinen >Maschinenwerkzeuge

- Technische Sicherheitseinrichtung – TSE >BMF vom 21.08.2020 (BStBl I S. 1047)
- Webstuhlmotor >Elektromotor
- Werkzeuge >Maschinenwerkzeuge

| Unentgeltliche Übertragung von Betrieben, Teilbetrieben und Mitunternehmeranteilen | R 6.14 |

– unbesetzt –

| Hinweise | H 6.14 |

Anteile an einer Betriebskapitalgesellschaft
sind wesentliche Betriebsgrundlagen i. S. d. funktionalen Betrachtungsweise (>BFH vom 04.07.2007 – BStBl II S. 772).

Beteiligung an einer Kapitalgesellschaft
Eine das gesamte Nennkapital umfassende Beteiligung an einer Kapitalgesellschaft ist kein Teilbetrieb i. S. d. § 6 Abs. 3 (>BFH vom 20.07.2005 – BStBl II 2006 S. 457).

Realteilung
>BMF vom 19.12.2018 (BStBl I 2019 S. 6)   Anhang 24 III

Unentgeltliche Übertragung von Mitunternehmeranteilen mit Sonderbetriebsvermögen
>BMF vom 20.11.2019 (BStBl I S. 1291) unter Berücksichtigung der Änderungen durch BMF vom 05.05.2021 (BStBl I S. 696)   Anhang 9 VII

| Überführung und Übertragung von Einzelwirtschaftsgütern | R 6.15 |

In den Fällen des § 6 Abs. 5 Satz 4 EStG ist rückwirkend auf den Zeitpunkt der Übertragung der Teilwert auch dann anzusetzen, wenn die bis zur Übertragung entstandenen stillen Reserven durch Erstellung einer Ergänzungsbilanz dem übertragenden Gesellschafter zugeordnet worden sind, durch die Übertragung jedoch keine Änderung des Anteils des übertragenden Gesellschafters an dem übertragenen Wirtschaftsgut eingetreten ist[1].

| Hinweise | H 6.15 |

Allgemeines
Zu Zweifelsfragen zur Überführung und Übertragung von einzelnen Wirtschaftsgütern >BMF vom 08.12.2011 (BStBl I S. 1279)   Anhang 9 VIII

---

[1] >aber H 6.15 (Einmann-GmbH & Co. KG)

Einmann-GmbH & Co. KG

Wird ein Wirtschaftsgut durch den an einer KG zu 100 % beteiligten Kommanditisten aus dessen (Sonder-)Betriebsvermögen nach § 6 Abs. 5 Satz 3 in das Gesamthandsvermögen der KG übertragen, ist für die Übertragung nicht deshalb rückwirkend der Teilwert anzusetzen, weil die KG – bei unveränderten Beteiligungsverhältnissen – das Wirtschaftsgut innerhalb der Sperrfrist des § 6 Abs. 5 Satz 4 veräußert. Dies gilt auch dann, wenn das Wirtschaftsgut in der Gesamthandsbilanz der KG mit dem bisherigen Buchwert ausgewiesen und deshalb für den Übertragenden keine negative Ergänzungsbilanz erstellt worden ist (>BFH vom 31.07.2013 – BStBl II 2015 S. 450 und vom 26.06.2014 – BStBl II 2015 S. 463).

§ 6a
Pensionsrückstellung

(1) Für eine Pensionsverpflichtung darf eine Rückstellung (Pensionsrückstellung) nur gebildet werden, wenn und soweit
1. der Pensionsberechtigte einen Rechtsanspruch auf einmalige oder laufende Pensionsleistungen hat,
2. die Pensionszusage keine Pensionsleistungen in Abhängigkeit von künftigen gewinnabhängigen Bezügen vorsieht und keinen Vorbehalt enthält, dass die Pensionsanwartschaft oder die Pensionsleistung gemindert oder entzogen werden kann, oder ein solcher Vorbehalt sich nur auf Tatbestände erstreckt, bei deren Vorliegen nach allgemeinen Rechtsgrundsätzen unter Beachtung billigen Ermessens eine Minderung oder ein Entzug der Pensionsanwartschaft oder der Pensionsleistung zulässig ist, und
3. die Pensionszusage schriftlich erteilt ist; die Pensionszusage muss eindeutige Angaben zu Art, Form, Voraussetzungen und Höhe der in Aussicht gestellten künftigen Leistungen enthalten.

(2) Eine Pensionsrückstellung darf erstmals gebildet werden
1. vor Eintritt des Versorgungsfalls für das Wirtschaftsjahr, in dem die Pensionszusage erteilt wird, frühestens jedoch für das Wirtschaftsjahr, bis zu dessen Mitte der Pensionsberechtigte bei
    a) erstmals nach dem 31. Dezember 2017 zugesagten Pensionsleistungen das 23. Lebensjahr vollendet,
    b) erstmals nach dem 31. Dezember 2008 und vor dem 1. Januar 2018 zugesagten Pensionsleistungen das 27. Lebensjahr vollendet,
    c) erstmals nach dem 31. Dezember 2000 und vor dem 1. Januar 2009 zugesagten Pensionsleistungen das 28. Lebensjahr vollendet,
    d) erstmals vor dem 1. Januar 2001 zugesagten Pensionsleistungen das 30. Lebensjahr vollendet

    oder bei nach dem 31. Dezember 2000 vereinbarten Entgeltumwandlungen im Sinne von § 1 Absatz 2 des Betriebsrentengesetzes für das Wirtschaftsjahr, in dessen Verlauf die Pensionsanwartschaft gemäß den Vorschriften des Betriebsrentengesetzes unverfallbar wird,
2. nach Eintritt des Versorgungsfalls für das Wirtschaftsjahr, in dem der Versorgungsfall eintritt.

(3) ¹Eine Pensionsrückstellung darf höchstens mit dem Teilwert der Pensionsverpflichtung angesetzt werden. ²Als Teilwert einer Pensionsverpflichtung gilt
1. vor Beendigung des Dienstverhältnisses des Pensionsberechtigten der Barwert der künftigen Pensionsleistungen am Schluss des

Wirtschaftsjahres abzüglich des sich auf denselben Zeitpunkt ergebenden Barwerts betragsmäßig gleich bleibender Jahresbeträge, bei einer Entgeltumwandlung im Sinne von § 1 Absatz 2 des Betriebsrentengesetzes mindestens jedoch der Barwert der gemäß den Vorschriften des Betriebsrentengesetzes unverfallbaren künftigen Pensionsleistungen am Schluss des Wirtschaftsjahres. ²Die Jahresbeträge sind so zu bemessen, dass am Beginn des Wirtschaftsjahres, in dem das Dienstverhältnis begonnen hat, ihr Barwert gleich dem Barwert der künftigen Pensionsleistungen ist; die künftigen Pensionsleistungen sind dabei mit dem Betrag anzusetzen, der sich nach den Verhältnissen am Bilanzstichtag ergibt. ³Es sind die Jahresbeträge zugrunde zu legen, die vom Beginn des Wirtschaftsjahres, in dem das Dienstverhältnis begonnen hat, bis zu dem in der Pensionszusage vorgesehenen Zeitpunkt des Eintritts des Versorgungsfalls rechnungsmäßig aufzubringen sind. ⁴Erhöhungen oder Verminderungen der Pensionsleistungen nach dem Schluss des Wirtschaftsjahres, die hinsichtlich des Zeitpunktes ihres Wirksamwerdens oder ihres Umfangs ungewiss sind, sind bei der Berechnung des Barwerts der künftigen Pensionsleistungen und der Jahresbeträge erst zu berücksichtigen, wenn sie eingetreten sind. ⁵Wird die Pensionszusage erst nach dem Beginn des Dienstverhältnisses erteilt, so ist die Zwischenzeit für die Berechnung der Jahresbeträge nur insoweit als Wartezeit zu behandeln, als sie in der Pensionszusage als solche bestimmt ist. ⁶Hat das Dienstverhältnis schon vor der Vollendung des nach Absatz 2 Nummer 1 maßgebenden Lebensjahres des Pensionsberechtigten bestanden, gilt es als zu Beginn des Wirtschaftsjahres begonnen, bis zu dessen Mitte der Pensionsberechtigte das nach Absatz 2 Nummer 1 maßgebende Lebensjahr vollendet; bei nach dem 31. Dezember 2000 vereinbarten Entgeltumwandlungen im Sinne von § 1 Absatz 2 des Betriebsrentengesetzes gilt für davor liegende Wirtschaftsjahre als Teilwert der Barwert der gemäß den Vorschriften des Betriebsrentengesetzes unverfallbaren künftigen Pensionsleistungen am Schluss des Wirtschaftsjahres;

2. nach Beendigung des Dienstverhältnisses des Pensionsberechtigten unter Aufrechterhaltung seiner Pensionsanwartschaft oder nach Eintritt des Versorgungsfalls der Barwert der künftigen Pensionsleistungen am Schluss des Wirtschaftsjahres; Nummer 1 Satz 4 gilt sinngemäß.

³Bei der Berechnung des Teilwerts der Pensionsverpflichtung sind ein Rechnungszinsfuß von 6 Prozent und die anerkannten Regeln der Versicherungsmathematik anzuwenden.

(4) ¹Eine Pensionsrückstellung darf in einem Wirtschaftsjahr höchstens um den Unterschied zwischen dem Teilwert der Pensionsverpflichtung am Schluss des Wirtschaftsjahres und am Schluss des vo-

rangegangenen Wirtschaftsjahres erhöht werden. ²Soweit der Unterschiedsbetrag auf der erstmaligen Anwendung neuer oder geänderter biometrischer Rechnungsgrundlagen beruht, kann er nur auf mindestens drei Wirtschaftsjahre gleichmäßig verteilt der Pensionsrückstellung zugeführt werden; Entsprechendes gilt beim Wechsel auf andere biometrische Rechnungsgrundlagen. ³In dem Wirtschaftsjahr, in dem mit der Bildung einer Pensionsrückstellung frühestens begonnen werden darf (Erstjahr), darf die Rückstellung bis zur Höhe des Teilwerts der Pensionsverpflichtung am Schluss des Wirtschaftsjahres gebildet werden; diese Rückstellung kann auf das Erstjahr und die beiden folgenden Wirtschaftsjahre gleichmäßig verteilt werden. ⁴Erhöht sich in einem Wirtschaftsjahr gegenüber dem vorangegangenen Wirtschaftsjahr der Barwert der künftigen Pensionsleistungen um mehr als 25 Prozent, so kann die für dieses Wirtschaftsjahr zulässige Erhöhung der Pensionsrückstellung auf dieses Wirtschaftsjahr und die beiden folgenden Wirtschaftsjahre gleichmäßig verteilt werden. ⁵Am Schluss des Wirtschaftsjahres, in dem das Dienstverhältnis des Pensionsberechtigten unter Aufrechterhaltung seiner Pensionsanwartschaft endet oder der Versorgungsfall eintritt, darf die Pensionsrückstellung stets bis zur Höhe des Teilwerts der Pensionsverpflichtung gebildet werden; die für dieses Wirtschaftsjahr zulässige Erhöhung der Pensionsrückstellung kann auf dieses Wirtschaftsjahr und die beiden folgenden Wirtschaftsjahre gleichmäßig verteilt werden. ⁶Satz 2 gilt in den Fällen der Sätze 3 bis 5 entsprechend.

(5) Die Absätze 3 und 4 gelten entsprechend, wenn der Pensionsberechtigte zu dem Pensionsverpflichteten in einem anderen Rechtsverhältnis als einem Dienstverhältnis steht.

Rückstellungen für Pensionsverpflichtungen
Zulässigkeit von Pensionsrückstellungen

(1) ¹Nach § 249 HGB müssen für unmittelbare Pensionszusagen Rückstellungen in der Handelsbilanz gebildet werden. ²Entsprechend dem Grundsatz der Maßgeblichkeit der Handelsbilanz hat die handelsrechtliche Passivierungspflicht die Passivierungspflicht für Pensionszusagen in der Steuerbilanz dem Grunde, aber nicht der Höhe nach zur Folge, wenn die Voraussetzungen des § 6a Abs. 1 und 2 EStG vorliegen. ³Für laufende Pensionen und Anwartschaften auf Pensionen, die vor dem 1.1.1987 rechtsverbindlich zugesagt worden sind (Altzusagen), gilt nach Artikel 28 des Einführungsgesetzes zum HGB in der durch Gesetz vom 19.12.1985 (BGBl. I S. 2355, BStBl 1986 I S. 94) geänderten Fassung weiterhin das handels- und steuerrechtliche Passivierungswahlrecht; insoweit sind die Anweisungen in Abschnitt 41 EStR 1984 mit Ausnahme des Absatzes 24 Satz 5 und 6 weiter anzuwenden. ⁴Für die Frage, wann eine Pension oder eine Anwartschaft auf eine Pension rechtsverbindlich zugesagt worden ist, ist die erstmalige, zu einem Rechtsanspruch führende arbeitsrechtliche Verpflichtungserklärung maßgebend. ⁵Für Pensionsverpflichtungen, für die

§ 6a EStG
R 6a H 6a (1)

der Berechtigte einen Rechtsanspruch auf Grund einer unmittelbaren Zusage nach dem 31.12.1986 erworben hat (>Neuzusagen), gelten die folgenden Absätze.

H 6a (1)

Hinweise

Beihilfen an Pensionäre
- Die Verpflichtung, Pensionären und aktiven Mitarbeitern während der Zeit ihres Ruhestandes in Krankheits-, Geburts- und Todesfällen Beihilfen zu gewähren, ist keine Pensionsverpflichtung (>BFH vom 30.01.2002 – BStBl II 2003 S. 279).
- >H 5.7 (5)

Einstandspflicht
Die Verpflichtung des Arbeitgebers, wegen des nicht ausreichenden Vermögens einer Unterstützungskasse für den Ausfall von Versorgungsleistungen gegenüber seinen Arbeitnehmern einstehen zu müssen, erfüllt die Voraussetzungen für eine Pensionsrückstellung nicht. Das gilt auch für Versorgungsverpflichtungen des Erwerbers eines Betriebs, auf den die Arbeitsverhältnisse mit den durch die Unterstützungskasse begünstigten Arbeitnehmern nach § 613a BGB übergegangen sind (>BFH vom 16.12.2002 – BStBl II 2003 S. 347).

Gewinnabhängige Pensionsleistungen
- Am Bilanzstichtag bereits feststehende gewinnabhängige Pensionsleistungen sind zu berücksichtigen, wenn und soweit sie dem Grunde und der Höhe nach eindeutig bestimmt sind und die Erhöhung der Versorgungsleistungen schriftlich durch eine Ergänzung der Pensionszusage festgeschrieben wurde (>BMF vom 18.10.2013 – BStBl I S. 1268).
- >H 6a (7) Schriftformerfordernis

Hinterbliebenenversorgung für den Lebensgefährten
>BMF vom 25.07.2002 (BStBl I S. 706)

Jahreszusatzleistungen
Für Jahreszusatzleistungen im Jahr des Eintritts des Versorgungsfalls darf eine Rückstellung nach § 6a nicht gebildet werden (>BMF vom 11.11.1999 – BStBl I S. 959, RdNr. 23, letztmals abgedruckt im Anhang 7 I EStH 2020).

Nur-Pensionszusagen
Für eine sog. Nur-Pensionszusage kann keine Rückstellung nach § 6a gebildet werden, wenn dieser Verpflichtung keine ernsthaft vereinbarte Entgeltumwandlung zugrunde liegt (>BMF vom 13.12.2012 – BStBl I 2013 S. 35).

§ 6a EStG
H 6a (1)

Pensionsleistungen ohne Ausscheiden aus dem Dienstverhältnis
Zur bilanzsteuerrechtlichen Berücksichtigung von Versorgungsleistungen, die ohne die Voraussetzung des Ausscheidens aus dem Dienstverhältnis gewährt werden >BMF vom 18.09.2017 (BStBl I S. 1293)

Pensionsverpflichtungen innerhalb einer GmbH & Co. KG
- Zur Pensionszusage an einen Gesellschafter durch die Komplementär-GmbH >BMF vom 29.01.2008 (BStBl I S. 317), RdNr. 12-14   Anhang 9 X
- Sagt die Komplementär-GmbH einer GmbH & Co. KG ihrem gesellschaftsfremden Geschäftsführer eine Pension zu und kann sie nach dem Gesellschaftsvertrag von der KG Ersatz der Versorgungsleistungen verlangen, ist die bei der GmbH zu bildende Pensionsrückstellung durch einen Aufwendungsersatzanspruch zu neutralisieren. Bei der KG ist eine Rückstellung für ungewisse Verbindlichkeiten zu bilden, deren Höhe sich nach § 6a bestimmt (>BFH vom 07.02.2002 – BStBl II 2005 S. 88).

Personengesellschaft
Bilanzsteuerliche Behandlung von Pensionszusagen einer Personengesellschaft an einen Gesellschafter und dessen Hinterbliebene >BMF vom 29.01.2008 (BStBl I S. 317)   Anhang 9 X

Vererbliche Versorgungsanwartschaften und Versorgungsleistungen
Sieht eine Pensionszusage die Vererblichkeit von Versorgungsanwartschaften oder Versorgungsleistungen vor und sind nach der Zusage vorrangig Hinterbliebene entsprechend der Rdnr. 4 des BMF vom **12.08.2021** (BStBl I S. **1050, Anhang 2 III LStH**) Erben, ist die Pensionsverpflichtung nach § 6a anzusetzen und zu bewerten. Im Vererbungsfall ist für die Bewertung der Leistungen, soweit sie nicht an Hinterbliebene im o. g. Sinne erbracht werden, § 6 maßgebend (>BMF vom 18.09.2017 – BStBl I S. 1293).

Verpflichtungsübernahmen, Schuldbeitritte und Erfüllungsübernahmen
Zur bilanziellen Berücksichtigung von Verpflichtungsübernahmen, Schuldbeitritten und Erfüllungsübernahmen mit vollständiger oder teilweiser Schuldfreistellung im Zusammenhang mit Pensionsverpflichtungen >BMF vom 30.11.2017 (BStBl I S. 1619)   Anhang 9 XI

Versorgungsausgleich
Zu den Auswirkungen des Gesetzes zur Strukturreform des Versorgungsausgleiches (VAStrRefG) auf Pensionszusagen >BMF vom 12.11.2010 (BStBl I S. 1303)

§ 6a EStG
R 6a

R 6a (2) **Rechtsverbindliche Verpflichtung**

(2) ¹Eine rechtsverbindliche Pensionsverpflichtung ist z. B. gegeben, wenn sie auf Einzelvertrag, Gesamtzusage (Pensionsordnung), Betriebsvereinbarung, Tarifvertrag oder Besoldungsordnung beruht. ²Bei Pensionsverpflichtungen, die nicht auf Einzelvertrag beruhen, ist eine besondere Verpflichtungserklärung gegenüber dem einzelnen Berechtigten nicht erforderlich. ³Ob eine rechtsverbindliche Pensionsverpflichtung vorliegt, ist nach arbeitsrechtlichen Grundsätzen zu beurteilen. ⁴Für ausländische Arbeitnehmer sind Pensionsrückstellungen unter den gleichen Voraussetzungen zu bilden wie für inländische Arbeitnehmer.

R 6a (3) **Schädlicher Vorbehalt**

(3) ¹Ein schädlicher Vorbehalt i. S. d. § 6a Abs. 1 Nr. 2 EStG liegt vor, wenn der Arbeitgeber die Pensionszusage nach freiem Belieben, d. h. nach seinen eigenen Interessen ohne Berücksichtigung der Interessen des Pensionsberechtigten widerrufen kann. ²Ein Widerruf nach freiem Belieben ist nach dem Urteil des Bundesarbeitsgerichtes (BAG) vom 14.12.1956 (BStBl 1959 I S. 258) gegenüber einem noch aktiven Arbeitnehmer im Allgemeinen zulässig, wenn die Pensionszusage eine der folgenden Formeln

„freiwillig und ohne Rechtsanspruch",

„jederzeitiger Widerruf vorbehalten",

„ein Rechtsanspruch auf die Leistungen besteht nicht",

„die Leistungen sind unverbindlich"

oder ähnliche Formulierungen enthält, sofern nicht besondere Umstände eine andere Auslegung rechtfertigen. ³Solche besonderen Umstände liegen nicht schon dann vor, wenn das Unternehmen in der Vergangenheit tatsächlich Pensionszahlungen geleistet oder eine Rückdeckungsversicherung abgeschlossen hat oder Dritten gegenüber eine Verpflichtung zur Zahlung von Pensionen eingegangen ist oder wenn die unter den oben bezeichneten Vorbehalten gegebene Pensionszusage die weitere Bestimmung enthält, dass der Widerruf nur nach „billigem Ermessen" ausgeübt werden darf oder dass im Falle eines Widerrufes die gebildeten Rückstellungen dem Versorgungszweck zu erhalten sind. ⁴Vorbehalte der oben bezeichneten Art in einer Pensionszusage schließen danach die Bildung von Rückstellungen für Pensionsanwartschaften aus. ⁵Befindet sich der Arbeitnehmer bereits im Ruhestand oder steht er unmittelbar davor, ist der Widerruf von Pensionszusagen, die unter den oben bezeichneten Vorbehalten erteilt worden sind, nach dem BAG-Urteil vom 14.12.1956 nicht mehr nach freiem Belieben, sondern nur noch nach billigem Ermessen (>Absatz 4) zulässig. ⁶Enthält eine Pensionszusage die oben bezeichneten allgemeinen Widerrufsvorbehalte, ist die Rückstellungsbildung vorzunehmen, sobald der Arbeitnehmer in den Ruhestand tritt; dies gilt auch hinsichtlich einer etwa zugesagten Hinterbliebenenversorgung.

Hinweise

Abfindungsklauseln

- Zu schädlichen Abfindungsklauseln in Pensionszusagen >BMF vom 06.04.2005 (BStBl I S. 619) und vom 01.09.2005 (BStBl I S. 860)
- Lassen sich Abfindungsklauseln nicht dahingehend auslegen, dass die für die Berechnung der jeweiligen Abfindungshöhe maßgebenden Sterbetafeln und Abzinsungssätze ausreichend sicher bestimmt sind, liegt ein schädlicher Vorbehalt i. S. d. § 6a Abs. 1 Nr. 2 vor (>BFH vom 23.07.2019 – BStBl II S. 763).

Externe Versorgungsträger

Werden die künftigen Pensionsleistungen aus einer Versorgungszusage voraussichtlich von einem externen Versorgungsträger (z. B. Versorgungskasse) erbracht, scheidet die Bildung einer Rückstellung nach § 6a aus (>BFH vom 05.04.2006 – BStBl II S. 688 und vom 08.10.2008 – BStBl II 2010 S. 186). Zur Anwendung der vorgenannten Urteile, zur Abgrenzung des sog. Umlageverfahrens vom sog. Erstattungsverfahren und allgemein zur Bildung von Pensionsrückstellungen nach § 6a bei Erbringung der Versorgungsleistungen durch externe Versorgungsträger >BMF vom 26.01.2010 (BStBl I S. 138)

Übertragung auf eine Unterstützungskasse

Ist vereinbart, dass die Pensionsverpflichtung nach Eintritt des Versorgungsfalles auf eine Unterstützungskasse übertragen wird, kann eine Rückstellung nicht gebildet werden (>BMF vom 02.07.1999 – BStBl I S. 594).

Unschädlicher Vorbehalt

(4) [1] Ein unschädlicher Vorbehalt i. S. d. § 6a Abs. 1 Nr. 2 EStG liegt vor, wenn der Arbeitgeber den Widerruf der Pensionszusage bei geänderten Verhältnissen nur nach billigem Ermessen (§ 315 BGB), d. h. unter verständiger Abwägung der berechtigten Interessen des Pensionsberechtigten einerseits und des Unternehmens andererseits aussprechen kann. [2] Das gilt in der Regel für die Vorbehalte, die eine Anpassung der zugesagten Pensionen an nicht vorausehbare künftige Entwicklungen oder Ereignisse, insbesondere bei einer wesentlichen Verschlechterung der wirtschaftlichen Lage des Unternehmens, einer wesentlichen Änderung der Sozialversicherungsverhältnisse oder der Vorschriften über die steuerliche Behandlung der Pensionsverpflichtungen oder bei einer Treupflichtverletzung des Arbeitnehmers vorsehen. [3] Danach sind z. B. die folgenden Vorbehalte als unschädlich anzusehen:

1. als allgemeiner Vorbehalt:

    „Die Firma behält sich vor, die Leistungen zu kürzen oder einzustellen, wenn die bei Erteilung der Pensionszusage maßgebenden Verhältnisse sich nachhaltig so wesentlich geändert haben, dass der Firma die

§ 6a EStG
R 6a H 6a (4)

Aufrechterhaltung der zugesagten Leistungen auch unter objektiver Beachtung der Belange des Pensionsberechtigten nicht mehr zugemutet werden kann";

2. als spezielle Vorbehalte:

„Die Firma behält sich vor, die zugesagten Leistungen zu kürzen oder einzustellen, wenn

a) die wirtschaftliche Lage des Unternehmens sich nachhaltig so wesentlich verschlechtert hat, dass ihm eine Aufrechterhaltung der zugesagten Leistungen nicht mehr zugemutet werden kann, oder

b) der Personenkreis, die Beiträge, die Leistungen oder das Pensionierungsalter bei der gesetzlichen Sozialversicherung oder anderen Versorgungseinrichtungen mit Rechtsanspruch sich wesentlich ändern, oder

c) die rechtliche, insbesondere die steuerrechtliche Behandlung der Aufwendungen, die zur planmäßigen Finanzierung der Versorgungsleistungen von der Firma gemacht werden oder gemacht worden sind, sich so wesentlich ändert, dass der Firma die Aufrechterhaltung der zugesagten Leistungen nicht mehr zugemutet werden kann, oder

d) der Pensionsberechtigte Handlungen begeht, die in grober Weise gegen Treu und Glauben verstoßen oder zu einer fristlosen Entlassung berechtigen würden",

oder inhaltlich ähnliche Formulierungen. [4] Hat der Arbeitnehmer die Möglichkeit, anstelle einer bisher zugesagten Altersversorgung eine Erhöhung seiner laufenden Bezüge zu verlangen, liegt hierin kein schädlicher Vorbehalt.

H 6a (4)

Hinweise

Abfindungsklauseln

- Zu unschädlichen Abfindungsklauseln in Pensionszusagen >BMF vom 06.04.2005 (BStBl I S. 619) und vom 01.09.2005 (BStBl I S. 860)
- Ergibt sich aus der Abfindungsklausel, dass die für die Berechnung der Abfindungshöhe anzuwendende Sterbetafel trotz fehlender ausdrücklicher Benennung eindeutig bestimmbar ist, steht sie der bilanzsteuerrechtlichen Anerkennung nicht entgegen (>BFH vom 10.07.2019 – BStBl II S. 760).

R 6a (5) Vorbehalt (Sonderfälle)

(5) [1] In besonderen Vorbehalten werden oft bestimmte wirtschaftliche Tatbestände bezeichnet, bei deren Eintritt die zugesagten Pensionsleistungen gekürzt oder eingestellt werden können. [2] Es wird z. B. vereinbart, dass die Pensionen gekürzt oder eingestellt werden können, wenn der Umsatz, der Gewinn oder das Kapital eine bestimmte Grenze unterschreiten oder wenn mehrere Verlustjahre vorliegen oder wenn die Pensionsleistungen

einen bestimmten Prozentsatz der Lohn- und Gehaltssumme überschreiten. ³Diese Vorbehalte sind nur dann als unschädlich anzusehen, wenn sie in dem Sinne ergänzt werden, es müsse bei den bezeichneten Tatbeständen eine so erhebliche und nachhaltige Beeinträchtigung der Wirtschaftslage des Unternehmens vorliegen, dass es dem Unternehmen nicht mehr zumutbar ist, die Pensionszusage aufrechtzuerhalten, oder dass es aus unternehmerischer Verantwortung geboten erscheint, die Versorgungsleistungen einzuschränken oder einzustellen.

(6) ¹Der Vorbehalt, dass der Pensionsanspruch erlischt, wenn das Unternehmen veräußert wird oder aus anderen Gründen ein Wechsel des Unternehmers eintritt (sog. Inhaberklausel), ist steuerlich schädlich. ²Entsprechendes gilt für Vorbehalte oder Vereinbarungen, nach denen die Haftung aus einer Pensionszusage auf das Betriebsvermögen beschränkt wird, es sei denn, es gilt eine gesetzliche Haftungsbeschränkung für alle Verpflichtungen gleichermaßen, wie z. B. bei Kapitalgesellschaften.

Hinweise

Gewichtung des Widerrufsvorbehalts
Bei der Beurteilung, ob ein schädlicher oder unschädlicher Vorbehalt vorliegt, ist ein strenger Maßstab anzulegen (>BFH vom 06.10.1967 – BStBl II 1968 S. 90).

Schriftform

(7) ¹Für die nach § 6a Abs. 1 Nr. 3 EStG vorgeschriebene Schriftform kommt jede schriftliche Festlegung in Betracht, aus der sich der Pensionsanspruch nach Art und Höhe ergibt, z. B. Einzelvertrag, Gesamtzusage (Pensionsordnung), Betriebsvereinbarung, Tarifvertrag, Gerichtsurteil. ²Bei Gesamtzusagen ist eine schriftliche Bekanntmachung in geeigneter Form nachzuweisen, z. B. durch ein Protokoll über den Aushang im Betrieb. ³Die Schriftform muss am Bilanzstichtag vorliegen. ⁴Für Pensionsverpflichtungen, die auf betrieblicher Übung oder auf dem >Grundsatz der Gleichbehandlung beruhen, kann wegen der fehlenden Schriftform keine Rückstellung gebildet werden; dies gilt auch dann, wenn arbeitsrechtlich (§ 1b Abs. 1 Satz 4 Betriebsrentengesetz) eine unverfallbare Anwartschaft besteht, es sei denn, dem Arbeitnehmer ist beim Ausscheiden eine schriftliche Auskunft nach § 4a Betriebsrentengesetz erteilt worden. ⁵Pensionsrückstellungen müssen insoweit vorgenommen werden, als sich die Versorgungsleistungen aus der schriftlichen Festlegung dem Grunde und der Höhe nach ergeben. ⁶Zahlungsbelege allein stellen keine solche Festlegung dar.

§ 6a EStG
R 6a H 6a (7)

H 6a (7)

Hinweise

Grundsatz der Gleichbehandlung

Die wegen arbeitsrechtlicher Entscheidungen notwendige Ergänzung einer bestehenden Witwenversorgung um eine Witwerversorgung ist erst wirksam, wenn die Ergänzung schriftlich vorgenommen wurde.

Schriftformerfordernis

– Voraussetzung für die steuerliche Anerkennung einer Pensionsrückstellung nach § 6a ist u. a. eine schriftlich erteilte Pensionszusage. Die Vereinbarung muss neben dem Zusagezeitpunkt eindeutige und präzise Angaben zu Art, Form, Voraussetzungen und Höhe der in Aussicht gestellten künftigen Leistungen enthalten. Sofern es zur eindeutigen Ermittlung der in Aussicht gestellten Leistungen erforderlich ist, sind auch Angaben für die versicherungsmathematische Ermittlung der Höhe der Versorgungsverpflichtung (z. B. anzuwendender Rechnungszinsfuß oder anzuwendende biometrische Ausscheidewahrscheinlichkeiten) schriftlich festzulegen. Sind diese Angaben nicht vorhanden, scheidet die Bildung einer Pensionsrückstellung jedenfalls in der Steuerbilanz aus (>BMF vom 28.08.2001 – BStBl I S. 594).

– Eine schriftliche Pensionszusage liegt auch dann vor, wenn der Verpflichtete eine schriftliche Erklärung mit dem erforderlichen Inhalt abgibt und der Berechtigte die Zusage nach den Regeln des Zivilrechtes (z. B. durch mündliche Erklärung) annimmt (>BFH vom 27.04.2005 – BStBl II S. 702).

– Am Bilanzstichtag bereits feststehende gewinnabhängige Pensionsleistungen sind bei der Bewertung einzubeziehen, wenn und soweit sie dem Grunde und der Höhe nach eindeutig bestimmt sind und die Erhöhung der Versorgungsleistungen schriftlich durch eine Ergänzung der Pensionszusage gem. § 6a Abs. 1 Nr. 3 festgeschrieben werden. Unabhängig vom maßgebenden Gewinnentstehungsjahr können die zusätzlichen Versorgungsleistungen wegen des Schriftformerfordernisses erstmals an dem der schriftlichen Festschreibung folgenden Bilanzstichtag bei der Rückstellungsbewertung berücksichtigt werden (>BMF vom 18.10.2013 – BStBl I S. 1268).

R 6a (8) Beherrschende Gesellschafter-Geschäftsführer von Kapitalgesellschaften

(8) [1] Für die Bildung von Pensionsrückstellungen für beherrschende Gesellschafter-Geschäftsführer von Kapitalgesellschaften ist zu unterstellen, dass die Jahresbeträge nach § 6a Abs. 3 Satz 2 Nr. 1 Satz 3 EStG vom Beginn des Dienstverhältnisses, frühestens vom nach Absatz 10 Satz 3

§ 6a EStG
H 6a (9) R 6a

maßgebenden Alter, bis zur vertraglich vorgesehenen Altersgrenze, mindestens jedoch bis zum folgenden geburtsjahrabhängigen Pensionsalter aufzubringen sind[1]):

für Geburtsjahrgänge	Pensionsalter
bis 1952	65
ab 1953 bis 1961	66
ab 1962	67

[2] Als Beginn des Dienstverhältnisses gilt der Eintritt in das Unternehmen als Arbeitnehmer. [3] Das gilt auch dann, wenn der Geschäftsführer die Pensionszusage erst nach Erlangung der beherrschenden Stellung erhalten hat. [4] Absatz 11 Satz 1, 3 bis 6, 8, 9 und 13 bis 15 ist nicht anzuwenden[2]).
[5] Für anerkannt schwerbehinderte Menschen kann geburtsjahrabhängig eine vertragliche Altersgrenze wie folgt zugrunde gelegt werden[1]):

für Geburtsjahrgänge	Pensionsalter
bis 1952	60
ab 1953 bis 1961	61
ab 1962	62

Ehegatten-Arbeitsverhältnisse

R 6a (9)

– unbesetzt –

Hinweise

H 6a (9)

Anerkennungsgrundsätze

An den Nachweis der Ernsthaftigkeit von Pensionszusagen an >Arbeitnehmer-Ehegatten sind mit Rücksicht auf die besonderen persönlichen Beziehungen der Vertragspartner strenge Anforderungen zu stellen. Es ist insbesondere zu prüfen, ob die Pensionszusage nach den Umständen des Einzelfalls dem Grunde und der Höhe nach angemessen ist (>BFH vom 14.07.1989 – BStBl II S. 969). Für Pensionszusagen, die im Rahmen eines steuerlich anzuerkennenden Arbeitsverhältnisses dem >Arbeitnehmer-Ehegatten gegeben werden, sind Pensionsrückstellungen zu bilden, wenn

1. eine ernstlich gewollte, klar und eindeutig vereinbarte Verpflichtung vorliegt,
2. die Zusage dem Grunde nach angemessen ist und
3. der Arbeitgeber-Ehegatte auch tatsächlich mit der Inanspruchnahme aus der gegebenen Pensionszusage rechnen muss

(>BMF vom 04.09.1984 – BStBl I S. 495 und vom 09.01.1986 – BStBl I S. 7).

---

[1]) R 6a Abs. 8 Satz 1 letzter Teilsatz und Satz 5 EStR zum Mindestpensionsalter bei der Bildung von Pensionsrückstellungen für beherrschende Gesellschafter-Geschäftsführer ist nicht weiter anzuwenden (>BMF vom 09.12.2016 – BStBl I S. 1427).
[2]) Abweichend von R 6a Abs. 8 Satz 4 EStR ist R 6a Abs. 11 Satz 1 EStR (Zugrundelegung des vertraglich vereinbarten Pensionsalters) anzuwenden (>BMF vom 09.12.2016 – BStBl I S. 1427).

§ 6a EStG
R 6a H 6a (9)

Arbeitnehmer-Ehegatten
Pensionszusagen zwischen Ehegatten, die im Rahmen von steuerlich anzuerkennenden Arbeitsverhältnissen (>R 4.8) erteilt werden, sind auch steuerlich zu beachten und berechtigen zur Bildung von Pensionsrückstellungen (>BVerfG vom 22.07.1970 – BStBl II S. 652).

Fremdvergleich
Eine betriebliche Veranlassung einer Pensionszusage an einen Arbeitnehmer, der naher Angehöriger des Arbeitgebers ist, ist nicht allein deshalb zu verneinen, weil keine fremden Arbeitnehmer mit vergleichbaren Tätigkeitsmerkmalen im Betrieb beschäftigt werden und auch bei anderen Betrieben gleicher Größenordnung keine vergleichbaren Beschäftigungsverhältnisse ermittelt werden können. Maßgebend ist eine Gesamtwürdigung aller Umstände des konkreten Einzelfalls (>BFH vom 18.12.2001 – BStBl II 2002 S. 353).

Rückdeckungsversicherung
Prämienzahlungen für eine Rückdeckungsversicherung einer Pensionszusage an den Arbeitnehmer-Ehegatten können als Betriebsausgaben behandelt werden, wenn auch die Pensionszusage als rückstellungsfähig anerkannt werden kann (>BMF vom 04.09.1984 – BStBl I S. 495).

Verpflichtungsumfang
Für die Bildung der Pensionsrückstellung bei Pensionszusagen zwischen Ehegatten in Einzelunternehmen kommt nur eine Zusage auf Alters-, Invaliden- und Waisenrente in Betracht (>BMF vom 04.09.1984 – BStBl I S. 495).

Witwen-/Witwerversorgung
Eine Zusage auf Witwen- oder Witwerversorgung ist im Rahmen von Ehegatten-Pensionszusagen in Einzelunternehmen nicht rückstellungsfähig, da hier bei Eintritt des Versorgungsfalls Anspruch und Verpflichtung in einer Person zusammenfallen (>BMF vom 04.09.1984 – BStBl I S. 495). Dies gilt auch dann, wenn in der Zusage vereinbart ist, dass sie durch eine mögliche Eheschließung oder Betriebsveräußerung nicht berührt wird.

R 6a (10) **Höhe der Pensionsrückstellung**

(10) [1]Als Beginn des Dienstverhältnisses ist ein früherer Zeitpunkt als der tatsächliche Dienstantritt zugrunde zu legen (sog. Vordienstzeiten), wenn auf Grund gesetzlicher Vorschriften Zeiten außerhalb des Dienstverhältnisses als Zeiten der Betriebszugehörigkeit gelten, z. B. § 8 Abs. 3 des

Soldatenversorgungsgesetzes, § 6 Abs. 2 des Arbeitsplatzschutzgesetzes. ²Bei der Ermittlung des Teilwertes einer Pensionsverpflichtung sind folgende Mindestalter zu beachten:

Erteilung der Pensionszusage	maßgebendes Mindestalter
vor dem 1.1.2001	30
nach dem 31.12.2000 und vor dem 1.1.2009	28
nach dem 31.12.2008	27

³Ergibt sich durch die Anrechnung von Vordienstzeiten ein fiktiver Dienstbeginn, der vor der Vollendung des nach Satz 2 maßgebenden Lebensjahres des Berechtigten liegt, gilt das Dienstverhältnis als zu Beginn des Wirtschaftsjahres begonnen, bis zu dessen Mitte der Berechtigte dieses Lebensjahr vollendet (>§ 6a Abs. 3 Satz 2 Nr. 1 letzter Satz EStG).

Hinweise

Betriebsübergang
Für die Anwendung des § 613a BGB ist entscheidend, ob das im Zeitpunkt des Betriebsübergangs bestehende Dienstverhältnis als Arbeitsverhältnis anzusehen ist (>BFH vom 10.08.1994 – BStBl II 1995 S. 250).

Rechnungsgrundlagen
Zur Anerkennung unternehmensspezifischer und modifizierter biometrischer Rechnungsgrundlagen bei der Bewertung der Pensionsverpflichtungen nach § 6a >BMF vom 09.12.2011 (BStBl I S. 1247)

Richttafeln 2018 G
>BMF vom 19.10.2018 (BStBl I S. 1107) unter Berücksichtigung der Änderungen durch BMF vom 17.12.2019 (BStBl I 2020 S. 82)

Tatsächlicher Dienstantritt
Bei der Ermittlung des Diensteintrittsalters ist – unabhängig vom Bestehen eines Rumpfwirtschaftsjahres – auf den Beginn des Kj. des Diensteintritts abzustellen (>BFH vom 21.08.2007 – BStBl II 2008 S. 513). Als Beginn des Dienstverhältnisses ist i. d. R. der tatsächliche Dienstantritt im Rahmen des bestehenden Dienstverhältnisses anzusehen (>BFH vom 25.05.1988 – BStBl II S. 720); das Dienstverhältnis wird nicht unterbrochen, wenn der Stpfl. aufgrund gesetzlicher Vorschriften in die Pflichten des Dienstverhältnisses eintritt (z. B. § 613a BGB).

Verpflichtungsübernahmen, Schuldbeitritte und Erfüllungsübernahmen
Zur bilanziellen Berücksichtigung von Verpflichtungsübernahmen, Schuldbeitritten und Erfüllungsübernahmen mit vollständiger oder teilweiser Schuldfreistellung im Zusammenhang mit Pensionsverpflichtungen >BMF vom 30.11.2017 (BStBl I S. 1619)

§ 6a EStG
R 6a H 6a (10)

Vordienstzeiten
Zur Berücksichtigung von vertraglichen Vordienstzeiten >BMF vom 22.12.1997 (BStBl I S. 1020) und >BFH vom 07.02.2002 (BStBl II 2005 S. 88)

R 6a (11)

(11) [1] Bei der Ermittlung des Teilwertes der Pensionsanwartschaft ist das vertraglich vereinbarte Pensionsalter zugrunde zu legen (Grundsatz). [2] Der Stpfl. kann für alle oder für einzelne Pensionsverpflichtungen von einem höheren Pensionsalter ausgehen, sofern mit einer Beschäftigung des Arbeitnehmers bis zu diesem Alter gerechnet werden kann (erstes Wahlrecht). [3] Bei der Ermittlung des Teilwertes der Pensionsanwartschaft nach § 6a Abs. 3 EStG kann mit Rücksicht auf § 6 Betriebsrentengesetz anstelle des vertraglichen Pensionsalters nach Satz 1 für alle oder für einzelne Pensionsverpflichtungen als Zeitpunkt des Eintritts des Versorgungsfalles der Zeitpunkt der frühestmöglichen Inanspruchnahme der vorzeitigen Altersrente aus der gesetzlichen Rentenversicherung angenommen werden (zweites Wahlrecht). [4] Voraussetzung für die Ausübung des zweiten Wahlrechtes ist, dass in der Pensionszusage festgelegt ist, in welcher Höhe Versorgungsleistungen von diesem Zeitpunkt an gewährt werden. [5] Bei der Ausübung des zweiten Wahlrechtes braucht nicht geprüft zu werden, ob ein Arbeitnehmer die sozialversicherungsrechtlichen Voraussetzungen für die vorzeitige Inanspruchnahme der Altersrente erfüllen wird. [6] Das zweite Wahlrecht kann unabhängig von der Wahl des Pensionsalters für die Berechnung der unverfallbaren Versorgungsanwartschaften nach § 2 Betriebsrentengesetz ausgeübt werden. [7] Das erste Wahlrecht ist in der Bilanz des Wirtschaftsjahres auszuüben, in dem mit der Bildung der Pensionsrückstellung begonnen wird. [8] Das zweite Wahlrecht ist in der Bilanz des Wirtschaftsjahres auszuüben, in dem die Festlegung nach Satz 4 getroffen worden ist. [9] Hat der Stpfl. das zweite Wahlrecht ausgeübt und ändert sich danach der Zeitpunkt der frühestmöglichen Inanspruchnahme der vorzeitigen Altersrente aus der gesetzlichen Rentenversicherung (z. B. Beendigung des Arbeitsverhältnisses), ist die Änderung zum Ende des betreffenden Wirtschaftsjahres zu berücksichtigen; ist in diesem Wirtschaftsjahr die Festlegung nach Satz 4 für den neuen Zeitpunkt nicht getroffen worden, ist das vertragliche Pensionsalter nach Satz 1 bei der Ermittlung des Teilwertes der Pensionsanwartschaft zugrunde zu legen. [10] Die gegenüber einem Berechtigten getroffene Wahl gilt einheitlich für die gesamte Pensionsverpflichtung, einschließlich einer etwaigen Entgeltumwandlung im Sinne von

§ 1 Abs. 2 Betriebsrentengesetz[1]). [11]Der Rückstellungsbildung kann nur die Pensionsleistung zugrunde gelegt werden, die zusagegemäß bis zu dem Pensionsalter erreichbar ist, für das sich der Stpfl. bei Ausübung der Wahlrechte entscheidet. [12]Setzt der Arbeitnehmer nach Erreichen dieses Alters seine Tätigkeit fort und erhöht sich dadurch sein Ruhegehaltsanspruch, ist der Rückstellung in dem betreffenden Wirtschaftsjahr der Unterschiedsbetrag zwischen der nach den vorstehenden Sätzen höchstzulässigen Rückstellung (Soll-Rückstellung) und dem versicherungsmathematischen Barwert der um den Erhöhungsbetrag vermehrten Pensionsleistungen zuzuführen. [13]Hat der Stpfl. bei der Ermittlung des Teilwertes einer Pensionsanwartschaft bereits bisher vom zweiten Wahlrecht Gebrauch gemacht, ist er bei einer Änderung des frühestmöglichen Pensionsalters auf Grund einer gesetzlichen Neuregelung auch künftig an diese Entscheidung gebunden; Satz 4 ist zu beachten. [14]Für die sich wegen der Änderung des frühestmöglichen Pensionsalters ergebende Änderung der Teilwerte der Pensionsanwartschaft gilt das Nachholverbot, das sich aus § 6a Abs. 4 EStG herleitet, nicht. [15]Liegen die in Satz 4 genannten Voraussetzungen für die Anwendung des zweiten Wahlrechtes am Bilanzstichtag nicht vor, ist das vertragliche Pensionsalter nach Satz 1 bei der Ermittlung des Teilwertes der Pensionsanwartschaft zugrunde zu legen.

Hinweise

Pensionsalter

Zum maßgebenden Pensionsalter bei der Bewertung von Versorgungszusagen >BMF vom 09.12.2016 (BStBl I S. 1427)

Entgeltumwandlungen

(12) [1]Für Pensionsverpflichtungen, die auf nach dem 31.12.2000 vereinbarten Entgeltumwandlungen im Sinne von § 1 Abs. 2 Betriebsrentengesetz beruhen, ist vor Vollendung des 28. Lebensjahres (für nach dem 31.12.2008 erstmals erteilte Pensionszusagen: des 27. Lebensjahres) des Pensionsberechtigten eine Rückstellung in Höhe des Barwerts der nach den §§ 1 und 2 Betriebsrentengesetz unverfallbaren künftigen Pensionsleistungen zu bilden (§ 6a Abs. 2 Nr. 1 zweite Alternative und § 6a Abs. 3

---

[1]) *R 6a Abs. 11 Satz 10 EStR ist nicht weiter anzuwenden. Das zweite Wahlrecht kann für unterschiedliche Pensionszusagen des Berechtigten unabhängig voneinander ausgeübt werden. Wurde bei der Teilwertermittlung einer Versorgungsverpflichtung das Pensionsalter unter Bezugnahme auf R 6a Abs. 11 Satz 10 EStR in Übereinstimmung mit einer weiteren gegenüber dem Berechtigten erteilten Zusage angesetzt, kann das zweite Wahlrecht nach R 6a Abs. 11 Satz 3 EStR spätestens in der Bilanz des nach dem 29.06.2023 endenden Wj. einmalig neu ausgeübt oder eine frühere Ausübung dieses Wahlrechtes zurückgenommen werden; R 6a Abs. 11 Satz 15 EStR ist zu beachten (>BMF vom 02.05.2022 – BStBl I S. 631).*

§ 6a EStG
R 6a H 6a (12)

Satz 2 Nr. 1 Satz 6 zweiter Halbsatz EStG); nach Vollendung des 28. Lebensjahres (für nach dem 31.12.2008 erstmals erteilte Pensionszusagen: des 27. Lebensjahres) des Pensionsberechtigten ist für diese Pensionsverpflichtungen für die Ermittlung des Teilwertes nach § 6a Abs. 3 Satz 2 Nr. 1 Satz 1 EStG eine Vergleichsrechnung erforderlich. ²Dabei sind der Wert nach § 6a Abs. 3 Satz 2 Nr. 1 Satz 1 erster Halbsatz EStG und der Barwert der unverfallbaren künftigen Pensionsleistungen zu berechnen; der höhere Wert ist anzusetzen. ³Bei der Vergleichsrechnung sind die für einen Berechtigten nach dem 31.12.2000 vereinbarten Entgeltumwandlungen als Einheit zu behandeln. ⁴Die Regelungen des Satzes 1 gelten nicht für Pensionsverpflichtungen, soweit sie auf Grund einer vertraglichen Vereinbarung unverfallbar sind.

H 6a (12) — Hinweise

Beherrschender Gesellschafter-Geschäftsführer einer Kapitalgesellschaft

Der Ansatz einer Pensionsrückstellung mit dem Barwert nach § 6a Abs. 3 Satz 2 Nr. 1 Satz 1 zweiter Halbsatz setzt eine Entgeltumwandlung nach § 1 Abs. 2 BetrAVG voraus. Diese Voraussetzung ist bei einem beherrschenden Gesellschafter-Geschäftsführer nicht erfüllt, da er kein Arbeitnehmer im Sinne des § 17 Abs. 1 Satz 1 oder 2 BetrAVG ist (>BFH vom 27.05.2020 – BStBl II S. 802).

Maßgebendes Finanzierungsendalter

Bei im Rahmen von Entgeltumwandlungen erteilten Pensionszusagen mit jeweils unterschiedlichen Pensionsaltern ist hinsichtlich des jeweiligen Finanzierungsendalters auf den in den einzelnen Zusagen festgelegten Leistungszeitpunkt abzustellen (>BFH vom 20.11.2019 – BStBl II 2020 S. 271).

Übertragung von Pensionszusagen auf Pensionsfonds

Zur Übertragung von Versorgungsverpflichtungen und Versorgungsanwartschaften auf Pensionsfonds nach § 4e Abs. 3 i. V. m. § 3 Nr. 66 >BMF vom 26.10.2006 (BStBl I S. 709) und vom 10.07.2015 (BStBl I S. 544)

R 6a (13)

Arbeitgeberwechsel[1])

(13) Übernimmt ein Stpfl. in einem Wirtschaftsjahr eine Pensionsverpflichtung gegenüber einem Arbeitnehmer, der bisher in einem anderen Unternehmen tätig gewesen ist, unter gleichzeitiger Übernahme von Vermögenswerten, ist bei der Ermittlung des Teilwertes der Verpflichtung der Jahresbetrag i. S. d. § 6a Abs. 3 Satz 2 Nr. 1 EStG so zu bemessen, dass zu Beginn des Wirtschaftsjahres der Übernahme der Barwert der Jahresbeträge zusammen mit den übernommenen Vermögenswerten gleich dem

---

[1]) >§ 5 Abs. 7 Satz 4

§ 6a EStG
H 6a (14), (15) **R 6a**

Barwert der künftigen Pensionsleistungen ist; dabei darf sich kein negativer Jahresbetrag ergeben.

Berücksichtigung von Renten aus der gesetzlichen Rentenversicherung

(14) Sieht die Pensionszusage vor, dass die Höhe der betrieblichen Rente in bestimmter Weise von der Höhe der Renten aus der gesetzlichen Rentenversicherung abhängt, darf die Pensionsrückstellung in diesen Fällen nur auf der Grundlage der von dem Unternehmen nach Berücksichtigung der Renten aus der gesetzlichen Rentenversicherung tatsächlich noch selbst zu zahlenden Beträge berechnet werden.

R 6a (14)

Hinweise

H 6a (14)

Näherungsverfahren
Zur Berücksichtigung von Renten aus der gesetzlichen Rentenversicherung >BMF vom 15.03.2007 (BStBl I S. 290) und vom 05.05.2008 (BStBl I S. 570)

Doppelfinanzierung

(15) [1]Wenn die gleichen Versorgungsleistungen an denselben Empfängerkreis sowohl über eine Pensions- oder Unterstützungskasse oder einen Pensionsfonds als auch über Pensionsrückstellungen finanziert werden sollen, ist die Bildung einer Pensionsrückstellung nicht zulässig. [2]Eine schädliche Überschneidung liegt dagegen nicht vor, wenn es sich um verschiedene Versorgungsleistungen handelt, z. B. bei der Finanzierung der Invaliditäts-Renten über Pensions- oder Unterstützungskassen und der Altersrenten über Pensionsrückstellungen oder der Finanzierung rechtsverbindlich zugesagter Leistungen über Rückstellungen und darüber hinausgehender freiwilliger Leistungen über eine Unterstützungskasse.

R 6a (15)

Hinweise

H 6a (15)

Überschneidung
Die Bildung von Pensionsrückstellungen und Zuwendungen an Pensions- und Unterstützungskassen schließen sich gegenseitig aus (>BFH vom 22.01.1958 – BStBl III S. 186).

Handelsvertreter

(16) [1]Sagt der Unternehmer dem selbständigen Handelsvertreter eine Pension zu, muss sich der Handelsvertreter die versprochene Versorgung nach § 89b Abs. 1 Satz 1 Nr. 3 HGB[1]) auf seinen Ausgleichsanspruch anrechnen lassen. [2]Die Pensionsverpflichtung des Unternehmers wird also

R 6a (16)

---

[1]) jetzt § 89b Abs. 1 Satz 1 Nr. 2 HGB

§ 6a EStG
R 6a H 6a (17)

durch die Ausgleichsverpflichtung nicht gemindert, es sei denn, es ist etwas anderes vereinbart.

R 6a (17) **Stichtagsprinzip**

(17) [1]Für die Bildung der Pensionsrückstellung sind die Verhältnisse am Bilanzstichtag maßgebend. [2]Änderungen der Bemessungsgrundlagen, die erst nach dem Bilanzstichtag wirksam werden, sind zu berücksichtigen, wenn sie am Bilanzstichtag bereits feststehen. [3]Danach sind Erhöhungen von Anwartschaften und laufenden Renten, die nach dem Bilanzstichtag eintreten, in die Rückstellungsberechnung zum Bilanzstichtag einzubeziehen, wenn sowohl ihr Ausmaß als auch der Zeitpunkt ihres Eintritts am Bilanzstichtag feststehen. [4]Wird die Höhe der Pension z. B. von Bezugsgrößen der gesetzlichen Rentenversicherungen beeinflusst, sind künftige Änderungen dieser Bezugsgrößen, die am Bilanzstichtag bereits feststehen, z. B. die ab 1.1. des Folgejahres geltende Beitragsbemessungsgrenze, bei der Berechnung der Pensionsrückstellung zum Bilanzstichtag zu berücksichtigen. [5]Die für das Folgejahr geltenden Bezugsgrößen stehen in dem Zeitpunkt fest, in dem die jeweilige Sozialversicherungs-Rechengrößenverordnung im Bundesgesetzblatt verkündet wird.

H 6a (17)

Hinweise

Mehrjährige Gehaltssteigerung

Beispiel:

Ein Arbeitnehmer hat eine Pensionszusage von 10 % des letzten vor Eintritt des Versorgungsfalls bezogenen Gehalts. Am 10.12.01 wird rechtsverbindlich vereinbart, dass sich das derzeitige Gehalt von 3.000 € mit Wirkung vom 01.04.02 auf 3.150 € und mit Wirkung vom 01.02.03 auf 3.250 € erhöht. Die dadurch vereinbarten Erhöhungen des Pensionsanspruchs von 15 € monatlich zum 01.04.02 und von 10 € monatlich zum 01.02.03 sind bereits bei der Rückstellungsberechnung zum 31.12.01 zu berücksichtigen.

Steigerungen der Versorgungsansprüche

Fest zugesagte prozentuale Rentenerhöhungen sind bei der Bewertung der Pensionsrückstellung zu berücksichtigen (>BFH vom 17.05.1995 – BStBl II 1996 S. 423); Entsprechendes gilt für zugesagte prozentuale Steigerungen der Rentenanwartschaft (>BFH vom 25.10.1995 – BStBl II 1996 S. 403).

Mögliche künftige Anpassungen nach § 16 Abs. 1 Betriebsrentengesetz sind nicht rückstellungsfähig (>BFH vom 06.12.1995 – BStBl II 1996 S. 406).

Überversorgung

– Zur bilanzsteuerrechtlichen Berücksichtigung von überdurchschnittlich hohen Versorgungsanwartschaften (Überversorgung) >BMF vom 03.11.2004 (BStBl I S. 1045) und vom 13.12.2012 (BStBl I 2013 S. 35)
– Wird eine Versorgungszusage trotz dauerhaft reduzierter Aktivbezüge nicht ihrerseits vermindert, liegt eine Überversorgung vor, die zu einer

§ 6a EStG
H 6a (17) **R 6a**

Kürzung der Pensionsrückstellung nach § 6a führt (>BFH vom 27.03.2012 – BStBl II S. 665).

Wertpapiergebundene Pensionszusagen
Pensionsrückstellungen können nur insoweit gebildet werden, als der Versorgungsanspruch auf die garantierte Mindestleistung entfällt. Zusätzliche Leistungen, die vom Wert bestimmter Wertpapiere (z. B. Fondsanteile, Aktien) zu einem festgelegten künftigen Zeitpunkt (z. B. Eintritt des Versorgungsfalles) abhängen, sind nicht zu berücksichtigen (>BMF vom 17.12.2002 – BStBl I S. 1397).

Inventurerleichterung

R 6a (18)

(18) [1] Die Pensionsverpflichtungen sind grundsätzlich auf Grund einer körperlichen Bestandsaufnahme (Feststellung der pensionsberechtigten Personen und der Höhe ihrer Pensionsansprüche) für den Bilanzstichtag zu ermitteln. [2] In Anwendung von § 241 Abs. 3 HGB kann der für die Berechnung der Pensionsrückstellungen maßgebende Personenstand auch auf einen Tag (Inventurstichtag) innerhalb von drei Monaten vor oder zwei Monaten nach dem Bilanzstichtag aufgenommen werden, wenn sichergestellt ist, dass die Pensionsverpflichtungen für den Bilanzstichtag ordnungsgemäß bewertet werden können. [3] Es ist nicht zu beanstanden, wenn im Falle der Vorverlegung der Bestandsaufnahme bei der Berechnung der Pensionsrückstellungen wie folgt verfahren wird:

1. Die für den Inventurstichtag festgestellten Pensionsverpflichtungen sind bei der Berechnung der Pensionsrückstellungen für den Bilanzstichtag mit ihrem Wert vom Bilanzstichtag anzusetzen.
2. Aus Vereinfachungsgründen können bei der Berechnung der Pensionsrückstellungen für den Bilanzstichtag die folgenden Veränderungen der Pensionsverpflichtungen, die in der Zeit vom Inventurstichtag bis zum Bilanzstichtag eintreten, unberücksichtigt bleiben:
   a) Veränderungen, die auf biologischen Ursachen, z. B. Tod, Invalidität, beruhen;
   b) Veränderungen durch normale Zu- oder Abgänge von pensionsberechtigten Personen oder durch Übergang in eine andere Gehalts- oder Pensionsgruppe, z. B. Beförderung. [2] Außergewöhnliche Veränderungen, z. B. Stilllegung oder Eröffnung eines Teilbetriebs, bei Massenentlassungen oder bei einer wesentlichen Erweiterung des Kreises der pensionsberechtigten Personen, sind bei der Rückstellungsberechnung für den Bilanzstichtag zu berücksichtigen.

[2] Allgemeine Leistungsänderungen für eine Gruppe von Verpflichtungen, die nicht unter Satz 1 Buchstabe a oder b fallen, sind bei der Rückstellungsberechnung für den Bilanzstichtag mindestens näherungsweise zu berücksichtigen; für den folgenden Bilanzstichtag ist der sich dann ergebende tatsächliche Wert anzusetzen.

3. Soweit Veränderungen der Pensionsverpflichtungen nach Nummer 2 bei der Berechnung der Rückstellungen für den Bilanzstichtag unberücksichtigt bleiben, sind sie zum nächsten Bilanzstichtag bis zur steuerlich zulässigen Höhe zu berücksichtigen.
4. Werden werterhöhende Umstände, die nach Nummer 2 bei der Berechnung der Rückstellungen für den Bilanzstichtag unberücksichtigt bleiben können, dennoch in die Rückstellungsberechnung einbezogen, sind bei der Rückstellungsberechnung auch wertmindernde Umstände, die nach Nummer 2 außer Betracht bleiben können, zu berücksichtigen.
5. Die Nummern 2 bis 4 gelten nicht, wenn bei einem Stpfl. am Inventurstichtag nicht mehr als 20 Pensionsberechtigte vorhanden sind. ²Sie gelten ferner nicht für Vorstandsmitglieder und Geschäftsführer von Kapitalgesellschaften.

R 6a (19) Ausscheiden eines Anwärters

(19) ¹Die Rückstellung für Pensionsverpflichtungen gegenüber einer Person, die mit einer unverfallbaren Versorgungsanwartschaft ausgeschieden ist, ist beizubehalten, solange das Unternehmen mit einer späteren Inanspruchnahme zu rechnen hat. ²Sofern dem Unternehmen nicht bereits vorher bekannt ist, dass Leistungen nicht zu gewähren sind, braucht die Frage, ob mit einer Inanspruchnahme zu rechnen ist, erst nach Erreichen der vertraglich vereinbarten Altersgrenze geprüft zu werden. ³Steht bis zum Ende des Wirtschaftsjahres, das auf das Wirtschaftsjahr des Erreichens der Altersgrenze folgt, die spätere Inanspruchnahme nicht fest, ist die Rückstellung zu diesem Zeitpunkt aufzulösen.

H 6a (19) Hinweise

Ablösung der Rente

Bei der Bewertung einer Pensionsverpflichtung kann eine Ablösungsvereinbarung erst berücksichtigt werden, wenn sie feststeht (>BFH vom 07.04.1994 – BStBl II S. 740).

R 6a (20) Zuführung zur Pensionsrückstellung

(20) Nach § 249 HGB i. V. m. § 6a Abs. 4 EStG muss in einem Wirtschaftsjahr der Rückstellung der Unterschiedsbetrag zwischen dem Teilwert am Schluss des Wirtschaftsjahres und dem Teilwert am Schluss des vorangegangenen Wirtschaftsjahres zugeführt werden.

§ 6a EStG
H 6a (20) **R 6a**

| Hinweise | H 6a (20) |

Nachholverbot
- Das Nachholverbot gilt nicht, wenn am Schluss des vorangegangenen Wj. eine Pensionsverpflichtung bestand, für die in der Vorjahresbilanz keine Rückstellung gebildet werden konnte. Entsprechendes gilt, wenn zwar in der Vorjahresbilanz eine Pensionsrückstellung gebildet werden, diese aber nur einen Teil der bestehenden Verpflichtung abdecken durfte (>BFH vom 08.10.2008 – BStBl I 2010 S. 186).
- Ist eine Rückstellung nicht gebildet worden, weil ihr die BFH-Rechtsprechung entgegenstand, so führt die Aufgabe dieser Rechtsprechung nicht dazu, dass für die Zeit bis zur Aufgabe dieser Rechtsprechung das Nachholverbot des § 6a Abs. 4 gilt. Die Rückstellung kann spätestens in dem Jahr, in dem die Rechtsprechung aufgegeben wird, in vollem Umfang nachgeholt werden (>BFH vom 07.04.1994 – BStBl II S. 740).
- Das Nachholverbot ist auch bei Pensionsrückstellungen anzuwenden, die in einem vorangegangenen Wj. aufgrund einer zulässigen Bewertungsmethode niedriger als möglich bewertet worden sind (>BFH vom 10.07.2002 – BStBl II 2003 S. 936).
- Beruht der fehlende oder fehlerhafte Ansatz einer Pensionsrückstellung auf einen Rechtsirrtum, ist das Nachholverbot anzuwenden. Das gilt unabhängig davon, ob nach den Umständen des jeweiligen Einzelfalles eine willkürliche Gewinnverschiebung anzunehmen ist (>BMF vom 11.12.2003 – BStBl I S. 746).
- Wurde infolge eines Berechnungsfehlers eine Pensionsrückstellung in einer früheren Bilanz mit einem Wert angesetzt, der unterhalb des Teilwerts liegt, greift das Nachholverbot (>BFH vom 14.01.2009 – BStBl II S. 457).
- Das Nachholverbot geht dem Grundsatz des formellen Bilanzenzusammenhangs vor (>BFH vom 13.02.2008 – BStBl II S. 673).

Auflösung der Pensionsrückstellung R 6a (21)

(21) [1] Auflösungen oder Teilauflösungen in der Steuerbilanz sind nur insoweit zulässig, als sich die Höhe der Pensionsverpflichtung gemindert hat. [2] Wird die Pensionszusage widerrufen (>Absätze 3 bis 6), ist die Pensionsrückstellung in der nächstfolgenden Bilanz gewinnerhöhend aufzulösen und ist erst wieder zu passivieren, wenn die Zusage mit unschädlichen Vorbehalten wieder in Kraft gesetzt wird (z. B. durch rechtskräftiges Urteil oder Vergleich). [3] Ist die Rückstellung ganz oder teilweise aufgelöst worden, ohne dass sich die Pensionsverpflichtung entsprechend geändert hat, ist die Steuerbilanz insoweit unrichtig. [4] Dieser Fehler ist im Wege der Bilanzberichtigung (>R 4.4) zu korrigieren. [5] Dabei ist die Rückstellung in Höhe des Betrags anzusetzen, der nicht hätte aufgelöst werden dürfen, höchstens jedoch mit dem Teilwert der Pensionsverpflichtung.

§ 6a EStG
R 6a H 6a (23)

R 6a (22) (22) ¹Nach dem Zeitpunkt des vertraglich vorgesehenen Eintritts des Versorgungsfalles oder eines gewählten früheren Zeitpunktes (>zweites Wahlrecht, Absatz 11 Satz 3) ist die Pensionsrückstellung in jedem Wirtschaftsjahr in Höhe des Unterschiedsbetrages zwischen dem versicherungsmathematischen Barwert der künftigen Pensionsleistungen am Schluss des Wirtschaftsjahres und der am Schluss des vorangegangenen Wirtschaftsjahres passivierten Pensionsrückstellung gewinnerhöhend aufzulösen; die laufenden Pensionsleistungen sind dabei als Betriebsausgaben abzusetzen. ²Eine Pensionsrückstellung ist auch dann in Höhe des Unterschiedsbetrages nach Satz 1 aufzulösen, wenn der Pensionsberechtigte nach dem Zeitpunkt des vertraglich vorgesehenen Eintritts des Versorgungsfalles noch weiter gegen Entgelt tätig bleibt („technischer Rentner"), es sei denn, dass bereits die Bildung der Rückstellung auf die Zeit bis zu dem voraussichtlichen Ende der Beschäftigung des Arbeitnehmers verteilt worden ist (>Absatz 11). ³Ist für ein Wirtschaftsjahr, das nach dem Zeitpunkt des vertraglich vorgesehenen Eintritts des Versorgungsfalles endet, die am Schluss des vorangegangenen Wirtschaftsjahres ausgewiesene Rückstellung niedriger als der versicherungsmathematische Barwert der künftigen Pensionsleistungen am Schluss des Wirtschaftsjahres, darf die Rückstellung erst von dem Wirtschaftsjahr ab aufgelöst werden, in dem der Barwert der künftigen Pensionsleistungen am Schluss des Wirtschaftsjahres niedriger ist als der am Schluss des vorangegangenen Wirtschaftsjahres ausgewiesene Betrag der Rückstellung. ⁴In dem Wirtschaftsjahr, in dem eine bereits laufende Pensionsleistung herabgesetzt wird oder eine Hinterbliebenenrente beginnt, darf eine bisher ausgewiesene Rückstellung, die höher ist als der Barwert, nur bis zur Höhe dieses Barwerts aufgelöst werden.

R 6a (23) **Rückdeckungsversicherung**

(23) ¹Eine aufschiebend bedingte Abtretung des Rückdeckungsanspruchs an den pensionsberechtigten Arbeitnehmer für den Fall, dass der Pensionsanspruch durch bestimmte Ereignisse gefährdet wird, z. B. bei Insolvenz des Unternehmens, wird – soweit er nicht im Insolvenzfall nach § 9 Abs. 2 Betriebsrentengesetz auf den Träger der Insolvenzsicherung übergeht – erst wirksam, wenn die Bedingung eintritt (§ 158 Abs. 1 BGB). ²Die Rückdeckungsversicherung behält deshalb bis zum Eintritt der Bedingung ihren bisherigen Charakter bei. ³Wird durch Eintritt der Bedingung die Abtretung an den Arbeitnehmer wirksam, wird die bisherige Rückdeckungsversicherung zu einer Direktversicherung.

H 6a (23)

Hinweise

Begriff der Rückdeckungsversicherung
Eine Rückdeckungsversicherung liegt vor, wenn
- dem Arbeitnehmer ausreichend bestimmte eine Versorgung aus den Mitteln des Arbeitgebers zugesagt ist,

- zur Gewährleistung der Mittel für die Ausführung dieser Versorgung eine Sicherung geschaffen ist,
- die Sicherung nicht zusätzlich den Belangen des Arbeitnehmers dient, sondern allein oder überwiegend den Belangen des Arbeitgebers zu dienen bestimmt ist.

Das ist gewährleistet, wenn der Arbeitgeber Versicherungsnehmer, alleiniger Prämienzahler und Bezugsberechtigter auf die Versicherungsleistungen ist (>BFH vom 28.06.2001 – BStBl II 2002 S. 724).

Getrennte Bilanzierung

Der Rückdeckungsanspruch einerseits und die Pensionsverpflichtung andererseits stellen unabhängig voneinander zu bilanzierende Wirtschaftsgüter dar (>BFH vom 25.02.2004 – BStBl II S. 654). Eine Saldierung des Rückdeckungsanspruches mit der Pensionsrückstellung ist auch dann nicht zulässig, wenn eine solche nicht passiviert werden muss, weil es sich um eine Altzusage (>R 6a Abs. 1 Satz 3) handelt (>BFH vom 28.06.2001 – BStBl II 2002 S. 724). Auch bei Rückdeckung in voller Höhe (kongruente Rückdeckung) ist eine Saldierung nicht zulässig (>BFH vom 25.02.2004 – BStBl II S. 654).

Rückdeckungsanspruch

- Ansprüche aus der Rückdeckung von Pensionsverpflichtungen sind als Forderungen i. d. R. mit ihren Anschaffungskosten anzusetzen. Das sind die bis zum jeweiligen Bilanzstichtag vom Versicherungsnehmer unmittelbar aufgewendeten Sparanteile der Versicherungsprämien (Sparbeiträge) zzgl. der Zinsansprüche sowie der Guthaben aus Überschussbeteiligungen. Hierfür ist das vom Versicherer jeweils nachgewiesene Deckungskapital (Deckungsrückstellung) die Bewertungsgrundlage und der Bewertungsmaßstab. Hierzu gehören alle aus dem Versicherungsvertragsverhältnis resultierenden Ansprüche gegen den Versicherer (z. B. Guthaben aus Überschussbeteiligungen, verzinslichen Ansammlungen, Anwartschaft auf Hinterbliebenenleistungen usw.). Eine Begrenzung des Bilanzansatzes auf den Betrag der passivierten Pensionsrückstellung ist nicht zulässig (>BFH vom 25.02.2004 – BStBl II S. 654).
- Der Anspruch aus der Rückdeckung einer Zusage auf Hinterbliebenenversorgung ist mit dem vom Versicherer nachgewiesenen Deckungskapital (Deckungsrückstellung) zu aktivieren (>BFH vom 09.08.2006 – BStBl II S. 762).
- Der Anspruch aus einer Kapitallebensversicherung, die mit einer Berufsunfähigkeits-Zusatzversicherung kombiniert ist, ist auch nach Eintritt der Berufsunfähigkeit als ein einheitliches Wirtschaftsgut zu aktivieren und mit dem Rechnungszinssatz zu bemessen, den der Versicherer für die Berechnung der Deckungsrückstellung für die Lebensversicherung verwendet hat (>BFH vom 10.06.2009 – BStBl II 2010 S. 32).

§ 6a EStG
H 6a (23)

Teilwertabschreibung
Eine Teilwertabschreibung von Ansprüchen aus der Rückdeckung von Pensionsverpflichtungen kommt nur in Betracht, wenn besondere Anhaltspunkte vorliegen, die den Abschluss der Rückdeckungsversicherung als geschäftliche Fehlmaßnahme erscheinen lassen. Die Tatsache, dass der Rückkaufswert einer Versicherung das angesammelte Deckungskapital regelmäßig unterschreitet, rechtfertigt keine Teilwertabschreibung auf diesen Wert, solange der Rückkauf nicht beabsichtigt ist oder wenn der Rückkauf mit Rentenbeginn ausgeschlossen ist (>BFH vom 25.02.2004 – BStBl II S. 654).

Vereinfachungsregelung
Wegen einer Vereinfachungsregelung bei der Aktivierung des Rückdeckungsanspruches >BMF vom 30.06.1975 (BStBl I S. 716), A IV Abs. 25

§ 6b

Übertragung stiller Reserven bei der Veräußerung bestimmter Anlagegüter

S 2139

(1) [1]Steuerpflichtige, die

Grund und Boden,

Aufwuchs auf Grund und Boden mit dem dazugehörigen Grund und Boden, wenn der Aufwuchs zu einem land- und forstwirtschaftlichen Betriebsvermögen gehört,

Gebäude oder Binnenschiffe

veräußern, können im Wirtschaftsjahr der Veräußerung von den Anschaffungs- oder Herstellungskosten der in Satz 2 bezeichneten Wirtschaftsgüter, die im Wirtschaftsjahr der Veräußerung oder im vorangegangenen Wirtschaftsjahr angeschafft oder hergestellt worden sind, einen Betrag bis zur Höhe des bei der Veräußerung entstandenen Gewinns abziehen. [2]Der Abzug ist zulässig bei den Anschaffungs- oder Herstellungskosten von

1. Grund und Boden,

    soweit der Gewinn bei der Veräußerung von Grund und Boden entstanden ist,

2. Aufwuchs auf Grund und Boden mit dem dazugehörigen Grund und Boden, wenn der Aufwuchs zu einem land- und forstwirtschaftlichen Betriebsvermögen gehört,

    soweit der Gewinn bei der Veräußerung von Grund und Boden oder der Veräußerung von Aufwuchs auf Grund und Boden mit dem dazugehörigen Grund und Boden entstanden ist,

3. Gebäuden,

    soweit der Gewinn bei der Veräußerung von Grund und Boden, von Aufwuchs auf Grund und Boden mit dem dazugehörigen Grund und Boden oder Gebäuden entstanden ist, oder

4. Binnenschiffen,

    soweit der Gewinn bei der Veräußerung von Binnenschiffen entstanden ist.

[3]Der Anschaffung oder Herstellung von Gebäuden steht ihre Erweiterung, ihr Ausbau oder ihr Umbau gleich. [4]Der Abzug ist in diesem Fall nur von dem Aufwand für die Erweiterung, den Ausbau oder den Umbau der Gebäude zulässig.

(2) [1]Gewinn im Sinne des Absatzes 1 Satz 1 ist der Betrag, um den der Veräußerungspreis nach Abzug der Veräußerungskosten den Buchwert übersteigt, mit dem das veräußerte Wirtschaftsgut im Zeitpunkt der Veräußerung anzusetzen gewesen wäre. [2]Buchwert ist der Wert, mit dem ein Wirtschaftsgut nach § 6 anzusetzen ist.

(2a) [1]Werden im Wirtschaftsjahr der Veräußerung der in Absatz 1 Satz 1 bezeichneten Wirtschaftsgüter oder in den folgenden vier Wirt-

§ 6b EStG

schaftsjahren in Absatz 1 Satz 2 bezeichnete Wirtschaftsgüter angeschafft oder hergestellt oder sind sie in dem der Veräußerung vorangegangenen Wirtschaftsjahr angeschafft oder hergestellt worden, die einem Betriebsvermögen des Steuerpflichtigen in einem anderen Mitgliedstaat der Europäischen Union oder des Europäischen Wirtschaftsraums zuzuordnen sind, kann auf Antrag des Steuerpflichtigen die festgesetzte Steuer, die auf den Gewinn im Sinne des Absatzes 2 entfällt, in fünf gleichen Jahresraten entrichtet werden; die Frist von vier Jahren verlängert sich bei neu hergestellten Gebäuden auf sechs Jahre, wenn mit ihrer Herstellung vor dem Schluss des vierten auf die Veräußerung folgenden Wirtschaftsjahres begonnen worden ist. ²Der Antrag kann nur im Wirtschaftsjahr der Veräußerung der in Absatz 1 Satz 1 bezeichneten Wirtschaftsgüter gestellt werden. ³§ 36 Absatz 5 Satz 2 bis 5 ist sinngemäß anzuwenden. ⁴Unterbleibt der Nachweis einer in Satz 1 genannten Anschaffung oder Herstellung durch den Steuerpflichtigen, sind für die Dauer des durch die Ratenzahlung gewährten Zahlungsaufschubs Zinsen in entsprechender Anwendung des § 234 der Abgabenordnung zu erheben. ⁵Unterschreiten die Anschaffungs- oder Herstellungskosten der angeschafften oder hergestellten Wirtschaftsgüter den Gewinn im Sinne des Absatzes 2, gilt Satz 4 mit der Maßgabe, dass die Zinsen nur auf den Unterschiedsbetrag erhoben werden. ⁶Bei der Zinsberechnung ist davon auszugehen, dass der Unterschiedsbetrag anteilig auf alle Jahresraten entfällt. ⁷Zu den nach Satz 1 angeschafften oder hergestellten Wirtschaftsgütern gehören auch die einem Betriebsvermögen des Steuerpflichtigen im Vereinigten Königreich Großbritannien und Nordirland zuzuordnenden Wirtschaftsgüter, soweit der Antrag nach Satz 1 vor dem Zeitpunkt gestellt worden ist, ab dem das Vereinigte Königreich Großbritannien und Nordirland nicht mehr Mitgliedstaat der Europäischen Union ist und auch nicht wie ein solcher zu behandeln ist.

(3) ¹Soweit Steuerpflichtige den Abzug nach Absatz 1 nicht vorgenommen haben, können sie im Wirtschaftsjahr der Veräußerung eine den steuerlichen Gewinn mindernde Rücklage bilden. ²Bis zur Höhe dieser Rücklage können sie von den Anschaffungs- oder Herstellungskosten der in Absatz 1 Satz 2 bezeichneten Wirtschaftsgüter, die in den folgenden vier Wirtschaftsjahren angeschafft oder herge-

---

¹) Die Frist des § 6b Abs. 3 Satz 2 verlängert sich jeweils um
- *drei Jahre*, wenn die Rücklage wegen § 6b Abs. 3 Satz 5 am Schluss des nach dem 29.02.2020 und vor dem 01.01.2021 endenden Wj. aufzulösen wäre >**§ 52 Abs. 14 Satz 4,**
- *zwei Jahre*, wenn die Rücklage wegen § 6b Abs. 3 Satz 5 am Schluss des nach dem 31.12.2020 und vor dem 01.01.2022 endenden Wj. aufzulösen wäre >§ 52 Abs. 14 Satz 4 und 5,
- *ein Jahr*, wenn die Rücklage wegen § 6b Abs. 3 Satz 5 am Schluss des nach dem **31.12.2021 und vor dem 01.01.2023** endenden Wj. aufzulösen wäre >§ 52 Abs. 14 Satz 4 und 6.

stellt worden sind, im Wirtschaftsjahr ihrer Anschaffung oder Herstellung einen Betrag unter Berücksichtigung der Einschränkungen des Absatzes 1 Satz 2 bis 4 abziehen. ³Die Frist von vier Jahren verlängert sich bei neu hergestellten Gebäuden auf sechs Jahre, wenn mit ihrer Herstellung vor dem Schluss des vierten auf die Bildung der Rücklage folgenden Wirtschaftsjahres begonnen worden ist. ⁴Die Rücklage ist in Höhe des abgezogenen Betrags gewinnerhöhend aufzulösen. ⁵Ist eine Rücklage am Schluss des vierten auf ihre Bildung folgenden Wirtschaftsjahres noch vorhanden, so ist sie in diesem Zeitpunkt gewinnerhöhend aufzulösen, soweit nicht ein Abzug von den Herstellungskosten von Gebäuden in Betracht kommt, mit deren Herstellung bis zu diesem Zeitpunkt begonnen worden ist; ist die Rücklage am Schluss des sechsten auf ihre Bildung folgenden Wirtschaftsjahres noch vorhanden, so ist sie in diesem Zeitpunkt gewinnerhöhend aufzulösen. [1]) [1])

(4) ¹Voraussetzung für die Anwendung der Absätze 1 und 3 ist, dass
1. der Steuerpflichtige den Gewinn nach § 4 Absatz 1 oder § 5 ermittelt,
2. die veräußerten Wirtschaftsgüter im Zeitpunkt der Veräußerung mindestens sechs Jahre ununterbrochen zum Anlagevermögen einer inländischen Betriebsstätte gehört haben,
3. die angeschafften oder hergestellten Wirtschaftsgüter zum Anlagevermögen einer inländischen Betriebsstätte gehören,
4. der bei der Veräußerung entstandene Gewinn bei der Ermittlung des im Inland steuerpflichtigen Gewinns nicht außer Ansatz bleibt und
5. der Abzug nach Absatz 1 und die Bildung und Auflösung der Rücklage nach Absatz 3 in der Buchführung verfolgt werden können.

²Der Abzug nach den Absätzen 1 und 3 ist bei Wirtschaftsgütern, die zu einem land- und forstwirtschaftlichen Betrieb gehören oder der selbständigen Arbeit dienen, nicht zulässig, wenn der Gewinn bei der Veräußerung von Wirtschaftsgütern eines Gewerbebetriebs entstanden ist.

(5) An die Stelle der Anschaffungs- oder Herstellungskosten im Sinne des Absatzes 1 tritt in den Fällen, in denen das Wirtschaftsgut

---

[1]) Die Fristen des § 6b Abs. 3 Satz 3 und 5 verlängern sich jeweils um
  – *drei Jahre*, wenn die Rücklage wegen § 6b Abs. 3 Satz 5 am Schluss des nach dem 29.02.2020 und vor dem 01.01.2021 endenden Wj. aufzulösen wäre >§ *52 Abs. 14 Satz 4*,
  – *zwei Jahre*, wenn die Rücklage wegen § 6b Abs. 3 Satz 5 am Schluss des nach dem 31.12.2020 und vor dem 01.01.2022 endenden Wj. aufzulösen wäre >§ 52 Abs. 14 Satz 4 und 5,
  – *ein Jahr, wenn die Rücklage wegen § 6b Abs. 3 Satz 5 am Schluss des nach dem 31.12.2021 und vor dem 01.01.2023 endenden Wj. aufzulösen wäre >§ 52 Abs. 14 Satz 4 und 6.*

§ 6b EStG

im Wirtschaftsjahr vor der Veräußerung angeschafft oder hergestellt worden ist, der Buchwert am Schluss des Wirtschaftsjahres der Anschaffung oder Herstellung.

(6) ¹Ist ein Betrag nach Absatz 1 oder 3 abgezogen worden, so tritt für die Absetzungen für Abnutzung oder Substanzverringerung oder in den Fällen des § 6 Absatz 2 und Absatz 2a im Wirtschaftsjahr des Abzugs der verbleibende Betrag an die Stelle der Anschaffungs- oder Herstellungskosten. ²In den Fällen des § 7 Absatz 4 Satz 1 und Absatz 5 sind die um den Abzugsbetrag nach Absatz 1 oder 3 geminderten Anschaffungs- oder Herstellungskosten maßgebend.

(7) Soweit eine nach Absatz 3 Satz 1 gebildete Rücklage gewinnerhöhend aufgelöst wird, ohne dass ein entsprechender Betrag nach Absatz 3 abgezogen wird, ist der Gewinn des Wirtschaftsjahres, in dem die Rücklage aufgelöst wird, für jedes volle Wirtschaftsjahr, in dem die Rücklage bestanden hat, um 6 Prozent des aufgelösten Rücklagenbetrags zu erhöhen.

(8) ¹Werden Wirtschaftsgüter im Sinne des Absatzes 1 zum Zweck der Vorbereitung oder Durchführung von städtebaulichen Sanierungs- oder Entwicklungsmaßnahmen an einen der in Satz 2 bezeichneten Erwerber übertragen, sind die Absätze 1 bis 7 mit der Maßgabe anzuwenden, dass

1. die Fristen des Absatzes 3 Satz 2, 3 und 5 sich jeweils um drei Jahre verlängern und ¹⁾
2. an die Stelle der in Absatz 4 Nummer 2 bezeichneten Frist von sechs Jahren eine Frist von zwei Jahren tritt.

²Erwerber im Sinne des Satzes 1 sind Gebietskörperschaften, Gemeindeverbände, Verbände im Sinne des § 166 Absatz 4 des Baugesetzbuchs, Planungsverbände nach § 205 des Baugesetzbuchs, Sanierungsträger nach § 157 des Baugesetzbuchs, Entwicklungsträger nach § 167 des Baugesetzbuchs sowie Erwerber, die städtebauliche Sanierungsmaßnahmen als Eigentümer selbst durchführen (§ 147 Absatz 2 und § 148 Absatz 1 Baugesetzbuch).

(9) Absatz 8 ist nur anzuwenden, wenn die nach Landesrecht zuständige Behörde bescheinigt, dass die Übertragung der Wirtschaftsgüter zum Zweck der Vorbereitung oder Durchführung von städtebaulichen Sanierungs- oder Entwicklungsmaßnahmen an einen der in Absatz 8 Satz 2 bezeichneten Erwerber erfolgt ist.

---

¹) Die Fristen des § 6b Abs. 8 Satz 1 Nr. 1 verlängern sich jeweils um
- *drei Jahre*, wenn die Rücklage wegen § 6b Abs. 8 Satz 1 Nr. 1 i. V. m. Absatz 3 Satz 5 am Schluss des nach dem 29.02.2020 und vor dem 01.01.2021 endenden Wj. aufzulösen wäre >*§ 52 Abs. 14 Satz 4,*
- *zwei Jahre*, wenn die Rücklage wegen § 6b Abs. 8 Satz 1 Nr. 1 i. V. m. Absatz 3 Satz 5 am Schluss des nach dem 31.12.2020 und vor dem 01.01.2022 endenden Wj. aufzulösen wäre >*§ 52 Abs. 14 Satz 4 und 5,*
- *ein Jahr, wenn die Rücklage wegen § 6b Abs. 8 Satz 1 Nr. 1 i. V. m. Absatz 3 Satz 5 am Schluss des nach dem 31.12.2021 und vor dem 01.01.2023 endenden Wj. aufzulösen wäre >§ 52 Abs. 14 Satz 4 und 6.*

§ 6b EStG

(10) ¹Steuerpflichtige, die keine Körperschaften, Personenvereinigungen oder Vermögensmassen sind, können Gewinne aus der Veräußerung von Anteilen an Kapitalgesellschaften bis zu einem Betrag von 500.000 Euro auf die im Wirtschaftsjahr der Veräußerung oder in den folgenden zwei Wirtschaftsjahren angeschafften Anteile an Kapitalgesellschaften oder angeschafften oder hergestellten abnutzbaren beweglichen Wirtschaftsgüter oder auf die im Wirtschaftsjahr der Veräußerung oder in den folgenden vier Wirtschaftsjahren angeschafften oder hergestellten Gebäude nach Maßgabe der Sätze 2 bis 10 übertragen. ²Wird der Gewinn im Jahr der Veräußerung auf Gebäude oder abnutzbare bewegliche Wirtschaftsgüter übertragen, so kann ein Betrag bis zur Höhe des bei der Veräußerung entstandenen und nicht nach § 3 Nummer 40 Satz 1 Buchstabe a und b in Verbindung mit § 3c Absatz 2 steuerbefreiten Betrags von den Anschaffungs- oder Herstellungskosten für Gebäude oder abnutzbare bewegliche Wirtschaftsgüter abgezogen werden. ³Wird der Gewinn im Jahr der Veräußerung auf Anteile an Kapitalgesellschaften übertragen, mindern sich die Anschaffungskosten der Anteile an Kapitalgesellschaften in Höhe des Veräußerungsgewinns einschließlich des nach § 3 Nummer 40 Satz 1 Buchstabe a und b in Verbindung mit § 3c Absatz 2 steuerbefreiten Betrags. ⁴Absatz 2, Absatz 4 Satz 1 Nummer 1, 2, 3, 5 und Satz 2 sowie Absatz 5 sind sinngemäß anzuwenden. ⁵Soweit Steuerpflichtige den Abzug nach den Sätzen 1 bis 4 nicht vorgenommen haben, können sie eine Rücklage nach Maßgabe des Satzes 1 einschließlich des nach § 3 Nummer 40 Satz 1 Buchstabe a und b in Verbindung mit § 3c Absatz 2 steuerbefreiten Betrags bilden. ⁶Bei der Auflösung der Rücklage gelten die Sätze 2 und 3 sinngemäß. ⁷Im Fall des Satzes 2 ist die Rücklage in gleicher Höhe um den nach § 3 Nummer 40 Satz 1 Buchstabe a und b in Verbindung mit § 3c Absatz 2 steuerbefreiten Betrag aufzulösen. ⁸Ist eine Rücklage am Schluss des vierten auf ihre Bildung folgenden Wirtschaftsjahres noch vorhanden, so ist sie in diesem Zeitpunkt gewinnerhöhend aufzulösen. ⁹Soweit der Abzug nach Satz 6 nicht vorgenommen wurde, ist der Gewinn des Wirtschaftsjahres, in dem die Rücklage aufgelöst wird, für jedes volle Wirtschaftsjahr, in dem die Rücklage bestanden hat, um 6 Prozent des nicht nach § 3 Nummer 40 Satz 1 Buchstabe a und b in Verbindung mit § 3c Absatz 2 steuerbefreiten aufgelösten Rücklagenbe-

---

[1]) Die Fristen des § 6b Abs. 10 Satz 1 und 8 verlängern sich jeweils um
- *drei Jahre*, wenn die Rücklage wegen § 6b Abs. 10 Satz 8 am Schluss des nach dem 29.02.2020 und vor dem 01.01.2021 endenden Wj. aufzulösen wäre >*§ 52 Abs. 14 Satz 4,*
- *zwei Jahre*, wenn die Rücklage wegen § 6b Abs. 10 Satz 8 am Schluss des nach dem 31.12.2020 und vor dem 01.01.2022 endenden Wj. aufzulösen wäre >§ 52 Abs. 14 Satz 4 und 5,
- *ein Jahr, wenn die Rücklage wegen § 6b Abs. 10 Satz 8 am Schluss des nach dem 31.12.2021 und vor dem 01.01.2023 endenden Wj. aufzulösen wäre >§ 52 Abs. 14 Satz 4 und 6.*

trags zu erhöhen. ¹⁰Für die zum Gesamthandsvermögen von Personengesellschaften oder Gemeinschaften gehörenden Anteile an Kapitalgesellschaften gelten die Sätze 1 bis 9 nur, soweit an den Personengesellschaften und Gemeinschaften keine Körperschaften, Personenvereinigungen oder Vermögensmassen beteiligt sind.

EStDV
§ 9a
Anschaffung, Herstellung

Jahr der Anschaffung ist das Jahr der Lieferung, Jahr der Herstellung ist das Jahr der Fertigstellung.

R 6b.1
Ermittlung des Gewinns aus der Veräußerung bestimmter Anlagegüter i. S. d. § 6b EStG

Begriff der Veräußerung

(1) ¹Es ist ohne Bedeutung, ob der Unternehmer das Wirtschaftsgut freiwillig veräußert oder ob die Veräußerung unter Zwang erfolgt, z. B. infolge oder zur Vermeidung eines behördlichen Eingriffs oder im Wege einer Zwangsversteigerung. ²Die Veräußerung setzt den Übergang eines Wirtschaftsgutes von einer Person auf eine andere voraus. ³Auch der Tausch von Wirtschaftsgütern ist eine Veräußerung. ⁴Die Überführung von Wirtschaftsgütern aus einem Betrieb in einen anderen Betrieb des Stpfl. und die Überführung von Wirtschaftsgütern aus dem Betriebsvermögen in das Privatvermögen sowie das Ausscheiden von Wirtschaftsgütern infolge höherer Gewalt sind keine Veräußerungen. ⁵In den Fällen des rückwirkenden Teilwertansatzes nach § 6 Abs. 5 Satz 4 EStG ist eine Gewinnübertragung nach § 6b EStG zulässig, wenn die Übertragung des Wirtschaftsgutes entgeltlich (z. B. gegen Gewährung von Gesellschaftsrechten) erfolgt ist.

Buchwert

(2) ¹Buchwert ist der Wert, der sich für das Wirtschaftsgut im Zeitpunkt seiner Veräußerung ergeben würde, wenn für diesen Zeitpunkt eine Bilanz aufzustellen wäre. ²Das bedeutet, dass bei abnutzbaren Anlagegütern auch noch AfA nach § 7 EStG, erhöhte Absetzungen sowie etwaige Sonderabschreibungen für den Zeitraum vom letzten Bilanzstichtag bis zum Veräußerungszeitpunkt vorgenommen werden können. ³Eine Wertaufholung nach § 6 Abs. 1 Nr. 1 Satz 4 oder § 7 Abs. 1 Satz 7 EStG ist vorzunehmen.

§ 6b EStG

Hinweise

Abbruchkosten

Kosten für den anlässlich einer Veräußerung des Grund und Bodens erfolgten Abbruch eines Gebäudes stellen laufenden Aufwand dar und haben keine Auswirkung auf die Höhe des Veräußerungsgewinns i. S. d. § 6b Abs. 2 (>BFH vom 27.02.1991 – BStBl II S. 628).

Aufwuchs auf Grund und Boden

– Begriff

   Aufwuchs auf dem Grund und Boden sind die Pflanzen, die auf dem Grund und Boden gewachsen und noch darin verwurzelt sind (>BFH vom 07.05.1987 – BStBl II S. 670).

– Veräußerungsvorgänge

   Die Anwendung des § 6b ist auch dann möglich, wenn Aufwuchs auf Grund und Boden und der dazugehörige Grund und Boden in engem sachlichen (wirtschaftlichen) und zeitlichen Zusammenhang an zwei verschiedene Erwerber veräußert werden und die Veräußerungen auf einem einheitlichen Veräußerungsentschluss beruhen (>BFH vom 07.05.1987 – BStBl II S. 670).

Entnahme

Erwirbt der Stpfl. für die Hingabe eines Wirtschaftsguts ein Wirtschaftsgut des Privatvermögens oder wird er dafür von einer privaten Schuld befreit, liegt eine nach § 6b nicht begünstigte Entnahme vor (>BFH vom 23.06.1981 – BStBl II 1982 S. 18); aber >Tausch.

Freiwilliger Landtausch

– Der Austausch von Grundstücken im Rahmen eines freiwilligen Landtauschs nach §§ 103a ff. des Flurbereinigungsgesetzes ist nicht nach den Grundsätzen des § 6 Abs. 6 zu beurteilen, soweit Wertgleichheit besteht. Es gelten dieselben Folgen wie beim Regelflurbereinigungs- und Baulandumlegungsverfahren (>BFH vom 23.10.2019 – BStBl II 2021 S. 425).

– >auch Umlegungs- und Flurbereinigungsverfahren

Grund und Boden

– Der Begriff „Grund und Boden" umfasst nur den „nackten" Grund und Boden (>BFH vom 24.08.1989 – BStBl II S. 1016).

– Das Recht, ein Grundstück mit Klärschlamm zu verfüllen, ist kein vom Grund und Boden verselbständigtes Wirtschaftsgut (>BFH vom 20.03.2003 – BStBl II S. 878).

– Die baurechtliche Möglichkeit, ein Grundstück mit einer Windenergieanlage zu bebauen, stellt kein selbständiges Wirtschaftsgut dar, sondern lediglich einen für den Grund und Boden wertbildenden Faktor (>BFH vom 10.03.2016 – BStBl II S. 984).

Nicht begünstigte Wirtschaftsgüter
Zum Grund und Boden rechnen nicht
- Gebäude
- Bodenschätze, soweit sie als Wirtschaftsgut bereits entstanden sind
- Eigenjagdrechte >BMF vom 23.06.1999 (BStBl I S. 593)
- grundstücksgleiche Rechte
- Be- und Entwässerungsanlagen
- stehendes Holz
- Obst- und Baumschulanlagen
- Korbweidenkulturen
- Rebanlagen
- Spargelanlagen
- Feldinventar
- Rechte, den Grund und Boden zu nutzen >BFH vom 24.08.1989 (BStBl II S. 1016)

Tausch
Bei tauschweiser Hingabe eines betrieblichen Wirtschaftsguts setzt die Inanspruchnahme des § 6b voraus, dass der Anspruch auf das eingetauschte Wirtschaftsgut (zunächst) Betriebsvermögen wird (>BFH vom 29.06.1995 – BStBl II 1996 S. 60); aber >Entnahme.

Umlegungs- und Flurbereinigungsverfahren
Zwischen Grundstücken, die in ein Umlegungs- oder Flurbereinigungsverfahren eingebracht werden und den daraus im Zuteilungswege erlangten Grundstücken besteht Identität, soweit die eingebrachten und erlangten Grundstücke wertgleich sind; eine Gewinnrealisierung nach Tauschgrundsätzen tritt insoweit nicht ein (>BFH vom 13.03.1986 – BStBl II S. 711).

Veräußerung
Veräußerung ist die entgeltliche Übertragung des wirtschaftlichen Eigentums an einem Wirtschaftsgut (>BFH vom 27.08.1992 – BStBl II 1993 S. 225).

Veräußerung aus dem Gesamthandsvermögen
Veräußert eine Personengesellschaft ein Wirtschaftsgut aus dem Gesamthandsvermögen an einen Gesellschafter zu Bedingungen, die bei entgeltlichen Veräußerungen zwischen Fremden üblich sind, und wird das Wirtschaftsgut bei dem Erwerber Privatvermögen, ist der dabei realisierte Gewinn insgesamt, d. h. auch soweit der Erwerber als Gesellschafter am Vermögen der veräußernden Personengesellschaft beteiligt ist, ein begünstigungsfähiger Veräußerungsgewinn (>BFH vom 10.07.1980 – BStBl II 1981 S. 84).

§ 6b EStG

H 6b.1 R 6b.2

Zeitpunkt des Übergangs des wirtschaftlichen Eigentums
– Das wirtschaftliche Eigentum ist in dem Zeitpunkt übertragen, in dem die Verfügungsmacht (Herrschaftsgewalt) auf den Erwerber übergeht. In diesem Zeitpunkt scheidet das Wirtschaftsgut bestandsmäßig aus dem Betriebsvermögen des veräußernden Stpfl. aus und darf dementsprechend (auch handelsrechtlich) nicht mehr bilanziert werden (>BFH vom 27.02.1986 – BStBl II S. 552).
– >H 4.2 (1) Gewinnrealisierung

Übertragung aufgedeckter stiller Reserven und Rücklagenbildung nach § 6b EStG

R 6b.2

Abzug des begünstigten Gewinns

(1) [1]Voraussetzung für den Abzug des begünstigten Gewinns von den Anschaffungs- oder Herstellungskosten eines Wirtschaftsgutes nach § 6b Abs. 1, 3 oder 10 EStG ist, dass das Wirtschaftsgut wegen der Abweichung von der Handelsbilanz in ein besonderes, laufend zu führendes Verzeichnis aufgenommen wird (>§ 5 Abs. 1 Satz 2 EStG). [2]Nach § 6b Abs. 1 oder Abs. 10 Satz 1 bis 3 EStG kann der Abzug nur in dem Wirtschaftsjahr vorgenommen werden, in dem der begünstigte Gewinn entstanden ist (Veräußerungsjahr). [3]Ist das Wirtschaftsgut in diesem Wirtschaftsjahr angeschafft oder hergestellt worden, ist der Abzug von den gesamten in diesem Wirtschaftsjahr angefallenen Anschaffungs- oder Herstellungskosten vorzunehmen. [4]Dies gilt unabhängig davon, ob das Wirtschaftsgut vor oder nach der Veräußerung angeschafft oder hergestellt worden ist. [5]Ist das Wirtschaftsgut in dem Wirtschaftsjahr angeschafft oder hergestellt worden, das dem Veräußerungsjahr vorangegangen ist, ist der Abzug nach § 6b Abs. 1 EStG von dem Buchwert nach § 6b Abs. 5 EStG vorzunehmen. [6]Sind im Veräußerungsjahr noch nachträgliche Anschaffungs- oder Herstellungskosten angefallen, ist der Abzug von dem um diese Kosten erhöhten Buchwert vorzunehmen. [7]Nach § 6b Abs. 3 oder Abs. 10 EStG kann der Abzug nur in dem Wirtschaftsjahr vorgenommen werden, in dem das Wirtschaftsgut angeschafft oder hergestellt worden ist. [8]Der Abzug ist von den gesamten in diesem Wirtschaftsjahr angefallenen Anschaffungs- oder Herstellungskosten des Wirtschaftsgutes vorzunehmen. [9]Bei nachträglichen Herstellungskosten, die durch die Erweiterung, den Ausbau oder den Umbau eines Gebäudes entstehen, ist der Abzug nach § 6b Abs. 1, Abs. 3 oder Abs. 10 EStG unabhängig vom Zeitpunkt der ursprünglichen Anschaffung oder Herstellung dieses Wirtschaftsgutes zulässig.

Rücklagenbildung

(2) [1]Zur Erfüllung der Aufzeichnungspflichten nach § 5 Abs. 1 Satz 2 EStG ist bei der Bildung der steuerfreien Rücklage der Ansatz in der Steuerbilanz ausreichend. [2]Die Aufnahme des Wirtschaftsguts in das besondere Verzeichnis ist erst bei Übertragung der Rücklage erforderlich.

§ 6b EStG
R 6b.2

(3) ¹Rücklagen nach § 6b Abs. 3 oder Abs. 10 EStG können in der Bilanz in einem Posten zusammengefasst werden. ²In der Buchführung muss aber im Einzelnen nachgewiesen werden, bei welchen Wirtschaftsgütern der in die Rücklage eingestellte Gewinn entstanden und auf welche Wirtschaftsgüter er übertragen oder wann die Rücklage gewinnerhöhend aufgelöst worden ist.

Rücklagenauflösung

(4) Wird der Gewinn des Stpfl. in einem Wirtschaftsjahr, das in den nach § 6b Abs. 3 oder Abs. 10 EStG maßgebenden Zeitraum fällt, geschätzt, weil keine Bilanz aufgestellt wurde, ist die Rücklage in diesem Wirtschaftsjahr gewinnerhöhend aufzulösen und ein Betrag in Höhe der Rücklage im Rahmen der Gewinnschätzung zu berücksichtigen.

Gewinnzuschlag

(5) ¹Der >Gewinnzuschlag nach § 6b Abs. 7 oder Abs. 10 EStG ist in den Fällen vorzunehmen, in denen ein Abzug von den Anschaffungs- oder Herstellungskosten begünstigter Wirtschaftsgüter nicht oder nur teilweise vorgenommen worden ist und die Rücklage oder der nach Abzug verbleibende Rücklagenbetrag aufgelöst wird. ²Ein Gewinnzuschlag ist demnach auch vorzunehmen, soweit die Auflösung einer Rücklage vor Ablauf der in § 6b Abs. 3 oder Abs. 10 EStG genannten Fristen erfolgt (vorzeitige Auflösung der Rücklage).

Übertragungsmöglichkeiten

(6) ¹Ein Stpfl. kann den begünstigten Gewinn, der in einem als Einzelunternehmen geführten Betrieb entstanden ist, vorbehaltlich der Regelung in § 6b Abs. 4 Satz 2 EStG auf Wirtschaftsgüter übertragen, die
1. zu demselben oder einem anderen als Einzelunternehmen geführten Betrieb des Stpfl. gehören oder
2. zum Betriebsvermögen einer Personengesellschaft gehören, an der der Stpfl. als Mitunternehmer beteiligt ist, soweit die Wirtschaftsgüter dem Stpfl. als Mitunternehmer zuzurechnen sind.

²Ein Stpfl. kann den begünstigten Gewinn aus der Veräußerung eines Wirtschaftsgutes, das zu seinem Sonderbetriebsvermögen bei einer Mitunternehmerschaft gehört, vorbehaltlich der Regelung in § 6b Abs. 4 Satz 2 EStG auf Wirtschaftsgüter übertragen, die
1. zu demselben Sonderbetriebsvermögen des Stpfl. oder zum Sonderbetriebsvermögen des Stpfl. bei einer anderen Personengesellschaft gehören oder
2. zum Gesamthandsvermögen der Personengesellschaft, der das veräußerte Wirtschaftsgut gedient hat, oder zum Gesamthandsvermögen einer anderen Personengesellschaft gehören, soweit die Wirtschaftsgüter dem Stpfl. als Mitunternehmer zuzurechnen sind, oder
3. zu einem als Einzelunternehmen geführten Betrieb des Stpfl. gehören.

³Wegen der Rücklage bei Betriebsveräußerung oder -aufgabe >Absatz 10.

§ 6b EStG
R 6b.2

(7) Der begünstigte Gewinn aus der Veräußerung eines Wirtschaftsgutes, das zum Gesamthandsvermögen einer Personengesellschaft gehört, kann übertragen werden
1. auf Wirtschaftsgüter, die zum Gesamthandsvermögen der Personengesellschaft gehören,
2. auf Wirtschaftsgüter, die zum Sonderbetriebsvermögen eines Mitunternehmers der Personengesellschaft gehören, aus deren Betriebsvermögen das veräußerte Wirtschaftsgut ausgeschieden ist, soweit der begünstigte Gewinn anteilig auf diesen Mitunternehmer entfällt,
3. vorbehaltlich der Regelung in § 6b Abs. 4 Satz 2 EStG auf Wirtschaftsgüter, die zum Betriebsvermögen eines anderen als Einzelunternehmen geführten Betriebs eines Mitunternehmers gehören, soweit der begünstigte Gewinn anteilig auf diesen Mitunternehmer entfällt,
4. vorbehaltlich der Regelung in § 6b Abs. 4 Satz 2 EStG auf Wirtschaftsgüter, die zum Gesamthandsvermögen einer anderen Personengesellschaft oder zum Sonderbetriebsvermögen des Mitunternehmers bei einer anderen Personengesellschaft gehören, soweit diese Wirtschaftsgüter dem Mitunternehmer der Gesellschaft, aus deren Betriebsvermögen das veräußerte Wirtschaftsgut ausgeschieden ist, zuzurechnen sind und soweit der begünstigte Gewinn anteilig auf diesen Mitunternehmer entfällt.

(8) [1]Wird der begünstigte Gewinn, der bei der Veräußerung eines Wirtschaftsgutes entstanden ist, bei den Anschaffungs- oder Herstellungskosten eines Wirtschaftsgutes eines anderen Betriebs des Stpfl. berücksichtigt, ist er erfolgsneutral dem Kapitalkonto der für den veräußernden Betrieb aufzustellenden Bilanz hinzuzurechnen. [2]Gleichzeitig ist ein Betrag in Höhe des begünstigten Gewinns von den Anschaffungs- oder Herstellungskosten der in dem anderen Betrieb angeschafften oder hergestellten Wirtschaftsgüter erfolgsneutral (zu Lasten des Kapitalkontos) abzusetzen. [3]Eine nach § 6b Abs. 3 oder Abs. 10 EStG gebildete Rücklage kann auf einen anderen Betrieb erst in dem Wirtschaftsjahr übertragen werden, in dem der Abzug von den Anschaffungs- oder Herstellungskosten bei Wirtschaftsgütern des anderen Betriebs vorgenommen wird.

Rücklage bei Änderung der Unternehmensform

(9) [1]Bei der Umwandlung eines Einzelunternehmens in eine Personengesellschaft kann der bisherige Einzelunternehmer eine von ihm gebildete Rücklage in einer Ergänzungsbilanz weiterführen. [2]Wird eine Personengesellschaft in ein Einzelunternehmen umgewandelt, kann der den Betrieb fortführende Gesellschafter eine Rücklage der Gesellschaft insoweit weiterführen, als sie (anteilig) auf ihn entfällt. [3]Bei der Realteilung einer Personengesellschaft unter Fortführung entsprechender Einzelunternehmen kann die Rücklage anteilig in den Einzelunternehmen fortgeführt werden.

>Rücklage bei Betriebsveräußerung

(10) ¹Veräußert ein Stpfl. seinen Betrieb, zu dessen Betriebsvermögen eine Rücklage i. S. d. § 6b Abs. 3 oder Abs. 10 EStG gehört, oder bildet er eine solche Rücklage anlässlich der Betriebsveräußerung, kann er die Rücklage noch für die Zeit weiterführen, für die sie ohne Veräußerung des Betriebs zulässig gewesen wäre. ²Wegen der Übertragungsmöglichkeit >Absatz 6 und 7. ³Wird eine Rücklage, die nicht anlässlich der Betriebsveräußerung gebildet worden ist, weitergeführt, kann für den Veräußerungsgewinn der Freibetrag nach § 16 Abs. 4 EStG und eine Tarifermäßigung nach § 34 EStG nur in Anspruch genommen werden, wenn die Rücklage keine stillen Reserven enthält, die bei der Veräußerung einer wesentlichen Grundlage des Betriebs aufgedeckt worden sind. ⁴Liegen die Voraussetzungen für die Weiterführung der Rücklage nicht oder nicht mehr vor, ist sie gewinnerhöhend aufzulösen. ⁵Wird eine Rücklage allerdings im Rahmen einer Betriebsveräußerung aufgelöst, gehört der dabei entstehende Gewinn zum Veräußerungsgewinn. ⁶Diese Grundsätze gelten bei der Veräußerung eines Mitunternehmeranteiles, bei der Auflösung einer Personengesellschaft und bei der Aufgabe eines Betriebs entsprechend.

Wechsel der Gewinnermittlungsart

(11) ¹Geht ein Stpfl. während des Zeitraums, für den eine nach § 6b Abs. 3 oder Abs. 10 EStG gebildete Rücklage fortgeführt werden kann, von der Gewinnermittlung nach § 4 Abs. 1 oder § 5 EStG zur Gewinnermittlung nach § 4 Abs. 3 EStG oder nach Durchschnittssätzen (§ 13a EStG) über, gelten für die Fortführung und die Übertragungsmöglichkeiten dieser Rücklage die Vorschriften des § 6c EStG. ²Geht der Stpfl. von der Gewinnermittlung nach § 4 Abs. 3 EStG oder nach Durchschnittssätzen (§ 13a EStG) zur Gewinnermittlung nach § 4 Abs. 1 oder § 5 EStG über und sind im Zeitpunkt des Wechsels der Gewinnermittlungsart nach § 6c EStG begünstigte Gewinne noch nicht aufzulösen, ist in Höhe der noch nicht übertragenen Gewinne eine Rücklage in der Übergangsbilanz auszuweisen. ³Für die weitere Behandlung dieser Rücklage gelten die Vorschriften des § 6b EStG.

Gewinne aus der Veräußerung von Anteilen an Kapitalgesellschaften

(12) ¹Für die Berechnung des Höchstbetrages nach § 6b Abs. 10 Satz 1 EStG ist der einzelne Mitunternehmer als Stpfl. anzusehen, mit der Folge, dass der Höchstbetrag von 500.000 Euro für jeden Mitunternehmer zur Anwendung kommt. ²Dabei ist für die zeitliche Zuordnung der Gewinne bei abweichendem Wirtschaftsjahr auf den VZ abzustellen, dem die entstandenen Gewinne aus der Veräußerung nach § 4a EStG zuzuordnen sind.

(13) ¹Eine Übertragung des Gewinns auf die in dem der Veräußerung vorangegangenen Wirtschaftsjahr angeschafften oder hergestellten Wirtschaftsgüter sieht § 6b Abs. 10 Satz 1 EStG (anders als § 6b Abs. 1 Satz 1 EStG) ausdrücklich nicht vor. ²Eine Übertragung des Gewinns ist auf die frühestens im gleichen Wirtschaftsjahr angeschafften oder hergestellten Reinvestitionsgüter möglich.

Hinweise

Anschaffungszeitpunkt
Gehen Besitz, Nutzen und Lasten eines Wirtschaftsguts erst zum ersten Tag des folgenden Wj. über, ist das Wirtschaftsgut erst in diesem Wj. angeschafft (>BFH vom 07.11.1991 – BStBl II 1992 S. 398).

Buchwert
Bei der Ermittlung des für die Berechnung des übertragbaren Gewinns maßgeblichen Buchwerts sind alle Bewertungsregeln des § 6 zu beachten, auch die Regelungen zur Wertaufholung (>BFH vom 09.11.2017 – BStBl II 2018 S. 575).

Eigenaufwand für ein fremdes Wirtschaftsgut
Die Übertragung einer Rücklage auf Eigenaufwand, den der Stpfl. im betrieblichen Interesse für ein im Miteigentum oder in fremdem Eigentum stehendes Gebäude geleistet hat (>H 4.7), ist nicht zulässig (>BMF vom 16.12.2016 – BStBl I S. 1431, Rdnr. 3). Wurde in der Vergangenheit anders verfahren, sind die dadurch entstandenen stillen Reserven nach den Grundsätzen zur Bilanzberichtigung gewinnerhöhend aufzulösen (>BMF vom 16.12.2016 – BStBl I S. 1431, Rdnr. 4 mit Übergangsregelung).

Anhang 16 XVIII

Anhang 16 XVIII

Einlage
Die Einlage eines Wirtschaftsguts in das Betriebsvermögen ist keine Anschaffung i. S. d. § 6b (>BFH vom 11.12.1984 – BStBl II 1985 S. 250).

Gewinnzuschlag
Die Rücklage hat auch dann während des ganzen Wj. bestanden, wenn sie buchungstechnisch bereits während des laufenden Wj. aufgelöst worden ist (>BFH vom 26.10.1989 – BStBl II 1990 S. 290).

Beispiel zur Berechnung des Gewinnzuschlags
Ein Stpfl., dessen Wj. mit dem Kj. übereinstimmt, veräußert am 01.02.01 ein Wirtschaftsgut. Der nach § 6b begünstigte Gewinn beträgt 400.000 €. Der Stpfl. bildet in der Bilanz des Jahres 01 eine Rücklage von 400.000 €, die er auch in den Bilanzen der Jahre 02 und 03 ausweist. Am 01.10.04 erwirbt er ein begünstigtes Wirtschaftsgut, dessen Anschaffungskosten 300.000 € betragen. Der Stpfl. nimmt einen gewinnmindernden Abzug von 300.000 € vor und löst die gesamte Rücklage gewinnerhöhend auf.

Der Gewinn aus der Auflösung der Rücklage beträgt 400.000 € – davon werden 300.000 € nach § 6b Abs. 3 Satz 4 und 100.000 € nach § 6b Abs. 3 Satz 5 aufgelöst. Bemessungsgrundlage für den Gewinnzuschlag sind 100.000 €. Die Rücklage hat in den Wj. 01 bis 04 bestanden. Der Gewinnzuschlag ist für jedes volle Wj. des Bestehens der Rücklage vorzunehmen; das sind die Wj. 02 bis 04, denn im Wj. 04 kann die Auflösung der Rücklage erst zum Bilanzabschluss und nicht bereits zum Zeitpunkt der Wiederanlage erfolgen.

Der Gewinnzuschlag beträgt 3 x 6 % von 100.000 € = 18.000 €.

Herstellungsbeginn

- Der für die Verlängerung der Auflösungsfrist nach § 6b Abs. 3 Satz 3 maßgebende Herstellungsbeginn kann die Einreichung des Bauantrags sein (>BFH vom 15.10.1981 – BStBl II 1982 S. 63 und vom 09.07.2019 – BStBl II 2020 S. 635).
- Ein vor Einreichung des Bauantrags durchgeführter Gebäudeabbruch zum Zweck der Errichtung eines Neubaus kann als Beginn der Herstellung in Betracht kommen (>BFH vom 12.06.1978 – BStBl II S. 620).

Mittelbare Grundstücksschenkung

Eine Rücklage kann nicht auf ein im Wege der mittelbaren Grundstücksschenkung erworbenes Grundstück übertragen werden (>BFH vom 23.04.2009 – BStBl II 2010 S. 664).

Rücklage bei Betriebsveräußerung

- Gewinne aus der Auflösung von Rücklagen, die nicht im Rahmen eines Gewinns aus einer Betriebsveräußerung oder -aufgabe angefallen sind, sind nicht tarifbegünstigt (>BFH vom 04.02.1982 – BStBl II S. 348).
- Die Zulässigkeit der Rücklage nach § 6b Abs. 3 setzt nicht voraus, dass die Mittel aus der Rücklage für eine Reinvestition noch zur Verfügung stehen und eine konkrete Reinvestitionsabsicht besteht. Es genügt, dass die spätere Übertragung der Rücklage auf ein begünstigtes Reinvestitionsobjekt am Bilanzstichtag objektiv möglich ist (>BFH vom 12.12.2000 – BStBl II 2001 S. 282).
- Nicht der Gewerbesteuer unterliegende Gewinne aus der Veräußerung oder Aufgabe eines Gewerbebetriebs können, soweit sie auf nach § 6b Abs. 1 Satz 1 begünstigte Wirtschaftsgüter entfallen, auf Wirtschaftsgüter eines land- und forstwirtschaftlichen Betriebs oder einer selbständigen Tätigkeit übertragen werden (>BFH vom 30.08.2012 – BStBl II S. 877).

Rücklagenauflösung

Voraussetzung für die Übertragung der Rücklage ist, dass das Gebäude bis zum Schluss des sechsten Wj. nach Bildung der Rücklage fertiggestellt wird. Die Rücklage kann in diesem Fall zum Ende des vierten auf die Bildung folgenden Wj. nur noch in der Höhe der noch zu erwartenden Herstellungskosten für das Gebäude beibehalten werden (>BFH vom 26.10.1989 – BStBl II 1990 S. 290).

Rücklagenbildung

- Die Rücklage ist in der Bilanz des Wj. zu bilden, in dem der Veräußerungsgewinn entstanden ist; es handelt sich um die Ausübung eines Bilanzierungswahlrechts (>BFH vom 30.03.1989 – BStBl II S. 560). Das Bilanzierungswahlrecht für die Bildung und Auflösung der Rücklage ist immer durch entsprechenden Bilanzansatz im „veräußernden" Betrieb auszuüben, auch wenn sie auf Wirtschaftsgüter eines anderen

Betriebs des Stpfl. übertragen werden soll (>BFH vom 19.12.2012 – BStBl II 2013 S. 313).

– Wird der Gewinn vom Finanzamt geschätzt, weil der Stpfl. keine Bilanz erstellt hat, ist die Bildung der Rücklage nicht zulässig (>BFH vom 24.01.1990 – BStBl II S. 426).

– Bei Mitunternehmern ist die Entscheidung, ob die Voraussetzungen für die Bildung einer Rücklage vorliegen, im Gewinnfeststellungsverfahren zu treffen (>BFH vom 25.07.1979 – BStBl II 1980 S. 43).

Übertragung einer Rücklage auf einen anderen Betrieb

Ein Veräußerungsgewinn, der in eine Rücklage nach § 6b eingestellt worden ist, kann in einen anderen Betrieb des Stpfl. erst in dem Zeitpunkt überführt werden, in dem der Abzug von den Anschaffungs- oder Herstellungskosten des Reinvestitionswirtschaftsguts des anderen Betriebs vorgenommen wird (>BFH vom 22.11.2018 – BStBl II 2019 S. 313).

Veräußerungspreis

Der Stpfl. kann die Rücklage, die er für den Gewinn aus der Veräußerung eines Wirtschaftsguts gebildet hat, rückwirkend (§ 175 Abs. 1 Satz 1 Nr. 2 AO) aufstocken, wenn sich der Veräußerungspreis in einem späteren VZ erhöht (>BFH vom 13.09.2000 – BStBl II 2001 S. 641). Er kann sie rückwirkend bilden, wenn durch diese Erhöhung erstmalig ein Veräußerungsgewinn entsteht (>BFH vom 10.03.2016 – BStBl II S. 984).

Wahlrecht eines Mitunternehmers
>H 4.4

Wirtschaftsjahr

Im Fall der unentgeltlichen Betriebsübernahme während des laufenden Wj. ist das entstehende Rumpfwirtschaftsjahr beim Betriebsübergeber mit dem entstehenden Rumpfwirtschaftsjahr beim Betriebsübernehmer zu verklammern und lediglich als ein Wj. i. S. d. § 6b Abs. 3 und 7 zu werten (>BFH vom 23.04.2009 – BStBl II 2010 S. 664).

Zeitliche Zuordnung von Gewinnen aus der Veräußerung von Anteilen an Kapitalgesellschaften

Beispiel:

A betreibt ein Einzelunternehmen und ist außerdem als Mitunternehmer zu 50 % an der A-B OHG beteiligt, die gewerbliche Einkünfte erzielt. Im Einzelunternehmen entspricht das Wj. dem Kj. Die OHG hat ein abweichendes Wj. vom 01.07. bis 30.06.

A veräußert in seinem Einzelunternehmen im Jahr 02 Anteile an Kapitalgesellschaften mit einem Gewinn von 400.000 €. Auch die A-B OHG veräußert Anteile an Kapitalgesellschaften mit einem Gewinn von 400.000 €, wovon 200.000 € anteilig auf A entfallen, im Februar 02 (Variante 1) oder im November 02 (Variante 2).

Rechtsfolgen

Variante 1:

a) **Einzelunternehmen:**

Der Gewinn aus der Veräußerung (400.000 €) ist dem VZ 02 zuzuordnen.

b) **A-B OHG:**

Der Gewinn des abweichenden Wj. 01/02 ist im VZ 02 steuerlich zu erfassen. Aus diesem Grund ist der Gewinn aus der Veräußerung (Gewinnanteil des A: 200.000 €) ebenfalls dem VZ 02 zuzuordnen.

c) **Höchstbetrag 500.000 €:**

Da dem VZ 02 Gewinne des A aus der Veräußerung von Anteilen an Kapitalgesellschaften von insgesamt 600.000 € zuzuordnen sind, kommt bei ihm der Höchstbetrag von 500.000 € zum Tragen. A kann wählen, in welchem Unternehmen er den über den Höchstbetrag hinaus gehenden Gewinn von 100.000 € als laufenden Gewinn, der ggf. dem Teileinkünfteverfahren unterliegt, ansetzt.

Variante 2:

a) **Einzelunternehmen:**

Der Gewinn aus der Veräußerung (400.000 €) ist dem VZ 02 zuzuordnen.

b) **A-B OHG:**

Der Gewinn des abweichenden Wj. 02/03 ist im VZ 03 steuerlich zu erfassen. Aus diesem Grund ist der Gewinn aus der Veräußerung (Gewinnanteil des A: 200.000 €) ebenfalls dem VZ 03 zuzuordnen.

c) **Höchstbetrag 500.000 €:**

Da die Gewinne des A aus der Veräußerung von Anteilen an Kapitalgesellschaften von 400.000 € dem VZ 02 und von 200.000 € dem VZ 03 zuzuordnen sind, ist der Höchstbetrag von 500.000 € in keinem der beiden VZ überschritten.

R 6b.3 — Sechs-Jahres-Frist i. S. d. § 6b Abs. 4 Satz 1 Nr. 2 EStG

(1) [1] Zur Frage der Zugehörigkeit eines Wirtschaftsgutes zum Anlagevermögen >R 6.1. [2] Wirtschaftsgüter, die sechs Jahre zum Betriebsvermögen des Stpfl. gehört haben, können in der Regel als Anlagevermögen angesehen werden, es sei denn, dass besondere Gründe vorhanden sind, die einer Zurechnung zum Anlagevermögen entgegenstehen. [3] Hat der Stpfl. mehrere inländische Betriebsstätten oder Betriebe, deren Einkünfte zu verschiedenen Einkunftsarten gehören, ist die Sechs-Jahres-Frist auch dann gewahrt, wenn das veräußerte Wirtschaftsgut innerhalb der letzten sechs Jahre zum Betriebsvermögen verschiedener Betriebe oder Betriebsstätten des Stpfl. gehörte.

(2) Ist ein neues Wirtschaftsgut unter Verwendung von gebrauchten Wirtschaftsgütern hergestellt worden, ist die Voraussetzung des § 6b Abs. 4 Satz 1 Nr. 2 EStG nur erfüllt, wenn seit der Fertigstellung dieses Wirtschaftsgutes sechs Jahre vergangen sind und das Wirtschaftsgut seit dieser Zeit ununterbrochen zum Anlagevermögen einer inländischen Betriebsstätte des veräußernden Stpfl. gehört hat.

§ 6b EStG
H 6b.3, 6b.4 **R 6b.3**

(3) ¹Die Dauer der Zugehörigkeit eines Wirtschaftsgutes zum Betriebsvermögen wird durch nachträgliche Herstellungskosten nicht berührt. ²Das gilt auch dann, wenn es sich bei den nachträglichen Herstellungskosten um Aufwendungen für einen Ausbau, einen Umbau oder eine Erweiterung eines Gebäudes handelt. ³Entstehen dagegen durch Baumaßnahmen selbständige Gebäudeteile, gilt Absatz 2 entsprechend.

(4) Bei einem Wirtschaftsgut, das an Stelle eines infolge höherer Gewalt oder infolge oder zur Vermeidung eines behördlichen Eingriffs aus dem Betriebsvermögen ausgeschiedenen Wirtschaftsgutes angeschafft oder hergestellt worden ist (Ersatzwirtschaftsgut im Sinne von R 6.6 Abs. 1 Satz 2 Nr. 2), ist die Sechs-Jahres-Frist erfüllt, wenn das zwangsweise ausgeschiedene Wirtschaftsgut und das Ersatzwirtschaftsgut zusammen sechs Jahre zum Anlagevermögen des Stpfl. gehört haben.

(5) Werden beim Übergang eines Betriebs oder Teilbetriebs die Buchwerte fortgeführt, ist für die Berechnung der Sechs-Jahres-Frist des § 6b Abs. 4 Satz 1 Nr. 2 EStG die Besitzzeit des Rechtsvorgängers der Besitzzeit des Rechtsnachfolgers hinzuzurechnen.

(6) ¹Sind Anteile an einer Kapitalgesellschaft durch Kapitalerhöhung aus Gesellschaftsmitteln entstanden, ist der Besitzzeit dieser (neuen) Anteilsrechte die Besitzzeit der (alten) Anteilsrechte hinzuzurechnen, auf die die (neuen) Anteilsrechte entfallen sind. ²Der Besitzzeit von Bezugsrechten ist die Besitzzeit der (alten) Anteilsrechte hinzuzurechnen, von denen sie abgespalten sind. ³Anteilsrechte, die bei einer Kapitalerhöhung gegen Leistung einer Einlage erworben worden sind, können jedoch nicht – auch nicht teilweise – als mit den aus den alten Anteilsrechten abgespaltenen Bezugsrechten wirtschaftlich identisch angesehen werden. ⁴Sie erfüllen deshalb nur dann die Voraussetzung des § 6b Abs. 4 Satz 1 Nr. 2 EStG, wenn sie selbst mindestens sechs Jahre ununterbrochen zum Anlagevermögen einer inländischen Betriebsstätte des Stpfl. gehört haben.

Hinweise	H 6b.3

Baulandumlegungen
>H 6b.1 (Umlegungs- und Flurbereinigungsverfahren)

Erbauseinandersetzung/vorweggenommene Erbfolge
Wegen der Besitzzeitanrechnung im Falle der Erbauseinandersetzung und der vorweggenommenen Erbfolge >BMF vom 14.03.2006 (BStBl I S. 253) unter Berücksichtigung der Änderungen durch BMF vom 27.12.2018 (BStBl I 2019 S. 11) und >BMF vom 13.01.1993 (BStBl I S. 80) unter Berücksichtigung der Änderungen durch BMF vom 26.02.2007 (BStBl I S. 269)

Anhang 13 I

Anhang 13 II

Hinweise	H 6b.4

Zweifelsfragen im Zusammenhang mit § 6b Abs. 2a
>BMF vom 07.03.2018 (BStBl I S. 309)

Anhang 16 VI

§ 6c EStG
R 6c

S 2139-a

§ 6c
Übertragung stiller Reserven bei der Veräußerung bestimmter Anlagegüter bei der Ermittlung des Gewinns nach § 4 Absatz 3 oder nach Durchschnittssätzen

(1) [1]§ 6b mit Ausnahme des § 6b Absatz 4 Nummer 1 ist entsprechend anzuwenden, wenn der Gewinn nach § 4 Absatz 3 oder die Einkünfte aus Land- und Forstwirtschaft nach Durchschnittssätzen ermittelt werden. [2]Soweit nach § 6b Absatz 3 eine Rücklage gebildet werden kann, ist ihre Bildung als Betriebsausgabe (Abzug) und ihre Auflösung als Betriebseinnahme (Zuschlag) zu behandeln; der Zeitraum zwischen Abzug und Zuschlag gilt als Zeitraum, in dem die Rücklage bestanden hat.

(2) [1]Voraussetzung für die Anwendung des Absatzes 1 ist, dass die Wirtschaftsgüter, bei denen ein Abzug von den Anschaffungs- oder Herstellungskosten oder von dem Wert nach § 6b Absatz 5 vorgenommen worden ist, in besondere, laufend zu führende Verzeichnisse aufgenommen werden. [2]In den Verzeichnissen sind der Tag der Anschaffung oder Herstellung, die Anschaffungs- oder Herstellungskosten, der Abzug nach § 6b Absatz 1 und 3 in Verbindung mit Absatz 1, die Absetzungen für Abnutzung, die Abschreibungen sowie die Beträge nachzuweisen, die nach § 6b Absatz 3 in Verbindung mit Absatz 1 als Betriebsausgaben (Abzug) oder Betriebseinnahmen (Zuschlag) behandelt worden sind.

R 6c.

Übertragung stiller Reserven bei der Veräußerung bestimmter Anlagegüter bei der Ermittlung des Gewinns nach § 4 Abs. 3 EStG oder nach Durchschnittssätzen

(1) [1]Für die Ermittlung des nach § 6c EStG begünstigten Gewinns gilt § 6b Abs. 2 EStG entsprechend. [2]Danach ist bei der Veräußerung eines nach § 6c EStG begünstigten Wirtschaftsgutes ohne Rücksicht auf den Zeitpunkt des Zufließens des Veräußerungspreises als Gewinn der Betrag begünstigt, um den der Veräußerungspreis nach Abzug der Veräußerungskosten die Aufwendungen für das veräußerte Wirtschaftsgut übersteigt, die bis zu seiner Veräußerung noch nicht als Betriebsausgaben abgesetzt worden sind. [3]Der Veräußerungspreis ist also in voller Höhe im Veräußerungszeitpunkt als Betriebseinnahme zu behandeln, auch wenn er nicht gleichzeitig zufließt. [4]Der (früher oder später) tatsächlich zufließende Veräußerungserlös bleibt außer Betracht, wird also nicht als Betriebseinnahme angesetzt. [5]Ein nach § 6c EStG i. V. m. § 6b Abs. 1 Satz 1 EStG vorgenommener Abzug von den Anschaffungs- oder Herstellungskosten begünstigter Investitionen ist als Betriebsausgabe zu behandeln. [6]Soweit der Stpfl. im Jahr der Veräußerung keinen Abzug in Höhe des begünstigten Gewinns von den Anschaffungs- und Herstellungskosten der im Veräußerungsjahr durchgeführten begünstigten Neuinvestitionen und auch keinen Abzug von

§ 6c EStG
H 6c R 6c

dem Betrag nach § 6b Abs. 5 EStG der im Vorjahr angeschafften oder hergestellten begünstigten Wirtschaftsgüter vornimmt, kann er im Jahr der Veräußerung eine fiktive Betriebsausgabe absetzen. [7]Diese Betriebsausgabe ist innerhalb des Zeitraums, in dem bei einem buchführenden Stpfl. eine nach § 6b Abs. 3 EStG gebildete Rücklage auf Neuinvestitionen übertragen werden kann (Übertragungsfrist), durch fiktive Betriebseinnahmen in Höhe der Beträge auszugleichen, die nach § 6c EStG i. V. m. § 6b Abs. 3 EStG von den Anschaffungs- oder Herstellungskosten begünstigter Investitionen abgezogen und als Betriebsausgabe behandelt werden. [8]In Höhe des am Ende der Übertragungsfrist verbleibenden Betrags ist eine (sich in vollem Umfang gewinnerhöhend auswirkende) Betriebseinnahme anzusetzen. [9]Soweit nur für einen Teil des Veräußerungsgewinnes § 6c EStG in Anspruch genommen wird, gelten vorstehende Regelungen für den entsprechenden Teil des Veräußerungserlöses bzw. Veräußerungsgewinns.

(2) [1]Wird der Gewinn vom Finanzamt geschätzt, ist der Abzug nicht zulässig. [2]Wird der Gewinn des Stpfl. in einem Wirtschaftsjahr, das in den nach § 6b Abs. 3 EStG maßgebenden Zeitraum fällt, geschätzt, ist ein Zuschlag in Höhe des ursprünglichen Abzugsbetrags vorzunehmen; § 6b Abs. 7 EStG ist zu beachten.

(3) § 6b Abs. 10 EStG ist entsprechend anzuwenden.

Hinweise

H 6c

Antrag auf Rücklage

Wird der Gewinn nach § 4 Abs. 3 ermittelt und ein Antrag auf Rücklage nach § 6b gestellt, ist der Antrag dahin auszulegen, dass ein Abzug nach § 6c Abs. 1 begehrt wird (>BFH vom 30.01.2013 – BStBl II S. 684).

Berechnungsbeispiel

Ein Stpfl., der den Gewinn nach § 4 Abs. 3 ermittelt, hat ein Werkstattgebäude für 15.000 € veräußert, auf das im Veräußerungszeitpunkt noch insgesamt 3.000 € AfA hätten vorgenommen werden können. Die Veräußerungskosten betragen 1.000 €. Der Stpfl. will für den bei der Veräußerung erzielten Gewinn § 6c in Anspruch nehmen. Er nimmt im Veräußerungsjahr für 4.000 € und in den beiden folgenden Wj. für 1.000 € und 2.000 € nach § 6b Abs. 1 Satz 3 begünstigte Erweiterungen an seinem Ladengebäude vor.

Der Veräußerungserlös gilt ohne Rücksicht darauf, wann er tatsächlich zufließt, als im Veräußerungsjahr vereinnahmt. Entsprechend gelten die Veräußerungskosten als im Veräußerungsjahr verausgabt. Die Veräußerung des Werkstattgebäudes führt deshalb zu einem nach § 6c begünstigten Gewinn von 15.000 € (Veräußerungserlös) – 3.000 € („Restbuchwert") – 1.000 € (Veräußerungskosten) = 11.000 €. Da der Stpfl. im Veräußerungsjahr von den Anschaffungs- oder Herstellungskosten der in diesem Jahr vorgenommenen Neuinvestitionen einen Abzug von 4.000 € vornimmt, liegt in Höhe dieser 4.000 € eine Betriebsausgabe vor, so dass sich von dem Gewinn aus der Veräußerung des Gebäudes nur noch ein Betrag von (11.000 € – 4.000 €) = 7.000 € auswirkt. In Höhe dieser 7.000 € kann der Stpfl. im Veräußerungsjahr noch eine fiktive Betriebsausgabe absetzen und damit den bei der Veräußerung entstandenen Gewinn neutralisieren.

§§ 6c, 6d EStG
H 6c

In dem auf die Veräußerung folgenden Wj. nimmt er von den Anschaffungs- oder Herstellungskosten der Neuinvestitionen einen Abzug von 1.000 € vor, der als Betriebsausgabe zu behandeln ist. Er hat infolgedessen eine fiktive Betriebseinnahme von 1.000 € anzusetzen, um den Vorgang zu neutralisieren.

Im zweiten auf die Veräußerung folgenden Wj. nimmt er von den Anschaffungs- oder Herstellungskosten der Neuinvestitionen einen Abzug von 2.000 € vor, der als Betriebsausgabe zu behandeln ist. Er hat deshalb in diesem Wj. eine fiktive Betriebseinnahme von 2.000 € anzusetzen, um den Vorgang zu neutralisieren.

Durch die beiden fiktiven Betriebseinnahmen von 1.000 € und 2.000 € ist die fiktive Betriebsausgabe im Jahr der Veräußerung von 7.000 € bis auf einen Betrag von 4.000 € ausgeglichen. In Höhe dieses Betrags hat der Stpfl. spätestens im vierten auf die Veräußerung folgenden Wj. eine weitere (sich in vollem Umfang gewinnerhöhend auswirkende) fiktive Betriebseinnahme anzusetzen, wenn er nicht bis zum Schluss des vierten auf die Veräußerung folgenden Wj. mit der Herstellung eines neuen Gebäudes begonnen hat.

Soweit der Stpfl. einen Abzug von den Anschaffungs- oder Herstellungskosten angeschaffter oder hergestellter Wirtschaftsgüter vorgenommen hat, kann er von dem Wirtschaftsgut keine AfA, erhöhte Absetzungen oder Sonderabschreibungen mehr vornehmen.

Veräußerungspreis
>H 6b.2

Wechsel der Gewinnermittlungsart
Zur Behandlung eines nach §§ 6b, 6c begünstigten Gewinns bei Wechsel der Gewinnermittlung >R 6b.2 Abs. 11

Zeitpunkt der Wahlrechtsausübung
Das Wahlrecht der Gewinnübertragung nach § 6c kann bis zum Eintritt der formellen Bestandskraft der Steuerfestsetzung ausgeübt werden; seine Ausübung ist auch nach Ergehen eines Urteils in der Tatsacheninstanz bis zum Ablauf der Rechtsmittelfrist zulässig. In diesem Fall ist die Steuerfestsetzung in entsprechender Anwendung des § 175 Abs. 1 Satz 1 Nr. 2 AO zu ändern (>BFH vom 30.08.2001 – BStBl II 2002 S. 49).

Zweifelsfragen im Zusammenhang mit § 6b Abs. 2a
>H 6b.4

§ 6d
Euroumrechnungsrücklage
– Letztmals abgedruckt im EStH 2006 –

§ 6e
Fondsetablierungskosten als Anschaffungskosten

(1) [1]Zu den Anschaffungskosten von Wirtschaftsgütern, die ein Steuerpflichtiger gemeinschaftlich mit weiteren Anlegern gemäß einem von einem Projektanbieter vorformulierten Vertragswerk anschafft, gehören auch die Fondsetablierungskosten im Sinne der Absätze 2 und 3. [2]Haben die Anleger in ihrer gesellschaftsrechtlichen Verbundenheit keine wesentlichen Möglichkeiten zur Einflussnahme auf das Vertragswerk, gelten die Wirtschaftsgüter im Sinne von Satz 1 als angeschafft.

(2) [1]Fondsetablierungskosten sind alle auf Grund des vorformulierten Vertragswerks neben den Anschaffungskosten im Sinne von § 255 des Handelsgesetzbuchs vom Anleger an den Projektanbieter oder an Dritte zu zahlenden Aufwendungen, die auf den Erwerb der Wirtschaftsgüter im Sinne des Absatzes 1 Satz 1 gerichtet sind. [2]Zu den Anschaffungskosten der Anleger im Sinne des Absatzes 1 Satz 2 gehören darüber hinaus alle an den Projektanbieter oder an Dritte geleisteten Aufwendungen in wirtschaftlichem Zusammenhang mit der Abwicklung des Projekts in der Investitionsphase. [3]Zu den Anschaffungskosten zählen auch die Haftungs- und Geschäftsführungsvergütungen für Komplementäre, Geschäftsführungsvergütungen bei schuldrechtlichem Leistungsaustausch und Vergütungen für Treuhandkommanditisten, soweit sie auf die Investitionsphase entfallen.

(3) Absatz 1 Satz 1 und Absatz 2 sind sinngemäß in den Fällen anzuwenden, in denen Fondsetablierungskosten vergleichbare Kosten außerhalb einer gemeinschaftlichen Anschaffung zu zahlen sind.

(4) Im Fall des § 4 Absatz 3 sind die Absätze 1 bis 3 entsprechend anzuwenden.

(5) § 15b bleibt unberührt.

§ 7 EStG

S 2190

§ 7
Absetzung für Abnutzung oder Substanzverringerung

S 2191

(1) ¹Bei Wirtschaftsgütern, deren Verwendung oder Nutzung durch den Steuerpflichtigen zur Erzielung von Einkünften sich erfahrungsgemäß auf einen Zeitraum von mehr als einem Jahr erstreckt, ist jeweils für ein Jahr der Teil der Anschaffungs- oder Herstellungskosten abzusetzen, der bei gleichmäßiger Verteilung dieser Kosten auf die Gesamtdauer der Verwendung oder Nutzung auf ein Jahr entfällt (Absetzung für Abnutzung in gleichen Jahresbeträgen). ²Die Absetzung bemisst sich hierbei nach der betriebsgewöhnlichen Nutzungsdauer des Wirtschaftsguts. ³Als betriebsgewöhnliche Nutzungsdauer des Geschäfts- oder Firmenwerts eines Gewerbebetriebs oder eines Betriebs der Land- und Forstwirtschaft gilt ein Zeitraum von 15 Jahren. ⁴Im Jahr der Anschaffung oder Herstellung des Wirtschaftsguts vermindert sich für dieses Jahr der Absetzungsbetrag nach Satz 1 um jeweils ein Zwölftel für jeden vollen Monat, der dem Monat der Anschaffung oder Herstellung vorangeht. ⁵Bei Wirtschaftsgütern, die nach einer Verwendung zur Erzielung von Einkünften im Sinne des § 2 Absatz 1 Satz 1 Nummer 4 bis 7 in ein Betriebsvermögen eingelegt worden sind, mindert sich der Einlagewert um die Absetzungen für Abnutzung oder Substanzverringerung, Sonderabschreibungen oder erhöhte Absetzungen, die bis zum Zeitpunkt der Einlage vorgenommen worden sind, höchstens jedoch bis zu den fortgeführten Anschaffungs- oder Herstellungskosten; ist der Einlagewert niedriger als dieser Wert, bemisst sich die weitere Absetzung für Abnutzung vom Einlagewert. ⁶Bei beweglichen Wirtschaftsgütern des Anlagevermögens, bei denen es wirtschaftlich begründet ist, die Absetzung für Abnutzung nach Maßgabe der Leistung des Wirtschaftsguts vorzunehmen, kann der Steuerpflichtige dieses Verfahren statt der Absetzung für Abnutzung in gleichen Jahresbeträgen anwenden, wenn er den auf das einzelne Jahr entfallenden Umfang der Leistung nachweist. ⁷Absetzungen für außergewöhnliche technische oder wirtschaftliche Abnutzung sind zulässig; soweit der Grund hierfür in späteren Wirtschaftsjahren entfällt, ist in den Fällen der Gewinnermittlung nach § 4 Absatz 1 oder nach § 5 eine entsprechende Zuschreibung vorzunehmen.

S 2193

(2) ¹Bei beweglichen Wirtschaftsgütern des Anlagevermögens, die nach dem 31. Dezember 2019 und vor dem *1. Januar 2023* angeschafft oder hergestellt worden sind, kann der Steuerpflichtige statt der Absetzung für Abnutzung in gleichen Jahresbeträgen die Absetzung für Abnutzung in fallenden Jahresbeträgen bemessen. ²Die Absetzung für Abnutzung in fallenden Jahresbeträgen kann nach einem unveränderlichen Prozentsatz vom jeweiligen Buchwert (Restwert) vorgenommen werden; der dabei anzuwendende Prozentsatz darf höchstens das Zweieinhalbfache des bei der Absetzung für Abnutzung in

gleichen Jahresbeträgen in Betracht kommenden Prozentsatzes betragen und 25 Prozent nicht übersteigen. ³Absatz 1 Satz 4 und § 7a Absatz 8 gelten entsprechend. ⁴Bei Wirtschaftsgütern, bei denen die Absetzung für Abnutzung in fallenden Jahresbeträgen bemessen wird, sind Absetzungen für außergewöhnliche technische oder wirtschaftliche Abnutzung nicht zulässig.

(3) ¹Der Übergang von der Absetzung für Abnutzung in fallenden Jahresbeträgen zur Absetzung für Abnutzung in gleichen Jahresbeträgen ist zulässig. ²In diesem Fall bemisst sich die Absetzung für Abnutzung vom Zeitpunkt des Übergangs an nach dem dann noch vorhandenen Restwert und der Restnutzungsdauer des einzelnen Wirtschaftsguts. ³Der Übergang von der Absetzung für Abnutzung in gleichen Jahresbeträgen zur Absetzung für Abnutzung in fallenden Jahresbeträgen ist nicht zulässig.

(4) ¹Bei Gebäuden sind abweichend von Absatz 1 als Absetzung für Abnutzung die folgenden Beträge bis zur vollen Absetzung abzuziehen:

1. bei Gebäuden, soweit sie zu einem Betriebsvermögen gehören und nicht Wohnzwecken dienen und für die der Bauantrag nach dem 31. März 1985 gestellt worden ist, jährlich 3 Prozent[1]),
2. bei Gebäuden, soweit sie die Voraussetzungen der Nummer 1 nicht erfüllen und die
   a) nach dem 31. Dezember 1924 fertig gestellt worden sind, jährlich 2 Prozent,
   b) vor dem 1. Januar 1925 fertig gestellt worden sind, jährlich 2,5 Prozent

der Anschaffungs- oder Herstellungskosten; Absatz 1 Satz 5 gilt entsprechend. ²Beträgt die tatsächliche Nutzungsdauer eines Gebäudes in den Fällen des Satzes 1 Nummer 1 weniger als 33 Jahre, in den Fällen des Satzes 1 Nummer 2 Buchstabe a weniger als 50 Jahre, in den Fällen des Satzes 1 Nummer 2 Buchstabe b weniger als 40 Jahre, so können anstelle der Absetzungen nach Satz 1 die der tatsächlichen Nutzungsdauer entsprechenden Absetzungen für Abnutzung vorgenommen werden. ³Absatz 1 letzter Satz bleibt unberührt. ⁴Bei Gebäuden im Sinne der Nummer 2 rechtfertigt die für Gebäude im Sinne der Nummer 1 geltende Regelung weder die Anwendung des Absatzes 1 letzter Satz noch den Ansatz des niedrigeren Teilwerts (§ 6 Absatz 1 Nummer 1 Satz 2).

(5) ¹Bei Gebäuden, die in einem Mitgliedstaat der Europäischen Union oder einem anderen Staat belegen sind, auf den das Abkommen über den Europäischen Wirtschaftsraum (EWR-Abkommen) angewendet wird, und die vom Steuerpflichtigen hergestellt oder bis zum Ende des Jahres der Fertigstellung angeschafft worden sind,

---

[1]) >Übergangsregelung § 52 Abs. 15 Satz 2 und 3

§ 7 EStG

können abweichend von Absatz 4 als Absetzung für Abnutzung die folgenden Beträge abgezogen werden:
1. bei Gebäuden im Sinne des Absatzes 4 Satz 1 Nummer 1, die vom Steuerpflichtigen auf Grund eines vor dem 1. Januar 1994 gestellten Bauantrags hergestellt oder auf Grund eines vor diesem Zeitpunkt rechtswirksam abgeschlossenen obligatorischen Vertrags angeschafft worden sind,
   - im Jahr der Fertigstellung und in den folgenden 3 Jahren jeweils 10 Prozent,
   - in den darauf folgenden 3 Jahren jeweils 5 Prozent,
   - in den darauf folgenden 18 Jahren jeweils 2,5 Prozent,
2. bei Gebäuden im Sinne des Absatzes 4 Satz 1 Nummer 2, die vom Steuerpflichtigen auf Grund eines vor dem 1. Januar 1995 gestellten Bauantrags hergestellt oder auf Grund eines vor diesem Zeitpunkt rechtswirksam abgeschlossenen obligatorischen Vertrags angeschafft worden sind,
   - im Jahr der Fertigstellung und in den folgenden 7 Jahren jeweils 5 Prozent,
   - in den darauf folgenden 6 Jahren jeweils 2,5 Prozent,
   - in den darauf folgenden 36 Jahren jeweils 1,25 Prozent,
3. bei Gebäuden im Sinne des Absatzes 4 Satz 1 Nummer 2, soweit sie Wohnzwecken dienen, die vom Steuerpflichtigen
   a) auf Grund eines nach dem 28. Februar 1989 und vor dem 1. Januar 1996 gestellten Bauantrags hergestellt oder nach dem 28. Februar 1989 auf Grund eines nach dem 28. Februar 1989 und vor dem 1. Januar 1996 rechtswirksam abgeschlossenen obligatorischen Vertrags angeschafft worden sind,
      - im Jahr der Fertigstellung und in den folgenden 3 Jahren jeweils 7 Prozent,
      - in den darauf folgenden 6 Jahren jeweils 5 Prozent,
      - in den darauf folgenden 6 Jahren jeweils 2 Prozent,
      - in den darauf folgenden 24 Jahren jeweils 1,25 Prozent,
   b) auf Grund eines nach dem 31. Dezember 1995 und vor dem 1. Januar 2004 gestellten Bauantrags hergestellt oder auf Grund eines nach dem 31. Dezember 1995 und vor dem 1. Januar 2004 rechtswirksam abgeschlossenen obligatorischen Vertrags angeschafft worden sind,
      - im Jahr der Fertigstellung und in den folgenden 7 Jahren jeweils 5 Prozent,
      - in den darauf folgenden 6 Jahren jeweils 2,5 Prozent,
      - in den darauf folgenden 36 Jahren jeweils 1,25 Prozent,
   c) auf Grund eines nach dem 31. Dezember 2003 und vor dem 1. Januar 2006 gestellten Bauantrags hergestellt oder auf

Grund eines nach dem 31. Dezember 2003 und vor dem 1. Januar 2006 rechtswirksam abgeschlossenen obligatorischen Vertrags angeschafft worden sind,

– im Jahr der Fertigstellung und in
 den folgenden 9 Jahren jeweils 4 Prozent,
– in den darauf folgenden 8 Jahren jeweils 2,5 Prozent,
– in den darauf folgenden 32 Jahren jeweils 1,25 Prozent,

der Anschaffungs- oder Herstellungskosten. ²Im Fall der Anschaffung kann Satz 1 nur angewendet werden, wenn der Hersteller für das veräußerte Gebäude weder Absetzungen für Abnutzung nach Satz 1 vorgenommen noch erhöhte Absetzungen oder Sonderabschreibungen in Anspruch genommen hat. ³Absatz 1 Satz 4 gilt nicht.

(5a) Die Absätze 4 und 5 sind auf Gebäudeteile, die selbständige unbewegliche Wirtschaftsgüter sind, sowie auf Eigentumswohnungen und auf im Teileigentum stehende Räume entsprechend anzuwenden.

(6) Bei Bergbauunternehmen, Steinbrüchen und anderen Betrieben, die einen Verbrauch der Substanz mit sich bringen, ist Absatz 1 entsprechend anzuwenden; dabei sind Absetzungen nach Maßgabe des Substanzverzehrs zulässig (Absetzung für Substanzverringerung).

EStDV
§ 10
Absetzung für Abnutzung im Fall des § 4 Abs. 3 des Gesetzes

(1) ¹Bei nicht in dem in Artikel 3 des Einigungsvertrages genannten Gebiet belegenen Gebäuden, die bereits am 21. Juni 1948 zum Betriebsvermögen gehört haben, sind im Fall des § 4 Abs. 3 des Gesetzes für die Bemessung der Absetzung für Abnutzung als Anschaffungs- oder Herstellungskosten höchstens die Werte zugrunde zu legen, die sich bei sinngemäßer Anwendung des § 16 Abs. 1 des D-Markbilanzgesetzes in der im Bundesgesetzblatt Teil III, Gliederungsnummer 4140-1, veröffentlichten bereinigten Fassung ergeben würden. ²In dem Teil des Landes Berlin, in dem das Grundgesetz bereits vor dem 3. Oktober 1990 galt, tritt an die Stelle des 21. Juni 1948 der 1. April 1949.

(2) Für Gebäude, die zum Betriebsvermögen eines Betriebs oder einer Betriebsstätte im Saarland gehören, gilt Absatz 1 mit der Maßgabe, dass an die Stelle des 21. Juni 1948 der 6. Juli 1959 sowie an die Stelle des § 16 Abs. 1 des D-Markbilanzgesetzes der § 8 Abs. 1 und der § 11 des D-Markbilanzgesetzes für das Saarland in der im Bundesgesetzblatt Teil III, Gliederungsnummer 4140-2, veröffentlichten bereinigten Fassung treten.

§ 10a
(weggefallen)

EStDV

§§ 11 bis 11b
(weggefallen)

§ 11c
Absetzung für Abnutzung bei Gebäuden

(1) ¹Nutzungsdauer eines Gebäudes im Sinne des § 7 Abs. 4 Satz 2 des Gesetzes ist der Zeitraum, in dem ein Gebäude voraussichtlich seiner Zweckbestimmung entsprechend genutzt werden kann. ²Der Zeitraum der Nutzungsdauer beginnt

1. bei Gebäuden, die der Steuerpflichtige vor dem 21. Juni 1948 angeschafft oder hergestellt hat,

    mit dem 21. Juni 1948;

2. bei Gebäuden, die der Steuerpflichtige nach dem 20. Juni 1948 hergestellt hat,

    mit dem Zeitpunkt der Fertigstellung;

3. bei Gebäuden, die der Steuerpflichtige nach dem 20. Juni 1948 angeschafft hat,

    mit dem Zeitpunkt der Anschaffung.

³Für im Land Berlin belegene Gebäude treten an die Stelle des 20. Juni 1948 jeweils der 31. März 1949 und an die Stelle des 21. Juni 1948 jeweils der 1. April 1949. ⁴Für im Saarland belegene Gebäude treten an die Stelle des 20. Juni 1948 jeweils der 19. November 1947 und an die Stelle des 21. Juni 1948 jeweils der 20. November 1947; soweit im Saarland belegene Gebäude zu einem Betriebsvermögen gehören, treten an die Stelle des 20. Juni 1948 jeweils der 5. Juli 1959 und an die Stelle des 21. Juni 1948 jeweils der 6. Juli 1959.

(2) ¹Hat der Steuerpflichtige nach § 7 Abs. 4 Satz 3 des Gesetzes bei einem Gebäude eine Absetzung für außergewöhnliche technische oder wirtschaftliche Abnutzung vorgenommen, so bemessen sich die Absetzungen für Abnutzung von dem folgenden Wirtschaftsjahr oder Kalenderjahr an nach den Anschaffungs- oder Herstellungskosten des Gebäudes abzüglich des Betrags der Absetzung für außergewöhnliche technische oder wirtschaftliche Abnutzung. ²Entsprechendes gilt, wenn der Steuerpflichtige ein zu einem Betriebsvermögen gehörendes Gebäude nach § 6 Abs. 1 Nr. 1 Satz 2 des Gesetzes mit dem niedrigeren Teilwert angesetzt hat. ³Im Fall der Zuschreibung nach § 7 Abs. 4 Satz 3 des Gesetzes oder der Wertaufholung nach § 6 Abs. 1 Nr. 1 Satz 4 des Gesetzes erhöht sich die Bemessungsgrundlage für die Absetzungen für Abnutzung vom dem folgenden Wirtschaftsjahr oder Kalenderjahr an um den Betrag der Zuschreibung oder Wertaufholung.

§ 11d, 15 EStDV § **7 EStG**
R 7.1

§ 11d   EStDV

Absetzung für Abnutzung oder Substanzverringerung bei nicht zu einem Betriebsvermögen gehörenden Wirtschaftsgütern, die der Steuerpflichtige unentgeltlich erworben hat

(1) [1]Bei den nicht zu einem Betriebsvermögen gehörenden Wirtschaftsgütern, die der Steuerpflichtige unentgeltlich erworben hat, bemessen sich die Absetzungen für Abnutzung nach den Anschaffungs- oder Herstellungskosten des Rechtsvorgängers oder dem Wert, der beim Rechtsvorgänger an deren Stelle getreten ist oder treten würde, wenn dieser noch Eigentümer wäre, zuzüglich der vom Rechtsnachfolger aufgewendeten Herstellungskosten und nach dem Prozentsatz, der für den Rechtsvorgänger maßgebend sein würde, wenn er noch Eigentümer des Wirtschaftsguts wäre. [2]Absetzungen für Abnutzung durch den Rechtsnachfolger sind nur zulässig, soweit die vom Rechtsvorgänger und vom Rechtsnachfolger zusammen vorgenommenen Absetzungen für Abnutzung, erhöhten Absetzungen und Abschreibungen bei dem Wirtschaftsgut noch nicht zur vollen Absetzung geführt haben. [3]Die Sätze 1 und 2 gelten für die Absetzung für Substanzverringerung und für erhöhte Absetzungen entsprechend.

(2) Bei Bodenschätzen, die der Steuerpflichtige auf einem ihm gehörenden Grundstück entdeckt hat, sind Absetzungen für Substanzverringerung nicht zulässig.

§ 15

Erhöhte Absetzungen für Einfamilienhäuser, Zweifamilienhäuser und Eigentumswohnungen

(1) Bauherr ist, wer auf eigene Rechnung und Gefahr ein Gebäude baut oder bauen lässt.

(2) In den Fällen des § 7b des Gesetzes in den vor Inkrafttreten des Gesetzes vom 22. Dezember 1981 (BGBl. I S. 1523) geltenden Fassungen und des § 54 des Gesetzes in der Fassung der Bekanntmachung vom 24. Januar 1984 (BGBl. I S. 113) ist § 15 der Einkommensteuer-Durchführungsverordnung 1979 (BGBl. 1980 I S. 1801), geändert durch die Verordnung vom 11. Juni 1981 (BGBl. I S. 526), weiter anzuwenden.

Abnutzbare Wirtschaftsgüter   R 7.1

Allgemeines

(1) AfA ist vorzunehmen für
1. bewegliche Wirtschaftsgüter (§ 7 Abs. 1 Satz 1, 2, 4 bis 7 EStG),
2. immaterielle Wirtschaftsgüter (§ 7 Abs. 1 Satz 1 bis 5 und 7 EStG),
3. >unbewegliche Wirtschaftsgüter, die keine Gebäude oder Gebäudeteile sind (§ 7 Abs. 1 Satz 1, 2, 5 und 7 EStG), und

4. Gebäude und Gebäudeteile (§ 7 Abs. 1 Satz 5 und Abs. 4, 5 und 5a EStG),

die zur Erzielung von Einkünften verwendet werden und einer >wirtschaftlichen oder technischen Abnutzung unterliegen.

>Bewegliche Wirtschaftsgüter

(2) [1]Bewegliche Wirtschaftsgüter können nur Sachen (§ 90 BGB), Tiere (§ 90a BGB) und Scheinbestandteile (§ 95 BGB) sein. [2]Schiffe und Flugzeuge sind auch dann bewegliche Wirtschaftsgüter, wenn sie im Schiffsregister bzw. in der Luftfahrzeugrolle eingetragen sind.

(3) [1]>Betriebsvorrichtungen sind selbständige Wirtschaftsgüter, weil sie nicht in einem einheitlichen Nutzungs- und Funktionszusammenhang mit dem Gebäude stehen. [2]Sie gehören auch dann zu den beweglichen Wirtschaftsgütern, wenn sie wesentliche Bestandteile eines Grundstücks sind.

(4) [1]>Scheinbestandteile entstehen, wenn bewegliche Wirtschaftsgüter zu einem vorübergehenden Zweck in ein Gebäude eingefügt werden. [2]Einbauten zu vorübergehenden Zwecken sind auch
1. die vom Stpfl. für seine eigenen Zwecke vorübergehend eingefügten Anlagen,
2. die vom Vermieter oder Verpächter zur Erfüllung besonderer Bedürfnisse des Mieters oder Pächters eingefügten Anlagen, deren Nutzungsdauer nicht länger als die Laufzeit des Vertragsverhältnisses ist.

S 2196

>Gebäude und >Gebäudeteile

(5) [1]Für den Begriff des Gebäudes sind die Abgrenzungsmerkmale des Bewertungsrechts maßgebend. [2]Ein Gebäude ist ein Bauwerk auf eigenem oder fremdem Grund und Boden, das Menschen oder Sachen durch räumliche Umschließung Schutz gegen äußere Einflüsse gewährt, den Aufenthalt von Menschen gestattet, fest mit dem Grund und Boden verbunden, von einiger Beständigkeit und standfest ist.

(6) Zu den selbständigen unbeweglichen Wirtschaftsgütern i. S. d. § 7 Abs. 5a EStG gehören insbesondere Mietereinbauten und -umbauten, die keine Scheinbestandteile oder Betriebsvorrichtungen sind, Ladeneinbauten und ähnliche Einbauten (>R 4.2 Abs. 3 Satz 3 Nr. 3) sowie sonstige selbständige Gebäudeteile i. S. d. R 4.2 Abs. 3 Satz 3 Nr. 5.

H 7.1

Hinweise

Arzneimittelzulassungen
Eine entgeltlich erworbene Arzneimittelzulassung ist dem Grunde nach ein abnutzbares Wirtschaftsgut (>BMF vom 12.07.1999 – BStBl I S. 686).

Betriebsvorrichtungen
Zur Abgrenzung von den Betriebsgrundstücken sind die allgemeinen Grundsätze des Bewertungsrechts anzuwenden >§ 68 Abs. 2 Nr. 2, § 99

Abs. 1 Nr. 1 BewG, >Gleich lautende Erlasse der obersten Finanzbehörden der Länder vom 05.06.2013 (BStBl I S. 734).

Bewegliche Wirtschaftsgüter
Immaterielle Wirtschaftsgüter (>R 5.5 Abs. 1) gehören nicht zu den beweglichen Wirtschaftsgütern (>BFH vom 22.05.1979 – BStBl II S. 634).

Biogasanlage
Zur Abgrenzung der Wirtschaftsgüter und AfA >BMF vom 11.04.2022 (BStBl I S. 633), Rn. 14-17

Domain-Namen
Aufwendungen, die für die Übertragung eines Domain-Namens an den bisherigen Domaininhaber geleistet werden, sind Anschaffungskosten für ein i. d. R. nicht abnutzbares immaterielles Wirtschaftsgut (>BFH vom 19.10.2006 – BStBl II 2007 S. 301).

Drittaufwand
>H 4.7

Eigenaufwand für ein fremdes Wirtschaftsgut
>H 4.7

Garagen
Garagen, die auf dem Gelände eines großen Mietwohnungskomplexes nachträglich errichtet werden, sind dann als selbständige Wirtschaftsgüter gesondert abzuschreiben, wenn ihre Errichtung nicht Bestandteil der Baugenehmigung für das Mietwohngebäude war und kein enger Zusammenhang zwischen der Nutzung der Wohnungen und der Garagen besteht, weil die Zahl der Garagen hinter der Zahl der Wohnungen deutlich zurückbleibt und die Garagen zum Teil an Dritte vermietet sind (>BFH 22.09.2005 – BStBl II 2006 S. 169).

Gebäude
– Ein Container ist ein Gebäude, wenn er nach seiner individuellen Zweckbestimmung für eine dauernde Nutzung an einem Ort aufgestellt ist und seine Beständigkeit durch die ihm zugedachte Ortsfestigkeit auch im äußeren Erscheinungsbild deutlich wird (>BFH vom 23.09.1988 – BStBl II 1989 S. 113).
– Ein sog. Baustellencontainer ist kein Gebäude, da es an der Ortsfestigkeit fehlt (>BFH vom 18.06.1986 – BStBl II S. 787).
– Bürocontainer, die auf festen Fundamenten ruhen, sind Gebäude (>BFH vom 25.04.1996 – BStBl II S. 613).
– Eine Tankstellenüberdachung mit einer Fläche von mehr als 400 m² ist ein Gebäude (>BFH vom 28.09.2000 – BStBl II 2001 S. 137).

- Musterhäuser der Fertighausindustrie sind Gebäude. Dies gilt auch dann, wenn das Musterhaus primär Präsentations- und Werbezwecken dient (>BFH vom 23.09.2008 – BStBl II 2009 S. 986).

Gebäudeteile
- Gebäudeteile sind selbständige Wirtschaftsgüter und deshalb gesondert abzuschreiben, wenn sie mit dem Gebäude nicht in einem einheitlichen Nutzungs- und Funktionszusammenhang stehen (>BFH vom 26.11.1973 – BStBl II 1974 S. 132).
- >R 4.2 Abs. 3

Geschäfts- oder Firmenwert
Anhang 9 I

Zur Abschreibung des Geschäfts- oder Firmenwerts >BMF vom 20.11.1986 (BStBl I S. 532)

Mietereinbauten
- Mieterein- und -umbauten als unbewegliche Wirtschaftsgüter, die keine Gebäude oder Gebäudeteile sind >BMF vom 15.01.1976 (BStBl I S. 66)
- Zur Höhe der AfA bei Mietereinbauten >H 7.4

Namensrecht
>H 5.5

Nießbrauch und andere Nutzungsrechte
- Zur Abschreibung bei Bestellung eines Nießbrauchs oder eines anderen Nutzungsrechts bei Einkünften aus Vermietung und Verpachtung >BMF vom 30.09.2013 (BStBl I S. 1184)

Anhang 30 VI

- Berücksichtigung von Aufwendungen bei der unentgeltlichen Nutzungsüberlassung von Gebäuden oder Gebäudeteilen (Eigen- und Drittaufwand) >H 4.7 (Drittaufwand, Eigenaufwand für ein fremdes Wirtschaftsgut)

Praxiswert
Zur Abschreibung des Praxiswerts >BFH vom 24.02.1994 (BStBl II S. 590)

Scheinbestandteile
Eine Einfügung zu einem vorübergehenden Zweck ist anzunehmen, wenn die Nutzungsdauer der eingefügten beweglichen Wirtschaftsgüter länger als die Nutzungsdauer ist, für die sie eingebaut werden, die eingefügten beweglichen Wirtschaftsgüter auch nach ihrem Ausbau noch einen beachtlichen Wiederverwendungswert repräsentieren und nach den Umständen, insbesondere nach Art und Zweck der Verbindung, damit gerechnet werden kann, dass sie später wieder entfernt werden (>BFH vom 24.11.1970 – BStBl II 1971 S. 157 und vom 04.12.1970 – BStBl II 1971 S. 165).

Unbewegliche Wirtschaftsgüter, die keine Gebäude oder Gebäudeteile sind

- Außenanlagen wie Einfriedungen bei Betriebsgrundstücken >BFH vom 02.06.1971 (BStBl II S. 673)
- Hof- und Platzbefestigungen, Straßenzufahrten und Umzäunungen bei Betriebsgrundstücken >BFH vom 01.07.1983 (BStBl II S. 686) und vom 10.10.1990 (BStBl II 1991 S. 59), wenn sie nicht ausnahmsweise Betriebsvorrichtungen sind >BFH vom 30.04.1976 (BStBl II S. 527); nicht aber Umzäunungen bei Wohngebäuden, wenn sie in einem einheitlichen Nutzungs- und Funktionszusammenhang mit dem Gebäude stehen >BFH vom 30.06.1966 (BStBl III S. 541) und vom 15.12.1977 (BStBl II 1978 S. 210) sowie R 21.1 Abs. 3 Satz 1

Vertragsarztzulassung

Aufwendungen für den entgeltlichen Erwerb einer unbefristet erteilten Vertragsarztzulassung sind Anschaffungskosten für ein nicht abnutzbares immaterielles Wirtschaftsgut, wenn die Vertragsarztzulassung nicht zum Praxiswert gehört (>BFH vom 21.02.2017 – BStBl II S. 694).

Warenzeichen (Marke)

Ein entgeltlich erworbenes Warenzeichen (Marke) ist dem Grunde nach ein abnutzbares Wirtschaftsgut (>BMF vom 12.07.1999 – BStBl I S. 686).

Wirtschaftliche oder technische Abnutzung

- Ständig in Gebrauch befindliche Möbelstücke unterliegen einer technischen Abnutzung, auch wenn die Gegenstände schon 100 Jahre alt sind und im Wert steigen (>BFH vom 31.01.1986 – BStBl II S. 355).
- Gemälde eines anerkannten Meisters sind keine abnutzbaren Wirtschaftsgüter (>BFH vom 02.12.1977 – BStBl II 1978 S. 164).
- Sammlungs- und Anschauungsobjekte sind keine abnutzbaren Wirtschaftsgüter (>BFH vom 09.08.1989 – BStBl II 1990 S. 50).

Wirtschaftsüberlassungsvertrag

Bei Überlassung der Nutzung eines landwirtschaftlichen Betriebs im Rahmen eines sog. Wirtschaftsüberlassungsvertrags steht dem Eigentümer und Nutzungsverpflichteten die AfA für die in seinem Eigentum verbliebenen Wirtschaftsgüter auch weiterhin zu (>BFH vom 23.01.1992 – BStBl II 1993 S. 327 und BMF vom 29.04.1993 – BStBl I S. 337).

Wirtschaftsgebäude, Mietwohnneubauten und andere Gebäude | R 7.2

>Wohnzwecke

(1) [1] Ein Gebäude dient Wohnzwecken, wenn es dazu bestimmt und geeignet ist, Menschen auf Dauer Aufenthalt und Unterkunft zu ermöglichen.

²Wohnzwecken dienen auch Wohnungen, die aus besonderen betrieblichen Gründen an Betriebsangehörige überlassen werden, z. B. Wohnungen für den Hausmeister, für das Fachpersonal, für Angehörige der Betriebsfeuerwehr und für andere Personen, auch wenn diese aus betrieblichen Gründen unmittelbar im Werksgelände ständig einsatzbereit sein müssen. ³Gebäude dienen nicht Wohnzwecken, soweit sie zur vorübergehenden Beherbergung von Personen bestimmt sind, wie z. B. Ferienwohnungen sowie Gemeinschaftsunterkünfte, in denen einzelne Plätze, z. B. für ausländische Flüchtlinge, zur Verfügung gestellt werden.

(2) Zu den Räumen, die Wohnzwecken dienen, gehören z. B.
1. die Wohn- und Schlafräume, Küchen und Nebenräume einer Wohnung,
2. die zur räumlichen Ausstattung einer Wohnung gehörenden Räume, wie Bodenräume, Waschküchen, Kellerräume, Trockenräume, Speicherräume, Vorplätze, Bade- und Duschräume, Fahrrad- und Kinderwagenräume usw., gleichgültig, ob sie zur Benutzung durch den einzelnen oder zur gemeinsamen Benutzung durch alle Hausbewohner bestimmt sind, und
3. die zu einem Wohngebäude gehörenden Garagen.

(3) ¹Räume, die sowohl Wohnzwecken als auch gewerblichen oder beruflichen Zwecken dienen, sind, je nachdem, welchem Zweck sie überwiegend dienen, entweder ganz den Wohnzwecken oder ganz den gewerblichen oder beruflichen Zwecken dienenden Räumen zuzurechnen. ²Das häusliche Arbeitszimmer des Mieters ist zur Vereinfachung den Wohnzwecken dienenden Räumen zuzurechnen.

>Bauantrag

(4) ¹Unter Bauantrag ist das Schreiben zu verstehen, mit dem die landesrechtlich vorgesehene Genehmigung für den beabsichtigten Bau angestrebt wird. ²Zeitpunkt der Beantragung einer Baugenehmigung ist der Zeitpunkt, zu dem der Bauantrag bei der nach Landesrecht zuständigen Behörde gestellt wird; maßgebend ist regelmäßig der Eingangsstempel dieser Behörde. ³Das gilt auch dann, wenn die Bauplanung nach Beantragung der Baugenehmigung geändert wird, ohne dass ein neuer Bauantrag erforderlich ist. ⁴Ist ein Bauantrag abgelehnt worden und die Baugenehmigung erst auf Grund eines neuen Antrags erteilt worden, ist Zeitpunkt der Antragstellung der Eingang des neuen Bauantrags bei der zuständigen Behörde. ⁵Bei baugenehmigungsfreien Bauvorhaben, für die Bauunterlagen einzureichen sind, ist der Zeitpunkt maßgebend, zu dem die Bauunterlagen eingereicht werden. ⁶Bei baugenehmigungsfreien Bauvorhaben, für die keine Bauunterlagen einzureichen sind, tritt an die Stelle des Bauantrags der Beginn der Herstellung.

>Obligatorischer Vertrag

(5) Ein obligatorischer Vertrag über den Erwerb eines Grundstücks (Kaufvertrag oder Kaufanwartschaftsvertrag) ist zu dem Zeitpunkt rechtswirksam abgeschlossen, zu dem er notariell beurkundet ist.

§ 7 EStG
H 7.2

Hinweise

H 7.2

Bauantrag
- Anträge, die die Finanzierung des geplanten Baus betreffen, sowie sog. Bauvoranfragen bei der Baugenehmigungsbehörde sind nicht als Bauanträge anzusehen, weil sie nicht die Erlangung der Baugenehmigung, sondern nur die Klärung von Vorfragen zum Ziel haben (>BFH vom 28.03.1966 – BStBl III S. 454 und vom 07.03.1980 – BStBl II S. 411).
- Wird die Bauplanung nach Beantragung der Baugenehmigung so grundlegend geändert, dass ein neuer Bauantrag gestellt werden muss, ist Zeitpunkt der Antragstellung der Eingang des neuen Bauantrags bei der zuständigen Behörde (>BFH vom 28.09.1982 – BStBl II 1983 S. 146).
- Die Bauanzeige steht einem Bauantrag gleich (>BFH vom 18.04.1990 – BStBl II S. 754).

Obligatorischer Vertrag
Mit einem obligatorischen Erwerbsvertrag wird zum einen eine beidseitige Bindung von Voreigentümer und Erwerber definiert, zum anderen – notariell beurkundet – ein objektiv eindeutiger Zeitpunkt hierfür festgelegt (>BFH vom 19.02.2013 – BStBl II S. 482). Ein obligatorischer Vertrag gilt auch dann in dem Zeitpunkt der notariellen Beurkundung als rechtswirksam abgeschlossen, wenn der Vertrag erst nach Eintritt einer aufschiebenden Bedingung oder nach Ablauf einer Frist wirksam werden soll oder noch einer Genehmigung bedarf; bei einem Vertragsabschluss durch einen Vertreter ohne Vertretungsmacht gilt der obligatorische Vertrag im Zeitpunkt der Abgabe der Genehmigungserklärung durch den Vertretenen als rechtswirksam abgeschlossen (>BFH vom 02.02.1982 – BStBl II S. 390).

Wohnzwecke
- Die Nutzung zu Wohnzwecken setzt die Eignung der betreffenden Räume zur eigenständigen Haushaltsführung und die tatsächliche und rechtliche Sachherrschaft der Bewohner über sie voraus. Die Räume müssen überdies als Mindestausstattung eine Heizung, eine Küche, ein Bad und eine Toilette enthalten. Die überlassenen Wohneinheiten müssen aber nicht notwendig mit einem eigenen Bad/WC oder einer eigenen Küche ausgestattet sein. Das Merkmal "Wohnzwecken dienen" kann auch dann erfüllt sein, wenn die Möglichkeit des Einbaus einer Kochgelegenheit oder die Möglichkeit der Mitbenutzung von Küche und Bad/WC gegeben ist. Die tatsächliche und rechtliche Sachherrschaft über die Räume haben die Bewohner dann, wenn sie die ihnen überlassenen Zimmer abschließen und anderen Personen den Zutritt verwehren können. Auch die Unterbringung in einem Mehrbettzimmer steht der Beurteilung einer Nutzung zu Wohnzwecken nicht entgegen. Unerheblich ist, ob und in welchem Umfang der Bewohner in den Räumen neben dem Wohnen weitere Dienstleistungen in Anspruch nimmt

§ 7 EStG
R 7.3 H 7.2

(>BFH vom 30.09.2003 – BStBl II 2004 S. 223 zum Pflegezimmer, BStBl II 2004 S. 225 zum betreuten Wohnen, BStBl II 2004 S. 221 und BFH vom 15.12.2005 – BStBl II 2006 S. 559 zum Pflegeheim).

– Wohnungen, deren einzelne Zimmer i. d. R. für zwölf Monate an obdachlose Suchtkranke vermietet werden, um sie auf ein selbständiges Wohnen vorzubereiten, dienen Wohnzwecken (>BFH vom 15.12.2005 – BStBl II 2006 S. 561).

– Das häusliche Arbeitszimmer eines Arbeitnehmers im eigenen Haus dient nicht Wohnzwecken (>BFH vom 30.06.1995 – BStBl II S. 598).

– Ein Gebäude, das Ferienwohnungen enthält, die für kürzere Zeiträume an wechselnde Feriengäste vermietet werden, dient nicht Wohnzwecken (>BFH vom 14.03.2000 – BStBl II 2001 S. 66).

R 7.3   Bemessungsgrundlage für die AfA

Entgeltlicher Erwerb und Herstellung

(1) [1]Bemessungsgrundlage für die AfA sind grundsätzlich die Anschaffungs- oder Herstellungskosten des Wirtschaftsgutes oder der an deren Stelle tretende Wert, z. B. § 6 Abs. 5 Satz 4 bis 6, § 7a Abs. 9, § 7b Abs. 1 Satz 2[1]) und § 7g Abs. 2 Satz 2[2]) EStG; §§ 10 und 10a EStDV. [2]Wird ein teilfertiges Gebäude erworben und fertig gestellt, gehören zu den Herstellungskosten die Anschaffungskosten des teilfertigen Gebäudes und die Herstellungskosten zur Fertigstellung des Gebäudes.

>Fertigstellung von Teilen eines Gebäudes zu verschiedenen Zeitpunkten

(2) Wird bei der Errichtung eines zur unterschiedlichen Nutzung bestimmten Gebäudes zunächst ein zum Betriebsvermögen gehörender Gebäudeteil und danach ein zum Privatvermögen gehörender Gebäudeteil fertig gestellt, hat der Stpfl. ein Wahlrecht, ob er vorerst in die AfA-Bemessungsgrundlage des fertig gestellten Gebäudeteiles die Herstellungskosten des noch nicht fertig gestellten Gebäudeteiles einbezieht oder ob er hierauf verzichtet.

Unentgeltlicher Erwerb

(3) Bei unentgeltlich erworbenen Wirtschaftsgütern sind § 6 Abs. 3 und 4 EStG und § 11d EStDV sowohl im Falle der Gesamtrechtsnachfolge als auch im Falle der Einzelrechtsnachfolge anzuwenden.

Zuschüsse, Übertragung stiller Reserven

(4) [1]Ist dem Stpfl. im Jahr der Anschaffung oder Herstellung eines Wirtschaftsgutes für dieses Wirtschaftsgut ein Zuschuss bewilligt worden, den er nach R 6.5 erfolgsneutral behandelt, oder hat er einen Abzug nach § 6b

---

[1]) § 7b Abs. 1 Satz 2 a. F.
[2]) jetzt § 7g Abs. 2 Satz 3

Abs. 1, 3 oder 10 EStG oder nach R 6.6 vorgenommen, ist die AfA von den um den Zuschuss oder Abzugsbetrag geminderten Anschaffungs- oder Herstellungskosten zu bemessen. ²Ist dem Stpfl. der Zuschuss in einem auf das Jahr der Anschaffung oder Herstellung folgenden Wirtschaftsjahr bewilligt worden oder hat er den Abzug zulässigerweise in einem auf das Jahr der Anschaffung oder Herstellung des Wirtschaftsgutes folgenden Wirtschaftsjahr vorgenommen, bemisst sich die weitere AfA in den Fällen des § 7 Abs. 4 Satz 1 und Abs. 5 EStG ebenfalls nach den um den Zuschuss- oder Abzugsbetrag geminderten Anschaffungs- oder Herstellungskosten, in allen anderen Fällen nach dem um den Zuschuss- oder Abzugsbetrag geminderten Buchwert oder Restwert des Wirtschaftsgutes.

>**Nachträgliche Herstellungskosten**

(5) ¹Sind nachträgliche Herstellungsarbeiten an einem Wirtschaftsgut so umfassend, dass hierdurch ein anderes Wirtschaftsgut entsteht, ist die weitere AfA nach der Summe aus dem Buchwert oder Restwert des bisherigen Wirtschaftsgutes und nach den nachträglichen Herstellungskosten zu bemessen. ²Aus Vereinfachungsgründen kann der Stpfl. bei unbeweglichen Wirtschaftsgütern von der Herstellung eines anderen Wirtschaftsgutes ausgehen, wenn der im zeitlichen und sachlichen Zusammenhang mit der Herstellung des Wirtschaftsgutes angefallene Bauaufwand zuzüglich des Werts der Eigenleistung nach überschlägiger Berechnung den Verkehrswert des bisherigen Wirtschaftsgutes übersteigt.

Einlage, Entnahme, Nutzungsänderung und Übergang zur Buchführung

(6) ¹Bei Wirtschaftsgütern, die der Stpfl. aus einem Betriebsvermögen in das Privatvermögen überführt hat, ist die weitere AfA nach dem Teilwert (§ 6 Abs. 1 Nr. 4 Satz 1 EStG) oder gemeinen Wert (§ 16 Abs. 3 Satz 6 bis 8 EStG) zu bemessen, mit dem das Wirtschaftsgut bei der Überführung steuerlich erfasst worden ist. ²Dagegen bleiben die Anschaffungs- oder Herstellungskosten oder der an deren Stelle tretende Wert des Wirtschaftsgutes für die weitere AfA als Bemessungsgrundlage maßgebend, wenn

1. a) ein Gebäude nach vorhergehender Nutzung zu eigenen Wohnzwecken oder zu fremden Wohnzwecken auf Grund unentgeltlicher Überlassung zur Erzielung von Einkünften i. S. d. § 21 EStG oder
    b) ein bewegliches Wirtschaftsgut nach einer Nutzung außerhalb der Einkunftsarten zur Erzielung von Einkünften i. S. d. § 2 Abs. 1 Satz 1 Nr. 4 bis 7 EStG
    verwendet wird oder
2. ein Wirtschaftsgut nach vorhergehender Gewinnermittlung durch Schätzung oder nach Durchschnittssätzen (§ 13a EStG) bilanziert wird.

§ 7 EStG
H 7.3

	Hinweise
H 7.3	

Anschaffungskosten

Anhang 13 I
- bei Erbauseinandersetzung >BMF vom 14.03.2006 (BStBl I S. 253) unter Berücksichtigung der Änderungen durch BMF vom 27.12.2018 (BStBl I 2019 S. 11)

Anhang 30 V 1
- bei Modernisierung von Gebäuden >BMF vom 18.07.2003 (BStBl I S. 386)

Anhang 13 II
- bei vorweggenommener Erbfolge >BMF vom 13.01.1993 (BStBl I S. 80) unter Berücksichtigung der Änderungen durch BMF vom 26.02.2007 (BStBl I S. 269)

Anhang 9 IV
- Bei Tieren in land- und forstwirtschaftlich tätigen Betrieben sind die Anschaffungs- oder Herstellungskosten zur Berechnung der AfA um den Schlachtwert zu mindern (>BMF vom 14.11.2001 – BStBl I S. 864, Rn. 24).

- Bei Schiffen sind die Anschaffungs- oder Herstellungskosten zur Berechnung der AfA um den Schrottwert zu mindern (>BFH vom 22.07.1971 – BStBl II S. 800).

- Aufwendungen für Baumaßnahmen, mit denen der Verkäufer einer Eigentumswohnung oder eine seiner Firmen zeitgleich mit dem Abschluss des Kaufvertrags beauftragt wird, gehören zu den Anschaffungskosten der Eigentumswohnung (>BFH vom 17.12.1996 – BStBl II 1997 S. 348).

- Bei Erwerb einer Eigentumswohnung gehört der im Kaufpreis enthaltene Anteil für das in der Instandhaltungsrückstellung angesammelte Guthaben nicht zu den Anschaffungskosten der Eigentumswohnung (>BFH vom 09.10.1991 – BStBl II 1992 S. 152).

- Zu den Anschaffungskosten gehören auch die Übernahme von Verbindlichkeiten des Veräußerers sowie Aufwendungen des Erwerbers zur Beseitigung bestehende Beschränkung seiner Eigentümerbefugnis i. S. d. § 903 BGB (z. B. Ablösung dinglicher Nutzungsrechte wie Erbbaurecht, Vermächtnisnießbrauch oder Wohnungsrecht) oder Zahlungen aufgrund der Anfechtung des Kaufvertrags durch einen Gläubiger nach § 3 Abs. 2 AnfG (>BFH vom 17.04.2007 – BStBl II S. 956).

- Anschaffungskosten bei Einbringung von Miteigentumsanteilen an Grundstücken in eine vermögensverwaltende Personengesellschaft bemessen sich nach dem gemeinen Wert des hingegebenen Gebäudeteils. Soweit ein Gesellschafter an zwei Gebäuden Anteile (hinzu)erworben hat, ist der gemeine Wert des hingegebenen Gebäudeteils nach dem Verhältnis der gemeinen Werte der erworbenen Anteile aufzuteilen (>BFH vom 02.04.2008 – BStBl II S. 679).

- Bringen die Miteigentümer mehrerer Grundstücke ihre Miteigentumsanteile in eine Personengesellschaft mit Vermietungseinkünften ein, sind keine Anschaffungsvorgänge gegeben, soweit die den Gesellschaftern nach der Übertragung ihrer Miteigentumsanteile nach § 39

Abs. 2 Nr. 2 AO zuzurechnenden Anteile an den Grundstücken ihre bisherigen Miteigentumsanteile nicht übersteigen (>BFH vom 02.04.2008 – BStBl II S. 679).

Dachgeschoss
Baumaßnahmen an einem Dachgeschoss >BMF vom 10.07.1996 (BStBl I S. 689), letztmals abgedruckt im Anhang 35 EStH 2016

Einlage eines Wirtschaftsguts
– Zur Bemessungsgrundlage für die AfA nach Einlage von zuvor zur Erzielung von Überschusseinkünften genutzten Wirtschaftsgütern >BMF vom 27.10.2010 (BStBl I S. 1204)   Anhang 1 II
– Die Einbringung von Wirtschaftsgütern des Privatvermögens in eine gewerbliche Personengesellschaft gegen die Gewährung von Gesellschaftsrechten begründet keine Einlage i. S. v. § 7 Abs. 1 Satz 5 (>BFH vom 24.01.2008 – BStBl II 2011 S. 617).

Fertigstellung von Teilen eines Gebäudes zu verschiedenen Zeitpunkten
Bei der Errichtung eines zur unterschiedlichen Nutzung bestimmten Gebäudes sind die Herstellungskosten des noch nicht fertig gestellten selbständigen Gebäudeteils in die AfA-Bemessungsgrundlage des bereits fertig gestellten Gebäudeteils einzubeziehen (>BFH vom 09.08.1989 – BStBl II 1991 S. 132); vgl. aber das Wahlrecht nach >R 7.3 Abs. 2.

Kaufpreisaufteilung
– Die bundeseinheitliche Arbeitshilfe zur Aufteilung eines Gesamtkaufpreises für ein bebautes Grundstück ist auf der Internetseite des BMF (www.bundesfinanzministerium.de) abrufbar.
– Eine vertragliche Kaufpreisaufteilung ist der Berechnung der AfA zugrunde zu legen, sofern sie zum einen nicht nur zum Schein getroffen wurde sowie keinen Gestaltungsmissbrauch darstellt und zum anderen unter Berücksichtigung der Gesamtumstände die realen Wertverhältnisse widerspiegelt und wirtschaftlich haltbar erscheint (>BFH vom 16.09.2015 – BStBl II 2016 S. 397).
– Fehlt eine vertragliche Kaufpreisaufteilung oder kann diese nicht der Besteuerung zugrunde gelegt werden, sind die Anschaffungskosten eines bebauten Grundstücks nicht nach der sog. Restwertmethode, sondern nach dem Verhältnis der Verkehrswerte oder Teilwerte auf den Grund und Boden und auf das Gebäude aufzuteilen (>BFH vom 10.10.2000 – BStBl II 2001 S. 183 und vom 16.09.2015 – BStBl II 2016 S. 397). Das gilt auch bei der Anschaffung von Eigentumswohnungen; dabei rechtfertigt die eingeschränkte Nutzungs- und Verfügungsmöglichkeit des Wohnungseigentümers hinsichtlich seines Bodenanteils keinen niedrigeren Wertansatz des Bodenanteils (>BFH vom 15.01.1985 – BStBl II S. 252).

§ 7 EStG
H 7.3

Anhang 30 VI

- Aufteilung der Anschaffungskosten bei Erwerb eines Gebäudes mit mehreren Wohnungen, von denen eine Wohnung mit einem Wohnrecht belastet ist >BMF vom 30.09.2013 (BStBl I S. 1184, Rz. 50)

Mittelbare Grundstücksschenkung
Bei mittelbarer Grundstücksschenkung bemisst sich die AfA nach den vom Schenker getragenen Anschaffungskosten (>BFH vom 04.10.2016 – BStBl II 2017 S. 343).

Nachträgliche Anschaffungs- oder Herstellungskosten
- Sind für ein Wirtschaftsgut nachträgliche Anschaffungs- oder Herstellungskosten aufgewendet worden, ohne dass hierdurch ein anderes Wirtschaftsgut entstanden ist, bemisst sich die weitere AfA
  - in den Fällen des § 7 Abs. 4 Satz 1 und Abs. 5 nach der bisherigen Bemessungsgrundlage zzgl. der nachträglichen Anschaffungs- oder Herstellungskosten (>BFH vom 20.02.1975 – BStBl II S. 412 und vom 20.01.1987 – BStBl II S. 491),
  - in den Fällen des § 7 Abs. 1, Abs. 4 Satz 2 und § 7 Abs. 2 nach dem Buchwert oder Restwert zzgl. der nachträglichen Anschaffungs- oder Herstellungskosten (>BFH vom 25.11.1970 – BStBl II 1971 S. 142).
- Zu den nachträglichen Anschaffungskosten gehören Abwehrkosten zur Befriedigung eines den Kaufvertrag nach § 3 Abs. 2 AnfG anfechtenden Gläubigers (>BFH vom 17.04.2007 – BStBl II S. 956).

Keine nachträglichen Herstellungskosten
Keine nachträglichen Herstellungskosten sondern Herstellungskosten für ein anderes Wirtschaftsgut entstehen, wenn das bisherige Wirtschaftsgut im Wesen geändert und so tiefgreifend umgestaltet oder in einem solchen Ausmaß erweitert wird, dass die eingefügten neuen Teile der Gesamtsache das Gepräge geben und die verwendeten Altteile bedeutungs- und wertmäßig untergeordnet erscheinen. Das kann z. B. der Fall sein bei
- einem mit dem Gebäude verschachtelten Anbau (>BFH vom 25.01.2007 – BStBl II S. 586),
- Umbau einer einfachen Scheune in eine Pferdeklinik (>BFH vom 26.01.1978 – BStBl II S. 280),
- Umbau eines alten Gasthofs in eine moderne Gastwirtschaft (>BFH vom 26.01.1978 – BStBl II S. 363),
- Umbau einer Hochdruck-Rotationsmaschine zu einer Flachdruck-(Offset)maschine (>BFH vom 06.12.1991 – BStBl II 1992 S. 452),
- Umgestaltung von Pflanztischen in ein automatisches Tischbewässerungssystem (>BFH vom 28.09.1990 – BStBl II 1991 S. 361),
- Umbau einer Mühle zu einem Wohnhaus (>BFH vom 31.03.1992 – BStBl II S. 808).

§ 7 EStG
H 7.3 **R 7.4**

Überführung in das Privatvermögen
– Bei der Überführung eines Wirtschaftsguts in das Privatvermögen ist die AfA auch dann nach dem Wert zu bemessen, mit dem das Wirtschaftsgut steuerlich erfasst worden ist, wenn er falsch ermittelt worden ist (>BMF vom 30.10.1992 – BStBl I S. 651),
– Die AfA ist nach den ursprünglichen Anschaffungs- oder Herstellungskosten zu bemessen, wenn bei einer vorangegangenen Überführung eines Wirtschaftsguts in das Privatvermögen der Entnahmegewinn kraft gesetzlicher Regelung außer Ansatz geblieben ist (>BFH vom 03.05.1994 – BStBl II S. 749). Das Gleiche gilt, wenn die Überführung nicht erkannt und in Folge dessen die stillen Reserven nicht erfasst worden sind und steuerliche Konsequenzen nicht mehr gezogen werden können (>BFH vom 14.12.1999 – BStBl II 2000 S. 656),
– Die AfA ist im Fall einer Betriebsaufgabe auch dann nach dem gemeinen Wert zu bemessen, wenn der Gewinn wegen des Freibetrags nach § 16 Abs. 4 steuerfrei ist (>BFH vom 14.12.1999 – BStBl II 2000 S. 656).

Höhe der AfA

R 7.4

Beginn der AfA

(1) ^{1}AfA ist vorzunehmen, sobald ein Wirtschaftsgut angeschafft oder hergestellt ist. ^{2}Ein Wirtschaftsgut ist im Zeitpunkt seiner >Lieferung angeschafft. ^{3}Ist Gegenstand eines Kaufvertrages über ein Wirtschaftsgut auch dessen Montage durch den Verkäufer, ist das Wirtschaftsgut erst mit der Beendigung der Montage geliefert. ^{4}Wird die Montage durch den Stpfl. oder in dessen Auftrag durch einen Dritten durchgeführt, ist das Wirtschaftsgut bereits bei Übergang der wirtschaftlichen Verfügungsmacht an den Stpfl. geliefert; das zur Investitionszulage ergangene BFH-Urteil vom 2.9.1988 (BStBl II S. 1009) ist ertragsteuerrechtlich nicht anzuwenden. ^{5}Ein Wirtschaftsgut ist zum Zeitpunkt seiner >Fertigstellung hergestellt.

AfA im Jahr der Anschaffung, Herstellung oder Einlage

(2) ^{1}Der auf das Jahr der Anschaffung oder Herstellung entfallende AfA-Betrag vermindert sich zeitanteilig für den Zeitraum, in dem das Wirtschaftsgut nach der Anschaffung oder Herstellung nicht zur Erzielung von Einkünften verwendet wird; dies gilt auch für die AfA nach § 7 Abs. 5 EStG. ^{2}Bei Wirtschaftsgütern, die im Laufe des Wirtschaftsjahres in das Betriebsvermögen eingelegt werden, gilt § 7 Abs. 1 Satz 4 EStG entsprechend.

Bemessung der AfA nach der >Nutzungsdauer

(3) ^{1}Die AfA ist grundsätzlich so zu bemessen, dass die Anschaffungs- oder Herstellungskosten nach Ablauf der betriebsgewöhnlichen Nutzungsdauer des Wirtschaftsgutes voll abgesetzt sind. ^{2}Bei einem Gebäude gilt Satz 1 nur, wenn die technischen oder wirtschaftlichen Umstände dafür

sprechen, dass die tatsächliche Nutzungsdauer eines Wirtschaftsgebäudes (§ 7 Abs. 4 Satz 1 Nr. 1 EStG) weniger als 33 Jahre (bei Bauantrag/obligatorischem Vertrag nach dem 31.12.2000) oder 25 Jahre (bei Bauantrag/obligatorischem Vertrag vor dem 1.1.2001) bzw. eines anderen Gebäudes weniger als 50 Jahre (bei vor dem 1.1.1925 fertig gestellten Gebäuden weniger als 40 Jahre) beträgt. [3]Satz 2 gilt entsprechend bei Mietereinbauten und -umbauten, die keine Scheinbestandteile oder Betriebsvorrichtungen sind.

Bemessung der linearen AfA bei Gebäuden nach typisierten Prozentsätzen

(4) [1]In anderen als den in Absatz 3 Satz 2 und 3 bezeichneten Fällen sind die in § 7 Abs. 4 Satz 1 EStG genannten AfA-Sätze maßgebend. [2]Die Anwendung niedrigerer AfA-Sätze ist ausgeschlossen. [3]Die AfA ist bis zur vollen Absetzung der Anschaffungs- oder Herstellungskosten vorzunehmen.

Wahl der AfA-Methode

(5) [1]Anstelle der AfA in gleichen Jahresbeträgen (§ 7 Abs. 1 Satz 1 und 2 EStG) kann bei beweglichen Wirtschaftsgütern des Anlagevermögens AfA nach Maßgabe der Leistung (§ 7 Abs. 1 Satz 6 EStG) vorgenommen werden, wenn deren Leistung in der Regel erheblich schwankt und deren Verschleiß dementsprechend wesentliche Unterschiede aufweist. [2]Voraussetzung für AfA nach Maßgabe der Leistung ist, dass der auf das einzelne Wirtschaftsjahr entfallende Umfang der Leistung nachgewiesen wird. [3]Der Nachweis kann z. B. bei einer Maschine durch ein die Anzahl der Arbeitsvorgänge registrierendes Zählwerk, einen Betriebsstundenzähler oder bei einem Kraftfahrzeug durch den Kilometerzähler geführt werden.

Anhang 1 I

(6) [1]Die degressive AfA nach § 7 Abs. 5 EStG ist nur mit den in dieser Vorschrift vorgeschriebenen Staffelsätzen zulässig. [2]Besteht ein Gebäude aus sonstigen selbständigen Gebäudeteilen (>R 4.2 Abs. 3 Satz 3 Nr. 5), sind für die einzelnen Gebäudeteile unterschiedliche AfA-Methoden und AfA-Sätze zulässig.

S 2196

>Wechsel der AfA-Methode bei Gebäuden

(7) [1]Ein Wechsel der AfA-Methode ist bei Gebäuden vorzunehmen, wenn

1. ein Gebäude in einem auf das Jahr der Anschaffung oder Herstellung folgenden Jahr die Voraussetzungen des § 7 Abs. 4 Satz 1 Nr. 1 EStG erstmals erfüllt oder
2. ein Gebäude in einem auf das Jahr der Anschaffung oder Herstellung folgenden Jahr die Voraussetzungen des § 7 Abs. 4 Satz 1 Nr. 1 EStG nicht mehr erfüllt oder
3. ein nach § 7 Abs. 5 Satz 1 Nr. 3 EStG abgeschriebener Mietwohnneubau nicht mehr Wohnzwecken dient.

²In den Fällen des Satzes 1 Nr. 1 ist die weitere AfA nach § 7 Abs. 4 Satz 1 Nr. 1 EStG, in den Fällen des Satzes 1 Nr. 2 und 3 ist die weitere AfA nach § 7 Abs. 4 Satz 1 Nr. 2 Buchstabe a EStG zu bemessen.

Ende der AfA

(8) ¹Bei Wirtschaftsgütern, die im Laufe eines Wirtschaftsjahres oder Rumpfwirtschaftsjahres veräußert oder aus dem Betriebsvermögen entnommen werden oder nicht mehr zur Erzielung von Einkünften i. S. d. § 2 Abs. 1 Satz 1 Nr. 4 bis 7 EStG dienen, kann für dieses Jahr nur der Teil des auf ein Jahr entfallenden AfA-Betrags abgesetzt werden, der dem Zeitraum zwischen dem Beginn des Jahres und der Veräußerung, Entnahme oder Nutzungsänderung entspricht. ²Das gilt entsprechend, wenn im Laufe eines Jahres ein Wirtschaftsgebäude künftig Wohnzwecken dient oder ein nach § 7 Abs. 5 Satz 1 Nr. 3 EStG abgeschriebener Mietwohnneubau künftig nicht mehr Wohnzwecken dient.

>AfA nach nachträglichen Anschaffungs- oder Herstellungskosten

(9) ¹Bei nachträglichen Herstellungskosten für Wirtschaftsgüter, die nach § 7 Abs. 1, 2 oder 4 Satz 2 EStG abgeschrieben werden, ist die Restnutzungsdauer unter Berücksichtigung des Zustands des Wirtschaftsgutes im Zeitpunkt der Beendigung der nachträglichen Herstellungsarbeiten neu zu schätzen. ²In den Fällen des § 7 Abs. 4 Satz 2 EStG ist es aus Vereinfachungsgründen nicht zu beanstanden, wenn die weitere AfA nach dem bisher angewandten Prozentsatz bemessen wird. ³Bei der Bemessung der AfA für das Jahr der Entstehung von nachträglichen Anschaffungs- und Herstellungskosten sind diese so zu berücksichtigen, als wären sie zu Beginn des Jahres aufgewendet worden. ⁴Ist durch die nachträglichen Herstellungsarbeiten ein anderes Wirtschaftsgut entstanden (>R 7.3 Abs. 5), ist die weitere AfA nach § 7 Abs. 1 oder 4 Satz 2 EStG und der voraussichtlichen Nutzungsdauer des anderen Wirtschaftsgutes oder nach § 7 Abs. 4 Satz 1 EStG zu bemessen. ⁵Die degressive AfA nach § 7 Abs. 5 EStG ist nur zulässig, wenn das andere Wirtschaftsgut ein Neubau ist.

AfA nach Einlage, Entnahme oder Nutzungsänderung oder nach Übergang zur Buchführung

(10) ¹Nach einer Einlage, Entnahme oder Nutzungsänderung eines Wirtschaftsgutes oder nach Übergang zur Buchführung (>R 7.3 Abs. 6) ist die weitere AfA wie folgt vorzunehmen:
1. Hat sich die AfA-Bemessungsgrundlage für das Wirtschaftsgut geändert (>R 7.3 Abs. 6), ist die weitere AfA nach § 7 Abs. 1, 2 oder 4 Satz 2 EStG und der tatsächlichen künftigen Nutzungsdauer oder nach § 7 Abs. 4 Satz 1 EStG zu bemessen.
2. Bleiben die Anschaffungs- oder Herstellungskosten des Wirtschaftsgutes als Bemessungsgrundlage der AfA maßgebend (>R 7.3 Abs. 6 Satz 2), ist die weitere AfA grundsätzlich nach dem ursprünglich angewandten Absetzungsverfahren zu bemessen. ²Die AfA kann nur noch

bis zu dem Betrag abgezogen werden, der von der Bemessungsgrundlage nach Abzug von AfA, erhöhten Absetzungen und Sonderabschreibungen verbleibt (>AfA-Volumen). ³Ist für das Wirtschaftsgut noch nie AfA vorgenommen worden, ist die AfA nach § 7 Abs. 1, 2 oder 4 Satz 2 EStG und der tatsächlichen gesamten Nutzungsdauer oder nach § 7 Abs. 4 Satz 1 oder Abs. 5 EStG zu bemessen. ⁴Nach dem Übergang zur Buchführung oder zur Einkünfteerzielung kann die AfA nur noch bis zu dem Betrag abgezogen werden, der von der Bemessungsgrundlage nach Abzug der Beträge verbleibt, die entsprechend der gewählten AfA-Methode auf den Zeitraum vor dem Übergang entfallen.

²Besteht ein Gebäude aus mehreren selbständigen Gebäudeteilen und wird der Nutzungsumfang eines Gebäudeteiles infolge einer Nutzungsänderung des Gebäudes ausgedehnt, bemisst sich die weitere AfA von der neuen Bemessungsgrundlage insoweit nach § 7 Abs. 4 EStG. ³Das Wahlrecht nach Satz 1 Nr. 2 Satz 3 und 4 bleibt unberührt.

Absetzungen für außergewöhnliche technische oder wirtschaftliche Abnutzung bei Gebäuden

(11) ¹Absetzungen für außergewöhnliche technische oder wirtschaftliche Abnutzung (>AfaA) sind nach dem Wortlaut des Gesetzes nur bei Gebäuden zulässig, bei denen die AfA nach § 7 Abs. 4 EStG bemessen wird. ²AfaA sind jedoch auch bei Gebäuden nicht zu beanstanden, bei denen AfA nach § 7 Abs. 5 EStG vorgenommen wird.

Hinweise

AfaA

- Wird ein im Privatvermögen gehaltenes Fahrzeug bei einer betrieblich veranlassten Fahrt infolge eines Unfalls beschädigt und nicht repariert, ist die Vermögenseinbuße im Wege der AfaA nach § 7 Abs. 1 Satz 7 gewinnmindernd zu berücksichtigen. Die bei der Bemessung der AfaA zugrunde zu legenden Anschaffungskosten sind um die (normale) AfA zu kürzen, die der Stpfl. hätte in Anspruch nehmen können, wenn er das Fahrzeug ausschl. zur Einkünfteerzielung verwendet hätte (>BFH vom 24.11.1994 – BStBl II 1995 S. 318).

- AfaA sind i. d. R. im Jahr des Schadenseintritts, spätestens jedoch im Jahr der Entdeckung des Schadens vorzunehmen (>BFH vom 01.12.1992 – BStBl II 1994 S. 11 und S. 12). Dies gilt unabhängig von evtl. Ersatzansprüchen gegen eine Versicherung (>BFH vom 13.03.1998 – BStBl II S. 443).

- Eine AfaA setzt voraus, dass die wirtschaftliche Nutzbarkeit eines Wirtschaftsguts durch außergewöhnliche Umstände gesunken ist (>BFH vom 08.07.1980 – BStBl II S. 743) oder das Wirtschaftsgut eine Substanzeinbuße (technische Abnutzung) erleidet (>BFH vom 24.01.2008 – BStBl II 2009 S. 449).

- Baumängel vor Fertigstellung eines Gebäudes rechtfertigen keine AfaA (>BFH vom 31.03.1992 – BStBl II S. 805); auch wenn infolge dieser Baumängel noch in der Bauphase unselbständige Gebäudeteile wieder abgetragen werden (>BFH vom 30.08.1994 – BStBl II 1995 S. 306); dies gilt auch, wenn die Baumängel erst nach der Fertigstellung oder Anschaffung entdeckt werden (>BFH vom 27.01.1993 – BStBl II S. 702 und vom 14.01.2004 – BStBl II S. 592).
- AfaA aus wirtschaftlichen Gründen können abgezogen werden, wenn sich nach der Kündigung des Mietverhältnisses herausstellt, dass das auf die Bedürfnisse des Mieters ausgerichtete Gebäude nicht mehr oder nur noch eingeschränkt nutzbar ist und auch durch eine (nicht steuerbare) Veräußerung nicht mehr sinnvoll verwendet werden kann (>BFH vom 17.09.2008 – BStBl II 2009 S. 301).

Eine AfaA ist vorzunehmen, wenn
- ein Gebäude durch Abbruch, Brand oder ähnliche Ereignisse aus dem Betriebsvermögen ausgeschieden ist (>BFH vom 07.05.1969 – BStBl II S. 464),
- bei einem Umbau bestimmte Teile eines Gebäudes ohne vorherige Abbruchabsicht entfernt werden (>BFH vom 15.10.1996 – BStBl II 1997 S. 325),
- ein Gebäude abgebrochen wird >H 6.4 (Abbruchkosten).

Eine AfaA ist nicht vorzunehmen, wenn
- ein zum Privatvermögen gehörendes objektiv technisch oder wirtschaftlich noch nicht verbrauchtes Gebäude abgerissen wird, um ein unbebautes Grundstück veräußern zu können (>BFH vom 06.03.1979 – BStBl II S. 551), oder wenn es in der Absicht eines grundlegenden Umbaus erworben wird (>BFH vom 04.12.1984 – BStBl II 1985 S. 208 und vom 20.04.1993 – BStBl II S. 504),
- im Verfahren nach dem WEG die Nutzung von erworbenen Gebäudeteilen als Wohnung untersagt wird, sich darin ein dem Kaufobjekt von vornherein anhaftender Mangel zeigt und die Parteien des Kaufvertrages die Gewährleistung hinsichtlich der Nutzungsmöglichkeiten der Sache ausgeschlossen haben >BFH vom 14.01.2004 (BStBl II S. 592),
- die bestehende Substanz zum Abbau eines Bodenschatzes weiterhin vorhanden ist und auch abgebaut werden kann (>BFH vom 24.01.2008 – BStBl II 2009 S. 449).

AfA nach einer Nutzungsänderung

Beispiele:
1. AfA-Verbrauch bei Umwidmung eines Gebäudes zur Einkünfteerzielung
   Eine im Jahr 01 fertig gestellte und am 01.12.01 erworbene Eigentumswohnung wird vom Dezember 01 bis Februar 03 vom Stpfl. selbst bewohnt und ab März 03 vermietet.

§ 7 EStG
H 7.4

Der Stpfl. hat ab dem Jahr 03 die Wahl zwischen der linearen AfA nach § 7 Abs. 4 Satz 1 Nr. 2 (Fall 1) und der degressiven AfA nach § 7 Abs. 5 Satz 1 Nr. 3 Buchst. c (Fall 2).

		Fall 1		Fall 2
Anschaffungskosten im Jahr 01		300.000 €		300.000 €
AfA-Verbrauch				
im Jahr 01	1/12 von 2 %	500 €	4 %	12.000 €
im Jahr 02	2 %	6.000 €	4 %	12.000 €
im Jahr 03	2/12 von 2 %	1.000 €	2/12 von 4 %	2.000 €
insgesamt		7.500 €		26.000 €
verbleibendes AfA-Volumen		292.500 €		274.000 €
AfA ab Übergang zur Einkünfteerzielung				
im Jahr 03	10/12 von 2 %	5.000 €	0/12 von 4 %	10.000 €
ab Jahr 04	je 2 %	6.000 €		
im Jahr 04 bis 10			je 4 %	12.000 €
im Jahr 11 bis 18			je 2,5 %	7.500 €
ab Jahr 19			je 1,25 %	3.750 €

2. AfA bei Änderung des Nutzungsumfangs eines Gebäudeteils

Von den gesamten Herstellungskosten von 600.000 € eines zum Betriebsvermögen gehörenden Gebäudes, das je zur Hälfte eigenbetrieblichen Zwecken und fremden Wohnzwecken dient, entfallen je 300.000 € auf die beiden selbständigen Gebäudeteile. Der eigenbetrieblich genutzte Gebäudeteil wird nach § 7 Abs. 5 Satz 1 Nr. 1 degressiv, der zu fremden Wohnzwecken genutzte Gebäudeteil nach § 7 Abs. 4 Satz 1 Nr. 2 linear abgeschrieben. Die jährliche AfA beträgt

a) für den eigenbetrieblich genutzten Gebäudeteil
10 % von 300.000 € = 30.000 €,

b) für den zu fremden Wohnzwecken genutzten Gebäudeteil
2 % von 300.000 € = 6.000 €.

Vom Beginn des 3. Jahres an wird die eigenbetriebliche Nutzung auf ein Drittel des bisher zu Wohnzwecken genutzten Gebäudeteils ausgedehnt. Von diesem Zeitpunkt an beträgt die AfA-Bemessungsgrundlage für den eigenbetrieblich genutzten Gebäudeteil 400.000 €, für den zu fremden Wohnzwecken genutzten Gebäudeteil 200.000 €. Für den nunmehr eigenbetrieblich genutzten Teil des bisher zu fremden Wohnzwecken genutzten Gebäudeteils ist die lineare AfA künftig mit dem höheren AfA-Satz des § 7 Abs. 4 Satz 1 Nr. 1 vorzunehmen. Die AfA beträgt somit im 3. Jahr

a) für den eigenbetrieblich genutzten Gebäudeteil
10 % von 300.000 € = 30.000 €,
+ 3 % von 100.000 € = 3.000 €,

b) für den zu fremden Wohnzwecken genutzten Gebäudeteil
2 % von 200.000 € = 4.000 €.

§ 7 EStG
H 7.4

AfA nach nachträglichen Anschaffungs- oder Herstellungskosten

Beispiele:
1. Degressive AfA nach § 7 Abs. 2 bei nachträglichen Herstellungskosten

   Für ein im Jahr 01 angeschafftes bewegliches Wirtschaftsgut mit einer betriebsgewöhnlichen Nutzungsdauer von 12 Jahren, für das degressive AfA von (8 1/3 % x 2[1]) =) 16 2/3 % vorgenommen worden ist, werden im Jahr 06 nachträgliche Herstellungskosten aufgewendet. Danach beträgt die neu geschätzte Restnutzungsdauer 8 Jahre.

Restwert Ende des Jahres 05	4.100 €
nachträgliche Herstellungskosten im Jahr 06	+ 3.900 €
Bemessungsgrundlage ab dem Jahr 06	8.000 €

   Die degressive AfA im Jahr 06 beträgt (12,5 % x 2, höchstens jedoch) 20 %[2]) von 8.000 €.

2. Lineare AfA nach § 7 Abs. 4 Satz 1 Nr. 2 bei nachträglichen Herstellungskosten

   Ein zu Beginn des Jahres 01 angeschafftes Gebäude, für das lineare AfA nach § 7 Abs. 4 Satz 1 Nr. 2 vorgenommen worden ist, wird im Jahr 24 erweitert. Die Restnutzungsdauer beträgt danach noch mindestens 50 Jahre.

Anschaffungskosten im Jahr 01	200.000 €

   AfA in den Jahren 01 bis 23: 23 x 2 % = 92.000 €

nachträgliche Herstellungskosten im Jahr 24	+ 100.000 €
Bemessungsgrundlage ab dem Jahr 24	300.000 €

   Vom Jahr 24 bis zur vollen Absetzung des Betrags von 208.000 € (Restwert 108.000 € zzgl. nachträglicher Herstellungskosten 100.000 €) beträgt die AfA jährlich 2 % von 300.000 € = 6.000 €.

3. Degressive AfA nach § 7 Abs. 5 bei nachträglichen Herstellungskosten

   Ein im Jahr 01 fertig gestelltes Gebäude, für das degressive AfA nach § 7 Abs. 5 Satz 1 Nr. 1 vorgenommen worden ist, wird im Jahr 06 erweitert.

Herstellungskosten im Jahr 01	200.000 €

   AfA in den Jahren 01 bis 04: 4 x 10 % = 80.000 €

   AfA im Jahr 05: 1 x 5 % = 10.000 €

nachträgliche Herstellungskosten im Jahr 06	+ 80.000 €
Bemessungsgrundlage ab dem Jahr 06	280.000 €

   In den Jahren 06 und 07 beträgt die AfA je 5 % = 14.000 € (insgesamt 28.000 €); in den Jahren 08 bis 25 beträgt die AfA je 2,5 % = 7.000 € (insgesamt 126.000 €).

---

[1]) das 2,5-fache bei Wirtschaftsgütern, die nach dem 31.12.2019 und vor dem 01.01.2022 angeschafft oder hergestellt worden sind

[2]) 25% bei Wirtschaftsgütern, die nach dem 31.12.2019 und vor dem 01.01.2022 angeschafft oder hergestellt worden sind

§ 7 EStG
H 7.4

Herstellungskosten im Jahr 01	200.000 €
AfA in den Jahren 01 bis 04	− 80.000 €
AfA im Jahr 05	− 10.000 €
nachträgliche Herstellungskosten im Jahr 06	+ 80.000 €
AfA in den Jahren 06 und 07	− 28.000 €
AfA in den Jahren 08 bis 25	− 126.000 €
Restwert 31.12.25	36.000 €

Ab dem Jahr 26 bis zur vollen Absetzung des Restwerts von 36.000 € beträgt die AfA nach § 7 Abs. 4 Satz 1 Nr. 1 i. V. m. § 52 Abs. 15 Satz 2 4 % von 280.000 € = 11.200 €, soweit keine kürzere Restnutzungsdauer i. S. d. § 7 Abs. 4 Satz 2 vorliegt.

AfA-Tabellen
- Zur Anwendung der amtlichen AfA-Tabellen >BMF vom 06.12.2001 (BStBl I S. 860)
- Wer eine von den amtlichen AfA-Tabellen abweichende Nutzungsdauer geltend macht, hat entsprechende Gründe substantiiert vorzutragen (>BFH vom 14.04.2011 – BStBl II S. 696).

AfA-Volumen
- Übergang von der Schätzung zur Buchführung

  Die Buchwerte der abnutzbaren Anlagegüter sind, ausgehend von den Anschaffungs- oder Herstellungskosten, vermindert um die übliche AfA zu schätzen; übliche AfA ist die AfA in gleichen Jahresbeträgen nach einer den amtlichen AfA-Tabellen zu entnehmenden Nutzungsdauer. Für den Zeitraum der Schätzung können weder der Stpfl. noch das Finanzamt eine von den amtlichen AfA-Tabellen abweichende Nutzungsdauer geltend machen (>BFH vom 05.12.1985 – BStBl II 1986 S. 390).
- Übergang von der Gewinnermittlung nach Durchschnittssätzen zur Buchführung
  - Zur Ermittlung der in die Übergangsbilanz einzustellenden Buchwerte der abnutzbaren Anlagegüter sind die Anschaffungs- oder Herstellungskosten beweglicher Anlagegüter um die übliche AfA zu mindern, die den amtlichen AfA-Tabellen zu entnehmen sind. Das Wesen der Gewinnermittlung nach Durchschnittssätzen schließt Abweichungen von den sich hiernach ergebenden AfA-Sätzen aus (>BFH vom 12.12.1985 – BStBl II 1986 S. 392).
  - Vorhandene geringwertige Wirtschaftsgüter, die vor dem 01.01.2008 angeschafft oder hergestellt worden sind, sind in der Übergangsbilanz mit ihren Anschaffungs- oder Herstellungskosten, vermindert um die AfA nach § 7, anzusetzen, die während der Gewinnermittlung nach Durchschnittssätzen angefallen wäre. Es kann nicht unterstellt werden, dass in dieser Zeit das Wahlrecht gem. § 6 Abs. 2 a. F. ausgeübt worden ist (>BFH vom 17.03.1988 – BStBl II S. 770).

- Beim Wechsel von der Gewinnermittlung nach Durchschnittssätzen zum Bestandsvergleich bestimmen sich die in die Übergangsbilanz einzustellenden Buchwerte landwirtschaftlicher Betriebsgebäude nach den Anschaffungs- oder Herstellungskosten, gemindert um die im Zeitpunkt der Errichtung und im Laufe der Nutzung der Gebäude übliche AfA. Die besonderen betrieblichen Verhältnisse sind auch dann unbeachtlich, wenn für diesen Zeitraum amtliche AfA-Tabellen nicht zur Verfügung gestanden haben (>BFH vom 05.06.2003 – BStBl II S. 801).
- Umwidmung eines Wirtschaftsguts in den Bereich der Einkünfteerzielung

    Werden Wirtschaftsgüter des bisher nicht der Einkünfteerzielung dienenden Vermögens umgewidmet und nunmehr zur Erzielung von Überschusseinkünften genutzt, sind die Anschaffungs- oder Herstellungskosten auf die Gesamtnutzungsdauer einschl. der Zeit vor der Umwidmung zu verteilen. Als Werbungskosten (AfA) ist nur der Teil der Anschaffungs- oder Herstellungskosten abziehbar, der auf die Zeit nach der Umwidmung entfällt. § 6 Abs. 1 Nr. 5 Satz 1 ist nicht entsprechend anwendbar (>BFH vom 14.02.1989 – BStBl II S. 922; >H 6.12 Geringwertiges Wirtschaftsgut).
- Zu Unrecht als Erhaltungsaufwand berücksichtigte Anschaffungskosten

    Bestandskräftig zu Unrecht als sofort abziehbarer Erhaltungsaufwand berücksichtigte Anschaffungskosten führen zu einer Minderung des AfA-Volumens und stehen insoweit einer Weiterführung der AfA entgegen (>BFH vom 28.04.2020 – BStBl II S. 545).

Degressive AfA in Erwerbsfällen

§ 7 Abs. 5 Satz 2 schließt die Inanspruchnahme der degressiven AfA nach § 7 Abs. 5 durch den Erwerber nur für das Jahr der Fertigstellung aus. Im folgenden Jahr kann der Erwerber zur degressiven AfA übergehen (>BFH vom 03.04.2001 – BStBl II S. 599).

Degressive AfA nach Einlage

Die degressive AfA nach einer Einlage ist nur zulässig, wenn das Gebäude bis zum Ende des Jahres der Fertigstellung in ein Betriebsvermögen eingelegt wird (>BFH vom 18.05.2010 – BStBl II 2014 S. 13).

Entnahme eines Gebäudes

- Für ein Gebäude, das **im Jahr der Fertigstellung** aus dem Betriebsvermögen entnommen worden ist, ist die Inanspruchnahme der degressiven AfA nach § 7 Abs. 5 für den Zeitraum der Zugehörigkeit zum Privatvermögen im Jahr der Entnahme ausgeschlossen, wenn für das Gebäude bereits während der Zugehörigkeit zum Betriebsvermögen degressive AfA in Anspruch genommen worden ist. Im folgenden Jahr

§ 7 EStG
H 7.4

kann der Stpfl. zur degressiven AfA übergehen (>BFH vom 03.04.2001 – BStBl II S. 599).

– Für ein Gebäude, das **nach dem Jahr der Fertigstellung** unter Aufdeckung der stillen Reserven entnommen worden ist, kann die degressive AfA nach § 7 Abs. 5 nicht mehr vorgenommen werden (>BFH vom 08.11.1994 – BStBl II 1995 S. 170).

Ergänzungsbilanz eines Mitunternehmers

Anhang 1 III   Zur Abschreibung von Mehrwerten in einer Ergänzungsbilanz >BMF vom 19.12.2016 (BStBl I 2017 S. 34)

Fertigstellung

– Ein Wirtschaftsgut ist fertig gestellt, sobald es seiner Zweckbestimmung entsprechend genutzt werden kann (>BFH vom 20.02.1975 – BStBl II S. 412 und vom 21.07.1989 – BStBl II S. 906).

– Ein Gebäude ist fertig gestellt, wenn die wesentlichen Bauarbeiten abgeschlossen sind und der Bau so weit errichtet ist, dass der Bezug der Wohnungen zumutbar ist oder dass das Gebäude für den Betrieb in all seinen wesentlichen Bereichen nutzbar ist (>BFH vom 21.07.1989 – BStBl II S. 906).

– Ein Gebäude ist nicht fertig gestellt, wenn Türen, Böden und der Innenputz noch fehlen (>BFH vom 21.07.1989 – BStBl II S. 906).

– Auf die Höhe der noch ausstehenden Herstellungskosten im Verhältnis zu den gesamten Herstellungskosten des Gebäudes kommt es nicht an (>BFH vom 16.12.1988 – BStBl II 1989 S. 203).

– Gebäudeteile, die aufgrund ihrer unterschiedlichen Funktion selbständige Wirtschaftsgüter sind, sind fertig gestellt, sobald diese Teile bestimmungsgemäß nutzbar sind (>BFH vom 09.08.1989 – BStBl II 1991 S. 132). Zur AfA-Bemessungsgrundlage >R 7.3 Abs. 2

– Eine Eigentumswohnung ist mit der Bezugsfertigkeit fertig gestellt, auch wenn zu diesem Zeitpunkt zivilrechtlich noch kein Wohneigentum begründet und die Teilungserklärung noch nicht abgegeben worden ist (>BFH vom 26.01.1999 – BStBl II S. 589).

Anhang 9 IV   – Gebrauchstiere sind bei der ersten Ingebrauchnahme fertig gestellt (>BMF vom 14.11.2001 – BStBl I S. 864).

– Die bestimmungsgemäße Nutzbarkeit einer Dauerkultur beginnt mit ihrer Ertragsreife (>BMF vom 17.09.1990 – BStBl I S. 420).

Lieferung

– Ein Wirtschaftsgut ist geliefert, wenn der Erwerber nach dem Willen der Vertragsparteien darüber wirtschaftlich verfügen kann; das ist i. d. R. der Fall, wenn Eigenbesitz, Gefahr, Nutzen und Lasten auf den Erwerber übergehen (>BFH vom 28.04.1977 – BStBl II S. 553).

– Liegt der Zeitpunkt des Übergangs eines Wirtschaftsguts auf den Erwerber im Schnittpunkt von zwei Zeiträumen, ist das Wirtschaftsgut mit Beginn des zweiten Zeitraums geliefert (>BFH vom 07.11.1991 – BStBl II 1992 S. 398).

– Wirtschaftlicher Übergang bei Leasing- und Mietkauf-Verträgen >BMF vom 28.06.2001 (BStBl I S. 379), Rz. 144

Mietereinbauten

– Bei Mietereinbauten und -umbauten, die keine Scheinbestandteile oder Betriebsvorrichtungen sind, bestimmt sich die AfA abweichend von Nr. 10 des BMF-Schreibens vom 15.01.1976 (BStBl I S. 66) nach den für Gebäude geltenden Grundsätzen (>BFH vom 15.10.1996 – BStBl II 1997 S. 533).

– Zur Nutzungsdauer von Ladeneinbauten, Schaufensteranlagen und Gaststätteneinbauten >BMF vom 15.12.2000 (BStBl I S. 1532), Tz. 3.7

Musterhäuser

Der Abschreibungssatz gem. § 7 Abs. 4 Satz 1 Nr. 1 gilt auch für Musterhäuser. In die Bemessung der tatsächlichen Nutzungsdauer gem. § 7 Abs. 4 Satz 2 ist bei Musterhäusern auch der Zeitraum einer nach dem Ausscheiden aus dem Betrieb sich voraussichtlich anschließenden Nutzung des Hauses als Wohngebäude einzubeziehen. Das gilt auch für auf fremdem Grund und Boden errichtete Fertighäuser, die zum Zwecke der Veräußerung demontiert und andernorts wieder aufgebaut werden müssen (>BFH vom 23.09.2008 – BStBl II 2009 S. 986).

Nachträgliche Anschaffungs- oder Herstellungskosten

– Werden nachträgliche Anschaffungs- oder Herstellungskosten für Wirtschaftsgüter aufgewendet, die nach § 7 Abs. 1, Abs. 2 oder Abs. 4 Satz 2 abgeschrieben werden, bemisst sich die AfA vom Jahr der Entstehung der nachträglichen Anschaffungs- oder Herstellungskosten an nach der Restnutzungsdauer (>BFH vom 25.11.1970 – BStBl II 1971 S. 142).

– Werden nachträgliche Anschaffungs- oder Herstellungskosten für Gebäude aufgewendet, die nach § 7 Abs. 4 Satz 1 oder Abs. 5 abgeschrieben werden, ist der für das Gebäude geltende Prozentsatz anzuwenden (>BFH vom 20.02.1975 – BStBl II S. 412 und vom 20.01.1987 – BStBl II S. 491).

– Wird in den Fällen des § 7 Abs. 4 Satz 1 auf diese Weise die volle Absetzung innerhalb der tatsächlichen Nutzungsdauer nicht erreicht, kann die AfA vom Zeitpunkt der Beendigung der nachträglichen Herstellungsarbeiten an nach der Restnutzungsdauer des Gebäudes bemessen werden (>BFH vom 07.06.1977 – BStBl II S. 606).

Neubau

– Die AfA nach § 7 Abs. 5 kann nur bei Neubauten in Anspruch genommen werden. Bei Umbauten, Ausbauten und Modernisierungsmaßnahmen liegt ein Neubau nicht bereits dann vor, wenn sich dadurch die

§ 7 EStG
H 7.4

Zweckbestimmung des Gebäudes ändert. Er entsteht nur, wenn die eingefügten Neubauteile dem Gesamtgebäude das Gepräge geben, so dass es in bautechnischer Hinsicht neu ist. Das ist dann der Fall, wenn die tragenden Gebäudeteile (z. B. Fundamente, tragende Außen- und Innenwände, Geschossdecken und die Dachkonstruktion) in überwiegendem Umfang ersetzt werden (>BFH vom 25.05.2004 – BStBl II S. 783).

- Bei Anbauten liegt ein Neubau vor, wenn
  - dadurch selbständige Wirtschaftsgüter i. S. d. R 4.2 geschaffen werden oder
  - sie mit dem bestehenden Gebäude verschachtelt sind und die Neubauteile dem Gesamtgebäude das Gepräge geben; hierfür sind regelmäßig die Größen- und Wertverhältnisse der Alt- und Neubauteile maßgebend (>BFH vom 25.01.2007 – BStBl II S. 586).
- Für Eigentumswohnungen, die durch die rechtliche Umwandlung eines bestehenden Gebäudes geschaffen werden, kann keine AfA nach § 7 Abs. 5 EStG in Anspruch genommen werden (>BFH vom 24.11.1992 – BStBl II 1993 S. 188).
- Für neu geschaffene Wohnungen, die in einem einheitlichen Nutzungs- und Funktionszusammenhang mit einer bereits vorhandenen Wohnung stehen, kann keine AfA nach § 7 Abs. 5 in Anspruch genommen werden (>BFH vom 07.07.1998 – BStBl II S. 625).
- Zur degressiven AfA nach § 7 Abs. 5 bei Baumaßnahmen an einem Dachgeschoss >BMF vom 10.07.1996 (BStBl I S. 689), letztmals abgedruckt im Anhang 35 EStH 2016

Nutzungsdauer
- *Zur kürzeren tatsächlichen Nutzungsdauer von Gebäuden >BMF vom 22.02.2023 (BStBl I S. 332)*
- >AfA-Tabellen
- Anschaffungs- oder Herstellungskosten eines Wirtschaftsguts sind nur dann nach § 7 zu verteilen, wenn die Nutzungsdauer des Wirtschaftsguts zwölf Monate (Jahreszeitraum im Sinne eines Zeitraums von 365 Tagen) übersteigt (>BFH vom 26.08.1993 – BStBl II 1994 S. 232).
- Die Nutzungsdauer eines Wirtschaftsguts entspricht regelmäßig dem Zeitraum, in dem es sich technisch abnutzt. Eine kürzere wirtschaftliche Nutzungsdauer liegt nicht vor, wenn das Wirtschaftsgut zwar nicht mehr entsprechend der ursprünglichen Zweckbestimmung rentabel nutzbar ist, aber noch einen erheblichen Verkaufswert hat (>BFH vom 14.04.2011 – BStBl II S. 696).
- Die AfA auf das entgeltlich erworbene immaterielle Wirtschaftsgut "Vertreterrecht" (Ablösung des dem Vorgänger-Vertreter zustehenden Ausgleichsanspruchs durch Vereinbarung mit dem Geschäftsherrn) bemisst sich nach der für den Einzelfall zu bestimmenden betriebsgewöhnlichen Nutzungsdauer. Die Regelung des § 7 Abs. 1 Satz 3 zur

betriebsgewöhnlichen Nutzungsdauer des Geschäfts- oder Firmenwerts findet auf das Vertreterrecht keine Anwendung (>BFH vom 12.07.2007 – BStBl II S. 959).
- Zur Nutzungsdauer des Geschäfts- oder Firmenwerts, des Praxiswerts und sog. firmenwertähnlicher Wirtschaftsgüter >BMF vom 20.11.1986 (BStBl I S. 532) und BFH vom 24.02.1994 (BStBl II S. 590)   *Anhang 9 I*
- Begriff der Nutzungsdauer eines Gebäudes >§ 11c Abs. 1 EStDV
- Die Absicht, ein zunächst noch genutztes Gebäude abzubrechen oder zu veräußern, rechtfertigt es nicht, eine kürzere Nutzungsdauer des Gebäudes zugrunde zu legen (>BFH vom 15.12.1981 – BStBl II 1982 S. 385).
- Eine Verkürzung der Nutzungsdauer kann erst angenommen werden, wenn die Gebäudeabbruchvorbereitungen soweit gediehen sind, dass die weitere Nutzung in der bisherigen oder einer anderen Weise so gut wie ausgeschlossen ist (>BFH vom 08.07.1980 – BStBl II S. 743).
- Die der tatsächlichen Nutzungsdauer entsprechende AfA kann erst vorgenommen werden, wenn der Zeitpunkt der Nutzungsbeendigung des Gebäudes fest steht, z. B. weil sich der Stpfl. verpflichtet hat, das Gebäude zu einem bestimmten Zeitpunkt abzubrechen (>BFH vom 22.08.1984 – BStBl II 1985 S. 126).
- Zur Nutzungsdauer für Ladeneinbauten, Schaufensteranlagen und Gaststätteneinbauten >BMF vom 15.12.2000 (BStBl I S. 1532), Tz. 3.7
- Zur Nutzungsdauer der Wirtschaftsgüter eines Windparks >BFH vom 14.04.2011 (BStBl II S. 696) und vom 01.02.2012 (BStBl II S. 407)
- Zur Nutzungsdauer einer Technischen Sicherheitseinrichtung (TSE) >BMF vom 21.08.2020 (BStBl I S. 1047)
- Zur Nutzungsdauer von Computerhardware und Software zur Dateneingabe und -verarbeitung >BMF vom **22.02.2022** (BStBl I S. **187**)   *Anhang 1 V*

Rückgängigmachung des Anschaffungsvorgangs
Eine AfA ist nicht zu gewähren, wenn der Anschaffungsvorgang in vollem Umfang rückgängig gemacht wird. Auf den Zeitpunkt der Rückzahlung der Aufwendungen, die als Anschaffungskosten geltend gemacht worden sind, kommt es nicht an (>BFH vom 19.12.2007 – BStBl II 2008 S. 480).

Teil des auf ein Jahr entfallenden AfA-Betrags
- Die AfA nach § 7 Abs. 5 ist im Jahr der Anschaffung oder Herstellung eines Gebäudes i. H. d. vollen Jahresbetrags abzuziehen (>BFH vom 19.02.1974 – BStBl II S. 704); >aber R 7.4 Abs. 2 Satz 1.
- Bei Veräußerung eines Gebäudes kann die degressive AfA nach § 7 Abs. 5 nur zeitanteilig abgezogen werden (>BFH vom 18.08.1977 – BStBl II S. 835).

Unterlassene oder überhöhte AfA

– AfA – Allgemein

Ist AfA nach § 7 Abs. 1 oder Abs. 4 Satz 2 oder § 7 Abs. 2 unterblieben, kann sie in der Weise nachgeholt werden, dass die noch nicht abgesetzten Anschaffungs- oder Herstellungskosten (Buchwert) entsprechend der bei dem Wirtschaftsgut angewandten Absetzungsmethode auf die noch verbleibende Restnutzungsdauer verteilt werden (>BFH vom 21.02.1967 – BStBl III S. 386 und vom 03.07.1980 – BStBl II 1981 S. 255).

– Lineare Gebäude-AfA

Ist AfA nach § 7 Abs. 4 Satz 1 überhöht vorgenommen worden oder unterblieben und hat sich die tatsächliche Nutzungsdauer des Gebäudes nicht geändert, sind weiterhin die gesetzlich vorgeschriebenen Prozentsätze anzusetzen, so dass sich ein anderer Abschreibungszeitraum als von 25, 33, 40 oder 50 Jahren ergibt (>BFH vom 03.07.1984 – BStBl II S. 709, vom 20.01.1987 – BStBl II S. 491 und vom 11.12.1987 – BStBl II 1988 S. 335). Die Berichtigung zu hoch vorgenommener und verfahrensrechtlich nicht mehr änderbarer AfA ist bei Gebäuden im Privatvermögen in der Weise vorzunehmen, dass die gesetzlich vorgeschriebenen Abschreibungssätze auf die bisherige Bemessungsgrundlage bis zur vollen Absetzung des noch vorhandenen Restbuchwerts angewendet werden (>BFH vom 21.11.2013 – BStBl II 2014 S. 563).

– Degressive Gebäude-AfA

Ist AfA nach § 7 Abs. 5 überhöht vorgenommen worden, ist die weitere AfA während des verbleibenden Abschreibungszeitraums weiterhin von den ungekürzten Anschaffungs- oder Herstellungskosten vorzunehmen (>BFH vom 04.05.1993 – BStBl II S. 661).

– Betriebsvermögen

Bisher unterlassene AfA kann nicht nachgeholt werden, wenn ein Wirtschaftsgut des notwendigen Betriebsvermögens im Wege der Fehlerberichtigung erstmals als Betriebsvermögen ausgewiesen wird (>BFH vom 24.10.2001 – BStBl II 2002 S. 75). Dies gilt wegen des Prinzips der Gesamtgewinngleichheit entsprechend auch bei der Gewinnermittlung durch Einnahmenüberschussrechnung, wenn das Wirtschaftsgut verspätet als Betriebsvermögen erfasst wird (>BFH-Urteil vom 22.06.2010 – BStBl II S. 1035).

– Unberechtigte Steuervorteile

AfA, die unterblieben ist, um dadurch unberechtigte Steuervorteile zu erlangen, darf nicht nachgeholt werden (>BFH vom 03.07.1980 – BStBl II 1981 S. 255 und vom 20.01.1987 – BStBl II S. 491).

Verlustzuweisungsgesellschaft

Geht eine Verlustzuweisungsgesellschaft nach ihrem Betriebskonzept von einer erheblich längeren Nutzungsdauer eines Wirtschaftsguts als in den amtlichen AfA-Tabellen angegeben aus und beruht ihre Betriebsführung überwiegend auf diesem Umstand, wird die in ihrem Betriebskonzept zugrunde gelegte Nutzungsdauer angewandt. Unberührt davon bleiben Wirtschaftsgüter, wenn der für die Anschaffung oder Herstellung maßgebliche obligatorische Vertrag oder gleichstehende Rechtsakt vor dem 05.03.1999 rechtswirksam abgeschlossen und das Wirtschaftsgut vor dem 01.01.2001 angeschafft oder hergestellt wurde (>BMF vom 15.06.1999 – BStBl I S. 543).

Wechsel der AfA-Methode bei Gebäuden
- Der Wechsel zwischen den AfA-Methoden nach § 7 Abs. 5 sowie zwischen den AfA-Methoden nach § 7 Abs. 4 und § 7 Abs. 5 ist unzulässig (>BFH vom 10.03.1987 – BStBl II S. 618 und vom 29.05.2018 – BStBl II S. 646).
- >aber: Degressive AfA nach § 7 Abs. 5 in Erwerbsfällen

Absetzung für Substanzverringerung

[1] Absetzungen für Substanzverringerung (AfS) sind beim unentgeltlichen Erwerb eines >Bodenschatzes nur zulässig, soweit der Rechtsvorgänger Anschaffungskosten für ein Wirtschaftsgut aufgewendet hat. [2] AfS sind vorzunehmen, sobald mit dem Abbau des Bodenschatzes begonnen wird. [3] Sie berechnen sich nach dem Verhältnis der im Wirtschaftsjahr geförderten Menge des Bodenschatzes zur gesamten geschätzten Abbaumenge. [4] AfS, die unterblieben sind, um dadurch unberechtigte Steuervorteile zu erlangen, dürfen nicht nachgeholt werden.

Hinweise

Bodenschatz
- Bei Bodenschätzen, die ein Stpfl. auf einem ihm gehörenden Grundstück im Privatvermögen entdeckt und in sein (Sonder-) Betriebsvermögen einlegt, sind AfS nicht zulässig (>BFH vom 04.12.2006 – BStBl II 2007 S. 508 und vom 04.02.2016 – BStBl II S. 607).
- >H 4.2 (1)

Unterbliebene AfS
Unterbliebene AfS kann in der Weise nachgeholt werden, dass sie in gleichen Beträgen auf die restliche Nutzungsdauer verteilt wird (>BFH vom 21.02.1967 – BStBl III S. 460).

§ 7a
Gemeinsame Vorschriften für erhöhte Absetzungen und Sonderabschreibungen

(1) ¹Werden in dem Zeitraum, in dem bei einem Wirtschaftsgut erhöhte Absetzungen oder Sonderabschreibungen in Anspruch genommen werden können (Begünstigungszeitraum), nachträgliche Herstellungskosten aufgewendet, so bemessen sich vom Jahr der Entstehung der nachträglichen Herstellungskosten an bis zum Ende des Begünstigungszeitraums die Absetzungen für Abnutzung, erhöhten Absetzungen und Sonderabschreibungen nach den um die nachträglichen Herstellungskosten erhöhten Anschaffungs- oder Herstellungskosten. ²Entsprechendes gilt für nachträgliche Anschaffungskosten. ³Werden im Begünstigungszeitraum die Anschaffungs- oder Herstellungskosten eines Wirtschaftsguts nachträglich gemindert, so bemessen sich vom Jahr der Minderung an bis zum Ende des Begünstigungszeitraums die Absetzungen für Abnutzung, erhöhten Absetzungen und Sonderabschreibungen nach den geminderten Anschaffungs- oder Herstellungskosten.

(2) ¹Können bei einem Wirtschaftsgut erhöhte Absetzungen oder Sonderabschreibungen bereits für Anzahlungen auf Anschaffungskosten oder für Teilherstellungskosten in Anspruch genommen werden, so sind die Vorschriften über erhöhte Absetzungen und Sonderabschreibungen mit der Maßgabe anzuwenden, dass an die Stelle der Anschaffungs- oder Herstellungskosten die Anzahlungen auf Anschaffungskosten oder die Teilherstellungskosten und an die Stelle des Jahres der Anschaffung oder Herstellung das Jahr der Anzahlung oder Teilherstellung treten. ²Nach Anschaffung oder Herstellung des Wirtschaftsguts sind erhöhte Absetzungen oder Sonderabschreibungen nur zulässig, soweit sie nicht bereits für Anzahlungen auf Anschaffungskosten oder für Teilherstellungskosten in Anspruch genommen worden sind. ³Anzahlungen auf Anschaffungskosten sind im Zeitpunkt der tatsächlichen Zahlung aufgewendet. ⁴Werden Anzahlungen auf Anschaffungskosten durch Hingabe eines Wechsels geleistet, so sind sie in dem Zeitpunkt aufgewendet, in dem dem Lieferanten durch Diskontierung oder Einlösung des Wechsels das Geld tatsächlich zufließt. ⁵Entsprechendes gilt, wenn anstelle von Geld ein Scheck hingegeben wird.

(3) Bei Wirtschaftsgütern, bei denen erhöhte Absetzungen in Anspruch genommen werden, müssen in jedem Jahr des Begünstigungszeitraums mindestens Absetzungen in Höhe der Absetzungen für Abnutzung nach § 7 Absatz 1 oder 4 berücksichtigt werden.

(4) Bei Wirtschaftsgütern, bei denen Sonderabschreibungen in Anspruch genommen werden, sind die Absetzungen für Abnutzung nach § 7 Absatz 1 oder 4 vorzunehmen.

(5) Liegen bei einem Wirtschaftsgut die Voraussetzungen für die Inanspruchnahme von erhöhten Absetzungen oder Sonderabschreibungen auf Grund mehrerer Vorschriften vor, so dürfen erhöhte Absetzungen oder Sonderabschreibungen nur auf Grund einer dieser Vorschriften in Anspruch genommen werden.

(6) Erhöhte Absetzungen oder Sonderabschreibungen sind bei der Prüfung, ob die in § 141 Absatz 1 Nummer 4 und 5 der Abgabenordnung bezeichneten Buchführungsgrenzen überschritten sind, nicht zu berücksichtigen.

(7) [1]Ist ein Wirtschaftsgut mehreren Beteiligten zuzurechnen und sind die Voraussetzungen für erhöhte Absetzungen oder Sonderabschreibungen nur bei einzelnen Beteiligten erfüllt, so dürfen die erhöhten Absetzungen und Sonderabschreibungen nur anteilig für diese Beteiligten vorgenommen werden. [2]Die erhöhten Absetzungen oder Sonderabschreibungen dürfen von den Beteiligten, bei denen die Voraussetzungen dafür erfüllt sind, nur einheitlich vorgenommen werden.

(8) [1]Erhöhte Absetzungen oder Sonderabschreibungen sind bei Wirtschaftsgütern, die zu einem Betriebsvermögen gehören, nur zulässig, wenn sie in ein besonderes, laufend zu führendes Verzeichnis aufgenommen werden, das den Tag der Anschaffung oder Herstellung, die Anschaffungs- oder Herstellungskosten, die betriebsgewöhnliche Nutzungsdauer und die Höhe der jährlichen Absetzungen für Abnutzung, erhöhten Absetzungen und Sonderabschreibungen enthält. [2]Das Verzeichnis braucht nicht geführt zu werden, wenn diese Angaben aus der Buchführung ersichtlich sind.

(9) Sind für ein Wirtschaftsgut Sonderabschreibungen vorgenommen worden, so bemessen sich nach Ablauf des maßgebenden Begünstigungszeitraums die Absetzungen für Abnutzung bei Gebäuden und bei Wirtschaftsgütern im Sinne des § 7 Absatz 5a nach dem Restwert und dem nach § 7 Absatz 4 unter Berücksichtigung der Restnutzungsdauer maßgebenden Prozentsatz, bei anderen Wirtschaftsgütern nach dem Restwert und der Restnutzungsdauer.

Gemeinsame Vorschriften für erhöhte Absetzungen und Sonderabschreibungen

R 7a.

Allgemeines

(1) [1]Die Vorschriften des § 7a EStG sind auch auf alle erhöhten Absetzungen und Sonderabschreibungen anzuwenden, die ihre Rechtsgrundlage nicht im Einkommensteuergesetz haben. [2]§ 7a EStG ist nur dann nicht anzuwenden, wenn oder soweit dies in der jeweiligen Vorschrift über die erhöhten Absetzungen oder Sonderabschreibungen ausdrücklich bestimmt ist.

§ 7a EStG
R 7a

Begünstigungszeitraum

(2) ¹Der Begünstigungszeitraum i. S. d. § 7a Abs. 1 Satz 1 EStG umfasst die in der jeweiligen Vorschrift bestimmte Anzahl von Jahren. ²Er verkürzt sich bei den Sonderabschreibungen nach § 4 Abs. 3 FördG und bei den erhöhten Absetzungen auf die Jahre, in denen die insgesamt zulässigen Sonderabschreibungen oder erhöhten Absetzungen tatsächlich vorgenommen worden sind. ³Der Begünstigungszeitraum für Anzahlungen auf Anschaffungskosten und für Teilherstellungskosten endet mit Ablauf des Jahres, das dem Jahr der Anschaffung oder Herstellung oder der Beendigung nachträglicher Herstellungsarbeiten vorangeht. ⁴Im Jahr der Anschaffung oder Herstellung beginnt ein neuer Begünstigungszeitraum für die Anschaffungs- oder Herstellungskosten.

Nachträgliche Anschaffungs- oder Herstellungskosten im Begünstigungszeitraum

(3) ¹Nachträgliche Anschaffungs- oder Herstellungskosten i. S. d. § 7a Abs. 1 Satz 1 und 2 EStG sind im Jahr ihrer Entstehung so zu berücksichtigen, als wären sie zu Beginn des Jahres aufgewendet worden. ²§ 7a Abs. 1 EStG ist nicht anzuwenden, wenn nachträgliche Herstellungskosten selbständig abgeschrieben werden, z. B. nach den §§ 7h oder 7i EStG oder nach § 4 Abs. 3 FördG, oder wenn nachträgliche Herstellungsarbeiten so umfassend sind, dass hierdurch ein anderes Wirtschaftsgut entsteht (>R 7.3 Abs. 5).

Minderung der Anschaffungs- oder Herstellungskosten im Begünstigungszeitraum

(4) ¹Nachträgliche Minderungen der Anschaffungs- oder Herstellungskosten i. S. d. § 7a Abs. 1 Satz 3 EStG sind im Jahr der Minderung so zu berücksichtigen, als wäre die Minderung zu Beginn des Jahres eingetreten. ²Zuschüsse mindern die Bemessungsgrundlage im Jahr der Bewilligung des Zuschusses. ³Wird ein Zuschuss zurückgezahlt, ist der Rückforderungsbetrag im Jahr des Entstehens der Rückforderungsverpflichtung der bisherigen Bemessungsgrundlage für die AfA, für die erhöhten Absetzungen und für die Sonderabschreibungen hinzuzurechnen und so zu berücksichtigen, als wäre der Betrag zu Beginn des Jahres zurückgefordert. ⁴Die Sätze 2 und 3 gelten sinngemäß

1. bei Gewinnermittlung durch Betriebsvermögensvergleich oder Einnahmenüberschussrechnung und
2. bei Ermittlung der Einkünfte durch Überschuss der Einnahmen über die Werbungskosten.

Anzahlungen auf Anschaffungskosten

(5) ¹>Anzahlungen auf Anschaffungskosten sind Zahlungen, die nach dem rechtswirksamen Abschluss des obligatorischen Vertrages (>R 7.2 Abs. 5) und vor der Lieferung eines Wirtschaftsgutes auf die endgültigen Anschaffungskosten geleistet werden, soweit sie diese nicht übersteigen. ²Ohne Bedeutung ist, ob die Zahlungen verzinst werden oder zu einer

Kaufpreisminderung führen. ³Anzahlungen auf die Anschaffungskosten eines bebauten Grundstücks sind jeweils nach dem voraussichtlichen Verhältnis der Verkehrswerte oder Teilwerte auf den Grund und Boden und das Gebäude aufzuteilen. ⁴Keine Anzahlungen sind >willkürlich geleistete Zahlungen. ⁵Zahlungen können auch dann willkürlich sein, wenn sie vertraglich vereinbart sind. ⁶Eine Zahlung gilt nicht als willkürlich, wenn das Wirtschaftsgut spätestens im folgenden Jahr geliefert wird. ⁷Bei Erwerb eines Gebäudes ist die Willkürlichkeit von Zahlungen auch nicht anzunehmen, soweit im Jahr der Zahlung und im folgenden Kalenderjahr voraussichtlich eine Gegenleistung erbracht wird, die die Anforderung eines Teilbetrags nach § 3 Abs. 2 MaBV rechtfertigen würde. ⁸Soweit die Zahlungen willkürlich sind, sind sie in dem Jahr als Anzahlung zu berücksichtigen, das dem Jahr vorausgeht, in dem die Anforderung eines entsprechenden Teilbetrags nach § 3 Abs. 2 MaBV voraussichtlich gerechtfertigt wäre. ⁹Keine Anzahlungen sind auch Zahlungen auf ein Treuhand- oder Notaranderkonto sowie Zahlungen, die im Interesse des Stpfl. einem Konto gutgeschrieben werden, über das der Zahlungsempfänger nicht frei verfügen kann. ¹⁰Keine Anzahlungen sind deshalb Zahlungen, die der Stpfl. unter der Bedingung geleistet hat, dass das Konto des Zahlungsempfängers zugunsten des Stpfl. gesperrt ist. ¹¹Die Anerkennung einer Zahlung als Anzahlung wird jedoch nicht ausgeschlossen, wenn der Stpfl. bedingungslos gezahlt und der Zahlungsempfänger über den Zahlungsbetrag verfügt hat, indem er seine Kaufpreisforderung abgetreten oder das Konto verpfändet hat, z. B. um eine Bankbürgschaft zugunsten des Stpfl. zu erhalten. ¹²Dabei ist es ohne Bedeutung, ob die Abtretung oder Verpfändung vor oder nach dem Zeitpunkt der Zahlung wirksam geworden ist.

Teilherstellungskosten

(6) ¹Zu den >Teilherstellungskosten eines Gebäudes gehören auch die Aufwendungen für das bis zum Ende des Wirtschaftsjahres auf der Baustelle angelieferte, aber noch nicht verbaute Baumaterial. ²Unerheblich ist, ob in dem Wirtschaftsjahr bereits Zahlungen für Teilherstellungskosten geleistet sind. ³Auch bei Teilzahlungen an einen Unternehmer, der beauftragt ist, ein Bauobjekt als Generalunternehmer zu einem Festpreis herzustellen, bemessen sich die AfA, erhöhten Absetzungen und Sonderabschreibungen nur nach den tatsächlich entstandenen Teilherstellungskosten. ⁴Soweit sich die Zahlungen am Baufortschritt ausrichten, können sie aus Vereinfachungsgründen als Anhaltspunkt für die Höhe der entstandenen Teilherstellungskosten dienen.

Kumulationsverbot

(7) Das Kumulationsverbot nach § 7a Abs. 5 EStG bezieht sich nicht auf die Fälle, in denen nachträgliche Anschaffungs- oder Herstellungskosten Gegenstand einer eigenen Abschreibungsvergünstigung sind und sowohl für das Wirtschaftsgut in seinem ursprünglichen Zustand als auch für die nachträglichen Anschaffungs- oder Herstellungskosten Abschreibungsvergünstigungen auf Grund verschiedener Vorschriften in Betracht kommen.

Verlustklausel

(8) ¹Die Verlustklausel des § 7a Abs. 6 EStG i. d. F. der Bekanntmachung vom 21.6.1979 (BGBl. I S. 721, BStBl I S. 379) ist im Rahmen der Übergangsregelung zu § 15a EStG (§ 52 Abs. 22 und 33 EStG[1])) weiter anzuwenden, und zwar wegen der Betriebsbezogenheit der Verlustklausel auf das gesamte Betriebsergebnis. ²Im Rahmen dieser Übergangsregelung ist die Verlustklausel bei allen erhöhten Absetzungen und Sonderabschreibungen anzuwenden, die für zu einem Betriebsvermögen gehörende Wirtschaftsgüter in Anspruch genommen werden, soweit die Anwendung der Verlustklausel nicht ausdrücklich eingeschränkt oder ausgeschlossen worden ist.

AfA bei Gebäuden nach Ablauf des Begünstigungszeitraums

(9) ¹Bei Gebäuden, für die Sonderabschreibungen nach § 58 Abs. 1 EStG, nach § 3 ZRFG, nach den §§ 3 und 4 FördG oder nach § 76 EStDV a. F. oder erhöhte Absetzungen nach § 14 Abs. 1 oder § 14a Abs. 4 oder § 14d Abs. 1 Nr. 2 oder § 15 Abs. 2 Satz 2 BerlinFG oder nach § 14a BerlinFG 1976 i. d. F. der Bekanntmachung vom 18.2.1976 (BGBl. I S. 353, BStBl I S. 102) und den vorherigen Fassungen dieser Vorschrift vorgenommen worden sind, ist die lineare AfA in Anlehnung an § 7 Abs. 4 Satz 1 EStG nach einem um den Begünstigungszeitraum verminderten Abschreibungszeitraum von 25 Jahren, 33 Jahren, 40 Jahren oder 50 Jahren zu bemessen. ²In den Fällen des § 76 EStDV a. F. ist die Restwertabschreibung höchstens nach dem um den Begünstigungszeitraum verminderten Abschreibungszeitraum von 30 Jahren (§ 76 Abs. 4 Satz 3 EStDV a. F.) zu bemessen. ³Die Regelung nach Satz 1 gilt nicht, wenn der Restwert nach Ablauf eines Begünstigungszeitraums den Anschaffungs- oder Herstellungskosten des Gebäudes oder dem an deren Stelle tretenden Wert hinzuzurechnen ist (z. B. § 7b Abs. 2 Satz 3[2]), § 7c Abs. 5 Satz 1 EStG[3]), § 82a Abs. 1 Satz 2 EStDV) oder nach einem festen Prozentsatz abzuschreiben ist (z. B. § 7b Abs. 1 Satz 2 EStG[4])).

AfA bei anderen Wirtschaftsgütern nach Ablauf des Begünstigungszeitraums

(10) ¹Die Restnutzungsdauer des Wirtschaftsgutes ist bei Beginn der Restwertabschreibung neu zu schätzen. ²Es ist jedoch nicht zu beanstanden, wenn für die weitere Bemessung der AfA die um den Begünstigungszeitraum verminderte ursprüngliche Nutzungsdauer des Wirtschaftsgutes als Restnutzungsdauer zugrunde gelegt wird. ³Wurden für ein Wirtschaftsgut neben den Sonderabschreibungen nach § 7g Abs. 5 EStG AfA nach

---

[1]) jetzt § 52 Abs. 24
[2]) *§ 7b Abs. 2 Satz 3 a. F.*
[3]) *§ 7c Abs. 5 Satz 1 a. F.*
[4]) *§ 7b Abs. 1 Satz 2 a. F.*

§ 7a EStG
H 7a R 7a

§ 7 Abs. 2 EStG vorgenommen, kann dieses auch nach Ablauf des maßgebenden Begünstigungszeitraums weiterhin nach § 7 Abs. 2 EStG abgeschrieben werden.

| Hinweise | H 7a |

Anzahlungen auf Anschaffungskosten
- **Begriff**
  - Vorleistungen, die in Erfüllung eines zu einem späteren Zeitpunkt noch zu vollziehenden Anschaffungsgeschäfts erbracht werden >BFH vom 02.06.1978 (BStBl II S. 475) und vom 21.11.1980 (BStBl II 1981 S. 179)
  - Keine Anzahlungen auf Anschaffungskosten sind Zahlungen, die nur "bei Gelegenheit" eines Anschaffungsgeschäfts erfolgen, durch die eine Tilgung der Kaufpreisschuld aber nicht eintritt (>BFH vom 04.03.1983 – BStBl II S. 509).
  - Eine Wechselhingabe kann nicht als in Erfüllung eines Anschaffungsgeschäfts erbracht angesehen werden, wenn sie für den Empfänger keinen wirtschaftlichen Wert hat (>BFH vom 28.11.1980 – BStBl II 1981 S. 286).
- **Abschlagszahlungen nach MaBV**
  Nach § 3 Abs. 2 MaBV in der ab 01.06.1997 anzuwendenden Fassung (BGBl. 1997 I S. 272) ist der Bauträger ermächtigt, Abschlagszahlungen entsprechend dem Bauablauf in bis zu sieben Teilbeträgen anzufordern, wobei die Teilbeträge aus den folgenden Prozentsätzen zusammengesetzt werden können:
  30 % der Vertragssumme in den Fällen, in denen Eigentum an einem Grundstück übertragen werden soll, oder 20 % der Vertragssumme in den Fällen, in denen ein Erbbaurecht bestellt oder übertragen werden soll, nach Beginn der Erdarbeiten,
  von der restlichen Vertragssumme
  - 40 % nach Rohbaufertigstellung, einschl. Zimmererarbeiten,
  - 8 % für die Herstellung der Dachflächen und Dachrinnen,
  - 3 % für die Rohinstallation der Heizungsanlagen,
  - 3 % für die Rohinstallation der Sanitäranlagen,
  - 3 % für die Rohinstallation der Elektroanlagen,
  - 10 % für den Fenstereinbau, einschl. der Verglasung,
  - 6 % für den Innenputz, ausgenommen Beiputzarbeiten,
  - 3 % für den Estrich,
  - 4 % für Fliesenarbeiten im Sanitärbereich,
  - 12 % nach Bezugsfertigkeit und Zug um Zug gegen Besitzübergabe,
  - 3 % für die Fassadenarbeiten,
  - 5 % nach vollständiger Fertigstellung.

§ 7a EStG
H 7a

Über die Teilbeträge nach § 3 Abs. 2 MaBV hinausgehende Zahlungen sind nicht willkürlich, wenn der Bauträger Sicherheit nach § 7 MaBV geleistet hat und keine Anhaltspunkte für eine willkürliche Zahlung gegeben sind (>BFH vom 14.01.2004 – BStBl II S. 750).

– **Zeitpunkt**
  – Anzahlungen sind nicht schon im Zeitpunkt der Diskontierung des Wechsels aufgewendet, wenn der Diskonterlös für die Laufzeit des Wechsels auf einem Festgeldkonto angelegt wird und der Diskontnehmer während der Laufzeit des Wechsels nicht über den Wechselgegenwert verfügen kann (>BFH vom 30.10.1986 – BStBl II 1987 S. 137).
  – Zeitpunkt der Anzahlung ist i. d. R. der Zeitpunkt, in dem der Schuldner seiner Bank den Überweisungsauftrag erteilt hat (>BFH vom 22.05.1987 – BStBl II S. 673).

Beispiele

1. Nachträgliche Anschaffungs- oder Herstellungskosten

   An einem im Januar 01 angeschafften beweglichen Wirtschaftsgut mit einer betriebsgewöhnlichen Nutzungsdauer von 10 Jahren, für das im Jahr 01 die nach § 7g zulässigen Sonderabschreibungen von 20 % und die lineare AfA in Anspruch genommen worden sind, werden nachträgliche Herstellungsarbeiten vorgenommen und im Jahr 05 beendet. Die nachträglichen Herstellungskosten entstehen im Dezember 04 und im Januar 05.

Anschaffungskosten		10.000 €
Abschreibungen in den Jahren 01 bis 03:		
a) 3 x 10 % von 10.000 €		– 3.000 €
b) 20 % von 10.000 €		– 2.000 €
Buchwert 31.12.03		5.000 €
nachträgliche Herstellungskosten im Jahr 04		+ 1.800 €
		6.800 €
Abschreibungen im Jahr 04:		
a) 10 % von 11.800 €		– 1.180 €
b) 20 % von 11.800 €	2.360 €	
abzgl. bisherige Sonderabschreibungen	2.000 €	– 360 €
Buchwert 31.12.04		5.260 €
nachträgliche Herstellungskosten im Jahr 05		+ 200 €
		5.460 €
Abschreibungen im Jahr 05:		
a) 10 % von 12.000 €		– 1.200 €
b) 20 % von 12.000 €	2.400 €	
abzgl. bisherige Sonderabschreibungen	2.360 €	– 40 €
Restwert 31.12.05		4.220 €

2. Minderung der Anschaffungs- oder Herstellungskosten

   An einem Gebäude werden im Jahr 01 Baumaßnahmen i. S. d. § 7i durchgeführt. Im Februar 03 wird ein Zuschuss bewilligt.

§ 7a EStG
H 7a

Herstellungskosten..	100.000 €
Erhöhte Absetzungen in 01 bis 02: 2 x 9 % von 100.000 €	– 18.000 €
Buchwert 31.12.02	82.000 €
Zuschuss im Jahr 03	– 40.000 €
....	42.000 €
erhöhte Absetzungen in 03 bis 08: 6 x 9 % von 60.000 € =.........	– 32.400 €
erhöhte Absetzungen in 09 bis 10: 2 x 7 % von 60.000 € =.........	– 8.400 €
erhöhte Absetzungen im Jahr 11 (Rest)	– 1.200 €
Buchwert 31.12.11	0 €

3. Rückforderung eines Zuschusses
Sachverhalt wie in Beispiel 2 mit der Ergänzung, dass der Zuschuss im Jahr 04 zurückgefordert wird.

Herstellungskosten..	100.000 €
erhöhte Absetzungen in 01 bis 02: 2 x 9 % von 100.000 €	– 18.000 €
Buchwert 31.12.02	82.000 €
Zuschuss im Jahr 03	– 40.000 €
....	42.000 €
erhöhte Absetzungen im Jahr 03: 9 % von 60.000 €	– 5.400 €
Buchwert 31.12.03	36.600 €
Rückforderung Zuschuss im Jahr 04	+ 40.000 €
....	76.600 €
erhöhte Absetzungen in 04 bis 08: 5 x 9 % von 100.000 €	– 45.000 €
erhöhte Absetzungen in 09 bis 12: 4 x 7 % von 100.000 € =.........	– 28.000 €
Restwert 31.12.12	3.600 €

4. AfA bei Gebäuden nach Ablauf des Begünstigungszeitraums
Für ein im Januar 01 hergestelltes Wirtschaftsgebäude sind in den Jahren 01 bis 03 die nach § 4 FördG zulässigen Sonderabschreibungen vorgenommen worden. Nach Ablauf des Begünstigungszeitraums am 31.12.05 beträgt die restliche Abschreibungsdauer des Gebäudes noch 20 Jahre.

Herstellungskosten..	500.000 €
Abschreibungen in 01 bis 03: 3 x 4 % = 12 % = ...	– 60.000 €
Sonderabschreibungen 50 % =...	– 250.000 €
Abschreibungen in 04 und 05: 2 x 4 % = 8 % =.........................	– 40.000 €
Restwert 31.12.05 = Bemessungsgrundlage ab 06	150.000 €

Vom Jahr 06 an beträgt die AfA jeweils 5 % = 7.500 € jährlich.

Degressive AfA
Die AfA nach § 7 Abs. 5 gehört nicht zu den erhöhten Absetzungen (>BFH vom 25.05.2004 – BStBl II S. 783). § 7a Abs. 4 bezieht sich nur auf die kumulative Inanspruchnahme von Sonderabschreibungen und degressiver AfA in ein und demselben VZ (>BFH vom 14.03.2006 – BStBl II S. 799).

Mehrere Beteiligte
- Sind Wirtschaftsgüter mehreren Beteiligten zuzurechnen, so können erhöhte Absetzungen und Sonderabschreibungen nur einheitlich von allen Beteiligten in Anspruch genommen werden (>BFH vom 07.08.1986 – BStBl II S. 910).
- >R 21.6 Satz 3
- Nur der Gesellschafter, nicht die Personengesellschaft, ist zur Inanspruchnahme der erhöhten Absetzungen berechtigt. Scheidet ein Gesellschafter nach Durchführung der begünstigten Maßnahmen aus der Gesellschaft aus und übernehmen die übrigen Gesellschafter dessen Anteil (Anwachsung), so sind jedem der verbliebenen Gesellschafter nur in Höhe seiner ursprünglichen Beteiligung begünstigte Herstellungskosten zuzurechnen (>BFH vom 17.07.2001 – BStBl II S.760).
- Übernimmt im Rahmen der Liquidation einer vermögensverwaltenden Personengesellschaft ein Gesellschafter das weitgehend aus einem einzigen Wirtschaftsgut bestehende Gesellschaftsvermögen im Wege der Übertragung von Aktiva und Passiva, liegt hierin keine Anschaffung eines Unternehmens, sondern eine Gesamtrechtsnachfolge des zuletzt verbleibenden Gesellschafters in das Gesellschaftsvermögen der Gesellschaft (>BFH vom 25.06.2002 – BStBl II S. 756).

Teilherstellungskosten
- Teilherstellungskosten sind die Aufwendungen, die bis zum Ende des Wj. durch den Verbrauch von Gütern und die Inanspruchnahme von Diensten für die Herstellung eines Wirtschaftsgutes entstanden sind (>BFH vom 15.11.1985 – BStBl II 1986 S. 367).
- Anzahlungen auf Teilherstellungskosten sind nicht begünstigt (>BFH vom 10.03.1982 – BStBl II S. 426).

Verzeichnis
Das nach § 7a Abs. 8 erforderliche Verzeichnis braucht erst im Zeitpunkt der Inanspruchnahme der erhöhten Absetzungen oder Sonderabschreibungen erstellt zu werden (>BFH vom 09.08.1984 – BStBl II 1985 S. 47).

Willkürlich geleistete Zahlungen
Willkürlich geleistete Zahlungen sind keine Anzahlungen (>BFH vom 03.02.1987 – BStBl II S. 492).

§ 7b[1])
Sonderabschreibung für Mietwohnungsneubau

(1) ¹Für die Anschaffung oder Herstellung neuer Wohnungen, die in einem Mitgliedstaat der Europäischen Union belegen sind, können nach Maßgabe der nachfolgenden Absätze im Jahr der Anschaffung oder Herstellung und in den folgenden drei Jahren Sonderabschreibungen bis zu jährlich 5 Prozent der Bemessungsgrundlage neben der Absetzung für Abnutzung nach § 7 Absatz 4 in Anspruch genommen werden. ²Im Fall der Anschaffung ist eine Wohnung neu, wenn sie bis zum Ende des Jahres der Fertigstellung angeschafft wird. ³In diesem Fall können die Sonderabschreibungen nach Satz 1 nur vom Anschaffenden in Anspruch genommen werden. ⁴Bei der Anwendung des Satzes 1 sind den Mitgliedstaaten der Europäischen Union Staaten gleichgestellt, die auf Grund vertraglicher Verpflichtung Amtshilfe entsprechend dem EU-Amtshilfegesetz in einem Umfang leisten, der für die Überprüfung der Voraussetzungen dieser Vorschrift erforderlich ist.

(2) Die Sonderabschreibungen können nur in Anspruch genommen werden, wenn
1. durch Baumaßnahmen auf Grund eines nach dem 31. August 2018 und vor dem 1. Januar 2022 gestellten Bauantrags oder einer in diesem Zeitraum getätigten Bauanzeige neue, bisher nicht vorhandene, Wohnungen geschaffen werden, die die Voraussetzungen des § 181 Absatz 9 des Bewertungsgesetzes erfüllen; hierzu gehören auch die zu einer Wohnung gehörenden Nebenräume,
2. die Anschaffungs- oder Herstellungskosten 3.000 Euro je Quadratmeter Wohnfläche nicht übersteigen und
3. die Wohnung im Jahr der Anschaffung oder Herstellung und in den folgenden neun Jahren der entgeltlichen Überlassung zu Wohnzwecken dient; Wohnungen dienen nicht Wohnzwecken, soweit sie zur vorübergehenden Beherbergung von Personen genutzt werden.

(3) Bemessungsgrundlage für die Sonderabschreibungen nach Absatz 1 sind die Anschaffungs- oder Herstellungskosten der nach Absatz 2 begünstigten Wohnung, jedoch maximal 2.000 Euro je Quadratmeter Wohnfläche.

(4) ¹Die nach Absatz 1 in Anspruch genommenen Sonderabschreibungen sind rückgängig zu machen, wenn
1. die begünstigte Wohnung im Jahr der Anschaffung oder Herstellung und in den folgenden neun Jahren nicht der entgeltlichen Überlassung zu Wohnzwecken dient,

---

[1]) Die Inanspruchnahme der Sonderabschreibungen nach § 7b kann erstmalig für den VZ 2018 und letztmalig für den VZ 2026, in den Fällen des § 4a letztmalig für Wj., die vor dem 01.01.2027 enden, geltend gemacht werden. Das gilt auch dann, wenn der Abschreibungszeitraum nach § 7b Abs. 1 noch nicht abgelaufen ist >§ 52 Abs. 15a.

§ 7b EStG

2. die begünstigte Wohnung oder ein Gebäude mit begünstigten Wohnungen im Jahr der Anschaffung oder der Herstellung oder in den folgenden neun Jahren veräußert wird und der Veräußerungsgewinn nicht der Einkommen- oder Körperschaftsteuer unterliegt oder
3. die Baukostenobergrenze nach Absatz 2 Nummer 2 innerhalb der ersten drei Jahre nach Ablauf des Jahres der Anschaffung oder Herstellung der begünstigten Wohnung durch nachträgliche Anschaffungs- oder Herstellungskosten überschritten wird.

²Steuer- oder Feststellungsbescheide, in denen Sonderabschreibungen nach Absatz 1 berücksichtigt wurden, sind insoweit aufzuheben oder zu ändern. ³Das gilt auch dann, wenn die Steuer- oder Feststellungsbescheide bestandskräftig geworden sind; die Festsetzungsfristen für das Jahr der Anschaffung oder Herstellung und für die folgenden drei Kalenderjahre beginnen insoweit mit Ablauf des Kalenderjahres, in dem das Ereignis im Sinne des Satzes 1 eingetreten ist. ⁴§ 233a Absatz 2a der Abgabenordnung ist insoweit nicht anzuwenden.

(5) ¹Die Sonderabschreibungen nach Absatz 1 werden nur gewährt, soweit die Voraussetzungen der Verordnung (EU) Nr. 1407/2013 der Kommission vom 18. Dezember 2013 über die Anwendung der Artikel 107 und 108 des Vertrags über die Arbeitsweise der Europäischen Union auf De-minimis-Beihilfen (ABl. L 352 vom 24.12.2013, S. 1) (De-minimis-Verordnung) in der jeweils geltenden Fassung eingehalten sind. ²Unter anderem darf hiernach der Gesamtbetrag der einem einzigen Unternehmen gewährten De-minimis-Beihilfe in einem Zeitraum von drei Veranlagungszeiträumen 200.000 Euro nicht übersteigen. ³Bei dieser Höchstgrenze sind auch andere in diesem Zeitraum an das Unternehmen gewährte De-minimis-Beihilfen gleich welcher Art und Zielsetzung zu berücksichtigen. ⁴Die Sonderabschreibungen werden erst gewährt, wenn der Anspruchsberechtigte in geeigneter Weise den Nachweis erbracht hat, in welcher Höhe ihm in den beiden vorangegangenen sowie im laufenden Veranlagungszeitraum De-minimis-Beihilfen gewährt worden sind, für die die vorliegende oder andere De-minimis-Verordnungen gelten, und nur soweit, wie die Voraussetzungen der De-minimis-Verordnung bei dem Unternehmen im Sinne der De-minimis-Verordnung eingehalten werden.

Hinweise

Anwendungsschreiben

\>BMF vom 07.07.2020 (BStBl I S. 623) unter Berücksichtigung der Änderungen durch BMF vom 21.09.2021 (BStBl I S. 1805)

§ 7c
(weggefallen)

Im Anschluss ist § 7c EStG i. d. F. des Artikels 2 des Gesetzes zur weiteren steuerlichen Förderung der Elektromobilität und zur Änderung weiterer steuerlicher Vorschriften abgedruckt:

§ 7c[1)]
Sonderabschreibung für Elektronutzfahrzeuge und elektrisch betriebene Lastenfahrräder

(1) Bei neuen Elektronutzfahrzeugen im Sinne des Absatzes 2 sowie elektrisch betriebenen Lastenfahrrädern im Sinne des Absatzes 3, die zum Anlagevermögen gehören, kann im Jahr der Anschaffung neben der Absetzung für Abnutzung nach § 7 Absatz 1 eine Sonderabschreibung in Höhe von 50 Prozent der Anschaffungskosten in Anspruch genommen werden.

(2) Elektronutzfahrzeuge sind Fahrzeuge der EG-Fahrzeugklassen N1, N2 und N3, die ausschließlich durch Elektromotoren angetrieben werden, die ganz oder überwiegend aus mechanischen oder elektrochemischen Energiespeichern oder aus emissionsfrei betriebenen Energiewandlern gespeist werden.

(3) Elektrisch betriebene Lastenfahrräder sind Schwerlastfahrräder mit einem Mindest-Transportvolumen von einem Kubikmeter und einer Nutzlast von mindestens 150 Kilogramm, die mit einem elektromotorischen Hilfsantrieb angetrieben werden.

(4) [1] Die Sonderabschreibung kann nur in Anspruch genommen werden, wenn der Steuerpflichtige die der Sonderabschreibung zugrundeliegenden Anschaffungskosten sowie Angaben zu den in den Absätzen 1 bis 3 enthaltenen Voraussetzungen nach amtlich vorgeschriebenen Datensätzen durch Datenfernübertragung übermittelt. [2] Auf Antrag kann die Finanzbehörde zur Vermeidung unbilliger Härten auf eine elektronische Übermittlung verzichten; § 150 Absatz 8 der Abgabenordnung gilt entsprechend. [3] In den Fällen des Satzes 2 müssen sich die entsprechenden Angaben aus den beim Finanzamt einzureichenden Unterlagen ergeben.

§§ 7d bis 7f
(weggefallen)

[1)] § 7c wird durch Artikel 2 des Gesetzes zur weiteren steuerlichen Förderung der Elektromobilität und zur Änderung weiterer steuerlicher Vorschriften eingefügt und ist für nach dem 31.12.2019 und vor dem 01.01.2031 angeschaffte neue Elektrolieferfahrzeuge anzuwenden >§ 52 Abs. 15b.
Nach Artikel 39 Abs. 7 des Gesetzes zur weiteren steuerlichen Förderung der Elektromobilität und zur Änderung weiterer steuerlicher Vorschriften tritt § 7c an dem Tag in Kraft, an dem die Europäische Kommission durch Beschluss feststellt, dass die Regelungen entweder keine Beihilfen oder mit dem Binnenmarkt vereinbare Beihilfen darstellen. Der Tag des Beschlusses der Europäischen Kommission sowie der Tag des Inkrafttretens werden vom BMF gesondert im BGBl. Teil I bekannt gemacht.

§ 7g
Investitionsabzugsbeträge und Sonderabschreibungen zur Förderung kleiner und mittlerer Betriebe

(1) ¹Steuerpflichtige können für die künftige Anschaffung oder Herstellung von abnutzbaren beweglichen Wirtschaftsgütern des Anlagevermögens, die mindestens bis zum Ende des dem Wirtschaftsjahr der Anschaffung oder Herstellung folgenden Wirtschaftsjahres vermietet oder in einer inländischen Betriebsstätte des Betriebes ausschließlich oder fast ausschließlich betrieblich genutzt werden, bis zu 50 Prozent der voraussichtlichen Anschaffungs- oder Herstellungskosten gewinnmindernd abziehen (Investitionsabzugsbeträge). ²Investitionsabzugsbeträge können nur in Anspruch genommen werden, wenn

1. der Gewinn
   a) nach § 4 oder § 5 ermittelt wird;
   b) im Wirtschaftsjahr, in dem die Abzüge vorgenommen werden sollen, ohne Berücksichtigung der Investitionsabzugsbeträge nach Satz 1 und der Hinzurechnungen nach Absatz 2 200.000 Euro nicht überschreitet und
2. der Steuerpflichtige die Summen der Abzugsbeträge und der nach den Absätzen 2 bis 4 hinzuzurechnenden oder rückgängig zu machenden Beträge nach amtlich vorgeschriebenen Datensätzen durch Datenfernübertragung übermittelt. ²Auf Antrag kann die Finanzbehörde zur Vermeidung unbilliger Härten auf eine elektronische Übermittlung verzichten; § 150 Absatz 8 der Abgabenordnung gilt entsprechend. ³In den Fällen des Satzes 2 müssen sich die Summen der Abzugsbeträge und der nach den Absätzen 2 bis 4 hinzuzurechnenden oder rückgängig zu machenden Beträge aus den beim Finanzamt einzureichenden Unterlagen ergeben.

³Abzugsbeträge können auch dann in Anspruch genommen werden, wenn dadurch ein Verlust entsteht oder sich erhöht. ⁴Die Summe der Beträge, die im Wirtschaftsjahr des Abzugs und in den drei vorangegangenen Wirtschaftsjahren nach Satz 1 insgesamt abgezogen und nicht nach Absatz 2 hinzugerechnet oder nach den Absätzen 3 oder 4 rückgängig gemacht wurden, darf je Betrieb 200.000 Euro nicht übersteigen.

(2) ¹Im Wirtschaftsjahr der Anschaffung oder Herstellung eines begünstigten Wirtschaftsguts im Sinne von Absatz 1 Satz 1 können bis zu 50 Prozent der Anschaffungs- oder Herstellungskosten gewinnerhöhend hinzugerechnet werden; die Hinzurechnung darf die Summe der nach Absatz 1 abgezogenen und noch nicht nach den Absätzen 2 bis 4 hinzugerechneten oder rückgängig gemachten Abzugsbeträge

nicht übersteigen. ²Bei nach Eintritt der Unanfechtbarkeit der erstmaligen Steuerfestsetzung oder der erstmaligen gesonderten Feststellung nach Absatz 1 in Anspruch genommenen Investitionsabzugsbeträgen setzt die Hinzurechnung nach Satz 1 voraus, dass das begünstigte Wirtschaftsgut zum Zeitpunkt der Inanspruchnahme der Investitionsabzugsbeträge noch nicht angeschafft oder hergestellt worden ist. ³Die Anschaffungs- oder Herstellungskosten des Wirtschaftsguts können in dem in Satz 1 genannten Wirtschaftsjahr um bis zu 50 Prozent, höchstens jedoch um die Hinzurechnung nach Satz 1, gewinnmindernd herabgesetzt werden; die Bemessungsgrundlage für die Absetzungen für Abnutzung, erhöhten Absetzungen und Sonderabschreibungen sowie die Anschaffungs- oder Herstellungskosten im Sinne von § 6 Absatz 2 und 2a verringern sich entsprechend.

(3) ¹Soweit in Anspruch genommene Investitionsabzugsbeträge nicht bis zum Ende des dritten auf das Wirtschaftsjahr des jeweiligen Abzugs folgenden Wirtschaftsjahres nach Absatz 2 Satz 1 hinzugerechnet wurden, sind die Abzüge nach Absatz 1 rückgängig zu machen; die vorzeitige Rückgängigmachung von Investitionsabzugsbeträgen vor Ablauf der Investitionsfrist ist zulässig. ²Wurde der Gewinn des maßgebenden Wirtschaftsjahres bereits einer Steuerfestsetzung oder einer gesonderten Feststellung zugrunde gelegt, ist der entsprechende Steuer- oder Feststellungsbescheid insoweit zu ändern. ³Das gilt auch dann, wenn der Steuer- oder Feststellungsbescheid bestandskräftig geworden ist; die Festsetzungsfrist endet insoweit, bevor die Festsetzungsfrist für den Veranlagungszeitraum abgelaufen ist, in dem das dritte auf das Wirtschaftsjahr des Abzugs folgende Wirtschaftsjahr endet. ⁴§ 233a Absatz 2a der Abgabenordnung ist nicht anzuwenden. [1)]

(4) ¹Wird in den Fällen des Absatzes 2 ein begünstigtes Wirtschaftsgut nicht bis zum Ende des dem Wirtschaftsjahr der Anschaffung oder Herstellung folgenden Wirtschaftsjahres vermietet oder in einer inländischen Betriebsstätte des Betriebes ausschließlich oder fast ausschließlich betrieblich genutzt, sind die Herabsetzung der Anschaffungs- oder Herstellungskosten, die Verringerung der Bemessungsgrundlage und die Hinzurechnung nach Absatz 2 rückgängig zu machen. ²Wurden die Gewinne der maßgebenden Wirtschaftsjahre bereits Steuerfestsetzungen oder gesonderten Feststellungen

---

[1)] Die Investitionsfrist wurde verlängert. Bei in
- nach dem 31.12.2016 und vor dem 01.01.2018 endenden Wj. beanspruchten Investitionsabzugsbeträgen endet die Investitionsfrist abweichend von § 7g Abs. 3 Satz 1 erst zum Ende des **sechsten** auf das Wj. des Abzugs folgenden Wj. >§ 52 Abs. 16 Satz 3,
- nach dem 31.12.2017 und vor dem 01.01.2019 endenden Wj. beanspruchten Investitionsabzugsbeträgen endet die Investitionsfrist abweichend von § 7g Abs. 3 Satz 1 erst zum Ende des **fünften** auf das Wj. des Abzugs folgenden Wj. >§ 52 Abs. 16 Satz 4,
- *nach dem 31.12.2018 und vor dem 01.01.2020 endenden Wj. beanspruchten Investitionsabzugsbeträgen endet die Investitionsfrist abweichend von § 7g Abs. 3 Satz 1 erst zum Ende des vierten auf das Wj. des Abzugs folgenden Wj. >§ 52 Abs. 16 Satz 5.*

zugrunde gelegt, sind die entsprechenden Steuer- oder Feststellungsbescheide insoweit zu ändern. ³Das gilt auch dann, wenn die Steuer- oder Feststellungsbescheide bestandskräftig geworden sind; die Festsetzungsfristen enden insoweit nicht, bevor die Festsetzungsfrist für den Veranlagungszeitraum abgelaufen ist, in dem die Voraussetzungen des Absatzes 1 Satz 1 erstmals nicht mehr vorliegen. ⁴§ 233a Absatz 2a der Abgabenordnung ist nicht anzuwenden.

(5) Bei abnutzbaren beweglichen Wirtschaftsgütern des Anlagevermögens können unter den Voraussetzungen des Absatzes 6 im Jahr der Anschaffung oder Herstellung und in den vier folgenden Jahren neben den Absetzungen für Abnutzung nach § 7 Absatz 1 oder Absatz 2 Sonderabschreibungen bis zu insgesamt 20 Prozent der Anschaffungs- oder Herstellungskosten in Anspruch genommen werden.

(6) Die Sonderabschreibungen nach Absatz 5 können nur in Anspruch genommen werden, wenn

1. der Betrieb im Wirtschaftsjahr, das der Anschaffung oder Herstellung vorangeht, die Gewinngrenze des Absatzes 1 Satz 2 Nummer 1 nicht überschreitet, und
2. das Wirtschaftsgut im Jahr der Anschaffung oder Herstellung und im darauf folgenden Wirtschaftsjahr vermietet oder in einer inländischen Betriebsstätte des Betriebs des Steuerpflichtigen ausschließlich oder fast ausschließlich betrieblich genutzt wird; Absatz 4 gilt entsprechend.

(7) ¹Bei Personengesellschaften und Gemeinschaften sind die Absätze 1 bis 6 mit der Maßgabe anzuwenden, dass an die Stelle des Steuerpflichtigen die Gesellschaft oder die Gemeinschaft tritt. ²Vom Gewinn der Gesamthand oder Gemeinschaft abgezogene Investitionsabzugsbeträge können ausschließlich bei Investitionen der Personengesellschaft oder Gemeinschaft nach Absatz 2 Satz 1 gewinnerhöhend hinzugerechnet werden. ³Entsprechendes gilt für vom Sonderbetriebsgewinn eines Mitunternehmers abgezogene Investitionsabzugsbeträge bei Investitionen dieses Mitunternehmers oder seines Rechtsnachfolgers in seinem Sonderbetriebsvermögen.

Hinweise

Investitionsabzugsbetrag
- Zu Zweifelsfragen zu den Investitionsabzugsbeträgen nach § 7g Abs. 1 bis 4 und 7 i. d. F. des *JStG 2020 vom 21.12.2020 (BGBl. I S. 3096)* >BMF vom *15.06.2022 (BStBl I S. 945)*
- *Zur zeitlichen Anwendung der BMF-Schreiben vom 20.03.2017 (BStBl I S. 423) und vom 26.08.2019 (BStBl I S. 870), letztmals abgedruckt im Anhang 18 EStH 2021 >BMF vom 15.06.2022 (BStBl I S. 945), Rn 59*

§ 7h

Erhöhte Absetzungen bei Gebäuden in Sanierungsgebieten und städtebaulichen Entwicklungsbereichen

(1) ¹Bei einem im Inland belegenen Gebäude in einem förmlich festgelegten Sanierungsgebiet oder städtebaulichen Entwicklungsbereich kann der Steuerpflichtige abweichend von § 7 Absatz 4 und 5 im Jahr der Herstellung und in den folgenden sieben Jahren jeweils bis zu 9 Prozent und in den folgenden vier Jahren jeweils bis zu 7 Prozent der Herstellungskosten für Modernisierungs- und Instandsetzungsmaßnahmen im Sinne des § 177 des Baugesetzbuchs absetzen. ²Satz 1 ist entsprechend anzuwenden auf Herstellungskosten für Maßnahmen, die der Erhaltung, Erneuerung und funktionsgerechten Verwendung eines Gebäudes im Sinne des Satzes 1 dienen, das wegen seiner geschichtlichen, künstlerischen oder städtebaulichen Bedeutung erhalten bleiben soll, und zu deren Durchführung sich der Eigentümer neben bestimmten Modernisierungsmaßnahmen gegenüber der Gemeinde verpflichtet hat. ³Der Steuerpflichtige kann die erhöhten Absetzungen im Jahr des Abschlusses der Maßnahme und in den folgenden elf Jahren auch für Anschaffungskosten in Anspruch nehmen, die auf Maßnahmen im Sinne der Sätze 1 und 2 entfallen, soweit diese nach dem rechtswirksamen Abschluss eines obligatorischen Erwerbsvertrags oder eines gleichstehenden Rechtsakts durchgeführt worden sind. ⁴Die erhöhten Absetzungen können nur in Anspruch genommen werden, soweit die Herstellungs- oder Anschaffungskosten durch Zuschüsse aus Sanierungs- oder Entwicklungsförderungsmitteln nicht gedeckt sind. ⁵Nach Ablauf des Begünstigungszeitraums ist ein Restwert den Herstellungs- oder Anschaffungskosten des Gebäudes oder dem an deren Stelle tretenden Wert hinzuzurechnen; die weiteren Absetzungen für Abnutzung sind einheitlich für das gesamte Gebäude nach dem sich hiernach ergebenden Betrag und dem für das Gebäude maßgebenden Prozentsatz zu bemessen. [1]

(1a) ¹Absatz 1 ist nicht anzuwenden, sofern Maßnahmen zur Herstellung eines neuen Gebäudes führen. ²Die Prüfung, ob Maßnahmen zur Herstellung eines neuen Gebäudes führen, obliegt der Finanzbehörde.

(2) ¹Der Steuerpflichtige kann die erhöhten Absetzungen nur in Anspruch nehmen, wenn er durch eine nicht offensichtlich rechtswidrige Bescheinigung der zuständigen Gemeindebehörde die Voraussetzungen des Absatzes 1 für das Gebäude und die Maßnahmen nachweist; die Bescheinigung hat die Höhe der Aufwendungen für die [2]

---

[1] zur Anwendung des Absatzes 1 Satz 1 und 3 >§ 52 Abs. 23a i. d. F. vor dem Gesetz zur Anpassung des nationalen Steuerrechts an den Beitritt Kroatiens zur EU und zur Änderung weiterer steuerlicher Vorschriften

[2] Absatz 2 Satz 1 ist erstmals anzuwenden auf Bescheinigungen der zuständigen Gemeindebehörde, die nach dem 31.12.2020 erteilt werden >§ 52 Abs.16a Satz 4.

§ 7h EStG
R 7h

Maßnahmen nach Absatz 1 Satz 1 und 2 zu enthalten. ²Sind ihm Zuschüsse aus Sanierungs- oder Entwicklungsförderungsmitteln gewährt worden, so hat die Bescheinigung auch deren Höhe zu enthalten; werden ihm solche Zuschüsse nach Ausstellung der Bescheinigung gewährt, so ist diese entsprechend zu ändern.

(3) Die Absätze 1 bis 2 sind auf Gebäudeteile, die selbständige unbewegliche Wirtschaftsgüter sind, sowie auf Eigentumswohnungen und auf im Teileigentum stehende Räume entsprechend anzuwenden.

R 7h.

Erhöhte Absetzungen nach § 7h EStG von Aufwendungen für bestimmte Maßnahmen an Gebäuden in Sanierungsgebieten und städtebaulichen Entwicklungsbereichen

(1) Den Miteigentümern eines Gebäudes stehen erhöhte Absetzungen nach § 7h EStG grundsätzlich im Verhältnis ihrer Eigentumsanteile zu; auf R 21.6 wird hingewiesen.

(2) Wird ein Gebäude, bei dem erhöhte Absetzungen nach § 7h EStG vorgenommen werden, aus dem Betriebsvermögen in das Privatvermögen oder umgekehrt überführt, ist eine sich dabei ergebende Erhöhung oder Minderung der Bemessungsgrundlage dem Teil des Gebäudes zuzuordnen, für den keine erhöhten Absetzungen nach § 7h EStG gewährt werden.

(3) ¹Werden erhöhte Absetzungen nach § 7h EStG in Anspruch genommen, braucht aus Vereinfachungsgründen das Vorliegen der Voraussetzungen nur für den VZ geprüft zu werden, in dem die begünstigten Baumaßnahmen fertig gestellt worden sind. ²Die Nachholung versehentlich unterlassener erhöhter Absetzungen nach § 7h EStG ist nicht möglich.

(4) ¹Die zuständige Gemeindebehörde hat nach den länderspezifischen >Bescheinigungsrichtlinien zu prüfen,

1. ob das Gebäude in einem förmlich festgelegten Sanierungsgebiet oder städtebaulichen Entwicklungsbereich belegen ist,

Anhang 5 I
2. ob Modernisierungs- und Instandsetzungsmaßnahmen i. S. d. § 177 BauGB oder andere Maßnahmen i. S. d. § 7h Abs. 1 Satz 2 EStG durchgeführt worden sind,

3. in welcher Höhe Aufwendungen, die die vorstehenden Voraussetzungen erfüllen, angefallen sind,

4. inwieweit Zuschüsse aus öffentlichen Mitteln durch eine der für Sanierungsgebiete oder städtebaulichen Entwicklungsbereiche zuständigen Behörde bewilligt worden sind oder nach Ausstellung der Bescheinigung bewilligt werden (Änderung der Bescheinigung).

²Die Bescheinigung unterliegt weder in rechtlicher noch in tatsächlicher Hinsicht der Nachprüfung durch die Finanzbehörden. ³Es handelt sich hierbei um einen Verwaltungsakt in Form eines Grundlagenbescheides, an den die Finanzbehörden im Rahmen des gesetzlich vorgegebenen Umfangs gebunden sind (§ 175 Abs. 1 Satz 1 Nr. 1 AO). ⁴Ist jedoch offensichtlich, dass die Bescheinigung für Maßnahmen erteilt worden ist, bei denen die

Voraussetzungen nicht vorliegen, hat die Finanzbehörde ein Remonstrationsrecht, d. h. sie kann die Gemeindebehörde zur Überprüfung veranlassen sowie um Rücknahme oder Änderung der Bescheinigung nach Maßgabe des § 48 Abs. 1 VwVfG bitten[1]). ⁵Die Gemeindebehörde ist verpflichtet, dem Finanzamt die Rücknahme oder Änderung der Bescheinigung mitzuteilen (§ 4 Mitteilungsverordnung).

(5) Die Finanzbehörden haben zu prüfen,
1. ob die vorgelegte Bescheinigung von der zuständigen Gemeindebehörde ausgestellt worden ist,
2. ob die bescheinigten Aufwendungen steuerrechtlich dem Gebäude i. S. d. § 7h Abs. 1 EStG zuzuordnen sind,
3. ob die bescheinigten Aufwendungen zu den Herstellungskosten oder den nach § 7h Abs. 1 Satz 3 EStG begünstigten Anschaffungskosten, zu den sofort abziehbaren Betriebsausgaben oder Werbungskosten, insbesondere zum Erhaltungsaufwand, oder zu den nicht abziehbaren Ausgaben gehören,
4. ob weitere Zuschüsse für die bescheinigten Aufwendungen gezahlt werden oder worden sind,
5. ob die Aufwendungen bei einer Einkunftsart oder bei einem zu eigenen Wohnzwecken genutzten Gebäude wie Sonderausgaben (>§ 10f EStG) berücksichtigt werden können,
6. in welchem VZ die erhöhten Absetzungen, die Verteilung von Erhaltungsaufwand (>§ 11a EStG) oder der Abzug wie Sonderausgaben (>§ 10f EStG) erstmals in Anspruch genommen werden können.

(6) ¹Eine begünstigte Maßnahme i. S. d. § 7h Abs. 1 Satz 1 EStG liegt auch vor, wenn die Modernisierungs- und Instandhaltungsmaßnahmen auf Grund einer konkreten vertraglichen Vereinbarung zwischen Eigentümer und Gemeinde durchgeführt werden. ²Die Prüfungs- und Bescheinigungspflicht i. S. d. Absatzes 4 besteht auch in diesen Fällen. ³Baumaßnahmen, die ohne konkrete vertragliche Vereinbarung auf freiwilliger Grundlage durchgeführt werden, sind von dem Begünstigungstatbestand des § 7h Abs. 1 Satz 1 EStG nicht erfasst.

(7) Für die Begünstigung von Modernisierungs- und Instandsetzungsmaßnahmen i. S. d. § 177 BauGB ist es unschädlich, wenn die zugrunde liegende Sanierungssatzung während oder nach Durchführung der Maßnahmen aufgehoben wird.

Anhang 5 I

---

[1]) für offensichtlich rechtswidrige Bescheinigungen, die nach dem 31.12.2020 erteilt werden >§ 7h Abs. 2 Satz 1 i. d. F. des Artikel 1 des JStG 2020 i. V. m. § 52 Abs. 16a Satz 4

§ 7h EStG
H 7h

Hinweise

H 7h

Anhang 30 I

Bauherrenmodelle
Zu den Besonderheiten bei Baumaßnahmen i. S. d. §§ 7h und 7i im Rahmen von Bauherrenmodellen >BMF vom 20.10.2003 (BStBl I S. 546), RdNr. 10

Begünstigte Baumaßnahmen
– Begünstigt sind nur Herstellungskosten an einem im Sanierungsgebiet liegenden, bestehenden Gebäude, nicht hingegen der Neubau oder Wiederaufbau von Gebäuden (>BFH vom 02.09.2008 – BStBl II 2009 S. 596).
– Auch Aufwendungen für eine Eigentumswohnung, mit der neuer Wohnraum geschaffen wird, können begünstigt sein, wenn und soweit sie sich auf den Altbaubestand beziehen und die Voraussetzungen des § 7h Abs. 1 und 2 erfüllen. Es ist unerheblich, ob und mit welchem Anteil die begünstigten Aufwendungen das Sondereigentum oder das Gemeinschaftseigentum betreffen (>BFH vom 10.10.2017 – BStBl II 2018 S. 272).

Bescheinigungsrichtlinien
Übersicht über die Veröffentlichung der länderspezifischen Bescheinigungsrichtlinien >BMF vom 21.01.2020 (BStBl I S. 169)

Bindungswirkung der Bescheinigung
– Die Bindungswirkung der Bescheinigung umfasst nicht die persönliche Abzugsberechtigung (>BFH vom 21.08.2001 – BStBl II 2003 S. 910).
– Allein die Gemeinde prüft, ob Modernisierungs- und Instandsetzungsmaßnahmen i. S. d. § 177 BauGB durchgeführt wurden. Aufgrund der Wertungen des BauGB ist zu entscheiden, wie die Begriffe „Modernisierung" und „Instandsetzung" zu verstehen sind und ob darunter auch ein Neubau im bautechnischen Sinne zu subsumieren ist. Es besteht keine Bindungswirkung in Bezug auf die Höhe der begünstigten Kosten (>BFH vom 22.10.2014 – BStBl II 2015 S. 367, vom 06.12.2016 – BStBl II 2017 S. 523 und vom 17.04.2018 – BStBl II S. 597).

Gleichstehender Rechtsakt
An den einem obligatorischen Erwerbsvertrag gleichstehenden Rechtsakt sind hinsichtlich seiner Rechtsbindung und der Rechtsklarheit dieselben Anforderungen zu stellen wie an den obligatorischen Erwerbsvertrag. Es bedarf einer formgerechten schuldrechtlichen Erwerbsverpflichtung, von der sich kein Beteiligter mehr einseitig lösen kann. Hierzu zählt insbesondere der Erbfall, der Zuschlag im Zwangsversteigerungsverfahren oder der Erwerb von Anteilen an einer Personengesellschaft. Ein unwiderrufliches Kaufangebot begründet weder eine beidseitige Verpflichtung noch definiert

es einen konkreten Erwerbszeitpunkt und stellt mithin keinen gleichstehenden Rechtsakt i. S. d. §§ 7h, 7i dar (>BFH vom 19.02.2013 – BStBl II S. 482).

Nichtvorliegen der Bescheinigung
– Fehlt es an einer Bescheinigung nach § 7h Abs. 2, z. B. weil die Gemeindebehörde keine den formellen Anforderungen entsprechende Bescheinigung erstellt hat, geht die Prüfungsbefugnis nicht auf das Finanzamt über; dieses ist allenfalls zur vorläufigen Schätzung nach § 162 Abs. 5 AO befugt (>BFH vom 10.10.2017 – BStBl II 2018 S. 272).
– >H 7i

Objektbezogenheit der Bescheinigung
– Erhöhte Absetzungen können für eine Eigentumswohnung geltend gemacht werden, wenn die Bescheinigung objektbezogen ausgestellt wird. Bei einem aus mehreren Eigentumswohnungen bestehenden Gebäude muss für jede einzelne Eigentumswohnung eine Bescheinigung ausgestellt werden (>BFH vom 06.05.2014 – BStBl II 2015 S. 581 und vom 10.10.2017 – BStBl II 2018 S. 272).
– Besteht ein Gebäude aus mehreren selbständigen unbeweglichen Wirtschaftsgütern, weil es in verschiedenen Nutzungs- und Funktionszusammenhängen steht (z. B. fremde Wohnzwecke; eigene Wohnzwecke), ist eine objektbezogene Bescheinigung für den jeweiligen Gebäudeteil erforderlich. Eine Bescheinigung, die sich lediglich auf das Gesamtgebäude bezieht, genügt nicht (>BFH vom 06.12.2016 – BStBl II 2017 S. 523).

Personengesellschaft
Erhöhte Absetzungen nach Ausscheiden eines Gesellschafters >H 7a (Mehrere Beteiligte)

Verwaltungsverfahrensgesetz
§ 48 VwVfG – Rücknahme eines rechtswidrigen Verwaltungsaktes
„(1) [1]Ein rechtswidriger Verwaltungsakt kann, auch nachdem er unanfechtbar geworden ist, ganz oder teilweise mit Wirkung für die Zukunft oder für die Vergangenheit zurückgenommen werden. [2]Ein Verwaltungsakt, der ein Recht oder einen rechtlich erheblichen Vorteil begründet oder bestätigt hat (begünstigender Verwaltungsakt), darf nur unter den Einschränkungen der Absätze 2 bis 4 zurückgenommen werden.

(2) [1]Ein rechtswidriger Verwaltungsakt, der eine einmalige oder laufende Geldleistung oder teilbare Sachleistung gewährt oder hierfür Voraussetzung ist, darf nicht zurückgenommen werden, soweit der Begünstigte auf den Bestand des Verwaltungsaktes vertraut hat und sein Vertrauen unter Abwägung mit dem öffentlichen Interesse an einer Rücknahme schutzwürdig ist. [2]Das Vertrauen ist in der Regel schutzwürdig, wenn der Begünstigte gewährte Leistungen verbraucht oder

eine Vermögensdisposition getroffen hat, die er nicht mehr oder nur unter unzumutbaren Nachteilen rückgängig machen kann. ³Auf Vertrauen kann sich der Begünstigte nicht berufen, wenn er
1. den Verwaltungsakt durch arglistige Täuschung, Drohung oder Bestechung erwirkt hat;
2. den Verwaltungsakt durch Angaben erwirkt hat, die in wesentlicher Beziehung unrichtig oder unvollständig waren;
3. die Rechtswidrigkeit des Verwaltungsaktes kannte oder infolge grober Fahrlässigkeit nicht kannte.

⁴In den Fällen des Satzes 3 wird der Verwaltungsakt in der Regel mit Wirkung für die Vergangenheit zurückgenommen.

(3) ¹Wird ein rechtswidriger Verwaltungsakt, der nicht unter Absatz 2 fällt, zurückgenommen, so hat die Behörde dem Betroffenen auf Antrag den Vermögensnachteil auszugleichen, den dieser dadurch erleidet, dass er auf den Bestand des Verwaltungsaktes vertraut hat, soweit sein Vertrauen unter Abwägung mit dem öffentlichen Interesse schutzwürdig ist. ²Absatz 2 Satz 3 ist anzuwenden. ³Der Vermögensnachteil ist jedoch nicht über den Betrag des Interesses hinaus zu ersetzen, das der Betroffene an dem Bestand des Verwaltungsaktes hat. ⁴Der auszugleichende Vermögensnachteil wird durch die Behörde festgesetzt. ⁵Der Anspruch kann nur innerhalb eines Jahres geltend gemacht werden; die Frist beginnt, sobald die Behörde den Betroffenen auf sie hingewiesen hat.

(4) ¹Erhält die Behörde von Tatsachen Kenntnis, welche die Rücknahme eines rechtswidrigen Verwaltungsaktes rechtfertigen, so ist die Rücknahme nur innerhalb eines Jahres seit dem Zeitpunkt der Kenntnisnahme zulässig. ²Dies gilt nicht im Falle des Absatzes 2 Satz 3 Nr. 1.

(5) Über die Rücknahme entscheidet nach Unanfechtbarkeit des Verwaltungsaktes die nach § 3 zuständige Behörde; dies gilt auch dann, wenn der zurückzunehmende Verwaltungsakt von einer anderen Behörde erlassen worden ist."

§ 7i
Erhöhte Absetzungen bei Baudenkmalen

(1) ¹Bei einem im Inland belegenen Gebäude, das nach den jeweiligen landesrechtlichen Vorschriften ein Baudenkmal ist, kann der Steuerpflichtige abweichend von § 7 Absatz 4 und 5 im Jahr der Herstellung und in den folgenden sieben Jahren jeweils bis zu 9 Prozent und in den folgenden vier Jahren jeweils bis zu 7 Prozent der Herstellungskosten für Baumaßnahmen, die nach Art und Umfang zur Erhaltung des Gebäudes als Baudenkmal oder zu seiner sinnvollen Nutzung erforderlich sind, absetzen. ²Eine sinnvolle Nutzung ist nur anzunehmen, wenn das Gebäude in der Weise genutzt wird, dass die Erhaltung der schützenswerten Substanz des Gebäudes auf die Dauer gewährleistet ist. ³Bei einem im Inland belegenen Gebäudeteil, das nach den jeweiligen landesrechtlichen Vorschriften ein Baudenkmal ist, sind die Sätze 1 und 2 entsprechend anzuwenden. ⁴Bei einem im Inland belegenen Gebäude oder Gebäudeteil, das für sich allein nicht die Voraussetzungen für ein Baudenkmal erfüllt, aber Teil einer Gebäudegruppe oder Gesamtanlage ist, die nach den jeweiligen landesrechtlichen Vorschriften als Einheit geschützt ist, kann der Steuerpflichtige die erhöhten Absetzungen von den Herstellungskosten für Baumaßnahmen vornehmen, die nach Art und Umfang zur Erhaltung des schützenswerten äußeren Erscheinungsbildes der Gebäudegruppe oder Gesamtanlage erforderlich sind. ⁵Der Steuerpflichtige kann die erhöhten Absetzungen im Jahr des Abschlusses der Baumaßnahme und in den folgenden elf Jahren auch für Anschaffungskosten in Anspruch nehmen, die auf Baumaßnahmen im Sinne der Sätze 1 bis 4 entfallen, soweit diese nach dem rechtswirksamen Abschluss eines obligatorischen Erwerbsvertrags oder eines gleichstehenden Rechtsakts durchgeführt worden sind. ⁶Die Baumaßnahmen müssen in Abstimmung mit der in Absatz 2 bezeichneten Stelle durchgeführt worden sein. ⁷Die erhöhten Absetzungen können nur in Anspruch genommen werden, soweit die Herstellungs- oder Anschaffungskosten nicht durch Zuschüsse aus öffentlichen Kassen gedeckt sind. ⁸§ 7h Absatz 1 Satz 5 ist entsprechend anzuwenden.

(2) ¹Der Steuerpflichtige kann die erhöhten Absetzungen nur in Anspruch nehmen, wenn er durch eine nicht offensichtlich rechtswidrige Bescheinigung der nach Landesrecht zuständigen oder von der Landesregierung bestimmten Stelle die Voraussetzungen des Absatzes 1 für das Gebäude oder Gebäudeteil und für die Erforderlichkeit der Aufwendungen nachweist. ²Hat eine der für Denkmalschutz oder

---

[1]) zur Anwendung des Absatzes 1 Satz 1 und 5 >§ 52 Abs. 23b i. d. F. vor dem Gesetz zur Anpassung des nationalen Steuerrechts an den Beitritt Kroatiens zur EU und zur Änderung weiterer steuerlicher Vorschriften

[2]) Absatz 2 Satz 1 ist erstmals anzuwenden auf Bescheinigungen der nach Landesrecht zuständigen oder von der Landesregierung bestimmten Stelle, die nach dem 31.12.2020 erteilt werden >§ 52 Abs. 16a Satz 7.

Denkmalpflege zuständigen Behörden ihm Zuschüsse gewährt, so hat die Bescheinigung auch deren Höhe zu enthalten; werden ihm solche Zuschüsse nach Ausstellung der Bescheinigung gewährt, so ist diese entsprechend zu ändern.

(3) § 7h Absatz 3 ist entsprechend anzuwenden.

R 7i.	**Erhöhte Absetzungen nach § 7i EStG von Aufwendungen für bestimmte Baumaßnahmen an Baudenkmalen**

(1) R 7h Abs. 1 bis 3 gilt entsprechend.

(2) ¹Die nach Landesrecht zuständige Denkmalbehörde hat zu prüfen und zu bescheinigen,
1. ob das Gebäude oder der Gebäudeteil nach den landesrechtlichen Vorschriften ein Baudenkmal ist,
2. ob die Baumaßnahmen nach Art und Umfang
    a) zur Erhaltung des Gebäudes oder Gebäudeteiles als Baudenkmal oder zu seiner sinnvollen Nutzung,
    b) bei einem Gebäude, das Teil einer geschützten Gesamtanlage oder Gebäudegruppe ist, zur Erhaltung des schützenswerten äußeren Erscheinungsbildes der Gesamtanlage oder Gebäudegruppe

    erforderlich waren,
3. ob die Arbeiten vor Beginn und bei Planungsänderungen vor Beginn der geänderten Vorhaben mit der Bescheinigungsbehörde abgestimmt waren,
4. in welcher Höhe Aufwendungen, die die vorstehenden Voraussetzungen erfüllen, angefallen sind,
5. ob und in welcher Höhe Zuschüsse aus öffentlichen Mitteln durch eine der für den Denkmalschutz oder Denkmalpflege zuständigen Behörden bewilligt worden sind oder nach Ausstellung der Bescheinigung bewilligt werden (Änderung der Bescheinigung).

²R 7h Abs. 4 Satz 2 bis 5 gilt entsprechend.

(3) ¹Die Finanzbehörden haben zu prüfen,
1. ob die vorgelegte Bescheinigung von der nach Landesrecht zuständigen oder der von den Landesregierungen bestimmten Behörde ausgestellt worden ist,
2. ob die bescheinigten Aufwendungen zu den Herstellungskosten oder den nach § 7i Abs. 1 Satz 5 EStG begünstigten Anschaffungskosten, zu den sofort abziehbaren Betriebsausgaben oder Werbungskosten, insbesondere zum Erhaltungsaufwand, oder zu den nicht abziehbaren Ausgaben gehören,
3. ob die bescheinigten Aufwendungen steuerrechtlich dem Gebäude oder Gebäudeteil i. S. d. § 7i Abs. 1 EStG zuzurechnen sind,
4. ob weitere Zuschüsse für die bescheinigten Aufwendungen gezahlt werden oder worden sind,

5. ob die Aufwendungen bei einer Einkunftsart oder bei einem zu eigenen Wohnzwecken genutzten Gebäude wie Sonderausgaben (>§ 10f EStG) berücksichtigt werden können,
6. in welchem VZ die erhöhten Absetzungen, die Verteilung von Erhaltungsaufwand (>§ 11b EStG) oder der Abzug wie Sonderausgaben (>§ 10f EStG) erstmals in Anspruch genommen werden können.

²Fällt die Eigenschaft als Baudenkmal innerhalb des Begünstigungszeitraums weg, können die erhöhten Absetzungen ab dem Jahr, das auf den Wegfall folgt, nicht weiter in Anspruch genommen werden.

Hinweise

H 7i

Bauherrenmodelle
Zu den Besonderheiten bei Baumaßnahmen i. S. d. §§ 7h und 7i im Rahmen von Bauherrenmodellen >BMF vom 20.10.2003 (BStBl I S. 546), RdNr. 10

Anhang 30 I

Bescheinigungsbehörde
Übersicht über die zuständigen Bescheinigungsbehörden >BMF vom 04.06.2015 (BStBl I S. 506)

Bescheinigungsrichtlinien
Übersicht über die Veröffentlichung der länderspezifischen Bescheinigungsrichtlinien >BMF vom 21.01.2020 (BStBl I S. 169)

Bindungswirkung der Bescheinigung
– Sind die bescheinigten Aufwendungen steuerrechtlich den (nachträglichen) Herstellungskosten eines selbständigen, vom Baudenkmal getrennten Wirtschaftsguts (z. B. den Außenanlagen, dem Grund und Boden, einer getrennt vom Baudenkmal errichteten Tiefgarage) zuzurechnen, sind die Finanzbehörden nicht an die Bescheinigung gebunden (>BFH vom 15.10.1996 – BStBl II 1997 S. 176). Ob ein zusätzlich errichtetes Bauwerk einen Bestandteil des als Denkmal geschützten Gebäudes oder ein selbständiges neues Gebäude bildet, ist keine denkmalrechtliche, sondern eine steuerrechtliche Frage, die von den Finanzbehörden eigenständig zu prüfen ist (>BFH vom 14.01.2003 – BStBl II S. 916).
– Sind die bescheinigten Aufwendungen den nachträglichen Herstellungskosten des Baudenkmals zuzurechnen, sind die Finanzbehörden an die Bescheinigung auch dann gebunden, wenn diese unzutreffend ist. Das Remonstrationsrecht der Finanzbehörden (>R 7i Abs. 2 Satz 2) bleibt unberührt (>BFH vom 05.11.1996 – BStBl II 1997 S. 244).
– Die Bindungswirkung der Bescheinigung umfasst nicht die persönliche Abzugsberechtigung (>BFH vom 06.03.2001 – BStBl II S. 796).

— Die Voraussetzungen des § 7i sind nicht erfüllt, wenn die Bescheinigung keine Angaben zur Höhe der begünstigten Aufwendungen enthält (>BFH vom 11.06.2002 – BStBl II 2003 S. 578).

Flutkatastrophe vom Juli 2021
Zum Verzicht auf die vorherige Abstimmung mit der Bescheinigungsbehörde bei Baumaßnahmen zur Beseitigung der Schäden der Flutkatastrophe vom Juli 2021 >BMF vom 14.10.2021 (BStBl I S. 1806)

Gleichstehender Rechtsakt
>H 7h

Neubau
Denkmal i. S. d. § 7i kann steuerrechtlich auch ein Neubau im bautechnischen Sinne sein. Nicht förderungsfähig sind hingegen der Wiederaufbau oder die völlige Neuerrichtung des Gebäudes (>BFH vom 24.06.2009 – BStBl II S. 960).

Nichtvorliegen der Bescheinigung
— Das Finanzamt hat bei Nichtvorliegen der Bescheinigung eine überprüfbare Ermessensentscheidung darüber zu treffen, ob und in welcher Höhe es die erhöhten Absetzungen im Wege der Schätzung nach § 162 Abs. 5 AO anerkennt. Gegen die vorläufige Anerkennung spricht, wenn die vom Stpfl. vorgelegten Unterlagen keine Informationen darüber enthalten, auf welche einzelnen Baumaßnahmen sich die Kosten bezogen haben und ob die Aufwendungen konkret Herstellungskosten für begünstigte Maßnahmen darstellen (>BFH vom 14.05.2014 – BStBl II 2015 S. 12).
— >H 7h

Objektbezogenheit der Bescheinigung
>H 7h

Personengesellschaft
Erhöhte Absetzungen nach Ausscheiden eines Gesellschafters >H 7a (Mehrere Beteiligte)

Teilherstellungskosten
Die erhöhten Absetzungen nach § 7i können hinsichtlich einzelner Baumaßnahmen bereits im Jahr des Abschlusses der jeweiligen Maßnahme und nicht erst bei Beendigung der Gesamtbaumaßnahme vorgenommen werden, wenn die einzelne Baumaßnahme von anderen sachlich abgrenzbar und als solche abgeschlossen ist (>BFH vom 20.08.2002 – BStBl II 2003 S. 582).

Veräußerung
Im Jahr der Veräußerung des Baudenkmals kann der Stpfl. die erhöhten Absetzungen mit dem vollen Jahresbetrag in Anspruch nehmen (>BFH vom 18.06.1996 – BStBl II S. 645).

4. Überschuss der Einnahmen über die Werbungskosten

§ 8
Einnahmen

S 2202
S 2332

(1) ¹Einnahmen sind alle Güter, die in Geld oder Geldeswert bestehen und dem Steuerpflichtigen im Rahmen einer der Einkunftsarten des § 2 Absatz 1 Satz 1 Nummer 4 bis 7 zufließen. ²Zu den Einnahmen in Geld gehören auch zweckgebundene Geldleistungen, nachträgliche Kostenerstattungen, Geldsurrogate und andere Vorteile, die auf einen Geldbetrag lauten. ³Satz 2 gilt nicht bei Gutscheinen und Geldkarten, die ausschließlich zum Bezug von Waren oder Dienstleistungen berechtigen und die Kriterien des § 2 Absatz 1 Nummer 10 des Zahlungsdiensteaufsichtsgesetzes erfüllen.

S 2334

(2) ¹Einnahmen, die nicht in Geld bestehen (Wohnung, Kost, Waren, Dienstleistungen und sonstige Sachbezüge), sind mit den um übliche Preisnachlässe geminderten üblichen Endpreisen am Abgabeort anzusetzen. ²Für die private Nutzung eines betrieblichen Kraftfahrzeugs zu privaten Fahrten gilt § 6 Absatz 1 Nummer 4 Satz 2 entsprechend. ³Kann das Kraftfahrzeug auch für Fahrten zwischen Wohnung und erster Tätigkeitsstätte sowie Fahrten nach § 9 Absatz 1 Satz 3 Nummer 4a Satz 3 genutzt werden, erhöht sich der Wert in Satz 2 für jeden Kalendermonat um 0,03 Prozent des Listenpreises im Sinne des § 6 Absatz 1 Nummer 4 Satz 2 für jeden Kilometer der Entfernung zwischen Wohnung und erster Tätigkeitsstätte sowie der Fahrten nach § 9 Absatz 1 Satz 3 Nummer 4a Satz 3. ⁴Der Wert nach den Sätzen 2 und 3 kann mit dem auf die private Nutzung und die Nutzung zu Fahrten zwischen Wohnung und erster Tätigkeitsstätte sowie Fahrten nach § 9 Absatz 1 Satz 3 Nummer 4a Satz 3 entfallenden Teil der gesamten Kraftfahrzeugaufwendungen angesetzt werden, wenn die durch das Kraftfahrzeug insgesamt entstehenden Aufwendungen durch Belege und das Verhältnis der privaten Fahrten und der Fahrten zwischen Wohnung und erster Tätigkeitsstätte sowie Fahrten nach § 9 Absatz 1 Satz 3 Nummer 4a Satz 3 zu den übrigen Fahrten durch ein ordnungsgemäßes Fahrtenbuch nachgewiesen werden; § 6 Absatz 1 Nummer 4 Satz 3 zweiter Halbsatz gilt entsprechend. ⁵Die Nutzung des Kraftfahrzeugs zu einer Familienheimfahrt im Rahmen einer doppelten Haushaltsführung ist mit 0,002 Prozent des Listenpreises im Sinne des § 6 Absatz 1 Nummer 4 Satz 2 für jeden Kilometer der Entfernung zwischen dem Ort des eigenen Hausstands und dem Beschäftigungsort anzusetzen; dies gilt nicht, wenn für diese Fahrt ein Abzug von Werbungskosten nach § 9 Absatz 1 Satz 3 Nummer 5 Satz 5 und 6 in Betracht käme; Satz 4 ist sinngemäß anzuwenden. ⁶Bei Arbeitnehmern, für deren Sachbezüge durch Rechtsverordnung nach § 17 Absatz 1 Satz 1 Nummer 4 des Vierten Buches Sozialgesetzbuch Werte bestimmt worden sind, sind diese Werte maßgebend.

[7] Die Werte nach Satz 6 sind auch bei Steuerpflichtigen anzusetzen, die nicht der gesetzlichen Rentenversicherungspflicht unterliegen. [8] Wird dem Arbeitnehmer während einer beruflichen Tätigkeit außerhalb seiner Wohnung und ersten Tätigkeitsstätte oder im Rahmen einer beruflich veranlassten doppelten Haushaltsführung vom Arbeitgeber oder auf dessen Veranlassung von einem Dritten eine Mahlzeit zur Verfügung gestellt, ist diese Mahlzeit mit dem Wert nach Satz 6 (maßgebender amtlicher Sachbezugswert nach der Sozialversicherungsentgeltverordnung) anzusetzen, wenn der Preis für die Mahlzeit 60 Euro nicht übersteigt. [9] Der Ansatz einer nach Satz 8 bewerteten Mahlzeit unterbleibt, wenn beim Arbeitnehmer für ihm entstehende Mehraufwendungen für Verpflegung ein Werbungskostenabzug nach § 9 Absatz 4a Satz 1 bis 7 in Betracht käme. [10] Die oberste Finanzbehörde eines Landes kann mit Zustimmung des Bundesministeriums der Finanzen für weitere Sachbezüge der Arbeitnehmer Durchschnittswerte festsetzen. [11] Sachbezüge, die nach Satz 1 zu bewerten sind, bleiben außer Ansatz, wenn die sich nach Anrechnung der vom Steuerpflichtigen gezahlten Entgelte ergebenden Vorteile insgesamt *50 Euro* im Kalendermonat nicht übersteigen; die nach Absatz 1 Satz 3 nicht zu den Einnahmen in Geld gehörenden Gutscheine und Geldkarten bleiben nur dann außer Ansatz, wenn sie zusätzlich zum ohnehin geschuldeten Arbeitslohn gewährt werden. [12] Der Ansatz eines Sachbezugs für eine dem Arbeitnehmer vom Arbeitgeber, auf dessen Veranlassung von einem verbundenen Unternehmen (§ 15 des Aktiengesetzes) oder bei einer juristischen Person des öffentlichen Rechts als Arbeitgeber auf dessen Veranlassung von einem entsprechend verbundenen Unternehmen zu eigenen Wohnzwecken überlassene Wohnung unterbleibt, soweit das vom Arbeitnehmer gezahlte Entgelt mindestens zwei Drittel des ortsüblichen Mietwerts und dieser nicht mehr als 25 Euro je Quadratmeter ohne umlagefähige Kosten im Sinne der Verordnung über die Aufstellung von Betriebskosten beträgt.

(3) [1] Erhält ein Arbeitnehmer auf Grund seines Dienstverhältnisses Waren oder Dienstleistungen, die vom Arbeitgeber nicht überwiegend für den Bedarf seiner Arbeitnehmer hergestellt, vertrieben oder erbracht werden und deren Bezug nicht nach § 40 pauschal versteuert wird, so gelten als deren Werte abweichend von Absatz 2 die um 4 Prozent geminderten Endpreise, zu denen der Arbeitgeber oder der dem Abgabeort nächstansässige Abnehmer die Waren oder Dienstlistungen fremden Letztverbrauchern im allgemeinen Geschäftsverkehr anbietet. [2] Die sich nach Abzug der vom Arbeitnehmer gezahlten Entgelte ergebenden Vorteile sind steuerfrei, soweit sie aus dem Dienstverhältnis insgesamt 1.080 Euro im Kalenderjahr nicht übersteigen.

S 2335

§ 8 EStG

(4) ¹Im Sinne dieses Gesetzes werden Leistungen des Arbeitgebers oder auf seine Veranlassung eines Dritten (Sachbezüge oder Zuschüsse) für eine Beschäftigung nur dann zusätzlich zum ohnehin geschuldeten Arbeitslohn erbracht, wenn

1. die Leistung nicht auf den Anspruch auf Arbeitslohn angerechnet,
2. der Anspruch auf Arbeitslohn nicht zugunsten der Leistung herabgesetzt,
3. die verwendungs- oder zweckgebundene Leistung nicht anstelle einer bereits vereinbarten künftigen Erhöhung des Arbeitslohns gewährt und
4. bei Wegfall der Leistung der Arbeitslohn nicht erhöht

wird. ²Unter den Voraussetzungen des Satzes 1 ist von einer zusätzlich zum ohnehin geschuldeten Arbeitslohn erbrachten Leistung auch dann auszugehen, wenn der Arbeitnehmer arbeitsvertraglich oder auf Grund einer anderen arbeits- oder dienstrechtlichen Rechtsgrundlage (wie Einzelvertrag, Betriebsvereinbarung, Tarifvertrag, Gesetz) einen Anspruch auf diese hat.

§ 9

Werbungskosten

(1) ¹Werbungskosten sind Aufwendungen zur Erwerbung, Sicherung und Erhaltung der Einnahmen. ²Sie sind bei der Einkunftsart abzuziehen, bei der sie erwachsen sind. ³Werbungskosten sind auch
1. Schuldzinsen und auf besonderen Verpflichtungsgründen beruhende Renten und dauernde Lasten, soweit sie mit einer Einkunftsart in wirtschaftlichem Zusammenhang stehen. ²Bei Leibrenten kann nur der Anteil abgezogen werden, der sich nach § 22 Nummer 1 Satz 3 Buchstabe a Doppelbuchstabe bb ergibt;
2. Steuern vom Grundbesitz, sonstige öffentliche Abgaben und Versicherungsbeiträge, soweit solche Ausgaben sich auf Gebäude oder auf Gegenstände beziehen, die dem Steuerpflichtigen zur Einnahmeerzielung dienen;
3. Beiträge zu Berufsständen und sonstigen Berufsverbänden, deren Zweck nicht auf einen wirtschaftlichen Geschäftsbetrieb gerichtet ist;
4. Aufwendungen des Arbeitnehmers für die Wege zwischen Wohnung und erster Tätigkeitsstätte im Sinne des Absatzes 4. ²Zur Abgeltung dieser Aufwendungen ist für jeden Arbeitstag, an dem der Arbeitnehmer die erste Tätigkeitsstätte aufsucht, eine Entfernungspauschale für jeden vollen Kilometer der Entfernung zwischen Wohnung und erster Tätigkeitsstätte von 0,30 Euro anzusetzen, höchstens jedoch 4.500 Euro im Kalenderjahr; ein höherer Betrag als 4.500 Euro ist anzusetzen, soweit der Arbeitnehmer einen eigenen oder ihm zur Nutzung überlassenen Kraftwagen benutzt. ³Die Entfernungspauschale gilt nicht für Flugstrecken und Strecken mit steuerfreier Sammelbeförderung nach § 3 Nummer 32. ⁴Für die Bestimmung der Entfernung ist die kürzeste Straßenverbindung zwischen Wohnung und erster Tätigkeitsstätte maßgebend; eine andere als die kürzeste Straßenverbindung kann zugrunde gelegt werden, wenn diese offensichtlich verkehrsgünstiger ist und vom Arbeitnehmer regelmäßig für die Wege zwischen Wohnung und erster Tätigkeitsstätte benutzt wird. ⁵Nach § 8 Absatz 2 Satz 11 oder Absatz 3 steuerfreie Sachbezüge für Fahrten zwischen Wohnung und erster Tätigkeitsstätte mindern den nach Satz 2 abziehbaren Betrag; ist der Arbeitgeber selbst der Verkehrsträger, ist der Preis anzusetzen, den ein dritter Arbeitgeber an den Verkehrsträger zu entrichten hätte. ⁶Hat ein Arbeitnehmer mehrere Wohnungen, so sind die Wege von einer Wohnung, die nicht der ersten Tätigkeitsstätte am nächsten liegt, nur zu berücksichtigen, wenn sie den Mittelpunkt der Lebensinteressen des Arbeitnehmers bildet und nicht nur gelegentlich aufgesucht wird. ⁷Nach § 3 Nummer 37 steuerfreie

Sachbezüge mindern den nach Satz 2 abziehbaren Betrag nicht; § 3c Absatz 1 ist nicht anzuwenden. ⁸Zur Abgeltung der Aufwendungen im Sinne des Satzes 1 ist für die Veranlagungszeiträume 2021 bis 2026 abweichend von Satz 2 für jeden Arbeitstag, an dem der Arbeitnehmer die erste Tätigkeitsstätte aufsucht, eine Entfernungspauschale für jeden vollen Kilometer der ersten 20 Kilometer der Entfernung zwischen Wohnung und erster Tätigkeitsstätte von 0,30 Euro und für jeden weiteren vollen Kilometer

a) von 0,35 Euro für 2021,

b) von 0,38 Euro für 2022 bis 2026

anzusetzen, höchstens 4.500 Euro im Kalenderjahr; ein höherer Betrag als 4.500 Euro ist anzusetzen, soweit der Arbeitnehmer einen eigenen oder ihm zur Nutzung überlassenen Kraftwagen benutzt.

4a. Aufwendungen des Arbeitnehmers für beruflich veranlasste Fahrten, die nicht Fahrten zwischen Wohnung und erster Tätigkeitsstätte im Sinne des Absatzes 4 sowie keine Familienheimfahrten sind. ²Anstelle der tatsächlichen Aufwendungen, die dem Arbeitnehmer durch die persönliche Benutzung eines Beförderungsmittels entstehen, können die Fahrtkosten mit den pauschalen Kilometersätzen angesetzt werden, die für das jeweils benutzte Beförderungsmittel (Fahrzeug) als höchste Wegstreckenentschädigung nach dem Bundesreisekostengesetz festgesetzt sind. ³Hat ein Arbeitnehmer keine erste Tätigkeitsstätte (§ 9 Absatz 4) und hat er nach den dienst- oder arbeitsrechtlichen Festlegungen sowie den diese ausfüllenden Absprachen und Weisungen zur Aufnahme seiner beruflichen Tätigkeit dauerhaft denselben Ort oder dasselbe weiträumige Tätigkeitsgebiet typischerweise arbeitstäglich aufzusuchen, gilt Absatz 1 Satz 3 Nummer 4 und Absatz 2 für die Fahrten von der Wohnung zu diesem Ort oder dem zur Wohnung nächstgelegenen Zugang zum Tätigkeitsgebiet entsprechend. ⁴Für die Fahrten innerhalb des weiträumigen Tätigkeitsgebietes gelten die Sätze 1 und 2 entsprechend.

5. notwendige Mehraufwendungen, die einem Arbeitnehmer wegen einer beruflich veranlassten doppelten Haushaltsführung entstehen. ²Eine doppelte Haushaltsführung liegt nur vor, wenn der Arbeitnehmer außerhalb des Ortes seiner ersten Tätigkeitsstätte einen eigenen Hausstand unterhält und auch am Ort der ersten Tätigkeitsstätte wohnt. ³Das Vorliegen eines eigenen Hausstandes setzt das Innehaben einer Wohnung sowie eine finanzielle Beteiligung an den Kosten der Lebensführung voraus. ⁴Als Unterkunftskosten für eine doppelte Haushaltsführung können im Inland die tatsächlichen Aufwendungen für die Nutzung der Un-

terkunft angesetzt werden, höchstens 1.000 Euro im Monat. [5] Aufwendungen für die Wege vom Ort der ersten Tätigkeitsstätte zum Ort des eigenen Hausstandes und zurück (Familienheimfahrt) können jeweils nur für eine Familienheimfahrt wöchentlich abgezogen werden. [6] Zur Abgeltung der Aufwendungen für eine Familienheimfahrt ist eine Entfernungspauschale von 0,30 Euro für jeden vollen Kilometer der Entfernung zwischen dem Ort des eigenen Hausstandes und dem Ort der ersten Tätigkeitsstätte anzusetzen. [7] Nummer 4 Satz 3 bis 5 ist entsprechend anzuwenden. [8] Aufwendungen für Familienheimfahrten mit einem dem Steuerpflichtigen im Rahmen einer Einkunftsart überlassenen Kraftfahrzeug werden nicht berücksichtigt. [9] Zur Abgeltung der Aufwendungen für eine Familienheimfahrt ist für die Veranlagungszeiträume 2021 bis 2026 abweichend von Satz 6 eine Entfernungspauschale für jeden vollen Kilometer der ersten 20 Kilometer der Entfernung zwischen dem Ort des eigenen Hausstandes und dem Ort der ersten Tätigkeitsstätte von 0,30 Euro und für jeden weiteren vollen Kilometer

  a) *von 0,35 Euro für 2021,*
  b) *von 0,38 Euro für 2022 bis 2026*

anzusetzen.

5a. notwendige Mehraufwendungen eines Arbeitnehmers für beruflich veranlasste Übernachtungen an einer Tätigkeitsstätte, die nicht erste Tätigkeitsstätte ist. [2] Übernachtungskosten sind die tatsächlichen Aufwendungen für die persönliche Inanspruchnahme einer Unterkunft zur Übernachtung. [3] Soweit höhere Übernachtungskosten anfallen, weil der Arbeitnehmer eine Unterkunft gemeinsam mit Personen nutzt, die in keinem Dienstverhältnis zum selben Arbeitgeber stehen, sind nur diejenigen Aufwendungen anzusetzen, die bei alleiniger Nutzung durch den Arbeitnehmer angefallen wären. [4] Nach Ablauf von 48 Monaten einer längerfristigen beruflichen Tätigkeit an derselben Tätigkeitsstätte, die nicht erste Tätigkeitsstätte ist, können Unterkunftskosten nur noch bis zur Höhe des Betrags nach Nummer 5 angesetzt werden. [5] Eine Unterbrechung dieser beruflichen Tätigkeit an derselben Tätigkeitsstätte führt zu einem Neubeginn, wenn die Unterbrechung mindestens sechs Monate dauert.

5b. notwendige Mehraufwendungen, die einem Arbeitnehmer während seiner auswärtigen beruflichen Tätigkeit auf einem Kraftfahrzeug des Arbeitgebers oder eines vom Arbeitgeber beauftragten Dritten im Zusammenhang mit einer Übernachtung in dem Kraftfahrzeug für Kalendertage entstehen, an denen der Arbeitnehmer eine Verpflegungspauschale nach Absatz 4a Satz 3 Nummer 1 und 2 sowie Satz 5 zur Nummer 1 und 2 beanspruchen könnte. [2] Anstelle der tatsächlichen Aufwendungen, die dem Arbeitnehmer im Zusammenhang mit einer Übernachtung in dem

§ 9 EStG

Kraftfahrzeug entstehen, kann im Kalenderjahr einheitlich eine Pauschale von 8 Euro für jeden Kalendertag berücksichtigt werden, an dem der Arbeitnehmer eine Verpflegungspauschale nach Absatz 4a Satz 3 Nummer 1 und 2 sowie Satz 5 zur Nummer 1 und 2 beanspruchen könnte,

S 2354

6. Aufwendungen für Arbeitsmittel, zum Beispiel für Werkzeuge und typische Berufskleidung. ²Nummer 7 bleibt unberührt;

[1])

7. Absetzungen für Abnutzung und für Substanzverringerung, Sonderabschreibungen nach § 7b und erhöhte Absetzungen. ²§ 6 Absatz 2 Satz 1 bis 3 ist in Fällen der Anschaffung oder Herstellung von Wirtschaftsgütern entsprechend anzuwenden.

(2) ¹Durch die Entfernungspauschalen sind sämtliche Aufwendungen abgegolten, die durch die Wege zwischen Wohnung und erster Tätigkeitsstätte im Sinne des Absatzes 4 und durch die Familienheimfahrten veranlasst sind. ²Aufwendungen für die Benutzung öffentlicher Verkehrsmittel können angesetzt werden, soweit sie den im Kalenderjahr insgesamt als Entfernungspauschale abziehbaren Betrag übersteigen. ³Menschen mit Behinderungen,

1. deren Grad der Behinderung mindestens 70 beträgt,
2. deren Grad der Behinderung weniger als 70, aber mindestens 50 beträgt und die in ihrer Bewegungsfähigkeit im Straßenverkehr erheblich beeinträchtigt sind,

können anstelle der Entfernungspauschalen die tatsächlichen Aufwendungen für die Wege zwischen Wohnung und erster Tätigkeitsstätte und für Familienheimfahrten ansetzen. ⁴Die Voraussetzungen der Nummern 1 und 2 sind durch amtliche Unterlagen nachzuweisen.

(3) Absatz 1 Satz 3 Nummer 4 bis 5a sowie die Absätze 2 und 4a gelten bei den Einkunftsarten im Sinne des § 2 Absatz 1 Satz 1 Nummer 5 bis 7 entsprechend.

(4) ¹Erste Tätigkeitsstätte ist die ortsfeste betriebliche Einrichtung des Arbeitgebers, eines verbundenen Unternehmens (§ 15 des Aktiengesetzes) oder eines vom Arbeitgeber bestimmten Dritten, der der Arbeitnehmer dauerhaft zugeordnet ist. ²Die Zuordnung im Sinne des Satzes 1 wird durch die dienst- oder arbeitsrechtlichen Festlegungen sowie die diese ausfüllenden Absprachen und Weisungen bestimmt. ³Von einer dauerhaften Zuordnung ist insbesondere auszugehen, wenn der Arbeitnehmer unbefristet, für die Dauer des Dienstverhältnisses oder über einen Zeitraum von 48 Monaten hinaus an einer solchen Tätigkeitsstätte tätig werden soll. ⁴Fehlt eine solche dienst- oder arbeitsrechtliche Festlegung auf eine Tätigkeitsstätte oder ist sie nicht eindeutig, ist erste Tätigkeitsstätte die betriebliche Einrichtung, an der der Arbeitnehmer dauerhaft

1. typischerweise arbeitstäglich tätig werden soll oder

---

[1]) *zur Anwendung des* Absatzes 1 Satz 3 Nr. 7 Satz 1 >§ 52 Abs. 16b Satz 1

§ 9 EStG

2. je Arbeitswoche zwei volle Arbeitstage oder mindestens ein Drittel seiner vereinbarten regelmäßigen Arbeitszeit tätig werden soll.

[5] Je Dienstverhältnis hat der Arbeitnehmer höchstens eine erste Tätigkeitsstätte. [6] Liegen die Voraussetzungen der Sätze 1 bis 4 für mehrere Tätigkeitsstätten vor, ist diejenige Tätigkeitsstätte erste Tätigkeitsstätte, die der Arbeitgeber bestimmt. [7] Fehlt es an dieser Bestimmung oder ist sie nicht eindeutig, ist die der Wohnung örtlich am nächsten liegende Tätigkeitsstätte die erste Tätigkeitsstätte. [8] Als erste Tätigkeitsstätte gilt auch eine Bildungseinrichtung, die außerhalb eines Dienstverhältnisses zum Zwecke eines Vollzeitstudiums oder einer vollzeitigen Bildungsmaßnahme aufgesucht wird; die Regelungen für Arbeitnehmer nach Absatz 1 Satz 3 Nummer 4 und 5 sowie Absatz 4a sind entsprechend anzuwenden.

(4a) [1] Mehraufwendungen des Arbeitnehmers für die Verpflegung sind nur nach Maßgabe der folgenden Sätze als Werbungskosten abziehbar. [2] Wird der Arbeitnehmer außerhalb seiner Wohnung und ersten Tätigkeitsstätte beruflich tätig (auswärtige berufliche Tätigkeit), ist zur Abgeltung der ihm tatsächlich entstandenen, beruflich veranlassten Mehraufwendungen eine Verpflegungspauschale anzusetzen. [3] Diese beträgt

1. 28 Euro für jeden Kalendertag, an dem der Arbeitnehmer 24 Stunden von seiner Wohnung und ersten Tätigkeitsstätte abwesend ist,
2. jeweils 14 Euro für den An- und Abreisetag, wenn der Arbeitnehmer an diesem, einem anschließenden oder vorhergehenden Tag außerhalb seiner Wohnung übernachtet,
3. 14 Euro für den Kalendertag, an dem der Arbeitnehmer ohne Übernachtung außerhalb seiner Wohnung mehr als 8 Stunden von seiner Wohnung und der ersten Tätigkeitsstätte abwesend ist; beginnt die auswärtige berufliche Tätigkeit an einem Kalendertag und endet am nachfolgenden Kalendertag ohne Übernachtung, werden 14 Euro für den Kalendertag gewährt, an dem der Arbeitnehmer den überwiegenden Teil der insgesamt mehr als 8 Stunden von seiner Wohnung und der ersten Tätigkeitsstätte abwesend ist.

[4] Hat der Arbeitnehmer keine erste Tätigkeitsstätte, gelten die Sätze 2 und 3 entsprechend; Wohnung im Sinne der Sätze 2 und 3 ist der Hausstand, der den Mittelpunkt der Lebensinteressen des Arbeitnehmers bildet sowie eine Unterkunft am Ort der ersten Tätigkeitsstätte im Rahmen der doppelten Haushaltsführung. [5] Bei einer Tätigkeit im Ausland treten an die Stelle der Pauschbeträge nach Satz 3 länderweise unterschiedliche Pauschbeträge, die für die Fälle der Nummer 1 mit 120 sowie der Nummern 2 und 3 mit 80 Prozent der Auslandstagegelder nach dem Bundesreisekostengesetz vom Bundesministe-

§ 9 EStG

rium der Finanzen im Einvernehmen mit den obersten Finanzbehörden der Länder aufgerundet auf volle Euro festgesetzt werden; dabei bestimmt sich der Pauschbetrag nach dem Ort, den der Arbeitnehmer vor 24 Uhr Ortszeit zuletzt erreicht, oder, wenn dieser Ort im Inland liegt, nach dem letzten Tätigkeitsort im Ausland. [6]Der Abzug der Verpflegungspauschalen ist auf die ersten drei Monate einer längerfristigen beruflichen Tätigkeit an derselben Tätigkeitsstätte beschränkt. [7]Eine Unterbrechung der beruflichen Tätigkeit an derselben Tätigkeitsstätte führt zu einem Neubeginn, wenn sie mindestens vier Wochen dauert. [8]Wird dem Arbeitnehmer anlässlich oder während einer Tätigkeit außerhalb seiner ersten Tätigkeitsstätte vom Arbeitgeber oder auf dessen Veranlassung von einem Dritten eine Mahlzeit zur Verfügung gestellt, sind die nach den Sätzen 3 und 5 ermittelten Verpflegungspauschalen zu kürzen:

1. für Frühstück um 20 Prozent,
2. für Mittag- und Abendessen um jeweils 40 Prozent,

der nach Satz 3 Nummer 1 gegebenenfalls in Verbindung mit Satz 5 maßgebenden Verpflegungspauschale für einen vollen Kalendertag; die Kürzung darf die ermittelte Verpflegungspauschale nicht übersteigen. [9]Satz 8 gilt auch, wenn Reisekostenvergütungen wegen der zur Verfügung gestellten Mahlzeiten einbehalten oder gekürzt werden oder die Mahlzeiten nach § 40 Absatz 2 Satz 1 Nummer 1a pauschal besteuert werden. [10]Hat der Arbeitnehmer für die Mahlzeit ein Entgelt gezahlt, mindert dieser Betrag den Kürzungsbetrag nach Satz 8. [11]Erhält der Arbeitnehmer steuerfreie Erstattungen für Verpflegung, ist ein Werbungskostenabzug insoweit ausgeschlossen. [12]Die Verpflegungspauschalen nach den Sätzen 3 und 5, die Dreimonatsfrist nach den Sätzen 6 und 7 sowie die Kürzungsregelungen nach den Sätzen 8 bis 10 gelten entsprechend auch für den Abzug von Mehraufwendungen für Verpflegung, die bei einer beruflich veranlassten doppelten Haushaltsführung entstehen, soweit der Arbeitnehmer vom eigenen Hausstand im Sinne des § 9 Absatz 1 Satz 3 Nummer 5 abwesend ist; dabei ist für jeden Kalendertag innerhalb der Dreimonatsfrist, an dem gleichzeitig eine Tätigkeit im Sinne des Satzes 2 oder des Satzes 4 ausgeübt wird, nur der jeweils höchste in Betracht kommende Pauschbetrag abziehbar. [13]Die Dauer einer Tätigkeit im Sinne des Satzes 2 an dem Tätigkeitsort, an dem die doppelte Haushaltsführung begründet wurde, ist auf die Dreimonatsfrist anzurechnen, wenn sie ihr unmittelbar vorausgegangen ist.

(5) [1]§ 4 Absatz 5 Satz 1 Nummer 1 bis 4, 6b bis 8a, 10, 12 und Absatz 6 gilt sinngemäß.[1]) [2]Die §§ 4j, 4k, 6 Absatz 1 Nummer 1a und § 6e gelten entsprechend.

(6) [1]Aufwendungen des Steuerpflichtigen für seine Berufsausbildung oder für sein Studium sind nur dann Werbungskosten, wenn der

---

[1]) *zur Anwendung des* Absatzes 5 Satz 2 >§ 52 Abs. 16b Satz 4

Steuerpflichtige zuvor bereits eine Erstausbildung (Berufsausbildung oder Studium) abgeschlossen hat oder wenn die Berufsausbildung oder das Studium im Rahmen eines Dienstverhältnisses stattfindet. ²Eine Berufsausbildung als Erstausbildung nach Satz 1 liegt vor, wenn eine geordnete Ausbildung mit einer Mindestdauer von 12 Monaten bei vollzeitiger Ausbildung und mit einer Abschlussprüfung durchgeführt wird. ³Eine geordnete Ausbildung liegt vor, wenn sie auf der Grundlage von Rechts- oder Verwaltungsvorschriften oder internen Vorschriften eines Bildungsträgers durchgeführt wird. ⁴Ist eine Abschlussprüfung nach dem Ausbildungsplan nicht vorgesehen, gilt die Ausbildung mit der tatsächlichen planmäßigen Beendigung als abgeschlossen. ⁵Eine Berufsausbildung als Erstausbildung hat auch abgeschlossen, wer die Abschlussprüfung einer durch Rechts- oder Verwaltungsvorschriften geregelten Berufsausbildung mit einer Mindestdauer von 12 Monaten bestanden hat, ohne dass er zuvor die entsprechende Berufsausbildung durchlaufen hat.

§ 9a EStG
R 9a H 9a

S 2214

§ 9a
Pauschbeträge für Werbungskosten

¹Für Werbungskosten sind bei der Ermittlung der Einkünfte die folgenden Pauschbeträge abzuziehen, wenn nicht höhere Werbungskosten nachgewiesen werden:

S 2346

1. a) von den Einnahmen aus nichtselbständiger Arbeit vorbehaltlich Buchstabe b:

    ein Arbeitnehmer-Pauschbetrag von *1.200 Euro*;

    b) von den Einnahmen aus nichtselbständiger Arbeit, soweit es sich um Versorgungsbezüge im Sinne des § 19 Absatz 2 handelt:

    ein Pauschbetrag von 102 Euro;

2. (weggefallen)

3. von den Einnahmen im Sinne des § 22 Nummer 1, 1a und 5:

    ein Pauschbetrag von insgesamt 102 Euro.

²Der Pauschbetrag nach Satz 1 Nummer 1 Buchstabe b darf nur bis zur Höhe der um den Versorgungsfreibetrag einschließlich des Zuschlags zum Versorgungsfreibetrag (§ 19 Absatz 2) geminderten Einnahmen, die Pauschbeträge nach Satz 1 Nummer 1 Buchstabe a und Nummer 3 dürfen nur bis zur Höhe der Einnahmen abgezogen werden.

R 9a.

Pauschbeträge für Werbungskosten

Die Pauschbeträge für Werbungskosten sind nicht zu ermäßigen, wenn die unbeschränkte Steuerpflicht lediglich während eines Teiles des Kalenderjahres bestanden hat.

H 9a

Hinweise

Beschränkt Einkommensteuerpflichtige

Zur Anwendung der Pauschbeträge für Werbungskosten bei beschränkt Einkommensteuerpflichtigen >§ 50 Abs. 1 Satz 3 bis 5

4a. Umsatzsteuerrechtlicher Vorsteuerabzug
§ 9b

(1) Der Vorsteuerbetrag nach § 15 des Umsatzsteuergesetzes gehört, soweit er bei der Umsatzsteuer abgezogen werden kann, nicht zu den Anschaffungs- oder Herstellungskosten des Wirtschaftsguts, auf dessen Anschaffung oder Herstellung er entfällt.

(2) [1]Wird der Vorsteuerabzug nach § 15a des Umsatzsteuergesetzes berichtigt, so sind die Mehrbeträge als Betriebseinnahmen oder Einnahmen zu behandeln, wenn sie im Rahmen einer der Einkunftsarten des § 2 Absatz 1 Satz 1 bezogen werden; die Minderbeträge sind als Betriebsausgaben oder Werbungskosten zu behandeln, wenn sie durch den Betrieb veranlasst sind oder der Erwerbung, Sicherung und Erhaltung von Einnahmen dienen. [2]Die Anschaffungs- oder Herstellungskosten bleiben in den Fällen des Satzes 1 unberührt.

Auswirkungen der Umsatzsteuer auf die Einkommensteuer

Allgemeines

(1) [1]Soweit ein Vorsteuerbetrag nach § 15 UStG umsatzsteuerrechtlich nicht abgezogen werden darf, ist er den Anschaffungs- oder Herstellungskosten des zugehörigen Wirtschaftsgutes zuzurechnen. [2]Diese Zurechnung gilt sowohl für Wirtschaftsgüter des Anlagevermögens als auch für Wirtschaftsgüter des Umlaufvermögens. [3]In die Herstellungskosten sind die auf den Materialeinsatz und die Gemeinkosten entfallenden nicht abziehbaren Vorsteuerbeträge einzubeziehen.

Wertgrenzen

(2) [1]Für die Frage, ob bei den Wirtschaftsgütern i. S. d. § 6 Abs. 2 oder 2a oder § 9 Abs. 1 Satz 3 Nr. 7 Satz 2 EStG die Grenzen von 150[1]), 1.000 oder 410 Euro[2]) überschritten sind, ist stets von den Anschaffungs- oder Herstellungskosten abzüglich eines darin enthaltenen Vorsteuerbetrags, also von dem reinen Warenpreis ohne Vorsteuer (Nettowert), auszugehen. [2]Ob der Vorsteuerbetrag umsatzsteuerrechtlich abziehbar ist, spielt in diesem Fall keine Rolle. [3]Dagegen sind für die Bemessung der Freigrenze für Geschenke nach § 4 Abs. 5 Satz 1 Nr. 1 EStG die Anschaffungs- oder Herstellungskosten einschließlich eines umsatzsteuerrechtlich nicht abziehbaren Vorsteuerbetrags maßgebend; dabei bleibt § 15 Abs. 1a UStG unberücksichtigt.

---

[1]) bei Anschaffung oder Herstellung ab 01.01.2018 250 € >§ 52 Abs. 12 Satz **10**
[2]) bei Anschaffung oder Herstellung ab 01.01.2018 800 € >§ 52 Abs. 12 Satz **8**

§ 9b EStG
R 9b H 9b

Nicht abziehbare Vorsteuerbeträge nach § 15 Abs. 1a UStG

(3) ¹Die nach § 15 Abs. 1a UStG nicht abziehbaren Vorsteuerbeträge unterliegen dem Abzugsverbot des § 12 Nr. 3 EStG. ²§ 9b EStG findet insoweit keine Anwendung.

H 9b — Hinweise

Freigrenze für Geschenke nach § 4 Abs. 5 Satz 1 Nr. 1

Beispiele:

Ein Unternehmer erwirbt ein Geschenk, dessen Bruttokaufpreis 40,46 € beträgt (darin enthaltene Vorsteuer 19 % = 6,46 €).

a) Bei Unternehmern mit Umsätzen, die zum Vorsteuerabzug berechtigen, ist für die Bemessung der Freigrenze auf den Nettowarenwert i. H. v. 34 € abzustellen. Die Freigrenze von 35 € wird nicht überschritten.

b) Bei Unternehmern mit Umsätzen, die nicht zum Vorsteuerabzug berechtigen, ist für die Bemessung der Freigrenze auf den Bruttowarenwert abzustellen. Die Freigrenze von 35 € wird überschritten.

Gewinnermittlung nach § 4 Abs. 3 und Ermittlung des Überschusses der Einnahmen über die Werbungskosten

Die vereinnahmten Umsatzsteuerbeträge (für den Umsatz geschuldete Umsatzsteuer und vom Finanzamt erstattete Vorsteuer) gehören im Zeitpunkt ihrer Vereinnahmung zu den Betriebseinnahmen oder Einnahmen, die verausgabten Umsatzsteuerbeträge (gezahlte Vorsteuer und an das Finanzamt abgeführte Umsatzsteuerbeträge) im Zeitpunkt ihrer Verausgabung zu den Betriebsausgaben oder Werbungskosten, es sei denn, dass die Vorsteuerbeträge nach R 9b Abs. 1 den Anschaffungs- oder Herstellungskosten des zugehörigen Wirtschaftsguts zuzurechnen sind und diese nicht sofort abziehbar sind (>BFH vom 29.06.1982 – BStBl II S. 755). § 4 Abs. 3 Satz 2 findet insoweit keine Anwendung (>BFH vom 19.02.1975 – BStBl II S. 441). Hierbei spielt es keine Rolle, ob der Stpfl. zum Vorsteuerabzug berechtigt ist und ob er seine Umsätze nach den allgemeinen umsatzsteuerrechtlichen Vorschriften versteuert oder ob die Umsatzsteuer nach § 19 Abs. 1 UStG nicht erhoben wird.

Irrtümlich erstattete Vorsteuerbeträge

Nicht abziehbare Vorsteuerbeträge sind auch bei zunächst irrtümlicher Erstattung Herstellungskosten des Wirtschaftsguts (>BFH vom 04.06.1991 – BStBl II S. 759).

Umsatzsteuerlich fehlgeschlagene Option

Bei umsatzsteuerlich fehlgeschlagener Option führt die Rückzahlung der Vorsteuererstattung nicht zu Werbungskosten bei den Einkünften aus Vermietung und Verpachtung (>BFH vom 13.11.1986 – BStBl II 1987 S. 374).

5. Sonderausgaben

§ 10

S 2221

(1) Sonderausgaben sind die folgenden Aufwendungen, wenn sie weder Betriebsausgaben noch Werbungskosten sind oder wie Betriebsausgaben oder Werbungskosten behandelt werden:
1. (weggefallen)   S 2221-a
2. a) Beiträge zu den gesetzlichen Rentenversicherungen oder zur landwirtschaftlichen Alterskasse sowie zu berufsständischen Versorgungseinrichtungen, die den gesetzlichen Rentenversicherungen vergleichbare Leistungen erbringen;
   b) Beiträge des Steuerpflichtigen
      aa) zum Aufbau einer eigenen kapitalgedeckten Altersversorgung, wenn der Vertrag nur die Zahlung einer monatlichen, auf das Leben des Steuerpflichtigen bezogenen lebenslangen Leibrente nicht vor Vollendung des 62. Lebensjahres oder zusätzlich die ergänzende Absicherung des Eintritts der Berufsunfähigkeit (Berufsunfähigkeitsrente), der verminderten Erwerbsfähigkeit (Erwerbsminderungsrente) oder von Hinterbliebenen (Hinterbliebenenrente) vorsieht. ²Hinterbliebene in diesem Sinne sind der Ehegatte des Steuerpflichtigen und die Kinder, für die er Anspruch auf Kindergeld oder auf einen Freibetrag nach § 32 Absatz 6 hat. ³Der Anspruch auf Waisenrente darf längstens für den Zeitraum bestehen, in dem der Rentenberechtigte die Voraussetzungen für die Berücksichtigung als Kind im Sinne des § 32 erfüllt;
      bb) für seine Absicherung gegen den Eintritt der Berufsunfähigkeit oder der verminderten Erwerbsfähigkeit (Versicherungsfall), wenn der Vertrag nur die Zahlung einer monatlichen, auf das Leben des Steuerpflichtigen bezogenen lebenslangen Leibrente für einen Versicherungsfall vorsieht, der bis zur Vollendung des 67. Lebensjahres eingetreten ist. ²Der Vertrag kann die Beendigung der Rentenzahlung wegen eines medizinisch begründeten Wegfalls der Berufsunfähigkeit oder der verminderten Erwerbsfähigkeit vorsehen. ³Die Höhe der zugesagten Rente kann vom Alter des Steuerpflichtigen bei Eintritt des Versicherungsfalls abhängig gemacht werden, wenn der Steuerpflichtige das 55. Lebensjahr vollendet hat.

²Die Ansprüche nach Buchstabe b dürfen nicht vererblich, nicht übertragbar, nicht beleihbar, nicht veräußerbar und nicht kapitalisierbar sein. ³Anbieter und Steuerpflichtiger können vereinbaren, dass bis zu zwölf Monatsleistungen in einer Auszahlung zusammengefasst werden oder eine Kleinbetragsrente im Sinne von § 93 Absatz 3 Satz 2 abgefunden wird. ⁴Bei der Berechnung

der Kleinbetragsrente sind alle bei einem Anbieter bestehenden Verträge des Steuerpflichtigen jeweils nach Buchstabe b Doppelbuchstabe aa oder Doppelbuchstabe bb zusammenzurechnen. ⁵Neben den genannten Auszahlungsformen darf kein weiterer Anspruch auf Auszahlungen bestehen. ⁶Zu den Beiträgen nach den Buchstaben a und b ist der nach § 3 Nummer 62 steuerfreie Arbeitgeberanteil zur gesetzlichen Rentenversicherung und ein diesem gleichgestellter steuerfreier Zuschuss des Arbeitgebers hinzuzurechnen. ⁷Beiträge nach § 168 Absatz 1 Nummer 1b oder 1c oder nach § 172 Absatz 3 oder 3a des Sechsten Buches Sozialgesetzbuch werden abweichend von Satz 6 nur auf Antrag des Steuerpflichtigen hinzugerechnet;

3. Beiträge zu
   a) Krankenversicherungen, soweit diese zur Erlangung eines durch das Zwölfte Buch Sozialgesetzbuch bestimmten sozialhilfegleichen Versorgungsniveaus erforderlich sind und sofern auf die Leistungen ein Anspruch besteht. ²Für Beiträge zur gesetzlichen Krankenversicherung sind dies die nach dem Dritten Titel des Ersten Abschnitts des Achten Kapitels des Fünften Buches Sozialgesetzbuch oder die nach dem Sechsten Abschnitt des Zweiten Gesetzes über die Krankenversicherung der Landwirte festgesetzten Beiträge. ³Für Beiträge zu einer privaten Krankenversicherung sind dies die Beitragsanteile, die auf Vertragsleistungen entfallen, die, mit Ausnahme der auf das Krankengeld entfallenden Beitragsanteile, in Art, Umfang und Höhe den Leistungen nach dem Dritten Kapitel des Fünften Buches Sozialgesetzbuch vergleichbar sind; § 158 Absatz 2 des Versicherungsaufsichtsgesetzes gilt entsprechend. ⁴Wenn sich aus den Krankenversicherungsbeiträgen nach Satz 2 ein Anspruch auf Krankengeld oder ein Anspruch auf eine Leistung, die anstelle von Krankengeld gewährt wird, ergeben kann, ist der jeweilige Beitrag um 4 Prozent zu vermindern;
   b) gesetzlichen Pflegeversicherungen (soziale Pflegeversicherung und private Pflege-Pflichtversicherung).

²Als eigene Beiträge des Steuerpflichtigen können auch eigene Beiträge im Sinne der Buchstaben a oder b eines Kindes behandelt werden, wenn der Steuerpflichtige die Beiträge des Kindes, für das ein Anspruch auf einen Freibetrag nach § 32 Absatz 6 oder auf Kindergeld besteht, durch Leistungen in Form von Bar- oder Sachunterhalt wirtschaftlich getragen hat, unabhängig von Einkünften oder Bezügen des Kindes. ³Satz 2 gilt entsprechend, wenn der Steuerpflichtige die Beiträge für ein unterhaltsberechtigtes Kind trägt, welches nicht selbst Versicherungsnehmer ist, sondern der andere Elternteil. ⁴Hat der Steuerpflichtige in den Fällen des Absatzes 1a Nummer 1 eigene Beiträge im Sinne des

Buchstaben a oder des Buchstaben b zum Erwerb einer Krankenversicherung oder gesetzlichen Pflegeversicherung für einen geschiedenen oder dauernd getrennt lebenden unbeschränkt einkommensteuerpflichtigen Ehegatten geleistet, dann werden diese abweichend von Satz 1 als eigene Beiträge des geschiedenen oder dauernd getrennt lebenden unbeschränkt einkommensteuerpflichtigen Ehegatten behandelt. [5]Beiträge, die für nach Ablauf des Veranlagungszeitraums beginnende Beitragsjahre geleistet werden und in der Summe das Dreifache der auf den Veranlagungszeitraum entfallenden Beiträge überschreiten, sind in dem Veranlagungszeitraum anzusetzen, für den sie geleistet wurden;

3a. Beiträge zu Kranken- und Pflegeversicherungen, soweit diese nicht nach Nummer 3 zu berücksichtigen sind; Beiträge zu Versicherungen gegen Arbeitslosigkeit, zu Erwerbs- und Berufsunfähigkeitsversicherungen, die nicht unter Nummer 2 Satz 1 Buchstabe b fallen, zu Unfall- und Haftpflichtversicherungen sowie zu Risikoversicherungen, die nur für den Todesfall eine Leistung vorsehen; Beiträge zu Versicherungen im Sinne des § 10 Absatz 1 Nummer 2 Buchstabe b Doppelbuchstabe bb bis dd in der am 31. Dezember 2004 geltenden Fassung[1]), wenn die Laufzeit dieser Versicherungen vor dem 1. Januar 2005 begonnen hat und ein Versicherungsbeitrag bis zum 31. Dezember 2004 entrichtet wurde; § 10 Absatz 1 Nummer 2 Satz 2 bis 6 und Absatz 2 Satz 2 in der am 31. Dezember 2004 geltenden Fassung[1]) ist in diesen Fällen weiter anzuwenden;

4. gezahlte Kirchensteuer; dies gilt nicht, soweit die Kirchensteuer als Zuschlag zur Kapitalertragsteuer oder als Zuschlag auf die nach dem gesonderten Tarif des § 32d Absatz 1 ermittelte Einkommensteuer gezahlt wurde;

5. zwei Drittel der Aufwendungen, höchstens 4.000 Euro je Kind, für Dienstleistungen zur Betreuung eines zum Haushalt des Steuerpflichtigen gehörenden Kindes im Sinne des § 32 Absatz 1, welches das 14. Lebensjahr noch nicht vollendet hat oder wegen einer vor Vollendung des 25. Lebensjahres eingetretenen körperlichen, geistigen oder seelischen Behinderung außerstande ist, sich selbst zu unterhalten. [2]Dies gilt nicht für Aufwendungen für Unterricht, die Vermittlung besonderer Fähigkeiten sowie für sportliche und andere Freizeitbetätigungen. [3]Ist das zu betreuende Kind nicht nach § 1 Absatz 1 oder Absatz 2 unbeschränkt einkommensteuerpflichtig, ist der in Satz 1 genannte Betrag zu kürzen, soweit es nach den Verhältnissen im Wohnsitzstaat des Kindes notwendig und angemessen ist. [4]Voraussetzung für den

---

[1]) Auszug aus dem EStG 2002 in der am 31.12.2004 geltenden Fassung, letztmals abgedruckt im Anhang 22 IV EStH 2020
[2]) zur Anwendung des Absatzes 1 Nr. 5 >§ 52 Abs. 18 Satz 3

Abzug der Aufwendungen nach Satz 1 ist, dass der Steuerpflichtige für die Aufwendungen eine Rechnung erhalten hat und die Zahlung auf das Konto des Erbringers der Leistung erfolgt ist;
6. (weggefallen)
7. Aufwendungen für die eigene Berufsausbildung bis zu 6.000 Euro im Kalenderjahr. ²Bei Ehegatten, die die Voraussetzungen des § 26 Absatz 1 Satz 1 erfüllen, gilt Satz 1 für jeden Ehegatten. ³Zu den Aufwendungen im Sinne des Satzes 1 gehören auch Aufwendungen für eine auswärtige Unterbringung. ⁴§ 4 Absatz 5 Satz 1 Nummer 6b *und* 6c sowie § 9 Absatz 1 Satz 3 Nummer 4 und 5, Absatz 2, 4 Satz 8 und Absatz 4a sind bei der Ermittlung der Aufwendungen anzuwenden.
8. (weggefallen)
9. 30 Prozent des Entgelts, höchstens 5.000 Euro, das der Steuerpflichtige für ein Kind, für das er Anspruch auf einen Freibetrag nach § 32 Absatz 6 oder auf Kindergeld hat, für dessen Besuch einer Schule in freier Trägerschaft oder einer überwiegend privat finanzierten Schule entrichtet, mit Ausnahme des Entgelts für Beherbergung, Betreuung und Verpflegung. ²Voraussetzung ist, dass die Schule in einem Mitgliedstaat der Europäischen Union oder in einem Staat belegen ist, auf den das Abkommen über den Europäischen Wirtschaftsraum Anwendung findet, und die Schule zu einem von dem zuständigen inländischen Ministerium eines Landes, von der Kultusministerkonferenz der Länder oder von einer inländischen Zeugnisanerkennungsstelle anerkannten oder einem inländischen Abschluss an einer öffentlichen Schule als gleichwertig anerkannten allgemein bildenden oder berufsbildenden Schul-, Jahrgangs- oder Berufsabschluss führt. ³Der Besuch einer anderen Einrichtung, die auf einen Schul-, Jahrgangs- oder Berufsabschluss im Sinne des Satzes 2 ordnungsgemäß vorbereitet, steht einem Schulbesuch im Sinne des Satzes 1 gleich. ⁴Der Besuch einer Deutschen Schule im Ausland steht dem Besuch einer solchen Schule gleich, unabhängig von ihrer Belegenheit. ⁵Der Höchstbetrag nach Satz 1 wird für jedes Kind, bei dem die Voraussetzungen vorliegen, je Elternpaar nur einmal gewährt.

(1a) Sonderausgaben sind auch die folgenden Aufwendungen:
1. Unterhaltsleistungen an den geschiedenen oder dauernd getrennt lebenden unbeschränkt einkommensteuerpflichtigen Ehegatten, wenn der Geber dies mit Zustimmung des Empfängers beantragt, bis zu 13.805 Euro im Kalenderjahr. ²Der Höchstbetrag nach Satz 1 erhöht sich um den Betrag der im jeweiligen Veranlagungszeitraum nach Absatz 1 Nummer 3 für die Absicherung des geschiedenen oder dauernd getrennt lebenden unbeschränkt einkommensteuerpflichtigen Ehegatten aufgewandten Beiträge. ³Der Antrag kann jeweils nur für ein Kalenderjahr gestellt und

nicht zurückgenommen werden. ⁴Die Zustimmung ist mit Ausnahme der nach § 894 der Zivilprozessordnung als erteilt geltenden bis auf Widerruf wirksam. ⁵Der Widerruf ist vor Beginn des Kalenderjahres, für das die Zustimmung erstmals nicht gelten soll, gegenüber dem Finanzamt zu erklären. ⁶Die Sätze 1 bis 5 gelten für Fälle der Nichtigkeit oder der Aufhebung der Ehe entsprechend. ⁷Voraussetzung für den Abzug der Aufwendungen ist die Angabe der erteilten Identifikationsnummer (§ 139b der Abgabenordnung) der unterhaltenen Person in der Steuererklärung des Unterhaltsleistenden, wenn die unterhaltene Person der unbeschränkten oder beschränkten Steuerpflicht unterliegt. ⁸Die unterhaltene Person ist für diese Zwecke verpflichtet, dem Unterhaltsleistenden ihre erteilte Identifikationsnummer (§ 139b der Abgabenordnung) mitzuteilen. ⁹Kommt die unterhaltene Person dieser Verpflichtung nicht nach, ist der Unterhaltsleistende berechtigt, bei der für ihn zuständigen Finanzbehörde die Identifikationsnummer der unterhaltenen Person zu erfragen;

2. auf besonderen Verpflichtungsgründen beruhende, lebenslange und wiederkehrende Versorgungsleistungen, die nicht mit Einkünften in wirtschaftlichem Zusammenhang stehen, die bei der Veranlagung außer Betracht bleiben, wenn der Empfänger unbeschränkt einkommensteuerpflichtig ist. ²Dies gilt nur für ¹⁾

   a) Versorgungsleistungen im Zusammenhang mit der Übertragung eines Mitunternehmeranteils an einer Personengesellschaft, die eine Tätigkeit im Sinne der §§ 13, 15 Absatz 1 Satz 1 Nummer 1 oder des § 18 Absatz 1 ausübt,

   b) Versorgungsleistungen im Zusammenhang mit der Übertragung eines Betriebs oder Teilbetriebs, sowie

   c) Versorgungsleistungen im Zusammenhang mit der Übertragung eines mindestens 50 Prozent betragenden Anteils an einer Gesellschaft mit beschränkter Haftung, wenn der Übergeber als Geschäftsführer tätig war und der Übernehmer diese Tätigkeit nach der Übertragung übernimmt.

   ³Satz 2 gilt auch für den Teil der Versorgungsleistungen, der auf den Wohnteil eines Betriebs der Land- und Forstwirtschaft entfällt. ⁴Voraussetzung für den Abzug der Aufwendungen ist die Angabe der erteilten Identifikationsnummer (§ 139b der Abgabenordnung) des Empfängers in der Steuererklärung des Leistenden; Nummer 1 Satz 8 und 9 gilt entsprechend;

3. Ausgleichsleistungen zur Vermeidung eines Versorgungsausgleichs nach § 6 Absatz 1 Satz 2 Nummer 2 und § 23 des Versorgungsausgleichsgesetzes sowie § 1408 Absatz 2 und § 1587 des

---

¹) zur Anwendung des Absatzes 1a Nr. 2 in der am 01.01.2015 geltenden Fassung >§ 52 Abs. 18 Satz 1 und 2

Bürgerlichen Gesetzbuchs, soweit der Verpflichtete dies mit Zustimmung des Berechtigten beantragt und der Berechtigte unbeschränkt einkommensteuerpflichtig ist. ²Nummer 1 Satz 3 bis 5 gilt entsprechend. ³Voraussetzung für den Abzug der Aufwendungen ist die Angabe der erteilten Identifikationsnummer (§ 139b der Abgabenordnung) des Berechtigten in der Steuererklärung des Verpflichteten; Nummer 1 Satz 8 und 9 gilt entsprechend;

4. Ausgleichszahlungen im Rahmen des Versorgungsausgleichs nach den §§ 20 bis 22 und 26 des Versorgungsausgleichsgesetzes und nach den §§ 1587f, 1587g und 1587i des Bürgerlichen Gesetzbuchs in der bis zum 31. August 2009 geltenden Fassung sowie nach § 3a des Gesetzes zur Regelung von Härten im Versorgungsausgleich, soweit die ihnen zu Grunde liegenden Einnahmen bei der ausgleichspflichtigen Person der Besteuerung unterliegen, wenn die ausgleichsberechtigte Person unbeschränkt einkommensteuerpflichtig ist. ²Nummer 3 Satz 3 gilt entsprechend.

(2) ¹Voraussetzung für den Abzug der in Absatz 1 Nummer 2, 3 und 3a bezeichneten Beträge (Vorsorgeaufwendungen) ist, dass sie

1. nicht in unmittelbarem wirtschaftlichen Zusammenhang mit steuerfreien Einnahmen stehen; ungeachtet dessen sind Vorsorgeaufwendungen im Sinne des Absatzes 1 Nummer 2, 3 und 3a zu berücksichtigen, soweit

   a) sie in unmittelbarem wirtschaftlichen Zusammenhang mit in einem Mitgliedstaat der Europäischen Union oder einem Vertragsstaat des Abkommens über den Europäischen Wirtschaftsraum oder in der Schweizerischen Eidgenossenschaft erzielten Einnahmen aus nichtselbständiger Tätigkeit stehen,

   b) diese Einnahmen nach einem Abkommen zur Vermeidung der Doppelbesteuerung im Inland steuerfrei sind und

   c) der Beschäftigungsstaat keinerlei steuerliche Berücksichtigung von Vorsorgeaufwendungen im Rahmen der Besteuerung dieser Einnahmen zulässt;

   steuerfreie Zuschüsse zu einer Kranken- oder Pflegeversicherung stehen insgesamt in unmittelbarem wirtschaftlichen Zusammenhang mit den Vorsorgeaufwendungen im Sinne des Absatzes 1 Nummer 3,

2. geleistet werden an

   a) Versicherungsunternehmen,

      aa) die ihren Sitz oder ihre Geschäftsleitung in einem Mitgliedstaat der Europäischen Union oder einem Vertragsstaat des Abkommens über den Europäischen Wirtschaftsraum haben und das Versicherungsgeschäft im Inland betreiben dürfen, oder

      bb) denen die Erlaubnis zum Geschäftsbetrieb im Inland erteilt ist.

²Darüber hinaus werden Beiträge nur berücksichtigt, wenn es sich um Beträge im Sinne des Absatzes 1 Nummer 3 Satz 1 Buchstabe a an eine Einrichtung handelt, die eine anderweitige Absicherung im Krankheitsfall im Sinne des § 5 Absatz 1 Nummer 13 des Fünften Buches Sozialgesetzbuch oder eine der Beihilfe oder freien Heilfürsorge vergleichbare Absicherung im Sinne des § 193 Absatz 3 Satz 2 Nummer 2 des Versicherungsvertragsgesetzes gewährt. ³Dies gilt entsprechend, wenn ein Steuerpflichtiger, der weder seinen Wohnsitz noch seinen gewöhnlichen Aufenthalt im Inland hat, mit den Beiträgen einen Versicherungsschutz im Sinne des Absatzes 1 Nummer 3 Satz 1 erwirbt,

b) berufsständische Versorgungseinrichtungen,
c) einen Sozialversicherungsträger oder
d) einen Anbieter im Sinne des § 80.

²Vorsorgeaufwendungen nach Absatz 1 Nummer 2 Buchstabe b werden nur berücksichtigt, wenn die Beiträge zugunsten eines Vertrags geleistet wurden, der nach § 5a des Altersvorsorgeverträge-Zertifizierungsgesetzes zertifiziert ist, wobei die Zertifizierung Grundlagenbescheid im Sinne des § 171 Absatz 10 der Abgabenordnung ist.

(2a) ¹Bei Vorsorgeaufwendungen nach Absatz 1 Nummer 2 Buchstabe b hat der Anbieter als mitteilungspflichtige Stelle nach Maßgabe des § 93c der Abgabenordnung und unter Angabe der Vertrags- oder der Versicherungsdaten die Höhe der im jeweiligen Beitragsjahr geleisteten Beiträge und die Zertifizierungsnummer an die zentrale Stelle (§ 81) zu übermitteln. ²§ 22a Absatz 2 gilt entsprechend. ³§ 72a Absatz 4 und § 93c Absatz 4 der Abgabenordnung finden keine Anwendung.

(2b) ¹Bei Vorsorgeaufwendungen nach Absatz 1 Nummer 3 hat das Versicherungsunternehmen, der Träger der gesetzlichen Kranken- und Pflegeversicherung, die Künstlersozialkasse oder eine Einrichtung im Sinne des Absatzes 2 Satz 1 Nummer 2 Buchstabe a Satz 2 als mitteilungspflichtige Stelle nach Maßgabe des § 93c der Abgabenordnung und unter Angabe der Vertrags- oder der Versicherungsdaten die Höhe der im jeweiligen Beitragsjahr geleisteten und erstatteten Beiträge sowie die in § 93c Absatz 1 Nummer 2 Buchstabe c der Abgabenordnung genannten Daten mit der Maßgabe, dass insoweit als Steuerpflichtiger die versicherte Person gilt, an die zentrale Stelle (§ 81) zu übermitteln; sind Versicherungsnehmer und versicherte Person nicht identisch, sind zusätzlich die Identifikationsnummer und der Tag der Geburt des Versicherungsnehmers anzugeben. ²Satz 1 gilt nicht, soweit diese Daten mit der elektronischen Lohnsteuerbescheinigung (§ 41b Absatz 1 Satz 2) oder der Rentenbezugsmitteilung (§ 22a Absatz 1 Satz 1 Nummer 4) zu übermitteln sind. ³§ 22a Absatz 2 gilt entsprechend. ⁴Zuständige Finanzbehörde im Sinne des § 72a Absatz 4 und des § 93c Absatz 4 der Abgabenordnung ist das Bundeszentralamt für Steuern. [5]Wird in den Fällen des § 72a Absatz 4 der Abgabenordnung eine unzutreffende Höhe der Beiträge übermittelt, ist die entgangene Steuer mit 30 Prozent des zu hoch ausgewiesenen Betrags anzusetzen.

(3) [1]Vorsorgeaufwendungen nach Absatz 1 Nummer 2 sind bis zu dem Höchstbeitrag zur knappschaftlichen Rentenversicherung, aufgerundet auf einen vollen Betrag in Euro, zu berücksichtigen. [2]Bei zusammenveranlagten Ehegatten verdoppelt sich der Höchstbetrag. [3]Der Höchstbetrag nach Satz 1 oder 2 ist bei Steuerpflichtigen, die

1. Arbeitnehmer sind und die während des ganzen oder eines Teils des Kalenderjahres
    a) in der gesetzlichen Rentenversicherung versicherungsfrei oder auf Antrag des Arbeitgebers von der Versicherungspflicht befreit waren und denen für den Fall ihres Ausscheidens aus der Beschäftigung auf Grund des Beschäftigungsverhältnisses eine lebenslängliche Versorgung oder an deren Stelle eine Abfindung zusteht oder die in der gesetzlichen Rentenversicherung nachzuversichern sind oder
    b) nicht der gesetzlichen Rentenversicherungspflicht unterliegen, eine Berufstätigkeit ausgeübt und im Zusammenhang damit auf Grund vertraglicher Vereinbarungen Anwartschaftsrechte auf eine Altersversorgung erworben haben, oder
2. Einkünfte im Sinne des § 22 Nummer 4 erzielen und die ganz oder teilweise ohne eigene Beitragsleistung einen Anspruch auf Altersversorgung erwerben,

um den Betrag zu kürzen, der, bezogen auf die Einnahmen aus der Tätigkeit, die die Zugehörigkeit zum genannten Personenkreis begründen, dem Gesamtbeitrag (Arbeitgeber- und Arbeitnehmeranteil) zur allgemeinen Rentenversicherung entspricht. [4]Im Kalenderjahr 2013 sind 76 Prozent der nach den Sätzen 1 bis 3 ermittelten Vorsorgeaufwendungen anzusetzen. [5]Der sich danach ergebende Betrag, vermindert um den nach § 3 Nummer 62 steuerfreien Arbeitgeberanteil zur gesetzlichen Rentenversicherung und einen diesem gleichgestellten steuerfreien Zuschuss des Arbeitgebers, ist als Sonderausgabe abziehbar. [6]Der Prozentsatz in Satz 4 erhöht sich in den folgenden Kalenderjahren bis zum Kalenderjahr 2025 um je 2 Prozentpunkte je Kalenderjahr. [7]Beiträge nach § 168 Absatz 1 Nummer 1b oder 1c oder nach § 172 Absatz 3 oder 3a des Sechsten Buches Sozialgesetzbuch vermindern den abziehbaren Betrag nach Satz 5 nur, wenn der Steuerpflichtige die Hinzurechnung dieser Beiträge zu den Vorsorgeaufwendungen nach Absatz 1 Nummer 2 Satz 7 beantragt hat.

(4) [1]Vorsorgeaufwendungen im Sinne des Absatzes 1 Nummer 3 und 3a können je Kalenderjahr insgesamt bis 2.800 Euro abgezogen werden. [2]Der Höchstbetrag beträgt 1.900 Euro bei Steuerpflichtigen, die ganz oder teilweise ohne eigene Aufwendungen einen Anspruch

auf vollständige oder teilweise Erstattung oder Übernahme von Krankheitskosten haben oder für deren Krankenversicherung Leistungen im Sinne des § 3 Nummer 9, 14, 57 oder 62 erbracht werden. ³Bei zusammen veranlagten Ehegatten bestimmt sich der gemeinsame Höchstbetrag aus der Summe der jedem Ehegatten unter den Voraussetzungen von Satz 1 und 2 zustehenden Höchstbeträge. ⁴Übersteigen die Vorsorgeaufwendungen im Sinne des Absatzes 1 Nummer 3 die nach den Sätzen 1 bis 3 zu berücksichtigenden Vorsorgeaufwendungen, sind diese abzuziehen und ein Abzug von Vorsorgeaufwendungen im Sinne des Absatzes 1 Nummer 3a scheidet aus.

(4a) ¹Ist in den Kalenderjahren 2013 bis 2019 der Abzug der Vorsorgeaufwendungen nach Absatz 1 Nummer 2 Buchstabe a, Absatz 1 Nummer 3 und Nummer 3a in der für das Kalenderjahr 2004 geltenden Fassung des § 10 Absatz 3 mit folgenden Höchstbeträgen für den Vorwegabzug

Kalenderjahr	Vorwegabzug für den Steuerpflichtigen	Vorwegabzug im Fall der Zusammenveranlagung von Ehegatten
2013	2.100	4.200
2014	1.800	3.600
2015	1.500	3.000
2016	1.200	2.400
2017	900	1.800
2018	600	1.200
2019	300	600

zuzüglich des Erhöhungsbetrags nach Satz 3 günstiger, ist der sich danach ergebende Betrag anstelle des Abzugs nach Absatz 3 und 4 anzusetzen. ²Mindestens ist bei Anwendung des Satzes 1 der Betrag anzusetzen, der sich ergeben würde, wenn zusätzlich noch die Vorsorgeaufwendungen nach Absatz 1 Nummer 2 Buchstabe b in die Günstigerprüfung einbezogen werden würden; der Erhöhungsbetrag nach Satz 3 ist nicht hinzuzurechnen. ³Erhöhungsbetrag sind die Beiträge nach Absatz 1 Nummer 2 Buchstabe b, soweit sie nicht den um die Beiträge nach Absatz 1 Nummer 2 Buchstabe a und den nach § 3 Nummer 62 steuerfreien Arbeitgeberanteil zur gesetzlichen Rentenversicherung und einen diesem gleichgestellten steuerfreien Zuschuss verminderten Höchstbetrag nach Absatz 3 Satz 1 bis 3 überschreiten; Absatz 3 Satz 4 und 6 gilt entsprechend.

(4b) ¹Erhält der Steuerpflichtige für die von ihm für einen anderen Veranlagungszeitraum geleisteten Aufwendungen im Sinne des Satzes 2 einen steuerfreien Zuschuss, ist dieser den erstatteten Aufwendungen gleichzustellen. ²Übersteigen bei den Sonderausgaben nach

§ 10 EStG § 29 EStDV

Absatz 1 Nummer 2 bis 3a die im Veranlagungszeitraum erstatteten Aufwendungen die geleisteten Aufwendungen (Erstattungsüberhang), ist der Erstattungsüberhang mit anderen im Rahmen der jeweiligen Nummer anzusetzenden Aufwendungen zu verrechnen. ³Ein verbleibender Betrag des sich bei den Aufwendungen nach Absatz 1 Nummer 3 und 4 ergebenden Erstattungsüberhangs ist dem Gesamtbetrag der Einkünfte hinzuzurechnen. ⁴Nach Maßgabe des § 93c der Abgabenordnung haben Behörden im Sinne des § 6 Absatz 1 der Abgabenordnung und andere öffentliche Stellen, die einem Steuerpflichtigen für die von ihm geleisteten Beiträge im Sinne des Absatzes 1 Nummer 2, 3 und 3a steuerfreie Zuschüsse gewähren oder Vorsorgeaufwendungen im Sinne dieser Vorschrift erstatten als mitteilungspflichtige Stellen, neben den nach § 93c Absatz 1 der Abgabenordnung erforderlichen Angaben, die zur Gewährung und Prüfung des Sonderausgabenabzugs nach § 10 erforderlichen Daten an die zentrale Stelle zu übermitteln. ⁵§ 22a Absatz 2 gilt entsprechend. ⁶§ 72a Absatz 4 und § 93c Absatz 4 der Abgabenordnung finden keine Anwendung.

¹) (5) Durch Rechtsverordnung wird bezogen auf den Versicherungstarif bestimmt, wie der nicht abziehbare Teil der Beiträge zum Erwerb eines Krankenversicherungsschutzes im Sinne des Absatzes 1 Nummer 3 Buchstabe a Satz 3 durch einheitliche prozentuale Abschläge auf die zugunsten des jeweiligen Tarifs gezahlte Prämie zu ermitteln ist, soweit der nicht abziehbare Beitragsteil nicht bereits als gesonderter Tarif oder Tarifbaustein ausgewiesen wird.

(6) Absatz 1 Nummer 2 Buchstabe b Doppelbuchstabe aa ist für Vertragsabschlüsse vor dem 1. Januar 2012 mit der Maßgabe anzuwenden, dass der Vertrag die Zahlung der Leibrente nicht vor der Vollendung des 60. Lebensjahres vorsehen darf.

EStDV
S 2220

EStDV
§ 29
Anzeigepflichten bei Versicherungsverträgen

¹Bei Versicherungen, deren Laufzeit vor dem 1. Januar 2005 begonnen hat, hat der Sicherungsnehmer nach amtlich vorgeschriebenem Muster dem für die Veranlagung des Versicherungsnehmers nach dem Einkommen zuständigen Finanzamt, bei einem Versicherungsnehmer, der im Inland weder einen Wohnsitz noch seinen gewöhnlichen Aufenthalt hat, dem für die Veranlagung des Sicherungsnehmers zuständigen Finanzamt (§§ 19, 20 der Abgabenordnung) unverzüglich die Fälle anzuzeigen, in denen Ansprüche aus Versicherungsverträgen zur Tilgung oder Sicherung

---

¹) zur Anwendung des Absatzes 5 in der am 31.12.2009 geltenden Fassung >§ 52 Abs. 18 Satz 6

§§ 29-44 EStDV **§ 10 EStG**
H 10.1 **R 10.1**

von Darlehen eingesetzt werden. ²Satz 1 gilt entsprechend für das Versicherungsunternehmen, wenn der Sicherungsnehmer Wohnsitz, Sitz oder Geschäftsleitung im Ausland hat. ³Werden Ansprüche aus Versicherungsverträgen von Personen, die im Inland einen Wohnsitz oder ihren gewöhnlichen Aufenthalt haben (§ 1 Abs. 1 des Gesetzes), zur Tilgung oder Sicherung von Darlehen eingesetzt, sind die Sätze 1 und 2 nur anzuwenden, wenn die Darlehen den Betrag von 25.565 Euro übersteigen. ⁴Der Steuerpflichtige hat dem für seine Veranlagung zuständigen Finanzamt (§ 19 der Abgabenordnung) die Abtretung und die Beleihung unverzüglich anzuzeigen.

§ 30
Nachversteuerung bei Versicherungsverträgen

EStDV
S 2220

¹Eine Nachversteuerung ist durchzuführen, wenn die Voraussetzungen für den Sonderausgabenabzug von Vorsorgeaufwendungen nach § 10 Absatz 2 Satz 2 des Gesetzes in der am 31. Dezember 2004 geltenden Fassung nicht erfüllt sind. ²Zu diesem Zweck ist die Steuer zu berechnen, die festzusetzen gewesen wäre, wenn der Steuerpflichtige die Beiträge nicht geleistet hätte. ³Der Unterschied zwischen dieser und der festgesetzten Steuer ist als Nachsteuer zu erheben.

§§ 31 bis 44
(weggefallen)

Sonderausgaben (Allgemeines)

Bei Ehegatten, die nach § 26b EStG zusammen zur Einkommensteuer veranlagt werden, kommt es für den Abzug von Sonderausgaben nicht darauf an, ob sie der Ehemann oder die Ehefrau¹) geleistet hat.

R 10.1
S 2220

Hinweise

H 10.1

Abkürzung des Zahlungsweges
Bei den Sonderausgaben kommt der Abzug von Aufwendungen eines Dritten auch unter dem Gesichtspunkt der Abkürzung des Vertragswegs nicht in Betracht (>BMF vom 07.07.2008 – BStBl I S. 717).

Abzugshöhe/Abzugszeitpunkt
– Sonderausgaben sind in dem VZ abziehbar, in dem sie geleistet worden sind (§ 11 Abs. 2). Dies gilt auch, wenn sie der Stpfl. mit Darlehensmitteln bestritten hat (>BFH vom 15.03.1974 – BStBl II S. 513). Sie dürfen nur dann bei der Ermittlung des Einkommens abgezogen werden, wenn der Stpfl. tatsächlich und endgültig wirtschaftlich belastet ist (>BFH vom 14.04.2021 – BStBl II S. 772). Steht im Zeitpunkt der

---

¹) gilt auch für gleichgeschlechtliche Ehegatten >Gesetz zur Einführung des Rechts auf Eheschließung für Personen gleichen Geschlechts vom 20.07.2017 (BGBl. I S. 2787)

§ 10 EStG
R 10.2 H 10.1, 10.2

Zahlung, ggf. auch im Zeitpunkt der Erstattung noch nicht fest, ob der Stpfl. durch die Zahlung endgültig wirtschaftlich belastet bleibt (z. B. bei Kirchensteuer im Falle der Aufhebung der Vollziehung), sind sie im Jahr des Abflusses abziehbar (>BFH vom 24.04.2002 – BStBl II S. 569).

Werden gezahlte Sonderausgaben in einem späteren VZ an den Stpfl. erstattet, ist der Erstattungsbetrag aus Gründen der Praktikabilität im Erstattungsjahr mit gleichartigen Sonderausgaben zu verrechnen mit der Folge, dass die abziehbaren Sonderausgaben des Erstattungsjahres entsprechend gemindert werden. Ob die Sonderausgaben gleichartig sind, richtet sich nach deren Sinn und Zweck sowie deren wirtschaftlichen Bedeutung und Auswirkungen für den Stpfl. Bei Versicherungsbeiträgen kommt es auf die Funktion der Versicherung und das abgesicherte Risiko an (>BFH vom 21.07.2009 – BStBl II 2010 S. 38).

– Kirchensteuer >H 10.7 (Willkürliche Zahlungen)

Erstattungsüberhänge

Anhang 1a II 1
– >BMF vom 24.05.2017 (BStBl I S. 820) unter Berücksichtigung der Änderungen durch BMF vom 28.09.2021 (BStBl I S. 1833), Rz. 203, 204
– Die Hinzurechnung nach § 10 Abs. 4b Satz 3 erfolgt auch dann, wenn sich die erstattete Zahlung im Zahlungsjahr nicht steuermindernd ausgewirkt hat (>BFH vom 12.03.2019 – BStBl II S. 658).

R 10.2

Unterhaltsleistungen an den geschiedenen oder dauernd getrennt lebenden Ehegatten

(1) Der Antrag nach § 10 Abs. 1 Nr. 1 EStG[1]) kann auf einen Teilbetrag der Unterhaltsleistungen beschränkt werden.

(2) [1]Die Zustimmung wirkt auch dann bis auf Widerruf, wenn sie im Rahmen eines Vergleichs erteilt wird. [2]Die Zustimmung zum Abzug von Unterhaltsleistungen als Sonderausgaben dem Grunde nach wirkt auch für die Erhöhung des Höchstbetrags nach § 10 Abs. 1 Nr. 1 Satz 2 EStG[2]). [3]Dies gilt unabhängig davon, wann die Zustimmung erteilt wurde.

(3) Leistet jemand Unterhalt an mehrere Empfänger, sind die Unterhaltsleistungen an jeden bis zum Höchstbetrag abziehbar.

H 10.2

Hinweise

Allgemeines

– Durch Antrag und Zustimmung werden alle in dem betreffenden VZ geleisteten Unterhaltsaufwendungen zu Sonderausgaben umqualifiziert. Für den Abzug ist es unerheblich, ob es sich um einmalige oder laufende Leistungen bzw. Nachzahlungen oder Vorauszahlungen handelt. Ein Abzug als außergewöhnliche Belastung ist nicht möglich, auch

---

[1]) jetzt § 10 Abs. 1a Nr. 1
[2]) jetzt § 10 Abs. 1a Nr. 1 Satz 2

nicht, soweit sie den für das Realsplitting geltenden Höchstbetrag übersteigen (>BFH vom 07.11.2000 – BStBl II 2001 S. 338).
– Antrag und Zustimmung zum begrenzten Realsplitting können nicht – auch nicht übereinstimmend – zurückgenommen oder nachträglich beschränkt werden (>BFH vom 22.09.1999 – BStBl II 2000 S. 218).
– Ein Einkommensteuerbescheid ist nach § 175 Abs. 1 Satz 1 Nr. 2 AO zu ändern, wenn nach Eintritt der Bestandskraft
  – sowohl die Zustimmung erteilt als auch der Antrag nach § 10 Abs. 1a Nr. 1 Satz 1 gestellt werden (>BFH vom 12.07.1989 – BStBl II S. 957) oder
  – der Antrag i. V. m. einer nachträglichen Zustimmungserweiterung ausgedehnt wird (>BFH vom 28.06.2006 – BStBl II 2007 S. 5).
– Ein Einkommensteuerbescheid ist nach § 175 Abs. 1 Satz 1 Nr. 2 AO nicht zu ändern, wenn der Antrag auf Realsplitting erst nach Bestandskraft des Einkommensteuerbescheids gestellt wird, obwohl die Zustimmungserklärung des Unterhaltsempfängers dem Geber bereits vor Eintritt der Bestandskraft vorlag (>BFH vom 20.08.2014 – BStBl II 2015 S. 138).

Erbe
Unterhaltsleistungen, die der Erbe nach § 1586b BGB an den geschiedenen Ehegatten des Erblassers zu erbringen hat, sind nicht als Sonderausgaben abzugsfähig (>BFH vom 12.11.1997 – BStBl II 1998 S. 148).

Nicht unbeschränkt steuerpflichtiger Empfänger
Ist der Empfänger nicht unbeschränkt steuerpflichtig, kann ein Abzug der Unterhaltsleistungen bei Vorliegen der Voraussetzungen des § 1a Abs. 1 Nr. 1 oder aufgrund eines DBA in Betracht kommen. Entsprechende Regelungen gibt es z. B. in den DBA Kanada, Artikel 18 Abs. 3 Buchst. d und Protokoll Nr. 8 (BStBl I 2002 S. 505 und S. 521) und den USA, Artikel 18 Abs. 3 und Protokoll Nr. 15 (BStBl I 2008 S. 766) sowie in der mit der Schweiz getroffenen Verständigungsvereinbarung, § 21 Abs. 2 Deutsch-Schweizerische Konsultationsvereinbarungsverordnung (BStBl I 2011 S. 146).

Rechtsanwaltskosten
Rechtsanwaltskosten, die ein Stpfl. aufwendet, um die Zustimmung seines geschiedenen oder dauernd getrennt lebenden unbeschränkt steuerpflichtigen Ehegatten zum begrenzten Realsplitting zu erlangen, sind keine Unterhaltsleistungen (>BFH vom 10.03.1999 – BStBl II S. 522).

Unterhaltsleistungen
Es ist unerheblich, ob die Unterhaltsleistungen freiwillig oder aufgrund gesetzlicher Unterhaltspflicht erbracht werden. Auch als Unterhalt erbrachte Sachleistungen sind zu berücksichtigen (>BFH vom 12.04.2000 – BStBl II 2002 S. 130).

Wohnungsüberlassung

– Bei unentgeltlicher Wohnraumüberlassung kann der Mietwert als Sonderausgabe abgezogen werden. Befindet sich die überlassene Wohnung im Miteigentum des geschiedenen oder dauernd getrennt lebenden Ehegatten, kann der überlassende Ehegatte neben dem Mietwert seines Miteigentumsanteils auch die von ihm aufgrund der Unterhaltsvereinbarung getragenen verbrauchsunabhängigen Kosten für den Miteigentumsanteil des anderen Ehegatten als Sonderausgabe abziehen (>BFH vom 12.04.2000 – BStBl II 2002 S. 130).

– Zur Wohnungsüberlassung an den geschiedenen oder dauernd getrennt lebenden Ehegatten bei Abschluss eines Mietvertrages >H 21.4 (Vermietung an Unterhaltsberechtigte)

Zustimmung

– Die Finanzbehörden sind nicht verpflichtet zu prüfen, ob die Verweigerung der Zustimmung rechtsmissbräuchlich ist (>BFH vom 25.07.1990 – BStBl II S. 1022).

– Im Fall der rechtskräftigen Verurteilung zur Erteilung der Zustimmung (§ 894 Abs. 1 ZPO; >BFH vom 25.10.1988 – BStBl II 1989 S. 192) wirkt sie nur für das Kj., das Gegenstand des Rechtsstreits war.

– Stimmt der geschiedene oder dauernd getrennt lebende Ehegatte dem der Höhe nach beschränkten Antrag auf Abzug der Unterhaltszahlungen als Sonderausgaben zu, beinhaltet dies keine der Höhe nach unbeschränkte Zustimmung für die Folgejahre (>BFH vom 14.04.2005 – BStBl II S. 825).

– Der **Widerruf** der Zustimmung muss vor Beginn des Kj., für den er wirksam werden soll, erklärt werden. Er ist gegenüber dem Wohnsitzfinanzamt sowohl des Unterhaltsleistenden als auch des Unterhaltsempfängers möglich. Wird er gegenüber dem Wohnsitzfinanzamt des Unterhaltsempfängers erklärt, ist das Wissen dieser Behörde für die Änderungsbefugnis nach § 173 Abs. 1 Nr. 1 AO des für die Veranlagung des Unterhaltsleistenden zuständigen Finanzamtes ohne Bedeutung (>BFH vom 02.07.2003 – BStBl II S. 803).

R 10.3 Versorgungsleistungen

(1) Versorgungsleistungen, die mit steuerbefreiten Einkünften, z. B. auf Grund eines DBA, in wirtschaftlichem Zusammenhang stehen, können nicht als Sonderausgaben abgezogen werden.

(2) [1]Versorgungsleistungen, die freiwillig oder auf Grund einer freiwillig begründeten Rechtspflicht geleistet werden, sind grundsätzlich nicht als Sonderausgaben abziehbar. [2]Das gilt auch für Zuwendungen an eine gegenüber dem Stpfl. oder seinem Ehegatten gesetzlich unterhaltsberechtigte Person oder an deren Ehegatten (§ 12 Nr. 2 EStG).

§ 10 EStG
H 10.3 R 10.3a

| Hinweise | H 10.3 |

Ablösung eines Nießbrauchs oder eines anderen Nutzungsrechts
– >BMF vom 11.03.2010 (BStBl I S. 227) unter Berücksichtigung der Änderungen durch BMF vom 06.05.2016 (BStBl I S. 476), Rz. 25 und 85 Anhang 13 IV
– >BMF vom 30.09.2013 (BStBl I S. 1184), Rz. 55-67 Anhang 30 VI

Altenteilsleistung
Der Wert unbarer Altenteilsleistungen ist nach § 2 Abs. 2 SvEV vom 21.12.2006 (BGBl. I S. 3385) in der für den jeweiligen VZ geltenden Fassung zu schätzen (>BFH vom 18.12.1990 – BStBl II 1991 S. 354).

Beerdigungskosten
Soweit der Vermögensübernehmer kein Erbe und vertraglich zur Übernahme der durch den Tod des letztverstorbenen Vermögensübergebers entstandenen Beerdigungskosten verpflichtet ist, kann er die durch den Tod des letztverstorbenen Vermögensübergebers entstandenen Beerdigungskosten als dauernde Last abziehen (>BFH vom 19.01.2010 – BStBl II S. 544). Ist er hingegen Alleinerbe, sind die Beerdigungskosten auch dann nicht abziehbar, wenn er sich vertraglich zur Übernahme dieser Kosten verpflichtet hat (>BFH vom 19.01.2010 – BStBl II 2011 S. 162).

Erbbauzinsen
Erbbauzinsen, die im Zusammenhang mit der Selbstnutzung einer Wohnung im eigenen Haus anfallen, können nicht als dauernde Last abgezogen werden (>BFH vom 24.10.1990 – BStBl II 1991 S. 175).

Schuldzinsen
Schuldzinsen zur Finanzierung von als Sonderausgaben abziehbaren privaten Versorgungsleistungen sind nicht als Versorgungsleistungen abziehbar (>BFH vom 14.11.2001 – BStBl II 2002 S. 413).

Vermögensübertragung im Zusammenhang mit Versorgungsleistungen
>BMF vom 11.03.2010 (BStBl I S. 227) unter Berücksichtigung der Änderungen durch BMF vom 06.05.2016 (BStBl I S. 476) Anhang 13 IV

Vorweggenommene Erbfolge
Zur ertragsteuerlichen Behandlung der vorweggenommenen Erbfolge >BMF vom 13.01.1993 (BStBl I S. 80) unter Berücksichtigung der Änderungen durch BMF vom 26.02.2007 (BStBl I S. 269) Anhang 13 II

Versorgungsausgleich
– unbesetzt –

R 10.3a

§ 10 EStG
R 10.4 H 10.3a, 10.4

H 10.3a

Anhang 33

Hinweise

Versorgungsausgleich i. S. d. § 10 Abs. 1a Nr. 4

Zur einkommensteuerrechtlichen Behandlung der Leistungen aufgrund eines schuldrechtlichen Versorgungsausgleichs >BMF vom 09.04.2010 (BStBl I S. 323)

R 10.4

Vorsorgeaufwendungen (Allgemeines)

¹Nach § 10 Abs. 1 Nr. 3 Satz 2 EStG können eigene Beiträge des Kindes zur Basiskranken- und gesetzlichen Pflegeversicherung im Rahmen des Sonderausgabenabzugs bei den Eltern berücksichtigt werden, wenn diese das Kind, für das sie Anspruch auf einen Freibetrag nach § 32 Abs. 6 EStG oder auf Kindergeld haben, durch Unterhaltsleistungen in Form von Bar- oder Sachleistungen (z. B. Unterkunft und Verpflegung) unterstützen. ²Ob das Kind über eigene Einkünfte verfügt, ist insoweit ohne Bedeutung. ³Allerdings können die Basiskranken- und gesetzlichen Pflegeversicherungsbeiträge des Kindes insgesamt nur einmal als Vorsorgeaufwendungen berücksichtigt werden. ⁴Entweder erfolgt die Berücksichtigung nach § 10 Abs. 1 Nr. 3 Satz 2 EStG bei den Eltern oder nach § 10 Abs. 1 Nr. 3 Satz 1 EStG beim Kind.

H 10.4

Hinweise

Abzug von Vorsorgeaufwendungen

Anhang 1a II 1
- Zum Sonderausgabenabzug für Beiträge nach § 10 Abs. 1 Nr. 2 bis 3a >BMF vom 24.05.2017 (BStBl I S. 820) unter Berücksichtigung der Änderungen durch BMF vom 06.11.2017 (BStBl I S. 1455), vom 28.09.2021 (BStBl I S. 1833) und vom 16.12.2021 (BStBl I 2022 S. 155)

Anhang 1a II **2**
- Zum Sonderausgabenabzug für im Rahmen einer Unterhaltsverpflichtung getragene Basiskranken- und Pflegepflichtversicherungsbeiträge eines Kindes bei den Eltern >BMF vom 03.04.2019 (BStBl I S. 254)
- Zur Verfassungsmäßigkeit der beschränkten Abziehbarkeit von Altersvorsorgeaufwendungen >BFH vom 18.11.2009 (BStBl II 2010 S. 414) und vom 09.12.2009 (BStBl II 2010 S. 348)

I

Berufsständische Versorgungseinrichtungen

Anhang 1a III
- Liste der berufsständischen Versorgungseinrichtungen, die den gesetzlichen Rentenversicherungen vergleichbare Leistungen i. S. d. § 10 Abs. 1 Nr. 2 Satz 1 Buchst. a erbringen >BMF vom 19.06.2020 (BStBl I S. 617)
- Zum Sonderausgabenabzug bei beschränkt Stpfl. für Pflichtbeiträge an berufsständische Versorgungseinrichtungen (§ 10 Abs. 1 Nr. 2 Buchst. a, § 50 Abs. 1 Satz 3) >BMF vom 26.06.2019 (BStBl I S. 624)

§ 10 EStG
H 10.4, 10.5 **R 10.5**

Bonuszahlungen
– Zur steuerlichen Behandlung von Bonusleistungen aus gesetzlicher Krankenversicherung (§ 65a SGB V) >BMF vom 24.05.2017 (BStBl I S. 820) *unter Berücksichtigung der Änderungen durch BMF vom 16.12.2021 (BStBl I 2022 S. 155), Rz. 88-89b* — Anhang 1a II 1
– *Bonuszahlungen aus privater Krankenversicherung* >BFH vom 16.12.2020 (BStBl II 2022 S. 106)

Höchstbetragsregelung
Die Regelung über die beschränkte Abziehbarkeit von sonstigen Vorsorgeaufwendungen (§ 10 Abs. 1 Nr. 3a) ist verfassungsrechtlich nicht zu beanstanden (>BFH vom 09.09.2015 – BStBl II S. 1043).

| Versicherungsbeiträge | **R 10.5** |

[1]Wird ein Kraftfahrzeug teils für berufliche und teils für private Zwecke benutzt, kann der Stpfl. den Teil seiner Aufwendungen für die Kfz-Haftpflichtversicherung, der dem Anteil der privaten Nutzung entspricht, im Rahmen des § 10 EStG als Sonderausgaben abziehen. [2]Werden Aufwendungen für Wege zwischen Wohnung und Arbeitsstätte oder Familienheimfahrten mit eigenem Kraftfahrzeug in Höhe der Entfernungspauschale nach § 9 Abs. 1 Satz 3 Nr. 4 EStG abgezogen, können die Aufwendungen für die Kfz-Haftpflichtversicherung zur Vereinfachung in voller Höhe als Sonderausgaben anerkannt werden.

| Hinweise | H 10.5 |

Beiträge an ausländische Sozialversicherungsträger
Zur Aufteilung der an ausländische Sozialversicherungsträger geleisteten Globalbeiträge zur Berücksichtigung der Vorsorgeaufwendungen im Rahmen des Sonderausgabenabzugs >BMF vom **19.11.2021** (BStBl I S. **2275**) — Anhang 1a IV

Erbschaftsteuerversicherung
– Zum Begriff der Erbschaftsteuerversicherung >BMF vom 01.10.2009 (BStBl I S. 1172), Rz. 30 — Anhang 22a I
– Die Beiträge gehören zu den sonstigen Vorsorgeaufwendungen nach § 10 Abs. 1 Nr. 3a (>BMF vom 24.05.2017 – BStBl I S. 820, Rz. 121-124). — Anhang 1a II 1

Kapitalwahlrecht
Für vor dem 01.10.1996 abgeschlossene Verträge ist Abschnitt 88 Abs. 1 Satz 4 EStR 1987 weiter anzuwenden. Abschnitt 88 Abs. 1 Satz 4 EStR 1987 lautet: „Beiträge zu Rentenversicherungen mit Kapitalwahlrecht gegen laufende Beitragsleistung können als Sonderausgaben abgezogen werden, wenn die Auszahlung des Kapitals frühestens zu einem Zeitpunkt nach Ablauf von zwölf Jahren seit Vertragsabschluss verlangt werden kann."

§ 10 EStG
H 10.5

Keine Sonderausgaben
Die als Sonderausgaben zu berücksichtigenden Aufwendungen sind in § 10 abschließend aufgezählt. Nicht benannte Aufwendungen können nicht als Sonderausgaben abgezogen werden (>BFH vom 04.02.2010 – BStBl II S. 617). Hierzu zählen z. B. Beiträge für eine
- Hausratversicherung,
- Kaskoversicherung,
- Rechtsschutzversicherung,
- Sachversicherung.

Krankentagegeldversicherung
Anhang 1a II 1
Die Beiträge gehören zu den sonstigen Vorsorgeaufwendungen nach § 10 Abs. 1 Nr. 3a (>BMF vom 24.05.2017 – BStBl I S. 820, Rz. 121-124).

Lebensversicherung (Vertragsabschluss vor dem 01.01.2005)
- Allgemeines/Grundsätze
  - >BMF vom 22.08.2002 (BStBl I S. 827) unter Berücksichtigung der Änderungen durch BMF vom 01.10.2009 (BStBl I S. 1188), letztmals abgedruckt im Anhang 22 I EStH 2020
  - >Auszug aus dem 2002 in der am 31.12.2004 geltenden Fassung, letztmals abgedruckt im Anhang 22 IV EStH 2020
  - >Verzeichnis der ausländischen Versicherungsunternehmen, denen die Erlaubnis zum Betrieb eines nach § 10 Abs. 1 Nr. 2 a. F. begünstigten Versicherungszweigs im Inland erteilt ist – Stand: 01.01.2004 – letztmals abgedruckt im Anhang 22 V EStH 2019
- Beiträge zu Lebensversicherungen mit Teilleistungen auf den Erlebensfall vor Ablauf der Mindestvertragsdauer von zwölf Jahren sind auch nicht teilweise als Sonderausgaben abziehbar (>BFH vom 27.10.1987 – BStBl II 1988 S. 132).
- Einsatz von Lebensversicherungen zur Tilgung oder Sicherung von Darlehen >BMF vom 15.06.2000 (BStBl I S. 1118) und vom 16.07.2012 (BStBl I S. 686), letztmals abgedruckt im Anhang 22 II und III EStH 2020

Loss-of-Licence-Versicherung
Beiträge zur Berufsunfähigkeitsversicherung eines Flugzeugführers sind regelmäßig Sonderausgaben, keine Werbungskosten (>BFH vom 13.04.1976 – BStBl II S. 599).

Pflegekrankenversicherung
Anhang 1a II 1
Die Beiträge zu einer ergänzenden Pflegekrankenversicherung gehören zu den sonstigen Vorsorgeaufwendungen nach § 10 Abs. 1 Nr. 3a (>BMF vom 24.05.2017 – BStBl I S. 820, Rz. 121-124).

§ 10 EStG
H 10.5 R 10.6

Pflegerentenversicherung
Die Beiträge gehören zu den sonstigen Vorsorgeaufwendungen nach § 10 Abs. 1 Nr. 3a (>BMF vom 24.05.2017 – BStBl I S. 820, Rz. 121-124). — Anhang 1a II 1

Unfallversicherung
– Zuordnung von Versicherungsbeiträgen zu Werbungskosten oder Sonderausgaben >BMF vom 28.10.2009 (BStBl I S. 1275), Tz. 4
– Soweit die Beiträge nicht den Werbungskosten zuzuordnen sind, liegen sonstige Vorsorgeaufwendungen nach § 10 Abs. 1 Nr. 3a vor (>BMF vom 24.05.2017 – BStBl I S. 820, Rz. 121-124). — Anhang 1a II 1

Versorgungsbeiträge Selbständiger
Beiträge, für die eine gesetzliche Leistungspflicht besteht, stellen, auch soweit sie auf die sog. „alte Last" entfallen, regelmäßig keine Betriebsausgaben dar, wenn sie gleichzeitig der eigenen Versorgung oder der Versorgung der Angehörigen dienen (>BFH vom 13.04.1972 – BStBl II S. 728 und S. 730). Sie können in diesem Fall als Sonderausgaben im Rahmen des § 10 abgezogen werden.

Vertragseintritt
Wer in den Lebensversicherungsvertrag eines anderen eintritt, kann nur die nach seinem Eintritt fällig werdenden Beiträge als Sonderausgaben abziehen; der Eintritt gilt nicht als neuer Vertragsabschluss (>BFH vom 09.05.1974 – BStBl II S. 633).

Nachversteuerung von Versicherungsbeiträgen **R 10.6**

[1] Bei einer Nachversteuerung nach § 30 EStDV wird der Steuerbescheid des Kalenderjahres, in dem die Versicherungsbeiträge für Versicherungen i. S. d. § 10 Abs. 1 Nr. 3 Buchstabe b EStG als Sonderausgaben berücksichtigt worden sind, nicht berichtigt. [2] Es ist lediglich festzustellen, welche Steuer für das jeweilige Kalenderjahr festzusetzen gewesen wäre, wenn der Stpfl. die Versicherungsbeiträge nicht geleistet hätte. [3] Der Unterschiedsbetrag zwischen dieser Steuer und der seinerzeit festgesetzten Steuer ist als Nachsteuer für das Kalenderjahr zu erheben, in dem das steuerschädliche Ereignis eingetreten ist.

§ 10 EStG
R 10.7 H 10.6

H 10.6 Hinweise

Nachsteuer

Bei Berechnung der Nachsteuer nach § 10 Abs. 5 findet § 177 AO keine Anwendung; bisher nicht geltend gemachte Aufwendungen können nicht nachgeschoben werden (>BFH vom 15.12.1999 – BStBl II 2000 S. 292).

Nachversteuerung für Versicherungsbeiträge bei Ehegatten im Falle ihrer getrennten Veranlagung

Sind die Ehegatten in einem dem VZ 1990 vorangegangenen Kj. nach § 26a in der für das betreffende Kj. geltenden Fassung getrennt veranlagt worden und waren in ihren zusammengerechneten Sonderausgaben mit Ausnahme des Abzugs für den steuerbegünstigten nicht entnommenen Gewinn und des Verlustabzugs Versicherungsbeiträge enthalten, für die eine Nachversteuerung durchzuführen ist, ist nach Abschnitt 109a EStR 1990 zu verfahren.

Veräußerung von Ansprüchen aus Lebensversicherungen

Die Veräußerung von Ansprüchen aus Lebensversicherungen führt weder zu einer Nachversteuerung der als Sonderausgaben abgezogenen Versicherungsbeiträge noch zur Besteuerung eines etwaigen Überschusses des Veräußerungserlöses über die eingezahlten Versicherungsbeiträge (>BMF vom 22.08.2002 – BStBl I S. 827, RdNr. 32 unter Berücksichtigung der Änderungen durch BMF vom 01.10.2009 – BStBl I S. 1188, letztmals abgedruckt im Anhang 22 I EStH 2020).

R 10.7 Kirchensteuern und Kirchenbeiträge

(1) [1]Beiträge der Mitglieder von Religionsgemeinschaften (Kirchenbeiträge), die mindestens in einem Land als Körperschaft des öffentlichen Rechts anerkannt sind, aber während des ganzen Kalenderjahres keine Kirchensteuer erheben, sind aus Billigkeitsgründen wie Kirchensteuern abziehbar. [2]Voraussetzung ist, dass der Stpfl. über die geleisteten Beiträge eine Empfangsbestätigung der Religionsgemeinschaft vorlegt. [3]Der Abzug ist bis zur Höhe der Kirchensteuer zulässig, die in dem betreffenden Land von den als Körperschaften des öffentlichen Rechts anerkannten Religionsgemeinschaften erhoben wird. [4]Bei unterschiedlichen Kirchensteuersätzen ist der höchste Steuersatz maßgebend. [5]Die Sätze 1 bis 4 sind nicht anzuwenden, wenn der Stpfl. gleichzeitig als Mitglied einer öffentlich-rechtlichen Religionsgemeinschaft zur Zahlung von Kirchensteuer verpflichtet ist.

(2) Kirchenbeiträge, die nach Absatz 1 nicht wie Kirchensteuer als Sonderausgaben abgezogen werden, können im Rahmen des § 10b EStG steuerlich berücksichtigt werden.

§ 10 EStG
H 10.7

Hinweise

H 10.7

Beiträge an Religionsgemeinschaften (R 10.7 Abs. 1 Satz 1 bis 3 EStR)
Die in R 10.7 Abs. 1 getroffene Regelung stellt eine Billigkeitsmaßnahme (§ 163 AO) dar, die zwingend anzuwenden ist. Der höchstmögliche Abzug beträgt 8 % bzw. 9 % der festgesetzten Einkommensteuer auf das um die Beiträge geminderte z. v. E.; § 51a Abs. 1 und 2 ist anzuwenden (>BFH vom 10.10.2001 – BStBl II 2002 S. 201 und vom 12.06.2002 – BStBl II 2003 S. 281).

Kirchensteuern an Religionsgemeinschaften in EU-/EWR-Staaten
Auch Kirchensteuerzahlungen an Religionsgemeinschaften, die in einem anderen EU-Mitgliedstaat oder in einem EWR-Staat belegen sind und die bei Inlandsansässigkeit als Körperschaften des öffentlichen Rechts anzuerkennen wären, sind als Sonderausgabe nach § 10 Abs. 1 Nr. 4 abziehbar. Das betrifft die Staaten Finnland (evangelisch-lutherische und orthodoxe Staatskirchen) und Dänemark (evangelisch-lutherische Staatskirche). Soweit in den vorgenannten Staaten andere Religionsgemeinschaften ansässig sind, sind für die fiktive Einordnung als Körperschaft des öffentlichen Rechts die zuständigen Innen- oder Kultusbehörden einzubeziehen (>BMF vom 16.11.2010 – BStBl I S. 1311).

Kirchensteuer auf Kapitaleinkünfte
Werden Zinseinnahmen nach dem regulären Einkommensteuertarif besteuert, löst eine spätere Anwendung des Abgeltungssteuertarifs eine Herabsetzung der als Zuschlag zur tariflichen Einkommensteuer festgesetzten Kirchensteuer aus. Die Minderung des Sonderausgabenabzugs ist in dem VZ zu berücksichtigen, in dem die insoweit geänderte Steuerfestsetzung wirksam wird (>BFH vom 16.03.2021 – BStBl II 2022 S. 510).

Kirchensteuern des Erblassers
Zahlungen auf offene Kirchensteuern des Erblassers durch den Erben sind bei diesem im Jahr der Zahlung als Sonderausgabe abziehbar (>BFH vom 21.07.2016 – BStBl II 2017 S. 256).

Kirchensteuern i. S. d. § 10 Abs. 1 Nr. 4
Sie sind Geldleistungen, die von den als Körperschaften des öffentlichen Rechts anerkannten Religionsgemeinschaften von ihren Mitgliedern aufgrund gesetzlicher Vorschriften erhoben werden. Die Kirchensteuer wird i. d. R. als Zuschlagsteuer zur Einkommen- bzw. Lohnsteuer erhoben. Kirchensteuern können aber nach Maßgabe der Gesetze auch erhoben werden als Kirchensteuern vom Einkommen, vom Vermögen, vom Grundbesitz und als Kirchgeld. **Keine Kirchensteuern** sind freiwillige Beiträge, die an öffentlich-rechtliche Religionsgemeinschaften oder andere religiöse Gemeinschaften entrichtet werden.

§ 10 EStG
R 10.8, 10.9 H 10.7, 10.8

Willkürliche Zahlungen

Kirchensteuern sind i. d. R. in dem VZ als Sonderausgabe abzugsfähig, in dem sie tatsächlich entrichtet wurden, soweit es sich nicht um willkürliche, die voraussichtliche Steuerschuld weit übersteigende Zahlungen handelt (>BFH vom 25.01.1963 – BStBl III S. 141).

R 10.8

Kinderbetreuungskosten
– unbesetzt –

H 10.8

Hinweise

Abzugsbeschränkung

Die Beschränkung des Abzugs von Kinderbetreuungskosten auf zwei Drittel der Aufwendungen und einen Höchstbetrag von 4.000 € je Kind ist verfassungsgemäß (>BFH vom 09.02.2012 – BStBl II S. 567).

Anwendungsschreiben

Anhang 19a

>BMF vom 14.03.2012 (BStBl I S. 307)

R 10.9

Aufwendungen für die Berufsausbildung

(1) ¹Erhält der Stpfl. zur unmittelbaren Förderung seiner Ausbildung steuerfreie Bezüge, mit denen Aufwendungen i. S. d. § 10 Abs. 1 Nr. 7 EStG abgegolten werden, entfällt insoweit der Sonderausgabenabzug. ²Das gilt auch dann, wenn die zweckgebundenen steuerfreien Bezüge erst nach Ablauf des betreffenden Kalenderjahres gezahlt werden. ³Zur Vereinfachung ist eine Kürzung der für den Sonderausgabenabzug in Betracht kommenden Aufwendungen nur dann vorzunehmen, wenn die steuerfreien Bezüge ausschließlich zur Bestreitung der in § 10 Abs. 1 Nr. 7 EStG bezeichneten Aufwendungen bestimmt sind. ⁴Gelten die steuerfreien Bezüge dagegen ausschließlich oder teilweise Aufwendungen für den Lebensunterhalt ab – ausgenommen solche für auswärtige Unterbringung –, z. B. Berufsausbildungsbeihilfen nach § 59 SGB III, Leistungen nach den §§ 12 und 13 BAföG, sind die als Sonderausgaben geltend gemachten Berufsausbildungsaufwendungen nicht zu kürzen.

Nachlaufende Studiengebühren

(2) Staatlich gestundete Studienbeiträge, die erst nach Abschluss des Studiums gezahlt werden (sog. nachlaufende Studiengebühren), sind nach den allgemeinen Grundsätzen des § 11 Abs. 2 EStG im Jahr der Zahlung der gestundeten Beiträge und somit auch nach Abschluss der Berufsausbildung als Sonderausgaben abziehbar.

§ 10 EStG
H 10.9

Hinweise

Aufwendungen i. S. d. § 10 Abs. 1 Nr. 7:
- **Arbeitsmittel**
  Die für Arbeitsmittel i. S. d. § 9 Abs. 1 Satz 3 Nr. 6 geltenden Vorschriften sind sinngemäß anzuwenden. Schafft ein Stpfl. abnutzbare Wirtschaftsgüter von mehrjähriger Nutzungsdauer an, sind im Rahmen des § 10 Abs. 1 Nr. 7 nur die auf die Nutzungsdauer verteilten Anschaffungskosten als Sonderausgaben abziehbar (>BFH vom 07.05.1993 – BStBl II S. 676).
  Die Anschaffungs- oder Herstellungskosten von Arbeitsmitteln einschließlich der Umsatzsteuer können im Jahr der Anschaffung oder Herstellung in voller Höhe als Sonderausgaben abgesetzt werden, wenn sie ausschl. der Umsatzsteuer für das einzelne Arbeitsmittel 800 € nicht übersteigen (>R 9.12 LStR 2015),
- **häusliches Arbeitszimmer**
  >BMF vom 06.10.2017 (BStBl I S. 1320), *Anhang 19 I LStH*
- **Fachliteratur**
  >BFH vom 28.11.1980 (BStBl II 1981 S. 309)
- **Mehraufwand für Verpflegung**
  >BFH vom 03.12.1974 (BStBl II 1975 S. 356)
  >R 9.6 LStR 2015
- **Mehraufwand wegen doppelter Haushaltsführung**
  >R 9.11 LStR 2015

Ausbildungsdarlehen/Studiendarlehen
- Abzugshöhe/Abzugszeitpunkt >H 10.1
- Aufwendungen zur Tilgung von Ausbildungs-/Studiendarlehen gehören nicht zu den abziehbaren Aufwendungen i. S. d. § 10 Abs. 1 Nr. 7 (>BFH vom 15.03.1974 – BStBl II S. 513).
- Zinsen für ein Ausbildungsdarlehen gehören zu den abziehbaren Aufwendungen, auch wenn sie nach Abschluss der Berufsausbildung gezahlt werden (>BFH vom 28.02.1992 – BStBl II S. 834).
- Ist ein Ausbildungsdarlehen nebst Zuschlag zurückzuzahlen, sind die Aufwendungen für den Zuschlag Ausbildungs- und keine Werbungskosten, wenn damit nachträglich die im Zusammenhang mit der Berufsausbildung gewährten Vorteile abgegolten werden sollen und wenn der Zuschlag nicht weitaus überwiegend als Druckmittel zur Einhaltung der vorvertraglichen Verpflichtung zur Eingehung eines langfristigen Arbeitsverhältnisses dienen soll (>BFH vom 28.02.1992 – BStBl II S. 834).

Aus- und Fortbildung
>R 9.2 LStR 2015

§ 10 EStG
H 10.9

Auswärtige Unterbringung
Ein Student, der seinen Lebensmittelpunkt an den Studienort verlagert hat, ist regelmäßig nicht auswärts untergebracht (>BFH vom 19.09.2012 – BStBl II 2013 S. 284).

Beruf
Der angestrebte Beruf muss nicht innerhalb bestimmter bildungspolitischer Zielvorstellungen des Gesetzgebers liegen (>BFH vom 18.12.1987 – BStBl II 1988 S. 494).

Berufsausbildungskosten
Aufwendungen für die erstmalige Berufsausbildung oder ein Erststudium >BMF vom 22.09.2010 (BStBl I S. 721), **Anhang 9 LStH**

Deutschkurs
Aufwendungen eines in Deutschland lebenden Ausländers für den Erwerb von Deutschkenntnissen sind nicht als Aufwendungen für die Berufsausbildung abziehbar (>BFH vom 15.03.2007 – BStBl II S. 814).

Habilitation
Aufwendungen eines wissenschaftlichen Assistenten an einer Hochschule für seine Habilitation sind Werbungskosten i. S. v. § 9 (>BFH vom 07.08.1967 – BStBl III S. 778).

Klassenfahrt
Aufwendungen eines Berufsschülers für eine im Rahmen eines Ausbildungsdienstverhältnisses als verbindliche Schulveranstaltung durchgeführte Klassenfahrt sind i. d. R. Werbungskosten (>BFH vom 07.02.1992 – BStBl II S. 531).

Studienreisen
>R 12.2

Umschulung
Aufwendungen für eine Umschulungsmaßnahme, die die Grundlage dafür bildet, von einer Berufs- oder Erwerbsart zu einer anderen überzuwechseln, können vorab entstandene Werbungskosten sein (>BFH vom 04.12.2002 – BStBl II 2003 S. 403).

Schulgeld

R 10.10

Kind als Vertragspartner

(1) ¹Schulgeldzahlungen eines Stpfl. sind bei diesem auch dann nach § 10 Abs. 1 Nr. 9 EStG abziehbar, wenn dessen unterhaltsberechtigtes Kind selbst Vertragspartner der Schule ist. ²Hat der Stpfl. für das sich in der Ausbildung befindende Kind einen Anspruch auf einen Freibetrag nach § 32 Abs. 6 EStG oder auf Kindergeld, ist davon auszugehen, dass die erforderliche Unterhaltsberechtigung des Kindes besteht.

Schulbesuche im Ausland

(2) ¹Zu den nach § 10 Abs. 1 Nr. 9 EStG abziehbaren Sonderausgaben gehören u. a. Schulgeldzahlungen für den Besuch einer im EU-/EWR-Raum belegenen Bildungsstätte, wenn der Besuch mit dem „International Baccalaureate" (Internationales Abitur) abschließen soll. ²Für die Anerkennung mehrjähriger Auslandsschulbesuche ist die Vorlage einer einmaligen Prognoseentscheidung der im Einzelfall zuständigen Behörde (z. B. Zeugnisanerkennungsstelle) ausreichend.

Hinweise

H 10.10

Allgemeines
– >BMF vom 09.03.2009 (BStBl I S. 487)

Anhang 27a

– Der Abzug von Schulgeldzahlungen setzt nicht voraus, dass die Eltern selbst Vertragspartner des mit der Privatschule abgeschlossenen Vertrages sind (>BFH vom 09.11.2011 – BStBl II 2012 S. 321).

Aufwendungen für den Schulbesuch als außergewöhnliche Belastungen
>H 33.1-33.4 (Schulbesuch)

Privatschule in der Schweiz
Schulgeld, das an eine schweizerische Privatschule gezahlt wird, kann nicht als Sonderausgabe abgezogen werden. Hierin liegt keine Verletzung der Kapitalverkehrsfreiheit. Das Freizügigkeitsabkommen zwischen der Europäischen Gemeinschaft und ihren Mitgliedstaaten und der Schweiz vom 21.06.1999 (BGBl. 2001 II S. 811) gewährt keinen Anspruch auf Gleichbehandlung mit Privatschulen, die in der EU oder im EWR belegen sind (>BFH vom 09.05.2012 – BStBl II S. 585).

Spendenabzug
Zum Spendenabzug von Leistungen der Eltern an gemeinnützige Schulvereine – Schulen in freier Trägerschaft >BMF vom 04.01.1991 (BStBl I 1992 S. 266)

§ 10 EStG
R 10.11 H 10.11

R 10.11 Kürzung des Vorwegabzugs bei der Günstigerprüfung

– unbesetzt –

H 10.11

Hinweise

Bemessungsgrundlage für die Kürzung des Vorwegabzugs

- Einnahmen aus einem früheren Beschäftigungsverhältnis

  Der Vorwegabzug für Vorsorgeaufwendungen ist auch für VZ nach Beendigung des Beschäftigungsverhältnisses zu kürzen, wenn in wirtschaftlichem Zusammenhang mit der früheren Beschäftigung stehender Arbeitslohn nachträglich an den Stpfl. ausgezahlt wird und dieser durch arbeitgeberfinanzierte Zukunftssicherungsleistungen oder Altersversorgungsansprüche begünstigt worden war (>BFH vom 20.12.2006 – BStBl II 2007 S. 823).

- Entlassungsentschädigung

  Zu den Einnahmen aus nichtselbständiger Arbeit, die Bemessungsgrundlage für die Kürzung des Vorwegabzugs für Vorsorgeaufwendungen sind, gehört auch eine vom Arbeitgeber gezahlte Entlassungsentschädigung, für die kein Arbeitgeberbeitrag zu leisten war (>BFH vom 16.10.2002 – BStBl II 2003 S. 343).

- Mehrere Beschäftigungsverhältnisse

  Bei mehreren Beschäftigungsverhältnissen sind für die Kürzung des Vorwegabzugs für Vorsorgeaufwendungen nur die Einnahmen aus den Beschäftigungsverhältnissen zu berücksichtigen, in deren Zusammenhang die Voraussetzungen für eine Kürzung des Vorwegabzugs für Vorsorgeaufwendungen erfüllt sind (>BFH vom 26.02.2004 – BStBl II S. 720).

- Zukunftssicherungsleistungen

  - Zum Begriff der Zukunftssicherungsleistungen i. S. d. § 3 Nr. 62 >R 3.62 LStR 2015

  - Die Höhe der vom Arbeitgeber erbrachten Zukunftssicherungsleistungen i. S. d. § 3 Nr. 62 ist für den Umfang der Kürzung des Vorwegabzugs ohne Bedeutung (>BFH vom 16.10.2002 – BStBl II 2003 S. 183).

  - Der Vorwegabzug ist auch dann zu kürzen, wenn der Arbeitgeber Zukunftssicherungsleistungen während des VZ nur zeitweise erbringt oder nur Beiträge zur Kranken- und Pflegeversicherung leistet (>BFH vom 16.10.2002 – BStBl II 2003 S. 288).

  - Der Vorwegabzug für Vorsorgeaufwendungen ist auch dann zu kürzen, wenn das Anwartschaftsrecht auf Altersversorgung nicht unverfallbar ist oder wirtschaftlich nicht gesichert erscheint. Diese Kürzung ist nicht rückgängig zu machen, wenn eine Pensionszusage in späteren Jahren widerrufen wird (>BFH vom 28.07.2004 – BStBl II 2005 S. 94).

– Zusammenveranlagte Ehegatten

Bei der Kürzung des zusammenveranlagten Ehegatten gemeinsam zustehenden Vorwegabzugs für Vorsorgeaufwendungen ist in die Bemessungsgrundlage nur der Arbeitslohn desjenigen Ehegatten einzubeziehen, für den Zukunftssicherungsleistungen i. S. d. § 3 Nr. 62 erbracht worden sind oder der zum Personenkreis des § 10c Abs. 3 Nr. 1 oder 2 gehört (>BFH vom 03.12.2003 – BStBl II 2004 S. 709).

Gesellschafter-Geschäftsführer von Kapitalgesellschaften
>BMF vom 22.05.2007 (BStBl I S. 493)

Höchstbetrag nach § 10 Abs. 3
Der Höchstbetrag ist nicht zu kürzen:
– wenn der Arbeitgeber für die Zukunftssicherung des Stpfl. keine Leistungen i. S. d. Absatzes 3 erbracht hat. Werden später Beiträge für einen bestimmten Zeitraum nachentrichtet, ist dieser Vorgang ein rückwirkendes Ereignis i. S. d. § 175 Abs. 1 Satz 1 Nr. 2 AO; der Höchstbetrag ist zu kürzen (>BFH vom 21.01.2004 – BStBl II S. 650),
– wenn einem Gesellschafter-Geschäftsführer einer GmbH im Anstellungsvertrag ein Anspruch auf Ruhegehalt eingeräumt wird, dessen Art und Höhe erst später per Gesellschafterbeschluss bestimmt werden soll und die GmbH keine Aufwendungen zur Sicherstellung der künftigen Altersversorgung tätigt (>BFH vom 14.06.2000 – BStBl II 2001 S. 28),
– bei nach § 4 SGB VI auf Antrag Pflichtversicherten (>BFH vom 19.05.1999 – BStBl II 2001 S. 64).

§ 10a
Zusätzliche Altersvorsorge

(1) ¹In der inländischen gesetzlichen Rentenversicherung Pflichtversicherte können Altersvorsorgebeiträge (§ 82) zuzüglich der dafür nach Abschnitt XI zustehenden Zulage jährlich bis zu 2.100 Euro als Sonderausgaben abziehen; das Gleiche gilt für

1. Empfänger von inländischer Besoldung nach dem Bundesbesoldungsgesetz oder einem Landesbesoldungsgesetz,
2. Empfänger von Amtsbezügen aus einem inländischen Amtsverhältnis, deren Versorgungsrecht die entsprechende Anwendung des § 69e Absatz 3 und 4 des Beamtenversorgungsgesetzes vorsieht,
3. die nach § 5 Absatz 1 Satz 1 Nummer 2 und 3 des Sechsten Buches Sozialgesetzbuch versicherungsfrei Beschäftigten, die nach § 6 Absatz 1 Satz 1 Nummer 2 oder nach § 230 Absatz 2 Satz 2 des Sechsten Buches Sozialgesetzbuch von der Versicherungspflicht befreiten Beschäftigten, deren Versorgungsrecht die entsprechende Anwendung des § 69e Absatz 3 und 4 des Beamtenversorgungsgesetzes vorsieht,
4. Beamte, Richter, Berufssoldaten und Soldaten auf Zeit, die ohne Besoldung beurlaubt sind, für die Zeit einer Beschäftigung, wenn während der Beurlaubung die Gewährleistung einer Versorgungsanwartschaft unter den Voraussetzungen des § 5 Absatz 1 Satz 1 des Sechsten Buches Sozialgesetzbuch auf diese Beschäftigung erstreckt wird, und
5. Steuerpflichtige im Sinne der Nummern 1 bis 4, die beurlaubt sind und deshalb keine Besoldung, Amtsbezüge oder Entgelt erhalten, sofern sie eine Anrechnung von Kindererziehungszeiten nach § 56 des Sechsten Buches Sozialgesetzbuch in Anspruch nehmen könnten, wenn die Versicherungsfreiheit in der inländischen gesetzlichen Rentenversicherung nicht bestehen würde,

wenn sie spätestens bis zum Ablauf des Beitragsjahres (§ 88) gegenüber der zuständigen Stelle (§ 81a) schriftlich eingewilligt haben, dass diese der zentralen Stelle (§ 81) jährlich mitteilt, dass der Steuerpflichtige zum begünstigten Personenkreis gehört, dass die zuständige Stelle der zentralen Stelle die für die Ermittlung des Mindesteigenbeitrags (§ 86) und die Gewährung der Kinderzulage (§ 85) erforderlichen Daten übermittelt und die zentrale Stelle diese Daten für das Zulageverfahren verarbeiten darf. ²Bei der Erteilung der Einwilligung ist der Steuerpflichtige darauf hinzuweisen, dass er die Einwilligung vor Beginn des Kalenderjahres, für das sie erstmals nicht mehr gelten soll, gegenüber der zuständigen Stelle widerrufen kann. ³Versicherungspflichtige nach dem Gesetz über die Alterssicherung der Landwirte stehen Pflichtversicherten gleich; dies gilt auch für Personen, die

1. eine Anrechnungszeit nach § 58 Absatz 1 Nummer 3 oder Nummer 6 des Sechsten Buches Sozialgesetzbuch in der gesetzlichen Rentenversicherung erhalten und
2. unmittelbar vor einer Anrechnungszeit nach § 58 Absatz 1 Nummer 3 oder Nummer 6 des Sechsten Buches Sozialgesetzbuch einer der im ersten Halbsatz, in Satz 1 oder in Satz 4 genannten begünstigten Personengruppen angehörten.

[4] Die Sätze 1 und 2 gelten entsprechend für Steuerpflichtige, die nicht zum begünstigten Personenkreis nach Satz 1 oder 3 gehören und eine Rente wegen voller Erwerbsminderung oder Erwerbsunfähigkeit oder eine Versorgung wegen Dienstunfähigkeit aus einem der in Satz 1 oder 3 genannten Alterssicherungssysteme beziehen, wenn unmittelbar vor dem Bezug der entsprechenden Leistungen der Leistungsbezieher einer der in Satz 1 oder 3 genannten begünstigten Personengruppen angehörte; dies gilt nicht, wenn der Steuerpflichtige das 67. Lebensjahr vollendet hat. [5] Bei der Ermittlung der dem Steuerpflichtigen zustehenden Zulage nach Satz 1 bleibt die Erhöhung der Grundzulage nach § 84 Satz 2 außer Betracht.

(1a) [1] Sofern eine Zulagenummer (§ 90 Absatz 1 Satz 2) durch die zentrale Stelle oder eine Versicherungsnummer nach § 147 des Sechsten Buches Sozialgesetzbuch noch nicht vergeben ist, haben die in Absatz 1 Satz 1 Nummer 1 bis 5 genannten Steuerpflichtigen über die zuständige Stelle eine Zulagenummer bei der zentralen Stelle zu beantragen. [2] Für Empfänger einer Versorgung im Sinne des Absatzes 1 Satz 4 gilt Satz 1 entsprechend.

(2) [1] Ist der Sonderausgabenabzug nach Absatz 1 für den Steuerpflichtigen günstiger als der Anspruch auf die Zulage nach Abschnitt XI, erhöht sich die unter Berücksichtigung des Sonderausgabenabzugs ermittelte tarifliche Einkommensteuer um den Anspruch auf Zulage. [2] In den anderen Fällen scheidet der Sonderausgabenabzug aus. [3] Die Günstigerprüfung wird von Amts wegen vorgenommen.

(3) [1] Der Abzugsbetrag nach Absatz 1 steht im Fall der Veranlagung von Ehegatten nach § 26 Absatz 1 jedem Ehegatten unter den Voraussetzungen des Absatzes 1 gesondert zu. [2] Gehört nur ein Ehegatte zu dem nach Absatz 1 begünstigten Personenkreis und ist der andere Ehegatte nach § 79 Satz 2 zulageberechtigt, sind bei dem nach Absatz 1 abzugsberechtigten Ehegatten die von beiden Ehegatten geleisteten Altersvorsorgebeiträge und die dafür zustehenden Zulagen bei der Anwendung der Absätze 1 und 2 zu berücksichtigen. [3] Der Höchstbetrag nach Absatz 1 Satz 1 erhöht sich in den Fällen des Satzes 2 um 60 Euro. [4] Dabei sind die von dem Ehegatten, der zu dem nach Absatz 1 begünstigten Personenkreis gehört, geleisteten Altersvorsorgebeiträge vorrangig zu berücksichtigen, jedoch mindestens 60 Euro der von dem anderen Ehegatten geleisteten Altersvorsorgebeiträge. [5] Gehören beide Ehegatten zu dem nach Absatz 1 begünstig-

§ 10a EStG

ten Personenkreis und liegt ein Fall der Veranlagung nach § 26 Absatz 1 vor, ist bei der Günstigerprüfung nach Absatz 2 der Anspruch auf Zulage beider Ehegatten anzusetzen.

(4) [1] Im Fall des Absatzes 2 Satz 1 stellt das Finanzamt die über den Zulageanspruch nach Abschnitt XI hinausgehende Steuerermäßigung gesondert fest und teilt diese der zentralen Stelle (§ 81) mit; § 10d Absatz 4 Satz 3 bis 5 gilt entsprechend. [2] Sind Altersvorsorgebeiträge zugunsten von mehreren Verträgen geleistet worden, erfolgt die Zurechnung im Verhältnis der nach Absatz 1 berücksichtigten Altersvorsorgebeiträge. [3] Ehegatten ist der nach Satz 1 festzustellende Betrag auch im Fall der Zusammenveranlagung jeweils getrennt zuzurechnen; die Zurechnung erfolgt im Verhältnis der nach Absatz 1 berücksichtigten Altersvorsorgebeiträge. [4] Werden Altersvorsorgebeiträge nach Absatz 3 Satz 2 berücksichtigt, die der nach § 79 Satz 2 zulageberechtigte Ehegatte zugunsten eines auf seinen Namen lautenden Vertrages geleistet hat, ist die hierauf entfallende Steuerermäßigung dem Vertrag zuzurechnen, zu dessen Gunsten die Altersvorsorgebeiträge geleistet wurden. [5] Die Übermittlung an die zentrale Stelle erfolgt unter Angabe der Vertragsnummer und der Identifikationsnummer (§ 139b der Abgabenordnung) sowie der Zulage- oder Versicherungsnummer nach § 147 des Sechsten Buches Sozialgesetzbuch.

(5) [1] Nach Maßgabe des § 93c der Abgabenordnung hat der Anbieter als mitteilungspflichtige Stelle auch unter Angabe der Vertragsdaten die Höhe der im jeweiligen Beitragsjahr zu berücksichtigenden Altersvorsorgebeiträge sowie die Zulage- oder die Versicherungsnummer nach § 147 des Sechsten Buches Sozialgesetzbuch an die zentrale Stelle zu übermitteln. [2] § 22a Absatz 2 gilt entsprechend. [3] Die Übermittlung muss auch dann erfolgen, wenn im Fall der mittelbaren Zulageberechtigung keine Altersvorsorgebeiträge geleistet worden sind. [4] § 72a Absatz 4 der Abgabenordnung findet keine Anwendung. [5] Die übrigen Voraussetzungen für den Sonderausgabenabzug nach den Absätzen 1 bis 3 werden im Wege der Datenerhebung und des automatisierten Datenabgleichs nach § 91 überprüft. [6] Erfolgt eine Datenübermittlung nach Satz 1 und wurde noch keine Zulagenummer (§ 90 Absatz 1 Satz 2) durch die zentrale Stelle oder keine Versicherungsnummer nach § 147 des Sechsten Buches Sozialgesetzbuch vergeben, gilt § 90 Absatz 1 Satz 2 und 3 entsprechend.

(6) [1] Für die Anwendung der Absätze 1 bis 5 stehen den in der inländischen gesetzlichen Rentenversicherung Pflichtversicherten nach Absatz 1 Satz 1 die Pflichtmitglieder in einem ausländischen gesetzlichen Alterssicherungssystem gleich, wenn diese Pflichtmitgliedschaft

1. mit einer Pflichtmitgliedschaft in einem inländischen Alterssicherungssystem nach Absatz 1 Satz 1 oder 3 vergleichbar ist und
2. vor dem 1. Januar 2010 begründet wurde.

² Für die Anwendung der Absätze 1 bis 5 stehen den Steuerpflichtigen nach Absatz 1 Satz 4 die Personen gleich,
1. die aus einem ausländischen gesetzlichen Alterssicherungssystem eine Leistung erhalten, die den in Absatz 1 Satz 4 genannten Leistungen vergleichbar ist,
2. die unmittelbar vor dem Bezug der entsprechenden Leistung nach Satz 1 oder Absatz 1 Satz 1 oder 3 begünstigt waren und
3. die noch nicht das 67. Lebensjahr vollendet haben.

³ Als Altersvorsorgebeiträge (§ 82) sind bei den in Satz 1 oder 2 genannten Personen nur diejenigen Beiträge zu berücksichtigen, die vom Abzugsberechtigten zugunsten seines vor dem 1. Januar 2010 abgeschlossenen Vertrags geleistet wurden. ⁴Endet die unbeschränkte Steuerpflicht eines Zulageberechtigten im Sinne des Satzes 1 oder 2 durch Aufgabe des inländischen Wohnsitzes oder gewöhnlichen Aufenthalts und wird die Person nicht nach § 1 Absatz 3 als unbeschränkt einkommensteuerpflichtig behandelt, so gelten die §§ 93 und 94 entsprechend; § 95 Absatz 2 und 3 und § 99 Absatz 1 in der am 31. Dezember 2008 geltenden Fassung sind anzuwenden.

(7) Soweit nichts anderes bestimmt ist, sind die Regelungen des § 10a und des Abschnitts XI in der für das jeweilige Beitragsjahr geltenden Fassung anzuwenden.

Hinweise

Private Altersvorsorge
>BMF vom 21.12.2017 (BStBl I 2018 S. 93) unter Berücksichtigung der Änderungen durch BMF vom 17.02.2020 (BStBl I S. 213) **und vom 11.02.2022 (BStBl I S. 186)**

Anhang 1a I

§ 10b EStG

S 2223

§ 10b
Steuerbegünstigte Zwecke

(1) [1]Zuwendungen (Spenden und Mitgliedsbeiträge) zur Förderung steuerbegünstigter Zwecke im Sinne der §§ 52 bis 54 der Abgabenordnung können insgesamt bis zu
1. 20 Prozent des Gesamtbetrags der Einkünfte oder
2. 4 Promille der Summe der gesamten Umsätze und der im Kalenderjahr aufgewendeten Löhne und Gehälter

als Sonderausgaben abgezogen werden. [2]Voraussetzung für den Abzug ist, dass diese Zuwendungen
1. an eine juristische Person des öffentlichen Rechts oder an eine öffentliche Dienststelle, die in einem Mitgliedstaat der Europäischen Union oder in einem Staat belegen ist, auf den das Abkommen über den Europäischen Wirtschaftsraum (EWR-Abkommen) Anwendung findet, oder
2. an eine nach § 5 Absatz 1 Nummer 9 des Körperschaftsteuergesetzes steuerbefreite Körperschaft, Personenvereinigung oder Vermögensmasse oder
3. an eine Körperschaft, Personenvereinigung oder Vermögensmasse, die in einem Mitgliedstaat der Europäischen Union oder in einem Staat belegen ist, auf den das Abkommen über den Europäischen Wirtschaftsraum (EWR-Abkommen) Anwendung findet, und die nach § 5 Absatz 1 Nummer 9 des Körperschaftsteuergesetzes in Verbindung mit § 5 Absatz 2 Nummer 2 zweiter Halbsatz des Körperschaftsteuergesetzes steuerbefreit wäre, wenn sie inländische Einkünfte erzielen würde,

geleistet werden. [3]Für nicht im Inland ansässige Zuwendungsempfänger nach Satz 2 ist weitere Voraussetzung, dass durch diese Staaten Amtshilfe und Unterstützung bei der Beitreibung geleistet werden. [4]Amtshilfe ist der Auskunftsaustausch im Sinne oder entsprechend der Amtshilferichtlinie gemäß § 2 Absatz 2 des EU-Amtshilfegesetzes. [5]Beitreibung ist die gegenseitige Unterstützung bei der Beitreibung von Forderungen im Sinne oder entsprechend der Beitreibungsrichtlinie einschließlich der in diesem Zusammenhang anzuwendenden Durchführungsbestimmungen in den für den jeweiligen Veranlagungszeitraum geltenden Fassungen oder eines entsprechenden Nachfolgerechtsaktes. [6]Werden die steuerbegünstigten Zwecke des Zuwendungsempfängers im Sinne von Satz 2 Nummer 1 nur im Ausland verwirklicht, ist für den Sonderausgabenabzug Voraussetzung, dass natürliche Personen, die ihren Wohnsitz oder ihren gewöhnlichen Aufenthalt im Geltungsbereich dieses Gesetzes haben, gefördert werden oder dass die Tätigkeit dieses Zuwendungsempfängers neben der Verwirklichung der steuerbegünstigten Zwecke auch zum Ansehen der Bundesrepublik Deutschland beitragen kann. [7]Abziehbar sind auch Mitgliedsbeiträge an Körperschaften, die Kunst und

§ 10b EStG

Kultur gemäß § 52 Absatz 2 Satz 1 Nummer 5 der Abgabenordnung fördern, soweit es sich nicht um Mitgliedsbeiträge nach Satz 8 Nummer 2 handelt, auch wenn den Mitgliedern Vergünstigungen gewährt werden. [8] Nicht abziehbar sind Mitgliedsbeiträge an Körperschaften,
1. die den Sport (§ 52 Absatz 2 Satz 1 Nummer 21 der Abgabenordnung),
2. die kulturelle Betätigungen, die in erster Linie der Freizeitgestaltung dienen,
3. die Heimatpflege und Heimatkunde (§ 52 Absatz 2 Satz 1 Nummer 22 der Abgabenordnung),
4. die Zwecke im Sinne des § 52 Absatz 2 Satz 1 Nummer 23 der Abgabenordnung

fördern oder

5. deren Zweck nach § 52 Absatz 2 Satz 2 der Abgabenordnung für gemeinnützig erklärt worden ist, weil deren Zweck die Allgemeinheit auf materiellem, geistigem oder sittlichem Gebiet entsprechend einem Zweck nach den Nummern 1 bis 4 fördert.

[9] Abziehbare Zuwendungen, die die Höchstbeträge nach Satz 1 überschreiten oder die den um die Beträge nach § 10 Absatz 3 und 4, § 10c und § 10d verminderten Gesamtbetrag der Einkünfte übersteigen, sind im Rahmen der Höchstbeträge in den folgenden Veranlagungszeiträumen als Sonderausgaben abzuziehen. [10] § 10d Absatz 4 gilt entsprechend.

(1a) [1] Spenden zur Förderung steuerbegünstigter Zwecke im Sinne der §§ 52 bis 54 der Abgabenordnung in das zu erhaltende Vermögen (Vermögensstock) einer Stiftung, welche die Voraussetzungen des Absatzes 1 Satz 2 bis 6 erfüllt, können auf Antrag des Steuerpflichtigen im Veranlagungszeitraum der Zuwendung und in den folgenden neun Veranlagungszeiträumen bis zu einem Gesamtbetrag von 1 Million Euro, bei Ehegatten, die nach den §§ 26, 26b zusammen veranlagt werden, bis zu einem Gesamtbetrag von 2 Millionen Euro, zusätzlich zu den Höchstbeträgen nach Absatz 1 Satz 1 abgezogen werden. [2] Nicht abzugsfähig nach Satz 1 sind Spenden in das verbrauchbare Vermögen einer Stiftung. [3] Der besondere Abzugsbetrag nach Satz 1 bezieht sich auf den gesamten Zehnjahreszeitraum und kann der Höhe nach innerhalb dieses Zeitraums nur einmal in Anspruch genommen werden. [4] § 10d Absatz 4 gilt entsprechend.

(2) [1] Zuwendungen an politische Parteien im Sinne des § 2 des Parteiengesetzes sind, sofern die jeweilige Partei nicht gemäß § 18 Absatz 7 des Parteiengesetzes von der staatlichen Teilfinanzierung ausgeschlossen ist, bis zur Höhe von insgesamt 1.650 Euro und im Fall der Zusammenveranlagung von Ehegatten bis zur Höhe von insgesamt 3.300 Euro im Kalenderjahr abzugsfähig. [2] Sie können nur insoweit als Sonderausgaben abgezogen werden, als für sie nicht eine Steuerermäßigung nach § 34g gewährt worden ist.

§ 10b EStG

(3) ¹Als Zuwendung im Sinne dieser Vorschrift gilt auch die Zuwendung von Wirtschaftsgütern mit Ausnahme von Nutzungen und Leistungen. ²Ist das Wirtschaftsgut unmittelbar vor seiner Zuwendung einem Betriebsvermögen entnommen worden, so bemisst sich die Zuwendungshöhe nach dem Wert, der bei der Entnahme angesetzt wurde und nach der Umsatzsteuer, die auf die Entnahme entfällt. ³Ansonsten bestimmt sich die Höhe der Zuwendung nach dem gemeinen Wert des zugewendeten Wirtschaftsguts, wenn dessen Veräußerung im Zeitpunkt der Zuwendung keinen Besteuerungstatbestand erfüllen würde. ⁴In allen übrigen Fällen dürfen bei der Ermittlung der Zuwendungshöhe die fortgeführten Anschaffungs- oder Herstellungskosten nur überschritten werden, soweit eine Gewinnrealisierung stattgefunden hat. ⁵Aufwendungen zugunsten einer Körperschaft, die zum Empfang steuerlich abziehbarer Zuwendungen berechtigt ist, können nur abgezogen werden, wenn ein Anspruch auf die Erstattung der Aufwendungen durch Vertrag oder Satzung eingeräumt und auf die Erstattung verzichtet worden ist. ⁶Der Anspruch darf nicht unter der Bedingung des Verzichts eingeräumt worden sein.

(4) ¹Der Steuerpflichtige darf auf die Richtigkeit der Bestätigung über Spenden und Mitgliedsbeiträge vertrauen, es sei denn, dass er die Bestätigung durch unlautere Mittel oder falsche Angaben erwirkt hat oder dass ihm die Unrichtigkeit der Bestätigung bekannt oder infolge grober Fahrlässigkeit nicht bekannt war. ²Wer vorsätzlich oder grob fahrlässig eine unrichtige Bestätigung ausstellt oder veranlasst, dass Zuwendungen nicht zu den in der Bestätigung angegebenen steuerbegünstigten Zwecken verwendet werden, haftet für die entgangene Steuer. ³Diese ist mit 30 Prozent des zugewendeten Betrags anzusetzen. ⁴In den Fällen des Satzes 2 zweite Alternative (Veranlasserhaftung) ist vorrangig der Zuwendungsempfänger in Anspruch zu nehmen; die in diesen Fällen für den Zuwendungsempfänger handelnden natürlichen Personen sind nur in Anspruch zu nehmen, wenn die entgangene Steuer nicht nach § 47 der Abgabenordnung erloschen ist und Vollstreckungsmaßnahmen gegen den Zuwendungsempfänger nicht erfolgreich sind. ⁵Die Festsetzungsfrist für Haftungsansprüche nach Satz 2 läuft nicht ab, solange die Festsetzungsfrist für von dem Empfänger der Zuwendung geschuldete Körperschaftsteuer für den Veranlagungszeitraum nicht abgelaufen ist, in dem die unrichtige Bestätigung ausgestellt worden ist oder veranlasst wurde, dass die Zuwendung nicht zu den in der Bestätigung angegebenen steuerbegünstigten Zwecken verwendet worden ist; § 191 Absatz 5 der Abgabenordnung ist nicht anzuwenden.

§§ 48 und 49
(weggefallen)

§ 50
Zuwendungsbestätigung

(1) [1]Zuwendungen im Sinne der §§ 10b und 34g des Gesetzes dürfen vorbehaltlich des Absatzes 2 nur abgezogen werden, wenn der Zuwendende eine Zuwendungsbestätigung, die der Zuwendungsempfänger unter Berücksichtigung des § 63 Absatz 5 der Abgabenordnung nach amtlich vorgeschriebenem Vordruck ausgestellt hat, oder die in den Absätzen 4 bis 6 bezeichneten Unterlagen erhalten hat. [2]Dies gilt nicht für Zuwendungen an nicht im Inland ansässige Zuwendungsempfänger nach § 10b Absatz 1 Satz 2 Nummer 1 und 3 des Gesetzes.

(2) [1]Der Zuwendende kann den Zuwendungsempfänger bevollmächtigen, die Zuwendungsbestätigung der für seine Besteuerung nach dem Einkommen zuständigen Finanzbehörde nach amtlich vorgeschriebenem Datensatz durch Datenfernübertragung nach Maßgabe des § 93c der Abgabenordnung zu übermitteln. [2]Der Zuwendende hat dem Zuwendungsempfänger zu diesem Zweck seine Identifikationsnummer (§ 139b der Abgabenordnung) mitzuteilen. [3]Die Vollmacht kann nur mit Wirkung für die Zukunft widerrufen werden. [4]Der Zuwendungsempfänger hat dem Zuwendenden die nach Satz 1 übermittelten Daten elektronisch oder auf dessen Wunsch als Ausdruck zur Verfügung zu stellen; in beiden Fällen ist darauf hinzuweisen, dass die Daten der Finanzbehörde übermittelt worden sind. [5]§ 72a Absatz 4 der Abgabenordnung findet keine Anwendung.

(3) [1]In den Fällen des Absatzes 2 ist für die Anwendung des § 93c Absatz 4 Satz 1 der Abgabenordnung das Finanzamt zuständig, in dessen Bezirk sich die Geschäftsleitung (§ 10 der Abgabenordnung) des Zuwendungsempfängers im Inland befindet. [2]Die nach Absatz 2 übermittelten Daten können durch dieses Finanzamt zum Zweck der Anwendung des § 93c Absatz 4 Satz 1 der Abgabenordnung bei den für die Besteuerung der Zuwendenden nach dem Einkommen zuständigen Finanzbehörden abgerufen und verwendet werden.

(4) [1]Statt einer Zuwendungsbestätigung genügt der Bareinzahlungsbeleg oder die Buchungsbestätigung eines Kreditinstituts, wenn
1. die Zuwendung zur Hilfe in Katastrophenfällen:
    a) innerhalb eines Zeitraums, den die obersten Finanzbehörden der Länder im Benehmen mit dem Bundesministerium der Finanzen bestimmen, auf ein für den Katastrophenfall eingerichtetes Sonderkonto einer inländischen juristischen Person des öffentlichen Rechts, einer inländischen öffentlichen Dienststelle oder eines inländischen amtlich anerkannten Verbandes der freien Wohlfahrtspflege einschließlich seiner Mitgliedsorganisationen eingezahlt worden ist oder

b) bis zur Einrichtung des Sonderkontos auf ein anderes Konto der genannten Zuwendungsempfänger eingezahlt wird; wird die Zuwendung über ein als Treuhandkonto geführtes Konto eines Dritten auf eines der genannten Sonderkonten eingezahlt, genügt der Bareinzahlungsbeleg oder die Buchungsbestätigung des Kreditinstituts des Zuwendenden zusammen mit einer Kopie des Barzahlungsbelegs oder der Buchungsbestätigung des Kreditinstituts des Dritten, oder

2. die Zuwendung 300 Euro nicht übersteigt und

   a) der Empfänger eine inländische juristische Person des öffentlichen Rechts oder eine inländische öffentliche Dienststelle ist oder

   b) der Empfänger eine Körperschaft, Personenvereinigung oder Vermögensmasse im Sinne des § 5 Absatz 1 Nummer 9 des Körperschaftsteuergesetzes ist, wenn der steuerbegünstigte Zweck, für den die Zuwendung verwendet wird, und die Angaben über die Freistellung des Empfängers von der Körperschaftsteuer auf einem von ihm hergestellten Beleg aufgedruckt sind und darauf angegeben ist, ob es sich bei der Zuwendung um eine Spende oder einen Mitgliedsbeitrag handelt, oder

   c) der Empfänger eine politische Partei im Sinne des § 2 des Parteiengesetzes ist, die nicht gemäß § 18 Absatz 7 des Parteiengesetzes von der staatlichen Teilfinanzierung ausgeschlossen ist, und bei Spenden der Verwendungszweck auf dem vom Empfänger hergestellten Beleg aufgedruckt ist.

[2] Aus der Buchungsbestätigung müssen der Name und die Kontonummer oder ein sonstiges Identifizierungsmerkmal des Auftraggebers und des Empfängers, der Betrag, der Buchungstag sowie die tatsächliche Durchführung der Zahlung ersichtlich sein. [3] In den Fällen des Satzes 1 Nummer 2 Buchstabe b hat der Zuwendende zusätzlich den vom Zuwendungsempfänger hergestellten Beleg aufzubewahren.

(5) Bei Zuwendungen zur Hilfe in Katastrophenfällen innerhalb eines Zeitraums, den die obersten Finanzbehörden der Länder im Benehmen mit dem Bundesministerium der Finanzen bestimmen, die über ein Konto eines Dritten an eine inländische juristische Person des öffentlichen Rechts, an eine inländische öffentliche Dienststelle oder an eine nach § 5 Absatz 1 Nummer 9 des Körperschaftsteuergesetzes steuerbefreite Körperschaft, Personenvereinigung oder Vermögensmasse geleistet werden, genügt das Erhalten einer auf den jeweiligen Zuwendenden ausgestellten Zuwendungsbestätigung des Zuwendungsempfängers, wenn das Konto des Dritten als Treuhandkonto geführt wurde, die Zuwendung von dort an den Zuwendungsempfänger weitergeleitet wurde und diesem eine Liste mit den einzelnen Zuwendenden und ihrem jeweiligen Anteil an der Zuwendungssumme übergeben wurde.

(6) Bei Zahlungen von Mitgliedsbeiträgen an politische Parteien im Sinne des § 2 des Parteiengesetzes genügen statt Zuwendungsbestätigungen Bareinzahlungsbelege, Buchungsbestätigungen oder Beitragsquittungen.

(7) ¹Eine in § 5 Absatz 1 Nummer 9 des Körperschaftsteuergesetzes bezeichnete Körperschaft, Personenvereinigung oder Vermögensmasse hat die Vereinnahmung der Zuwendung und ihre zweckentsprechende Verwendung ordnungsgemäß aufzuzeichnen und ein Doppel der Zuwendungsbestätigung aufzubewahren. ²Diese Aufbewahrungspflicht entfällt in den Fällen des Absatzes 2. ³Bei Sachzuwendungen und beim Verzicht auf die Erstattung von Aufwand müssen sich aus den Aufzeichnungen auch die Grundlagen für den vom Empfänger bestätigten Wert der Zuwendung ergeben.

(8) ¹Die in den Absätzen 1, 4, 5 und 6 bezeichneten Unterlagen sind vom Zuwendenden auf Verlangen der Finanzbehörde vorzulegen. ²Soweit der Zuwendende sie nicht bereits auf Verlangen der Finanzbehörde vorgelegt hat, sind sie vom Zuwendenden bis zum Ablauf eines Jahres nach Bekanntgabe der Steuerfestsetzung aufzubewahren.

Ausgaben zur Förderung steuerbegünstigter Zwecke i. S. d. § 10b Abs. 1 und 1a EStG

| R 10b.1 |

Begünstigte Ausgaben

(1) ¹Mitgliedsbeiträge, sonstige Mitgliedsumlagen und Aufnahmegebühren sind nicht abziehbar, wenn die diese Beträge erhebende Einrichtung Zwecke bzw. auch Zwecke verfolgt, die in § 10b Abs. 1 Satz 8 EStG genannt sind. ²Zuwendungen, die mit der Auflage geleistet werden, sie an eine bestimmte natürliche Person weiterzugeben, sind nicht abziehbar. ³Zuwendungen können nur dann abgezogen werden, wenn der Zuwendende endgültig wirtschaftlich belastet ist. ⁴Bei Sachzuwendungen aus einem Betriebsvermögen darf zuzüglich zu dem Entnahmewert i. S. d. § 6 Abs. 1 Nr. 4 EStG auch die bei der Entnahme angefallene Umsatzsteuer abgezogen werden.

Durchlaufspenden

(2) ¹Das Durchlaufspendenverfahren ist keine Voraussetzung für die steuerliche Begünstigung von Zuwendungen. ²Inländische juristische Personen des öffentlichen Rechts, die Gebietskörperschaften sind, und ihre Dienststellen sowie inländische kirchliche juristische Personen des öffentlichen Rechts können jedoch ihnen zugewendete Spenden – nicht aber Mitgliedsbeiträge, sonstige Mitgliedsumlagen und Aufnahmegebühren – an Zuwendungsempfänger i. S. d. § 10b Abs. 1 Satz 2 EStG weiterleiten. ³Die Durchlaufstelle muss die tatsächliche Verfügungsmacht über die Spendenmittel erhalten. ⁴Dies geschieht in der Regel (anders insbesondere bei >Sachspenden) durch Buchung auf deren Konto. ⁵Die Durchlaufstelle muss die Vereinnahmung der Spenden und ihre Verwendung (Weiterleitung) getrennt und unter Beachtung der haushaltsrechtlichen Vorschriften nachweisen. ⁶Vor der Weiterleitung der Spenden an eine nach § 5 Abs. 1 Nr. 9 KStG steuerbefreite Körperschaft, Personenvereinigung oder Vermögensmasse muss sie prüfen, ob die Zuwendungsempfängerin wegen Verfolgung gemeinnütziger, mildtätiger oder kirchlicher Zwecke

§ 10b EStG
R 10b.1

i. S. d. § 5 Abs. 1 Nr. 9 KStG anerkannt oder vorläufig anerkannt worden ist und ob die Verwendung der Spenden für diese Zwecke sichergestellt ist. [7]Die Zuwendungsbestätigung darf nur von der Durchlaufstelle ausgestellt werden.

Nachweis der Zuwendungen

(3) [1]Zuwendungen nach den §§ 10b und 34g EStG sind grundsätzlich durch eine vom Empfänger nach amtlich vorgeschriebenem Vordruck erstellte Zuwendungsbestätigung nachzuweisen. [2]Die Zuwendungsbestätigung kann auch von einer durch Auftrag zur Entgegennahme von Zahlungen berechtigten Person unterschrieben werden.

Maschinell erstellte Zuwendungsbestätigung

(4) [1]Als Nachweis reicht eine maschinell erstellte Zuwendungsbestätigung ohne eigenhändige Unterschrift einer zeichnungsberechtigten Person aus, wenn der Zuwendungsempfänger die Nutzung eines entsprechenden Verfahrens dem zuständigen Finanzamt angezeigt hat. [2]Mit der Anzeige ist zu bestätigen, dass folgende Voraussetzungen erfüllt sind und eingehalten werden:

Anhang 37 I

1. die Zuwendungsbestätigungen entsprechen dem amtlich vorgeschriebenen Vordruck,
2. die Zuwendungsbestätigungen enthalten die Angabe über die Anzeige an das Finanzamt,
3. eine rechtsverbindliche Unterschrift wird beim Druckvorgang als Faksimile eingeblendet oder es wird beim Druckvorgang eine solche Unterschrift in eingescannter Form verwendet,
4. das Verfahren ist gegen unbefugten Eingriff gesichert,
5. das Buchen der Zahlungen in der Finanzbuchhaltung und das Erstellen der Zuwendungsbestätigungen sind miteinander verbunden und die Summen können abgestimmt werden, und
6. Aufbau und Ablauf des bei der Zuwendungsbestätigung angewandten maschinellen Verfahrens sind für die Finanzbehörden innerhalb angemessener Zeit prüfbar (analog § 145 AO); dies setzt eine Dokumentation voraus, die den Anforderungen der Grundsätze ordnungsmäßiger DV-gestützter Buchführungssysteme genügt.

[3]Die Regelung gilt nicht für Sach- und Aufwandsspenden.

Prüfungen

(5) [1]Ist der Empfänger einer Zuwendung eine inländische juristische Person des öffentlichen Rechts, eine inländische öffentliche Dienststelle oder ein inländischer amtlich anerkannter Verband der freien Wohlfahrtspflege einschließlich seiner Mitgliedsorganisationen, kann im Allgemeinen davon ausgegangen werden, dass die Zuwendungen für steuerbegünstigte Zwecke verwendet werden. [2]Das gilt auch dann, wenn der Verwendungszweck im Ausland verwirklicht wird.

§ 10b EStG
H 10b.1

Hinweise

Anwendungsschreiben
>BMF vom 18.12.2008 (BStBl I 2009 S. 16) – letztmals abgedruckt im Anhang 37 II EStH 2013 – und BMF vom 15.09.2014 (BStBl I S. 1278)

Anhang 37 II

Auflagen
Zahlungen an eine steuerbegünstigte Körperschaft zur Erfüllung einer Auflage nach § 153a StPO oder § 56b StGB sind nicht als Spende abziehbar (>BFH vom 19.12.1990 – BStBl II 1991 S. 234).

Aufwandsspenden
>BMF vom 25.11.2014 (BStBl I S. 1584) unter Berücksichtigung der Änderungen durch BMF vom 24.08.2016 (BStBl I S. 994)

Anhang 37 III

Beitrittsspende
Eine anlässlich der Aufnahme in einen Golfclub geleistete Zahlung ist keine Zuwendung i. S. d. § 10b Abs. 1, wenn derartige Zahlungen von den Neueintretenden anlässlich ihrer Aufnahme erwartet und zumeist auch gezahlt werden (sog. Beitrittsspende). Die geleistete Zahlung ist als >Gegenleistung des Neumitglieds für den Erwerb der Mitgliedschaft und die Nutzungsmöglichkeit der Golfanlagen anzusehen (>BFH vom 02.08.2006 – BStBl II 2007 S. 8).

Crowdfunding
Spendenrechtliche Beurteilung von „Crowdfunding" >BMF vom 15.12.2017 (BStBl I 2018 S. 246)

Durchlaufspendenverfahren
- >BMF vom 07.11.2013 (BStBl I S. 1333) ergänzt durch BMF vom 26.03.2014 (BStBl I S. 791)
- Eine Durchlaufspende ist nur dann abziehbar, wenn der Letztempfänger für denjenigen VZ, für den die Spende steuerlich berücksichtigt werden soll, wegen des begünstigten Zwecks von der Körperschaftsteuer befreit ist (>BFH vom 05.04.2006 – BStBl II 2007 S. 450).
- Für den Abzug von Sachspenden im Rahmen des Durchlaufspendenverfahrens ist erforderlich, dass der Durchlaufstelle das Eigentum an der Sache verschafft wird. Bei Eigentumserwerb durch Einigung und Übergabeersatz (§§ 930, 931 BGB) ist die körperliche Übergabe der Sache an die Durchlaufstelle nicht erforderlich; es sind aber eindeutige Gestaltungsformen zu wählen, die die tatsächliche Verfügungsfreiheit der Durchlaufstelle über die Sache sicherstellen und eine Überprüfung des Ersterwerbs der Durchlaufstelle und des Zweiterwerbs der begünstigten gemeinnützigen Körperschaft ermöglichen.

Anhang 37 I

§ 10b EStG
H 10b.1

Elternleistungen an gemeinnützige Schulvereine (Schulen in freier Trägerschaft) und entsprechende Fördervereine
- Als steuerlich begünstigte Zuwendungen kommen nur freiwillige Leistungen der Eltern in Betracht, die über den festgesetzten Elternbeitrag hinausgehen (>BMF vom 04.01.1991 – BStBl I 1992 S. 266). Setzt ein Schulträger das Schulgeld so niedrig an, dass der normale Betrieb der Schule nur durch die Leistungen der Eltern an einen Förderverein aufrechterhalten werden kann, die dieser satzungsgemäß an den Schulträger abzuführen hat, handelt es sich bei diesen Leistungen um ein Entgelt, welches im Rahmen eines Leistungsaustausches erbracht wird und nicht um steuerlich begünstigte Zuwendungen (>BFH vom 12.08.1999 – BStBl II 2000 S. 65).
- >§ 10 Abs. 1 Nr. 9

Gebrauchte Kleidung als Sachspende (Abziehbarkeit und Wertermittlung)
Bei gebrauchter Kleidung stellt sich die Frage, ob sie überhaupt noch einen gemeinen Wert (Marktwert) hat. Wird ein solcher geltend gemacht, sind die für eine Schätzung maßgeblichen Faktoren wie Neupreis, Zeitraum zwischen Anschaffung und Weggabe und der tatsächliche Erhaltungszustand durch den Stpfl. nachzuweisen (>BFH vom 23.05.1989 – BStBl II S. 879).

Gegenleistung
- Ein Zuwendungsabzug ist ausgeschlossen, wenn die Ausgaben zur Erlangung einer Gegenleistung des Empfängers erbracht werden. Eine Aufteilung der Zuwendung in ein angemessenes Entgelt und eine den Nutzen übersteigende unentgeltliche Leistung scheidet bei einer einheitlichen Leistung aus. Auch im Fall einer Teilentgeltlichkeit fehlt der Zuwendung insgesamt die geforderte Uneigennützigkeit (>BFH vom 02.08.2006 – BStBl II 2007 S. 8).
- >Beitrittsspende

Rückwirkendes Ereignis
Die Erteilung der Zuwendungsbestätigung nach § 50 EStDV ist kein rückwirkendes Ereignis i. S. d. § 175 Abs. 1 Satz 1 Nr. 2 AO (§ 175 Abs. 2 Satz 2 AO).

Sachspenden
Zur Zuwendungsbestätigung >BMF vom 07.11.2013 (BStBl I S. 1333) ergänzt durch BMF vom 26.03.2014 (BStBl I S. 791)

Schenkung mit Auflage
Wer einen Geldbetrag als Schenkung mit der Auflage erhält, ihn einer steuerbegünstigten Körperschaft zuzuwenden, ist mit diesem Betrag i. d. R.

nicht wirtschaftlich belastet und daher nicht spendenabzugsberechtigt. Etwas anderes gilt, wenn es sich um eine Schenkung unter zusammenveranlagten Eheleuten handelt (>BFH vom 15.01.2019 – BStBl II S. 318).

Spenden in das zu erhaltende Vermögen
– >BMF vom 15.09.2014 (BStBl I S. 1278) Anhang 37 II
– Zuwendungen an eine rechtsfähige Stiftung sind vor deren Anerkennung nicht als Sonderausgaben abziehbar (>BFH vom 11.02.2015 – BStBl II S. 545).

Spendenhaftung
Die Ausstellerhaftung nach § 10b Abs. 4 Satz 2 erste Alternative betrifft i. d. R. den in § 10b Abs. 1 Satz 2 genannten Zuwendungsempfänger (z. B. Kommune, gemeinnütziger Verein). Die Haftung einer natürlichen Person kommt allenfalls dann in Frage, wenn diese Person außerhalb des ihr zugewiesenen Wirkungskreises handelt. Die Ausstellerhaftung setzt Vorsatz oder grobe Fahrlässigkeit voraus. Grobe Fahrlässigkeit liegt z. B. bei einer Kommune vor, wenn nicht geprüft wird, ob der Verein, der die Zuwendung erhält, gemeinnützig ist (>BFH vom 24.04.2002 – BStBl II 2003 S. 128). Unrichtig ist eine Zuwendungsbestätigung, deren Inhalt nicht der objektiven Sach- und Rechtslage entspricht. Das ist z. B. dann der Fall, wenn die Bestätigung Zuwendungen ausweist, die Entgelt für Leistungen sind (>BFH vom 12.08.1999 – BStBl II 2000 S. 65). Bei rückwirkender Aberkennung der Gemeinnützigkeit haftet eine Körperschaft nicht wegen Fehlverwendung, wenn sie die Zuwendung zu dem in der Zuwendungsbestätigung angegebenen begünstigten Zweck verwendet (>BFH vom 10.09.2003 – BStBl II 2004 S. 352).

Sponsoring
>BMF vom 18.02.1998 (BStBl I S. 212) Anhang 16 IV

Vermächtniszuwendungen
Aufwendungen des Erben zur Erfüllung von Vermächtniszuwendungen an gemeinnützige Einrichtungen sind weder beim Erben (>BFH vom 22.09.1993 – BStBl II S. 874) noch beim Erblasser (>BFH vom 23.10.1996 – BStBl II 1997 S. 239) als Zuwendungen nach § 10b Abs. 1 abziehbar.

Vertrauensschutz
– Der Schutz des Vertrauens in die Richtigkeit einer Zuwendungsbestätigung erfasst nicht Gestaltungen, in denen die Bescheinigung zwar inhaltlich unrichtig ist, der in ihr ausgewiesene Sachverhalt aber ohnehin keinen Abzug rechtfertigt (>BFH vom 05.04.2006 – BStBl II 2007 S. 450).
– Eine >Zuwendungsbestätigung begründet keinen Vertrauensschutz, wenn für den Leistenden der Zahlung angesichts der Begleitumstände klar erkennbar ist, dass die Zahlung in einem Gegenleistungsverhältnis steht (>BFH vom 02.08.2006 – BStBl II 2007 S. 8).

§ 10b EStG
H 10b.1

- >Beitrittsspende
- >Gegenleistung

Zuwendungsbestätigung (§ 50 EStDV)
- Die Zuwendungsbestätigung ist eine unverzichtbare sachliche Voraussetzung für den Zuwendungsabzug. Die Bestätigung hat jedoch nur den Zweck einer Beweiserleichterung hinsichtlich der Verwendung der Zuwendung und ist nicht bindend (>BFH vom 23.05.1989 – BStBl II S. 879). Entscheidend ist u. a. der Zweck, der durch die Zuwendung tatsächlich gefördert wird (>BFH vom 15.12.1999 – BStBl II 2000 S. 608).
- Eine Zuwendungsbestätigung wird vom Finanzamt nicht als Nachweis für den Zuwendungsabzug anerkannt, wenn das Datum der Anlage zum Körperschaftsteuerbescheid oder des Freistellungsbescheides länger als 5 Jahre bzw. das Datum der Feststellung der Einhaltung der satzungsmäßigen Voraussetzungen nach § 60a Abs. 1 AO länger als 3 Jahre seit Ausstellung des Bescheides zurückliegt (§ 63 Abs. 5 AO).
- Eine Aufteilung von Zuwendungen in abziehbare und nichtabziehbare Teile je nach satzungsgemäßer und nichtsatzungsgemäßer anteiliger Verwendung der Zuwendung ist unzulässig (>BFH vom 07.11.1990 – BStBl II 1991 S. 547).
- Zur Erstellung und Verwendung der Zuwendungsbestätigungen:

  Anhang 37 I
  - >BMF vom 07.11.2013 (BStBl I S. 1333) ergänzt durch BMF vom 26.03.2014 (BStBl I S. 791)
  - Elektronisch in Form von schreibgeschützten Dateien >BMF vom 06.02.2017 (BStBl I S. 287)

Zuwendungsempfänger im EU-/EWR-Ausland
Der ausländische Zuwendungsempfänger muss nach der Satzung, dem Stiftungsgeschäft oder der sonstigen Verfassung und nach der tatsächlichen Geschäftsführung ausschl. und unmittelbar gemeinnützigen, mildtätigen oder kirchlichen Zwecken dienen (§§ 51 bis 68 AO). Den Nachweis hierfür hat der inländische Spender durch Vorlage geeigneter Belege zu erbringen (>BMF vom 16.05.2011 – BStBl I S. 559, BFH vom 17.09.2013 – BStBl II 2014 S. 440 und vom 21.01.2015 – BStBl II S. 588).

Zweckgebundene Zuwendungen
Auch zweckgebundene Zuwendungen können als Sonderausgabe abzugsfähig sein. Da der begünstigte Empfänger die Zuwendung nicht annehmen muss, verbleibt das Letztentscheidungsrecht darüber, ob und wie er seine steuerbegünstigten Zwecke fördert, bei ihm. Der Unentgeltlichkeit einer Zuwendung steht eine Zweckbindung nicht per se entgegen. An der Unentgeltlichkeit fehlt es nicht, wenn der Spender sich nur gewisse immaterielle Vorteile (wie z. B. eine Ansehensmehrung) erhofft (>BFH vom 16.03.2021 – BStBl II S. 810).

§ 10b EStG
H 10b.2 R 10b.2, 10b.3

Zuwendungen an politische Parteien

R 10b.2

^{1}Zuwendungen an politische Parteien sind nur dann abziehbar, wenn die Partei bei Zufluss der Zuwendung als politische Partei i. S. d. § 2 PartG[1]) anzusehen ist. ^{2}Der Stpfl. hat dem Finanzamt die Zuwendungen grundsätzlich durch eine von der Partei nach amtlich vorgeschriebenem Vordruck erstellte Zuwendungsbestätigung nachzuweisen. ^{3}R 10b.1 Abs. 3 Satz 2 und Abs. 4 gilt entsprechend.

Hinweise

H 10b.2

Kommunale Wählervereinigungen

Spenden an kommunale Wählervereinigungen sind nicht nach § 10b Abs. 2 begünstigt (>BFH vom 20.03.2017 – BStBl II S. 1122).

Parteiengesetz

>Parteiengesetz vom 31.01.1994 (BGBl. I S. 149), zuletzt geändert durch Artikel 13 der Verordnung vom 19.06.2020 (BGBl. I S. 1328)

Zuwendungsbestätigung (§ 50 EStDV)

– >BMF vom 07.11.2013 (BStBl I S. 1333) ergänzt durch BMF vom 26.03.2014 (BStBl I S. 791) Anhang 37 I
– Elektronisch in Form von schreibgeschützten Dateien >BMF vom 06.02.2017 (BStBl I S. 287)

Begrenzung des Abzugs der Ausgaben für steuerbegünstigte Zwecke

R 10b.3

Alternativgrenze

(1) ^{1}Zu den gesamten Umsätzen i. S. d. § 10b Abs. 1 Satz 1 Nr. 2 EStG gehören außer den steuerbaren Umsätzen i. S. d. § 1 UStG auch nicht steuerbare >Umsätze. ^{2}Der alternative Höchstbetrag wird bei einem Mitunternehmer von dem Teil der Summe der gesamten Umsätze und der im Kalenderjahr aufgewendeten Löhne und Gehälter der Personengesellschaft berechnet, der dem Anteil des Mitunternehmers am Gewinn der Gesellschaft entspricht.

Stiftungen[2])

(2) – nicht mehr abgedruckt –

---

[1]) politische Partei i. S. d. § 2 PartG, die nicht gemäß § 18 Abs. 7 des PartG von der staatlichen Teilfinanzierung ausgeschlossen ist, >§ 10b Abs. 2 Satz 1 i. d. F. des Gesetzes zum Ausschluss verfassungsfeindlicher Parteien von der Parteienfinanzierung

[2]) Absatz 2 nicht mehr abgedruckt, da überholt aufgrund der Änderung des § 10b Abs. 1a Satz 1 durch das Ehrenamtsstärkungsgesetz

§§ 10b, 10c EStG
H 10b.3

H 10b.3

Hinweise

Höchstbetrag in Organschaftsfällen
- >R 9 Abs. 5 KStR 2015
- Ist ein Stpfl. an einer Personengesellschaft beteiligt, die Organträger einer körperschaftsteuerrechtlichen Organschaft ist, bleibt bei der Berechnung des Höchstbetrags der abziehbaren Zuwendungen nach § 10b Abs. 1 aufgrund des G. d. E. das dem Stpfl. anteilig zuzurechnende Einkommen der Organgesellschaft außer Ansatz (>BFH vom 23.01.2002 – BStBl II 2003 S. 9).

Kreditinstitute

Die Gewährung von Krediten und das Inkasso von Schecks und Wechsel erhöht die „Summe der gesamten Umsätze". Die Erhöhung bemisst sich jedoch nicht nach den Kreditsummen, Schecksummen und Wechselsummen, Bemessungsgrundlage sind vielmehr die Entgelte, die der Stpfl. für die Kreditgewährungen und den Einzug der Schecks und Wechsel erhält (>BFH vom 04.12.1996 – BStBl II 1997 S. 327).

Umsätze

Zur „Summe der gesamten Umsätze" gehören die steuerbaren (steuerpflichtige und steuerfreie >BFH vom 04.12.1996 – BStBl II 1997 S. 327) sowie die nicht steuerbaren Umsätze (>R 10b.3 Abs. 1 Satz 1). Ihre Bemessung richtet sich nach dem Umsatzsteuerrecht (>BFH vom 04.12.1996 – BStBl II 1997 S. 327).

S 2224

§ 10c

Sonderausgaben-Pauschbetrag

[1] Für Sonderausgaben nach § 10 Absatz 1 Nummer 4, 5, 7 und 9 sowie Absatz 1a und nach § 10b wird ein Pauschbetrag von 36 Euro abgezogen (Sonderausgaben-Pauschbetrag), wenn der Steuerpflichtige nicht höhere Aufwendungen nachweist. [2] Im Fall der Zusammenveranlagung von Ehegatten verdoppelt sich der Sonderausgaben-Pauschbetrag.

§ 10d

Verlustabzug

(1) ¹Negative Einkünfte, die bei der Ermittlung des Gesamtbetrags der Einkünfte nicht ausgeglichen werden, sind bis zu einem Betrag von 10.000.000 Euro, bei Ehegatten, die nach den §§ 26, 26b zusammenveranlagt werden, bis zu einem Betrag von 20.000.000 Euro vom Gesamtbetrag der Einkünfte des unmittelbar vorangegangenen Veranlagungszeitraums vorrangig vor Sonderausgaben, außergewöhnlichen Belastungen und sonstigen Abzugsbeträgen abzuziehen (Verlustrücktrag). ²Soweit ein Ausgleich der negativen Einkünfte nach Satz 1 nicht möglich ist, sind diese vom Gesamtbetrag der Einkünfte des zweiten dem Veranlagungszeitraum vorangegangenen Veranlagungszeitraums vorrangig vor Sonderausgaben, außergewöhnlichen Belastungen und sonstigen Abzugsbeträgen abzuziehen. ³Dabei wird der Gesamtbetrag der Einkünfte des unmittelbar vorangegangenen Veranlagungszeitraums und des zweiten dem Veranlagungszeitraum vorangegangenen Veranlagungszeitraums um die Begünstigungsbeträge nach § 34a Absatz 3 Satz 1 gemindert. ⁴Ist für den unmittelbar vorangegangenen Veranlagungszeitraum oder den zweiten dem Veranlagungszeitraum vorangegangenen Veranlagungszeitraum bereits ein Steuerbescheid erlassen worden, so ist er insoweit zu ändern, als der Verlustrücktrag zu gewähren oder zu berichtigen ist. ⁵Das gilt auch dann, wenn der Steuerbescheid unanfechtbar geworden ist; die Festsetzungsfrist endet insoweit nicht, bevor die Festsetzungsfrist für den Veranlagungszeitraum abgelaufen ist, in dem die negativen Einkünfte nicht ausgeglichen werden. ⁶Auf Antrag des Steuerpflichtigen ist von der Anwendung des Verlustrücktrags nach den Sätzen 1 und 2 insgesamt abzusehen.[1]

(2) ¹Nicht ausgeglichene negative Einkünfte, die nicht nach Absatz 1 abgezogen worden sind, sind in den folgenden Veranlagungszeiträumen bis zu einem Gesamtbetrag der Einkünfte von 1 Million Euro unbeschränkt, darüber hinaus bis zu 60 Prozent des 1 Million Euro übersteigenden Gesamtbetrags der Einkünfte vorrangig vor Sonderausgaben, außergewöhnlichen Belastungen und sonstigen Abzugsbeträgen abzuziehen (Verlustvortrag). ²Bei Ehegatten, die nach den §§ 26, 26b zusammenveranlagt werden, tritt an die Stelle des Betrags von 1 Million Euro ein Betrag von 2 Millionen Euro. ³Der Abzug ist nur insoweit zulässig, als die Verluste nicht nach Absatz 1 abgezogen worden sind und in den vorangegangenen Veranlagungszeiträumen nicht nach Satz 1 und 2 abgezogen werden konnten.

(3) (weggefallen)

(4) ¹Der am Schluss eines Veranlagungszeitraums verbleibende Verlustvortrag ist gesondert festzustellen. ²Verbleibender Verlustvortrag sind die bei der Ermittlung des Gesamtbetrags der Einkünfte

---

[1]) zur Anwendung des Absatzes 1 Satz 1 > § 52 Abs. 18b Satz 1 und 2

§ 10d EStG
R 10d

nicht ausgeglichenen negativen Einkünfte, vermindert um die nach Absatz 1 abgezogenen und die nach Absatz 2 abziehbaren Beträge und vermehrt um den auf den Schluss des vorangegangenen Veranlagungszeitraums festgestellten verbleibenden Verlustvortrag. ³Zuständig für die Feststellung ist das für die Besteuerung zuständige Finanzamt. ⁴Bei der Feststellung des verbleibenden Verlustvortrags sind die Besteuerungsgrundlagen so zu berücksichtigen, wie sie den Steuerfestsetzungen des Veranlagungszeitraums, auf dessen Schluss der verbleibende Verlustvortrag festgestellt wird, und des Veranlagungszeitraums, in dem ein Verlustrücktrag vorgenommen werden kann, zu Grunde gelegt worden sind; § 171 Absatz 10, § 175 Absatz 1 Satz 1 Nummer 1 und § 351 Absatz 2 der Abgabenordnung sowie § 42 der Finanzgerichtsordnung gelten entsprechend. ⁵Die Besteuerungsgrundlagen dürfen bei der Feststellung nur insoweit abweichend von Satz 4 berücksichtigt werden, wie die Aufhebung, Änderung oder Berichtigung der Steuerbescheide ausschließlich mangels Auswirkung auf die Höhe der festzusetzenden Steuer unterbleibt. ⁶Die Feststellungsfrist endet nicht, bevor die Festsetzungsfrist für den Veranlagungszeitraum abgelaufen ist, auf dessen Schluss der verbleibende Verlustvortrag gesondert festzustellen ist; § 181 Absatz 5 der Abgabenordnung ist nur anzuwenden, wenn die zuständige Finanzbehörde die Feststellung des Verlustvortrags pflichtwidrig unterlassen hat.

R 10d.

Verlustabzug
Vornahme des Verlustabzugs nach § 10d EStG

(1) Der Altersentlastungsbetrag (§ 24a EStG), der Freibetrag für Land- und Forstwirte (§ 13 Abs. 3 EStG) und der Entlastungsbetrag für Alleinerziehende (§ 24b EStG) werden bei der Ermittlung des Verlustabzugs nicht berücksichtigt.

Begrenzung des Verlustabzugs

(2) ¹Die Begrenzung des Verlustrücktrags auf 511.500 Euro[1]) (Höchstbetrag) bezieht sich auf den einzelnen Stpfl., der die negativen Einkünfte erzielt hat. ²Bei zusammenveranlagten Ehegatten verdoppelt sich der Höchstbetrag auf 1.023.000 Euro[2]) und kann unabhängig davon, wer von beiden Ehegatten die positiven oder die negativen Einkünfte erzielt hat, ausgeschöpft werden. ³Bei Personengesellschaften und Personengemeinschaften gilt der Höchstbetrag für jeden Beteiligten. ⁴Über die Frage, welcher Anteil an den negativen Einkünften der Personengesellschaft oder Personengemeinschaft auf den einzelnen Beteiligten entfällt, ist im Bescheid über die gesonderte und einheitliche Feststellung zu entscheiden. ⁵Inwieweit diese anteiligen negativen Einkünfte beim einzelnen Beteiligten

---

[1]) ab VZ 2013 bis VZ 2019 und ab VZ **2024** 1.000.000 €, in den VZ 2020 **bis 2023** 10.000.000 € >§ 10d Abs. 1 Satz 1 i. V. m. § 52 Abs. 18b
[2]) ab VZ 2013 bis VZ 2019 und ab VZ **2024** 2.000.000 €, in den VZ 2020 **bis 2023** 20.000.000 € >§ 10d Abs. 1 Satz 1 i. V. m. § 52 Abs. 18b

nach § 10d EStG abziehbar sind, ist im Rahmen der Einkommensteuerveranlagung zu beurteilen. [6] In Organschaftsfällen (§ 14 KStG) bezieht sich der Höchstbetrag auf den Organträger. [7] Er ist bei diesem auf die Summe der Ergebnisse aller Mitglieder des Organkreises anzuwenden. [8] Ist der Organträger eine Personengesellschaft, ist Satz 3 zu beachten. [9] Die Sätze 1 bis 8 gelten entsprechend bei der Begrenzung des Verlustvortrags.

Wahlrecht[1])

(3) [1] Der Antrag nach § 10d Abs. 1 Satz 5[2]) EStG kann bis zur Bestandskraft des auf Grund des Verlustrücktrags geänderten Steuerbescheids gestellt werden.

Verfahren bei Arbeitnehmern

(4) [1] Soll bei einem Arbeitnehmer ein Verlustabzug berücksichtigt werden, muss er dies beantragen, es sei denn, er wird bereits aus anderen Gründen zur Einkommensteuer veranlagt. [2] Erfolgt für einen VZ keine Veranlagung, kann der in diesem VZ berücksichtigungsfähige Verlustabzug vorbehaltlich Satz 4 nicht in einem anderen VZ geltend gemacht werden. [3] Der auf den Schluss des vorangegangenen VZ festgestellte verbleibende Verlustvortrag ist in diesen Fällen in Höhe der positiven S. d. E. des VZ, in dem keine Veranlagung erfolgte, ggf. bis auf 0 Euro, zu mindern und gesondert festzustellen. [4] Für den VZ der Verlustentstehung erfolgt jedoch keine Minderung des verbleibenden Verlustvortrags, soweit der Arbeitnehmer nach § 10d Abs. 1 Satz 5[2]) EStG auf den Verlustrücktrag verzichtet hat.

Änderung des Verlustabzugs

(5) [1] Der Steuerbescheid für den dem Verlustentstehungsjahr vorangegangenen VZ[3]) ist vorbehaltlich eines Antrags nach § 10d Abs. 1 Satz 5[2]) EStG nach § 10d Abs. 1 Satz 3[4]) EStG zu ändern, wenn sich bei der Ermittlung der abziehbaren negativen Einkünfte für das Verlustentstehungsjahr Änderungen ergeben, die zu einem höheren oder niedrigeren Verlustrücktrag führen. [2] Auch in diesen Fällen gilt die Festsetzungsfrist des § 10d Abs. 1 Satz 4[5]) Halbsatz 2 EStG. [3] Wirkt sich die Änderung eines Verlustrücktrags oder -vortrags auf den Verlustvortrag aus, der am Schluss eines VZ verbleibt, sind die betroffenen Feststellungsbescheide i. S. d. § 10d Abs. 4 EStG nach § 10d Abs. 4 Satz 4 EStG zu ändern. [4] Die bestandskräftige Feststellung eines verbleibenden Verlustvortrags kann nur nach § 10d Abs. 4 Satz 4 und 5 EStG geändert werden, wenn der Steuerbescheid, der die in die Feststellung eingeflossenen geänderten Verlustkomponenten enthält, nach den Änderungsvorschriften der AO zumindest dem Grunde nach noch geändert werden könnte.

---

[1]) *Sätze 2 und 3 letztmals abgedruckt im EStH 2021*
[2]) *ab VZ 2022 § 10d Abs. 1 Satz 6*
[3]) *Ab VZ 2022 wurde der Verlustrücktrag auf 2 VZ erweitert.*
[4]) *ab VZ 2022 § 10d Abs. 1 Satz 4*
[5]) *ab VZ 2022 § 10d Abs. 1 Satz 5*

§ 10d EStG
R 10d

Zusammenveranlagung von Ehegatten

(6) [1] Bei der Berechnung des verbleibenden Verlustabzugs ist zunächst ein Ausgleich mit den anderen Einkünften des Ehegatten vorzunehmen, der die negativen Einkünfte erzielt hat. [2] Verbleibt bei ihm ein negativer Betrag bei der Ermittlung des G. d. E., ist dieser mit dem positiven Betrag des anderen Ehegatten auszugleichen. [3] Ist der G. d. E. negativ und wird dieser nach § 10d Abs. 1 EStG nicht oder nicht in vollem Umfang zurückgetragen, ist der verbleibende Betrag als Verlustvortrag gesondert festzustellen. [4] Absatz 1 findet entsprechende Anwendung. [5] Bei dieser Feststellung sind die negativen Einkünfte auf die Ehegatten nach dem Verhältnis aufzuteilen, in dem die auf den einzelnen Ehegatten entfallenden Verluste im VZ der Verlustentstehung zueinander stehen.

Gesonderte Feststellung des verbleibenden Verlustvortrags

(7) [1] Bei der gesonderten Feststellung des verbleibenden Verlustvortrags ist eine Unterscheidung nach Einkunftsarten und Einkunftsquellen nur insoweit vorzunehmen, als negative Einkünfte besonderen Verlustverrechnungsbeschränkungen unterliegen. [2] Über die Höhe der im Verlustentstehungsjahr nicht ausgeglichenen negativen Einkünfte wird im Steuerfestsetzungsverfahren für das Verlustrücktragsjahr und hinsichtlich des verbleibenden Verlustvortrags für die dem Verlustentstehungsjahr folgenden VZ im Feststellungsverfahren nach § 10d Abs. 4 EStG bindend entschieden. [3] Der Steuerbescheid des Verlustentstehungsjahres ist daher weder Grundlagenbescheid für den Einkommensteuerbescheid des Verlustrücktragsjahres noch für den Feststellungsbescheid nach § 10d Abs. 4 EStG. [4] Der Feststellungsbescheid nach § 10d Abs. 4 EStG ist nach § 182 Abs. 1 AO Grundlagenbescheid für die Einkommensteuerfestsetzung des Folgejahres und für den auf den nachfolgenden Feststellungszeitpunkt zu erlassenden Feststellungsbescheid. [5] Er ist kein Grundlagenbescheid für den Steuerbescheid eines Verlustrücktragsjahres (§ 10d Abs. 1 EStG). [6] Der verbleibende Verlustvortrag ist auf 0 Euro festzustellen, wenn die in dem Verlustentstehungsjahr nicht ausgeglichenen negativen Einkünfte in vollem Umfang zurückgetragen werden. [7] Der verbleibende Verlustvortrag ist auch dann auf 0 Euro festzustellen, wenn ein zum Schluss des vorangegangenen VZ festgestellter verbleibender Verlustvortrag in einem folgenden VZ „aufgebraucht" worden ist.

Verlustfeststellung bei „Unterbrechung" der (un-)beschränkten Steuerpflicht

(8) [1] Der auf den Schluss eines VZ gesondert festgestellte verbleibende Verlustvortrag eines unbeschränkt oder beschränkt Stpfl. kann nach mehreren VZ, in denen der Stpfl. weder unbeschränkt noch beschränkt steuerpflichtig war, mit positiven Einkünften, die der Stpfl. nach erneuter Begründung der Steuerpflicht erzielt, verrechnet werden. [2] Dies gilt selbst dann, wenn in der Zwischenzeit keine gesonderte Feststellung des verbleibenden Verlustvortrags nach § 10d Abs. 4 EStG beantragt und durchgeführt wurde. [3] Folgejahr (Absatz 7 Satz 4) ist in diesen Fällen der VZ, in

dem erstmals wieder die rechtlichen Voraussetzungen für einen Verlustabzug nach § 10d Abs. 2 EStG vorliegen.

Verlustabzug in Erbfällen

(9) [1] Zum Todeszeitpunkt nicht aufgezehrte Verluste des Erblassers können im Todesjahr nur in den Verlustausgleich nach § 2 Abs. 3 EStG bei der Veranlagung des Erblassers einfließen (Ausgleich mit positiven Einkünften des Erblassers). [2] Sie können grundsätzlich nicht im Rahmen des Verlustausgleichs und -abzugs bei der Veranlagung des Erben berücksichtigt werden. [3] Werden Ehegatten jedoch für das Todesjahr zusammen veranlagt, sind Verluste des verstorbenen Ehegatten aus dem Todesjahr zu verrechnen und Verlustvorträge des verstorbenen Ehegatten abzuziehen, § 26b EStG. [4] Werden die Ehegatten für das Todesjahr nach §§ 26, 26b EStG zusammen veranlagt und erfolgt für das Vorjahr ebenfalls eine Zusammenveranlagung, ist ein Rücktrag des nicht ausgeglichenen Verlusts des Erblassers in das Vorjahr möglich. [5] Werden die Ehegatten für das Todesjahr zusammen veranlagt und erfolgt für das Vorjahr eine Veranlagung nach § 26a EStG, ist ein Rücktrag des noch nicht ausgeglichenen Verlusts des Erblassers nur bei der Veranlagung des Erblassers zu berücksichtigen (§ 62d Abs. 1 EStDV). [6] Werden die Ehegatten für das Todesjahr nach § 26a EStG veranlagt und erfolgt für das Vorjahr eine Zusammenveranlagung, ist ein Rücktrag des nicht ausgeglichenen Verlusts des Erblassers in das Vorjahr möglich (§ 62d Abs. 2 Satz 1 EStDV). [7] Werden die Ehegatten für das Todesjahr nach § 26a EStG veranlagt und erfolgt auch für das Vorjahr eine Veranlagung nach § 26a EStG, ist ein Rücktrag des noch nicht ausgeglichenen Verlusts des Erblassers nur bei der Veranlagung des Erblassers zu berücksichtigen. [8] Für den hinterbliebenen Ehegatten sind für den Verlustvortrag und die Anwendung der sog. Mindestbesteuerung nach § 10d Abs. 2 EStG allein die auf ihn entfallenden nicht ausgeglichenen negativen Einkünfte maßgeblich. [9] Die Nichtübertragbarkeit von Verlusten auf die Erben gilt ebenso für die Regelungen in § 2a Abs. 1, § 20 Abs. 6, § 22 Nr. 3 Satz 4 EStG. [10] Gleiches gilt für Verluste nach § 22 Nr. 2 i. V. m. § 23 Abs. 3 Satz 7 bis 10 EStG, es sei denn, der Erbfall tritt bereits vor der verlustbehafteten Veräußerung ein. [11] Der zum Todeszeitpunkt nicht ausgeglichene Verlust nach § 15 Abs. 4 Satz 1 und 2 EStG darf nur in den Fällen auf den Erben übergehen, in denen der Betrieb, Teilbetrieb oder Mitunternehmeranteil nach § 6 Abs. 3 EStG auf diesen übergeht. [12] Im Erbfall übertragbar sind Verluste gem. § 15a und § 15b EStG. [13] Beim Erben ist gem. § 2a Abs. 3 EStG a. F. eine Hinzurechnung der vom Erblasser erzielten Verluste vorzunehmen (Nachversteuerungsregelung). [14] Auch bei erzielten Verlusten nach § 2 AIG ist eine Hinzurechnung der vom Erblasser erzielten Verluste beim Erben durchzuführen.

§ 10d EStG
H 10d

Hinweise

Änderung von Steuerbescheiden infolge Verlustabzugs

- Erneute Ausübung des Wahlrechts der Veranlagungsart

  Ehegatten können das Wahlrecht der Veranlagungsart (z. B. Einzelveranlagung) bis zur Unanfechtbarkeit eines Berichtigungs- oder Änderungsbescheids ausüben und die einmal getroffene Wahl innerhalb dieser Frist frei widerrufen. § 351 Abs. 1 AO kommt insoweit nicht zur Anwendung (>BFH vom 19.05.1999 – BStBl II S. 762).

- Rechtsfehlerkompensation

  Mit der Gewährung des Verlustrücktrags ist insoweit eine **Durchbrechung der Bestandskraft** des für das Rücktragsjahr ergangenen Steuerbescheids verbunden, als – ausgehend von der bisherigen Steuerfestsetzung und den dafür ermittelten Besteuerungsgrundlagen – die Steuerschuld durch die Berücksichtigung des Verlustabzugs gemindert würde. Innerhalb dieses punktuellen Korrekturspielraums sind zugunsten und zuungunsten des Stpfl. **Rechtsfehler** i. S. d. § 177 AO zu berichtigen (>BFH vom 27.09.1988 – BStBl II 1989 S. 225).

- Rücktrag aus verjährtem Verlustentstehungsjahr

  Im Verlustentstehungsjahr nicht ausgeglichene Verluste sind in einen vorangegangenen, nicht festsetzungsverjährten VZ auch dann zurückzutragen, wenn für das Verlustentstehungsjahr selbst bereits Festsetzungsverjährung eingetreten ist (>BFH vom 27.01.2010 – BStBl II S. 1009).

Besondere Verrechnungskreise

Im Rahmen des § 2b, § 15 Abs. 4 Satz 1 und 2 sowie Satz 3 bis 5 und 6 bis 8, § 22 Nr. 2, 3 und § 23 gelten gesonderte Verlustverrechnungsbeschränkungen (besondere Verrechnungskreise) (>BMF vom 29.11.2004 – BStBl I S. 1097).

Bindungswirkung

- Der erstmalige Erlass oder die Änderung eines Bescheides über die gesonderte Feststellung des verbleibenden Verlustvortrags ist ausgeschlossen, wenn ein nacherklärter Verlust in der bestandskräftigen Steuerfestsetzung nicht berücksichtigt worden ist, eine Änderung des Steuerbescheides nach Maßgabe der Änderungsvorschriften der AO ausgeschlossen ist und die Aufhebung, Änderung oder Berichtigung des Steuerbescheides nicht ausschl. mangels Auswirkung auf die Höhe der festzusetzenden Steuer unterbleibt (>BFH vom 09.05.2017 – BStBl II S. 1049, vom 12.07.2016 – BStBl II 2018 S. 699 und vom 16.05.2018 – BStBl II S. 752). Auch eine nach § 351 Abs. 1 AO beschränkte Anfechtbarkeit einer geänderten Steuerfestsetzung ist zu beachten (>BFH vom 12.07.2016 – BStBl II 2018 S. 699).

– Für nicht feststellungsverjährte Jahre kann ein Verlustvortrag auch dann erstmals gesondert festgestellt werden, wenn für das Verlustentstehungsjahr kein Einkommensteuerbescheid existiert und auch nicht mehr erlassen werden kann, weil bereits Festsetzungsverjährung eingetreten ist (>BFH vom 13.01.2015 – BStBl II S. 829).

Insolvenzverfahren (Konkurs-/Vergleichs- und Gesamtvollstreckungsverfahren)
Verluste, die der Stpfl. vor und während des Konkursverfahrens erlitten hat, sind dem Grunde nach in vollem Umfang ausgleichsfähig und nach § 10d abzugsfähig (>BFH vom 04.09.1969 – BStBl II S. 726).

Verlustabzug bei Ehegatten
>§ 62d EStDV

Verlustabzug in Erbfällen
– Der Erbe kann einen vom Erblasser nicht genutzten Verlust nach § 10d nicht bei seiner eigenen Veranlagung geltend machen (>BFH vom 17.12.2007 – BStBl II 2008 S. 608).
– >R 10d Abs. 9

Verlustvortragsbegrenzung

Beispiel

Zusammenveranlagte Stpfl. (Verlustvortragsbegrenzung; Auswirkung bei Zusammenveranlagung, Feststellung des verbleibenden Verlustvortrags)

Spalte 1	2	Ehemann 3	Ehefrau 4
Einkünfte im lfd. VZ aus			
§ 15		1.750.000	1.250.000
§ 22 Nr. 2 i. V. m. § 23		2.500.000	500.000
§ 22 Nr. 3		250.000	250.000
Verbleibender Verlustabzug aus dem vorangegangenen VZ			
nach § 10d Abs. 2		6.000.000	2.000.000
§ 22 Nr. 2 i. V. m. § 23		500.000	4.500.000
§ 22 Nr. 3			1.000.000
Berechnung der S. d. E. im lfd. VZ			
§ 15		1.750.000	1.250.000
§ 22 Nr. 2 i. V. m. § 23		2.500.000	500.000

§ 10d EStG
H 10d

Spalte 1	2	Ehemann 3	Ehefrau 4
Verlustvortrag aus dem vorangegangenen VZ			
Höchstbetragsberechnung			
S. d. E. § 22 Nr. 2 i. V. m. § 23	3.000.000		
unbeschränkt abziehbar	2.000.000		
verbleiben	1.000.000		
davon 60 %	600.000		
Höchstbetrag	2.600.000		
verhältnismäßige Aufteilung			
Ehemann:			
$\frac{500.000 \times 2.600.000}{5.000.000}$	260.000		
Ehefrau:			
$\frac{4.500.000 \times 2.600.000}{5.000.000}$	2.340.000		
Verlustvortrag max. i. H. d. positiven Einkünfte		260.000	500.000
Zwischensumme		2.240.000	0
Übertragung Verlustvolumen 2.340.000 – 500.000	1.840.000	1.840.000	
Einkünfte § 22 Nr. 2 i. V. m. § 23		400.000	0
§ 22 Nr. 3		250.000	250.000
Verlustvortrag aus dem vorangegangenen VZ max. i. H. d. positiven Einkünfte		250.000	250.000
Einkünfte § 22 Nr. 3		0	0
S. d. E.		2.150.000	1.250.000
G. d. E.		3.400.000	
Verlustvortrag § 10d			
Berechnung Höchstbetrag			
G. d. E.	3.400.000		
unbeschränkt abziehbar	2.000.000		
verbleiben	1.400.000		
davon 60 %	840.000		
Höchstbetrag	2.840.000	2.840.000	
verhältnismäßige Aufteilung			
Ehemann:			
$\frac{6.000.000 \times 2.840.000}{8.000.000}$	2.130.000		

§§ 10d, 10e EStG
H 10d

Spalte 1	2	Ehemann 3	Ehefrau 4
Ehefrau:			
2.000.000 x 2.840.000 8.000.000	710.000		
Berechnung des festzustellenden verbleibenden Verlustvortrags zum 31.12. des lfd. VZ:			
Verlustvortrag zum 31.12. des vorangegangenen VZ		6.000.000	2.000.000
abzgl. Verlustvortrag in den lfd. VZ		2.130.000	710.000
verbleibender Verlustvortrag zum 31.12. des lfd. VZ		3.870.000	1.290.000
Verlustvortrag zum 31.12. des vorangegangenen VZ aus § 22 Nr. 2 i. V. m. § 23		500.000	4.500.000
abzgl. Verlustvortrag in den lfd. VZ		260.000	2.340.000
verbleibender Verlustvortrag aus § 22 Nr. 2 i. V. m. § 23 zum 31.12. des lfd. VZ		240.000	2.160.000
Verlustvortrag zum 31.12. des vorangegangenen VZ aus § 22 Nr. 3			1.000.000
abzgl. Verlustvortrag in den lfd. VZ			500.000
verbleibender Verlustvortrag aus § 22 Nr. 3 zum 31.12. des lfd. VZ			500.000

I

S 2225-a

§ 10e
Steuerbegünstigung der zu eigenen Wohnzwecken genutzten Wohnung im eigenen Haus

– Letztmals abgedruckt im EStH 2005 –

§ 10f

Steuerbegünstigung für zu eigenen Wohnzwecken genutzte Baudenkmale und Gebäude in Sanierungsgebieten und städtebaulichen Entwicklungsbereichen

[1]) (1) [1]Der Steuerpflichtige kann Aufwendungen an einem eigenen Gebäude im Kalenderjahr des Abschlusses der Baumaßnahme und in den neun folgenden Kalenderjahren jeweils bis zu 9 Prozent wie Sonderausgaben abziehen, wenn die Voraussetzungen des § 7h oder des § 7i vorliegen. [2]Dies gilt nur, soweit er das Gebäude in dem jeweiligen Kalenderjahr zu eigenen Wohnzwecken nutzt und die Aufwendungen nicht in die Bemessungsgrundlage nach § 10e oder dem Eigenheimzulagengesetz einbezogen hat. [3]Für Zeiträume, für die der Steuerpflichtige erhöhte Absetzungen von Aufwendungen nach § 7h oder § 7i abgezogen hat, kann er für diese Aufwendungen keine Abzugsbeträge nach Satz 1 in Anspruch nehmen. [4]Eine Nutzung zu eigenen Wohnzwecken liegt auch vor, wenn Teile einer zu eigenen Wohnzwecken genutzten Wohnung unentgeltlich zu Wohnzwecken überlassen werden.

(2) [1]Der Steuerpflichtige kann Erhaltungsaufwand, der an einem eigenen Gebäude entsteht und nicht zu den Betriebsausgaben oder Werbungskosten gehört, im Kalenderjahr des Abschlusses der Maßnahme und in den neun folgenden Kalenderjahren jeweils bis zu 9 Prozent wie Sonderausgaben abziehen, wenn die Voraussetzungen des § 11a Absatz 1 in Verbindung mit § 7h Absatz 2 oder des § 11b Satz 1 oder 2 in Verbindung mit § 7i Absatz 1 Satz 2 und Absatz 2 vorliegen. [2]Dies gilt nur, soweit der Steuerpflichtige das Gebäude in dem jeweiligen Kalenderjahr zu eigenen Wohnzwecken nutzt und diese Aufwendungen nicht nach § 10e Absatz 6 oder § 10i abgezogen hat. [3]Soweit der Steuerpflichtige das Gebäude während des Verteilungszeitraums zur Einkunftserzielung nutzt, ist der noch nicht berücksichtigte Teil des Erhaltungsaufwands im Jahr des Übergangs zur Einkunftserzielung wie Sonderausgaben abzuziehen. [4]Absatz 1 Satz 4 ist entsprechend anzuwenden.

(3) [1]Die Abzugsbeträge nach den Absätzen 1 und 2 kann der Steuerpflichtige nur bei einem Gebäude in Anspruch nehmen. [2]Ehegatten, bei denen die Voraussetzungen des § 26 Absatz 1 vorliegen, können die Abzugsbeträge nach den Absätzen 1 und 2 bei insgesamt zwei Gebäuden abziehen. [3]Gebäuden im Sinne der Absätze 1 und 2 stehen Gebäude gleich, für die Abzugsbeträge nach § 52 Absatz 21 Satz 6 in Verbindung mit § 51 Absatz 1 Nummer 2 Buchstabe x oder Buchstabe y des Einkommensteuergesetzes 1987 in der Fassung der Be-

---

[1]) zur Anwendung des Absatzes 1 Satz 1 >§ 52 Abs. 27 i. d. F. vor dem Gesetz zur Anpassung des nationalen Steuerrechts an den Beitritt Kroatiens zur EU und zur Änderung weiterer steuerlicher Vorschriften

kanntmachung vom 27. Februar 1987 (BGBl. I S. 657) in Anspruch genommen worden sind; Entsprechendes gilt für Abzugsbeträge nach § 52 Absatz 21 Satz 7.

(4) ¹Sind mehrere Steuerpflichtige Eigentümer eines Gebäudes, so ist Absatz 3 mit der Maßgabe anzuwenden, dass der Anteil des Steuerpflichtigen an einem solchen Gebäude dem Gebäude gleichsteht. ²Erwirbt ein Miteigentümer, der für seinen Anteil bereits Abzugsbeträge nach Absatz 1 oder Absatz 2 abgezogen hat, einen Anteil an demselben Gebäude hinzu, kann er für danach von ihm durchgeführte Maßnahmen im Sinne der Absätze 1 oder 2 auch die Abzugsbeträge nach den Absätzen 1 und 2 in Anspruch nehmen, die auf den hinzuerworbenen Anteil entfallen. ³§ 10e Absatz 5 Satz 2 und 3 sowie Absatz 7 ist sinngemäß anzuwenden.

(5) Die Absätze 1 bis 4 sind auf Gebäudeteile, die selbständige unbewegliche Wirtschaftsgüter sind, und auf Eigentumswohnungen entsprechend anzuwenden.

Steuerbegünstigung für zu eigenen Wohnzwecken genutzte Baudenkmale und Gebäude in Sanierungsgebieten und städtebaulichen Entwicklungsbereichen

R 7h und R 7i gelten entsprechend.

Hinweise

Bescheinigungsbehörde für Baudenkmale
Übersicht über die zuständigen Bescheinigungsbehörden >BMF vom 04.06.2015 (BStBl I S. 506)

Bescheinigungsrichtlinien
Übersicht über die Veröffentlichung der länderspezifischen Bescheinigungsrichtlinien >BMF vom 21.01.2020 (BStBl I S. 169)

Flutkatastrophe vom Juli 2021
>H 7i

Nichtvorliegen der Bescheinigung
Das Finanzamt hat bei Nichtvorliegen der Bescheinigung eine überprüfbare Ermessensentscheidung darüber zu treffen, ob und in welcher Höhe es den Abzugsbetrag im Wege der Schätzung nach § 162 Abs. 5 AO anerkennt (>BFH vom 14.05.2014 – BStBl II 2015 S. 12).

Zuschüsse
Im öffentlichen Interesse geleistete Zuschüsse privater Dritter mindern die Aufwendungen für ein zu eigenen Wohnzwecken genutztes Baudenkmal, da der Stpfl. i. H. d. Zuschüsse nicht wirtschaftlich belastet ist. Die Aufwendungen sind deshalb nicht wie Sonderausgaben abziehbar (>BFH vom 20.06.2007 – BStBl II S. 879).

§ 10g EStG

S 2225-d

§ 10g[1])
Steuerbegünstigung für schutzwürdige Kulturgüter, die weder zur Einkunftserzielung noch zu eigenen Wohnzwecken genutzt werden

(1) ¹Der Steuerpflichtige kann Aufwendungen für Herstellungs- und Erhaltungsmaßnahmen an eigenen schutzwürdigen Kulturgütern im Inland, soweit sie öffentliche oder private Zuwendungen oder etwaige aus diesen Kulturgütern erzielte Einnahmen übersteigen, im Kalenderjahr des Abschlusses der Maßnahme und in den neun folgenden Kalenderjahren jeweils bis zu 9 Prozent wie Sonderausgaben abziehen. ²Kulturgüter im Sinne des Satzes 1 sind

1. Gebäude oder Gebäudeteile, die nach den jeweiligen landesrechtlichen Vorschriften ein Baudenkmal sind,
2. Gebäude oder Gebäudeteile, die für sich allein nicht die Voraussetzungen für ein Baudenkmal erfüllen, aber Teil einer nach den jeweiligen landesrechtlichen Vorschriften als Einheit geschützten Gebäudegruppe oder Gesamtanlage sind,
3. gärtnerische, bauliche und sonstige Anlagen, die keine Gebäude oder Gebäudeteile und nach den jeweiligen landesrechtlichen Vorschriften unter Schutz gestellt sind,
4. Mobiliar, Kunstgegenstände, Kunstsammlungen, wissenschaftliche Sammlungen, Bibliotheken oder Archive, die sich seit mindestens 20 Jahren im Besitz der Familie des Steuerpflichtigen befinden oder als nationales Kulturgut in ein Verzeichnis national wertvollen Kulturgutes nach § 7 Absatz 1 des Kulturgutschutzgesetzes vom 31. Juli 2016 (BGBl. I S. 1914) eingetragen ist und deren Erhaltung wegen ihrer Bedeutung für Kunst, Geschichte oder Wissenschaft im öffentlichen Interesse liegt,

wenn sie in einem den Verhältnissen entsprechenden Umfang der wissenschaftlichen Forschung oder der Öffentlichkeit zugänglich gemacht werden, es sei denn, dem Zugang stehen zwingende Gründe des Denkmal- oder Archivschutzes entgegen. ³Die Maßnahmen müssen nach Maßgabe der geltenden Bestimmungen der Denkmal- und Archivpflege erforderlich und in Abstimmung mit der in Absatz 3 genannten Stelle durchgeführt worden sein; bei Aufwendungen für Herstellungs- und Erhaltungsmaßnahmen an Kulturgütern im Sinne des Satzes 2 Nummer 1 und 2 ist § 7i Absatz 1 Satz 1 bis 4 sinngemäß anzuwenden.

(2) ¹Die Abzugsbeträge nach Absatz 1 Satz 1 kann der Steuerpflichtige nur in Anspruch nehmen, soweit er die schutzwürdigen Kulturgüter im jeweiligen Kalenderjahr weder zur Erzielung von Einkünften

---

[1]) zur Anwendung des § 10g >§ 52 Abs. 27a i. d. F. vor dem Gesetz zur Anpassung des nationalen Steuerrechts an den Beitritt Kroatiens zur EU und zur Änderung weiterer steuerlicher Vorschriften

§ 10g EStG
R 10g

im Sinne des § 2 noch Gebäude oder Gebäudeteile zu eigenen Wohnzwecken nutzt und die Aufwendungen nicht nach § 10e Absatz 6, § 10h Satz 3 oder § 10i abgezogen hat. ²Für Zeiträume, für die der Steuerpflichtige von Aufwendungen Absetzungen für Abnutzung, erhöhte Absetzungen, Sonderabschreibungen oder Beträge nach § 10e Absatz 1 bis 5, den §§ 10f, 10h, 15b des Berlinförderungsgesetzes abgezogen hat, kann er für diese Aufwendungen keine Abzugsbeträge nach Absatz 1 Satz 1 in Anspruch nehmen; Entsprechendes gilt, wenn der Steuerpflichtige für Aufwendungen die Eigenheimzulage nach dem Eigenheimzulagengesetz in Anspruch genommen hat. ³Soweit die Kulturgüter während des Zeitraums nach Absatz 1 Satz 1 zur Einkunftserzielung genutzt werden, ist der noch nicht berücksichtigte Teil der Aufwendungen, die auf Erhaltungsarbeiten entfallen, im Jahr des Übergangs zur Einkunftserzielung wie Sonderausgaben abzuziehen.

(3) ¹Der Steuerpflichtige kann den Abzug vornehmen, wenn er durch eine Bescheinigung der nach Landesrecht zuständigen oder von der Landesregierung bestimmten Stelle die Voraussetzungen des Absatzes 1 für das Kulturgut und für die Erforderlichkeit der Aufwendungen nachweist. ²Hat eine der für Denkmal- oder Archivpflege zuständigen Behörden ihm Zuschüsse gewährt, so hat die Bescheinigung auch deren Höhe zu enthalten; werden ihm solche Zuschüsse nach Ausstellung der Bescheinigung gewährt, so ist diese entsprechend zu ändern.

(4) ¹Die Absätze 1 bis 3 sind auf Gebäudeteile, die selbständige unbewegliche Wirtschaftsgüter sind, sowie auf Eigentumswohnungen und im Teileigentum stehende Räume entsprechend anzuwenden. ²§ 10e Absatz 7 gilt sinngemäß.

Steuerbegünstigung für schutzwürdige Kulturgüter, die weder zur Einkunftserzielung noch zu eigenen Wohnzwecken genutzt werden

R 10g.

(1) ¹Die Bescheinigungsbehörde hat zu prüfen,
1. ob die Maßnahmen
   a) an einem Kulturgut i. S. d. § 10g Abs. 1 Satz 2 EStG durchgeführt worden sind,
   b) erforderlich waren,
   c) in Abstimmung mit der zuständigen Stelle durchgeführt worden sind,
2. in welcher Höhe Aufwendungen, die die vorstehenden Voraussetzungen erfüllen, angefallen sind,
3. inwieweit Zuschüsse aus öffentlichen Mitteln durch eine der für Denkmal- oder Archivpflege zuständigen Behörden bewilligt worden sind

§ 10g EStG
R 10g H 10g

oder nach Ausstellung der Bescheinigung bewilligt werden (Änderung der Bescheinigung).

²R 7h Abs. 4 Satz 2 bis 5 gilt entsprechend.

(2) Die Finanzbehörden haben zu prüfen,

1. ob die vorgelegte Bescheinigung von der nach Landesrecht zuständigen oder der von der Landesregierung bestimmten Behörde ausgestellt worden ist,
2. ob die bescheinigte Maßnahme an einem Kulturgut durchgeführt worden ist, das im Eigentum des Stpfl. steht,
3. ob das Kulturgut im jeweiligen Kalenderjahr weder zur Erzielung von Einkünften i. S. d. § 2 EStG genutzt worden ist noch Gebäude oder Gebäudeteile zu eigenen Wohnzwecken genutzt und die Aufwendungen nicht nach § 10e Abs. 6 oder § 10h Satz 3 EStG abgezogen worden sind,
4. inwieweit die Aufwendungen etwaige aus dem Kulturgut erzielte Einnahmen übersteigen,
5. ob die bescheinigten Aufwendungen steuerrechtlich dem Kulturgut i. S. d. § 10g EStG zuzuordnen und keine Anschaffungskosten sind,
6. ob weitere Zuschüsse für die bescheinigten Aufwendungen gezahlt werden oder worden sind,
7. in welchem VZ die Steuerbegünstigung erstmals in Anspruch genommen werden kann.

H 10g

Hinweise

Bescheinigungsbehörde
Übersicht über die zuständigen Bescheinigungsbehörden >BMF vom 04.06.2015 (BStBl I S. 506)

Bescheinigungsrichtlinien
Übersicht über die Veröffentlichung der länderspezifischen Bescheinigungsrichtlinien >BMF vom 21.01.2020 (BStBl I S. 169)

Flutkatastrophe vom Juli 2021
>H 7i

6. Vereinnahmung und Verausgabung

§ 11

(1) ¹Einnahmen sind innerhalb des Kalenderjahres bezogen, in dem sie dem Steuerpflichtigen zugeflossen sind. ²Regelmäßig wiederkehrende Einnahmen, die dem Steuerpflichtigen kurze Zeit vor Beginn oder kurze Zeit nach Beendigung des Kalenderjahres, zu dem sie wirtschaftlich gehören, zugeflossen sind, gelten als in diesem Kalenderjahr bezogen. ³Der Steuerpflichtige kann Einnahmen, die auf einer Nutzungsüberlassung im Sinne des Absatzes 2 Satz 3 beruhen, insgesamt auf den Zeitraum gleichmäßig verteilen, für den die Vorauszahlung geleistet wird. ⁴Für Einnahmen aus nichtselbständiger Arbeit gilt § 38a Absatz 1 Satz 2 und 3 und § 40 Absatz 3 Satz 2. ⁵Die Vorschriften über die Gewinnermittlung (§ 4 Absatz 1, § 5) bleiben unberührt.

(2) ¹Ausgaben sind für das Kalenderjahr abzusetzen, in dem sie geleistet worden sind. ²Für regelmäßig wiederkehrende Ausgaben gilt Absatz 1 Satz 2 entsprechend. ³Werden Ausgaben für eine Nutzungsüberlassung von mehr als fünf Jahren im Voraus geleistet, sind sie insgesamt auf den Zeitraum gleichmäßig zu verteilen, für den die Vorauszahlung geleistet wird. ⁴Satz 3 ist auf ein Damnum oder Disagio nicht anzuwenden, soweit dieses marktüblich ist. ⁵§ 42 der Abgabenordnung bleibt unberührt. ⁶Die Vorschriften über die Gewinnermittlung (§ 4 Absatz 1, § 5) bleiben unberührt.

Vereinnahmung und Verausgabung

¹Die Vereinnahmung durch einen Bevollmächtigten reicht für die Annahme des Zuflusses beim Stpfl. aus. ²Daher sind Honorare von Privatpatienten, die ein Arzt durch eine privatärztliche Verrechnungsstelle einziehen lässt, dem Arzt bereits mit dem Eingang bei dieser Stelle zugeflossen.

Hinweise

Allgemeines

- **Zufluss von Einnahmen** liegt erst mit der Erlangung der wirtschaftlichen Verfügungsmacht über ein in Geld oder Geldeswert bestehendes Wirtschaftsgut vor (>BFH vom 21.11.1989 – BStBl II 1990 S. 310, vom 08.10.1991 – BStBl II 1992 S. 174 und vom 11.11.2009 – BStBl II 2010 S. 746). Verfügungsmacht wird i. d. R. erlangt im Zeitpunkt des Eintritts des Leistungserfolges oder der Möglichkeit, den Leistungserfolg herbeizuführen (>BFH vom 21.11.1989 – BStBl II 1990 S. 310). Sie muss nicht endgültig erlangt sein (>BFH vom 13.10.1989 – BStBl II 1990 S. 287).
- **Kurze Zeit** bei regelmäßig wiederkehrenden Einnahmen ist i. d. R. ein Zeitraum bis zu zehn Tagen. Innerhalb dieses Zeitraums müssen die

§ 11 EStG
H 11

Zahlungen fällig und geleistet worden sein (>BFH vom 24.07.1986 – BStBl II 1987 S. 16 *und vom 16.02.2022 – BStBl II S. 448*). Auf die Fälligkeit im Jahr der wirtschaftlichen Zugehörigkeit kommt es nicht an (>BFH vom 23.09.1999 – BStBl II 2000 S. 121).
– Für den **Abfluss von Ausgaben** gelten diese Grundsätze entsprechend.
– Bei einer nach § 108 Abs. 3 AO hinausgeschobenen Fälligkeit ist eine regelmäßig wiederkehrende Steuerzahlung nur dann im Jahr ihrer wirtschaftlichen Zugehörigkeit abziehbar, wenn sie innerhalb des Zehn-Tages-Zeitraums geleistet wurde (>BFH vom 11.11.2014 – BStBl II 2015 S. 285 und vom 27.06.2018 – BStBl II S. 781).

Arbeitslohn
>§ 38a Abs. 1 Satz 2 und 3, R 38.2 LStR 2015

Arzthonorar
– Die Honorare fließen dem Arzt erst mit Überweisung seines Anteils durch die kassenärztliche Vereinigung zu (>BFH vom 20.02.1964 – BStBl III S. 329).
– Die Einnahmen von der **kassenärztlichen Vereinigung** stellen regelmäßig wiederkehrende Einnahmen dar (>BFH vom 06.07.1995 – BStBl II 1996 S. 266).

Aufrechnung
Die Aufrechnung mit einer fälligen Gegenforderung stellt eine Leistung i. S. d. § 11 Abs. 2 dar (>BFH vom 19.04.1977 – BStBl II S. 601).

Damnum
– Bei **vereinbarungsgemäßer** Einbehaltung eines Damnums bei Auszahlung eines Tilgungsdarlehens ist im Zeitpunkt der Kapitalauszahlung ein Abfluss anzunehmen (>BFH vom 10.03.1970 – BStBl II S. 453). Bei ratenweiser Auszahlung des Darlehens kommt eine entsprechende Aufteilung des Damnums nur in Betracht, wenn keine Vereinbarung der Vertragsparteien über den Abflusszeitpunkt des Damnums vorliegt (>BFH vom 26.06.1975 – BStBl II S. 880).
– Soweit für ein Damnum ein **Tilgungsstreckungsdarlehen** aufgenommen wird, fließt das Damnum mit den Tilgungsraten des Tilgungsstreckungsdarlehens ab (>BFH vom 26.11.1974 – BStBl II 1975 S. 330).
– Ein Damnum, das ein Darlehensschuldner vor Auszahlung eines aufgenommenen Darlehens zahlt, ist im VZ seiner Leistung als Werbungskosten abziehbar, es sei denn, dass die Vorauszahlung des Damnums von keinen sinnvollen wirtschaftlichen Erwägungen getragen wird (>BFH vom 03.02.1987 – BStBl II S. 492). Ist ein Damnum nicht mehr als drei Monate vor Auszahlung der Darlehensvaluta oder einer ins Gewicht fallenden Teilauszahlung des Darlehens (mindestens 30 % der

Darlehensvaluta einschl. Damnum) geleistet worden, kann davon ausgegangen werden, dass ein wirtschaftlich vernünftiger Grund besteht (>BMF vom 20.10.2003 – BStBl I S. 546, RdNr. 15).
- Damnum-/Disagiovereinbarungen mit Geschäftsbanken sind regelmäßig als marktüblich anzusehen. Diese Vermutung kann durch besondere Umstände wie beispielsweise Kreditunwürdigkeit des Darlehensnehmers, atypische Vertragsgestaltungen oder persönliche Beziehungen der Beteiligten zueinander widerlegt werden (>BFH vom 08.03.2016 – BStBl II S. 646).

Anhang 30 I

Entschädigung für Flutungsrecht
Entschädigungen für die Eintragung einer beschränkt persönlichen Dienstbarkeit, die das Recht dinglich absichert, dass ein zum Betriebsvermögen des Eigentümers gehörendes Grundstück als Überflutungsfläche zur Hochwasserrückhaltung genutzt werden darf, sind im Zuflusszeitpunkt als Betriebseinnahmen zu erfassen. Es handelt sich nicht um eine Einnahme aus einer Nutzungsüberlassung i. S. d. § 11 Abs. 2 Satz 3 (>BFH vom 21.11.2018 – BStBl II 2019 S. 311).

Forderungsübergang
Zufluss beim Stpfl., wenn der Betrag beim neuen Gläubiger eingeht >BFH vom 16.03.1993 (BStBl II S. 507)

Gesamtgläubiger
Stehen mehreren Stpfl. als Gesamtgläubigern Einnahmen zu und vereinbaren sie mit dem Schuldner, dass dieser nur an einen bestimmten Gesamtgläubiger leisten soll, so tritt bei jedem der Gesamtgläubiger anteilsmäßig ein Zufluss in dem Zeitpunkt ein, in dem die Einnahmen bei dem bestimmten Gesamtgläubiger eingehen (>BFH vom 10.12.1985 – BStBl II 1986 S. 342).

Gewinnausschüttung
>H 20.2 (Zuflusszeitpunkt bei Gewinnausschüttungen)

Gutschrift
Der Zufluss beim Stpfl. erfolgt im Zeitpunkt der Gutschrift in den Büchern des Verpflichteten (Schuldners), wenn eine eindeutige und unbestrittene Leistungsverpflichtung des Schuldners besteht (diesem also insbesondere kein Leistungsverweigerungsrecht zusteht oder er sich erkennbar auf zivilrechtliche Einwendungen und Einreden gegen die Forderung des Stpfl. nicht berufen will) und der Schuldner in diesem Zeitpunkt zur Zahlung des Betrages in der Lage gewesen wäre, also nicht zahlungsunfähig war (>BFH vom 10.07.2001 – BStBl II S. 646 und vom 30.10.2001 – BStBl II 2002 S. 138).

§ 11 EStG
H 11

Leasing-Sonderzahlung
Verwendet ein Arbeitnehmer einen geleasten Pkw für berufliche Zwecke und macht er dafür die tatsächlichen Kosten geltend, gehört eine bei Leasingbeginn zu erbringende Sonderzahlung i. H. d. anteiligen beruflichen Nutzung des Pkw zu den sofort abziehbaren Werbungskosten; es handelt sich bei ihr nicht um Anschaffungskosten des obligatorischen Nutzungsrechts an dem Pkw, die nur in Form von Absetzungen für Abnutzung als Werbungskosten berücksichtigt werden könnten (>BFH vom 05.05.1994 – BStBl II S. 643).

Novation
Vereinbaren Gläubiger und Schuldner, dass der Geldbetrag fortan aus einem anderen Rechtsgrund geschuldet wird (Novation), kann ein Zufluss und gleichzeitiger Wiederabfluss des Geldbetrages beim Gläubiger vorliegen (>BFH vom 10.07.2001 – BStBl II S. 646 und vom 30.10.2001 – BStBl II 2002 S. 138).

Nutzungsrechte
Räumt der Arbeitgeber dem Arbeitnehmer im Hinblick auf das Dienstverhältnis unentgeltlich ein Nutzungsrecht an einer Wohnung ein, fließt dem Arbeitnehmer der geldwerte Vorteil nicht im Zeitpunkt der Bestellung des Nutzungsrechts i. H. d. kapitalisierten Wertes, sondern fortlaufend i. H. d. jeweiligen Nutzungswertes der Wohnung zu (>BFH vom 26.05.1993 – BStBl II S. 686).

Pachtzahlungen in der Land- und Forstwirtschaft
Ermittelt ein Land- und Forstwirt seinen Gewinn nach der Einnahmenüberschussrechnung, hat er laufende Pachtzahlungen in dem Wj. zu erfassen, zu dem sie wirtschaftlich gehören, wenn sie kurze Zeit vor Beginn oder nach Ende dieses Wj. fällig sind und zufließen. Auf die Fälligkeit im Jahr der wirtschaftlichen Zugehörigkeit kommt es nicht an (>BFH vom 23.09.1999 – BStBl II 2000 S. 121).

Provisionen
– Bei der Einnahmenüberschussrechnung sind Provisionen auch dann zugeflossen, wenn sie auf einem Kautionskonto zur Sicherung von Gegenforderungen des Versicherungsunternehmens gutgeschrieben werden (>BFH vom 24.03.1993 – BStBl II S. 499). Dagegen sind Beträge, die von dem Versicherungsunternehmen einem für den Vertreter gebildeten Stornoreservekonto gutgeschrieben werden, nicht zugeflossen, wenn die Beträge im Zeitpunkt der Gutschrift nicht fällig waren und das Guthaben nicht verzinst wird (>BFH vom 12.11.1997 – BStBl II 1998 S. 252).

- Auch wenn feststeht, dass erhaltene Provisionsvorschüsse in späteren Jahren zurückzuzahlen sind, ist bei der Einnahmenüberschussrechnung ein Zufluss anzunehmen (>BFH vom 13.10.1989 – BStBl II 1990 S. 287).

Scheck
- Der Zufluss erfolgt i. d. R. mit Entgegennahme. Dies gilt auch dann, wenn die zugrunde liegende Vereinbarung wegen eines gesetzlichen Verbots oder wegen Sittenwidrigkeit nichtig ist (>BFH vom 20.03.2001 – BStBl II S. 482); die sofortige Bankeinlösung darf jedoch nicht durch zivilrechtliche Vereinbarung eingeschränkt sein (>BFH vom 30.10.1980 – BStBl II 1981 S. 305).
- Der Abfluss erfolgt i. d. R. mit Hingabe; für den Bereich der erhöhten Absetzungen und Sonderabschreibungen auf Anzahlungen aber >§ 7a Abs. 2 Satz 5.
- Der Abfluss erfolgt bei Scheckübermittlung mit der Übergabe an die Post bzw. dem Einwurf in den Briefkasten des Zahlungsempfängers (>BFH vom 24.09.1985 – BStBl II 1986 S. 284).

Schneeballsystem
- Zufluss von Scheinrenditen bei einem Schneeballsystem >BFH vom 28.10.2008 (BStBl II 2009 S. 190)
- >H 20.2 (Schneeballsystem)

Sperrkonto
Zinsen auf einem Sperrkonto fließen dem Stpfl. im Zeitpunkt der Gutschrift auf dem Sperrkonto zu, soweit die Kontosperre auf einer freien Vereinbarung zwischen dem Leistenden und dem Stpfl. beruht (>BFH vom 28.09.2011 – BStBl II 2012 S. 315).

Stille Gesellschaft
- Für den Zufluss der Gewinnanteile eines typisch stillen Gesellschafters gilt § 11; für Zwecke des Kapitalertragsteuerabzugs ist § 44 Abs. 3 maßgeblich (>BFH vom 28.11.1990 – BStBl II 1991 S. 313).
- >H 20.1 und H 20.2 (Stiller Gesellschafter)

Stundung
Wird die Fälligkeit eines auszuzahlenden Zinsanspruchs einvernehmlich hinausgeschoben, stellt dies lediglich eine Stundung und keine den Zufluss begründende Verfügung des Gläubigers über Kapitalerträge dar (>BFH vom 20.10.2015 – BStBl II 2016 S. 342).

Überweisung
Der Abfluss erfolgt im Zeitpunkt des Eingangs des Überweisungsauftrags bei der Überweisungsbank, wenn das Konto die nötige Deckung aufweist

oder ein entsprechender Kreditrahmen vorhanden ist; andernfalls im Zeitpunkt der Lastschrift (>BFH vom 06.03.1997 – BStBl II S. 509).

Umsatzsteuervorauszahlungen/-erstattungen
– Umsatzsteuervorauszahlungen sind regelmäßig wiederkehrende Ausgaben. Dies gilt für Umsatzsteuererstattungen entsprechend (>BFH vom 01.08.2007 – BStBl II 2008 S. 282).
– Bei nach § 108 Abs. 3 AO hinausgeschobener Fälligkeit >Allgemeines

Verrechnung
>Aufrechnung

Wechsel
Der Zufluss erfolgt mit Einlösung oder Diskontierung des zahlungshalber hingegebenen Wechsels (>BFH vom 05.05.1971 – BStBl II S. 624). Entsprechendes gilt für den Abfluss.

Werbungskosten bei sonstigen Einkünften
– >H 22.8 (Werbungskosten)
– >H 23 (Werbungskosten)

Wirtschaftsjahr
§ 11 ist auch bei abweichendem Wj. anzuwenden (>BFH vom 23.09.1999 – BStBl II 2000 S. 121).

§ 11a

S 2226-a

Sonderbehandlung von Erhaltungsaufwand bei Gebäuden in Sanierungsgebieten und städtebaulichen Entwicklungsbereichen

(1) [1]Der Steuerpflichtige kann durch Zuschüsse aus Sanierungs- oder Entwicklungsförderungsmitteln nicht gedeckten Erhaltungsaufwand für Maßnahmen im Sinne des § 177 des Baugesetzbuchs an einem im Inland belegenen Gebäude in einem förmlich festgelegten Sanierungsgebiet oder städtebaulichen Entwicklungsbereich auf zwei bis fünf Jahre gleichmäßig verteilen. [2]Satz 1 ist entsprechend anzuwenden auf durch Zuschüsse aus Sanierungs- oder Entwicklungsförderungsmitteln nicht gedeckten Erhaltungsaufwand für Maßnahmen, die der Erhaltung, Erneuerung und funktionsgerechten Verwendung eines Gebäudes im Sinne des Satzes 1 dienen, das wegen seiner geschichtlichen, künstlerischen oder städtebaulichen Bedeutung erhalten bleiben soll, und zu deren Durchführung sich der Eigentümer neben bestimmten Modernisierungsmaßnahmen gegenüber der Gemeinde verpflichtet hat.

(2) [1]Wird das Gebäude während des Verteilungszeitraums veräußert, ist der noch nicht berücksichtigte Teil des Erhaltungsaufwands im Jahr der Veräußerung als Betriebsausgaben oder Werbungskosten abzusetzen. [2]Das Gleiche gilt, wenn ein nicht zu einem Betriebsvermögen gehörendes Gebäude in ein Betriebsvermögen eingebracht oder wenn ein Gebäude aus dem Betriebsvermögen entnommen oder wenn ein Gebäude nicht mehr zur Einkunftserzielung genutzt wird.

(3) Steht das Gebäude im Eigentum mehrerer Personen, ist der in Absatz 1 bezeichnete Erhaltungsaufwand von allen Eigentümern auf den gleichen Zeitraum zu verteilen.

(4) § 7h Absatz 1a bis 3 ist entsprechend anzuwenden.

Sonderbehandlung von Erhaltungsaufwand bei Gebäuden in Sanierungsgebieten und städtebaulichen Entwicklungsbereichen

R 11a.

R 7h gilt entsprechend.

Hinweise

H 11a

Bescheinigungsrichtlinien
Übersicht über die Veröffentlichung der länderspezifischen Bescheinigungsrichtlinien >BMF vom 21.01.2020 (BStBl I S. 169)

Verteilung von Erhaltungsaufwand
- >R 21.1 Abs. 6 Satz 1
- >H 21.1 (Verteilung des Erhaltungsaufwands nach § 82b EStDV)

§ 11b EStG
R 11b H 11b

S 2226-a

§ 11b
Sonderbehandlung von Erhaltungsaufwand bei Baudenkmalen

¹Der Steuerpflichtige kann durch Zuschüsse aus öffentlichen Kassen nicht gedeckten Erhaltungsaufwand für ein im Inland belegenes Gebäude oder Gebäudeteil, das nach den jeweiligen landesrechtlichen Vorschriften ein Baudenkmal ist, auf zwei bis fünf Jahre gleichmäßig verteilen, soweit die Aufwendungen nach Art und Umfang zur Erhaltung des Gebäudes oder Gebäudeteils als Baudenkmal oder zu seiner sinnvollen Nutzung erforderlich und die Maßnahmen in Abstimmung mit der in § 7i Absatz 2 bezeichneten Stelle vorgenommen worden sind. ²Durch Zuschüsse aus öffentlichen Kassen nicht gedeckten Erhaltungsaufwand für ein im Inland beleggenes Gebäude oder Gebäudeteil, das für sich allein nicht die Voraussetzungen für ein Baudenkmal erfüllt, aber Teil einer Gebäudegruppe oder Gesamtanlage ist, die nach den jeweiligen landesrechtlichen Vorschriften als Einheit geschützt ist, kann der Steuerpflichtige auf zwei bis fünf Jahre gleichmäßig verteilen, soweit die Aufwendungen nach Art und Umfang zur Erhaltung des schützenswerten äußeren Erscheinungsbildes der Gebäudegruppe oder Gesamtanlage erforderlich und die Maßnahmen in Abstimmung mit der in § 7i Absatz 2 bezeichneten Stelle vorgenommen worden sind. ³§ 7h Absatz 3 und § 7i Absatz 1 Satz 2 und Absatz 2 sowie § 11a Absatz 2 und 3 sind entsprechend anzuwenden.

R 11b.
Sonderbehandlung von Erhaltungsaufwand bei Baudenkmalen

R 7i gilt entsprechend.

H 11b

Hinweise

Bescheinigungsbehörde
Übersicht über die zuständigen Bescheinigungsbehörden >BMF vom 04.06.2015 (BStBl I S. 506)

Bescheinigungsrichtlinien
Übersicht über die Veröffentlichung der länderspezifischen Bescheinigungsrichtlinien >BMF vom 21.01.2020 (BStBl I S. 169)

Flutkatastrophe vom Juli 2021
>H 7i

Verteilung von Erhaltungsaufwand
– >R 21.1 Abs. 6 Satz 1
– >H 21.1 (Verteilung des Erhaltungsaufwands nach § 82b EStDV)

7. Nicht abzugsfähige Ausgaben

§ 12

S 2227

Soweit in § 10 Absatz 1 Nummer 2 bis 5, 7 und 9 sowie Absatz 1a Nummer 1, den §§ 10a, 10b und den §§ 33 bis 33b nichts anderes bestimmt ist, dürfen weder bei den einzelnen Einkunftsarten noch vom Gesamtbetrag der Einkünfte abgezogen werden

1. die für den Haushalt des Steuerpflichtigen und für den Unterhalt seiner Familienangehörigen aufgewendeten Beträge. ²Dazu gehören auch die Aufwendungen für die Lebensführung, die die wirtschaftliche oder gesellschaftliche Stellung des Steuerpflichtigen mit sich bringt, auch wenn sie zur Förderung des Berufs oder der Tätigkeit des Steuerpflichtigen erfolgen;
2. freiwillige Zuwendungen, Zuwendungen auf Grund einer freiwillig begründeten Rechtspflicht und Zuwendungen an eine gegenüber dem Steuerpflichtigen oder seinem Ehegatten gesetzlich unterhaltsberechtigte Person oder deren Ehegatten, auch wenn diese Zuwendungen auf einer besonderen Vereinbarung beruhen;
3. die Steuern vom Einkommen und sonstige Personensteuern sowie die Umsatzsteuer für Umsätze, die Entnahmen sind, und die Vorsteuerbeträge auf Aufwendungen, für die das Abzugsverbot der Nummer 1 oder des § 4 Absatz 5 Satz 1 Nummer 1 bis 5, 7 oder Absatz 7 gilt; das gilt auch für die auf diese Steuern entfallenden Nebenleistungen;
4. in einem Strafverfahren festgesetzte Geldstrafen, sonstige Rechtsfolgen vermögensrechtlicher Art, bei denen der Strafcharakter überwiegt, und Leistungen zur Erfüllung von Auflagen oder Weisungen, soweit die Auflagen oder Weisungen nicht lediglich der Wiedergutmachung des durch die Tat verursachten Schadens dienen sowie damit zusammenhängende Aufwendungen.

Abgrenzung der Kosten der Lebensführung von den Betriebsausgaben und Werbungskosten

– unbesetzt –

R 12.1

Hinweise

H 12.1

Allgemeines
Bei der Entscheidung, ob nicht abziehbare Aufwendungen für die Lebenshaltung vorliegen, kommt es im Allgemeinen weniger auf den objektiven Charakter des angeschafften Gegenstands an, sondern vielmehr auf die Funktion des Gegenstands im Einzelfall, also den tatsächlichen Verwendungszweck (>BFH vom 20.05.2010 – BStBl II S. 723).

§ 12 EStG
H 12.1

Ausbildungs- und Fortbildungsaufwendungen für Kinder
- Aufwendungen der Eltern für die Ausbildung oder die berufliche Fortbildung ihrer Kinder gehören i. d. R. zu den nicht abziehbaren Lebenshaltungskosten (>BFH vom 29.10.1997 – BStBl II 1998 S. 149).
- >H 4.8 (Bildungsaufwendungen für Kinder)
- Ausnahme >§ 10 Abs. 1 Nr. 9

Berufliche Tätigkeit während einer Ferienreise
Reist ein Stpfl. zur Erholung und zur Aktualisierung von Lehrbüchern an einen Ferienort, ist regelmäßig von einer nicht unwesentlichen privaten Mitveranlassung auszugehen, die bei fehlender Trennbarkeit der Reise in einen beruflichen und einen privaten Teil den Abzug der Aufwendungen als Betriebsausgaben ausschließt (>BFH vom 07.05.2013 – BStBl II S. 808).

Berufsausbildungskosten
Aufwendungen für die erstmalige Berufsausbildung oder ein Erststudium >BMF vom 22.09.2010 (BStBl I S. 721), **Anhang 9 LStH**

Bewirtungskosten
- >§ 4 Abs. 5 Satz 1 Nr. 2
- >R 4.10 Abs. 5 bis 9
- Aufwendungen für die Bewirtung von Geschäftsfreunden in der Wohnung des Stpfl. sind regelmäßig in vollem Umfang Kosten der Lebensführung (>R 4.10 Abs. 6 Satz 8). Das Gleiche gilt für Aufwendungen des Stpfl. für die Bewirtung von Geschäftsfreunden anlässlich seines Geburtstages in einer Gaststätte (>BFH vom 12.12.1991 – BStBl II 1992 S. 524).
- >Gemischte Aufwendungen
- >Karnevalsveranstaltungen

Brille
>Medizinisch-technische Hilfsmittel und Geräte

Bücher
Aufwendungen eines Publizisten für Bücher allgemeinbildenden Inhalts sind Kosten der Lebensführung (>BFH vom 21.05.1992 – BStBl II S. 1015).

Deutschkurs
Aufwendungen eines in Deutschland lebenden Ausländers für den Erwerb von Deutschkenntnissen sind regelmäßig nichtabziehbare Kosten der Lebensführung (>BFH vom 15.03.2007 – BStBl II S. 814 und >BMF vom 06.07.2010 – BStBl I S. 614, Rn. 19, **Anhang 18a LStH**).

§ 12 EStG
H 12.1

Einbürgerungskosten
Aufwendungen für die Einbürgerung sind Kosten der Lebensführung (>BFH vom 18.05.1984 – BStBl II S. 588 und >BMF vom 06.07.2010 – BStBl I S. 614, Rn. 19, *Anhang 18a LStH*).

Erbstreitigkeiten
Der Erbfall selbst stellt im Gegensatz zur Erbauseinandersetzung einen einkommensteuerrechtlich irrelevanten privaten Vorgang dar mit der Folge, dass die Aufwendungen für die Verfolgung eigener Rechte in einem Streit über das Erbrecht der Privatvermögenssphäre zuzuordnen sind (>BFH vom 17.06.1999 – BStBl II S. 600).

Feier mit beruflicher und privater Veranlassung
Aufwendungen für eine Feier mit sowohl beruflichem als auch privatem Anlass können teilweise als Werbungskosten abziehbar sein. Der als Werbungskosten abziehbare Betrag kann anhand der Herkunft der Gäste aus dem beruflichen/privaten Umfeld abgegrenzt werden, wenn die Einladung der Gäste aus dem beruflichen Umfeld (nahezu) ausschl. beruflich veranlasst ist. Hiervon kann insbesondere dann auszugehen sein, wenn nicht nur ausgesuchte Gäste aus dem beruflichen Umfeld eingeladen werden, sondern die Einladungen nach abstrakten berufsbezogenen Kriterien (z. B. alle Auszubildenden, alle Zugehörigen einer bestimmten Abteilung) ausgesprochen werden (>BFH vom 08.07.2015 – BStBl II S. 1013).

Führerschein
Aufwendungen für den Erwerb des Pkw-Führerscheins sind i. d. R. Kosten der Lebensführung (>BFH vom 05.08.1977 – BStBl II S. 834 und >BMF vom 06.07.2010 – BStBl I S. 614, Rn. 19, *Anhang 18a LStH*).

Gemischte Aufwendungen
Bei gemischt veranlassten Aufwendungen besteht kein generelles Aufteilungs- und Abzugsverbot (>BFH vom 21.09.2009 – BStBl II 2010 S. 672); zu den Folgerungen >BMF vom 06.07.2010 (BStBl I S. 614), *Anhang 18a LStH*.

Geschenke an Geschäftsfreunde
– >§ 4 Abs. 5 Satz 1 Nr. 1
– >R 4.10 Abs. 2 bis 4

Gesellschaftliche Veranstaltungen
– Aufwendungen, die durch die Teilnahme an gesellschaftlichen Veranstaltungen, z. B. eines Berufs-, Fach- oder Wirtschaftsverbandes oder einer Gewerkschaft, entstanden sind, sind stets Kosten der Lebensführung und zwar auch dann, wenn die gesellschaftlichen Veranstaltungen

im Zusammenhang mit einer rein fachlichen oder beruflichen Tagung oder Sitzung standen (>BFH vom 01.08.1968 – BStBl II S. 713).
- >Gemischte Aufwendungen
- >Karnevalsveranstaltungen
- >Kulturelle Veranstaltungen

Hörapparat
>Medizinisch-technische Hilfsmittel und Geräte

Karnevalsveranstaltungen
Aufwendungen für die Einladung von Geschäftspartnern zu Karnevalsveranstaltungen sind Lebenshaltungskosten (>BFH vom 29.03.1994 – BStBl II S. 843).

Kleidung und Schuhe
- Kleidung und Schuhe sind als Kosten der Lebensführung nicht abziehbar, selbst wenn der Stpfl. sie ausschl. bei der Berufsausübung trägt (>BFH vom 18.04.1991 – BStBl II S. 751 und BMF vom 06.07.2010 – BStBl I S. 614, Rn. 4, *Anhang 18a LStH*).
- typische Berufskleidung >R 3.31 LStR 2015
- *>H 4.7 (Berufskleidung)*

Körperpflegemittel, Kosmetika
Körperpflegemittel und Kosmetika sind als Kosten der Lebensführung nicht abziehbar (>BFH vom 06.07.1989 – BStBl II 1990 S. 49 und BMF vom 06.07.2010 – BStBl I S. 614, Rn. 4, *Anhang 18a LStH*)

Kontoführungsgebühren
Pauschale Kontoführungsgebühren sind nach dem Verhältnis beruflich und privat veranlasster Kontenbewegungen aufzuteilen (>BFH vom 09.05.1984 – BStBl II S. 560).

Konzertflügel einer Musiklehrerin
Der Konzertflügel einer Musiklehrerin kann ein Arbeitsmittel i. S. d. § 9 Abs. 1 Satz 3 Nr. 6 sein >BFH vom 21.10.1988 (BStBl II 1989 S. 356)

Kulturelle Veranstaltungen
Aufwendungen für den Besuch einer kulturellen Veranstaltung sind regelmäßig keine Werbungskosten, auch wenn dabei berufliche Interessen berührt werden (>BFH vom 08.02.1971 – BStBl II S. 368 betr. Musiklehrerin und BMF vom 06.07.2010 – BStBl I S. 614, Rn. 4, *Anhang 18a LStH*).

§ 12 EStG
H 12.1

Kunstwerke
Aufwendungen für Kunstwerke zur Ausschmückung eines Arbeits- oder Dienstzimmers sind Kosten der Lebensführung (>BFH vom 12.03.1993 – BStBl II S. 506).

Medizinisch-technische Hilfsmittel und Geräte
– Aufwendungen für technische Hilfsmittel zur Behebung körperlicher Mängel können als reine Kosten der Lebensführung nicht abgezogen werden, auch wenn die Behebung des Mangels im beruflichen Interesse liegt.
– >BFH vom 08.04.1954 (BStBl III S. 174) – Hörapparat
– >BFH vom 28.09.1990 (BStBl II 1991 S. 27) – Bifokalbrille
– >BFH vom 23.10.1992 (BStBl II 1993 S. 193) – Sehbrille

Nachschlagewerk
– Allgemeines Nachschlagewerk eines Lehrers ist regelmäßig dem privaten Lebensbereich zuzuordnen (>BFH vom 29.04.1977 – BStBl II S. 716).
– Allgemeines englisches Nachschlagewerk eines Englischlehrers kann Arbeitsmittel i. S. d. § 9 Abs. 1 Satz 3 Nr. 6 sein (>BFH vom 16.10.1981 – BStBl II 1982 S. 67).

Personalcomputer
Eine private Mitbenutzung ist für den vollständigen Betriebsausgaben- bzw. Werbungskostenabzug unschädlich, wenn diese einen Anteil von etwa 10 % nicht übersteigt. Bei einem höheren privaten Nutzungsanteil sind die Kosten eines gemischt genutzten PC aufzuteilen. § 12 Nr. 1 Satz 2 steht einer solchen Aufteilung nicht entgegen (>BFH vom 19.02.2004 – BStBl II S. 958).

Sponsoring
>BMF vom 18.02.1998 (BStBl I S. 212)   Anhang 16 IV

Steuerberatungskosten
Zuordnung der Steuerberatungskosten zu den Betriebsausgaben, Werbungskosten oder Kosten der Lebensführung >BMF vom 21.12.2007 (BStBl I 2008 S. 256)   Anhang 16 XIII

Strafverfahren
>H 12.3 (Kosten des Strafverfahrens/der Strafverteidigung)

Tageszeitung

Aufwendungen für den Bezug regionaler wie überregionaler Tageszeitungen gehören zu den unter § 12 Nr. 1 Satz 2 fallenden Lebenshaltungskosten (>BFH vom 07.09.1989 – BStBl II 1990 S. 19 und BMF vom 06.07.2010 – BStBl I S. 614, Rn. 4 und 17, *Anhang 18a LStH*).

Telefonanschluss in einer Wohnung

Grund- und Gesprächsgebühren sind Betriebsausgaben oder Werbungskosten, soweit sie auf die beruflich geführten Gespräche entfallen. Der berufliche Anteil ist aus dem – ggf. geschätzten – Verhältnis der beruflich und der privat geführten Gespräche zu ermitteln (>BFH vom 21.11.1980 – BStBl II 1981 S. 131). Zur Aufteilung der Gebühren >R 9.1 Abs. 5 LStR 2015

Videorecorder eines Lehrers

Aufwendungen für einen Videorecorder sind regelmäßig Kosten der Lebensführung (>BFH vom 27.09.1991 – BStBl II 1992 S. 195).

R 12.2   **Studienreisen, Fachkongresse**

– unbesetzt –

H 12.2   **Hinweise**

Allgemeines

Aufwendungen können nur berücksichtigt werden, wenn sie durch die Einkunftserzielung veranlasst sind. Bei gemischt veranlassten Aufwendungen besteht kein generelles Aufteilungs- und Abzugsverbot (>BFH vom 21.09.2009 – BStBl II 2010 S. 672); zu den Folgerungen >BMF vom 06.07.2010 (BStBl I S. 614), *Anhang 18a LStH*.

Incentive-Reisen

>BMF vom 14.10.1996 (BStBl I S. 1192)

Nachweis der Teilnahme

Bei betrieblicher/beruflicher Veranlassung sind Aufwendungen für die Teilnahme an einem Kongress nur abziehbar, wenn feststeht, dass der Stpfl. an den Veranstaltungen teilgenommen hat (>BFH vom 04.08.1977 – BStBl II S. 829). An den Nachweis der Teilnahme sind strenge Anforderungen zu stellen. Der Nachweis muss sich auf jede Einzelveranstaltung beziehen, braucht jedoch nicht in jedem Fall durch Anwesenheitstestat geführt zu werden (>BFH vom 13.02.1980 – BStBl II S. 386 und vom 11.01.2007 – BStBl II S. 457).

§ 12 EStG
H 12.3 R 12.3

Geldstrafen und ähnliche Rechtsnachteile

R 12.3

¹Aufwendungen i. S. d. § 12 Nr. 4 EStG können auch dann nicht abgezogen werden, wenn die Geldstrafen und ähnlichen Rechtsnachteile außerhalb des Geltungsbereichs des Gesetzes verhängt, angeordnet oder festgesetzt werden, es sei denn, sie widersprechen wesentlichen Grundsätzen der deutschen Rechtsordnung (ordre public). ²Die Einziehung von Gegenständen, die – neben der Hauptstrafe oder nachträglich nach § 76 StGB oder unter den Voraussetzungen des § 76a StGB selbständig – in den Fällen des § 74 Abs. 2 Nr. 1 oder § 76a StGB angeordnet oder festgesetzt worden ist, stellt eine Rechtsfolge vermögensrechtlicher Art mit überwiegendem Strafcharakter dar. ³Die mit dem Verfall von Gegenständen bzw. dem Verfall von Tatentgelten (§ 73 StGB) verbundene Vermögenseinbuße dient hingegen der Gewinnabschöpfung und damit in erster Linie dem Ausgleich unrechtmäßiger Vermögensverschiebungen. ⁴Ein Strafcharakter kann deshalb in der Regel nicht angenommen werden.

Hinweise

H 12.3

Abführung von Mehrerlösen
>R 4.13

Geldbußen
>R 4.13

Leistungen zur Erfüllung von Auflagen oder Weisungen
- sind nicht abziehbar:
  - bei Strafaussetzung zur Bewährung,
  - bei Verwarnung mit dem Strafvorbehalt, einen Geldbetrag zugunsten einer gemeinnützigen Einrichtung oder der Staatskasse zu zahlen oder sonst gemeinnützige Leistungen zu erbringen (§ 56b Abs. 2 Satz 1 Nr. 2 und 3, § 59a Abs. 2 StGB),
  - bei Einstellung des Verfahrens (§ 153a Abs. 1 Satz 1 Nr. 2 und 3 StPO); Gleiches gilt bei Einstellung des Verfahrens nach dem Jugendgerichtsgesetz und im Gnadenverfahren.
- sind ausnahmsweise abziehbar:
  bei Ausgleichszahlungen an das geschädigte Tatopfer zur Wiedergutmachung des durch die Tat verursachten Schadens aufgrund einer Auflage nach § 56b Abs. 2 Satz 1 Nr. 1 StGB (>BFH vom 15.01.2009 – BStBl II 2010 S. 111).

Ordnungsgelder
>R 4.13

Verwarnungsgelder
>R 4.13

§ 12 EStG
R 12.4 H 12.4

R 12.4 Nichtabziehbare Steuern und Nebenleistungen
– unbesetzt –

H 12.4 Hinweise

Nebenleistungen

Die folgenden Nebenleistungen (§ 3 Abs. 4 AO) sind nicht abziehbar, soweit sie auf die in § 12 Nr. 3 genannten Steuerarten entfallen:
- Aussetzungszinsen (§ 237 AO),
- Gebühren für verbindliche Auskünfte (§ 89 Abs. 3 AO),
- Hinterziehungszinsen (§ 235 AO),
- Kosten bei Inanspruchnahme von Finanzbehörden (§ 178a AO),
- Nachforderungszinsen (§ 233a AO),
- Säumniszuschläge (§ 240 AO),
- Stundungszinsen (§ 234 AO),
- Verspätungszuschläge (§ 152 AO),
- Verzögerungsgelder (§ 146 Abs. 2b AO),
- Zuschlag wegen der Nichtvorlage oder Unbrauchbarkeit von Aufzeichnungen (§ 162 Abs. 4 AO),
- Zwangsgelder (§ 329 AO).

Personensteuern

- Einkommensteuer, einschl. ausländische Steuern vom Einkommen, soweit nicht § 34c Abs. 2 oder 3 anzuwenden ist,
- Erbschaftsteuer,
- Kapitalertragsteuer,
- Kirchensteuer,
- Lohnsteuer,
- Solidaritätszuschlag,
- Vermögensteuer.

Umsatzsteuer bei Anwendung der 1 %-Regelung

Die nach § 12 Nr. 3 nicht abziehbare Umsatzsteuer ist bei Anwendung der 1 %-Regelung (§ 6 Abs. 1 Nr. 4 Satz 2) nach umsatzsteuerrechtlichen Maßstäben zu ermitteln. Dabei kommt es nicht auf die tatsächlich festgesetzte Umsatzsteuer an, weil der Umsatzsteuerbescheid kein Grundlagenbescheid für den Einkommensteuerbescheid ist (>BFH vom 07.12.2010 – BStBl II 2011 S. 451).

Zuwendungen

R 12.5

S 2223

¹Spenden und Mitgliedsbeiträge gehören auch dann zu den Kosten der Lebensführung, wenn sie durch betriebliche Erwägungen mit veranlasst werden. ²Der Stpfl. kann sie nur im Rahmen der §§ 10b, 34g EStG abziehen.

Wiederkehrende Leistungen

R 12.6

– unbesetzt –

Hinweise

H 12.6

Abgrenzung zwischen Unterhalts- und Versorgungsleistungen
Einkommensteuerrechtliche Behandlung von wiederkehrenden Leistungen im Zusammenhang mit einer Vermögensübertragung >BMF vom 11.03.2010 (BStBl I S. 227) unter Berücksichtigung der Änderungen durch BMF vom 06.05.2016 (BStBl I S. 476).

Anhang 13 IV

Gesetzlich unterhaltsberechtigt
Gesetzlich unterhaltsberechtigt sind alle Personen, die nach bürgerlichem Recht gegen den Stpfl. oder seinen Ehegatten einen gesetzlichen Unterhaltsanspruch haben können. Die Unterhaltsberechtigung setzt insoweit zivilrechtlich die Unterhaltsbedürftigkeit der unterhaltenen Person voraus (sog. konkrete Betrachtungsweise) (>BFH vom 05.05.2010 – BStBl II 2011 S. 115), >H 33a.1 (Unterhaltsberechtigung).

Unterhaltsleistungen
– Unterhaltsleistungen an den geschiedenen oder dauernd getrennt lebenden Ehegatten fallen unter das Abzugsverbot des § 12 Nr. 2.
– Unterhaltsleistungen die den Rahmen der gesetzlichen Unterhaltspflicht übersteigen, fallen unter das Abzugsverbot des § 12 Nr. 2 (>BFH vom 10.04.1953 – BStBl III S. 157).

Ausnahmen:
– >§ 10 Abs. 1a Nr. 1
– >§ 33a Abs. 1

§ 13 EStG

8. Die einzelnen Einkunftsarten

a) Land- und Forstwirtschaft (§ 2 Absatz 1 Satz 1 Nummer 1)

S 2230

§ 13
Einkünfte aus Land- und Forstwirtschaft

S 2231–
S 2234

(1) Einkünfte aus Land- und Forstwirtschaft sind

1. Einkünfte aus dem Betrieb von Landwirtschaft, Forstwirtschaft, Weinbau, Gartenbau und aus allen Betrieben, die Pflanzen und Pflanzenteile mit Hilfe der Naturkräfte gewinnen. ²Zu diesen Einkünften gehören auch die Einkünfte aus der Tierzucht und Tierhaltung, wenn im Wirtschaftsjahr

   für die ersten 20 Hektar   nicht mehr als   10   Vieheinheiten,
   für die nächsten 10 Hektar nicht mehr als   7   Vieheinheiten,
   für die nächsten 20 Hektar nicht mehr als   6   Vieheinheiten,
   für die nächsten 50 Hektar nicht mehr als   3   Vieheinheiten
   und für die weitere Fläche nicht mehr als   1,5   Vieheinheiten

   je Hektar der vom Inhaber des Betriebs regelmäßig landwirtschaftlich genutzten Fläche erzeugt oder gehalten werden. ³Die Tierbestände sind nach dem Futterbedarf in Vieheinheiten umzurechnen. ⁴§ 51 Absatz 2 bis 5 des Bewertungsgesetzes ist anzuwenden. ⁵Die Einkünfte aus Tierzucht und Tierhaltung einer Gesellschaft, bei der die Gesellschafter als Unternehmer (Mitunternehmer) anzusehen sind, gehören zu den Einkünften im Sinne des Satzes 1, wenn die Voraussetzungen des § 51a des Bewertungsgesetzes erfüllt sind und andere Einkünfte der Gesellschafter aus dieser Gesellschaft zu den Einkünften aus Land- und Forstwirtschaft gehören;

S 2235

2. Einkünfte aus sonstiger land- und forstwirtschaftlicher Nutzung (§ 62 Bewertungsgesetz);

S 2236

3. Einkünfte aus Jagd, wenn diese mit dem Betrieb einer Landwirtschaft oder einer Forstwirtschaft im Zusammenhang steht;

S 2236

4. Einkünfte von Hauberg-, Wald-, Forst- und Laubgenossenschaften und ähnlichen Realgemeinden im Sinne des § 3 Absatz 2 des Körperschaftsteuergesetzes.

S 2236

(2) Zu den Einkünften im Sinne des Absatzes 1 gehören auch

1. Einkünfte aus einem land- und forstwirtschaftlichen Nebenbetrieb. ²Als Nebenbetrieb gilt ein Betrieb, der dem land- und forstwirtschaftlichen Hauptbetrieb zu dienen bestimmt ist;

2. der Nutzungswert der Wohnung des Steuerpflichtigen, wenn die Wohnung die bei Betrieben gleicher Art übliche Größe nicht überschreitet und das Gebäude oder der Gebäudeteil nach den jeweiligen landesrechtlichen Vorschriften ein Baudenkmal ist;

3. die Produktionsaufgaberente nach dem Gesetz zur Förderung der Einstellung der landwirtschaftlichen Erwerbstätigkeit.

(3) ¹Die Einkünfte aus Land- und Forstwirtschaft werden bei der Ermittlung des Gesamtbetrags der Einkünfte nur berücksichtigt, soweit sie den Betrag von 900 Euro übersteigen. ²Satz 1 ist nur anzuwenden, wenn die Summe der Einkünfte 30.700 Euro nicht übersteigt. ³Im Fall der Zusammenveranlagung von Ehegatten verdoppeln sich die Beträge der Sätze 1 und 2.

S 2238

(4) ¹Absatz 2 Nummer 2 findet nur Anwendung, sofern im Veranlagungszeitraum 1986 bei einem Steuerpflichtigen für die von ihm zu eigenen Wohnzwecken oder zu Wohnzwecken des Altenteilers genutzte Wohnung die Voraussetzungen für die Anwendung des § 13 Absatz 2 Nummer 2 des Einkommensteuergesetzes in der Fassung der Bekanntmachung vom 16. April 1997 (BGBl. I S. 821) vorlagen. ²Der Steuerpflichtige kann für einen Veranlagungszeitraum nach dem Veranlagungszeitraum 1998 unwiderruflich beantragen, dass Absatz 2 Nummer 2 ab diesem Veranlagungszeitraum nicht mehr angewendet wird. ³§ 52 Absatz 21 Satz 4 und 6 des Einkommensteuergesetzes in der Fassung der Bekanntmachung vom 16. April 1997 (BGBl. I S. 821) ist entsprechend anzuwenden. ⁴Im Fall des Satzes 2 gelten die Wohnung des Steuerpflichtigen und die Altenteilerwohnung sowie der dazugehörende Grund und Boden zu dem Zeitpunkt als entnommen, bis zu dem Absatz 2 Nummer 2 letztmals angewendet wird. ⁵Der Entnahmegewinn bleibt außer Ansatz. ⁶Werden

1. die Wohnung und der dazugehörende Grund und Boden entnommen oder veräußert, bevor sie nach Satz 4 als entnommen gelten, oder
2. eine vor dem 1. Januar 1987 einem Dritten entgeltlich zur Nutzung überlassene Wohnung und der dazugehörende Grund und Boden für eigene Wohnzwecke oder für Wohnzwecke eines Altenteilers entnommen,

bleibt der Entnahme- oder Veräußerungsgewinn ebenfalls außer Ansatz; Nummer 2 ist nur anzuwenden, soweit nicht Wohnungen vorhanden sind, die Wohnzwecken des Eigentümers des Betriebs oder Wohnzwecken eines Altenteilers dienen und die unter Satz 4 oder unter Nummer 1 fallen.

(5) Wird Grund und Boden dadurch entnommen, dass auf diesem Grund und Boden die Wohnung des Steuerpflichtigen oder eine Altenteilerwohnung errichtet wird, bleibt der Entnahmegewinn außer Ansatz; der Steuerpflichtige kann die Regelung nur für eine zu eigenen Wohnzwecken genutzte Wohnung und für eine Altenteilerwohnung in Anspruch nehmen.

(6) ¹Werden einzelne Wirtschaftsgüter eines land- und forstwirtschaftlichen Betriebs auf einen der gemeinschaftlichen Tierhaltung dienenden Betrieb im Sinne des § 34 Absatz 6a des Bewertungsgesetzes einer *Genossenschaft* oder eines Vereins gegen Gewährung von Mitgliedsrechten übertragen, so ist die auf den dabei entstehenden Gewinn entfallende Einkommensteuer auf Antrag in jährlichen

§ 13 EStG §§ 51, 52 EStDV

Teilbeträgen zu entrichten. ²Der einzelne Teilbetrag muss mindestens ein Fünftel dieser Steuer betragen.

[1] (7) § 15 Absatz 1 Satz 1 Nummer 2, Absatz 1a, Absatz 2 Satz 2 und 3, §§ 15a und 15b sind entsprechend anzuwenden.

EStDV

EStDV
§ 51
Pauschale Ermittlung der Gewinne aus Holznutzungen

(1) Steuerpflichtige, die für ihren Betrieb nicht zur Buchführung verpflichtet sind, den Gewinn nicht nach § 4 Absatz 1 des Einkommensteuergesetzes ermitteln und deren forstwirtschaftlich genutzte Fläche 50 Hektar nicht übersteigt, können auf Antrag für ein Wirtschaftsjahr bei der Ermittlung der Gewinne aus Holznutzungen pauschale Betriebsausgaben abziehen.

(2) Die pauschalen Betriebsausgaben betragen 55 Prozent der Einnahmen aus der Verwertung des eingeschlagenen Holzes.

(3) Soweit Holz auf dem Stamm verkauft wird, betragen die pauschalen Betriebsausgaben 20 Prozent der Einnahmen aus der Verwertung des stehenden Holzes.

(4) Mit den pauschalen Betriebsausgaben nach den Absätzen 2 und 3 sind sämtliche Betriebsausgaben mit Ausnahme der Wiederaufforstungskosten und der Minderung des Buchwerts für ein Wirtschaftsgut Baumbestand abgegolten.

(5) Diese Regelung gilt nicht für die Ermittlung des Gewinns aus Waldverkäufen sowie für die übrigen Einnahmen und die damit in unmittelbarem Zusammenhang stehenden Betriebsausgaben.

S 2197

§ 52 [2]

(weggefallen)

---

[1] zur Anwendung des Absatzes 7 >§ 52 Abs. 22
[2] § 52 EStDV wird durch Artikel 1 der Fünften Verordnung zur Änderung steuerlicher Verordnungen eingefügt und ist erstmals für den übernächsten VZ anzuwenden, der auf den VZ folgt, in dem die für die Anwendung erforderlichen technischen und organisatorischen Voraussetzungen in der Finanzverwaltung für eine Umsetzung der Regelung vorliegen. Das BMF gibt im Einvernehmen mit dem BMEL sowie den obersten Finanzbehörden der Länder im BStBl den VZ bekannt, ab dem die Regelung des § 52 EStDV erstmals anzuwenden ist. Bisher schon bestehende Mitteilungspflichten sind für die VZ vor erstmaliger Anwendung des § 52 EStDV weiter zu erfüllen >§ 84 Abs. 3b EStDV.

Im Anschluss ist § 52 EStDV i. d. F. des Artikels 1 der Fünften Verordnung zur Änderung steuerlicher Verordnungen abgedruckt:

§ 52 EStDV

Mitteilungspflichten bei Beihilfen aus öffentlichen Mitteln

(1) [1] *Behörden und andere öffentliche Stellen im Sinne von § 6 Absatz 1 bis 1e der Abgabenordnung sind als mitteilungspflichtige Stellen verpflichtet, der für die Besteuerung des Zahlungsempfängers nach dem Einkommen zuständigen Finanzbehörde eine Mitteilung zu übermitteln, wenn von dieser einer als Land- und Forstwirt tätigen natürlichen Person, Personenvereinigung oder juristischen Person Beihilfen aus öffentlichen Mitteln der Europäischen Union, des Bundes oder eines Landes gewährt werden.* [2] *Von der Mitteilungspflicht ausgenommen sind Förderkredite, Gewährleistungen, Bürgschaften, Garantien und Beteiligungen.*

(2) [1] *Zur Sicherstellung der gesetzmäßigen und gleichmäßigen Besteuerung der Beihilfen sind neben den nach § 93c Absatz 1 der Abgabenordnung erforderlichen Angaben folgende Angaben mitzuteilen:*
1. *der Tag der Antragstellung,*
2. *die Art und die Höhe der jeweils gewährten Beihilfe,*
3. *der Zeitraum oder der Zeitpunkt, für den die Beihilfe gewährt wird,*
4. *der Tag der Zahlung oder der Zahlungsanordnung.*

[2] *Die in § 93c Absatz 1 Nummer 2 Buchstabe c und d der Abgabenordnung genannten Daten sind mit der Maßgabe zu übermitteln, dass der Zahlungsempfänger als Steuerpflichtiger gilt.* [3] *Als Zahlungsempfänger ist stets der ursprüngliche Gläubiger der Forderung mitzuteilen, auch wenn die Forderung abgetreten, verpfändet oder gepfändet ist.*

(3) [1] *Die Mitteilungen sind bis zum letzten Tag des Monats Februar des auf die Gewährung der Beihilfe folgenden Kalenderjahres nach amtlich vorgeschriebenem Datensatz über die amtlich bestimmte Schnittstelle (§ 87b Absatz 1 und 2 der Abgabenordnung) zu übermitteln.* [2] *Für den Tag der Gewährung der Beihilfe ist der Tag der Zahlung oder der Zahlungsanordnung gemäß Absatz 2 Satz 1 Nummer 4 maßgeblich.* [3] *Der Zahlungsempfänger im Sinne des Absatzes 2 hat der mitteilungspflichtigen Stelle zu diesem Zweck sein Identifikationsmerkmal (§§ 139a bis 139c der Abgabenordnung) mitzuteilen.* [4] *Die Mitteilung kann im Rahmen der Antragsverfahren der gewährten Beihilfen erfolgen.*

Freibetrag für Land- und Forstwirte

R 13.1

[1] Sind mehrere Personen an dem Betrieb beteiligt (Gesellschaft, Gemeinschaft), steht der Freibetrag jedem der Beteiligten zu. [2] § 13 Abs. 3 EStG gilt auch für nachträgliche Einkünfte aus Land- und Forstwirtschaft. [3] Der Freibetrag wird auch einem Stpfl. ungeschmälert gewährt, der einen Betrieb der Land- und Forstwirtschaft im Laufe eines VZ übernommen hat oder veräußert bzw. aufgibt.

§ 13 EStG
R 13.2 H 13.1

H 13.1

Hinweise

Zusammenveranlagung

Alle Einkünfte aus Land- und Forstwirtschaft sind vor Berücksichtigung des Freibetrags nach § 13 Abs. 3 zusammenzurechnen (>BFH vom 25.02.1988 – BStBl II S. 827).

R 13.2

Abgrenzung der gewerblichen und landwirtschaftlichen Tierzucht und Tierhaltung

Feststellung der Tierbestände

(1) ¹Bei der Feststellung der Tierbestände ist von den regelmäßig und nachhaltig im Wirtschaftsjahr erzeugten und den im Durchschnitt des Wirtschaftsjahres gehaltenen Tieren auszugehen. ²Als erzeugt gelten Tiere, deren Zugehörigkeit zum Betrieb sich auf eine Mastperiode oder auf einen Zeitraum von weniger als einem Jahr beschränkt und die danach verkauft oder verbraucht werden. ³Die übrigen Tiere sind mit dem Durchschnittsbestand des Wirtschaftsjahres zu erfassen. ⁴Abweichend von den Sätzen 2 und 3 ist bei Mastrindern mit einer Mastdauer von weniger als einem Jahr, bei Kälbern und Jungvieh, bei Schafen unter einem Jahr und bei Damtieren unter einem Jahr stets vom Jahresdurchschnittsbestand auszugehen. ⁵Der ermittelte Tierbestand ist zum Zwecke der Abgrenzung der landwirtschaftlichen Tierzucht und Tierhaltung von der gewerblichen in Vieheinheiten (VE) umzurechnen, wobei folgender Umrechnungsschlüssel maßgebend ist

1. Für Tiere, die nach dem Durchschnittsbestand zu erfassen sind:

Alpakas:	0,08	VE
Damtiere:		
Damtiere unter 1 Jahr	0,04	VE
Damtiere 1 Jahr und älter	0,08	VE
Geflügel:		
Legehennen (einschließlich einer normalen Aufzucht zur Ergänzung des Bestandes)	0,02	VE
Legehennen aus zugekauften Junghennen	0,0183	VE
Zuchtputen, -enten, -gänse	0,04	VE
Kaninchen:		
Zucht- und Angorakaninchen	0,025	VE
Lamas:	0,10	VE
Pferde:		
Pferde unter drei Jahren und Kleinpferde	0,70	VE
Pferde drei Jahre und älter	1,10	VE

Rindvieh:
Kälber und Jungvieh unter 1 Jahr (einschließlich Mastkälber, Starterkälber und Fresser)	0,30	VE
Jungvieh 1 bis 2 Jahre alt	0,70	VE
Färsen (älter als 2 Jahre)	1,00	VE
Masttiere (Mastdauer weniger als 1 Jahr)	1,00	VE
Kühe (einschließlich Mutter- und Ammenkühe mit den dazugehörigen Saugkälbern)	1,00	VE
Zuchtbullen, Zugochsen	1,20	VE

Schafe:
Schafe unter 1 Jahr (einschließlich Mastlämmer)	0,05	VE
Schafe 1 Jahr und älter	0,10	VE

Schweine:
Zuchtschweine (einschließlich Jungzuchtschweine über etwa 90 kg)	0,33	VE

Strauße:
Zuchttiere 14 Monate und älter	0,32	VE
Jungtiere/Masttiere unter 14 Monate	0,25	VE

Ziegen: 0,08 VE

2. Für Tiere, die nach ihrer Erzeugung zu erfassen sind:

Geflügel:
Jungmasthühner		
(bis zu 6 Durchgänge je Jahr – schwere Tiere)	0,0017	VE
(mehr als 6 Durchgänge je Jahr – leichte Tiere)	0,0013	VE
Junghennen	0,0017	VE
Mastenten	0,0033	VE
Mastenten in der Aufzuchtphase	0,0011	VE
Mastenten in der Mastphase	0,0022	VE
Mastputen		
aus selbst erzeugten Jungputen	0,0067	VE
aus zugekauften Jungputen	0,0050	VE
Jungputen (bis etwa 8 Wochen)	0,0017	VE
Mastgänse	0,0067	VE

Kaninchen:
Mastkaninchen	0,0025	VE

Rindvieh:
Masttiere (Mastdauer 1 Jahr und mehr)	1,00	VE

Schweine:

Leichte Ferkel (bis etwa 12 kg)	0,01	VE
Ferkel (über etwa 12 bis etwa 20 kg)	0,02	VE
Schwere Ferkel und leichte Läufer (über etwa 20 bis etwa 30 kg)	0,04	VE
Läufer (über etwa 30 bis etwa 45 kg)	0,06	VE
Schwere Läufer (über etwa 45 bis etwa 60 kg)	0,08	VE
Mastschweine	0,16	VE
Jungzuchtschweine bis etwa 90 kg	0,12	VE

Wenn Schweine aus zugekauften Tieren erzeugt werden, ist dies bei der Umrechnung in VE entsprechend zu berücksichtigen:

Beispiel:
Mastschweine aus zugekauften Läufern 0,16 VE – 0,06 VE = 0,10 VE

Zuordnung

(2) [1] Übersteigt die Zahl der Vieheinheiten nachhaltig den für die maßgebende Fläche angegebenen Höchstsatz, gehört der darüber hinausgehende Tierbestand zur gewerblichen Tierzucht und Tierhaltung. [2] Es kann jedoch ein Zweig des Tierbestandes immer nur im Ganzen zur landwirtschaftlichen oder gewerblichen Tierzucht und Tierhaltung gehören. [3] Hat ein Betrieb einen Tierbestand mit mehreren Zweigen, richtet sich deren Zuordnung nach ihrer Flächenabhängigkeit. [4] Der gewerblichen Tierzucht und Tierhaltung sind zunächst die weniger flächenabhängigen Zweige des Tierbestandes zuzurechnen. [5] Weniger flächenabhängig ist die Erzeugung und Haltung von Schweinen und Geflügel, mehr flächenabhängig die Erzeugung und Haltung von Pferden, Rindvieh und Schafen. [6] Innerhalb der beiden Gruppen der weniger oder mehr flächenabhängigen Tierarten ist jeweils zuerst der >Zweig der gewerblichen Tierzucht und Tierhaltung zuzurechnen, der die größere Zahl von VE hat. [7] Für die Frage, ab wann eine landwirtschaftliche oder eine gewerbliche Tierzucht und Tierhaltung vorliegt, ist R 15.5 Abs. 2 entsprechend anzuwenden.

Regelmäßig landwirtschaftlich genutzte Fläche (>§ 51 Abs. 1a BewG)

(3) [1] Dazu gehören:
- die selbst bewirtschafteten eigenen Flächen,
- die selbst bewirtschafteten zugepachteten Flächen,
- Flächen, die auf Grund öffentlicher Förderungsprogramme stillgelegt werden.

[2] Nicht dazu gehören:
- Abbauland,
- Geringstland,
- Unland,
- Hof- und Gebäudeflächen,

§ 13 EStG
H 13.2 **R 13.2**

- weinbaulich genutzte Flächen,
- forstwirtschaftlich genutzte Flächen,
- innerhalb der gärtnerischen Nutzung die Nutzungsteile Gemüse-, Blumen- und Zierpflanzenbau und Baumschulen.

³Mit der Hälfte sind zu berücksichtigen:
- Obstbaulich genutzte Flächen, die so angelegt sind, dass eine regelmäßige landwirtschaftliche Unternutzung stattfindet.

⁴Mit einem Viertel sind zu berücksichtigen:
- Almen,
- Hutungen.

Gemeinschaftliche Tierhaltung
(4) Die vorstehenden Grundsätze der Absätze 1 bis 3 sind bei gemeinschaftlicher Tierhaltung entsprechend anzuwenden.

Hinweise   H 13.2

Hektarberechnung
Bei der Anwendung des § 13 Abs. 1 Nr. 1 ist der letzte angefangene Hektar anteilig zu berücksichtigen (>BFH vom 13.07.1989 – BStBl II S. 1036).

Pferdehaltung
- Die Ausbildung von Pferden zu Renn- und Turnierpferden ist dem Bereich der Land- und Forstwirtschaft zuzurechnen, wenn der Betrieb seiner Größe nach eine ausreichende Futtergrundlage bietet, die Pferde nicht nur ganz kurzfristig dort verbleiben und nach erfolgter Ausbildung an Dritte veräußert werden. Das gilt auch dann, wenn die Tiere nicht im Betrieb selbst aufgezogen, sondern als angerittene Pferde erworben werden (>BFH vom 31.03.2004 – BStBl II S. 742).
- Ein landwirtschaftlicher Betrieb wird nicht dadurch zu einem Gewerbebetrieb, dass er Pferde zukauft, sie während einer nicht nur kurzen Aufenthaltsdauer zu hochwertigen Reitpferden ausbildet und dann weiterverkauft (>BFH vom 17.12.2008 – BStBl II 2009 S. 453).

Zweige des Tierbestandes bei jeder Tierart
>§ 51 Abs. 3 BewG (als Zweig gilt bei jeder Tierart für sich):
- Zugvieh
- Zuchtvieh
- Mastvieh
- übriges Nutzvieh

Zuchtvieh gilt nur dann als eigener Zweig, wenn die erzeugten Jungtiere überwiegend zum Verkauf bestimmt sind, andernfalls ist es dem Zweig zuzurechnen, dessen Zucht und Haltung es überwiegend dient.

§ 13 EStG
R 13.3 H 13.3

R 13.3 Land- und forstwirtschaftliches Betriebsvermögen

– unbesetzt –

H 13.3

Hinweise

Baumbestand

Anhang 20 III — Zur steuerlichen Behandlung des Baumbestandes >BMF vom 16.05.2012 (BStBl I S. 595)

Betrieb

- Lag nach der Einheitswertfeststellung ein landwirtschaftlicher Betrieb mit Wohn- und Wirtschaftsteil vor und überstieg die Größe der bewirtschafteten Fläche die für die Abgrenzung von einer privaten Gartenbewirtschaftung entwickelte Grenze von 3.000 m², ist auch einkommensteuerrechtlich von einem landwirtschaftlichen Betrieb auszugehen, sofern die Beweisanzeichen nicht erschüttert werden (>BFH vom 05.05.2011 – BStBl II S. 792).
- Ein Grundstück, welches mehr als 100 km von der Hofstelle entfernt liegt, kann regelmäßig weder dem notwendigen noch dem gewillkürten Betriebsvermögen eines aktiv bewirtschafteten oder eines verpachteten landwirtschaftlichen Betriebs zugeordnet werden (>BFH vom 19.07.2011 – BStBl II 2012 S. 93).

Anhang 20 II
- Zum Vorliegen eines Forstbetriebs oder Forstteilbetriebs >BMF vom 18.05.2018 (BStBl I S. 689)
- >Nießbrauch

Bewertung von Pflanzenbeständen in Baumschulen

>BMF vom 27.06.2014 (BStBl I S. 1094), vom 05.10.2018 (BStBl I S. 1037) und vom 26.11.2021 (BStBl I S. 2451)

Bewertung von Tieren

Anhang 9 IV — >BMF vom 14.11.2001 (BStBl I S. 864)

Bewertungswahlrecht

Das einmal in Anspruch genommene Wahlrecht bindet den Landwirt auch für die Zukunft (>BFH vom 14.04.1988 – BStBl II S. 672 und vom 17.03.1988 – BStBl II S. 770).

Eiserne Verpachtung

Anhang 16 VII — Zur Gewinnermittlung bei der Verpachtung von Betrieben mit Substanzerhaltungspflicht des Pächters nach §§ 582a, 1048 BGB >BMF vom 21.02.2002 (BStBl I S. 262)

Forstwirtschaft

Zur Behandlung von forstwirtschaftlichen Flächen als Betriebsvermögen eines Erwerbsbetriebs >BMF vom 18.05.2018 (BStBl I S. 689)

Anhang 20 II

Jagd

Die Einkünfte aus der Jagd stehen im Zusammenhang mit einem land- und forstwirtschaftlichen Pachtbetrieb, wenn sich das gepachtete Jagdausübungsrecht auf die bewirtschafteten Pachtflächen erstreckt. Bilden die Flächen eines land- und forstwirtschaftlichen Pachtbetriebs einen Eigenjagdbezirk und werden diesem durch Vertrag gestützt auf § 5 Abs. 1 Bundesjagdgesetz Flächen angegliedert, so ist der Zusammenhang der Jagd in dem vergrößerten gepachteten Eigenjagdbezirk mit dem land- und forstwirtschaftlichen Pachtbetrieb jedenfalls dann noch zu bejahen, wenn die Jagd überwiegend auf eigenbetrieblich genutzten Flächen ausgeübt wird. Ist Inhaberin des land- und forstwirtschaftlichen Betriebs eine Personengesellschaft, kann der erforderliche Zusammenhang der Einkünfte aus der Jagd mit dem Betrieb der Personengesellschaft regelmäßig nur gegeben sein, wenn das Jagdausübungsrecht einem Gesellschafter zusteht (>BFH vom 22.05.2019 – BStBl II S. 607).

Nießbrauch

Bei den Einkünften aus Land- und Forstwirtschaft hat die Bestellung eines Nießbrauchs zur Folge, dass zwei Betriebe entstehen, nämlich ein ruhender Betrieb in der Hand des nunmehrigen Eigentümers (des Nießbrauchsverpflichteten) und ein wirtschaftender Betrieb in der Hand des Nießbrauchsberechtigten und bisherigen Eigentümers. Die Rechtsprechung zur unentgeltlichen Übertragung eines land- und forstwirtschaftlichen Betriebs unter Nießbrauchsvorbehalt gilt auch für die Übertragung eines Verpachtungsbetriebs (>BFH vom 08.05.2019 – BStBl II S. 660).

Übergang zur Buchführung

– Bei Übergang zur Buchführung haben Land- und Forstwirte ein Wahlrecht, ob sie das Vieh in der Übergangsbilanz nach § 6 Abs. 1 mit einzeln ermittelten Anschaffungs-/Herstellungskosten oder mit Durchschnittswerten bewerten, wenn bis zum Zeitpunkt des Übergangs zur Buchführung der Gewinn nach Durchschnittssätzen aufgrund des § 13a ermittelt (>BFH vom 01.10.1992 – BStBl II 1993 S. 284) oder geschätzt worden ist (>BFH vom 04.06.1992 – BStBl II 1993 S. 276),

– Wechselt der Stpfl. zur Gewinnermittlung nach § 4 Abs. 1, nachdem er von der Gewinnermittlung nach § 13a zur Gewinnermittlung nach § 4 Abs. 3 übergegangen war, ist bei der Bewertung der Tiere die Bewertungsmethode zugrunde zu legen, die beim Wechsel der Gewinnermittlung zu § 4 Abs. 3 angewandt wurde (>BFH vom 16.06.1994 – BStBl II S. 932).

Wiederbepflanzungsrechte im Weinbau
Wiederbepflanzungsrechte im Weinbau sind immaterielle Wirtschaftsgüter. Es handelt sich bei diesen Rechten um nichtabnutzbare Wirtschaftsgüter, wenn ein Ende der Beschränkung des Weinbaus in der EU zum maßgeblichen Bilanzstichtag nicht absehbar ist (>BFH vom 06.12.2017 – BStBl II 2018 S. 353).

Zuordnung zum Betriebsvermögen eines im Zeitpunkt des Erwerbs verpachteten Grundstücks
- Ein landwirtschaftliches Grundstück, welches im Zeitpunkt des Erwerbs an einen Dritten verpachtet ist, gehört unmittelbar zum notwendigen Betriebsvermögen eines land- und forstwirtschaftlichen Betriebs, wenn die beabsichtigte Eigenbewirtschaftung in einem Zeitraum von bis zu zwölf Monaten erfolgt.
- Dies gilt gleichermaßen bei einem Verpachtungsbetrieb, wenn das hinzuerworbene Grundstück, welches im Zeitpunkt des Erwerbs an einen Dritten verpachtet ist, in einem Zeitraum von bis zu zwölf Monaten von dem bisherigen Betriebspächter bewirtschaftet wird.
- Ist eine Eigen- bzw. Fremdnutzung des hinzuerworbenen Grundstücks durch den Inhaber bzw. den Pächter des land- und forstwirtschaftlichen Betriebs nicht innerhalb von zwölf Monaten möglich, kann dieses durch eine eindeutige Zuweisungsentscheidung dem gewillkürten Betriebsvermögen des Eigen- bzw. Verpachtungsbetriebs zugeordnet werden.

(>BFH vom 19.07.2011 – BStBl II 2012 S. 93 und vom 19.12.2019 – BStBl II 2021 S. 427)

R 13.4 Rechtsverhältnisse zwischen Angehörigen in einem landwirtschaftlichen Betrieb
– unbesetzt –

H 13.4 Hinweise

Alleinunternehmerschaft
Hat ein Ehegatte sein Nutzungsrecht an seinen eigenen Grundstücken dem anderen Ehegatten aufgrund eines nachgewiesenen Nutzungsüberlassungsvertrags überlassen, kann dies die Alleinunternehmerschaft des anderen Ehegatten begründen (>BFH vom 14.08.1986 – BStBl II 1987 S. 20 und vom 22.01.2004 – BStBl II S. 500).

Arbeitsverhältnisse zwischen Angehörigen
>R 4.8

Familiengesellschaft
Eine Familiengesellschaft ist auch auf dem Gebiet der Land- und Forstwirtschaft i. d. R. anzuerkennen (>BFH vom 29.05.1956 – BStBl III S. 246); >R 15.9 ist entsprechend anzuwenden.

Gütergemeinschaft
- >H 4.2 (12)
- >H 15.9 (1)

Mitunternehmerschaft zwischen Ehegatten
Ehegatten können in der Land- und Forstwirtschaft ohne ausdrücklichen Gesellschaftsvertrag eine Mitunternehmerschaft bilden, wenn jeder der Ehegatten einen erheblichen Teil der selbst bewirtschafteten land- und forstwirtschaftlichen Grundstücke zur Verfügung stellt. Dabei kommt es nicht darauf an, ob dem Ehegatten das Fruchtziehungsrecht an den zur Verfügung gestellten Grundstücken als Alleineigentümer, als Miteigentümer oder als Pächter zusteht. Der zur Begründung einer konkludenten Mitunternehmerschaft erhebliche Teil der selbst bewirtschafteten Flächen muss mindestens 10 % der insgesamt land- und forstwirtschaftlich genutzten Eigentums- und Pachtflächen betragen. Dagegen kann ohne vorliegende Vereinbarungen über ein Gesellschaftsverhältnis nicht von einer Mitunternehmerschaft ausgegangen werden, wenn jeder Ehegatte einen eigenen landwirtschaftlichen Betrieb unterhält. Für diesen Fall genügt die Selbstbewirtschaftung von landwirtschaftlichen Flächen der Ehegatten nicht, um eine konkludente Mitunternehmerschaft zu begründen. Vielmehr ist erforderlich, dass die Ehegatten die Grundstücke gemeinsam in einem Betrieb bewirtschaften, so dass von einer gemeinsamen Zweckverfolgung ausgegangen werden kann (>BFH vom 25.09.2008 – BStBl II 2009 S. 989 und vom 16.05.2018 – BStBl II 2019 S. 60). Bei der Ermittlung des selbst bewirtschafteten land- und forstwirtschaftlichen Grundbesitzes, den jeder Ehegatte zur Verfügung stellt, sind nicht nur landwirtschaftlich, sondern auch forstwirtschaftlich genutzte Flächen einzubeziehen (>BFH vom 16.05.2018 – BStBl II 2019 S. 60).

Von einer Mitunternehmerschaft kann ohne vorliegende Vereinbarungen über ein Gesellschaftsverhältnis nicht ausgegangen werden, wenn
- den Ehegatten gemeinsam gehörende Grundstücke für Zwecke einer Baumschule genutzt werden, weil die Erzeugnisse einer Baumschule weder Früchte noch wesentliche Bestandteile des Grundstücks darstellen (>BFH vom 14.08.1986 – BStBl II 1987 S. 23),
- einem Ehegatten der Grund und Boden und dem anderen Ehegatten das Inventar gehört (>BFH vom 26.11.1992 – BStBl II 1993 S. 395),
- ein Ehegatte lediglich auf der familiären Grundlage der ehelichen Lebensgemeinschaft geringfügige Flächen des anderen Ehegatten mitbewirtschaftet (>BFH vom 02.02.1989 – BStBl II S. 504),

- einem Ehegatten der Grund und Boden und dem anderen Ehegatten nur die Hofstelle oder ein Anteil daran gehört (>BFH vom 27.01.1994 – BStBl II S. 462).

Nutzungsüberlassungsvertrag zwischen Ehegatten
>Alleinunternehmerschaft

Rechtsverhältnisse zwischen Angehörigen
- >R 4.8
- Ein nachträglich vor dem Arbeitsgericht mit Erfolg geltend gemachter Vergütungsanspruch wegen fehlgeschlagener Hofübergabe führt im steuerlichen Sinne nicht automatisch zu Einkünften aus nichtselbständiger Arbeit oder Einkünften aus Land- und Forstwirtschaft. Die Zahlungen sind als sonstige Einkünfte i. S. d. § 22 Nr. 3 zu erfassen (>BFH vom 08.05.2008 – BStBl II S. 868).

Wirtschaftsüberlassungsvertrag
- Ein Wirtschaftsüberlassungsvertrag kann auch vorliegen, wenn die Nutzung einer anderen Person als dem künftigen Hoferben überlassen wird (>BFH vom 26.11.1992 – BStBl II 1993 S. 395).
- >H 4.8
- >H 7.1

R 13.5

Ermittlung des Gewinns aus Land- und Forstwirtschaft

Gewinnschätzung

S 2132a
S 2163

(1) ^{1}Bei Land- und Forstwirten, die zur Buchführung verpflichtet sind, aber keine ordnungsmäßigen Bücher führen, ist der Gewinn im Einzelfall zu schätzen. ^{2}Land- und Forstwirte, die weder zur Buchführung verpflichtet sind noch die Voraussetzungen des § 13a Abs. 1 Satz 1 Nr. 2 bis 4 EStG[1]) erfüllen, können den Gewinn entweder nach § 4 Abs. 1 EStG oder nach § 4 Abs. 3 EStG ermitteln. ^{3}Haben sie keine Bücher i. S. d. § 4 Abs. 1 EStG geführt und auch die Betriebseinnahmen und Betriebsausgaben i. S. d. § 4 Abs. 3 EStG nicht aufgezeichnet, ist der Gewinn zu schätzen. ^{4}Richtsätze, die von den Finanzbehörden aufgestellt werden, können dabei als Anhalt dienen.

Wechsel der Gewinnermittlungsart

(2) ^{1}Geht ein Land- und Forstwirt zur Gewinnermittlung durch Betriebsvermögensvergleich über, ist für die Aufstellung der Übergangsbilanz nach den Grundsätzen in R 4.6 zu verfahren. ^{2}Bei einem Wechsel der Gewinnermittlung ist zu beachten, dass die Gewinnermittlung nach § 13a Abs. 3

---

[1]) jetzt § 13a Abs. 1 Satz 1 Nr. 2 bis 5 oder Satz 2

bis 5 EStG[1]) in diesem Zusammenhang der nach § 4 Abs. 1 EStG gleichzustellen ist. ³Beim Übergang von der Gewinnermittlung nach § 13a Abs. 3 bis 5 EStG[1]) zur Gewinnermittlung durch Betriebsvermögensvergleich sind die in die Übergangsbilanz einzustellenden Buchwerte der abnutzbaren Anlagegüter zu schätzen. ⁴Dazu sind die Anschaffungs- oder Herstellungskosten beweglicher Anlagegüter um die üblichen Absetzungen zu mindern, die den amtlichen >AfA-Tabellen zu entnehmen sind. ⁵Geringwertige Wirtschaftsgüter i. S. d. § 6 Abs. 2 EStG, die nach dem 31.12.2007 und vor dem 1.1.2010 angeschafft oder hergestellt worden sind, sind nicht anzusetzen. ⁶Der Sammelposten nach § 6 Abs. 2a EStG für Wirtschaftsgüter, die nach dem 31.12.2007 und vor dem 1.1.2010 angeschafft oder hergestellt worden sind, ist mit dem Wert zu berücksichtigen, der sich bei Gewinnermittlung nach § 4 Abs. 1 EStG ergeben hätte.

Nichtanwendung der Nutzungswertbesteuerung nach § 13 Abs. 2 Nr. 2 i. V. m. Abs. 4 EStG im Beitrittsgebiet

(3) § 13 Abs. 2 Nr. 2 EStG kommt im Beitrittsgebiet nicht zur Anwendung.

Entnahme nach § 13 Abs. 5 EStG

(4) ¹Die Steuerfreiheit des Entnahmegewinns nach § 13 Abs. 5 EStG kommt bei Land- und Forstwirten auch dann in Betracht, wenn der entsprechende Grund und Boden erst nach dem 31.12.1986 Betriebsvermögen geworden ist. ²§ 13 Abs. 5 EStG findet auch im Beitrittsgebiet Anwendung.

Hinweise

Amtliche AfA-Tabellen
Die besonderen betrieblichen Verhältnisse sind auch dann unbeachtlich, wenn für diesen Zeitraum amtliche AfA-Tabellen nicht mehr zur Verfügung gestanden haben (>BFH vom 10.12.1992 – BStBl II 1993 S. 344).

Anbauverzeichnis
>§ 142 AO

Beteiligung am allgemeinen wirtschaftlichen Verkehr
Die Annahme von Einkünften aus Land- und Forstwirtschaft setzt eine Beteiligung am allgemeinen wirtschaftlichen Verkehr voraus (>BFH vom 13.12.2001 – BStBl II 2002 S. 80).

Ersatzflächenpool
Einrichtung von Ersatzflächenpools durch Land- und Forstwirte für die Vornahme von Ausgleichsmaßnahmen nach den Naturschutzgesetzen >BMF

---

[1]) jetzt § 13a Abs. 4 und 6

vom 03.08.2004 (BStBl I S. 716) unter Berücksichtigung der Änderungen durch BMF vom 11.10.2021 (BStBl I S. 2025)

Forstwirtschaft
Der erhöhte Betriebsausgabenpauschsatz nach § 4 Abs. 1 Forstschäden-Ausgleichsgesetz ist nicht von Einnahmen aus Kalamitätsnutzungen abzusetzen, die in einem Wj. nach Auslaufen einer Einschlagsbeschränkung steuerlich zu erfassen sind (>BFH vom 03.02.2010 – BStBl II S. 546 und BMF vom 27.07.2021 – BStBl I S. 1044, Rn. 33f.).

Liebhaberei
>H 15.3

Schätzung nach Richtsätzen
– Auch bei Gewinnermittlung nach § 4 Abs. 3 berechtigt eine Verletzung der Mitwirkungspflicht zur Schätzung nach Richtsätzen (>BFH vom 15.04.1999 – BStBl II 1999 S. 481).
– Bei einer Richtsatzschätzung können keine individuellen Gewinn mindernden Besonderheiten des Betriebs berücksichtigt werden (>BFH vom 29.03.2001 – BStBl II S. 484).

Wechsel der Gewinnermittlungsart
– >R 4.6
– >H 7.4 (AfA-Volumen)
– >Anlage (zu R 4.6)   *Anlage*

Wohnungen im land- und forstwirtschaftlichen Betriebsvermögen, die unter § 13 Abs. 4 und 5 fallen
– Zum erforderlichen und üblichen **Umfang des** zur Wohnung gehörenden **Grund und Bodens** >BMF vom 04.06.1997 (BStBl I S. 630) und vom 02.04.2004 (BStBl I S. 442)
– Bei **Abwahl der Nutzungswertbesteuerung** ist für die Frage der steuerfreien Entnahme des Grund und Bodens auf den Nutzungs- und Funktionszusammenhang zum Entnahmezeitpunkt abzustellen. Der Nutzungs- und Funktionszusammenhang mit der Wohnung ist auch dann bereits im Zeitpunkt der Abwahl der Nutzungsbesteuerung gelöst, wenn die Nutzungsänderung der Grundstücksfläche tatsächlich erst nach dem Abwahlzeitpunkt erfolgt, die Kausalkette für die spätere Nutzungsänderung indes schon vor dem Abwahlzeitpunkt unwiderruflich in Gang gesetzt worden ist (>BFH vom 24.04.2008 – BStBl II S. 707).
– Die Nutzungswertbesteuerung kann rückwirkend abgewählt werden. Eine Altenteilerwohnung und der dazugehörende Grund und Boden gelten zu dem Zeitpunkt als entnommen, bis zu dem der Nutzungswert letztmals angesetzt wurde. Nach dem für die **rückwirkende Abwahl** der Nutzungswertbesteuerung bestimmten Zeitpunkt kann weder eine

Nutzungsänderung noch eine Veräußerung der Wohnung und des dazugehörenden Grund und Bodens einen Einfluss auf die Steuerbefreiung haben (>BFH vom 06.11.2003 – BStBl II 2004 S. 419).

- Unabhängig von der Gewinnermittlungsart sind **Aufwendungen für Erhaltungsmaßnahmen,** die noch vor der Abwahl der Nutzungswertbesteuerung an der zu eigenen Wohnzwecken genutzten Wohnung oder einer Altenteilerwohnung durchgeführt werden, auch dann in vollem Umfang als Betriebsausgaben abziehbar, wenn die Zahlung erst nach Ablauf der Nutzungswertbesteuerung erfolgt (>BFH vom 13.02.2003 – BStBl II S. 837).
- Für die **Bestimmung des** zur Wohnung gehörenden **Grund und Bodens** sind die tatsächlichen örtlichen Verhältnisse zum Entnahmezeitpunkt und die zukünftige mögliche Nutzung maßgebend (>BFH vom 26.09.2001 – BStBl II S. 762).
- Der zur Wohnung gehörende Grund und Boden kann auch eine in einiger Entfernung vom Hofgrundstück belegene **Gartenfläche** umfassen, sofern diese vor und nach der Entnahme des Wohnhauses als Hausgarten genutzt wurde (>BFH vom 26.09.2001 – BStBl II 2002 S. 78).
- Ein **bilanziertes Grundstück** kann nach der Veräußerung dann nicht mehr rückwirkend zu einem vorangegangenen Bilanzstichtag entnommen werden, wenn diese Bilanz erst nach der Veräußerung des Grundstücks aufgestellt wird (>BFH vom 12.09.2002 – BStBl II S. 815).
- Das **Entnahmeprivileg** des § 13 Abs. 4 Satz 6 Nr. 2 enthält **keine Objektbeschränkung.** Nach dieser Vorschrift kann sich die steuerfreie Entnahme daher auch auf mehrere an Dritte vermietete Wohnungen beziehen, wenn diese nach der Entnahme als eine Wohnung genutzt werden und die Gesamtfläche dem konkreten Wohnbedarf angemessen ist (>BFH vom 11.12.2003 – BStBl II 2004 S. 277).
- Die steuerfreie Entnahme einer Wohnung aus dem land- und forstwirtschaftlichen Betriebsvermögen gem. § 13 Abs. 4 Satz 6 Nr. 2 (nach dem 31.12.1998) ist nur möglich, wenn es sich hierbei um ein **Baudenkmal** handelt (>BFH vom 16.01.2020 – BStBl II S. 639).
- Die Anwendung des § 13 Abs. 4 Satz 6 Nr. 2 erfordert eine **auf Dauer angelegte private Nutzung** durch den Betriebsinhaber oder den Altenteiler (>BFH vom 01.07.2004 – BStBl II S. 947).
- Die steuerfreie Entnahme des Grund und Bodens zur Errichtung einer **Altenteilerwohnung** setzt voraus, dass diese Wohnung nach ihrer Fertigstellung auch tatsächlich von einem Altenteiler genutzt wird (>BFH vom 13.10.2005 – BStBl II 2006 S. 68).

§ 13 EStG
R 13.6

R 13.6 **Buchführung bei Gartenbaubetrieben, Saatzuchtbetrieben, Baumschulen und ähnlichen Betrieben**

S 2132-a
S 2133
S 2163

[1] Auch bei Gartenbaubetrieben, Saatzuchtbetrieben, Baumschulen und ähnlichen Betrieben ist ein Anbauverzeichnis zu führen (§ 142 AO). [2] Ist einer dieser Betriebe ein Gewerbebetrieb i. S. d. § 15 EStG, ist § 142 AO nicht unmittelbar anwendbar. [3] Dennoch hat der Stpfl. Bücher zu führen, die inhaltlich diesem Erfordernis entsprechen. [4] Andernfalls ist die Buchführung nicht so gestaltet, dass sie die zuverlässige Aufzeichnung aller Geschäftsvorfälle und des Vermögens ermöglicht und gewährleistet.

§ 13a
Ermittlung des Gewinns aus Land- und Forstwirtschaft nach Durchschnittssätzen

S 2149

(1) ¹Der Gewinn eines Betriebs der Land- und Forstwirtschaft ist nach den Absätzen 3 bis 7 zu ermitteln, wenn

1. der Steuerpflichtige nicht auf Grund gesetzlicher Vorschriften verpflichtet ist, für den Betrieb Bücher zu führen und regelmäßig Abschlüsse zu machen und
2. in diesem Betrieb am 15. Mai innerhalb des Wirtschaftsjahres Flächen der landwirtschaftlichen Nutzung (§ 160 Absatz 2 Satz 1 Nummer 1 Buchstabe a des Bewertungsgesetzes) selbst bewirtschaftet werden und diese Flächen 20 Hektar ohne Sondernutzungen nicht überschreiten und
3. die Tierbestände insgesamt 50 Vieheinheiten (§ 13 Absatz 1 Nummer 1) nicht übersteigen und
4. die selbst bewirtschafteten Flächen der forstwirtschaftlichen Nutzung (§ 160 Absatz 2 Satz 1 Nummer 1 Buchstabe b des Bewertungsgesetzes) 50 Hektar nicht überschreiten und
5. die selbst bewirtschafteten Flächen der Sondernutzungen (Absatz 6) die in Anlage 1a Nummer 2 Spalte 2 genannten Grenzen nicht überschreiten.

²Satz 1 ist auch anzuwenden, wenn nur Sondernutzungen bewirtschaftet werden und die in Anlage 1a Nummer 2 Spalte 2 genannten Grenzen nicht überschritten werden. ³Die Sätze 1 und 2 gelten nicht, wenn der Betrieb im laufenden Wirtschaftsjahr im Ganzen zur Bewirtschaftung als Eigentümer, Miteigentümer, Nutzungsberechtigter oder durch Umwandlung übergegangen ist und der Gewinn bisher nach § 4 Absatz 1 oder 3 ermittelt wurde. ⁴Der Gewinn ist letztmalig für das Wirtschaftsjahr nach Durchschnittssätzen zu ermitteln, das nach Bekanntgabe der Mitteilung endet, durch die die Finanzbehörde auf den Beginn der Buchführungspflicht (§ 141 Absatz 2 der Abgabenordnung) oder auf den Wegfall einer anderen Voraussetzung des Satzes 1 hingewiesen hat. ⁵Der Gewinn ist erneut nach Durchschnittssätzen zu ermitteln, wenn die Voraussetzungen des Satzes 1 wieder vorliegen und ein Antrag nach Absatz 2 nicht gestellt wird.

(2) ¹Auf Antrag des Steuerpflichtigen ist für einen Betrieb im Sinne des Absatzes 1 der Gewinn für vier aufeinander folgende Wirtschaftsjahre nicht nach den Absätzen 3 bis 7 zu ermitteln. ²Wird der Gewinn eines dieser Wirtschaftsjahre durch den Steuerpflichtigen nicht nach § 4 Absatz 1 oder 3 ermittelt, ist der Gewinn für den gesamten Zeitraum von vier Wirtschaftsjahren nach den Absätzen 3 bis 7 zu ermitteln. ³Der Antrag ist bis zur Abgabe der Steuererklärung, jedoch spätestens zwölf Monate nach Ablauf des ersten Wirtschaftsjahres, auf das er sich bezieht, schriftlich zu stellen. ⁴Er kann innerhalb dieser Frist zurückgenommen werden.

§ 13a EStG

(3) ¹Durchschnittssatzgewinn ist die Summe aus
1. dem Gewinn der landwirtschaftlichen Nutzung,
2. dem Gewinn der forstwirtschaftlichen Nutzung,
3. dem Gewinn der Sondernutzungen,
4. den Sondergewinnen,
5. den Einnahmen aus Vermietung und Verpachtung von Wirtschaftsgütern des land- und forstwirtschaftlichen Betriebsvermögens,
6. den Einnahmen aus Kapitalvermögen, soweit sie zu den Einkünften aus Land- und Forstwirtschaft gehören (§ 20 Absatz 8).

²Die Vorschriften von § 4 Absatz 4a, § 6 Absatz 2 und 2a sowie zum Investitionsabzugsbetrag und zu Sonderabschreibungen finden keine Anwendung. ³Bei abnutzbaren Wirtschaftsgütern des Anlagevermögens gilt die Absetzung für Abnutzung in gleichen Jahresbeträgen nach § 7 Absatz 1 Satz 1 bis 5 als in Anspruch genommen. ⁴Die Gewinnermittlung ist nach amtlich vorgeschriebenem Datensatz durch Datenfernübertragung spätestens mit der Steuererklärung zu übermitteln. ⁵Auf Antrag kann die Finanzbehörde zur Vermeidung unbilliger Härten auf eine elektronische Übermittlung verzichten; in diesem Fall ist der Steuererklärung eine Gewinnermittlung nach amtlich vorgeschriebenem Vordruck beizufügen. ⁶§ 150 Absatz 8 der Abgabenordnung gilt entsprechend.

(4) ¹Der Gewinn aus der landwirtschaftlichen Nutzung ist die nach den Grundsätzen des § 4 Absatz 1 ermittelte Summe aus dem Grundbetrag für die selbst bewirtschafteten Flächen und den Zuschlägen für Tierzucht und Tierhaltung. ²Als Grundbetrag je Hektar der landwirtschaftlichen Nutzung (§ 160 Absatz 2 Satz 1 Nummer 1 Buchstabe a des Bewertungsgesetzes) ist der sich aus Anlage 1a ergebende Betrag vervielfältigt mit der selbst bewirtschafteten Fläche anzusetzen. ³Als Zuschlag für Tierzucht und Tierhaltung ist im Wirtschaftsjahr je Vieheinheit der sich aus Anlage 1a jeweils ergebende Betrag vervielfältigt mit den Vieheinheiten anzusetzen.

(5) Der Gewinn aus der forstwirtschaftlichen Nutzung (§ 160 Absatz 2 Satz 1 Nummer 1 Buchstabe b des Bewertungsgesetzes) ist nach § 51 der Einkommensteuer-Durchführungsverordnung zu ermitteln.

(6) ¹Als Sondernutzungen gelten die in § 160 Absatz 2 Satz 1 Nummer 1 Buchstabe c bis e des Bewertungsgesetzes in Verbindung mit Anlage 1a Nummer 2 genannten Nutzungen. ²Bei Sondernutzungen, die die in Anlage 1a Nummer 2 Spalte 3 genannten Grenzen überschreiten, ist ein Gewinn von 1.000 Euro je Sondernutzung anzusetzen. ³Für die in Anlage 1a Nummer 2 nicht genannten Sondernutzungen ist der Gewinn nach § 4 Absatz 3 zu ermitteln.

§ 13a EStG

(7) [1]Nach § 4 Absatz 3 zu ermittelnde Sondergewinne sind
1. Gewinne
   a) aus der Veräußerung oder Entnahme von Grund und Boden und dem dazugehörigen Aufwuchs, den Gebäuden, den immateriellen Wirtschaftsgütern und den Beteiligungen; § 55 ist anzuwenden;
   b) aus der Veräußerung oder Entnahme der übrigen Wirtschaftsgüter des Anlagevermögens und von Tieren, wenn der Veräußerungspreis oder der an dessen Stelle tretende Wert für das jeweilige Wirtschaftsgut mehr als 15.000 Euro betragen hat;
   c) aus Entschädigungen, die gewährt worden sind für den Verlust, den Untergang oder die Wertminderung der in den Buchstaben a und b genannten Wirtschaftsgüter;
   d) aus der Auflösung von Rücklagen;
2. Betriebseinnahmen oder Betriebsausgaben nach § 9b Absatz 2;
3. Einnahmen aus dem Grunde nach gewerblichen Tätigkeiten, die dem Bereich der Land- und Forstwirtschaft zugerechnet werden, abzüglich der pauschalen Betriebsausgaben nach Anlage 1a Nummer 3;
4. Rückvergütungen nach § 22 des Körperschaftsteuergesetzes aus Hilfs- und Nebengeschäften.

[2]Die Anschaffungs- oder Herstellungskosten bei Wirtschaftsgütern des abnutzbaren Anlagevermögens mindern sich für die Dauer der Durchschnittssatzgewinnermittlung mit dem Ansatz der Gewinne nach den Absätzen 4 bis 6 um die Absetzung für Abnutzung in gleichen Jahresbeträgen. [3]Die Wirtschaftsgüter im Sinne des Satzes 1 Nummer 1 Buchstabe a sind unter Angabe des Tages der Anschaffung oder Herstellung und der Anschaffungs- oder Herstellungskosten oder des an deren Stelle getretenen Werts in besondere, laufend zu führende Verzeichnisse aufzunehmen. [4]Absatz 3 Satz 4 bis 6 gilt entsprechend.

(8) Das Bundesministerium der Finanzen wird ermächtigt, durch Rechtsverordnung mit Zustimmung des Bundesrates die Anlage 1a dadurch zu ändern, dass es die darin aufgeführten Werte turnusmäßig an die Ergebnisse der Erhebungen nach § 2 des Landwirtschaftsgesetzes und im Übrigen an Erhebungen der Finanzverwaltung anpassen kann.

§ 13a EStG

Anlage 1a
(zu § 13a)

Ermittlung des Gewinns aus Land- und Forstwirtschaft nach Durchschnittssätzen

Für ein Wirtschaftsjahr betragen

1. der Grundbetrag und die Zuschläge für Tierzucht und Tierhaltung der landwirtschaftlichen Nutzung (§ 13a Absatz 4):

Gewinn pro Hektar selbst bewirtschafteter Fläche	350 EUR
bei Tierbeständen für die ersten 25 Vieheinheiten	0 EUR/Vieheinheit
bei Tierbeständen für alle weiteren Vieheinheiten	300 EUR/Vieheinheit

Angefangene Hektar und Vieheinheiten sind anteilig zu berücksichtigen.

2. die Grenzen und Gewinne der Sondernutzungen (§ 13a Absatz 6):

Nutzung	Grenze	Grenze
1	2	3
Weinbauliche Nutzung	0,66 ha	0,16 ha
Nutzungsteil Obstbau	1,37 ha	0,34 ha
Nutzungsteil Gemüsebau		
Freilandgemüse	0,67 ha	0,17 ha
Unterglas Gemüse	0,06 ha	0,015 ha
Nutzungsteil Blumen/Zierpflanzenbau		
Freiland Zierpflanzen	0,23 ha	0,05 ha
Unterglas Zierpflanzen	0,04 ha	0,01 ha
Nutzungsteil Baumschulen	0,15 ha	0,04 ha
Sondernutzung Spargel	0,42 ha	0,1 ha
Sondernutzung Hopfen	0,78 ha	0,19 ha
Binnenfischerei	2.000 kg Jahresfang	500 kg Jahresfang
Teichwirtschaft	1,6 ha	0,4 ha
Fischzucht	0,2 ha	0,05 ha

§ 13a EStG
H 13a R 13a.1, 13a.2

Nutzung	Grenze	Grenze
1	2	3
Imkerei	70 Völker	30 Völker
Wanderschäfereien	120 Mutterschafe	30 Mutterschafe
Weihnachtsbaumkulturen	0,4 ha	0,1 ha

3. in den Fällen des § 13a Absatz 7 Satz 1 Nummer 3 die Betriebsausgaben 60 Prozent der Betriebseinnahmen.

Anwendung der Gewinnermittlung nach Durchschnittssätzen[1])
– Letztmals abgedruckt im EStH 2015 –

R 13a.1

Ermittlung des Gewinns aus Land- und Forstwirtschaft nach Durchschnittssätzen[1])
– Letztmals abgedruckt im EStH 2015 –

R 13a.2

Hinweise

H 13a

Allgemeines
>BMF vom 10.11.2015 (BStBl I S. 877) *unter Berücksichtigung der Änderungen durch BMF vom 04.01.2023 (BStBl I S. 175)*

Anhang 20 V

---

[1]) R 13a.1 und R 13a.2 sind letztmals anzuwenden für Wj., die vor dem 31.12.2015 enden >BMF vom 10.11.2015 (BStBl I S. 877), RdNr. 90, Anhang 20 V.

§ 14

Veräußerung des Betriebs

(1) ¹Zu den Einkünften aus Land- und Forstwirtschaft gehören auch Gewinne, die bei der Veräußerung eines land- oder forstwirtschaftlichen Betriebs oder Teilbetriebs oder eines Anteils an einem land- und forstwirtschaftlichen Betriebsvermögen erzielt werden. ²§ 16 gilt entsprechend mit der Maßgabe, dass der Freibetrag nach § 16 Absatz 4 nicht zu gewähren ist, wenn der Freibetrag nach § 14a Absatz 1 gewährt wird.

(2) ¹Wird ein land- und forstwirtschaftlicher Betrieb durch die Entnahme, Überführung oder Übertragung von Flächen verkleinert und verbleibt mindestens eine Fläche, die der Erzeugung von Pflanzen oder Tieren im Sinne des § 13 Absatz 1 zu dienen bestimmt ist, liegt unabhängig von der Größe dieser Fläche keine Betriebsaufgabe vor. ²§ 16 Absatz 3b bleibt unberührt.

(3)¹) ¹Werden im Rahmen der Aufgabe des Betriebs einer land- und forstwirtschaftlichen Mitunternehmerschaft Grundstücke an den einzelnen Mitunternehmer übertragen oder scheidet ein Mitunternehmer unter Mitnahme einzelner Grundstücke aus einer Mitunternehmerschaft aus, gelten diese unabhängig von ihrer Größe auch bei fortgeführter oder erstmaliger Verpachtung bis zu einer Veräußerung oder Entnahme bei diesem weiterhin als Betriebsvermögen. ²Dies gilt entsprechend für Grundstücke des bisherigen Sonderbetriebsvermögens des einzelnen Mitunternehmers. ³Die Sätze 1 und 2 sind nur anzuwenden, wenn mindestens eine übertragene oder aus dem Sonderbetriebsvermögen überführte Fläche der Erzeugung von Pflanzen oder Tieren im Sinne des § 13 Absatz 1 zu dienen bestimmt ist. ⁴Für den übernehmenden Mitunternehmer gilt § 16 Absatz 3b entsprechend.

R 14. Wechsel im Besitz von Betrieben, Teilbetrieben und Betriebsteilen

Veräußerungsgewinn

(1) ¹Entschädigungen, die bei der Veräußerung eines Betriebs oder Teilbetriebs im Veräußerungspreis enthalten sind, sind – vorbehaltlich der Absätze 2 und 3 – bei der Ermittlung des steuerpflichtigen Veräußerungsgewinns zugrunde zu legen. ²Die vertragliche Bezeichnung der einzelnen Teile des Veräußerungspreises ist nicht immer für deren steuerliche Behandlung entscheidend. ³Besondere Anlagen und Kulturen auf dem oder im Grund und Boden, die zum beweglichen Anlagevermögen oder zum Umlaufvermögen gehören, sind grundsätzlich als eigene Wirtschaftsgüter zu behandeln. ⁴Gesonderte Entgelte, die neben dem Kaufpreis für den Grund und Boden für besondere Eigenschaften des Grund und Bodens (z. B. „Geil und Gare") gezahlt werden, sind Teil des Veräußerungspreises

---

¹) *zur Anwendung des* Absatzes 3 >§ 52 Abs. 22c

für den Grund und Boden. ⁵Bei nichtbuchführenden Land- und Forstwirten ist der Gewinn aus der Veräußerung oder Aufgabe eines Betriebs oder Teilbetriebs nach den Grundsätzen des § 4 Abs. 1 EStG zu ermitteln und im VZ der Veräußerung oder Aufgabe nach § 14 EStG zu versteuern. ⁶Beim Übergang zum Betriebsvermögensvergleich ist davon auszugehen, dass von Bewertungswahlrechten, z. B. für Vieh und Feldinventar, kein Gebrauch gemacht wurde.

Bewertung von Feldinventar/stehender Ernte

(2) ¹Das Feldinventar/die stehende Ernte einer abgrenzbaren landwirtschaftlichen Nutzfläche ist jeweils als selbständiges Wirtschaftsgut des Umlaufvermögens anzusehen. ²Feldinventar ist die auf Grund einer Feldbestellung auf einer landwirtschaftlichen Nutzfläche vorhandene Kultur mit einer Kulturdauer von bis zu einem Jahr. ³Stehende Ernte ist der auf einer landwirtschaftlichen Nutzfläche vorhandene Bestand an erntereifem Feldinventar. ⁴Befinden sich auf einer abgrenzbaren landwirtschaftlichen Nutzfläche verschiedene Kulturarten, liegen entsprechend verschiedene selbständige Wirtschaftsgüter vor. ⁵Die Wirtschaftsgüter Feldinventar/stehende Ernte werden mit den Anschaffungs- oder Herstellungskosten einzeln bewertet (§ 6 Abs. 1 Nr. 2 Satz 1 EStG). ⁶Anstelle der tatsächlichen Anschaffungs- oder Herstellungskosten kann bei einer Einzelbewertung unter den Voraussetzungen des § 6 Abs. 1 Nr. 2 Satz 2 EStG auch der niedrigere Teilwert zum Ansatz kommen (>R 6.8 Abs. 1 Satz 2). ⁷Für einzelne Wirtschaftsgüter jeweils einer Kulturart kann bei der Inventur und der Bewertung eine Gruppe gebildet werden (>R 6.8 Abs. 4). ⁸Für die Bewertung können entweder betriebsindividuelle Durchschnittswerte oder standardisierte Werte (z. B. BMELV-Jahresabschluss¹⁾) zugrunde gelegt werden.

Vereinfachungsregelung zur Bewertung des Feldinventars/der stehenden Ernte

(3) ¹Bei landwirtschaftlichen Betrieben oder bei landwirtschaftlichen Teilbetrieben kann zur Vereinfachung der Bewertung von einer Aktivierung der Wirtschaftsgüter des Feldinventars/der stehenden Ernte abgesehen werden. ²Voraussetzung hierfür ist, dass in der Schlussbilanz des Betriebs für vorangegangene Wirtschaftsjahre oder bei einem Wechsel zum Betriebsvermögensvergleich bzw. bei einem Wechsel von der Gewinnermittlung nach Durchschnittssätzen zur Einnahmenüberschussrechnung im Rahmen der Übergangsbilanz keine Aktivierung eines Wirtschaftsguts Feldinventar/stehende Ernte vorgenommen wurde. ³Das gilt insbesondere auch bei unentgeltlicher Rechtsnachfolge oder einem Strukturwandel von einem Gewerbebetrieb zu einem Betrieb der Land- und Forstwirtschaft. ⁴Die Vereinfachungsregelung kann nicht gesondert für einzelne Wirtschaftsgüter des Feldinventars/der stehenden Ernte, sondern nur einheitlich, bezogen auf das gesamte Feldinventar/die stehende Ernte eines Betriebs, ange-

---

¹⁾ *jetzt BMEL-Jahresabschluss*

wendet werden. ⁵Das gilt auch dann, wenn sich der Umfang der Wirtschaftsgüter Feldinventar/stehende Ernte ändert (z. B. durch Erwerb oder Zupachtung von Flächen, Änderung der Anbauverhältnisse). ⁶Hat ein Verpächter die Vereinfachungsregelung angewendet, kann er im Fall der eisernen Verpachtung seines Betriebs von einer Aktivierung der auf Rückgabe des Feldinventars/der stehenden Ernte gerichteten Sachwertforderung absehen. ⁷Die Verpachtung führt insoweit zu keiner Gewinnrealisierung.

Teilbetrieb

(4) ¹Die Veräußerung eines land- und forstwirtschaftlichen >Teilbetriebs liegt vor, wenn ein organisatorisch mit einer gewissen Selbständigkeit ausgestatteter Teil eines Betriebs der Land- und Forstwirtschaft veräußert wird. ²Der veräußerte Teilbetrieb muss im Wesentlichen die Möglichkeit bieten, künftig als selbständiger Betrieb geführt werden zu können, auch wenn dies noch einzelne Ergänzungen oder Änderungen bedingen sollte.

Veräußerung forstwirtschaftlicher Betriebe, Teilbetriebe oder einzelner forstwirtschaftlicher Grundstücksflächen

(5) Hinsichtlich des Verkaufserlöses, der auf das stehende Holz entfällt, gilt das Folgende:

1. Gewinne, die bei der Veräußerung oder Aufgabe eines forstwirtschaftlichen Betriebs oder Teilbetriebs für das stehende Holz erzielt werden, sind nach § 14 EStG zu versteuern. ²Veräußerungsgewinn ist hierbei der Betrag, um den der Veräußerungspreis nach Abzug der Veräußerungskosten den Wert des Betriebsvermögens übersteigt, der nach § 4 Abs. 1 EStG für den Zeitpunkt der Veräußerung ermittelt wird. ³Ist kein Bestandsvergleich für das stehende Holz vorgenommen worden und hat der Veräußerer den forstwirtschaftlichen Betrieb oder Teilbetrieb schon am 21.6.1948¹) besessen, ist der Gewinn aus der Veräußerung des stehenden Holzes so zu ermitteln, dass dem auf das stehende Holz entfallenden Veräußerungspreis der Betrag gegenübergestellt wird, mit dem das stehende Holz in dem für den 21.6.1948¹) maßgebenden Einheitswert des forstwirtschaftlichen Betriebs oder Teilbetriebs enthalten war. ⁴Hat der Veräußerer den forstwirtschaftlichen Betrieb oder Teilbetrieb nach dem 20.6.1948²) erworben, sind bei der Ermittlung des Veräußerungsgewinns die steuerlich noch nicht berücksichtigten Anschaffungs- oder Erstaufforstungskosten für das stehende Holz dem auf das stehende Holz entfallenden Veräußerungserlös gegenüberzustellen. ⁵Bei Veräußerungen im Beitrittsgebiet ist der Buchwert zum 1.7.1990 in den Fällen, in denen kein Bestandsvergleich für das stehende Holz vorgenommen wurde, gem. § 52 Abs. 1 DMBilG unter Anwendung der Richtlinien für die Ermittlung und Prüfung des Verkehrswertes von Waldflächen und für Nebenentschädigungen (Waldwertermittlungs-

---

¹) im Saarland 20.11.1947
²) im Saarland 19.11.1947

Richtlinien 1991 – WaldR91 – BAnZ 100a vom 5.6.1991 zu ermitteln. [6] Die Steuer auf den Veräußerungsgewinn ist nach § 34 Abs. 1 oder auf Antrag nach § 34 Abs. 3 EStG zu berechnen (§ 34 Abs. 2 Nr. 1 EStG).
2. Die auf das stehende Holz entfallenden Einnahmen aus der Veräußerung einzelner forstwirtschaftlicher Grundstücksflächen, die keinen forstwirtschaftlichen >Teilbetrieb bilden, gehören zu den laufenden Einnahmen des Wirtschaftsjahres. [2] Für die Ermittlung des Gewinns gelten die Grundsätze des § 4 Abs. 1 EStG. [3] Nummer 1 Satz 3 bis 5 ist entsprechend anzuwenden.

Freibetrag
(6) Die Gewährung des Freibetrags nach § 14 Satz 2 i. V. m. § 16 Abs. 4 EStG ist ausgeschlossen, wenn dem Stpfl. für eine Veräußerung oder Aufgabe, die nach dem 31.12.1995 erfolgt ist, ein Freibetrag nach § 14 Satz 2, § 16 Abs. 4 oder § 18 Abs. 3 EStG bereits gewährt worden ist.

Hinweise

Betriebsverkleinerung
— Eine Verkleinerung eines land- und forstwirtschaftlichen Betriebs führt nicht zu einer Betriebsaufgabe (>BFH vom 12.11.1992 – BStBl II 1993 S. 430).
— Zur Verkleinerung eines Forstbetriebs oder forstwirtschaftlichen Teilbetriebs >BMF vom 18.05.2018 (BStBl I S. 689), Tz. V *Anhang 20 II*

Eiserne Verpachtung
Zur Gewinnermittlung bei der Verpachtung von Betrieben mit Substanzerhaltungspflicht des Pächters nach §§ 582a, 1048 BGB >BMF vom 21.02.2002 (BStBl I S. 262) *Anhang 16 VII*

Feldinventar
— Ein Landwirt, der das Feldinventar aktiviert hat, ist daran grundsätzlich auch für die Zukunft gebunden und hat keinen Anspruch darauf, aus Billigkeitsgründen zu einem Verzicht auf die Bewertung wechseln zu können (>BFH vom 18.03.2010 – BStBl II 2011 S. 654). Andererseits bindet das in R 14 Abs. 3 eingeräumte Wahlrecht, auf die Aktivierung der Feldbestände zu verzichten, den Landwirt nicht für die Zukunft (>BFH vom 06.04.2000 – BStBl II S. 422).
— *Zur Rücklagenbildung und -auflösung aufgrund der aktualisierten standardisierten Werte nach dem BMEL-Jahresabschluss >BMF vom 08.11.2022 (BStBl I S. 1489)*

Körperschaft des öffentlichen Rechts als Erbin
Setzt ein Stpfl. eine Körperschaft des öffentlichen Rechts zur Erbin seines land- und forstwirtschaftlichen Betriebes ein, so führt das im Zeitpunkt des

§§ 14, 14a EStG
H 14

Todes zu einer Betriebsaufgabe in der Person des Erblassers (>BFH vom 19.02.1998 – BStBl II S. 509).

Parzellenweise Verpachtung
>H 16 (5)

Rückverpachtung
Eine Betriebsveräußerung liegt auch vor, wenn alle wesentlichen Grundlagen eines Betriebs veräußert und sogleich an den Veräußerer zurückverpachtet werden (>BFH vom 28.03.1985 – BStBl II S. 508).

Teilbetrieb
– >R 14 Abs. 4 und 5 sowie >R 16 Abs. 3
– Zur Teilbetriebseigenschaft einzelner forstwirtschaftlicher Flächen >BMF vom 18.05.2018 (BStBl I S. 689), Tz. III.

Verpachtung
– Der Verpächter hat ein Wahlrecht zwischen Betriebsaufgabe und Fortführung des Betriebs (>BFH vom 15.10.1987 – BStBl II 1988 S. 260 und vom 28.11.1991 – BStBl II 1992 S. 521).
– *Zur Übertragung und Überführung von land- und forstwirtschaftlichem Vermögen aus einer Mitunternehmerschaft und zum Verpächterwahlrecht bei land- und forstwirtschaftlichen Betrieben >BMF vom 17.05.2022 (BStBl I S. 678)*

§ 14a[1]
Vergünstigungen bei der Veräußerung bestimmter land- und forstwirtschaftlicher Betriebe
– Letztmals abgedruckt im EStH 2006 –

---

[1] nicht abgedruckt, da § 14a für VZ ab 2007 ohne Bedeutung

b) Gewerbebetrieb (§ 2 Absatz 1 Satz 1 Nummer 2)

§ 15
Einkünfte aus Gewerbebetrieb

(1) ¹Einkünfte aus Gewerbebetrieb sind
1. Einkünfte aus gewerblichen Unternehmen. ²Dazu gehören auch Einkünfte aus gewerblicher Bodenbewirtschaftung, z. B. aus Bergbauunternehmen und aus Betrieben zur Gewinnung von Torf, Steinen und Erden, soweit sie nicht land- oder forstwirtschaftliche Nebenbetriebe sind;
2. die Gewinnanteile der Gesellschafter einer Offenen Handelsgesellschaft, einer Kommanditgesellschaft und einer anderen Gesellschaft, bei der der Gesellschafter als Unternehmer (Mitunternehmer) des Betriebs anzusehen ist, und die Vergütungen, die der Gesellschafter von der Gesellschaft für seine Tätigkeit im Dienst der Gesellschaft oder für die Hingabe von Darlehen oder für die Überlassung von Wirtschaftsgütern bezogen hat. ²Der mittelbar über eine oder mehrere Personengesellschaften beteiligte Gesellschafter steht dem unmittelbar beteiligten Gesellschafter gleich; er ist als Mitunternehmer des Betriebs der Gesellschaft anzusehen, an der er mittelbar beteiligt ist, wenn er und die Personengesellschaften, die seine Beteiligung vermitteln, jeweils als Mitunternehmer der Betriebe der Personengesellschaften anzusehen sind, an denen sie unmittelbar beteiligt sind;
3. die Gewinnanteile der persönlich haftenden Gesellschafter einer Kommanditgesellschaft auf Aktien, soweit sie nicht auf Anteile am Grundkapital entfallen, und die Vergütungen, die der persönlich haftende Gesellschafter von der Gesellschaft für seine Tätigkeit im Dienst der Gesellschaft oder für die Hingabe von Darlehen oder für die Überlassung von Wirtschaftsgütern bezogen hat.

²Satz 1 Nummer 2 und 3 gilt auch für Vergütungen, die als nachträgliche Einkünfte (§ 24 Nummer 2) bezogen werden. ³§ 13 Absatz 5 gilt entsprechend, sofern das Grundstück im Veranlagungszeitraum 1986 zu einem gewerblichen Betriebsvermögen gehört hat.

(1a) ¹In den Fällen des § 4 Absatz 1 Satz 5 ist der Gewinn aus einer späteren Veräußerung der Anteile ungeachtet der Bestimmungen eines Abkommens zur Vermeidung der Doppelbesteuerung in der gleichen Art und Weise zu besteuern, wie die Veräußerung dieser Anteile an der Europäischen Gesellschaft oder Europäischen Genossenschaft zu besteuern gewesen wäre, wenn keine Sitzverlegung stattgefunden hätte. ²Dies gilt auch, wenn später die Anteile verdeckt in eine Kapitalgesellschaft eingelegt werden, die Europäische Gesellschaft oder Europäische Genossenschaft aufgelöst wird oder wenn ihr Kapital herabgesetzt und zurückgezahlt wird oder wenn Beträge aus dem steuerlichen Einlagenkonto im Sinne des § 27 des Körperschaftsteuergesetzes ausgeschüttet oder zurückgezahlt werden.

(2) ¹Eine selbständige nachhaltige Betätigung, die mit der Absicht, Gewinn zu erzielen, unternommen wird und sich als Beteiligung am allgemeinen wirtschaftlichen Verkehr darstellt, ist Gewerbebetrieb, wenn die Betätigung weder als Ausübung von Land- und Forstwirtschaft noch als Ausübung eines freien Berufs noch als eine andere selbständige Arbeit anzusehen ist. ²Eine durch die Betätigung verursachte Minderung der Steuern vom Einkommen ist kein Gewinn im Sinne des Satzes 1. ³Ein Gewerbebetrieb liegt, wenn seine Voraussetzungen im Übrigen gegeben sind, auch dann vor, wenn die Gewinnerzielungsabsicht nur ein Nebenzweck ist.

(3) Als Gewerbebetrieb gilt in vollem Umfang die mit Einkünfteerzielungsabsicht unternommene Tätigkeit

1. einer offenen Handelsgesellschaft, einer Kommanditgesellschaft oder einer anderen Personengesellschaft, wenn die Gesellschaft auch eine Tätigkeit im Sinne des Absatzes 1 Satz 1 Nummer 1 ausübt oder gewerbliche Einkünfte im Sinne des Absatzes 1 Satz 1 Nummer 2 bezieht. ²Dies gilt unabhängig davon, ob aus der Tätigkeit im Sinne des Absatzes 1 Satz 1 Nummer 1 ein Gewinn oder Verlust erzielt wird oder ob die gewerblichen Einkünfte im Sinne des Absatzes 1 Satz 1 Nummer 2 positiv oder negativ sind;

2. einer Personengesellschaft, die keine Tätigkeit im Sinne des Absatzes 1 Satz 1 Nummer 1 ausübt und bei der ausschließlich eine oder mehrere Kapitalgesellschaften persönlich haftende Gesellschafter sind und nur diese oder Personen, die nicht Gesellschafter sind, zur Geschäftsführung befugt sind (gewerblich geprägte Personengesellschaft). ²Ist eine gewerblich geprägte Personengesellschaft als persönlich haftender Gesellschafter an einer anderen Personengesellschaft beteiligt, so steht für die Beurteilung, ob die Tätigkeit dieser Personengesellschaft als Gewerbebetrieb gilt, die gewerblich geprägte Personengesellschaft einer Kapitalgesellschaft gleich.

(4) ¹Verluste aus gewerblicher Tierzucht oder gewerblicher Tierhaltung dürfen weder mit anderen Einkünften aus Gewerbebetrieb noch mit Einkünften aus anderen Einkunftsarten ausgeglichen werden; sie dürfen auch nicht nach § 10d abgezogen werden. ²Die Verluste mindern jedoch nach Maßgabe des § 10d die Gewinne, die der Steuerpflichtige in dem unmittelbar vorangegangenen und in den folgenden Wirtschaftsjahren aus gewerblicher Tierzucht oder gewerblicher Tierhaltung erzielt hat oder erzielt; § 10d Absatz 4 gilt entsprechend. ³Die Sätze 1 und 2 gelten entsprechend für Verluste aus Termingeschäften, durch die der Steuerpflichtige einen Differenzausgleich oder einen durch den Wert einer veränderlichen Bezugsgröße bestimmten

Geldbetrag oder Vorteil erlangt. ⁴Satz 3 gilt nicht für die Geschäfte, die zum gewöhnlichen Geschäftsbetrieb bei Kreditinstituten, Finanzdienstleistungsinstituten und Finanzunternehmen im Sinne des Gesetzes über das Kreditwesen oder bei Wertpapierinstituten im Sinne des Wertpapierinstitutsgesetzes gehören oder die der Absicherung von Geschäften des gewöhnlichen Geschäftsbetriebs dienen. ⁵Satz 4 gilt nicht, wenn es sich um Geschäfte handelt, die der Absicherung von Aktiengeschäften dienen, bei denen der Veräußerungsgewinn nach § 3 Nummer 40 Satz 1 Buchstabe a und b in Verbindung mit § 3c Absatz 2 teilweise steuerfrei ist, oder die nach § 8b Absatz 2 des Körperschaftsteuergesetzes bei der Ermittlung des Einkommens außer Ansatz bleiben. ⁶Verluste aus stillen Gesellschaften, Unterbeteiligungen oder sonstigen Innengesellschaften an Kapitalgesellschaften, bei denen der Gesellschafter oder Beteiligte als Mitunternehmer anzusehen ist, dürfen weder mit Einkünften aus Gewerbebetrieb noch aus anderen Einkunftsarten ausgeglichen werden; sie dürfen auch nicht nach § 10d abgezogen werden. ⁷Die Verluste mindern jedoch nach Maßgabe des § 10d die Gewinne, die der Gesellschafter oder Beteiligte in dem unmittelbar vorangegangenen Wirtschaftsjahr oder in den folgenden Wirtschaftsjahren aus derselben stillen Gesellschaft, Unterbeteiligung oder sonstigen Innengesellschaft bezieht; § 10d Absatz 4 gilt entsprechend. ⁸Die Sätze 6 und 7 gelten nicht, soweit der Verlust auf eine natürliche Person als unmittelbar oder mittelbar beteiligter Mitunternehmer entfällt.

Selbständigkeit

Versicherungsvertreter

(1) ¹Versicherungsvertreter, die Versicherungsverträge selbst vermitteln (sog. Spezialagenten), sind in vollem Umfang als selbständig anzusehen. ²Das gilt auch dann, wenn sie neben Provisionsbezügen ein mäßiges festes Gehalt bekommen. ³Soweit ein Spezialagent nebenbei auch Verwaltungsaufgaben und die Einziehung von Prämien oder Beiträgen übernommen hat, sind die Einnahmen daraus als Entgelte für selbständige Nebentätigkeit zu behandeln. ⁴Es ist dabei unerheblich, ob sich z. B. Inkassoprovisionen auf Versicherungen beziehen, die der Spezialagent selbst geworben hat, oder auf andere Versicherungen. ⁵Versicherungsvertreter, die mit einem eigenen Büro für einen bestimmten Bezirk sowohl den Bestand zu verwalten als auch neue Geschäfte abzuschließen haben und im Wesentlichen auf Provisionsbasis arbeiten, sind in der Regel Gewerbetreibende.

Hausgewerbetreibende und Heimarbeiter

(2) ¹Hausgewerbetreibende sind im Gegensatz zu Heimarbeitern, deren Tätigkeit als nichtselbständige Arbeit anzusehen ist, selbständige Gewerbetreibende. ²Die Begriffe des >Hausgewerbetreibenden und des >Heimarbeiters sind im HAG bestimmt. ³Wie bei Heimarbeitern ist die Tätigkeit der nach § 1 Abs. 2 Buchstabe a HAG gleichgestellten Personen, „die in

der Regel allein oder mit ihren Familienangehörigen in eigener Wohnung oder selbstgewählter Betriebsstätte eine sich in regelmäßigen Arbeitsvorgängen wiederholende Arbeit im Auftrag eines anderen gegen Entgelt ausüben, ohne dass ihre Tätigkeit als gewerblich anzusehen oder dass der Auftraggeber ein Gewerbetreibender oder Zwischenmeister ist", als nichtselbständige Arbeit anzusehen. [4] Dagegen sind die nach § 1 Abs. 2 Buchstaben b bis d HAG gleichgestellten Personen wie Hausgewerbetreibende selbständige Gewerbetreibende. [5] Über die Gleichstellung mit Hausgewerbetreibenden entscheiden nach dem HAG die von den zuständigen Arbeitsbehörden errichteten Heimarbeitsausschüsse. [6] Für die Unterscheidung von Hausgewerbetreibenden und Heimarbeitern ist von dem Gesamtbild des einzelnen Falles auszugehen. [7] Heimarbeiter ist nicht, wer fremde Hilfskräfte beschäftigt oder die Gefahr des Unternehmens, insbesondere auch wegen wertvoller Betriebsmittel, trägt. [8] Auch eine größere Anzahl von Auftraggebern und ein größeres Betriebsvermögen können die Eigenschaft als Hausgewerbetreibender begründen. [9] Die Tatsache der Zahlung von Sozialversicherungsbeiträgen durch den Auftraggeber ist für die Frage, ob ein Gewerbebetrieb vorliegt, ohne Bedeutung.

Sozialversicherungspflicht

(3) Arbeitnehmerähnliche Selbständige i. S. d. § 2 Satz 1 Nr. 9 SGB VI sind steuerlich regelmäßig selbständig tätig.

Hinweise

Allgemeines

- Voraussetzung für die Annahme eines Gewerbebetriebes ist die Selbständigkeit der Tätigkeit, d. h., die Tätigkeit muss auf eigene Rechnung (Unternehmerrisiko) und auf eigene Verantwortung (Unternehmerinitiative) ausgeübt werden (>BFH vom 27.09.1988 – BStBl II 1989 S. 414).
- Eine nur schwach ausgeprägte, aber im Kern gleichwohl gegebene Unternehmerinitiative kann durch ein eindeutig vorhandenes Unternehmerrisiko dergestalt ausgeglichen werden, dass in der Gesamtschau die für die Annahme gewerblicher Einkünfte erforderliche Selbständigkeit der Betätigung zu bejahen ist (>BFH vom 07.02.2018 – BStBl II S. 630).

Freie Mitarbeit

Vertraglich vereinbarte freie Mitarbeit kann ein Arbeitsverhältnis begründen (>BFH vom 24.07.1992 – BStBl II 1993 S. 155).

Generalagent

Bei den sog. Generalagenten kommt eine Aufteilung der Tätigkeit in eine selbständige und in eine nichtselbständige Tätigkeit im Allgemeinen nicht in Betracht. Im Allgemeinen ist der Generalagent ein Gewerbetreibender, wenn er das Risiko seiner Tätigkeit trägt, ein Büro mit eigenen Angestellten unterhält, trotz der bestehenden Weisungsgebundenheit in der Gestaltung

§ 15 EStG
H 15.1

seines Büros und seiner Zeiteinteilung weitgehend frei ist, der Erfolg seiner Tätigkeit nicht unerheblich von seiner Tüchtigkeit und Initiative abhängt und ihn die Beteiligten selbst als Handelsvertreter und nicht als Arbeitnehmer bezeichnen (>BFH vom 03.10.1961 – BStBl III S. 567). Dies gilt auch für Generalagenten eines Krankenversicherungsunternehmens (>BFH vom 13.04.1967 – BStBl III S. 398).

Gesamtbeurteilung
Für die Frage, ob ein Stpfl. selbständig oder nichtselbständig tätig ist, kommt es nicht allein auf die vertragliche Bezeichnung, die Art der Tätigkeit oder die Form der Entlohnung an. Entscheidend ist das Gesamtbild der Verhältnisse. Es müssen die für und gegen die Selbständigkeit sprechenden Umstände gegeneinander abgewogen werden; die gewichtigeren Merkmale sind dann für die Gesamtbeurteilung maßgebend (>BFH vom 12.10.1989 – BStBl II 1990 S. 64 und vom 18.01.1991 – BStBl II S. 409).

Handelsvertreter
Ein Handelsvertreter ist auch dann selbständig tätig, wenn Betriebsvermögen nur in geringem Umfang vorhanden ist (>BFH vom 31.10.1974 – BStBl II 1975 S. 115 und BVerfG vom 25.10.1977 – BStBl II 1978 S. 125).

Hausgewerbetreibender
Hausgewerbetreibender ist, „wer in eigener Arbeitsstätte (eigener Wohnung oder Betriebsstätte) mit nicht mehr als zwei fremden Hilfskräften oder Heimarbeitern im Auftrag von Gewerbetreibenden oder Zwischenmeistern Waren herstellt, bearbeitet oder verpackt, wobei er selbst wesentlich am Stück mitarbeitet, jedoch die Verwertung der Arbeitsergebnisse dem unmittelbar oder mittelbar auftraggebenden Gewerbetreibenden überlässt. Beschafft der Hausgewerbetreibende die Roh- und Hilfsstoffe selbst oder arbeitet er vorübergehend unmittelbar für den Absatzmarkt, wird hierdurch seine Eigenschaft als Hausgewerbetreibender nicht beeinträchtigt" (§ 2 Abs. 2 HAG).

Heimarbeiter
Heimarbeiter ist, „wer in selbstgewählter Arbeitsstätte (eigener Wohnung oder selbstgewählter Betriebsstätte) allein oder mit seinen Familienangehörigen im Auftrag von Gewerbetreibenden oder Zwischenmeistern erwerbsmäßig arbeitet, jedoch die Verwertung der Arbeitsergebnisse dem unmittelbar oder mittelbar auftraggebenden Gewerbetreibenden überlässt. Beschafft der Heimarbeiter die Roh- und Hilfsstoffe selbst, wird hierdurch seine Eigenschaft als Heimarbeiter nicht beeinträchtigt" (§ 2 Abs. 1 HAG).

Natürliche Personen
Natürliche Personen können z. T. selbständig, z. T. nichtselbständig tätig sein (>BFH vom 03.07.1991 – BStBl II S. 802).

§ 15 EStG
H 15.1

Nebentätigkeit und Aushilfstätigkeit
Zur Abgrenzung zwischen selbständiger und nichtselbständiger Tätigkeit >R 19.2 LStR 2015

Reisevertreter
Bei einem Reisevertreter ist im Allgemeinen Selbständigkeit anzunehmen, wenn er die typische Tätigkeit eines Handelsvertreters i. S. d. § 84 HGB ausübt, d. h. Geschäfte für ein anderes Unternehmen vermittelt oder abschließt und ein geschäftliches Risiko trägt. Nichtselbständigkeit ist jedoch gegeben, wenn der Reisevertreter in das Unternehmen seines Auftraggebers derart eingegliedert ist, dass er dessen Weisungen zu folgen verpflichtet ist. Ob eine derartige Unterordnung unter den geschäftlichen Willen des Auftraggebers vorliegt, richtet sich nach der von dem Reisevertreter tatsächlich ausgeübten Tätigkeit und der Stellung gegenüber seinem Auftraggeber (>BFH vom 16.01.1952 – BStBl III S. 79). Der Annahme der Nichtselbständigkeit steht nicht ohne weiteres entgegen, dass die Entlohnung nach dem Erfolg der Tätigkeit vorgenommen wird. Hinsichtlich der Bewegungsfreiheit eines Vertreters kommt es bei der Abwägung, ob sie für eine Selbständigkeit oder Nichtselbständigkeit spricht, darauf an, ob das Maß der Bewegungsfreiheit auf der eigenen Machtvollkommenheit des Vertreters beruht oder Ausfluss des Willens des Geschäftsherrn ist (>BFH vom 07.12.1961 – BStBl III 1962 S. 149).

Selbständigkeit

– Ein **Arztvertreter** kann selbständig tätig sein (>BFH vom 10.04.1953 – BStBl III S. 142).

– **Bauhandwerker** sind bei nebenberuflicher „**Schwarzarbeit**" i. d. R. nicht Arbeitnehmer des Bauherrn (>BFH vom 21.03.1975 – BStBl II S. 513).

– Übt der **Beratungsstellenleiter eines Lohnsteuerhilfevereins** seine Tätigkeit als freier Mitarbeiter aus, ist er selbständig tätig (>BFH vom 10.12.1987 – BStBl II 1988 S. 273).

– Ein früherer **Berufssportler,** der wiederholt entgeltlich bei industriellen Werbeveranstaltungen mitwirkt, ist selbständig tätig (>BFH vom 03.11.1982 – BStBl II 1983 S. 182).

– Ein **Bezirksstellenleiter bei Lotto- und Totogesellschaften** ist regelmäßig selbständig tätig (>BFH vom 14.09.1967 – BStBl II 1968 S. 193).

– Ein **Fahrlehrer**, der gegen eine tätigkeitsbezogene Vergütung unterrichtet, ist i. d. R. selbständig tätig, auch wenn ihm keine Fahrschulerlaubnis erteilt worden ist (>BFH vom 17.10.1996 – BStBl II 1997 S. 188).

– Ein **ausländisches Fotomodell**, das zur Produktion von Werbefilmen kurzfristig im Inland tätig wird, kann selbständig tätig sein (>BFH vom 14.06.2007 – BStBl II 2009 S. 931).

§ 15 EStG
H 15.1

- Ein **(Berufs-)Fotomodell**, das nur von Fall zu Fall und vorübergehend zu Werbeaufnahmen herangezogen wird, ist selbständig tätig (>BFH vom 08.06.1967 – BStBl III S. 618).
- Ein **Fußball-Nationalspieler**, dem der DFB Anteile an den durch die zentrale Vermarktung der Fußball-Nationalmannschaft erwirtschafteten Werbeeinnahmen überlässt, kann selbständig tätig sein (>BFH vom 22.02.2012 – BStBl II S. 511).
- Ein **Gerichtsreferendar**, der neben der Tätigkeit bei Gericht für einen Rechtsanwalt von Fall zu Fall tätig ist, steht zu diesem nicht in einem Arbeitsverhältnis, sondern ist selbständig tätig (>BFH vom 22.03.1968 – BStBl II S. 455).
- Ein **Gesellschafter-Geschäftsführer** einer Baubetreuungs-GmbH, der neben dieser Tätigkeit als Makler und Finanzierungsvermittler tätig ist, ist auch insoweit selbständig tätig, als er sich zu Garantieleistungen nicht nur Dritten, sondern auch seiner Gesellschaft gegenüber gesondert verpflichtet und sich solche Dienste gesondert vergüten lässt (>BFH vom 08.03.1989 – BStBl II S. 572).
- Ein **Knappschaftsarzt**, der neben dieser Tätigkeit eine freie Praxis ausübt, ist auch hinsichtlich seiner Knappschaftspraxis i. d. R. selbständig tätig (>BFH vom 03.07.1959 – BStBl III S. 344).
- **Zur Abgrenzung zwischen selbständiger und nichtselbständiger Tätigkeit** von **Künstlern** und verwandten Berufen >BMF vom 05.10.1990 (BStBl I S. 638) unter Berücksichtigung der Neufassung der Anlage durch BMF vom 09.07.2014 (BStBl I S. 1103); bei der Beurteilung darf nicht einseitig auf die Verpflichtung zur Teilnahme an Proben abgestellt werden (>BFH vom 30.05.1996 – BStBl II S. 493).
- Ein Notar, der außerdem zum **Notariatsverweser** bestellt ist, übt auch dieses Amt selbständig aus (>BFH vom 12.09.1968 – BStBl II S. 811).
- Ein **Rechtsanwalt**, der zudem eine Tätigkeit **als Lehrbeauftragter** an einer Hochschule ausübt, kann auch insoweit selbständig tätig sein (>BFH vom 17.07.1958 – BStBl III S. 360).
- Eine **nebenberufliche Lehrkraft** erzielt i. d. R. Einkünfte aus selbständiger Arbeit (>BFH vom 04.10.1984 – BStBl II 1985 S. 51).
- Bestimmt ein **Rundfunkermittler** im Wesentlichen selbst den Umfang der Tätigkeit und sind seine Einnahmen weitgehend von der Eigeninitiative abhängig, ist er selbständig tätig (>BFH vom 02.12.1998 – BStBl II 1999 S. 534).
- Ein **Spitzensportler,** der Sportgeräte öffentlich deutlich sichtbar benutzt, ist mit dem entgeltlichen Werben selbständig tätig (>BFH vom 19.11.1985 – BStBl II 1986 S. 424).
- **Nebenberufliche Vertrauensleute einer Buchgemeinschaft** sind keine Arbeitnehmer des Buchclubs, sondern selbständig tätig (>BFH vom 11.03.1960 – BStBl III S. 215).

§ 15 EStG
R 15.2 | H 15.1, 15.2

- Eine **Werbedame**, die von ihren Auftraggebern von Fall zu Fall für jeweils kurzfristige Werbeaktionen beschäftigt wird, kann selbständig tätig sein (>BFH vom 14.06.1985 – BStBl II S. 661).
- >H 19.0 LStH

Versicherungsvertreter
- Selbständige Versicherungsvertreter üben auch dann eine gewerbliche Tätigkeit aus, wenn sie nur für ein einziges Versicherungsunternehmen tätig sein dürfen (>BFH vom 26.10.1977 – BStBl II 1978 S. 137).
- >Generalagent

R 15.2 — Nachhaltigkeit
– unbesetzt –

H 15.2 — Hinweise

Einmalige Handlung
- Eine einmalige Handlung stellt keine nachhaltige Betätigung dar, wenn sie nicht weitere Tätigkeiten des Stpfl. (zumindest Dulden, Unterlassen) auslöst (>BFH vom 14.11.1963 – BStBl III 1964 S. 139).
- >Wiederholungsabsicht

Mehrzahl selbständiger Handlungen
Nachhaltig sind auch Einzeltätigkeiten, die Teil einer in organisatorischer, technischer und finanzieller Hinsicht aufeinander abgestimmten Gesamttätigkeit sind (>BFH vom 21.08.1985 – BStBl II 1986 S. 88).

Nachhaltigkeit – Einzelfälle
- Bankgeschäfte eines **Bankangestellten**, die in fortgesetzter Untreue zu Lasten der Bank getätigt werden, sind nachhaltig (>BFH vom 03.07.1991 – BStBl II S. 802).
- Zur Nachhaltigkeit bei Veräußerung von Grundstücken im Rahmen eines gewerblichen Grundstückshandels >BMF vom 26.03.2004 (BStBl I S. 434) *(Anhang 17)*
- >H 18.1 (Nachhaltige Erfindertätigkeit)
- Zu den Voraussetzungen, unter denen der Erwerb eines Wirtschaftsguts **zum Zweck** der späteren **Veräußerung** als nachhaltige Tätigkeit zu beurteilen ist >BFH vom 28.04.1977 (BStBl II S. 728) und vom 08.07.1982 (BStBl II S. 700)

Wertpapiere
Besteht beim An- und Verkauf festverzinslicher Wertpapiere eine Wiederholungsabsicht, kann die Tätigkeit nachhaltig sein (>BFH vom 31.07.1990 – BStBl II 1991 S. 66 und vom 06.03.1991 – BStBl II S. 631).

Wiederholungsabsicht

Eine Tätigkeit ist nachhaltig, wenn sie auf Wiederholung angelegt ist. Da die Wiederholungsabsicht eine innere Tatsache ist, kommt den tatsächlichen Umständen besondere Bedeutung zu. Das Merkmal der Nachhaltigkeit ist daher bei einer Mehrzahl von gleichartigen Handlungen im Regelfall zu bejahen (>BFH vom 23.10.1987 – BStBl II 1988 S. 293 und vom 12.07.1991 – BStBl II 1992 S. 143). Bei **erkennbarer** Wiederholungsabsicht kann bereits eine einmalige Handlung den Beginn einer fortgesetzten Tätigkeit begründen (>BFH vom 31.07.1990 – BStBl II 1991 S. 66).

Zeitdauer

Die Zeitdauer einer Tätigkeit allein lässt nicht auf die Nachhaltigkeit schließen (>BFH vom 21.08.1985 – BStBl II 1986 S. 88).

Zurechnung der Tätigkeit eines Anderen

Bedingen sich die Aktivitäten zweier selbständiger Rechtssubjekte gegenseitig und sind sie derart miteinander verflochten, dass sie nach der Verkehrsanschauung als einheitlich anzusehen sind, können bei der Prüfung der Nachhaltigkeit die Handlungen des Einen dem Anderen zugerechnet werden (>BFH vom 12.07.2007 – BStBl II S. 885).

Gewinnerzielungsabsicht

– unbesetzt –

R 15.3

Hinweise

H 15.3

Abgrenzung der Gewinnerzielungsabsicht zur Liebhaberei
- bei einem **Architekten** >BFH vom 12.09.2002 (BStBl II 2003 S. 85)
- bei einem **Bootshandel** mit langjährigen Verlusten >BFH vom 21.07.2004 (BStBl II S. 1063)
- bei einem **Erfinder** >BFH vom 14.03.1985 (BStBl II S. 424)
- bei Vermietung einer **Ferienwohnung** >BFH vom 05.05.1988 (BStBl II S. 778)
- beim Betrieb eines **Gästehauses** >BFH vom 13.12.1984 (BStBl II 1985 S. 455)
- bei einem als sog. **Generationenbetrieb** geführten Unternehmen >BFH vom 24.08.2000 (BStBl II S. 674)
- bei einem **gewerblichen Grundstückshandel** >BFH vom 05.04.2017 (BStBl II S. 1130)
- bei einem unverändert fortgeführten regelmäßig Verluste bringenden **Großhandelsunternehmen** >BFH vom 19.11.1985 (BStBl II 1986 S. 289)
- bei einem **Künstler** >BFH vom 06.03.2003 (BStBl II S. 602)
- bei Vercharterung eines **Motorbootes** >BFH vom 28.08.1987 (BStBl II 1988 S. 10)

§ 15 EStG
H 15.3

Anhang 16 VIII

- bei einer **Pferdezucht** >BFH vom 27.01.2000 (BStBl II S. 227)
- bei kleinen **Photovoltaikanlagen** und vergleichbaren **Blockheizkraftwerken** >BMF vom 29.10.2021 (BStBl I S. 2202)
- bei einem hauptberuflich tätigen **Rechtsanwalt** >BFH vom 22.04.1998 (BStBl II S. 663) und vom 14.12.2004 (BStBl II 2005 S. 392)
- bei Betrieb einer **Reitschule** >BFH vom 15.11.1984 (BStBl II 1985 S. 205)
- bei einem **Schriftsteller** >BFH vom 23.05.1985 (BStBl II S. 515)
- bei einem **Steuerberater** >BFH vom 31.05.2001 (BStBl II 2002 S. 276)
- bei Betrieb eines **Trabrennstalls** >BFH vom 19.07.1990 (BStBl II 1991 S. 333)

Anlaufverluste
- Verluste der Anlaufzeit sind steuerlich nicht zu berücksichtigen, wenn die Tätigkeit von Anfang an erkennbar ungeeignet ist, auf Dauer einen Gewinn zu erbringen (>BFH vom 23.05.1985 – BStBl II S. 515 und vom 28.08.1987 – BStBl II 1988 S. 10).
- Bei der Totalgewinnprognose ist zu berücksichtigen, dass sich z. B. bei Künstlern und Schriftstellern positive Einkünfte vielfach erst nach einer längeren Anlaufzeit erzielen lassen (>BFH vom 23.05.1985 – BStBl II S. 515 und vom 06.03.2003 – BStBl II S. 602).
- Beruht die Entscheidung zur Neugründung eines Gewerbebetriebs im Wesentlichen auf den persönlichen Interessen und Neigungen des Stpfl., sind die entstehenden Verluste nur dann für die Dauer einer betriebsspezifischen Anlaufphase steuerlich zu berücksichtigen, wenn der Stpfl. zu Beginn seiner Tätigkeit ein schlüssiges Betriebskonzept erstellt hat, das ihn zu der Annahme veranlassen durfte, durch die gewerbliche Tätigkeit werde insgesamt ein positives Gesamtergebnis erzielt werden können. Besteht ein solches Betriebskonzept hingegen nicht und war der Betrieb bei objektiver Betrachtung nach seiner Art, nach der Gestaltung der Betriebsführung und nach den gegebenen Ertragsaussichten von vornherein zur Erzielung eines Totalgewinns nicht in der Lage, folgt daraus, dass der Stpfl. die verlustbringende Tätigkeit nur aus im Bereich seiner Lebensführung liegenden persönlichen Gründen oder Neigungen ausgeübt hat (>BFH vom 23.05.2007 – BStBl II S. 874).
- Als betriebsspezifische Anlaufzeit bis zum Erforderlichwerden größerer Korrektur- und Umstrukturierungsmaßnahmen wird ein Zeitraum von weniger als fünf Jahren nur im Ausnahmefall in Betracht kommen. Daneben ist die Dauer der Anlaufphase vor allem vom Gegenstand und von der Art des jeweiligen Betriebs abhängig, so dass sich der Zeitraum, innerhalb dessen das Unterbleiben einer Reaktion auf bereits eingetretene Verluste für sich betrachtet noch nicht als Beweisanzeichen für eine mangelnde Gewinnerzielungsabsicht herangezogen

§ 15 EStG
H 15.3

werden kann, nicht allgemeinverbindlich festlegen lässt (>BFH vom 23.05.2007 – BStBl II S. 874).

Betriebszweige
Wird sowohl eine Landwirtschaft als auch eine Forstwirtschaft betrieben, ist die Frage der Gewinnerzielungsabsicht getrennt nach **Betriebszweigen** zu beurteilen (>BFH vom 13.12.1990 – BStBl II 1991 S. 452).

Beweisanzeichen
– **Betriebsführung**
Beweisanzeichen für das Vorliegen einer Gewinnerzielungsabsicht ist eine Betriebsführung, bei der der Betrieb nach seiner Wesensart und der Art seiner Bewirtschaftung auf die Dauer gesehen dazu geeignet und bestimmt ist, mit Gewinn zu arbeiten. Dies erfordert eine in die Zukunft gerichtete langfristige Beurteilung, wofür die Verhältnisse eines bereits abgelaufenen Zeitraums wichtige Anhaltspunkte bieten können (>BFH vom 05.05.1988 – BStBl II S. 778).

– **Umstrukturierungsmaßnahmen**
Geeignete Umstrukturierungsmaßnahmen können ein gewichtiges Indiz für das Vorhandensein einer Gewinnerzielungsabsicht darstellen, wenn nach dem damaligen Erkenntnishorizont aus der Sicht eines wirtschaftlich vernünftig denkenden Betriebsinhabers eine hinreichende Wahrscheinlichkeit dafür bestand, dass sie innerhalb eines überschaubaren Zeitraums zum Erreichen der Gewinnzone führen würden (>BFH vom 21.07.2004 – BStBl II S. 1063).

– **Verlustperioden**
Bei längeren Verlustperioden muss für das Fehlen einer Gewinnerzielungsabsicht aus weiteren Beweisanzeichen die Feststellung möglich sein, dass der Stpfl. die Tätigkeit nur aus den im Bereich seiner Lebensführung liegenden persönlichen Gründen und Neigungen ausübt (>BFH vom 19.11.1985 – BStBl II 1986 S. 289). Fehlende Reaktionen auf bereits eingetretene hohe Verluste und das unveränderte Beibehalten eines verlustbringenden Geschäftskonzepts sind ein gewichtiges Beweisanzeichen für eine fehlende Gewinnerzielungsabsicht. An die Feststellung persönlicher Gründe und Motive, die den Stpfl. zur Weiterführung seines Unternehmens bewogen haben könnten, sind in diesen Fällen keine hohen Anforderungen zu stellen (>BFH vom 17.11.2004 – BStBl II 2005 S. 336).

Land- und Forstwirtschaft
– Betriebszweige: Wird sowohl eine Landwirtschaft als auch eine Forstwirtschaft betrieben, ist die Frage der Gewinnerzielungsabsicht getrennt nach Betriebszweigen zu beurteilen (>BFH vom 13.12.1990 – BStBl II 1991 S. 452).

- Pachtbetrieb Landwirtschaft: Eine generationenübergreifende Totalgewinnprognose unter Einbeziehung des unentgeltlichen Rechtsnachfolgers kommt bei einem Landwirtschaftsbetrieb in Betracht, wenn der aktuell zu beurteilende Stpfl. infolge umfangreicher Investitionen die wirtschaftliche Grundlage des späteren Erfolgs in Form von positiven Einkünften bei seinem unentgeltlichen Rechtsnachfolger gelegt hat. Dies gilt zugleich betriebsübergreifend auch dann, wenn der Landwirtschaftsbetrieb zunächst unter Nießbrauchsvorbehalt an die nächste Generation übertragen wird. Die Totalgewinnprognose ist dann ungeachtet der Entstehung zweier landwirtschaftlicher Betriebe für einen fiktiven konsolidierten Landwirtschaftsbetrieb zu erstellen (>BFH vom 23.10.2018 – BStBl II 2019 S. 601).
- Zur Gewinnerzielungsabsicht bei einer forstwirtschaftlichen Tätigkeit >BMF vom 18.05.2018 (BStBl I S. 689), Tz. IV.

Personengesellschaft
- gewerblich geprägte Personengesellschaft >R 15.8 Abs. 6
- umfassend gewerbliche Personengesellschaft >H 15.8 (5) Gewinnerzielungsabsicht

Persönliche Gründe

Im Lebensführungsbereich liegende persönliche Gründe für die Fortführung einer verlustbringenden Tätigkeit
- können sich aus der Befriedigung persönlicher Neigungen oder der Erlangung wirtschaftlicher Vorteile außerhalb der Einkommenssphäre ergeben (>BFH vom 19.11.1985 – BStBl II 1986 S. 289 und vom 31.05.2001 – BStBl II 2002 S. 276),
- liegen vor, wenn die Fortführung der verlustbringenden Tätigkeit den Abzug von Gehaltszahlungen an nahe Angehörige ermöglichen soll (>BFH vom 26.02.2004 – BStBl II S. 455),
- können wegen des mit dem ausgeübten Beruf verbundenen Sozialprestiges vorliegen (>BFH vom 14.12.2004 – BStBl II 2005 S. 392).

Selbstkostendeckung

Ohne Gewinnerzielungsabsicht handelt, wer Einnahmen nur erzielt, um seine Selbstkosten zu decken (>BFH vom 22.08.1984 – BStBl II 1985 S. 61).

Totalgewinn

Gewinnerzielungsabsicht ist das Streben nach Betriebsvermögensmehrung in Gestalt eines Totalgewinns. Dabei ist unter dem Begriff „Totalgewinn" bei neu eröffneten Betrieben das positive Gesamtergebnis des Betriebs von der Gründung bis zur Veräußerung, Aufgabe oder Liquidation zu verstehen. Bei bereits bestehenden Betrieben sind für die Gewinnprognose die in der Vergangenheit erzielten Gewinne ohne Bedeutung. Am Ende einer Berufstätigkeit umfasst der anzustrebende Totalgewinn daher nur die verbleibenden Jahre (>BFH vom 26.02.2004 – BStBl II S. 455). Es kommt auf die Absicht der Gewinnerzielung an, nicht darauf, ob ein Gewinn tatsächlich erzielt worden ist (>BFH vom 25.06.1984 – BStBl II S. 751). Der Aufgabegewinn wird durch Gegenüberstellung des Aufgabe-Anfangsvermögens und des Aufgabe-Endvermögens ermittelt. Da Verbindlichkeiten im Anfangs- und Endvermögen jeweils – mangels stiller Reserven – mit denselben Werten enthalten sind, wirken sie sich auf die Höhe des Aufgabegewinns nicht aus (>BFH vom 17.06.1998 – BStBl II S. 727).

Treu und Glauben
Folgt das Finanzamt der Darstellung des Stpfl., wonach eine Gewinnerzielungsabsicht vorliegt, kann dieser seine Darstellung nicht ohne triftigen Grund als von Anfang an falsch bezeichnen; ein solches Verhalten würde gegen die Grundsätze von Treu und Glauben verstoßen (>BFH vom 10.10.1985 – BStBl II 1986 S. 68).

Verlustzuweisungsgesellschaft
Bei einer Personengesellschaft, die nach Art ihrer Betriebsführung keinen Totalgewinn erreichen kann und deren Tätigkeit nach der Gestaltung des Gesellschaftsvertrags und seiner tatsächlichen Durchführung allein darauf angelegt ist, ihren Gesellschaftern Steuervorteile dergestalt zu vermitteln, dass durch Verlustzuweisungen andere Einkünfte nicht und die Verlustanteile letztlich nur in Form buchmäßiger Veräußerungsgewinne versteuert werden müssen, liegt der Grund für die Fortführung der verlustbringenden Tätigkeit allein im Lebensführungsbereich der Gesellschafter. Bei derartigen sog. Verlustzuweisungsgesellschaften ist zu vermuten, dass sie zunächst keine Gewinnerzielungsabsicht haben. Bei ihnen liegt i. d. R. eine Gewinnerzielungsabsicht erst von dem Zeitpunkt an vor, in dem nach dem Urteil eines ordentlichen Kaufmanns ein Totalgewinn wahrscheinlich erzielt werden kann (>BFH vom 12.12.1995 – BStBl II 1996 S. 219).

Vorläufige Steuerfestsetzung
In Zweifelsfällen ist die Veranlagung gem. § 165 AO vorläufig durchzuführen (>BFH vom 25.10.1989 – BStBl II 1990 S. 278).

Wegfall des negativen Kapitalkontos
>H 15.8 (1) Nachversteuerung des negativen Kapitalkontos

Zeitliche Begrenzung der Beteiligung
Die zeitliche Begrenzung der Beteiligung kann eine fehlende Gewinnerwartung bedingen (>BFH vom 10.11.1977 – BStBl II 1978 S. 15).

Beteiligung am allgemeinen wirtschaftlichen Verkehr   R 15.4

– unbesetzt –

§ 15 EStG
H 15.4

Hinweise

Allgemeines

Eine Beteiligung am wirtschaftlichen Verkehr liegt vor, wenn ein Stpfl. mit Gewinnerzielungsabsicht nachhaltig am Leistungs- oder Güteraustausch teilnimmt. Damit werden solche Tätigkeiten aus dem gewerblichen Bereich ausgeklammert, die zwar von einer Gewinnerzielungsabsicht getragen werden, aber nicht auf einen Leistungs- oder Güteraustausch gerichtet sind, z. B. Bettelei. Die Teilnahme am allgemeinen Wirtschaftsverkehr erfordert, dass die Tätigkeit des Stpfl. nach außen hin in Erscheinung tritt, er sich mit ihr an eine – wenn auch begrenzte – Allgemeinheit wendet und damit seinen Willen zu erkennen gibt, ein Gewerbe zu betreiben (>BFH vom 09.07.1986 – BStBl II S. 851).

Einschaltung Dritter

– Der Stpfl. muss nicht in eigener Person am allgemeinen Wirtschaftsverkehr teilnehmen. Es reicht aus, dass eine derartige Teilnahme für seine Rechnung ausgeübt wird (>BFH vom 31.07.1990 – BStBl II 1991 S. 66).
– Eine Beteiligung am allgemeinen wirtschaftlichen Verkehr kann auch dann gegeben sein, wenn der Stpfl. nur ein Geschäft mit einem Dritten tätigt, sich dieser aber in Wirklichkeit und nach außen erkennbar nach Bestimmung des Stpfl. an den allgemeinen Markt wendet (>BFH vom 13.12.1995 – BStBl II 1996 S. 232).

Gewerblicher Grundstückshandel

Anhang 17 >BMF vom 26.03.2004 (BStBl I S. 434), Tz. 4

Kundenkreis

– Eine Beteiligung am allgemeinen wirtschaftlichen Verkehr kann auch bei einer Tätigkeit für nur einen bestimmten Vertragspartner vorliegen (>BFH vom 09.07.1986 – BStBl II S. 851 und vom 12.07.1991 – BStBl II 1992 S. 143), insbesondere wenn die Tätigkeit nach Art und Umfang dem Bild einer unternehmerischen Marktteilnahme entspricht (>BFH vom 22.01.2003 – BStBl II S. 464); dies gilt auch, wenn der Stpfl. vertraglich an Geschäftsbeziehungen zu weiteren Personen gehindert ist (>BFH vom 15.12.1999 – BStBl II 2000 S. 404).
– Eine Beteiligung am allgemeinen wirtschaftlichen Verkehr kann auch vorliegen, wenn Leistungen entgeltlich nur Angehörigen gegenüber erbracht werden (>BFH vom 13.12.2001 – BStBl II 2002 S. 80).

Sexuelle Dienstleistungen

– Telefonsex führt zu Einkünften aus Gewerbebetrieb (>BFH vom 23.02.2000 – BStBl II S. 610).
– Selbständig tätige Prostituierte erzielen Einkünfte aus Gewerbebetrieb (>BFH vom 20.02.2013 – BStBl II S. 441).

Teilnahme an Turnierpokerspielen

Die Teilnahme an Turnierpokerspielen kann als Gewerbebetrieb zu qualifizieren sein (>BFH vom 16.09.2015 – BStBl II 2016 S. 48).

Wettbewerbsausschluss

Die Beteiligung am allgemeinen wirtschaftlichen Verkehr kann auch dann bestehen, wenn der Wettbewerb der Gewerbetreibenden untereinander ausgeschlossen ist (>BFH vom 13.12.1963 – BStBl III 1964 S. 99).

Abgrenzung des Gewerbebetriebs von der Land- und Forstwirtschaft

R 15.5

Allgemeine Grundsätze

(1) ¹Land- und Forstwirtschaft ist die planmäßige Nutzung der natürlichen Kräfte des Bodens zur Erzeugung von Pflanzen und Tieren sowie die Verwertung der dadurch selbstgewonnenen Erzeugnisse. ²Als Boden i. S. d. Satzes 1 gelten auch Substrate und Wasser. ³Ob eine land- und forstwirtschaftliche Tätigkeit vorliegt, ist jeweils nach dem Gesamtbild der Verhältnisse zu entscheiden. ⁴Liegen teils gewerbliche und teils land- und forstwirtschaftliche Tätigkeiten vor, sind die Tätigkeiten zu trennen, wenn dies nach der Verkehrsauffassung möglich ist. ⁵Dies gilt auch dann, wenn sachliche und wirtschaftliche Bezugspunkte zwischen den verschiedenen Tätigkeiten bestehen. ⁶Sind die verschiedenen Tätigkeiten jedoch derart miteinander verflochten, dass sie sich unlösbar gegenseitig bedingen, liegt eine einheitliche Tätigkeit vor. ⁷Eine solche einheitliche Tätigkeit ist danach zu qualifizieren, ob das land- und forstwirtschaftliche oder das gewerbliche Element überwiegt. ⁸Bei in Mitunternehmerschaft (>R 15.8) geführten Betrieben ist § 15 Abs. 3 Nr. 1 EStG anzuwenden; Tätigkeiten, die dem Grunde und der Höhe nach innerhalb der nachfolgenden Grenzen liegen, gelten dabei als land- und forstwirtschaftlich.

Strukturwandel

(2) ¹Durch Strukturwandel einer bisher der Land- und Forstwirtschaft zugerechneten Tätigkeit kann neben der Land- und Forstwirtschaft ein Gewerbebetrieb entstehen. ²In diesen Fällen beginnt der Gewerbebetrieb zu dem Zeitpunkt, zu dem diese Tätigkeit dauerhaft umstrukturiert wird. ³Hiervon ist z. B. auszugehen, wenn dem bisherigen Charakter der Tätigkeit nicht mehr entsprechende Investitionen vorgenommen, vertragliche Verpflichtungen eingegangen oder Wirtschaftsgüter angeschafft werden und dies jeweils dauerhaft dazu führt, dass die in den folgenden Absätzen genannten Grenzen erheblich überschritten werden. ⁴In allen übrigen Fällen liegt nach Ablauf eines Zeitraums von drei aufeinander folgenden Wirtschaftsjahren Einkünfte aus Gewerbebetrieb vor. ⁵Der Dreijahreszeitraum bezieht sich auf die nachfolgenden Umsatzgrenzen und beginnt bei einem Wechsel des Betriebsinhabers nicht neu. ⁶Die vorstehenden Grundsätze gelten für den Strukturwandel von einer gewerblichen Tätigkeit zu einer land- und forstwirtschaftlichen Tätigkeit entsprechend.

§ 15 EStG
R 15.5

Nebenbetrieb

(3) ¹Ein Nebenbetrieb muss den Hauptbetrieb fördern und ergänzen und durch den Hauptbetrieb geprägt werden. ²Der Nebenbetrieb muss in funktionaler Hinsicht vom Hauptbetrieb abhängig sein. ³Die Verbindung darf nicht nur zufällig oder vorübergehend und nicht ohne Nachteil für den Hauptbetrieb lösbar sein. ⁴Ein Nebenbetrieb der Land- und Forstwirtschaft liegt daher vor, wenn

1. überwiegend im eigenen Hauptbetrieb erzeugte Rohstoffe be- oder verarbeitet werden und die dabei gewonnenen Erzeugnisse überwiegend für den Verkauf bestimmt sind

oder

2. ein Land- und Forstwirt Umsätze aus der Übernahme von Rohstoffen (z. B. organische Abfälle) erzielt, diese be- oder verarbeitet und die dabei gewonnenen Erzeugnisse nahezu ausschließlich im Hauptbetrieb verwendet

und

die Erzeugnisse im Rahmen einer ersten Stufe der Be- oder Verarbeitung, die noch dem land- und forstwirtschaftlichen Bereich zuzuordnen ist, hergestellt werden. ⁵Die Be- oder Verarbeitung eigener Erzeugnisse im Rahmen einer zweiten Stufe der Be- oder Verarbeitung ist eine gewerbliche Tätigkeit. ⁶Die Be- oder Verarbeitung fremder Erzeugnisse ist stets eine gewerbliche Tätigkeit. ⁷Unter den Voraussetzungen des Absatzes 11 können die Erzeugnisse nach den Sätzen 5 und 6 noch der Land- und Forstwirtschaft zugerechnet werden, wenn sie im Rahmen der Direktvermarktung abgesetzt werden. ⁸Ein Nebenbetrieb kann auch vorliegen, wenn er ausschließlich von Land- und Forstwirten gemeinschaftlich betrieben wird und nur in deren Hauptbetrieben erzeugte Rohstoffe im Rahmen einer ersten Stufe der Be- oder Verarbeitung be- oder verarbeitet werden, oder nur Erzeugnisse gewonnen werden, die ausschließlich in diesen Betrieben verwendet werden. ⁹Nebenbetriebe sind auch Substanzbetriebe (Abbauland – § 43 BewG), z. B. Sandgruben, Kiesgruben, Torfstiche, wenn die gewonnene Substanz überwiegend im eigenen Hauptbetrieb verwendet wird.

Unmittelbare Verwertung organischer Abfälle

(4) ¹Die Entsorgung organischer Abfälle (z. B. Klärschlamm) in einem selbst bewirtschafteten land- und forstwirtschaftlichen Betrieb ist nur dann der Land- und Forstwirtschaft zuzurechnen, wenn sie im Rahmen einer Be- oder Verarbeitung i. S. d. Absatzes 3 geschieht oder die in Absatz 1 Satz 1 genannten Voraussetzungen im Vordergrund stehen. ²Das Einsammeln, Abfahren und Sortieren organischer Abfälle, das mit der Ausbringung auf Flächen oder der Verfütterung an Tiere des selbst bewirtschafteten land- und forstwirtschaftlichen Betriebs in unmittelbarem sachlichem Zusammenhang steht, ist eine land- und forstwirtschaftliche Tätigkeit. ³Andernfalls gelten Absätze 9 und 10.

§ 15 EStG
R 15.5

Eigene und fremde Erzeugnisse

(5) [1]Als eigene Erzeugnisse gelten alle land- und forstwirtschaftlichen Erzeugnisse, die im Rahmen des Erzeugungsprozesses im eigenen Betrieb gewonnen werden. [2]Hierzu gehören auch Erzeugnisse der ersten Stufe der Be- oder Verarbeitung und zugekaufte Waren, die als Roh-, Hilfs- oder Betriebsstoffe im Erzeugungsprozess verwendet werden. [3]Rohstoffe sind Waren, die im Rahmen des Erzeugungsprozesses weiterkultiviert werden (z. B. Jungtiere, Saatgut oder Jungpflanzen). [4]Hilfsstoffe sind Waren, die als nicht überwiegender Bestandteil in eigene Erzeugnisse eingehen (z. B. Futtermittelzusätze, Siliermittel, Starterkulturen und Lab zur Milchverarbeitung, Trauben, Traubenmost und Verschnittwein zur Weinerzeugung, Verpackungsmaterial sowie Blumentöpfe für die eigene Produktion oder als handelsübliche Verpackung). [5]Betriebsstoffe sind Waren, die im Erzeugungsprozess verwendet werden (z. B. Düngemittel, Treibstoff und Heizöl). [6]Unerheblich ist, ob die zugekaufte Ware bereits ein land- und forstwirtschaftliches Urprodukt im engeren Sinne oder ein gewerbliches Produkt darstellt. [7]Als fremde Erzeugnisse gelten alle zur Weiterveräußerung zugekauften Erzeugnisse, Produkte oder Handelswaren, die nicht im land- und forstwirtschaftlichen Erzeugungsprozess des eigenen Betriebs verwendet werden. [8]Dies gilt unabhängig davon, ob es sich um betriebstypische bzw. -untypische Erzeugnisse, Handelsware zur Vervollständigung einer für die Art des Erzeugungsbetriebs üblichen Produktpalette oder andere Waren aller Art handelt. [9]Werden zugekaufte Roh-, Hilfs- oder Betriebsstoffe weiterveräußert, gelten diese zum Zeitpunkt der Veräußerung als fremde Erzeugnisse. [10]Dies gilt unabhängig davon, ob die Veräußerung gelegentlich (z. B. Verkauf von Diesel im Rahmen der Nachbarschaftshilfe) oder laufend (z. B. Verkauf von Blumenerde) erfolgt. [11]Die hieraus erzielten Umsätze sind bei der Abgrenzung entsprechend zu berücksichtigen.

Absatz eigener Erzeugnisse i. V. m. fremden und gewerblichen Erzeugnissen

(6) [1]Werden ausschließlich eigene Erzeugnisse (Absatz 5 Satz 1) abgesetzt, stellt dies eine Vermarktung im Rahmen der Land- und Forstwirtschaft dar, selbst wenn diese Erzeugnisse über ein eigenständiges Handelsgeschäft oder eine Verkaufsstelle (z. B. Großhandelsbetrieb, Einzelhandelsbetrieb, Ladengeschäft, Marktstand oder Verkaufswagen) abgesetzt werden. [2]Unerheblich ist die Anzahl der Verkaufsstellen oder ob die Vermarktung in räumlicher Nähe zum Betrieb erfolgt. [3]Werden durch einen Land- und Forstwirt neben eigenen Erzeugnissen auch fremde (Absatz 5 Satz 7) oder gewerbliche Erzeugnisse (Absatz 3 Satz 5 und 6) abgesetzt, liegen eine land- und forstwirtschaftliche und eine gewerbliche Tätigkeit vor. [4]Diese gewerbliche Tätigkeit kann unter den Voraussetzungen des Absatzes 11 noch der Land- und Forstwirtschaft zugerechnet werden. [5]Dagegen ist der ausschließliche Absatz fremder oder gewerblicher Erzeugnisse von Beginn an stets eine gewerbliche Tätigkeit. [6]Auf die Art und den Umfang der Veräußerung kommt es dabei nicht an.

Absatz eigener Erzeugnisse i. V. m. Dienstleistungen

(7) ¹Die Dienstleistung eines Land- und Forstwirts im Zusammenhang mit dem Absatz eigener Erzeugnisse, die über den Transport und das Einbringen von Pflanzen hinausgeht (z. B. Grabpflege, Gartengestaltung), stellt grundsätzlich eine einheitlich zu beurteilende Tätigkeit mit Vereinbarungen über mehrere Leistungskomponenten dar (gemischter Vertrag). ²Dabei ist von einer einheitlich gewerblichen Tätigkeit auszugehen, wenn nach dem jeweiligen Vertragsinhalt der Umsatz aus den Dienstleistungen und den fremden Erzeugnissen überwiegt. ³Die gewerbliche Tätigkeit kann unter den Voraussetzungen des Absatzes 11 noch der Land- und Forstwirtschaft zugerechnet werden.

Absatz eigen erzeugter Getränke i. V. m. besonderen Leistungen

(8) ¹Der Ausschank von eigen erzeugten Getränken i. S. d. Absatzes 5, z. B. Wein, ist lediglich eine Form der Vermarktung und somit eine land- und forstwirtschaftliche Tätigkeit. ²Werden daneben durch einen Land- und Forstwirt Speisen und andere Getränke abgegeben, liegt insoweit eine gewerbliche Tätigkeit vor, die unter den Voraussetzungen des Absatzes 11 noch der Land- und Forstwirtschaft zugerechnet werden kann.

Verwendung von Wirtschaftsgütern

(9) ¹Verwendet ein Land- und Forstwirt Wirtschaftsgüter seines land- und forstwirtschaftlichen Betriebsvermögens, indem er diese Dritten entgeltlich überlässt oder mit ihnen für Dritte Dienstleistungen verrichtet, stellt dies eine gewerbliche Tätigkeit dar. ²Dies gilt auch, wenn in diesem Zusammenhang fremde Erzeugnisse verwendet werden. ³Unter den Voraussetzungen des Absatzes 11 kann die Tätigkeit noch der Land- und Forstwirtschaft zugerechnet werden, wenn der Einsatz für eigene land- und forstwirtschaftliche Zwecke einen Umfang von 10 % nicht unterschreitet. ⁴Dagegen liegt ohne weiteres von Beginn an stets eine gewerbliche Tätigkeit vor, wenn ein Land- und Forstwirt Wirtschaftsgüter, die er eigens zu diesem Zweck angeschafft hat, für Dritte verwendet.

Land- und forstwirtschaftliche Dienstleistungen

(10) ¹Sofern ein Land- und Forstwirt Dienstleistungen ohne Verwendung von eigenen Erzeugnissen oder eigenen Wirtschaftsgütern verrichtet, ist dies eine gewerbliche Tätigkeit. ²Unter den Voraussetzungen des Absatzes 11 kann die Tätigkeit noch der Land- und Forstwirtschaft zugerechnet werden, wenn ein funktionaler Zusammenhang mit typisch land- und forstwirtschaftlichen Tätigkeiten besteht.

Abgrenzungsregelungen

(11) ¹Gewerbliche Tätigkeiten, die nach den Absätzen 3 bis 8 dem Grunde nach die Voraussetzungen für eine Zurechnung zur Land- und Forstwirtschaft erfüllen, sind nur dann typisierend der Land- und Forstwirtschaft zuzurechnen, wenn die Umsätze aus diesen Tätigkeiten dauerhaft (Absatz 2) insgesamt nicht mehr als ein Drittel des Gesamtumsatzes und

nicht mehr als 51.500 Euro im Wirtschaftsjahr betragen. [2] Diese Grenzen gelten für die Tätigkeiten nach den Absätzen 9 und 10 entsprechend. [3] Voraussetzung hierfür ist, dass die Umsätze aus den Tätigkeiten i. S. v. Satz 1 und 2 dauerhaft (Absatz 2) insgesamt nicht mehr als 50 % des Gesamtumsatzes betragen. [4] Anderenfalls liegen hinsichtlich dieser Tätigkeiten unter den Voraussetzungen des Strukturwandels Einkünfte aus Gewerbebetrieb vor. [5] Der daneben bestehende Betrieb der Land- und Forstwirtschaft bleibt hiervon unberührt. [6] Bei der Ermittlung der Umsätze ist von den Betriebseinnahmen (ohne Umsatzsteuer) auszugehen. [7] Soweit es auf den Gesamtumsatz ankommt, ist hierunter die Summe der Betriebseinnahmen (ohne Umsatzsteuer) zu verstehen.

Energieerzeugung

(12) [1] Bei der Erzeugung von Energie, z. B. durch Wind-, Solar- oder Wasserkraft, handelt es sich nicht um die planmäßige Nutzung der natürlichen Kräfte des Bodens i. S. d. Absatzes 1 Satz 1. [2] Der Absatz von Strom und Wärme führt zu Einkünften aus Gewerbebetrieb. [3] Die Erzeugung von Biogas kann eine Tätigkeit i. S. d. Absatzes 3 sein.

Beherbergung von Fremden

(13) [1] Die Abgrenzung der Einkünfte aus Gewerbebetrieb gegenüber denen aus Land- und Forstwirtschaft richtet sich bei der Beherbergung von Fremden nach den Grundsätzen von R 15.7. [2] Aus Vereinfachungsgründen ist keine gewerbliche Tätigkeit anzunehmen, wenn weniger als vier Zimmer und weniger als sechs Betten zur Beherbergung von Fremden bereitgehalten werden und keine Hauptmahlzeit gewährt wird.

(14) Soweit sich aus den Absätzen 1 bis 13 für einen Stpfl. Verschlechterungen gegenüber R 15.5 EStR 2008 ergeben, kann R 15.5 EStR 2008 für diejenigen Wirtschaftsjahre weiter angewandt werden, die vor der Veröffentlichung der EStÄR 2012 im Bundessteuerblatt beginnen.

Hinweise

H 15.5

Abgrenzung

Beispiel zur Prüfung der Umsatzgrenzen:

Ein land- und forstwirtschaftlicher Betrieb erzielt aus eigenen und fremden Erzeugnissen insgesamt einen Umsatz von 130.000 € zzgl. Umsatzsteuer. Davon wurde ein Umsatzanteil von 45.000 € zzgl. Umsatzsteuer aus der Veräußerung zugekaufter Erzeugnisse und zugekaufter Handelswaren erzielt. Ferner führt der Betrieb Dienstleistungen mit eigenen Maschinen für andere Land- und Forstwirte und die örtliche Gemeinde aus. Daraus werden jeweils 15.000 € Umsatz zzgl. Umsatzsteuer erzielt.

Lösung:

Die gekauften und weiterveräußerten Erzeugnisse, Produkte und Handelswaren sind fremde Erzeugnisse (R 15.5 Abs. 5 Satz 7 EStR), da sie nicht im Rahmen des Erzeugungsprozesses im eigenen Betrieb verwendet wurden. Die Summe der Betriebseinnahmen ohne Umsatzsteuer aus eigenen Erzeugnissen und fremden

§ 15 EStG
H 15.5

Erzeugnisse sowie der Dienstleistungen (R 15.5 Abs. 9 und 10 EStR) beträgt 160.000 €.

Die Umsätze aus fremden Erzeugnissen von 45.000 € ohne Umsatzsteuer überschreiten weder die relative Grenze von einem Drittel des Gesamtumsatzes (= 53.333 €) noch die absolute Grenze von 51.500 € (R 15.5 Abs. 11 Satz 1 EStR).

Die Umsätze aller Dienstleistungen von 30.000 € ohne Umsatzsteuer überschreiten weder die relative Grenze von einem Drittel des Gesamtumsatzes (= 53.333 €) noch die absolute Grenze von 51.500 € (R 15.5 Abs. 11 Satz 2 EStR). Es ist unerheblich, ob es sich beim Leistungsempfänger um einen Land- und Forstwirt handelt.

Die Umsätze aus den Tätigkeitsbereichen Absatz von fremden Erzeugnissen und Dienstleistungen überschreiten mit insgesamt 75.000 € nicht die Grenze von 50 % des Gesamtumsatzes (= 160.000 € x 50 % = 80.000 €; R 15.5 Abs. 11 Satz 3 EStR). Damit liegt insgesamt ein land- und forstwirtschaftlicher Betrieb vor.

Beispiel zur Abgrenzung der Tätigkeiten und Zuordnung von Wirtschaftsgütern:

Landwirt L richtet im Wj. 2013/2014 in einem zum Betriebsvermögen gehörenden Wirtschaftsgebäude einen Hofladen ein, der zu 40 % dem Verkauf von eigenen land- und forstwirtschaftlichen Erzeugnissen dient und zu 60 % dem Verkauf von fremden Erzeugnissen. Die Umsätze des Betriebs entwickeln sich wie folgt:

	Nettogesamtumsatz	Nettoumsatz fremde Erzeugnisse
2013/2014	175.000 €	25.000 €
2014/2015	190.000 €	40.000 €
2015/2016	205.000 €	55.000 €
2016/2017	210.000 €	60.000 €
2017/2018	210.000 €	60.000 €

Lösung:

a) Abgrenzung

Der im Wj. 2013/2014 eingerichtete Hofladen steht aufgrund des Verkaufs eigener land- und forstwirtschaftlicher Erzeugnisse in engem sachlichem Zusammenhang mit dem land- und forstwirtschaftlichen Betrieb. Nach R 15.5 Abs. 6 EStR ist der Zu- und Verkauf fremder Erzeugnisse eine gewerbliche Tätigkeit. Nach R 15.5 Abs. 11 Satz 1 EStR werden sämtliche im Hofladen erzielten Umsätze der Land- und Forstwirtschaft zugerechnet, wenn der nachhaltige Umsatzanteil sämtlicher Verkäufe von fremden Erzeugnissen (R 15.5 Abs. 5 Satz 7 EStR) nicht mehr als 1/3 des Gesamtumsatzes des land- und forstwirtschaftlichen Betriebs und nicht mehr als 51.500 € im Wj. beträgt.

In den Wj. 2013/2014 bis 2014/2015 sind die Voraussetzungen für eine Zurechnung zur Land- und Forstwirtschaft erfüllt. Ab dem Wj. 2015/2016 wird die absolute Grenze von 51.500 € überschritten. Nach R 15.5 Abs. 2 EStR entsteht jedoch erst mit Ablauf des Wj. 2017/2018 ein gesonderter Gewerbebetrieb (Drei-Jahres-Frist; allmählicher Strukturwandel).

b) Behandlung des Wirtschaftsgebäudes

Das Wirtschaftsgebäude wird eigenbetrieblich zu 60 % für gewerbliche Tätigkeiten genutzt, so dass der Hofladen mit dem dazu gehörenden Grund und Boden gewerbliches Betriebsvermögen wäre. Da die Nutzung für land- und forstwirtschaftliche Tätigkeiten jedoch mindestens 10 % beträgt (>R 15.5

Abs. 9 Satz 3 EStR), hat es der Stpfl. in der Hand, den Umfang seiner betrieblichen Tätigkeit und seiner Betriebsausgaben zu bestimmen (>BFH vom 04.07.1990 – BStBl II S. 817 und vom 22.01.2004 – BStBl II S. 512). Das Wirtschaftsgebäude kann deshalb aufgrund der Funktionszuweisung des Stpfl. auch über das Wj. 2017/2018 hinaus dem land- und forstwirtschaftlichen Betriebsvermögen zugeordnet werden.

Baumschulen

R 15.5 Abs. 5 gilt auch für Baumschulbetriebe. In solchen Betrieben ist die Aufzucht von sog. Kostpflanzen üblich. Kostpflanzen sind Pflanzen, die der Baumschulbetrieb aus selbst gestelltem Samen oder selbst gestellten Pflanzen in fremden Betrieben aufziehen lässt. Kostpflanzen sind eigene (nicht fremde) Erzeugnisse, wenn die in Kost gegebenen Sämereien oder Pflanzen in der Verfügungsgewalt des Kostgebers (des Baumschulbetriebs) bleiben und der Kostnehmer (der Betrieb, der die Aufzucht durchführt) die Rücklieferungsverpflichtung gegenüber dem Kostgeber hat. Dabei kommt es nicht darauf an, dass der Kostgeber die hingegebenen Pflanzen im eigenen land- oder forstwirtschaftlichen Betrieb erzeugt hat (>BFH vom 16.12.1976 – BStBl II 1977 S. 272).

Bewirtschaftungsvertrag

Ein mit einem Pachtvertrag gekoppelter Bewirtschaftungsvertrag vermittelt dem Verpächter nur dann Einkünfte aus Land- und Forstwirtschaft, wenn die Verträge nach dem Willen der Vertragsparteien auf den Verkauf der Ernte gerichtet sind. Ist hingegen nicht von einem Verkauf der Ernte auszugehen, weil neben einem festen Pachtzins lediglich ein Kostenersatz als Bewirtschaftungsentgelt vereinbart wurde, ist von einem Dienstleistungsvertrag und insofern von gewerblichen Einkünften auszugehen (>BFH vom 29.11.2001 – BStBl II 2002 S. 221).

Biogasanlagen und Erzeugung von Energie aus Biogas
Zur ertragsteuerlichen Behandlung von Biogasanlagen und zur Erzeugung von Energie aus Biogas >BMF vom 11.04.2022 (BStBl I S. 633)

Grundstücksverkäufe

– Die Veräußerung land- und forstwirtschaftlich genutzter Grundstücke ist ein Hilfsgeschäft eines land- und forstwirtschaftlichen Betriebs und nicht Gegenstand eines selbständigen gewerblichen Unternehmens. Etwas anderes gilt allerdings dann, wenn der Landwirt wiederholt innerhalb eines überschaubaren Zeitraums land- und forstwirtschaftliche Grundstücke oder Betriebe in Gewinnabsicht veräußert, die er bereits in der Absicht einer Weiterveräußerung erworben hatte (>BFH vom 28.06.1984 – BStBl II S. 798).

– >BMF vom 26.03.2004 (BStBl I S. 434), Tz. 27   Anhang 17

Klärschlamm

Ein Landwirt, der auch einen Gewerbebetrieb für Klärschlammtransporte unterhält, erzielt mit den Einnahmen für den Transport und die Ausbringung von Klärschlamm auch insoweit Einkünfte aus Gewerbebetrieb und nicht aus Landwirtschaft, als er den Klärschlamm mit Maschinen des Gewerbebetriebs auf selbstbewirtschafteten Feldern ausbringt (>BFH vom 08.11.2007 – BStBl II 2008 S. 356).

Nebenbetrieb

Ein Nebenbetrieb (>R 15.5 Abs. 3) kann auch vorliegen, wenn die von einem Mitunternehmer ausgeübte Tätigkeit dem gemeinsam mit anderen geführten landwirtschaftlichen Hauptbetrieb zu dienen bestimmt ist (>BFH vom 22.01.2004 – BStBl II S. 512).

Reitpferde

- Die Entscheidung, ob die mit der Unterhaltung eines Pensionsstalles und der Erteilung von Reitunterricht verbundene Haltung oder Zucht von Pferden einen Gewerbebetrieb oder einen Betrieb der Land- und Forstwirtschaft darstellt, ist nach den Umständen des Einzelfalles zu treffen. Die Pensionsreitpferdehaltung rechnet auch dann zur landwirtschaftlichen Tierhaltung i. S. d. § 13 Abs. 1 Nr. 1 Satz 2, wenn den Pferdeeinstellern Reitanlagen einschl. Reithalle zur Verfügung gestellt werden (>BFH vom 23.09.1988 – BStBl II 1989 S. 111).
- Die Vermietung von Pferden zu Reitzwecken ist bei vorhandener flächenmäßiger Futtergrundlage als landwirtschaftlich anzusehen, wenn keine weiteren ins Gewicht fallenden Leistungen erbracht werden, die nicht der Landwirtschaft zuzurechnen sind (>BFH vom 24.01.1989 – BStBl II S. 416).
- Ein landwirtschaftlicher Betrieb wird nicht dadurch zu einem Gewerbebetrieb, dass er Pferde zukauft, sie während einer nicht nur kurzen Aufenthaltsdauer zu hochwertigen Reitpferden ausbildet und dann weiterverkauft (>BFH vom 17.12.2008 – BStBl II 2009 S. 453).

Schlossbesichtigung

Gewinne aus Schlossbesichtigung gehören zu den Einkünften aus Gewerbebetrieb (>BFH vom 07.08.1979 – BStBl II 1980 S. 633).

Strukturwandel

Zur Abgrenzung eines allmählichen von einem sofortigen Strukturwandel >BFH vom 19.02.2009 (BStBl II S. 654)

Tierzucht

- Zur Frage der Abgrenzung der landwirtschaftlichen Tierzucht und Tierhaltung (§ 13 Abs. 1 Nr. 1) von der gewerblichen Tierzucht und Tierhaltung >R 13.2

§ 15 EStG
H 15.5, 15.6 R 15.6

- Die Unterhaltung einer Brüterei, in der Küken aus Bruteiern gewonnen und als Eintagsküken weiterveräußert werden, stellt einen Gewerbebetrieb dar, nicht aber eine gewerbliche Tierzucht oder Tierhaltung i. S. d. § 15 Abs. 4 Satz 1 und 2 (>BFH vom 14.09.1989 – BStBl II 1990 S. 152).
- Die Aufzucht und Veräußerung von Hunden ist eine gewerbliche Tätigkeit (>BFH vom 30.09.1980 – BStBl II 1981 S. 210).
- Die Züchtung und das Halten von Kleintieren ohne Bezug zur land- und forstwirtschaftlichen Urproduktion stellt ungeachtet einer vorhandenen Futtergrundlage eine gewerbliche Tätigkeit dar (>BFH vom 16.12.2004 – BStBl II 2005 S. 347).
- Die Unterhaltung einer Nerzzucht gehört nicht zum Bereich der land- und forstwirtschaftlichen Urproduktion (>BFH vom 19.12.2002 – BStBl II 2003 S. 507).

Weinbau, Perlwein und Sekt
>BMF vom 19.10.2017 (BStBl I S. 1431)

Abgrenzung des Gewerbebetriebs von der selbständigen Arbeit

R 15.6
S 2245

– unbesetzt –

Hinweise

H 15.6

Allgemeines
Die für einen Gewerbebetrieb geltenden positiven Voraussetzungen
- Selbständigkeit (>R 15.1),
- Nachhaltigkeit (>H 15.2),
- Gewinnerzielungsabsicht (>H 15.3) und
- Beteiligung am allgemeinen wirtschaftlichen Verkehr (>H 15.4)

gelten auch für die selbständige Arbeit i. S. d. § 18 Abs. 1 Nr. 1 und 2. Erfordert die Ausübung eines in § 18 Abs. 1 Nr. 1 genannten Berufes eine gesetzlich vorgeschriebene Berufsausbildung, übt nur derjenige, der aufgrund dieser Berufsausbildung berechtigt ist, die betreffende Berufsbezeichnung zu führen, diesen Beruf aus (>BFH vom 01.10.1986 – BStBl II 1987 S. 116). Eine sonstige selbständige Tätigkeit i. S. d. § 18 Abs. 1 Nr. 3 wird i. d. R. gelegentlich und nur ausnahmsweise nachhaltig ausgeübt (>BFH vom 28.06.2001 – BStBl II 2002 S. 338).

Abgrenzung selbständige Arbeit/Gewerbebetrieb
- **Beispiele für selbständige Arbeit**
  - **Altenpfleger**, soweit keine hauswirtschaftliche Versorgung der Patienten erfolgt (>BMF vom 20.11.2019 – BStBl I S. 1298),

Anhang 17b

§ 15 EStG
H 15.6

- **Berufsbetreuer i. S. v. §§ 1896 ff. BGB**; die Tätigkeit fällt i. d. R. unter § 18 Abs. 1 Nr. 3 (>BFH vom 15.06.2010 – BStBl II S. 906 und S. 909),

Anhang 17b
- **Diätassistent** (>BMF vom 20.11.2019 – BStBl I S. 1298),
- **EDV-Berater** übt im Bereich der Systemsoftware regelmäßig eine ingenieurähnliche Tätigkeit aus. Im Bereich der Entwicklung von Anwendersoftware ist die Tätigkeit des EDV-Beraters nur dann als selbständige Tätigkeit zu qualifizieren, wenn er die Entwicklung der Anwendersoftware durch eine klassische ingenieursmäßige Vorgehensweise (Planung, Konstruktion, Überwachung) betreibt und er über eine Ausbildung, die der eines Ingenieurs vergleichbar ist, verfügt (>BFH vom 04.05.2004 – BStBl II S. 989),

Anhang 17b
- **Ergotherapeut** (>BMF vom 20.11.2019 – BStBl I S. 1298),
- **Fachkrankenpfleger** für Krankenhaushygiene (>BFH vom 06.09.2006 – BStBl II 2007 S. 177),

Anhang 17b
- **Hebamme/Entbindungspfleger** (>BMF vom 20.11.2019 – BStBl I S. 1298),
- **Heileurythmist** bei Teilnahme an Verträgen zur Integrierten Versorgung mit Anthroposophischer Medizin nach § 140a ff. SGB V

Anhang 17b
(>BFH vom 20.11.2018 – BStBl II 2019 S. 776 und BMF vom 20.11.2019 – BStBl I S. 1298),
- **Industrie-Designer;** auch im Bereich zwischen Kunst und Gewerbe kann gewerblicher Verwendungszweck eine künstlerische Tätigkeit nicht ausschließen (>BFH vom 14.12.1976 – BStBl II 1977 S. 474),
- **Insolvenzverwalter** (>BFH vom 11.08.1994 – BStBl II S. 936), >sonstige selbständige Arbeit,
- **IT-Projektleiter**, wenn dieser über Kenntnisse und Fähigkeiten verfügt, die in Breite und Tiefe denen eines Diplom-Informatikers entsprechen (>BFH vom 22.09.2009 – BStBl II 2010 S. 404),
- **Kfz-Sachverständiger,** dessen Gutachtertätigkeit mathematisch-technische Kenntnisse voraussetzt, wie sie üblicherweise nur durch eine Berufsausbildung als Ingenieur erlangt werden (>BFH vom 10.11.1988 – BStBl II 1989 S. 198),
- **Kindererholungsheim;** der Betrieb eines Kindererholungsheims kann ausnahmsweise eine freiberufliche Tätigkeit darstellen, wenn die Kinder in erster Linie zum Zweck einer planmäßigen körperlichen, geistigen und sittlichen Erziehung auswärts untergebracht sind und die freiberufliche Tätigkeit der Gesamtleistung des Heimes das Gepräge gibt (>BFH vom 09.04.1975 – BStBl II S. 610),

Anhang 17b
- **Kinder- und Jugendlichenpsychotherapeut** (>BMF vom 20.11.2019 – BStBl I S. 1298),
- **Kompasskompensierer** auf Seeschiffen (>BFH vom 14.11.1957 – BStBl III 1958 S. 3),

§ 15 EStG
H 15.6

- **Krankenpfleger/Krankenschwester,** soweit keine hauswirtschaftliche Versorgung der Patienten erfolgt (>BFH vom 22.01.2004 – BStBl II S. 509 und BMF vom 20.11.2019 – BStBl I S. 1298),   Anhang 17b
- **Kunsthandwerker,** der von ihm selbst entworfene Gegenstände herstellt (>BFH vom 26.09.1968 – BStBl II 1969 S. 70); handwerkliche und künstlerische Tätigkeit können nebeneinander vorliegen (>BFH vom 11.07.1991 – BStBl II S. 889),
- **Logopäde** (>BMF vom 20.11.2019 – BStBl I S. 1298),   Anhang 17b
- **Masseur** (staatlich geprüft), Heilmasseur, soweit diese nicht lediglich oder überwiegend kosmetische oder Schönheitsmassagen durchführen (>BMF vom 20.11.2019 – BStBl I S. 1298),   Anhang 17b
- **Medizinischer Bademeister,** soweit dieser auch zur Feststellung des Krankheitsbefunds tätig wird oder persönliche Heilbehandlungen am Körper des Patienten vornimmt (>BMF vom 20.11.2019 – BStBl I S. 1298),   Anhang 17b
- **Medizinisch-technischer Assistent** (>BMF vom 20.11.2019 – BStBl I S. 1298),   Anhang 17b
- **Modeschöpfer;** beratende Tätigkeit eines im Übrigen als Künstler anerkannten Modeschöpfers kann künstlerisch sein (>BFH vom 02.10.1968 – BStBl II 1969 S. 138),
- **Orthoptist** (>BMF vom 20.11.2019 – BStBl I S. 1298),   Anhang 17b
- **Patentberichterstatter** mit wertender Tätigkeit (>BFH vom 02.12.1970 – BStBl II 1971 S. 233),
- **Podologe/Medizinischer Fußpfleger** (>BMF vom 20.11.2019 – BStBl I S. 1298),   Anhang 17b
- **Prüfingenieur,** der Hauptuntersuchungen und Sicherheitsprüfungen durchführt (>BFH vom 14.05.2019 – BStBl II S. 580),
- **Psychologischer Psychotherapeut** (>BMF vom 20.11.2019 – BStBl I S. 1298),   Anhang 17b
- **Rettungsassistent** (>BMF vom 20.11.2019 – BStBl I S. 1298),   Anhang 17b
- **Schiffseichaufnehmer** (>BFH vom 05.11.1970 – BStBl II 1971 S. 319),
- **Synchronsprecher,** der bei der Synchronisierung ausländischer Spielfilme mitwirkt (>BFH vom 03.08.1978 – BStBl II 1979 S. 131 und vom 12.10.1978 – BStBl II 1981 S. 706),
- **Tanz- und Unterhaltungsorchester,** wenn es einen bestimmten Qualitätsstandard erreicht (>BFH vom 19.08.1982 – BStBl II 1983 S. 7),
- **Umweltauditor** mit einem abgeschlossenen Chemiestudium (>BFH vom 17.01.2007 – BStBl II S. 519),
- **Verfahrenspfleger i. S. d. FamFG;** die Tätigkeit fällt i. d. R. unter § 18 Abs. 1 Nr. 3 (>BFH vom 15.06.2010 – BStBl II S. 909 und S. 906),

§ 15 EStG
H 15.6

- **Werbung;** Tätigkeit eines Künstlers im Bereich der Werbung kann künstlerisch sein, wenn sie als eigenschöpferische Leistung zu werten ist (>BFH vom 11.07.1991 – BStBl II 1992 S. 353),
- **Zahnpraktiker** (>BMF vom 20.11.2019 – BStBl I S. 1298), [Anhang 17b]
- **Zwangsverwalter;** die Tätigkeit fällt i. d. R. unter § 18 Abs. 1 Nr. 3 (>BFH 12.12.2001 – BStBl II 2002 S. 202); aber >Sonstige selbständige Arbeit

- **Beispiele für Gewerbebetrieb**
  - **Altenpfleger,** soweit auch eine hauswirtschaftliche Versorgung der Patienten erfolgt (>BMF vom 20.11.2019 – BStBl I S. 1298), [Anhang 17b]
  - **Anlageberater/Finanzanalyst** (>BFH vom 02.09.1988 – BStBl II 1989 S. 24),
  - **Ärztepropagandist** (>BFH vom 27.04.1961 – BStBl III S. 315),
  - **Apotheken-Inventurbüro** (>BFH vom 15.06.1965 – BStBl III S. 556),
  - **Apothekenrezeptabrechner** (>BFH vom 28.03.1974 – BStBl II S. 515),
  - **Architekt**, der bei Ausübung einer beratenden Tätigkeit an der Vermittlung von Geschäftsabschlüssen mittelbar beteiligt ist (>BFH vom 14.06.1984 – BStBl II 1985 S. 15) oder der schlüsselfertige Gebäude errichten lässt; die Gewerblichkeit erstreckt sich in diesem Fall auch auf ggf. erbrachte Ingenieur- oder Architektenleistungen (>BFH vom 18.10.2006 – BStBl II 2008 S. 54),
  - **Artist** (>BFH vom 16.03.1951 – BStBl III S. 97),
  - **Baubetreuer (Bauberater),** die sich lediglich mit der wirtschaftlichen (finanziellen) Betreuung von Bauvorhaben befassen (>BFH vom 29.05.1973 – BStBl II 1974 S. 447 und vom 30.05.1973 – BStBl II S. 668),
  - **Bauleiter** (>BFH vom 22.01.1988 – BStBl II S. 497 und vom 11.08.1999 – BStBl II 2000 S. 31), es sei denn, seine Ausbildung entspricht derjenigen eines Architekten (>BFH vom 12.10.1989 – BStBl II 1990 S. 64) oder eines (Wirtschafts-)Ingenieurs (>BFH vom 06.09.2006 – BStBl II 2007 S. 118),
  - **Beratungsstellenleiter eines Lohnsteuerhilfevereins** (>BFH vom 10.12.1987 – BStBl II 1988 S. 273),
  - **Berufssportler** (>BFH vom 22.01.1964 – BStBl III S. 207),
  - **Bezirksschornsteinfegermeister** (>BFH vom 13.11.1996 – BStBl II 1997 S. 295),
  - **Blindenführhundeschule** (>BFH vom 09.05.2017 – BStBl II S. 911),
  - **Bodybuilding-Studio**, wenn unterrichtende Tätigkeit nur die Anfangsphase der Kurse prägt und im Übrigen den Kunden Trainingsgeräte zur freien Verfügung stehen (>BFH vom 18.04.1996 – BStBl II S. 573),
  - **Buchhalter** (>BFH vom 28.06.2001 – BStBl II 2002 S. 338),

§ 15 EStG
H 15.6

- **Buchmacher** (>RFH vom 22.02.1939 – RStBl S. 576),
- **Bühnenvermittler** (>BFH vom 15.04.1970 – BStBl II S. 517),
- **Clinical Research Associate (CRA)** mit einer im Wesentlichen im Bereich der Planung, Durchführung und Evaluation klinischer Studien ausgeübten Tätigkeit (>BFH vom 25.04.2017 – BStBl II S. 908),
- **Datenschutzbeauftragter**, externer; übt auch dann eine gewerbliche Tätigkeit aus, wenn er zugleich als Rechtsanwalt tätig ist (>BFH vom 14.01.2020 – BStBl II S. 222).
- **Detektiv** (>RFH vom 15.07.1942 – RStBl S. 989),
- **Diplomsozialarbeiterin**, die im Rahmen der ambulanten Eingliederungshilfe Menschen mit Behinderungen und Menschen mit Krankheiten bei einer selbstbestimmten Lebensführung unterstützt (>BFH vom 29.09.2020 – BStBl II 2021 S. 387),
- **Dispacheur** (>BFH vom 26.11.1992 – BStBl II 1993 S. 235),
- **EDV-Berater** übt keine ingenieurähnliche Tätigkeit aus, wenn er im Bereich der Anwendersoftware die Entwicklung qualifizierter Software nicht durch eine klassische ingenieurmäßige Vorgehensweise (Planung, Konstruktion, Überwachung) betreibt und wenn er keine Ausbildung, die der eines Ingenieurs vergleichbar ist, besitzt (>BFH vom 04.05.2004 – BStBl II S. 989),
- **Erbensucher** (>BFH vom 24.02.1965 – BStBl III S. 263),
- **Fahrschule**, wenn der Inhaber nicht die Fahrlehrererlaubnis besitzt (>BFH vom 04.10.1966 – BStBl III S. 685),
- **Finanz- und Kreditberater** (>BFH vom 13.04.1988 – BStBl II S. 666),
- **Fitness-Studio;** keine unterrichtende Tätigkeit, wenn Kunden im Wesentlichen in Gerätebedienung eingewiesen und Training in Einzelfällen überwacht wird (>BFH vom 13.01.1994 – BStBl II S. 362),
- **Fotograf,** der Werbeaufnahmen macht; Werbeaufnahmen macht auch, wer für Zeitschriften Objekte auswählt und zum Zweck der Ablichtung arrangiert, um die von ihm oder einem anderen Fotografen dann hergestellten Aufnahmen zu veröffentlichen (>BFH vom 19.02.1998 – BStBl II S. 441),
- **Fotomodell** (>BFH vom 08.06.1967 – BStBl III S. 618),
- **Gutachter** auf dem Gebiet der Schätzung von Einrichtungsgegenständen und Kunstwerken (>BFH vom 22.06.1971 – BStBl II S. 749),
- **Havariesachverständiger** (>BFH vom 22.06.1965 – BStBl III S. 593),
- **Hellseher** (>BFH vom 30.03.1976 – BStBl II S. 464),
- **Hersteller künstlicher Menschenaugen** (>BFH vom 25.07.1968 – BStBl II S. 662),

§ 15 EStG
H 15.6

- **Industriepropagandisten** (>RFH vom 25.03.1938 – RStBl S. 733), Ingenieur als **Werber für Lieferfirmen** (>RFH vom 30.08.1939 – RStBl 1940 S. 14),
- **Inventurbüro** (>BFH vom 28.11.1968 – BStBl II 1969 S. 164),
- **Kfz-Sachverständiger ohne Ingenieurexamen,** dessen Tätigkeit keine mathematisch-technischen Kenntnisse wie die eines Ingenieurs voraussetzt (>BFH vom 09.07.1992 – BStBl II 1993 S. 100),
- **Klavierstimmer** (>BFH vom 22.03.1990 – BStBl II S. 643),
- **Konstrukteur,** der überwiegend Bewehrungspläne fertigt (>BFH vom 05.10.1989 – BStBl II 1990 S. 73),
- **Krankenpfleger/Krankenschwester,** soweit auch eine hauswirtschaftliche Versorgung der Patienten erfolgt (>BFH vom 22.01.2004 – BStBl II S. 509 und BMF vom 20.11.2019 – BStBl I S. 1298),
- **Kükensortierer** (>BFH vom 16.08.1955 – BStBl III S. 295),
- **Künstleragenten** (>BFH vom 18.04.1972 – BStBl II S. 624),
- **Makler** (>RFH vom 01.06.1938 – RStBl S. 842),
- **Marktforschungsberater** (>BFH vom 27.02.1992 – BStBl II S. 826),
- **Masseur** (staatlich geprüft), **Heilmasseur,** wenn diese lediglich oder überwiegend kosmetische oder Schönheitsmassagen durchführen (>BFH vom 26.11.1970 – BStBl II 1971 S. 249),
- **Moderator von Verkaufssendungen** (>BFH vom 16.09.2014 – BStBl II 2015 S. 217),
- **Personalberater,** der seinen Auftraggebern von ihm ausgesuchte Kandidaten für eine zu besetzende Stelle vermittelt (>BFH vom 19.09.2002 – BStBl II 2003 S. 25),
- **Pilot** (>BFH vom 16.05.2002 – BStBl II S. 565),
- **Politikberater,** dessen Schwerpunkt der Berufstätigkeit in der umfangreichen Informationsbeschaffung rund um spezielle aktuelle Gesetzgebungsvorhaben und der diesbezüglichen Berichterstattung gegenüber seinen Auftraggebern liegt (>BFH vom 14.05.2014 – BStBl II 2015 S. 128),
- **Probenehmer** für Erze, Metalle und Hüttenerzeugnisse (>BFH vom 14.11.1972 – BStBl II 1973 S. 183),
- **Promotionsberater** (>BFH vom 08.10.2008 – BStBl II 2009 S. 238),
- **Rechtsbeistand,** der mit Genehmigung des Landgerichtspräsidenten Auszüge aus Gerichtsakten für Versicherungsgesellschaften fertigt (>BFH vom 18.03.1970 – BStBl II S. 455),
- **Rentenberater** (>BFH vom 07.05.2019 – BStBl II S. 528 und S. 532),
- **Restaurator,** es sei denn, er beschränkt sich auf die Erstellung von Gutachten und Veröffentlichungen und wird daher wissenschaftlich tätig oder die Tätigkeit betrifft ein Kunstwerk, dessen Beschädigung ein solches Ausmaß aufweist, dass seine Wiederherstellung eine

Anhang 17b

§ 15 EStG
H 15.6

- eigenschöpferische Leistung des Restaurators erfordert (>BFH vom 04.11.2004 – BStBl II 2005 S. 362),
- **Rezeptabrechner** für Apotheken (>BFH vom 28.03.1974 – BStBl II S. 515),
- **Rundfunkermittler,** der im Auftrag einer Rundfunkanstalt Schwarzhörer aufspürt (>BFH vom 02.12.1998 – BStBl II 1999 S. 534),
- **Rundfunksprecher** entfaltet i. d. R. keine künstlerische Tätigkeit (>BFH vom 20.06.1962 – BStBl III S. 385 und vom 24.10.1963 – BStBl III S. 589),
- **Schadensregulierer** im Auftrag einer Versicherungsgesellschaft (>BFH vom 29.08.1961 – BStBl III S. 505),
- **Schiffssachverständiger,** wenn er überwiegend reine Schadensgutachten (im Unterschied zu Gutachten über Schadens- und Unfallursachen) erstellt (>BFH vom 21.03.1996 – BStBl II S. 518),
- **Spielerberater** von Berufsfußballspielern (>BFH vom 26.11.1998 – BStBl II 1999 S. 167),
- **Treuhänderische Tätigkeit** eines Rechtsanwaltes für Bauherrengemeinschaften (>BFH vom 01.02.1990 – BStBl II S. 534) sowie eines Wirtschaftsprüfers bei einem Immobilienfonds (>BFH vom 18.10.2006 – BStBl II 2007 S. 266),
- **Übersetzer,** der die beauftragten Sprachen nicht selbst beherrscht, sondern Übersetzungen in nicht unerheblichem Umfang hinzukauft (>BFH vom 21.02.2017 – BStBl II 2018 S. 4),
- **Vereidigter Kursmakler** (>BFH vom 13.09.1955 – BStBl III S. 325),
- **Versicherungsberater** (>BFH vom 16.10.1997 – BStBl II 1998 S. 139),
- **Versicherungsvertreter,** selbständiger; übt auch dann eine gewerbliche Tätigkeit aus, wenn er nur für ein einziges Versicherungsunternehmen tätig sein darf (>BFH vom 26.10.1977 – BStBl II 1978 S. 137),
- **Versteigerer** (>BFH vom 24.01.1957 – BStBl III S. 106),
- **Vortragswerber** (>BFH vom 05.07.1956 – BStBl III S. 255),
- **Werbeberater** (>BFH vom 16.01.1974 – BStBl II S. 293),
- **Wirtschaftswissenschaftler,** der sich auf ein eng begrenztes Tätigkeitsgebiet, z. B. die Aufnahme und Bewertung von Warenbeständen in einem bestimmten Wirtschaftszweig, spezialisiert und diese Tätigkeit im Wesentlichen von zahlreichen Hilfskräften in einem unternehmensartig organisierten Großbüro ausführen lässt (>BFH vom 28.11.1968 – BStBl II 1969 S. 164),
- **Zolldeklarant** (>BFH vom 21.09.1989 – BStBl II 1990 S. 153).

Ähnliche Berufe
- Ob ein ähnlicher Beruf vorliegt, ist durch Vergleich mit einem bestimmten Katalogberuf festzustellen (>BFH vom 05.07.1973 – BStBl II S. 730).

§ 15 EStG
H 15.6

- Ein Beruf ist einem der Katalogberufe ähnlich, wenn er in wesentlichen Punkten mit ihm verglichen werden kann. Dazu gehören die Vergleichbarkeit der **Ausbildung** und der beruflichen **Tätigkeit** (>BFH vom 12.10.1989 – BStBl II 1990 S. 64).
- >Autodidakt
- Der Nachweis **ingenieurähnlicher Tätigkeiten** kann nicht durch die Tätigkeit erbracht werden, die auch anhand von Formelsammlungen und praktischen Erfahrungen ausgeübt werden kann (>BFH vom 11.07.1991 – BStBl II S. 878). Demgegenüber werden an die Breite der Tätigkeit geringere Anforderungen gestellt (>BFH vom 14.03.1991 – BStBl II S. 769). Dies gilt nicht für die dem **beratenden Betriebswirt** ähnlichen Berufe; bei diesen muss sich die Beratungstätigkeit wenigstens auf einen betrieblichen Hauptbereich der Betriebswirtschaft beziehen (>BFH vom 12.10.1989 – BStBl II 1990 S. 64).
- Ein **Hochbautechniker** mit den einem Architekten vergleichbaren theoretischen Kenntnissen übt auch in den VZ eine architektenähnliche Tätigkeit aus, in denen er lediglich als Bauleiter tätig wird (>BFH vom 12.10.1989 – BStBl II 1990 S. 64).
- Ist für die Ausübung des Katalogberufes eine **staatliche Erlaubnis** erforderlich, kann die ohne staatliche Erlaubnis entfaltete Tätigkeit nicht ähnlich sein (>BFH vom 13.02.2003 – BStBl II S. 721).
- >Heil- und Heilhilfsberufe
- Eine Vergleichbarkeit der Ausbildung erfordert, dass der Tiefe und der Breite nach das Wissen des Kernbereichs des jeweiligen Fachstudiums nachgewiesen wird. Vertiefte Kenntnisse auf einem Teilgebiet des Fachstudiums reichen für eine freiberufliche Tätigkeit nicht aus (>BFH vom 18.04.2007 – BStBl II S. 781).

Autodidakt
Verfügt der Stpfl. nicht über einen entsprechenden Studienabschluss (Autodidakt), muss er eine diesem vergleichbare Tiefe und Breite seiner Vorbildung nachweisen. Da der Nachweis durch Teilnahme an Kursen oder Selbststudium auch den Erfolg der autodidaktischen Ausbildung mit umfasst, ist dieser Beweis regelmäßig schwer zu erbringen (>BFH vom 14.03.1991 – BStBl II S. 769).

- Der Autodidakt kann aber ausnahmsweise den Nachweis der erforderlichen theoretischen Kenntnisse anhand eigener praktischer Arbeiten erbringen. Hierbei ist erforderlich, dass seine Tätigkeit besonders anspruchsvoll ist und nicht nur der Tiefe, sondern auch der Breite nach zumindest das Wissen des Kernbereichs eines Fachstudiums voraussetzt und den Schwerpunkt seiner Arbeit bildet (>BFH vom 09.07.1992 – BStBl II 1993 S. 100). Die praktischen Arbeiten müssen so beschaffen sein, dass aus ihnen auf eine Ausbildung, einen Kenntnisstand und eine Qualifikation geschlossen werden kann, die durch den Kernbereich eines Fachstudiums vermittelt wird (>BFH vom

11.08.1999 – BStBl II 2000 S. 31). Es ist unschädlich, wenn die Kenntnisse in einem Hauptbereich des Fachstudiums unzureichend sind, der Stpfl. jedoch insgesamt eine entsprechende Abschlussprüfung an einer Hochschule, Fachhochschule oder Berufsakademie bestehen würde (>BFH vom 19.09.2002 – BStBl II 2003 S. 27 und vom 28.08.2003 – BStBl II S. 919).
– Der Nachweis der erforderlichen theoretischen Kenntnisse kann auch mittels einer Wissensprüfung durch einen Sachverständigen erbracht werden (>BFH vom 26.06.2002 – BStBl II S. 768). Eine erfolgreich bestandene Wissensprüfung führt nur dann zur Anerkennung einer freiberufsähnlichen Tätigkeit, wenn sie den Rückschluss auf den Kenntnisstand des Stpfl. im zu beurteilenden VZ zulässt (>BFH vom 20.10.2016 – BStBl II 2017 S. 882).
– Ein abgebrochenes Studium reicht zum Nachweis einer autodidaktischen Ausbildung nicht aus (>BFH vom 04.05.2000 – BStBl II S. 616).

Erbauseinandersetzung
>BMF vom 14.03.2006 (BStBl I S. 253) unter Berücksichtigung der Änderungen durch BMF vom 27.12.2018 (BStBl I 2019 S. 11)

Anhang 13 I

Erzieherische Tätigkeit
– Eine freiberufliche erzieherische Tätigkeit kann ohne Ablegung einer fachlichen Prüfung ausgeübt werden (>BFH vom 25.04.1974 – BStBl II S. 642).
– Eine Beratungstätigkeit, die auf Lösung von Problemen in einem bestimmten Teilbereich zwischenmenschlicher Beziehungen gerichtet ist, ist nicht erzieherisch (>BFH vom 11.06.1997 – BStBl II S. 687).
– Leistet der Stpfl. Erziehungshilfe, indem er die betreuten Kinder zeitweise in seinen Haushalt aufnimmt, erzielt er Einkünfte aus einer freiberuflichen Tätigkeit, wenn die Erziehung der Gesamtheit der Betreuungsleistung das Gepräge gibt (>BFH vom 02.10.2003 – BStBl II 2004 S. 129).
– Eine erzieherische Tätigkeit erfordert ein Tätigwerden gegenüber Menschen (>BFH vom 09.05.2017 – BStBl II S. 911).
– Eine erzieherische Tätigkeit ist – über die Vermittlung von Kenntnissen und Fähigkeiten hinaus – auf die umfassende Schulung des menschlichen Charakters und die Bildung der Persönlichkeit im Ganzen gerichtet. Keine erzieherische Tätigkeit liegt demgegenüber vor, wenn eine im Rahmen ambulanter Eingliederungshilfe gewährte Unterstützung für Menschen mit Behinderungen oder Krankheiten darauf zielt, gemeinsam erkannte, individuelle Defizite einer Person auszugleichen (>BFH vom 29.09.2020 – BStBl II 2021 S. 387).

§ 15 EStG
H 15.6

Gemischte Tätigkeit

- **Allgemeines**

  Wird neben einer freiberuflichen eine gewerbliche Tätigkeit ausgeübt, sind die beiden Tätigkeiten steuerlich entweder getrennt oder einheitlich zu behandeln.

- **Getrennte Behandlung**

  Die Tätigkeiten sind zu trennen, sofern dies nach der Verkehrsauffassung möglich ist (>BFH vom 02.10.2003 – BStBl II 2004 S. 363). Betätigt sich eine natürliche Person sowohl gewerblich als auch freiberuflich und besteht zwischen den Tätigkeiten kein sachlicher und wirtschaftlicher Zusammenhang, werden nebeneinander Einkünfte aus Gewerbebetrieb und aus selbständiger Arbeit erzielt. Aber auch wenn zwischen den Betätigungen gewisse sachliche und wirtschaftliche Berührungspunkte bestehen – also eine gemischte Tätigkeit vorliegt –, sind die Betätigungen regelmäßig getrennt zu erfassen (>BFH vom 11.07.1991 – BStBl II 1992 S. 353). Sind die Einkünfte nicht bereits vom Stpfl. getrennt ermittelt worden, muss eine Trennung ggf. im Wege der Schätzung erfolgen (>BFH vom 18.01.1962 – BStBl III S. 131).

- **Einheitliche Behandlung**

  Eine einheitliche Tätigkeit liegt nur vor, wenn die verschiedenen Tätigkeiten derart miteinander verflochten sind, dass sie sich gegenseitig unlösbar bedingen (>BFH vom 11.07.1991 – BStBl II 1992 S. 413). Schuldet ein Stpfl. seinem Auftraggeber einen einheitlichen Erfolg, ist die zur Durchführung des Auftrags erforderliche Tätigkeit regelmäßig als einheitliche zu beurteilen (>BFH vom 18.10.2006 – BStBl II 2008 S. 54). Werden in einem Betrieb nur gemischte Leistungen erbracht, ist der Betrieb danach zu qualifizieren, welche der einzelnen Tätigkeiten der Gesamttätigkeit das Gepräge gibt (>BFH vom 02.10.2003 – BStBl II 2004 S. 363).

- **Beispiele für gemischte Tätigkeit**
  - Der Ankauf und Verkauf von Waren ist der freiberuflichen Tätigkeit derart wesensfremd, dass er zur Gewerblichkeit führt (>H 15.8 (5) Einheitliche Gesamtbetätigung, >BFH vom 24.04.1997 – BStBl II S. 567).
  - Werden von Architekten i. V. m. gewerblichen Grundstücksverkäufen Architektenaufträge jeweils in getrennten Verträgen vereinbart und durchgeführt, liegen zwei getrennte Tätigkeiten vor (>BFH vom 23.10.1975 – BStBl II 1976 S. 152).
  - >Heil- und Heilhilfsberufe
  - Ein Rechtsanwalt, der den Vertriebsunternehmen oder Initiatoren von Bauherren-Modellen Interessenten am Erwerb von Eigentumswohnungen nachweist oder der entsprechende Verträge vermittelt, ist insoweit nicht freiberuflich tätig (>BFH vom 01.02.1990 – BStBl II S. 534).

§ 15 EStG
H 15.6

– Ist ein Steuerberater für eine Bauherrengemeinschaft als Treuhänder tätig, können einzelne für die Treugeber erbrachte Leistungen, die zu den typischerweise von Steuerberatern ausgeübten Tätigkeiten gehören, als freiberuflich gewertet werden, wenn sie von den gewerblichen Treuhänderleistungen abgrenzbar sind (>BFH vom 21.04.1994 – BStBl II S. 650). Eine getrennte steuerliche Behandlung ist jedoch nicht möglich, wenn ein Steuerberater, der einem Vertriebsunternehmen Interessenten an den Eigentumswohnungen nachweist oder Verträge über den Erwerb vermittelt, Abnehmer bezüglich der Eigentumswohnungen steuerlich berät; die von dem Vertriebsunternehmen durch Pauschalhonorar mit vergütete Beratung ist Teil der einheitlichen gewerblichen Betätigung (>BFH vom 09.08.1983 – BStBl II 1984 S. 129).

– Ein Wirtschaftsprüfer übt eine gewerbliche Tätigkeit aus, soweit er als Treuhänder bei einem Immobilienfonds tätig wird (>BFH vom 18.10.2006 – BStBl II 2007 S. 266).

Gesellschaft

– Schließen sich Angehörige eines freien Berufs zu einer Personengesellschaft zusammen, haben die Gesellschafter nur dann freiberufliche Einkünfte, wenn alle Gesellschafter, ggf. auch die Kommanditisten, die Merkmale eines freien Berufs erfüllen. Kein Gesellschafter darf nur kapitalmäßig beteiligt sein oder Tätigkeiten ausüben, die keine freiberuflichen sind (>BFH vom 11.06.1985 – BStBl II S. 584 und vom 09.10.1986 – BStBl II 1987 S. 124). Dies gilt ungeachtet des Umfangs der Beteiligung (>BFH vom 28.10.2008 – BStBl II 2009 S. 642). Eine Personengesellschaft, die sich aus Angehörigen unterschiedlicher freier Berufe zusammensetzt, ist nicht bereits vom Grundsatz her als gewerbliche Mitunternehmerschaft einzustufen (>BFH vom 23.11.2000 – BStBl II 2001 S. 241). Beratende Bauingenieure können im Rahmen einer GbR, auch wenn sie nur in geringem Umfang tätig werden, eigenverantwortlich tätig sein (>BFH vom 20.04.1989 – BStBl II S. 727). Eine an einer KG als Mitunternehmerin beteiligte GmbH ist selbst dann eine berufsfremde Person, wenn ihre sämtlichen Gesellschafter und ihr Geschäftsführer Angehörige eines freien Berufs sind (>BFH vom 17.01.1980 – BStBl II S. 336 und vom 08.04.2008 – BStBl II S. 681). Das gilt auch dann, wenn die GmbH als alleinige Komplementärin lediglich eine Haftungsvergütung erhält, am Vermögen und Gewinn der KG nicht teilhat und von der Geschäftsführung ausgeschlossen ist (>BFH vom 10.10.2012 – BStBl II 2013 S. 79).

– Ein an einer interprofessionellen Freiberufler-Personengesellschaft beteiligter Volks- oder Betriebswirt, der dort lediglich kaufmännische Leitungsaufgaben oder sonstige Managementtätigkeiten übernimmt, ist nicht beratend und damit nicht freiberuflich tätig (>BFH vom 28.10.2008 – BStBl II 2009 S. 642).

- Eine Personengesellschaft entfaltet keine freiberufliche Tätigkeit, wenn sie als Holdinggesellschaft geschäftsleitende, kontrollierende und koordinierende kaufmännische Funktionen innerhalb einer Gruppe von freiberuflichen Unternehmen wahrnimmt (>BFH vom 28.10.2008 – BStBl II 2009 S. 647).
- Üben Personengesellschaften auch nur zum Teil eine gewerbliche Tätigkeit aus, so ist ihr gesamter Betrieb als gewerblich zu behandeln >R 15.8 (5). Zur steuerrechtlichen Behandlung des Verkaufs von Kontaktlinsen nebst Pflegemitteln, von Mundhygieneartikeln sowie von Tierarzneimitteln durch ärztliche Gemeinschaftspraxen >BMF vom 14.05.1997 (BStBl I S. 566). Zur steuerrechtlichen Anerkennung der Ausgliederung der gewerblichen Tätigkeit auf eine personenidentische Gesellschaft (Schwestergesellschaft) >auch BFH vom 19.02.1998 (BStBl II S. 603)
- Eine Unterpersonengesellschaft erzielt freiberufliche Einkünfte, wenn neben den unmittelbar an ihr beteiligten natürlichen Personen alle mittelbar beteiligten Gesellschafter der Obergesellschaften über die persönliche Berufsqualifikation verfügen und in der Unterpersonengesellschaft als solche tätig sind (>BFH vom 28.10.2008 – BStBl II 2009 S. 642) und zumindest in geringfügigem Umfang leitend und eigenverantwortlich mitarbeiten. Die freiberufliche Tätigkeit einer Unterpersonengesellschaft wird nicht bereits dadurch begründet, dass jeder Obergesellschafter zumindest in einer anderen Unterpersonengesellschaft des Personengesellschaftsverbunds als Freiberufler leitend und eigenverantwortlich tätig wird (>BFH vom 04.08.2020 – BStBl II 2021 S. 81).
- Stellen ein Kameramann und ein Tontechniker als Gesellschafter einer Personengesellschaft für Fernsehanstalten mit Originalton unterlegtes Filmmaterial über aktuelle Ereignisse her, sind sie als Bildberichterstatter freiberuflich i. S. d. § 18 Abs. 1 Nr. 1 tätig (>BFH vom 20.12.2000 – BStBl II 2002 S. 478).

Heil- und Heilhilfsberufe

Anhang 17b

- >BMF vom 20.11.2019 (BStBl I S. 1298)
- Ob ein im Vergleich zu einem Katalogberuf i. S. d. § 18 Abs. 1 Nr. 1 Satz 2 ähnlicher Beruf vorliegt, bestimmt sich nach ertragsteuerlichen Grundsätzen und nicht nach den im Zusammenhang mit der richtlinienkonformen Auslegung des § 4 Nr. 14 UStG entwickelten Maßstäben (>BFH vom 25.04.2017 – BStBl II S. 908).
- Betreibt ein Arzt ein **Krankenhaus,** liegt eine freiberufliche Tätigkeit vor, wenn es ein notwendiges Hilfsmittel für die ärztliche Tätigkeit darstellt und aus dem Krankenhaus ein besonderer Gewinn nicht angestrebt wird (>RFH vom 15.03.1939 – RStBl S. 853). Entsprechendes gilt hinsichtlich einer von einem Arzt oder von einem Heilpraktiker, Physiotherapeuten (Krankengymnasten), Heilmasseur betriebenen **medizinischen Badeanstalt** (>BFH vom 26.11.1970 – BStBl II 1971 S. 249).

§ 15 EStG
H 15.6

- Ist eine von einem Arzt betriebene Klinik, ein Kurheim oder Sanatorium ein gewerblicher Betrieb, gehören auch seine im Rahmen dieses Betriebes erzielten Einnahmen aus ärztlichen Leistungen zu den Einnahmen aus Gewerbebetrieb, wenn ein ganzheitliches Heilverfahren praktiziert wird, für das ein einheitliches Entgelt zu entrichten ist (>BFH vom 12.11.1964 – BStBl III 1965 S. 90). Ein Arzt, der eine Privatklinik betreibt, erzielt jedoch dann gewerbliche Einkünfte aus dem Betrieb der Klinik und freiberufliche Einkünfte aus den von ihm erbrachten stationären ärztlichen Leistungen, wenn die Leistungen der Klinik einerseits und die ärztlichen Leistungen andererseits gesondert abgerechnet werden und sich nicht gegenseitig unlösbar bedingen (>BFH vom 02.10.2003 – BStBl II 2004 S. 363). Das gilt entsprechend, wenn der Betrieb einer medizinischen Badeanstalt als Gewerbebetrieb anzusehen ist.
- **Tierärzte**, die **Medikamente oder Impfstoffe** gegen Entgelt abgeben, sind gewerblich tätig (>BFH vom 01.02.1979 – BStBl II S. 574 und vom 27.07.1978 – BStBl II S. 686 sowie BMF vom 14.05.1997 – BStBl I S. 566).
- Der Verkauf von **Kontaktlinsen nebst Pflegemitteln** und von **Mundhygieneartikeln** ist eine gewerbliche Tätigkeit (>BMF vom 14.05.1997 – BStBl I S. 566).

Künstlerische Tätigkeit
- Eine künstlerische Tätigkeit liegt vor, wenn die Arbeiten nach ihrem Gesamtbild **eigenschöpferisch** sind und über eine hinreichende Beherrschung der Technik hinaus eine bestimmte **künstlerische Gestaltungshöhe** erreichen (>BFH vom 11.07.1991 – BStBl II 1992 S. 353). Dabei ist nicht jedes einzelne von dem Künstler geschaffene Werk für sich, sondern die gesamte von ihm im VZ ausgeübte Tätigkeit zu würdigen (>BFH vom 11.07.1960 – BStBl III S. 453).
- Im Übrigen ist aber bei der Entscheidung der Frage, ob ein bisher freiberuflich Tätiger Gewerbetreibender wird, nicht auf die möglicherweise besonders gelagerten Umstände eines einzelnen VZ abzustellen, sondern zu prüfen, ob die **allgemeine Tendenz** zur Entwicklung eines Gewerbebetriebes hingeht (>BFH vom 24.07.1969 – BStBl II 1970 S. 86).
- Da die künstlerische Tätigkeit in besonderem Maße **persönlichkeitsbezogen** ist, kann sie als solche nur anerkannt werden, wenn der Künstler auf sämtliche zur Herstellung eines Kunstwerks erforderlichen Tätigkeiten den entscheidenden gestaltenden Einfluss ausübt (>BFH vom 02.12.1980 – BStBl II 1981 S. 170).
- Zum Verfahren bei Vorliegen einander widersprechender **Gutachten** (>BFH vom 11.07.1991 – BStBl II S. 889)

Laborleistungen
- >BMF vom 12.02.2009 (BStBl I S. 398)
- >Mithilfe anderer Personen

Mitarbeit eines angestellten Berufsträgers
- Betreuen ein selbständig tätiger und ein angestellter Ingenieur jeweils einzelne Projekte eigenverantwortlich und leitend, ist trotz der gleichartigen Tätigkeit eine – ggf. im Schätzungswege vorzunehmende – Aufteilung der Einkünfte nicht ausgeschlossen mit der Folge, dass die vom Unternehmensinhaber selbst betreuten Projekte der freiberuflichen Tätigkeit zuzuordnen sind, und nur die von dem Angestellten betreuten Projekte zu gewerblichen Einkünften führen (>BFH vom 08.10.2008 – BStBl II 2009 S. 143).
- Selbständige Ärzte üben ihren Beruf i. d. R. auch dann leitend und eigenverantwortlich aus, wenn sie ärztliche Leistungen von angestellten Ärzten erbringen lassen. Voraussetzung dafür ist, dass sie aufgrund ihrer Fachkenntnisse durch regelmäßige und eingehende Kontrolle maßgeblich auf die Tätigkeit ihres angestellten Fachpersonals patientenbezogen Einfluss nehmen, dass die Leistung den Stempel der Persönlichkeit des Stpfl. trägt. Dies ist jedenfalls dann der Fall, wenn der selbständige Arzt die jeweils anstehenden Voruntersuchungen bei den Patienten durchführt, die Behandlungsmethode festlegt und sich die Behandlung problematischer Fälle vorbehält (>BFH vom 16.07.2014 – BStBl II 2015 S. 216).

Mithilfe anderer Personen
Fachlich vorgebildete Arbeitskräfte sind nicht nur Angestellte, sondern auch Subunternehmer (>BFH vom 23.05.1984 – BStBl II S. 823 und vom 20.12.2000 – BStBl II 2002 S. 478). Die Beschäftigung von fachlich vorgebildeten Mitarbeitern steht der Annahme einer freiberuflichen Tätigkeit nicht entgegen, wenn der Berufsträger aufgrund eigener Fachkenntnisse **leitend** tätig wird und auch hinsichtlich der für den Beruf typischen Tätigkeit **eigenverantwortlich** mitwirkt (>BFH vom 01.02.1990 – BStBl II S. 507). Im Fall eines Schulleiters genügt es, dass er eigenständig in den Unterricht anderer Lehrkräfte eingreift, indem er die Unterrichtsveranstaltungen mitgestaltet und ihnen damit den **Stempel seiner Persönlichkeit** gibt (>BFH vom 23.01.1986 – BStBl II S. 398). Die leitende und eigenverantwortliche Tätigkeit des Berufsträgers muss sich auf die **Gesamttätigkeit** seiner Berufspraxis erstrecken. Es genügt somit nicht, wenn sich die auf persönlichen Fachkenntnissen beruhende Leitung und eigene Verantwortung auf einen Teil der Berufstätigkeit beschränkt (>BFH vom 05.12.1968 – BStBl II 1969 S. 165). Freiberufliche Arbeit leistet der Berufsträger nur, wenn die Ausführung jedes einzelnen ihm erteilten Auftrags ihm und nicht dem fachlichen Mitarbeiter, den Hilfskräften, den technischen Hilfsmitteln oder dem Unternehmen als Ganzem zuzurechnen ist, wobei in einfachen Fällen eine fachliche Überprüfung der Arbeitsleistung des Mitarbeiters genügt (>BFH vom 01.02.1990 – BStBl II S. 507). Danach ist z. B. in den folgenden Fällen eine **gewerbliche Tätigkeit** anzunehmen:
- Ein Stpfl. unterhält ein **Übersetzungsbüro,** ohne dass er selbst über Kenntnisse in den Sprachen verfügt, auf die sich die Übersetzungstätigkeit erstreckt.

§ 15 EStG
H 15.6

– Ein **Architekt** befasst sich vorwiegend mit der Beschaffung von Aufträgen und lässt die fachliche Arbeit durch Mitarbeiter ausführen.
– Ein **Ingenieur** beschäftigt fachlich vorgebildete Arbeitskräfte und übt mit deren Hilfe eine Beratungstätigkeit auf mehreren Fachgebieten aus, die er nicht beherrscht oder nicht leitend bearbeitet (>BFH vom 11.09.1968 – BStBl II S. 820).
>auch Mitarbeit eines angestellten Berufsträgers
– **Prüfingenieure**, bei denen angestellte Prüfingenieure eigenständig Hauptuntersuchungen durchführen und dabei lediglich stichprobenartig überwacht werden (>BFH vom 14.05.2019 – BStBl II S. 580); >auch Mitarbeit eines angestellten Berufsträgers.
– Ein Stpfl. betreibt eine **Fahrschule,** besitzt jedoch nicht die Fahrlehrererlaubnis (>BFH vom 04.10.1966 – BStBl III S. 685).
– Ein Stpfl. ist Inhaber einer **Privatschule** und beschäftigt eine Anzahl von Lehrkräften, ohne durch eigenen Unterricht sowie durch das Mitgestalten des von anderen Lehrkräften erteilten Unterrichts eine überwiegend eigenverantwortliche Unterrichtstätigkeit auszuüben (>BFH vom 06.11.1969 – BStBl II 1970 S. 214 und vom 13.12.1973 – BStBl II 1974 S. 213). Das Gleiche gilt für **Reitunterricht** auf einem Reiterhof >BFH vom 16.11.1978 (BStBl II 1979 S. 246).
– Ein **Facharzt für Laboratoriumsmedizin** hat nicht ausreichend Zeit für die persönliche Mitwirkung am einzelnen Untersuchungsauftrag (>BFH vom 21.03.1995 – BStBl II S. 732).
– Ein **Krankenpfleger** überlässt Pflegeleistungen weitgehend seinen Mitarbeitern (>BFH vom 05.06.1997 – BStBl II S. 681).
– Ein **Bildberichterstatter** gibt Aufträge an andere Kameraleute und Tontechniker weiter, ohne insoweit auf die Gestaltung des Filmmaterials Einfluss zu nehmen (>BFH vom 20.12.2000 – BStBl II 2002 S. 478).
– Die Einkünfte einer **Ärzte-GbR** sind insgesamt solche aus Gewerbebetrieb, wenn die GbR auch Vergütungen aus ärztlichen Leistungen erzielt, die in nicht unerheblichem Umfang ohne leitende und eigenverantwortliche Beteiligung der Mitunternehmer-Gesellschafter erbracht werden (>BFH vom 03.11.2015 – BStBl II 2016 S. 381).

Der Berufsträger darf weder die Leitung noch die Verantwortlichkeit einem Geschäftsführer oder Vertreter übertragen. Eine leitende und eigenverantwortliche Tätigkeit ist jedoch dann noch gegeben, wenn ein Berufsträger nur **vorübergehend,** z. B. während einer Erkrankung, eines Urlaubs oder der Zugehörigkeit zu einer gesetzgebenden Körperschaft oder der Mitarbeit in einer Standesorganisation, seine Berufstätigkeit nicht selbst ausüben kann. Diese Grundsätze gelten bei den Einkünften nach § 18 Abs. 1 Nr. 3 entsprechend (>BFH vom 15.12.2010 – BStBl II 2011 S. 506 und vom 26.01.2011 – BStBl II S. 498).

§ 15 EStG
H 15.6

Rechts- und wirtschaftsberatende Berufe
- Zu der freien Berufstätigkeit eines Wirtschaftsprüfers, vereidigten Buchprüfers, Steuerberaters, Steuerbevollmächtigten usw. können auch die Prüfungen der laufenden Eintragungen in den Geschäftsbüchern, die Prüfung der Inventur, die Durchführung des Hauptabschlusses und die Aufstellung der Steuererklärungen gehören. Die Bücherführung für andere Personen, z. B. durch einen Steuerberater oder einen Steuerbevollmächtigten, ist ebenfalls eine freiberufliche Tätigkeit (>RFH vom 08.03.1939 – RStBl S. 577 und BFH vom 12.09.1951 – BStBl III S. 197).
- >Gemischte Tätigkeit

Schriftstellerische Tätigkeit
- Ein Schriftsteller muss für die Öffentlichkeit schreiben und es muss sich um den Ausdruck eigener Gedanken handeln, mögen sich diese auch auf rein tatsächliche Vorgänge beziehen. Es ist nicht erforderlich, dass das Geschriebene einen wissenschaftlichen oder künstlerischen Inhalt hat. Der Schriftsteller braucht weder Dichter noch Künstler noch Gelehrter zu sein (>BFH vom 14.05.1958 – BStBl III S. 316).
- Die selbständige Entwicklung von Softwarelernprogrammen ist dann eine schriftstellerische Tätigkeit, wenn eigene Gedanken verfasst werden und die Programme für die Öffentlichkeit bestimmt sind (>BFH vom 10.09.1998 – BStBl II 1999 S. 215).
- Das Verfassen von Anleitungen zum Umgang mit technischen Geräten ist eine schriftstellerische Tätigkeit, wenn der auf der Grundlage mitgeteilter Daten erstellte Text als eine eigenständige gedankliche Leistung des Autors erscheint (>BFH vom 25.04.2002 – BStBl II S. 475).

Sonstige selbständige Arbeit
- Eine Tätigkeit ist auch eine sonstige selbstständige Arbeit i. S. d. § 18 Abs. 1 Nr. 3, wenn sie den dort aufgeführten Tätigkeiten (Vollstreckung von Testamenten, Vermögensverwaltung, Tätigkeit als Aufsichtsratsmitglied) ähnlich ist (>BFH vom 28.08.2003 – BStBl II 2004 S. 112). Das ist z. B. der Fall, wenn die Tätigkeit die Betreuung fremder Vermögensinteressen umfasst, aber darüber hinaus auch dann, wenn es sich um eine selbständig ausgeübte fremdnützige Tätigkeit in einem fremden Geschäftskreis handelt. Eine rein beratende Tätigkeit, die sich z. B. auf die Erteilung von Anlageempfehlungen beschränkt, ohne dass die zur Vermögensanlage erforderlichen Verfügungen selbst vorgenommen werden können oder ein Depot betreut wird, fällt nicht darunter (>BFH vom 07.05.2019 – BStBl II S. 528 und S. 532).
- Eine Tätigkeit als **Aufsichtsratsmitglied** i. S. d. § 18 Abs. 1 Nr. 3 übt derjenige aus, der mit der Überwachung der Geschäftsführung einer Gesellschaft beauftragt ist. Dies ist dann nicht der Fall, wenn vom Beauftragen im Wesentlichen Aufgaben der Geschäftsführung wahrgenommen werden (>BFH vom 28.08.2003 – BStBl II 2004 S. 112).

§ 15 EStG
H 15.6

– Einkünfte aus einer Tätigkeit als **Insolvenzverwalter** oder aus der **Zwangsverwaltung von Liegenschaften** gehören, auch wenn sie von Rechtsanwälten erzielt werden, zu den Einkünften aus sonstiger selbständiger Arbeit i. S. d. § 18 Abs. 1 Nr. 3 (>BFH vom 15.12.2010 – BStBl II 2011 S. 506).
– Bei den Einkünften aus sonstiger selbständiger Arbeit i. S. v. § 18 Abs. 1 Nr. 3 ist § 18 Abs. 1 Nr. 1 Satz 3 und 4 entsprechend anzuwenden (>BFH vom 15.12.2010 – BStBl II 2011 S. 506 und vom 26.01.2011 – BStBl II S. 498).

Unterrichtende Tätigkeit

– Der Betrieb einer **Unterrichtsanstalt** ist dann als Ausübung eines freien Berufs anzusehen, wenn der Inhaber über entsprechende Fachkenntnisse verfügt und den Betrieb der Schule eigenverantwortlich leitet (>Mithilfe anderer Personen). Für eine spezifisch individuelle Leistung, wie es die Lehrtätigkeit ist, gelten dabei **besonders enge Maßstäbe** (>BFH vom 01.04.1982 – BStBl II S. 589).
– Ein der Schule angeschlossenes **Internat** rechnet zur freiberuflichen Tätigkeit, wenn das Internat ein notwendiges Hilfsmittel für die Schule ist und das Internat keine besondere Gewinnquelle neben der Schule bildet (>BFH vom 30.06.1964 – BStBl III S. 630). Für die Behandlung der beiden Betriebe als gemischte Tätigkeit und ihre getrennte steuerliche Behandlung (**>Gemischte Tätigkeit**). Eine freiberufliche erzieherische Tätigkeit kann ohne Ablegung einer fachlichen Prüfung ausgeübt werden (>BFH vom 25.04.1974 – BStBl II S. 642).
– Der Betrieb eines **Fitness-Studios** stellt keine unterrichtende Tätigkeit dar, wenn sich die persönliche Betreuung der Kunden im Wesentlichen auf die Einweisung in die Handhabung der Geräte und die Überwachung des Trainings in Einzelfällen beschränkt (>BFH vom 13.01.1994 – BStBl II S. 362). Dies gilt auch bei einem **Bodybuilding-Studio**, wenn die unterrichtende Tätigkeit nur die Anfangsphase der Kurse prägt und im Übrigen den Kunden Trainingsgeräte zur freien Verfügung stehen (>BFH vom 18.04.1996 – BStBl II S. 573).
– Der Betrieb einer **Tanzschule** durch eine GbR ist gewerblich, wenn diese auch einen Getränkeverkauf mit Gewinnerzielungsabsicht betreibt (>BFH vom 18.05.1995 – BStBl II S. 718).
– Eine unterrichtende Tätigkeit erfordert ein Tätigwerden gegenüber Menschen (>BFH vom 09.05.2017 – BStBl II S. 911).

Verpachtung nach Erbfall

Das Ableben eines Freiberuflers führt weder zu einer Betriebsaufgabe noch geht das der freiberuflichen Tätigkeit dienende Betriebsvermögen durch den Erbfall in das Privatvermögen der Erben über (>BFH vom 14.12.1993 – BStBl II 1994 S. 922). Die vorübergehende Verpachtung einer freiberuflichen Praxis durch den Erben oder Vermächtnisnehmer führt

§ 15 EStG
R 15.7 H 15.6, 15.7 (1)

dann nicht zur Betriebsaufgabe, wenn er im Begriff ist, die für die beabsichtigte Praxisfortführung erforderliche freiberufliche Qualifikation zu erlangen (>BFH vom 12.03.1992 – BStBl II 1993 S. 36).

Wissenschaftliche Tätigkeit
Wissenschaftlich tätig wird nicht nur, wer schöpferische oder forschende Arbeit leistet – reine Wissenschaft –, sondern auch, wer das aus der Forschung hervorgegangene Wissen und Erkennen auf konkrete Vorgänge anwendet – angewandte Wissenschaft –. Keine wissenschaftliche Tätigkeit liegt vor, wenn sie im Wesentlichen in einer praxisorientierten Beratung besteht (>BFH vom 27.02.1992 – BStBl II S. 826).

R 15.7
Abgrenzung des Gewerbebetriebs von der Vermögensverwaltung

Allgemeines

R 15.7 (1)
(1) ^{1} Die bloße Verwaltung eigenen Vermögens ist regelmäßig keine gewerbliche Tätigkeit. ^{2} Vermögensverwaltung liegt vor, wenn sich die Betätigung noch als Nutzung von Vermögen im Sinne einer Fruchtziehung aus zu erhaltenden Substanzwerten darstellt und die Ausnutzung substantieller Vermögenswerte durch Umschichtung nicht entscheidend in den Vordergrund tritt. ^{3} Ein Gewerbebetrieb liegt dagegen vor, wenn eine selbständige nachhaltige Betätigung mit Gewinnabsicht unternommen wird, sich als Beteiligung am allgemeinen wirtschaftlichen Verkehr darstellt und über den Rahmen einer Vermögensverwaltung hinausgeht. ^{4} Die Verpachtung eines Gewerbebetriebs ist grundsätzlich nicht als Gewerbebetrieb anzusehen >aber R 16 Abs. 5[1]).

H 15.7 (1)

Hinweise

Beginn der Betriebsverpachtung
- Verfahren >BFH vom 13.11.1963 (BStBl III 1964 S. 124)
- >Oberste Finanzbehörden der Länder (BStBl II 1965 S. 4 ff.)

Betriebsaufspaltung/Gewerblicher Grundstückshandel
Gehört ein Grundstück zum Betriebsvermögen (Umlaufvermögen) eines gewerblichen Grundstückshandels und wird es im Rahmen einer Betriebsaufspaltung als eine wesentliche Betriebsgrundlage an ein Betriebsunternehmen vermietet, wird das Grundstück unter Fortführung des Buchwerts notwendiges Betriebsvermögen (Anlagevermögen) bei dem Besitzunternehmen (>BFH vom 21.06.2001 – BStBl II 2002 S. 537).

Einkunftsermittlung
- Bei im Betriebsvermögen gehaltenen Beteiligungen an vermögensverwaltenden Personengesellschaften >BMF vom 29.04.1994 (BStBl I

Anhang 30 III

---
[1]) jetzt § 16 Abs. 3b

§ 15 EStG
H 15.7 (1)

S. 282) und vom 08.06.1999 (BStBl I S. 592) und BFH vom 11.04.2005 (BStBl II S. 679)
– Überträgt ein gewerblich tätiger Gesellschafter einer vermögensverwaltenden Personengesellschaft (sog. Zebragesellschaft) ein Wirtschaftsgut seines Betriebsvermögens in das Gesamthandsvermögen der vermögensverwaltenden Personengesellschaft, führt dies nicht zur Aufdeckung der stillen Reserven bei dem Gesellschafter, soweit dieser an der Zebragesellschaft betrieblich beteiligt ist. Dies gilt auch dann, wenn die Übertragung zu fremdüblichen Bedingungen erfolgt. Die auf die betriebliche Beteiligung entfallenden stillen Reserven sind erst bei der Veräußerung des Wirtschaftsguts durch die Zebragesellschaft aufzudecken (>BFH vom 26.04.2012 – BStBl II 2013 S. 142).

Erwerb von „gebrauchten" Lebensversicherungen
Die Grenze der privaten Vermögensverwaltung zum Gewerbebetrieb wird nicht überschritten, wenn der Erwerb und das Halten „gebrauchter" Lebensversicherungen sowie der Einzug der Versicherungssumme bei Fälligkeit den Beginn und das Ende einer in erster Linie auf Fruchtziehung gerichteten Tätigkeit darstellen. Ein ausreichendes Indiz für die Qualifikation der Tätigkeit als Gewerbebetrieb ergibt sich weder aus dem Anlagevolumen oder dem Umfang der getätigten Rechtsgeschäfte noch aus der Einschaltung eines Vermittlers. Eine gewerbliche Tätigkeit kommt nur in Betracht, wenn sich der Erwerber wie ein Händler oder Dienstleister verhält (>BFH vom 11.10.2012 – BStBl II 2013 S. 538).

Gewerblicher Grundstückshandel
– >BMF vom 26.03.2004 (BStBl I S. 434) Anhang 17
– Veräußert der Alleingesellschafter-Geschäftsführer einer GmbH ein von ihm erworbenes unaufgeteiltes Mehrfamilienhaus an die GmbH, die er zur Aufteilung bevollmächtigt und die die entstandenen vier Eigentumswohnungen noch im selben Jahr an verschiedene Erwerber veräußert, können die Aktivitäten der GmbH nur dem Anteilseigner zugerechnet werden, wenn die Voraussetzungen eines Gestaltungsmissbrauchs vorliegen. Für einen Gestaltungsmissbrauch kann insbesondere neben weiteren Umständen sprechen, dass die Mittel für den an den Anteilseigner zu entrichtenden Kaufpreis zu einem erheblichen Teil erst aus den Weiterverkaufserlösen zu erbringen sind (>BFH vom 18.03.2004 – BStBl II S. 787).
– In der Einschaltung von nahen Angehörigen in eigene Grundstücksgeschäfte des Stpfl. kann ein Gestaltungsmissbrauch i. S. d. § 42 AO liegen (>BFH vom 15.03.2005 – BStBl II S. 817).
– Die Zwischenschaltung einer GmbH, die die Errichtung und Vermarktung von Wohnungen übernimmt, ist i. d. R. nicht missbräuchlich, wenn die GmbH nicht funktionslos ist, d. h. wenn sie eine wesentliche – wertschöpfende – eigene Tätigkeit (z. B. Bebauung des erworbenen Grundstücks) ausübt. Die von der GmbH veräußerten Wohnungen sind dann

nicht als Objekt i. S. d. Drei-Objekt-Grenze zu berücksichtigen (>BFH vom 17.03.2010 – BStBl II S. 622).

– Im Rahmen des Folgebescheids darf der Gewinn aus der Veräußerung eines Anteils an einer grundbesitzenden Personengesellschaft auch dann in einen laufenden Gewinn im Rahmen eines vom Stpfl. betriebenen gewerblichen Grundstückshandels umqualifiziert werden, wenn er im Grundlagenbescheid als Veräußerungsgewinn bezeichnet worden ist (>BFH vom 18.04.2012 – BStBl II S. 647).

– Ein gewerblicher Grundstückshandel setzt Gewinnerzielungsabsicht voraus. Die Gewinnerzielungsabsicht kann nachträglich entfallen. Obliegt es dem gewerblichen Händler zu bebauender Grundstücke, mit Rücksicht auf eine längere Verlustphase Umstrukturierungsmaßnahmen zu treffen, hat er geänderte konkrete Nutzungskonzepte zu entwickeln und zu verfolgen. Die Hoffnung auf einen Veräußerungsgewinn jenseits einer Haltefrist von zehn Jahren ist regelmäßig privater Natur. Wird der Betrieb weder umstrukturiert noch aufgegeben, kommt es infolge Strukturwandels zur Liebhaberei (>BFH vom 05.04.2017 – BStBl II S. 1130).

Goldhandel
Ob der Ankauf und Verkauf von Gold als Gewerbebetrieb anzusehen ist, muss anhand der Besonderheiten von Goldgeschäften beurteilt werden. Ein kurzfristiger und häufiger Umschlag des Goldbestands sowie der Einsatz von Fremdkapital können Indizien für eine gewerbliche Tätigkeit sein. Die Grundsätze des Wertpapierhandels (>H 15.7 (9) An- und Verkauf von Wertpapieren) sind auf den Handel mit physischem Gold nicht übertragbar (>BFH vom 19.01.2017 – BStBl II S. 456).

Handel mit Beteiligungen
Die Gründung oder der Erwerb von mehreren GmbHs, die Ausstattung der Gesellschaften mit Güterfernverkehrsgenehmigungen und die anschließende Veräußerung dieser Beteiligungen begründet eine gewerbliche Tätigkeit (>BFH vom 25.07.2001 – BStBl II S. 809).

Hingabe von Gesellschafterdarlehen
Die Hingabe von Gesellschafterdarlehen an Kapitalgesellschaften begründet auch bei einem beträchtlichen Kreditvolumen keine Eigenschaft als Marktteilnehmer. Sie überschreitet nicht ohne Weiteres die Grenze der privaten Vermögensverwaltung. Die gewerbliche Darlehenshingabe verlangt eine "bankähnliche" bzw. "bankentypische" Tätigkeit (>BFH vom 09.07.2019 – BStBl II 2021 S. 418).

Teilbetrieb
Die Verpachtung eines Teilbetriebs führt nicht zu Einkünften aus Vermietung und Verpachtung, wenn sie im Rahmen des gesamten Betriebs vorgenommen wird (>BFH vom 05.10.1976 – BStBl II 1977 S. 42).

Venture Capital Fonds/Private Equity Fonds
Zur Abgrenzung der privaten Vermögensverwaltung vom Gewerbebetrieb bei Venture Capital Fonds und Private Equity Fonds >BMF vom 16.12.2003 (BStBl I 2004 S. 40 – berichtigt BStBl I 2006 S. 632) >aber Tz. 20 Satz 2 überholt durch BFH vom 09.08.2006 (BStBl II 2007 S. 279)

Veräußerung über Internetplattformen
Werden privat und ohne Veräußerungsabsicht angeschaffte bewegliche Wirtschaftsgüter veräußert, kann dies auch dann der letzte Akt der privaten Vermögensverwaltung sein, wenn die Veräußerung über einen langen Zeitraum und in zahlreichen Einzelakten ausgeführt wird. Allein die Verwendung einer auch von gewerblichen Händlern genutzten Internetplattform führt zu keinem anderen Ergebnis (>BFH vom 17.06.2020 – BStBl II 2021 S. 213).

Virtuelle Währungen und sonstige Token
>BMF vom 10.05.2022 (BStBl I S. 668)

Vermietung und Verpachtung von Grundvermögen R 15.7 (2)
(2) ¹Ein Gewerbebetrieb ist in der Regel gegeben bei der Vermietung von Ausstellungsräumen, Messeständen und bei der ständig wechselnden kurzfristigen Vermietung von Sälen, z. B. für Konzerte. ²Die Beherbergung in Gaststätten ist stets ein Gewerbebetrieb.

Hinweise

H 15.7 (2)

Arbeiterwohnheim
Der Betrieb eines Arbeiterwohnheims ist im Allgemeinen als Gewerbebetrieb zu beurteilen (>BFH vom 18.01.1973 – BStBl II S. 561).

Architekten/Bauunternehmer
Die Errichtung von Häusern durch Architekten oder Bauunternehmer zum Zweck späterer Vermietung stellt keine gewerbliche Tätigkeit dar, auch wenn sie in großem Umfang erfolgt und erhebliche Fremdmittel eingesetzt werden (>BFH vom 12.03.1964 – BStBl III S. 364).

Campingplatz
Der Inhaber eines Campingplatzes ist gewerblich tätig, wenn er über die Vermietung der einzelnen Plätze für das Aufstellen von Zelten und Wohnwagen hinaus wesentliche Nebenleistungen erbringt, wie die Zurverfügungstellung sanitärer Anlagen und ihrer Reinigung, die Trinkwasserversorgung, die Stromversorgung für die Gesamtanlage und die einzelnen Standplätze, Abwässer- und Müllbeseitigung, Instandhaltung, Pflege und Überwachung des Platzes (>BFH vom 06.10.1982 – BStBl II 1983 S. 80).

Das gilt auch, wenn die Benutzer überwiegend sog. Dauercamper sind (>BFH vom 27.01.1983 – BStBl II S. 426).

Einkaufszentrum
Die Vermietung eines Einkaufszentrums ist nicht deshalb als Gewerbebetrieb anzusehen, weil der Vermieter die für ein Einkaufszentrum üblichen Infrastruktureinrichtungen bereitstellt oder werbe- und verkaufsfördernde Maßnahmen für das Gesamtobjekt durchführt.

Unschädlich sind Sonderleistungen, die nicht über das hinausgehen, was die Nutzung der Räume zu dem von den Mietern vorausgesetzten gewerblichen Zweck ermöglicht, und die nicht als eigenständiges Herantreten an den Markt verstanden werden können. Letzteres ist nicht anzunehmen, wenn die Sonderleistung im (jedenfalls überwiegenden) wirtschaftlichen Interesse des Vermieters erbracht wird und nicht wirtschaftliche Interessen des Empfängers im Vordergrund stehen (>BFH vom 14.07.2016 – BStBl II 2017 S. 175).

Ferienwohnung
– Bei Vermietung einer Ferienwohnung ist ein Gewerbebetrieb gegeben, wenn sämtliche der folgenden Voraussetzungen vorliegen:
  1. die Wohnung muss für die Führung eines Haushalts voll eingerichtet sein, z. B. Möblierung, Wäsche und Geschirr enthalten. Sie muss in einem reinen Feriengebiet im Verband mit einer Vielzahl gleichartig genutzter Wohnungen liegen, die eine einheitliche Wohnanlage bilden,
  2. die Werbung für die kurzfristige Vermietung der Wohnung an laufend wechselnde Mieter und die Verwaltung der Wohnung müssen von einer für die einheitliche Wohnanlage bestehenden Feriendienstorganisation durchgeführt werden,
  3. die Wohnung muss jederzeit zur Vermietung bereitgehalten werden, und es muss nach Art der Rezeption eines Hotels laufend Personal anwesend sein, das mit den Feriengästen Mietverträge abschließt und abwickelt und dafür sorgt, dass die Wohnung in einem Ausstattungs-, Erhaltungs- und Reinigungszustand ist und bleibt, der die sofortige Vermietung zulässt (>BFH vom 25.06.1976 – BStBl II S. 728).

Ein Gewerbebetrieb ist auch anzunehmen, wenn eine hotelmäßige Nutzung der Ferienwohnung vorliegt oder die Vermietung nach Art einer Fremdenpension erfolgt. Ausschlaggebend ist, ob wegen der Häufigkeit des Gästewechsels oder im Hinblick auf zusätzlich zur Nutzungsüberlassung erbrachte Leistungen, z. B. Bereitstellung von Wäsche und Mobiliar, Reinigung der Räume, Übernahme sozialer Betreuung, eine Unternehmensorganisation erforderlich ist, wie sie auch in Fremdenpensionen vorkommt (>BFH vom 28.06.1984 – BStBl II 1985 S. 211).

– >H 4.2 (7)

Fremdenpension
Die Beherbergung in Fremdenpensionen ist stets ein Gewerbebetrieb (>BFH vom 11.07.1984 – BStBl II S. 722).

Gewerblicher Charakter der Vermietungstätigkeit
– Um der Tätigkeit der Vermögensverwaltung gewerblichen Charakter zu verleihen, müssen besondere Umstände hinzutreten. Diese können darin bestehen, dass die Verwaltung des Grundbesitzes in Folge des ständigen und schnellen Wechsels der Mieter eine Tätigkeit erfordert, die über das bei langfristigen Vermietungen übliche Maß hinausgeht, oder dass der Vermieter zugleich Leistungen erbringt, die eine bloße Vermietungstätigkeit überschreiten. Das entscheidende Merkmal liegt also darin, dass die bloße Vermögensnutzung hinter der Bereitstellung einer einheitlichen gewerblichen Organisation zurücktritt (>BFH vom 21.08.1990 – BStBl II 1991 S. 126).
– >Einkaufszentrum

Parkplatz
Der Betrieb eines Parkplatzes für Kurzparker ist eine gewerbliche Betätigung (>BFH vom 09.04.2003 – BStBl II S. 520).

Tennisplätze
Ein Gewerbebetrieb ist i. d. R. bei der Vermietung von Tennisplätzen gegeben (>BFH vom 25.10.1988 – BStBl II 1989 S. 291).

Umfangreicher Grundbesitz
Die Vermietung und Verpachtung von Grundvermögen stellt auch dann eine bloße Vermögensverwaltung dar, wenn der vermietete Grundbesitz sehr umfangreich ist und der Verkehr mit vielen Mietern erhebliche Verwaltungsarbeit erforderlich macht (>BFH vom 21.08.1990 – BStBl II 1991 S. 126) oder die vermieteten Räume gewerblichen Zwecken dienen (>BFH vom 17.01.1961 – BStBl III S. 233).

Untervermietung
Die Untervermietung von kleinen Flächen (Läden, Ständen) stellt keine gewerbliche Betätigung dar, wenn keine besonderen Umstände hinzutreten (>BFH vom 18.03.1964 – BStBl III S. 367).

Verklammerung zu einer einheitlichen Tätigkeit
– Der Ankauf, die Vermietung und der Verkauf von unbeweglichen Wirtschaftsgütern können zu einer einheitlichen, die private Vermögensverwaltung überschreitenden Tätigkeit verklammert sein. Eine Verklammerung kann auch dann zu bejahen sein, wenn die Wirtschaftsgüter

§ 15 EStG
R 15.7 H 15.7 (2), (3)

veräußert werden, nachdem die in § 23 Abs. 1 Satz 1 genannten Haltefristen abgelaufen sind (>BFH vom 28.09.2017 – BStBl II 2018 S. 89).
– Zu beweglichen Wirtschaftsgütern >H 15.7 (3)

Vermietung möblierter Zimmer
Die Vermietung, auch Untervermietung, möblierter Zimmer ist keine gewerbliche Tätigkeit. An dieser Beurteilung ändert sich auch dann nichts, wenn außer der Nutzungsüberlassung als Nebenleistung die Reinigung der Räume, die Gestellung des Frühstücks und dergleichen besonders erbracht werden. Eine gewerbliche Tätigkeit ist jedoch bei der Überlassung von Wohnraum gegeben, wenn die Nutzung des Vermögens hinter der Bereitstellung einer dem Beherbergungsbetrieb vergleichbaren Organisation zurücktritt (>BFH vom 11.07.1984 – BStBl II S. 722).

R 15.7 (3) **Vermietung beweglicher Gegenstände**
(3) ¹Die Vermietung beweglicher Gegenstände (z. B. Pkw, Wohnmobile, Boote) führt grundsätzlich zu sonstigen Einkünften i. S. d. § 22 Nr. 3 EStG, bei in ein inländisches oder ausländisches öffentliches Register eingetragenen beweglichen Sachen (Schiffe, Flugzeuge) zu Einkünften i. S. d. § 21 Abs. 1 Satz 1 Nr. 1 EStG oder bei Sachinbegriffen zu Einkünften i. S. d. § 21 Abs. 1 Satz 1 Nr. 2 EStG. ²Eine gewerbliche Tätigkeit liegt vor, wenn im Zusammenhang mit der Vermietung ins Gewicht fallende Sonderleistungen erbracht werden oder der Umfang der Tätigkeit eine unternehmerische Organisation erfordert.

H 15.7 (3) | **Hinweise** |

Abgrenzung zur vermögensverwaltenden Tätigkeit
– **Allgemein**
 >BMF vom 01.04.2009 (BStBl I S. 515)
– **Austausch vor Ablauf der Nutzungsdauer**
 Allein aus dem Umstand, dass vermietete bewegliche Wirtschaftsgüter vor Ablauf der gewöhnlichen oder tatsächlichen Nutzungsdauer gegen neuere, funktionstüchtigere Wirtschaftsgüter ausgetauscht werden, kann nicht auf eine gewerbliche Tätigkeit des Vermietungsunternehmens geschlossen werden. Der Bereich der privaten Vermögensverwaltung wird nur dann verlassen, wenn die Gebrauchsüberlassung der vermieteten Gegenstände gegenüber der Veräußerung in den Hintergrund tritt (>BFH vom 31.05.2007 – BStBl II S. 768).
– **Flugzeug**
 >BMF vom 01.04.2009 (BStBl I S. 515) und BFH vom 01.08.2013 (BStBl II S. 910)

§ 15 EStG
H 15.7 (3), (4) R 15.7

- **Wohnmobil**
  Die Vermietung nur eines Wohnmobils an wechselnde Mieter ist i. d. R. keine gewerbliche Tätigkeit (>BFH vom 12.11.1997 – BStBl II 1998 S. 774). Der Erwerb, die Vermietung und Veräußerung von Wohnmobilen sind jedoch gewerblich, wenn die einzelnen Tätigkeiten sich gegenseitig bedingen und derart verflochten sind, dass sie nach der Verkehrsanschauung als einheitlich anzusehen sind (>BFH vom 22.01.2003 – BStBl II S. 464).

Verklammerung zu einer einheitlichen Tätigkeit
- Besteht das Geschäftskonzept einer Fondsgesellschaft in dem Ankauf, der Vermietung und dem Verkauf beweglicher Wirtschaftsgüter (hier: Container), ist eine Verklammerung dieser Teilakte zu einer einheitlichen Tätigkeit rechtlich nur dann zulässig, wenn bereits im Zeitpunkt der Aufnahme der Geschäftstätigkeit festgestanden hat, dass sich das erwartete positive Gesamtergebnis nur unter Einbeziehung des Erlöses aus dem Verkauf der vermieteten/verleasten Wirtschaftsgüter erzielen lässt. Wird im Prospekt einer Fondsgesellschaft (auch) ein Geschäftskonzept vorgestellt, dessen Ergebnisprognose ein positives Gesamtergebnis ohne Einbeziehung eines Veräußerungserlöses in Aussicht stellt, spricht dies regelmäßig gegen die Annahme einer einheitlichen Tätigkeit. Etwas anderes gilt jedoch, wenn konkrete Anhaltspunkte vorliegen, die die Verwirklichung des Geschäftskonzepts unter Beachtung der in der Prognose gemachten Angaben von vornherein ausgeschlossen erscheinen lassen.
  Die Verklammerung der Teilakte bedingt, dass die Grenze der privaten Vermögensverwaltung überschritten wird. Sie führt außerdem dazu, dass der Verkauf der vermieteten/verleasten Wirtschaftsgüter als Teilakt der laufenden Geschäftstätigkeit anzusehen ist, selbst wenn die bisherige unternehmerische Tätigkeit insgesamt eingestellt wird (>BFH vom 08.06.2017 – BStBl II S. 1053 und S. 1061).
- Eine Verklammerung kann auch dann zu bejahen sein, wenn die Wirtschaftsgüter veräußert werden, nachdem die in § 23 Abs. 1 Satz 1 genannten Haltefristen abgelaufen sind (>BFH vom 28.09.2017 – BStBl II 2018 S. 89).
- Zu unbeweglichen Wirtschaftsgütern >H 15.7 (2)

Betriebsaufspaltung – Allgemeines   R 15.7 (4)
– unbesetzt –

Hinweise   H 15.7 (4)

Allgemeines
Eine Betriebsaufspaltung liegt vor, wenn ein Unternehmen (Besitzunternehmen) eine wesentliche Betriebsgrundlage an eine gewerblich tätige

Personen- oder Kapitalgesellschaft (Betriebsunternehmen) zur Nutzung überlässt (sachliche Verflechtung) und eine Person oder mehrere Personen zusammen (Personengruppe) sowohl das Besitzunternehmen als auch das Betriebsunternehmen in dem Sinne beherrschen, dass sie in der Lage sind, in beiden Unternehmen einen einheitlichen geschäftlichen Betätigungswillen durchzusetzen (personelle Verflechtung). Liegen die Voraussetzungen einer personellen und sachlichen Verflechtung vor, ist die Vermietung oder Verpachtung keine Vermögensverwaltung mehr, sondern eine gewerbliche Vermietung oder Verpachtung. Das Besitzunternehmen ist Gewerbebetrieb (>BFH vom 12.11.1985 – BStBl II 1986 S. 296).

Bürgschaft für die Betriebskapitalgesellschaft

Eine Bürgschaft, die ein Gesellschafter der Besitzpersonengesellschaft für Verbindlichkeiten der Betriebskapitalgesellschaft übernimmt, ist durch den Betrieb der Besitzpersonengesellschaft veranlasst und gehört zu seinem negativen Sonderbetriebsvermögen II bei der Besitzpersonengesellschaft, wenn die Übernahme der Bürgschaft zu nicht marktüblichen (fremdüblichen) Bedingungen erfolgt. Die Inanspruchnahme aus einer solchen Bürgschaft führt nicht zu nachträglichen Anschaffungskosten der Anteile an der Betriebskapitalgesellschaft (>BFH vom 18.12.2001 – BStBl II 2002 S. 733).

Darlehen

– Gewähren die Gesellschafter der Betriebskapitalgesellschaft bei deren Gründung ein Darlehen, dessen Laufzeit an die Dauer ihrer Beteiligung an dieser Gesellschaft gebunden ist, gehört dieses Darlehen zu ihrem notwendigen Sonderbetriebsvermögen II bei der Besitzpersonengesellschaft (>BFH vom 10.11.1994 – BStBl II 1995 S. 452). Dies gilt auch für ein ungesichertes, unkündbares Darlehen der Gesellschafter der Besitzpersonengesellschaft an die Betriebskapitalgesellschaft, für das Zinsen erst zum Ende der Laufzeit des Darlehens gezahlt werden sollen (>BFH vom 19.10.2000 – BStBl II 2001 S. 335).

– Gewährt die Besitzpersonengesellschaft einer Kapitalgesellschaft, die Geschäftspartner der Betriebskapitalgesellschaft ist, ein Darlehen, gehört dieses zum notwendigen Betriebsvermögen der Besitzpersonengesellschaft (>BFH vom 25.11.2004 – BStBl II 2005 S. 354 und vom 20.04.2005 – BStBl II S. 694).

Dividendenansprüche

>H 4.2 (1)

Eigentümergemeinschaft

Vermietet eine Eigentümergemeinschaft, an der der Besitzunternehmer nicht beherrschend beteiligt ist, ein Grundstück an die Betriebskapitalgesellschaft, ist die anteilige Zuordnung des Grundstücks zum Betriebsvermögen des Besitzunternehmens davon abhängig, ob die Vermietung an die Betriebskapitalgesellschaft durch die betrieblichen Interessen des Besitzunternehmens veranlasst ist (>BFH vom 02.12.2004 – BStBl II 2005 S. 340).

Forderungen
Zur Teilwertabschreibung einer Forderung des Besitzunternehmens gegen eine Betriebskapitalgesellschaft >H 6.7

Geschäftswert
Werden bei der Begründung einer Betriebsaufspaltung sämtliche Aktiva und Passiva einschl. der Firma mit Ausnahme des Immobilienvermögens auf die Betriebskapitalgesellschaft übertragen und das vom Besitzunternehmen zurückbehaltene Betriebsgrundstück der Betriebskapitalgesellschaft langfristig zur Nutzung überlassen, geht der im bisherigen (Einzel-)Unternehmen entstandene (originäre) Geschäftswert i. d. R. auf die Betriebskapitalgesellschaft über (>BFH vom 16.06.2004 – BStBl II 2005 S. 378).

Gewinnausschüttungen
Gewinnausschüttungen einer Betriebskapitalgesellschaft an das Besitzunternehmen für die Zeit vor der Betriebsaufspaltung sind als Einnahmen aus Gewerbebetrieb zu qualifizieren, wenn der Gewinnverteilungsbeschluss nach Begründung der Betriebsaufspaltung gefasst worden ist (>BFH vom 14.09.1999 – BStBl II 2000 S. 255).

Grenzüberschreitende Betriebsaufspaltung
Die Grundsätze der Betriebsaufspaltung kommen auch dann zur Anwendung, wenn ein inländisches Besitzunternehmen ein im Ausland belegenes Grundstück an eine ausländische Betriebskapitalgesellschaft verpachtet (>BFH vom 17.11.2020 – BStBl II 2021 S. 484).

Kapitalerhöhung bei der Betriebskapitalgesellschaft
Wird von dem Besitzunternehmer ein Anteil an der Betriebskapitalgesellschaft gegen Leistung einer Einlage übertragen, die niedriger ist als der Wert des übernommenen Anteils, liegt i. H. d. Differenz zwischen dem Wert des übernommenen Anteils und der geleisteten Einlage eine Entnahme vor (>BFH vom 16.04.1991 – BStBl II S. 832 und vom 17.11.2005 – BStBl II 2006 S. 287).

Mitunternehmerische Betriebsaufspaltung
– Das Rechtsinstitut der Betriebsaufspaltung zwischen Schwesterpersonengesellschaften hat Vorrang vor den Rechtsfolgen aus § 15 Abs. 1 Satz 1 Nr. 2 (>BMF vom 28.04.1998 – BStBl I S. 583 mit Übergangsregelung). | Anhang 24 I

– Vermieten die Miteigentümer einer Bruchteilsgemeinschaft ein Grundstück als wesentliche Betriebsgrundlage an eine von ihnen beherrschte Betriebspersonengesellschaft, ist regelmäßig davon auszugehen, dass

sich die Miteigentümer zumindest konkludent zu einer GbR (= Besitzpersonengesellschaft) zusammengeschlossen haben (>BFH vom 18.08.2005 – BStBl II S. 830).
- Die Überlassung eines Praxisgrundstücks seitens einer ganz oder teilweise personenidentischen Miteigentümergemeinschaft an eine Freiberufler-GbR begründet keine mitunternehmerische Betriebsaufspaltung (>BFH vom 10.11.2005 – BStBl II 2006 S. 173).
- Überlässt eine ansonsten vermögensverwaltende Personengesellschaft Wirtschaftsgüter im Rahmen einer mitunternehmerischen Betriebsaufspaltung, stellen diese für die Dauer der Betriebsaufspaltung Betriebsvermögen der Besitzgesellschaft dar. Sofern auch die Voraussetzungen für Sonderbetriebsvermögen bei der Betriebspersonengesellschaft erfüllt sind, lebt diese Eigenschaft mit Ende der Betriebsaufspaltung durch Wegfall der personellen Verflechtung wieder auf (>BFH vom 30.08.2007 – BStBl II 2008 S. 129).

Notwendiges Betriebsvermögen
- Notwendiges Betriebsvermögen des Besitzunternehmens können auch Wirtschaftsgüter sein, die keine wesentlichen Betriebsgrundlagen des Betriebsunternehmens darstellen. Allerdings muss ihre Überlassung in einem unmittelbaren wirtschaftlichen Zusammenhang mit der Überlassung wesentlicher Betriebsgrundlagen stehen. Dies gilt auch für Patente und Erfindungen unabhängig davon, ob sie bereits mit Begründung der Betriebsaufspaltung oder zu einem späteren Zeitpunkt überlassen werden (>BFH vom 23.09.1998 – BStBl II 1999 S. 281).
- Gehört ein Grundstück zum Betriebsvermögen (Umlaufvermögen) eines gewerblichen Grundstückshandels und wird es im Rahmen einer Betriebsaufspaltung als eine wesentliche Betriebsgrundlage an ein Betriebsunternehmen vermietet, wird das Grundstück unter Fortführung des Buchwerts notwendiges Betriebsvermögen (Anlagevermögen) bei dem Besitzunternehmen (>BFH vom 21.06.2001 – BStBl II 2002 S. 537).
- >Eigentümergemeinschaft
- Die Anteile des Besitzunternehmers an einer anderen Kapitalgesellschaft, welche intensive und dauerhafte Geschäftsbeziehungen zur Betriebskapitalgesellschaft unterhält, gehören zum notwendigen Betriebsvermögen des Besitzunternehmens. Gewährt der Besitzunternehmer dieser anderen Kapitalgesellschaft zu deren Stützung in der Krise ein Darlehen, gehört der Anspruch auf Rückzahlung ebenfalls zum notwendigen Betriebsvermögen des Besitzunternehmens (>BFH vom 20.04.2005 – BStBl II S. 692).

Nur-Besitzgesellschafter
Die gewerbliche Tätigkeit des Besitzunternehmens umfasst auch die Anteile und Einkünfte der Personen, die nur am Besitzunternehmen beteiligt sind (>BFH vom 02.08.1972 – BStBl II S. 796).

§ 15 EStG
H 15.7 (4)

Pensionsanspruch gegenüber der Betriebskapitalgesellschaft
Die Pensionsanwartschaft des Besitzunternehmers gegenüber der Betriebskapitalgesellschaft, deren Gesellschafter-Geschäftsführer er ist, gehört nicht zu seinem Betriebsvermögen, sondern zum Privatvermögen (>BFH vom 18.04.2002 – BStBl II 2003 S. 149).

Sonderbetriebsvermögen
- Wird ein Wirtschaftsgut im Eigentum eines einzelnen Gesellschafters der Besitzpersonengesellschaft unmittelbar an eine Betriebskapitalgesellschaft verpachtet, kann es Sonderbetriebsvermögen II bei der Besitzpersonengesellschaft darstellen, wenn die Nutzungsüberlassung seitens des Gesellschafters nicht durch betriebliche oder private Interessen des Gesellschafters, sondern primär durch die betrieblichen Interessen der Besitzpersonengesellschaft oder der Betriebskapitalgesellschaft und somit gesellschaftlich veranlasst ist (>BFH vom 10.06.1999 – BStBl II S. 715). Diese Grundsätze gelten nicht, wenn es sich beim Betriebsunternehmen um eine Personengesellschaft handelt, an der der überlassende Gesellschafter beteiligt ist; das überlassene Wirtschaftsgut stellt dann Sonderbetriebsvermögen I des Gesellschafters bei der Betriebspersonengesellschaft dar. Diese Zuordnung geht der als Sonderbetriebsvermögen II bei der Besitzpersonengesellschaft vor (>BFH vom 18.08.2005 – BStBl II S. 830).
- Verpachtet eine Besitzpersonengesellschaft das gesamte Betriebsvermögen an eine Betriebskapitalgesellschaft und wird dabei auch das Betriebsgrundstück, das einigen Gesellschaftern der Besitzpersonengesellschaft gehört, von diesen an die Betriebskapitalgesellschaft vermietet, gehören die Einkünfte aus der Vermietung des Grundstückes zum gewerblichen Steuerbilanzgewinn der Besitzpersonengesellschaft (>BFH vom 15.05.1975 – BStBl II S. 781).
- Das Sonderbetriebsvermögen I umfasst nicht nur die der Betriebspersonengesellschaft bereits tatsächlich zur Nutzung überlassenen, sondern auch die bereits zuvor angeschafften, aber für eine spätere Nutzungsüberlassung endgültig bestimmten Wirtschaftsgüter (>BFH vom 07.12.2000 – BStBl II 2001 S. 316).
- Anteile eines Gesellschafters der Besitzpersonengesellschaft an einer Kapitalgesellschaft, die mit der Betriebskapitalgesellschaft in einer für diese vorteilhaften und nicht nur kurzfristigen Geschäftsbeziehung steht, sind notwendiges Sonderbetriebsvermögen II des Gesellschafters der Besitzpersonengesellschaft (>BFH vom 25.11.2004 – BStBl II 2005 S. 354).
- Die Annahme, dass ein vom Gesellschafter der Besitzpersonengesellschaft erworbenes Wirtschaftsgut für die betriebliche Nutzung der Betriebsgesellschaft bestimmt sei, rechtfertigt allein nicht den Schluss, dass es sich um Sonderbetriebsvermögen des Gesellschafters bei der

§ 15 EStG
R 15.7 H 15.7 (4), (5)

Besitzpersonengesellschaft handelt, wenn es durch die Betriebsgesellschaft tatsächlich nie genutzt wurde (>BFH vom 17.12.2008 – BStBl II 2009 S. 371).
- >Bürgschaft für die Betriebskapitalgesellschaft
- >Darlehen
- >H 4.2 (2) Anteile an Kapitalgesellschaften

Teileinkünfteverfahren

Anhang 16 XV

Zur Anwendung des Teileinkünfteverfahrens in der steuerlichen Gewinnermittlung (für Beteiligungen von nicht mehr als 25 %) >BMF vom 23.10.2013 (BStBl I S. 1269)

Umfassend gewerbliche Besitzpersonengesellschaft
- Die Überlassung von Wirtschaftsgütern an ein Betriebsunternehmen hat zur Folge, dass sämtliche Einkünfte der im Übrigen nicht gewerblich tätigen Besitzpersonengesellschaft solche aus Gewerbebetrieb sind (>BFH vom 13.11.1997 – BStBl II 1998 S. 254).
- Vermieten die Gesellschafter einer Besitz-GbR als Bruchteilseigentümer Wohnungen an fremde Benutzer, so erzielen sie keine gewerblichen Einkünfte, wenn die Wohnungen nicht als (gewillkürtes) Sonderbetriebsvermögen ausgewiesen sind (>BFH vom 27.08.1998 – BStBl II 1999 S. 279).

Wohnungseigentümergemeinschaft
Eine Wohnungseigentümergemeinschaft i. S. d. § 10 WEG erzielt regelmäßig gewerbliche Einkünfte als Besitzunternehmen, wenn die einzelnen Wohnungen aufgrund einer Gebrauchsregelung (§ 15 WEG) an eine personenidentische Betriebskapitalgesellschaft vermietet werden (>BFH vom 10.04.1997 – BStBl II S. 569).

R 15.7 (5) **Betriebsaufspaltung – Sachliche Verflechtung**
– unbesetzt –

H 15.7 (5) | **Hinweise** |

Beginn der sachlichen Verflechtung
- Für den Beginn der sachlichen Verflechtung ist allein die tatsächliche Überlassung von wesentlichen Betriebsgrundlagen zur Nutzung ausschlaggebend. Es ist ohne Bedeutung, ob die Überlassung (zunächst) unentgeltlich erfolgt oder ob sie auf einer schuldrechtlichen oder dinglichen Grundlage beruht (>BFH vom 12.12.2007 – BStBl II 2008 S. 579).
- Die Bestellung eines Erbbaurechts an einem unbebauten Grundstück führt mit Abschluss des Vertrages zu einer sachlichen Verflechtung, wenn eine Bebauung für die betrieblichen Zwecke des Betriebsunternehmens vorgesehen ist (>BFH vom 19.03.2002 – BStBl II S. 662).

§ 15 EStG
H 15.7 (5)

Eigentum des Besitzunternehmens
Eine sachliche Verflechtung ist auch dann gegeben, wenn verpachtete wesentliche Betriebsgrundlagen nicht im Eigentum des Besitzunternehmens stehen (>BFH vom 12.10.1988 – BStBl II 1989 S. 152).

Erbbaurecht
– Bestellt der Eigentümer an einem unbebauten Grundstück ein Erbbaurecht und errichtet der Erbbauberechtigte ein Gebäude, das er an ein Betriebsunternehmen vermietet, fehlt zwischen dem Eigentümer und dem Betriebsunternehmen die für die Annahme einer Betriebsaufspaltung erforderliche sachliche Verflechtung (>BFH vom 24.09.2015 – BStBl II 2016 S. 154).
– >Beginn der sachlichen Verflechtung

Hingabe von Gesellschafterdarlehen
Bloße Darlehensgewährungen führen zu keiner sachlichen Verflechtung und begründen keine Betriebsaufspaltung (>BFH vom 09.07.2019 – BStBl II 2021 S. 418).

Leihe
Auch eine leihweise Überlassung wesentlicher Betriebsgrundlagen kann eine Betriebsaufspaltung begründen (>BFH vom 24.04.1991 – BStBl II S. 713).

Wesentliche Betriebsgrundlage
– **des Betriebsunternehmens**
  Die sachlichen Voraussetzungen einer Betriebsaufspaltung liegen auch dann vor, wenn das überlassene Wirtschaftsgut bei dem Betriebsunternehmen nur eine der wesentlichen Betriebsgrundlagen darstellt (>BFH vom 21.05.1974 – BStBl II S. 613).
– **Betriebszweck/-führung**
  Wesentliche Grundlagen eines Betriebs sind Wirtschaftsgüter vor allem des Anlagevermögens, die zur Erreichung des Betriebszwecks erforderlich sind und ein besonderes wirtschaftliches Gewicht für die Betriebsführung bei dem Betriebsunternehmen haben (>BFH vom 26.01.1989 – BStBl II S. 455 und vom 24.08.1989 – BStBl II S. 1014).
– **Büro-/Verwaltungsgebäude**
  Ein Büro- und Verwaltungsgebäude ist jedenfalls dann eine wesentliche Betriebsgrundlage, wenn es die räumliche und funktionale Grundlage für die Geschäftstätigkeit des Betriebsunternehmens bildet (>BFH vom 23.05.2000 – BStBl II S. 621).
– **Einfamilienhaus**
  Als einziges Büro (Sitz der Geschäftsleitung) genutzte Räume in einem Einfamilienhaus stellen auch dann eine wesentliche Betriebsgrundlage dar, wenn sie nicht für Zwecke des Betriebsunternehmens besonders

hergerichtet und gestaltet sind. Das gilt jedenfalls dann, wenn der Gebäudeteil nicht die in § 8 EStDV genannten Grenzen unterschreitet (>BFH vom 13.07.2006 – BStBl II S. 804).

– **Ersetzbarkeit**

Ein Grundstück ist auch dann eine wesentliche Betriebsgrundlage, wenn das Betriebsunternehmen jederzeit am Markt ein für seine Belange gleichwertiges Grundstück mieten oder kaufen kann (>BFH vom 26.05.1993 – BStBl II S. 718).

– **Fabrikationsgrundstücke**

Grundstücke, die der Fabrikation dienen, gehören regelmäßig zu den wesentlichen Betriebsgrundlagen im Rahmen einer Betriebsaufspaltung (>BFH vom 12.09.1991 – BStBl II 1992 S. 347 und vom 26.03.1992 – BStBl II S. 830).

– **Filialbetriebe**

Das einzelne Geschäftslokal eines Filialeinzelhandelsbetriebs ist in aller Regel auch dann eine wesentliche Betriebsgrundlage, wenn auf das Geschäftslokal weniger als 10 % der gesamten Nutzfläche des Unternehmens entfällt. Dabei ist es unbeachtlich, wenn das einzelne Geschäftslokal Verluste erwirtschaftet (>BFH vom 19.03.2009 – BStBl II S. 803).

– **Immaterielle Wirtschaftsgüter**

Für die Begründung einer Betriebsaufspaltung ist ausreichend, wenn dem Betriebsunternehmen immaterielle Wirtschaftsgüter, z. B. der Firmenname oder Erfindungen, überlassen werden, die dem Besitzunternehmen gehören (>BFH vom 06.11.1991 – BStBl II 1992 S. 415).

– **Serienfabrikate**

Bei beweglichen Wirtschaftsgütern zählen auch Serienfabrikate zu den wesentlichen Betriebsgrundlagen (>BFH vom 24.08.1989 – BStBl II S. 1014).

– **Stille Reserven**

Ein Wirtschaftsgut ist nicht allein deshalb als wesentliche Betriebsgrundlage im Rahmen einer Betriebsaufspaltung anzusehen, weil in ihm erhebliche stille Reserven ruhen (>BFH vom 24.08.1989 – BStBl II S. 1014).

– **Systemhalle**

Eine sog. Systemhalle kann wesentliche Betriebsgrundlage sein, wenn sie auf die Bedürfnisse des Betriebsunternehmens zugeschnitten ist (>BFH vom 05.09.1991 – BStBl II 1992 S. 349).

– **Wirtschaftliche Bedeutung**

Ein Grundstück ist nur dann keine wesentliche Betriebsgrundlage, wenn es für das Betriebsunternehmen lediglich von geringer wirtschaftlicher Bedeutung ist (>BFH vom 04.11.1992 – BStBl II 1993 S. 245).

Betriebsaufspaltung – Personelle Verflechtung
– unbesetzt –

R 15.7 (6)

Hinweise

H 15.7 (6)

Allgemeines
Eine personelle Verflechtung liegt vor, wenn die hinter beiden Unternehmen stehenden Personen einen einheitlichen geschäftlichen Betätigungswillen haben (>BFH vom 08.11.1971 – BStBl II 1972 S. 63).

Beherrschungsidentität
– Ein einheitlicher geschäftlicher Betätigungswille setzt nicht voraus, dass an beiden Unternehmen die gleichen Beteiligungen derselben Personen bestehen (>BFH vom 08.11.1971 – BStBl II 1972 S. 63). Es genügt, dass die Personen, die das Besitzunternehmen tatsächlich beherrschen, in der Lage sind, auch in dem Betriebsunternehmen ihren Willen durchzusetzen (>BMF vom 07.10.2002 – BStBl I S. 1028). Ein einheitlicher geschäftlicher Betätigungswille ist auch bei wechselseitiger Mehrheitsbeteiligung von zwei Personen am Besitzunternehmen und am Betriebsunternehmen anzunehmen (>BFH vom 24.02.2000 – BStBl II S. 417).

Anhang 8 II

– In den Fällen, in denen sämtliche Anteile des Betriebsunternehmens einem einzigen Gesellschafter-Geschäftsführer gehören, kommt es darauf an, ob dieser seinen Willen auch in dem Besitzunternehmen durchsetzen kann (>BFH vom 05.02.1981 – BStBl II S. 376 und vom 11.11.1982 – BStBl II 1983 S. 299).

– Die personelle Verflechtung einer GbR mit einer Betriebskapitalgesellschaft ist auch dann gegeben, wenn der Gesellschafter-Geschäftsführer der GbR, der zugleich alleiniger Geschäftsführer der Betriebskapitalgesellschaft ist, zwar von der GbR nicht vom Verbot des Selbstkontrahierens befreit ist, aufgrund seiner beherrschenden Stellung in der Betriebskapitalgesellschaft aber bewirken kann, dass auf Seiten der Betriebskapitalgesellschaft nicht er selbst als deren Vertreter auftritt (>BFH vom 24.08.2006 – BStBl II 2007 S. 165).

– Eine personelle Verflechtung liegt vor, wenn die personenidentischen Gesellschafter-Geschäftsführer der Besitz-GbR und der Betriebs-GmbH die laufenden Geschäfte der Besitz-GbR bestimmen können und der Nutzungsüberlassungsvertrag der Besitz-GbR mit der Betriebs-GmbH nicht gegen den Willen dieser Personengruppe geändert oder beendet werden kann (>BFH vom 28.05.2020 BStBl II S. 710).

– Ist eine eingetragene Genossenschaft Rechtsträgerin des Betriebsunternehmens und zugleich Mehrheitsgesellschafterin der Besitzpersonengesellschaft, liegt eine personelle Verflechtung vor, wenn die Gesellschafter der Besitzpersonengesellschaft für Abschluss und Beendigung von Miet- oder Pachtverträgen gemeinsam zur Geschäftsführung und Vertretung der Gesellschaft befugt sind und dabei mit Stimmenmehrheit nach Anteilen am Kapital der Gesellschaft entscheiden (>BFH vom 08.09.2011 – BStBl II 2012 S. 136).

– Keine personelle Verflechtung liegt vor, wenn die mehrheitlich an einer Betriebsgesellschaft beteiligte Kommanditistin zwar auch die Mehrheitsbeteiligung an der Besitzgesellschaft hält, diese aber nur überwiegend treuhänderisch verwaltet und als Treuhänderin ihre eigenen Interessen den Interessen der Treugeber unterzuordnen hat (>BFH vom 20.05.21 – BStBl II S. 768).

Betriebs-AG
Im Verhältnis zu einem Betriebsunternehmen in der Rechtsform der AG kommt es darauf an, ob sich aufgrund der Befugnis, die Mitglieder der geschäftsführenden Organe des Betriebsunternehmens zu bestellen und abzuberufen, in dem Betriebsunternehmen auf Dauer nur ein geschäftlicher Betätigungswille entfalten kann, der vom Vertrauen der das Besitzunternehmen beherrschenden Person getragen ist und demgemäß mit deren geschäftlichen Betätigungswillen i. d. R. übereinstimmt (>BFH vom 28.01.1982 – BStBl II S. 479). Dies gilt auch für eine börsennotierte AG (>BFH vom 23.03.2011 – BStBl II S. 778).

Einstimmigkeitsabrede

Anhang 8 II >BMF vom 07.10.2002 (BStBl I S. 1028) mit Übergangsregelung

Faktische Beherrschung

Anhang 8 II – >BMF vom 07.10.2002 (BStBl I S. 1028)
– Die Fähigkeit der das Besitzunternehmen beherrschenden Personen, ihren geschäftlichen Betätigungswillen in dem Betriebsunternehmen durchzusetzen, erfordert nicht notwendig einen bestimmten Anteilsbesitz an dem Betriebsunternehmen. Sie kann ausnahmsweise auch aufgrund einer durch die Besonderheiten des Einzelfalls bedingten tatsächlichen Machtstellung in dem Betriebsunternehmen gegeben sein (>BFH vom 16.06.1982 – BStBl II S. 662). Faktische Beherrschung ist z. B. anzunehmen, wenn der Alleininhaber des Besitzunternehmens und alleinige Geschäftsführer der Betriebskapitalgesellschaft aufgrund tatsächlicher Machtstellung jederzeit in der Lage ist, die Stimmenmehrheit in der Betriebskapitalgesellschaft zu erlangen (>BFH vom 29.01.1997 – BStBl II S. 437).

Keine faktische Beherrschung ist anzunehmen
– bei einer auf Lebenszeit eingeräumten Geschäftsführerstellung in dem Betriebsunternehmen für den Besitzunternehmer (>BFH vom 26.07.1984 – BStBl II S. 714 und vom 26.10.1988 – BStBl II 1989 S. 155),
– bei Beteiligung nicht völlig fachunkundiger Gesellschafter an dem Betriebsunternehmen (>BFH vom 09.09.1986 – BStBl II 1987 S. 28 und vom 12.10.1988 – BStBl II 1989 S. 152),

- bei einem größeren Darlehensanspruch gegen die Betriebskapitalgesellschaft, wenn der Gläubiger nicht vollständig die Geschäftsführung an sich zieht (>BFH vom 01.12.1989 – BStBl II 1990 S. 500),
- in den Fällen, in denen die das Besitzunternehmen beherrschenden Ehemänner bzw. Ehefrauen bei der Betriebskapitalgesellschaft, deren Anteile von den Ehefrauen bzw. Ehemännern gehalten werden, angestellt sind und vertraglich die Gesellschaftsanteile den Ehefrauen bzw. Ehemännern entzogen werden können, falls das Arbeitsverhältnis des jeweiligen Ehemanns bzw. der jeweiligen Ehefrau beendet wird (>BFH vom 15.10.1998 – BStBl II 1999 S. 445).

Gütergemeinschaft
Gehören sowohl die überlassenen wesentlichen Betriebsgrundlagen als auch die Mehrheit der Anteile an der Betriebskapitalgesellschaft zum Gesamtgut einer ehelichen Gütergemeinschaft, sind die Voraussetzungen der personellen Verflechtung erfüllt (>BFH vom 26.11.1992 – BStBl II 1993 S. 876).

Insolvenz des Betriebsunternehmens
Die Eröffnung des Insolvenzverfahrens über das Vermögen des Betriebsunternehmens führt zur Beendigung der personellen Verflechtung und zur Betriebsaufgabe des Besitzunternehmens, wenn nicht das laufende Insolvenzverfahren mit anschließender Fortsetzung des Betriebsunternehmens aufgehoben oder eingestellt wird (>BFH vom 06.03.1997 – BStBl II S. 460).

Interessengegensätze
Ein einheitlicher geschäftlicher Betätigungswille ist nicht anzunehmen, wenn nachgewiesen wird, dass zwischen den an dem Besitzunternehmen und dem Betriebsunternehmen beteiligten Personen tatsächlich Interessengegensätze aufgetreten sind (>BFH vom 15.05.1975 – BStBl II S. 781).

Mehrheit der Stimmrechte
Für die Durchsetzung eines einheitlichen geschäftlichen Betätigungswillens in einem Unternehmen ist i. d. R. der Besitz der Mehrheit der Stimmrechte erforderlich (>BFH vom 28.11.1979 – BStBl II 1980 S. 162 und vom 18.02.1986 – BStBl II S. 611). Ein Besitzunternehmer beherrscht die Betriebskapitalgesellschaft auch, wenn er zwar über die einfache Stimmrechtsmehrheit und nicht über die im Gesellschaftsvertrag vorgeschriebene qualifizierte Mehrheit verfügt, er aber als Gesellschafter-Geschäftsführer deren Geschäfte des täglichen Lebens beherrscht, sofern ihm die Geschäftsführungsbefugnis nicht gegen seinen Willen entzogen werden kann (>BFH vom 30.11.2005 – BStBl II 2006 S. 415); aber >Faktische Beherrschung.

Mittelbare Beteiligung
- Den maßgeblichen Einfluss kann einem Gesellschafter auch eine mittelbare Beteiligung gewähren. *Die mittelbare Beteiligung an einer*

Besitz-Personengesellschaft über eine Kapitalgesellschaft ist dabei aus Vertrauensschutzgründen erst ab dem VZ 2024 zu berücksichtigen (>BFH vom 23.07.1981 – BStBl II 1982 S. 60, vom 22.01.1988 – BStBl II S. 537, vom 29.11.2017 – BStBl II 2018 S. 426 *und BMF vom 21.11.2022 – BStBl I S. 1515*).
– Der beherrschende Einfluss auf das Betriebsunternehmen bleibt erhalten, wenn das Betriebsgrundstück einer zwischengeschalteten GmbH zur Weitervermietung an das Betriebsunternehmen überlassen wird (>BFH vom 28.11.2001 – BStBl II 2002 S. 363).

Personengruppentheorie
Für die Beherrschung von Besitz- und Betriebsunternehmen reicht es aus, wenn an beiden Unternehmen mehrere Personen beteiligt sind, die zusammen beide Unternehmen beherrschen. Dies gilt auch für Familienangehörige (>BFH vom 28.05.1991 – BStBl II S. 801).

Stimmrechtsausschluss
– **Allgemeines**
Sind an der Besitzpersonengesellschaft neben den das Betriebsunternehmen beherrschenden Personen weitere Gesellschafter oder Bruchteilseigentümer beteiligt, können die auch an dem Betriebsunternehmen beteiligten Personen an der Ausübung des Stimmrechts in der Besitzpersonengesellschaft bei einem Rechtsgeschäft mit dem Betriebsunternehmen ausgeschlossen sein. Eine tatsächliche Beherrschung der Besitzpersonengesellschaft ist dann nicht möglich (>BFH vom 09.11.1983 – BStBl II 1984 S. 212).
– **tatsächliche Handhabung**
Eine personelle Verflechtung liegt nicht vor, wenn ein Gesellschafter des Besitzunternehmens von der Ausübung des Stimmrechts in dem Besitzunternehmen bei der Vornahme von Rechtsgeschäften des Besitzunternehmens mit dem Betriebsunternehmen ausgeschlossen ist. Entscheidend ist dabei die tatsächliche Handhabung (>BFH vom 12.11.1985 – BStBl II 1986 S. 296).
– **bei Betriebskapitalgesellschaft**
Für die Frage der personellen Verflechtung ist allerdings nicht ausschlaggebend, ob der beherrschende Gesellschafter der Betriebskapitalgesellschaft bei Beschlüssen über Geschäfte mit dem Besitzunternehmen vom ihm zustehenden Stimmrecht ausgeschlossen ist. Sofern nämlich diese Rechtsgeschäfte zur laufenden Geschäftsführung der Betriebskapitalgesellschaft gehören, besteht kein Anlass, hierüber einen Beschluss der Gesellschafterversammlung herbeizuführen (>BFH vom 26.01.1989 – BStBl II S. 455).

Testamentsvollstrecker
– Der einheitliche geschäftliche Betätigungswille der hinter Besitz- und Betriebsunternehmen stehenden Personen kann nicht durch einen

§ 15 EStG
H 15.7 (6), (7) R 15.7

Testamentsvollstrecker ersetzt werden (>BFH vom 13.12.1984 – BStBl II 1985 S. 657).
– Für die Beurteilung der personellen Verflechtung ist das Handeln eines Testamentsvollstreckers den Erben zuzurechnen (>BFH vom 05.06.2008 – BStBl II S. 858).

Betriebsaufspaltung – Zusammenrechnung von Ehegattenanteilen   R 15.7 (7)
– unbesetzt –

Hinweise   H 15.7 (7)

Allgemeines
Eine Zusammenrechnung von Ehegattenanteilen kommt nicht in Betracht, es sei denn, dass zusätzlich zur ehelichen Lebensgemeinschaft ausnahmsweise Beweisanzeichen vorliegen, die für gleichgerichtete wirtschaftliche Interessen der Ehegatten sprechen (>BVerfG vom 12.03.1985 – BStBl II S. 475, BMF vom 18.11.1986 – BStBl I S. 537).

Wiesbadener Modell
– Ist an dem Besitzunternehmen der eine Ehegatte und an dem Betriebsunternehmen der andere Ehegatte beteiligt, liegt eine Betriebsaufspaltung nicht vor (>BFH vom 30.07.1985 – BStBl II 1986 S. 359 und vom 09.09.1986 – BStBl II 1987 S. 28).
– >H 4.8 (Scheidungsklausel)

Betriebsaufspaltung – Zusammenrechnung der Anteile von Eltern und Kindern   R 15.7 (8)

(8) [1] Eine personelle Verflechtung liegt vor, wenn einem Elternteil oder beiden Elternteilen und einem minderjährigen Kind an beiden Unternehmen jeweils zusammen die Mehrheit der Stimmrechte zuzurechnen sind. [2] Ist beiden Elternteilen an einem Unternehmen zusammen die Mehrheit der Stimmrechte zuzurechnen und halten sie nur zusammen mit dem minderjährigen Kind am anderen Unternehmen die Mehrheit der Stimmrechte, liegt, wenn das Vermögenssorgerecht beiden Elternteilen zusteht, grundsätzlich ebenfalls eine personelle Verflechtung vor. [3] Hält nur ein Elternteil an dem einen Unternehmen die Mehrheit der Stimmrechte und hält er zusammen mit dem minderjährigen Kind die Mehrheit der Stimmrechte an dem anderen Unternehmen, liegt grundsätzlich keine personelle Verflechtung vor; auch in diesem Fall kann aber eine personelle Verflechtung anzunehmen sein, wenn das Vermögenssorgerecht allein beim beteiligten Elternteil liegt oder wenn das Vermögenssorgerecht bei beiden Elternteilen liegt und zusätzlich zur ehelichen Lebensgemeinschaft gleichgerichtete wirtschaftliche Interessen der Ehegatten vorliegen. [4] Ist nur einem Elternteil an dem einen Unternehmen die Mehrheit der Stimmrechte zuzurechnen und halten an dem anderen Unternehmen beide Elternteile zusammen mit

§ 15 EStG
R 15.7 H 15.7 (8), (9)

dem minderjährigen Kind die Mehrheit der Stimmrechte, liegt grundsätzlich keine personelle Verflechtung vor, es sei denn, die Elternanteile können zusammengerechnet werden und das Vermögenssorgerecht steht beiden Elternteilen zu.

H 15.7 (8)

Hinweise

Ergänzungspflegschaft bei minderjährigen Kindern
Die Stimmen des an der Betriebskapitalgesellschaft beteiligten minderjährigen Kindes sind dann nicht dem Elternteil zuzurechnen, wenn für die Gesellschafterstellung des Kindes eine Ergänzungspflegschaft angeordnet ist (>BFH vom 14.04.2021 – BStBl II S. 851).

Wegfall der personellen Verflechtung durch Eintritt der Volljährigkeit
>R 16 Abs. 2 Satz 3 ff.

R 15.7 (9) **Wertpapiergeschäfte**
– unbesetzt –

H 15.7 (9)

Hinweise

An- und Verkauf von Wertpapieren
– Ob der An- und Verkauf von Wertpapieren als Vermögensverwaltung oder als eine gewerbliche Tätigkeit anzusehen ist, hängt, wenn eine selbständige und nachhaltige, mit Gewinnerzielungsabsicht betriebene Tätigkeit vorliegt, entscheidend davon ab, ob die Tätigkeit sich auch als Beteiligung am allgemeinen wirtschaftlichen Verkehr darstellt. Der fortgesetzte An- und Verkauf von Wertpapieren reicht für sich allein, auch wenn er einen erheblichen Umfang annimmt und sich über einen längeren Zeitraum erstreckt, zur Annahme eines Gewerbebetriebs nicht aus, solange er sich in den gewöhnlichen Formen, wie sie bei Privatleuten die Regel bilden, abspielt (>BFH vom 19.02.1997 – BStBl II S. 399, vom 29.10.1998 – BStBl II 1999 S. 448 und vom 20.12.2000 – BStBl II 2001 S. 706).

– Der An- und Verkauf von Optionskontrakten selbst in größerem Umfang begründet im Allgemeinen keinen Gewerbebetrieb. Eine gewerbliche Betätigung setzt jedenfalls voraus, dass der Stpfl. sich wie ein bankentypischer Händler verhält (>BFH vom 20.12.2000 – BStBl II 2001 S. 706).

– Der Rahmen einer privaten Vermögensverwaltung wird unabhängig vom Umfang der Beteiligung überschritten, wenn die Wertpapiere nicht nur auf eigene Rechnung, sondern untrennbar damit verbunden in erheblichem Umfang auch für fremde Rechnung erworben und wieder veräußert werden, zur Durchführung der Geschäfte mehrere Banken eingeschaltet werden, die Wertpapiergeschäfte mit Krediten finanziert werden, aus den Geschäften für fremde Rechnung Gewinne erzielt

§ 15 EStG
H 15.7 (9)

werden sollen und alle Geschäfte eine umfangreiche Tätigkeit erfordern (>BFH vom 04.03.1980 – BStBl II S. 389).
– Der An- und Verkauf von Wertpapieren überschreitet i. d. R. noch nicht den Rahmen einer privaten Vermögensverwaltung, wenn die entfaltete Tätigkeit dem Bild eines „Wertpapierhandelsunternehmens" i. S. d. § 1 Abs. 3d Satz 2 KWG bzw. eines „Finanzunternehmens" i. S. d. § 1 Abs. 3 KWG nicht vergleichbar ist. Für ein Wertpapierhandelsunternehmen ist ein Tätigwerden „für andere", vor allem ein Tätigwerden „für fremde Rechnung" kennzeichnend. Finanzunternehmen werden zwar – insoweit nicht anders als private Anleger – für eigene Rechnung tätig, zeichnen sich aber dadurch aus, dass sie den Handel mit institutionellen Partnern betreiben, also nicht lediglich über eine Depotbank am Marktgeschehen teilnehmen (>BFH vom 30.07.2003 – BStBl II 2004 S. 408).

Devisentermingeschäfte/Optionsgeschäfte
– Die für Wertpapiergeschäfte maßgebenden Grundsätze für die Abgrenzung zwischen gewerblicher Tätigkeit und privater Vermögensverwaltung gelten auch bei Devisen- und Edelmetall-Termingeschäften in der Art von offenen oder verdeckten Differenzgeschäften (>BFH vom 06.12.1983 – BStBl II 1984 S. 132). Dies gilt ebenso für Optionsgeschäfte (>BFH vom 19.02.1997 – BStBl II S. 399).
– >H 4.2 (1) Termin- und Optionsgeschäfte

Kapitalanlage mit Einfluss auf die Geschäftsführung
Zur Annahme eines die Gewerblichkeit begründenden besonderen Umstandes reicht es nicht aus, wenn mit dem Ankauf von Wertpapieren eine Dauerkapitalanlage mit bestimmendem Einfluss auf die Geschäftsführung einer Kapitalgesellschaft gesucht und erreicht wird (>BFH vom 04.03.1980 – BStBl II S. 389).

Pfandbriefe
Auch der An- und Verkauf von Pfandbriefen unter gezielter Ausnutzung eines sog. „grauen" Markts kann eine gewerbliche Tätigkeit begründen (>BFH vom 02.04.1971 – BStBl II S. 620).

Wertpapiergeschäfte eines Bankiers
Betreibt ein Bankier Wertpapiergeschäfte, die üblicherweise in den Bereich seiner Bank fallen, die aber auch im Rahmen einer privaten Vermögensverwaltung getätigt werden können, so sind diese dem betrieblichen Bereich zuzuordnen, wenn sie der Bankier in der Weise abwickelt, dass er häufig wiederkehrend dem Betrieb Mittel entnimmt, Kauf und Verkauf über die Bank abschließt und die Erlöse alsbald wieder dem Betrieb zuführt (>BFH vom 19.01.1977 – BStBl II S. 287).

§ 15 EStG
R 15.8 H 15.8 (1)

R 15.8

R 15.8 (1) Allgemeines

Mitunternehmerschaft

– unbesetzt –

H 15.8 (1)

Hinweise

Allgemeines
- Mitunternehmer i. S. d. § 15 Abs. 1 Satz 1 Nr. 2 ist, wer zivilrechtlich Gesellschafter einer Personengesellschaft ist und eine gewisse unternehmerische Initiative entfalten kann sowie unternehmerisches Risiko trägt. Beide Merkmale können jedoch im Einzelfall mehr oder weniger ausgeprägt sein (>BFH vom 25.06.1984 – BStBl II S. 751 und vom 15.07.1986 – BStBl II S. 896).
- >Mitunternehmerinitiative
- >Mitunternehmerrisiko
- >Gesellschafter

Ausgleichsanspruch eines Kommanditisten
Ein Ausgleichsanspruch gegen die KG, der einem Kommanditisten zusteht, weil er Schulden der KG beglichen hat, gehört zu dessen Sonderbetriebsvermögen. Ein Verlust wird erst dann realisiert, wenn der Anspruch gegen die KG wertlos wird; dies ist erst im Zeitpunkt der Beendigung der Mitunternehmerstellung, also beim Ausscheiden des Gesellschafters oder bei Beendigung der Gesellschaft der Fall (>BFH vom 05.06.2003 – BStBl II S. 871).

Betriebsvermögen bei atypisch stiller Gesellschaft
Der Inhaber des Handelsgewerbes, an dem sich ein anderer atypisch still beteiligt, verfügt auch während des Bestehens der atypisch stillen Gesellschaft über ein eigenes Betriebsvermögen, das neben dem mitunternehmerischen Betriebsvermögen der atypisch stillen Gesellschaft besteht (>BFH vom 01.03.2018 – BStBl II S. 587).

Bürgschaftsinanspruchnahme
>Ausgleichsanspruch eines Kommanditisten

Büro-/Praxisgemeinschaft
Im Unterschied zu einer Gemeinschaftspraxis (Mitunternehmerschaft) hat eine Büro- und Praxisgemeinschaft lediglich den Zweck, den Beruf in gemeinsamen Praxisräumen auszuüben und bestimmte Kosten von der Praxisgemeinschaft tragen zu lassen und umzulegen. Ein einheitliches Auftreten nach außen genügt nicht, um aus einer Bürogemeinschaft eine Mitunternehmerschaft werden zu lassen. Gleiches gilt für die gemeinsame Beschäftigung von Personal und die gemeinsame Nutzung von Einrichtungsgegenständen. Entscheidend ist, dass bei einer Büro- und Praxisgemeinschaft keine gemeinschaftliche, sondern eine individuelle Gewinnerzielung

beabsichtigt ist, und auch der Praxiswert dem einzelnen Beteiligten zugeordnet bleibt (>BFH vom 14.04.2005 – BStBl II S. 752).

Erbengemeinschaft
Eine Erbengemeinschaft kann nicht Gesellschafterin einer werbenden Personengesellschaft sein. Jedem Miterben steht deshalb ein seinem Erbteil entsprechender Gesellschaftsanteil zu (>BFH vom 01.03.1994 – BStBl II 1995 S. 241).

Europäische wirtschaftliche Interessenvereinigung (EWIV)
Die EWIV unterliegt nach § 1 des Gesetzes zur Ausführung der EWG-Verordnung über die Europäische wirtschaftliche Interessenvereinigung (EWIV-Ausführungsgesetz vom 14.04.1988 – BGBl. I S. 514, zuletzt geändert durch Art. 16 des Gesetzes zur Modernisierung des GmbH-Rechts und zur Bekämpfung von Missbräuchen vom 23.10.2008 – BGBl. I S. 2026) den für eine OHG geltenden Rechtsvorschriften. Dies gilt auch für das Steuerrecht.

Gesellschafter
– Ob ein Gesellschafter Mitunternehmer ist, beurteilt sich für alle Personengesellschaften nach gleichen Maßstäben (>BFH vom 29.04.1981 – BStBl II S. 663 und vom 25.06.1981 – BStBl II S. 779). In Ausnahmefällen reicht auch eine einem Gesellschafter einer Personengesellschaft wirtschaftlich vergleichbare Stellung aus, z. B. als Beteiligter an einer Erben-, Güter- oder Bruchteilsgemeinschaft, als Beteiligter einer „fehlerhaften Gesellschaft" i. S. d. Zivilrechts oder als Unterbeteiligter (>BFH vom 25.06.1984 – BStBl II S. 751). Auch Gesellschafter einer OHG oder KG erzielen nur dann Einkünfte aus Gewerbebetrieb, wenn sie Mitunternehmer des gewerblichen Unternehmens sind (>BFH vom 08.02.1979 – BStBl II S. 405).
– Erhält ein (Schein-)Gesellschafter eine von der Gewinnsituation abhängige, nur nach dem eigenen Umsatz bemessene Vergütung und ist er zudem von einer Teilhabe an den stillen Reserven der Gesellschaft ausgeschlossen, kann wegen des danach nur eingeschränkt bestehenden Mitunternehmerrisikos eine Mitunternehmerstellung nur bejaht werden, wenn eine besonders ausgeprägte Mitunternehmerinitiative vorliegt. Hieran fehlt es, wenn zwar eine gemeinsame Geschäftsführungsbefugnis besteht, von dieser aber tatsächlich wesentliche Bereiche ausgenommen sind (>BFH vom 03.11.2015 – BStBl II 2016 S. 383).
– >Verdeckte Mitunternehmerschaft

Gesellschafterausschluss bei Scheidung
>Wirtschaftliches Eigentum

Innengesellschaft

- Im Fall einer GbR, die als reine Innengesellschaft ausgestaltet ist, rechtfertigt die Übernahme eines erheblichen unternehmerischen Risikos bereits das Bestehen einer Mitunternehmerschaft (>BFH vom 19.02.1981 – BStBl II S. 602, vom 28.10.1981 – BStBl II 1982 S. 186 und vom 09.10.1986 – BStBl II 1987 S. 124).
- Der Inhaber eines Betriebs ist regelmäßig schon allein wegen seiner unbeschränkten Außenhaftung und des ihm allein möglichen Auftretens im Rechtsverkehr Mitunternehmer einer Innengesellschaft, die zum Zwecke der stillen Beteiligung an seinem Unternehmen gegründet wurde. Dies gilt auch dann, wenn dem Inhaber des Betriebs im Innenverhältnis neben einem festen Vorabgewinn für seine Tätigkeit keine weitere Gewinnbeteiligung zusteht und die Geschäftsführungsbefugnis weitgehend von der Zustimmung des stillen Beteiligten abhängt (>BFH vom 10.05.2007 – BStBl II S. 927).
- Ist eine Person oder eine Personenmehrheit an einzelnen Tätigkeiten des Unternehmens einer KG als Innengesellschafterin beteiligt, führt dies nur dann zur Annahme eines eigenständigen Gewerbebetriebs, wenn der betroffene Geschäftsbereich in Form einer wirtschaftlichen Einheit von den weiteren Tätigkeitsfeldern des Unternehmens hinreichend sachlich abgegrenzt ist (>BFH vom 23.04.2009 – BStBl II 2010 S. 40).

Komplementär

- Eine Komplementär-GmbH ist auch dann Mitunternehmerin, wenn sie am Gesellschaftskapital nicht beteiligt ist (>BFH vom 11.12.1986 – BStBl II 1987 S. 553).
- Die Mitunternehmerstellung des Komplementärs wird nicht dadurch ausgeschlossen, dass er weder am Gewinn und Verlust der KG noch an deren Vermögen beteiligt ist (>BFH vom 25.04.2006 – BStBl II S. 595).
- Der Komplementär ist auch dann Mitunternehmer, wenn er keine Kapitaleinlage erbracht hat und im Innenverhältnis (zu dem Kommanditisten) wie ein Angestellter behandelt und von der Haftung freigestellt wird (>BFH vom 11.06.1985 – BStBl II 1987 S. 33 und vom 14.08.1986 – BStBl II 1987 S. 60).

Miterben

Anhang 13 I

Gehört zum Nachlass ein Gewerbebetrieb, sind die Miterben Mitunternehmer (>BFH vom 05.07.1990 – BStBl II S. 837 sowie >BMF vom 14.03.2006 – BStBl I S. 253 unter Berücksichtigung der Änderungen durch BMF vom 27.12.2018 – BStBl I 2019 S. 11). Zur Erbengemeinschaft als Gesellschafter >Erbengemeinschaft

§ 15 EStG
H 15.8 (1)

Mitunternehmerinitiative

Mitunternehmerinitiative bedeutet vor allem Teilhabe an den unternehmerischen Entscheidungen, wie sie Gesellschaftern oder diesen vergleichbaren Personen als Geschäftsführern, Prokuristen oder anderen leitenden Angestellten obliegen. Ausreichend ist schon die Möglichkeit zur Ausübung von Gesellschafterrechten, die wenigstens den Stimm-, Kontroll- und Widerspruchsrechten angenähert sind, die einem Kommanditisten nach dem HGB zustehen oder die den gesellschaftsrechtlichen Kontrollrechten nach § 716 Abs. 1 BGB entsprechen (>BFH vom 25.06.1984 – BStBl II S. 751). Ein Kommanditist ist beispielsweise dann mangels Mitunternehmerinitiative kein Mitunternehmer, wenn sowohl sein Stimmrecht als auch sein Widerspruchsrecht durch Gesellschaftsvertrag faktisch ausgeschlossen sind (>BFH vom 11.10.1988 – BStBl II 1989 S. 762).

Mitunternehmerrisiko

– Mitunternehmerrisiko trägt im Regelfall, wer am Gewinn und Verlust des Unternehmens und an den **stillen Reserven** einschl. eines etwaigen Geschäftswerts beteiligt ist (>BFH vom 25.06.1984 – BStBl II S. 751). Je nach den Umständen des Einzelfalls können jedoch auch andere Gesichtspunkte, z. B. eine besonders ausgeprägte unternehmerische Initiative, verbunden mit einem bedeutsamen Beitrag zur Kapitalausstattung des Unternehmens in den Vordergrund treten (>BFH vom 27.02.1980 – BStBl II 1981 S. 210). Eine Vereinbarung über die Beteiligung an den stillen Reserven ist nicht ausschlaggebend, wenn die stillen Reserven für den Gesellschafter keine wesentliche wirtschaftliche Bedeutung haben (>BFH vom 05.06.1986 – BStBl II S. 802). Ein Kommanditist, der nicht an den stillen Reserven einschl. eines etwaigen Geschäftswerts beteiligt ist und nach dem Gesellschaftsvertrag nur eine übliche Verzinsung seiner Kommanditeinlage erhält, trägt kein Mitunternehmerrisiko und ist deshalb auch dann nicht Mitunternehmer, wenn seine gesellschaftsrechtlichen Mitwirkungsrechte denjenigen eines Kommanditisten entsprechen (>BFH vom 28.10.1999 – BStBl II 2000 S. 183).

– Eine Beteiligung am unternehmerischen Risiko liegt bei beschränkt haftenden Gesellschaftern von Personenhandelsgesellschaften, insbesondere bei Kommanditisten, und bei atypisch stillen Gesellschaftern nicht vor, wenn wegen der rechtlichen oder tatsächlichen **Befristung** ihrer gesellschaftlichen Beteiligung eine Teilhabe an der von der Gesellschaft beabsichtigten Betriebsvermögensmehrung in Form eines entnahmefähigen laufenden Gewinns oder eines die Einlage übersteigenden Abfindungsguthabens oder eines Gewinns aus der Veräußerung des Gesellschaftsanteils nicht zu erwarten ist (>BFH vom 25.06.1984 – BStBl II S. 751). Die zeitliche Befristung und die fehlende Gewinnerwartung können sich aus den Umständen des Einzelfalls ergeben (>BFH vom 10.11.1977 – BStBl II 1978 S. 15).

– Mitunternehmerrisiko setzt voraus, dass der Gesellschafter zugunsten der Gesellschaft sein eigenes Vermögen belastet, sei es in Gestalt einer Haftung gegenüber Gläubigern der Gesellschaft, sei es durch Erbringung eines sein Vermögen belastenden Gesellschafterbeitrags (>BFH vom 13.07.2017 – BStBl II S. 1133).

Nachversteuerung des negativen Kapitalkontos
Der Betrag des beim Ausscheiden aus der Gesellschaft oder bei Auflösung der Gesellschaft zu versteuernden negativen Kapitalkontos (>BFH vom 10.11.1980 – BStBl II 1981 S. 164) ist kein Gewinn aus einer Betriebsvermögensmehrung. Der beim Wegfall eines negativen Kapitalkontos des Kommanditisten zu erfassende Gewinn erlaubt es deshalb nicht, die Teilnahme an einer Betriebsvermögensmehrung im Sinne einer Beteiligung am unternehmerischen Risiko als gegeben anzusehen (>BFH vom 25.06.1984 – BStBl II S. 751).

Nießbrauch
Bei Bestellung eines Nießbrauchs am Gesellschaftsanteil bleibt der Nießbrauchsverpflichtete Mitunternehmer (>BFH vom 01.03.1994 – BStBl II 1995 S. 241).

Organgesellschaft
Einer Mitunternehmereigenschaft der Komplementär-GmbH steht nicht entgegen, dass sie Organ des Kommanditisten ist (>BFH vom 10.11.1983 – BStBl II 1984 S. 150).

Partnerschaftsgesellschaft
Zur zivilrechtlichen Rechtsform der Partnerschaftsgesellschaft >Partnerschaftsgesellschaftsgesetz (PartGG) vom 25.07.1994 (BGBl. I S. 1744), zuletzt geändert durch Artikel 1 des Gesetzes zur Einführung einer Partnerschaftsgesellschaft mit beschränkter Berufshaftung und zur Änderung des Berufsrechts der Rechtsanwälte, Patentanwälte, Steuerberater und Wirtschaftsprüfer vom 15.07.2013 (BGBl. I S. 2386)

Stiller Gesellschafter
– Bei einem stillen Gesellschafter ohne Unternehmerinitiative kommt der vermögensrechtlichen Stellung besondere Bedeutung zu (>BFH vom 25.06.1981 – BStBl II 1982 S. 59). Um als Mitunternehmer angesehen werden zu können, muss ein solcher stiller Gesellschafter einen Anspruch auf Beteiligung am tatsächlichen Zuwachs des Gesellschaftsvermögens unter Einschluss der stillen Reserven und eines Geschäftswerts haben (>BFH vom 27.05.1993 – BStBl II 1994 S. 700). Ohne eine Beteiligung an den stillen Reserven kann ein stiller Gesellschafter dann Mitunternehmer sein, wenn der Unternehmer ihm abweichend von der handelsrechtlichen Regelung ermöglicht, wie ein Unternehmer auf das Schicksal des Unternehmens Einfluss zu nehmen (>BFH vom 28.01.1982 – BStBl II S. 389). Beteiligt sich der beherrschende Gesellschafter und alleinige Geschäftsführer einer GmbH an dieser auch noch als stiller Gesellschafter mit einer erheblichen Vermögenseinlage unter

Vereinbarung einer hohen Gewinnbeteiligung sowie der Verpflichtung, die Belange bestimmter Geschäftspartner persönlich wahrzunehmen, so handelt es sich um eine atypisch stille Gesellschaft – Mitunternehmerschaft – (>BFH vom 15.12.1992 – BStBl II 1994 S. 702). Gesamthandsvermögen braucht nicht vorhanden zu sein (>BFH vom 08.07.1982 – BStBl II S. 700).

– Bei einer GmbH und Still kann sich die Entfaltung einer stark ausgeprägten Mitunternehmerinitiative des stillen Gesellschafters auch aus dessen Stellung als Geschäftsführer der GmbH als Inhaberin des Handelsgewerbes ergeben (>BFH vom 13.07.2017 – BStBl II S. 1133 und vom 12.04.2021 – BStBl II S. 614).

Strohmannverhältnis
Wer in eigenem Namen, aber für Rechnung eines anderen ein Einzelunternehmen führt oder persönlich haftender Gesellschafter einer Personengesellschaft ist, wird, sofern das Treuhandverhältnis den Geschäftspartnern gegenüber nicht offen gelegt wird, regelmäßig allein wegen seiner unbeschränkten Haftung zum (Mit-)Unternehmer. Dies gilt auch dann, wenn er den Weisungen des Treugebers unterliegt und im Innenverhältnis von jeglicher Haftung freigestellt ist (>BFH vom 04.11.2004 – BStBl II 2005 S. 168).

Testamentsvollstreckung
Ein Kommanditist, dessen Kommanditanteil durch Testamentsvollstreckung treuhänderisch verwaltet wird und dessen Gewinnanteile an einen Unterbevollmächtigten herauszugeben sind, ist dennoch Mitunternehmer (>BFH vom 16.05.1995 – BStBl II S. 714).

Treugeber
Bei einem Treuhandverhältnis, dessen Gegenstand die Mitgliedschaft in einer Personengesellschaft ist, müssen die die Mitunternehmerstellung kennzeichnenden Merkmale in der Person des Treugebers vorliegen (>BFH vom 21.04.1988 – BStBl II 1989 S. 722).

Verdeckte Mitunternehmerschaft
– Mitunternehmer kann auch sein, wer nicht als >Gesellschafter, sondern z. B. als Arbeitnehmer oder Darlehensgeber bezeichnet ist, wenn die Vertragsbeziehung als Gesellschaftsverhältnis anzusehen ist (>BFH vom 11.12.1980 – BStBl II 1981 S. 310). Allerdings sind die zwischen den Beteiligten bestehenden Rechtsbeziehungen bei der Beurteilung der Gesellschaftereigenschaft sowohl zivil- als auch steuerrechtlich nicht allein nach deren formaler Bezeichnung zu würdigen, sondern nach den von ihnen gewollten Rechtswirkungen und der sich danach ergebenden zutreffenden rechtlichen Einordnung (>BFH vom 13.07.1993 – BStBl II 1994 S. 282).

§ 15 EStG
H 15.8 (1)

- Eine Mitunternehmerschaft setzt ein zivilrechtliches Gesellschaftsverhältnis oder ausnahmsweise ein wirtschaftlich vergleichbares Gemeinschaftsverhältnis voraus. Eine Mitunternehmerschaft liegt danach auch vor, wenn mehrere Personen durch gemeinsame Ausübung der Unternehmerinitiative und gemeinsame Übernahme des Unternehmerrisikos auf einen bestimmten Zweck hin tatsächlich zusammenarbeiten. Erforderlich für ein stillschweigend begründetes Gesellschaftsverhältnis ist auch ein entsprechender Verpflichtungswille (>BFH vom 01.08.1996 – BStBl II 1997 S. 272). Mitunternehmerinitiative und -risiko dürfen nicht lediglich auf einzelne Schuldverhältnisse zurückzuführen sein. Die Bündelung von Risiken aus derartigen Austauschverhältnissen unter Vereinbarung angemessener und leistungsbezogener Entgelte begründet noch kein gesellschaftsrechtliches Risiko (>BFH vom 13.07.1993 – BStBl II 1994 S. 282). Tatsächliche Einflussmöglichkeiten allein genügen allerdings nicht (>BFH vom 02.09.1985 – BStBl II 1986 S. 10).

- Das Vorliegen einer verdeckten Mitunternehmerschaft zwischen nahen Angehörigen darf nicht unter Heranziehung eines Fremdvergleichs beurteilt werden (>BFH vom 08.11.1995 – BStBl II 1996 S. 133).

- Der Geschäftsführer der Komplementär-GmbH ist nicht schon aufgrund des bloßen Abschlusses des Geschäftsführervertrages mit der GmbH als verdeckter Mitunternehmer der KG anzusehen (>BFH vom 01.08.1996 – BStBl II 1997 S. 272). Der alleinige Gesellschafter-Geschäftsführer der Komplementär-GmbH ist verdeckter Mitunternehmer der Familien-GmbH & Co. KG, wenn er für die Geschäftsführung unangemessene gewinnabhängige Bezüge erhält und sich – wie bisher als Einzelunternehmer – als Herr des Unternehmens verhält (>BFH vom 21.09.1995 – BStBl II 1996 S. 66).

Vermietung zwischen Schwester-Personengesellschaften

Wirtschaftsgüter, die eine gewerblich tätige oder gewerblich geprägte Personengesellschaft an eine ganz oder teilweise personenidentische Personengesellschaft (Schwestergesellschaft) vermietet, gehören zum Betriebsvermögen der vermietenden Personengesellschaft und nicht zum Sonderbetriebsvermögen bei der nutzenden Personengesellschaft. Dies gilt auch, wenn leistende Gesellschaft eine gewerblich geprägte atypisch stille Gesellschaft ist (>BFH vom 26.11.1996 – BStBl II 1998 S. 328 und BMF vom 28.04.1998 BStBl I S. 583 mit Übergangsregelung).

Wirtschaftliches Eigentum an einem Mitunternehmeranteil

- Ist in einem Gesellschaftsvertrag vereinbart, dass die Ehefrau im Scheidungsfall aus der Gesellschaft ausgeschlossen werden kann und ihr Ehemann an ihre Stelle tritt, ist der Kommanditanteil der Ehefrau dem Ehemann gem. § 39 Abs. 2 Nr. 1 Satz 1 AO zuzurechnen (>BFH vom 26.06.1990 – BStBl II 1994 S. 645).

- Dem Erwerber eines Anteils an einer Personengesellschaft kann die Mitunternehmerstellung bereits vor der zivilrechtlichen Übertragung des Gesellschaftsanteils zuzurechnen sein. Voraussetzung dafür ist, dass der Erwerber rechtsgeschäftlich eine auf den Erwerb des Gesellschaftsanteils gerichtete, rechtlich geschützte Position erworben hat, die ihm gegen seinen Willen nicht mehr entzogen werden kann, und Mitunternehmerrisiko sowie Mitunternehmerinitiative vollständig auf ihn übergegangen sind (>BFH vom 01.03.2018 – BStBl II S. 539 und vom 20.09.2018 – BStBl II 2019 S. 131).

Wohnungseigentümergemeinschaft
Eine Wohnungseigentümergemeinschaft als Rechtssubjekt i. S. d. § 10 Abs. 6 Satz 1 WoEigG, die z. B. ein Blockheizkraftwerk betreibt, kann eine gewerbliche Mitunternehmerschaft begründen. Es bedarf nicht der Annahme einer konkludent errichteten GbR, wenn die gewerbliche Tätigkeit der Wohnungseigentümergemeinschaft innerhalb des in § 10 Abs. 6 Satz 1 WoEigG vorgegebenen Verbandszwecks liegt (>BFH vom 20.09.2018 – BStBl II 2019 S. 160).

Mehrstöckige Personengesellschaft R 15.8 (2)
(2) ¹§ 15 Abs. 1 Satz 1 Nr. 2 EStG ist auch bei mehrstöckigen Personengesellschaften anzuwenden, wenn eine ununterbrochene Mitunternehmerkette besteht. ²Vergütungen der Untergesellschaft an einen Gesellschafter der Obergesellschaft für Tätigkeiten im Dienste der Untergesellschaft mindern daher den steuerlichen Gewinn der Untergesellschaft nicht; überlässt ein Gesellschafter der Obergesellschaft der Untergesellschaft z. B. ein Grundstück für deren betriebliche Zwecke, ist das Grundstück notwendiges Sonderbetriebsvermögen der Untergesellschaft.

Hinweise H 15.8 (2)

Unterbeteiligung
Tätigkeitsvergütungen einer OHG an atypisch still Unterbeteiligte eines Gesellschafters gehören nach § 15 Abs. 1 Satz 1 Nr. 2 Satz 2 zu den Einkünften aus Gewerbebetrieb (>BFH vom 02.10.1997 – BStBl II 1998 S. 137).

Gewinnverteilung R 15.8 (3)
– unbesetzt –

Hinweise H 15.8 (3)

Abweichung des Steuerbilanzgewinns vom Handelsbilanzgewinn
Der zwischen Gesellschaftern einer Personengesellschaft vereinbarte Gewinnverteilungsschlüssel bezieht sich i. d. R. auf den Handelsbilanzgewinn. Weicht dieser vom Steuerbilanzgewinn deshalb ab, weil er durch die Auflösung von Bilanzierungshilfen geringer ist als der Steuerbilanzgewinn, müssen bei der Anwendung des Gewinnverteilungsschlüssels auf den Steuerbilanzgewinn Korrekturen hinsichtlich der Gesellschafter angebracht

werden, die bei der Bildung der Bilanzierungshilfe an dem Unternehmen noch nicht beteiligt waren (>BFH vom 22.05.1990 – BStBl II S. 965).

Angemessenheit der Gewinnverteilung bei stiller Beteiligung von anteils- und beteiligungsidentischen Schwesterpersonengesellschaften
Kann ein angemessener Gewinnanteil der stillen Gesellschafterin nicht durch einen konkreten Fremdvergleich ermittelt werden, sind die Grundsätze zu Familienpersonengesellschaften entsprechend anzuwenden. Soweit ihr Gewinnanteil eine angemessene Höhe übersteigt, ist er dem Mitunternehmer zuzurechnen (>BFH vom 21.09.2000 – BStBl II 2001 S. 299).

Ausländische Personengesellschaft
Die zu § 15 Abs. 1 Satz 1 Nr. 2 entwickelten Gewinnermittlungsgrundsätze gelten auch bei grenzüberschreitenden mitunternehmerischen Beteiligungen (>BFH vom 24.03.1999 – BStBl II 2000 S. 399).

Außerbetrieblich veranlasster Gewinn- und Verlustverteilungsschlüssel
Eine außerbetrieblich veranlasste Änderung des Gewinn- und Verlustverteilungsschlüssels bei einer Personengesellschaft, d. h. eine Änderung, die ihre Erklärung nicht in den Verhältnissen der Gesellschaft findet, ist ertragsteuerlich unbeachtlich (>BFH vom 23.08.1990 – BStBl II 1991 S. 172).

Forderungsverzicht im Zusammenhang mit einem Gesellschafterwechsel
Bei einem Wechsel der Gesellschafter einer Personengesellschaft ist der Ertrag aus einem Forderungsverzicht dem Neugesellschafter zuzurechnen, wenn nach den im konkreten Fall getroffenen Vereinbarungen der Neugesellschafter die betreffenden Verbindlichkeiten anstelle des Altgesellschafters wirtschaftlich tragen sollte. Ist vereinbart, dass der Neugesellschafter die betreffenden Verbindlichkeiten nicht wirtschaftlich tragen soll, ist der Ertrag dem Altgesellschafter zuzurechnen, der durch den Erlass der Schulden von seiner Haftung entbunden wird (>BFH vom 22.01.2015 – BStBl II S. 389).

Gewinnverteilung bei GmbH & atypisch stiller Gesellschaft
Beteiligt sich der Gesellschafter einer Kapitalgesellschaft an dieser zugleich als atypisch stiller Gesellschafter und verzichtet die Kapitalgesellschaft im Interesse des stillen Gesellschafters auf eine fremdübliche Gewinnbeteiligung, wird der Kapitalgesellschaft bei der gesonderten und einheitlichen Feststellung der Einkünfte der atypisch stillen Gesellschaft der angemessene Gewinnanteil zugerechnet (>BFH vom 18.06.2015 – BStBl II S. 935).

Gewinnzurechnung

Einem aus einer Personengesellschaft ausgeschiedenen Mitunternehmer ist der gemeinschaftlich erzielte laufende Gewinn auch dann anteilig zuzurechnen, wenn die verbleibenden Mitunternehmer die Auszahlung verweigern, weil der ausgeschiedene Mitunternehmer ihnen Schadenersatz in übersteigender Höhe schuldet. Dies gilt auch, wenn der Anspruch des ausgeschiedenen Mitunternehmers zivilrechtlich der sog. Durchsetzungssperre unterliegt und deshalb nicht mehr isoliert, sondern nur noch als Abrechnungsposten im Rahmen des Rechtsstreits um den Auseinandersetzungsanspruch geltend gemacht werden kann (>BFH vom 15.11.2011 – BStBl II 2012 S. 207).

GmbH-Beteiligung

Bei Beteiligung einer Personenhandelsgesellschaft an einer Kapitalgesellschaft gehören die Gewinnausschüttung ebenso wie die anzurechnende Kapitalertragsteuer und der Solidaritätszuschlag zu den Einkünften aus Gewerbebetrieb i. S. d. § 15 Abs. 1 Satz 1 Nr. 2. Das Anrechnungsguthaben steht den Gesellschaftern (Mitunternehmern) zu. Maßgebend für die Verteilung ist der allgemeine Gewinnverteilungsschlüssel (>BFH vom 22.11.1995 – BStBl II 1996 S. 531).

Kapitalkontenverzinsung

Hat der Gesellschafter ein Verrechnungskonto zu verzinsen, das einen Sollsaldo aufweist und auf der Aktivseite der Gesellschaftsbilanz aufzuführen ist, kann dieses Konto entweder eine Darlehensforderung gegen den Gesellschafter dokumentieren oder aber als (negativer) Bestandteil des Kapitalkontos anzusehen sein. Handelt es sich um einen Bestandteil des Kapitalkontos, dient die Verzinsung allein der zutreffenden Gewinnverteilung und führt nicht zu einer Erhöhung des Gewinns (>BFH vom 04.05.2000 – BStBl II 2001 S. 171).

Mehrgewinne eines ausgeschiedenen Gesellschafters aufgrund späterer Betriebsprüfung

Mehrgewinne, die sich für den ausgeschiedenen Gesellschafter aufgrund einer späteren Betriebsprüfung ergeben, sind ihm nach dem vereinbarten Gewinnverteilungsschlüssel zuzurechnen, sofern die Gesellschaft eine Einheitsbilanz erstellt. Die Zurechnung wird nicht durch die Höhe der Abfindung begrenzt. Kann für ein sich danach ergebendes positives Kapitalkonto keine nachträgliche Abfindung erlangt werden, erleidet der Ausgeschiedene einen Veräußerungsverlust (>BFH vom 24.10.1996 – BStBl II 1997 S. 241).

Nachträgliche Erhöhung des Kapitalkontos eines ausgeschiedenen Kommanditisten

Scheidet ein Kommanditist nach Auffüllung seines negativen Kapitalkontos ohne Abfindung aus der KG aus, ergibt sich aber aufgrund einer späteren Betriebsprüfung ein positives Kapitalkonto, entsteht für die verbliebenen

Gesellschafter in diesem Umfang kein Anwachsungsgewinn. Der Betrag ist von ihnen für Abstockungen auf ihre Anteile an den Wirtschaftsgütern der Gesellschaft zu verwenden (>BFH vom 24.10.1996 – BStBl II 1997 S. 241).

Organträger-Personengesellschaft

Das Einkommen einer Organgesellschaft ist entsprechend dem allgemeinen Gewinnverteilungsschlüssel nur den Gesellschaftern einer Organträger-Personengesellschaft zuzurechnen, die im Zeitpunkt der Einkommenszurechnung an der Organträgerin beteiligt sind (>BFH vom 28.02.2013 – BStBl II S. 494).

Pensionszusagen

Bilanzsteuerliche Behandlung von Pensionszusagen einer Personengesellschaft an einen Gesellschafter und dessen Hinterbliebene >BMF vom 29.01.2008 (BStBl I S. 317)

Anhang 9 X

Rückwirkende Änderung

Eine rückwirkende Änderung der Gewinnverteilung während eines Wj. hat keinen Einfluss auf die Zurechnung des bis dahin entstandenen Gewinns oder Verlusts (>BFH vom 07.07.1983 – BStBl II 1984 S. 53).

Tätigkeitsvergütungen

– Haben die Gesellschafter einer Personengesellschaft im Gesellschaftsvertrag vereinbart, dass die Tätigkeitsvergütung als Aufwand behandelt und auch dann gezahlt werden soll, wenn ein Verlust erwirtschaftet wird, ist dies bei tatsächlicher Durchführung der Vereinbarung auch steuerlich mit der Folge anzuerkennen, dass die Vergütung kein Gewinnvorab, sondern eine Sondervergütung i. S. d. § 15 Abs. 1 Satz 1 Nr. 2 zweiter Halbsatz ist. Steht die Sondervergütung in Zusammenhang mit der Anschaffung oder Herstellung eines Wirtschaftsguts, gehört sie zu den Anschaffungs- oder Herstellungskosten (>BFH vom 13.10.1998 – BStBl II 1999 S. 284 und vom 23.01.2001 – BStBl II S. 621).

– Nicht unter den Begriff der Tätigkeitsvergütung fallen die **Lieferung von Waren** im Rahmen eines Kaufvertrags zwischen dem Gesellschafter und der Gesellschaft oder sonstige zu fremdüblichen Bedingungen geschlossene Veräußerungsgeschäfte zwischen Gesellschaft und Gesellschafter. Ein derartiges Veräußerungsgeschäft liegt auch vor, wenn der Gesellschafter zur Herbeiführung des der Gesellschaft geschuldeten Erfolgs nicht nur Arbeit zu leisten, sondern auch Waren von nicht untergeordnetem Wert zu liefern hat, z. B. bei einem Werkvertrag (>BFH vom 28.10.1999 – BStBl II 2000 S. 339).

– Das Entgelt, das der Kommanditist einer GmbH & Co. KG für seine Tätigkeit als **Geschäftsführer der Komplementär-GmbH** bezieht, ist als Vergütung i. S. d. § 15 Abs. 1 Satz 1 Nr. 2 zu beurteilen, und zwar auch dann wenn der Anstellungsvertrag des Geschäftsführer-Gesellschafters nicht mit der KG, sondern der Komplementär-GmbH

§ 15 EStG
H 15.8 (3)

abgeschlossen wurde. Hat eine Komplementär-GmbH neben ihrer Funktion als Geschäftsführerin der GmbH & Co. KG noch einen eigenen wirtschaftlichen Geschäftsbereich, kann eine Aufteilung der Tätigkeitsvergütung an den Geschäftsführer der Komplementär-GmbH, der gleichzeitig Kommanditist der KG ist, geboten sein (>BFH vom 06.07.1999 – BStBl II S. 720).

– Sieht der Gesellschaftsvertrag einer GmbH & Co. KG einen Vorabgewinn der Komplementär-GmbH für die Übernahme der Geschäftsführung der KG vor, die von einem Kommanditisten der KG als Geschäftsführer der Komplementär-GmbH erbracht wird, ist der betreffende Betrag nach § 15 Abs. 1 Satz 1 Nr. 2 nicht der Komplementär-GmbH, sondern dem die Geschäfte führenden Kommanditisten zuzurechnen. Dies gilt unabhängig davon, ob die GmbH dem Kommanditisten ein Entgelt für seine Tätigkeit schuldet (>BFH vom 28.05.2020 – BStBl II S. 641).

– Erbringt ein Kommanditist, der zugleich Alleingesellschafter und Geschäftsführer der Komplementär-GmbH und einer Schwester-Kapitalgesellschaft der GmbH & Co. KG ist, über die **zwischengeschaltete Schwester-Kapitalgesellschaft** Dienstleistungen an die KG, sind die hierfür gezahlten Vergütungen als Sonderbetriebseinnahmen des Kommanditisten zu erfassen (>BFH vom 06.07.1999 – BStBl II S. 720).

– Die von einem **Drittunternehmer** geleisteten Zahlungen sind Tätigkeitsvergütungen, wenn die Leistung des Gesellschafters letztlich der Personengesellschaft und nicht dem Drittunternehmen zugute kommen soll, sich hinreichend von der Tätigkeit des Gesellschafters für den übrigen Geschäftsbereich des Drittunternehmens abgrenzen lässt und wenn die Personengesellschaft dem Drittunternehmer die Aufwendungen für die Leistungen an den Gesellschafter ersetzt (>BFH vom 07.12.2004 – BStBl II 2005 S. 390).

– **Arbeitgeberanteile zur Sozialversicherung** eines Mitunternehmers, der sozialversicherungsrechtlich als Arbeitnehmer angesehen wird, gehören – unabhängig davon, ob sie dem Mitunternehmer zufließen – zu den Vergütungen, die er von der Gesellschaft für seine Tätigkeit im Dienste der Gesellschaft bezogen hat (>BFH vom 30.08.2007 – BStBl II S. 942).

Tod eines Gesellschafters
Ein bei Ableben eines Gesellschafters und Übernahme aller Wirtschaftsgüter der Personengesellschaft durch die verbleibenden Gesellschafter nach R 4.5 Abs. 6 zu ermittelnder Übergangsgewinn ist anteilig dem verstorbenen Gesellschafter zuzurechnen, auch wenn er im Wesentlichen auf der Zurechnung auf die anderen Gesellschafter übergehender Honorarforderungen beruht (>BFH vom 13.11.1997 – BStBl II 1998 S. 290).

Verzicht auf einen Gewinnanteil zwecks Tilgung einer Kaufpreisverpflichtung
>BFH vom 27.10.2015 (BStBl II 2016 S. 600)

§ 15 EStG
R 15.8 H 15.8 (3), (4)

Vorabanteile
Wird bei einer KG im Zusammenhang mit einer Erhöhung des Kommanditkapitals der gesellschaftsvertragliche Gewinn- und Verlustverteilungsschlüssel dahin geändert, dass künftige Gewinne oder Verluste in begrenztem Umfang nur auf die Kommanditisten verteilt werden, die weitere Kommanditeinlagen erbringen, oder dass diese Kommanditisten „Vorabanteile" von künftigen Gewinnen oder Verlusten erhalten, ist der neue Gewinn- und Verlustverteilungsschlüssel im Allgemeinen auch der einkommensteuerrechtlichen Gewinn- und Verlustverteilung zugrunde zu legen (>BFH vom 07.07.1983 – BStBl II 1984 S. 53 und vom 17.03.1987 – BStBl II S. 558).

R 15.8 (4) **Einkommensteuerliche Behandlung des persönlich haftenden Gesellschafters einer Kommanditgesellschaft auf Aktien**

– unbesetzt –

H 15.8 (4)

Hinweise

Allgemeines
Der persönlich haftende Gesellschafter einer KGaA ist nach § 15 Abs. 1 Satz 1 Nr. 3 wie ein Gewerbetreibender zu behandeln. Der von ihm im Rahmen der KGaA erzielte anteilige Gewinn ist ihm einkommensteuerrechtlich unmittelbar zuzurechnen (>BFH vom 21.06.1989 – BStBl II S. 881).

Ausschüttungen
Ausschüttungen auf die Kommanditaktien sind im Zeitpunkt des Zuflusses als Einnahmen aus Kapitalvermögen zu erfassen (>BFH vom 21.06.1989 – BStBl II S. 881).

Gewinnermittlungsart
Der Gewinnanteil des persönlich haftenden Gesellschafters einer KGaA einschl. seiner Sondervergütungen, Sonderbetriebseinnahmen und Sonderbetriebsausgaben ist durch Betriebsvermögensvergleich zu ermitteln (>BFH vom 21.06.1989 – BStBl II S. 881).

Sonderbetriebsvermögen
Der persönlich haftende Gesellschafter kann wie ein Mitunternehmer (§ 15 Abs. 1 Satz 1 Nr. 2) Sonderbetriebsvermögen haben. Die ihm gehörenden Kommanditaktien sind weder Betriebsvermögen noch Sonderbetriebsvermögen (>BFH vom 21.06.1989 – BStBl II S. 881).

Wirtschaftsjahr
Das Wj. stimmt mit dem Wj. der KGaA überein (>BFH vom 21.06.1989 – BStBl II S. 881).

§ 15 EStG
H 15.8 (5) R 15.8

Umfassend gewerbliche Personengesellschaft

R 15.8 (5)

(5) ¹Personengesellschaften i. S. d. § 15 Abs. 3 Nr. 1 EStG sind außer der OHG und der KG diejenigen sonstigen Gesellschaften, bei denen die Gesellschafter als Unternehmer (Mitunternehmer) des Gewerbebetriebs anzusehen sind. ²Auch die Partenreederei und die Unterbeteiligungsgesellschaft sind Personengesellschaften i. S. d. § 15 Abs. 3 Nr. 1 EStG. ³Die eheliche Gütergemeinschaft ist nicht umfassend gewerblich tätig i. S. d. § 15 Abs. 3 Nr. 1 EStG.

Hinweise

H 15.8 (5)

Ärztliche Gemeinschaftspraxen
>BMF vom 14.05.1997 (BStBl I S. 566) und BFH vom 19.02.1998 (BStBl II S. 603)

Atypisch stille Gesellschaft
Übt der Inhaber einer Steuerberatungspraxis neben seiner freiberuflichen auch eine gewerbliche Tätigkeit aus und ist an seinem Unternehmen ein Steuerberater atypisch still beteiligt, sind gem. § 15 Abs. 3 Nr. 1 sämtliche Einkünfte der Mitunternehmerschaft gewerblich (>BFH vom 10.08.1994 – BStBl II 1995 S. 171).

Auslegungsfragen zu § 15 Abs. 3 Nr. 1
§ 15 Abs. 3 Nr. 1 kommt auch dann zur Anwendung, wenn die Geschäftstätigkeit einer Personengesellschaft ausschließlich in dem Halten der Anteile an einer weiteren Personengesellschaft besteht und die Personengesellschaft über kein weiteres Vermögen verfügt, mittels dessen Einkünfte erzielt werden (>BMF vom 14.01.2022 – BStBl I S. 160).

Bagatellgrenze
- Eine Umqualifizierung nach § 15 Abs. 3 Nr. 1 in Einkünfte aus Gewerbebetrieb tritt nicht ein, wenn die originär gewerblichen Nettoumsatzerlöse 3 % der Gesamtnettoumsatzerlöse der Gesellschaft und den Betrag von 24.500 € im VZ nicht übersteigen (>BFH vom 27.08.2014 – BStBl II 2015 S. 996, S. 999 und S. 1002).
- Jede Beteiligung, aus der eine Personengesellschaft gewerbliche Einkünfte bezieht, führt ohne Beachtung einer Bagatellgrenze zu einer Umqualifizierung aller weiteren Einkünfte in solche aus Gewerbebetrieb (>BFH vom 06.06.2019 – BStBl II 2020 S. 649).

Beteiligung an einer gewerblich tätigen Mitunternehmerschaft
Bei Beteiligung einer vermögensverwaltenden Personengesellschaft an einer gewerblich tätigen Mitunternehmerschaft mit abweichendem Wj. tritt die Abfärbewirkung nur ein, wenn der Obergesellschaft im betreffenden Kj. nach Maßgabe des § 4a Abs. 2 Nr. 2 ein Gewinnanteil zugewiesen ist (>BFH vom 26.06.2014 – BStBl II S. 972).

§ 15 EStG
R 15.8 H 15.8 (5)

Betriebsaufspaltung
>H 15.7 (4) Umfassend gewerbliche Besitzpersonengesellschaft

Einheitliche Gesamtbetätigung
- Eine Umqualifizierung nach § 15 Abs. 3 Nr. 1 kommt nicht in Betracht, wenn eine gemischte Tätigkeit als einheitliche Gesamtbetätigung anzusehen ist. Eine solche Tätigkeit muss vielmehr unabhängig von der „Abfärbetheorie" danach qualifiziert werden, welche Tätigkeit der Gesamtbetätigung das Gepräge gibt (>BFH vom 24.04.1997 – BStBl II S. 567).
- >H 15.6 (Gemischte Tätigkeit)

Erbengemeinschaft
Die Erbengemeinschaft ist nicht umfassend gewerblich tätig i. S. d. § 15 Abs. 3 Nr. 1 (>BFH vom 23.10.1986 – BStBl II 1987 S. 120).

GbR
Die GbR, bei der die Gesellschafter als Mitunternehmer des Betriebs anzusehen sind, ist umfassend gewerblich tätig (>BFH vom 11.05.1989 – BStBl II S. 797).

Gewerbesteuerbefreiung
Übt eine Personengesellschaft auch eine gewerbliche Tätigkeit aus, ist die Tätigkeit auch dann infolge der „Abfärberegelung" des § 15 Abs. 3 Nr. 1 insgesamt als gewerblich anzusehen, wenn die gewerbliche Tätigkeit von der Gewerbesteuer befreit ist (>BFH vom 30.08.2001 – BStBl II 2002 S. 152).

Gewerbliche Einkünfte im Sonderbereich des Gesellschafters
Bei einer freiberuflich tätigen Personengesellschaft kommt es nicht zu einer Abfärbung gem. § 15 Abs. 3 Nr. 1 ihrer Einkünfte im Gesamthandsbereich, wenn ein Gesellschafter gewerbliche Einkünfte im Sonderbereich erzielt (>BFH vom 28.06.2006 – BStBl II 2007 S. 378).

Gewinnerzielungsabsicht
Wegen der Einheitlichkeit des Gewerbebetriebs einer Personengesellschaft sind deren gemischte Tätigkeiten zunächst insgesamt als gewerblich einzuordnen. Erst dann ist für jeden selbständigen Tätigkeitsbereich die Gewinnerzielungsabsicht zu prüfen (>BFH vom 25.06.1996 – BStBl II 1997 S. 202).

R 15.8 (6) Gewerblich geprägte Personengesellschaft

(6) [1]Eine gewerblich geprägte Personengesellschaft liegt nicht vor, wenn ein nicht persönlich haftender Gesellschafter auf gesetzlicher oder gesellschaftsrechtlicher Grundlage im Innenverhältnis der Gesellschafter zueinander zur Geschäftsführung befugt ist. [2]Dies gilt unabhängig davon, ob der zur Geschäftsführung befugte Gesellschafter eine natürliche Person

oder eine Kapitalgesellschaft ist. ³Eine gewerbliche Prägung ist selbst dann nicht gegeben, wenn der beschränkt haftende Gesellschafter neben dem persönlich haftenden Gesellschafter zur Geschäftsführung befugt ist. ⁴Die Übertragung aller Gesellschaftsanteile an der Komplementär-GmbH in das Gesamthandsvermögen einer nicht gewerblich tätigen Kommanditgesellschaft, bei der die GmbH alleinige Komplementärin ist, führt allein nicht zum Wegfall der gewerblichen Prägung. ⁵Befinden sich die Geschäftsanteile einer Komplementär-GmbH im Gesamthandsvermögen der GmbH & Co. KG, deren Geschäfte sie führt, mit der Folge, dass die Komplementär-GmbH die sie selbst betreffenden Gesellschafterrechte selbst ausübt und dieser Interessenkonflikt durch einen aus den Kommanditisten der GmbH & Co. KG bestehenden Beirat gelöst wird, führt die Einrichtung eines Beirats mangels einer organschaftlichen Geschäftsführungsbefugnis für sich allein nicht zum Wegfall der gewerblichen Prägung der GmbH & Co. KG.

Hinweise

H 15.8 (6)

Atypisch stille Gesellschaft
Die atypisch stille Gesellschaft kann als solche i. S. v. § 15 Abs. 3 Nr. 2 durch den tätigen Gesellschafter gewerblich geprägt sein (>BFH vom 26.11.1996 – BStBl II 1998 S. 328).

Ausländische Kapitalgesellschaft
Eine ausländische Kapitalgesellschaft, die nach ihrem rechtlichen Aufbau und ihrer wirtschaftlichen Gestaltung einer inländischen Kapitalgesellschaft entspricht, ist geeignet, eine Personengesellschaft gewerblich zu prägen (>BFH vom 14.03.2007 – BStBl II S. 924).

Betriebsunterbrechung
Ruht der Gewerbebetrieb einer Personengesellschaft, kann diese keine gewerblich geprägte Gesellschaft sein, da die Einkünfte aus ruhendem Gewerbebetrieb originär gewerbliche Einkünfte darstellen (>BFH vom 09.11.2017 – BStBl II 2019 S. 227).

Einheits-GmbH & Co. KG
Der gewerblichen Prägung einer Einheits-GmbH & Co. KG (GmbH & Co. KG, bei der die Geschäftsanteile an der Komplementär-GmbH von der KG gehalten werden) steht nicht entgegen, dass der im Grundsatz allein geschäftsführungsbefugten Komplementärin im Gesellschaftsvertrag der KG die Geschäftsführungsbefugnis betreffend die Ausübung der Gesellschafterrechte aus oder an den Geschäftsanteilen an der Komplementär-GmbH entzogen und diese auf die Kommanditisten übertragen wird (>BFH vom 13.07.2017 – BStBl II S. 1126).

Einkünfteerzielungsabsicht

Auch bei einer gewerblich geprägten Personengesellschaft ist die Einkünfteerzielungsabsicht zu prüfen. Hierbei kommt es auf die Absicht zur Erzielung eines Totalgewinns einschl. etwaiger steuerpflichtiger Veräußerungs- oder Aufgabegewinne an. Für die Zeit des Bestehens der gewerblichen Prägung muss die Absicht vorhanden sein, einen gewerblichen Totalgewinn zu erzielen (>BFH vom 25.09.2008 – BStBl II 2009 S. 266). Es ist zu vermuten, dass die von einer gewerblich geprägten Personengesellschaft und ihren Gesellschaftern angestrebte, aber bis zur Liquidation der Gesellschaft niemals aufgenommene wirtschaftliche Tätigkeit auf Erzielung eines Gewinns ausgerichtet war, wenn keine Anhaltspunkte dafür bestehen, dass die Tätigkeit verlustgeneigt hätte sein können oder dass die gewerbliche Prägung später hätte entfallen sollen (>BFH vom 30.10.2014 – BStBl II 2015 S. 380).

GbR

Eine GbR, an der mindestens eine natürliche Person beteiligt ist, kann keine gewerblich geprägte Personengesellschaft i. S. d. § 15 Abs. 3 Nr. 2 sein, weil die persönliche Haftung eines Gesellschafters einer GbR gesellschaftsrechtlich nicht ausgeschlossen werden kann (>BMF vom 17.03.2014 – BStBl I S. 555). Es ist unerheblich, ob und ggf. in welchem Umfang seine Haftung individualvertraglich im Einzelfall ausgeschlossen ist (>BFH vom 22.09.2016 – BStBl II 2017 S. 116).

Geschäftsführung

Bei einer GmbH & Co. KG, deren alleinige Geschäftsführerin die Komplementär-GmbH ist, ist der zur Führung der Geschäfte der GmbH berufene Kommanditist nicht wegen dieser Geschäftsführungsbefugnis auch als zur Führung der Geschäfte der KG berufen anzusehen (>BFH vom 23.05.1996 – BStBl II S. 523).

Prägung durch andere Personengesellschaften

Eine selbst originär gewerblich tätige Personengesellschaft kann eine nur eigenes Vermögen verwaltende GbR, an der sie beteiligt ist, gewerblich prägen (>BFH vom 08.06.2000 – BStBl II 2001 S. 162).

Umlaufvermögen

Eine vermögensverwaltend tätige, aber gewerblich geprägte Personengesellschaft i. S. d. § 15 Abs. 3 Nr. 2 kann nicht nur Anlage-, sondern auch Umlaufvermögen haben (>BFH vom 19.01.2017 – BStBl II S. 466).

Steuerliche Anerkennung von Familiengesellschaften
Grundsätze

R 15.9
R 15.9 (1)

– unbesetzt –

Hinweise

H 15.9 (1)

Allgemeines
Die Anerkennung einer OHG, KG, GbR oder atypisch stillen Gesellschaft setzt voraus, dass eine Mitunternehmerschaft vorliegt, der Gesellschaftsvertrag zivilrechtlich wirksam ist und auch verwirklicht wird und dass die tatsächliche Gestaltung der Dinge mit ihrer formellen Gestaltung übereinstimmt, insbesondere die aufgenommenen Familienangehörigen auch volle Gesellschafterrechte genießen (>BFH vom 08.08.1979 – BStBl II S. 768 und vom 03.05.1979 – BStBl II S. 515). Einer OHG oder einer KG kann die steuerliche Anerkennung nicht lediglich mit der Begründung versagt werden, dass außerbetriebliche, z. B. steuerliche und familien-rechtliche Gesichtspunkte den Abschluss des Gesellschaftsvertrags veranlasst haben (>BFH vom 22.08.1951 – BStBl III 1951 S. 181).

Buchwertabfindung
Ein Kommanditist, der vom persönlich haftenden Gesellschafter ohne Weiteres zum Buchwert aus der Gesellschaft ausgeschlossen werden kann, ist nicht Mitunternehmer (>BFH vom 29.04.1981 – BStBl II S. 663). Entsprechendes gilt, wenn die für den Fall des jederzeit möglichen Ausschlusses vereinbarte Abfindung nicht auch die **Beteiligung am Firmenwert** umfasst (>BFH vom 15.10.1981 – BStBl II 1982 S. 342).

Gütergemeinschaft
– Die eheliche Gütergemeinschaft ist ein den in § 15 Abs. 1 Satz 1 Nr. 2 genannten Gesellschaftsverhältnissen vergleichbares Gemeinschaftsverhältnis und kann damit eine Mitunternehmerschaft begründen (>BFH vom 16.02.1995 – BStBl II S. 592 und vom 18.08.2005 – BStBl II 2006 S. 165).
– >H 4.2 (12)

Rückübertragungsverpflichtung
Werden Kommanditanteile schenkweise mit der Maßgabe übertragen, dass der Schenker ihre Rückübertragung jederzeit ohne Angabe von Gründen einseitig veranlassen kann, ist der Beschenkte nicht als Mitunternehmer anzusehen (>BFH vom 16.05.1989 – BStBl II S. 877).

Tatsächliche Gewinnaufteilung
Der Gewinn aus einer Familienpersonengesellschaft ist einem bisher als Alleininhaber tätig gewesenen Gesellschafter zuzurechnen, wenn der Gewinn tatsächlich nicht aufgeteilt, sondern diesem Gesellschafter allein belassen worden ist (>BFH vom 06.11.1964 – BStBl III 1965 S. 52).

§ 15 EStG
R 15.9 H 15.9 (2)

R 15.9 (2) **Schenkweise begründete Beteiligungen von Kindern**

(2) ¹Behält ein Elternteil sich bei der unentgeltlichen Einräumung einer >Unterbeteiligung an einem Anteil an einer Personengesellschaft das Recht vor, jederzeit eine unentgeltliche Rückübertragung der Anteile von dem Kind zu verlangen, wird keine Einkunftsquelle auf das Kind übertragen. ²Gleiches gilt bei schenkweiser Übertragung eines Gesellschaftsanteiles mit Rückübertragungsverpflichtung.

H 15.9 (2)

Hinweise

Allgemeines

Schenkweise von ihren Eltern in eine KG aufgenommene Kinder können nur Mitunternehmer sein, wenn ihnen wenigstens annäherungsweise diejenigen Rechte eingeräumt sind, die einem Kommanditisten nach dem HGB zukommen. Maßstab ist das nach dem HGB für den Kommanditisten vorgesehene Regelstatut (>BFH vom 24.07.1986 – BStBl II 1987 S. 54). Dazu gehören auch die gesetzlichen Regelungen, die im Gesellschaftsvertrag abbedungen werden können (>BMF vom 05.10.1989 – BStBl I S. 378). Entsprechendes gilt für am Gesellschaftsanteil der Eltern unterbeteiligte Kinder (>BFH vom 24.07.1986 – BStBl II 1987 S. 54). Sie sind nicht Mitunternehmer, wenn ihre Rechtsstellung nach dem Gesamtbild zugunsten der Eltern in einer Weise beschränkt ist, wie dies in Gesellschaftsverträgen zwischen Fremden nicht üblich ist (>BFH vom 08.02.1979 – BStBl II S. 405 und vom 03.05.1979 – BStBl II S. 515). Die schenkweise begründete Rechtsstellung der Kinder entspricht in diesen Fällen ihrem wirtschaftlichen Gehalt nach häufig dem Versprechen einer erst künftigen Kapitalübertragung (>BFH vom 08.02.1979 – BStBl II S. 405 und vom 03.05.1979 – BStBl II S. 515). Die Gewinngutschriften auf die Unterbeteiligung sind deshalb bei dem Elternteil keine Sonderbetriebsausgaben, sondern nichtabzugsfähige Zuwendungen i. S. d. § 12 (>BFH vom 18.07.1974 – BStBl II S. 740). Der schenkweisen Aufnahme steht gleich, wenn den Kindern die Mittel für die Kommanditeinlage darlehensweise unter Bedingungen zur Verfügung gestellt werden, die unter Fremden nicht üblich sind (>BFH vom 05.07.1979 – BStBl II S. 670). Sind die in eine Gesellschaft im Wege der Schenkung aufgenommenen Kinder nach den vorstehenden Grundsätzen nicht als Mitunternehmer anzusehen, können ihnen die vertraglichen Gewinnanteile nicht als eigene Einkünfte aus Gewerbebetrieb zugerechnet werden. In Höhe dieser Gewinnanteile liegt regelmäßig eine nach § 12 unbeachtliche Einkommensverwendung der Eltern vor (>BFH vom 22.01.1970 – BStBl II S. 416).

Alter des Kindes

Bei der Würdigung des Gesamtbildes in Grenzfällen kann für die Anerkennung als Mitunternehmer sprechen, dass die Vertragsgestaltung den objektiven Umständen nach darauf abgestellt ist, die Kinder oder Enkel an das Unternehmen heranzuführen, um dessen Fortbestand zu sichern (>BFH vom 06.04.1979 – BStBl II S. 620). Dies ist nicht der Fall, wenn die

Kinder wegen ihres Alters nicht die für eine Heranführung an das Unternehmen erforderliche Reife besitzen (>BFH vom 05.07.1979 – BStBl II S. 670).

Befristete Gesellschafterstellung
Ist die Gesellschafterstellung eines Kindes von vornherein nur befristet etwa auf die Zeit, in der das Kind vermutlich unterhaltsbedürftig ist und eine persönliche Aktivität als Gesellschafter noch nicht entfalten wird, kann eine Mitunternehmerschaft nicht anerkannt werden (>BFH vom 29.01.1976 – BStBl II S. 324). Dagegen kann eine Mitunternehmerschaft minderjähriger Kinder, die als Kommanditisten einer Familien-KG im Schenkungswege beteiligt wurden, nicht schon deshalb verneint werden, weil der Vater nach dem Gesellschaftsvertrag berechtigt ist, die Gesellschafterstellung eines Kindes zum Ende des Jahres der Erreichung der Volljährigkeit zu kündigen (>BFH vom 23.06.1976 – BStBl II S. 678).

Familiengerichtliche Genehmigung
Beteiligt ein Stpfl. sein durch einen Pfleger vertretenes minderjähriges Kind an seinem Unternehmen, hängt die steuerliche Anerkennung des Vertrags auch dann, wenn die Beteiligten nach dem Vertrag gehandelt haben, von der familiengerichtlichen Genehmigung ab, die nicht als stillschweigend erteilt angesehen werden kann (>BFH vom 04.07.1968 – BStBl II S. 671). Die zivilrechtliche Rückwirkung der familiengerichtlichen Genehmigung eines Vertrags über den Erwerb eines Anteils an einer Personengesellschaft durch einen Minderjährigen kann steuerlich nicht berücksichtigt werden, wenn die familiengerichtliche Genehmigung nicht unverzüglich nach Abschluss des Gesellschaftsvertrags beantragt und in angemessener Frist erteilt wird (>BFH vom 05.03.1981 – BStBl II S. 435).

Kündigung
- Die Mitunternehmerstellung eines minderjährigen Kommanditisten kann durch das dem Komplementär eingeräumte Kündigungsrecht beeinträchtigt werden (>BMF vom 05.10.1989 – BStBl I S. 378).
- >Befristete Gesellschafterstellung

Rückfallklausel
Eine Rückfallklausel, nach der die Unterbeteiligung ersatzlos an den Vater zurückfällt, wenn das Kind vor dem Vater stirbt und keine leiblichen ehelichen Abkömmlinge hinterlässt, steht der steuerrechtlichen Anerkennung der Unterbeteiligung nicht entgegen (>BFH vom 27.01.1994 – BStBl II S. 635).

Umdeutung in Darlehensgewährung
Ein zivilrechtlich wirksam abgeschlossener, aber steuerlich nicht anerkannter Gesellschaftsvertrag kann für die steuerliche Beurteilung nicht in einen Darlehensvertrag umgedeutet werden (>BFH vom 06.07.1995 – BStBl II 1996 S. 269).

§ 15 EStG
R 15.9 H 15.9 (2)

Unterbeteiligung
Eine Unterbeteiligung am OHG-Anteil des Vaters mit Ausschluss der Unterbeteiligten von stillen Reserven und Firmenwert im Falle der Kündigung durch den Vater sowie Einschränkung der Gewinnentnahme- und Kontrollrechte der Unterbeteiligten kann steuerlich nicht anerkannt werden (>BFH vom 06.07.1995 – BStBl II 1996 S. 269).

Verfügungsbeschränkungen
Behalten sich die Eltern die Verwaltung der Kommanditbeteiligungen der Kinder vor, sind die Kinder nicht Mitunternehmer (>BFH vom 25.06.1981 – BStBl II S. 779). Überlassen Eltern ihren minderjährigen Kindern Anteile am Betriebsvermögen einer von ihnen gebildeten Personengesellschaft unter der Auflage, dass die Kinder über die auf ihre Anteile entfallenden Gewinnanteile nur in dem von den Eltern gebilligten Umfang verfügen dürfen, so liegt eine zur Gewinnverteilung auch auf die Kinder führende Mitunternehmerschaft nicht vor (>BFH vom 04.08.1971 – BStBl II 1972 S. 10). Wird ein nicht mitarbeitendes Kind ohne Einlage als Gesellschafter aufgenommen, ist es i. d. R. im Jahr der Aufnahme kein Mitunternehmer, wenn es sich nur verpflichtet, einen Teil seines künftigen Gewinnanteils zur Bildung eines Kapitalanteils stehenzulassen (>BFH vom 01.02.1973 – BStBl II S. 221). Das gilt auch, wenn das Kind zwar zu einer Bareinlage verpflichtet sein soll, diese aber nur aus einem von den Eltern gewährten und aus dem ersten Gewinnanteil des Kindes wieder getilgten Darlehen leistet (>BFH vom 01.02.1973 – BStBl II S. 526).

Ist in dem Gesellschaftsvertrag einer Familienpersonengesellschaft, durch den die minderjährigen Kinder des Hauptgesellschafters als Kommanditisten in die KG aufgenommen werden, bestimmt, dass Beschlüsse in der Gesellschafterversammlung – abweichend vom Einstimmigkeitsprinzip des § 119 Abs. 1 HGB – mit einfacher Mehrheit zu fassen sind, steht diese Vertragsklausel der Anerkennung der Kinder als Mitunternehmer nicht entgegen; eine solche Klausel ist dahin auszulegen, dass sie nur Beschlüsse über die laufenden Geschäfte der KG betrifft (>BFH vom 07.11.2000 – BStBl II 2001 S. 186).

R 15.9 (3) **Gewinnverteilung bei Familiengesellschaften**
(3) [1]Unabhängig von der Anerkennung der Familiengesellschaft als solcher ist zu prüfen, ob auch die von der Gesellschaft vorgenommene Gewinnverteilung steuerlich zu übernehmen ist. [2]Steht die Gewinnverteilung in offensichtlichem Missverhältnis zu den Leistungen der Gesellschafter, kann ein Missbrauch i. S. d. § 42 AO vorliegen.

Hinweise

Allgemeines

Beteiligt ein Stpfl. nicht im Betrieb mitarbeitende nahe Familienangehörige in der Weise als Kommanditisten oder atypisch stille Gesellschafter an einem Betrieb, dass er ihnen Gesellschaftsanteile schenkweise überträgt, kann mit steuerlicher Wirkung eine Gewinnverteilung nur anerkannt werden, die auf längere Sicht zu einer auch unter Berücksichtigung der gesellschaftsrechtlichen Beteiligung der Mitunternehmer angemessenen Verzinsung des tatsächlichen (gemeinen) Wertes der Gesellschaftsanteile führt (>BFH vom 29.05.1972 – BStBl II 1973 S. 5). Die Gewinnverteilung wird im Allgemeinen dann nicht zu beanstanden sein, wenn der vereinbarte Gewinnverteilungsschlüssel eine durchschnittliche Rendite von nicht mehr als 15 % des tatsächlichen Wertes der Beteiligung ergibt (>BFH vom 24.07.1986 – BStBl II 1987 S. 54). Ist eine Gewinnverteilung nach den vorstehenden Grundsätzen unangemessen, ist die Besteuerung so vorzunehmen, als ob eine angemessene Gewinnverteilung getroffen worden wäre (>BFH vom 29.03.1973 – BStBl II S. 650), d. h. Gewinnanteile, die die angemessene Begrenzung übersteigen, sind dann den anderen Gesellschaftern zuzurechnen, sofern nicht auch bei ihnen Begrenzungen zu beachten sind (>BFH vom 29.05.1972 – BStBl II 1973 S. 5). Bei der Beantwortung der Frage, ob eine Gewinnverteilung angemessen ist, ist i. d. R. von der durchschnittlichen Rendite eines Zeitraums von fünf Jahren auszugehen. Außerdem sind alle im Zeitpunkt des Vertragsabschlusses bekannten Tatsachen und die sich aus ihnen für die Zukunft ergebenden wahrscheinlichen Entwicklungen zu berücksichtigen (>BFH vom 29.05.1972 – BStBl II 1973 S. 5).

Beteiligung an den stillen Reserven

Ist vertraglich bestimmt, dass der Gesellschafter nicht oder unter bestimmten Voraussetzungen nicht an den stillen Reserven beteiligt sein soll, ist ein Abschlag zu machen; das gilt auch, wenn der Gesellschafter in der Verfügung über seinen Anteil oder in der Befugnis, Gewinn zu entnehmen, beschränkt ist (>BFH vom 29.03.1973 – BStBl II S. 489).

Buchwertabfindung

Behält sich ein Elternteil anlässlich der unentgeltlichen Übertragung eines Gesellschaftsanteiles auf die Kinder das Recht vor, das Gesellschaftsverhältnis zu kündigen, das Unternehmen allein fortzuführen und die Kinder mit dem Buchwert ihres festen Kapitalanteils abzufinden, ist bei Prüfung der Angemessenheit des vereinbarten Gewinnverteilungsschlüssels von dem Buchwert des übertragenen Gesellschaftsanteils auszugehen (>BFH vom 13.03.1980 – BStBl II S. 437).

Eigene Mittel

Sind die Geschäftsanteile ganz oder teilweise mit eigenen Mitteln von den aufgenommenen Familienangehörigen erworben worden, bildet die unter

Fremden übliche Gestaltung den Maßstab für die Prüfung, ob die Gewinnverteilung angemessen ist (>BFH vom 04.06.1973 – BStBl II S. 866).

Entnahmegewinn bei Schenkung
>H 4.3 (2-4) Personengesellschaften

Unterbeteiligung
Hat ein Stpfl. seinem Kind eine mitunternehmerschaftliche Unterbeteiligung von 10 % an seinem Kommanditanteil an einer zwischen fremden Personen bestehenden KG geschenkt, dann kann die für die Unterbeteiligung vereinbarte quotale Gewinnbeteiligung (hier: 10 %) auch dann steuerlich anzuerkennen sein, wenn sie zu einem Gewinn des unterbeteiligten Kindes von mehr als 15 % des Wertes der Unterbeteiligung (>Allgemeines) führt. Eine vereinbarte quotale Gewinnbeteiligung ist steuerlich anzuerkennen, auch wenn mit dem Gewinnanteil des Stpfl. an der KG nur die Überlassung des Haftkapitals vergütet wird oder wenn damit zusätzlich nur solche Gesellschafterbeiträge des Stpfl. abgegolten werden, die anteilig auch dem unterbeteiligten Kind zuzurechnen sind (>BFH vom 09.10.2001 – BStBl II 2002 S. 460).

Veränderung der Gewinnverteilung
Eine als angemessen anzusehende Gewinnverteilung bleibt so lange bestehen, bis eine wesentliche Veränderung der Verhältnisse dergestalt eintritt, dass auch bei einer Mitunternehmerschaft zwischen fremden Personen die Gewinnverteilung geändert würde (>BFH vom 29.05.1972 – BStBl II 1973 S. 5).

Verfügungsbeschränkungen
>Beteiligung an den stillen Reserven

R 15.9 (4) **Typisch stille Gesellschaft**

– unbesetzt –

H 15.9 (4) | **Hinweise** |

Allgemeines
Kommanditisten, die nicht als Mitunternehmer anzuerkennen sind, können im Innenverhältnis unter Umständen die Stellung von typischen stillen Gesellschaftern erlangt haben (>BFH vom 29.04.1981 – BStBl II S. 663 und vom 06.07.1995 – BStBl II 1996 S. 269). Beteiligt ein Stpfl. nahe Angehörige an seinem Unternehmen als stille Gesellschafter, kann diese Beteiligung steuerlich nur anerkannt werden, wenn die Gesellschaftsverträge klar vereinbart, bürgerlich-rechtlich wirksam und ernstlich gewollt sind, tatsächlich durchgeführt werden, wirtschaftlich zu einer Änderung der bisherigen Verhältnisse führen und die Verträge keine Bedingungen enthalten, unter denen fremde Dritte Kapital als stille Einlage nicht zur Verfügung stellen

würden (>BFH vom 08.03.1984 – BStBl II S. 623 und vom 31.05.1989 – BStBl II 1990 S. 10).

Auszahlung/Gutschrift von Gewinnanteilen
Ein Vertrag über eine stille Gesellschaft zwischen Familienangehörigen ist nur dann durchgeführt, wenn die Gewinnanteile entweder ausbezahlt werden oder im Falle einer Gutschrift eindeutig bis zur Auszahlung jederzeit abrufbar gutgeschrieben bleiben (>BFH vom 18.10.1989 – BStBl II 1990 S. 68).

Familiengerichtliche Genehmigung
Beteiligt ein Stpfl. sein durch einen Pfleger vertretenes minderjähriges Kind an seinem Unternehmen und ist das Kind auch am Verlust beteiligt, so hängt die steuerliche Anerkennung des Vertrags auch dann, wenn die Beteiligten nach dem Vertrag gehandelt haben, von der familiengerichtlichen Genehmigung ab, die nicht als stillschweigend erteilt angesehen werden kann (>BFH vom 04.07.1968 – BStBl II S. 671).

Verlustbeteiligung
Ist ein schenkweise still beteiligtes minderjähriges Kind nicht am Verlust der Gesellschaft beteiligt, kann eine stille Beteiligung steuerlich nicht anerkannt werden (>BFH vom 21.10.1992 – BStBl II 1993 S. 289); zu Angehörigen >BMF vom 23.12.2010 (BStBl I 2011 S. 37), Rdnr. 15.

Gewinnbeteiligung bei typisch stiller Beteiligung
– unbesetzt –

Hinweise

Allgemeines
Die Höhe der Gewinnbeteiligung wird bei typischer stiller Beteiligung steuerlich nur zugrunde gelegt, soweit sie wirtschaftlich angemessen ist (>BFH vom 19.02.2009 – BStBl II S. 798).

Eigene Mittel
– Stammt die Kapitalbeteiligung des stillen Gesellschafters nicht aus der Schenkung des Unternehmers, sondern wird sie aus eigenen Mitteln des stillen Gesellschafters geleistet, ist i. d. R. eine Gewinnverteilungsabrede angemessen, die im Zeitpunkt der Vereinbarung bei vernünftiger kaufmännischer Beurteilung eine durchschnittliche Rendite von 25 % der >Einlage erwarten lässt, wenn der stille Gesellschafter nicht am Verlust beteiligt ist (>BFH vom 14.02.1973 – BStBl II S. 395).
– Ist der stille Gesellschafter auch am Verlust beteiligt, ist i. d. R. ein Satz von bis zu 35 % der >Einlage noch angemessen (>BFH vom 16.12.1981 – BStBl II 1982 S. 387).

§ 15 EStG
R 15.10 H 15.9 (5), 15.10

Einlage
Der tatsächliche Wert einer typischen stillen Beteiligung ist regelmäßig gleich ihrem Nennwert (>BFH vom 29.03.1973 – BStBl II S. 650).

Schenkweise eingeräumte stille Beteiligung
– Stammt die Kapitalbeteiligung des stillen Gesellschafters in vollem Umfang aus einer Schenkung des Unternehmers, ist i. d. R. eine Gewinnverteilungsabrede angemessen, die im Zeitpunkt der Vereinbarung bei vernünftiger kaufmännischer Beurteilung eine durchschnittliche Rendite von 15 % der Einlage erwarten lässt, wenn der Beschenkte am Gewinn und Verlust beteiligt ist; ist eine Beteiligung am Verlust ausgeschlossen, ist bei einem steuerlich anerkannten stillen Gesellschaftsverhältnis i. d. R. ein Satz von 12 % der >Einlage angemessen (>BFH vom 29.03.1973 – BStBl II S. 650).

Anhang 2 I – >BMF vom 23.12.2010 (BStBl I 2011 S. 37), Rdnr. 15

Veränderung der tatsächlichen Verhältnisse
Eine zunächst angemessene Rendite muss bei Veränderung der tatsächlichen Verhältnisse (hier: nicht erwarteter Gewinnsprung) nach dem Maßstab des Fremdvergleichs korrigiert werden (>BFH vom 19.02.2009 – BStBl II S. 798).

R 15.10 | **Verlustabzugsbeschränkungen nach § 15 Abs. 4 EStG**

Betreibt ein Stpfl. gewerbliche Tierzucht oder Tierhaltung in mehreren selbständigen Betrieben, kann der in einem Betrieb erzielte Gewinn aus gewerblicher Tierzucht oder Tierhaltung mit dem in einem anderen Betrieb des Stpfl. erzielten Verlust aus gewerblicher Tierzucht oder Tierhaltung bis zum Betrag von 0 Euro verrechnet werden.

H 15.10 | **Hinweise**

Abschreibungs- oder Buchverluste
Von § 15 Abs. 4 Satz 1 und 2 werden alle Verluste aus gewerblicher Tierzucht oder gewerblicher Tierhaltung erfasst, nicht nur Abschreibungs- oder Buchverluste (>BFH vom 05.02.1981 – BStBl II S. 359).

Brüterei
Die Unterhaltung einer Brüterei durch einen Gewerbetreibenden stellt keine gewerbliche Tierzucht oder Tierhaltung dar (>BFH vom 14.09.1989 – BStBl II 1990 S. 152).

Doppelstöckige Personengesellschaft
Die Verlustausgleichs- und -abzugsbeschränkung für Verluste einer Untergesellschaft aus gewerblicher Tierzucht und Tierhaltung wirkt sich auch auf die Besteuerung der Gesellschafter der Obergesellschaft aus. Ein solcher Verlust ist zwingend und vorrangig mit Gewinnen aus der Veräußerung der

Beteiligung an der Obergesellschaft zu verrechnen, soweit dieser anteilig mittelbar auf Wirtschaftsgüter der Untergesellschaft entfällt (>BFH vom 01.07.2004 – BStBl II 2010 S. 157).

Ehegatten
Bei der Zusammenveranlagung von Ehegatten sind Verluste aus gewerblicher Tierzucht oder Tierhaltung des einen Ehegatten mit Gewinnen des anderen Ehegatten aus gewerblicher Tierzucht oder Tierhaltung auszugleichen (>BFH vom 06.07.1989 – BStBl II S. 787).

Gemischte Betriebe
Wird in einem einheitlichen Betrieb neben gewerblicher Tierzucht oder gewerblicher Tierhaltung noch eine andere gewerbliche Tätigkeit ausgeübt, darf der Verlust aus der gewerblichen Tierzucht oder Tierhaltung nicht mit einem Gewinn aus der anderen gewerblichen Tätigkeit verrechnet werden (>BFH vom 21.09.1995 – BStBl II 1996 S. 85).

Gewerbliche Tierzucht oder gewerbliche Tierhaltung
Ist jede Tierzucht oder Tierhaltung, der nach den Vorschriften des § 13 Abs. 1 i. V. m. §§ 51 und 51a BewG keine ausreichenden landwirtschaftlichen Nutzflächen als Futtergrundlage zur Verfügung stehen (>BFH vom 12.08.1982 – BStBl II 1983 S. 36; >R 13.2).

Landwirtschaftliche Tätigkeit
Wird neben einer Tierzucht oder Tierhaltung, die für sich gesehen als landwirtschaftliche Tätigkeit einzuordnen wäre, eine gewerbliche Tätigkeit ausgeübt, ist § 15 Abs. 4 Satz 1 und 2 nicht anzuwenden. Das gilt auch, wenn die Tierzucht oder Tierhaltung im Rahmen einer Personengesellschaft erfolgt, deren Einkünfte zu den Einkünften aus Gewerbebetrieb gehören, oder sich die Tierzucht oder Tierhaltung als Nebenbetrieb der gewerblichen Tätigkeit darstellt (>BFH vom 01.02.1990 – BStBl II 1991 S. 625).

Lohnmast
§ 15 Abs. 4 Satz 1 und 2 ist auch anzuwenden, soweit der Gewerbetreibende die Tiermast im Wege der Lohnmast auf Auftragnehmer übertragen hat, die ihrerseits Einkünfte aus Land- und Forstwirtschaft beziehen (>BFH vom 08.11.2000 – BStBl II 2001 S. 349).

Pelztierzucht
Das Ausgleichs- und Abzugsverbot für Verluste aus gewerblicher Tierzucht oder gewerblicher Tierhaltung gilt nicht für Verluste aus einer Nerzzucht (>BFH vom 19.12.2002 – BStBl II 2003 S. 507).

Personengesellschaft
>Landwirtschaftliche Tätigkeit

Termingeschäft

- Ein strukturierter EUR-Zinsswap mit CMS-Spread-Koppelung (CMS Spread Ladder Swap) ist ein unter § 15 Abs. 4 Satz 3 fallendes Termingeschäft (>BFH vom 20.08.2014 – BStBl II 2015 S. 177).
- Sog. echte (ungedeckte) Daytrading-Geschäfte sind von dem Begriff des Termingeschäfts in § 15 Abs. 4 Satz 3 umfasst (>BFH vom 21.02.2018 – BStBl II S. 637).
- Index-Partizipationszertifikate werden nicht vom Begriff des Termingeschäfts in § 15 Abs. 4 Satz 3 umfasst (>BFH vom 04.12.2014 – BStBl II 2015 S. 483).
- Termingeschäfte, die aus wirtschaftlicher Sicht rein auf die „physische" Lieferung des Basiswertes gerichtet sind, werden von dem Tatbestand des § 15 Abs. 4 Satz 3 nicht umfasst. Aus wirtschaftlicher Sicht nicht auf „physische" Lieferung, sondern auf Differenzausgleich gerichtet sind jedoch Devisentermingeschäfte auch dann, wenn Eröffnungsgeschäft und Gegengeschäft „brutto" abgewickelt werden. Dies setzt zwar nicht die Nämlichkeit des Vertragspartners voraus; erforderlich ist aber, dass das Gegengeschäft zeitlich vor Fälligkeit des Eröffnungsgeschäfts abgeschlossen worden ist (>BFH vom 06.07.2016 – BStBl II 2018 S. 124).

Verlustabzug in Erbfällen

Verluste i. S. d. § 15 Abs. 4 Satz 1 und 2 >R 10d Abs. 9 Satz 11

Verlustabzugsbeschränkung nach § 15 Abs. 4 Satz 3 und 4

- Die Ausgleichs- und Abzugsbeschränkung für Verluste aus betrieblichen Termingeschäften ist jedenfalls in den Fällen, in denen es nicht zu einer Definitivbelastung kommt, verfassungsgemäß (>BFH vom 28.04.2016 – BStBl II S. 739 und vom 06.07.2016 – BStBl II 2018 S. 124).
- Der Tatbestand des § 15 Abs. 4 Satz 3 setzt keine Spekulationsabsicht des Stpfl. voraus (>BFH vom 06.07.2016 – BStBl II 2018 S. 124).
- Reicht die im Außenverhältnis aus einem Termingeschäft berechtigte bzw. verpflichtete Holdinggesellschaft die Chancen und Risiken aus diesem Geschäft im Innenverhältnis insgesamt an ein gruppeninternes Unternehmen weiter, ist die Verlustausgleichs- und -abzugsbeschränkung des § 15 Abs. 4 Satz 3 allein auf Ebene des aus dem Geschäft tatsächlich belasteten operativ tätigen Unternehmens anzuwenden. Die Absicherung von Geschäften des gewöhnlichen Geschäftsbetriebs i. S. v. § 15 Abs. 4 Satz 4 zweite Alternative setzt nicht nur einen subjektiven Sicherungszusammenhang, sondern auch einen objektiven Nutzungs- und Funktionszusammenhang zwischen dem Grund- und dem Absicherungsgeschäft voraus. Das Sicherungsgeschäft muss deshalb auch dazu geeignet sein, Risiken aus dem Grundgeschäft zu kompensieren (>BFH vom 20.08.2014 – BStBl II 2015 S. 177).

§ 15 EStG
H 15.10

Verlustabzugsbeschränkung nach § 15 Abs. 4 Satz 6 bis 8
Zur Behandlung von Verlusten aus atypisch stillen Gesellschaften, Unterbeteiligungen oder sonstigen Innengesellschaften an Kapitalgesellschaften
>BMF vom 19.11.2008 (BStBl I S. 970)   Anhang 29 IV

Verlustvor- und -rücktrag
Zur Anwendung des § 10d im Rahmen des § 15 Abs. 4 Satz 1 und 2 >BMF vom 29.11.2004 (BStBl I S. 1097)

§ 15a[1])
Verluste bei beschränkter Haftung

(1) [1]Der einem Kommanditisten zuzurechnende Anteil am Verlust der Kommanditgesellschaft darf weder mit anderen Einkünften aus Gewerbebetrieb noch mit Einkünften aus anderen Einkunftsarten ausgeglichen werden, soweit ein negatives Kapitalkonto des Kommanditisten entsteht oder sich erhöht; er darf insoweit auch nicht nach § 10d abgezogen werden. [2]Haftet der Kommanditist am Bilanzstichtag den Gläubigern der Gesellschaft auf Grund des § 171 Absatz 1 des Handelsgesetzbuchs, so können abweichend von Satz 1 Verluste des Kommanditisten bis zur Höhe des Betrags, um den die im Handelsregister eingetragene Einlage des Kommanditisten seine geleistete Einlage übersteigt, auch ausgeglichen oder abgezogen werden, soweit durch den Verlust ein negatives Kapitalkonto entsteht oder sich erhöht. [3]Satz 2 ist nur anzuwenden, wenn derjenige, dem der Anteil zuzurechnen ist, im Handelsregister eingetragen ist, das Bestehen der Haftung nachgewiesen wird und eine Vermögensminderung auf Grund der Haftung nicht durch Vertrag ausgeschlossen oder nach Art und Weise des Geschäftsbetriebs unwahrscheinlich ist.

(1a) [1]Nachträgliche Einlagen führen weder zu einer nachträglichen Ausgleichs- oder Abzugsfähigkeit eines vorhandenen verrechenbaren Verlustes noch zu einer Ausgleichs- oder Abzugsfähigkeit des dem Kommanditisten zuzurechnenden Anteils am Verlust eines zukünftigen Wirtschaftsjahres, soweit durch den Verlust ein negatives Kapitalkonto des Kommanditisten entsteht oder sich erhöht. [2]Nachträgliche Einlagen im Sinne des Satzes 1 sind Einlagen, die nach Ablauf eines Wirtschaftsjahres geleistet werden, in dem ein nicht ausgleichs- oder abzugsfähiger Verlust im Sinne des Absatzes 1 entstanden oder ein Gewinn im Sinne des Absatzes 3 Satz 1 zugerechnet worden ist.

(2) [1]Soweit der Verlust nach den Absätzen 1 und 1a nicht ausgeglichen oder abgezogen werden darf, mindert er die Gewinne, die dem Kommanditisten in späteren Wirtschaftsjahren aus seiner Beteiligung an der Kommanditgesellschaft zuzurechnen sind. [2]Der verrechenbare Verlust, der nach Abzug von einem Veräußerungs- oder Aufgabegewinn verbleibt, ist im Zeitpunkt der Veräußerung oder Aufgabe des gesamten Mitunternehmeranteils oder der Betriebsveräußerung oder -aufgabe bis zur Höhe der nachträglichen Einlagen im Sinne des Absatzes 1a ausgleichs- oder abzugsfähig.

(3) [1]Soweit ein negatives Kapitalkonto des Kommanditisten durch Entnahmen entsteht oder sich erhöht (Einlageminderung) und soweit nicht auf Grund der Entnahmen eine nach Absatz 1 Satz 2 zu berücksichtigende Haftung besteht oder entsteht, ist dem Kommanditisten der Betrag der Einlageminderung als Gewinn zuzurechnen. [2]Der nach

---

[1]) zur Anwendung des § 15a >§ 52 Abs. 24

Satz 1 zuzurechnende Betrag darf den Betrag der Anteile am Verlust der Kommanditgesellschaft nicht übersteigen, der im Wirtschaftsjahr der Einlageminderung und in den zehn vorangegangenen Wirtschaftsjahren ausgleichs- oder abzugsfähig gewesen ist. [3]Wird der Haftungsbetrag im Sinne des Absatzes 1 Satz 2 gemindert (Haftungsminderung) und sind im Wirtschaftsjahr der Haftungsminderung und den zehn vorangegangenen Wirtschaftsjahren Verluste nach Absatz 1 Satz 2 ausgleichs- oder abzugsfähig gewesen, so ist dem Kommanditisten der Betrag der Haftungsminderung, vermindert um auf Grund der Haftung tatsächlich geleistete Beträge, als Gewinn zuzurechnen; Satz 2 gilt sinngemäß. [4]Die nach den Sätzen 1 bis 3 zuzurechnenden Beträge mindern die Gewinne, die dem Kommanditisten im Wirtschaftsjahr der Zurechnung oder in späteren Wirtschaftsjahren aus seiner Beteiligung an der Kommanditgesellschaft zuzurechnen sind.

(4) [1]Der nach Absatz 1 nicht ausgleichs- oder abzugsfähige Verlust eines Kommanditisten, vermindert um die nach Absatz 2 abzuziehenden und vermehrt um die nach Absatz 3 hinzuzurechnenden Beträge (verrechenbarer Verlust), ist jährlich gesondert festzustellen. [2]Dabei ist von dem verrechenbaren Verlust des vorangegangenen Wirtschaftsjahres auszugehen. [3]Zuständig für den Erlass des Feststellungsbescheids ist das für die gesonderte Feststellung des Gewinns und Verlustes der Gesellschaft zuständige Finanzamt. [4]Der Feststellungsbescheid kann nur insoweit angegriffen werden, als der verrechenbare Verlust gegenüber dem verrechenbaren Verlust des vorangegangenen Wirtschaftsjahres sich verändert hat. [5]Die gesonderten Feststellungen nach Satz 1 können mit der gesonderten und einheitlichen Feststellung der einkommensteuerpflichtigen und körperschaftsteuerpflichtigen Einkünfte verbunden werden. [6]In diesen Fällen sind die gesonderten Feststellungen des verrechenbaren Verlustes einheitlich durchzuführen.

(5) Absatz 1 Satz 1, Absatz 1a, 2 und 3 Satz 1, 2 und 4 sowie Absatz 4 gelten sinngemäß für andere Unternehmer, soweit deren Haftung der eines Kommanditisten vergleichbar ist, insbesondere für
1. stille Gesellschafter einer stillen Gesellschaft im Sinne des § 230 des Handelsgesetzbuchs, bei der der stille Gesellschafter als Unternehmer (Mitunternehmer) anzusehen ist,
2. Gesellschafter einer Gesellschaft im Sinne des Bürgerlichen Gesetzbuchs, bei der der Gesellschafter als Unternehmer (Mitunternehmer) anzusehen ist, soweit die Inanspruchnahme des Gesellschafters für Schulden in Zusammenhang mit dem Betrieb durch Vertrag ausgeschlossen oder nach Art und Weise des Geschäftsbetriebs unwahrscheinlich ist,
3. Gesellschafter einer ausländischen Personengesellschaft, bei der der Gesellschafter als Unternehmer (Mitunternehmer) anzusehen

ist, soweit die Haftung des Gesellschafters für Schulden in Zusammenhang mit dem Betrieb der eines Kommanditisten oder eines stillen Gesellschafters entspricht oder soweit die Inanspruchnahme des Gesellschafters für Schulden in Zusammenhang mit dem Betrieb durch Vertrag ausgeschlossen oder nach Art und Weise des Geschäftsbetriebs unwahrscheinlich ist,

4. Unternehmer, soweit Verbindlichkeiten nur in Abhängigkeit von Erlösen oder Gewinnen aus der Nutzung, Veräußerung oder sonstigen Verwertung von Wirtschaftsgütern zu tilgen sind,
5. Mitreeder einer Reederei im Sinne des § 489 des Handelsgesetzbuchs, bei der der Mitreeder als Unternehmer (Mitunternehmer) anzusehen ist, wenn die persönliche Haftung des Mitreeders für die Verbindlichkeiten der Reederei ganz oder teilweise ausgeschlossen oder soweit die Inanspruchnahme des Mitreeders für Verbindlichkeiten der Reederei nach Art und Weise des Geschäftsbetriebs unwahrscheinlich ist.

Verluste bei beschränkter Haftung

Zusammentreffen von Einlage- und Haftungsminderung

(1) Treffen Einlage- und Haftungsminderung in einem Wirtschaftsjahr zusammen, ist die Einlageminderung vor der Haftungsminderung im Rahmen des § 15a Abs. 3 EStG zu berücksichtigen.

Sonderbetriebsvermögen

(2) [1]Verluste, die der Gesellschafter im Bereich seines Sonderbetriebsvermögens erleidet, sind grundsätzlich unbeschränkt ausgleichs- und abzugsfähig. [2]Sie sind ausnahmsweise nicht unbeschränkt ausgleichs- und abzugsfähig, wenn sich das Sonderbetriebsvermögen im Gesamthandseigentum einer anderen Gesellschaft befindet, bei der für die Verluste der Gesellschafter ihrerseits § 15a EStG gilt. [3]Sofern auf Ebene der anderen Gesellschaft selbst eine Feststellung nach § 15a Abs. 4 EStG in Betracht kommt, ist die Ausgleichs-/Abzugsbeschränkung nach § 15a EStG in Bezug auf den Bereich Sonderbetriebsvermögen erst bei dieser Feststellung zu berücksichtigen.

Außenhaftung des Kommanditisten nach § 15a Abs. 1 Satz 2 und 3 EStG

(3) [1]Der erweiterte Verlustausgleich oder -abzug im Jahr der Entstehung des Verlustes bei der KG setzt u. a. voraus, dass derjenige, dem der Anteil zuzurechnen ist und der deshalb den Verlustanteil bei seiner persönlichen Steuerveranlagung ausgleichen oder abziehen will, am Bilanzstichtag namentlich im Handelsregister eingetragen ist. [2]Die Anmeldung zur Eintragung im Handelsregister reicht nicht aus. [3]Dies gilt auch, wenn die Eintragung z. B. wegen Überlastung des Handelsregistergerichts oder wegen fir-

menrechtlicher Bedenken des Gerichts noch nicht vollzogen ist. [4] Bei Treuhandverhältnissen i. S. d. § 39 AO und bei Unterbeteiligungen, die ein beschränkt haftender Unternehmer einem Dritten an seinem Gesellschaftsanteil einräumt, reicht für den erweiterten Verlustausgleich oder -abzug die Eintragung des Treuhänders oder des Hauptbeteiligten im Handelsregister nicht aus. [5] Der erweiterte Verlustausgleich nach § 15a Abs. 1 Satz 2 und 3 EStG kommt nicht in Betracht, wenn sich die Haftung des Kommanditisten aus § 176 HGB ergibt. [6] Nach der Konzeption des § 15a EStG kann der Kommanditist Verluste insgesamt maximal bis zur Höhe seiner Einlage zuzüglich einer etwaigen überschießenden Außenhaftung nach § 171 Abs. 1 HGB steuerlich geltend machen. [7] Daher darf auch bei einer über mehrere Bilanzstichtage bestehenden Haftung das Verlustausgleichsvolumen nach § 15a Abs. 1 Satz 2 und 3 EStG insgesamt nur einmal in Anspruch genommen werden. [8] Die spätere haftungsbeendende Einlageleistung schafft auch nach Ablauf des Elf-Jahreszeitraums nach § 15a Abs. 3 EStG kein zusätzliches Verlustausgleichspotential. [9] Das Verlustausgleichspotential nach § 15a Abs. 1 Satz 2 und 3 EStG darf auch dann nur einmal in Anspruch genommen werden, wenn die Außenhaftung des Kommanditisten auf Grund von Entnahmen nach § 172 Abs. 4 Satz 2 HGB wieder auflebt.

Steuerbefreiung nach § 16 Abs. 4 EStG bei verrechenbaren Verlusten

(4) Bezugsgröße der Steuerbefreiung des § 16 Abs. 4 EStG ist der Veräußerungsgewinn nach der Minderung um die verrechenbaren Verluste.

Ausländische Verluste

(5) [1] Auf den Anteil am Verlust aus ausländischen Betriebsstätten ist auf Ebene der Gesellschaft § 15a EStG anzuwenden. [2] Ergibt sich nach Anwendung des § 15a EStG ein ausgleichsfähiger Verlust, ist des Weiteren – getrennt nach Staaten – festzustellen, ob und ggf. inwieweit es sich um einen Verlust aus einer aktiven Tätigkeit i. S. d. § 2a Abs. 2 EStG handelt oder um einen Verlust, der den Verlustausgleichsbeschränkungen des § 2a Abs. 1 Satz 1 Nr. 2 EStG unterliegt (Verlust aus passiver Tätigkeit). [3] Soweit ein Verlust aus passiver Tätigkeit vorliegt, ist auf Ebene des Gesellschafters zu prüfen, ob ein Ausgleich mit positiven Einkünften derselben Art aus demselben Staat in Betracht kommt. [4] Die vorstehenden Grundsätze gelten auch für ausländische Personengesellschaften unter den Voraussetzungen des § 15a Abs. 5 Nr. 3 EStG.

Verlustzurechnung nach § 52 Abs. 33 Satz 4 EStG[1]) beim Ausscheiden von Kommanditisten

(6) [1] In Höhe der nach § 52 Abs. 33 Satz 3 EStG[2]) als Gewinn zuzurechnenden Beträge sind bei den anderen Mitunternehmern unter Berücksichtigung der für die Zurechnung von Verlusten geltenden Grundsätze nach Maßgabe des Einzelfalles Verlustanteile anzusetzen (§ 52 Abs. 33 Satz 4 EStG[3])).

---

[1]) jetzt § 52 Abs. 24
[2]) jetzt § 52 Abs. 24 Satz 3
[3]) jetzt § 52 Abs. 24 Satz 4

§ 15a EStG
R 15a H 15a

²Das bedeutet, dass im Falle der Auflösung der Gesellschaft diese Verlustanteile ausschließlich bei den unbeschränkt haftenden Mitunternehmern anzusetzen sind. ³In den Fällen des Ausscheidens von Mitgesellschaftern ohne Auflösung der Gesellschaft sind bei den Mitunternehmern, auf die der Anteil des Ausscheidenden übergeht, in Höhe der in dem Anteil enthaltenen und auf sie übergehenden stillen Reserven Anschaffungskosten zu aktivieren. ⁴In Höhe des Teilbetrags des negativen Kapitalkontos, der die stillen Reserven einschließlich des Firmenwerts übersteigt, sind bei den Mitunternehmern, auf die der Anteil übergeht, Verlustanteile anzusetzen. ⁵Soweit die übernehmenden Mitunternehmer beschränkt haften, ist bei ihnen die Beschränkung des Verlustausgleichs nach § 15a EStG zu beachten.

H 15a | Hinweise

Allgemeines

Die Frage der Zurechnung von Einkünften wird durch die Regelung des § 15a Abs. 1 bis 4 nicht berührt. Verlustanteile, die der Kommanditist nach § 15a Abs. 1 Satz 1 nicht ausgleichen oder abziehen darf, werden diesem nach Maßgabe der vom BFH für die Zurechnung von Einkünften entwickelten Grundsätze zugerechnet (>BFH vom 10.11.1980 – BStBl II 1981 S. 164, vom 19.03.1981 – BStBl II S. 570, vom 26.03.1981 – BStBl II S. 572, vom 05.05.1981 – BStBl II S. 574, vom 26.05.1981 – BStBl II S. 668 und S. 795 und vom 22.01.1985 – BStBl II 1986 S. 136). Daher mindern diese Verlustanteile auch die Gewinne, die dem Kommanditisten in späteren Wj. aus seiner Beteiligung an der Kommanditgesellschaft zuzurechnen sind.

Anwendungsbereich

§ 15a gilt für sämtliche Kommanditgesellschaften, nicht nur für Verlustzuweisungsgesellschaften (>BFH vom 09.05.1996 – BStBl II S. 474).

Auflösung des negativen Kapitalkontos

– Bei einem vorzeitigen Fortfall des negativen Kapitalkontos kann eine überschießende Außenhaftung des Kommanditisten nicht gewinnmindernd berücksichtigt werden (>BFH vom 26.09.1996 – BStBl II 1997 S. 277).
– >H 16 (4)

Beispiele

1. **Grundfall**

   Die eingetragene Hafteinlage des Kommanditisten beträgt 200.000 €.
   tatsächlich geleistete Einlage
   (= Kapitalkonto 01.01.01) .... 110.000 €
   Verlustanteil des Kommanditisten 01 .... 300.000 €
   Kapitalkonto 31.12.01 .... – 190.000 €

Lösung:
ausgleichsfähig nach § 15a Abs. 1 Satz 1 .... 110.000 €
                nach § 15a Abs. 1 Satz 2 und 3 .... 90.000 €
verrechenbar   nach § 15a Abs. 2 .... 100.000 €

2. **Spätere Rückzahlung der Hafteinlage**
   Die eingetragene Hafteinlage des Kommanditisten beträgt 200.000 €.

   Jahr 01:   tatsächlich geleistete Einlage
               (=Kapitalkonto 01.01.01) .... 100.000 €
               Verlustanteil 01 .... 250.000 €

   Lösung:
   ausgleichsfähig nach § 15a Abs. 1 Satz 1 .... 100.000 €
                   nach § 15a Abs. 1 Satz 2 und 3 .... 100.000 €
   verrechenbar   nach § 15a Abs. 2 .... 50.000 €

   Jahr 02:   Resteinzahlung Haftkapital   100.000 €
               Verlustanteil 02 .... 50.000 €

   Lösung:
   ausgleichsfähig (R 15a Abs. 3 Satz 8) .... 0 €
   verrechenbar nach § 15a Abs. 2 .... 50.000 €

   Jahr 03:   Rückzahlung Kommanditeinlage   60.000 €
               Verlustanteil 03 .... 40.000 €

   Lösung:
   ausgleichsfähig (R 15a Abs. 3 Satz 9) .... 0 €
   verrechenbar nach § 15a Abs. 2 .... 40.000 €
   Keine Gewinnzurechnung nach § 15a Abs. 3 Satz 1, weil die Außenhaftung aufgrund der Einlageminderung von 60.000 € wieder auflebt.

3. **Gewinne und Entnahmen bei vorhandenem verrechenbaren Verlust**
   Die eingetragene Hafteinlage des Kommanditisten beträgt 200.000 €.

   Jahr 01:   tatsächlich geleistete Einlage
               (= Kapitalkonto 01.01.01) .... 200.000 €
               Verlustanteil 01 .... 220.000 €
               Kapitalkonto 31.12.01 .... − 20.000 €

   Lösung:
   ausgleichsfähig nach § 15a Abs. 1 Satz 1 .... 200.000 €
   verrechenbar nach § 15a Abs. 2 .... 20.000 €

   Jahr 02:   Entnahme 02 .... 60.000 €
               Gewinnanteil 02 .... 40.000 €
               Kapitalkonto 31.12.02 .... − 40.000 €

Lösung:
zu versteuernder Gewinnanteil:
Gewinnanteil (vor § 15a Abs. 2) .... 40.000 €
abzgl. verrechenbarer Verlust 01 .... – 20.000 €
in 02 zu versteuern .... 20.000 €
Gewinnzurechnung nach § 15a Abs. 3 Satz 1 .... 0 €
Keine Gewinnzurechnung nach § 15a Abs. 3 Satz 1, weil durch die Einlageminderung in 02 die Außenhaftung des Kommanditisten i. S. d. § 15a Abs. 1 Satz 2 von 60.000 € wieder auflebt.

4. **Liquidation – § 52 Abs. 24 Satz 3**
   Die eingetragene Hafteinlage des Kommanditisten beträgt 200.000 €.
   bis zum Zeitpunkt der Liquidation tatsächlich geleistete Einlage 100.000 €
   bis zum Zeitpunkt der Liquidation ausgleichsfähige Verluste ..... 200.000 €
   negatives Kapitalkonto im Zeitpunkt der Liquidation .... – 100.000 €
   anteiliger Liquidationsgewinn a) .... 50.000 €
   b) .... 110.000 €
   Der Liquidationsgewinn wird zunächst zur Auffüllung des negativen Kapitalkontos verwandt.
   Im Fall a) braucht der Kommanditist das verbleibende negative Kapitalkonto nicht aufzufüllen.
   Im Fall b) erhält der Kommanditist nach Auffüllung seines negativen Kapitalkontos noch 10.000 € ausbezahlt.

   Lösungen:
   Fall a)   Liquidationsgewinn .... 50.000 €
             Wegfall des negativen Kapitalkontos .... 50.000 €
             Veräußerungsgewinn i. S. d. § 16 .... 100.000 €
   Fall b)   Veräußerungsgewinn i. S. d. § 16 .... 110.000 €
             (keine Nachversteuerung des negativen Kapitalkontos, da es durch den Liquidationsgewinn gedeckt ist)

Beteiligung an vermögensverwaltender Gesellschaft

Wird ein Gesellschaftsanteil an einer vermögensverwaltenden GbR von einer KG im gewerblichen Betriebsvermögen gehalten (sog. **Zebragesellschaft**), ist § 15a auch hinsichtlich der aus der Beteiligung an der GbR bezogenen Einkünfte der KG nur auf der Ebene der KG anzuwenden. Die unbeschränkten Haftungsverhältnisse bei der GbR sind nicht zu berücksichtigen (>BFH vom 19.09.2019 – BStBl II 2020 S. 199).

BGB-Innengesellschaft

– Verluste des nicht nach außen auftretenden Gesellschafters einer BGB-Innengesellschaft, die zu einem negativen Kapitalkonto geführt haben, sind nicht ausgleichsfähig, sondern nur nach § 15a verrechenbar. Das gilt auch dann, wenn sich der Gesellschafter gegenüber dem tätigen Gesellschafter zum Verlustausgleich verpflichtet hat (>BFH vom 10.07.2001 – BStBl II 2002 S. 339).

– Die im Interesse des gemeinsamen Unternehmens eingegangenen Verpflichtungen eines BGB-Innengesellschafters gegenüber Gläubigern des Geschäftsinhabers begründen keinen erweiterten Verlustausgleich. Die Inanspruchnahme aus solchen Verpflichtungen ist als Einlage zu behandeln, die für frühere Jahre festgestellte verrechenbare Verluste nicht ausgleichsfähig macht (>BFH vom 05.02.2002 – BStBl II S. 464).

Bürgschaft
Eine Gewinnzurechnung aufgrund des Wegfalls des negativen Kapitalkontos ist nicht vorzunehmen, wenn der ausscheidende Kommanditist damit rechnen muss, dass er aus einer Bürgschaft für die KG in Anspruch genommen wird (>BFH vom 12.07.1990 – BStBl II 1991 S. 64).

Einlagen
– Einlagen, die vor dem 25.12.2008 zum Ausgleich eines negativen Kapitalkontos geleistet und im Wj. der Einlage nicht durch ausgleichsfähige Verluste verbraucht worden sind (§ 52 Abs. 33 Satz 6 i. d. F. des Artikels 1 des Gesetzes vom 19.12.2008 – BGBl. I S. 2794), schaffen Verlustausgleichspotential für spätere Wj. (>BFH vom 26.06.2007 – BStBl II S. 934 und BMF vom 19.11.2007 – BStBl I S. 823). Dies gilt auch für Einlagen eines atypisch stillen Gesellschafters (>BFH vom 20.09.2007 – BStBl II 2008 S. 118).

– Leistet der Kommanditist zusätzlich zu der im Handelsregister eingetragenen, nicht voll eingezahlten Hafteinlage eine weitere Sach- oder Bareinlage, kann er im Wege einer negativen Tilgungsbestimmung die Rechtsfolge herbeiführen, dass die Haftungsbefreiung nach § 171 Abs. 1 zweiter Halbsatz HGB nicht eintritt. Das führt dazu, dass die Einlage nicht mit der eingetragenen Hafteinlage zu verrechnen ist, sondern im Umfang ihres Wertes die Entstehung oder Erhöhung eines negativen Kapitalkontos verhindert und auf diese Weise nach § 15a Abs. 1 Satz 1 zur Ausgleichs- und Abzugsfähigkeit von Verlusten führt (>BFH vom 11.10.2007 – BStBl II 2009 S. 135 und vom 16.10.2008 – BStBl II 2009 S. 272).

Formwechsel mit steuerlicher Rückwirkung
Wird eine GmbH in eine KG formwechselnd und nach § 2 i. V. m. § 9 UmwStG rückwirkend umgewandelt, ist für Zwecke der Bestimmung der den Rückwirkungszeitraum betreffenden verrechenbaren Verluste i. S. v. § 15a auch die Haftungsverfassung des entstandenen Rechtsträgers (KG) auf den steuerlichen Übertragungsstichtag zurückzubeziehen. Dabei ist nach den aus der Rückwirkungsfiktion abgeleiteten steuerlichen Kapitalkontenständen zu bestimmen, in welcher Höhe den Kommanditisten ausgleichsfähige Verluste nach § 15a Abs. 1 Satz 1 (Verlustausgleich gem.

geleisteter Einlagen) zuzurechnen sind. Auch die Haftsumme für den erweiterten Verlustausgleich ist gem. § 15a Abs. 1 Satz 2 und 3 rückwirkend zu berücksichtigen (>BFH vom 03.02.2010 – BStBl II S. 942).

Gewinnzurechnung nach § 15a Abs. 3
- Die Frage, ob eine Gewinnzurechnung nach § 15a Abs. 3 vorzunehmen ist, ist im Rahmen des Verfahrens zur gesonderten und einheitlichen Feststellung der Besteuerungsgrundlagen gem. § 179 Abs. 2 Satz 2, § 180 Abs. 1 Satz 1 Nr. 2 Buchst. a AO zu klären (>BFH vom 20.11.2014 – BStBl II 2015 S. 532).
- Wird bei Bestehen eines negativen Kapitalkontos eine die Haftsumme übersteigende Pflichteinlage (z. B. ein Agio) entnommen, kommt es insoweit bis zur Höhe der Haftsumme zum Wiederaufleben der nach § 15a Abs. 1 Satz 2 zu berücksichtigenden Haftung, so dass eine Gewinnzurechnung nach § 15a Abs. 3 Satz 1 zu unterbleiben hat (>BFH vom 06.03.2008 – BStBl II S. 676).
- Eine Übertragung der Gewinnzurechnung nach § 15a Abs. 3 auf eine andere Kommanditbeteiligung des Mitunternehmers ist nicht möglich. Gewinne und Verluste i. S. d. § 15a müssen aus derselben Einkunftsquelle stammen (>BFH vom 20.11.2014 – BStBl II 2015 S. 532).

Kapitalkonto
- Zum Umfang des Kapitalkontos i. S. d. § 15a Abs. 1 Satz 1 >BMF vom 30.05.1997 (BStBl I S. 627)
- Beteiligungskonto/Forderungskonto >BMF vom 30.05.1997 (BStBl I S. 627), BFH vom 23.01.2001 (BStBl II S. 621) und BFH vom 16.10.2008 (BStBl II 2009 S. 272)
- Finanzplandarlehen sind Darlehen, die nach den vertraglichen Bestimmungen während des Bestehens der Gesellschaft vom Kommanditisten nicht gekündigt werden können und im Fall des Ausscheidens oder der Liquidation der Gesellschaft mit einem evtl. bestehenden negativen Kapitalkonto verrechnet werden. Sie erhöhen das Kapitalkonto i. S. d. § 15a (>BFH vom 07.04.2005 – BStBl II S. 598).

Saldierung von Ergebnissen aus dem Gesellschaftsvermögen mit Ergebnissen aus dem Sonderbetriebsvermögen
Keine Saldierung von Gewinnen und Verlusten aus dem Gesellschaftsvermögen mit Gewinnen und Verlusten aus dem Sonderbetriebsvermögen >BMF vom 15.12.1993 (BStBl I S. 976) und BFH vom 13.10.1998 (BStBl II 1999 S. 163)

Stille Reserven
Bei Anwendung des § 15a sind vorhandene stille Reserven nicht zu berücksichtigen (>BFH vom 09.05.1996 – BStBl II S. 474).

§ 15a EStG
H 15a

Übernahme des negativen Kapitalkontos
In Veräußerungsfällen findet § 52 Abs. 24 keine Anwendung (>BFH vom 21.04.1994 – BStBl II S. 745). Die Übernahme eines negativen Kapitalkontos führt beim eintretenden Kommanditisten auch dann nicht zu einem sofort ausgleichs- oder abzugsfähigen Verlust, wenn es nicht durch stille Reserven im Betriebsvermögen gedeckt ist (>BFH vom 14.06.1994 – BStBl II 1995 S. 246). Entsprechendes gilt, wenn nach dem Gesellschafterwechsel die neu eingetretenen Gesellschafter Einlagen leisten (>BFH vom 19.02.1998 – BStBl II 1999 S. 266). Für den Erwerber stellen die gesamten Aufwendungen zum Erwerb des Anteils einschl. des negativen Kapitalkontos Anschaffungskosten dar (>BFH vom 21.04.1994 – BStBl II S. 745). Dies gilt auch, wenn der Kommanditanteil an einen Mitgesellschafter veräußert wird (>BFH vom 21.04.1994 – BStBl II S. 745).

Unentgeltliche Übertragung
– Der verrechenbare Verlust des ausscheidenden Gesellschafters einer zweigliedrigen KG geht bei einer unentgeltlichen Übertragung eines Mitunternehmeranteils auf den das Unternehmen fortführenden Gesellschafter über. Die Zurechnung des verrechenbaren Verlustes hat im Rahmen der gesonderten Feststellung nach § 15a Abs. 4 zu erfolgen (>BFH vom 10.03.1998 – BStBl II 1999 S. 269).

– Überträgt ein Kommanditist unentgeltlich einen Teil seiner Beteiligung an der KG, geht der verrechenbare Verlust anteilig auf den Übernehmer über, wenn diesem auch das durch die Beteiligung vermittelte Gewinnbezugsrecht übertragen wird (>BFH vom 01.03.2018 – BStBl II S. 527).

Unwahrscheinlichkeit der Inanspruchnahme bei Gesellschaften mit Einkünften aus Vermietung und Verpachtung
>BMF vom 30.06.1994 (BStBl I S. 355)

Verfassungsmäßigkeit
– Es bestehen keine ernsthaften Zweifel an der Verfassungsmäßigkeit des § 15a (>BFH vom 19.05.1987 – BStBl II 1988 S. 5 und vom 09.05.1996 – BStBl II S. 474).

– Die Beschränkung des erweiterten Verlustausgleichs und Verlustabzugs auf den Fall der Haftung des Kommanditisten nach § 171 Abs. 1 HGB begegnet keinen verfassungsrechtlichen Bedenken (>BFH vom 14.12.1999 – BStBl II 2000 S. 265).

Verlustabzug in Erbfällen
>R 10d Abs. 9 Satz 12

§ 15a EStG
H 15a

Verlustabzugsbeschränkung nach § 15 Abs. 4 Satz 6 bis 8

Anhang 29 IV

Zum Verhältnis der Verlustabzugsbeschränkung bei Verlusten aus atypisch stillen Gesellschaften, Unterbeteiligungen oder sonstigen Innengesellschaften an Kapitalgesellschaften zu § 15a >BMF vom 19.11.2008 (BStBl I S. 970)

Verlustausgleich

– Der erweiterte Verlustausgleich kommt bei Kommanditisten von Altbetrieben auch in Betracht, wenn ihnen vor 1985 ausgleichsfähige Verluste zugerechnet worden sind, die zu einem negativen Kapitalkonto in Höhe ihres Haftungsbetrags geführt haben (>BFH vom 26.08.1993 – BStBl II 1994 S. 627).

– Der erweiterte Verlustausgleich kommt nicht in Betracht, wenn sich die Haftung des Kommanditisten aus anderen Vorschriften als § 171 Abs. 1 HGB ergibt (>BFH vom 14.12.1999 – BStBl II 2000 S. 265).

– Die im Interesse des gemeinsamen Unternehmens eingegangenen Verpflichtungen eines BGB-Innengesellschafters oder eines atypisch stillen Gesellschafters gegenüber Gläubigern des Geschäftsinhabers begründen keinen erweiterten Verlustausgleich (>BFH vom 05.02.2002 – BStBl II S. 464 und BFH vom 11.03.2003 – BStBl II S. 705).

– Der erweiterte Verlustausgleich des Kommanditisten mindert sich um den Teil der im Handelsregister eingetragenen Hafteinlage, der der Beteiligung des atypisch still Unterbeteiligten an der Unterbeteiligungsgesellschaft mit dem Kommanditisten entspricht (>BFH vom 19.04.2007 – BStBl II S. 868).

Verlustverrechnung bei Einlageminderung

Der einem Kommanditisten bei einer Einlageminderung als fiktiver Gewinn zuzurechnende Betrag ist nach § 15a Abs. 3 Satz 2 auf den Betrag der Verlustanteile begrenzt, der im Jahr der Einlageminderung und in den zehn vorangegangenen Jahren ausgleichsfähig war. Für die Ermittlung dieses begrenzten Betrags sind die ausgleichsfähigen Verlustanteile mit den Gewinnanteilen zu saldieren, mit denen sie hätten verrechnet werden können, wenn sie nicht ausgleichsfähig, sondern lediglich verrechenbar i. S. d. § 15a Abs. 2 gewesen wären. Hierbei kommt die fiktive Saldierung eines Verlustanteils mit einem Gewinnanteil eines vorangegangenen Jahres nicht in Betracht (>BFH vom 20.03.2003 – BStBl II S. 798).

Verrechenbare Werbungskostenüberschüsse

– >H 20.1 (Stiller Gesellschafter)
– >H 21.2 (Sinngemäße Anwendung des § 15a)

Vertraglicher Haftungsausschluss bei Gesellschaftern mit Einkünften aus Vermietung und Verpachtung

– Trotz vertraglichem Haftungsausschluss liegt keine Haftungsbeschränkung nach § 15a Abs. 5 Nr. 2 vor, wenn ein Teil der Gesellschafter für

die Verbindlichkeiten der GbR bürgt und die übrigen Gesellschafter die bürgenden Gesellschafter intern von der Inanspruchnahme aus der Bürgschaft freistellen (>BFH vom 25.07.1995 – BStBl II 1996 S. 128).
– Zur Haftungsbeschränkung bei einer GbR >BMF vom 18.07.2000 (BStBl I S. 1198) und vom 28.08.2001 (BStBl I S. 614)

Wechsel der Rechtsstellung eines Gesellschafters
– Allein aufgrund des Wechsels der Rechtsstellung eines Kommanditisten in diejenige eines unbeschränkt haftenden Gesellschafters (z. B. aufgrund der Umwandlung der Gesellschaft) ist der für ihn bisher festgestellte verrechenbare Verlust nicht in einen ausgleichsfähigen Verlust umzuqualifizieren (>BFH vom 14.10.2003 – BStBl II 2004 S. 115). Die bisher festgestellten verrechenbaren Verluste können jedoch über den Wortlaut des § 15a Abs. 2 hinaus mit künftigen Gewinnanteilen des Gesellschafters verrechnet werden (>BFH vom 14.10.2003 – BStBl II 2004 S. 115). Findet der Wechsel in die Rechtsstellung eines unbeschränkt haftenden Gesellschafters innerhalb eines Wj. statt, ist § 15a für das gesamte Wj. nicht anzuwenden (>BFH vom 14.10.2003 – BStBl II 2004 S. 118).
– Wechselt der Komplementär während des Wj. in die Rechtsstellung eines Kommanditisten, ist § 15a für das gesamte Wj. und damit für den dem Gesellschafter insgesamt zuzurechnenden Anteil am Ergebnis der KG zu beachten (>BFH vom 14.10.2003 – BStBl II 2004 S. 118).
– Der Wechsel der Gesellschafterstellung findet zum Zeitpunkt des entsprechenden Gesellschafterbeschlusses statt. Der Zeitpunkt des Antrages auf Eintragung im Handelsregister ist unmaßgeblich (>BFH vom 12.02.2004 – BStBl II S. 423).

§ 15b EStG

§ 15b[1])

Verluste im Zusammenhang mit Steuerstundungsmodellen

(1) [1]Verluste im Zusammenhang mit einem Steuerstundungsmodell dürfen weder mit Einkünften aus Gewerbebetrieb noch mit Einkünften aus anderen Einkunftsarten ausgeglichen werden; sie dürfen auch nicht nach § 10d abgezogen werden. [2]Die Verluste mindern jedoch die Einkünfte, die der Steuerpflichtige in den folgenden Wirtschaftsjahren aus derselben Einkunftsquelle erzielt. [3]§ 15a ist insoweit nicht anzuwenden.

(2) [1]Ein Steuerstundungsmodell im Sinne des Absatzes 1 liegt vor, wenn auf Grund einer modellhaften Gestaltung steuerliche Vorteile in Form negativer Einkünfte erzielt werden sollen. [2]Dies ist der Fall, wenn dem Steuerpflichtigen auf Grund eines vorgefertigten Konzepts die Möglichkeit geboten werden soll, zumindest in der Anfangsphase der Investition Verluste mit übrigen Einkünften zu verrechnen. [3]Dabei ist es ohne Belang, auf welchen Vorschriften die negativen Einkünfte beruhen.

(3) Absatz 1 ist nur anzuwenden, wenn innerhalb der Anfangsphase das Verhältnis der Summe der prognostizierten Verluste zur Höhe des gezeichneten und nach dem Konzept auch aufzubringenden Kapitals oder bei Einzelinvestoren des eingesetzten Eigenkapitals 10 Prozent übersteigt.

(3a) Unabhängig von den Voraussetzungen nach den Absätzen 2 und 3 liegt ein Steuerstundungsmodell im Sinne des Absatzes 1 insbesondere vor, wenn ein Verlust aus Gewerbebetrieb entsteht oder sich erhöht, indem ein Steuerpflichtiger, der nicht auf Grund gesetzlicher Vorschriften verpflichtet ist, Bücher zu führen und regelmäßig Abschlüsse zu machen, auf Grund des Erwerbs von Wirtschaftsgütern des Umlaufvermögens sofort abziehbare Betriebsausgaben tätigt, wenn deren Übereignung ohne körperliche Übergabe durch Besitzkonstitut nach § 930 des Bürgerlichen Gesetzbuchs oder durch Abtretung des Herausgabeanspruchs nach § 931 des Bürgerlichen Gesetzbuchs erfolgt.

(4) [1]Der nach Absatz 1 nicht ausgleichsfähige Verlust ist jährlich gesondert festzustellen. [2]Dabei ist von dem verrechenbaren Verlust des Vorjahres auszugehen. [3]Der Feststellungsbescheid kann nur insoweit angegriffen werden, als der verrechenbare Verlust gegenüber dem verrechenbaren Verlust des Vorjahres sich verändert hat. [4]Handelt es sich bei dem Steuerstundungsmodell um eine Gesellschaft oder Gemeinschaft im Sinne des § 180 Absatz 1 Satz 1 Nummer 2 Buchstabe a der Abgabenordnung, ist das für die gesonderte und ein-

---

[1]) zur Anwendung des § 15b i. d. F. des Artikels 1 des Gesetzes zur Beschränkung der Verlustverrechnung im Zusammenhang mit Steuerstundungsmodellen vom 22.12.2005 (BGBl. I S. 3683) >§ 52 Abs. 25

§ 15b EStG
H 15b

heitliche Feststellung der einkommensteuerpflichtigen und körperschaftsteuerpflichtigen Einkünfte aus dem Steuerstundungsmodell zuständige Finanzamt für den Erlass des Feststellungsbescheids nach Satz 1 zuständig; anderenfalls ist das Betriebsfinanzamt (§ 18 Absatz 1 Nummer 2 der Abgabenordnung) zuständig. ⁵Handelt es sich bei dem Steuerstundungsmodell um eine Gesellschaft oder Gemeinschaft im Sinne des § 180 Absatz 1 Satz 1 Nummer 2 Buchstabe a der Abgabenordnung, können die gesonderten Feststellungen nach Satz 1 mit der gesonderten und einheitlichen Feststellung der einkommensteuerpflichtigen und körperschaftsteuerpflichtigen Einkünfte aus dem Steuerstundungsmodell verbunden werden; in diesen Fällen sind die gesonderten Feststellungen nach Satz 1 einheitlich durchzuführen.

Hinweise

H 15b

Anwendungsschreiben
>BMF vom 17.07.2007 (BStBl I S. 542)

Anhang 29 III

Verfassungsmäßigkeit
§ 15b ist bezogen auf das Tatbestandsmerkmal einer „modellhaften Gestaltung" hinreichend bestimmt (>BFH vom 06.02.2014 – BStBl II S. 465).

Verlustabzug in Erbfällen
>R 10d Abs. 9 Satz 12

§ 16
Veräußerung des Betriebs

(1) ¹Zu den Einkünften aus Gewerbebetrieb gehören auch Gewinne, die erzielt werden bei der Veräußerung

S 2242
1. des ganzen Gewerbebetriebs oder eines Teilbetriebs. ²Als Teilbetrieb gilt auch die das gesamte Nennkapital umfassende Beteiligung an einer Kapitalgesellschaft; im Fall der Auflösung der Kapitalgesellschaft ist § 17 Absatz 4 Satz 3 sinngemäß anzuwenden;

S 2243
2. des gesamten Anteils eines Gesellschafters, der als Unternehmer (Mitunternehmer) des Betriebs anzusehen ist (§ 15 Absatz 1 Satz 1 Nummer 2);

S 2243
3. des gesamten Anteils eines persönlich haftenden Gesellschafters einer Kommanditgesellschaft auf Aktien (§ 15 Absatz 1 Satz 1 Nummer 3).

²Gewinne, die bei der Veräußerung eines Teils eines Anteils im Sinne von Satz 1 Nummer 2 oder 3 erzielt werden, sind laufende Gewinne.

(2) ¹Veräußerungsgewinn im Sinne des Absatzes 1 ist der Betrag, um den der Veräußerungspreis nach Abzug der Veräußerungskosten den Wert des Betriebsvermögens (Absatz 1 Satz 1 Nummer 1) oder den Wert des Anteils am Betriebsvermögen (Absatz 1 Satz 1 Nummer 2 und 3) übersteigt. ²Der Wert des Betriebsvermögens oder des Anteils ist für den Zeitpunkt der Veräußerung nach § 4 Absatz 1 oder nach § 5 zu ermitteln. ³Soweit auf der Seite des Veräußerers und auf der Seite des Erwerbers dieselben Personen Unternehmer oder Mitunternehmer sind, gilt der Gewinn insoweit jedoch als laufender Gewinn.

(3) ¹Als Veräußerung gilt auch die Aufgabe des Gewerbebetriebs sowie eines Anteils im Sinne des Absatzes 1 Satz 1 Nummer 2 oder Nummer 3. ²Werden im Zuge der Realteilung einer Mitunternehmerschaft Teilbetriebe, Mitunternehmeranteile oder einzelne Wirtschaftsgüter in das jeweilige Betriebsvermögen der einzelnen Mitunternehmer übertragen, so sind bei der Ermittlung des Gewinns der Mitunternehmerschaft die Wirtschaftsgüter mit den Werten anzusetzen, die sich nach den Vorschriften über die Gewinnermittlung ergeben, sofern die Besteuerung der stillen Reserven sichergestellt ist; der übernehmende Mitunternehmer ist an diese Werte gebunden; § 4 Absatz 1 Satz 4 ist entsprechend anzuwenden. ³Dagegen ist für den jeweiligen Übertragungsvorgang rückwirkend der gemeine Wert anzusetzen, soweit bei einer Realteilung, bei der einzelne Wirtschaftsgüter übertragen worden sind, zum Buchwert übertragener Grund und Boden, übertragene Gebäude oder andere übertragene wesentliche Betriebsgrundlagen innerhalb einer Sperrfrist nach der Übertragung veräußert oder entnommen werden; diese Sperrfrist endet drei Jahre nach Abgabe der Steuererklärung der Mitunternehmerschaft für den Veranlagungszeitraum der Realteilung. ⁴Satz 2 ist bei einer Realteilung, bei

§ 16 EStG

der einzelne Wirtschaftsgüter übertragen werden, nicht anzuwenden, soweit die Wirtschaftsgüter unmittelbar oder mittelbar auf eine Körperschaft, Personenvereinigung oder Vermögensmasse übertragen werden; in diesem Fall ist bei der Übertragung der gemeine Wert anzusetzen. ⁵Soweit einzelne dem Betrieb gewidmete Wirtschaftsgüter im Rahmen der Aufgabe des Betriebs veräußert werden und soweit auf der Seite des Veräußerers und auf der Seite des Erwerbers dieselben Personen Unternehmer oder Mitunternehmer sind, gilt der Gewinn aus der Aufgabe des Gewerbebetriebs als laufender Gewinn. ⁶Werden die einzelnen dem Betrieb gewidmeten Wirtschaftsgüter im Rahmen der Aufgabe des Betriebs veräußert, so sind die Veräußerungspreise anzusetzen. ⁷Werden die Wirtschaftsgüter nicht veräußert, so ist der gemeine Wert im Zeitpunkt der Aufgabe anzusetzen. ⁸Bei Aufgabe eines Gewerbebetriebs, an dem mehrere Personen beteiligt waren, ist für jeden einzelnen Beteiligten der gemeine Wert der Wirtschaftsgüter anzusetzen, die er bei der Auseinandersetzung erhalten hat.

(3a) Einer Aufgabe des Gewerbebetriebs steht der Ausschluss oder die Beschränkung des Besteuerungsrechts der Bundesrepublik Deutschland hinsichtlich des Gewinns aus der Veräußerung sämtlicher Wirtschaftsgüter des Betriebs oder eines Teilbetriebs gleich; § 4 Absatz 1 Satz 4 gilt entsprechend.

(3b) ¹In den Fällen der Betriebsunterbrechung und der Betriebsverpachtung im Ganzen gilt ein Gewerbebetrieb sowie ein Anteil im Sinne des Absatzes 1 Satz 1 Nummer 2 oder Nummer 3 nicht als aufgegeben, bis [1]
1. der Steuerpflichtige die Aufgabe im Sinne des Absatzes 3 Satz 1 ausdrücklich gegenüber dem Finanzamt erklärt oder
2. dem Finanzamt Tatsachen bekannt werden, aus denen sich ergibt, dass die Voraussetzungen für eine Aufgabe im Sinne des Absatzes 3 Satz 1 erfüllt sind.

²Die Aufgabe des Gewerbebetriebs oder Anteils im Sinne des Absatzes 1 Satz 1 Nummer 2 oder Nummer 3 ist in den Fällen des Satzes 1 Nummer 1 rückwirkend für den vom Steuerpflichtigen gewählten Zeitpunkt anzuerkennen, wenn die Aufgabeerklärung spätestens drei Monate nach diesem Zeitpunkt abgegeben wird. ³Wird die Aufgabeerklärung nicht spätestens drei Monate nach dem vom Steuerpflichtigen gewählten Zeitpunkt abgegeben, gilt der Gewerbebetrieb oder Anteil im Sinne des Absatzes 1 Satz 1 Nummer 2 oder Nummer 3 erst in dem Zeitpunkt als aufgegeben, in dem die Aufgabeerklärung beim Finanzamt eingeht.

---

[1] Absatz 3b ist nur auf Aufgaben i. S. d. § 16 Abs. 3 Satz 1 nach dem 04.11.2011 anzuwenden >§ 52 Abs. 34 Satz 9 i. d. F. vor dem Gesetz zur Anpassung des nationalen Steuerrechts an den Beitritt Kroatiens zur EU und zur Änderung weiterer steuerlicher Vorschriften.

§ 16 EStG
R 16   H 16 (1)

[1])

(4) ¹Hat der Steuerpflichtige das 55. Lebensjahr vollendet oder ist er im sozialversicherungsrechtlichen Sinne dauernd berufsunfähig, so wird der Veräußerungsgewinn auf Antrag zur Einkommensteuer nur herangezogen, soweit er 45.000 Euro übersteigt. ²Der Freibetrag ist dem Steuerpflichtigen nur einmal zu gewähren. ³Er ermäßigt sich um den Betrag, um den der Veräußerungsgewinn 136.000 Euro übersteigt.

(5) Werden bei einer Realteilung, bei der Teilbetriebe auf einzelne Mitunternehmer übertragen werden, Anteile an einer Körperschaft, Personenvereinigung oder Vermögensmasse unmittelbar oder mittelbar von einem nicht von § 8b Absatz 2 des Körperschaftsteuergesetzes begünstigten Steuerpflichtigen auf einen von § 8b Absatz 2 des Körperschaftsteuergesetzes begünstigten Mitunternehmer übertragen, ist abweichend von Absatz 3 Satz 2 rückwirkend auf den Zeitpunkt der Realteilung der gemeine Wert anzusetzen, wenn der übernehmende Mitunternehmer die Anteile innerhalb eines Zeitraums von sieben Jahren nach der Realteilung unmittelbar oder mittelbar veräußert oder durch einen Vorgang nach § 22 Absatz 1 Satz 6 Nummer 1 bis 5 des Umwandlungssteuergesetzes weiter überträgt; § 22 Absatz 2 Satz 3 des Umwandlungssteuergesetzes gilt entsprechend.

R 16.

Veräußerung des gewerblichen Betriebs
Betriebsveräußerung im Ganzen

R 16 (1)

(1) ¹Eine Veräußerung des ganzen Gewerbebetriebs liegt vor, wenn der Betrieb mit seinen wesentlichen Grundlagen gegen Entgelt in der Weise auf einen Erwerber übertragen wird, dass der Betrieb als geschäftlicher Organismus fortgeführt werden kann. ²Nicht erforderlich ist, dass der Erwerber den Betrieb tatsächlich fortführt.

H 16 (1)

Hinweise

Aufgabe der bisherigen Tätigkeit

– Voraussetzung einer Betriebsveräußerung ist, dass der Veräußerer die mit dem veräußerten Betriebsvermögen verbundene Tätigkeit aufgibt (>BFH vom 12.06.1996 – BStBl II S. 527).

– Die gelegentliche Vermittlung von Verträgen durch einen aus dem aktiven Erwerbsleben ausgeschiedenen Versicherungsvertreter kann sich in finanzieller, wirtschaftlicher und organisatorischer Hinsicht grundlegend von dem Gewerbebetrieb, den er als Versicherungsbezirksdirektor unterhalten hat, unterscheiden und steht in diesem Fall

---

[1]) Absatz 4 ist erstmals auf Veräußerungen anzuwenden, die nach dem 31.12.1995 erfolgen; hat der Stpfl. bereits für Veräußerungen vor dem 01.01.1996 Veräußerungsfreibeträge in Anspruch genommen, bleiben diese unberücksichtigt >§ 52 Abs. 34 Satz 6 i. d. F. vor dem Gesetz zur Anpassung des nationalen Steuerrechts an den Beitritt Kroatiens zur EU und zur Änderung weiterer steuerlicher Vorschriften.

einer Betriebsveräußerung nicht entgegen (>BFH vom 18.12.1996 – BStBl II 1997 S. 573).
- Eine Aufgabe der bisherigen Tätigkeit und somit eine begünstigte Veräußerung i. S. d. § 16 liegt auch dann vor, wenn der Veräußerer als selbständiger Unternehmer nach der Veräußerung des Betriebs für den Erwerber tätig wird (>BFH vom 17.07.2008 – BStBl II 2009 S. 43).
- Die Tarifbegünstigung eines Veräußerungsgewinns setzt nicht voraus, dass der Stpfl. jegliche gewerbliche Tätigkeit einstellt. Erforderlich ist lediglich, dass er die in dem veräußerten Betrieb bislang ausgeübte Tätigkeit einstellt und die diesbezüglich wesentlichen Betriebsgrundlagen veräußert (>BFH vom 03.04.2014 – BStBl II S. 1000).
- >H 18.3 (Veräußerung)

Betriebsfortführung
Werden nicht der Betriebsorganismus, sondern nur wichtige Betriebsmittel übertragen, während der Stpfl. das Unternehmen in derselben oder in einer veränderten Form fortführt, liegt keine Betriebsveräußerung vor (>BFH vom 03.10.1984 – BStBl II 1985 S. 131).

Betriebsübertragung im Zusammenhang mit wiederkehrenden Leistungen
>BMF vom 11.03.2010 (BStBl I S. 227) unter Berücksichtigung der Änderungen durch BMF vom 06.05.2016 (BStBl I S. 476)

Anhang 13 IV

Funktionsfähiger Betrieb
Eine Betriebsveräußerung setzt voraus, dass im Veräußerungszeitpunkt schon ein funktionsfähiger Betrieb gegeben ist, jedoch nicht, dass der Veräußerer mit den veräußerten wesentlichen Betriebsgrundlagen tatsächlich bereits eine gewerbliche Tätigkeit ausgeübt hat (>BFH vom 03.04.2014 – BStBl II S. 1000).

Gewerblich geprägte Personengesellschaft
Besteht die Tätigkeit einer gewerblich geprägten Personengesellschaft sowohl in der Nutzung von Grundbesitz als auch in der Nutzung von Kapitalvermögen, liegt eine nach §§ 16, 34 begünstigte Betriebsveräußerung nur vor, wenn die wesentlichen Grundlagen beider Tätigkeitsbereiche veräußert werden (>BFH vom 12.12.2000 – BStBl II 2001 S. 282).

Gewinnermittlung
Hält der Veräußerer Wirtschaftsgüter, die nicht zu den wesentlichen Betriebsgrundlagen gehören, zurück, um sie später bei sich bietender Gelegenheit zu veräußern, ist eine Gewinnermittlung aufgrund Betriebsvermögensvergleichs hinsichtlich dieser Wirtschaftsgüter nach der Betriebsveräußerung nicht möglich (>BFH vom 22.02.1978 – BStBl II S. 430).

§ 16 EStG
H 16 (1)

Häusliches Arbeitszimmer
Zur Ermittlung des Gewinns bei Veräußerung oder Betriebsaufgabe >H 4.7

Maßgeblicher Zeitpunkt
– Für die Entscheidung, ob eine Betriebsveräußerung im Ganzen vorliegt, ist auf den Zeitpunkt abzustellen, in dem das wirtschaftliche Eigentum an den veräußerten Wirtschaftsgütern übertragen wird (>BFH vom 03.10.1984 – BStBl II 1985 S. 245).
– >H 16 (4)

Personengesellschaft
– Bei einer Personengesellschaft ist es nicht erforderlich, dass die Gesellschafter gleichzeitig mit der Betriebsveräußerung die Auflösung beschließen (>BFH vom 04.02.1982 – BStBl II S. 348).
– Die Veräußerung des gesamten Gewerbebetriebs durch eine Personengesellschaft an einen Gesellschafter ist abzugrenzen von der Veräußerung eines Mitunternehmeranteils. Dabei ist auf die vertraglichen Vereinbarungen abzustellen. Haben die Vertragsparteien den Vertrag tatsächlich wie eine Betriebsveräußerung an den Gesellschafter behandelt, eine Schlussbilanz eingereicht und den Veräußerungsgewinn den Gesellschaftern dem allgemeinen Gewinnverteilungsschlüssel entsprechend zugerechnet, liegt eine Betriebsveräußerung im Ganzen an den Gesellschafter vor (>BFH vom 20.02.2003 – BStBl II S. 700).
– >H 16 (4) Negatives Kapitalkonto

Verdeckte Einlage
Zur verdeckten Einlage bei Verkauf eines Betriebes an eine Kapitalgesellschaft >BFH vom 24.03.1987 (BStBl II S. 705) und vom 01.07.1992 (BStBl II 1993 S. 131)

Zurückbehaltene Wirtschaftsgüter
– Die Annahme einer Betriebsveräußerung im Ganzen wird nicht dadurch ausgeschlossen, dass der Veräußerer Wirtschaftsgüter, die **nicht zu den wesentlichen Betriebsgrundlagen** gehören, zurückbehält (>BFH vom 26.05.1993 – BStBl II S. 710). Das gilt auch, wenn einzelne, nicht zu den wesentlichen Betriebsgrundlagen gehörende Wirtschaftsgüter in zeitlichem Zusammenhang mit der Veräußerung in das Privatvermögen überführt oder anderen betriebsfremden Zwecken zugeführt werden (>BFH vom 24.03.1987 – BStBl II S. 705 und vom 29.10.1987 – BStBl II 1988 S. 374).
– Wird eine eingeführte Bezeichnung für einen Betrieb nicht mitverkauft, sondern im Rahmen eines Franchisevertrags zur Nutzung überlassen, sind nicht alle wesentlichen Betriebsgrundlagen übertragen worden. Eine begünstigte Betriebsveräußerung liegt in diesen Fällen nicht vor (>BFH vom 20.03.2017 – BStBl II S. 992).

§ 16 EStG
H 16 (2) **R 16**

Betriebsaufgabe im Ganzen
R 16 (2)

(2) ¹Eine Betriebsaufgabe erfordert eine Willensentscheidung oder Handlung des Stpfl., die darauf gerichtet ist, den Betrieb als selbständigen Organismus nicht mehr in seiner bisherigen Form bestehen zu lassen. ²Der Begriff der Betriebsaufgabe erfordert nicht, dass der bisherige Unternehmer künftig keine unternehmerische Tätigkeit mehr ausübt. ³Liegt eine Betriebsaufgabe deshalb vor, weil bei einer Betriebsaufspaltung die personelle Verflechtung durch Eintritt der Volljährigkeit bisher minderjähriger Kinder wegfällt, wird dem Stpfl. auf Antrag aus Billigkeitsgründen das Wahlrecht zur Fortsetzung der gewerblichen Tätigkeit im Rahmen einer Betriebsverpachtung (>Absatz 5) auch dann eingeräumt, wenn nicht alle wesentlichen Betriebsgrundlagen an das Betriebsunternehmen verpachtet sind. ⁴Wird danach die Betriebsverpachtung nicht als Betriebsaufgabe behandelt, können in diesen Fällen weiterhin die auf einen Betrieb bezogenen Steuervergünstigungen (z. B. Übertragung stiller Reserven nach den §§ 6b und 6c EStG, erhöhte Absetzungen und Sonderabschreibungen) gewährt werden. ⁵Eine Betriebsaufgabe liegt auch vor, wenn die Voraussetzungen für eine gewerblich geprägte Personengesellschaft wegfallen. ⁶Ist Gegenstand der Verpachtung ein Betrieb im Ganzen, gilt Absatz 5 entsprechend. ⁷Im Rahmen einer Betriebsaufgabe kann auch das Buchwertprivileg nach § 6 Abs. 1 Nr. 4 Satz 4 und 5 EStG in Anspruch genommen werden.

Hinweise
H 16 (2)

Allgemeines
- Die Aufgabe eines Gewerbebetriebs im Ganzen ist anzunehmen, wenn alle wesentlichen Betriebsgrundlagen innerhalb kurzer Zeit (>Zeitraum für die Betriebsaufgabe) und damit in einem einheitlichen Vorgang – nicht nach und nach – entweder in das Privatvermögen überführt oder an verschiedene Erwerber veräußert oder teilweise veräußert und teilweise in das Privatvermögen überführt werden und damit der Betrieb als selbständiger Organismus des Wirtschaftslebens zu bestehen aufhört (>BFH vom 24.06.1976 – BStBl II S. 670, vom 29.10.1981 – BStBl 1982 S. 381 und vom 18.12.1990 – BStBl II 1991 S. 512).
- Eine Betriebsaufgabe liegt nicht vor,
  - wenn die Wirtschaftsgüter nach und nach im Laufe mehrerer Wj. an Dritte veräußert werden oder in das Privatvermögen überführt werden (>BFH vom 10.09.1957 – BStBl III S. 414),
  - wenn der Betriebsinhaber den Entschluss zur Betriebsaufgabe lediglich dokumentiert hat. Erforderlich ist darüber hinaus die Umsetzung dieses Entschlusses durch Veräußerung oder Entnahme von wesentlichen Betriebsgrundlagen (>BFH vom 30.08.2007 – BStBl II 2008 S. 113).
- >Betriebsunterbrechung
- >Betriebsverlegung
- >Strukturwandel

653

Aufgabegewinn

- Als gemeiner Wert eines Grundstücks in einem Sanierungsgebiet ist der Wert anzusetzen, der nach § 153 Abs. 1 BauGB (früher § 23 Abs. 2 Städtebauförderungsgesetz) Werterhöhungen unberücksichtigt lässt, die lediglich durch die Aussicht auf Sanierung, durch ihre Vorbereitung oder ihre Durchführung eingetreten sind, ohne dass der Stpfl. diese Wertsteigerungen durch eigene Aufwendungen zulässigerweise bewirkt hat – sog. Eingangswert – (>BFH vom 29.08.1996 – BStBl II 1997 S. 317).
- >H 16 (10) Nachträgliche Änderungen des Veräußerungspreises oder des gemeinen Werts
- Wird im Rahmen einer Betriebsaufgabe ein betrieblich genutzter Grundstücksteil in das Privatvermögen überführt, ist zur Ermittlung des Aufgabegewinns der gemeine Wert des gesamten Grundstücks regelmäßig nach dem Nutzflächenverhältnis und nicht nach dem Verhältnis von Ertragswerten aufzuteilen (>BFH vom 15.02.2001 – BStBl II 2003 S. 635).
- Weder handels- noch steuerrechtlich besteht eine Verpflichtung, eine Aufgabebilanz zusätzlich zur letzten Schlussbilanz aufzustellen (>BFH vom 03.07.1991 – BStBl II S. 802).
- Beendigung der Nutzungsberechtigung als Miteigentümer >H 4.2 (1) Nutzungsrechte/Nutzungsvorteile

Beendigung einer Betriebsaufspaltung

- Entfallen die tatbestandlichen Voraussetzungen einer Betriebsaufspaltung z. B. durch Wegfall der personellen Verflechtung zwischen Besitzunternehmen und Betriebskapitalgesellschaft, ist dieser Vorgang i. d. R. als Betriebsaufgabe des Besitzunternehmens zu beurteilen mit der Folge, dass die im Betriebsvermögen des früheren Besitzunternehmens enthaltenen stillen Reserven aufzulösen sind (>BFH vom 13.12.1983 – BStBl II 1984 S. 474 und vom 15.12.1988 – BStBl II 1989 S. 363); aber >R 16 Abs. 2 Satz 3 ff.
- Zu einer Betriebsaufgabe durch Beendigung der Betriebsaufspaltung kommt es, wenn die vom Besitzunternehmen an die Betriebskapitalgesellschaft verpachteten Wirtschaftsgüter veräußert und infolgedessen keine wesentlichen Betriebsgrundlagen mehr überlassen werden. Das verbliebene Betriebsvermögen, einschl. der Anteile an der Betriebskapitalgesellschaft, wird dann zu Privatvermögen (>BFH vom 22.10.2013 – BStBl II 2014 S. 158).
- Die Beendigung einer Betriebsaufspaltung führt nicht zur Betriebsaufgabe bei der Besitzpersonengesellschaft, wenn die Voraussetzungen einer Betriebsverpachtung vorliegen (>BMF vom 17.10.1994 – BStBl I S. 771). Die Voraussetzungen einer Betriebsverpachtung sind auch bei Beendigung einer unechten Betriebsaufspaltung gegeben, wenn die funktional wesentlichen Betriebsgrundlagen weiterhin verpachtet werden (>BFH vom 17.04.2019 – BStBl II S. 745). Die für die Einstellung

der werbenden Tätigkeit durch den Unternehmer geltenden Grundsätze (>Betriebsunterbrechung) sind bei der Beendigung der Betriebsaufspaltung gleichermaßen zu beachten (>BFH vom 14.03.2006 – BStBl II S. 591).
- Wird eine Betriebsaufspaltung dadurch beendet, dass die Betriebs-GmbH auf eine AG verschmolzen und das Besitzunternehmen in die AG eingebracht wird, kann dieser Vorgang gewinnneutral gestaltet werden, wenn das Besitzunternehmen nicht nur wegen der Betriebsaufspaltung gewerblich tätig war. Andernfalls führt die Verschmelzung zur Aufgabe des Gewerbebetriebs mit der Folge, dass dieser nicht mehr zu Buchwerten eingebracht werden kann (>BFH vom 24.10.2000 – BStBl II 2001 S. 321).
- >H 15.7 (6) Insolvenz des Betriebsunternehmens

Betriebsunterbrechung
- Stellt ein Unternehmer seine gewerbliche Tätigkeit ein, liegt darin nicht notwendigerweise eine Betriebsaufgabe. Die Einstellung kann auch nur als Betriebsunterbrechung zu beurteilen sein, die den Fortbestand des Betriebs unberührt lässt. Die Betriebsunterbrechung kann darin bestehen, dass der Betriebsinhaber die gewerbliche Tätigkeit ruhen lässt oder darin, dass er die wesentlichen Betriebsgrundlagen verpachtet. Gibt er keine Aufgabeerklärung ab, ist davon auszugehen, dass er beabsichtigt, den unterbrochenen Betrieb künftig wieder aufzunehmen, sofern die zurückbehaltenen Wirtschaftsgüter dies ermöglichen (>BFH vom 22.09.2004 – BStBl II 2005 S. 160, vom 14.03.2006 – BStBl II S. 591 und vom 09.11.2017 – BStBl II 2018 S. 227).
- Eine Betriebsunterbrechung im engeren Sinne und keine Aufgabe des Gewerbebetriebs kann bei dem vormaligen Besitzunternehmen auch dann vorliegen, wenn das Betriebsunternehmen die werbende Geschäftstätigkeit endgültig eingestellt hat (>BFH vom 14.03.2006 – BStBl II S. 591).
- >H 16 (5) Betriebsaufgabeerklärung
- Eine Betriebsunterbrechung, die nicht als Betriebsaufgabe anzusehen ist und deshalb auch nicht zur Aufdeckung der stillen Reserven führt, liegt vor, wenn bei Einstellung der werbenden Tätigkeit die Absicht vorhanden und die Verwirklichung der Absicht nach den äußerlich erkennbaren Umständen wahrscheinlich ist, den Betrieb in gleichartiger oder ähnlicher Weise wieder aufzunehmen, so dass der stillgelegte und der eröffnete Betrieb als identisch anzusehen sind (>BFH vom 17.10.1991 – BStBl II 1992 S. 392). Dies ist nicht der Fall, wenn nach Einstellung der werbenden Tätigkeit keine wesentlichen Betriebsgrundlagen mehr vorhanden sind, die einem später identitätswahrend fortgeführten Betrieb dienen könnten (>BFH vom 26.02.1997 – BStBl II S. 561).
- Betreibt ein Unternehmen, das zuvor auf dem Gebiet des Bauwesens, des Grundstückshandels und der Grundstücksverwaltung tätig war, nur

noch Grundstücksverwaltung, ist hierin regelmäßig eine bloße Betriebsunterbrechung zu sehen, solange gegenüber dem Finanzamt nicht die Betriebsaufgabe erklärt wird und die zurückbehaltenen Wirtschaftsgüter jederzeit die Wiederaufnahme des Betriebes erlauben (>BFH vom 28.09.1995 – BStBl II 1996 S. 276).
- >Eröffnung eines neuen Betriebs
- >H 16 (5) Betriebsfortführungsfiktion

Betriebsverlegung
- Keine Betriebsaufgabe, sondern eine Betriebsverlegung liegt vor, wenn der alte und der neue Betrieb bei wirtschaftlicher Betrachtung und unter Berücksichtigung der Verkehrsauffassung wirtschaftlich identisch sind (>BFH vom 24.06.1976 – BStBl II S. 670 und vom 28.06.2001 – BStBl II 2003 S. 124), wovon regelmäßig auszugehen ist, wenn die wesentlichen Betriebsgrundlagen in den neuen Betrieb überführt werden (>BFH vom 24.06.1976 – BStBl II S. 672).
- Überträgt ein Bezirkshändler, der Produkte eines Unternehmens über Beraterinnen im sog. Heimvorführungs-Vertriebssystem verkauft, die Rechte aus seinen Verträgen mit den Beraterinnen entgeltlich auf einen Dritten und erwirbt er gleichzeitig die Rechtspositionen aus den Verträgen eines anderen Bezirkshändlers mit dessen Beraterinnen, um in Fortführung seines bisherigen Bezirkshändlervertrages die Produkte des Unternehmens an einem anderen Ort zu vertreiben, liegt weder eine Betriebsveräußerung noch eine Betriebsaufgabe vor (>BFH vom 09.10.1996 – BStBl II 1997 S. 236).

Bewertung von Unternehmen und Anteilen an Kapitalgesellschaften
Bei der Bewertung von Unternehmen und Anteilen an Kapitalgesellschaften sind die bewertungsrechtlichen Regelungen gem. den gleich lautenden Erlassen der obersten Finanzbehörden der Länder vom 17.05.2011 (BStBl I S. 606) zu den §§ 11, 95 bis 109 und 199 ff. BewG für ertragsteuerliche Zwecke entsprechend anzuwenden (>BMF vom 22.09.2011 – BStBl I S. 859).

Buchwertprivileg
Das Buchwertprivileg nach § 6 Abs. 1 Nr. 4 Satz 4 ist auch zulässig im Fall des Übergangs von Sonderbetriebsvermögen auf den Erben und Überführung ins Privatvermögen im Rahmen eines betriebsaufgabeähnlichen Vorgangs (>BFH vom 05.02.2002 – BStBl II 2003 S. 237).

Eröffnung eines neuen Betriebs
- Eine Betriebsaufgabe kann auch dann gegeben sein, wenn der Stpfl. einen neuen Betrieb – auch der gleichen Branche – beginnt, sofern der bisher geführte betriebliche Organismus aufhört zu bestehen und sich der neue Betrieb in finanzieller, wirtschaftlicher und organisatorischer

Hinsicht von dem bisherigen Betrieb unterscheidet (>BFH vom 18.12.1996 – BStBl II 1997 S. 573).
- >Betriebsunterbrechung
- >Betriebsverlegung

Gewerblicher Grundstückshandel
- Die entgeltliche Bestellung von Erbbaurechten an (allen) zugehörigen Grundstücken führt nicht zur Aufgabe eines gewerblichen Grundstückhandels, sondern stellt lediglich einen Geschäftsvorfall des weiter bestehenden gewerblichen Grundstückshandels dar (>BFH vom 22.04.1998 – BStBl II S. 665).
- >BMF vom 26.03.2004 (BStBl I S. 434), Tz. 35 — Anhang 17
- Im Rahmen des Folgebescheids darf der Gewinn aus der Veräußerung eines Anteils an einer grundbesitzenden Personengesellschaft auch dann in einen laufenden Gewinn im Rahmen eines vom Stpfl. betriebenen gewerblichen Grundstückshandels umqualifiziert werden, wenn er im Grundlagenbescheid als Veräußerungsgewinn bezeichnet worden ist (>BFH vom 18.04.2012 – BStBl II S. 647).

Handelsvertreter
Eine Betriebsaufgabe liegt nicht vor, wenn ein Handelsvertreter seine bisherigen Vertretungen beendet, um anschließend eine andere Vertretung zu übernehmen; dies gilt auch für den Fall der erstmaligen Übernahme einer Generalvertretung (>BFH vom 19.04.1966 – BStBl III S. 459).

Insolvenzverfahren
Der Gewerbebetrieb einer Personengesellschaft wird regelmäßig nicht schon mit der Eröffnung des Insolvenzverfahrens über das Gesellschaftsvermögen aufgegeben (>BFH vom 19.01.1993 – BStBl II S. 594).

Körperschaft als Erbin
Erbt eine Körperschaft Betriebsvermögen einer natürlichen Person, ist § 6 Abs. 3 anwendbar. Dies gilt auch, wenn Erbin eine Körperschaft des öffentlichen Rechts ist, die den übergehenden Betrieb als steuerpflichtigen Betrieb gewerblicher Art i. S. d. § 1 Abs. 1 Nr. 6, § 4 Abs. 1 KStG fortführt (>BFH vom 19.02.1998 – BStBl II S. 509). Für Betriebe der Land- und Forstwirtschaft >aber H 14 (Körperschaft des öffentlichen Rechts als Erbin)

Landwirtschaft
- Eine Betriebsaufgabe liegt regelmäßig nicht vor, wenn ein Landwirt seinen auf eigenen Flächen betriebenen Hof an seinen Sohn verpachtet und er diesem zugleich das lebende und tote Inventar schenkt (>BFH vom 18.04.1991 – BStBl II S. 833).
- Die Begründung einer Betriebsaufspaltung durch Vermietung wesentlicher Betriebsgrundlagen an eine GmbH schließt die vorangehende

steuerbegünstigte Aufgabe eines land- und forstwirtschaftlichen Betriebs, zu dessen Betriebsvermögen die zur Nutzung überlassenen Wirtschaftsgüter gehörten, nicht aus, wenn der Stpfl. zuvor seine landwirtschaftliche Betätigung beendet hat (>BFH vom 30.03.2006 – BStBl II S. 652).

Liebhaberei
– Der Übergang von einem Gewerbebetrieb zu einem einkommensteuerlich unbeachtlichen Liebhabereibetrieb stellt keine Betriebsaufgabe dar, es sei denn, der Stpfl. erklärt selbst die Betriebsaufgabe (>BFH vom 11.05.2016 – BStBl II 2017 S. 112). Auf den Zeitpunkt des Übergangs zur Liebhaberei ist für jedes Wirtschaftsgut des Anlagevermögens der Unterschiedsbetrag zwischen dem gemeinen Wert und dem Wert, der nach § 4 Abs. 1 oder nach § 5 anzusetzen wäre, gesondert und bei mehreren Beteiligten einheitlich festzustellen (§ 8 der VO zu § 180 Abs. 2 AO vom 19.12.1986 – BStBl I 1987 S. 2, zuletzt geändert durch Art. 4 der VO vom 18.07.2016 – BStBl I S. 725).
– Die Veräußerung oder Aufgabe eines Liebhabereibetriebs ist eine Betriebsveräußerung oder -aufgabe i. S. v. § 16 Abs. 1 und 3. Der Veräußerungs- oder Aufgabegewinn hieraus ist nur steuerpflichtig, soweit er auf die einkommensteuerlich relevante Phase des Betriebs entfällt. Der steuerpflichtige Teil des Gewinns ist im Jahr der Veräußerung oder Aufgabe zu versteuern. Er entspricht der Höhe nach im Grundsatz den nach § 8 der VO zu § 180 Abs. 2 AO auf den Zeitpunkt des Übergangs zur Liebhaberei gesondert festgestellten stillen Reserven. Eine negative Wertentwicklung während der Liebhabereiphase berührt die Steuerpflicht des auf die einkommensteuerlich relevante Phase entfallenden Gewinnanteils nicht. Die Veräußerung eines Liebhabereibetriebs kann daher auch dann zu einem steuerpflichtigen Gewinn führen, wenn der erzielte Erlös die festgestellten stillen Reserven nicht erreicht (>BFH vom 11.05.2016 – BStBl II 2017 S. 112).
– Ermittelt der Stpfl. seinen Gewinn durch Einnahmenüberschussrechnung, ist er nicht verpflichtet, im Zeitpunkt des Strukturwandels zur Liebhaberei zum Betriebsvermögensvergleich überzugehen und einen daraus resultierenden Übergangsgewinn zu ermitteln und zu versteuern. Hat ein solcher Stpfl. in dem Zeitraum, in dem er noch mit Gewinnerzielungsabsicht handelte, die Anschaffungskosten für ein Wirtschaftsgut des Umlaufvermögens als Betriebsausgaben abgesetzt, so stellt auch nach Wegfall der Gewinnerzielungsabsicht die Verwirklichung eines Realisationsakts in Bezug auf dieses Wirtschaftsgut (Veräußerung oder Entnahme des Wirtschaftsguts, Veräußerung oder Aufgabe des Liebhabereibetriebs) dem Grunde nach einen Steuertatbestand dar. Der Höhe nach ist derjenige Betrag als nachträgliche Betriebseinnahme anzusetzen und zu versteuern, der für das einzelne Wirtschaftsgut des Umlaufvermögens im Zeitpunkt des Strukturwandels zur Liebhaberei in eine Übergangsbilanz einzustellen gewesen wäre (>BFH vom 11.05.2016 – BStBl II S. 939).

§ 16 EStG
H 16 (2)

Realteilung
>BMF vom 19.12.2018 (BStBl I 2019 S. 6) Anhang 24 III

Strukturwandel
Eine Betriebsaufgabe liegt nicht vor, wenn der Betrieb als selbständiger Organismus in dem der inländischen Besteuerung unterliegenden Gebiet weitergeführt wird und die Einkünfte des Stpfl. aus dem Betrieb lediglich in Folge Strukturwandels rechtlich anders eingeordnet werden, weil z. B. ein bisher als gewerblich behandelter Betrieb infolge Einschränkung des Zukaufs oder Erweiterung des Eigenanbaues zu einem land- und forstwirtschaftlichen Betrieb wird (>BFH vom 10.02.1972 – BStBl II S. 455 und vom 26.04.1979 – BStBl II S. 732).

Zeitlich gestreckte Betriebsaufgabe
– Bei einer Betriebsaufgabe ist der Wert des Betriebsvermögens wie bei der Betriebsveräußerung durch eine Bilanz zu ermitteln. Diese Bilanz (zu Buchwerten) ist auch bei einer zeitlich gestreckten Betriebsaufgabe einheitlich und umfassend auf einen bestimmten Zeitpunkt zu erstellen. Das ist zweckmäßigerweise der Zeitpunkt der Beendigung der betrieblichen Tätigkeit, zu dem die Schlussbilanz zur Ermittlung des laufenden Gewinns aufzustellen ist. Unabhängig davon bestimmt sich der Zeitpunkt der Gewinnverwirklichung für die einzelnen Aufgabevorgänge (Veräußerung oder Überführung ins Privatvermögen) nach allgemeinen Gewinnrealisierungsgrundsätzen (>BFH vom 19.05.2005 – BStBl II S. 637).
– >BMF vom 20.12.2005 (BStBl I 2006 S. 7) Anhang 16 XII

Zeitraum für die Betriebsaufgabe
Der Begriff „kurzer Zeitraum" (>Allgemeines) darf nicht zu eng aufgefasst werden. Maßgebender Gesichtspunkt ist, ob man die Aufgabehandlungen wirtschaftlich noch als einen einheitlichen Vorgang werten kann (>BFH vom 16.09.1966 – BStBl III 1967 S. 70 und vom 08.09.1976 – BStBl II 1977 S. 66). Bei einem Zeitraum von mehr als 36 Monaten kann nicht mehr von einem wirtschaftlich einheitlichen Vorgang ausgegangen werden (>BFH vom 26.04.2001 – BStBl II S. 798). Die Betriebsaufgabe beginnt mit vom Aufgabeentschluss getragenen Handlungen, die objektiv auf die Auflösung des Betriebs als selbständiger Organismus des Wirtschaftslebens gerichtet sind (>BFH vom 05.07.1984 – BStBl II S. 711). Der Zeitraum für die Betriebsaufgabe endet mit der Veräußerung der letzten wesentlichen Betriebsgrundlage bzw. mit deren Überführung in das Privatvermögen. Es ist nicht auf den Zeitpunkt abzustellen, in dem die stillen Reserven des Betriebs im Wesentlichen oder nahezu vollständig aufgedeckt worden sind (>BFH vom 26.05.1993 – BStBl II S. 710). Der Abwicklungszeitraum kann nicht dadurch abgekürzt werden, dass Wirtschaftsgüter, die bei Aufgabe des Betriebs nicht veräußert worden sind, formell in das Privatvermögen

§ 16 EStG
R 16 H 16 (2), (3)

überführt werden, um sie anschließend privat zu veräußern. In solchen Fällen setzt der Stpfl. i. d. R. seine unternehmerische Tätigkeit fort (>BFH vom 12.12.2000 – BStBl II 2001 S. 282).

Zwangsweise Betriebsaufgabe
Der Annahme einer Betriebsaufgabe steht nicht entgegen, dass der Stpfl. zur Einstellung des Gewerbebetriebs gezwungen wird; auch Ereignisse, die von außen auf den Betrieb einwirken, können zu einer Betriebsaufgabe führen (>BFH vom 03.07.1991 – BStBl II S. 802).

R 16 (3) Teilbetriebsveräußerung und Teilbetriebsaufgabe

(3) [1] Ein Teilbetrieb ist ein mit einer gewissen Selbständigkeit ausgestatteter, organisch geschlossener Teil des Gesamtbetriebs, der für sich betrachtet alle Merkmale eines Betriebs i. S. d. EStG aufweist und für sich lebensfähig ist. [2] Eine völlig selbständige Organisation mit eigener Buchführung ist nicht erforderlich. [3] Für die Annahme einer Teilbetriebsveräußerung genügt nicht die Möglichkeit einer technischen Aufteilung des Betriebs. [4] Notwendig ist die Eigenständigkeit des Teiles. [5] Ein Stpfl. kann deshalb bestimmte abgegrenzte Tätigkeitsgebiete nicht durch eine organisatorische Verselbständigung und durch gesonderten Vermögens- und Ergebnisausweis zu einem Teilbetrieb machen. [6] Die Veräußerung der Beteiligung an einer Kapitalgesellschaft, die das gesamte Nennkapital der Gesellschaft umfasst, gilt als Veräußerung eines Teilbetriebes (§ 16 Abs. 1 Satz 1 Nr. 1 Satz 2 EStG), wenn die gesamte Beteiligung an der Kapitalgesellschaft zum Betriebsvermögen eines einzelnen Stpfl. oder einer Personengesellschaft gehört und die gesamte Beteiligung im Laufe eines Wirtschaftsjahres veräußert wird. [7] § 16 Abs. 1 Satz 1 Nr. 1 Satz 2 EStG ist auf den Gewinn aus der Veräußerung einer Beteiligung, die das gesamte Nennkapital einer Kapitalgesellschaft umfasst, auch dann anwendbar, wenn die Beteiligung im Eigentum eines oder mehrerer Mitunternehmer derselben Personengesellschaft stand und steuerlich zum Betriebsvermögen der Personengesellschaft gehörte. [8] § 16 Abs. 1 Satz 1 Nr. 1 Satz 2 EStG ist nicht anwendbar, wenn die Beteiligung an der Kapitalgesellschaft teilweise auch zum Privatvermögen des Stpfl. gehört.

H 16 (3) Hinweise

Auflösung einer Kapitalgesellschaft
Wird eine Kapitalgesellschaft in der Weise aufgelöst, dass ihr Vermögen auf den Alleingesellschafter übertragen wird, der die gesamte Beteiligung im Betriebsvermögen hält, liegt darin die nach § 16 Abs. 1 Satz 1 Nr. 1 Satz 2 begünstigte Aufgabe eines Teilbetriebs. Der Begünstigung steht auch nicht entgegen, dass die untergehende Kapitalgesellschaft Betriebsunternehmen im Rahmen einer Betriebsaufspaltung war (>BFH vom 04.10.2006 – BStBl II 2009 S. 772).

§ 16 EStG
H 16 (3)

Auflösung stiller Reserven

Keine Teilbetriebsveräußerung oder -aufgabe liegt vor, wenn
- bei der Einstellung eines Teilbetriebs Wirtschaftsgüter von nicht untergeordneter Bedeutung, in denen erhebliche stille Reserven enthalten sind, als Betriebsvermögen in einen anderen Teilbetrieb desselben Stpfl. übernommen werden und deshalb die stillen Reserven nicht aufgelöst werden dürfen (>BFH vom 28.10.1964 – BStBl III 1965 S. 88 und vom 30.10.1974 – BStBl II 1975 S. 232),
- bei der Einstellung der Produktion eines Zweigwerks nicht alle wesentlichen stillen Reserven – vor allem die in den Grundstücken enthaltenen – aufgelöst werden (>BFH vom 26.09.1968 – BStBl II 1969 S. 69),
- in dem zurückbehaltenen Wirtschaftsgut erhebliche stille Reserven vorhanden sind (>BFH vom 26.04.1979 – BStBl II S. 557); dies gilt auch dann, wenn das zurückbehaltene Wirtschaftsgut überwiegend von einem noch verbleibenden Restbetrieb genutzt wird (>BFH vom 13.02.1996 – BStBl II S. 409),
- wesentliche Betriebsgrundlagen, auch wenn sie keine erheblichen stillen Reserven enthalten, in den Hauptbetrieb verbracht werden (>BFH vom 19.01.1983 – BStBl II S. 312).

Beendigung der betrieblichen Tätigkeit

Eine Teilbetriebsveräußerung erfordert nicht, dass der Veräußerer seine gewerblichen Tätigkeiten in vollem Umfang beendet. Es ist ausreichend, wenn er die gewerbliche Tätigkeit aufgibt, die sich auf die veräußerten wesentlichen Betriebsgrundlagen bezieht (>BFH vom 09.08.1989 – BStBl II S. 973). Das Auswechseln der Produktionsmittel unter Fortführung des Tätigkeitsgebiets stellt jedoch keine Teilbetriebsveräußerung dar (>BFH vom 03.10.1984 – BStBl II 1985 S. 245).

Betriebsaufspaltung

Erwirbt die Besitzpersonengesellschaft einen Teil des Betriebs von der Betriebsgesellschaft zurück, um ihn selbst fortzuführen, kann die Grundstücksverwaltung ein Teilbetrieb der bisherigen Besitzgesellschaft sein. Ein von dem zurück erworbenen operativen Betrieb genutztes Grundstück der Besitzgesellschaft wird dann mit dem Rückerwerb wesentliche Betriebsgrundlage dieses Teilbetriebs (>BFH vom 20.01.2005 – BStBl II S. 395). Die Anteile an einer Betriebskapitalgesellschaft sind wesentliche Betriebsgrundlagen des Besitzunternehmens (>BFH vom 04.07.2007 – BStBl II S. 772).

Brauerei

Bei einer Brauerei ist eine von ihr betriebene Gastwirtschaft ein selbständiger Teilbetrieb (>BFH vom 03.08.1966 – BStBl III 1967 S. 47).

Entnahme einer Beteiligung

Die Entnahme einer Beteiligung an einer Kapitalgesellschaft, die das gesamte Nennkapital umfasst, ist als Aufgabe eines Teilbetriebs (>Teilbetriebsaufgabe) anzusehen; das gilt auch für die Entnahme aus dem Gesellschaftsvermögen einer Personenhandelsgesellschaft (>BFH vom 24.06.1982 – BStBl II S. 751).

Fahrschule

Bei der Veräußerung einer Niederlassung einer Fahrschule kann es sich um die Veräußerung eines Teilbetriebs handeln (>BFH vom 24.08.1989 – BStBl II 1990 S. 55). Wird ein Betriebsteil einer Fahrschule veräußert, kann dessen Eigenständigkeit nicht allein aus dem Grund verneint werden, dass dem Betriebsteil im Zeitpunkt der Veräußerung nicht mindestens ein Schulungsfahrzeug zugeordnet ist (>BFH vom 05.06.2003 – BStBl II S. 838).

Fertigungsbetrieb

Bei einem Fertigungsbetrieb mit mehreren Produktionszweigen liegen i. d. R. keine selbständigen Teilbetriebe vor, wenn für die einzelnen Produktionen wesentliche Maschinen nur für alle Produktionsabteilungen zur Verfügung stehen (>BFH vom 08.09.1971 – BStBl II 1972 S. 118).

Filialen und Zweigniederlassungen

Teilbetriebe können insbesondere Filialen und Zweigniederlassungen sein. Werden Zweigniederlassungen oder Filialen eines Unternehmens veräußert, ist die Annahme einer Teilbetriebsveräußerung nicht deshalb ausgeschlossen, weil das Unternehmen im Übrigen andernorts weiterhin eine gleichartige gewerbliche Tätigkeit ausübt; erforderlich für die Annahme einer Teilbetriebsveräußerung ist aber, dass das Unternehmen mit der Veräußerung des entsprechenden Betriebsteils einen eigenständigen Kundenkreis aufgibt (>BFH vom 24.08.1989 – BStBl II 1990 S. 55). Eine Einzelhandelsfiliale ist nur dann Teilbetrieb, wenn dem dort beschäftigten leitenden Personal eine Mitwirkung beim Wareneinkauf und bei der Preisgestaltung dieser Filiale eingeräumt ist (>BFH vom 12.09.1979 – BStBl II 1980 S. 51).

Gaststätten

- Räumlich getrennte Gaststätten sind i. d. R. Teilbetriebe (>BFH vom 18.06.1998 – BStBl II S. 735).
- >Brauerei

Güternah- und Güterfernverkehr

Betreibt ein Stpfl. im Rahmen seines Unternehmens den Güternah- und den Güterfernverkehr oder z. B. ein Reisebüro und die Personenbeförderung mit Omnibussen, liegen zwei Teilbetriebe nur dann vor, wenn beide Tätigkeitsarten nicht nur als Geschäftszweige des einheitlichen Unterneh-

§ 16 EStG
H 16 (3)

mens betrieben werden, sondern auch innerhalb dieses einheitlichen Unternehmens mit einer gewissen Selbständigkeit ausgestattet sind (>BFH vom 20.02.1974 – BStBl II S. 357 und vom 27.06.1978 – BStBl II S. 672).

Grundstücksverwaltung
Eine Grundstücksverwaltung bildet im Rahmen eines Gewerbebetriebs nur dann einen Teilbetrieb, wenn sie als solche ausnahmsweise auch außerhalb des Gewerbebetriebes gewerblichen Charakter hätte (>BFH vom 24.04.1969 – BStBl II S. 397).

Handelsvertreter
Ein Teilbetrieb kann auch dann vorliegen, wenn der Unternehmensbereich statt von einem Angestellten von einem selbständigen Handelsvertreter geleitet wird (>BFH vom 02.08.1978 – BStBl II 1979 S. 15).

Maßgeblicher Zeitpunkt
– Ob eine Summe von Wirtschaftsgütern einen Teilbetrieb darstellt, ist nach den tatsächlichen Verhältnissen im Zeitpunkt der Veräußerung zu entscheiden. Dies gilt auch dann, wenn die Wirtschaftsgüter die Eigenschaft als Teile eines Teilbetriebs erst durch die Zerstörung einer wesentlichen Betriebsgrundlage verloren haben (>BFH vom 16.07.1970 – BStBl II S. 738).
– >H 16 (4)

Schiffe
Die Veräußerung eines Schiffes stellt lediglich dann eine Teilbetriebsveräußerung dar, wenn das Schiff die wesentliche Grundlage eines selbständigen Zweigunternehmens bildet und das Zweigunternehmen dabei im Ganzen veräußert wird (>BFH vom 13.01.1966 – BStBl III S. 168).

Sonderbetriebsvermögen
Ein Grundstück, das dem Betrieb einer Personengesellschaft dient, ist nicht schon deshalb ein Teilbetrieb, weil es im Sondereigentum eines Gesellschafters steht (>BFH vom 12.04.1967 – BStBl III S. 419 und vom 05.04.1979 – BStBl II S. 554).

Spediteur
Verkauft ein Spediteur, der auch mit eigenen Fernlastzügen das Frachtgeschäft betreibt, seine Fernlastzüge an verschiedene Erwerber und betreut er in der Folgezeit seine bisherigen Kunden über die Spedition unter Einschaltung fremder Frachtführer weiter, liegt weder eine Teilbetriebsveräußerung noch eine Teilbetriebsaufgabe vor (>BFH vom 22.11.1988 – BStBl II 1989 S. 357).

§ 16 EStG
H 16 (3)

Tankstellen
Die einzelnen Tankstellen eines Kraftstoff-Großhandelsunternehmens bilden nicht schon deshalb Teilbetriebe, weil sie von Pächtern betrieben werden (>BFH vom 13.02.1980 – BStBl II S. 498).

Teilbetriebe im Aufbau
Die §§ 16 und 34 sind auch auf im Aufbau befindliche Teilbetriebe anzuwenden, die ihre werbende Tätigkeit noch nicht aufgenommen haben. Ein im Aufbau befindlicher Teilbetrieb liegt erst dann vor, wenn die wesentlichen Betriebsgrundlagen bereits vorhanden sind und bei zielgerechter Weiterverfolgung des Aufbauplans ein selbständig lebensfähiger Organismus zu erwarten ist (>BFH vom 03.04.2014 – BStBl II S. 1000).

Teilbetriebsaufgabe
– Die Grundsätze über die Veräußerung eines Teilbetriebs gelten für die Aufgabe eines Teilbetriebs entsprechend (>BFH vom 15.07.1986 – BStBl II S. 896). Die Aufgabe eines Teilbetriebs setzt voraus, dass die Abwicklung ein wirtschaftlich einheitlicher Vorgang ist (>BFH vom 16.09.1966 – BStBl III 1967 S. 70 und vom 08.09.1976 – BStBl II 1977 S. 66). Eine Teilbetriebsaufgabe ist nicht anzunehmen, wenn ein bisher als gewerblicher Teilbetrieb geführter land- und forstwirtschaftlicher Besitz aus dem gewerblichen Betriebsvermögen ausgegliedert und als selbständiger Betrieb der Land- und Forstwirtschaft geführt wird, sofern die einkommensteuerliche Erfassung der stillen Reserven gewährleistet ist (>BFH vom 09.12.1986 – BStBl II 1987 S. 342).
– Die Veräußerung aller Grundstücke des im Rahmen einer Betriebsaufspaltung bestehenden grundstücksverwaltenden Teilbetriebs an verschiedene Erwerber stellt eine Aufgabe dieses Teilbetriebs dar. Der dabei erzielte Gewinn ist jedenfalls dann begünstigt, wenn zeitgleich auch das zuvor in den operativ tätigen Teilbetrieb übergegangene und zu diesem gehörende Grundstück veräußert wird (>BFH vom 20.01.2005 – BStBl II S. 395).
– >Auflösung stiller Reserven

Teilbetriebsveräußerung
Die Anteile an einer Betriebskapitalgesellschaft sind wesentliche Betriebsgrundlagen des Besitzunternehmens. Diese können nicht (quotal) den jeweiligen Teilbetrieben, sondern nur dem Besitzunternehmen insgesamt zugeordnet werden. Werden die Anteile an der Betriebskapitalgesellschaft nicht mitveräußert, kann daher von einer begünstigten Teilbetriebsveräußerung nicht ausgegangen werden (>BFH vom 04.07.2007 – BStBl II S. 772).

Vermietung von Ferienwohnungen
Ein Stpfl., der ein Hotel betreibt und außerdem in einem Appartementhaus Ferienwohnungen vermietet, kann mit der Vermietungstätigkeit die Voraussetzungen eines Teilbetriebs erfüllen (>BFH vom 23.11.1988 – BStBl II 1989 S. 376).

Wohnungsbauunternehmen
Bei einem Wohnungsbauunternehmen, dem Wohnungen in mehreren Städten gehören und das hiervon seinen in einer Stadt belegenen Grundbesitz veräußert, liegt auch dann nicht die Veräußerung eines Teilbetriebs vor, wenn für den veräußerten Grundbesitz ein hauptamtlicher Verwalter bestellt ist (>BFH vom 27.03.1969 – BStBl II S. 464).

Zurückbehaltene Wirtschaftsgüter
>Auflösung stiller Reserven

Veräußerung und Aufgabe eines Mitunternehmeranteiles
— unbesetzt —

R 16 (4)

Hinweise
H 16 (4)

Abfindung unter Buchwert
Bleibt beim Ausscheiden eines Gesellschafters die Abfindung hinter dem Buchwert seines Mitunternehmeranteiles zurück, wird ein Gewinn von den verbleibenden Gesellschaftern jedenfalls dann nicht erzielt, wenn das Geschäft in vollem Umfang entgeltlich erfolgt ist (>BFH vom 12.12.1996 – BStBl II 1998 S. 180).

Aufnahme eines Gesellschafters in ein Einzelunternehmen
>BMF vom 11.11.2011 (BStBl I S. 1314), Randnr. 24.01 ff. unter Berücksichtigung der Änderungen durch BMF vom 26.07.2016 (BStBl I S. 684)

Anhang 28

Auseinandersetzung einer Zugewinngemeinschaft
Die Grundsätze über die Erbauseinandersetzung eines sog. Mischnachlasses (gewinnneutrale Realteilung) sind nicht auf die Aufteilung gemeinschaftlichen Vermögens bei Beendigung einer ehelichen Zugewinngemeinschaft anzuwenden (>BFH vom 21.03.2002 – BStBl II S. 519).

Betriebsveräußerung an einen Gesellschafter
>H 16 (1) Personengesellschaft

Buchwertübertragung von Mitunternehmeranteilen
Der Begünstigung des Gewinns aus der Veräußerung eines Mitunternehmeranteils an einer Obergesellschaft nach den §§ 16, 34 steht nicht entgegen, dass im Zusammenhang mit der Veräußerung Mitunternehmeranteile der Obergesellschaft an einer Unterpersonengesellschaft zu Buchwerten

in das Gesamthandsvermögen einer weiteren Personengesellschaft ausgegliedert werden (>BFH vom 25.02.2010 – BStBl II S. 726).

Buchwertübertragung von wesentlichen Betriebsgrundlagen
Der Gewinn aus der Veräußerung eines Mitunternehmeranteils ist nicht nach §§ 16, 34 begünstigt, wenn aufgrund einheitlicher Planung und in engem zeitlichen Zusammenhang mit der Anteilsveräußerung wesentliche Betriebsgrundlagen der Personengesellschaft ohne Aufdeckung sämtlicher stillen Reserven aus dem Betriebsvermögen der Gesellschaft ausgeschieden sind (>BFH vom 06.09.2000 – BStBl II 2001 S. 229).

Einheitlicher Mitunternehmeranteil
Erwirbt ein Mitunternehmer einen weiteren Anteil an derselben Personengesellschaft aufgrund des Todes eines Mitgesellschafters im Wege der Anwachsung hinzu, vereinigt sich der hinzuerworbene Anteil mit dem bisherigen Mitunternehmeranteil des Erwerbers zu einem einheitlichen Mitunternehmeranteil, wenn nicht ausnahmsweise eine personelle Sonderzuordnung gegeben ist. Dies gilt auch dann, wenn der Mitunternehmer bereits im Anwachsungszeitpunkt die Absicht hat, den hinzuerworbenen Anteil an einen anderen Mitgesellschafter zu veräußern (>BFH vom 06.08.2019 – BStBl II 2020 S. 378).

Erbauseinandersetzung
- >BMF vom 14.03.2006 (BStBl I S. 253) unter Berücksichtigung der Änderungen durch BMF vom 27.12.2018 (BStBl I 2019 S. 11)
- Wird nach dem Tod des Gesellschafters einer unternehmerisch tätigen Personengesellschaft ein Streit darüber, wer infolge seiner Stellung als Erbe Gesellschafter geworden ist, durch einen Vergleich beigelegt, aufgrund dessen jemand gegen Erhalt eines Geldbetrags auf die Geltendmachung seiner Rechte als Erbe verzichtet, und war diese Person gesellschaftsrechtlich nicht von der Rechtsnachfolge in den Gesellschaftsanteil ausgeschlossen, steht sie einem Miterben gleich, der im Rahmen einer Erbauseinandersetzung aus der Personengesellschaft ausscheidet. Die Abfindung führt in einem solchen Fall zu einem nach §§ 16, 34 begünstigten Gewinn (>BFH vom 16.05.2013 – BStBl II S. 858).

Ermittlung des Veräußerungsgewinns
- Scheidet ein Gesellschafter durch Veräußerung seiner (gesamten) Beteiligung aus einer Personenhandelsgesellschaft aus, ist der Veräußerungsgewinn oder -verlust der Unterschied zwischen dem Veräußerungspreis und dem Buchwert seiner Beteiligung (>BFH vom 27.05.1981 – BStBl II 1982 S. 211).
- Die ursprünglichen Anschaffungskosten eines i. S. d. § 17 beteiligten Gesellschafters für den Erwerb der Gesellschaftsanteile einer GmbH mindern, nachdem die GmbH formwechselnd in eine Personengesellschaft umgewandelt worden ist, nicht den Gewinn aus einer späteren

§ 16 EStG
H 16 (4)

Veräußerung des Mitunternehmeranteils (>BFH vom 12.07.2012 – BStBl II S. 728).

– Da das Einkommen einer Organgesellschaft nur den Mitunternehmern einer Organträger-Personengesellschaft zuzurechnen ist, die im Zeitpunkt der Einkommenszurechnung an der Organträgerin beteiligt sind, sind Entgelte, die aufgrund der Übertragung des Gewinnbezugsrechts eines unterjährig ausgeschiedenen Mitunternehmers an diesen gezahlt werden, im Rahmen der Ermittlung des Veräußerungsgewinns zu berücksichtigen (>BFH vom 28.02.2013 – BStBl II S. 494).

Gesellschafterforderungen

– Wird im Zuge der Veräußerung eines Gesellschaftsanteils auch eine Darlehensforderung veräußert, erhöht das dafür erhaltene Entgelt den Veräußerungserlös. Liegt das Entgelt unter dem Nennbetrag der Forderung, führt dies zu einem Veräußerungsverlust im Sonderbetriebsvermögen (>BFH vom 16.03.2017 – BStBl II S. 943).

– Bleibt eine Forderung des Gesellschafters gegenüber der Gesellschaft nach seinem Ausscheiden bestehen, ist der gemeine Wert dieser Forderung bei der Ermittlung des Veräußerungsgewinns wie ein Veräußerungserlös zu behandeln. Verzichtet der Gesellschafter beim Ausscheiden auf die Forderung, ergibt sich keine Gewinnauswirkung (>BFH vom 12.12.1996 – BStBl II 1998 S. 180).

Gesellschaftsrechtliche Befugnisse

Der Verzicht auf die Ausübung gesellschaftsrechtlicher Befugnisse ist keine Veräußerung eines Mitunternehmeranteils (>BFH vom 06.11.1991 – BStBl II 1992 S. 335).

Maßgeblicher Zeitpunkt

Der Veräußerungszeitpunkt ist der Zeitpunkt des Übergangs des wirtschaftlichen Eigentums. Erfolgt die Veräußerung unter einer aufschiebenden Bedingung, geht das wirtschaftliche Eigentum erst mit dem Eintritt der Bedingung auf den Erwerber über, wenn ihr Eintritt nicht allein vom Willen und Verhalten des Erwerbers abhängt (>BFH vom 25.06.2009 – BStBl II 2010 S. 182).

Nachträgliche Erhöhung des Kapitalkontos eines ausgeschiedenen Kommanditisten

>H 15.8 (3)

Negatives Kapitalkonto

– Beim Ausscheiden eines Mitunternehmers unter Übernahme eines negativen Kapitalkontos ohne Abfindungszahlung kann eine entgeltliche oder unentgeltliche Übertragung eines Mitunternehmeranteils vorliegen. Ein Erwerbsverlust entsteht beim übernehmenden Mitunternehmer jedoch nicht (>BFH vom 10.03.1998 – BStBl II 1999 S. 269).

- Scheidet ein Kommanditist gegen Entgelt aus einer KG aus, ist ein von ihm nicht auszugleichendes negatives Kapitalkonto bei der Berechnung seines Veräußerungsgewinns in vollem Umfang zu berücksichtigen. Es kommt nicht darauf an, aus welchen Gründen das Kapitalkonto negativ geworden ist (>BFH vom 09.07.2015 – BStBl II S. 954).
- In den Fällen, in denen das negative Kapitalkonto des Kommanditisten bei Aufgabe oder Veräußerung des Betriebs durch die Gesellschaft wegfällt, ist dieser Gewinn ein nach den §§ 16, 34 begünstigter Veräußerungs- oder Aufgabegewinn. Soweit jedoch schon früher feststeht, dass ein Ausgleich des negativen Kapitalkontos des Kommanditisten mit künftigen Gewinnanteilen nicht mehr in Betracht kommt, ist dieser Zeitpunkt für die Auflösung des negativen Kapitalkontos maßgebend (>BFH vom 30.03.2017 – BStBl II S. 896). Dieser Gewinn ist als laufender Gewinn zu erfassen (>BFH vom 10.11.1980 – BStBl II 1981 S. 164). Ist das negative Kapitalkonto des Kommanditisten zu Unrecht nicht aufgelöst worden und die Veranlagung bestandskräftig, kann die Auflösung im Folgejahr nach den Grundsätzen des formellen Bilanzenzusammenhangs nachgeholt werden (>BFH vom 10.12.1991 – BStBl II 1992 S. 650 und vom 30.06.2005 – BStBl II S. 809).
- Die Besteuerung des Veräußerungsgewinns aus der Auflösung eines negativen Kapitalkontos ist sachlich unbillig, wenn dieses durch Verluste entstanden ist, für die die Möglichkeit des Verlustabzugs nach § 10d nicht genutzt werden konnte (>BFH vom 26.10.1994 – BStBl II 1995 S. 297), oder durch Verluste aus gewerblicher Tierzucht entstanden ist, die sich wegen § 15 Abs. 4 nicht ausgewirkt haben (>BFH vom 25.01.1996 – BStBl II S. 289).

Realteilung

Anhang 24 III >BMF vom 19.12.2018 (BStBl I 2019 S. 6)

Sonderbetriebsvermögen

- Die §§ 16, 34 finden bei der Veräußerung oder Aufgabe eines Mitunternehmeranteils keine Anwendung, wenn gleichzeitig wesentliche Betriebsgrundlagen des Sonderbetriebsvermögens zum Buchwert in ein anderes Betriebs- oder Sonderbetriebsvermögen des Mitunternehmers überführt (>BFH vom 19.03.1991 – BStBl II S. 635 und vom 02.10.1997 – BStBl II 1998 S. 104) oder unentgeltlich auf den Erwerber des Mitunternehmeranteils übertragen werden (>BFH vom 06.12.2000 – BStBl II 2003 S. 194). Zur Überführung einer 100 %-Beteiligung an einer Kapitalgesellschaft >H 34.5 (Ausgliederung einer 100 %-Beteiligung an einer Kapitalgesellschaft)
- Eine nach §§ 16, 34 begünstigte Aufgabe des gesamten Mitunternehmeranteils liegt auch vor, wenn anlässlich der unentgeltlichen Übertragung eines Mitunternehmeranteils ein Wirtschaftsgut des Sonderbetriebsvermögens, das zu den wesentlichen Betriebsgrundlagen gehört, zurückbehalten und in das Privatvermögen überführt wird; zum Mitunternehmeranteil zählt neben dem Anteil am Vermögen der Gesellschaft

auch etwaiges Sonderbetriebsvermögen (>BMF vom 20.11.2019 – BStBl I S. 1291 unter Berücksichtigung der Änderungen durch BMF vom 05.05.2021 – BStBl I S. 696, Rn. 8 und 9).
– >R 4.2 Abs. 2

Anhang 9 VII

Tausch von Mitunternehmeranteilen
Der Tausch von Mitunternehmeranteilen führt zur Gewinnrealisierung (>BFH vom 08.07.1992 – BStBl II S. 946).

Tod eines Gesellschafters
Die entgeltliche Übernahme aller Wirtschaftsgüter einer Personengesellschaft durch die verbleibenden Gesellschafter bei Ableben eines Gesellschafters führt zur Veräußerung eines Mitunternehmeranteils (>BFH vom 06.08.2019 – BStBl II 2020 S. 378). Ein nach R 4.5 Abs. 6 zu ermittelnder Übergangsgewinn ist anteilig dem verstorbenen Gesellschafter zuzurechnen, auch wenn er im Wesentlichen auf der Zurechnung auf die anderen Gesellschafter übergehender Honorarforderungen beruht (>BFH vom 13.11.1997 – BStBl II 1998 S. 290).

Unentgeltliche Übertragung an Dritte
Die unentgeltliche Übertragung eines Mitunternehmeranteils auf einen fremden Dritten führt zu einem Veräußerungsverlust i. H. d. Buchwerts des Kapitalkontos, sofern der Übertragende nicht die Absicht hatte, den Empfänger unentgeltlich zu bereichern (>BFH vom 26.06.2002 – BStBl II 2003 S. 112).

Veräußerung eines Teils eines Mitunternehmeranteils
Im Fall der Veräußerung eines Teils eines Mitunternehmeranteils ist die positive Ergänzungsbilanz oder -rechnung korrespondierend i. H. d. veräußerten Bruchteils des Anteils aufzulösen und das Mehrkapital insoweit in das anteilige Buchkapital des veräußerten Teilanteils einzubeziehen (>BFH vom 06.08.2019 – BStBl II 2020 S. 378).

– unbesetzt –

R 16 (5)

| **Hinweise zur Betriebsverpachtung** |

H 16 (5)

Betriebsaufgabeerklärung
Erklärt der Unternehmer ausdrücklich, den Betrieb endgültig eingestellt zu haben, kann er sich später nicht darauf berufen, diese rechtsgestaltende Erklärung sei wirkungslos, weil ihm nicht bewusst gewesen sei, dass mit der Betriebsaufgabe auch die stillen Reserven des verpachteten Betriebsgrundstücks aufzudecken seien (>BFH vom 22.09.2004 – BStBl II 2005 S. 160).

Betriebsfortführungsfiktion
Anwendungsschreiben zu § 16 Abs. 3b >BMF vom 22.11.2016 (BStBl I S. 1326)

Betriebsgrundstück als alleinige wesentliche Betriebsgrundlage
Wird nur das Betriebsgrundstück, ggf. i. V. m. Betriebsvorrichtungen, verpachtet, liegt nur dann eine Betriebsverpachtung im Ganzen vor, wenn das Grundstück die alleinige wesentliche Betriebsgrundlage darstellt (>BFH vom 17.04.2019 – BStBl II S. 745). Dies ist regelmäßig bei Groß- und Einzelhandelsunternehmen sowie bei Hotel- und Gaststättenbetrieben der Fall (>BFH vom 28.08.2003 – BStBl II 2004 S. 10).

Betriebsüberlassungsvertrag
Ein unentgeltlicher Betriebsüberlassungsvertrag steht einem Pachtvertrag gleich (>BFH vom 07.08.1979 – BStBl II 1980 S. 181).

Betriebsvermögen
>H 4.2 (7) Land- und forstwirtschaftlicher Betrieb

Branchenfremde Verpachtung
Bei einer branchenfremden Verpachtung kommt es nicht zu einer Zwangsbetriebsaufgabe, wenn der Verpächter den Betrieb nach Ablauf des Nutzungsverhältnisses ohne wesentliche Änderung fortführen kann (>BFH vom 28.08.2003 – BStBl II 2004 S. 10).

Eigenbewirtschaftung
Eine Betriebsverpachtung setzt voraus, dass der Betrieb zuvor von dem Verpächter oder im Fall des unentgeltlichen Erwerbs von seinem Rechtsvorgänger selbst bewirtschaftet worden ist (>BFH vom 20.04.1989 – BStBl II S. 863 und BMF vom 23.11.1990 – BStBl I S. 770).

Eiserne Verpachtung
Zur Gewinnermittlung bei der Verpachtung von Betrieben mit Substanzerhaltungspflicht des Pächters nach §§ 582a, 1048 BGB >BMF vom 21.02.2002 (BStBl I S. 262)

Form und Inhalt der Betriebsaufgabeerklärung
Zu Form und Inhalt der Betriebsaufgabeerklärung >BFH vom 15.10.1987 (BStBl II 1988 S. 257 und S. 260)

Gaststättenverpachtung
Eine gewerbliche Gaststättenverpachtung wird nicht bereits deshalb zum „Gaststättenhandel", weil innerhalb von fünf Jahren mehr als drei der verpachteten Gaststätten verkauft werden; für die verbleibenden Teilbetriebe erlischt das Verpächterwahlrecht nicht (>BFH vom 18.06.1998 – BStBl II S. 735).

§ 16 EStG
H 16 (5)

Gemeinsames Eigentum von Pächter und Verpächter an wesentlichen Betriebsgrundlagen
Die Fortführung eines Betriebes im Wege der Betriebsverpachtung ist nicht möglich, wenn wesentliche Betriebsgegenstände von einem Miteigentümer an einen anderen Miteigentümer verpachtet werden und der Betrieb vor der Verpachtung vom Verpächter und Pächter gemeinsam (z. B. in der Rechtsform einer GbR) geführt worden ist (>BFH vom 22.05.1990 – BStBl II S. 780).

Geschäfts- oder Firmenwert
Wird zu Beginn oder während der Verpachtung des Gewerbebetriebs die Betriebsaufgabe erklärt, ist bei der Ermittlung des Aufgabegewinns weder ein originärer noch ein derivativer Geschäfts- oder Firmenwert anzusetzen. Der Geschäfts- oder Firmenwert ist dann zur Versteuerung heranzuziehen, wenn bei einer späteren Veräußerung des Unternehmens ein Entgelt für ihn geleistet wird (>BFH vom 30.01.2002 – BStBl II S. 387).

Mitunternehmer
Die Fortführung eines Betriebs im Wege der Verpachtung ist auch dann möglich, wenn ein Gesellschafter bei der Beendigung einer gewerblich tätigen Personengesellschaft wesentliche Betriebsgegenstände behält und an einen früheren Mitgesellschafter verpachtet (>BFH vom 14.12.1978 – BStBl II 1979 S. 300).

Parzellenweise Verpachtung
Die parzellenweise Verpachtung der Grundstücke eines land- und forstwirtschaftlichen Betriebs steht der Annahme einer Betriebsverpachtung nicht entgegen (>BFH vom 28.11.1991 – BStBl II 1992 S. 521).

Personengesellschaft
Das Verpächterwahlrecht kann bei Personengesellschaften nur einheitlich ausgeübt werden (>BFH vom 17.04.1997 – BStBl II 1998 S. 388).

Produktionsunternehmen
Wird bei Verpachtung eines Produktionsunternehmens der gesamte, umfangreiche Maschinenpark veräußert, hat unbeschadet einer möglichen kurzfristigen Wiederbeschaffbarkeit einzelner Produktionsmaschinen der Verpächter jedenfalls eine wesentliche Betriebsgrundlage nicht zur Nutzung überlassen, so dass die übrigen Wirtschaftsgüter zwangsweise entnommen werden und eine Betriebsaufgabe vorliegt (>BFH vom 17.04.1997 – BStBl II 1998 S. 388).

Rechtsnachfolger
Im Fall des unentgeltlichen Erwerbs eines verpachteten Betriebs hat der Rechtsnachfolger des Verpächters das Wahlrecht, das erworbene Betriebsvermögen während der Verpachtung fortzuführen (>BFH vom 17.10.1991 – BStBl II 1992 S. 392).

Sonderbetriebsvermögen

Ein Wirtschaftsgut des Sonderbetriebsvermögens, das bisher alleinige wesentliche Betriebsgrundlage des Betriebs einer Personengesellschaft war, kann auch dann Gegenstand einer Betriebsverpachtung sein, wenn die Personengesellschaft liquidiert wurde (>BFH vom 06.11.2008 – BStBl II 2009 S. 303).

Umgestaltung wesentlicher Betriebsgrundlagen

- Werden anlässlich der Verpachtung eines Gewerbebetriebs die wesentlichen Betriebsgrundlagen so umgestaltet, dass sie nicht mehr in der bisherigen Form genutzt werden können, entfällt die Möglichkeit, das Betriebsvermögen fortzuführen; damit entfällt auch die Möglichkeit der Betriebsverpachtung (>BFH vom 15.10.1987 – BStBl II 1988 S. 257 und S. 260); >Branchenfremde Verpachtung.
- Veräußerungen und Entnahmen von Grundstücken berühren das Fortbestehen eines im Ganzen verpachteten land- und forstwirtschaftlichen Betriebs nur dann, wenn die im Eigentum des Verpächters verbleibenden Flächen nicht mehr ausreichen, um nach Beendigung des Pachtverhältnisses einen land- und forstwirtschaftlichen Betrieb zu bilden. Das Schicksal der Wirtschaftsgebäude ist für die Annahme einer Zwangsbetriebsaufgabe unerheblich (>BMF vom 01.12.2000 – BStBl I S. 1556). Ein verpachteter landwirtschaftlicher Betrieb wird nicht mit der Folge einer Zwangsbetriebsaufgabe dadurch zerschlagen, dass der Verpächter nach einem Brandschaden die mitverpachteten Wirtschaftsgebäude nicht wieder aufbaut, sondern die landwirtschaftlichen Nutzflächen nach Auflösung der ursprünglichen Pachtverträge erneut verpachtet und die Hofstelle veräußert (>BFH vom 26.06.2003 – BStBl II S. 755).

Verpächterwahlrecht

- Zweifelsfragen im Zusammenhang mit der Ausübung des Verpächterwahlrechts >BMF vom 17.10.1994 (BStBl I S. 771)
- Wird ein im Ganzen verpachteter Betrieb teilentgeltlich veräußert, setzt sich das Verpächterwahlrecht beim Erwerber fort (>BFH vom 06.04.2016 – BStBl II S. 710).
- Die Grundsätze über das Verpächterwahlrecht gelten sowohl bei Beendigung einer echten als auch einer unechten Betriebsaufspaltung (>BFH vom 17.04.2019 – BStBl II S. 745).
- *Zur Übertragung und Überführung von land- und forstwirtschaftlichem Vermögen aus einer Mitunternehmerschaft und zum Verpächterwahlrecht bei land- und forstwirtschaftlichen Betrieben >BMF vom 17.05.2022 (BStBl I S. 678)*

Wesentliche Betriebsgrundlagen

- Wesentliche Betriebsgrundlagen sind jedenfalls die Wirtschaftsgüter, die zur Erreichung des Betriebszwecks erforderlich sind und denen ein besonderes wirtschaftliches Gewicht für die Betriebsführung zukommt (>BFH vom 17.04.1997 – BStBl II 1998 S. 388). Dabei ist maßgeblich auf die sachlichen Erfordernisse des Betriebs abzustellen – sog. funktionale Betrachtungsweise (>BFH vom 11.10.2007 – BStBl II 2008 S. 220). Für diese Beurteilung kommt es auf die Verhältnisse des verpachtenden, nicht auf diejenigen des pachtenden Unternehmens an (>BFH vom 28.08.2003 – BStBl II 2004 S. 10).

– Bei einem Autohaus (Handel mit Neu- und Gebrauchtfahrzeugen einschl. angeschlossenem Werkstattservice) sind das speziell für dessen Betrieb hergerichtete Betriebsgrundstück samt Gebäuden und Aufbauten sowie die fest mit dem Grund und Boden verbundenen Betriebsvorrichtungen im Regelfall die alleinigen wesentlichen Betriebsgrundlagen. Demgegenüber gehören die beweglichen Anlagegüter, insbesondere die Werkzeuge und Geräte, regelmäßig auch dann nicht zu den wesentlichen Betriebsgrundlagen, wenn diese im Hinblick auf die Größe des Autohauses ein nicht unbeträchtliches Ausmaß einnehmen (>BFH vom 11.10.2007 – BStBl II 2008 S. 220 und vom 18.08.2009 – BStBl II 2010 S. 222).

– >Produktionsunternehmen

Unentgeltliche Betriebsübertragung

R 16 (6)

– unbesetzt –

| Hinweise |

H 16 (6)

Betriebsaufgabe
Werden nicht die wesentlichen Grundlagen eines Betriebs oder Teilbetriebs, sondern nur Teile des Betriebsvermögens unentgeltlich übertragen, während der andere Teil der Wirtschaftsgüter in das Privatvermögen übernommen wird, liegt eine Betriebsaufgabe vor. Der begünstigte Veräußerungsgewinn ist in diesem Fall der Unterschiedsbetrag zwischen den Buchwerten und den gemeinen Werten sowohl der unentgeltlich übertragenen als auch der in das Privatvermögen übernommenen Wirtschaftsgüter, vermindert um etwaige Veräußerungskosten (>BFH vom 27.07.1961 – BStBl III S. 514).

Erbauseinandersetzung
Zur Annahme einer unentgeltlichen Betriebsübertragung mit der Folge der Anwendung des § 6 Abs. 3 im Zusammenhang mit einer Erbauseinandersetzung >BMF vom 14.03.2006 (BStBl I S. 253) unter Berücksichtigung der Änderungen durch BMF vom 27.12.2018 (BStBl I 2019 S. 11)

Anhang 13 I

Körperschaft als Erbin
>H 16 (2)

Nießbrauch

- Unentgeltlichkeit liegt auch vor, wenn sich der Übertragende den Nießbrauch an dem Betrieb vorbehält (>BMF vom 13.01.1993 – BStBl I S. 80, Tz. 24 i. V. m. Tz. 10).
- Zum Nießbrauch bei land- und forstwirtschaftlichen Betrieben >H 13.3

Anhang 13 II

Übertragung der wesentlichen Betriebsgrundlagen

Für die unentgeltliche Übertragung eines Betriebs oder Teilbetriebs ist Voraussetzung, dass mindestens die wesentlichen Grundlagen des Betriebs oder Teilbetriebs unentgeltlich übertragen worden sind (>BFH vom 07.08.1979 – BStBl II 1980 S. 181). Die wesentlichen Betriebsgrundlagen müssen durch einen einheitlichen Übertragungsakt auf den Erwerber überführt werden; eine in mehrere, zeitlich aufeinanderfolgende Einzelakte aufgespaltene Gesamtübertragung kann nur dann als einheitlicher Übertragungsakt angesehen werden, wenn sie auf einem einheitlichen Willensentschluss beruht und zwischen den einzelnen Übertragungsvorgängen ein zeitlicher und sachlicher Zusammenhang besteht (>BFH vom 12.04.1989 – BStBl II S. 653).

Übertragung zwischen Ehegatten

Die Übertragung eines Betriebs zwischen Ehegatten aufgrund eines Vermögensauseinandersetzungsvertrags im Zusammenhang mit der Beendigung einer Zugewinngemeinschaft ist ein entgeltliches Geschäft (>BFH vom 31.07.2002 – BStBl II 2003 S. 282).

Unentgeltliche Übertragung eines Mitunternehmeranteils

- Zweifelsfragen zu § 6 Abs. 3 im Zusammenhang mit der unentgeltlichen Übertragung von Mitunternehmeranteilen mit Sonderbetriebsvermögen und von Anteilen an Mitunternehmeranteilen mit Sonderbetriebsvermögen sowie mit der unentgeltlichen Aufnahme in ein Einzelunternehmen >BMF vom 20.11.2019 (BStBl I S. 1291) unter Berücksichtigung der Änderungen durch BMF vom 05.05.2021 (BStBl I S. 696).
- Überträgt ein Vater einen Kommanditanteil unentgeltlich auf seine Kinder und wird der Anteil alsbald von den Kindern an Dritte veräußert, kann in der Person des Vaters ein Aufgabegewinn entstehen (>BFH vom 15.07.1986 – BStBl II S. 896).

Anhang 9 VII

Verdeckte Einlage

Keine unentgeltliche Betriebsübertragung liegt bei verdeckter Einlage eines Einzelunternehmens in eine GmbH vor (>BMF vom 20.11.2019 – BStBl I S. 1291, Rn. 2).

Anhang 9 VII

Vorweggenommene Erbfolge

Zur Betriebsübertragung im Rahmen der vorweggenommenen Erbfolge >BMF vom 13.01.1993 (BStBl I S. 80) unter Berücksichtigung der Änderungen durch BMF vom 26.02.2007 (BStBl I S. 269) und >BMF vom 11.03.2010 (BStBl I S. 227) unter Berücksichtigung der Änderungen durch BMF vom 06.05.2016 (BStBl I S. 476)

Anhang 13 II
Anhang 13 IV

Zurückbehaltene Wirtschaftsgüter

– Werden die wesentlichen Grundlagen eines Betriebs, eines Teilbetriebs oder eines Mitunternehmeranteils unentgeltlich übertragen und behält der Stpfl. Wirtschaftsgüter zurück, die innerhalb eines kurzen Zeitraums veräußert oder in das Privatvermögen überführt werden, ist die teilweise Aufdeckung der stillen Reserven nicht steuerbegünstigt (>BFH vom 19.02.1981 – BStBl II S. 566).

– >Betriebsaufgabe

Teilentgeltliche Betriebsübertragung

– unbesetzt –

R 16 (7)

Hinweise

H 16 (7)

Einheitstheorie

Die sog. Einheitstheorie ist nur in den Fällen der teilentgeltlichen Betriebsveräußerung, nicht jedoch bei einer teilentgeltlichen Betriebsaufgabe anzuwenden (>BFH vom 22.10.2013 – BStBl II 2014 S. 158).

Negatives Kapitalkonto

Bei einer teilentgeltlichen Betriebsübertragung im Wege der vorweggenommenen Erbfolge ist der Veräußerungsgewinn auch dann gem. § 16 Abs. 2 zu ermitteln, wenn das Kapitalkonto negativ ist (>BMF vom 13.01.1993 – BStBl I S. 80 unter Berücksichtigung der Änderungen durch BMF vom 26.02.2007 (BStBl I S. 269) sowie BFH vom 16.12.1992 – BStBl II 1993 S. 436).

Anhang 13 II

Veräußerungsgewinn

Bei der teilentgeltlichen Veräußerung eines Betriebs, Teilbetriebs, Mitunternehmeranteils oder des Anteils eines persönlich haftenden Gesellschafters einer Kommanditgesellschaft auf Aktien ist der Vorgang nicht in ein voll entgeltliches und ein voll unentgeltliches Geschäft aufzuteilen. Der Veräußerungsgewinn i. S. d. § 16 Abs. 2 ist vielmehr durch Gegenüberstellung des Entgelts und des Wertes des Betriebsvermögens oder des Wertes des Anteils am Betriebsvermögen zu ermitteln (>BFH vom 10.07.1986 – BStBl II S. 811 sowie BMF vom 13.01.1993 – BStBl I S. 80 unter Berücksichtigung der Änderungen durch BMF vom 26.02.2007 – BStBl I S. 269).

§ 16 EStG
R 16 (8) Begriff der wesentlichen Betriebsgrundlage
– unbesetzt –

H 16 (8) Hinweise

Begriff der wesentlichen Betriebsgrundlage

Ob ein Wirtschaftsgut zu den wesentlichen Betriebsgrundlagen gehört, ist nach der funktional-quantitativen Betrachtungsweise zu entscheiden. Zu den wesentlichen Betriebsgrundlagen gehören i. d. R. auch Wirtschaftsgüter, die funktional gesehen für den Betrieb, Teilbetrieb oder Mitunternehmeranteil nicht erforderlich sind, in denen aber erhebliche stille Reserven gebunden sind (>BFH vom 02.10.1997 – BStBl II 1998 S. 104 und vom 10.11.2005 – BStBl II 2006 S. 176).

Gebäude/Gebäudeteile

– Bei einem Möbelhändler ist z. B. das Grundstück, in dem sich die Ausstellungs- und Lagerräume befinden, die wesentliche Betriebsgrundlage (>BFH vom 04.11.1965 – BStBl III 1966 S. 49 und vom 07.08.1990 – BStBl II 1991 S. 336).

– Das Gleiche gilt für ein Grundstück, das zum Zweck des Betriebs einer Bäckerei und Konditorei sowie eines Cafe-Restaurants und Hotels besonders gestaltet ist (>BFH vom 07.08.1979 – BStBl II 1980 S. 181).

– Das Dachgeschoss eines mehrstöckigen Hauses ist eine funktional wesentliche Betriebsgrundlage, wenn es zusammen mit den übrigen Geschossen einheitlich für den Betrieb genutzt wird (>BFH vom 14.02.2007 – BStBl II S. 524).

Immaterielle Wirtschaftsgüter

– Wesentliche Betriebsgrundlagen können auch immaterielle Wirtschaftsgüter sein (>BFH vom 09.10.1996 – BStBl II 1997 S. 236). Darauf, ob diese immateriellen Werte selbständig bilanzierungsfähig sind, kommt es nicht an (>BFH vom 16.12.2009 – BStBl II 2010 S. 808).

– Eine eingeführte Bezeichnung für einen Betrieb kann zu den wesentlichen Betriebsgrundlagen gehören (>BFH vom 20.03.2017 – BStBl II S. 992).

Maschinen und Einrichtungsgegenstände

Maschinen und Einrichtungsgegenstände rechnen zu den wesentlichen Betriebsgrundlagen, soweit sie für die Fortführung des Betriebs unentbehrlich oder nicht jederzeit ersetzbar sind (>BFH vom 19.01.1983 – BStBl II S. 312).

Produktionsunternehmen

Bei einem Produktionsunternehmen gehören zu den wesentlichen Betriebsgrundlagen die für die Produktion bestimmten und auf die Produktion abgestellten Betriebsgrundstücke und Betriebsvorrichtungen (>BFH vom 12.09.1991 – BStBl II 1992 S. 347).

Umlaufvermögen
Wirtschaftsgüter des Umlaufvermögens, die ihrem Zweck nach zur Veräußerung oder zum Verbrauch bestimmt sind, bilden allein regelmäßig nicht die wesentliche Grundlage eines Betriebs. Nach den Umständen des Einzelfalles können Waren bei bestimmten Betrieben jedoch zu den wesentlichen Grundlagen des Betriebs gehören (>BFH vom 24.06.1976 – BStBl II S. 672).

Abgrenzung des Veräußerungs- bzw. Aufgabegewinns vom laufenden Gewinn

– unbesetzt –

Hinweise

Abfindung eines Pensionsanspruchs
Wird der gegenüber einer Personengesellschaft bestehende Pensionsanspruch eines Gesellschafters anlässlich der Aufgabe des Betriebs der Gesellschaft abgefunden, mindert sich hierdurch der Aufgabegewinn der Gesellschaft; beim Gesellschafter stellt die Abfindung eine Sondervergütung dar, die seinen Anteil am Aufgabegewinn erhöht (>BFH vom 20.01.2005 – BStBl II S. 559).

Abwicklungsgewinne
Gewinne, die während und nach der Aufgabe eines Betriebs aus normalen Geschäften und ihrer Abwicklung anfallen, gehören nicht zu dem begünstigten Aufgabegewinn (>BFH vom 25.06.1970 – BStBl II S. 719).

Aufgabegewinn bei Veräußerung von Wirtschaftsgütern
Bei gleichzeitiger Veräußerung von Wirtschaftsgütern im Rahmen einer Betriebsaufgabe entsteht der Aufgabegewinn mit Übertragung des wirtschaftlichen Eigentums an den Wirtschaftsgütern (>BFH vom 17.10.1991 – BStBl II 1992 S. 392).

Ausgleichsanspruch nach § 89b HGB
– Zum laufenden Gewinn gehören der Ausgleichsanspruch des selbständigen Handelsvertreters nach § 89b HGB (>BFH vom 05.12.1968 – BStBl II 1969 S. 196) sowie die Ausgleichszahlungen an Kommissionsagenten in entsprechender Anwendung des § 89b HGB (>BFH vom 19.02.1987 – BStBl II S. 570). Dies gilt auch, wenn der Anspruch auf Ausgleichsleistung durch den Tod des Handelsvertreters entstanden ist und der Erbe den Betrieb aufgibt (>BFH vom 09.02.1983 – BStBl II S. 271). Zahlungen des nachfolgenden Handelsvertreters an seinen

Vorgänger sind als laufender Gewinn zu behandeln (>BFH vom 25.07.1990 – BStBl II 1991 S. 218).

– Nicht zum Ausgleichsanspruch nach § 89b HGB gehören Ansprüche eines Versicherungsvertreters aus einer mit Beiträgen des Versicherungsunternehmens aufgebauten Alters- und Hinterbliebenenversorgung (Lebensversicherung), die auf den Ausgleichsanspruch nach § 89b Abs. 5 HGB angerechnet werden sollen. Die Auszahlung aus einem solchen Vertrag ist nicht den Einkünften aus Gewerbebetrieb zuzuordnen (>BFH vom 08.12.2016 – BStBl II 2017 S. 630).

Betriebseinbringung
– Geht anlässlich der Einbringung eines Mitunternehmeranteiles in eine Kapitalgesellschaft nach § 20 UmwStG bisheriges Sonderbetriebsvermögen eines Gesellschafters in dessen Privatvermögen über, ist das **Sonderbetriebsvermögen** mit dem gemeinen Wert nach § 16 Abs. 3 Satz 7 anzusetzen und durch Vergleich mit dessen Buchwert der sich ergebende Veräußerungsgewinn zu ermitteln (>BFH vom 28.04.1988 – BStBl II S. 829).
– Bei Einbringung eines Betriebs zu Buchwerten in eine Personengesellschaft ist der Gewinn aus der Überführung eines nicht zu den wesentlichen Betriebsgrundlagen gehörenden Wirtschaftsguts in das Privatvermögen kein begünstigter Veräußerungsgewinn (>BFH vom 29.10.1987 – BStBl II 1988 S. 374).
– Zur Einbringung eines Einzelunternehmens mit Zuzahlung >BMF vom 11.11.2011 (BStBl I S. 1314), Randnr. 24.08 ff.

Einheitliches Geschäftskonzept
Der Gewinn aus der Veräußerung von Wirtschaftsgütern des Anlagevermögens gehört zum laufenden Gewinn, wenn die Veräußerung Bestandteil eines einheitlichen Geschäftskonzepts der unternehmerischen Tätigkeit ist (>BMF vom 01.04.2009 – BStBl I S. 515 und BFH vom 01.08.2013 – BStBl II S. 910).

Gaststättenverpachtung
Eine gewerbliche Gaststättenverpachtung wird nicht bereits deshalb zum „Gaststättenhandel", weil innerhalb von fünf Jahren mehr als drei der verpachteten Gaststätten verkauft werden. Die Veräußerung jeder Gaststätte stellt daher eine Teilbetriebsveräußerung dar (>BFH vom 18.06.1998 – BStBl II S. 735).

Gewerblicher Grundstückshandel
Der Gewinn aus gewerblichem Grundstückshandel gehört zum laufenden Gewinn aus normalen Geschäften, auch wenn der gesamte Grundstücksbestand (Umlaufvermögen) in einem einheitlichen Vorgang veräußert wird (>BFH vom 25.01.1995 – BStBl II S. 388 und BMF vom 26.03.2004 –

BStBl I S. 434, Tz. 35). Entsprechendes gilt für die Veräußerung eines Mitunternehmeranteils jedenfalls dann, wenn zum Betriebsvermögen der Personengesellschaft nahezu ausschl. Grundstücke des Umlaufvermögens gehören (>BFH vom 14.12.2006 – BStBl II 2007 S. 777).

Hinzurechnung eines Unterschiedsbetrags nach § 5a Abs. 4 Satz 3 Nr. 3
>H 5a

Mitunternehmeranteil
Veräußert der Gesellschafter einer Personengesellschaft seinen Mitunternehmeranteil an einen Mitgesellschafter und entnimmt er im Einverständnis mit dem Erwerber und den Mitgesellschaftern vor der Übertragung des Gesellschaftsanteils bestimmte Wirtschaftsgüter des Gesellschaftsvermögens, gehört der daraus entstehende Entnahmegewinn zum begünstigten Veräußerungsgewinn (>BFH vom 24.08.1989 – BStBl II 1990 S. 132).

Organschaft
Ist Organträger eine natürliche Person oder eine Personengesellschaft, stellen die Gewinne aus der Veräußerung von Teilbetrieben der Organgesellschaft keine Gewinne i. S. d. § 16 dar (>BFH vom 22.01.2004 – BStBl II S. 515).

Personengesellschaft
– Hat eine Personengesellschaft ihren Betrieb veräußert, ist der Anteil eines Gesellschafters am Veräußerungsgewinn auch dann begünstigt, wenn ein anderer Gesellschafter **§ 6b** in Anspruch genommen hat (>BFH vom 30.03.1989 – BStBl II S. 558).
– Hinsichtlich der **Übertragung** von Teilen der **Festkapitalkonten** verschiedener Gesellschafter einer Personenhandelsgesellschaft auf einen neu eintretenden Gesellschafter bei gleichzeitiger Übertragung von Anteilen an den Sonderkonten >BFH vom 27.05.1981 (BStBl II 1982 S. 211)

Räumungsverkauf
Der Gewinn aus einem Räumungsverkauf gehört nicht zu dem begünstigten Aufgabegewinn (>BFH vom 29.11.1988 – BStBl II 1989 S. 602).

Rechnungsabgrenzungsposten
Ein wegen eines Zinszuschusses gebildeter passiver Rechnungsabgrenzungsposten ist im Rahmen einer Betriebsaufgabe zugunsten des Aufgabegewinns aufzulösen, wenn das dem Zinszuschuss zugrundeliegende Darlehen im Privatvermögen fortgeführt wird (>BFH vom 25.04.2018 – BStBl II S. 778).

Restschuldbefreiung
Eine erteilte Restschuldbefreiung stellt unabhängig davon, ob der Betrieb vor oder nach Eröffnung des Insolvenzverfahrens aufgegeben wurde, ein auf den Zeitpunkt der Betriebsaufgabe rückwirkendes Ereignis dar (>BMF vom 08.04.2022 – BStBl I S. 632).

Rücklage
Zum Veräußerungsgewinn gehören auch Gewinne, die sich bei der Veräußerung eines Betriebs aus der Auflösung von steuerfreien Rücklagen, z. B. Rücklage für Ersatzbeschaffung, Rücklage nach § 6b, ergeben (>BFH vom 25.06.1975 – BStBl II S. 848 und vom 17.10.1991 – BStBl II 1992 S. 392). Die spätere Auflösung einer anlässlich der Betriebsveräußerung gebildeten Rücklage nach § 6b ist jedoch kein Veräußerungsgewinn (>BFH vom 04.02.1982 – BStBl II S. 348).

Rückstellung
Der Gewinn aus der Auflösung einer Rückstellung ist nicht zum Veräußerungsgewinn zu rechnen, wenn die Auflösung der Rückstellung und die Betriebsveräußerung in keinem rechtlichen oder ursächlichen, sondern lediglich in einem gewissen zeitlichen Zusammenhang miteinander stehen (>BFH vom 15.11.1979 – BStBl II 1980 S. 150).

Sachwertabfindung
– Werden zur Tilgung einer Abfindungsschuld gegenüber einem ausgeschiedenen Mitunternehmer Wirtschaftsgüter veräußert, ist der dabei entstehende Gewinn als laufender Gewinn zu behandeln (>BFH vom 28.11.1989 – BStBl II 1990 S. 561).
– Die für die Sachwertabfindung geltenden Grundsätze sind auch anzuwenden, wenn die ausscheidenden Gesellschafter einer Personengesellschaft durch Abtretung einer noch nicht realisierten Forderung aus einem Grundstückskaufvertrag abgefunden werden (>BFH vom 23.11.1995 – BStBl II 1996 S. 194).

Schadensersatzanspruch eines Mitunternehmers bei Prospekthaftung
Der Schadensersatzanspruch eines Mitunternehmers wegen Prospekthaftung unterliegt i. d. R. als Sonderbetriebseinnahme der Einkommensteuer, da derartige Ansprüche durch die Mitunternehmerstellung und damit betrieblich veranlasst sind. Besteht die Verpflichtung zur Leistung von Schadensersatz Zug um Zug gegen Übertragung der Kommanditbeteiligung selbst, führt dies zu einem Veräußerungsgewinn nach § 16 Abs. 1 Satz 1 Nr. 2 (>BFH vom 17.03.2021 – BStBl II S. 904).

Selbsterzeugte Waren
Gewinne aus der Veräußerung von selbsterzeugten Waren an Handelsvertreter, die bisher den Verkauf der Erzeugnisse an Einzelhändler nur vermittelt haben, können zum begünstigten Aufgabegewinn gehören (>BFH vom 01.12.1988 – BStBl II 1989 S. 368).

Teilbetriebsveräußerung
Wird im zeitlichen Zusammenhang mit einer Teilbetriebsveräußerung ein wirtschaftlich nicht dem Teilbetrieb dienender Grundstücksteil in das Privatvermögen überführt, gehört der bei diesem Entnahmevorgang verwirklichte Gewinn nicht zum Veräußerungsgewinn nach § 16 (>BFH vom 18.04.1973 – BStBl II S. 700).

Umlaufvermögen
Gewinne aus der Veräußerung von Umlaufvermögen gehören zum Aufgabegewinn, wenn die Veräußerung nicht den Charakter einer normalen gewerblichen Tätigkeit hat, sondern die Waren, z. B. an frühere Lieferanten, veräußert werden (>BFH vom 02.07.1981 – BStBl II S. 798).

Verbindlichkeiten
Der Erlass einer Verbindlichkeit, die bei Betriebsaufgabe oder -veräußerung im Betriebsvermögen verbleibt, erhöht den Gewinn i. S. d. § 16. Wird die Verbindlichkeit nachträglich erlassen, ist dieser Gewinn rückwirkend zu erhöhen (>BFH vom 06.03.1997 – BStBl II S. 509).

Versicherungsleistungen
Entschließt sich der Unternehmer nach einem Brandschaden wegen der Betriebszerstörung zur Betriebsaufgabe, gehört der Gewinn aus der Realisierung der stillen Reserven, der dadurch entsteht, dass die auf die Anlagegüter entfallenden Versicherungsleistungen die Buchwerte übersteigen, zum Aufgabegewinn (>BFH vom 11.03.1982 – BStBl II S. 707).

Wertaufholung
Der Gewinn aus einer Wertaufholung auf den Zeitpunkt der Veräußerung ist als laufender Gewinn zu erfassen (>BFH vom 09.11.2017 – BStBl II 2018 S. 575).

Wettbewerbsverbot
Kommt der Verpflichtung zum Wettbewerbsverbot keine eigenständige wirtschaftliche Bedeutung zu, gehört das dafür gezahlte Entgelt zum Veräußerungsgewinn nach § 16 Abs. 1 (>BFH vom 23.02.1999 – BStBl II S. 590).

Veräußerungspreis
– unbesetzt –

§ 16 EStG

Hinweise

Forderungsausfall

Scheidet ein Kommanditist aus einer KG aus und bleibt sein bisheriges Gesellschafterdarlehen bestehen, ist, wenn diese Forderung später wertlos wird, sein Veräußerungs- bzw. Aufgabegewinn mit steuerlicher Wirkung für die Vergangenheit gemindert (>BFH vom 14.12.1994 – BStBl II 1995 S. 465).

Nachträgliche Änderungen des Veräußerungspreises oder des gemeinen Werts

- Ein später auftretender **Altlastenverdacht** mindert nicht den gemeinen Wert eines Grundstücks im Zeitpunkt der Aufgabe (>BFH vom 01.04.1998 – BStBl II S. 569).

- Die **Herabsetzung des Kaufpreises** für einen Betrieb aufgrund von Einwendungen des Käufers gegen die Rechtswirksamkeit des Kaufvertrages ist ein rückwirkendes Ereignis, das zur Änderung des Steuer-/Feststellungsbescheides führt, dem der nach dem ursprünglich vereinbarten Kaufpreis ermittelte Veräußerungsgewinn zugrunde liegt (>BFH vom 23.06.1988 – BStBl II 1989 S. 41).

- Wird bei der Veräußerung eines Wirtschaftsguts im Rahmen einer Betriebsaufgabe eine **nachträgliche Kaufpreiserhöhung** vereinbart, erhöht die spätere Nachzahlung den begünstigten Aufgabegewinn im Kj. der Betriebsaufgabe (>BFH vom 31.08.2006 – BStBl II S. 906).

- Die Zahlung von **Schadensersatzleistungen** für betriebliche Schäden nach Betriebsaufgabe beeinflusst die Höhe des begünstigten Aufgabegewinns, weil sie ein rückwirkendes Ereignis auf den Zeitpunkt der Betriebsaufgabe darstellt (>BFH vom 10.02.1994 – BStBl II S. 564).

- Die **spätere vergleichsweise Festlegung eines strittigen Veräußerungspreises** ist auf den Zeitpunkt der Realisierung des Veräußerungsgewinns zurückzubeziehen (>BFH vom 26.07.1984 – BStBl II S. 786).

- Wird ein Grundstück im Rahmen einer Betriebsaufgabe veräußert und zu einem späteren Zeitpunkt der **Kaufpreis** aus Gründen, die im Kaufvertrag angelegt waren, **gemindert**, ist der tatsächlich erzielte Veräußerungserlös bei der Ermittlung des Aufgabegewinnes zu berücksichtigen. Gleiches gilt, wenn der **ursprüngliche Kaufvertrag aufgehoben** und das Grundstück zu einem geringeren Preis an neue Erwerber veräußert wird (>BFH vom 12.10.2005 – BStBl II 2006 S. 307).

- Wird die **gestundete Kaufpreisforderung** für die Veräußerung eines Gewerbebetriebs in einem späteren VZ ganz oder teilweise **uneinbringlich**, stellt dies ein Ereignis mit steuerlicher Rückwirkung auf den Zeitpunkt der Veräußerung dar (>BFH vom 19.07.1993 – BStBl II S. 897).

– Hält der Erwerber eines Gewerbebetriebs seine Zusage, den Veräußerer von der **Haftung** für alle vom Erwerber übernommenen Betriebsschulden **freizustellen**, nicht ein und wird der Veräußerer deshalb in einem späteren VZ aus einem als Sicherheit für diese Betriebsschulden bestellten Grundpfandrecht in Anspruch genommen, liegt ein Ereignis mit steuerlicher Rückwirkung auf den Zeitpunkt der Veräußerung vor (>BFH vom 19.07.1993 – BStBl II S. 894).

– Der **Tod des Rentenberechtigten** ist bei der Veräußerung gegen abgekürzte Leibrente und bei sog. Sofortversteuerung des Veräußerungsgewinns kein rückwirkendes Ereignis (>BFH vom 19.08.1999 – BStBl II 2000 S. 179).

Sachgüter

Soweit der Veräußerungspreis nicht in Geld, sondern in Sachgütern besteht, ist dieser mit dem gemeinen Wert (§ 9 BewG) der erlangten Sachgüter i. d. R. im Zeitpunkt der Veräußerung zu bewerten. Für die Bewertung kommt es aber auf die Verhältnisse im Zeitpunkt der Erfüllung der Gegenleistungspflicht an, wenn diese von den Verhältnissen im Zeitpunkt der Entstehung des Veräußerungsgewinns abweichen. Eine Veränderung der wertbestimmenden Umstände wirkt materiell-rechtlich auf den Zeitpunkt der Entstehung des Veräußerungsgewinns zurück (>BFH vom 13.10.2015 – BStBl II 2016 S. 212).

Schuldenübernahme durch Erwerber

– Teil des Veräußerungspreises ist auch eine Verpflichtung des Erwerbers, den Veräußerer von einer privaten Schuld gegenüber einem Dritten durch befreiende Schuldübernahme oder durch Schuldbeitritt mit befreiender Wirkung, im Innenverhältnis freizustellen. Gleiches gilt für die Verpflichtung zur Freistellung von einer dinglichen Last, die ihrem Rechtsinhalt nach einer rein schuldrechtlichen Verpflichtung gleichwertig ist, z. B. Übernahme einer Nießbrauchslast (>BFH vom 12.01.1983 – BStBl II S. 595).

– Bei der Berechnung des Gewinns aus einer Betriebsveräußerung sind vom Erwerber übernommene betriebliche Verbindlichkeiten, die aufgrund von Rückstellungsverboten in der Steuerbilanz (z. B. für Jubiläumszuwendungen und für drohende Verluste aus schwebenden Geschäften) nicht passiviert worden sind, nicht gewinnerhöhend zum Veräußerungspreis hinzuzurechnen (>BFH vom 17.10.2007 – BStBl II 2008 S. 555).

Betriebsveräußerung gegen wiederkehrende Bezüge

(11) [1]Veräußert ein Stpfl. seinen Betrieb gegen eine Leibrente, hat er ein Wahlrecht. [2]Er kann den bei der Veräußerung entstandenen Gewinn sofort versteuern. [3]In diesem Fall ist § 16 EStG anzuwenden. [4]Veräußerungsgewinn ist der Unterschiedsbetrag zwischen dem nach den Vorschrif-

§ 16 EStG
R 16 H 16 (11)

ten des BewG ermittelten Barwert der Rente, vermindert um etwaige Veräußerungskosten des Stpfl., und dem Buchwert des steuerlichen Kapitalkontos im Zeitpunkt der Veräußerung des Betriebs. [5] Die in den Rentenzahlungen enthaltenen Ertragsanteile sind sonstige Einkünfte i. S. d. § 22 Nr. 1 Satz 3 Buchstabe a Doppelbuchstabe bb EStG. [6] Der Stpfl. kann stattdessen die Rentenzahlungen als nachträgliche Betriebseinnahmen i. S. d. § 15 i. V. m. § 24 Nr. 2 EStG behandeln. [7] In diesem Fall entsteht ein Gewinn, wenn der Kapitalanteil der wiederkehrenden Leistungen das steuerliche Kapitalkonto des Veräußerers zuzüglich etwaiger Veräußerungskosten des Veräußerers übersteigt; der in den wiederkehrenden Leistungen enthaltene Zinsanteil stellt bereits im Zeitpunkt des Zuflusses nachträgliche Betriebseinnahmen dar. [8] Für Veräußerungen, die vor dem 1.1.2004 erfolgt sind, gilt R 139 Abs. 11 EStR 2001. [9] Die Sätze 1 bis 8 gelten sinngemäß, wenn ein Betrieb gegen einen festen Barpreis und eine Leibrente veräußert wird; das Wahlrecht bezieht sich jedoch nicht auf den durch den festen Barpreis realisierten Teil des Veräußerungsgewinns. [10] Bei der Ermittlung des Barwerts der wiederkehrenden Bezüge ist von einem Zinssatz von 5,5 % auszugehen, wenn nicht vertraglich ein anderer Satz vereinbart ist.

H 16 (11)

Hinweise

Betriebsveräußerung gegen wiederkehrende Bezüge und festes Entgelt

Wird ein Betrieb gegen wiederkehrende Bezüge und ein festes Entgelt veräußert, besteht das Wahlrecht hinsichtlich der wiederkehrenden Bezüge auch dann, wenn sie von dritter Seite erbracht werden (>BFH vom 07.11.1991 – BStBl II 1992 S. 457).

Freibetrag

Der Freibetrag des § 16 Abs. 4 und die Steuerbegünstigung nach § 34 sind nicht zu gewähren, wenn bei der Veräußerung gegen wiederkehrende Bezüge die Zahlungen beim Veräußerer als laufende nachträgliche Einkünfte aus Gewerbebetrieb i. S. d. § 15 i. V. m. § 24 Nr. 2 behandelt werden (>BFH vom 21.12.1988 – BStBl II 1989 S. 409). Wird ein Betrieb gegen festen Kaufpreis und Leibrente veräußert, ist für die Ermittlung des Freibetrags nach § 16 Abs. 4 nicht allein auf den durch den festen Barpreis realisierten Veräußerungsgewinn abzustellen, sondern auch der Kapitalwert der Rente als Teil des Veräußerungspreises zu berücksichtigen (>BFH vom 17.08.1967 – BStBl II 1968 S. 75). Der Freibetrag kann jedoch höchstens i. H. d. durch den festen Kaufpreis realisierten Teil des Veräußerungsgewinns gewährt werden (>BFH vom 21.12.1988 – BStBl II 1989 S. 409).

Gewinn- oder umsatzabhängiger Kaufpreis

Wird ein Betrieb, Teilbetrieb oder Mitunternehmeranteil gegen einen gewinnabhängigen oder umsatzabhängigen Kaufpreis veräußert, ist das Entgelt zwingend als laufende nachträgliche Betriebseinnahme im Jahr des

Zuflusses in der Höhe zu versteuern, in der die Summe der Kaufpreiszahlungen das – ggf. um Einmalleistungen gekürzte – Schlusskapitalkonto zuzüglich der Veräußerungskosten überschreitet (>BFH vom 14.05.2002 – BStBl II S. 532).

Kaufpreisstundung
Eine gestundete Kaufpreisforderung ist bei der Ermittlung des Veräußerungsgewinns mit dem gemeinen Wert anzusetzen (>BFH vom 19.01.1978 – BStBl II S. 295).

Ratenzahlungen
Veräußert ein Stpfl. seinen Betrieb gegen einen in Raten zu zahlenden Kaufpreis, sind die Grundsätze der R 16 Abs. 11 Satz 1 bis 9 mit der Maßgabe anzuwenden, dass an die Stelle des nach den Vorschriften des Bewertungsgesetzes ermittelten Barwerts der Rente der Barwert der Raten tritt, wenn die Raten während eines mehr als zehn Jahre dauernden Zeitraums zu zahlen sind und die Ratenvereinbarung sowie die sonstige Ausgestaltung des Vertrags eindeutig die Absicht des Veräußerers zum Ausdruck bringen, sich eine Versorgung zu verschaffen (>BFH vom 23.01.1964 – BStBl III S. 239 und vom 12.06.1968 – BStBl II S. 653).

Tod des Rentenberechtigten
Der Tod des Rentenberechtigten ist bei der Veräußerung gegen abgekürzte Leibrente und bei sog. Sofortversteuerung des Veräußerungsgewinns kein rückwirkendes Ereignis (>BFH vom 19.08.1999 – BStBl II 2000 S. 179).

Zeitrente
Das Wahlrecht zwischen einer begünstigten Sofortbesteuerung eines Veräußerungsgewinns und einer nicht begünstigten Besteuerung nachträglicher Einkünfte aus Gewerbebetrieb besteht auch bei der Veräußerung gegen eine Zeitrente mit einer langen, nicht mehr überschaubaren Laufzeit (länger als 10 Jahre), wenn sie auch mit dem Nebenzweck vereinbart ist, dem Veräußerer langfristig eine etwaige zusätzliche Versorgung zu schaffen (>BFH vom 05.11.2019 – BStBl II 2020 S. 262).

Zuflussbesteuerung
>BMF vom 03.08.2004 (BStBl I S. 1187)

Veräußerungskosten

– unbesetzt –

§ 16 EStG
R 16 H 16 (12)

H 16 (12)

Hinweise

Gewerbesteuer

§ 4 Abs. 5b steht dem Abzug der Gewerbesteuer als Veräußerungskosten nur bei dem Schuldner der Gewerbesteuer entgegen, nicht auch bei demjenigen, der sich vertraglich zur Übernahme der Gewerbesteuerbelastung verpflichtet (>BFH vom 07.03.2019 – BStBl II S. 696).

Rentenverpflichtung

Die Leistungen zur Ablösung einer freiwillig begründeten Rentenverpflichtung i. S. d. § 12 Nr. 2 sind keine Veräußerungskosten (>BFH vom 20.06.2007 – BStBl II 2008 S. 99).

Veräußerungskosten

Veräußerungskosten mindern auch dann den begünstigten Veräußerungsgewinn, wenn sie in einem VZ vor der Veräußerung entstanden sind (>BFH vom 06.10.1993 – BStBl II 1994 S. 287).

Vorfälligkeitsentschädigung

Eine Vorfälligkeitsentschädigung, die zu zahlen ist, weil im Rahmen einer Betriebsveräußerung ein betrieblicher Kredit vorzeitig abgelöst wird, gehört jedenfalls dann zu den Veräußerungskosten, wenn der Veräußerungserlös zur Tilgung der Schulden ausreicht (>BFH vom 25.01.2000 – BStBl II S. 458).

R 16 (13) **Gewährung des Freibetrags**

(13) [1] Über die Gewährung des Freibetrags wird bei der Veranlagung zur Einkommensteuer entschieden. [2] Dies gilt auch im Falle der Veräußerung eines Mitunternehmeranteiles; in diesem Fall ist im Verfahren zur gesonderten und einheitlichen Gewinnfeststellung nur die Höhe des auf den Gesellschafter entfallenden Veräußerungsgewinns festzustellen. [3] Veräußert eine Personengesellschaft, bei der die Gesellschafter als Mitunternehmer anzusehen sind, ihren ganzen Gewerbebetrieb, steht den einzelnen Mitunternehmern für ihren Anteil am Veräußerungsgewinn nach Maßgabe ihrer persönlichen Verhältnisse der Freibetrag in voller Höhe zu. [4] Der Freibetrag ist dem Stpfl. nur einmal zu gewähren; nicht verbrauchte Teile des Freibetrags können nicht bei einer anderen Veräußerung in Anspruch genommen werden. [5] Die Gewährung des Freibetrags nach § 16 Abs. 4 EStG ist ausgeschlossen, wenn dem Stpfl. für eine Veräußerung oder Aufgabe, die nach dem 31.12.1995 erfolgt ist, ein Freibetrag nach § 14 Satz 2, § 16 Abs. 4 oder § 18 Abs. 3 EStG bereits gewährt worden ist. [6] Wird der zum Betriebsvermögen eines Einzelunternehmers gehörende Mitunternehmeranteil im Zusammenhang mit der Veräußerung des Einzelunternehmens veräußert, ist die Anwendbarkeit des § 16 Abs. 4 EStG für beide Vorgänge getrennt zu prüfen. [7] Liegen hinsichtlich beider Vorgänge die Vorausset-

zungen des § 16 Abs. 4 EStG vor, kann der Stpfl. den Abzug des Freibetrags entweder bei der Veräußerung des Einzelunternehmens oder bei der Veräußerung des Mitunternehmeranteiles beantragen. [8] Die Veräußerung eines Anteils an einer Mitunternehmerschaft (Obergesellschaft), zu deren Betriebsvermögen die Beteiligung an einer anderen Mitunternehmerschaft gehört (mehrstöckige Personengesellschaft), stellt für die Anwendbarkeit des § 16 Abs. 4 EStG einen einheitlich zu beurteilenden Veräußerungsvorgang dar. [9] In den Fällen des § 16 Abs. 2 Satz 3 und Abs. 3 Satz 5 EStG ist für den Teil des Veräußerungsgewinns, der nicht als laufender Gewinn gilt, der volle Freibetrag zu gewähren; der Veräußerungsgewinn, der als laufender Gewinn gilt, ist bei der Kürzung des Freibetrags nach § 16 Abs. 4 Satz 3 EStG nicht zu berücksichtigen. [10] Umfasst der Veräußerungsgewinn auch einen Gewinn aus der Veräußerung von Anteilen an Körperschaften, Personenvereinigungen oder Vermögensmassen, ist für die Berechnung des Freibetrags der nach § 3 Nr. 40 Satz 1 Buchst. b i. V. m. § 3c Abs. 2 EStG steuerfrei bleibende Teil nicht zu berücksichtigen.

Hinweise

Erbfall
Wird ein Veräußerungsgeschäft vor dem Erbfall abgeschlossen, aber erst nach dem Erbfall wirksam, steht der Freibetrag nur dem Erben nach dessen persönlichen Verhältnissen zu (>BFH vom 09.06.2015 – BStBl II 2016 S. 216).

Freibetrag
- Aufteilung des Freibetrages und Gewährung der Tarifermäßigung bei Betriebsaufgaben über zwei Kj.,

  Freibetrag bei teilentgeltlicher Veräußerung im Wege der vorweggenommenen Erbfolge,

  Vollendung der Altersgrenze in § 16 Abs. 4 und § 34 Abs. 3 nach Beendigung der Betriebsaufgabe oder -veräußerung, aber vor Ablauf des VZ der Betriebsaufgabe oder -veräußerung,

  >BMF vom 20.12.2005 (BStBl I 2006 S. 7) Anhang 16 XII

- Der Freibetrag für Betriebsveräußerungs- oder -aufgabegewinne kann auch bei Veräußerung oder Aufgabe mehrerer Betriebe, Teilbetriebe oder Mitunternehmeranteile innerhalb desselben VZ nur für einen einzigen Veräußerungs- oder Aufgabegewinn in Anspruch genommen werden (>BFH vom 27.10.2015 – BStBl II 2016 S. 278).

Personenbezogenheit
Der Freibetrag nach § 16 Abs. 4 wird personenbezogen gewährt; er steht dem Stpfl. für alle Gewinneinkunftsarten insgesamt nur einmal zu. Dabei kommt es nicht darauf an, ob der Freibetrag zu Recht gewährt worden ist oder nicht (>BFH vom 21.07.2009 – BStBl II S. 963).

§ 16 EStG
R 16 H 16 (13)

Teileinkünfteverfahren

Beispiel:
A veräußert sein Einzelunternehmen. Der Veräußerungserlös beträgt 200.000 €, der Buchwert des Kapitalkontos 70.000 €. Im Betriebsvermögen befindet sich eine Beteiligung an einer GmbH, deren Buchwert 20.000 € beträgt. Der auf die GmbH-Beteiligung entfallende Anteil am Veräußerungserlös beträgt 50.000 €.

Der aus der Veräußerung des GmbH-Anteils erzielte Gewinn ist nach § 3 Nr. 40 Satz 1 Buchst. b, § 3c Abs. 2 von (30.000 € ./. 12.000 € =) 18.000 € steuerpflichtig. Der übrige Veräußerungsgewinn beträgt (150.000 € ./. 50.000 =) 100.000 €. Der Freibetrag ist vorrangig mit dem Veräußerungsgewinn zu verrechnen, auf den das Teileinkünfteverfahren anzuwenden ist (>BFH vom 14.07.2010 – BStBl II S. 1011).

	Insgesamt	Ermäßigt zu besteuern	Teileinkünfteverfahren
Veräußerungsgewinn nach § 16	118.000 €	100.000 €	18.000 €
Freibetrag nach § 16 Abs. 4	45.000 €	27.000 €	18.000 €
steuerpflichtig	73.000 €	73.000 €	0 €

Zweifelsfragen im Zusammenhang mit § 6b Abs. 2a

Anhang 16 VI

>BMF vom 07.03.2018 (BStBl I S. 309)

R 16 (14) Dauernde Berufsunfähigkeit

(14) [1]Zum Nachweis der dauernden Berufsunfähigkeit reicht die Vorlage eines Bescheides des Rentenversicherungsträgers aus, wonach die Berufsunfähigkeit oder Erwerbsunfähigkeit i. S. d. gesetzlichen Rentenversicherung vorliegt. [2]Der Nachweis kann auch durch eine amtsärztliche Bescheinigung oder durch die Leistungspflicht einer privaten Versicherungsgesellschaft, wenn deren Versicherungsbedingungen an einen Grad der Berufsunfähigkeit von mindestens 50 % oder an eine Minderung der Erwerbsfähigkeit wegen Krankheit oder Behinderung auf weniger als sechs Stunden täglich anknüpfen, erbracht werden. [3]Der Freibetrag nach § 16 Abs. 4 EStG kann gewährt werden, wenn im Zeitpunkt der Veräußerung oder Aufgabe eine dauernde Berufsunfähigkeit vorliegt; eine Kausalität zwischen der Veräußerung oder Aufgabe und der Berufsunfähigkeit ist nicht erforderlich.

§ 16 EStG

| Hinweise |

Berufsunfähigkeit im sozialversicherungsrechtlichen Sinne
Berufsunfähig sind Versicherte, deren Erwerbsfähigkeit wegen Krankheit oder Behinderung im Vergleich zur Erwerbsfähigkeit von körperlich, geistig und seelisch gesunden Versicherten mit ähnlicher Ausbildung und gleichwertigen Kenntnissen und Fähigkeiten auf weniger als sechs Stunden gesunken ist (§ 240 Abs. 2 SGB VI).

Erbfolge
Wird ein im Erbwege übergegangener Betrieb von dem Erben aufgegeben, müssen die Voraussetzungen für die Gewährung des Freibetrags nach § 16 Abs. 4 in der Person des Erben erfüllt sein (>BFH vom 19.05.1981 – BStBl II S. 665).

§ 17
Veräußerung von Anteilen an Kapitalgesellschaften

(1) ¹Zu den Einkünften aus Gewerbebetrieb gehört auch der Gewinn aus der Veräußerung von Anteilen an einer Kapitalgesellschaft, wenn der Veräußerer innerhalb der letzten fünf Jahre am Kapital der Gesellschaft unmittelbar oder mittelbar zu mindestens 1 Prozent beteiligt war. ²Die verdeckte Einlage von Anteilen an einer Kapitalgesellschaft in eine Kapitalgesellschaft steht der Veräußerung der Anteile gleich. ³Anteile an einer Kapitalgesellschaft sind Aktien, Anteile an einer Gesellschaft mit beschränkter Haftung, Genussscheine oder ähnliche Beteiligungen und Anwartschaften auf solche Beteiligungen *sowie Anteile an einer optierenden Gesellschaft im Sinne des § 1a des Körperschaftsteuergesetzes*. ⁴Hat der Veräußerer den veräußerten Anteil innerhalb der letzten fünf Jahre vor der Veräußerung unentgeltlich erworben, so gilt Satz 1 entsprechend, wenn der Veräußerer zwar nicht selbst, aber der Rechtsvorgänger oder, sofern der Anteil nacheinander unentgeltlich übertragen worden ist, einer der Rechtsvorgänger innerhalb der letzten fünf Jahre im Sinne von Satz 1 beteiligt war.

(2) ¹Veräußerungsgewinn im Sinne des Absatzes 1 ist der Betrag, um den der Veräußerungspreis nach Abzug der Veräußerungskosten die Anschaffungskosten übersteigt. ²In den Fällen des Absatzes 1 Satz 2 tritt an die Stelle des Veräußerungspreises der Anteile ihr gemeiner Wert. ³Weist der Veräußerer nach, dass ihm die Anteile bereits im Zeitpunkt der Begründung der unbeschränkten Steuerpflicht nach § 1 Absatz 1 zuzurechnen waren und dass der bis zu diesem Zeitpunkt entstandene Vermögenszuwachs auf Grund gesetzlicher Bestimmungen des Wegzugsstaats im Wegzugsstaat einer der Steuer nach § 6 des Außensteuergesetzes vergleichbaren Steuer unterlegen hat, tritt an die Stelle der Anschaffungskosten der Wert, den der Wegzugsstaat bei der Berechnung der der Steuer nach § 6 des Außensteuergesetzes vergleichbaren Steuer angesetzt hat, höchstens jedoch der gemeine Wert. ⁴Satz 3 ist in den Fällen des § 6 Absatz 3 des Außensteuergesetzes nicht anzuwenden. ⁵Hat der Veräußerer den veräußerten Anteil unentgeltlich erworben, so sind als Anschaffungskosten des Anteils die Anschaffungskosten des Rechtsvorgängers maßgebend, der den Anteil zuletzt entgeltlich erworben hat. ⁶Ein Veräußerungsverlust ist nicht zu berücksichtigen, soweit er auf Anteile entfällt,

a) die der Steuerpflichtige innerhalb der letzten fünf Jahre unentgeltlich erworben hatte. ²Dies gilt nicht, soweit der Rechtsvorgänger anstelle des Steuerpflichtigen den Veräußerungsverlust hätte geltend machen können;

b) die entgeltlich erworben worden sind und nicht innerhalb der gesamten letzten fünf Jahre zu einer Beteiligung des Steuerpflichtigen im Sinne von Absatz 1 Satz 1 gehört haben. ²Dies gilt nicht für innerhalb der letzten fünf Jahre erworbene Anteile, deren Erwerb

§ 17 EStG

zur Begründung einer Beteiligung des Steuerpflichtigen im Sinne von Absatz 1 Satz 1 geführt hat oder die nach Begründung der Beteiligung im Sinne von Absatz 1 Satz 1 erworben worden sind.

(2a) [1]Anschaffungskosten sind die Aufwendungen, die geleistet werden, um die Anteile im Sinne des Absatzes 1 zu erwerben. [2]Zu den Anschaffungskosten gehören auch die Nebenkosten sowie die nachträglichen Anschaffungskosten. [3]Zu den nachträglichen Anschaffungskosten im Sinne des Satzes 2 gehören insbesondere

1. offene oder verdeckte Einlagen,
2. Darlehensverluste, soweit die Gewährung des Darlehens oder das Stehenlassen des Darlehens in der Krise der Gesellschaft gesellschaftsrechtlich veranlasst war, und
3. Ausfälle von Bürgschaftsregressforderungen und vergleichbaren Forderungen, soweit die Hingabe oder das Stehenlassen der betreffenden Sicherheit gesellschaftsrechtlich veranlasst war.

[4]Eine gesellschaftsrechtliche Veranlassung liegt regelmäßig vor, wenn ein fremder Dritter das Darlehen oder Sicherungsmittel im Sinne der Nummern 2 oder 3 bei sonst gleichen Umständen zurückgefordert oder nicht gewährt hätte. [5]Leistet der Steuerpflichtige über den Nennbetrag seiner Anteile hinaus Einzahlungen in das Kapital der Gesellschaft, sind die Einzahlungen bei der Ermittlung der Anschaffungskosten gleichmäßig auf seine gesamten Anteile einschließlich seiner im Rahmen von Kapitalerhöhungen erhaltenen neuen Anteile aufzuteilen.

(3) [1]Der Veräußerungsgewinn wird zur Einkommensteuer nur herangezogen, soweit er den Teil von 9.060 Euro übersteigt, der dem veräußerten Anteil an der Kapitalgesellschaft entspricht. [2]Der Freibetrag ermäßigt sich um den Betrag, um den der Veräußerungsgewinn den Teil von 36.100 Euro übersteigt, der dem veräußerten Anteil an der Kapitalgesellschaft entspricht.

(4) [1]Als Veräußerung im Sinne des Absatzes 1 gilt auch die Auflösung einer Kapitalgesellschaft, die Kapitalherabsetzung, wenn das Kapital zurückgezahlt wird, und die Ausschüttung oder Zurückzahlung von Beträgen aus dem steuerlichen Einlagenkonto im Sinne des § 27 des Körperschaftsteuergesetzes. [2]In diesen Fällen ist als Veräußerungspreis der gemeine Wert des dem Steuerpflichtigen zugeteilten oder zurückgezahlten Vermögens der Kapitalgesellschaft anzusehen. [3]Satz 1 gilt nicht, soweit die Bezüge nach § 20 Absatz 1 Nummer 1 oder 2 zu den Einnahmen aus Kapitalvermögen gehören.

(5) [1]Die Beschränkung oder der Ausschluss des Besteuerungsrechts der Bundesrepublik Deutschland hinsichtlich des Gewinns aus der Veräußerung der Anteile an einer Kapitalgesellschaft im Fall der Verlegung des Sitzes oder des Orts der Geschäftsleitung der Kapitalgesellschaft in einen anderen Staat stehen der Veräußerung der Anteile zum gemeinen Wert gleich. [2]Dies gilt nicht in den Fällen der Sitz-

verlegung einer Europäischen Gesellschaft nach Artikel 8 der Verordnung (EG) Nr. 2157/2001 und der Sitzverlegung einer anderen Kapitalgesellschaft in einen anderen Mitgliedstaat der Europäischen Union. [3] In diesen Fällen ist der Gewinn aus einer späteren Veräußerung der Anteile ungeachtet der Bestimmungen eines Abkommens zur Vermeidung der Doppelbesteuerung in der gleichen Art und Weise zu besteuern, wie die Veräußerung dieser Anteile zu besteuern gewesen wäre, wenn keine Sitzverlegung stattgefunden hätte. [4] § 15 Absatz 1a Satz 2 ist entsprechend anzuwenden.

(6) Als Anteile im Sinne des Absatzes 1 Satz 1 gelten auch Anteile an Kapitalgesellschaften, an denen der Veräußerer innerhalb der letzten fünf Jahre am Kapital der Gesellschaft nicht unmittelbar oder mittelbar zu mindestens 1 Prozent beteiligt war, wenn

1. die Anteile auf Grund eines Einbringungsvorgangs im Sinne des Umwandlungssteuergesetzes, bei dem nicht der gemeine Wert zum Ansatz kam, erworben wurden und
2. zum Einbringungszeitpunkt für die eingebrachten Anteile die Voraussetzungen von Absatz 1 Satz 1 erfüllt waren oder die Anteile auf einer Sacheinlage im Sinne von § 20 Absatz 1 des Umwandlungssteuergesetzes vom 7. Dezember 2006 (BGBl. I S. 2782, 2791) in der jeweils geltenden Fassung beruhen.

(7) Als Anteile im Sinne des Absatzes 1 Satz 1 gelten auch Anteile an einer Genossenschaft einschließlich der Europäischen Genossenschaft.

EStDV
§ 53
Anschaffungskosten bestimmter Anteile an Kapitalgesellschaften

[1] Bei Anteilen an einer Kapitalgesellschaft, die vor dem 21. Juni 1948 erworben worden sind, sind als Anschaffungskosten im Sinne des § 17 Abs. 2 des Gesetzes die endgültigen Höchstwerte zugrunde zu legen, mit denen die Anteile in eine steuerliche Eröffnungsbilanz in Deutscher Mark auf den 21. Juni 1948 hätten eingestellt werden können; bei Anteilen, die am 21. Juni 1948 als Auslandsvermögen beschlagnahmt waren, ist bei Veräußerung vor der Rückgabe der Veräußerungserlös und bei Veräußerung nach der Rückgabe der Wert im Zeitpunkt der Rückgabe als Anschaffungskosten maßgebend. [2] Im Land Berlin tritt an die Stelle des 21. Juni 1948 jeweils der 1. April 1949; im Saarland tritt an die Stelle des 21. Juni 1948 für die in § 43 Abs. 1 Ziff. 1 des Gesetzes über die Einführung des deutschen Rechts auf dem Gebiete der Steuern, Zölle und Finanzmonopole im Saarland vom 30. Juni 1959 (BGBl. I S. 339) bezeichneten Personen jeweils der 6. Juli 1959.

§ 54
Übersendung von Urkunden durch die Notare

(1) ¹Die Notare übersenden dem in § 20 der Abgabenordnung bezeichneten Finanzamt eine beglaubigte Abschrift aller auf Grund gesetzlicher Vorschrift aufgenommenen oder beglaubigten Urkunden, die die Gründung, Kapitalerhöhung oder -herabsetzung, Umwandlung oder Auflösung von Kapitalgesellschaften oder die Verfügung über Anteile an Kapitalgesellschaften zum Gegenstand haben. ²Gleiches gilt für Dokumente, die im Rahmen einer Anmeldung einer inländischen Zweigniederlassung einer Kapitalgesellschaft mit Sitz im Ausland zur Eintragung in das Handelsregister diesem zu übersenden sind.

(2) ¹Die Abschrift ist binnen zwei Wochen, von der Aufnahme oder Beglaubigung der Urkunde ab gerechnet, einzureichen. ²Sie soll mit der Steuernummer gekennzeichnet sein, mit der die Kapitalgesellschaft bei dem Finanzamt geführt wird. ³Die Absendung der Urkunde ist auf der zurückbehaltenen Urschrift der Urkunde beziehungsweise auf einer zurückbehaltenen Abschrift zu vermerken.

(3) Den Beteiligten dürfen die Urschrift, eine Ausfertigung oder beglaubigte Abschrift der Urkunde erst ausgehändigt werden, wenn die Abschrift der Urkunde an das Finanzamt abgesandt ist.

(4) Im Fall der Verfügung über Anteile an Kapitalgesellschaften durch einen Anteilseigner, der nicht nach § 1 Abs. 1 des Gesetzes unbeschränkt steuerpflichtig ist, ist zusätzlich bei dem Finanzamt Anzeige zu erstatten, das bei Beendigung einer zuvor bestehenden unbeschränkten Steuerpflicht des Anteilseigners oder bei unentgeltlichem Erwerb dessen Rechtsvorgängers nach § 19 der Abgabenordnung für die Besteuerung des Anteilseigners zuständig war.

Veräußerung von Anteilen an einer Kapitalgesellschaft oder Genossenschaft

Abgrenzung des Anwendungsbereichs gegenüber anderen Vorschriften

(1) ¹§ 17 EStG gilt nicht für die Veräußerung von Anteilen an einer Kapitalgesellschaft, die zu einem Betriebsvermögen gehören. ²In diesem Fall ist der Gewinn nach § 4 oder § 5 EStG zu ermitteln.

Hinweise

Handel mit Beteiligungen
>H 15.7 (1)

Umqualifizierung von Einkünften i. S. d. § 20 Abs. 2 Satz 1 Nr. 1 in Einkünfte i. S. d. § 17
>BMF vom 16.12.2014 (BStBl I 2015 S. 24)

§ 17 EStG
R 17 H 17 (2)

R 17 (2) **Beteiligung**

(2) ¹Eine Beteiligung i. S. d. § 17 Abs. 1 Satz 1 EStG liegt vor, wenn der Stpfl. nominell zu mindestens 1 % am Nennkapital der Kapitalgesellschaft beteiligt ist oder innerhalb der letzten fünf Jahre vor der Veräußerung beteiligt war. ²In den Fällen des § 17 Abs. 6 EStG (Erwerb der Anteile durch Sacheinlage oder durch Einbringung von Anteilen/Anteilstausch i. S. d. § 17 Abs. 1 Satz 1 EStG) führt auch eine nominelle Beteiligung von weniger als 1 % am Nennkapital zur Anwendung von § 17 Abs. 1 Satz 1 EStG.

H 17 (2)

Hinweise

Ähnliche Beteiligungen

Die Einlage eines stillen Gesellschafters ist keine „ähnliche Beteiligung" i. S. d. § 17 Abs. 1 Satz 3 (>BFH vom 28.05.1997 – BStBl II S. 724).

Anteile im Betriebsvermögen

Im Betriebsvermögen gehaltene Anteile zählen bei der Ermittlung der Beteiligungshöhe mit (>BFH vom 10.11.1992 – BStBl II 1994 S. 222).

Anwartschaftsrechte

Anwartschaften (Bezugsrechte) bleiben bei der Ermittlung der Höhe der Beteiligung außer Betracht (>BFH vom 14.03.2006 – BStBl II S. 746 und vom 19.02.2013 – BStBl II S. 578).

Ausländische Kapitalgesellschaft

§ 17 gilt auch für Anteile an einer ausländischen Kapitalgesellschaft, wenn die ausländische Gesellschaft mit einer deutschen AG oder GmbH vergleichbar ist (>BFH vom 21.10.1999 – BStBl II 2000 S. 424).

Durchgangserwerb

Ein Anteil, der bereits vor seinem Erwerb an einen Dritten abgetreten wird, erhöht die Beteiligung (>BFH vom 16.05.1995 – BStBl II S. 870).

Eigene Anteile

Werden von der **Kapitalgesellschaft eigene Anteile** gehalten, ist bei der Entscheidung, ob ein Stpfl. i. S. d. § 17 Abs. 1 Satz 1 beteiligt ist, von dem um die eigenen Anteile der Kapitalgesellschaft verminderten Nennkapital auszugehen (>BFH vom 24.09.1970 – BStBl II 1971 S. 89).

Einbringungsgeborene Anteile aus Umwandlungen vor dem 13.12.2006

– Zur steuerlichen Behandlung von Gewinnen aus der Veräußerung von einbringungsgeborenen Anteilen >§ 21 UmwStG in der am 21.05.2003 geltenden Fassung (UmwStG a. F.) i. V. m. § 27 Abs. 3 Nr. 3 UmwStG; >BMF vom 25.03.1998 (BStBl I S. 268) unter Berücksichtigung der Änderungen durch BMF vom 21.08.2001 (BStBl I S. 543), Tz. 21.01-21.16
– Einbringungsgeborene Anteile an einer Kapitalgesellschaft, die durch einen Antrag nach § 21 Abs. 2 Satz 1 Nr. 1 UmwStG a. F. entstrickt

wurden, unterfallen der Besteuerung gem. § 17 Abs. 1. Veräußerungsgewinn nach § 17 Abs. 2 in Bezug auf derartige Anteile ist der Betrag, um den der Veräußerungspreis den gemeinen Wert der Anteile (§ 21 Abs. 2 Satz 2 UmwStG a. F.) übersteigt (>BFH vom 24.06.2008 – BStBl II S. 872).

Fünfjahreszeitraum
– >BMF vom 20.12.2010 (BStBl I 2011 S. 16) unter Berücksichtigung der Änderungen durch BMF vom 16.12.2015 (BStBl I 2016 S. 10) — Anhang 6 II
– Der Gewinn aus der Veräußerung einer Beteiligung von weniger als 1 % ist auch dann nach § 17 Abs. 1 Satz 1 zu erfassen, wenn der Gesellschafter die Beteiligung erst neu erworben hat, nachdem er zuvor innerhalb des Fünfjahreszeitraums eine Beteiligung von mindestens 1 % insgesamt veräußert hat und mithin vorübergehend überhaupt nicht an der Kapitalgesellschaft beteiligt war (>BFH vom 20.04.1999 – BStBl II S. 650).
– Maßgeblich für die Berechnung des Fünfjahreszeitraums ist der Übergang des wirtschaftlichen und nicht des zivilrechtlichen Eigentums (>BFH vom 17.02.2004 – BStBl II S. 651).

Genussrechte
Eine „Beteiligung am Kapital der Gesellschaft" i. S. d. § 17 liegt bei eingeräumten Genussrechten nicht schon dann vor, wenn diese eine Gewinnbeteiligung gewähren, sondern nur, wenn sie auch eine Beteiligung am Liquidationserlös der Gesellschaft vorsehen. Die Vereinbarung, dass das Genussrechtskapital erst nach der Befriedigung der übrigen Gesellschaftsgläubiger zurückzuzahlen ist (sog. Nachrangvereinbarung), verleiht dem Genussrecht noch keinen Beteiligungscharakter (>BFH vom 14.06.2005 – BStBl II S. 861).

Gesamthandsvermögen
– Bei der Veräußerung einer **Beteiligung, die sich im Gesamthandsvermögen (z. B. einer vermögensverwaltenden Personengesellschaft, Erbengemeinschaft)** befindet, ist für die Frage, ob eine Beteiligung i. S. d. § 17 Abs. 1 Satz 1 vorliegt, nicht auf die Gesellschaft oder Gemeinschaft als solche, sondern auf die einzelnen Mitglieder abzustellen, da die Beteiligung nach § 39 Abs. 2 Nr. 2 AO den einzelnen Mitgliedern zuzurechnen ist – sog. Bruchteilsbetrachtung – (>BFH vom 07.04.1976 – BStBl II S. 557 und vom 09.05.2000 – BStBl II S. 686).
– Die Veräußerung von **Anteilen an einer Gesellschaft oder Gemeinschaft**, die ihrerseits eine Beteiligung an einer Kapitalgesellschaft hält, fällt unter § 17, wenn eine Beteiligung i. S. d. § 17 Abs. 1 Satz 1 vorliegt. Hierbei ist nicht auf die Gesellschaft oder Gemeinschaft als solche, sondern auf das veräußernde Mitglied abzustellen, da die Beteili-

gung nach § 39 Abs. 2 Nr. 2 AO den einzelnen Mitgliedern zuzurechnen ist – sog. Bruchteilsbetrachtung – (>BFH vom 13.07.1999 – BStBl II S. 820 und vom 09.05.2000 – BStBl II S. 686).

Kurzfristige Beteiligung
Eine Beteiligung i. S. d. § 17 Abs. 1 Satz 1 liegt bereits dann vor, wenn der Veräußerer oder bei unentgeltlichem Erwerb sein Rechtsvorgänger innerhalb des maßgebenden Fünfjahreszeitraums nur **kurzfristig** zu mindestens 1 % unmittelbar oder mittelbar an der Gesellschaft beteiligt war (>BFH vom 05.10.1976 – BStBl II 1977 S. 198). Auch Anteile, die der Stpfl. noch am Tage des **unentgeltlichen Erwerbs** veräußert, zählen mit (>BFH vom 07.07.1992 – BStBl II 1993 S. 331). Etwas anderes gilt, wenn im Rahmen eines Gesamtvertragskonzepts (= mehrere zeitgleich abgeschlossene, korrespondierende Verträge) die mit der übertragenen Beteiligung verbundenen Rechte von vorneherein nur für eine Beteiligung von weniger als 1 % übergehen sollten (>BFH vom 05.10.2011 – BStBl II 2012 S. 318).

Missbrauch
– Eine Beteiligung i. S. d. § 17 Abs. 1 Satz 1 kann auch dann vorliegen, wenn der Veräußerer zwar formal nicht zu mindestens 1 % an der Kapitalgesellschaft beteiligt war, die Gestaltung der Beteiligungsverhältnisse jedoch **einen Missbrauch der Gestaltungsmöglichkeiten i. S. d. § 42 AO darstellt** (>BFH vom 27.01.1977 – BStBl II S. 754).
– **Anteilsrotation** >BMF vom 03.02.1998 (BStBl I S. 207)

Mitgliedschaftsrechte an einer AG
Eine mögliche – durch die Kennzeichnung als Nennbetragsaktien anstatt als Stückaktien bedingte – formale Unrichtigkeit von Aktien hindert nicht den Erwerb des dann noch unverkörperten Mitgliedschaftsrechts (>BFH vom 07.07.2011 – BStBl II 2012 S. 20).

Mittelbare Beteiligung
– Besteht **neben einer unmittelbaren auch eine mittelbare Beteiligung** an der Gesellschaft, liegt eine Beteiligung i. S. d. § 17 Abs. 1 Satz 1 vor, wenn die Zusammenrechnung eine Beteiligung von mindestens 1 % ergibt, unabhängig davon, ob der Stpfl. die die mittelbare Beteiligung vermittelnde Kapitalgesellschaft beherrscht oder nicht (>BFH vom 28.06.1978 – BStBl II S. 590 und vom 12.06.1980 – BStBl II S. 646).
– Der Gesellschafter einer Kapitalgesellschaft ist auch dann Beteiligter i. S. d. § 17 Abs. 1 Satz 1, wenn sich die Anteilsquote von mindestens 1 % erst durch – anteilige – Hinzurechnung von **Beteiligungen an der Kapitalgesellschaft** ergibt, **welche unmittelbar oder mittelbar von einer Personenhandelsgesellschaft gehalten werden,** an der der Gesellschafter der Kapitalgesellschaft als Mitunternehmer beteiligt ist (>BFH vom 10.02.1982 – BStBl II S. 392).

– Die Übernahme einer Bürgschaft für eine Gesellschaft durch einen nur mittelbar beteiligten Anteilseigner stellt keine nachträglichen Anschaffungskosten der unmittelbaren Beteiligung i. S. d. § 17 dar (>BFH vom 04.03.2008 – BStBl II S. 575).

Nominelle Beteiligung
Die für die Anwendung des § 17 maßgebliche Höhe einer Beteiligung ist bei einer GmbH aus den Geschäftsanteilen zu berechnen. Dies gilt auch, wenn in der GmbH-Satzung die Stimmrechte oder die Verteilung des Gewinns und des Liquidationserlöses abweichend von §§ 29, 72 GmbHG geregelt sind (>BFH vom 25.11.1997 – BStBl II 1998 S. 257 und vom 14.03.2006 – BStBl II S. 749).

Optionsrecht
Die Veräußerung einer Anwartschaft i. S. d. § 17 Abs. 1 Satz 3 liegt vor, wenn eine schuldrechtliche Option auf den Erwerb einer Beteiligung (Call-Option) veräußert wird, die die wirtschaftliche Verwertung des bei der Kapitalgesellschaft eingetretenen Zuwachses an Vermögenssubstanz ermöglicht (>BFH vom 19.12.2007 – BStBl II 2008 S. 475).

Quotentreuhand
Der Annahme eines zivilrechtlich wirksamen Treuhandverhältnisses steht nicht entgegen, dass dieses nicht an einem selbständigen Geschäftsanteil, sondern – als sog. Quotentreuhand – lediglich an einem Teil eines solchen Geschäftsanteils vereinbart wird. Ein solcher quotaler Anteil ist ein Wirtschaftsgut i. S. d. § 39 Abs. 2 Nr. 1 Satz 2 AO und stellt damit einen treugutfähigen Gegenstand dar (>BFH vom 06.10.2009 – BStBl II 2010 S. 460).

Rückwirkende Schenkung
Entsteht durch den **Erwerb weiterer Anteile** eine Beteiligung von mindestens 1 %, kann diese nicht dadurch beseitigt werden, dass die erworbenen Anteile rückwirkend verschenkt werden (>BFH vom 18.09.1984 – BStBl II 1985 S. 55).

Unentgeltlicher Hinzuerwerb
Eine Beteiligung von weniger als 1 % wird nicht dadurch insgesamt zu einer Beteiligung i. S. d. § 17 Abs. 1 Satz 1, dass der Stpfl. einzelne Geschäftsanteile davon unentgeltlich von einem Beteiligten erworben hat, der eine Beteiligung von mindestens 1 % gehalten hat oder noch hält (>BFH vom 29.07.1997 – BStBl II S. 727).

Unentgeltlicher Erwerb von Anteilen oder Anwartschaften R 17 (3)
(3) Überlässt der i. S. d. § 17 Abs. 1 Satz 1 EStG beteiligte Anteilseigner einem Dritten unentgeltlich das Bezugsrecht aus einer Kapitalerhöhung

§ 17 EStG
R 17 H 17 (3)

(Anwartschaft i. S. d. § 17 Abs. 1 Satz 3 EStG), sind die vom Dritten erworbenen Anteile teilweise nach § 17 Abs. 1 Satz 4 EStG steuerverhaftet (>Unentgeltlicher Anwartschaftserwerb).

H 17 (3)

Hinweise

Abgrenzung von entgeltlichem und unentgeltlichem Erwerb

Die bei Verträgen unter fremden Dritten bestehende Vermutung für das Vorliegen eines entgeltlichen Geschäfts ist im Fall der Übertragung eines Kapitalgesellschaftsanteils, für den der Zuwendende hohe Anschaffungskosten getragen hat, nicht alleine dadurch als widerlegt anzusehen, weil ein Freundschaftsverhältnis zwischen dem Zuwendenden und dem Empfänger besteht (>BFH vom 09.05.2017 – BStBl II 2018 S. 94).

Kapitalerhöhung nach unentgeltlichem Erwerb von Anteilen

Die nach einer Kapitalerhöhung aus Gesellschaftsmitteln zugeteilten neuen Aktien führen nicht zu einem gegenüber dem unentgeltlichen Erwerb der Altaktien selbständigen Erwerbsvorgang. Zwischen den Altaktien und den neuen Aktien besteht wirtschaftliche Identität (>BFH vom 25.02.2009 – BStBl II S. 658).

Unentgeltlicher Anwartschaftserwerb

Beispiel:

Alleingesellschafter A hat seine GmbH-Anteile für 80.000 € erworben. Der gemeine Wert der Anteile beträgt 400.000 €. Die GmbH erhöht ihr Stammkapital von 100.000 € auf 120.000 €. A ermöglicht seinem Sohn S, die neu ausgegebenen Anteile von nominal 20.000 € gegen Bareinlage von 50.000 € zu erwerben. Die neuen Anteile des S haben einen gemeinen Wert von 20.000 €: 120.000 € x (400.000 € + 50.000 €) = 75.000 € und sind zu (75.000 € – 50.000 €) ./. 75.000 € = 33,33 % unentgeltlich und zu 66,67 % entgeltlich erworben worden. Auf den unentgeltlich erworbenen Teil ist § 17 Abs. 1 Satz 1 und 4 anzuwenden. Auf diesen Teil entfallen Anschaffungskosten des Rechtsvorgängers A i. S. d. § 17 Abs. 2 Satz 5 von 80.000 € x 25.000 € ./. 400.000 € = 5.000 €. Die verbleibenden Anschaffungskosten des A sind entsprechend auf 75.000 € zu kürzen (>BFH vom 06.12.1968 – BStBl II 1969 S. 105).

Vorbehaltsnießbrauch

>H 17 (4)

R 17 (4) Veräußerung von Anteilen

(4) Die Ausübung von Bezugsrechten durch die Altaktionäre bei Kapitalerhöhungen gegen Einlage ist keine Veräußerung i. S. d. § 17 Abs. 1 EStG.

Hinweise

Allgemeines
- Veräußerung i. S. d. § 17 Abs. 1 ist die entgeltliche Übertragung des rechtlichen oder zumindest des wirtschaftlichen Eigentums an einer Beteiligung auf einen anderen Rechtsträger (>BFH vom 11.07.2006 – BStBl II 2007 S. 296).
- Sieht ein vorab erstelltes Konzept vor, dass der vereinbarte Kaufpreis ganz oder teilweise unmittelbar als Schenkung von dem Veräußerer an den Erwerber zurückfließt, liegt i. H. d. zurückgeschenkten Betrags keine entgeltliche Übertragung vor (>BFH vom 22.10.2013 – BStBl II 2014 S. 158).
- Der entgeltliche Erwerb eigener Anteile durch die GmbH stellt auf der Ebene des veräußernden Gesellschafters ein Veräußerungsgeschäft i. S. d. § 17 Abs. 1 dar (>BFH vom 06.12.2017 – BStBl II 2019 S. 213).
- >Wirtschaftliches Eigentum

Beendigung der unbeschränkten Steuerpflicht und gleichgestellte Sachverhalte mit Auslandsbezug
>§ 6 AStG

Bezugsrechte
- Veräußert ein i. S. d. § 17 Abs. 1 Satz 1 Beteiligter ihm aufgrund seiner Anteile zustehende **Bezugsrechte auf weitere Beteiligungsrechte,** liegt auch insoweit eine Veräußerung i. S. d. § 17 Abs. 1 Satz 1 vor (>BFH vom 20.02.1975 – BStBl II S. 505 und vom 19.04.2005 – BStBl II S. 762).
- Wird das **Stammkapital** einer GmbH **erhöht** und das Bezugsrecht einem Nichtgesellschafter gegen Zahlung eines Ausgleichs für die auf den neuen Geschäftsanteil übergehenden stillen Reserven eingeräumt, kann dies die Veräußerung eines Anteils an einer GmbH (Anwartschaft auf eine solche Beteiligung) sein. Wird dieser Ausgleich in Form eines Agios in die GmbH eingezahlt und in engem zeitlichen Zusammenhang damit wieder an die Altgesellschafter ausgezahlt, kann ein Missbrauch rechtlicher Gestaltungsmöglichkeiten (§ 42 AO) vorliegen. Die Zahlung an die Altgesellschafter ist dann als Entgelt für die Einräumung des Bezugsrechts zu behandeln (>BFH vom 13.10.1992 – BStBl II 1993 S. 477).

Einziehung
Ein Verlust nach § 17 aus der Einziehung eines GmbH-Anteils nach § 34 GmbHG ist frühestens mit deren zivilrechtlicher Wirksamkeit zu berücksichtigen (>BFH vom 22.07.2008 – BStBl II S. 927).

Entstehung des Veräußerungsgewinns

Der Veräußerungsgewinn entsteht im Zeitpunkt der Veräußerung und zwar auch dann, wenn der Kaufpreis gestundet wird (>BFH vom 20.07.2010 – BStBl II S. 969).

Rückübertragung

– Eine Rückübertragung aufgrund einer vor Kaufpreiszahlung geschlossenen Rücktrittsvereinbarung ist als Ereignis mit steuerlicher Rückwirkung auf den Zeitpunkt der Veräußerung der Beteiligung zurückzubeziehen (>BFH vom 21.12.1993 – BStBl II 1994 S. 648).

– Der Abschluss eines außergerichtlichen Vergleiches, mit dem die Vertragsparteien den Rechtsstreit über den Eintritt einer im Kaufvertrag vereinbarten auflösenden Bedingung beilegen, ist ein Ereignis mit steuerlicher Rückwirkung auf den Zeitpunkt der Veräußerung (>BFH vom 19.08.2003 – BStBl II 2004 S. 107).

– Die Rückabwicklung eines noch nicht beiderseits vollständig erfüllten Kaufvertrags ist aus der Sicht des früheren Veräußerers keine Anschaffung der zurückübertragenen Anteile, sondern sie führt bei ihm zum rückwirkenden Wegfall eines bereits entstandenen Veräußerungsgewinns (>BFH vom 06.12.2016 – BStBl II 2017 S. 673).

– Wird der Verkauf eines Anteils an einer Kapitalgesellschaft durch die Parteien des Kaufvertrages wegen Wegfalls der Geschäftsgrundlage tatsächlich und vollständig rückgängig gemacht, kann dieses Ereignis steuerlich auf den Zeitpunkt der Veräußerung zurückwirken (>BFH vom 28.10.2009 – BStBl II 2010 S. 539).

Teilentgeltliche Übertragung

Die Übertragung von Anteilen an einer Kapitalgesellschaft bei einer Beteiligung von mindestens 1 % im Wege einer gemischten Schenkung ist nach dem Verhältnis der tatsächlichen Gegenleistung zum Verkehrswert der übertragenen Anteile in eine voll entgeltliche Anteilsübertragung (Veräußerung i. S. d. § 17 Abs. 1 Satz 1 und Abs. 2 Satz 1) und eine voll unentgeltliche Anteilsübertragung (i. S. d. § 17 Abs. 1 Satz 4 und Abs. 2 Satz 5) aufzuteilen (>BFH vom 17.07.1980 – BStBl II 1981 S. 11).

Umwandlung nach ausländischem Recht

Als Auflösung i. S. d. § 17 Abs. 4 ist die Umwandlung einer ausländischen Kapitalgesellschaft in eine Personengesellschaft anzusehen, wenn das maßgebende ausländische Recht in der Umwandlung eine Auflösung sieht (>BFH vom 22.02.1989 – BStBl II S. 794).

Vereinbarungstreuhand

Der Verlust aus der entgeltlichen Übertragung einer Beteiligung i. S. d. § 17 Abs. 1 Satz 1 im Wege einer Vereinbarungstreuhand ist steuerrechtlich nur zu berücksichtigen, wenn die Beteiligung nach der Vereinbarung künftig fremdnützig für den Treugeber gehalten werden soll und die tatsächliche Durchführung der Vereinbarung vom Veräußerer nachgewiesen wird. Bei der Prüfung, ob ein Treuhandverhältnis tatsächlich gegeben ist, ist ein strenger Maßstab anzulegen (>BFH vom 15.07.1997 – BStBl II 1998 S. 152).

Vorbehaltsnießbrauch
Die Übertragung von Anteilen an Kapitalgesellschaften im Wege der vorweggenommenen Erbfolge unter Vorbehalt eines Nießbrauchsrechts stellt keine Veräußerung i. S. d. § 17 Abs. 1 dar. Dies gilt auch dann, wenn das Nießbrauchsrecht später abgelöst wird und der Nießbraucher für seinen Verzicht eine Abstandszahlung erhält, sofern der Verzicht auf einer neuen Entwicklung der Verhältnisse beruht (>BFH vom 14.06.2005 – BStBl II 2006 S. 15 und vom 18.11.2014 – BStBl II 2015 S. 224).

Wertloser Anteil
Als Veräußerung kann auch die Übertragung eines wertlosen GmbH-Anteils angesehen werden (>BFH vom 05.03.1991 – BStBl II S. 630 und vom 18.08.1992 – BStBl II 1993 S. 34).

Wirtschaftliches Eigentum
– Der Übergang des wirtschaftlichen Eigentums an einem Kapitalgesellschaftsanteil ist nach § 39 AO zu beurteilen (>BFH vom 17.02.2004 – BStBl II S. 651 und vom 09.10.2008 – BStBl II 2009 S. 140). Dies gilt auch anlässlich der Begründung von Unterbeteiligungsrechten an dem Anteil (>BFH vom 18.05.2005 – BStBl II S. 857).
– Bei dem Verkauf einer Beteiligung geht das wirtschaftliche Eigentum jedenfalls dann über, wenn der Käufer des Anteils aufgrund eines (bürgerlich-rechtlichen) Rechtsgeschäfts bereits eine rechtlich geschützte, auf den Erwerb des Rechts gerichtete Position erworben hat, die ihm gegen seinen Willen nicht mehr entzogen werden kann, und die mit dem Anteil verbundenen wesentlichen Rechte sowie das Risiko der Wertminderung und die Chance einer Wertsteigerung auf ihn übergegangen sind. Diese Voraussetzungen müssen nicht in vollem Umfang erfüllt sein; entscheidend ist das Gesamtbild der Verhältnisse (>BFH vom 11.07.2006 – BStBl II 2007 S. 296).
– Bei dem Verkauf des Geschäftsanteils an einer GmbH ist regelmäßig erforderlich, dass dem Erwerber das Gewinnbezugsrecht und das Stimmrecht eingeräumt werden. Für den Übergang des Stimmrechts ist ausreichend, dass der Veräußerer verpflichtet ist, bei der Stimmabgabe die Interessen des Erwerbers wahrzunehmen (>BFH vom 17.02.2004 – BStBl II S. 651).
– Auch eine kurze Haltezeit kann wirtschaftliches Eigentum begründen, wenn dem Stpfl. der in der Zeit seiner Inhaberschaft erwirtschaftete Erfolg (einschl. eines Substanzwertzuwachses) zusteht (>BFH vom 18.05.2005 – BStBl II S. 857).

§ 17 EStG
R 17 H 17 (4)

- Erwerbsoptionen können die Annahme wirtschaftlichen Eigentums nur begründen, wenn nach dem typischen und für die wirtschaftliche Beurteilung maßgeblichen Geschehensablauf tatsächlich mit einer Ausübung des Optionsrechts gerechnet werden kann (>BFH vom 04.07.2007 – BStBl II S. 937). Hierauf kommt es nicht an, wenn nicht nur dem Käufer ein Ankaufsrecht, sondern auch dem Verkäufer ein Andienungsrecht im Überschneidungsbereich der vereinbarten Optionszeiträume zum selben Optionspreis eingeräumt wird, sog. wechselseitige Option oder Doppeloption (>BFH vom 11.07.2006 – BStBl II 2007 S. 296).
- Auch eine einjährige Veräußerungssperre von erhaltenen Anteilen hindert den Übergang des wirtschaftlichen Eigentums nicht (>BFH vom 28.10.2008 – BStBl II 2009 S. 45).
- Ein zivilrechtlicher Durchgangserwerb (in Gestalt einer logischen Sekunde) hat nicht zwangsläufig auch einen steuerrechtlichen Durchgangserwerb i. S. d. Innehabens wirtschaftlichen Eigentums in der Person des zivilrechtlichen Durchgangserwerbers zur Folge (>BFH vom 26.01.2011 – BStBl II S. 540).
- Besteht die Position eines Gesellschafters allein in der gebundenen Mitwirkung an einer inkongruenten Kapitalerhöhung, vermittelt sie kein wirtschaftliches Eigentum an einem Gesellschaftsanteil (>BFH vom 25.05.2011 – BStBl II 2012 S. 3).
- Werden im Rahmen eines Gesamtvertragskonzepts (= mehrere zeitgleich abgeschlossene, korrespondierende Verträge) GmbH-Anteile übertragen und deren Höhe durch eine Kapitalerhöhung auf weniger als 1 % reduziert, vermittelt die einer Kapitalerhöhung vorgreifliche Anteilsübertragung kein wirtschaftliches Eigentum an einer Beteiligung i. S. v. § 17, wenn nach dem Gesamtvertragskonzept die mit der übertragenen Beteiligung verbundenen Rechte von vornherein nur für eine Beteiligung von weniger als 1 % übergehen sollten (>BFH vom 05.10.2011 – BStBl II 2012 S. 318).
- Wem Gesellschaftsanteile im Rahmen einer vorweggenommenen Erbfolge unter dem Vorbehalt des Nießbrauchs übertragen werden, erwirbt sie nicht i. S. v. § 17 Abs. 2 Satz 5, wenn sie weiterhin dem Nießbraucher nach § 39 Abs. 2 Nr. 1 AO zuzurechnen sind, weil dieser nach dem Inhalt der getroffenen Abrede alle mit der Beteiligung verbundenen wesentlichen Rechte (Vermögens- und Verwaltungsrechte) ausüben und im Konfliktfall effektiv durchsetzen kann (>BFH vom 24.01.2012 – BStBl II S. 308).

R 17 (5) Anschaffungskosten der Anteile

(5) [1]Eine Kapitalerhöhung aus Gesellschaftsmitteln erhöht die Anschaffungskosten der Beteiligung nicht. [2]Die Anschaffungskosten sind nach dem Verhältnis der Nennbeträge auf die vor der Kapitalerhöhung erworbe-

nen Anteile und die neuen Anteile zu verteilen (>§ 3 Kapitalerhöhungssteuergesetz). ³Für Anteile i. S. d. § 17 Abs. 1 EStG, die sich in Girosammelverwahrung befinden, sind die Anschaffungskosten der veräußerten Anteile nicht nach dem Fifo-Verfahren, sondern nach den durchschnittlichen Anschaffungskosten sämtlicher Anteile derselben Art zu bestimmen.

Hinweise	H 17 (5)

Ablösung eines Vorbehaltsnießbrauchs
Zahlungen für die Ablösung eines Vorbehaltsnießbrauchs an einer Beteiligung i. S. v. § 17 stellen nachträgliche Anschaffungskosten auf die Beteiligung dar (>BFH vom 18.11.2014 – BStBl II 2015 S. 224).

Absenkung der Beteiligungsgrenze
Bei der Ermittlung des Veräußerungsgewinns ist der gemeine Wert der Anteile zum Zeitpunkt der Absenkung der Beteiligungsgrenze anzusetzen (>BVerfG vom 07.07.2010 – BStBl II 2011 S. 86 und BMF vom 20.12.2010 – BStBl I 2011 S. 16 unter Berücksichtigung der Änderungen durch BMF vom 16.12.2015 – BStBl I S. 10). *Anhang 6 II*

Bezugsrechte/Gratisaktien
– Das anlässlich einer Kapitalerhöhung entstehende konkrete Bezugsrecht auf neue Aktien führt zu einer Abspaltung der im Geschäftsanteil verkörperten Substanz und damit auch zu einer Abspaltung eines Teils der ursprünglichen Anschaffungskosten für die Altanteile. Dieser Teil ist dem Bezugsrecht zuzuordnen (>BFH vom 19.04.2005 – BStBl II S. 762).

– Werden Kapitalgesellschaftsanteile im Anschluss an eine mit der Gewährung von kostenlosen Bezugsrechten oder von Gratisaktien verbundene Kapitalerhöhung veräußert, sind die ursprünglichen Anschaffungskosten der Kapitalgesellschaftsanteile um den auf die Bezugsrechte oder die Gratisaktien entfallenden Betrag nach der Gesamtwertmethode zu kürzen (>BFH vom 19.12.2000 – BStBl II 2001 S. 345).

Bürgschaft
– Die Bürgschaftsverpflichtung eines zahlungsunfähigen Gesellschafters erhöht nicht die Anschaffungskosten seiner Beteiligung (>BFH vom 08.04.1998 – BStBl II S. 660).

– Wird ein Gesellschafter vom Gläubiger der Kapitalgesellschaft aus einer Bürgschaft in Anspruch genommen und begleicht er seine Schuld vereinbarungsgemäß ratierlich, können nachträgliche Anschaffungskosten nur i. H. d. Tilgungsanteils entstehen. Eine Teilzahlungsvereinbarung wirkt als rückwirkendes Ereignis i. S. v. § 175 Abs. 1 Satz 1 Nr. 2 AO auf den Zeitpunkt des Entstehens eines Veräußerungs- oder

Auflösungsverlusts zurück (>BFH vom 20.11.2012 – BStBl II 2013 S. 378).

– *Zur Berücksichtigung von Ausfällen von Bürgschaftsregressforderungen als nachträgliche Anschaffungskosten i. S. d. § 17 Abs. 2a >BMF vom 07.06.2022 (BStBl I S. 897)*

– >Drittaufwand

Drittaufwand

– Wird einer GmbH durch einen nahen Angehörigen eines Gesellschafters ein Darlehen gewährt und kann die GmbH das Darlehen wegen Vermögenslosigkeit nicht zurückzahlen, kann der Wertverlust der Darlehensforderung bei der Ermittlung des Auflösungsgewinns des Gesellschafters nicht als nachträgliche Anschaffungskosten der Beteiligung berücksichtigt werden. Gesondert zu prüfen ist, ob dem Gesellschafter das Darlehen unmittelbar zuzurechnen ist (>BFH vom 12.12.2000 – BStBl II 2001 S. 286).

– Die Inanspruchnahme des Ehegatten des Alleingesellschafters einer GmbH aus der Bürgschaft für ein der Gesellschaft in einer wirtschaftlichen Krise durch eine Bank gewährtes Darlehen erhöht die Anschaffungskosten der Beteiligung des Gesellschafters, soweit dieser verpflichtet ist, dem Ehegatten die Aufwendungen zu ersetzen (>BFH vom 12.12.2000 – BStBl II 2001 S. 385).

– Hat eine GmbH I, die vom Ehemann der Mehrheitsgesellschafterin einer weiteren GmbH (GmbH II) beherrscht wird, der GmbH II als „Darlehen" bezeichnete Beträge überlassen, die bei dem beherrschenden Gesellschafter der GmbH I als vGA besteuert worden sind, erhöht die Gewährung des „Darlehens" als mittelbare verdeckte Einlage die Anschaffungskosten der Mehrheitsgesellschafterin der GmbH II auf ihre Beteiligung (>BFH vom 12.12.2000 – BStBl II 2001 S. 234).

Gesellschafterdarlehen

Zur ertragsteuerlichen Behandlung von Gesellschafterdarlehen (§ 17 Abs. 2a) >BMF vom 07.06.2022 (BStBl I S. 897)

Gewinnvortrag und Jahresüberschuss

Wird ein Anteil an einer Kapitalgesellschaft veräußert, stellt der nicht ausgeschüttete Anteil am Gewinn dieser Kapitalgesellschaft keine Anschaffungskosten dar (>BFH vom 08.02.2011 – BStBl II S. 684).

Gutachtenkosten

>H 20.1 (Anschaffungskosten)

Kapitalerhöhung gegen Einlage

Eine Kapitalerhöhung gegen Einlage führt bei den bereits bestehenden Anteilen zu einer Substanzabspaltung mit der Folge, dass Anschaffungs-

§ 17 EStG
H 17 (5)

kosten der Altanteile im Wege der Gesamtwertmethode teilweise den Bezugsrechten bzw. den neuen Anteilen zuzuordnen sind (>BFH vom 21.01.1999 – BStBl II S. 638).

Kapitalrücklage
– Die Einzahlung eines Gesellschafters in die Kapitalrücklage einer Gesellschaft, die dem deutschen Handelsrecht unterliegt, ist eine Einlage in das Gesellschaftsvermögen und erhöht die Anschaffungskosten seiner Beteiligung. Ist die empfangende Gesellschaft eine ausländische, ist nach dem jeweiligen ausländischen Handelsrecht zu beurteilen, ob die Einzahlung in die Kapitalrücklage die Anschaffungskosten der Beteiligung an der Gesellschaft erhöht oder zur Entstehung eines selbstständigen Wirtschaftsguts „Beteiligung an der Kapitalrücklage" führt (>BFH vom 27.04.2000 – BStBl II 2001 S. 168).

– Einzahlungen in die Kapitalrücklage führen zu nachträglichen Anschaffungskosten des Gesellschafters auf seine Beteiligung, selbst wenn sie zur Vermeidung einer Bürgschaftsinanspruchnahme geleistet und die Einzahlungen von der Kapitalgesellschaft zur Tilgung der zugrunde liegenden Verbindlichkeiten verwendet werden (>BFH vom 20.07.2018 – BStBl II 2019 S. 194).

Nachweis der Kapitaleinzahlung
Der Nachweis der Einzahlung einer Stammeinlage im Hinblick auf daraus resultierende Anschaffungskosten i. S. v. § 17 Abs. 2 muss nach langem Zeitablauf seit Eintragung der GmbH nicht zwingend allein durch den entsprechenden Zahlungsbeleg geführt werden. Vielmehr sind alle Indizien im Rahmen einer Gesamtwürdigung zu prüfen (>BFH vom 08.02.2011 – BStBl II S. 718).

Rückbeziehung von Anschaffungskosten
– Fallen nach der Veräußerung der Beteiligung noch Aufwendungen an, die nachträgliche Anschaffungskosten der Beteiligung sind, sind sie nach § 175 Abs. 1 Satz 1 Nr. 2 AO zu dem Veräußerungszeitpunkt zu berücksichtigen (>BFH vom 02.10.1984 – BStBl II 1985 S. 428).

– Fallen im Rahmen einer Nachtragsliquidation Aufwendungen an, die nachträgliche Anschaffungskosten der Beteiligung sind, handelt es sich um ein nachträgliches Ereignis, das die Höhe des Auflösungsgewinns oder -verlusts beeinflusst und nach § 175 Abs. 1 Satz 1 Nr. 2 AO zurück zu beziehen ist (>BFH vom 01.07.2014 – BStBl II S. 786).

Rückzahlung aus Kapitalherabsetzung
Setzt die Körperschaft ihr Nennkapital zum Zweck der Kapitalrückzahlung herab (§ 222 AktG, § 58 GmbHG), mindern die Rückzahlungsbeträge, soweit sie nicht Einnahmen i. S. d. § 20 Abs. 1 Nr. 2 sind, nachträglich die Anschaffungskosten der Anteile (>BFH vom 29.06.1995 – BStBl II S. 725).

Rückzahlung einer offenen Gewinnausschüttung
Die Rückzahlung einer offenen Gewinnausschüttung führt zu nachträglichen Anschaffungskosten der Beteiligung (>BFH vom 29.08.2000 – BStBl II 2001 S. 173).

Schadensersatzleistungen
Leistet eine Wirtschaftsprüfungsgesellschaft wegen eines fehlerhaften Bestätigungsvermerks im Rahmen eines Vergleichs Schadensersatz an den Erwerber von Gesellschaftsanteilen, mindert dies beim Erwerber nicht die Anschaffungskosten der Anteile. Hat der Erwerber die Anteile bereits veräußert, erhöht die Zahlung der Wirtschaftsprüfungsgesellschaft auch nicht den Veräußerungserlös (>BFH vom 04.10.2016 – BStBl II 2017 S. 316).

Tilgung einer Verbindlichkeit nach Vollbeendigung der Gesellschaft
Als nachträgliche Anschaffungskosten können Aufwendungen des Stpfl. nur berücksichtigt werden, wenn sie sich auf die konkrete Beteiligung beziehen. Befriedigt ein Gesellschafter einer Kapitalgesellschaft einen Gläubiger dieser Kapitalgesellschaft, obwohl diese Verbindlichkeit wegen der Vollbeendigung der Kapitalgesellschaft nicht mehr besteht, ist der entsprechende Aufwand nicht (mehr) durch das Gesellschaftsverhältnis veranlasst und es liegen daher keine nachträglichen Anschaffungskosten vor (>BFH vom 09.06.2010 – BStBl II S. 1102).

Veräußerung nach Überführung in das Privatvermögen
Veräußert ein Gesellschafter Anteile an einer Kapitalgesellschaft, die er zuvor aus seinem Betriebsvermögen in sein Privatvermögen überführt hat, tritt der Teilwert oder der gemeine Wert dieser Anteile zum Zeitpunkt der Entnahme nur dann an die Stelle der (historischen) Anschaffungskosten, wenn durch die Entnahme die stillen Reserven tatsächlich aufgedeckt und bis zur Höhe des Teilwerts oder gemeinen Werts steuerrechtlich erfasst sind oder noch erfasst werden können (>BFH vom 13.04.2010 – BStBl II S. 790).

Verdeckte Einlage
– Begriff >H 4.3 (1)
– Zu den Anschaffungskosten i. S. d. § 17 Abs. 2 Satz 1 gehören neben dem Anschaffungspreis der Anteile auch **weitere in Bezug auf die Anteile getätigte Aufwendungen,** wenn sie durch das Gesellschaftsverhältnis veranlasst und weder Werbungskosten noch Veräußerungskosten sind, wie z. B. Aufwendungen, die als verdeckte Einlagen zur Werterhöhung der Anteile beigetragen haben (>BFH vom 12.02.1980 – BStBl II S. 494).
– Zu den Anschaffungskosten i. S. d. § 17 Abs. 2 Satz 1 gehört auch der gemeine Wert von Anteilen i. S. d. § 17, die verdeckt in eine Kapitalgesellschaft, an der nunmehr eine Beteiligung i. S. d. § 17 Abs. 1 Satz 1

besteht, eingebracht worden sind. Dies gilt auch dann, wenn die verdeckte Einlage vor dem 01.01.1992 erfolgt ist (>BFH vom 18.12.2001 – BStBl II 2002 S. 463).

– >Drittaufwand

Wahlrecht bei teilweiser Veräußerung von GmbH-Anteilen
Wird die Beteiligung nicht insgesamt veräußert und wurden die **Anteile zu verschiedenen Zeitpunkten und zu verschiedenen Preisen erworben,** kann der Stpfl. bestimmen, welche Anteile oder Teile davon er veräußert. Für die Ermittlung des Veräußerungsgewinns (-verlustes) sind die tatsächlichen Anschaffungskosten dieser Anteile maßgebend (>BFH vom 10.10.1978 – BStBl II 1979 S. 77).

Wertzuwachs vor Begründung der unbeschränkten Steuerpflicht (Zuzugsfall)
Der bis zum Zeitpunkt der Begründung der unbeschränkten Steuerpflicht entstandene Vermögenszuwachs hat nicht i. S. d. § 17 Abs. 2 Satz 3 aufgrund gesetzlicher Bestimmungen des Wegzugsstaats im Wegzugsstaat einer der Steuer nach § 6 AStG vergleichbaren Steuer unterlegen, wenn dort keine Steuer festgesetzt worden ist (>BFH vom 26.10.2021 – BStBl II 2022 S. 172).

Veräußerungskosten

(6) Veräußerungskosten i. S. d. § 17 Abs. 2 EStG sind alle durch das Veräußerungsgeschäft veranlassten Aufwendungen.

Hinweise

Fehlgeschlagene Veräußerung
Die Kosten der fehlgeschlagenen Veräußerung einer Beteiligung i. S. d. § 17 Abs. 1 Satz 1 können weder als Veräußerungskosten nach § 17 Abs. 2 Satz 1 noch als Werbungskosten bei den Einkünften aus Kapitalvermögen berücksichtigt werden (>BFH vom 17.04.1997 – BStBl II 1998 S. 102).

Verständigungsverfahren
Aufwendungen eines beschränkt Stpfl. im Zusammenhang mit einem Verständigungsverfahren wegen des Besteuerungsrechts hinsichtlich eines Gewinns aus der Veräußerung einer GmbH-Beteiligung stellen keine Veräußerungskosten dar (>BFH vom 09.10.2013 – BStBl II 2014 S. 102).

Veräußerungsgewinn

(7) [1]Für eine in Fremdwährung angeschaffte oder veräußerte Beteiligung i. S. d. § 17 Abs. 1 Satz 1 EStG sind die Anschaffungskosten, der Veräußerungspreis und die Veräußerungskosten jeweils im Zeitpunkt ihrer

Entstehung aus der Fremdwährung in Euro umzurechnen. ²Wird eine Beteiligung i. S. d. § 17 Abs. 1 Satz 1 EStG gegen eine Leibrente oder gegen einen in Raten zu zahlenden Kaufpreis veräußert, gilt R 16 Abs. 11 entsprechend mit der Maßgabe, dass der Ertrags- oder Zinsanteil nach § 22 Nr. 1 Satz 3 Buchstabe a Doppelbuchstabe bb oder § 20 Abs. 1 Nr. 7 EStG zu erfassen ist.

Hinweise

H 17 (7)

Anteilstausch

Beim Tausch von Anteilen an Kapitalgesellschaften bestimmt sich der Veräußerungspreis i. S. d. § 17 Abs. 2 Satz 1 nach dem gemeinen Wert der erhaltenen Anteile. Für die Bewertung kommt es auf die Verhältnisse im Zeitpunkt der Erfüllung der Gegenleistungspflicht an, wenn diese von den Verhältnissen im Zeitpunkt der Entstehung des Veräußerungsgewinns abweichen. Eine Veränderung der wertbestimmenden Umstände wirkt materiell-rechtlich auf den Zeitpunkt der Entstehung des Veräußerungsgewinns zurück. Eine Veräußerungsbeschränkung ist bei der Bewertung nur zu berücksichtigen, wenn sie im Wirtschaftsgut selbst gründet und für alle Verfügungsberechtigten gilt (>BFH vom 28.10.2008 – BStBl II 2009 S. 45 und vom 13.10.2015 – BStBl II 2016 S. 212).

Auflösung und Kapitalherabsetzung

– Der Zeitpunkt der Gewinnverwirklichung ist bei einer Auflösung mit anschließender Liquidation normalerweise der Zeitpunkt des Abschlusses der Liquidation; erst dann steht fest, ob und in welcher Höhe der Gesellschafter mit einer Zuteilung und Rückzahlung von Vermögen der Gesellschaft rechnen kann, und ferner, welche nachträglichen Anschaffungskosten der Beteiligung anfallen und welche Veräußerungskosten/Auflösungskosten der Gesellschafter persönlich zu tragen hat. Ausnahmsweise kann der Zeitpunkt, in dem der Veräußerungsverlust realisiert ist, schon vor Abschluss der Liquidation liegen, wenn mit einer wesentlichen Änderung des bereits feststehenden Verlustes nicht mehr zu rechnen ist (>BFH vom 25.01.2000 – BStBl II S. 343). Dies gilt auch dann, wenn später eine Nachtragsliquidation angeordnet wird (>BFH vom 01.07.2014 – BStBl II S. 786). Bei der Prüfung, ob mit einer Auskehrung von Gesellschaftsvermögen an den Gesellschafter und mit einer wesentlichen Änderung der durch die Beteiligung veranlassten Aufwendungen nicht mehr zu rechnen ist, sind auch Sachverhalte zu berücksichtigen, die die Kapitalgesellschaft oder den Gesellschafter – wenn er Kaufmann wäre – zur Bildung einer Rückstellung verpflichten würden (>BFH vom 27.11.2001 – BStBl II 2002 S. 731).

– Ohne unstreitige greifbare Anhaltspunkte für eine Vermögenslosigkeit der Gesellschaft nach den vorstehenden Grundsätzen oder einen Auflösungsbeschluss der Gesellschafter entsteht ein Auflösungsverlust erst zum Zeitpunkt der Löschung der Gesellschaft im Handelsregister (>BFH vom 21.01.2004 – BStBl II S. 551).

– Zum Veräußerungspreis i. S. d. § 17 Abs. 4 Satz 2 gehört auch die (anteilige) Rückzahlung des Stammkapitals (>BFH vom 06.05.2014 – BStBl II S. 682).
– Rückzahlung aus Kapitalherabsetzung >H 6.2, H 17 (5)

Besserungsoption
Vereinbaren die Vertragsparteien beim Verkauf eines Anteils an einer Kapitalgesellschaft eine Besserungsoption, welche dem Verkäufer ein Optionsrecht auf Abschluss eines Änderungsvertrages zum Kaufvertrag mit dem Ziel einer nachträglichen Beteiligung an der Wertentwicklung des Kaufgegenstands einräumt, stellt die spätere Ausübung des Optionsrechts kein rückwirkendes Ereignis dar (>BFH vom 23.05.2012 – BStBl II S. 675).

Bewertung von Anteilen an Kapitalgesellschaften
Bei der Bewertung von Anteilen an Kapitalgesellschaften sind die bewertungsrechtlichen Regelungen gem. den gleich lautenden Erlassen der obersten Finanzbehörden der Länder vom 17.05.2011 (BStBl I S. 606) zu den §§ 11, 95 bis 109 und 199 ff. BewG für ertragsteuerliche Zwecke entsprechend anzuwenden (>BMF vom 22.09.2011 – BStBl I S. 859).

Fehlgeschlagene Gründung
Im Zusammenhang mit der fehlgeschlagenen Gründung einer Kapitalgesellschaft entstandene Kosten können jedenfalls dann nicht als Liquidationsverlust i. S. d. § 17 Abs. 4 abgezogen werden, wenn lediglich eine Vorgründungsgesellschaft bestanden hat (>BFH vom 20.04.2004 – BStBl II S. 597).

Fremdwährung
Zur Berechnung des Veräußerungsgewinns aus einer in ausländischer Währung angeschafften und veräußerten Beteiligung an einer Kapitalgesellschaft sind die Anschaffungskosten, der Veräußerungspreis und die Veräußerungskosten zum Zeitpunkt ihres jeweiligen Entstehens in Euro umzurechnen und nicht lediglich der Saldo des in ausländischer Währung errechneten Veräußerungsgewinns/Veräußerungsverlustes zum Zeitpunkt der Veräußerung (>BFH vom 24.01.2012 – BStBl II S. 564).

Kapitalerhöhung
Erwirbt ein Anteilseigner, nachdem der Umfang seiner Beteiligung auf unter 1 % gesunken ist, bei einer Kapitalerhöhung weitere Geschäftsanteile hinzu, ohne dass sich der %-Satz seiner Beteiligung ändert, dann ist auch der auf diese Anteile entfallende Veräußerungsgewinn gem. § 17 zu erfassen (>BFH vom 10.11.1992 – BStBl II 1994 S. 222).

Rückkaufsrecht
Die Vereinbarung eines Rückkaufsrechts steht der Annahme eines Veräußerungsgeschäfts nicht entgegen. Zum Veräußerungspreis gehört auch

der wirtschaftliche Vorteil eines Rückkaufsrechts mit wertmäßig beschränktem Abfindungsanspruch (>BFH vom 07.03.1995 – BStBl II S. 693).

Stichtagsbewertung
Der Veräußerungsgewinn i. S. d. § 17 Abs. 2 entsteht im Zeitpunkt der Veräußerung. Bei der Ermittlung des Veräußerungsgewinns ist für alle beeinflussenden Faktoren eine Stichtagsbewertung i. d. R. auf den Zeitpunkt der Veräußerung vorzunehmen. Das Zuflussprinzip des § 11 gilt insoweit nicht. Für die Bewertung kommt es aber auf die Verhältnisse im Zeitpunkt der Erfüllung der Gegenleistungspflicht an, wenn diese von den Verhältnissen im Zeitpunkt der Entstehung des Veräußerungsgewinns abweichen. Eine Veränderung der wertbestimmenden Umstände wirkt materiell-rechtlich auf den Zeitpunkt der Entstehung des Veräußerungsgewinns zurück (>BFH vom 13.10.2015 – BStBl II 2016 S. 212).

Veräußerung gegen wiederkehrende Leistungen
- >BMF vom 03.08.2004 (BStBl I S. 1187), aber bei Wahl der Zuflussbesteuerung richtet sich die Besteuerung nach dem im Zeitpunkt des Zuflusses geltenden Recht. § 3 Nr. 40 Satz 1 Buchst. c Satz 1 ist bei einer Veräußerung gegen wiederkehrende Leistung und Wahl der Zuflussbesteuerung auch dann anwendbar, wenn die Veräußerung vor Einführung des § 3 Nr. 40 stattgefunden hat und diese Vorschrift im Zeitpunkt des Zuflusses für laufende Ausschüttungen aus der Gesellschaft anwendbar gewesen wäre (>BFH vom 18.11.2014 – BStBl II 2015 S. 526).
- Eine wahlweise Zuflussbesteuerung des Veräußerungsgewinns kommt nur in Betracht, wenn die wiederkehrenden Leistungen Versorgungscharakter haben. Fehlt es daran, entsteht der Gewinn im Zeitpunkt der Veräußerung (>BFH vom 20.07.2010 – BStBl II S. 969).
- >H 17 (4) Entstehung des Veräußerungsgewinns

Veräußerungspreis
- Bei rechtlich, wirtschaftlich und zeitlich verbundenen Erwerben von Aktienpaketen durch denselben Erwerber zu unterschiedlichen Entgelten muss der Veräußerungspreis für das einzelne Paket für steuerliche Zwecke abweichend von der zivilrechtlichen Vereinbarung aufgeteilt werden, wenn sich keine kaufmännisch nachvollziehbaren Gründe für die unterschiedliche Preisgestaltung erkennen lassen (>BFH vom 04.07.2007 – BStBl II S. 937).
- Verkauft eine Kapitalgesellschaft an einen ausscheidenden Gesellschafter im unmittelbaren wirtschaftlichen Zusammenhang mit der Anteilsveräußerung auf Veranlassung des Anteilserwerbers ein Grundstück zu einem unter dem Verkehrswert liegenden Preis, gehört der sich daraus für den Anteilsveräußerer ergebende geldwerte Vorteil zum Veräußerungspreis für den Anteil (>BFH vom 27.08.2014 – BStBl II 2015 S. 249).

§ 17 EStG
H 17 (7), (8) R 17

Veräußerungsverlust
- War der Stpfl. nicht während der gesamten letzten fünf Jahre i. S. d. § 17 Abs. 1 Satz 1 beteiligt, ist ein Veräußerungsverlust nach § 17 Abs. 2 Satz 6 Buchst. b nur insoweit anteilig zu berücksichtigen, als er auf die im Fünfjahreszeitraum erworbenen Anteile entfällt, deren Erwerb zu einer Beteiligung i. S. d. § 17 Abs. 1 Satz 1 geführt hat (>BFH vom 20.04.2004 – BStBl II S. 556).
- Ein Auflösungsverlust i. S. d. § 17 Abs. 2 Satz 6 und Abs. 4 ist auch zu berücksichtigen, wenn der Stpfl. eine Beteiligung i. S. d. § 17 Abs. 1 Satz 1 an einer Kapitalgesellschaft erwirbt und die Beteiligung innerhalb der letzten fünf Jahre vor der Auflösung der Gesellschaft unter die Beteiligungsgrenze des § 17 Abs. 1 Satz 1 abgesenkt wird (>BFH vom 01.04.2009 – BStBl II S. 810).
- Die verlustbringende Veräußerung eines Anteils an einer Kapitalgesellschaft an einen Mitanteilseigner ist nicht deshalb rechtsmissbräuchlich i. S. d. § 42 AO, weil der Veräußerer in engem zeitlichen Zusammenhang von einem anderen Anteilseigner dessen in gleicher Höhe bestehenden Anteil an derselben Kapitalgesellschaft erwirbt (>BFH vom 07.12.2010 – BStBl II 2011 S. 427).

Wettbewerbsverbot
Wird im Zusammenhang mit der Veräußerung einer Beteiligung i. S. d. § 17 Abs. 1 Satz 1 an einer Kapitalgesellschaft ein Wettbewerbsverbot mit eigener wirtschaftlicher Bedeutung vereinbart, gehört die Entschädigung für das Wettbewerbsverbot nicht zu dem Veräußerungspreis i. S. d. § 17 Abs. 2 Satz 1 (>BFH vom 21.09.1982 – BStBl II 1983 S. 289).

Einlage einer wertgeminderten Beteiligung **R 17 (8)**
– unbesetzt –

Hinweise

H 17 (8)

Einlage einer wertgeminderten Beteiligung/wertgeminderten Forderung
- Bei Einbringung einer wertgeminderten Beteiligung i. S. d. § 17 Abs. 1 Satz 1 aus dem Privatvermögen in das betriebliche Gesamthandsvermögen einer Personengesellschaft gegen Gewährung von Gesellschaftsrechten entsteht ein Veräußerungsverlust, der im Zeitpunkt der Einbringung nach Maßgabe des § 17 Abs. 2 Satz 6 zu berücksichtigen ist (>BMF vom 29.03.2000 – BStBl I S. 462).
- Eine Beteiligung i. S. d. § 17, deren Wert im Zeitpunkt der Einlage in das Einzelbetriebsvermögen unter die Anschaffungskosten gesunken ist, ist mit den Anschaffungskosten einzulegen. Wegen dieses Wertverlusts kann eine Teilwertabschreibung nicht beansprucht werden. Die Wertminderung ist erst in dem Zeitpunkt steuermindernd zu berücksichtigen, in dem die Beteiligung veräußert wird oder gem. § 17 Abs. 4 als

Anhang 24 II 1

§ 17 EStG
R 17 H 17 (8)

veräußert gilt, sofern ein hierbei realisierter Veräußerungsverlust nach § 17 Abs. 2 zu berücksichtigen wäre (>BFH vom 02.09.2008 – BStBl II 2010 S. 162 und vom 29.11.2017 – BStBl II 2018 S. 426).

– Zur Einlage wertgeminderter Forderungen aus Gesellschafterdarlehen, die vor dem 01.01.2009 begründet wurden, im Zusammenhang mit der Einlage einer Beteiligung i. S. d. § 17 >BFH vom 29.11.2017 (BStBl II 2018 S. 426)

R 17 (9) **Freibetrag**

(9) Für die Berechnung des Freibetrags ist der nach § 3 Nr. 40 Satz 1 Buchstabe c i. V. m. § 3c Abs. 2 EStG steuerfrei bleibende Teil des Veräußerungsgewinns nicht zu berücksichtigen.

§ 18 EStG

c) Selbständige Arbeit (§ 2 Absatz 1 Satz 1 Nummer 3)

§ 18

(1) Einkünfte aus selbständiger Arbeit sind
1. Einkünfte aus freiberuflicher Tätigkeit. ²Zu der freiberuflichen Tätigkeit gehören die selbständig ausgeübte wissenschaftliche, künstlerische, schriftstellerische, unterrichtende oder erzieherische Tätigkeit, die selbständige Berufstätigkeit der Ärzte, Zahnärzte, Tierärzte, Rechtsanwälte, Notare, Patentanwälte, Vermessungsingenieure, Ingenieure, Architekten, Handelschemiker, Wirtschaftsprüfer, Steuerberater, beratenden Volks- und Betriebswirte, vereidigten Buchprüfer, Steuerbevollmächtigten, Heilpraktiker, Dentisten, Krankengymnasten, Journalisten, Bildberichterstatter, Dolmetscher, Übersetzer, Lotsen und ähnlicher Berufe. ³Ein Angehöriger eines freien Berufs im Sinne der Sätze 1 und 2 ist auch dann freiberuflich tätig, wenn er sich der Mithilfe fachlich vorgebildeter Arbeitskräfte bedient; Voraussetzung ist, dass er auf Grund eigener Fachkenntnisse leitend und eigenverantwortlich tätig wird. ⁴Eine Vertretung im Fall vorübergehender Verhinderung steht der Annahme einer leitenden und eigenverantwortlichen Tätigkeit nicht entgegen;
2. Einkünfte der Einnehmer einer staatlichen Lotterie, wenn sie nicht Einkünfte aus Gewerbebetrieb sind;
3. Einkünfte aus sonstiger selbständiger Arbeit, z. B. Vergütungen für die Vollstreckung von Testamenten, für Vermögensverwaltung und für die Tätigkeit als Aufsichtsratsmitglied;
4. Einkünfte, die ein Beteiligter an einer vermögensverwaltenden Gesellschaft oder Gemeinschaft, deren Zweck im Erwerb, Halten und in der Veräußerung von Anteilen an Kapitalgesellschaften besteht, als Vergütung für Leistungen zur Förderung des Gesellschafts- oder Gemeinschaftszwecks erzielt, wenn der Anspruch auf die Vergütung unter der Voraussetzung eingeräumt worden ist, dass die Gesellschafter oder Gemeinschafter ihr eingezahltes Kapital vollständig zurückerhalten haben; § 15 Absatz 3 ist nicht anzuwenden.

(2) Einkünfte nach Absatz 1 sind auch dann steuerpflichtig, wenn es sich nur um eine vorübergehende Tätigkeit handelt.

(3) ¹Zu den Einkünften aus selbständiger Arbeit gehört auch der Gewinn, der bei der Veräußerung des Vermögens oder eines selbständigen Teils des Vermögens oder eines Anteils am Vermögen erzielt wird, das der selbständigen Arbeit dient. ²§ 16 Absatz 1 Satz 1 Nummer 1 und 2 und Absatz 1 Satz 2 sowie Absatz 2 bis 4 gilt entsprechend.

S 2245

S 2246

S 2247

S 2248

S 2248-a

S 2249

§ 18 EStG
R 18.1   H 18.1

[1)]

(4) [1]§ 13 Absatz 5 gilt entsprechend, sofern das Grundstück im Veranlagungszeitraum 1986 zu einem der selbständigen Arbeit dienenden Betriebsvermögen gehört hat. [2]§ 15 Absatz 1 Satz 1 Nummer 2, Absatz 1a, Absatz 2 Satz 2 und 3, §§ 15a und 15b sind entsprechend anzuwenden.

R 18.1 — Abgrenzung der selbständigen Arbeit gegenüber anderen Einkunftsarten

Ärzte

(1) Die Vergütungen der Betriebsärzte, der Knappschaftsärzte, der nicht voll beschäftigten Hilfsärzte bei den Gesundheitsämtern, der Vertragsärzte und der Vertragstierärzte der Bundeswehr und anderer Vertragsärzte in ähnlichen Fällen gehören zu den Einkünften aus selbständiger Arbeit, unabhängig davon, ob neben der vertraglichen Tätigkeit eine eigene Praxis ausgeübt wird, es sei denn, dass besondere Umstände vorliegen, die für die Annahme einer nichtselbständigen Tätigkeit sprechen.

Erfinder

(2) [1]Planmäßige Erfindertätigkeit ist in der Regel freie Berufstätigkeit i. S. d. § 18 Abs. 1 Nr. 1 EStG, soweit die Erfindertätigkeit nicht im Rahmen eines Betriebs der Land- und Forstwirtschaft oder eines Gewerbebetriebs ausgeübt wird. [2]Wird die Erfindertätigkeit im Rahmen eines Arbeitsverhältnisses ausgeübt, dann ist der Arbeitnehmer als freier Erfinder zu behandeln, soweit er die Erfindung außerhalb seines Arbeitsverhältnisses verwertet. [3]Eine Verwertung außerhalb des Arbeitsverhältnisses ist auch anzunehmen, wenn ein Arbeitnehmer eine frei gewordene Diensterfindung seinem Arbeitgeber zur Auswertung überlässt, sofern der Verzicht des Arbeitgebers nicht als Verstoß gegen § 42 AO anzusehen ist.

H 18.1 — Hinweise

Allgemeines
- >R 15.1 (Selbständigkeit)
- >H 15.6
- >H 19.0 LStH
- >R 19.2 LStR 2015

Beispiele für selbständige Nebentätigkeit
- Beamter als Vortragender an einer Hochschule, Volkshochschule, Verwaltungsakademie oder bei Vortragsreihen ohne festen Lehrplan
- Rechtsanwalt als Honorarprofessor ohne Lehrauftrag

---

[1]) zur Anwendung des Absatzes 4 Satz 2 >§ 52 Abs. 26

§ 18 EStG
H 18.1

Die Einkünfte aus einer solchen Tätigkeit gehören i. d. R. zu den Einkünften aus selbständiger Arbeit i. S. d. § 18 Abs. 1 Nr. 1 (>BFH vom 04.10.1984 – BStBl II 1985 S. 51).

Gewinnerzielungsabsicht
Verluste über einen längeren Zeitraum sind für sich allein noch kein ausreichendes Beweisanzeichen für fehlende Gewinnerzielungsabsicht (>BFH vom 14.03.1985 – BStBl II S. 424).

Kindertagespflege
Zur ertragsteuerlichen Behandlung der Kindertagespflege >BMF vom 11.11.2016 (BStBl I S. 1236)

Anhang 19b

Lehrtätigkeit
Die nebenberufliche Lehrtätigkeit von Handwerksmeistern an Berufs- und Meisterschulen ist i. d. R. als Ausübung eines freien Berufs anzusehen, wenn sich die Lehrtätigkeit ohne besondere Schwierigkeit von der Haupttätigkeit trennen lässt (>BFH vom 27.01.1955 – BStBl III S. 229).

Nachhaltige Erfindertätigkeit
– Keine Zufallserfindung, sondern eine planmäßige (nachhaltige) Erfindertätigkeit liegt vor, wenn es nach einem spontan geborenen Gedanken weiterer Tätigkeiten bedarf, um die Erfindung bis zur Verwertungsreife zu entwickeln (>BFH vom 18.06.1998 – BStBl II S. 567).

– Liegt eine Zufallserfindung vor, führt allein die Anmeldung der Erfindung zum Patent noch nicht zu einer nachhaltigen Tätigkeit (>BFH vom 10.09.2003 – BStBl II 2004 S. 218).

Patentveräußerung gegen Leibrente
– **durch Erben des Erfinders:**
   Veräußert der Erbe die vom Erblasser als freiberuflichem Erfinder entwickelten Patente gegen Leibrente, so ist die Rente, sobald sie den Buchwert der Patente übersteigt, als laufende Betriebseinnahme und nicht als private Veräußerungsrente nur mit dem Ertragsanteil zu versteuern, es sei denn, dass die Patente durch eindeutige Entnahme vor der Veräußerung in das Privatvermögen überführt worden waren (>BFH vom 07.10.1965 – BStBl III S. 666).

– **bei anschließender Wohnsitzverlegung ins Ausland:**
   Laufende Rentenzahlungen können als nachträglich erzielte Einkünfte aus selbständiger Arbeit im Inland steuerpflichtig sein (>BFH vom 28.03.1984 – BStBl II S. 664).

Prüfungstätigkeit
Prüfungstätigkeit als Nebentätigkeit ist i. d. R. als Ausübung eines freien Berufs anzusehen (>BFH vom 14.03.1958 – BStBl III S. 255 und vom 02.04.1958 – BStBl III S. 293).

§ 18 EStG
R 18.2 H 18.1, 18.2

Wiederholungshonorare/Erlösbeteiligungen
Bei Wiederholungshonoraren und Erlösbeteiligungen, die an ausübende Künstler von Hörfunk- oder Fernsehproduktionen als Nutzungsentgelte für die Übertragung originärer urheberrechtlicher Verwertungsrechte gezahlt werden, handelt es sich nicht um Arbeitslohn, sondern um Einkünfte i. S. d. § 18 (>BFH vom 26.07.2006 – BStBl II S. 917).

R 18.2 Betriebsvermögen
– unbesetzt –

H 18.2 Hinweise

Aktienoption eines Aufsichtsratsmitglieds
Nimmt ein Aufsichtsrat einer nicht börsennotierten Aktiengesellschaft an einer Maßnahme zum Bezug neuer Aktien teil, die nur Mitarbeitern und Aufsichtsratsmitgliedern der Gesellschaft eröffnet ist, und hat er die Option, die von ihm gezeichneten Aktien innerhalb einer bestimmten Frist zum Ausgabekurs an die Gesellschaft zurückzugeben, erzielt er Einkünfte aus selbständiger Arbeit, wenn er die unter dem Ausgabepreis notierenden Aktien innerhalb der vereinbarten Frist zum Ausgabepreis an die Gesellschaft zurückgibt. Die Höhe der Einkünfte bemisst sich nach der Differenz zwischen Ausgabepreis und dem tatsächlichen Wert der Aktien im Zeitpunkt der Ausübung der Option. Der Zufluss erfolgt im Zeitpunkt der Ausübung der Option (>BFH vom 09.04.2013 – BStBl II S. 689).

Aufzeichnungspflicht
Eine Aufzeichnungspflicht von Angehörigen der freien Berufe kann sich z. B. ergeben aus:
- § 4 Abs. 3 Satz 5,
- § 6c bei Gewinnen aus der Veräußerung bestimmter Anlagegüter,
- § 7a Abs. 8 bei erhöhten Absetzungen und Sonderabschreibungen,
- § 41, Aufzeichnungspflichten beim Lohnsteuerabzug,
- § 22 UStG.

Betriebsausgabenpauschale
- Betriebsausgabenpauschale bei hauptberuflicher selbständiger schriftstellerischer oder journalistischer Tätigkeit, aus wissenschaftlicher, künstlerischer und schriftstellerischer Nebentätigkeit sowie aus nebenamtlicher Lehr- und Prüfungstätigkeit:
    Es ist nicht zu beanstanden, wenn bei der Ermittlung der vorbezeichneten Einkünfte die Betriebsausgaben wie folgt pauschaliert werden:
    a) bei hauptberuflicher selbständiger schriftstellerischer oder journalistischer Tätigkeit auf 30 % der Betriebseinnahmen aus dieser Tätigkeit, höchstens jedoch 2.455 € jährlich,

b) bei wissenschaftlicher, künstlerischer oder schriftstellerischer Nebentätigkeit (auch Vortrags- oder nebenberufliche Lehr- und Prüfungstätigkeit), soweit es sich nicht um eine Tätigkeit i. S. d. § 3 Nr. 26 handelt, auf 25 % der Betriebseinnahmen aus dieser Tätigkeit, höchstens jedoch 614 € jährlich. Der Höchstbetrag von 614 € kann für alle Nebentätigkeiten, die unter die Vereinfachungsregelung fallen, nur einmal gewährt werden.
Es bleibt den Stpfl. unbenommen, etwaige höhere Betriebsausgaben nachzuweisen.
(>BMF vom 21.01.1994 – BStBl I S. 112).

– Zur Höhe und Aufteilung der Betriebsausgabenpauschale bei Geldleistungen an Kindertagespflegepersonen >BMF vom 11.11.2016 (BStBl I S. 1236) [Anhang 19b]

Betriebsvermögen
– Ein Wirtschaftsgut kann nur dann zum freiberuflichen Betriebsvermögen gehören, wenn zwischen dem Betrieb oder Beruf und dem Wirtschaftsgut eine objektive Beziehung besteht; das Wirtschaftsgut muss bestimmt und geeignet sein, dem Betrieb zu dienen bzw. ihn zu fördern. Wirtschaftsgüter, die der freiberuflichen Tätigkeit wesensfremd sind und bei denen eine sachliche Beziehung zum Betrieb fehlt, sind kein Betriebsvermögen (>BFH vom 14.11.1985 – BStBl II 1986 S. 182).
– >Geldgeschäfte
– >Gewillkürtes Betriebsvermögen

Buchführung
Werden freiwillig Bücher geführt und regelmäßig Abschlüsse gemacht, ist der Gewinn nach § 4 Abs. 1 zu ermitteln. Ein nicht buchführungspflichtiger Stpfl., der nur Aufzeichnungen über Einnahmen und Ausgaben fertigt, kann nicht verlangen, dass sein Gewinn nach § 4 Abs. 1 ermittelt wird (>BFH vom 02.03.1978 – BStBl II S. 431). Zur Gewinnermittlung >R 4.1 bis R 4.7

Bürgschaft
Bürgschaftsaufwendungen eines Freiberuflers können ausnahmsweise Betriebsausgaben darstellen, wenn ein Zusammenhang mit anderen Einkünften ausscheidet und nachgewiesen wird, dass die Bürgschaftszusage ausschl. aus betrieblichen Gründen erteilt wurde (>BFH vom 24.08.1989 – BStBl II 1990 S. 17).

Geldgeschäfte
– Geldgeschäfte (Darlehensgewährung, Beteiligungserwerb etc.) sind bei Angehörigen der freien Berufe i. d. R. nicht betrieblich veranlasst, weil sie nicht dem Berufsbild eines freien Berufes entsprechen (>BFH vom 24.02.2000 – BStBl II S. 297). Ein Geldgeschäft ist nicht dem Betriebsvermögen eines Freiberuflers zuzuordnen, wenn es ein eigenes wirtschaftliches Gewicht hat. Dies ist aufgrund einer Abwägung der

nach außen erkennbaren Motive zu beantworten. Ein eigenes wirtschaftliches Gewicht ist anzunehmen, wenn bei einem Geldgeschäft die Gewinnung eines Auftraggebers lediglich ein erwünschter Nebeneffekt ist. Dagegen ist ein eigenes wirtschaftliches Gewicht zu verneinen, wenn das Geschäft ohne die Aussicht auf neue Aufträge nicht zustande gekommen wäre (>BFH vom 31.05.2001 – BStBl II S. 828).

– Die GmbH-Beteiligung eines Bildjournalisten kann nicht allein deshalb als notwendiges Betriebsvermögen des freiberuflichen Betriebs beurteilt werden, weil er 99 % seiner Umsätze aus Autorenverträgen mit der GmbH erzielt, wenn diese Umsätze nur einen geringfügigen Anteil der Geschäftstätigkeit der GmbH ausmachen und es wegen des Umfangs dieser Geschäftstätigkeit und der Höhe der Beteiligung des Stpfl. an der GmbH nahe liegt, dass es dem Stpfl. nicht auf die Erschließung eines Vertriebswegs für seine freiberufliche Tätigkeit, sondern auf die Kapitalanlage ankommt (>BFH vom 12.01.2010 – BStBl II S. 612).

Dem Betriebsvermögen eines Freiberuflers **kann zugeordnet** werden:

– die Darlehensforderung eines Steuerberaters, wenn das Darlehen zur Rettung von Honorarforderungen gewährt wurde (>BFH vom 22.04.1980 – BStBl II S. 571),
– die Beteiligung eines Baustatikers an einer Wohnungsbau-AG (>BFH vom 23.11.1978 – BStBl II 1979 S. 109),
– die Beteiligung eines Architekten an einer Bauträgergesellschaft, sofern dies unerlässliche Voraussetzung für die freiberufliche Tätigkeit ist (>BFH vom 14.01.1982 – BStBl II S. 345),
– die Beteiligung eines Mediziners, der Ideen und Rezepturen für medizinische Präparate entwickelt, an einer Kapitalgesellschaft, die diese Präparate als Lizenznehmerin vermarktet (>BFH vom 26.04.2001 – BStBl II S. 798).
– >Bürgschaft

Dem Betriebsvermögen eines Freiberuflers **kann nicht zugeordnet** werden:

– ein Geldgeschäft, das ein Rechtsanwalt, Notar oder Steuerberater tätigt, um einen Mandanten neu zu gewinnen oder zu erhalten (>BFH vom 22.01.1981 – BStBl II S. 564),
– eine Beteiligung, die ein Steuerberater zusammen mit einem Mandanten auf dessen Veranlassung an einer Kapitalgesellschaft eingeht, deren Unternehmensgegenstand der freiberuflichen Betätigung wesensfremd ist, und die eigenes wirtschaftliches Gewicht hat (>BFH vom 23.05.1985 – BStBl II S. 517),
– eine Lebensversicherung, die ein Rechtsanwalt als Versicherungsnehmer und Versicherungsempfänger im Erlebensfall auf sein Leben oder das seines Sozius abschließt (>BFH vom 21.05.1987 – BStBl II S. 710),
– eine Beteiligung an einer Kapitalgesellschaft, wenn die Beteiligung nicht in erster Linie mit dem Ziel erworben wurde, die Beratungstätigkeit

des Stpfl. bei der Gesellschaft zu fördern oder erst zu ermöglichen. Dies gilt selbst dann, wenn die mit der Beteiligung verbundenen Informations- und Kontrollrechte die Tätigkeit des Stpfl. bei der Gesellschaft erleichtern (>BFH vom 01.12.2020 – BStBl II 2021 S. 609).

Gewillkürtes Betriebsvermögen
– Der Umfang des Betriebsvermögens wird durch die Erfordernisse des Berufs begrenzt. Ein Angehöriger der freien Berufe kann nicht in demselben Umfang gewillkürtes Betriebsvermögen bilden wie ein Gewerbetreibender (>BFH vom 24.08.1989 – BStBl II 1990 S. 17).
– Zur Bildung und zum Nachweis >BMF vom 17.11.2004 (BStBl I S. 1064)   Anhang 16 X

Leibrente
Eine Leibrente als Gegenleistung für anwaltliche Betreuung ist den Einkünften aus freiberuflicher Tätigkeit zuzurechnen (>BFH vom 26.03.1987 – BStBl II S. 597).

Versorgungskasse
Besondere Zuschläge für einen Fürsorgefonds sind Betriebsausgaben, wenn die berufstätigen Ärzte keinerlei Rechte auf Leistungen aus dem Fürsorgefonds haben. Beiträge an die berufsständische Versorgungskasse zur Erlangung einer späteren Altersversorgung oder anderer Versorgungsansprüche sind Sonderausgaben (>BFH vom 13.04.1972 – BStBl II S. 728). Wegen der Behandlung als Sonderausgaben >H 10.5 (Versorgungsbeiträge Selbständiger)

Veräußerungsgewinn nach § 18 Abs. 3 EStG   R 18.3

Allgemeines
(1) Bei einer >Veräußerung oder Aufgabe i. S. d. § 18 Abs. 3 EStG gelten die Ausführungen in R 16 entsprechend.

Einbringung
(2) Bei Einbringung einer freiberuflichen Praxis in eine Personengesellschaft ist § 24 UmwStG anzuwenden.

Aufgabe
(3) Eine Aufgabe einer selbständigen Tätigkeit ist dann anzunehmen, wenn sie der betreffende Stpfl. mit dem Entschluss einstellt, die Tätigkeit weder fortzusetzen noch das dazugehörende Vermögen an Dritte zu übertragen.

§ 18 EStG
R 18.3 H 18.3

Freibetrag

(4) Die Gewährung des Freibetrags nach § 18 Abs. 3 i. V. m. § 16 Abs. 4 EStG ist ausgeschlossen, wenn dem Stpfl. für eine Veräußerung oder Aufgabe, die nach dem 31.12.1995 erfolgt ist, ein Freibetrag nach § 14 Satz 2, § 16 Abs. 4 oder § 18 Abs. 3 EStG bereits gewährt worden ist.

H 18.3

Hinweise

Einbringungsgewinn

- Bei einer Einbringung nach § 24 UmwStG besteht die Möglichkeit der steuerbegünstigten Auflösung sämtlicher stiller Reserven auch dann, wenn der Einbringende und die aufnehmende Gesellschaft ihren Gewinn nach § 4 Abs. 3 ermitteln. Die steuerliche Begünstigung des Einbringungsgewinns setzt voraus, dass der Einbringungsgewinn auf der Grundlage einer Einbringungs- und einer Eröffnungsbilanz ermittelt worden ist (>BFH vom 05.04.1984 – BStBl II S. 518 und vom 18.10.1999 – BStBl II 2000 S. 123); >auch R 4.5 Abs. 6 Satz 2.
- Zur entgeltlichen Aufnahme eines Sozius in eine freiberufliche Einzelpraxis >BMF vom 11.11.2011 (BStBl I S. 1314), Rdnr. 24.09

Anhang 28

Gesellschaftereintritt in bestehende freiberufliche Sozietät

§ 24 UmwStG umfasst auch die Aufnahme weiterer Gesellschafter (>BFH vom 23.05.1985 – BStBl II S. 695).

Veräußerung

1. **Einzelunternehmen**
   - Eine **Veräußerung** i. S. d. § 18 Abs. 3 **liegt vor**,
     wenn die für die Ausübung wesentlichen wirtschaftlichen Grundlagen, insbesondere die immateriellen Wirtschaftsgüter wie Mandantenstamm und Praxiswert, entgeltlich und definitiv auf einen anderen übertragen werden. Die freiberufliche Tätigkeit in dem bisherigen örtlichen Wirkungskreis muss wenigstens für eine gewisse Zeit eingestellt werden. Die „definitive" Übertragung des Mandantenstamms lässt sich erst nach einem gewissen Zeitablauf abschließend beurteilen. Neben der Dauer der Einstellung der freiberuflichen Tätigkeit sind insbesondere die räumliche Entfernung einer wieder aufgenommenen Berufstätigkeit zur veräußerten Praxis, die Vergleichbarkeit der Betätigungen, die Art und Struktur der Mandate, eine zwischenzeitliche Tätigkeit des Veräußerers als Arbeitnehmer oder freier Mitarbeiter des Erwerbers sowie die Nutzungsdauer des erworbenen Praxiswerts zu berücksichtigen (>BFH vom 21.08.2018 – BStBl II 2019 S. 64).

Unschädlich ist
- wenn der Veräußerer nach der Veräußerung frühere Mandanten auf Rechnung und im Namen des Erwerbers berät oder eine nichtselbständige Tätigkeit in der Praxis des Erwerbers ausübt (>BFH vom 18.05.1994 – BStBl II S. 925),
- die Fortführung einer freiberuflichen Tätigkeit in geringem Umfang, wenn die darauf entfallenden Umsätze in den letzten drei Jahren weniger als 10 % der gesamten Einnahmen ausmachten (>BFH vom 07.11.1991 – BStBl II 1992 S. 457 und vom 29.10.1992 – BStBl II 1993 S. 182),
- Eine **Veräußerung** i. S. d. § 18 Abs. 3 **liegt nicht vor**, wenn
  - ein Steuerberater von seiner einheitlichen Praxis den Teil veräußert, der lediglich in der Erledigung von Buchführungsarbeiten bestanden hat (>BFH vom 14.05.1970 – BStBl II S. 566),
  - ein Steuerbevollmächtigter, der am selben Ort in einem einheitlichen örtlichen Wirkungskreis, jedoch in organisatorisch getrennten Büros, eine landwirtschaftliche Buchstelle und eine Steuerpraxis für Gewerbetreibende betreibt, die Steuerpraxis für Gewerbetreibende veräußert (>BFH vom 27.04.1978 – BStBl II S. 562),
  - ein unheilbar erkrankter Ingenieur aus diesem Grund sein technisches Spezialwissen und seine Berufserfahrung entgeltlich auf seinen einzigen Kunden überträgt (>BFH vom 26.04.1995 – BStBl II 1996 S. 4).

2. **Mitunternehmeranteil**
Wird der gesamte Mitunternehmeranteil an einer freiberuflich tätigen Personengesellschaft veräußert, muss die Tätigkeit im bisherigen Wirkungskreis für eine gewisse Zeit eingestellt werden (>BFH vom 23.01.1997 – BStBl II S. 498).

3. **Teilbetrieb**
- Eine begünstigte Teilbetriebsveräußerung setzt neben der Ausübung mehrerer ihrer Art nach verschiedener Tätigkeiten auch eine organisatorische Selbständigkeit der Teilbetriebe voraus. Ist ein Arzt als Allgemeinmediziner und auf arbeitsmedizinischem Gebiet tätig, übt er zwei verschiedene Tätigkeiten aus. Die Veräußerung eines dieser Praxisteile stellt eine tarifbegünstigte Teilpraxisveräußerung dar, sofern den Praxisteilen die notwendige organisatorische Selbständigkeit zukommt (>BFH vom 04.11.2004 – BStBl II 2005 S. 208).
- Eine begünstigte Teilpraxisveräußerung kann vorliegen, wenn ein Steuerberater eine Beratungspraxis veräußert, die er (neben anderen Praxen) als völlig selbständigen Betrieb erworben und bis zu ihrer Veräußerung im Wesentlichen unverändert fortgeführt hat (>BFH vom 26.06.2012 – BStBl II S. 777).

– Keine Teilbetriebsveräußerung bei Veräußerung der „Großtierpraxis" und Rückbehalt der „Kleintierpraxis" >BFH vom 29.10.1992 (BStBl II 1993 S. 182)

Verpachtung
Beim Tod des Freiberuflers führt die vorübergehende Verpachtung einer freiberuflichen Praxis durch den Erben oder Vermächtnisnehmer bei fehlender Betriebsaufgabeerklärung nicht zur Betriebsaufgabe, wenn der Rechtsnachfolger in Begriff ist, die für die beabsichtigte Praxisfortführung erforderliche freiberufliche Qualifikation zu erlangen (>BFH vom 12.03.1992 – BStBl II 1993 S. 36).

d) Nichtselbständige Arbeit (§ 2 Absatz 1 Satz 1 Nummer 4)

§ 19

(1) ¹Zu den Einkünften aus nichtselbständiger Arbeit gehören
1. Gehälter, Löhne, Gratifikationen, Tantiemen und andere Bezüge und Vorteile für eine Beschäftigung im öffentlichen oder privaten Dienst;
1a. Zuwendungen des Arbeitgebers an seinen Arbeitnehmer und dessen Begleitpersonen anlässlich von Veranstaltungen auf betrieblicher Ebene mit gesellschaftlichem Charakter (Betriebsveranstaltung). ²Zuwendungen im Sinne des Satzes 1 sind alle Aufwendungen des Arbeitgebers einschließlich Umsatzsteuer unabhängig davon, ob sie einzelnen Arbeitnehmern individuell zurechenbar sind oder ob es sich um einen rechnerischen Anteil an den Kosten der Betriebsveranstaltung handelt, die der Arbeitgeber gegenüber Dritten für den äußeren Rahmen der Betriebsveranstaltung aufwendet. ³Soweit solche Zuwendungen den Betrag von 110 Euro je Betriebsveranstaltung und teilnehmenden Arbeitnehmer nicht übersteigen, gehören sie nicht zu den Einkünften aus nichtselbständiger Arbeit, wenn die Teilnahme an der Betriebsveranstaltung allen Angehörigen des Betriebs oder eines Betriebsteils offensteht. ⁴Satz 3 gilt für bis zu zwei Betriebsveranstaltungen jährlich. ⁵Die Zuwendungen im Sinne des Satzes 1 sind abweichend von § 8 Absatz 2 mit den anteilig auf den Arbeitnehmer und dessen Begleitpersonen entfallenden Aufwendungen des Arbeitgebers im Sinne des Satzes 2 anzusetzen;
2. Wartegelder, Ruhegelder, Witwen- und Waisengelder und andere Bezüge und Vorteile aus früheren Dienstleistungen, auch soweit sie von Arbeitgebern ausgleichspflichtiger Personen an ausgleichsberechtigte Personen infolge einer nach § 10 oder § 14 des Versorgungsausgleichsgesetzes durchgeführten Teilung geleistet werden;
3. laufende Beiträge und laufende Zuwendungen des Arbeitgebers aus einem bestehenden Dienstverhältnis an einen Pensionsfonds, eine Pensionskasse oder für eine Direktversicherung für eine betriebliche Altersversorgung. ²Zu den Einkünften aus nichtselbständiger Arbeit gehören auch Sonderzahlungen, die der Arbeitgeber neben den laufenden Beiträgen und Zuwendungen an eine solche Versorgungseinrichtung leistet, mit Ausnahme der Zahlungen des Arbeitgebers
   a) zur erstmaligen Bereitstellung der Kapitalausstattung zur Erfüllung der Solvabilitätskapitalanforderung nach den §§ 89, 213, 234g oder 238 des Versicherungsaufsichtsgesetzes,
   b) zur Wiederherstellung einer angemessenen Kapitalausstattung nach unvorhersehbaren Verlusten oder zur Finanzierung der Verstärkung der Rechnungsgrundlagen auf Grund einer

unvorhersehbaren und nicht nur vorübergehenden Änderung der Verhältnisse, wobei die Sonderzahlungen nicht zu einer Absenkung des laufenden Beitrags führen oder durch die Absenkung des laufenden Beitrags Sonderzahlungen ausgelöst werden dürfen,

c) in der Rentenbezugszeit nach § 236 Absatz 2 des Versicherungsaufsichtsgesetzes oder

d) in Form von Sanierungsgeldern;

Sonderzahlungen des Arbeitgebers sind insbesondere Zahlungen an eine Pensionskasse anlässlich

a) seines Ausscheidens aus einer nicht im Wege der Kapitaldeckung finanzierten betrieblichen Altersversorgung oder

b) des Wechsels von einer nicht im Wege der Kapitaldeckung zu einer anderen nicht im Wege der Kapitaldeckung finanzierten betrieblichen Altersversorgung.

³Von Sonderzahlungen im Sinne des Satzes 2 zweiter Halbsatz Buchstabe b ist bei laufenden und wiederkehrenden Zahlungen entsprechend dem periodischen Bedarf nur auszugehen, soweit die Bemessung der Zahlungsverpflichtungen des Arbeitgebers in das Versorgungssystem nach dem Wechsel die Bemessung der Zahlungsverpflichtung zum Zeitpunkt des Wechsels übersteigt. ⁴Sanierungsgelder sind Sonderzahlungen des Arbeitgebers an eine Pensionskasse anlässlich der Systemumstellung einer nicht im Wege der Kapitaldeckung finanzierten betrieblichen Altersversorgung auf der Finanzierungs- oder Leistungsseite, die der Finanzierung der zum Zeitpunkt der Umstellung bestehenden Versorgungsverpflichtungen oder Versorgungsanwartschaften dienen; bei laufenden und wiederkehrenden Zahlungen entsprechend dem periodischen Bedarf ist nur von Sanierungsgeldern auszugehen, soweit die Bemessung der Zahlungsverpflichtungen des Arbeitgebers in das Versorgungssystem nach der Systemumstellung die Bemessung der Zahlungsverpflichtung zum Zeitpunkt der Systemumstellung übersteigt.

²Es ist gleichgültig, ob es sich um laufende oder um einmalige Bezüge handelt und ob ein Rechtsanspruch auf sie besteht.

(2) ¹Von Versorgungsbezügen bleiben ein nach einem Prozentsatz ermittelter, auf einen Höchstbetrag begrenzter Betrag (Versorgungsfreibetrag) und ein Zuschlag zum Versorgungsfreibetrag steuerfrei. ²Versorgungsbezüge sind

1. das Ruhegehalt, Witwen- oder Waisengeld, der Unterhaltsbeitrag oder ein gleichartiger Bezug

a) auf Grund beamtenrechtlicher oder entsprechender gesetzlicher Vorschriften,

b) nach beamtenrechtlichen Grundsätzen von Körperschaften, Anstalten oder Stiftungen des öffentlichen Rechts oder öffentlich-rechtlichen Verbänden von Körperschaften

oder

2. in anderen Fällen Bezüge und Vorteile aus früheren Dienstleistungen wegen Erreichens einer Altersgrenze, verminderter Erwerbsfähigkeit oder Hinterbliebenenbezüge; Bezüge wegen Erreichens einer Altersgrenze gelten erst dann als Versorgungsbezüge, wenn der Steuerpflichtige das 63. Lebensjahr oder, wenn er schwerbehindert ist, das 60. Lebensjahr vollendet hat.

³Der maßgebende Prozentsatz, der Höchstbetrag des Versorgungsfreibetrags und der Zuschlag zum Versorgungsfreibetrag sind der nachstehenden Tabelle zu entnehmen:

Jahr des Versorgungsbeginns	Versorgungsfreibetrag		Zuschlag zum Versorgungsfreibetrag in Euro
	in % der Versorgungsbezüge	Höchstbetrag in Euro	
bis 2005	40,0	3.000	900
ab 2006	38,4	2.880	864
2007	36,8	2.760	828
2008	35,2	2.640	792
2009	33,6	2.520	756
2010	32,0	2.400	720
2011	30,4	2.280	684
2012	28,8	2.160	648
2013	27,2	2.040	612
2014	25,6	1.920	576
2015	24,0	1.800	540
2016	22,4	1.680	504
2017	20,8	1.560	468
2018	19,2	1.440	432
2019	17,6	1.320	396
2020	16,0	1.200	360
2021	15,2	1.140	342
2022	14,4	1.080	324
2023	13,6	1.020	306
2024	12,8	960	288

§ 19 EStG

Jahr des Versorgungsbeginns	Versorgungsfreibetrag		Zuschlag zum Versorgungsfreibetrag in Euro
	in % der Versorgungsbezüge	Höchstbetrag in Euro	
2025	12,0	900	270
2026	11,2	840	252
2027	10,4	780	234
2028	9,6	720	216
2029	8,8	660	198
2030	8,0	600	180
2031	7,2	540	162
2032	6,4	480	144
2033	5,6	420	126
2034	4,8	360	108
2035	4,0	300	90
2036	3,2	240	72
2037	2,4	180	54
2038	1,6	120	36
2039	0,8	60	18
2040	0,0	0	0

[4] Bemessungsgrundlage für den Versorgungsfreibetrag ist
a) bei Versorgungsbeginn vor 2005
   das Zwölffache des Versorgungsbezugs für Januar 2005,
b) bei Versorgungsbeginn ab 2005
   das Zwölffache des Versorgungsbezugs für den ersten vollen Monat,

jeweils zuzüglich voraussichtlicher Sonderzahlungen im Kalenderjahr, auf die zu diesem Zeitpunkt ein Rechtsanspruch besteht. [5] Der Zuschlag zum Versorgungsfreibetrag darf nur bis zur Höhe der um den Versorgungsfreibetrag geminderten Bemessungsgrundlage berücksichtigt werden. [6] Bei mehreren Versorgungsbezügen mit unterschiedlichem Bezugsbeginn bestimmen sich der insgesamt berücksichtigungsfähige Höchstbetrag des Versorgungsfreibetrags und der Zuschlag zum Versorgungsfreibetrag nach dem Jahr des Beginns des ersten Versorgungsbezugs. [7] Folgt ein Hinterbliebenenbezug einem Versorgungsbezug, bestimmen sich der Prozentsatz, der Höchstbetrag des Versorgungsfreibetrags und der Zuschlag zum Versorgungsfreibetrag für den Hinterbliebenenbezug nach dem Jahr des Beginns des Versorgungsbezugs. [8] Der nach den Sätzen 3 bis 7 berechnete

§ 19 EStG

Versorgungsfreibetrag und Zuschlag zum Versorgungsfreibetrag gelten für die gesamte Laufzeit des Versorgungsbezugs. [9]Regelmäßige Anpassungen des Versorgungsbezugs führen nicht zu einer Neuberechnung. [10]Abweichend hiervon sind der Versorgungsfreibetrag und der Zuschlag zum Versorgungsfreibetrag neu zu berechnen, wenn sich der Versorgungsbezug wegen Anwendung von Anrechnungs-, Ruhens-, Erhöhungs- oder Kürzungsregelungen erhöht oder vermindert. [11]In diesen Fällen sind die Sätze 3 bis 7 mit dem geänderten Versorgungsbezug als Bemessungsgrundlage im Sinne des Satzes 4 anzuwenden; im Kalenderjahr der Änderung sind der höchste Versorgungsfreibetrag und Zuschlag zum Versorgungsfreibetrag maßgebend. [12]Für jeden vollen Kalendermonat, für den keine Versorgungsbezüge gezahlt werden, ermäßigen sich der Versorgungsfreibetrag und der Zuschlag zum Versorgungsfreibetrag in diesem Kalenderjahr um je ein Zwölftel.

(3) [1]Die Energiepreispauschale nach dem Versorgungsrechtlichen Energiepreispauschalen-Gewährungsgesetz oder vergleichbare Leistungen zum Ausgleich gestiegener Energiepreise nach Landesrecht sind als Einnahmen nach Absatz 2 zu berücksichtigen. [2]Sie gelten nicht als Sonderzahlung im Sinne von Absatz 2 Satz 4, jedoch als regelmäßige Anpassung des Versorgungsbezugs im Sinne von Absatz 2 Satz 9. [3]Im Lohnsteuerabzugsverfahren sind die Energiepreispauschale und vergleichbare Leistungen bei der Berechnung einer Vorsorgepauschale nach § 39b Absatz 2 Satz 5 Nummer 3 Buchstabe b und c nicht zu berücksichtigen. [4]In den Fällen des Satzes 1 sind die §§ 3 und 24a nicht anzuwenden.

§ 19a[1])

Sondervorschrift für Einkünfte aus nichtselbständiger Arbeit bei Vermögensbeteiligungen

S 2347

(1) ¹Werden einem Arbeitnehmer von seinem Arbeitgeber zusätzlich zum ohnehin geschuldeten Arbeitslohn Vermögensbeteiligungen im Sinne des § 2 Absatz 1 Nummer 1 Buchstabe a, b und f bis l und Absatz 2 bis 5 des Fünften Vermögensbildungsgesetzes an dem Unternehmen des Arbeitgebers unentgeltlich oder verbilligt übertragen, so unterliegt der Vorteil im Sinne des § 19 Absatz 1 Satz 1 Nummer 1 im Kalenderjahr der Übertragung nicht der Besteuerung. ²Dies gilt auch, wenn die Vermögensbeteiligungen mittelbar über Personengesellschaften gehalten werden. ³Bei der Ermittlung des Vorteils im Sinne des Satzes 1 ist der Freibetrag nach § 3 Nummer 39 abzuziehen, wenn die Voraussetzungen vorliegen. ⁴Ein nicht besteuerter Vorteil im Sinne des Satzes 1 ist bei der Berechnung der Vorsorgepauschale (§ 39b Absatz 2 Satz 5 Nummer 3) einzubeziehen. ⁵Die Anschaffungskosten sind mit dem gemeinen Wert der Vermögensbeteiligung anzusetzen.

(2) ¹Die vorläufige Nichtbesteuerung nach Absatz 1 kann im Lohnsteuerabzugsverfahren nur mit Zustimmung des Arbeitnehmers angewendet werden. ²Eine Nachholung der vorläufigen Nichtbesteuerung im Rahmen der Veranlagung zur Einkommensteuer ist ausgeschlossen.

(3) Absatz 1 ist nur anzuwenden, wenn das Unternehmen des Arbeitgebers im Zeitpunkt der Übertragung der Vermögensbeteiligung die in Artikel 2 Absatz 1 des Anhangs der Empfehlung der Kommission vom 6. Mai 2003 betreffend die Definition der Kleinstunternehmen sowie der kleinen und mittleren Unternehmen (ABl. L 124 vom 20.5.2003, S. 36) in der jeweils geltenden Fassung genannten Schwellenwerte nicht überschreitet oder im vorangegangenen Kalenderjahr nicht überschritten hat und seine Gründung nicht mehr als zwölf Jahre zurückliegt.

(4) ¹Der nach Absatz 1 nicht besteuerte Arbeitslohn unterliegt erst dann der Besteuerung nach § 19 und dem Lohnsteuerabzug als sonstiger Bezug, wenn

1. die Vermögensbeteiligung ganz oder teilweise entgeltlich oder unentgeltlich übertragen wird, insbesondere auch in den Fällen des § 17 Absatz 4 und des § 20 Absatz 2 Satz 2 oder bei Einlagen in ein Betriebsvermögen,
2. seit der Übertragung der Vermögensbeteiligung zwölf Jahre vergangen sind oder

---

[1]) *zur Anwendung des* § 19a >§ 52 Abs. 27

3. das Dienstverhältnis zu dem bisherigen Arbeitgeber beendet wird. ²Übernimmt der Arbeitgeber in diesem Fall die Lohnsteuer, ist der übernommene Abzugsbetrag nicht Teil des zu besteuernden Arbeitslohns.

²In den Fällen des Satzes 1 sind für die zu besteuernden Arbeitslöhne § 34 Absatz 1 und § 39b Absatz 3 Satz 9 und 10 entsprechend anzuwenden, wenn seit der Übertragung der Vermögensbeteiligung mindestens drei Jahre vergangen sind. ³Die nach Satz 1 zu besteuernden Arbeitslöhne sind bei der Berechnung der Vorsorgepauschale (§ 39b Absatz 2 Satz 5 Nummer 3) nicht einzubeziehen. ⁴Ist in den Fällen des Satzes 1 der gemeine Wert der Vermögensbeteiligung abzüglich geleisteter Zuzahlungen des Arbeitnehmers bei der verbilligten Übertragung niedriger als der nach Absatz 1 nicht besteuerte Arbeitslohn, so unterliegt nur der gemeine Wert der Vermögensbeteiligung abzüglich geleisteter Zuzahlungen der Besteuerung. ⁵In den Fällen des Satzes 4 gilt neben den geleisteten Zuzahlungen nur der tatsächlich besteuerte Arbeitslohn als Anschaffungskosten im Sinne der §§ 17 und 20. ⁶Die Sätze 4 und 5 sind nicht anzuwenden, soweit die Wertminderung nicht betrieblich veranlasst ist oder diese auf einer gesellschaftsrechtlichen Maßnahme, insbesondere einer Ausschüttung oder Einlagerückgewähr, beruht.

(5) Das Betriebsstättenfinanzamt hat nach der Übertragung einer Vermögensbeteiligung im Rahmen einer Anrufungsauskunft (§ 42e) den vom Arbeitgeber nicht besteuerten Vorteil im Sinne des Absatzes 1 zu bestätigen.

(6) ¹Der nach Absatz 1 nicht besteuerte gemeine Wert der Vermögensbeteiligung und die übrigen Angaben des nach den vorstehenden Absätzen durchgeführten Besteuerungsverfahrens sind vom Arbeitgeber im Lohnkonto aufzuzeichnen. ²Die Aufbewahrungsfrist nach § 41 Absatz 1 Satz 9 endet insoweit nicht vor Ablauf von sechs Jahren nach der Besteuerung im Sinne des Absatzes 4 Satz 1.

e) Kapitalvermögen (§ 2 Absatz 1 Satz 1 Nummer 5)

§ 20[1])

(1) Zu den Einkünften aus Kapitalvermögen gehören

1. *Gewinnanteile (Dividenden) und sonstige Bezüge aus Aktien, Genussrechten, mit denen das Recht am Gewinn und Liquidationserlös einer Kapitalgesellschaft verbunden ist, aus Anteilen an Gesellschaften mit beschränkter Haftung, an Genossenschaften sowie an einer optierenden Gesellschaft im Sinne des § 1a des Körperschaftsteuergesetzes.* ²Zu den sonstigen Bezügen gehören auch verdeckte Gewinnausschüttungen. ³Die Bezüge gehören nicht zu den Einnahmen, soweit sie aus Ausschüttungen einer Körperschaft stammen, für die Beträge aus dem steuerlichen Einlagekonto im Sinne des § 27 des Körperschaftsteuergesetzes als verwendet gelten. ⁴Als sonstige Bezüge gelten auch Einnahmen, die anstelle der Bezüge im Sinne des Satzes 1 von einem anderen als dem Anteilseigner nach Absatz 5 bezogen werden, wenn die Aktien mit Dividendenberechtigung erworben, aber ohne Dividendenanspruch geliefert werden;

2. Bezüge, die nach der Auflösung einer Körperschaft oder Personenvereinigung im Sinne der Nummer 1 anfallen und die nicht in der Rückzahlung von Nennkapital bestehen; Nummer 1 Satz 3 gilt entsprechend. ²Gleiches gilt für Bezüge, die auf Grund einer Kapitalherabsetzung oder nach der Auflösung einer unbeschränkt steuerpflichtigen Körperschaft oder Personenvereinigung im Sinne der Nummer 1 anfallen und die als Gewinnausschüttung im Sinne des § 28 Absatz 2 Satz 2 und 4 des Körperschaftsteuergesetzes gelten;

3. Investmenterträge nach § 16 des Investmentsteuergesetzes;

3a. Spezial-Investmenterträge nach § 34 des Investmentsteuergesetzes;

4. Einnahmen aus der Beteiligung an einem Handelsgewerbe als stiller Gesellschafter und aus partiarischen Darlehen, es sei denn, dass der Gesellschafter oder Darlehensgeber als Mitunternehmer anzusehen ist. ²Auf Anteile des stillen Gesellschafters am Verlust des Betriebes sind § 15 Absatz 4 Satz 6 bis 8 und § 15a sinngemäß anzuwenden;

5. Zinsen aus Hypotheken und Grundschulden und Renten aus Rentenschulden. ²Bei Tilgungshypotheken und Tilgungsgrundschulden ist nur der Teil der Zahlungen anzusetzen, der als Zins auf den jeweiligen Kapitalrest entfällt;

6. der Unterschiedsbetrag zwischen der Versicherungsleistung und der Summe der auf sie entrichteten Beiträge (Erträge) im Er-

---

[1]) zur Anwendung des § 20 >§ 52 Abs. 28

lebensfall oder bei Rückkauf des Vertrags bei Rentenversicherungen mit Kapitalwahlrecht, soweit nicht die lebenslange Rentenzahlung gewählt und erbracht wird, und bei Kapitalversicherungen mit Sparanteil, wenn der Vertrag nach dem 31. Dezember 2004 abgeschlossen worden ist. ²Wird die Versicherungsleistung nach Vollendung des 60. Lebensjahres des Steuerpflichtigen und nach Ablauf von zwölf Jahren seit dem Vertragsabschluss ausgezahlt, ist die Hälfte des Unterschiedsbetrags anzusetzen. ³Bei entgeltlichem Erwerb des Anspruchs auf die Versicherungsleistung treten die Anschaffungskosten an die Stelle der vor dem Erwerb entrichteten Beiträge. ⁴Die Sätze 1 bis 3 sind auf Erträge aus fondsgebundenen Lebensversicherungen, auf Erträge im Erlebensfall bei Rentenversicherungen ohne Kapitalwahlrecht, soweit keine lebenslange Rentenzahlung vereinbart und erbracht wird, und auf Erträge bei Rückkauf des Vertrages bei Rentenversicherungen ohne Kapitalwahlrecht entsprechend anzuwenden. ⁵Ist in einem Versicherungsvertrag eine gesonderte Verwaltung von speziell für diesen Vertrag zusammengestellten Kapitalanlagen vereinbart, die nicht auf öffentlich vertriebene Investmentfondsanteile oder Anlagen, die die Entwicklung eines veröffentlichten Index abbilden, beschränkt ist, und kann der wirtschaftlich Berechtigte unmittelbar oder mittelbar über die Veräußerung der Vermögensgegenstände und die Wiederanlage der Erlöse bestimmen (vermögensverwaltender Versicherungsvertrag), sind die dem Versicherungsunternehmen zufließenden Erträge dem wirtschaftlich Berechtigten aus dem Versicherungsvertrag zuzurechnen; Sätze 1 bis 4 sind nicht anzuwenden. ⁶Satz 2 ist nicht anzuwenden, wenn [1])

a) in einem Kapitallebensversicherungsvertrag mit vereinbarter laufender Beitragszahlung in mindestens gleichbleibender Höhe bis zum Zeitpunkt des Erlebensfalls die vereinbarte Leistung bei Eintritt des versicherten Risikos weniger als 50 Prozent der Summe der für die gesamte Vertragsdauer zu zahlenden Beiträge beträgt und

b) bei einem Kapitallebensversicherungsvertrag die vereinbarte Leistung bei Eintritt des versicherten Risikos das Deckungskapital oder den Zeitwert der Versicherung spätestens fünf Jahre nach Vertragsabschluss nicht um mindestens 10 Prozent des Deckungskapitals, des Zeitwerts oder der Summe der gezahlten Beiträge übersteigt. ²Dieser Prozentsatz darf bis zum Ende der Vertragslaufzeit in jährlich gleichen Schritten auf Null sinken.

---

[1]) zur Anwendung des Absatzes 1 Nr. 6 Satz 2 >§ 52 Abs. 28 Satz 7

§ 20 EStG

[1])

[1])

[7] Hat der Steuerpflichtige Ansprüche aus einem von einer anderen Person abgeschlossenen Vertrag entgeltlich erworben, gehört zu den Einkünften aus Kapitalvermögen auch der Unterschiedsbetrag zwischen der Versicherungsleistung bei Eintritt eines versicherten Risikos und den Aufwendungen für den Erwerb und Erhalt des Versicherungsanspruches; insoweit findet Satz 2 keine Anwendung. [8] Satz 7 gilt nicht, wenn die versicherte Person den Versicherungsanspruch von einem Dritten erwirbt oder aus anderen Rechtsverhältnissen entstandene Abfindungs- und Ausgleichsansprüche arbeitsrechtlicher, erbrechtlicher oder familienrechtlicher Art durch Übertragung von Ansprüchen aus Versicherungsverträgen erfüllt werden. [9] Bei fondsgebundenen Lebensversicherungen sind 15 Prozent des Unterschiedsbetrages steuerfrei oder dürfen nicht bei der Ermittlung der Einkünfte abgezogen werden, soweit der Unterschiedsbetrag aus Investmenterträgen[2]) stammt;

7. Erträge aus sonstigen Kapitalforderungen jeder Art, wenn die Rückzahlung des Kapitalvermögens oder ein Entgelt für die Überlassung des Kapitalvermögens zur Nutzung zugesagt oder geleistet worden ist, auch wenn die Höhe der Rückzahlung oder des Entgelts von einem ungewissen Ereignis abhängt. [2] Dies gilt unabhängig von der Bezeichnung und der zivilrechtlichen Ausgestaltung der Kapitalanlage. [3] Erstattungszinsen im Sinne des § 233a der Abgabenordnung sind Erträge im Sinne des Satzes 1;

8. Diskontbeträge von Wechseln und Anweisungen einschließlich der Schatzwechsel;

9. Einnahmen aus Leistungen einer nicht von der Körperschaftsteuer befreiten Körperschaft, Personenvereinigung oder Vermögensmasse im Sinne des § 1 Absatz 1 Nummer 3 bis 5 des Körperschaftsteuergesetzes, die Gewinnausschüttungen im Sinne der Nummer 1 wirtschaftlich vergleichbar sind, soweit sie nicht bereits zu den Einnahmen im Sinne der Nummer 1 gehören; Nummer 1 Satz 2, 3 und Nummer 2 gelten entsprechend. [2] Satz 1 ist auf Leistungen von vergleichbaren Körperschaften, Personenvereinigungen oder Vermögensmassen, die weder Sitz noch Geschäftsleitung im Inland haben, entsprechend anzuwenden;

S 2706-a

10. a) Leistungen eines nicht von der Körperschaftsteuer befreiten Betriebs gewerblicher Art im Sinne des § 4 des Körperschaftsteuergesetzes mit eigener Rechtspersönlichkeit, die zu mit Gewinnausschüttungen im Sinne der Nummer 1 Satz 1 wirtschaftlich vergleichbaren Einnahmen führen; Nummer 1 Satz 2, 3 und Nummer 2 gelten entsprechend;

---

[1]) zur Anwendung des Absatzes 1 Nr. 6 Satz 7 und 8 >§ 52 Abs. 28 Satz 10
[2]) zur Definition von Investmenterträgen i. S. d. Absatzes 1 Nr. 6 Satz 9 >§ 52 Abs. 28 Satz 23

§ 20 EStG

    b) der nicht den Rücklagen zugeführte Gewinn und verdeckte Gewinnausschüttungen eines nicht von der Körperschaftsteuer befreiten Betriebs gewerblicher Art im Sinne des § 4 des Körperschaftsteuergesetzes ohne eigene Rechtspersönlichkeit, der den Gewinn durch Betriebsvermögensvergleich ermittelt oder Umsätze einschließlich der steuerfreien Umsätze, ausgenommen die Umsätze nach § 4 Nummer 8 bis 10 des Umsatzsteuergesetzes, von mehr als 350.000 Euro im Kalenderjahr oder einen Gewinn von mehr als 30.000 Euro im Wirtschaftsjahr hat, sowie der Gewinn im Sinne des § 22 Absatz 4 des Umwandlungssteuergesetzes. ²Die Auflösung der Rücklagen zu Zwecken außerhalb des Betriebs gewerblicher Art führt zu einem Gewinn im Sinne des Satzes 1; in Fällen der Einbringung nach dem Sechsten und des Formwechsels nach dem Achten Teil des Umwandlungssteuergesetzes gelten die Rücklagen als aufgelöst. ³Bei dem Geschäft der Veranstaltung von Werbesendungen der inländischen öffentlich-rechtlichen Rundfunkanstalten gelten drei Viertel des Einkommens im Sinne des § 8 Absatz 1 Satz 3 des Körperschaftsteuergesetzes als Gewinn im Sinne des Satzes 1. ⁴Die Sätze 1 und 2 sind bei wirtschaftlichen Geschäftsbetrieben der von der Körperschaftsteuer befreiten Körperschaften, Personenvereinigungen oder Vermögensmassen entsprechend anzuwenden. ⁵Nummer 1 Satz 3 gilt entsprechend. ⁶Satz 1 in der am 12. Dezember 2006 geltenden Fassung ist für Anteile, die einbringungsgeboren im Sinne des § 21 des Umwandlungssteuergesetzes in der am 12. Dezember 2006 geltenden Fassung sind, weiter anzuwenden;

11. Stillhalterprämien, die für die Einräumung von Optionen vereinnahmt werden; schließt der Stillhalter ein Glattstellungsgeschäft ab, mindern sich die Einnahmen aus den Stillhalterprämien um die im Glattstellungsgeschäft gezahlten Prämien.

(2) ¹Zu den Einkünften aus Kapitalvermögen gehören auch

1. der Gewinn aus der Veräußerung von Anteilen an einer Körperschaft im Sinne des Absatzes 1 Nummer 1. ²Anteile an einer Körperschaft sind auch Genussrechte im Sinne des Absatzes 1 Nummer 1, den Anteilen im Sinne des Absatzes 1 Nummer 1 ähnliche Beteiligungen und Anwartschaften auf Anteile im Sinne des Absatzes 1 Nummer 1;

2. der Gewinn aus der Veräußerung

    a) von Dividendenscheinen und sonstigen Ansprüchen durch den Inhaber des Stammrechts, wenn die dazugehörigen Aktien oder sonstigen Anteile nicht mitveräußert werden. ²Soweit eine Besteuerung nach Satz 1 erfolgt ist, tritt diese insoweit an die Stelle der Besteuerung nach Absatz 1;

S 2204

b) von Zinsscheinen und Zinsforderungen durch den Inhaber oder ehemaligen Inhaber der Schuldverschreibung, wenn die dazugehörigen Schuldverschreibungen nicht mitveräußert werden. ²Entsprechendes gilt für die Einlösung von Zinsscheinen und Zinsforderungen durch den ehemaligen Inhaber der Schuldverschreibung.

²Satz 1 gilt sinngemäß für die Einnahmen aus der Abtretung von Dividenden- oder Zinsansprüchen oder sonstigen Ansprüchen im Sinne des Satzes 1, wenn die dazugehörigen Anteilsrechte oder Schuldverschreibungen nicht in einzelnen Wertpapieren verbrieft sind. ³Satz 2 gilt auch bei der Abtretung von Zinsansprüchen aus Schuldbuchforderungen, die in ein öffentliches Schuldbuch eingetragen sind;

3. der Gewinn
   a) bei Termingeschäften, durch die der Steuerpflichtige einen Differenzausgleich oder einen durch den Wert einer veränderlichen Bezugsgröße bestimmten Geldbetrag oder Vorteil erlangt;
   b) aus der Veräußerung eines als Termingeschäft ausgestalteten Finanzinstruments;
4. der Gewinn aus der Veräußerung von Wirtschaftsgütern, die Erträge im Sinne des Absatzes 1 Nummer 4 erzielen;
5. der Gewinn aus der Übertragung von Rechten im Sinne des Absatzes 1 Nummer 5;
6. der Gewinn aus der Veräußerung von Ansprüchen auf eine Versicherungsleistung im Sinne des Absatzes 1 Nummer 6. ²Das Versicherungsunternehmen hat nach Kenntniserlangung von einer Veräußerung unverzüglich Mitteilung an das für den Steuerpflichtigen zuständige Finanzamt zu machen und auf Verlangen des Steuerpflichtigen eine Bescheinigung über die Höhe der entrichteten Beiträge im Zeitpunkt der Veräußerung zu erteilen;
7. der Gewinn aus der Veräußerung von sonstigen Kapitalforderungen jeder Art im Sinne des Absatzes 1 Nummer 7;
8. der Gewinn aus der Übertragung oder Aufgabe einer die Einnahmen im Sinne des Absatzes 1 Nummer 9 vermittelnden Rechtsposition.

²Als Veräußerung im Sinne des Satzes 1 gilt auch die Einlösung, Rückzahlung, Abtretung oder verdeckte Einlage in eine Kapitalgesellschaft; in den Fällen von Satz 1 Nummer 4 gilt auch die Vereinnahmung eines Auseinandersetzungsguthabens als Veräußerung. ³Die Anschaffung oder Veräußerung einer unmittelbaren oder mittelbaren Beteiligung an einer Personengesellschaft gilt als Anschaffung oder Veräußerung der anteiligen Wirtschaftsgüter. ⁴Wird ein Zinsschein oder eine Zinsforderung vom Stammrecht abgetrennt, gilt dies als Veräußerung der Schuldverschreibung und als Anschaffung der

durch die Trennung entstandenen Wirtschaftsgüter. ⁵Eine Trennung gilt als vollzogen, wenn dem Inhaber der Schuldverschreibung die Wertpapierkennnummern für die durch die Trennung entstandenen Wirtschaftsgüter zugehen.

(3) Zu den Einkünften aus Kapitalvermögen gehören auch besondere Entgelte oder Vorteile, die neben den in den Absätzen 1 und 2 bezeichneten Einnahmen oder an deren Stelle gewährt werden.

S 2204

(3a) ¹Korrekturen im Sinne des § 43a Absatz 3 Satz 7 sind erst zu dem dort genannten Zeitpunkt zu berücksichtigen. ²Weist der Steuerpflichtige durch eine Bescheinigung der auszahlenden Stelle nach, dass sie die Korrektur nicht vorgenommen hat und auch nicht vornehmen wird, kann der Steuerpflichtige die Korrektur nach § 32d Absatz 4 und 6 geltend machen.

(4) ¹Gewinn im Sinne des Absatzes 2 ist der Unterschied zwischen den Einnahmen aus der Veräußerung nach Abzug der Aufwendungen, die im unmittelbaren sachlichen Zusammenhang mit dem Veräußerungsgeschäft stehen, und den Anschaffungskosten; bei nicht in Euro getätigten Geschäften sind die Einnahmen im Zeitpunkt der Veräußerung und die Anschaffungskosten im Zeitpunkt der Anschaffung in Euro umzurechnen. ²In den Fällen der verdeckten Einlage tritt an die Stelle der Einnahmen aus der Veräußerung der Wirtschaftsgüter ihr gemeiner Wert; der Gewinn ist für das Kalenderjahr der verdeckten Einlage anzusetzen. ³Ist ein Wirtschaftsgut im Sinne des Absatzes 2 in das Privatvermögen durch Entnahme oder Betriebsaufgabe überführt worden, tritt an die Stelle der Anschaffungskosten der nach § 6 Absatz 1 Nummer 4 oder § 16 Absatz 3 angesetzte Wert. ⁴In den Fällen des Absatzes 2 Satz 1 Nummer 6 gelten die entrichteten Beiträge im Sinne des Absatzes 1 Nummer 6 Satz 1 als Anschaffungskosten; ist ein entgeltlicher Erwerb vorausgegangen, gelten auch die nach dem Erwerb entrichteten Beiträge als Anschaffungskosten. ⁵Gewinn bei einem Termingeschäft ist der Differenzausgleich oder der durch den Wert einer veränderlichen Bezugsgröße bestimmte Geldbetrag oder Vorteil abzüglich der Aufwendungen, die im unmittelbaren sachlichen Zusammenhang mit dem Termingeschäft stehen. ⁶Bei unentgeltlichem Erwerb sind dem Einzelrechtsnachfolger für Zwecke dieser Vorschrift die Anschaffung, die Überführung des Wirtschaftsguts in das Privatvermögen, der Erwerb eines Rechts aus Termingeschäften oder die Beiträge im Sinne des Absatzes 1 Nummer 6 Satz 1 durch den Rechtsvorgänger zuzurechnen. ⁷Bei vertretbaren Wertpapieren, die einem Verwahrer zur Sammelverwahrung im Sinne des § 5 des Depotgesetzes in der Fassung der Bekanntmachung vom 11. Januar 1995 (BGBl. I S. 34), das zuletzt durch Artikel 4 des Gesetzes vom 5. April 2004 (BGBl. I S. 502) geändert worden ist, in der jeweils geltenden Fassung anvertraut worden sind, ist zu unterstellen, dass die zuerst angeschafften Wertpapiere zuerst veräußert wurden. ⁸Ist ein Zinsschein oder eine Zinsforderung vom Stammrecht abgetrennt wor-

den, gilt als Veräußerungserlös der Schuldverschreibung deren gemeiner Wert zum Zeitpunkt der Trennung. [9] Für die Ermittlung der Anschaffungskosten ist der Wert nach Satz 8 entsprechend dem gemeinen Wert der neuen Wirtschaftsgüter aufzuteilen.

(4a) [1] Werden Anteile an einer Körperschaft, Vermögensmasse oder Personenvereinigung gegen Anteile an einer anderen Körperschaft, Vermögensmasse oder Personenvereinigung getauscht und wird der Tausch auf Grund gesellschaftsrechtlicher Maßnahmen vollzogen, die von den beteiligten Unternehmen ausgehen, treten abweichend von Absatz 2 Satz 1 und den §§ 13 und 21 des Umwandlungssteuergesetzes die übernommenen Anteile steuerlich an die Stelle der bisherigen Anteile, wenn das Recht der Bundesrepublik Deutschland hinsichtlich der Besteuerung des Gewinns aus der Veräußerung der erhaltenen Anteile nicht ausgeschlossen oder beschränkt ist oder die Mitgliedstaaten der Europäischen Union bei einer Verschmelzung Artikel 8 der Richtlinie 2009/133/EG des Rates vom 19. Oktober 2009 über das gemeinsame Steuersystem für Fusionen, Spaltungen, Abspaltungen, die Einbringung von Unternehmensteilen und den Austausch von Anteilen, die Gesellschaften verschiedener Mitgliedstaaten betreffen, sowie für die Verlegung des Sitzes einer Europäischen Gesellschaft oder einer Europäischen Genossenschaft von einem Mitgliedstaat in einen anderen Mitgliedstaat (ABl. L 310 vom 25.11.2009, S. 34) in der jeweils geltenden Fassung anzuwenden haben; in diesem Fall ist der Gewinn aus einer späteren Veräußerung der erworbenen Anteile ungeachtet der Bestimmungen eines Abkommens zur Vermeidung der Doppelbesteuerung in der gleichen Art und Weise zu besteuern, wie die Veräußerung der Anteile an der übertragenden Körperschaft zu besteuern wäre, und § 15 Absatz 1a Satz 2 entsprechend anzuwenden. [2] Erhält der Steuerpflichtige in den Fällen des Satzes 1 zusätzlich zu den Anteilen eine Gegenleistung, gilt diese als Ertrag im Sinne des Absatzes 1 Nummer 1. [3] Besitzt bei sonstigen Kapitalforderungen im Sinne des Absatzes 1 Nummer 7 der Inhaber das Recht, bei Fälligkeit anstelle der Zahlung eines Geldbetrags vom Emittenten die Lieferung von Wertpapieren im Sinne des Absatzes 1 Nummer 1 zu verlangen oder besitzt der Emittent das Recht, bei Fälligkeit dem Inhaber anstelle der Zahlung eines Geldbetrags solche Wertpapiere anzudienen und macht der Inhaber der Forderung oder der Emittent von diesem Recht Gebrauch, ist abweichend von Absatz 4 Satz 1 das Entgelt für den Erwerb der Forderung als Veräußerungspreis der Forderung und als Anschaffungskosten der erhaltenen Wertpapiere anzusetzen; Satz 2 gilt entsprechend.[1] [4] Werden Bezugsrechte veräußert oder ausgeübt, die nach § 186 des Aktiengesetzes, § 55 des Gesetzes betreffend die Gesellschaften mit beschränkter Haftung oder eines vergleichbaren ausländischen Rechts einen

---

[1] Absatz 4a Satz 3 ist für die Andienung von Wertpapieren anzuwenden, wenn diese nach dem 31.12.2020 erfolgt >§ 52 Abs. 28 Satz 19.

Anspruch auf Abschluss eines Zeichnungsvertrags begründen, wird der Teil der Anschaffungskosten der Altanteile, der auf das Bezugsrecht entfällt, bei der Ermittlung des Gewinns nach Absatz 4 Satz 1 mit 0 Euro angesetzt. ⁵Werden einem Steuerpflichtigen von einer Körperschaft, Personenvereinigung oder Vermögensmasse, die weder Geschäftsleitung noch Sitz im Inland hat, Anteile zugeteilt, ohne dass der Steuerpflichtige eine Gegenleistung zu erbringen hat, sind sowohl der Ertrag als auch die Anschaffungskosten der erhaltenen Anteile mit 0 Euro anzusetzen, wenn die Voraussetzungen der Sätze 3, 4 und 7 nicht vorliegen; die Anschaffungskosten der die Zuteilung begründenden Anteile bleiben unverändert. ⁶Soweit es auf die steuerliche Wirksamkeit einer Kapitalmaßnahme im Sinne der vorstehenden Sätze 1 bis 5 ankommt, ist auf den Zeitpunkt der Einbuchung in das Depot des Steuerpflichtigen abzustellen. ⁷Geht Vermögen einer Körperschaft durch Abspaltung auf andere Körperschaften über, gelten abweichend von Satz 5 und § 15 des Umwandlungssteuergesetzes die Sätze 1 und 2 entsprechend. 1)

(5) ¹Einkünfte aus Kapitalvermögen im Sinne des Absatzes 1 Nummer 1 und 2 erzielt der Anteilseigner. ²Anteilseigner ist derjenige, dem nach § 39 der Abgabenordnung die Anteile an dem Kapitalvermögen im Sinne des Absatzes 1 Nummer 1 im Zeitpunkt des Gewinnverteilungsbeschlusses zuzurechnen sind. ³Sind einem Nießbraucher oder Pfandgläubiger die Einnahmen im Sinne des Absatzes 1 Nummer 1 oder 2 zuzurechnen, gilt er als Anteilseigner.

(6) ¹Verluste aus Kapitalvermögen dürfen nicht mit Einkünften aus anderen Einkunftsarten ausgeglichen werden; sie dürfen auch nicht nach § 10d abgezogen werden. ²Die Verluste mindern jedoch die Einkünfte, die der Steuerpflichtige in den folgenden Veranlagungszeiträumen aus Kapitalvermögen erzielt. ³§ 10d Absatz 4 ist sinngemäß anzuwenden; *im Fall von zusammenveranlagten Ehegatten erfolgt ein gemeinsamer Verlustausgleich vor der Verlustfeststellung.* ⁴Verluste aus Kapitalvermögen im Sinne des Absatzes 2 Satz 1 Nummer 1 Satz 1, die aus der Veräußerung von Aktien entstehen, dürfen nur mit Gewinnen aus Kapitalvermögen im Sinne des Absatzes 2 Satz 1 Nummer 1 Satz 1, die aus der Veräußerung von Aktien entstehen, ausgeglichen werden; die Sätze 2 und 3 gelten sinngemäß. ⁵Verluste aus Kapitalvermögen im Sinne des Absatzes 2 Satz 1 Nummer 3 dürfen nur in Höhe von 20.000 Euro mit Gewinnen im Sinne des Absatzes 2 Satz 1 Nummer 3 und mit Einkünften im Sinne des § 20 Absatz 1 Nummer 11 ausgeglichen werden; die Sätze 2 und 3 gelten sinngemäß mit der Maßgabe, dass nicht verrechnete Verluste je Folgejahr nur bis zur Höhe von 20.000 Euro mit Gewinnen im Sinne des Absatzes 2 Satz 1 2)

---

1) Absatz 4a Satz 5 ist für die Zuteilung von Anteilen anzuwenden, wenn diese nach dem 31.12.2020 erfolgt und die die Zuteilung begründenden Anteile nach dem 31.12.2008 angeschafft worden sind >§ 52 Abs. 28 Satz 20.
2) Absatz 6 Satz 5 ist auf Verluste anzuwenden, die nach dem 31.12.2020 entstehen >52 Abs. 28 Satz 25.

§ 20 EStG

[1])

Nummer 3 und mit Einkünften im Sinne des § 20 Absatz 1 Nummer 11 verrechnet werden dürfen. [6]Verluste aus Kapitalvermögen aus der ganzen oder teilweisen Uneinbringlichkeit einer Kapitalforderung, aus der Ausbuchung wertloser Wirtschaftsgüter im Sinne des Absatzes 1, aus der Übertragung wertloser Wirtschaftsgüter im Sinne des Absatzes 1 auf einen Dritten oder aus einem sonstigen Ausfall von Wirtschaftsgütern im Sinne des Absatzes 1 dürfen nur in Höhe von 20.000 Euro mit Einkünften aus Kapitalvermögen ausgeglichen werden; die Sätze 2 und 3 gelten sinngemäß mit der Maßgabe, dass nicht verrechnete Verluste je Folgejahr nur bis zur Höhe von 20.000 Euro mit Einkünften aus Kapitalvermögen verrechnet werden dürfen. [7]Verluste aus Kapitalvermögen, die der Kapitalertragsteuer unterliegen, dürfen nur verrechnet werden oder mindern die Einkünfte, die der Steuerpflichtige in den folgenden Veranlagungszeiträumen aus Kapitalvermögen erzielt, wenn eine Bescheinigung im Sinne des § 43a Absatz 3 Satz 4 vorliegt.

(7) [1]§ 15b ist sinngemäß anzuwenden. [2]Ein vorgefertigtes Konzept im Sinne des § 15b Absatz 2 Satz 2 liegt auch vor, wenn die positiven Einkünfte nicht der tariflichen Einkommensteuer unterliegen.

(8) [1]Soweit Einkünfte der in den Absätzen 1, 2 und 3 bezeichneten Art zu den Einkünften aus Land- und Forstwirtschaft, aus Gewerbebetrieb, aus selbständiger Arbeit oder aus Vermietung und Verpachtung gehören, sind sie diesen Einkünften zuzurechnen. [2]Absatz 4a findet insoweit keine Anwendung.

S 2216
S 2210

(9) [1]Bei der Ermittlung der Einkünfte aus Kapitalvermögen ist als Werbungskosten ein Betrag von 801 Euro abzuziehen (Sparer-Pauschbetrag); der Abzug der tatsächlichen Werbungskosten ist ausgeschlossen. [2]Ehegatten, die zusammen veranlagt werden, wird ein gemeinsamer Sparer-Pauschbetrag von 1.602 Euro gewährt. [3]Der gemeinsame Sparer-Pauschbetrag ist bei der Einkunftsermittlung bei jedem Ehegatten je zur Hälfte abzuziehen; sind die Kapitalerträge eines Ehegatten niedriger als 801 Euro, so ist der anteilige Sparer-Pauschbetrag insoweit, als er die Kapitalerträge dieses Ehegatten übersteigt, bei dem anderen Ehegatten abzuziehen. [4]Der Sparer-Pauschbetrag und der gemeinsame Sparer-Pauschbetrag dürfen nicht höher sein als die nach Maßgabe des Absatzes 6 verrechneten Kapitalerträge.

---

[1]) Absatz 6 Satz 6 i. d. F. des Artikels 1 des JStG 2020 ist auf Verluste anzuwenden, die nach dem 31.12.2019 entstehen >52 Abs. 28 Satz 26.

§ 20 EStG
H 20.1 **R 20.1**

Werbungskosten bei Einkünften aus Kapitalvermögen — R 20.1

(1) ¹Aufwendungen sind, auch wenn sie gleichzeitig der Sicherung und Erhaltung des Kapitalstamms dienen, insoweit als Werbungskosten zu berücksichtigen, als sie zum Erwerb, Sicherung und Erhaltung von Kapitaleinnahmen dienen. ²Aufwendungen, die auf Vermögen entfallen, das nicht zur Erzielung von Kapitaleinkünften angelegt ist oder bei dem Kapitalerträge nicht mehr zu erwarten sind, können nicht als Werbungskosten berücksichtigt werden.

(2) ¹Nach den allgemeinen Grundsätzen können u. a. Bankspesen für die Depotverwaltung, Gebühren, Fachliteratur, Reisekosten zur Hauptversammlung, Verfahrensauslagen und Rechtsanwaltskosten als Werbungskosten berücksichtigt werden. ²Zum Abzug ausländischer Steuern wie Werbungskosten >R 34c.

(3) Absatz 1 und 2 gelten vorbehaltlich des § 2 Abs. 2 Satz 2 EStG.

Hinweise — H 20.1

Abgeltungsteuer

Zu Einzelfragen zur Abgeltungsteuer >BMF vom **19.05.2022** (BStBl I S. **742**) *unter Berücksichtigung der Änderungen in Rn. 92 und 300a durch BMF vom 20.12.2022 (BStBl I 2023 S. 46)* — Anhang 19 II

Anschaffungskosten

– Ein beim Erwerb einer stillen Beteiligung an den Geschäftsinhaber entrichtetes Ausgabeaufgeld gehört zu den Anschaffungskosten der stillen Beteiligung (>BFH vom 23.11.2000 – BStBl II 2001 S. 24).

– Gutachterkosten im Zusammenhang mit der Anschaffung von GmbH-Geschäftsanteilen sind Anschaffungsnebenkosten, wenn sie nach einer gefassten Erwerbsentscheidung entstehen und die Erstellung des Gutachtens nicht lediglich eine Maßnahme zur Vorbereitung einer noch unbestimmten, erst später zu treffenden Erwerbsentscheidung darstellt (>BFH vom 27.03.2007 – BStBl II 2010 S. 159).

– Zahlt ein Stpfl., der einem Vermögensverwalter Vermögen zur Anlage auf dem Kapitalmarkt überlässt, ein gesondertes Entgelt für die Auswahl zwischen mehreren Gewinnstrategien des Vermögensverwalters (sog. Strategieentgelt), ist das Entgelt den Anschaffungskosten für den Erwerb der Kapitalanlagen zuzurechnen (>BFH vom 28.10.2009 – BStBl II 2010 S. 469).

Bond-Stripping

>BMF vom 11.11.2016 (BStBl I S. 1245)

Gesellschafterdarlehen

– Ein Verzicht des Gesellschafters auf ein Gesellschafterdarlehen gegen Besserungsschein kann für Schuldzinsen, die auf ein Refinanzierungsdarlehen gezahlt werden, bis zum Eintritt des Besserungsfalls zu einem

§ 20 EStG
H 20.1

Wechsel des Veranlassungszusammenhangs der Aufwendungen hin zu den Beteiligungserträgen gem. § 20 Abs. 1 Nr. 1 führen. Dieser tritt insbesondere dann ein, wenn der Gesellschafter durch den Verzicht auf Zins- und Tilgungsansprüche aus dem Gesellschafterdarlehen die Eigenkapitalbildung und Ertragskraft der Gesellschaft stärken will (>BFH vom 24.10.2017 – BStBl II 2019 S. 34).

Anhang 6 I
– *Zur Berücksichtigung von Verlusten aus Gesellschafterdarlehen bei den Einkünften aus Kapitalvermögen >BMF vom 07.06.2022 (BStBl I S. 897), Rn. 21 ff.*

Sinngemäße Anwendung des § 15a
– Erst wenn die Gesellschaft endgültig von einer Schuld befreit wird, handelt es sich im Falle der Übernahme einer Gesellschaftsschuld durch den stillen Gesellschafter um die allein maßgebliche „geleistete Einlage" i. S. d. § 15a Abs. 1 Satz 1. Eine erst später erteilte Genehmigung einer Schuldübernahme durch den Gläubiger wirkt steuerrechtlich nicht auf den Zeitpunkt zurück, in dem der stille Gesellschafter sich dazu verpflichtet hatte (>BFH vom 16.10.2007 – BStBl II 2008 S. 126).
– >H 21.2

Stiller Gesellschafter
– Die Vereinbarung einer Beteiligung des stillen Gesellschafters am Gewinn des Geschäftsinhabers gilt im Zweifel auch für seine Beteiligung am Verlust. Der Verlustanteil ist dem stillen Gesellschafter nicht nur bis zum Verbrauch seiner Einlage, sondern auch in Höhe seines negativen Einlagekontos zuzurechnen. Spätere Gewinne sind gem. § 15a zunächst mit den auf diesem Konto ausgewiesenen Verlusten zu verrechnen (>BFH vom 23.07.2002 – BStBl II S. 858).
– Ein an einer GmbH typisch still beteiligter Gesellschafter kann seinen Anteil an dem laufenden Verlust der GmbH nur dann berücksichtigen, wenn der Verlustanteil im Jahresabschluss der GmbH festgestellt oder vom Finanzamt geschätzt und von der Kapitaleinlage des stillen Gesellschafters abgebucht worden ist (>BFH vom 28.05.1997 – BStBl II S. 724 und vom 16.10.2007 – BStBl II 2008 S. 126). Die Abbuchung als Voraussetzung für die Verlustberücksichtigung entfällt jedoch, soweit durch den Verlustanteil ein negatives Einlagekonto entsteht. Der Verlustanteil entsteht mit seiner Berechnung nach § 232 Abs. 1 HGB auf der Grundlage des Jahresabschlusses des Geschäftsinhabers (>BFH vom 23.07.2002 – BStBl II S. 858).

Anhang 29 IV
– Zur Behandlung von Verlusten aus stillen Gesellschaften an Kapitalgesellschaften >BMF vom 19.11.2008 (BStBl I S. 970)
– >Anschaffungskosten

Verlustabzug in Erbfällen
Verluste i. S. d. § 20 Abs. 6 >R 10d Abs. 9 Satz 9

§ 20 EStG
H 20.1, 20.2 R 20.2

Werbungskostenabzugsverbot nach § 20 Abs. 9
– **Schuldzinsen, die nach der Veräußerung oder der Aufgabe einer wesentlichen Beteiligung** i. S. d. § 17 Abs. 1 anfallen, sind ab dem VZ 2009 nicht mehr als Werbungskosten bei den Einkünften aus Kapitalvermögen abziehbar (>BFH vom 01.07.2014 – BStBl II S. 975 und vom 21.10.2014 – BStBl II 2015 S. 270).
– Das Werbungskostenabzugsverbot findet auch dann Anwendung, wenn Ausgaben, die nach dem 31.12.2008 getätigt wurden, mit **Kapitalerträgen** zusammenhängen, die bereits **vor dem 01.01.2009** zugeflossen sind (>BFH vom 02.12.2014 – BStBl II 2015 S. 387 und vom 09.06.2015 – BStBl II 2016 S. 199).
– Gegen das Werbungskostenabzugsverbot bestehen **keine verfassungsrechtlichen Bedenken** (>BFH vom 01.07.2014 – BStBl II S. 975, vom 28.01.2015 – BStBl II S. 393 und vom 09.06.2015 – BStBl II 2016 S. 199).
– Das Werbungskostenabzugsverbot kommt in den Fällen des § 32d Abs. 2 Nr. 1 Satz 1 Buchst. b Satz 1 nicht zur Anwendung (§ 32d Abs. 2 Nr. 1 Satz 2). Dies gilt auch dann, wenn von der Gesellschaft die geschuldeten Kapitalerträge nicht gezahlt werden (>BFH vom 24.10.2017 – BStBl II 2019 S. 34).
– Zu einer Sicherheits-Kompakt-Rente >H 22.4 (Werbungskosten)

Einnahmen aus Kapitalvermögen

R 20.2
S 2204

[1]Auf Erträge aus Versicherungen auf den Erlebens- oder Todesfall ist bei Verträgen, die vor dem 1.1.2005 abgeschlossen worden sind, R 154 EStR 2003 weiter anzuwenden. [2]R 154 Satz 4 Buchstabe a EStR 2003 gilt nicht für Zinsen, die nach Ablauf der Mindestlaufzeit von 12 Jahren bei Weiterführung des Versicherungsvertrages gezahlt werden.

Hinweise
H 20.2

Abtretung
Zur Zurechnung von Zinsen bei Abtretung einer verzinslichen Forderung >BFH vom 08.07.1998 (BStBl II 1999 S. 123)

American Depository Receipts (ADRs)
Zur Besteuerung von ADRs auf inländische Aktien und vergleichbaren Hinterlegungsscheinen, die Aktien vertreten >BMF vom 24.05.2013 (BStBl I S. 718) unter Berücksichtigung der Änderungen durch BMF vom 18.12.2018 (BStBl I S. 1400)

Betriebsaufspaltung
>H 15.7 (4) Gewinnausschüttungen

§ 20 EStG
H 20.2

Einlagenrückgewähr
- Rückgewähr von Einlagen durch eine unbeschränkt steuerpflichtige Körperschaft; bilanzsteuerrechtliche Behandlung beim Empfänger >BMF vom 09.01.1987 (BStBl I S. 171)
- Der aus dem steuerlichen Einlagekonto i. S. d. § 27 KStG stammende Gewinnanteil ist beim Gesellschafter gemäß § 20 Abs. 1 Nr. 1 Satz 3 als nicht steuerbare Einnahme zu behandeln. Dies gilt auch dann, wenn der Stpfl. an der ausschüttenden Körperschaft gemäß § 17 beteiligt ist. Der Teil der Ausschüttung einer Körperschaft, der aus dem steuerlichen Einlagekonto i. S. d. § 27 KStG finanziert ist, führt zu einer Minderung der Anschaffungskosten der Beteiligung. Zur Veräußerung von Anteilen i. S. d. § 17 (>BFH vom 19.07.1994 – BStBl II 1995 S. 362), zu den Auswirkungen bei § 20 Abs. 2 >BMF vom **19.05.2022** (BStBl I S. **742**) *unter Berücksichtigung der Änderungen durch BMF vom 20.12.2022 (BStBl I 2023 S. 46)*, **Rn.** 92 *(Anhang 19 II)*
- Zur Bescheinigung der Leistungen, die als Abgang auf dem steuerlichen Einlagekonto zu berücksichtigen sind, durch die Kapitalgesellschaft >§ 27 Abs. 3 KStG

Erstattungszinsen nach § 233a AO
- Erstattungszinsen sind steuerbare Einnahmen (>BFH vom 12.11.2013 – BStBl II 2014 S. 168 und vom 24.06.2014 – BStBl II S. 998).
- Aus Gründen sachlicher Härte sind auf Antrag Erstattungszinsen i. S. d. § 233a AO nach § 163 AO nicht in die Steuerbemessungsgrundlage einzubeziehen, soweit ihnen nicht abziehbare Nachforderungszinsen gegenüberstehen, die auf ein- und demselben Ereignis beruhen (>BMF vom 16.03.2021 – BStBl I S. 353).

Erträge aus Lebensversicherungen (Vertragsabschluss vor dem 01.01.1974)
Zinsen aus Sparanteilen aus Beiträgen für vor dem 01.01.1974 abgeschlossene Lebensversicherungen sind nicht steuerbar (>BFH vom 29.05.2012 – BStBl II 2013 S. 115).

Erträge aus Lebensversicherungen (Vertragsabschluss vor dem 01.01.2005)
- >BMF vom 31.08.1979 (BStBl I S. 592) zur steuerlichen Behandlung der rechnungsmäßigen und außerrechnungsmäßigen Zinsen aus Lebensversicherungen
- >BMF vom 13.11.1985 (BStBl I S. 661) zum Näherungsverfahren zur Berechnung der rechnungsmäßigen und außerrechnungsmäßigen Zinsen
- >BMF vom 16.07.2012 (BStBl I S. 686) zur gesonderten Feststellung der Steuerpflicht von Zinsen aus einer Lebensversicherung, letztmals abgedruckt im Anhang 22 III EStH 2020

- \>BMF vom 15.06.2000 (BStBl I S. 1118) zu Finanzierungen unter Einsatz von Lebensversicherungsverträgen (Policendarlehen), letztmals abgedruckt im EStH 2020 Anhang 22 II
- Zinsen aus einer vor dem 01.01.2005 abgeschlossenen Kapitallebensversicherung, die nach Ablauf eines Zeitraums von mehr als 12 Jahren nach Vertragsabschluss bei Weiterführung gezahlt werden, sind in entsprechender Anwendung des § 20 Abs. 1 Nr. 6 Satz 2 in der am 31.12.2004 geltenden Fassung steuerfrei (>BFH vom 12.10.2005 – BStBl II 2006 S. 251).
- Die Steuerbefreiung in § 20 Abs. 1 Nr. 6 Satz 2 in der am 31.12.2004 geltenden Fassung für Zinsen aus Lebensversicherungen ist nicht an die Voraussetzungen des Sonderausgabenabzugs für die Versicherungsbeiträge geknüpft. Es ist daher unschädlich, wenn der ausländischen Lebensversicherungsgesellschaft die Erlaubnis zum Betrieb eines nach § 10 Abs. 2 Satz 1 Nr. 2 Buchst. a in der am 31.12.2004 geltenden Fassung begünstigten Versicherungszweigs im Inland nicht erteilt worden ist (>BFH vom 01.03.2005 – BStBl II 2006 S. 365).
- \>Auszug aus dem EStG 2002 in der am 31.12.2004 geltenden Fassung, letztmals abgedruckt im Anhang 22 IV EStH 2020

Erträge aus Lebensversicherungen (Vertragsabschluss nach dem 31.12.2004)
Zur Besteuerung von Versicherungserträgen i. S. d. § 20 Abs. 1 Nr. 6 >BMF vom 01.10.2009 (BStBl I S. 1172) unter Berücksichtigung der Änderungen durch BMF vom 06.03.2012 (BStBl I S. 238), vom 29.09.2017 (BStBl I S. 1314) und vom 09.08.2019 (BStBl I S. 829) und >BMF vom 18.06.2013 (BStBl I S. 768)

Anhang 22a I

Anhang 22a II

Ferienwohnung
Überlässt eine AG satzungsgemäß ihren Aktionären Ferienwohnungen zur zeitlich vorübergehenden Nutzung nach Maßgabe eines Wohnberechtigungspunktesystems, erzielt der Aktionär mit der Nutzung Kapitalerträge (>BFH vom 16.12.1992 – BStBl II 1993 S. 399).

Hochzins- und Umtauschanleihen
\>BMF vom 02.03.2001 (BStBl I S. 206)

Investmentanteile
Zu Anwendungsfragen zum Investmentsteuergesetz in der ab dem 01.01.2018 geltenden Fassung >BMF vom 21.05.2019 (BStBl I S. 527) unter Berücksichtigung der Änderungen durch BMF vom 19.12.2019 (BStBl I 2020 S. 85), vom 29.10.2020 (BStBl I S. 1167), **vom 15.03.2022 (BStBl I S. 336) und vom 30.12.2022 (BStBl I 2023 S. 46)**

Pflichtteilsansprüche

– Verzichtet ein Kind gegenüber seinen Eltern auf künftige Pflichtteilsansprüche und erhält es dafür im Gegenzug von den Eltern wiederkehrende Zahlungen, so liegt darin kein entgeltlicher Leistungsaustausch und keine Kapitalüberlassung des Kindes an die Eltern, so dass in den wiederkehrenden Zahlungen auch kein einkommensteuerbarer Zinsanteil enthalten ist (>BFH vom 09.02.2010 – BStBl II S. 818).

– Erhält das Kind für den Verzicht auf künftige Pflichtteilsansprüche einen fälligen Zahlungsanspruch, führt die Verzinsung dieses Zahlungsanspruches zu steuerpflichtigen Kapitalerträgen i. S. d. § 20 Abs. 1 Nr. 7 (>BFH vom 06.08.2019 – BStBl II 2020 S. 92).

– Ist der Erbfall bereits eingetreten und erhält ein Pflichtteilsberechtigter vom Erben unter Anrechnung auf seinen Pflichtteil wiederkehrende Leistungen, ist das Merkmal der Überlassung von Kapital zur Nutzung i. S. d. § 20 Abs. 1 Nr. 7 jedenfalls dann erfüllt, wenn der Bedachte rechtlich befugt ist, den niedrigeren Barwert im Rahmen seines Pflichtteilsanspruchs geltend zu machen (>BFH vom 26.11.1992 – BStBl II 1993 S. 298).

Rückgängigmachung einer Gewinnausschüttung

Die Gewinnausschüttung einer Kapitalgesellschaft bleibt bei dem Gesellschafter auch dann eine Einnahme aus Kapitalvermögen, wenn der Gewinnverteilungsbeschluss aufgrund eines Rückforderungsanspruchs der Gesellschaft rückgängig gemacht werden kann oder aufgehoben wird (>BFH vom 01.03.1977 – BStBl II S. 545). Das gilt auch bei einer Verpflichtung zur Rückzahlung einer offenen Gewinnausschüttung; die Rückzahlung stellt keine negative Einnahme dar (>BFH vom 29.08.2000 – BStBl II 2001 S. 173).

Schenkung unter Auflage

Wird ein geschenkter Geldbetrag entsprechend der Auflage des Schenkers vom Beschenkten angelegt, erzielt dieser hieraus auch dann Einkünfte aus Kapitalvermögen, wenn er die Erträge entsprechend einer weiteren Auflage weiterzuleiten hat (>BFH vom 26.11.1997 – BStBl II 1998 S. 190).

Schneeballsystem

– Beteiligt sich ein Kapitalanleger an einem sog. Schneeballsystem, mit dem ihm vorgetäuscht wird, in seinem Auftrag und für seine Rechnung würden Geschäfte auf dem Kapitalmarkt getätigt, ist der vom Kapitalanleger angenommene Sachverhalt der Besteuerung zugrunde zu legen (>BFH vom 14.12.2004 – BStBl II 2005 S. 739 und S. 746).

– Gutschriften aus Schneeballsystemen führen zu Einnahmen aus Kapitalvermögen, wenn der Betreiber des Schneeballsystems bei entsprechendem Verlangen des Anlegers zur Auszahlung der gutgeschriebenen Beträge leistungsbereit und leistungsfähig gewesen wäre. An der Leistungsbereitschaft des Betreibers des Schneeballsystems kann es fehlen, wenn er auf einen Auszahlungswunsch des Anlegers hin eine sofortige Auszahlung ablehnt und stattdessen über anderweitige Zahlungsmodalitäten verhandelt. Entscheidend ist, ob der Anleger in seinem konkreten Fall eine Auszahlung hätte erreichen können. Auf eine hypothetische Zahlung an alle Anleger ist nicht abzustellen (>BFH vom 16.03.2010 – BStBl II 2014 S. 147, vom 11.02.2014 – BStBl II S. 461 und vom 02.04.2014 – BStBl II S. 698).

Stiftung
– Können die Leistungsempfänger einer Stiftung unmittelbar oder mittelbar Einfluss auf das Ausschüttungsverhalten der Stiftung nehmen, handelt es sich bei den Leistungen um Einkünfte aus Kapitalvermögen i. S. d. § 20 Abs. 1 Nr. 9 (>BFH vom 03.11.2010 – BStBl II 2011 S. 417).
– Unter § 20 Abs. 1 Nr. 9 fallen alle wiederkehrenden oder einmaligen Leistungen einer Stiftung, die von den Beschluss fassenden Stiftungsgremien aus den Erträgen der Stiftung an den Stifter, seine Angehörigen oder deren Abkömmlinge ausgekehrt werden. Dies gilt auch, wenn die Leistungen anlässlich der Auflösung der Stiftung erbracht werden (>BMF vom 27.06.2006 – BStBl I S. 417).

Stiller Gesellschafter
– Zu den Einnahmen aus Kapitalvermögen gehören auch alle Vorteile, die ein typischer stiller Gesellschafter als Gegenleistung für die Überlassung der Einlage erhält, z. B. Bezüge aufgrund von Wertsicherungsklauseln oder von Kursgarantien, ein Damnum und ein Aufgeld. Dazu gehört auch ein im Fall der Veräußerung der stillen Beteiligung über den Betrag der Einlage hinaus erzielter Mehrerlös, soweit dieser auf einen Anteil am Gewinn eines bereits abgelaufenen Wj. entfällt (>BFH vom 11.02.1981 – BStBl II S. 465) oder soweit er ein anders bemessenes Entgelt für die Überlassung der Einlage darstellt (>BFH vom 14.02.1984 – BStBl II S. 580).
– Gewinnanteile aus einer stillen Beteiligung, die zur Wiederauffüllung einer durch Verluste geminderten Einlage dienen, sind Einnahmen aus Kapitalvermögen (>BFH vom 24.01.1990 – BStBl II 1991 S. 147); bei negativem Einlagekonto >H 20.1.
– Auch der Mehrheitsgesellschafter einer Kapitalgesellschaft kann daneben typisch stiller Gesellschafter der Kapitalgesellschaft sein, dessen Gewinnanteil zu den Einnahmen aus Kapitalvermögen gehört (>BFH vom 21.06.1983 – BStBl II S. 563).
– § 20 Abs. 1 Nr. 4 ist auf Gewinnanteile aus typischen Unterbeteiligungen entsprechend anzuwenden (>BFH vom 28.11.1990 – BStBl II 1991 S. 313).
– Für die Annahme einer stillen Gesellschaft können – vor allem in Grenzfällen – von den Vertragsparteien gewählte Formulierungen indizielle Bedeutung haben; entscheidend ist, was die Vertragsparteien wirtschaftlich gewollt haben und ob der – unter Heranziehung aller Umstände

- zu ermittelnde – Vertragswille auf die Merkmale einer (stillen) Gesellschaft gerichtet ist (>BFH vom 28.10.2008 – BStBl II 2009 S. 190). Dabei darf der für eine stille Gesellschaft erforderliche gemeinsame Zweck der Gesellschafter nicht mit deren Motiven für ihre Beteiligung vermengt werden. Dass Kapitalanleger und Fondsgesellschaft beide das Ziel verfolgen, durch Handel an internationalen Finanzterminmärkten mittelfristig einen Kapitalzuwachs zu erreichen, reicht für die Annahme eines gemeinsamen Zwecks nicht aus. Ein gemeinsamer Zweck verlangt zwischen Anleger und Anlagegesellschaft ein substantielles „Mehr" als die bloße Kapitalhingabe und dessen Verwendung (>BFH vom 08.04.2008 – BStBl II S. 852).
- Stellt ein Kapitalanleger einem Unternehmer unter Gewährung einer Erfolgsbeteiligung Geldbeträge zur Verfügung, die dieser an Brokerfirmen für Börsentermingeschäfte oder an Fonds weiterleiten soll, kann eine solche Vereinbarung eine typisch stille Gesellschaft begründen (>BFH vom 28.10.2008 – BStBl II 2009 S. 190).

Stückzinsen

Anhang 19 II

>BMF vom **19.05.2022** (BStBl I S. **742**), **Rn.** 49-51

Teilentgeltliche Übertragung eines Grundstücks und Gebäudes des Privatvermögens gegen eine Veräußerungszeitrente

Auch bei der teilentgeltlichen Übertragung eines Grundstücks und Gebäudes des Privatvermögens gegen eine Veräußerungszeitrente fließen dem Veräußerer von Beginn an steuerpflichtige Zinseinkünfte gem. § 20 Abs. 1 Nr. 7 zu, soweit die Rentenzahlungen nicht auf den Unterschiedsbetrag zwischen dem Barwert der Rentenforderung zu Beginn und zum Ende des Streitjahres (sog. Tilgungsanteil) entfallen (>BFH vom 14.07.2020 – BStBl II S. 813).

Treuhandverhältnis

Der Treugeber als wirtschaftlicher Inhaber einer Kapitalforderung erzielt die Einkünfte aus Kapitalvermögen (>BFH vom 24.11.2009 – BStBl II 2010 S. 590).

Umqualifizierung von Einkünften i. S. d. § 20 Abs. 2 Satz 1 Nr. 1 in Einkünfte i. S. d. § 17

>BMF vom 16.12.2014 (BStBl I 2015 S. 24)

Unverzinsliche Kaufpreisraten

Ein Zinsanteil ist auch in unverzinslichen Forderungen enthalten, deren Laufzeit mehr als ein Jahr beträgt und die zu einem bestimmten Zeitpunkt fällig werden (>BFH vom 21.10.1980 – BStBl II 1981 S. 160). Dies gilt auch dann, wenn die Vertragsparteien eine Verzinsung ausdrücklich ausgeschlossen haben (>BFH vom 25.06.1974 – BStBl II 1975 S. 431).

Verdeckte Gewinnausschüttung an nahestehende Personen
Die der nahestehenden Person zugeflossene vGA ist stets dem Gesellschafter als Einnahme zuzurechnen (>BMF vom 20.05.1999 – BStBl I S. 514).

Vermächtnisanspruch
Zinsen, die auf einer testamentarisch angeordneten Verzinsung eines erst fünf Jahre nach dem Tode des Erblassers fälligen betagten Vermächtnisanspruchs beruhen, sind beim Vermächtnisnehmer Einkünfte aus Kapitalvermögen (>BFH vom 20.10.2015 – BStBl II 2016 S. 342).

Virtuelle Währungen und sonstige Token
>BMF vom 10.05.2022 (BStBl I S. 668)

Zahlungseinstellung des Emittenten
Zur Behandlung der Einnahmen aus der Veräußerung oder Abtretung einer Kapitalanlage bei vorübergehender oder endgültiger Zahlungseinstellung des Emittenten >BMF vom 14.07.2004 (BStBl I S. 611)

Zinsen aus Rentennachzahlungen
Nicht zu den Rentennachzahlungen zählen darauf entfallende Zinsen. Diese gehören zu den Einkünften aus Kapitalvermögen gem. § 20 Abs. 1 Nr. 7 (>BMF vom 19.08.2013 – BStBl I S. 1087 unter Berücksichtigung der Änderungen durch BMF vom 04.07.2016 – BStBl I S. 645, Rz. 196, *Anhang 3 II LStH*).

Zinsen und Nebenleistungen aus einer durch Versteigerung realisierten Grundschuld
Zinsen i. S. v. § 1191 Abs. 2 BGB, denen kein Kapitalnutzungsverhältnis zugrunde liegt, unterliegen wegen ihrer ausdrücklichen Erwähnung in § 20 Abs. 1 Nr. 5 der Besteuerung. Sie sind demjenigen zuzurechnen, der im Zeitpunkt des Zuschlagsbeschlusses aus der Grundschuld berechtigt ist und bei dem deshalb erstmals der Anspruch auf Ersatz des Wertes der Grundschuld aus dem Versteigerungserlös entsteht. Dagegen ist der dem Grundschuldgläubiger aus dem Versteigerungserlös zufließende Betrag nicht steuerbar, soweit er auf eine Nebenleistung i. S. v. § 1191 Abs. 2 BGB entfällt (>BFH vom 11.04.2012 – BStBl II S. 496).

Zuflusszeitpunkt bei Gewinnausschüttungen
- **Grundsatz**
  Einnahmen aus Kapitalvermögen sind zugeflossen, sobald der Stpfl. über sie wirtschaftlich verfügen kann (>BFH vom 08.10.1991 – BStBl II 1992 S. 174). Gewinnausschüttungen sind dem Gesellschafter schon dann zugeflossen, wenn sie ihm z. B. auf einem Verrechnungskonto bei der leistungsfähigen Kapitalgesellschaft gutgeschrieben worden sind, über das der Gesellschafter verfügen kann, oder wenn der Gesellschafter aus eigenem Interesse (z. B. bei einer Novation) seine

Gewinnanteile in der Gesellschaft belässt (>BFH vom 14.02.1984 – BStBl II S. 480).

– **Beherrschender Gesellschafter/Alleingesellschafter**
Gewinnausschüttungen an den beherrschenden Gesellschafter oder an den Alleingesellschafter einer zahlungsfähigen Kapitalgesellschaft sind diesen i. d. R. auch dann zum Zeitpunkt der Beschlussfassung über die Gewinnverwendung i. S. d. § 11 Abs. 1 Satz 1 zugeflossen, wenn die Gesellschafterversammlung eine spätere Fälligkeit des Auszahlungsanspruchs beschlossen hat (>BFH vom 17.11.1998 – BStBl II 1999 S. 223). Die Zahlungsfähigkeit einer Kapitalgesellschaft ist auch dann gegeben, wenn diese zwar mangels eigener Liquidität die von ihr zu erbringende Ausschüttung nicht leisten kann, sie sich als beherrschende Gesellschafterin einer Tochter-Kapitalgesellschaft mit hoher Liquidität indes jederzeit bei dieser bedienen kann, um sich selbst die für ihre Ausschüttung erforderlichen Geldmittel zu verschaffen (>BFH vom 02.12.2014 – BStBl II 2015 S. 333).

– **Verschiebung des Auszahlungstags**
Zur Frage des Zeitpunkts des Zuflusses bei Verschiebung des Auszahlungstags, wenn eine Kapitalgesellschaft von mehreren Personen gemeinsam beherrscht wird oder die Satzung Bestimmungen über Gewinnabhebungen oder Auszahlungen zu einem späteren Zeitpunkt als dem Gewinnverteilungsbeschluss enthält, >BFH vom 21.10.1981 (BStBl II 1982 S. 139)

Zurechnung von Beteiligungserträgen
Steht einem Nießbraucher an einem Kapitalgesellschaftsanteil nur ein Anspruch am damit verbundenen Gewinnanteil zu, ohne dass der Nießbraucher wesentliche Verwaltungsrechte, insbesondere die Stimmrechte, ausüben und im Konfliktfall effektiv durchsetzen kann, sind die Einnahmen i. S. d. § 20 Abs. 1 Nr. 1 Satz 1 weiter dem Anteilseigner zuzurechnen (>BFH vom 14.02.2022 – BStBl II S. 544 und S. 548).

f) Vermietung und Verpachtung (§ 2 Absatz 1 Satz 1 Nummer 6)

§ 21

(1) ¹Einkünfte aus Vermietung und Verpachtung sind
1. Einkünfte aus Vermietung und Verpachtung von unbeweglichem Vermögen, insbesondere von Grundstücken, Gebäuden, Gebäudeteilen, Schiffen, die in ein Schiffsregister eingetragen sind, und Rechten, die den Vorschriften des bürgerlichen Rechts über Grundstücke unterliegen (z. B. Erbbaurecht, Mineralgewinnungsrecht);
2. Einkünfte aus Vermietung und Verpachtung von Sachinbegriffen, insbesondere von beweglichem Betriebsvermögen;
3. Einkünfte aus zeitlich begrenzter Überlassung von Rechten, insbesondere von schriftstellerischen, künstlerischen und gewerblichen Urheberrechten, von gewerblichen Erfahrungen und von Gerechtigkeiten und Gefällen;
4. Einkünfte aus der Veräußerung von Miet- und Pachtzinsforderungen, auch dann, wenn die Einkünfte im Veräußerungspreis von Grundstücken enthalten sind und die Miet- oder Pachtzinsen sich auf einen Zeitraum beziehen, in dem der Veräußerer noch Besitzer war.

²§§ 15a und 15b sind sinngemäß anzuwenden.

(2) ¹Beträgt das Entgelt für die Überlassung einer Wohnung zu Wohnzwecken weniger als 50 Prozent der ortsüblichen Marktmiete, so ist die Nutzungsüberlassung in einen entgeltlichen und einen unentgeltlichen Teil aufzuteilen. ²Beträgt das Entgelt bei auf Dauer angelegter Wohnungsvermietung mindestens 66 Prozent der ortsüblichen Miete, gilt die Wohnungsvermietung als entgeltlich.

(3) Einkünfte der in den Absätzen 1 und 2 bezeichneten Art sind Einkünften aus anderen Einkunftsarten zuzurechnen, soweit sie zu diesen gehören.

EStDV
§ 82a
Erhöhte Absetzungen von Herstellungskosten und Sonderbehandlung von Erhaltungsaufwand für bestimmte Anlagen und Einrichtungen bei Gebäuden

– Letztmals abgedruckt im EStH 2009 –

---

[1]) zur Anwendung des Absatzes 1 Satz 2 >§ 52 Abs. 29

EStDV

§ 82b[1])
Behandlung größeren Erhaltungsaufwands bei Wohngebäuden

(1) [1]Der Steuerpflichtige kann größere Aufwendungen für die Erhaltung von Gebäuden, die im Zeitpunkt der Leistung des Erhaltungsaufwands nicht zu einem Betriebsvermögen gehören und überwiegend Wohnzwecken dienen, abweichend von § 11 Abs. 2 des Gesetzes auf zwei bis fünf Jahre gleichmäßig verteilen. [2]Ein Gebäude dient überwiegend Wohnzwecken, wenn die Grundfläche der Wohnzwecken dienenden Räume des Gebäudes mehr als die Hälfte der gesamten Nutzfläche beträgt. [3]Zum Gebäude gehörende Garagen sind ohne Rücksicht auf ihre tatsächliche Nutzung als Wohnzwecken dienend zu behandeln, soweit in ihnen nicht mehr als ein Personenkraftwagen für jede in dem Gebäude befindliche Wohnung untergestellt werden kann. [4]Räume für die Unterstellung weiterer Kraftwagen sind stets als nicht Wohnzwecken dienend zu behandeln.

(2) [1]Wird das Gebäude während des Verteilungszeitraums veräußert, ist der noch nicht berücksichtigte Teil des Erhaltungsaufwands im Jahr der Veräußerung als Werbungskosten abzusetzen. [2]Das Gleiche gilt, wenn ein Gebäude in ein Betriebsvermögen eingebracht oder nicht mehr zur Einkunftserzielung genutzt wird.

(3) Steht das Gebäude im Eigentum mehrerer Personen, so ist der in Absatz 1 bezeichnete Erhaltungsaufwand von allen Eigentümern auf den gleichen Zeitraum zu verteilen.

§§ 82c bis 82e
(weggefallen)

§ 82f
Bewertungsfreiheit für Handelsschiffe, für Schiffe, die der Seefischerei dienen, und für Luftfahrzeuge

(zu § 51 abgedruckt)

S 2198-a

§ 82g
Erhöhte Absetzungen von Herstellungskosten für bestimmte Baumaßnahmen

– Letztmals abgedruckt im EStH 2009 –

§ 82h
(weggefallen)

---

[1]) zur Anwendung des § 82b EStDV >§ 84 Abs. 4a EStDV (abgedruckt zu § 52)

§ 82i EStDV **§ 21 EStG**
R 21.1

§ 82i
Erhöhte Absetzungen von Herstellungskosten bei Baudenkmälern
– Letztmals abgedruckt im EStH 2009 –

EStDV

S 2198-b

Erhaltungsaufwand und Herstellungsaufwand

R 21.1

(1) ¹Aufwendungen für die Erneuerung von bereits vorhandenen Teilen, Einrichtungen oder Anlagen sind regelmäßig >Erhaltungsaufwand. ²Zum >Erhaltungsaufwand gehören z. B Aufwendungen für den Einbau messtechnischer Anlagen zur verbrauchsabhängigen Abrechnung von Heiz- und Wasserkosten oder für den Einbau einer privaten Breitbandanlage und einmalige Gebühren für den Anschluss privater Breitbandanlagen an das öffentliche Breitbandnetz bei bestehenden Gebäuden.

(2) ¹Nach der Fertigstellung des Gebäudes ist >Herstellungsaufwand anzunehmen, wenn Aufwendungen durch den Verbrauch von Gütern und die Inanspruchnahme von Diensten für die Erweiterung oder für die über den ursprünglichen Zustand hinausgehende wesentliche Verbesserung eines Gebäudes entstehen (>§ 255 Abs. 2 Satz 1 HGB). ²Betragen die Aufwendungen nach Fertigstellung eines Gebäudes für die einzelne Baumaßnahme nicht mehr als 4.000 Euro (Rechnungsbetrag ohne Umsatzsteuer) je Gebäude, ist auf Antrag dieser Aufwand stets als Erhaltungsaufwand zu behandeln. ³Auf Aufwendungen, die der endgültigen Fertigstellung eines neu errichteten Gebäudes dienen, ist die Vereinfachungsregelung jedoch nicht anzuwenden.

(3) ¹Kosten für die gärtnerische Gestaltung der Grundstücksfläche bei einem Wohngebäude gehören nur zu den Herstellungskosten des Gebäudes, soweit diese Kosten für das Anpflanzen von Hecken, Büschen und Bäumen an den Grundstücksgrenzen („lebende Umzäunung") entstanden sind. ²Im Übrigen bildet die bepflanzte Gartenanlage ein selbständiges Wirtschaftsgut. ³Bei Gartenanlagen, die die Mieter mitbenutzen dürfen, und bei Vorgärten sind die Herstellungskosten der gärtnerischen Anlage gleichmäßig auf deren regelmäßig 10 Jahre betragende Nutzungsdauer zu verteilen. ⁴Aufwendungen für die Instandhaltung der Gartenanlagen können sofort abgezogen werden. ⁵Absatz 2 Satz 2 ist sinngemäß anzuwenden. ⁶Soweit Aufwendungen für den Nutzgarten des Eigentümers und für Gartenanlagen, die die Mieter nicht nutzen dürfen, entstehen, gehören sie zu den nach § 12 Nr. 1 EStG nicht abziehbaren Kosten (grundsätzlich Aufteilung nach der Zahl der zur Nutzung befugten Mietparteien). ⁷Auf die in Nutzgärten befindlichen Anlagen sind die allgemeinen Grundsätze anzuwenden.

(4) Die Merkmale zur Abgrenzung von Erhaltungs- und Herstellungsaufwand bei Gebäuden gelten bei selbständigen Gebäudeteilen (>hierzu R 4.2 Abs. 4 und Abs. 5) entsprechend.

(5) ¹Werden Teile der Wohnung oder des Gebäudes zu eigenen Wohnzwecken genutzt, sind die Herstellungs- und Anschaffungskosten sowie die Erhaltungsaufwendungen um den Teil der Aufwendungen zu kürzen, der

§ 21 EStG
R 21.1 H 21.1

nach objektiven Merkmalen und Unterlagen leicht und einwandfrei dem selbst genutzten Teil zugeordnet werden kann. ²Soweit sich die Aufwendungen nicht eindeutig zuordnen lassen, sind sie um den Teil, der auf eigene Wohnzwecke entfällt, nach dem Verhältnis der Nutzflächen zu kürzen.

(6) ¹Bei der Verteilung von Erhaltungsaufwand nach § 82b EStDV kann für die in dem jeweiligen VZ geleisteten Erhaltungsaufwendungen ein besonderer Verteilungszeitraum gebildet werden. ²Wird das Eigentum an einem Gebäude unentgeltlich auf einen anderen übertragen, kann der Rechtsnachfolger Erhaltungsaufwand noch in dem von seinem Rechtsvorgänger gewählten restlichen Verteilungszeitraum geltend machen. ³Dabei ist der Teil des Erhaltungsaufwands, der auf den VZ des Eigentumswechsels entfällt, entsprechend der Besitzdauer auf den Rechtsvorgänger und den Rechtsnachfolger aufzuteilen.

H 21.1

Hinweise

Abgrenzung von Anschaffungs-, Herstellungskosten und Erhaltungsaufwendungen

– Abgrenzung von Anschaffungs-, Herstellungskosten und Erhaltungsaufwendungen bei Instandsetzung und Modernisierung von Gebäuden >BMF vom 18.07.2003 (BStBl I S. 386)

Anhang 30 V 1

– Instandsetzungs- und Modernisierungsaufwendungen für ein Gebäude sind nicht allein deshalb als Herstellungskosten zu beurteilen, weil das Gebäude wegen Abnutzung und Verwahrlosung nicht mehr vermietbar ist, sondern nur bei schweren Substanzschäden an den für die Nutzbarkeit als Bau und die Nutzungsdauer des Gebäudes bestimmenden Teilen (>BFH vom 13.10.1998 – BStBl II 1999 S. 282).

– Bei der Prüfung, ob Herstellungsaufwand vorliegt, darf nicht auf das gesamte Gebäude abgestellt werden, sondern nur auf den entsprechenden Gebäudeteil, wenn das Gebäude in unterschiedlicher Weise genutzt wird und deshalb mehrere Wirtschaftsgüter umfasst (>BFH vom 25.09.2007 – BStBl II 2008 S. 218).

Anschaffungsnahe Herstellungskosten
>R 6.4 Abs. 1 und H 6.4

Erhaltungsaufwand

Anhang 30 V 1

– Erhaltungsaufwand bei Instandsetzung und Modernisierung von Gebäuden >BMF vom 18.07.2003 (BStBl I S. 386)
– >H 21.2

---

[1]) Absatz 6 Satz 2 und 3 überholt durch BFH vom 10.11.2020 (BStBl II 2021 S. 474), >H 21.1 (Verteilung des Erhaltungsaufwands nach § 82b EStDV)

Herstellungsaufwand nach Fertigstellung
- >BMF vom 18.07.2003 (BStBl I S. 386) Anhang 30 V 1
- Zu den Besonderheiten bei Teileigentum >BFH vom 19.09.1995 (BStBl II 1996 S. 131)

Verteilung des Erhaltungsaufwands nach § 82b EStDV
- Keine Übertragung des Anteils eines Jahres auf ein anderes Jahr >BFH vom 26.10.1977 (BStBl II 1978 S. 367)
- Größere Erhaltungsaufwendungen, die das Finanzamt im Jahr ihrer Entstehung bestandskräftig zu Unrecht als Herstellungskosten behandelt hat, können gleichmäßig anteilig auf die Folgejahre verteilt werden. Der auf das Jahr der Entstehung entfallende Anteil der Aufwendungen bleibt dabei unberücksichtigt. Die AfA-Bemessungsgrundlage ist insoweit für die Folgejahre zu korrigieren (>BFH vom 27.10.1992 – BStBl II 1993 S. 591).
- Die Ausübung des Wahlrechts ist auch nach Eintritt der Festsetzungsverjährung für das Aufwandsentstehungsjahr möglich. Aufwendungen, die auf VZ entfallen, für die die Festsetzungsverjährung bereits eingetreten ist, dürfen dabei nicht abgezogen werden (>BFH vom 27.10.1992 – BStBl II 1993 S. 589). Dies gilt auch, wenn die Erhaltungsaufwendungen im Entstehungsjahr zu Unrecht als Herstellungskosten und in Form der AfA berücksichtigt worden sind (>BFH vom 24.11.1992 – BStBl II 1993 S. 593).
- Verstirbt der Stpfl. innerhalb des Verteilungszeitraums nach § 82b EStDV, ist der noch nicht berücksichtigte Teil der Erhaltungsaufwendungen im VZ des Versterbens als Werbungskosten im Rahmen seiner Einkünfte aus Vermietung und Verpachtung abzusetzen (>BFH vom 10.11.2020 – BStBl II 2021 S. 474).

Einnahmen und Werbungskosten

R 21.2

(1) ¹Werden Teile einer selbst genutzten Eigentumswohnung, eines selbst genutzten Einfamilienhauses oder insgesamt selbst genutzten anderen Hauses vorübergehend vermietet und übersteigen die Einnahmen hieraus nicht 520 Euro im VZ, kann im Einverständnis mit dem Stpfl. aus Vereinfachungsgründen von der Besteuerung der Einkünfte abgesehen werden. ²Satz 1 ist bei vorübergehender Untervermietung von Teilen einer angemieteten Wohnung, die im Übrigen selbst genutzt wird, entsprechend anzuwenden.

(2) Zinsen, die Beteiligte einer Wohnungseigentümergemeinschaft aus der Anlage der Instandhaltungsrücklage erzielen, gehören zu den Einkünften aus Kapitalvermögen.

(3) Die Berücksichtigung von Werbungskosten aus Vermietung und Verpachtung kommt auch dann in Betracht, wenn aus dem Objekt im VZ noch keine Einnahmen erzielt werden, z. B. bei einem vorübergehend leer stehenden Gebäude.

§ 21 EStG
R 21.2 H 21.2

(4) ¹Die Tätigkeit eines Stpfl. zur Erzielung von Einkünften aus Vermietung und Verpachtung besteht im Wesentlichen in der Verwaltung seines Grundbesitzes. ²Bei nicht umfangreichem Grundbesitz erfordert diese Verwaltung in der Regel keine besonderen Einrichtungen, z. B. Büro, sondern erfolgt von der Wohnung des Stpfl. aus. ³Regelmäßige Tätigkeitsstätte ist dann die Wohnung des Stpfl. ⁴Aufwendungen für gelegentliche Fahrten zu dem vermieteten Grundstück sind Werbungskosten i. S. d. § 9 Abs. 1 Satz 1 EStG.

H 21.2

Hinweise

Bauherrenmodell

Anhang 30 I
- Zur Abgrenzung zwischen Werbungskosten, Anschaffungskosten und Herstellungskosten >BMF vom 20.10.2003 (BStBl I S. 546)
- >Fonds, geschlossene
- Schuldzinsen, die auf die Zeit zwischen Kündigung und Auseinandersetzung im Zusammenhang mit einer Beteiligung an einer Bauherrengemeinschaft entfallen, sind Werbungskosten, selbst wenn Einnahmen noch nicht erzielt worden sind (>BFH vom 04.03.1997 – BStBl II S. 610).

Drittaufwand
>H 4.7

Eigenaufwand für ein fremdes Wirtschaftsgut
>H 4.7

Einbauküche
>H 6.4

Einkünfteerzielungsabsicht
- bei Wohnobjekten

Anhang 30 II
>BMF vom 08.10.2004 (BStBl I S. 933)
- bei unbebauten Grundstücken

Anhang 30 II
>BMF vom 08.10.2004 (BStBl I S. 933), Rdnr. 29
- bei Gewerbeobjekten

  Bei der Vermietung von Gewerbeobjekten ist im Einzelfall festzustellen, ob der Stpfl. beabsichtigt, auf die voraussichtliche Dauer der Nutzung einen Überschuss der Einnahmen über die Werbungskosten zu erzielen (>BFH vom 20.07.2010 – BStBl II S. 1038 und vom 09.10.2013 – BStBl II 2014 S. 527).

Einnahmen
- Zahlungen, die wegen **übermäßiger Beanspruchung, vertragswidriger Vernachlässigung oder Vorenthaltung einer Miet- oder Pachtsache** geleistet werden >BFH vom 22.04.1966 (BStBl III S. 395),

vom 29.11.1968 (BStBl II 1969 S. 184) und vom 05.05.1971 (BStBl II S. 624)
- Guthabenzinsen aus einem **Bausparvertrag**, die in einem engen zeitlichen Zusammenhang mit einem der Einkunftserzielungsabsicht dienenden Grundstück stehen >BFH vom 09.11.1982 (BStBl II 1983 S. 172) und BMF vom 28.02.1990 (BStBl I S. 124).
- **Abstandszahlungen** eines Mietinteressenten an Vermieter **für Entlassung aus Vormietvertrag** >BFH vom 21.08.1990 (BStBl II 1991 S. 76).
- Von einem Kreditinstitut oder einem Dritten (z. B. Erwerber) **erstattete Damnumbeträge**, die als Werbungskosten abgezogen worden sind >BFH vom 22.09.1994 (BStBl II 1995 S. 118) **Keine Einnahmen** aus Vermietung und Verpachtung liegen vor, wenn das Damnum **nur einen unselbständigen Rechnungsposten für die Bemessung einer Vorfälligkeitsentschädigung** darstellt (>BFH vom 19.02.2002 – BStBl II 2003 S. 126).
- **Umlagen und Nebenentgelte**, die der Vermieter für die Nebenkosten oder Betriebskosten erhebt >BFH vom 14.12.1999 (BStBl II 2000 S. 197).
- Zur **Vermietung eines Arbeitszimmers** oder einer als Homeoffice genutzten Wohnung durch den Arbeitnehmer **an den Arbeitgeber** >BMF vom 18.04.2019 (BStBl I S. 461), Anhang 19 II LStH
- Einkünfte aus der **Vermietung eines häuslichen Arbeitszimmers** an den Auftraggeber eines Gewerbetreibenden sind Einkünfte aus Gewerbebetrieb, wenn die Vermietung ohne den Gewerbebetrieb nicht denkbar wäre (>BFH vom 13.12.2016 – BStBl II 2017 S. 450).
- Mietzahlungen des Arbeitgebers für eine vom Arbeitnehmer an den **Arbeitgeber vermietete Garage**, in der ein Dienstwagen untergestellt wird >BFH vom 07.06.2002 (BStBl II S. 829)
- **Öffentliche Fördermittel** (Zuschüsse oder nicht rückzahlbare Darlehen), die ein Bauherr im Rahmen des sog. Dritten Förderungsweges für Belegungs- und Mietpreisbindungen erhält >BFH vom 14.10.2003 (BStBl II 2004 S. 14)
- **Entgelte für die Inanspruchnahme** eines Grundstücks im Zuge baulicher Maßnahmen **auf dem Nachbargrundstück**, selbst wenn das Grundstück mit einem zu eigenen Wohnzwecken genutzten Gebäude bebaut ist >BFH vom 02.03.2004 (BStBl II S. 507)
- Mietentgelte, die der Restitutionsberechtigte vom Verfügungsberechtigten nach **§ 7 Abs. 7 Satz 2 VermG** erlangt >BFH vom 11.01.2005 (BStBl II S. 480)
- Die **Leistung aus einer Gebäudefeuerversicherung** führt beim Vermieter bis zur Höhe einer für den Schadensfall in Anspruch genommenen AfaA für das vermietete Gebäude zu Einnahmen aus Vermietung und Verpachtung, soweit er sie nach dem Versicherungsvertrag beanspruchen kann (>BFH vom 02.12.2014 – BStBl II 2015 S. 493).

§ 21 EStG
H 21.2

Anhang 19 II

- **Ausgleichszahlungen** aus der Auflösung von **Zinsswapgeschäften** gehören nicht zu den Einkünften aus Vermietung und Verpachtung (>BMF vom **19.05.2022** – BStBl I S. **742**, **Rn.** 176).
- Die einmalige **Entschädigung** für ein Recht auf **Überspannung** eines im Privatvermögen befindlichen Grundstücks mit einer Stromleitung ist kein Entgelt für eine zeitlich begrenzte Nutzungsüberlassung, wenn das Überspannungsrecht weder schuldrechtlich noch dinglich auf eine zeitlich bestimmte oder absehbare Dauer beschränkt ist. Sie ist keine steuerbare Einnahme (>BFH vom 02.07.2018 – BStBl II S. 759).
- Einnahmen aus dem Betrieb eines **Blockheizkraftwerks** >H 15.8 (1) Wohnungseigentümergemeinschaft

Erbbaurecht

- Der Erbbauzins für ein Erbbaurecht an einem privaten Grundstück gehört zu den Einnahmen aus Vermietung und Verpachtung (>BFH vom 20.09.2006 – BStBl II 2007 S. 112).
- Vom Erbbauberechtigten neben Erbbauzins gezahlte Erschließungsbeiträge fließen dem Erbbauverpflichteten erst bei Realisierung des Wertzuwachses zu (>BFH vom 21.11.1989 – BStBl II 1990 S. 310). Der Erbbauberechtigte kann die von ihm gezahlten Erschließungskosten nur verteilt über die Laufzeit des Erbbaurechtes als Werbungskosten abziehen (>BMF vom 16.12.1991 – BStBl I S. 1011).
- Geht das vom Erbbauberechtigten in Ausübung des Erbbaurechts errichtete Gebäude nach Beendigung des Erbbaurechts entsprechend den Bestimmungen des Erbbaurechtsvertrages entschädigungslos auf den Erbbauverpflichteten über, führt dies beim Erbbauverpflichteten zu einer zusätzlichen Vergütung für die vorangegangene Nutzungsüberlassung (>BFH vom 11.12.2003 – BStBl II 2004 S. 353).

Erhaltungsaufwand

- Erhaltungsaufwendungen nach Beendigung der Vermietung und vor Beginn der Selbstnutzung sind i. d. R. keine Werbungskosten. Ein Abzug kommt ausnahmsweise in Betracht, soweit sie mit Mitteln der einbehaltenen und als Einnahme erfassten Mieterkaution finanziert werden, oder wenn sie zur Beseitigung eines Schadens gemacht werden, der die mit dem gewöhnlichen Gebrauch der Mietsache verbundene Abnutzung deutlich übersteigt, insbesondere eines mutwillig vom Mieter verursachten Schadens (>BFH vom 11.07.2000 – BStBl II 2001 S. 784).
- Aufwendungen für Erhaltungsmaßnahmen, die noch während der Vermietungszeit an einem anschließend selbstgenutzten Gebäude durchgeführt werden, sind i. d. R. als Werbungskosten abziehbar (>BFH vom 10.10.2000 – BStBl II 2001 S. 787). Sie sind ausnahmsweise dann nicht als Werbungskosten abziehbar, wenn die Maßnahmen für die Selbstnutzung bestimmt sind und in die Vermietungszeit vorverlagert

werden. Dies trifft insbesondere dann zu, wenn sie bei bereits gekündigtem Mietverhältnis objektiv nicht zur Wiederherstellung oder Bewahrung der Mieträume und des Gebäudes erforderlich sind (>BMF vom 26.11.2001 – BStBl I S. 868).
– Zur Abgrenzung zwischen Erhaltungs- und Herstellungsaufwendungen >R 21.1, R 6.4 und BMF vom 18.07.2003 (BStBl I S. 386)   Anhang 30 V 1

Erschließungskosten
>H 6.4 (Erschließungs-, Straßenanlieger- und andere Beiträge)

Ferienwohnung
>BMF vom 08.10.2004 (BStBl I S. 933)   Anhang 30 II

Finanzierungskosten
– Die **dingliche Belastung** von Grundstücken mit Hypotheken oder Grundschulden begründet für sich allein keinen wirtschaftlichen Zusammenhang des Darlehens mit den Einkünften aus Vermietung und Verpachtung. Maßgebend ist vielmehr der tatsächliche Verwendungszweck. Schuldzinsen für ein durch eine Hypothek auf einem weiteren Grundstück gesichertes Darlehen sind daher bei dem Grundstück zu berücksichtigen, für das das Darlehen verwendet wurde (>BFH vom 06.10.2004 – BStBl II 2005 S. 324). Nimmt der Stpfl. ein Darlehen auf, um Grundschulden, die er als Sicherheit für fremde Schulden bestellt hat, abzulösen, sind die für dieses Darlehen aufgewendeten Zinsen und Kreditkosten nicht als Werbungskosten bei seinen Einkünften aus Vermietung und Verpachtung abziehbar (>BFH vom 29.07.1997 – BStBl II S. 772).
– Unterlässt es der Stpfl., einen **allgemeinen Betriebskredit** nach Aufgabe seines Betriebes durch Veräußerung eines früheren Betriebsgrundstücks zu tilgen und vermietet er stattdessen das Grundstück vermögensverwaltend, wird die Verbindlichkeit bis zur Höhe des Grundstückswertes Privatvermögen. Die darauf entfallenden Schuldzinsen sind als Werbungskosten bei den Einkünften aus Vermietung und Verpachtung abziehbar (>BFH vom 19.08.1998 – BStBl II 1999 S. 353). Gleiches gilt, wenn der allgemeine Betriebskredit durch ein neues Darlehen abgelöst wird (>BFH vom 25.01.2001 – BStBl II S. 573).
– Finanzierungskosten für ein **unbebautes Grundstück** sind als vorab entstandene Werbungskosten abziehbar, wenn ein wirtschaftlicher Zusammenhang mit der späteren Bebauung und Vermietung des Gebäudes besteht (>BFH vom 08.02.1983 – BStBl II S. 554). Ein solcher wirtschaftlicher Zusammenhang ist auch bei Erwerb von **Bauerwartungsland** nicht ausgeschlossen, wenn der Stpfl. damit rechnen kann, dass er das Grundstück in absehbarer Zeit bebauen darf und er seine erkennbare Bauabsicht nachhaltig zu verwirklichen versucht (>BFH vom 04.06.1991 – BStBl II S. 761).

§ 21 EStG
H 21.2

Anhang 30 VII
– Zum Schuldzinsenabzug bei einem Darlehen für die Herstellung oder Anschaffung eines **teilweise vermieteten und teilweise selbstgenutzten Gebäudes** >BMF vom 16.04.2004 (BStBl I S. 464). Dies gilt entsprechend für die anteilige Zuordnung von Darlehen zur Herstellung oder Anschaffung eines Gebäudes, das teilweise vermietet und teilweise veräußert werden soll (>BFH vom 04.02.2020 – BStBl II S. 311).

Anhang 30 IV
– Zum Schuldzinsenabzug als nachträgliche Werbungskosten bei Vermietung und Verpachtung nach Veräußerung des Mietobjekts oder nach Wegfall der Einkünfteerzielungsabsicht >BMF vom 27.07.2015 (BStBl I S. 581)

Anhang 30 IV
– Wird ein zur Finanzierung eines vermieteten Grundstücks aufgenommenes Darlehen unter Zahlung einer **Vorfälligkeitsentschädigung** getilgt, das Grundstück jedoch weiterhin zur Vermietung genutzt, ist die Vorfälligkeitsentschädigung als Werbungskosten bei den Einkünften aus Vermietung und Verpachtung abziehbar (>BFH vom 06.12.2005 – BStBl II 2006 S. 265). Für im Zuge der Veräußerung gezahlte Vorfälligkeitsentschädigung >BMF vom 27.07.2015 (BStBl I S. 581)

– Zu den Schuldzinsen gehören auch die **Nebenkosten der Darlehensaufnahme** und sonstige Kreditkosten einschl. der Geldbeschaffungskosten. Danach sind auch **Notargebühren** zur Besicherung eines Darlehens (>BFH vom 01.10.2002 – BStBl II 2003 S. 399) oder **Abschlussgebühren** eines Bausparvertrags, der bestimmungsgemäß der Ablösung eines Finanzierungsdarlehens zum Erwerb einer vermieteten Immobilie dient (>BFH vom 01.10.2002 – BStBl II 2003 S. 398) als Werbungskosten abziehbare Schuldzinsen.

Anhang 30 I
– **Damnum** oder **Zinsbegrenzungsprämie** sind i. H. d. vom jeweiligen Darlehensnehmer an das Kreditinstitut gezahlten Betrags als Werbungskosten abziehbar, soweit unter Berücksichtigung der jeweiligen Zinsbelastung die marktüblichen Beträge nicht überschritten werden (>BMF vom 20.10.2003 – BStBl I S. 546). Dem Veräußerer erstattete Damnum-/Disagiobeträge gehören beim Erwerber zu den Anschaffungskosten und sind nicht als Werbungskosten abziehbar, wenn die verpflichtende Erstattung des Damnums/Disagios im Kaufvertrag als Teil des Kaufpreises vereinbart worden ist. Sind hingegen die Konditionen für die Schuldübernahme und die damit verbundene Bezahlung des Damnums/Disagios unabhängig vom Kaufpreis des Grundstücks vereinbart worden und der Grundstückskauf nicht zwingend an die Schuldübernahme gekoppelt, kann die Damnumerstattung zu den eigenen Finanzierungskosten des Erwerbers zu rechnen sein, für die der Werbungskostenabzug zulässig ist (>BFH vom 17.02.1981 – BStBl II S. 466).

– Nehmen **Ehegatten gemeinsam ein gesamtschuldnerisches Darlehen** zur Finanzierung eines vermieteten Gebäudes auf, das einem von ihnen gehört, sind die Schuldzinsen in vollem Umfang als Werbungskosten bei den Einkünften aus Vermietung und Verpachtung des Eigentümerehegatten abziehbar, gleichgültig aus wessen Mitteln sie gezahlt werden (>BFH vom 02.12.1999 – BStBl II 2000 S. 310). Entsprechendes gilt für Schuldzinsen, die nach den Grundsätzen des BMF vom 27.07.2015 (BStBl I S. 581) als nachträgliche Werbungskosten abziehbar sind (>BFH vom 16.09.2015 – BStBl II 2016 S. 78).

Anhang 30 IV

– Nimmt ein **Ehegatte allein ein Darlehen** zur Finanzierung eines Gebäudes auf, das dem anderen Ehegatten gehört und von diesem zur Einkünfteerzielung genutzt wird, sind die vom Nichteigentümerehegatten gezahlten Schuldzinsen nicht abziehbar. Dies gilt selbst dann, wenn der Eigentümerehegatte für das Darlehen eine selbstschuldnerische Bürgschaft übernimmt und die auf seinem Gebäude lastenden Grundpfandrechte als Sicherheit einsetzt. Die Schuldzinsen können jedoch abgezogen werden, wenn der Eigentümerehegatte sie aus eigenen Mitteln bezahlt, z. B. wenn er seine Mieteinnahmen mit der Maßgabe auf das Konto des anderen Ehegatten überweist, dass dieser daraus die Schuldzinsen entrichten soll (>BFH vom 02.12.1999 – BStBl II 2000 S. 310 und S. 312).

– Nimmt der **Eigentümer-Ehegatte alleine ein Darlehen** zur Finanzierung eines Gebäudes auf, das der andere Ehegatte zur Einkünfteerzielung nutzt, scheidet ein Abzug der Schuldzinsen beim Nichteigentümer-Ehegatten aus, selbst wenn die Tilgung durch Zahlungen vom Oder-Konto der Ehegatten erfolgt (>BFH vom 21.02.2017 – BStBl I S. 819).

– Sind **Darlehen** zur Finanzierung eines vermieteten Gebäudes, das einem Ehegatten gehört, **teils von den Eheleuten gemeinschaftlich, teils allein vom Nichteigentümerehegatten** aufgenommen worden und wird der Zahlungsverkehr für die Immobilie insgesamt über ein Konto des Nichteigentümerehegatten abgewickelt, werden aus den vom Eigentümerehegatten auf dieses Konto geleiteten eigenen Mitteln (hier: Mieteinnahmen) vorrangig die laufenden Aufwendungen für die Immobilie und die Schuldzinsen für die gemeinschaftlich aufgenommenen Darlehen abgedeckt. Nur soweit die eingesetzten Eigenmittel (Mieteinnahmen) des Eigentümerehegatten darüber hinaus auch die allein vom Nichteigentümerehegatten geschuldeten Zinsen abzudecken vermögen, sind diese Zinsen als Werbungskosten des Eigentümerehegatten abziehbar (>BFH vom 04.09.2000 – BStBl II 2001 S. 785).

– Wird eine durch ein Darlehen finanzierte Immobilie **veräußert** und unter Aufrechterhaltung des Darlehens nur ein Teil des Verkaufserlöses dazu verwendet, durch die Anschaffung einer anderen Immobilie Einkünfte aus Vermietung und Verpachtung zu erzielen, können aus dem **fortgeführten Darlehen** nicht mehr an Schuldzinsen als Werbungskosten abgezogen werden als dem Anteil der Anschaffungskosten der neuen Immobilie an dem gesamten Verkaufserlös entspricht (>BFH vom 08.04.2003 – BStBl II S. 706).

– Schuldzinsen, die der Erwerber eines zum Vermieten bestimmten Grundstücks vereinbarungsgemäß für den **Zeitraum nach dem Über-**

§ 21 EStG
H 21.2

gang von Besitz, Nutzen, Lasten und Gefahren bis zur später eintretenden Fälligkeit des Kaufpreises an den Veräußerer zahlt, sind als Werbungskosten abziehbar (>BFH vom 27.07.2004 – BStBl II S. 1002).
– Wird ein als Darlehen empfangener Geldbetrag nicht zur Begleichung von Aufwendungen im Zusammenhang mit der Vermietungstätigkeit genutzt, sondern in einen **Cash-Pool** eingebracht, aus dem später die Kosten bestritten werden, sind die Schuldzinsen nicht als Werbungskosten abziehbar (>BFH vom 29.03.2007 – BStBl II S. 645).
– Aufwendungen für ein zur Finanzierung von Versicherungsbeiträgen aufgenommenes **Darlehen** können als Werbungskosten abziehbar sein, wenn die **Kapitallebensversicherung** der Rückzahlung von Darlehen dient, die zum Erwerb von Mietgrundstücken aufgenommen worden sind (>BFH vom 25.02.2009 – BStBl II S. 459).
– **Bauzeitzinsen**, die während der Herstellungsphase, in der noch keine Vermietungsabsicht bestand, entstanden sind, stellen keine vorweggenommenen Werbungskosten dar. Sie können in die Herstellungskosten des Gebäudes einbezogen werden, wenn das fertiggestellte Gebäude durch Vermietung genutzt wird (>BFH vom 23.05.2012 – BStBl II S. 674).
– Schuldzinsen für ein Darlehen zur Ablösung eines Fremdwährungsdarlehens, das der Anschaffung eines Vermietungsobjekts gedient hat, sind keine Werbungskosten, soweit das Darlehen zur Bezahlung des bei der Umschuldung realisierten Währungskursverlusts verwendet worden ist (>BFH vom 12.03.2019 – BStBl II S. 606).

Fonds, geschlossene

Anhang 30 I
– Zur Abgrenzung zwischen Werbungskosten, Anschaffungskosten und Herstellungskosten >BMF vom 20.10.2003 (BStBl I S. 546)
– Provisionsrückzahlungen, die der Eigenkapitalvermittler Fondsgesellschaftern gewährt, mindern die Anschaffungskosten der Immobilie, weil die Provisionszahlungen zu den Anschaffungskosten gehören (>BFH vom 26.02.2002 – BStBl II S. 796).

Negative Einnahmen

Mietentgelte, die der Verfügungsberechtigte nach § 7 Abs. 7 Satz 2 VermG an den Restitutionsberechtigten herausgibt, sind im Jahr des Abflusses negative Einnahmen (>BFH vom 11.01.2005 – BStBl II S. 456).

Nießbrauch und andere Nutzungsrechte

Anhang 30 VI
Zur einkommensteuerrechtlichen Behandlung des Nießbrauchs und anderer Nutzungsrechte bei Einkünften aus Vermietung und Verpachtung >BMF vom 30.09.2013 (BStBl I S. 1184)

§ 21 EStG
H 21.2

Sinngemäße Anwendung des § 15a
– Zur Haftung und zur Unwahrscheinlichkeit der Inanspruchnahme eines Gesellschafters einer GbR mit Einkünften aus Vermietung und Verpachtung >BMF vom 30.06.1994 (BStBl I S. 355)
– Zur sinngemäßen Anwendung des § 15a bei vermögensverwaltenden Kommanditgesellschaften >BMF vom 15.09.2020 (BStBl I S. 919)

Sonderabschreibung für Mietwohnungsneubau
>BMF vom 07.07.2020 (BStBl I S. 623) unter Berücksichtigung der Änderungen durch BMF vom 21.09.2021 (BStBl I S. 1805)

Anhang 1 IV

Sozialpädagogische Lebensgemeinschaft
Bei der Vermietung von gemeinschaftlich genutzten Räumen an den Betrieb einer sozialpädagogischen Lebensgemeinschaft stellt die Aufteilung nach der Zahl der Nutzer einer Wohnung einen objektiven Maßstab dar, der eine sichere und leichte Abgrenzung einer steuerbaren Raumnutzung von der privaten Wohnnutzung ermöglicht (>BFH vom 25.06.2009 – BStBl II 2010 S. 122).

Treuhandverhältnisse
– Zur Zurechnung von Einkünften aus Vermietung und Verpachtung bei Treuhandverhältnissen >BMF vom 01.09.1994 (BStBl I S. 604)
– Zur sinngemäßen Anwendung von § 15a Abs. 5 Nr. 2 bei Treuhandverhältnissen >BFH vom 25.07.1995 (BStBl II 1996 S. 128)

Werbungskosten
– >Erhaltungsaufwand
– >Finanzierungskosten
– >Sonderabschreibung für Mietwohnungsneubau
– >Zweitwohnungssteuer
– Die nach dem WEG an den Verwalter gezahlten **Beiträge zur Instandhaltungsrücklage** sind erst bei Verausgabung der Beträge für Erhaltungsmaßnahmen als Werbungskosten abziehbar (>BFH vom 26.01.1988 – BStBl II S. 577).
– Als **dauernde Last** zu beurteilende wiederkehrende Leistungen zum Erwerb eines zum Vermieten bestimmten Grundstücks führen nur i. H. d. in ihnen enthaltenen **Zinsanteils** zu sofort abziehbaren Werbungskosten. i. H. d. Barwerts der dauernden Last liegen Anschaffungskosten vor, die, soweit der Barwert auf das Gebäude entfällt, in Form von AfA als Werbungskosten abziehbar sind (>BFH vom 09.02.1994 – BStBl II 1995 S. 47).
– **Aussetzungszinsen für Grunderwerbsteuer** eines zur Erzielung von Mieteinkünften dienenden Gebäudes gehören zu den sofort abzugsfähigen Werbungskosten (>BFH vom 25.07.1995 – BStBl II S. 835).

§ 21 EStG
H 21.2

- Ein gesondertes Honorar für tatsächlich **nicht erbrachte Architektenleistung** gehört nicht zu den Herstellungskosten eines später errichteten anderen Gebäudes, sondern ist als Werbungskosten abziehbar (>BFH vom 08.09.1998 – BStBl II 1999 S. 20).
- **Vergütungen** für einen ausschl. zur Vermögenssorge bestellten **Betreuer** stellen Werbungskosten bei den mit dem verwalteten Vermögen erzielten Einkünften dar, sofern die Tätigkeit des Betreuers weder einer kurzfristigen Abwicklung des Vermögens noch der Verwaltung ertraglosen Vermögens dient (>BFH vom 14.09.1999 – BStBl II 2000 S. 69).
- Auch nach Aufgabe der Einkünfteerzielungsabsicht können vorab entstandene **vergebliche Werbungskosten** abziehbar sein, wenn sie getätigt worden sind, um sich aus einer gescheiterten Investition zu lösen und so die Höhe der vergeblich aufgewendeten Kosten zu begrenzen (>BFH vom 15.11.2005 – BStBl II 2006 S. 258 und vom 07.06.2006 – BStBl II S. 803).
- Aufwendungen für ein **Schadstoff-Gutachten**, das der Feststellung der durch einen Mieter verursachten Bodenverunreinigungen dient, können als Werbungskosten abziehbar sein (>BFH vom 17.07.2007 – BStBl II S. 941).
- **Grunderwerbsteuer** nach § 1 Abs. 2a GrEStG **bei Gesellschafterwechsel** >BFH vom 02.09.2014 (BStBl II 2015 S. 260)
- Aufwendungen für eine auf Dauer angelegte **Testamentsvollstreckung** können bei den aus der Verwaltung des Nachlasses erzielten Einkünften aus Vermietung und Verpachtung als Werbungskosten abgezogen werden. Werden aus dem Nachlass noch andere Einkünfte erzielt, kommt es für die Aufteilung der Aufwendungen auf die verschiedenen Einkunftsarten auf die Zusammensetzung des Nachlasses im jeweiligen VZ an, wenn sich der Anspruch des Testamentsvollstreckers nach dem Nachlasswert bemisst (>BFH vom 08.11.2017 – BStBl II 2018 S. 191).
- Zu verlorenen Aufwendungen bei **gescheitertem Immobilienerwerb** >BFH vom 09.05.2017 (BStBl II 2018 S. 168)

Keine Werbungskosten

- Aufwendungen zur **Schadensbeseitigung**, zu denen sich der Verkäufer im Kaufvertrag über sein Mietwohngrundstück verpflichtet hat >BFH vom 23.01.1990 (BStBl II S. 465)
- Zahlungen anteiliger Grundstückserträge an den geschiedenen Ehegatten aufgrund eines **Scheidungsfolgevergleichs** zur Regelung des Zugewinnausgleichs >BFH vom 08.12.1992 (BStBl II 1993 S. 434)
- **Veruntreute Geldbeträge** durch einen Miteigentümer >BFH vom 20.12.1994 (BStBl II 1995 S. 534)
- Aufwendungen für die **geplante** Veräußerung eines Grundstücks, auch wenn das Grundstück tatsächlich weiterhin vermietet wird >BFH vom 19.12.1995 (BStBl II 1996 S. 198)

§ 21 EStG
H 21.2

- Aufwendungen, die auf eine Zeit entfallen, in der der Stpfl. die Absicht hatte, die angeschaffte oder hergestellte Wohnung **selbst zu beziehen**, auch wenn er sich anschließend zu deren Vermietung entschlossen hat >BFH vom 23.07.1997 (BStBl II 1998 S. 15)
- Aufwendungen eines mit einem vermieteten Grundstück Beschenkten, die aufgrund eines **Rückforderungsanspruchs** des Schenkers wegen Verarmung gem. § 528 Abs. 1 BGB geleistet werden >BFH vom 19.12.2000 (BStBl II 2001 S. 342)
- Aufwendungen, die allein oder ganz überwiegend durch die **Veräußerung** des Mietwohnobjekts veranlasst oder die im Rahmen einer Grundstücksveräußerung für vom Verkäufer zu erbringende Reparaturen angefallen sind. Dies gilt auch dann, wenn die betreffenden Arbeiten noch während der Vermietungszeit durchgeführt werden >BFH vom 14.12.2004 (BStBl II 2005 S. 343). Entsprechendes gilt bei einer gescheiterten Grundstücksveräußerung (>BFH vom 01.08.2012 – BStBl II S. 781)
- Im **Restitutionsverfahren** nach dem VermG zum Ausgleich von Instandsetzungs- und Modernisierungsaufwendungen an einem rückübertragenen Gebäude geleistete Zahlungen >BFH vom 11.01.2005 (BStBl II S. 477)
- **Abstandszahlungen** an den Mieter zur vorzeitigen Räumung der Wohnung, wenn der Vermieter deren Nutzung zu eigenen Wohnzwecken beabsichtigt >BFH vom 07.07.2005 (BStBl II S. 760)
- **Verluste aus Optionsgeschäften**, auch dann nicht, wenn Mieteinnahmen dazu verwendet werden, die Optionsgeschäfte durchzuführen und beabsichtigt ist, die angelegten Beträge wiederum für Zwecke der Vermietung zu verwenden >BFH vom 18.09.2007 (BStBl II 2008 S. 26)
- **Prozess- und Anwaltskosten**, die mit dem Antrag auf Auflösung einer Grundstücksgemeinschaft durch Verkauf des gemeinschaftlichen, bislang vermieteten Grundstücks im Wege der Teilungsversteigerung verbunden sind >BFH vom 19.03.2013 (BStBl II S. 536)
- **Beiträge für Risikolebensversicherungen**, welche der Absicherung von Darlehen dienen, die zur Finanzierung der Anschaffungskosten einer der Einkünfteerzielung dienenden Immobilie aufgenommen werden >BFH vom 13.10.2015 (BStBl II 2016 S. 210)
- Vergütung des **Verbraucherinsolvenztreuhänders**; diese ist insgesamt dem Privatbereich des Stpfl. zuzuordnen und kann nicht – auch nicht anteilig – bei den Einkünften aus Vermietung und Verpachtung abgezogen werden (>BFH vom 04.08.2016 – BStBl II 2017 S. 276).

Zwangsverwaltung
Zur Ermittlung der Einkünfte für den Zeitraum einer Zwangsverwaltung >BMF vom 03.05.2017 (BStBl I S. 718), Rn. 28-32

§ 21 EStG
R 21.3 H 21.2, 21.3

Zweitwohnungssteuer
Die Zweitwohnungssteuer ist mit dem auf die Vermietung der Wohnung an wechselnde Feriengäste entfallenden zeitlichen Anteil als Werbungskosten abziehbar (>BFH vom 15.10.2002 – BStBl II 2003 S. 287).

| R 21.3 | Verbilligt überlassene Wohnung |

¹In den Fällen des § 21 Abs. 2 EStG ist von der ortsüblichen Marktmiete für Wohnungen vergleichbarer Art, Lage und Ausstattung auszugehen. ²Die ortsübliche Marktmiete umfasst die ortsübliche Kaltmiete zuzüglich der nach der Betriebskostenverordnung umlagefähigen Kosten.

H 21.3

Hinweise

Einkünfteerzielungsabsicht bei verbilligter Überlassung einer Wohnung

Anhang 30 II >BMF vom 08.10.2004 (BStBl I S. 933)

Gewinneinkünfte
- § 21 Abs. 2 ist auf Gewinneinkünfte nicht entsprechend anzuwenden (>BFH vom 29.04.1999 – BStBl II S. 652).
- >H 4.7 (Teilentgeltliche Überlassung)

Ortsübliche Marktmiete
- Unter ortsüblicher Miete für Wohnungen vergleichbarer Art, Lage und Ausstattung ist die ortsübliche Kaltmiete zzgl. der nach der Betriebskostenverordnung umlagefähigen Kosten zu verstehen (>BFH vom 10.05.2016 – BStBl II S. 835).
- Die ortsübliche Miete ist i. d. R. auf der Basis des Mietspiegels zu bestimmen. Kann ein Mietspiegel nicht zugrunde gelegt werden oder ist er nicht vorhanden, kann die ortsübliche Miete z. B. mit Hilfe eines mit Gründen versehenen Gutachtens eines öffentlich bestellten und vereidigten Sachverständigen i. S. d. § 558a Abs. 2 Nr. 3 BGB, durch die Auskunft aus einer Mietdatenbank i. S. d. § 558a Abs. 2 Nr. 2 BGB i. V. m. § 558e BGB oder durch Zugrundelegung der Entgelte für zumindest drei vergleichbare Wohnungen i. S. d. § 558a Abs. 2 Nr. 4 BGB ermittelt werden. Jeder dieser Ermittlungswege ist gleichrangig (>BFH vom 22.02.2021 – BStBl II S. 479).
- Bei der Überlassung von (teil-)möblierten Wohnungen ist für die Berechnung der ortsüblichen Miete ein **Möblierungszuschlag** anzusetzen, der am Markt zu realisieren ist. Soweit der Mietspiegel für die überlassenen Möbel einen prozentualen Zuschlag oder eine Erhöhung des Ausstattungsfaktors vorsieht, ist dies als marktüblich anzusehen. Lässt sich aus dem Mietspiegel kein am Markt realisierbarer Möblierungszuschlag entnehmen, kann ein erforderlicher Zuschlag auf der Grundlage des örtlichen Mietmarkts für möblierte Wohnungen ermittelt werden

(z. B. durch Sachverständigengutachten oder Rückgriff auf aktuellere Entwicklungen auf dem maßgebenden Mietmarkt/Neuauflagen des örtlichen Mietspiegels). Ist ein marktüblicher Gebrauchswert für die überlassenen Möbel nicht zu ermitteln, kommt ein Möblierungszuschlag nicht in Betracht. Die Annahme eines Möblierungszuschlags i. H. d. monatlichen AfA für die überlassenen Möbel (zzgl. eines Gewinnaufschlags) ist nicht zulässig (>BFH vom 06.02.2018 – BStBl II S. 522).

Überlassung an fremde Dritte
Die Nutzungsüberlassung ist in den Fällen des § 21 Abs. 2 selbst dann in einen entgeltlichen und einen unentgeltlichen Teil aufzuteilen, wenn die Wohnung einem fremden Dritten überlassen wird und der Stpfl. aus vertraglichen oder tatsächlichen Gründen gehindert ist, das vereinbarte Entgelt zu erhöhen (>BFH vom 28.01.1997 – BStBl II S. 605).

Miet- und Pachtverträge zwischen Angehörigen und Partnern einer nichtehelichen Lebensgemeinschaft

Die für die steuerliche Beurteilung von Verträgen zwischen Ehegatten geltenden Grundsätze können nicht auf Verträge zwischen Partnern einer nichtehelichen Lebensgemeinschaft – ausgenommen eingetragene Lebenspartnerschaften – übertragen werden, es sei denn, dass der Vertrag die gemeinsam genutzte Wohnung betrifft.

Hinweise

Fremdvergleich
Im Rahmen des Fremdvergleichs (>H 4.8) schließt nicht jede Abweichung vom Üblichen notwendigerweise die steuerliche Anerkennung aus. Voraussetzung ist aber, dass die Hauptpflichten der Mietvertragsparteien wie Überlassen einer konkret bestimmten Mietsache und Höhe der zu entrichtenden Miete stets klar und eindeutig vereinbart sowie entsprechend dem Vereinbarten durchgeführt werden. Diese Anforderungen sind auch an nachträgliche Vertragsänderungen zu stellen (>BFH vom 20.10.1997 – BStBl II 1998 S. 106). Die steuerliche Anerkennung des Mietverhältnisses ist danach **nicht allein dadurch ausgeschlossen**, dass
– die Mieterin, nachdem der Vermieter sein Konto aufgelöst hat, die Miete wie mündlich vereinbart vorschüssig bar bezahlt (>BFH vom 07.05.1996 – BStBl II 1997 S. 196),
– keine schriftliche Vereinbarung hinsichtlich der Nebenkosten getroffen worden ist und z. B. der Umfang der auf die Wohnung entfallenden Nebenkosten unter Berücksichtigung der sonstigen Pflichten unbedeutend ist (>BFH vom 21.10.1997 – BStBl II 1998 S. 108 und vom 17.02.1998 – BStBl II S. 349),

§ 21 EStG
H 21.4

- ein Mietvertrag mit einem Angehörigen nach seinem Inhalt oder in seiner Durchführung Mängel aufweist, die auch bei einem mit einem Fremden abgeschlossenen Mietverhältnis aufgetreten sind (>BFH vom 28.06.2002 – BStBl II S. 699),
- ein Ehegatte dem anderen seine an dessen Beschäftigungsort belegene und im Rahmen einer doppelten Haushaltsführung genutzte Wohnung zu fremdüblichen Bedingungen vermietet (>BFH vom 11.03.2003 – BStBl II S. 627),
- eine verbilligte Vermietung vorliegt (>BFH vom 22.07.2003 – BStBl II S. 806).

Das Mietverhältnis ist jedoch steuerlich **nicht anzuerkennen**, wenn

- die Mietzahlungen entgegen der vertraglichen Vereinbarung nicht regelmäßig, sondern in einem späteren Jahr in einem Betrag gezahlt werden (>BFH vom 19.06.1991 – BStBl II 1992 S. 75),
- nicht feststeht, dass die gezahlte Miete tatsächlich endgültig aus dem Vermögen des Mieters in das des Vermieters gelangt. Ein Beweisanzeichen dafür kann sich insbesondere daraus ergeben, dass der Mieter wirtschaftlich nicht oder nur schwer in der Lage ist, die Miete aufzubringen (>BFH vom 28.01.1997 – BStBl II S. 655),
- eine Einliegerwohnung zur Betreuung eines Kleinkindes an die Großeltern vermietet wird, die am selben Ort weiterhin über eine größere Wohnung verfügen (>BFH vom 14.01.1992 – BStBl II S. 549),
- Wohnräume im Haus der Eltern, die keine abgeschlossene Wohnung bilden, an volljährige unterhaltsberechtigte Kinder vermietet werden (>BFH vom 16.01.2003 – BStBl II S. 301).

Nichteheliche Lebensgemeinschaft
Keine einkommensteuerliche Anerkennung eines Mietverhältnisses zwischen Partnern einer nichtehelichen Lebensgemeinschaft über eine gemeinsam bewohnte Wohnung >BFH vom 30.01.1996 (BStBl II S. 359).

Sicherungsnießbrauch
Die gleichzeitige Vereinbarung eines Nießbrauchs und eines Mietvertrages steht der steuerlichen Anerkennung des Mietverhältnisses jedenfalls dann nicht entgegen, wenn das dingliche Nutzungsrecht lediglich zur Sicherung des Mietverhältnisses vereinbart und nicht tatsächlich ausgeübt wird (>BFH vom 03.02.1998 – BStBl II S. 539).

Vermietung an Angehörige nach Grundstücksübertragung
Eine rechtsmissbräuchliche Gestaltung bei Mietverträgen unter Angehörigen liegt nicht vor, wenn der Mieter

- vor Abschluss des Mietvertrags das Grundstück gegen wiederkehrende Leistungen auf den Vermieter übertragen hat (>BFH vom 10.12.2003 – BStBl II 2004 S. 643),

§ 21 EStG
H 21.4

– auf das im Zusammenhang mit der Grundstücksübertragung eingeräumte unentgeltliche Wohnungsrecht verzichtet und stattdessen mit dem neuen Eigentümer einen Mietvertrag abgeschlossen hat (>BFH vom 17.12.2003 – BStBl II 2004 S. 646).

Das Mietverhältnis ist jedoch wegen rechtsmissbräuchlicher Gestaltung steuerlich nicht anzuerkennen, wenn

– ein im Zusammenhang mit einer Grundstücksübertragung eingeräumtes unentgeltliches Wohnungsrecht gegen Vereinbarung einer dauernden Last aufgehoben und gleichzeitig ein Mietverhältnis mit einem Mietzins i. H. d. dauernden Last vereinbart wird (>BFH vom 17.12.2003 – BStBl II 2004 S. 648).

– >Fremdvergleich

Vermietung an Unterhaltsberechtigte

Mietverträge mit Angehörigen sind nicht bereits deshalb rechtsmissbräuchlich, weil der Stpfl. dem Angehörigen gegenüber unterhaltsverpflichtet ist und die Miete aus den geleisteten Unterhaltszahlungen erbracht wird. Nicht rechtsmissbräuchlich ist daher ein Mietverhältnis mit:

– der unterhaltsberechtigten Mutter (>BFH vom 19.12.1995 – BStBl II 1997 S. 52),
– der volljährigen Tochter und deren Ehemann (>BFH vom 28.01.1997 – BStBl II S. 599),
– dem geschiedenen oder dauernd getrennt lebenden Ehegatten, wenn die Miete mit dem geschuldeten Barunterhalt verrechnet wird (>BFH vom 16.01.1996 – BStBl II S. 214). Wird dagegen eine Wohnung aufgrund einer Unterhaltsvereinbarung zu Wohnzwecken überlassen und dadurch der Anspruch des Unterhaltsberechtigten auf Barunterhalt vermindert, liegt kein Mietverhältnis vor (>BFH vom 17.03.1992 – BStBl II S. 1009). Zum Abzug des Mietwerts als Sonderausgabe i. S. d. § 10 Abs. 1a Nr. 1 >H 10.2 (Wohnungsüberlassung),
– unterhaltsberechtigten Kindern, auch wenn das Kind die Miete durch Verrechnung mit dem Barunterhalt der Eltern zahlt (>BFH vom 19.10.1999 – BStBl II 2000 S. 223 und S. 224) oder die Miete aus einer einmaligen Geldschenkung der Eltern bestreitet (>BFH vom 28.03.1995 – BStBl II 1996 S. 59). Das Mietverhältnis ist allerdings nicht anzuerkennen, wenn Eltern und Kinder noch eine Haushaltsgemeinschaft bilden (>BFH vom 19.10.1999 – BStBl II 2000 S. 224).

Vorbehaltsnießbrauch

Ist das mit dem Vorbehaltsnießbrauch belastete Grundstück vermietet, erzielt der Nießbraucher Einkünfte aus Vermietung und Verpachtung. Dies gilt auch, wenn der Nießbraucher das Grundstück dem Grundstückseigentümer entgeltlich zur Nutzung überlässt (>BMF vom 30.09.2013 – BStBl I S. 1184, Rz. 41).

Anhang 30 VI

§ 21 EStG
R 21.5 H 21.4

Wechselseitige Vermietung und Gestaltungsmissbrauch
– Keine einkommensteuerliche Berücksichtigung erfolgt, wenn planmäßig in etwa gleichwertige Wohnungen von Angehörigen angeschafft bzw. in Wohnungseigentum umgewandelt werden, um sie sogleich wieder dem anderen zu vermieten (>BFH vom 19.06.1991 – BStBl II S. 904 und vom 25.01.1994 – BStBl II S. 738).
– Mietrechtliche Gestaltungen sind insbesondere dann unangemessen i. S. v. § 42 AO, wenn derjenige, der einen Gebäudeteil für eigene Zwecke benötigt, einem anderen daran die wirtschaftliche Verfügungsmacht einräumt, um ihn anschließend wieder zurück zu mieten (>BFH vom 09.10.2013 – BStBl II 2014 S. 527).
– Überträgt der Alleineigentümer von zwei Eigentumswohnungen einem nahen Angehörigen nicht die an diesen vermietete, sondern die von ihm selbstgenutzte Wohnung, stellt das gleichzeitig für diese Wohnung abgeschlossene Mietverhältnis mit dem nahen Angehörigen keinen Gestaltungsmissbrauch i. S. d. § 42 AO dar (>BFH vom 12.09.1995 – BStBl II 1996 S. 158).

R 21.5 Behandlung von Zuschüssen

(1) [1]Zuschüsse zur Finanzierung von Baumaßnahmen aus öffentlichen oder privaten Mitteln, die keine Mieterzuschüsse sind (z. B. Zuschuss einer Flughafengesellschaft für den Einbau von Lärmschutzfenstern), gehören grundsätzlich nicht zu den Einnahmen aus Vermietung und Verpachtung. [2]Handelt es sich bei den bezuschussten Aufwendungen um Herstellungskosten, sind ab dem Jahr der Bewilligung die AfA, die erhöhten Absetzungen oder die Sonderabschreibungen nach den um den Zuschuss verminderten Herstellungskosten zu bemessen; >R 7.3 Abs. 4 Satz 2 und R 7a Abs. 4. [3]Das gilt auch bei Zufluss des Zuschusses in mehreren Jahren. [4]Wird der Zuschuss zurückgezahlt, sind vom Jahr des Entstehens der Rückzahlungsverpflichtung an die AfA oder die erhöhten Absetzungen oder die Sonderabschreibungen von der um den Rückzahlungsbetrag erhöhten Bemessungsgrundlage vorzunehmen. [5]Handelt es sich bei den bezuschussten Aufwendungen um Erhaltungsaufwendungen oder Schuldzinsen, sind diese nur vermindert um den Zuschuss als Werbungskosten abziehbar. [6]Fällt die Zahlung des Zuschusses und der Abzug als Werbungskosten nicht in einen VZ, rechnet der Zuschuss im Jahr der Zahlung zu den Einnahmen aus Vermietung und Verpachtung. [7]Wählt der Stpfl. eine gleichmäßige Verteilung nach §§ 11a, 11b EStG oder § 82b EStDV, mindern die gezahlten Zuschüsse im Jahr des Zuflusses die zu verteilenden Erhaltungsaufwendungen. [8]Der verbleibende Betrag ist gleichmäßig auf den verbleibenden Abzugszeitraum zu verteilen. [9]Soweit der Zuschuss die noch nicht berücksichtigten Erhaltungsaufwendungen übersteigt oder wird er erst nach Ablauf des Verteilungszeitraums gezahlt, rechnet der Zuschuss zu den Einnahmen aus Vermietung und Verpachtung. [10]Hat der

Stpfl. die Zuschüsse zurückgezahlt, sind sie im Jahr der Rückzahlung als Werbungskosten abzuziehen.

(2) Abweichend von Absatz 1 handelt es sich bei Zuschüssen, die keine Mieterzuschüsse sind, im Kalenderjahr des Zuflusses um Einnahmen aus Vermietung und Verpachtung, wenn sie eine Gegenleistung für die Gebrauchsüberlassung des Grundstücks darstellen (z. B. Zuschuss als Gegenleistung für eine Mietpreisbindung oder Nutzung durch einen bestimmten Personenkreis); § 11 Abs. 1 Satz 3 EStG ist zu beachten.

(3) [1]Vereinbaren die Parteien eines Mietverhältnisses eine Beteiligung des Mieters an den Kosten der Herstellung des Gebäudes oder der Mieträume oder lässt der Mieter die Mieträume auf seine Kosten wieder herrichten und einigt er sich mit dem Vermieter, dass die Kosten ganz oder teilweise verrechnet werden, entsteht dem Mieter ein Rückzahlungsanspruch, der in der Regel durch Anrechnung des vom Mieter aufgewandten Betrags (Mieterzuschuss) auf den Mietzins wie eine Mietvorauszahlung befriedigt wird. [2]Für Mieterzuschüsse ist § 11 Abs. 1 Satz 3 EStG zu beachten. [3]Als vereinnahmte Miete ist dabei jeweils die tatsächlich gezahlte Miete zuzüglich des anteiligen Vorauszahlungsbetrags anzusetzen. [4]Satz 3 gilt nur für die vereinnahmte Nettomiete, nicht für vereinnahmte Umsatzsteuerbeträge. [5]Die AfA nach § 7 EStG und die erhöhten Absetzungen oder Sonderabschreibungen sind von den gesamten Herstellungskosten (eigene Aufwendungen des Vermieters zuzüglich Mieterzuschüsse) zu berechnen. [6]Hat ein Mieter Kosten getragen, die als Erhaltungsaufwand zu behandeln sind, sind aus Vereinfachungsgründen nur die eigenen Kosten des Vermieters als Werbungskosten zu berücksichtigen. [7]Wird ein Gebäude während des Verteilungszeitraums veräußert, in ein Betriebsvermögen eingebracht oder nicht mehr zur Erzielung von Einkünften i. S. d. § 2 Abs. 1 Satz 1 Nr. 4 bis 7 EStG genutzt, ist der noch nicht als Mieteinnahme berücksichtigte Teil der Mietvorauszahlung in dem betreffenden VZ als Einnahme bei den Einkünften aus Vermietung und Verpachtung anzusetzen. [8]In Veräußerungsfällen erhöhen sich seine Mieteinnahmen insoweit nicht, als unberücksichtigte Zuschussteile durch entsprechende Minderung des Kaufpreises und Übernahme der Verpflichtung gegenüber den Mietern auf den Käufer übergegangen sind.

(4) Entfallen Zuschüsse auf eine eigengenutzte oder unentgeltlich an Dritte überlassene Wohnung, gilt Folgendes:
1. Handelt es sich bei den bezuschussten Aufwendungen um Herstellungs- oder Anschaffungskosten, für die der Stpfl. die Steuerbegünstigung nach § 10f Abs. 1 EStG oder § 7 FördG, die Eigenheimzulage oder die Investitionszulage nach § 4 InvZulG 1999 in Anspruch nimmt, gilt Absatz 1 Satz 2 bis 4 entsprechend.
2. Handelt es sich bei den bezuschussten Aufwendungen um Erhaltungsaufwand, für den der Stpfl. die Steuerbegünstigung nach § 10f Abs. 2 EStG oder § 7 FördG oder die Investitionszulage nach § 4 InvZulG 1999 in Anspruch nimmt, gilt Absatz 1 Satz 5 und 10 entsprechend.

§ 21 EStG
R 21.6 H 21.5, 21.6

H 21.5

Hinweise

Zuschüsse
- Zuschüsse, die eine Gemeinde für die Durchführung bestimmter Maßnahmen, die der Erhaltung, Erneuerung und funktionsgerechten Verwendung des Gebäudes dienen, unabhängig von der Nutzung des Gebäudes gewährt, mindern die Herstellungskosten und sind nicht als Einnahmen aus Vermietung und Verpachtung zu behandeln. Die Herstellungskosten sind auch dann um einen Zuschuss zu kürzen, wenn der Stpfl. im Vorjahr einen Zuschuss als Einnahme behandelt hatte (>BFH vom 26.03.1991 – BStBl II 1992 S. 999).
- Der Zuschuss einer Gemeinde zum Bau einer Tiefgarage ohne Vereinbarung einer Mietpreisbindung oder Nutzung durch bestimmte Personen mindert die Herstellungskosten. Die mit dem Zuschuss verbundene Verpflichtung, die Tiefgarage der Öffentlichkeit gegen Entgelt zur Verfügung zu stellen, ist keine Gegenleistung des Empfängers (>BFH vom 23.03.1995 – BStBl II S. 702).
- Öffentliche Fördermittel (Zuschüsse oder nicht rückzahlbare Darlehen), die ein Bauherr im Rahmen des sog. Dritten Förderungswegs für Belegungs- und Mietpreisbindungen erhält, sind im Zuflussjahr Einnahmen aus Vermietung und Verpachtung (>BFH vom 14.10.2003 – BStBl II 2004 S. 14).

R 21.6

Miteigentum und Gesamthand

[1] Die Einnahmen und Werbungskosten sind den Miteigentümern grundsätzlich nach dem Verhältnis der nach bürgerlichem Recht anzusetzenden Anteile zuzurechnen. [2] Haben die Miteigentümer abweichende Vereinbarungen getroffen, sind diese maßgebend, wenn sie bürgerlich-rechtlich wirksam sind und hierfür wirtschaftlich vernünftige Gründe vorliegen, die grundstücksbezogen sind. [3] AfA oder erhöhte Absetzungen und Sonderabschreibungen können nur demjenigen Miteigentümer zugerechnet werden, der die Anschaffungs- oder Herstellungskosten getragen hat.

H 21.6

Hinweise

Abweichende Zurechnung
- Treffen Angehörige als Miteigentümer eine vom zivilrechtlichen Beteiligungsverhältnis abweichende Vereinbarung über die Verteilung der Einnahmen und Ausgaben, ist diese steuerrechtlich nur beachtlich, wenn sie in Gestaltung und Durchführung dem zwischen fremden Dritten Üblichen entspricht; Korrekturmöglichkeit einer unzutreffenden Verteilung im gerichtlichen Verfahren auch dann noch, wenn Gesamtüberschuss bestandskräftig festgestellt ist, weil lediglich die Verteilung des festgestellten Überschusses angefochten wurde (>BFH vom 31.03.1992 – BStBl II S. 890).

– Trägt der Gesellschafter einer GbR deren Werbungskosten über den seiner Beteiligung entsprechenden Anteil hinaus, sind ihm diese Aufwendungen im Rahmen der einheitlichen und gesonderten Feststellung der Einkünfte aus Vermietung und Verpachtung der Gesellschaft ausnahmsweise dann allein zuzurechnen, wenn insoweit weder eine Zuwendung an Mitgesellschafter beabsichtigt ist noch gegen diese ein durchsetzbarer Ausgleichsanspruch besteht (>BFH vom 23.11.2004 – BStBl II 2005 S. 454).

Einbringung von Miteigentumsanteilen
>H 7.3 (Anschaffungskosten)

Mietverhältnis zwischen GbR und Gesellschafter
Der Mietvertrag zwischen einer GbR und einem Gesellschafter ist steuerrechtlich nicht anzuerkennen, soweit diesem das Grundstück nach § 39 Abs. 2 Nr. 2 AO anteilig zuzurechnen ist (>BFH vom 18.05.2004 – BStBl II S. 898).

Miteigentum
A und B sind zu je 1/2 Miteigentümer eines Hauses mit drei gleich großen Wohnungen. Wohnung 1 vermietet die Gemeinschaft an B zu Wohnzwecken, Wohnung 2 überlassen A und B ihren Eltern unentgeltlich zu Wohnzwecken, Wohnung 3 wird an Dritte vermietet.
Hinsichtlich Wohnung 3 ist davon auszugehen, dass A und B diese gemeinschaftlich vermieten (>BFH vom 26.01.1999 – BStBl II S. 360). Auch Wohnung 2 nutzen A und B durch die unentgeltliche Überlassung an die Eltern gemeinschaftlich.
Die Nutzung von Wohnung 1 durch B zu eigenen Wohnzwecken führt nicht zum vorrangigen „Verbrauch" seines Miteigentumsanteils. Bei gemeinschaftlichem Bruchteilseigentum wird die Sache selbst weder real noch ideell geteilt; geteilt wird nur die Rechtszuständigkeit am gemeinschaftlichen Gegenstand. Dementsprechend ist nicht das Gebäude, sondern – im Rahmen einer Vereinbarung nach § 745 Abs. 1 BGB – das Nutzungsrecht am Gebäude zwischen A und B aufgeteilt worden. A hat B – abweichend von § 743 Abs. 2 BGB – einen weiter gehenden Gebrauch der gemeinschaftlichen Sache eingeräumt. Hierfür stünde A ein Entschädigungsanspruch aus § 745 Abs. 2 BGB zu. Stattdessen hat er zugunsten von B gegen Entgelt auf sein Mitgebrauchsrecht verzichtet und B die Wohnung 1 zur Alleinnutzung überlassen. A erzielt insoweit Einkünfte aus Vermietung und Verpachtung (>BFH vom 18.05.2004 – BStBl II S. 929).

Unterbeteiligung an einer Personengesellschaft
Ein Unterbeteiligter an einer Personengesellschaft erzielt dann keine Einkünfte aus Vermietung und Verpachtung, wenn er nicht nach außen als Vermieter in Erscheinung tritt und der Hauptbeteiligte ihn nur auf schuldrechtlicher Grundlage am Einnahmeüberschuss und am Auseinander-

§ 21 EStG
R 21.7 H 21.6, 21.7

setzungsguthaben beteiligt sowie ihm nur in bestimmten Gesellschaftsangelegenheiten Mitwirkungsrechte einräumt (>BFH vom 17.12.1996 – BStBl II 1997 S. 406).

R 21.7

Substanzausbeuterecht
– unbesetzt –

H 21.7

Hinweise

Abgrenzung Pacht-/Kaufvertrag
– Die zeitlich begrenzte Überlassung von Grundstücken zur Hebung der darin ruhenden Bodenschätze (sog. Ausbeuteverträge) ist i. d. R. als Pachtvertrag zu beurteilen. Nur wenn sich der zu beurteilende Sachverhalt als Übertragung des überlassenen Gegenstands/Rechts darstellt und der Vertrag keine wesentlichen veräußerungsatypischen Elemente enthält, können Ausbeuteverträge als Veräußerungsvorgänge angesehen werden. Ein solcher Ausnahmefall kann z. B. vorliegen
  – bei einem zeitlich begrenzten Abbau und der Lieferung einer fest begrenzten Menge an Bodensubstanz (>BFH vom 19.07.1994 – BStBl II S. 846),
  – bei endgültiger und unwiederbringlicher Veräußerung und Übertragung eines Rechts/einer Abbaugerechtigkeit (>BFH vom 11.02.2014 – BStBl II S. 566).
– Einnahmen aus Vermietung und Verpachtung sind:
  – Entgelte für die Ausbeute von Bodenschätzen (>BFH vom 21.07.1993 – BStBl II 1994 S. 231 und vom 04.12.2006 – BStBl II 2007 S. 508),
  – Entgelt für die Überlassung eines Grundstücks, wenn dieses zwar bürgerlich-rechtlich übereignet wird, die Vertragsparteien aber die Rückübertragung nach Beendigung der Ausbeute vereinbaren (>BFH vom 05.10.1973 – BStBl II 1974 S. 130); dies gilt auch bei zusätzlicher Vereinbarung einer Steuerklausel, wenn diese dem Finanzamt nicht rechtzeitig offenbart wird (>BFH vom 24.11.1992 – BStBl II 1993 S. 296),
  – Entgelt aus dem Verkauf eines bodenschatzführenden Grundstücks, wenn die Auslegung der Bestimmungen des Kaufvertrags ergibt oder aus außerhalb des Vertrags liegenden Umständen zu ersehen ist, dass die Vertragsparteien keine dauerhafte Eigentumsübertragung, sondern eine zeitlich begrenzte Überlassung zur Substanzausbeute anstreben (>BFH vom 11.02.2014 – BStBl II S. 566).

§ 21 EStG
H 21.7

Entschädigungen
Neben Förderzinsen zum Abbau von Bodenschätzen gezahlte Entschädigungen für entgangene/entgehende Einnahmen sind keine Einnahmen aus Vermietung und Verpachtung, sondern Betriebseinnahmen, wenn die Flächen im Betriebsvermögen bleiben (>BFH vom 15.03.1994 – BStBl II S. 840).

Wertminderung des Grund und Bodens
Wird die Substanz bislang land- und forstwirtschaftlich genutzten Grund und Bodens durch den Abbau eines Bodenvorkommens zerstört oder wesentlich beeinträchtigt, steht die Verlustausschlussklausel des § 55 Abs. 6 der Berücksichtigung der Wertminderung als Werbungskosten bei den Einkünften aus Vermietung und Verpachtung entgegen (>BFH vom 16.10.1997 – BStBl II 1998 S. 185).

§ 22 EStG

g) Sonstige Einkünfte (§ 2 Absatz 1 Satz 1 Nummer 7)

§ 22
Arten der sonstigen Einkünfte

Sonstige Einkünfte sind

1. Einkünfte aus wiederkehrenden Bezügen, soweit sie nicht zu den in § 2 Absatz 1 Nummer 1 bis 6 bezeichneten Einkunftsarten gehören; § 15b ist sinngemäß anzuwenden. ²Werden die Bezüge freiwillig oder auf Grund einer freiwillig begründeten Rechtspflicht oder einer gesetzlich unterhaltsberechtigten Person gewährt, so sind sie nicht dem Empfänger zuzurechnen; dem Empfänger sind dagegen zuzurechnen

    a) Bezüge, die von einer Körperschaft, Personenvereinigung oder Vermögensmasse außerhalb der Erfüllung steuerbegünstigter Zwecke im Sinne der §§ 52 bis 54 der Abgabenordnung gewährt werden, und

    b) Bezüge im Sinne des § 1 der Verordnung über die Steuerbegünstigung von Stiftungen, die an die Stelle von Familienfideikommissen getreten sind, in der im Bundesgesetzblatt Teil III, Gliederungsnummer 611-4-3, veröffentlichten bereinigten Fassung.

    ³Zu den in Satz 1 bezeichneten Einkünften gehören auch

    a) Leibrenten und andere Leistungen,

        aa) die aus den gesetzlichen Rentenversicherungen, der landwirtschaftlichen Alterskasse, den berufsständischen Versorgungseinrichtungen und aus Rentenversicherungen im Sinne des § 10 Absatz 1 Nummer 2 Buchstabe b erbracht werden, soweit sie jeweils der Besteuerung unterliegen. ²Bemessungsgrundlage für den der Besteuerung unterliegenden Anteil ist der Jahresbetrag der Rente. ³Der der Besteuerung unterliegende Anteil ist nach dem Jahr des Rentenbeginns und dem in diesem Jahr maßgebenden Prozentsatz aus der nachstehenden Tabelle zu entnehmen:

Jahr des Rentenbeginns	Besteuerungsanteil in %	Jahr des Rentenbeginns	Besteuerungsanteil in %
bis 2005	50	2009	58
ab 2006	52	2010	60
2007	54	2011	62
2008	56	2012	64

Jahr des Rentenbeginns	Besteuerungsanteil in %	Jahr des Rentenbeginns	Besteuerungsanteil in %
2013	66	2027	87
2014	68	2028	88
2015	70	2029	89
2016	72	2030	90
2017	74	2031	91
2018	76	2032	92
2019	78	2033	93
2020	80	2034	94
2021	81	2035	95
2022	82	2036	96
2023	83	2037	97
2024	84	2038	98
2025	85	2039	99
2026	86	2040	100

[4] Der Unterschiedsbetrag zwischen dem Jahresbetrag der Rente und dem der Besteuerung unterliegenden Anteil der Rente ist der steuerfreie Teil der Rente. [5] Dieser gilt ab dem Jahr, das dem Jahr des Rentenbeginns folgt, für die gesamte Laufzeit des Rentenbezugs. [6] Abweichend hiervon ist der steuerfreie Teil der Rente bei einer Veränderung des Jahresbetrags der Rente in dem Verhältnis anzupassen, in dem der veränderte Jahresbetrag der Rente zum Jahresbetrag der Rente steht, der der Ermittlung des steuerfreien Teils der Rente zugrunde liegt. [7] Regelmäßige Anpassungen des Jahresbetrags der Rente führen nicht zu einer Neuberechnung und bleiben bei einer Neuberechnung außer Betracht. [8] Folgen nach dem 31. Dezember 2004 Renten aus derselben Versicherung einander nach, gilt für die spätere Rente Satz 3 mit der Maßgabe, dass sich der Prozentsatz nach dem Jahr richtet, das sich ergibt, wenn die Laufzeit der vorhergehenden Renten von dem Jahr des Beginns der späteren Rente abgezogen wird; der Prozentsatz kann jedoch nicht niedriger bemessen werden als der für das Jahr 2005. [9] Verstirbt der Rentenempfänger, ist ihm die Rente für den Sterbemonat noch zuzurechnen;

bb) die nicht solche im Sinne des Doppelbuchstaben aa sind und bei denen in den einzelnen Bezügen Einkünfte aus Erträgen des Rentenrechts enthalten sind. [2] Dies gilt auf

§ 22 EStG

Antrag auch für Leibrenten und andere Leistungen, soweit diese auf bis zum 31. Dezember 2004 geleisteten Beiträgen beruhen, welche oberhalb des Betrags des Höchstbeitrags zur gesetzlichen Rentenversicherung gezahlt wurden; der Steuerpflichtige muss nachweisen, dass der Betrag des Höchstbeitrags mindestens zehn Jahre überschritten wurde; soweit hiervon im Versorgungsausgleich übertragene Rentenanwartschaften betroffen sind, gilt § 4 Absatz 1 und 2 des Versorgungsausgleichsgesetzes entsprechend. ³Als Ertrag des Rentenrechts gilt für die gesamte Dauer des Rentenbezugs der Unterschiedsbetrag zwischen dem Jahresbetrag der Rente und dem Betrag, der sich bei gleichmäßiger Verteilung des Kapitalwerts der Rente auf ihre voraussichtliche Laufzeit ergibt; dabei ist der Kapitalwert nach dieser Laufzeit zu berechnen. ⁴Der Ertrag des Rentenrechts (Ertragsanteil) ist aus der nachstehenden Tabelle zu entnehmen:

Bei Beginn der Rente vollendetes Lebensjahr des Rentenberechtigten	Ertragsanteil in %	Bei Beginn der Rente vollendetes Lebensjahr des Rentenberechtigten	Ertragsanteil in %
0 bis 1	59	32	43
2 bis 3	58	33 bis 34	42
4 bis 5	57	35	41
6 bis 8	56	36 bis 37	40
9 bis 10	55	38	39
11 bis 12	54	39 bis 40	38
13 bis 14	53	41	37
15 bis 16	52	42	36
17 bis 18	51	43 bis 44	35
19 bis 20	50	45	34
21 bis 22	49	46 bis 47	33
23 bis 24	48	48	32
25 bis 26	47	49	31
27	46	50	30
28 bis 29	45	51 bis 52	29
30 bis 31	44	53	28

Bei Beginn der Rente vollendetes Lebensjahr des Rentenberechtigten	Ertragsanteil in %	Bei Beginn der Rente vollendetes Lebensjahr des Rentenberechtigten	Ertragsanteil in %
54	27	72 bis 73	13
55 bis 56	26	74	12
57	25	75	11
58	24	76 bis 77	10
59	23	78 bis 79	9
60 bis 61	22	80	8
62	21	81 bis 82	7
63	20	83 bis 84	6
64	19	85 bis 87	5
65 bis 66	18	88 bis 91	4
67	17	92 bis 93	3
68	16	94 bis 96	2
69 bis 70	15	ab 97	1
71	14		

[5] Die Ermittlung des Ertrags aus Leibrenten, die vor dem 1. Januar 1955 zu laufen begonnen haben, und aus Renten, deren Dauer von der Lebenszeit mehrerer Personen oder einer anderen Person als des Rentenberechtigten abhängt, sowie aus Leibrenten, die auf eine bestimmte Zeit beschränkt sind, wird durch eine Rechtsverordnung bestimmt. [6] Doppelbuchstabe aa Satz 9 gilt entsprechend;

b) Einkünfte aus Zuschüssen und sonstigen Vorteilen, die als wiederkehrende Bezüge gewährt werden;

c) *die Energiepreispauschale nach dem Rentenbeziehende-Energiepreispauschalengesetz;*

1a. Einkünfte aus Leistungen und Zahlungen nach § 10 Absatz 1a, soweit für diese die Voraussetzungen für den Sonderausgabenabzug beim Leistungs- oder Zahlungsverpflichteten nach § 10 Absatz 1a erfüllt sind;

2. Einkünfte aus privaten Veräußerungsgeschäften im Sinne des § 23; S 2256

3. Einkünfte aus Leistungen, soweit sie weder zu anderen Einkunftsarten (§ 2 Absatz 1 Satz 1 Nummer 1 bis 6) noch zu den Einkünften im Sinne der Nummern 1, 1a, 2 oder 4 gehören, z. B. S 2257

Einkünfte aus gelegentlichen Vermittlungen und aus der Vermietung beweglicher Gegenstände. ²Solche Einkünfte sind nicht einkommensteuerpflichtig, wenn sie weniger als 256 Euro im Kalenderjahr betragen haben. ³Übersteigen die Werbungskosten die Einnahmen, so darf der übersteigende Betrag bei Ermittlung des Einkommens nicht ausgeglichen werden; er darf auch nicht nach § 10d abgezogen werden. ⁴Die Verluste mindern jedoch nach Maßgabe des § 10d die Einkünfte, die der Steuerpflichtige in dem unmittelbar vorangegangenen Veranlagungszeitraum oder in den folgenden Veranlagungszeiträumen aus Leistungen im Sinne des Satzes 1 erzielt hat oder erzielt; § 10d Absatz 4 gilt entsprechend;

S 2257-a

4. Entschädigungen, Amtszulagen, Zuschüsse zu Kranken- und Pflegeversicherungsbeiträgen, Übergangsgelder, Überbrückungsgelder, Sterbegelder, Versorgungsabfindungen, Versorgungsbezüge, die auf Grund des Abgeordnetengesetzes oder des Europaabgeordnetengesetzes, sowie vergleichbare Bezüge, die auf Grund der entsprechenden Gesetze der Länder gezahlt werden, und die Entschädigungen, das Übergangsgeld, das Ruhegehalt und die Hinterbliebenenversorgung, die auf Grund des Abgeordnetenstatuts des Europäischen Parlaments von der Europäischen Union gezahlt werden. ²Werden zur Abgeltung des durch das Mandat veranlassten Aufwandes Aufwandsentschädigungen gezahlt, so dürfen die durch das Mandat veranlassten Aufwendungen nicht als Werbungskosten abgezogen werden. ³Wahlkampfkosten zur Erlangung eines Mandats im Bundestag, im Europäischen Parlament oder im Parlament eines Landes dürfen nicht als Werbungskosten abgezogen werden. ⁴Es gelten entsprechend

   a) für Nachversicherungsbeiträge auf Grund gesetzlicher Verpflichtung nach den Abgeordnetengesetzen im Sinne des Satzes 1 und für Zuschüsse zu Kranken- und Pflegeversicherungsbeiträgen § 3 Nummer 62,

   b) für Versorgungsbezüge § 19 Absatz 2 nur bezüglich des Versorgungsfreibetrags; beim Zusammentreffen mit Versorgungsbezügen im Sinne des § 19 Absatz 2 Satz 2 bleibt jedoch insgesamt höchstens ein Betrag in Höhe des Versorgungsfreibetrags nach § 19 Absatz 2 Satz 3 im Veranlagungszeitraum steuerfrei,

   c) für das Übergangsgeld, das in einer Summe gezahlt wird, und für die Versorgungsabfindung § 34 Absatz 1,

   d) für die Gemeinschaftssteuer, die auf die Entschädigungen, das Übergangsgeld, das Ruhegehalt und die Hinterbliebenenversorgung auf Grund des Abgeordnetenstatuts des Europäischen Parlaments von der Europäischen Union erhoben wird, § 34c Absatz 1; dabei sind die im ersten Halbsatz genannten Einkünfte für die entsprechende Anwendung des

§ 34c Absatz 1 wie ausländische Einkünfte und die Gemeinschaftssteuer wie eine der deutschen Einkommensteuer entsprechende ausländische Steuer zu behandeln;

5. Leistungen aus Altersvorsorgeverträgen, Pensionsfonds, Pensionskassen und Direktversicherungen. ²Soweit die Leistungen nicht auf Beiträgen, auf die § 3 Nummer 63, 63a, § 10a, Abschnitt XI oder Abschnitt XII angewendet wurden, nicht auf Zulagen im Sinne des Abschnitts XI, nicht auf Zahlungen im Sinne des § 92a Absatz 2 Satz 4 Nummer 1 und des § 92a Absatz 3 Satz 9 Nummer 2, nicht auf steuerfreien Leistungen nach § 3 Nummer 66 und nicht auf Ansprüchen beruhen, die durch steuerfreie Zuwendungen nach § 3 Nummer 56 oder die durch die nach § 3 Nummer 55b Satz 1 oder § 3 Nummer 55c steuerfreie Leistung aus einem neu begründeten Anrecht erworben wurden,

S 2257-b

   a) ist bei lebenslangen Renten sowie bei Berufsunfähigkeits-, Erwerbsminderungs- und Hinterbliebenenrenten Nummer 1 Satz 3 Buchstabe a entsprechend anzuwenden,
   b) ist bei Leistungen aus Versicherungsverträgen, Pensionsfonds, Pensionskassen und Direktversicherungen, die nicht solche nach Buchstabe a sind, § 20 Absatz 1 Nummer 6 in der jeweils für den Vertrag geltenden Fassung entsprechend anzuwenden,
   c) unterliegt bei anderen Leistungen der Unterschiedsbetrag zwischen der Leistung und der Summe der auf sie entrichteten Beiträge der Besteuerung; § 20 Absatz 1 Nummer 6 Satz 2 gilt entsprechend.

³In den Fällen des § 93 Absatz 1 Satz 1 und 2 gilt das ausgezahlte geförderte Altersvorsorgevermögen nach Abzug der Zulagen im Sinne des Abschnitts XI als Leistung im Sinne des Satzes 2. ⁴Als Leistung im Sinne des Satzes 1 gilt auch der Verminderungsbetrag nach § 92a Absatz 2 Satz 5 und der Auflösungsbetrag nach § 92a Absatz 3 Satz 5. ⁵Der Auflösungsbetrag nach § 92a Absatz 2 Satz 6 wird zu 70 Prozent als Leistung nach Satz 1 erfasst. ⁶Tritt nach dem Beginn der Auszahlungsphase zu Lebzeiten des Zulageberechtigten der Fall des § 92a Absatz 3 Satz 1 ein, dann ist

   a) innerhalb eines Zeitraums bis zum zehnten Jahr nach dem Beginn der Auszahlungsphase das Eineinhalbfache,
   b) innerhalb eines Zeitraums zwischen dem zehnten und 20. Jahr nach dem Beginn der Auszahlungsphase das Einfache

des nach Satz 5 noch nicht erfassten Auflösungsbetrags als Leistung nach Satz 1 zu erfassen; § 92a Absatz 3 Satz 9 gilt entsprechend mit der Maßgabe, dass als noch nicht zurückgeführter Betrag im Wohnförderkonto der noch nicht erfasste Auflösungsbetrag gilt. ⁷Bei erstmaligem Bezug von Leistungen, in den Fällen des § 93 Absatz 1 sowie bei Änderung der im Kalenderjahr auszuzahlenden Leistung hat der Anbieter (§ 80) nach Ablauf des Kalenderjahres dem Steuerpflichtigen nach amtlich vorgeschriebenem Muster den Betrag der im abgelaufenen Kalenderjahr zugeflossenen Leistungen im Sinne der Sätze 1 bis 3 je gesondert mitzuteilen; mit Einverständnis des Steuerpflichtigen kann die Mitteilung elektronisch bereitgestellt werden. [8]Werden dem Steuerpflichtigen Abschluss- und Vertriebskosten eines Altersvorsorgevertrages erstattet, gilt der Erstattungsbetrag als Leistung im Sinne des Satzes 1. [9]In den Fällen des § 3 Nummer 55a richtet sich die Zuordnung zu Satz 1 oder Satz 2 bei der ausgleichsberechtigten Person danach, wie eine nur auf die Ehezeit bezogene Zuordnung der sich aus dem übertragenen Anrecht ergebenden Leistung zu Satz 1 oder Satz 2 bei der ausgleichspflichtigen Person im Zeitpunkt der Übertragung ohne die Teilung vorzunehmen gewesen wäre. [10]Dies gilt sinngemäß in den Fällen des § 3 Nummer 55 und 55e. [11]Wird eine Versorgungsverpflichtung nach § 3 Nummer 66 auf einen Pensionsfonds übertragen und hat der Steuerpflichtige bereits vor dieser Übertragung Leistungen auf Grund dieser Versorgungsverpflichtung erhalten, so sind insoweit auf die Leistungen aus dem Pensionsfonds im Sinne des Satzes 1 die Beträge nach § 9a Satz 1 Nummer 1 und § 19 Absatz 2 entsprechend anzuwenden; § 9a Satz 1 Nummer 3 ist nicht anzuwenden. [12]Wird auf Grund einer internen Teilung nach § 10 des Versorgungsausgleichsgesetzes oder einer externen Teilung nach § 14 des Versorgungsausgleichsgesetzes ein Anrecht zugunsten der ausgleichsberechtigten Person begründet, so gilt dieser Vertrag insoweit zu dem gleichen Zeitpunkt als abgeschlossen wie der Vertrag der ausgleichspflichtigen Person, wenn die aus dem Vertrag der ausgleichspflichtigen Person ausgezahlten Leistungen zu einer Besteuerung nach Satz 2 führen. [13]Für Leistungen aus Altersvorsorgeverträgen nach § 93 Absatz 3 ist § 34 Absatz 1 entsprechend anzuwenden. [14]Soweit Begünstigungen, die mit denen in Satz 2 vergleichbar sind, bei der deutschen Besteuerung gewährt wurden, gelten die darauf beruhenden Leistungen ebenfalls als Leistung nach Satz 1. [15]§ 20 Absatz 1 Nummer 6 Satz 9 in der ab dem 27. Juli 2016 geltenden Fassung findet keine Anwendung. [16]Nummer 1 Satz 3 Buchstabe a Doppelbuchstabe aa Satz 9 gilt entsprechend.

EStDV
§ 55
Ermittlung des Ertrags aus Leibrenten in besonderen Fällen

(1) Der Ertrag des Rentenrechts ist in den folgenden Fällen auf Grund der in § 22 Nr. 1 Satz 3 Buchstabe a Doppelbuchstabe bb des Gesetzes aufgeführten Tabelle zu ermitteln:

1. bei Leibrenten, die vor dem 1. Januar 1955 zu laufen begonnen haben. ²Dabei ist das vor dem 1. Januar 1955 vollendete Lebensjahr des Rentenberechtigten maßgebend;
2. bei Leibrenten, deren Dauer von der Lebenszeit einer anderen Person als des Rentenberechtigten abhängt. ²Dabei ist das bei Beginn der Rente, im Fall der Nummer 1 das vor dem 1. Januar 1955 vollendete Lebensjahr dieser Person maßgebend;
3. bei Leibrenten, deren Dauer von der Lebenszeit mehrerer Personen abhängt. ²Dabei ist das bei Beginn der Rente, im Fall der Nummer 1 das vor dem 1. Januar 1955 vollendete Lebensjahr der ältesten Person maßgebend, wenn das Rentenrecht mit dem Tod des zuerst Sterbenden erlischt, und das Lebensjahr der jüngsten Person, wenn das Rentenrecht mit dem Tod des zuletzt Sterbenden erlischt.

(2) ¹Der Ertrag der Leibrenten, die auf eine bestimmte Zeit beschränkt sind (abgekürzte Leibrenten), ist nach der Lebenserwartung unter Berücksichtigung der zeitlichen Begrenzung zu ermitteln. ²Der Ertragsanteil ist aus der nachstehenden Tabelle zu entnehmen. ³Absatz 1 ist entsprechend anzuwenden.

Beschränkung der Laufzeit der Rente auf ... Jahre ab Beginn des Rentenbezugs (ab 1. Januar 1955, falls die Rente vor diesem Zeitpunkt zu laufen begonnen hat)	Der Ertragsanteil beträgt vorbehaltlich der Spalte 3 ... Prozent	Der Ertragsanteil ist der Tabelle in § 22 Nr. 1 Satz 3 Buchstabe a Doppelbuchstabe bb des Gesetzes zu entnehmen, wenn der Rentenberechtigte zu Beginn des Rentenbezugs (vor dem 1. Januar 1955, falls die Rente vor diesem Zeitpunkt zu laufen begonnen hat) das ... te Lebensjahr vollendet hatte
1	2	3
1	0	entfällt
2	1	entfällt
3	2	97
4	4	92
5	5	88

§ 22 EStG § 55 EStDV

Beschränkung der Laufzeit der Rente auf ... Jahre ab Beginn des Rentenbezugs (ab 1. Januar 1955, falls die Rente vor diesem Zeitpunkt zu laufen begonnen hat)	Der Ertragsanteil beträgt vorbehaltlich der Spalte 3 ... Prozent	Der Ertragsanteil ist der Tabelle in § 22 Nr. 1 Satz 3 Buchstabe a Doppelbuchstabe bb des Gesetzes zu entnehmen, wenn der Rentenberechtigte zu Beginn des Rentenbezugs (vor dem 1. Januar 1955, falls die Rente vor diesem Zeitpunkt zu laufen begonnen hat) das ... te Lebensjahr vollendet hatte
1	2	3
6	7	83
7	8	81
8	9	80
9	10	78
10	12	75
11	13	74
12	14	72
13	15	71
14-15	16	69
16-17	18	67
18	19	65
19	20	64
20	21	63
21	22	62
22	23	60
23	24	59
24	25	58
25	26	57
26	27	55
27	28	54
28	29	53
29-30	30	51
31	31	50
32	32	49
33	33	48
34	34	46

§ 55 EStDV **§ 22 EStG**

Beschränkung der Laufzeit der Rente auf ... Jahre ab Beginn des Rentenbezugs (ab 1. Januar 1955, falls die Rente vor diesem Zeitpunkt zu laufen begonnen hat)	Der Ertragsanteil beträgt vorbehaltlich der Spalte 3 ... Prozent	Der Ertragsanteil ist der Tabelle in § 22 Nr. 1 Satz 3 Buchstabe a Doppelbuchstabe bb des Gesetzes zu entnehmen, wenn der Rentenberechtigte zu Beginn des Rentenbezugs (vor dem 1. Januar 1955, falls die Rente vor diesem Zeitpunkt zu laufen begonnen hat) das ... te Lebensjahr vollendet hatte
1	2	3
35-36	35	45
37	36	43
38	37	42
39	38	41
40-41	39	39
42	40	38
43-44	41	36
45	42	35
46-47	43	33
48	44	32
49-50	45	30
51-52	46	28
53	47	27
54-55	48	25
56-57	49	23
58-59	50	21
60-61	51	19
62-63	52	17
64-65	53	15
66-67	54	13
68-69	55	11
70-71	56	9
72-74	57	6
75-76	58	4
77-79	59	2
ab 80	Der Ertragsanteil ist immer der Tabelle in § 22 Nr. 1 Satz 3 Buchstabe a Doppelbuchstabe bb des Gesetzes zu entnehmen.	

§ 22 EStG

R 22.1 Besteuerung von wiederkehrenden Bezügen mit Ausnahme der Leibrenten

(1) ¹>Wiederkehrende Bezüge sind als sonstige Einkünfte nach § 22 Nr. 1 Satz 1 EStG zu erfassen, wenn sie nicht zu anderen Einkunftsarten gehören und soweit sie sich bei wirtschaftlicher Betrachtung nicht als Kapitalrückzahlungen, z. B. Kaufpreisraten, darstellen. ²>Wiederkehrende Bezüge setzen voraus, dass sie auf einem einheitlichen Entschluss oder einem einheitlichen Rechtsgrund beruhen und mit einer gewissen Regelmäßigkeit wiederkehren. ³Sie brauchen jedoch nicht stets in derselben Höhe geleistet zu werden. ⁴Deshalb können Studienzuschüsse, die für einige Jahre gewährt werden, wiederkehrende Bezüge sein.

(2) ¹Wiederkehrende Zuschüsse und sonstige Vorteile sind entsprechend der Regelung in § 12 Nr. 2 EStG und § 22 Nr. 1 Satz 2 EStG entweder vom Geber oder vom Empfänger zu versteuern. ²Soweit die Bezüge nicht auf Grund des § 3 EStG steuerfrei bleiben, sind sie vom Empfänger als wiederkehrende Bezüge zu versteuern, wenn sie der unbeschränkt steuerpflichtige Geber als Betriebsausgaben oder Werbungskosten abziehen kann.

H 22.1 Hinweise

Stiftung
>H 20.2

Stipendien
Leistungen aus einem Stipendium für die Aus- und Fortbildung eines Stipendiaten können steuerbare wiederkehrende Bezüge gemäß § 22 Nr. 1 Satz 1 i. V. m. Satz 3 Buchst. b sein. Voraussetzung ist, dass die Weiterbildung im Rahmen eines Dienst- oder vergleichbaren Rechtsverhältnisses erfolgt, die Leistungen aus dem Stipendium an die Erfüllung der sich aus einem solchen Rechtsverhältnis ergebenden Verpflichtungen anknüpfen und die fehlende Entlohnung aus jenem Rechtsverhältnis ausgleichen sollen (>BFH vom 08.07.2020 – BStBl II 2021 S. 557).

Verpfändung eines GmbH-Anteils
Verpfändet ein an einem Darlehensverhältnis nicht beteiligter Dritter einen GmbH-Anteil zur Sicherung des Darlehens, kann die Vergütung, die der Dritte dafür erhält, entweder zu Einkünften aus wiederkehrenden Bezügen i. S. d. § 22 Nr. 1 Satz 1 erster Halbsatz oder zu Einkünften aus Leistungen i. S. d. § 22 Nr. 3 führen (>BFH vom 14.04.2015 – BStBl II S. 795).

Vorweggenommene Erbfolge
Anhang 13 IV
– >BMF vom 11.03.2010 (BStBl I S. 227), Rz. 81
– Ein gesamtberechtigter Ehegatte versteuert ihm zufließende Altenteilsleistungen anlässlich einer vorweggenommenen Erbfolge im Regelfall

auch dann nach § 22 Nr. 1 Satz 1, wenn er nicht Eigentümer des übergebenen Vermögens war. Der Abzugsbetrag nach § 24a und der Pauschbetrag nach § 9a Satz 1 Nr. 3 kann jedem Ehegatten gewährt werden, wenn er Einkünfte aus wiederkehrenden Bezügen hat (>BFH vom 22.09.1993 – BStBl II 1994 S. 107).

Wiederkehrende Bezüge sind nicht:
– Bezüge, die sich zwar wiederholen, bei denen aber die einzelne Leistung jeweils von einer neuen Entschlussfassung oder Vereinbarung abhängig ist (>BFH vom 20.07.1971 – BStBl II 1972 S. 170),
– Schadensersatzrenten zum Ausgleich vermehrter Bedürfnisse; sog. Mehrbedarfsrenten nach § 843 Abs. 1, 2. Alternative BGB (>BMF vom 15.07.2009 – BStBl I S. 836),
– Schadensersatzrenten, die nach § 844 Abs. 2 BGB für den Verlust von Unterhaltsansprüchen oder nach § 845 BGB für entgangene Dienste gewährt werden (>BMF vom 15.07.2009 – BStBl I S. 836),
– Schmerzensgeldrenten nach § 253 Abs. 2 BGB (>BMF vom 15.07.2009 – BStBl I S. 836),
– Unterhaltsleistungen, die ein unbeschränkt Stpfl. von seinem nicht unbeschränkt steuerpflichtigen geschiedenen oder dauernd getrennt lebenden Ehegatten erhält (>BFH vom 31.03.2004 – BStBl II S. 1047),
– wiederkehrende Leistungen in schwankender Höhe, die ein pflichtteilsberechtigter Erbe aufgrund letztwilliger Verfügung des Erblassers vom Erben unter Anrechnung auf seinen Pflichtteil für die Dauer von 15 Jahren erhält; sie sind mit ihrem Zinsanteil steuerbar (>BFH vom 26.11.1992 – BStBl II 1993 S. 298),
– wiederkehrende Zahlungen als Gegenleistung für den Verzicht eines zur gesetzlichen Erbfolge Berufenen auf seinen potenziellen künftigen Erb- und/oder Pflichtteil (>BFH vom 09.02.2010 – BStBl II S. 818).

– unbesetzt –

| R 22.2 |

Besteuerung von Leibrenten und anderen Leistungen i. S. d. § 22 Nr. 1 Satz 3 Buchstabe a Doppelbuchstabe aa EStG

| R 22.3 |

(1) ¹Eine Leibrente kann vorliegen, wenn die Bemessungsgrundlage für die Bezüge keinen oder nur unbedeutenden Schwankungen unterliegt. ²Veränderungen in der absoluten Höhe, die sich deswegen ergeben, weil die Bezüge aus gleichmäßigen Sachleistungen bestehen, stehen der Annahme einer Leibrente nicht entgegen.

(2) ¹Ist die Höhe einer Rente von mehreren selbständigen Voraussetzungen abhängig, kann einkommensteuerrechtlich eine lebenslängliche Leibrente erst ab dem Zeitpunkt angenommen werden, in dem die Voraussetzung für eine fortlaufende Gewährung der Rente in gleichmäßiger Höhe bis zum Lebensende des Berechtigten erstmals vorliegt. ²Wird die Rente

schon vor diesem Zeitpunkt zeitlich begrenzt nach einer anderen Voraussetzung oder in geringerer Höhe voraussetzungslos gewährt, handelt es sich um eine abgekürzte Leibrente.

Hinweise

Allgemeines

Der Besteuerung nach § 22 Nr. 1 Satz 3 Buchst. a Doppelbuchst. aa unterliegen Leibrenten und andere Leistungen aus den gesetzlichen Rentenversicherungen, den landwirtschaftlichen Alterskassen, den berufsständischen Versorgungseinrichtungen und aus Rentenversicherungen i. S. d. § 10 Abs. 1 Nr. 2 Buchst. b. Für die Besteuerung ist eine Unterscheidung dieser Leistungen zwischen Leibrente, abgekürzter Leibrente und Einmalzahlungen nur bei Anwendung der Öffnungsklausel von Bedeutung. Zu Einzelheiten zur Besteuerung >BMF vom 19.08.2013 (BStBl I S. 1087) unter Berücksichtigung der Änderungen durch BMF vom 28.09.2021 (BStBl I S. 1831) und vom 10.01.2022 (BStBl I S. 36), insbesondere Rz. 190-237, *Anhang 3 II LStH*

Begriff der Leibrente

- Der Begriff der Leibrente i. S. d. § 22 Nr. 1 Satz 3 Buchst. a ist ein vom bürgerlichen Recht (§§ 759 ff. BGB) abweichender steuerrechtlicher Begriff. Er setzt gleichbleibende Bezüge voraus, die für die Dauer der Lebenszeit einer Bezugsperson gezahlt werden (>BFH vom 15.07.1991 – BStBl II 1992 S. 78).
- Aus dem Erfordernis der Gleichmäßigkeit ergibt sich, dass eine Leibrente nicht gegeben ist, wenn die Bezüge von einer wesentlich schwankenden Größe abhängen, z. B. vom Umsatz oder Gewinn eines Unternehmens; das gilt auch dann, wenn die Bezüge sich nach einem festen Prozentsatz oder einem bestimmten Verteilungsschlüssel bemessen (>BFH vom 10.10.1963 – BStBl III S. 592, vom 27.05.1964 – BStBl III S. 475 und vom 25.11.1966 – BStBl III 1967 S. 178).
- Die Vereinbarung von Wertsicherungsklauseln oder so genannten Währungsklauseln, die nur der Anpassung der Kaufkraft an geänderte Verhältnisse dienen sollen, schließen die Annahme einer Leibrente nicht aus (>BFH vom 02.12.1966 – BStBl III 1967 S. 179 und vom 11.08.1967 – BStBl III S. 699). Unter diesem Gesichtspunkt liegt eine Leibrente auch dann vor, wenn ihre Höhe jeweils von der für Sozialversicherungsrenten maßgebenden Bemessungsgrundlage abhängt (>BFH vom 30.11.1967 – BStBl II 1968 S. 262). Ist auf die wertgesicherte Leibrente eine andere – wenn auch in unterschiedlicher Weise – wertgesicherte Leibrente anzurechnen, hat die Differenz zwischen beiden Renten ebenfalls Leibrentencharakter (>BFH vom 05.12.1980 – BStBl II 1981 S. 265).
- Eine auf Lebensdauer einer Person zu entrichtende Rente bleibt eine Leibrente auch dann, wenn sie unter bestimmten Voraussetzungen,

z. B. Wiederverheiratung, früher endet (>BFH vom 05.12.1980 – BStBl II 1981 S. 265).

– Durch die Einräumung eines lebenslänglichen Wohnrechts und die Versorgung mit elektrischem Strom und Heizung wird eine Leibrente nicht begründet (>BFH vom 02.12.1966 – BStBl III 1967 S. 243 und vom 12.09.1969 – BStBl II S. 706).

Nachzahlung

– Eine Rentennachzahlung aus der gesetzlichen Rentenversicherung, die dem Rentenempfänger nach dem 31.12.2004 zufließt, wird mit dem Besteuerungsanteil gem. § 22 Nr. 1 Satz 3 Buchst. a Doppelbuchst. aa besteuert, auch wenn sie für einen Zeitraum gezahlt wird, der vor dem Inkrafttreten des AltEinkG liegt (>BMF vom 19.08.2013 – BStBl I S. 1087, Rz. 191, *Anhang 3 II LStH*).

– Nicht zu den Rentennachzahlungen zählen darauf entfallende Zinsen. Diese gehören zu den Einkünften aus Kapitalvermögen gem. § 20 Abs. 1 Nr. 7 (>BMF vom 19.08.2013 – BStBl I S. 1087 unter Berücksichtigung der Änderungen durch BMF vom 04.07.2016 – BStBl I S. 645, Rz. 196, *Anhang 3 II LStH*).

– Erfolgt die Nachzahlung einer rückwirkend zugebilligten Rente durch Erstattung an den Sozialleistungsträger für eine bisher gezahlten Sozialleistung (z. B. Kranken- oder Arbeitslosengeld), unterliegt die Rente bereits im Zeitpunkt des Zuflusses dieser Sozialleistung im Umfang der Erfüllungsfiktion nach § 103 Abs. 1 und 2, § 107 Abs. 1 SGB X mit dem zum rückwirkend zugebilligten Zeitpunkt der Rentenzahlung geltenden Besteuerungsanteil der Besteuerung nach § 22 Nr. 1 Satz 3 Buchst. a Doppelbuchst. aa (>BMF vom 19.08.2013 – BStBl I S. 1087, Rz. 192, *Anhang 3 II LStH*). Sofern die Sozialleistungen dem Progressionsvorbehalt unterlegen haben, ist dieser rückgängig zu machen, soweit die Beträge zu einer Rente umgewidmet werden >R 32b Abs. 4.

Öffnungsklausel

Soweit die Leistungen auf vor dem 01.01.2005 gezahlten Beiträgen oberhalb des Betrags des Höchstbeitrags zur gesetzlichen Rentenversicherung beruhen und der Höchstbeitrag bis zum 31.12.2004 über einen Zeitraum von mindestens 10 Jahren überschritten wurde, unterliegt dieser Teil der Leistung auf Antrag der Besteuerung mit dem Ertragsanteil. Nur in diesen Fällen ist es von Bedeutung, ob es sich bei der Leistung um eine Leibrente (z. B. eine Altersrente), um eine abgekürzte Leibrente (z. B. eine Erwerbsminderungsrente oder eine kleine Witwenrente) oder um eine Einmalzahlung handelt. Für diesen Teil der Leistung ist R 22.4 zu beachten. Zu Einzelheiten zur Anwendung der Öffnungsklausel >BMF vom 19.08.2013 (BStBl I S. 1087), Rz. 238-269, *Anhang 3 II LStH*

Verfassungsmäßigkeit

Die Besteuerung der Altersrenten mit dem Besteuerungsanteil des § 22 Nr. 1 Satz 3 Buchst. a Doppelbuchst. aa ist verfassungsmäßig, sofern nicht gegen das Verbot der Doppelbesteuerung verstoßen wird (>BFH vom 06.04.2016 – BStBl II S. 733).

Werbungskosten

Einkommensteuerrechtliche Behandlung von **Beratungs-, Prozess- und ähnlichen Kosten** im Zusammenhang mit Rentenansprüchen >BMF vom 20.11.1997 (BStBl I 1998 S. 126)

R 22.4 Besteuerung von Leibrenten i. S. d. § 22 Nr. 1 Satz 3 Buchstabe a Doppelbuchstabe bb EStG

Erhöhung der Rente

(1) [1]Bei einer Erhöhung der Rente ist, falls auch das Rentenrecht eine zusätzliche Werterhöhung erfährt, der Erhöhungsbetrag als selbständige Rente anzusehen, für die der Ertragsanteil vom Zeitpunkt der Erhöhung an gesondert zu ermitteln ist; dabei ist unerheblich, ob die Erhöhung von vornherein vereinbart war oder erst im Laufe des Rentenbezugs vereinbart wird. [2]Ist eine Erhöhung der Rentenzahlung durch eine Überschussbeteiligung von vornherein im Rentenrecht vorgesehen, sind die der Überschussbeteiligung dienenden Erhöhungsbeträge Erträge dieses Rentenrechts; es tritt insoweit keine Werterhöhung des Rentenrechts ein. [3]Eine neue Rente ist auch nicht anzunehmen, soweit die Erhöhung in zeitlichem Zusammenhang mit einer vorangegangenen Herabsetzung steht oder wenn die Rente lediglich den gestiegenen Lebenshaltungskosten angepasst wird (Wertsicherungsklausel).

Herabsetzung der Rente

(2) Wird die Rente herabgesetzt, sind die folgenden Fälle zu unterscheiden:

1. Wird von vornherein eine spätere Herabsetzung vereinbart, ist zunächst der Ertragsanteil des Grundbetrags der Rente zu ermitteln, d. h. des Betrags, auf den die Rente später ermäßigt wird. [2]Diesen Ertragsanteil muss der Berechtigte während der gesamten Laufzeit versteuern, da er den Grundbetrag bis zu seinem Tod erhält. [3]Außerdem hat er bis zum Zeitpunkt der Herabsetzung den Ertragsanteil des über den Grundbetrag hinausgehenden Rententeiles zu versteuern. [4]Dieser Teil der Rente ist eine abgekürzte Leibrente (§ 55 Abs. 2 EStDV), die längstens bis zum Zeitpunkt der Herabsetzung läuft.
2. Wird die Herabsetzung während des Rentenbezugs vereinbart und sofort wirksam, bleibt der Ertragsanteil unverändert.
3. Wird die Herabsetzung während des Rentenbezugs mit der Maßgabe vereinbart, dass sie erst zu einem späteren Zeitpunkt wirksam wird,

bleibt der Ertragsanteil bis zum Zeitpunkt der Vereinbarung unverändert. ²Von diesem Zeitpunkt an ist Nummer 1 entsprechend anzuwenden. ³Dabei sind jedoch das zu Beginn des Rentenbezugs vollendete Lebensjahr des Rentenberechtigten und insoweit, als die Rente eine abgekürzte Leibrente (§ 55 Abs. 2 EStDV) ist, die beschränkte Laufzeit ab Beginn des Rentenbezugs zugrunde zu legen.

Besonderheit bei der Ermittlung des Ertragsanteiles

(3) Setzt der Beginn des Rentenbezugs die Vollendung eines bestimmten Lebensjahres der Person voraus, von deren Lebenszeit die Dauer der Rente abhängt, und wird die Rente schon vom Beginn des Monats an gewährt, in dem die Person das bestimmte Lebensjahr vollendet hat, ist dieses Lebensjahr bei der Ermittlung des Ertragsanteiles nach § 22 Nr. 1 Satz 3 Buchstabe a Doppelbuchstabe bb EStG zugrunde zu legen.

Abrundung der Laufzeit abgekürzter Leibrenten

(4) Bemisst sich bei einer abgekürzten Leibrente die beschränkte Laufzeit nicht auf volle Jahre, ist bei Anwendung der in § 55 Abs. 2 EStDV aufgeführten Tabelle die Laufzeit aus Vereinfachungsgründen auf volle Jahre abzurunden.

Besonderheiten bei Renten wegen teilweiser oder voller Erwerbsminderung

(5) ¹Bei Renten wegen verminderter Erwerbsfähigkeit handelt es sich regelmäßig um abgekürzte Leibrenten. ²Für die Bemessung der Laufzeit kommt es auf die vertraglichen Vereinbarungen oder die gesetzlichen Regelungen an. ³Ist danach der Wegfall oder die Umwandlung in eine Altersrente nicht bei Erreichen eines bestimmten Alters vorgesehen, sondern von anderen Umständen – z. B. Bezug von Altersrente aus der gesetzlichen Rentenversicherung – abhängig, ist grundsätzlich davon auszugehen, dass der Wegfall oder die Umwandlung in die Altersrente mit Vollendung des 65. Lebensjahres erfolgt. ⁴Legt der Bezieher einer Rente wegen verminderter Erwerbsfähigkeit jedoch schlüssig dar, dass der Wegfall oder die Umwandlung vor der Vollendung des 65. Lebensjahres erfolgen wird, ist auf Antrag auf den früheren Umwandlungszeitpunkt abzustellen; einer nach § 165 AO vorläufigen Steuerfestsetzung bedarf es insoweit nicht. ⁵Entfällt eine Rente wegen verminderter Erwerbsfähigkeit vor Vollendung des 65. Lebensjahres oder wird sie vor diesem Zeitpunkt in eine vorzeitige Altersrente umgewandelt, ist die Laufzeit bis zum Wegfall oder zum Umwandlungszeitpunkt maßgebend.

Besonderheiten bei Witwen-/Witwerrenten

(6) R 167 Abs. 8 und 9 EStR 2003 gilt bei Anwendung des § 22 Nr. 1 Satz 3 Buchstabe a Doppelbuchstabe bb Satz 2 EStG entsprechend.

Begriff der Leibrente

(7) R 22.3 gilt sinngemäß.

§ 22 EStG
H 22.4

Hinweise

Beginn der Rente

Unter Beginn der Rente (Kopfleiste der in § 22 Nr. 1 Satz 3 Buchst. a Doppelbuchst. bb aufgeführten Tabelle) ist bei Renten aufgrund von Versicherungsverträgen der Zeitpunkt zu verstehen, ab dem versicherungsrechtlich die Rente zu laufen beginnt; auch bei Rentennachzahlungen ist unter „Beginn der Rente" der Zeitpunkt zu verstehen, in dem der Rentenanspruch entstanden ist. Auf den Zeitpunkt des Rentenantrags oder der Zahlung kommt es nicht an (>BFH vom 06.04.1976 – BStBl II S. 452). Die Verjährung einzelner Rentenansprüche hat auf den „Beginn der Rente" keinen Einfluss (>BFH vom 30.09.1980 – BStBl II 1981 S. 155).

Begriff der Leibrente
>H 22.3

Bezüge aus einer ehemaligen Tätigkeit
- Bezüge, die nach § 24 Nr. 2 zu den Gewinneinkünften rechnen oder die Arbeitslohn sind, sind nicht Leibrenten i. S. d. § 22 Nr. 1 Satz 3 Buchst. a; hierzu gehören z. B. betriebliche Versorgungsrenten aus einer ehemaligen Tätigkeit i. S. d. § 24 Nr. 2 (>BFH vom 10.10.1963 – BStBl III S. 592).
- Ruhegehaltszahlungen an ehemalige NATO-Bedienstete sind i. d. R. Einkünfte aus nichtselbständiger Arbeit (>BMF vom 03.08.1998 – BStBl I S. 1042 und BFH vom 22.11.2006 – BStBl II 2007 S. 402).

Ertragsanteil einer Leibrente

Beispiel:
Einem Ehepaar wird gemeinsam eine lebenslängliche Rente von 24.000 € jährlich mit der Maßgabe gewährt, dass sie beim Ableben des zuerst Sterbenden auf 15.000 € jährlich ermäßigt wird. Der Ehemann ist zu Beginn des Rentenbezugs 55, die Ehefrau 50 Jahre alt.

Es sind zu versteuern

a) bis zum Tod des zuletzt Sterbenden der Ertragsanteil des Sockelbetrags von 15.000 €. Dabei ist nach § 55 Abs. 1 Nr. 3 EStDV das Lebensalter der jüngsten Person, mithin der Ehefrau, zugrunde zu legen. Der Ertragsanteil beträgt 30 % von 15.000 € = 4.500 € (§ 22 Nr. 1 Satz 3 Buchst. a Doppelbuchst. bb);

b) außerdem bis zum Tod des zuerst Sterbenden der Ertragsanteil des über den Sockelbetrag hinausgehenden Rententeils von 9.000 €. Dabei ist nach § 55 Abs. 1 Nr. 3 EStDV das Lebensalter der ältesten Person, mithin des Ehemanns, zugrunde zu legen. Der Ertragsanteil beträgt 26 % von 9.000 € = 2.340 € (§ 22 Nr. 1 Satz 3 Buchst. a Doppelbuchst. bb).

Der jährliche Ertragsanteil beläuft sich somit auf (4.500 € + 2.340 € =) 6.840 €.

Bei der Ermittlung des Ertragsanteils einer lebenslänglichen Leibrente ist – vorbehaltlich des § 55 Abs. 1 Nr. 1 EStDV – von dem bei Beginn der Rente vollendeten Lebensjahr auszugehen (Kopfleiste der in § 22 Nr. 1 Satz 3 Buchst. a Doppelbuchst. bb aufgeführten Tabelle).

Ist die Dauer einer Leibrente von der Lebenszeit mehrerer Personen abhängig, ist der Ertragsanteil nach § 55 Abs. 1 Nr. 3 EStDV zu ermitteln. Das gilt auch, wenn die Rente mehreren Personen, z. B. Ehegatten, gemeinsam mit der Maßgabe zusteht, dass sie beim Ableben des zuerst Sterbenden herabgesetzt wird. In diesem Fall ist bei der Ermittlung des Grundbetrags der Rente, d. h. des Betrags, auf den sie später ermäßigt wird, das Lebensjahr der jüngsten Person zugrunde zu legen. Für den Ertragsanteil des über den Grundbetrag hinausgehenden Rententeils ist das Lebensjahr der ältesten Person maßgebend.

Steht die Rente nur einer Person zu, z. B. dem Ehemann, und erhält eine andere Person, z. B. die Ehefrau, nur für den Fall eine Rente, dass sie die erste Person überlebt, so liegen zwei Renten vor, von denen die letzte aufschiebend bedingt ist. Der Ertragsanteil für diese Rente ist erst von dem Zeitpunkt an zu versteuern, in dem die Bedingung eintritt.

Fremdfinanzierte Rentenversicherung gegen Einmalbeitrag

– Zur Überschussprognose einer fremdfinanzierten Rentenversicherung gegen Einmalbeitrag >BFH vom 15.12.1999 (BStBl II 2000 S. 267), vom 16.09.2004 (BStBl II 2006 S. 228 und S. 234), vom 17.08.2005 (BStBl II 2006 S. 248), vom 20.06.2006 (BStBl II S. 870) und vom 22.11.2006 (BStBl II 2007 S. 390)
– Zur Höhe der auf die Kreditvermittlung entfallenden Provision >BFH vom 30.10.2001 (BStBl II 2006 S. 223) und vom 16.09.2004 (BStBl II 2006 S. 238)

Herabsetzung der Rente

Beispiele:

1. Die spätere Herabsetzung wird von vornherein vereinbart.

    A gewährt dem B eine lebenslängliche Rente von 8.000 € jährlich mit der Maßgabe, dass sie nach Ablauf von acht Jahren auf 5.000 € jährlich ermäßigt wird. B ist zu Beginn des Rentenbezugs 50 Jahre alt.

    B hat zu versteuern

    a) während der gesamten Dauer des Rentenbezugs – nach Abzug von Werbungskosten – den Ertragsanteil des Grundbetrags. Der Ertragsanteil beträgt nach der in § 22 Nr. 1 Satz 3 Buchst. a Doppelbuchst. bb aufgeführten Tabelle 30 % von 5.000 € = 1.500 €;

    b) außerdem in den ersten acht Jahren den Ertragsanteil des über den Grundbetrag hinausgehenden Rententeils von 3.000 €. Dieser Teil der Rente ist eine abgekürzte Leibrente mit einer beschränkten Laufzeit von acht Jahren; der Ertragsanteil beträgt nach der in § 55 Abs. 2 EStDV aufgeführten Tabelle 9 % von 3.000 € = 270 €.

    Der jährliche Ertragsanteil beläuft sich somit für die ersten acht Jahre ab Rentenbeginn auf (1.500 € + 270 € =) 1.770 €.

§ 22 EStG
H 22.4

2. Die spätere Herabsetzung wird erst während des Rentenbezugs vereinbart.
A gewährt dem B ab 01.01.04 eine lebenslängliche Rente von jährlich 9.000 €. Am 01.01.06 wird vereinbart, dass die Rente vom 01.01.10 an auf jährlich 6.000 € herabgesetzt wird. B ist zu Beginn des Rentenbezugs 50 Jahre alt. Im VZ 05 beträgt der Ertragsanteil 30 % von 9.000 € = 2.700 € (§ 22 Nr. 1 Satz 3 Buchst. a Doppelbuchst. bb).

Ab 01.01.06 hat B zu versteuern
a) während der gesamten weiteren Laufzeit des Rentenbezugs den Ertragsanteil des Sockelbetrags der Rente von 6.000 €. Der Ertragsanteil beträgt unter Zugrundelegung des Lebensalters zu Beginn des Rentenbezugs nach der in § 22 Nr. 1 Satz 3 Buchst. a Doppelbuchst. bb aufgeführten Tabelle ab VZ 06: 30 % von 6.000 € = 1.800 €;
b) außerdem bis zum 31.12.09 den Ertragsanteil des über den Sockelbetrag hinausgehenden Rententeils von 3.000 €. Dieser Teil der Rente ist eine abgekürzte Leibrente mit einer beschränkten Laufzeit von sechs Jahren; der Ertragsanteil beträgt nach der in § 55 Abs. 2 EStDV aufgeführten Tabelle 7 % von 3.000 € = 210 €.

Der jährliche Ertragsanteil beläuft sich somit für die VZ 06 bis 09 auf (1.800 € + 210 € =) 2.010 €.

Kapitalabfindung
Wird eine Leibrente durch eine Kapitalabfindung abgelöst, unterliegt diese nicht der Besteuerung nach § 22 Nr. 1 Satz 3 Buchst. a Doppelbuchst. bb (>BFH vom 23.04.1958 – BStBl III S. 277).

Leibrente, abgekürzt
– Abgekürzte Leibrenten sind Leibrenten, die auf eine bestimmte Zeit beschränkt sind und deren Ertragsanteil nach § 55 Abs. 2 EStDV bestimmt wird. Ist das Rentenrecht ohne Gegenleistung begründet worden (z. B. bei Vermächtnisrenten, nicht aber bei Waisenrenten aus Versicherungen), muss – vorbehaltlich R 22.4 Abs. 1 – die zeitliche Befristung, vom Beginn der Rente an gerechnet, regelmäßig einen Zeitraum von mindestens zehn Jahren umfassen; aber auch >Renten wegen verminderter Erwerbsfähigkeit. Hierzu und hinsichtlich des Unterschieds von Zeitrenten und abgekürzten Leibrenten >BFH vom 07.08.1959 (BStBl III S. 463)
– Abgekürzte Leibrenten erlöschen, wenn die Person, von deren Lebenszeit sie abhängen, vor Ablauf der zeitlichen Begrenzung stirbt. Überlebt die Person die zeitliche Begrenzung, so endet die abgekürzte Leibrente mit ihrem Zeitablauf.

NATO-Bedienstete
Ruhegehaltszahlungen an ehemalige NATO-Bedienstete sind i. d. R. Einkünfte aus nichtselbständiger Arbeit (>BMF vom 03.08.1998 – BStBl I S. 1042 und BFH vom 22.11.2006 – BStBl II 2007 S. 402).

§ 22 EStG
H 22.4

Renten wegen verminderter Erwerbsfähigkeit
Bei Renten wegen teilweiser oder voller Erwerbsminderung, wegen Berufs- oder Erwerbsunfähigkeit handelt es sich stets um abgekürzte Leibrenten. Der Ertragsanteil bemisst sich i. d. R. nach der Zeitspanne zwischen dem Eintritt des Versicherungsfalles (Begründung der Erwerbsminderung) und dem voraussichtlichen Leistungsende (z. B. Erreichen einer Altersgrenze oder Beginn der Altersrente bei einer kombinierten Rentenversicherung). Steht der Anspruch auf Rentengewährung unter der auflösenden Bedingung des Wegfalls der Erwerbsminderung und lässt der Versicherer das Fortbestehen der Erwerbsminderung in mehr oder minder regelmäßigen Abständen prüfen, wird hierdurch die zu berücksichtigende voraussichtliche Laufzeit nicht berührt. Wird eine Rente wegen desselben Versicherungsfalles hingegen mehrfach hintereinander auf Zeit bewilligt und schließen sich die Bezugszeiten unmittelbar aneinander an, liegt eine einzige abgekürzte Leibrente vor, deren voraussichtliche Laufzeit unter Berücksichtigung der jeweiligen Verlängerung und des ursprünglichen Beginns für jeden VZ neu zu bestimmen ist (>BFH vom 22.01.1991 – BStBl II S. 686).

Überschussbeteiligung
Wird neben der garantierten Rente aus einer Rentenversicherung eine Überschussbeteiligung geleistet, ist der Überschussanteil zusammen mit der garantierten Rente als einheitlicher Rentenbezug zu beurteilen (>BMF vom 26.11.1998 – BStBl I S. 1508 und BFH vom 22.08.2012 – BStBl II 2013 S. 158).

Vermögensübertragung
Einkommensteuerrechtliche Behandlung von wiederkehrenden Leistungen im Zusammenhang mit einer Vermögensübertragung >BMF vom 11.03.2010 (BStBl I S. 227), Rz. 81 — Anhang 13 IV

Versorgungs- und Versicherungsrenten aus einer Zusatzversorgung
Von der Versorgungsanstalt des Bundes und der Länder (VBL) und vergleichbaren Zusatzversorgungseinrichtungen geleistete Versorgungs- und Versicherungsrenten für Versicherte und Hinterbliebene stellen i. d. R. lebenslängliche Leibrenten dar. Werden sie neben einer Rente wegen verminderter Erwerbsfähigkeit aus der gesetzlichen Rentenversicherung gezahlt, sind sie als abgekürzte Leibrenten zu behandeln (>BFH vom 04.10.1990 – BStBl II 1991 S. 89). Soweit die Leistungen auf gefördertem Kapital i. S. d. § 22 Nr. 5 Satz 1 beruhen, unterliegen sie der vollständig nachgelagerten Besteuerung; soweit sie auf nicht gefördertem Kapital beruhen, erfolgt die Besteuerung nach § 22 Nr. 5 Satz 2 Buchst. a (>BMF vom 21.12.2017 – BStBl I 2018 S. 93, Rz. 139-147). — Anhang 1a I

§ 22 EStG
R 22.5, 22.6 H 22.4, 22.6

Werbungskosten
- Finanzierungskosten für den Erwerb einer **Sicherheits-Kompakt-Rente**, die den Abschluss einer Rentenversicherung als Versorgungskomponente und einer Lebensversicherung als Tilgungskomponente zum Gegenstand hat, sind auch nach der Einführung des Werbungskostenabzugsverbots nach § 20 Abs. 9 aufzuteilen in Werbungskosten, die anteilig den Einkünften aus Kapitalvermögen i. S. d. § 20 Abs. 1 Nr. 6 und den sonstigen Einkünften i. S. d. § 22 Nr. 1 zuzuordnen sind (>BFH vom 11.12.2018 – BStBl II 2019 S. 231).
- >H 22.3

Wertsicherungsklausel
>H 22.3 (Begriff der Leibrente)

R 22.5

Renten nach § 2 Abs. 2 der 32. DV zum Umstellungsgesetz (UGDV)

Beträge, die nach § 2 Abs. 2 der 32. UGDV[1]) i. V. m. § 1 der Anordnung der Versicherungsaufsichtsbehörden über die Zahlung von Todesfall- und Invaliditätsversicherungssummen vom 15.11.1949[2]) unter der Bezeichnung „Renten" gezahlt werden, gehören nicht zu den wiederkehrenden Bezügen i. S. d. § 22 Nr. 1 EStG und sind deshalb nicht einkommensteuerpflichtig.

R 22.6

Versorgungsleistungen
– unbesetzt –

H 22.6

Hinweise

Allgemeines

Anhang 13 IV

Einkommensteuerrechtliche Behandlung von wiederkehrenden Leistungen im Zusammenhang mit einer Vermögensübertragung >BMF vom 11.03.2010 (BStBl I S. 227) unter Berücksichtigung der Änderungen durch BMF vom 06.05.2016 (BStBl I S. 476)

Beerdigungskosten
Beim Erben stellen ersparte Beerdigungskosten Einnahmen nach § 22 Nr. 1b dar, wenn ein Vermögensübernehmer kein Erbe und vertraglich zur Übernahme der durch den Tod des letztverstorbenen Vermögensübergebers entstandenen Beerdigungskosten verpflichtet ist (>BFH vom 19.01.2010 – BStBl II S. 544).

---

[1]) StuZBl 1949 S. 327
[2]) Veröffentlichungen des Zonenamtes des Reichsaufsichtsamtes für das Versicherungswesen abweichend 1949 S. 118

§ 22 EStG
H 22.7, 22.8 **R 22.7, 22.8**

Leistungen auf Grund eines schuldrechtlichen Versorgungsausgleichs **R 22.7**

– unbesetzt –

Hinweise H 22.7

Allgemeines

Zur einkommensteuerrechtlichen Behandlung der Leistungen aufgrund eines schuldrechtlichen Versorgungsausgleichs >BMF vom 09.04.2010 (BStBl I S. 323)   Anhang 33

Besteuerung von Leistungen i. S. d. § 22 Nr. 3 EStG **R 22.8**

Haben beide zusammenveranlagten Ehegatten Einkünfte i. S. d. § 22 Nr. 3 EStG bezogen, ist bei jedem Ehegatten die in dieser Vorschrift bezeichnete Freigrenze – höchstens jedoch bis zur Höhe seiner Einkünfte i. S. d. § 22 Nr. 3 EStG – zu berücksichtigen.

Hinweise H 22.8

Allgemeines

– Leistung i. S. d. § 22 Nr. 3 ist jedes Tun, Dulden oder Unterlassen, das Gegenstand eines entgeltlichen Vertrags sein kann und das eine Gegenleistung auslöst (>BFH vom 21.09.2004 – BStBl II 2005 S. 44 und vom 08.05.2008 – BStBl II S. 868), sofern es sich nicht um Veräußerungsvorgänge oder veräußerungsähnliche Vorgänge im privaten Bereich handelt, bei denen ein Entgelt dafür erbracht wird, dass ein Vermögenswert in seiner Substanz endgültig aufgegeben wird (>BFH vom 28.11.1984 – BStBl II 1985 S. 264 und vom 10.09.2003 – BStBl II 2004 S. 218).

– Für das Vorliegen einer Leistung i. S. d. § 22 Nr. 3 kommt es entscheidend darauf an, ob die Gegenleistung (das Entgelt) durch das Verhalten des Stpfl. ausgelöst wird. Allerdings setzt § 22 Nr. 3 wie die übrigen Einkunftsarten die allgemeinen Merkmale der Einkünfteerzielung voraus. Der Leistende muss aber nicht bereits beim Erbringen seiner Leistung eine Gegenleistung erwarten. Für die Steuerbarkeit ist ausreichend, dass er eine im wirtschaftlichen Zusammenhang mit seinem Tun, Dulden oder Unterlassen gewährte Gegenleistung als solche annimmt (>BFH vom 21.09.2004 – BStBl II 2005 S. 44).

– Hat der Stpfl. nicht die Möglichkeit, durch sein Verhalten (Leistung) das Entstehen des Anspruchs auf die Leistung des Vertragspartners positiv zu beeinflussen, genügt die Annahme der Leistung der Gegenseite nicht, um den fehlenden besteuerungsrelevanten Veranlassungszusammenhang zwischen Leistung und Gegenleistung herzustellen (>BFH vom 13.03.2018 – BStBl II S. 531).

Einnahmen aus Leistungen i. S. d. § 22 Nr. 3 sind:
- **Bindungsentgelt (Stillhalterprämie)**, das beim Wertpapieroptionsgeschäft dem Optionsgeber gezahlt wird (>BFH vom 17.04.2007 – BStBl II S. 608),
- **Einmalige Bürgschaftsprovision** (>BFH vom 22.01.1965 – BStBl III S. 313),
- Entgelt für ein freiwilliges **Einsammeln und Verwerten leerer Flaschen** (>BFH vom 06.06.1973 – BStBl II S. 727),
- Entgelt für eine **Beschränkung der Grundstücksnutzung** (>BFH vom 09.04.1965 – BStBl III S. 361 und vom 26.08.1975 – BStBl II 1976 S. 62),
- Entgelt für die **Einräumung eines Vorkaufsrechts** (>BFH vom 30.08.1966 – BStBl III 1967 S. 69 und vom 10.12.1985 – BStBl II 1986 S. 340); bei späterer Anrechnung des Entgelts auf den Kaufpreis entfällt der Tatbestand des § 22 Nr. 3 rückwirkend nach § 175 Abs. 1 Satz 1 Nr. 2 AO (>BFH vom 10.08.1994 – BStBl II 1995 S. 57),
- Entgelt für den **Verzicht** auf Einhaltung des gesetzlich vorgeschriebenen **Grenzabstands** eines auf dem Nachbargrundstück errichteten Gebäudes (>BFH vom 05.08.1976 – BStBl II 1977 S. 26),
- Entgelt für die **Abgabe eines zeitlich befristeten Kaufangebots** über ein Grundstück (>BFH vom 26.04.1977 – BStBl II S. 631),
- Entgelt für den **Verzicht** des Inhabers eines eingetragenen Warenzeichens auf seine **Abwehrrechte** (>BFH vom 25.09.1979 – BStBl II 1980 S. 114),
- Entgelt für ein vertraglich vereinbartes umfassendes **Wettbewerbsverbot** (>BFH vom 12.06.1996 – BStBl II S. 516 und vom 23.02.1999 – BStBl II S. 590),
- Entgelt für eine Vereinbarung, das **Bauvorhaben** des Zahlenden zu **dulden** (>BFH vom 26.10.1982 – BStBl II 1983 S. 404),
- Entgelt für die regelmäßige **Mitnahme eines Arbeitskollegen** auf der Fahrt zwischen Wohnung und Arbeitsstätte (>BFH vom 15.03.1994 – BStBl II S. 516),
- Vergütungen für die **Rücknahme des Widerspruchs** gegen den Bau und Betrieb eines Kraftwerks (>BFH vom 12.11.1985 – BStBl II 1986 S. 890),
- Entgelt für die **Duldung der Nutzung** von Teileigentum zum Betrieb eines Spielsalons an einen benachbarten Wohnungseigentümer (>BFH vom 21.11.1997 – BStBl II 1998 S. 133),
- **Eigenprovisionen**, wenn sie aus einmaligem Anlass und für die Vermittlung von Eigenverträgen gezahlt werden (>BFH vom 27.05.1998 – BStBl II S. 619),
- Entgelt für die **zeitweise Vermietung eines Wohnmobils** an wechselnde Mieter (>BFH vom 12.11.1997 – BStBl II 1998 S. 774); zur gewerblichen Wohnmobilvermietung >H 15.7 (3) Wohnmobil,

- **Bestechungsgelder**, die einem Arbeitnehmer von Dritten gezahlt worden sind (>BFH vom 16.06.2015 – BStBl II S. 1019),
- **Provision** für die Bereitschaft, mit seinen Beziehungen einem Dritten bei einer geschäftlichen Transaktion behilflich zu sein (>BFH vom 20.04.2004 – BStBl II S. 1072),
- Belohnung für einen **„werthaltigen Tipp"** (Hinweis auf die Möglichkeit einer Rechtsposition) durch Beteiligung am Erfolg bei Verwirklichung (>BFH vom 26.10.2004 – BStBl II 2005 S. 167),
- **Fernseh-Preisgelder**, wenn der Auftritt des Kandidaten und das gewonnene Preisgeld in einem gegenseitigen Leistungsverhältnis stehen (>BMF vom 30.05.2008 – BStBl I S. 645 und BFH vom 24.04.2012 – BStBl II S. 581),
- Nachträglich wegen fehlgeschlagener Hofübergabe geltend gemachte **Vergütungen für geleistete Dienste** (>BFH vom 08.05.2008 – BStBl II S. 868),
- Provisionen aus der ringweisen **Vermittlung von Lebensversicherungen** (>BFH vom 20.01.2009 – BStBl II S. 532),
- Vergütungen, die ein an einem Darlehensverhältnis nicht beteiligter Dritter dafür erhält, dass er einen GmbH-Anteil zur **Sicherung des Darlehens** verpfändet, soweit sie nicht zu den Einkünften nach § 22 Nr. 1 Satz 1 erster Halbsatz gehören (>BFH vom 14.04.2015 – BStBl II S. 795),
- Vergütungen aus (echten) **Edelmetall-Pensionsgeschäften** im Privatvermögen (>BFH vom 23.04.2021 – BStBl II S. 687).

Keine Einnahmen aus Leistungen i. S. d. § 22 Nr. 3 sind:
- **Abfindungen an den Mieter einer Wohnung**, soweit er sie für vermögenswerte Einschränkungen seiner Mietposition erhält (>BFH vom 05.08.1976 – BStBl II 1977 S. 27),
- Entgeltliche **Abtretungen von Rückkaufsrechten** an Grundstücken (>BFH vom 14.11.1978 – BStBl II 1979 S. 298),
- Entschädigungen für eine **faktische Bausperre** (>BFH vom 12.09.1985 – BStBl II 1986 S. 252),
- Gewinne aus **Errichtung und Veräußerung von Kaufeigenheimen**, auch wenn die Eigenheime bereits vor Errichtung verkauft worden sind (>BFH vom 01.12.1989 – BStBl II 1990 S. 1054),
- **Streikunterstützungen** (>BFH vom 24.10.1990 – BStBl II 1991 S. 337),
- **Verzicht auf** ein testamentarisch vermachtes obligatorisches **Wohnrecht** gegen Entgelt im privaten Bereich (>BFH vom 09.08.1990 – BStBl II S. 1026),
- Vereinbarung wertmindernder Beschränkung des Grundstückseigentums gegen Entgelt zur **Vermeidung eines** ansonsten zulässigen **Enteignungsverfahrens** (>BFH vom 17.05.1995 – BStBl II S. 640),

§ 22 EStG
H 22.8

- Zahlungen von einem pflegebedürftigen Angehörigen für seine **Pflege im Rahmen des familiären Zusammenlebens** (>BFH vom 14.09.1999 – BStBl II S. 776),
- Entgelte aus der **Vermietung eines** in die Luftfahrzeugrolle eingetragenen **Flugzeugs** (>BFH vom 02.05.2000 – BStBl II S. 467); >H 15.7 (3) Flugzeug,
- Entgelte aus **Telefonsex** (>BFH vom 23.02.2000 – BStBl II S. 610), >H 15.4 (Sexuelle Dienstleistungen),
- Entgelte für den **Verzicht auf ein dingliches Recht** (Aufhebung einer eingetragenen Dienstbarkeit alten Rechts) eines Grundstückseigentümers am Nachbargrundstück (>BFH vom 19.12.2000 – BStBl II 2001 S. 391),
- Erlöse aus der **Veräußerung einer Zufallserfindung** (>BFH vom 10.09.2003 – BStBl II 2004 S. 218),
- Entgelte für die Inanspruchnahme eines Grundstücks im Zuge **baulicher Maßnahmen auf dem Nachbargrundstück** (>BFH vom 02.03.2004 – BStBl II S. 507); >aber H 21.2 (Einnahmen),
- An den Versicherungsnehmer **weitergeleitete Versicherungsprovisionen** des Versicherungsvertreters (>BFH vom 02.03.2004 – BStBl II S. 506),
- Entgelte für **Verzicht auf Nachbarrechte** im Zusammenhang mit der Veräußerung des betreffenden Grundstücks (>BFH vom 18.05.2004 – BStBl II S. 874),
- Provision an den **Erwerber eines Grundstücks**, wenn der Provision keine eigene Leistung des Erwerbers gegenübersteht (>BFH vom 16.03.2004 – BStBl II S. 1046),
- **Reugeld** wegen Rücktritts vom Kaufvertrag z. B. über ein Grundstück des Privatvermögens (>BFH vom 24.08.2006 – BStBl II 2007 S. 44),
- Zahlungen für den **Verzicht auf** ein sich aus einem Aktienkauf- und Übertragungsvertrag ergebenden **Anwartschaftsrecht** (>BFH vom 19.02.2013 – BStBl II S. 578),
- Einmalige Entschädigungen für ein zeitlich nicht begrenztes **Recht auf Überspannung** eines zum Privatvermögen gehörenden Grundstücks mit einer Hochspannungsleitung. Sie sind keine steuerbaren Einnahmen (>BFH vom 02.07.2018 – BStBl II S. 759).

Rückzahlung von Einnahmen
Die Rückzahlung von Einnahmen i. S. d. § 22 Nr. 3 in einem späteren VZ ist im Abflusszeitpunkt in voller Höhe steuermindernd zu berücksichtigen. Das Verlustausgleichsverbot und Verlustabzugsverbot des § 22 Nr. 3 Satz 3 steht nicht entgegen (>BFH vom 26.01.2000 – BStBl II S. 396).

Steuerfreie Einnahmen nach § 3 Nr. 26a
>BMF vom 21.11.2014 (BStBl I S. 1581), Tz. 10, *Anhang 12b LStH*

Verfassungsmäßigkeit

Die Verlustausgleichbeschränkung des § 22 Nr. 3 Satz 3 ist verfassungsgemäß (>BFH vom 16.06.2015 – BStBl II S. 1019).

Verlustabzug in Erbfällen

Verluste i. S. d. § 22 Nr. 3 Satz 4 >R 10d Abs. 9 Satz 9

Verlustvor- und -rücktrag

Zur Anwendung des § 10d im Rahmen des § 22 Nr. 3 >BMF vom 29.11.2004 (BStBl I S. 1097)

Virtuelle Währungen und sonstige Token
>BMF vom 10.05.2022 (BStBl I S. 668)

Werbungskosten

Treffen mehrere Stpfl. die Abrede, sich ringweise Lebensversicherungen zu vermitteln und die dafür erhaltenen Provisionen an den jeweiligen Versicherungsnehmer weiterzugeben, kann die als Gegenleistung für die Vermittlung von der Versicherungsgesellschaft vereinnahmte und nach § 22 Nr. 3 steuerbare Provision nicht um den Betrag der Provision als Werbungskosten gemindert werden, die der Stpfl. an den Versicherungsnehmer weiterleiten muss, wenn er umgekehrt einen Auskehrungsanspruch gegen denjenigen hat, der den Abschluss seiner Versicherung vermittelt (>BFH vom 20.01.2009 – BStBl II S. 532).

Zeitpunkt des Werbungskostenabzugs

Werbungskosten sind bei den Einkünften aus einmaligen (sonstigen) Leistungen auch dann im Jahre des Zuflusses der Einnahme abziehbar, wenn sie vor diesem Jahr angefallen sind oder nach diesem Jahr mit Sicherheit anfallen werden. Entstehen künftig Werbungskosten, die im Zuflussjahr noch nicht sicher vorhersehbar waren, ist die Veranlagung des Zuflussjahres gem. § 175 Abs. 1 Satz 1 Nr. 2 AO zu ändern (>BFH vom 03.06.1992 – BStBl II S. 1017).

Besteuerung von Bezügen i. S. d. § 22 Nr. 4 EStG

[R 22.9]

[1] § 22 Nr. 4 EStG umfasst nur solche Leistungen, die auf Grund des Abgeordnetengesetzes, des Europaabgeordnetengesetzes oder der entsprechenden Gesetze der Länder gewährt werden. [2] Leistungen, die außerhalb dieser Gesetze erbracht werden, z. B. Zahlungen der Fraktionen, unterliegen hingegen den allgemeinen Grundsätzen steuerlicher Beurteilung. [3] Gesondert gezahlte Tage- oder Sitzungsgelder sind nur dann nach § 3 Nr. 12 EStG steuerfrei, wenn sie nach bundes- oder landesrechtlicher Regelung als Aufwandsentschädigung gezahlt werden.

§ 22 EStG
R 22.10 H 22.9, 22.10

H 22.9

Hinweise

Werbungskosten

Soweit ein Abgeordneter zur Abgeltung von durch das Mandat veranlassten Aufwendungen eine nach § 3 Nr. 12 steuerfreie Aufwandsentschädigung erhält, schließt dies nach § 22 Nr. 4 Satz 2 den Abzug jeglicher mandatsbedingter Aufwendungen, auch von Sonderbeiträgen an eine Partei, als Werbungskosten aus (>BFH vom 29.03.1983 – BStBl II S. 601, vom 03.12.1987 – BStBl II 1988 S. 266, vom 08.12.1987 – BStBl II 1988 S. 433 und vom 23.01.1991 – BStBl II S. 396). Derzeit werden nur in Brandenburg, Nordrhein-Westfalen und Schleswig-Holstein keine steuerfreien Aufwandsentschädigungen gezahlt.

Auch Kosten eines erfolglosen Wahlkampfes dürfen nach § 22 Nr. 4 Satz 3 nicht als Werbungskosten abgezogen werden. Für ein Bundestagsmandat >BFH vom 08.12.1987 (BStBl II 1988 S. 435), für ein Mandat im Europäischen Parlament >BFH vom 10.12.2019 (BStBl II 2020 S. 389).

R 22.10

Besteuerung von Leistungen i. S. d. § 22 Nr. 5 EStG

– unbesetzt –

H 22.10

Anhang 1a I

Hinweise

Besteuerung von Leistungen nach § 22 Nr. 5
>BMF vom 21.12.2017 (BStBl I 2018 S. 93, Rz. 126-194)

Leistungen aus einem US-amerikanischen Altersvorsorgeplan „401(k) pension plan"

Zur Besteuerung von Leistungen aus einem US-amerikanischen Altersvorsorgeplan „401(k) pension plan", wenn der Stpfl. während der Ansparphase nicht der inländischen Besteuerung unterlag, >BFH vom 28.10.2020 (BStBl II 2021 S. 675)

Mitteilung über steuerpflichtige Leistungen aus einem Altersvorsorgevertrag oder aus einer betrieblichen Altersversorgung

Amtlich vorgeschriebenes Vordruckmuster für Jahre ab 2020 >BMF vom 09.11.2020 (BStBl I S. 1061)

§ 22a
Rentenbezugsmitteilungen an die zentrale Stelle

(1) ¹Nach Maßgabe des § 93c der Abgabenordnung haben die Träger der gesetzlichen Rentenversicherung, die landwirtschaftliche Alterskasse, die berufsständischen Versorgungseinrichtungen, die Pensionskassen, die Pensionsfonds, die Versicherungsunternehmen, die Unternehmen, die Verträge im Sinne des § 10 Absatz 1 Nummer 2 Buchstabe b anbieten, und die Anbieter im Sinne des § 80 als mitteilungspflichtige Stellen der zentralen Stelle (§ 81) unter Beachtung der im Bundessteuerblatt veröffentlichten Auslegungsvorschriften der Finanzverwaltung folgende Daten zu übermitteln (Rentenbezugsmitteilung):

1. die in § 93c Absatz 1 Nummer 2 Buchstabe c der Abgabenordnung genannten Daten mit der Maßgabe, dass der Leistungsempfänger als Steuerpflichtiger gilt. ²Eine inländische Anschrift des Leistungsempfängers ist nicht zu übermitteln. ³Ist der mitteilungspflichtigen Stelle eine ausländische Anschrift des Leistungsempfängers bekannt, ist diese anzugeben. ⁴In diesen Fällen ist auch die Staatsangehörigkeit des Leistungsempfängers, soweit bekannt, mitzuteilen;
2. je gesondert den Betrag der Leibrenten und anderen Leistungen im Sinne des § 22 Nummer 1 Satz 3 Buchstabe a Doppelbuchstabe aa und bb Satz 4 sowie Doppelbuchstabe bb Satz 5 in Verbindung mit § 55 Absatz 2 der Einkommensteuer-Durchführungsverordnung sowie im Sinne des § 22 Nummer 5 Satz 1 bis 3. ²Der im Betrag der Rente enthaltene Teil, der ausschließlich auf einer Anpassung der Rente beruht, ist gesondert mitzuteilen;
3. Zeitpunkt des Beginns und des Endes des jeweiligen Leistungsbezugs; folgen nach dem 31. Dezember 2004 Renten aus derselben Versicherung einander nach, so ist auch die Laufzeit der vorhergehenden Renten mitzuteilen;
4. die Beiträge im Sinne des § 10 Absatz 1 Nummer 3 Buchstabe a Satz 1 und 2 und Buchstabe b, soweit diese von der mitteilungspflichtigen Stelle an die Träger der gesetzlichen Kranken- und Pflegeversicherung abgeführt werden;
5. die dem Leistungsempfänger zustehenden Beitragszuschüsse nach § 106 des Sechsten Buches Sozialgesetzbuch;
6. ab dem 1. Januar 2017 ein gesondertes Merkmal und ab dem 1. Januar 2019 zwei gesonderte Merkmale für Verträge, auf denen gefördertes Altersvorsorgevermögen gebildet wurde; die zentrale Stelle ist in diesen Fällen berechtigt, die Daten dieser Rentenbezugsmitteilung im Zulagekonto zu speichern und zu verarbeiten;

7. ab dem 1. Januar 2019 die gesonderte Kennzeichnung einer Leistung aus einem Altersvorsorgevertrag nach § 93 Absatz 3;
8. ab dem 1. Januar 2022 die durch Steuerabzug gemäß § 50a Absatz 7 einbehaltenen Beträge.

²*Die Träger der gesetzlichen Rentenversicherung und die landwirtschaftliche Alterskasse haben gesondert neben der nach Satz 1 zu übermittelnden Rentenbezugsmitteilung für Leistungsempfänger im Sinne des § 1 Absatz 2 des Rentenbeziehende-Energiepreispauschalengesetzes einmalig eine Rentenbezugsmitteilung nach Maßgabe des § 93c der Abgabenordnung mit den Daten nach Satz 1 Nummer 1 und 3 sowie den Betrag der Leistung nach § 1 Absatz 1 des Rentenbeziehende-Energiepreispauschalengesetzes zu übermitteln.* ³§ 72a Absatz 4 und § 93c Absatz 1 Nummer 3 der Abgabenordnung finden keine Anwendung.

(2) ¹Der Leistungsempfänger hat der mitteilungspflichtigen Stelle seine Identifikationsnummer sowie den Tag seiner Geburt mitzuteilen. ²Teilt der Leistungsempfänger die Identifikationsnummer der mitteilungspflichtigen Stelle trotz Aufforderung nicht mit, übermittelt das Bundeszentralamt für Steuern der mitteilungspflichtigen Stelle auf deren Anfrage die Identifikationsnummer des Leistungsempfängers sowie, falls es sich bei der mitteilungspflichtigen Stelle um einen Träger der gesetzlichen Sozialversicherung handelt, auch den beim Bundeszentralamt für Steuern gespeicherten Tag der Geburt des Leistungsempfängers (§ 139b Absatz 3 Nummer 8 der Abgabenordnung), wenn dieser von dem in der Anfrage übermittelten Tag der Geburt abweicht und für die weitere Datenübermittlung benötigt wird; weitere Daten dürfen nicht übermittelt werden. ³In der Anfrage dürfen nur die in § 139b Absatz 3 der Abgabenordnung genannten Daten des Leistungsempfängers angegeben werden, soweit sie der mitteilungspflichtigen Stelle bekannt sind. ⁴Die Anfrage der mitteilungspflichtigen Stelle und die Antwort des Bundeszentralamtes für Steuern sind nach amtlich vorgeschriebenem Datensatz durch Datenfernübertragung über die zentrale Stelle zu übermitteln. ⁵Die zentrale Stelle führt eine ausschließlich automatisierte Prüfung der ihr übermittelten Daten daraufhin durch, ob sie vollständig und schlüssig sind und ob das vorgeschriebene Datenformat verwendet worden ist. ⁶Sie speichert die Daten des Leistungsempfängers nur für Zwecke dieser Prüfung bis zur Übermittlung an das Bundeszentralamt für Steuern oder an die mitteilungspflichtige Stelle. ⁷Die Daten sind für die Übermittlung zwischen der zentralen Stelle und dem Bundeszentralamt für Steuern zu verschlüsseln. ⁸Die mitteilungspflichtige Stelle darf die Identifikationsnummer sowie einen nach Satz 2 mitgeteilten Tag der Geburt nur verarbeiten, soweit dies für die Erfüllung der Mitteilungspflicht nach Absatz 1 Satz 1 erforderlich ist. ⁹§ 93c der Abgabenordnung ist für das Verfahren nach den Sätzen 1 bis 8 nicht anzuwenden.

(3) Die mitteilungspflichtige Stelle hat den Leistungsempfänger jeweils darüber zu unterrichten, dass die Leistung der zentralen Stelle mitgeteilt wird.

(4) (weggefallen)

(5) ¹Wird eine Rentenbezugsmitteilung nicht innerhalb der in § 93c Absatz 1 Nummer 1 der Abgabenordnung genannten Frist übermittelt, so ist für jeden angefangenen Monat, in dem die Rentenbezugsmitteilung noch aussteht, ein Betrag in Höhe von 10 Euro für jede ausstehende Rentenbezugsmitteilung an die zentrale Stelle zu entrichten (Verspätungsgeld). ²Die Erhebung erfolgt durch die zentrale Stelle im Rahmen ihrer Prüfung nach § 93c Absatz 4 der Abgabenordnung. ³Von der Erhebung ist abzusehen, soweit die Fristüberschreitung auf Gründen beruht, die die mitteilungspflichtige Stelle nicht zu vertreten hat. ⁴Das Handeln eines gesetzlichen Vertreters oder eines Erfüllungsgehilfen steht dem eigenen Handeln gleich. ⁵Das von einer mitteilungspflichtigen Stelle zu entrichtende Verspätungsgeld darf 50.000 Euro für alle für einen Veranlagungszeitraum zu übermittelnden Rentenbezugsmitteilungen nicht übersteigen.

(6) Die zentrale Stelle ist berechtigt, in den in § 151b Absatz 3 Satz 2 des Sechsten Buches Sozialgesetzbuch genannten Fällen die Rentenbezugsmitteilung an die Träger der gesetzlichen Rentenversicherung zu übermitteln.

Hinweise

Anwendungsschreiben
>BMF vom 07.12.2011 (BStBl I S. 1223)

§ 23¹)
Private Veräußerungsgeschäfte

(1) ¹Private Veräußerungsgeschäfte (§ 22 Nummer 2) sind
1. Veräußerungsgeschäfte bei Grundstücken und Rechten, die den Vorschriften des bürgerlichen Rechts über Grundstücke unterliegen (z. B. Erbbaurecht, Mineralgewinnungsrecht), bei denen der Zeitraum zwischen Anschaffung und Veräußerung nicht mehr als zehn Jahre beträgt. ²Gebäude und Außenanlagen sind einzubeziehen, soweit sie innerhalb dieses Zeitraums errichtet, ausgebaut oder erweitert werden; dies gilt entsprechend für Gebäudeteile, die selbständige unbewegliche Wirtschaftsgüter sind, sowie für Eigentumswohnungen und im Teileigentum stehende Räume. ³Ausgenommen sind Wirtschaftsgüter, die im Zeitraum zwischen Anschaffung oder Fertigstellung und Veräußerung ausschließlich zu eigenen Wohnzwecken oder im Jahr der Veräußerung und in den beiden vorangegangenen Jahren zu eigenen Wohnzwecken genutzt wurden;
2. Veräußerungsgeschäfte bei anderen Wirtschaftsgütern, bei denen der Zeitraum zwischen Anschaffung und Veräußerung nicht mehr als ein Jahr beträgt. ²Ausgenommen sind Veräußerungen von Gegenständen des täglichen Gebrauchs. ³Bei Anschaffung und Veräußerung mehrerer gleichartiger Fremdwährungsbeträge ist zu unterstellen, dass die zuerst angeschafften Beträge zuerst veräußert wurden. ⁴Bei Wirtschaftsgütern im Sinne von Satz 1, aus deren Nutzung als Einkunftsquelle zumindest in einem Kalenderjahr Einkünfte erzielt werden, erhöht sich der Zeitraum auf zehn Jahre;
3. Veräußerungsgeschäfte, bei denen die Veräußerung der Wirtschaftsgüter früher erfolgt als der Erwerb.

²Als Anschaffung gilt auch die Überführung eines Wirtschaftsguts in das Privatvermögen des Steuerpflichtigen durch Entnahme oder Betriebsaufgabe. ³Bei unentgeltlichem Erwerb ist dem Einzelrechtsnachfolger für Zwecke dieser Vorschrift die Anschaffung oder die Überführung des Wirtschaftsguts in das Privatvermögen durch den Rechtsvorgänger zuzurechnen. ⁴Die Anschaffung oder Veräußerung einer unmittelbaren oder mittelbaren Beteiligung an einer Personengesellschaft gilt als Anschaffung oder Veräußerung der anteiligen Wirtschaftsgüter. ⁵Als Veräußerung im Sinne des Satzes 1 Nummer 1 gilt auch

---

¹) zur Anwendung des § 23 >§ 52 Abs. 31

1. die Einlage eines Wirtschaftsguts in das Betriebsvermögen, wenn die Veräußerung aus dem Betriebsvermögen innerhalb eines Zeitraums von zehn Jahren seit Anschaffung des Wirtschaftsguts erfolgt, und
2. die verdeckte Einlage in eine Kapitalgesellschaft.

(2) Einkünfte aus privaten Veräußerungsgeschäften der in Absatz 1 bezeichneten Art sind den Einkünften aus anderen Einkunftsarten zuzurechnen, soweit sie zu diesen gehören.

(3) ¹Gewinn oder Verlust aus Veräußerungsgeschäften nach Absatz 1 ist der Unterschied zwischen Veräußerungspreis einerseits und den Anschaffungs- oder Herstellungskosten und den Werbungskosten andererseits. ²In den Fällen des Absatzes 1 Satz 5 Nummer 1 tritt an die Stelle des Veräußerungspreises der für den Zeitpunkt der Einlage nach § 6 Absatz 1 Nummer 5 angesetzte Wert, in den Fällen des Absatzes 1 Satz 5 Nummer 2 der gemeine Wert. ³In den Fällen des Absatzes 1 Satz 2 tritt an die Stelle der Anschaffungs- oder Herstellungskosten der nach § 6 Absatz 1 Nummer 4 oder § 16 Absatz 3 angesetzte Wert. ⁴Die Anschaffungs- oder Herstellungskosten mindern sich um Absetzungen für Abnutzung, erhöhte Absetzungen und Sonderabschreibungen, soweit sie bei der Ermittlung der Einkünfte im Sinne des § 2 Absatz 1 Satz 1 Nummer 4 bis 7 abgezogen worden sind. ⁵Gewinne bleiben steuerfrei, wenn der aus den privaten Veräußerungsgeschäften erzielte Gesamtgewinn im Kalenderjahr weniger als 600 Euro betragen hat. ⁶In den Fällen des Absatzes 1 Satz 5 Nummer 1 sind Gewinne oder Verluste für das Kalenderjahr, in dem der Preis für die Veräußerung aus dem Betriebsvermögen zugeflossen ist, in den Fällen des Absatzes 1 Satz 5 Nummer 2 für das Kalenderjahr der verdeckten Einlage anzusetzen. ⁷Verluste dürfen nur bis zur Höhe des Gewinns, den der Steuerpflichtige im gleichen Kalenderjahr aus privaten Veräußerungsgeschäften erzielt hat, ausgeglichen werden; sie dürfen nicht nach § 10d abgezogen werden. ⁸Die Verluste mindern jedoch nach Maßgabe des § 10d die Einkünfte, die der Steuerpflichtige in dem unmittelbar vorangegangenen Veranlagungszeitraum oder in den folgenden Veranlagungszeiträumen aus privaten Veräußerungsgeschäften nach Absatz 1 erzielt hat oder erzielt; § 10d Absatz 4 gilt entsprechend.

Hinweise

Anschaffung

- Zu Anschaffungen im Rahmen der vorweggenommenen Erbfolge und bei Erbauseinandersetzung >BMF vom 13.01.1993 (BStBl I S. 80) unter Berücksichtigung der Änderungen durch BMF vom 26.02.2007 (BStBl I S. 269) und >BMF vom 14.03.2006 (BStBl I S. 253) unter Berücksichtigung der Änderungen durch BMF vom 27.12.2018 (BStBl I 2019 S. 11)

Anhang 13 II

Anhang 13 I

- >Enteignung
- Anschaffung ist auch
  - die Abgabe eines Meistgebots in einer Zwangsversteigerung (>BFH vom 27.08.1997 – BStBl II 1998 S. 135),
  - der Erwerb aufgrund eines Ergänzungsvertrags, wenn damit erstmalig ein Anspruch auf Übertragung eines Miteigentumsanteils rechtswirksam entsteht (>BFH vom 17.12.1997 – BStBl II 1998 S. 343),
  - der entgeltliche Erwerb eines Anspruchs auf Rückübertragung eines Grundstücks nach dem VermG (Restitutionsanspruch) (>BFH vom 13.12.2005 – BStBl II 2006 S. 513),
  - der Erwerb eines parzellierten und beplanten Grundstücks, das der Eigentümer aufgrund eines Rückübertragungsanspruchs dafür erhält, dass er bei der Veräußerung eines nicht parzellierten Grundstücks eine Teilfläche ohne Ansatz eines Kaufpreises überträgt (>BFH vom 13.04.2010 – BStBl II S. 792).
- **Keine** Anschaffung ist
  - der unentgeltliche Erwerb eines Wirtschaftsguts, z. B. durch Erbschaft, Vermächtnis oder Schenkung (>BFH vom 04.07.1950 – BStBl III 1951 S. 237, vom 22.09.1987 – BStBl II 1988 S. 250 und vom 12.07.1988 – BStBl II S. 942, >Veräußerungsfrist). Ein unentgeltlicher Erwerb liegt auch vor, wenn im Rahmen der Übertragung eines Grundstücks im Wege der vorweggenommenen Erbfolge dem Übergeber ein dingliches Wohnrecht eingeräumt wird und die durch Grundschulden auf dem Grundstück abgesicherten Darlehen des Rechtsvorgängers nicht übernommen werden (>BFH vom 03.09.2019 – BStBl II 2020 S. 122),
  - der Erwerb kraft Gesetzes oder eines aufgrund gesetzlicher Vorschriften ergangenen Hoheitsaktes (>BFH vom 19.04.1977 – BStBl II S. 712 und vom 13.04.2010 – BStBl II S. 792),
  - die Rückübertragung von enteignetem Grundbesitz oder dessen Rückgabe nach Aufhebung der staatlichen Verwaltung aufgrund des VermG vom 23.09.1990 i. d. F. der Bekanntmachung vom 21.12.1998 (BGBl. I S. 4026, § 52 Abs. 2 Satz 2 D-Markbilanzgesetz i. d. F. vom 28.07.1994 – DMBilG – BGBl. I S. 1842); >hierzu auch BMF vom 11.01.1993 – BStBl I S. 18,
  - die Einbringung von Grundstücken durch Bruchteilseigentümer zu unveränderten Anteilen in eine personenidentische GbR mit Vermietungseinkünften (>BFH vom 06.10.2004 – BStBl II 2005 S. 324 und BFH vom 02.04.2008 – BStBl II S. 679),

- die unentgeltliche Einräumung eines Erbbaurechts an einem Grundstück. Vom Erbbauberechtigten getragene Erbbaurechtsvertragskosten, Kosten des Vollzugs der Urkunde und die Grunderwerbsteuer stellen lediglich Anschaffungsnebenkosten des Erbbaurechts und keine Gegenleistung für die Einräumung des Erbbaurechts dar (>BFH vom 08.11.2017 – BStBl II 2018 S. 518).

Anschaffungskosten
- Der Begriff „Anschaffungskosten" in § 23 Abs. 3 Satz 1 ist mit dem Begriff der Anschaffungskosten in § 6 Abs. 1 Nr. 1 und 2 identisch (>BFH vom 19.12.2000 – BStBl II 2001 S. 345).
- Nachträgliche Anschaffungskosten entstehen nicht, wenn der Erwerber des Grundstücks zwecks Löschung eines Grundpfandrechts Schulden tilgt, die er zunächst nicht vom Übergeber übernommen hat (>BFH vom 03.09.2019 – BStBl II 2020 S. 122).

Eintrittskarten
Eintrittskarten (z. B. Champions League Tickets) zählen zu den anderen Wirtschaftsgütern i. S. d. § 23 Abs. 1 Satz 1 Nr. 2 Satz 1, die Gegenstand eines privaten Veräußerungsgeschäfts sein können. Sie sind keine Gegenstände des täglichen Gebrauchs i. S. d. § 23 Abs. 1 Satz 1 Nr. 2 Satz 2 (>BFH vom 29.10.2019 – BStBl II 2020 S. 258).

Enteignung
- Veräußert ein Stpfl. zur Abwendung einer unmittelbar drohenden Enteignung ein Grundstück und erwirbt er in diesem Zusammenhang ein Ersatzgrundstück, liegt hierin keine Veräußerung und Anschaffung i. S. d. § 23 (>BFH vom 29.06.1962 – BStBl III S. 387 und vom 16.01.1973 – BStBl II S. 445). Veräußertes und angeschafftes Grundstück bilden in diesem Fall für die Anwendung des § 23 eine Einheit. Für die Berechnung der Veräußerungsfrist ist daher nicht der Tag der Anschaffung des Ersatzgrundstücks, sondern der Tag maßgebend, zu dem das veräußerte Grundstück angeschafft wurde (>BFH vom 05.05.1961 – BStBl III S. 385).
- Ersetzt der Stpfl. im Zusammenhang mit der drohenden Enteignung einer Teilfläche auch die nicht unmittelbar betroffenen Grundstücksteile, handelt es sich insoweit um eine Anschaffung und Veräußerung i. S. d. § 23 (>BFH vom 07.12.1976 – BStBl II 1977 S. 209).
- Eine Anschaffung bzw. Veräußerung i. S. d. § 23 liegt nicht vor, wenn der Verlust des Eigentums am Grundstück ohne maßgeblichen Einfluss des Stpfl. stattfindet. Ein Entzug des Eigentums durch Sonderungsbescheid nach dem Bodensonderungsgesetz ist deshalb keine Veräußerung i. S. d. § 23 (>BFH vom 23.07.2019 – BStBl II S. 701).

Fondsbeteiligung bei Schrottimmobilien

Zahlungen bei der Rückabwicklung von Immobilienfonds mit Schrottimmobilien können in ein steuerpflichtiges Veräußerungsentgelt und eine nicht steuerbare Entschädigungsleistung aufzuteilen sein. Maßgebend für die Kaufpreisaufteilung ist der Wert des Fonds im Veräußerungszeitpunkt. Als Veräußerungserlös auf Ebene des Gesellschafters ist alles anzusehen, was der Anleger vom Erwerber für seine Beteiligung erhalten hat. Eine Erhöhung des Veräußerungserlöses um anteilige Verbindlichkeiten der Fondsgesellschaft erfolgt dann nicht, wenn der Veräußerer nicht von einer ihn belastenden Verbindlichkeit befreit wurde. Zum Veräußerungspreis gehört die Freistellung des Veräußerers von einer ihn betreffenden Verbindlichkeit, wenn der Veräußerer für die Verbindlichkeit zumindest haftete und der Erwerber in die Haftung eintritt (>BFH vom 06.09.2016 – BStBl II 2018 S. 323, S. 329 und S. 335, vom 31.01.2017 – BStBl II 2018 S. 341 und vom 11.07.2017 – BStBl II 2018 S. 348).

Freigrenze

– Haben beide zusammenveranlagten Ehegatten Veräußerungsgewinne erzielt, steht jedem Ehegatten die Freigrenze des § 23 Abs. 3 – höchstens jedoch bis zur Höhe seines Gesamtgewinns aus privaten Veräußerungsgeschäften – zu (>BVerfG vom 21.02.1961 – BStBl I S. 55).

Anhang 26

– >BMF vom 05.10.2000 (BStBl I S. 1383), Rz. 41

Fremdwährungsgeschäfte

Anhang 19 II

Fremdwährungsbeträge können Gegenstand eines privaten Veräußerungsgeschäfts sein (>BMF vom **19.05.2022** – BStBl I S. **742**, **Rn.** 131). Sie werden insbesondere angeschafft, indem sie gegen Umtausch von nationaler Währung erworben werden, und veräußert, indem sie in die nationale Währung zurückgetauscht oder in eine andere Fremdwährung umgetauscht werden. Werden Fremdwährungsguthaben als Gegenleistung für die Veräußerung von Wertpapieren entgegengenommen, werden beide Wirtschaftsgüter getauscht, d. h. die Wertpapiere veräußert und das Fremdwährungsguthaben angeschafft (>BFH vom 21.01.2014 – BStBl II S. 385).

Fristberechnung

>Veräußerungsfrist

Grundstücksgeschäfte

Anhang 26

Zweifelsfragen bei der Besteuerung privater Grundstücksgeschäfte >BMF vom 05.10.2000 (BStBl I S. 1383) unter Berücksichtigung der Änderungen durch BMF vom 07.02.2007 (BStBl I S. 262) und vom 03.09.2019 (BStBl I S. 888)

Identisches Wirtschaftsgut

– Ein privates Veräußerungsgeschäft ist auch anzunehmen, wenn ein unbebautes Grundstück parzelliert und eine Parzelle innerhalb der Veräußerungsfrist veräußert wird (>BFH vom 19.07.1983 – BStBl II 1984 S. 26).

- Die Aufteilung eines Hausgrundstücks in Wohneigentum ändert nichts an der wirtschaftlichen Identität von angeschafftem und veräußertem Wirtschaftsgut (>BFH vom 23.08.2011 – BStBl II 2013 S. 1002).
- Eine wirtschaftliche Teilidentität zwischen angeschafftem und veräußertem Wirtschaftsgut ist ausreichend. Diese ist z. B. gegeben, wenn ein bei Anschaffung mit einem Erbbaurecht belastetes Grundstück lastenfrei veräußert wird (>BFH vom 12.06.2013 – BStBl II S. 1011).
- >Enteignung

Schuldzinsen
>Werbungskosten

Spekulationsabsicht
Für das Entstehen der Steuerpflicht ist es unerheblich, ob der Stpfl. in spekulativer Absicht gehandelt hat (>Beschluss des BVerfG vom 09.07.1969 – BStBl II 1970 S. 156 und BFH vom 02.05.2000 – BStBl II S. 469).

Veräußerung
- Als Veräußerung i. S. d. § 23 Abs. 1 ist auch anzusehen
  - unter besonderen Umständen die Abgabe eines bindenden Angebots (>BFH vom 23.09.1966 – BStBl III 1967 S. 73, vom 07.08.1970 – BStBl II S. 806 und vom 19.10.1971 – BStBl II 1972 S. 452),
  - der Abschluss eines bürgerlich-rechtlich wirksamen, beide Vertragsparteien bindenden Vorvertrags (>BFH vom 13.12.1983 – BStBl II 1984 S. 311),
  - unter den Voraussetzungen des § 41 Abs. 1 AO der Abschluss eines unvollständig beurkundeten und deswegen nach den § 313 Satz 1 BGB, § 125 HGB formunwirksamen Kaufvertrags (>BFH vom 15.12.1993 – BStBl II 1994 S. 687),
  - die Übertragung aus dem Privatvermögen eines Gesellschafters in das betriebliche Gesamthandsvermögen einer Personengesellschaft gegen Gewährung von Gesellschaftsrechten (>BMF vom 29.03.2000 – BStBl I S. 462 und vom 11.07.2011 – BStBl I S. 713 unter Berücksichtigung BMF vom 26.07.2016 – BStBl I S. 684),
  - die Veräußerung des rückübertragenen Grundstücks bei entgeltlichem Erwerb des Restitutionsanspruchs nach dem VermG (>BFH vom 13.12.2005 – BStBl II 2006 S. 513).
- **Keine** Veräußerung i. S. d. § 23 Abs. 1 ist
  - die Rückabwicklung eines Anschaffungsgeschäfts wegen irreparabler Vertragsstörungen (>BFH vom 27.06.2006 – BStBl II 2007 S. 162),
  - die in Erfüllung des Sachleistungsanspruches aus einer XETRA-Gold Inhaberschuldverschreibung erfolgte Einlösung und Auslieferung physischen Goldes (>BFH vom 06.02.2018 – BStBl II S. 525).
- >Enteignung

Anhang 24 II

§ 23 EStG
H 23

Veräußerungsfrist

- Die **nachträgliche Genehmigung** eines zunächst schwebend unwirksamen Vertrags durch einen der Vertragspartner wirkt für die Fristberechnung nicht auf den Zeitpunkt der Vornahme des Rechtsgeschäfts zurück (>BFH vom 02.10.2001 – BStBl II 2002 S. 10).
- Bei Veräußerung eines im Wege der **Gesamtrechtsnachfolge** erworbenen Wirtschaftsguts ist bei der Berechnung der Veräußerungsfrist von dem Zeitpunkt des entgeltlichen Erwerbs durch den Rechtsvorgänger auszugehen (>BFH vom 12.07.1988 – BStBl II S. 942). Das Gleiche gilt auch für ein im Wege der unentgeltlichen Einzelrechtsnachfolge erworbenes Wirtschaftsgut >§ 23 Abs. 1 Satz 3.
- Für die Berechnung der Veräußerungsfrist des § 23 Abs. 1 ist das der >Anschaffung oder >Veräußerung zugrunde liegende **obligatorische Geschäft** maßgebend (>BFH vom 15.12.1993 – BStBl II 1994 S. 687 und vom 08.04.2014 – BStBl II S. 826). Ein außerhalb der Veräußerungsfrist liegender Zeitpunkt des Eintritts einer aufschiebenden Bedingung des Veräußerungsgeschäfts (>BFH vom 10.02.2015 – BStBl II S. 487) oder eine außerhalb der Veräußerungsfrist liegende öffentlich-rechtliche Genehmigung eines noch schwebend unwirksamen Veräußerungsgeschäfts ist unmaßgeblich (>BFH vom 25.03.2021 – BStBl II S. 758).
- >Enteignung

Veräußerungspreis

- Wird infolge von Meinungsverschiedenheiten über die Formgültigkeit des innerhalb der Veräußerungsfrist abgeschlossenen Grundstückskaufvertrages der Kaufpreis erhöht, kann der erhöhte Kaufpreis auch dann Veräußerungspreis i. S. v. § 23 Abs. 3 Satz 1 sein, wenn die Erhöhung nach Ablauf der Veräußerungsfrist vereinbart und beurkundet wird (>BFH vom 15.12.1993 – BStBl II 1994 S. 687).
- Zum Veräußerungspreis gehört auch das Entgelt für den Verzicht auf Nachbarrechte im Zusammenhang mit der Veräußerung des betreffenden Grundstücks (>BFH vom 18.05.2004 – BStBl II S. 874).

Veräußerungsverlust bei Ratenzahlung

Bei Zahlung des Veräußerungserlöses in verschiedenen VZ fällt der Veräußerungsverlust anteilig nach dem Verhältnis der Teilzahlungsbeträge zu dem Gesamtveräußerungserlös in den jeweiligen VZ der Zahlungszuflüsse an (>BFH vom 06.12.2016 – BStBl II 2017 S. 676).

Verfassungsmäßigkeit

Die Beschränkung des Verlustausgleichs bei privaten Veräußerungsgeschäften durch § 23 Abs. 3 Satz 8 (jetzt: Satz 7) ist verfassungsgemäß (>BFH vom 18.10.2006 – BStBl II 2007 S. 259).

§ 23 EStG
H 23

Verlustabzug in Erbfällen
Verluste i. S. d. § 22 Nr. 2 i. V. m. § 23 Abs. 3 Satz 7 bis 10 >R 10d Abs. 9 Satz 10

Verlustvor- und -rücktrag
Zur Anwendung des § 10d im Rahmen des § 23 >BMF vom 29.11.2004 (BStBl I S. 1097)

Virtuelle Währungen und sonstige Token
>BMF vom 10.05.2022 (BStBl I S. 668)

Werbungskosten
- Werbungskosten sind alle durch ein Veräußerungsgeschäft i. S. d. § 23 veranlassten Aufwendungen (z. B. Schuldzinsen), die weder zu den (nachträglichen) Anschaffungs- oder Herstellungskosten des veräußerten Wirtschaftsguts gehören noch einer vorrangigen Einkunftsart zuzuordnen sind oder wegen privater Nutzung unter das Abzugsverbot des § 12 fallen (>BFH vom 12.12.1996 – BStBl II 1997 S. 603).
- Durch ein privates Veräußerungsgeschäft veranlasste Werbungskosten sind – abweichend vom Abflussprinzip des § 11 Abs. 2 – in dem Kj. zu berücksichtigen, in dem der Verkaufserlös zufließt (>BFH vom 17.07.1991 – BStBl II S. 916).
- Fließt der Verkaufserlös in mehreren VZ zu, sind sämtliche Werbungskosten zunächst mit dem im ersten Zuflussjahr erhaltenen Teilerlös und ein etwa verbleibender Werbungskostenüberschuss mit den in den Folgejahren erhaltenen Teilerlösen zu verrechnen (>BFH vom 03.06.1992 – BStBl II S. 1017).
- Planungsaufwendungen zur Baureifmachung eines unbebauten Grundstücks (Baugenehmigungsgebühren, Architektenhonorare) können abziehbar sein, wenn von Anfang an Veräußerungsabsicht bestanden hat (>BFH vom 12.12.1996 – BStBl II 1997 S. 603).
- Erhaltungsaufwendungen können abziehbar sein, soweit sie allein oder ganz überwiegend durch die Veräußerung des Mietobjekts veranlasst sind (>BFH vom 14.12.2004 – BStBl II 2005 S. 343).
- Wird ein Gebäude, das zu eigenen Wohnzwecken genutzt werden sollte, vor dem Selbstbezug und innerhalb der Veräußerungsfrist wieder veräußert, mindern nur solche Grundstücksaufwendungen den Veräußerungsgewinn, die auf die Zeit entfallen, in der der Stpfl. bereits zum Verkauf des Objekts entschlossen war (>BFH vom 16.06.2004 – BStBl II 2005 S. 91).
- Vorfälligkeitsentschädigungen, die durch die Verpflichtung zur lastenfreien Veräußerung von Grundbesitz veranlasst sind, sind zu berücksichtigen (>BFH vom 06.12.2005 – BStBl II 2006 S. 265).
- Aufwendungen können nicht als Werbungskosten bei den privaten Veräußerungsgeschäften berücksichtigt werden, wenn es tatsächlich nicht zu einer Veräußerung kommt (>BFH vom 01.08.2012 – BStBl II S. 781).

- Die bloße Verwendung des Veräußerungserlöses zur Tilgung privater Verbindlichkeiten, die durch Grundschulden auf dem veräußerten Grundstück abgesichert waren, führt nicht zur Entstehung von als Werbungskosten abziehbaren Veräußerungskosten (>BFH vom 03.09.2019 – BStBl II 2020 S. 122).

Wiederkehrende Leistungen

Anhang 13 IV

Zur Ermittlung des Gewinns bei Veräußerungsgeschäften gegen wiederkehrende Leistungen und bei der Umschichtung von nach § 10 Abs. 1a Nr. 2 begünstigt übernommenem Vermögen >BMF vom 11.03.2010 (BStBl I S. 227), Rz. 37-41, 65-79 und 88

h) Gemeinsame Vorschriften

§ 24

Zu den Einkünften im Sinne des § 2 Absatz 1 gehören auch
1. Entschädigungen, die gewährt worden sind
   a) als Ersatz für entgangene oder entgehende Einnahmen oder
   b) für die Aufgabe oder Nichtausübung einer Tätigkeit, für die Aufgabe einer Gewinnbeteiligung oder einer Anwartschaft auf eine solche;
   c) als Ausgleichszahlungen an Handelsvertreter nach § 89b des Handelsgesetzbuchs;
2. Einkünfte aus einer ehemaligen Tätigkeit im Sinne des § 2 Absatz 1 Satz 1 Nummer 1 bis 4 oder aus einem früheren Rechtsverhältnis im Sinne des § 2 Absatz 1 Satz 1 Nummer 5 bis 7, und zwar auch dann, wenn sie dem Steuerpflichtigen als Rechtsnachfolger zufließen;
3. Nutzungsvergütungen für die Inanspruchnahme von Grundstücken für öffentliche Zwecke sowie Zinsen auf solche Nutzungsvergütungen und auf Entschädigungen, die mit der Inanspruchnahme von Grundstücken für öffentliche Zwecke zusammenhängen.

Begriff der Entschädigung i. S. d. § 24 Nr. 1 EStG

Der Entschädigungsbegriff des § 24 Nr. 1 EStG setzt in seiner zu Buchstabe a und b gleichmäßig geltenden Bedeutung voraus, dass der Stpfl. infolge einer Beeinträchtigung der durch die einzelne Vorschrift geschützten Güter einen finanziellen Schaden erlitten hat und die Zahlung unmittelbar dazu bestimmt ist, diesen Schaden auszugleichen.

Hinweise

Abzugsfähige Aufwendungen
Bei der Ermittlung der Entschädigung i. S. d. § 24 Nr. 1 sind von den Bruttoentschädigungen nur die damit in unmittelbarem Zusammenhang stehenden Betriebsausgaben oder Werbungskosten abzuziehen (>BFH vom 26.08.2004 – BStBl II 2005 S. 215).

Allgemeines
– § 24 schafft keinen neuen Besteuerungstatbestand, sondern weist die in ihm genannten Einnahmen nur der Einkunftsart zu, zu der die entgangenen oder künftig entgehenden Einnahmen gehört hätten, wenn sie erzielt worden wären (>BFH vom 12.06.1996 – BStBl II S. 516).
– Wegen einer anstelle der Rückübertragung von enteignetem Grundbesitz gezahlten Entschädigung nach dem VermG vom 23.09.1990 i. d. F. vom 03.08.1992 >BMF vom 11.01.1993 (BStBl I S. 18)

§ 24 EStG
H 24.1

Ausgleichszahlungen an Handelsvertreter
– Ausgleichszahlungen an Handelsvertreter nach § 89b HGB gehören auch dann zu den Entschädigungen i. S. d. § 24 Nr. 1 Buchst. c, wenn sie zeitlich mit der **Aufgabe der gewerblichen Tätigkeit** zusammenfallen (>BFH vom 05.12.1968 – BStBl II 1969 S. 196).
– Ausgleichszahlungen an **andere Kaufleute** als Handelsvertreter, z. B. **Kommissionsagenten oder Vertragshändler**, sind wie Ausgleichszahlungen an Handelsvertreter zu behandeln, wenn sie in entsprechender Anwendung des § 89b HGB geleistet werden (>BFH vom 12.10.1999 – BStBl II 2000 S. 220).
– Ausgleichszahlungen i. S. d. § 89b HGB gehören nicht zu den Entschädigungen nach § 24 Nr. 1 Buchst. c, wenn ein **Nachfolgevertreter** aufgrund eines selbständigen Vertrags mit seinem Vorgänger dessen Handelsvertretung oder Teile davon entgeltlich erwirbt. Ein selbständiger Vertrag liegt aber nicht vor, wenn der Nachfolger es übernimmt, die vertretenen Firmen von Ausgleichsansprüchen freizustellen (>BFH vom 31.05.1972 – BStBl II S. 899 und vom 25.07.1990 – BStBl II 1991 S. 218).

Entschädigungen i. S. d. § 24 Nr. 1 Buchst. a
– Die Entschädigung i. S. d. § 24 Nr. 1 Buchst. a muss als **Ersatz** für unmittelbar entgangene oder entgehende **konkrete Einnahmen** gezahlt werden (>BFH vom 09.07.1992 – BStBl II 1993 S. 27). *Eine Anwendung von § 24 Nr. 1 Buchst. a kommt nicht in Betracht, wenn eine gewährte Versicherungsleistung trotz der Bezeichnung als Verdienstausfall nicht dahin gedeutet werden kann, dass damit Ersatz für steuerbare Einnahmen aus einer konkreten, d. h. bestimmten oder hinreichend bestimmbaren Einkunftsquelle i. S. d. § 2 Abs. 1 Satz 1 Nr. 1-7 gezahlt werden sollte (>BFH vom 26.05.2020 – BStBl II 2021 S. 901).*
– Für den Begriff der Entschädigung nach § 24 Nr. 1 Buchst. a ist **nicht entscheidend**, ob das zur Entschädigung führende **Ereignis ohne oder gegen den Willen** des Stpfl. eingetreten ist. Eine Entschädigung i. S. d. § 24 Nr. 1 Buchst. a kann vielmehr auch vorliegen, wenn der Stpfl. bei dem zum Einnahmeausfall führenden Ereignis selbst mitgewirkt hat. Ist dies der Fall, muss der Stpfl. bei Aufgabe seiner Rechte aber unter erheblichem wirtschaftlichen, rechtlichen oder tatsächlichen Druck gehandelt haben; keinesfalls darf er das schadenstiftende Ereignis aus eigenem Antrieb herbeigeführt haben. Der Begriff des Entgehens schließt freiwilliges Mitwirken oder gar die Verwirklichung eines eigenen Strebens aus (>BFH vom 20.07.1978 – BStBl II 1979 S. 9, vom 16.04.1980 – BStBl II S. 393, vom 09.07.1992 – BStBl II 1993 S. 27 und vom 04.09.2002 – BStBl II 2003 S. 177). Gibt ein Arbeitnehmer im Konflikt mit seinem Arbeitgeber nach und nimmt dessen Abfindungsangebot an, entspricht es dem Zweck des Merkmals der Zwangssituation, nicht schon wegen dieser gütlichen Einigung in Widerspruch

stehender Interessenlage einen tatsächlichen Druck in Frage zu stellen (>BFH vom 29.02.2012 – BStBl II S. 569). Bei einer (einvernehmlichen) Auflösung des Arbeitsverhältnisses sind tatsächliche Feststellungen zu der Frage, ob der Arbeitnehmer dabei unter tatsächlichem Druck stand, regelmäßig entbehrlich (>BFH vom 13.03.2018 – BStBl II S. 709).

– Die an die Stelle der Einnahmen tretende Ersatzleistung nach § 24 Nr. 1 Buchst. a muss auf einer **neuen Rechts- oder Billigkeitsgrundlage** beruhen. Zahlungen, die zur Erfüllung eines Anspruchs geleistet werden, sind keine Entschädigungen i. S. d. § 24 Nr. 1 Buchst. a, wenn die vertragliche Grundlage bestehen geblieben ist und sich nur die Zahlungsmodalität geändert hat (>BFH vom 25.08.1993 – BStBl II 1994 S. 167, vom 10.10.2001 – BStBl II 2002 S. 181 und vom 06.03.2002 – BStBl II S. 516).

– **Entschädigungen** nach § 24 Nr. 1 Buchst. a sind:
  – Abfindung wegen **Auflösung eines Dienstverhältnisses**, wenn Arbeitgeber die Beendigung veranlasst hat (>BFH vom 20.10.1978 – BStBl II 1979 S. 176 und vom 22.01.1988 – BStBl II S. 525); hierzu gehören auch Vorruhestandsgelder, die aufgrund eines Manteltarifvertrags vereinbart werden (>BFH vom 16.06.2004 – BStBl II S. 1055),
  – Abstandszahlung eines **Mietinteressenten** für die Entlassung aus einem Vormietvertrag (>BFH vom 21.08.1990 – BStBl II 1991 S. 76),
  – Aufwandsersatz, soweit er über den Ersatz von Aufwendungen hinaus auch den **Ersatz von ausgefallenen steuerbaren Einnahmen** bezweckt (>BFH vom 26.02.1988 – BStBl II S. 615),
  – Abfindung anlässlich der **Liquidation** einer Gesellschaft an einen Gesellschafter-Geschäftsführer, wenn auch ein gesellschaftsfremder Unternehmer im Hinblick auf die wirtschaftliche Situation der Gesellschaft die Liquidation beschlossen hätte (>BFH vom 04.09.2002 – BStBl II 2003 S. 177),
  – Abfindung, die der Gesellschafter-Geschäftsführer, der seine GmbH-Anteile veräußert, für den **Verzicht auf seine Pensionsansprüche** gegen die GmbH erhält, falls der Käufer den Erwerb des Unternehmens von der Nichtübernahme der Pensionsverpflichtung abhängig macht (>BFH vom 10.04.2003 – BStBl II S. 748). Entsprechendes gilt für eine Entschädigung für die durch den Erwerber veranlasste **Aufgabe der Geschäftsführertätigkeit** (>BFH vom 13.08.2003 – BStBl II 2004 S. 106),
  – Abfindung wegen **Auflösung eines Dienstverhältnisses**, auch wenn bereits bei Beginn des Dienstverhältnisses ein Ersatzanspruch für den Fall der betriebsbedingten Kündigung oder Nichtverlängerung des Dienstverhältnisses vereinbart wird (>BFH vom 10.09.2003 – BStBl II 2004 S. 349),
  – Schadensersatz infolge einer schuldhaft **verweigerten Wiedereinstellung** (>BFH vom 06.07.2005 – BStBl II 2006 S. 55),

§ 24 EStG
H 24.1

- Schadensersatz aus Amtshaftung als **Ersatz für entgangene Gehalts- und Rentenansprüche** infolge einer rechtswidrigen Abberufung als Bankvorstand (>BFH vom 12.07.2016 – BStBl II 2017 S. 158),
- Leistungen wegen einer **Körperverletzung** nur insoweit, als sie steuerbare und steuerpflichtige Einnahmen ersetzen (sog. Verdienstausfall, >BFH vom 21.01.2004 – BStBl II S. 716). Dies gilt auch, wenn der Leistungsempfänger im Zeitpunkt des schädigenden Ereignisses erwerbslos war (>BFH vom 20.07.2018 – BStBl II 2020 S. 186),
- **Mietentgelte**, die der **Restitutionsberechtigte** vom Verfügungsberechtigten nach § 7 Abs. 7 Satz 2 VermG erlangt (>BFH vom 11.01.2005 – BStBl II S. 450),
- Abfindung wegen unbefristeter Reduzierung der Wochenarbeitszeit aufgrund eines Vertrags zur **Änderung des Arbeitsvertrags** (>BFH vom 25.08.2009 – BStBl II 2010 S. 1030),
- Abfindung wegen **Auflösung eines Beratungsvertrags**, wenn die Leistung trotz Beibehaltung der rechtlichen Selbständigkeit im Wesentlichen wie die eines Arbeitnehmers geschuldet wurde (>BFH vom 10.07.2012 – BStBl II 2013 S. 155),
- Entgelt, das bei vorzeitiger **Beendigung eines Genussrechtsverhältnisses**, das keine Beteiligung am Unternehmensvermögen vermittelt, als Ersatz für entgehende Einnahmen aus der Verzinsung von Genussrechtskapital gewährt wird (>BFH vom 11.02.2015 – BStBl II S. 647),
- Zahlung zur Abgeltung einer dem Stpfl. zustehenden Forderung, soweit diese auf einem **Entschädigungsanspruch aus einer Vergleichsvereinbarung** beruht (>BFH vom 25.08.2015 – BStBl II S. 1015),
- Entschädigungen **ehrenamtlicher Richter für Verdienstausfall** gem. § 18 des Justizvergütungs- und -entschädigungsgesetzes, wenn sie als Ersatz für entgangene Einnahmen gezahlt werden (>BFH vom 31.01.2017 – BStBl II 2018 S. 571).
- **Keine Entschädigungen** nach § 24 Nr. 1 Buchst. a sind:
    - Abfindung, die bei Abschluss oder während des Arbeitsverhältnisses für den Verlust späterer **Pensionsansprüche** infolge Kündigung vereinbart wird (>BFH vom 06.03.2002 – BStBl II S. 516),
    - Abfindung, die bei Fortsetzung des Arbeitnehmerverhältnisses für **Verzicht auf Tantiemeanspruch** gezahlt wird (>BFH vom 10.10.2001 – BStBl II 2002 S. 347),
    - Abfindung nach vorausgegangener freiwilliger **Umwandlung zukünftiger Pensionsansprüche** (>BFH vom 06.03.2002 – BStBl II S. 516),
    - Entgelt für den Verzicht auf ein testamentarisch vermachtes **obligatorisches Wohnrecht** (>BFH vom 09.08.1990 – BStBl II S. 1026),

- **Pensionsabfindung**, wenn der Arbeitnehmer nach Eheschließung zur Herstellung der ehelichen Lebensgemeinschaft gekündigt hat (>BFH vom 21.06.1990 – BStBl II S. 1020),
- **Streikunterstützung** (>BFH vom 24.10.1990 – BStBl II 1991 S. 337),
- Zahlung einer Vertragspartei, die diese wegen einer **Vertragsstörung** im Rahmen des Erfüllungsinteresses leistet, und zwar einschließlich der Zahlung für den **entgangenen Gewinn** i. S. d. § 252 BGB. Dies gilt unabhängig davon, ob der Stpfl. das Erfüllungsinteresse im Rahmen des bestehenden und verletzten Vertrags durchsetzt oder zur Abgeltung seiner vertraglichen Ansprüche einer ergänzenden vertraglichen Regelung in Form eines Vergleichs zustimmt (>BFH vom 27.07.1978 – BStBl II 1979 S. 64, S. 69 und S. 71, vom 03.07.1986 – BStBl II S. 806, vom 18.09.1986 – BStBl II 1987 S. 25 und vom 05.10.1989 – BStBl II 1990 S. 155),
- Zahlung für das Überspannen von Grundstücken mit **Hochspannungsfreileitungen** (>BFH vom 19.04.1994 – BStBl II S. 640),
- Ersatz für **zurückzuzahlende Einnahmen** oder Ausgleich von Ausgaben, z. B. Zahlungen für (mögliche) Umsatzsteuerrückzahlungen bei Auflösung von Mietverhältnissen (>BFH vom 18.10.2011 – BStBl II 2012 S. 286),
- **Erstattungszinsen nach § 233a AO** (>BFH vom 12.11.2013 – BStBl II 2014 S. 168),
- Entschädigungen **ehrenamtlicher Richter für Zeitversäumnis** nach § 16 des Justizvergütungs- und -entschädigungsgesetzes, da diese Entschädigungen sowohl nach ihrem Wortlaut als auch nach ihrem Sinn und Zweck nicht an die Stelle von entgangenen oder entgehenden Einnahmen treten (>BFH vom 31.01.2017 – BStBl II 2018 S. 571),
- **Aufstockungsbeträge** zum Transferkurzarbeitergeld (>BFH vom 12.03.2019 – BStBl II S. 574),
- **Leistungen wegen einer Körperverletzung**, soweit sie für den Wegfall des Anspruchs auf steuerfreie Sozialleistungen wie das Arbeitslosengeld (§ 3 Nr. 2 Buchst. a) oder das Arbeitslosengeld II (§ 3 Nr. 2 Buchst. d) gezahlt werden (>BFH vom 20.07.2018 – BStBl II 2020 S. 186).

Entschädigungen i. S. d. § 24 Nr. 1 Buchst. b

- § 24 Nr. 1 Buchst. b erfasst Entschädigungen, die als Gegenleistung für den Verzicht auf eine mögliche Einkunftserzielung gezahlt werden. Eine Entschädigung i. S. d. § 24 Nr. 1 Buchst. b liegt auch vor, wenn die Tätigkeit mit Willen oder mit Zustimmung des Arbeitnehmers aufgegeben wird. Der Ersatzanspruch muss nicht auf einer neuen Rechts- oder Billigkeitsgrundlage beruhen. Die Entschädigung für die Nichtausübung einer Tätigkeit kann auch als Hauptleistungspflicht vereinbart werden (>BFH vom 12.06.1996 – BStBl II S. 516).

§ 24 EStG
R 24.2 H 24.1

- **Entschädigungen** nach § 24 Nr. 1 Buchst. b sind:
  - Abfindungszahlung, wenn der Stpfl. von einem ihm tarifvertraglich eingeräumten **Optionsrecht**, gegen Abfindung aus dem Arbeitsverhältnis auszuscheiden, Gebrauch macht (>BFH vom 08.08.1986 – BStBl II 1987 S. 106),
  - Entgelt für ein im Arbeitsvertrag vereinbartes **Wettbewerbsverbot** (>BFH vom 13.02.1987 – BStBl II S. 386 und vom 16.03.1993 – BStBl II S. 497),
  - Entgelt für ein **umfassendes Wettbewerbsverbot**, das im Zusammenhang mit der Beendigung eines Arbeitsverhältnisses vereinbart worden ist (>BFH vom 12.06.1996 – BStBl II S. 516),
  - Entgelt für ein **umfassendes Wettbewerbsverbot** auch dann, wenn die dadurch untersagten Tätigkeiten verschiedenen Einkunftsarten zuzuordnen sind (>BFH vom 23.02.1999 – BStBl II S. 590),
  - Abfindung, die ein angestellter **Versicherungsvertreter** von seinem Arbeitgeber für den Verzicht auf eine mögliche künftige Einkunftserzielung durch die Verkleinerung seines Bezirks erhält (>BFH vom 23.01.2001 – BStBl II S. 541).
- **Keine Entschädigungen** nach § 24 Nr. 1 Buchst. b sind:

  Abfindung an Arbeitnehmer für die **Aufgabe eines gewinnabhängigen Tantiemeanspruchs** (>BFH vom 10.10.2001 – BStBl II 2002 S. 347).

Steuerbegünstigung nach § 34 Abs. 1 Satz 1

Wegen der Frage, unter welchen Voraussetzungen Entschädigungen i. S. d. § 24 Nr. 1 der Steuerbegünstigung nach § 34 Abs. 1 Satz 1 unterliegen >R 34.3

R 24.2 Nachträgliche Einkünfte

(1) [1]Einkünfte aus einer ehemaligen Tätigkeit liegen vor, wenn sie in wirtschaftlichem Zusammenhang mit der ehemaligen Tätigkeit stehen, insbesondere ein Entgelt für die im Rahmen der ehemaligen Tätigkeit erbrachten Leistungen darstellen. [2]Bezahlt ein Mitunternehmer nach Auflösung der Gesellschaft aus seinem Vermögen betrieblich begründete Schulden eines anderen Gesellschafters, hat er einen nachträglichen gewerblichen Verlust, soweit er seine Ausgleichsforderung nicht verwirklichen kann.

(2) § 24 Nr. 2 EStG ist auch anzuwenden, wenn die nachträglichen Einkünfte einem Rechtsnachfolger zufließen.

§ 24 EStG
H 24.2

Hinweise

Ermittlung der nachträglichen Einkünfte
Nach der Betriebsveräußerung oder Betriebsaufgabe anfallende nachträglichen Einkünfte sind in sinngemäßer Anwendung des § 4 Abs. 3 zu ermitteln (>BFH vom 22.02.1978 – BStBl II S. 430).

Nachträgliche Einnahmen sind:
– **Ratenweise gezahltes Auseinandersetzungsguthaben** i. H. d. Unterschiedsbetrags zwischen Nennbetrag und Auszahlungsbetrag der Rate, wenn ein aus einer Personengesellschaft ausgeschiedener Gesellschafter verlangen darf, dass alljährlich die Rate nach dem jeweiligen Preis eines Sachwertes bemessen wird (>BFH vom 16.07.1964 – BStBl III S. 622).

– **Versorgungsrenten**, die auf früherer gewerblicher oder freiberuflicher Tätigkeit des Stpfl. oder seines Rechtsvorgängers beruhen (>BFH vom 10.10.1963 – BStBl III S. 592).

Nachträgliche Werbungskosten/Betriebsausgaben sind:
– **Betriebssteuern**, wenn bei Gewinnermittlung nach § 4 Abs. 3 auf den Zeitpunkt der Betriebsaufgabe keine Schlussbilanz erstellt wurde, und dies nicht zur Erlangung ungerechtfertigter Steuervorteile geschah (>BFH vom 13.05.1980 – BStBl II S. 692),

– **Schuldzinsen** für Verbindlichkeiten, die bis zur Vollbeendigung eines Gewerbebetriebs trotz Verwertung des Aktivvermögens nicht abgedeckt werden, auch wenn die Verbindlichkeiten durch Grundpfandrechte an einem privaten Grundstück gesichert sind oder eine Umschuldung durchgeführt worden ist (>BFH vom 11.12.1980 – BStBl II 1981 S. 460, S. 461 und S. 462),

– **Schuldzinsen** für während des Bestehens des Betriebs entstandene und bei Betriebsveräußerung zurückbehaltene Verbindlichkeiten, soweit der Veräußerungserlös und der Verwertungserlös aus zurückbehaltenen Aktivwerten nicht zur Schuldentilgung ausreicht; darüber hinaus Schuldzinsen auch dann noch und so lange, als der Schuldentilgung Auszahlungshindernisse hinsichtlich des Veräußerungserlöses, Verwertungshindernisse hinsichtlich der zurückbehaltenen Aktivwerte oder Rückzahlungshindernisse hinsichtlich der früheren Betriebsschulden entgegenstehen (>BFH vom 19.01.1982 – BStBl II S. 321, vom 27.11.1984 – BStBl II 1985 S. 323 und vom 12.11.1997 – BStBl II 1998 S. 144); bei Personengesellschaften >H 4.2 (15) Betriebsaufgabe oder -veräußerung im Ganzen,

– **Schuldzinsen** für betrieblich begründete Verbindlichkeiten nach Übergang des Betriebs zur **Liebhaberei**, wenn und soweit die zugrunde liegenden Verbindlichkeiten nicht durch eine mögliche Verwertung von Aktivvermögen beglichen werden können (>BFH vom 15.05.2002 – BStBl II S. 809 und vom 31.07.2002 – BStBl II 2003 S. 282),

§ 24 EStG
H 24.2

Anhang 30 IV

- **Zinsanteile von Rentenzahlungen**, wenn der Rentenberechtigte einer mit den Erlösen aus der Betriebsaufgabe möglichen Ablösung der betrieblich veranlassten Rentenverpflichtung nicht zustimmt (>BFH vom 22.09.1999 – BStBl II 2000 S. 120).
- Zum Abzug der Schuldzinsen als nachträgliche Werbungskosten bei Vermietung und Verpachtung nach **Veräußerung des Mietobjekts** oder nach **Wegfall der Einkünfteerzielungsabsicht** >BMF vom 27.07.2015 (BStBl I S. 581).

Nachträgliche Werbungskosten/Betriebsausgaben sind nicht:

- **Schuldzinsen**, soweit es der Stpfl. bei Aufgabe eines Gewerbebetriebes unterlässt, vorhandene Aktiva zur Tilgung der Schulden einzusetzen (>BFH vom 11.12.1980 – BStBl II 1981 S. 463 und vom 21.11.1989 – BStBl II 1990 S. 213), diese Schuldzinsen können jedoch Werbungskosten bei einer anderen Einkunftsart sein (>BFH vom 19.08.1998 – BStBl II 1999 S. 353 und vom 28.03.2007 – BStBl II S. 642, >H 21.2 – Finanzierungskosten –). Bei Personengesellschaften >H 4.2 (15) Betriebsaufgabe oder -veräußerung im Ganzen,
- **Schuldzinsen** für vom übertragenden Gesellschafter bei Veräußerung eines Gesellschaftsanteils mit befreiender Wirkung gegenüber der Gesellschaft und dem eintretenden Gesellschafter **übernommene Gesellschaftsschulden** (>BFH vom 28.01.1981 – BStBl II S. 464),
- **Schuldzinsen** für Verbindlichkeiten, die nicht während des Bestehens des Betriebs entstanden, sondern **Folge der Aufgabe oder Veräußerung des Betriebs** sind (>BFH vom 12.11.1997 – BStBl II 1998 S. 144).

Rechtsnachfolger

- Der **Begriff des Rechtsnachfolgers** umfasst sowohl den bürgerlich-rechtlichen Einzel- oder Gesamtrechtsnachfolger als auch denjenigen, dem z. B. aufgrund eines von einem Gewerbetreibenden abgeschlossenen Vertrags zugunsten Dritter (§ 328 BGB) Einnahmen zufließen, die auf der gewerblichen Betätigung beruhen (>BFH vom 25.03.1976 – BStBl II S. 487).
- Fließen **nachträgliche Einkünfte** dem Rechtsnachfolger zu, sind sie nach den in seiner Person liegenden Besteuerungsmerkmalen zu versteuern (>BFH vom 29.07.1960 – BStBl III S. 404).
- **Nachträglich zugeflossene Rentenzahlungen** werden dem Erben auch dann als nachträgliche Einkünfte zugerechnet, wenn sie vom Testamentsvollstrecker zur **Erfüllung von Vermächtnissen** verwendet werden (>BFH vom 24.01.1996 – BStBl II S. 287).

§ 24a
Altersentlastungsbetrag

¹Der Altersentlastungsbetrag ist bis zu einem Höchstbetrag im Kalenderjahr ein nach einem Prozentsatz ermittelter Betrag des Arbeitslohns und der positiven Summe der Einkünfte, die nicht solche aus nichtselbständiger Arbeit sind. ²Bei der Bemessung des Betrags bleiben außer Betracht:
1. Versorgungsbezüge im Sinne des § 19 Absatz 2;
2. Einkünfte aus Leibrenten im Sinne des § 22 Nummer 1 Satz 3 Buchstabe a;
3. Einkünfte im Sinne des § 22 Nummer 4 Satz 4 Buchstabe b;
4. Einkünfte im Sinne des § 22 Nummer 5 Satz 1, soweit § 22 Nummer 5 Satz 11 anzuwenden ist;
5. Einkünfte im Sinne des § 22 Nummer 5 Satz 2 Buchstabe a.

³Der Altersentlastungsbetrag wird einem Steuerpflichtigen gewährt, der vor dem Beginn des Kalenderjahres, in dem er sein Einkommen bezogen hat, das 64. Lebensjahr vollendet hatte. ⁴Im Fall der Zusammenveranlagung von Ehegatten zur Einkommensteuer sind die Sätze 1 bis 3 für jeden Ehegatten gesondert anzuwenden. ⁵Der maßgebende Prozentsatz und der Höchstbetrag des Altersentlastungsbetrags sind der nachstehenden Tabelle zu entnehmen:

Das auf die Vollendung des 64. Lebensjahres folgende Kalenderjahr	Altersentlastungsbetrag	
	in % der Einkünfte	Höchstbetrag in Euro
2005	40,0	1.900
2006	38,4	1.824
2007	36,8	1.748
2008	35,2	1.672
2009	33,6	1.596
2010	32,0	1.520
2011	30,4	1.444
2012	28,8	1.368
2013	27,2	1.292
2014	25,6	1.216
2015	24,0	1.140
2016	22,4	1.064
2017	20,8	988
2018	19,2	912

§ 24a EStG
R 24a

Das auf die Vollendung des 64. Lebensjahres folgende Kalenderjahr	Altersentlastungsbetrag	
	in % der Einkünfte	Höchstbetrag in Euro
2019	17,6	836
2020	16,0	760
2021	15,2	722
2022	14,4	684
2023	13,6	646
2024	12,8	608
2025	12,0	570
2026	11,2	532
2027	10,4	494
2028	9,6	456
2029	8,8	418
2030	8,0	380
2031	7,2	342
2032	6,4	304
2033	5,6	266
2034	4,8	228
2035	4,0	190
2036	3,2	152
2037	2,4	114
2038	1,6	76
2039	0,8	38
2040	0,0	0

R 24a.   **Altersentlastungsbetrag**

Allgemeines

(1) [1]Bei der Berechnung des Altersentlastungsbetrags sind Einkünfte aus Land- und Forstwirtschaft nicht um den Freibetrag nach § 13 Abs. 3 EStG zu kürzen. [2]Kapitalerträge, die nach § 32d Abs. 1 und § 43 Abs. 5 EStG dem gesonderten Steuertarif für Einkünfte aus Kapitalvermögen unterliegen, sind in die Berechnung des Altersentlastungsbetrags nicht einzubeziehen. [3]Sind in den Einkünften neben Leibrenten auch andere wiederkehrende Bezüge i. S. d. § 22 Nr. 1 EStG enthalten, ist der Werbungskosten-Pauschbetrag nach § 9a Satz 1 Nr. 3 EStG von den der Besteuerung nach § 22 Nr. 1 Satz 3 EStG unterliegenden Teilen der Leibrenten

§ 24a EStG
H 24a **R 24a**

abzuziehen, soweit er diese nicht übersteigt. ⁴Der Altersentlastungsbetrag ist auf den nächsten vollen Euro-Betrag aufzurunden.

Berechnung bei Anwendung anderer Vorschriften

(2) Ist der Altersentlastungsbetrag außer vom Arbeitslohn noch von weiteren Einkünften zu berechnen und muss er für die Anwendung weiterer Vorschriften von bestimmten Beträgen abgezogen werden, ist davon auszugehen, dass er zunächst vom Arbeitslohn berechnet worden ist.

Hinweise

H 24a

Altersentlastungsbetrag bei Ehegatten
Im Fall der Zusammenveranlagung von Ehegatten ist der Altersentlastungsbetrag jedem Ehegatten, der die altersmäßigen Voraussetzungen erfüllt, nach Maßgabe der von ihm bezogenen Einkünfte zu gewähren (>BFH vom 22.09.1993 – BStBl II 1994 S. 107).

Berechnung des Altersentlastungsbetrags
Der Altersentlastungsbetrag ist von der S. d. E. zur Ermittlung des G. d. E. abzuziehen (>R 2).

Beispiel 1:
Der Stpfl. hat im VZ 2004 das 64. Lebensjahr vollendet. Im **VZ 2022** wurden erzielt:

Arbeitslohn	14.000 €
darin enthalten:	
Versorgungsbezüge von	6.000 €
Einkünfte aus selbständiger Arbeit	500 €
Einkünfte aus Vermietung und Verpachtung	– 1.500 €

Der Altersentlastungsbetrag beträgt 40 % des Arbeitslohns (14.000 € abzgl. Versorgungsbezüge 6.000 € = 8.000 €), das sind 3.200 €, höchstens jedoch 1.900 €. Die Einkünfte aus selbständiger Arbeit und aus Vermietung und Verpachtung werden für die Berechnung des Altersentlastungsbetrags nicht berücksichtigt, weil ihre Summe negativ ist (– 1.500 € + 500 € = – 1.000 €).

Beispiel 2:
Wie Beispiel 1, jedoch hat der Stpfl. im **VZ 2021** das 64. Lebensjahr vollendet.
Der Altersentlastungsbetrag beträgt **14,4 %** des Arbeitslohnes (14.000 € abzgl. Versorgungsbezüge 6.000 € = 8.000 €), das sind **1.152 €**, höchstens jedoch **684 €**.

Lohnsteuerabzug
Die Berechnung des Altersentlastungsbetrags beim Lohnsteuerabzug hat keine Auswirkung auf die Berechnung im Veranlagungsverfahren (>R 39b.4 Abs. 3 LStR 2015).

§ 24b
Entlastungsbetrag für Alleinerziehende

(1) [1]Allein stehende Steuerpflichtige können einen Entlastungsbetrag von der Summe der Einkünfte abziehen, wenn zu ihrem Haushalt mindestens ein Kind gehört, für das ihnen ein Freibetrag nach § 32 Absatz 6 oder Kindergeld zusteht. [2]Die Zugehörigkeit zum Haushalt ist anzunehmen, wenn das Kind in der Wohnung des allein stehenden Steuerpflichtigen gemeldet ist. [3]Ist das Kind bei mehreren Steuerpflichtigen gemeldet, steht der Entlastungsbetrag nach Satz 1 demjenigen Alleinstehenden zu, der die Voraussetzungen auf Auszahlung des Kindergeldes nach § 64 Absatz 2 Satz 1 erfüllt oder erfüllen würde in Fällen, in denen nur ein Anspruch auf einen Freibetrag nach § 32 Absatz 6 besteht. [4]Voraussetzung für die Berücksichtigung ist die Identifizierung des Kindes durch die an dieses Kind vergebene Identifikationsnummer (§ 139b der Abgabenordnung). [5]Ist das Kind nicht nach einem Steuergesetz steuerpflichtig (§ 139a Absatz 2 der Abgabenordnung), ist es in anderer geeigneter Weise zu identifizieren. [6]Die nachträgliche Vergabe der Identifikationsnummer wirkt auf Monate zurück, in denen die Voraussetzungen der Sätze 1 bis 3 vorliegen.

(2) [1]Gehört zum Haushalt des allein stehenden Steuerpflichtigen ein Kind im Sinne des Absatzes 1, beträgt der Entlastungsbetrag im Kalenderjahr *4.008 Euro*. [2]Für jedes weitere Kind im Sinne des Absatzes 1 erhöht sich der Betrag nach Satz 1 um 240 Euro je weiterem Kind.

(3) [1]Allein stehend im Sinne des Absatzes 1 sind Steuerpflichtige, die nicht die Voraussetzungen für die Anwendung des Splitting-Verfahrens (§ 26 Absatz 1) erfüllen oder verwitwet sind und keine Haushaltsgemeinschaft mit einer anderen volljährigen Person bilden, es sei denn, für diese steht ihnen ein Freibetrag nach § 32 Absatz 6 oder Kindergeld zu oder es handelt sich um ein Kind im Sinne des § 63 Absatz 1 Satz 1, das einen Dienst nach § 32 Absatz 5 Satz 1 Nummer 1 und 2 leistet oder eine Tätigkeit nach § 32 Absatz 5 Satz 1 Nummer 3 ausübt. [2]Ist die andere Person mit Haupt- oder Nebenwohnsitz in der Wohnung des Steuerpflichtigen gemeldet, wird vermutet, dass sie mit dem Steuerpflichtigen gemeinsam wirtschaftet (Haushaltsgemeinschaft). [3]Diese Vermutung ist widerlegbar, es sei denn, der Steuerpflichtige und die andere Person leben in einer eheähnlichen oder lebenspartnerschaftsähnlichen Gemeinschaft.

(4) Für jeden vollen Kalendermonat, in dem die Voraussetzungen des Absatzes 1 nicht vorgelegen haben, ermäßigt sich der Entlastungsbetrag nach Absatz 2 um ein Zwölftel.

Hinweise

Anwendungsschreiben
>BMF vom **23.11.2022** (BStBl I S. *1634*), *Anhang 16 LStH 2023*

III. Veranlagung

§ 25
Veranlagungszeitraum, Steuererklärungspflicht

(1) Die Einkommensteuer wird nach Ablauf des Kalenderjahres (Veranlagungszeitraum) nach dem Einkommen veranlagt, das der Steuerpflichtige in diesem Veranlagungszeitraum bezogen hat, soweit nicht nach § 43 Absatz 5 und § 46 eine Veranlagung unterbleibt.

(2) (weggefallen)

(3) [1] Die steuerpflichtige Person hat für den Veranlagungszeitraum eine eigenhändig unterschriebene Einkommensteuererklärung abzugeben. [2] Wählen Ehegatten die Zusammenveranlagung (§ 26b), haben sie eine gemeinsame Steuererklärung abzugeben, die von beiden eigenhändig zu unterschreiben ist.

(4) [1] Die Erklärung nach Absatz 3 ist nach amtlich vorgeschriebenem Datensatz durch Datenfernübertragung zu übermitteln, wenn Einkünfte nach § 2 Absatz 1 Satz 1 Nummer 1 bis 3 erzielt werden und es sich nicht um einen der Veranlagungsfälle gemäß § 46 Absatz 2 Nummer 2 bis 8 handelt. [2] Auf Antrag kann die Finanzbehörde zur Vermeidung unbilliger Härten auf eine Übermittlung durch Datenfernübertragung verzichten.

EStDV
§ 56
Steuererklärungspflicht

[1] Unbeschränkt Steuerpflichtige haben eine jährliche Einkommensteuererklärung für das abgelaufene Kalenderjahr (Veranlagungszeitraum) in den folgenden Fällen abzugeben:

1. Ehegatten, bei denen im Veranlagungszeitraum die Voraussetzungen des § 26 Abs. 1 des Gesetzes vorgelegen haben und von denen keiner die Einzelveranlagung nach § 26a des Gesetzes wählt,
   a) wenn keiner der Ehegatten Einkünfte aus nichtselbständiger Arbeit, von denen ein Steuerabzug vorgenommen worden ist, bezogen und der Gesamtbetrag der Einkünfte mehr als das Zweifache des Grundfreibetrages nach § 32a Abs. 1 Satz 2 Nummer 1 des Gesetzes in der jeweils geltenden Fassung betragen hat,
   b) wenn mindestens einer der Ehegatten Einkünfte aus nichtselbständiger Arbeit, von denen ein Steuerabzug vorgenommen worden ist, bezogen hat und eine Veranlagung nach § 46 Abs. 2 Nr. 1 bis 7 des Gesetzes in Betracht kommt;
2. Personen, bei denen im Veranlagungszeitraum die Voraussetzungen des § 26 Abs. 1 des Gesetzes nicht vorgelegen haben,

a) wenn der Gesamtbetrag der Einkünfte den Grundfreibetrag nach § 32a Abs. 1 Satz 2 Nummer 1 des Gesetzes in der jeweils geltenden Fassung überstiegen hat und darin keine Einkünfte aus nichtselbständiger Arbeit, von denen ein Steuerabzug vorgenommen worden ist, enthalten sind,

b) wenn in dem Gesamtbetrag der Einkünfte Einkünfte aus nichtselbständiger Arbeit, von denen ein Steuerabzug vorgenommen worden ist, enthalten sind und eine Veranlagung nach § 46 Abs. 2 Nr. 1 bis 6 und 7 Buchstabe b des Gesetzes in Betracht kommt.

²Eine Steuererklärung ist außerdem abzugeben, wenn zum Schluss des vorangegangenen Veranlagungszeitraums ein verbleibender Verlustabzug festgestellt worden ist.

EStDV

§§ 57 bis 59

(weggefallen)

§ 60

Unterlagen zur Steuererklärung

(1) ¹Der Steuererklärung ist eine Abschrift der Bilanz, die auf dem Zahlenwerk der Buchführung beruht, im Fall der Eröffnung des Betriebs auch eine Abschrift der Eröffnungsbilanz beizufügen, wenn der Gewinn nach § 4 Abs. 1, § 5 oder § 5a des Gesetzes ermittelt und auf eine elektronische Übermittlung nach § 5b Abs. 2 des Gesetzes verzichtet wird. ²Werden Bücher geführt, die den Grundsätzen der doppelten Buchführung entsprechen, ist eine Gewinn- und Verlustrechnung beizufügen.

(2) ¹Enthält die Bilanz Ansätze oder Beträge, die den steuerlichen Vorschriften nicht entsprechen, so sind diese Ansätze oder Beträge durch Zusätze oder Anmerkungen den steuerlichen Vorschriften anzupassen. ²Der Steuerpflichtige kann auch eine den steuerlichen Vorschriften entsprechende Bilanz (Steuerbilanz) beifügen.

(3) ¹Liegt ein Anhang, ein Lagebericht oder ein Prüfungsbericht vor, so ist eine Abschrift der Steuererklärung beizufügen. ²Bei der Gewinnermittlung nach § 5a des Gesetzes ist das besondere Verzeichnis nach § 5a Abs. 4 des Gesetzes der Steuererklärung beizufügen.

(4) ¹Wird der Gewinn nach § 4 Abs. 3 des Gesetzes durch den Überschuss der Betriebseinnahmen über die Betriebsausgaben ermittelt, ist die Einnahmenüberschussrechnung nach amtlich vorgeschriebenem Datensatz durch Datenfernübertragung zu übermitteln. ²Auf Antrag kann die Finanzbehörde zur Vermeidung unbilliger Härten auf eine elektronische Übermittlung verzichten; in diesem Fall ist der Steuererklärung eine Gewinnermittlung nach amtlich vorgeschriebenem Vordruck beizufügen. ³§ 150 Absatz 8 der Abgabenordnung gilt entsprechend.

§ 25 EStG
H 25 **R 25**

Verfahren bei der Veranlagung von Ehegatten nach § 26a EStG

R 25.
S 2263

(1) ¹Hat ein Ehegatte nach § 26 Abs. 2 Satz 1 EStG die Einzelveranlagung (§ 26a EStG) gewählt, ist für jeden Ehegatten eine Einzelveranlagung durchzuführen, auch wenn sich jeweils eine Steuerschuld von 0 Euro ergibt. ² – nicht abgedruckt –¹)

(2) – nicht abgedruckt –¹)

Hinweise

H 25

Anlage EÜR
- Der amtlich vorgeschriebene Datensatz ist durch Datenfernübertragung authentifiziert zu übermitteln.
  Die Anlage AVEÜR sowie bei Mitunternehmerschaften die entsprechenden Anlagen sind notwendiger Bestandteil der EÜR.
  Übersteigen die im Wj. angefallenen Schuldzinsen, ohne die Berücksichtigung der Schuldzinsen für Darlehen zur Finanzierung von Anschaffungs- oder Herstellungskosten von Wirtschaftsgütern des Anlagevermögens, den Betrag von 2.050 €, sind bei Einzelunternehmen die in der Anlage SZ enthaltenen Angaben als notwendiger Bestandteil der EÜR an die Finanzverwaltung zu übermitteln (>BMF vom **01.09.2022** – BStBl I S. **1303**).
- § 60 Abs. 4 EStDV stellt eine wirksame Rechtsgrundlage für die Pflicht zur Abgabe der Anlage EÜR dar. Die Aufforderung zur Einreichung der Anlage EÜR ist ein Verwaltungsakt (>BFH vom 16.11.2011 – BStBl II 2012 S. 129).

Elektronische Übermittlungspflicht
Eine Pflicht zur elektronischen Übermittlung der Einkommensteuererklärung ist wirtschaftlich unzumutbar, wenn der finanzielle Aufwand für die Einrichtung und Aufrechterhaltung einer Datenfernübertragungsmöglichkeit in keinem wirtschaftlich sinnvollen Verhältnis zu den Einkünften nach § 2 Abs. 1 Satz 1 Nr. 1 bis 3 steht. Der Antrag auf Befreiung wegen unbilliger Härten nach § 25 Abs. 4 Satz 2 i. V. m. § 150 Abs. 8 AO bezieht sich nur auf den jeweiligen VZ (>BFH vom 16.06.2020 – BStBl II 2021 S. 288 und S. 290).

Härteregelung
§ 46 Abs. 3 und 5 ist auch bei solchen Arbeitnehmern anzuwenden, die mangels Vornahme eines Lohnsteuerabzugs nicht gem. § 46, sondern nach § 25 Abs. 1 zu veranlagen sind, z. B. bei ausländischem Arbeitgeber (>BFH vom 27.11.2014 – BStBl II 2015 S. 793).

---
¹) für VZ ab 2013 ohne Bedeutung

Steuererklärungspflicht gem. § 56 Satz 2 EStDV
Die Verpflichtung zur Abgabe der Einkommensteuererklärung nach § 56 Satz 2 EStDV wegen Feststellung eines verbleibenden Verlustvortrags gilt nur für den unmittelbar auf den festgestellten Verlustabzug folgenden VZ.
Ist der Stpfl. nach § 46 Abs. 2 Nr. 8 nur auf seinen Antrag hin zur Einkommensteuer zu veranlagen, kommt er mit der Abgabe der Einkommensteuererklärung nicht nur seiner Erklärungspflicht gem. § 56 Satz 2 EStDV nach, sondern stellt zugleich einen Veranlagungsantrag i. S. d. § 46 Abs. 2 Nr. 8 Satz 2, der wiederum die Ablaufhemmung des § 171 Abs. 3 AO auslöst (>BFH vom 30.03.2017 – BStBl II S. 1046).

Unterzeichnung durch einen Bevollmächtigten
Kehrt ein ausländischer Arbeitnehmer auf Dauer in sein Heimatland zurück, kann dessen Einkommensteuer-Erklärung ausnahmsweise durch einen Bevollmächtigten unter Offenlegung des Vertretungsverhältnisses unterzeichnet werden (>BFH vom 10.04.2002 – BStBl II S. 455).

§ 26
Veranlagung von Ehegatten

(1) ¹Ehegatten können zwischen der Einzelveranlagung (§ 26a) und der Zusammenveranlagung (§ 26b) wählen, wenn
1. beide unbeschränkt einkommensteuerpflichtig im Sinne des § 1 Absatz 1 oder 2 oder des § 1a sind,
2. sie nicht dauernd getrennt leben und
3. bei ihnen die Voraussetzungen aus den Nummern 1 und 2 zu Beginn des Veranlagungszeitraums vorgelegen haben oder im Laufe des Veranlagungszeitraums eingetreten sind.

²Hat ein Ehegatte in dem Veranlagungszeitraum, in dem seine zuvor bestehende Ehe aufgelöst worden ist, eine neue Ehe geschlossen und liegen bei ihm und dem neuen Ehegatten die Voraussetzungen des Satzes 1 vor, bleibt die zuvor bestehende Ehe für die Anwendung des Satzes 1 unberücksichtigt.

(2) ¹Ehegatten werden einzeln veranlagt, wenn einer der Ehegatten die Einzelveranlagung wählt. ²Ehegatten werden zusammen veranlagt, wenn beide Ehegatten die Zusammenveranlagung wählen. ³Die Wahl wird für den betreffenden Veranlagungszeitraum durch Angabe in der Steuererklärung getroffen. ⁴Die Wahl der Veranlagungsart innerhalb eines Veranlagungszeitraums kann nach Eintritt der Unanfechtbarkeit des Steuerbescheids nur noch geändert werden, wenn
1. ein Steuerbescheid, der die Ehegatten betrifft, aufgehoben, geändert oder berichtigt wird und
2. die Änderung der Wahl der Veranlagungsart der zuständigen Finanzbehörde bis zum Eintritt der Unanfechtbarkeit des Änderungs- oder Berichtigungsbescheids schriftlich oder elektronisch mitgeteilt oder zur Niederschrift erklärt worden ist und
3. der Unterschiedsbetrag aus der Differenz der festgesetzten Einkommensteuer entsprechend der bisher gewählten Veranlagungsart und der festzusetzenden Einkommensteuer, die sich bei einer geänderten Ausübung der Wahl der Veranlagungsarten ergeben würde, positiv ist. ²Die Einkommensteuer der einzeln veranlagten Ehegatten ist hierbei zusammenzurechnen.

(3) Wird von dem Wahlrecht nach Absatz 2 nicht oder nicht wirksam Gebrauch gemacht, so ist eine Zusammenveranlagung durchzuführen.

Voraussetzungen für die Anwendung des § 26 EStG
Nicht dauernd getrennt lebend

(1) ¹Bei der Frage, ob Ehegatten als dauernd getrennt lebend anzusehen sind, wird einer auf Dauer herbeigeführten räumlichen Trennung regelmäßig eine besondere Bedeutung zukommen. ²Die eheliche Lebens- und

§ 26 EStG
R 26 H 26

Wirtschaftsgemeinschaft ist jedoch im Allgemeinen nicht aufgehoben, wenn sich die Ehegatten nur vorübergehend räumlich trennen, z. B. bei einem beruflich bedingten Auslandsaufenthalt eines der Ehegatten. ³Sogar in Fällen, in denen die Ehegatten infolge zwingender äußerer Umstände für eine nicht absehbare Zeit räumlich voneinander getrennt leben müssen, z. B. infolge Krankheit oder Verbüßung einer Freiheitsstrafe, kann die eheliche Lebens- und Wirtschaftsgemeinschaft noch weiterbestehen, wenn die Ehegatten die erkennbare Absicht haben, die eheliche Verbindung in dem noch möglichen Rahmen aufrechtzuerhalten und nach dem Wegfall der Hindernisse die volle eheliche Gemeinschaft wiederherzustellen. ⁴Ehegatten, von denen einer vermisst ist, sind im Allgemeinen nicht als dauernd getrennt lebend anzusehen.

Zurechnung gemeinsamer Einkünfte

(2) Gemeinsame Einkünfte der Ehegatten, z. B. aus einer Gesamthandsgesellschaft oder Gesamthandsgemeinschaft sind jedem Ehegatten, falls keine andere Aufteilung in Betracht kommt, zur Hälfte zuzurechnen.

(3) – nicht abgedruckt –¹)

H 26

Hinweise

Allgemeines
- Welche Personen **Ehegatten** i. S. d. § 26 Abs. 1 Satz 1 sind, bestimmt sich **nach bürgerlichem Recht** (>BFH vom 21.06.1957 – BStBl III S. 300).
- Bei Ausländern sind die materiell-rechtlichen Voraussetzungen für jeden Beteiligten nach den Gesetzen des Staates zu beurteilen, dem er angehört. Die Anwendung eines ausländischen Gesetzes ist jedoch ausgeschlossen, wenn es gegen die guten Sitten oder den Zweck eines deutschen Gesetzes verstoßen würde (>BFH vom 06.12.1985 – BStBl II 1986 S. 390). Haben **ausländische Staatsangehörige**, von denen einer außerdem die deutsche Staatsangehörigkeit besitzt, im Inland eine Ehe geschlossen, die zwar nach dem gemeinsamen Heimatrecht, nicht aber nach deutschem Recht gültig ist, so handelt es sich nicht um Ehegatten i. S. d. § 26 Abs. 1 Satz 1 (>BFH vom 17.04.1998 – BStBl II S. 473).
- Eine Ehe ist bei **Scheidung** nach § 1564 BGB **oder Aufhebung** nach § 1313 BGB erst mit Rechtskraft des Urteils aufgelöst; diese Regelung ist auch für das Einkommensteuerrecht maßgebend (>BFH vom 09.03.1973 – BStBl II S. 487).
- Ein Stpfl., dessen Ehegatte **verschollen oder vermisst** ist, gilt als verheiratet. Bei Kriegsgefangenen oder Verschollenen kann i. d. R. ferner

---

¹) für VZ ab 2013 ohne Bedeutung

davon ausgegangen werden, dass sie vor Eintritt der Kriegsgefangenschaft oder Verschollenheit einen Wohnsitz im Inland gehabt haben (>BFH vom 03.03.1978 – BStBl II S. 372).
– Wird ein verschollener Ehegatte **für tot erklärt,** gilt der Stpfl. vom Tag der Rechtskraft des Todeserklärungsbeschlusses an als verwitwet (§ 49 AO, BFH vom 24.08.1956 – BStBl III S. 310).

Ehegatte im Ausland
– >§ 1a Abs. 1 Nr. 2
– Die Antragsveranlagung einer Person mit inländischen Einkünften i. S. d. § 49 nach § 1 Abs. 3 ermöglicht im Grundsatz keine Zusammenveranlagung mit ihrem ebenfalls im Ausland wohnenden Ehegatten, wenn dieser selbst nicht unbeschränkt einkommensteuerpflichtig ist (>BFH vom 22.02.2006 – BStBl II 2007 S. 106).

Ehegatte ohne Einkünfte
Stellt ein Ehegatte, der keine Einkünfte erzielt hat, einen Antrag auf Einzelveranlagung, ist dieser selbst dann unbeachtlich, wenn dem anderen Ehegatten eine Steuerstraftat zur Last gelegt wird. Im Fall eines solchen Antrags sind die Ehegatten nach § 26 Abs. 3 zusammen zu veranlagen, wenn der andere Ehegatte dies beantragt hat (>BFH vom 10.01.1992 – BStBl II S. 297).

Getrenntleben
– Ein dauerndes Getrenntleben ist anzunehmen, wenn die zum Wesen der Ehe gehörende Lebens- und Wirtschaftsgemeinschaft nach dem Gesamtbild der Verhältnisse auf die Dauer nicht mehr besteht. Dabei ist unter Lebensgemeinschaft die räumliche, persönliche und geistige Gemeinschaft der Ehegatten, unter Wirtschaftsgemeinschaft die gemeinsame Erledigung der die Ehegatten gemeinsam berührenden wirtschaftlichen Fragen ihres Zusammenlebens zu verstehen (>BFH vom 15.06.1973 – BStBl II S. 640).
– I. d. R. sind die Angaben der Ehegatten, sie lebten nicht dauernd getrennt, anzuerkennen, es sei denn, dass die äußeren Umstände das Bestehen einer ehelichen Lebens- und Wirtschaftsgemeinschaft fraglich erscheinen lassen (>BFH vom 05.10.1966 – BStBl III 1967 S. 84 und S. 110). In einem Scheidungsverfahren zum Getrenntleben getroffene Feststellungen (§ 1565 BGB) sind für die steuerliche Beurteilung nicht unbedingt bindend (>BFH vom 13.12.1985 – BStBl II 1986 S. 486).

Lebenspartner und Lebenspartnerschaften
>H 2

Tod eines Ehegatten

Die Wahl der Veranlagungsart ist auch nach dem Tod eines Ehegatten für das Jahr des Todes möglich, wobei an die Stelle des Verstorbenen dessen Erben treten. Falls die zur Wahl erforderlichen Erklärungen nicht abgegeben werden, wird nach § 26 Abs. 3 unterstellt, dass eine Zusammenveranlagung gewählt wird, wenn der Erbe Kenntnis von seiner Erbenstellung und den steuerlichen Vorgängen des Erblassers hat. Bis zur Ermittlung des Erben ist einzeln zu veranlagen (>BFH vom 21.06.2007 – BStBl II S. 770).

Wahl der Veranlagungsart

– Beantragen Ehegatten innerhalb der Frist für einen Einspruch gegen den Zusammenveranlagungsbescheid die Einzelveranlagung, ist das Finanzamt bei der daraufhin für jeden durchzuführenden Einzelveranlagung an die tatsächliche und rechtliche Beurteilung der Besteuerungsgrundlagen im Zusammenveranlagungsbescheid gebunden (>BFH vom 03.03.2005 – BStBl II S. 564).

– Ist ein Ehegatte von Amts wegen zu veranlagen und wird auf Antrag eines der beiden Ehegatten eine Einzelveranlagung durchgeführt, ist auch der andere Ehegatte zwingend einzeln zu veranlagen. Für die Veranlagung kommt es in einem solchen Fall auf das Vorliegen der Voraussetzungen des § 46 Abs. 2 nicht mehr an (>BFH vom 21.09.2006 – BStBl II 2007 S. 11).

§ 26a
Einzelveranlagung von Ehegatten

(1) ¹Bei der Einzelveranlagung von Ehegatten sind jedem Ehegatten die von ihm bezogenen Einkünfte zuzurechnen. ²Einkünfte eines Ehegatten sind nicht allein deshalb zum Teil dem anderen Ehegatten zuzurechnen, weil dieser bei der Erzielung der Einkünfte mitgewirkt hat.

(2) ¹Sonderausgaben, außergewöhnliche Belastungen und die Steuerermäßigungen nach den §§ 35a und 35c werden demjenigen Ehegatten zugerechnet, der die Aufwendungen wirtschaftlich getragen hat. ²Auf übereinstimmenden Antrag der Ehegatten werden sie jeweils zur Hälfte abgezogen. ³Der Antrag des Ehegatten, der die Aufwendungen wirtschaftlich getragen hat, ist in begründeten Einzelfällen ausreichend. ⁴§ 26 Absatz 2 Satz 3 gilt entsprechend.

(3) Die Anwendung des § 10d für den Fall des Übergangs von der Einzelveranlagung zur Zusammenveranlagung und von der Zusammenveranlagung zur Einzelveranlagung zwischen zwei Veranlagungszeiträumen, wenn bei beiden Ehegatten nicht ausgeglichene Verluste vorliegen, wird durch Rechtsverordnung der Bundesregierung mit Zustimmung des Bundesrates geregelt.

EStDV
§ 61
Antrag auf hälftige Verteilung von Abzugsbeträgen im Fall des § 26a des Gesetzes

Können die Ehegatten den Antrag nach § 26a Absatz 2 des Gesetzes nicht gemeinsam stellen, weil einer der Ehegatten dazu aus zwingenden Gründen nicht in der Lage ist, kann das Finanzamt den Antrag des anderen Ehegatten als genügend ansehen.

§§ 62 bis 62c
(weggefallen)

§ 62d
Anwendung des § 10d des Gesetzes bei der Veranlagung von Ehegatten

(1) ¹Im Fall der Einzelveranlagung von Ehegatten (§ 26a des Gesetzes) kann der Steuerpflichtige den Verlustabzug nach § 10d des Gesetzes auch für Verluste derjenigen Veranlagungszeiträume geltend machen, in denen die Ehegatten nach § 26b des Gesetzes zusammen veranlagt worden sind. ²Der Verlustabzug kann in diesem Fall nur für Verluste geltend gemacht werden, die der einzeln veranlagte Ehegatte erlitten hat.

(2) ¹Im Fall der Zusammenveranlagung von Ehegatten (§ 26b des Gesetzes) kann der Steuerpflichtige den Verlustabzug nach § 10d des Gesetzes auch für Verluste derjenigen Veranlagungszeiträume geltend machen, in denen die Ehegatten nach § 26a des Gesetzes einzeln veranlagt worden sind. ²Im Fall der Zusammenveranlagung von Ehegatten (§ 26b des Gesetzes) in einem Veranlagungszeitraum, in den negative Einkünfte nach § 10d Abs. 1 des Gesetzes zurückgetragen werden, sind nach Anwendung des § 10d Abs. 1 des Gesetzes verbleibende negative Einkünfte für den Verlustvortrag nach § 10d Abs. 2 des Gesetzes in Veranlagungszeiträume, in denen eine Zusammenveranlagung nicht stattfindet, auf die Ehegatten nach dem Verhältnis aufzuteilen, in dem die auf den einzelnen Ehegatten entfallenden Verluste im Veranlagungszeitraum der Verlustentstehung zueinander stehen.

R 26a. Veranlagung von Ehegatten nach § 26a EStG

– nicht abgedruckt –¹)

H 26a

Hinweise

Gütergemeinschaft
- Zur Frage der einkommensteuerrechtlichen Wirkung des Güterstands der allgemeinen Gütergemeinschaft zwischen Ehegatten >BFH-Gutachten vom 18.02.1959 (BStBl III S. 263)
- Gewerbebetrieb als Gesamtgut der in Gütergemeinschaft lebenden Ehegatten >H 15.9 (1) Gütergemeinschaft
- Kein Gesellschaftsverhältnis, wenn die persönliche Arbeitsleistung eines Ehegatten in den Vordergrund tritt und im Betrieb kein nennenswertes ins Gesamtgut fallendes Kapital eingesetzt wird >BFH vom 20.03.1980 (BStBl II S. 634)
- Übertragung einer im gemeinsamen Ehegatteneigentum stehenden forstwirtschaftlich genutzten Fläche in das Alleineigentum eines Ehegatten >H 4.2 (12) Gütergemeinschaft
- Ist die einkommensteuerrechtliche Auswirkung der Gütergemeinschaft zwischen Ehegatten streitig, ist hierüber im Verfahren der gesonderten und einheitlichen Feststellung (§§ 179, 180 AO) zu befinden (>BFH vom 23.06.1971 – BStBl II S. 730).

Kinderbetreuungskosten

Anhang 19a >BMF vom 14.03.2012 (BStBl I S. 307), Rdnr. 27

---

¹) für VZ ab 2013 ohne Bedeutung

§ 26a EStG
H 26a

Pauschbetrag für Menschen mit Behinderungen
Nach § 26a Abs. 2 Satz 2 ist auf übereinstimmenden Antrag der Ehegatten der einem Ehegatten zustehende Pauschbetrag für Menschen mit Behinderungen (§ 33b Abs. 1 bis 3) bei der Einzelveranlagung der Ehegatten jeweils zur Hälfte abzuziehen (>BFH vom 20.12.2017 – BStBl II 2018 S. 468).

Zugewinngemeinschaft
Jeder Ehegatte bezieht – wie bei der Gütertrennung – die Nutzungen seines Vermögens selbst (§§ 1363 ff. BGB).

§ 26b EStG § 62d EStDV
R 26b H 26b

S 2264

§ 26b
Zusammenveranlagung von Ehegatten

Bei der Zusammenveranlagung von Ehegatten werden die Einkünfte, die die Ehegatten erzielt haben, zusammengerechnet, den Ehegatten gemeinsam zugerechnet und, soweit nichts anderes vorgeschrieben ist, die Ehegatten sodann gemeinsam als Steuerpflichtiger behandelt.

EStDV

S 2263

EStDV
§ 62d
Anwendung des § 10d des Gesetzes bei der Veranlagung von Ehegatten

(zu § 26a EStG abgedruckt)

R 26b.

Zusammenveranlagung von Ehegatten nach § 26b EStG
Gesonderte Ermittlung der Einkünfte

(1) [1]Die Zusammenveranlagung nach § 26b EStG führt zwar zu einer Zusammenrechnung, nicht aber zu einer einheitlichen Ermittlung der Einkünfte der Ehegatten. [2]Wegen des Verlustabzugs nach § 10d EStG wird auf § 62d Abs. 2 EStDV und R 10d Abs. 6 hingewiesen.

Feststellung gemeinsamer Einkünfte

(2) Gemeinsame Einkünfte zusammenzuveranlagender Ehegatten sind grundsätzlich gesondert und einheitlich festzustellen (§ 180 Abs. 1 Nr. 2 Buchstabe a[1]) und § 179 Abs. 2 AO), sofern es sich nicht um Fälle geringer Bedeutung handelt (§ 180 Abs. 3 AO).

H 26b

Hinweise

Feststellung gemeinsamer Einkünfte

Bei Ehegatten ist eine gesonderte und einheitliche Feststellung von Einkünften jedenfalls dann durchzuführen, wenn ein für die Besteuerung erhebliches Merkmal streitig ist, so auch, wenn zweifelhaft ist, ob Einkünfte vorliegen, an denen ggf. die Eheleute beteiligt sind (>BFH vom 17.05.1995 – BStBl II S. 640). Dies ist nicht erforderlich bei Fällen von geringer Bedeutung. Solche Fälle sind beispielsweise bei Mieteinkünften von zusammenzuveranlagenden Ehegatten (>BFH vom 20.01.1976 – BStBl II S. 305) und bei dem gemeinschaftlich erzielten Gewinn von zusammen zu veranlagenden Landwirts-Ehegatten (>BFH vom 04.07.1985 – BStBl II S. 576) gegeben, wenn die Einkünfte verhältnismäßig einfach zu ermitteln sind und die Aufteilung feststeht.

---

[1]) jetzt § 180 Abs. 1 Satz 1 Nr. 2 Buchst. a AO

Gesonderte Ermittlung der Einkünfte
Bei der Zusammenveranlagung nach § 26b sind ebenso wie bei der Einzelveranlagung nach § 26a für jeden Ehegatten die von ihm bezogenen Einkünfte gesondert zu ermitteln (>BFH vom 25.02.1988 – BStBl II S. 827).

§ 27
(weggefallen)

§ 28
Besteuerung bei fortgesetzter Gütergemeinschaft

Bei fortgesetzter Gütergemeinschaft gelten Einkünfte, die in das Gesamtgut fallen, als Einkünfte des überlebenden Ehegatten, wenn dieser unbeschränkt steuerpflichtig ist.

§§ 29 und 30
(weggefallen)

IV. Tarif
§ 31
Familienleistungsausgleich

¹Die steuerliche Freistellung eines Einkommensbetrags in Höhe des Existenzminimums eines Kindes einschließlich der Bedarfe für Betreuung und Erziehung oder Ausbildung wird im gesamten Veranlagungszeitraum entweder durch die Freibeträge nach § 32 Absatz 6 oder durch Kindergeld nach Abschnitt X bewirkt. ²Soweit das Kindergeld dafür nicht erforderlich ist, dient es der Förderung der Familie. ³Im laufenden Kalenderjahr wird Kindergeld als Steuervergütung monatlich gezahlt. ⁴Bewirkt der Anspruch auf Kindergeld für den gesamten Veranlagungszeitraum die nach Satz 1 gebotene steuerliche Freistellung nicht vollständig und werden deshalb bei der Veranlagung zur Einkommensteuer die Freibeträge nach § 32 Absatz 6 vom Einkommen abgezogen, erhöht sich die unter Abzug dieser Freibeträge ermittelte tarifliche Einkommensteuer um den Anspruch auf Kindergeld für den gesamten Veranlagungszeitraum; bei nicht zusammenveranlagten Eltern wird der Kindergeldanspruch im Umfang des Kinderfreibetrags angesetzt. ⁵Bei der Prüfung der Steuerfreistellung und der Hinzurechnung nach Satz 4 bleibt der Anspruch auf Kindergeld für Kalendermonate unberücksichtigt, in denen durch Bescheid der Familienkasse ein Anspruch auf Kindergeld festgesetzt, aber wegen § 70 Absatz 1 Satz 2 nicht ausgezahlt wurde. ⁶Satz 4 gilt entsprechend für mit dem Kindergeld vergleichbare Leistungen nach § 65. ⁷Besteht nach ausländischem Recht Anspruch auf Leistungen für Kinder, wird dieser insoweit nicht berücksichtigt, als er das inländische Kindergeld übersteigt.

Familienleistungsausgleich

>Prüfung der Steuerfreistellung

(1) – unbesetzt –

Anspruch auf Kindergeld

(2) ¹Bei der Prüfung der Steuerfreistellung ist auf das für den jeweiligen VZ zustehende Kindergeld oder die vergleichbare Leistung abzustellen, unabhängig davon, ob ein Antrag gestellt wurde oder eine Zahlung erfolgt ist. ²Dem Kindergeld vergleichbare Leistungen i. S. d. § 65 Abs. 1 Satz 1 EStG oder Leistungen auf Grund über- oder zwischenstaatlicher Rechtsvorschriften sind wie Ansprüche auf Kindergeld bis zur Höhe der Beträge nach § 66 EStG zu berücksichtigen. ³Auch ein Anspruch auf Kindergeld, dessen Festsetzung aus verfahrensrechtlichen Gründen nicht erfolgt ist, ist zu berücksichtigen.

§ 31 EStG
H 31 R 31

Zurechnung des Kindergelds/zivilrechtlicher Ausgleich

(3) ¹Der Anspruch auf Kindergeld ist demjenigen zuzurechnen, der für das Kind Anspruch auf einen Kinderfreibetrag nach § 32 Abs. 6 EStG hat, auch wenn das Kindergeld an das Kind selbst oder einen Dritten (z. B. einen Träger von Sozialleistungen) ausgezahlt wird. ²Der Anspruch auf Kindergeld ist grundsätzlich beiden Elternteilen jeweils zur Hälfte zuzurechnen; dies gilt unabhängig davon, ob ein barunterhaltspflichtiger Elternteil Kindergeld über den zivilrechtlichen Ausgleich von seinen Unterhaltszahlungen abzieht, oder ein zivilrechtlicher Ausgleich nicht in Anspruch genommen wird. ³In den Fällen des § 32 Abs. 6 Satz 3 EStG und in den Fällen der Übertragung des Kinderfreibetrags (§ 32 Abs. 6 Satz 6, 1. Alternative EStG) ist dem Stpfl. der gesamte Anspruch auf Kindergeld zuzurechnen. ⁴Wird für ein Kind lediglich der Freibetrag für den Betreuungs- und Erziehungs- oder Ausbildungsbedarf übertragen (§ 32 Abs. 6 Satz 6, 2. Alternative EStG), bleibt die Zurechnung des Anspruchs auf Kindergeld hiervon unberührt.

Abstimmung zwischen Finanzämtern und Familienkassen

(4) ¹Kommen die Freibeträge für Kinder zum Abzug, hat das Finanzamt die Veranlagung grundsätzlich unter Berücksichtigung des Anspruchs auf Kindergeld durchzuführen. ²Ergeben sich durch den Vortrag des Stpfl. begründete Zweifel am Bestehen eines Anspruchs auf Kindergeld, ist die Familienkasse zu beteiligen. ³Wird von der Familienkasse bescheinigt, dass ein Anspruch auf Kindergeld besteht, übernimmt das Finanzamt grundsätzlich die Entscheidung der Familienkasse über die Berücksichtigung des Kindes. ⁴Zweifel an der Richtigkeit der Entscheidung der einen Stelle (Finanzamt oder Familienkasse) oder eine abweichende Auffassung sind der Stelle, welche die Entscheidung getroffen hat, mitzuteilen. ⁵Diese teilt der anderen Stelle mit, ob sie den Zweifeln Rechnung trägt bzw. ob sie sich der abweichenden Auffassung anschließt. ⁶Kann im Einzelfall kein Einvernehmen erzielt werden, haben das Finanzamt und die Familienkasse der jeweils vorgesetzten Behörde zu berichten. ⁷Bis zur Klärung der Streitfrage ist die Festsetzung unter dem Vorbehalt der Nachprüfung durchzuführen.

Hinweise   H 31

Hinzurechnung nach § 31 Satz 4 und 5

– Für die Hinzurechnung ist allein entscheidend, ob ein Anspruch auf Kindergeld besteht. Der Kindergeldanspruch ist daher unabhängig davon, ob das Kindergeld tatsächlich gezahlt worden ist, hinzuzurechnen, wenn die Berücksichtigung von Freibeträgen nach § 32 Abs. 6 rechnerisch günstiger ist als der Kindergeldanspruch (>BFH vom 13.09.2012 – BStBl II 2013 S. 228). Dies gilt auch dann, wenn ein Kindergeldantrag trotz des materiell-rechtlichen Bestehens des Anspruchs bestandskräftig abgelehnt worden ist (>BFH vom 15.03.2012 – BStBl II 2013 S. 226).

– >aber § 31 Satz 5

Prüfung der Steuerfreistellung
Die Vergleichsrechnung, bei der geprüft wird, ob das Kindergeld oder der Ansatz der Freibeträge nach § 32 Abs. 6 für den Stpfl. vorteilhafter ist, wird für jedes Kind einzeln durchgeführt. Dies gilt auch dann, wenn eine Zusammenfassung der Freibeträge für zwei und mehr Kinder wegen der Besteuerung außerordentlicher Einkünfte günstiger wäre (>BFH vom 28.04.2010 – BStBl II 2011 S. 259).

Übersicht über vergleichbare ausländische Leistungen
>BZSt vom 16.01.2017 (BStBl I S. 151)

Über- und zwischenstaatliche Rechtsvorschriften
Über- und zwischenstaatliche Rechtsvorschriften i. S. d. R 31 Abs. 2 Satz 2 sind insbesondere folgende Regelungen:

– Verordnung (EG) Nr. 883/2004 des Europäischen Parlaments und des Rates vom 29.04.2004 zur Koordinierung der Systeme der sozialen Sicherheit (ABl. EG Nr. L 200 vom 07.06.2004, S. 1), zuletzt geändert durch VO (EU) Nr. 2017/492 der Kommission vom 21.03.2017 (ABl. Nr. L 76 vom 22.03.2017, S. 13), anzuwenden im Verhältnis zu den EU-Staaten seit 01.05.2010 (zu Kroatien seit 01.07.2013), zur Schweiz seit 01.04.2012 und zu den EWR-Staaten Island, Liechtenstein und Norwegen seit 01.06.2012, zu den Übergangsbestimmungen >Art. 87 VO (EG) Nr. 883/2004,

– Verordnung (EG) Nr. 987/2009 des Europäischen Parlaments und des Rates vom 16.09.2009 zur Festlegung der Modalitäten für die Durchführung der Verordnung (EG) Nr. 883/2004 über die Koordinierung der Systeme der sozialen Sicherheit (ABl. Nr. L 284 vom 30.10.2009, S. 1), anzuwenden im Verhältnis zu den EU-Staaten seit 01.05.2010 (zu Kroatien seit 01.07.2013), zur Schweiz seit 01.04.2012 und zu den EWR-Staaten Island, Liechtenstein und Norwegen seit 01.06.2012, zu den Übergangsbestimmungen >Art. 93 VO (EG) Nr. 987/2009 i. V. m. Art. 87 VO (EG) Nr. 883/2004,

– Verordnung (EU) Nr. 1231/2010 des Europäischen Parlaments und des Rates vom 24.11.2010 zur Ausdehnung der Verordnung (EG) Nr. 883/2004 und der Verordnung (EG) Nr. 987/2009 auf Drittstaatsangehörige, die ausschl. aufgrund ihrer Staatsangehörigkeit nicht bereits unter diese Verordnungen fallen (ABl. Nr. L 344 vom 29.12.2010, S. 1), gültig in allen Mitgliedstaaten der EU mit Ausnahme von Dänemark und Großbritannien,

– EWR-Abkommen vom 02.05.1992 (BGBl. 1993 II S. 226) i. d. F. des Anpassungsprotokolls vom 17.03.1993 (BGBl. II S. 1294),

– Abkommen zwischen der Europäischen Gemeinschaft und ihren Mitgliedstaaten einerseits und der Schweizerischen Eidgenossenschaft andererseits über die Freizügigkeit vom 21.06.1999 (BGBl. 2001 II S. 810), in Kraft getreten am 01.06.2002 (BGBl. II S. 1692). Nach diesem Abkommen gelten die gemeinschaftsrechtlichen Koordinierungsvorschriften (Verordnungen (EG) Nr. 883/2004 und 987/2009) seit dem 01.04.2012 auch im Verhältnis zur Schweiz.

Aufgrund der vorstehenden Regelungen besteht i. d. R. vorrangig ein Anspruch im Beschäftigungsstaat. Wenn die ausländische Familienleistung geringer ist und der andere Elternteil dem deutschen Recht der sozialen Sicherheit unterliegt, besteht Anspruch auf einen Unterschiedsbetrag zum Kindergeld in Deutschland:

– **Bosnien und Herzegowina**
  >Serbien/Montenegro

– **Marokko**
  Abkommen zwischen der Bundesrepublik Deutschland und dem Königreich Marokko über Kindergeld vom 25.03.1981 (BGBl. 1995 II S. 634 ff.) i. d. F. des Zusatzabkommens vom 22.11.1991 (BGBl. 1995 II S. 640), beide in Kraft getreten am 01.08.1996 (BGBl. II S. 1455)

– **Mazedonien**
  >Serbien/Montenegro

– **Serbien/Montenegro**
  Abkommen zwischen der Bundesrepublik Deutschland und der Sozialistischen Föderativen Republik Jugoslawien über Soziale Sicherheit vom 12.10.1968 (BGBl. 1969 II S. 1437) in Kraft getreten am 01.09.1969 (BGBl. II S. 1568) i. d. F. des Änderungsabkommens vom 30.09.1974 (BGBl. 1975 II S. 389) in Kraft getreten am 01.01.1975 (BGBl. II S. 916)

  Das vorgenannte Abkommen gilt im Verhältnis zu Bosnien und Herzegowina, Serbien sowie Montenegro uneingeschränkt fort, nicht jedoch im Verhältnis zur Republik Kroatien, zur Republik Slowenien und zur Republik Mazedonien.

– **Türkei**
  Abkommen zwischen der Bundesrepublik Deutschland und der Republik Türkei über Soziale Sicherheit vom 30.04.1964 (BGBl. 1965 II S. 1169 ff.) in Kraft getreten am 01.11.1965 (BGBl. II S. 1588) i. d. F. des Zusatzabkommens vom 02.11.1984 zur Änderung des Abkommens (BGBl. 1986 II S. 1040 ff.) in Kraft getreten am 01.04.1987 (BGBl. II S. 188)

– **Tunesien**
  Abkommen zwischen der Bundesrepublik Deutschland und der Tunesischen Republik über Kindergeld vom 20.09.1991 (BGBl. 1995 II S. 642 ff.) in Kraft getreten am 01.08.1996 (BGBl. II S. 2522)

§ 31 EStG
H 31

Höhe des inländischen Kindergelds für Kinder in einzelnen Abkommensstaaten:

Angaben in € je Monat	1. Kind	2. Kind	3. Kind	4. Kind	5. Kind	6. Kind	ab 7. Kind
Bosnien und Herzegowina	5,11	12,78	30,68	30,68	35,79	35,79	35,79
Kosovo	5,11	12,78	30,68	30,68	35,79	35,79	35,79
Marokko	5,11	12,78	12,78	12,78	12,78	12,78	–
Montenegro	5,11	12,78	30,68	30,68	35,79	35,79	35,79
Serbien	5,11	12,78	30,68	30,68	35,79	35,79	35,79
Türkei	5,11	12,78	30,68	30,68	35,79	35,79	35,79
Tunesien	5,11	12,78	12,78	12,78	–	–	–

Zivilrechtlicher Ausgleich

Verzichtet der zum Barunterhalt verpflichtete Elternteil durch gerichtlichen oder außergerichtlichen Vergleich auf die Anrechnung des hälftigen Kindergeldes auf den Kindesunterhalt, ist sein zivilrechtlicher Ausgleichsanspruch gleichwohl in die Prüfung der Steuerfreistellung des § 31 einzubeziehen (>BFH vom 16.03.2004 – BStBl II 2005 S. 332). Sieht das Zivilrecht eines anderen Staates nicht vor, dass das Kindergeld die Unterhaltszahlung an das Kind mindert, ist der für das Kind bestehende Kindergeldanspruch dennoch bei der Prüfung der Steuerfreistellung nach § 31 anzusetzen (>BFH vom 13.08.2002 – BStBl II S. 867 und vom 28.06.2012 – BStBl II 2013 S. 855).

Zurechnung des Kindergelds

Bei der Prüfung der Steuerfreistellung ist der gesamte Anspruch auf Kindergeld dem vollen Kinderfreibetrag gegenüberzustellen, wenn der halbe Kinderfreibetrag auf den betreuenden Elternteil übertragen wurde, weil der andere Elternteil seiner Unterhaltsverpflichtung gegenüber dem Kind nicht nachkam (>BFH vom 16.03.2004 – BStBl II 2005 S. 594).

§ 32
Kinder, Freibeträge für Kinder

(1) Kinder sind
1. im ersten Grad mit dem Steuerpflichtigen verwandte Kinder,
2. Pflegekinder (Personen, mit denen der Steuerpflichtige durch ein familienähnliches, auf längere Dauer berechnetes Band verbunden ist, sofern er sie nicht zu Erwerbszwecken in seinen Haushalt aufgenommen hat und das Obhuts- und Pflegeverhältnis zu den Eltern nicht mehr besteht).

(2) ¹Besteht bei einem angenommenen Kind das Kindschaftsverhältnis zu den leiblichen Eltern weiter, ist es vorrangig als angenommenes Kind zu berücksichtigen. ²Ist ein im ersten Grad mit dem Steuerpflichtigen verwandtes Kind zugleich ein Pflegekind, ist es vorrangig als Pflegekind zu berücksichtigen.

(3) Ein Kind wird in dem Kalendermonat, in dem es lebend geboren wurde, und in jedem folgenden Kalendermonat, zu dessen Beginn es das 18. Lebensjahr noch nicht vollendet hat, berücksichtigt.

(4) ¹Ein Kind, das das 18. Lebensjahr vollendet hat, wird berücksichtigt, wenn es
1. noch nicht das 21. Lebensjahr vollendet hat, nicht in einem Beschäftigungsverhältnis steht und bei einer Agentur für Arbeit im Inland als Arbeitsuchender gemeldet ist oder
2. noch nicht das 25. Lebensjahr vollendet hat und
    a) für einen Beruf ausgebildet wird oder
    b) sich in einer Übergangszeit von höchstens vier Monaten befindet, die zwischen zwei Ausbildungsabschnitten oder zwischen einem Ausbildungsabschnitt und der Ableistung des gesetzlichen Wehr- oder Zivildienstes, einer vom Wehr- oder Zivildienst befreienden Tätigkeit als Entwicklungshelfer oder als Dienstleistender im Ausland nach § 14b des Zivildienstgesetzes oder der Ableistung des freiwilligen Wehrdienstes nach § 58b des Soldatengesetzes oder der Ableistung eines freiwilligen Dienstes im Sinne des Buchstaben d liegt, oder
    c) eine Berufsausbildung mangels Ausbildungsplatzes nicht beginnen oder fortsetzen kann oder
    d) einen der folgenden freiwilligen Dienste leistet:
        aa) ein freiwilliges soziales Jahr im Sinne des Jugendfreiwilligendienstegesetzes,
        bb) ein freiwilliges ökologisches Jahr im Sinne des Jugendfreiwilligendienstegesetzes,
        cc) einen Bundesfreiwilligendienst im Sinne des Bundesfreiwilligendienstgesetzes,
        dd) eine Freiwilligentätigkeit im Rahmen des Europäischen Solidaritätskorps im Sinne der Verordnung (EU) 2021/888

§ 32 EStG

des Europäischen Parlaments und des Rates vom 20. Mai 2021 zur Aufstellung des Programms für das Europäische Solidaritätskorps und zur Aufhebung der Verordnungen (EU) 2018/1475 und (EU) Nr. 375/2014 (ABl. L 202 vom 8.6.2021, S. 32),

ee) einen anderen Dienst im Ausland im Sinne von § 5 des Bundesfreiwilligendienstgesetzes,

ff) einen entwicklungspolitischen Freiwilligendienst „weltwärts" im Sinne der Förderleitlinie des Bundesministeriums für wirtschaftliche Zusammenarbeit und Entwicklung vom 1. Januar 2016,

gg) einen Freiwilligendienst aller Generationen im Sinne von § 2 Absatz 1a des Siebten Buches Sozialgesetzbuch oder

hh) einen Internationalen Jugendfreiwilligendienst im Sinne der Richtlinie des Bundesministeriums für Familie, Senioren, Frauen und Jugend vom 4. Januar 2021 (GMBl S. 77) oder

[1]) 3. wegen körperlicher, geistiger oder seelischer Behinderung außerstande ist, sich selbst zu unterhalten; Voraussetzung ist, dass die Behinderung vor Vollendung des 25. Lebensjahres eingetreten ist.

²Nach Abschluss einer erstmaligen Berufsausbildung oder eines Erststudiums wird ein Kind in den Fällen des Satzes 1 Nummer 2 nur berücksichtigt, wenn das Kind keiner Erwerbstätigkeit nachgeht. ³Eine Erwerbstätigkeit mit bis zu 20 Stunden regelmäßiger wöchentlicher Arbeitszeit, ein Ausbildungsdienstverhältnis oder ein geringfügiges Beschäftigungsverhältnis im Sinne der §§ 8 und 8a des Vierten Buches Sozialgesetzbuch sind unschädlich.

(5) ¹In den Fällen des Absatzes 4 Satz 1 Nummer 1 oder Nummer 2 Buchstabe a und b wird ein Kind, das

1. den gesetzlichen Grundwehrdienst oder Zivildienst geleistet hat, oder

2. sich anstelle des gesetzlichen Grundwehrdienstes freiwillig für die Dauer von nicht mehr als drei Jahren zum Wehrdienst verpflichtet hat, oder

3. eine vom gesetzlichen Grundwehrdienst oder Zivildienst befreiende Tätigkeit als Entwicklungshelfer im Sinne des § 1 Absatz 1 des Entwicklungshelfer-Gesetzes ausgeübt hat,

für einen der Dauer dieser Dienste oder der Tätigkeit entsprechenden Zeitraum, höchstens für die Dauer des inländischen gesetzlichen Grundwehrdienstes oder bei anerkannten Kriegsdienstverweigerern für die Dauer des inländischen gesetzlichen Zivildienstes über das 21. oder 25. Lebensjahr hinaus berücksichtigt. ²Wird der gesetzliche

---

[1]) zur Anwendung des Absatzes 4 Satz 1 Nr. 3 in der bis zum 31.12.2006 geltenden Fassung >§ 52 Abs. 32 Satz 1

Grundwehrdienst oder Zivildienst in einem Mitgliedstaat der Europäischen Union oder einem Staat, auf den das Abkommen über den Europäischen Wirtschaftsraum Anwendung findet, geleistet, so ist die Dauer dieses Dienstes maßgebend. ³Absatz 4 Satz 2 und 3 gilt entsprechend.

(6) ¹Bei der Veranlagung zur Einkommensteuer wird für jedes zu berücksichtigende Kind des Steuerpflichtigen ein Freibetrag von *2.810 Euro* für das sächliche Existenzminimum des Kindes (Kinderfreibetrag) sowie ein Freibetrag von 1.464 Euro für den Betreuungs- und Erziehungs- oder Ausbildungsbedarf des Kindes vom Einkommen abgezogen. ²Bei Ehegatten, die nach den §§ 26, 26b zusammen zur Einkommensteuer veranlagt werden, verdoppeln sich die Beträge nach Satz 1, wenn das Kind zu beiden Ehegatten in einem Kindschaftsverhältnis steht. ³Die Beträge nach Satz 2 stehen dem Steuerpflichtigen auch dann zu, wenn

1. der andere Elternteil verstorben oder nicht unbeschränkt einkommensteuerpflichtig ist oder
2. der Steuerpflichtige allein das Kind angenommen hat oder das Kind nur zu ihm in einem Pflegekindschaftsverhältnis steht.

⁴Für ein nicht nach § 1 Absatz 1 oder 2 unbeschränkt einkommensteuerpflichtiges Kind können die Beträge nach den Sätzen 1 bis 3 nur abgezogen werden, soweit sie nach den Verhältnissen seines Wohnsitzstaates notwendig und angemessen sind. ⁵Für jeden Kalendermonat, in dem die Voraussetzungen für einen Freibetrag nach den Sätzen 1 bis 4 nicht vorliegen, ermäßigen sich die dort genannten Beträge um ein Zwölftel. ⁶Abweichend von Satz 1 wird bei einem unbeschränkt einkommensteuerpflichtigen Elternpaar, bei dem die Voraussetzungen des § 26 Absatz 1 Satz 1 nicht vorliegen, auf Antrag eines Elternteils der dem anderen Elternteil zustehende Kinderfreibetrag auf ihn übertragen, wenn er, nicht jedoch der andere Elternteil, seiner Unterhaltspflicht gegenüber dem Kind für das Kalenderjahr im Wesentlichen nachkommt oder der andere Elternteil mangels Leistungsfähigkeit nicht unterhaltspflichtig ist; die Übertragung des Kinderfreibetrags führt stets auch zur Übertragung des Freibetrags für den Betreuungs- und Erziehungs- oder Ausbildungsbedarf. ⁷Eine Übertragung nach Satz 6 scheidet für Zeiträume aus, für die Unterhaltsleistungen nach dem Unterhaltsvorschussgesetz gezahlt werden. ⁸Bei minderjährigen Kindern wird der dem Elternteil, in dessen Wohnung das Kind nicht gemeldet ist, zustehende Freibetrag für den Betreuungs- und Erziehungs- oder Ausbildungsbedarf auf Antrag des anderen Elternteils auf diesen übertragen, wenn bei dem Elternpaar die Voraussetzungen des § 26 Absatz 1 Satz 1 nicht vorliegen. ⁹Eine Übertragung nach Satz 8 scheidet aus, wenn der Übertragung widersprochen wird, weil der Elternteil, bei dem das Kind nicht gemeldet

---

¹⁾ *Absatz 6 Satz 1 i. d. F. des Artikels 1 des InflAusG ist beim Steuerabzug vom Arbeitslohn ab dem 01.01.2023 anzuwenden >§ 52 Abs. 32 Satz 5.*

§ 32 EStG
R 32.1, 32.2   H 32.1

ist, Kinderbetreuungskosten trägt oder das Kind regelmäßig in einem nicht unwesentlichen Umfang betreut. [10]Die den Eltern nach den Sätzen 1 bis 9 zustehenden Freibeträge können auf Antrag auch auf einen Stiefelternteil oder Großelternteil übertragen werden, wenn dieser das Kind in seinen Haushalt aufgenommen hat oder dieser einer Unterhaltspflicht gegenüber dem Kind unterliegt. [11]Die Übertragung nach Satz 10 kann auch mit Zustimmung des berechtigten Elternteils erfolgen, die nur für künftige Kalenderjahre widerrufen werden kann.

R 32.1

Im ersten Grad mit dem Stpfl. verwandte Kinder
– unbesetzt –

H 32.1

Hinweise

Anerkennung der Vaterschaft

Die Anerkennung der Vaterschaft begründet den gesetzlichen Vaterschaftstatbestand des § 1592 Nr. 2 BGB und bestätigt das zwischen dem Kind und seinem Vater von der Geburt an bestehende echte Verwandtschaftsverhältnis i. S. d. § 32 Abs. 1 Nr. 1. Bestandskräftige Einkommensteuerbescheide sind nach § 175 Abs. 1 Satz 1 Nr. 2 AO zu ändern und kindbedingte Steuervorteile zu berücksichtigen (>BFH vom 28.07.2005 – BStBl II 2008 S. 350).

Annahme als Kind

>A 10.2 Abs. 1 und 3 DA-KG *2022*:

„(1) Ein angenommenes minderjähriges Kind ist mit dem Berechtigten im ersten Grad verwandt (vgl. § 32 Abs. 1 Nr. 1 EStG). Die Annahme wird vom Familiengericht ausgesprochen und durch Zustellung des Annahmebeschlusses an die annehmende Person rechtswirksam (§ 197 Abs. 2 FamFG). Mit der Annahme als Kind erlischt das Verwandtschaftsverhältnis des Kindes zu seinen bisherigen Verwandten. Nimmt ein Ehegatte oder Lebenspartner das Kind seines Ehegatten oder Lebenspartners an, erlischt das Verwandtschaftsverhältnis nur zu dem anderen Elternteil und dessen Verwandten (§ 1755 BGB).

(3) Wird eine volljährige Person als Kind angenommen, gilt diese ebenfalls als im ersten Grad mit der annehmenden Person verwandt. Das Verwandtschaftsverhältnis zu bisherigen Verwandten erlischt jedoch nur dann, wenn das Familiengericht der Annahme die Wirkung einer Minderjährigenannahme beigelegt hat (§ 1772 BGB). …"

R 32.2

Pflegekinder

Pflegekindschaftsverhältnis

(1) [1]Ein Pflegekindschaftsverhältnis (§ 32 Abs. 1 Nr. 2 EStG) setzt voraus, dass das Kind im Haushalt der Pflegeeltern sein Zuhause hat und diese zu dem Kind in einer familienähnlichen, auf längere Dauer angelegten Beziehung wie zu einem eigenen Kind stehen, z. B. wenn der Stpfl. ein Kind im Rahmen von Hilfe zur Erziehung in Vollzeitpflege (§§ 27, 33

§ 32 EStG
H 32.2 **R 32.2**

SGB VIII) oder im Rahmen von Eingliederungshilfe (§ 35a Abs. 2 Nr. 3 SGB VIII) in seinen Haushalt aufnimmt, sofern das Pflegeverhältnis auf Dauer angelegt ist. [2]Hieran fehlt es, wenn ein Kind von vornherein nur für eine begrenzte Zeit im Haushalt des Stpfl. Aufnahme findet. [3]Kinder, die mit dem Ziel der Annahme vom Stpfl. in Pflege genommen werden (§ 1744 BGB), sind regelmäßig Pflegekinder. [4]Zu Erwerbszwecken in den Haushalt aufgenommen sind z. B. Kostkinder. [5]Hat der Stpfl. mehr als sechs Kinder in seinem Haushalt aufgenommen, spricht eine Vermutung dafür, dass es sich um Kostkinder handelt.

Kein Obhuts- und Pflegeverhältnis zu den leiblichen Eltern

(2) [1]Voraussetzung für ein Pflegekindschaftsverhältnis zum Stpfl. ist, dass das Obhuts- und Pflegeverhältnis zu den leiblichen Eltern nicht mehr besteht, d. h. die familiären Bindungen zu diesen auf Dauer aufgegeben sind. [2]Gelegentliche Besuchskontakte allein stehen dem nicht entgegen.

Altersunterschied

(3) [1]Ein Altersunterschied wie zwischen Eltern und Kindern braucht nicht unbedingt zu bestehen. [2]Dies gilt auch, wenn das zu betreuende Geschwister von Kind an wegen Behinderung pflegebedürftig war und das betreuende Geschwister die Stelle der Eltern, z. B. nach deren Tod, einnimmt. [3]Ist das zu betreuende Geschwister dagegen erst im Erwachsenenalter pflegebedürftig geworden, wird im Allgemeinen ein dem Eltern-Kind-Verhältnis ähnliches Pflegeverhältnis nicht mehr begründet werden können.

Hinweise

H 32.2

Familienähnliches, auf längere Dauer berechnetes Band; nicht zu Erwerbszwecken

>A 11.3 DA-KG *2022*:

„(1) Ein familienähnliches Band wird allgemein dann angenommen, wenn zwischen der Pflegeperson und dem Kind ein Aufsichts-, Betreuungs- und Erziehungsverhältnis wie zwischen Eltern und leiblichen Kind besteht. Es kommt nicht darauf an, ob die Pflegeeltern die Personensorge innehaben.

(2) Die nach § 32 Abs. 1 Nr. 2 EStG erforderliche familienähnliche Bindung muss von vornherein auf mehrere Jahre angelegt sein. Maßgebend ist nicht die tatsächliche Dauer der Bindung, wie sie sich aus rückschauender Betrachtung darstellt, sondern vielmehr die Dauer, die der Bindung nach dem Willen der Beteiligten bei der Aufnahme des Kindes zugedacht ist. Dabei kann bei einer von den Beteiligten beabsichtigten Dauer von mindestens zwei Jahren im Regelfall davon ausgegangen werden, dass ein Pflegekindschaftsverhältnis i. S. d. EStG begründet worden ist. Das Gleiche gilt, wenn ein Kind mit dem Ziel der Annahme als Kind in Pflege genommen wird.

(3) Ein familienähnliches Band kann auch noch begründet werden, wenn ein Kind kurz vor Eintritt der Volljährigkeit in den Haushalt der Pflegeperson aufgenommen wird. Die Aufnahme einer volljährigen Person, insbesondere eines volljährigen Familienangehörigen, in den Haushalt und die Sorge für diese Person begründet

für sich allein regelmäßig kein Pflegekindschaftsverhältnis, selbst wenn es sich um eine Person mit Behinderung handelt. Wenn es sich bei der Person jedoch um einen Menschen mit schwerer geistiger oder seelischer Behinderung handelt, der in seiner geistigen Entwicklung einem Kind gleichsteht, kann ein Pflegekindschaftsverhältnis unabhängig vom Alter dieser Person und der Pflegeeltern begründet werden. Die Wohn- und Lebensverhältnisse der Person mit Behinderung müssen den Verhältnissen leiblicher Kinder vergleichbar sein und eine Zugehörigkeit dieser Person zur Familie widerspiegeln, außerdem muss ein dem Eltern-Kind-Verhältnis vergleichbares Erziehungsverhältnis bestehen (siehe auch BFH vom 9.2.2012, III R 15/09, BStBl II S. 739).

(4) Anhaltspunkt für das Vorliegen einer familienähnlichen Bindung kann eine vom Jugendamt erteilte Pflegeerlaubnis nach § 44 SGB VIII sein. Sie ist jedoch nicht in jedem Fall vorgeschrieben, z. B. dann nicht, wenn das Kind der Pflegeperson vom Jugendamt vermittelt worden ist, wenn Pflegekind und Pflegeperson miteinander verwandt oder verschwägert sind, oder wenn es sich um eine nicht gewerbsmäßige Tagespflege handelt. Wird eine amtliche Pflegeerlaubnis abgelehnt bzw. eine solche widerrufen, kann davon ausgegangen werden, dass ein familienähnliches, auf längere Dauer angelegtes Band zwischen Pflegeperson und Kind nicht bzw. nicht mehr vorliegt. Endet die Pflegeerlaubnis nur deshalb, weil das Pflegekind eine bestimmte Altersgrenze erreicht (z. B. Vollendung des 18. Lebensjahres), ist dies allein kein Grund anzunehmen, dass ein familienähnliches, auf längere Dauer angelegtes Band zwischen Pflegeperson und Kind nicht mehr vorliegt.

(5) Ein Altersunterschied wie zwischen Eltern und Kindern braucht nicht unbedingt zu bestehen. Ein Pflegekindschaftsverhältnis kann daher auch zwischen Geschwistern, z. B. Waisen, gegeben sein (BFH vom 5.8.1977, VI R 187/74, BStBl II S. 832). Das Gleiche gilt ohne Rücksicht auf einen Altersunterschied, wenn der zu betreuende Geschwisterteil von Kind an wegen Behinderung pflegebedürftig war und der betreuende Teil die Stelle der Eltern, etwa nach deren Tod, einnimmt. Ist der zu betreuende Geschwisterteil dagegen erst nach Eintritt der Volljährigkeit pflegebedürftig geworden, so wird im Allgemeinen ein dem Eltern-Kind-Verhältnis ähnliches Pflegeverhältnis nicht mehr begründet werden können.

(6) Werden von einer Pflegeperson bis zu sechs Kinder in ihren Haushalt aufgenommen, ist davon auszugehen, dass die Haushaltsaufnahme nicht zu Erwerbszwecken erfolgt. Keine Pflegekinder sind sog. Kostkinder. Hat die Pflegeperson mehr als sechs Kinder in ihren Haushalt aufgenommen, spricht eine Vermutung dafür, dass es sich um Kostkinder handelt, vgl. R 32.2 Abs. 1 EStR 2012. In einem erwerbsmäßig betriebenen Heim (Kinderhaus) oder in einer sonstigen betreuten Wohnform nach § 34 SGB VIII untergebrachte Kinder sind keine Pflegekinder (BFH vom 23.9.1998, XI R 11/98, BStBl 1999 II S. 133 und BFH vom 2.4.2009, III R 92/06, BStBl 2010 II S. 345). Die sozialrechtliche Einordnung hat Tatbestandswirkung (BFH vom 2.4.2009, III R 92/06, BStBl 2010 II S. 345), d. h. sie ist ein Grundlagenbescheid, dem Bindungswirkung zukommt (vgl. V 20)."

Fehlendes Obhuts- und Pflegeverhältnis zu den Eltern
>A 11.4 DA-KG *2022*:

„(1) Ein Pflegekindschaftsverhältnis setzt des Weiteren voraus, dass ein Obhuts- und Pflegeverhältnis zu den Eltern nicht mehr besteht. Ob ein Obhuts- und Pflegeverhältnis zu den Eltern noch besteht, hängt vom Einzelfall ab und ist insbesondere unter Berücksichtigung des Alters des Kindes, der Anzahl und der Dauer der Besuche der Eltern bei dem Kind sowie der Frage zu beurteilen, ob und inwieweit vor der Trennung bereits ein Obhuts- und Pflegeverhältnis des Kindes zu den Eltern bestanden hat (BFH vom 20.1.1995, III R 14/94, BStBl II S. 582 und BFH vom 7.9.1995, III R 95/93, BStBl 1996 II S. 63).

(2) Ein Pflegekindschaftsverhältnis liegt nicht vor, wenn die Pflegeperson nicht nur mit dem Kind, sondern auch mit einem Elternteil des Kindes in häuslicher Gemeinschaft lebt, und zwar selbst dann nicht, wenn der Elternteil durch eine Schul- oder Berufsausbildung in der Obhut und Pflege des Kindes beeinträchtigt ist (BFH vom 9.3.1989, VI R 94/88, BStBl II S. 680). Ein zwischen einem allein erziehenden Elternteil und seinem Kind im Kleinkindalter begründetes Obhuts- und Pflegeverhältnis wird durch die vorübergehende Abwesenheit des Elternteils nicht unterbrochen (BFH vom 12.6.1991, III R 108/89, BStBl 1992 II S. 20). Die Auflösung des Obhuts- und Pflegeverhältnisses des Kindes zu den Eltern kann i. d. R. angenommen werden, wenn ein noch nicht schulpflichtiges Kind mindestens ein Jahr lang bzw. ein noch schulpflichtiges Kind über zwei Jahre und länger keine ausreichenden Kontakte mehr hat (BFH vom 20.1.1995, III R 14/94, BStBl II S. 582 und BFH vom 7.9.1995, III R 95/93, BStBl 1996 II S. 63). Das Pflegekindschaftsverhältnis besteht dann nicht erst nach Ablauf dieses Zeitraums, sondern ab Aufnahme des Kindes in den Haushalt der Pflegeperson und Bestehen des familienähnlichen, auf längere Dauer berechneten Bandes. Diese Grundsätze gelten auch für Prognoseentscheidungen. Die Prognoseentscheidung basiert auf der Bewertung, ob zum Zeitpunkt der Entscheidung das Obhuts- und Pflegeverhältnis zu den abstammungsrechtlich zugeordneten Eltern besteht. Kein ausreichendes Obhuts- und Pflegeverhältnis liegt beispielsweise vor, wenn:

– ein Pflegekind von seinen Eltern nur gelegentlich im Haushalt der Pflegeperson besucht wird bzw. wenn es seine Eltern ebenfalls nur gelegentlich besucht,
– Besuche allein dem Zweck dienen, die vom Gericht oder Jugendamt festgelegten Besuchszeiten einzuhalten, oder
– die Kontakte mit den Eltern nicht geeignet sind, einen Beitrag für die Pflege und Obhut des Kindes zu leisten und Obhut und Pflege also im Wesentlichen durch die Pflegeperson erbracht werden.

(3) Bei unbegleiteten minderjährigen Flüchtlingen kann das fehlende Obhuts- und Pflegeverhältnis zu den Eltern unterstellt werden. Als unbegleiteter minderjähriger Flüchtling gilt ein minderjähriges Kind, das ohne Begleitung eines nach dem Gesetz oder der Praxis des betreffenden Staates für das Kind verantwortlichen Erwachsenen geflüchtet ist."

Allgemeines zur Berücksichtigung von Kindern

[1] Ein Kind wird vom Beginn des Monats an, in dem die Anspruchsvoraussetzungen erfüllt sind, berücksichtigt. [2] Entsprechend endet die Berücksichtigung mit Ablauf des Monats, in dem die Anspruchsvoraussetzungen wegfallen (Monatsprinzip). [3] Für die Frage, ob ein Kind lebend geboren wurde, ist im Zweifel das Personenstandsregister des Standesamtes maßgebend. [4] Eine Berücksichtigung außerhalb des Zeitraums der unbeschränkten Steuerpflicht der Eltern ist – auch in den Fällen des § 2 Abs. 7 Satz 3 EStG – nicht möglich. [5] Ein vermisstes Kind ist bis zur Vollendung des 18. Lebensjahres zu berücksichtigen.

§ 32 EStG
R 32.4 H 32.4

R 32.4

Kinder, die Arbeit suchen
– unbesetzt –

H 32.4

Hinweise

Erkrankung und Mutterschaft
>A 14.2 DA-KG *2022*:

„(1) Eine Berücksichtigung ist auch in einem Zeitraum möglich, in dem das Kind wegen Erkrankung nicht bei einer Agentur für Arbeit im Inland *oder einem Jobcenter* arbeitsuchend gemeldet ist. Die Erkrankung und das voraussichtliche Ende der Erkrankung sind durch eine Bescheinigung des behandelnden Arztes nachzuweisen; die Bescheinigung ist jeweils nach Ablauf von sechs Monaten zu erneuern. Ist nach den ärztlichen Feststellungen das voraussichtliche Ende der Erkrankung nicht absehbar, ist zu prüfen, ob das Kind wegen einer Behinderung nach § 32 Abs. 4 Satz 1 Nr. 3 EStG berücksichtigt werden kann. *Von einer ärztlichen Bescheinigung über das voraussichtliche Ende der Erkrankung kann abgesehen werden, wenn das Kind zwischenzeitlich wieder arbeitsuchend gemeldet ist.* Wurde das Kind nicht bereits vor der Erkrankung nach § 32 Abs. 4 Satz 1 Nr. 1 EStG berücksichtigt, muss es seinen Willen, sich unmittelbar nach Wegfall der Hinderungsgründe bei der zuständigen Agentur für Arbeit im Inland *oder einem Jobcenter* arbeitsuchend zu melden, durch eine schriftliche Erklärung glaubhaft machen (vgl. V 6.1 Abs. 1 Satz 8). Meldet sich das Kind nach Wegfall der Hinderungsgründe nicht unmittelbar bei der zuständigen Agentur für Arbeit im Inland *oder einem Jobcenter* arbeitsuchend, ist die Festsetzung ab dem Monat, der dem Monat folgt, in dem die Hinderungsgründe wegfallen, nach § 70 Abs. 2 Satz 1 EStG aufzuheben. Für die Bearbeitung und Nachweisführung stehen die Vordrucke KG 9a und KG 9b[1]) zur Verfügung.

(2) Ein Kind, das wegen eines Beschäftigungsverbots nach §§ 3, 13 Abs. 1 Nr. 3 oder 16 MuSchG nicht bei einer Agentur für Arbeit im Inland *oder einem Jobcenter* arbeitsuchend gemeldet ist, kann nach § 32 Abs. 4 Satz 1 Nr. 1 EStG berücksichtigt werden. Das Gleiche gilt, wenn das Kind wegen unzulässiger Tätigkeiten und Arbeitsbedingungen nach §§ 11, 12 MuSchG nicht arbeitssuchend gemeldet ist. Die Schwangerschaft und der voraussichtliche Tag der Entbindung sind durch ein ärztliches Zeugnis oder das Zeugnis einer Hebamme oder eines Entbindungshelfers nachzuweisen. Ein Beschäftigungsverbot nach § 16 MuSchG ist durch ärztliches Zeugnis zu bestätigen. Die Nichtvermittelbarkeit wegen unzulässiger Tätigkeit nach §§ 11, 12 MuSchG ist durch eine Bescheinigung der Arbeitsvermittlung nachzuweisen. Satz 1 und 2 gelten unabhängig davon, ob das Kind nach dem Ende des Beschäftigungsverbots nach §§ 3, 13 Abs. 1 Nr. 3 oder 16 MuSchG die Meldung als Arbeitsuchender im Inland erneut vornimmt (BFH vom 13.6.2013, III R 58/12, BStBl 2014 II S. 834). Befindet sich das Kind jedoch in Elternzeit nach dem BEEG, wird es nur berücksichtigt, wenn es arbeitsuchend gemeldet ist."

Kinder, die Arbeit suchen
>A 14.1 Abs. 1 und 2 DA-KG *2022*:

„(1) Ein Kind, das das 18., aber noch nicht das 21. Lebensjahr vollendet hat, kann nach § 32 Abs. 4 Satz 1 Nr. 1 EStG berücksichtigt werden, wenn es nicht in einem Beschäftigungsverhältnis steht und bei einer Agentur für Arbeit im Inland oder

---

[1]) Vordrucke der Familienkasse

§ 32 EStG
H 32.4, 32.5 **R 32.5**

einem Jobcenter (gemeinsame Einrichtung oder zugelassener Träger) arbeitsuchend gemeldet ist.

Einer Berücksichtigung stehen nicht entgegen:
- eine geringfügige Beschäftigung i. S. v. § 8 SGB IV bzw. § 8a SGB IV (vgl. A 20.3.3 Abs. 1 und 2),
- eine selbständige oder gewerbliche Tätigkeit von insgesamt weniger als 15 Stunden wöchentlich (vgl. BFH vom 18.12.2014, III R 9/14, BStBl 2015 II S. 653),
- die Zuweisung in Arbeitsgelegenheiten nach § 16d SGB II,
- wenn die Meldung als Arbeitsuchender nicht im Inland, sondern bei der staatlichen Arbeitsvermittlung in einem anderen EU- bzw. EWR-Staat oder in der Schweiz erfolgt ist.

A 23 und V 1.5.2 sind zu beachten.

(2) Der Nachweis, dass ein Kind bei einer Agentur für Arbeit im Inland arbeitsuchend gemeldet ist, hat durch eine Bescheinigung der zuständigen Agentur für Arbeit oder des Jobcenters zu erfolgen. Hierfür steht der Vordruck KG 11a[1]) zur Verfügung. Es sind diesbezüglich keine weiteren Prüfungen durch die Familienkasse erforderlich. Auch die Bescheinigung der Arbeitslosigkeit oder des Bezugs von Arbeitslosengeld nach § 136 SGB III sind ein ausreichender Nachweis der Meldung als arbeitsuchend."

Kinder, die für einen Beruf ausgebildet werden

– unbesetzt –

R 32.5

Hinweise

H 32.5

Allgemeines
- >A 15 DA-KG **2022**
- Als Berufsausbildung ist die Ausbildung für einen künftigen Beruf zu verstehen. In der Berufsausbildung befindet sich, wer sein Berufsziel noch nicht erreicht hat, sich aber ernstlich darauf vorbereitet (>BFH vom 09.06.1999 – BStBl II S. 706). Dem steht nicht entgegen, dass das Kind aufgrund der Art der jeweiligen Ausbildungsmaßnahme die Möglichkeit der Erzielung eigener Einkünfte erlangt (>BFH vom 16.04.2002 – BStBl II S. 523).

Beginn, Unterbrechung und Ende der Berufsausbildung
- Das Referendariat im Anschluss an die erste juristische Staatsprüfung gehört zur Berufsausbildung (>BFH vom 10.02.2000 – BStBl II S. 398).
- Ein Kind befindet sich nicht in Ausbildung, wenn es sich zwar an einer Universität immatrikuliert, aber tatsächlich das Studium noch nicht aufgenommen hat (>BFH vom 23.11.2001 – BStBl II 2002 S. 484).
- Ein Universitäts- oder Hochschulstudium ist in dem Zeitpunkt abgeschlossen, in dem eine nach dem einschlägigen Prüfungsrecht zur

---

[1]) Vordruck der Familienkasse

Feststellung des Studienerfolgs vorgesehene Prüfungsentscheidung ergangen ist oder ein Prüfungskandidat von der vorgesehenen Möglichkeit, sich von weiteren Prüfungsabschnitten befreien zu lassen, Gebrauch gemacht hat (>BFH vom 21.01.1999 – BStBl II S. 141). *Das Studium endet regelmäßig mit Bekanntgabe des Prüfungsergebnisses. Das Prüfungsergebnis ist dem Kind bekanntgegeben, sobald es eine schriftliche Bestätigung über den erfolgreichen Abschluss und die erzielten Abschlussnoten erhalten hat oder objektiv die Möglichkeit hat, eine solche schriftliche Bestätigung über ein Online-Portal der Hochschule erstellen zu können (>BFH vom 07.07.2021 – BStBl II S. 864).* Die Berufsausbildung endet bereits vor Bekanntgabe des Prüfungsergebnisses, wenn das Kind nach Erbringung aller Prüfungsleistungen eine Vollzeiterwerbstätigkeit aufnimmt (>BFH vom 24.05.2000 – BStBl II S. 473).

– >A 15.10 DA-KG *2022*
– >A 20.2.4 Abs. 2 und 3 DA-KG *2022*

Kinder mit Behinderung, die für einen Beruf ausgebildet werden
>A 15.4 DA-KG *2022*:

„Ein Kind mit Behinderung wird auch dann für einen Beruf ausgebildet, wenn es durch gezielte Maßnahmen auf eine – wenn auch einfache – Erwerbstätigkeit vorbereitet wird, die nicht spezifische Fähigkeiten oder Fertigkeiten erfordert. Unter diesem Gesichtspunkt kann z. B. auch der Besuch einer Schule für Menschen mit Behinderung, einer Heimsonderschule, das Arbeitstraining in einer Anlernwerkstatt oder die Förderung im Berufsbildungsbereich einer Werkstatt für behinderte Menschen den Grundtatbestand des § 32 Abs. 4 Satz 1 Nr. 2 Buchst. a EStG erfüllen."

Praktikum, Volontariat und Trainee-Programm
– >A 15.8 DA-KG *2022*:

„(1) Während eines Praktikums wird ein Kind für einen Beruf ausgebildet, sofern dadurch Kenntnisse, Fähigkeiten und Erfahrungen vermittelt werden, die als Grundlagen für die Ausübung des angestrebten Berufs geeignet sind (vgl. BFH vom 9.6.1999, IV R 16/99, BStBl II S. 713) und es sich nicht lediglich um ein gering bezahltes Arbeitsverhältnis handelt. Das Praktikum muss für das angestrebte Berufsziel förderlich sein (BFH vom 15.7.2003, VIII R 79/99, BStBl II S. 843). Es sind auch der Vervollkommnung und Abrundung von Fähigkeiten und Kenntnissen dienende Maßnahmen einzubeziehen, die außerhalb eines geregelten Bildungsganges ergriffen werden und damit über das vorgeschriebene Maß hinausgehen. Es ist nicht erforderlich, dass die Ausbildungsmaßnahme einem im BBiG geregelten fest umrissenen Bildungsgang entspricht, sie in einer Ausbildungs- oder Studienordnung vorgeschrieben ist oder auf ein deutsches Studium angerechnet wird.

(2) Ein vorgeschriebenes Praktikum ist als notwendige fachliche Voraussetzung oder Ergänzung der eigentlichen Ausbildung an einer Schule, Hochschule oder sonstigen Ausbildungsstätte ohne weiteres anzuerkennen. Gleiches gilt für ein durch die Ausbildungs- oder Studienordnung empfohlenes Praktikum sowie für ein Praktikum, das in dem mit der späteren Ausbildungsstätte abgeschlossenen schriftlichen Ausbildungsvertrag oder der von dieser

Ausbildungsstätte schriftlich gegebenen verbindlichen Ausbildungszusage vorgesehen ist.

(3) Ein Praktikum, das weder vorgeschrieben noch empfohlen ist, kann unter den Voraussetzungen des Abs. 1 für die Dauer berücksichtigt werden, in der ein ausreichender Bezug zum Berufsziel glaubhaft gemacht wird, längstens für zwölf Monate. Von einem ausreichenden Bezug kann ausgegangen werden, wenn dem Praktikum ein detaillierter Ausbildungsplan zu Grunde liegt, der darauf zielt, unter fachkundiger Anleitung für die Ausübung des angestrebten Berufs wesentliche Kenntnisse und Fertigkeiten zu vermitteln.

(4) Eine Tätigkeit kann für eine Dauer von bis zu drei Monaten als Praktikum berücksichtigt werden, wenn sie im Rahmen der Berufsorientierung dazu dient, Einblicke in Inhalte, Anforderungen, Strukturen und Themen des jeweiligen Berufsbildes zu vermitteln und es sich dabei nicht lediglich um ein gering bezahltes Arbeitsverhältnis handelt.

(5) Eine Volontärtätigkeit, die ein ausbildungswilliges Kind vor Annahme einer voll bezahlten Beschäftigung gegen geringe Entlohnung absolviert, ist berücksichtigungsfähig, wenn das Volontariat der Erlangung der angestrebten beruflichen Qualifikation dient und somit der Ausbildungscharakter im Vordergrund steht (vgl. BFH vom 9.6.1999, VI R 50/98, BStBl II S. 706; vgl. auch Anlernverhältnis, A 15.2 Satz 2); Gleiches gilt für eine Tätigkeit als Trainee. Für eine Prägung durch Ausbildungszwecke spricht es, dass ein detaillierter Ausbildungsplan zu Grunde liegt, dass die Unterweisung auf qualifizierte Tätigkeiten ausgerichtet ist, dass auf der Grundlage der Ausbildung dem Kind eine den Lebensunterhalt selbständig sichernde Berufstätigkeit ermöglicht wird und dass die Höhe des Arbeitslohns dem eines Auszubildenden vergleichbar ist. Es darf sich dagegen nicht lediglich um ein gering bezahltes Arbeitsverhältnis handeln."

- Das Anwaltspraktikum eines Jurastudenten ist Berufsausbildung, auch wenn es weder gesetzlich noch durch die Studienordnung vorgeschrieben ist (>BFH vom 09.06.1999 – BStBl II S. 713).
- Zur Berufsausbildung eines Studenten der Anglistik, der einen Abschluss in diesem Studiengang anstrebt, gehört auch ein Auslandspraktikum als Fremdsprachenassistent an einer Schule in Großbritannien während eines Urlaubssemesters (>BFH vom 14.01.2000 – BStBl II S. 199).

Schulbesuch
- Zur Berufsausbildung gehört auch der Besuch von Allgemeinwissen vermittelnden Schulen wie Grund-, Haupt- und Oberschulen sowie von Fach- und Hochschulen. Auch der Besuch eines Colleges in den USA kann zur Berufsausbildung zählen (>BFH vom 09.06.1999 – BStBl II S. 705).
- >A 15.5 DA-KG *2022*

Soldat in Aus-/Weiterbildung
>A 15.2 Satz 3 bis 4 DA-KG **2022**:
„In den Laufbahngruppen der Bundeswehr können folgende Berufsausbildungsmaßnahmen berücksichtigungsfähig sein:
- die Ausbildung eines Soldaten auf Zeit für seine spätere Verwendung in der Laufbahngruppe Mannschaft, wenn sie zu Beginn der Verpflichtungszeit erfolgt; die Ausbildung umfasst die Grundausbildung und die sich anschließende Dienstpostenausbildung (vgl. BFH vom 10.5.2012 – BStBl II S. 895); dies gilt auch für den freiwilligen Wehrdienst nach § 58b SG,
- die Ausbildung eines Soldaten auf Zeit oder Berufssoldaten in der Laufbahngruppe Unteroffizier (mit oder ohne Portepee) bzw. in der Laufbahngruppe Offizier (BFH vom 16.4.2002 und 15.7.2003 – BStBl 2002 II S. 523 und BStBl 2007 II S. 247); zur Ausbildung können auch zivilberufliche Aus- und Weiterbildungsmaßnahmen (sog. ZAW-Maßnahmen), das Studium an einer Bundeswehrhochschule oder an einer zivilen Hochschule zählen, auch wenn diese Maßnahmen über die jeweilige Ernennung hinaus andauern,
- die während des Wehrdienstes stattfindende Ausbildung zum Reserveoffizier (BFH vom 8.5.2014 – BStBl II S. 717),
- zusätzliche Weiterbildungen bzw. Ausbildungsmaßnahmen eines Soldaten, die grundsätzlich dazu geeignet sind, den Aufstieg in eine höhere Laufbahngruppe, den Einstieg in eine Laufbahngruppe oder den Laufbahnwechsel vom Unteroffizier ohne Portepee zum Unteroffizier mit Portepee zu ermöglichen (darunter fallen nicht in der Bundeswehr übliche Verwendungslehrgänge, die nach dem Erwerb der Laufbahnbefähigung absolviert werden, vgl. BFH vom 16.9.2015 – BStBl 2016 II S. 281).

Findet eine der oben genannten Maßnahmen zu Beginn der Verpflichtungszeit statt, können die ersten vier Monate ohne näheren Nachweis anerkannt werden, lediglich der Dienstantritt ist glaubhaft zu machen. Für die Prüfung der weiteren Berücksichtigung steht der Vordruck KG 15[1]) zur Verfügung."

Sprachaufenthalte im Ausland
- >A 15.9 DA-KG **2022**:
„(1) Sprachaufenthalte im Ausland sind regelmäßig berücksichtigungsfähig, wenn der Erwerb der Fremdsprachenkenntnisse nicht dem ausbildungswilligen Kind allein überlassen bleibt, sondern Ausbildungsinhalt und Ausbildungsziel von einer fachlich autorisierten Stelle vorgegeben werden. Davon ist ohne weiteres auszugehen, wenn der Sprachaufenthalt mit anerkannten Formen der Berufsausbildung verbunden wird (z. B. Besuch einer allgemeinbildenden Schule, eines Colleges oder einer Universität). In allen anderen Fällen – insbesondere bei Auslandsaufenthalten im Rahmen von Au-pair-Verhältnissen – setzt die Anerkennung voraus, dass der Aufenthalt von einem theoretisch-systematischen Sprachunterricht in einer Fremdsprache begleitet wird (vgl. BFH vom 9.6.1999, VI R 33/98 und VI R 143/98, BStBl II S. 701 und S. 710 und BFH vom 19.2.2002, VIII R 83/00, BStBl II S. 469).

(2) Es kann regelmäßig eine ausreichende Ausbildung angenommen werden, wenn ein begleitender Sprachunterricht von wöchentlich zehn Unterrichtsstunden stattfindet. Das Leben in der Gastfamilie zählt nicht dazu. Ein Sprachauf-

---

[1]) Vordruck der Familienkasse

enthalt im Ausland kann ebenfalls berücksichtigt werden, wenn der begleitende Sprachunterricht weniger als wöchentlich zehn Unterrichtsstunden umfasst, der Auslandsaufenthalt aber von einer Ausbildungs- oder Prüfungsordnung vorausgesetzt wird. Gleiches gilt, wenn der Sprachaufenthalt der Vorbereitung auf einen für die Zulassung zum Studium oder zu einer anderen Ausbildung erforderlichen Fremdsprachentest dient. Im Einzelnen gilt A 15.3."

– >Umfang der zeitlichen Inanspruchnahme durch die Berufsausbildung

Umfang der zeitlichen Inanspruchnahme durch die Berufsausbildung
>A 15.3 Abs. 1 bis 3 DA-KG *2022*:

„(1) Die Ausbildung ist berücksichtigungsfähig, wenn sich das Kind ernsthaft und nachhaltig auf das Erreichen eines bestimmten Berufsziels vorbereitet. Anders als z. B. bei einem Sprachunterricht im Ausland (vgl. A 15.9), ist bei einer Ausbildung in einem öffentlich-rechtlich geordneten Ausbildungsgang eine Prüfung der Ernsthaftigkeit, beispielsweise anhand zeitlicher Kriterien, regelmäßig nicht erforderlich (vgl. BFH vom 8.9.2016, III R 27/15, BStBl II 2017 S. 278).

(2) Sind bei Studenten die Semesterbescheinigungen aussagekräftig (durch Ausweis der Hochschulsemester), sind diese als Nachweis grundsätzlich ausreichend. Bestehen trotz aussagekräftiger Semesterbescheinigungen Zweifel an der Ernsthaftigkeit des Studiums, sollte die Ernsthaftigkeit durch Vorlage von Leistungsnachweisen („Scheine", Bescheinigungen des Betreuenden über Einreichung von Arbeiten zur Kontrolle), die Aufschluss über die Fortschritte des Lernenden geben, in den in A 15.10 Abs. 13 festgelegten Zeitpunkten belegt werden. Bei Ausbildungsgängen, die keine regelmäßige Präsenz an einer Ausbildungsstätte erfordern (insbesondere bei als Fernstudium angebotenen Fernlehrgängen), sollte die Ernsthaftigkeit nach Satz 2 geprüft werden.

(3) Es ist zwar kein zeitliches Mindestmaß an einer Ausbildungsmaßnahme zu fordern, gleichwohl kann die tatsächliche zeitliche Inanspruchnahme als Anhaltspunkt für die Ernsthaftigkeit der Ausbildung herangezogen werden. So kann beispielsweise eine tatsächliche Unterrichts- bzw. Ausbildungszeit von zehn Wochenstunden regelmäßig als ausreichende Ausbildung anerkannt werden. Eine Unterrichts- bzw. Ausbildungszeit von weniger als zehn Wochenstunden kann als ausreichende Ausbildung anerkannt werden, wenn z. B.

– das Kind zur Teilnahme am Schulunterricht zur Erfüllung der Schulpflicht verpflichtet ist (BFH vom 28.4.2010, III R 93/08, BStBl II S. 1060),
– der zusätzliche ausbildungsbezogene Zeitaufwand (z. B. für Vor- und Nachbereitung) über das übliche Maß hinausgeht oder
– die besondere Bedeutung der Maßnahme für das angestrebte Berufsziel dies rechtfertigt.

Üblich ist ein Zeitaufwand für die häusliche Vor- und Nacharbeit, welcher der Dauer der Unterrichts- bzw. Ausbildungszeit entspricht, sowie ein Zeitaufwand für den Weg von und zur Ausbildungsstätte bis zu einer Stunde für die einfache Wegstrecke. Über das übliche Maß hinaus geht der ausbildungsbezogene Zeitaufwand z. B.

– bei besonders umfangreicher Vor- und Nacharbeit oder
– wenn neben die Unterrichtseinheiten zusätzliche ausbildungsfördernde Aktivitäten bzw. die praktische Anwendung des Gelernten treten.

§ 32 EStG
R 32.6 H 32.5, 32.6

Die besondere Bedeutung der Maßnahme für das angestrebte Berufsziel rechtfertigt eine geringere Stundenanzahl, z. B. bei
- Erwerb einer qualifizierten Teilnahmebescheinigung,
- Prüfungsteilnahme,
- regelmäßigen Leistungskontrollen oder
- berufszielbezogener Üblichkeit der Durchführung einer solchen Maßnahme, wenn die Ausbildungsmaßnahme der üblichen Vorbereitung auf einen anerkannten Prüfungsabschluss dient oder wenn die einschlägigen Ausbildungs- oder Studienordnungen bzw. entsprechende Fachbereiche die Maßnahme vorschreiben oder empfehlen."

Unterbrechungszeiten
- Zur Berufsausbildung zählen Unterbrechungszeiten wegen Erkrankung oder Mutterschaft, nicht jedoch Unterbrechungszeiten wegen der Betreuung eines eigenen Kindes (>BFH vom 15.07.2003 – BStBl II S. 848) *oder der krankheitsbedingte Abbruch des Ausbildungsverhältnisses, z. B. durch Abmeldung von der (Hoch-)Schule oder Kündigung des Ausbildungsverhältnisses (>BFH vom 31.08.2021 – BStBl II 2022 S. 465)*.
- Ist für den Zeitraum eines Urlaubssemesters der Besuch von Vorlesungen und der Erwerb von Leistungsnachweisen nach hochschulrechtlichen Bestimmungen untersagt, sind für diesen Zeitraum die Voraussetzungen einer Berufsausbildung nicht erfüllt (>BFH vom 13.07.2004 – BStBl II S. 999).
- >A 15.10 Abs. 8 und A 15.11 DA-KG *2022*

R 32.6 Kinder, die sich in einer Übergangszeit befinden
– unbesetzt –

H 32.6 Hinweise

Übergangszeit nach § 32 Abs. 4 Satz 1 Nr. 2 Buchst. b
>A 16 Abs. 1 bis 4 DA-KG *2022*:

„(1) Nach § 32 Abs. 4 Satz 1 Nr. 2 Buchst. b EStG besteht für ein Kind, das das 18., aber noch nicht das 25. Lebensjahr vollendet hat, Anspruch auf Kindergeld, wenn es sich in einer Übergangszeit von höchstens vier Monaten befindet, die zwischen zwei Ausbildungsabschnitten oder zwischen einem Ausbildungsabschnitt und der Ableistung
- des freiwilligen Wehrdienstes nach § 58b SG (für Anspruchszeiträume ab 1.1.2015) oder
- eines geregelten Freiwilligendienstes i. S. d. § 32 Abs. 4 Satz 1 Nr. 2 Buchst. d EStG (vgl. A 18)

liegt.
Kinder sind auch in Übergangszeiten von höchstens vier Monaten zwischen dem Abschluss der Ausbildung und dem Beginn eines der in Satz 1 genannten Dienste und Tätigkeiten zu berücksichtigen (vgl. BFH vom 25.1.2007, III R 23/06, BStBl 2008 II

S. 664). Die Übergangszeit beginnt am Ende des unmittelbar vorangegangenen Ausbildungsabschnittes oder Dienstes, auch wenn das Kind zu diesem Zeitpunkt das 18. Lebensjahr noch nicht vollendet hat (BFH vom 16.4.2015, III R 54/13, BStBl 2016 II S. 25). Die Übergangszeit von höchstens vier Monaten ist nicht taggenau zu berechnen, sondern umfasst vier volle Kalendermonate (BFH vom 15.7.2003, VIII R 105/01, BStBl II S. 847). Endet z. B. ein Ausbildungsabschnitt im Juli, muss der nächste spätestens im Dezember beginnen.

(2) Übergangszeiten ergeben sich als vom Kind nicht zu vermeidende Zwangspausen, z. B. durch Rechtsvorschriften über den Ausbildungsverlauf, aus den festen Einstellungsterminen der Ausbildungsbetriebe oder den Einstellungsgewohnheiten staatlicher Ausbildungsinstitutionen. Eine Übergangszeit im Sinne einer solchen Zwangspause kann auch in Betracht kommen, wenn das Kind den vorangegangenen Ausbildungsplatz – ggf. aus von ihm zu vertretenden Gründen – verloren oder die Ausbildung abgebrochen hat. Als Ausbildungsabschnitt gilt jeder Zeitraum, der nach § 32 Abs. 4 Satz 1 Nr. 2 Buchst. a EStG zu berücksichtigen ist.

(3) Eine Berücksichtigung des Kindes während der Übergangszeit hat zu erfolgen, wenn es entweder bereits einen Ausbildungsplatz hat oder sich um einen Platz im nachfolgenden Ausbildungsabschnitt **beworben hat**, der *tatsächlich* innerhalb des zeitlichen Rahmens des § 32 Abs. 4 Satz 1 Nr. 2 Buchst. b EStG beginnt. *Eine Übergangszeit i. S. d. § 32 Abs. 4 Satz 1 Nr. 2 Buchst. b EStG kann nicht dadurch begründet werden, dass sich ein Kind um eine Ausbildung bemüht und diese erst nach der Übergangszeit beginnt (BFH vom 7.7.2021, III R 40/19, BStBl II S. 864).* Gleichermaßen ist zu verfahren, wenn der Berechtigte bei Beendigung der Ausbildung des Kindes an einer allgemeinbildenden Schule oder in einem sonstigen Ausbildungsabschnitt glaubhaft erklärt, dass sich das Kind um einen solchen Ausbildungsplatz sobald wie möglich bewerben wird, und die Familienkasse unter Würdigung aller Umstände zu der Überzeugung gelangt, dass die Fortsetzung der Ausbildung zu dem angegebenen Zeitpunkt wahrscheinlich ist. Entsprechend ist bei Übergangszeiten zwischen einem Ausbildungsabschnitt und einem Dienst bzw. einer Tätigkeit i. S. d. Abs. 1 Satz 1 zu verfahren.

(4) Eine Übergangszeit liegt nicht vor, wenn das Kind sich nach einem Ausbildungsabschnitt oder einem Dienst bzw. einer Tätigkeit i. S. d. Abs. 1 Satz 1 wegen Kindesbetreuung nicht um einen Anschlussausbildungsplatz bemüht."

Kinder, die mangels Ausbildungsplatz ihre Berufsausbildung nicht beginnen oder fortsetzen können

R 32.7

Allgemeines

(1) ¹Grundsätzlich ist jeder Ausbildungswunsch des Kindes anzuerkennen, es sei denn, dass seine Verwirklichung wegen der persönlichen Verhältnisse des Kindes ausgeschlossen erscheint. ²Dies gilt auch dann, wenn das Kind bereits eine abgeschlossene Ausbildung in einem anderen Beruf besitzt. ³Das Finanzamt kann verlangen, dass der Stpfl. die ernsthaften Bemühungen des Kindes um einen Ausbildungsplatz durch geeignete Unterlagen nachweist oder zumindest glaubhaft macht.

Ausbildungsplätze

(2) Ausbildungsplätze sind neben betrieblichen und überbetrieblichen insbesondere solche an Fach- und Hochschulen sowie Stellen, an denen

eine in der Ausbildungs- oder Prüfungsordnung vorgeschriebene praktische Tätigkeit abzuleisten ist.

Ernsthafte Bemühungen um einen Ausbildungsplatz

(3) ¹Für die Berücksichtigung eines Kindes ohne Ausbildungsplatz ist Voraussetzung, dass es dem Kind trotz ernsthafter Bemühungen nicht gelungen ist, seine Berufsausbildung zu beginnen oder fortzusetzen. ²Als Nachweis der ernsthaften Bemühungen kommen z. B. Bescheinigungen der Agentur für Arbeit über die Meldung des Kindes als Bewerber um eine berufliche Ausbildungsstelle, Unterlagen über eine Bewerbung bei der Zentralen Vergabestelle von Studienplätzen, Bewerbungsschreiben unmittelbar an Ausbildungsstellen sowie deren Zwischennachricht oder Ablehnung in Betracht.

(4) ¹Die Berücksichtigung eines Kindes ohne Ausbildungsplatz ist ausgeschlossen, wenn es sich wegen Kindesbetreuung nicht um einen Ausbildungsplatz bemüht. ²Eine Berücksichtigung ist dagegen möglich, wenn das Kind infolge Erkrankung oder wegen eines Beschäftigungsverbots nach den §§ 3 und 6 Mutterschutzgesetz daran gehindert ist, seine Berufsausbildung zu beginnen oder fortzusetzen

Hinweise

Erkrankung und Mutterschaft

>A 17.2 Abs. 1 Satz 1 bis 3 und Abs. 2 Satz 1 bis 4 DA-KG ***2022***:

„(1) Eine Berücksichtigung ist nach § 32 Abs. 4 Satz 1 Nr. 2 Buchst. c EStG auch möglich, wenn das Kind infolge einer Erkrankung daran gehindert ist, sich um eine Berufsausbildung zu bemühen, sie zu beginnen oder fortzusetzen. Die Erkrankung und das voraussichtliche Ende der Erkrankung sind durch eine Bescheinigung des behandelnden Arztes nachzuweisen; die Bescheinigung ist jeweils nach Ablauf von sechs Monaten zu erneuern. Ist nach den ärztlichen Feststellungen das voraussichtliche Ende der Erkrankung nicht absehbar, ***reicht der Wille des Kindes, sich nach dem Ende der Erkrankung um einen Ausbildungsplatz zu bemühen, nicht aus. In diesem Fall*** ist zu prüfen, ob das Kind wegen einer Behinderung nach § 32 Abs. 4 Satz 1 Nr. 3 EStG berücksichtigt werden kann ***(vgl. BFH vom 12.11.2020, III R 49/18, BStBl 2021 II S. 390)***.

(2) Ein Kind, das sich wegen eines Beschäftigungsverbots nach §§ 3, 13 Abs. 1 Nr. 3 oder 16 MuSchG nicht um eine Berufsausbildung bemüht, sie beginnt oder fortsetzt, kann nach § 32 Abs. 4 Satz 1 Nr. 2 Buchst. c EStG berücksichtigt werden. Das Gleiche gilt, wenn sich das Kind wegen unzulässiger Tätigkeiten und Arbeitsbedingungen nach §§ 11, 12 MuSchG nicht um den Ausbildungsplatz bewerben kann. Die Schwangerschaft und der voraussichtliche Tag der Entbindung sind durch ein ärztliches Zeugnis oder das Zeugnis einer Hebamme oder eines Entbindungshelfers nachzuweisen. Ein Beschäftigungsverbot nach § 16 MuSchG ist durch ärztliches Zeugnis zu bestätigen."

§ 32 EStG
H 32.7

Kinder ohne Ausbildungsplatz
>A 17.1 Abs. 1 bis 3 DA-KG **2022**:
„(1) Nach § 32 Abs. 4 Satz 1 Nr. 2 Buchst. c EStG ist ein Kind, das das 18., aber noch nicht das 25. Lebensjahr vollendet hat, zu berücksichtigen, wenn es eine Berufsausbildung – im Inland oder Ausland – mangels Ausbildungsplatz nicht beginnen oder fortsetzen kann. Der angestrebte Ausbildungsplatz muss nach § 32 Abs. 4 Satz 1 Nr. 2 Buchst. a EStG zu berücksichtigen sein. Ein Mangel eines Ausbildungsplatzes liegt sowohl in Fällen vor, in denen das Kind noch keinen Ausbildungsplatz gefunden hat, als auch dann, wenn ihm ein solcher bereits zugesagt wurde, es diesen aber aus schul-, studien- oder betriebsorganisatorischen Gründen erst zu einem späteren Zeitpunkt antreten kann (BFH vom 15.7.2003, VIII R 77/00, BStBl II S. 845). Kein Mangel eines Ausbildungsplatzes liegt dagegen vor, wenn das Kind die objektiven Anforderungen an den angestrebten Ausbildungsplatz nicht erfüllt oder wenn es im Falle des Bereitstehens eines Ausbildungsplatzes aus anderen Gründen am Antritt gehindert wäre, z. B. wenn es im Ausland arbeitsvertraglich gebunden ist (BFH vom 15.7.2003, VIII R 79/99, BStBl II S. 843). Hat das Kind noch keinen Ausbildungsplatz gefunden, hängt die Berücksichtigung davon ab, dass es ihm trotz ernsthafter Bemühungen nicht gelungen ist, seine Berufsausbildung zu beginnen oder fortzusetzen. Die Suche nach einem Ausbildungsplatz muss also bisher erfolglos verlaufen sein oder der nächste Ausbildungsabschnitt einer mehrstufigen Ausbildung kann mangels Ausbildungsplatz nicht begonnen werden. Beispiele für eine üblicherweise noch nicht abgeschlossene Berufsausbildung sind die Beendigung der Schulausbildung und die Ablegung des ersten Staatsexamens, wenn das zweite Staatsexamen für die Berufsausübung angestrebt wird. Grundsätzlich ist jeder Ausbildungswunsch des Kindes anzuerkennen. Die Bewerbung muss für den nächstmöglichen Ausbildungsbeginn erfolgen. Kann eine Bewerbung nicht abgegeben werden, z. B. für Studierwillige, weil das Verfahren bei der SfH noch nicht eröffnet ist, genügt zunächst eine schriftliche Erklärung des Kindes (vgl. V 6.1 Abs. 1 Satz 8), sich so bald wie möglich bewerben zu wollen.

(2) Der Berechtigte muss der Familienkasse die ernsthaften Bemühungen des Kindes um einen Ausbildungsplatz zum nächstmöglichen Beginn durch geeignete Unterlagen nachweisen oder zumindest glaubhaft machen. Eine Ausbildung wird nicht zum nächstmöglichen Zeitpunkt angestrebt, wenn das Kind aus von ihm zu vertretenden Gründen, z. B. wegen einer Erwerbstätigkeit oder der Ableistung eines freiwilligen Wehrdienstes, die Ausbildung erst zu einem späteren Zeitpunkt beginnen möchte. Ist eine Bewerbung erfolglos geblieben, sind für den anschließenden Zeitraum übliche und zumutbare Bemühungen nachzuweisen.

Als Nachweis kommen insbesondere folgende Unterlagen in Betracht:
– schriftliche Bewerbungen unmittelbar an Ausbildungsstellen sowie deren Zwischennachricht oder Ablehnung,
– die schriftliche Bewerbung bei der SfH,
– die schriftliche Bewerbung für den freiwilligen Wehrdienst,
– die schriftliche Zusage einer Ausbildungsstelle,
– die Bescheinigung über die Registrierung als Bewerber für einen Ausbildungsplatz oder für eine Bildungsmaßnahme bei einer Agentur für Arbeit oder bei

einem anderen zuständigen Leistungsträger (Jobcenter; hierfür steht der Vordruck KG 11a[1]) zur Verfügung); in Zweifelsfällen ist die tatsächliche Bewerbereigenschaft, ggf. nach Rücksprache mit der zuständigen Agentur für Arbeit bzw. dem zuständigen Leistungsträger, festzustellen (vgl. BFH vom 18.06.2015, VI R 10/14, BStBl II S. 940),

– *die Bescheinigung über die Registrierung als Ratsuchender bei der Agentur für Arbeit,*
– die von der Agentur für Arbeit für den Rentenversicherungsträger erstellte Bescheinigung über Anrechnungszeiten der Ausbildungssuche i. S. d. § 58 Abs. 1 Satz 1 Nr. 3a SGB VI.

(3) Das Kind kann für den Zeitraum berücksichtigt werden, in dem es auf einen Ausbildungsplatz wartet (BFH vom 7.8.1992, III R 20/92, BStBl 1993 II S. 103). Die Wartezeit beginnt beispielsweise mit der Beendigung der Schulausbildung, einer (ersten) Ausbildung oder eines Ausbildungsabschnitts. Nimmt das Kind ernsthafte Bemühungen erst nach Ablauf des Folgemonats nach Wegfall eines anderen Berücksichtigungstatbestandes i. S. d. § 32 Abs. 4 Satz 1 Nr. 2 EStG auf, ist es ab dem Monat der ersten Bewerbung oder Registrierung zu berücksichtigen; Abs. 1 Satz 9 bleibt unberührt.

Beispiel 1
Das Kind legt die Abiturprüfung im April eines Jahres ab (offizielles Schuljahresende in diesem Land). Unmittelbar nach Ablegung der Abiturprüfung beabsichtigt das Kind, im Oktober des Jahres ein Studium zu beginnen, und bewirbt sich im Juli (Eröffnung des Verfahrens bei der SfH) um einen Studienplatz. Im September erhält das Kind jedoch die Absage der SfH. Das Kind möchte sich zum Sommersemester des nächsten Jahres erneut um einen Studienplatz bewerben.

Das Kind kann wie folgt berücksichtigt werden:
– bis einschließlich April als Kind, das für einen Beruf ausgebildet wird (§ 32 Abs. 4 Satz 1 Nr. 2 Buchst. a EStG),
– ab Mai durchgängig als Kind ohne Ausbildungsplatz (§ 32 Abs. 4 Satz 1 Nr. 2 Buchst. c EStG), von Mai bis September, weil es nach dem Schulabschluss die Ausbildung aufgrund des Vergabeverfahrens der SfH zunächst nicht fortsetzen konnte, und für den Zeitraum ab Oktober aufgrund der Absage der SfH und des weiter bestehenden Ausbildungswunsches. Abs. 1 Satz 9 und 10 und Abs. 2 Satz 3 sind zu beachten.

Beispiel 2
Das Kind legt die Abiturprüfung im April eines Jahres ab (offizielles Schuljahresende in diesem Land). Das Kind möchte sich zunächst orientieren und beabsichtigt, danach eine Berufsausbildung zu beginnen. Im August bewirbt sich das Kind schriftlich zum nächstmöglichen Zeitpunkt um einen Ausbildungsplatz, erhält im Januar des nachfolgenden Jahres eine schriftliche Zusage und nimmt im August die Ausbildung auf.

Das Kind kann nur in folgenden Zeiträumen berücksichtigt werden:
– bis einschließlich April als Kind, das für einen Beruf ausgebildet wird (§ 32 Abs. 4 Satz 1 Nr. 2 Buchst. a EStG),
– von August bis Juli des nachfolgenden Jahres als Kind ohne Ausbildungsplatz (§ 32 Abs. 4 Satz 1 Nr. 2 Buchst. c EStG),
– ab August des nachfolgenden Jahres als Kind, das für einen Beruf ausgebildet wird (§ 32 Abs. 4 Satz 1 Nr. 2 Buchst. a EStG)."

---

[1]) Vordruck der Familienkasse

§ 32 EStG

R 32.8 Kinder, die ein freiwilliges soziales oder ökologisches Jahr oder freiwillige Dienste leisten

– unbesetzt –

Hinweise (H 32.8)

Geregelte Freiwilligendienste
>A 18 DA-KG *2022*

R 32.9 Kinder, die wegen körperlicher, geistiger oder seelischer Behinderung außerstande sind, sich selbst zu unterhalten

¹Als Kinder, die wegen körperlicher, geistiger oder seelischer Behinderung außerstande sind, sich selbst zu unterhalten, kommen insbesondere Kinder in Betracht, deren Schwerbehinderung (§ 2 Abs. 2 SGB IX) festgestellt ist oder die einem schwer behinderten Menschen gleichgestellt sind (§ 2 Abs. 3 SGB IX). ²Ein Kind, das wegen seiner Behinderung außerstande ist, sich selbst zu unterhalten, kann bei Vorliegen der sonstigen Voraussetzungen über das 25. Lebensjahr hinaus ohne altersmäßige Begrenzung berücksichtigt werden. ³Eine Berücksichtigung setzt voraus, dass die Behinderung, deretwegen das Kind nicht in der Lage ist, sich selbst zu unterhalten, vor Vollendung des 25. Lebensjahres eingetreten ist.

Hinweise (H 32.9)

Altersgrenze
Die Altersgrenze, innerhalb derer die Behinderung eingetreten sein muss, ist nicht aufgrund entsprechender Anwendung des § 32 Abs. 5 Satz 1 z. B. um den Zeitraum des vom Kind in früheren Jahren geleisteten Grundwehrdienstes zu verlängern (>BFH vom 02.06.2005 – BStBl II S. 756).

Außerstande sein, sich selbst zu unterhalten
– Allgemeines >A 19.4 DA-KG *2022*
– *verfügbares Nettoeinkommen >A 19.5 DA-KG 2022*
– *Leistungen Dritter >A 19.6 DA-KG 2022*

Nachweis der Behinderung
>A 19.2 Abs. 1 DA-KG *2022*:
„Den Nachweis einer Behinderung kann der Berechtigte erbringen:
1. bei einer Behinderung, deren Grad auf mindestens 50 festgestellt ist, durch einen Ausweis nach dem SGB IX oder durch einen Bescheid der nach § 152 Abs. 1 SGB IX zuständigen Behörde,
2. bei einer Behinderung, deren Grad auf weniger als 50, aber mindestens 20 festgestellt ist,
   a) durch eine Bescheinigung der nach § 152 Abs. 1 SGB IX zuständigen Behörde oder,

§ 32 EStG
R 32.10 H 32.9, 32.10

b) wenn dem Kind wegen seiner Behinderung nach den gesetzlichen Vorschriften Renten oder andere laufende Bezüge zustehen, durch den Rentenbescheid oder einen entsprechenden Bescheid,
3. bei einer Einstufung in den Pflegegrad 4 oder 5 nach dem SGB XI oder diesem entsprechenden Bestimmungen durch den entsprechenden Bescheid.

Der Nachweis der Behinderung kann auch in Form einer Bescheinigung bzw. eines Zeugnisses des behandelnden Arztes oder eines ärztlichen Gutachtens erbracht werden (BFH vom 16.4.2002, VIII R 62/99, BStBl II S. 738). Aus der Bescheinigung bzw. dem Gutachten muss Folgendes hervorgehen:
– Vorliegen der Behinderung,
– Beginn der Behinderung, soweit das Kind das 25. Lebensjahr vollendet hat, und
– Auswirkungen der Behinderung auf die Erwerbsfähigkeit des Kindes."

Suchtkrankheiten

Suchtkrankheiten können Behinderungen darstellen (>BFH vom 16.04.2002 – BStBl II S. 738).

Ursächlichkeit der Behinderung
>A 19.3 DA-KG *2022*

R 32.10 Erwerbstätigkeit
– unbesetzt –

H 32.10 Hinweise

Ausschluss von Kindern aufgrund einer Erwerbstätigkeit
– >BMF vom 08.02.2016 (BStBl I S. 226)
– Zu einer mehraktigen Berufsausbildung >BZSt vom 26.02.2020 (BStBl I S. 251)
– >A 20 DA-KG *2022*:

„A 20.1 **Allgemeines**

(1) Ein über 18 Jahre altes Kind, das eine erstmalige Berufsausbildung oder ein Erststudium abgeschlossen hat und
– weiterhin für einen Beruf ausgebildet wird (§ 32 Abs. 4 Satz 1 Nr. 2 Buchst. a EStG),
– sich in einer Übergangszeit befindet (§ 32 Abs. 4 Satz 1 Nr. 2 Buchst. b EStG),
– seine Berufsausbildung mangels Ausbildungsplatz nicht beginnen oder fortsetzen kann (§ 32 Abs. 4 Satz 1 Nr. 2 Buchst. c EStG) oder
– einen Freiwilligendienst leistet (§ 32 Abs. 4 Satz 1 Nr. 2 Buchst. d EStG),

wird nach § 32 Abs. 4 Satz 2 EStG nur berücksichtigt, wenn es keiner anspruchsschädlichen Erwerbstätigkeit i. S. d. § 32 Abs. 4 Satz 3 EStG nachgeht (vgl. A 20.3).

Dies gilt auch, wenn die erstmalige Berufsausbildung vor Vollendung des 18. Lebensjahres abgeschlossen worden ist.

(2) Die Einschränkung des § 32 Abs. 4 Satz 2 EStG gilt nicht für Kinder ohne Arbeitsplatz i. S. v. § 32 Abs. 4 Satz 1 Nr. 1 EStG (vgl. A 14) und Kinder mit Behinderung i. S. d. § 32 Abs. 4 Satz 1 Nr. 3 EStG (vgl. A 19)."

„A 20.2 **Erstmalige Berufsausbildung und Erststudium**
A 20.2.1 **Berufsausbildung nach § 32 Abs. 4 Satz 2 EStG**

(1) Eine Berufsausbildung i. S. d. § 32 Abs. 4 Satz 2 EStG liegt vor, wenn das Kind durch eine berufliche Ausbildungsmaßnahme die notwendigen fachlichen Fertigkeiten und Kenntnisse erwirbt, die zur Aufnahme eines Berufs befähigen. Voraussetzung ist, dass der Beruf durch eine Ausbildung in einem öffentlich-rechtlich geordneten Ausbildungsgang erlernt wird (BFH vom 6.3.1992, VI R 163/88, BStBl II S. 661) und der Ausbildungsgang durch eine Prüfung abgeschlossen wird.
Das Tatbestandsmerkmal „Berufsausbildung" nach § 32 Abs. 4 Satz 2 EStG ist enger gefasst als das Tatbestandsmerkmal „für einen Beruf ausgebildet werden" nach § 32 Abs. 4 Satz 1 Nr. 2 Buchst. a EStG (vgl. A 15). Es handelt sich bei einer „Berufsausbildung" i. S. v. Satz 2 stets auch um eine Maßnahme, in der das Kind nach Satz 1 „für einen Beruf ausgebildet wird". Jedoch ist nicht jede allgemein berufsqualifizierende Maßnahme gleichzeitig auch eine „Berufsausbildung". Der Abschluss einer solchen Maßnahme (z. B. der Erwerb eines Schulabschlusses, ein Volontariat oder ein freiwilliges Berufspraktikum) führt nicht bereits dazu, dass ein Kind, das im Anschluss weiterhin die Anspruchsvoraussetzungen nach § 32 Abs. 4 Satz 1 Nr. 2 EStG erfüllt, nur noch unter den weiteren Voraussetzungen der Sätze 2 und 3 berücksichtigt wird.

Beispiel:
Nach dem Abitur absolvierte ein 20-jähriges Kind ein Praktikum. Danach kann es eine Berufsausbildung mangels Ausbildungsplatz nicht beginnen und geht zur Überbrückung des Zeitraums zwischen Praktikum und Berufsausbildung einer Erwerbstätigkeit nach (30 Wochenstunden).
In der Zeit zwischen Praktikum und Beginn der Berufsausbildung erfüllt das Kind den Grundtatbestand des § 32 Abs. 4 Satz 1 Nr. 2 Buchst. c EStG. § 32 Abs. 4 Satz 2 und 3 EStG ist nicht einschlägig, da das Praktikum zwar das Tatbestandsmerkmal des § 32 Abs. 4 Satz 1 Nr. 2 Buchst. a EStG („für einen Beruf ausgebildet werden") erfüllt, jedoch keine „Berufsausbildung" i. S. d. § 32 Abs. 4 Satz 2 EStG darstellt. Der Kindergeldanspruch besteht somit unabhängig davon, wie viele Stunden das Kind in der Woche arbeitet.

(2) Zur Berufsausbildung zählen insbesondere:
1. Berufsausbildungsverhältnisse gem. § 1 Abs. 3, §§ 4 bis 52 BBiG bzw. §§ 21 bis 40 HwO. Der erforderliche Abschluss besteht hierbei in der erfolgreich abgelegten Abschlussprüfung i. S. d. § 37 BBiG und § 31 HwO. Gleiches gilt, wenn die Abschlussprüfung nach § 43 Abs. 2 BBiG ohne ein Ausbildungsverhältnis auf Grund einer entsprechenden schulischen Ausbildung abgelegt wird, die gem. den Voraussetzungen des § 43 Abs. 2 BBiG als im Einzelnen gleichwertig anerkannt ist;
2. mit Berufsausbildungsverhältnissen vergleichbare betriebliche Ausbildungsgänge außerhalb des Geltungsbereichs des BBiG (z. B. die Ausbildung zum Schiffsmechaniker nach der See-Berufsausbildungsverordnung);
3. die Ausbildung auf Grund der bundes- oder landesrechtlichen Ausbildungsregelungen für Berufe im Gesundheits- und Sozialwesen;
4. landesrechtlich geregelte Berufsabschlüsse an Berufsfachschulen;

5. die Berufsausbildung von Menschen mit Behinderung in anerkannten Berufsausbildungsberufen oder auf Grund von Regelungen der zuständigen Stellen in besonderen Ausbildungsberufen für Menschen mit Behinderung;
6. die Berufsausbildung in einem öffentlich-rechtlichen Dienstverhältnis und
7. Maßnahmen zur Behebung von amtlich festgestellten Unterschieden zwischen einem im Ausland erworbenen Berufsabschluss und einem entsprechenden im Inland geregelten Berufsabschluss, z. B. Anpassungslehrgänge nach § 11 Berufsqualifikationsfeststellungsgesetz. Informationen zur Anerkennung ausländischer Berufsqualifikationen (z. B. zu den zuständigen Stellen) sind unter www.anerkennung-in-deutschland.de und www.bq-portal.de zu finden.

(3) Von Abs. 2 nicht erfasste Bildungsmaßnahmen werden einer Berufsausbildung i. S. d. § 32 Abs. 4 Satz 2 EStG gleichgestellt, wenn sie dem Nachweis einer Sachkunde dienen, die Voraussetzung zur Aufnahme einer fest umrissenen beruflichen Betätigung ist. Die Ausbildung muss in einem geordneten Ausbildungsgang erfolgen und durch eine staatliche oder staatlich anerkannte Prüfung abgeschlossen werden. Der erfolgreiche Abschluss der Prüfung muss Voraussetzung für die Aufnahme der beruflichen Betätigung sein. Die Ausbildung und der Abschluss müssen von Umfang und Qualität der Ausbildungsmaßnahmen und Prüfungen her grundsätzlich mit den Anforderungen vergleichbar sein, die bei Berufsausbildungsmaßnahmen i. S. d. Abs. 2 gestellt werden. Dazu gehört z. B. die Ausbildung zu Berufspiloten auf Grund der JAR-FCL 1 deutsch vom 15.4.2003, BAnz 2003 Nr. 80a.

(4) Abs. 1 bis 3 gelten entsprechend für Berufsausbildungen im Ausland, deren Abschlüsse inländischen Abschlüssen gleichgestellt sind. Bei Abschlüssen aus einem Mitgliedstaat der EU oder des EWR oder der Schweiz ist i. d. R. davon auszugehen, dass diese gleichgestellt sind.

A 20.2.2 Erstmalige Berufsausbildung

(1) Die Berufsausbildung ist als erstmalige Berufsausbildung anzusehen, wenn ihr keine andere abgeschlossene Berufsausbildung bzw. kein abgeschlossenes Hochschulstudium vorausgegangen ist. Wird ein Kind ohne entsprechende Berufsausbildung in einem Beruf tätig und führt es die zugehörige Berufsausbildung nachfolgend durch (nachgeholte Berufsausbildung), handelt es sich dabei um eine erstmalige Berufsausbildung.

(2) Maßnahmen nach A 20.2.1 Abs. 2 Nr. 7 sind als Teil der im Ausland erfolgten Berufsausbildung anzusehen.

A 20.2.3 Erststudium

(1) Ein Studium i. S. d. § 32 Abs. 4 Satz 2 EStG liegt vor, wenn es an einer Hochschule i. S. d. Hochschulgesetze der Länder absolviert wird. Hochschulen i. S. dieser Vorschrift sind Universitäten, Pädagogische Hochschulen, Kunsthochschulen, Fachhochschulen und sonstige Einrichtungen des Bildungswesens, die nach dem jeweiligen Landesrecht staatliche Hochschulen sind. Gleichgestellt sind private und kirchliche Bildungseinrichtungen sowie Hochschulen des Bundes, die nach dem jeweiligen Landesrecht als Hochschule anerkannt werden. Nach Landesrecht kann vorgesehen werden, dass bestimmte an Berufsakademien oder anderen Ausbildungseinrichtungen erfolgreich absolvierte Ausbildungsgänge einem abgeschlossenen Studium an einer Fachhochschule gleichwertig sind und die gleichen Berechtigungen verleihen. Soweit dies der Fall ist, stellt ein entsprechendes Studium ein Studium

i. S. d. § 32 Abs. 4 Satz 2 EStG dar. Studien können auch als Fernstudien durchgeführt werden.

(2) Ein Studium stellt ein Erststudium i. S. d. § 32 Abs. 4 Satz 2 EStG dar, wenn es sich um eine Erstausbildung handelt. Es darf ihm kein anderes durch einen berufsqualifizierenden Abschluss beendetes Studium bzw. keine andere abgeschlossene nichtakademische Berufsausbildung i. S. v. A 20.2.1 und A 20.2.2 vorangegangen sein.

(3) Bei einem Wechsel des Studiums ohne Abschluss des zunächst betriebenen Studiengangs stellt das zunächst aufgenommene Studium kein abgeschlossenes Erststudium dar. Bei einer Unterbrechung eines Studiengangs ohne einen berufsqualifizierenden Abschluss und seiner späteren Weiterführung stellt der der Unterbrechung vorangegangene Studienteil kein abgeschlossenes Erststudium dar.

(4) Studien- und Prüfungsleistungen an ausländischen Hochschulen, die zur Führung eines ausländischen akademischen Grades berechtigen, der nach dem Recht des Landes, in dem der Gradinhaber seinen Wohnsitz oder gewöhnlichen Aufenthalt hat, anerkannt wird, sowie Studien- und Prüfungsleistungen, die von Staatsangehörigen eines Mitgliedstaats der EU oder von Vertragstaaten des EWR oder der Schweiz an Hochschulen dieser Staaten erbracht werden, sind nach diesen Grundsätzen inländischen Studien- und Prüfungsleistungen gleichzustellen. Für die Gleichstellung von Studien- und Prüfungsleistungen werden die in der Datenbank „anabin" (www.anabin. kmk.org) der Zentralstelle für ausländisches Bildungswesen beim Sekretariat der Kultusministerkonferenz aufgeführten Bewertungsvorschläge zugrunde gelegt.

A 20.2.4 **Abschluss einer erstmaligen Berufsausbildung oder eines Erststudiums**

(1) Eine erstmalige Berufsausbildung oder ein Erststudium sind grundsätzlich abgeschlossen, wenn sie das Kind zur Aufnahme eines Berufs befähigen. Wenn das Kind später eine weitere Ausbildung aufnimmt (z. B. Meisterausbildung nach mehrjähriger Berufstätigkeit aufgrund abgelegter Gesellenprüfung oder Masterstudium nach mehrjähriger Berufstätigkeit), handelt es sich um eine Zweitausbildung.

(2) Ist aufgrund objektiver Beweisanzeichen erkennbar, dass das Kind sein angestrebtes Berufsziel (vgl. A 15.1 Abs. 2) noch nicht erreicht hat, kann auch eine weiterführende Ausbildung noch als Teil der Erstausbildung zu qualifizieren sein (BFH vom 3.7.2014, III R 52/13, BStBl 2015 II S. 152). Entscheidend ist, dass die objektiven Beweisanzeichen (z. B. Bewerbungen) vor dem Beginn des nachfolgenden Ausbildungsabschnittes entstanden sind. Ein verspätetes Bekanntwerden bei der Familienkasse ist nicht schädlich. Fehlt es an anderen objektiven Beweisanzeichen, kann die schriftliche Willenserklärung des Kindes (vgl. V 6.1 Abs. 1 Satz 8) als objektives Beweisanzeichen dienen (BFH vom 20.2.2019, III R 42/18, BStBl II S. 769). Die weiterführende Ausbildung ist noch als Teil der Erstausbildung zu qualifizieren, wenn sie in einem engen sachlichen Zusammenhang mit der nichtakademischen Ausbildung oder dem Erststudium steht und im engen zeitlichen Zusammenhang durchgeführt wird (BFH vom 15.4.2015, V R 27/14, BStBl 2016 II S. 163). Ein enger sachlicher Zusammenhang liegt vor, wenn die nachfolgende Ausbildung z. B. dieselbe Berufssparte oder denselben fachlichen Bereich betrifft (vgl. BFH vom 23.10.2019, III R 14/18, BStBl 2020 II S. 785). Ein enger zeitlicher Zusammenhang liegt vor, wenn das Kind die weitere Ausbildung zum nächstmöglichen Zeitpunkt

aufnimmt oder sich bei mangelndem Ausbildungsplatz zeitnah zum nächstmöglichen Zeitpunkt für die weiterführende Ausbildung bewirbt. Unschädlich sind Verzögerungen, die z. B. aus einem zunächst fehlenden oder einem aus schul-, studien- oder betriebsorganisatorischen Gründen erst zu einem späteren Zeitpunkt verfügbaren Ausbildungsplatz resultieren. In Fällen von Erkrankung und Mutterschaft siehe A 17.2. Setzt die weiterführende Ausbildung eine Berufstätigkeit voraus oder nimmt das Kind vor Beginn der weiterführenden Ausbildung eine Berufstätigkeit aus anderen Gründen auf, die zu einem verzögerten Beginn der weiteren Ausbildung führt, liegt regelmäßig mangels notwendigen engen Zusammenhangs keine einheitliche Erstausbildung vor (BFH vom 4.2.2016, III R 14/15, BStBl II S. 615). Der notwendige enge Zusammenhang entfällt nicht dadurch, dass der nachfolgende Ausbildungsabschnitt erst für die Zulassung zur Abschlussprüfung oder für deren Bestehen eine Berufstätigkeit voraussetzt (BFH vom 11.12.2018, III R 26/18, BStBl 2019 II S. 765). Die Ausbildungsmaßnahme darf dabei nicht von der Erwerbstätigkeit geprägt sein (siehe Abs. 3). Einer einheitlichen Erstausbildung steht nicht entgegen, dass diese neben öffentlich-rechtlich geordneten Ausbildungsmaßnahmen auch nicht öffentlich-rechtlich geordnete Ausbildungsmaßnahmen umfasst (BFH vom 21.3.2019, III R 17/18, BStBl II S. 772).

(3) Nimmt ein volljähriges Kind nach Erlangung eines ersten Abschlusses in einem öffentlich-rechtlich geordneten Ausbildungsgang eine Erwerbstätigkeit auf, ist zwischen einer mehraktigen einheitlichen Erstausbildung mit daneben ausgeübter Erwerbstätigkeit und einer berufsbegleitend durchgeführten Weiterbildung (Zweitausbildung) abzugrenzen. Eine einheitliche Erstausbildung ist nicht mehr anzunehmen, wenn die vom Kind aufgenommene Erwerbstätigkeit bei einer Gesamtwürdigung der Verhältnisse im Vordergrund steht und die weitere Ausbildungsmaßnahme als Weiterbildung oder Aufstieg im bereits ausgeübten Beruf hinter den vorrangigen Erwerbscharakter der Tätigkeit zurücktritt (BFH vom 11.12.2018, III R 26/18, BStBl 2019 II S. 765). Dies ist insbesondere der Fall, wenn:

– die Tätigkeit im erlernten Beruf ausgeübt wird,
– sich das Kind längerfristig an einen Arbeitgeber bindet (mehr als 26 Wochen),
– der zeitliche Umfang der Erwerbstätigkeit den zeitlichen Umfang der Ausbildungsmaßnahme übersteigt oder
– die Ausbildungsmaßnahme in ihrem Ablauf der Erwerbstätigkeit untergeordnet ist, z. B. weil die Ausbildung nur nach Feierabend und an den Wochenenden durchgeführt wird.

Die Familienkasse hat ihre Entscheidung über den Charakter der Tätigkeit unter Würdigung aller Umstände des Einzelfalls zu treffen.

(4) Die Bewertung anhand der in Abs. 2 und 3 genannten Kriterien, ob der weitere Ausbildungsabschnitt Teil einer mehraktigen Erstausbildung oder einer (ggf. berufsbegleitend durchgeführten) Zweitausbildung ist, kann auch auf die vor Beginn der weiteren Ausbildungsmaßnahme liegende Übergangszeit nach § 32 Abs. 4 Satz 1 Nr. 2 Buchst. b EStG bzw. Wartezeit nach § 32 Abs. 4 Satz 1 Nr. 2 Buchst. c EStG übertragen werden, sofern nicht besondere Umstände vorliegen, die eine abweichende Beurteilung rechtfertigen. Für die Frage, ob eine erstmalige Berufsausbildung oder ein Erststudium nach § 32 Abs. 4 Satz 2 EStG abgeschlossen sind, kommt es nicht darauf an, ob die Berufsausbildung bzw. das Studium die besonderen Voraussetzungen für eine Erstausbildung im Sinne des § 9 Abs. 6 EStG erfüllen.

(5) Eine erstmalige Berufsausbildung ist grundsätzlich abgeschlossen, wenn die entsprechende Abschlussprüfung bestanden wurde (vgl. A 15.10 Abs. 3 ff.).

(6) Ein Studium wird, sofern zwischen Prüfung und Bekanntgabe des Prüfungsergebnisses noch keine Vollzeiterwerbstätigkeit im angestrebten Beruf ausgeübt wird, regelmäßig erst mit Bekanntgabe des Prüfungsergebnisses abgeschlossen (vgl. A 15.10 Abs. 9 ff.). Mit bestandener Prüfung wird i. d. R. ein Hochschulgrad verliehen. Hochschulgrade sind u. a. der Diplom-, Magister-, Bachelor- oder Mastergrad. Zwischenprüfungen stellen keinen Abschluss eines Studiums i. S. d. § 32 Abs. 4 Satz 2 EStG dar. Die von den Hochschulen angebotenen Studiengänge führen i. d. R. zu einem berufsqualifizierenden Abschluss. Im Zweifel ist davon auszugehen, dass die entsprechenden Prüfungen berufsqualifizierend sind.

(7) Der Bachelor- oder Bakkalaureusgrad einer inländischen Hochschule ist ein berufsqualifizierender Abschluss. Daraus folgt, dass der Abschluss eines Bachelorstudiengangs den Abschluss eines Erststudiums darstellt und ein nachfolgender Studiengang als weiteres Studium anzusehen ist. Wird hingegen ein Masterstudiengang besucht, der zeitlich und inhaltlich auf den vorangegangenen Bachelorstudiengang abgestimmt ist, so ist dieser Teil der Erstausbildung (BFH vom 3.9.2015, VI R 9/15, BStBl 2016 II S. 166). Bei sog. konsekutiven Masterstudiengängen an einer inländischen Hochschule ist von einem engen sachlichen Zusammenhang auszugehen.

(8) Werden zwei (oder ggf. mehrere) Studiengänge parallel studiert, die zu unterschiedlichen Zeiten abgeschlossen werden oder wird während eines Studiums eine Berufsausbildung abgeschlossen, stellt der nach dem Erreichen des ersten berufsqualifizierenden Abschlusses weiter fortgesetzte Studiengang vom Zeitpunkt dieses Abschlusses an grundsätzlich kein Erststudium mehr dar. Etwas anderes gilt nur, wenn die Studiengänge bzw. das Studium und die Berufsausbildung in einem engen sachlichen Zusammenhang stehen *(vgl. Abs. 2) und keine Erwerbstätigkeit im Vordergrund steht (vgl. Abs. 3)*.

(9) Postgraduale Zusatz-, Ergänzungs- und Aufbaustudiengänge setzen den Abschluss eines ersten Studiums voraus und stellen daher grundsätzlich kein Erststudium dar. Dies gilt nicht, wenn ein solches Zusatz-, Ergänzungs- oder Aufbaustudium auf dem ersten Studienabschluss des Kindes aufbaut und in einem engen zeitlichen Zusammenhang aufgenommen wird. In diesen Fällen ist von einem einheitlichen Erststudium auszugehen.

(10) Als berufsqualifizierender Studienabschluss gilt auch der Abschluss eines Studiengangs, durch den die fachliche Eignung für einen beruflichen Vorbereitungsdienst oder eine berufliche Einführung vermittelt wird. Dazu zählt insbesondere der Vorbereitungsdienst der Rechts- oder Lehramtsreferendare. Daher ist z. B. mit dem ersten juristischen Staatsexamen die erstmalige Berufsausbildung grundsätzlich abgeschlossen. Ein in einem engen zeitlichen Zusammenhang aufgenommenes Referendariat zur Vorbereitung auf das zweite Staatsexamen ist jedoch Teil der erstmaligen Berufsausbildung.

(11) Dem Promotionsstudium und der Promotion durch die Hochschule geht regelmäßig ein abgeschlossenes Studium voran, sodass die erstmalige Berufsausbildung grundsätzlich bereits abgeschlossen ist. Wird die Vorbereitung auf die Promotion jedoch in einem engen zeitlichen Zusammenhang mit dem Erststudium durchgeführt, ist sie noch Teil der erstmaligen Ausbildung.

A 20.3 Anspruchsunschädliche Erwerbstätigkeit

Nach Abschluss einer erstmaligen Berufsausbildung oder eines Erststudiums wird ein Kind in den Fällen des § 32 Abs. 4 Satz 1 Nr. 2 EStG nur berücksichtigt, wenn es keiner anspruchsschädlichen Erwerbstätigkeit nachgeht. Ein Kind ist erwerbstätig, wenn es einer auf die Erzielung von Einkünften gerichteten Beschäftigung nachgeht, die den Einsatz seiner persönlichen Arbeitskraft erfordert (BFH vom 16.5.1975, VI R 143/73, BStBl II S. 537). Das ist der Fall bei einem Kind, das eine nichtselbständige Tätigkeit, eine land- und forstwirtschaftliche, eine gewerbliche oder eine selbständige Tätigkeit ausübt. Keine Erwerbstätigkeit ist insbesondere:

- ein Au-Pair-Verhältnis,
- die Verwaltung eigenen Vermögens.

Anspruchsunschädlich nach § 32 Abs. 4 Satz 3 EStG ist

- eine Erwerbstätigkeit mit bis zu 20 Stunden regelmäßiger wöchentlicher Arbeitszeit (vgl. A 20.3.1),
- ein Ausbildungsdienstverhältnis (vgl. A 20.3.2) oder
- ein geringfügiges Beschäftigungsverhältnis i. S. d. §§ 8 und 8a SGB IV (vgl. A 20.3.3).

Eine Erwerbstätigkeit im Rahmen eines geregelten Freiwilligendienstes nach § 32 Abs. 4 Satz 1 Nr. 2 Buchst. d EStG ist unschädlich.

A 20.3.1 Regelmäßige wöchentliche Arbeitszeit bis zu 20 Stunden

(1) Unschädlich für den Kindergeldanspruch ist eine Erwerbstätigkeit, wenn die regelmäßige wöchentliche Arbeitszeit insgesamt nicht mehr als 20 Stunden beträgt. Bei der Ermittlung der regelmäßigen wöchentlichen Arbeitszeit ist grundsätzlich die individuell vertraglich vereinbarte Arbeitszeit zu Grunde zu legen. Ist lediglich eine monatliche Arbeitszeit vereinbart, ist diese durch 4,35 Wochen zu teilen, um die regelmäßige wöchentliche Arbeitszeit zu ermitteln (vgl. R 3b Abs. 2 Nr. 2 Buchst. a LStR 2015). Es sind nur Zeiträume ab dem Folgemonat nach Abschluss einer erstmaligen Berufsausbildung bzw. eines Erststudiums einzubeziehen.

(2) Eine vorübergehende (höchstens zwei Monate andauernde) Ausweitung der Beschäftigung auf mehr als 20 Stunden ist unbeachtlich, wenn während des Zeitraumes innerhalb eines Kj., in dem einer der Grundtatbestände des § 32 Abs. 4 Satz 1 Nr. 2 EStG erfüllt ist, die durchschnittliche wöchentliche Arbeitszeit nicht mehr als 20 Stunden beträgt. Durch einen Jahreswechsel wird eine vorübergehende Ausweitung nicht unterbrochen. Bei der Ermittlung der durchschnittlichen wöchentlichen Arbeitszeit sind nur volle Kalenderwochen mit gleicher Arbeitszeit anzusetzen.

Beispiel:

Die Tochter eines Berechtigten hat die Erstausbildung abgeschlossen und beginnt im Oktober *2021* mit dem Masterstudium. Gem. vertraglicher Vereinbarung ist sie ab dem 1. April *2022* mit einer wöchentlichen Arbeitszeit von 20 Stunden als Bürokraft beschäftigt. In den Semesterferien arbeitet sie – auf Grund einer zusätzlichen vertraglichen Vereinbarung – vom 1. August bis zur Kündigung am 30. September *2022* in Vollzeit mit 40 Stunden wöchentlich. Im Oktober *2022* vollendet sie ihr 25. Lebensjahr.

Somit ergeben sich folgende Arbeitszeiten pro voller Woche:
vom 1. April bis 31. Juli *2022*
(*17* Wochen und *3* Tage): 20 Stunden pro Woche
vom 1. August bis 30. September *2022*
(8 Wochen und 5 Tage): 40 Stunden pro Woche
(= Ausweitung der Beschäftigung)

Die durchschnittliche wöchentliche Arbeitszeit beträgt *15,3* Stunden; Berechnung:

$$\frac{(\mathit{17}\text{ Wochen} \times 20\text{ Std.}) + (8\text{ Wochen} \times 40\text{ Std.})}{43\text{ Wochen}} = \mathit{15{,}3}\text{ Std.}$$

Das Kind ist aufgrund des Studiums bis einschließlich Oktober *2022* nach § 32 Abs. 4 Satz 1 Nr. 2 Buchst. a EStG zu berücksichtigen. Das Studium wird jedoch nach Abschluss einer Erstausbildung durchgeführt, so dass das Kind nach § 32 Abs. 4 Satz 2 und 3 EStG nur berücksichtigt werden kann, wenn die ausgeübte Erwerbstätigkeit anspruchsunschädlich ist. Da die Ausweitung der Beschäftigung des Kindes lediglich vorübergehend ist und gleichzeitig während des Vorliegens des Grundtatbestandes nach § 32 Abs. 4 Satz 1 Nr. 2 EStG die durchschnittliche wöchentliche Arbeitszeit 20 Stunden nicht übersteigt, ist die Erwerbstätigkeit anspruchsunschädlich. Das Kind ist von Januar bis einschließlich Oktober *2022* zu berücksichtigen.

Variante:

Würde das Kind während der Semesterferien dagegen vom 15. Juli bis 27. September *2022* (= mehr als zwei Monate) vollzeiterwerbstätig sein, wäre die Ausweitung der Erwerbstätigkeit nicht vorübergehend und damit diese Erwerbstätigkeit als anspruchsschädlich einzustufen. Dies gilt unabhängig davon, dass auch hier die durchschnittliche wöchentliche Arbeitszeit 20 Stunden nicht überschritten würde. Das Kind könnte demnach für den Monat August *2022* nicht berücksichtigt werden (vgl. auch A 20.4).

(3) Führt eine vorübergehende (höchstens zwei Monate andauernde) Ausweitung der Beschäftigung auf über 20 Wochenstunden dazu, dass die durchschnittliche wöchentliche Arbeitszeit insgesamt mehr als 20 Stunden beträgt, ist der Zeitraum der Ausweitung anspruchsschädlich, nicht der gesamte Zeitraum der Erwerbstätigkeit.

Beispiel:

Ein Kind hat seine Erstausbildung bereits abgeschlossen und befindet sich während des gesamten Kj. im Studium. Neben dem Studium übt das Kind ganzjährig eine Beschäftigung mit einer vertraglich vereinbarten Arbeitszeit von 20 Stunden wöchentlich aus. In der vorlesungsfreien Zeit von Juli bis August weitet das Kind seine wöchentliche Arbeitszeit vorübergehend auf 40 Stunden aus. Ab September beträgt die wöchentliche Arbeitszeit wieder 20 Stunden.

Durch die vorübergehende Ausweitung seiner Arbeitszeit erhöht sich die durchschnittliche wöchentliche Arbeitszeit des Kindes auf über 20 Stunden. Aus diesem Grund ist der Zeitraum der Ausweitung als anspruchsschädlich anzusehen. Für die Monate Juli und August entfällt daher nach § 32 Abs. 4 Satz 2 und 3 EStG der Anspruch.

(4) Mehrere nebeneinander ausgeübte Tätigkeiten (z. B. eine Erwerbstätigkeit nach Abs. 1 Satz 1 und eine geringfügige Beschäftigung nach A 20.3.3) sind anspruchsunschädlich, wenn dadurch insgesamt die 20-Stunden-Grenze des § 32 Abs. 4 Satz 3 EStG nicht überschritten wird. Hingegen ist eine innerhalb

eines Ausbildungsdienstverhältnisses erbrachte Erwerbstätigkeit außer Betracht zu lassen.

A 20.3.2 **Ausbildungsdienstverhältnis**

(1) Die Erwerbstätigkeit im Rahmen eines Ausbildungsdienstverhältnisses ist stets anspruchsunschädlich. Ein solches liegt vor, wenn die Ausbildungsmaßnahme Gegenstand des Dienstverhältnisses ist (vgl. R 9.2 LStR 2015 und H 9.2 „Ausbildungsdienstverhältnis" LStH 2020; BFH vom 23.6.2015, III R 37/14, BStBl 2016 II S. 55). Hierzu zählen z. B.

- die Berufsausbildungsverhältnisse gemäß § 1 Abs. 3, §§ 4 bis 52 BBiG,
- ein Praktikum bzw. ein Volontariat, bei dem die Voraussetzungen nach A 15.8 vorliegen,
- das Referendariat bei Lehramtsanwärtern und Rechtsreferendaren zur Vorbereitung auf das zweite Staatsexamen,
- duale Studiengänge (siehe aber Abs. 2),
- das Dienstverhältnis von Beamtenanwärtern und Aufstiegsbeamten,
- eine Berufsausbildungsmaßnahme in einer Laufbahngruppe der Bundeswehr i. S. v. A 15.2 Satz 3,
- das Praktikum eines Pharmazeuten im Anschluss an den universitären Teil des Pharmaziestudiums,
- das im Rahmen der Ausbildung zum Erzieher abzuleistende Anerkennungsjahr.

Dagegen liegt kein Ausbildungsdienstverhältnis vor, wenn die Ausbildungsmaßnahme nicht Gegenstand des Dienstverhältnisses ist, auch wenn sie seitens des Arbeitgebers gefördert wird, z. B. durch ein Stipendium oder eine Verringerung der vertraglich vereinbarten Arbeitszeit.

(2) Bei berufsbegleitenden und berufsintegrierten dualen Studiengängen fehlt es häufig an einer Ausrichtung der Tätigkeit für den Arbeitgeber auf den Inhalt des Studiums, so dass in solchen Fällen die Annahme eines Ausbildungsdienstverhältnisses ausscheidet. Liegt hingegen eine Verknüpfung zwischen Studium und praktischer Tätigkeit vor, die über eine bloße thematische Verbindung zwischen der Fachrichtung des Studiengangs und der in dem Unternehmen ausgeübten Tätigkeit oder eine rein organisatorische Verzahnung hinausgeht, ist die Tätigkeit als im Rahmen eines Ausbildungsdienstverhältnisses ausgeübt zu betrachten. Eine entsprechende Ausrichtung der berufspraktischen Tätigkeit kann z. B. anhand der Studienordnung oder der Kooperationsvereinbarung zwischen Unternehmen und Hochschule glaubhaft gemacht werden.

A 20.3.3 **Geringfügiges Beschäftigungsverhältnis**

(1) Geringfügige Beschäftigungsverhältnisse nach § 32 Abs. 4 Satz 3 EStG sind:

- geringfügig entlohnte Beschäftigungen (§§ 8 Abs. 1 Nr. 1 und 8a SGB IV) und
- kurzfristige Beschäftigungen (§§ 8 Abs. 1 Nr. 2 SGB und 8a SGB IV).

(2) Bei der Beurteilung, ob ein geringfügiges Beschäftigungsverhältnis vorliegt, ist grundsätzlich die Einstufung des Arbeitgebers maßgeblich.

(3) Eine neben einem Ausbildungsdienstverhältnis ausgeübte geringfügige Beschäftigung ist unschädlich. Hinsichtlich einer neben einer Erwerbstätigkeit ausgeübten geringfügigen Beschäftigung vgl. A 20.3.1 Abs. 4 Satz 1.

A 20.4 **Monatsprinzip**

Liegen die Anspruchsvoraussetzungen des § 32 Abs. 4 Satz 1 bis 3 EStG wenigstens an einem Tag im Kalendermonat vor, besteht nach § 66 Abs. 2 EStG für diesen Monat Anspruch auf Kindergeld. Hat ein Kind eine erstmalige Berufsausbildung oder ein Erststudium abgeschlossen und erfüllt es weiterhin einen Anspruchstatbestand des § 32 Abs. 4 Satz 1 Nr. 2 EStG, entfällt der Kindergeldanspruch nur in den Monaten, in denen die anspruchsschädliche Erwerbstätigkeit den gesamten Monat umfasst. V 14.2 ist zu beachten.

Beispiel:

Ein Kind hat seine Erstausbildung abgeschlossen und im Oktober des Vorjahres mit dem Masterstudium begonnen. Ab dem 20. Juli des laufenden Jahres nimmt es unbefristet eine anspruchsschädliche Erwerbstätigkeit auf.

Aufgrund des Studiums ist das Kind nach § 32 Abs. 4 Satz 1 Nr. 2 Buchst. a EStG zu berücksichtigen. Das Studium wird jedoch nach Abschluss einer erstmaligen Berufsausbildung durchgeführt, so dass das Kind nach § 32 Abs. 4 Satz 2 EStG nur berücksichtigt werden kann, wenn es keiner anspruchsschädlichen Erwerbstätigkeit nachgeht. Für die Monate August bis Dezember kann das Kind nicht berücksichtigt werden. Neben den Monaten Januar bis Juni kann das Kind auch im Juli berücksichtigt werden, da es wenigstens an einem Tag die Anspruchsvoraussetzung – keine anspruchsschädliche Erwerbstätigkeit – erfüllt."

Verlängerungstatbestände bei Arbeit suchenden Kindern und Kindern in Berufsausbildung

– unbesetzt –

Hinweise

Dienste im Ausland

>A 21 Abs. 5 DA-KG **2022**:

„(5) Als Verlängerungstatbestände sind nicht nur der nach deutschem Recht geleistete GWD bzw. ZD sowie die Entwicklungshilfedienste nach dem EhfG oder dem ZDG zu berücksichtigen, sondern auch entsprechende Dienste nach ausländischen Rechtsvorschriften. Eine Berücksichtigung der nach ausländischen Rechtsvorschriften geleisteten Dienste ist jedoch grundsätzlich nur bis zur Dauer des deutschen gesetzlichen GWD oder ZD möglich. Dabei ist auf die zu Beginn des Auslandsdienstes maßgebende Dauer des deutschen GWD oder ZD abzustellen. Wird der gesetzliche GWD oder ZD in einem anderen EU- bzw. EWR-Staat geleistet, so ist nach § 32 Abs. 5 Satz 2 EStG die Dauer dieses Dienstes maßgebend, auch wenn dieser länger als die Dauer des entsprechenden deutschen Dienstes ist."

Entwicklungshelfer

— >Gesetz vom 18.06.1969 (BGBl. I S. 549 – EhfG), zuletzt geändert durch Artikel **6** des Gesetzes vom **23.05.2017** (BGBl. I S. **1228**)

§ 32 EStG
R 32.12 H 32.11, 32.12

– Entwicklungshelfer sind deutsche Personen, die nach Vollendung ihres 18. Lebensjahres und aufgrund einer Verpflichtung für zwei Jahre gegenüber einem anerkannten Träger des Entwicklungsdienstes Tätigkeiten in Entwicklungsländern ohne Erwerbsabsicht ausüben (§ 1 EhfG). Als Träger des Entwicklungsdienstes sind anerkannt:
  a) Deutsche Gesellschaft für internationale Zusammenarbeit (GIZ), Bonn/Eschborn,
  b) Arbeitsgemeinschaft für Entwicklungshilfe e.V. (AGEH), Köln,
  c) Evangelischer Entwicklungsdienst e.V. (EED/DÜ), Berlin,
  d) Internationaler Christlicher Friedensdienst e.V. (EIRENE), Neuwied,
  e) Weltfriedensdienst e.V. (WFD), Berlin,
  f) Christliche Fachkräfte International e.V. (CFI), Stuttgart,
  g) Forum Ziviler Friedensdienst e.V. (forumZFD), Bonn.

Ermittlung des Verlängerungszeitraums
\>A 21 Abs. 3 DA-KG *2022*:
„(3) Bei der Ermittlung des Verlängerungszeitraums sind zunächst die Monate zu berücksichtigen, in denen mindestens an einem Tag ein Dienst bzw. eine Tätigkeit i. S. d. § 32 Abs. 5 Satz 1 EStG geleistet wurde. Dabei sind auch die Monate zu berücksichtigen, für die Anspruch auf Kindergeld bestand (vgl. BFH vom 5.9.2013, XI R 12/12, BStBl 2014 II S. 39)."

R 32.12

Höhe der Freibeträge für Kinder in Sonderfällen

Einem Stpfl., der die vollen Freibeträge für Kinder erhält, weil der andere Elternteil verstorben ist (§ 32 Abs. 6 Satz 3 EStG), werden Stpfl. in Fällen gleichgestellt, in denen
1. der Wohnsitz oder gewöhnliche Aufenthalt des anderen Elternteiles nicht zu ermitteln ist oder
2. der Vater des Kindes amtlich nicht feststellbar ist.

H 32.12

Hinweise

Lebenspartner und Freibeträge für Kinder

Anhang 19c II \>BMF vom 17.01.2014 (BStBl I S. 109)

§ 32 EStG
R 32.13

R 32.13

Übertragung der Freibeträge für Kinder

Barunterhaltsverpflichtung

(1) ¹Bei dauernd getrennt lebenden oder geschiedenen Ehegatten sowie bei Eltern eines nichtehelichen Kindes ist der Elternteil, in dessen Obhut das Kind sich nicht befindet, grundsätzlich zur Leistung von Barunterhalt verpflichtet. ²Wenn die Höhe nicht durch gerichtliche Entscheidung, Verpflichtungserklärung, Vergleich oder anderweitig durch Vertrag festgelegt ist, können dafür die von den Oberlandesgerichten als Leitlinien aufgestellten Unterhaltstabellen, z. B. „Düsseldorfer Tabelle", einen Anhalt geben.

Der Unterhaltsverpflichtung im Wesentlichen nachkommen

(2) ¹Ein Elternteil kommt seiner Barunterhaltsverpflichtung gegenüber dem Kind im Wesentlichen nach, wenn er sie mindestens zu 75 % erfüllt. ²Der Elternteil, in dessen Obhut das Kind sich befindet, erfüllt seine Unterhaltsverpflichtung in der Regel durch die Pflege und Erziehung des Kindes (§ 1606 Abs. 3 BGB).

Maßgebender Verpflichtungszeitraum

(3) ¹Hat aus Gründen, die in der Person des Kindes liegen, oder wegen des Todes des Elternteiles die Unterhaltsverpflichtung nicht während des ganzen Kalenderjahres bestanden, ist für die Frage, inwieweit sie erfüllt worden ist, nur auf den Verpflichtungszeitraum abzustellen. ²Wird ein Elternteil erst im Laufe des Kalenderjahres zur Unterhaltszahlung verpflichtet, ist für die Prüfung, ob er seiner Barunterhaltsverpflichtung gegenüber dem Kind zu mindestens 75 % nachgekommen ist, nur der Zeitraum zu Grunde zu legen, für den der Elternteil zur Unterhaltsleistung verpflichtet wurde. ³Im Übrigen kommt es nicht darauf an, ob die unbeschränkte Steuerpflicht des Kindes oder der Eltern während des ganzen Kalenderjahres bestanden hat.

Verfahren

(4)[1] ¹Wird die Übertragung des dem anderen Elternteil zustehenden Kinderfreibetrags beantragt, weil dieser seiner Unterhaltsverpflichtung gegenüber dem Kind für das Kalenderjahr nicht im Wesentlichen nachgekommen ist oder mangels Leistungsfähigkeit nicht unterhaltspflichtig ist, muss der Antragsteller die Voraussetzungen dafür darlegen; eine Übertragung des dem anderen Elternteil zustehenden Kinderfreibetrags scheidet für Zeiträume aus, in denen Unterhaltsleistungen nach dem Unterhaltsvorschussgesetz gezahlt worden sind. ²Dem betreuenden Elternteil ist auf Antrag der dem anderen Elternteil, in dessen Wohnung das minderjährige Kind nicht gemeldet ist, zustehende Freibetrag für den Betreuungs- und Erziehungs- oder Ausbildungsbedarf zu übertragen. ³Die Übertragung

---

[1]) Die bisher in R 32.13 Abs. 4 Satz 2 EStR 2008 enthaltene Regelung, dass die Übertragung des Kinderfreibetrags stets auch zur Übertragung des Freibetrags für den Betreuungs- und Erziehungs- oder Ausbildungsbedarf führt, gilt weiterhin (>BMF vom 28.06.2013 – BStBl I S. 845, Rz. 5).

scheidet aus, wenn der Elternteil, bei dem das Kind nicht gemeldet ist, der Übertragung widerspricht, weil er Kinderbetreuungskosten trägt (z. B., weil er als barunterhaltsverpflichteter Elternteil ganz oder teilweise für einen sich aus Kindergartenbeiträgen ergebenden Mehrbedarf des Kindes aufkommt) oder das Kind regelmäßig in einem nicht unwesentlichen Umfang betreut (z. B., wenn eine außergerichtliche Vereinbarung über einen regelmäßigen Umgang an Wochenenden und in den Ferien vorliegt). [4] Die Voraussetzungen für die Übertragung sind monatsweise zu prüfen. [5] In Zweifelsfällen ist dem anderen Elternteil Gelegenheit zu geben, sich zum Sachverhalt zu äußern (§ 91 AO). [6] In dem Kalenderjahr, in dem das Kind das 18. Lebensjahr vollendet, ist eine Übertragung des Freibetrags für den Betreuungs- und Erziehungs- oder Ausbildungsbedarf nur für den Teil des Kalenderjahres möglich, in dem das Kind noch minderjährig ist. [7] Werden die Freibeträge für Kinder bei einer Veranlagung auf den Stpfl. übertragen, teilt das Finanzamt dies dem für den anderen Elternteil zuständigen Finanzamt mit. [8] Ist der andere Elternteil bereits veranlagt, ist die Änderung der Steuerfestsetzung, sofern sie nicht nach § 164 Abs. 2 Satz 1 oder § 165 Abs. 2 AO vorgenommen werden kann, nach § 175 Abs. 1 Satz 1 Nr. 2 AO durchzuführen. [9] Beantragt der andere Elternteil eine Herabsetzung der gegen ihn festgesetzten Steuer mit der Begründung, die Voraussetzungen für die Übertragung der Freibeträge für Kinder auf den Stpfl. lägen nicht vor, ist der Stpfl. unter den Voraussetzungen des § 174 Abs. 4 und 5 AO zu dem Verfahren hinzuzuziehen. [10] Obsiegt der andere Elternteil, kommt die Änderung der Steuerfestsetzung beim Stpfl. nach § 174 Abs. 4 AO in Betracht. [11] Dem Finanzamt des Stpfl. ist zu diesem Zweck die getroffene Entscheidung mitzuteilen.

Hinweise

Beispiele zu R 32.13 Abs. 3

A. Das Kind beendet im Juni seine Berufsausbildung und steht ab September in einem Arbeitsverhältnis. Seitdem kann es sich selbst unterhalten. Der zum Barunterhalt verpflichtete Elternteil ist seiner Verpflichtung nur für die Zeit bis einschl. Juni nachgekommen. Er hat seine für 8 Monate bestehende Unterhaltsverpflichtung für 6 Monate, also zu 75 % erfüllt.

B. Der Elternteil, der bisher seiner Unterhaltsverpflichtung durch Pflege und Erziehung des Kindes voll nachgekommen ist, verzieht im August ins Ausland und leistet von da an keinen Unterhalt mehr. Er hat seine Unterhaltsverpflichtung, bezogen auf das Kj., nicht mindestens zu 75 % erfüllt.

Beurteilungszeitraum

Bei der Beurteilung der Frage, ob ein Elternteil seiner Unterhaltsverpflichtung gegenüber einem Kind nachgekommen ist, ist nicht auf den Zeitpunkt abzustellen, in dem der Unterhalt gezahlt worden ist, sondern auf den Zeitraum, für den der Unterhalt bestimmt ist (>BFH vom 11.12.1992 – BStBl II 1993 S. 397).

Freistellung von der Unterhaltsverpflichtung
Stellt ein Elternteil den anderen Elternteil von der Unterhaltsverpflichtung gegenüber einem gemeinsamen Kind gegen ein Entgelt frei, das den geschätzten Unterhaltsansprüchen des Kindes entspricht, behält der freigestellte Elternteil den Anspruch auf den (halben) Kinderfreibetrag (>BFH vom 25.01.1996 – BStBl II 1997 S. 21).

Konkrete Unterhaltsverpflichtung
Kommt ein Elternteil seiner konkret-individuellen Unterhaltsverpflichtung nach, so ist vom Halbteilungsgrundsatz auch dann nicht abzuweichen, wenn diese Verpflichtung im Verhältnis zum Unterhaltsbedarf des Kindes oder zur Unterhaltszahlung des anderen Elternteils gering ist (>BFH vom 25.07.1997 – BStBl II 1998 S. 433).

Steuerrechtliche Folgewirkungen der Übertragung
Infolge der Übertragung der Freibeträge für Kinder können sich bei den kindbedingten Steuerentlastungen, die vom Erhalt eines Freibetrags nach § 32 Abs. 6 abhängen, Änderungen ergeben. Solche Folgeänderungen können zum Beispiel eintreten beim Entlastungsbetrag für Alleinerziehende (§ 24b), beim Prozentsatz der zumutbaren Belastung (§ 33 Abs. 3), beim Freibetrag nach § 33a Abs. 2 und bei der Übertragung des dem Kind zustehenden Behinderten- oder Hinterbliebenen-Pauschbetrags (§ 33b Abs. 5).

Übertragung der Freibeträge für Kinder
>BMF vom 28.06.2013 (BStBl I S. 845)   Anhang 19c I

§ 32a
Einkommensteuertarif

(1) [1] *Die tarifliche Einkommensteuer bemisst sich nach dem zu versteuernden Einkommen.* [2] *Sie beträgt ab dem Veranlagungszeitraum 2022 vorbehaltlich der §§ 32b, 32d, 34, 34a, 34b und 34c jeweils in Euro für zu versteuernde Einkommen*

1. bis 10.347 Euro (Grundfreibetrag):
   0;
2. von 10.348 Euro bis 14.926 Euro:
   (1.088,67 · y + 1.400) · y;
3. von 14.927 Euro bis 58.596 Euro:
   (206,43 · z + 2.397) · z + 869,32;
4. von 58.597 Euro bis 277.825 Euro:
   0,42 · x − 9.336,45;
5. von 277.826 Euro an:
   0,45 · x − 17.671,20.

[3] *Die Größe „y" ist ein Zehntausendstel des den Grundfreibetrag übersteigenden Teils des auf einen vollen Euro-Betrag abgerundeten zu versteuernden Einkommens.* [4] *Die Größe „z" ist ein Zehntausendstel des 14.926 Euro übersteigenden Teils des auf einen vollen Euro-Betrag abgerundeten zu versteuernden Einkommens.* [5] *Die Größe „x" ist das auf einen vollen Euro-Betrag abgerundete zu versteuernde Einkommen.* [6] *Der sich ergebende Steuerbetrag ist auf den nächsten vollen Euro-Betrag abzurunden.*

(2) bis (4) (weggefallen)

(5) Bei Ehegatten, die nach den §§ 26, 26b zusammen zur Einkommensteuer veranlagt werden, beträgt die tarifliche Einkommensteuer vorbehaltlich der §§ 32b, 32d, 34, 34a, 34b und 34c das Zweifache des Steuerbetrags, der sich für die Hälfte ihres gemeinsam zu versteuernden Einkommens nach Absatz 1 ergibt (Splitting-Verfahren).

(6) [1] Das Verfahren nach Absatz 5 ist auch anzuwenden zur Berechnung der tariflichen Einkommensteuer für das zu versteuernde Einkommen

1. bei einem verwitweten Steuerpflichtigen für den Veranlagungszeitraum, der dem Kalenderjahr folgt, in dem der Ehegatte verstorben ist, wenn der Steuerpflichtige und sein verstorbener Ehegatte im Zeitpunkt seines Todes die Voraussetzungen des § 26 Absatz 1 Satz 1 erfüllt haben,
2. bei einem Steuerpflichtigen, dessen Ehe in dem Kalenderjahr, in dem er sein Einkommen bezogen hat, aufgelöst worden ist, wenn in diesem Kalenderjahr

§ 32a EStG
H 32a

a) der Steuerpflichtige und sein bisheriger Ehegatte die Voraussetzungen des § 26 Absatz 1 Satz 1 erfüllt haben,
b) der bisherige Ehegatte wieder geheiratet hat und
c) der bisherige Ehegatte und dessen neuer Ehegatte ebenfalls die Voraussetzungen des § 26 Absatz 1 Satz 1 erfüllen.

²Voraussetzung für die Anwendung des Satzes 1 ist, dass der Steuerpflichtige nicht nach den §§ 26, 26a einzeln zur Einkommensteuer veranlagt wird.

Hinweise
H 32a

Alleinerziehende
Die Besteuerung Alleinerziehender nach dem Grundtarif im Rahmen einer Einzelveranlagung anstelle einer Besteuerung nach dem Splittingtarif ist verfassungsgemäß (>BFH vom 29.09.2016 – BStBl II 2017 S. 259).

Auflösung der Ehe (außer durch Tod) und Wiederheirat eines Ehegatten
Ist eine Ehe, für die die Voraussetzungen des § 26 Abs. 1 vorgelegen haben, im VZ durch Aufhebung oder Scheidung aufgelöst worden und ist der Stpfl. im selben VZ eine neue Ehe eingegangen, für die die Voraussetzungen des § 26 Abs. 1 Satz 1 ebenfalls vorliegen, so kann nach § 26 Abs. 1 Satz 2 für die aufgelöste Ehe das Wahlrecht zwischen Einzelveranlagung (§ 26a) und Zusammenveranlagung (§ 26b) nicht ausgeübt werden. Der andere Ehegatte, der nicht wieder geheiratet hat, ist mit dem von ihm bezogenen Einkommen nach dem Splitting-Verfahren zu besteuern (§ 32a Abs. 6 Satz 1 Nr. 2). Der Auflösung einer Ehe durch Aufhebung oder Scheidung steht die Nichtigerklärung einer Ehe gleich (>H 26 – Allgemeines).

Auflösung einer Ehe
Ist eine Ehe, die der Stpfl. im VZ des Todes des früheren Ehegatten geschlossen hat, im selben VZ wieder aufgelöst worden, so ist er für den folgenden VZ auch dann wieder nach § 32a Abs. 6 Satz 1 Nr. 1 als Verwitweter zu behandeln, wenn die Ehe in anderer Weise als durch Tod aufgelöst worden ist (>BFH vom 09.06.1965 – BStBl III S. 590).

Dauerndes Getrenntleben im Todeszeitpunkt
Die Einkommensteuer eines verwitweten Stpfl. ist in dem VZ, der dem VZ des Todes folgt, nur dann nach dem Splittingtarif festzusetzen, wenn er und sein verstorbener Ehegatte im Zeitpunkt des Todes nicht dauernd getrennt gelebt haben (>BFH vom 27.02.1998 – BStBl II S. 350).

Todeserklärung eines verschollenen Ehegatten
>H 26 (Allgemeines)

§ 32b

Progressionsvorbehalt

(1) ¹Hat ein zeitweise oder während des gesamten Veranlagungszeitraums unbeschränkt Steuerpflichtiger oder ein beschränkt Steuerpflichtiger, auf den § 50 Absatz 2 Satz 2 Nummer 4 Anwendung findet,

1. a) Arbeitslosengeld, Teilarbeitslosengeld, Zuschüsse zum Arbeitsentgelt, Kurzarbeitergeld, Insolvenzgeld, Übergangsgeld nach dem Dritten Buch Sozialgesetzbuch, Insolvenzgeld, das nach § 170 Absatz 1 des Dritten Buches Sozialgesetzbuch einem Dritten zusteht, ist dem Arbeitnehmer zuzurechnen,

   b) Krankengeld, Mutterschaftsgeld, Verletztengeld, Übergangsgeld oder vergleichbare Lohnersatzleistungen nach dem Fünften, Sechsten oder Siebten Buch Sozialgesetzbuch, der Reichsversicherungsordnung, dem Gesetz über die Krankenversicherung der Landwirte oder dem Zweiten Gesetz über die Krankenversicherung der Landwirte,

   c) Mutterschaftsgeld, Zuschuss zum Mutterschaftsgeld, die Sonderunterstützung nach dem Mutterschutzgesetz sowie den Zuschuss bei Beschäftigungsverboten für die Zeit vor oder nach einer Entbindung sowie für den Entbindungstag während einer Elternzeit nach beamtenrechtlichen Vorschriften,

   d) Arbeitslosenbeihilfe nach dem Soldatenversorgungsgesetz,

   e) Entschädigungen für Verdienstausfall nach dem Infektionsschutzgesetz vom 20. Juli 2000 (BGBl. I S. 1045),

   f) Versorgungskrankengeld oder Übergangsgeld nach dem Bundesversorgungsgesetz,

   g) nach § 3 Nummer 28 steuerfreie Aufstockungsbeträge oder Zuschläge sowie nach § 3 Nummer 28a steuerfreie Zuschüsse,

   h) Leistungen an Arbeitnehmerinnen und Arbeitnehmer nach § 5 des Unterhaltssicherungsgesetzes,

   i) nach § 3 Nummer 60 steuerfreie Anpassungsgelder,

   j) Elterngeld nach dem Bundeselterngeld- und Elternzeitgesetz,

   k) nach § 3 Nummer 2 Buchstabe e steuerfreie Leistungen, wenn vergleichbare Leistungen inländischer öffentlicher Kassen nach den Buchstaben a bis j dem Progressionsvorbehalt unterfallen, oder

2. ausländische Einkünfte, die im Veranlagungszeitraum nicht der deutschen Einkommensteuer unterlegen haben; dies gilt nur für Fälle der zeitweisen unbeschränkten Steuerpflicht einschließlich der in § 2 Absatz 7 Satz 3 geregelten Fälle; ausgenommen sind Einkünfte, die nach einem sonstigen zwischenstaatlichen Übereinkommen im Sinne der Nummer 4 steuerfrei sind und die nach diesem Übereinkommen nicht unter dem Vorbehalt der Einbeziehung bei der Berechnung der Einkommensteuer stehen,

3. Einkünfte, die nach einem Abkommen zur Vermeidung der Doppelbesteuerung steuerfrei sind,
4. Einkünfte, die nach einem sonstigen zwischenstaatlichen Übereinkommen unter dem Vorbehalt der Einbeziehung bei der Berechnung der Einkommensteuer steuerfrei sind,
5. Einkünfte, die bei Anwendung von § 1 Absatz 3 oder § 1a oder § 50 Absatz 2 Satz 2 Nummer 4 im Veranlagungszeitraum bei der Ermittlung des zu versteuernden Einkommens unberücksichtigt bleiben, weil sie nicht der deutschen Einkommensteuer oder einem Steuerabzug unterliegen; ausgenommen sind Einkünfte, die nach einem sonstigen zwischenstaatlichen Übereinkommen im Sinne der Nummer 4 steuerfrei sind und die nach diesem Übereinkommen nicht unter dem Vorbehalt der Einbeziehung bei der Berechnung der Einkommensteuer stehen,

bezogen, so ist auf das nach § 32a Absatz 1 zu versteuernde Einkommen ein besonderer Steuersatz anzuwenden. ²Satz 1 Nummer 3 gilt nicht für Einkünfte
1. aus einer anderen als in einem Drittstaat belegenen land- und forstwirtschaftlichen Betriebsstätte,
2. aus einer anderen als in einem Drittstaat belegenen gewerblichen Betriebsstätte, die nicht die Voraussetzungen des § 2a Absatz 2 Satz 1 erfüllt,
3. aus der Vermietung oder der Verpachtung von unbeweglichem Vermögen oder von Sachinbegriffen, wenn diese in einem anderen Staat als in einem Drittstaat belegen sind, oder
4. aus der entgeltlichen Überlassung von Schiffen, sofern diese ausschließlich oder fast ausschließlich in einem anderen als einem Drittstaat eingesetzt worden sind, es sei denn, es handelt sich um Handelsschiffe, die
    a) von einem Vercharterer ausgerüstet überlassen oder
    b) an in einem anderen als in einem Drittstaat ansässige Ausrüster, die die Voraussetzungen des § 510 Absatz 1 des Handelsgesetzbuchs erfüllen, überlassen oder
    c) insgesamt nur vorübergehend an in einem Drittstaat ansässige Ausrüster, die die Voraussetzungen des § 510 Absatz 1 des Handelsgesetzbuchs erfüllen, überlassen
    worden sind, oder
5. aus dem Ansatz des niedrigeren Teilwerts oder der Übertragung eines zu einem Betriebsvermögen gehörenden Wirtschaftsguts im Sinne der Nummern 3 und 4.

³§ 2a Absatz 2a und § 15b sind sinngemäß anzuwenden.

(1a) Als unmittelbar von einem unbeschränkt Steuerpflichtigen bezogene ausländische Einkünfte im Sinne des Absatzes 1 Nummer 3 gelten auch die ausländischen Einkünfte, die eine Organgesellschaft

§ 32b EStG

im Sinne des § 14 oder des § 17 des Körperschaftsteuergesetzes bezogen hat und die nach einem Abkommen zur Vermeidung der Doppelbesteuerung steuerfrei sind, in dem Verhältnis, in dem dem unbeschränkt Steuerpflichtigen das Einkommen der Organgesellschaft bezogen auf das gesamte Einkommen der Organgesellschaft im Veranlagungszeitraum zugerechnet wird.

(2) Der besondere Steuersatz nach Absatz 1 ist der Steuersatz, der sich ergibt, wenn bei der Berechnung der Einkommensteuer das nach § 32a Absatz 1 zu versteuernde Einkommen vermehrt oder vermindert wird um

1. im Fall des Absatzes 1 Nummer 1 die Summe der Leistungen nach Abzug des Arbeitnehmer-Pauschbetrags (§ 9a Satz 1 Nummer 1), soweit er nicht bei der Ermittlung der Einkünfte aus nichtselbständiger Arbeit abziehbar ist;
2. im Fall des Absatzes 1 Nummer 2 bis 5 die dort bezeichneten Einkünfte, wobei die darin enthaltenen außerordentlichen Einkünfte mit einem Fünftel zu berücksichtigen sind. ²Bei der Ermittlung der Einkünfte im Fall des Absatzes 1 Nummer 2 bis 5
    a) ist der Arbeitnehmer-Pauschbetrag (§ 9a Satz 1 Nummer 1 Buchstabe a) abzuziehen, soweit er nicht bei der Ermittlung der Einkünfte aus nichtselbständiger Arbeit abziehbar ist;
    b) sind Werbungskosten nur insoweit abzuziehen, als sie zusammen mit den bei der Ermittlung der Einkünfte aus nichtselbständiger Arbeit abziehbaren Werbungskosten den Arbeitnehmer-Pauschbetrag (§ 9a Satz 1 Nummer 1 Buchstabe a) übersteigen;
    c) sind bei Gewinnermittlung nach § 4 Absatz 3 die Anschaffungs- oder Herstellungskosten für Wirtschaftsgüter des Umlaufvermögens im Zeitpunkt des Zuflusses des Veräußerungserlöses oder bei Entnahme im Zeitpunkt der Entnahme als Betriebsausgaben zu berücksichtigen. ²§ 4 Absatz 3 Satz 5 gilt entsprechend.

(3) ¹Nach Maßgabe des § 93c der Abgabenordnung haben die Träger der Sozialleistungen im Sinne des Absatzes 1 Satz 1 Nummer 1 für jeden Leistungsempfänger der für seine Besteuerung nach dem Einkommen zuständigen Finanzbehörde neben den nach § 93c Absatz 1 der Abgabenordnung erforderlichen Angaben die Daten über die im Kalenderjahr gewährten Leistungen sowie die Dauer des Leistungszeitraums zu übermitteln, soweit die Leistungen nicht in der Lohnsteuerbescheinigung anzugeben sind (§ 41b Absatz 1 Satz 2 Nummer 5); § 41b Absatz 2 und § 22a Absatz 2 gelten entsprechend. ²Die mitteilungspflichtige Stelle hat den Empfänger der Leistungen auf die steuerliche Behandlung dieser Leistungen und seine Steuererklärungspflicht hinzuweisen. ³In den Fällen des § 170 Absatz 1 des Dritten Buches Sozialgesetzbuch gilt als Empfänger des an Dritte

ausgezahlten Insolvenzgeldes der Arbeitnehmer, der seinen Arbeitsentgeltanspruch übertragen hat.

(4) ¹In den Fällen des Absatzes 3 ist für die Anwendung des § 72a Absatz 4 und des § 93c Absatz 4 Satz 1 der Abgabenordnung das Betriebsstättenfinanzamt des Trägers der jeweiligen Sozialleistungen zuständig. ²Sind für ihn mehrere Betriebsstättenfinanzämter zuständig oder hat er keine Betriebsstätte im Sinne des § 41 Absatz 2, so ist das Finanzamt zuständig, in dessen Bezirk sich seine Geschäftsleitung nach § 10 der Abgabenordnung im Inland befindet.

(5) Die nach Absatz 3 übermittelten Daten können durch das nach Absatz 4 zuständige Finanzamt bei den für die Besteuerung der Leistungsempfänger nach dem Einkommen zuständigen Finanzbehörden abgerufen und zur Anwendung des § 72a Absatz 4 und des § 93c Absatz 4 Satz 1 der Abgabenordnung verarbeitet werden.

Progressionsvorbehalt

R 32b.

Allgemeines

(1) ¹Entgelt-, Lohn- oder Einkommensersatzleistungen der gesetzlichen Krankenkassen unterliegen auch insoweit dem Progressionsvorbehalt nach § 32b Abs. 1 Satz 1 Nr. 1 Buchstabe b EStG, als sie freiwillig Versicherten gewährt werden. ²Beim Übergangsgeld, das behinderten oder von Behinderung bedrohten Menschen nach den §§ 45 bis 52 SGB IX gewährt wird, handelt es sich um steuerfreie Leistungen nach dem SGB III, SGB VI, SGB VII oder dem Bundesversorgungsgesetz, die dem Progressionsvorbehalt unterliegen. ³Leistungen nach der Berufskrankheitenverordnung sowie das Krankentagegeld aus einer privaten Krankenversicherung und Leistungen zur Sicherung des Lebensunterhalts und zur Eingliederung in Arbeit nach dem SGB II (sog. Arbeitslosengeld II) gehören nicht zu den Entgelt-, Lohn- oder Einkommensersatzleistungen, die dem Progressionsvorbehalt unterliegen.

(2) ¹In den Progressionsvorbehalt sind die Entgelt-, Lohn- und Einkommensersatzleistungen mit den Beträgen einzubeziehen, die als Leistungsbeträge nach den einschlägigen Leistungsgesetzen festgestellt werden. ²Kürzungen dieser Leistungsbeträge, die sich im Falle der Abtretung oder durch den Abzug von Versichertenanteilen an den Beiträgen zur Rentenversicherung, Arbeitslosenversicherung und ggf. zur Kranken- und Pflegeversicherung ergeben, bleiben unberücksichtigt. ³Der bei der Ermittlung der Einkünfte aus nichtselbständiger Arbeit nicht ausgeschöpfte Arbeitnehmer-Pauschbetrag ist auch von Entgelt-, Lohn- und Einkommensersatzleistungen abzuziehen.

Rückzahlung von Entgelt-, Lohn- oder Einkommensersatzleistungen

(3) ¹Werden die in § 32b Abs. 1 Satz 1 Nr. 1 EStG bezeichneten Entgelt-, Lohn- oder Einkommensersatzleistungen zurückgezahlt, sind sie von den

im selben Kalenderjahr bezogenen Leistungsbeträgen abzusetzen, unabhängig davon, ob die zurückgezahlten Beträge im Kalenderjahr ihres Bezugs dem Progressionsvorbehalt unterlegen haben. ²Ergibt sich durch die Absetzung ein negativer Betrag, weil die Rückzahlungen höher sind als die im selben Kalenderjahr empfangenen Beträge oder weil den zurückgezahlten keine empfangenen Beträge gegenüber stehen, ist auch der negative Betrag bei der Ermittlung des besonderen Steuersatzes nach § 32b EStG zu berücksichtigen (negativer Progressionsvorbehalt). ³Aus Vereinfachungsgründen bestehen keine Bedenken, zurückgezahlte Beträge dem Kalenderjahr zuzurechnen, in dem der Rückforderungsbescheid ausgestellt worden ist. ⁴Beantragt der Stpfl., die zurückgezahlten Beträge dem Kalenderjahr zuzurechnen, in dem sie tatsächlich abgeflossen sind, hat er den Zeitpunkt des tatsächlichen Abflusses anhand von Unterlagen, z. B. Aufhebungs-/Erstattungsbescheide oder Zahlungsbelege, nachzuweisen oder glaubhaft zu machen.

Rückwirkender Wegfall von Entgelt-, Lohn- oder Einkommensersatzleistungen

(4) Fällt wegen der rückwirkenden Zubilligung einer Rente der Anspruch auf Sozialleistungen (z. B. Kranken- oder Arbeitslosengeld) rückwirkend ganz oder teilweise weg, ist dies am Beispiel des Krankengeldes steuerlich wie folgt zu behandeln:

1. Soweit der Krankenkasse ein Erstattungsanspruch nach § 103 SGB X gegenüber dem Rentenversicherungsträger zusteht, ist das bisher gezahlte Krankengeld als Rentenzahlung anzusehen und nach § 22 Nr. 1 Satz 3 Buchstabe a EStG der Besteuerung zu unterwerfen. ²Das Krankengeld unterliegt insoweit nicht dem Progressionsvorbehalt nach § 32b EStG.
2. Gezahlte und die Rentenleistung übersteigende Krankengeldbeträge i. S. d. § 50 Abs. 1 Satz 2 SGB V sind als Krankengeld nach § 3 Nr. 1 Buchstabe a EStG steuerfrei; § 32b EStG ist anzuwenden. ²Entsprechendes gilt für das Krankengeld, das vom Empfänger infolge rückwirkender Zubilligung einer Rente aus einer ausländischen gesetzlichen Rentenversicherung nach § 50 Abs. 1 Satz 3 SGB V an die Krankenkasse zurückzuzahlen ist.
3. Soweit die nachträgliche Feststellung des Rentenanspruchs auf VZ zurückwirkt, für die Steuerbescheide bereits ergangen sind, sind diese Steuerbescheide nach § 175 Abs. 1 Satz 1 Nr. 2 AO zu ändern.

Fehlende Entgelt-, Lohn- oder Einkommensersatzleistungen

(5) ¹Hat ein Arbeitnehmer trotz Arbeitslosigkeit kein Arbeitslosengeld erhalten, weil ein entsprechender Antrag abgelehnt worden ist, kann dies durch die Vorlage des Ablehnungsbescheids nachgewiesen werden; hat der Arbeitnehmer keinen Antrag gestellt, kann dies durch die Vorlage der vom Arbeitgeber nach § 312 SGB III ausgestellten Arbeitsbescheinigung im Original belegt werden. ²Kann ein Arbeitnehmer weder durch geeignete Unterlagen nachweisen noch in sonstiger Weise glaubhaft machen, dass

§ 32b EStG
H 32b   R 32b

er keine Entgelt-, Lohn- oder Einkommensersatzleistungen erhalten hat, kann das Finanzamt bei der für den Arbeitnehmer zuständigen Agentur für Arbeit (§ 327 SGB III) eine Bescheinigung darüber anfordern (Negativbescheinigung).

Hinweise
H 32b

Allgemeines
Ist für Einkünfte nach § 32b Abs. 1 der Progressionsvorbehalt zu beachten, ist wie folgt zu verfahren:
1. Ermittlung des nach § 32a Abs. 1 maßgebenden z. v. E.
2. Dem z. v. E. werden für die Berechnung des besonderen Steuersatzes die Entgelt-, Lohn- oder Einkommensersatzleistungen (§ 32b Abs. 1 Satz 1 Nr. 1) sowie die unter § 32b Abs. 1 Satz 1 Nr. 2 bis 5 fallenden Einkünfte im Jahr ihrer Entstehung hinzugerechnet oder von ihm abgezogen. Der sich danach ergebende besondere Steuersatz ist auf das nach § 32a Abs. 1 ermittelte z. v. E. anzuwenden.

Beispiele:

Fall	A	B
z. v. E. (§ 2 Abs. 5)	40.000 €	40.000 €
Fall A Arbeitslosengeld	10.000 €	
oder		
Fall B zurückgezahltes Arbeitslosengeld		3.000 €
Für die Berechnung des Steuersatzes maßgebendes z. v. E.	50.000 €	37.000 €
Steuer nach Splittingtarif	**7.125 €**	**3.643 €**
besonderer (= durchschnittlicher) Steuersatz	**14,25 %**	**9,846 %**
Die Anwendung des besonderen Steuersatzes auf das z. v. E. ergibt als Steuer	**5.700 €**	**3.938 €**

Ein Verlustabzug (§ 10d) ist bei der Ermittlung des besonderen Steuersatzes nach § 32b Abs. 1 nicht zu berücksichtigen.

Anwendung auf Lohnersatzleistungen
Der Progressionsvorbehalt für Lohnersatzleistungen ist verfassungsgemäß (>BVerfG vom 03.05.1995 – BStBl II S. 758).

Anwendung bei Stpfl. mit Einkünften aus nichtselbständiger Arbeit
>R 46.2

Arbeitnehmer-Pauschbetrag
Zur Berechnung des Progressionsvorbehalts sind steuerfreie Leistungen nach § 32b Abs. 1 Satz 1 Nr. 1 nicht um den Arbeitnehmer-Pauschbetrag zu vermindern, wenn bei der Ermittlung der Einkünfte aus nichtselbständiger Arbeit den Pauschbetrag übersteigende Werbungskosten abgezogen wurden (>BFH vom 25.09.2014 – BStBl II 2015 S. 182).

§ 32b EStG
H 32b

Ausländische Einkünfte

Die Höhe ist nach dem deutschen Steuerrecht zu ermitteln (>BFH vom 20.09.2006 – BStBl II 2007 S. 756). Die steuerfreien ausländischen Einkünfte aus nichtselbständiger Arbeit i. S. d. § 32b Abs. 1 Satz 1 Nr. 2 bis 5 sind als Überschuss der Einnahmen über die Werbungskosten zu berechnen. Dabei sind die tatsächlich angefallenen Werbungskosten bzw. der Arbeitnehmer-Pauschbetrag nach Maßgabe des § 32b Abs. 2 Satz 1 Nr. 2 Satz 2 zu berücksichtigen.

> **Beispiel** für Einkünfte aus nichtselbständiger Arbeit:
> Der inländische steuerpflichtige Arbeitslohn beträgt 20.000 €; die Werbungskosten betragen 500 €. Der nach DBA/ATE unter Progressionsvorbehalt steuerfreie Arbeitslohn beträgt 10.000 €; im Zusammenhang mit der Erzielung des steuerfreien Arbeitslohns sind Werbungskosten von 400 € tatsächlich angefallen.
>
> | | |
> |---|---:|
> | inländischer steuerpflichtiger Arbeitslohn | 20.000 € |
> | ./. Arbeitnehmer-Pauschbetrag (§ 9a Satz 1 Nr. 1 Buchst. a) | ./. 1.000 € |
> | steuerpflichtige Einkünfte gem. § 19 | 19.000 € |
> | ausländische Progressionseinnahmen | 10.000 € |
> | ./. Arbeitnehmer-Pauschbetrag | 0 € |
> | maßgebende Progressionseinkünfte (§ 32b Abs. 2 Satz 1 Nr. 2 Satz 2) | 10.000 € |

Ausländische Personengesellschaft

Nach einem DBA freigestellte Einkünfte aus der Beteiligung an einer ausländischen Personengesellschaft unterliegen auch dann dem Progressionsvorbehalt, wenn die ausländische Personengesellschaft in dem anderen Vertragsstaat als juristische Person besteuert wird (>BFH vom 04.04.2007 – BStBl II S. 521).

Ausländische Renteneinkünfte

Ausländische Renteneinkünfte sind im Rahmen des Progressionsvorbehalts mit dem Besteuerungsanteil (§ 22 Nr. 1 Satz 3 Buchst. a Doppelbuchst. aa) und nicht mit dem Ertragsanteil zu berücksichtigen, wenn die Leistung der ausländischen Altersversorgung in ihrem Kerngehalt den gemeinsamen und typischen Merkmalen der inländischen Basisversorgung entspricht. Zu den wesentlichen Merkmalen der Basisversorgung gehört, dass die Renten erst bei Erreichen einer bestimmten Altersgrenze bzw. bei Erwerbsunfähigkeit gezahlt werden und als Entgeltersatzleistung der Lebensunterhaltssicherung dienen (>BFH vom 14.07.2010 – BStBl II 2011 S. 628).

Ausländische Sozialversicherungsbeiträge

Beiträge an die schweizerische Alters- und Hinterlassenenversicherung können nicht bei der Ermittlung des besonderen Steuersatzes im Rahmen des Progressionsvorbehaltes berücksichtigt werden (>BFH vom 18.04.2012 BStBl II S. 721).

§ 32b EStG
H 32b

Ausländische Verluste
- Durch ausländische Verluste kann der Steuersatz auf Null sinken (>BFH vom 25.05.1970 – BStBl II S. 660).
- Drittstaatenverluste i. S. d. § 2a werden nur nach Maßgabe des § 2a berücksichtigt (>BFH vom 17.11.1999 – BStBl II 2000 S. 605).
- Ausländische Verluste aus der Veräußerung oder Aufgabe eines Betriebs, die nach einem DBA von der Bemessungsgrundlage der deutschen Steuer auszunehmen sind, unterfallen im Rahmen des Progressionsvorbehaltes nicht der sog. Fünftel-Methode (>BFH vom 01.02.2012 – BStBl II S. 405).

Datenübermittlung
Zur rückwirkenden Verrechnung zwischen Trägern der Sozialleistungen >BMF vom 16.07.2013 (BStBl I S. 922)

EU-Tagegeld
Zur steuerlichen Behandlung des von Organen der EU gezahlten Tagegeldes >BMF vom 12.04.2006 (BStBl I S. 340)

Grundfreibetrag
Es begegnet keinen verfassungsrechtlichen Bedenken, dass wegen der in § 32a Abs. 1 Satz 2 angeordneten vorrangigen Anwendung des Progressionsvorbehalts des § 32b auch ein z. v. E. unterhalb des Grundfreibetrags der Einkommensteuer unterliegt (>BFH vom 09.08.2001 – BStBl II S. 778).

Leistungen der gesetzlichen Krankenkasse
- Leistungen der gesetzlichen Krankenkasse für eine Ersatzkraft im Rahmen der Haushaltshilfe an nahe Angehörige (§ 38 Abs. 4 Satz 2 SGB V) unterliegen nicht dem Progressionsvorbehalt (>BFH vom 17.06.2005 – BStBl II 2006 S. 17).
- Die Einbeziehung des Krankengeldes, das ein freiwillig in einer gesetzlichen Krankenkasse versicherter Stpfl. erhält, in den Progressionsvorbehalt, ist verfassungsgemäß (>BFH vom 26.11.2008 – BStBl II 2009 S. 376).
- Auch nach der Einführung des sog. Basistarifs in der privaten Krankenversicherung ist es verfassungsrechtlich nicht zu beanstanden, dass zwar das Krankengeld aus der gesetzlichen Krankenversicherung, nicht aber das Krankentagegeld aus einer privaten Krankenversicherung in den Progressionsvorbehalt einbezogen wird (>BFH vom 13.11.2014 – BStBl II 2015 S. 563).

Steuerfreiheit einer Leibrente
Ist eine Leibrente sowohl nach einem DBA als auch nach § 3 Nr. 6 steuerfrei, unterliegt sie nicht dem Progressionsvorbehalt (>BFH vom 22.01.1997 – BStBl II S. 358).

Vorfinanziertes Insolvenzgeld

Soweit Insolvenzgeld vorfinanziert wird, das nach § 188 Abs. 1 SGB III einem Dritten zusteht, ist die Gegenleistung für die Übertragung des Arbeitsentgeltanspruchs als Insolvenzgeld anzusehen. Die an den Arbeitnehmer gezahlten Entgelte hat dieser i. S. d. § 32b Abs. 1 Satz 1 Nr. 1 Buchst. a bezogen, wenn sie ihm nach den Regeln über die Überschusseinkünfte zugeflossen sind (>BFH vom 01.03.2012 – BStBl II S. 596).

Zeitweise unbeschränkte Steuerpflicht

– Besteht wegen Zu- oder Wegzugs nur zeitweise die unbeschränkte Steuerpflicht, sind die außerhalb der unbeschränkten Steuerpflicht im Kj. erzielten Einkünfte im Wege des Progressionsvorbehalts zu berücksichtigen, wenn diese nicht der beschränkten Steuerpflicht unterliegen (>BFH vom 15.05.2002 – BStBl II S. 660, vom 19.12.2001 – BStBl II 2003 S. 302 und vom 19.11.2003 – BStBl II 2004 S. 549).

– Vorab entstandene Werbungskosten im Zusammenhang mit einer beabsichtigten Tätigkeit im Ausland sind beim Progressionsvorbehalt zu berücksichtigen, wenn dies nicht durch ein DBA ausgeschlossen wird (>BFH vom 20.09.2006 – BStBl II 2007 S. 756).

§ 32c[1])
Tarifermäßigung bei Einkünften aus Land- und Forstwirtschaft

(1) [1]Auf Antrag des Steuerpflichtigen wird nach Ablauf von drei Veranlagungszeiträumen (Betrachtungszeitraum) unter den Voraussetzungen des Absatzes 5 für Einkünfte aus Land- und Forstwirtschaft im Sinne des § 13 eine Tarifermäßigung nach Satz 2 gewährt. [2]Ist die Summe der tariflichen Einkommensteuer, die innerhalb des Betrachtungszeitraums auf die steuerpflichtigen Einkünfte aus Land- und Forstwirtschaft im Sinne des § 13 entfällt, höher als die Summe der nach Absatz 2 ermittelten fiktiven tariflichen Einkommensteuer, die innerhalb des Betrachtungszeitraums auf die steuerpflichtigen Einkünfte aus Land- und Forstwirtschaft im Sinne des § 13 entfällt, wird bei der Steuerfestsetzung des letzten Veranlagungszeitraums im Betrachtungszeitraum die tarifliche Einkommensteuer um den Unterschiedsbetrag ermäßigt. [3]Satz 1 gilt nicht, wenn nur in einem Veranlagungszeitraum des Betrachtungszeitraums Einkünfte aus Land- und Forstwirtschaft erzielt werden.

(2) [1]Die fiktive tarifliche Einkommensteuer, die auf die steuerpflichtigen Einkünfte aus Land- und Forstwirtschaft im Sinne des § 13 entfällt, wird für jeden Veranlagungszeitraum des Betrachtungszeitraums gesondert ermittelt. [2]Dabei treten an die Stelle der tatsächlichen Einkünfte aus Land- und Forstwirtschaft im Sinne des § 13 die nach Satz 3 zu ermittelnden durchschnittlichen Einkünfte. [3]Zur Ermittlung der durchschnittlichen Einkünfte aus Land- und Forstwirtschaft wird die Summe der tatsächlichen Einkünfte aus Land- und Forstwirtschaft der Veranlagungszeiträume eines Betrachtungszeitraums gleichmäßig auf die Veranlagungszeiträume des Betrachtungszeitraums verteilt.

(3) [1]Die auf die steuerpflichtigen Einkünfte aus Land- und Forstwirtschaft im Sinne des § 13 entfallende tarifliche Einkommensteuer im Sinne des Absatzes 1 ermittelt sich aus dem Verhältnis der positiven steuerpflichtigen Einkünfte aus Land- und Forstwirtschaft zur Summe der positiven Einkünfte. [2]Entsprechendes gilt bei der Ermittlung der fiktiven tariflichen Einkommensteuer. [3]Bei Ehegatten, die nach den §§ 26, 26b zusammen zur Einkommensteuer veranlagt werden, werden für die Ermittlung der Einkünfte jeder Einkunftsart im Sinne des Satzes 1 die Einkünfte beider Ehegatten zusammengerechnet.

(4) Bei der Ermittlung der tatsächlichen und der durchschnittlichen Einkünfte aus Land- und Forstwirtschaft im Sinne der Absätze 2 und 3 bleiben außer Betracht:

---

[1]) § 32c ist erstmals für den VZ 2016 anzuwenden. § 32c ist im VZ 2016 mit der Maßgabe anzuwenden, dass der erste Betrachtungszeitraum die VZ 2014 bis 2016 umfasst. Die weiteren Betrachtungszeiträume umfassen die VZ 2017 bis 2019 und 2020 bis 2022. § 32c ist letztmalig für den VZ 2022 anzuwenden >§ 52 Abs. 33a.

§ 32c EStG

1. außerordentliche Einkünfte nach § 34 Absatz 2,
2. nach § 34a begünstigte nicht entnommene Gewinne sowie
3. Einkünfte aus außerordentlichen Holznutzungen im Sinne des § 34b Absatz 1 und 2.

(5) [1]Die Inanspruchnahme der Tarifermäßigung ist nur zulässig, wenn
1. für negative Einkünfte, die im ersten Veranlagungszeitraum des Betrachtungszeitraums erzielt wurden, kein Verlustrücktrag nach § 10d Absatz 1 in den letzten Veranlagungszeitraum eines vorangegangenen Betrachtungszeitraums vorgenommen wurde,
2. für negative Einkünfte, die im zweiten und dritten Veranlagungszeitraum des Betrachtungszeitraums erzielt wurden, kein Antrag nach *§ 10d Absatz 1 Satz 6* gestellt wurde,
3. der Steuerpflichtige kein Unternehmer in Schwierigkeiten im Sinne der Rahmenregelung der Europäischen Union für staatliche Beihilfen im Agrar- und Forstsektor und in ländlichen Gebieten 2014-2020 (2014/C 204/01) (ABl. C 204 vom 1.7.2014, S. 1) ist,
4. ein Steuerpflichtiger, der zu einer Rückzahlung von Beihilfen auf Grund eines früheren Beschlusses der Europäischen Kommission zur Feststellung der Unzulässigkeit einer Beihilfe und ihrer Unvereinbarkeit mit dem Binnenmarkt verpflichtet worden ist, dieser Rückforderungsanordnung vollständig nachgekommen ist,
5. der Steuerpflichtige weder einen der in Artikel 10 Absatz 1 der Verordnung (EU) Nr. 508/2014 des Europäischen Parlaments und des Rates vom 15. Mai 2014 über den Europäischen Meeres- und Fischereifonds und zur Aufhebung der Verordnungen (EG) Nr. 2328/2003, (EG) Nr. 861/2006, (EG) Nr. 1198/2006 und (EG) Nr. 791/2007 des Rates und der Verordnung (EU) Nr. 1255/2011 des Europäischen Parlaments und des Rates (ABl. L 149 vom 20.5.2014, S. 1) genannten Verstöße oder Vergehen noch einen Betrug gemäß Artikel 10 Absatz 3 dieser Verordnung in dem Zeitraum begangen hat, der in den delegierten Rechtsakten auf der Grundlage von Artikel 10 Absatz 4 dieser Verordnung festgelegt ist, und
6. ein Steuerpflichtiger mit Einkünften aus Binnenfischerei, Teichwirtschaft oder Fischzucht für Binnenfischerei und Teichwirtschaft versichert, dass er für einen Zeitraum von fünf Jahren nach Bekanntgabe des Einkommensteuerbescheids, mit dem die Tarifermäßigung gewährt wird, die Bestimmungen der Gemeinsamen Fischereipolitik einhalten wird.

[2]Der Steuerpflichtige hat bei der Beantragung der Tarifermäßigung zu erklären, dass die in Satz 1 Nummer 3 bis 6 genannten Voraussetzungen bestehen. [3]Der Steuerpflichtige hat dem zuständigen Finanzamt nach Beantragung der Tarifermäßigung unverzüglich mitzuteilen, wenn

eine der in Satz 1 Nummer 3 bis 6 genannten Voraussetzungen nicht mehr vorliegt.

(6) ¹Ist für einen Veranlagungszeitraum, in dem eine Tarifermäßigung nach Absatz 1 gewährt wurde, bereits ein Einkommensteuerbescheid erlassen worden, ist dieser zu ändern, soweit sich in einem Einkommensteuerbescheid des Betrachtungszeitraums Besteuerungsgrundlagen ändern. ²Die Festsetzungsfrist endet insoweit nicht, bevor die Festsetzungsfrist für den Veranlagungszeitraum abgelaufen ist, in dem sich die Besteuerungsgrundlagen geändert haben. ³Die Sätze 1 und 2 gelten in den Fällen des § 36 Absatz 2 Nummer 4 entsprechend für die Anrechnungsverfügung.

(7) ¹Wird während eines Zeitraums von fünf Jahren nach Bekanntgabe des Einkommensteuerbescheids, mit dem die Tarifermäßigung für den jeweiligen Betrachtungszeitraum gewährt wird, einer der in Artikel 10 Absatz 1 der Verordnung (EU) Nr. 508/2014 genannten Verstöße durch die zuständige Behörde festgestellt, ist eine Tarifermäßigung im Sinne des Absatzes 1 Satz 2 rückgängig zu machen. ²Ein solcher Verstoß gilt als rückwirkendes Ereignis im Sinne von § 175 Absatz 1 Satz 1 Nummer 2 in Verbindung mit Absatz 2 der Abgabenordnung. ³Der Steuerpflichtige hat einen Verstoß unverzüglich nach dessen Feststellung dem zuständigen Finanzamt anzuzeigen. ⁴Die Festsetzungsfrist für die Steuer endet nicht vor Ablauf von vier Jahren nach Ablauf des Kalenderjahres, in dem die Finanzbehörde von dem Verstoß nach Satz 1 Kenntnis erlangt hat.

Hinweise

Allgemeines
>BMF vom 18.09.2020 (BStBl I S. 952) unter Berücksichtigung der Änderungen durch BMF vom 24.11.2020 (BStBl I S. 1217) **und vom 31.08.2022 (BStBl I S. 1302)**

§ 32d

Gesonderter Steuertarif für Einkünfte aus Kapitalvermögen

(1) ¹Die Einkommensteuer für Einkünfte aus Kapitalvermögen, die nicht unter § 20 Absatz 8 fallen, beträgt 25 Prozent. ²Die Steuer nach Satz 1 vermindert sich um die nach Maßgabe des Absatzes 5 anrechenbaren ausländischen Steuern. ³Im Fall der Kirchensteuerpflicht ermäßigt sich die Steuer nach den Sätzen 1 und 2 um 25 Prozent der auf die Kapitalerträge entfallenden Kirchensteuer. ⁴Die Einkommensteuer beträgt damit

$$\frac{e - 4q}{4 + k}.$$

⁵Dabei sind „e" die nach den Vorschriften des § 20 ermittelten Einkünfte, „q" die nach Maßgabe des Absatzes 5 anrechenbare ausländische Steuer und „k" der für die Kirchensteuer erhebende Religionsgesellschaft (Religionsgemeinschaft) geltende Kirchensteuersatz.

(2) Absatz 1 gilt nicht

1. für Kapitalerträge im Sinne des § 20 Absatz 1 Nummer 4 und 7 sowie Absatz 2 Satz 1 Nummer 4 und 7,

   a) wenn Gläubiger und Schuldner einander nahe stehende Personen sind, soweit die den Kapitalerträgen entsprechenden Aufwendungen beim Schuldner Betriebsausgaben oder Werbungskosten im Zusammenhang mit Einkünften sind, die der inländischen Besteuerung unterliegen und § 20 Absatz 9 Satz 1 zweiter Halbsatz keine Anwendung findet,

   b)[1)] wenn sie von einer Kapitalgesellschaft oder Genossenschaft an einen Anteilseigner gezahlt werden, der zu mindestens 10 Prozent an der Gesellschaft oder Genossenschaft beteiligt ist, soweit die den Kapitalerträgen entsprechenden Aufwendungen beim Schuldner Betriebsausgaben oder Werbungskosten im Zusammenhang mit Einkünften sind, die der inländischen Besteuerung unterliegen und § 20 Absatz 9 Satz 1 zweiter Halbsatz keine Anwendung findet. ²Dies gilt auch, wenn der Gläubiger der Kapitalerträge eine dem Anteilseigner nahe stehende Person ist, oder

   c) soweit ein Dritter die Kapitalerträge schuldet und diese Kapitalanlage im Zusammenhang mit einer Kapitalüberlassung an einen Betrieb des Gläubigers steht. ²Dies gilt entsprechend, wenn Kapital überlassen wird

---

[1)] Absatz 2 Nr. 1 Buchst. b Satz 1 ist auf Kapitalerträge anzuwenden, die nach dem 31.12.2020 erzielt werden. Auf Kapitalerträge aus Darlehen an die Kapitalgesellschaft oder Genossenschaft, deren rechtliche Grundlage vor dem 01.01.2021 begründet wurde, ist § 32d Abs. 2 Nr. 1 Buchst. b i. d. F. des Artikels 1 des JStG 2020 ab dem VZ 2024 anzuwenden >§ 52 Abs. 33b Satz 1 und 2.

aa) an eine dem Gläubiger der Kapitalerträge nahestehende Person oder
bb) an eine Personengesellschaft, bei der der Gläubiger der Kapitalerträge oder eine diesem nahestehende Person als Mitunternehmer beteiligt ist oder
cc) an eine Kapitalgesellschaft oder Genossenschaft, an der der Gläubiger der Kapitalerträge oder eine diesem nahestehende Person zu mindestens 10 Prozent beteiligt ist,

sofern der Dritte auf den Gläubiger oder eine diesem nahestehende Person zurückgreifen kann. ³Ein Zusammenhang ist anzunehmen, wenn die Kapitalanlage und die Kapitalüberlassung auf einem einheitlichen Plan beruhen. ⁴Hiervon ist insbesondere dann auszugehen, wenn die Kapitalüberlassung in engem zeitlichen Zusammenhang mit einer Kapitalanlage steht oder die jeweiligen Zinsvereinbarungen miteinander verknüpft sind. ⁵Von einem Zusammenhang ist jedoch nicht auszugehen, wenn die Zinsvereinbarungen marktüblich sind oder die Anwendung des Absatzes 1 beim Steuerpflichtigen zu keinem Belastungsvorteil führt. ⁶Die Sätze 1 bis 5 gelten sinngemäß, wenn das überlassene Kapital vom Gläubiger der Kapitalerträge für die Erzielung von Einkünften im Sinne des § 2 Absatz 1 Satz 1 Nummer 4, 6 und 7 eingesetzt wird. ²Insoweit findet § 20 Absatz 6 und 9 keine Anwendung;

2. für Kapitalerträge im Sinne des § 20 Absatz 1 Nummer 6 Satz 2. ²Insoweit findet § 20 Absatz 6 keine Anwendung;

3. auf Antrag für Kapitalerträge im Sinne des § 20 Absatz 1 Nummer 1 und 2 aus einer Beteiligung an einer Kapitalgesellschaft, wenn der Steuerpflichtige im Veranlagungszeitraum, für den der Antrag erstmals gestellt wird, unmittelbar oder mittelbar
   a) zu mindestens 25 Prozent an der Kapitalgesellschaft beteiligt ist oder
   b) zu mindestens 1 Prozent an der Kapitalgesellschaft beteiligt ist und durch eine berufliche Tätigkeit für diese maßgeblichen unternehmerischen Einfluss auf deren wirtschaftliche Tätigkeit nehmen kann.

²Insoweit finden § 3 Nummer 40 Satz 2 und § 20 Absatz 6 und 9 keine Anwendung. ³Der Antrag gilt für die jeweilige Beteiligung erstmals für den Veranlagungszeitraum, für den er gestellt worden ist. ⁴Er ist spätestens zusammen mit der Einkommensteuererklärung für den jeweiligen Veranlagungszeitraum zu stellen und gilt, solange er nicht widerrufen wird, auch für die folgenden vier Veranlagungszeiträume, ohne dass die Antragsvoraussetzungen erneut zu belegen sind. ⁵Die Widerrufserklärung muss dem Finanzamt spätestens mit der Steuererklärung für den Veranlagungszeit-

§ 32d EStG

raum zugehen, für den die Sätze 1 bis 4 erstmals nicht mehr angewandt werden sollen. ⁶Nach einem Widerruf ist ein erneuter Antrag des Steuerpflichtigen für diese Beteiligung an der Kapitalgesellschaft nicht mehr zulässig;

4. für Bezüge im Sinne des § 20 Absatz 1 Nummer 1 und für Einnahmen im Sinne des § 20 Absatz 1 Nummer 9, soweit sie das Einkommen der leistenden Körperschaft gemindert haben; dies gilt nicht, soweit eine verdeckte Gewinnausschüttung das Einkommen einer dem Steuerpflichtigen nahe stehenden Person erhöht hat und § 32a des Körperschaftsteuergesetzes auf die Veranlagung dieser nahe stehenden Person keine Anwendung findet.

(3) ¹Steuerpflichtige Kapitalerträge, die nicht der Kapitalertragsteuer unterlegen haben, hat der Steuerpflichtige in seiner Einkommensteuererklärung anzugeben. ²Für diese Kapitalerträge erhöht sich die tarifliche Einkommensteuer um den nach Absatz 1 ermittelten Betrag. ³Im Fall des Satzes 1 ist eine Veranlagung ungeachtet von § 46 Absatz 2 durchzuführen.

(4) Der Steuerpflichtige kann mit der Einkommensteuererklärung für Kapitalerträge, die der Kapitalertragsteuer unterlegen haben, eine Steuerfestsetzung entsprechend Absatz 3 Satz 2 insbesondere in Fällen eines nicht vollständig ausgeschöpften Sparer-Pauschbetrags, einer Anwendung der Ersatzbemessungsgrundlage nach § 43a Absatz 2 Satz 7, eines noch nicht im Rahmen des § 43a Absatz 3 berücksichtigten Verlusts, eines Verlustvortrags nach § 20 Absatz 6 und noch nicht berücksichtigter ausländischer Steuern, zur Überprüfung des Steuereinbehalts dem Grund oder der Höhe nach oder zur Anwendung von Absatz 1 Satz 3 beantragen.

(5) ¹In den Fällen der Absätze 3 und 4 ist bei unbeschränkt Steuerpflichtigen, die mit ausländischen Kapitalerträgen in dem Staat, aus dem die Kapitalerträge stammen, zu einer der deutschen Einkommensteuer entsprechenden Steuer herangezogen werden, die auf ausländische Kapitalerträge festgesetzte und gezahlte und um einen entstandenen Ermäßigungsanspruch gekürzte ausländische Steuer, jedoch höchstens 25 Prozent ausländische Steuer auf den einzelnen steuerpflichtigen Kapitalertrag, auf die deutsche Steuer anzurechnen. ²Soweit in einem Abkommen zur Vermeidung der Doppelbesteuerung die Anrechnung einer ausländischen Steuer einschließlich einer als gezahlt geltenden Steuer auf die deutsche Steuer vorgesehen ist, gilt Satz 1 entsprechend. ³Die ausländischen Steuern sind nur bis zur Höhe der auf die im jeweiligen Veranlagungszeitraum bezogenen Kapitalerträge im Sinne des Satzes 1 entfallenden deutschen Steuer anzurechnen.

(6) ¹Auf Antrag des Steuerpflichtigen werden anstelle der Anwendung der Absätze 1, 3 und 4 die nach § 20 ermittelten Kapitaleinkünfte den Einkünften im Sinne des § 2 hinzugerechnet und der tariflichen

§ 32d EStG
H 32d **R 32d**

Einkommensteuer unterworfen, wenn dies zu einer niedrigeren Einkommensteuer einschließlich Zuschlagsteuern führt (Günstigerprüfung). ²Absatz 5 ist mit der Maßgabe anzuwenden, dass die nach dieser Vorschrift ermittelten ausländischen Steuern auf die zusätzliche tarifliche Einkommensteuer anzurechnen sind, die auf die hinzugerechneten Kapitaleinkünfte entfällt. ³Der Antrag kann für den jeweiligen Veranlagungszeitraum nur einheitlich für sämtliche Kapitalerträge gestellt werden. ⁴Bei zusammenveranlagten Ehegatten kann der Antrag nur für sämtliche Kapitalerträge beider Ehegatten gestellt werden.

Gesonderter Tarif für Einkünfte aus Kapitalvermögen

R 32d.

Verrechnung von Kapitaleinkünften
(1) Verluste aus Kapitaleinkünften nach § 32d Abs. 1 EStG dürfen nicht mit positiven Erträgen aus Kapitaleinkünften nach § 32d Abs. 2 EStG verrechnet werden.

Nahestehende Personen
(2) Anders als bei § 32d Abs. 2 Nr. 1 Buchstabe a EStG ist von einem Näheverhältnis i. S. d. § 32d Abs. 2 Nr. 1 Buchstabe b Satz 2 EStG zwischen Personengesellschaft und Gesellschafter nicht schon allein deshalb auszugehen, weil der Gesellschafter einer Kapitalgesellschaft, an der die Personengesellschaft beteiligt ist, ein Darlehen gewährt und dafür Zinszahlungen erhält.

Veranlagungsoption
(3) ¹§ 32d Abs. 2 Nr. 3 Satz 4 EStG dient der Verwaltungsvereinfachung in Form eines erleichterten Nachweises der Tatbestandsvoraussetzungen und ersetzt nicht das Vorliegen einer Beteiligung nach § 32d Abs. 2 Nr. 3 Satz 1 EStG. ²Sinkt die Beteiligung unter die Grenzen nach § 32d Abs. 2 Nr. 3 Satz 1 Buchstabe a oder b EStG, ist auch innerhalb der Frist des § 32d Abs. 2 Nr. 3 Satz 4 EStG ein Werbungskostenabzug unzulässig.

Hinweise

H 32d

Allgemeines
Einzelfragen zur Abgeltungsteuer >BMF vom **19.05.2022** (BStBl I S. **742**), **Rn.** 132-151

Anhang 19 II

§ 33

Außergewöhnliche Belastungen

(1) Erwachsen einem Steuerpflichtigen zwangsläufig größere Aufwendungen als der überwiegenden Mehrzahl der Steuerpflichtigen gleicher Einkommensverhältnisse, gleicher Vermögensverhältnisse und gleichen Familienstands (außergewöhnliche Belastung), so wird auf Antrag die Einkommensteuer dadurch ermäßigt, dass der Teil der Aufwendungen, der die dem Steuerpflichtigen zumutbare Belastung (Absatz 3) übersteigt, vom Gesamtbetrag der Einkünfte abgezogen wird.

(2) ¹Aufwendungen erwachsen dem Steuerpflichtigen zwangsläufig, wenn er sich ihnen aus rechtlichen, tatsächlichen oder sittlichen Gründen nicht entziehen kann und soweit die Aufwendungen den Umständen nach notwendig sind und einen angemessenen Betrag nicht übersteigen. ²Aufwendungen, die zu den Betriebsausgaben, Werbungskosten oder Sonderausgaben gehören, bleiben dabei außer Betracht; das gilt für Aufwendungen im Sinne des § 10 Absatz 1 Nummer 7 und 9 nur insoweit, als sie als Sonderausgaben abgezogen werden können. ³Aufwendungen, die durch Diätverpflegung entstehen, können nicht als außergewöhnliche Belastung berücksichtigt werden. ⁴Aufwendungen für die Führung eines Rechtsstreits (Prozesskosten) sind vom Abzug ausgeschlossen, es sei denn, es handelt sich um Aufwendungen ohne die der Steuerpflichtige Gefahr liefe, seine Existenzgrundlage zu verlieren und seine lebensnotwendigen Bedürfnisse in dem üblichen Rahmen nicht mehr befriedigen zu können.

(2a) ¹Abweichend von Absatz 1 wird für Aufwendungen für durch eine Behinderung veranlasste Fahrten nur eine Pauschale gewährt (behinderungsbedingte Fahrtkostenpauschale). ²Die Pauschale erhalten:

1. Menschen mit einem Grad der Behinderung von mindestens 80 oder mit einem Grad der Behinderung von mindestens 70 und dem Merkzeichen „G",
2. Menschen mit dem Merkzeichen „aG", mit dem Merkzeichen „Bl", mit dem Merkzeichen „TBl" oder mit dem Merkzeichen „H".

³Bei Erfüllung der Anspruchsvoraussetzungen nach Satz 2 Nummer 1 beträgt die Pauschale 900 Euro. ⁴Bei Erfüllung der Anspruchsvoraussetzungen nach Satz 2 Nummer 2 beträgt die Pauschale 4.500 Euro. ⁵In diesem Fall kann die Pauschale nach Satz 3 nicht zusätzlich in Anspruch genommen werden. ⁶Über die Fahrtkostenpauschale nach Satz 1 hinaus sind keine weiteren behinderungsbedingten Fahrtkosten als außergewöhnliche Belastung nach Absatz 1 berücksichtigungsfähig. ⁷Die Pauschale ist bei der Ermittlung des Teils der Aufwendungen im Sinne des Absatzes 1, der die zumutbare Belastung übersteigt, einzubeziehen. ⁸Sie kann auch gewährt werden,

---

¹) Absatz 2a ist erstmals für den VZ 2021 anzuwenden >§ 52 Abs. 33c.

wenn ein Behinderten-Pauschbetrag nach § 33b Absatz 5 übertragen wurde. [9]§ 33b Absatz 5 ist entsprechend anzuwenden.

(3) [1]Die zumutbare Belastung beträgt

bei einem Gesamtbetrag der Einkünfte	bis 15.340 EUR	über 15.340 EUR bis 51.130 EUR	über 51.130 EUR
1. bei Steuerpflichtigen, die keine Kinder haben und bei denen die Einkommensteuer			
a) nach § 32a Absatz 1,	5	6	7
b) nach § 32a Absatz 5 oder 6 (Splitting-Verfahren)	4	5	6
zu berechnen ist;			
2. bei Steuerpflichtigen mit			
a) einem Kind oder zwei Kindern,	2	3	4
b) drei oder mehr Kindern	1	1	2
	Prozent des Gesamtbetrags der Einkünfte.		

[2]Als Kinder des Steuerpflichtigen zählen die, für die er Anspruch auf einen Freibetrag nach § 32 Absatz 6 oder auf Kindergeld hat.

(4) Die Bundesregierung wird ermächtigt, durch Rechtsverordnung mit Zustimmung des Bundesrates die Einzelheiten des Nachweises von Aufwendungen nach Absatz 1 und der Anspruchsvoraussetzungen nach Absatz 2a zu bestimmen. [1)]

[1)] Absatz 4 ist erstmals für den VZ 2021 anzuwenden >§ 52 Abs. 33c.

§ 33 EStG § 64 EStDV

EStDV

EStDV
§ 64
Nachweis von Krankheitskosten und der Voraussetzungen der behinderungsbedingten Fahrtkostenpauschale

(1) Den Nachweis der Zwangsläufigkeit von Aufwendungen im Krankheitsfall hat der Steuerpflichtige zu erbringen:
1. durch eine Verordnung eines Arztes oder Heilpraktikers für Arznei-, Heil- und Hilfsmittel (§§ 2, 23, 31 bis 33 des Fünften Buches Sozialgesetzbuch);
2. durch ein amtsärztliches Gutachten oder eine ärztliche Bescheinigung eines Medizinischen Dienstes der Krankenversicherung (§ 275 des Fünften Buches Sozialgesetzbuch) für
   a) eine Bade- oder Heilkur; bei einer Vorsorgekur ist auch die Gefahr einer durch die Kur abzuwendenden Krankheit, bei einer Klimakur der medizinisch angezeigte Kurort und die voraussichtliche Kurdauer zu bescheinigen,
   b) eine psychotherapeutische Behandlung; die Fortführung einer Behandlung nach Ablauf der Bezuschussung durch die Krankenversicherung steht einem Behandlungsbeginn gleich,
   c) eine medizinisch erforderliche auswärtige Unterbringung eines an Legasthenie oder einer anderen Behinderung leidenden Kindes des Steuerpflichtigen,
   d) die Notwendigkeit der Betreuung des Steuerpflichtigen durch eine Begleitperson, sofern sich diese nicht bereits aus dem Nachweis der Behinderung nach § 65 Absatz 1 Nummer 1 ergibt,
   e) medizinische Hilfsmittel, die als allgemeine Gebrauchsgegenstände des täglichen Lebens im Sinne von § 33 Absatz 1 des Fünften Buches Sozialgesetzbuch anzusehen sind,
   f) wissenschaftlich nicht anerkannte Behandlungsmethoden, wie z. B. Frisch- und Trockenzellenbehandlungen, Sauerstoff-, Chelat- und Eigenbluttherapie.

²Der nach Satz 1 zu erbringende Nachweis muss vor Beginn der Heilmaßnahme oder dem Erwerb des medizinischen Hilfsmittels ausgestellt worden sein;

3. durch eine Bescheinigung des behandelnden Krankenhausarztes für Besuchsfahrten zu einem für längere Zeit in einem Krankenhaus liegenden Ehegatten oder Kind des Steuerpflichtigen, in dem bestätigt wird, dass der Besuch des Steuerpflichtigen zur Heilung oder Linderung einer Krankheit entscheidend beitragen kann.

(2) Die zuständigen Gesundheitsbehörden haben auf Verlangen des Steuerpflichtigen die für steuerliche Zwecke erforderlichen Gesundheitszeugnisse, Gutachten oder Bescheinigungen auszustellen.

(3) Für den Nachweis der Anspruchsvoraussetzungen zur behinderungsbedingten Fahrtkostenpauschale sind die Vorschriften des § 65 anzuwenden.

Außergewöhnliche Belastungen allgemeiner Art

R 33.1

¹§ 33 EStG setzt eine Belastung des Stpfl. auf Grund außergewöhnlicher und dem Grunde und der Höhe nach zwangsläufiger Aufwendungen voraus. ²Der Stpfl. ist belastet, wenn ein Ereignis in seiner persönlichen Lebenssphäre ihn zu Ausgaben zwingt, die er selbst endgültig zu tragen hat. ³Die Belastung tritt mit der Verausgabung ein. ⁴Zwangsläufigkeit dem Grunde nach wird in der Regel auf Aufwendungen des Stpfl. für sich selbst oder für Angehörige i. S. d. § 15 AO beschränkt sein. ⁵Aufwendungen für andere Personen können diese Voraussetzung nur ausnahmsweise erfüllen (sittliche Pflicht).

Aufwendungen für existentiell notwendige Gegenstände

R 33.2

Aufwendungen zur Wiederbeschaffung oder Schadensbeseitigung können im Rahmen des Notwendigen und Angemessenen unter folgenden Voraussetzungen als außergewöhnliche Belastung berücksichtigt werden:

1. Sie müssen einen existentiell notwendigen Gegenstand betreffen – dies sind Wohnung, Hausrat und Kleidung, nicht aber z. B. ein Pkw oder eine Garage.
2. Der Verlust oder die Beschädigung muss durch ein unabwendbares Ereignis wie Brand, Hochwasser, Kriegseinwirkung, Vertreibung, politische Verfolgung verursacht sein, oder von dem Gegenstand muss eine >Gesundheitsgefährdung ausgehen, die beseitigt werden muss und die nicht auf Verschulden des Stpfl. oder seines Mieters oder auf einen Baumangel zurückzuführen ist (z. B. bei Schimmelpilzbildung).
3. Dem Stpfl. müssen tatsächlich finanzielle Aufwendungen entstanden sein; ein bloßer Schadenseintritt reicht zur Annahme von Aufwendungen nicht aus.
4. Die Aufwendungen müssen ihrer Höhe nach notwendig und angemessen sein und werden nur berücksichtigt, soweit sie den Wert des Gegenstandes im Vergleich zu vorher nicht übersteigen.
5. Nur der endgültig verlorene Aufwand kann berücksichtigt werden, d. h. die Aufwendungen sind um einen etwa nach Schadenseintritt noch vorhandenen Restwert zu kürzen.
6. Der Stpfl. muss glaubhaft darlegen, dass er den Schaden nicht verschuldet hat und dass realisierbare Ersatzansprüche gegen Dritte nicht bestehen.
7. Ein Abzug scheidet aus, sofern der Stpfl. zumutbare Schutzmaßnahmen unterlassen oder eine allgemein zugängliche und übliche Versicherungsmöglichkeit nicht wahrgenommen hat.

§ 33 EStG
R 33.2, 33.3

8. Das schädigende Ereignis darf nicht länger als drei Jahre zurückliegen, bei Baumaßnahmen muss mit der Wiederherstellung oder Schadensbeseitigung innerhalb von drei Jahren nach dem schädigenden Ereignis begonnen worden sein.

R 33.3 — Aufwendungen wegen Pflegebedürftigkeit und erheblich eingeschränkter Alltagskompetenz

Voraussetzungen und Nachweis

(1) ¹Zu dem begünstigten Personenkreis zählen pflegebedürftige Personen, bei denen mindestens ein Schweregrad der Pflegebedürftigkeit i. S. d. §§ 14, 15 SGB XI besteht und Personen, bei denen eine erhebliche Einschränkung der Alltagskompetenz nach § 45a SGB XI[1]) festgestellt wurde. ²Der Nachweis ist durch eine Bescheinigung (z. B. Leistungsbescheid oder -mitteilung) der sozialen Pflegekasse oder des privaten Versicherungsunternehmens, das die private Pflegepflichtversicherung durchführt, oder nach § 65 Abs. 2 EStDV zu führen. ³Pflegekosten von Personen, die nicht zu dem nach Satz 1 begünstigten Personenkreis zählen und ambulant gepflegt werden, können ohne weiteren Nachweis auch dann als außergewöhnliche Belastungen berücksichtigt werden, wenn sie von einem anerkannten Pflegedienst nach § 89 SGB XI gesondert in Rechnung gestellt worden sind.

Eigene Pflegeaufwendungen

(2) ¹Zu den Aufwendungen infolge Pflegebedürftigkeit und erheblich eingeschränkter Alltagskompetenz zählen sowohl Kosten für die Beschäftigung einer ambulanten Pflegekraft und/oder die Inanspruchnahme von Pflegediensten, von Einrichtungen der Tages- oder Nachtpflege, der Kurzzeitpflege oder von nach Landesrecht anerkannten niedrigschwelligen Betreuungsangeboten als auch Aufwendungen zur Unterbringung in einem Heim. ²Wird bei einer Heimunterbringung wegen Pflegebedürftigkeit der private Haushalt aufgelöst, ist die >Haushaltsersparnis mit dem in § 33a Abs. 1 Satz 1 EStG genannten Höchstbetrag der abziehbaren Aufwendungen anzusetzen. ³Liegen die Voraussetzungen nur während eines Teiles des Kalenderjahres vor, sind die anteiligen Beträge anzusetzen (1/360 pro Tag, 1/12 pro Monat).

Konkurrenz zu § 33a Abs. 3 EStG

(3) – unbesetzt –

---

[1]) Durch das Zweite Pflegestärkungsgesetz wird die bisher nach § 45a SGB XI a. F. festgestellte erhebliche Einschränkung der Alltagskompetenz ab 01.01.2017 von den §§ 14 und 15 SGB XI miterfasst.

§ 33 EStG
R 33.3, 33.4

Konkurrenz zu § 33b Abs. 3 EStG

(4) ¹Die Inanspruchnahme eines Pauschbetrags nach § 33b Abs. 3 EStG schließt die Berücksichtigung von Pflegeaufwendungen nach Absatz 2 im Rahmen des § 33 EStG aus. ²Zur Berücksichtigung eigener Aufwendungen der Eltern für ein behindertes Kind[1]) >R 33b. Abs. 2.

Pflegeaufwendungen für Dritte

(5) Hat der pflegebedürftige Dritte im Hinblick auf sein Alter oder eine etwaige Bedürftigkeit dem Stpfl. Vermögenswerte zugewendet, z. B. ein Hausgrundstück, kommt ein Abzug der Pflegeaufwendungen nur in der Höhe in Betracht, wie die Aufwendungen den Wert des hingegebenen Vermögens übersteigen.

Aufwendungen wegen Krankheit und Behinderung sowie für Integrationsmaßnahmen

R 33.4

Nachweis

(1) ¹Der Nachweis von Krankheitskosten ist nach § 64 EStDV zu führen. ²Bei Aufwendungen für eine Augen-Laser-Operation ist die Vorlage eines amtsärztlichen Attests nicht erforderlich. ³Bei einer andauernden Erkrankung mit anhaltendem Verbrauch bestimmter Arznei-, Heil- und Hilfsmittel reicht die einmalige Vorlage einer Verordnung. ⁴Wurde die Notwendigkeit einer Sehhilfe in der Vergangenheit durch einen Augenarzt festgestellt, genügt in den Folgejahren die Sehschärfenbestimmung durch einen Augenoptiker. ⁵Als Nachweis der angefallenen Krankheitsaufwendungen kann auch die Vorlage der Erstattungsmitteilung der privaten Krankenversicherung oder der Beihilfebescheid einer Behörde ausreichen. ⁶Diese Erleichterung entbindet den Stpfl. aber nicht von der Verpflichtung, dem Finanzamt die Zwangsläufigkeit, Notwendigkeit und Angemessenheit nicht erstatteter Aufwendungen auf Verlangen nachzuweisen. ⁷Wurde die Notwendigkeit einer Kur offensichtlich im Rahmen der Bewilligung von Zuschüssen oder Beihilfen anerkannt, genügt bei Pflichtversicherten die Bescheinigung der Versicherungsanstalt und bei öffentlich Bediensteten der Beihilfebescheid.

Privatschulbesuch

(2) ¹Ist ein Kind ausschließlich wegen einer Behinderung im Interesse einer angemessenen Berufsausbildung auf den Besuch einer Privatschule (Sonderschule oder allgemeine Schule in privater Trägerschaft) mit individueller Förderung angewiesen, weil eine geeignete öffentliche Schule oder eine den schulgeldfreien Besuch ermöglichende geeignete Privatschule nicht zur Verfügung steht oder nicht in zumutbarer Weise erreichbar ist, ist das Schulgeld dem Grunde nach als außergewöhnliche Belastung nach § 33 EStG – neben einem auf den Stpfl. übertragbaren Pauschbetrag für

---

[1]) jetzt Kind mit Behinderungen

behinderte Menschen[1]) – zu berücksichtigen. ²Der Nachweis, dass der Besuch der Privatschule erforderlich ist, muss durch eine Bestätigung der zuständigen obersten Landeskultusbehörde oder der von ihr bestimmten Stelle geführt werden.

Kur

(3) ¹Kosten für Kuren im Ausland sind in der Regel nur bis zur Höhe der Aufwendungen anzuerkennen, die in einem dem Heilzweck entsprechenden inländischen Kurort entstehen würden. ²Verpflegungsmehraufwendungen anlässlich einer Kur können nur in tatsächlicher Höhe nach Abzug der Haushaltsersparnis von 1/5 der Aufwendungen berücksichtigt werden.

Aufwendungen behinderter Menschen[1]) für Verkehrsmittel

(4) – nicht abgedruckt –[2])

Behinderungsbedingte Baukosten

(5) ¹Um- oder Neubaukosten eines Hauses oder einer Wohnung können im VZ des Abflusses eine außergewöhnliche Belastung darstellen, soweit die Baumaßnahme durch die Behinderung bedingt ist. ²Eine Verteilung auf mehrere VZ ist nicht zulässig. ³Für den Nachweis der Zwangsläufigkeit der Aufwendungen ist die Vorlage folgender Unterlagen ausreichend:

– der Bescheid eines gesetzlichen Trägers der Sozialversicherung oder der Sozialleistungen über die Bewilligung eines pflege- bzw. behinderungsbedingten Zuschusses (z. B. zur Verbesserung des individuellen Wohnumfeldes nach § 40 Abs. 4 SGB XI) oder
– das Gutachten des Medizinischen Dienstes der Krankenversicherung (MDK), des Sozialmedizinischen Dienstes (SMD) oder der Medicproof Gesellschaft für Medizinische Gutachten mbH.

Aufwendungen für Deutsch- und Integrationskurse

(6) ¹Aufwendungen für den Besuch von Sprachkursen, in denen Deutsch gelehrt wird, sind nicht als außergewöhnliche Belastungen abziehbar. ²Gleiches gilt für Integrationskurse, es sei denn, der Stpfl. weist durch Vorlage einer Bestätigung der Teilnahmeberechtigung nach § 6 Abs. 1 Satz 1 und 3 der Verordnung über die Durchführung von Integrationskursen für Ausländer und Spätaussiedler nach, dass die Teilnahme am Integrationskurs verpflichtend war und damit aus rechtlichen Gründen zwangsläufig erfolgte.

---

[1]) jetzt Menschen mit Behinderungen
[2]) für VZ ab 2021 >§ 33 Abs. 2a

§ 33 EStG
H 33.1-33.4

Hinweise

Abkürzung des Zahlungsweges
Bei den außergewöhnlichen Belastungen kommt der Abzug von Aufwendungen eines Dritten auch unter dem Gesichtspunkt der Abkürzung des Vertragswegs nicht in Betracht (>BMF vom 07.07.2008 – BStBl I S. 717).

Adoption
Aufwendungen im Zusammenhang mit einer Adoption sind nicht zwangsläufig (>BFH vom 10.03.2015 – BStBl II S. 695).

Asbestbeseitigung
– Die tatsächliche Zwangsläufigkeit von Aufwendungen zur Beseitigung von Asbest ist nicht anhand der abstrakten Gefährlichkeit von Asbestfasern zu beurteilen; erforderlich sind zumindest konkret zu befürchtende Gesundheitsgefährdungen. Denn die Notwendigkeit einer Asbestsanierung hängt wesentlich von der verwendeten Asbestart und den baulichen Gegebenheiten ab (>BFH vom 29.03.2012 – BStBl II S. 570).
– >Gesundheitsgefährdung

Asyl
Die Anerkennung als Asylberechtigter lässt nicht ohne weiteres auf ein unabwendbares Ereignis für den Verlust von Hausrat und Kleidung schließen (>BFH vom 26.04.1991 – BStBl II S. 755).

Außergewöhnlich
Außergewöhnlich sind Aufwendungen, wenn sie nicht nur der Höhe, sondern auch ihrer Art und dem Grunde nach außerhalb des Üblichen liegen und insofern nur einer Minderheit entstehen. Die typischen Aufwendungen der Lebensführung sind aus dem Anwendungsbereich des § 33 ungeachtet ihrer Höhe im Einzelfall ausgeschlossen (>BFH vom 29.09.1989 – BStBl II 1990 S. 418, vom 19.05.1995 – BStBl II S. 774, vom 22.10.1996 – BStBl II 1997 S. 558 und vom 12.11.1996 – BStBl II 1997 S. 387).

Aussteuer
Aufwendungen für die Aussteuer einer heiratenden Tochter sind regelmäßig nicht als zwangsläufig anzusehen. Dies gilt auch dann, wenn die Eltern ihrer Tochter keine Berufsausbildung gewährt haben (>BFH vom 03.06.1987 – BStBl II S. 779).

Begleitperson
Aufwendungen eines schwerbehinderten Menschen für eine Begleitperson bei Reisen sind nicht als außergewöhnliche Belastung abziehbar, wenn die Begleitperson ein Ehegatte ist, der aus eigenem Interesse an der Reise teilgenommen hat und für den kein durch die Behinderung des anderen

Ehegatten veranlasster Mehraufwand angefallen ist (>BFH vom 07.05.2013 – BStBl II S. 808).

Behindertengerechte Ausstattung
- Mehraufwendungen für die notwendige behindertengerechte Gestaltung des individuellen Wohnumfelds sind außergewöhnliche Belastungen. Sie stehen so stark unter dem Gebot der sich aus der Situation ergebenden Zwangsläufigkeit, dass die Erlangung eines etwaigen Gegenwerts regelmäßig in den Hintergrund tritt. Es ist nicht erforderlich, dass die Behinderung auf einem nicht vorhersehbaren Ereignis beruht und deshalb ein schnelles Handeln des Stpfl. oder seiner Angehörigen geboten ist. Auch die Frage nach zumutbaren Handlungsalternativen stellt sich in solchen Fällen nicht (>BFH vom 24.02.2011 – BStBl II S. 1012).
- Behinderungsbedingte Umbaukosten einer Motorjacht sind keine außergewöhnlichen Belastungen (>BFH vom 02.06.2015 – BStBl II S. 775).
- >R 33.4 Abs. 5

Bestattungskosten
Bestattungskosten eines nahen Angehörigen sind regelmäßig als außergewöhnliche Belastung zu berücksichtigen, soweit sie nicht aus dem Nachlass bestritten werden können und auch nicht durch Ersatzleistungen gedeckt sind (>BFH vom 24.07.1987 – BStBl II S. 715, vom 04.04.1989 – BStBl II S. 779 und vom 21.02.2018 – BStBl II S. 469). Leistungen aus einer Sterbegeldversicherung oder aus einer Lebensversicherung, die dem Stpfl. anlässlich des Todes eines nahen Angehörigen außerhalb des Nachlasses zufließen, sind auf die als außergewöhnliche Belastung anzuerkennenden Kosten anzurechnen (>BFH vom 19.10.1990 – BStBl II 1991 S. 140 und vom 22.02.1996 – BStBl II S. 413).

Zu den außergewöhnlichen Belastungen gehören nur solche Aufwendungen, die unmittelbar mit der eigentlichen Bestattung zusammenhängen. Nur mittelbar mit einer Bestattung zusammenhängende Kosten werden mangels Zwangsläufigkeit nicht als außergewöhnliche Belastung anerkannt. Zu diesen mittelbaren Kosten gehören z. B.:
- Aufwendungen für die Bewirtung von Trauergästen (>BFH vom 17.09.1987 – BStBl II 1988 S. 130),
- Aufwendungen für die Trauerkleidung (>BFH vom 12.08.1966 – BStBl III 1967 S. 364),
- Reisekosten für die Teilnahme an einer Bestattung eines nahen Angehörigen (>BFH vom 17.06.1994 – BStBl II S. 754).

Betreuervergütung
Vergütungen für einen ausschl. zur Vermögenssorge bestellten Betreuer stellen keine außergewöhnlichen Belastungen, sondern Betriebsausgaben bzw. Werbungskosten bei den mit dem verwalteten Vermögen erzielten

Einkünften dar, sofern die Tätigkeit des Betreuers weder einer kurzfristigen Abwicklung des Vermögens noch der Verwaltung ertraglosen Vermögens dient (>BFH vom 14.09.1999 – BStBl II 2000 S. 69).

Betrug
Durch Betrug veranlasste vergebliche Zahlungen für einen Grundstückskauf sind nicht zwangsläufig (>BFH vom 19.05.1995 – BStBl II S. 774).

Darlehen
– Werden die Ausgaben über Darlehen finanziert, tritt die Belastung bereits im Zeitpunkt der Verausgabung ein (>BFH vom 10.06.1988 – BStBl II S. 814).
– >Verausgabung

Diätverpflegung
– Aufwendungen, die durch Diätverpflegung entstehen, sind von der Berücksichtigung als außergewöhnliche Belastung auch dann ausgeschlossen, wenn die Diätverpflegung an die Stelle einer sonst erforderlichen medikamentösen Behandlung tritt (>BFH vom 21.06.2007 – BStBl II S. 880).
– Aufwendungen für Arzneimittel i. S. d. § 2 des Arzneimittelgesetzes unterfallen nicht dem Abzugsverbot für Diätverpflegung, wenn die Zwangsläufigkeit (medizinische Indikation) der Medikation durch ärztliche Verordnung nachgewiesen ist (>BFH vom 14.04.2015 – BStBl II S. 703).

Eltern-Kind-Verhältnis
Aufwendungen des nichtsorgeberechtigten Elternteils zur Kontaktpflege sind nicht außergewöhnlich (>BFH vom 27.09.2007 – BStBl II 2008 S. 287).

Ergänzungspflegervergütung
Wird für einen Minderjährigen im Zusammenhang mit einer Erbauseinandersetzung die Anordnung einer Ergänzungspflegschaft erforderlich, sind die Aufwendungen hierfür nicht als außergewöhnliche Belastungen zu berücksichtigen (>BFH vom 14.09.1999 – BStBl II 2000 S. 69).

Erpressungsgelder
Erpressungsgelder sind keine außergewöhnlichen Belastungen, wenn der Erpressungsgrund selbst und ohne Zwang geschaffen worden ist (>BFH vom 18.03.2004 – BStBl II S. 867).

Ersatz von dritter Seite
Ersatz und Unterstützungen von dritter Seite zum Ausgleich der Belastung sind von den berücksichtigungsfähigen Aufwendungen abzusetzen, es sei denn, die vertragsgemäße Erstattung führt zu steuerpflichtigen Einnahmen

beim Stpfl. (>BFH vom 14.03.1975 – BStBl II S. 632 und vom 06.05.1994 – BStBl II 1995 S. 104). Die Ersatzleistungen sind auch dann abzusetzen, wenn sie erst in einem späteren Kj. gezahlt werden, der Stpfl. aber bereits in dem Kj., in dem die Belastung eingetreten ist, mit der Zahlung rechnen konnte (>BFH vom 21.08.1974 – BStBl II 1975 S. 14). Werden Ersatzansprüche gegen Dritte nicht geltend gemacht, entfällt die Zwangsläufigkeit, wobei die Zumutbarkeit Umfang und Intensität der erforderlichen Rechtsverfolgung bestimmt (>BFH vom 20.09.1991 – BStBl II 1992 S. 137 und vom 18.06.1997 – BStBl II S. 805). Der Verzicht auf die Inanspruchnahme von staatlichen Transferleistungen (z. B. Eingliederungshilfe nach § 35a SGB VIII) steht dem Abzug von Krankheitskosten als außergewöhnliche Belastungen nicht entgegen (>BFH vom 11.11.2010 – BStBl II 2011 S. 969). Der Abzug von Aufwendungen nach § 33 ist ausgeschlossen, wenn der Stpfl. eine allgemein zugängliche und übliche Versicherungsmöglichkeit nicht wahrgenommen hat (>BFH vom 06.05.1994 – BStBl II 1995 S. 104). Dies gilt auch, wenn lebensnotwendige Vermögensgegenstände, wie Hausrat und Kleidung wiederbeschafft werden müssen (>BFH vom 26.06.2003 – BStBl II 2004 S. 47).

– **Hausratversicherung**

  Anzurechnende Leistungen aus einer Hausratversicherung sind nicht aufzuteilen in einen Betrag, der auf allgemein notwendigen und angemessenen Hausrat entfällt, und in einen solchen, der die Wiederbeschaffung von Gegenständen und Kleidungsstücken gehobenen Anspruchs ermöglichen soll (>BFH vom 30.06.1999 – BStBl II S. 766).

– **Krankenhaustagegeldversicherungen**

  Bis zur Höhe der durch einen Krankenhausaufenthalt verursachten Kosten sind die Leistungen abzusetzen, nicht aber Leistungen aus einer Krankentagegeldversicherung (>BFH vom 22.10.1971 – BStBl II 1972 S. 177).

– **Private Pflegezusatzversicherung**

  Das aus einer privaten Pflegezusatzversicherung bezogene Pflege(tage)geld mindert die abziehbaren Pflegekosten (>BFH vom 14.04.2011 – BStBl II S. 701).

Existenzgrundlage

Unter der Existenzgrundlage i. S. d. § 33 Abs. 2 Satz 4 ist nur die rein materielle Lebensgrundlage des Stpfl. zu verstehen (>BFH vom 18.05.2017 – BStBl II S. 988 und vom 13.08.2020 – BStBl II 2021 S. 83 und 86).

Fahrtkosten, allgemein

– Unumgängliche Fahrtkosten, die dem Grunde nach als außergewöhnliche Belastung zu berücksichtigen sind, sind bei Benutzung eines Pkw nur i. H. d. Kosten für die Benutzung eines öffentlichen Verkehrsmittels abziehbar, es sei denn, es bestand keine zumutbare öffentliche Verkehrsverbindung (>BFH vom 03.12.1998 – BStBl II 1999 S. 227).

- >Familienheimfahrten
- >Kur
- >Mittagsheimfahrt
- >Pflegeaufwendungen für Dritte
- >Zwischenheimfahrten

Familienheimfahrten
Aufwendungen verheirateter Wehrpflichtiger für Familienheimfahrten sind keine außergewöhnliche Belastung (>BFH vom 05.12.1969 – BStBl II 1970 S. 210).

Formaldehydemission
>Gesundheitsgefährdung

Freiwillige Ablösungen
Freiwillige Ablösungen von laufenden Kosten für die Anstaltsunterbringung eines pflegebedürftigen Kindes sind nicht zwangsläufig (>BFH vom 14.11.1980 – BStBl II 1981 S. 130).

Gegenwert
- Die Erlangung eines Gegenwerts schließt insoweit die Belastung des Stpfl. aus. Ein Gegenwert liegt vor, wenn der betreffende Gegenstand oder die bestellte Leistung eine gewisse Marktfähigkeit besitzen, die in einem bestimmten Verkehrswert zum Ausdruck kommt (>BFH vom 04.03.1983 – BStBl II S. 378 und vom 29.11.1991 – BStBl II 1992 S. 290). Bei der Beseitigung eingetretener Schäden an einem Vermögensgegenstand, der für den Stpfl. von existenziell wichtiger Bedeutung ist, ergibt sich ein Gegenwert nur hinsichtlich von Wertverbesserungen, nicht jedoch hinsichtlich des verlorenen Aufwandes (>BFH vom 06.05.1994 – BStBl II 1995 S. 104).
- >Gesundheitsgefährdung
- >Behindertengerechte Ausstattung

Gesundheitsgefährdung
- Geht von einem Gegenstand des existenznotwendigen Bedarfs eine konkrete Gesundheitsgefährdung aus, die beseitigt werden muss (z. B. asbesthaltige Außenfassade des Hauses, Formaldehydemission von Möbeln), sind die Sanierungskosten und die Kosten für eine ordnungsgemäße Entsorgung des Schadstoffs aus tatsächlichen Gründen zwangsläufig entstanden. Die Sanierung muss im Zeitpunkt ihrer Durchführung unerlässlich sein (>BFH vom 09.08.2001 – BStBl II 2002 S. 240 und vom 23.05.2002 – BStBl II S. 592). Der Stpfl. ist verpflichtet, die medizinische Indikation der Maßnahmen nachzuweisen. Eines amts-

oder vertrauensärztlichen Gutachtens bedarf es hierzu nicht (>BFH vom 11.11.2010 – BStBl II 2011 S. 966).

– Tauscht der Stpfl. gesundheitsgefährdende Gegenstände des existenznotwendigen Bedarfs aus, steht die Gegenwertlehre dem Abzug der Aufwendungen nicht entgegen. Der sich aus der Erneuerung ergebende Vorteil ist jedoch anzurechnen („Neu für Alt") (>BFH vom 11.11.2010 – BStBl II 2011 S. 966).

– Sind die von einem Gegenstand des existenznotwendigen Bedarfs ausgehenden konkreten Gesundheitsgefährdungen auf einen Dritten zurückzuführen und unterlässt der Stpfl. die Durchsetzung realisierbarer zivilrechtlicher Abwehransprüche, sind die Aufwendungen zur Beseitigung konkreter Gesundheitsgefährdungen nicht abziehbar (>BFH vom 29.03.2012 – BStBl II S. 570).

– >Mietzahlungen

Gutachter
Ergibt sich aus Gutachten die Zwangsläufigkeit von Aufwendungen gem. § 33 Abs. 2, können auch die Aufwendungen für das Gutachten berücksichtigt werden (>BFH vom 23.05.2002 – BStBl II S. 592).

Haushaltsersparnis
– Aufwendungen für die krankheits- oder pflegebedingte Unterbringung in einem Alten- oder Pflegeheim sind um eine Haushaltsersparnis, die der Höhe nach den ersparten Verpflegungs- und Unterbringungskosten entspricht, zu kürzen, es sei denn, der Pflegebedürftige behält seinen normalen Haushalt bei. Die Haushaltsersparnis des Stpfl. ist entsprechend dem in § 33a Abs. 1 vorgesehenen Höchstbetrag für den Unterhalt unterhaltsbedürftiger Personen anzusetzen >R 33.3 Abs. 2 Satz 2 (>BFH vom 15.04.2010 – BStBl II S. 794 und vom 04.10.2017 – BStBl II 2018 S. 179).

– Sind beide Ehegatten krankheits- oder pflegebedingt in einem Alten- und Pflegeheim untergebracht, ist für jeden der Ehegatten eine Haushaltsersparnis anzusetzen (>BFH vom 04.10.2017 – BStBl II 2018 S. 179).

– Kosten der Unterbringung in einem Krankenhaus können regelmäßig ohne Kürzung um eine Haushaltsersparnis als außergewöhnliche Belastung anerkannt werden (>BFH vom 22.06.1979 – BStBl II S. 646).

Heileurythmie
– Die Heileurythmie ist ein Heilmittel i. S. d. §§ 2 und 32 SGB V. Für den Nachweis der Zwangsläufigkeit von Aufwendungen im Krankheitsfall ist eine Verordnung eines Arztes oder Heilpraktikers nach § 64 Abs. 1 Nr. 1 EStDV ausreichend (>BFH vom 26.02.2014 – BStBl II S. 824).

– >Wissenschaftlich nicht anerkannte Behandlungsmethoden

§ 33 EStG
H 33.1-33.4

Heimunterbringung

– Aufwendungen eines nicht pflegebedürftigen Stpfl., der mit seinem pflegebedürftigen Ehegatten in ein Wohnstift übersiedelt, erwachsen nicht zwangsläufig (>BFH vom 14.11.2013 – BStBl II 2014 S. 456).
– Bei einem durch Krankheit veranlassten Aufenthalt in einem Seniorenheim oder -wohnstift sind die Kosten für die Unterbringung außergewöhnliche Belastungen. Der Aufenthalt kann auch krankheitsbedingt sein, wenn keine zusätzlichen Pflegekosten entstanden sind und kein Merkmal „H" oder „Bl" im Schwerbehindertenausweis festgestellt ist. Die Unterbringungskosten sind nach Maßgabe der für Krankheitskosten geltenden Grundsätze als außergewöhnliche Belastungen zu berücksichtigen, soweit sie nicht außerhalb des Rahmens des Üblichen liegen (>BFH vom 14.11.2013 – BStBl II 2014 S. 456).
– Kosten für die behinderungsbedingte Unterbringung in einer sozialtherapeutischen Einrichtung können außergewöhnliche Belastungen sein (>BFH vom 09.12.2010 – BStBl II 2011 S. 1011).
– >H 33a.1 (Abgrenzung zu § 33)

Kapitalabfindung von Unterhaltsansprüchen

Der Abzug einer vergleichsweise vereinbarten Kapitalabfindung zur Abgeltung sämtlicher möglicherweise in der Vergangenheit entstandener und künftiger Unterhaltsansprüche eines geschiedenen Ehegatten scheidet in aller Regel wegen fehlender Zwangsläufigkeit aus (>BFH vom 26.02.1998, BStBl II S. 605).

Krankenhaustagegeldversicherung

Die Leistungen sind von den berücksichtigungsfähigen Aufwendungen abzusetzen (>BFH vom 22.10.1971 – BStBl II 1972 S. 177).

Krankentagegeldversicherung

Die Leistungen sind – im Gegensatz zu Leistungen aus einer Krankenhaustagegeldversicherung – kein Ersatz für Krankenhauskosten (>BFH vom 22.10.1971 – BStBl II 1972 S. 177).

Krankenversicherungsbeiträge

– Da Krankenversicherungsbeiträge ihrer Art nach Sonderausgaben sind, können sie auch bei an sich beihilfeberechtigten Angehörigen des öffentlichen Dienstes nicht als außergewöhnliche Belastung berücksichtigt werden, wenn der Stpfl. wegen seines von Kindheit an bestehenden Leidens keine Aufnahme in eine private Krankenversicherung gefunden hat (>BFH vom 29.11.1991 – BStBl II 1992 S. 293).
– Der Abzug der nicht als Sonderausgaben abziehbaren Krankenversicherungsbeiträge als außergewöhnliche Belastung scheidet aus (>BFH vom 29.11.2017 – BStBl II 2018 S. 230).

Krankheitskosten

- einschl. Zuzahlungen sind außergewöhnliche Belastungen. Es ist verfassungsrechtlich nicht geboten, bei der einkommensteuerrechtlichen Berücksichtigung dieser Aufwendungen auf den Ansatz der zumutbaren Belastung zu verzichten (>BFH vom 02.09.2015 – BStBl II 2016 S. 151 und vom 21.02.2018 – BStBl II S. 469).
- für Unterhaltsberechtigte
  Für einen Unterhaltsberechtigten aufgewendete Krankheitskosten können beim Unterhaltspflichtigen i. d. R. nur insoweit als außergewöhnliche Belastung anerkannt werden, als der Unterhaltsberechtigte nicht in der Lage ist, die Krankheitskosten selbst zu tragen (>BFH vom 11.07.1990 – BStBl II 1991 S. 62). Ein schwerbehindertes Kind, das angesichts der Schwere und der Dauer seiner Erkrankung seinen Grundbedarf und behinderungsbedingten Mehrbedarf nicht selbst zu decken in der Lage ist und bei dem ungewiss ist, ob sein Unterhaltsbedarf im Alter durch Leistungen Unterhaltspflichtiger gedeckt werden kann, darf jedoch zur Altersvorsorge maßvoll Vermögen bilden. Die das eigene Vermögen des Unterhaltsempfängers betreffende Bestimmung des § 33a Abs. 1 Satz 4 kommt im Rahmen des § 33 nicht zur Anwendung (>BFH vom 11.02.2010 – BStBl II S. 621).

Künstliche Befruchtung wegen Krankheit

- Aufwendungen für eine künstliche Befruchtung, die einem Ehepaar zu einem gemeinsamen Kind verhelfen soll, das wegen Empfängnisunfähigkeit der Ehefrau sonst von ihrem Ehemann nicht gezeugt werden könnte (homologe künstliche Befruchtung), können außergewöhnliche Belastungen sein (>BFH vom 18.06.1997 – BStBl II S. 805). Dies gilt auch für ein nicht verheiratetes Paar, wenn die Richtlinien der ärztlichen Berufsordnungen beachtet werden, insbesondere eine fest gefügte Partnerschaft vorliegt und der Mann die Vaterschaft anerkennen wird (>BFH vom 10.05.2007 – BStBl II S. 871).
- Aufwendungen eines Ehepaares für eine medizinisch angezeigte künstliche Befruchtung mit dem Samen eines Dritten (heterologe künstliche Befruchtung) sind als Krankheitskosten zu beurteilen und damit als außergewöhnliche Belastung zu berücksichtigen (>BFH vom 16.12.2010 – BStBl II 2011 S. 414).
- Aufwendungen einer unfruchtbaren Frau für eine heterologe künstliche Befruchtung (d. h. durch Samenspende) durch In-vitro-Fertilisation im Ausland sind als außergewöhnliche Belastung auch dann zu berücksichtigen, wenn die Frau in einer gleichgeschlechtlichen Partnerschaft lebt (>BFH vom 05.10.2017 – BStBl II 2018 S. 350).
- Aufwendungen für eine künstliche Befruchtung nach vorangegangener freiwilliger Sterilisation sind keine außergewöhnlichen Belastungen (>BFH vom 03.03.2005 – BStBl II S. 566).

– Aufwendungen für eine künstliche Befruchtung im Ausland können als außergewöhnliche Belastung abgezogen werden, wenn die Behandlung nach inländischen Maßstäben mit dem Embryonenschutzgesetz oder anderen Gesetzen vereinbar ist (>BFH vom 17.05.2017 – BStBl II 2018 S. 344).

Kur

Kosten für eine Kurreise können als außergewöhnliche Belastung nur abgezogen werden, wenn die Kurreise zur Heilung oder Linderung einer Krankheit nachweislich notwendig ist und eine andere Behandlung nicht oder kaum erfolgversprechend erscheint (>BFH vom 12.06.1991 – BStBl II S. 763).

– **Erholungsurlaub/Abgrenzung zur Heilkur**
Im Regelfall ist zur Abgrenzung einer Heilkur vom Erholungsurlaub ärztliche Überwachung zu fordern. Gegen die Annahme einer Heilkur kann auch die Unterbringung in einem Hotel oder Privatquartier anstatt in einem Sanatorium und die Vermittlung durch ein Reisebüro sprechen (>BFH vom 12.06.1991 – BStBl II S. 763).

– **Fahrtkosten**
Als Fahrtkosten zum Kurort sind i. d. R. die Kosten der öffentlichen Verkehrsmittel anzusetzen (>BFH vom 12.06.1991 – BStBl II S. 763). Die eigenen Kfz-Kosten können nur ausnahmsweise berücksichtigt werden, wenn besondere persönliche Verhältnisse dies erfordern (>BFH vom 30.06.1967 – BStBl III S. 655).
Aufwendungen für Besuchsfahrten zu in Kur befindlichen Angehörigen sind keine außergewöhnliche Belastung (>BFH vom 16.05.1975 – BStBl II S. 536).

– **Nachkur**
Nachkuren in einem typischen Erholungsort sind auch dann nicht abziehbar, wenn sie ärztlich verordnet sind; dies gilt erst recht, wenn die Nachkur nicht unter einer ständigen ärztlichen Aufsicht in einer besonderen Kranken- oder Genesungsanstalt durchgeführt wird (>BFH vom 04.10.1968 – BStBl II 1969 S. 179).

Medizinisch erforderliche auswärtige Unterbringung eines Kindes

Für den Begriff der „Behinderung" i. S. d. § 64 Abs. 1 Nr. 2 Satz 1 Buchst. c EStDV ist auf § 2 Abs. 1 SGB IX abzustellen. Danach sind Menschen behindert, wenn ihre körperliche Funktion, geistige Fähigkeit oder seelische Gesundheit mit hoher Wahrscheinlichkeit länger als sechs Monate von dem für das Lebensalter typischen Zustand abweichen und daher ihre Teilhabe am Leben in der Gesellschaft beeinträchtigt ist (>BFH vom 18.06.2015 – BStBl II 2016 S. 40).

Medizinische Fachliteratur

Aufwendungen eines Stpfl. für medizinische Fachliteratur sind auch dann nicht als außergewöhnliche Belastungen zu berücksichtigen, wenn die Literatur dazu dient, die Entscheidung für eine bestimmte Therapie oder für die Behandlung durch einen bestimmten Arzt zu treffen (>BFH vom 06.04.1990 – BStBl II S. 958, BFH vom 24.10.1995 – BStBl II 1996 S. 88).

Medizinische Hilfsmittel als Gebrauchsgegenstände des täglichen Lebens

Gebrauchsgegenstände des täglichen Lebens i. S. v. § 33 Abs. 1 SGB V sind nur solche technischen Hilfen, die getragen oder mit sich geführt werden können, um sich im jeweiligen Umfeld zu bewegen, zurechtzufinden und die elementaren Grundbedürfnisse des täglichen Lebens zu befriedigen. Ein Nachweis nach § 64 Abs. 1 Nr. 2 Satz 1 Buchst. e EStDV kann nur gefordert werden, wenn ein medizinisches Hilfsmittel diese Merkmale erfüllt. Ein Treppenlift erfüllt nicht die Anforderungen dieser Legaldefinition eines medizinischen Hilfsmittels, so dass die Zwangsläufigkeit von Aufwendungen für den Einbau eines Treppenlifts nicht formalisiert nachzuweisen ist (>BFH vom 06.02.2014 – BStBl II S. 458).

Mietzahlungen

Mietzahlungen für eine ersatzweise angemietete Wohnung können als außergewöhnliche Belastung zu berücksichtigen sein, wenn eine Nutzung der bisherigen eigenen Wohnung wegen Einsturzgefahr amtlich untersagt ist. Dies gilt jedoch nur bis zur Wiederherstellung der Bewohnbarkeit oder bis zu dem Zeitpunkt, in dem der Stpfl. die Kenntnis erlangt, dass eine Wiederherstellung der Bewohnbarkeit nicht mehr möglich ist (>BFH vom 21.04.2010 – BStBl II S. 965).

Mittagsheimfahrt

Aufwendungen für Mittagsheimfahrten stellen keine außergewöhnliche Belastung dar, auch wenn die Fahrten wegen des Gesundheitszustands oder einer Behinderung des Stpfl. angebracht oder erforderlich sind (>BFH vom 04.07.1975 – BStBl II S. 738).

Nachweis der Zwangsläufigkeit von krankheitsbedingten Aufwendungen

– Die in § 64 EStDV vorgesehenen Nachweise können nicht durch andere Unterlagen ersetzt werden (>BFH vom 15.01.2015 – BStBl II S. 586).

– Gegen die in § 64 Abs. 1 EStDV geregelten Nachweiserfordernisse bestehen keine verfassungsrechtlichen Bedenken (>BFH vom 21.02.2018 – BStBl II S. 469).

§ 33 EStG
H 33.1-33.4

Neben den Pauschbeträgen für Menschen mit Behinderungen zu berücksichtigende Aufwendungen
>H 33b

Pflegeaufwendungen
- Ob die Pflegebedürftigkeit bereits vor Beginn des Heimaufenthalts oder erst später eingetreten ist, ist ohne Bedeutung (>BMF vom 20.01.2003 – BStBl I S. 89).
- Aufwendungen wegen Pflegebedürftigkeit sind nur insoweit zu berücksichtigen, als die Pflegekosten die Leistungen der Pflegepflichtversicherung und das aus einer ergänzenden Pflegekrankenversicherung bezogene Pflege(tage)geld übersteigen (>BFH vom 14.04.2011 – BStBl II S. 701).

Pflegeaufwendungen für Dritte
Pflegeaufwendungen (z. B. Kosten für die Unterbringung in einem Pflegeheim), die dem Stpfl. infolge der Pflegebedürftigkeit einer Person erwachsen, der gegenüber der Stpfl. zum Unterhalt verpflichtet ist (z. B. seine Eltern oder Kinder), können i. d. R. als außergewöhnliche Belastungen abgezogen werden, sofern die tatsächlich angefallenen Pflegekosten von den reinen Unterbringungskosten abgegrenzt werden können (>BFH vom 12.11.1996 – BStBl II 1997 S. 387). Zur Berücksichtigung von besonderem Unterhaltsbedarf einer unterhaltenen Person (z. B. wegen Pflegebedürftigkeit) neben typischen Unterhaltsaufwendungen >BMF vom 02.12.2002 (BStBl I S. 1389). Aufwendungen, die einem Stpfl. für die krankheitsbedingte Unterbringung eines Angehörigen in einem Heim entstehen, stellen als Krankheitskosten eine außergewöhnliche Belastung i. S. d. § 33 dar (>BFH vom 30.06.2011 – BStBl II 2012 S. 876). Ob die Pflegebedürftigkeit bereits vor Beginn des Heimaufenthalts oder erst später eingetreten ist, ist ohne Bedeutung (>BMF vom 20.01.2003 – BStBl I S. 89). Abziehbar sind neben den Pflegekosten auch die im Vergleich zu den Kosten der normalen Haushaltsführung entstandenen Mehrkosten für Unterbringung und Verpflegung (>BFH vom 30.06.2011 – BStBl II 2012 S. 876).

- **Fahrtkosten**
  Aufwendungen für Fahrten, um einen kranken Angehörigen, der im eigenen Haushalt lebt, zu betreuen und zu versorgen, können unter besonderen Umständen außergewöhnliche Belastungen sein. Die Fahrten dürfen nicht lediglich der allgemeinen Pflege verwandtschaftlicher Beziehungen dienen (>BFH vom 06.04.1990 – BStBl II S. 958 und vom 22.10.1996 – BStBl II 1997 S. 558).
- **Übertragung des gesamten sicheren Vermögens**
  - >R 33.3 Abs. 5
  - Aufwendungen für die Unterbringung und Pflege eines bedürftigen Angehörigen sind nicht als außergewöhnliche Belastung zu berücksichtigen, soweit der Stpfl. von dem Angehörigen dessen gesamtes

sicheres Vermögen in einem Zeitpunkt übernommen hat, als dieser sich bereits im Rentenalter befand (>BFH vom 12.11.1996 – BStBl II 1997 S. 387).

– **Zwangsläufigkeit bei persönlicher Pflege**
Aufwendungen, die durch die persönliche Pflege eines nahen Angehörigen entstehen, sind nur dann außergewöhnliche Belastungen, wenn die Übernahme der Pflege unter Berücksichtigung der näheren Umstände des Einzelfalls aus rechtlichen oder sittlichen Gründen i. S. d. § 33 Abs. 2 zwangsläufig ist. Allein das Bestehen eines nahen Verwandtschaftsverhältnisses reicht für die Anwendung des § 33 nicht aus. Bei der erforderlichen Gesamtbewertung der Umstände des Einzelfalls sind u. a. der Umfang der erforderlichen Pflegeleistungen und die Höhe der für den Stpfl. entstehenden Aufwendungen zu berücksichtigen (>BFH vom 22.10.1996 – BStBl II 1997 S. 558).

Prozesskosten
Unter das Abzugsverbot gem. § 33 Abs. 2 Satz 4 fallen Prozesskosten
– anlässlich eines Umgangsrechtsstreits und der Rückführung des Kindes aus dem Ausland zurück nach Deutschland (>BFH vom 13.08.2020 – BStBl II 2021 S. 83),
– eines Scheidungsverfahrens (>BFH vom 18.05.2017 – BStBl II S. 988),
– *für die Führung eines Rechtsstreits eines Dritten, z. B. eines Angehörigen (>BFH vom 10.08.2022 – BStBl II S. 766).*

Rechtliche Pflicht
– Zahlungen in Erfüllung rechtsgeschäftlicher Verpflichtungen erwachsen regelmäßig nicht zwangsläufig. Unter rechtliche Gründe i. S. v. § 33 Abs. 2 fallen danach nur solche rechtlichen Verpflichtungen, die der Stpfl. nicht selbst gesetzt hat (>BFH vom 18.07.1986 – BStBl II S. 745 und vom 19.05.1995 – BStBl II S. 774).
– >Kapitalabfindung von Unterhaltsansprüchen

Rentenversicherungsbeiträge
>Sittliche Pflicht

Sanierung eines selbst genutzten Gebäudes
– Aufwendungen für die Sanierung eines selbst genutzten Wohngebäudes, nicht aber die Kosten für übliche Instandsetzungs- und Modernisierungsmaßnahmen oder die Beseitigung von Baumängeln, können als außergewöhnliche Belastung abzugsfähig sein, wenn
  – durch die Baumaßnahmen konkrete Gesundheitsgefährdungen abgewehrt werden z. B. bei einem asbestgedeckten Dach (>BFH vom 29.03.2012 – BStBl II S. 570); >aber Asbestbeseitigung,
  – unausweichliche Schäden beseitigt werden, weil eine konkrete und unmittelbar bevorstehende Unbewohnbarkeit des Gebäudes droht

und daraus eine aufwändige Sanierung folgt z. B. bei Befall eines Gebäudes mit Echtem Hausschwamm (>BFH vom 29.03.2012 – BStBl II S. 572),
– vom Gebäude ausgehende unzumutbare Beeinträchtigungen behoben werden z. B. Geruchsbelästigungen (>BFH vom 29.03.2012 – BStBl II S. 574).

Der Grund für die Sanierung darf weder beim Erwerb des Grundstücks erkennbar gewesen noch vom Grundstückseigentümer verschuldet worden sein. Auch muss der Stpfl. realisierbare Ersatzansprüche gegen Dritte verfolgen, bevor er seine Aufwendungen steuerlich geltend machen kann und er muss sich den aus der Erneuerung ergebenden Vorteil anrechnen lassen („Neu für Alt"). Die Zwangsläufigkeit der Aufwendungen ist anhand objektiver Kriterien nachzuweisen.

– >Gesundheitsgefährdung

Schadensersatzleistungen
Schadensersatzleistungen können zwangsläufig sein, wenn der Stpfl. bei der Schädigung nicht vorsätzlich oder grob fahrlässig gehandelt hat (>BFH vom 03.06.1982 – BStBl II S. 749).

Scheidungskosten
>Prozesskosten

Schulbesuch
– Aufwendungen für den Privatschulbesuch eines Kindes werden durch die Vorschriften des Familienleistungsausgleichs und § 33a Abs. 2 abgegolten und können daher i. d. R. nur dann außergewöhnliche Belastungen sein, wenn es sich bei diesen Aufwendungen um unmittelbare Krankheitskosten handelt (>BFH vom 17.04.1997 – BStBl II S. 752).
– Außergewöhnliche Belastungen liegen nicht vor, wenn ein Kind ausländischer Eltern, die sich nur vorübergehend im Inland aufhalten, eine fremdsprachliche Schule besucht (>BFH vom 23.11.2000 – BStBl II 2001 S. 132).
– Aufwendungen für den Besuch einer Schule für Hochbegabte können außergewöhnliche Belastungen sein, wenn dies medizinisch angezeigt ist und es sich hierbei um unmittelbare Krankheitskosten handelt. Dies gilt auch für die Kosten einer auswärtigen der Krankheit geschuldeten Internatsunterbringung, selbst wenn diese zugleich der schulischen Ausbildung dient. Ein zusätzlicher Freibetrag nach § 33a Abs. 2 kann nicht gewährt werden (>BFH vom 12.05.2011 – BStBl II S. 783).
– >H 33a.2 (Auswärtige Unterbringung)

Sittliche Pflicht
– Eine die Zwangsläufigkeit von Aufwendungen begründende sittliche Pflicht ist nur dann zu bejahen, wenn diese so unabdingbar auftritt, dass

sie ähnlich einer Rechtspflicht von außen her als eine Forderung oder zumindest Erwartung der Gesellschaft derart auf den Stpfl. einwirkt, dass ihre Erfüllung als eine selbstverständliche Handlung erwartet und die Missachtung dieser Erwartung als moralisch anstößig empfunden wird, wenn das Unterlassen der Aufwendungen also Sanktionen im sittlich-moralischen Bereich oder auf gesellschaftlicher Ebene zur Folge haben kann (>BFH vom 27.10.1989 – BStBl II 1990 S. 294 und vom 22.10.1996 – BStBl II 1997 S. 558). Die sittliche Pflicht gilt nur für unabdingbar notwendige Aufwendungen (>BFH vom 12.12.2002 – BStBl II 2003 S. 299). Bei der Entscheidung ist auf alle Umstände des Einzelfalles, insbesondere die persönlichen Beziehungen zwischen den Beteiligten, ihre Einkommens- und Vermögensverhältnisse sowie die konkrete Lebenssituation, bei der Übernahme einer Schuld auch auf den Inhalt des Schuldverhältnisses abzustellen (>BFH vom 24.07.1987 – BStBl II S. 715).

– Die allgemeine sittliche Pflicht, in Not geratenen Menschen zu helfen, kann allein die Zwangsläufigkeit nicht begründen (>BFH vom 08.04.1954 – BStBl III S. 188).

– Zwangsläufigkeit kann vorliegen, wenn das Kind des Erblassers als Alleinerbe Nachlassverbindlichkeiten erfüllt, die auf existentiellen Bedürfnissen seines in Armut verstorbenen Elternteils unmittelbar vor oder im Zusammenhang mit dessen Tod beruhen (>BFH vom 24.07.1987 – BStBl II S. 715).

– Nachzahlungen zur Rentenversicherung eines Elternteils sind nicht aus sittlichen Gründen zwangsläufig, wenn auch ohne die daraus entstehenden Rentenansprüche der Lebensunterhalt des Elternteils sichergestellt ist (>BFH vom 07.03.2002 – BStBl II S. 473).

Studiengebühren
Gebühren für die Hochschulausbildung eines Kindes sind weder nach § 33a Abs. 2 noch nach § 33 als außergewöhnliche Belastung abziehbar (>BFH vom 17.12.2009 – BStBl II 2010 S. 341).

Trinkgelder
Trinkgelder sind nicht zwangsläufig i. S. d. § 33 Abs. 2 und zwar unabhängig davon, ob die zugrunde liegende Leistung selbst als außergewöhnliche Belastung zu beurteilen ist (>BFH vom 30.10.2003 – BStBl II 2004 S. 270 und vom 19.04.2012 – BStBl II 2012 S. 577).

Umschulungskosten
Kosten für eine Zweitausbildung sind dann nicht berücksichtigungsfähig, wenn die Erstausbildung nicht endgültig ihren wirtschaftlichen Wert verloren hat (>BFH vom 28.08.1997 – BStBl II 1998 S. 183).

Umzug
Umzugskosten sind unabhängig von der Art der Wohnungskündigung durch den Mieter oder Vermieter i. d. R. nicht außergewöhnlich (>BFH vom 28.02.1975 – BStBl II S. 482 und vom 23.06.1978 – BStBl II S. 526).

Unterbringung eines nahen Angehörigen in einem Heim
>BMF vom 02.12.2002 (BStBl I S. 1389)

Unterhaltsverpflichtung
– >Kapitalabfindung von Unterhaltsansprüchen
– >Pflegeaufwendungen für Dritte

Urlaubsreise
Aufwendungen für die Wiederbeschaffung von Kleidungsstücken, die dem Stpfl. auf einer Urlaubsreise entwendet wurden, können regelmäßig nicht als außergewöhnliche Belastung angesehen werden, weil üblicherweise ein notwendiger Mindestbestand an Kleidung noch vorhanden ist (>BFH vom 03.09.1976 – BStBl II S. 712).

Verausgabung
– Aus dem Zusammenhang der Vorschriften von § 33 Abs. 1 und § 11 Abs. 2 Satz 1 folgt, dass außergewöhnliche Belastungen für das Kj. anzusetzen sind, in dem die Aufwendungen tatsächlich geleistet worden sind (>BFH vom 30.07.1982 – BStBl II S. 744 und vom 10.06.1988 – BStBl II S. 814). Dies gilt i. d. R. auch, wenn die Aufwendungen (nachträgliche) Anschaffungs- oder Herstellungskosten eines mehrjährig nutzbaren Wirtschaftsguts darstellen (>BFH vom 22.10.2009 – BStBl II 2010 S. 280).
– >Darlehen
– >Ersatz von dritter Seite

Verbraucherinsolvenzverfahren
Die Insolvenztreuhandvergütung ist mangels Außergewöhnlichkeit nicht als außergewöhnliche Belastung zu berücksichtigen (>BFH vom 16.12.2021 – BStBl II 2022 S. 321).

Vermögensebene
– Auch Kosten zur Beseitigung von Schäden an einem Vermögensgegenstand können Aufwendungen i. S. v. § 33 sein, wenn der Vermögensgegenstand für den Stpfl. von existenziell wichtiger Bedeutung ist. Eine Berücksichtigung nach § 33 scheidet aus, wenn Anhaltspunkte für ein Verschulden des Stpfl. erkennbar oder Ersatzansprüche gegen Dritte gegeben sind oder wenn der Stpfl. eine allgemein zugängliche und übliche Versicherungsmöglichkeit nicht wahrgenommen hat (>BFH vom 06.05.1994 – BStBl II 1995 S. 104). Dies gilt auch, wenn

lebensnotwendige Vermögensgegenstände wie Hausrat und Kleidung wiederbeschafft werden müssen (>BFH vom 26.06.2003 – BStBl II 2004 S. 47).
- >R 33.2

Verschulden
- Ein eigenes (ursächliches) Verschulden des Stpfl. schließt die Berücksichtigung von Aufwendungen zur Wiederherstellung von Vermögensgegenständen nach § 33 aus (>BFH vom 06.05.1994 – BStBl II 1995 S. 104).
- >Vermögensebene

Versicherung
- Eine Berücksichtigung von Aufwendungen zur Wiederherstellung von Vermögensgegenständen nach § 33 scheidet aus, wenn der Stpfl. eine allgemein zugängliche und übliche Versicherungsmöglichkeit nicht wahrgenommen hat (>BFH vom 06.05.1994 – BStBl II 1995 S. 104). Dies gilt auch, wenn lebensnotwendige Vermögensgegenstände, wie Hausrat und Kleidung wiederbeschafft werden müssen (>BFH vom 26.06.2003 – BStBl II 2004 S. 47).
- >Ersatz von dritter Seite
- >Vermögensebene
- >Bestattungskosten

Wildtierschäden
Wildtierschäden als solche sind keineswegs unüblich und nicht mit ungewöhnlichen Schadensereignissen i. S. d. § 33 vergleichbar (>BFH vom 01.10.2020 – BStBl II 2021 S. 146).

Wissenschaftlich nicht anerkannte Behandlungsmethoden
- Wissenschaftlich nicht anerkannt ist eine Behandlungsmethode dann, wenn Qualität und Wirksamkeit nicht dem allgemein anerkannten Stand der medizinischen Erkenntnisse entsprechen (>BFH vom 26.06.2014 – BStBl II 2015 S. 9).
- Maßgeblicher Zeitpunkt für die wissenschaftliche Anerkennung einer Behandlungsmethode i. S. d. § 64 Abs. 1 Nr. 2 Satz 1 Buchst. f EStDV ist der Zeitpunkt der Behandlung (>BFH vom 18.06.2015 – BStBl II S. 803).
- Die Behandlungsmethoden, Arznei- und Heilmittel der besonderen Therapierichtungen nach § 2 Abs. 1 Satz 2 SGB V (Phytotherapie, Homöopathie und Anthroposophie mit dem Heilmittel Heileurythmie) gehören nicht zu den wissenschaftlich nicht anerkannten Behandlungsmethoden. Der Nachweis der Zwangsläufigkeit von Aufwendungen im Krankheitsfall ist daher nicht nach § 64 Abs. 1 Nr. 2f EStDV zu führen.

Sofern es sich um Aufwendungen für Arznei-, Heil- und Hilfsmittel handelt, ist der Nachweis der Zwangsläufigkeit nach § 64 Abs. 1 Nr. 1 EStDV zu erbringen (>BFH vom 26.02.2014 – BStBl II S. 824).
– Bei einer Liposuktion handelt es sich um eine wissenschaftlich nicht anerkannte Methode zur Behandlung eines Lipödems (>BFH vom 18.06.2015 – BStBl II S. 803).

Wohngemeinschaft
Nicht erstattete Kosten für die behinderungsbedingte Unterbringung eines Menschen im arbeitsfähigen Alter in einer betreuten Wohngemeinschaft können außergewöhnliche Belastungen sein. Werden die Unterbringungskosten als Eingliederungshilfe teilweise vom Sozialhilfeträger übernommen, kann die Notwendigkeit der Unterbringung unterstellt werden (>BFH vom 23.05.2002 – BStBl II S. 567).

Zinsen
Zinsen für ein Darlehen können ebenfalls zu den außergewöhnlichen Belastungen zählen, soweit die Darlehensaufnahme selbst zwangsläufig erfolgt ist (>BFH vom 06.04.1990 – BStBl II S. 958); sie sind im Jahr der Verausgabung abzuziehen.

Zumutbare Belastung
Die Höhe der zumutbaren Belastung (§ 33 Abs. 3 Satz 1) wird gestaffelt ermittelt. Nur der Teil des Gesamtbetrags der Einkünfte, der die jeweilige Betragsstufe übersteigt, wird mit dem jeweils höheren Prozentsatz belastet (>BFH vom 19.01.2017 – BStBl II S. 684).

Zwischenheimfahrten
Fahrtkosten aus Anlass von Zwischenheimfahrten können i. d. R. nicht berücksichtigt werden. Dies gilt nicht für Kosten der Zwischenheimfahrten einer Begleitperson, die ein krankes, behandlungsbedürftiges Kind, das altersbedingt einer Begleitperson bedarf, zum Zwecke einer amtsärztlich bescheinigten Heilbehandlung von mehrstündiger Dauer gefahren und wieder abgeholt hat, wenn es der Begleitperson nicht zugemutet werden kann, die Behandlung abzuwarten (>BFH vom 03.12.1998 – BStBl II 1999 S. 227).

§ 33a

Außergewöhnliche Belastung in besonderen Fällen

(1) ¹Erwachsen einem Steuerpflichtigen Aufwendungen für den Unterhalt und eine etwaige Berufsausbildung einer dem Steuerpflichtigen oder seinem Ehegatten gegenüber gesetzlich unterhaltsberechtigten Person, so wird auf Antrag die Einkommensteuer dadurch ermäßigt, dass die Aufwendungen bis *zur Höhe des Grundfreibetrags nach § 32a Absatz 1 Satz 2 Nummer 1* im Kalenderjahr vom Gesamtbetrag der Einkünfte abgezogen werden. ²Der Höchstbetrag nach Satz 1 erhöht sich um den Betrag der im jeweiligen Veranlagungszeitraum nach § 10 Absatz 1 Nummer 3 für die Absicherung der unterhaltsberechtigten Person aufgewandten Beiträge; dies gilt nicht für Kranken- und Pflegeversicherungsbeiträge, die bereits nach § 10 Absatz 1 Nummer 3 Satz 1 anzusetzen sind. ³Der gesetzlich unterhaltsberechtigten Person gleichgestellt ist eine Person, wenn bei ihr zum Unterhalt bestimmte inländische öffentliche Mittel mit Rücksicht auf die Unterhaltsleistungen des Steuerpflichtigen gekürzt werden. ⁴Voraussetzung ist, dass weder der Steuerpflichtige noch eine andere Person Anspruch auf einen Freibetrag nach § 32 Absatz 6 oder auf Kindergeld für die unterhaltene Person hat und die unterhaltene Person kein oder nur ein geringes Vermögen besitzt; ein angemessenes Hausgrundstück im Sinne von § 90 Absatz 2 Nummer 8 des Zwölften Buches Sozialgesetzbuch bleibt unberücksichtigt. ⁵Hat die unterhaltene Person andere Einkünfte oder Bezüge, so vermindert sich die Summe der nach Satz 1 und Satz 2 ermittelten Beträge um den Betrag, um den diese Einkünfte und Bezüge den Betrag von 624 Euro im Kalenderjahr übersteigen, sowie um die von der unterhaltenen Person als Ausbildungshilfe aus öffentlichen Mitteln oder von Förderungseinrichtungen, die hierfür öffentliche Mittel erhalten, bezogenen Zuschüsse; zu den Bezügen gehören auch steuerfreie Gewinne nach den §§ 14, 16 Absatz 4, § 17 Absatz 3 und § 18 Absatz 3, die nach § 19 Absatz 2 steuerfrei bleibenden Einkünfte sowie Sonderabschreibungen und erhöhte Absetzungen, soweit sie die höchstmöglichen Absetzungen für Abnutzung nach § 7 übersteigen. ⁶Ist die unterhaltene Person nicht unbeschränkt einkommensteuerpflichtig, so können die Aufwendungen nur abgezogen werden, soweit sie nach den Verhältnissen des Wohnsitzstaates der unterhaltenen Person notwendig und angemessen sind, höchstens jedoch der Betrag, der sich nach den Sätzen 1 bis 5 ergibt; ob der Steuerpflichtige zum Unterhalt gesetzlich verpflichtet ist, ist nach inländischen Maßstäben zu beurteilen. ⁷Werden die Aufwendungen für eine unterhaltene Person von mehreren

Steuerpflichtigen getragen, so wird bei jedem der Teil des sich hiernach ergebenden Betrags abgezogen, der seinem Anteil am Gesamtbetrag der Leistungen entspricht. [8] Nicht auf Euro lautende Beträge sind entsprechend dem für Ende September des Jahres vor dem Veranlagungszeitraum von der Europäischen Zentralbank bekannt gegebenen Referenzkurs umzurechnen. [9] Voraussetzung für den Abzug der Aufwendungen ist die Angabe der erteilten Identifikationsnummer (§ 139b der Abgabenordnung) der unterhaltenen Person in der Steuererklärung des Unterhaltsleistenden, wenn die unterhaltene Person der unbeschränkten oder beschränkten Steuerpflicht unterliegt. [10] Die unterhaltene Person ist für diese Zwecke verpflichtet, dem Unterhaltsleistenden ihre erteilte Identifikationsnummer (§ 139b der Abgabenordnung) mitzuteilen. [11] Kommt die unterhaltene Person dieser Verpflichtung nicht nach, ist der Unterhaltsleistende berechtigt, bei der für ihn zuständigen Finanzbehörde die Identifikationsnummer der unterhaltenen Person zu erfragen.

(2) [1] Zur Abgeltung des Sonderbedarfs eines sich in Berufsausbildung befindenden, auswärtig untergebrachten, volljährigen Kindes, für das Anspruch auf einen Freibetrag nach § 32 Absatz 6 oder Kindergeld besteht, kann der Steuerpflichtige einen Freibetrag in Höhe von 924 Euro je Kalenderjahr vom Gesamtbetrag der Einkünfte abziehen. [2] Für ein nicht unbeschränkt einkommensteuerpflichtiges Kind mindert sich der vorstehende Betrag nach Maßgabe des Absatzes 1 Satz 6. [3] Erfüllen mehrere Steuerpflichtige für dasselbe Kind die Voraussetzungen nach Satz 1, so kann der Freibetrag insgesamt nur einmal abgezogen werden. [4] Jedem Elternteil steht grundsätzlich die Hälfte des Abzugsbetrags nach den Sätzen 1 und 2 zu. [5] Auf gemeinsamen Antrag der Eltern ist eine andere Aufteilung möglich.

(3) [1] Für jeden vollen Kalendermonat, in dem die in den Absätzen 1 und 2 bezeichneten Voraussetzungen nicht vorgelegen haben, ermäßigen sich die dort bezeichneten Beträge um je ein Zwölftel; *der sich daraus ergebende Betrag ist auf den nächsten vollen Euro-Betrag aufzurunden.* [2] Eigene Einkünfte und Bezüge der nach Absatz 1 unterhaltenen Person, die auf diese Kalendermonate entfallen, vermindern den nach Satz 1 ermäßigten Höchstbetrag nicht. [3] Als Ausbildungshilfe bezogene Zuschüsse der nach Absatz 1 unterhaltenen Person mindern nur den zeitanteiligen Höchstbetrag der Kalendermonate, für die sie bestimmt sind.

(4) In den Fällen der Absätze 1 und 2 kann wegen der in diesen Vorschriften bezeichneten Aufwendungen der Steuerpflichtige eine Steuerermäßigung nach § 33 nicht in Anspruch nehmen.

§ 33a EStG
R 33a.1

R 33a.1 Aufwendungen für den Unterhalt und eine etwaige Berufsausbildung

Gesetzlich unterhaltsberechtigte Person

(1) ¹Gesetzlich unterhaltsberechtigt sind Personen, denen gegenüber der Stpfl. nach dem BGB oder dem LPartG unterhaltsverpflichtet ist. ²Somit müssen die zivilrechtlichen Voraussetzungen eines Unterhaltsanspruchs vorliegen und die Unterhaltskonkurrenzen beachtet werden. ³Für den Abzug ist dabei die tatsächliche Bedürftigkeit des Unterhaltsempfängers erforderlich (sog. konkrete Betrachtungsweise). ⁴Eine Prüfung, ob im Einzelfall tatsächlich ein Unterhaltsanspruch besteht, ist aus Gründen der Verwaltungsvereinfachung nicht erforderlich, wenn die unterstützte Person unbeschränkt steuerpflichtig sowie dem Grunde nach (potenziell) unterhaltsberechtigt ist, tatsächlich Unterhalt erhält und alle übrigen Voraussetzungen des § 33a Abs. 1 EStG vorliegen; insoweit wird die Bedürftigkeit der unterstützten Person typisierend unterstellt. ⁵Gehört die unterhaltsberechtigte Person zum Haushalt des Stpfl., kann regelmäßig davon ausgegangen werden, dass ihm dafür Unterhaltsaufwendungen in Höhe des maßgeblichen Höchstbetrags erwachsen.

Arbeitskraft und Vermögen

(2) ¹Die zu unterhaltende Person muss zunächst ihr eigenes Vermögen, wenn es nicht geringfügig ist, einsetzen und verwerten. ²Hinsichtlich des vorrangigen Einsatzes und Verwertung der eigenen Arbeitskraft ist Absatz 1 Satz 4 entsprechend anzuwenden. ³Als geringfügig kann in der Regel ein Vermögen bis zu einem gemeinen Wert (Verkehrswert) von 15.500 Euro angesehen werden. ⁴Dabei bleiben außer Betracht:

1. Vermögensgegenstände, deren Veräußerung offensichtlich eine Verschleuderung bedeuten würde,
2. Vermögensgegenstände, die einen besonderen persönlichen Wert, z. B. Erinnerungswert, für den Unterhaltsempfänger haben oder zu seinem Hausrat gehören, und ein angemessenes Hausgrundstück im Sinne von § 90 Abs. 2 Nr. 8 SGB XII, wenn der Unterhaltsempfänger das Hausgrundstück allein oder zusammen mit Angehörigen bewohnt, denen es nach seinem Tode weiter als Wohnung dienen soll.

Einkünfte und Bezüge

(3) ¹Einkünfte sind stets in vollem Umfang zu berücksichtigen, also auch soweit sie zur Bestreitung des Unterhalts nicht zur Verfügung stehen oder die Verfügungsbefugnis beschränkt ist. ²Dies gilt auch für Einkünfte, die durch unvermeidbare Versicherungsbeiträge des Kindes gebunden sind. ³Bezüge i. S. v. § 33a Abs. 1 Satz 5 EStG sind alle Einnahmen in Geld oder Geldeswert, die nicht im Rahmen der einkommensteuerrechtlichen Einkunftsermittlung erfasst werden. ⁴Zu diesen Bezügen gehören insbesondere:

1. Kapitalerträge i. S. d. § 32d Abs. 1 EStG ohne Abzug des Sparer-Pauschbetrags nach § 20 Abs. 9 EStG,

2. die nicht der Besteuerung unterliegenden Teile der Leistungen (§ 22 Nr. 1 Satz 3 Buchstabe a Doppelbuchstabe aa EStG) und die Teile von Leibrenten, die den Ertragsanteil nach § 22 Nr. 1 Satz 3 Buchstabe a Doppelbuchstabe bb EStG übersteigen,
3. Einkünfte und Leistungen, soweit sie dem Progressionsvorbehalt unterliegen,
4. steuerfreie Einnahmen nach § 3 Nr. 1 Buchstabe a, Nr. 2b, 3, 5, 6, 11, 27, 44, 58 und § 3b EStG,
5. die nach § 3 Nr. 40 und 40a EStG steuerfrei bleibenden Beträge abzüglich der damit in Zusammenhang stehenden Aufwendungen i. S. d. § 3c EStG,
6. pauschal besteuerte Bezüge nach § 40a EStG,
7. Unterhaltsleistungen des geschiedenen oder dauernd getrennt lebenden Ehegatten, soweit sie nicht als sonstige Einkünfte i. S. d. § 22 Nr. 1a EStG erfasst sind,
8. Zuschüsse eines Trägers der gesetzlichen Rentenversicherung zu den Aufwendungen eines Rentners für seine Krankenversicherung.

[5] Bei der Feststellung der anzurechnenden Bezüge sind aus Vereinfachungsgründen insgesamt 180 Euro im Kalenderjahr abzuziehen, wenn nicht höhere Aufwendungen, die im Zusammenhang mit dem Zufluss der entsprechenden Einnahmen stehen, nachgewiesen oder glaubhaft gemacht werden. [6] Ein solcher Zusammenhang ist z. B. bei Kosten eines Rechtsstreits zur Erlangung der Bezüge und bei Kontoführungskosten gegeben.

Opfergrenze, Ländergruppeneinteilung

(4) [1] Die >Opfergrenze ist unabhängig davon zu beachten, ob die unterhaltene Person im Inland oder im Ausland lebt. [2] Die nach § 33a Abs. 1 Satz 6 EStG maßgeblichen Beträge sind anhand der >Ländergruppeneinteilung zu ermitteln.

Anhang 2 III

Erhöhung des Höchstbetrages für Unterhaltsleistungen um Beiträge zur Kranken- und Pflegeversicherung

(5) [1] Der Höchstbetrag nach § 33a Abs. 1 Satz 1 EStG erhöht sich um die für die Absicherung der unterhaltsberechtigten Person aufgewandten Beiträge zur Kranken- und Pflegeversicherung nach § 10 Abs. 1 Nr. 3 EStG, wenn für diese beim Unterhaltsleistenden kein Sonderausgabenabzug möglich ist. [2] Dabei ist es nicht notwendig, dass die Beiträge tatsächlich von dem Unterhaltsverpflichteten gezahlt oder erstattet wurden. [3] Für diese Erhöhung des Höchstbetrages genügt es, wenn der Unterhaltsverpflichtete seiner Unterhaltsverpflichtung nachkommt. [4] Die Gewährung von Sachunterhalt (z. B. Unterkunft und Verpflegung) ist ausreichend.

§ 33a EStG
H 33a.1

	Hinweise
H 33a.1	

Allgemeines zum Abzug von Unterhaltsaufwendungen

Anhang 3 II | >*BMF vom 06.04.2022 (BStBl I S. 617)*

Abgrenzung zu § 33

Anhang 3 II | – >*BMF vom 06.04.2022 (BStBl I S. 617), Rz. 11 f.*
– Zur Berücksichtigung von Aufwendungen wegen Pflegebedürftigkeit und erheblich eingeschränkter Alltagskompetenz >R 33.3, von Aufwendungen wegen Krankheit und Behinderung >R 33.4 und von Aufwendungen für existentiell notwendige Gegenstände >R 33.2

Anrechnung eigener Einkünfte und Bezüge
- **Allgemeines**

  Leistungen des Stpfl., die neben Unterhaltsleistungen aus einem anderen Rechtsgrund (z. B. Erbauseinandersetzungsvertrag) erbracht werden, gehören zu den anzurechnenden Einkünften und Bezügen der unterhaltenen Person (>BFH vom 17.10.1980 – BStBl II 1981 S. 158).

- **Ausbildungshilfen**

  Ausbildungshilfen der Agentur für Arbeit mindern nur dann den Höchstbetrag des § 33a Abs. 1 bei den Eltern, wenn sie Leistungen abdecken, zu denen die Eltern gesetzlich verpflichtet sind. Eltern sind beispielsweise nicht verpflichtet, ihrem Kind eine zweite Ausbildung zu finanzieren, der sich das Kind nachträglich nach Beendigung der ersten Ausbildung unterziehen will. Erhält das Kind in diesem Fall Ausbildungshilfen zur Finanzierung von Lehrgangsgebühren, Fahrtkosten oder Arbeitskleidung, sind diese nicht auf den Höchstbetrag anzurechnen (>BFH vom 04.12.2001 – BStBl II 2002 S. 195). Der Anspruch auf kindergeldähnliche Leistungen nach ausländischem Recht steht dem Kindergeldanspruch gleich (>BFH vom 04.12.2003 – BStBl II 2004 S. 275).

- **Einkünfte und Bezüge**
  - >R 33a.1 Abs. 3
  - Unvermeidbare Versicherungsbeiträge der unterhaltenen Person mindern die anzurechnenden Einkünfte i. S. d. § 33a Abs. 1 Satz 5 nicht. Verfassungsrechtliche Bedenken hiergegen bestehen nicht (>BFH vom 18.06.2015 – BStBl II S. 928).

- **Elterngeld**

  Das Elterngeld zählt in vollem Umfang und damit einschl. des Sockelbetrags (§ 2 Abs. 4 BEEG) zu den anrechenbaren Bezügen (>BFH vom 20.10.2016 – BStBl II 2017 S. 194).

§ 33a EStG
H 33a.1

- **Leistungen für Mehrbedarf bei Körperschaden**
  Leistungen, die nach bundes- oder landesgesetzlichen Vorschriften gewährt werden, um einen Mehrbedarf zu decken, der durch einen Körperschaden verursacht ist, sind keine anzurechnenden Bezüge (>BFH vom 22.07.1988 – BStBl II S. 830).
- **Zusammenfassendes Beispiel für die Anrechnung**
  Ein Stpfl. unterhält seinen 35-jährigen Sohn mit 150 € monatlich. Dieser erhält Arbeitslohn von jährlich 7.200 €. Davon wurden gesetzliche Sozialversicherungsbeiträge i. H. v. 1.459 € abgezogen (Krankenversicherung 568 €, Rentenversicherung 673 €, Pflegeversicherung 110 € und Arbeitslosenversicherung 108 €). Daneben erhält er seit seinem 30. Lebensjahr eine lebenslängliche Rente aus einer privaten Unfallversicherung i. H. v. 150 € monatlich.

tatsächliche Unterhaltsleistungen		1.800 €
ungekürzter Höchstbetrag		**9.984 €**
Erhöhungsbetrag nach § 33a Abs. 1 Satz 2		
Krankenversicherung	568 €	
abzgl. 4% (>BMF vom 24.05.2017 – BStBl I S. 820, Rz. 83, Anhang 1a II 1)	– 22 €	
verbleiben	546 €	546 €
Pflegeversicherung		+ 110 €
Erhöhungsbetrag		+ 656 €
ungekürzter Höchstbetrag und Erhöhungsbetrag gesamt		**10.640 €**
Einkünfte des Sohnes		
Arbeitslohn	7.200 €	
Arbeitnehmer-Pauschbetrag	– 1.000 €	
Einkünfte i. S. d. § 19	6.200 €	6.200 €
Leibrente	1.800 €	
hiervon Ertragsanteil 44 %	792 €	
Werbungskosten-Pauschbetrag	– 102 €	
Einkünfte i. S. d. § 22	690 €	+ 690 €
S. d. E.		6.890 €
Bezüge des Sohnes		
steuerlich nicht erfasster Teil der Rente	1.008 €	
Kostenpauschale	– 180 €	
Bezüge	828 €	+ 828 €
S. d. E. und Bezüge		7.718 €
anrechnungsfreier Betrag		– 624 €
anzurechnende Einkünfte		7.094 €	– 7.094 €
Höchstbetrag		***3.546 €***
abzugsfähige Unterhaltsleistungen		1.800 €

§ 33a EStG
H 33a.1

- **Zuschüsse**
  Zu den ohne anrechnungsfreien Betrag anzurechnenden Zuschüssen gehören z. B. die als Zuschuss gewährten Leistungen nach dem BAföG, nach dem SGB III gewährte Berufsausbildungsbeihilfen und Ausbildungsgelder sowie Stipendien aus öffentlichen Mitteln. Dagegen sind Stipendien aus dem ERASMUS/SOKRATES-Programm der EU nicht anzurechnen, da die Stipendien nicht die üblichen Unterhaltsaufwendungen, sondern allein die anfallenden Mehrkosten eines Auslandsstudiums (teilweise) abdecken (>BFH vom 17.10.2001 – BStBl II 2002 S. 793).

Geringes Vermögen („Schonvermögen")
- Nicht gering kann auch Vermögen sein, das keine anzurechnenden Einkünfte abwirft; Vermögen ist auch dann zu berücksichtigen, wenn es die unterhaltene Person für ihren künftigen Unterhalt benötigt (>BFH vom 14.08.1997 – BStBl II 1998 S. 241).
- Bei Ermittlung des für den Unterhaltshöchstbetrag schädlichen Vermögens sind Verbindlichkeiten und Verwertungshindernisse vom Verkehrswert der aktiven Vermögensgegenstände, der mit dem gemeinen Wert nach dem BewG zu ermitteln ist, in Abzug zu bringen (Nettovermögen) (>BFH vom 11.02.2010 – BStBl II S. 628). Wertmindernd zu berücksichtigen sind dabei auch ein Nießbrauchsvorbehalt sowie ein dinglich gesichertes Veräußerungs- und Belastungsverbot (>BFH vom 29.05.2008 – BStBl II 2009 S. 361).
- Die Bodenrichtwerte nach dem BauGB sind für die Ermittlung des Verkehrswertes von Grundvermögen i. S. d. § 33a nicht verbindlich (>BFH vom 11.02.2010 – BStBl II S. 628).
- Ein angemessenes Hausgrundstück i. S. d. § 90 Abs. 2 Nr. 8 SGB XII bleibt außer Betracht (>R 33a.1 Abs. 2).

§ 90 Abs. 2 Nr. 8 SGB XII hat folgenden Wortlaut:

„Einzusetzendes Vermögen

....

(2) Die Sozialhilfe darf nicht abhängig gemacht werden vom Einsatz oder von der Verwertung

....

8. eines angemessenen Hausgrundstücks, das von der nachfragenden Person oder einer anderen in den § 19 Abs. 1 bis 3 genannten Person allein oder zusammen mit Angehörigen ganz oder teilweise bewohnt wird und nach ihrem Tod von ihren Angehörigen bewohnt werden soll. Die Angemessenheit bestimmt sich nach der Zahl der Bewohner, dem Wohnbedarf (zum Beispiel behinderter, blinder oder pflegebedürftiger Menschen), der Grundstücksgröße, der Hausgröße, dem Zuschnitt und der Ausstattung des Wohngebäudes sowie dem Wert des Grundstücks einschließlich des Wohngebäudes,"

Geschiedene oder dauernd getrennt lebende Ehegatten
Durch Antrag und Zustimmung nach § 10 Abs. 1a Nr. 1 werden alle in dem betreffenden VZ geleisteten Unterhaltsaufwendungen zu Sonderausgaben umqualifiziert. Ein Abzug als außergewöhnliche Belastung ist nicht möglich, auch nicht, soweit sie den für das Realsplitting geltenden Höchstbetrag übersteigen (>BFH vom 07.11.2000 – BStBl II 2001 S. 338). Sind für das Kj. der Trennung oder Scheidung die Vorschriften über die Ehegattenbesteuerung (§§ 26 bis 26b, § 32a Abs. 5) anzuwenden, dann können Aufwendungen für den Unterhalt des dauernd getrennt lebenden oder geschiedenen Ehegatten nicht nach § 33a Abs. 1 abgezogen werden (>BFH vom 31.05.1989 – BStBl II S. 658).

Gleichgestellte Person
>BMF vom **06.04.2022** (BStBl I S. **617**) — Anhang 3 II

Haushaltsgemeinschaft
Lebt der Unterhaltsberechtigte mit bedürftigen Angehörigen in einer Haushaltsgemeinschaft und wird seine Rente bei der Berechnung der Sozialhilfe als Einkommen der Haushaltsgemeinschaft angerechnet, ist die Rente nur anteilig auf den Höchstbetrag des § 33a Abs. 1 Satz 1 anzurechnen. In diesem Fall sind die Rente und die Sozialhilfe nach Köpfen aufzuteilen (>BFH vom 19.06.2002 – BStBl II S. 753).

Heimunterbringung
>Personen in einem Altenheim oder Altenwohnheim

Ländergruppeneinteilung
>BMF vom 11.11.2020 (BStBl I S. 1212) — Anhang 2 III

Opfergrenze
>BMF vom **06.04.2022** (BStBl I S. **617**), Rz. **16 ff.** — Anhang 3 II

Personen in einem Altenheim oder Altenwohnheim
Zu den Aufwendungen für den typischen Unterhalt gehören i. d. R. auch Kosten der Unterbringung in einem Altenheim oder Altenwohnheim (>BFH vom 29.09.1989 – BStBl II 1990 S. 418).

Personen im Ausland
- Zur Berücksichtigung von Aufwendungen für den Unterhalt >BMF vom **06.04.2022** (BStBl I S. **623**) — Anhang 3 I
- Ländergruppeneinteilung >BMF vom 11.11.2020 (BStBl I S. 1212) — Anhang 2 III

§ 33a EStG
H 33a.1

Personen mit einer Aufenthaltserlaubnis nach § 23 Aufenthaltsgesetz
>BMF vom 27.05.2015 (BStBl I S. 474)

Unterhalt für mehrere Personen
Unterhält der Stpfl. mehrere Personen, die einen gemeinsamen Haushalt führen, so ist der nach § 33a Abs. 1 abziehbare Betrag i. d. R. für jede unterhaltsberechtigte oder gleichgestellte Person getrennt zu ermitteln. Der insgesamt nachgewiesene Zahlungsbetrag ist unterschiedslos nach Köpfen aufzuteilen (>BMF vom *06.04.2022* – BStBl I S. *623*, Rz. *22*). Handelt es sich bei den unterhaltenen Personen um in Haushaltsgemeinschaft lebende Ehegatten, z. B. Eltern, sind die Einkünfte und Bezüge zunächst für jeden Ehegatten gesondert festzustellen und sodann zusammenzurechnen. Die zusammengerechneten Einkünfte und Bezüge sind um 1.248 € (zweimal 624 €) zu kürzen. Der verbleibende Betrag ist von der Summe der beiden Höchstbeträge abzuziehen (>BFH vom 15.11.1991 – BStBl II 1992 S. 245).

Anhang 3 I

Unterhaltsanspruch der Mutter bzw. des Vaters eines nichtehelichen Kindes
§ 1615l BGB:

„(1) [1]Der Vater hat der Mutter für die Dauer von sechs Wochen vor und acht Wochen nach der Geburt des Kindes Unterhalt zu gewähren. [2]Dies gilt auch hinsichtlich der Kosten, die infolge der Schwangerschaft oder der Entbindung außerhalb dieses Zeitraums entstehen.

(2) [1]Soweit die Mutter einer Erwerbstätigkeit nicht nachgeht, weil sie infolge der Schwangerschaft oder einer durch die Schwangerschaft oder die Entbindung verursachten Krankheit dazu außerstande ist, ist der Vater verpflichtet, ihr über die in Absatz 1 Satz 1 bezeichnete Zeit hinaus Unterhalt zu gewähren. [2]Das Gleiche gilt, soweit von der Mutter wegen der Pflege oder Erziehung des Kindes eine Erwerbstätigkeit nicht erwartet werden kann. [3]Die Unterhaltspflicht beginnt frühestens vier Monate vor der Geburt und besteht für mindestens drei Jahre nach der Geburt. [4]Sie verlängert sich, solange und soweit dies der Billigkeit entspricht. [5]Dabei sind insbesondere die Belange des Kindes und die bestehenden Möglichkeiten der Kinderbetreuung zu berücksichtigen.

(3) [1]Die Vorschriften über die Unterhaltspflicht zwischen Verwandten sind entsprechend anzuwenden. [2]Die Verpflichtung des Vaters geht der Verpflichtung der Verwandten der Mutter vor. [3]§ 1613 Abs. 2 gilt entsprechend. [4]Der Anspruch erlischt nicht mit dem Tod des Vaters.

(4) [1]Wenn der Vater das Kind betreut, steht ihm der Anspruch nach Absatz 2 Satz 2 gegen die Mutter zu. [2]In diesem Falle gilt Absatz 3 entsprechend."

Der gesetzliche Unterhaltsanspruch der Mutter eines nichtehelichen Kindes gegenüber dem Kindsvater nach § 1615l BGB ist vorrangig gegenüber der Unterhaltsverpflichtung ihrer Eltern mit der Folge, dass für die Kindsmutter der Anspruch ihrer Eltern auf Kindergeld oder Freibeträge für Kinder erlischt und für die Unterhaltsleistungen des Kindsvaters an sie eine Berücksichtigung nach § 33a Abs. 1 in Betracht kommt (>BFH vom 19.05.2004 – BStBl II S. 943).

Unterhaltsberechtigung
- Dem Grunde nach gesetzlich unterhaltsberechtigt sind nach § 1601 BGB Verwandte in gerader Linie i. S. d. § 1589 Satz 1 BGB wie z. B. Kinder, Enkel, Eltern und Großeltern, sowie nach §§ 1360 ff., 1570 BGB Ehegatten untereinander. Voraussetzung für die Annahme einer gesetzlichen Unterhaltsberechtigung i. S. d. § 33a Abs. 1 ist die tatsächliche Bedürftigkeit des Unterhaltsempfängers i. S. d. § 1602 BGB. Nach der sog. konkreten Betrachtungsweise kann die Bedürftigkeit des Unterhaltsempfängers nicht typisierend unterstellt werden. Dies führt dazu, dass die zivilrechtlichen Voraussetzungen eines Unterhaltsanspruchs (§§ 1601-1603 BGB) vorliegen müssen und die Unterhaltskonkurrenzen (§§ 1606 und 1608 BGB) zu beachten sind (>BFH vom 05.05.2010 – BStBl II 2011 S. 116). *Zur Unterhaltsberechtigung und zur Unterhaltsbedürftigkeit von Personen im erwerbsfähigen Alter >BMF vom 06.04.2022 – BStBl I S. 623, Rz. 1, 10-12* Anhang 3 I
- Bei landwirtschaftlich tätigen Angehörigen greift die widerlegbare Vermutung, dass diese nicht unterhaltsbedürftig sind, soweit der landwirtschaftliche Betrieb in einem nach den Verhältnissen des Wohnsitzstaates üblichen Umfang und Rahmen betrieben wird (>BFH vom 05.05.2010 – BStBl II 2011 S. 116).
- Für Inlandssachverhalte gilt die Vereinfachungsregelung in R 33a.1 Abs. 1 Satz 4 EStR.

Freibetrag zur Abgeltung des Sonderbedarfs eines sich in Berufsausbildung befindenden, auswärtig untergebrachten, volljährigen Kindes | R 33a.2

Allgemeines

(1) ¹Den Freibetrag nach § 33a Abs. 2 EStG kann nur erhalten, wer für das in Berufsausbildung befindliche Kind einen Anspruch auf einen Freibetrag nach § 32 Abs. 6 EStG oder Kindergeld hat. ²Der Freibetrag nach § 33a Abs. 2 EStG kommt daher für Kinder i. S. d. § 63 Abs. 1 EStG in Betracht.

Auswärtige Unterbringung

(2) ¹Eine auswärtige Unterbringung i. S. d. § 33a Abs. 2 Satz 1 EStG liegt vor, wenn ein Kind außerhalb des Haushalts der Eltern wohnt. ²Dies ist nur anzunehmen, wenn für das Kind außerhalb des Haushalts der Eltern

§ 33a EStG
R 33a.2 H 33a.2

eine Wohnung ständig bereitgehalten und das Kind auch außerhalb des elterlichen Haushalts verpflegt wird. [3] Seine Unterbringung muss darauf angelegt sein, die räumliche Selbständigkeit des Kindes während seiner ganzen Ausbildung, z. B. eines Studiums, oder eines bestimmten Ausbildungsabschnitts, z. B. eines Studiensemesters oder -trimesters, zu gewährleisten. [4] Voraussetzung ist, dass die auswärtige Unterbringung auf eine gewisse Dauer angelegt ist. [5] Auf die Gründe für die auswärtige Unterbringung kommt es nicht an.

H 33a.2

Hinweise

Auswärtige Unterbringung

– **Asthma**

Keine auswärtige Unterbringung des Kindes wegen Asthma >BFH vom 26.06.1992 (BStBl II 1993 S. 212)

– **Aufwendungen für den Schulbesuch als außergewöhnliche Belastungen**

Werden die Aufwendungen für den Schulbesuch als außergewöhnliche Belastungen berücksichtigt, kann kein zusätzlicher Freibetrag nach § 33a Abs. 2 gewährt werden (>BFH vom 12.05.2011 – BStBl II S. 783).

– **Getrennte Haushalte beider Elternteile**

Auswärtige Unterbringung liegt nur vor, wenn das Kind aus den Haushalten beider Elternteile ausgegliedert ist (>BFH vom 05.02.1988 – BStBl II S. 579).

– **Haushalt des Kindes in Eigentumswohnung des Stpfl.**

Auswärtige Unterbringung liegt vor, wenn das Kind in einer Eigentumswohnung des Stpfl. einen selbständigen Haushalt führt (>BFH vom 26.01.1994 – BStBl II S. 544 und vom 25.01.1995 – BStBl II S. 378). Ein Freibetrag gem. § 33a Abs. 2 wegen auswärtiger Unterbringung ist ausgeschlossen, wenn die nach dem EigZulG begünstigte Wohnung als Teil eines elterlichen Haushalts anzusehen ist (>BMF vom 21.12.2004 – BStBl I 2005 S. 305, Rz. 63).

– **Klassenfahrt**

Keine auswärtige Unterbringung, da es an der erforderlichen Dauer fehlt >BFH vom 05.11.1982 (BStBl II 1983 S. 109)

– **Legasthenie**

Werden Aufwendungen für ein an Legasthenie leidendes Kind als außergewöhnliche Belastung i. S. d. § 33 berücksichtigt (§ 64 Abs. 1 Nr. 2 Buchst. c EStDV), ist daneben ein Freibetrag nach § 33a Abs. 2

wegen auswärtiger Unterbringung des Kindes nicht möglich (>BFH vom 26.06.1992 – BStBl II 1993 S. 278).

- **Praktikum**
Keine auswärtige Unterbringung bei Ableistung eines Praktikums außerhalb der Hochschule, wenn das Kind nur dazu vorübergehend auswärtig untergebracht ist >BFH vom 20.05.1994 (BStBl II S. 699)

- **Sprachkurs**
Keine auswärtige Unterbringung bei dreiwöchigem Sprachkurs >BFH vom 29.09.1989 (BStBl II 1990 S. 62)

- **Verheiratetes Kind**
Auswärtige Unterbringung liegt vor, wenn ein verheiratetes Kind mit seinem Ehegatten eine eigene Wohnung bezogen hat (>BFH vom 08.02.1974 – BStBl II S. 299).

Freiwilliges soziales Jahr
Die Tätigkeit im Rahmen eines freiwilligen sozialen Jahres ist i. d. R. nicht als Berufsausbildung zu beurteilen (>BFH vom 24.06.2004 – BStBl II 2006 S. 294).

Ländergruppeneinteilung
>BMF vom 11.11.2020 (BStBl I S. 1212)

Anhang 2 III

Studiengebühren
Gebühren für die Hochschulausbildung eines Kindes sind weder nach § 33a Abs. 2 noch nach § 33 als außergewöhnliche Belastung abziehbar (>BFH vom 17.12.2009 – BStBl II 2010 S. 341).

Zeitanteilige Ermäßigung nach § 33a Abs. 3 EStG

R 33a.3

Ansatz bei unterschiedlicher Höhe des Höchstbetrags nach § 33a Abs. 1 EStG oder des Freibetrags nach § 33a Abs. 2 EStG

(1) Ist in einem Kalenderjahr der Höchstbetrag nach § 33a Abs. 1 EStG oder der Freibetrag nach § 33a Abs. 2 EStG in unterschiedlicher Höhe anzusetzen, z. B. bei Anwendung der Ländergruppeneinteilung für einen Teil des Kalenderjahres, wird für den Monat, in dem die geänderten Voraussetzungen eintreten, der jeweils höhere Betrag angesetzt.

Aufteilung der eigenen Einkünfte und Bezüge

(2) [1]Der Jahresbetrag der eigenen Einkünfte und Bezüge ist für die Anwendung des § 33a Abs. 3 Satz 2 EStG wie folgt auf die Zeiten innerhalb und außerhalb des Unterhaltszeitraums aufzuteilen:

§ 33a EStG
R 33a.3 H 33a.3

1. Einkünfte aus nichtselbständiger Arbeit, sonstige Einkünfte sowie Bezüge nach dem Verhältnis der in den jeweiligen Zeiträumen zugeflossenen Einnahmen; die Grundsätze des § 11 Abs. 1 EStG gelten entsprechend; Pauschbeträge nach § 9a EStG und die Kostenpauschale nach R 33a.1 Abs. 3 Satz 5 sind hierbei zeitanteilig anzusetzen;
2. andere Einkünfte auf jeden Monat des Kalenderjahres mit einem Zwölftel.

²Der Stpfl. kann jedoch nachweisen, dass eine andere Aufteilung wirtschaftlich gerechtfertigt ist, wie es z. B. der Fall ist, wenn bei Einkünften aus selbständiger Arbeit die Tätigkeit erst im Laufe des Jahres aufgenommen wird oder wenn bei Einkünften aus nichtselbständiger Arbeit im Unterhaltszeitraum höhere Werbungskosten angefallen sind als bei verhältnismäßiger bzw. zeitanteiliger Aufteilung darauf entfallen würden.

H 33a.3

Hinweise

Allgemeines

- Der Höchstbetrag für den Abzug von Unterhaltsaufwendungen (§ 33a Abs. 1) und der Freibetrag nach § 33a Abs. 2 sowie der anrechnungsfreie Betrag nach § 33a Abs. 1 Satz 5 ermäßigen sich für jeden vollen Kalendermonat, in dem die Voraussetzungen für die Anwendung der betreffenden Vorschrift nicht vorgelegen haben, um je ein Zwölftel (§ 33a Abs. 3 Satz 1). Erstreckt sich das Studium eines Kindes einschl. der unterrichts- und vorlesungsfreien Zeit über den ganzen VZ, kann davon ausgegangen werden, dass beim Stpfl. in jedem Monat Aufwendungen anfallen, so dass § 33a Abs. 3 Satz 1 nicht zur Anwendung kommt (>BFH vom 22.03.1996 – BStBl II 1997 S. 30).
- Eigene Einkünfte und Bezüge der unterhaltenen Person sind nur anzurechnen, soweit sie auf den Unterhaltszeitraum entfallen (§ 33a Abs. 3 Satz 2). Leisten Eltern Unterhalt an ihren Sohn nur während der Dauer seines Wehrdienstes, unterbleibt die Anrechnung des Entlassungsgeldes nach § 9 des Wehrsoldgesetzes, da es auf die Zeit nach Beendigung des Wehrdienstes entfällt (>BFH vom 26.04.1991 – BStBl II S. 716).

    Beispiel für die Aufteilung eigener Einkünfte und Bezüge auf die Zeiten innerhalb und außerhalb des Unterhaltszeitraums:
    Der Stpfl. unterhält seine alleinstehende im Inland lebende Mutter vom 15. April bis 15. September (Unterhaltszeitraum) mit insgesamt **4.200** €. Die Mutter bezieht ganzjährig eine monatliche Rente aus der gesetzlichen Rentenversicherung von 200 € (Besteuerungsanteil 50 %). Außerdem hat sie im Kj. Einkünfte aus Vermietung und Verpachtung von 1.050 €.
    Höchstbetrag für das Kj. **9.984** € (§ 33a Abs. 1 Satz 1)

§ 33a EStG
H 33a.3

anteiliger Höchstbetrag für April bis September (6/12 von **9.984 €** =)		**4.992 €**
eigene Einkünfte der Mutter im Unterhaltszeitraum:		
Einkünfte aus Leibrenten		
Besteuerungsanteil 50 % von 2.400 € =	1.200 €	
abzgl. Werbungskosten-Pauschbetrag (§ 9a Satz 1 Nr. 3)	– 102 €	
Einkünfte	1.098 €	
auf den Unterhaltszeitraum entfallen 6/12		549 €
Einkünfte aus V + V	1.050 €	
auf den Unterhaltszeitraum entfallen 6/12		+ 525 €
S. d. E. im Unterhaltszeitraum		1.074 €
eigene Bezüge der Mutter im Unterhaltszeitraum:		
steuerfreier Teil der Rente	1.200 €	
abzgl. Kostenpauschale	– 180 €	
verbleibende Bezüge	1.020 €	
auf den Unterhaltszeitraum entfallen 6/12		+ 510 €
Summe der eigenen Einkünfte und Bezüge im Unterhaltszeitraum		1.584 €
abzgl. anteiliger anrechnungsfreier Betrag (6/12 von 624 € =)		– 312 €
anzurechnende Einkünfte und Bezüge	1.272 €	– 1.272 €
abzuziehender Betrag		**3.720 €**

Besonderheiten bei Zuschüssen

Als Ausbildungshilfe bezogene Zuschüsse jeglicher Art, z. B. Stipendien für ein Auslandsstudium aus öffentlichen oder aus privaten Mitteln, mindern die zeitanteiligen Höchstbeträge nur der Kalendermonate, für die die Zuschüsse bestimmt sind (§ 33a Abs. 3 Satz 3). Liegen bei der unterhaltenen Person sowohl eigene Einkünfte und Bezüge als auch Zuschüsse vor, die als Ausbildungshilfe nur für einen Teil des Unterhaltszeitraums bestimmt sind, dann sind zunächst die eigenen Einkünfte und Bezüge anzurechnen und sodann die Zuschüsse zeitanteilig entsprechend ihrer Zweckbestimmung.

Beispiel:
Ein über 25 Jahre altes Kind des Stpfl. studiert während des ganzen Kj., erhält von ihm monatliche Unterhaltsleistungen i. H. v. 500 € und gehört nicht zum Haushalt des Stpfl. Verlängerungstatbestände nach § 32 Abs. 5 liegen nicht vor. Dem Kind fließt in den Monaten Januar bis Juni Arbeitslohn von 3.400 € zu, die Werbungskosten übersteigen nicht den Arbeitnehmer-Pauschbetrag. Für die Monate Juli bis Dezember bezieht es ein Stipendium aus öffentlichen Mitteln von 6.000 €.

§ 33a EStG
H 33a.3

ungekürzter Höchstbetrag nach § 33a Abs. 1 für das Kj.		*9.984* €
Arbeitslohn	3.400 €	
abzgl. Arbeitnehmer-Pauschbetrag	− 1.000 €	
Einkünfte aus nichtselbständiger Arbeit	2.400 €	
anrechnungsfreier Betrag	− 624 €	
anzurechnende Einkünfte	*1.776* €	*− 1.776* €
verminderter Höchstbetrag nach § 33a Abs. 1		*8.208* €
zeitanteiliger verminderter Höchstbetrag für Januar – Juni (6/12 von *8.208* €)		*4.104* €
Unterhaltsleistungen Januar – Juni (6 x 500 €)		3.000 €
abzugsfähige Unterhaltsleistungen Januar – Juni		3.000 €
zeitanteiliger verminderter Höchstbetrag nach § 33a Abs. 1 für Juli – Dezember		*4.104* €
Ausbildungszuschuss (Auslandsstipendium)	6.000 €	
abzgl. Kostenpauschale	− 180 €	
anzurechnende Bezüge	5.820 €	− 5.820 €
Höchstbetrag nach § 33a Abs. 1 für Juli – Dezember		0 €
abzugsfähige Unterhaltsleistungen Juli – Dezember		0 €

§ 33b
Pauschbeträge für Menschen mit Behinderungen, Hinterbliebene und Pflegepersonen

(1) [1]Wegen der Aufwendungen für die Hilfe bei den gewöhnlichen und regelmäßig wiederkehrenden Verrichtungen des täglichen Lebens, für die Pflege sowie für einen erhöhten Wäschebedarf können Menschen mit Behinderungen unter den Voraussetzungen des Absatzes 2 anstelle einer Steuerermäßigung nach § 33 einen Pauschbetrag nach Absatz 3 geltend machen (Behinderten-Pauschbetrag). [2]Das Wahlrecht kann für die genannten Aufwendungen im jeweiligen Veranlagungszeitraum nur einheitlich ausgeübt werden.

(2) Einen Pauschbetrag erhalten Menschen, deren Grad der Behinderung auf mindestens 20 festgestellt ist, sowie Menschen, die hilflos im Sinne des Absatzes 3 Satz 4 sind.

(3) [1]Die Höhe des Pauschbetrags nach Satz 2 richtet sich nach dem dauernden Grad der Behinderung. [2]Als Pauschbetrag werden gewährt bei einem Grad der Behinderung von mindestens:

20	384 Euro,
30	620 Euro,
40	860 Euro,
50	1.140 Euro,
60	1.440 Euro,
70	1.780 Euro,
80	2.120 Euro,
90	2.460 Euro,
100	2.840 Euro.

[3]Menschen, die hilflos im Sinne des Satzes 4 sind, Blinde und Taubblinde erhalten einen Pauschbetrag von 7.400 Euro; in diesem Fall kann der Pauschbetrag nach Satz 2 nicht zusätzlich in Anspruch genommen werden. [4]Hilflos ist eine Person, wenn sie für eine Reihe von häufig und regelmäßig wiederkehrenden Verrichtungen zur Sicherung ihrer persönlichen Existenz im Ablauf eines jeden Tages fremder Hilfe dauernd bedarf. [5]Diese Voraussetzungen sind auch erfüllt, wenn die Hilfe in Form einer Überwachung oder einer Anleitung zu den in Satz 4 genannten Verrichtungen erforderlich ist oder wenn die Hilfe zwar nicht dauernd geleistet werden muss, jedoch eine ständige Bereitschaft zur Hilfeleistung erforderlich ist.

(4) [1]Personen, denen laufende Hinterbliebenenbezüge bewilligt worden sind, erhalten auf Antrag einen Pauschbetrag von 370 Euro (Hinterbliebenen-Pauschbetrag), wenn die Hinterbliebenenbezüge geleistet werden

§ 33b EStG

1. nach dem Bundesversorgungsgesetz oder einem anderen Gesetz, das die Vorschriften des Bundesversorgungsgesetzes über Hinterbliebenenbezüge für entsprechend anwendbar erklärt, oder
2. nach den Vorschriften über die gesetzliche Unfallversicherung oder
3. nach den beamtenrechtlichen Vorschriften an Hinterbliebene eines an den Folgen eines Dienstunfalls verstorbenen Beamten oder
4. nach den Vorschriften des Bundesentschädigungsgesetzes über die Entschädigung für Schäden an Leben, Körper oder Gesundheit.

[2] Der Pauschbetrag wird auch dann gewährt, wenn das Recht auf die Bezüge ruht oder der Anspruch auf die Bezüge durch Zahlung eines Kapitals abgefunden worden ist.

(5) [1] Steht der Behinderten-Pauschbetrag oder der Hinterbliebenen-Pauschbetrag einem Kind zu, für das der Steuerpflichtige Anspruch auf einen Freibetrag nach § 32 Absatz 6 oder auf Kindergeld hat, so wird der Pauschbetrag auf Antrag auf den Steuerpflichtigen übertragen, wenn ihn das Kind nicht in Anspruch nimmt. [2] Dabei ist der Pauschbetrag grundsätzlich auf beide Elternteile je zur Hälfte aufzuteilen, es sei denn, der Kinderfreibetrag wurde auf den anderen Elternteil übertragen. [3] Auf gemeinsamen Antrag der Eltern ist eine andere Aufteilung möglich. [4] In diesen Fällen besteht für Aufwendungen, für die der Behinderten-Pauschbetrag gilt, kein Anspruch auf eine Steuerermäßigung nach § 33. [5] Voraussetzung für die Übertragung nach Satz 1 ist die Angabe der erteilten Identifikationsnummer (§ 139b der Abgabenordnung) des Kindes in der Einkommensteuererklärung des Steuerpflichtigen.

(6) [1] Wegen der außergewöhnlichen Belastungen, die einem Steuerpflichtigen durch die Pflege einer Person erwachsen, kann er anstelle einer Steuerermäßigung nach § 33 einen Pauschbetrag geltend machen (Pflege-Pauschbetrag), wenn er dafür keine Einnahmen im Kalenderjahr erhält und der Steuerpflichtige die Pflege entweder in seiner Wohnung oder in der Wohnung des Pflegebedürftigen persönlich durchführt und diese Wohnung in einem Mitgliedstaat der Europäischen Union oder in einem Staat gelegen ist, auf den das Abkommen über den Europäischen Wirtschaftsraum anzuwenden ist. [2] Zu den Einnahmen nach Satz 1 zählt unabhängig von der Verwendung nicht das von den Eltern eines Kindes mit Behinderungen für dieses Kind empfangene Pflegegeld. [3] Als Pflege-Pauschbetrag wird gewährt:

1. bei Pflegegrad 2   600 Euro
2. bei Pflegegrad 3   1.100 Euro
3. bei Pflegegrad 4 oder 5   1.800 Euro.

[4] Ein Pflege-Pauschbetrag nach Satz 3 Nummer 3 wird auch gewährt, wenn die gepflegte Person hilflos im Sinne des § 33b Absatz 3 Satz 4

ist. ⁵Bei erstmaliger Feststellung, Änderung oder Wegfall des Pflegegrads im Laufe des Kalenderjahres ist der Pflege-Pauschbetrag nach dem höchsten Grad zu gewähren, der im Kalenderjahr festgestellt war. ⁶Gleiches gilt, wenn die Person die Voraussetzungen nach Satz 4 erfüllt. ⁷Sind die Voraussetzungen nach Satz 4 erfüllt, kann der Pauschbetrag nach Satz 3 Nummer 1 und 2 nicht zusätzlich in Anspruch genommen werden. ⁸Voraussetzung für die Gewährung des Pflege-Pauschbetrags ist die Angabe der erteilten Identifikationsnummer (§ 139b der Abgabenordnung) der gepflegten Person in der Einkommensteuererklärung des Steuerpflichtigen. ⁹Wird ein Pflegebedürftiger von mehreren Steuerpflichtigen im Veranlagungszeitraum gepflegt, wird der Pflege-Pauschbetrag nach der Zahl der Pflegepersonen, bei denen die Voraussetzungen der Sätze 1 bis 4 vorliegen, geteilt.

(7) Die Bundesregierung wird ermächtigt, durch Rechtsverordnung mit Zustimmung des Bundesrates zu bestimmen, wie nachzuweisen ist, dass die Voraussetzungen für die Inanspruchnahme der Pauschbeträge vorliegen.

(8) Die Vorschrift des § 33b Absatz 6 ist ab Ende des Kalenderjahres 2026 zu evaluieren.

EStDV

§ 65

Nachweis der Behinderung und des Pflegegrads

(1) Den Nachweis einer Behinderung hat der Steuerpflichtige zu erbringen:
1. bei einer Behinderung, deren Grad auf mindestens 50 festgestellt ist, durch Vorlage eines Ausweises nach dem Neunten Buch Sozialgesetzbuch oder eines Bescheides der nach § 152 Absatz 1 des Neunten Buches Sozialgesetzbuch zuständigen Behörde, [1)]
2. bei einer Behinderung, deren Grad auf weniger als 50, aber mindestens 20 festgestellt ist,
   a) durch eine Bescheinigung oder einen Bescheid der nach § 152 Absatz 1 des Neunten Buches Sozialgesetzbuch zuständigen Behörde oder, [1)]

[1)] Mit der Anwendung des § 65 Abs. 3a EStDV ist § 65 Abs. 1 Nr. 1 und 2 Buchst. a, Abs. 2 Satz 1 und Satz 2 zweiter Halbsatz EStDV nicht weiter anzuwenden. Der Anwendungsbereich des § 65 Abs. 3 EStDV wird auf die Fälle des § 65 Abs. 1 Nr. 2 Buchst. b EStDV beschränkt. Zu diesem Zeitpunkt noch gültige und dem Finanzamt vorliegende Feststellungen über eine Behinderung werden bis zum Ende ihrer Gültigkeit weiter berücksichtigt, es sei denn, die Feststellungen ändern sich vor Ablauf der Gültigkeit >§ 84 Abs. 3g Satz 4 bis 6 EStDV.

§ 33b EStG § 65 EStDV

b) wenn ihm wegen seiner Behinderung nach den gesetzlichen Vorschriften Renten oder andere laufende Bezüge zustehen, durch den Rentenbescheid oder den die anderen laufenden Bezüge nachweisenden Bescheid.

¹) (2) ¹Die gesundheitlichen Merkmale „blind" und „hilflos" hat der Steuerpflichtige durch einen Ausweis nach dem Neunten Buch Sozialgesetzbuch, der mit den Merkzeichen „Bl" oder „H" gekennzeichnet ist, oder durch einen Bescheid der nach § 152 Absatz 1 des Neunten Buches Sozialgesetzbuch zuständigen Behörde, der die entsprechenden Feststellungen enthält, nachzuweisen. ²Dem Merkzeichen „H" steht die Einstufung als pflegebedürftige Person mit schwersten Beeinträchtigungen der Selbständigkeit oder der Fähigkeiten in die Pflegegrade 4 oder 5 nach dem Elften Buch Sozialgesetzbuch, dem Zwölften Buch Sozialgesetzbuch oder diesen entsprechenden gesetzlichen Bestimmungen gleich.

¹)

(2a) Den Nachweis der Einstufung in einen Pflegegrad nach dem Elften Buch Sozialgesetzbuch, dem Zwölften Buch Sozialgesetzbuch oder diesen entsprechenden gesetzlichen Bestimmungen hat der Steuerpflichtige durch Vorlage des entsprechenden Bescheides nachzuweisen.

(3) ¹Die Gewährung des Behinderten-Pauschbetrags setzt voraus, dass der Antragsteller Inhaber gültiger Unterlagen nach den Absätzen 1 und 2 ist. ²Bei erstmaliger Geltendmachung des Pauschbetrags oder bei Änderung der Verhältnisse hat der Steuerpflichtige die Unterlagen nach den Absätzen 1 und 2 zusammen mit seiner Steuererklärung oder seinem Antrag auf Lohnsteuerermäßigung, ansonsten auf Anforderung des Finanzamts vorzulegen.

²) (3a) ¹Die Gewährung des Behinderten-Pauschbetrags setzt voraus, dass die für die Feststellung einer Behinderung zuständige Stelle als mitteilungspflichtige Stelle ihre Feststellungen zur Behinderung nach den Absätzen 1 und 2 nach Maßgabe des § 93c der Abgabenordnung an die für die Besteuerung des Antragstellers zuständige Finanzbehörde übermittelt hat. ²Die nach Satz 1 mitteilungspflichtige Stelle hat ihre Feststellungen auf

---

¹) Mit der Anwendung des § 65 Abs. 3a EStDV ist § 65 Abs. 1 Nr. 1 und 2 Buchst. a, Abs. 2 Satz 1 und Satz 2 zweiter Halbsatz EStDV nicht weiter anzuwenden. Der Anwendungsbereich des § 65 Abs. 3 EStDV wird auf die Fälle des § 65 Abs. 1 Nr. 2 Buchst. b EStDV beschränkt. Zu diesem Zeitpunkt noch gültige und dem Finanzamt vorliegende Feststellungen über eine Behinderung werden bis zum Ende ihrer Gültigkeit weiter berücksichtigt, es sei denn, die Feststellungen ändern sich vor Ablauf der Gültigkeit >§ 84 Abs. 3g Satz 4 bis 6 EStDV.

²) § 65 Abs. 3a EStDV ist erstmals für den VZ anzuwenden, der auf den VZ folgt, in dem die für die Anwendung erforderlichen Programmierarbeiten für das elektronische Datenübermittlungsverfahren abgeschlossen sind. Das BMF gibt im Einvernehmen mit den obersten Finanzbehörden der Länder im BStBl Teil I den VZ bekannt, ab dem die Regelung des § 65 Abs. 3a EStDV erstmals anzuwenden ist. Mit der Anwendung des § 65 Abs. 3a EStDV ist § 65 Abs. 1 Nr. 1 und 2 Buchst. a, Abs. 2 Satz 1 und Satz 2 zweiter Halbsatz EStDV nicht weiter anzuwenden. Zu diesem Zeitpunkt noch gültige und dem Finanzamt vorliegende Feststellungen über eine Behinderung werden bis zum Ende ihrer Gültigkeit weiter berücksichtigt, es sei denn, die Feststellungen ändern sich vor Ablauf der Gültigkeit >§ 84 Abs. 3g Satz 2 bis 4 und Satz 6 EStDV.

schriftlichen oder elektronischen Antrag derjenigen Person, die diese Feststellungen begehrt, an die nach Satz 1 zuständige Finanzbehörde zu übermitteln. ³Die Person hat der mitteilungspflichtigen Stelle zu diesem Zweck ihre Identifikationsnummer (§ 139b der Abgabenordnung) mitzuteilen. ⁴Neben den nach § 93c Absatz 1 der Abgabenordnung zu übermittelnden Daten sind zusätzlich folgende Daten zu übermitteln:
1. der Grad der Behinderung,
2. die Feststellung weiterer gesundheitlicher Merkmale (Merkzeichen):
   a) G (erheblich gehbehindert),
   b) aG (außergewöhnlich gehbehindert),
   c) B (ständige Begleitung notwendig),
   d) H (hilflos),
   e) Bl (blind),
   f) Gl (gehörlos),
3. die Feststellung, dass die Behinderung zu einer dauernden Einbuße der körperlichen Beweglichkeit geführt hat,
4. die Feststellung, dass die Behinderung auf einer typischen Berufskrankheit beruht,
5. die Einstufung als pflegebedürftige Person mit schwersten Beeinträchtigungen der Selbständigkeit oder der Fähigkeiten in den Pflegegraden 4 oder 5,
6. die Dauer der Gültigkeit der Feststellung.

⁵Die mitteilungspflichtige Stelle hat jede Änderung der Feststellungen nach Satz 4 abweichend von § 93c Absatz 1 Nummer 1 der Abgabenordnung unverzüglich zu übermitteln. ⁶§ 72a Absatz 4, § 93c Absatz 1 Nummer 3 und Absatz 4 sowie § 203a der Abgabenordnung finden keine Anwendung.

(4) ¹Ist der Mensch mit Behinderungen verstorben und kann sein Rechtsnachfolger die Unterlagen nach den Absätzen 1 und 2 nicht vorlegen, so genügt zum Nachweis eine gutachtliche Stellungnahme der nach § 152 Absatz 1 des Neunten Buches Sozialgesetzbuch zuständigen Behörde. ²Diese Stellungnahme hat die Finanzbehörde einzuholen.

Pauschbeträge für behinderte Menschen¹), Hinterbliebene und Pflegepersonen

R 33b.

(1) ¹Ein Pauschbetrag für behinderte Menschen¹), der Hinterbliebenen-Pauschbetrag und der Pflege-Pauschbetrag können mehrfach gewährt werden, wenn mehrere Personen die Voraussetzungen erfüllen (z. B. Stpfl., Ehegatte, Kind), oder wenn eine Person die Voraussetzungen für verschiedene Pauschbeträge erfüllt. ²Mit dem Pauschbetrag für behinderte Menschen³) werden die laufenden und typischen Aufwendungen für die Hilfe bei den gewöhnlichen und regelmäßig wiederkehrenden Verrichtun-

---

¹) jetzt Menschen mit Behinderungen

gen des täglichen Lebens, für die Pflege sowie für einen erhöhten Wäschebedarf abgegolten. ³Es handelt sich um Aufwendungen, die behinderten Menschen³) erfahrungsgemäß durch ihre Krankheit bzw. Behinderung entstehen und deren alleinige behinderungsbedingte Veranlassung nur schwer nachzuweisen ist. ⁴Alle übrigen behinderungsbedingten Aufwendungen (z. B. Operationskosten sowie Heilbehandlungen, Kuren, Arznei- und Arztkosten, Fahrtkosten) können daneben als außergewöhnliche Belastung nach § 33 EStG berücksichtigt werden.

(2) Unabhängig von einer Übertragung des Behinderten-Pauschbetrags nach § 33b Abs. 5 EStG können Eltern ihre eigenen zwangsläufigen Aufwendungen für ein behindertes Kind¹) nach § 33 EStG abziehen.

(3) Eine Übertragung des Pauschbetrages für behinderte Menschen²) auf die Eltern eines Kindes mit Wohnsitz oder gewöhnlichem Aufenthalt im Ausland ist nur möglich, wenn das Kind als unbeschränkt steuerpflichtig behandelt wird (insbesondere § 1 Abs. 3 Satz 2, 2. Halbsatz EStG ist zu beachten).

(4) Ein Stpfl. führt die Pflege auch dann noch persönlich durch, wenn er sich zur Unterstützung zeitweise einer ambulanten Pflegekraft bedient.

(5) § 33b Abs. 6 Satz 6 EStG gilt auch, wenn nur ein Stpfl. den Pflege-Pauschbetrag tatsächlich in Anspruch nimmt.

(6) Der Pflege-Pauschbetrag nach § 33b Abs. 6 EStG kann neben dem nach § 33b Abs. 5 EStG vom Kind auf die Eltern übertragenen Pauschbetrag für behinderte Menschen¹) in Anspruch genommen werden.

(7) Beiträge zur Rentenversicherung, Kranken- und Pflegeversicherung der pflegenden Person, die die Pflegekasse übernimmt, führen nicht zu Einnahmen i. S. d. § 33b Abs. 6 Satz 1 EStG.

(8) ¹Bei Beginn, Änderung oder Wegfall der Behinderung im Laufe eines Kalenderjahres ist stets der Pauschbetrag nach dem höchsten Grad zu gewähren, der im Kalenderjahr festgestellt war. ²Eine Zwölftelung ist nicht vorzunehmen. ³Dies gilt auch für den Hinterbliebenen- und Pflege-Pauschbetrag.

(9) Der Nachweis der Behinderung nach § 65 Abs. 1 Nr. 2 Buchstabe a EStDV gilt als geführt, wenn die dort genannten Bescheinigungen behinderten Menschen¹) nur noch in elektronischer Form übermittelt werden und der Ausdruck einer solchen elektronisch übermittelten Bescheinigung vom Stpfl. vorgelegt wird.

---

¹) jetzt Kind mit Behinderungen
²) jetzt Menschen mit Behinderungen

§ 33b EStG
H 33b

Hinweise

H 33b

Allgemeines
- Zur Behinderung i. S. d. § 33b >§ 152 SGB IX, zur Hilflosigkeit >§ 33b Abs. 3, zur Pflegebedürftigkeit >R 33.3 Abs. 1
- Verwaltungsakte, die die Voraussetzungen für die Inanspruchnahme der Pauschbeträge feststellen (§ 65 EStDV), sind Grundlagenbescheide i. S. d. § 171 Abs. 10 Satz 2 AO i. d. F. des ZollkodexAnpG vom 22.12.2014 (BStBl I S. 2417) und § 175 Abs. 1 Satz 1 Nr. 1 AO. Aufgrund eines solchen Bescheides ist ggf. eine Änderung früherer Steuerfestsetzungen hinsichtlich der Anwendung des § 33b nach § 175 Abs. 1 Satz 1 Nr. 1 AO unabhängig davon vorzunehmen, ob ein Antrag i. S. d. § 33b Abs. 1 für den VZ dem Grunde nach bereits gestellt worden ist. Die Festsetzungsfrist des Einkommensteuerbescheides wird jedoch nur insoweit nach § 171 Abs. 10 Satz 1 AO gehemmt, wie der Grundlagenbescheid vor Ablauf der Festsetzungsfrist des Einkommensteuerbescheides bei der zuständigen Behörde beantragt worden ist.

Aufteilung des übertragenen Pauschbetrags für Menschen mit Behinderungen
>BMF vom 28.06.2013 (BStBl I S. 845)

Anhang 19c I

Hinterbliebenen-Pauschbetrag
Zu den Gesetzen, die das BVG für entsprechend anwendbar erklären (§ 33b Abs. 4 Nr. 1), gehören:
- das Soldatenversorgungsgesetz (§ 80),
- das ZDG (§ 47),
- das Häftlingshilfegesetz (§§ 4 und 5),
- das Gesetz über die Unterhaltsbeihilfe für Angehörige von Kriegsgefangenen (§ 3),
- das Gesetz über die Bundespolizei (§ 59 Abs. 1 i. V. m. dem Soldatenversorgungsgesetz),
- das Gesetz über das Zivilschutzkorps (>§ 46 i. V. m. dem Soldatenversorgungsgesetz),
- das Gesetz zur Regelung der Rechtsverhältnisse der unter Artikel 131 GG fallenden Personen (§§ 66, 66a),
- das Gesetz zur Einführung des Bundesversorgungsgesetzes im Saarland (§ 5 Abs. 1),
- das Infektionsschutzgesetz (§ 63),
- das Gesetz über die Entschädigung für Opfer von Gewalttaten (§ 1 Abs. 1).

§ 33b EStG
H 33b

Nachweis der Behinderung
- Der Nachweis für die Voraussetzungen eines Pauschbetrages ist gem. § 65 EStDV zu führen (zum Pflege-Pauschbetrag >BFH vom 20.02.2003 – BStBl II S. 476). Nach § 152 Abs. 1 SGB IX zuständige Behörden sind die für die Durchführung des Bundesversorgungsgesetzes zuständigen Behörden (Versorgungsämter) und die gem. § 152 Abs. 1 S. 7 SGB IX nach Landesrecht für zuständig erklärten Behörden.
- Zum Nachweis der Behinderung von in Deutschland nicht steuerpflichtigen Kindern >BMF vom 08.08.1997 (BStBl I S. 1016)
- An die für die Gewährung des Pauschbetrags für Menschen mit Behinderungen und des Pflege-Pauschbetrags vorzulegenden Bescheinigungen, Ausweise oder Bescheide sind die Finanzbehörden gebunden (>BFH vom 05.02.1988 – BStBl II S. 436).
- Bei den Nachweisen nach § 65 Abs. 1 Nr. 2 Buchst. b EStDV kann es sich z. B. um Rentenbescheide des Versorgungsamtes oder eines Trägers der gesetzlichen Unfallversicherung oder bei Beamten, die Unfallruhegeld beziehen, um einen entsprechenden Bescheid ihrer Behörde handeln. Der Rentenbescheid eines Trägers der gesetzlichen Rentenversicherung der Arbeiter und Angestellten genügt nicht (>BFH vom 25.04.1968 – BStBl II S. 606).

Neben den Pauschbeträgen für Menschen mit Behinderungen zu berücksichtigende Aufwendungen
Folgende Aufwendungen können neben den Pauschbeträgen für Menschen mit Behinderungen als außergewöhnliche Belastung nach § 33 berücksichtigt werden:
- Operationskosten, Kosten für Heilbehandlungen, Arznei- und Arztkosten >R 33b Abs. 1 EStR,
- Kraftfahrzeugkosten >§ 33 Abs. 2a und >R 33b Abs. 1 Satz 4 EStR,
- Führerscheinkosten für ein schwer geh- und stehbehindertes Kind >BFH vom 26.03.1993 (BStBl II S. 749),
- Kosten für eine Heilkur >BFH vom 11.12.1987 (BStBl II 1988 S. 275), >H 33.1-33.4 (Kur) und >R 33.4 Abs. 1 und 3,
- Schulgeld für den Privatschulbesuch des Kindes mit Behinderungen >H 33.1-33.4 (Schulbesuch) und >R 33.4 Abs. 2 sowie
- Kosten für die behindertengerechte Ausgestaltung des eigenen Wohnhauses >R 33.4 Abs. 5 und H 33.1-33.4 (Behindertengerechte Ausstattung).

Pflegebedürftigkeit
>R 33.3 Abs. 1

Pflege-Pauschbetrag

- Eine sittliche Verpflichtung zur Pflege ist anzuerkennen, wenn eine enge persönliche Beziehung zu der gepflegten Person besteht (>BFH vom 29.08.1996 – BStBl II 1997 S. 199).
- Die Funktion als amtlich bestellter Betreuer führt für sich gesehen nicht dazu, dass dem Betreuer die Pflege des Betreuten zwangsläufig i. S. d. § 33 Abs. 2 erwächst. Der Pflege-Pauschbetrag kann daher nur gewährt werden, wenn eine darüber hinausgehende enge persönliche Beziehung zum Betreuten besteht (>BFH vom 04.09.2019 – BStBl II 2020 S. 97).
- Der Pflege-Pauschbetrag nach § 33b Abs. 6 ist nicht nach der Zahl der Personen aufzuteilen, welche bei ihrer Einkommensteuerveranlagung die Berücksichtigung eines Pflegepauschbetrages begehren, sondern nach der Zahl der Stpfl., welche eine hilflose Person in ihrer Wohnung oder in der Wohnung des Pflegebedürftigen tatsächlich persönlich gepflegt haben (>BFH vom 14.10.1997 – BStBl II 1998 S. 20).
- Abgesehen von der Pflege durch Eltern (§ 33b Abs. 6 Satz 2) schließen Einnahmen der Pflegeperson für die Pflege unabhängig von ihrer Höhe die Gewährung des Pflege-Pauschbetrags aus. Hierzu gehört i. d. R. auch das weitergeleitete Pflegegeld. Der Ausschluss von der Gewährung des Pflege-Pauschbetrags gilt nicht, wenn das Pflegegeld lediglich treuhänderisch für den Pflegebedürftigen verwaltet wird und damit ausschl. Aufwendungen des Pflegebedürftigen bestritten werden. In diesem Fall muss die Pflegeperson die konkrete Verwendung des Pflegegeldes nachweisen und ggf. nachträglich noch eine Vermögenstrennung durchführen (>BFH vom 21.03.2002 – BStBl II S. 417). Die dem amtlich bestellten Betreuer gewährte Aufwandsentschädigung ist keine Einnahme für die Pflege der betreuten Person i. S. d. § 33b Abs. 6 Satz 1 (>BFH vom 04.09.2019 – BStBl II 2020 S. 97).

Übertragung des Pauschbetrags von einem im Ausland lebenden Kind

Der Pauschbetrag nach § 33b Abs. 3 für ein Kind mit Behinderungen kann nicht nach § 33b Abs. 5 auf einen im Inland unbeschränkt steuerpflichtigen Elternteil übertragen werden, wenn das Kind im Ausland außerhalb eines EU/EWR-Mitgliedstaates seinen Wohnsitz oder gewöhnlichen Aufenthalt hat und im Inland keine eigenen Einkünfte erzielt (>BFH vom 02.06.2005 – BStBl II S. 828; >auch R 33b Abs. 3).

§ 34
Außerordentliche Einkünfte

(1) ¹Sind in dem zu versteuernden Einkommen außerordentliche Einkünfte enthalten, so ist die auf alle im Veranlagungszeitraum bezogenen außerordentlichen Einkünfte entfallende Einkommensteuer nach den Sätzen 2 bis 4 zu berechnen. ²Die für die außerordentlichen Einkünfte anzusetzende Einkommensteuer beträgt das Fünffache des Unterschiedsbetrags zwischen der Einkommensteuer für das um diese Einkünfte verminderte zu versteuernde Einkommen (verbleibendes zu versteuerndes Einkommen) und der Einkommensteuer für das verbleibende zu versteuernde Einkommen zuzüglich eines Fünftels dieser Einkünfte. ³Ist das verbleibende zu versteuernde Einkommen negativ und das zu versteuernde Einkommen positiv, so beträgt die Einkommensteuer das Fünffache der auf ein Fünftel des zu versteuernden Einkommens entfallenden Einkommensteuer. ⁴Die Sätze 1 bis 3 gelten nicht für außerordentliche Einkünfte im Sinne des Absatzes 2 Nummer 1, wenn der Steuerpflichtige auf diese Einkünfte ganz oder teilweise § 6b oder § 6c anwendet.

(2) Als außerordentliche Einkünfte kommen nur in Betracht:
1. Veräußerungsgewinne im Sinne der §§ 14, 14a Absatz 1, der §§ 16 und 18 Absatz 3 mit Ausnahme des steuerpflichtigen Teils der Veräußerungsgewinne, die nach § 3 Nummer 40 Buchstabe b in Verbindung mit § 3c Absatz 2 teilweise steuerbefreit sind;
2. Entschädigungen im Sinne des § 24 Nummer 1;
3. Nutzungsvergütungen und Zinsen im Sinne des § 24 Nummer 3, soweit sie für einen Zeitraum von mehr als drei Jahren nachgezahlt werden;
4. Vergütungen für mehrjährige Tätigkeiten; mehrjährig ist eine Tätigkeit, soweit sie sich über mindestens zwei Veranlagungszeiträume erstreckt und einen Zeitraum von mehr als zwölf Monaten umfasst.

(3) ¹Sind in dem zu versteuernden Einkommen außerordentliche Einkünfte im Sinne des Absatzes 2 Nummer 1 enthalten, so kann auf Antrag abweichend von Absatz 1 die auf den Teil dieser außerordentlichen Einkünfte, der den Betrag von insgesamt 5 Millionen Euro nicht übersteigt, entfallende Einkommensteuer nach einem ermäßigten Steuersatz bemessen werden, wenn der Steuerpflichtige das 55. Lebensjahr vollendet hat oder wenn er im sozialversicherungsrechtlichen Sinne dauernd berufsunfähig ist. ²Der ermäßigte Steuersatz beträgt 56 Prozent des durchschnittlichen Steuersatzes, der sich ergäbe, wenn die tarifliche Einkommensteuer nach dem gesamten zu versteuernden Einkommen zuzüglich der dem Progressionsvorbehalt unterliegenden Einkünfte zu bemessen wäre, mindestens jedoch 14 Prozent. ³Auf das um die in Satz 1 genannten Einkünfte verminderte zu versteuernde Einkommen (verbleibendes zu versteuerndes

Einkommen) sind vorbehaltlich des Absatzes 1 die allgemeinen Tarifvorschriften anzuwenden. ⁴Die Ermäßigung nach den Sätzen 1 bis 3 kann der Steuerpflichtige nur einmal im Leben in Anspruch nehmen. ¹⁾ ⁵Erzielt der Steuerpflichtige in einem Veranlagungszeitraum mehr als einen Veräußerungs- oder Aufgabegewinn im Sinne des Satzes 1, kann er die Ermäßigung nach den Sätzen 1 bis 3 nur für einen Veräußerungs- oder Aufgabegewinn beantragen. ⁶Absatz 1 Satz 4 ist entsprechend anzuwenden.

Umfang der steuerbegünstigten Einkünfte

`R 34.1`

(1) ¹§ 34 Abs. 1 EStG ist grundsätzlich bei allen Einkunftsarten anwendbar. ²§ 34 Abs. 3 EStG ist nur auf Einkünfte i. S. d. § 34 Abs. 2 Nr. 1 EStG anzuwenden. ³Die von der S. d. E., dem G. d. E. und dem Einkommen abzuziehenden Beträge sind zunächst bei den nicht nach § 34 EStG begünstigten Einkünften zu berücksichtigen. ⁴Liegen die Voraussetzungen für die Steuerermäßigung nach § 34 Abs. 1 EStG und § 34 Abs. 3 EStG nebeneinander vor, ist eine Verrechnung der noch nicht abgezogenen Beträge mit den außerordentlichen Einkünften in der Reihenfolge vorzunehmen, dass sie zu dem für den Stpfl. günstigsten Ergebnis führt. ⁵Sind in dem Einkommen Einkünfte aus Land- und Forstwirtschaft enthalten und bestehen diese zum Teil aus außerordentlichen Einkünften, die nach § 34 EStG ermäßigt zu besteuern sind, ist hinsichtlich der Anwendung dieser Vorschrift der Freibetrag nach § 13 Abs. 3 EStG zunächst von den nicht nach § 34 EStG begünstigten Einkünften aus Land- und Forstwirtschaft abzuziehen. ⁶Wird für einen Gewinn i. S. d. § 34 Abs. 2 Nr. 1 EStG die Tarifbegünstigung nach § 34a EStG in Anspruch genommen, scheidet die Anwendung des § 34 Abs. 3 EStG aus.

(2) Tarifbegünstigte Veräußerungsgewinne i. S. d. §§ 14, 16 und 18 Abs. 3 EStG liegen grundsätzlich nur vor, wenn die stillen Reserven in einem einheitlichen wirtschaftlichen Vorgang aufgedeckt werden.

(3) ¹Die gesamten außerordentlichen Einkünfte sind grundsätzlich bis zur Höhe des z. v. E. tarifbegünstigt. ²In Fällen, in denen Verluste zu verrechnen sind, sind die vorrangig anzuwendenden besonderen Verlustverrechnungsbeschränkungen (z. B. § 2a Abs. 1, § 2b i. V. m. § 52 Abs. 4²⁾, 15 Abs. 4, § 15b EStG) zu beachten.

(4) ¹Veräußerungskosten sind bei der Ermittlung des tarifbegünstigten Veräußerungsgewinns erst im Zeitpunkt des Entstehens des Veräußerungsgewinns zu berücksichtigen, auch wenn sie bereits im VZ vor dem Entstehen des Veräußerungsgewinns angefallen sind. ²Die übrigen außerordentlichen Einkünfte unterliegen der Tarifvergünstigung in dem VZ, in

---

¹⁾ zur Anwendung des Absatzes 3 Satz 4 >§ 52 Abs. 47 Satz 8 i. d. F. vor dem Gesetz zur Anpassung des nationalen Steuerrechts an den Beitritt Kroatiens zur EU und zur Änderung weiterer steuerlicher Vorschriften >R 34.5 Abs. 2 Satz 2
²⁾ jetzt Abs. 3

§ 34 EStG
R 34.1 H 34.1

dem sie nach den allgemeinen Grundsätzen vereinnahmt werden, nur insoweit, als nicht in früheren VZ mit diesen Einkünften unmittelbar zusammenhängende Betriebsausgaben bzw. Werbungskosten die Einkünfte des Stpfl. gemindert haben.

H 34.1

Hinweise

Arbeitnehmer-Pauschbetrag
Der Arbeitnehmer-Pauschbetrag ist bei der Ermittlung der nach § 34 begünstigten außerordentlichen Einkünfte aus nichtselbständiger Tätigkeit nur insoweit abzuziehen, als tariflich voll zu besteuernde Einnahmen dieser Einkunftsart dafür nicht mehr zur Verfügung stehen (>BFH vom 29.10.1998 – BStBl II 1999 S. 588).

Betriebsaufgabegewinn in mehreren Veranlagungszeiträumen
Anhang 16 XII

Erstreckt sich eine Betriebsaufgabe über zwei Kj. und fällt der Aufgabegewinn daher in zwei VZ an, kann die Tarifermäßigung nach § 34 Abs. 3 für diesen Gewinn auf Antrag in beiden VZ gewährt werden. Der Höchstbetrag von 5 Mio. € ist dabei aber insgesamt nur einmal zu gewähren (>BMF vom 20.12.2005 – BStBl I 2006 S. 7).

Fortführung der bisherigen Tätigkeit
Voraussetzung einer Betriebsveräußerung i. S. d. §§ 16 und 34 ist, dass der Veräußerer die mit dem veräußerten Betriebsvermögen verbundene gewerbliche Tätigkeit aufgibt (>BFH vom 12.06.1996 – BStBl II S. 527). Veräußert dagegen ein Land- und Forstwirt seinen Betrieb und pachtet er diesen unmittelbar nach der Veräußerung zurück, so ist auf den Veräußerungsgewinn i. S. d. § 14 § 34 Abs. 1 oder 3 anzuwenden (>BFH vom 28.03.1985 – BStBl II S. 508).

Freibetrag nach § 16 Abs. 4
>H 16 (13) Freibetrag und H 16 (13) Teileinkünfteverfahren

Geschäfts- oder Firmenwert
Wird für den bei der erklärten Betriebsaufgabe nicht in das Privatvermögen zu überführenden Geschäfts- oder Firmenwert (>H 16 (5)) später ein Erlös erzielt, ist der Gewinn nicht nach § 34 begünstigt (>BFH vom 30.01.2002 – BStBl II S. 387).

Nicht entnommene Gewinne
Anhang 27c

Sind sowohl die Voraussetzungen für eine Tarifbegünstigung nach § 34a als auch die Voraussetzungen für eine Begünstigung nach § 34 Abs. 1 erfüllt, kann der Stpfl. wählen, welche Begünstigung er in Anspruch nehmen will (>BMF vom 11.08.2008 – BStBl I S. 838, Rn. 6).

Zweifelsfragen zu § 6b Abs. 2a bei Betriebsveräußerung
Anhang 16 VI

>BMF vom 07.03.2018 (BStBl I S. 309)

§ 34 EStG
H 34.2 **R 34.2**

Steuerberechnung unter Berücksichtigung der Tarifermäßigung

R 34.2

(1) ¹Für Zwecke der Steuerberechnung nach § 34 Abs. 1 EStG ist zunächst für den VZ, in dem die außerordentlichen Einkünfte erzielt worden sind, die Einkommensteuer zu ermitteln, die sich ergibt, wenn die in dem z. v. E. enthaltenen außerordentlichen Einkünfte nicht in die Bemessungsgrundlage einbezogen werden. ²Sodann ist in einer Vergleichsberechnung die Einkommensteuer zu errechnen, die sich unter Einbeziehung eines Fünftels der außerordentlichen Einkünfte ergibt. ³Bei diesen nach den allgemeinen Tarifvorschriften vorzunehmenden Berechnungen sind dem Progressionsvorbehalt (§ 32b EStG) unterliegende Einkünfte zu berücksichtigen. ⁴Der Unterschiedsbetrag zwischen beiden Steuerbeträgen ist zu verfünffachen und der sich so ergebende Steuerbetrag der nach Satz 1 ermittelten Einkommensteuer hinzuzurechnen.

(2) ¹Sind in dem z. v. E. auch Einkünfte enthalten, die nach § 34 Abs. 3 EStG oder § 34b Abs. 3 EStG ermäßigten Steuersätzen unterliegen, ist die jeweilige Tarifermäßigung unter Berücksichtigung der jeweils anderen Tarifermäßigung zu berechnen. ²Einkünfte, die nach § 34a Abs. 1 EStG mit einem besonderen Steuersatz versteuert werden, bleiben bei der Berechnung der Tarifermäßigung nach § 34 Abs. 1 EStG unberücksichtigt.

Hinweise

H 34.2

Berechnungsbeispiele

Beispiel 1:
Berechnung der Einkommensteuer nach § 34 Abs. 1
Der Stpfl., der Einkünfte aus Gewerbebetrieb und Vermietung und Verpachtung (einschl. Entschädigung i. S. d. § 34) hat, und seine Ehefrau werden zusammen veranlagt. Es sind die folgenden Einkünfte und Sonderausgaben anzusetzen:

Einkünfte aus Gewerbebetrieb		45.000 €
Einkünfte aus Vermietung und Verpachtung		
– laufende Einkünfte		+ 5.350 €
– Einkünfte aus Entschädigung i. S. d. § 34 Abs. 2 Nr. 2		+ 25.000 €
G. d. E.		75.350 €
Sonderausgaben		– 3.200 €
Einkommen		72.150 €
z. v. E.		72.150 €
z. v. E.	72.150 €	
abzgl. Einkünfte i. S. d. § 34 Abs. 2 Nr. 2	– 25.000 €	
verbleibendes z. v. E.	47.150 €	
darauf entfallender Steuerbetrag		**6.192 €**
verbleibendes z. v. E.	47.150 €	

945

§ 34 EStG
H 34.2

zzgl. 1/5 der Einkünfte i. S. d. § 34 Abs. 2 Nr. 2	+ 5.000 €	
	52.150 €	
darauf entfallender Steuerbetrag	**7.596 €**	
abzgl. Steuerbetrag auf das verbleibende z. v. E.	**− 6.192 €**	
Unterschiedsbetrag	*1.404 €*	
multipliziert mit Faktor 5	*7.020 €*	*7.020 €*
tarifliche Einkommensteuer		***13.212 €***

Beispiel 2:
Berechnung der Einkommensteuer nach § 34 Abs. 1 bei negativem verbleibenden z. v. E.

Der Stpfl., der Einkünfte aus Gewerbebetrieb hat, und seine Ehefrau werden zusammen veranlagt. Die Voraussetzungen des § 34 Abs. 3 und § 16 Abs. 4 liegen nicht vor. Es sind die folgenden Einkünfte und Sonderausgaben anzusetzen:

Einkünfte aus Gewerbebetrieb, laufender Gewinn	+ 5.350 €	
Veräußerungsgewinn (§ 16)	+ 225.000 €	230.350 €
Einkünfte aus Vermietung und Verpachtung		− 45.000 €
G. d. E.		185.350 €
Sonderausgaben		− 3.200 €
Einkommen/z. v. E.		182.150 €
Höhe der Einkünfte i. S. d. § 34 Abs. 2, die nach § 34 Abs. 1 besteuert werden können; maximal aber bis zur Höhe des z. v. E.		182.150 €
z. v. E.	182.150 €	
abzgl. Einkünfte i. S. d. § 34 Abs. 2	− 225.000 €	
verbleibendes z. v. E.	− 42.850 €	
Damit ist das gesamte z. v. E. von 182.150 € gem. § 34 tarifbegünstigt.		
1/5 des z. v. E. (§ 34 Abs. 1 Satz 3)	36.430 €	
darauf entfallender Steuerbetrag	*3.360 €*	
multipliziert mit Faktor 5	*16.800 €*	
tarifliche Einkommensteuer		***16.800 €***

Beispiel 3:
Berechnung der Einkommensteuer nach § 34 Abs. 1 mit Einkünften, die dem Progressionsvorbehalt unterliegen

(Entsprechende Anwendung des BFH-Urteils vom 22.09.2009 − BStBl II 2010 S. 1032)

Der Stpfl. hat Einkünfte aus nichtselbständiger Arbeit und aus Vermietung und Verpachtung (einschl. einer Entschädigung i. S. d. § 34). Es sind folgende Einkünfte und Sonderausgaben anzusetzen:

Einkünfte aus nichtselbständiger Arbeit		10.000 €
Einkünfte aus Vermietung und Verpachtung		
− laufende Einkünfte		+ 60.000 €
− Einkünfte aus Entschädigung i. S. d. § 34 Abs. 2 Nr. 2		+ 30.000 €
G. d. E.		100.000 €

§ 34 EStG
H 34.2

Sonderausgaben		− 3.200 €
Einkommen/z. v. E.		96.800 €
Arbeitslosengeld		20.000 €
z. v. E.	96.800 €	
abzgl. Einkünfte i. S. d. § 34 Abs. 2 Nr. 2	− 30.000 €	
verbleibendes z. v. E.	66.800 €	
zzgl. Arbeitslosengeld § 32b Abs. 2	+ 20.000 €	
für die Berechnung des Steuersatzes gem. § 32b Abs. 2 maßgebendes verbleibendes z. v. E.	86.800 €	
Steuer nach Grundtarif	*27.119 €*	
besonderer (= durchschnittlicher) Steuersatz § 32b Abs. 2	*31,2430* %	
Steuerbetrag auf verbleibendes z. v. E. (66.800 €) unter Berücksichtigung des Progressionsvorbehalts		*20.870 €*
verbleibendes z. v. E.	66.800 €	
zzgl. 1/5 der Einkünfte i. S. d. § 34	+ 6.000 €	
	72.800 €	
zzgl. Arbeitslosengeld § 32b Abs. 2	+ 20.000 €	
für die Berechnung des Steuersatzes gem. § 32b Abs. 2 maßgebendes z. v. E. mit 1/5 der außerordentlichen Einkünfte	92.800 €	
Steuer nach Grundtarif	*29.639 €*	
besonderer (= durchschnittlicher) Steuersatz	*31,9385* %	
Steuerbetrag auf z. v. E. mit 1/5 der außerordentlichen Einkünfte (72.800 €) unter Berücksichtigung des Progressionsvorbehalts	23.251 €	
abzgl. Steuerbetrag auf das verbleibende z. v. E.	*− 20.870 €*	
Unterschiedsbetrag	2.381 €	
multipliziert mit Faktor 5	*11.905 €*	*11.905 €*
tarifliche Einkommensteuer		*32.775 €*

Beispiel 4:
Berechnung der Einkommensteuer nach § 34 Abs. 1 bei negativem verbleibenden z. v. E. und Einkünften, die dem Progressionsvorbehalt unterliegen (>BFH vom 11.12.2012 – BStBl II 2013 S. 370)

Der Stpfl. hat Einkünfte aus nichtselbständiger Arbeit und aus Vermietung und Verpachtung (einschl. einer Entschädigung i. S. d. § 34). Es sind folgende Einkünfte und Sonderausgaben anzusetzen:

Einkünfte aus nichtselbständiger Arbeit	10.000 €
Einkünfte aus Vermietung und Verpachtung	
− laufende Einkünfte	− 20.000 €
− Einkünfte aus Entschädigung i. S. d. § 34 Abs. 2 Nr. 2	+ 30.000 €
G. d. E.	20.000 €
Sonderausgaben	− 5.000 €
Einkommen/z. v. E.	15.000 €

§ 34 EStG
H 34.2

Höhe der Einkünfte i. S. d. § 34 Abs. 2, die nach § 34 Abs. 1 besteuert werden können, maximal bis zur Höhe des z. v. E.		15.000 €
z. v. E.	15.000 €	
abzgl. Einkünfte i. S. d. § 34 Abs. 2	– 30.000 €	
verbleibendes z. v. E.	– 15.000 €	
Damit ist das gesamte z. v. E. von 15.000 € gem. § 34 tarifbegünstigt.		
1/5 des z. v. E. (§ 34 Abs. 1 Satz 3)		3.000 €
Arbeitslosengeld	40.000 €	
abzgl. negatives verbleibendes z. v. E.	– 15.000 €	
dem Progressionsvorbehalt unterliegende Bezüge werden nur insoweit berücksichtigt, als sie das negative verbleibende z. v. E. übersteigen	25.000 €	+ 25.000 €
für die Berechnung des Steuersatzes gem. § 32b Abs. 2 maßgebendes verbleibendes z. v. E.		28.000 €
Steuer nach Grundtarif	**4.356 €**	
besonderer (= durchschnittlicher) Steuersatz	**15,5571 %**	
Steuerbetrag auf 1/5 des z. v. E. (3.000 €)	**466 €**	
multipliziert mit Faktor 5	**2.330 €**	
tarifliche Einkommensteuer		**2.330 €**

Beispiel 5:
Berechnung der Einkommensteuer bei Zusammentreffen der Vergünstigungen nach § 34 Abs. 1 und § 34 Abs. 3

Der Stpfl., der Einkünfte aus Gewerbebetrieb hat, und seine Ehefrau werden zusammenveranlagt. Im Zeitpunkt der Betriebsveräußerung hatte der Stpfl. das 55. Lebensjahr vollendet. Es sind die folgenden Einkünfte und Sonderausgaben anzusetzen:

Einkünfte aus Gewerbebetrieb, laufender Gewinn		50.000 €
Veräußerungsgewinn (§ 16)	120.000 €	
davon bleiben nach § 16 Abs. 4 steuerfrei	– 45.000 €	+ 75.000 €
Einkünfte, die Vergütung für eine mehrjährige Tätigkeit sind		+ 100.000 €
Einkünfte aus Vermietung und Verpachtung		+ 3.500 €
G. d. E.		228.500 €
Sonderausgaben		– 3.200 €
Einkommen/z. v. E.		225.300 €

1. Steuerberechnung nach § 34 Abs. 1
1.1 Ermittlung des Steuerbetrags ohne Einkünfte nach § 34 Abs. 1.

z. v. E.	225.300 €	
abzgl. Einkünfte nach § 34 Abs. 1 (darauf entfallender Steuerbetrag = **33.952 €**)	100.000 €	125.300 €
abzgl. Einkünfte nach § 34 Abs. 3		75.000 €
		50.300 €
darauf entfallender Steuerbetrag	**7.070 €**	

§ 34 EStG
H 34.2

Für das z. v. E. ohne Einkünfte nach § 34 Abs. 1 würde sich eine Einkommensteuer nach Splittingtarif von **33.952** € ergeben. Sie entspricht einem durchschnittlichen Steuersatz von **27,0965** %. Der ermäßigte Steuersatz beträgt mithin 56 % von **27,0965** % = **15,1740** %. Der ermäßigte Steuersatz ist höher als der mindestens anzusetzende Steuersatz von 14 % (§ 34 Abs. 3 Satz 2). Daher ist der Mindeststeuersatz nicht maßgeblich. Mit dem ermäßigten Steuersatz gemäß § 34 Abs. 3 zu versteuern: **15,1740** % von 75.000 € = ***11.380*** €

Steuerbetrag nach § 34 Abs. 3 (ohne Einkünfte nach § 34 Abs. 1)	***11.380*** €
zzgl. Steuerbetrag von 50.300 € (= z. v. E. ohne Einkünfte nach § 34 Abs. 1 und § 34 Abs. 3)	+ ***7.070*** €
Steuerbetrag ohne Einkünfte nach § 34 Abs. 1	***18.450*** €

1.2 Ermittlung des Steuerbetrags mit 1/5 der Einkünfte nach § 34 Abs. 1

z. v. E.	225.300 €
abzgl. Einkünfte nach § 34 Abs. 1	– 100.000 €
zzgl. 1/5 der Einkünfte nach § 34 Abs. 1	+ 20.000 €
	145.300 €
(darauf entfallender Steuerbetrag = ***42.352*** €)	
abzgl. Einkünfte nach § 34 Abs. 3	– 75.000 €
	70.300 €
darauf entfallender Steuerbetrag ***13.122*** €	

Für das z. v. E. ohne die Einkünfte nach § 34 Abs. 1 zzgl. 1/5 der Einkünfte nach § 34 Abs. 1 würde sich eine Einkommensteuer nach Splittingtarif von **42.352** € ergeben. Sie entspricht einem durchschnittlichen Steuersatz von **29,1479** %. Der ermäßigte Steuersatz beträgt mithin 56 % von **29,1479** % = **16,3228** %. Der ermäßigte Steuersatz ist höher als der mindestens anzusetzende Steuersatz von 14 % (§ 34 Abs. 3 Satz 2). Daher ist der Mindeststeuersatz nicht maßgeblich. Mit dem ermäßigten Steuersatz zu versteuern: **16,3228** % von 75.000 € = ***12.242*** €.

Steuerbetrag nach § 34 Abs. 3 (unter Berücksichtigung von 1/5 der Einkünfte nach § 34 Abs. 1)	***12.242*** €
zzgl. Steuerbetrag von 70.300 € (= z. v. E. ohne Einkünfte nach § 34 Abs. 3 und § 34 Abs. 1 mit 1/5 der Einkünfte nach § 34 Abs. 1)	+ ***13.122*** €
Steuerbetrag mit 1/5 der Einkünfte nach § 34 Abs. 1	***25.364*** €

1.3 Ermittlung des Unterschiedsbetrages nach § 34 Abs. 1

Steuerbetrag mit 1/5 der Einkünfte nach § 34 Abs. 1	***25.364*** €
abzgl. Steuerbetrag ohne Einkünfte nach § 34 Abs. 1 (>Nr. 1.1)	– ***18.450*** €
Unterschiedsbetrag	***6.914*** €
verfünffachter Unterschiedsbetrag nach § 34 Abs. 1	***34.570*** €

§ 34 EStG
R 34.3 H 34.2

   2. Steuerberechnung nach § 34 Abs. 3:

z. v. E.	225.300 €
abzgl. Einkünfte nach § 34 Abs. 1	– 100.000 €
	125.300 €
Steuerbetrag von 125.300 €	*33.952 €*
zzgl. verfünffachter Unterschiedsbetrag nach § 34 Abs. 1 (>Nr. 1.3)	+ *34.570 €*
Summe	*68.522 €*

Ermittlung des ermäßigten Steuersatzes nach Splittingtarif auf der Grundlage des z. v. E.

68.522 €/225.300 € = *30,4136* %

Der ermäßigte Steuersatz beträgt mithin 56 % von *30,4136* % = *17,0316* %. Der ermäßigte Steuersatz ist höher als der mindestens anzusetzende Steuersatz von 14 % (§ 34 Abs. 3 Satz 2). Daher ist der Mindeststeuersatz nicht maßgeblich. Mit dem ermäßigten Steuersatz zu versteuern: *17,0316* % von 75.000 € = *12.773* €.

Steuerbetrag nach § 34 Abs. 3	*12.773 €*

   3. Berechnung der gesamten Einkommensteuer nach dem Splittingtarif entfallen auf das z. v. E.

ohne begünstigte Einkünfte (>Nr. 1.1)	7.070 €
verfünffachter Unterschiedsbetrag nach § 34 Abs. 1 (>Nr. 1.3)	*34.570 €*
Steuer nach § 34 Abs. 3 (>Nr. 2)	*12.773 €*
tarifliche Einkommensteuer	*54.413 €*

Negativer Progressionsvorbehalt

Unterliegen Einkünfte sowohl der Tarifermäßigung des § 34 Abs. 1 als auch dem negativen Progressionsvorbehalt des § 32b, ist eine integrierte Steuerberechnung nach dem Günstigkeitsprinzip vorzunehmen. Danach sind die Ermäßigungsvorschriften in der Reihenfolge anzuwenden, die zu einer geringeren Steuerbelastung führt, als dies bei ausschl. Anwendung des negativen Progressionsvorbehalts der Fall wäre (>BFH vom 15.11.2007 – BStBl II 2008 S. 375).

Verhältnis zu § 34b
>R 34b.5 Abs. 2

R 34.3

S 2258

Besondere Voraussetzungen für die Anwendung des § 34 Abs. 1 EStG

(1) Entschädigungen i. S. d. § 24 Nr. 1 EStG sind nach § 34 Abs. 1 i. V. m. Abs. 2 Nr. 2 EStG nur begünstigt, wenn es sich um außerordentliche Einkünfte handelt; dabei kommt es nicht darauf an, im Rahmen welcher Einkunftsart sie angefallen sind.

(2) [1]Die Nachzahlung von >Nutzungsvergütungen und Zinsen i. S. d. § 34 Abs. 2 Nr. 3 EStG muss einen Zeitraum von mehr als 36 Monaten umfassen. [2]Es genügt nicht, dass sie auf drei Kalenderjahre entfällt.

§ 34 EStG
H 34.3

Hinweise

Entlassungsentschädigungen
- >BMF vom 01.11.2013 (BStBl I S. 1326) unter Berücksichtigung der Änderungen durch BMF vom 04.03.2016 (BStBl I S. 277), Anhang 15 LStH
- Die Rückzahlung einer Abfindung ist auch dann im Abflussjahr zu berücksichtigen, wenn die Abfindung im Zuflussjahr begünstigt besteuert worden ist. Eine Lohnrückzahlung ist regelmäßig kein rückwirkendes Ereignis, das zur Änderung des Einkommensteuerbescheides des Zuflussjahres berechtigt (>BFH vom 04.05.2006 – BStBl II S. 911).

Entschädigung i. S. d. § 24 Nr. 1
>R 24.1

Entschädigung in zwei Veranlagungszeiträumen
- Außerordentliche Einkünfte i. S. d. § 34 Abs. 2 Nr. 2 sind (nur) gegeben, wenn die zu begünstigenden Einkünfte in einem VZ zu erfassen sind (>BFH vom 21.03.1996 – BStBl II S. 416 und vom 14.05.2003 – BStBl II S. 881). Die Tarifermäßigung nach § 34 Abs. 1 kann aber unter besonderen Umständen ausnahmsweise auch dann in Betracht kommen, wenn die Entschädigung nicht in einem Kj. zufließt, sondern sich auf zwei Kj. verteilt. Voraussetzung ist jedoch stets, dass die Zahlung der Entschädigung von vornherein in einer Summe vorgesehen war und nur wegen ihrer ungewöhnlichen Höhe und der besonderen Verhältnisse des Zahlungspflichtigen auf zwei Jahre verteilt wurde oder wenn der Entschädigungsempfänger – bar aller Existenzmittel – dringend auf den baldigen Bezug einer Vorauszahlung angewiesen war (>BFH vom 02.09.1992 – BStBl II 1993 S. 831).
- Bei Land- und Forstwirten mit einem vom Kj. abweichenden Wj. ist die Tarifermäßigung ausgeschlossen, wenn sich die außerordentlichen Einkünfte aufgrund der Aufteilungsvorschrift des § 4a Abs. 2 Nr. 1 Satz 1 auf mehr als zwei VZ verteilen (>BFH vom 04.04.1968 – BStBl II S. 411).
- Planwidriger Zufluss
>BMF vom 01.11.2013 (BStBl I S. 1326), Rz. 16-19, Anhang 15 LStH
- Die Ablösung wiederkehrender Bezüge aus einer Betriebs- oder Anteilsveräußerung durch eine Einmalzahlung kann als Veräußerungserlös auch dann tarifbegünstigt sein, wenn im Jahr der Betriebs- oder Anteilsveräußerung eine Einmalzahlung tarifbegünstigt versteuert worden ist, diese aber im Verhältnis zum Ablösebetrag als geringfügig (im Urteilsfall weniger als 1 %) anzusehen ist (>BFH vom 14.01.2004 – BStBl II S. 493).

Nutzungsvergütungen i. S. d. § 24 Nr. 3

- Werden Nutzungsvergütungen oder Zinsen i. S. d. § 24 Nr. 3 für einen Zeitraum von mehr als drei Jahren nachgezahlt, ist der gesamte Nachzahlungsbetrag nach § 34 Abs. 2 Nr. 3 i. V. m. Absatz 1 begünstigt. Nicht begünstigt sind Nutzungsvergütungen, die in einem Einmalbetrag für einen drei Jahre übersteigenden Nutzungszeitraum gezahlt werden und von denen ein Teilbetrag auf einen Nachzahlungszeitraum von weniger als drei Jahren und die im Übrigen auf den zukünftigen Nutzungszeitraum entfallen (>BFH vom 19.04.1994 – BStBl II S. 640).
- Die aufgrund eines Zwangsversteigerungsverfahrens von der öffentlichen Hand als Ersteherin gezahlten sog. Bargebotszinsen stellen keine „Zinsen auf Entschädigungen" i. S. v. § 24 Nr. 3 dar (>BFH vom 28.04.1998 – BStBl II S. 560).

Vorabentschädigungen

Teilzahlungen, die ein Handelsvertreter entsprechend seinen abgeschlossenen Geschäften laufend vorweg auf seine künftige Wettbewerbsentschädigung (§ 90a HGB) und auf seinen künftigen Ausgleichsanspruch (§ 89b HGB) erhält, führen in den jeweiligen VZ zu keiner >Zusammenballung von Einkünften und lösen deshalb auch nicht die Tarifermäßigung nach § 34 Abs. 1 aus (>BFH vom 20.07.1988 – BStBl II S. 936).

Zinsen i. S. d. § 24 Nr. 3
>Nutzungsvergütungen

Zusammenballung von Einkünften

- Eine Entschädigung ist nur dann tarifbegünstigt, wenn sie zu einer Zusammenballung von Einkünften innerhalb eines VZ führt (>BFH vom 04.03.1998 – BStBl II S. 787).
- >BMF vom 01.11.2013 (BStBl I S. 1326) unter Berücksichtigung der Änderungen durch BMF vom 04.03.2016 (BStBl I S. 277), Rz. 8-15, Anhang 15 LStH
- Erhält ein Stpfl. wegen der Körperverletzung durch einen Dritten aufgrund von mehreren gesonderten und unterschiedliche Zeiträume betreffenden Vereinbarungen mit dessen Versicherung Entschädigungen als Ersatz für entgangene und entgehende Einnahmen, steht der Zufluss der einzelnen Entschädigungen in verschiedenen VZ der tarifbegünstigten Besteuerung jeder dieser Entschädigungen nicht entgegen (>BFH vom 21.01.2004 – BStBl II S. 716). Bei einem zeitlichen Abstand zweier selbständiger Entschädigungszahlungen von sechs Jahren fehlt der für die Beurteilung der Einheitlichkeit einer Entschädigungsleistung erforderliche zeitliche Zusammenhang (>BFH vom 11.10.2017 – BStBl II 2018 S. 706).

§ 34 EStG
H 34.4 R 34.4

Anwendung des § 34 Abs. 1 EStG auf Einkünfte aus der Vergütung für eine mehrjährige Tätigkeit (§ 34 Abs. 2 Nr. 4 EStG)

R 34.4

Allgemeines

(1) ¹§ 34 Abs. 2 Nr. 4 i. V. m. Abs. 1 EStG gilt grundsätzlich für alle Einkunftsarten. ²§ 34 Abs. 1 EStG ist auch auf Nachzahlungen von Ruhegehaltsbezügen und von Renten i. S. d. § 22 Nr. 1 EStG anwendbar, soweit diese nicht für den laufenden VZ geleistet werden. ³Voraussetzung für die Anwendung ist, dass auf Grund der Einkunftsermittlungsvorschriften eine >Zusammenballung von Einkünften eintritt, die bei Einkünften aus nichtselbständiger Arbeit auf wirtschaftlich vernünftigen Gründen beruht und bei anderen Einkünften nicht dem vertragsgemäßen oder dem typischen Ablauf entspricht.

Einkünfte aus nichtselbständiger Arbeit

(2) Bei Einkünften aus nichtselbständiger Arbeit kommt es nicht darauf an, dass die Vergütung für eine abgrenzbare Sondertätigkeit gezahlt wird, dass auf sie ein Rechtsanspruch besteht oder dass sie eine zwangsläufige Zusammenballung von Einnahmen darstellt.

Ermittlung der Einkünfte

(3) ¹Bei der Ermittlung der dem § 34 Abs. 2 Nr. 4 i. V. m. Abs. 1 EStG unterliegenden Einkünfte gilt R 34.1 Abs. 4 Satz 2. ²Handelt es sich sowohl bei den laufenden Einnahmen als auch bei den außerordentlichen Bezügen um Versorgungsbezüge i. S. d. § 19 Abs. 2 EStG, können im Kalenderjahr des Zuflusses die Freibeträge für Versorgungsbezüge nach § 19 Abs. 2 EStG nur einmal abgezogen werden; sie sind zunächst bei den nicht nach § 34 EStG begünstigten Einkünften zu berücksichtigen. ³Nur insoweit nicht verbrauchte Freibeträge für Versorgungsbezüge sind bei den nach § 34 EStG begünstigten Einkünften abzuziehen. ⁴Entsprechend ist bei anderen Einkunftsarten zu verfahren, bei denen ein im Rahmen der Einkünfteermittlung anzusetzender Freibetrag oder Pauschbetrag abzuziehen ist. ⁵Werden außerordentliche Einkünfte aus nichtselbständiger Arbeit neben laufenden Einkünften dieser Art bezogen, ist bei den Einnahmen der Arbeitnehmer-Pauschbetrag oder der Pauschbetrag nach § 9a Satz 1 Nr. 1 Buchstabe b EStG insgesamt nur einmal abzuziehen, wenn insgesamt keine höheren Werbungskosten nachgewiesen werden. ⁶In anderen Fällen sind die auf die jeweiligen Einnahmen entfallenden tatsächlichen Werbungskosten bei diesen Einnahmen zu berücksichtigen.

Hinweise

H 34.4

Arbeitslohn für mehrere Jahre

- Die Anwendung des § 34 Abs. 2 Nr. 4 i. V. m. § 34 Abs. 1 setzt nicht voraus, dass der Arbeitnehmer die Arbeitsleistung erbringt; es genügt, dass der Arbeitslohn für mehrere Jahre gezahlt worden ist (>BFH vom 17.07.1970 – BStBl II S. 683).

§ 34 EStG
H 34.4

- Liegen wirtschaftlich vernünftige Gründe für eine zusammengeballte Entlohnung vor, muss es sich nicht um einmalige und unübliche (Sonder-)Einkünfte für eine Tätigkeit handeln, die von der regelmäßigen Erwerbstätigkeit abgrenzbar ist oder auf einem besonderen Rechtsgrund beruht (>BFH vom 07.05.2015 – BStBl II S. 890).

Außerordentliche Einkünfte i. S. d. § 34 Abs. 2 Nr. 4 i. V. m. § 34 Abs. 1

- § 34 Abs. 2 Nr. 4 i. V. m. § 34 Abs. 1 ist z. B. anzuwenden, wenn:
    - eine **Lohnzahlung** für eine Zeit, die vor dem Kj. liegt, deshalb nachträglich geleistet wird, weil der Arbeitgeber Lohnbeträge zu Unrecht einbehalten oder mangels flüssiger Mittel nicht in der festgelegten Höhe ausgezahlt hat (>BFH vom 17.07.1970 – BStBl II S. 683),
    - der Arbeitgeber **Prämien** mehrerer Kj. für eine Versorgung oder für eine Unfallversicherung des Arbeitnehmers deshalb voraus- oder nachzahlt, weil er dadurch günstigere Prämiensätze erzielt oder weil die Zusammenfassung satzungsgemäßen Bestimmungen einer Versorgungseinrichtung entspricht,
    - dem Stpfl. **Tantiemen** für mehrere Jahre in einem Kj. zusammengeballt zufließen (>BFH vom 11.06.1970 – BStBl II S. 639),
    - dem Stpfl. Zahlungen, die zur Abfindung von **Pensionsanwartschaften** geleistet werden, zufließen. Dem Zufluss steht nicht entgegen, dass der Ablösungsbetrag nicht an den Stpfl., sondern an einen Dritten gezahlt worden ist (>BFH vom 12.04.2007 – BStBl II S. 581),
    - **Arbeitslohn** aus einem **Forderungsverzicht** auf eine bereits erdiente (werthaltige) Pensionsanwartschaft vorliegt (>BFH vom 23.08.2017 – BStBl II 2018 S. 208),
    - **Nachzahlungen von Versorgungsbezügen**, die als Ruhegehalt für eine ehemalige Arbeitnehmertätigkeit gezahlt werden (>BFH vom 28.02.1958 – BStBl III S. 169),
    - eine Zahlung des **Rückkaufwertes** einer Versicherung der betrieblichen Altersversorgung vorliegt (>BFH vom 06.05.2020 – BStBl II 2021 S. 141),
    - im Rahmen der **betrieblichen Altersvorsorge** im Durchführungsweg Direktzusage eine Trennung zwischen arbeitgeberfinanziertem Basiskonto und mitarbeiterfinanziertem Aufbaukonto vorgenommen wird und eine Einmalzahlung aus einem dieser Konten erfolgt (>BFH vom 23.04.2021 – BStBl II S. 692),
    - *Überstundenvergütungen für einen Zeitraum von mehr als zwölf Monaten als Einmalzahlung geleistet werden (>BFH vom 02.12.2021 – BStBl II 2022 S. 442).*
- § 34 Abs. 2 Nr. 4 i. V. m. § 34 Abs. 1 ist z. B. nicht anzuwenden:
    - bei zwischen Arbeitgeber und Arbeitnehmer vereinbarten und regelmäßig ausgezahlten **gewinnabhängigen Tantiemen**, deren Höhe

erst nach Ablauf des Wj. festgestellt werden kann; es handelt sich hierbei nicht um die Abgeltung einer mehrjährigen Tätigkeit (>BFH vom 30.08.1966 – BStBl III S. 545),
- bei **Erstattungszinsen** nach § 233a AO (>BFH vom 12.11.2013 – BStBl II 2014 S. 168),
- bei der Vereinnahmung eines **berufsüblichen Honorars** für die Bearbeitung eines mehrjährigen Mandats durch einen Rechtsanwalt (>BFH vom 30.01.2013 – BStBl II 2018 S. 696),
- bei **Zuwendungen**, die ohne Rücksicht auf die Dauer der Betriebszugehörigkeit lediglich aus Anlass eines **Firmenjubiläums** erfolgen (>BFH vom 03.07.1987 – BStBl II S. 820),
- bei **Versorgungsleistungen aus einer Pensionszusage**, die an die Stelle einer in einem vergangenen Jahr erdienten variablen Vergütung (Bonus) treten (>BFH vom 31.08.2016 – BStBl II 2017 S. 322),
- bei einer gewährten Prämie an einen Arbeitnehmer für einen **Verbesserungsvorschlag**, wenn sie nicht nach dem Zeitaufwand des Arbeitnehmers, sondern ausschl. nach der Kostenersparnis des Arbeitgebers in einem bestimmten künftigen Zeitraum berechnet wird (>BFH vom 31.08.2016 – BStBl II 2017 S. 322).

- **§ 34 Abs. 2 Nr. 4 i. V. m. § 34 Abs. 1 (Vergütung für eine mehrjährige Tätigkeit)** kann in besonders gelagerten **Ausnahmefällen** anzuwenden sein:
  - wenn die Vergütung dem Stpfl. aus **wirtschaftlich vernünftigen Gründen** nicht in einem Kj., sondern **in zwei Kj. in Teilbeträgen** zusammengeballt ausgezahlt wird (>BFH vom 16.09.1966 – BStBl III 1967 S. 2),
  - wenn die Vergütung **während eines Kj. in mehreren Teilbeträgen** gezahlt werden (>BFH vom 11.06.1970 – BStBl II S. 639).

Gewinneinkünfte

Die Annahme außerordentlicher Einkünfte i. S. d. § 34 Abs. 2 Nr. 4 setzt voraus, dass die Vergütung für mehrjährige Tätigkeiten eine Progressionswirkung typischerweise erwarten lässt. Dies kann bei Einkünften i. S. d. § 2 Abs. 2 Satz 1 Nr. 1 dann der Fall sein, wenn:
- der Stpfl. sich während mehrerer Jahre **ausschl. einer bestimmten Sache** gewidmet und die Vergütung dafür in einem einzigen VZ erhalten hat oder
- eine sich über mehrere Jahre erstreckende **Sondertätigkeit**, die von der übrigen Tätigkeit des Stpfl. ausreichend abgrenzbar ist und nicht zum regelmäßigen Gewinnbetrieb gehört, in einem einzigen VZ entlohnt wird oder

§ 34 EStG
R 34.5 H 34.4

- der Stpfl. für eine mehrjährige Tätigkeit eine Nachzahlung in einem Betrag aufgrund einer vorausgegangenen **rechtlichen Auseinandersetzung** erhalten hat (>BFH vom 14.12.2006 – BStBl II 2007 S. 180),
- eine **einmalige Sonderzahlung** für langjährige Dienste aufgrund einer arbeitnehmerähnlichen Stellung geleistet wird (>BFH vom 07.07.2004 – BStBl II 2005 S. 276),
- durch geballte **Nachaktivierung** von **Umsatzsteuer-Erstattungsansprüchen** mehrerer Jahre ein Ertrag entsteht (>BFH vom 25.02.2014 – BStBl II S. 668 und vom 25.09.2014 – BStBl II 2015 S. 220),
- eine **Nachzahlung der Kassenärztlichen Vereinigung**, die insgesamt mehrere Jahre betrifft, ganz überwiegend in einem VZ ausgezahlt wird (>BFH vom 02.08.2016 – BStBl II 2017 S. 258).

Zusammenballung von Einkünften

Eine Zusammenballung von Einkünften ist **nicht anzunehmen**:
- wenn die Vertragsparteien die Vergütung bereits durch ins Gewicht fallende **Teilzahlungen** auf mehrere Kj. verteilt haben (>BFH vom 10.02.1972 – BStBl II S. 529),
- bei der **Veräußerung eines Mitunternehmeranteils**, wenn der Stpfl. zuvor aufgrund einheitlicher Planung und im zeitlichen Zusammenhang mit der Veräußerung einen Teil des ursprünglichen Mitunternehmeranteils ohne Aufdeckung der stillen Reserven übertragen hat (>BFH vom 09.12.2014 – BStBl II 2015 S. 529),
- wenn die **Auszahlung der Gesamtvergütung** in zwei VZ in etwa gleich großen Teilbeträgen erfolgt. Dabei ist es unerheblich, ob die Modalitäten des Zuflusses vereinbart oder dem Zahlungsempfänger aufgezwungen wurden (>BFH vom 02.08.2016 – BStBl II 2017 S. 258).

| R 34.5 | Anwendung der Tarifermäßigung nach § 34 Abs. 3 EStG |

Berechnung

(1) [1]Für das gesamte z. v. E. i. S. d. § 32a Abs. 1 EStG – also einschließlich der außerordentlichen Einkünfte, soweit sie zur Einkommensteuer heranzuziehen sind – ist der Steuerbetrag nach den allgemeinen Tarifvorschriften zu ermitteln. [2]Aus dem Verhältnis des sich ergebenden Steuerbetrags zu dem gerundeten z. v. E. ergibt sich der durchschnittliche Steuersatz, der auf vier Dezimalstellen abzurunden ist. [3]56 % dieses durchschnittlichen Steuersatzes, mindestens 14 %, ist der anzuwendende ermäßigte Steuersatz.

Beschränkung auf einen Veräußerungsgewinn

(2) [1]Die Ermäßigung nach § 34 Abs. 3 Satz 1 bis 3 EStG kann der Stpfl. nur einmal im Leben in Anspruch nehmen, selbst dann, wenn der Stpfl. mehrere Veräußerungs- oder Aufgabegewinne innerhalb eines VZ erzielt. [2]Dabei ist die Inanspruchnahme einer Steuerermäßigung nach § 34 EStG

in VZ vor dem 1.1.2001 unbeachtlich (>§ 52 Abs. 47 Satz 8 EStG[1])). ³Wird der zum Betriebsvermögen eines Einzelunternehmers gehörende Mitunternehmeranteil im Zusammenhang mit der Veräußerung des Einzelunternehmens veräußert, ist die Anwendbarkeit des § 34 Abs. 3 EStG für beide Vorgänge getrennt zu prüfen. ⁴Liegen hinsichtlich beider Vorgänge die Voraussetzungen des § 34 Abs. 3 EStG vor, kann der Stpfl. die ermäßigte Besteuerung nach § 34 Abs. 3 EStG entweder für die Veräußerung des Einzelunternehmens oder für die Veräußerung des Mitunternehmeranteiles beantragen. ⁵Die Veräußerung eines Anteils an einer Mitunternehmerschaft (Obergesellschaft), zu deren Betriebsvermögen die Beteiligung an einer anderen Mitunternehmerschaft gehört (mehrstöckige Personengesellschaft), stellt für die Anwendbarkeit des § 34 Abs. 3 EStG einen einheitlich zu beurteilenden Veräußerungsvorgang dar.

Nachweis der dauernden Berufsunfähigkeit
(3) R 16 Abs. 14 gilt entsprechend.

Hinweise

Ausgliederung einer 100 %-Beteiligung an einer Kapitalgesellschaft
Der Gewinn aus der Aufgabe eines Betriebs unterliegt auch dann der Tarifbegünstigung, wenn zuvor im engen zeitlichen Zusammenhang mit der Betriebsaufgabe eine das gesamte Nennkapital umfassende Beteiligung an einer Kapitalgesellschaft zum Buchwert in ein anderes Betriebsvermögen übertragen oder überführt worden ist (>BFH vom 28.05.2015 – BStBl II S. 797).

Beispiel
>H 34.2 (Berechnungsbeispiele) Beispiel 5

Verbrauch der Steuerbegünstigung nach § 34 Abs. 3 Satz 1
Die Steuervergünstigung ist auch verbraucht, wenn das Finanzamt die Vergünstigung zu Unrecht gewährt hat. Dies gilt selbst dann, wenn dies ohne Antrag des Stpfl. geschieht und ein Betrag begünstigt besteuert wird, bei dem es sich tatsächlich nicht um einen Veräußerungsgewinn i. S. d. § 34 Abs. 2 Nr. 1 handelt. Etwas anderes gilt nur, wenn es für den Stpfl. angesichts der geringen Höhe der Vergünstigung und wegen des Fehlens eines Hinweises des Finanzamts nicht erkennbar war (>BFH vom 28.09.2021 – BStBl II 2022 S. 169).

---
[1]) § 52 Abs. 47 Satz 8 i. d. F. vor dem Gesetz zur Anpassung des nationalen Steuerrechts an den Beitritt Kroatiens zur EU und zur Änderung weiterer steuerlicher Vorschriften

§ 34a EStG

S 2290-a

§ 34a
Begünstigung der nicht entnommenen Gewinne

(1) ¹Sind in dem zu versteuernden Einkommen nicht entnommene Gewinne aus Land- und Forstwirtschaft, Gewerbebetrieb oder selbständiger Arbeit (§ 2 Absatz 1 Satz 1 Nummer 1 bis 3) im Sinne des Absatzes 2 enthalten, ist die Einkommensteuer für diese Gewinne auf Antrag des Steuerpflichtigen ganz oder teilweise mit einem Steuersatz von 28,25 Prozent zu berechnen; dies gilt nicht, soweit für die Gewinne der Freibetrag nach § 16 Absatz 4 oder die Steuerermäßigung nach § 34 Absatz 3 in Anspruch genommen wird oder es sich um Gewinne im Sinne des § 18 Absatz 1 Nummer 4 handelt. ²Der Antrag nach Satz 1 ist für jeden Betrieb oder Mitunternehmeranteil für jeden Veranlagungszeitraum gesondert bei dem für die Einkommensbesteuerung zuständigen Finanzamt zu stellen. ³Bei Mitunternehmeranteilen kann der Steuerpflichtige den Antrag nur stellen, wenn sein Anteil am nach § 4 Absatz 1 Satz 1 oder § 5 ermittelten Gewinn mehr als 10 Prozent beträgt oder 10.000 Euro übersteigt. ⁴Der Antrag kann bis zur Unanfechtbarkeit des Einkommensteuerbescheids für den nächsten Veranlagungszeitraum vom Steuerpflichtigen ganz oder teilweise zurückgenommen werden; der Einkommensteuerbescheid ist entsprechend zu ändern. ⁵Die Festsetzungsfrist endet insoweit nicht, bevor die Festsetzungsfrist für den nächsten Veranlagungszeitraum abgelaufen ist.

(2) Der nicht entnommene Gewinn des Betriebs oder Mitunternehmeranteils ist der nach § 4 Absatz 1 Satz 1 oder § 5 ermittelte Gewinn vermindert um den positiven Saldo der Entnahmen und Einlagen des Wirtschaftsjahres.

(3) ¹Der Begünstigungsbetrag ist der im Veranlagungszeitraum nach Absatz 1 Satz 1 auf Antrag begünstigte Gewinn. ²Der Begünstigungsbetrag des Veranlagungszeitraums, vermindert um die darauf entfallende Steuerbelastung nach Absatz 1 und den darauf entfallenden Solidaritätszuschlag, vermehrt um den nachversteuerungspflichtigen Betrag des Vorjahres und den auf diesen Betrieb oder Mitunternehmeranteil nach Absatz 5 übertragenen nachversteuerungspflichtigen Betrag, vermindert um den Nachversteuerungsbetrag im Sinne des Absatzes 4 und den auf einen anderen Betrieb oder Mitunternehmeranteil nach Absatz 5 übertragenen nachversteuerungspflichtigen Betrag, ist der nachversteuerungspflichtige Betrag des Betriebs oder Mitunternehmeranteils zum Ende des Veranlagungszeitraums. ³Dieser ist für jeden Betrieb oder Mitunternehmeranteil jährlich gesondert festzustellen.

(4) ¹Übersteigt der positive Saldo der Entnahmen und Einlagen des Wirtschaftsjahres bei einem Betrieb oder Mitunternehmeranteil den nach § 4 Absatz 1 Satz 1 oder § 5 ermittelten Gewinn (Nachversteuerungsbetrag), ist vorbehaltlich Absatz 5 eine Nachversteuerung durch-

zuführen, soweit zum Ende des vorangegangenen Veranlagungszeitraums ein nachversteuerungspflichtiger Betrag nach Absatz 3 festgestellt wurde. ²Die Einkommensteuer auf den Nachversteuerungsbetrag beträgt 25 Prozent. ³Der Nachversteuerungsbetrag ist um die Beträge, die für die Erbschaftsteuer (Schenkungsteuer) anlässlich der Übertragung des Betriebs oder Mitunternehmeranteils entnommen wurden, zu vermindern.

(5) ¹Die Übertragung oder Überführung eines Wirtschaftsguts nach § 6 Absatz 5 Satz 1 bis 3 führt unter den Voraussetzungen des Absatzes 4 zur Nachversteuerung. ²Eine Nachversteuerung findet nicht statt, wenn der Steuerpflichtige beantragt, den nachversteuerungspflichtigen Betrag in Höhe des Buchwerts des übertragenen oder überführten Wirtschaftsguts, höchstens jedoch in Höhe des Nachversteuerungsbetrags, den die Übertragung oder Überführung des Wirtschaftsguts ausgelöst hätte, auf den anderen Betrieb oder Mitunternehmeranteil zu übertragen.

(6) ¹Eine Nachversteuerung des nachversteuerungspflichtigen Betrags nach Absatz 4 ist durchzuführen
1. in den Fällen der Betriebsveräußerung oder -aufgabe im Sinne der §§ 14, 16 Absatz 1 und 3 sowie des § 18 Absatz 3,
2. in den Fällen der Einbringung eines Betriebs oder Mitunternehmeranteils in eine Kapitalgesellschaft oder eine Genossenschaft sowie in den Fällen des Formwechsels einer Personengesellschaft in eine Kapitalgesellschaft oder Genossenschaft,
3. in den Fällen der unentgeltlichen Übertragung eines Betriebs oder Mitunternehmeranteils nach § 6 Absatz 3, wenn die Übertragung an eine Körperschaft, Personenvereinigung oder Vermögensmasse im Sinne des § 1 Absatz 1 des Körperschaftsteuergesetzes erfolgt. ²Dies gilt entsprechend für eine unentgeltliche Übertragung auf eine Mitunternehmerschaft, soweit der Betrieb oder der Mitunternehmeranteil einer Körperschaft, Personenvereinigung oder Vermögensmasse im Sinne des § 1 Absatz 1 des Körperschaftsteuergesetzes als Mitunternehmer zuzurechnen ist,
4. wenn der Gewinn nicht mehr nach § 4 Absatz 1 Satz 1 oder § 5 ermittelt wird oder
5. wenn der Steuerpflichtige dies beantragt.

²In den Fällen der Nummern 1 bis 3 ist die nach Absatz 4 geschuldete Einkommensteuer auf Antrag des Steuerpflichtigen oder seines Rechtsnachfolgers in regelmäßigen Teilbeträgen für einen Zeitraum von höchstens zehn Jahren seit Eintritt der ersten Fälligkeit zinslos zu stunden, wenn ihre alsbaldige Einziehung mit erheblichen Härten für den Steuerpflichtigen verbunden wäre.

(7) ¹In den Fällen der unentgeltlichen Übertragung eines Betriebs oder Mitunternehmeranteils nach § 6 Absatz 3 hat der Rechtsnachfolger den nachversteuerungspflichtigen Betrag fortzuführen; Absatz 6

§ 34a EStG
H 34a

Satz 1 Nummer 3 bleibt unberührt. ²In den Fällen der Einbringung eines Betriebs oder Mitunternehmeranteils zu Buchwerten nach § 24 des Umwandlungssteuergesetzes geht der für den eingebrachten Betrieb oder Mitunternehmeranteil festgestellte nachversteuerungspflichtige Betrag auf den neuen Mitunternehmeranteil über.

(8) Negative Einkünfte dürfen nicht mit ermäßigt besteuerten Gewinnen im Sinne von Absatz 1 Satz 1 ausgeglichen werden; sie dürfen insoweit auch nicht nach § 10d abgezogen werden.

(9) ¹Zuständig für den Erlass der Feststellungsbescheide über den nachversteuerungspflichtigen Betrag ist das für die Einkommensbesteuerung zuständige Finanzamt. ²Die Feststellungsbescheide können nur insoweit angegriffen werden, als sich der nachversteuerungspflichtige Betrag gegenüber dem nachversteuerungspflichtigen Betrag des Vorjahres verändert hat. ³Die gesonderten Feststellungen nach Satz 1 können mit dem Einkommensteuerbescheid verbunden werden.

(10) ¹Sind Einkünfte aus Land- und Forstwirtschaft, Gewerbebetrieb oder selbständiger Arbeit nach § 180 Absatz 1 Satz 1 Nummer 2 Buchstabe a oder b der Abgabenordnung gesondert festzustellen, können auch die Höhe der Entnahmen und Einlagen sowie weitere für die Tarifermittlung nach den Absätzen 1 bis 7 erforderliche Besteuerungsgrundlagen gesondert festgestellt werden. ²Zuständig für die gesonderten Feststellungen nach Satz 1 ist das Finanzamt, das für die gesonderte Feststellung nach § 180 Absatz 1 Satz 1 Nummer 2 der Abgabenordnung zuständig ist. ³Die gesonderten Feststellungen nach Satz 1 können mit der Feststellung nach § 180 Absatz 1 Satz 1 Nummer 2 der Abgabenordnung verbunden werden. ⁴Die Feststellungsfrist für die gesonderte Feststellung nach Satz 1 endet nicht vor Ablauf der Feststellungsfrist für die Feststellung nach § 180 Absatz 1 Satz 1 Nummer 2 der Abgabenordnung.

(11) ¹Der Bescheid über die gesonderte Feststellung des nachversteuerungspflichtigen Betrags ist zu erlassen, aufzuheben oder zu ändern, soweit der Steuerpflichtige einen Antrag nach Absatz 1 stellt oder diesen ganz oder teilweise zurücknimmt und sich die Besteuerungsgrundlagen im Einkommensteuerbescheid ändern. ²Dies gilt entsprechend, wenn der Erlass, die Aufhebung oder Änderung des Einkommensteuerbescheids mangels steuerlicher Auswirkung unterbleibt. ³Die Feststellungsfrist endet nicht, bevor die Festsetzungsfrist für den Veranlagungszeitraum abgelaufen ist, auf dessen Schluss der nachversteuerungspflichtige Betrag des Betriebs oder Mitunternehmeranteils gesondert festzustellen ist.

H 34a

Hinweise

Allgemeines

Anhang 27c   >BMF vom 11.08.2008 (BStBl I S. 838)

§ 34b

Steuersätze bei Einkünften aus außerordentlichen Holznutzungen

(1) Außerordentliche Holznutzungen sind
1. Holznutzungen, die aus volks- oder staatswirtschaftlichen Gründen erfolgt sind. ²Sie liegen nur insoweit vor, als sie durch gesetzlichen oder behördlichen Zwang veranlasst sind;
2. Holznutzungen infolge höherer Gewalt (Kalamitätsnutzungen). ²Sie sind durch Eis-, Schnee-, Windbruch oder Windwurf, Erdbeben, Bergrutsch, Insektenfraß, Brand oder durch Naturereignisse mit vergleichbaren Folgen verursacht. ³Hierzu gehören nicht die Schäden, die in der Forstwirtschaft regelmäßig entstehen.

(2) ¹Zur Ermittlung der Einkünfte aus außerordentlichen Holznutzungen sind von den Einnahmen sämtlicher Holznutzungen die damit in sachlichem Zusammenhang stehenden Betriebsausgaben abzuziehen. ²Das nach Satz 1 ermittelte Ergebnis ist auf die ordentlichen und außerordentlichen Holznutzungsarten aufzuteilen, in dem die außerordentlichen Holznutzungen zur gesamten Holznutzung ins Verhältnis gesetzt wird. ³Bei einer Gewinnermittlung durch Betriebsvermögensvergleich sind die im Wirtschaftsjahr veräußerten Holzmengen maßgebend. ⁴Bei einer Gewinnermittlung nach den Grundsätzen des § 4 Absatz 3 ist von den Holzmengen auszugehen, die den im Wirtschaftsjahr zugeflossenen Einnahmen zugrunde liegen. ⁵Die Sätze 1 bis 4 gelten für entnommenes Holz entsprechend.

(3) Die Einkommensteuer bemisst sich für die Einkünfte aus außerordentlichen Holznutzungen im Sinne des Absatzes 1
1. nach der Hälfte des durchschnittlichen Steuersatzes, der sich ergäbe, wenn die tarifliche Einkommensteuer nach dem gesamten zu versteuernden Einkommen zuzüglich der dem Progressionsvorbehalt unterliegenden Einkünfte zu bemessen wäre;
2. nach dem halben Steuersatz der Nummer 1, soweit sie den Nutzungssatz (§ 68 der Einkommensteuer-Durchführungsverordnung) übersteigen.

(4) Einkünfte aus außerordentlichen Holznutzungen sind nur anzuerkennen, wenn
1. das im Wirtschaftsjahr veräußerte oder entnommene Holz mengenmäßig getrennt nach ordentlichen und außerordentlichen Holznutzungen nachgewiesen wird und
2. Schäden infolge höherer Gewalt unverzüglich nach Feststellung des Schadensfalls der zuständigen Finanzbehörde mitgeteilt und nach der Aufarbeitung mengenmäßig nachgewiesen werden.

(5) Die Bundesregierung wird ermächtigt, durch Rechtsverordnung mit Zustimmung des Bundesrates
1. die Steuersätze abweichend von Absatz 3 für ein Wirtschaftsjahr aus sachlichen Billigkeitsgründen zu regeln,

§ 34b EStG § 68 EStDV
R 34b.1

2. die Anwendung des § 4a des Forstschäden-Ausgleichsgesetzes für ein Wirtschaftsjahr aus sachlichen Billigkeitsgründen zu regeln,

wenn besondere Schadensereignisse nach Absatz 1 Nummer 2 vorliegen und eine Einschlagsbeschränkung (§ 1 Absatz 1 des Forstschäden-Ausgleichsgesetzes) nicht angeordnet wurde.

EStDV

EStDV
§ 68
Nutzungssatz, Betriebsgutachten, Betriebswerk

(1) ¹Der Nutzungssatz muss periodisch für zehn Jahre durch die Finanzbehörde festgesetzt werden. ²Er muss den Holznutzungen entsprechen, die unter Berücksichtigung der vollen Ertragsfähigkeit des Waldes in Kubikmetern im Festmaß (Erntefestmeter Derbholz ohne Rinde) nachhaltig erzielbar sind.

(2) ¹Der Festsetzung des Nutzungssatzes ist ein amtlich anerkanntes Betriebsgutachten oder ein Betriebswerk zugrunde zu legen, das auf den Anfang des Wirtschaftsjahres aufzustellen ist, von dem an die Periode von zehn Jahren beginnt. ²Es soll innerhalb eines Jahres nach diesem Stichtag der Finanzbehörde übermittelt werden. ³Sofern der Zeitraum, für den es aufgestellt wurde, nicht unmittelbar an den vorherigen Zeitraum der Nutzungssatzfestsetzung anschließt, muss es spätestens auf den Anfang des Wirtschaftsjahrs des Schadensereignisses aufgestellt sein.

(3) ¹Ein Betriebsgutachten im Sinne des Absatzes 2 ist amtlich anerkannt, wenn die Anerkennung von einer Behörde oder einer Körperschaft des öffentlichen Rechts des Landes, in dem der forstwirtschaftliche Betrieb liegt, ausgesprochen wird. ²Die Länder bestimmen, welche Behörden oder Körperschaften des öffentlichen Rechts diese Anerkennung auszusprechen haben.

Gewinnermittlung

R 34b.1

Allgemeines

(1) ¹Die Einkünfte aus Holznutzungen sind nach den Grundsätzen der jeweiligen Gewinnermittlungsart für jedes Wirtschaftsjahr gesondert zu ermitteln. ²Eine Holznutzung liegt vor, wenn aus einem Wirtschaftsgut Baumbestand heraus Holz vom Grund und Boden getrennt wird und im Zuge der Aufarbeitung vom Anlagevermögen zum Umlaufvermögen wird. ³Entsprechendes gilt, wenn Holz auf dem Stamm verkauft wird. ⁴Mit der Zuordnung zum Umlaufvermögen ist der Holzvorrat mit den tatsächlichen Anschaffungs- oder Herstellungskosten zu bewerten.

§ 34b EStG
H 34b.1 R 34b.1

Pauschalierung

(2) ¹Die Pauschalierung der Betriebsausgaben nach § 51 EStDV darf nur vorgenommen werden, wenn es zulässig ist, den Gewinn für die forstwirtschaftliche Nutzung des Betriebs nach den Grundsätzen des § 4 Abs. 3 EStG zu ermitteln und die zum Betrieb gehörenden forstwirtschaftlich genutzten Flächen im Sinne des § 34 Abs. 2 Nr. 1 Buchstabe b des Bewertungsgesetzes zum Beginn des Wirtschaftsjahres 50 Hektar nicht übersteigen. ²Soweit unter diesen Voraussetzungen oder nach § 4 des Forstschäden-Ausgleichsgesetzes Gewinne aus Holznutzungen pauschal ermittelt werden, gelten die pauschalen Betriebsausgaben auch für die Ermittlung der nach § 34b EStG begünstigten Einkünfte aus außerordentlichen Holznutzungen.

Abweichende Wirtschaftsjahre

(3) Die für jedes Wirtschaftsjahr gesondert ermittelten Einkünfte für außerordentliche Holznutzungen sind bei abweichenden Wirtschaftsjahren – den übrigen laufenden Einkünften entsprechend – zeitanteilig und getrennt nach den Einkünften i. S. v. § 34b Abs. 2 i. V. m. Abs. 3 Nr. 1 und 2 EStG dem jeweiligen VZ zuzuordnen.

Mehrere Betriebe

(4) Unterhält ein Stpfl. mehrere Betriebe mit eigenständiger Gewinnermittlung, sind die Einkünfte aus außerordentlichen Holznutzungen nach § 34b Abs. 2 i. V. m. Abs. 3 Nr. 1 und 2 EStG für jeden Betrieb gesondert zu ermitteln und dem jeweiligen VZ zuzurechnen.

Hinweise
H 34b.1

Bewertung des Baumbestandes

Zur steuerlichen Behandlung des Baumbestandes >BMF vom 16.05.2012 (BStBl I S. 595)

Anhang 20 III

Forstschäden-Ausgleichsgesetz

– >Gesetz vom 26.08.1985 (BGBl. I S. 1756, BStBl I S. 592) zuletzt geändert durch Artikel 412 der Zehnten Zuständigkeitsanpassungsverordnung vom 31.08.2015 (BGBl. I S. 1474)
– Zweifelsfragen zu den steuerlichen Regelungen des Forstschäden-Ausgleichsgesetzes >BMF vom 27.07.2021 (BStBl I S. 1044)
– >H 13.5 (Forstwirtschaft)

Zeitliche Anwendung

Zur zeitlichen Anwendung der Tarifvorschrift des § 68 EStDV >BMF vom 16.05.2012 (BStBl I S. 594), letztmals abgedruckt im Anhang 20 IV EStH 2016

R 34b.2 Ordentliche und außerordentliche Holznutzungen

Definition

(1) ¹Außerordentliche Holznutzungen liegen vor, wenn bei einer Holznutzung die in § 34b Abs. 1 EStG genannten Voraussetzungen erfüllt sind. ²Es ist unerheblich, ob sie in Nachhaltsbetrieben oder in aussetzenden Betrieben anfallen. ³Alle übrigen Holznutzungen sind ordentliche Holznutzungen. ⁴Die Veräußerung des Grund und Bodens einschließlich des Aufwuchses oder die Veräußerung des Grund und Bodens und des stehenden Holzes an denselben Erwerber in getrennten Verträgen ist keine Holznutzung i. S. d. § 34b EStG.

Zeitpunkt der Verwertung

(2) ¹§ 34b EStG begünstigt die Einkünfte aus der Verwertung von außerordentlichen Holznutzungen (>R 34b.1 Abs. 1) durch Veräußerung oder Entnahme. ²Zeitpunkt der Verwertung ist in den Fällen der Gewinnermittlung nach § 4 Abs. 1 EStG der Zeitpunkt der Veräußerung oder Entnahme. ³Soweit die Grundsätze des § 4 Abs. 3 EStG anzuwenden sind, ist der Zeitpunkt des Zuflusses der Einnahmen oder der Entnahme maßgebend.

Holznutzungen aus volks- und staatswirtschaftlichen Gründen

(3) ¹Eine Nutzung geschieht aus volks- oder staatswirtschaftlichen Gründen, wenn sie z. B. durch gesetzlichen oder behördlichen Zwang veranlasst worden ist. ²Dies sind insbesondere Holznutzungen infolge einer Enteignung oder einer drohenden Enteignung, z. B. beim Bau von Verkehrswegen. ³Ein Zwang kann dabei schon angenommen werden, wenn der Stpfl. nach den Umständen des Falles der Ansicht sein kann, dass er im Fall der Verweigerung des Verkaufs ein behördliches Enteignungsverfahren zu erwarten habe. ⁴Unter einem unmittelbar drohenden behördlichen Eingriff sind jedoch nicht diejenigen Verpflichtungen zu verstehen, die allein auf Grund der Waldgesetze vorzunehmen sind.

Holznutzungen infolge höherer Gewalt (Kalamitätsnutzungen)

(4) ¹Holznutzungen infolge höherer Gewalt liegen neben den in § 34b Abs. 1 Nr. 2 Satz 2 EStG genannten Fällen auch dann vor, wenn sie durch Naturereignisse verursacht sind, die im Gesetz nicht besonders aufgeführt sind. ²Kalamitätsnutzungen knüpfen stets an das Vorliegen eines außergewöhnlichen Naturereignisses im Sinne höherer Gewalt an. ³Eine Holznutzung infolge höherer Gewalt kann auch in einem Wirtschaftsjahr nach Eintritt des Schadensereignisses erfolgen. ⁴Zu den Holznutzungen infolge höherer Gewalt zählen nicht Schadensfälle von einzelnen Bäumen (z. B. Dürrhölzer, Schaden durch Blitzschlag), soweit sie sich im Rahmen der regelmäßigen natürlichen Abgänge halten.

(5) ¹Bei vorzeitigen Holznutzungen auf Grund von Schäden durch militärische Übungen sind dieselben Steuersätze wie für Holznutzungen infolge höherer Gewalt anzuwenden. ²Ersatzleistungen für Schäden, die sich

beseitigen lassen, (z. B. Schäden an Wegen und Jungpflanzungen), sind nach R 6.6 zu behandeln.

| Hinweise | H 34b.2 |

Höhere Gewalt
Außerordentliche Holznutzungen infolge gesetzlicher oder behördlicher Anordnungen gehören nicht zu den Holznutzungen infolge höherer Gewalt (>RFH vom 23.08.1939 – RStBl S. 1056).

Kalamitätsfolgehiebe
Muss ein nach einem Naturereignis stehengebliebener Bestand nach forstwirtschaftlichen Grundsätzen eingeschlagen werden (sog. Kalamitätsfolgehiebe), werden die daraus anfallenden Nutzungen steuerlich nur als Kalamitätsnutzungen begünstigt, wenn sie nicht in die planmäßige Holznutzung der nächsten Jahre einbezogen werden können, insbesondere aber, wenn nicht hiebreife Bestände eingeschlagen werden müssen (>BFH vom 11.04.1961 – BStBl III S. 276).

Rotfäule
>BMF vom 18.11.2018 (BStBl I S. 1214)

Ermittlung der Einkünfte aus außerordentlichen Holznutzungen

R 34b.3

Grundsätze
(1) Zur Ermittlung der Einkünfte aus außerordentlichen Holznutzungen, sind die mit allen Holznutzungen im Zusammenhang stehenden Betriebseinnahmen und Betriebsausgaben gesondert aufzuzeichnen.

(2) [1]Einnahmen aus sämtlichen Holznutzungen sind die Erlöse aus der Verwertung des Holzes, die der Gewinnermittlung des Wirtschaftsjahres zu Grunde gelegt wurden. [2]Hierzu gehören insbesondere die Erlöse für das veräußerte Holz und der Teilwert für das entnommene Holz. [3]Nicht dazu gehören die Einnahmen aus Nebennutzungen und aus Verkäufen von Wirtschaftsgütern des Anlagevermögens. [4]Von den Einnahmen aus sämtlichen Holznutzungen sind die mit diesen Einnahmen in sachlichem Zusammenhang stehenden Betriebsausgaben des Wirtschaftsjahres abzuziehen, die der Gewinnermittlung des Wirtschaftsjahres zu Grunde gelegt wurden. [5]Dazu gehören insbesondere die festen und beweglichen Verwaltungskosten, Steuern, Zwangsbeiträge und die Betriebskosten. [6]Erhöhte AfA, Sonderabschreibungen sowie Buchwertminderungen und -abgänge sind zu berücksichtigen. [7]Eine Aktivierung von Holzvorräten ist keine Verwertung des Holzes. [8]Der Investitionsabzugsbetrag nach § 7g EStG ist weder als Einnahme noch als Ausgabe zu berücksichtigen, die mit einer Holznutzung in sachlichem Zusammenhang steht. [9]Zum Zeitpunkt der Erfassung der Einnahmen >R 34b.2 Abs. 2.

§ 34b EStG
R 34b.3, 34b.4

Pauschalierung

(3) ¹Im Fall der Pauschalierung nach § 51 EStDV oder § 4 des Forstschäden-Ausgleichsgesetzes gilt Absatz 2 entsprechend. ²Die nicht mit den Pauschsätzen abgegoltenen, aber abzugsfähigen Wiederaufforstungskosten, Buchwertminderungen und -abgänge beim Wirtschaftsgut Baumbestand sind zusätzlich als Betriebsausgaben zu berücksichtigen.

Entschädigungen

(4) ¹Die Berücksichtigung von Entschädigungen und Zuschüssen richtet sich nach den Grundsätzen der maßgebenden Gewinnermittlung. ²Die Zuordnung der Entschädigungen und Zuschüsse zu den Einnahmen aus Holznutzungen oder zu den übrigen Betriebseinnahmen oder -ausgaben richtet sich nach dem Grund der Zahlung. ³Soweit für Entschädigungen die Tarifvergünstigung nach § 34 Abs. 1 i. V. m. § 24 Nr. 2¹) EStG in Anspruch genommen wird, sind die entsprechenden Betriebseinnahmen und die damit in sachlichem Zusammenhang stehenden Betriebsausgaben für Zwecke des § 34b EStG zur Vermeidung einer doppelten Berücksichtigung zu korrigieren.

R 34b.4

Ermittlung der Steuersätze

Durchschnittlicher Steuersatz

(1) ¹Für das gesamte z. v. E. i. S. d. § 32a Abs. 1 EStG – also einschließlich der Einkünfte aus außerordentlichen Holznutzungen – ist der Steuerbetrag nach den allgemeinen Tarifvorschriften zu ermitteln. ²Aus dem Verhältnis des sich ergebenden Steuerbetrags zu dem gesamten z. v. E. ergibt sich der durchschnittliche Steuersatz, der auf vier Dezimalstellen abzurunden ist. ³Die Hälfte bzw. ein Viertel dieses durchschnittlichen Steuersatzes ist der anzuwendende ermäßigte Steuersatz nach § 34b Abs. 3 EStG.

Anzuwendende Steuersätze

(2) ¹Der Umfang der ordentlichen Holznutzung ist für die Anwendung der Steuersätze nach § 34b Abs. 3 EStG ohne Bedeutung. ²Für die Frage, mit welchen Steuersätzen die Einkünfte aus außerordentlichen Holznutzungen zu versteuern sind, ist die im Wirtschaftsjahr verwertete Holzmenge des Betriebs maßgebend. ³Auf die Einkünfte aus außerordentlichen Holznutzungen des Betriebs ist die Hälfte des durchschnittlichen Steuersatzes i. S. d. Absatzes 1 anzuwenden, wenn die Voraussetzungen des § 68 EStDV nicht vorliegen.

(3) ¹Auf Einkünfte aus außerordentlichen Holznutzungen des Betriebs ist unter den Voraussetzungen des § 68 EStDV bis zur Höhe des Nutzungssatzes (Absatz 4) die Hälfte des durchschnittlichen Steuersatzes (§ 34b Abs. 3 Nr. 1 EStG) und für darüber hinausgehende außerordentliche Holznutzungen ein Viertel des durchschnittlichen Steuersatzes (§ 34b

---

¹) richtig § 24 Nr. 1

Abs. 3 Nr. 2 EStG) anzuwenden. ²Hierzu sind die Einkünfte aus außerordentlichen Holznutzungen nach dem Verhältnis der Holzmengen zum Nutzungssatz aufzuteilen.

Nutzungssatz

(4) ¹Der Nutzungssatz i. S. d. § 34b Abs. 3 Nr. 2 EStG i. V. m. § 68 EStDV ist eine steuerliche Bemessungsgrundlage. ²Er muss den Nutzungen entsprechen, die unter Berücksichtigung der vollen jährlichen Ertragsfähigkeit des Waldes in Kubikmetern (Festmetern) objektiv nachhaltig im Betrieb erzielbar sind. ³Maßgebend für die Bemessung des Nutzungssatzes sind nicht die Nutzungen, die nach dem Willen des Betriebsinhabers in einem Zeitraum von zehn Jahren erzielt werden sollen (subjektiver Hiebsatz), sondern die Nutzungen, die unter Berücksichtigung der vollen Ertragsfähigkeit nachhaltig erzielt werden können (objektive Nutzungsmöglichkeit). ⁴Aus diesem Grunde kann sich der Hiebsatz der Forsteinrichtung vom Nutzungssatz unterscheiden. ⁵Die amtliche Anerkennung eines Betriebsgutachtens oder die Vorlage eines Betriebswerks schließt daher eine Prüfung durch den Forstsachverständigen der zuständigen Finanzbehörde nicht aus.

Hinweise

Beispiel zur Verwertung des Holzes in einem Wj.

Grundsachverhalt:

Ein Forstwirt hat in seinem Betrieb (150 ha forstwirtschaftlich genutzte Fläche) einen Sturmschaden mit einem Gesamtumfang von 5.200 fm. Er hat außerdem noch 800 fm ordentliche Holznutzung. Die gesamte Holzmenge von 6.000 fm wird im gleichen Wj. veräußert. Die Einkünfte aus der Verwertung der Holznutzungen betragen insgesamt 180.000 €. Der Stpfl. hat kein gültiges Betriebswerk bzw. amtlich anerkanntes Betriebsgutachten.

Lösung:

a) **Zuordnung der Holzmengen**

Die ordentliche Holznutzung unterliegt im Umfang von 800 fm der regulären Besteuerung. Die außerordentliche Holznutzung infolge höherer Gewalt unterliegt mit 5.200 fm der Tarifvergünstigung des § 34b Abs. 3 Nr. 1 im Umfang von 5.200 fm.

b) **Zuordnung der Steuersätze**

Einkünfte aus allen Holznutzungen	180.000 €
davon aus	
– ordentlichen Holznutzungen (800/6.000)	24.000 €
= Normalsteuersatz	
– außerordentlichen Holznutzungen (5.200/6.000)	156.000 €
= Steuersatz nach § 34b Abs. 3 Nr. 1 (1/2)	

§ 34b EStG
H 34b.4

Abwandlung:
Der aufgrund eines Betriebswerks festgesetzte Nutzungssatz beträgt 1.000 fm.

a) Zuordnung der Holzmengen
Die ordentliche Holznutzung unterliegt im Umfang von 800 fm der regulären Besteuerung. Eine Auffüllung des Nutzungssatzes mit Kalamitätsnutzungen erfolgt nicht. Die außerordentliche Holznutzung infolge höherer Gewalt unterliegt mit 1.000 fm dem Steuersatz des § 34b Abs. 3 Nr. 1 und mit 4.200 fm dem Steuersatz des § 34b Abs. 3 Nr. 2.

b) Zuordnung der Steuersätze

Einkünfte aus allen Holznutzungen	180.000 €
davon aus	
– ordentlichen Holznutzungen (800/6.000)	24.000 €
= Normalsteuersatz	
– außerordentlichen Holznutzungen (1.000/6.000)	30.000 €
= Steuersatz nach § 34b Abs. 3 Nr. 1 (1/2)	
– außerordentlichen Holznutzungen (4.200/6.000)	126.000 €
= Steuersatz nach § 34b Abs. 3 Nr. 2 (1/4)	

Beispiel zur Verwertung des Holzes über mehrere Wirtschaftsjahre
Im Wj. 01 veräußert er die gesamte ordentliche Holznutzung von 800 fm und die Kalamitätsnutzung von 2.200 fm. Die Einkünfte aus der Verwertung der Holznutzungen betragen insgesamt 100.000 €. Im Wj. 02 veräußert er die restliche Kalamitätsnutzung von 3.000 fm und erzielt hieraus Einkünfte von 80.000 €.

Lösung:

a) Zuordnung der Steuersätze im Wj. 01

Einkünfte aus allen Holznutzungen	100.000 €
davon aus	
– ordentlichen Holznutzungen (800/3.000)	26.666 €
= Normalsteuersatz	
– außerordentlichen Holznutzungen bis zur Höhe des Nutzungssatzes (1.000/3.000)	33.334 €
= § 34b Abs. 3 Nr. 1 (1/2)	
– außerordentlichen Holznutzungen über dem Nutzungssatz (1.200/3.000)	40.000 €
= § 34b Abs. 3 Nr. 2 (1/4)	

b) Zuordnung der Steuersätze im Wj. 02

Einkünfte aus allen Holznutzungen	80.000 €
davon aus	
– ordentlichen Holznutzungen (0/3.000)	0 €
= Normalsteuersatz	
– außerordentlichen Holznutzungen bis zur Höhe des Nutzungssatzes (1.000/3.000)	26.666 €
= § 34b Abs. 3 Nr. 1 (1/2)	
– außerordentlichen Holznutzungen über dem Nutzungssatz (2.000/3.000)	53.334 €
= § 34b Abs. 3 Nr. 2 (1/4)	

§ 34b EStG
H 34b.4

Beispiel zur Verwertung des Holzes in den Fällen des § 51 EStDV

Ein Stpfl. hat in seinem land- und forstwirtschaftlichen Betrieb 40 ha forstwirtschaftlich genutzte Fläche und ermittelt seinen Gewinn nach § 4 Abs. 3. Der Stpfl. hat kein amtlich anerkanntes Betriebsgutachten. In den Wj. 01 und 02 beantragt er die Anwendung von § 51 EStDV.

Im Wj. 01 sind ein Sturmschaden mit einem Gesamtumfang von 800 fm und 100 fm ordentliche Holznutzung angefallen. Neben der ordentlichen Holznutzung wird Kalamitätsholz im Umfang von 500 fm verwertet. Die Einnahmen aus der Verwertung der Holznutzungen betragen insgesamt 24.000 €. Es sind keine Buchwertminderungen und Wiederaufforstungskosten zu berücksichtigen.

Im Wj. 02 verwertet er das restliche Kalamitätsholz im Umfang von 300 fm und eine ordentliche Holznutzung im Umfang von 200 fm. Die Einnahmen aus der Verwertung der Holznutzungen betragen insgesamt 20.000 €. Der Stpfl. hat sofort abziehbare Wiederaufforstungskosten von 6.000 € aufgewendet.

Lösung:

Die Einkünfte aus Holznutzungen im Wj. 01 betragen 10.800 € (Einnahmen 24.000 € abzgl. des Betriebsausgabenpauschsatzes nach § 51 Abs. 2 EStDV von 55 % = 13.200 €). Nach der Vereinfachungsregelung der R 34b.6 Abs. 3 EStR kann für die Berechnung des § 34b ein Nutzungssatz von 5 fm/ha x 40 ha = 200 fm zugrunde gelegt werden.

a) **Zuordnung der Steuersätze im Wj. 01**

Einkünfte aus allen Holznutzungen	10.800 €
davon aus	
– ordentlichen Holznutzungen (100/600)	1.800 €
= Normalsteuersatz	
– außerordentlichen Holznutzungen bis zur Höhe des Nutzungssatzes (200/600)	3.600 €
= § 34b Abs. 3 Nr. 1 (1/2)	
– außerordentlichen Holznutzungen über dem Nutzungssatz (300/600)	5.400 €
= § 34b Abs. 3 Nr. 2 (1/4)	

Die Einkünfte aus Holznutzungen im Wj. 02 betragen 3.000 € (Einnahmen 20.000 € abzgl. des Betriebsausgabenpauschsatzes nach § 51 Abs. 2 EStDV von 55 % = 11.000 € und der Wiederaufforstungskosten von 6.000 €). Nach der Vereinfachungsregelung der R 34b.6 Abs. 3 EStR kann für die Berechnung des § 34b ein Nutzungssatz von 5 fm/ha x 40 ha = 200 fm zugrunde gelegt werden.

b) **Zuordnung der Steuersätze im Wj. 02**

Einkünfte aus allen Holznutzungen	3.000 €
davon aus	
– ordentlichen Holznutzungen (200/500)	1.200 €
= Normalsteuersatz	
– außerordentlichen Holznutzungen bis zur Höhe des Nutzungssatzes (200/500)	1.200 €
= § 34b Abs. 3 Nr. 1 (1/2)	
– außerordentliche Holznutzungen über dem Nutzungssatz (100/500)	600 €
= § 34b Abs. 3 Nr. 2 (1/4)	

§ 34b EStG
R 34b.5 H 34b.4, 34b.5

Richtlinien für die Bemessung von Nutzungssätzen
>BMF vom 17.05.2017 (BStBl I S. 783)

R 34b.5 — Umfang der Tarifvergünstigung

Grundsätze

(1) ¹Die Tarifvergünstigung bei Einkünften aus außerordentlichen Holznutzungen nach § 34b EStG stellt eine Progressionsmilderung der dort bestimmten laufenden Einkünfte dar. ²Sie wird für einen Veranlagungszeitraum gewährt. ³Bei abweichenden Wirtschaftsjahren ist nach R 34b.1 Abs. 3 zu verfahren. ⁴Ergeben sich im VZ nach einer Saldierung (>R 34b.1 Abs. 3 und 4) insgesamt keine positiven Einkünfte aus außerordentlichen Holznutzungen, scheidet eine Tarifvergünstigung nach § 34b EStG aus. ⁵Bei der Berechnung der Tarifvergünstigung ist maximal das z. v. E. zugrunde zu legen.

Verhältnis zu § 34 EStG

(2) ¹Treffen Einkünfte aus außerordentlichen Holznutzungen i. S. d. § 34b EStG mit außerordentlichen Einkünften i. S. d. § 34 Abs. 2 EStG zusammen und übersteigen diese Einkünfte das z. v. E., sind die von der S. d. E., dem G. d. E. und dem Einkommen abzuziehenden Beträge zunächst bei den nicht nach § 34 EStG begünstigten Einkünften, danach bei den nach § 34 Abs. 1 EStG begünstigten Einkünften und danach bei den nach § 34 Abs. 3 EStG begünstigten Einkünften zu berücksichtigen, wenn der Stpfl. keine andere Zuordnung beantragt. ²Der Freibetrag nach § 13 Abs. 3 EStG darf dabei nur von Einkünften aus Land- und Forstwirtschaft abgezogen werden.

H 34b.5 — Hinweise

Beispiel

Ein Stpfl. betreibt einen land- und forstwirtschaftlichen Einzelbetrieb (Wj. vom 01.07. – 30.06.) und ist daneben seit dem VZ 02 an einer forstwirtschaftlichen Mitunternehmerschaft beteiligt (Wj. = Kj.). Im Wj. 01/02 ist für den Einzelbetrieb eine Gesamtmenge Kalamitätsholz i. H. v. 1.200 fm anerkannt worden, die in den Wj. 01/02 – 03/04 verwertet wird. Der aufgrund eines Betriebswerks festgesetzte Nutzungssatz für den Einzelbetrieb beträgt 500 fm. Im Wj. 03/04 entstehen aufgrund von Wiederaufforstungskosten negative Einkünfte aus Holznutzungen. Für die Mitunternehmerschaft liegen Feststellungen des zuständigen Finanzamts vor. Aus der Verwertung von Holz hat der Stpfl. folgende Einkünfte erzielt:

§ 34b EStG
H 34b.5

Einzelbetrieb

Wj. 01/02

Einkünfte aus allen Holznutzungen (1.000 fm)	30.000 €
davon aus	
ordentlichen Holznutzungen (300 fm/1.000 fm)	9.000 €
außerordentlichen Holznutzungen nach § 34b Abs. 3 Nr. 1 (500 fm/1.000 fm)	15.000 €
außerordentlichen Holznutzungen nach § 34b Abs. 3 Nr. 2 (200 fm/1.000 fm)	6.000 €

Wj. 02/03

Einkünfte aus allen Holznutzungen (600 fm)	21.000 €
davon aus	
ordentlichen Holznutzungen (200 fm/600 fm)	7.000 €
außerordentlichen Holznutzungen nach § 34b Abs. 3 Nr. 1 (400 fm/600 fm)	14.000 €

Wj. 03/04

Einkünfte aus allen Holznutzungen (300 fm)	– 6.000 €
davon aus	
ordentlichen Holznutzungen (200 fm/300 fm)	– 4.000 €
außerordentlichen Holznutzungen nach § 34b Abs. 3 Nr. 1 (100 fm/300 fm)	– 2.000 €

Im Wj. 04/05 fallen keine Einkünfte aus Holznutzungen an.

Mitunternehmerschaft

VZ 02

Einkünfte aus allen Holznutzungen	19.000 €
davon aus	
ordentlichen Holznutzungen	5.000 €
außerordentlichen Holznutzungen nach § 34b Abs. 3 Nr. 1	4.000 €
außerordentlichen Holznutzungen nach § 34b Abs. 3 Nr. 2	10.000 €

VZ 03

Einkünfte aus allen Holznutzungen	9.000 €
davon aus	
ordentlichen Holznutzungen	1.000 €
außerordentlichen Holznutzungen nach § 34b Abs. 3 Nr. 1	2.000 €
außerordentlichen Holznutzungen nach § 34b Abs. 3 Nr. 2	6.000 €

VZ 04

Einkünfte aus allen Holznutzungen	3.600 €
davon aus	
ordentlichen Holznutzungen	1.200 €
außerordentlichen Holznutzungen nach § 34b Abs. 3 Nr. 1	2.400 €

§ 34b EStG
R 34b.6 H 34b.5

Lösung:
Für die VZ 01 – 04 ergibt sich unter Berücksichtigung von § 4a Abs. 2 Nr. 1 folgende Zuordnung der Einkünfte aus Holznutzungen:

	Einkünfte aus Holznutzungen Wj.	Zuordnung zu VZ			
		VZ 01	VZ 02	VZ 03	VZ 04
ordentliche Holznutzungen (Normalsteuersatz)					
aus Wj. 01/02	9.000 €	4.500 €	4.500 €		
aus Wj. 02/03	7.000 €		3.500 €	3.500 €	
aus Wj. 03/04	– 4.000 €			– 2.000 €	– 2.000 €
Mitunternehmerschaft	–		5.000 €	1.000 €	1.200 €
Summe (Normalsteuersatz)		4.500 €	13.000 €	2.500 €	– 800 €
außerordentliche Holznutzungen nach § 34b Abs. 3 Nr. 1 (1/2-Steuersatz)					
aus Wj. 01/02	15.000 €	7.500 €	7.500 €		
aus Wj. 02/03	14.000 €		7.000 €	7.000 €	
aus Wj. 03/04	– 2.000 €			– 1.000 €	– 1.000 €
Mitunternehmerschaft	–		4.000 €	2.000 €	2.400 €
Summe (1/2-Steuersatz)		7.500 €	18.500 €	8.000 €	1.400 €
außerordentliche Holznutzungen nach § 34b Abs. 3 Nr. 2 (1/4-Steuersatz)					
aus Wj. 01/02	6.000 €	3.000 €	3.000 €		
Mitunternehmerschaft	–		10.000 €	6.000 €	
Summe (1/4-Steuersatz)		3.000 €	13.000 €	6.000 €	

R 34b.6 **Voraussetzungen für die Anwendung der Tarifvergünstigung**

Aufstellung und Vorlage eines Betriebsgutachtens oder eines Betriebswerks

(1) [1] Für die Festsetzung des Nutzungssatzes i. S. d. § 34b Abs. 3 Nr. 2 EStG ist grundsätzlich ein amtlich anerkanntes Betriebsgutachten oder ein Betriebswerk erforderlich. [2] Dieses soll nach § 68 Abs. 2 Satz 2 EStDV innerhalb eines Jahres nach dem Stichtag seiner Aufstellung dem Forstsachverständigen der zuständigen Finanzbehörde zur Überprüfung zugeleitet werden. [3] Wird es nicht innerhalb eines Jahres übermittelt, kann dies im Fall nicht mehr nachprüfbarer Daten bei der Festsetzung eines Nutzungssatzes zu Lasten des Stpfl. gehen (z. B. durch Unsicherheitszuschläge). [4] Enthält es Mängel (z. B. methodische Mängel, unzutreffende oder nicht mehr überprüfbare Naturaldaten), kann es zurückgewiesen werden; ein Gegengutachten der zuständigen Finanzbehörde ist nicht erforderlich.

(2) ¹Wird ein amtlich anerkanntes Betriebsgutachten oder ein Betriebswerk nicht fortlaufend aufgestellt oder wird es infolge einer Betriebsumstellung neu aufgestellt und schließt deshalb nicht an den vorherigen Zeitraum der Nutzungssatzfeststellung an, kann es im Schadensfalle nur berücksichtigt werden, wenn es spätestens auf den Anfang des Wirtschaftsjahres des Schadensereignisses aufgestellt wurde. ²Gleiches gilt für den Fall, dass ein amtlich anerkanntes Betriebsgutachten oder ein Betriebswerk erstmals nach einem Schadensereignis erstellt wird; Absatz 1 Satz 3 und 4 sind entsprechend anzuwenden.

Vereinfachungsregelung

(3) ¹Aus Vereinfachungsgründen kann bei Betrieben mit bis zu 50 Hektar forstwirtschaftlich genutzter Fläche, für die nicht bereits aus anderen Gründen ein amtlich anerkanntes Betriebsgutachten oder ein Betriebswerk vorliegt, auf die Festsetzung eines Nutzungssatzes verzichtet werden. ²In diesen Fällen ist bei der Anwendung des § 34b EStG ein Nutzungssatz von fünf Erntefestmetern ohne Rinde je Hektar zu Grunde zu legen.

Festsetzung eines Nutzungssatzes

(4) ¹Nach Prüfung der vorgelegten Unterlagen ist ein Nutzungssatz zu ermitteln und periodisch für einen Zeitraum von zehn Jahren festzusetzen. ²Er stellt eine unselbständige Besteuerungsgrundlage dar und kann gegebenenfalls auch nachträglich geändert werden. ³Der festgesetzte Nutzungssatz muss zum Zeitpunkt der Veräußerung der außerordentlichen Holznutzungen gültig sein.

Nutzungsnachweis

(5) ¹Für den Nutzungsnachweis nach § 34b Abs. 4 Nr. 1 EStG genügt es, wenn der Stpfl. die Holznutzungen eines Wirtschaftsjahrs mengenmäßig getrennt nach ordentlichen und außerordentlichen Holznutzungen nachweist. ²Im Falle eines besonderen Schadensereignisses i. S. d. § 34b Abs. 5 EStG gelten zudem die Regelungen in R 34b.7 Abs. 1.

Kalamitätsmeldungen

(6) ¹Schäden infolge höherer Gewalt werden nur anerkannt, wenn sie nach Feststellung des Schadensfalls ohne schuldhaftes Zögern und vor Beginn der Aufarbeitung der zuständigen Finanzbehörde nach amtlichem Vordruck für jeden Betrieb gesondert mitgeteilt werden. ²Die Mitteilung darf nicht deshalb verzögert werden, weil der Schaden dem Umfang und der Höhe nach noch nicht feststeht.

§ 34b EStG

R 34b.7

Billigkeitsmaßnahmen nach § 34b Abs. 5 EStG

Besonderer Steuersatz

(1) ¹Werden aus sachlichen Billigkeitsgründen die Regelungen des § 34b Abs. 5 EStG für ein Wirtschaftsjahr in Kraft gesetzt, bestimmt sich der Umfang des mit dem besonderen Steuersatz der Rechtsverordnung zu begünstigenden Kalamitätsholzes nach der für das betroffene Wirtschaftsjahr anerkannten Schadensmenge (Begünstigungsvolumen). ²Grundlage hierfür ist die nach der Aufarbeitung nachgewiesene Schadensmenge (>R 34b.6 Abs. 6). ³Das Begünstigungsvolumen wird durch Kalamitätsnutzungen gemindert, die dem Steuersatz nach § 34b Abs. 5 EStG unterworfen werden.

(2) ¹Die unter die Tarifvergünstigung nach § 34b Abs. 5 EStG fallenden Einkünfte werden im Wirtschaftsjahr der Verwertung des Kalamitätsholzes gesondert ermittelt. ²Daneben kann für andere Kalamitätsnutzungen die Tarifvergünstigung nach § 34b Abs. 3 EStG in Betracht kommen. ³Der besondere Steuersatz der Rechtsverordnung ist so lange zu berücksichtigen, bis das Begünstigungsvolumen nach Absatz 1 durch Kalamitätsnutzungen jeglicher Art aufgebraucht ist.

Bewertung von Holzvorräten

(3) Bei der Gewinnermittlung durch Betriebsvermögensvergleich kann nach Maßgabe der Rechtsverordnung für das darin benannte Wirtschaftsjahr von der Aktivierung des eingeschlagenen und unverkauften Kalamitätsholzes ganz oder teilweise abgesehen werden.

Weisungen im Rahmen einer Vielzahl von Einzelfällen

(4) ¹Die in § 34b Abs. 5 EStG vorgesehenen Billigkeitsmaßnahmen können nach Maßgabe der Absätze 1 bis 3 auch bei größeren, regional begrenzten Schadensereignissen, die nicht nur Einzelfälle betreffen, im Wege typisierender Verwaltungsanweisungen auf der Grundlage des § 163 der AO entsprechend angewendet werden. ²Darüber hinaus gehende Billigkeitsmaßnahmen sind nur in begründeten Einzelfällen unter Berücksichtigung der sachlichen und persönlichen Unbilligkeit zulässig.

H 34b.7

Hinweise

Beispiel

Ein Forstwirt hat im Wj. 01 eine Holzmenge von 10.000 fm aufgearbeitet. Davon sind 9.000 fm aufgrund eines besonders großen Sturmschadens als Kalamitätsholz angefallen. Der Vorrat an aufgearbeitetem und unverkauftem Kalamitätsholz vorangegangener Wj. beträgt 350 fm.

Der für die Wj. 00 bis 09 festgesetzte Nutzungssatz beträgt 1.500 fm.

Eine Einschlagsbeschränkung nach dem Forstschäden-Ausgleichsgesetz wurde nicht angeordnet. Die Bundesregierung hat mit Zustimmung des Bundesrats eine Rechtsverordnung erlassen, wonach zum Ausgleich des Sturmschadens das im Wj. 01 angefallene Kalamitätsholz einheitlich mit einem Viertel des durchschnittlichen Steuersatzes zu besteuern ist.

Im Wj. 01 veräußert er die ordentliche Holznutzung von 1.000 fm, das Kalamitätsholz vorangegangener Wj. von 350 fm und 3.000 fm Kalamitätsholz des Schadensjahres.

Im Wj. 02 veräußert er weitere 4.000 fm Kalamitätsholz aus dem Wj. 01.

Im Wj. 03 fallen weitere 500 fm Kalamitätsholz an, die er sofort veräußert. Zudem veräußert er noch die gesamte restliche Holzmenge von 2.000 fm.

Lösung:

Wj. 01

Die veräußerte ordentliche Holznutzung von 1.000 fm ist ohne Tarifvergünstigung zu besteuern. Das Kalamitätsholz im Umfang von 9.000 fm unterliegt im Wj. der Holznutzung infolge der Anordnung einem Viertel des durchschnittlichen Steuersatzes. Davon sind im Wj. 01 3.000 fm veräußert worden und unterliegen der besonderen Tarifvergünstigung. Dies gilt auch für den im Wj. 01 veräußerten Holzvorrat an Kalamitätsholz vorangegangener Wj. von 350 fm. Das verbleibende Begünstigungsvolumen nach § 34b Abs. 5 beträgt 5.650 fm.

Wj. 02

Das veräußerte Kalamitätsholz von 4.000 fm unterliegt in vollem Umfang einem Viertel des durchschnittlichen Steuersatzes. Das verbleibende Begünstigungsvolumen nach § 34b Abs. 5 beträgt 1.650 fm.

Wj. 03

Das veräußerte Kalamitätsholz von 2.500 fm unterliegt im Umfang von 1.650 fm dem besonderen Steuersatz nach § 34b Abs. 5. Die verbleibenden 850 fm liegen innerhalb des im Wj. 03 gültigen Nutzungssatzes; hierfür gilt der Steuersatz nach § 34b Abs. 3 Nr. 1.

Rücklage nach § 3 des Forstschäden-Ausgleichsgesetzes

R 34b.8

[1] Die Bildung einer steuerfreien Rücklage nach § 3 des Forstschäden-Ausgleichsgesetzes ist von den nutzungssatzmäßigen Einnahmen der vorangegangenen drei Wirtschaftsjahre abhängig. [2] Dabei sind Über- und Unternutzungen in den jeweiligen Wirtschaftsjahren nicht auszugleichen. [3] Übersteigt die tatsächliche Holznutzung eines Wirtschaftsjahres den Nutzungssatz nicht, so sind alle Einnahmen aus Holznutzungen des Wirtschaftsjahres als nutzungssatzmäßige Einnahmen zu berücksichtigen. [4] Übersteigt dagegen die tatsächliche Holznutzung im Wirtschaftsjahr den Nutzungssatz, sind zur Ermittlung der nutzungssatzmäßigen Einnahmen alle Einnahmen aus Holznutzungen im Verhältnis des Nutzungssatzes zur gesamten Holznutzung aufzuteilen. [5] Dies setzt voraus, dass für das Wirtschaftsjahr der Bildung einer Rücklage und der drei vorangegangenen Wirtschaftsjahre jeweils ein Nutzungssatz gültig ist. [6] Der durch die Rücklage verursachte Aufwand oder Ertrag ist bei der Ermittlung der Einkünfte aus außerordentlichen Holznutzungen nach § 34b Abs. 2 EStG zu berücksichtigen.

§ 34c EStG

V. Steuerermäßigungen

1. Steuerermäßigung bei ausländischen Einkünften

§ 34c

(1) [1]Bei unbeschränkt Steuerpflichtigen, die mit ausländischen Einkünften in dem Staat, aus dem die Einkünfte stammen, zu einer der deutschen Einkommensteuer entsprechenden Steuer herangezogen werden, ist die festgesetzte und gezahlte und um einen entstandenen Ermäßigungsanspruch gekürzte ausländische Steuer auf die deutsche Einkommensteuer anzurechnen, die auf die Einkünfte aus diesem Staat entfällt; das gilt nicht für Einkünfte aus Kapitalvermögen, auf die § 32d Absatz 1 und 3 bis 6 anzuwenden ist. [2]Die auf die ausländischen Einkünfte nach Satz 1 erster Halbsatz entfallende deutsche Einkommensteuer ist in der Weise zu ermitteln, dass der sich bei der Veranlagung des zu versteuernden Einkommens, einschließlich der ausländischen Einkünfte, nach den §§ 32a, 32b, 34, 34a und 34b ergebende durchschnittliche Steuersatz auf die ausländischen Einkünfte anzuwenden ist. [3]Bei der Ermittlung des zu versteuernden Einkommens und der ausländischen Einkünfte sind die Einkünfte nach Satz 1 zweiter Halbsatz nicht zu berücksichtigen; bei der Ermittlung der ausländischen Einkünfte sind die ausländischen Einkünfte nicht zu berücksichtigen, die in dem Staat, aus dem sie stammen, nach dessen Recht nicht besteuert werden. [4]Gehören ausländische Einkünfte der in § 34d Nummer 3, 4, 6, 7 und 8 Buchstabe c genannten Art zum Gewinn eines inländischen Betriebes, sind bei ihrer Ermittlung Betriebsausgaben und Betriebsvermögensminderungen abzuziehen, die mit den diesen Einkünften zugrunde liegenden Einnahmen in wirtschaftlichem Zusammenhang stehen. [5]Die ausländischen Steuern sind nur insoweit anzurechnen, als sie auf die im Veranlagungszeitraum bezogenen Einkünfte entfallen.

(2) Statt der Anrechnung (Absatz 1) ist die ausländische Steuer auf Antrag bei der Ermittlung der Einkünfte abzuziehen, soweit sie auf ausländische Einkünfte entfällt, die nicht steuerfrei sind.

(3) Bei unbeschränkt Steuerpflichtigen, bei denen eine ausländische Steuer vom Einkommen nach Absatz 1 nicht angerechnet werden kann, weil die Steuer nicht der deutschen Einkommensteuer entspricht oder nicht in dem Staat erhoben wird, aus dem die Einkünfte stammen, oder weil keine ausländischen Einkünfte vorliegen, ist die festgesetzte und gezahlte und um einen entstandenen Ermäßigungsanspruch gekürzte ausländische Steuer bei der Ermittlung der Einkünfte abzuziehen, soweit sie auf Einkünfte entfällt, die der deutschen Einkommensteuer unterliegen.

(4) (weggefallen)

(5) Die obersten Finanzbehörden der Länder oder die von ihnen beauftragten Finanzbehörden können mit Zustimmung des Bundesministeriums der Finanzen die auf ausländische Einkünfte entfallende deutsche Einkommensteuer ganz oder zum Teil erlassen oder in einem Pauschbetrag festsetzen, wenn es aus volkswirtschaftlichen Gründen zweckmäßig ist oder die Anwendung des Absatzes 1 besonders schwierig ist.

(6) [1]Die Absätze 1 bis 3 sind vorbehaltlich der Sätze 2 bis 6 nicht anzuwenden, wenn die Einkünfte aus einem ausländischen Staat stammen, mit dem ein Abkommen zur Vermeidung der Doppelbesteuerung besteht. [2]Soweit in einem Abkommen zur Vermeidung der Doppelbesteuerung die Anrechnung einer ausländischen Steuer auf die deutsche Einkommensteuer vorgesehen ist, sind Absatz 1 Satz 2 bis 5 und Absatz 2 entsprechend auf die nach dem Abkommen anzurechnende und um einen entstandenen Ermäßigungsanspruch gekürzte ausländische Steuer anzuwenden; das gilt nicht für Einkünfte, auf die § 32d Absatz 1 und 3 bis 6 anzuwenden ist; bei nach dem Abkommen als gezahlt geltenden ausländischen Steuerbeträgen sind Absatz 1 Satz 3 und Absatz 2 nicht anzuwenden. [3]Absatz 1 Satz 3 gilt auch dann entsprechend, wenn die Einkünfte in dem ausländischen Staat nach dem Abkommen zur Vermeidung der Doppelbesteuerung mit diesem Staat nicht besteuert werden können. [4]Bezieht sich ein Abkommen zur Vermeidung der Doppelbesteuerung nicht auf eine Steuer vom Einkommen dieses Staates, so sind die Absätze 1 und 2 entsprechend anzuwenden. [5]In den Fällen des § 50d Absatz 9 sind die Absätze 1 bis 3 und Satz 6 entsprechend anzuwenden. [6]Absatz 3 ist anzuwenden, wenn der Staat, mit dem ein Abkommen zur Vermeidung der Doppelbesteuerung besteht, Einkünfte besteuert, die nicht aus diesem Staat stammen, es sei denn, die Besteuerung hat ihre Ursache in einer Gestaltung, für die wirtschaftliche oder sonst beachtliche Gründe fehlen, oder das Abkommen gestattet dem Staat die Besteuerung dieser Einkünfte.

(7) Durch Rechtsverordnung können Vorschriften erlassen werden über
1. die Anrechnung ausländischer Steuern, wenn die ausländischen Einkünfte aus mehreren fremden Staaten stammen,
2. den Nachweis über die Höhe der festgesetzten und gezahlten ausländischen Steuern,
3. die Berücksichtigung ausländischer Steuern, die nachträglich erhoben oder zurückgezahlt werden.

§ 34c EStG §§ 68a-69 EStDV
R 34c

EStDV

EStDV

§ 68a
Einkünfte aus mehreren ausländischen Staaten

¹Die für die Einkünfte aus einem ausländischen Staat festgesetzte und gezahlte und um einen entstandenen Ermäßigungsanspruch gekürzte ausländische Steuer ist nur bis zur Höhe der deutschen Steuer anzurechnen, die auf die Einkünfte aus diesem ausländischen Staat entfällt. ²Stammen die Einkünfte aus mehreren ausländischen Staaten, so sind die Höchstbeträge der anrechenbaren ausländischen Steuern für jeden einzelnen ausländischen Staat gesondert zu berechnen.

§ 68b
Nachweis über die Höhe der ausländischen Einkünfte und Steuern

¹Der Steuerpflichtige hat den Nachweis über die Höhe der ausländischen Einkünfte und über die Festsetzung und Zahlung der ausländischen Steuern durch Vorlage entsprechender Urkunden (z. B. Steuerbescheid, Quittung über die Zahlung) zu führen. ²Sind diese Urkunden in einer fremden Sprache abgefasst, so kann eine beglaubigte Übersetzung in die deutsche Sprache verlangt werden.

§ 69
(weggefallen)

R 34c.

R 34c (1)

Anrechnung und Abzug ausländischer Steuern

Umrechnung ausländischer Steuern

(1) ¹Die nach § 34c Abs. 1 und Abs. 6 EStG auf die deutsche Einkommensteuer anzurechnende oder nach § 34c Abs. 2, 3 und 6 EStG bei der Ermittlung der Einkünfte abzuziehende ausländische Steuer ist auf der Grundlage der von der Europäischen Zentralbank täglich veröffentlichten Euro-Referenzkurse umzurechnen. ²Zur Vereinfachung ist die Umrechnung dieser Währungen auch zu den Umsatzsteuer-Umrechnungskursen zulässig, die monatlich im Bundessteuerblatt Teil I veröffentlicht werden.

R 34c (2) **Zu berücksichtigende ausländische Steuer**

(2) ¹Entfällt eine zu berücksichtigende ausländische Steuer auf negative ausländische Einkünfte, die unter die Verlustausgleichsbeschränkung des § 2a Abs. 1 EStG fallen, oder auf die durch die spätere Verrechnung gekürzten positiven ausländischen Einkünfte, ist sie im Rahmen des Höchstbetrags (>Absatz 3) nach § 34c Abs. 1 EStG anzurechnen oder auf Antrag nach § 34c Abs. 2 EStG bei der Ermittlung der Einkünfte abzuziehen. ²Bei Abzug erhöhen sich die – im VZ nicht ausgleichsfähigen – negativen aus-

ländischen Einkünfte. ³Die nach § 34c Abs. 1 und 6 anzurechnende ausländische Steuer ist nicht zu kürzen, wenn die entsprechenden Einnahmen nach § 3 Nr. 40 EStG teilweise steuerfrei sind.

Hinweise

Anrechnung ausländischer Steuern bei Bestehen von DBA
>H 34c (5) Anrechnung

Festsetzung ausländischer Steuern
Eine Festsetzung i. S. d. § 34c Abs. 1 kann auch bei einer Anmeldungssteuer vorliegen. Die Anrechnung solcher Steuern hängt von einer hinreichend klaren Bescheinigung des Anmeldenden über die Höhe der für den Stpfl. abgeführten Steuer ab (>BFH vom 05.02.1992 – BStBl II S. 607).

Nichtanrechenbare ausländische Steuern
>§ 34c Abs. 3

Verzeichnis ausländischer Steuern in Nicht-DBA-Staaten, die der deutschen Einkommensteuer entsprechen
>Anhang 12; die Entsprechung nicht aufgeführter ausländischer Steuern mit der deutschen Einkommensteuer wird erforderlichenfalls vom BMF festgestellt

Anhang 12

Ermittlung des Höchstbetrags für die Steueranrechnung

(3) ¹Bei der Ermittlung des Höchstbetrags nach § 34c Abs. 1 Satz 2 EStG bleiben ausländische Einkünfte, die nach § 34c Abs. 5 EStG pauschal besteuert werden, und die Pauschsteuer außer Betracht. ²Ebenfalls nicht zu berücksichtigen sind nach § 34c Abs. 1 Satz 3 EStG die ausländischen Einkünfte, die in dem Staat, aus dem sie stammen, nach dessen Recht nicht besteuert werden. ³Die ausländischen Einkünfte sind für die deutsche Besteuerung unabhängig von der Einkünfteermittlung im Ausland nach den Vorschriften des deutschen Einkommensteuerrechts zu ermitteln. ⁴Dabei sind alle Betriebsausgaben und Werbungskosten zu berücksichtigen, die mit den im Ausland erzielten Einnahmen in wirtschaftlichem Zusammenhang stehen. ⁵Die § 3 Nr. 40 und § 3c Abs. 2 EStG sind zu beachten. ⁶Bei zusammenveranlagten Ehegatten (>§ 26b EStG) ist für die Ermittlung des Höchstbetrags eine einheitliche S. d. E. zu bilden[1]). ⁷Haben zusammenveranlagte Ehegatten ausländische Einkünfte aus demselben Staat bezogen, sind für die nach § 68a EStDV für jeden einzelnen ausländischen Staat gesondert durchzuführende Höchstbetragsberechnung der anrechenbaren ausländischen Steuern die Einkünfte und anrechenbare Steuern der Ehegatten aus diesem Staat zusammenzurechnen. ⁸Bei der

---

[1]) Satz 6 für VZ ab 2015 ohne Bedeutung

§ 34c EStG
R 34c H 34c (3)

Ermittlung des Höchstbetrags ist § 2a Abs. 1 EStG sowohl im VZ des Entstehens von negativen Einkünften als auch in den VZ späterer Verrechnung zu beachten.

H 34c (3)

Hinweise

Anrechnung

- bei abweichender ausländischer Bemessungsgrundlage
  keinen Einfluss auf die Höchstbetragsberechnung, wenn Einkünfteidentität dem Grunde nach besteht >BFH vom 02.02.1994, Leitsatz 8 (BStBl II S. 727)
- bei abweichender ausländischer Steuerperiode möglich >BFH vom 04.06.1991 (BStBl II 1992 S. 187)
- schweizerischer Steuern bei sog. Pränumerando-Besteuerung mit Vergangenheitsbemessung >BFH vom 31.07.1991 (BStBl II S. 922)
- schweizerischer Abzugssteuern bei Grenzgängern
  § 34c ist nicht einschlägig. Die Anrechnung erfolgt in diesen Fällen entsprechend § 36 (>Artikel 15a Abs. 3 DBA Schweiz).

Ermittlung des Höchstbetrags für die Steueranrechnung

Beispiel:

Ein verheirateter Stpfl., der im Jahr 2005 das 65. Lebensjahr vollendet hatte, hat im Jahr **2022**

Einkünfte aus Gewerbebetrieb	101.900 €
Einkünfte aus Vermietung und Verpachtung	5.300 €
Sonderausgaben	6.140 €

In den Einkünften aus Gewerbebetrieb sind Darlehenszinsen von einem ausländischen Schuldner im Betrag von 20.000 € enthalten, für die im Ausland eine Einkommensteuer von 2.500 € gezahlt werden musste. Nach Abzug der hierauf entfallenden Betriebsausgaben einschl. Refinanzierungskosten betragen die ausländischen Einkünfte 6.500 €. Die auf die ausländischen Einkünfte entfallende anteilige deutsche Einkommensteuer ist wie folgt zu ermitteln:

S. d. E. (101.900 € + 5.300 € =)	107.200 €
Altersentlastungsbetrag	– 1.900 €
G. d. E.	105.300 €
Sonderausgaben	– 6.140 €
z. v. E.	99.160 €
Einkommensteuer nach dem Splittingtarif	**23.308** €
durchschnittlicher Steuersatz:	
23.308 € x 100/99.160 =	**23,5054** %
Höchstbetrag:	
23,5054 % von 6.500 € = **1.527,85** €, aufgerundet	**1.528** €

Nur bis zu diesem Betrag kann die ausländische Steuer angerechnet werden.

Antragsgebundener Abzug ausländischer Steuern

(4) ¹Das Antragsrecht auf Abzug ausländischer Steuern bei der Ermittlung der Einkünfte nach § 34c Abs. 2 EStG muss für die gesamten Einkünfte und Steuern aus demselben Staat einheitlich ausgeübt werden. ²Zusammenveranlagte Ehegatten müssen das Antragsrecht nach § 34c Abs. 2 EStG für ausländische Steuern auf Einkünfte aus demselben Staat nicht einheitlich ausüben. ³Werden Einkünfte gesondert festgestellt, ist über den Steuerabzug im Feststellungsverfahren zu entscheiden. ⁴Der Antrag ist grundsätzlich in der Feststellungserklärung zu stellen. ⁵In Fällen der gesonderten und einheitlichen Feststellung kann jeder Beteiligte einen Antrag stellen. ⁶Hat ein Stpfl. in einem VZ neben den festzustellenden Einkünften andere ausländische Einkünfte aus demselben Staat als Einzelperson und/oder als Beteiligter bezogen, ist die Ausübung oder Nichtausübung des Antragsrechts in der zuerst beim zuständigen Finanzamt eingegangenen Feststellungs- oder Steuererklärung maßgebend. ⁷Der Antrag kann noch im Rechtsbehelfsverfahren mit Ausnahme des Revisionsverfahrens und, soweit es nach der AO zulässig ist, im Rahmen der Änderung von Steuerbescheiden nachgeholt oder zurückgenommen werden. ⁸Die abzuziehende ausländische Steuer ist zu kürzen, soweit die entsprechenden Einnahmen nach § 3 Nr. 40 EStG teilweise steuerfrei sind.

Bestehen von DBA

(5) Sieht ein DBA die Anrechnung ausländischer Steuern vor, kann dennoch auf Antrag der nach innerstaatlichem Recht wahlweise eingeräumte Abzug der ausländischen Steuern bei der Ermittlung der Einkünfte beansprucht werden.

Hinweise

Allgemeines
Stand der DBA und anderer Abkommen im Steuerbereich >Anhang 12 I LStH 2023

Anrechnung
Die Höhe der anzurechnenden ausländischen Steuern (§ 34c Abs. 6 Satz 2) ergibt sich aus den jeweiligen DBA. Danach ist regelmäßig die in Übereinstimmung mit dem DBA erhobene und nicht zu erstattende ausländische Steuer anzurechnen. Bei Dividenden, Zinsen und Lizenzgebühren sind das hiernach die nach den vereinbarten Quellensteuersätzen erhobenen Quellensteuern, die der ausländische Staat als Quellenstaat auf diese Einkünfte erheben darf. Nur diese Steuern sind in Übereinstimmung mit dem jeweiligen DBA erhoben und nicht zu erstatten. Eine Anrechnung von ausländischer Steuer kommt auch dann nur in Höhe der abkommensrechtlich begrenzten Quellensteuer in Betracht, wenn eine darüber hinausgehende ausländische Steuer wegen Ablaufs der Erstattungsfrist im ausländischen Staat nicht mehr erstattet werden kann (>BFH vom 15.03.1995 –

§ 34c EStG
H 34c (5), (6)

BStBl II S. 580). Dies gilt nach der Neufassung des § 34c Abs. 1 Satz 1 auch für Nicht-DBA-Fälle.

H 34c (6)

Hinweise

Pauschalierung
- Pauschalierung der Einkommensteuer für ausländische Einkünfte gem. § 34c Abs. 5 >BMF vom 10.04.1984 (BStBl I S. 252)
- Steuerliche Behandlung von Arbeitnehmereinkünften bei Auslandstätigkeiten (ATE) >BMF vom 31.10.1983 (BStBl I S. 470), abgedruckt im LStH Anhang 7

§ 34d
Ausländische Einkünfte

Ausländische Einkünfte im Sinne des § 34c Absatz 1 bis 5 sind
1. Einkünfte aus einer in einem ausländischen Staat betriebenen Land- und Forstwirtschaft (§§ 13 und 14) und Einkünfte der in den Nummern 3, 4, 6, 7 und 8 Buchstabe c genannten Art, soweit sie zu den Einkünften aus Land- und Forstwirtschaft gehören;
2. Einkünfte aus Gewerbebetrieb (§§ 15 und 16),
   a) die durch eine in einem ausländischen Staat belegene Betriebsstätte oder durch einen in einem ausländischen Staat tätigen ständigen Vertreter erzielt werden, und Einkünfte der in den Nummern 3, 4, 6, 7 und 8 Buchstabe c genannten Art, soweit sie zu den Einkünften aus Gewerbebetrieb gehören,
   b) die aus Bürgschafts- und Avalprovisionen erzielt werden, wenn der Schuldner Wohnsitz, Geschäftsleitung oder Sitz in einem ausländischen Staat hat, oder
   c) die durch den Betrieb eigener oder gecharterter Seeschiffe oder Luftfahrzeuge aus Beförderungen zwischen ausländischen oder von ausländischen zu inländischen Häfen erzielt werden, einschließlich der Einkünfte aus anderen mit solchen Beförderungen zusammenhängenden, sich auf das Ausland erstreckenden Beförderungsleistungen;
3. Einkünfte aus selbständiger Arbeit (§ 18), die in einem ausländischen Staat ausgeübt oder verwertet wird oder worden ist, und Einkünfte der in den Nummern 4, 6, 7 und 8 Buchstabe c genannten Art, soweit sie zu den Einkünften aus selbständiger Arbeit gehören;
4. Einkünfte aus der Veräußerung von
   a) Wirtschaftsgütern, die zum Anlagevermögen eines Betriebs gehören, wenn die Wirtschaftsgüter in einem ausländischen Staat belegen sind,
   b) Anteilen an Kapitalgesellschaften,
      aa) wenn die Gesellschaft Geschäftsleitung oder Sitz in einem ausländischen Staat hat oder
      bb) deren Anteilswert zu irgendeinem Zeitpunkt während der 365 Tage vor der Veräußerung unmittelbar oder mittelbar zu mehr als 50 Prozent auf in einem ausländischen Staat belegenen unbeweglichen Vermögen beruhte und die Anteile dem Veräußerer zu diesem Zeitpunkt zuzurechnen waren; für die Ermittlung dieser Quote sind die aktiven [1]

---

[1] *zur Anwendung der* Nummer 4 Buchst. b Doppelbuchst. bb >§ 52 Abs. 34b Satz 1.

§ 34d EStG
H 34d

      Wirtschaftsgüter des Betriebsvermögens mit den Buchwerten, die zu diesem Zeitpunkt anzusetzen gewesen wären, zugrunde zu legen;

5. Einkünfte aus nichtselbständiger Arbeit (§ 19), die in einem ausländischen Staat ausgeübt oder, ohne im Inland ausgeübt zu werden oder worden zu sein, in einem ausländischen Staat verwertet wird oder worden ist, und Einkünfte, die von ausländischen öffentlichen Kassen mit Rücksicht auf ein gegenwärtiges oder früheres Dienstverhältnis gewährt werden. ²Einkünfte, die von inländischen öffentlichen Kassen einschließlich der Kassen der Deutschen Bundesbahn und der Deutschen Bundesbank mit Rücksicht auf ein gegenwärtiges oder früheres Dienstverhältnis gewährt werden, gelten auch dann als inländische Einkünfte, wenn die Tätigkeit in einem ausländischen Staat ausgeübt wird oder worden ist;
6. Einkünfte aus Kapitalvermögen (§ 20), wenn der Schuldner Wohnsitz, Geschäftsleitung oder Sitz in einem ausländischen Staat hat oder das Kapitalvermögen durch ausländischen Grundbesitz gesichert ist;
7. Einkünfte aus Vermietung und Verpachtung (§ 21), soweit das unbewegliche Vermögen oder die Sachinbegriffe in einem ausländischen Staat belegen oder die Rechte zur Nutzung in einem ausländischen Staat überlassen worden sind. ²Bei unbeweglichem Vermögen, das zum Anlagevermögen eines Betriebs gehört, gelten als Einkünfte im Sinne dieser Nummer auch Wertveränderungen von Wirtschaftsgütern, die mit diesem Vermögen in wirtschaftlichem Zusammenhang stehen;[1]
8. sonstige Einkünfte im Sinne des § 22, wenn
   a) der zur Leistung der wiederkehrenden Bezüge Verpflichtete Wohnsitz, Geschäftsleitung oder Sitz in einem ausländischen Staat hat,
   b) bei privaten Veräußerungsgeschäften die veräußerten Wirtschaftsgüter in einem ausländischen Staat belegen sind,
   c) bei Einkünften aus Leistungen einschließlich der Einkünfte aus Leistungen im Sinne des § 49 Absatz 1 Nummer 9 der zur Vergütung der Leistung Verpflichtete Wohnsitz, Geschäftsleitung oder Sitz in einem ausländischen Staat hat.

H 34d

Hinweise

Ausländische Betriebsstätteneinkünfte
- Ausländische Einkünfte aus Gewerbebetrieb, die durch eine in einem ausländischen Staat belegene Betriebsstätte erzielt worden sind, liegen auch dann vor, wenn der Stpfl. im Zeitpunkt der steuerlichen Erfassung

---

[1] Nummer 7 ist erstmals auf Wertveränderungen anzuwenden, die nach dem 31.12.2018 eintreten >§ 52 Abs. 34b Satz 2.

dieser Einkünfte die Betriebsstätte nicht mehr unterhält. Voraussetzung ist, dass die betriebliche Leistung, die den nachträglichen Einkünften zugrunde liegt, von der ausländischen Betriebsstätte während der Zeit ihres Bestehens erbracht worden ist.
- >§ 34d Nr. 2 Buchst. a
- >BFH vom 15.07.1964 (BStBl III S. 551)
- >BFH vom 12.10.1978 (BStBl II 1979 S. 64)
- >BFH vom 16.07.1969 (BStBl II 1970 S. 56); dieses Urteil ist nur i. S. d. vorzitierten Rechtsprechung zu verstehen.

2. Steuerermäßigung bei Einkünften aus Land- und Forstwirtschaft

§ 34e
(weggefallen)

S 2293-b

2a. Steuerermäßigung für Steuerpflichtige mit Kindern bei Inanspruchnahme erhöhter Absetzungen für Wohngebäude oder der Steuerbegünstigungen für eigengenutztes Wohneigentum

§ 34f
– Letztmals abgedruckt im EStH 2005 –

S 2293-c

§ 34g EStG

2b. Steuerermäßigung bei Zuwendungen an politische Parteien und an unabhängige Wählervereinigungen

§ 34g

¹Die tarifliche Einkommensteuer, vermindert um die sonstigen Steuerermäßigungen mit Ausnahme des § 34f Absatz 3, ermäßigt sich bei Zuwendungen an

1. politische Parteien im Sinne des § 2 des Parteiengesetzes, sofern die jeweilige Partei nicht gemäß § 18 Absatz 7 des Parteiengesetzes von der staatlichen Teilfinanzierung ausgeschlossen ist, und
2. Vereine ohne Parteicharakter, wenn
    a) der Zweck des Vereins ausschließlich darauf gerichtet ist, durch Teilnahme mit eigenen Wahlvorschlägen an Wahlen auf Bundes-, Landes- oder Kommunalebene bei der politischen Willensbildung mitzuwirken, und
    b) der Verein auf Bundes-, Landes- oder Kommunalebene bei der jeweils letzten Wahl wenigstens ein Mandat errungen oder der zuständigen Wahlbehörde oder dem zuständigen Wahlorgan angezeigt hat, dass er mit eigenen Wahlvorschlägen auf Bundes-, Landes- oder Kommunalebene an der jeweils nächsten Wahl teilnehmen will.

²Nimmt der Verein an der jeweils nächsten Wahl nicht teil, wird die Ermäßigung nur für die bis zum Wahltag an ihn geleisteten Beiträge und Spenden gewährt. ³Die Ermäßigung für Beiträge und Spenden an den Verein wird erst wieder gewährt, wenn er sich mit eigenen Wahlvorschlägen an einer Wahl beteiligt hat. ⁴Die Ermäßigung wird in diesem Fall nur für Beiträge und Spenden gewährt, die nach Beginn des Jahres, in dem die Wahl stattfindet, geleistet werden.

²Die Ermäßigung beträgt 50 Prozent der Ausgaben, höchstens jeweils 825 Euro für Ausgaben nach den Nummern 1 und 2, im Fall der Zusammenveranlagung von Ehegatten höchstens jeweils 1.650 Euro. ³§ 10b Absatz 3 und 4 gilt entsprechend.

Hinweise

Kommunale Wählervereinigungen

Spenden an kommunale Wählervereinigungen sind nicht nach § 10b Abs. 2 begünstigt (>BFH vom 20.03.2017 – BStBl II S. 1122).

Nachweis von Zuwendungen an politische Parteien

>BMF vom 07.11.2013 (BStBl I S. 1333) ergänzt durch BMF vom 26.03.2014 (BStBl I S. 791)

Zuwendungen an unabhängige Wählervereinigungen
>BMF vom 16.06.1989 (BStBl I S. 239):
„Durch das Gesetz zur steuerlichen Begünstigung von Zuwendungen an unabhängige Wählervereinigungen vom 25. Juli 1988 (BStBl I S. 397) ist § 34g ausgeweitet worden. Wie für Zuwendungen an politische Parteien wird nach § 34g Nr. 2 auch für Mitgliedsbeiträge und Spenden an unabhängige Wählervereinigungen, die bestimmte Voraussetzungen erfüllen, eine Tarifermäßigung von 50 v. H. der Ausgaben, höchstens 600 DM[1]) bzw. 1.200 DM[2]) im Falle der Zusammenveranlagung von Ehegatten, gewährt. Die Vorschrift gilt nach Artikel 4 Nr. 11c des Haushaltsbegleitgesetzes 1989 (BStBl I S. 19) rückwirkend ab 1984.

Unter Bezugnahme auf das Ergebnis der Erörterungen mit den obersten Finanzbehörden der Länder gilt für die Anwendung der Vorschrift Folgendes:

1. Die Höchstbeträge von 600 DM[1]) und 1.200 DM[2]) im Fall der Zusammenveranlagung von Ehegatten gelten für Mitgliedsbeiträge und Spenden (Zuwendungen) an politische Parteien nach § 34g Nr. 1 und für Zuwendungen an unabhängige Wählervereinigungen nach § 34g Nr. 2 gesondert und nebeneinander.

   Als Ausgabe gilt auch die Zuwendung von Wirtschaftsgütern mit Ausnahme von Nutzungen und Leistungen. Zur Bewertung von Sachzuwendungen wird auf § 10b Abs. 3 hingewiesen.

2. Die Tarifermäßigung nach § 34g Nr. 2 wird nur für Mitgliedsbeiträge und Spenden an unabhängige Wählervereinigungen in der Rechtsform des eingetragenen oder des nichtrechtsfähigen Vereins gewährt. Ein Sonderausgabenabzug nach § 10b Abs. 2 ist nicht möglich. Der Zweck einer unabhängigen Wählervereinigung ist auch dann als ausschließlich auf die in § 34g Nr. 2 Buchst. a genannten politischen Zwecke gerichtet anzusehen, wenn sie gesellige Veranstaltungen durchführt, die im Vergleich zu ihrer politischen Tätigkeit von untergeordneter Bedeutung sind, und wenn eine etwaige wirtschaftliche Betätigung ihre politische Tätigkeit nicht überwiegt. Ihr Zweck ist dagegen zum Beispiel nicht ausschließlich auf die politische Tätigkeit gerichtet, wenn sie neben dem politischen Zweck einen anderen Satzungszweck zum Beispiel gemeinnütziger oder wirtschaftlicher Art hat.

3. Die nach § 34g Nr. 2 Buchst. b ggf. erforderliche Anzeige gegenüber der zuständigen Wahlbehörde oder dem zuständigen Wahlorgan kann formlos in der Zeit vom ersten Tag nach der letzten Wahl bis zu dem Tag erfolgen, an dem die Anmeldefrist für die nächste Wahl abläuft. Die Anzeige kann der zuständigen Wahlbehörde oder dem zuständigen Wahlorgan bereits mehrere Jahre vor der nächsten Wahl zugehen. Sie muss ihr spätestens am Ende des Jahres vorliegen, für das eine Tarifermäßigung für Zuwendungen an die unabhängige Wählervereinigung beantragt wird. Spendenbestätigungen dürfen erst ausgestellt werden, wenn die Anzeige tatsächlich erfolgt ist.

4. Nach § 34g Satz 3 wird die Steuerermäßigung für Beiträge und Spenden an eine unabhängige Wählervereinigung, die an der jeweils nächsten Wahl nicht teilgenommen hat, erst wieder gewährt, wenn sie sich mit eigenen Wahlvorschlägen an einer Wahl beteiligt hat. Diese einschränkende Regelung gilt nur für Beiträge und Spenden an unabhängige Wählervereinigungen, die der zuständigen Wahlbehörde vor einer früheren Wahl ihre Teilnahme angekündigt

---

[1]) ab 2002 825 €
[2]) ab 2002 1.650 €

§ 34g EStG
H 34g

und sich dann entgegen dieser Mitteilung nicht an der Wahl beteiligt haben. Sie gilt nicht für unabhängige Wählervereinigungen, die sich an einer früheren Wahl zwar nicht beteiligt, eine Beteiligung an dieser Wahl aber auch nicht angezeigt haben.

Beispiele:

a) Der neugegründete Verein A teilt der zuständigen Wahlbehörde im Jahr 01 mit, dass er an der nächsten Kommunalwahl am 20.05.03 teilnehmen will. Er nimmt an dieser Wahl jedoch nicht teil, ebenso nicht an der folgenden Wahl im Jahr 08. Im Jahr 09 teilt er der Wahlbehörde mit, dass er an der nächsten Wahl am 05.04.13 teilnehmen will. An dieser Wahl nimmt er dann auch tatsächlich teil.

Die Steuerermäßigung nach § 34g Nr. 2 kann gewährt werden für Beiträge und Spenden, die in der Zeit vom 01.01.01 bis zum 20.05.03 und vom 01.01.13 bis zum 05.04.13 an den Verein geleistet worden sind. In der Zeit vom 21.05.03 bis zum 31.12.12 geleistete Beiträge und Spenden sind nicht begünstigt. Nach dem 05.04.13 geleistete Beiträge und Spenden sind begünstigt, wenn der Verein bei der Wahl am 05.04.13 ein Mandat errungen hat oder noch im Jahr 13 anzeigt, dass er an der nächsten Wahl teilnehmen will.

b) Der Verein B ist in der Wahlperiode 1 mit einem Mandat im Stadtrat vertreten. An der Wahl für die Wahlperiode 2 am 15.10.05 nimmt er nicht teil. Er hatte eine Teilnahme auch nicht angekündigt. Am 20.11.05 teilt er der zuständigen Wahlbehörde mit, dass er an der Wahl für die Wahlperiode 3 am 09.09.10 teilnehmen will.

Die Steuerermäßigung kann für alle bis zum 09.09.10 an den Verein geleisteten Beiträge und Spenden gewährt werden. Nach diesem Termin geleistete Beiträge und Spenden sind nur begünstigt, wenn der Verein an der Wahl am 09.09.10 teilgenommen hat.

c) Der Verein C wird im Jahr 01 gegründet. An der nächsten Kommunalwahl am 10.02.03 nimmt er nicht teil. Er hatte eine Teilnahme an dieser Wahl auch nicht angekündigt. Am 11.02.03 teilt er der zuständigen Wahlbehörde mit, dass er an der nächsten Wahl am 15.03.08 teilnehmen will.

Die Steuerermäßigung kann für Beiträge und Spenden gewährt werden, die ab dem 01.01.03 an den Verein geleistet worden sind. Nach dem 15.03.08 geleistete Beiträge und Spenden sind nur begünstigt, wenn der Verein tatsächlich an der Wahl am 15.03.08 teilgenommen hat und entweder erfolgreich war (mindestens ein Mandat) oder bei erfolgloser Teilnahme der zuständigen Wahlbehörde mitteilt, dass er auch an der folgenden Wahl teilnehmen will.

5. Eine Teilnahme an einer Wahl liegt nur vor, wenn die Wähler die Möglichkeit haben, die Wählervereinigung zu wählen. Der Wahlvorschlag der Wählervereinigung muss also auf dem Stimmzettel enthalten sein.

6. Der Stpfl. hat dem Finanzamt durch eine Spendenbestätigung der unabhängigen Wählervereinigung nachzuweisen, dass alle Voraussetzungen des § 34g für die Gewährung der Tarifermäßigung erfüllt sind."[1]

---

[1] BMF vom 07.11.2013 (BStBl I S. 1333) ergänzt durch BMF vom 26.03.2014 (BStBl I S. 791), Anhang 37 I

3. Steuerermäßigung bei Einkünften aus Gewerbebetrieb

§ 35

(1) ¹Die tarifliche Einkommensteuer, vermindert um die sonstigen Steuerermäßigungen mit Ausnahme der §§ 34f, 34g, 35a und 35c, ermäßigt sich, soweit sie anteilig auf im zu versteuernden Einkommen enthaltene gewerbliche Einkünfte entfällt (Ermäßigungshöchstbetrag),
1. bei Einkünften aus gewerblichen Unternehmen im Sinne des § 15 Absatz 1 Satz 1 Nummer 1

    um das Vierfache des jeweils für den dem Veranlagungszeitraum entsprechenden Erhebungszeitraum nach § 14 des Gewerbesteuergesetzes für das Unternehmen festgesetzten Steuermessbetrags (Gewerbesteuer-Messbetrag); Absatz 2 Satz 5 ist entsprechend anzuwenden;
2. bei Einkünften aus Gewerbebetrieb als Mitunternehmer im Sinne des § 15 Absatz 1 Satz 1 Nummer 2 oder als persönlich haftender Gesellschafter einer Kommanditgesellschaft auf Aktien im Sinne des § 15 Absatz 1 Satz 1 Nummer 3

    um das Vierfache des jeweils für den dem Veranlagungszeitraum entsprechenden Erhebungszeitraum festgesetzten anteiligen Gewerbesteuer-Messbetrags.

²Der Ermäßigungshöchstbetrag ist wie folgt zu ermitteln:

$$\frac{\text{Summe der positiven gewerblichen Einkünfte}}{\text{Summe aller positiven Einkünfte}} \cdot \text{geminderte tarifliche Steuer.}$$

³Gewerbliche Einkünfte im Sinne der Sätze 1 und 2 sind die der Gewerbesteuer unterliegenden Gewinne und Gewinnanteile, soweit sie nicht nach anderen Vorschriften von der Steuerermäßigung nach § 35 ausgenommen sind. ⁴Geminderte tarifliche Steuer ist die tarifliche Steuer nach Abzug von Beträgen auf Grund der Anwendung zwischenstaatlicher Abkommen und nach Anrechnung der ausländischen Steuern nach § 32d Absatz 6 Satz 2, § 34c Absatz 1 und 6 dieses Gesetzes und § 12 des Außensteuergesetzes. ⁵Der Abzug des Steuerermäßigungsbetrags ist auf die tatsächlich zu zahlende Gewerbesteuer beschränkt.

(2) ¹Bei Mitunternehmerschaften im Sinne des § 15 Absatz 1 Satz 1 Nummer 2 oder bei Kommanditgesellschaften auf Aktien im Sinne des § 15 Absatz 1 Satz 1 Nummer 3 ist der Betrag des Gewerbesteuer-Messbetrags, die tatsächlich zu zahlende Gewerbesteuer und der auf die einzelnen Mitunternehmer oder auf die persönlich haftenden Gesellschafter entfallende Anteil gesondert und einheitlich festzustellen. ²Der Anteil eines Mitunternehmers am Gewerbesteuer-Messbetrag richtet sich nach seinem Anteil am Gewinn der Mitunternehmerschaft nach Maßgabe des allgemeinen Gewinnverteilungsschlüssels;

§ 35 EStG
R 35 H 35

Vorabgewinnanteile sind nicht zu berücksichtigen. ³Wenn auf Grund der Bestimmungen in einem Abkommen zur Vermeidung der Doppelbesteuerung bei der Festsetzung des Gewerbesteuer-Messbetrags für eine Mitunternehmerschaft nur der auf einen Teil der Mitunternehmer entfallende anteilige Gewerbeertrag berücksichtigt wird, ist der Gewerbesteuer-Messbetrag nach Maßgabe des allgemeinen Gewinnverteilungsschlüssels in voller Höhe auf diese Mitunternehmer entsprechend ihrer Anteile am Gewerbeertrag der Mitunternehmerschaft aufzuteilen. ⁴Der anteilige Gewerbesteuer-Messbetrag ist als Prozentsatz mit zwei Nachkommastellen gerundet zu ermitteln. ⁵Bei der Feststellung nach Satz 1 sind anteilige Gewerbesteuer-Messbeträge, die aus einer Beteiligung an einer Mitunternehmerschaft stammen, einzubeziehen.

(3) ¹Zuständig für die gesonderte Feststellung nach Absatz 2 ist das für die gesonderte Feststellung der Einkünfte zuständige Finanzamt. ²Für die Ermittlung der Steuerermäßigung nach Absatz 1 sind die Festsetzung des Gewerbesteuer-Messbetrags, die Feststellung des Anteils an dem festzusetzenden Gewerbesteuer-Messbetrag nach Absatz 2 Satz 1 und die Festsetzung der Gewerbesteuer Grundlagenbescheide. ³Für die Ermittlung des anteiligen Gewerbesteuer-Messbetrags nach Absatz 2 sind die Festsetzung des Gewerbesteuer-Messbetrags und die Festsetzung des anteiligen Gewerbesteuer-Messbetrags aus der Beteiligung an einer Mitunternehmerschaft Grundlagenbescheide.

(4) Für die Aufteilung und die Feststellung der tatsächlich zu zahlenden Gewerbesteuer bei Mitunternehmerschaften im Sinne des § 15 Absatz 1 Satz 1 Nummer 2 und bei Kommanditgesellschaften auf Aktien im Sinne des § 15 Absatz 1 Satz 1 Nummer 3 gelten die Absätze 2 und 3 entsprechend.

R 35. **Steuerermäßigung bei Einkünften aus Gewerbebetrieb**
– unbesetzt –

H 35 **Hinweise**

Allgemeines

Anhang 27b I

>BMF vom 03.11.2016 (BStBl I S. 1187) unter Berücksichtigung der Änderungen durch BMF vom 17.04.2019 (BStBl I S. 459)

4. Steuerermäßigung bei Aufwendungen für haushaltsnahe Beschäftigungsverhältnisse und für die Inanspruchnahme haushaltsnaher Dienstleistungen

§ 35a
Steuerermäßigung bei Aufwendungen für haushaltsnahe Beschäftigungsverhältnisse, haushaltsnahe Dienstleistungen und Handwerkerleistungen

(1) Für haushaltsnahe Beschäftigungsverhältnisse, bei denen es sich um eine geringfügige Beschäftigung im Sinne des § 8a des Vierten Buches Sozialgesetzbuch handelt, ermäßigt sich die tarifliche Einkommensteuer, vermindert um die sonstigen Steuerermäßigungen, auf Antrag um 20 Prozent, höchstens 510 Euro, der Aufwendungen des Steuerpflichtigen.

(2) [1]Für andere als in Absatz 1 aufgeführte haushaltsnahe Beschäftigungsverhältnisse oder für die Inanspruchnahme von haushaltsnahen Dienstleistungen, die nicht Dienstleistungen nach Absatz 3 sind, ermäßigt sich die tarifliche Einkommensteuer, vermindert um die sonstigen Steuerermäßigungen, auf Antrag um 20 Prozent, höchstens 4.000 Euro, der Aufwendungen des Steuerpflichtigen. [2]Die Steuerermäßigung kann auch in Anspruch genommen werden für die Inanspruchnahme von Pflege- und Betreuungsleistungen sowie für Aufwendungen, die einem Steuerpflichtigen wegen der Unterbringung in einem Heim oder zur dauernden Pflege erwachsen, soweit darin Kosten für Dienstleistungen enthalten sind, die mit denen einer Hilfe im Haushalt vergleichbar sind.

(3) [1]Für die Inanspruchnahme von Handwerkerleistungen für Renovierungs-, Erhaltungs- und Modernisierungsmaßnahmen ermäßigt sich die tarifliche Einkommensteuer, vermindert um die sonstigen Steuerermäßigungen, auf Antrag um 20 Prozent der Aufwendungen des Steuerpflichtigen, höchstens jedoch um 1.200 Euro. [2]Dies gilt nicht für öffentlich geförderte Maßnahmen, für die zinsverbilligte Darlehen oder steuerfreie Zuschüsse in Anspruch genommen werden.

(4) [1]Die Steuerermäßigung nach den Absätzen 1 bis 3 kann nur in Anspruch genommen werden, wenn das Beschäftigungsverhältnis, die Dienstleistung oder die Handwerkerleistung in einem in der Europäischen Union oder dem Europäischen Wirtschaftsraum liegenden Haushalt des Steuerpflichtigen oder – bei Pflege- und Betreuungsleistungen – der gepflegten oder betreuten Person ausgeübt oder erbracht wird. [2]In den Fällen des Absatzes 2 Satz 2 zweiter Halbsatz ist Voraussetzung, dass das Heim oder der Ort der dauernden Pflege in der Europäischen Union oder dem Europäischen Wirtschaftsraum liegt.

(5) [1]Die Steuerermäßigungen nach den Absätzen 1 bis 3 können nur in Anspruch genommen werden, soweit die Aufwendungen nicht Betriebsausgaben oder Werbungskosten darstellen und soweit sie

§ 35a EStG
H 35a

nicht als Sonderausgaben oder außergewöhnliche Belastungen berücksichtigt worden sind; für Aufwendungen, die dem Grunde nach unter § 10 Absatz 1 Nummer 5 fallen, ist eine Inanspruchnahme ebenfalls ausgeschlossen. ²Der Abzug von der tariflichen Einkommensteuer nach den Absätzen 2 und 3 gilt nur für Arbeitskosten. ³Voraussetzung für die Inanspruchnahme der Steuerermäßigung für haushaltsnahe Dienstleistungen nach Absatz 2 oder für Handwerkerleistungen nach Absatz 3 ist, dass der Steuerpflichtige für die Aufwendungen eine Rechnung erhalten hat und die Zahlung auf das Konto des Erbringers der Leistung erfolgt ist. ⁴Leben zwei Alleinstehende in einem Haushalt zusammen, können sie die Höchstbeträge nach den Absätzen 1 bis 3 insgesamt jeweils nur einmal in Anspruch nehmen.

H 35a

Hinweise

Anwendungsschreiben
>BMF vom 09.11.2016 (BStBl I S. 1213) unter Berücksichtigung der Änderungen durch BMF vom 01.09.2021 (BStBl I S. 1494)

Anhang 27b II

5. Steuerermäßigung bei Belastung mit Erbschaftsteuer

§ 35b
Steuerermäßigung bei Belastung mit Erbschaftsteuer

¹Sind bei der Ermittlung des Einkommens Einkünfte berücksichtigt worden, die im Veranlagungszeitraum oder in den vorangegangenen vier Veranlagungszeiträumen als Erwerb von Todes wegen der Erbschaftsteuer unterlegen haben, so wird auf Antrag die um sonstige Steuerermäßigungen gekürzte tarifliche Einkommensteuer, die auf diese Einkünfte entfällt, um den in Satz 2 bestimmten Prozentsatz ermäßigt. ²Der Prozentsatz bestimmt sich nach dem Verhältnis, in dem die festgesetzte Erbschaftsteuer zu dem Betrag steht, der sich ergibt, wenn dem steuerpflichtigen Erwerb (§ 10 Absatz 1 des Erbschaftsteuer- und Schenkungsteuergesetzes) die Freibeträge nach den §§ 16 und 17 und der steuerfreie Betrag nach § 5 des Erbschaftsteuer- und Schenkungsteuergesetzes hinzugerechnet werden.

Hinweise

Allgemeines
- Die nach § 35b Satz 1 begünstigten Einkünfte müssen aus der Veräußerung eines Vermögensgegenstandes herrühren, der sowohl von Todes wegen erworben worden ist als auch tatsächlich der Erbschaftsteuer unterlegen hat; der in Anspruch genommene persönliche Freibetrag (§ 16 ErbStG) ist anteilig abzuziehen.
- Die auf die begünstigten Einkünfte anteilig entfallende Einkommensteuer ist nach dem Verhältnis der begünstigten Einkünfte zur S. d. E. zu ermitteln (>BFH vom 13.03.2018 – BStBl II S. 593).

Zusammentreffen von Erwerben von Todes wegen und Vorerwerben

Beim Zusammentreffen von Erwerben von Todes wegen und Vorerwerben ermittelt sich der Ermäßigungsprozentsatz des § 35b Satz 2 durch Gegenüberstellung der anteiligen, auf die von Todes wegen erworbenen Vermögensteile entfallenden Erbschaftsteuer und des Betrags, der sich ergibt, wenn dem anteiligen steuerpflichtigen Erwerb (§ 10 Abs. 1 ErbStG) der anteilige Freibetrag nach § 16 ErbStG hinzugerechnet wird (>BFH vom 13.03.2018 – BStBl II S. 593).

§ 35c EStG

6. Steuerermäßigung für energetische Maßnahmen bei zu eigenen Wohnzwecken genutzten Gebäuden[1])

§ 35c[1])

Steuerermäßigung für energetische Maßnahmen bei zu eigenen Wohnzwecken genutzten Gebäuden

(1) ¹Für energetische Maßnahmen an einem in der Europäischen Union oder dem Europäischen Wirtschaftsraum belegenen zu eigenen Wohnzwecken genutzten eigenen Gebäude (begünstigtes Objekt) ermäßigt sich auf Antrag die tarifliche Einkommensteuer, vermindert um die sonstigen Steuerermäßigungen, im Kalenderjahr des Abschlusses der energetischen Maßnahme und im nächsten Kalenderjahr um je 7 Prozent der Aufwendungen des Steuerpflichtigen, höchstens jedoch um je 14.000 Euro und im übernächsten Kalenderjahr um 6 Prozent der Aufwendungen des Steuerpflichtigen, höchstens jedoch um 12.000 Euro für das begünstigte Objekt. ²Voraussetzung ist, dass das begünstigte Objekt bei der Durchführung der energetischen Maßnahme älter als zehn Jahre ist; maßgebend hierfür ist der Beginn der Herstellung. ³Energetische Maßnahmen im Sinne des Satzes 1 sind:

1. Wärmedämmung von Wänden,
2. Wärmedämmung von Dachflächen,
3. Wärmedämmung von Geschossdecken,
4. Erneuerung der Fenster oder Außentüren,
5. Erneuerung oder Einbau einer Lüftungsanlage,
6. Erneuerung der Heizungsanlage,
7. Einbau von digitalen Systemen zur energetischen Betriebs- und Verbrauchsoptimierung und
8. Optimierung bestehender Heizungsanlagen, sofern diese älter als zwei Jahre sind.

⁴Zu den Aufwendungen für energetische Maßnahmen gehören auch die Kosten für die Erteilung der Bescheinigung nach Satz 7 sowie die Kosten für Energieberater, die vom Bundesamt für Wirtschaft und Ausfuhrkontrolle (BAFA) als fachlich qualifiziert zum Förderprogramm „Energieberatung für Wohngebäude (Vor-Ort-Beratung, individueller Sanierungsfahrplan)" zugelassen sind, wenn der Energieberater durch den Steuerpflichtigen mit der planerischen Begleitung oder Beaufsichtigung der energetischen Maßnahmen nach Satz 3 beauftragt worden ist; die tarifliche Einkommensteuer vermindert sich abweichend von Satz 1 um 50 Prozent der Aufwendungen für den Energieberater. ⁵Die Förderung kann für mehrere Einzelmaßnahmen an einem begünstigten Objekt in Anspruch genommen werden; je begünstigtes Objekt beträgt der Höchstbetrag der Steuerermäßigung

---

[1]) zur Anwendung des § 35c >§ 52 Abs. 35a

40.000 Euro. [6]Voraussetzung für die Förderung ist, dass die jeweilige energetische Maßnahme von einem Fachunternehmen ausgeführt wurde und die Anforderungen aus der Rechtsverordnung nach Absatz 7 erfüllt sind. [7]Die Steuerermäßigungen können nur in Anspruch genommen werden, wenn durch eine nach amtlich vorgeschriebenem Muster erstellte Bescheinigung des ausführenden Fachunternehmens nachgewiesen wird, dass die Voraussetzungen der Sätze 1 bis 3 und die Anforderungen aus der Rechtsverordnung nach Absatz 7 dem Grunde und der Höhe nach erfüllt sind.

(2) [1]Die Steuerermäßigung nach Absatz 1 kann nur in Anspruch genommen werden, wenn der Steuerpflichtige das Gebäude im jeweiligen Kalenderjahr ausschließlich zu eigenen Wohnzwecken nutzt. [2]Eine Nutzung zu eigenen Wohnzwecken liegt auch vor, wenn Teile einer zu eigenen Wohnzwecken genutzten Wohnung anderen Personen unentgeltlich zu Wohnzwecken überlassen werden.

(3) [1]Der Steuerpflichtige kann die Steuerermäßigung nach Absatz 1 nicht in Anspruch nehmen, soweit die Aufwendungen als Betriebsausgaben, Werbungskosten, Sonderausgaben oder außergewöhnliche Belastungen berücksichtigt worden sind. [2]Die Steuerermäßigung nach Absatz 1 ist ebenfalls nicht zu gewähren, wenn für die energetischen Maßnahmen eine Steuerbegünstigung nach § 10f oder eine Steuerermäßigung nach § 35a in Anspruch genommen wird oder es sich um eine öffentlich geförderte Maßnahme handelt, für die zinsverbilligte Darlehen oder steuerfreie Zuschüsse in Anspruch genommen werden.

(4) Voraussetzung für die Inanspruchnahme der Steuermäßigung für energetische Maßnahmen ist, dass

1. der Steuerpflichtige für die Aufwendungen eine Rechnung erhalten hat, die die förderungsfähigen energetischen Maßnahmen, die Arbeitsleistung des Fachunternehmens und die Adresse des begünstigten Objekts ausweisen, und die in deutscher Sprache ausgefertigt ist und
2. die Zahlung auf das Konto des Erbringers der Leistung erfolgt ist.

(5) Die Absätze 1 bis 4 sind auf Gebäudeteile, die selbständige unbewegliche Wirtschaftsgüter sind, und auf Eigentumswohnungen entsprechend anzuwenden.

(6) [1]Steht das Eigentum am begünstigten Objekt mehreren Personen zu, können die Steuerermäßigungen nach Absatz 1 für das begünstigte Objekt insgesamt nur einmal in Anspruch genommen werden. [2]Die der Steuerermäßigung nach Absatz 1 zugrunde liegenden Aufwendungen können einheitlich und gesondert festgestellt werden. [3]Die für die gesonderte Feststellung von Einkünften nach § 180 Absatz 1 Nummer 2a der Abgabenordnung geltenden Vorschriften sind entsprechend anzuwenden.

§ 35c EStG
H 35c

(7) **Die Bundesregierung wird ermächtigt, durch Rechtsverordnung**[1]) **mit Zustimmung des Bundestages und des Bundesrates die Mindestanforderungen für die energetischen Maßnahmen nach Absatz 1 Satz 3 sowie die Anforderungen an ein Fachunternehmen nach Absatz 1 Satz 6 festzulegen.**

H 35c

Hinweise

Anwendungsschreiben

Anhang 27b III 2
>BMF vom 14.01.2021 (BStBl I S. 103)

Bescheinigungen

Zur Bescheinigung des ausführenden Fachunternehmens und zur Bescheinigung für Personen mit Ausstellungsberechtigung nach § 88 Gebäudeenergiegesetz >BMF vom **26.01.2023** (BStBl I S. **218**)

Anhang 27b III 1

---

[1]) Energetische Sanierungsmaßnahmen-Verordnung (ESanMV) vom 02.01.2020 (BGBl. I S. 3), *zuletzt geändert durch Artikel 1 der Verordnung vom 19.12.2022 (BGBl. I S. 2414)*

VI. Steuererhebung
1. Erhebung der Einkommensteuer

§ 36
Entstehung und Tilgung der Einkommensteuer

S 2298

(1) Die Einkommensteuer entsteht, soweit in diesem Gesetz nichts anderes bestimmt ist, mit Ablauf des Veranlagungszeitraums.

(2) Auf die Einkommensteuer werden angerechnet:
1. die für den Veranlagungszeitraum entrichteten Einkommensteuer-Vorauszahlungen (§ 37);
2. die durch Steuerabzug erhobene Einkommensteuer, soweit sie entfällt auf
   a) die bei der Veranlagung erfassten Einkünfte oder
   b) die nach § 3 Nummer 40 dieses Gesetzes oder nach § 8b Absatz 1, 2 und 6 Satz 2 des Körperschaftsteuergesetzes bei der Ermittlung des Einkommens außer Ansatz bleibenden Bezüge

   und keine Erstattung beantragt oder durchgeführt worden ist. ²Die durch Steuerabzug erhobene Einkommensteuer wird nicht angerechnet, wenn die in § 45a Absatz 2 oder Absatz 3 bezeichnete Bescheinigung nicht vorgelegt worden ist oder die Angaben gemäß § 45a Absatz 2a nicht übermittelt worden sind. ³Soweit der Steuerpflichtige einen Antrag nach § 32d Absatz 4 oder Absatz 6 stellt, ist es für die Anrechnung ausreichend, wenn die Bescheinigung auf Verlangen des Finanzamts vorgelegt wird. ⁴In den Fällen des § 8b Absatz 6 Satz 2 des Körperschaftsteuergesetzes ist es für die Anrechnung ausreichend, wenn die Bescheinigung nach § 45a Absatz 2 und 3 vorgelegt wird, die dem Gläubiger der Kapitalerträge ausgestellt worden ist. ⁵In den Fällen des § 2 Absatz 7 Satz 3 ist auch die durch Steuerabzug im Kalenderjahr des Wechsels von der unbeschränkten zur beschränkten Einkommensteuerpflicht erhobene Einkommensteuer anzurechnen, die auf Einkünfte entfällt, die weder der unbeschränkten noch der beschränkten Steuerpflicht unterliegen; § 37 Absatz 2 der Abgabenordnung findet insoweit keine Anwendung; [1]
3. die nach § 10 des Forschungszulagengesetzes festgesetzte Forschungszulage. ²Das gilt auch für die gesondert und einheitlich festgestellte Forschungszulage;

---

[1] Absatz 2 Nr. 2 Satz 5 ist erstmals auf Kapitalerträge anzuwenden, die nach dem 31.12.2020 zufließen >§ 52 Abs. 35b Satz 1.

§ 36 EStG

[1)]   4. in den Fällen des § 32c Absatz 1 Satz 2 der nicht zum Abzug gebrachte Unterschiedsbetrag, wenn dieser höher ist als die tarifliche Einkommensteuer des letzten Veranlagungszeitraums im Betrachtungszeitraum.

(3) [1]Die Steuerbeträge nach Absatz 2 Nummer 2 sind auf volle Euro aufzurunden. [2]Bei den durch Steuerabzug erhobenen Steuern ist jeweils die Summe der Beträge einer einzelnen Abzugsteuer aufzurunden.

(4) [1]Wenn sich nach der Abrechnung ein Überschuss zuungunsten des Steuerpflichtigen ergibt, hat der Steuerpflichtige (Steuerschuldner) diesen Betrag, soweit er den fällig gewordenen, aber nicht entrichteten Einkommensteuer-Vorauszahlungen entspricht, sofort, im Übrigen innerhalb eines Monats nach Bekanntgabe des Steuerbescheids zu entrichten (Abschlusszahlung). [2]Wenn sich nach der Abrechnung ein Überschuss zugunsten des Steuerpflichtigen ergibt, wird dieser dem Steuerpflichtigen nach Bekanntgabe des Steuerbescheids ausgezahlt. [3]Bei Ehegatten, die nach den §§ 26, 26b zusammen zur Einkommensteuer veranlagt worden sind, wirkt die Auszahlung an einen Ehegatten auch für und gegen den anderen Ehegatten.

(5) [1]Die festgesetzte Steuer, die auf den Aufgabegewinn nach § 16 Absatz 3a und den durch den Wechsel der Gewinnermittlungsart erzielten Gewinn entfällt, kann auf Antrag des Steuerpflichtigen in fünf gleichen Jahresraten entrichtet werden, wenn die Wirtschaftsgüter einem Betriebsvermögen des Steuerpflichtigen in einem anderen Mitgliedstaat der Europäischen Union oder des Europäischen Wirtschaftsraums zuzuordnen sind, sofern durch diese Staaten Amtshilfe entsprechend oder im Sinne der Amtshilferichtlinie gemäß § 2 Absatz 11 des EU-Amtshilfegesetzes und gegenseitige Unterstützung bei der Beitreibung im Sinne der Beitreibungsrichtlinie einschließlich der in diesem Zusammenhang anzuwendenden Durchführungsbestimmungen in den für den jeweiligen Veranlagungszeitraum geltenden Fassungen oder eines entsprechenden Nachfolgerechtsakts geleistet werden. [2]Die erste Jahresrate ist innerhalb eines Monats nach Bekanntgabe des Steuerbescheids zu entrichten; die übrigen Jahresraten sind jeweils am 31. Juli der Folgejahre fällig. [3]Die Jahresraten sind nicht zu verzinsen; sie sollen in der Regel nur gegen Sicherheitsleistung gewährt werden. [4]Die noch nicht entrichtete Steuer wird innerhalb eines Monats nach Eintritt eines der nachfolgenden Ereignisse fällig,

1. soweit ein Wirtschaftsgut im Sinne des Satzes 1 veräußert, entnommen, in andere als die in Satz 1 genannten Staaten verlagert oder verdeckt in eine Kapitalgesellschaft eingelegt wird,

---

[1)] Nummer 4 ist erstmals für den VZ 2016 und letztmalig für den VZ 2022 anzuwenden >§ 52 Abs. 35b Satz 2.

2. wenn der Betrieb oder Teilbetrieb während dieses Zeitraums eingestellt, veräußert oder in andere als die in Satz 1 genannten Staaten verlegt wird,
3. wenn der Steuerpflichtige aus der inländischen unbeschränkten Steuerpflicht oder der unbeschränkten Steuerpflicht in den in Satz 1 genannten Staaten ausscheidet oder in einem anderen als den in Satz 1 genannten Staaten ansässig wird,
4. wenn der Steuerpflichtige Insolvenz anmeldet oder abgewickelt wird oder
5. wenn der Steuerpflichtige seinen Verpflichtungen im Zusammenhang mit den Ratenzahlungen nicht nachkommt und über einen angemessenen Zeitraum, der zwölf Monate nicht überschreiten darf, keine Abhilfe für seine Situation schafft; Satz 2 bleibt unberührt.

[5] Ändert sich die festgesetzte Steuer, sind die Jahresraten entsprechend anzupassen. [6] Der Steuerpflichtige hat der zuständigen Finanzbehörde jährlich mit der Steuererklärung oder, sofern keine Pflicht zur Abgabe einer Steuererklärung besteht, zum 31. Juli anzuzeigen, ob die Voraussetzungen für die Ratenzahlung weiterhin erfüllt sind; kommt er dieser Anzeigepflicht oder seinen sonstigen Mitwirkungspflichten im Sinne des § 90 der Abgabenordnung nicht nach, werden die noch nicht entrichteten Jahresraten rückwirkend zum 1. August des vorangegangenen Jahres fällig, frühestens aber einen Monat nach Bekanntgabe des Steuerbescheids. [7] Unbeschadet des Satzes 6 hat der Steuerpflichtige den Eintritt eines Ereignisses nach Satz 4 der zuständigen Finanzbehörde unverzüglich anzuzeigen. [8] Unterliegt der Steuerpflichtige einer Erklärungspflicht, kann die Anzeige auf Grund eines Ereignisses nach Satz 4 Nummer 1 abweichend von der in Satz 7 genannten Frist mit der nächsten Steuererklärung erfolgen.

Anrechnung von Steuervorauszahlungen und von Steuerabzugsbeträgen

R 36.

S 2204

[1] Die Anrechnung von Kapitalertragsteuer setzt voraus, dass die der Anrechnung zugrunde liegenden Einnahmen bei der Veranlagung erfasst werden und der Anteilseigner die in § 45a Abs. 2 oder 3 EStG bezeichnete Bescheinigung im Original vorlegt[1]). [2] Ob die Einnahmen im Rahmen der Einkünfte aus Kapitalvermögen anfallen oder bei einer anderen Einkunftsart, ist für die Anrechnung unerheblich. [3] Bei der Bilanzierung abgezinster Kapitalforderungen erfolgt die Anrechnung der Kapitalertragsteuer stets im Erhebungsjahr, auch wenn die der Anrechnung zugrunde liegenden Einnahmen ganz oder teilweise bereits in früheren Jahren zu erfassen waren.

---

[1]) Soweit der Stpfl. einen Antrag nach § 32d Abs. 4 oder Abs. 6 stellt, ist es ab VZ 2017 für die Anrechnung ausreichend, wenn die Bescheinigung auf Verlangen des Finanzamts vorgelegt wird >§ 36 Abs. 2 Nr. 2 Satz 3.

§ 36 EStG
H 36

Hinweise

Abtretung

Der Anspruch auf die Anrechnung von Steuerabzugsbeträgen kann nicht abgetreten werden. Abgetreten werden kann nur der Anspruch auf Erstattung von überzahlter Einkommensteuer, der sich durch den Anrechnungsbetrag ergibt. Der Erstattungsanspruch entsteht wie die zu veranlagende Einkommensteuer mit Ablauf des VZ. Die Abtretung wird erst wirksam, wenn sie der Gläubiger nach diesem Zeitpunkt der zuständigen Finanzbehörde anzeigt (§ 46 Abs. 2 AO).

Anrechnung

- Änderungen

  Die Vorschriften über die Aufhebung oder Änderung von Steuerfestsetzungen können – auch wenn im Einkommensteuerbescheid die Steuerfestsetzung und die Anrechnung technisch zusammengefasst sind – nicht auf die Anrechnung angewendet werden. Die Korrektur der Anrechnung richtet sich nach §§ 129 bis 131 AO. Zum Erlass eines Abrechnungsbescheides >§ 218 Abs. 2 AO

  Die Anrechnung von Steuerabzugsbeträgen und Steuervorauszahlungen ist ein Verwaltungsakt mit Bindungswirkung. Diese Bindungswirkung muss auch beim Erlass eines Abrechnungsbescheids nach § 218 Abs. 2 AO beachtet werden. Deshalb kann im Rahmen eines Abrechnungsbescheides die Steueranrechnung zugunsten oder zuungunsten des Stpfl. nur dann geändert werden, wenn eine der Voraussetzungen der §§ 129 bis 131 AO gegeben ist (>BFH vom 15.04.1997 – BStBl II S. 787).

- bei Veranlagung

  Die Anrechnung von Steuerabzugsbeträgen ist unzulässig, soweit die Erstattung beantragt oder durchgeführt worden ist (§ 36 Abs. 2 Nr. 2).

  Durch einen bestandskräftig abgelehnten Antrag auf Erstattung von Kapitalertragsteuer wird die Anrechnung von Kapitalertragsteuer bei der Veranlagung zur Einkommensteuer nicht ausgeschlossen.

- Teil der Steuererhebung

  Die Anrechnung von Steuervorauszahlungen (§ 36 Abs. 2 Nr. 1) und von erhobenen Steuerabzugsbeträgen (§ 36 Abs. 2 Nr. 2) auf die Einkommensteuer ist Teil der Steuererhebung (>BFH vom 14.11.1984 – BStBl II 1985 S. 216).

Forschungszulage

Zum Anrechnungsverfahren der Forschungszulage >BMF vom 11.11.2021 (BStBl I 2022 S. 2277), Rn. 258 ff.

§ 36 EStG
H 36

Investmentanteile
Zur Anrechnung von Kapitalertragsteuer bei Veräußerung oder Rückgabe eines Anteils an einem ausländischen thesaurierenden Investmentvermögen >BMF vom 17.12.2012 (BStBl I 2013 S. 54)

Personengesellschaft
>H 15.8 (3) GmbH-Beteiligung

§ 36a

Beschränkung der Anrechenbarkeit der Kapitalertragsteuer

(1) ¹Bei Kapitalerträgen im Sinne des § 43 Absatz 1 Satz 1 Nummer 1a setzt die volle Anrechnung der durch Steuerabzug erhobenen Einkommensteuer ferner voraus, dass der Steuerpflichtige hinsichtlich der diesen Kapitalerträgen zugrunde liegenden Anteile oder Genussscheine

1. während der Mindesthaltedauer nach Absatz 2 ununterbrochen wirtschaftlicher Eigentümer ist,
2. während der Mindesthaltedauer nach Absatz 2 ununterbrochen das Mindestwertänderungsrisiko nach Absatz 3 trägt und
3. nicht verpflichtet ist, die Kapitalerträge ganz oder überwiegend, unmittelbar oder mittelbar anderen Personen zu vergüten.

²Fehlen die Voraussetzungen des Satzes 1, so sind drei Fünftel der Kapitalertragsteuer nicht anzurechnen. ³Die nach den Sätzen 1 und 2 nicht angerechnete Kapitalertragsteuer ist auf Antrag bei der Ermittlung der Einkünfte abzuziehen. ⁴Die Sätze 1 bis 3 gelten entsprechend für Anteile oder Genussscheine, die zu inländischen Kapitalerträgen im Sinne des § 43 Absatz 3 Satz 1 führen und einer Wertpapiersammelbank im Ausland zur Verwahrung anvertraut sind.

(2) ¹Die Mindesthaltedauer umfasst 45 Tage und muss innerhalb eines Zeitraums von 45 Tagen vor und 45 Tagen nach der Fälligkeit der Kapitalerträge erreicht werden. ²Bei Anschaffungen und Veräußerungen ist zu unterstellen, dass die zuerst angeschafften Anteile oder Genussscheine zuerst veräußert wurden.

(3) ¹Der Steuerpflichtige muss unter Berücksichtigung von gegenläufigen Ansprüchen und Ansprüchen nahe stehender Personen das Risiko aus einem sinkenden Wert der Anteile oder Genussscheine im Umfang von mindestens 70 Prozent tragen (Mindestwertänderungsrisiko). ²Kein hinreichendes Mindestwertänderungsrisiko liegt insbesondere dann vor, wenn der Steuerpflichtige oder eine ihm nahe stehende Person Kurssicherungsgeschäfte abgeschlossen hat, die das Wertänderungsrisiko der Anteile oder Genussscheine unmittelbar oder mittelbar um mehr als 30 Prozent mindern.

(4) ¹Einkommen- oder körperschaftsteuerpflichtige Personen, bei denen insbesondere auf Grund einer Steuerbefreiung kein Steuerabzug vorgenommen oder denen ein Steuerabzug erstattet wurde und die die Voraussetzungen für eine Anrechenbarkeit der Kapitalertragsteuer nach den Absätzen 1 bis 3 nicht erfüllen, haben

1. dies gegenüber ihrem zuständigen Finanzamt anzuzeigen,
2. Kapitalertragsteuer in Höhe von 15 Prozent der Kapitalerträge im Sinne des § 43 Absatz 1 Satz 1 Nummer 1a und des Absatzes 1 Satz 4 nach amtlich vorgeschriebenem Vordruck auf elektronischem Weg anzumelden und
3. die angemeldete Steuer zu entrichten.

§ 36a EStG
H 36a

²Die Anzeige, Anmeldung und Entrichtung hat bei Steuerpflichtigen, die ihren Gewinn durch Betriebsvermögensvergleich ermitteln, bis zum 10. Tag des auf den Ablauf des Wirtschaftsjahres folgenden Monats und bei anderen Steuerpflichtigen bis zum 10. Tag des auf den Ablauf des Kalenderjahres folgenden Monats zu erfolgen.

(5) Die Absätze 1 bis 4 sind nicht anzuwenden, wenn

1. die Kapitalerträge im Sinne des § 43 Absatz 1 Satz 1 Nummer 1a und des Absatzes 1 Satz 4 im Veranlagungszeitraum nicht mehr als 20 000 Euro betragen oder

2. der Steuerpflichtige bei Zufluss der Kapitalerträge im Sinne des § 43 Absatz 1 Satz 1 Nummer 1a und des Absatzes 1 Satz 4 seit mindestens einem Jahr ununterbrochen wirtschaftlicher Eigentümer der Aktien oder Genussscheine ist; Absatz 2 Satz 2 gilt entsprechend.

(6) ¹Der Treuhänder und der Treugeber gelten für die Zwecke der vorstehenden Absätze als eine Person, wenn Kapitalerträge im Sinne des § 43 Absatz 1 Satz 1 Nummer 1a und des Absatzes 1 Satz 4 einem Treuhandvermögen zuzurechnen sind, welches ausschließlich der Erfüllung von Altersvorsorgeverpflichtungen dient und dem Zugriff übriger Gläubiger entzogen ist. ²Entsprechendes gilt für Versicherungsunternehmen und Versicherungsnehmer im Rahmen von fondsgebundenen Lebensversicherungen, wenn die Leistungen aus dem Vertrag an den Wert eines internen Fonds im Sinne des § 124 Absatz 2 Satz 2 Nummer 1 des Versicherungsaufsichtsgesetzes gebunden sind.

(7) § 42 der Abgabenordnung bleibt unberührt.

Hinweise   H 36a

Allgemeines

Anwendungsfragen zur Beschränkung der Anrechenbarkeit der Kapitalertragsteuer nach § 36a >BMF vom 03.04.2017 (BStBl I S. 726) unter Berücksichtigung der Änderungen vom 20.02.2018 (BStBl I S. 308)

S 2297

§ 37
Einkommensteuer-Vorauszahlung

(1) ¹Der Steuerpflichtige hat am 10. März, 10. Juni, 10. September und 10. Dezember Vorauszahlungen auf die Einkommensteuer zu entrichten, die er für den laufenden Veranlagungszeitraum voraussichtlich schulden wird. ²Die Einkommensteuer-Vorauszahlung entsteht jeweils mit Beginn des Kalendervierteljahres, in dem die Vorauszahlungen zu entrichten sind, oder, wenn die Steuerpflicht erst im Laufe des Kalendervierteljahres begründet wird, mit Begründung der Steuerpflicht.

(2) (weggefallen)

(3) ¹Das Finanzamt setzt die Vorauszahlungen durch Vorauszahlungsbescheid fest. ²Die Vorauszahlungen bemessen sich grundsätzlich nach der Einkommensteuer, die sich nach Anrechnung der Steuerabzugsbeträge (§ 36 Absatz 2 Nummer 2) bei der letzten Veranlagung ergeben hat. ³Das Finanzamt kann bis zum Ablauf des auf den Veranlagungszeitraum folgenden 15. Kalendermonats die Vorauszahlungen an die Einkommensteuer anpassen, die sich für den Veranlagungszeitraum voraussichtlich ergeben wird; dieser Zeitraum verlängert sich auf 23 Monate, wenn die Einkünfte aus Land- und Forstwirtschaft bei der erstmaligen Steuerfestsetzung die anderen Einkünfte voraussichtlich überwiegen werden. ⁴Bei der Anwendung der Sätze 2 und 3 bleiben Aufwendungen im Sinne des § 10 Absatz 1 Nummer 4, 5, 7 und 9 sowie Absatz 1a, der §§ 10b und 33 sowie die abziehbaren Beträge nach § 33a, wenn die Aufwendungen und abziehbaren Beträge insgesamt 600 Euro nicht übersteigen, außer Ansatz. ⁵Die Steuerermäßigung nach § 34a bleibt außer Ansatz. ⁶Bei der Anwendung der Sätze 2 und 3 bleibt der Sonderausgabenabzug nach § 10a Absatz 1 außer Ansatz. ⁷Außer Ansatz bleiben bis zur Anschaffung oder Fertigstellung der Objekte im Sinne des § 10e Absatz 1 und 2 und § 10h auch die Aufwendungen, die nach § 10e Absatz 6 und § 10h Satz 3 wie Sonderausgaben abgezogen werden; Entsprechendes gilt auch für Aufwendungen, die nach § 10i für nach dem Eigenheimzulagengesetz begünstigte Objekte wie Sonderausgaben abgezogen werden. ⁸Negative Einkünfte aus der Vermietung oder Verpachtung eines

---

¹⁾ Absatz 3 Satz 3 ist auf Antrag des Stpfl. mit der Maßgabe anzuwenden, dass
  1. für den VZ 2019 an die Stelle des 15. Kalendermonats der 21. Kalendermonat und an die Stelle des 23. Kalendermonats der 28. Kalendermonat,
  2. für die VZ 2020 und 2021 an die Stelle des 15. Kalendermonats der 21. Kalendermonat und an die Stelle des 23. Kalendermonats der 29. Kalendermonat,
  3. für den VZ 2022 an die Stelle des 15. Kalendermonats der 20. Kalendermonat und an die Stelle des 23. Kalendermonats der 28. Kalendermonat,
  4. für den VZ 2023 an die Stelle des 15. Kalendermonats der 18. Kalendermonat und an die Stelle des 23. Kalendermonats der 26. Kalendermonat und
  5. für den VZ 2024 an die Stelle des 15. Kalendermonats der 17. Kalendermonat und an die Stelle des 23. Kalendermonats der 25. Kalendermonat

tritt >§ 52 Abs. 35d.

Gebäudes im Sinne des § 21 Absatz 1 Satz 1 Nummer 1 werden bei der Festsetzung der Vorauszahlungen nur für Kalenderjahre berücksichtigt, die nach der Anschaffung oder Fertigstellung dieses Gebäudes beginnen. [9]Wird ein Gebäude vor dem Kalenderjahr seiner Fertigstellung angeschafft, tritt an die Stelle der Anschaffung die Fertigstellung. [10]Satz 8 gilt nicht für negative Einkünfte aus der Vermietung oder Verpachtung eines Gebäudes, für das Sonderabschreibungen nach § 7b dieses Gesetzes oder erhöhte Absetzungen nach den §§ 14a, 14c oder 14d des Berlinförderungsgesetzes in Anspruch genommen werden. [11]Satz 8 gilt für negative Einkünfte aus der Vermietung oder Verpachtung eines anderen Vermögensgegenstands im Sinne des § 21 Absatz 1 Satz 1 Nummer 1 bis 3 entsprechend mit der Maßgabe, dass an die Stelle der Anschaffung oder Fertigstellung die Aufnahme der Nutzung durch den Steuerpflichtigen tritt. [12]In den Fällen des § 31, in denen die gebotene steuerliche Freistellung eines Einkommensbetrags in Höhe des Existenzminimums eines Kindes durch das Kindergeld nicht in vollem Umfang bewirkt wird, bleiben bei der Anwendung der Sätze 2 und 3 Freibeträge nach § 32 Absatz 6 und zu verrechnendes Kindergeld außer Ansatz.

(4) [1]Bei einer nachträglichen Erhöhung der Vorauszahlungen ist die letzte Vorauszahlung für den Veranlagungszeitraum anzupassen. [2]Der Erhöhungsbetrag ist innerhalb eines Monats nach Bekanntgabe des Vorauszahlungsbescheids zu entrichten.

(5) [1]Vorauszahlungen sind nur festzusetzen, wenn sie mindestens 400 Euro im Kalenderjahr und mindestens 100 Euro für einen Vorauszahlungszeitpunkt betragen. [2]Festgesetzte Vorauszahlungen sind nur zu erhöhen, wenn sich der Erhöhungsbetrag im Fall des Absatzes 3 Satz 2 bis 5 für einen Vorauszahlungszeitpunkt auf mindestens 100 Euro, im Fall des Absatzes 4 auf mindestens 5.000 Euro beläuft.

Einkommensteuer-Vorauszahlung

Bei der Veranlagung von Ehegatten nach § 26a EStG ist für die Ermittlung der 600-Euro-Grenze in § 37 Abs. 3 EStG die Summe der für beide Ehegatten in Betracht kommenden Aufwendungen und abziehbaren Beträge zugrunde zu legen.

Hinweise

Anpassung von Vorauszahlungen
Eine Anpassung ist auch dann noch möglich, wenn eine Einkommensteuererklärung für den abgelaufenen VZ bereits abgegeben worden ist (>BFH vom 27.09.1976 – BStBl II 1977 S. 33).

Erhöhung von Vorauszahlungen

Im Fall der Erhöhung einer Vorauszahlung zum nächsten Vorauszahlungstermin des laufenden Kj. gilt die Monatsfrist des § 37 Abs. 4 Satz 2 nicht (>BFH vom 22.08.1974 – BStBl II 1975 S. 15 und vom 25.06.1981 – BStBl II 1982 S. 105).

Verteilung von Vorauszahlungen

Vorauszahlungen sind in gleich großen Teilbeträgen zu leisten. Eine Ausnahme hiervon kommt auch dann nicht in Betracht, wenn der Stpfl. geltend macht, der Gewinn des laufenden VZ entstehe nicht gleichmäßig (>BFH vom 22.11.2011 – BStBl II 2012 S. 329).

Vorauszahlungen bei Arbeitnehmern

Die Festsetzung von Einkommensteuer-Vorauszahlungen ist auch dann zulässig, wenn der Stpfl. ausschl. Einkünfte aus nichtselbständiger Arbeit erzielt, die dem Lohnsteuerabzug unterliegen (>BFH vom 20.12.2004 – BStBl II 2005 S. 358).

§ 37a
Pauschalierung der Einkommensteuer durch Dritte

(1) [1] Das Finanzamt kann auf Antrag zulassen, dass das Unternehmen, das Sachprämien im Sinne des § 3 Nummer 38 gewährt, die Einkommensteuer für den Teil der Prämien, der nicht steuerfrei ist, pauschal erhebt. [2] Bemessungsgrundlage der pauschalen Einkommensteuer ist der gesamte Wert der Prämien, die den im Inland ansässigen Steuerpflichtigen zufließen. [3] Der Pauschsteuersatz beträgt 2,25 Prozent.

(2) [1] Auf die pauschale Einkommensteuer ist § 40 Absatz 3 sinngemäß anzuwenden. [2] Das Unternehmen hat die Prämienempfänger von der Steuerübernahme zu unterrichten.

(3) [1] Über den Antrag entscheidet das Betriebsstättenfinanzamt des Unternehmens (§ 41a Absatz 1 Satz 1 Nummer 1). [2] Hat das Unternehmen mehrere Betriebsstättenfinanzämter, so ist das Finanzamt der Betriebsstätte zuständig, in der die für die pauschale Besteuerung maßgebenden Prämien ermittelt werden. [3] Die Genehmigung zur Pauschalierung wird mit Wirkung für die Zukunft erteilt und kann zeitlich befristet werden; sie erstreckt sich auf alle im Geltungszeitraum ausgeschütteten Prämien.

(4) Die pauschale Einkommensteuer gilt als Lohnsteuer und ist von dem Unternehmen in der Lohnsteuer-Anmeldung der Betriebsstätte im Sinne des Absatzes 3 anzumelden und spätestens am zehnten Tag nach Ablauf des für die Betriebsstätte maßgebenden Lohnsteuer-Anmeldungszeitraums an das Betriebsstättenfinanzamt abzuführen.

§ 37b

Pauschalierung der Einkommensteuer bei Sachzuwendungen

(1) ¹Steuerpflichtige können die Einkommensteuer einheitlich für alle innerhalb eines Wirtschaftsjahres gewährten
1. betrieblich veranlassten Zuwendungen, die zusätzlich zur ohnehin vereinbarten Leistung oder Gegenleistung erbracht werden, und
2. Geschenke im Sinne des § 4 Absatz 5 Satz 1 Nummer 1,

die nicht in Geld bestehen, mit einem Pauschsteuersatz von 30 Prozent erheben. ²Bemessungsgrundlage der pauschalen Einkommensteuer sind die Aufwendungen des Steuerpflichtigen einschließlich Umsatzsteuer; bei Zuwendungen an Arbeitnehmer verbundener Unternehmen ist Bemessungsgrundlage mindestens der sich nach § 8 Absatz 3 Satz 1 ergebende Wert. ³Die Pauschalierung ist ausgeschlossen,
1. soweit die Aufwendungen je Empfänger und Wirtschaftsjahr oder
2. wenn die Aufwendungen für die einzelne Zuwendung

den Betrag von 10.000 Euro übersteigen.

(2) ¹Absatz 1 gilt auch für betrieblich veranlasste Zuwendungen an Arbeitnehmer des Steuerpflichtigen, soweit sie nicht in Geld bestehen und zusätzlich zum ohnehin geschuldeten Arbeitslohn erbracht werden. ²In den Fällen des § 8 Absatz 2 Satz 2 bis 10, Absatz 3, § 40 Absatz 2 sowie in Fällen, in denen Vermögensbeteiligungen überlassen werden, ist Absatz 1 nicht anzuwenden; Entsprechendes gilt, soweit die Zuwendungen nach § 40 Absatz 1 pauschaliert worden sind. ³§ 37a Absatz 1 bleibt unberührt.

(3) ¹Die pauschal besteuerten Sachzuwendungen bleiben bei der Ermittlung der Einkünfte des Empfängers außer Ansatz. ²Auf die pauschale Einkommensteuer ist § 40 Absatz 3 sinngemäß anzuwenden. ³Der Steuerpflichtige hat den Empfänger von der Steuerübernahme zu unterrichten.

(4) ¹Die pauschale Einkommensteuer gilt als Lohnsteuer und ist von dem die Sachzuwendung gewährenden Steuerpflichtigen in der Lohnsteuer-Anmeldung der Betriebsstätte nach § 41 Absatz 2 anzumelden und spätestens am zehnten Tag nach Ablauf des für die Betriebsstätte maßgebenden Lohnsteuer-Anmeldungszeitraums an das Betriebsstättenfinanzamt abzuführen. ²Hat der Steuerpflichtige mehrere Betriebsstätten im Sinne des Satzes 1, so ist das Finanzamt der Betriebsstätte zuständig, in der die für die pauschale Besteuerung maßgebenden Sachbezüge ermittelt werden.

§ 37b EStG

Hinweise

Allgemeines

Zur Pauschalierung der Einkommensteuer bei Sachzuwendungen >BMF vom 19.05.2015 (BStBl I S. 468) unter Berücksichtigung der Änderungen durch BMF vom 28.06.2018 (BStBl I S. 814), *Anhang 23a LStH*

2. Steuerabzug vom Arbeitslohn (Lohnsteuer)

§ 38
Erhebung der Lohnsteuer

S 2360

(1) ¹Bei Einkünften aus nichtselbständiger Arbeit wird die Einkommensteuer durch Abzug vom Arbeitslohn erhoben (Lohnsteuer), soweit der Arbeitslohn von einem Arbeitgeber gezahlt wird, der
1. im Inland einen Wohnsitz, seinen gewöhnlichen Aufenthalt, seine Geschäftsleitung, seinen Sitz, eine Betriebsstätte oder einen ständigen Vertreter im Sinne der §§ 8 bis 13 der Abgabenordnung hat (inländischer Arbeitgeber) oder
2. einem Dritten (Entleiher) Arbeitnehmer gewerbsmäßig zur Arbeitsleistung im Inland überlässt, ohne inländischer Arbeitgeber zu sein (ausländischer Verleiher).

²In den Fällen der internationalen Arbeitnehmerentsendung ist das nach Satz 1 Nummer 1 in Deutschland ansässige aufnehmende Unternehmen inländischer Arbeitgeber, wenn es den Arbeitslohn für die ihm geleistete Arbeit wirtschaftlich trägt oder nach dem Fremdvergleichsgrundsatz hätte tragen müssen; Voraussetzung hierfür ist nicht, dass das Unternehmen dem Arbeitnehmer den Arbeitslohn im eigenen Namen und für eigene Rechnung auszahlt. ³Der Lohnsteuer unterliegt auch der im Rahmen des Dienstverhältnisses von einem Dritten gewährte Arbeitslohn, wenn der Arbeitgeber weiß oder erkennen kann, dass derartige Vergütungen erbracht werden; dies ist insbesondere anzunehmen, wenn Arbeitgeber und Dritter verbundene Unternehmen im Sinne von § 15 des Aktiengesetzes sind.

(2) ¹Der Arbeitnehmer ist Schuldner der Lohnsteuer. ²Die Lohnsteuer entsteht in dem Zeitpunkt, in dem der Arbeitslohn dem Arbeitnehmer zufließt.

(3) ¹Der Arbeitgeber hat die Lohnsteuer für Rechnung des Arbeitnehmers bei jeder Lohnzahlung vom Arbeitslohn einzubehalten. ²Bei juristischen Personen des öffentlichen Rechts hat die öffentliche Kasse, die den Arbeitslohn zahlt, die Pflichten des Arbeitgebers. ³In den Fällen der nach § 7f Absatz 1 Satz 1 Nummer 2 des Vierten Buches Sozialgesetzbuch an die Deutsche Rentenversicherung Bund übertragenen Wertguthaben hat die Deutsche Rentenversicherung Bund bei Inanspruchnahme des Wertguthabens die Pflichten des Arbeitgebers.

(3a) ¹Soweit sich aus einem Dienstverhältnis oder einem früheren Dienstverhältnis tarifvertragliche Ansprüche des Arbeitnehmers auf Arbeitslohn unmittelbar gegen einen Dritten mit Wohnsitz, Geschäftsleitung oder Sitz im Inland richten und von diesem durch die Zahlung von Geld erfüllt werden, hat der Dritte die Pflichten des Arbeitgebers. ²In anderen Fällen kann das Finanzamt zulassen, dass ein Dritter mit

Wohnsitz, Geschäftsleitung oder Sitz im Inland die Pflichten des Arbeitgebers im eigenen Namen erfüllt. ³Voraussetzung ist, dass der Dritte

1. sich hierzu gegenüber dem Arbeitgeber verpflichtet hat,
2. den Lohn auszahlt oder er nur Arbeitgeberpflichten für von ihm vermittelte Arbeitnehmer übernimmt und
3. die Steuererhebung nicht beeinträchtigt wird.

⁴Die Zustimmung erteilt das Betriebsstättenfinanzamt des Dritten auf dessen Antrag im Einvernehmen mit dem Betriebsstättenfinanzamt des Arbeitgebers; sie darf mit Nebenbestimmungen versehen werden, die die ordnungsgemäße Steuererhebung sicherstellen und die Überprüfung des Lohnsteuerabzugs nach § 42f erleichtern sollen. ⁵Die Zustimmung kann mit Wirkung für die Zukunft widerrufen werden. ⁶In den Fällen der Sätze 1 und 2 sind die das Lohnsteuerverfahren betreffenden Vorschriften mit der Maßgabe anzuwenden, dass an die Stelle des Arbeitgebers der Dritte tritt; der Arbeitgeber ist von seinen Pflichten befreit, soweit der Dritte diese Pflichten erfüllt hat. ⁷Erfüllt der Dritte die Pflichten des Arbeitgebers, kann er den Arbeitslohn, der einem Arbeitnehmer in demselben Lohnabrechnungszeitraum aus mehreren Dienstverhältnissen zufließt, für die Lohnsteuerermittlung und in der Lohnsteuerbescheinigung zusammenrechnen.

(4) ¹Wenn der vom Arbeitgeber geschuldete Barlohn zur Deckung der Lohnsteuer nicht ausreicht, hat der Arbeitnehmer dem Arbeitgeber den Fehlbetrag zur Verfügung zu stellen oder der Arbeitgeber einen entsprechenden Teil der anderen Bezüge des Arbeitnehmers zurückzubehalten. ²Soweit der Arbeitnehmer seiner Verpflichtung nicht nachkommt und der Arbeitgeber den Fehlbetrag nicht durch Zurückbehaltung von anderen Bezügen des Arbeitnehmers aufbringen kann, hat der Arbeitgeber dies dem Betriebsstättenfinanzamt (§ 41a Absatz 1 Satz 1 Nummer 1) anzuzeigen. ³Der Arbeitnehmer hat dem Arbeitgeber die von einem Dritten gewährten Bezüge (Absatz 1 Satz 3) am Ende des jeweiligen Lohnzahlungszeitraums anzugeben; wenn der Arbeitnehmer keine Angabe oder eine erkennbar unrichtige Angabe macht, hat der Arbeitgeber dies dem Betriebsstättenfinanzamt anzuzeigen. ⁴Das Finanzamt hat die zu wenig erhobene Lohnsteuer vom Arbeitnehmer nachzufordern.

§ 38a
Höhe der Lohnsteuer

(1) ¹Die Jahreslohnsteuer bemisst sich nach dem Arbeitslohn, den der Arbeitnehmer im Kalenderjahr bezieht (Jahresarbeitslohn). ²Laufender Arbeitslohn gilt in dem Kalenderjahr als bezogen, in dem der Lohnzahlungszeitraum endet; in den Fällen des § 39b Absatz 5 Satz 1 tritt der Lohnabrechnungszeitraum an die Stelle des Lohnzahlungszeitraums. ³Arbeitslohn, der nicht als laufender Arbeitslohn gezahlt wird (sonstige Bezüge), wird in dem Kalenderjahr bezogen, in dem er dem Arbeitnehmer zufließt.

(2) Die Jahreslohnsteuer wird nach dem Jahresarbeitslohn so bemessen, dass sie der Einkommensteuer entspricht, die der Arbeitnehmer schuldet, wenn er ausschließlich Einkünfte aus nichtselbständiger Arbeit erzielt.

(3) ¹Vom laufenden Arbeitslohn wird die Lohnsteuer jeweils mit dem auf den Lohnzahlungszeitraum fallenden Teilbetrag der Jahreslohnsteuer erhoben, die sich bei Umrechnung des laufenden Arbeitslohns auf einen Jahresarbeitslohn ergibt. ²Von sonstigen Bezügen wird die Lohnsteuer mit dem Betrag erhoben, der zusammen mit der Lohnsteuer für den laufenden Arbeitslohn des Kalenderjahres und für etwa im Kalenderjahr bereits gezahlte sonstige Bezüge die voraussichtliche Jahreslohnsteuer ergibt.

(4) Bei der Ermittlung der Lohnsteuer werden die Besteuerungsgrundlagen des Einzelfalls durch die Einreihung der Arbeitnehmer in Steuerklassen (§ 38b), Feststellung von Freibeträgen und Hinzurechnungsbeträgen (§ 39a) sowie Bereitstellung von elektronischen Lohnsteuerabzugsmerkmalen (§ 39e) oder Ausstellung von entsprechenden Bescheinigungen für den Lohnsteuerabzug (§ 39 Absatz 3 und § 39e Absatz 7 und 8) berücksichtigt.

§ 38b

Lohnsteuerklassen, Zahl der Kinderfreibeträge

(1) ¹Für die Durchführung des Lohnsteuerabzugs werden Arbeitnehmer in Steuerklassen eingereiht. ²Dabei gilt Folgendes:

1. In die Steuerklasse I gehören Arbeitnehmer, die
   a) unbeschränkt einkommensteuerpflichtig und
      aa) ledig sind,
      bb) verheiratet, verwitwet oder geschieden sind und bei denen die Voraussetzungen für die Steuerklasse III oder IV nicht erfüllt sind; oder
   b) beschränkt einkommensteuerpflichtig sind;
2. in die Steuerklasse II gehören die unter Nummer 1 Buchstabe a bezeichneten Arbeitnehmer, wenn bei ihnen der Entlastungsbetrag für Alleinerziehende (§ 24b) zu berücksichtigen ist;
3. in die Steuerklasse III gehören Arbeitnehmer,
   a) die verheiratet sind, wenn beide Ehegatten unbeschränkt einkommensteuerpflichtig sind und nicht dauernd getrennt leben und der Ehegatte des Arbeitnehmers auf Antrag beider Ehegatten in die Steuerklasse V eingereiht wird,
   b) die verwitwet sind, wenn sie und ihr verstorbener Ehegatte im Zeitpunkt seines Todes unbeschränkt einkommensteuerpflichtig waren und in diesem Zeitpunkt nicht dauernd getrennt gelebt haben, für das Kalenderjahr, das dem Kalenderjahr folgt, in dem der Ehegatte verstorben ist,
   c) deren Ehe aufgelöst worden ist, wenn
      aa) im Kalenderjahr der Auflösung der Ehe beide Ehegatten unbeschränkt einkommensteuerpflichtig waren und nicht dauernd getrennt gelebt haben und
      bb) der andere Ehegatte wieder geheiratet hat, von seinem neuen Ehegatten nicht dauernd getrennt lebt und er und sein neuer Ehegatte unbeschränkt einkommensteuerpflichtig sind,

      für das Kalenderjahr, in dem die Ehe aufgelöst worden ist;
4. in die Steuerklasse IV gehören Arbeitnehmer, die verheiratet sind, wenn beide Ehegatten unbeschränkt einkommensteuerpflichtig sind und nicht dauernd getrennt leben; dies gilt auch, wenn einer der Ehegatten keinen Arbeitslohn bezieht und kein Antrag nach Nummer 3 Buchstabe a gestellt worden ist;
5. in die Steuerklasse V gehören die unter Nummer 4 bezeichneten Arbeitnehmer, wenn der Ehegatte des Arbeitnehmers auf Antrag beider Ehegatten in die Steuerklasse III eingereiht wird;

6. die Steuerklasse VI gilt bei Arbeitnehmern, die nebeneinander von mehreren Arbeitgebern Arbeitslohn beziehen, für die Einbehaltung der Lohnsteuer vom Arbeitslohn aus dem zweiten und einem weiteren Dienstverhältnis sowie in den Fällen des § 39c.

³Als unbeschränkt einkommensteuerpflichtig im Sinne der Nummern 3 und 4 gelten nur Personen, die die Voraussetzungen des § 1 Absatz 1 oder 2 oder des § 1a erfüllen.

(2) ¹Für ein minderjähriges und nach § 1 Absatz 1 unbeschränkt einkommensteuerpflichtiges Kind im Sinne des § 32 Absatz 1 Nummer 1 und Absatz 3 werden bei der Anwendung der Steuerklassen I bis IV die Kinderfreibeträge als Lohnsteuerabzugsmerkmal nach § 39 Absatz 1 wie folgt berücksichtigt:
1. mit Zähler 0,5, wenn dem Arbeitnehmer der Kinderfreibetrag nach § 32 Absatz 6 Satz 1 zusteht, oder
2. mit Zähler 1, wenn dem Arbeitnehmer der Kinderfreibetrag zusteht, weil
    a) die Voraussetzungen des § 32 Absatz 6 Satz 2 vorliegen oder
    b) der andere Elternteil vor dem Beginn des Kalenderjahres verstorben ist oder
    c) der Arbeitnehmer allein das Kind angenommen hat.

²Soweit dem Arbeitnehmer Kinderfreibeträge nach § 32 Absatz 1 bis 6 zustehen, die nicht nach Satz 1 berücksichtigt werden, ist die Zahl der Kinderfreibeträge auf Antrag vorbehaltlich des § 39a Absatz 1 Nummer 6 zu Grunde zu legen. ³In den Fällen des Satzes 2 können die Kinderfreibeträge für mehrere Jahre gelten, wenn nach den tatsächlichen Verhältnissen zu erwarten ist, dass die Voraussetzungen bestehen bleiben. ⁴Bei Anwendung der Steuerklassen III und IV sind auch Kinder des Ehegatten bei der Zahl der Kinderfreibeträge zu berücksichtigen. ⁵Der Antrag kann nur nach amtlich vorgeschriebenem Vordruck gestellt werden.

(3) ¹Auf Antrag des Arbeitnehmers kann abweichend von Absatz 1 oder 2 eine für ihn ungünstigere Steuerklasse oder geringere Zahl der Kinderfreibeträge als Lohnsteuerabzugsmerkmal gebildet werden. ²Der Wechsel von der Steuerklasse III oder V in die Steuerklasse IV ist auch auf Antrag nur eines Ehegatten möglich mit der Folge, dass beide Ehegatten in die Steuerklasse IV eingereiht werden. ³Diese Anträge sind nach amtlich vorgeschriebenem Vordruck zu stellen und vom Antragsteller eigenhändig zu unterschreiben.

§ 39
Lohnsteuerabzugsmerkmale

(1) ¹Für die Durchführung des Lohnsteuerabzugs werden auf Veranlassung des Arbeitnehmers Lohnsteuerabzugsmerkmale gebildet (§ 39a Absatz 1 und 4, § 39e Absatz 1 in Verbindung mit § 39e Absatz 4 Satz 1 und nach § 39e Absatz 8). ²Soweit Lohnsteuerabzugsmerkmale nicht nach § 39e Absatz 1 Satz 1 automatisiert gebildet werden oder davon abweichend zu bilden sind, ist das Finanzamt für die Bildung der Lohnsteuerabzugsmerkmale nach den §§ 38b und 39a und die Bestimmung ihrer Geltungsdauer zuständig. ³Für die Bildung der Lohnsteuerabzugsmerkmale sind die von den Meldebehörden nach § 39e Absatz 2 Satz 2 mitgeteilten Daten vorbehaltlich einer nach Satz 2 abweichenden Bildung durch das Finanzamt bindend. ⁴Die Bildung der Lohnsteuerabzugsmerkmale ist eine gesonderte Feststellung von Besteuerungsgrundlagen im Sinne des § 179 Absatz 1 der Abgabenordnung, die unter dem Vorbehalt der Nachprüfung steht. ⁵Die Bildung und die Änderung der Lohnsteuerabzugsmerkmale sind dem Arbeitnehmer bekannt zu geben. ⁶Die Bekanntgabe richtet sich nach § 119 Absatz 2 der Abgabenordnung und § 39e Absatz 6. ⁷Der Bekanntgabe braucht keine Belehrung über den zulässigen Rechtsbehelf beigefügt zu werden. ⁸Ein schriftlicher Bescheid mit einer Belehrung über den zulässigen Rechtsbehelf ist jedoch zu erteilen, wenn einem Antrag des Arbeitnehmers auf Bildung oder Änderung der Lohnsteuerabzugsmerkmale nicht oder nicht in vollem Umfang entsprochen wird oder der Arbeitnehmer die Erteilung eines Bescheids beantragt. ⁹Vorbehaltlich des Absatzes 5 ist § 153 Absatz 2 der Abgabenordnung nicht anzuwenden.

(2) ¹Für die Bildung und die Änderung der Lohnsteuerabzugsmerkmale nach Absatz 1 Satz 2 des nach § 1 Absatz 1 unbeschränkt einkommensteuerpflichtigen Arbeitnehmers ist das Wohnsitzfinanzamt im Sinne des § 19 Absatz 1 Satz 1 und 2 der Abgabenordnung und in den Fällen des Absatzes 4 Nummer 5 das Betriebsstättenfinanzamt nach § 41a Absatz 1 Satz 1 Nummer 1 zuständig. ²Ist der Arbeitnehmer nach § 1 Absatz 2 unbeschränkt einkommensteuerpflichtig, nach § 1 Absatz 3 als unbeschränkt einkommensteuerpflichtig zu behandeln oder beschränkt einkommensteuerpflichtig, ist das Betriebsstättenfinanzamt für die Bildung und die Änderung der Lohnsteuerabzugsmerkmale zuständig. ³Ist der nach § 1 Absatz 3 als unbeschränkt einkommensteuerpflichtig zu behandelnde Arbeitnehmer gleichzeitig bei mehreren inländischen Arbeitgebern tätig, ist für die Bildung der weiteren Lohnsteuerabzugsmerkmale das Betriebsstättenfinanzamt zuständig, das erstmals Lohnsteuerabzugsmerkmale gebildet hat. ⁴Bei Ehegatten, die beide Arbeitslohn von inländischen Arbeitgebern beziehen, ist das Betriebsstättenfinanzamt des älteren Ehegatten zuständig.

§ 39 EStG

(3) ¹In den Fällen des Absatzes 2 Satz 1 hat der Arbeitnehmer den Antrag für die erstmalige Zuteilung einer Identifikationsnummer (§ 139b der Abgabenordnung) beim Wohnsitzfinanzamt und in den Fällen des Absatzes 2 Satz 2 beim Betriebsstättenfinanzamt zu stellen. ²Die Zuteilung einer Identifikationsnummer kann auch der Arbeitgeber beantragen, wenn ihn der Arbeitnehmer dazu nach § 80 Absatz 1 der Abgabenordnung bevollmächtigt hat. ³Ist dem Arbeitnehmer in den Fällen des Absatzes 2 Satz 1 und 2 bereits eine Identifikationsnummer zugeteilt worden, teilt das zuständige Finanzamt diese auf Anfrage des Arbeitnehmers mit. ⁴Eine Anfrage nach Satz 3 kann auch der Arbeitgeber im Namen des Arbeitnehmers stellen. ⁵Wird einem Arbeitnehmer in den Fällen des Satzes 1 keine Identifikationsnummer zugeteilt, gilt § 39e Absatz 8 sinngemäß.

(4) Lohnsteuerabzugsmerkmale sind
1. Steuerklasse (§ 38b Absatz 1) und Faktor (§ 39f),
2. Zahl der Kinderfreibeträge bei den Steuerklassen I bis IV (§ 38b Absatz 2),
3. Freibetrag und Hinzurechnungsbetrag (§ 39a),
4. Höhe der Beiträge für eine private Krankenversicherung und für eine private Pflege-Pflichtversicherung (§ 39b Absatz 2 Satz 5 Nummer 3 Buchstabe d) für die Dauer von zwölf Monaten, wenn der Arbeitnehmer dies beantragt, [1]
5. Mitteilung, dass der von einem Arbeitgeber gezahlte Arbeitslohn nach einem Abkommen zur Vermeidung der Doppelbesteuerung von der Lohnsteuer freizustellen ist, wenn der Arbeitnehmer oder der Arbeitgeber dies beantragt. [1]

(5) ¹Treten bei einem Arbeitnehmer die Voraussetzungen für eine für ihn ungünstigere Steuerklasse oder geringere Zahl der Kinderfreibeträge ein, ist der Arbeitnehmer verpflichtet, dem Finanzamt dies mitzuteilen und die Steuerklasse und die Zahl der Kinderfreibeträge umgehend ändern zu lassen. ²Dies gilt insbesondere, wenn die Voraussetzungen für die Berücksichtigung des Entlastungsbetrags für Alleinerziehende, für die die Steuerklasse II zur Anwendung kommt, entfallen. ³Eine Mitteilung ist nicht erforderlich, wenn die Abweichung einen Sachverhalt betrifft, der zu einer Änderung der Daten führt, die nach § 39e Absatz 2 Satz 2 von den Meldebehörden zu übermitteln sind. ⁴Kommt der Arbeitnehmer seiner Verpflichtung nicht nach, ändert das Finanzamt die Steuerklasse und die Zahl der Kinderfreibeträge von Amts wegen. ⁵Unterbleibt die Änderung der Lohnsteuerabzugsmerkmale, hat das Finanzamt zu wenig erhobene Lohnsteuer vom Arbeitnehmer nachzufordern, wenn diese 10 Euro übersteigt.

---

[1] Das BMF kann im Einvernehmen mit den obersten Finanzbehörden der Länder in einem Schreiben mitteilen, wann die in Absatz 4 Nr. 4 und 5 genannten Lohnsteuerabzugsmerkmale erstmals abgerufen werden können (§ 39e Abs. 3 Satz 1). Dieses Schreiben ist im BStBl zu veröffentlichen >§ 52 Abs. 36.

§ 39 EStG

S 2364

(6) ¹Ändern sich die Voraussetzungen für die Steuerklasse oder für die Zahl der Kinderfreibeträge zu Gunsten des Arbeitnehmers, kann dieser beim Finanzamt die Änderung der Lohnsteuerabzugsmerkmale beantragen. ²Die Änderung ist mit Wirkung von dem ersten Tag des Monats an vorzunehmen, in dem erstmals die Voraussetzungen für die Änderung vorlagen. ³Ehegatten können im Laufe des Kalenderjahres beim Finanzamt die Änderung der Steuerklassen beantragen. ⁴Dies gilt unabhängig von der automatisierten Bildung der Steuerklassen nach § 39e Absatz 3 Satz 3 sowie einer von den Ehegatten gewünschten Änderung dieser automatisierten Bildung. ⁵Das Finanzamt hat eine Änderung nach Satz 3 mit Wirkung vom Beginn des Kalendermonats vorzunehmen, der auf die Antragstellung folgt. ⁶Für eine Berücksichtigung der Änderung im laufenden Kalenderjahr ist der Antrag nach Satz 1 oder 3 spätestens bis zum 30. November zu stellen.

(7) ¹Wird ein unbeschränkt einkommensteuerpflichtiger Arbeitnehmer beschränkt einkommensteuerpflichtig, hat er dies dem Finanzamt unverzüglich mitzuteilen. ²Das Finanzamt hat die Lohnsteuerabzugsmerkmale vom Zeitpunkt des Eintritts der beschränkten Einkommensteuerpflicht an zu ändern. ³Absatz 1 Satz 5 bis 8 gilt entsprechend. ⁴Unterbleibt die Mitteilung, hat das Finanzamt zu wenig erhobene Lohnsteuer vom Arbeitnehmer nachzufordern, wenn diese 10 Euro übersteigt.

(8) Ohne Einwilligung des Arbeitnehmers und soweit gesetzlich nichts anderes zugelassen ist, darf der Arbeitgeber die Lohnsteuerabzugsmerkmale nur für die Einbehaltung der Lohn- und Kirchensteuer verarbeiten.

§ 39a
Freibetrag und Hinzurechnungsbetrag

(1) ¹Auf Antrag des unbeschränkt einkommensteuerpflichtigen Arbeitnehmers ermittelt das Finanzamt die Höhe eines vom Arbeitslohn insgesamt abzuziehenden Freibetrags aus der Summe der folgenden Beträge:

1. Werbungskosten, die bei den Einkünften aus nichtselbständiger Arbeit anfallen, soweit sie den Arbeitnehmer-Pauschbetrag (§ 9a Satz 1 Nummer 1 Buchstabe a) oder bei Versorgungsbezügen den Pauschbetrag (§ 9a Satz 1 Nummer 1 Buchstabe b) übersteigen,
2. Sonderausgaben im Sinne des § 10 Absatz 1 Nummer 4, 5, 7 und 9 sowie Absatz 1a und des § 10b, soweit sie den Sonderausgaben-Pauschbetrag von 36 Euro übersteigen,
3. der Betrag, der nach den §§ 33, 33a und 33b Absatz 6 wegen außergewöhnlicher Belastungen zu gewähren ist,
4. die Pauschbeträge für Menschen mit Behinderungen und Hinterbliebene (§ 33b Absatz 1 bis 5),
4a. der Erhöhungsbetrag nach § 24b Absatz 2 Satz 2,
5. die folgenden Beträge, wie sie nach § 37 Absatz 3 bei der Festsetzung von Einkommensteuer-Vorauszahlungen zu berücksichtigen sind:
    a) die Beträge, die nach § 10d Absatz 2, §§ 10e, 10f, 10g, 10h, 10i, nach § 15b des Berlinförderungsgesetzes abgezogen werden können,
    b) die negative Summe der Einkünfte im Sinne des § 2 Absatz 1 Satz 1 Nummer 1 bis 3, 6 und 7 und der negativen Einkünfte im Sinne des § 2 Absatz 1 Satz 1 Nummer 5,
    c) das Vierfache der Steuerermäßigung nach den §§ 34f, 35a und 35c,
6. die Freibeträge nach § 32 Absatz 6 für jedes Kind im Sinne des § 32 Absatz 1 bis 4, für das kein Anspruch auf Kindergeld besteht. ²Soweit für diese Kinder Kinderfreibeträge nach § 38b Absatz 2 berücksichtigt worden sind, ist die Zahl der Kinderfreibeträge entsprechend zu vermindern. ³Der Arbeitnehmer ist verpflichtet, den nach Satz 1 ermittelten Freibetrag ändern zu lassen, wenn für das Kind ein Kinderfreibetrag nach § 38b Absatz 2 berücksichtigt wird,
7. ein Betrag für ein zweites oder ein weiteres Dienstverhältnis insgesamt bis zur Höhe des auf volle Euro abgerundeten zu versteuernden Jahresbetrags nach § 39b Absatz 2 Satz 5, bis zu dem nach der Steuerklasse des Arbeitnehmers, die für den Lohnsteuerabzug vom Arbeitslohn aus dem ersten Dienstverhältnis

anzuwenden ist, Lohnsteuer nicht zu erheben ist. ²Voraussetzung ist, dass

a) der Jahresarbeitslohn aus dem ersten Dienstverhältnis geringer ist als der nach Satz 1 maßgebende Eingangsbetrag und
b) in Höhe des Betrags für ein zweites oder ein weiteres Dienstverhältnis zugleich für das erste Dienstverhältnis ein Betrag ermittelt wird, der dem Arbeitslohn hinzuzurechnen ist (Hinzurechnungsbetrag).

³Soll für das erste Dienstverhältnis auch ein Freibetrag nach den Nummern 1 bis 6 und 8 ermittelt werden, ist nur der diesen Freibetrag übersteigende Betrag als Hinzurechnungsbetrag zu berücksichtigen. ⁴Ist der Freibetrag höher als der Hinzurechnungsbetrag, ist nur der den Hinzurechnungsbetrag übersteigende Freibetrag zu berücksichtigen.

8. der Entlastungsbetrag für Alleinerziehende (§ 24b) bei Verwitweten, die nicht in Steuerklasse II gehören.

²Der insgesamt abzuziehende Freibetrag und der Hinzurechnungsbetrag gelten mit Ausnahme von Satz 1 Nummer 4 und vorbehaltlich der Sätze 3 bis 5 für die gesamte Dauer eines Kalenderjahres. ³Die Summe der nach Satz 1 Nummer 1 bis 3 sowie 4a bis 8 ermittelten Beträge wird längstens für einen Zeitraum von zwei Kalenderjahren ab Beginn des Kalenderjahres, für das der Freibetrag erstmals gilt oder geändert wird, berücksichtigt. ⁴Der Arbeitnehmer kann eine Änderung des Freibetrags innerhalb dieses Zeitraums beantragen, wenn sich die Verhältnisse zu seinen Gunsten ändern. ⁵Ändern sich die Verhältnisse zu seinen Ungunsten, ist er verpflichtet, dies dem Finanzamt umgehend anzuzeigen.

(2) ¹Der Antrag nach Absatz 1 ist nach amtlich vorgeschriebenem Vordruck zu stellen und vom Arbeitnehmer eigenhändig zu unterschreiben. ²Die Frist für die Antragstellung beginnt am 1. Oktober des Vorjahres, für das der Freibetrag gelten soll. ³Sie endet am 30. November des Kalenderjahres, in dem der Freibetrag gilt. ⁴Der Antrag ist hinsichtlich eines Freibetrags aus der Summe der nach Absatz 1 Satz 1 Nummer 1 bis 3 und 8 in Betracht kommenden Aufwendungen und Beträge unzulässig, wenn die Aufwendungen im Sinne des § 9, soweit sie den Arbeitnehmer-Pauschbetrag übersteigen, die Aufwendungen im Sinne des § 10 Absatz 1 Nummer 4, 5, 7 und 9 sowie Absatz 1a, der §§ 10b und 33 sowie die abziehbaren Beträge nach den §§ 24b, 33a und 33b Absatz 6 insgesamt 600 Euro nicht übersteigen. ⁵Das Finanzamt kann auf nähere Angaben des Arbeitnehmers verzichten, wenn er

1. höchstens den Freibetrag beantragt, der für das vorangegangene Kalenderjahr ermittelt wurde, und

2. versichert, dass sich die maßgebenden Verhältnisse nicht wesentlich geändert haben.

[6]Das Finanzamt hat den Freibetrag durch Aufteilung in Monatsfreibeträge, falls erforderlich in Wochen- und Tagesfreibeträge, jeweils auf die der Antragstellung folgenden Monate des Kalenderjahres gleichmäßig zu verteilen. [7]Abweichend hiervon darf ein Freibetrag, der im Monat Januar eines Kalenderjahres beantragt wird, mit Wirkung vom 1. Januar dieses Kalenderjahres an berücksichtigt werden. [8]Ist der Arbeitnehmer beschränkt einkommensteuerpflichtig, hat das Finanzamt den nach Absatz 4 ermittelten Freibetrag durch Aufteilung in Monatsbeträge, falls erforderlich in Wochen und Tagesbeträge, jeweils auf die voraussichtliche Dauer des Dienstverhältnisses im Kalenderjahr gleichmäßig zu verteilen. [9]Die Sätze 5 bis 8 gelten für den Hinzurechnungsbetrag nach Absatz 1 Satz 1 Nummer 7 entsprechend.

(3) [1]Für Ehegatten, die beide unbeschränkt einkommensteuerpflichtig sind und nicht dauernd getrennt leben, ist jeweils die Summe der nach Absatz 1 Satz 1 Nummer 2 bis 4 und 5 in Betracht kommenden Beträge gemeinsam zu ermitteln; der in Absatz 1 Satz 1 Nummer 2 genannte Betrag ist zu verdoppeln. [2]Für die Anwendung des Absatzes 2 Satz 4 ist die Summe der für beide Ehegatten in Betracht kommenden Aufwendungen im Sinne des § 9, soweit sie jeweils den Arbeitnehmer-Pauschbetrag übersteigen, und der Aufwendungen im Sinne des § 10 Absatz 1 Nummer 4, 5, 7 und 9 sowie Absatz 1a, der §§ 10b und 33 sowie der abziehbaren Beträge nach den §§ 24b, 33a und 33b Absatz 6 maßgebend. [3]Die nach Satz 1 ermittelte Summe ist je zur Hälfte auf die Ehegatten aufzuteilen, wenn für jeden Ehegatten Lohnsteuerabzugsmerkmale gebildet werden und die Ehegatten keine andere Aufteilung beantragen. [4]Für eine andere Aufteilung gilt Absatz 1 Satz 2 entsprechend. [5]Für einen Arbeitnehmer, dessen Ehe in dem Kalenderjahr, für das der Freibetrag gilt, aufgelöst worden ist und dessen bisheriger Ehegatte in demselben Kalenderjahr wieder geheiratet hat, sind die nach Absatz 1 in Betracht kommenden Beträge ausschließlich auf Grund der in seiner Person erfüllten Voraussetzungen zu ermitteln. [6]Satz 1 zweiter Halbsatz ist auch anzuwenden, wenn die tarifliche Einkommensteuer nach § 32a Absatz 6 zu ermitteln ist.

(4) [1]Für einen beschränkt einkommensteuerpflichtigen Arbeitnehmer, für den § 50 Absatz 1 Satz 5 anzuwenden ist, ermittelt das Finanzamt auf Antrag einen Freibetrag, der vom Arbeitslohn insgesamt abzuziehen ist, aus der Summe der folgenden Beträge:
1. Werbungskosten, die bei den Einkünften aus nichtselbständiger Arbeit anfallen, soweit sie den Arbeitnehmer-Pauschbetrag (§ 9a Satz 1 Nummer 1 Buchstabe a) oder bei Versorgungsbezügen den Pauschbetrag (§ 9a Satz 1 Nummer 1 Buchstabe b) übersteigen,

§ 39a EStG

2. Sonderausgaben im Sinne des § 10b, soweit sie den Sonderausgaben-Pauschbetrag (§ 10c) übersteigen, und die wie Sonderausgaben abziehbaren Beträge nach § 10e oder § 10i, jedoch erst nach Fertigstellung oder Anschaffung des begünstigten Objekts oder nach Fertigstellung der begünstigten Maßnahme,
3. den Freibetrag oder den Hinzurechnungsbetrag nach Absatz 1 Satz 1 Nummer 7.

²Der Antrag kann nur nach amtlich vorgeschriebenem Vordruck bis zum Ablauf des Kalenderjahres gestellt werden, für das die Lohnsteuerabzugsmerkmale gelten.

(5) Ist zuwenig Lohnsteuer erhoben worden, weil ein Freibetrag unzutreffend als Lohnsteuerabzugsmerkmal ermittelt worden ist, hat das Finanzamt den Fehlbetrag vom Arbeitnehmer nachzufordern, wenn er 10 Euro übersteigt.

§ 39b
Einbehaltung der Lohnsteuer

(1) Bei unbeschränkt und beschränkt einkommensteuerpflichtigen Arbeitnehmern hat der Arbeitgeber den Lohnsteuerabzug nach Maßgabe der Absätze 2 bis 6 durchzuführen.

(2) [1]Für die Einbehaltung der Lohnsteuer vom laufenden Arbeitslohn hat der Arbeitgeber die Höhe des laufenden Arbeitslohns im Lohnzahlungszeitraum festzustellen und auf einen Jahresarbeitslohn hochzurechnen. [2]Der Arbeitslohn eines monatlichen Lohnzahlungszeitraums ist mit zwölf, der Arbeitslohn eines wöchentlichen Lohnzahlungszeitraums mit 360/7 und der Arbeitslohn eines täglichen Lohnzahlungszeitraums mit 360 zu vervielfältigen. [3]Von dem hochgerechneten Jahresarbeitslohn sind ein etwaiger Versorgungsfreibetrag (§ 19 Absatz 2) und Altersentlastungsbetrag (§ 24a) abzuziehen. [4]Außerdem ist der hochgerechnete Jahresarbeitslohn um einen etwaigen als Lohnsteuerabzugsmerkmal für den Lohnzahlungszeitraum mitgeteilten Freibetrag (§ 39a Absatz 1) oder Hinzurechnungsbetrag (§ 39a Absatz 1 Satz 1 Nummer 7), vervielfältigt unter sinngemäßer Anwendung von Satz 2, zu vermindern oder zu erhöhen. [5]Der so verminderte oder erhöhte hochgerechnete Jahresarbeitslohn, vermindert um

1. den Arbeitnehmer-Pauschbetrag (§ 9a Satz 1 Nummer 1 Buchstabe a) oder bei Versorgungsbezügen den Pauschbetrag (§ 9a Satz 1 Nummer 1 Buchstabe b) und den Zuschlag zum Versorgungsfreibetrag (§ 19 Absatz 2) in den Steuerklassen I bis V,
2. den Sonderausgaben-Pauschbetrag (§ 10c Satz 1) in den Steuerklassen I bis V,
3. eine Vorsorgepauschale aus den Teilbeträgen
   a) für die Rentenversicherung bei Arbeitnehmern, die in der gesetzlichen Rentenversicherung pflichtversichert oder von der gesetzlichen Rentenversicherung nach § 6 Absatz 1 Nummer 1 des Sechsten Buches Sozialgesetzbuch befreit sind, in den Steuerklassen I bis VI in Höhe des Betrags, der bezogen auf den Arbeitslohn 50 Prozent des Beitrags in der allgemeinen Rentenversicherung unter Berücksichtigung der jeweiligen Beitragsbemessungsgrenzen entspricht,
   b) für die Krankenversicherung bei Arbeitnehmern, die in der gesetzlichen Krankenversicherung versichert sind, in den Steuerklassen I bis VI in Höhe des Betrags, der bezogen auf den Arbeitslohn unter Berücksichtigung der Beitragsbemessungsgrenze, den ermäßigten Beitragssatz (§ 243 des Fünften Buches Sozialgesetzbuch) und den Zusatzbeitragssatz der Krankenkasse (§ 242 des Fünften Buches Sozialgesetzbuch) dem Arbeitnehmeranteil eines pflichtversicherten Arbeitnehmers entspricht,

§ 39b EStG

c) für die Pflegeversicherung bei Arbeitnehmern, die in der sozialen Pflegeversicherung versichert sind, in den Steuerklassen I bis VI in Höhe des Betrags, der bezogen auf den Arbeitslohn unter Berücksichtigung der Beitragsbemessungsgrenze und den bundeseinheitlichen Beitragssatz dem Arbeitnehmeranteil eines pflichtversicherten Arbeitnehmers entspricht, erhöht um den Beitragszuschlag des Arbeitnehmers nach § 55 Absatz 3 des Elften Buches Sozialgesetzbuch, wenn die Voraussetzungen dafür vorliegen,

d) für die Krankenversicherung und für die private Pflege-Pflichtversicherung bei Arbeitnehmern, die nicht unter Buchstabe b und c fallen, in den Steuerklassen I bis V in Höhe der dem Arbeitgeber mitgeteilten Beiträge im Sinne des § 10 Absatz 1 Nummer 3, etwaig vervielfältigt unter sinngemäßer Anwendung von Satz 2 auf einen Jahresbetrag, vermindert um den Betrag, der bezogen auf den Arbeitslohn unter Berücksichtigung der Beitragsbemessungsgrenze, den ermäßigten Beitragssatz und den durchschnittlichen Zusatzbeitragssatz in der gesetzlichen Krankenversicherung sowie den bundeseinheitlichen Beitragssatz in der sozialen Pflegeversicherung dem Arbeitgeberanteil für einen pflichtversicherten Arbeitnehmer entspricht, wenn der Arbeitgeber gesetzlich verpflichtet ist, Zuschüsse zu den Kranken- und Pflegeversicherungsbeiträgen des Arbeitnehmers zu leisten;

Entschädigungen im Sinne des § 24 Nummer 1 sind bei Anwendung der Buchstaben a bis c nicht zu berücksichtigen; mindestens ist für die Summe der Teilbeträge nach den Buchstaben b und c oder für den Teilbetrag nach Buchstabe d ein Betrag in Höhe von 12 Prozent des Arbeitslohns, höchstens 1.900 Euro in den Steuerklassen I, II, IV, V, VI und höchstens 3.000 Euro in der Steuerklasse III anzusetzen,

4. den Entlastungsbetrag für Alleinerziehende für ein Kind (§ 24b Absatz 2 Satz 1) in der Steuerklasse II,

ergibt den zu versteuernden Jahresbetrag. [6]Für den zu versteuernden Jahresbetrag ist die Jahreslohnsteuer in den Steuerklassen I, II und IV nach § 32a Absatz 1 sowie in der Steuerklasse III nach § 32a Absatz 5 zu berechnen. [7]In den Steuerklassen V und VI ist die Jahreslohnsteuer zu berechnen, die sich aus dem Zweifachen des Unterschiedsbetrags zwischen dem Steuerbetrag für das Einundviertelfache und dem Steuerbetrag für das Dreiviertelfache des zu versteuernden Jahresbetrags nach § 32a Absatz 1 ergibt; die Jahreslohnsteuer beträgt jedoch mindestens 14 Prozent des zu versteuernden Jahresbetrags, für den *11.793 Euro* übersteigenden Teil des zu versteuernden Jahresbetrags höchstens 42 Prozent, für den *29.298 Euro* übersteigenden Teil des zu versteuernden Jahresbetrags 42 Prozent und für den *222.260 Euro* übersteigenden Teil des zu versteuernden

Jahresbetrags 45 Prozent. [8]Für die Lohnsteuerberechnung ist die als Lohnsteuerabzugsmerkmal mitgeteilte oder die nach § 39c Absatz 1 oder Absatz 2 oder nach § 39e Absatz 5a oder Absatz 6 Satz 8 anzuwendende Steuerklasse maßgebend. [9]Die monatliche Lohnsteuer ist 1/12, die wöchentliche Lohnsteuer sind 7/360 und die tägliche Lohnsteuer ist 1/360 der Jahreslohnsteuer. [10]Bruchteile eines Cents, die sich bei der Berechnung nach den Sätzen 2 und 9 ergeben, bleiben jeweils außer Ansatz. [11]Die auf den Lohnzahlungszeitraum entfallende Lohnsteuer ist vom Arbeitslohn einzubehalten. [12]Das Betriebsstättenfinanzamt kann allgemein oder auf Antrag zulassen, dass die Lohnsteuer unter den Voraussetzungen des § 42b Absatz 1 nach dem voraussichtlichen Jahresarbeitslohn ermittelt wird, wenn gewährleistet ist, dass die zutreffende Jahreslohnsteuer (§ 38a Absatz 2) nicht unterschritten wird. [13]Darüber hinaus kann das Betriebsstättenfinanzamt auf Antrag zulassen, dass bei nach § 1 Absatz 1 unbeschränkt einkommensteuerpflichtigen Arbeitnehmern mit Steuerklasse VI und ohne Freibetrag nach § 39a, die bei dem Arbeitgeber gelegentlich, nicht regelmäßig wiederkehrend beschäftigt werden und deren Dauer der Beschäftigung 24 zusammenhängende Arbeitstage nicht übersteigt, der während der Beschäftigung erzielte Arbeitslohn auf einen Jahresbetrag hochgerechnet und die sich ergebende Lohnsteuer auf den Lohnabrechnungszeitraum zurückgerechnet wird, wobei als Lohnabrechnungszeitraum der Zeitraum vom Beginn des Kalenderjahres bis zum Ende der Beschäftigung gilt. [14]Bei Anwendung des Satzes 13 sind auch der im Kalenderjahr in etwaigen vorangegangenen und beendeten weiteren Dienstverhältnissen in der Steuerklasse VI bezogene Arbeitslohn und die darauf erhobene Lohnsteuer einzubeziehen, soweit dort bereits Satz 13 angewandt wurde. [15]Voraussetzung für die Anwendung des Verfahrens nach Satz 13 ist zudem, dass der Arbeitnehmer vor Aufnahme der Beschäftigung

1. unter Angabe seiner Identifikationsnummer gegenüber dem Arbeitgeber schriftlich zustimmt,
2. mit der Zustimmung den nach Satz 14 einzubeziehenden Arbeitslohn und die darauf erhobene Lohnsteuer erklärt und
3. mit der Zustimmung versichert, dass ihm der Pflichtveranlagungstatbestand nach § 46 Absatz 2 Nummer 2 und 3a bekannt ist.

[16]Die Zustimmungserklärung des Arbeitnehmers ist zum Lohnkonto zu nehmen.

(3) [1]Für die Einbehaltung der Lohnsteuer von einem sonstigen Bezug hat der Arbeitgeber den voraussichtlichen Jahresarbeitslohn ohne den sonstigen Bezug festzustellen. [2]Hat der Arbeitnehmer Lohnsteuerbescheinigungen aus früheren Dienstverhältnissen des Kalenderjahres nicht vorgelegt, so ist bei der Ermittlung des voraussichtlichen Jahresarbeitslohns der Arbeitslohn für Beschäftigungszeiten bei früheren Arbeitgebern mit dem Betrag anzusetzen, der sich

S 2368

ergibt, wenn der laufende Arbeitslohn im Monat der Zahlung des sonstigen Bezugs entsprechend der Beschäftigungsdauer bei früheren Arbeitgebern hochgerechnet wird. [3] Der voraussichtliche Jahresarbeitslohn ist um den Versorgungsfreibetrag (§ 19 Absatz 2) und den Altersentlastungsbetrag (§ 24a), wenn die Voraussetzungen für den Abzug dieser Beträge jeweils erfüllt sind, sowie um einen etwaigen als Lohnsteuerabzugsmerkmal mitgeteilten Jahresfreibetrag zu vermindern und um einen etwaigen Jahreshinzurechnungsbetrag zu erhöhen. [4] Für den so ermittelten Jahresarbeitslohn (maßgebender Jahresarbeitslohn) ist die Lohnsteuer nach Maßgabe des Absatzes 2 Satz 5 bis 7 zu ermitteln. [5] Außerdem ist die Jahreslohnsteuer für den maßgebenden Jahresarbeitslohn unter Einbeziehung des sonstigen Bezugs zu ermitteln. [6] Dabei ist der sonstige Bezug, um den Versorgungsfreibetrag und den Altersentlastungsbetrag zu vermindern, wenn die Voraussetzungen für den Abzug dieser Beträge jeweils erfüllt sind und soweit sie nicht bei der Steuerberechnung für den maßgebenden Jahresarbeitslohn berücksichtigt worden sind. [7] Für die Lohnsteuerberechnung ist die als Lohnsteuerabzugsmerkmal mitgeteilte oder die nach § 39c Absatz 1 oder Absatz 2 oder nach § 39e Absatz 5a oder Absatz 6 Satz 8 anzuwendende Steuerklasse maßgebend. [8] Der Unterschiedsbetrag zwischen den ermittelten Jahreslohnsteuerbeträgen ist die Lohnsteuer, die vom sonstigen Bezug einzubehalten ist. [9] Die Lohnsteuer ist bei einem sonstigen Bezug im Sinne des § 34 Absatz 1 und 2 Nummer 2 und 4 in der Weise zu ermäßigen, dass der sonstige Bezug bei der Anwendung des Satzes 5 mit einem Fünftel anzusetzen und der Unterschiedsbetrag im Sinne des Satzes 8 zu verfünffachen ist; § 34 Absatz 1 Satz 3 ist sinngemäß anzuwenden. [10] Ein sonstiger Bezug im Sinne des § 34 Absatz 1 und 2 Nummer 4 ist bei der Anwendung des Satzes 4 in die Bemessungsgrundlage für die Vorsorgepauschale nach Absatz 2 Satz 5 Nummer 3 einzubeziehen.

(4) In den Kalenderjahren 2010 bis 2024 ist Absatz 2 Satz 5 Nummer 3 Buchstabe a mit der Maßgabe anzuwenden, dass im Kalenderjahr 2010 der ermittelte Betrag auf 40 Prozent begrenzt und dieser Prozentsatz in jedem folgenden Kalenderjahr um je 4 Prozentpunkte erhöht wird.

(5) [1] Wenn der Arbeitgeber für den Lohnzahlungszeitraum lediglich Abschlagszahlungen leistet und eine Lohnabrechnung für einen längeren Zeitraum (Lohnabrechnungszeitraum) vornimmt, kann er den Lohnabrechnungszeitraum als Lohnzahlungszeitraum behandeln und die Lohnsteuer abweichend von § 38 Absatz 3 bei der Lohnabrechnung einbehalten. [2] Satz 1 gilt nicht, wenn der Lohnabrechnungszeitraum fünf Wochen übersteigt oder die Lohnabrechnung nicht innerhalb von drei Wochen nach dessen Ablauf erfolgt. [3] Das Betriebsstättenfinanzamt kann anordnen, dass die Lohnsteuer von den Abschlagszahlungen einzubehalten ist, wenn die Erhebung der Lohn-

steuer sonst nicht gesichert erscheint. [4]Wenn wegen einer besonderen Entlohnungsart weder ein Lohnzahlungszeitraum noch ein Lohnabrechnungszeitraum festgestellt werden kann, gilt als Lohnzahlungszeitraum die Summe der tatsächlichen Arbeitstage oder Arbeitswochen.

(6) [1]Das Bundesministerium der Finanzen hat im Einvernehmen mit den obersten Finanzbehörden der Länder auf der Grundlage der Absätze 2 und 3 einen Programmablaufplan für die maschinelle Berechnung der Lohnsteuer aufzustellen und bekannt zu machen. [2]Im Programmablaufplan kann von den Regelungen in den Absätzen 2 und 3 abgewichen werden, wenn sich das Ergebnis der maschinellen Berechnung der Lohnsteuer an das Ergebnis einer Veranlagung zur Einkommensteuer anlehnt.

§ 39c
Einbehaltung der Lohnsteuer ohne Lohnsteuerabzugsmerkmale

(1) [1]Solange der Arbeitnehmer dem Arbeitgeber zum Zweck des Abrufs der elektronischen Lohnsteuerabzugsmerkmale (§ 39e Absatz 4 Satz 1) die ihm zugeteilte Identifikationsnummer sowie den Tag der Geburt schuldhaft nicht mitteilt oder das Bundeszentralamt für Steuern die Mitteilung elektronischer Lohnsteuerabzugsmerkmale ablehnt, hat der Arbeitgeber die Lohnsteuer nach Steuerklasse VI zu ermitteln. [2]Kann der Arbeitgeber die elektronischen Lohnsteuerabzugsmerkmale wegen technischer Störungen nicht abrufen oder hat der Arbeitnehmer die fehlende Mitteilung der ihm zuzuteilenden Identifikationsnummer nicht zu vertreten, hat der Arbeitgeber für die Lohnsteuerberechnung die voraussichtlichen Lohnsteuerabzugsmerkmale im Sinne des § 38b längstens für die Dauer von drei Kalendermonaten zu Grunde zu legen. [3]Hat nach Ablauf der drei Kalendermonate der Arbeitnehmer die Identifikationsnummer sowie den Tag der Geburt nicht mitgeteilt, ist rückwirkend Satz 1 anzuwenden. [4]Sobald dem Arbeitgeber in den Fällen des Satzes 2 die elektronischen Lohnsteuerabzugsmerkmale vorliegen, sind die Lohnsteuerermittlungen für die vorangegangenen Monate zu überprüfen und, falls erforderlich, zu ändern. [5]Die zu wenig oder zu viel einbehaltene Lohnsteuer ist jeweils bei der nächsten Lohnabrechnung auszugleichen.

(2) [1]Ist ein Antrag nach § 39 Absatz 3 Satz 1 oder § 39e Absatz 8 nicht gestellt, hat der Arbeitgeber die Lohnsteuer nach Steuerklasse VI zu ermitteln. [2]Legt der Arbeitnehmer binnen sechs Wochen nach Eintritt in das Dienstverhältnis oder nach Beginn des Kalenderjahres eine Bescheinigung für den Lohnsteuerabzug vor, ist Absatz 1 Satz 4 und 5 sinngemäß anzuwenden.

(3) [1]In den Fällen des § 38 Absatz 3a Satz 1 kann der Dritte die Lohnsteuer für einen sonstigen Bezug mit 20 Prozent unabhängig von den Lohnsteuerabzugsmerkmalen des Arbeitnehmers ermitteln, wenn der maßgebende Jahresarbeitslohn nach § 39b Absatz 3 zuzüglich des sonstigen Bezugs 10.000 Euro nicht übersteigt. [2]Bei der Feststellung des maßgebenden Jahresarbeitslohns sind nur die Lohnzahlungen des Dritten zu berücksichtigen.

§ 39d
(weggefallen)

§ 39e
Verfahren zur Bildung und Anwendung der elektronischen Lohnsteuerabzugsmerkmale

(1) ¹Das Bundeszentralamt für Steuern bildet für jeden Arbeitnehmer grundsätzlich automatisiert die Steuerklasse und für die bei den Steuerklassen I bis IV zu berücksichtigenden Kinder die Zahl der Kinderfreibeträge nach § 38b Absatz 2 Satz 1 als Lohnsteuerabzugsmerkmale (§ 39 Absatz 4 Satz 1 Nummer 1 und 2); für Änderungen gilt § 39 Absatz 2 entsprechend. ²Soweit das Finanzamt Lohnsteuerabzugsmerkmale nach § 39 bildet, teilt es sie dem Bundeszentralamt für Steuern zum Zweck der Bereitstellung für den automatisierten Abruf durch den Arbeitgeber mit. ³Lohnsteuerabzugsmerkmale sind frühestens bereitzustellen mit Wirkung von Beginn des Kalenderjahres an, für das sie anzuwenden sind, jedoch nicht für einen Zeitpunkt vor Beginn des Dienstverhältnisses.

(2) ¹Das Bundeszentralamt für Steuern speichert zum Zweck der Bereitstellung automatisiert abrufbarer Lohnsteuerabzugsmerkmale für den Arbeitgeber die Lohnsteuerabzugsmerkmale unter Angabe der Identifikationsnummer sowie für jeden Steuerpflichtigen folgende Daten zu den in § 139b Absatz 3 der Abgabenordnung genannten Daten hinzu:

1. rechtliche Zugehörigkeit zu einer steuererhebenden Religionsgemeinschaft sowie Datum des Eintritts und Austritts,
2. melderechtlicher Familienstand sowie den Tag der Begründung oder Auflösung des Familienstands und bei Verheirateten die Identifikationsnummer des Ehegatten,
3. Kinder mit ihrer Identifikationsnummer.

²Die nach Landesrecht für das Meldewesen zuständigen Behörden (Meldebehörden) haben dem Bundeszentralamt für Steuern unter Angabe der Identifikationsnummer und des Tages der Geburt die in Satz 1 Nummer 1 bis 3 bezeichneten Daten und deren Änderungen im Melderegister mitzuteilen. ³In den Fällen des Satzes 1 Nummer 3 besteht die Mitteilungspflicht nur, wenn das Kind mit Hauptwohnsitz oder alleinigem Wohnsitz im Zuständigkeitsbereich der Meldebehörde gemeldet ist und solange das Kind das 18. Lebensjahr noch nicht vollendet hat. ⁴Sofern die Identifikationsnummer noch nicht zugeteilt wurde, teilt die Meldebehörde die Daten unter Angabe des Vorläufigen Bearbeitungsmerkmals nach § 139b Absatz 6 Satz 2 der Abgabenordnung mit. ⁵Für die Datenübermittlung gelten die §§ 2 und 3 der Zweiten Bundesmeldedatenübermittlungsverordnung vom 1. Dezember 2014 (BGBl. I S. 1950) in der jeweils geltenden Fassung entsprechend.

(3) ¹Das Bundeszentralamt für Steuern hält die Identifikationsnummer, den Tag der Geburt, Merkmale für den Kirchensteuerabzug und

die Lohnsteuerabzugsmerkmale des Arbeitnehmers nach § 39 Absatz 4 zum unentgeltlichen automatisierten Abruf durch den Arbeitgeber nach amtlich vorgeschriebenem Datensatz bereit (elektronische Lohnsteuerabzugsmerkmale). ²Bezieht ein Arbeitnehmer nebeneinander von mehreren Arbeitgebern Arbeitslohn, sind für jedes weitere Dienstverhältnis elektronische Lohnsteuerabzugsmerkmale zu bilden. ³Bei Eheschließung wird für jeden Ehegatten automatisiert die Steuerklasse IV gebildet, wenn zum Zeitpunkt der Eheschließung die Voraussetzungen des § 38b Absatz 1 Satz 2 Nummer 4 vorliegen. ⁴Das Bundeszentralamt für Steuern führt die elektronischen Lohnsteuerabzugsmerkmale des Arbeitnehmers zum Zweck ihrer Bereitstellung nach Satz 1 mit der Wirtschafts-Identifikationsnummer (§ 139c der Abgabenordnung) des Arbeitgebers zusammen.

(4) ¹Der Arbeitnehmer hat jedem seiner Arbeitgeber bei Eintritt in das Dienstverhältnis zum Zweck des Abrufs der Lohnsteuerabzugsmerkmale mitzuteilen,

1. wie die Identifikationsnummer sowie der Tag der Geburt lauten,
2. ob es sich um das erste oder ein weiteres Dienstverhältnis handelt (§ 38b Absatz 1 Satz 2 Nummer 6) und
3. ob und in welcher Höhe ein nach § 39a Absatz 1 Satz 1 Nummer 7 festgestellter Freibetrag abgerufen werden soll.

²Der Arbeitgeber hat bei Beginn des Dienstverhältnisses die elektronischen Lohnsteuerabzugsmerkmale für den Arbeitnehmer beim Bundeszentralamt für Steuern durch Datenfernübertragung abzurufen und sie in das Lohnkonto für den Arbeitnehmer zu übernehmen. ³Für den Abruf der elektronischen Lohnsteuerabzugsmerkmale hat sich der Arbeitgeber zu authentifizieren und seine Wirtschafts-Identifikationsnummer, die Daten des Arbeitnehmers nach Satz 1 Nummer 1 und 2, den Tag des Beginns des Dienstverhältnisses und etwaige Angaben nach Satz 1 Nummer 3 mitzuteilen. ⁴Zur Plausibilitätsprüfung der Identifikationsnummer hält das Bundeszentralamt für Steuern für den Arbeitgeber entsprechende Regeln bereit. ⁵Der Arbeitgeber hat den Tag der Beendigung des Dienstverhältnisses unverzüglich dem Bundeszentralamt für Steuern durch Datenfernübertragung mitzuteilen. ⁶Beauftragt der Arbeitgeber einen Dritten mit der Durchführung des Lohnsteuerabzugs, hat sich der Dritte für den Datenabruf zu authentifizieren und zusätzlich seine Wirtschafts-Identifikationsnummer mitzuteilen. ⁷Für die Verarbeitung der elektronischen Lohnsteuerabzugsmerkmale gilt § 39 Absatz 8 entsprechend.

(5) ¹Die abgerufenen elektronischen Lohnsteuerabzugsmerkmale sind vom Arbeitgeber für die Durchführung des Lohnsteuerabzugs des Arbeitnehmers anzuwenden, bis

1. ihm das Bundeszentralamt für Steuern geänderte elektronische Lohnsteuerabzugsmerkmale zum Abruf bereitstellt oder
2. der Arbeitgeber dem Bundeszentralamt für Steuern die Beendigung des Dienstverhältnisses mitteilt.

²Sie sind in der üblichen Lohnabrechnung anzugeben. ³Der Arbeitgeber ist verpflichtet, die vom Bundeszentralamt für Steuern bereitgestellten Mitteilungen und elektronischen Lohnsteuerabzugsmerkmale monatlich anzufragen und abzurufen. ⁴Kommt der Arbeitgeber seinen Verpflichtungen nach den Sätzen 1 und 3 sowie nach Absatz 4 Satz 2, 3 und 5 nicht nach, ist das Betriebsstättenfinanzamt für die Aufforderung zum Abruf und zur Anwendung der Lohnsteuerabzugsmerkmale sowie zur Mitteilung der Beendigung des Dienstverhältnisses und für die Androhung und Festsetzung von Zwangsmitteln zuständig.

(5a) ¹Zahlt der Arbeitgeber, ein von diesem beauftragter Dritter in dessen Namen oder ein Dritter im Sinne des § 38 Absatz 3a verschiedenartige Bezüge als Arbeitslohn, kann der Arbeitgeber oder der Dritte die Lohnsteuer für den zweiten und jeden weiteren Bezug abweichend von Absatz 5 ohne Abruf weiterer elektronischer Lohnsteuerabzugsmerkmale nach der Steuerklasse VI einbehalten. ²Verschiedenartige Bezüge liegen vor, wenn der Arbeitnehmer vom Arbeitgeber folgenden Arbeitslohn bezieht:
1. neben dem Arbeitslohn für ein aktives Dienstverhältnis auch Versorgungsbezüge,
2. neben Versorgungsbezügen, Bezügen und Vorteilen aus seinem früheren Dienstverhältnis auch andere Versorgungsbezüge oder
3. neben Bezügen und Vorteilen während der Elternzeit oder vergleichbaren Unterbrechungszeiten des aktiven Dienstverhältnisses auch Arbeitslohn für ein weiteres befristetes aktives Dienstverhältnis.

³§ 46 Absatz 2 Nummer 2 ist entsprechend anzuwenden.

(6) ¹Gegenüber dem Arbeitgeber gelten die Lohnsteuerabzugsmerkmale (§ 39 Absatz 4) mit dem Abruf der elektronischen Lohnsteuerabzugsmerkmale als bekannt gegeben. ²Einer Rechtsbehelfsbelehrung bedarf es nicht. ³Die Lohnsteuerabzugsmerkmale gelten gegenüber dem Arbeitnehmer als bekannt gegeben, sobald der Arbeitgeber dem Arbeitnehmer den Ausdruck der Lohnabrechnung mit den nach Absatz 5 Satz 2 darin ausgewiesenen elektronischen Lohnsteuerabzugsmerkmalen ausgehändigt oder elektronisch bereitgestellt hat. ⁴Die elektronischen Lohnsteuerabzugsmerkmale sind dem Steuerpflichtigen auf Antrag vom zuständigen Finanzamt mitzuteilen oder elektronisch bereitzustellen. ⁵Wird dem Arbeitnehmer bekannt, dass die elektronischen Lohnsteuerabzugsmerkmale zu seinen Gunsten von den nach § 39 zu bildenden Lohnsteuerabzugsmerkmalen abweichen, ist er verpflichtet, dies dem Finanzamt unverzüglich mitzuteilen. ⁶Der Steuerpflichtige kann beim zuständigen Finanzamt
1. den Arbeitgeber benennen, der zum Abruf von elektronischen Lohnsteuerabzugsmerkmalen berechtigt ist (Positivliste) oder nicht berechtigt ist (Negativliste). ²Hierfür hat der Arbeitgeber dem

Arbeitnehmer seine Wirtschafts-Identifikationsnummer mitzuteilen. ³Für die Verarbeitung der Wirtschafts-Identifikationsnummer gilt § 39 Absatz 8 entsprechend;
2. die Bildung oder die Bereitstellung der elektronischen Lohnsteuerabzugsmerkmale allgemein sperren oder allgemein freischalten lassen.

⁷Macht der Steuerpflichtige von seinem Recht nach Satz 6 Gebrauch, hat er die Positivliste, die Negativliste, die allgemeine Sperrung oder die allgemeine Freischaltung in einem bereitgestellten elektronischen Verfahren oder nach amtlich vorgeschriebenem Vordruck dem Finanzamt zu übermitteln. ⁸Werden wegen einer Sperrung nach Satz 6 einem Arbeitgeber, der Daten abrufen möchte, keine elektronischen Lohnsteuerabzugsmerkmale bereitgestellt, wird dem Arbeitgeber die Sperrung mitgeteilt und dieser hat die Lohnsteuer nach Steuerklasse VI zu ermitteln.

(7) ¹Auf Antrag des Arbeitgebers kann das Betriebsstättenfinanzamt zur Vermeidung unbilliger Härten zulassen, dass er nicht am Abrufverfahren teilnimmt. ²Dem Antrag eines Arbeitgebers ohne maschinelle Lohnabrechnung, der ausschließlich Arbeitnehmer im Rahmen einer geringfügigen Beschäftigung in seinem Privathaushalt im Sinne des § 8a des Vierten Buches Sozialgesetzbuch beschäftigt, ist stattzugeben. ³Der Arbeitgeber hat dem Antrag unter Angabe seiner Wirtschafts-Identifikationsnummer ein Verzeichnis der beschäftigten Arbeitnehmer mit Angabe der jeweiligen Identifikationsnummer und des Tages der Geburt des Arbeitnehmers beizufügen. ⁴Der Antrag ist nach amtlich vorgeschriebenem Vordruck jährlich zu stellen und vom Arbeitgeber zu unterschreiben. ⁵Das Betriebsstättenfinanzamt übermittelt dem Arbeitgeber für die Durchführung des Lohnsteuerabzugs für ein Kalenderjahr eine arbeitgeberbezogene Bescheinigung mit den Lohnsteuerabzugsmerkmalen des Arbeitnehmers (Bescheinigung für den Lohnsteuerabzug) sowie etwaige Änderungen. ⁶Diese Bescheinigung sowie die Änderungsmitteilungen sind als Belege zum Lohnkonto zu nehmen und bis zum Ablauf des Kalenderjahres aufzubewahren. ⁷Absatz 5 Satz 1 und 2 sowie Absatz 6 Satz 3 gelten entsprechend. ⁸Der Arbeitgeber hat den Tag der Beendigung des Dienstverhältnisses unverzüglich dem Betriebsstättenfinanzamt mitzuteilen.

(8) ¹Ist einem nach § 1 Absatz 1 unbeschränkt einkommensteuerpflichtigen Arbeitnehmer keine Identifikationsnummer zugeteilt, hat das Wohnsitzfinanzamt auf Antrag eine Bescheinigung für den Lohnsteuerabzug für die Dauer eines Kalenderjahres auszustellen. ²Die Bescheinigung kann auch der Arbeitgeber beantragen, wenn ihn der Arbeitnehmer dazu nach § 80 Absatz 1 der Abgabenordnung bevollmächtigt hat. ³Diese Bescheinigung ersetzt die Verpflichtung und Berechtigung des Arbeitgebers zum Abruf der elektronischen Lohnsteuerabzugsmerkmale (Absätze 4 und 6). ⁴In diesem Fall tritt an die Stelle

der Identifikationsnummer das lohnsteuerliche Ordnungsmerkmal nach § 41b Absatz 2 Satz 1 und 2. [5] Für die Durchführung des Lohnsteuerabzugs hat der Arbeitnehmer seinem Arbeitgeber vor Beginn des Kalenderjahres oder bei Eintritt in das Dienstverhältnis die nach Satz 1 ausgestellte Bescheinigung für den Lohnsteuerabzug vorzulegen. [6] § 39c Absatz 1 Satz 2 bis 5 ist sinngemäß anzuwenden. [7] Der Arbeitgeber hat die Bescheinigung für den Lohnsteuerabzug entgegenzunehmen und während des Dienstverhältnisses, längstens bis zum Ablauf des jeweiligen Kalenderjahres, aufzubewahren.

(9) Ist die Wirtschafts-Identifikationsnummer noch nicht oder nicht vollständig eingeführt, tritt an ihre Stelle die Steuernummer der Betriebsstätte oder des Teils des Betriebs des Arbeitgebers, in dem der für den Lohnsteuerabzug maßgebende Arbeitslohn des Arbeitnehmers ermittelt wird (§ 41 Absatz 2).

(10) Die beim Bundeszentralamt für Steuern nach Absatz 2 Satz 1 gespeicherten Daten können auch zur Prüfung und Durchführung der Einkommensbesteuerung (§ 2) des Steuerpflichtigen für Veranlagungszeiträume ab 2005 und zur Ermittlung des Einkommens nach § 97a des Sechsten Buches Sozialgesetzbuch verarbeitet werden.

§ 39f
Faktorverfahren anstelle Steuerklassenkombination III/V

(1) [1]Bei Ehegatten, die in die Steuerklasse IV gehören (§ 38b Absatz 1 Satz 2 Nummer 4 erster Halbsatz), hat das Finanzamt auf Antrag beider Ehegatten nach § 39a anstelle der Steuerklassenkombination III/V (§ 38b Absatz 1 Satz 2 Nummer 5) als Lohnsteuerabzugsmerkmal jeweils die Steuerklasse IV in Verbindung mit einem Faktor zur Ermittlung der Lohnsteuer zu bilden, wenn der Faktor kleiner als 1 ist. [2]Der Faktor ist Y : X und vom Finanzamt mit drei Nachkommastellen ohne Rundung zu berechnen. [3]„Y" ist die voraussichtliche Einkommensteuer für beide Ehegatten nach dem Splittingverfahren (§ 32a Absatz 5) unter Berücksichtigung der in § 39b Absatz 2 genannten Abzugsbeträge. [4]„X" ist die Summe der voraussichtlichen Lohnsteuer bei Anwendung der Steuerklasse IV für jeden Ehegatten. [5]Maßgeblich sind die Steuerbeträge des Kalenderjahres, für das der Faktor erstmals gelten soll. [6]In die Bemessungsgrundlage für Y werden jeweils neben den Jahresarbeitslöhnen der ersten Dienstverhältnisse zusätzlich nur Beträge einbezogen, die nach § 39a Absatz 1 Satz 1 Nummer 1 bis 6 als Freibetrag ermittelt und als Lohnsteuerabzugsmerkmal gebildet werden könnten; Freibeträge werden neben dem Faktor nicht als Lohnsteuerabzugsmerkmal gebildet. [7]In den Fällen des § 39a Absatz 1 Satz 1 Nummer 7 sind bei der Ermittlung von Y und X die Hinzurechnungsbeträge zu berücksichtigen; die Hinzurechnungsbeträge sind zusätzlich als Lohnsteuerabzugsmerkmal für das erste Dienstverhältnis zu bilden. [8]Arbeitslöhne aus zweiten und weiteren Dienstverhältnissen (Steuerklasse VI) sind im Faktorverfahren nicht zu berücksichtigen. [9]Der nach Satz 1 gebildete Faktor gilt bis zum Ablauf des Kalenderjahres, das auf das Kalenderjahr folgt, in dem der Faktor erstmals gilt oder zuletzt geändert worden ist. [10]Die Ehegatten können eine Änderung des Faktors beantragen, wenn sich die für die Ermittlung des Faktors maßgeblichen Jahresarbeitslöhne im Sinne des Satzes 6 ändern. [11]Besteht eine Anzeigepflicht nach § 39a Absatz 1 Satz 5 oder wird eine Änderung des Freibetrags nach § 39a Absatz 1 Satz 4 beantragt, gilt die Anzeige oder der Antrag auf Änderung des Freibetrags zugleich als Antrag auf Anpassung des Faktors.

(2) Für die Einbehaltung der Lohnsteuer vom Arbeitslohn hat der Arbeitgeber Steuerklasse IV und den Faktor anzuwenden.

(3) [1]§ 39 Absatz 6 Satz 3 und 5 gilt mit der Maßgabe, dass die Änderungen nach Absatz 1 Satz 10 und 11 keine Änderungen im Sinne des § 39 Absatz 6 Satz 3 sind. [2]§ 39a ist anzuwenden mit der Maßgabe, dass ein Antrag nach amtlich vorgeschriebenem Vordruck (§ 39a Absatz 2) nur erforderlich ist, wenn bei der Faktorermittlung

zugleich Beträge nach § 39a Absatz 1 Satz 1 Nummer 1 bis 6 berücksichtigt werden sollen.

(4) Das Faktorverfahren ist im Programmablaufplan für die maschinelle Berechnung der Lohnsteuer (§ 39b Absatz 6) zu berücksichtigen.

§ 40
Pauschalierung der Lohnsteuer in besonderen Fällen

(1) ¹Das Betriebsstättenfinanzamt (§ 41a Absatz 1 Satz 1 Nummer 1) kann auf Antrag des Arbeitgebers zulassen, dass die Lohnsteuer mit einem unter Berücksichtigung der Vorschriften des § 38a zu ermittelnden Pauschsteuersatz erhoben wird, soweit

1. von dem Arbeitgeber sonstige Bezüge in einer größeren Zahl von Fällen gewährt werden oder
2. in einer größeren Zahl von Fällen Lohnsteuer nachzuerheben ist, weil der Arbeitgeber die Lohnsteuer nicht vorschriftsmäßig einbehalten hat.

²Bei der Ermittlung des Pauschsteuersatzes ist zu berücksichtigen, dass die in Absatz 3 vorgeschriebene Übernahme der pauschalen Lohnsteuer durch den Arbeitgeber für den Arbeitnehmer eine in Geldeswert bestehende Einnahme im Sinne des § 8 Absatz 1 darstellt (Nettosteuersatz). ³Die Pauschalierung ist in den Fällen des Satzes 1 Nummer 1 ausgeschlossen, soweit der Arbeitgeber einem Arbeitnehmer sonstige Bezüge von mehr als 1.000 Euro im Kalenderjahr gewährt. ⁴Der Arbeitgeber hat dem Antrag eine Berechnung beizufügen, aus der sich der durchschnittliche Steuersatz unter Zugrundelegung der durchschnittlichen Jahresarbeitslöhne und der durchschnittlichen Jahreslohnsteuer in jeder Steuerklasse für diejenigen Arbeitnehmer ergibt, denen die Bezüge gewährt werden sollen oder gewährt worden sind.

(2) ¹Abweichend von Absatz 1 kann der Arbeitgeber die Lohnsteuer mit einem Pauschsteuersatz von 25 Prozent erheben, soweit er

1. arbeitstäglich Mahlzeiten im Betrieb an die Arbeitnehmer unentgeltlich oder verbilligt abgibt oder Barzuschüsse an ein anderes Unternehmen leistet, das arbeitstäglich Mahlzeiten an die Arbeitnehmer unentgeltlich oder verbilligt abgibt. ²Voraussetzung ist, dass die Mahlzeiten nicht als Lohnbestandteile vereinbart sind,
1a. oder auf seine Veranlassung ein Dritter den Arbeitnehmern anlässlich einer beruflichen Tätigkeit außerhalb seiner Wohnung und ersten Tätigkeitsstätte Mahlzeiten zur Verfügung stellt, die nach § 8 Absatz 2 Satz 8 und 9 mit dem Sachbezugswert anzusetzen sind,
2. Arbeitslohn aus Anlass von Betriebsveranstaltungen zahlt,
3. Erholungsbeihilfen gewährt, wenn diese zusammen mit Erholungsbeihilfen, die in demselben Kalenderjahr früher gewährt worden sind, 156 Euro für den Arbeitnehmer, 104 Euro für dessen Ehegatten und 52 Euro für jedes Kind nicht übersteigen und der Arbeitgeber sicherstellt, dass die Beihilfen zu Erholungszwecken verwendet werden,

§ 40 EStG

4. Vergütungen für Verpflegungsmehraufwendungen anlässlich einer Tätigkeit im Sinne des § 9 Absatz 4a Satz 2 oder Satz 4 zahlt, soweit die Vergütungen die nach § 9 Absatz 4a Satz 3, 5 und 6 zustehenden Pauschalen um nicht mehr als 100 Prozent übersteigen,
5. den Arbeitnehmern zusätzlich zum ohnehin geschuldeten Arbeitslohn unentgeltlich oder verbilligt Datenverarbeitungsgeräte übereignet; das gilt auch für Zubehör und Internetzugang. ²Das Gleiche gilt für Zuschüsse des Arbeitgebers, die zusätzlich zum ohnehin geschuldeten Arbeitslohn zu den Aufwendungen des Arbeitnehmers für die Internetnutzung gezahlt werden,
6. den Arbeitnehmern zusätzlich zum ohnehin geschuldeten Arbeitslohn unentgeltlich oder verbilligt die Ladevorrichtung für Elektrofahrzeuge oder Hybridelektrofahrzeuge im Sinne des § 6 Absatz 1 Nummer 4 Satz 2 zweiter Halbsatz übereignet. ²Das Gleiche gilt für Zuschüsse des Arbeitgebers, die zusätzlich zum ohnehin geschuldeten Arbeitslohn zu den Aufwendungen des Arbeitnehmers für den Erwerb und die Nutzung dieser Ladevorrichtung gezahlt werden, [1]
7. den Arbeitnehmern zusätzlich zum ohnehin geschuldeten Arbeitslohn unentgeltlich oder verbilligt ein betriebliches Fahrrad, das kein Kraftfahrzeug im Sinne des § 6 Absatz 1 Nummer 4 Satz 2 ist, übereignet.

²Der Arbeitgeber kann die Lohnsteuer mit folgenden Pauschsteuersätzen erheben:
1. mit einem Pauschsteuersatz von 15 Prozent für die nicht nach § 3 Nummer 15 steuerfreien
   a) Sachbezüge in Form einer unentgeltlichen oder verbilligten Beförderung eines Arbeitnehmers zwischen Wohnung und erster Tätigkeitsstätte sowie Fahrten nach § 9 Absatz 1 Satz 3 Nummer 4a Satz 3 oder
   b) Zuschüsse zu den Aufwendungen des Arbeitnehmers für Fahrten zwischen Wohnung und erster Tätigkeitsstätte oder Fahrten nach § 9 Absatz 1 Satz 3 Nummer 4a Satz 3, die zusätzlich zum ohnehin geschuldeten Arbeitslohn geleistet werden,
   soweit die Bezüge den Betrag nicht übersteigen, den der Arbeitnehmer nach § 9 Absatz 1 Satz 3 Nummer 4 und Absatz 2 als Werbungskosten geltend machen könnte, wenn die Bezüge nicht pauschal besteuert würden; diese pauschal besteuerten Bezüge mindern die nach § 9 Absatz 1 Satz 3 Nummer 4 Satz 2 und Absatz 2 abziehbaren Werbungskosten oder

---

[1] zur Anwendung des Absatzes 2 Satz 1 Nr. 6 in der am 17.11.2016 geltenden Fassung >§ 52 Abs. 37c Satz 1

2. mit einem Pauschsteuersatz von 25 Prozent anstelle der Steuerfreiheit nach § 3 Nummer 15 einheitlich für alle dort genannten Bezüge eines Kalenderjahres, auch wenn die Bezüge dem Arbeitnehmer nicht zusätzlich zum ohnehin geschuldeten Arbeitslohn gewährt werden; für diese pauschal besteuerten Bezüge unterbleibt eine Minderung der nach § 9 Absatz 1 Satz 3 Nummer 4 Satz 2 und Absatz 2 abziehbaren Werbungskosten oder

3. mit einem Pauschsteuersatz von 25 Prozent für die Freifahrtberechtigungen, die Soldaten nach § 30 Absatz 6 des Soldatengesetzes erhalten; für diese pauschal besteuerten Bezüge unterbleibt eine Minderung der nach § 9 Absatz 1 Satz 3 Nummer 4 Satz 2 sowie Nummer 5 Satz 6 abziehbaren Werbungskosten.

³Die nach Satz 2 pauschalbesteuerten Bezüge bleiben bei der Anwendung des § 40a Absatz 1 bis 4 außer Ansatz. ⁴Bemessungsgrundlage der pauschalen Lohnsteuer sind in den Fällen des Satzes 2 Nummer 2 und 3 die Aufwendungen des Arbeitgebers einschließlich Umsatzsteuer.

(3) ¹Der Arbeitgeber hat die pauschale Lohnsteuer zu übernehmen. ²Er ist Schuldner der pauschalen Lohnsteuer; auf den Arbeitnehmer abgewälzte pauschale Lohnsteuer gilt als zugeflossener Arbeitslohn und mindert nicht die Bemessungsgrundlage. ³Der pauschal besteuerte Arbeitslohn und die pauschale Lohnsteuer bleiben bei einer Veranlagung zur Einkommensteuer und beim Lohnsteuer-Jahresausgleich außer Ansatz. ⁴Die pauschale Lohnsteuer ist weder auf die Einkommensteuer noch auf die Jahreslohnsteuer anzurechnen.

§ 40a
Pauschalierung der Lohnsteuer für Teilzeitbeschäftigte und geringfügig Beschäftigte

S 2372

(1) ¹Der Arbeitgeber kann unter Verzicht auf den Abruf von elektronischen Lohnsteuerabzugsmerkmalen (§ 39e Absatz 4 Satz 2) oder die Vorlage einer Bescheinigung für den Lohnsteuerabzug (§ 39 Absatz 3 oder § 39e Absatz 7 oder Absatz 8) bei Arbeitnehmern, die nur kurzfristig beschäftigt werden, die Lohnsteuer mit einem Pauschsteuersatz von 25 Prozent des Arbeitslohns erheben. ²Eine kurzfristige Beschäftigung liegt vor, wenn der Arbeitnehmer bei dem Arbeitgeber gelegentlich, nicht regelmäßig wiederkehrend beschäftigt wird, die Dauer der Beschäftigung 18 zusammenhängende Arbeitstage nicht übersteigt und

1. der Arbeitslohn während der Beschäftigungsdauer 120 Euro durchschnittlich je Arbeitstag nicht übersteigt oder
2. die Beschäftigung zu einem unvorhersehbaren Zeitpunkt sofort erforderlich wird.

(2) Der Arbeitgeber kann unter Verzicht auf den Abruf von elektronischen Lohnsteuerabzugsmerkmalen (§ 39e Absatz 4 Satz 2) oder die Vorlage einer Bescheinigung für den Lohnsteuerabzug (§ 39 Absatz 3 oder § 39e Absatz 7 oder Absatz 8) die Lohnsteuer einschließlich Solidaritätszuschlag und Kirchensteuern (einheitliche Pauschsteuer) für das Arbeitsentgelt aus geringfügigen Beschäftigungen im Sinne des § 8 Absatz 1 Nummer 1 oder des § 8a des Vierten Buches Sozialgesetzbuch, für das er Beiträge nach § 168 Absatz 1 Nummer 1b oder 1c (geringfügig versicherungspflichtig Beschäftigte) oder nach § 172 Absatz 3 oder 3a (versicherungsfrei oder von der Versicherungspflicht befreite geringfügig Beschäftigte) oder nach § 276a Absatz 1 (versicherungsfrei geringfügig Beschäftigte) des Sechsten Buches Sozialgesetzbuch zu entrichten hat, mit einem einheitlichen Pauschsteuersatz in Höhe von insgesamt 2 Prozent des Arbeitsentgelts erheben.

(2a) Hat der Arbeitgeber in den Fällen des Absatzes 2 keine Beiträge nach § 168 Absatz 1 Nummer 1b oder 1c oder nach § 172 Absatz 3 oder 3a oder nach § 276a Absatz 1 des Sechsten Buches Sozialgesetzbuch zu entrichten, kann er unter Verzicht auf den Abruf von elektronischen Lohnsteuerabzugsmerkmalen (§ 39e Absatz 4 Satz 2) oder die Vorlage einer Bescheinigung für den Lohnsteuerabzug (§ 39 Absatz 3 oder § 39e Absatz 7 oder Absatz 8) die Lohnsteuer mit einem Pauschsteuersatz in Höhe von 20 Prozent des Arbeitsentgelts erheben.

(3) ¹Abweichend von den Absätzen 1 und 2a kann der Arbeitgeber unter Verzicht auf den Abruf von elektronischen Lohnsteuerabzugsmerkmalen (§ 39e Absatz 4 Satz 2) oder die Vorlage einer Bescheinigung für den Lohnsteuerabzug (§ 39 Absatz 3 oder § 39e Absatz 7

§ 40a EStG

oder Absatz 8) bei Aushilfskräften, die in Betrieben der Land- und Forstwirtschaft im Sinne des § 13 Absatz 1 Nummer 1 bis 4 ausschließlich mit typisch land- oder forstwirtschaftlichen Arbeiten beschäftigt werden, die Lohnsteuer mit einem Pauschsteuersatz von 5 Prozent des Arbeitslohns erheben. ²Aushilfskräfte im Sinne dieser Vorschrift sind Personen, die für die Ausführung und für die Dauer von Arbeiten, die nicht ganzjährig anfallen, beschäftigt werden; eine Beschäftigung mit anderen land- und forstwirtschaftlichen Arbeiten ist unschädlich, wenn deren Dauer 25 Prozent der Gesamtbeschäftigungsdauer nicht überschreitet. ³Aushilfskräfte sind nicht Arbeitnehmer, die zu den land- und forstwirtschaftlichen Fachkräften gehören oder die der Arbeitgeber mehr als 180 Tage im Kalenderjahr beschäftigt.

(4) Die Pauschalierungen nach den Absätzen 1 und 3 sind unzulässig

1. bei Arbeitnehmern, deren Arbeitslohn während der Beschäftigungsdauer durchschnittlich je Arbeitsstunde 15 Euro übersteigt,
2. bei Arbeitnehmern, die für eine andere Beschäftigung von demselben Arbeitgeber Arbeitslohn beziehen, der nach § 39b oder § 39c dem Lohnsteuerabzug unterworfen wird.

(5) Auf die Pauschalierungen nach den Absätzen 1 bis 3 und 7 ist § 40 Absatz 3 anzuwenden.

(6) ¹Für die Erhebung der einheitlichen Pauschsteuer nach Absatz 2 ist die Deutsche Rentenversicherung Knappschaft-Bahn-See zuständig. ²Die Regelungen zum Steuerabzug vom Arbeitslohn sind entsprechend anzuwenden. ³Für die Anmeldung, Abführung und Vollstreckung der einheitlichen Pauschsteuer sowie die Erhebung eines Säumniszuschlags und das Mahnverfahren für die einheitliche Pauschsteuer gelten dabei die Regelungen für die Beiträge nach § 168 Absatz 1 Nummer 1b oder 1c oder nach § 172 Absatz 3 oder 3a oder nach § 276a Absatz 1 des Sechsten Buches Sozialgesetzbuch. ⁴Die Deutsche Rentenversicherung Knappschaft-Bahn-See hat die einheitliche Pauschsteuer auf die erhebungsberechtigten Körperschaften aufzuteilen; dabei entfallen aus Vereinfachungsgründen 90 Prozent der einheitlichen Pauschsteuer auf die Lohnsteuer, 5 Prozent auf den Solidaritätszuschlag und 5 Prozent auf die Kirchensteuern. ⁵Die erhebungsberechtigten Kirchen haben sich auf eine Aufteilung des Kirchensteueranteils zu verständigen und diesen der Deutschen Rentenversicherung Knappschaft-Bahn-See mitzuteilen. ⁶Die Deutsche Rentenversicherung Knappschaft-Bahn-See ist berechtigt, die einheitliche Pauschsteuer nach Absatz 2 zusammen mit den Sozialversicherungsbeiträgen beim Arbeitgeber einzuziehen.

(7) ¹Der Arbeitgeber kann unter Verzicht auf den Abruf von elektronischen Lohnsteuerabzugsmerkmalen (§ 39e Absatz 4 Satz 2) die Lohnsteuer für Bezüge von kurzfristigen, im Inland ausgeübten Tätig-

keiten beschränkt steuerpflichtiger Arbeitnehmer, die einer ausländischen Betriebsstätte dieses Arbeitgebers zugeordnet sind, mit einem Pauschsteuersatz von 30 Prozent des Arbeitslohns erheben. ²Eine kurzfristige Tätigkeit im Sinne des Satzes 1 liegt nur vor, wenn die im Inland ausgeübte Tätigkeit 18 zusammenhängende Arbeitstage nicht übersteigt.

§ 40b EStG

S 2373

§ 40b
Pauschalierung der Lohnsteuer bei bestimmten Zukunftssicherungsleistungen

[1])

(1) Der Arbeitgeber kann die Lohnsteuer von den Zuwendungen zum Aufbau einer nicht kapitalgedeckten betrieblichen Altersversorgung an eine Pensionskasse mit einem Pauschsteuersatz von 20 Prozent der Zuwendungen erheben.

[1])

(2) [1]Absatz 1 gilt nicht, soweit die zu besteuernden Zuwendungen des Arbeitgebers für den Arbeitnehmer 1.752 Euro im Kalenderjahr übersteigen oder nicht aus seinem ersten Dienstverhältnis bezogen werden. [2]Sind mehrere Arbeitnehmer gemeinsam in der Pensionskasse versichert, so gilt als Zuwendung für den einzelnen Arbeitnehmer der Teilbetrag, der sich bei einer Aufteilung der gesamten Zuwendungen durch die Zahl der begünstigten Arbeitnehmer ergibt, wenn dieser Teilbetrag 1.752 Euro nicht übersteigt; hierbei sind Arbeitnehmer, für die Zuwendungen von mehr als 2.148 Euro im Kalenderjahr geleistet werden, nicht einzubeziehen. [3]Für Zuwendungen, die der Arbeitgeber für den Arbeitnehmer aus Anlass der Beendigung des Dienstverhältnisses erbracht hat, vervielfältigt sich der Betrag von 1.752 Euro mit der Anzahl der Kalenderjahre, in denen das Dienstverhältnis des Arbeitnehmers zu dem Arbeitgeber bestanden hat; in diesem Fall ist Satz 2 nicht anzuwenden. [4]Der vervielfältigte Betrag vermindert sich um die nach Absatz 1 pauschal besteuerten Zuwendungen, die der Arbeitgeber in dem Kalenderjahr, in dem das Dienstverhältnis beendet wird, und in den sechs vorangegangenen Kalenderjahren erbracht hat.

(3) Von den Beiträgen für eine Unfallversicherung des Arbeitnehmers kann der Arbeitgeber die Lohnsteuer mit einem Pauschsteuersatz von 20 Prozent der Beiträge erheben, wenn mehrere Arbeitnehmer gemeinsam in einem Unfallversicherungsvertrag versichert sind und der Teilbetrag, der sich bei einer Aufteilung der gesamten Beiträge nach Abzug der Versicherungsteuer durch die Zahl der begünstigten Arbeitnehmer ergibt, 100 Euro im Kalenderjahr nicht übersteigt.

(4) In den Fällen des § 19 Absatz 1 Satz 1 Nummer 3 Satz 2 hat der Arbeitgeber die Lohnsteuer mit einem Pauschsteuersatz in Höhe von 15 Prozent der Sonderzahlungen zu erheben.

(5) [1]§ 40 Absatz 3 ist anzuwenden. [2]Die Anwendung des § 40 Absatz 1 Satz 1 Nummer 1 auf Bezüge im Sinne des Absatzes 1, des Absatzes 3 und des Absatzes 4 ist ausgeschlossen.

---

[1]) zur Anwendung der Absätze 1 und 2 in der am 31.12.2004 geltenden Fassung >§ 52 Abs. 40

§ 41

Aufzeichnungspflichten beim Lohnsteuerabzug

(1) ¹Der Arbeitgeber hat am Ort der Betriebsstätte (Absatz 2) für jeden Arbeitnehmer und jedes Kalenderjahr ein Lohnkonto zu führen. ²In das Lohnkonto sind die nach § 39e Absatz 4 Satz 2 und Absatz 5 Satz 3 abgerufenen elektronischen Lohnsteuerabzugsmerkmale sowie die für den Lohnsteuerabzug erforderlichen Merkmale aus der vom Finanzamt ausgestellten Bescheinigung für den Lohnsteuerabzug (§ 39 Absatz 3 oder § 39e Absatz 7 oder Absatz 8) zu übernehmen. ³Bei jeder Lohnzahlung für das Kalenderjahr, für das das Lohnkonto gilt, sind im Lohnkonto die Art und Höhe des gezahlten Arbeitslohns einschließlich der steuerfreien Bezüge sowie die einbehaltene oder übernommene Lohnsteuer einzutragen; an die Stelle der Lohnzahlung tritt in den Fällen des § 39b Absatz 5 Satz 1 die Lohnabrechnung. ⁴Ferner sind das Kurzarbeitergeld, der Zuschuss zum Mutterschaftsgeld nach dem Mutterschutzgesetz, der Zuschuss bei Beschäftigungsverboten für die Zeit vor oder nach einer Entbindung sowie für den Entbindungstag während einer Elternzeit nach beamtenrechtlichen Vorschriften, die Entschädigungen für Verdienstausfall nach dem Infektionsschutzgesetz vom 20. Juli 2000 (BGBl. I S. 1045), die nach § 3 Nummer 28 steuerfreien Aufstockungsbeträge oder Zuschläge und die nach § 3 Nummer 28a steuerfreien Zuschüsse einzutragen. ⁵Ist während der Dauer des Dienstverhältnisses in anderen Fällen als in denen des Satzes 4 der Anspruch auf Arbeitslohn für mindestens fünf aufeinander folgende Arbeitstage im Wesentlichen weggefallen, so ist dies jeweils durch Eintragung des Großbuchstabens U zu vermerken. ⁶Hat der Arbeitgeber die Lohnsteuer von einem sonstigen Bezug im ersten Dienstverhältnis berechnet und ist dabei der Arbeitslohn aus früheren Dienstverhältnissen des Kalenderjahres außer Betracht geblieben, so ist dies durch Eintragung des Großbuchstabens S zu vermerken. ⁷Die Bundesregierung wird ermächtigt, durch Rechtsverordnung mit Zustimmung des Bundesrates vorzuschreiben, welche Einzelangaben im Lohnkonto aufzuzeichnen sind und Einzelheiten für eine elektronische Bereitstellung dieser Daten im Rahmen einer Lohnsteuer-Außenprüfung oder einer Lohnsteuer-Nachschau durch die Einrichtung einer einheitlichen digitalen Schnittstelle zu regeln. ⁸Dabei können für Arbeitnehmer mit geringem Arbeitslohn und für die Fälle der §§ 40 bis 40b Aufzeichnungserleichterungen sowie für steuerfreie Bezüge Aufzeichnungen außerhalb des Lohnkontos zugelassen werden. ⁹Die Lohnkonten sind bis zum Ablauf des sechsten Kalenderjahres, das auf die zuletzt eingetragene Lohnzahlung folgt, aufzubewahren. ¹⁰Die Aufbewahrungsfrist nach Satz 9 gilt abweichend von § 93c Absatz 1 Nummer 4 der Abgabenordnung auch für die dort genannten Aufzeichnungen und Unterlagen.

S 2375

§ 41 EStG

S 2376

(2) ¹Betriebsstätte ist der Betrieb oder Teil des Betriebs des Arbeitgebers, in dem der für die Durchführung des Lohnsteuerabzugs maßgebende Arbeitslohn ermittelt wird. ²Wird der maßgebende Arbeitslohn nicht in dem Betrieb oder einem Teil des Betriebs des Arbeitgebers oder nicht im Inland ermittelt, so gilt als Betriebsstätte der Mittelpunkt der geschäftlichen Leitung des Arbeitgebers im Inland; im Fall des § 38 Absatz 1 Satz 1 Nummer 2 gilt als Betriebsstätte der Ort im Inland, an dem die Arbeitsleistung ganz oder vorwiegend stattfindet. ³Als Betriebsstätte gilt auch der inländische Heimathafen deutscher Handelsschiffe, wenn die Reederei im Inland keine Niederlassung hat.

§ 41a

S 2377

Anmeldung und Abführung der Lohnsteuer

(1) ¹Der Arbeitgeber hat spätestens am zehnten Tag nach Ablauf eines jeden Lohnsteuer-Anmeldungszeitraums

1. dem Finanzamt, in dessen Bezirk sich die Betriebsstätte (§ 41 Absatz 2) befindet (Betriebsstättenfinanzamt), eine Steuererklärung einzureichen, in der er die Summen der im Lohnsteuer-Anmeldungszeitraum einzubehaltenden und zu übernehmenden Lohnsteuer, getrennt nach den Kalenderjahren in denen der Arbeitslohn bezogen wird oder als bezogen gilt, angibt (Lohnsteuer-Anmeldung),
2. die im Lohnsteuer-Anmeldungszeitraum insgesamt einbehaltene und übernommene Lohnsteuer an das Betriebsstättenfinanzamt abzuführen.

²Die Lohnsteuer-Anmeldung ist nach amtlich vorgeschriebenem Datensatz durch Datenfernübertragung zu übermitteln. ³Auf Antrag kann das Finanzamt zur Vermeidung unbilliger Härten auf eine elektronische Übermittlung verzichten; in diesem Fall ist die Lohnsteuer-Anmeldung nach amtlich vorgeschriebenem Vordruck abzugeben und vom Arbeitgeber oder von einer zu seiner Vertretung berechtigten Person zu unterschreiben. ⁴Der Arbeitgeber wird von der Verpflichtung zur Abgabe weiterer Lohnsteuer-Anmeldungen befreit, wenn er Arbeitnehmer, für die er Lohnsteuer einzubehalten oder zu übernehmen hat, nicht mehr beschäftigt und das dem Finanzamt mitteilt.

(2) ¹Lohnsteuer-Anmeldungszeitraum ist grundsätzlich der Kalendermonat. ²Lohnsteuer-Anmeldungszeitraum ist das Kalendervierteljahr, wenn die abzuführende Lohnsteuer für das vorangegangene Kalenderjahr mehr als 1.080 Euro, aber nicht mehr als 5.000 Euro betragen hat; Lohnsteuer-Anmeldungszeitraum ist das Kalenderjahr, wenn die abzuführende Lohnsteuer für das vorangegangene Kalenderjahr nicht mehr als 1.080 Euro betragen hat. ³Hat die Betriebsstätte nicht während des ganzen vorangegangenen Kalenderjahres bestanden, so ist die für das vorangegangene Kalenderjahr abzuführende Lohnsteuer für die Feststellung des Lohnsteuer-Anmeldungszeitraums auf einen Jahresbetrag umzurechnen. ⁴Wenn die Betriebsstätte im vorangegangenen Kalenderjahr noch nicht bestanden hat, ist die auf einen Jahresbetrag umgerechnete für den ersten vollen Kalendermonat nach der Eröffnung der Betriebsstätte abzuführende Lohnsteuer maßgebend.

(3) ¹Die oberste Finanzbehörde des Landes kann bestimmen, dass die Lohnsteuer nicht dem Betriebsstättenfinanzamt, sondern einer anderen öffentlichen Kasse anzumelden und an diese abzuführen ist; die Kasse erhält insoweit die Stellung einer Landesfinanzbehörde. ²Das Betriebsstättenfinanzamt oder die zuständige andere öffentliche

§ 41a EStG

Kasse können anordnen, dass die Lohnsteuer abweichend von dem nach Absatz 1 maßgebenden Zeitpunkt anzumelden und abzuführen ist, wenn die Abführung der Lohnsteuer nicht gesichert erscheint.

[1)] (4) [1]Arbeitgeber, die eigene oder gecharterte Handelsschiffe betreiben, dürfen die anzumeldende und abzuführende Lohnsteuer abziehen und einbehalten, die auf den Arbeitslohn entfällt, der an die Besatzungsmitglieder für die Beschäftigungszeiten auf diesen Schiffen gezahlt wird. *[2]Die Handelsschiffe müssen in einem Seeschiffsregister eines Mitgliedstaates der Europäischen Union oder eines Staates, auf den das Abkommen über den Europäischen Wirtschaftsraum anwendbar ist, eingetragen sein, die Flagge eines dieser Staaten führen und zur Beförderung von Personen oder Gütern im Verkehr mit oder zwischen ausländischen Häfen, innerhalb eines ausländischen Hafens oder zwischen einem ausländischen Hafen und der Hohen See betrieben werden.* [3]Die Sätze 1 und 2 sind entsprechend anzuwenden, wenn Seeschiffe im Wirtschaftsjahr überwiegend außerhalb der deutschen Hoheitsgewässer zum Schleppen, Bergen oder zur Aufsuchung von Bodenschätzen oder zur Vermessung von Energielagerstätten unter dem Meeresboden eingesetzt werden. [4]Bei Besatzungsmitgliedern, die auf Schiffen, einschließlich Ro-Ro-Fahrgastschiffen, arbeiten, die im regelmäßigen Personenbeförderungsdienst zwischen Häfen im Hoheitsgebiet der Mitgliedstaaten der Europäischen Union eingesetzt werden, gelten die Sätze 1 und 2 nur, wenn die Besatzungsmitglieder Staatsangehörige eines Mitgliedstaates der Europäischen Union oder eines Staates sind, auf den das Abkommen über den Europäischen Wirtschaftsraum anwendbar ist. [5]Bei Seeschiffen, die für Schlepp- und Baggerarbeiten genutzt werden, gelten die Sätze 1 und 2 nur, wenn es sich um seetüchtige Schlepper und Baggerschiffe mit Eigenantrieb handelt und die Schiffe während mindestens 50 Prozent ihrer Betriebszeit für Tätigkeiten auf See eingesetzt werden. [6]Ist für den Lohnsteuerabzug die Lohnsteuer nach der Steuerklasse V oder VI zu ermitteln, bemisst sich der Betrag nach Satz 1 nach der Lohnsteuer der Steuerklasse I.

[1)] Absatz 4 i. d. F. des Artikels 3 des Vierten Corona-Steuerhilfegesetzes gilt für eine Dauer von 72 Monaten und ist erstmals für laufenden Arbeitslohn anzuwenden, der für einen ab dem 01.07.2021 endenden Lohnzahlungszeitraum gezahlt wird, und für sonstige Bezüge, die ab dem 01.06.2021 zufließen >§ 52 Abs. 40a Satz 3.

§ 41b
Abschluss des Lohnsteuerabzugs

(1) ¹Bei Beendigung eines Dienstverhältnisses oder am Ende des Kalenderjahres hat der Arbeitgeber das Lohnkonto des Arbeitnehmers abzuschließen. ²Auf Grund der Aufzeichnungen im Lohnkonto hat der Arbeitgeber nach Abschluss des Lohnkontos für jeden Arbeitnehmer der für dessen Besteuerung nach dem Einkommen zuständigen Finanzbehörde nach Maßgabe des § 93c der Abgabenordnung neben den in § 93c Absatz 1 der Abgabenordnung genannten Daten insbesondere folgende Angaben zu übermitteln (elektronische Lohnsteuerbescheinigung):

1. die abgerufenen elektronischen Lohnsteuerabzugsmerkmale oder die auf der entsprechenden Bescheinigung für den Lohnsteuerabzug eingetragenen Lohnsteuerabzugsmerkmale sowie die Bezeichnung und die Nummer des Finanzamts, an das die Lohnsteuer abgeführt worden ist,
2. die Dauer des Dienstverhältnisses während des Kalenderjahres sowie die Anzahl der nach § 41 Absatz 1 Satz 5 vermerkten Großbuchstaben U,
3. die Art und Höhe des gezahlten Arbeitslohns sowie den nach § 41 Absatz 1 Satz 6 vermerkten Großbuchstaben S,
4. die einbehaltene Lohnsteuer, den Solidaritätszuschlag und die Kirchensteuer,
5. das Kurzarbeitergeld, den Zuschuss zum Mutterschaftsgeld nach dem Mutterschutzgesetz, die Entschädigungen für Verdienstausfall nach dem Infektionsschutzgesetz vom 20. Juli 2000 (BGBl. I S. 1045), zuletzt geändert durch Artikel 11 § 3 des Gesetzes vom 6. August 2002 (BGBl. I S. 3082), in der jeweils geltenden Fassung, die nach § 3 Nummer 28 steuerfreien Aufstockungsbeträge oder Zuschläge sowie die nach § 3 Nummer 28a steuerfreien Zuschüsse,
6. die auf die Entfernungspauschale nach § 3 Nummer 15 Satz 3 und § 9 Absatz 1 Satz 3 Nummer 4 Satz 5 anzurechnenden steuerfreien Arbeitgeberleistungen,
7. die auf die Entfernungspauschale nach § 40 Absatz 2 Satz 2 Nummer 1 2. Halbsatz anzurechnenden pauschal besteuerten Arbeitgeberleistungen,
8. für die dem Arbeitnehmer zur Verfügung gestellten Mahlzeiten nach § 8 Absatz 2 Satz 8 den Großbuchstaben M,
9. für die steuerfreie Sammelbeförderung nach § 3 Nummer 32 den Großbuchstaben F,
10. die nach § 3 Nummer 13 und 16 steuerfrei gezahlten Verpflegungszuschüsse und Vergütungen bei doppelter Haushaltsführung,

11. Beiträge zu den gesetzlichen Rentenversicherungen und an berufsständische Versorgungseinrichtungen, getrennt nach Arbeitgeber- und Arbeitnehmeranteil,
12. die nach § 3 Nummer 62 gezahlten Zuschüsse zur Kranken- und Pflegeversicherung,
13. die Beiträge des Arbeitnehmers zur gesetzlichen Krankenversicherung und zur sozialen Pflegeversicherung,
14. die Beiträge des Arbeitnehmers zur Arbeitslosenversicherung,
15. den nach § 39b Absatz 2 Satz 5 Nummer 3 Buchstabe d berücksichtigten Teilbetrag der Vorsorgepauschale.

³Der Arbeitgeber hat dem Arbeitnehmer die elektronische Lohnsteuerbescheinigung nach amtlich vorgeschriebenem Muster binnen angemessener Frist als Ausdruck auszuhändigen oder elektronisch bereitzustellen. ⁴Soweit der Arbeitgeber nicht zur elektronischen Übermittlung nach Absatz 1 Satz 2 verpflichtet ist, hat er nach Ablauf des Kalenderjahres oder wenn das Dienstverhältnis vor Ablauf des Kalenderjahres beendet wird, eine Lohnsteuerbescheinigung nach amtlich vorgeschriebenem Muster auszustellen und an das Betriebsstättenfinanzamt bis zum letzten Tag des Monats Februar des auf den Abschluss des Lohnkontos folgenden Kalenderjahres zu übersenden. ⁵Er hat dem Arbeitnehmer eine Zweitausfertigung dieser Bescheinigung auszuhändigen. ⁶Nicht ausgehändigte Lohnsteuerbescheinigungen hat der Arbeitgeber dem Betriebsstättenfinanzamt einzureichen.

(2) ¹Ist dem Arbeitgeber die Identifikationsnummer (§ 139b der Abgabenordnung) des Arbeitnehmers nicht bekannt, hat er bis zum Veranlagungszeitraum 2022 für die Datenübermittlung nach Absatz 1 Satz 2 aus dem Namen, Vornamen und Geburtsdatum des Arbeitnehmers ein Ordnungsmerkmal nach amtlich festgelegter Regel für den Arbeitnehmer zu bilden und das Ordnungsmerkmal zu verwenden. ²Er darf das lohnsteuerliche Ordnungsmerkmal nur für die Zuordnung der elektronischen Lohnsteuerbescheinigung oder sonstiger für das Besteuerungsverfahren erforderlicher Daten zu einem bestimmten Steuerpflichtigen und für Zwecke des Besteuerungsverfahrens verarbeiten oder bilden.

(3) ¹Ein Arbeitgeber ohne maschinelle Lohnabrechnung, der ausschließlich Arbeitnehmer im Rahmen einer geringfügigen Beschäftigung in seinem Privathaushalt im Sinne des § 8a des Vierten Buches Sozialgesetzbuch beschäftigt und keine elektronische Lohnsteuerbescheinigung erteilt, hat anstelle der elektronischen Lohnsteuerbescheinigung eine entsprechende Lohnsteuerbescheinigung nach amtlich vorgeschriebenem Muster auszustellen und an das Betriebsstättenfinanzamt bis zum letzten Tag des Monats Februar des auf den Abschluss des Lohnkontos folgenden Kalenderjahres zu übersenden. ²Der Arbeitgeber hat dem Arbeitnehmer nach Ablauf des Kalenderjahres oder nach Beendigung des Dienstverhältnisses, wenn es

§ 41b EStG

vor Ablauf des Kalenderjahres beendet wird, eine Zweitausfertigung der Lohnsteuerbescheinigung auszuhändigen. ³Nicht ausgehändigte Lohnsteuerbescheinigungen hat der Arbeitgeber dem Betriebsstättenfinanzamt einzureichen.

(4) ¹In den Fällen des Absatzes 1 ist für die Anwendung des § 72a Absatz 4 und des § 93c Absatz 4 Satz 1 der Abgabenordnung sowie für die Anwendung des Absatzes 2a das Betriebsstättenfinanzamt des Arbeitgebers zuständig. ²Sind für einen Arbeitgeber mehrere Betriebsstättenfinanzämter zuständig, so ist das Finanzamt zuständig, in dessen Bezirk sich die Geschäftsleitung des Arbeitgebers im Inland befindet. ³Ist dieses Finanzamt kein Betriebsstättenfinanzamt, so ist das Finanzamt zuständig, in dessen Bezirk sich die Betriebsstätte mit den meisten Arbeitnehmern befindet.

(5) ¹Die nach Absatz 1 übermittelten Daten können durch das nach Absatz 4 zuständige Finanzamt zum Zweck der Anwendung des § 72a Absatz 4 und des § 93c Absatz 4 Satz 1 der Abgabenordnung verarbeitet werden. ²Zur Überprüfung der Ordnungsmäßigkeit der Einbehaltung und Abführung der Lohnsteuer können diese Daten auch von den hierfür zuständigen Finanzbehörden bei den für die Besteuerung der Arbeitnehmer nach dem Einkommen zuständigen Finanzbehörden verarbeitet werden.

(6) Die Absätze 1 bis 5 gelten nicht für Arbeitnehmer, soweit sie Arbeitslohn bezogen haben, der nach den §§ 40 bis 40b pauschal besteuert worden ist.

§ 41c

Änderung des Lohnsteuerabzugs

(1) ¹Der Arbeitgeber ist berechtigt, bei der jeweils nächstfolgenden Lohnzahlung bisher erhobene Lohnsteuer zu erstatten oder noch nicht erhobene Lohnsteuer nachträglich einzubehalten,

1. wenn ihm elektronische Lohnsteuerabzugsmerkmale zum Abruf zur Verfügung gestellt werden oder ihm der Arbeitnehmer eine Bescheinigung für den Lohnsteuerabzug mit Eintragungen vorlegt, die auf einen Zeitpunkt vor Abruf der Lohnsteuerabzugsmerkmale oder vor Vorlage der Bescheinigung für den Lohnsteuerabzug zurückwirken, oder
2. wenn er erkennt, dass er die Lohnsteuer bisher nicht vorschriftsmäßig einbehalten hat; dies gilt auch bei rückwirkender Gesetzesänderung.

²In den Fällen des Satzes 1 Nummer 2 ist der Arbeitgeber jedoch verpflichtet, wenn ihm dies wirtschaftlich zumutbar ist.

(2) ¹Die zu erstattende Lohnsteuer ist dem Betrag zu entnehmen, den der Arbeitgeber für seine Arbeitnehmer insgesamt an Lohnsteuer einbehalten oder übernommen hat. ²Wenn die zu erstattende Lohnsteuer aus dem Betrag nicht gedeckt werden kann, der insgesamt an Lohnsteuer einzubehalten oder zu übernehmen ist, wird der Fehlbetrag dem Arbeitgeber auf Antrag vom Betriebsstättenfinanzamt ersetzt.

(3) ¹Nach Ablauf des Kalenderjahres oder, wenn das Dienstverhältnis vor Ablauf des Kalenderjahres endet, nach Beendigung des Dienstverhältnisses, ist die Änderung des Lohnsteuerabzugs nur bis zur Übermittlung oder Ausschreibung der Lohnsteuerbescheinigung zulässig. ²Bei Änderung des Lohnsteuerabzugs nach Ablauf des Kalenderjahres ist die nachträglich einzubehaltende Lohnsteuer nach dem Jahresarbeitslohn zu ermitteln. ³Eine Erstattung von Lohnsteuer ist nach Ablauf des Kalenderjahres nur im Wege des Lohnsteuer-Jahresausgleichs nach § 42b zulässig. ⁴Eine Minderung der einzubehaltenden und zu übernehmenden Lohnsteuer (§ 41a Absatz 1 Satz 1 Nummer 1) nach § 164 Absatz 2 Satz 1 der Abgabenordnung ist nach der Übermittlung oder Ausschreibung der Lohnsteuerbescheinigung nur dann zulässig, wenn sich der Arbeitnehmer ohne vertraglichen Anspruch und gegen den Willen des Arbeitgebers Beträge verschafft hat, für die Lohnsteuer einbehalten wurde. ⁵In diesem Fall hat der Arbeitgeber die bereits übermittelte oder ausgestellte Lohnsteuerbescheinigung zu berichtigen und sie als geändert gekennzeichnet an die Finanzverwaltung zu übermitteln; § 41b Absatz 1 gilt entsprechend. ⁶Der Arbeitgeber hat seinen Antrag zu begründen und die Lohnsteuer-Anmeldung (§ 41a Absatz 1 Satz 1) zu berichtigen.

§§ 41c-42a EStG

(4) ¹Der Arbeitgeber hat die Fälle, in denen er die Lohnsteuer nach Absatz 1 nicht nachträglich einbehält oder die Lohnsteuer nicht nachträglich einbehalten kann, weil

1. der Arbeitnehmer vom Arbeitgeber Arbeitslohn nicht mehr bezieht oder
2. der Arbeitgeber nach Ablauf des Kalenderjahres bereits die Lohnsteuerbescheinigung übermittelt oder ausgeschrieben hat,

dem Betriebsstättenfinanzamt unverzüglich anzuzeigen. ²Das Finanzamt hat die zu wenig erhobene Lohnsteuer vom Arbeitnehmer nachzufordern, wenn der nachzufordernde Betrag 10 Euro übersteigt. ³§ 42d bleibt unberührt.

§§ 42 und 42a
(weggefallen)

S 2375

§ 42b
Lohnsteuer-Jahresausgleich durch den Arbeitgeber

(1) ¹Der Arbeitgeber ist berechtigt, seinen Arbeitnehmern, die während des abgelaufenen Kalenderjahres (Ausgleichsjahr) ständig in einem zu ihm bestehenden Dienstverhältnis gestanden haben, die für das Ausgleichsjahr einbehaltene Lohnsteuer insoweit zu erstatten, als sie die auf den Jahresarbeitslohn entfallende Jahreslohnsteuer übersteigt (Lohnsteuer-Jahresausgleich). ²Er ist zur Durchführung des Lohnsteuer-Jahresausgleichs verpflichtet, wenn er am 31. Dezember des Ausgleichsjahres mindestens zehn Arbeitnehmer beschäftigt. ³Der Arbeitgeber darf den Lohnsteuer-Jahresausgleich nicht durchführen, wenn

1. der Arbeitnehmer es beantragt oder
2. der Arbeitnehmer für das Ausgleichsjahr oder für einen Teil des Ausgleichsjahres nach den Steuerklassen V oder VI zu besteuern war oder
3. der Arbeitnehmer für einen Teil des Ausgleichsjahres nach den Steuerklassen II, III oder IV zu besteuern war oder
3a. bei der Lohnsteuerberechnung ein Freibetrag oder Hinzurechnungsbetrag zu berücksichtigen war oder
3b. das Faktorverfahren angewandt wurde oder
4. der Arbeitnehmer im Ausgleichsjahr Kurzarbeitergeld, Zuschuss zum Mutterschaftsgeld nach dem Mutterschutzgesetz, Zuschuss bei Beschäftigungsverboten für die Zeit vor oder nach einer Entbindung sowie für den Entbindungstag während einer Elternzeit nach beamtenrechtlichen Vorschriften, Entschädigungen für Verdienstausfall nach dem Infektionsschutzgesetz vom 20. Juli 2000 (BGBl. I S. 1045), nach § 3 Nummer 28 steuerfreie Aufstockungsbeträge oder Zuschläge oder nach § 3 Nummer 28a steuerfreie Zuschüsse bezogen hat oder
4a. die Anzahl der im Lohnkonto oder in der Lohnsteuerbescheinigung eingetragenen Großbuchstaben U mindestens eins beträgt oder
5. für den Arbeitnehmer im Ausgleichsjahr im Rahmen der Vorsorgepauschale jeweils nur zeitweise Beträge nach § 39b Absatz 2 Satz 5 Nummer 3 Buchstabe a bis d oder der Beitragszuschlag nach § 39b Absatz 2 Satz 5 Nummer 3 Buchstabe c berücksichtigt wurden oder sich im Ausgleichsjahr der Zusatzbeitragssatz (§ 39b Absatz 2 Satz 5 Nummer 3 Buchstabe b) geändert hat oder
6. der Arbeitnehmer im Ausgleichsjahr ausländische Einkünfte aus nichtselbständiger Arbeit bezogen hat, die nach einem Abkommen zur Vermeidung der Doppelbesteuerung oder unter Progressionsvorbehalt nach § 34c Absatz 5 von der Lohnsteuer freigestellt waren.

(2) [1]Für den Lohnsteuer-Jahresausgleich hat der Arbeitgeber den Jahresarbeitslohn aus dem zu ihm bestehenden Dienstverhältnis festzustellen. [2]Dabei bleiben Bezüge im Sinne des § 34 Absatz 1 und 2 Nummer 2 und 4 außer Ansatz, wenn der Arbeitnehmer nicht jeweils die Einbeziehung in den Lohnsteuer-Jahresausgleich beantragt. [3]Vom Jahresarbeitslohn sind der etwa in Betracht kommende Versorgungsfreibetrag und Zuschlag zum Versorgungsfreibetrag und der etwa in Betracht kommende Altersentlastungsbetrag abzuziehen. [4]Für den so geminderten Jahresarbeitslohn ist die Jahreslohnsteuer nach § 39b Absatz 2 Satz 6 und 7 zu ermitteln nach Maßgabe der Steuerklasse, die für den letzten Lohnzahlungszeitraum des Ausgleichsjahres als elektronisches Lohnsteuerabzugsmerkmal abgerufen oder auf der Bescheinigung für den Lohnsteuerabzug oder etwaigen Mitteilungen über Änderungen zuletzt eingetragen wurde. [5]Den Betrag, um den die sich hiernach ergebende Jahreslohnsteuer die Lohnsteuer unterschreitet, die von dem zugrunde gelegten Jahresarbeitslohn insgesamt erhoben worden ist, hat der Arbeitgeber dem Arbeitnehmer zu erstatten. [6]Bei der Ermittlung der insgesamt erhobenen Lohnsteuer ist die Lohnsteuer auszuscheiden, die von den nach Satz 2 außer Ansatz gebliebenen Bezügen einbehalten worden ist.

(3) [1]Der Arbeitgeber darf den Lohnsteuer-Jahresausgleich frühestens bei der Lohnabrechnung für den letzten im Ausgleichsjahr endenden Lohnzahlungszeitraum, spätestens bei der Lohnabrechnung für den letzten Lohnzahlungszeitraum, der im Monat Februar des dem Ausgleichsjahr folgenden Kalenderjahres endet, durchführen. [2]Die zu erstattende Lohnsteuer ist dem Betrag zu entnehmen, den der Arbeitgeber für seine Arbeitnehmer für den Lohnzahlungszeitraum insgesamt an Lohnsteuer erhoben hat. [3]§ 41c Absatz 2 Satz 2 ist anzuwenden.

(4) [1]Im Lohnkonto für das Ausgleichsjahr ist die im Lohnsteuer-Jahresausgleich erstattete Lohnsteuer gesondert einzutragen. [2]In der Lohnsteuerbescheinigung für das Ausgleichsjahr ist der sich nach Verrechnung der erhobenen Lohnsteuer mit der erstatteten Lohnsteuer ergebende Betrag als erhobene Lohnsteuer einzutragen.

§ 42c
(weggefallen)

S 2382

§ 42d

Haftung des Arbeitgebers und Haftung bei Arbeitnehmerüberlassung

(1) Der Arbeitgeber haftet
1. für die Lohnsteuer, die er einzubehalten und abzuführen hat,
2. für die Lohnsteuer, die er beim Lohnsteuer-Jahresausgleich zu Unrecht erstattet hat,
3. für die Einkommensteuer (Lohnsteuer), die auf Grund fehlerhafter Angaben im Lohnkonto oder in der Lohnsteuerbescheinigung verkürzt wird,
4. für die Lohnsteuer, die in den Fällen des § 38 Absatz 3a der Dritte zu übernehmen hat.

(2) Der Arbeitgeber haftet nicht, soweit Lohnsteuer nach § 39 Absatz 5 oder § 39a Absatz 5 nachzufordern ist und in den vom Arbeitgeber angezeigten Fällen des § 38 Absatz 4 Satz 2 und 3 und des § 41c Absatz 4.

(3) ¹Soweit die Haftung des Arbeitgebers reicht, sind der Arbeitgeber und der Arbeitnehmer Gesamtschuldner. ²Das Betriebsstättenfinanzamt kann die Steuerschuld oder Haftungsschuld nach pflichtgemäßem Ermessen gegenüber jedem Gesamtschuldner geltend machen. ³Der Arbeitgeber kann auch dann in Anspruch genommen werden, wenn der Arbeitnehmer zur Einkommensteuer veranlagt wird. ⁴Der Arbeitnehmer kann im Rahmen der Gesamtschuldnerschaft nur in Anspruch genommen werden,
1. wenn der Arbeitgeber die Lohnsteuer nicht vorschriftsmäßig vom Arbeitslohn einbehalten hat,
2. wenn der Arbeitnehmer weiß, dass der Arbeitgeber die einbehaltene Lohnsteuer nicht vorschriftsmäßig angemeldet hat. ²Dies gilt nicht, wenn der Arbeitnehmer den Sachverhalt dem Finanzamt unverzüglich mitgeteilt hat.

(4) ¹Für die Inanspruchnahme des Arbeitgebers bedarf es keines Haftungsbescheids und keines Leistungsgebots, soweit der Arbeitgeber
1. die einzubehaltende Lohnsteuer angemeldet hat oder
2. nach Abschluss einer Lohnsteuer-Außenprüfung seine Zahlungsverpflichtung schriftlich anerkennt.

²Satz 1 gilt entsprechend für die Nachforderung zu übernehmender pauschaler Lohnsteuer.

(5) Von der Geltendmachung der Steuernachforderung oder Haftungsforderung ist abzusehen, wenn diese insgesamt 10 Euro nicht übersteigt.

(6) ¹Soweit einem Dritten (Entleiher) Arbeitnehmer im Sinne des § 1 Absatz 1 Satz 1 des Arbeitnehmerüberlassungsgesetzes in der Fassung der Bekanntmachung vom 3. Februar 1995 (BGBl. I S. 158), das

zuletzt durch Artikel 26 des Gesetzes vom 20. Dezember 2011 (BGBl. I S. 2854)¹) geändert worden ist, zur Arbeitsleistung überlassen werden, haftet er mit Ausnahme der Fälle, in denen eine Arbeitnehmerüberlassung nach § 1 Absatz 3 des Arbeitnehmerüberlassungsgesetzes vorliegt, neben dem Arbeitgeber. ²Der Entleiher haftet nicht, wenn der Überlassung eine Erlaubnis nach § 1 des Arbeitnehmerüberlassungsgesetzes in der jeweils geltenden Fassung zugrunde liegt und soweit er nachweist, dass er den nach § 51 Absatz 1 Nummer 2 Buchstabe d vorgesehenen Mitwirkungspflichten nachgekommen ist. ³Der Entleiher haftet ferner nicht, wenn er über das Vorliegen einer Arbeitnehmerüberlassung ohne Verschulden irrte. ⁴Die Haftung beschränkt sich auf die Lohnsteuer für die Zeit, für die ihm der Arbeitnehmer überlassen worden ist. ⁵Soweit die Haftung des Entleihers reicht, sind der Arbeitgeber, der Entleiher und der Arbeitnehmer Gesamtschuldner. ⁶Der Entleiher darf auf Zahlung nur in Anspruch genommen werden, soweit die Vollstreckung in das inländische bewegliche Vermögen des Arbeitgebers fehlgeschlagen ist oder keinen Erfolg verspricht; § 219 Satz 2 der Abgabenordnung ist entsprechend anzuwenden. ⁷Ist durch die Umstände der Arbeitnehmerüberlassung die Lohnsteuer schwer zu ermitteln, so ist die Haftungsschuld mit 15 Prozent des zwischen Verleiher und Entleiher vereinbarten Entgelts ohne Umsatzsteuer anzunehmen, solange der Entleiher nicht glaubhaft macht, dass die Lohnsteuer, für die er haftet, niedriger ist. ⁸Die Absätze 1 bis 5 sind entsprechend anzuwenden. ⁹Die Zuständigkeit des Finanzamts richtet sich nach dem Ort der Betriebsstätte des Verleihers.

(7) Soweit der Entleiher Arbeitgeber ist, haftet der Verleiher wie ein Entleiher nach Absatz 6.   S 2384

(8) ¹Das Finanzamt kann hinsichtlich der Lohnsteuer der Leiharbeitnehmer anordnen, dass der Entleiher einen bestimmten Teil des mit dem Verleiher vereinbarten Entgelts einzubehalten und abzuführen hat, wenn dies zur Sicherung des Steueranspruchs notwendig ist; Absatz 6 Satz 4 ist anzuwenden. ²Der Verwaltungsakt kann auch mündlich erlassen werden. ³Die Höhe des einzubehaltenden und abzuführenden Teils des Entgelts bedarf keiner Begründung, wenn der in Absatz 6 Satz 7 genannte Prozentsatz nicht überschritten wird.   S 2384

(9) ¹Der Arbeitgeber haftet auch dann, wenn ein Dritter nach § 38 Absatz 3a dessen Pflichten trägt. ²In diesen Fällen haftet der Dritte neben dem Arbeitgeber. ³Soweit die Haftung des Dritten reicht, sind der Arbeitgeber, der Dritte und der Arbeitnehmer Gesamtschuldner. ⁴Absatz 3 Satz 2 bis 4 ist anzuwenden; Absatz 4 gilt auch für die Inanspruchnahme des Dritten. ⁵Im Fall des § 38 Absatz 3a Satz 2 beschränkt sich die Haftung des Dritten auf die Lohnsteuer, die für die Zeit zu erheben ist, für die er sich gegenüber dem Arbeitgeber zur

---

¹) Das Arbeitnehmerüberlassungsgesetz wurde zuletzt durch **Artikel 2 des Gesetzes zur Anpassung der Verordnungsermächtigungen beim Kurzarbeitergeld und anderer Regelungen vom 19.10.2022 (BGBl. I S. 1790)** geändert.

§ 42d EStG

Vornahme des Lohnsteuerabzugs verpflichtet hat; der maßgebende Zeitraum endet nicht, bevor der Dritte seinem Betriebsstättenfinanzamt die Beendigung seiner Verpflichtung gegenüber dem Arbeitgeber angezeigt hat. [6] In den Fällen des § 38 Absatz 3a Satz 7 ist als Haftungsschuld der Betrag zu ermitteln, um den die Lohnsteuer, die für den gesamten Arbeitslohn des Lohnzahlungszeitraums zu berechnen und einzubehalten ist, die insgesamt tatsächlich einbehaltene Lohnsteuer übersteigt. [7] Betrifft die Haftungsschuld mehrere Arbeitgeber, so ist sie bei fehlerhafter Lohnsteuerberechnung nach dem Verhältnis der Arbeitslöhne und für nachträglich zu erfassende Arbeitslohnbeträge nach dem Verhältnis dieser Beträge auf die Arbeitgeber aufzuteilen. [8] In den Fällen des § 38 Absatz 3a ist das Betriebsstättenfinanzamt des Dritten für die Geltendmachung der Steuer- oder Haftungsschuld zuständig.

§ 42e
Anrufungsauskunft

¹Das Betriebsstättenfinanzamt hat auf Anfrage eines Beteiligten darüber Auskunft zu geben, ob und inwieweit im einzelnen Fall die Vorschriften über die Lohnsteuer anzuwenden sind. ²Sind für einen Arbeitgeber mehrere Betriebsstättenfinanzämter zuständig, so erteilt das Finanzamt die Auskunft, in dessen Bezirk sich die Geschäftsleitung (§ 10 der Abgabenordnung) des Arbeitgebers im Inland befindet. ³Ist dieses Finanzamt kein Betriebsstättenfinanzamt, so ist das Finanzamt zuständig, in dessen Bezirk sich die Betriebsstätte mit den meisten Arbeitnehmern befindet. ⁴In den Fällen der Sätze 2 und 3 hat der Arbeitgeber sämtliche Betriebsstättenfinanzämter, das Finanzamt der Geschäftsleitung und erforderlichenfalls die Betriebsstätte mit den meisten Arbeitnehmern anzugeben sowie zu erklären, für welche Betriebsstätten die Auskunft von Bedeutung ist.

§ 42f
Lohnsteuer-Außenprüfung

(1) Für die Außenprüfung der Einbehaltung oder Übernahme und Abführung der Lohnsteuer ist das Betriebsstättenfinanzamt zuständig.

(2) ¹Für die Mitwirkungspflicht des Arbeitgebers bei der Außenprüfung gilt § 200 der Abgabenordnung. ²Darüber hinaus haben die Arbeitnehmer des Arbeitgebers dem mit der Prüfung Beauftragten jede gewünschte Auskunft über Art und Höhe ihrer Einnahmen zu geben und auf Verlangen die etwa in ihrem Besitz befindlichen Bescheinigungen für den Lohnsteuerabzug sowie die Belege über bereits entrichtete Lohnsteuer vorzulegen. ³Dies gilt auch für Personen, bei denen es streitig ist, ob sie Arbeitnehmer des Arbeitgebers sind oder waren.

(3) ¹In den Fällen des § 38 Absatz 3a ist für die Außenprüfung das Betriebsstättenfinanzamt des Dritten zuständig; § 195 Satz 2 der Abgabenordnung bleibt unberührt. ²Die Außenprüfung ist auch beim Arbeitgeber zulässig; dessen Mitwirkungspflichten bleiben neben den Pflichten des Dritten bestehen.

(4) Auf Verlangen des Arbeitgebers können die Außenprüfung und die Prüfungen durch die Träger der Rentenversicherung (§ 28p des Vierten Buches Sozialgesetzbuch) zur gleichen Zeit durchgeführt werden.

§ 42g
Lohnsteuer-Nachschau

(1) ¹Die Lohnsteuer-Nachschau dient der Sicherstellung einer ordnungsgemäßen Einbehaltung und Abführung der Lohnsteuer. ²Sie ist ein besonderes Verfahren zur zeitnahen Aufklärung steuererheblicher Sachverhalte.

(2) ¹Eine Lohnsteuer-Nachschau findet während der üblichen Geschäfts- und Arbeitszeiten statt. ²Dazu können die mit der Nachschau Beauftragten ohne vorherige Ankündigung und außerhalb einer Lohnsteuer-Außenprüfung Grundstücke und Räume von Personen, die eine gewerbliche oder berufliche Tätigkeit ausüben, betreten. ³Wohnräume dürfen gegen den Willen des Inhabers nur zur Verhütung dringender Gefahren für die öffentliche Sicherheit und Ordnung betreten werden.

(3) ¹Die von der Lohnsteuer-Nachschau betroffenen Personen haben dem mit der Nachschau Beauftragten auf Verlangen Lohn- und Gehaltsunterlagen, Aufzeichnungen, Bücher, Geschäftspapiere und andere Urkunden über die der Lohnsteuer-Nachschau unterliegenden Sachverhalte vorzulegen und Auskünfte zu erteilen, soweit dies zur Feststellung einer steuerlichen Erheblichkeit zweckdienlich ist. ²§ 42f Absatz 2 Satz 2 und 3 gilt sinngemäß.

(4) ¹Wenn die bei der Lohnsteuer-Nachschau getroffenen Feststellungen hierzu Anlass geben, kann ohne vorherige Prüfungsanordnung (§ 196 der Abgabenordnung) zu einer Lohnsteuer-Außenprüfung nach § 42f übergegangen werden. ²Auf den Übergang zur Außenprüfung wird schriftlich hingewiesen.

(5) Werden anlässlich einer Lohnsteuer-Nachschau Verhältnisse festgestellt, die für die Festsetzung und Erhebung anderer Steuern erheblich sein können, so ist die Auswertung der Feststellungen insoweit zulässig, als ihre Kenntnis für die Besteuerung der in Absatz 2 genannten Personen oder anderer Personen von Bedeutung sein kann.

3. Steuerabzug vom Kapitalertrag (Kapitalertragsteuer)

§ 43
Kapitalerträge mit Steuerabzug

(1) ¹Bei den folgenden inländischen und in den Fällen der Nummern 5 bis 7 Buchstabe a und Nummern 8 bis 12 sowie Satz 2 auch ausländischen Kapitalerträgen wird die Einkommensteuer durch Abzug vom Kapitalertrag (Kapitalertragsteuer) erhoben:

1. Kapitalerträgen im Sinne des § 20 Absatz 1 Nummer 1, soweit diese nicht nachfolgend in Nummer 1a gesondert genannt sind, und Kapitalerträgen im Sinne des § 20 Absatz 1 Nummer 2. ²Entsprechendes gilt für Kapitalerträge im Sinne des § 20 Absatz 2 Satz 1 Nummer 2 Buchstabe a und Nummer 2 Satz 2;

1a. Kapitalerträgen im Sinne des § 20 Absatz 1 Nummer 1 aus Aktien und Genussscheinen, die entweder gemäß § 5 des Depotgesetzes zur Sammelverwahrung durch eine Wertpapiersammelbank zugelassen sind und dieser zur Sammelverwahrung im Inland anvertraut wurden, bei denen eine Sonderverwahrung gemäß § 2 Satz 1 des Depotgesetzes erfolgt oder bei denen die Erträge gegen Aushändigung der Dividendenscheine oder sonstigen Erträgnisscheine ausgezahlt oder gutgeschrieben werden;

2. Zinsen aus Teilschuldverschreibungen, bei denen neben der festen Verzinsung ein Recht auf Umtausch in Gesellschaftsanteile (Wandelanleihen) oder eine Zusatzverzinsung, die sich nach der Höhe der Gewinnausschüttungen des Schuldners richtet (Gewinnobligationen), eingeräumt ist, und Zinsen aus Genussrechten, die nicht in § 20 Absatz 1 Nummer 1 genannt sind. ²Zu den Gewinnobligationen gehören nicht solche Teilschuldverschreibungen, bei denen der Zinsfuß nur vorübergehend herabgesetzt und gleichzeitig eine von dem jeweiligen Gewinnergebnis des Unternehmens abhängige Zusatzverzinsung bis zur Höhe des ursprünglichen Zinsfußes festgelegt worden ist. ³Zu den Kapitalerträgen im Sinne des Satzes 1 gehören nicht die Bundesbankgenussrechte im Sinne des § 3 Absatz 1 des Gesetzes über die Liquidation der Deutschen Reichsbank und der Deutschen Golddiskontbank in der im Bundesgesetzblatt Teil III, Gliederungsnummer 7620-6, veröffentlichten bereinigten Fassung, das zuletzt durch das Gesetz vom 17. Dezember 1975 (BGBl. I S. 3123) geändert worden ist. ⁴Beim Steuerabzug auf Kapitalerträge sind die für den Steuerabzug nach Nummer 1a geltenden Vorschriften entsprechend anzuwenden, wenn

   a) die Teilschuldverschreibungen und Genussrechte gemäß § 5 des Depotgesetzes zur Sammelverwahrung durch eine Wertpapiersammelbank zugelassen sind und dieser zur Sammelverwahrung im Inland anvertraut wurden,

b) die Teilschuldverschreibungen und Genussrechte gemäß § 2 Satz 1 des Depotgesetzes gesondert aufbewahrt werden oder

c) die Erträge der Teilschuldverschreibungen und Genussrechte gegen Aushändigung der Erträgnisscheine ausgezahlt oder gutgeschrieben werden;

3. Kapitalerträgen im Sinne des § 20 Absatz 1 Nummer 4;
4. Kapitalerträgen im Sinne des § 20 Absatz 1 Nummer 6 Satz 1 bis 6; § 20 Absatz 1 Nummer 6 Satz 2 und 3 in der am 1. Januar 2008 anzuwendenden Fassung bleiben für Zwecke der Kapitalertragsteuer unberücksichtigt. ²Der Steuerabzug vom Kapitalertrag ist in den Fällen des § 20 Absatz 1 Nummer 6 Satz 4 in der am 31. Dezember 2004 geltenden Fassung nur vorzunehmen, wenn das Versicherungsunternehmen auf Grund einer Mitteilung des Finanzamts weiß oder infolge der Verletzung eigener Anzeigeverpflichtungen nicht weiß, dass die Kapitalerträge nach dieser Vorschrift zu den Einkünften aus Kapitalvermögen gehören;
5. Kapitalerträgen im Sinne des § 20 Absatz 1 Nummer 3 mit Ausnahme der Gewinne aus der Veräußerung von Anteilen an Investmentfonds im Sinne des § 16 Absatz 1 Nummer 3 in Verbindung mit § 2 Absatz 13 des Investmentsteuergesetzes;
6. ausländischen Kapitalerträgen im Sinne der Nummern 1 und 1a;
7. Kapitalerträgen im Sinne des § 20 Absatz 1 Nummer 7, außer bei Kapitalerträgen im Sinne der Nummer 2, wenn

a) es sich um Zinsen aus Anleihen und Forderungen handelt, die in ein öffentliches Schuldbuch oder in ein ausländisches Register eingetragen oder über die Sammelurkunden im Sinne des § 9a des Depotgesetzes oder Teilschuldverschreibungen ausgegeben sind;

b) ¹) der Schuldner der nicht in Buchstabe a genannten Kapitalerträge ein inländisches Kreditinstitut oder ein inländisches Finanzdienstleistungsinstitut im Sinne des Gesetzes über das Kreditwesen oder ein Wertpapierinstitut im Sinne des Wertpapierinstitutsgesetzes ist. ²Kreditinstitut in diesem Sinne ist auch die Kreditanstalt für Wiederaufbau, eine Bausparkasse, ein Versicherungsunternehmen für Erträge aus Kapitalanlagen, die mit Einlagegeschäften bei Kreditinstituten vergleichbar sind, die Deutsche Bundesbank bei Geschäften mit jedermann einschließlich ihrer Betriebsangehörigen im Sinne der §§ 22 und 25 des Gesetzes über die Deutsche Bundesbank und eine inländische Zweigstelle oder Zweigniederlassung eines ausländischen Unternehmens im Sinne der §§ 53 und 53b des Gesetzes über das Kreditwesen,

---

¹) zur Anwendung des Absatzes 1 Satz 1 Nr. 7 Buchst. b Satz 2 i. d. F. des Artikels 1 des Gesetzes vom 13.12.2006 (BGBl. I S. 2878) >§ 52 Abs. 42 Satz 1

nicht aber eine ausländische Zweigstelle eines inländischen *Kredit-, Finanzdienstleistungs- oder Wertpapierinstituts*. ³Die inländische Zweigstelle oder Zweigniederlassung gilt anstelle des ausländischen Unternehmens als Schuldner der Kapitalerträge;

    c) es sich um Zinsen aus Forderungen handelt, die über eine Internet-Dienstleistungsplattform erworben wurden. Eine Internet-Dienstleistungsplattform in diesem Sinne ist ein webbasiertes Medium, das Kauf- und Verkaufsaufträge in Aktien und anderen Finanzinstrumenten sowie Darlehensnehmer und Darlehensgeber zusammenführt und so einen Vertragsabschluss vermittelt; [1)]

7a. Kapitalerträgen im Sinne des § 20 Absatz 1 Nummer 9;

7b. Kapitalerträgen im Sinne des § 20 Absatz 1 Nummer 10 Buchstabe a;

7c. Kapitalerträgen im Sinne des § 20 Absatz 1 Nummer 10 Buchstabe b;

8. Kapitalerträgen im Sinne des § 20 Absatz 1 Nummer 11;

9. Kapitalerträgen im Sinne des § 20 Absatz 2 Satz 1 Nummer 1 und Gewinnen aus der Veräußerung von Anteilen an Investmentfonds im Sinne des § 16 Absatz 1 Nummer 3 in Verbindung mit § 2 Absatz 13 des Investmentsteuergesetzes;

10. Kapitalerträgen im Sinne des § 20 Absatz 2 Satz 1 Nummer 2 Buchstabe b und Nummer 7;

11. Kapitalerträgen im Sinne des § 20 Absatz 2 Satz 1 Nummer 3;

12. Kapitalerträgen im Sinne des § 20 Absatz 2 Satz 1 Nummer 8.

²Dem Steuerabzug unterliegen auch Kapitalerträge im Sinne des § 20 Absatz 3, die neben den in den Nummern 1 bis 12 bezeichneten Kapitalerträgen oder an deren Stelle gewährt werden. ³Der Steuerabzug ist ungeachtet des § 3 Nummer 40 und des § 8b des Körperschaftsteuergesetzes vorzunehmen. ⁴Für Zwecke des Kapitalertragsteuerabzugs gilt die Übertragung eines von einer auszahlenden Stelle verwahrten oder verwalteten Wirtschaftsguts im Sinne des § 20 Absatz 2 auf einen anderen Gläubiger als Veräußerung des Wirtschaftsguts. ⁵Satz 4 gilt nicht, wenn der Steuerpflichtige der auszahlenden Stelle unter Benennung der in Satz 6 Nummer 4 bis 6 bezeichneten Daten mitteilt, dass es sich um eine unentgeltliche Übertragung handelt. ⁶Die auszahlende Stelle hat in den Fällen des Satzes 5 folgende Daten dem für sie zuständigen Betriebsstättenfinanzamt bis zum 31. Mai des jeweiligen Folgejahres nach Maßgabe des § 93c der Abgabenordnung mitzuteilen:

[1)] Absatz 1 Satz 1 Nr. 7 Buchst. c ist erstmals auf Kapitalerträge anzuwenden, die dem Gläubiger nach dem 31.12.2020 zufließen >§ 52 Abs. 42 Satz 2.

§ 43 EStG

1. Bezeichnung der auszahlenden Stelle,
2. das zuständige Betriebsstättenfinanzamt,
3. das übertragene Wirtschaftsgut, den Übertragungszeitpunkt, den Wert zum Übertragungszeitpunkt und die Anschaffungskosten des Wirtschaftsguts,
4. Name, Geburtsdatum, Anschrift und Identifikationsnummer des Übertragenden,
5. Name, Geburtsdatum, Anschrift und Identifikationsnummer des Empfängers sowie die Bezeichnung des Kreditinstituts, der Nummer des Depots, des Kontos oder des Schuldbuchkontos. ²Sofern die Identifikationsnummer des Empfängers nicht bereits bekannt ist, kann die auszahlende Stelle diese in einem maschinellen Verfahren nach amtlich vorgeschriebenem Datensatz beim Bundeszentralamt für Steuern erfragen. ³In der Anfrage dürfen nur die in § 139b Absatz 3 der Abgabenordnung genannten Daten der betroffenen Person angegeben werden. ⁴Das Bundeszentralamt für Steuern teilt der auszahlenden Stelle die Identifikationsnummer der betroffenen Person mit, sofern die übermittelten Daten mit den nach § 139b Absatz 3 der Abgabenordnung beim Bundeszentralamt für Steuern gespeicherten Daten übereinstimmen. ⁵Ist eine eindeutige Zuordnung des Empfängers nicht möglich, ist die Depotübertragung als kapitalertragsteuerpflichtiger Vorgang nach Satz 4 dieses Absatzes zu behandeln,¹⁾
6. soweit bekannt, das persönliche Verhältnis (Verwandtschaftsverhältnis, Ehe, Lebenspartnerschaft) zwischen Übertragendem und Empfänger.

⁷§ 72a Absatz 4, § 93c Absatz 4 und § 203a der Abgabenordnung finden keine Anwendung.

(2) ¹Der Steuerabzug ist außer in den Fällen des Absatzes 1 Satz 1 Nummer 1a und 7c nicht vorzunehmen, wenn Gläubiger und Schuldner der Kapitalerträge (Schuldner) oder die auszahlende Stelle im Zeitpunkt des Zufließens dieselbe Person sind. ²Der Steuerabzug ist außerdem nicht vorzunehmen, wenn in den Fällen des Absatzes 1 Satz 1 Nummer 5 bis 7 und 8 bis 12 Gläubiger der Kapitalerträge ein inländisches *Kredit-, Finanzdienstleistungs- oder Wertpapierinstitut* nach Absatz 1 Satz 1 Nummer 7 Buchstabe b oder eine inländische Kapitalverwaltungsgesellschaft ist. ³Bei Kapitalerträgen im Sinne des Absatzes 1 Satz 1 Nummer 6 und 8 bis 12 ist ebenfalls kein Steuerabzug vorzunehmen, wenn

1. eine unbeschränkt steuerpflichtige Körperschaft, Personenvereinigung oder Vermögensmasse, die nicht unter Satz 2 oder

---

¹⁾ Absatz 1 Satz 6 Nr. 5 Satz 2 bis 5 ist erstmals auf Kapitalerträge anzuwenden, die nach dem 31.12.2019 zufließen >§ 52 Abs. 42 Satz 5.

§ 44a Absatz 4 Satz 1 fällt, Gläubigerin der Kapitalerträge ist, oder

2. die Kapitalerträge Betriebseinnahmen eines inländischen Betriebs sind und der Gläubiger der Kapitalerträge dies gegenüber der auszahlenden Stelle nach amtlich vorgeschriebenem Muster erklärt; dies gilt entsprechend für Kapitalerträge aus Options- und Termingeschäften im Sinne des Absatzes 1 Satz 1 Nummer 8 und 11, wenn sie zu den Einkünften aus Vermietung und Verpachtung gehören.

⁴Im Fall des § 1 Absatz 1 Nummer 4 und 5 des Körperschaftsteuergesetzes ist Satz 3 Nummer 1 nur anzuwenden, wenn die Körperschaft, Personenvereinigung oder Vermögensmasse durch eine Bescheinigung des für sie zuständigen Finanzamts ihre Zugehörigkeit zu dieser Gruppe von Steuerpflichtigen nachweist. ⁵Die Bescheinigung ist unter dem Vorbehalt des Widerrufs auszustellen. ⁶Die Fälle des Satzes 3 Nummer 2 hat die auszahlende Stelle gesondert aufzuzeichnen und die Erklärung der Zugehörigkeit der Kapitalerträge zu den Betriebseinnahmen oder zu den Einnahmen aus Vermietung und Verpachtung sechs Jahre aufzubewahren; die Frist beginnt mit dem Schluss des Kalenderjahres, in dem die Freistellung letztmalig berücksichtigt wird. ⁷Die auszahlende Stelle hat in den Fällen des Satzes 3 Nummer 2 der Finanzbehörde, die für die Besteuerung des Einkommens des Gläubigers der Kapitalerträge zuständig ist, nach Maßgabe des § 93c der Abgabenordnung neben den in § 93c Absatz 1 der Abgabenordnung genannten Angaben auch die Konto- oder Depotbezeichnung oder die sonstige Kennzeichnung des Geschäftsvorgangs zu übermitteln. ⁸§ 72a Absatz 4, § 93c Absatz 1 Nummer 3 und Absatz 4 sowie § 203a der Abgabenordnung finden keine Anwendung.

(3) ¹Kapitalerträge im Sinne des Absatzes 1 Satz 1 Nummer 1 Satz 1 sowie Nummer 1a bis 4 sind inländische, wenn der Schuldner Wohnsitz, Geschäftsleitung oder Sitz im Inland hat; Kapitalerträge im Sinne des Absatzes 1 Satz 1 Nummer 4 sind auch dann inländische, wenn der Schuldner eine Niederlassung im Sinne der §§ 61, 65 oder des § 68 des Versicherungsaufsichtsgesetzes im Inland hat. ²Kapitalerträge im Sinne des Absatzes 1 Satz 1 Nummer 1 Satz 2 sind inländische, wenn der Schuldner der veräußerten Ansprüche die Voraussetzungen des Satzes 1 erfüllt. ³Kapitalerträge im Sinne des § 20 Absatz 1 Nummer 1 Satz 4 sind inländische, wenn der Emittent der Aktien Geschäftsleitung oder Sitz im Inland hat. ⁴Kapitalerträge im Sinne des Absatzes 1 Satz 1 Nummer 6 sind ausländische, wenn weder die Voraussetzungen nach Satz 1 noch nach Satz 2 vorliegen.

(4) Der Steuerabzug ist auch dann vorzunehmen, wenn die Kapitalerträge beim Gläubiger zu den Einkünften aus Land- und Forstwirtschaft, aus Gewerbebetrieb, aus selbständiger Arbeit oder aus Vermietung und Verpachtung gehören.

§ 43 EStG
H 43

(5) ¹Für Kapitalerträge im Sinne des § 20, soweit sie der Kapitalertragsteuer unterlegen haben, ist die Einkommensteuer mit dem Steuerabzug abgegolten; die Abgeltungswirkung des Steuerabzugs tritt nicht ein, wenn der Gläubiger nach § 44 Absatz 1 Satz 10 und 11 und Absatz 5 in Anspruch genommen werden kann. ²Dies gilt nicht in Fällen des § 32d Absatz 2 und für Kapitalerträge, die zu den Einkünften aus Land- und Forstwirtschaft, aus Gewerbebetrieb, aus selbständiger Arbeit oder aus Vermietung und Verpachtung gehören. ³Auf Antrag des Gläubigers werden Kapitalerträge im Sinne des Satzes 1 in die besondere Besteuerung von Kapitalerträgen nach § 32d einbezogen. ⁴Eine vorläufige Festsetzung der Einkommensteuer im Sinne des § 165 Absatz 1 Satz 2 Nummer 2 bis 4 der Abgabenordnung umfasst auch Einkünfte im Sinne des Satzes 1, für die der Antrag nach Satz 3 nicht gestellt worden ist.

H 43

Hinweise

Allgemeines

Anhang 19 II | Einzelfragen zur Abgeltungsteuer >BMF vom **19.05.2022** (BStBl I S. **742**) *unter Berücksichtigung der Änderungen in Rn. 92 und 300a durch BMF vom 20.12.2022 (BStBl I 2023 S. 46)*

Empfänger und Zeitpunkt der Datenlieferung
>BMF vom 24.09.2013 (BStBl I S. 1183)

Insolvenz
Der Abzug von Kapitalertragsteuer ist auch bei dem Gläubiger von Kapitalerträgen vorzunehmen, der in Insolvenz gefallen ist (>BFH vom 20.12.1995 – BStBl II 1996 S. 308).

Rückzahlung einer Dividende
>H 44b.1

Schneeballsysteme
Die Abgeltungswirkung nach § 43 Abs. 5 Satz 1 Halbsatz 1 tritt auch dann ein, wenn der Stpfl. Kapitaleinkünfte in Form von Scheinrenditen aus einem betrügerischen Schneeballsystem erzielt hat, für die aus seiner Sicht Kapitalertragsteuer nach § 43 Abs. 5 Satz 1 einbehalten worden ist (>BFH vom 29.09.2020 – BStBl II 2021 S. 468 und vom 27.10.2020 – BStBl II 2021 S. 472 und S. 481).

Typische Unterbeteiligung
Der Gewinnanteil aus einer typischen Unterbeteiligung unterliegt der Kapitalertragsteuer. Der Zeitpunkt des Zuflusses bestimmt sich für die Zwecke der Kapitalertragsteuer nach dem vertraglich bestimmten Tag der Auszahlung (§ 44 Abs. 3) (>BFH vom 28.11.1990 – BStBl II 1991 S. 313).

§ 43a
Bemessung der Kapitalertragsteuer

(1) ¹Die Kapitalertragsteuer beträgt
1. in den Fällen des § 43 Absatz 1 Satz 1 Nummer 1 bis 7a und 8 bis 12 sowie Satz 2:
   25 Prozent des Kapitalertrags;
2. in den Fällen des § 43 Absatz 1 Satz 1 Nummer 7b und 7c:
   15 Prozent des Kapitalertrags.

²Im Fall einer Kirchensteuerpflicht ermäßigt sich die Kapitalertragsteuer um 25 Prozent der auf die Kapitalerträge entfallenden Kirchensteuer. ³§ 32d Absatz 1 Satz 4 und 5 gilt entsprechend.

(2) ¹Dem Steuerabzug unterliegen die vollen Kapitalerträge ohne Abzug; dies gilt nicht für Erträge aus Investmentfonds nach § 16 Absatz 1 des Investmentsteuergesetzes, auf die nach § 20 des Investmentsteuergesetzes eine Teilfreistellung anzuwenden ist; § 20 Absatz 1 Satz 2 bis 4 des Investmentsteuergesetzes sind beim Steuerabzug nicht anzuwenden. ²In den Fällen des § 43 Absatz 1 Satz 1 Nummer 9 bis 12 bemisst sich der Steuerabzug
1. bei Gewinnen aus der Veräußerung von Anteilen an Investmentfonds im Sinne des § 16 Absatz 1 Nummer 3 in Verbindung mit § 2 Absatz 13 des Investmentsteuergesetzes nach § 19 des Investmentsteuergesetzes und
2. in allen übrigen Fällen nach § 20 Absatz 4 und 4a,

wenn die Wirtschaftsgüter von der die Kapitalerträge auszahlenden Stelle erworben oder veräußert und seitdem verwahrt oder verwaltet worden sind. ³Überträgt der Steuerpflichtige die Wirtschaftsgüter auf ein anderes Depot, hat die abgebende inländische auszahlende Stelle der übernehmenden inländischen auszahlenden Stelle die Anschaffungsdaten mitzuteilen. ⁴Satz 3 gilt in den Fällen des § 43 Absatz 1 Satz 5 entsprechend. ⁵Handelt es sich bei der abgebenden auszahlenden Stelle um ein Kreditinstitut, ein Finanzdienstleistungsinstitut oder ein Wertpapierinstitut mit Sitz in einem anderen Mitgliedstaat der Europäischen Union, in einem anderen Vertragsstaat des EWR-Abkommens vom 3. Januar 1994 (ABl. EG Nr. L 1 S. 3) in der jeweils geltenden Fassung oder in einem anderen Vertragsstaat nach Artikel 17 Absatz 2 Ziffer i der Richtlinie 2003/48/EG vom 3. Juni 2003 im Bereich der Besteuerung von Zinserträgen (ABl. EU Nr. L 157 S. 38), kann der Steuerpflichtige den Nachweis nur durch eine Bescheinigung des ausländischen Instituts führen; dies gilt entsprechend für eine in diesem Gebiet belegene Zweigstelle eines inländischen Kreditinstituts oder Finanzdienstleistungsinstituts. ⁶In allen anderen Fällen ist ein Nachweis der Anschaffungsdaten nicht zulässig. ⁷Sind die Anschaffungsdaten nicht nachgewiesen, bemisst sich der Steuerabzug nach 30 Prozent der Einnahmen aus der Veräußerung oder Einlösung der Wirtschaftsgüter. ⁸In den Fällen des § 43 Absatz 1 Satz 4 gelten der Börsenpreis zum Zeitpunkt der Übertragung zuzüglich Stückzinsen als Einnahmen aus der Veräußerung und die mit dem Depotübertrag verbundenen Kosten als Veräußerungskosten im Sinne des § 20 Absatz 4 Satz 1. [9] Zur Ermittlung des Börsenpreises ist der niedrigste am Vortag der Übertragung im regulierten Markt notierte Kurs anzusetzen; liegt am Vortag eine Notierung nicht vor, so werden die Wirtschaftsgüter mit dem letzten innerhalb von 30 Tagen vor dem Übertragungstag im regulierten Markt notierten Kurs angesetzt; Entsprechendes gilt für Wertpapiere, die im Inland in den Freiverkehr einbezogen sind oder in einem anderen Staat des Europäischen Wirtschaftsraums zum Handel an einem geregelten Markt im Sinne des Artikels 1 Nummer 13 der Richtlinie 93/22/EWG des Rates vom 10. Mai 1993 über Wertpapierdienstleistungen (ABl. EG Nr. L 141 S. 27) zugelassen sind. [10] Liegt ein Börsenpreis nicht vor, bemisst sich die Steuer nach 30 Prozent der Anschaffungskosten. [11] Die übernehmende auszahlende Stelle hat als Anschaffungskosten den von der abgebenden Stelle angesetzten Börsenpreis anzusetzen und die bei der Übertragung als Einnahmen aus der Veräußerung angesetzten Stückzinsen nach Absatz 3 zu berücksichtigen. [12] Satz 9 gilt entsprechend. [13] Liegt ein Börsenpreis nicht vor, bemisst sich der Steuerabzug nach 30 Prozent der Einnahmen aus der Veräußerung oder Einlösung der Wirtschaftsgüter. [14] Hat die auszahlende Stelle die Wirtschaftsgüter vor dem 1. Januar 1994 erworben oder veräußert und seitdem verwahrt oder verwaltet, kann sie den Steuerabzug nach 30 Prozent der Einnahmen aus der Veräußerung oder Einlösung der Wertpapiere und Kapitalforderungen bemessen. [15] Abweichend von den Sätzen 2 bis 14 bemisst sich der Steuerabzug bei Kapitalerträgen aus nicht für einen marktmäßigen Handel bestimmten schuldbuchfähigen Wertpapieren des Bundes und der Länder oder bei Kapitalerträgen im Sinne des § 43 Absatz 1 Satz 1 Nummer 7 Buchstabe b aus nicht in Inhaber- oder Orderschuldverschreibungen verbrieften Kapitalforderungen nach dem vollen Kapitalertrag ohne jeden Abzug.

(3) [1] Die auszahlende Stelle hat ausländische Steuern auf Kapitalerträge nach Maßgabe des § 32d Absatz 5 zu berücksichtigen. [2] Sie hat unter Berücksichtigung des § 20 Absatz 6 Satz 4 im Kalenderjahr negative Kapitalerträge einschließlich gezahlter Stückzinsen bis zur Höhe der positiven Kapitalerträge auszugleichen; liegt ein gemeinsamer Freistellungsauftrag im Sinne des § 44a Absatz 2 Satz 1 Nummer 1 in Verbindung mit § 20 Absatz 9 Satz 2 vor, erfolgt ein gemeinsamer Ausgleich. [3] Der nicht ausgeglichene Verlust ist auf das nächste Kalenderjahr zu übertragen. [4] Auf Verlangen des Gläubigers der Kapitalerträge hat sie über die Höhe eines nicht ausgeglichenen Verlusts eine Bescheinigung nach amtlich vorgeschriebenem Muster zu erteilen; der Verlustübertrag entfällt in diesem Fall. [5] Der unwiderrufliche Antrag auf Erteilung der Bescheinigung muss bis zum 15. Dezember des laufenden Jahres der auszahlenden Stelle zugehen.

[6] Überträgt der Gläubiger der Kapitalerträge seine im Depot befindlichen Wirtschaftsgüter vollständig auf ein anderes Depot, hat die abgebende auszahlende Stelle der übernehmenden auszahlenden Stelle auf Verlangen des Gläubigers der Kapitalerträge die Höhe des nicht ausgeglichenen Verlusts mitzuteilen; eine Bescheinigung nach Satz 4 darf in diesem Fall nicht erteilt werden. [7] Erfährt die auszahlende Stelle nach Ablauf des Kalenderjahres von der Veränderung einer Bemessungsgrundlage oder einer zu erhebenden Kapitalertragsteuer, hat sie die entsprechende Korrektur erst zum Zeitpunkt ihrer Kenntnisnahme vorzunehmen; § 44 Absatz 5 bleibt unberührt. [8] Die vorstehenden Sätze gelten nicht in den Fällen des § 20 Absatz 8 und des § 44 Absatz 1 Satz 4 Nummer 1 Buchstabe a Doppelbuchstabe bb sowie bei Körperschaften, Personenvereinigungen oder Vermögensmassen.

(4) [1] Die Absätze 2 und 3 gelten entsprechend für die das Bundesschuldbuch führende Stelle oder eine Landesschuldenverwaltung als auszahlende Stelle. [2] Werden die Wertpapiere oder Forderungen von einem Kreditinstitut, Finanzdienstleistungsinstitut oder einem Wertpapierinstitut mit der Maßgabe der Verwahrung und Verwaltung durch die das Bundesschuldbuch führende Stelle oder eine Landesschuldenverwaltung erworben, hat das Kreditinstitut, das Finanzdienstleistungsinstitut oder das Wertpapierinstitut der das Bundesschuldbuch führenden Stelle oder einer Landesschuldenverwaltung zusammen mit den im Schuldbuch einzutragenden Wertpapieren und Forderungen den Erwerbszeitpunkt und die Anschaffungsdaten sowie in Fällen des Absatzes 2 den Erwerbspreis der für einen marktmäßigen Handel bestimmten schuldbuchfähigen Wertpapiere des Bundes oder der Länder und außerdem mitzuteilen, dass es diese Wertpapiere und Forderungen erworben oder veräußert und seitdem verwahrt oder verwaltet hat.

§ 43b
Bemessung der Kapitalertragsteuer bei bestimmten Gesellschaften

(1) ¹Auf Antrag wird die Kapitalertragsteuer für Kapitalerträge im Sinne des § 20 Absatz 1 Nummer 1, die einer Muttergesellschaft, die weder ihren Sitz noch ihre Geschäftsleitung im Inland hat, oder einer in einem anderen Mitgliedstaat der Europäischen Union gelegenen Betriebsstätte dieser Muttergesellschaft, aus Ausschüttungen einer Tochtergesellschaft zufließen, nicht erhoben; § 50d Absatz 3 gilt entsprechend. ²Satz 1 gilt auch für Ausschüttungen einer Tochtergesellschaft, die einer in einem anderen Mitgliedstaat der Europäischen Union gelegenen Betriebsstätte einer unbeschränkt steuerpflichtigen Muttergesellschaft zufließen. ³Ein Zufluss an die Betriebsstätte liegt nur vor, wenn die Beteiligung an der Tochtergesellschaft tatsächlich zu dem Betriebsvermögen der Betriebsstätte gehört. ⁴Die Sätze 1 bis 3 gelten nicht für Kapitalerträge im Sinne des § 20 Absatz 1 Nummer 1, die anlässlich der Liquidation oder Umwandlung einer Tochtergesellschaft zufließen.

(2) ¹Muttergesellschaft im Sinne des Absatzes 1 ist jede Gesellschaft, die

1. die in der Anlage 2 zu diesem Gesetz bezeichneten Voraussetzungen erfüllt und
2. nach Artikel 3 Absatz 1 Buchstabe a der Richtlinie 2011/96/EU des Rates vom 30. November 2011 über das gemeinsame Steuersystem der Mutter- und Tochtergesellschaften verschiedener Mitgliedstaaten (ABl. L 345 vom 29.12.2011, S. 8), die zuletzt durch die Richtlinie 2014/86/EU (ABl. L 219 vom 25.7.2014, S. 40) geändert worden ist, zum Zeitpunkt der Entstehung der Kapitalertragsteuer gemäß § 44 Absatz 1 Satz 2 nachweislich mindestens zu 10 Prozent unmittelbar am Kapital der Tochtergesellschaft beteiligt ist (Mindestbeteiligung).

²Ist die Mindestbeteiligung zu diesem Zeitpunkt nicht erfüllt, ist der Zeitpunkt des Gewinnverteilungsbeschlusses maßgeblich. ³Tochtergesellschaft im Sinne des Absatzes 1 sowie des Satzes 1 ist jede unbeschränkt steuerpflichtige Gesellschaft, die die in der Anlage 2 zu diesem Gesetz und in Artikel 3 Absatz 1 Buchstabe b der Richtlinie 2011/96/EU bezeichneten Voraussetzungen erfüllt. ⁴Weitere Voraussetzung ist, dass die Beteiligung nachweislich ununterbrochen zwölf Monate besteht. ⁵Wird dieser Beteiligungszeitraum nach dem Zeitpunkt der Entstehung der Kapitalertragsteuer gemäß § 44 Absatz 1 Satz 2 vollendet, ist die einbehaltene und abgeführte Kapitalertragsteuer nach § 50c Absatz 3 zu erstatten; das Freistellungsverfahren nach § 50c Absatz 2 ist ausgeschlossen.

§ 43b EStG

(2a) Betriebsstätte im Sinne der Absätze 1 und 2 ist eine feste Geschäftseinrichtung in einem anderen Mitgliedstaat der Europäischen Union, durch die die Tätigkeit der Muttergesellschaft ganz oder teilweise ausgeübt wird, wenn das Besteuerungsrecht für die Gewinne dieser Geschäftseinrichtung nach dem jeweils geltenden Abkommen zur Vermeidung der Doppelbesteuerung dem Staat, in dem sie gelegen ist, zugewiesen wird und diese Gewinne in diesem Staat der Besteuerung unterliegen.

Anlage 2 (zu § 43b)

Gesellschaften im Sinne der Richtlinie Nr. 2011/96/EU

Gesellschaft im Sinne der genannten Richtlinie ist jede Gesellschaft, die

1. eine der folgenden Formen aufweist:
    a) eine Gesellschaft, die gemäß der Verordnung (EG) Nr. 2157/2001 des Rates vom 8. Oktober 2001 über das Statut der Europäischen Gesellschaft (SE) und der Richtlinie 2001/86/EG des Rates vom 8. Oktober 2001 zur Ergänzung des Statuts der Europäischen Gesellschaft hinsichtlich der Beteiligung der Arbeitnehmer gegründet wurde, sowie eine Genossenschaft, die gemäß der Verordnung (EG) Nr. 1435/2003 des Rates vom 22. Juli 2003 über das Statut der Europäischen Genossenschaft (SCE) und gemäß der Richtlinie 2003/72/EG des Rates vom 22. Juli 2003 zur Ergänzung des Statuts der Europäischen Genossenschaft hinsichtlich der Beteiligung der Arbeitnehmer gegründet wurde,
    b) Gesellschaften belgischen Rechts mit der Bezeichnung „société anonyme"/„naamloze vennootschap", „société en commandite par actions"/„commanditaire vennootschap op aandelen", „société privée à responsabilité limitée"/„besloten vennootschap met beperkte aansprakelijkheid", „société coopérative à responsabilité limitée"/„coöperatieve vennootschap met beperkte aansprakelijkheid", „société coopérative à responsabilité illimitée"/„coöperatieve vennootschap met onbeperkte aansprakelijkheid", „société en nom collectif"/„vennootschap onder firma" oder „société en commandite simple"/„gewone commanditaire vennootschap", öffentliche Unternehmen, die eine der genannten Rechtsformen angenommen haben, und andere nach belgischem Recht gegründete Gesellschaften, die der belgischen Körperschaftsteuer unterliegen,
    c) Gesellschaften bulgarischen Rechts mit der Bezeichnung „събирателно дружество", „командитно дружество", „дружество с ограничена отговорност", „акционерно дружество", „командитно дружество с акции",

§ 43b EStG

„неперсонифицирано дружество", „кооперации", „кооперативни съюзи" oder „държавни предприятия", die nach bulgarischem Recht gegründet wurden und gewerbliche Tätigkeiten ausüben,

d) Gesellschaften tschechischen Rechts mit der Bezeichnung „akciová společnost" oder „společnost s ručením omezeným",

e) Gesellschaften dänischen Rechts mit der Bezeichnung „aktieselskab" oder „anpartsselskab" und weitere nach dem Körperschaftsteuergesetz steuerpflichtige Gesellschaften, soweit ihr steuerbarer Gewinn nach den allgemeinen steuerrechtlichen Bestimmungen für die „aktieselskaber" ermittelt und besteuert wird,

f) Gesellschaften deutschen Rechts mit der Bezeichnung „Aktiengesellschaft", „Kommanditgesellschaft auf Aktien", „Gesellschaft mit beschränkter Haftung", „Versicherungsverein auf Gegenseitigkeit", „Erwerbs- und Wirtschaftsgenossenschaft" oder „Betrieb gewerblicher Art von juristischen Personen des öffentlichen Rechts" und andere nach deutschem Recht gegründete Gesellschaften, die der deutschen Körperschaftsteuer unterliegen,

g) Gesellschaften estnischen Rechts mit der Bezeichnung „täisühing", „usaldusühing", „osaühing", „aktsiaselts" oder „tulundusühistu",

h) nach irischem Recht gegründete oder eingetragene Gesellschaften, gemäß dem Industrial and Provident Societies Act eingetragene Körperschaften, gemäß dem Building Societies Act gegründete „building societies" und „trustee savings banks" im Sinne des Trustee Savings Banks Act von 1989,

i) Gesellschaften griechischen Rechts mit der Bezeichnung „ανώνυμη εταιρεία" oder „εταιρεία περιωρισμένης ευθύνης (Ε.Π.Ε.)" und andere nach griechischem Recht gegründete Gesellschaften, die der griechischen Körperschaftsteuer unterliegen,

j) Gesellschaften spanischen Rechts mit der Bezeichnung „sociedad anónima", „sociedad comanditaria por acciones" oder „sociedad de responsabilidad limitada" und die öffentlich-rechtlichen Körperschaften, deren Tätigkeit unter das Privatrecht fällt sowie andere nach spanischem Recht gegründete Körperschaften, die der spanischen Körperschaftsteuer („impuesto sobre sociedades") unterliegen,

k) Gesellschaften französischen Rechts mit der Bezeichnung „société anonyme", „société en commandite par actions", „société à responsabilité limitée", „sociétés par actions simplifiées", „sociétés d'assurances mutuelles", „caisses d'épargne et de prévoyance", „sociétés civiles", die automatisch der Körperschaftsteuer unterliegen, „coopératives", „unions de coopératives", die öffentlichen Industrie- und Handelsbetriebe, die öffentlichen Industrie- und Handelsunternehmen und andere nach französischem Recht gegründete Gesellschaften, die der französischen Körperschaftsteuer unterliegen,

l) Gesellschaften kroatischen Rechts mit der Bezeichnung „dioničko društvo" oder „društvo s ograničenom odgovornošću" und andere nach kroatischem Recht gegründete Gesellschaften, die der kroatischen Gewinnsteuer unterliegen,

m) Gesellschaften italienischen Rechts mit der Bezeichnung „società per azioni", „società in accomandita per azioni", „società a responsabilità limitata", „società cooperative" oder „società di mutua assicurazione" sowie öffentliche und private Körperschaften, deren Tätigkeit ganz oder überwiegend handelsgewerblicher Art ist,

n) Gesellschaften zyprischen Rechts mit der Bezeichnung „εταιρείες" im Sinne der Einkommensteuergesetze,

o) Gesellschaften lettischen Rechts mit der Bezeichnung „akciju sabiedrība" oder „sabiedrība ar ierobežotu atbildību",

p) Gesellschaften litauischen Rechts,

q) Gesellschaften luxemburgischen Rechts mit der Bezeichnung „société anonyme", „société anonyme", „société en commandite par actions", „société à responsabilité limitée", „société coopérative", „société coopérative organisée comme une société anonyme", „association d'assurances mutuelles", „association d'épargne-pension" oder „entreprise de nature commerciale, industrielle ou minière de l'Etat, des communes, des syndicats de communes, des établissements publics et des autres personnes morales de droit public" sowie andere nach luxemburgischem Recht gegründete Gesellschaften, die der luxemburgischen Körperschaftsteuer unterliegen,

r) Gesellschaften ungarischen Rechts mit der Bezeichnung: „közkereseti társaság", „betéti társaság", „közös vállalat", „korlátolt felelősségű társaság", „részvénytársaság", „egyesülés" oder „szövetkezet",

s) Gesellschaften maltesischen Rechts mit der Bezeichnung: „Kumpaniji ta' Responsabilita' Limitata" oder „Soċjetajiet en commandite li l-kapital tagħhom maqsum f'azzjonijiet",

t) Gesellschaften niederländischen Rechts mit der Bezeichnung „naamloze vennnootschap", „besloten vennootschap met beperkte aansprakelijkheid", „open commanditaire vennootschap", „coöperatie", „onderlinge waarborgmaatschappij", „fonds voor gemene rekening", „vereniging op coöperatieve grondslag" oder „vereniging welke op onderlinge grondslag als verzekeraar of keredietinstelling optreedt" und andere nach niederländischem Recht gegründete Gesellschaften, die der niederländischen Körperschaftsteuer unterliegen,

u) Gesellschaften österreichischen Rechts mit der Bezeichnung „Aktiengesellschaft", „Gesellschaft mit beschränkter Haftung", „Versicherungsvereine auf Gegenseitigkeit", „Erwerbs- und Wirtschaftsgenossenschaften", „Betriebe gewerblicher Art von Körperschaften des öffentlichen Rechts" oder „Sparkassen" sowie andere nach österreichischem Recht gegründete Gesellschaften, die der österreichischen Körperschaftsteuer unterliegen,

v) Gesellschaften polnischen Rechts mit der Bezeichnung „spółka akcyjna", „spółka z ograniczoną odpowiedzialnością" oder „spółka komandytowo-akcyjna",

w) Gesellschaften portugiesischen Rechts in Form von Handelsgesellschaften oder zivilrechtlichen Handelsgesellschaften sowie Genossenschaften und öffentliche Unternehmen,

x) Gesellschaften rumänischen Rechts mit der Bezeichnung „societăţi pe acţiuni", „societăţi în comandită pe acţiuni", „societăţi cu răspundere limitată", „societăţi în nume colectiv" oder „societăţi în comandită simplă",

y) Gesellschaften slowenischen Rechts mit der Bezeichnung „delniška družba", „komanditna družba" oder „družba z omejeno odgovornostjo",

z) Gesellschaften slowakischen Rechts mit der Bezeichnung „akciová spoločnosť", „spoločnosť s ručením obmedzeným" oder „komanditná spoločnosť",

aa) Gesellschaften finnischen Rechts mit der Bezeichnung „osakeyhtiö"/„aktiebolag", „osuuskunta"/„andelslag", „säästöpankki"/„sparbank" oder „vakuutusyhtiö"/ „försäkringsbolag",

bb) Gesellschaften schwedischen Rechts mit der Bezeichnung „aktiebolag", „försäkringsaktiebolag", „ekonomiska föreningar", „sparbanker", „ömsesidiga försäkringsbolag" oder „försäkringsföreningar",

cc) nach dem Recht des Vereinigten Königreichs gegründete Gesellschaften;

2. nach dem Steuerrecht eines Mitgliedstaates in Bezug auf den steuerlichen Wohnsitz als in diesem Staat ansässig betrachtet wird und auf Grund eines mit einem dritten Staat geschlossenen Dop-

pelbesteuerungsabkommens in Bezug auf den steuerlichen Wohnsitz nicht als außerhalb der Gemeinschaft ansässig betrachtet wird und
3. ohne Wahlmöglichkeit einer der folgenden Steuern oder irgendeiner Steuer, die eine dieser Steuern ersetzt, unterliegt, ohne davon befreit zu sein:
    - vennootschapsbelasting/impôt des sociétés in Belgien,
    - корпоративен данък in Bulgarien,
    - daň z příjmů právnických osob in der Tschechischen Republik,
    - selskabsskat in Dänemark,
    - Körperschaftsteuer in Deutschland,
    - tulumaks in Estland,
    - corporation tax in Irland,
    - φόρος εισοδήματος νομικών προσώπων κερδοσκοπικού χαρακτήρα in Griechenland,
    - impuesto sobre sociedades in Spanien,
    - impôt sur les sociétés in Frankreich,
    - porez na dobit in Kroatien,
    - imposta sul reddito delle persone giuridiche in Italien,
    - φόρος εισοδήματος in Zypern,
    - uzņēmumu ienākuma nodoklis in Lettland,
    - pelno mokestis in Litauen,
    - impôt sur le revenu des collectivités in Luxemburg,
    - társasági adó, osztalékadó in Ungarn,
    - taxxa fuq l-income in Malta,
    - vennootschapsbelasting in den Niederlanden,
    - Körperschaftsteuer in Österreich,
    - podatek dochodowy od osób prawnych in Polen,
    - imposto sobre o rendimento das pessoas colectivas in Portugal,
    - impozit pe profit in Rumänien,
    - davek od dobička pravnih oseb in Slowenien,
    - daň z príjmov právnických osôb in der Slowakei,
    - yhteisöjen tulovero/inkomstskatten för samfund in Finnland,
    - statlig inkomstskatt in Schweden,
    - corporation tax im Vereinigten Königreich.

§ 43b EStG
H 43b

Hinweise

Unmittelbare Beteiligung

Eine unmittelbare Beteiligung i. S. d. § 43b Abs. 2 Satz 1 liegt auch dann vor, wenn diese Beteiligung unter Zwischenschaltung einer vermögensverwaltenden, nicht gewerblich geprägten Personengesellschaft gehalten wird. Maßgebend ist die steuerrechtliche Bruchteilsbetrachtung des § 39 Abs. 2 Nr. 2 AO (>BFH vom 18.05.2021 – BStBl II 2022 S. 114).

Zuständige Behörde

Zuständige Behörde für die Durchführung des Erstattungs- oder Freistellungsverfahrens ist das Bundeszentralamt für Steuern, 53221 Bonn.

§ 44
Entrichtung der Kapitalertragsteuer

(1) ¹Schuldner der Kapitalertragsteuer ist in den Fällen des § 43 Absatz 1 Satz 1 Nummer 1 bis 7b und 8 bis 12 sowie Satz 2 der Gläubiger der Kapitalerträge. ²Die Kapitalertragsteuer entsteht in dem Zeitpunkt, in dem die Kapitalerträge dem Gläubiger zufließen. ³In diesem Zeitpunkt haben in den Fällen des § 43 Absatz 1 Satz 1 Nummer 1, 2 bis 4 sowie 7a und 7b der Schuldner der Kapitalerträge, jedoch in den Fällen des § 43 Absatz 1 Satz 1 Nummer 1 Satz 2 die für den Verkäufer der Wertpapiere den Verkaufsauftrag ausführende Stelle im Sinne des Satzes 4 Nummer 1, und in den Fällen des § 43 Absatz 1 Satz 1 Nummer 1a, 5 bis 7 und 8 bis 12 sowie Satz 2 die die Kapitalerträge auszahlende Stelle den Steuerabzug unter Beachtung der im Bundessteuerblatt veröffentlichten Auslegungsvorschriften der Finanzverwaltung für Rechnung des Gläubigers der Kapitalerträge vorzunehmen. ⁴Die die Kapitalerträge auszahlende Stelle ist

1. in den Fällen des § 43 Absatz 1 Satz 1 Nummer 5 bis 7 Buchstabe a und Nummer 8 bis 12 sowie Satz 2
   a) das inländische *Kredit-, Finanzdienstleistungs- oder Wertpapierinstitut* im Sinne des § 43 Absatz 1 Satz 1 Nummer 7 Buchstabe b,
      aa) das die Teilschuldverschreibungen, die Anteile an einer Sammelschuldbuchforderung, die Wertrechte, die Zinsscheine, die Anteile an Investmentfonds im Sinne des Investmentsteuergesetzes oder sonstigen Wirtschaftsgüter verwahrt oder verwaltet oder deren Veräußerung durchführt und die Kapitalerträge auszahlt oder gutschreibt oder in den Fällen des § 43 Absatz 1 Satz 1 Nummer 8 und 11 die Kapitalerträge auszahlt oder gutschreibt,
      bb) das die Kapitalerträge gegen Aushändigung der Zinsscheine oder der Teilschuldverschreibungen einem anderen als einem ausländischen Kredit-, Finanzdienstleistungs- oder Wertpapierinstitut auszahlt oder gutschreibt;
   b) der Schuldner der Kapitalerträge in den Fällen des § 43 Absatz 1 Satz 1 Nummer 7 Buchstabe a und Nummer 10 unter den Voraussetzungen des Buchstabens a, wenn kein inländisches *Kredit-, Finanzdienstleistungs- oder Wertpapierinstitut* die die Kapitalerträge auszahlende Stelle ist;
2. in den Fällen des § 43 Absatz 1 Satz 1 Nummer 7 Buchstabe b das inländische *Kredit-, Finanzdienstleistungs- oder Wertpapierinstitut*, das die Kapitalerträge als Schuldner auszahlt oder gutschreibt;

§ 44 EStG

[1]
2a. in den Fällen des § 43 Absatz 1 Satz 1 Nummer 7 Buchstabe c
   a) der inländische Betreiber oder die inländische Zweigniederlassung eines ausländischen Betreibers einer Internet-Dienstleistungsplattform im Sinne des § 43 Absatz 1 Satz 1 Nummer 7 Buchstabe c Satz 2, der die Kapitalerträge an den Gläubiger auszahlt oder gutschreibt,
   b) das inländische *Kredit-, Finanzdienstleistungs- oder Wertpapierinstitut* im Sinne des § 43 Absatz 1 Satz 1 Nummer 7 Buchstabe b, das die Kapitalerträge im Auftrag des inländischen oder ausländischen Betreibers einer Internet-Dienstleistungsplattform im Sinne des § 43 Absatz 1 Satz 1 Nummer 7 Buchstabe c Satz 2 an den Gläubiger auszahlt oder gutschreibt,
   sofern sich für diese Kapitalerträge kein zum Steuerabzug Verpflichteter nach der Nummer 1 ergibt.
3. in den Fällen des § 43 Absatz 1 Satz 1 Nummer 1a
   a) das inländische *Kredit-, Finanzdienstleistungs- oder Wertpapierinstitut* im Sinne des § 43 Absatz 1 Satz 1 Nummer 7 Buchstabe b, welche die Anteile verwahrt oder verwaltet und die Kapitalerträge auszahlt oder gutschreibt oder die Kapitalerträge gegen Aushändigung der Dividendenscheine auszahlt oder gutschreibt oder die Kapitalerträge an eine ausländische Stelle auszahlt,
   b) die Wertpapiersammelbank, der die Anteile zur Sammelverwahrung anvertraut wurden, wenn sie die Kapitalerträge an eine ausländische Stelle auszahlt,
   c) der Schuldner der Kapitalerträge, soweit die Wertpapiersammelbank, der die Anteile zur Sammelverwahrung anvertraut wurden, keine Dividendenregulierung vornimmt; die Wertpapiersammelbank hat dem Schuldner der Kapitalerträge den Umfang der Bestände ohne Dividendenregulierung mitzuteilen,
4. in den Fällen des § 43 Absatz 1 Satz 1 Nummer 5, soweit es sich um die Vorabpauschale nach § 16 Absatz 1 Nummer 2 des Investmentsteuergesetzes handelt, das inländische *Kredit-, Finanzdienstleistungs- oder Wertpapierinstitut* im Sinne des § 43 Absatz 1 Satz 1 Nummer 7 Buchstabe b, , welches die Anteile an dem Investmentfonds im Sinne des Investmentsteuergesetzes verwahrt oder verwaltet;

[2]
5. in den Fällen des § 43 Absatz 1 Satz 1 Nummer 5 der Investmentfonds, wenn es sich um Kapitalerträge aus Anteilen an inländi-

---

[1] Absatz 1 Satz 4 Nr. 2a ist erstmals auf Kapitalerträge anzuwenden, die dem Gläubiger nach dem 31.12.2020 zufließen >§ 52 Abs. 44 Satz 1.
[2] Absatz 1 Satz 4 Nr. 5 ist erstmals auf Kapitalerträge anzuwenden, die dem Gläubiger nach dem 29.12.2020 zufließen >§ 52 Abs. 44 Satz 4.

schen Investmentfonds handelt, die nicht von einem inländischen oder ausländischen *Kredit-, Finanzdienstleistungs- oder Wertpapierinstitut* im Sinne des § 43 Absatz 1 Satz 1 Nummer 7 Buchstabe b, verwahrt oder verwaltet werden.

[5] Die innerhalb eines Kalendermonats einbehaltene Steuer ist jeweils bis zum zehnten des folgenden Monats an das Finanzamt abzuführen, das für die Besteuerung

1. des Schuldners der Kapitalerträge,
2. der den Verkaufsauftrag ausführenden Stelle oder
3. der die Kapitalerträge auszahlenden Stelle

nach dem Einkommen zuständig ist; bei Kapitalerträgen im Sinne des § 43 Absatz 1 Satz 1 Nummer 1 ist die einbehaltene Steuer in dem Zeitpunkt abzuführen, in dem die Kapitalerträge dem Gläubiger zufließen. [6] Dabei ist die Kapitalertragsteuer, die zu demselben Zeitpunkt abzuführen ist, jeweils auf den nächsten vollen Eurobetrag abzurunden. [7] Wenn Kapitalerträge ganz oder teilweise nicht in Geld bestehen (§ 8 Absatz 2) und der in Geld geleistete Kapitalertrag nicht zur Deckung der Kapitalertragsteuer ausreicht, hat der Gläubiger der Kapitalerträge dem zum Steuerabzug Verpflichteten den Fehlbetrag zur Verfügung zu stellen. [8] Zu diesem Zweck kann der zum Steuerabzug Verpflichtete den Fehlbetrag von einem bei ihm unterhaltenen und auf den Namen des Gläubigers der Kapitalerträge lautenden Konto, ohne Einwilligung des Gläubigers, einziehen. [9] Soweit der Gläubiger nicht vor Zufluss der Kapitalerträge widerspricht, darf der zum Steuerabzug Verpflichtete auch insoweit die Geldbeträge von einem auf den Namen des Gläubigers der Kapitalerträge lautenden Konto einziehen, wie ein mit dem Gläubiger vereinbarter Kontokorrentkredit für dieses Konto nicht in Anspruch genommen wurde. [10] Soweit der Gläubiger seiner Verpflichtung nicht nachkommt, hat der zum Steuerabzug Verpflichtete dies dem für ihn zuständigen Betriebsstättenfinanzamt anzuzeigen. [11] Das Finanzamt hat die zu wenig erhobene Kapitalertragsteuer vom Gläubiger der Kapitalerträge nachzufordern.

(1a) [1] Werden inländische Aktien über eine ausländische Stelle mit Dividendenberechtigung erworben, aber ohne Dividendenanspruch geliefert und leitet die ausländische Stelle auf die Erträge im Sinne des § 20 Absatz 1 Nummer 1 Satz 4 einen einbehaltenen Steuerbetrag im Sinne des § 43a Absatz 1 Satz 1 Nummer 1 an eine inländische Wertpapiersammelbank weiter, ist diese zur Abführung der einbehaltenen Steuer verpflichtet. [2] Bei Kapitalerträgen im Sinne des § 43 Absatz 1 Satz 1 Nummer 1 und 2 gilt Satz 1 entsprechend.

(1b) Bei inländischen und ausländischen Investmentfonds ist für die Vorabpauschale nach § 16 Absatz 1 Nummer 2 des Investmentsteuergesetzes Absatz 1 Satz 7 bis 11 entsprechend anzuwenden.

(2) [1] Gewinnanteile (Dividenden) und andere Kapitalerträge im Sinne des § 43 Absatz 1 Satz 1 Nummer 1, deren Ausschüttung von

§ 44 EStG

einer Körperschaft beschlossen wird, fließen dem Gläubiger der Kapitalerträge an dem Tag zu (Absatz 1), der im Beschluss als Tag der Auszahlung bestimmt worden ist. ²Ist die Ausschüttung nur festgesetzt, ohne dass über den Zeitpunkt der Auszahlung ein Beschluss gefasst worden ist, so gilt als Zeitpunkt des Zufließens der Tag nach der Beschlussfassung; ist durch Gesetz eine abweichende Fälligkeit des Auszahlungsanspruchs bestimmt oder lässt das Gesetz eine abweichende Bestimmung der Fälligkeit durch Satzungsregelung zu, gilt als Zeitpunkt des Zufließens der Tag der Fälligkeit. ³Für Kapitalerträge im Sinne des § 20 Absatz 1 Nummer 1 Satz 4 gelten diese Zuflusszeitpunkte entsprechend.

S 2408

(3) ¹Ist bei Einnahmen aus der Beteiligung an einem Handelsgewerbe als stiller Gesellschafter in dem Beteiligungsvertrag über den Zeitpunkt der Ausschüttung keine Vereinbarung getroffen, so gilt der Kapitalertrag am Tag nach der Aufstellung der Bilanz oder einer sonstigen Feststellung des Gewinnanteils des stillen Gesellschafters, spätestens jedoch sechs Monate nach Ablauf des Wirtschaftsjahres, für das der Kapitalertrag ausgeschüttet oder gutgeschrieben werden soll, als zugeflossen. ²Bei Zinsen aus partiarischen Darlehen gilt Satz 1 entsprechend.

S 2408

(4) Haben Gläubiger und Schuldner der Kapitalerträge vor dem Zufließen ausdrücklich Stundung des Kapitalertrags vereinbart, weil der Schuldner vorübergehend zur Zahlung nicht in der Lage ist, so ist der Steuerabzug erst mit Ablauf der Stundungsfrist vorzunehmen.

S 2408-a

(5) ¹Die Schuldner der Kapitalerträge, die den Verkaufsauftrag ausführenden Stellen oder die die Kapitalerträge auszahlenden Stellen haften für die Kapitalertragsteuer, die sie einzubehalten und abzuführen haben, es sei denn, sie weisen nach, dass sie die ihnen auferlegten Pflichten weder vorsätzlich noch grob fahrlässig verletzt haben. ²Der Gläubiger der Kapitalerträge wird nur in Anspruch genommen, wenn

1. der Schuldner, die den Verkaufsauftrag ausführende Stelle oder die die Kapitalerträge auszahlende Stelle die Kapitalerträge nicht vorschriftsmäßig gekürzt hat,
2. der Gläubiger weiß, dass der Schuldner, die den Verkaufsauftrag ausführende Stelle oder die die Kapitalerträge auszahlende Stelle die einbehaltene Kapitalertragsteuer nicht vorschriftsmäßig abgeführt hat, und dies dem Finanzamt nicht unverzüglich mitteilt oder
3. das die Kapitalerträge auszahlende inländische *Kredit-, Finanzdienstleistungs- oder Wertpapierinstitut* die Kapitalerträge zu Unrecht ohne Abzug der Kapitalertragsteuer ausgezahlt hat.

³Für die Inanspruchnahme des Schuldners der Kapitalerträge, der den Verkaufsauftrag ausführenden Stelle und der die Kapitalerträge auszahlenden Stelle bedarf es keines Haftungsbescheids, soweit der Schuldner, die den Verkaufsauftrag ausführende Stelle oder die die

Kapitalerträge auszahlende Stelle die einbehaltene Kapitalertragsteuer richtig angemeldet hat oder soweit sie ihre Zahlungsverpflichtungen gegenüber dem Finanzamt oder dem Prüfungsbeamten des Finanzamts schriftlich anerkennen.

(6) ¹In den Fällen des § 43 Absatz 1 Satz 1 Nummer 7c gilt die juristische Person des öffentlichen Rechts und die von der Körperschaftsteuer befreite Körperschaft, Personenvereinigung oder Vermögensmasse als Gläubiger und der Betrieb gewerblicher Art und der wirtschaftliche Geschäftsbetrieb als Schuldner der Kapitalerträge. ²Die Kapitalertragsteuer entsteht, auch soweit sie auf verdeckte Gewinnausschüttungen entfällt, die im abgelaufenen Wirtschaftsjahr vorgenommen worden sind, im Zeitpunkt der Bilanzerstellung; sie entsteht spätestens acht Monate nach Ablauf des Wirtschaftsjahres; in den Fällen des § 20 Absatz 1 Nummer 10 Buchstabe b Satz 2 am Tag nach der Beschlussfassung über die Verwendung und in den Fällen des § 22 Absatz 4 des Umwandlungssteuergesetzes am Tag nach der Veräußerung. ³Die Kapitalertragsteuer entsteht in den Fällen des § 20 Absatz 1 Nummer 10 Buchstabe b Satz 3 zum Ende des Wirtschaftsjahres. ⁴Die Absätze 1 bis 4 und 5 Satz 2 sind entsprechend anzuwenden. ⁵Der Schuldner der Kapitalerträge haftet für die Kapitalertragsteuer, soweit sie auf verdeckte Gewinnausschüttungen und auf Veräußerungen im Sinne des § 22 Absatz 4 des Umwandlungssteuergesetzes entfällt.

S 2408

1)

1)

(7) ¹In den Fällen des § 14 Absatz 3 des Körperschaftsteuergesetzes entsteht die Kapitalertragsteuer in dem Zeitpunkt der Feststellung der Handelsbilanz der Organgesellschaft; sie entsteht spätestens acht Monate nach Ablauf des Wirtschaftsjahres der Organgesellschaft. ²Die entstandene Kapitalertragsteuer ist an dem auf den Entstehungszeitpunkt nachfolgenden Werktag an das Finanzamt abzuführen, das für die Besteuerung der Organgesellschaft nach dem Einkommen zuständig ist. ³Im Übrigen sind die Absätze 1 bis 4 entsprechend anzuwenden.

S 2408   2)

---

1) zur Anwendung des Absatzes 6 Satz 2 und 5 in der am 12.12.2006 geltenden Fassung >§ 52 Abs. 44 Satz 2
2) zur Anwendung des Absatzes 7 >BMF vom 05.04.2005 (BStBl I S. 617)

§ 44 EStG
H 44

Hinweise

Allgemeines

Anhang 19 II | Einzelfragen zur Abgeltungsteuer >BMF vom **19.05.2022** (BStBl I S. **742**) *unter Berücksichtigung der Änderungen in Rn. 92 und 300a durch BMF vom 20.12.2022 (BStBl I 2023 S. 46)*

Zuflusszeitpunkt

Eine Dividende gilt auch dann gem. § 44 Abs. 2 Satz 2 als am Tag nach dem Gewinnausschüttungsbeschluss zugeflossen, wenn dieser bestimmt, die Ausschüttung solle nach einem bestimmten Tag erfolgen (>BFH vom 20.12.2006 – BStBl II 2007 S. 616).

§ 44a[1])
Abstandnahme vom Steuerabzug

(1) [1]Soweit die Kapitalerträge, die einem unbeschränkt einkommensteuerpflichtigen Gläubiger zufließen, zusammen mit den Kapitalerträgen, für die die Kapitalertragsteuer nach § 44b zu erstatten ist oder nach Absatz 10 kein Steuerabzug vorzunehmen ist, den Sparer-Pauschbetrag nach § 20 Absatz 9 nicht übersteigen, ist ein Steuerabzug nicht vorzunehmen bei Kapitalerträgen im Sinne des

1. § 43 Absatz 1 Satz 1 Nummer 1 und 2 aus Genussrechten oder
2. § 43 Absatz 1 Satz 1 Nummer 1 und 2 aus Anteilen, die von einer Kapitalgesellschaft ihren Arbeitnehmern überlassen worden sind und von ihr, einem von der Kapitalgesellschaft bestellten Treuhänder, einem inländischen Kreditinstitut oder einer inländischen Zweigniederlassung einer der in § 53b Absatz 1 oder 7 des Kreditwesengesetzes genannten Unternehmen verwahrt werden, und
3. § 43 Absatz 1 Satz 1 Nummer 3 bis 7 und 8 bis 12 sowie Satz 2.

[2]Den Arbeitnehmern im Sinne des Satzes 1 stehen Arbeitnehmer eines mit der Kapitalgesellschaft verbundenen Unternehmens nach § 15 des Aktiengesetzes sowie frühere Arbeitnehmer der Kapitalgesellschaft oder eines mit ihr verbundenen Unternehmens gleich. [3]Den von der Kapitalgesellschaft überlassenen Anteilen stehen Aktien gleich, die den Arbeitnehmern bei einer Kapitalerhöhung auf Grund ihres Bezugsrechts aus den von der Kapitalgesellschaft überlassenen Aktien zugeteilt worden sind oder die den Arbeitnehmern auf Grund einer Kapitalerhöhung aus Gesellschaftsmitteln gehören. [4]Bei Kapitalerträgen im Sinne des § 43 Absatz 1 Satz 1 Nummer 1, 2 bis 7 und 8 bis 12 sowie Satz 2, die einem unbeschränkt einkommensteuerpflichtigen Gläubiger zufließen, ist der Steuerabzug nicht vorzunehmen, wenn anzunehmen ist, dass auch für Fälle der Günstigerprüfung nach § 32d Absatz 6 keine Steuer entsteht.

(2) [1]Voraussetzung für die Abstandnahme vom Steuerabzug nach Absatz 1 ist, dass dem nach § 44 Absatz 1 zum Steuerabzug Verpflichteten in den Fällen

1. des Absatzes 1 Satz 1 ein Freistellungsauftrag des Gläubigers der Kapitalerträge nach amtlich vorgeschriebenem Muster oder
2. des Absatzes 1 Satz 4 eine Nichtveranlagungs-Bescheinigung des für den Gläubiger zuständigen Wohnsitzfinanzamts

vorliegt. [2]In den Fällen des Satzes 1 Nummer 2 ist die Bescheinigung unter dem Vorbehalt des Widerrufs auszustellen. [3]Ihre Geltungsdauer darf höchstens drei Jahre betragen und muss am Schluss eines Kalenderjahres enden. [4]Fordert das Finanzamt die Bescheinigung zurück oder erkennt der Gläubiger, dass die Voraussetzungen für ihre

---

[1]) für Freistellungsaufträge, die vor dem 01.01.2007 erteilt wurden >§ 52 Abs. 43

§ 44a EStG

Erteilung weggefallen sind, so hat er dem Finanzamt die Bescheinigung zurückzugeben.

S 2404

(2a) ¹Ein Freistellungsauftrag kann nur erteilt werden, wenn der Gläubiger der Kapitalerträge seine Identifikationsnummer (§ 139b der Abgabenordnung) und bei gemeinsamen Freistellungsaufträgen auch die Identifikationsnummer des Ehegatten mitteilt. ²Ein Freistellungsauftrag ist ab dem 1. Januar 2016 unwirksam, wenn der Meldestelle im Sinne des § 45d Absatz 1 Satz 1 keine Identifikationsnummer des Gläubigers der Kapitalerträge und bei gemeinsamen Freistellungsaufträgen auch keine des Ehegatten vorliegen. ³Sofern der Meldestelle im Sinne des § 45d Absatz 1 Satz 1 die Identifikationsnummer nicht bereits bekannt ist, kann sie diese beim Bundeszentralamt für Steuern abfragen. ⁴In der Anfrage dürfen nur die in § 139b Absatz 3 der Abgabenordnung genannten Daten des Gläubigers der Kapitalerträge und bei gemeinsamen Freistellungsaufträgen die des Ehegatten angegeben werden, soweit sie der Meldestelle bekannt sind. ⁵Die Anfrage hat nach amtlich vorgeschriebenem Datensatz durch Datenfernübertragung zu erfolgen. ⁶Das Bundeszentralamt für Steuern teilt der Meldestelle die Identifikationsnummer mit, sofern die übermittelten Daten mit den nach § 139b Absatz 3 der Abgabenordnung beim Bundeszentralamt für Steuern gespeicherten Daten übereinstimmen. ⁷Die Meldestelle darf die Identifikationsnummer nur verarbeiten, soweit dies zur Erfüllung von steuerlichen Pflichten erforderlich ist.

S 2404

(3) Der nach § 44 Absatz 1 zum Steuerabzug Verpflichtete hat in seinen Unterlagen das Finanzamt, das die Bescheinigung erteilt hat, den Tag der Ausstellung der Bescheinigung und die in der Bescheinigung angegebene Steuer- und Listennummer zu vermerken sowie die Freistellungsaufträge aufzubewahren.

S 2405

(4) ¹Ist der Gläubiger
1. eine von der Körperschaftsteuer befreite inländische Körperschaft, Personenvereinigung oder Vermögensmasse oder
2. eine inländische juristische Person des öffentlichen Rechts,

so ist der Steuerabzug bei Kapitalerträgen im Sinne des § 43 Absatz 1 Satz 1 Nummer 4 bis 7 und 8 bis 12 sowie Satz 2 nicht vorzunehmen. ²Dies gilt auch, wenn es sich bei den Kapitalerträgen um Bezüge im Sinne des § 20 Absatz 1 Nummer 1 und 2 handelt, die der Gläubiger von einer von der Körperschaftsteuer befreiten Körperschaft bezieht. ³Voraussetzung ist, dass der Gläubiger dem Schuldner *oder dem die Kapitalerträge auszahlenden inländischen Kredit-, Finanzdienstleistungs- oder Wertpapierinstitut* durch eine Bescheinigung des für seine Geschäftsleitung oder seinen Sitz zuständigen Finanzamts nachweist, dass er eine Körperschaft, Personenvereinigung oder Vermögensmasse im Sinne des Satzes 1 Nummer 1 oder 2 ist. ⁴Absatz 2 Satz 2 bis 4 und Absatz 3 gelten entsprechend. ⁵Die in Satz 3 bezeichnete Bescheinigung wird nicht erteilt, wenn die Kapitalerträge in den

§ 44a EStG

Fällen des Satzes 1 Nummer 1 in einem wirtschaftlichen Geschäftsbetrieb anfallen, für den die Befreiung von der Körperschaftsteuer ausgeschlossen ist, oder wenn sie in den Fällen des Satzes 1 Nummer 2 in einem nicht von der Körperschaftsteuer befreiten Betrieb gewerblicher Art anfallen. [6] Ein Steuerabzug ist auch nicht vorzunehmen bei Kapitalerträgen im Sinne des § 49 Absatz 1 Nummer 5 Buchstabe c und d, die einem Anleger zufließen, der eine nach den Rechtsvorschriften eines Mitgliedstaates der Europäischen Union oder des Europäischen Wirtschaftsraums gegründete Gesellschaft im Sinne des Artikels 54 des Vertrags über die Arbeitsweise der Europäischen Union oder des Artikels 34 des Abkommens über den Europäischen Wirtschaftsraum mit Sitz und Ort der Geschäftsleitung innerhalb des Hoheitsgebietes eines dieser Staaten ist, und der einer Körperschaft im Sinne des § 5 Absatz 1 Nummer 3 des Körperschaftsteuergesetzes vergleichbar ist; soweit es sich um eine nach den Rechtsvorschriften eines Mitgliedstaates des Europäischen Wirtschaftsraums gegründete Gesellschaft oder eine Gesellschaft mit Ort und Geschäftsleitung in diesem Staat handelt, ist zusätzlich Voraussetzung, dass mit diesem Staat ein Amtshilfeabkommen besteht.

(4a) [1] Absatz 4 ist entsprechend auf Personengesellschaften im Sinne des § 212 Absatz 1 des Fünften Buches Sozialgesetzbuch anzuwenden. [2] Dabei tritt die Personengesellschaft an die Stelle des Gläubigers der Kapitalerträge.

(4b) [1] Werden Kapitalerträge im Sinne des § 43 Absatz 1 Satz 1 Nummer 1 von einer Genossenschaft an ihre Mitglieder gezahlt, hat sie den Steuerabzug nicht vorzunehmen, wenn ihr für das jeweilige Mitglied

1. eine Nichtveranlagungs-Bescheinigung nach Absatz 2 Satz 1 Nummer 2,
2. eine Bescheinigung nach Absatz 5 Satz 4,
3. eine Bescheinigung nach Absatz 7 Satz 2 oder
4. eine Bescheinigung nach Absatz 8 Satz 2 vorliegt; in diesen Fällen ist ein Steuereinbehalt in Höhe von drei Fünfteln vorzunehmen.

[2] Eine Genossenschaft hat keinen Steuerabzug vorzunehmen, wenn ihr ein Freistellungsauftrag erteilt wurde, der auch Kapitalerträge im Sinne des Satzes 1 erfasst, soweit die Kapitalerträge zusammen mit den Kapitalerträgen, für die nach Absatz 1 kein Steuerabzug vorzunehmen ist oder für die die Kapitalertragsteuer nach § 44b zu erstatten ist, den mit dem Freistellungsauftrag beantragten Freibetrag nicht übersteigen. [3] Dies gilt auch, wenn die Genossenschaft einen Verlustausgleich nach § 43a Absatz 3 Satz 2 unter Einbeziehung von Kapitalerträgen im Sinne des Satzes 1 durchgeführt hat.

(5) [1] Bei Kapitalerträgen im Sinne des § 43 Absatz 1 Satz 1 Nummer 1, 2, 5 bis 7 und 8 bis 12 sowie Satz 2, die einem unbeschränkt oder beschränkt einkommensteuerpflichtigen Gläubiger zufließen, ist

S 2404
S 2404-a

§ 44a EStG

der Steuerabzug nicht vorzunehmen, wenn die Kapitalerträge Betriebseinnahmen des Gläubigers sind und die Kapitalertragsteuer bei ihm auf Grund der Art seiner Geschäfte auf Dauer höher wäre als die gesamte festzusetzende Einkommensteuer oder Körperschaftsteuer. ²Ist der Gläubiger ein Lebens- oder Krankenversicherungsunternehmen als Organgesellschaft, ist für die Anwendung des Satzes 1 eine bestehende Organschaft im Sinne des § 14 des Körperschaftsteuergesetzes nicht zu berücksichtigen, wenn die beim Organträger anzurechnende Kapitalertragsteuer, einschließlich der Kapitalertragsteuer des Lebens- oder Krankenversicherungsunternehmens, die auf Grund von § 19 Absatz 5 des Körperschaftsteuergesetzes anzurechnen wäre, höher wäre, als die gesamte festzusetzende Körperschaftsteuer. ³Für die Prüfung der Voraussetzung des Satzes 2 ist auf die Verhältnisse der dem Antrag auf Erteilung einer Bescheinigung im Sinne des Satzes 4 vorangehenden drei Veranlagungszeiträume abzustellen. ⁴Die Voraussetzung des Satzes 1 ist durch eine Bescheinigung des für den Gläubiger zuständigen Finanzamts nachzuweisen. ⁵Die Bescheinigung ist unter dem Vorbehalt des Widerrufs auszustellen. ⁶Die Voraussetzung des Satzes 2 ist gegenüber dem für den Gläubiger zuständigen Finanzamt durch eine Bescheinigung des für den Organträger zuständigen Finanzamts nachzuweisen.

S 2405

(6) ¹Voraussetzung für die Abstandnahme vom Steuerabzug nach den Absätzen 1, 4 und 5 bei Kapitalerträgen im Sinne des § 43 Absatz 1 Satz 1 Nummer 6, 7 und 8 bis 12 sowie Satz 2 ist, dass die Teilschuldverschreibungen, die Anteile an der Sammelschuldbuchforderung, die Wertrechte, die Einlagen und Guthaben oder sonstigen Wirtschaftsgüter im Zeitpunkt des Zufließens der Einnahmen unter dem Namen des Gläubigers der Kapitalerträge bei der die Kapitalerträge auszahlenden Stelle verwahrt oder verwaltet werden. ²Ist dies nicht der Fall, ist die Bescheinigung nach § 45a Absatz 2 durch einen entsprechenden Hinweis zu kennzeichnen. ³Wird bei einem inländischen Kredit- oder Finanzdienstleistungsinstitut oder bei einem inländischen Wertpapierinstitut im Sinne des § 43 Absatz 1 Satz 1 Nummer 7 Buchstabe b ein Konto oder Depot für eine gemäß § 5 Absatz 1 Nummer 9 des Körperschaftsteuergesetzes befreite Stiftung im Sinne des § 1 Absatz 1 Nummer 5 des Körperschaftsteuergesetzes auf den Namen eines anderen Berechtigten geführt und ist das Konto oder Depot durch einen Zusatz zur Bezeichnung eindeutig sowohl vom übrigen Vermögen des anderen Berechtigten zu unterscheiden als auch steuerlich der Stiftung zuzuordnen, so gilt es für die Anwendung des Absatzes 4, des Absatzes 7, des Absatzes 10 Satz 1 Nummer 3[1)] und des § 44b Absatz 6 in Verbindung mit Absatz 7 als im Namen der Stiftung geführt.

[1)] *richtig Absatz 10 Satz 1 Nr. 2*

§ 44a EStG

(7) ¹Ist der Gläubiger eine inländische
1. Körperschaft, Personenvereinigung oder Vermögensmasse im Sinne des § 5 Absatz 1 Nummer 9 des Körperschaftsteuergesetzes oder
2. Stiftung des öffentlichen Rechts, die ausschließlich und unmittelbar gemeinnützigen oder mildtätigen Zwecken dient, oder
3. juristische Person des öffentlichen Rechts, die ausschließlich und unmittelbar kirchlichen Zwecken dient,

so ist der Steuerabzug bei Kapitalerträgen im Sinne des § 43 Absatz 1 Satz 1 Nummer 1, 2, 3 und 7a bis 7c nicht vorzunehmen. ²Voraussetzung für die Anwendung des Satzes 1 ist, dass der Gläubiger durch eine Bescheinigung des für seine Geschäftsleitung oder seinen Sitz zuständigen Finanzamts nachweist, dass er eine Körperschaft, Personenvereinigung oder Vermögensmasse nach Satz 1 ist. ³Absatz 4 gilt entsprechend.

(8) ¹Ist der Gläubiger
1. eine nach § 5 Absatz 1 mit Ausnahme der Nummer 9 des Körperschaftsteuergesetzes oder nach anderen Gesetzen von der Körperschaftsteuer befreite Körperschaft, Personenvereinigung oder Vermögensmasse oder
2. eine inländische juristische Person des öffentlichen Rechts, die nicht in Absatz 7 bezeichnet ist,

so ist der Steuerabzug bei Kapitalerträgen im Sinne des § 43 Absatz 1 Satz 1 Nummer 1, 2, 3 und 7a nur in Höhe von drei Fünfteln vorzunehmen. ²Voraussetzung für die Anwendung des Satzes 1 ist, dass der Gläubiger durch eine Bescheinigung des für seine Geschäftsleitung oder seinen Sitz zuständigen Finanzamts nachweist, dass er eine Körperschaft, Personenvereinigung oder Vermögensmasse im Sinne des Satzes 1 ist. ³Absatz 4 gilt entsprechend.

(8a) ¹Absatz 8 ist entsprechend auf Personengesellschaften im Sinne des § 212 Absatz 1 des Fünften Buches Sozialgesetzbuch anzuwenden. ²Dabei tritt die Personengesellschaft an die Stelle des Gläubigers der Kapitalerträge.

(9) ¹Ist der Gläubiger der Kapitalerträge im Sinne des § 43 Absatz 1 eine beschränkt steuerpflichtige Körperschaft im Sinne des § 2 Nummer 1 des Körperschaftsteuergesetzes, so werden zwei Fünftel der einbehaltenen und abgeführten Kapitalertragsteuer erstattet. ²§ 50c Absatz 3 und 5 sowie § 50d Absatz 3 sind entsprechend anzuwenden. ³Weitergehende Ansprüche aus § 43b oder § 50g oder einem Abkommen zur Vermeidung der Doppelbesteuerung bleiben unberührt. ⁴Verfahren nach den vorstehenden Sätzen und nach § 50c Absatz 3 soll das Bundeszentralamt für Steuern verbinden.

(10) ¹Werden Kapitalerträge im Sinne des § 43 Absatz 1 Satz 1 Nummer 1a gezahlt, hat die auszahlende Stelle keinen Steuerabzug vorzunehmen, wenn

§ 44a EStG

1. der auszahlenden Stelle eine Nichtveranlagungs-Bescheinigung nach Absatz 2 Satz 1 Nummer 2 für den Gläubiger vorgelegt wird,
2. der auszahlenden Stelle eine Bescheinigung nach Absatz 7 Satz 2 für den Gläubiger vorgelegt wird; soweit die Kapitalerträge einen Betrag von 20.000 Euro übersteigen, ist bei Gläubigern nach Absatz 7 Satz 1 Nummer 1 abweichend vom ersten Halbsatz ein Steuerabzug in Höhe von drei Fünfteln vorzunehmen, wenn der Gläubiger bei Zufluss der Kapitalerträge nicht seit mindestens einem Jahr ununterbrochen wirtschaftlicher Eigentümer der Aktien oder Genussscheine ist oder
3. der auszahlenden Stelle eine Bescheinigung nach Absatz 8 Satz 2 für den Gläubiger vorgelegt wird; in diesen Fällen ist ein Steuereinbehalt in Höhe von drei Fünfteln vorzunehmen.

²Wird der auszahlenden Stelle ein Freistellungsauftrag erteilt, der auch Kapitalerträge im Sinne des Satzes 1 erfasst, oder führt diese einen Verlustausgleich nach § 43a Absatz 3 Satz 2 unter Einbeziehung von Kapitalerträgen im Sinne des Satzes 1 durch, so hat sie den Steuerabzug nicht vorzunehmen, soweit die Kapitalerträge zusammen mit den Kapitalerträgen, für die nach Absatz 1 kein Steuerabzug vorzunehmen ist oder die Kapitalertragsteuer nach § 44b zu erstatten ist, den mit dem Freistellungsauftrag beantragten Freistellungsbetrag nicht übersteigen. ³Absatz 6 ist entsprechend anzuwenden. ⁴Werden Kapitalerträge im Sinne des § 43 Absatz 1 Satz 1 Nummer 1a von einer auszahlenden Stelle im Sinne des § 44 Absatz 1 Satz 4 Nummer 3 an eine ausländische Stelle ausgezahlt, hat diese auszahlende Stelle über den von ihr vor der Zahlung in das Ausland von diesen Kapitalerträgen vorgenommenen Steuerabzug der letzten inländischen auszahlenden Stelle in der Wertpapierverwahrkette, welche die Kapitalerträge auszahlt oder gutschreibt, auf deren Antrag eine Sammel-Steuerbescheinigung für die Summe der eigenen und der für Kunden verwahrten Aktien nach amtlich vorgeschriebenem Muster auszustellen. ⁵Der Antrag darf nur für Aktien gestellt werden, die mit Dividendenberechtigung erworben und mit Dividendenanspruch geliefert wurden. ⁶Wird eine solche Sammel-Steuerbescheinigung beantragt, ist die Ausstellung von Einzel-Steuerbescheinigungen oder die Weiterleitung eines Antrags auf Ausstellung einer Einzel-Steuerbescheinigung über den Steuerabzug von denselben Kapitalerträgen ausgeschlossen; die Sammel-Steuerbescheinigung ist als solche zu kennzeichnen. ⁷Auf die ihr ausgestellte Sammel-Steuerbescheinigung wendet die letzte inländische auszahlende Stelle § 44b Absatz 6 mit der Maßgabe an, dass sie von den ihr nach dieser Vorschrift eingeräumten Möglichkeiten Gebrauch zu machen hat.

§ 44a EStG
H 44a

Hinweise	H 44a

Allgemeines
Einzelfragen zur Abgeltungsteuer >BMF vom **19.05.2022** (BStBl I S. **742**) unter Berücksichtigung der Änderungen in Rn. 92 und 300a durch BMF vom 20.12.2022 (BStBl I 2023 S. 46) — Anhang 19 II

Freistellungsauftrag
Muster des amtlich vorgeschriebenen Vordrucks >BMF vom **19.05.2022** (BStBl I S. **742**), **Rn.** 257, Anlage 2 — Anhang 19 II

Genossenschaften
Kapitalertragsteuer ist bei einer eingetragenen Genossenschaft auch dann zu erheben, wenn diese auf Dauer höher wäre als die gesamte festzusetzende Körperschaftsteuer, weil die Genossenschaft ihre Geschäftsüberschüsse an ihre Mitglieder rückvergütet (>BFH vom 10.07.1996 – BStBl II 1997 S. 38).

Insolvenz
– Im Insolvenzverfahren über das Vermögen einer Personengesellschaft kann dem Insolvenzverwalter keine NV-Bescheinigung erteilt werden (>BFH vom 09.11.1994 – BStBl II 1995 S. 255).
– Der Kapitalertragsteuerabzug gem. § 43 Abs. 1 ist auch bei dem Gläubiger von Kapitalerträgen vorzunehmen, der in Insolvenz gefallen ist und bei dem wegen hoher Verlustvorträge die Kapitalertragsteuer auf Dauer höher wäre als die gesamte festzusetzende Einkommensteuer (sog. Überzahler). Eine solche Überzahlung beruht nicht aufgrund der „Art seiner Geschäfte" i. S. v. § 44a Abs. 5. Bei einem solchen Gläubiger von Kapitalerträgen kann deshalb auch nicht aus Gründen sachlicher Billigkeit vom Kapitalertragsteuerabzug abgesehen werden (>BFH vom 20.12.1995 – BStBl II 1996 S. 199).

Kommunale Unternehmen
Der Kapitalertragsteuerabzug ist auch bei einem kommunalen Unternehmen (z. B. Abwasserentsorgungsunternehmen) vorzunehmen, bei dem diese auf Dauer höher als die gesamte festzusetzende Körperschaftsteuer ist (>BFH vom 29.03.2000 – BStBl II S. 496).

Sammel-Steuerbescheinigungen
Zur Anwendung der Sammel-Steuerbescheinigung nach § 44a Abs. 10 Satz 4 >BMF vom 16.09.2013 (BStBl I S. 1168)

Verlustvortrag/Verfassungsmäßigkeit
Kapitalertragsteuer ist auch dann zu erheben, wenn diese wegen hoher Verlustvorträge höher ist als die festsetzende Einkommensteuer; § 44a Abs. 5 ist verfassungsgemäß (>BFH vom 20.12.1995 – BStBl II 1996 S. 199).

§ 44b EStG

S 2410

§ 44b
Erstattung der Kapitalertragsteuer

(1) Nach Ablauf eines Kalenderjahres hat der zum Steuerabzug Verpflichtete die im vorangegangenen Kalenderjahr abgeführte Steuer auf Ausschüttungen eines Investmentfonds zu erstatten, soweit die Ausschüttungen nach § 17 des Investmentsteuergesetzes nicht als Ertrag gelten.

(2) Ist bei Gläubigern nach § 44a Absatz 7 Satz 1 Nummer 1 gemäß § 44a Absatz 10 Satz 1 Nummer 2 Kapitalertragsteuer einbehalten und abgeführt worden, wird auf Antrag durch das Finanzamt, in dessen Bezirk sich die Geschäftsleitung oder der Sitz des Gläubigers befindet, die Kapitalertragsteuer erstattet, wenn der Gläubiger die Voraussetzungen nach § 36a Absatz 1 bis 3 erfüllt.

(3) und (4) (weggefallen)

(5) [1]Ist Kapitalertragsteuer einbehalten oder abgeführt worden, obwohl eine Verpflichtung hierzu nicht bestand, oder hat der Gläubiger dem nach § 44 Absatz 1 zum Steuerabzug Verpflichteten die Bescheinigung nach § 43 Absatz 2 Satz 4, den Freistellungsauftrag, die Nichtveranlagungs-Bescheinigung oder die Bescheinigungen nach § 44a Absatz 4 oder 5 erst zu einem Zeitpunkt vorgelegt, zu dem die Kapitalertragsteuer bereits abgeführt war, oder nach diesem Zeitpunkt erst die Erklärung nach § 43 Absatz 2 Satz 3 Nummer 2 abgegeben, ist auf Antrag des nach § 44 Absatz 1 zum Steuerabzug Verpflichteten die Steueranmeldung (§ 45a Absatz 1) insoweit zu ändern; stattdessen kann der zum Steuerabzug Verpflichtete bei der folgenden Steueranmeldung die abzuführende Kapitalertragsteuer entsprechend kürzen. [2]Erstattungsberechtigt ist der Antragsteller. [3]Solange noch keine Steuerbescheinigung nach § 45a erteilt ist, hat der zum Steuerabzug Verpflichtete das Verfahren nach Satz 1 zu betreiben. [4]Die vorstehenden Sätze sind in den Fällen des Absatzes 6 nicht anzuwenden.

(6) [1]Werden Kapitalerträge im Sinne des § 43 Absatz 1 Satz 1 Nummer 1 und 2 durch ein inländisches *Kredit-, Finanzdienstleistungs- oder Wertpapierinstitut* im Sinne des § 43 Absatz 1 Satz 1 Nummer 7 Buchstabe b, das die Wertpapiere, Wertrechte oder sonstigen Wirtschaftsgüter unter dem Namen des Gläubigers verwahrt oder verwaltet, als Schuldner der Kapitalerträge oder für Rechnung des Schuldners gezahlt, kann das Kredit- oder Finanzdienstleistungsinstitut oder das Wertpapierinstitut die einbehaltene und abgeführte Kapitalertragsteuer dem Gläubiger der Kapitalerträge bis zur Ausstellung einer Steuerbescheinigung, längstens bis zum 31. März des auf

§ 44b EStG

den Zufluss der Kapitalerträge folgenden Kalenderjahres, unter den folgenden Voraussetzungen erstatten:

1. *dem Kredit-, Finanzdienstleistungs- oder Wertpapierinstitut* wird eine Nichtveranlagungs-Bescheinigung nach § 44a Absatz 2 Satz 1 Nummer 2 für den Gläubiger vorgelegt,
2. *dem Kredit-, Finanzdienstleistungs- oder Wertpapierinstitut* wird eine Bescheinigung nach § 44a Absatz 5 für den Gläubiger vorgelegt,
3. *dem Kredit-, Finanzdienstleistungs- oder Wertpapierinstitut* wird eine Bescheinigung nach § 44a Absatz 7 Satz 2 für den Gläubiger vorgelegt und eine Abstandnahme war nicht möglich oder
4. *dem Kredit-, Finanzdienstleistungs- oder Wertpapierinstitut* wird eine Bescheinigung nach § 44a Absatz 8 Satz 2 für den Gläubiger vorgelegt und die teilweise Abstandnahme war nicht möglich; in diesen Fällen darf die Kapitalertragsteuer nur in Höhe von zwei Fünfteln erstattet werden.

[2] Das erstattende Kredit- oder Finanzdienstleistungsinstitut oder das erstattende Wertpapierinstitut haftet in sinngemäßer Anwendung des § 44 Absatz 5 für zu Unrecht vorgenommene Erstattungen; für die Zahlungsaufforderung gilt § 219 Satz 2 der Abgabenordnung entsprechend. [3] Das Kredit- oder Finanzdienstleistungsinstitut oder das Wertpapierinstitut hat die Summe der Erstattungsbeträge in der Steueranmeldung gesondert anzugeben und von der von ihm abzuführenden Kapitalertragsteuer abzusetzen. [4] Wird dem *Kredit-, Finanzdienstleistungs- oder Wertpapierinstitut* ein Freistellungsauftrag erteilt, der auch Kapitalerträge im Sinne des Satzes 1 erfasst, oder führt das Institut oder das Wertpapierinstitut einen Verlustausgleich nach § 43a Absatz 3 Satz 2 unter Einbeziehung von Kapitalerträgen im Sinne des Satzes 1 aus, so hat es bis zur Ausstellung der Steuerbescheinigung, längstens bis zum 31. März des auf den Zufluss der Kapitalerträge folgenden Kalenderjahres, die einbehaltene und abgeführte Kapitalertragsteuer auf diese Kapitalerträge zu erstatten; Satz 2 ist entsprechend anzuwenden.

(7) [1] Eine Gesamthandsgemeinschaft kann für ihre Mitglieder im Sinne des § 44a Absatz 7 oder Absatz 8 eine Erstattung der Kapitalertragsteuer bei dem für die gesonderte Feststellung ihrer Einkünfte zuständigen Finanzamt beantragen. [2] Die Erstattung ist unter den Voraussetzungen des § 44a Absatz 4, 7 oder Absatz 8 und in dem dort bestimmten Umfang zu gewähren. [3] *Kapitalertragsteuer, die nach § 43 Absatz 1 Satz 1 Nummer 1a einbehalten wurde, ist unter den Voraussetzungen des § 44a Absatz 10 und in dem dort bestimmten Umfang zu erstatten, wenn der Gläubiger die Voraussetzungen nach § 36a Absatz 1 bis 3 erfüllt.*

§ 44b EStG
R 44b.1, 44b.2 H 44b.1

R 44b.1
Erstattung von Kapitalertragsteuer durch das BZSt nach den §§ 44b und 45b EStG
– Letztmals abgedruckt im EStH 2016 –

H 44b.1
Hinweise

Allgemeines

Anhang 19 II

Einzelfragen zur Abgeltungsteuer >BMF vom *19.05.2022* (BStBl I S. *742*) *unter Berücksichtigung der Änderungen in Rn. 92 und 300a durch BMF vom 20.12.2022 (BStBl I 2023 S. 46)*

Rückzahlung einer Dividende

Werden steuerpflichtige Kapitalerträge aufgrund einer tatsächlichen oder rechtlichen Verpflichtung in einem späteren Jahr zurückgezahlt, berührt die Rückzahlung den ursprünglichen Zufluss nicht. Eine Erstattung/Verrechnung der Kapitalertragsteuer, die von der ursprünglichen Dividende einbehalten und abgeführt worden ist, kommt deshalb nicht in Betracht (>BFH vom 13.11.1985 – BStBl II 1986 S. 193).

R 44b.2
Einzelantrag beim BZSt (§ 44b EStG)
– Letztmals abgedruckt im EStH 2016 –

§ 45
Ausschluss der Erstattung von Kapitalertragsteuer

¹In den Fällen, in denen die Dividende an einen anderen als an den Anteilseigner ausgezahlt wird, ist die Erstattung oder Anrechnung von Kapitalertragsteuer für den Zahlungsempfänger ausgeschlossen. ²Satz 1 gilt nicht für den Erwerber eines Dividendenscheines oder sonstigen Anspruches in den Fällen des § 20 Absatz 2 Satz 1 Nummer 2 Buchstabe a Satz 2; beim Erwerber sind drei Fünftel der Kapitalertragsteuer nicht anzurechnen oder zu erstatten. ³In den Fällen des § 20 Absatz 2 Satz 1 Nummer 2 Buchstabe b ist die Erstattung von Kapitalertragsteuer an den Erwerber von Zinsscheinen nach § 37 Absatz 2 der Abgabenordnung ausgeschlossen.

§ 45a
Anmeldung und Bescheinigung der Kapitalertragsteuer

(1) ¹Die Anmeldung der einbehaltenen Kapitalertragsteuer ist dem Finanzamt innerhalb der in § 44 Absatz 1 oder Absatz 7 bestimmten Frist nach amtlich vorgeschriebenem Vordruck auf elektronischem Weg zu übermitteln; die auszahlende Stelle hat die Kapitalertragsteuer auf die Erträge im Sinne des § 43 Absatz 1 Satz 1 Nummer 1a jeweils gesondert für das Land, in dem sich der Ort der Geschäftsleitung des Schuldners der Kapitalerträge befindet, anzugeben. ²Satz 1 gilt entsprechend, wenn ein Steuerabzug nicht oder nicht in voller Höhe vorzunehmen ist. ³Der Grund für die Nichtabführung ist anzugeben. ⁴Auf Antrag kann das Finanzamt zur Vermeidung unbilliger Härten auf eine elektronische Übermittlung verzichten; in diesem Fall ist die Kapitalertragsteuer-Anmeldung von dem Schuldner, der den Verkaufsauftrag ausführenden Stelle, der auszahlenden Stelle oder einer vertretungsberechtigten Person zu unterschreiben.

(2) ¹Folgende Stellen sind verpflichtet, dem Gläubiger der Kapitalerträge auf Verlangen eine Bescheinigung nach amtlich vorgeschriebenem Muster auszustellen, die die nach § 32d erforderlichen Angaben enthält; bei Vorliegen der Voraussetzungen des [1]
1. § 43 Absatz 1 Satz 1 Nummer 1, 2 bis 4, 7a und 7b der Schuldner der Kapitalerträge,
2. § 43 Absatz 1 Satz 1 Nummer 1a, 5 bis 7 und 8 bis 12 sowie Satz 2 die die Kapitalerträge auszahlende Stelle vorbehaltlich des Absatzes 3,

---

[1] § 45a Abs. 2 Satz 1 i. d. F. des Artikels 1 des JStG 2020 ist erstmals auf Kapitalerträge anzuwenden, die dem Gläubiger nach dem 29.12.2020 zufließen >§ 52 Abs. 44a Satz 1.

3. § 44 Absatz 1a die zur Abführung der Steuer verpflichtete Stelle und
4. § 44 Absatz 1 Satz 4 Nummer 5 der Investmentfonds.

²Die Bescheinigung kann elektronisch übermittelt werden; auf Anforderung des Gläubigers der Kapitalerträge ist sie auf Papier zu übersenden. ³Die Bescheinigung braucht nicht unterschrieben zu werden, wenn sie in einem maschinellen Verfahren ausgedruckt worden ist und den Aussteller erkennen lässt. ⁴§ 44a Absatz 6 gilt sinngemäß; über die zu kennzeichnenden Bescheinigungen haben die genannten Institute und Unternehmen Aufzeichnungen zu führen. ⁴Diese müssen einen Hinweis auf den Buchungsbeleg über die Auszahlung an den Empfänger der Bescheinigung enthalten.

(2a)[1]) Ist der Gläubiger der Kapitalerträge beschränkt steuerpflichtig, tritt in den Fällen des § 43 Absatz 1 Satz 1 Nummer 1a und 2 Satz 4 an die Stelle der Bescheinigung nach Absatz 2 Satz 1 die Übermittlung der Angaben gemäß § 45b Absatz 5.

(3) ¹Werden Kapitalerträge für Rechnung des Schuldners durch ein inländisches Kreditinstitut, ein inländisches Finanzdienstleistungsinstitut oder ein inländisches Wertpapierinstitut gezahlt, so hat anstelle des Schuldners das Kreditinstitut, das Finanzdienstleistungsinstitut oder das Wertpapierinstitut die Bescheinigung zu erteilen, sofern nicht die Voraussetzungen des Absatzes 2 Satz 1 erfüllt sind. ²Satz 1 gilt in den Fällen des § 20 Absatz 1 Nummer 1 Satz 4 entsprechend; der Emittent der Aktien gilt insoweit als Schuldner der Kapitalerträge.

(4) ¹Eine Bescheinigung nach Absatz 2 oder Absatz 3 ist auch zu erteilen, wenn in Vertretung des Gläubigers ein Antrag auf Erstattung der Kapitalertragsteuer nach § 44b gestellt worden ist oder gestellt wird. ²Satz 1 gilt entsprechend, wenn nach § 44a Absatz 8 Satz 1 der Steuerabzug nur[2]) nicht in voller Höhe vorgenommen worden ist.

(5) ¹Eine Ersatzbescheinigung darf nur ausgestellt werden, wenn die Urschrift oder die elektronisch übermittelten Daten nach den Angaben des Gläubigers abhandengekommen oder vernichtet sind. ²Die Ersatzbescheinigung muss als solche gekennzeichnet sein. ³Über die Ausstellung von Ersatzbescheinigungen hat der Aussteller Aufzeichnungen zu führen.

---

[1]) Absatz 2a ist erstmals auf Kapitalerträge anzuwenden, die dem Gläubiger nach dem 31.12.2024 zufließen >§ 52 Abs. 44a Satz 3.
[2]) Das Wort „nur" ist durch ein Redaktionsversehen nicht gestrichen worden.

(6) ¹Eine Bescheinigung, die den Absätzen 2 bis 5 nicht entspricht, hat der Aussteller unverzüglich durch eine berichtigte Bescheinigung zu ersetzen. ²Die berichtigte Bescheinigung ist als solche zu kennzeichnen. ³Der Aussteller hat dem für ihn zuständigen Betriebsstättenfinanzamt unverzüglich nach Maßgabe des § 93c der Abgabenordnung neben den in § 93c Absatz 1 der Abgabenordnung genannten Angaben folgende Daten zu übermitteln: [1)]

1. den Anlass für die Ausstellung der berichtigten Bescheinigung und deren Ausstellungsdatum,
2. die ursprünglichen und die berichtigten Angaben in der Bescheinigung sowie
3. in den Fällen des Gläubigerwechsels die Identifikationsnummer, den Namen und die Anschrift des bisherigen Gläubigers der Kapitalerträge.

⁴Bei Steuerpflichtigen, die nicht unbeschränkt steuerpflichtig sind, findet Satz 3 mit der Maßgabe Anwendung, dass der Aussteller die Daten an das Bundeszentralamt für Steuern zu übermitteln hat.

(7) ¹Der Aussteller einer Bescheinigung, die den Absätzen 2 bis 5 sowie § 45b Absatz 1 bis 4 nicht entspricht, haftet für die auf Grund dessen verkürzten Steuern oder zu Unrecht gewährten Steuervorteile; dies gilt entsprechend für die die Kapitalerträge auszahlende Stelle im Hinblick auf die nach § 45b Absatz 5 zu übermittelnden Angaben. ²Ist die Bescheinigung nach Absatz 3 durch ein inländisches *Kredit-, Finanzdienstleistungs- oder Wertpapierinstitut* auszustellen, so haftet [2)]

[1)] Absatz 6 ist auf Kapitalerträge anzuwenden, die nach dem 31.12.2022 zufließen >§ 52 Abs. 44a Satz 2.
Absatz 6 in der bisherigen Fassung ist auf Kapitalerträge weiter anzuwenden, die bis zum 31.12.2022 zufließen. Absatz 6 in der bisherigen Fassung lautet:

„(6) ¹Eine Bescheinigung, die den Absätzen 2 bis 5 nicht entspricht, hat der Aussteller durch eine berichtigte Bescheinigung zu ersetzen und im Fall der Übermittlung in Papierform zurückzufordern. ²Die berichtigte Bescheinigung ist als solche zu kennzeichnen. ³Wird die zurückgeforderte Bescheinigung nicht innerhalb eines Monats nach Zusendung der berichtigten Bescheinigung an den Aussteller zurückgegeben, hat der Aussteller das nach seinen Unterlagen für den Empfänger zuständige Finanzamt schriftlich zu benachrichtigen."

[2)] Absatz 7 Satz 1 ist erstmals auf Kapitalerträge anzuwenden, die dem Gläubiger nach dem 31.12.2024 zufließen >§ 52 Abs. 44a Satz 3.
Satz 1 in der bisherigen Fassung ist auf Kapitalerträge weiter anzuwenden, die dem Gläubiger bis zum 31.12.2023 zufließen. Satz 1 in der bisherigen Fassung lautet:

„¹Der Aussteller einer Bescheinigung, die den Absätzen 2 bis 5 nicht entspricht, haftet für die auf Grund der Bescheinigung verkürzten Steuern oder zu Unrecht gewährten Steuervorteile."

§ 45a EStG

[1)] der Schuldner auch, wenn er zum Zweck der Bescheinigung unrichtige Angaben macht.

H 45a

Hinweise

Steuerbescheinigung

Anhang 19 I
- Zur Ausstellung von Steuerbescheinigungen für Kapitalerträge nach § 45a Absatz 2 und 3 >BMF vom **23.05.2022** (BStBl I S. **860**)
- Zur Ausstellung von Steuerbescheinigungen bei American Depository Receipts (ADRs) auf inländische Aktien und vergleichbaren Hinterlegungsscheinen, die Aktien vertreten >BMF vom 24.05.2013 (BStBl I S. 718) unter Berücksichtigung der Änderungen durch BMF vom 18.12.2018 (BStBl I S. 1400)

[1)] Absatz 7 Satz 3 wurde aufgehoben und ist letztmals anzuwenden für Kapitalerträge, die vor dem 01.01.2024 zufließen >§ 52 Abs. 44a Satz 4.
Satz 3 in der bisherigen Fassung lautet:
„[3] Der Aussteller haftet nicht
1. in den Fällen des Satzes 2,
2. wenn er die ihm nach Absatz 6 obliegenden Verpflichtungen erfüllt hat."

§ 45b[1])
Angaben zur Bescheinigung und Abführung der Kapitalertragsteuer

(1) Die die Kapitalerträge auszahlende Stelle weist jeder nach Maßgabe des § 45a Absatz 2 zu erteilenden Bescheinigung und jedem nach § 45b Absatz 5 zu übermittelnden Datensatz eine nach amtlichem Muster zu erstellende Ordnungsnummer zu.

(2) Bei Kapitalerträgen im Sinne des § 43 Absatz 1 Satz 1 Nummer 1a und 2 Satz 4 ist die Bescheinigung nach § 45a Absatz 2 um folgende Angaben zu ergänzen:
1. die Identifikationsnummer nach § 139b der Abgabenordnung des Gläubigers der Kapitalerträge; handelt es sich bei dem Gläubiger der Kapitalerträge nicht um eine natürliche Person, so sind dessen Firma oder Name, Anschrift und Wirtschafts-Identifikationsnummer nach § 139c der Abgabenordnung oder, wenn die Wirtschafts-Identifikationsnummer noch nicht vergeben wurde, dessen Steuernummer anzugeben;
2. den Bruttobetrag der vom Gläubiger der Kapitalerträge je Wertpapiergattung und Zahlungstag erzielten Kapitalerträge unter Angabe der Bezeichnung und der Internationalen Wertpapierkennnummer des Wertpapiers;
3. den Betrag, der je Wertpapiergattung und Zahlungstag einbehaltenen und abgeführten Kapitalertragsteuer und den Betrag der einbehaltenen und abgeführten Zuschlagsteuern; die Ermäßigung der Kapitalertragsteuer um die auf die Kapitalerträge entfallende Kirchensteuer ist nicht zu berücksichtigen; sind die Kapitalerträge nach Maßgabe des § 43a Absatz 3 Satz 2 mit negativen Kapitalerträgen auszugleichen, sind statt der Beträge der abgeführten Steuern der Betrag der einbehaltenen und auf die Kapitalerträge entfallenden Kapitalertragsteuer vor Durchführung des Verlustausgleiches und vor Berücksichtigung des Sparer-Pauschbetrages sowie der Betrag der darauf entfallenden Zuschlagsteuern anzugeben;
4. die Höhe des jeweils angewendeten Steuersatzes;
5. die Stückzahl der Wertpapiere je Wertpapiergattung und Zahlungstag sowie davon die Stückzahl der Wertpapiere, die auf der Grundlage einer Wertpapierleihe oder eines Wertpapierpensionsgeschäftes übertragen wurden, verbunden mit der Angabe, ob bei Anschaffung der Aktien die Lieferung von Aktien mit oder ohne Dividendenanspruch vereinbart wurde und ob Aktien mit oder ohne Dividendenanspruch geliefert wurden;

---

[1]) § 45b ist erstmals auf Kapitalerträge anzuwenden, die dem Gläubiger nach dem 31.12.2024 zufließen >§ 52 Abs. 44b.

§ 45b EStG

6. zur Anschaffung der Wertpapiere oder zu ihrer Übertragung auf der Grundlage einer Wertpapierleihe oder eines Wertpapierpensionsgeschäftes jeweils das Datum des Handelstags, das Datum des vereinbarten Abwicklungstags und das Datum des tatsächlichen Abwicklungstags sowie die jeweilige Stückzahl;
7. zur Veräußerung der Wertpapiere oder zu ihrer Rückübertragung auf der Grundlage einer Wertpapierleihe oder eines Wertpapierpensionsgeschäftes, soweit die Wertpapiere innerhalb von 45 Tagen nach Fälligkeit der Kapitalerträge veräußert oder rückübertragen wurden, jeweils das Datum des Handelstags, das Datum des vereinbarten Abwicklungstags und das Datum des tatsächlichen Abwicklungstags sowie die jeweilige Stückzahl;
8. die Firma, die Rechtsform, die Anschrift und der Legal Entity Identifier der jeweils in die Verwahrkette nacheinander eingebundenen inländischen oder ausländischen Zwischenverwahrstellen der Wertpapiere sowie der Depotbank, die die Wertpapiere für den Gläubiger der Kapitalerträge unmittelbar verwahrt, unter Angabe der jeweiligen Depotnummern der durch die Zwischenverwahrstellen geführten Depots, in denen die Aktien verwahrt werden;
9. die Konto- oder Depotnummer des Gläubigers der Kapitalerträge; werden die Wertpapiere durch einen Treuhänder für den Gläubiger der Kapitalerträge verwahrt, sind die Konto- oder Depotnummer des Treuhänders sowie die Daten nach Nummer 1 auch für den Treuhänder anzugeben.

(3) [1]Soweit die Kapitalerträge im Sinne des Absatzes 2 auf Grund eines Hinterlegungsscheines bezogen wurden, beziehen sich die Angaben nach Absatz 2 auf den Hinterlegungsschein. [2]Die Bescheinigung nach § 45a Absatz 2 ist in diesem Fall je Wertpapiergattung und Zahlungstag um folgende Angaben zu ergänzen:

1. die Bezeichnung und die Internationale Wertpapierkennnummer der hinterlegten Wertpapiere;
2. das in den Emissionsbedingungen des Hinterlegungsscheines festgelegte Verhältnis der Hinterlegungsscheine zu den durch die inländische Hinterlegungsstelle verwahrten inländischen Wertpapieren;
3. die Gesamtzahl ausgegebener Hinterlegungsscheine sowie die Gesamtzahl der hinterlegten Wertpapiere, jeweils zum Zeitpunkt des Gewinnverteilungsbeschlusses;
4. die Anzahl der Hinterlegungsscheine des Gläubigers der Kapitalerträge zum Zeitpunkt des Gewinnverteilungsbeschlusses.

[3]Einem *Kredit-, Finanzdienstleistungs- oder Wertpapierinstitut* darf eine Bescheinigung nach § 45a Absatz 2 Satz 1 erster Halbsatz nur erteilt werden, soweit es dem Aussteller schriftlich versichert, dass die Wertpapiere nicht als Deckungsbestand für ausgegebene Hinter-

legungsscheine dienen. ⁴Für Kapitalerträge, die auf einem Hinterlegungsschein beruhen, darf dem Inhaber des Hinterlegungsscheines eine Bescheinigung nur erteilt werden, wenn der Emittent des Hinterlegungsscheines dem Aussteller schriftlich versichert, dass die Gesamtzahl ausgegebener Hinterlegungsscheine im gesamten Zeitraum zwischen dem Gewinnverteilungsbeschluss für die bei der inländischen Hinterlegungsstelle hinterlegten Wertpapiere und der Gutschrift der Erträge bei den Inhabern der Hinterlegungsscheine dem Verhältnis nach Satz 2 Nummer 2 entsprochen hat.

(4) ¹Der Aussteller der Bescheinigung hat die nach Absatz 2 und 3 Satz 2 zu ergänzenden Angaben an das Bundeszentralamt für Steuern nach Maßgabe des § 93c Absatz 1 Nummer 1 und 2 der Abgabenordnung elektronisch zu übermitteln; dabei ist die nach Absatz 1 vergebene Ordnungsnummer anzugeben. ²Die Datenübermittlung nach Satz 1 hat abweichend von § 93c Absatz 1 Nummer 1 der Abgabenordnung bis spätestens zum 31. Juli des auf den Zufluss des Kapitalertrages folgenden Kalenderjahres zu erfolgen. ³Sind die Kapitalerträge nach Maßgabe des § 43a Absatz 3 Satz 2 mit negativen Kapitalerträgen auszugleichen, so sind neben den Angaben nach Satz 1 der Betrag der auf der nach amtlichem Muster erteilten Bescheinigung für den Gläubiger der Kapitalerträge ausgewiesenen Kapitalertragsteuer und der Betrag der ausgewiesenen Zuschlagsteuern zu übermitteln. ⁴Die nach Maßgabe des § 93c Absatz 1 Nummer 3 der Abgabenordnung dem Steuerpflichtigen zu erteilende Information kann auf der Bescheinigung angegeben werden.

(5) ¹In den Fällen des § 45a Absatz 2a hat die die Kapitalerträge auszahlende Stelle auf Verlangen des Gläubigers der Kapitalerträge dem Bundeszentralamt für Steuern nach Maßgabe des § 93c Absatz 1 Nummer 1 und 2 der Abgabenordnung für jeden Zufluss unverzüglich elektronisch die in den Absätzen 2 und 3 Satz 2 genannten Angaben zu übermitteln; dabei sind die nach Absatz 1 vergebene Ordnungsnummer, das durch den Ansässigkeitsstaat vergebene Steueridentifikationsmerkmal des Gläubigers der Kapitalerträge sowie, sofern der Gläubiger der Kapitalerträge keine natürliche Person ist und eine Wirtschafts-Identifikationsnummer nach § 139c Absatz 1 der Abgabenordnung noch nicht vergeben wurde, die Rechtsform und das Datum des Gründungsaktes der Körperschaft, Personenvereinigung oder Vermögensmasse anzugeben. ²Absatz 3 Satz 3 und 4 gilt entsprechend.

(6) ¹Wurde für Kapitalerträge im Sinne des § 43 Absatz 1 Satz 1 Nummer 1a oder Nummer 2 Satz 4 keine Bescheinigung nach § 45a Absatz 2 erteilt oder wurden keine Angaben gemäß § 45a Absatz 2a übermittelt, hat die die Kapitalerträge auszahlende Stelle dem Bun-

§ 45b EStG

deszentralamt für Steuern elektronisch nach Maßgabe des § 93c Absatz 1 Nummer 1 und 2 der Abgabenordnung folgende Angaben zu den Zuflüssen des vorangegangenen Kalenderjahres zu übermitteln:

1. die Identifikationsnummer nach § 139b Absatz 1 der Abgabenordnung des Depotinhabers; handelt es sich bei dem Depotinhaber nicht um eine natürliche Person, so sind dessen Firma oder Name, Anschrift und Wirtschafts-Identifikationsnummer nach § 139c Absatz 1 der Abgabenordnung oder, wenn diese noch nicht vergeben wurde, dessen Steuernummer anzugeben; bei im Ausland ansässigen Steuerpflichtigen ist zusätzlich das durch den Ansässigkeitsstaat vergebene Steueridentifikationsmerkmal anzugeben;
2. die Konto- oder Depotnummer;
3. den Bruttobetrag der je Wertpapiergattung und Zahlungstag erzielten Kapitalerträge unter Angabe der Bezeichnung und der Internationalen Wertpapierkennnummer des Wertpapiers sowie die Stückzahl der Wertpapiere und
4. den Betrag der je Wertpapiergattung und Zahlungstag einbehaltenen und abgeführten Kapitalertragsteuer und den Betrag der Zuschlagsteuern sowie den angewendeten Steuersatz.

[2]Wurde für Kapitalerträge im Sinne des § 43 Absatz 1 Satz 1 Nummer 1a oder Nummer 2 Satz 4 vom Steuerabzug ganz oder teilweise Abstand genommen, so hat die die Kapitalerträge auszahlende Stelle dem Bundeszentralamt für Steuern elektronisch nach Maßgabe des § 93c Absatz 1 Nummer 1 und 2 der Abgabenordnung neben den in den Absätzen 2, 3 Satz 2 und Absatz 5 Satz 1 genannten Angaben folgende Angaben zu den Zuflüssen des vorangegangenen Kalenderjahres zu übermitteln:

1. die Ordnungsnummer, die bei Erteilung einer Bescheinigung nach § 45a Absatz 2 oder Übermittlung von Angaben gemäß § 45a Absatz 2a vergeben wurde, und
2. die Rechtsgrundlage für den reduzierten oder unterlassenen Steuerabzug.

[3]Die Datenübermittlung nach den Sätzen 1 und 2 hat abweichend von § 93c Absatz 1 Nummer 1 der Abgabenordnung bis spätestens zum 31. Juli des auf den Zufluss des Kapitalertrages folgenden Kalenderjahres zu erfolgen.

(7) [1]Die inländischen und ausländischen Zwischenverwahrstellen sowie die Depotbank und der Treuhänder, die die Wertpapiere für den Gläubiger der Kapitalerträge unmittelbar verwahren, sind für die Zwecke der Absätze 2 bis 5 verpflichtet, ihrer jeweiligen Verwahrstelle die Angaben nach Absatz 2 Nummer 1, 2, 5 bis 9 und Absatz 3 Satz 2 vollständig und richtig mitzuteilen. [2]Das *Kredit-, Finanzdienstleistungs- oder Wertpapierinstitut* und der Emittent der Hinterlegungsscheine haben die nach § 45b Absatz 3 Satz 3 oder Satz 4 gegenüber dem Aussteller der Steuerbescheinigung zu erteilende schriftliche

Versicherung vollständig und richtig abzugeben. ³Die Bescheinigung nach § 45a Absatz 2 darf erst erteilt und die Angaben gemäß § 45a Absatz 2a dürfen erst übermittelt werden, wenn der die Kapitalerträge auszahlenden Stelle die Angaben nach den Absätzen 2 und 3 vollständig vorliegen.

(8) In den Fällen der Absätze 4 bis 6 gilt Folgendes:
1. § 93c Absatz 3 der Abgabenordnung ist mit der Maßgabe anzuwenden, dass der übermittelte Datensatz unabhängig davon zu korrigieren oder zu stornieren ist, wann die die Kapitalerträge auszahlende Stelle die Feststellung im Sinne des § 93c Absatz 3 Satz 1 Nummer 1 oder Nummer 2 der Abgabenordnung trifft; die die Kapitalerträge auszahlende Stelle ist unabhängig von der in § 93c Absatz 3 der Abgabenordnung genannten Frist verpflichtet, einen Datensatz zu übermitteln, wenn sie nachträglich erkennt, dass sie zur Übermittlung eines Datensatzes verpflichtet war und der Datensatz nicht übermittelt wurde;
2. § 171 Absatz 10a der Abgabenordnung ist mit der Maßgabe anzuwenden, dass die Festsetzungsfrist unabhängig vom Zeitpunkt des Zugangs der Daten bei dem Bundeszentralamt für Steuern nicht vor Ablauf von zwei Jahren nach Zugang der Daten endet.

(9) Inländische börsennotierte Gesellschaften haben gemäß § 67d des Aktiengesetzes Informationen über die Identität ihrer Aktionäre zum Zeitpunkt ihres Gewinnverteilungsbeschlusses zu verlangen und die ihnen übermittelten Informationen elektronisch nach Maßgabe des § 93c der Abgabenordnung unverzüglich elektronisch an das Bundeszentralamt für Steuern zu übermitteln.

(10) ¹Das Bundeszentralamt für Steuern speichert die nach den Absätzen 4 bis 6 und 9 übermittelten Daten zur Ermittlung der auf die Kapitalerträge einbehaltenen und abgeführten Kapitalertragsteuer und analysiert diese im Hinblick auf missbräuchliche Steuergestaltungsmodelle, die die Erlangung eines Steuervorteils aus der Erhebung oder Entlastung von Kapitalertragsteuer mit erheblicher Bedeutung zum Gegenstand haben. ²Es darf dazu auch ihm nach Maßgabe dieser Absätze übermittelte personenbezogene Daten verarbeiten, soweit dies zur Erfüllung der Aufgabe nach Satz 1 erforderlich ist.

Sammelantrag beim BZSt (§ 45b EStG)
– nicht abgedruckt –

R 45b.

§ 45c EStG

§ 45c[1]
Zusammengefasste Mitteilung zur Bescheinigung und Abführung der Kapitalertragsteuer

(1) [1]Die die Kapitalerträge auszahlende Stelle hat dem Bundeszentralamt für Steuern bis zum 31. Juli des auf den Zufluss der Kapitalerträge folgenden Kalenderjahres folgende Daten zu übermitteln:

1. die Summe der in einem Kalenderjahr je Wertpapiergattung und Zahlungstag durch die die Kapitalerträge auszahlende Stelle berücksichtigten Bruttoerträge im Sinne des § 43 Absatz 1 Satz 1 Nummer 1a und 2 Satz 4;
2. den Betrag der auf diese Kapitalerträge einbehaltenen und abgeführten Kapitalertragsteuer und den Betrag der einbehaltenen und abgeführten Zuschlagsteuern;
3. die für diese Kapitalerträge nach § 45a Absatz 2 bescheinigte oder gemäß § 45a Absatz 2a angegebene Kapitalertragsteuer und Zuschlagsteuern; sind die Kapitalerträge nach Maßgabe des § 43a Absatz 3 Satz 2 mit negativen Kapitalerträgen auszugleichen, sind der Betrag der einbehaltenen und auf die Kapitalerträge entfallenden Kapitalertragsteuer vor Durchführung des Verlustausgleiches und vor Berücksichtigung des Sparer-Pauschbetrages sowie der Betrag der darauf entfallenden Zuschlagsteuern zu übermitteln;
4. die diesen Kapitalerträgen zugrunde liegende Stückzahl der Wertpapiere und
5. die Bezeichnung und die Internationale Wertpapierkennnummer der Wertpapiergattung.

[2]Satz 1 gilt entsprechend für die Summe der gutgeschriebenen Kapitalerträge, bei denen ein Steuerabzug nicht oder nicht in voller Höhe vorgenommen wurde. [3]Die Rechtsgrundlage für die Abstandnahme vom Steuerabzug und die darauf entfallenden Beträge sind anzugeben.

(2) [1]Die inländische Wertpapiersammelbank hat dem Bundeszentralamt für Steuern bis zum 31. Juli des auf den Zufluss der Kapitalerträge folgenden Kalenderjahres folgende Daten je Wertpapiergattung und Kundendepot unter Angabe der Internationalen Wertpapierkennnummer und der Stückzahl der Wertpapiere zu übermitteln:

1. die in § 45b Absatz 2 Nummer 1 genannten Angaben zum Depotinhaber; verfügt der Depotinhaber nicht über eine inländische Steuernummer, so ist die durch seinen Ansässigkeitsstaat vergebene Steueridentifikationsnummer anzugeben;
2. die Konto- oder Depotnummer;
3. die Summe der in einem Kalenderjahr am Zahlungstag gutgeschriebenen Kapitalerträge im Sinne des § 43 Absatz 1 Satz 1

---

[1]) § 45c ist erstmals auf Kapitalerträge anzuwenden, die dem Gläubiger nach dem 31.12.2024 zufließen >§ 52 Abs. 44c.

Nummer 1a und 2 Satz 4, die auf Grund eines gebuchten Bestandes am Dividendenstichtag gutgeschrieben wurden;
4. die Summe der in einem Kalenderjahr gutgeschriebenen Kompensationszahlungen;
5. die Summe der in einem Kalenderjahr belasteten Kompensationszahlungen;
6. den Saldo aus der Summe der gutgeschriebenen Kapitalerträge zuzüglich der Summe der gutgeschriebenen Kompensationszahlungen und der Summe der belasteten Kompensationszahlungen;
7. den Betrag der einbehaltenen und abgeführten Kapitalertragsteuer und den Betrag der einbehaltenen und abgeführten Zuschlagsteuern auf die Beträge nach den Nummern 3 und 4;
8. die Stückzahl der Wertpapiere, für die die Wertpapiersammelbank keine Dividendenregulierung vorgenommen hat.

²Die Pflicht zur Datenübermittlung nach Satz 1 mit Ausnahme der Angabe nach Satz 1 Nummer 8 gilt entsprechend für die die Kapitalerträge auszahlenden Stellen nach § 44 Absatz 1 Satz 4 Nummer 3. ³Dem Bundeszentralamt für Steuern sind bis zum 31. Juli des auf die Abführung des Steuerbetrages folgenden Kalenderjahres der Betrag der nach § 44 Absatz 1a abgeführten Kapitalertragsteuer sowie die nach § 45a Absatz 2 Satz 1 Nummer 3 bescheinigten Angaben zu übermitteln.

(3) ¹§ 93c der Abgabenordnung ist mit Ausnahme von dessen Absatz 1 Nummer 2 Buchstabe c und d und Nummer 3 entsprechend anzuwenden. ²§ 45b Absatz 8 gilt entsprechend.

(4) ¹Das Bundeszentralamt für Steuern speichert die ihm nach den Absätzen 1 und 2 übermittelten Daten zur Ermittlung der auf diese Kapitalerträge einbehaltenen und bescheinigten Kapitalertragsteuer und analysiert diese im Hinblick auf missbräuchliche Steuergestaltungsmodelle, die die Erlangung eines Steuervorteils aus der Erhebung oder Entlastung von Kapitalertragsteuer mit erheblicher Bedeutung zum Gegenstand haben. ²Es darf dazu ihm nach Maßgabe der Absätze 1 und 2 übermittelte personenbezogene Daten verarbeiten, soweit dies zur Erfüllung der Aufgabe nach Satz 1 erforderlich ist.

§ 45d EStG

S 2409-a

§ 45d
Mitteilungen an das Bundeszentralamt für Steuern

(1) ¹Wer nach § 44 Absatz 1 dieses Gesetzes und nach § 7 des Investmentsteuergesetzes zum Steuerabzug verpflichtet ist, hat dem Bundeszentralamt für Steuern nach Maßgabe des § 93c der Abgabenordnung neben den in § 93c Absatz 1 der Abgabenordnung genannten Angaben folgende Daten zu übermitteln:

1. bei den Kapitalerträgen, für die ein Freistellungsauftrag erteilt worden ist,
   a) die Kapitalerträge, bei denen vom Steuerabzug Abstand genommen worden ist oder bei denen Kapitalertragsteuer auf Grund des Freistellungsauftrags gemäß § 44b Absatz 6 Satz 4 dieses Gesetzes oder gemäß § 7 Absatz 5 Satz 1 des Investmentsteuergesetzes erstattet wurde,
   b) die Kapitalerträge, bei denen die Erstattung von Kapitalertragsteuer beim Bundeszentralamt für Steuern beantragt worden ist,
2. die Kapitalerträge, bei denen auf Grund einer Nichtveranlagungs-Bescheinigung einer natürlichen Person nach § 44a Absatz 2 Satz 1 Nummer 2 vom Steuerabzug Abstand genommen oder eine Erstattung vorgenommen wurde.

²Bei einem gemeinsamen Freistellungsauftrag sind die Daten beider Ehegatten zu übermitteln. ³§ 72a Absatz 4, § 93c Absatz 1 Nummer 3 und § 203a der Abgabenordnung finden keine Anwendung.

(2) ¹Das Bundeszentralamt für Steuern darf den Sozialleistungsträgern die Daten nach Absatz 1 mitteilen, soweit dies zur Überprüfung des bei der Sozialleistung zu berücksichtigenden Einkommens oder Vermögens erforderlich ist oder die betroffene Person zustimmt. ²Für Zwecke des Satzes 1 ist das Bundeszentralamt für Steuern berechtigt, die ihm von den Sozialleistungsträgern übermittelten Daten mit den vorhandenen Daten nach Absatz 1 im Wege des automatisierten Datenabgleichs zu überprüfen und das Ergebnis den Sozialleistungsträgern mitzuteilen.

(3) ¹Ein inländischer Versicherungsvermittler im Sinne des § 59 Absatz 1 des Versicherungsvertragsgesetzes hat das Zustandekommen eines Vertrages im Sinne des § 20 Absatz 1 Nummer 6 zwischen einer im Inland ansässigen Person und einem Versicherungsunternehmen mit Sitz und Geschäftsleitung im Ausland nach Maßgabe des § 93c der Abgabenordnung dem Bundeszentralamt für Steuern mitzuteilen. ²Dies gilt nicht, wenn das Versicherungsunternehmen eine Niederlassung im Inland hat oder das Versicherungsunternehmen dem Bundeszentralamt für Steuern bis zu diesem Zeitpunkt das Zustandekom-

men eines Vertrages angezeigt und den Versicherungsvermittler hierüber in Kenntnis gesetzt hat. ³Neben den in § 93c Absatz 1 der Abgabenordnung genannten Daten sind folgende Daten zu übermitteln:
1. Name und Anschrift des Versicherungsunternehmens sowie Vertragsnummer oder sonstige Kennzeichnung des Vertrages,
2. Laufzeit und garantierte Versicherungssumme oder Beitragssumme für die gesamte Laufzeit,
3. Angabe, ob es sich um einen konventionellen, einen fondsgebundenen oder einen vermögensverwaltenden Versicherungsvertrag handelt.

³Ist mitteilungspflichtige Stelle nach Satz 1 das ausländische Versicherungsunternehmen und verfügt dieses weder über ein Identifikationsmerkmal nach den §§ 139a bis 139c der Abgabenordnung noch über eine Steuernummer oder ein sonstiges Ordnungsmerkmal, so kann abweichend von § 93c Absatz 1 Nummer 2 Buchstabe a der Abgabenordnung auf diese Angaben verzichtet werden. ⁴Der Versicherungsnehmer gilt als Steuerpflichtiger im Sinne des § 93c Absatz 1 Nummer 2 Buchstabe c der Abgabenordnung. ⁵§ 72a Absatz 4 und § 203a der Abgabenordnung finden keine Anwendung.

§ 45e
Ermächtigung für Zinsinformationsverordnung

S 2402

¹Die Bundesregierung wird ermächtigt, durch Rechtsverordnung mit Zustimmung des Bundesrates die Richtlinie 2003/48/EG des Rates vom 3. Juni 2003 (ABl. EU Nr. L 157 S. 38) in der jeweils geltenden Fassung im Bereich der Besteuerung von Zinserträgen umzusetzen. ²§ 45d Absatz 1 Satz 2 und Absatz 2 ist entsprechend anzuwenden.

§ 46 EStG

4. Veranlagung von Steuerpflichtigen mit steuerabzugspflichtigen Einkünften

S 2270

§ 46
Veranlagung bei Bezug von Einkünften aus nichtselbständiger Arbeit

(1) (weggefallen)

(2) Besteht das Einkommen ganz oder teilweise aus Einkünften aus nichtselbständiger Arbeit, von denen ein Steuerabzug vorgenommen worden ist, so wird eine Veranlagung nur durchgeführt,

1. wenn die positive Summe der einkommensteuerpflichtigen Einkünfte, die nicht dem Steuerabzug vom Arbeitslohn zu unterwerfen waren, vermindert um die darauf entfallenden Beträge nach § 13 Absatz 3 und § 24a, oder die positive Summe der Einkünfte und Leistungen, die dem Progressionsvorbehalt unterliegen, jeweils mehr als 410 Euro beträgt;
2. wenn der Steuerpflichtige nebeneinander von mehreren Arbeitgebern Arbeitslohn bezogen hat; das gilt nicht, soweit nach § 38 Absatz 3a Satz 7 Arbeitslohn von mehreren Arbeitgebern für den Lohnsteuerabzug zusammengerechnet worden ist;
3. wenn bei einem Steuerpflichtigen die Summe der beim Steuerabzug vom Arbeitslohn nach § 39b Absatz 2 Satz 5 Nummer 3 Buchstabe b bis d berücksichtigten Teilbeträge der Vorsorgepauschale größer ist als die abziehbaren Vorsorgeaufwendungen nach § 10 Absatz 1 Nummer 3 und Nummer 3a in Verbindung mit Absatz 4 und der im Kalenderjahr insgesamt erzielte Arbeitslohn *13.150 Euro* übersteigt, oder bei Ehegatten, die die Voraussetzungen des § 26 Absatz 1 erfüllen, der im Kalenderjahr von den Ehegatten insgesamt erzielte Arbeitslohn *24.950 Euro* übersteigt;
3a. wenn von Ehegatten, die nach den §§ 26, 26b zusammen zur Einkommensteuer zu veranlagen sind, beide Arbeitslohn bezogen haben und einer für den Veranlagungszeitraum oder einen Teil davon nach der Steuerklasse V oder VI besteuert oder bei Steuerklasse IV der Faktor (§ 39f) eingetragen worden ist;
4. wenn für einen Steuerpflichtigen ein Freibetrag im Sinne des § 39a Absatz 1 Satz 1 Nummer 1 bis 3, 5 oder Nummer 6 ermittelt worden ist und der im Kalenderjahr insgesamt erzielte Arbeitslohn *13.150 Euro* übersteigt oder bei Ehegatten, die die Voraussetzungen des § 26 Absatz 1 erfüllen, der im Kalenderjahr von den Ehegatten insgesamt erzielte Arbeitslohn *24.950 Euro* übersteigt; dasselbe gilt für einen Steuerpflichtigen, der zum Personenkreis des § 1 Absatz 2 gehört;
4a. wenn bei einem Elternpaar, bei dem die Voraussetzungen des § 26 Absatz 1 Satz 1 nicht vorliegen,

a) bis c) (weggefallen)
   d) im Fall des § 33a Absatz 2 Satz 5 das Elternpaar gemeinsam eine Aufteilung des Abzugsbetrags in einem anderen Verhältnis als je zur Hälfte beantragt oder
   e) im Fall des § 33b Absatz 5 Satz 3 das Elternpaar gemeinsam eine Aufteilung des Pauschbetrags für Menschen mit Behinderungen oder des Pauschbetrags für Hinterbliebene in einem anderen Verhältnis als je zur Hälfte beantragt.
   [2]Die Veranlagungspflicht besteht für jeden Elternteil, der Einkünfte aus nichtselbständiger Arbeit bezogen hat;
5. wenn bei einem Steuerpflichtigen die Lohnsteuer für einen sonstigen Bezug im Sinne des § 34 Absatz 1 und 2 Nummer 2 und 4 nach § 39b Absatz 3 Satz 9 oder für einen sonstigen Bezug nach § 39c Absatz 3 ermittelt wurde;
5a. wenn der Arbeitgeber die Lohnsteuer von einem sonstigen Bezug berechnet hat und dabei der Arbeitslohn aus früheren Dienstverhältnissen des Kalenderjahres außer Betracht geblieben ist (§ 39b Absatz 3 Satz 2, § 41 Absatz 1 Satz 6, Großbuchstabe S);
6. wenn die Ehe des Arbeitnehmers im Veranlagungszeitraum durch Tod, Scheidung oder Aufhebung aufgelöst worden ist und er oder sein Ehegatte der aufgelösten Ehe im Veranlagungszeitraum wieder geheiratet hat;
7. wenn
   a) für einen unbeschränkt Steuerpflichtigen im Sinne des § 1 Absatz 1 bei der Bildung der Lohnsteuerabzugsmerkmale (§ 39) ein Ehegatte im Sinne des § 1a Absatz 1 Nummer 2 berücksichtigt worden ist oder
   b) für einen Steuerpflichtigen, der zum Personenkreis des § 1 Absatz 3 oder des § 1a gehört, Lohnsteuerabzugsmerkmale nach § 39 Absatz 2 gebildet worden sind; das nach § 39 Absatz 2 Satz 2 bis 4 zuständige Betriebsstättenfinanzamt ist dann auch für die Veranlagung zuständig;
8. wenn die Veranlagung beantragt wird, insbesondere zur Anrechnung von Lohnsteuer auf die Einkommensteuer. [2]Der Antrag ist durch Abgabe einer Einkommensteuererklärung zu stellen;
9. wenn ein Antrag im Sinne der Nummer 8 gestellt wird und daneben beantragt wird, als unbeschränkt Steuerpflichtiger im Sinne des § 1 Absatz 3 behandelt zu werden; die Zuständigkeit liegt beim lohnsteuerlichen Betriebsstättenfinanzamt des Arbeitgebers.

(3) [1]In den Fällen des Absatzes 2 ist ein Betrag in Höhe der einkommensteuerpflichtigen Einkünfte, von denen der Steuerabzug vom Arbeitslohn nicht vorgenommen worden ist und die nicht nach § 32d Absatz 6 der tariflichen Einkommensteuer unterworfen wurden, vom Einkommen abzuziehen, wenn diese Einkünfte insgesamt nicht mehr

als 410 Euro betragen. ²Der Betrag nach Satz 1 vermindert sich um den Altersentlastungsbetrag, soweit dieser den unter Verwendung des nach § 24a Satz 5 maßgebenden Prozentsatzes zu ermittelnden Anteil des Arbeitslohns mit Ausnahme der Versorgungsbezüge im Sinne des § 19 Absatz 2 übersteigt, und um den nach § 13 Absatz 3 zu berücksichtigenden Betrag.

(4) ¹Kommt nach Absatz 2 eine Veranlagung zur Einkommensteuer nicht in Betracht, so gilt die Einkommensteuer, die auf die Einkünfte aus nichtselbständiger Arbeit entfällt, für den Steuerpflichtigen durch den Lohnsteuerabzug als abgegolten, soweit er nicht für zu wenig erhobene Lohnsteuer in Anspruch genommen werden kann. ²§ 42b bleibt unberührt.

(5) Durch Rechtsverordnung kann in den Fällen des Absatzes 2 Nummer 1, in denen die einkommensteuerpflichtigen Einkünfte, von denen der Steuerabzug vom Arbeitslohn nicht vorgenommen worden ist und die nicht nach § 32d Absatz 6 der tariflichen Einkommensteuer unterworfen wurden, den Betrag von 410 Euro übersteigen, die Besteuerung so gemildert werden, dass auf die volle Besteuerung dieser Einkünfte stufenweise übergeleitet wird.

EStDV
§ 70
Ausgleich von Härten in bestimmten Fällen

¹Betragen in den Fällen des § 46 Absatz 2 Nummer 1 bis 7 des Gesetzes die einkommensteuerpflichtigen Einkünfte, von denen der Steuerabzug vom Arbeitslohn nicht vorgenommen worden ist und die nicht nach § 32d Absatz 6 des Gesetzes der tariflichen Einkommensteuer unterworfen wurden, insgesamt mehr als 410 Euro, so ist vom Einkommen der Betrag abzuziehen, um den die bezeichneten Einkünfte, vermindert um den auf sie entfallenden Altersentlastungsbetrag (§ 24a des Gesetzes) und den nach § 13 Absatz 3 des Gesetzes zu berücksichtigenden Betrag, niedriger als 820 Euro sind (Härteausgleichsbetrag). ²Der Härteausgleichsbetrag darf nicht höher sein als die nach Satz 1 verminderten Einkünfte.

§ 46 EStG
H 46.2 R 46.1, 46.2

Veranlagung nach § 46 Abs. 2 Nr. 2 EStG

R 46.1

§ 46 Abs. 2 Nr. 2 EStG gilt auch für die Fälle, in denen der Stpfl. rechtlich in nur einem Dienstverhältnis steht, die Bezüge aber von verschiedenen öffentlichen Kassen ausgezahlt und gesondert nach Maßgabe der jeweiligen Lohnsteuerkarte[1]) dem Steuerabzug unterworfen worden sind.

Veranlagung nach § 46 Abs. 2 Nr. 8 EStG

R 46.2

(1) Die Vorschrift des § 46 Abs. 2 Nr. 8 EStG ist nur anwendbar, wenn der Arbeitnehmer nicht bereits nach den Vorschriften des § 46 Abs. 2 Nr. 1 bis 7 EStG zu veranlagen ist.

(2) Der Antrag ist innerhalb der allgemeinen Festsetzungsfrist von vier Jahren zu stellen.

(3) Sollen ausländische Verluste, die nach einem DBA bei der Ermittlung des z. v. E. (§ 2 Abs. 5 EStG) außer Ansatz geblieben sind, zur Anwendung des negativen Progressionsvorbehalts berücksichtigt werden, ist auf Antrag eine Veranlagung durchzuführen.

(4) [1]Hat ein Arbeitnehmer im VZ zeitweise nicht in einem Dienstverhältnis gestanden, so kann die Dauer der Nichtbeschäftigung z. B. durch eine entsprechende Bescheinigung der Agentur für Arbeit, wie einen Bewilligungsbescheid über das Arbeitslosengeld oder eine Bewilligung von Leistungen nach dem SGB III, belegt werden. [2]Kann ein Arbeitnehmer Zeiten der Nichtbeschäftigung durch geeignete Unterlagen nicht nachweisen oder in sonstiger Weise glaubhaft machen, ist dies kein Grund, die Antragsveranlagung nicht durchzuführen. [3]Ob und in welcher Höhe außer dem auf der Lohnsteuerbescheinigung ausgewiesenen Arbeitslohn weiterer Arbeitslohn zu berücksichtigen ist, hängt von dem im Einzelfall ermittelten Sachverhalt ab. [4]Für dessen Beurteilung gelten die Grundsätze der freien Beweiswürdigung.

Hinweise

H 46.2

Abtretung/Verpfändung
- Zur Abtretung bzw. Verpfändung des Erstattungsanspruchs >§ 46 AO sowie AEAO zu § 46
- Zum Entstehen des Erstattungsanspruchs >§ 38 AO i. V. m. § 36 Abs. 1

Anlaufhemmung
Eine Anlaufhemmung gem. § 170 Abs. 2 Satz 1 Nr. 1 AO kommt in den Fällen des § 46 Abs. 2 Nr. 8 nicht in Betracht (>BFH vom 14.04.2011 – BStBl II S. 746).

---

[1]) jetzt Lohnsteuerabzugsmerkmale

Ermittlung der Summe der Einkünfte

Unter der „Summe der Einkünfte" i. S. d. § 46 Abs. 2 Nr. 1 ist derjenige Saldo zu verstehen, der nach horizontaler und vertikaler Verrechnung der Einkünfte verbleibt. Versagt das Gesetz – wie in § 23 Abs. 3 Satz 8 im Falle eines Verlustes aus privaten Veräußerungsgeschäften – die Verrechnung eines Verlustes aus einer Einkunftsart mit Gewinnen bzw. Überschüssen aus anderen Einkunftsarten, fließt dieser Verlust nicht in die „Summe der Einkünfte" ein (>BFH vom 26.03.2013 – BStBl II S. 631).

Pfändung des Erstattungsanspruchs aus der Antragsveranlagung
>§ 46 AO sowie AEAO zu § 46

Rechtswirksamer, fristwahrender Antrag

– Ein Antrag auf Veranlagung zur Einkommensteuer ist nur dann rechtswirksam gestellt, wenn der amtlich vorgeschriebene Vordruck verwendet wird, dieser innerhalb der allgemeinen Festsetzungsfrist beim Finanzamt eingeht und bis dahin auch vom Arbeitnehmer eigenhändig unterschrieben ist (>BFH vom 10.10.1986 – BStBl II 1987 S. 77). Eine Einkommensteuererklärung ist auch dann „nach amtlich vorgeschriebenem Vordruck" abgegeben, wenn ein – auch einseitig – privat gedruckter oder fotokopierter Vordruck verwendet wird, der dem amtlichen Muster entspricht (>BFH vom 22.05.2006 – BStBl II 2007 S. 2).

– *Der Ablauf der Festsetzungsfrist wird gem. § 171 Abs. 3 AO nur dann gehemmt, wenn die Steuererklärung bis zum Ablauf der Festsetzungsfrist beim örtlich zuständigen Finanzamt eingeht (>BFH vom 13.02.2020 – BStBl II 2021 S. 856).*

– Kommt eine Veranlagung des Stpfl. nach § 46 Abs. 2 nicht in Betracht, können auch **Grundlagenbescheide** nicht über die Änderungsnorm des § 175 Abs. 1 Satz 1 Nr. 1 AO zu einer solchen führen (>BFH vom 09.02.2012 – BStBl II S. 750).

Schätzungsbescheid

Für die Durchführung des Veranlagungsverfahrens bedarf es keines Antrags des Stpfl., wenn das Finanzamt das Veranlagungsverfahren von sich aus bereits durchgeführt und einen Schätzungsbescheid unter dem Vorbehalt der Nachprüfung erlassen hat. Dies gilt jedenfalls dann, wenn bei Erlass des Steuerbescheids aus der insoweit maßgeblichen Sicht des Finanzamts die Voraussetzungen für eine Veranlagung von Amts wegen vorlagen (>BFH vom 22.05.2006 – BStBl II S. 912).

Härteausgleich

– unbesetzt –

R 46.3

Hinweise

H 46.3

Abhängigkeit der Veranlagung vom Härteausgleich
Eine Veranlagung ist unabhängig vom Härteausgleich nach § 46 Abs. 3 durchzuführen, auch wenn dieser im Ergebnis zu einem Betrag unter 410 € führt (>BFH vom 02.12.1971 – BStBl II 1972 S. 278).

Allgemeines
Bestehen die einkommensteuerpflichtigen Einkünfte, die nicht der Lohnsteuer zu unterwerfen waren, sowohl aus positiven Einkünften als auch aus negativen Einkünften (Verlusten), so wird ein Härteausgleich nur gewährt, wenn die Summe dieser Einkünfte abzgl. der darauf entfallenden Beträge nach § 13 Abs. 3 und § 24a einen positiven Einkunftsbetrag von nicht mehr als 410 € bzw. 820 € ergibt. Das gilt auch in den Fällen der Zusammenveranlagung von Ehegatten, in denen der eine Ehegatte positive und der andere Ehegatte negative Einkünfte, die nicht der Lohnsteuer zu unterwerfen waren, bezogen hat, und im Falle der Veranlagung nach § 46 Abs. 2 Nr. 4 (>BFH vom 24.04.1961 – BStBl III S. 310).

Beispiel:
Ein Arbeitnehmer, der im Jahr 2012 das 65. Lebensjahr vollendet hatte und für den Lohnsteuerabzugsmerkmale nach § 39 Abs. 4 i. V. m. § 39a Abs. 1 Satz 1 Nr. 5 (einschl. Freibetrag) gebildet wurden, hat neben seinen Einkünften aus nichtselbständiger Arbeit (Ruhegeld) in **2022** folgende Einkünfte bezogen:

Gewinn aus Land- und Forstwirtschaft		2.000 €
Verlust aus Vermietung und Verpachtung		– 300 €
positive Summe dieser Einkünfte		1.700 €
Prüfung des Veranlagungsgrundes nach § 46 Abs. 2 Nr. 1:		
Summe der einkommensteuerpflichtigen Einkünfte, die nicht dem Steuerabzug vom Arbeitslohn unterlagen		1.700 €
Abzug nach § 13 Abs. 3	900 €	
Altersentlastungsbetrag nach § 24a (28,8 % aus 1.700 € =)	+ 490 €	– 1.390 €
		310 €

Die Voraussetzungen nach § 46 Abs. 2 Nr. 1 sind nicht gegeben; der Arbeitnehmer ist nach § 46 Abs. 2 Nr. 4 zu veranlagen.

Härteausgleich nach § 46 Abs. 3:	
Betrag der einkommensteuerpflichtigen (Neben-)Einkünfte	1.700 €
Abzug nach § 13 Abs. 3	– 900 €
Altersentlastungsbetrag nach § 24a	– 490 €
vom Einkommen abziehbarer Betrag	310 €

Anwendung der §§ 34, 34b und 34c

Würden Einkünfte, die nicht der Lohnsteuer zu unterwerfen waren, aufgrund eines Härteausgleichsbetrags in gleicher Höhe unversteuert bleiben, ist für die Anwendung dieser Ermäßigungsvorschriften kein Raum (>BFH vom 29.05.1963 – BStBl III S. 379 und vom 02.12.1971 – BStBl II 1972 S. 278).

Lohnersatzleistung

Der Härteausgleich nach § 46 Abs. 3 ist nicht auf dem Progressionsvorbehalt unterliegende Lohnersatzleistungen anzuwenden (>BFH vom 05.05.1994 – BStBl II S. 654).

§ 47
(weggefallen)

VII. Steuerabzug bei Bauleistungen

§ 48
Steuerabzug

(1) ¹Erbringt jemand im Inland eine Bauleistung (Leistender) an einen Unternehmer im Sinne des § 2 des Umsatzsteuergesetzes oder an eine juristische Person des öffentlichen Rechts (Leistungsempfänger), ist der Leistungsempfänger verpflichtet, von der Gegenleistung einen Steuerabzug in Höhe von 15 Prozent für Rechnung des Leistenden vorzunehmen. ²Vermietet der Leistungsempfänger Wohnungen, so ist Satz 1 nicht auf Bauleistungen für diese Wohnungen anzuwenden, wenn er nicht mehr als zwei Wohnungen vermietet. ³Bauleistungen sind alle Leistungen, die der Herstellung, Instandsetzung, Instandhaltung, Änderung oder Beseitigung von Bauwerken dienen. ⁴Als Leistender gilt auch derjenige, der über eine Leistung abrechnet, ohne sie erbracht zu haben.

(2) ¹Der Steuerabzug muss nicht vorgenommen werden, wenn der Leistende dem Leistungsempfänger eine im Zeitpunkt der Gegenleistung gültige Freistellungsbescheinigung nach § 48b Absatz 1 Satz 1 vorlegt oder die Gegenleistung im laufenden Kalenderjahr den folgenden Betrag voraussichtlich nicht übersteigen wird:
1. 15.000 Euro, wenn der Leistungsempfänger ausschließlich steuerfreie Umsätze nach § 4 Nummer 12 Satz 1 des Umsatzsteuergesetzes ausführt,
2. 5.000 Euro in den übrigen Fällen.

²Für die Ermittlung des Betrags sind die für denselben Leistungsempfänger erbrachten und voraussichtlich zu erbringenden Bauleistungen zusammenzurechnen.

(3) Gegenleistung im Sinne des Absatzes 1 ist das Entgelt zuzüglich Umsatzsteuer.

(4) Wenn der Leistungsempfänger den Steuerabzugsbetrag angemeldet und abgeführt hat,
1. ist § 160 Absatz 1 Satz 1 der Abgabenordnung nicht anzuwenden,
2. sind § 42d Absatz 6 und 8 und § 50a Absatz 7 nicht anzuwenden.

Hinweise

Bauwerke
Bauwerke i. S. d. § 48 Abs. 1 Satz 3 sind insbesondere nicht auf Gebäude oder unbewegliche Wirtschaftsgüter beschränkt, sondern kommen auch bei Scheinbestandteilen, Betriebsvorrichtungen und technischen Anlagen in Betracht. Zur Errichtung von Freiland-Photovoltaikanlagen >BFH vom 07.11.2019 (BStBl II 2020 S. 552)

Fiktiv wirtschaftlich Leistender nach § 48 Abs. 1 Satz 4
Die Fiktion des wirtschaftlich Leistenden trifft selbst auf inaktive ausländische Domizilgesellschaften und Briefkastenfirmen zu, welche

die Bauleistung nicht selbst erbringen (>BFH vom 09.06.2022 – BStBl II S. 721).

Steuerabzug bei Bauleistungen
>BMF vom *19.07.2022* (BStBl I S. *1229*)

§ 48a
Verfahren

(1) ¹Der Leistungsempfänger hat bis zum zehnten Tag nach Ablauf des Monats, in dem die Gegenleistung im Sinne des § 48 erbracht wird, eine Anmeldung nach amtlich vorgeschriebenem Vordruck abzugeben, in der er den Steuerabzug für den Anmeldungszeitraum selbst zu berechnen hat. ²Der Abzugsbetrag ist am zehnten Tag nach Ablauf des Anmeldungszeitraums fällig und an das für den Leistenden zuständige Finanzamt für Rechnung des Leistenden abzuführen. ³Die Anmeldung des Abzugsbetrags steht einer Steueranmeldung gleich.

(2) Der Leistungsempfänger hat mit dem Leistenden unter Angabe
1. des Namens und der Anschrift des Leistenden,
2. des Rechnungsbetrags, des Rechnungsdatums und des Zahlungstags,
3. der Höhe des Steuerabzugs und
4. des Finanzamts, bei dem der Abzugsbetrag angemeldet worden ist,

über den Steuerabzug abzurechnen.

(3) ¹Der Leistungsempfänger haftet für einen nicht oder zu niedrig abgeführten Abzugsbetrag. ²Der Leistungsempfänger haftet nicht, wenn ihm im Zeitpunkt der Gegenleistung eine Freistellungsbescheinigung (§ 48b) vorgelegen hat, auf deren Rechtmäßigkeit er vertrauen konnte. ³Er darf insbesondere dann nicht auf eine Freistellungsbescheinigung vertrauen, wenn diese durch unlautere Mittel oder durch falsche Angaben erwirkt wurde und ihm dies bekannt oder infolge grober Fahrlässigkeit nicht bekannt war. ⁴Den Haftungsbescheid erlässt das für den Leistenden zuständige Finanzamt.

(4) § 50b gilt entsprechend.

§ 48b
Freistellungsbescheinigung

(1) ¹Auf Antrag des Leistenden hat das für ihn zuständige Finanzamt, wenn der zu sichernde Steueranspruch nicht gefährdet erscheint und ein inländischer Empfangsbevollmächtigter bestellt ist, eine Bescheinigung nach amtlich vorgeschriebenem Vordruck zu erteilen, die den Leistungsempfänger von der Pflicht zum Steuerabzug befreit. ²Eine Gefährdung kommt insbesondere dann in Betracht, wenn der Leistende

1. Anzeigepflichten nach § 138 der Abgabenordnung nicht erfüllt,
2. seiner Auskunfts- und Mitwirkungspflicht nach § 90 der Abgabenordnung nicht nachkommt,
3. den Nachweis der steuerlichen Ansässigkeit durch Bescheinigung der zuständigen ausländischen Steuerbehörde nicht erbringt.

(2) Eine Bescheinigung soll erteilt werden, wenn der Leistende glaubhaft macht, dass keine zu sichernden Steueransprüche bestehen.

(3) ¹In der Bescheinigung sind anzugeben:

1. Name, Anschrift und Steuernummer des Leistenden,
2. Geltungsdauer der Bescheinigung,
3. Umfang der Freistellung sowie der Leistungsempfänger, wenn sie nur für bestimmte Bauleistungen gilt,
4. das ausstellende Finanzamt.

²Der Antragsteller ist über die Verarbeitung der in Satz 1 genannten Daten durch das Bundeszentralamt für Steuern gemäß Absatz 6 zu informieren.

(4) Wird eine Freistellungsbescheinigung aufgehoben, die nur für bestimmte Bauleistungen gilt, ist dies den betroffenen Leistungsempfängern mitzuteilen.

(5) Wenn eine Freistellungsbescheinigung vorliegt, gilt § 48 Absatz 4 entsprechend.

(6) ¹Das Bundeszentralamt für Steuern speichert die Daten nach Absatz 3 Satz 1. ²Es erteilt dem Leistungsempfänger im Sinne des § 48 Absatz 1 Satz 1 im Wege einer elektronischen Abfrage Auskunft über die beim Bundeszentralamt für Steuern gespeicherten Freistellungsbescheinigungen.

§ 48c
Anrechnung

(1) ¹Soweit der Abzugsbetrag einbehalten und angemeldet worden ist, wird er auf vom Leistenden zu entrichtende Steuern nacheinander wie folgt angerechnet:

1. die nach § 41a Absatz 1 einbehaltene und angemeldete Lohnsteuer,
2. die Vorauszahlungen auf die Einkommen- oder Körperschaftsteuer,
3. die Einkommen- oder Körperschaftsteuer des Besteuerungs- oder Veranlagungszeitraums, in dem die Leistung erbracht worden ist, und
4. die vom Leistenden im Sinne der §§ 48, 48a anzumeldenden und abzuführenden Abzugsbeträge.

²Die Anrechnung nach Satz 1 Nummer 2 kann nur für Vorauszahlungszeiträume innerhalb des Besteuerungs- oder Veranlagungszeitraums erfolgen, in dem die Leistung erbracht worden ist. ³Die Anrechnung nach Satz 1 Nummer 2 darf nicht zu einer Erstattung führen.

(2) ¹Auf Antrag des Leistenden erstattet das nach § 20a Absatz 1 der Abgabenordnung zuständige Finanzamt den Abzugsbetrag. ²Die Erstattung setzt voraus, dass der Leistende nicht zur Abgabe von Lohnsteueranmeldungen verpflichtet ist und eine Veranlagung zur Einkommen- oder Körperschaftsteuer nicht in Betracht kommt oder der Leistende glaubhaft macht, dass im Veranlagungszeitraum keine zu sichernden Steueransprüche entstehen werden. ³Der Antrag ist nach amtlich vorgeschriebenem Muster bis zum Ablauf des zweiten Kalenderjahres zu stellen, das auf das Jahr folgt, in dem der Abzugsbetrag angemeldet worden ist; weitergehende Fristen nach einem Abkommen zur Vermeidung der Doppelbesteuerung bleiben unberührt.

(3) Das Finanzamt kann die Anrechnung ablehnen, soweit der angemeldete Abzugsbetrag nicht abgeführt worden ist und Anlass zu der Annahme besteht, dass ein Missbrauch vorliegt.

§ 48d
Besonderheiten im Fall von Doppelbesteuerungsabkommen

(1) [1]Können Einkünfte, die dem Steuerabzug nach § 48 unterliegen, nach einem Abkommen zur Vermeidung der Doppelbesteuerung nicht besteuert werden, so sind die Vorschriften über die Einbehaltung, Abführung und Anmeldung der Steuer durch den Schuldner der Gegenleistung ungeachtet des Abkommens anzuwenden. [2]Unberührt bleibt der Anspruch des Gläubigers der Gegenleistung auf Erstattung der einbehaltenen und abgeführten Steuer. [3]Der Anspruch ist durch Antrag nach § 48c Absatz 2 geltend zu machen. [4]Der Gläubiger der Gegenleistung hat durch eine Bestätigung der für ihn zuständigen Steuerbehörde des anderen Staates nachzuweisen, dass er dort ansässig ist. [5]§ 48b gilt entsprechend. [6]Der Leistungsempfänger kann sich im Haftungsverfahren nicht auf die Rechte des Gläubigers aus dem Abkommen berufen.

(2) Unbeschadet des § 5 Absatz 1 Nummer 2 des Finanzverwaltungsgesetzes liegt die Zuständigkeit für Entlastungsmaßnahmen nach Absatz 1 bei dem nach § 20a der Abgabenordnung zuständigen Finanzamt.

VIII. Besteuerung beschränkt Steuerpflichtiger

§ 49
Beschränkt steuerpflichtige Einkünfte

(1) Inländische Einkünfte im Sinne der beschränkten Einkommensteuerpflicht (§ 1 Absatz 4) sind
1. Einkünfte aus einer im Inland betriebenen Land- und Forstwirtschaft (§§ 13, 14);
2. Einkünfte aus Gewerbebetrieb (§§ 15 bis 17),
   a) für den im Inland eine Betriebsstätte unterhalten wird oder ein ständiger Vertreter bestellt ist,
   b) die durch den Betrieb eigener oder gecharterter Seeschiffe oder Luftfahrzeuge aus Beförderungen zwischen inländischen und von inländischen zu ausländischen Häfen erzielt werden, einschließlich der Einkünfte aus anderen mit solchen Beförderungen zusammenhängenden, sich auf das Inland erstreckenden Beförderungsleistungen,
   c) die von einem Unternehmen im Rahmen einer internationalen Betriebsgemeinschaft oder eines Pool-Abkommens, bei denen ein Unternehmen mit Sitz oder Geschäftsleitung im Inland die Beförderung durchführt, aus Beförderungen und Beförderungsleistungen nach Buchstabe b erzielt werden,
   d) die, soweit sie nicht zu den Einkünften im Sinne der Nummern 3 und 4 gehören, durch im Inland ausgeübte oder verwertete künstlerische, sportliche, artistische, unterhaltende oder ähnliche Darbietungen erzielt werden, einschließlich der Einkünfte aus anderen mit diesen Leistungen zusammenhängenden Leistungen, unabhängig davon, wem die Einnahmen zufließen,
   e) die unter den Voraussetzungen des § 17 erzielt werden, wenn es sich um Anteile an einer Kapitalgesellschaft handelt,
      aa) die ihren Sitz oder ihre Geschäftsleitung im Inland hat,
      bb) bei deren Erwerb auf Grund eines Antrags nach § 13 Absatz 2 oder § 21 Absatz 2 Satz 3 Nummer 2 des Umwandlungssteuergesetzes nicht der gemeine Wert der eingebrachten Anteile angesetzt worden ist oder auf die § 17 Absatz 5 Satz 2 anzuwenden war oder
      cc) deren Anteilswert zu irgendeinem Zeitpunkt während der 365 Tage vor der Veräußerung unmittelbar oder mittelbar zu mehr als 50 Prozent auf inländischem unbeweglichem Vermögen beruhte und die Anteile dem Veräußerer zu diesem Zeitpunkt zuzurechnen waren; für die Ermittlung dieser Quote sind die aktiven Wirtschaftsgüter des Betriebsvermögens mit den Buchwerten, die

zu diesem Zeitpunkt anzusetzen gewesen wären, zugrunde zu legen,

f) die, soweit sie nicht zu den Einkünften im Sinne des Buchstaben a gehören, durch [1]

aa) Vermietung und Verpachtung oder
bb) Veräußerung

von inländischem unbeweglichem Vermögen, von Sachinbegriffen oder *Rechten im Sinne des § 21 Absatz 1 Satz 1 Nummer 1 oder sonstigen Rechten, insbesondere Patentrechten, Markenrechten oder Sortenrechten*, die im Inland belegen oder in ein inländisches öffentliches Buch oder Register eingetragen sind oder deren Verwertung in einer inländischen Betriebsstätte oder anderen Einrichtung erfolgt, erzielt werden. ²*Bei sonstigen Rechten, bei denen Einkünfte nur auf Grund der Eintragung in ein inländisches öffentliches Buch oder Register vorliegen, liegen Einkünfte abweichend von Satz 1 nicht vor, wenn die Vermietung und Verpachtung oder die Veräußerung nicht zwischen nahestehenden Personen im Sinne des § 1 Absatz 2 des Außensteuergesetzes erfolgt oder der Besteuerung der Einkünfte die Bestimmungen eines Abkommens zur Vermeidung der Doppelbesteuerung unter Berücksichtigung der ihre Anwendung regelnden Vorschriften dieses Gesetzes entgegenstehen.* ³§ 23 Absatz 1 Satz 4 gilt entsprechend. ⁴Als Einkünfte aus Gewerbebetrieb gelten auch die Einkünfte aus Tätigkeiten im Sinne dieses Buchstabens, die von einer Körperschaft im Sinne des § 2 Nummer 1 des Körperschaftsteuergesetzes erzielt werden, die mit einer Kapitalgesellschaft oder sonstigen juristischen Person im Sinne des § 1 Absatz 1 Nummer 1 bis 3 des Körperschaftsteuergesetzes vergleichbar ist. ⁵Zu den Einkünften aus der Veräußerung von inländischem unbeweglichem Vermögen im Sinne dieses Buchstabens gehören auch Wertveränderungen von Wirtschaftsgütern, die mit diesem Vermögen in wirtschaftlichem Zusammenhang stehen, oder [1]

g) die aus der Verschaffung der Gelegenheit erzielt werden, einen Berufssportler als solchen im Inland vertraglich zu verpflichten; dies gilt nur, wenn die Gesamteinnahmen 10.000 Euro übersteigen;

---

[1] *Absatz 1 Nr. 2 Buchst. f Satz 1 und 2 ist in allen offenen Fällen anzuwenden, soweit die Vermietung und Verpachtung oder die Veräußerung von sonstigen Rechten, bei denen Einkünfte nur aufgrund der Eintragung in ein inländisches öffentliches Buch oder Register vorliegen, nicht zwischen nahestehenden Personen i. S. d. § 1 Abs. 2 AStG erfolgt. Im Übrigen ist Absatz 1 Nr. 2 Buchst. f Satz 1 und 2 auf Veräußerungen anzuwenden, die nach dem 31.12.2022 erfolgen oder auf Vergütungen, die nach dem 31.12.2022 zufließen >§ 52 Abs. 45a Satz 3.*

§ 49 EStG

3. Einkünfte aus selbständiger Arbeit (§ 18), die im Inland ausgeübt oder verwertet wird oder worden ist, oder für die im Inland eine feste Einrichtung oder eine Betriebsstätte unterhalten wird;
4. Einkünfte aus nichtselbständiger Arbeit (§ 19), die
   a) im Inland ausgeübt oder verwertet wird oder worden ist,
   b) aus inländischen öffentlichen Kassen einschließlich der Kassen des Bundeseisenbahnvermögens und der Deutschen Bundesbank mit Rücksicht auf ein gegenwärtiges oder früheres Dienstverhältnis gewährt werden, ohne dass ein Zahlungsanspruch gegenüber der inländischen öffentlichen Kasse bestehen muss; dies gilt nicht, wenn das Dienstverhältnis im Tätigkeitsstaat oder einem anderen ausländischen Staat begründet wurde, der Arbeitnehmer keinen inländischen Wohnsitz oder gewöhnlichen Aufenthalt auf Grund des Dienstverhältnisses oder eines vorangegangenen vergleichbaren Dienstverhältnisses aufgegeben hat und mit dem Tätigkeitsstaat kein Abkommen zur Vermeidung der Doppelbesteuerung besteht,
   c) als Vergütung für eine Tätigkeit als Geschäftsführer, Prokurist oder Vorstandsmitglied einer Gesellschaft mit Geschäftsleitung im Inland bezogen werden,
   d) als Entschädigung im Sinne des § 24 Nummer 1 für die Auflösung eines Dienstverhältnisses gezahlt werden, soweit die für die zuvor ausgeübte Tätigkeit bezogenen Einkünfte der inländischen Besteuerung unterlegen haben,
   e) an Bord eines im internationalen Luftverkehr eingesetzten Luftfahrzeugs ausgeübt wird, das von einem Unternehmen mit Geschäftsleitung im Inland betrieben wird;
5. Einkünfte aus Kapitalvermögen im Sinne des
   a) § 20 Absatz 1 Nummer 1, 2, 4, 6 und 9, wenn
      aa) der Schuldner Wohnsitz, Geschäftsleitung oder Sitz im Inland hat,
      bb) in den Fällen des § 20 Absatz 1 Nummer 1 Satz 4 der Emittent der Aktien Geschäftsleitung oder Sitz im Inland hat oder
      cc) es sich um Fälle des § 44 Absatz 1 Satz 4 Nummer 1 Buchstabe a Doppelbuchstabe bb handelt;
      dies gilt auch für Erträge aus Wandelanleihen und Gewinnobligationen,
   b) (weggefallen)
   c) § 20 Absatz 1 Nummer 5 und 7, wenn
      aa) das Kapitalvermögen durch inländischen Grundbesitz, durch inländische Rechte, die den Vorschriften des bürgerlichen Rechts über Grundstücke unterliegen, oder

durch Schiffe, die in ein inländisches Schiffsregister eingetragen sind, unmittelbar oder mittelbar gesichert ist. ²Ausgenommen sind Zinsen aus Anleihen und Forderungen, die in ein öffentliches Schuldbuch eingetragen oder über die Sammelurkunden im Sinne des § 9a des Depotgesetzes oder Teilschuldverschreibungen, soweit es sich nicht um Wandelanleihen oder Gewinnobligationen handelt, ausgegeben sind, oder

bb) das Kapitalvermögen aus Genussrechten besteht, die nicht in § 20 Absatz 1 Nummer 1 genannt sind,

d) § 43 Absatz 1 Satz 1 Nummer 7 Buchstabe a, Nummer 9 und 10 sowie Satz 2, wenn sie von einem Schuldner oder von einem inländischen Kreditinstitut oder einem inländischen Finanzdienstleistungsinstitut oder einem inländischen Wertpapierinstitut im Sinne des § 43 Absatz 1 Satz 1 Nummer 7 Buchstabe b einem anderen als einem ausländischen Kreditinstitut oder einem ausländischen Finanzdienstleistungsinstitut oder einem ausländischen Wertpapierinstitut

aa) gegen Aushändigung der Zinsscheine ausgezahlt oder gutgeschrieben werden und die Teilschuldverschreibungen nicht von dem Schuldner, dem inländischen Kreditinstitut, dem inländischen Finanzdienstleistungsinstitut oder dem inländischen Wertpapierinstitut verwahrt werden oder

bb) gegen Übergabe der Wertpapiere ausgezahlt oder gutgeschrieben werden und diese vom Kreditinstitut weder verwahrt noch verwaltet werden.

²§ 20 Absatz 3 gilt entsprechend;

6. Einkünfte aus Vermietung und Verpachtung (§ 21), soweit sie nicht zu den Einkünften im Sinne der Nummern 1 bis 5 gehören, wenn das unbewegliche Vermögen, die Sachinbegriffe oder *Rechte im Sinne des § 21 Absatz 1 Satz 1 Nummer 1 oder sonstige Rechte, insbesondere Patentrechte, Markenrechte oder Sortenrechte,* im Inland belegen oder in ein inländisches öffentliches Buch oder Register eingetragen sind oder in einer inländischen Betriebsstätte oder in einer anderen Einrichtung verwertet werden. *²Bei sonstigen Rechten, bei denen Einkünfte nur auf Grund der Eintragung in ein inländisches öffentliches Buch oder Register vorliegen, liegen Einkünfte abweichend von Satz 1 nicht vor, wenn die Vermietung und Verpachtung nicht zwischen* [1]

---

[1]) Absatz 1 Nr. 6 ist in allen offenen Fällen anzuwenden, soweit die Vermietung und Verpachtung oder die Veräußerung von sonstigen Rechten, bei denen Einkünfte nur aufgrund der Eintragung in ein inländisches öffentliches Buch oder Register vorliegen, nicht zwischen nahestehenden Personen i. S. d. § 1 Abs. 2 AStG erfolgt. Im Übrigen ist Absatz 1 Nr. 6 auf Veräußerungen anzuwenden, die nach dem 31.12.2022 erfolgen oder auf Vergütungen, die nach dem 31.12.2022 zufließen >§ 52 Abs. 45a Satz 3.

nahestehenden Personen im Sinne des § 1 Absatz 2 des Außensteuergesetzes erfolgt oder der Besteuerung der Einkünfte die Bestimmungen eines Abkommens zur Vermeidung der Doppelbesteuerung unter Berücksichtigung der ihre Anwendung regelnden Vorschriften dieses Gesetzes entgegenstehen;

7. sonstige Einkünfte im Sinne des § 22 Nummer 1 Satz 3 Buchstabe a, die von den inländischen gesetzlichen Rentenversicherungsträgern, der inländischen landwirtschaftlichen Alterskasse, den inländischen berufsständischen Versorgungseinrichtungen, den inländischen Versicherungsunternehmen oder sonstigen inländischen Zahlstellen gewährt werden; dies gilt entsprechend für Leibrenten und andere Leistungen ausländischer Zahlstellen, wenn die Beiträge, die den Leistungen zugrunde liegen, nach § 10 Absatz 1 Nummer 2 ganz oder teilweise bei der Ermittlung der Sonderausgaben berücksichtigt wurden;

8. sonstige Einkünfte im Sinne des § 22 Nummer 2, soweit es sich um private Veräußerungsgeschäfte handelt, mit
    a) inländischen Grundstücken oder
    b) inländischen Rechten, die den Vorschriften des bürgerlichen Rechts über Grundstücke unterliegen;

8a. sonstige Einkünfte im Sinne des § 22 Nummer 4;

9. sonstige Einkünfte im Sinne des § 22 Nummer 3, auch wenn sie bei Anwendung dieser Vorschrift einer anderen Einkunftsart zuzurechnen wären, soweit es sich um Einkünfte aus inländischen unterhaltenden Darbietungen, aus der Nutzung beweglicher Sachen im Inland oder aus der Überlassung der Nutzung oder des Rechts auf Nutzung von gewerblichen, technischen, wissenschaftlichen und ähnlichen Erfahrungen, Kenntnissen und Fertigkeiten, zum Beispiel Plänen, Mustern und Verfahren, handelt, die im Inland genutzt werden oder worden sind; dies gilt nicht, soweit es sich um steuerpflichtige Einkünfte im Sinne der Nummern 1 bis 8 handelt;

10. sonstige Einkünfte im Sinne des § 22 Nummer 5; dies gilt auch für Leistungen ausländischer Zahlstellen, soweit die Leistungen bei einem unbeschränkt Steuerpflichtigen zu Einkünften nach § 22 Nummer 5 Satz 1 führen würden oder wenn die Beiträge, die den Leistungen zugrunde liegen, nach § 10 Absatz 1 Nummer 2 ganz oder teilweise bei der Ermittlung der Sonderausgaben berücksichtigt wurden.

11.[1] *Einkünfte aus der Beteiligung an einer Personengesellschaft oder Gemeinschaft, die ihren Sitz oder ihre Geschäftsleitung im Inland hat oder in ein inländisches Register eingetragen ist, soweit diese Einkünfte*

---

[1] Absatz 1 Nr. 11 ist erstmals auf Einkünfte anzuwenden, die nach dem 31.12.2021 zufließen >§ 52 Abs. 45a Satz 5.

a) in dem Staat, in dem der Beteiligte seinen Wohnsitz oder gewöhnlichen Aufenthalt hat, aufgrund einer vom deutschen Recht abweichenden steuerlichen Behandlung der Personengesellschaft oder Gemeinschaft keiner Besteuerung unterliegen,

b) nicht bereits als Einkünfte im Sinne der Nummern 1 bis 10 einer Besteuerung unterliegen und

c) in keinem anderen Staat einer Besteuerung unterliegen.

²Satz 1 gilt nur, wenn dem Beteiligten allein oder zusammen mit ihm nahestehenden Personen im Sinne des § 1 Absatz 2 des Außensteuergesetzes, die keiner unbeschränkten Steuerpflicht im Inland nach § 1 Absatz 1 oder nach § 1 des Körperschaftsteuergesetzes unterliegen, mehr als die Hälfte der Stimmrechte oder mehr als die Hälfte der Anteile am Kapital unmittelbar oder mittelbar zuzurechnen sind oder unmittelbar oder mittelbar ein Anspruch auf mehr als die Hälfte des Gewinns oder des Liquidationserlöses der Personengesellschaft oder Gemeinschaft zusteht; eine Beteiligung in diesem Sinne setzt nicht die Stellung als Gesellschafter oder Gemeinschafter voraus. ³Die Sätze 1 und 2 gelten nicht, wenn es sich bei der Personengesellschaft oder Gemeinschaft um einen Altersvorsorgevermögensfonds im Sinne des § 53 des Investmentsteuergesetzes handelt oder die Einkünfte auch bei einer nicht vom deutschen Recht abweichenden Behandlung der Personengesellschaft oder Gemeinschaft im ausländischen Staat keiner Besteuerung unterliegen würden. ⁴Die Besteuerung nach den vorstehenden Sätzen erfolgt ungeachtet der Bestimmungen eines Abkommens zur Vermeidung der Doppelbesteuerung.

(2) Im Ausland gegebene Besteuerungsmerkmale bleiben außer Betracht, soweit bei ihrer Berücksichtigung inländische Einkünfte im Sinne des Absatzes 1 nicht angenommen werden könnten.

(3) ¹Bei Schifffahrt- und Luftfahrtunternehmen sind die Einkünfte im Sinne des Absatzes 1 Nummer 2 Buchstabe b mit 5 Prozent der für diese Beförderungsleistungen vereinbarten Entgelte anzusetzen. ²Das gilt auch, wenn solche Einkünfte durch eine inländische Betriebsstätte oder einen inländischen ständigen Vertreter erzielt werden (Absatz 1 Nummer 2 Buchstabe a). ³Das gilt nicht in den Fällen des Absatzes 1 Nummer 2 Buchstabe c oder soweit das deutsche Besteuerungsrecht nach einem Abkommen zur Vermeidung der Doppelbesteuerung ohne Begrenzung des Steuersatzes aufrechterhalten bleibt.

(4) ¹Abweichend von Absatz 1 Nummer 2 sind Einkünfte steuerfrei, die ein beschränkt Steuerpflichtiger mit Wohnsitz oder gewöhnlichem Aufenthalt in einem ausländischen Staat durch den Betrieb eigener oder gecharterter Schiffe oder Luftfahrzeuge aus einem Unternehmen bezieht, dessen Geschäftsleitung sich in dem ausländischen Staat

befindet. ²Voraussetzung für die Steuerbefreiung ist, dass dieser ausländische Staat Steuerpflichtigen mit Wohnsitz oder gewöhnlichem Aufenthalt im Geltungsbereich dieses Gesetzes eine entsprechende Steuerbefreiung für derartige Einkünfte gewährt und dass das Bundesministerium für Verkehr und digitale Infrastruktur die Steuerbefreiung nach Satz 1 für verkehrspolitisch unbedenklich erklärt hat.

R 49.1

Beschränkte Steuerpflicht bei Einkünften aus Gewerbebetrieb

(1) ¹Einkünfte aus Gewerbebetrieb unterliegen nach § 49 Abs. 1 Nr. 2 Buchstabe a EStG auch dann der beschränkten Steuerpflicht, wenn im Inland keine Betriebsstätte unterhalten wird, sondern nur ein ständiger Vertreter für den Gewerbebetrieb bestellt ist (§ 13 AO). ²Ist der ständige Vertreter ein Kommissionär oder Makler, der Geschäftsbeziehungen für das ausländische Unternehmen im Rahmen seiner ordentlichen Geschäftstätigkeit unterhält, und ist die Besteuerung des ausländischen Unternehmens nicht durch ein DBA geregelt, sind die Einkünfte des ausländischen Unternehmens insoweit nicht der Besteuerung zu unterwerfen. ³Das gilt auch, wenn der ständige Vertreter ein Handelsvertreter (§ 84 HGB) ist, der weder eine allgemeine Vollmacht zu Vertragsverhandlungen und Vertragsabschlüssen für das ausländische Unternehmen besitzt noch über ein Warenlager dieses Unternehmens verfügt, von dem er regelmäßig Bestellungen für das Unternehmen ausführt.

S 1302

(2) ¹Auf Einkünfte, die ein beschränkt Stpfl. durch den Betrieb eigener oder gecharterter Schiffe oder Luftfahrzeuge aus einem Unternehmen bezieht, dessen Geschäftsleitung sich in einem ausländischen Staat befindet, sind die Sätze 2 und 3 des Absatzes 1 nicht anzuwenden. ²Einkünfte aus Gewerbebetrieb, die ein Unternehmen im Rahmen einer internationalen Betriebsgemeinschaft oder eines Pool-Abkommens erzielt, unterliegen nach § 49 Abs. 1 Nr. 2 Buchstabe c EStG der beschränkten Steuerpflicht auch, wenn das die Beförderung durchführende Unternehmen mit Sitz oder Geschäftsleitung im Inland nicht als ständiger Vertreter des ausländischen Beteiligten anzusehen ist.

(3) Bei gewerblichen Einkünften, die durch im Inland ausgeübte oder verwertete künstlerische, sportliche, artistische, unterhaltende oder ähnliche Darbietungen erzielt werden, kommt es für die Begründung der beschränkten Steuerpflicht nicht darauf an, ob im Inland eine Betriebsstätte unterhalten wird oder ein ständiger Vertreter bestellt worden ist und ob die Einnahmen dem Darbietenden, dem die Darbietung Verwertenden oder einem Dritten zufließen.

(4) ¹Hat der Stpfl. im Falle des § 49 Abs. 1 Nr. 2 Buchstabe e EStG wegen Verlegung des Wohnsitzes in das Ausland den Vermögenszuwachs der Beteiligung i. S. d. § 17 Abs. 1 Satz 1 EStG nach § 6 AStG versteuert, ist dieser Vermögenszuwachs vom tatsächlich erzielten Veräußerungsgewinn abzusetzen (§ 6 Abs. 1 Satz 5 AStG). ²Ein sich dabei ergebender

Verlust ist bei der Ermittlung der Summe der zu veranlagenden inländischen Einkünfte auszugleichen.

Hinweise

Allgemeines
Stand der DBA und anderer Abkommen im Steuerbereich >Anhang 12 I LStH 2023

Anteilsveräußerung mit Verlust nach Wegzug ins EU-/EWR-Ausland
>§ 6 Abs. 6 AStG

Beschränkt steuerpflichtige inländische Einkünfte aus Gewerbebetrieb bei Verpachtung
Beschränkt steuerpflichtige inländische Einkünfte aus Gewerbebetrieb bei Verpachtung liegen vor, solange der Verpächter für seinen Gewerbebetrieb im Inland einen ständigen Vertreter, gegebenenfalls den Pächter seines Betriebs, bestellt hat und während dieser Zeit weder eine Betriebsaufgabe erklärt noch den Betrieb veräußert (>BFH vom 13.11.1963 – BStBl III 1964 S. 124 und vom 12.04.1978 – BStBl II S. 494).

Besteuerung beschränkt steuerpflichtiger Einkünfte nach § 50a
- >BMF vom 25.11.2010 (BStBl I S. 1350), letztmals abgedruckt im Anhang 12 IV EStH 2016
- >R 49.1 Abs. 3

Grenzüberschreitende Überlassung von Software und Datenbanken
>BMF vom 27.10.2017 (BStBl I S. 1448)

Nachträgliche Einkünfte aus Gewerbebetrieb im Zusammenhang mit einer inländischen Betriebsstätte
>H 34d sinngemäß

Rechte, die in ein inländisches Register eingetragen sind
>BMF vom 06.11.2020 (BStBl I S. 1060) und vom 11.02.2021 (BStBl I S. 301)

Schiff- und Luftfahrt
- Pauschalierung der Einkünfte >§ 49 Abs. 3
- Steuerfreiheit der Einkünfte bei Gegenseitigkeit mit ausländischem Staat >§ 49 Abs. 4
- Verzeichnis der Staaten, die eine dem § 49 Abs. 4 entsprechende Steuerbefreiung gewähren; Gegenseitigkeit wird erforderlichenfalls vom BMF festgestellt *>Anhang 12 I LStH 2023*

§ 49 EStG
R 49.2, 49.3 H 49.1, 49.2

Ständiger Vertreter
Ständiger Vertreter kann auch ein inländischer Gewerbetreibender sein, der die Tätigkeit im Rahmen eines eigenen Gewerbebetriebs ausübt (>BFH vom 28.06.1972 – BStBl II S. 785).

Veräußerung von Dividendenansprüchen
Zur Veräußerung von Dividendenansprüchen durch Steuerausländer an Dritte >BMF vom 26.07.2013 (BStBl I S. 939)

Zweifelsfragen zur Besteuerung der Einkünfte aus Vermietung und Verpachtung
Zur Vermietung und Verpachtung gem. § 49 Abs. 1 Nr. 2 Buchst. f Doppelbuchst. aa >BMF vom 16.05.2011 (BStBl I S. 530)

R 49.2 — Beschränkte Steuerpflicht bei Einkünften aus selbständiger Arbeit

[1] Zur Ausübung einer selbständigen Tätigkeit gehört z. B. die inländische Vortragstätigkeit durch eine im Ausland ansässige Person. [2] Eine Verwertung einer selbständigen Tätigkeit im Inland liegt z. B. vor, wenn ein beschränkt steuerpflichtiger Erfinder sein Patent einem inländischen Betrieb überlässt oder wenn ein beschränkt steuerpflichtiger Schriftsteller sein Urheberrecht an einem Werk auf ein inländisches Unternehmen überträgt.

H 49.2 — Hinweise

Ausüben einer selbständigen Tätigkeit
Das Ausüben einer selbständigen Tätigkeit setzt das persönliche Tätigwerden im Inland voraus (>BFH vom 12.11.1986 – BStBl II 1987 S. 372).

Beschränkt steuerpflichtige inländische Einkünfte eines im Ausland ansässigen Textdichters
– >BFH vom 28.02.1973 (BStBl II S. 660)
– >BFH vom 20.07.1988 (BStBl II 1989 S. 87)

R 49.3 — Bedeutung der Besteuerungsmerkmale im Ausland bei beschränkter Steuerpflicht

(1) [1] Nach § 49 Abs. 2 EStG sind bei der Feststellung, ob inländische Einkünfte i. S. d. beschränkten Steuerpflicht vorliegen, die im Ausland gegebenen Besteuerungsmerkmale insoweit außer Betracht zu lassen, als bei ihrer Berücksichtigung steuerpflichtige inländische Einkünfte nicht angenommen werden könnten (isolierende Betrachtungsweise). [2] Danach unterliegen z. B. Einkünfte, die unter den Voraussetzungen des § 17 EStG

aus der Veräußerung des Anteiles an einer Kapitalgesellschaft erzielt werden, auch dann der beschränkten Steuerpflicht (§ 49 Abs. 1 Nr. 2 Buchstabe e EStG), wenn der Anteil in einem ausländischen Betriebsvermögen gehalten wird.

(2) Vergütungen für die Überlassung der Nutzung oder des Rechts auf Nutzung von gewerblichem Know-how, die weder Betriebseinnahmen eines inländischen Betriebs sind noch zu den Einkünften i. S. d. § 49 Abs. 1 Nr. 1 bis 8 EStG gehören, sind als sonstige Einkünfte i. S. d. § 49 Abs. 1 Nr. 9 EStG beschränkt steuerpflichtig.

(3) [1]Wird für verschiedenartige Leistungen eine einheitliche Vergütung gewährt, z. B. für Leistungen i. S. d. § 49 Abs. 1 Nr. 3 oder 9 EStG, ist die Vergütung nach dem Verhältnis der einzelnen Leistungen aufzuteilen. [2]Ist eine Trennung nicht ohne besondere Schwierigkeit möglich, kann die Gesamtvergütung zur Vereinfachung den sonstigen Einkünften i. S. d. § 49 Abs. 1 Nr. 9 EStG zugeordnet werden.

Hinweise

H 49.4

Einkünfte aus inländischen öffentlichen Kassen
>BMF vom 13.11.2019 (BStBl I S. 1082)

§ 50

Sondervorschriften für beschränkt Steuerpflichtige

(1) ¹Beschränkt Steuerpflichtige dürfen Betriebsausgaben (§ 4 Absatz 4 bis 8) oder Werbungskosten (§ 9) nur insoweit abziehen, als sie mit inländischen Einkünften in wirtschaftlichem Zusammenhang stehen. ²§ 32a Absatz 1 ist mit der Maßgabe anzuwenden, dass das zu versteuernde Einkommen um den Grundfreibetrag des § 32a Absatz 1 Satz 2 Nummer 1 erhöht wird; dies gilt bei Einkünften nach § 49 Absatz 1 Nummer 4 nur in Höhe des diese Einkünfte abzüglich der nach Satz 5 abzuziehenden Aufwendungen übersteigenden Teils des Grundfreibetrags. ³Wenn für das um den Grundfreibetrag erhöhte zu versteuernde Einkommen ein besonderer Steuersatz nach § 32b Absatz 2 oder nach § 2 Absatz 5 des Außensteuergesetzes gilt, ist dieser auf das zu versteuernde Einkommen anzuwenden. ⁴§ 10 Absatz 1, 1a Nummer 1, 3 und 4, Absatz 2 bis 6, die §§ 10a, 10c, 16 Absatz 4, die §§ 24b, 32, 32a Absatz 6, die §§ 33, 33a, 33b, 35a und 35c sind nicht anzuwenden. ⁵Hiervon abweichend sind bei Arbeitnehmern, die Einkünfte aus nichtselbständiger Arbeit im Sinne des § 49 Absatz 1 Nummer 4 beziehen, § 10 Absatz 1 Nummer 2 Buchstabe a, Nummer 3 und Absatz 3 sowie § 10c anzuwenden, soweit die Aufwendungen auf die Zeit entfallen, in der Einkünfte im Sinne des § 49 Absatz 1 Nummer 4 erzielt wurden und die Einkünfte nach § 49 Absatz 1 Nummer 4 nicht übersteigen. ⁶Die Jahres- und Monatsbeträge der Pauschalen nach § 9a Satz 1 Nummer 1 und § 10c ermäßigen sich zeitanteilig, wenn Einkünfte im Sinne des § 49 Absatz 1 Nummer 4 nicht während eines vollen Kalenderjahres oder Kalendermonats zugeflossen sind.

(1a) ¹Abweichend von Absatz 1 Satz 4 ist § 10 Absatz 1 Nummer 2 Buchstabe a sowie Absatz 2 und 3 auf Beiträge an berufsständische Versorgungseinrichtungen anzuwenden, wenn eine gesetzliche Pflichtmitgliedschaft in der Versorgungseinrichtung besteht, die auf einer für die inländische Berufsausübung erforderlichen Zulassung beruht. ²Dies gilt nur für Staatsangehörige

1. eines Mitgliedstaates der Europäischen Union oder eines Staates, auf den das Abkommen über den Europäischen Wirtschaftsraum Anwendung findet, und die im Hoheitsgebiet eines dieser Staaten oder der Schweiz ihren Wohnsitz oder gewöhnlichen Aufenthalt haben, sowie
2. der Schweizerischen Eidgenossenschaft, die ihren Wohnsitz oder gewöhnlichen Aufenthalt im Hoheitsgebiet eines Mitgliedstaates der Europäischen Union oder der Schweiz haben.

---

¹) Absatz 1 Satz 2 ist in allen offenen Fällen anzuwenden >§ 52 Abs. 46 Satz 5.
²) Absatz 1a ist erstmals auf Beiträge an berufsständische Versorgungseinrichtungen anzuwenden, die nach dem 31.12.2020 geleistet werden >§ 52 Abs. 46 Satz 2.

³Die Beiträge können nur als Sonderausgaben abgezogen werden, soweit sie in unmittelbarem wirtschaftlichem Zusammenhang mit inländischen Einkünften nach § 49 Absatz 1 Nummer 2 oder 3 stehen, die aus der durch die Zulassung ermöglichten Berufsausübung erzielt werden. ⁴Der Abzug der Beiträge erfolgt entsprechend dem Anteil der inländischen Einkünfte im Sinne des Satzes 3 an dem Gesamtbetrag der positiven in- und ausländischen Einkünfte aus der durch die Zulassung ermöglichten Berufsausübung. ⁵Der Abzug der Beiträge ist ausgeschlossen, soweit sie im Rahmen der Einkommensbesteuerung des Steuerpflichtigen in einem Staat, in dem er seinen Wohnsitz oder gewöhnlichen Aufenthalt hat, abgezogen worden sind oder sie die Einkünfte nach Satz 3 übersteigen.

(2) ¹Die Einkommensteuer für Einkünfte, die dem Steuerabzug vom Arbeitslohn oder vom Kapitalertrag oder dem Steuerabzug auf Grund des § 50a unterliegen, gilt bei beschränkt Steuerpflichtigen durch den Steuerabzug als abgegolten. ²Satz 1 gilt nicht

1. für Einkünfte eines inländischen Betriebs;
2. wenn nachträglich festgestellt wird, dass die Voraussetzungen der unbeschränkten Einkommensteuerpflicht im Sinne des § 1 Absatz 2 oder Absatz 3 oder des § 1a nicht vorgelegen haben; § 39 Absatz 7 ist sinngemäß anzuwenden;
3. in Fällen des § 2 Absatz 7 Satz 3;
4. für Einkünfte aus nichtselbständiger Arbeit im Sinne des § 49 Absatz 1 Nummer 4,
    a) wenn als Lohnsteuerabzugsmerkmal ein Freibetrag nach § 39a Absatz 4 gebildet worden ist und der im Kalenderjahr insgesamt erzielte Arbeitslohn *13.150 Euro* übersteigt,
    b) wenn die Veranlagung zur Einkommensteuer beantragt wird (§ 46 Absatz 2 Nummer 8) oder
    c) in den Fällen des § 46 Absatz 2 Nummer 2, 5 und 5a;
5. für Einkünfte im Sinne des § 50a Absatz 1 Nummer 1, 2 und 4, wenn die Veranlagung zur Einkommensteuer beantragt wird;
6. für Einkünfte aus Kapitalvermögen im Sinne des § 49 Absatz 1 Nummer 5 Satz 1 Buchstabe a, auf die § 20 Absatz 1 Nummer 6 Satz 2 anzuwenden ist, wenn die Veranlagung zur Einkommensteuer beantragt wird.

³In den Fällen des Satzes 2 Nummer 4 erfolgt die Veranlagung durch das Betriebsstättenfinanzamt, das nach § 39 Absatz 2 Satz 2 oder Satz 4 für die Bildung und die Änderung der Lohnsteuerabzugsmerkmale zuständig ist. ⁴Bei mehreren Betriebsstättenfinanzämtern ist das Betriebsstättenfinanzamt zuständig, in dessen Bezirk der Arbeitnehmer zuletzt beschäftigt war. ⁵Bei Arbeitnehmern mit Steuerklasse VI ist das Betriebsstättenfinanzamt zuständig, in dessen Bezirk der Arbeitnehmer zuletzt unter Anwendung der Steuerklasse I beschäftigt war. ⁶Hat der Arbeitgeber für den Arbeitnehmer keine elektronischen

Lohnsteuerabzugsmerkmale (§ 39e Absatz 4 Satz 2) abgerufen und wurde keine Bescheinigung für den Lohnsteuerabzug nach § 39 Absatz 3 oder § 39e Absatz 7 Satz 5 ausgestellt, ist das Betriebsstättenfinanzamt zuständig, in dessen Bezirk der Arbeitnehmer zuletzt beschäftigt war. [7] Satz 2 Nummer 4 Buchstabe b und Nummer 5 gilt nur für Staatsangehörige eines Mitgliedstaats der Europäischen Union oder eines anderen Staates, auf den das Abkommen über den Europäischen Wirtschaftsraum Anwendung findet, die im Hoheitsgebiet eines dieser Staaten ihren Wohnsitz oder gewöhnlichen Aufenthalt haben. [8] In den Fällen des Satzes 2 Nummer 5 erfolgt die Veranlagung durch das Bundeszentralamt für Steuern. [9] In den Fällen des Satzes 2 Nummer 6 ist für die Besteuerung des Gläubigers nach dem Einkommen das Finanzamt zuständig, das auch für die Besteuerung des Schuldners nach dem Einkommen zuständig ist; bei mehreren Schuldnern ist das Finanzamt zuständig, das für den Schuldner, dessen Leistung dem Gläubiger im Veranlagungszeitraum zuerst zufloss, zuständig ist. [10] Werden im Rahmen einer Veranlagung Einkünfte aus nichtselbständiger Arbeit im Sinne des § 49 Absatz 1 Nummer 4 bei der Ermittlung des zu versteuernden Einkommens berücksichtigt, gilt § 46 Absatz 3 und 5 entsprechend.

(3) § 34c Absatz 1 bis 3 ist bei Einkünften aus Land- und Forstwirtschaft, Gewerbebetrieb oder selbständiger Arbeit, für die im Inland ein Betrieb unterhalten wird, entsprechend anzuwenden, soweit darin nicht Einkünfte aus einem ausländischen Staat enthalten sind, mit denen der beschränkt Steuerpflichtige dort in einem der unbeschränkten Steuerpflicht ähnlichen Umfang zu einer Steuer vom Einkommen herangezogen wird.

(4) Die obersten Finanzbehörden der Länder oder die von ihnen beauftragten Finanzbehörden können mit Zustimmung des Bundesministeriums der Finanzen die Einkommensteuer bei beschränkt Steuerpflichtigen ganz oder zum Teil erlassen oder in einem Pauschbetrag festsetzen, wenn dies im besonderen öffentlichen Interesse liegt; ein besonderes öffentliches Interesse besteht

1. an der inländischen Veranstaltung international bedeutsamer kultureller und sportlicher Ereignisse, um deren Ausrichtung ein internationaler Wettbewerb stattfindet, oder
2. am inländischen Auftritt einer ausländischen Kulturvereinigung, wenn ihr Auftritt wesentlich aus öffentlichen Mitteln gefördert wird.

EStDV

§ 73

(weggefallen)

§ 50 EStG

R 50. Bemessungsgrundlage für die Einkommensteuer und Steuerermäßigung für ausländische Steuern

¹§ 50 Abs. 3 EStG ist auch im Verhältnis zu Staaten anzuwenden, mit denen ein DBA besteht. ²Es ist in diesem Fall grundsätzlich davon auszugehen, dass Ertragsteuern, für die das DBA gilt, der deutschen Einkommensteuer entsprechen. ³Bei der Ermittlung des Höchstbetrags für Zwecke der Steueranrechnung (>R 34c) sind in die S. d. E. nur die Einkünfte einzubeziehen, die im Wege der Veranlagung besteuert werden.

Hinweise

Allgemeines
Stand der DBA und anderer Abkommen im Steuerbereich >Anhang 12 I LStH 2023

Anwendung des § 50 Abs. 5 Satz 2 Nr. 2 (jetzt § 50 Abs. 2 Satz 2 Nr. 4 i. d. F. des JStG 2009)
>BMF vom 30.12.1996 (BStBl I S. 1506)

Anwendung des § 50 Abs. 3
>R 34c gilt entsprechend

Ausländische Kulturvereinigungen
– Zu Billigkeitsmaßnahmen nach § 50 Abs. 7 (jetzt § 50 Abs. 4) bei ausländischen Kulturvereinigungen >BMF vom 20.07.1983 (BStBl I S. 382) – sog. Kulturorchestererlass – und BMF vom 30.05.1995 (BStBl I S. 336)
– Als „solistisch besetztes Ensemble" i. S. d. Tz. 4 des sog. Kulturorchestererlasses ist eine Formation jedenfalls dann anzusehen, wenn bei den einzelnen Veranstaltungen nicht mehr als fünf Mitglieder auftreten und die ihnen abverlangte künstlerische Gestaltungshöhe mit derjenigen eines Solisten vergleichbar ist (>BFH vom 07.03.2007 – BStBl II 2008 S. 186).

Europäische Vereinswettbewerbe von Mannschaftssportarten
>BMF vom 20.03.2008 (BStBl I S. 538)

Kein Veranlagungswahlrecht für einen beschränkt steuerpflichtigen Staatsbürger eines Drittstaates
Einem in Deutschland beschränkt steuerpflichtigen Staatsbürger eines Drittstaates steht das Veranlagungswahlrecht gem. § 50 Abs. 2 Satz 2 Nr. 4 Buchst. b i. V. m. Satz 7 für Einkünfte aus nichtselbständiger Arbeit auch dann nicht zu, wenn er in einem EU- oder EWR-Staat wohnt (>BFH vom 03.09.2020 – BStBl II 2021 S. 237).

Wechsel zwischen beschränkter und unbeschränkter Steuerpflicht
>§ 2 Abs. 7 Satz 3

§ 50a

§ 50a
Steuerabzug bei beschränkt Steuerpflichtigen

(1) Die Einkommensteuer wird bei beschränkt Steuerpflichtigen im Wege des Steuerabzugs erhoben

1. bei Einkünften, die durch im Inland ausgeübte künstlerische, sportliche, artistische, unterhaltende oder ähnliche Darbietungen erzielt werden, einschließlich der Einkünfte aus anderen mit diesen Leistungen zusammenhängenden Leistungen, unabhängig davon, wem die Einkünfte zufließen (§ 49 Absatz 1 Nummer 2 bis 4 und 9), es sei denn, es handelt sich um Einkünfte aus nichtselbständiger Arbeit, die bereits dem Steuerabzug vom Arbeitslohn nach § 38 Absatz 1 Satz 1 Nummer 1 unterliegen,

2. bei Einkünften aus der inländischen Verwertung von Darbietungen im Sinne der Nummer 1 (§ 49 Absatz 1 Nummer 2 bis 4 und 6),

3. bei Einkünften, die aus Vergütungen für die Überlassung der Nutzung oder des Rechts auf Nutzung von Rechten, insbesondere von Urheberrechten und gewerblichen Schutzrechten, von gewerblichen, technischen, wissenschaftlichen und ähnlichen Erfahrungen, Kenntnissen und Fertigkeiten, zum Beispiel Plänen, Mustern und Verfahren, herrühren, sowie bei Einkünften, die aus der Verschaffung der Gelegenheit erzielt werden, einen Berufssportler über einen begrenzten Zeitraum vertraglich zu verpflichten (§ 49 Absatz 1 Nummer 2, 3, 6 und 9),

4. bei Einkünften, die Mitgliedern des Aufsichtsrats, Verwaltungsrats oder anderen mit der Überwachung der Geschäftsführung von Körperschaften, Personenvereinigungen und Vermögensmassen im Sinne des § 1 des Körperschaftsteuergesetzes beauftragten Personen sowie von anderen inländischen Personenvereinigungen des privaten und öffentlichen Rechts, bei denen die Gesellschafter nicht als Unternehmer (Mitunternehmer) anzusehen sind, für die Überwachung der Geschäftsführung gewährt werden (§ 49 Absatz 1 Nummer 3).

(2) ¹Der Steuerabzug beträgt 15 Prozent, in den Fällen des Absatzes 1 Nummer 4 beträgt er 30 Prozent der gesamten Einnahmen. ²Vom Schuldner der Vergütung ersetzte oder übernommene Reisekosten gehören nur insoweit zu den Einnahmen, als die Fahrt- und Übernachtungsauslagen die tatsächlichen Kosten und die Vergütungen für Verpflegungsmehraufwand die Pauschbeträge nach § 4 Absatz 5 Satz 1 Nummer 5 übersteigen. ³Bei Einkünften im Sinne des Absatzes 1 Nummer 1 wird ein Steuerabzug nicht erhoben, wenn die Einnahmen je Darbietung 250 Euro nicht übersteigen.

(3) ¹Der Schuldner der Vergütung kann von den Einnahmen in den Fällen des Absatzes 1 Nummer 1, 2 und 4 mit ihnen in unmittelbarem wirtschaftlichem Zusammenhang stehende Betriebsausgaben oder Werbungskosten abziehen, die ihm ein beschränkt Steuerpflichtiger

in einer für das Bundeszentralamt für Steuern nachprüfbaren Form nachgewiesen hat oder die vom Schuldner der Vergütung übernommen worden sind. ²Das gilt nur, wenn der beschränkt Steuerpflichtige Staatsangehöriger eines Mitgliedstaats der Europäischen Union oder eines anderen Staates ist, auf den das Abkommen über den Europäischen Wirtschaftsraum Anwendung findet, und im Hoheitsgebiet eines dieser Staaten seinen Wohnsitz oder gewöhnlichen Aufenthalt hat. ³Es gilt entsprechend bei einer beschränkt steuerpflichtigen Körperschaft, Personenvereinigung oder Vermögensmasse im Sinne des § 32 Absatz 4 des Körperschaftsteuergesetzes. ⁴In diesen Fällen beträgt der Steuerabzug von den nach Abzug der Betriebsausgaben oder Werbungskosten verbleibenden Einnahmen (Nettoeinnahmen), wenn
1. Gläubiger der Vergütung eine natürliche Person ist, 30 Prozent,
2. Gläubiger der Vergütung eine Körperschaft, Personenvereinigung oder Vermögensmasse ist, 15 Prozent.

(4) ¹Hat der Gläubiger einer Vergütung seinerseits Steuern für Rechnung eines anderen beschränkt steuerpflichtigen Gläubigers einzubehalten (zweite Stufe), kann er vom Steuerabzug absehen, wenn seine Einnahmen bereits dem Steuerabzug nach Absatz 2 unterlegen haben. ²Wenn der Schuldner der Vergütung auf zweiter Stufe Betriebsausgaben oder Werbungskosten nach Absatz 3 geltend macht, die Veranlagung nach § 50 Absatz 2 Satz 2 Nummer 5 beantragt oder die Erstattung der Abzugsteuer nach § 50c Absatz 3 oder einer anderen Vorschrift beantragt, hat er die sich nach Absatz 2 oder Absatz 3 ergebende Steuer zu diesem Zeitpunkt zu entrichten; Absatz 5 gilt entsprechend.

(5) ¹Die Steuer entsteht in dem Zeitpunkt, in dem die Vergütung dem Gläubiger zufließt. ²In diesem Zeitpunkt hat der Schuldner der Vergütung den Steuerabzug für Rechnung des Gläubigers (Steuerschuldner) vorzunehmen. ³Er hat die innerhalb eines Kalendervierteljahres einzubehaltende Steuer jeweils bis zum zehnten des dem Kalendervierteljahr folgenden Monats beim Bundeszentralamt für Steuern anzumelden und die einbehaltene Steuer an das Bundeszentralamt für Steuern abzuführen. ⁴Eine Anmeldungsverpflichtung beim Bundeszentralamt für Steuern besteht auch, wenn ein Steuerabzug auf Grund des Absatzes 2 Satz 3 oder des Absatzes 4 Satz 1 nicht vorzunehmen ist oder auf Grund des § 50c Absatz 2 nicht oder nicht in voller Höhe vorzunehmen ist; Satz 3 gilt insoweit entsprechend. ⁵Der Schuldner der Vergütung haftet für die Einbehaltung und Abführung der Steuer. ⁶Der Steuerschuldner kann in Anspruch genommen werden, wenn der Schuldner der Vergütung den Steuerabzug nicht vorschriftsmäßig vorgenommen hat. ⁷Der Schuldner der Vergütung ist verpflichtet, dem Gläubiger auf Verlangen die folgenden Angaben nach amtlich vorgeschriebenem Muster zu bescheinigen:
1. den Namen und die Anschrift des Gläubigers,

§ 50a EStG

2. die Art der Tätigkeit und Höhe der Vergütung in Euro,
3. den Zahlungstag,
4. den Betrag der einbehaltenen und abgeführten Steuer nach Absatz 2 oder Absatz 3.

S 2411

(6) Die Bundesregierung kann durch Rechtsverordnung mit Zustimmung des Bundesrates bestimmen, dass bei Vergütungen für die Nutzung oder das Recht auf Nutzung von Urheberrechten (Absatz 1 Nummer 3), die nicht unmittelbar an den Gläubiger, sondern an einen Beauftragten geleistet werden, anstelle des Schuldners der Vergütung der Beauftragte die Steuer einzubehalten und abzuführen hat und für die Einbehaltung und Abführung haftet.

S 2411

(7) [1]Das Finanzamt des Vergütungsgläubigers kann anordnen, dass der Schuldner der Vergütung für Rechnung des Gläubigers (Steuerschuldner) die Einkommensteuer von beschränkt steuerpflichtigen Einkünften, soweit diese nicht bereits dem Steuerabzug unterliegen, im Wege des Steuerabzugs einzubehalten und abzuführen hat, wenn dies zur Sicherung des Steueranspruchs zweckmäßig ist. [2]Der Steuerabzug beträgt 25 Prozent der gesamten Einnahmen, bei Körperschaften, Personenvereinigungen oder Vermögensmassen 15 Prozent der gesamten Einnahmen; das Finanzamt kann die Höhe des Steuerabzugs hiervon abweichend an die voraussichtlich geschuldete Steuer anpassen. [3]Absatz 5 gilt entsprechend mit der Maßgabe, dass die Steuer bei dem Finanzamt anzumelden und abzuführen ist, das den Steuerabzug angeordnet hat; das Finanzamt kann anordnen, dass die innerhalb eines Monats einbehaltene Steuer jeweils bis zum zehnten des Folgemonats anzumelden und abzuführen ist. [4]§ 50 Absatz 2 Satz 1 ist nicht anzuwenden. [5]Ist für Einkünfte im Sinne des § 49 Absatz 1 Nummer 7 und 10 der Steuerabzug einbehalten und abgeführt worden, obwohl eine Verpflichtung hierzu nicht bestand, ist auf Antrag des Schuldners der Vergütung die Anmeldung über den Steuerabzug insoweit zu ändern; stattdessen kann der Schuldner der Vergütung, sobald er erkennt, dass er den Steuerabzug ohne Verpflichtung einbehalten und abgeführt hat, bei der folgenden Steueranmeldung den abzuführenden Steuerabzug entsprechend kürzen; erstattungsberechtigt ist der Schuldner der Vergütung; die nach Absatz 5 Satz 6 erteilte Bescheinigung ist durch eine berichtigte Bescheinigung zu ersetzen und im Fall der Übermittlung in Papierform zurückzufordern. [6]Die Anrechnung der durch Steuerabzug erhobenen Einkommensteuer nach § 36 Absatz 2 Nummer 2 Buchstabe a richtet sich nach der Höhe der in der Rentenbezugsmitteilung nach § 22a ausgewiesenen einbehaltenen Steuerabzugsbeträge. [7]Wird eine Rentenbezugsmitteilung wegen einbehaltener Steuerabzugsbeträge korrigiert, ist die Anrechnung insoweit nachzuholen oder zu ändern.

EStDV
§ 73a
Begriffsbestimmungen

(1) Inländisch im Sinne des § 50a Abs. 1 Nr. 4 des Gesetzes sind solche Personenvereinigungen, die ihre Geschäftsleitung oder ihren Sitz im Geltungsbereich des Gesetzes haben.

(2) Urheberrechte im Sinne des § 50a Abs. 1 Nr. 3 des Gesetzes sind Rechte, die nach Maßgabe des Urheberrechtsgesetzes geschützt sind.

(3) Gewerbliche Schutzrechte im Sinne des § 50a Absatz 1 Nummer 3 des Gesetzes sind Rechte, die nach Maßgabe

1. des Designgesetzes,
2. des Patentgesetzes,
3. des Gebrauchsmustergesetzes oder
4. des Markengesetzes

geschützt sind.

§ 73b
(weggefallen)

§ 73c
Zeitpunkt des Zufließens im Sinne des § 50a Abs. 5 Satz 1 des Gesetzes

Die Vergütungen im Sinne des § 50a Abs. 1 des Gesetzes fließen dem Gläubiger zu

1. im Fall der Zahlung, Verrechnung oder Gutschrift:
   bei Zahlung, Verrechnung oder Gutschrift;
2. im Fall der Hinausschiebung der Zahlung wegen vorübergehender Zahlungsunfähigkeit des Schuldners:
   bei Zahlung, Verrechnung oder Gutschrift;
3. im Fall der Gewährung von Vorschüssen:
   bei Zahlung, Verrechnung oder Gutschrift der Vorschüsse.

§ 73d
Aufzeichnungen, Aufbewahrungspflichten, Steueraufsicht

(1) [1]Der Schuldner der Vergütungen im Sinne des § 50a Abs. 1 des Gesetzes (Schuldner) hat besondere Aufzeichnungen zu führen. [2]Aus den Aufzeichnungen müssen ersichtlich sein

1. Name und Wohnung des beschränkt steuerpflichtigen Gläubigers (Steuerschuldners),
2. Höhe der Vergütungen in Euro,

3. Höhe und Art der von der Bemessungsgrundlage des Steuerabzugs abgezogenen Betriebsausgaben oder Werbungskosten,
4. Tag, an dem die Vergütungen dem Steuerschuldner zugeflossen sind,
5. Höhe und Zeitpunkt der Abführung der einbehaltenen Steuer.

³Er hat in Fällen des § 50a Abs. 3 des Gesetzes die von der Bemessungsgrundlage des Steuerabzugs abgezogenen Betriebsausgaben oder Werbungskosten und die Staatsangehörigkeit des beschränkt steuerpflichtigen Gläubigers in einer für das Bundeszentralamt für Steuern nachprüfbaren Form zu dokumentieren.

(2) Bei der Veranlagung des Schuldners zur Einkommensteuer (Körperschaftsteuer) und bei Außenprüfungen, die bei dem Schuldner vorgenommen werden, ist auch zu prüfen, ob die Steuern ordnungsmäßig einbehalten und abgeführt worden sind.

EStDV

§ 73e
Einbehaltung, Abführung und Anmeldung der Steuer von Vergütungen im Sinne des § 50a Abs. 1 und 7 des Gesetzes
(§ 50a Abs. 5 des Gesetzes)

¹Der Schuldner hat die innerhalb eines Kalendervierteljahrs einbehaltene Steuer von Vergütungen im Sinne des § 50a Absatz 1 des Gesetzes unter der Bezeichnung „Steuerabzug von Vergütungen im Sinne des § 50a Absatz 1 des Einkommensteuergesetzes" jeweils bis zum zehnten des dem Kalendervierteljahr folgenden Monats an das Bundeszentralamt für Steuern abzuführen. ²Bis zum gleichen Zeitpunkt hat der Schuldner dem Bundeszentralamt für Steuern eine Steueranmeldung über den Gläubiger, die Höhe der Vergütungen im Sinne des § 50a Absatz 1 des Gesetzes, die Höhe und Art der von der Bemessungsgrundlage des Steuerabzugs abgezogenen Betriebsausgaben oder Werbungskosten und die Höhe des Steuerabzugs zu übersenden. ³Satz 2 gilt entsprechend, wenn ein Steuerabzug auf Grund des § 50a Absatz 2 Satz 3 oder Absatz 4 Satz 1 des Gesetzes nicht vorzunehmen ist oder auf Grund des § 50c Absatz 2 des Gesetzes nicht oder nicht in voller Höhe vorzunehmen ist. ⁴Die Steueranmeldung ist nach amtlich vorgeschriebenem Datensatz durch Datenfernübertragung zu übermitteln. ⁵Auf Antrag kann das Bundeszentralamt für Steuern zur Vermeidung unbilliger Härten auf eine elektronische Übermittlung verzichten; in diesem Fall ist die Steueranmeldung vom Schuldner oder von einem zu seiner Vertretung Berechtigten zu unterschreiben. ⁶Ist es zweifelhaft, ob der Gläubiger beschränkt oder unbeschränkt steuerpflichtig ist, so darf der Schuldner die Einbehaltung der Steuer nur dann unterlassen, wenn der Gläubiger durch eine Bescheinigung des nach den abgabenrechtlichen Vorschriften für die Besteuerung seines Einkommens zuständigen Finanzamts nachweist, dass er unbeschränkt steuerpflichtig ist. ⁷Die Sätze 1, 2, 4 und 5 gelten entsprechend für die Steuer nach § 50a Absatz 7 des Gesetzes mit der Maßgabe, dass

1. die Steuer an das Finanzamt abzuführen und bei dem Finanzamt anzumelden ist, das den Steuerabzug angeordnet hat, und
2. bei entsprechender Anordnung die innerhalb eines Monats einbehaltene Steuer jeweils bis zum zehnten des Folgemonats anzumelden und abzuführen ist.

§ 73f
Steuerabzug in den Fällen des § 50a Abs. 6 des Gesetzes

[1] Der Schuldner der Vergütungen für die Nutzung oder das Recht auf Nutzung von Urheberrechten im Sinne des § 50a Abs. 1 Nr. 3 des Gesetzes braucht den Steuerabzug nicht vorzunehmen, wenn er diese Vergütungen auf Grund eines Übereinkommens nicht an den beschränkt steuerpflichtigen Gläubiger (Steuerschuldner), sondern an die Gesellschaft für musikalische Aufführungs- und mechanische Vervielfältigungsrechte (Gema) oder an einen anderen Rechtsträger abführt und die obersten Finanzbehörden der Länder mit Zustimmung des Bundesministeriums der Finanzen einwilligen, dass dieser andere Rechtsträger an die Stelle des Schuldners tritt. [2] In diesem Fall hat die Gema oder der andere Rechtsträger den Steuerabzug vorzunehmen; § 50a Abs. 5 des Gesetzes sowie die §§ 73d und 73e gelten entsprechend.

§ 73g
Haftungsbescheid

(1) Ist die Steuer nicht ordnungsmäßig einbehalten oder abgeführt, so hat das Bundeszentralamt für Steuern oder das zuständige Finanzamt die Steuer von dem Schuldner, in den Fällen des § 73f von dem dort bezeichneten Rechtsträger, durch Haftungsbescheid oder von dem Steuerschuldner durch Steuerbescheid anzufordern.

(2) Der Zustellung des Haftungsbescheids an den Schuldner bedarf es nicht, wenn der Schuldner die einbehaltene Steuer dem Bundeszentralamt für Steuern oder dem Finanzamt ordnungsmäßig angemeldet hat (§ 73e) oder wenn er vor dem Bundeszentralamt für Steuern oder dem Finanzamt oder einem Prüfungsbeamten des Bundeszentralamts für Steuern oder des Finanzamts seine Verpflichtung zur Zahlung der Steuer schriftlich anerkannt hat.

§ 50a EStG

R 50a.1 Steuerabzug bei Lizenzgebühren, Vergütungen für die
Nutzung von Urheberrechten und bei Veräußerungen
von Schutzrechten usw.

[1] Lizenzgebühren für die Verwertung gewerblicher Schutzrechte und Vergütungen für die Nutzung von Urheberrechten, deren Empfänger im Inland weder einen Wohnsitz noch ihren gewöhnlichen Aufenthalt haben, unterliegen nach § 49 Abs. 1 Nr. 2 Buchstabe f Doppelbuchstabe aa bzw. Nr. 6 EStG der beschränkten Steuerpflicht, wenn die Patente in die deutsche Patentrolle eingetragen sind oder wenn die gewerblichen Erfindungen oder Urheberrechte in einer inländischen Betriebsstätte oder in einer anderen Einrichtung verwertet werden. [2] Als andere Einrichtungen sind öffentlich-rechtliche Rundfunkanstalten anzusehen, soweit sie sich in dem durch Gesetz oder Staatsvertrag bestimmten Rahmen mit der Weitergabe von Informationen in Wort und Bild beschäftigen und damit hoheitliche Aufgaben wahrnehmen, so dass sie nicht der Körperschaftsteuer unterliegen und damit auch keine Betriebsstätte begründen. [3] In den übrigen Fällen ergibt sich die beschränkte Steuerpflicht für Lizenzgebühren aus § 49 Abs. 1 Nr. 2 Buchstabe a oder Nr. 9 EStG. [4] Dem Steuerabzug unterliegen auch Lizenzgebühren, die den Einkünften aus selbständiger Arbeit zuzurechnen sind (§ 49 Abs. 1 Nr. 3 EStG).

H 50a.1

Hinweise

Kundenadressen

Einkünfte aus der Überlassung von Kundenadressen zur Nutzung im Inland fallen auch dann nicht gem. § 49 Abs. 1 Nr. 9 unter die beschränkte Steuerpflicht, wenn die Adressen vom ausländischen Überlassenden nach Informationen über das Konsumverhalten der betreffenden Kunden selektiert wurden. Es handelt sich nicht um die Nutzungsüberlassung von Knowhow, sondern von Datenbeständen (>BFH vom 13.11.2002 – BStBl II 2003 S. 249).

Rechteüberlassung

– Die entgeltliche Überlassung eines Rechts führt zu inländischen Einkünften, wenn die Rechteverwertung Teil einer gewerblichen oder selbständigen Tätigkeit im Inland (§ 49 Abs. 1 Nr. 2 Buchst. a oder Nr. 3) ist oder die Überlassung zeitlich begrenzt zum Zwecke der Verwertung in einer inländischen Betriebsstätte oder anderen inländischen Einrichtung erfolgt (§ 49 Abs. 1 Nr. 6). Dies gilt auch dann, wenn das Recht vom originären beschränkt steuerpflichtigen Inhaber selbst überlassen wird, wie z. B. bei der Überlassung der Persönlichkeitsrechte eines Sportlers durch diesen selbst im Rahmen einer Werbekampagne (>BMF vom 02.08.2005 – BStBl I S. 844).

– Zu einem ausnahmsweise möglichen Betriebsausgaben- und Werbungskostenabzug >BMF vom 17.06.2014 (BStBl I S. 887)

- Zur grenzüberschreitenden Überlassung von Software und Datenbanken >BMF vom 27.10.2017 (BStBl I S. 1448)
- Kein Steuerabzug nach § 50a Abs. 1 Nr. 3 bei Vergütungen für die Platzierung oder Vermittlung von Onlinewerbung >BMF vom 03.04.2019 (BStBl I S. 256)
- Zur Überlassung von in inländischen Registern eingetragenen Rechten >BMF vom 06.11.2020 (BStBl I S. 1060) und vom 11.02.2021 (BStBl I S. 301)

Spezialwissen
Auch ein rechtlich nicht geschütztes technisches Spezialwissen, wie es in § 49 Abs. 1 Nr. 9 aufgeführt ist, kann wie eine Erfindung zu behandeln sein, wenn sein Wert etwa dadurch greifbar ist, dass es in Lizenzverträgen zur Nutzung weitergegeben werden kann (>BFH vom 26.10.2004 – BStBl II 2005 S. 167).

Werbeleistungen eines ausländischen Motorsport-Rennteams
Eine ausländische Kapitalgesellschaft, die als Motorsport-Rennteam Rennwagen und Fahrer in einer internationalen Rennserie einsetzt, erbringt eine eigenständige sportliche Darbietung. Sie ist mit ihrer anteilig auf inländische Rennen entfallenden Vergütung für Werbeleistungen (auf den Helmen und Rennanzügen der Fahrer und auf den Rennwagen aufgebrachte Werbung) beschränkt steuerpflichtig (>BFH vom 06.06.2012 – BStBl II 2013 S. 430).

Berechnung des Steuerabzugs nach § 50a EStG in besonderen Fällen

– unbesetzt –

R 50a.2

Hinweise

H 50a.2

Allgemeines
- Zum Steuerabzug gem. § 50a bei Einkünften beschränkt Stpfl. aus künstlerischen, sportlichen, artistischen, unterhaltenden oder ähnlichen Darbietungen >BMF vom 25.11.2010 (BStBl I S. 1350), letztmals abgedruckt im Anhang 12 IV EStH 2016
- Zur Haftung eines im Ausland ansässigen Vergütungsschuldners gem. § 50a Abs. 5 auf der sog. zweiten Ebene >BFH vom 22.08.2007 (BStBl II 2008 S. 190)

Auslandskorrespondenten
>BMF vom 13.03.1998 (BStBl I S. 351)

§ 50a EStG
H 50a.2

Ausländische Kulturvereinigungen
>BMF vom 20.07.1983 (BStBl I S. 382) und BMF vom 30.05.1995 (BStBl I S. 336)

Doppelbesteuerungsabkommen
Nach § 50d Abs. 1 Satz 1 sind die Vorschriften über die Einbehaltung, Abführung und Anmeldung der Steuer durch den Schuldner der Vergütung nach § 50a ungeachtet eines DBA anzuwenden, wenn Einkünfte nach dem Abkommen nicht oder nur nach einem niedrigeren Steuersatz besteuert werden können (>BFH vom 13.07.1994 – BStBl II 1995 S. 129).

Fotomodelle
Zur Aufteilung von Gesamtvergütungen beim Steuerabzug von Einkünften beschränkt stpfl. Fotomodelle >BMF vom 09.01.2009 (BStBl I S. 362)

Sicherungseinbehalt nach § 50a Abs. 7
– Allgemeines >BMF vom 02.08.2002 (BStBl I S. 710)
– Sperrwirkung gem. § 48 Abs. 4 >BMF vom **19.07.2022** (BStBl I S. **1229**), **Rn. 94 ff.**

Steueranmeldung
– Im Falle einer Aussetzung (Aufhebung) der Vollziehung dürfen ausgesetzte Steuerbeträge nur an den Vergütungsschuldner und nicht an den Vergütungsgläubiger erstattet werden (>BFH vom 13.08.1997 – BStBl II S. 700 und BMF vom 25.11.2010 – BStBl I S. 1350, Rz. 68), letztmals abgedruckt im Anhang 12 IV EStH 2016.
– Zu Inhalt und Wirkungen einer Steueranmeldung gem. § 73e EStDV und zur gemeinschaftsrechtskonformen Anwendung des § 50a >BFH vom 07.11.2007 (BStBl II 2008 S. 228) und BMF vom 25.11.2010 (BStBl I S. 1350, Rz. 68), letztmals abgedruckt im Anhang 12 IV EStH 2016

Steuerbescheinigung nach § 50a Abs. 5 Satz 7
Das amtliche Muster ist auf der Internetseite des BZSt (www.bzst.bund.de) abrufbar.

Übersicht
Übernimmt der Schuldner der Vergütung die Steuer nach § 50a und den Solidaritätszuschlag (sog. Nettovereinbarung), ergibt sich zur Ermittlung der Abzugsteuer in den Fällen des § 50a Abs. 2 Satz 1, erster Halbsatz

und Satz 3 folgender Berechnungssatz in Prozent, der auf die jeweilige Netto-Vergütung anzuwenden ist:

Bei einer Netto-Vergütung in € Zufluss nach dem 31.12.2008	Berechnungssatz für die Steuer nach § 50a in % der Netto-Vergütung	Berechnungssatz für den Solidaritätszuschlag in % der Netto-Vergütung
bis 250,00	0,00	0,00
mehr als 250,00	17,82	0,98

Zuständigkeit
Örtlich zuständig für den Erlass eines Nachforderungsbescheides gem. § 73g Abs. 1 EStDV gegen den Vergütungsgläubiger (Steuerschuldner) ist in Fällen des angeordneten Steuerabzugs gem. § 50a Abs. 7 das für dessen Besteuerung zuständige Finanzamt und im Übrigen das BZSt (§ 73e Satz 1 und 7 EStDV).

IX. Sonstige Vorschriften, Bußgeld-, Ermächtigungs- und Schlussvorschriften

§ 50b
Prüfungsrecht

[1] Die Finanzbehörden sind berechtigt, Verhältnisse, die für die Anrechnung oder Vergütung von Körperschaftsteuer, für die Anrechnung oder Erstattung von Kapitalertragsteuer, für die Nichtvornahme des Steuerabzugs, für die Ausstellung der Jahresbescheinigung nach § 24c oder für die Mitteilungen an das Bundeszentralamt für Steuern nach § 45e von Bedeutung sind oder der Aufklärung bedürfen, bei den am Verfahren Beteiligten zu prüfen. [2] Die §§ 193 bis 203 der Abgabenordnung gelten sinngemäß.

§ 50c

Entlastung vom Steuerabzug in bestimmten Fällen

(1) ¹Soweit der Besteuerung von Einkünften, die der Kapitalertragsteuer oder dem Steuerabzug nach § 50a unterliegen, der § 43b, der § 50g oder ein Abkommen zur Vermeidung der Doppelbesteuerung entgegenstehen, sind dessen ungeachtet die Vorschriften zur Einbehaltung, Abführung und Anmeldung der Steuer anzuwenden. ²Der zum Steuerabzug Verpflichtete kann sich vorbehaltlich des Absatzes 2 nicht auf die Rechte des Gläubigers der Kapitalerträge oder Vergütungen aus § 43b, § 50g oder dem Abkommen berufen.

(2) ¹Der Schuldner der Kapitalerträge oder Vergütungen ist zur Einbehaltung und Abführung der Steuer nicht verpflichtet,

1. soweit dem Gläubiger der Kapitalerträge oder Vergütungen auf dessen Antrag (Freistellungsantrag) vom Bundeszentralamt für Steuern bescheinigt wird, dass § 43b, § 50g oder ein Abkommen zur Vermeidung der Doppelbesteuerung der Besteuerung der Einkünfte entgegensteht (Freistellungsbescheinigung), oder

2. soweit es sich um Einkünfte eines beschränkt Steuerpflichtigen im Sinne des § 50a Absatz 1 Nummer 3 handelt und soweit der Besteuerung der Einkünfte ein Abkommen zur Vermeidung der Doppelbesteuerung entgegensteht; dies gilt nur, wenn die Vergütung zuzüglich der dem beschränkt Steuerpflichtigen in demselben Kalenderjahr vom Schuldner bereits zugeflossenen Vergütungen 5.000 Euro nicht übersteigt.

²Der Schuldner ist zur Steueranmeldung auch dann verpflichtet, wenn er gemäß Satz 1 keine Steuer einzubehalten und abzuführen hat. ³Eine Steueranmeldung kann auf der Grundlage des Satzes 1 nicht geändert werden, es sei denn, die Freistellungsbescheinigung ist zum Zeitpunkt der Anmeldung der Steuer noch nicht erteilt worden. ⁴Eine Freistellungsbescheinigung ist auf einen Zeitraum von höchstens drei Jahren frühestens ab dem Tag, an dem der Antrag beim Bundeszentralamt für Steuern eingeht, zu befristen und von der Einhaltung der Voraussetzungen ihrer Erteilung während ihrer Geltung abhängig zu machen; sie kann mit weiteren Nebenbestimmungen gemäß § 120 Absatz 2 der Abgabenordnung versehen werden. ⁵Eine Freistellungsbescheinigung für die Kapitalertragsteuer auf Grund eines Abkommens zur Vermeidung der Doppelbesteuerung ist nur zu erteilen, wenn der Gläubiger der Kapitalerträge eine Kapitalgesellschaft ist, die im Staat ihrer Ansässigkeit den Steuern vom Einkommen oder Gewinn unterliegt, ohne davon befreit zu sein, und soweit dem Gläubiger Kapitalerträge von einer unbeschränkt steuerpflichtigen Kapitalgesellschaft im Sinne des § 1 Absatz 1 Nummer 1

---

¹) Absatz 2 Satz 1 Nr. 2 ist erstmals auf Einkünfte anzuwenden, die dem beschränkt Stpfl. nach dem 31.12.2021 zufließen; die Geltung von Ermächtigungen nach § 50d Abs. 5 und 6 i. d. F., die vor dem Inkrafttreten des Artikels 1 des Gesetzes vom 02.06.2021 (BGBl. I S. 1259) galt, endet spätestens zu diesem Zeitpunkt >§ 52 Abs. 47a Satz 1.

des Körperschaftsteuergesetzes zufließen, an deren Nennkapital der Gläubiger zu mindestens einem Zehntel unmittelbar beteiligt ist. [6]Über einen Freistellungsantrag ist innerhalb von drei Monaten nach Vorlage aller erforderlichen Nachweise zu entscheiden.

(3) [1]Dem beschränkt steuerpflichtigen Gläubiger der Kapitalerträge oder Vergütungen wird auf seinen fristgemäßen Antrag beim Bundeszentralamt für Steuern (Erstattungsantrag) auf der Grundlage eines Freistellungsbescheides die gemäß Absatz 1 Satz 1 einbehaltene und abgeführte oder auf Grund eines Haftungsbescheids oder Nachforderungsbescheids entrichtete Steuer erstattet, wenn die Steuer nicht nach § 36 Absatz 2 Nummer 2 auf die Einkommensteuer oder die Körperschaftsteuer des Gläubigers angerechnet werden kann. [2]Die Frist für einen Erstattungsantrag beträgt vier Jahre und beginnt mit Ablauf des Kalenderjahres, in dem die Kapitalerträge oder Vergütungen bezogen worden sind; sie endet nicht vor Ablauf eines Jahres seit dem Zeitpunkt der Entrichtung der Steuer und nicht vor Ablauf der im Abkommen zur Vermeidung der Doppelbesteuerung vorgesehenen Frist. [3]Ein Freistellungsbescheid für Kapitalertragsteuer wird nur erteilt, wenn die in § 45a Absatz 2 oder Absatz 3 bezeichnete Bescheinigung vorgelegt wurde oder die Angaben gemäß § 45a Absatz 2a übermittelt wurden; einem Antrag auf Erstattung der nach § 50a entrichteten Steuer ist die Bescheinigung nach § 50a Absatz 5 Satz 6 beizufügen. [4]Hat der Gläubiger nach § 50a Absatz 5 Steuern für Rechnung anderer beschränkt steuerpflichtiger Gläubiger einzubehalten, kann die Auszahlung des Erstattungsanspruchs davon abhängig gemacht werden, dass er die Zahlung der von ihm einzubehaltenden Steuer nachweist, hierfür Sicherheit leistet oder unwiderruflich die Zustimmung zur Verrechnung seines Erstattungsanspruchs mit dem Steueranspruch nach § 50a Absatz 5 Satz 3 erklärt.

(4) [1]Ein nach Absatz 3 in Verbindung mit § 50g zu erstattender Betrag ist nach Maßgabe der §§ 238 und 239 der Abgabenordnung zu verzinsen. [2]Die Festsetzungsfrist beginnt mit Ablauf des Kalenderjahres, in dem der Freistellungsbescheid erlassen, aufgehoben oder nach § 129 der Abgabenordnung berichtigt worden ist. [3]Der Zinslauf beginnt zwölf Monate nach Ablauf des Monats, in dem der Erstattungsantrag und alle für die Entscheidung erforderlichen Nachweise vorliegen, frühestens am Tag der Entrichtung der Steuer. [4]Der Zinslauf endet mit Ablauf des Tages, an dem der Freistellungsbescheid wirksam wird. [5]§ 233a Absatz 5 der Abgabenordnung gilt sinngemäß.

§ 50c EStG
R 50c H 50c

[1])

(5) ¹Der Freistellungsantrag und der Erstattungsantrag sind nach amtlich vorgeschriebenem Datensatz über die amtlich bestimmte Schnittstelle zu übermitteln. ²Der Antragsteller hat durch eine Bestätigung der für ihn zuständigen Steuerbehörde des anderen Staates nachzuweisen, dass er dort ansässig ist oder in den Fällen des § 43b Absatz 1 Satz 1 zweite Alternative oder des § 50g Absatz 1 Satz 1 [1]) letzte Alternative dort eine Betriebsstätte hat. ³Zur Vermeidung unbilliger Härten kann das Bundeszentralamt für Steuern auf Antrag auf eine Übermittlung gemäß Satz 1 verzichten; in diesem Fall ist der Freistellungsantrag oder der Erstattungsantrag nach amtlich vorgeschriebenem Vordruck zu stellen. ⁴Die Entscheidung über einen Freistellungsantrag und die Entscheidung über einen Erstattungsantrag werden zum Datenabruf über die amtlich bestimmte Schnittstelle bereitgestellt, es sei denn, der Antrag war nach amtlich vorgeschriebenem Vordruck zu stellen; § 122a Absatz 3 und 4 der Abgabenordnung ist entsprechend anzuwenden.

[1])

R 50c.

Wertminderung von Anteilen durch Gewinnausschüttungen[2])

– Letztmals abgedruckt im EStH 2021 –

H 50c

Hinweise

Abstandnahme vom Steuerabzug gem. § 50d Abs. 2 Satz 1 a. F. (jetzt § 50c Abs. 2) bei sog. abgesetzten Beständen
>BMF vom 05.07.2013 (BStBl I S. 847)

Merkblatt des BZSt
Zur Entlastung vom Steuerabzug i. S. v. § 50a aufgrund von DBA
– bei Vergütungen an ausländische Künstler und Sportler vom 09.10.2002 (BStBl I S. 904)
– bei Lizenzgebühren und ähnlichen Vergütungen vom 09.10.2002 (BStBl I S. 916)

Das BZSt bietet aktuelle Fassungen seiner Merkblätter sowie die Bestellung von Antragsvordrucken im Internet an (www.bzst.bund.de).

---

[1]) Absatz 5 Satz 1, 3 und 4 ist erstmals auf Anträge anzuwenden, die nach dem 31.12.2022 gestellt werden; für Anträge, die gemäß § 50c Abs. 2 oder 3 bis zu diesem Zeitpunkt gestellt werden, ist der amtlich vorgeschriebene Vordruck zu verwenden und § 50d Abs. 1 Satz 7 und 8 i. d. F. anzuwenden, die vor dem Inkrafttreten des Artikels 1 des Gesetzes vom 02.06.2021 (BGBl. I S. 1259) galt >§ 52 Abs. 47a Satz 2.

[2]) R 50c ist zu § 50c „Wertminderung von Anteilen durch Gewinnausschüttungen" i. d. F. des Gesetzes vom 24.03.1999 (BGBl. I S. 402) ergangen.

§ 50d
Anwendung von Abkommen zur Vermeidung der Doppelbesteuerung

(1)-(2) (weggefallen)

(3) ¹Eine Körperschaft, Personenvereinigung oder Vermögensmasse hat auf der Grundlage eines Abkommens zur Vermeidung der Doppelbesteuerung keinen Anspruch auf Entlastung von der Kapitalertragsteuer und vom Steuerabzug nach § 50a, soweit [1]

1. Personen an ihr beteiligt oder durch die Satzung, das Stiftungsgeschäft oder die sonstige Verfassung begünstigt sind, denen dieser Anspruch nicht zustünde, wenn sie die Einkünfte unmittelbar erzielten, und
2. die Einkunftsquelle keinen wesentlichen Zusammenhang mit einer Wirtschaftstätigkeit dieser Körperschaft, Personenvereinigung oder Vermögensmasse aufweist; das Erzielen der Einkünfte, deren Weiterleitung an beteiligte oder begünstigte Personen sowie eine Tätigkeit, soweit sie mit einem für den Geschäftszweck nicht angemessen eingerichteten Geschäftsbetrieb ausgeübt wird, gelten nicht als Wirtschaftstätigkeit.

²Satz 1 findet keine Anwendung, soweit die Körperschaft, Personenvereinigung oder Vermögensmasse nachweist, dass keiner der Hauptzwecke ihrer Einschaltung die Erlangung eines steuerlichen Vorteils ist, oder wenn mit der Hauptgattung der Anteile an ihr ein wesentlicher und regelmäßiger Handel an einer anerkannten Börse stattfindet. ³§ 42 der Abgabenordnung bleibt unberührt.

(4)-(6) (weggefallen)

(7) Werden Einkünfte im Sinne des § 49 Absatz 1 Nummer 4 aus einer Kasse einer juristischen Person des öffentlichen Rechts im Sinne der Vorschrift eines Abkommens zur Vermeidung der Doppelbesteuerung über den öffentlichen Dienst gewährt, so ist diese Vorschrift bei Bestehen eines Dienstverhältnisses mit einer anderen Person in der Weise auszulegen, dass die Vergütungen für der erstgenannten Person geleistete Dienste gezahlt werden, wenn sie ganz oder im Wesentlichen aus öffentlichen Mitteln aufgebracht werden.

(8) ¹Sind Einkünfte eines unbeschränkt Steuerpflichtigen aus nichtselbständiger Arbeit (§ 19) nach einem Abkommen zur Vermeidung der Doppelbesteuerung von der Bemessungsgrundlage der deutschen Steuer auszunehmen, wird die Freistellung bei der Veranlagung ungeachtet des Abkommens nur gewährt, soweit der Steuerpflichtige nachweist, dass der Staat, dem nach dem Abkommen das Besteuerungsrecht zusteht, auf dieses Besteuerungsrecht verzichtet hat oder dass die in diesem Staat auf die Einkünfte festgesetzten

---

[1] Absatz 3 ist in allen offenen Fällen anzuwenden, es sei denn, § 50d Abs. 3 i. d. F., die zu dem Zeitpunkt galt, in dem die Einkünfte zugeflossen sind, steht dem Anspruch auf Entlastung nicht entgegen >§ 52 Abs. 47b.

Steuern entrichtet wurden. ²Wird ein solcher Nachweis erst geführt, nachdem die Einkünfte in eine Veranlagung zur Einkommensteuer einbezogen wurden, ist der Steuerbescheid insoweit zu ändern. ³§ 175 Absatz 1 Satz 2 der Abgabenordnung ist entsprechend anzuwenden.

(9) ¹Sind Einkünfte eines unbeschränkt Steuerpflichtigen nach einem Abkommen zur Vermeidung der Doppelbesteuerung von der Bemessungsgrundlage der deutschen Steuer auszunehmen, so wird die Freistellung der Einkünfte ungeachtet des Abkommens nicht gewährt, soweit

1. der andere Staat die Bestimmungen des Abkommens so anwendet, dass die Einkünfte in diesem Staat von der Besteuerung auszunehmen sind oder nur zu einem durch das Abkommen begrenzten Steuersatz besteuert werden können,
2. die Einkünfte in dem anderen Staat nur deshalb nicht steuerpflichtig sind, weil sie von einer Person bezogen werden, die in diesem Staat nicht auf Grund ihres Wohnsitzes, ständigen Aufenthalts, des Ortes ihrer Geschäftsleitung, des Sitzes oder eines ähnlichen Merkmals unbeschränkt steuerpflichtig ist, oder
3. die Einkünfte in dem anderen Staat nur deshalb nicht steuerpflichtig sind, weil sie einer Betriebsstätte in einem anderen Staat zugeordnet werden oder auf Grund einer anzunehmenden schuldrechtlichen Beziehung die steuerliche Bemessungsgrundlage in dem anderen Staat gemindert wird.

²Nummer 2 gilt nicht für Dividenden, die nach einem Abkommen zur Vermeidung der Doppelbesteuerung von der Bemessungsgrundlage der deutschen Steuer auszunehmen sind, es sei denn, die Dividenden sind bei der Ermittlung des Gewinns der ausschüttenden Gesellschaft abgezogen worden. ³Bestimmungen eines Abkommens zur Vermeidung der Doppelbesteuerung, sowie Absatz 8 und § 20 Absatz 2 des Außensteuergesetzes bleiben unberührt, soweit sie jeweils die Freistellung von Einkünften in einem weitergehenden Umfang einschränken. ⁴Bestimmungen eines Abkommens zur Vermeidung der Doppelbesteuerung, nach denen Einkünfte aufgrund ihrer Behandlung im anderen Vertragsstaat nicht von der Bemessungsgrundlage der deutschen Steuer ausgenommen werden, sind auch auf Teile von Einkünften anzuwenden, soweit die Voraussetzungen der jeweiligen Bestimmung des Abkommens hinsichtlich dieser Einkunftsteile erfüllt sind.

(10) ¹Sind auf eine Vergütung im Sinne des § 15 Absatz 1 Satz 1 Nummer 2 Satz 1 zweiter Halbsatz und Nummer 3 zweiter Halbsatz die Vorschriften eines Abkommens zur Vermeidung der Doppelbesteuerung anzuwenden und enthält das Abkommen keine solche Vergütungen betreffende ausdrückliche Regelung, gilt die Vergütung für Zwecke der Anwendung des Abkommens zur Vermeidung der Doppelbe-

steuerung ausschließlich als Teil des Unternehmensgewinns des vergütungsberechtigten Gesellschafters. ²Satz 1 gilt auch für die durch das Sonderbetriebsvermögen veranlassten Erträge und Aufwendungen. ³Die Vergütung des Gesellschafters ist ungeachtet der Vorschriften eines Abkommens zur Vermeidung der Doppelbesteuerung über die Zuordnung von Vermögenswerten zu einer Betriebsstätte derjenigen Betriebsstätte der Gesellschaft zuzurechnen, der der Aufwand für die der Vergütung zugrunde liegende Leistung zuzuordnen ist; die in Satz 2 genannten Erträge und Aufwendungen sind der Betriebsstätte zuzurechnen, der die Vergütung zuzuordnen ist. ⁴Die Sätze 1 bis 3 gelten auch in den Fällen des § 15 Absatz 1 Satz 1 Nummer 2 Satz 2 sowie in den Fällen des § 15 Absatz 1 Satz 2 entsprechend. ⁵Sind Einkünfte im Sinne der Sätze 1 bis 4 einer Person zuzurechnen, die nach einem Abkommen zur Vermeidung der Doppelbesteuerung als im anderen Staat ansässig gilt, und weist der Steuerpflichtige nach, dass der andere Staat die Einkünfte besteuert, ohne die darauf entfallende deutsche Steuer anzurechnen, ist die in diesem Staat nachweislich auf diese Einkünfte festgesetzte und gezahlte und um einen entstandenen Ermäßigungsanspruch gekürzte, der deutschen Einkommensteuer entsprechende, anteilige ausländische Steuer bis zur Höhe der anteilig auf diese Einkünfte entfallenden deutschen Einkommensteuer anzurechnen. ⁶Satz 5 gilt nicht, wenn das Abkommen zur Vermeidung der Doppelbesteuerung eine ausdrückliche Regelung für solche Einkünfte enthält. ⁷Die Sätze 1 bis 6

1. sind nicht auf Gesellschaften im Sinne des § 15 Absatz 3 Nummer 2 anzuwenden;
2. gelten entsprechend, wenn die Einkünfte zu den Einkünften aus selbständiger Arbeit im Sinne des § 18 gehören; dabei tritt der Artikel über die selbständige Arbeit an die Stelle des Artikels über die Unternehmenseinkünfte, wenn das Abkommen zur Vermeidung der Doppelbesteuerung einen solchen Artikel enthält.

⁸Absatz 9 Satz 1 Nummer 1 bleibt unberührt.

(11) ¹Sind Dividenden bei einem unbeschränkt steuerpflichtigen Zahlungsempfänger nach einem Abkommen zur Vermeidung der Doppelbesteuerung von der Bemessungsgrundlage der deutschen Steuer auszunehmen, wird die Freistellung ungeachtet des Abkommens nur insoweit gewährt, als die Dividenden nach deutschem Steuerrecht nicht einer anderen Person zuzurechnen sind. ²Soweit die Dividenden nach deutschem Steuerrecht einer anderen Person zuzurechnen sind, werden sie bei dieser Person freigestellt, wenn sie bei ihr als Zahlungsempfänger nach Maßgabe des Abkommens freigestellt würden.

(11a) Ist der Gläubiger der Kapitalerträge oder Vergütungen eine Person, der die Kapitalerträge oder Vergütungen nach diesem Gesetz oder nach dem Steuerrecht des anderen Vertragsstaats nicht zuge-

§ 50d EStG

rechnet werden, steht der Anspruch auf völlige oder teilweise Erstattung des Steuerabzugs vom Kapitalertrag oder nach § 50a auf Grund eines Abkommens zur Vermeidung der Doppelbesteuerung nur der Person zu, der die Kapitalerträge oder Vergütungen nach den Steuergesetzen des anderen Vertragsstaats als Einkünfte oder Gewinne einer ansässigen Person zugerechnet werden.

(12) [1]Abfindungen, die anlässlich der Beendigung eines Dienstverhältnisses gezahlt werden, gelten für Zwecke der Anwendung eines Abkommens zur Vermeidung der Doppelbesteuerung als für frühere Tätigkeit geleistetes zusätzliches Entgelt. [2]Dies gilt nicht, soweit das Abkommen in einer gesonderten, ausdrücklich solche Abfindungen betreffenden Vorschrift eine abweichende Regelung trifft. [3]Absatz 9 Satz 1 Nummer 1 sowie Rechtsverordnungen gemäß § 2 Absatz 2 Satz 1 der Abgabenordnung bleiben unberührt.

(13) Werden Aktien einer Gesellschaft mit Sitz oder Geschäftsleitung im Inland mit Dividendenberechtigung erworben, aber ohne Dividendenanspruch geliefert, sind vom Erwerber an Stelle von Dividenden erhaltene sonstige Bezüge für Zwecke der Anwendung eines Abkommens zur Vermeidung der Doppelbesteuerung den Dividenden, die von dieser Gesellschaft gezahlt werden, gleichgestellt.

(14) [1]Dem Gläubiger der Kapitalerträge im Sinne des § 20 Absatz 1 Nummer 1 und 2 aus Anteilen an einer optierenden Gesellschaft im Sinne des § 1a des Körperschaftsteuergesetzes steht ungeachtet der Bestimmungen eines Abkommens zur Vermeidung der Doppelbesteuerung kein Anspruch auf Entlastung von der Kapitalertragsteuer zu, wenn die Kapitalerträge im anderen Staat aufgrund einer vom deutschen Recht abweichenden steuerlichen Behandlung der optierenden Gesellschaft nicht der Besteuerung unterliegen. [2]Gewinne aus der Veräußerung von Anteilen an einer optierenden Gesellschaft im Sinne des § 1a des Körperschaftsteuergesetzes sind ungeachtet der Bestimmungen eines Abkommens zur Vermeidung der Doppelbesteuerung zu versteuern, wenn sie im anderen Staat aufgrund einer vom deutschen Recht abweichenden steuerlichen Behandlung der optierenden Gesellschaft nicht der Besteuerung unterliegen.

§ 50d EStG

Hinweise

Anwendung der DBA auf Personengesellschaften
>BMF vom 26.09.2014 (BStBl I S. 1258)

Arbeitslohn nach DBA
>BMF vom 03.05.2018 (BStBl I S. 643) unter Berücksichtigung der Änderungen durch BMF vom 22.04.2020 (BStBl I S. 483), Anhang 12 II LStH

Entlastungsberechtigung ausländischer Gesellschaften
Zur Anwendung des § 50d Abs. 3 >BMF vom 24.01.2012 (BStBl I S. 171) unter Berücksichtigung >BMF vom 04.04.2018 (BStBl I S. 589)

Entlastung von deutscher Abzugsteuer gemäß § 50a bei künstlerischer, sportlicher Tätigkeit oder ähnlichen Darbietungen
>BMF vom 25.11.2010 (BStBl I S. 1350), letztmals abgedruckt im Anhang 12 IV EStH 2016

Gestaltungsmissbrauch
Werden im Inland erzielte Einnahmen zur Vermeidung inländischer Steuer durch eine ausländische Kapitalgesellschaft „durchgeleitet", kann ein Missbrauch rechtlicher Gestaltungsmöglichkeiten auch dann vorliegen, wenn der Staat, in dem die Kapitalgesellschaft ihren Sitz hat, kein sog. Niedrigbesteuerungsland ist (>BFH vom 29.10.1997 – BStBl II 1998 S. 235).

§ 50e EStG

§ 50e
Bußgeldvorschriften; Nichtverfolgung von Steuerstraftaten bei geringfügiger Beschäftigung in Privathaushalten

(1) Ordnungswidrig handelt, wer vorsätzlich oder leichtfertig entgegen § 45d Absatz 1 Satz 1, § 45d Absatz 3 Satz 1, der nach § 45e erlassenen Rechtsverordnung oder den unmittelbar geltenden Verträgen mit den in Artikel 17 der Richtlinie 2003/48/EG genannten Staaten und Gebieten eine Mitteilung nicht, nicht richtig, nicht vollständig oder nicht rechtzeitig abgibt.

[1]) (2) Ordnungswidrig handelt, wer vorsätzlich oder leichtfertig
1. entgegen § 45b Absatz 3 Satz 3 oder 4, jeweils auch in Verbindung mit Absatz 5 Satz 2, eine Bescheinigung erteilt
2. entgegen § 45b Absatz 4 Satz 1 erster Halbsatz, Absatz 5 Satz 1 erster Halbsatz oder Absatz 6 Satz 1 oder 2, § 45c Absatz 1 Satz 1, auch in Verbindung mit Satz 2, oder § 45c Absatz 2 Satz 1, auch in Verbindung mit Satz 2, eine dort genannte Angabe oder dort genannte Daten nicht richtig oder nicht vollständig übermittelt oder
3. entgegen
   a) § 45b Absatz 7 Satz 1 eine Mitteilung nicht richtig oder nicht vollständig macht oder
   b) § 45b Absatz 7 Satz 2 eine schriftliche Versicherung nicht richtig oder nicht vollständig abgibt

   und dadurch ermöglicht, Steuern zu verkürzen oder nicht gerechtfertigte Steuervorteile zu erlangen.

[1]) (3) In den Fällen des Absatzes 2 Nummer 2 kann die Ordnungswidrigkeit auch dann geahndet werden, wenn sie nicht im Geltungsbereich dieses Gesetzes begangen wird.

[2]) (4) Die Ordnungswidrigkeit kann in den Fällen des Absatzes 2 mit einer Geldbuße bis zu zwanzigtausend Euro, in den Fällen des Absatzes 1 mit einer Geldbuße bis zu fünftausend Euro geahndet werden.

[2]) (5) Verwaltungsbehörde im Sinne des § 36 Absatz 1 Nummer 1 des Gesetzes über Ordnungswidrigkeiten ist das Bundeszentralamt für Steuern.

(6) ¹Liegen die Voraussetzungen des § 40a Absatz 2 vor, werden Steuerstraftaten (§§ 369 bis 376 der Abgabenordnung) als solche nicht verfolgt, wenn der Arbeitgeber in den Fällen des § 8a des Vierten Buches Sozialgesetzbuch entgegen § 41a Absatz 1 Nummer 1, auch in Verbindung mit Absatz 2 und 3 und § 51a, und § 40a Absatz 6 Satz 3 dieses Gesetzes in Verbindung mit § 28a Absatz 7 Satz 1 des Vierten Buches Sozialgesetzbuch für das Arbeitsentgelt die Lohn-

---

[1]) Die Absätze 2 und 3 sind erstmals auf die nach dem 31.12.2024 nicht oder nicht vollständig erfolgte Übermittlung von Daten oder Mitteilungen anzuwenden >§ 52 Abs. 47c Satz 2.

[2]) Die Absätze 4 und 5 sind ab dem 01.01.2022 anzuwenden >§ 52 Abs. 47c Satz 1.

steuer-Anmeldung und die Anmeldung der einheitlichen Pauschsteuer nicht oder nicht rechtzeitig durchführt und dadurch Steuern verkürzt oder für sich oder einen anderen nicht gerechtfertigte Steuervorteile erlangt. ²Die Freistellung von der Verfolgung nach Satz 1 gilt auch für den Arbeitnehmer einer in Satz 1 genannten Beschäftigung, der die Finanzbehörde pflichtwidrig über steuerlich erhebliche Tatsachen aus dieser Beschäftigung in Unkenntnis lässt. ³Die Bußgeldvorschriften der §§ 377 bis 384 der Abgabenordnung bleiben mit der Maßgabe anwendbar, dass § 378 der Abgabenordnung auch bei vorsätzlichem Handeln anwendbar ist.

§ 50f

Bußgeldvorschriften

S 2257-c

(1) Ordnungswidrig handelt, wer vorsätzlich oder leichtfertig entgegen § 22a Absatz 1 Satz 1 dort genannte Daten nicht, nicht vollständig oder nicht rechtzeitig übermittelt oder eine dort genannte Mitteilung nicht, nicht vollständig oder nicht rechtzeitig macht.

(2) Die Ordnungswidrigkeit kann mit einer Geldbuße bis zu fünfzigtausend Euro geahndet werden.

(3) Verwaltungsbehörde im Sinne des § 36 Absatz 1 Nummer 1 des Gesetzes über Ordnungswidrigkeiten ist die zentrale Stelle nach § 81.

§ 50g

Entlastung vom Steuerabzug bei Zahlungen von Zinsen und Lizenzgebühren zwischen verbundenen Unternehmen verschiedener Mitgliedstaaten der Europäischen Union

(1) ¹Auf Antrag werden die Kapitalertragsteuer für Zinsen und die Steuer auf Grund des § 50a für Lizenzgebühren, die von einem Unternehmen der Bundesrepublik Deutschland oder einer dort gelegenen Betriebsstätte eines Unternehmens eines anderen Mitgliedstaates der Europäischen Union als Schuldner an ein Unternehmen eines anderen Mitgliedstaates der Europäischen Union oder an eine in einem anderen Mitgliedstaat der Europäischen Union gelegene Betriebsstätte eines Unternehmens eines Mitgliedstaates der Europäischen Union als Gläubiger gezahlt werden, nicht erhoben. ²Erfolgt die Besteuerung durch Veranlagung, werden die Zinsen und Lizenzgebühren bei der Ermittlung der Einkünfte nicht erfasst. ³Voraussetzung für die Anwendung der Sätze 1 und 2 ist, dass der Gläubiger der Zinsen oder Lizenzgebühren ein mit dem Schuldner verbundenes Unternehmen oder dessen Betriebsstätte ist. ⁴Die Sätze 1 bis 3 sind nicht anzuwenden, wenn die Zinsen oder Lizenzgebühren an eine Betriebsstätte eines Unternehmens eines Mitgliedstaates der Europäischen Union als Gläubiger gezahlt werden, die in einem Staat außerhalb der Europäischen Union oder im Inland gelegen ist und in der die Tätigkeit des Unternehmens ganz oder teilweise ausgeübt wird.

(2) Absatz 1 ist nicht anzuwenden auf die Zahlung von

1. Zinsen,
    a) die nach deutschem Recht als Gewinnausschüttung behandelt werden (§ 20 Absatz 1 Nummer 1 Satz 2) oder
    b) die auf Forderungen beruhen, die einen Anspruch auf Beteiligung am Gewinn des Schuldners begründen;
2. Zinsen oder Lizenzgebühren, die den Betrag übersteigen, den der Schuldner und der Gläubiger ohne besondere Beziehungen, die zwischen den beiden oder einem von ihnen und einem Dritten auf Grund von Absatz 3 Nummer 5 Buchstabe b bestehen, vereinbart hätten.

(3) Für die Anwendung der Absätze 1 und 2 gelten die folgenden Begriffsbestimmungen und Beschränkungen:

1. Der Gläubiger muss der Nutzungsberechtigte sein. ²Nutzungsberechtigter ist
    a) ein Unternehmen, wenn es die Einkünfte im Sinne von § 2 Absatz 1 erzielt;
    b) eine Betriebsstätte, wenn
        aa) die Forderung, das Recht oder der Gebrauch von Informationen, auf Grund derer/dessen Zahlungen von Zinsen oder Lizenzgebühren geleistet werden, tatsächlich zu der Betriebsstätte gehört und

bb) die Zahlungen der Zinsen oder Lizenzgebühren Einkünfte darstellen, auf Grund derer die Gewinne der Betriebsstätte in dem Mitgliedstaat der Europäischen Union, in dem sie gelegen ist, zu einer der in Nummer 5 Satz 1 Buchstabe a Doppelbuchstabe cc genannten Steuern beziehungsweise im Fall Belgiens dem „impôt des non-résidents/belasting der nietverblijfhouders" beziehungsweise im Fall Spaniens dem „Impuesto sobre la Renta de no Residentes" oder zu einer mit diesen Steuern identischen oder weitgehend ähnlichen Steuer herangezogen werden, die nach dem jeweiligen Zeitpunkt des Inkrafttretens der Richtlinie 2003/49/EG des Rates vom 3. Juni 2003 über eine gemeinsame Steuerregelung für Zahlungen von Zinsen und Lizenzgebühren zwischen verbundenen Unternehmen verschiedener Mitgliedstaaten (ABl. EU Nr. L 157 vom 26.6.2003, S. 49), die zuletzt durch die Richtlinie 2013/13/EU (ABl. L 141 vom 28.5.2013, S. 30) geändert worden ist, anstelle der bestehenden Steuern oder ergänzend zu ihnen eingeführt wird.

2. Eine Betriebsstätte gilt nur dann als Schuldner der Zinsen oder Lizenzgebühren, wenn die Zahlung bei der Ermittlung des Gewinns der Betriebsstätte eine steuerlich abzugsfähige Betriebsausgabe ist.

3. Gilt eine Betriebsstätte eines Unternehmens eines Mitgliedstaates der Europäischen Union als Schuldner oder Gläubiger von Zinsen oder Lizenzgebühren, so wird kein anderer Teil des Unternehmens als Schuldner oder Gläubiger der Zinsen oder Lizenzgebühren angesehen.

4. Im Sinne des Absatzes 1 sind

a) „Zinsen" Einkünfte aus Forderungen jeder Art, auch wenn die Forderungen durch Pfandrechte an Grundstücken gesichert sind, insbesondere Einkünfte aus öffentlichen Anleihen und aus Obligationen einschließlich der damit verbundenen Aufgelder und der Gewinne aus Losanleihen; Zuschläge für verspätete Zahlung und die Rückzahlung von Kapital gelten nicht als Zinsen;

b) „Lizenzgebühren" Vergütungen jeder Art, die für die Nutzung oder für das Recht auf Nutzung von Urheberrechten an literarischen, künstlerischen oder wissenschaftlichen Werken, einschließlich kinematografischer Filme und Software, von Patenten, Marken, Mustern oder Modellen, Plänen, geheimen Formeln oder Verfahren oder für die Mitteilung gewerblicher, kaufmännischer oder wissenschaftlicher Erfahrungen gezahlt werden; Zahlungen für die Nutzung oder das Recht auf Nutzung gewerblicher, kaufmännischer oder wissenschaftlicher Ausrüstungen gelten als Lizenzgebühren.

5. Die Ausdrücke „Unternehmen eines Mitgliedstaates der Europäischen Union", „verbundenes Unternehmen" und „Betriebsstätte" bedeuten:
   a) „Unternehmen eines Mitgliedstaates der Europäischen Union" jedes Unternehmen, das
      aa) eine der in Anlage 3 Nummer 1 zu diesem Gesetz aufgeführten Rechtsformen aufweist und
      bb) nach dem Steuerrecht eines Mitgliedstaates in diesem Mitgliedstaat ansässig ist und nicht nach einem zwischen dem betreffenden Staat und einem Staat außerhalb der Europäischen Union geschlossenen Abkommen zur Vermeidung der Doppelbesteuerung von Einkünften für steuerliche Zwecke als außerhalb der Gemeinschaft ansässig gilt und
      cc) einer der in Anlage 3 Nummer 2 zu diesem Gesetz aufgeführten Steuern unterliegt und nicht von ihr befreit ist. ²Entsprechendes gilt für eine mit diesen Steuern identische oder weitgehend ähnliche Steuer, die nach dem jeweiligen Zeitpunkt des Inkrafttretens der Richtlinie 2003/49/EG des Rates vom 3. Juni 2003 (ABl. L 157 vom 26.6.2003, S. 49), zuletzt geändert durch die Richtlinie 2013/13/EU (ABl. L 141 vom 28.5.2013, S. 30) anstelle der bestehenden Steuern oder ergänzend zu ihnen eingeführt wird.

   ²Ein Unternehmen ist im Sinne von Doppelbuchstabe bb in einem Mitgliedstaat der Europäischen Union ansässig, wenn es der unbeschränkten Steuerpflicht im Inland oder einer vergleichbaren Besteuerung in einem anderen Mitgliedstaat der Europäischen Union nach dessen Rechtsvorschriften unterliegt.

   b) „Verbundenes Unternehmen" jedes Unternehmen, das dadurch mit einem zweiten Unternehmen verbunden ist, dass
      aa) das erste Unternehmen unmittelbar mindestens zu 25 Prozent an dem Kapital des zweiten Unternehmens beteiligt ist oder
      bb) das zweite Unternehmen unmittelbar mindestens zu 25 Prozent an dem Kapital des ersten Unternehmens beteiligt ist oder
      cc) ein drittes Unternehmen unmittelbar mindestens zu 25 Prozent an dem Kapital des ersten Unternehmens und dem Kapital des zweiten Unternehmens beteiligt ist.

   ²Die Beteiligungen dürfen nur zwischen Unternehmen bestehen, die in einem Mitgliedstaat der Europäischen Union ansässig sind.

c) „Betriebsstätte" eine feste Geschäftseinrichtung in einem Mitgliedstaat der Europäischen Union, in der die Tätigkeit eines Unternehmens eines anderen Mitgliedstaates der Europäischen Union ganz oder teilweise ausgeübt wird.

(4) § 50d Absatz 3 gilt entsprechend.

(5) Entlastungen von der Kapitalertragsteuer für Zinsen und der Steuer auf Grund des § 50a nach einem Abkommen zur Vermeidung der Doppelbesteuerung, die weiter gehen als die nach Absatz 1 gewährten, werden durch Absatz 1 nicht eingeschränkt.

(6) [1]Ist im Fall des Absatzes 1 Satz 1 eines der Unternehmen ein Unternehmen der Schweizerischen Eidgenossenschaft oder ist eine in der Schweizerischen Eidgenossenschaft gelegene Betriebsstätte eines Unternehmens eines anderen Mitgliedstaats der Europäischen Union Gläubiger der Zinsen oder Lizenzgebühren, gelten die Absätze 1 bis 5 entsprechend mit der Maßgabe, dass die Schweizerische Eidgenossenschaft insoweit einem Mitgliedstaat der Europäischen Union gleichgestellt ist. [2]Absatz 3 Nummer 5 Buchstabe a gilt entsprechend mit der Maßgabe, dass ein Unternehmen der Schweizerischen Eidgenossenschaft jedes Unternehmen ist, das

1. eine der folgenden Rechtsformen aufweist:
   - Aktiengesellschaft/société anonyme/società anonima;
   - Gesellschaft mit beschränkter Haftung/société à responsabilité limitée/società à responsabilità limitata;
   - Kommanditaktiengesellschaft/société en commandite par actions/società in accomandita per azioni, und

2. nach dem Steuerrecht der Schweizerischen Eidgenossenschaft dort ansässig ist und nicht nach einem zwischen der Schweizerischen Eidgenossenschaft und einem Staat außerhalb der Europäischen Union geschlossenen Abkommen zur Vermeidung der Doppelbesteuerung von Einkünften für steuerliche Zwecke als außerhalb der Gemeinschaft oder der Schweizerischen Eidgenossenschaft ansässig gilt, und

3. unbeschränkt der schweizerischen Körperschaftsteuer unterliegt, ohne von ihr befreit zu sein.

§ 50g EStG

> **Anlage 3**
> **(zu § 50g)**

1. Unternehmen im Sinne von § 50g Absatz 3 Nummer 5 Buchstabe a Doppelbuchstabe aa sind:
   a) Gesellschaften belgischen Rechts mit der Bezeichnung „naamloze vennootschap"/„société anonyme", „commanditaire vennootschap op aandelen"/„société en commandite par actions" oder „besloten vennootschap met beperkte aansprakelijkheid"/„société privée à responsabilité limitée" sowie öffentlich-rechtliche Körperschaften, deren Tätigkeit unter das Privatrecht fällt;
   b) Gesellschaften dänischen Rechts mit der Bezeichnung „aktieselskab" und „anpartsselskab";
   c) Gesellschaften deutschen Rechts mit der Bezeichnung „Aktiengesellschaft", „Kommanditgesellschaft auf Aktien" oder „Gesellschaft mit beschränkter Haftung";
   d) Gesellschaften griechischen Rechts mit der Bezeichnung „ανώνυμη εταιρία";
   e) Gesellschaften spanischen Rechts mit der Bezeichnung „sociedad anónima", „sociedad comanditaria por acciones" oder „sociedad de responsabilidad limitada" sowie öffentlich-rechtliche Körperschaften, deren Tätigkeit unter das Privatrecht fällt;
   f) Gesellschaften französischen Rechts mit der Bezeichnung „société anonyme", „société en commandite par actions" oder „société a responsabilité limitée" sowie die staatlichen Industrie- und Handelsbetriebe und Unternehmen;
   g) Gesellschaften irischen Rechts mit der Bezeichnung „public companies limited by shares or by guarantee", „private companies limited by shares or by guarantee", gemäß den „Industrial and Provident Societies Acts" eingetragene Einrichtungen oder gemäß den „Building Societies Acts" eingetragene „building societies";
   h) Gesellschaften italienischen Rechts mit der Bezeichnung „società per azioni", „società in accomandita per azioni" oder „società a responsabilità limitata" sowie staatliche und private Industrie- und Handelsunternehmen;
   i) Gesellschaften luxemburgischen Rechts mit der Bezeichnung „société anonyme", „société en commandite par actions" oder „société à responsabilité limitée";
   j) Gesellschaften niederländischen Rechts mit der Bezeichnung „naamloze vennootschap" oder „besloten vennootschap met beperkte aansprakelijkheid";

§ 50g EStG

k) Gesellschaften österreichischen Rechts mit der Bezeichnung „Aktiengesellschaft" oder „Gesellschaft mit beschränkter Haftung";

l) Gesellschaften portugiesischen Rechts in Form von Handelsgesellschaften oder zivilrechtlichen Handelsgesellschaften sowie Genossenschaften und öffentliche Unternehmen;

m) Gesellschaften finnischen Rechts mit der Bezeichnung „osakeyhtiö/aktiebolag", „osuuskunta/andelslag", „säästöpankki/sparbank" oder „vakuutusyhtiö/försäkringsbolag";

n) Gesellschaften schwedischen Rechts mit der Bezeichnung „aktiebolag" oder „försäkringsaktiebolag";

o) nach dem Recht des Vereinigten Königreichs gegründete Gesellschaften;

p) Gesellschaften tschechischen Rechts mit der Bezeichnung „akciová společnost", „společnost s ručením omezeným", „veřejná obchodní společnost", „komanditní společnost" oder „družstvo";

q) Gesellschaften estnischen Rechts mit der Bezeichnung „täisühing", „usaldusühing", „osaühing", „aktsiaselts" oder „tulundusühistu";

r) Gesellschaften zyprischen Rechts, die nach dem Gesellschaftsrecht als Gesellschaften bezeichnet werden, Körperschaften des öffentlichen Rechts und sonstige Körperschaften, die als Gesellschaft im Sinne der Einkommensteuergesetze gelten;

s) Gesellschaften lettischen Rechts mit der Bezeichnung „akciju sabiedrība" oder „sabiedrība ar ierobežotu atbildību";

t) nach dem Recht Litauens gegründete Gesellschaften;

u) Gesellschaften ungarischen Rechts mit der Bezeichnung „közkereseti társaság", „betéti társaság", „közös vállalat", „korlátolt felelősségű társaság", „részvénytársaság", „egyesülés", „közhasznú társaság" oder „szövetkezet";

v) Gesellschaften maltesischen Rechts mit der Bezeichnung „Kumpaniji ta' Responsabilita' Limitata" oder „Soċjetajiet in akkomandita li l-kapital tagħhom maqsum f'azzjonijiet";

w) Gesellschaften polnischen Rechts mit der Bezeichnung „spółka akcyjna" oder „spółka z ograniczoną odpowiedzialnością";

x) Gesellschaften slowenischen Rechts mit der Bezeichnung „delniška družba", „komanditna delniška družba", „komanditna družba", „družba z omejeno odgovornostjo" oder „družba z neomejeno odgovornostjo";

§ 50g EStG

   y) Gesellschaften slowakischen Rechts mit der Bezeichnung „akciová spoločnos", „spoločnosť s ručením obmedzeným", „komanditná spoločnos", „verejná obchodná spoločnos" oder „družstvo";
   aa) Gesellschaften bulgarischen Rechts mit der Bezeichnung „събирателното дружество", „командитното дружество", „дружеството с ограничена отговорност", „акционерното дружество", „командитното дружество с акции", „кооперации", „кооперативни съюзи" oder „държавни предприятия", die nach bulgarischem Recht gegründet wurden und gewerbliche Tätigkeiten ausüben;
   bb) Gesellschaften rumänischen Rechts mit der Bezeichnung „societăţi pe acţiuni", „societăţi în comandită pe acţiuni" oder „societăţi cu răspundere limitată";
   cc) Gesellschaften kroatischen Rechts mit der Bezeichnung „dioničko društvo" oder „društvo s ograničenom odgovornošću" und andere nach kroatischem Recht gegründete Gesellschaften, die der kroatischen Gewinnsteuer unterliegen.
2. Steuern im Sinne von § 50g Absatz 3 Nummer 5 Buchstabe a Doppelbuchstabe cc sind:
   – impôt des sociétés/vennootschapsbelasting in Belgien,
   – selskabsskat in Dänemark,
   – Körperschaftsteuer in Deutschland,
   – Φόρος εισοδήματος νομικών προσώπων in Griechenland,
   – impuesto sobre sociedades in Spanien,
   – impôt sur les sociétés in Frankreich,
   – corporation tax in Irland,
   – imposta sul reddito delle persone giuridiche in Italien,
   – impôt sur le revenu des collectivités in Luxemburg,
   – vennootschapsbelasting in den Niederlanden,
   – Körperschaftsteuer in Österreich,
   – imposto sobre o rendimento da pessoas colectivas in Portugal,
   – yhteisöjen tulovero/inkomstskatten för samfund in Finnland,
   – statlig inkomstskatt in Schweden,
   – corporation tax im Vereinigten Königreich,
   – Daň z příjmů právnických osob in der Tschechischen Republik,
   – Tulumaks in Estland,
   – φόρος εισοδήματος in Zypern,
   – Uzņēmumu ienākuma nodoklis in Lettland,
   – Pelno mokestis in Litauen,
   – Társasági adó in Ungarn,

- Taxxa fuq l-income in Malta,
- Podatek dochodowy od osób prawnych in Polen,
- Davek od dobička pravnih oseb in Slowenien,
- Daň z príjmov právnických osôb in der Slowakei,
- корпоративен данък in Bulgarien,
- impozit pe profit, impozitul pe veniturile obţinute din România de nerezidenţi in Rumänien,
- porez na dobit in Kroatien.

§ 50h
Bestätigung für Zwecke der Entlastung von Quellensteuern in einem anderen Mitgliedstaat der Europäischen Union oder der Schweizerischen Eidgenossenschaft

Auf Antrag hat das Finanzamt, das für die Besteuerung eines Unternehmens der Bundesrepublik Deutschland oder einer dort gelegenen Betriebsstätte eines Unternehmens eines anderen Mitgliedstaats der Europäischen Union im Sinne des § 50g Absatz 3 Nummer 5 oder eines Unternehmens der Schweizerischen Eidgenossenschaft im Sinne des § 50g Absatz 6 Satz 2 zuständig ist, für die Entlastung von der Quellensteuer dieses Staats auf Zinsen oder Lizenzgebühren im Sinne des § 50g zu bescheinigen, dass das empfangende Unternehmen steuerlich im Inland ansässig ist oder die Betriebsstätte im Inland gelegen ist.

§ 50i

Besteuerung bestimmter Einkünfte und Anwendung von Doppelbesteuerungsabkommen

(1) [1]Sind Wirtschaftsgüter des Betriebsvermögens oder sind Anteile im Sinne des § 17

1. vor dem 29. Juni 2013 in das Betriebsvermögen einer Personengesellschaft im Sinne des § 15 Absatz 3 übertragen oder überführt worden,
2. ist eine Besteuerung der stillen Reserven im Zeitpunkt der Übertragung oder Überführung unterblieben, und
3. ist das Recht der Bundesrepublik Deutschland hinsichtlich der Besteuerung des Gewinns aus der Veräußerung oder Entnahme dieser Wirtschaftsgüter oder Anteile ungeachtet der Anwendung dieses Absatzes vor dem 1. Januar 2017 ausgeschlossen oder beschränkt worden,

so ist der Gewinn, den ein Steuerpflichtiger, der im Sinne eines Abkommens zur Vermeidung der Doppelbesteuerung im anderen Vertragsstaat ansässig ist, aus der späteren Veräußerung oder Entnahme dieser Wirtschaftsgüter oder Anteile erzielt, ungeachtet entgegenstehender Bestimmungen des Abkommens zur Vermeidung der Doppelbesteuerung zu versteuern. [2]Als Übertragung oder Überführung von Anteilen im Sinne des § 17 in das Betriebsvermögen einer Personengesellschaft gilt auch die Gewährung neuer Anteile an eine Personengesellschaft, die bisher auch eine Tätigkeit im Sinne des § 15 Absatz 1 Satz 1 Nummer 1 ausgeübt hat oder gewerbliche Einkünfte im Sinne des § 15 Absatz 1 Satz 1 Nummer 2 bezogen hat, im Rahmen der Einbringung eines Betriebs oder Teilbetriebs oder eines Mitunternehmeranteils dieser Personengesellschaft in eine Körperschaft nach § 20 des Umwandlungssteuergesetzes, wenn

1. der Einbringungszeitpunkt vor dem 29. Juni 2013 liegt,
2. die Personengesellschaft nach der Einbringung als Personengesellschaft im Sinne des § 15 Absatz 3 fortbesteht und
3. das Recht der Bundesrepublik Deutschland hinsichtlich der Besteuerung des Gewinns aus der Veräußerung oder Entnahme der neuen Anteile ungeachtet der Anwendung dieses Absatzes bereits im Einbringungszeitpunkt ausgeschlossen oder beschränkt ist oder vor dem 1. Januar 2017 ausgeschlossen oder beschränkt worden ist.

[3]Auch die laufenden Einkünfte aus der Beteiligung an der Personengesellschaft, auf die die in Satz 1 genannten Wirtschaftsgüter oder Anteile übertragen oder überführt oder der im Sinne des Satzes 2 neue Anteile gewährt wurden, sind ungeachtet entgegenstehender Bestimmungen des Abkommens zur Vermeidung der Doppelbesteuerung zu versteuern. [4]Die Sätze 1 und 3 gelten sinngemäß, wenn Wirt-

schaftsgüter vor dem 29. Juni 2013 Betriebsvermögen eines Einzelunternehmens oder einer Personengesellschaft geworden sind, die deswegen Einkünfte aus Gewerbebetrieb erzielen, weil der Steuerpflichtige sowohl im überlassenden Betrieb als auch im nutzenden Betrieb allein oder zusammen mit anderen Gesellschaftern einen einheitlichen geschäftlichen Betätigungswillen durchsetzen kann und dem nutzenden Betrieb eine wesentliche Betriebsgrundlage zur Nutzung überlässt.

(2) Bei Einbringung nach § 20 des Umwandlungssteuergesetzes sind die Wirtschaftsgüter und Anteile im Sinne des Absatzes 1 abweichend von § 20 Absatz 2 Satz 2 des Umwandlungssteuergesetzes, stets mit dem gemeinen Wert anzusetzen, soweit das Recht der Bundesrepublik Deutschland hinsichtlich der Besteuerung des Gewinns aus der Veräußerung der erhaltenen Anteile oder hinsichtlich der mit diesen im Zusammenhang stehenden Anteile im Sinne des § 22 Absatz 7 des Umwandlungssteuergesetzes ausgeschlossen oder beschränkt ist. [1]

Hinweise

Anwendung der DBA auf Personengesellschaften
>BMF vom 26.09.2014 (BStBl I S. 1258)

Anwendung des § 50i Abs. 2
>BMF vom 05.01.2017 (BStBl I S. 32)

---

[1] Absatz 2 i. d. F. des Artikels 7 des Gesetzes vom 20.12.2016 (BGBl. I S. 3000) ist erstmals für Einbringungen anzuwenden, bei denen der Einbringungsvertrag nach dem 31.12.2013 geschlossen worden ist >§ 52 Abs. 48 Satz 4.

§ 50j

Versagung der Entlastung von Kapitalertragsteuern in bestimmten Fällen

(1) ¹Ein Gläubiger von Kapitalerträgen im Sinne des § 43 Absatz 1 Satz 1 Nummer 1a, die nach einem Abkommen zur Vermeidung der Doppelbesteuerung nicht oder nur nach einem Steuersatz unterhalb des Steuersatzes des § 43a Absatz 1 Satz 1 Nummer 1 besteuert werden, hat ungeachtet dieses Abkommens nur dann Anspruch auf völlige oder teilweise Entlastung nach § 50c Absatz 3, wenn er

1. während der Mindesthaltedauer nach Absatz 2 hinsichtlich der diesen Kapitalerträgen zugrunde liegenden Anteile oder Genussscheine ununterbrochen wirtschaftlicher Eigentümer ist,
2. während der Mindesthaltedauer nach Absatz 2 ununterbrochen das Mindestwertänderungsrisiko nach Absatz 3 trägt und
3. nicht verpflichtet ist, die Kapitalerträge im Sinne des § 43 Absatz 1 Satz 1 Nummer 1a ganz oder überwiegend, unmittelbar oder mittelbar anderen Personen zu vergüten.

²Satz 1 gilt entsprechend für Anteile oder Genussscheine, die zu inländischen Kapitalerträgen im Sinne des § 43 Absatz 3 Satz 1 führen und einer Wertpapiersammelbank im Ausland zur Verwahrung anvertraut sind.

(2) ¹Die Mindesthaltedauer umfasst 45 Tage und muss innerhalb eines Zeitraums von 45 Tagen vor und 45 Tagen nach der Fälligkeit der Kapitalerträge erreicht werden. ²Bei Anschaffungen und Veräußerungen ist zu unterstellen, dass die zuerst angeschafften Anteile oder Genussscheine zuerst veräußert wurden.

(3) ¹Der Gläubiger der Kapitalerträge muss unter Berücksichtigung von gegenläufigen Ansprüchen und Ansprüchen nahe stehender Personen das Risiko aus einem sinkenden Wert der Anteile oder Genussscheine im Umfang von mindestens 70 Prozent tragen (Mindestwertänderungsrisiko). ²Kein hinreichendes Mindestwertänderungsrisiko liegt insbesondere dann vor, wenn der Gläubiger der Kapitalerträge oder eine ihm nahe stehende Person Kurssicherungsgeschäfte abgeschlossen hat, die das Wertänderungsrisiko der Anteile oder Genussscheine unmittelbar oder mittelbar um mehr als 30 Prozent mindern.

(4) ¹Die Absätze 1 bis 3 sind nur anzuwenden, wenn

1. die Steuer auf die dem Antrag zu Grunde liegenden Kapitalerträge nach einem Abkommen zur Vermeidung der Doppelbesteuerung 15 Prozent des Bruttobetrags der Kapitalerträge im Sinne des § 43 Absatz 1 Satz 1 Nummer 1a und des Absatzes 1 Satz 2 unterschreitet und
2. es sich nicht um Kapitalerträge handelt, die einer beschränkt steuerpflichtigen Kapitalgesellschaft, die am Nennkapital einer unbeschränkt steuerpflichtigen Kapitalgesellschaft im Sinne des § 1

Absatz 1 Nummer 1 des Körperschaftsteuergesetzes zu mindestens einem Zehntel unmittelbar beteiligt ist und im Staat ihrer Ansässigkeit den Steuern vom Einkommen oder Gewinn unterliegt, ohne davon befreit zu sein, von der unbeschränkt steuerpflichtigen Kapitalgesellschaft zufließen.
²Die Absätze 1 bis 3 sind nicht anzuwenden, wenn der Gläubiger der Kapitalerträge im Sinne des § 43 Absatz 1 Satz 1 Nummer 1a und des Absatzes 1 Satz 2 bei Zufluss seit mindestens einem Jahr ununterbrochen wirtschaftlicher Eigentümer der Aktien oder Genussscheine ist; Absatz 2 Satz 2 gilt entsprechend.

(5) Bestimmungen eines Abkommens zur Vermeidung der Doppelbesteuerung, § 42 der Abgabenordnung und andere steuerliche Vorschriften bleiben unberührt, soweit sie jeweils die Entlastung in einem weitergehenden Umfang einschränken.

§ 51
Ermächtigungen

(1) Die Bundesregierung wird ermächtigt, mit Zustimmung des Bundesrates
1. zur Durchführung dieses Gesetzes Rechtsverordnungen zu erlassen, soweit dies zur Wahrung der Gleichmäßigkeit bei der Besteuerung, zur Beseitigung von Unbilligkeiten in Härtefällen, zur Steuerfreistellung des Existenzminimums oder zur Vereinfachung des Besteuerungsverfahrens erforderlich ist, und zwar:
   a) über die Abgrenzung der Steuerpflicht, die Beschränkung der Steuererklärungspflicht auf die Fälle, in denen eine Veranlagung in Betracht kommt, über die den Einkommensteuererklärungen beizufügenden Unterlagen und über die Beistandspflichten Dritter;
   b) über die Ermittlung der Einkünfte und die Feststellung des Einkommens einschließlich der abzugsfähigen Beträge;
   c) über die Höhe von besonderen Betriebsausgaben-Pauschbeträgen für Gruppen von Betrieben, bei denen hinsichtlich der Besteuerungsgrundlagen annähernd gleiche Verhältnisse vorliegen, wenn der Steuerpflichtige Einkünfte aus Gewerbebetrieb (§ 15) oder selbständiger Arbeit (§ 18) erzielt, in Höhe eines Prozentsatzes der Umsätze im Sinne des § 1 Absatz 1 Nummer 1 des Umsatzsteuergesetzes; Umsätze aus der Veräußerung von Wirtschaftsgütern des Anlagevermögens sind nicht zu berücksichtigen. ²Einen besonderen Betriebsausgaben-Pauschbetrag dürfen nur Steuerpflichtige in Anspruch nehmen, die ihren Gewinn durch Einnahme-Überschussrechnung nach § 4 Absatz 3 ermitteln. ³Bei der Festlegung der Höhe des besonderen Betriebsausgaben-Pauschbetrags ist der Zuordnung der Betriebe entsprechend der Klassifikation der Wirtschaftszweige, Fassung für Steuerstatistiken, Rechnung zu tragen. ⁴Bei der Ermittlung der besonderen Betriebsausgaben-Pauschbeträge sind alle Betriebsausgaben mit Ausnahme der an das Finanzamt gezahlten Umsatzsteuer zu berücksichtigen. ⁵Bei der Veräußerung oder Entnahme von Wirtschaftsgütern des Anlagevermögens sind die Anschaffungs- oder Herstellungskosten vermindert um die Absetzungen für Abnutzung nach § 7 Absatz 1 oder 4 sowie die Veräußerungskosten neben dem besonderen Betriebsausgaben-Pauschbetrag abzugsfähig. ⁶Der Steuerpflichtige kann im folgenden Veranlagungszeitraum zur Ermittlung der tatsächlichen Betriebsausgaben übergehen. ⁷Wechselt der Steuerpflichtige zur Ermittlung der tatsächlichen Betriebsausgaben, sind die abnutzbaren Wirtschaftsgüter des Anlagevermögens mit ihren Anschaffungs- oder Herstellungskosten, vermindert um die Absetzungen für Abnutzung nach § 7 Absatz 1 oder 4,

in ein laufend zu führendes Verzeichnis aufzunehmen. ⁸ § 4 Absatz 3 Satz 5 bleibt unberührt. ⁹ Nach dem Wechsel zur Ermittlung der tatsächlichen Betriebsausgaben ist eine erneute Inanspruchnahme des besonderen Betriebsausgaben-Pauschbetrags erst nach Ablauf der folgenden vier Veranlagungszeiträume zulässig; die §§ 140 und 141 der Abgabenordnung bleiben unberührt;

- d) über die Veranlagung, die Anwendung der Tarifvorschriften und die Regelung der Steuerentrichtung einschließlich der Steuerabzüge;
- e) über die Besteuerung der beschränkt Steuerpflichtigen einschließlich eines Steuerabzugs;

2. Vorschriften durch Rechtsverordnung zu erlassen
   - a) über die sich aus der Aufhebung oder Änderung von Vorschriften dieses Gesetzes ergebenden Rechtsfolgen, soweit dies zur Wahrung der Gleichmäßigkeit bei der Besteuerung oder zur Beseitigung von Unbilligkeiten in Härtefällen erforderlich ist;
   - b) (weggefallen)
   - c) über den Nachweis von Zuwendungen im Sinne des § 10b einschließlich erleichterter Nachweisanforderungen;
   - d) über Verfahren, die in den Fällen des § 38 Absatz 1 Nummer 2 den Steueranspruch der Bundesrepublik Deutschland sichern oder die sicherstellen, dass bei Befreiungen im Ausland ansässiger Leiharbeitnehmer von der Steuer der Bundesrepublik Deutschland auf Grund von Abkommen zur Vermeidung der Doppelbesteuerung die ordnungsgemäße Besteuerung im Ausland gewährleistet ist. ²Hierzu kann nach Maßgabe zwischenstaatlicher Regelungen bestimmt werden, dass
     - aa) der Entleiher in dem hierzu notwendigen Umfang an derartigen Verfahren mitwirkt,
     - bb) er sich im Haftungsverfahren nicht auf die Freistellungsbestimmungen des Abkommens berufen kann, wenn er seine Mitwirkungspflichten verletzt;
   - e) bis m) (weggefallen)
   - n) über Sonderabschreibungen
     - aa) im Tiefbaubetrieb des Steinkohlen-, Pechkohlen-, Braunkohlen- und Erzbergbaues bei Wirtschaftsgütern des Anlagevermögens unter Tage und bei bestimmten mit dem Grubenbetrieb unter Tage in unmittelbarem Zusammenhang stehenden, der Förderung, Seilfahrt, Wasserhaltung und Wetterführung sowie der Aufbereitung des Minerals dienenden Wirtschaftsgütern des Anlagevermögens über Tage, soweit die Wirtschaftsgüter

S 2185

für die Errichtung von neuen Förderschachtanlagen, auch in Form von Anschlussschachtanlagen,

für die Errichtung neuer Schächte sowie die Erweiterung des Grubengebäudes und den durch Wasserzuflüsse aus stillliegenden Anlagen bedingten Ausbau der Wasserhaltung bestehender Schachtanlagen,

für Rationalisierungsmaßnahmen in der Hauptschacht-, Blindschacht-, Strecken- und Abbauförderung, im Streckenvortrieb, in der Gewinnung, Versatzwirtschaft, Seilfahrt, Wetterführung und Wasserhaltung sowie in der Aufbereitung,

für die Zusammenfassung von mehreren Förderschachtanlagen zu einer einheitlichen Förderschachtanlage und

für den Wiederaufschluss stillliegender Grubenfelder und Feldesteile,

bb) im Tagebaubetrieb des Braunkohlen- und Erzbergbaues bei bestimmten Wirtschaftsgütern des beweglichen Anlagevermögens (Grubenaufschluss, Entwässerungsanlagen, Großgeräte sowie Einrichtungen des Grubenrettungswesens und der ersten Hilfe und im Erzbergbau auch Aufbereitungsanlagen), die

für die Erschließung neuer Tagebaue, auch in Form von Anschlusstagebauen, für Rationalisierungsmaßnahmen bei laufenden Tagebauen,

beim Übergang zum Tieftagebau für die Freilegung und Gewinnung der Lagerstätte und

für die Wiederinbetriebnahme stillgelegter Tagebaue

von Steuerpflichtigen, die den Gewinn nach § 5 ermitteln, vor dem 1. Januar 1990 angeschafft oder hergestellt werden. ²Die Sonderabschreibungen können bereits für Anzahlungen auf Anschaffungskosten und für Teilherstellungskosten zugelassen werden. ³Hat der Steuerpflichtige vor dem 1. Januar 1990 die Wirtschaftsgüter bestellt oder mit ihrer Herstellung begonnen, so können die Sonderabschreibungen auch für nach dem 31. Dezember 1989 und vor dem 1. Januar 1991 angeschaffte oder hergestellte Wirtschaftsgüter sowie für vor dem 1. Januar 1991 geleistete Anzahlungen auf Anschaffungskosten und entstandene Teilherstellungskosten in Anspruch genommen werden. ⁴Voraussetzung für die Inanspruchnahme der Sonderabschreibungen ist, dass die Förderungswürdigkeit der bezeichneten Vorhaben von der obersten Landesbehörde für Wirtschaft im Einvernehmen mit dem Bundesministerium für Wirtschaft und Energie bescheinigt worden ist. ⁵Die Sonderabschreibungen können im Wirtschaftsjahr der Anschaffung oder Herstellung und in den vier folgenden Wirtschaftsjahren in Anspruch genommen werden, und zwar bei beweglichen Wirtschaftsgütern des Anlagevermögens bis zu insgesamt 50 Prozent, bei unbeweglichen Wirtschaftsgütern des Anlagevermögens bis zu insgesamt 30 Prozent der Anschaffungs- oder Herstellungskosten. ⁶Bei den begünstigten Vorhaben im Tagebaubetrieb des Braunkohlen- und Erzbergbaues kann außerdem zugelassen werden, dass die vor dem 1. Januar 1991 aufgewendeten Kosten für den Vorabraum bis zu 50 Prozent als sofort abzugsfähige Betriebsausgaben behandelt werden;

o) (weggefallen)

p) über die Bemessung der Absetzungen für Abnutzung oder Substanzverringerung bei nicht zu einem Betriebsvermögen gehörenden Wirtschaftsgütern, die vor dem 21. Juni 1948 angeschafft oder hergestellt oder die unentgeltlich erworben sind. ²Hierbei kann bestimmt werden, dass die Absetzungen für Abnutzung oder Substanzverringerung nicht nach den Anschaffungs- oder Herstellungskosten, sondern nach Hilfswerten (am 21. Juni 1948 maßgebender Einheitswert, Anschaffungs- oder Herstellungskosten des Rechtsvorgängers abzüglich der von ihm vorgenommenen Absetzungen, fiktive Anschaffungskosten an einem noch zu bestimmenden Stichtag) zu bemessen sind. ³Zur Vermeidung von Härten kann zugelassen werden, dass anstelle der Absetzungen für Abnutzung, die nach dem am 21. Juni 1948 maßgebenden Einheitswert zu bemessen sind, der Betrag abgezogen wird, der für das Wirtschaftsgut in dem Veranlagungszeitraum 1947 als Absetzung für Abnutzung geltend gemacht werden konnte. ⁴Für das Land Berlin tritt in den Sätzen 1 bis 3 an die Stelle des 21. Juni 1948 jeweils der 1. April 1949; S 2190

q) über erhöhte Absetzungen bei Herstellungskosten S 2198

aa) für Maßnahmen, die für den Anschluss eines im Inland belegenen Gebäudes an eine Fernwärmeversorgung einschließlich der Anbindung an das Heizsystem erforderlich sind, wenn die Fernwärmeversorgung überwiegend aus Anlagen der Kraft-Wärme-Kopplung, zur Verbrennung von Müll oder zur Verwertung von Abwärme gespeist wird,

bb) für den Einbau von Wärmepumpenanlagen, Solaranlagen und Anlagen zur Wärmerückgewinnung in einem im Inland belegenen Gebäude einschließlich der Anbindung an das Heizsystem,

cc) für die Errichtung von Windkraftanlagen, wenn die mit diesen Anlagen erzeugte Energie überwiegend entweder unmittelbar oder durch Verrechnung mit Elektrizitätsbezügen des Steuerpflichtigen von einem Elektrizitätsversorgungsunternehmen zur Versorgung eines im Inland belegenen Gebäudes des Steuerpflichtigen verwendet wird, einschließlich der Anbindung an das Versorgungssystem des Gebäudes,

dd) für die Errichtung von Anlagen zur Gewinnung von Gas, das aus pflanzlichen oder tierischen Abfallstoffen durch Gärung unter Sauerstoffabschluss entsteht, wenn dieses Gas zur Beheizung eines im Inland belegenen Gebäudes des Steuerpflichtigen oder zur Warmwasserbereitung in einem solchen Gebäude des Steuerpflichtigen verwendet wird, einschließlich der Anbindung an das Versorgungssystem des Gebäudes,

ee) für den Einbau einer Warmwasseranlage zur Versorgung von mehr als einer Zapfstelle und einer zentralen Heizungsanlage oder bei einer zentralen Heizungs- und Warmwasseranlage für den Einbau eines Heizkessels, eines Brenners, einer zentralen Steuerungseinrichtung, einer Wärmeabgabeeinrichtung und eine Änderung der Abgasanlage in einem im Inland belegenen Gebäude oder in einer im Inland belegenen Eigentumswohnung, wenn mit dem Einbau nicht vor Ablauf von zehn Jahren seit Fertigstellung dieses Gebäudes begonnen worden ist und der Einbau nach dem 30. Juni 1985 fertig gestellt worden ist; Entsprechendes gilt bei Anschaffungskosten für neue Einzelöfen, wenn keine Zentralheizung vorhanden ist.

[2]Voraussetzung für die Gewährung der erhöhten Absetzungen ist, dass die Maßnahmen vor dem 1. Januar 1992 fertig gestellt worden sind; in den Fällen des Satzes 1 Doppelbuchstabe aa müssen die Gebäude vor dem 1. Juli 1983 fertig gestellt worden sein, es sei denn, dass der Anschluss nicht schon im Zusammenhang mit der Errichtung des Gebäudes möglich war. [3]Die erhöhten Absetzungen dürfen jährlich 10 Prozent der Aufwendungen nicht übersteigen. [4]Sie dürfen nicht gewährt werden, wenn für dieselbe Maßnahme eine Investitionszulage in Anspruch genommen wird. [5]Sind die Aufwendungen Erhaltungsaufwand und entstehen sie bei einer zu eigenen Wohnzwecken genutzten Wohnung im eigenen Haus, für die der Nutzungswert nicht mehr besteuert wird, und liegen in den Fällen des Satzes 1 Doppelbuchstabe aa die Voraussetzungen des Satzes 2 zweiter Halbsatz vor, so kann der Abzug dieser Aufwendungen wie Sonderausgaben mit gleichmäßiger Verteilung auf das Kalenderjahr, in dem die Arbeiten

abgeschlossen worden sind, und die neun folgenden Kalenderjahre zugelassen werden, wenn die Maßnahme vor dem 1. Januar 1992 abgeschlossen worden ist;

r) nach denen Steuerpflichtige größere Aufwendungen   S 2211

    aa) für die Erhaltung von nicht zu einem Betriebsvermögen gehörenden Gebäuden, die überwiegend Wohnzwecken dienen,

    bb) zur Erhaltung eines Gebäudes in einem förmlich festgelegten Sanierungsgebiet oder städtebaulichen Entwicklungsbereich, die für Maßnahmen im Sinne des § 177 des Baugesetzbuchs sowie für bestimmte Maßnahmen, die der Erhaltung, Erneuerung und funktionsgerechten Verwendung eines Gebäudes dienen, das wegen seiner geschichtlichen, künstlerischen oder städtebaulichen Bedeutung erhalten bleiben soll, und zu deren Durchführung sich der Eigentümer neben bestimmten Modernisierungsmaßnahmen gegenüber der Gemeinde verpflichtet hat, aufgewendet worden sind,

    cc) zur Erhaltung von Gebäuden, die nach den jeweiligen landesrechtlichen Vorschriften Baudenkmale sind, soweit die Aufwendungen nach Art und Umfang zur Erhaltung des Gebäudes als Baudenkmal und zu seiner sinnvollen Nutzung erforderlich sind,

auf zwei bis fünf Jahre gleichmäßig verteilen können. ²In den Fällen der Doppelbuchstaben bb und cc ist Voraussetzung, dass der Erhaltungsaufwand vor dem 1. Januar 1990 entstanden ist. ³In den Fällen von Doppelbuchstabe cc sind die Denkmaleigenschaft des Gebäudes und die Voraussetzung, dass die Aufwendungen nach Art und Umfang zur Erhaltung des Gebäudes als Baudenkmal und zu seiner sinnvollen Nutzung erforderlich sind, durch eine Bescheinigung der nach Landesrecht zuständigen oder von der Landesregierung bestimmten Stelle nachzuweisen;

s) nach denen bei Anschaffung oder Herstellung von abnutzbaren beweglichen und bei Herstellung von abnutzbaren unbeweglichen Wirtschaftsgütern des Anlagevermögens auf Antrag ein Abzug von der Einkommensteuer für den Veranlagungszeitraum der Anschaffung oder Herstellung bis zur Höhe von 7,5 Prozent der Anschaffungs- oder Herstellungskosten dieser Wirtschaftsgüter vorgenommen werden kann, wenn eine Störung des gesamtwirtschaftlichen Gleichgewichts eingetreten ist oder sich abzeichnet, die eine nachhaltige Verringerung der Umsätze oder der Beschäftigung zur Folge hatte oder erwarten lässt, insbesondere bei einem erheblichen Rückgang der Nachfrage nach Investitionsgütern   S 2185 oder Bauleistungen. ²Bei der Bemessung des von der Einkommensteuer abzugsfähigen Betrags dürfen nur berücksichtigt werden

aa) die Anschaffungs- oder Herstellungskosten von beweglichen Wirtschaftsgütern, die innerhalb eines jeweils festzusetzenden Zeitraums, der ein Jahr nicht übersteigen darf (Begünstigungszeitraum), angeschafft oder hergestellt werden,

bb) die Anschaffungs- oder Herstellungskosten von beweglichen Wirtschaftsgütern, die innerhalb des Begünstigungszeitraums bestellt und angezahlt werden oder mit deren Herstellung innerhalb des Begünstigungszeitraums begonnen wird, wenn sie innerhalb eines Jahres, bei Schiffen innerhalb zweier Jahre, nach Ablauf des Begünstigungszeitraums geliefert oder fertig gestellt werden. ²Soweit bewegliche Wirtschaftsgüter im Sinne des Satzes 1 mit Ausnahme von Schiffen nach Ablauf eines Jahres, aber vor Ablauf zweier Jahre nach dem Ende des Begünstigungszeitraums geliefert oder fertig gestellt werden, dürfen bei Bemessung des Abzugs von der Einkommensteuer die bis zum Ablauf eines Jahres nach dem Ende des Begünstigungszeitraums aufgewendeten Anzahlungen und Teilherstellungskosten berücksichtigt werden,

cc) die Herstellungskosten von Gebäuden, bei denen innerhalb des Begünstigungszeitraums der Antrag auf Baugenehmigung gestellt wird, wenn sie bis zum Ablauf von zwei Jahren nach dem Ende des Begünstigungszeitraums fertig gestellt werden;

dabei scheiden geringwertige Wirtschaftsgüter im Sinne des § 6 Absatz 2 und Wirtschaftsgüter, die in gebrauchtem Zustand erworben werden, aus. ³Von der Begünstigung können außerdem Wirtschaftsgüter ausgeschlossen werden, für die Sonderabschreibungen, erhöhte Absetzungen oder die Investitionszulage nach § 19 des Berlinförderungsgesetzes in Anspruch genommen werden. ⁴In den Fällen des Satzes 2 Doppelbuchstabe bb und cc können bei Bemessung des von der Einkommensteuer abzugsfähigen Betrags bereits die im Begünstigungszeitraum, im Fall des Satzes 2 Doppelbuchstabe bb Satz 2 auch die bis zum Ablauf eines Jahres nach dem Ende des Begünstigungszeitraums aufgewendeten Anzahlungen und Teilherstellungskosten berücksichtigt werden; der Abzug von der Einkommensteuer kann insoweit schon für den Veranlagungszeitraum vorgenommen werden, in dem die Anzahlungen oder Teilherstellungskosten aufgewendet worden sind. ⁵Übersteigt der von der Einkommensteuer abzugsfähige Betrag die für den Veranlagungszeitraum der Anschaffung oder Herstellung geschuldete Einkommensteuer, so kann der übersteigende Betrag von der Einkommensteuer für den darauf folgenden Veranlagungszeitraum abgezogen werden. ⁶Entsprechendes gilt, wenn in den Fällen des Satzes 2 Doppelbuchstabe bb und cc der Abzug von der Einkommensteuer bereits für Anzahlungen oder Teilherstellungskosten geltend gemacht wird. ⁷Der Abzug von der Einkommensteuer darf jedoch die für den Veranlagungszeitraum der Anschaffung oder Herstellung und den folgenden Veranlagungszeitraum insgesamt zu entrichtende Einkommensteuer nicht übersteigen. ⁸In den Fällen des Satzes 2 Doppelbuchstabe bb Satz 2 gilt dies mit der Maßgabe, dass an die Stelle des Veranlagungszeitraums der Anschaffung oder Herstellung der Veranlagungszeitraum tritt, in dem zuletzt Anzahlungen oder Teilherstellungskosten aufgewendet worden sind. ⁹Werden begünstigte Wirtschaftsgüter von Gesellschaften im Sinne des § 15 Absatz 1 Satz 1 Nummer 2 und 3 angeschafft oder hergestellt, so ist der abzugsfähige Betrag nach dem Verhältnis der Gewinnanteile einschließlich der Vergütungen aufzuteilen. ¹⁰Die Anschaffungs- oder Herstellungskosten der Wirtschaftsgüter, die bei Bemessung des von der Einkommensteuer abzugsfähigen Betrags berücksichtigt worden sind, werden durch den Abzug von der Einkommensteuer nicht gemindert. ¹¹Rechtsverordnungen auf Grund dieser Ermächtigung bedürfen der Zustimmung des Bundestages. ¹²Die Zustimmung gilt als erteilt, wenn der Bundestag nicht binnen vier Wochen nach Eingang der Vorlage der Bundesregierung die Zustimmung verweigert hat;

t) (weggefallen)

u) über Sonderabschreibungen bei abnutzbaren Wirtschaftsgütern des Anlagevermögens, die der Forschung oder Entwicklung dienen und nach dem 18. Mai 1983 und vor dem 1. Januar 1990 angeschafft oder hergestellt werden. ²Voraussetzung für die Inanspruchnahme der Sonderabschreibungen ist, dass die beweglichen Wirtschaftsgüter ausschließlich und die unbeweglichen Wirtschaftsgüter zu mehr als 33 1/3 Prozent der Forschung oder Entwicklung dienen. ³Die Sonderabschreibungen können auch für Ausbauten und Erweiterungen an bestehenden Gebäuden, Gebäudeteilen, Eigentumswohnungen oder im Teileigentum stehenden Räumen zugelassen werden, wenn die ausgebauten oder neu hergestellten Gebäudeteile zu mehr als 33 1/3 Prozent der Forschung oder Entwicklung dienen. ⁴Die Wirtschaftsgüter dienen der Forschung oder Entwicklung, wenn sie verwendet werden

S 2185

§ 51 EStG

aa) zur Gewinnung von neuen wissenschaftlichen oder technischen Erkenntnissen und Erfahrungen allgemeiner Art (Grundlagenforschung) oder

bb) zur Neuentwicklung von Erzeugnissen oder Herstellungsverfahren oder

cc) zur Weiterentwicklung von Erzeugnissen oder Herstellungsverfahren, soweit wesentliche Änderungen dieser Erzeugnisse oder Verfahren entwickelt werden.

⁵Die Sonderabschreibungen können im Wirtschaftsjahr der Anschaffung oder Herstellung und in den vier folgenden Wirtschaftsjahren in Anspruch genommen werden, und zwar

aa) bei beweglichen Wirtschaftsgütern des Anlagevermögens bis zu insgesamt 40 Prozent,

bb) bei unbeweglichen Wirtschaftsgütern des Anlagevermögens, die zu mehr als 66 2/3 Prozent der Forschung oder Entwicklung dienen, bis zu insgesamt 15 Prozent, die nicht zu mehr als 66 2/3 Prozent, aber zu mehr als 33 1/3 Prozent der Forschung oder Entwicklung dienen, bis zu insgesamt 10 Prozent,

cc) bei Ausbauten und Erweiterungen an bestehenden Gebäuden, Gebäudeteilen, Eigentumswohnungen oder im Teileigentum stehenden Räumen, wenn die ausgebauten oder neu hergestellten Gebäudeteile zu mehr als 66 2/3 Prozent der Forschung oder Entwicklung dienen, bis zu insgesamt 15 Prozent, zu nicht mehr als 66 2/3 Prozent, aber zu mehr als 33 1/3 Prozent der Forschung oder Entwicklung dienen, bis zu insgesamt 10 Prozent

der Anschaffungs- oder Herstellungskosten. ⁶Sie können bereits für Anzahlungen auf Anschaffungskosten und für Teilherstellungskosten zugelassen werden. ⁷Die Sonderabschreibungen sind nur unter der Bedingung zuzulassen, dass die Wirtschaftsgüter und die ausgebauten oder neu hergestellten Gebäudeteile mindestens drei Jahre nach ihrer Anschaffung oder Herstellung in dem erforderlichen Umfang der Forschung oder Entwicklung in einer inländischen Betriebsstätte des Steuerpflichtigen dienen;

v) (weggefallen)

S 2185

w) über Sonderabschreibungen bei Handelsschiffen, die auf Grund eines vor dem 25. April 1996 abgeschlossenen Schiffbauvertrags hergestellt, in einem inländischen Seeschiffsregister eingetragen und vor dem 1. Januar 1999 von Steuerpflichtigen angeschafft oder hergestellt worden sind, die den Gewinn nach § 5 ermitteln. ²Im Fall der Anschaffung eines Handelsschiffes ist weitere Voraussetzung, dass das Schiff vor dem 1. Januar 1996 in ungebrauchtem Zustand vom Hersteller oder nach dem 31. Dezember 1995 auf Grund eines vor dem 25. April 1996 abgeschlossenen Kaufvertrags bis zum Ablauf des vierten auf das Jahr der Fertigstellung folgenden Jahres erworben worden ist. ³Bei Steuerpflichtigen, die in eine Gesellschaft im Sinne des § 15 Absatz 1 Satz 1 Nummer 2 und Absatz 3 nach Abschluss des Schiffbauvertrags (Unterzeichnung des Hauptvertrags) eingetreten sind, dürfen Sonderabschreibungen nur zugelassen werden, wenn sie der Gesellschaft vor dem 1. Januar 1999 beitreten. ⁴Die Sonderabschreibungen können im Wirtschaftsjahr der Anschaffung oder Herstellung und in den vier folgenden Wirtschaftsjahren bis zu insgesamt 40 Prozent der Anschaffungs- oder Herstellungskosten in Anspruch genommen werden. ⁵Sie können bereits für Anzahlungen auf Anschaffungskosten und für Teilherstellungskosten zugelassen werden. ⁶Die Sonderabschreibungen sind nur unter der Bedingung zuzulassen, dass die Handelsschiffe innerhalb eines Zeitraums von acht Jahren nach ihrer Anschaffung oder Herstellung nicht veräußert werden; für Anteile an einem Handelsschiff gilt dies entsprechend. ⁷Die Sätze 1 bis 6 gelten für Schiffe, die der Seefischerei dienen, entsprechend. ⁸Für Luftfahrzeuge, die vom Steuerpflichtigen hergestellt oder in ungebrauchtem Zustand vom Hersteller erworben worden sind und die zur gewerbsmäßigen Beförderung von Personen oder Sachen im internationalen Luftverkehr oder zur Verwendung zu sonstigen gewerblichen Zwecken im Ausland bestimmt sind, gelten die Sätze 1 bis 4 und 6 mit der Maßgabe entsprechend, dass an die Stelle der Eintragung in ein inländisches Seeschiffsregister die Eintragung in die deutsche Luftfahrzeugrolle, an die Stelle des Höchstsatzes von 40 Prozent ein Höchstsatz von 30 Prozent und bei der Vorschrift des Satzes 6 an die Stelle des Zeitraums von acht Jahren ein Zeitraum von sechs Jahren treten;

x) über erhöhte Absetzungen bei Herstellungskosten für Modernisierungs- und Instandsetzungsmaßnahmen im Sinne des § 177 des Baugesetzbuchs sowie für bestimmte Maßnahmen, die der Erhaltung, Erneuerung und funktionsgerechten Verwendung eines Gebäudes dienen, das wegen seiner geschichtlichen, künstlerischen oder städtebaulichen Bedeutung erhalten bleiben soll, und zu deren Durchführung sich der Eigentümer neben bestimmten Modernisierungsmaßnahmen gegenüber der Gemeinde verpflichtet hat, die für Gebäude in einem förmlich festgelegten Sanierungsgebiet oder städtebaulichen Entwicklungsbereich aufgewendet worden sind; Voraussetzung ist, dass die Maßnahmen vor dem 1. Ja-

S 2198-a

§ 51 EStG

nuar 1991 abgeschlossen worden sind. ²Die erhöhten Absetzungen dürfen jährlich 10 Prozent der Aufwendungen nicht übersteigen;

S 2198-b
y) über erhöhte Absetzungen für Herstellungskosten an Gebäuden, die nach den jeweiligen landesrechtlichen Vorschriften Baudenkmale sind, soweit die Aufwendungen nach Art und Umfang zur Erhaltung des Gebäudes als Baudenkmal und zu seiner sinnvollen Nutzung erforderlich sind; Voraussetzung ist, dass die Maßnahmen vor dem 1. Januar 1991 abgeschlossen worden sind. ²Die Denkmaleigenschaft des Gebäudes und die Voraussetzung, dass die Aufwendungen nach Art und Umfang zur Erhaltung des Gebäudes als Baudenkmal und zu seiner sinnvollen Nutzung erforderlich sind, sind durch eine Bescheinigung der nach Landesrecht zuständigen oder von der Landesregierung bestimmten Stelle nachzuweisen. ³Die erhöhten Absetzungen dürfen jährlich 10 Prozent der Aufwendungen nicht übersteigen;

3. die in § 4a Absatz 1 Satz 2 Nummer 1, § 10 Absatz 5, § 22 Nummer 1 Satz 3 Buchstabe a, § 26a Absatz 3, § 34c Absatz 7, § 46 Absatz 5 und § 50a Absatz 6 vorgesehenen Rechtsverordnungen zu erlassen.

S 1987
(2) ¹Die Bundesregierung wird ermächtigt, durch Rechtsverordnung Vorschriften zu erlassen, nach denen die Inanspruchnahme von Sonderabschreibungen und erhöhten Absetzungen sowie die Bemessung der Absetzung für Abnutzung in fallenden Jahresbeträgen ganz oder teilweise ausgeschlossen werden können, wenn eine Störung des gesamtwirtschaftlichen Gleichgewichts eingetreten ist oder sich abzeichnet, die erhebliche Preissteigerungen mit sich gebracht hat oder erwarten lässt, insbesondere, wenn die Inlandsnachfrage nach Investitionsgütern oder Bauleistungen das Angebot wesentlich übersteigt. ²Die Inanspruchnahme von Sonderabschreibungen und erhöhten Absetzungen sowie die Bemessung der Absetzung für Abnutzung in fallenden Jahresbeträgen darf nur ausgeschlossen werden

1. für bewegliche Wirtschaftsgüter, die innerhalb eines jeweils festzusetzenden Zeitraums, der frühestens mit dem Tage beginnt, an dem die Bundesregierung ihren Beschluss über die Verordnung bekannt gibt, und der ein Jahr nicht übersteigen darf, angeschafft oder hergestellt werden. ²Für bewegliche Wirtschaftsgüter, die vor Beginn dieses Zeitraums bestellt und angezahlt worden sind oder mit deren Herstellung vor Beginn dieses Zeitraums angefangen worden ist, darf jedoch die Inanspruchnahme von Sonderabschreibungen und erhöhten Absetzungen sowie die Bemessung der Absetzung für Abnutzung in fallenden Jahresbeträgen nicht ausgeschlossen werden;

2. für bewegliche Wirtschaftsgüter und für Gebäude, die in dem in Nummer 1 bezeichneten Zeitraum bestellt werden oder mit deren

Herstellung in diesem Zeitraum begonnen wird. ²Als Beginn der Herstellung gilt bei Gebäuden der Zeitpunkt, in dem der Antrag auf Baugenehmigung gestellt wird.
³Rechtsverordnungen auf Grund dieser Ermächtigung bedürfen der Zustimmung des Bundestages und des Bundesrates. ⁴Die Zustimmung gilt als erteilt, wenn der Bundesrat nicht binnen drei Wochen, der Bundestag nicht binnen vier Wochen nach Eingang der Vorlage der Bundesregierung die Zustimmung verweigert hat.

(3) ¹Die Bundesregierung wird ermächtigt, durch Rechtsverordnung mit Zustimmung des Bundesrates Vorschriften zu erlassen, nach denen die Einkommensteuer einschließlich des Steuerabzugs vom Arbeitslohn, des Steuerabzugs vom Kapitalertrag und des Steuerabzugs bei beschränkt Steuerpflichtigen

1. um höchstens 10 Prozent herabgesetzt werden kann. ²Der Zeitraum, für den die Herabsetzung gilt, darf ein Jahr nicht übersteigen; er soll sich mit dem Kalenderjahr decken. ³Voraussetzung ist, dass eine Störung des gesamtwirtschaftlichen Gleichgewichts eingetreten ist oder sich abzeichnet, die eine nachhaltige Verringerung der Umsätze oder der Beschäftigung zur Folge hatte oder erwarten lässt, insbesondere bei einem erheblichen Rückgang der Nachfrage nach Investitionsgütern und Bauleistungen oder Verbrauchsgütern;
2. um höchstens 10 Prozent erhöht werden kann. ²Der Zeitraum, für den die Erhöhung gilt, darf ein Jahr nicht übersteigen; er soll sich mit dem Kalenderjahr decken. ³Voraussetzung ist, dass eine Störung des gesamtwirtschaftlichen Gleichgewichts eingetreten ist oder sich abzeichnet, die erhebliche Preissteigerungen mit sich gebracht hat oder erwarten lässt, insbesondere, wenn die Nachfrage nach Investitionsgütern und Bauleistungen oder Verbrauchsgütern das Angebot wesentlich übersteigt.

²Rechtsverordnungen auf Grund dieser Ermächtigung bedürfen der Zustimmung des Bundestages.

(4) Das Bundesministerium der Finanzen wird ermächtigt,
1. im Einvernehmen mit den obersten Finanzbehörden der Länder die Vordrucke für
    a) (weggefallen)
    b) die Erklärungen zur Einkommensbesteuerung,
    c) die Anträge nach § 38b Absatz 2, nach § 39a Absatz 2, in dessen Vordrucke der Antrag nach § 39f einzubeziehen ist, die Anträge nach § 39a Absatz 4 sowie die Anträge zu den elektronischen Lohnsteuerabzugsmerkmalen (§ 38b Absatz 3 und § 39e Absatz 6 Satz 7),
    d) die Lohnsteuer-Anmeldung (§ 41a Absatz 1),

e) die Anmeldung der Kapitalertragsteuer (§ 45a Absatz 1) und den Freistellungsauftrag nach § 44a Absatz 2 Satz 1 Nummer 1,
f) die Anmeldung des Abzugsbetrags (§ 48a),
g) die Erteilung der Freistellungsbescheinigung (§ 48b),
h) die Anmeldung der Abzugsteuer (§ 50a Absatz 7)[1)]

und die Muster der Bescheinigungen für den Lohnsteuerabzug nach § 39 Absatz 3 und § 39e Absatz 7 Satz 5, des Ausdrucks der elektronischen Lohnsteuerbescheinigung (§ 41b Absatz 1), das Muster der Lohnsteuerbescheinigung nach § 41b Absatz 3 Satz 1, der Anträge auf Erteilung einer Bescheinigung für den Lohnsteuerabzug nach § 39 Absatz 3 und § 39e Absatz 7 Satz 1 sowie der in § 45a Absatz 2 und 3 vorgesehenen Bescheinigungen zu bestimmen;

1a. im Einvernehmen mit den obersten Finanzbehörden der Länder auf der Basis der §§ 32a und 39b einen Programmablaufplan für die Herstellung von Lohnsteuertabellen zur manuellen Berechnung der Lohnsteuer aufzustellen und bekannt zu machen. ²Der Lohnstufenabstand beträgt bei den Jahrestabellen 36. ³Die in den Tabellenstufen auszuweisende Lohnsteuer ist aus der Obergrenze der Tabellenstufen zu berechnen und muss an der Obergrenze mit der maschinell berechneten Lohnsteuer übereinstimmen. ⁴Die Monats-, Wochen- und Tagestabellen sind aus den Jahrestabellen abzuleiten;

1b. im Einvernehmen mit den obersten Finanzbehörden der Länder den Mindestumfang der nach § 5b elektronisch zu übermittelnden Bilanz und Gewinn- und Verlustrechnung zu bestimmen;

1c. durch Rechtsverordnung zur Durchführung dieses Gesetzes mit Zustimmung des Bundesrates Vorschriften über einen von dem vorgesehenen erstmaligen Anwendungszeitpunkt gemäß § 52 Absatz 15a in der Fassung des Artikels 1 des Gesetzes vom 20. Dezember 2008 (BGBl. I S. 2850) abweichenden späteren Anwendungszeitpunkt zu erlassen, wenn bis zum 31. Dezember 2010 erkennbar ist, dass die technischen oder organisatorischen Voraussetzungen für eine Umsetzung der in § 5b Absatz 1 in der Fassung des Artikels 1 des Gesetzes vom 20. Dezember 2008 (BGBl. I S. 2850) vorgesehenen Verpflichtung nicht ausreichen;

1d. die Vordrucke für die Anmeldung des Steuerabzugs von Vergütungen im Sinne des § 50a Absatz 1 *sowie das amtlich vorgeschriebene Muster nach § 50a Absatz 5 Satz 7* zu bestimmen;

[1)] Absatz 4 Nr. 1 Buchst. i wurde aufgehoben. Absatz 4 Nr. 1 in der neuen Fassung gilt erstmals für die Vergabe von Ordnungsnummern zu Steuerbescheinigungen für Kapitalerträge, die nach dem 31.12.2023 zufließen >§ 52 Abs. 48a.
Buchst. i in der bisherigen Fassung ist bis zum 31.12.2023 weiter anzuwenden und lautet:
„i) die Entlastung von der Kapitalertragsteuer und vom Steuerabzug nach § 50a auf Grund von Abkommen zur Vermeidung der Doppelbesteuerung"

1e. im Einvernehmen mit den obersten Finanzbehörden der Länder die Vorgaben für die Zuweisung der Ordnungsnummer nach § 45b Absatz 1 zu bestimmen; [1)]
2. den Wortlaut dieses Gesetzes und der zu diesem Gesetz erlassenen Rechtsverordnungen in der jeweils geltenden Fassung satzweise nummeriert mit neuem Datum und in neuer Paragraphenfolge bekannt zu machen und dabei Unstimmigkeiten im Wortlaut zu beseitigen.

EStDV

§§ 74 bis 80

(weggefallen)

§ 81
Bewertungsfreiheit für bestimmte Wirtschaftsgüter des Anlagevermögens im Kohlen- und Erzbergbau

(1) ¹Steuerpflichtige, die den Gewinn nach § 5 des Gesetzes ermitteln, können bei abnutzbaren Wirtschaftsgütern des Anlagevermögens, bei denen die in den Absätzen 2 und 3 bezeichneten Voraussetzungen vorliegen, im Wirtschaftsjahr der Anschaffung oder Herstellung und in den vier folgenden Wirtschaftsjahren Sonderabschreibungen vornehmen, und zwar
1. bei beweglichen Wirtschaftsgütern des Anlagevermögens
   bis zur Höhe von insgesamt 50 Prozent,
2. bei unbeweglichen Wirtschaftsgütern des Anlagevermögens
   bis zur Höhe von insgesamt 30 Prozent
der Anschaffungs- oder Herstellungskosten. ²§ 9a gilt entsprechend.

(2) Voraussetzung für die Anwendung des Absatzes 1 ist,
1. dass die Wirtschaftsgüter
   a) im Tiefbaubetrieb des Steinkohlen-, Pechkohlen-, Braunkohlen- und Erzbergbaues
      aa) für die Errichtung von neuen Förderschachtanlagen, auch in der Form von Anschlussschachtanlagen,
      bb) für die Errichtung neuer Schächte sowie die Erweiterung des Grubengebäudes und den durch Wasserzuflüsse aus stillliegenden Anlagen bedingten Ausbau der Wasserhaltung bestehender Schachtanlagen,
      cc) für Rationalisierungsmaßnahmen in der Hauptschacht-, Blindschacht-, Strecken- und Abbauförderung, im Streckenvortrieb, in der Gewinnung, Versatzwirtschaft, Seilfahrt, Wetterführung und Wasserhaltung sowie in der Aufbereitung,

---

[1)] Absatz 4 Nr. 1e gilt erstmals für die Vergabe von Ordnungsnummern zu Steuerbescheinigungen für Kapitalerträge, die nach dem 31.12.2023 zufließen >§ 52 Abs. 48a.

§ 51 EStG § 81 EStDV

  dd) für die Zusammenfassung von mehreren Förderschachtanlagen zu einer einheitlichen Förderschachtanlage oder

  ee) für den Wiederaufschluss stillliegender Grubenfelder und Feldesteile,

 b) im Tagebaubetrieb des Braunkohlen- und Erzbergbaues

  aa) für die Erschließung neuer Tagebaue, auch in Form von Anschlusstagebauen,

  bb) für Rationalisierungsmaßnahmen bei laufenden Tagebauen,

  cc) beim Übergang zum Tieftagebau für die Freilegung und Gewinnung der Lagerstätte oder

  dd) für die Wiederinbetriebnahme stillgelegter Tagebaue

angeschafft oder hergestellt werden und

2. dass die Förderungswürdigkeit dieser Vorhaben von der obersten Landesbehörde oder der von ihr bestimmten Stelle im Einvernehmen mit dem Bundesministerium für Wirtschaft und Energie bescheinigt worden ist.

(3) Die Abschreibungen nach Absatz 1 können nur in Anspruch genommen werden

1. in den Fällen des Absatzes 2 Nr. 1 Buchstabe a bei Wirtschaftsgütern des Anlagevermögens unter Tage und bei den in der Anlage 5 zu dieser Verordnung bezeichneten Wirtschaftsgütern des Anlagevermögens über Tage,

2. in den Fällen des Absatzes 2 Nr. 1 Buchstabe b bei den in der Anlage 6 zu dieser Verordnung bezeichneten Wirtschaftsgütern des beweglichen Anlagevermögens.

(4) Die Abschreibungen nach Absatz 1 können in Anspruch genommen werden bei im Geltungsbereich dieser Verordnung ausschließlich des in Artikel 3 des Einigungsvertrages genannten Gebiets

1. vor dem 1. Januar 1990 angeschafften oder hergestellten Wirtschaftsgütern,

2. a) nach dem 31. Dezember 1989 und vor dem 1. Januar 1991 angeschafften oder hergestellten Wirtschaftsgütern,

 b) vor dem 1. Januar 1991 geleisteten Anzahlungen auf Anschaffungskosten und entstandenen Teilherstellungskosten,

wenn der Steuerpflichtige vor dem 1. Januar 1990 die Wirtschaftsgüter bestellt oder mit ihrer Herstellung begonnen hat.

(5) Bei den in Absatz 2 Nr. 1 Buchstabe b bezeichneten Vorhaben können die vor dem 1. Januar 1990 im Geltungsbereich dieser Verordnung ausschließlich des in Artikel 3 des Einigungsvertrages genannten Gebiets aufgewendeten Kosten für den Vorabraum bis zu 50 Prozent als sofort abzugsfähige Betriebsausgaben behandelt werden.

§ 81 EStDV **§ 51 EStG**

**Anlage 5
(zu § 81 Abs. 3 Nr. 1)**

Verzeichnis der Wirtschaftsgüter des Anlagevermögens über Tage im Sinne des § 81 Abs. 3 Nr. 1

Die Bewertungsfreiheit des § 81 kann im Tiefbaubetrieb des Steinkohlen-, Pechkohlen-, Braunkohlen- und Erzbergbaues für die Wirtschaftsgüter des Anlagevermögens über Tage in Anspruch genommen werden, die zu den folgenden, mit dem Grubenbetrieb unter Tage in unmittelbarem Zusammenhang stehenden, der Förderung, Seilfahrt, Wasserhaltung und Wetterführung sowie der Aufbereitung des Minerals dienenden Anlagen und Einrichtungen gehören:

1. Förderanlagen und -einrichtungen einschließlich Schachthalle, Hängebank, Wagenumlauf und Verladeeinrichtungen sowie Anlagen der Berge- und Grubenholzwirtschaft,
2. Anlagen und Einrichtungen der Wetterwirtschaft und Wasserhaltung,
3. Waschkauen sowie Einrichtungen der Grubenlampenwirtschaft, des Grubenrettungswesens und der Ersten Hilfe,
4. Sieberei, Wäsche und sonstige Aufbereitungsanlagen; im Erzbergbau alle der Aufbereitung dienenden Anlagen sowie die Anlagen zum Rösten von Eisenerzen, wenn die Anlagen nicht zu einem Hüttenbetrieb gehören.

**Anlage 6
(zu § 81 Abs. 3 Nr. 2)**

Verzeichnis der Wirtschaftsgüter des beweglichen Anlagevermögens im Sinne des § 81 Abs. 3 Nr. 2

Die Bewertungsfreiheit des § 81 kann im Tagebaubetrieb des Braunkohlen- und Erzbergbaues für die folgenden Wirtschaftsgüter des beweglichen Anlagevermögens in Anspruch genommen werden:

1. Grubenaufschluss,
2. Entwässerungsanlagen,
3. Großgeräte, die der Lösung, Bewegung und Verkippung der Abraummassen sowie der Förderung und Bewegung des Minerals dienen, soweit sie wegen ihrer besonderen, die Ablagerungs- und Größenverhältnisse des Tagebaubetriebs berücksichtigenden Konstruktion nur für diesen Tagebaubetrieb oder anschließend für andere begünstigte Tagebaubetriebe verwendet werden; hierzu gehören auch Spezialabraum- und -kohlenwagen einschließlich der dafür erforderlichen Lokomotiven sowie Transportbandanlagen mit den Auf- und Übergaben und den dazugehörigen Bunkereinrichtungen mit Ausnahme der Rohkohlenbunker in Kraftwerken, Brikettfabriken oder Versandanlagen, wenn die Wirtschaftsgüter die Voraussetzungen des ersten Halbsatzes erfüllen,

4. Einrichtungen des Grubenrettungswesens und der Ersten Hilfe,
5. Wirtschaftsgüter, die zu den Aufbereitungsanlagen im Erzbergbau gehören, wenn die Aufbereitungsanlagen nicht zu einem Hüttenbetrieb gehören.

§ 82

(weggefallen)

§ 82a
Erhöhte Absetzungen von Herstellungskosten und Sonderbehandlung von Erhaltungsaufwand für bestimmte Anlagen und Einrichtungen bei Gebäuden

(zu § 21 EStG abgedruckt)

§ 82b
Behandlung größeren Erhaltungsaufwands bei Wohngebäuden

(zu § 21 EStG abgedruckt)

§§ 82c bis 82e

(weggefallen)

§ 82f
Bewertungsfreiheit für Handelsschiffe, für Schiffe, die der Seefischerei dienen, und für Luftfahrzeuge

(1) [1]Steuerpflichtige, die den Gewinn nach § 5 des Gesetzes ermitteln, können bei Handelsschiffen, die in einem inländischen Seeschiffsregister eingetragen sind, im Wirtschaftsjahr der Anschaffung oder Herstellung und in den vier folgenden Wirtschaftsjahren Sonderabschreibungen bis zu insgesamt 40 Prozent der Anschaffungs- oder Herstellungskosten vornehmen. [2]§ 9a gilt entsprechend.

(2) Im Fall der Anschaffung eines Handelsschiffs ist Absatz 1 nur anzuwenden, wenn das Handelsschiff vor dem 1. Januar 1996 in ungebrauchtem Zustand vom Hersteller oder nach dem 31. Dezember 1995 bis zum Ablauf des vierten auf das Jahr der Fertigstellung folgenden Jahres erworben worden ist.

(3) [1]Die Inanspruchnahme der Abschreibungen nach Absatz 1 ist nur unter der Bedingung zulässig, dass die Handelsschiffe innerhalb eines Zeitraums von acht Jahren nach ihrer Anschaffung oder Herstellung nicht veräußert werden. [2]Für Anteile an Handelsschiffen gilt dies entsprechend.

(4) Die Abschreibungen nach Absatz 1 können bereits für Anzahlungen auf Anschaffungskosten und für Teilherstellungskosten in Anspruch genommen werden.

(5) [1] Die Abschreibungen nach Absatz 1 können nur in Anspruch genommen werden, wenn das Handelsschiff vor dem 1. Januar 1999 angeschafft oder hergestellt wird und der Kaufvertrag oder Bauvertrag vor dem 25. April 1996 abgeschlossen worden ist. [2] Bei Steuerpflichtigen, die in eine Gesellschaft im Sinne des § 15 Absatz 1 Satz 1 Nummer 2 und Absatz 3 des Einkommensteuergesetzes nach Abschluss des Schiffbauvertrags (Unterzeichnung des Hauptvertrags) eintreten, sind Sonderabschreibungen nur zulässig, wenn sie der Gesellschaft vor dem 1. Januar 1999 beitreten.

(6) [1] Die Absätze 1 bis 5 gelten für Schiffe, die der Seefischerei dienen, entsprechend. [2] Für Luftfahrzeuge, die vom Steuerpflichtigen hergestellt oder in ungebrauchtem Zustand vom Hersteller erworben worden sind und die zur gewerbsmäßigen Beförderung von Personen oder Sachen im internationalen Luftverkehr oder zur Verwendung zu sonstigen gewerblichen Zwecken im Ausland bestimmt sind, gelten die Absätze 1 und 3 bis 5 mit der Maßgabe entsprechend, dass an die Stelle der Eintragung in ein inländisches Seeschiffsregister die Eintragung in die deutsche Luftfahrzeugrolle, an die Stelle des Höchstsatzes von 40 Prozent ein Höchstsatz von 30 Prozent und bei der Vorschrift des Absatzes 3 an die Stelle des Zeitraums von acht Jahren ein Zeitraum von sechs Jahren treten.

§ 82g
Erhöhte Absetzungen von Herstellungskosten für bestimmte Baumaßnahmen

(zu § 21 EStG abgedruckt)

§ 82h

(weggefallen)

§ 82i
Erhöhte Absetzungen von Herstellungskosten bei Baudenkmälern

(zu § 21 EStG abgedruckt)

§ 83

(weggefallen)

§ 51a
Festsetzung und Erhebung von Zuschlagsteuern

(1) [1]Auf die Festsetzung und Erhebung von Steuern, die nach der Einkommensteuer bemessen werden (Zuschlagsteuern), sind die Vorschriften dieses Gesetzes mit Ausnahme des § 36a entsprechend anzuwenden. [2]Wird Einkommensteuer im Wege des Steuerabzugs erhoben, dürfen die zu diesem Zweck verarbeiteten personenbezogenen Daten auch für die Erhebung einer Zuschlagsteuer im Wege des Steuerabzugs verarbeitet werden.

(2) [1]Bemessungsgrundlage ist die Einkommensteuer, die abweichend von § 2 Absatz 6 unter Berücksichtigung von Freibeträgen nach § 32 Absatz 6 in allen Fällen des § 32 festzusetzen wäre. [2]Zur Ermittlung der Einkommensteuer im Sinne des Satzes 1 ist das zu versteuernde Einkommen um die nach § 3 Nummer 40 steuerfreien Beträge zu erhöhen und um die nach § 3c Absatz 2 nicht abziehbaren Beträge zu mindern. [3]§ 35 ist bei der Ermittlung der festzusetzenden Einkommensteuer nach Satz 1 nicht anzuwenden.

(2a) [1]Vorbehaltlich des § 40a Absatz 2 ist beim Steuerabzug vom Arbeitslohn Bemessungsgrundlage die Lohnsteuer; beim Steuerabzug vom laufenden Arbeitslohn und beim Jahresausgleich ist die Lohnsteuer maßgebend, die sich ergibt, wenn der nach § 39b Absatz 2 Satz 5 zu versteuernde Jahresbetrag für die Steuerklassen I, II und III um den doppelten Kinderfreibetrag sowie den doppelten Freibetrag für den Betreuungs- und Erziehungs- oder Ausbildungsbedarf und für die Steuerklasse IV um den Kinderfreibetrag sowie den Freibetrag für den Betreuungs- und Erziehungs- oder Ausbildungsbedarf (§ 32 Absatz 6 Satz 1) für jedes Kind vermindert wird, für das eine Kürzung der Freibeträge für Kinder nach § 32 Absatz 6 Satz 4 nicht in Betracht kommt. [2]Bei der Anwendung des § 39b für die Ermittlung der Zuschlagsteuern ist die als Lohnsteuerabzugsmerkmal gebildete Zahl der Kinderfreibeträge maßgebend. [3]Bei Anwendung des § 39f ist beim Steuerabzug vom laufenden Arbeitslohn die Lohnsteuer maßgebend, die sich bei Anwendung des nach § 39f Absatz 1 ermittelten Faktors auf den nach den Sätzen 1 und 2 ermittelten Betrag ergibt.

(2b) Wird die Einkommensteuer nach § 43 Absatz 1 durch Abzug vom Kapitalertrag (Kapitalertragsteuer) erhoben, wird die darauf entfallende Kirchensteuer nach dem Kirchensteuersatz der Religionsgemeinschaft, der der Kirchensteuerpflichtige angehört, als Zuschlag zur Kapitalertragsteuer erhoben.

(2c) ¹Der zur Vornahme des Steuerabzugs vom Kapitalertrag Verpflichtete (Kirchensteuerabzugsverpflichteter) hat die auf die Kapitalertragsteuer nach Absatz 2b entfallende Kirchensteuer nach folgenden Maßgaben einzubehalten:

1. Das Bundeszentralamt für Steuern speichert unabhängig von und zusätzlich zu den in § 139b Absatz 3 der Abgabenordnung genannten und nach § 39e gespeicherten Daten des Steuerpflichtigen den Kirchensteuersatz der steuererhebenden Religionsgemeinschaft des Kirchensteuerpflichtigen sowie die ortsbezogenen Daten, mit deren Hilfe der Kirchensteuerpflichtige seiner Religionsgemeinschaft zugeordnet werden kann. ²Die Daten werden als automatisiert abrufbares Merkmal für den Kirchensteuerabzug bereitgestellt;
2. sofern dem Kirchensteuerabzugsverpflichteten die Identifikationsnummer des Schuldners der Kapitalertragsteuer nicht bereits bekannt ist, kann er sie beim Bundeszentralamt für Steuern anfragen. ²In der Anfrage dürfen nur die in § 139b Absatz 3 der Abgabenordnung genannten Daten des Schuldners der Kapitalertragsteuer angegeben werden, soweit sie dem Kirchensteuerabzugsverpflichteten bekannt sind. ³Die Anfrage hat nach amtlich vorgeschriebenem Datensatz durch Datenfernübertragung zu erfolgen. ⁴Das Bundeszentralamt für Steuern teilt dem Kirchensteuerabzugsverpflichteten die Identifikationsnummer mit, sofern die übermittelten Daten mit den nach § 139b Absatz 3 der Abgabenordnung beim Bundeszentralamt für Steuern gespeicherten Daten übereinstimmen;
3. *der Kirchensteuerabzugsverpflichtete hat unter Angabe der Identifikationsnummer und des Geburtsdatums des Schuldners der Kapitalertragsteuer bei Begründung einer rechtlichen Verbindung beim Bundeszentralamt für Steuern anzufragen, ob der Schuldner der Kapitalertragsteuer kirchensteuerpflichtig ist (Anlassabfrage), und einmal jährlich im Zeitraum vom 1. September bis 31. Oktober beim Bundeszentralamt für Steuern anzufragen, ob der Schuldner der Kapitalertragsteuer am 31. August des betreffenden Jahres (Stichtag) kirchensteuerpflichtig ist (Regelabfrage).* ²*Für Kapitalerträge im Sinne des § 43 Absatz 1 Nummer 4 aus Versicherungsverträgen hat der Kirchensteuerabzugsverpflichtete eine auf den Zuflusszeitpunkt der Kapitalerträge bezogene Abfrage (Anlassabfrage) an das Bundeszentralamt für Steuern zu richten.* ³*Im Übrigen kann der Kirchensteuerabzugsverpflichtete eine Anlassabfrage auf Veranlassung des Schuldners der Kapitalertragsteuer an das Bundeszentralamt für Steuern richten.* ⁴*Auf die Anfrage hin teilt das Bundeszentralamt für Steuern dem Kirchensteuerabzugsverpflichteten die rechtliche Zugehörigkeit zu einer steuererhebenden Religionsgemeinschaft und den für die Religionsgemeinschaft geltenden Kirchensteuersatz zum Zeitpunkt der Anfrage als*

automatisiert abrufbares Merkmal nach Nummer 1 mit. ⁵*Bei Begründung einer rechtlichen Verbindung ist der Schuldner der Kapitalertragsteuer vom Kirchensteuerabzugsverpflichteten auf die Datenabfrage sowie das Antragsrecht nach Absatz 2e Satz 1 in geeigneter Form hinzuweisen.* ⁶Anträge auf das Setzen der Sperrvermerke, die im aktuellen Kalenderjahr für eine Regelabfrage berücksichtigt werden sollen, müssen bis zum 30. Juni beim Bundeszentralamt für Steuern eingegangen sein. ⁷Alle übrigen Sperrvermerke können nur berücksichtigt werden, wenn sie spätestens zwei Monate vor der Abfrage des Kirchensteuerabzugsverpflichteten eingegangen sind. ⁸Dies gilt für den Widerruf entsprechend. ⁹Gehört der Schuldner der Kapitalertragsteuer keiner steuererhebenden Religionsgemeinschaft an oder hat er dem Abruf von Daten zur Religionszugehörigkeit widersprochen (Sperrvermerk), so teilt das Bundeszentralamt für Steuern dem Kirchensteuerabzugsverpflichteten zur Religionszugehörigkeit einen neutralen Wert (Nullwert) mit. ¹⁰Der Kirchensteuerabzugsverpflichtete hat die vorhandenen Daten zur Religionszugehörigkeit unverzüglich zu löschen, wenn ein Nullwert übermittelt wurde;

4. im Falle einer am Stichtag oder im Zuflusszeitpunkt bestehenden Kirchensteuerpflicht hat der Kirchensteuerabzugsverpflichtete den Kirchensteuerabzug für die steuererhebende Religionsgemeinschaft durchzuführen und den Kirchensteuerbetrag an das für ihn zuständige Finanzamt abzuführen. ²§ 45a Absatz 1 gilt entsprechend; in der Steueranmeldung sind die nach Satz 1 einbehaltenen Kirchensteuerbeträge für jede steuererhebende Religionsgemeinschaft jeweils als Summe anzumelden. ³Die auf Grund der Regelabfrage vom Bundeszentralamt für Steuern bestätigte Kirchensteuerpflicht hat der Kirchensteuerabzugsverpflichtete dem Kirchensteuerabzug des auf den Stichtag folgenden Kalenderjahres zu Grunde zu legen. ⁴Das Ergebnis einer Anlassabfrage wirkt anlassbezogen.

²Die Daten gemäß Nummer 3 sind nach amtlich vorgeschriebenem Datensatz durch Datenfernübertragung zu übermitteln. ³Die Verbindung der Anfrage nach Nummer 2 mit der Anfrage nach Nummer 3 zu einer Anfrage ist zulässig. ⁴Auf Antrag kann das Bundeszentralamt für Steuern zur Vermeidung unbilliger Härten auf eine elektronische Übermittlung verzichten. ⁵§ 44 Absatz 5 ist mit der Maßgabe anzuwenden, dass der Haftungsbescheid von dem für den Kirchensteuerabzugsverpflichteten zuständigen Finanzamt erlassen wird. ⁶§ 45a Absatz 2 ist mit der Maßgabe anzuwenden, dass die steuererhebende Religionsgemeinschaft angegeben wird. ⁷Sind an den Kapitalerträgen ausschließlich Ehegatten beteiligt, wird der Anteil an der Kapitalertragsteuer hälftig ermittelt. ⁸Der Kirchensteuerabzugsverpflichtete darf die von ihm für die Durchführung des Kirchensteuerabzugs erhobenen Daten ausschließlich für diesen Zweck verarbeiten. ⁹Er hat

organisatorisch dafür Sorge zu tragen, dass ein Zugriff auf diese Daten für andere Zwecke gesperrt ist. [10]Ohne Einwilligung der oder des Kirchensteuerpflichtigen und soweit gesetzlich nichts anderes zugelassen ist, dürfen der Kirchensteuerabzugsverpflichtete und die beteiligte Finanzbehörde die Daten nach Satz 8 nicht für andere Zwecke verarbeiten.

(2d) [1]Wird die nach Absatz 2b zu erhebende Kirchensteuer nicht nach Absatz 2c als Kirchensteuerabzug vom Kirchensteuerabzugsverpflichteten einbehalten, wird sie nach Ablauf des Kalenderjahres nach dem Kapitalertragsteuerbetrag veranlagt, der sich ergibt, wenn die Steuer auf Kapitalerträge nach § 32d Absatz 1 Satz 4 und 5 errechnet wird; wenn Kirchensteuer als Kirchensteuerabzug nach Absatz 2c erhoben wurde, wird eine Veranlagung auf Antrag des Steuerpflichtigen durchgeführt. [2]Der Abzugsverpflichtete hat dem Kirchensteuerpflichtigen auf dessen Verlangen hin eine Bescheinigung über die einbehaltene Kapitalertragsteuer zu erteilen. [3]Der Kirchensteuerpflichtige hat die erhobene Kapitalertragsteuer zu erklären und die Bescheinigung nach Satz 2 oder nach § 45a Absatz 2 oder 3 vorzulegen.

(2e) [1]Der Schuldner der Kapitalertragsteuer kann unter Angabe seiner Identifikationsnummer nach amtlich vorgeschriebenem Vordruck schriftlich beim Bundeszentralamt für Steuern beantragen, dass der automatisierte Datenabruf seiner rechtlichen Zugehörigkeit zu einer steuererhebenden Religionsgemeinschaft bis auf schriftlichen Widerruf unterbleibt (Sperrvermerk). [2]Das Bundeszentralamt für Steuern kann für die Abgabe der Erklärungen nach Satz 1 ein anderes sicheres Verfahren zur Verfügung stellen. [3]Der Sperrvermerk verpflichtet den Kirchensteuerpflichtigen für jeden Veranlagungszeitraum, in dem Kapitalertragsteuer einbehalten worden ist, zur Abgabe einer Steuererklärung zum Zwecke der Veranlagung nach Absatz 2d Satz 1. [4]Das Bundeszentralamt für Steuern übermittelt für jeden Veranlagungszeitraum, für den ein Sperrvermerk abgerufen worden ist, an das Wohnsitzfinanzamt des Schuldners der Kapitalertragsteuer Name und Anschrift des Kirchensteuerabzugsverpflichteten, dem im Fall des Absatzes 2c Satz 1 Nummer 3 auf Grund des Sperrvermerks ein Nullwert im Sinne des *Absatzes 2c Satz 1 Nummer 3 Satz 9* mitgeteilt worden ist. [5]Das Wohnsitzfinanzamt fordert den Kirchensteuerpflichtigen zur Abgabe einer Steuererklärung nach § 149 Absatz 1 Satz 1 und 2 der Abgabenordnung auf.

(3) Ist die Einkommensteuer für Einkünfte, die dem Steuerabzug unterliegen, durch den Steuerabzug abgegolten oder werden solche Einkünfte bei der Veranlagung zur Einkommensteuer oder beim Lohnsteuer-Jahresausgleich nicht erfasst, gilt dies für die Zuschlagsteuer entsprechend.

§ 51a EStG

(4) ¹Die Vorauszahlungen auf Zuschlagsteuern sind gleichzeitig mit den festgesetzten Vorauszahlungen auf die Einkommensteuer zu entrichten; § 37 Absatz 5 ist nicht anzuwenden. ²Solange ein Bescheid über die Vorauszahlungen auf Zuschlagsteuern nicht erteilt worden ist, sind die Vorauszahlungen ohne besondere Aufforderung nach Maßgabe der für die Zuschlagsteuern geltenden Vorschriften zu entrichten. ³§ 240 Absatz 1 Satz 3 der Abgabenordnung ist insoweit nicht anzuwenden; § 254 Absatz 2 der Abgabenordnung gilt insoweit sinngemäß.

(5) ¹Mit einem Rechtsbehelf gegen die Zuschlagsteuer kann weder die Bemessungsgrundlage noch die Höhe des zu versteuernden Einkommens angegriffen werden. ²Wird die Bemessungsgrundlage geändert, ändert sich die Zuschlagsteuer entsprechend.

(6) Die Absätze 1 bis 5 gelten für die Kirchensteuern nach Maßgabe landesrechtlicher Vorschriften.

§ 52
Anwendungsvorschriften

(1) ¹Diese Fassung des Gesetzes ist, soweit in den folgenden Absätzen nichts anderes bestimmt ist, erstmals für den *Veranlagungszeitraum 2022* anzuwenden. ²Beim Steuerabzug vom Arbeitslohn gilt Satz 1 mit der Maßgabe, dass diese Fassung erstmals auf den laufenden Arbeitslohn anzuwenden ist, der für einen nach dem *31. Dezember 2021* endenden Lohnzahlungszeitraum gezahlt wird, und auf sonstige Bezüge, die nach dem *31. Dezember 2021* zufließen. ³Beim Steuerabzug vom Kapitalertrag gilt Satz 1 mit der Maßgabe, dass diese Fassung des Gesetzes erstmals auf Kapitalerträge anzuwenden ist, die dem Gläubiger nach dem *31. Dezember 2021* zufließen.

(2) ¹§ 2a Absatz 1 Satz 1 Nummer 6 Buchstabe b in der am 1. Januar 2000 geltenden Fassung ist erstmals auf negative Einkünfte eines Steuerpflichtigen anzuwenden, die er aus einer entgeltlichen Überlassung von Schiffen auf Grund eines nach dem 31. Dezember 1999 rechtswirksam abgeschlossenen obligatorischen Vertrags oder gleichstehenden Rechtsakts erzielt. ²Für negative Einkünfte im Sinne des § 2a Absatz 1 und 2 in der am 24. Dezember 2008 geltenden Fassung, die vor dem 25. Dezember 2008 nach § 2a Absatz 1 Satz 5 bestandskräftig gesondert festgestellt wurden, ist § 2a Absatz 1 Satz 3 bis 5 in der am 24. Dezember 2008 geltenden Fassung weiter anzuwenden. ³§ 2a Absatz 3 Satz 3, 5 und 6 in der am 29. April 1997 geltenden Fassung ist für Veranlagungszeiträume ab 1999 weiter anzuwenden, soweit sich ein positiver Betrag im Sinne des § 2a Absatz 3 Satz 3 in der am 29. April 1997 geltenden Fassung ergibt oder soweit eine in einem ausländischen Staat belegene Betriebsstätte im Sinne des § 2a Absatz 4 in der Fassung des § 52 Absatz 3 Satz 8 in der am 30. Juli 2014 geltenden Fassung in eine Kapitalgesellschaft umgewandelt, übertragen oder aufgegeben wird. ⁴Insoweit ist in § 2a Absatz 3 Satz 5 letzter Halbsatz in der am 29. April 1997 geltenden Fassung die Angabe „§ 10d Absatz 3" durch die Angabe „§ 10d Absatz 4" zu ersetzen.

(3) § 2b in der Fassung der Bekanntmachung vom 19. Oktober 2002 (BGBl. I S. 4210; 2003 I S. 179) ist weiterhin für Einkünfte aus einer Einkunftsquelle im Sinne des § 2b anzuwenden, die der Steuerpflichtige nach dem 4. März 1999 und vor dem 11. November 2005 rechtswirksam erworben oder begründet hat.

(4) ¹§ 3 Nummer 5 in der am 30. Juni 2013 geltenden Fassung ist vorbehaltlich des Satzes 2 erstmals für den Veranlagungszeitraum 2013 anzuwenden. ²§ 3 Nummer 5 in der am 29. Juni 2013 geltenden Fassung ist weiterhin anzuwenden für freiwillig Wehrdienst Leistende, die das Dienstverhältnis vor dem 1. Januar 2014 begonnen haben. ³§ 3 Nummer 10 in der am 31. Dezember 2005 geltenden Fassung ist weiter anzuwenden für ausgezahlte Übergangsbeihilfen

an Soldatinnen auf Zeit und Soldaten auf Zeit, wenn das Dienstverhältnis vor dem 1. Januar 2006 begründet worden ist. *[4] § 3 Nummer 11b in der Fassung des Artikels 1 des Gesetzes vom 19. Juni 2022 (BGBl. I S. 911) ist erstmals für den Veranlagungszeitraum 2021 anzuwenden. [5] § 3 Nummer 14a in der Fassung des Artikels 3 des Gesetzes vom 16. Dezember 2022 (BGBl I S. 2294) ist erstmals für den Veranlagungszeitraum 2021 anzuwenden. [6] Ist in der für das jeweilige Leistungsjahr zuletzt übermittelten Rentenbezugsmitteilung im Sinne des § 22a in den nach § 22a Absatz 1 Satz 1 Nummer 2 zu übermittelnden Daten der Zuschlag an Entgeltpunkten für langjährige Versicherung nach dem Sechsten Buch Sozialgesetzbuch enthalten, haben die Träger der gesetzlichen Rentenversicherung als mitteilungspflichtige Stelle im Sinne des § 22a bis zum letzten Tag des Monats Februar 2024 für das jeweilige Leistungsjahr eine insoweit korrigierte Rentenbezugsmitteilung zu übermitteln. [7] Ein Einkommensteuerbescheid ist infolge einer nach Satz 6 korrigierten Rentenbezugsmitteilung insoweit zu ändern. [8] Das gilt auch, wenn der Einkommensteuerbescheid bereits bestandskräftig ist; andere Änderungsvorschriften bleiben unberührt. [9] Auf* fortlaufende Leistungen nach dem Gesetz über die Heimkehrerstiftung vom 21. Dezember 1992 (BGBl. I S. 2094, 2101), das zuletzt durch Artikel 1 des Gesetzes vom 10. Dezember 2007 (BGBl. I S. 2830) geändert worden ist, in der jeweils geltenden Fassung ist § 3 Nummer 19 in der am 31. Dezember 2010 geltenden Fassung weiter anzuwenden. [10] § 3 Nummer 26 und 26a in der Fassung des Artikels 2 des Gesetzes vom 11. Dezember 2018 (BGBl. I S. 2338) ist in allen offenen Fällen anzuwenden. [11] Für die Anwendung des § 3 Nummer 34 in der Fassung des Artikels 3 des Gesetzes vom 11. Dezember 2018 (BGBl. I S. 2338) ist das Zertifizierungserfordernis nach § 20 Absatz 2 Satz 2 in Verbindung mit § 20 Absatz 5 des Fünften Buches Sozialgesetzbuch für bereits vor dem 1. Januar 2019 begonnene unzertifizierte Gesundheitsmaßnahmen erstmals maßgeblich für Sachbezüge, die nach dem 31. Dezember 2019 gewährt werden. [12] § 3 Nummer 37 in der Fassung des Artikels 3 des Gesetzes vom 11. Dezember 2018 (BGBl. I S. 2338) ist letztmals für den Veranlagungszeitraum 2030 anzuwenden, sowie beim Steuerabzug vom Arbeitslohn auf Vorteile, die in einem vor dem 1. Januar 2031 endenden Lohnzahlungszeitraum oder als sonstige Bezüge vor dem 1. Januar 2031 zugewendet werden. [13] § 3 Nummer 40 ist erstmals anzuwenden für

1. Gewinnausschüttungen, auf die bei der ausschüttenden Körperschaft der nach Artikel 3 des Gesetzes vom 23. Oktober 2000 (BGBl. I S. 1433) aufgehobene Vierte Teil des Körperschaftsteuergesetzes nicht mehr anzuwenden ist; für die übrigen in § 3 Nummer 40 genannten Erträge im Sinne des § 20 gilt Entsprechendes;
2. Erträge im Sinne des § 3 Nummer 40 Satz 1 Buchstabe a, b, c und j nach Ablauf des ersten Wirtschaftsjahres der Gesellschaft, an der die Anteile bestehen, für das das Körperschaftsteuergesetz in der

Fassung des Artikels 3 des Gesetzes vom 23. Oktober 2000 (BGBl. I S. 1433) erstmals anzuwenden ist. [14]§ 3 Nummer 40 Satz 1 Buchstabe d Satz 3 in der Fassung des Artikels 1 des Gesetzes vom 25. Juni 2021 (BGBl. I S. 2035) ist erstmals für Bezüge anzuwenden, die nach dem 31. Dezember 2019 zufließen. [15]§ 3 Nummer 40 Satz 3 und 4 in der am 12. Dezember 2006 geltenden Fassung ist für Anteile, die einbringungsgeboren im Sinne des § 21 des Umwandlungssteuergesetzes in der am 12. Dezember 2006 geltenden Fassung sind, weiter anzuwenden. [16]§ 3 Nummer 40 Satz 3 erster Halbsatz in der am 1. Januar 2017 geltenden Fassung ist erstmals für den Veranlagungszeitraum 2017 anzuwenden; der zweite Halbsatz ist anzuwenden auf Anteile, die nach dem 31. Dezember 2016 dem Betriebsvermögen zugehen. [17]Bei vom Kalenderjahr abweichenden Wirtschaftsjahren ist § 3 Nummer 40 Buchstabe d Satz 2 in der am 30. Juni 2013 geltenden Fassung erstmals für den Veranlagungszeitraum anzuwenden, in dem das Wirtschaftsjahr endet, das nach dem 31. Dezember 2013 begonnen hat. [18]§ 3 Nummer 40a in der am 6. August 2004 geltenden Fassung ist auf Vergütungen im Sinne des § 18 Absatz 1 Nummer 4 anzuwenden, wenn die vermögensverwaltende Gesellschaft oder Gemeinschaft nach dem 31. März 2002 und vor dem 1. Januar 2009 gegründet worden ist oder soweit die Vergütungen in Zusammenhang mit der Veräußerung von Anteilen an Kapitalgesellschaften stehen, die nach dem 7. November 2003 und vor dem 1. Januar 2009 erworben worden sind. [19]§ 3 Nummer 40a in der am 19. August 2008 geltenden Fassung ist erstmals auf Vergütungen im Sinne des § 18 Absatz 1 Nummer 4 anzuwenden, wenn die vermögensverwaltende Gesellschaft oder Gemeinschaft nach dem 31. Dezember 2008 gegründet worden ist. [20]§ 3 Nummer 41 in der am 30. Juni 2021 geltenden Fassung ist letztmals für den Veranlagungszeitraum 2021 anzuwenden. [21]§ 3 Nummer 46 in der am 17. November 2016 geltenden Fassung ist erstmals anzuwenden auf Vorteile, die in einem nach dem 31. Dezember 2016 endenden Lohnzahlungszeitraum oder als sonstige Bezüge nach dem 31. Dezember 2016 zugewendet werden, und letztmals anzuwenden auf Vorteile, die in einem vor dem 1. Januar 2031 endenden Lohnzahlungszeitraum oder als sonstige Bezüge vor dem 1. Januar 2031 zugewendet werden. [22]§ 3 Nummer 60 in der am 13. August 2020 geltenden Fassung ist weiterhin anzuwenden für Anpassungsgelder an Arbeitnehmer im Steinkohlenbergbau bis zum Auslaufen dieser öffentlichen Mittel im Jahr 2027. [23]Der Höchstbetrag nach § 3 Nummer 63 Satz 1 verringert sich um Zuwendungen, auf die § 40b Absatz 1 und 2 Satz 1 und 2 in der am 31. Dezember 2004 geltenden Fassung angewendet wird. [24]§ 3 Nummer 63 Satz 3 in der ab dem 1. Januar 2018 geltenden Fassung ist nicht anzuwenden, soweit § 40b Absatz 1 und 2 Satz 3 und 4 in der am 31. Dezember 2004 geltenden Fassung angewendet wird. [25]§ 3 Nummer 71 in der am 31. Dezember 2014 geltenden Fassung ist erstmals für den Veranlagungszeitraum 2013 anzuwenden. [26]§ 3 Nummer 71 in der Fassung des Artikels 1 des Gesetzes vom 27. Juni 2017 (BGBl. I S. 2074) ist erstmals für den Veranlagungszeitraum 2017 anzuwenden. [27] § 3 Nummer 72 in der Fassung des Artikels 1 des Gesetzes vom 16. Dezember 2022 (BGBl I S. 2294) ist für Einnahmen und Entnahmen anzuwenden, die nach dem 31. Dezember 2021 erzielt oder getätigt werden.

(4a) [1] § 3a in der Fassung des Artikels 2 des Gesetzes vom 27. Juni 2017 (BGBl. I S. 2074) ist erstmals in den Fällen anzuwenden, in denen die Schulden ganz oder teilweise nach dem 8. Februar 2017 erlassen wurden. [2] Satz 1 gilt bei einem Schuldenerlass nach dem 8. Februar 2017 nicht, wenn dem Steuerpflichtigen auf Antrag Billigkeitsmaßnahmen aus Gründen des Vertrauensschutzes für einen Sanierungsertrag auf Grundlage von § 163 Absatz 1 Satz 2 und den §§ 222, 227 der Abgabenordnung zu gewähren sind. [3] Auf Antrag des Steuerpflichtigen ist § 3a auch in den Fällen anzuwenden, in denen die Schulden vor dem 9. Februar 2017 erlassen wurden. [4] Satz 1 gilt auch für § 3a Absatz 3a in der Fassung des Artikels 1 des Gesetzes vom 12. Dezember 2019 (BGBl. I S. 2451).

(5) [1] § 3c Absatz 2 Satz 3 und 4 in der am 12. Dezember 2006 geltenden Fassung ist für Anteile, die einbringungsgeboren im Sinne des § 21 des Umwandlungssteuergesetzes in der am 12. Dezember 2006 geltenden Fassung sind, weiter anzuwenden. [2] § 3c Absatz 2 in der am 31. Dezember 2014 geltenden Fassung ist erstmals für Wirtschaftsjahre anzuwenden, die nach dem 31. Dezember 2014 beginnen. [3] § 3c Absatz 4 in der Fassung des Artikels 2 des Gesetzes vom 27. Juni 2017 (BGBl. I S. 2074) ist für Betriebsvermögensminderungen oder Betriebsausgaben in unmittelbarem wirtschaftlichem Zusammenhang mit einem Schuldenerlass nach dem 8. Februar 2017 anzuwenden, für den § 3a angewendet wird. [4] § 3c Absatz 4 ist auch in den Fällen anzuwenden, in denen dem Steuerpflichtigen die Steuerbefreiung des § 3a auf Grund eines Antrags nach Absatz 4a Satz 3 gewährt wird.

(6) [1] § 4 Absatz 1 Satz 3 in der Fassung des Artikels 1 des Gesetzes vom 25. Juni 2021 (BGBl. I S. 2035) ist erstmals für nach dem 31. Dezember 2019 endende Wirtschaftsjahre anzuwenden. [2] § 4 Absatz 1 Satz 4 in der Fassung des Artikels 1 des Gesetzes vom 8. Dezember 2010 (BGBl. I S. 1768) gilt in allen Fällen, in denen § 4 Absatz 1 Satz 3 anzuwenden ist. [3] § 4 Absatz 1 Satz 9 in der Fassung des Artikels 1 des Gesetzes vom 25. Juni 2021 (BGBl. I S. 2035) ist erstmals für nach dem 31. Dezember 2019 endende Wirtschaftsjahre anzuwenden. [4] § 4 Absatz 3 Satz 4 ist nicht anzuwenden, soweit die Anschaffungs- oder Herstellungskosten vor dem 1. Januar 1971 als Betriebsausgaben abgesetzt worden sind. [5] § 4 Absatz 3 Satz 4 und 5 in der Fassung des Artikels 1 des Gesetzes vom 28. April 2006 (BGBl. I S. 1095) ist erstmals für Wirtschaftsgüter anzuwenden, die nach dem 5. Mai 2006 angeschafft, hergestellt oder in das Betriebsvermögen eingelegt werden. [6] Die Anschaffungs- oder Herstellungskosten für nicht abnutzbare Wirtschaftsgüter des Anlagevermögens, die vor dem 5. Mai 2006

angeschafft, hergestellt oder in das Betriebsvermögen eingelegt wurden, sind erst im Zeitpunkt des Zuflusses des Veräußerungserlöses oder im Zeitpunkt der Entnahme als Betriebsausgaben zu berücksichtigen. [7] § 4 Absatz 4a in der Fassung des Gesetzes vom 22. Dezember 1999 (BGBl. I S. 2601) ist erstmals für das Wirtschaftsjahr anzuwenden, das nach dem 31. Dezember 1998 endet. [8] Über- und Unterentnahmen vorangegangener Wirtschaftsjahre bleiben unberücksichtigt. [9] Bei vor dem 1. Januar 1999 eröffneten Betrieben sind im Fall der Betriebsaufgabe bei der Überführung von Wirtschaftsgütern aus dem Betriebsvermögen in das Privatvermögen die Buchwerte nicht als Entnahme anzusetzen; im Fall der Betriebsveräußerung ist nur der Veräußerungsgewinn als Entnahme anzusetzen. [10] § 4 Absatz 5 Satz 1 Nummer 5 in der Fassung des Artikels 1 des Gesetzes vom 20. Februar 2013 (BGBl. I S. 285) ist erstmals ab dem 1. Januar 2014 anzuwenden. [11] § 4 Absatz 5 Satz 1 Nummer 6a in der Fassung des Artikels 1 des Gesetzes vom 20. Februar 2013 (BGBl. I S. 285) ist erstmals ab dem 1. Januar 2014 anzuwenden. *[12] § 4 Absatz 5 Satz 1 Nummer 6b und 6c in der Fassung des Artikels 1 des Gesetzes vom 16. Dezember 2022 (BGBl I S. 2294) ist für nach dem 31. Dezember 2022 in der häuslichen Wohnung ausgeübte Tätigkeiten anzuwenden.* [13] § 4 Absatz 5 Satz 1 Nummer 8 in der Fassung des Artikels 1 des Gesetzes vom 12. Dezember 2019 (BGBl. I S. 2451) ist erstmals anzuwenden auf nach dem 31. Dezember 2018 festgesetzte Geldbußen, Ordnungsgelder und Verwarnungsgelder sowie auf nach dem 31. Dezember 2018 entstandene mit der Geldbuße, dem Ordnungsgeld oder dem Verwarnungsgeld zusammenhängende Aufwendungen. [14] § 4 Absatz 5 Satz 1 Nummer 8a in der Fassung des Artikels 1 des Gesetzes vom 12. Dezember 2019 (BGBl. I S. 2451) ist erstmals anzuwenden auf nach dem 31. Dezember 2018 festgesetzte Zinsen im Sinne der Vorschrift. [15] § 4 Absatz 10 in der Fassung des Artikels 2 des Gesetzes vom 12. Dezember 2019 (BGBl. I S. 2451) ist erstmals anzuwenden auf nach dem 31. Dezember 2019 durchgeführte Übernachtungen im Sinne der Vorschrift. [16] § 4 Absatz 5 Satz 1 Nummer 6b Satz 4 in der Fassung des Artikels 1 des Gesetzes vom 21. Dezember 2020 (BGBl. I S. 3096) ist für nach dem 31. Dezember 2019 und vor dem *1. Januar 2023* in der häuslichen Wohnung ausgeübte Tätigkeiten anzuwenden.

(7) (weggefallen)

(8) [1] § 4f in der Fassung des Gesetzes vom 18. Dezember 2013 (BGBl. I S. 4318) ist erstmals für Wirtschaftsjahre anzuwenden, die nach dem 28. November 2013 enden. [2] § 4f Absatz 1 Satz 3 in der Fassung des Artikels 1 des Gesetzes vom 21. Dezember 2020 (BGBl. I S. 3096) ist erstmals für Wirtschaftsjahre anzuwenden, die nach dem 31. Dezember 2019 enden; bei nach § 4a vom Kalenderjahr abweichenden Wirtschaftsjahren ist § 4f Absatz 1 Satz 3 spätestens für Wirtschaftsjahre anzuwenden, die nach dem 17. Juli 2020 enden.

(8a) § 4g Absatz 1 in der Fassung des Artikels 1 des Gesetzes vom 25. Juni 2021 (BGBl. I S. 2035) ist in allen offenen Fällen anzuwenden.

§ 52 EStG

(8b) § 4j in der Fassung des Artikels 1 des Gesetzes vom 27. Juni 2017 (BGBl. I S. 2074) ist erstmals für Aufwendungen anzuwenden, die nach dem 31. Dezember 2017 entstehen.

(8c) [1] § 4k in der Fassung des Artikels 1 des Gesetzes vom 25. Juni 2021 (BGBl. I S. 2035) ist erstmals für Aufwendungen anzuwenden, die nach dem 31. Dezember 2019 entstehen. [2] Aufwendungen, die rechtlich bereits vor dem 1. Januar 2020 verursacht wurden, gelten bei der Anwendung des Satzes 1 nur insoweit als nach dem 31. Dezember 2019 entstanden, als ihnen ein Dauerschuldverhältnis zugrunde liegt und sie ab diesem Zeitpunkt ohne wesentliche Nachteile hätten vermieden werden können. [3] Ein Nachteil ist insbesondere dann wesentlich im Sinne des Satzes 2, wenn sämtliche mit der Vermeidung der Aufwendungen verbundenen Kosten den steuerlichen Vorteil infolge der Besteuerungsinkongruenz übersteigen. [4] Satz 2 gilt nicht, wenn das Dauerschuldverhältnis nach dem 31. Dezember 2019 wesentlich geändert wurde.

(9) *[1] § 5 Absatz 5 Satz 2 in der Fassung des Artikels 1 des Gesetzes vom 16. Dezember 2022 (BGBl I S. 2294) ist erstmals für Wirtschaftsjahre anzuwenden, die nach dem 31. Dezember 2021 enden.* [2] § 5 Absatz 7 in der Fassung des Gesetzes vom 18. Dezember 2013 (BGBl. I S. 4318) ist erstmals für Wirtschaftsjahre anzuwenden, die nach dem 28. November 2013 enden. [3] Auf Antrag kann § 5 Absatz 7 auch für frühere Wirtschaftsjahre angewendet werden. [4] Bei Schuldübertragungen, Schuldbeitritten und Erfüllungsübernahmen, die vor dem 14. Dezember 2011 vereinbart wurden, ist § 5 Absatz 7 Satz 5 mit der Maßgabe anzuwenden, dass für einen Gewinn, der sich aus der Anwendung von § 5 Absatz 7 Satz 1 bis 3 ergibt, jeweils in Höhe von 19 Zwanzigsteln eine gewinnmindernde Rücklage gebildet werden kann, die in den folgenden 19 Wirtschaftsjahren jeweils mit mindestens einem Neunzehntel gewinnerhöhend aufzulösen ist.

(10) [1] § 5a Absatz 3 in der Fassung des Artikels 9 des Gesetzes vom 29. Dezember 2003 (BGBl. I S. 3076) ist erstmals für das Wirtschaftsjahr anzuwenden, das nach dem 31. Dezember 2005 endet. [2] § 5a Absatz 3 Satz 1 in der am 31. Dezember 2003 geltenden Fassung ist weiterhin anzuwenden, wenn der Steuerpflichtige im Fall der Anschaffung das Handelsschiff auf Grund eines vor dem 1. Januar 2006 rechtswirksam abgeschlossenen schuldrechtlichen Vertrags oder gleichgestellten Rechtsakts angeschafft oder im Fall der Herstellung mit der Herstellung des Handelsschiffs vor dem 1. Januar 2006 begonnen hat. [3] In Fällen des Satzes 2 muss der Antrag auf Anwendung des § 5a Absatz 1 spätestens bis zum Ablauf des Wirtschaftsjahres gestellt werden, das vor dem 1. Januar 2008 endet. [4] § 5a Absatz 4 Satz 5 bis 7 in der Fassung des Artikels 1 des Gesetzes vom 2. Juni 2021 (BGBl. I S. 1259) ist erstmals auf Wirtschaftsjahre anzuwenden, die nach dem 31. Dezember 1998 beginnen. [5] Soweit Ansparabschreibungen im Sinne des § 7g Absatz 3 in der am 17. August 2007 geltenden Fassung zum Zeitpunkt des Übergangs zur Gewinnermittlung

nach § 5a Absatz 1 noch nicht gewinnerhöhend aufgelöst worden sind, ist § 5a Absatz 5 Satz 3 in der am 17. August 2007 geltenden Fassung weiter anzuwenden. ⁶§ 5a Absatz 6 in der durch Artikel 1 des Gesetzes vom 12. Dezember 2019 (BGBl. I S. 2451) geänderten Fassung ist erstmals für Wirtschaftsjahre anzuwenden, die nach dem 31. Dezember 2018 beginnen.

(11) § 5b in der Fassung des Artikels 1 des Gesetzes vom 20. Dezember 2008 (BGBl. I S. 2850) ist erstmals für Wirtschaftsjahre anzuwenden, die nach dem 31. Dezember 2010 beginnen.

(12) ¹§ 6 Absatz 1 Nummer 1b kann auch für Wirtschaftsjahre angewendet werden, die vor dem 23. Juli 2016 enden. *²§ 6 Absatz 1 Nummer 3 und 3a Buchstabe e in der Fassung des Artikels 3 des Gesetzes vom 19. Juni 2022 (BGBl. I S. 911) ist erstmals für Wirtschaftsjahre anzuwenden, die nach dem 31. Dezember 2022 enden. ³Auf Antrag kann § 6 Absatz 1 Nummer 3 und 3a Buchstabe e in der Fassung des Artikels 3 des Gesetzes vom 19. Juni 2022 (BGBl. I S. 911) auch für frühere Wirtschaftsjahre angewendet werden.* ⁴§ 6 Absatz 1 Nummer 4 Satz 2 Nummer 3 und Satz 3 Nummer 3 in der Fassung des Artikels 1 des Gesetzes vom 29. Juni 2020 (BGBl. I S. 1512) ist bereits ab dem 1. Januar 2020 anzuwenden. ⁵§ 6 Absatz 1 Nummer 4 Satz 6 ist bis zum 31. Dezember 2030 anzuwenden. ⁶§ 6 Absatz 1 Nummer 5 Satz 1 Buchstabe c in der Fassung des Artikels 2 des Gesetzes vom 11. Dezember 2018 (BGBl. I S. 2338) ist erstmals bei Wirtschaftsgütern anzuwenden, die nach dem 31. Dezember 2017 in ein Betriebsvermögen eingelegt werden. ⁷§ 6 Absatz 2 Satz 4 in der Fassung des Artikels 4 des Gesetzes vom 30. Juni 2017 (BGBl. I S. 2143) ist erstmals bei Wirtschaftsgütern anzuwenden, die nach dem 31. Dezember 2017 angeschafft, hergestellt oder in das Betriebsvermögen eingelegt werden. ⁸§ 6 Absatz 2 Satz 1 in der Fassung des Artikels 1 des Gesetzes vom 27. Juni 2017 (BGBl. I S. 2074) ist erstmals bei Wirtschaftsgütern anzuwenden, die nach dem 31. Dezember 2017 angeschafft, hergestellt oder in das Betriebsvermögen eingelegt werden. ⁹§ 6 Absatz 5 Satz 1 zweiter Halbsatz in der am 14. Dezember 2010 geltenden Fassung gilt in allen Fällen, in denen § 4 Absatz 1 Satz 3 anzuwenden ist. ¹⁰§ 6 Absatz 2a in der Fassung des Artikels 1 des Gesetzes vom 27. Juni 2017 (BGBl. I S. 2074) ist erstmals bei Wirtschaftsgütern anzuwenden, die nach dem 31. Dezember 2017 angeschafft, hergestellt oder in das Betriebsvermögen eingelegt werden. ¹¹§ 6 Absatz 1 Nummer 4 Satz 1 zweiter Halbsatz, Nummer 5a zweiter Halbsatz und Nummer 5b in der Fassung des Artikels 1 des Gesetzes vom 25. Juni 2021 (BGBl. I S. 2035) ist erstmals für nach dem 31. Dezember 2019 endende Wirtschaftsjahre anzuwenden.

(13) (weggefallen)

(14) ¹§ 6b Absatz 2a in der am 6. November 2015 geltenden Fassung ist auch auf Gewinne im Sinne des § 6b Absatz 2 anzuwenden, die vor dem 6. November 2015 entstanden sind. ²§ 6b Absatz 10

Satz 11 in der am 12. Dezember 2006 geltenden Fassung ist für Anteile, die einbringungsgeboren im Sinne des § 21 des Umwandlungssteuergesetzes in der am 12. Dezember 2006 geltenden Fassung sind, weiter anzuwenden. ³§ 6b Absatz 2a in der Fassung des Artikels 1 des Gesetzes vom 11. Dezember 2018 (BGBl. I S. 2338) ist erstmals auf Gewinne im Sinne des § 6b Absatz 2 anzuwenden, die in nach dem 31. Dezember 2017 beginnenden Wirtschaftsjahren entstanden sind. ⁴Die Fristen des § 6b Absatz 3 Satz 2, 3 und 5, Absatz 8 Satz 1 Nummer 1 sowie Absatz 10 Satz 1 und 8 verlängern sich jeweils um *drei Jahre*, wenn die Rücklage wegen § 6b Absatz 3 Satz 5, Absatz 8 Satz 1 Nummer 1 in Verbindung mit Absatz 3 Satz 5 oder Absatz 10 Satz 8 am Schluss des nach dem 29. Februar 2020 und vor dem 1. Januar 2021 endenden Wirtschaftsjahres aufzulösen wäre. ⁵Die in Satz 4 genannten Fristen verlängern sich um *zwei Jahre*, wenn die Rücklage wegen § 6b Absatz 3 Satz 5, Absatz 8 Satz 1 Nummer 1 in Verbindung mit Absatz 3 Satz 5 oder Absatz 10 Satz 8 am Schluss des nach dem 31. Dezember 2020 und vor dem 1. Januar 2022 endenden Wirtschaftsjahres aufzulösen wäre. *⁶Die in Satz 4 genannten Fristen verlängern sich um ein Jahr, wenn die Rücklage wegen § 6b Absatz 3 Satz 5, Absatz 8 Satz 1 Nummer 1 in Verbindung mit Absatz 3 Satz 5 oder Absatz 10 Satz 8 am Schluss des nach dem 31. Dezember 2021 und vor dem 1. Januar 2023 endenden Wirtschaftsjahres aufzulösen wäre.*

(14a) § 6e in der Fassung des Artikels 1 des Gesetzes vom 12. Dezember 2019 (BGBl. I S. 2451) ist auch in Wirtschaftsjahren anzuwenden, die vor dem 18. Dezember 2019 enden.

(15) ¹Bei Wirtschaftsgütern, die vor dem 1. Januar 2001 angeschafft oder hergestellt worden sind, ist § 7 Absatz 2 Satz 2 in der Fassung des Gesetzes vom 22. Dezember 1999 (BGBl. I S. 2601) weiter anzuwenden. ²Bei Gebäuden, soweit sie zu einem Betriebsvermögen gehören und nicht Wohnzwecken dienen, ist § 7 Absatz 4 Satz 1 und 2 in der am 31. Dezember 2000 geltenden Fassung weiter anzuwenden, wenn der Steuerpflichtige im Fall der Herstellung vor dem 1. Januar 2001 mit der Herstellung des Gebäudes begonnen hat oder im Fall der Anschaffung das Objekt auf Grund eines vor dem 1. Januar 2001 rechtswirksam abgeschlossenen obligatorischen Vertrags oder gleichstehenden Rechtsakts angeschafft hat. ³Als Beginn der Herstellung gilt bei Gebäuden, für die eine Baugenehmigung erforderlich ist, der Zeitpunkt, in dem der Bauantrag gestellt wird; bei baugenehmigungsfreien Gebäuden, für die Bauunterlagen einzureichen sind, der Zeitpunkt, in dem die Bauunterlagen eingereicht werden.

(15a) ¹Die Inanspruchnahme der Sonderabschreibungen nach § 7b in der Fassung des Artikels 1 des Gesetzes vom 4. August 2019 (BGBl. I S. 1122) kann erstmalig für den Veranlagungszeitraum 2018 und letztmalig für den Veranlagungszeitraum 2026, in den Fällen des

§ 4a letztmalig für Wirtschaftsjahre, die vor dem 1. Januar 2027 enden, geltend gemacht werden. ²Das gilt auch dann, wenn der Abschreibungszeitraum nach § 7b Absatz 1 noch nicht abgelaufen ist.

(15b) § 7c in der Fassung des Artikels 2 des Gesetzes vom 12. Dezember 2019 (BGBl. I S. 2451) ist für nach dem 31. Dezember 2019 und vor dem 1. Januar 2031 angeschaffte neue Elektrolieferfahrzeuge anzuwenden.

(16) ¹§ 7g Absatz 1 Satz 1, 2 Nummer 1, Absatz 2 Satz 1 und 3, Absatz 4 Satz 1 sowie Absatz 6 in der Fassung des Artikels 1 des Gesetzes vom 21. Dezember 2020 (BGBl. I S. 3096) ist erstmals für Investitionsabzugsbeträge und Sonderabschreibungen anzuwenden, die in nach dem 31. Dezember 2019 endenden Wirtschaftsjahren in Anspruch genommen werden; bei nach § 4a vom Kalenderjahr abweichenden Wirtschaftsjahren ist § 7g Absatz 1 Satz 2 Nummer 1 und Absatz 6 Nummer 1 spätestens für Investitionsabzugsbeträge und Sonderabschreibungen anzuwenden, die in nach dem 17. Juli 2020 endenden Wirtschaftsjahren in Anspruch genommen werden. ²§ 7g Absatz 2 Satz 2 und Absatz 7 in der Fassung des Artikels 1 des Gesetzes vom 21. Dezember 2020 (BGBl. I S. 3096) ist erstmals für Investitionsabzugsbeträge anzuwenden, die in nach dem 31. Dezember 2020 endenden Wirtschaftsjahren in Anspruch genommen werden. ³Bei in nach dem 31. Dezember 2016 und vor dem 1. Januar 2018 endenden Wirtschaftsjahren beanspruchten Investitionsabzugsbeträgen endet die Investitionsfrist abweichend von § 7g Absatz 3 Satz 1 erst *zum Ende des sechsten* auf das Wirtschaftsjahr des Abzugs folgenden Wirtschaftsjahres. ⁴Bei in nach dem 31. Dezember 2017 und vor dem 1. Januar 2019 endenden Wirtschaftsjahren beanspruchten Investitionsabzugsbeträgen endet die Investitionsfrist abweichend von § 7g Absatz 3 Satz 1 erst *zum Ende des fünften* auf das Wirtschaftsjahr des Abzugs folgenden Wirtschaftsjahres. *⁵Bei in nach dem 31. Dezember 2018 und vor dem 1. Januar 2020 endenden Wirtschaftsjahren beanspruchten Investitionsabzugsbeträgen endet die Investitionsfrist abweichend von § 7g Absatz 3 Satz 1 erst zum Ende des vierten auf das Wirtschaftsjahr des Abzugs folgenden Wirtschaftsjahres.*

(16a) ¹§ 7h Absatz 1a in der Fassung des Artikels 1 des Gesetzes vom 12. Dezember 2019 (BGBl. I S. 2451) ist erstmals auf Baumaßnahmen anzuwenden, mit denen nach dem 31. Dezember 2018 begonnen wurde. ²Als Beginn der Baumaßnahmen am Gebäude, für die eine Baugenehmigung erforderlich ist, gilt der Zeitpunkt, in dem der Bauantrag gestellt wurde. ³Bei baugenehmigungsfreien Baumaßnahmen, für die Bauunterlagen einzureichen sind, gilt als Beginn der Baumaßnahmen der Zeitpunkt, in dem die Bauunterlagen eingereicht werden. ⁴§ 7h Absatz 2 Satz 1 in der Fassung des Artikels 1 des Gesetzes vom 21. Dezember 2020 (BGBl. I S. 3096) ist erstmals anzuwenden auf Bescheinigungen der zuständigen Gemeindebehörde, die nach dem

31. Dezember 2020 erteilt werden. ⁵ § 7h Absatz 2 Satz 1 letzter Halbsatz in der Fassung des Artikels 1 des Gesetzes vom 12. Dezember 2019 (BGBl. I S. 2451) ist erstmals anzuwenden auf Bescheinigungen der zuständigen Gemeindebehörde, die nach dem 31. Dezember 2018 erteilt werden. ⁶ § 7h Absatz 3 in der Fassung des Artikels 1 des Gesetzes vom 12. Dezember 2019 (BGBl. I S. 2451) ist erstmals anzuwenden auf Baumaßnahmen, mit denen nach dem 31. Dezember 2018 begonnen wurde sowie auf Bescheinigungen, die nach dem 31. Dezember 2018 erteilt werden. ⁷ § 7i Absatz 2 Satz 1 in der Fassung des Artikels 1 des Gesetzes vom 21. Dezember 2020 (BGBl. I S. 3096) ist erstmals anzuwenden auf Bescheinigungen der nach Landesrecht zuständigen oder von der Landesregierung bestimmten Stelle, die nach dem 31. Dezember 2020 erteilt werden.

(16b) ¹ § 9 Absatz 1 Satz 3 Nummer 7 Satz 1 in der Fassung des Artikels 1 des Gesetzes vom 12. Dezember 2019 (BGBl. I S. 2451) ist erstmals anzuwenden auf Sonderabschreibungen nach § 7b in der Fassung des Artikels 1 des Gesetzes vom 4. August 2019 (BGBl. I S. 1122). ² § 9 Absatz 5 Satz 2 in der Fassung des Artikels 1 des Gesetzes vom 27. Juni 2017 (BGBl. I S. 2074) ist erstmals für Aufwendungen im Sinne des § 4j in der Fassung des Artikels 1 des Gesetzes vom 27. Juni 2017 (BGBl. I S. 2074) anzuwenden, die nach dem 31. Dezember 2017 entstehen. ³ § 9 Absatz 5 Satz 2 in der Fassung des Artikels 1 des Gesetzes vom 12. Dezember 2019 (BGBl. I S. 2451) ist auch für Veranlagungszeiträume vor 2019 anzuwenden. ⁴ § 9 Absatz 5 Satz 2 in der Fassung des Artikels 1 des Gesetzes vom 25. Juni 2021 (BGBl. I S. 2035) ist erstmals für Aufwendungen im Sinne des § 4k anzuwenden, die nach dem 31. Dezember 2019 entstehen.

(17) § 9b Absatz 2 in der Fassung des Artikels 11 des Gesetzes vom 18. Dezember 2013 (BGBl. I S. 4318) ist auf Mehr- und Minderbeträge infolge von Änderungen der Verhältnisse im Sinne von § 15a des Umsatzsteuergesetzes anzuwenden, die nach dem 28. November 2013 eingetreten sind.

(18) ¹ § 10 Absatz 1a Nummer 2 in der am 1. Januar 2015 geltenden Fassung ist auf alle Versorgungsleistungen anzuwenden, die auf Vermögensübertragungen beruhen, die nach dem 31. Dezember 2007 vereinbart worden sind. ² Für Versorgungsleistungen, die auf Vermögensübertragungen beruhen, die vor dem 1. Januar 2008 vereinbart worden sind, gilt dies nur, wenn das übertragene Vermögen nur deshalb einen ausreichenden Ertrag bringt, weil ersparte Aufwendungen, mit Ausnahme des Nutzungsvorteils eines vom Vermögensübernehmer zu eigenen Zwecken genutzten Grundstücks, zu den Erträgen des Vermögens gerechnet werden. ³ § 10 Absatz 1 Nummer 5 in der am 1. Januar 2012 geltenden Fassung gilt auch für Kinder, die wegen einer vor dem 1. Januar 2007 in der Zeit ab Vollendung des 25. Lebensjahres und vor Vollendung des 27. Lebensjahres eingetretenen körperlichen, geistigen oder seelischen Behinderung außerstande sind, sich selbst zu unterhalten. ⁴ § 10 Absatz 2 Satz 1 Nummer 1 in

der Fassung des Artikels 1 des Gesetzes vom 21. Dezember 2020 (BGBl. I S. 3096) ist in allen offenen Fällen anzuwenden. [5] § 10 Absatz 4b Satz 4 bis 6 in der am 30. Juni 2013 geltenden Fassung ist erstmals für die Übermittlung der Daten des Veranlagungszeitraums 2016 anzuwenden. [6] § 10 Absatz 5 in der am 31. Dezember 2009 geltenden Fassung ist auf Beiträge zu Versicherungen im Sinne des § 10 Absatz 1 Nummer 2 Buchstabe b Doppelbuchstabe bb bis dd in der am 31. Dezember 2004 geltenden Fassung weiterhin anzuwenden, wenn die Laufzeit dieser Versicherungen vor dem 1. Januar 2005 begonnen hat und ein Versicherungsbeitrag bis zum 31. Dezember 2004 entrichtet wurde.

(18a) § 10b Absatz 1 Satz 8 in der Fassung des Artikels 2 des Gesetzes vom 12. Dezember 2019 (BGBl. I S. 2451) ist erstmals auf Mitgliedsbeiträge anzuwenden, die nach dem 31. Dezember 2019 gezahlt werden.

(18b) *[1] § 10d Absatz 1 Satz 1 in der Fassung des Artikels 1 des Gesetzes vom 10. März 2021 (BGBl. I S. 330) ist für die Veranlagungszeiträume 2020 und 2021 anzuwenden. [2] § 10d Absatz 1 in der Fassung des Artikels 3 des Gesetzes vom 19. Juni 2022 (BGBl. I S. 911) ist erstmals für den Veranlagungszeitraum 2022 anzuwenden.*

(19) [1] Für nach dem 31. Dezember 1986 und vor dem 1. Januar 1991 hergestellte oder angeschaffte Wohnungen im eigenen Haus oder Eigentumswohnungen sowie in diesem Zeitraum fertiggestellte Ausbauten oder Erweiterungen ist § 10e in der am 30. Dezember 1989 geltenden Fassung weiter anzuwenden. [2] Für nach dem 31. Dezember 1990 hergestellte oder angeschaffte Wohnungen im eigenen Haus oder Eigentumswohnungen sowie in diesem Zeitraum fertiggestellte Ausbauten oder Erweiterungen ist § 10e in der am 28. Juni 1991 geltenden Fassung weiter anzuwenden. [3] Abweichend von Satz 2 ist § 10e Absatz 1 bis 5 und 6 bis 7 in der am 28. Juni 1991 geltenden Fassung erstmals für den Veranlagungszeitraum 1991 bei Objekten im Sinne des § 10e Absatz 1 und 2 anzuwenden, wenn im Fall der Herstellung der Steuerpflichtige nach dem 30. September 1991 den Bauantrag gestellt oder mit der Herstellung des Objekts begonnen hat oder im Fall der Anschaffung der Steuerpflichtige das Objekt nach dem 30. September 1991 auf Grund eines nach diesem Zeitpunkt rechtswirksam abgeschlossenen obligatorischen Vertrags oder gleichstehenden Rechtsakts angeschafft hat oder mit der Herstellung des Objekts nach dem 30. September 1991 begonnen worden ist. [4] § 10e Absatz 5a ist erstmals bei den in § 10e Absatz 1 und 2 bezeichneten Objekten anzuwenden, wenn im Fall der Herstellung der Steuerpflichtige den Bauantrag nach dem 31. Dezember 1991 gestellt oder, falls ein solcher nicht erforderlich ist, mit der Herstellung nach diesem Zeitpunkt begonnen hat, oder im Fall der Anschaffung der Steuerpflichtige das Objekt auf Grund eines nach dem 31. Dezember 1991 rechtswirksam abgeschlossenen obligatorischen Vertrags oder gleichstehenden Rechtsakts angeschafft hat. [5] § 10e Absatz 1 Satz 4

in der am 27. Juni 1993 geltenden Fassung und § 10e Absatz 6 Satz 3 in der am 30. Dezember 1993 geltenden Fassung sind erstmals anzuwenden, wenn der Steuerpflichtige das Objekt auf Grund eines nach dem 31. Dezember 1993 rechtswirksam abgeschlossenen obligatorischen Vertrags oder gleichstehenden Rechtsakts angeschafft hat. ⁶§ 10e ist letztmals anzuwenden, wenn der Steuerpflichtige im Fall der Herstellung vor dem 1. Januar 1996 mit der Herstellung des Objekts begonnen hat oder im Fall der Anschaffung das Objekt auf Grund eines vor dem 1. Januar 1996 rechtswirksam abgeschlossenen obligatorischen Vertrags oder gleichstehenden Rechtsakts angeschafft hat. ⁷Als Beginn der Herstellung gilt bei Objekten, für die eine Baugenehmigung erforderlich ist, der Zeitpunkt, in dem der Bauantrag gestellt wird; bei baugenehmigungsfreien Objekten, für die Bauunterlagen einzureichen sind, gilt als Beginn der Herstellung der Zeitpunkt, in dem die Bauunterlagen eingereicht werden.

(20) § 12 Nummer 4 in der Fassung des Artikels 1 des Gesetzes vom 12. Dezember 2019 (BGBl. I S. 2451) ist erstmals anzuwenden auf nach dem 31. Dezember 2018 festgesetzte Geldstrafen, sonstige Rechtsfolgen vermögensrechtlicher Art, bei denen der Strafcharakter überwiegt, und Leistungen zur Erfüllung von Auflagen oder Weisungen, soweit die Auflagen oder Weisungen nicht lediglich der Wiedergutmachung des durch die Tat verursachten Schadens dienen, sowie auf nach dem 31. Dezember 2018 entstandene damit zusammenhängende Aufwendungen.

(21) (weggefallen)

(22) Für die Anwendung des § 13 Absatz 7 in der am 31. Dezember 2005 geltenden Fassung gilt Absatz 25 entsprechend.

(22a) ¹§ 13a in der am 31. Dezember 2014 geltenden Fassung ist letztmals für das Wirtschaftsjahr anzuwenden, das vor dem 31. Dezember 2015 endet. ²§ 13a in der am 1. Januar 2015 geltenden Fassung ist erstmals für das Wirtschaftsjahr anzuwenden, das nach dem 30. Dezember 2015 endet. ³Die Bindungsfrist auf Grund des § 13a Absatz 2 Satz 1 in der am 31. Dezember 2014 geltenden Fassung bleibt bestehen.

(22b)[1]

(22c) ¹§ 14 Absatz 3 ist erstmals auf Fälle anzuwenden, in denen die Übertragung oder Überführung der Grundstücke nach dem 16. Dezember 2020 stattgefunden hat. ²Auf unwiderruflichen Antrag des jeweiligen Mitunternehmers ist § 14 Absatz 3 auch für Übertragungen oder Überführungen vor dem 17. Dezember 2020 anzuwenden. ³Der Antrag ist bei dem Finanzamt zu stellen, das für die einheitliche und

---

[1] Absatz 22b wird durch Artikel 5 des Gesetzes zur weiteren steuerlichen Förderung der Elektromobilität und zur Änderung weiterer steuerlicher Vorschriften (Inkrafttreten 01.01.2025) eingefügt.

gesonderte Feststellung der Einkünfte der Mitunternehmerschaft zuständig ist.

(23) [1] § 15 Absatz 3 Nummer 1 Satz 2 ist auch für Veranlagungszeiträume vor 2019 anzuwenden. [2] § 15 Absatz 4 Satz 2 und 7 in der am 30. Juni 2013 geltenden Fassung ist in allen Fällen anzuwenden, in denen am 30. Juni 2013 die Feststellungsfrist noch nicht abgelaufen ist.

(24) [1] § 15a ist nicht auf Verluste anzuwenden, soweit sie
1. durch Sonderabschreibungen nach § 82f der Einkommensteuer-Durchführungsverordnung,
2. durch Absetzungen für Abnutzung in fallenden Jahresbeträgen nach § 7 Absatz 2 von den Herstellungskosten oder von den Anschaffungskosten von in ungebrauchtem Zustand vom Hersteller erworbenen Seeschiffen, die in einem inländischen Seeschiffsregister eingetragen sind,

entstehen; Nummer 1 gilt nur bei Schiffen, deren Anschaffungs- oder Herstellungskosten zu mindestens 30 Prozent durch Mittel finanziert werden, die weder unmittelbar noch mittelbar in wirtschaftlichem Zusammenhang mit der Aufnahme von Krediten durch den Gewerbebetrieb stehen, zu dessen Betriebsvermögen das Schiff gehört. [2] § 15a ist in diesen Fällen erstmals anzuwenden auf Verluste, die in nach dem 31. Dezember 1999 beginnenden Wirtschaftsjahren entstehen, wenn der Schiffbauvertrag vor dem 25. April 1996 abgeschlossen worden ist und der Gesellschafter der Gesellschaft vor dem 1. Januar 1999 beigetreten ist; soweit Verluste, die in dem Betrieb der Gesellschaft entstehen und nach Satz 1 oder nach § 15a Absatz 1 Satz 1 ausgleichsfähig oder abzugsfähig sind, zusammen das Eineinviertelfache der insgesamt geleisteten Einlage übersteigen, ist § 15a auf Verluste anzuwenden, die in nach dem 31. Dezember 1994 beginnenden Wirtschaftsjahren entstehen. [3] Scheidet ein Kommanditist oder ein anderer Mitunternehmer, dessen Haftung der eines Kommanditisten vergleichbar ist und dessen Kapitalkonto in der Steuerbilanz der Gesellschaft auf Grund von ausgleichs- oder abzugsfähigen Verlusten negativ geworden ist, aus der Gesellschaft aus oder wird in einem solchen Fall die Gesellschaft aufgelöst, so gilt der Betrag, den der Mitunternehmer nicht ausgleichen muss, als Veräußerungsgewinn im Sinne des § 16. [4] In Höhe der nach Satz 3 als Gewinn zuzurechnenden Beträge sind bei den anderen Mitunternehmern unter Berücksichtigung der für die Zurechnung von Verlusten geltenden Grundsätze Verlustanteile anzusetzen. [5] Bei der Anwendung des § 15a Absatz 3 sind nur Verluste zu berücksichtigen, auf die § 15a Absatz 1 anzuwenden ist.

(25) [1] § 15b in der Fassung des Artikels 1 des Gesetzes vom 22. Dezember 2005 (BGBl. I S. 3683) ist nur auf Verluste der dort bezeichneten Steuerstundungsmodelle anzuwenden, denen der Steuerpflichtige nach dem 10. November 2005 beigetreten ist oder für die nach

dem 10. November 2005 mit dem Außenvertrieb begonnen wurde. ²Der Außenvertrieb beginnt in dem Zeitpunkt, in dem die Voraussetzungen für die Veräußerung der konkret bestimmbaren Fondsanteile erfüllt sind und die Gesellschaft selbst oder über ein Vertriebsunternehmen mit Außenwirkung an den Markt herangetreten ist. ³Dem Beginn des Außenvertriebs stehen der Beschluss von Kapitalerhöhungen und die Reinvestition von Erlösen in neue Projekte gleich. ⁴Besteht das Steuerstundungsmodell nicht im Erwerb eines Anteils an einem geschlossenen Fonds, ist § 15b in der Fassung des Artikels 1 des Gesetzes vom 22. Dezember 2005 (BGBl. I S. 3683) anzuwenden, wenn die Investition nach dem 10. November 2005 rechtsverbindlich getätigt wurde. ⁵§ 15b Absatz 3a ist erstmals auf Verluste der dort bezeichneten Steuerstundungsmodelle anzuwenden, bei denen Wirtschaftsgüter des Umlaufvermögens nach dem 28. November 2013 angeschafft, hergestellt oder in das Betriebsvermögen eingelegt werden.

(25a) ¹§ 17 Absatz 2a in der Fassung des Artikels 2 des Gesetzes vom 12. Dezember 2019 (BGBl. I S. 2451) ist erstmals für Veräußerungen im Sinne von § 17 Absatz 1, 4 oder 5 nach dem 31. Juli 2019 anzuwenden. ²Auf Antrag des Steuerpflichtigen ist § 17 Absatz 2a Satz 1 bis 4 auch für Veräußerungen im Sinne von § 17 Absatz 1, 4 oder 5 vor dem 31. Juli 2019 anzuwenden.

(26) Für die Anwendung des § 18 Absatz 4 Satz 2 in der Fassung des Artikels 1 des Gesetzes vom 22. Dezember 2005 (BGBl. I S. 3683) gilt Absatz 25 entsprechend.

(26a) § 19 Absatz 1 Satz 1 Nummer 3 Satz 2 und 3 in der am 31. Dezember 2014 geltenden Fassung gilt für alle Zahlungen des Arbeitgebers nach dem 30. Dezember 2014.

(27) § 19a in der Fassung des Artikels 3 des Gesetzes vom 3. Juni 2021 (BGBl. I S. 1498) ist erstmals anzuwenden auf Vermögensbeteiligungen, die nach dem 30. Juni 2021 übertragen werden.

(28) ¹Für die Anwendung des § 20 Absatz 1 Nummer 4 Satz 2 in der am 31. Dezember 2005 geltenden Fassung gilt Absatz 25 entsprechend. ²Für die Anwendung von § 20 Absatz 1 Nummer 4 Satz 2 und Absatz 2b in der am 1. Januar 2007 geltenden Fassung gilt Absatz 25 entsprechend. ³§ 20 Absatz 1 Nummer 6 in der Fassung des Gesetzes vom 7. September 1990 (BGBl. I S. 1898) ist erstmals auf nach dem 31. Dezember 1974 zugeflossene Zinsen aus Versicherungsverträgen anzuwenden, die nach dem 31. Dezember 1973 abgeschlossen worden sind. ⁴§ 20 Absatz 1 Nummer 6 in der Fassung des Gesetzes vom 20. Dezember 1996 (BGBl. I S. 2049) ist erstmals auf Zinsen aus Versicherungsverträgen anzuwenden, bei denen die Ansprüche nach dem 31. Dezember 1996 entgeltlich erworben worden sind. ⁵Für Kapitalerträge aus Versicherungsverträgen, die vor dem 1. Januar 2005 abgeschlossen worden sind, ist § 20 Absatz 1 Num-

mer 6 in der am 31. Dezember 2004 geltenden Fassung mit der Maßgabe weiterhin anzuwenden, dass in Satz 3 die Wörter „§ 10 Absatz 1 Nummer 2 Buchstabe b Satz 5" durch die Wörter „§ 10 Absatz 1 Nummer 2 Buchstabe b Satz 6" ersetzt werden. [6]§ 20 Absatz 1 Nummer 6 Satz 3 in der Fassung des Artikels 1 des Gesetzes vom 13. Dezember 2006 (BGBl. I S. 2878) ist erstmals anzuwenden auf Versicherungsleistungen im Erlebensfall bei Versicherungsverträgen, die nach dem 31. Dezember 2006 abgeschlossen werden, und auf Versicherungsleistungen bei Rückkauf eines Vertrages nach dem 31. Dezember 2006. [7]§ 20 Absatz 1 Nummer 6 Satz 2 ist für Vertragsabschlüsse nach dem 31. Dezember 2011 mit der Maßgabe anzuwenden, dass die Versicherungsleistung nach Vollendung des 62. Lebensjahres des Steuerpflichtigen ausgezahlt wird. [8]§ 20 Absatz 1 Nummer 6 Satz 6 in der Fassung des Artikels 1 des Gesetzes vom 19. Dezember 2008 (BGBl. I S. 2794) ist für alle Versicherungsverträge anzuwenden, die nach dem 31. März 2009 abgeschlossen werden oder bei denen die erstmalige Beitragsleistung nach dem 31. März 2009 erfolgt. [9]Wird auf Grund einer internen Teilung nach § 10 des Versorgungsausgleichsgesetzes oder einer externen Teilung nach § 14 des Versorgungsausgleichsgesetzes ein Anrecht in Form eines Versicherungsvertrags zugunsten der ausgleichsberechtigten Person begründet, so gilt dieser Vertrag insoweit zu dem gleichen Zeitpunkt als abgeschlossen wie derjenige der ausgleichspflichtigen Person. [10]§ 20 Absatz 1 Nummer 6 Satz 7 und 8 ist auf Versicherungsleistungen anzuwenden, die auf Grund eines nach dem 31. Dezember 2014 eingetretenen Versicherungsfalles ausgezahlt werden. [11]§ 20 Absatz 2 Satz 1 Nummer 1 in der am 18. August 2007 geltenden Fassung ist erstmals auf Gewinne aus der Veräußerung von Anteilen anzuwenden, die nach dem 31. Dezember 2008 erworben wurden. [12]§ 20 Absatz 2 Satz 1 Nummer 3 in der am 18. August 2007 geltenden Fassung ist erstmals auf Gewinne aus Termingeschäften anzuwenden, bei denen der Rechtserwerb nach dem 31. Dezember 2008 stattgefunden hat. [13]§ 20 Absatz 2 Satz 1 Nummer 4, 5 und 8 in der am 18. August 2007 geltenden Fassung ist erstmals auf Gewinne anzuwenden, bei denen die zugrunde liegenden Wirtschaftsgüter, Rechte oder Rechtspositionen nach dem 31. Dezember 2008 erworben oder geschaffen wurden. [14]§ 20 Absatz 2 Satz 1 Nummer 6 in der am 18. August 2007 geltenden Fassung ist erstmals auf die Veräußerung von Ansprüchen nach dem 31. Dezember 2008 anzuwenden, bei denen der Versicherungsvertrag nach dem 31. Dezember 2004 abgeschlossen wurde; dies gilt auch für Versicherungsverträge, die vor dem 1. Januar 2005 abgeschlossen wurden, sofern bei einem Rückkauf zum Veräußerungszeitpunkt die Erträge nach § 20 Absatz 1 Nummer 6 in der am 31. Dezember 2004 geltenden Fassung steuerpflichtig wären. [15]§ 20 Absatz 2 Satz 1 Nummer 7 in der Fassung des Artikels 1 des Gesetzes vom 14. August 2007 (BGBl. I S. 1912) ist erstmals auf nach dem 31. Dezember 2008 zufließende Kapitalerträge aus der Veräußerung sonstiger Kapitalforderungen anzuwenden. [16] Für Kapitalerträge aus Kapitalforderungen, die zum Zeitpunkt des vor dem 1. Januar 2009 erfolgten Erwerbs zwar Kapitalforderungen im Sinne des § 20 Absatz 1 Nummer 7 in der am 31. Dezember 2008 anzuwendenden Fassung, aber nicht Kapitalforderungen im Sinne des § 20 Absatz 2 Satz 1 Nummer 4 in der am 31. Dezember 2008 anzuwendenden Fassung sind, ist § 20 Absatz 2 Satz 1 Nummer 7 nicht anzuwenden; für die bei der Veräußerung in Rechnung gestellten Stückzinsen ist Satz 15 anzuwenden; Kapitalforderungen im Sinne des § 20 Absatz 2 Satz 1 Nummer 4 in der am 31. Dezember 2008 anzuwendenden Fassung liegen auch vor, wenn die Rückzahlung nur teilweise garantiert ist oder wenn eine Trennung zwischen Ertrags- und Vermögensebene möglich erscheint. [17] Bei Kapitalforderungen, die zwar nicht die Voraussetzungen von § 20 Absatz 1 Nummer 7 in der am 31. Dezember 2008 geltenden Fassung, aber die Voraussetzungen von § 20 Absatz 1 Nummer 7 in der am 18. August 2007 geltenden Fassung erfüllen, ist § 20 Absatz 2 Satz 1 Nummer 7 in Verbindung mit § 20 Absatz 1 Nummer 7 vorbehaltlich der Regelung in Absatz 31 Satz 2 und 3 auf alle nach dem 30. Juni 2009 zufließenden Kapitalerträge anzuwenden, es sei denn, die Kapitalforderung wurde vor dem 15. März 2007 angeschafft. [18] § 20 Absatz 4a Satz 3 in der Fassung des Artikels 1 des Gesetzes vom 8. Dezember 2010 (BGBl. I S. 1768) ist erstmals für Wertpapiere anzuwenden, die nach dem 31. Dezember 2009 geliefert wurden, sofern für die Lieferung § 20 Absatz 4 anzuwenden ist. [19] § 20 Absatz 4a Satz 3 in der Fassung des Artikels 1 des Gesetzes vom 21. Dezember 2020 (BGBl. I S. 3096) ist für die Andienung von Wertpapieren anzuwenden, wenn diese nach dem 31. Dezember 2020 erfolgt. [20] § 20 Absatz 4a Satz 5 in der Fassung des Artikels 1 des Gesetzes vom 21. Dezember 2020 (BGBl. I S. 3096) ist für die Zuteilung von Anteilen anzuwenden, wenn diese nach dem 31. Dezember 2020 erfolgt und die die Zuteilung begründenden Anteile nach dem 31. Dezember 2008 angeschafft worden sind. [21] § 20 Absatz 2 und 4 in der am 27. Juli 2016 geltenden Fassung ist erstmals ab dem 1. Januar 2017 anzuwenden. [22] § 20 Absatz 1 in der am 27. Juli 2016 geltenden Fassung ist erstmals ab dem 1. Januar 2018 anzuwenden. [23] Investmenterträge nach § 20 Absatz 1 Nummer 6 Satz 9 sind

1. die nach dem 31. Dezember 2017 zugeflossenen Ausschüttungen nach § 2 Absatz 11 des Investmentsteuergesetzes,

2. die realisierten oder unrealisierten Wertveränderungen aus Investmentanteilen nach § 2 Absatz 4 Satz 1 des Investmentsteuergesetzes, die das Versicherungsunternehmen nach dem 31. Dezember 2017 dem Sicherungsvermögen zur Sicherung der Ansprüche des Steuerpflichtigen zugeführt hat, und

3. die realisierten oder unrealisierten Wertveränderungen aus Investmentanteilen nach § 2 Absatz 4 Satz 1 des Investmentsteuergesetzes, die das Versicherungsunternehmen vor dem 1. Januar 2018

dem Sicherungsvermögen zur Sicherung der Ansprüche des Steuerpflichtigen zugeführt hat, soweit Wertveränderungen gegenüber dem letzten im Kalenderjahr 2017 festgesetzten Rücknahmepreis des Investmentanteils eingetreten sind.
[24] Wird kein Rücknahmepreis festgesetzt, tritt der Börsen- oder Marktpreis an die Stelle des Rücknahmepreises. [25] § 20 Absatz 6 Satz 5 in der Fassung des Artikels 1 des Gesetzes vom 21. Dezember 2020 (BGBl. I S. 3096) ist auf Verluste anzuwenden, die nach dem 31. Dezember 2020 entstehen. [26] § 20 Absatz 6 Satz 6 in der Fassung des Artikels 1 des Gesetzes vom 21. Dezember 2020 (BGBl. I S. 3096) ist auf Verluste anzuwenden, die nach dem 31. Dezember 2019 entstehen.

(29) Für die Anwendung des § 21 Absatz 1 Satz 2 in der am 31. Dezember 2005 geltenden Fassung gilt Absatz 25 entsprechend.

(30) Für die Anwendung des § 22 Nummer 1 Satz 1 zweiter Halbsatz in der am 31. Dezember 2005 geltenden Fassung gilt Absatz 25 entsprechend.

(30a) § 22a Absatz 2 Satz 2 in der am 1. Januar 2017 geltenden Fassung ist erstmals für die Übermittlung von Daten ab dem 1. Januar 2019 anzuwenden.

(30b) [1] Die mitteilungspflichtige Stelle nach § 22a Absatz 1 kann die Identifikationsnummer im Sinne des § 139b der Abgabenordnung ihrer Kunden, bei denen das Versicherungs- oder Vertragsverhältnis vor dem Stichtag bestand, der in der Rechtsverordnung nach § 13 Absatz 3 des Rentenübersichtsgesetzes festgelegt wird, abweichend von § 22a Absatz 2 Satz 1 und 2 zur Durchführung des Rentenübersichtsgesetzes beim Bundeszentralamt für Steuern bereits vor dem Leistungsbezug erheben. [2] Das Bundeszentralamt für Steuern teilt der mitteilungspflichtigen Stelle die Identifikationsnummer des Versicherten nur mit, wenn die von der mitteilungspflichtigen Stelle übermittelten Daten mit den nach § 139b Absatz 3 der Abgabenordnung beim Bundeszentralamt für Steuern gespeicherten Daten im maschinellen Datenabgleich übereinstimmen.

(31) [1] § 23 Absatz 1 Satz 1 Nummer 2 in der am 18. August 2007 geltenden Fassung ist erstmals auf Veräußerungsgeschäfte anzuwenden, bei denen die Wirtschaftsgüter nach dem 31. Dezember 2008 auf Grund eines nach diesem Zeitpunkt rechtswirksam abgeschlossenen obligatorischen Vertrags oder gleichstehenden Rechtsakts angeschafft wurden; § 23 Absatz 1 Satz 1 Nummer 2 Satz 2 in der am 14. Dezember 2010 geltenden Fassung ist erstmals auf Veräußerungsgeschäfte anzuwenden, bei denen die Gegenstände des täglichen Gebrauchs auf Grund eines nach dem 13. Dezember 2010 rechtskräftig abgeschlossenen Vertrags oder gleichstehenden Rechtsakts angeschafft wurden. [2] § 23 Absatz 1 Satz 1 Nummer 2 in der am 1. Januar 1999 geltenden Fassung ist letztmals auf Veräußerungsgeschäfte anzuwenden, bei denen die Wirtschaftsgüter vor dem 1. Januar 2009 erworben wurden. [3] § 23 Absatz 1 Satz 1 Nummer 3 in der

Fassung des Artikels 7 des Gesetzes vom 20. Dezember 2016 (BGBl. I S. 3000) ist erstmals auf Veräußerungsgeschäfte anzuwenden, bei denen die Veräußerung auf einem nach dem 23. Dezember 2016 rechtswirksam abgeschlossenen obligatorischen Vertrag oder gleichstehenden Rechtsakt beruht. [4]§ 23 Absatz 1 Satz 1 Nummer 4 ist auf Termingeschäfte anzuwenden, bei denen der Erwerb des Rechts auf einen Differenzausgleich, Geldbetrag oder Vorteil nach dem 31. Dezember 1998 und vor dem 1. Januar 2009 erfolgt. [5]§ 23 Absatz 3 Satz 4 in der am 1. Januar 2000 geltenden Fassung ist auf Veräußerungsgeschäfte anzuwenden, bei denen der Steuerpflichtige das Wirtschaftsgut nach dem 31. Juli 1995 und vor dem 1. Januar 2009 angeschafft oder nach dem 31. Dezember 1998 und vor dem 1. Januar 2009 fertiggestellt hat; § 23 Absatz 3 Satz 4 in der am 1. Januar 2009 geltenden Fassung ist auf Veräußerungsgeschäfte anzuwenden, bei denen der Steuerpflichtige das Wirtschaftsgut nach dem 31. Dezember 2008 angeschafft oder fertiggestellt hat. [6]§ 23 Absatz 1 Satz 2 und 3 sowie Absatz 3 Satz 3 in der am 12. Dezember 2006 geltenden Fassung sind für Anteile, die einbringungsgeboren im Sinne des § 21 des Umwandlungssteuergesetzes in der am 12. Dezember 2006 geltenden Fassung sind, weiter anzuwenden.

(32) [1]§ 32 Absatz 4 Satz 1 Nummer 3 in der Fassung des Artikels 1 des Gesetzes vom 19. Juli 2006 (BGBl. I S. 1652) ist erstmals für Kinder anzuwenden, die im Veranlagungszeitraum 2007 wegen einer vor Vollendung des 25. Lebensjahres eingetretenen körperlichen, geistigen oder seelischen Behinderung außerstande sind, sich selbst zu unterhalten; für Kinder, die wegen einer vor dem 1. Januar 2007 in der Zeit ab der Vollendung des 25. Lebensjahres und vor Vollendung des 27. Lebensjahres eingetretenen körperlichen, geistigen oder seelischen Behinderung außerstande sind, sich selbst zu unterhalten, ist § 32 Absatz 4 Satz 1 Nummer 3 weiterhin in der bis zum 31. Dezember 2006 geltenden Fassung anzuwenden. [2]§ 32 Absatz 5 ist nur noch anzuwenden, wenn das Kind den Dienst oder die Tätigkeit vor dem 1. Juli 2011 angetreten hat. [3]Für die nach § 10 Absatz 1 Nummer 2 Buchstabe b und den §§ 10a, 82 begünstigten Verträge, die vor dem 1. Januar 2007 abgeschlossen wurden, gelten für das Vorliegen einer begünstigten Hinterbliebenenversorgung die Altersgrenzen des § 32 in der am 31. Dezember 2006 geltenden Fassung. [4]Dies gilt entsprechend für die Anwendung des § 93 Absatz 1 Satz 3 Buchstabe b. *[5]§ 32 Absatz 6 Satz 1 in der Fassung des Artikels 1 des Gesetzes vom 8. Dezember 2022 (BGBl. I S. 2230) ist beim Steuerabzug vom Arbeitslohn ab dem 1. Januar 2023 anzuwenden.*

(32a) [1]§ 32a Absatz 1 und § 51a Absatz 2a Satz 1 in der am 23. Juli 2015 geltenden Fassung sind beim Steuerabzug vom Arbeitslohn erstmals anzuwenden auf laufenden Arbeitslohn, der für einen nach dem 30. November 2015 endenden Lohnzahlungszeitraum gezahlt wird, und auf sonstige Bezüge, die nach dem 30. November 2015 zufließen. [2]Bei der Lohnsteuerberechnung auf laufenden Arbeitslohn, der für einen nach dem 30. November 2015, aber vor dem 1. Januar 2016 endenden täglichen, wöchentlichen und monatlichen Lohnzahlungszeitraum gezahlt wird, ist zu berücksichtigen, dass § 32a Absatz 1 und § 51a Absatz 2a Satz 1 in der am 23. Juli 2015 geltenden Fassung bis zum 30. November 2015 nicht angewandt wurden (Nachholung). ³Das Bundesministerium der Finanzen hat im Einvernehmen mit den obersten Finanzbehörden der Länder entsprechende Programmablaufpläne aufzustellen und bekannt zu machen (§ 39b Absatz 6 und § 51 Absatz 4 Nummer 1a).

(33) ¹§ 32b Absatz 2 Satz 1 Nummer 2 Satz 2 Buchstabe c ist erstmals auf Wirtschaftsgüter des Umlaufvermögens anzuwenden, die nach dem 28. Februar 2013 angeschafft, hergestellt oder in das Betriebsvermögen eingelegt werden. ²§ 32b Absatz 1 Satz 3 in der Fassung des Artikels 11 des Gesetzes vom 18. Dezember 2013 (BGBl. I S. 4318) ist in allen offenen Fällen anzuwenden. ³§ 32b Absatz 3 bis 5 in der am 1. Januar 2017 geltenden Fassung ist erstmals für ab dem 1. Januar 2018 gewährte Leistungen anzuwenden.

(33a) ¹§ 32c in der Fassung des Artikels 4 des Gesetzes vom 12. Dezember 2019 (BGBl. I S. 2451) ist erstmals für den Veranlagungszeitraum 2016 anzuwenden. ²§ 32c ist im Veranlagungszeitraum 2016 mit der Maßgabe anzuwenden, dass der erste Betrachtungszeitraum die Veranlagungszeiträume 2014 bis 2016 umfasst. ³Die weiteren Betrachtungszeiträume umfassen die Veranlagungszeiträume 2017 bis 2019 und 2020 bis 2022. ⁴§ 32c ist letztmalig für den Veranlagungszeitraum 2022 anzuwenden.

(33b) ¹§ 32d Absatz 2 Nummer 1 Buchstabe b in der Fassung des Artikels 1 des Gesetzes vom 21. Dezember 2020 (BGBl. I S. 3096) ist auf Kapitalerträge anzuwenden, die nach dem 31. Dezember 2020 erzielt werden. ²Auf Kapitalerträge aus Darlehen an die Kapitalgesellschaft oder Genossenschaft, deren rechtliche Grundlage vor dem 1. Januar 2021 begründet wurde, ist § 32d Absatz 2 Nummer 1 Buchstabe b in der Fassung des Artikels 1 des Gesetzes vom 21. Dezember 2020 (BGBl. I S. 3096) ab dem Veranlagungszeitraum 2024 anzuwenden. ³§ 32d Absatz 2 Nummer 3 Buchstabe b in der Fassung des Artikels 7 des Gesetzes vom 20. Dezember 2016 (BGBl. I S. 3000) ist erstmals auf Anträge für den Veranlagungszeitraum 2017 anzuwenden.

(33c) Die §§ 33 und 33b in der Fassung des Artikels 1 des Gesetzes vom 9. Dezember 2020 (BGBl. I S. 2770) sind erstmals für den Veranlagungszeitraum 2021 anzuwenden.

(34) ¹§ 34a in der Fassung des Artikels 1 des Gesetzes vom 19. Dezember 2008 (BGBl. I S. 2794) ist erstmals für den Veranlagungszeitraum 2008 anzuwenden. ²§ 34a Absatz 6 Satz 1 Nummer 3 und Satz 2 in der Fassung des Artikels 1 des Gesetzes vom 27. Juni 2017 (BGBl. I S. 2074) ist erstmals für unentgeltliche Übertragungen nach dem 5. Juli 2017 anzuwenden.

(34a) Für Veranlagungszeiträume bis einschließlich 2014 ist § 34c Absatz 1 Satz 2 in der bis zum 31. Dezember 2014 geltenden Fassung in allen Fällen, in denen die Einkommensteuer noch nicht bestandskräftig festgesetzt ist, mit der Maßgabe anzuwenden, dass an die Stelle der Wörter „Summe der Einkünfte" die Wörter „Summe der Einkünfte abzüglich des Altersentlastungsbetrages (§ 24a), des Entlastungsbetrages für Alleinerziehende (§ 24b), der Sonderausgaben (§§ 10, 10a, 10b, 10c), der außergewöhnlichen Belastungen (§§ 33 bis 33b), der berücksichtigten Freibeträge für Kinder (§§ 31, 32 Absatz 6) und des Grundfreibetrages (§ 32a Absatz 1 Satz 2 Nummer 1)" treten.

(34b) [1]§ 34d Nummer 4 Buchstabe b Doppelbuchstabe bb in der Fassung des Artikels 3 des Gesetzes vom 11. Dezember 2018 (BGBl. I S. 2338) ist erstmals auf Gewinne aus der Veräußerung von Anteilen anzuwenden, bei denen die Veräußerung nach dem 31. Dezember 2018 erfolgt, und nur soweit den Gewinnen nach dem 31. Dezember 2018 eingetretene Wertveränderungen zugrunde liegen. [2]§ 34d Nummer 7 in der Fassung des Artikels 3 des Gesetzes vom 11. Dezember 2018 (BGBl. I S. 2338) ist erstmals auf Wertveränderungen anzuwenden, die nach dem 31. Dezember 2018 eintreten.

(35) [1]§ 34f Absatz 3 und 4 Satz 2 in der Fassung des Gesetzes vom 25. Februar 1992 (BGBl. I S. 297) ist erstmals anzuwenden bei Inanspruchnahme der Steuerbegünstigung nach § 10e Absatz 1 bis 5 in der Fassung des Gesetzes vom 25. Februar 1992 (BGBl. I S. 297). [2]§ 34f Absatz 4 Satz 1 ist erstmals anzuwenden bei Inanspruchnahme der Steuerbegünstigung nach § 10e Absatz 1 bis 5 oder nach § 15b des Berlinförderungsgesetzes für nach dem 31. Dezember 1991 hergestellte oder angeschaffte Objekte.

(35a) [1]§ 35c ist erstmals auf energetische Maßnahmen anzuwenden, mit deren Durchführung nach dem 31. Dezember 2019 begonnen wurde und die vor dem 1. Januar 2030 abgeschlossen sind. [2]Als Beginn gilt bei energetischen Maßnahmen, für die eine Baugenehmigung erforderlich ist, der Zeitpunkt, in dem der Bauantrag gestellt wird. [3]Bei nicht genehmigungsbedürftigen Vorhaben für solche Vorhaben, die nach Maßgabe des Bauordnungsrechts der zuständigen Behörde zur Kenntnis zu geben sind, gilt als Beginn der Zeitpunkt des Eingangs der Kenntnisgabe bei der zuständigen Behörde und für sonstige nicht genehmigungsbedürftige, insbesondere genehmigungs-, anzeige- und verfahrensfreie Vorhaben, der Zeitpunkt des Beginns der Bauausführung.

(35b) [1]§ 36 Absatz 2 Nummer 2 Satz 5 in der Fassung des Artikels 2 des Gesetzes vom 21. Dezember 2020 (BGBl. I S. 3096) ist erstmals auf Kapitalerträge anzuwenden, die nach dem 31. Dezember 2020 zufließen. [2]§ 36 Absatz 2 Nummer 4 in der Fassung des Artikels 2 des Gesetzes vom 21. Dezember 2020 (BGBl. I S. 3096) ist erstmals für den Veranlagungszeitraum 2016 und letztmalig für den Veranlagungszeitraum 2022 anzuwenden.

(35c) [1] § 36a in der am 27. Juli 2016 geltenden Fassung ist erstmals auf Kapitalerträge anzuwenden, die ab dem 1. Januar 2016 zufließen. [2] § 36a in der Fassung des Artikels 1 des Gesetzes vom 12. Dezember 2019 (BGBl. I S. 2451) ist erstmals auf Kapitalerträge anzuwenden, die ab dem 1. Januar 2019 zufließen.

(35d) *§ 37 Absatz 3 Satz 3 ist auf Antrag des Steuerpflichtigen mit der Maßgabe anzuwenden, dass*

1. *für den Veranlagungszeitraum 2019 an die Stelle des 15. Kalendermonats der 21. Kalendermonat und an die Stelle des 23. Kalendermonats der 28. Kalendermonat,*
2. *für die Veranlagungszeiträume 2020 und 2021 an die Stelle des 15. Kalendermonats der 21. Kalendermonat und an die Stelle des 23. Kalendermonats der 29. Kalendermonat,*
3. *für den Veranlagungszeitraum 2022 an die Stelle des 15. Kalendermonats der 20. Kalendermonat und an die Stelle des 23. Kalendermonats der 28. Kalendermonat,*
4. *für den Veranlagungszeitraum 2023 an die Stelle des 15. Kalendermonats der 18. Kalendermonat und an die Stelle des 23. Kalendermonats der 26. Kalendermonat und*
5. *für den Veranlagungszeitraum 2024 an die Stelle des 15. Kalendermonats der 17. Kalendermonat und an die Stelle des 23. Kalendermonats der 25. Kalendermonat*

tritt.

(36) [1] Das Bundesministerium der Finanzen kann im Einvernehmen mit den obersten Finanzbehörden der Länder in einem Schreiben mitteilen, wann die in § 39 Absatz 4 Nummer 4 und 5 genannten Lohnsteuerabzugsmerkmale erstmals abgerufen werden können (§ 39e Absatz 3 Satz 1). [2] Dieses Schreiben ist im Bundessteuerblatt zu veröffentlichen.

(37) [1] Das Bundesministerium der Finanzen kann im Einvernehmen mit den obersten Finanzbehörden der Länder in einem Schreiben mitteilen, ab wann die Regelungen in § 39a Absatz 1 Satz 3 bis 5 erstmals anzuwenden sind. [2] Dieses Schreiben ist im Bundessteuerblatt zu veröffentlichen.

(37a) § 39f Absatz 1 Satz 9 bis 11 und Absatz 3 Satz 1 ist erstmals für den Veranlagungszeitraum 2019 anzuwenden.

(37b) [1] § 39b Absatz 2 Satz 5 Nummer 4 in der am 23. Juli 2015 geltenden Fassung ist erstmals anzuwenden auf laufenden Arbeitslohn, der für einen nach dem 30. November 2015 endenden Lohnzahlungszeitraum gezahlt wird, und auf sonstige Bezüge, die nach dem 30. November 2015 zufließen. [2] Bei der Lohnsteuerberechnung auf laufenden Arbeitslohn, der für einen nach dem 30. November 2015, aber vor dem 1. Januar 2016 endenden täglichen, wöchentlichen und monatlichen Lohnzahlungszeitraum gezahlt wird, ist zu berücksichtigen, dass § 39b Absatz 2 Satz 5 Nummer 4 in der am 23. Juli 2015 geltenden Fassung bis zum 30. November 2015 nicht angewandt wurde (Nachholung). [3]Das Bundesministerium der Finanzen hat dies im Einvernehmen mit den obersten Finanzbehörden der Länder bei der Aufstellung und Bekanntmachung der geänderten Programmablaufpläne für 2015 zu berücksichtigen (§ 39b Absatz 6 und § 51 Absatz 4 Nummer 1a). [4]In den Fällen des § 24b Absatz 4 ist für das Kalenderjahr 2015 eine Veranlagung durchzuführen, wenn die Nachholung nach Satz 2 durchgeführt wurde.

(37c) [1]§ 40 Absatz 2 Satz 1 Nummer 6 in der am 17. November 2016 geltenden Fassung ist erstmals anzuwenden auf Vorteile, die in einem nach dem 31. Dezember 2016 endenden Lohnzahlungszeitraum oder als sonstige Bezüge nach dem 31. Dezember 2016 zugewendet werden, und letztmals anzuwenden auf Vorteile, die in einem vor dem 1. Januar 2031 endenden Lohnzahlungszeitraum oder als sonstige Bezüge vor dem 1. Januar 2031 zugewendet werden. [2]§ 40 Absatz 2 Satz 2 Nummer 3 und Satz 4 in der Fassung des Artikels 2 des Gesetzes vom 21. Dezember 2020 (BGBl. I S. 3096) ist erstmals auf Freifahrtberechtigungen anzuwenden, die nach dem 31. Dezember 2020 gewährt werden.

(38) § 40a Absatz 2, 2a und 6 in der am 31. Juli 2014 geltenden Fassung ist erstmals ab dem Kalenderjahr 2013 anzuwenden.

(39) (weggefallen)

(40) § 40b Absatz 1 und 2 in der am 31. Dezember 2004 geltenden Fassung ist weiter anzuwenden auf Beiträge für eine Direktversicherung des Arbeitnehmers und Zuwendungen an eine Pensionskasse, wenn vor dem 1. Januar 2018 mindestens ein Beitrag nach § 40b Absatz 1 und 2 in einer vor dem 1. Januar 2005 geltenden Fassung pauschal besteuert wurde.

(40a) [1]§ 41a Absatz 1 Satz 1 Nummer 1 in der Fassung des Artikels 2 des Gesetzes vom 12. Dezember 2019 (BGBl. I S. 2451) ist erstmals für Lohnzahlungszeiträume anzuwenden, die nach dem 31. Dezember 2020 enden. [2]§ 41a Absatz 4 Satz 1 in der Fassung des Artikels 1 des Gesetzes vom 24. Februar 2016 (BGBl. I S. 310) gilt für eine Dauer von 60 Monaten und ist erstmals für laufenden Arbeitslohn anzuwenden, der für den Lohnzahlungszeitraum gezahlt wird, der nach dem Kalendermonat folgt, in dem die Europäische Kommission die Genehmigung zu diesem Änderungsgesetz erteilt hat; die Regelung ist erstmals für sonstige Bezüge anzuwenden, die nach dem Monat zufließen, in dem die Europäische Kommission die Genehmigung zu diesem Änderungsgesetz erteilt hat. ³*§ 41a Absatz 4 in der Fassung des Artikels 3 des Gesetzes vom 19. Juni 2022 (BGBl. I S. 911) gilt für eine Dauer von 72 Monaten und ist erstmals für laufenden Arbeitslohn anzuwenden, der für einen ab dem 1. Juni 2021 endenden Lohnzahlungszeitraum gezahlt wird, und für sonstige Bezüge, die ab dem 1. Juni 2021 zufließen.*

(41) Bei der Veräußerung oder Einlösung von Wertpapieren und Kapitalforderungen, die von der das Bundesschuldbuch führenden Stelle oder einer Landesschuldenverwaltung verwahrt oder verwaltet werden können, bemisst sich der Steuerabzug nach den bis zum 31. Dezember 1993 geltenden Vorschriften, wenn die Wertpapier- und Kapitalforderungen vor dem 1. Januar 1994 emittiert worden sind; dies gilt nicht für besonders in Rechnung gestellte Stückzinsen.

(42) ¹§ 43 Absatz 1 Satz 1 Nummer 7 Buchstabe b Satz 2 in der Fassung des Artikels 1 des Gesetzes vom 13. Dezember 2006 (BGBl. I S. 2878) ist erstmals auf Verträge anzuwenden, die nach dem 31. Dezember 2006 abgeschlossen werden. ²§ 43 Absatz 1 Satz 1 Nummer 7 Buchstabe c in der Fassung des Artikels 2 des Gesetzes vom 12. Dezember 2019 (BGBl. I S. 2451) ist erstmals auf Kapitalerträge anzuwenden, die dem Gläubiger nach dem 31. Dezember 2020 zufließen. ³§ 43 Absatz 1 Satz 6 und Absatz 2 Satz 7 und 8 in der am 1. Januar 2017 geltenden Fassung ist erstmals anzuwenden auf Kapitalerträge, die dem Gläubiger nach dem 31. Dezember 2016 zufließen. ⁴§ 43 in der Fassung des Artikels 3 des Gesetzes vom 19. Juli 2016 (BGBl. I S. 1730) ist erstmals ab dem 1. Januar 2018 anzuwenden. ⁵§ 43 Absatz 1 Satz 6 Nummer 5 in der Fassung des Artikels 1 des Gesetzes vom 2. Juni 2021 (BGBl. I S. 1259) ist erstmals auf Kapitalerträge anzuwenden, die nach dem 31. Dezember 2019 zufließen.

(42a) § 43a in der Fassung des Artikels 3 des Gesetzes vom 19. Juli 2016 (BGBl. I S. 1730) ist erstmals ab dem 1. Januar 2018 anzuwenden.

(42b) § 43b und Anlage 2 (zu § 43b) in der am 1. Januar 2016 geltenden Fassung sind erstmals auf Ausschüttungen anzuwenden, die nach dem 31. Dezember 2015 zufließen.

(43) ¹Ist ein Freistellungsauftrag im Sinne des § 44a vor dem 1. Januar 2007 unter Beachtung des § 20 Absatz 4 in der bis dahin geltenden Fassung erteilt worden, darf der nach § 44 Absatz 1 zum Steuerabzug Verpflichtete den angegebenen Freistellungsbetrag nur zu 56,37 Prozent berücksichtigen. ²Sind in dem Freistellungsauftrag der gesamte Sparer-Freibetrag nach § 20 Absatz 4 in der Fassung des Artikels 1 des Gesetzes vom 19. Juli 2006 (BGBl. I S. 1652) und der gesamte Werbungskosten-Pauschbetrag nach § 9a Satz 1 Nummer 2 in der Fassung des Artikels 1 des Gesetzes vom 19. Juli 2006 (BGBl. I S. 1652) angegeben, ist der Werbungskosten-Pauschbetrag in voller Höhe zu berücksichtigen.

(44) ¹§ 44 Absatz 1 Satz 4 Nummer 2a in der Fassung des Artikels 2 des Gesetzes vom 12. Dezember 2019 (BGBl. I S. 2451) ist erstmals auf Kapitalerträge anzuwenden, die dem Gläubiger nach dem 31. Dezember 2020 zufließen. ²§ 44 Absatz 6 Satz 2 und 5 in der am 12. Dezember 2006 geltenden Fassung ist für Anteile, die einbringungsgeboren im Sinne des § 21 des Umwandlungssteuergesetzes in der am 12. Dezember 2006 geltenden Fassung sind, weiter anzuwenden. ³§ 44 in der Fassung des Artikels 3 des Gesetzes vom 19. Juli 2016 (BGBl. I S. 1730) ist erstmals ab dem 1. Januar 2018 anzuwenden. ⁴§ 44 Absatz 1 in der Fassung des Artikels 1 des Gesetzes vom 21. Dezember 2020 (BGBl. I S. 3096) ist erstmals auf Kapitalerträge anzuwenden, die dem Gläubiger nach dem 29. Dezember 2020 zufließen.

(44a) ¹§ 45a Absatz 2 Satz 1 in der Fassung des Artikels 1 des Gesetzes vom 21. Dezember 2020 (BGBl. I S. 3096) ist erstmals auf Kapitalerträge anzuwenden, die dem Gläubiger nach dem 29. Dezember 2020 zufließen. ²§ 45a Absatz 6 in der Fassung des Artikels 2 des Gesetzes vom 21. Dezember 2020 (BGBl. I S. 3096) ist auf Kapitalerträge anzuwenden, die nach dem 31. Dezember 2022 zufließen. ³§ 45a Absatz 2a und 7 Satz 1 in der Fassung des Artikels 1 des Gesetzes vom 2. Juni 2021 (BGBl. I S. 1259) ist erstmals auf Kapitalerträge anzuwenden, die dem Gläubiger nach dem 31. Dezember 2024 zufließen. ⁴§ 45a Absatz 7 Satz 3 in der am 8. Juni 2021 geltenden Fassung ist letztmals anzuwenden für Kapitalerträge, die vor dem 1. Januar 2024 zufließen.

(44b) § 45b in der Fassung des Artikels 1 des Gesetzes vom 2. Juni 2021 (BGBl. I S. 1259) ist erstmals auf Kapitalerträge anzuwenden, die dem Gläubiger nach dem 31. Dezember 2024 zufließen.

(44c) § 45c in der Fassung des Artikels 1 des Gesetzes vom 2. Juni 2021 (BGBl. I S. 1259) ist erstmals auf Kapitalerträge anzuwenden, die dem Gläubiger nach dem 31. Dezember 2024 zufließen.

(45) ¹§ 45d Absatz 1 in der am 14. Dezember 2010 geltenden Fassung ist erstmals für Kapitalerträge anzuwenden, die ab dem 1. Januar 2013 zufließen; eine Übermittlung der Identifikationsnummer hat für Kapitalerträge, die vor dem 1. Januar 2016 zufließen, nur zu erfolgen, wenn die Identifikationsnummer der Meldestelle vorliegt. ²§ 45d Absatz 1 in der am 1. Januar 2017 geltenden Fassung ist erstmals anzuwenden auf Kapitalerträge, die dem Gläubiger nach dem 31. Dezember 2016 zufließen. ³§ 45d Absatz 3 in der am 1. Januar 2017 geltenden Fassung ist für Versicherungsverträge anzuwenden, die nach dem 31. Dezember 2016 abgeschlossen werden.

(45a) ¹§ 49 Absatz 1 Nummer 2 Buchstabe e Doppelbuchstabe cc in der Fassung des Artikels 3 des Gesetzes vom 11. Dezember 2018 (BGBl. I S. 2338) ist erstmals auf Gewinne aus der Veräußerung von Anteilen anzuwenden, bei denen die Veräußerung nach dem 31. Dezember 2018 erfolgt, und nur soweit den Gewinnen nach dem 31. Dezember 2018 eingetretene Wertveränderungen zugrunde liegen. ²§ 49 Absatz 1 Nummer 2 Buchstabe f in der Fassung des Artikels 3 des Gesetzes vom 11. Dezember 2018 (BGBl. I S. 2338) ist erstmals auf Wertveränderungen anzuwenden, die nach dem 31. Dezember 2018 eintreten. *³§ 49 Absatz 1 Nummer 2 Buchstabe f Satz 1 und 2 und Nummer 6 in der am 16. Dezember 2022 geltenden Fassung ist, soweit die Vermietung und Verpachtung oder die Veräußerung von sonstigen Rechten, bei denen Einkünfte nur auf Grund der Eintragung in ein inländisches öffentliches Buch oder Register vorliegen, nicht zwischen nahestehenden Personen im Sinne des § 1 Absatz 2 des Außensteuergesetzes erfolgt, auf alle offene Fälle anzuwenden; im Übrigen ist § 49 Absatz 1 Nummer 2 Buchstabe f Satz 1 und 2 und Nummer 6 in der am 16. Dezember 2022 geltenden Fassung auf Veräußerungen, die nach dem 31. Dezember 2022 erfolgen oder auf Vergütungen, die nach dem 31. Dezember 2022 zufließen, anzuwenden. ⁴§ 49 Absatz 1 Nummer 5 in der am 27. Juli 2016 geltenden Fassung ist erstmals auf Kapitalerträge anzuwenden, die ab dem 1. Januar 2018 zufließen. ⁵§ 49 Absatz 1 Nummer 11 in der am 1. Juli 2021 geltenden Fassung ist erstmals auf Einkünfte anzuwenden, die nach dem 31. Dezember 2021 zufließen.*

(46) ¹§ 50 Absatz 1 Satz 3 in der Fassung des Artikels 1 des Gesetzes vom 21. Dezember 2020 (BGBl. I S. 3096) ist in allen offenen Fällen anzuwenden. ²§ 50 Absatz 1a in der Fassung des Artikels 2 des Gesetzes vom 21. Dezember 2020 (BGBl. I S. 3096) ist erstmals auf Beiträge an berufsständische Versorgungseinrichtungen anzuwenden, die nach dem 31. Dezember 2020 geleistet werden. ³§ 50 Absatz 2 Satz 2 Nummer 6 in der Fassung des Artikels 1 des Gesetzes vom 12. Dezember 2019 (BGBl. I S. 2451) ist erstmals auf Kapitalerträge anzuwenden, die nach dem 31. Dezember 2016 zufließen. ⁴§ 50 Absatz 4 in der am 1. Januar 2016 geltenden Fassung ist in allen offenen Fällen anzuwenden. ⁵§ 50 Absatz 1 Satz 2 in der Fassung des Artikels 1 des Gesetzes vom 2. Juni 2021 (BGBl. I S. 1259) ist in allen offenen Fällen anzuwenden.

(47) ¹Der Zeitpunkt der erstmaligen Anwendung des § 50a Absatz 3 und 5 in der am 18. August 2009 geltenden Fassung wird durch eine Rechtsverordnung der Bundesregierung bestimmt, die der Zustimmung des Bundesrates bedarf; dieser Zeitpunkt darf nicht vor dem 31. Dezember 2011 liegen. ²§ 50a Absatz 7 in der am 31. Juli 2014 geltenden Fassung ist erstmals auf Vergütungen anzuwenden, für die der Steuerabzug nach dem 31. Dezember 2014 angeordnet worden ist.

(47a) ¹§ 50c Absatz 2 Satz 1 Nummer 2 in der Fassung des Artikels 1 des Gesetzes vom 2. Juni 2021 (BGBl. I S. 1259) ist erstmals auf Einkünfte anzuwenden, die dem beschränkt Steuerpflichtigen nach dem 31. Dezember 2021 zufließen; die Geltung von Ermächtigungen nach § 50d Absatz 5 und 6 des Gesetzes in der Fassung, die vor dem Inkrafttreten des Artikels 1 des Gesetzes vom 2. Juni 2021 (BGBl. I

S. 1259) galt, endet spätestens zu diesem Zeitpunkt. ²§ 50c Absatz 5 Satz 1, 3 und 4 in der Fassung des Artikels 1 des Gesetzes vom 2. Juni 2021 (BGBl. I S. 1259) ist erstmals auf Anträge anzuwenden, die nach dem 31. Dezember 2022 gestellt werden; für Anträge, die gemäß § 50c Absatz 2 oder 3 bis zu diesem Zeitpunkt gestellt werden, ist der amtlich vorgeschriebene Vordruck zu verwenden und § 50d Absatz 1 Satz 7 und 8 des Gesetzes in der Fassung anzuwenden, die vor dem Inkrafttreten des Artikels 1 des Gesetzes vom 2. Juni 2021 (BGBl. I S. 1259) galt.

(47b) § 50d Absatz 3 in der Fassung des Artikels 1 des Gesetzes vom 2. Juni 2021 (BGBl. I S. 1259) ist in allen offenen Fällen anzuwenden, es sei denn, § 50d Absatz 3 in der Fassung, die zu dem Zeitpunkt galt, in dem die Einkünfte zugeflossen sind, steht dem Anspruch auf Entlastung nicht entgegen.

(47c) ¹§ 50e Absatz 1 und 4 bis 6 in der Fassung des Artikels 1 des Gesetzes vom 2. Juni 2021 (BGBl. I S. 1259) ist ab dem 1. Januar 2022 anzuwenden. ²§ 50e Absatz 2 und 3 in der Fassung des Artikels 1 des Gesetzes vom 2. Juni 2021 (BGBl. I S. 1259) ist erstmals auf die nach dem 31. Dezember 2024 nicht oder nicht vollständig erfolgte Übermittlung von Daten oder Mitteilungen anzuwenden.

(48) ¹§ 50i Absatz 1 Satz 1 und 2 ist auf die Veräußerung oder Entnahme von Wirtschaftsgütern oder Anteilen anzuwenden, die nach dem 29. Juni 2013 stattfindet. ²Hinsichtlich der laufenden Einkünfte aus der Beteiligung an der Personengesellschaft ist die Vorschrift in allen Fällen anzuwenden, in denen die Einkommensteuer noch nicht bestandskräftig festgesetzt worden ist. ³§ 50i Absatz 1 Satz 4 in der am 31. Juli 2014 geltenden Fassung ist erstmals auf die Veräußerung oder Entnahme von Wirtschaftsgütern oder Anteilen anzuwenden, die nach dem 31. Dezember 2013 stattfindet. ⁴§ 50i Absatz 2 in der Fassung des Artikels 7 des Gesetzes vom 20. Dezember 2016 (BGBl. I S. 3000) ist erstmals für Einbringungen anzuwenden, bei denen der Einbringungsvertrag nach dem 31. Dezember 2013 geschlossen worden ist.

(48a) § 51 in der Fassung des Artikels 1 des Gesetzes vom 2. Juni 2021 (BGBl. I S. 1259) gilt erstmals für die Vergabe von Ordnungsnummern zu Steuerbescheinigungen für Kapitalerträge, die nach dem 31. Dezember 2023 zufließen.

(49) § 51a Absatz 2c und 2e in der am 30. Juni 2013 geltenden Fassung ist erstmals auf nach dem 31. Dezember 2014 zufließende Kapitalerträge anzuwenden.

(49a) ¹§ 62 Absatz 1a in der am 18. Juli 2019 geltenden Fassung ist für Kindergeldfestsetzungen anzuwenden, die Zeiträume betreffen, die nach dem 31. Juli 2019 beginnen. ²§ 62 Absatz 2 Nummer 1 bis 4 in der Fassung des Artikels 3 des Gesetzes vom 12. Dezember 2019 (BGBl. I S. 2451) ist für Kindergeldfestsetzungen anzuwenden, die Zeiträume betreffen, die nach dem 29. Februar 2020 beginnen. ³§ 62

Absatz 2 Nummer 2 Buchstabe c in der Fassung des Artikels 11 Nummer 2 des Gesetzes vom 23. Mai 2022 (BGBl. I S. 760) ist für Kindergeldfestsetzungen anzuwenden, die Zeiträume betreffen, die nach dem 31. Mai 2022 beginnen. ⁴§ 62 Absatz 2 Nummer 5 in der Fassung des Artikels 3 des Gesetzes vom 12. Dezember 2019 (BGBl. I S. 2451) ist für Kindergeldfestsetzungen anzuwenden, die Zeiträume betreffen, die nach dem 31. Dezember 2019 beginnen. ⁵Die §§ 62, 63 und 67 in der am 9. Dezember 2014 geltenden Fassung sind für Kindergeldfestsetzungen anzuwenden, die Zeiträume betreffen, die nach dem 31. Dezember 2015 beginnen. ⁶Die §§ 62, 63 und 67 in der am 9. Dezember 2014 geltenden Fassung sind auch für Kindergeldfestsetzungen anzuwenden, die Zeiträume betreffen, die vor dem 1. Januar 2016 liegen, der Antrag auf Kindergeld aber erst nach dem 31. Dezember 2015 gestellt wird. ⁷§ 66 Absatz 1 in der am 23. Juli 2015 geltenden Fassung ist für Kindergeldfestsetzungen anzuwenden, die Zeiträume betreffen, die nach dem 31. Dezember 2014 beginnen. ⁸§ 66 Absatz 1 in der am 1. Januar 2016 geltenden Fassung ist für Kindergeldfestsetzungen anzuwenden, die Zeiträume betreffen, die nach dem 31. Dezember 2015 beginnen. ⁹§ 66 Absatz 1 in der am 1. Januar 2017 geltenden Fassung ist für Kindergeldfestsetzungen anzuwenden, die Zeiträume betreffen, die nach dem 31. Dezember 2016 beginnen. ¹⁰§ 66 Absatz 1 in der am 1. Januar 2018 geltenden Fassung ist für Kindergeldfestsetzungen anzuwenden, die Zeiträume betreffen, die nach dem 31. Dezember 2017 beginnen. ¹¹§ 66 Absatz 3 ist auf Anträge anzuwenden, die nach dem 31. Dezember 2017 und vor dem 18. Juli 2019 eingehen. ¹²§ 69 in der am 1. Januar 2018 geltenden Fassung ist erstmals am 1. November 2019 anzuwenden. ¹³§ 66 Absatz 1 in der Fassung des Artikels 2 des Gesetzes vom 29. November 2018 (BGBl. I S. 2210) ist für Kindergeldfestsetzungen anzuwenden, die Zeiträume betreffen, die nach dem 30. Juni 2019 beginnen. ¹⁴§ 66 Absatz 1 in der Fassung des Artikels 1 des Gesetzes vom 1. Dezember 2020 (BGBl. I S. 2616) ist für Kindergeldfestsetzungen anzuwenden, die Zeiträume betreffen, die nach dem 31. Dezember 2020 beginnen.

(50) ¹§ 70 Absatz 1 Satz 2 ist auf Anträge anzuwenden, die nach dem 18. Juli 2019 eingehen. ²§ 70 Absatz 4 in der am 31. Dezember 2011 geltenden Fassung ist weiter für Kindergeldfestsetzungen anzuwenden, die Zeiträume betreffen, die vor dem 1. Januar 2012 enden.

(51) ¹§ 89 Absatz 2 Satz 1 in der am 1. Januar 2017 geltenden Fassung ist erstmals für die Übermittlung von Daten ab dem 1. Januar 2017 anzuwenden. ²§ 89 Absatz 2 Satz 1 in der Fassung des Artikels 3 des Gesetzes vom 11. Dezember 2018 (BGBl. I S. 2338) ist erstmals für die Übermittlung von Daten ab dem 1. Januar 2020 anzuwenden.

(52) § 110 in der Fassung des Artikels 1 des Gesetzes vom 10. März 2021 (BGBl. I S. 330) ist für den Veranlagungszeitraum 2019 anzuwenden.

§ 52 EStG § 84 EStDV

(53) § 111 in der Fassung des Artikels 1 des Gesetzes vom 10. März 2021 (BGBl. I S. 330) ist für die Veranlagungszeiträume 2019 und 2020 anzuwenden.

EStDV

EStDV
§ 84
Anwendungsvorschriften

(1) Die vorstehende Fassung dieser Verordnung ist, soweit in den folgenden Absätzen nichts anderes bestimmt ist, erstmals für den Veranlagungszeitraum 2020 anzuwenden.

(1a) § 1 in der Fassung des Artikels 2 des Gesetzes vom 18. Juli 2014 (BGBl. I S. 1042) ist in allen Fällen anzuwenden, in denen die Einkommensteuer noch nicht bestandskräftig festgesetzt ist.

(1b) § 7 der Einkommensteuer-Durchführungsverordnung 1997 in der Fassung der Bekanntmachung vom 18. Juni 1997 (BGBl. I S. 1558) ist letztmals für das Wirtschaftsjahr anzuwenden, das vor dem 1. Januar 1999 endet.

(1c) Die §§ 8 und 8a der Einkommensteuer-Durchführungsverordnung 1986 in der Fassung der Bekanntmachung vom 24. Juli 1986 (BGBl. I S. 1239) sind letztmals für das Wirtschaftsjahr anzuwenden, das vor dem 1. Januar 1990 endet.

(2) § 8c Absatz 2 Satz 1 in der Fassung des Artikels 1 der Verordnung vom 25. Juni 2020 (BGBl. I S. 1495) kann erstmals für Wirtschaftsjahre angewendet werden, die nach dem 31. Dezember 2018 beginnen.

(2a) § 11c Abs. 2 Satz 3 ist erstmals für das nach dem 31. Dezember 1998 endende Wirtschaftsjahr anzuwenden.

(2b) § 29 Abs. 1 ist auch für Veranlagungszeiträume vor 1996 anzuwenden, soweit die Fälle, in denen Ansprüche aus Versicherungsverträgen nach dem 13. Februar 1992 zur Tilgung oder Sicherung von Darlehen eingesetzt wurden, noch nicht angezeigt worden sind.

[1]) (2c) § 50 in der am 1. Januar 2020 geltenden Fassung ist erstmals auf Zuwendungen anzuwenden, die dem Zuwendungsempfänger nach dem 31. Dezember 2019 zufließen.

(3) § 29 Abs. 3 bis 6, §§ 31 und 32 sind in der vor dem 1. Januar 1996 geltenden Fassung für vor diesem Zeitpunkt an Bausparkassen geleistete Beiträge letztmals für den Veranlagungszeitraum 2005 anzuwenden.

(3a) § 51 in der Fassung des Artikels 2 des Gesetzes vom 1. November 2011 (BGBl. I S. 2131) ist erstmals für das Wirtschaftsjahr anzuwenden, das nach dem 31. Dezember 2011 beginnt.

---

[1]) § 50 Abs. 4 EStDV i. d. F. des Artikels 6 des JStG 2020 ist über die am 01.01.2021 geltende Fassung des § 84 Abs. 1 EStDV bereits ab VZ 2020 anzuwenden.

(3b) ¹§ 52 ist erstmals für den übernächsten Veranlagungszeitraum anzuwenden, der auf den Veranlagungszeitraum folgt, in dem die für die Anwendung erforderlichen technischen und organisatorischen Voraussetzungen in der Finanzverwaltung für eine Umsetzung der Regelung vorliegen. ²Das Bundesministerium der Finanzen gibt im Einvernehmen mit dem Bundesministerium für Ernährung und Landwirtschaft sowie den obersten Finanzbehörden der Länder im Bundessteuerblatt den Veranlagungszeitraum bekannt, ab dem die Regelung des § 52 erstmals anzuwenden ist. ³Bisher schon bestehende Mitteilungspflichten sind für die Veranlagungszeiträume vor erstmaliger Anwendung des § 52 weiter zu erfüllen.

(3c) ¹§ 54 Abs. 1 Satz 2 in der Fassung des Artikels 1a des Gesetzes vom 20. Dezember 2007 (BGBl. I S. 3150) ist erstmals für Vorgänge nach dem 31. Dezember 2007 anzuwenden. ²§ 54 Abs. 4 in der Fassung des Artikels 2 des Gesetzes vom 7. Dezember 2006 (BGBl. I S. 2782) ist erstmals auf Verfügungen über Anteile an Kapitalgesellschaften anzuwenden, die nach dem 31. Dezember 2006 beurkundet werden.

(3d) § 56 in der Fassung des Artikels 10 des Gesetzes vom 29. Dezember 2003 (BGBl. I S. 3076) ist erstmals für den Veranlagungszeitraum 2004 anzuwenden.

(3e) § 60 Abs. 1 und 4 in der Fassung des Artikels 2 des Gesetzes vom 20. Dezember 2008 (BGBl. I S. 2850) ist erstmals für Wirtschaftsjahre (Gewinnermittlungszeiträume) anzuwenden, die nach dem 31. Dezember 2010 beginnen.

(3f) § 62d Abs. 2 Satz 2 in der Fassung des Artikels 2 des Gesetzes vom 22. Dezember 2003 (BGBl. I S. 2840) ist erstmals auf Verluste anzuwenden, die aus dem Veranlagungszeitraum 2004 in den Veranlagungszeitraum 2003 zurückgetragen werden.

(3g) ¹§ 65 Absatz 1 in der Fassung des Artikels 10 des Gesetzes vom 2. Juni 2021 (BGBl. I S. 1259) ist erstmals für den Veranlagungszeitraum 2021 anzuwenden. ²§ 65 Absatz 3a ist erstmals für den Veranlagungszeitraum anzuwenden, der auf den Veranlagungszeitraum folgt, in dem die für die Anwendung erforderlichen Programmierarbeiten für das elektronische Datenübermittlungsverfahren abgeschlossen sind. ³Das Bundesministerium der Finanzen gibt im Einvernehmen mit den obersten Finanzbehörden der Länder im Bundessteuerblatt Teil I den Veranlagungszeitraum bekannt, ab dem die Regelung des § 65 Absatz 3a erstmals anzuwenden ist. ⁴Mit der Anwendung von § 65 Absatz 3a ist § 65 Absatz 1 Nummer 1 und 2 Buchstabe a, Absatz 2 Satz 1 und 2 zweiter Halbsatz nicht weiter anzuwenden. ⁵Der Anwendungsbereich des § 65 Absatz 3 wird auf die Fälle des § 65 Absatz 1 Nummer 2 Buchstabe b beschränkt. ⁶Zu diesem Zeitpunkt noch gültige und dem Finanzamt vorliegende Feststellungen über eine Behinderung werden bis zum Ende ihrer Gültigkeit weiter berücksichtigt, es sei denn, die Feststellungen ändern sich vor Ablauf der Gültigkeit.

(3h) § 70 in der Fassung des Artikels 24 des Gesetzes vom 25. Juli 2014 (BGBl. I S. 1266) ist erstmals ab dem Veranlagungszeitraum 2014 anzuwenden.

(3i) [1]Die §§ 73a, 73c, 73d Abs. 1 sowie die §§ 73e und 73f Satz 1 in der Fassung des Artikels 2 des Gesetzes vom 19. Dezember 2008 (BGBl. I S. 2794) sind erstmals auf Vergütungen anzuwenden, die nach dem 31. Dezember 2008 zufließen. [2]Abweichend von Satz 1 ist § 73e Satz 4 und 5 in der Fassung des Artikels 2 des Gesetzes vom 19. Dezember 2008 (BGBl. I S. 2794) erstmals auf Vergütungen anzuwenden, die nach dem 31. Dezember 2009 zufließen. [3]§ 73e Satz 4 in der Fassung der Bekanntmachung vom 10. Mai 2000 (BGBl. I S. 717) ist letztmals auf Vergütungen anzuwenden, die vor dem 1. Januar 2010 zufließen. [4]§ 73d Absatz 1 Satz 3, § 73e Satz 1, 2 und 5 sowie § 73g Absatz 1 und 2 in der Fassung des Artikels 9 des Gesetzes vom 10. August 2009 (BGBl. I S. 2702) sind erstmals auf Vergütungen anzuwenden, die nach dem 31. Dezember 2013 zufließen. [5]§ 73e Satz 7 in der am 31. Juli 2014 geltenden Fassung ist erstmals auf Vergütungen anzuwenden, für die der Steuerabzug nach dem 31. Dezember 2014 angeordnet worden ist. [6]§ 73a Absatz 3 in der am 30. Dezember 2014 geltenden Fassung ist erstmals ab dem 1. Januar 2014 anzuwenden.

(3j) § 80 der Einkommensteuer-Durchführungsverordnung 1997 in der Fassung der Bekanntmachung vom 18. Juni 1997 (BGBl. I S. 1558) ist letztmals für das Wirtschaftsjahr anzuwenden, das vor dem 1. Januar 1999 endet.

(4) [1]§ 82a ist auf Tatbestände anzuwenden, die in dem in Artikel 3 des Einigungsvertrages genannten Gebiet nach dem 31. Dezember 1990 und vor dem 1. Januar 1992 verwirklicht worden sind. [2]Auf Tatbestände, die im Geltungsbereich dieser Verordnung ausschließlich des in Artikel 3 des Einigungsvertrages genannten Gebiets verwirklicht worden sind, ist

1. § 82a Abs. 1 und 2 bei Herstellungskosten für Einbauten von Anlagen und Einrichtungen im Sinne von dessen Absatz 1 Nr. 1 bis 5 anzuwenden, die nach dem 30. Juni 1985 und vor dem 1. Januar 1992 fertiggestellt worden sind,

2. § 82a Abs. 3 Satz 1 ab dem Veranlagungszeitraum 1987 bei Erhaltungsaufwand für Arbeiten anzuwenden, die vor dem 1. Januar 1992 abgeschlossen worden sind,

3. § 82a Abs. 3 Satz 2 ab dem Veranlagungszeitraum 1987 bei Aufwendungen für Einzelöfen anzuwenden, die vor dem 1. Januar 1992 angeschafft worden sind,

4. § 82a Abs. 3 Satz 1 in der Fassung der Bekanntmachung vom 24. Juli 1986 für Veranlagungszeiträume vor 1987 bei Erhaltungsaufwand für Arbeiten anzuwenden, die nach dem 30. Juni 1985 abgeschlossen worden sind,

5. § 82a Abs. 3 Satz 2 in der Fassung der Bekanntmachung vom 24. Juli 1986 für Veranlagungszeiträume vor 1987 bei Aufwendungen für Einzelöfen anzuwenden, die nach dem 30. Juni 1985 angeschafft worden sind,

6. § 82a bei Aufwendungen für vor dem 1. Juli 1985 fertiggestellte Anlagen und Einrichtungen in den vor diesem Zeitpunkt geltenden Fassungen weiter anzuwenden.

(4a) ¹§ 82b der Einkommensteuer-Durchführungsverordnung 1997 in der Fassung der Bekanntmachung vom 18. Juni 1997 (BGBl. I S. 1558) ist letztmals auf Erhaltungsaufwand anzuwenden, der vor dem 1. Januar 1999 entstanden ist. ²§ 82b in der Fassung des Artikels 10 des Gesetzes vom 29. Dezember 2003 (BGBl. I S. 3076) ist erstmals auf Erhaltungsaufwand anzuwenden, der nach dem 31. Dezember 2003 entstanden ist.

(4b) § 82d der Einkommensteuer-Durchführungsverordnung 1986 ist auf Wirtschaftsgüter sowie auf ausgebaute und neu hergestellte Gebäudeteile anzuwenden, die im Geltungsbereich dieser Verordnung ausschließlich des in Artikel 3 des Einigungsvertrages genannten Gebiets nach dem 18. Mai 1983 und vor dem 1. Januar 1990 hergestellt oder angeschafft worden sind.

(5) § 82f Abs. 5 und Abs. 7 Satz 1 der Einkommensteuer-Durchführungsverordnung 1979 in der Fassung der Bekanntmachung vom 24. September 1980 (BGBl. I S. 1801) ist letztmals für das Wirtschaftsjahr anzuwenden, das dem Wirtschaftsjahr vorangeht, für das § 15a des Gesetzes erstmals anzuwenden ist.

(6) ¹§ 82g ist auf Maßnahmen anzuwenden, die nach dem 30. Juni 1987 und vor dem 1. Januar 1991 in dem Geltungsbereich dieser Verordnung ausschließlich des in Artikel 3 des Einigungsvertrages genannten Gebiets abgeschlossen worden sind. ²Auf Maßnahmen, die vor dem 1. Juli 1987 in dem Geltungsbereich dieser Verordnung ausschließlich des in Artikel 3 des Einigungsvertrages genannten Gebiets abgeschlossen worden sind, ist § 82g in der vor diesem Zeitpunkt geltenden Fassung weiter anzuwenden.

(7) ¹§ 82h in der durch die Verordnung vom 19. Dezember 1988 (BGBl. I S. 2301) geänderten Fassung ist erstmals auf Maßnahmen, die nach dem 30. Juni 1987 in dem Geltungsbereich dieser Verordnung ausschließlich des in Artikel 3 des Einigungsvertrages genannten Gebiets abgeschlossen worden sind, und letztmals auf Erhaltungsaufwand, der vor dem 1. Januar 1990 in dem Geltungsbereich dieser Verordnung ausschließlich des in Artikel 3 des Einigungsvertrages genannten Gebiets entstanden ist, mit der Maßgabe anzuwenden, dass der noch nicht berücksichtigte Teil des Erhaltungsaufwands in dem Jahr, in dem das Gebäude letztmals zur Einkunftserzielung genutzt wird, als Betriebsausgaben oder Werbungskosten abzusetzen ist. ²Auf Maßnahmen, die vor dem 1. Juli 1987 in dem Geltungsbereich dieser Verordnung ausschließlich des in Artikel 3 des Einigungsvertrages genannten Gebiets abgeschlossen worden sind, ist § 82h in der vor diesem Zeitpunkt geltenden Fassung weiter anzuwenden.

(8) § 82i ist auf Herstellungskosten für Baumaßnahmen anzuwenden, die nach dem 31. Dezember 1977 und vor dem 1. Januar 1991 in dem Geltungsbereich dieser Verordnung ausschließlich des in Artikel 3 des Einigungsvertrages genannten Gebiets abgeschlossen worden sind.

(9) § 82k der Einkommensteuer-Durchführungsverordnung 1986 ist auf Erhaltungsaufwand, der vor dem 1. Januar 1990 in dem Geltungsbereich dieser Verordnung ausschließlich des in Artikel 3 des Einigungsvertrages genannten Gebiets entstanden ist, mit der Maßgabe anzuwenden, dass der noch nicht berücksichtigte Teil des Erhaltungsaufwands in dem Jahr, in dem das Gebäude letztmals zur Einkunftserzielung genutzt wird, als Betriebsausgaben oder Werbungskosten abzusetzen ist.

(10) [1]In Anlage 3 (zu § 80 Abs. 1) ist die Nummer 26 erstmals für das Wirtschaftsjahr anzuwenden, das nach dem 31. Dezember 1990 beginnt. [2]Für Wirtschaftsjahre, die vor dem 1. Januar 1991 beginnen, ist die Nummer 26 in Anlage 3 in der vor diesem Zeitpunkt geltenden Fassung anzuwenden.

(11) § 56 Satz 1 Nummer 1, die §§ 61 und 62d in der Fassung des Artikels 2 des Gesetzes vom 1. November 2011 (BGBl. I S. 2131) sind erstmals für den Veranlagungszeitraum 2013 anzuwenden.

EStDV

§ 85
(gegenstandslos)

§§ 52a bis 54
(weggefallen)

§ 55

Schlussvorschriften

(Sondervorschriften für die Gewinnermittlung nach § 4 oder nach Durchschnittssätzen bei vor dem 1. Juli 1970 angeschafftem Grund und Boden)

(1) ¹Bei Steuerpflichtigen, deren Gewinn für das Wirtschaftsjahr, in das der 30. Juni 1970 fällt, nicht nach § 5 zu ermitteln ist, gilt bei Grund und Boden, der mit Ablauf des 30. Juni 1970 zu ihrem Anlagevermögen gehört hat, als Anschaffungs- oder Herstellungskosten (§ 4 Absatz 3 Satz 4 und § 6 Absatz 1 Nummer 2 Satz 1) das Zweifache des nach den Absätzen 2 bis 4 zu ermittelnden Ausgangsbetrags. ²Zum Grund und Boden im Sinne des Satzes 1 gehören nicht die mit ihm in Zusammenhang stehenden Wirtschaftsgüter und Nutzungsbefugnisse.

(2) ¹Bei der Ermittlung des Ausgangsbetrags des zum land- und forstwirtschaftlichen Vermögen (§ 33 Absatz 1 Satz 1 des Bewertungsgesetzes in der Fassung der Bekanntmachung vom 10. Dezember 1965 – BGBl. I S. 1861 –, zuletzt geändert durch das Bewertungsänderungsgesetz 1971 vom 27. Juli 1971 – BGBl. I S. 1157) gehörenden Grund und Bodens ist seine Zuordnung zu den Nutzungen und Wirtschaftsgütern (§ 34 Absatz 2 des Bewertungsgesetzes) am 1. Juli 1970 maßgebend; dabei sind die Hof- und Gebäudeflächen sowie die Hausgärten im Sinne des § 40 Absatz 3 des Bewertungsgesetzes nicht in die einzelne Nutzung einzubeziehen. ²Es sind anzusetzen:

1. bei Flächen, die nach dem Bodenschätzungsgesetz vom 20. Dezember 2007 (BGBl. I S. 3150, 3176) in der jeweils geltenden Fassung zu schätzen sind, für jedes katastermäßig abgegrenzte Flurstück der Betrag in Deutsche Mark, der sich ergibt, wenn die für das Flurstück am 1. Juli 1970 im amtlichen Verzeichnis nach § 2 Absatz 2 der Grundbuchordnung (Liegenschaftskataster) ausgewiesene Ertragsmesszahl vervierfacht wird. ²Abweichend von Satz 1 sind für Flächen der Nutzungsteile

   a) Hopfen, Spargel, Gemüsebau und Obstbau

   2,05 Euro je Quadratmeter,

   b) Blumen- und Zierpflanzenbau sowie Baumschulen

   2,56 Euro je Quadratmeter

   anzusetzen, wenn der Steuerpflichtige dem Finanzamt gegenüber bis zum 30. Juni 1972 eine Erklärung über die Größe, Lage und Nutzung der betreffenden Flächen abgibt,

2. für Flächen der forstwirtschaftlichen Nutzung

   je Quadratmeter   0,51 Euro,

3. für Flächen der weinbaulichen Nutzung der Betrag, der sich unter Berücksichtigung der maßgebenden Lagenvergleichszahl (Vergleichszahl der einzelnen Weinbaulage, § 39 Absatz 1 Satz 3 und

§ 57 Bewertungsgesetz), die für ausbauende Betriebsweise mit Fassweinerzeugung anzusetzen ist, aus der nachstehenden Tabelle ergibt:

Lagenvergleichszahl	Ausgangsbetrag je Quadratmeter in Euro
bis 20	1,28
21 bis 30	1,79
31 bis 40	2,56
41 bis 50	3,58
51 bis 60	4,09
61 bis 70	4,60
71 bis 100	5,11
über 100	6,39

4. für Flächen der sonstigen land- und forstwirtschaftlichen Nutzung, auf die Nummer 1 keine Anwendung findet,
je Quadratmeter 0,51 Euro,
5. für Hofflächen, Gebäudeflächen und Hausgärten im Sinne des § 40 Absatz 3 des Bewertungsgesetzes
je Quadratmeter 2,56 Euro,
6. für Flächen des Geringstlandes
je Quadratmeter 0,13 Euro,
7. für Flächen des Abbaulandes
je Quadratmeter 0,26 Euro,
8. für Flächen des Unlandes
je Quadratmeter 0,05 Euro.

(3) [1]Lag am 1. Juli 1970 kein Liegenschaftskataster vor, in dem Ertragsmesszahlen ausgewiesen sind, so ist der Ausgangsbetrag in sinngemäßer Anwendung des Absatzes 2 Nummer 1 Satz 1 auf der Grundlage der durchschnittlichen Ertragsmesszahl der landwirtschaftlichen Nutzung eines Betriebs zu ermitteln, die die Grundlage für die Hauptfeststellung des Einheitswerts auf den 1. Januar 1964 bildet. [2]Absatz 2 Satz 2 Nummer 1 Satz 2 bleibt unberührt.

(4) Bei nicht zum land- und forstwirtschaftlichen Vermögen gehörendem Grund und Boden ist als Ausgangsbetrag anzusetzen:
1. Für unbebaute Grundstücke der auf den 1. Januar 1964 festgestellte Einheitswert. [2]Wird auf den 1. Januar 1964 kein Einheitswert festgestellt oder hat sich der Bestand des Grundstücks nach dem 1. Januar 1964 und vor dem 1. Juli 1970 verändert, so ist der Wert maßgebend, der sich ergeben würde, wenn das Grundstück nach seinem Bestand vom 1. Juli 1970 und nach den Wertverhältnissen vom 1. Januar 1964 zu bewerten wäre;

2. für bebaute Grundstücke der Wert, der sich nach Nummer 1 ergeben würde, wenn das Grundstück unbebaut wäre.

(5) [1]Weist der Steuerpflichtige nach, dass der Teilwert für Grund und Boden im Sinne des Absatzes 1 am 1. Juli 1970 höher ist als das Zweifache des Ausgangsbetrags, so ist auf Antrag des Steuerpflichtigen der Teilwert als Anschaffungs- oder Herstellungskosten anzusetzen. [2]Der Antrag ist bis zum 31. Dezember 1975 bei dem Finanzamt zu stellen, das für die Ermittlung des Gewinns aus dem Betrieb zuständig ist. [3]Der Teilwert ist gesondert festzustellen. [4]Vor dem 1. Januar 1974 braucht diese Feststellung nur zu erfolgen, wenn ein berechtigtes Interesse des Steuerpflichtigen gegeben ist. [5]Die Vorschriften der Abgabenordnung und der Finanzgerichtsordnung über die gesonderte Feststellung von Besteuerungsgrundlagen gelten entsprechend.

(6) [1]Verluste, die bei der Veräußerung oder Entnahme von Grund und Boden im Sinne des Absatzes 1 entstehen, dürfen bei der Ermittlung des Gewinns in Höhe des Betrags nicht berücksichtigt werden, um den der ausschließlich auf den Grund und Boden entfallende Veräußerungspreis oder der an dessen Stelle tretende Wert nach Abzug der Veräußerungskosten unter dem Zweifachen des Ausgangsbetrags liegt. [2]Entsprechendes gilt bei Anwendung des § 6 Absatz 1 Nummer 2 Satz 2.

(7) Grund und Boden, der nach § 4 Absatz 1 Satz 5 des Einkommensteuergesetzes 1969 nicht anzusetzen war, ist wie eine Einlage zu behandeln; er ist dabei mit dem nach Absatz 1 oder Absatz 5 maßgebenden Wert anzusetzen.

Bodengewinnbesteuerung

R 55.

Zu den Wirtschaftsgütern und Nutzungsbefugnissen nach § 55 Abs. 1 Satz 2 EStG gehören insbesondere Milchlieferrechte, Zuckerrübenlieferrechte, Weinanbaurechte, Bodenschätze und Eigenjagdrechte.

Hinweise

H 55

Abschreibung auf den niedrigeren Teilwert

– Eine Abschreibung auf den niedrigeren Teilwert ist bei Grund und Boden, der mit dem Zweifachen des Ausgangsbetrags als Einlage anzusetzen war, auch dann ausgeschlossen, wenn für die Minderung des Werts des Grund und Bodens eine Entschädigung gezahlt und diese als Betriebseinnahme erfasst wird (>BFH vom 10.08.1978 – BStBl II 1979 S. 103).

– Ein außer Betracht bleibender Veräußerungs- oder Entnahmeverlust kann nicht im Wege der Teilwertabschreibung vorweggenommen werden (>BFH vom 16.10.1997 – BStBl II 1998 S. 185).

§ 55 EStG
H 55

Ackerprämienberechtigung (Ackerquote)
Ein immaterielles Wirtschaftsgut Ackerquote entsteht erst, wenn es in den Verkehr gebracht wurde (>BFH vom 30.09.2010 – BStBl II 2011 S. 406).

Ausschlussfrist
Versäumt ein Land- und Forstwirt es, rechtzeitig vor Ablauf der Ausschlussfrist die Feststellung des höheren Teilwerts nach § 55 Abs. 5 zu beantragen, und ist auch die Wiedereinsetzung in den vorigen Stand wegen Ablaufs der Jahresfrist nicht mehr möglich, kann er aus Billigkeitsgründen nicht so gestellt werden, als hätte das Finanzamt den höheren Teilwert festgestellt (>BFH vom 26.05.1994 – BStBl II S. 833).

Bodengewinnbesteuerung
Zu Fragen der Bodengewinnbesteuerung >BMWF vom 29.02.1972 (BStBl I S. 102), Tz. 1 bis 6 und 9 bis 13

Verlustausschlussklausel
– Verlustausschlussklausel des § 55 Abs. 6 zwingt bei Hinzuerwerb eines Miteigentumsanteils dazu, für den neu erworbenen Anteil als Buchwert die Anschaffungskosten getrennt von dem schon bisher diesem Miteigentümer gehörenden Anteil anzusetzen; gilt entsprechend bei Gesamthandseigentum. Bei einer **späteren Veräußerung** dieser Grundstücksflächen ist der **Veräußerungsgewinn** für beide Buchwerte gesondert zu ermitteln (>BFH vom 08.08.1985 – BStBl II 1986 S. 6).

– Für die Anwendung des § 55 Abs. 6 ist unerheblich, auf welchen Umständen der Veräußerungsverlust oder Entnahmeverlust oder die Teilwertabschreibung des Grund und Bodens beruhen. Demgemäß sind vom Abzugsverbot auch Wertminderungen betroffen, die nicht auf eine Veränderung der Preisverhältnisse, sondern auf tatsächliche Veränderungen am Grundstück zurückgehen. Überlässt ein Landwirt einem Dritten das Recht, ein Sandvorkommen – das in einem bisher landwirtschaftlich genutzten und weiterhin zum Betriebsvermögen rechnenden Grundstück vorhanden ist – abzubauen, so vollzieht sich die Nutzung des Sandvorkommens im Privatbereich und der Landwirt erzielt hieraus Einkünfte aus Vermietung und Verpachtung. Die von den Einnahmen aus dem Sandvorkommen abzuziehenden Werbungskosten können auch das Betriebsvermögen des Landwirts betreffen. Die dadurch bewirkte Vermögensminderung kann jedoch, weil nicht betrieblich veranlasst, den betrieblichen Gewinn nicht mindern. Ihr ist deswegen eine gewinnerhöhende Entnahme gegenüberzustellen. Die Höhe der Entnahme legt insoweit den Umfang der Werbungskosten bei den Einkünften aus Vermietung und Verpachtung fest (>BFH vom 16.10.1997 – BStBl II 1998 S. 185).

§ 56
Sondervorschriften für Steuerpflichtige in dem in Artikel 3 des Einigungsvertrages genannten Gebiet

Bei Steuerpflichtigen, die am 31. Dezember 1990 einen Wohnsitz oder ihren gewöhnlichen Aufenthalt in dem in Artikel 3 des Einigungsvertrages genannten Gebiet und im Jahre 1990 keinen Wohnsitz oder gewöhnlichen Aufenthalt im bisherigen Geltungsbereich dieses Gesetzes hatten, gilt Folgendes:

§ 7 Absatz 5 ist auf Gebäude anzuwenden, die in dem Artikel 3 des Einigungsvertrages genannten Gebiet nach dem 31. Dezember 1990 angeschafft oder hergestellt worden sind.

§ 57
Besondere Anwendungsregeln aus Anlass der Herstellung der Einheit Deutschlands

(1) Die §§ 7c, 7f, 7g, 7k und 10e dieses Gesetzes, die §§ 76, 78, 82a und 82f der Einkommensteuer-Durchführungsverordnung sowie die §§ 7 und 12 Absatz 3 des Schutzbaugesetzes sind auf Tatbestände anzuwenden, die in dem in Artikel 3 des Einigungsvertrages genannten Gebiet nach dem 31. Dezember 1990 verwirklicht worden sind.

(2) Die §§ 7b und 7d dieses Gesetzes sowie die §§ 81, 82d, 82g und 82i der Einkommensteuer-Durchführungsverordnung sind nicht auf Tatbestände anzuwenden, die in dem in Artikel 3 des Einigungsvertrages genannten Gebiet verwirklicht worden sind.

(3) Bei der Anwendung des § 7g Absatz 2 Nummer 1 und des § 14a Absatz 1 ist in dem in Artikel 3 des Einigungsvertrages genannten Gebiet anstatt vom maßgebenden Einheitswert des Betriebs der Land- und Forstwirtschaft und den darin ausgewiesenen Werten vom Ersatzwirtschaftswert nach § 125 des Bewertungsgesetzes auszugehen.

(4) [1] § 10d Absatz 1 ist mit der Maßgabe anzuwenden, dass der Sonderausgabenabzug erstmals von dem für die zweite Hälfte des Veranlagungszeitraums 1990 ermittelten Gesamtbetrag der Einkünfte vorzunehmen ist. [2] § 10d Absatz 2 und 3 ist auch für Verluste anzuwenden, die in dem in Artikel 3 des Einigungsvertrages genannten Gebiet im Veranlagungszeitraum 1990 entstanden sind.

(5) § 22 Nummer 4 ist auf vergleichbare Bezüge anzuwenden, die auf Grund des Gesetzes über Rechtsverhältnisse der Abgeordneten der Volkskammer der Deutschen Demokratischen Republik vom 31. Mai 1990 (GBl. I Nr. 30 S. 274) gezahlt worden sind.

(6) § 34f Absatz 3 Satz 3 ist erstmals auf die in dem in Artikel 3 des Einigungsvertrags genannten Gebiet für die zweite Hälfte des Veranlagungszeitraums 1990 festgesetzte Einkommensteuer anzuwenden.

§ 58

Weitere Anwendung von Rechtsvorschriften, die vor Herstellung der Einheit Deutschlands in dem in Artikel 3 des Einigungsvertrages genannten Gebiet gegolten haben

(1) Die Vorschriften über Sonderabschreibungen nach § 3 Absatz 1 des Steueränderungsgesetzes vom 6. März 1990 (GBl. I Nr. 17 S. 136) in Verbindung mit § 7 der Durchführungsbestimmung zum Gesetz zur Änderung der Rechtsvorschriften über die Einkommen-, Körperschaft- und Vermögensteuer – Steueränderungsgesetz – vom 16. März 1990 (GBl. I Nr. 21 S. 195) sind auf Wirtschaftsgüter weiter anzuwenden, die nach dem 31. Dezember 1989 und vor dem 1. Januar 1991 in dem in Artikel 3 des Einigungsvertrages genannten Gebiet angeschafft oder hergestellt worden sind.

(2) [1]Rücklagen nach § 3 Absatz 2 des Steueränderungsgesetzes vom 6. März 1990 (GBl. I Nr. 17 S. 136) in Verbindung mit § 8 der Durchführungsbestimmung zum Gesetz zur Änderung der Rechtsvorschriften über die Einkommen-, Körperschaft- und Vermögensteuer – Steueränderungsgesetz – vom 16. März 1990 (GBl. I Nr. 21 S. 195) dürfen, soweit sie zum 31. Dezember 1990 zulässigerweise gebildet worden sind, auch nach diesem Zeitpunkt fortgeführt werden. [2]Sie sind spätestens im Veranlagungszeitraum 1995 gewinn- oder sonst einkünfteerhöhend aufzulösen. [3]Sind vor dieser Auflösung begünstigte Wirtschaftsgüter angeschafft oder hergestellt worden, sind die in Rücklage eingestellten Beträge von den Anschaffungs- oder Herstellungskosten abzuziehen; die Rücklage ist in Höhe des abgezogenen Betrags im Veranlagungszeitraum der Anschaffung oder Herstellung gewinn- oder sonst einkünfteerhöhend aufzulösen.

(3) Die Vorschrift über den Steuerabzugsbetrag nach § 9 Absatz 1 der Durchführungsbestimmung zum Gesetz zur Änderung der Rechtsvorschriften über die Einkommen-, Körperschaft- und Vermögensteuer – Steueränderungsgesetz – vom 16. März 1990 (GBl. I Nr. 21 S. 195) ist für Steuerpflichtige weiter anzuwenden, die vor dem 1. Januar 1991 in dem in Artikel 3 des Einigungsvertrages genannten Gebiet eine Betriebsstätte begründet haben, wenn sie von dem Tag der Begründung der Betriebsstätte an zwei Jahre lang die Tätigkeit ausüben, die Gegenstand der Betriebsstätte ist.

§§ 59 bis 61
(weggefallen)

§ 62 EStG

X. Kindergeld
§ 62
Anspruchsberechtigte

S 2470

(1) ¹Für Kinder im Sinne des § 63 hat Anspruch auf Kindergeld nach diesem Gesetz, wer
1. im Inland einen Wohnsitz oder seinen gewöhnlichen Aufenthalt hat oder
2. ohne Wohnsitz oder gewöhnlichen Aufenthalt im Inland
   a) nach § 1 Absatz 2 unbeschränkt einkommensteuerpflichtig ist oder
   b) nach § 1 Absatz 3 als unbeschränkt einkommensteuerpflichtig behandelt wird.

²Voraussetzung für den Anspruch nach Satz 1 ist, dass der Berechtigte durch die an ihn vergebene Identifikationsnummer (§ 139b der Abgabenordnung) identifiziert wird. ³Die nachträgliche Vergabe der Identifikationsnummer wirkt auf Monate zurück, in denen die Voraussetzungen des Satzes 1 vorliegen.

(1a) ¹Begründet ein Staatsangehöriger eines anderen Mitgliedstaates der Europäischen Union oder eines Staates, auf den das Abkommen über den Europäischen Wirtschaftsraum Anwendung findet, im Inland einen Wohnsitz oder gewöhnlichen Aufenthalt, so hat er für die ersten drei Monate ab Begründung des Wohnsitzes oder des gewöhnlichen Aufenthalts keinen Anspruch auf Kindergeld. ²Dies gilt nicht, wenn er nachweist, dass er inländische Einkünfte im Sinne des § 2 Absatz 1 Satz 1 Nummer 1 bis 4 mit Ausnahme von Einkünften nach § 19 Absatz 1 Satz 1 Nummer 2 erzielt. ³Nach Ablauf des in Satz 1 genannten Zeitraums hat er Anspruch auf Kindergeld, es sei denn, die Voraussetzungen des § 2 Absatz 2 oder Absatz 3 des Freizügigkeitsgesetzes/EU liegen nicht vor oder es sind nur die Voraussetzungen des § 2 Absatz 2 Nummer 1a des Freizügigkeitsgesetzes/EU erfüllt, ohne dass vorher eine andere der in § 2 Absatz 2 des Freizügigkeitsgesetzes/EU genannten Voraussetzungen erfüllt war. ⁴Die Prüfung, ob die Voraussetzungen für einen Anspruch auf Kindergeld gemäß Satz 2 vorliegen oder gemäß Satz 3 nicht gegeben sind, führt die Familienkasse in eigener Zuständigkeit durch. ⁵Lehnt die Familienkasse eine Kindergeldfestsetzung in diesem Fall ab, hat sie ihre Entscheidung der zuständigen Ausländerbehörde mitzuteilen. ⁶Wurde das Vorliegen der Anspruchsvoraussetzungen durch die Verwendung gefälschter oder verfälschter Dokumente oder durch Vorspiegelung falscher Tatsachen vorgetäuscht, hat die Familienkasse die zuständige Ausländerbehörde unverzüglich zu unterrichten.

(2) Ein nicht freizügigkeitsberechtigter Ausländer erhält Kindergeld nur, wenn er
1. eine Niederlassungserlaubnis oder eine Erlaubnis zum Daueraufenthalt-EU besitzt,
2. eine Blaue Karte EU, eine ICT-Karte, eine Mobiler-ICT-Karte oder eine Aufenthaltserlaubnis besitzt, die für einen Zeitraum von mindestens sechs Monaten zur Ausübung einer Erwerbstätigkeit berechtigen oder berechtigt haben oder diese erlauben, es sei denn, die Aufenthaltserlaubnis wurde
   a) nach § 16e des Aufenthaltsgesetzes zu Ausbildungszwecken, nach § 19c Absatz 1 des Aufenthaltsgesetzes zum Zweck der Beschäftigung als Au-Pair oder zum Zweck der Saisonbeschäftigung, nach § 19e des Aufenthaltsgesetzes zum Zweck der Teilnahme an einem Europäischen Freiwilligendienst oder nach § 20 Absatz 1 und 2 des Aufenthaltsgesetzes zur Arbeitsplatzsuche erteilt,
   b) nach § 16b des Aufenthaltsgesetzes zum Zweck eines Studiums, nach § 16d des Aufenthaltsgesetzes für Maßnahmen zur Anerkennung ausländischer Berufsqualifikationen oder nach § 20 Absatz 3 des Aufenthaltsgesetzes zur Arbeitsplatzsuche erteilt und er ist weder erwerbstätig noch nimmt er Elternzeit nach § 15 des Bundeselterngeld- und Elternzeitgesetzes oder laufende Geldleistungen nach dem Dritten Buch Sozialgesetzbuch in Anspruch,
   c)[1] nach § 23 Absatz 1 des Aufenthaltsgesetzes wegen eines Krieges in seinem Heimatland oder nach den *§ 23a* oder § 25 Absatz 3 bis 5 des Aufenthaltsgesetzes erteilt,
3. eine in Nummer 2 Buchstabe c genannte Aufenthaltserlaubnis besitzt und im Bundesgebiet berechtigt erwerbstätig ist oder Elternzeit nach § 15 des Bundeselterngeld- und Elternzeitgesetzes oder laufende Geldleistungen nach dem Dritten Buch Sozialgesetzbuch in Anspruch nimmt,
4. eine in Nummer 2 Buchstabe c genannte Aufenthaltserlaubnis besitzt und sich seit mindestens 15 Monaten erlaubt, gestattet oder geduldet im Bundesgebiet aufhält oder
5. eine Beschäftigungsduldung gemäß § 60d in Verbindung mit § 60a Absatz 2 Satz 3 des Aufenthaltsgesetzes besitzt.

Hinweise

Anspruchsberechtigung
>A 1-6 DA-KG *2022*

---

[1] *Absatz 2 Nr. 2 Buchst. c ist für Kindergeldfestsetzungen anzuwenden, die Zeiträume betreffen, die nach dem 31.05.2022 beginnen >§ 52 Abs. 49a Satz 3.*

§ 63
Kinder

(1) [1]Als Kinder werden berücksichtigt
1. Kinder im Sinne des § 32 Absatz 1,
2. vom Berechtigten in seinen Haushalt aufgenommene Kinder seines Ehegatten,
3. vom Berechtigten in seinen Haushalt aufgenommene Enkel.

[2]§ 32 Absatz 3 bis 5 gilt entsprechend. [3]Voraussetzung für die Berücksichtigung ist die Identifizierung des Kindes durch die an dieses Kind vergebene Identifikationsnummer (§ 139b der Abgabenordnung). [4]Ist das Kind nicht nach einem Steuergesetz steuerpflichtig (§ 139a Absatz 2 der Abgabenordnung), ist es in anderer geeigneter Weise zu identifizieren. [5]Die nachträgliche Identifizierung oder nachträgliche Vergabe der Identifikationsnummer wirkt auf Monate zurück, in denen die Voraussetzungen der Sätze 1 bis 4 vorliegen. [6]Kinder, die weder einen Wohnsitz noch ihren gewöhnlichen Aufenthalt im Inland, in einem Mitgliedstaat der Europäischen Union oder in einem Staat, auf den das Abkommen über den Europäischen Wirtschaftsraum Anwendung findet, haben, werden nicht berücksichtigt, es sei denn, sie leben im Haushalt eines Berechtigten im Sinne des § 62 Absatz 1 Satz 1 Nummer 2 Buchstabe a. [7]Kinder im Sinne von § 2 Absatz 4 Satz 2 des Bundeskindergeldgesetzes werden nicht berücksichtigt.

(2) Die Bundesregierung wird ermächtigt, durch Rechtsverordnung, die nicht der Zustimmung des Bundesrates bedarf, zu bestimmen, dass einem Berechtigten, der im Inland erwerbstätig ist oder sonst seine hauptsächlichen Einkünfte erzielt, für seine in Absatz 1 Satz 3 erster Halbsatz bezeichneten Kinder Kindergeld ganz oder teilweise zu leisten ist, soweit dies mit Rücksicht auf die durchschnittlichen Lebenshaltungskosten für Kinder in deren Wohnsitzstaat und auf die dort gewährten dem Kindergeld vergleichbaren Leistungen geboten ist.

Hinweise

Berücksichtigung von Kindern
— >R 32.1-32.11
— >A 7-23 DA-KG *2022*

Territoriale Voraussetzungen
— >A 23.1 DA-KG *2022*
— Die territorialen Voraussetzungen gelten nicht, wenn die Voraussetzungen nach einem zwischenstaatlichen Abkommen über die Soziale Sicherheit >H 31 (Über- und zwischenstaatliche Rechtsvorschriften) erfüllt sind >A 23.2 Abs. 2 DA-KG *2022*

§ 64
Zusammentreffen mehrerer Ansprüche

(1) Für jedes Kind wird nur einem Berechtigten Kindergeld gezahlt.

(2) ¹Bei mehreren Berechtigten wird das Kindergeld demjenigen gezahlt, der das Kind in seinen Haushalt aufgenommen hat. ²Ist ein Kind in den gemeinsamen Haushalt von Eltern, einem Elternteil und dessen Ehegatten, Pflegeeltern oder Großeltern aufgenommen worden, so bestimmen diese untereinander den Berechtigten. ³Wird eine Bestimmung nicht getroffen, so bestimmt das Familiengericht auf Antrag den Berechtigten. ⁴Den Antrag kann stellen, wer ein berechtigtes Interesse an der Zahlung des Kindergeldes hat. ⁵Lebt ein Kind im gemeinsamen Haushalt von Eltern und Großeltern, so wird das Kindergeld vorrangig einem Elternteil gezahlt; es wird an einen Großelternteil gezahlt, wenn der Elternteil gegenüber der zuständigen Stelle auf seinen Vorrang schriftlich verzichtet hat.

(3) ¹Ist das Kind nicht in den Haushalt eines Berechtigten aufgenommen, so erhält das Kindergeld derjenige, der dem Kind eine Unterhaltsrente zahlt. ²Zahlen mehrere Berechtigte dem Kind Unterhaltsrenten, so erhält das Kindergeld derjenige, der dem Kind die höchste Unterhaltsrente zahlt. ³Werden gleich hohe Unterhaltsrenten gezahlt oder zahlt keiner der Berechtigten dem Kind Unterhalt, so bestimmen die Berechtigten untereinander, wer das Kindergeld erhalten soll. ⁴Wird eine Bestimmung nicht getroffen, so gilt Absatz 2 Satz 3 und 4 entsprechend.

Hinweise

Haushaltsaufnahme
>A 9 und A 25.2 DA-KG *2022*

Zusammentreffen mehrerer Ansprüche
>A 24-27 DA-KG *2022*

§ 65
Andere Leistungen für Kinder

¹Kindergeld wird nicht für ein Kind gezahlt, für das eine der folgenden Leistungen zu zahlen ist oder bei entsprechender Antragstellung zu zahlen wäre:

1. *Leistungen für Kinder, die im Ausland gewährt werden und dem Kindergeld oder der Kinderzulage aus der gesetzlichen Unfallversicherung nach § 217 Absatz 3 des Siebten Buches Sozialgesetzbuch in der bis zum 30. Juni 2020 geltenden Fassung oder dem Kinderzuschuss aus der gesetzlichen Rentenversicherung nach § 270 des Sechsten Buches Sozialgesetzbuch in der bis zum 16. November 2016 geltenden Fassung vergleichbar sind,*
2. *Leistungen für Kinder, die von einer zwischen- oder überstaatlichen Einrichtung gewährt werden und dem Kindergeld vergleichbar sind.*

²Soweit es für die Anwendung von Vorschriften dieses Gesetzes auf den Erhalt von Kindergeld ankommt, stehen die Leistungen nach Satz 1 dem Kindergeld gleich. ³Steht ein Berechtigter in einem Versicherungspflichtverhältnis zur Bundesagentur für Arbeit nach § 24 des Dritten Buches Sozialgesetzbuch oder ist er versicherungsfrei nach § 28 Absatz 1 Nummer 1 des Dritten Buches Sozialgesetzbuch oder steht er im Inland in einem öffentlich-rechtlichen Dienst- oder Amtsverhältnis, so wird sein Anspruch auf Kindergeld für ein Kind nicht nach *Satz 1 Nummer 2* mit Rücksicht darauf ausgeschlossen, dass sein Ehegatte als Beamter, Ruhestandsbeamter oder sonstiger Bediensteter der Europäischen Union für das Kind Anspruch auf Kinderzulage hat.

Hinweise

Leistungen, die den Kindergeldanspruch ausschließen
>A 28 DA-KG *2022*

Kindergeld in Höhe eines Unterschiedsbetrags
>A 29 DA-KG *2022*

Vergleichbare ausländische Leistungen
>BZSt vom 16.01.2017 (BStBl I S. 151)

§ 66

Höhe des Kindergeldes, Zahlungszeitraum

(1) ¹Das Kindergeld beträgt monatlich für das erste und zweite Kind jeweils 219 Euro, für das dritte Kind 225 Euro und für das vierte und jedes weitere Kind jeweils 250 Euro. ²Darüber hinaus wird für jedes Kind, für das für den Monat *Juli 2022* ein Anspruch auf Kindergeld besteht, für den Monat *Juli 2022* ein Einmalbetrag in Höhe von *100 Euro* gezahlt. ³Ein Anspruch in Höhe des Einmalbetrags von *100 Euro* für das *Kalenderjahr 2022* besteht auch für ein Kind, für das nicht für den *Juli 2022*, jedoch für mindestens einen anderen Kalendermonat im *Kalenderjahr 2022* ein Anspruch auf Kindergeld besteht. ⁴Der Einmalbetrag nach den Sätzen 2 und 3 wird als Kindergeld im Rahmen der Vergleichsberechnung nach § 31 Satz 4 berücksichtigt.

(2) Das Kindergeld wird monatlich vom Beginn des Monats an gezahlt, in dem die Anspruchsvoraussetzungen erfüllt sind, bis zum Ende des Monats, in dem die Anspruchsvoraussetzungen wegfallen.

Hinweise

Anspruchszeitraum
>A 31 DA-KG *2022*

Festsetzungsverjährung
>V 12 DA-KG *2022*

Höhe des Kindergeldes
>A 30 DA-KG *2022*

Kinderbonus
>BZSt vom **27.05.2022** (BStBl I S. **894**)

Zählkinder

Beispiel:
Ein Berechtigter hat aus einer früheren Beziehung zwei Kinder, für die die Mutter das Kindergeld erhält. Diese Kinder werden bei dem Berechtigten, der aus seiner jetzigen Beziehung zwei weitere Kinder hat, als Zählkinder berücksichtigt. Somit erhält er für sein zweitjüngstes (also sein drittes) Kind 225 € Kindergeld und für sein jüngstes (also sein viertes) Kind 250 € Kindergeld.

---

¹) Absatz 1 ist für Kindergeldfestsetzungen anzuwenden, die Zeiträume betreffen, die nach dem 31.12.2020 beginnen >§ 52 Abs. 49a Satz **14**.

§ 67
Antrag

¹Das Kindergeld ist bei der zuständigen Familienkasse schriftlich zu beantragen; eine elektronische Antragstellung nach amtlich vorgeschriebenem Datensatz über die amtlich vorgeschriebene Schnittstelle ist zulässig, soweit der Zugang eröffnet wurde. ²Den Antrag kann außer dem Berechtigten auch stellen, wer ein berechtigtes Interesse an der Leistung des Kindergeldes hat. ³In Fällen des Satzes 2 ist § 62 Absatz 1 Satz 2 bis 3 anzuwenden. ⁴Der Berechtigte ist zu diesem Zweck verpflichtet, demjenigen, der ein berechtigtes Interesse an der Leistung des Kindergeldes hat, seine an ihn vergebene Identifikationsnummer (§ 139b der Abgabenordnung) mitzuteilen. ⁵Kommt der Berechtigte dieser Verpflichtung nicht nach, teilt die zuständige Familienkasse demjenigen, der ein berechtigtes Interesse an der Leistung des Kindergeldes hat, auf seine Anfrage die Identifikationsnummer des Berechtigten mit.

Hinweise

Antrag bei volljährigen Kindern
>V 5.4 DA-KG *2022*

Antragstellung
>V 5 DA-KG *2022*

Auskunfts- und Beratungspflicht der Familienkassen
>V 8 DA-KG *2022*

Mitwirkungspflichten
– >§ 68
– >V 7 DA-KG *2022*

Zuständigkeit
Dem BZSt obliegt die Durchführung des Familienleistungsausgleichs nach Maßgabe der §§ 31, 62 bis 78. Die Bundesagentur für Arbeit stellt dem BZSt zur Durchführung dieser Aufgaben ihre Dienststellen als Familienkassen zur Verfügung; die Fachaufsicht obliegt dem BZSt (§ 5 Abs. 1 Satz 1 Nr. 11 FVG).

§ 68

Besondere Mitwirkungspflichten und Offenbarungsbefugnis

(1) ¹Wer Kindergeld beantragt oder erhält, hat Änderungen in den Verhältnissen, die für die Leistung erheblich sind oder über die im Zusammenhang mit der Leistung Erklärungen abgegeben worden sind, unverzüglich der zuständigen Familienkasse mitzuteilen. ²Ein Kind, das das 18. Lebensjahr vollendet hat, ist auf Verlangen der Familienkasse verpflichtet, an der Aufklärung des für die Kindergeldzahlung maßgebenden Sachverhalts mitzuwirken; § 101 der Abgabenordnung findet insoweit keine Anwendung.

(2) (weggefallen)

(3) Auf Antrag des Berechtigten erteilt die das Kindergeld auszahlende Stelle eine Bescheinigung über das für das Kalenderjahr ausgezahlte Kindergeld.

(4) ¹Die Familienkassen dürfen den Stellen, die die Bezüge im öffentlichen Dienst anweisen, den für die jeweilige Kindergeldzahlung maßgebenden Sachverhalt durch automatisierte Abrufverfahren bereitstellen oder Auskunft über diesen Sachverhalt erteilen. ²Das Bundesministerium der Finanzen wird ermächtigt, durch Rechtsverordnung ohne Zustimmung des Bundesrates zur Durchführung von automatisierten Abrufen nach Satz 1 die Voraussetzungen, unter denen ein Datenabruf erfolgen darf, festzulegen.

(5) ¹Zur Erfüllung der in § 31a Absatz 2 der Abgabenordnung genannten Mitteilungspflichten dürfen die Familienkassen den Leistungsträgern, die für Leistungen der Arbeitsförderung nach § 19 Absatz 2, für Leistungen der Grundsicherung für Arbeitsuchende nach § 19a Absatz 2, für Kindergeld, Kinderzuschlag, Leistungen für Bildung und Teilhabe und Elterngeld nach § 25 Absatz 3 oder für Leistungen der Sozialhilfe nach § 28 Absatz 2 des Ersten Buches Sozialgesetzbuch zuständig sind, und den nach § 9 Absatz 1 Satz 2 des Unterhaltsvorschussgesetzes zuständigen Stellen den für die jeweilige Kindergeldzahlung maßgebenden Sachverhalt durch automatisierte Abrufverfahren bereitstellen. ²Das Bundesministerium der Finanzen wird ermächtigt, durch Rechtsverordnung mit Zustimmung des Bundesrates zur Durchführung von automatisierten Abrufen nach Satz 1 die Voraussetzungen, unter denen ein Datenabruf erfolgen darf, festzulegen.

(6) ¹Zur Prüfung und Bemessung der in Artikel 3 Absatz 1 Buchstabe j in Verbindung mit Artikel 1 Buchstabe z der Verordnung (EG) Nr. 883/2004 des Europäischen Parlaments und des Rates vom 29. April 2004 zur Koordinierung der Systeme der sozialen Sicherheit (ABl. L 166 vom 30.4.2004, S. 1), die zuletzt durch die Verordnung (EU) 2017/492 (ABl. L 76 vom 22.3.2017, S. 13) geändert worden ist, genannten Familienleistungen dürfen die Familienkassen den zuständigen öffentlichen Stellen eines Mitgliedstaates der Europäischen Union

den für die jeweilige Kindergeldzahlung maßgebenden Sachverhalt durch automatisierte Abrufverfahren bereitstellen. ²Das Bundesministerium der Finanzen wird ermächtigt, durch Rechtsverordnung ohne Zustimmung des Bundesrates zur Durchführung von automatisierten Abrufen nach Satz 1 die Voraussetzungen, unter denen ein Datenabruf erfolgen darf, festzulegen.

(7) ¹Die Datenstelle der Rentenversicherung darf den Familienkassen in einem automatisierten Abrufverfahren die zur Überprüfung des Anspruchs auf Kindergeld nach § 62 Absatz 1a und 2 erforderlichen Daten übermitteln; § 79 Absatz 2 bis 4 des Zehnten Buches Sozialgesetzbuch gilt entsprechend. ²Die Träger der Leistungen nach dem Zweiten und Dritten Buch Sozialgesetzbuch dürfen den Familienkassen in einem automatisierten Abrufverfahren die zur Überprüfung des Anspruchs auf Kindergeld nach § 62 erforderlichen Daten übermitteln. ³Das Bundesministerium für Arbeit und Soziales wird ermächtigt, durch Rechtsverordnung mit Zustimmung des Bundesrates die Voraussetzungen für das Abrufverfahren und Regelungen zu den Kosten des Verfahrens nach Satz 2 festzulegen.

Hinweise

Bescheinigungen für Finanzämter
>O 4.3 DA-KG *2022*

Auskunftserteilung an Bezügestellen des öffentlichen Dienstes
>O 4.4 DA-KG *2022*

§ 69
Datenübermittlung an die Familienkassen

Erfährt das Bundeszentralamt für Steuern, dass ein Kind, für das Kindergeld gezahlt wird, ins Ausland verzogen ist oder von Amts wegen von der Meldebehörde abgemeldet wurde, hat es der zuständigen Familienkasse unverzüglich die in § 139b Absatz 3 Nummer 1, 3, 5, 8 und 14 der Abgabenordnung genannten Daten zum Zweck der Prüfung der Rechtmäßigkeit des Bezugs von Kindergeld zu übermitteln.

§ 70
Festsetzung und Zahlung des Kindergeldes

(1) ¹Das Kindergeld nach § 62 wird von den Familienkassen durch Bescheid festgesetzt und ausgezahlt. ²Die Auszahlung von festgesetztem Kindergeld erfolgt rückwirkend nur für die letzten sechs Monate vor Beginn des Monats, in dem der Antrag auf Kindergeld eingegangen ist. ³Der Anspruch auf Kindergeld nach § 62 bleibt von dieser Auszahlungsbeschränkung unberührt.

(2) ¹Soweit in den Verhältnissen, die für den Anspruch auf Kindergeld erheblich sind, Änderungen eintreten, ist die Festsetzung des Kindergeldes mit Wirkung vom Zeitpunkt der Änderung der Verhältnisse aufzuheben oder zu ändern. ²Ist die Änderung einer Kindergeldfestsetzung nur wegen einer Anhebung der in § 66 Absatz 1 genannten Kindergeldbeträge erforderlich, kann von der Erteilung eines schriftlichen Änderungsbescheides abgesehen werden.

(3) ¹Materielle Fehler der letzten Festsetzung können durch Aufhebung oder Änderung der Festsetzung mit Wirkung ab dem auf die Bekanntgabe der Aufhebung oder Änderung der Festsetzung folgenden Monat beseitigt werden. ²Bei der Aufhebung oder Änderung der Festsetzung nach Satz 1 ist § 176 der Abgabenordnung entsprechend anzuwenden; dies gilt nicht für Monate, die nach der Verkündung der maßgeblichen Entscheidung eines obersten Bundesgerichts beginnen.

Hinweise

Festsetzung des Kindergeldes durch Bescheid
>V 10 DA-KG *2022*

§ 71
Vorläufige Einstellung der Zahlung des Kindergeldes

(1) Die Familienkasse kann die Zahlung des Kindergeldes ohne Erteilung eines Bescheides vorläufig einstellen, wenn
1. sie Kenntnis von Tatsachen erhält, die kraft Gesetzes zum Ruhen oder zum Wegfall des Anspruchs führen, und
2. die Festsetzung, aus der sich der Anspruch ergibt, deshalb mit Wirkung für die Vergangenheit aufzuheben ist.

(2) [1]Soweit die Kenntnis der Familienkasse nicht auf Angaben des Berechtigten beruht, der das Kindergeld erhält, sind dem Berechtigten unverzüglich die vorläufige Einstellung der Zahlung des Kindergeldes sowie die dafür maßgeblichen Gründe mitzuteilen. [2]Ihm ist Gelegenheit zu geben, sich zu äußern.

(3) Die Familienkasse hat die vorläufig eingestellte Zahlung des Kindergeldes unverzüglich nachzuholen, soweit die Festsetzung, aus der sich der Anspruch ergibt, zwei Monate nach der vorläufigen Einstellung der Zahlung nicht mit Wirkung für die Vergangenheit aufgehoben oder geändert wird.

Hinweise

Vorläufige Zahlungseinstellung
>V 23.3 DA-KG *2022*

§ 72
Festsetzung und Zahlung des Kindergeldes an Angehörige des öffentlichen Dienstes

(1) ¹Steht Personen, die
1. in einem öffentlich-rechtlichen Dienst-, Amts- oder Ausbildungsverhältnis stehen, mit Ausnahme der Ehrenbeamten,
2. Versorgungsbezüge nach beamten- oder soldatenrechtlichen Vorschriften oder Grundsätzen erhalten oder
3. Arbeitnehmer einer Körperschaft, einer Anstalt oder einer Stiftung des öffentlichen Rechts sind, einschließlich der zu ihrer Berufsausbildung Beschäftigten,

Kindergeld nach Maßgabe dieses Gesetzes zu, wird es von den Körperschaften, Anstalten oder Stiftungen des öffentlichen Rechts als Familienkassen festgesetzt und ausgezahlt. ²Das Bundeszentralamt für Steuern erteilt den Familienkassen ein Merkmal zu ihrer Identifizierung (Familienkassenschlüssel). ³Satz 1 ist nicht anzuwenden, wenn die Körperschaften, Anstalten oder Stiftungen des öffentlichen Rechts gegenüber dem Bundeszentralamt für Steuern auf ihre Zuständigkeit zur Festsetzung und Auszahlung des Kindergeldes schriftlich oder elektronisch verzichtet haben und dieser Verzicht vom Bundeszentralamt für Steuern schriftlich oder elektronisch bestätigt worden ist. ⁴Die Bestätigung des Bundeszentralamts für Steuern darf erst erfolgen, wenn die haushalterischen Voraussetzungen für die Übernahme der Festsetzung und Auszahlung des Kindergeldes durch die Bundesagentur für Arbeit vorliegen. ⁵Das Bundeszentralamt für Steuern veröffentlicht die Namen und die Anschriften der Körperschaften, Anstalten oder Stiftungen des öffentlichen Rechts, die nach Satz 3 auf die Zuständigkeit verzichtet haben, sowie den jeweiligen Zeitpunkt, zu dem der Verzicht wirksam geworden ist, im Bundessteuerblatt. ⁶Hat eine Körperschaft, Anstalt oder Stiftung des öffentlichen Rechts die Festsetzung des Kindergeldes auf eine Bundes- oder Landesfamilienkasse im Sinne des § 5 Absatz 1 Nummer 11 Satz 6 bis 9 des Finanzverwaltungsgesetzes übertragen, kann ein Verzicht nach Satz 3 nur durch die Bundes- oder Landesfamilienkasse im Einvernehmen mit der auftraggebenden Körperschaft, Anstalt oder Stiftung wirksam erklärt werden. ⁷Satz 1 ist nicht anzuwenden, wenn die Körperschaften, Anstalten oder Stiftungen des öffentlichen Rechts nach dem 31. Dezember 2018 errichtet wurden; das Bundeszentralamt für Steuern kann auf Antrag eine Ausnahmegenehmigung erteilen, wenn das Kindergeld durch eine Landesfamilienkasse im Sinne des § 5 Absatz 1 Nummer 11 Satz 8 bis 10 des Finanzverwaltungsgesetzes festgesetzt und ausgezahlt wird und kein Verzicht nach Satz 3 vorliegt.

(2) *(weggefallen)*

(3) Absatz 1 gilt nicht für Personen, die ihre Bezüge oder *ihr* Arbeitsentgelt
1. von einem Dienstherrn oder Arbeitgeber im Bereich der Religionsgesellschaften des öffentlichen Rechts,
2. von einem Spitzenverband der Freien Wohlfahrtspflege, einem diesem unmittelbar oder mittelbar angeschlossenen Mitgliedsverband oder einer einem solchen Verband angeschlossenen Einrichtung oder Anstalt *oder*
3. *von einem Dienstherrn oder Arbeitgeber im Bereich des Bundes mit Ausnahme der Nachrichtendienste des Bundes, des Bundesverwaltungsamtes sowie derjenigen Behörden, Körperschaften, Anstalten und Stiftungen des öffentlichen Rechts, die die Festsetzung und Auszahlung des Kindergeldes auf das Bundesverwaltungsamt übertragen haben,*

erhalten.

(4) *Absatz 1 gilt* nicht für Personen, die voraussichtlich nicht länger als sechs Monate in den Kreis der in Absatz 1 Satz 1 Nummer 1 bis 3 Bezeichneten eintreten.

(5) Obliegt mehreren Rechtsträgern die Zahlung von Bezügen oder Arbeitsentgelt (Absatz 1 Satz 1) gegenüber einem Berechtigten, so ist für die Durchführung dieses Gesetzes zuständig:
1. bei Zusammentreffen von Versorgungsbezügen mit anderen Bezügen oder Arbeitsentgelt der Rechtsträger, dem die Zahlung der anderen Bezüge oder des Arbeitsentgelts obliegt;
2. bei Zusammentreffen mehrerer Versorgungsbezüge der Rechtsträger, dem die Zahlung der neuen Versorgungsbezüge im Sinne der beamtenrechtlichen Ruhensvorschriften obliegt;
3. bei Zusammentreffen von Arbeitsentgelt (Absatz 1 Satz 1 Nummer 3) mit Bezügen aus einem der in Absatz 1 Satz 1 Nummer 1 bezeichneten Rechtsverhältnisse der Rechtsträger, dem die Zahlung dieser Bezüge obliegt;
4. bei Zusammentreffen mehrerer Arbeitsentgelte (Absatz 1 Satz 1 Nummer 3) der Rechtsträger, dem die Zahlung des höheren Arbeitsentgelts obliegt oder – falls die Arbeitsentgelte gleich hoch sind – der Rechtsträger, zu dem das zuerst begründete Arbeitsverhältnis besteht.

(6) [1]Scheidet ein Berechtigter im Laufe eines Monats aus dem Kreis der in Absatz 1 Satz 1 Nummer 1 bis 3 Bezeichneten aus oder tritt er im Laufe eines Monats in diesen Kreis ein, so wird das Kindergeld für diesen Monat von der Stelle gezahlt, die bis zum Ausscheiden oder Eintritt des Berechtigten zuständig war. [2]Dies gilt nicht, soweit die Zahlung von Kindergeld für ein Kind in Betracht kommt, das erst nach dem Ausscheiden oder Eintritt bei dem Berechtigten nach § 63 zu be-

rücksichtigen ist. ³Ist in einem Fall des Satzes 1 das Kindergeld bereits für einen folgenden Monat gezahlt worden, so muss der für diesen Monat Berechtigte die Zahlung gegen sich gelten lassen.

(7) ¹In den Abrechnungen der Bezüge und des Arbeitsentgelts ist das Kindergeld gesondert auszuweisen, wenn es zusammen mit den Bezügen oder dem Arbeitsentgelt ausgezahlt wird. ²Der Rechtsträger hat die Summe des von ihm für alle Berechtigten ausgezahlten Kindergeldes dem Betrag, den er insgesamt an Lohnsteuer einzubehalten hat, zu entnehmen und unter Angabe des in Absatz 1 genannten Familienkassenschlüssels bei der nächsten Lohnsteuer-Anmeldung gesondert abzusetzen. ³Übersteigt das insgesamt ausgezahlte Kindergeld den Betrag, der insgesamt an Lohnsteuer abzuführen ist, so wird der übersteigende Betrag dem Rechtsträger auf Antrag von dem Finanzamt, an das die Lohnsteuer abzuführen ist, aus den Einnahmen der Lohnsteuer ersetzt.

(8) ¹Abweichend von Absatz 1 Satz 1 werden Kindergeldansprüche auf Grund über- oder zwischenstaatlicher Rechtsvorschriften durch die Familienkassen der Bundesagentur für Arbeit festgesetzt und ausgezahlt. ²Dies gilt auch für Fälle, in denen Kindergeldansprüche sowohl nach Maßgabe dieses Gesetzes als auch auf Grund über- oder zwischenstaatlicher Rechtsvorschriften bestehen. *³Die Sätze 1 und 2 sind auf Kindergeldansprüche von Angehörigen der Nachrichtendienste des Bundes nicht anzuwenden.*

Hinweise

Festsetzung und Zahlung des Kindergeldes an Angehörige des öffentlichen Dienstes
>V 1.2-3.3 DA-KG *2022*

§ 73
(weggefallen)

§ 74
Zahlung des Kindergeldes in Sonderfällen

(1) ¹Das für ein Kind festgesetzte Kindergeld nach § 66 Absatz 1 kann an das Kind ausgezahlt werden, wenn der Kindergeldberechtigte ihm gegenüber seiner gesetzlichen Unterhaltspflicht nicht nachkommt. ²Kindergeld kann an Kinder, die bei der Festsetzung des Kindergeldes berücksichtigt werden, bis zur Höhe des Betrags, der sich bei entsprechender Anwendung des § 76 ergibt, ausgezahlt werden. ³Dies gilt auch, wenn der Kindergeldberechtigte mangels Leistungsfähigkeit nicht unterhaltspflichtig ist oder nur Unterhalt in Höhe eines Betrags zu leisten braucht, der geringer ist als das für die Auszahlung in Betracht kommende Kindergeld. ⁴Die Auszahlung kann auch an die Person oder Stelle erfolgen, die dem Kind Unterhalt gewährt.

(2) Für Erstattungsansprüche der Träger von Sozialleistungen gegen die Familienkasse gelten die §§ 102 bis 109 und 111 bis 113 des Zehnten Buches Sozialgesetzbuch entsprechend.

Hinweise

Zahlung des Kindergeldes in Sonderfällen
>V 33-34 DA-KG *2022*

§ 75

Aufrechnung

(1) Mit Ansprüchen auf Erstattung von Kindergeld kann die Familienkasse gegen Ansprüche auf Kindergeld bis zu deren Hälfte aufrechnen, wenn der Leistungsberechtigte nicht nachweist, dass er dadurch hilfebedürftig im Sinne der Vorschriften des Zwölften Buches Sozialgesetzbuch über die Hilfe zum Lebensunterhalt oder im Sinne der Vorschriften des Zweiten Buches Sozialgesetzbuch über die Leistungen zur Sicherung des Lebensunterhalts wird.

(2) Absatz 1 gilt für die Aufrechnung eines Anspruchs auf Erstattung von Kindergeld gegen einen späteren Kindergeldanspruch eines mit dem Erstattungspflichtigen in Haushaltsgemeinschaft lebenden Berechtigten entsprechend, soweit es sich um laufendes Kindergeld für ein Kind handelt, das bei beiden berücksichtigt werden kann oder konnte.

Hinweise

Aufrechnung
>V 28 DA-KG *2022*

§ 76
Pfändung

¹Der Anspruch auf Kindergeld kann nur wegen gesetzlicher Unterhaltsansprüche eines Kindes, das bei der Festsetzung des Kindergeldes berücksichtigt wird, gepfändet werden. ²Für die Höhe des pfändbaren Betrags gilt:

1. ¹Gehört das unterhaltsberechtigte Kind zum Kreis der Kinder, für die dem Leistungsberechtigten Kindergeld gezahlt wird, so ist eine Pfändung bis zu dem Betrag möglich, der bei gleichmäßiger Verteilung des Kindergeldes auf jedes dieser Kinder entfällt. ²Ist das Kindergeld durch die Berücksichtigung eines weiteren Kindes erhöht, für das einer dritten Person Kindergeld oder dieser oder dem Leistungsberechtigten eine andere Geldleistung für Kinder zusteht, so bleibt der Erhöhungsbetrag bei der Bestimmung des pfändbaren Betrags des Kindergeldes nach Satz 1 außer Betracht;
2. der Erhöhungsbetrag nach Nummer 1 Satz 2 ist zugunsten jedes bei der Festsetzung des Kindergeldes berücksichtigten unterhaltsberechtigten Kindes zu dem Anteil pfändbar, der sich bei gleichmäßiger Verteilung auf alle Kinder, die bei der Festsetzung des Kindergeldes zugunsten des Leistungsberechtigten berücksichtigt werden, ergibt.

Hinweise

Pfändung
>V 24 DA-KG *2022*

§ 77

Erstattung von Kosten im Vorverfahren

(1) ¹Soweit der Einspruch gegen die Kindergeldfestsetzung erfolgreich ist, hat die Familienkasse demjenigen, der den Einspruch erhoben hat, die zur zweckentsprechenden Rechtsverfolgung oder Rechtsverteidigung notwendigen Aufwendungen zu erstatten. ²Dies gilt auch, wenn der Einspruch nur deshalb keinen Erfolg hat, weil die Verletzung einer Verfahrens- oder Formvorschrift nach § 126 der Abgabenordnung unbeachtlich ist. ³Aufwendungen, die durch das Verschulden eines Erstattungsberechtigten entstanden sind, hat dieser selbst zu tragen; das Verschulden eines Vertreters ist dem Vertretenen zuzurechnen.

(2) Die Gebühren und Auslagen eines Bevollmächtigten oder Beistandes, der nach den Vorschriften des Steuerberatungsgesetzes zur geschäftsmäßigen Hilfeleistung in Steuersachen befugt ist, sind erstattungsfähig, wenn dessen Zuziehung notwendig war.

(3) ¹Die Familienkasse setzt auf Antrag den Betrag der zu erstattenden Aufwendungen fest. ²Die Kostenentscheidung bestimmt auch, ob die Zuziehung eines Bevollmächtigten oder Beistandes im Sinne des Absatzes 2 notwendig war.

Hinweise

Rechtsbehelfsverfahren
>R 1-14 DA-KG *2022*

§ 78
Übergangsregelungen

(1) bis (4) (weggefallen)

(5) ¹Abweichend von § 64 Absatz 2 und 3 steht Berechtigten, die für Dezember 1990 für ihre Kinder Kindergeld in dem in Artikel 3 des Einigungsvertrages genannten Gebiet bezogen haben, das Kindergeld für diese Kinder auch für die folgende Zeit zu, solange sie ihren Wohnsitz oder gewöhnlichen Aufenthalt in diesem Gebiet beibehalten und die Kinder die Voraussetzungen ihrer Berücksichtigung weiterhin erfüllen. ²§ 64 Absatz 2 und 3 ist insoweit erst für die Zeit vom Beginn des Monats an anzuwenden, in dem ein hierauf gerichteter Antrag bei der zuständigen Stelle eingegangen ist; der hiernach Berechtigte muss die nach Satz 1 geleisteten Zahlungen gegen sich gelten lassen.

Hinweise

Sonderregelung für Berechtigte in den neuen Ländern
>A 27 DA-KG *2022*

XI. Altersvorsorgezulage

§ 79
Zulageberechtigte

¹Die in § 10a Absatz 1 genannten Personen haben Anspruch auf eine Altersvorsorgezulage (Zulage). ²Ist nur ein Ehegatte nach Satz 1 begünstigt, so ist auch der andere Ehegatte zulageberechtigt, wenn

1. beide Ehegatten nicht dauernd getrennt leben (§ 26 Absatz 1),
2. beide Ehegatten ihren Wohnsitz oder gewöhnlichen Aufenthalt in einem Mitgliedstaat der Europäischen Union oder einem Staat haben, auf den das Abkommen über den Europäischen Wirtschaftsraum anwendbar ist,
3. ein auf den Namen des anderen Ehegatten lautender Altersvorsorgevertrag besteht,
4. der andere Ehegatte zugunsten des Altersvorsorgevertrags nach Nummer 3 im jeweiligen Beitragsjahr mindestens 60 Euro geleistet hat und
5. die Auszahlungsphase des Altersvorsorgevertrags nach Nummer 3 noch nicht begonnen hat.

³Satz 1 gilt entsprechend für die in § 10a Absatz 6 Satz 1 und 2 genannten Personen, sofern sie unbeschränkt steuerpflichtig sind oder für das Beitragsjahr nach § 1 Absatz 3 als unbeschränkt steuerpflichtig behandelt werden.

Hinweise

Private Altersvorsorge

>BMF vom 21.12.2017 (BStBl I 2018 S. 93) unter Berücksichtigung der Änderungen durch BMF vom 17.02.2020 (BStBl I S. 213) **und vom 11.02.2022 (BStBl I S. 186)**

§ 80
Anbieter

Anbieter im Sinne dieses Gesetzes sind Anbieter von Altersvorsorgeverträgen gemäß § 1 Absatz 2 des Altersvorsorgeverträge-Zertifizierungsgesetzes sowie die in § 82 Absatz 2 genannten Versorgungseinrichtungen.

§ 81
Zentrale Stelle

Zentrale Stelle im Sinne dieses Gesetzes ist die Deutsche Rentenversicherung Bund.

§ 81a
Zuständige Stelle

¹Zuständige Stelle ist bei einem
1. Empfänger von Besoldung nach dem Bundesbesoldungsgesetz oder einem Landesbesoldungsgesetz die die Besoldung anordnende Stelle,
2. Empfänger von Amtsbezügen im Sinne des § 10a Absatz 1 Satz 1 Nummer 2 die die Amtsbezüge anordnende Stelle,
3. versicherungsfrei Beschäftigten sowie bei einem von der Versicherungspflicht befreiten Beschäftigten im Sinne des § 10a Absatz 1 Satz 1 Nummer 3 der die Versorgung gewährleistende Arbeitgeber der rentenversicherungsfreien Beschäftigung,
4. Beamten, Richter, Berufssoldaten und Soldaten auf Zeit im Sinne des § 10a Absatz 1 Satz 1 Nummer 4 der zur Zahlung des Arbeitsentgelts verpflichtete Arbeitgeber und
5. Empfänger einer Versorgung im Sinne des § 10a Absatz 1 Satz 4 die die Versorgung anordnende Stelle.

²Für die in § 10a Absatz 1 Satz 1 Nummer 5 genannten Steuerpflichtigen gilt Satz 1 entsprechend.

§ 82
Altersvorsorgebeiträge

(1) [1]Geförderte Altersvorsorgebeiträge sind im Rahmen des in § 10a Absatz 1 Satz 1 genannten Höchstbetrags

1. Beiträge,
2. Tilgungsleistungen,

die der Zulageberechtigte (§ 79) bis zum Beginn der Auszahlungsphase zugunsten eines auf seinen Namen lautenden Vertrags leistet, der nach § 5 des Altersvorsorgeverträge-Zertifizierungsgesetzes zertifiziert ist (Altersvorsorgevertrag). [2]Die Zertifizierung ist Grundlagenbescheid im Sinne des § 171 Absatz 10 der Abgabenordnung. [3]Als Tilgungsleistungen gelten auch Beiträge, die vom Zulageberechtigten zugunsten eines auf seinen Namen lautenden Altersvorsorgevertrags im Sinne des § 1 Absatz 1a Satz 1 Nummer 3 des Altersvorsorgeverträge-Zertifizierungsgesetzes erbracht wurden und die zur Tilgung eines im Rahmen des Altersvorsorgevertrags abgeschlossenen Darlehens abgetreten wurden. [4]Im Fall der Übertragung von gefördertem Altersvorsorgevermögen nach § 1 Absatz 1 Satz 1 Nummer 10 Buchstabe b des Altersvorsorgeverträge-Zertifizierungsgesetzes in einen Altersvorsorgevertrag im Sinne des § 1 Absatz 1a Satz 1 Nummer 3 des Altersvorsorgeverträge-Zertifizierungsgesetzes gelten die Beiträge nach Satz 1 Nummer 1 ab dem Zeitpunkt der Übertragung als Tilgungsleistungen nach Satz 3; eine erneute Förderung nach § 10a oder Abschnitt XI erfolgt insoweit nicht. [5]Tilgungsleistungen nach den Sätzen 1 und 3 werden nur berücksichtigt, wenn das zugrunde liegende Darlehen für eine nach dem 31. Dezember 2007 vorgenommene wohnungswirtschaftliche Verwendung im Sinne des § 92a Absatz 1 Satz 1 eingesetzt wurde. [6]Bei einer Aufgabe der Selbstnutzung nach § 92a Absatz 3 Satz 1 gelten im Beitragsjahr der Aufgabe der Selbstnutzung auch die nach der Aufgabe der Selbstnutzung geleisteten Beiträge oder Tilgungsleistungen als Altersvorsorgebeiträge nach Satz 1. [7]Bei einer Reinvestition nach § 92a Absatz 3 Satz 9 Nummer 1 gelten im Beitragsjahr der Reinvestition auch die davor geleisteten Beiträge oder Tilgungsleistungen als Altersvorsorgebeiträge nach Satz 1. [8]Bei einem beruflich bedingten Umzug nach § 92a Absatz 4 gelten

1. im Beitragsjahr des Wegzugs auch die nach dem Wegzug und
2. im Beitragsjahr des Wiedereinzugs auch die vor dem Wiedereinzug

geleisteten Beiträge und Tilgungsleistungen als Altersvorsorgebeiträge nach Satz 1.

(2) ¹Zu den Altersvorsorgebeiträgen gehören auch
a) die aus dem individuell versteuerten Arbeitslohn des Arbeitnehmers geleisteten Beiträge an einen Pensionsfonds, eine Pensionskasse oder eine Direktversicherung zum Aufbau einer kapitalgedeckten betrieblichen Altersversorgung und
b) Beiträge des Arbeitnehmers und des ausgeschiedenen Arbeitnehmers, die dieser im Fall der zunächst durch Entgeltumwandlung (§ 1a des Betriebsrentengesetzes) finanzierten und nach § 3 Nummer 63 oder § 10a und diesem Abschnitt geförderten kapitalgedeckten betrieblichen Altersversorgung nach Maßgabe des § 1a Absatz 4, des § 1b Absatz 5 Satz 1 Nummer 2 und des § 22 Absatz 3 Nummer 1 Buchstabe a des Betriebsrentengesetzes selbst erbringt.

²Satz 1 gilt nur, wenn
1. a) vereinbart ist, dass die zugesagten Altersversorgungsleistungen als monatliche Leistungen in Form einer lebenslangen Leibrente oder als Ratenzahlungen im Rahmen eines Auszahlungsplans mit einer anschließenden Teilkapitalverrentung ab spätestens dem 85. Lebensjahr ausgezahlt werden und die Leistungen während der gesamten Auszahlungsphase gleich bleiben oder steigen; dabei können bis zu zwölf Monatsleistungen in einer Auszahlung zusammengefasst und bis zu 30 Prozent des zu Beginn der Auszahlungsphase zur Verfügung stehenden Kapitals außerhalb der monatlichen Leistungen ausgezahlt werden, und
   b) ein vereinbartes Kapitalwahlrecht nicht oder nicht außerhalb des letzten Jahres vor dem vertraglich vorgesehenen Beginn der Altersversorgungsleistung ausgeübt wurde, oder
2. bei einer reinen Beitragszusage nach § 1 Absatz 2 Nummer 2a des Betriebsrentengesetzes der Pensionsfonds, die Pensionskasse oder die Direktversicherung eine lebenslange Zahlung als Altersversorgungsleistung zu erbringen hat.

³Die §§ 3 und 4 des Betriebsrentengesetzes stehen dem vorbehaltlich des § 93 nicht entgegen.

(3) Zu den Altersvorsorgebeiträgen gehören auch die Beitragsanteile, die zur Absicherung der verminderten Erwerbsfähigkeit des Zulageberechtigten und zur Hinterbliebenenversorgung verwendet werden, wenn in der Leistungsphase die Auszahlung in Form einer Rente erfolgt.

(4) Nicht zu den Altersvorsorgebeiträgen zählen
1. Aufwendungen, die vermögenswirksame Leistungen nach dem Fünften Vermögensbildungsgesetz in der jeweils geltenden Fassung darstellen,

§ 82 EStG

2. prämienbegünstigte Aufwendungen nach dem Wohnungsbau-Prämiengesetz in der Fassung der Bekanntmachung vom 30. Oktober 1997 (BGBl. I S. 2678), zuletzt geändert durch Artikel 5 des Gesetzes vom 29. Juli 2008 (BGBl. I S. 1509), in der jeweils geltenden Fassung,
3. Aufwendungen, die im Rahmen des § 10 als Sonderausgaben geltend gemacht werden,
4. Zahlungen nach § 92a Absatz 2 Satz 4 Nummer 1 und Absatz 3 Satz 9 Nummer 2 oder
5. Übertragungen im Sinne des § 3 Nummer 55 bis 55c.

(5) [1]Der Zulageberechtigte kann für ein abgelaufenes Beitragsjahr bis zum Beitragsjahr 2011 Altersvorsorgebeiträge auf einen auf seinen Namen lautenden Altersvorsorgevertrag leisten, wenn

1. der Anbieter des Altersvorsorgevertrags davon Kenntnis erhält, in welcher Höhe und für welches Beitragsjahr die Altersvorsorgebeiträge berücksichtigt werden sollen,
2. in dem Beitragsjahr, für das die Altersvorsorgebeiträge berücksichtigt werden sollen, ein Altersvorsorgevertrag bestanden hat,
3. im fristgerechten Antrag auf Zulage für dieses Beitragsjahr eine Zulageberechtigung nach § 79 Satz 2 angegeben wurde, aber tatsächlich eine Zulageberechtigung nach § 79 Satz 1 vorliegt,
4. die Zahlung der Altersvorsorgebeiträge für abgelaufene Beitragsjahre bis zum Ablauf von zwei Jahren nach Erteilung der Bescheinigung nach § 92, mit der zuletzt Ermittlungsergebnisse für dieses Beitragsjahr bescheinigt wurden, längstens jedoch bis zum Beginn der Auszahlungsphase des Altersvorsorgevertrages erfolgt und
5. der Zulageberechtigte vom Anbieter in hervorgehobener Weise darüber informiert wurde oder dem Anbieter seine Kenntnis darüber versichert, dass die Leistungen aus diesen Altersvorsorgebeiträgen der vollen nachgelagerten Besteuerung nach § 22 Nummer 5 Satz 1 unterliegen.

[2]Wurden die Altersvorsorgebeiträge dem Altersvorsorgevertrag gutgeschrieben und sind die Voraussetzungen nach Satz 1 erfüllt, so hat der Anbieter der zentralen Stelle (§ 81) die entsprechenden Daten nach § 89 Absatz 2 Satz 1 für das zurückliegende Beitragsjahr nach einem mit der zentralen Stelle abgestimmten Verfahren mitzuteilen. [3]Die Beträge nach Satz 1 gelten für die Ermittlung der zu zahlenden Altersvorsorgezulage nach § 83 als Altersvorsorgebeiträge für das Beitragsjahr, für das sie gezahlt wurden. [4]Für die Anwendung des § 10a Absatz 1 Satz 1 sowie bei der Ermittlung der dem Steuerpflichtigen zustehenden Zulage im Rahmen des § 2 Absatz 6 und des § 10a sind die nach Satz 1 gezahlten Altersvorsorgebeiträge weder für das Beitragsjahr nach Satz 1 Nummer 2 noch für das Beitragsjahr der Zahlung zu berücksichtigen.

§ 83
Altersvorsorgezulage

In Abhängigkeit von den geleisteten Altersvorsorgebeiträgen wird eine Zulage gezahlt, die sich aus einer Grundzulage (§ 84) und einer Kinderzulage (§ 85) zusammensetzt.

§ 84
Grundzulage

[1] Jeder Zulageberechtigte erhält eine Grundzulage; diese beträgt ab dem Beitragsjahr 2018 jährlich 175 Euro. [2] Für Zulageberechtigte nach § 79 Satz 1, die zu Beginn des Beitragsjahres (§ 88) das 25. Lebensjahr noch nicht vollendet haben, erhöht sich die Grundzulage nach Satz 1 um einmalig 200 Euro. [3] Die Erhöhung nach Satz 2 ist für das erste nach dem 31. Dezember 2007 beginnende Beitragsjahr zu gewähren, für das eine Altersvorsorgezulage beantragt wird.

§ 85
Kinderzulage

(1) [1] Die Kinderzulage beträgt für jedes Kind, für das gegenüber dem Zulageberechtigten Kindergeld festgesetzt wird, jährlich 185 Euro. [2] Für ein nach dem 31. Dezember 2007 geborenes Kind erhöht sich die Kinderzulage nach Satz 1 auf 300 Euro. [3] Der Anspruch auf Kinderzulage entfällt für den Veranlagungszeitraum, für den das Kindergeld insgesamt zurückgefordert wird. [4] Erhalten mehrere Zulageberechtigte für dasselbe Kind Kindergeld, steht die Kinderzulage demjenigen zu, dem gegenüber für den ersten Anspruchszeitraum (§ 66 Absatz 2) im Kalenderjahr Kindergeld festgesetzt worden ist.

(2) [1] Bei Eltern verschiedenen Geschlechts, die miteinander verheiratet sind, nicht dauernd getrennt leben (§ 26 Absatz 1) und ihren Wohnsitz oder gewöhnlichen Aufenthalt in einem Mitgliedstaat der Europäischen Union oder einem Staat haben, auf den das Abkommen über den Europäischen Wirtschaftsraum (EWR-Abkommen) anwendbar ist, wird die Kinderzulage der Mutter zugeordnet, auf Antrag beider Eltern dem Vater. [2] Bei Eltern gleichen Geschlechts, die miteinander verheiratet sind oder eine Lebenspartnerschaft führen, nicht dauernd getrennt leben (§ 26 Absatz 1) und ihren Wohnsitz oder gewöhnlichen Aufenthalt in einem Mitgliedstaat der Europäischen Union oder einem Staat haben, auf den das EWR-Abkommen anwendbar ist, ist die Kinderzulage dem Elternteil zuzuordnen, dem gegenüber das Kindergeld festgesetzt wird, auf Antrag beider Eltern dem anderen Elternteil. [3] Der Antrag kann für ein abgelaufenes Beitragsjahr nicht zurückgenommen werden.

§ 86
Mindesteigenbeitrag

(1) ¹Die Zulage nach den §§ 84 und 85 wird gekürzt, wenn der Zulageberechtigte nicht den Mindesteigenbeitrag leistet. ²Dieser beträgt jährlich 4 Prozent der Summe der in dem dem Kalenderjahr vorangegangenen Kalenderjahr
1. erzielten beitragspflichtigen Einnahmen im Sinne des Sechsten Buches Sozialgesetzbuch,
2. bezogenen Besoldung und Amtsbezüge,
3. in den Fällen des § 10a Absatz 1 Satz 1 Nummer 3 und Nummer 4 erzielten Einnahmen, die beitragspflichtig wären, wenn die Versicherungsfreiheit in der gesetzlichen Rentenversicherung nicht bestehen würde und
4. bezogenen Rente wegen voller Erwerbsminderung oder Erwerbsunfähigkeit oder bezogenen Versorgungsbezüge wegen Dienstunfähigkeit in den Fällen des § 10a Absatz 1 Satz 4,

jedoch nicht mehr als der in § 10a Absatz 1 Satz 1 genannte Höchstbetrag, vermindert um die Zulage nach den §§ 84 und 85; gehört der Ehegatte zum Personenkreis nach § 79 Satz 2, berechnet sich der Mindesteigenbeitrag des nach § 79 Satz 1 Begünstigten unter Berücksichtigung der den Ehegatten insgesamt zustehenden Zulagen. ³Auslandsbezogene Bestandteile nach den §§ 52 ff. des Bundesbesoldungsgesetzes oder entsprechender Regelungen eines Landesbesoldungsgesetzes bleiben unberücksichtigt. ⁴Als Sockelbetrag sind ab dem Jahr 2005 jährlich 60 Euro zu leisten. ⁵Ist der Sockelbetrag höher als der Mindesteigenbeitrag nach Satz 2, so ist der Sockelbetrag als Mindesteigenbeitrag zu leisten. ⁶Die Kürzung der Zulage ermittelt sich nach dem Verhältnis der Altersvorsorgebeiträge zum Mindesteigenbeitrag.

(2) ¹Ein nach § 79 Satz 2 begünstigter Ehegatte hat Anspruch auf eine ungekürzte Zulage, wenn der zum begünstigten Personenkreis nach § 79 Satz 1 gehörende Ehegatte seinen geförderten Mindesteigenbeitrag unter Berücksichtigung der den Ehegatten insgesamt zustehenden Zulagen erbracht hat. ²Werden bei einer in der gesetzlichen Rentenversicherung pflichtversicherten Person beitragspflichtige Einnahmen zu Grunde gelegt, die höher sind als das tatsächlich erzielte Entgelt oder die Entgeltersatzleistung, ist das tatsächlich erzielte Entgelt oder der Zahlbetrag der Entgeltersatzleistung für die Berechnung des Mindesteigenbeitrags zu berücksichtigen. ³Für die nicht erwerbsmäßig ausgeübte Pflegetätigkeit einer nach § 3 Satz 1 Nummer 1a des Sechsten Buches Sozialgesetzbuch rentenversicherungspflichtigen Person ist für die Berechnung des Mindesteigenbeitrags ein tatsächlich erzieltes Entgelt von 0 Euro zu berücksichtigen.

(3) ¹Für Versicherungspflichtige nach dem Gesetz über die Alterssicherung der Landwirte ist Absatz 1 mit der Maßgabe anzuwenden,

dass auch die Einkünfte aus Land- und Forstwirtschaft im Sinne des § 13 des zweiten dem Beitragsjahr vorangegangenen Veranlagungszeitraums als beitragspflichtige Einnahmen des vorangegangenen Kalenderjahres gelten. ²Negative Einkünfte im Sinne des Satzes 1 bleiben unberücksichtigt, wenn weitere nach Absatz 1 oder Absatz 2 zu berücksichtigende Einnahmen erzielt werden.

(4) Wird nach Ablauf des Beitragsjahres festgestellt, dass die Voraussetzungen für die Gewährung einer Kinderzulage nicht vorgelegen haben, ändert sich dadurch die Berechnung des Mindesteigenbeitrags für dieses Beitragsjahr nicht.

(5) Bei den in § 10a Absatz 6 Satz 1 und 2 genannten Personen ist der Summe nach Absatz 1 Satz 2 die Summe folgender Einnahmen und Leistungen aus dem dem Kalenderjahr vorangegangenen Kalenderjahr hinzuzurechnen:
1. die erzielten Einnahmen aus der Tätigkeit, die die Zugehörigkeit zum Personenkreis des § 10a Absatz 6 Satz 1 begründet, und
2. die bezogenen Leistungen im Sinne des § 10a Absatz 6 Satz 2 Nummer 1.

§ 87
Zusammentreffen mehrerer Verträge

(1) ¹Zahlt der nach § 79 Satz 1 Zulageberechtigte Altersvorsorgebeiträge zugunsten mehrerer Verträge, so wird die Zulage nur für zwei dieser Verträge gewährt. ²Der insgesamt nach § 86 zu leistende Mindesteigenbeitrag muss zugunsten dieser Verträge geleistet worden sein. ³Die Zulage ist entsprechend dem Verhältnis der auf diese Verträge geleisteten Beiträge zu verteilen.

(2) ¹Der nach § 79 Satz 2 Zulageberechtigte kann die Zulage für das jeweilige Beitragsjahr nicht auf mehrere Altersvorsorgeverträge verteilen. ²Es ist nur der Altersvorsorgevertrag begünstigt, für den zuerst die Zulage beantragt wird.

§ 88
Entstehung des Anspruchs auf Zulage

Der Anspruch auf die Zulage entsteht mit Ablauf des Kalenderjahres, in dem die Altersvorsorgebeiträge geleistet worden sind (Beitragsjahr).

§ 89
Antrag

(1) ¹Der Zulageberechtigte hat den Antrag auf Zulage nach amtlich vorgeschriebenem Vordruck bis zum Ablauf des zweiten Kalenderjahres, das auf das Beitragsjahr (§ 88) folgt, bei dem Anbieter seines Vertrages einzureichen. ²Hat der Zulageberechtigte im Beitragsjahr Altersvorsorgebeiträge für mehrere Verträge gezahlt, so hat er mit dem Zulageantrag zu bestimmen, auf welche Verträge die Zulage überwiesen werden soll. ³Beantragt der Zulageberechtigte die Zulage für mehr als zwei Verträge, so wird die Zulage nur für die zwei Verträge mit den höchsten Altersvorsorgebeiträgen gewährt. ⁴Sofern eine Zulagenummer (§ 90 Absatz 1 Satz 2) durch die zentrale Stelle (§ 81) oder eine Versicherungsnummer nach § 147 des Sechsten Buches Sozialgesetzbuch für den nach § 79 Satz 2 berechtigten Ehegatten noch nicht vergeben ist, hat dieser über seinen Anbieter eine Zulagenummer bei der zentralen Stelle zu beantragen. ⁵Der Antragsteller ist verpflichtet, dem Anbieter unverzüglich eine Änderung der Verhältnisse mitzuteilen, die zu einer Minderung oder zum Wegfall des Zulageanspruchs führt.

(1a) ¹Der Zulageberechtigte kann den Anbieter seines Vertrages schriftlich bevollmächtigen, für ihn abweichend von Absatz 1 die Zulage für jedes Beitragsjahr zu beantragen. ²Absatz 1 Satz 5 gilt mit Ausnahme der Mitteilung geänderter beitragspflichtiger Einnahmen im Sinne des Sechsten Buches Sozialgesetzbuch entsprechend. ³Ein Widerruf der Vollmacht ist bis zum Ablauf des Beitragsjahres, für das der Anbieter keinen Antrag auf Zulage stellen soll, gegenüber dem Anbieter zu erklären.

(2) ¹Der Anbieter ist verpflichtet,
a) die Vertragsdaten,
b) die Identifikationsnummer, die Versicherungsnummer nach § 147 des Sechsten Buches Sozialgesetzbuch, die Zulagenummer des Zulageberechtigten und dessen Ehegatten, oder einen Antrag auf Vergabe einer Zulagenummer eines nach § 79 Satz 2 berechtigten Ehegatten,
c) die vom Zulageberechtigten mitgeteilten Angaben zur Ermittlung des Mindesteigenbeitrags (§ 86),
d) die Identifikationsnummer des Kindes sowie die weiteren für die Gewährung der Kinderzulage erforderlichen Daten,
e) die Höhe der geleisteten Altersvorsorgebeiträge und
f) das Vorliegen einer nach Absatz 1a erteilten Vollmacht

als die für die Ermittlung und Überprüfung des Zulageanspruchs und Durchführung des Zulageverfahrens erforderlichen Daten zu erfassen. ²Er hat die Daten der bei ihm im Laufe eines Kalendervierteljahres eingegangenen Anträge bis zum Ende des folgenden Monats nach amtlich vorgeschriebenem Datensatz durch amtlich bestimmte Datenfernübertragung an die zentrale Stelle zu übermitteln. [3]Dies gilt auch im Fall des Absatzes 1 Satz 5. [4]§ 22a Absatz 2 gilt entsprechend.

(3) [1]Ist der Anbieter nach Absatz 1a Satz 1 bevollmächtigt worden, hat er der zentralen Stelle die nach Absatz 2 Satz 1 erforderlichen Angaben für jedes Kalenderjahr bis zum Ablauf des auf das Beitragsjahr folgenden Kalenderjahres zu übermitteln. [2]Liegt die Bevollmächtigung erst nach dem im Satz 1 genannten Meldetermin vor, hat der Anbieter die Angaben bis zum Ende des folgenden Kalendervierteljahres nach der Bevollmächtigung, spätestens jedoch bis zum Ablauf der in Absatz 1 Satz 1 genannten Antragsfrist, zu übermitteln. [3]Absatz 2 Satz 2 und 3 gilt sinngemäß.

§ 90
Verfahren

(1) ¹Die zentrale Stelle ermittelt auf Grund der von ihr erhobenen oder der ihr übermittelten Daten, ob und in welcher Höhe ein Zulageanspruch besteht. ²Soweit der zuständige Träger der Rentenversicherung keine Versicherungsnummer vergeben hat, vergibt die zentrale Stelle zur Erfüllung der ihr nach diesem Abschnitt zugewiesenen Aufgaben eine Zulagenummer. ³Die zentrale Stelle teilt im Fall eines Antrags nach § 10a Absatz 1a der zuständigen Stelle, im Fall eines Antrags nach § 89 Absatz 1 Satz 4 dem Anbieter die Zulagenummer mit; von dort wird sie an den Antragsteller weitergeleitet.

(2) ¹Die zentrale Stelle veranlasst die Auszahlung an den Anbieter zugunsten der Zulageberechtigten durch die zuständige Kasse. ²Ein gesonderter Zulagenbescheid ergeht vorbehaltlich des Absatzes 4 nicht. ³Der Anbieter hat die erhaltenen Zulagen unverzüglich den begünstigten Verträgen gutzuschreiben. ⁴Zulagen, die nach Beginn der Auszahlungsphase für das Altersvorsorgevermögen von der zentralen Stelle an den Anbieter überwiesen werden, können vom Anbieter an den Anleger ausgezahlt werden. ⁵Besteht kein Zulageanspruch, so teilt die zentrale Stelle dies dem Anbieter durch Datensatz mit. ⁶Die zentrale Stelle teilt dem Anbieter die Altersvorsorgebeiträge im Sinne des § 82, auf die § 10a oder dieser Abschnitt angewendet wurde, durch Datensatz mit.

(3) ¹Erkennt die zentrale Stelle bis zum Ende des zweiten auf die Ermittlung der Zulage folgenden Jahres nachträglich, dass der Zulageanspruch ganz oder teilweise nicht besteht oder weggefallen ist, so hat sie zu Unrecht gutgeschriebene oder ausgezahlte Zulagen bis zum Ablauf eines Jahres nach der Erkenntnis zurückzufordern und dies dem Anbieter durch Datensatz mitzuteilen. ²Bei bestehendem Vertragsverhältnis hat der Anbieter das Konto zu belasten. ³Die ihm im Kalendervierteljahr mitgeteilten Rückforderungsbeträge hat er bis zum zehnten Tag des dem Kalendervierteljahr folgenden Monats in einem Betrag bei der zentralen Stelle anzumelden und an diese abzuführen. ⁴Die Anmeldung nach Satz 3 ist nach amtlich vorgeschriebenem Vordruck abzugeben. ⁵Sie gilt als Steueranmeldung im Sinne der Abgabenordnung.

(3a) ¹Erfolgt nach der Durchführung einer versorgungsrechtlichen Teilung eine Rückforderung von zu Unrecht gezahlten Zulagen, setzt die zentrale Stelle den Rückforderungsbetrag nach Absatz 3 unter Anrechnung bereits vom Anbieter einbehaltener und abgeführter Beträge gegenüber dem Zulageberechtigten fest, soweit

1. das Guthaben auf dem Vertrag des Zulageberechtigten zur Zahlung des Rückforderungsbetrags nach § 90 Absatz 3 Satz 1 nicht ausreicht und

2. im Rückforderungsbetrag ein Zulagebetrag enthalten ist, der in der Ehe- oder Lebenspartnerschaftszeit ausgezahlt wurde.

²Erfolgt nach einer Inanspruchnahme eines Altersvorsorge-Eigenheimbetrags im Sinne des § 92a Absatz 1 oder während einer Darlehenstilgung bei Altersvorsorgeverträgen nach § 1 Absatz 1a des Altersvorsorgeverträge-Zertifizierungsgesetzes eine Rückforderung zu Unrecht gezahlter Zulagen, setzt die zentrale Stelle den Rückforderungsbetrag nach Absatz 3 unter Anrechnung bereits vom Anbieter einbehaltener und abgeführter Beträge gegenüber dem Zulageberechtigten fest, soweit das Guthaben auf dem Altersvorsorgevertrag des Zulageberechtigten zur Zahlung des Rückforderungsbetrags nicht ausreicht. ³Der Anbieter hat in diesen Fällen der zentralen Stelle die nach Absatz 3 einbehaltenen und abgeführten Beträge nach amtlich vorgeschriebenem Datensatz durch amtlich bestimmte Datenfernübertragung mitzuteilen.

(4) ¹Eine Festsetzung der Zulage erfolgt nur auf besonderen Antrag des Zulageberechtigten. ²Der Antrag ist schriftlich innerhalb eines Jahres vom Antragsteller an den Anbieter zu richten; die Frist beginnt mit der Erteilung der Bescheinigung nach § 92, die die Ermittlungsergebnisse für das Beitragsjahr enthält, für das eine Festsetzung der Zulage erfolgen soll. ³Der Anbieter leitet den Antrag der zentralen Stelle zur Festsetzung zu. ⁴Er hat dem Antrag eine Stellungnahme und die zur Festsetzung erforderlichen Unterlagen beizufügen. ⁵Die zentrale Stelle teilt die Festsetzung auch dem Anbieter mit. ⁶Im Übrigen gilt Absatz 3 entsprechend.

(5) ¹Im Rahmen des Festsetzungsverfahrens kann der Zulageberechtigte bis zum rechtskräftigen Abschluss des Festsetzungsverfahrens eine nicht fristgerecht abgegebene Einwilligung nach § 10a Absatz 1 Satz 1 Halbsatz 2 gegenüber der zuständigen Stelle nachholen. ²Über die Nachholung hat er die zentrale Stelle unter Angabe des Datums der Erteilung der Einwilligung unmittelbar zu informieren. ³Hat der Zulageberechtigte im Rahmen des Festsetzungsverfahrens eine wirksame Einwilligung gegenüber der zuständigen Stelle erteilt, wird er so gestellt, als hätte er die Einwilligung innerhalb der Frist nach § 10a Absatz 1 Satz 1 Halbsatz 2 wirksam gestellt.

§ 91
Datenerhebung und Datenabgleich

(1) ¹Für die Berechnung und Überprüfung der Zulage sowie die Überprüfung des Vorliegens der Voraussetzungen des Sonderausgabenabzugs nach § 10a übermitteln die Träger der gesetzlichen Rentenversicherung, die landwirtschaftliche Alterskasse, die Bundesagentur für Arbeit, die Meldebehörden, die Familienkassen und die Finanzämter der zentralen Stelle auf Anforderung unter Angabe der Identifikationsnummer (§ 139b der Abgabenordnung) des Steuerpflichtigen die bei ihnen vorhandenen Daten nach § 89 Absatz 2 durch Datenfernübertragung; für Zwecke der Berechnung des Mindesteigenbeitrags für ein Beitragsjahr darf die zentrale Stelle bei den Trägern der gesetzlichen Rentenversicherung und der landwirtschaftlichen Alterskasse die bei ihnen vorhandenen Daten zu den beitragspflichtigen Einnahmen sowie in den Fällen des § 10a Absatz 1 Satz 4 zur Höhe der bezogenen Rente wegen voller Erwerbsminderung oder Erwerbsunfähigkeit erheben, sofern diese nicht vom Anbieter nach § 89 übermittelt worden sind; im Datenabgleich mit den Familienkassen sind auch die Identifikationsnummern des Kindergeldberechtigten und des Kindes anzugeben. ²Für Zwecke der Überprüfung nach Satz 1 darf die zentrale Stelle die ihr übermittelten Daten mit den ihr nach § 89 Absatz 2 übermittelten Daten automatisiert abgleichen. ³Führt die Überprüfung zu einer Änderung der ermittelten oder festgesetzten Zulage, ist dies dem Anbieter mitzuteilen. ⁴Ergibt die Überprüfung eine Abweichung von dem in der Steuerfestsetzung berücksichtigten Sonderausgabenabzug nach § 10a oder der gesonderten Feststellung nach § 10a Absatz 4, ist dies dem Finanzamt mitzuteilen; die Steuerfestsetzung oder die gesonderte Feststellung ist insoweit zu ändern.

(2) ¹Die zuständige Stelle hat der zentralen Stelle die Daten nach § 10a Absatz 1 Satz 1 zweiter Halbsatz bis zum 31. März des dem Beitragsjahr folgenden Kalenderjahres durch Datenfernübertragung zu übermitteln. ²Liegt die Einwilligung nach § 10a Absatz 1 Satz 1 zweiter Halbsatz erst nach dem im Satz 1 genannten Meldetermin vor, hat die zuständige Stelle die Daten spätestens bis zum Ende des folgenden Kalendervierteljahres nach Erteilung der Einwilligung nach Maßgabe von Satz 1 zu übermitteln.

§ 92
Bescheinigung

¹Der Anbieter hat dem Zulageberechtigten jährlich bis zum Ablauf des auf das Beitragsjahr folgenden Jahres eine Bescheinigung nach amtlich vorgeschriebenem Muster zu erteilen über

1. die Höhe der im abgelaufenen Beitragsjahr geleisteten Altersvorsorgebeiträge (Beiträge und Tilgungsleistungen),
2. die im abgelaufenen Beitragsjahr getroffenen, aufgehobenen oder geänderten Ermittlungsergebnisse (§ 90),
3. die Summe der bis zum Ende des abgelaufenen Beitragsjahres dem Vertrag gutgeschriebenen Zulagen,
4. die Summe der bis zum Ende des abgelaufenen Beitragsjahres geleisteten Altersvorsorgebeiträge (Beiträge und Tilgungsleistungen),
5. den Stand des Altersvorsorgevermögens,
6. den Stand des Wohnförderkontos (§ 92a Absatz 2 Satz 1), sofern er diesen von der zentralen Stelle mitgeteilt bekommen hat, und
7. die Bestätigung der durch den Anbieter erfolgten Datenübermittlung an die zentrale Stelle im Fall des § 10a Absatz 5 Satz 1.

²Einer jährlichen Bescheinigung bedarf es nicht, wenn zu Satz 1 Nummer 1, 2, 6 und 7 keine Angaben erforderlich sind und sich zu Satz 1 Nummer 3 bis 5 keine Änderungen gegenüber der zuletzt erteilten Bescheinigung ergeben. ³Liegen die Voraussetzungen des Satzes 2 nur hinsichtlich der Angabe nach Satz 1 Nummer 6 nicht vor und wurde die Geschäftsbeziehung im Hinblick auf den jeweiligen Altersvorsorgevertrag zwischen Zulageberechtigtem und Anbieter beendet, weil

1. das angesparte Kapital vollständig aus dem Altersvorsorgevertrag entnommen wurde oder
2. das gewährte Darlehen vollständig getilgt wurde,

bedarf es keiner jährlichen Bescheinigung, wenn der Anbieter dem Zulageberechtigten in einer Bescheinigung im Sinne dieser Vorschrift Folgendes mitteilt: „Das Wohnförderkonto erhöht sich bis zum Beginn der Auszahlungsphase jährlich um 2 Prozent, solange Sie keine Zahlungen zur Minderung des Wohnförderkontos leisten." ⁴Der Anbieter kann dem Zulageberechtigten mit dessen Einverständnis die Bescheinigung auch elektronisch bereitstellen.

§ 92a EStG

§ 92a
Verwendung für eine selbst genutzte Wohnung

(1) ¹Der Zulageberechtigte kann das in einem Altersvorsorgevertrag gebildete und nach § 10a oder nach diesem Abschnitt geförderte Kapital in vollem Umfang oder, wenn das verbleibende geförderte Restkapital mindestens 3.000 Euro beträgt, teilweise wie folgt verwenden (Altersvorsorge-Eigenheimbetrag):

1. bis zum Beginn der Auszahlungsphase unmittelbar für die Anschaffung oder Herstellung einer Wohnung oder zur Tilgung eines zu diesem Zweck aufgenommenen Darlehens, wenn das dafür entnommene Kapital mindestens 3.000 Euro beträgt, oder
2. bis zum Beginn der Auszahlungsphase unmittelbar für den Erwerb von Pflicht-Geschäftsanteilen an einer eingetragenen Genossenschaft für die Selbstnutzung einer Genossenschaftswohnung oder zur Tilgung eines zu diesem Zweck aufgenommenen Darlehens, wenn das dafür entnommene Kapital mindestens 3.000 Euro beträgt, oder
3. bis zum Beginn der Auszahlungsphase unmittelbar für die Finanzierung eines Umbaus einer Wohnung, wenn
    a) das dafür entnommene Kapital
        aa) mindestens 6.000 Euro beträgt und für einen innerhalb eines Zeitraums von drei Jahren nach der Anschaffung oder Herstellung der Wohnung vorgenommenen Umbau verwendet wird oder
        bb) mindestens 20.000 Euro beträgt,
    b) das dafür entnommene Kapital zu mindestens 50 Prozent auf Maßnahmen entfällt, die die Vorgaben der DIN 18040 Teil 2, Ausgabe September 2011, soweit baustrukturell möglich, erfüllen, und der verbleibende Teil der Kosten der Reduzierung von Barrieren in oder an der Wohnung dient; die zweckgerechte Verwendung ist durch einen Sachverständigen zu bestätigen; und
    c) der Zulageberechtigte oder ein Mitnutzer der Wohnung für die Umbaukosten weder eine Förderung durch Zuschüsse noch eine Steuerermäßigung nach § 35a in Anspruch nimmt oder nehmen wird noch die Berücksichtigung als außergewöhnliche Belastung nach § 33 beantragt hat oder beantragen wird und dies schriftlich bestätigt. ²Diese Bestätigung ist bei der Antragstellung nach § 92b Absatz 1 Satz 1 gegenüber der zentralen Stelle abzugeben. ³Bei der Inanspruchnahme eines Darlehens im Rahmen eines Altersvorsorgevertrags nach § 1 Absatz 1a des Altersvorsorgeverträge-Zertifizierungsgesetzes hat der Zulageberechtigte die Bestätigung gegenüber seinem Anbieter abzugeben.

² Die DIN 18040 ist im Beuth-Verlag GmbH, Berlin und Köln, erschienen und beim Deutschen Patent- und Markenamt in München archivmäßig gesichert niedergelegt. ³ Die technischen Mindestanforderungen für die Reduzierung von Barrieren in oder an der Wohnung nach Satz 1 Nummer 3 Buchstabe b werden durch das Bundesministerium Innern, für Bau und Heimat im Einvernehmen mit dem Bundesministerium der Finanzen festgelegt und im Bundesbaublatt veröffentlicht. ⁴ Sachverständige im Sinne dieser Vorschrift sind nach Landesrecht Bauvorlageberechtigte sowie nach § 91 Absatz 1 Nummer 8 der Handwerksordnung öffentlich bestellte und vereidigte Sachverständige, die für ein Sachgebiet bestellt sind, das die Barrierefreiheit und Barrierereduzierung in Wohngebäuden umfasst, und die eine besondere Sachkunde oder ergänzende Fortbildung auf diesem Gebiet nachweisen. ⁵ Eine nach Satz 1 begünstigte Wohnung ist

1. eine Wohnung in einem eigenen Haus oder
2. eine eigene Eigentumswohnung oder
3. eine Genossenschaftswohnung einer eingetragenen Genossenschaft,

wenn diese Wohnung in einem Mitgliedstaat der Europäischen Union oder in einem Staat, auf den das Abkommen über den Europäischen Wirtschaftsraum (EWR-Abkommen) anwendbar ist, belegen ist und die Hauptwohnung oder den Mittelpunkt der Lebensinteressen des Zulageberechtigten darstellt; dies gilt auch für eine im Vereinigten Königreich Großbritannien und Nordirland belegene Wohnung, die vor dem Zeitpunkt, ab dem das Vereinigte Königreich Großbritannien und Nordirland nicht mehr Mitgliedstaat der Europäischen Union ist und auch nicht wie ein solcher zu behandeln ist, bereits begünstigt war, soweit für diese Wohnung bereits vor diesem Zeitpunkt eine Verwendung nach Satz 1 erfolgt ist und keine erneute beantragt wird. ⁶ Einer Wohnung im Sinne des Satzes 5 steht ein eigentumsähnliches oder lebenslanges Dauerwohnrecht nach § 33 des Wohnungseigentumsgesetzes gleich, soweit Vereinbarungen nach § 39 des Wohnungseigentumsgesetzes getroffen werden. ⁷ Bei der Ermittlung des Restkapitals nach Satz 1 ist auf den Stand des geförderten Altersvorsorgevermögens zum Ablauf des Tages abzustellen, an dem die zentrale Stelle den Bescheid nach § 92b ausgestellt hat. ⁸ Der Altersvorsorge-Eigenheimbetrag gilt nicht als Leistung aus einem Altersvorsorgevertrag, die dem Zulageberechtigten im Zeitpunkt der Auszahlung zufließt.

(2) ¹ Der Altersvorsorge-Eigenheimbetrag, die Tilgungsleistungen im Sinne des § 82 Absatz 1 Satz 1 Nummer 2 und die hierfür gewährten Zulagen sind durch die zentrale Stelle in Bezug auf den zugrunde liegenden Altersvorsorgevertrag gesondert zu erfassen (Wohnförderkonto); die zentrale Stelle teilt für jeden Altersvorsorgevertrag, für den sie ein Wohnförderkonto (Altersvorsorgevertrag mit Wohnförderkonto) führt, dem Anbieter jährlich den Stand des Wohnförderkontos

§ 92a EStG

nach amtlich vorgeschriebenem Datensatz durch Datenfernübertragung mit. ²Beiträge, die nach § 82 Absatz 1 Satz 3 wie Tilgungsleistungen behandelt wurden, sind im Zeitpunkt der unmittelbaren Darlehenstilgung einschließlich der zur Tilgung eingesetzten Zulagen und Erträge in das Wohnförderkonto aufzunehmen; zur Tilgung eingesetzte ungeförderte Beiträge einschließlich der darauf entfallenden Erträge fließen dem Zulageberechtigten in diesem Zeitpunkt zu. ³Nach Ablauf eines Beitragsjahres, letztmals für das Beitragsjahr des Beginns der Auszahlungsphase, ist der sich aus dem Wohnförderkonto ergebende Gesamtbetrag um 2 Prozent zu erhöhen. ⁴Das Wohnförderkonto ist zu vermindern um

1. Zahlungen des Zulageberechtigten auf einen auf seinen Namen lautenden zertifizierten Altersvorsorgevertrag nach § 1 Absatz 1 des Altersvorsorgeverträge-Zertifizierungsgesetzes bis zum Beginn der Auszahlungsphase zur Minderung der in das Wohnförderkonto eingestellten Beträge; der Anbieter, bei dem die Einzahlung erfolgt, hat die Einzahlung der zentralen Stelle nach amtlich vorgeschriebenem Datensatz durch Datenfernübertragung mitzuteilen; erfolgt die Einzahlung nicht auf den Altersvorsorgevertrag mit Wohnförderkonto, hat der Zulageberechtigte dem Anbieter, bei dem die Einzahlung erfolgt, die Vertragsdaten des Altersvorsorgevertrags mit Wohnförderkonto mitzuteilen; diese hat der Anbieter der zentralen Stelle zusätzlich mitzuteilen;
2. den Verminderungsbetrag nach Satz 5.

⁵Verminderungsbetrag ist der sich mit Ablauf des Kalenderjahres des Beginns der Auszahlungsphase ergebende Stand des Wohnförderkontos dividiert durch die Anzahl der Jahre bis zur Vollendung des 85. Lebensjahres des Zulageberechtigten; als Beginn der Auszahlungsphase gilt der vom Zulageberechtigten und Anbieter vereinbarte Zeitpunkt, der zwischen der Vollendung des 60. Lebensjahres und des 68. Lebensjahres des Zulageberechtigten liegen muss; ist ein Auszahlungszeitpunkt nicht vereinbart, so gilt die Vollendung des 67. Lebensjahres als Beginn der Auszahlungsphase; die Verschiebung des Beginns der Auszahlungsphase über das 68. Lebensjahr des Zulageberechtigten hinaus ist unschädlich, sofern es sich um eine Verschiebung im Zusammenhang mit der Abfindung einer Kleinbetragsrente auf Grund des § 1 Absatz 1 Satz 1 Nummer 4 Buchstabe a des Altersvorsorgeverträge-Zertifizierungsgesetzes handelt. ⁶Anstelle einer Verminderung nach Satz 5 kann der Zulageberechtigte jederzeit in der Auszahlungsphase von der zentralen Stelle die Auflösung des Wohnförderkontos verlangen (Auflösungsbetrag). ⁷Der Anbieter hat im Zeitpunkt der unmittelbaren Darlehenstilgung die Beträge nach Satz 2 erster Halbsatz und der Anbieter eines Altersvorsorgevertrags mit Wohnförderkonto hat zu Beginn der Auszahlungsphase den Zeitpunkt des Beginns der Auszahlungsphase der zentralen Stelle nach amtlich vorgeschriebenem Datensatz durch Datenfernübertragung spätestens bis zum Ablauf des zweiten Monats, der

auf den Monat der unmittelbaren Darlehenstilgung oder des Beginns der Auszahlungsphase folgt, mitzuteilen. ⁸Wird gefördertes Altersvorsorgevermögen nach § 93 Absatz 2 Satz 1 von einem Anbieter auf einen anderen auf den Namen des Zulageberechtigten lautenden Altersvorsorgevertrag vollständig übertragen und hat die zentrale Stelle für den bisherigen Altersvorsorgevertrag ein Wohnförderkonto geführt, so schließt sie das Wohnförderkonto des bisherigen Vertrags und führt es zu dem neuen Altersvorsorgevertrag fort. ⁹Erfolgt eine Zahlung nach Satz 4 Nummer 1 oder nach Absatz 3 Satz 9 Nummer 2 auf einen anderen Altersvorsorgevertrag als auf den Altersvorsorgevertrag mit Wohnförderkonto, schließt die zentrale Stelle das Wohnförderkonto des bisherigen Vertrags und führt es ab dem Zeitpunkt der Einzahlung für den Altersvorsorgevertrag fort, auf den die Einzahlung erfolgt ist. ¹⁰Die zentrale Stelle teilt die Schließung des Wohnförderkontos dem Anbieter des bisherigen Altersvorsorgevertrags mit Wohnförderkonto mit.

(2a) ¹Geht im Rahmen der Regelung von Scheidungsfolgen der Eigentumsanteil des Zulageberechtigten an der Wohnung im Sinne des Absatzes 1 Satz 5 ganz oder teilweise auf den anderen Ehegatten über, geht das Wohnförderkonto in Höhe des Anteils, der dem Verhältnis des übergegangenen Eigentumsanteils zum ursprünglichen Eigentumsanteil entspricht, mit allen Rechten und Pflichten auf den anderen Ehegatten über; dabei ist auf das Lebensalter des anderen Ehegatten abzustellen. ²Hat der andere Ehegatte das Lebensalter für den vertraglich vereinbarten Beginn der Auszahlungsphase oder, soweit kein Beginn der Auszahlungsphase vereinbart wurde, das 67. Lebensjahr im Zeitpunkt des Übergangs des Wohnförderkontos bereits überschritten, so gilt als Beginn der Auszahlungsphase der Zeitpunkt des Übergangs des Wohnförderkontos. ³Der Zulageberechtigte hat den Übergang des Eigentumsanteils der zentralen Stelle nachzuweisen. ⁴Dazu hat er die für die Anlage eines Wohnförderkontos erforderlichen Daten des anderen Ehegatten mitzuteilen. ⁵Die Sätze 1 bis 4 gelten entsprechend für Ehegatten, die im Zeitpunkt des Todes des Zulageberechtigten

1. nicht dauernd getrennt gelebt haben (§ 26 Absatz 1) und
2. ihren Wohnsitz oder gewöhnlichen Aufenthalt in einem Mitgliedstaat der Europäischen Union oder einem Staat hatten, auf den das Abkommen über den Europäischen Wirtschaftsraum anwendbar ist; dies gilt auch, wenn die Ehegatten ihren vor dem Zeitpunkt, ab dem das Vereinigte Königreich Großbritannien und Nordirland nicht mehr Mitgliedstaat der Europäischen Union ist und auch nicht wie ein solcher zu behandeln ist, begründeten Wohnsitz oder gewöhnlichen Aufenthalt im Vereinigten Königreich Großbritannien und Nordirland hatten und der Altersvorsorgevertrag vor dem 23. Juni 2016 abgeschlossen worden ist.

§ 92a EStG

(3) ¹Nutzt der Zulageberechtigte die Wohnung im Sinne des Absatzes 1 Satz 5, für die ein Altersvorsorge-Eigenheimbetrag verwendet oder für die eine Tilgungsförderung im Sinne des § 82 Absatz 1 in Anspruch genommen worden ist, nicht nur vorübergehend nicht mehr zu eigenen Wohnzwecken, hat er dies dem Anbieter, in der Auszahlungsphase der zentralen Stelle, unter Angabe des Zeitpunkts der Aufgabe der Selbstnutzung anzuzeigen. ²Eine Aufgabe der Selbstnutzung liegt auch vor, soweit der Zulageberechtigte das Eigentum an der Wohnung aufgibt. ³Die Anzeigepflicht gilt entsprechend für den Rechtsnachfolger der begünstigten Wohnung, wenn der Zulageberechtigte stirbt. ⁴Die Anzeigepflicht entfällt, wenn das Wohnförderkonto vollständig zurückgeführt worden ist, es sei denn, es liegt ein Fall des § 22 Nummer 5 Satz 6 vor. ⁵Im Fall des Satzes 1 gelten die im Wohnförderkonto erfassten Beträge als Leistungen aus einem Altersvorsorgevertrag, die dem Zulageberechtigten nach letztmaliger Erhöhung des Wohnförderkontos nach Absatz 2 Satz 3 zum Ende des Veranlagungszeitraums, in dem die Selbstnutzung aufgegeben wurde, zufließen; das Wohnförderkonto ist aufzulösen (Auflösungsbetrag). ⁶Verstirbt der Zulageberechtigte, ist der Auflösungsbetrag ihm noch zuzurechnen. ⁷Der Anbieter hat der zentralen Stelle den Zeitpunkt der Aufgabe nach amtlich vorgeschriebenem Datensatz durch Datenfernübertragung spätestens bis zum Ablauf des zweiten Monats, der auf den Monat der Anzeige des Zulageberechtigten folgt, mitzuteilen. ⁸Wurde im Fall des Satzes 1 eine Tilgungsförderung nach § 82 Absatz 1 Satz 3 in Anspruch genommen und erfolgte keine Einstellung in das Wohnförderkonto nach Absatz 2 Satz 2, sind die Beiträge, die nach § 82 Absatz 1 Satz 3 wie Tilgungsleistungen behandelt wurden, sowie die darauf entfallenden Zulagen und Erträge in ein Wohnförderkonto aufzunehmen und anschließend die weiteren Regelungen dieses Absatzes anzuwenden; Absatz 2 Satz 2 zweiter Halbsatz und Satz 7 gilt entsprechend. ⁹Die Sätze 5 bis 7 sowie § 20 sind nicht anzuwenden, wenn

1. der Zulageberechtigte einen Betrag in Höhe des noch nicht zurückgeführten Betrags im Wohnförderkonto innerhalb von zwei Jahren vor dem Veranlagungszeitraum und von fünf Jahren nach Ablauf des Veranlagungszeitraums, in dem er die Wohnung letztmals zu eigenen Wohnzwecken genutzt hat, für eine weitere Wohnung im Sinne des Absatzes 1 Satz 5 verwendet,

2. der Zulageberechtigte einen Betrag in Höhe des noch nicht zurückgeführten Betrags im Wohnförderkonto innerhalb eines Jahres nach Ablauf des Veranlagungszeitraums, in dem er die Wohnung letztmals zu eigenen Wohnzwecken genutzt hat, auf einen auf seinen Namen lautenden zertifizierten Altersvorsorgevertrag zahlt; Absatz 2 Satz 4 Nummer 1 ist entsprechend anzuwenden,

3. die Ehewohnung auf Grund einer richterlichen Entscheidung nach § 1361b des Bürgerlichen Gesetzbuchs oder nach der Verordnung

über die Behandlung der Ehewohnung und des Hausrats dem anderen Ehegatten zugewiesen wird,
4. der Zulageberechtigte krankheits- oder pflegebedingt die Wohnung nicht mehr bewohnt, sofern er Eigentümer dieser Wohnung bleibt, sie ihm weiterhin zur Selbstnutzung zur Verfügung steht und sie nicht von Dritten, mit Ausnahme seines Ehegatten, genutzt wird oder
5. der Zulageberechtigte innerhalb von fünf Jahren nach Ablauf des Veranlagungszeitraums, in dem er die Wohnung letztmals zu eigenen Wohnzwecken genutzt hat, die Selbstnutzung dieser Wohnung wieder aufnimmt.

[10] Satz 9 Nummer 1 und 2 setzt voraus, dass der Zulageberechtigte dem Anbieter, in der Auszahlungsphase der zentralen Stelle, die fristgemäße Reinvestitionsabsicht im Rahmen der Anzeige nach Satz 1 und den Zeitpunkt der Reinvestition oder die Aufgabe der Reinvestitionsabsicht anzeigt; in den Fällen des Absatzes 2a und des Satzes 9 Nummer 3 gelten die Sätze 1 bis 9 entsprechend für den anderen, geschiedenen oder überlebenden Ehegatten, wenn er die Wohnung nicht nur vorübergehend nicht mehr zu eigenen Wohnzwecken nutzt. [11] Satz 5 ist mit der Maßgabe anzuwenden, dass der Eingang der Anzeige der aufgegebenen Reinvestitionsabsicht, spätestens jedoch der 1. Januar

1. des sechsten Jahres nach dem Jahr der Aufgabe der Selbstnutzung bei einer Reinvestitionsabsicht nach Satz 9 Nummer 1 oder
2. des zweiten Jahres nach dem Jahr der Aufgabe der Selbstnutzung bei einer Reinvestitionsabsicht nach Satz 9 Nummer 2

als Zeitpunkt der Aufgabe gilt. [12] Satz 9 Nummer 5 setzt voraus, dass bei einer beabsichtigten Wiederaufnahme der Selbstnutzung der Zulageberechtigte dem Anbieter, in der Auszahlungsphase der zentralen Stelle, die Absicht der fristgemäßen Wiederaufnahme der Selbstnutzung im Rahmen der Anzeige nach Satz 1 und den Zeitpunkt oder die Aufgabe der Reinvestitionsabsicht nach Satz 10 anzeigt. [13] Satz 10 zweiter Halbsatz und Satz 11 gelten für die Anzeige der Absicht der fristgemäßen Wiederaufnahme der Selbstnutzung entsprechend.

(4) [1] Absatz 3 sowie § 20 sind auf Antrag des Steuerpflichtigen nicht anzuwenden, wenn er
1. die Wohnung im Sinne des Absatzes 1 Satz 5 auf Grund eines beruflich bedingten Umzugs für die Dauer der beruflich bedingten Abwesenheit nicht selbst nutzt; wird während dieser Zeit mit einer anderen Person ein Nutzungsrecht für diese Wohnung vereinbart, ist diese Vereinbarung von vorneherein entsprechend zu befristen,
2. beabsichtigt, die Selbstnutzung wieder aufzunehmen und
3. die Selbstnutzung spätestens mit der Vollendung seines 67. Lebensjahres aufnimmt.

§ 92a EStG

²Der Steuerpflichtige hat den Antrag bei der zentralen Stelle zu stellen und dabei die notwendigen Nachweise zu erbringen. ³Die zentrale Stelle erteilt dem Steuerpflichtigen einen Bescheid über die Bewilligung des Antrags und informiert den Anbieter des Altersvorsorgevertrags mit Wohnförderkonto des Zulageberechtigten über die Bewilligung, eine Wiederaufnahme der Selbstnutzung nach einem beruflich bedingten Umzug und den Wegfall der Voraussetzungen nach diesem Absatz; die Information hat nach amtlich vorgeschriebenem Datensatz durch Datenfernübertragung zu erfolgen. ⁴Entfällt eine der in Satz 1 genannten Voraussetzungen, ist Absatz 3 mit der Maßgabe anzuwenden, dass bei einem Wegfall der Voraussetzung nach Satz 1 Nummer 1 als Zeitpunkt der Aufgabe der Zeitpunkt des Wegfalls der Voraussetzung und bei einem Wegfall der Voraussetzung nach Satz 1 Nummer 2 oder Nummer 3 der Eingang der Mitteilung des Steuerpflichtigen nach Absatz 3 als Zeitpunkt der Aufgabe gilt, spätestens jedoch die Vollendung des 67. Lebensjahres des Steuerpflichtigen.

§ 92b
Verfahren bei Verwendung für eine selbst genutzte Wohnung

(1) ¹Der Zulageberechtigte hat die Verwendung des Kapitals nach § 92a Absatz 1 Satz 1 spätestens zehn Monate vor dem Beginn der Auszahlungsphase des Altersvorsorgevertrags im Sinne des § 1 Absatz 1 Nummer 2 des Altersvorsorgeverträge-Zertifizierungsgesetzes bei der zentralen Stelle zu beantragen und dabei die notwendigen Nachweise zu erbringen. ²Er hat zu bestimmen, aus welchen Altersvorsorgeverträgen der Altersvorsorge-Eigenheimbetrag ausgezahlt werden soll. ³Die zentrale Stelle teilt dem Zulageberechtigten durch Bescheid und den Anbietern der in Satz 2 genannten Altersvorsorgeverträge nach amtlich vorgeschriebenem Datensatz durch Datenfernübertragung mit, bis zu welcher Höhe eine wohnungswirtschaftliche Verwendung im Sinne des § 92a Absatz 1 Satz 1 vorliegen kann.

(2) ¹Die Anbieter der in Absatz 1 Satz 2 genannten Altersvorsorgeverträge dürfen den Altersvorsorge-Eigenheimbetrag auszahlen, sobald sie die Mitteilung nach Absatz 1 Satz 3 erhalten haben. ²Sie haben der zentralen Stelle nach amtlich vorgeschriebenem Datensatz durch Datenfernübertragung Folgendes spätestens bis zum Ablauf des zweiten Monats, der auf den Monat der Auszahlung folgt, anzuzeigen:

1. den Auszahlungszeitpunkt und den Auszahlungsbetrag,
2. die Summe der bis zum Auszahlungszeitpunkt dem Altersvorsorgevertrag gutgeschriebenen Zulagen,
3. die Summe der bis zum Auszahlungszeitpunkt geleisteten Altersvorsorgebeiträge und
4. den Stand des geförderten Altersvorsorgevermögens im Zeitpunkt der Auszahlung.

(3) ¹Die zentrale Stelle stellt zu Beginn der Auszahlungsphase und in den Fällen des § 92a Absatz 2a und 3 Satz 5 den Stand des Wohnförderkontos, soweit für die Besteuerung erforderlich, den Verminderungsbetrag und den Auflösungsbetrag von Amts wegen gesondert fest. ²Die zentrale Stelle teilt die Feststellung dem Zulageberechtigten, in den Fällen des § 92a Absatz 2a Satz 1 auch dem anderen Ehegatten, durch Bescheid und dem Anbieter nach amtlich vorgeschriebenem Datensatz durch Datenfernübertragung mit. ³Der Anbieter hat auf Anforderung der zentralen Stelle die zur Feststellung erforderlichen Unterlagen vorzulegen. ⁴Auf Antrag des Zulageberechtigten stellt die zentrale Stelle den Stand des Wohnförderkontos gesondert fest. ⁵§ 90 Absatz 4 Satz 2 bis 5 gilt entsprechend.

§ 93
Schädliche Verwendung

(1) ¹Wird gefördertes Altersvorsorgevermögen nicht unter den in § 1 Absatz 1 Satz 1 Nummer 4 und 10 Buchstabe c des Altersvorsorgeverträge-Zertifizierungsgesetzes oder § 1 Absatz 1 Satz 1 Nummer 4, 5 und 10 Buchstabe c des Altersvorsorgeverträge-Zertifizierungsgesetzes in der bis zum 31. Dezember 2004 geltenden Fassung genannten Voraussetzungen an den Zulageberechtigten ausgezahlt (schädliche Verwendung), sind die auf das ausgezahlte geförderte Altersvorsorgevermögen entfallenden Zulagen und die nach § 10a Absatz 4 gesondert festgestellten Beträge (Rückzahlungsbetrag) zurückzuzahlen. ²Dies gilt auch bei einer Auszahlung nach Beginn der Auszahlungsphase (§ 1 Absatz 1 Satz 1 Nummer 2 des Altersvorsorgeverträge-Zertifizierungsgesetzes) und bei Auszahlungen im Fall des Todes des Zulageberechtigten. ³Hat der Zulageberechtigte Zahlungen im Sinne des § 92a Absatz 2 Satz 4 Nummer 1 oder § 92a Absatz 3 Satz 9 Nummer 2 geleistet, dann handelt es sich bei dem hierauf beruhenden Altersvorsorgevermögen um gefördertes Altersvorsorgevermögen im Sinne des Satzes 1; der Rückzahlungsbetrag bestimmt sich insoweit nach der für die in das Wohnförderkonto eingestellten Beträge gewährten Förderung. ⁴Eine Rückzahlungsverpflichtung besteht nicht für den Teil der Zulagen und der Steuerermäßigung,

a) der auf nach § 1 Absatz 1 Satz 1 Nummer 2 des Altersvorsorgeverträge-Zertifizierungsgesetzes angespartes gefördertes Altersvorsorgevermögen entfällt, wenn es in Form einer Hinterbliebenenrente an die dort genannten Hinterbliebenen ausgezahlt wird; dies gilt auch für Leistungen im Sinne des § 82 Absatz 3 an Hinterbliebene des Steuerpflichtigen;

b) der den Beitragsanteilen zuzuordnen ist, die für die zusätzliche Absicherung der verminderten Erwerbsfähigkeit und eine zusätzliche Hinterbliebenenabsicherung ohne Kapitalbildung verwendet worden sind;

c) der auf gefördertes Altersvorsorgevermögen entfällt, das im Fall des Todes des Zulageberechtigten auf einen auf den Namen des Ehegatten lautenden Altersvorsorgevertrag übertragen wird, wenn die Ehegatten im Zeitpunkt des Todes des Zulageberechtigten nicht dauernd getrennt gelebt haben (§ 26 Absatz 1) und ihren Wohnsitz oder gewöhnlichen Aufenthalt in einem Mitgliedstaat der Europäischen Union oder einem Staat hatten, auf den das Abkommen über den Europäischen Wirtschaftsraum (EWR-Abkommen) anwendbar ist; dies gilt auch, wenn die Ehegatten ihren vor dem Zeitpunkt, ab dem das Vereinigte Königreich Großbritannien und Nordirland nicht mehr Mitgliedstaat der Europäischen Union ist und auch nicht wie ein solcher zu behandeln ist, begründeten

§ 93 EStG

Wohnsitz oder gewöhnlichen Aufenthalt im Vereinigten Königreich Großbritannien und Nordirland hatten und der Vertrag vor dem 23. Juni 2016 abgeschlossen worden ist;

d) der auf den Altersvorsorge-Eigenheimbetrag entfällt.

(1a) [1] Eine schädliche Verwendung liegt nicht vor, wenn gefördertes Altersvorsorgevermögen auf Grund einer internen Teilung nach § 10 des Versorgungsausgleichsgesetzes oder auf Grund einer externen Teilung nach § 14 des Versorgungsausgleichsgesetzes auf einen zertifizierten Altersvorsorgevertrag oder eine nach § 82 Absatz 2 begünstigte betriebliche Altersversorgung übertragen wird; die auf das übertragene Anrecht entfallende steuerliche Förderung geht mit allen Rechten und Pflichten auf die ausgleichsberechtigte Person über. [2] Eine schädliche Verwendung liegt ebenfalls nicht vor, wenn gefördertes Altersvorsorgevermögen auf Grund einer externen Teilung nach § 14 des Versorgungsausgleichsgesetzes auf die Versorgungsausgleichskasse oder die gesetzliche Rentenversicherung übertragen wird; die Rechte und Pflichten der ausgleichspflichtigen Person aus der steuerlichen Förderung des übertragenen Anteils entfallen. [3] In den Fällen der Sätze 1 und 2 teilt die zentrale Stelle der ausgleichspflichtigen Person die Höhe der auf die Ehezeit im Sinne des § 3 Absatz 1 des Versorgungsausgleichsgesetzes oder die Lebenspartnerschaftszeit im Sinne des § 20 Absatz 2 des Lebenspartnerschaftsgesetzes entfallenden gesondert festgestellten Beträge nach § 10a Absatz 4 und die ermittelten Zulagen mit. [4] Die entsprechenden Beträge sind monatsweise zuzuordnen. [5] Die zentrale Stelle teilt die geänderte Zuordnung der gesondert festgestellten Beträge nach § 10a Absatz 4 sowie der ermittelten Zulagen der ausgleichspflichtigen und in den Fällen des Satzes 1 auch der ausgleichsberechtigten Person durch Feststellungsbescheid mit. [6] Nach Eintritt der Unanfechtbarkeit dieses Feststellungsbescheids informiert die zentrale Stelle den Anbieter durch einen Datensatz über die geänderte Zuordnung.

(2) [1] Die Übertragung von gefördertem Altersvorsorgevermögen auf einen anderen auf den Namen des Zulageberechtigten lautenden Altersvorsorgevertrag (§ 1 Absatz 1 Satz 1 Nummer 10 Buchstabe b des Altersvorsorgeverträge-Zertifizierungsgesetzes) stellt keine schädliche Verwendung dar. [2] Dies gilt sinngemäß in den Fällen des § 4 Absatz 2 und 3 des Betriebsrentengesetzes, wenn das geförderte Altersvorsorgevermögen auf eine der in § 82 Absatz 2 Buchstabe a genannten Einrichtungen der betrieblichen Altersversorgung zum Aufbau einer kapitalgedeckten betrieblichen Altersversorgung übertragen und eine lebenslange Altersversorgung entsprechend § 82 Absatz 2 Satz 2 vorgesehen ist, wie auch in den Fällen einer Übertragung nach § 3 Nummer 55c Satz 2 Buchstabe a. [3] In den übrigen Fällen der Abfindung von Anwartschaften der betrieblichen Altersversorgung gilt dies, soweit das geförderte Altersvorsorgevermögen zugunsten eines auf den Namen des Zulageberechtigten lautenden Altersvorsorgevertrages geleistet wird. [4] Auch keine schädliche Verwendung sind

der gesetzliche Forderungs- und Vermögensübergang nach § 9 des Betriebsrentengesetzes und die gesetzlich vorgesehene schuldbefreiende Übertragung nach § 8 Absatz 1 des Betriebsrentengesetzes.

(3) ¹Auszahlungen zur Abfindung einer Kleinbetragsrente zu Beginn der Auszahlungsphase oder im darauffolgenden Jahr gelten nicht als schädliche Verwendung. ²Eine Kleinbetragsrente ist eine Rente, die bei gleichmäßiger Verrentung des gesamten zu Beginn der Auszahlungsphase zur Verfügung stehenden Kapitals eine monatliche Rente ergibt, die 1 Prozent der monatlichen Bezugsgröße nach § 18 des Vierten Buches Sozialgesetzbuch nicht übersteigt. ³Bei der Berechnung dieses Betrags sind alle bei einem Anbieter bestehenden Verträge des Zulageberechtigten insgesamt zu berücksichtigen, auf die nach diesem Abschnitt geförderte Altersvorsorgebeiträge geleistet wurden. ⁴Die Sätze 1 bis 3 gelten entsprechend, wenn

1. nach dem Beginn der Auszahlungsphase ein Versorgungsausgleich durchgeführt wird und
2. sich dadurch die Rente verringert.

(4) ¹Wird bei einem einheitlichen Vertrag nach § 1 Absatz 1a Satz 1 Nummer 2 zweiter Halbsatz des Altersvorsorgeverträge-Zertifizierungsgesetzes das Darlehen nicht wohnungswirtschaftlich im Sinne des § 92a Absatz 1 Satz 1 verwendet, liegt zum Zeitpunkt der Darlehensauszahlung eine schädliche Verwendung des geförderten Altersvorsorgevermögens vor, es sei denn, das geförderte Altersvorsorgevermögen wird innerhalb eines Jahres nach Ablauf des Veranlagungszeitraums, in dem das Darlehen ausgezahlt wurde, auf einen anderen zertifizierten Altersvorsorgevertrag übertragen, der auf den Namen des Zulageberechtigten lautet. ²Der Zulageberechtigte hat dem Anbieter die Absicht zur Kapitalübertragung, den Zeitpunkt der Kapitalübertragung bis zum Zeitpunkt der Darlehensauszahlung und die Aufgabe der Absicht zur Kapitalübertragung mitzuteilen. ³Wird die Absicht zur Kapitalübertragung aufgegeben, tritt die schädliche Verwendung zu dem Zeitpunkt ein, zu dem die Mitteilung des Zulageberechtigten hierzu beim Anbieter eingeht, spätestens aber am 1. Januar des zweiten Jahres nach dem Jahr, in dem das Darlehen ausgezahlt wurde.

§ 94
Verfahren bei schädlicher Verwendung

(1) ¹In den Fällen des § 93 Absatz 1 hat der Anbieter der zentralen Stelle vor der Auszahlung des geförderten Altersvorsorgevermögens die schädliche Verwendung nach amtlich vorgeschriebenem Datensatz durch amtlich bestimmte Datenfernübertragung anzuzeigen. ²Die zentrale Stelle ermittelt den Rückzahlungsbetrag und teilt diesen dem Anbieter durch Datensatz mit. ³Der Anbieter hat den Rückzahlungsbetrag einzubehalten, mit der nächsten Anmeldung nach § 90 Absatz 3 anzumelden und an die zentrale Stelle abzuführen. ⁴Der Anbieter hat die einbehaltenen und abgeführten Beträge der zentralen Stelle nach amtlich vorgeschriebenem Datensatz durch amtlich bestimmte Datenfernübertragung mitzuteilen und diese Beträge dem Zulageberechtigten zu bescheinigen; mit Einverständnis des Zulageberechtigten kann die Bescheinigung elektronisch bereitgestellt werden. ⁵In den Fällen des § 93 Absatz 3 gilt Satz 1 entsprechend.

(2) ¹Eine Festsetzung des Rückzahlungsbetrags erfolgt durch die zentrale Stelle auf besonderen Antrag des Zulageberechtigten oder sofern die Rückzahlung nach Absatz 1 ganz oder teilweise nicht möglich oder nicht erfolgt ist. ²§ 90 Absatz 4 Satz 2 bis 6 gilt entsprechend; § 90 Absatz 4 Satz 5 gilt nicht, wenn die Geschäftsbeziehung im Hinblick auf den jeweiligen Altersvorsorgevertrag zwischen dem Zulageberechtigten und dem Anbieter beendet wurde. ³Im Rückforderungsbescheid sind auf den Rückzahlungsbetrag die vom Anbieter bereits einbehaltenen und abgeführten Beträge nach Maßgabe der Bescheinigung nach Absatz 1 Satz 4 anzurechnen. ⁴Der Zulageberechtigte hat den verbleibenden Rückzahlungsbetrag innerhalb eines Monats nach Bekanntgabe des Rückforderungsbescheids an die zuständige Kasse zu entrichten. ⁵Die Frist für die Festsetzung des Rückzahlungsbetrags beträgt vier Jahre und beginnt mit Ablauf des Kalenderjahres, in dem die Auszahlung im Sinne des § 93 Absatz 1 erfolgt ist.

(3) ¹Sofern der zentralen Stelle für den Zulageberechtigten im Zeitpunkt der schädlichen Verwendung eine Meldung nach § 118 Absatz 1a des Zwölften Buches Sozialgesetzbuch zum erstmaligen Bezug von Hilfe zum Lebensunterhalt und von Grundsicherung im Alter und bei Erwerbsminderung vorliegt, teilt die zentrale Stelle zum Zeitpunkt der Mitteilung nach Absatz 1 Satz 2 der Datenstelle der Rentenversicherungsträger als Vermittlungsstelle die schädliche Verwendung durch Datenfernübertragung mit. ²Dies gilt nicht, wenn das Ausscheiden aus diesem Hilfebezug nach § 118 Absatz 1a des Zwölften Buches Sozialgesetzbuch angezeigt wurde.

§ 95
Sonderfälle der Rückzahlung

(1) ¹Die §§ 93 und 94 gelten entsprechend, wenn
1. sich der Wohnsitz oder gewöhnliche Aufenthalt des Zulageberechtigten außerhalb der Mitgliedstaaten der Europäischen Union und der Staaten befindet, auf die das Abkommen über den Europäischen Wirtschaftsraum (EWR-Abkommen) anwendbar ist, oder wenn der Zulageberechtigte ungeachtet eines Wohnsitzes oder gewöhnlichen Aufenthaltes in einem dieser Staaten nach einem Abkommen zur Vermeidung der Doppelbesteuerung mit einem dritten Staat als außerhalb des Hoheitsgebiets dieser Staaten ansässig gilt und
2. entweder keine Zulageberechtigung besteht oder der Vertrag in der Auszahlungsphase ist.

²Satz 1 gilt nicht, sofern sich der Wohnsitz oder gewöhnliche Aufenthalt des Zulageberechtigten bereits seit dem 22. Juni 2016 ununterbrochen im Vereinigten Königreich Großbritannien und Nordirland befindet und der Vertrag vor dem 23. Juni 2016 abgeschlossen worden ist.

(2) ¹Auf Antrag des Zulageberechtigten ist der Rückzahlungsbetrag im Sinne des § 93 Absatz 1 Satz 1 zunächst bis zum Beginn der Auszahlung zu stunden. ²Die Stundung ist zu verlängern, wenn der Rückzahlungsbetrag mit mindestens 15 Prozent der Leistungen aus dem Vertrag getilgt wird. ³Die Stundung endet, wenn das geförderte Altersvorsorgevermögen nicht unter den in § 1 Absatz 1 Satz 1 Nummer 4 des Altersvorsorgeverträge-Zertifizierungsgesetzes genannten Voraussetzungen an den Zulageberechtigten ausgezahlt wird. ⁴Der Stundungsantrag ist über den Anbieter an die zentrale Stelle zu richten. ⁵Der Anbieter hat dem Zulageberechtigten den Stundungsantrag bereitzustellen; mit Einverständnis des Zulageberechtigten kann der Antrag elektronisch bereitgestellt werden. ⁶Die zentrale Stelle teilt ihre Entscheidung auch dem Anbieter mit.

(3) Wurde der Rückzahlungsbetrag nach Absatz 2 gestundet und
1. verlegt der ehemals Zulageberechtigte seinen ausschließlichen Wohnsitz oder gewöhnlichen Aufenthalt in einen Mitgliedstaat der Europäischen Union oder einen Staat, auf den das Abkommen über den Europäischen Wirtschaftsraum (EWR-Abkommen) anwendbar ist, oder
2. wird der ehemals Zulageberechtigte erneut zulageberechtigt,

sind der Rückzahlungsbetrag und die bereits entstandenen Stundungszinsen von der zentralen Stelle zu erlassen.

§ 96
Anwendung der Abgabenordnung, allgemeine Vorschriften

(1) [1]Auf die Zulagen und die Rückzahlungsbeträge sind die für Steuervergütungen geltenden Vorschriften der Abgabenordnung entsprechend anzuwenden. [2]Dies gilt nicht für § 163 der Abgabenordnung.

(2) [1]Hat der Anbieter vorsätzlich oder grob fahrlässig
1. unrichtige oder unvollständige Daten übermittelt oder
2. Daten pflichtwidrig nicht übermittelt,

obwohl der Zulageberechtigte seiner Informationspflicht gegenüber dem Anbieter zutreffend und rechtzeitig nachgekommen ist, haftet der Anbieter für die entgangene Steuer und die zu Unrecht gewährte Steuervergünstigung. [2]Dies gilt auch, wenn im Verhältnis zum Zulageberechtigten Festsetzungsverjährung eingetreten ist. [3]Der Zulageberechtigte haftet als Gesamtschuldner neben dem Anbieter, wenn er weiß, dass der Anbieter unrichtige oder unvollständige Daten übermittelt oder Daten pflichtwidrig nicht übermittelt hat. [4]Für die Inanspruchnahme des Anbieters ist die zentrale Stelle zuständig.

(3) Die zentrale Stelle hat auf Anfrage des Anbieters Auskunft über die Anwendung des Abschnitts XI zu geben.

(4) [1]Die zentrale Stelle kann beim Anbieter ermitteln, ob er seine Pflichten erfüllt hat. [2]Die §§ 193 bis 203 der Abgabenordnung gelten sinngemäß. [3]Auf Verlangen der zentralen Stelle hat der Anbieter ihr Unterlagen, soweit sie im Ausland geführt und aufbewahrt werden, verfügbar zu machen.

(5) Der Anbieter erhält vom Bund oder den Ländern keinen Ersatz für die ihm aus diesem Verfahren entstehenden Kosten.

(6) [1]Der Anbieter darf die im Zulageverfahren bekannt gewordenen Verhältnisse der Beteiligten nur für das Verfahren verwerten. [2]Er darf sie ohne Zustimmung der Beteiligten nur offenbaren, soweit dies gesetzlich zugelassen ist.

(7) [1]Für die Zulage gelten die Strafvorschriften des § 370 Absatz 1 bis 4, der §§ 371, 375 Absatz 1 und des § 376 sowie die Bußgeldvorschriften der §§ 378, 379 Absatz 1 und 4 und der §§ 383 und 384 der Abgabenordnung entsprechend. [2]Für das Strafverfahren wegen einer Straftat nach Satz 1 sowie der Begünstigung einer Person, die eine solche Tat begangen hat, gelten die §§ 385 bis 408, für das Bußgeldverfahren wegen einer Ordnungswidrigkeit nach Satz 1 die §§ 409 bis 412 der Abgabenordnung entsprechend.

§ 97
Übertragbarkeit

¹Das nach § 10a oder Abschnitt XI geförderte Altersvorsorgevermögen einschließlich seiner Erträge, die geförderten laufenden Altersvorsorgebeiträge und der Anspruch auf die Zulage sind nicht übertragbar. ²§ 93 Absatz 1a und § 4 des Betriebsrentengesetzes bleiben unberührt.

§ 98
Rechtsweg

In öffentlich-rechtlichen Streitigkeiten über die auf Grund des Abschnitts XI ergehenden Verwaltungsakte ist der Finanzrechtsweg gegeben.

§ 99
Ermächtigung

(1) Das Bundesministerium der Finanzen wird ermächtigt, die Vordrucke für die Anträge nach § 89, für die Anmeldung nach § 90 Absatz 3 und für die in den §§ 92 und 94 Absatz 1 Satz 4 vorgesehenen Bescheinigungen und im Einvernehmen mit den obersten Finanzbehörden der Länder das Muster für die nach § 22 Nummer 5 Satz 7 vorgesehene Bescheinigung und den Inhalt und Aufbau der für die Durchführung des Zulageverfahrens zu übermittelnden Datensätze zu bestimmen.

(2) ¹Das Bundesministerium der Finanzen wird ermächtigt, im Einvernehmen mit dem Bundesministerium für Arbeit und Soziales und dem Bundesministerium des Innern, für Bau und Heimat durch Rechtsverordnung mit Zustimmung des Bundesrates Vorschriften zur Durchführung dieses Gesetzes über das Verfahren für die Ermittlung, Festsetzung, Auszahlung, Rückzahlung und Rückforderung der Zulage sowie die Rückzahlung und Rückforderung der nach § 10a Absatz 4 festgestellten Beträge zu erlassen. ²Hierzu gehören insbesondere

1. Vorschriften über Aufzeichnungs-, Aufbewahrungs-, Bescheinigungs- und Anzeigepflichten des Anbieters,
2. Grundsätze des vorgesehenen Datenaustausches zwischen den Anbietern, der zentralen Stelle, den Trägern der gesetzlichen Rentenversicherung, der Bundesagentur für Arbeit, den Meldebehörden, den Familienkassen, den zuständigen Stellen und den Finanzämtern und
3. Vorschriften über Mitteilungspflichten, die für die Erteilung der Bescheinigungen nach § 22 Nummer 5 Satz 7 und § 92 erforderlich sind.

XII. Förderbetrag zur betrieblichen Altersversorgung

§ 100
Förderbetrag zur betrieblichen Altersversorgung

(1) ¹Arbeitgeber im Sinne des § 38 Absatz 1 dürfen vom Gesamtbetrag der einzubehaltenden Lohnsteuer für jeden Arbeitnehmer mit einem ersten Dienstverhältnis einen Teilbetrag des Arbeitgeberbeitrags zur kapitalgedeckten betrieblichen Altersversorgung (Förderbetrag) entnehmen und bei der nächsten Lohnsteuer-Anmeldung gesondert absetzen. ²Übersteigt der insgesamt zu gewährende Förderbetrag den Betrag, der insgesamt an Lohnsteuer abzuführen ist, so wird der übersteigende Betrag dem Arbeitgeber auf Antrag von dem Finanzamt, an das die Lohnsteuer abzuführen ist, aus den Einnahmen der Lohnsteuer ersetzt.

(2) ¹Der Förderbetrag beträgt im Kalenderjahr 30 Prozent des zusätzlichen Arbeitgeberbeitrags nach Absatz 3, höchstens 288 Euro. ²In Fällen, in denen der Arbeitgeber bereits im Jahr 2016 einen zusätzlichen Arbeitgeberbeitrag an einen Pensionsfonds, eine Pensionskasse oder für eine Direktversicherung geleistet hat, ist der jeweilige Förderbetrag auf den Betrag beschränkt, den der Arbeitgeber darüber hinaus leistet.

(3) Voraussetzung für die Inanspruchnahme des Förderbetrags nach den Absätzen 1 und 2 ist, dass

1. der Arbeitslohn des Arbeitnehmers im Lohnzahlungszeitraum, für den der Förderbetrag geltend gemacht wird, im Inland dem Lohnsteuerabzug unterliegt;
2. der Arbeitgeber für den Arbeitnehmer zusätzlich zum ohnehin geschuldeten Arbeitslohn im Kalenderjahr mindestens einen Betrag in Höhe von 240 Euro an einen Pensionsfonds, eine Pensionskasse oder für eine Direktversicherung zahlt;
3. im Zeitpunkt der Beitragsleistung der laufende Arbeitslohn (§ 39b Absatz 2 Satz 1 und 2), der pauschal besteuerte Arbeitslohn (§ 40a Absatz 1 und 3) oder das pauschal besteuerte Arbeitsentgelt (§ 40a Absatz 2 und 2a) nicht mehr beträgt als
   a) 85,84 Euro bei einem täglichen Lohnzahlungszeitraum,
   b) 600,84 Euro bei einem wöchentlichen Lohnzahlungszeitraum,
   c) 2.575 Euro bei einem monatlichen Lohnzahlungszeitraum oder
   d) 30.900 Euro bei einem jährlichen Lohnzahlungszeitraum;
4. eine Auszahlung der zugesagten Alters-, Invaliditäts- oder Hinterbliebenenversorgungsleistungen entsprechend § 82 Absatz 2 Satz 2 vorgesehen ist;
5. sichergestellt ist, dass von den Beiträgen jeweils derselbe prozentuale Anteil zur Deckung der Vertriebskosten herangezogen wird;

der Prozentsatz kann angepasst werden, wenn die Kalkulationsgrundlagen geändert werden, darf die ursprüngliche Höhe aber nicht überschreiten.

(4) [1]Für die Inanspruchnahme des Förderbetrags sind die Verhältnisse im Zeitpunkt der Beitragsleistung maßgeblich; spätere Änderungen der Verhältnisse sind unbeachtlich. [2]Abweichend davon sind die für den Arbeitnehmer nach Absatz 1 geltend gemachten Förderbeträge zurückzugewähren, wenn eine Anwartschaft auf Leistungen aus einer nach Absatz 1 geförderten betrieblichen Altersversorgung später verfällt und sich daraus eine Rückzahlung an den Arbeitgeber ergibt. [3]Der Förderbetrag ist nur zurückzugewähren, soweit er auf den Rückzahlungsbetrag entfällt. [4]Der Förderbetrag ist in der Lohnsteuer-Anmeldung für den Lohnzahlungszeitraum, in dem die Rückzahlung zufließt, der an das Betriebsstättenfinanzamt abzuführenden Lohnsteuer hinzuzurechnen.

(5) Für den Förderbetrag gelten entsprechend:
1. die §§ 41, 41a, 42e, 42f und 42g,
2. die für Steuervergütungen geltenden Vorschriften der Abgabenordnung mit Ausnahme des § 163 der Abgabenordnung und
3. die §§ 195 bis 203 der Abgabenordnung, die Strafvorschriften des § 370 Absatz 1 bis 4, der §§ 371, 375 Absatz 1 und des § 376, die Bußgeldvorschriften der §§ 378, 379 Absatz 1 und 4 und der §§ 383 und 384 der Abgabenordnung, die §§ 385 bis 408 für das Strafverfahren und die §§ 409 bis 412 der Abgabenordnung für das Bußgeldverfahren.

(6) [1]Der Arbeitgeberbeitrag im Sinne des Absatzes 3 Nummer 2 ist steuerfrei, soweit er im Kalenderjahr 960 Euro nicht übersteigt. [2]Die Steuerfreistellung des § 3 Nummer 63 bleibt hiervon unberührt.

XIII. Mobilitätsprämie

§ 101
Bemessungsgrundlage und Höhe der Mobilitätsprämie

[1]Steuerpflichtige können für die Veranlagungszeiträume 2021 bis 2026 neben der Berücksichtigung der Entfernungspauschalen ab dem 21. vollen Entfernungskilometer gemäß § 9 Absatz 1 Satz 3 Nummer 4 Satz 8 Buchstabe a und b, Nummer 5 Satz 9 Buchstabe a und b und § 4 Absatz 5 Satz 1 Nummer 6 Satz 4 als Werbungskosten oder Betriebsausgaben eine Mobilitätsprämie beanspruchen. [2]Bemessungsgrundlage der Mobilitätsprämie sind die berücksichtigten Entfernungspauschalen im Sinne des Satz 1, begrenzt auf den Betrag, um den das zu versteuernde Einkommen den Grundfreibetrag im Sinne des § 32a Absatz 1 Satz 2 Nummer 1 unterschreitet; bei Ehegatten, die nach §§ 26, 26b zusammen zur Einkommensteuer veranlagt werden, sind das gemeinsame zu versteuernde Einkommen und der doppelte Grundfreibetrag maßgebend. [3]Bei Steuerpflichtigen mit Einkünften aus nichtselbständiger Arbeit gilt dies nur, soweit die Entfernungspauschalen im Sinne des Satzes 1 zusammen mit den übrigen zu berücksichtigenden Werbungskosten im Zusammenhang mit den Einnahmen aus nichtselbständiger Arbeit den Arbeitnehmer-Pauschbetrag nach § 9a Satz 1 Nummer 1 Buchstabe a übersteigen. [4]Die Mobilitätsprämie beträgt 14 Prozent dieser Bemessungsgrundlage.

§ 102
Anspruchsberechtigung

Anspruchsberechtigt sind unbeschränkt oder beschränkt Steuerpflichtige im Sinne des § 1.

§ 103
Entstehung der Mobilitätsprämie

Der Anspruch auf die Mobilitätsprämie entsteht mit Ablauf des Kalenderjahres, in dem der Anspruchsberechtigte die erste Tätigkeitsstätte im Sinne des § 9 Absatz 4 oder eine Betriebsstätte im Sinne des § 4 Absatz 5 Satz 1 Nummer 6 aufgesucht oder Familienheimfahrten im Rahmen einer doppelten Haushaltsführung im Sinne des § 9 Absatz 1 Satz 3 Nummer 5 Satz 5 sowie des § 4 Absatz 5 Satz 1 Nummer 6 durchgeführt hat.

§ 104
Antrag auf die Mobilitätsprämie

(1) Die Mobilitätsprämie wird auf Antrag gewährt.

(2) [1]Der Anspruchsberechtigte hat den Antrag auf die Mobilitätsprämie bis zum Ablauf des vierten Kalenderjahres, das auf das Kalenderjahr folgt, in dem nach § 103 die Mobilitätsprämie entsteht, zu stellen. [2]Der Antrag ist nach amtlich vorgeschriebenem Vordruck bei dem Finanzamt zu stellen, dass für die Besteuerung des Anspruchsberechtigten nach dem Einkommen zuständig ist.

§ 105
Festsetzung und Auszahlung der Mobilitätsprämie

(1) [1]Die Mobilitätsprämie ist nach Ablauf des Kalenderjahres im Rahmen einer Einkommensteuerveranlagung festzusetzen. [2]Eine Festsetzung erfolgt nur, wenn die Mobilitätsprämie mindestens 10 Euro beträgt. [3]Die festgesetzte Mobilitätsprämie mindert die festgesetzte Einkommensteuer im Wege der Anrechnung. [4]Sie gilt insoweit als Steuervergütung. [5]Die Auszahlung erfolgt aus den Einnahmen an Einkommensteuer.

(2) [1]Besteht das Einkommen ganz oder teilweise aus Einkünften aus nichtselbständiger Arbeit, die dem Steuerabzug unterlegen haben, gilt der Antrag auf Mobilitätsprämie zugleich als ein Antrag auf Einkommensteuerveranlagung. [2]Besteht nach § 46 keine Pflicht zur Durchführung einer Veranlagung und wird keine Veranlagung, insbesondere zur Anrechnung von Lohnsteuer auf die Einkommensteuer nach § 46 Absatz 2 Nummer 8 beantragt, ist für die Festsetzung der Mobilitätsprämie die im Rahmen der Einkommensteuerveranlagung festgesetzte Einkommensteuer, die sich aufgrund des Antrags auf Mobilitätsprämie ergibt, mit Null Euro anzusetzen. [3]Auch in den Fällen des § 25 gilt, ungeachtet des § 56 Satz 1 der Einkommensteuer-Durchführungsverordnung, der Antrag auf Mobilitätsprämie zugleich als Abgabe einer Einkommensteuererklärung.

§ 106
Ertragsteuerliche Behandlung der Mobilitätsprämie

Die Mobilitätsprämie gehört nicht zu den steuerpflichtigen Einnahmen im Sinne des Einkommensteuergesetzes.

§ 107
Anwendung der Abgabenordnung

Auf die Mobilitätsprämie sind die für Steuervergütungen geltenden Vorschriften der Abgabenordnung mit Ausnahme des § 163 der Abgabenordnung entsprechend anzuwenden.

§ 108
Anwendung von Straf- und Bußgeldvorschriften der Abgabenordnung

¹Für die Mobilitätsprämie gelten die Strafvorschriften des § 370 Absatz 1 bis 4, der §§ 371, 375 Absatz 1 und des § 376 der Abgabenordnung sowie die Bußgeldvorschriften der §§ 378 und 379 Absatz 1 und 4 sowie der §§ 383 und 384 der Abgabenordnung entsprechend. ²Für das Strafverfahren wegen einer Straftat nach Satz 1 sowie der Begünstigung einer Person, die eine solche Tat begangen hat, gelten die §§ 385 bis 408 der Abgabenordnung, für das Bußgeldverfahren wegen einer Ordnungswidrigkeit nach Satz 1 die §§ 409 bis 412 der Abgabenordnung entsprechend.

§ 109
Verordnungsermächtigung

Die Bundesregierung wird ermächtigt, durch Rechtsverordnung mit Zustimmung des Bundesrates das Verfahren bei der Festsetzung und der Auszahlung der Mobilitätsprämie näher zu regeln.

§ 110 EStG

XIV. Sondervorschriften zur Bewältigung der Corona-Pandemie

§ 110
Anpassung von Vorauszahlungen für den Veranlagungszeitraum 2019

(1) ¹Auf Antrag wird der für die Bemessung der Vorauszahlungen für den Veranlagungszeitraum 2019 zugrunde gelegte Gesamtbetrag der Einkünfte pauschal um 30 Prozent gemindert. ²Das gilt nicht, soweit in dem Gesamtbetrag der Einkünfte Einkünfte aus nichtselbständiger Arbeit (§ 19) enthalten sind. ³Voraussetzung für die Anwendung des Satzes 1 ist, dass die Vorauszahlungen für 2020 auf 0 Euro herabgesetzt wurden.

(2) Abweichend von Absatz 1 wird der für die Bemessung der Vorauszahlungen für den Veranlagungszeitraum 2019 zugrunde gelegte Gesamtbetrag der Einkünfte um einen höheren Betrag als 30 Prozent gemindert, wenn der Steuerpflichtige einen voraussichtlichen Verlustrücktrag im Sinne des § 10d Absatz 1 Satz 1 für 2020 in dieser Höhe nachweisen kann.

(3) ¹Die Minderungen nach den Absätzen 1 und 2 dürfen insgesamt 10.000.000 Euro, bei Ehegatten, die nach den §§ 26 und 26b zusammenveranlagt werden, 20.000.000 Euro nicht überschreiten. ²§ 37 Absatz 3, 5 und 6 ist entsprechend anzuwenden.

§ 111
Vorläufiger Verlustrücktrag für 2020 und 2021

(1) ¹Auf Antrag wird bei der Steuerfestsetzung für den Veranlagungszeitraum 2019 pauschal ein Betrag in Höhe von 30 Prozent des Gesamtbetrags der Einkünfte des Veranlagungszeitraums 2019 als Verlustrücktrag aus 2020 abgezogen (vorläufiger Verlustrücktrag für 2020). ²Bei der Berechnung des vorläufigen Verlustrücktrags für 2020 sind Einkünfte aus nichtselbständiger Arbeit (§ 19) nicht zu berücksichtigen, die im Gesamtbetrag der Einkünfte enthalten sind. ³Voraussetzung für die Anwendung des Satzes 1 ist, dass die Vorauszahlungen für den Veranlagungszeitraum 2020 auf 0 Euro herabgesetzt wurden. ⁴Soweit bei der Steuerfestsetzung für den Veranlagungszeitraum 2019 der vorläufige Verlustrücktrag für 2020 abgezogen wird, ist § 233a Absatz 2a der Abgabenordnung entsprechend anzuwenden.

(2) Abweichend von Absatz 1 wird ein höherer Betrag als 30 Prozent vom Gesamtbetrag der Einkünfte abgezogen, wenn der Steuerpflichtige einen voraussichtlichen Verlustrücktrag im Sinne des § 10d Absatz 1 Satz 1 für 2020 in dieser Höhe nachweisen kann.

(3) Der vorläufige Verlustrücktrag für 2020 nach den Absätzen 1 und 2 kann insgesamt bis zu 10.000.000 Euro, bei Ehegatten, die nach den §§ 26 und 26b zusammenveranlagt werden, bis zu 20.000.000 Euro betragen. ¹⁾

(4) ¹Führt die Herabsetzung von Vorauszahlungen für den Veranlagungszeitraum 2019 auf Grund eines voraussichtlich erwarteten Verlustrücktrags für 2020 zu einer Nachzahlung bei der Steuerfestsetzung für den Veranlagungszeitraum 2019, so wird diese auf Antrag des Steuerpflichtigen bis zum Ablauf eines Monats nach Bekanntgabe der Steuerfestsetzung für den Veranlagungszeitraum 2020 gestundet. ²Stundungszinsen werden nicht erhoben.

(5) Für den Veranlagungszeitraum 2020 ist bei Anwendung von Absatz 1 oder 2 eine Einkommensteuererklärung abzugeben.

(6) ¹Mit der Veranlagung für 2020 ist die Steuerfestsetzung für den Veranlagungszeitraum 2019 zu ändern; hierbei ist der bislang berücksichtigte vorläufige Verlustrücktrag für 2020 dem Gesamtbetrag der Einkünfte hinzuzurechnen. ²Dies gilt auch dann, wenn der Steuerbescheid für den Veranlagungszeitraum 2019 bestandskräftig geworden ist; die Festsetzungsfrist endet insoweit nicht, bevor die Festsetzungsfrist für den Veranlagungszeitraum 2020 abgelaufen ist. ³Soweit die Änderung der Steuerfestsetzung für den Veranlagungszeitraum 2019 auf der Hinzurechnung des vorläufigen Verlustrücktrags für 2020 beruht, ist § 233a Absatz 2a der Abgabenordnung entsprechend anzuwenden.

---

¹⁾ Absatz 3 ist für die VZ 2019 und 2020 anzuwenden >§ 52 Abs. 53.

§ 111 EStG

(7) Die Absätze 1 bis 3 sind nicht anzuwenden, wenn die Veranlagung für den Veranlagungszeitraum 2020 vor der Veranlagung für den Veranlagungszeitraum 2019 durchgeführt wird.

[1]) (8) ¹Wird der Einkommensteuerbescheid für 2019 vor dem 1. April 2021 bestandskräftig, kann bis zum 17. April 2021 nachträglich ein erstmaliger oder geänderter Antrag auf Berücksichtigung des vorläufigen Verlustrücktrags für 2020 gestellt werden. ²Der Einkommensteuerbescheid für 2019 ist insoweit zu ändern.

[1]) (9) Die Absätze 1 bis 7 gelten für die Steuerfestsetzung für den Veranlagungszeitraum 2020 und die Berücksichtigung des Verlustrücktrags für 2021 entsprechend.

---

[1]) Die Absätze 8 und 9 sind für die VZ 2019 und 2020 anzuwenden >§ 52 Abs. 53.

XV. Energiepreispauschale

§ 112
Veranlagungszeitraum, Höhe

(1) Für den Veranlagungszeitraum 2022 wird Anspruchsberechtigten eine einmalige steuerpflichtige Energiepreispauschale gewährt.

(2) Die Höhe der Energiepreispauschale beträgt 300 Euro.

§ 113
Anspruchsberechtigung

Unbeschränkt Steuerpflichtige nach § 1 Absatz 1, die im Veranlagungszeitraum 2022 Einkünfte aus § 13, § 15, § 18 oder § 19 Absatz 1 Satz 1 Nummer 1 erzielen, haben Anspruch auf eine Energiepreispauschale.

§ 114
Entstehung des Anspruchs

Der Anspruch auf die Energiepreispauschale entsteht am 1. September 2022.

§ 115
Festsetzung mit der Einkommensteuerveranlagung

(1) Die Energiepreispauschale wird mit der Einkommensteuerveranlagung für den Veranlagungszeitraum 2022 festgesetzt.

(2) Absatz 1 gilt nicht, wenn die Energiepreispauschale nach § 117 vom Arbeitgeber ausgezahlt wurde.

§ 116
Anrechnung auf die Einkommensteuer

(1) [1]Eine nach § 115 Absatz 1 festgesetzte Energiepreispauschale ist auf die festgesetzte Einkommensteuer anzurechnen. [2]Die festgesetzte Energiepreispauschale ist bei der Ermittlung des Unterschiedsbetrages nach § 233a Absatz 3 Satz 1 der Abgabenordnung entsprechend zu berücksichtigen.

(2) Ergibt sich nach der Anrechnung nach Absatz 1 ein Erstattungsbetrag, so wird dieser dem Anspruchsberechtigten ausgezahlt.

§ 117
Auszahlung an Arbeitnehmer

(1) ¹Arbeitnehmer erhalten die Energiepreispauschale vom Arbeitgeber, wenn sie am 1. September 2022
1. in einem gegenwärtigen ersten Dienstverhältnis stehen und
2. in eine der Steuerklassen 1 bis 5 eingereiht sind oder nach § 40a Absatz 2 pauschal besteuerten Arbeitslohn beziehen.

²Satz 1 gilt nicht, wenn der Arbeitgeber keine Lohnsteuer-Anmeldung abgibt. ³Satz 1 gilt in den Fällen der Pauschalbesteuerung nach § 40a Absatz 2 nur, wenn der Arbeitnehmer dem Arbeitgeber schriftlich bestätigt hat, dass es sich um das erste Dienstverhältnis handelt.

(2) ¹Arbeitgeber im Sinne des § 38 Absatz 1 haben an Arbeitnehmer im Sinne des Absatzes 1 Satz 1 die Energiepreispauschale im September 2022 auszuzahlen. ²Die Arbeitgeber haben hierbei die Energiepreispauschale gesondert vom Gesamtbetrag der einzubehaltenden Lohnsteuer zu entnehmen, die
1. in den Fällen des § 41a Absatz 2 Satz 1 bis zum 10. September 2022,
2. in den Fällen des § 41a Absatz 2 Satz 2 Halbsatz 1 bis zum 10. Oktober 2022 und
3. in den Fällen des § 41a Absatz 2 Satz 2 Halbsatz 2 bis zum 10. Januar 2023

anzumelden und abzuführen ist. ³Übersteigt die insgesamt zu gewährende Energiepreispauschale den Betrag, der insgesamt an Lohnsteuer abzuführen ist, wird der übersteigende Betrag dem Arbeitgeber von dem Finanzamt, an das die Lohnsteuer abzuführen ist, aus den Einnahmen der Lohnsteuer ersetzt.

(3) ¹Der Arbeitgeber kann in den Fällen des § 41a Absatz 2 Satz 2 Halbsatz 1 die Energiepreispauschale an den Arbeitnehmer abweichend von Absatz 2 Satz 1 im Oktober 2022 auszahlen. ²Absatz 2 Satz 2 und 3 bleibt hiervon unberührt. ³Der Arbeitgeber kann in den Fällen des § 41a Absatz 2 Satz 2 Halbsatz 2 auf die Auszahlung an den Arbeitnehmer verzichten.

(4) Eine vom Arbeitgeber ausgezahlte Energiepreispauschale ist in der elektronischen Lohnsteuerbescheinigung (§ 41b Absatz 1 Satz 2) mit dem Großbuchstaben E anzugeben.

§ 118
Energiepreispauschale im Einkommensteuer-Vorauszahlungsverfahren

(1) ¹Ist eine Einkommensteuer-Vorauszahlung auch für Einkünfte aus § 13, § 15 oder § 18 für den 10. September 2022 festgesetzt worden, dann ist diese Festsetzung um die Energiepreispauschale zu mindern. ²Betragen die für den 10. September 2022 festgesetzten Vorauszahlungen weniger als 300 Euro, so mindert die Energiepreispauschale die Vorauszahlung auf 0 Euro.

(2) ¹Die Minderung der Einkommensteuer-Vorauszahlung für den 10. September 2022 nach Absatz 1 hat durch Allgemeinverfügung nach § 118 Satz 2 der Abgabenordnung oder durch geänderten Vorauszahlungsbescheid zu erfolgen. ²Sachlich zuständig für den Erlass der Allgemeinverfügung ist jeweils die oberste Landesfinanzbehörde. ³Die Allgemeinverfügung ist im Bundessteuerblatt und auf den Internetseiten des Bundesministeriums der Finanzen zu veröffentlichen. ⁴Sie gilt am Tag nach der Herausgabe des Bundessteuerblattes, in dem sie veröffentlicht wird, als bekannt gegeben. ⁵Abweichend von § 47 Absatz 1 der Finanzgerichtsordnung endet die Klagefrist mit Ablauf von drei Monaten nach dem Tag der Bekanntgabe der Allgemeinverfügung. ⁶Die Klage ist nur gegen die oberste Finanzbehörde zu richten, die die Allgemeinverfügung erlassen hat.

§ 119
Steuerpflicht

(1) ¹Bei Anspruchsberechtigten, die im Veranlagungszeitraum 2022 Einkünfte aus nichtselbständiger Arbeit erzielt haben, ist die Energiepreispauschale stets als Einnahme nach § 19 Absatz 1 Satz 1 Nummer 1 für den Veranlagungszeitraum 2022 zu berücksichtigen. ²Dies gilt nicht für pauschal besteuerten Arbeitslohn nach § 40a. ³Im Lohnsteuerabzugsverfahren ist die Energiepreispauschale bei der Berechnung einer Vorsorgepauschale nach § 39b Absatz 2 Satz 5 Nummer 3 Buchstabe a bis c nicht zu berücksichtigen.

(2) ¹Bei den übrigen Anspruchsberechtigten gilt die Energiepreispauschale stets als Einnahme nach § 22 Nummer 3 für den Veranlagungszeitraum 2022. ²Die Freigrenze nach § 22 Nummer 3 Satz 2 ist insoweit nicht anzuwenden.

§ 120
Anwendung der Abgabenordnung

(1) ¹Auf die Energiepreispauschale sind die für Steuervergütungen geltenden Vorschriften der Abgabenordnung entsprechend anzuwenden. ²§ 163 der Abgabenordnung gilt nicht.

(2) In öffentlich-rechtlichen Streitigkeiten über die zur Energiepreispauschale ergehenden Verwaltungsakte der Finanzbehörden ist der Finanzrechtsweg eröffnet.

§ 121
Anwendung von Straf- und Bußgeldvorschriften der Abgabenordnung

(1) Für die Energiepreispauschale gelten die Strafvorschriften des § 370 Absatz 1 bis 4 und 7, der §§ 371, 375 Absatz 1 und des § 376 der Abgabenordnung sowie die Bußgeldvorschriften der §§ 378 und 379 Absatz 1 und 4 sowie der §§ 383 und 384 der Abgabenordnung entsprechend.

(2) Für das Strafverfahren wegen einer Straftat nach Absatz 1 sowie der Begünstigung einer Person, die eine solche Tat begangen hat, gelten die §§ 385 bis 408 der Abgabenordnung entsprechend.

(3) Für das Bußgeldverfahren wegen einer Ordnungswidrigkeit nach Absatz 1 gelten die §§ 409 bis 412 der Abgabenordnung entsprechend.

§ 122
Nichtberücksichtigung als Einkommen bei Sozialleistungen, Unpfändbarkeit

¹Die Energiepreispauschale ist bei einkommensabhängigen Sozialleistungen nicht als Einkommen zu berücksichtigen. ²Die Energiepreispauschale ist in Höhe des in § 112 Absatz 2 genannten Betrages unpfändbar.

XVI. Besteuerung der Gas-/Wärmepreisbremse

§ 123
Grundsatz der Besteuerung

(1) ¹Die einmalige Entlastung bei leitungsgebundenen Erdgaslieferungen an Letztverbraucher nach § 2 Absatz 1 Satz 1 des Erdgas-Wärme-Soforthilfegesetzes wird den Einkünften aus Leistungen nach § 22 Nummer 3 Satz 1 zugeordnet, soweit sie weder zu anderen Einkunftsarten (§ 2 Absatz 1 Satz 1 Nummer 1 bis 6) noch zu den Einkünften im Sinne des § 22 Nummer 1, 1a, 2 oder Nummer 4 gehört. ²Satz 1 gilt auch für die vorläufige Leistung des Erdgaslieferanten auf die Entlastung bei Letztverbrauchern mit Standardlastprofil nach § 3 Absatz 1 Satz 1 des Erdgas-Wärme-Soforthilfegesetzes, die finanzielle Kompensation nach § 4 Absatz 1 des Erdgas-Wärme-Soforthilfegesetzes sowie die Entlastungen bei Mietverhältnissen und in Wohnungseigentümergemeinschaften nach § 5 des Erdgas-Wärme-Soforthilfegesetzes. ³§ 22 Nummer 3 Satz 2 ist nicht anzuwenden.

(2) Gehört eine Entlastung im Sinne des Absatzes 1 zu den Einkünften aus Leistungen nach § 22 Nummer 3 Satz 1, dann ist die Entlastung nach Absatz 1 nicht Gegenstand der Berechnungen zu § 2 Absatz 1 bis 5, sondern wird dem zu versteuernden Einkommen des § 2 Absatz 5 Satz 1 nach Maßgabe des § 124 hinzugerechnet.

§ 124
Einstieg und Milderungszone

(1) ¹Die Entlastung nach § 123 Absatz 1 ist mit Beginn der Milderungszone des Absatzes 2 dem zu versteuernden Einkommen nach § 2 Absatz 5 Satz 1 in Höhe des Hinzurechnungsbetrags nach Absatz 2 zuzurechnen. ²Oberhalb der Milderungszone des Absatzes 2 wird die Entlastung nach § 123 Absatz 1 dem zu versteuernden Einkommen des § 2 Absatz 5 Satz 1 in voller Höhe zugerechnet.

(2) ¹Die Milderungszone beginnt ab einem zu versteuernden Einkommen von 66.915 Euro und endet bei einem zu versteuernden Einkommen von 104.009 Euro. ²Bei Ehegatten, die zusammenveranlagt werden, beginnt die Milderungszone ab einem zu versteuernden Einkommen von 133.830 Euro und endet bei einem zu versteuernden Einkommen von 208.018 Euro. ³Im Bereich der Milderungszone ist als Zurechnungsbetrag nach § 123 Absatz 2 nur der Bruchteil der Entlastungen des § 123 Absatz 1 einzubeziehen, der sich als Differenz aus dem individuellen zu versteuernden Einkommen des Steuerpflichtigen und der Untergrenze der Milderungszone dividiert durch die Breite der Milderungszone errechnet.

§ 125
Zufluss und Besteuerung

¹Ist eine Entlastung nach § 123 Absatz 1 den Einkünften aus Leistungen nach § 22 Nummer 3 Satz 1 zuzuordnen, gelten für deren Besteuerung die in den Rechnungen nach § 2 Absatz 3, § 3 Absatz 1 Satz 4 und nach § 4 Absatz 2 des Erdgas-Wärme- Soforthilfegesetzes als Kostenentlastung gesondert ausgewiesenen Beträge im Veranlagungszeitraum der Erteilung dieser Rechnung als nach § 11 Absatz 1 Satz 1 zugeflossen. ²Satz 1 gilt entsprechend für die Abrechnungen der Vermieter und Verpächter nach § 5 Absatz 1 und 5 des Erdgas-Wärme-Soforthilfegesetzes sowie der Wohnungseigentümergemeinschaften nach § 5 Absatz 3 des Erdgas-Wärme-Soforthilfegesetzes.

§ 126
Anwendung von Straf- und Bußgeldvorschriften der Abgabenordnung

(1) Für die einmalige Entlastung bei leitungsgebundenen Erdgaslieferungen an Letztverbraucher nach § 2 Absatz 1 Satz 1 des Erdgas-Wärme- Soforthilfegesetzes gelten die Strafvorschriften des § 370 Absatz 1 bis 4 und 7, der §§ 371, 375 Absatz 1 und des § 376 der Abgabenordnung sowie die Bußgeldvorschriften der §§ 378 und 379 Absatz 1 und 4 sowie der §§ 383 und 384 der Abgabenordnung entsprechend.

(2) Für das Strafverfahren wegen einer Straftat nach Absatz 1 sowie der Begünstigung einer Person, die eine solche Tat begangen hat, gelten die §§ 385 bis 408 der Abgabenordnung entsprechend.

(3) Für das Bußgeldverfahren wegen einer Ordnungswidrigkeit nach Absatz 1 gelten die §§ 409 bis 412 der Abgabenordnung entsprechend.

B.
Anlage zu den
EStR 2012

Anlage

Anlage (zu R 4.6)
Übersicht
über die Berichtigung des Gewinns bei Wechsel der Gewinnermittlungsart

Übergang	Berichtigung des Gewinns im ersten Jahr nach dem Übergang:
1. von der Einnahmenüberschussrechnung zum Bestandsvergleich, zur Durchschnittssatzgewinnermittlung oder zur Richtsatzschätzung	Der Gewinn des ersten Jahres ist insbesondere um die folgenden Hinzurechnungen und Abrechnungen zu berichtigen: + Warenbestand + Warenforderungsanfangsbestand + Sonstige Forderungen − Warenschuldenanfangsbestand + Anfangsbilanzwert (Anschaffungskosten) der nicht abnutzbaren Wirtschaftsgüter des Anlagevermögens (mit Ausnahme des Grund und Bodens), soweit diese während der Dauer der Einnahmenüberschussrechnung angeschafft und ihre Anschaffungskosten vor dem 1.1.1971 als Betriebsausgaben abgesetzt wurden, ohne dass ein Zuschlag nach § 4 Abs. 3 Satz 2 EStG in den vor dem Steuerneuordnungsgesetz geltenden Fassungen gemacht wurde.
2. vom Bestandsvergleich, von der Durchschnittssatzgewinnermittlung oder von der Richtsatzschätzung zur Einnahmenüberschussrechnung	Der Überschuss der Betriebseinnahmen über die Betriebsausgaben ist im ersten Jahr insbesondere um die folgenden Hinzurechnungen und Abrechnungen zu berichtigen: + Warenschuldenbestand des Vorjahres − Warenendbestand des Vorjahres − Warenforderungsbestand des Vorjahres − Sonstige Forderungen. Sind in früheren Jahren Korrektivposten gebildet und noch nicht oder noch nicht in voller Höhe aufgelöst worden, ist dies bei Hinzurechnung des Unterschiedsbetrags zu berücksichtigen; noch nicht aufgelöste Zuschläge vermindern, noch nicht aufgelöste Abschläge erhöhen den Unterschiedsbetrag.

Bei der Anwendung der vorstehenden Übersicht ist Folgendes zu beachten:
– Die Übersicht ist nicht erschöpfend. Beim Wechsel der Gewinnermittlungsart sind auch andere als die oben bezeichneten Positionen durch Zu- und Abrechnungen zu berücksichtigen. Das gilt insbesondere für Rückstellungen sowie für die Rechnungsabgrenzungsposten, z. B. im Voraus gezahlte Miete und im Voraus vereinnahmte Zinsen, soweit die Einnahmen oder Ausgaben bei der Einnahmenüberschussrechnung nicht gem. § 11 Abs. 1 Satz 3 oder Abs. 2 Satz 3 EStG verteilt werden.
– Die Zu- und Abrechnungen unterbleiben für Wirtschaftsgüter des Umlaufvermögens und Schulden für Wirtschaftsgüter des Umlaufvermögens, die von § 4 Abs. 3 Satz 4 EStG erfasst werden. Zur zeitlichen Anwendung dieser Regelung >§ 52 Abs. 5 Satz 2 und 3[1]) EStG.

---

[1]) jetzt Abs. 6 Satz 2 und 3

C.
Anhänge

Anhang 1
Abschreibungsvorschriften

Übersicht

I. Übersicht über die degressiven Absetzungen für Gebäude nach § 7 Abs. 5 EStG
II. Bemessungsgrundlage für die Absetzungen für Abnutzung nach Einlage von zuvor zur Erzielung von Überschusseinkünften genutzten Wirtschaftsgütern;
Anwendung der Urteile des BFH vom 18. August 2009 (X R 40/06 – BStBl 2010 II S. 961) und vom 28. Oktober 2009 (VIII R 46/07 – BStBl 2010 II S. 964)
BMF vom 27.10.2010 (BStBl I S. 1204)
III. Absetzungen für Abnutzung eines in der Ergänzungsbilanz eines Mitunternehmers aktivierten Mehrwerts für ein bewegliches Wirtschaftsgut;
Anwendung des BFH-Urteils vom 20. November 2014 – IV R 1/11 –
BMF vom 19.12.2016 (BStBl I 2017 S. 34)
IV. Anwendungsschreiben zur Sonderabschreibung für die Anschaffung oder Herstellung neuer Mietwohnungen nach § 7b Einkommensteuergesetz (EStG)
BMF vom 07.07.2020 (BStBl I S. 623) unter Berücksichtigung der Änderungen durch BMF vom 21.09.2021 (BStBl I S. 1805)
V. *Nutzungsdauer von Computerhardware und Software zur Dateneingabe und -verarbeitung*
BMF vom 22.02.2022 (BStBl I S. 187)

Übersicht
über die degressiven Absetzungen für Gebäude nach § 7 Abs. 5 EStG (zu R 7.4)

	Zeitlicher Geltungsbereich	Begünstigte Objekte	Begünstigte Maßnahmen	AfA-Sätze	Gesetzliche Vorschriften
	1	2	3	4	5
1.	Fertigstellung nach dem 9.10.1962 und vor dem 1.1.1965 und Bauantrag nach dem 9.10.1962	Gebäude und Eigentumswohnungen, die zu mehr als 66 2/3 % Wohnzwecken dienen und nicht nach § 7b oder § 54 EStG begünstigt sind			§ 7 Abs. 5 Satz 2 EStG 1965
2.	Fertigstellung nach dem 31.12.1964 und vor dem 1.9.1977 und Bauantrag vor dem 9.5.1973	Gebäude und Eigentumswohnungen jeder Art, soweit nicht infolge der Beschränkungen unter Nr. 3 ausgeschlossen			§ 7 Abs. 5 Satz 1 EStG 1965, § 7 Abs. 5 Satz 1 EStG 1974/75, § 52 Abs. 8 Satz 2 EStG 1977
3.	Fertigstellung vor dem 1.2.1972 und Bauantrag nach dem 5.7.1970 und vor dem 1.2.1971	wie Nr. 2, soweit die Gebäude und Eigentumswohnungen nicht zum Anlagevermögen gehören oder soweit sie zu mehr als 66 2/3 % Wohnzwecken dienen	Herstellung	12 x 3,5 % 20 x 2 % 18 x 1 %	§ 1 Abs. 3 der 2. KonjVO
4.	Fertigstellung vor dem 1.9.1977 und Bauantrag nach dem 8.5.1973	Gebäude und Eigentumswohnungen, deren Nutzfläche zu mehr als 66 2/3 % mit Mitteln des sozialen Wohnungsbaus gefördert worden sind			§ 7 Abs. 5 Satz 2 EStG 1974/75, § 52 Abs. 8 Satz 2 EStG 1977
5.	Fertigstellung nach dem 31.8.1978 und vor dem 1.1.1979	Gebäude, selbständige Gebäudeteile, Eigentumswohnungen und Räume im Teileigentum jeder Art			§ 7 Abs. 5 EStG 1977, § 52 Abs. 8 Satz 1 EStG 1977, § 52 Abs. 8 Satz 2 EStG 1979

Anhang 1

Abschreibungsvorschriften

	Zeitlicher Geltungsbereich	Begünstigte Objekte	Begünstigte Maßnahmen	AfA-Sätze	Gesetzliche Vorschriften
	1	2	3	4	5
6.	Fertigstellung nach dem 31.12.1978 und vor dem 1.1.1983	wie Nr. 5, soweit im Ausland		12 x 3,5 % 20 x 2 % 18 x 1 %	§ 7 Abs. 5 EStG 1979/81, § 52 Abs. 8 Satz 3 EStG 1981/85
7.	Fertigstellung nach dem 31.12.1978 und a) Bauantrag und Herstellungsbeginn bzw. Abschluss des obligatorischen Vertrags vor dem 30.7.1981	Gebäude, Eigentumswohnungen und im Teileigentum stehende Räume, soweit im Inland		12 x 3,5 % 20 x 2 % 18 x 1 %	§ 7 Abs. 5 EStG 1979/81, § 52 Abs. 8 Satz 3 EStG 1981/83, § 7 Abs. 5 EStG 1981/83, § 52 Abs. 8 Sätze 1 und 2 EStG 1981/85, § 7 Abs. 5 Nr. 2 EStG 1987, § 52 Abs. 8 Satz 2 EStG 1987, § 7 Abs. 5 Satz 1 Nr. 2 EStG 1990, § 52 Abs. 11 Satz 3 EStG 1990, § 7 Abs. 5 Satz 1 Nr. 2 EStG 1993
	b) Bauantrag oder Herstellungsbeginn bzw. Abschluss des obligatorischen Vertrags nach dem 29.7.1981 (soweit nicht Nummer 8 und 9) und Bauantrag bzw. Abschluss des obligatorischen Vertrags vor dem 1.1.1995		Herstellung sowie Anschaffung, wenn Erwerb spätestens im Jahr der Fertigstellung	8 x 5 % 6 x 2,5 % 36 x 1,25 %	
8.	Bauantrag nach dem 31.3.1985 und Bauantrag bzw. Abschluss des obligatorischen Vertrags vor dem 1.1.1994	Gebäude, Eigentumswohnungen und im Teileigentum stehende Räume, soweit sie zu einem Betriebsvermögen gehören und nicht Wohnzwecken dienen		4 x 10 % 3 x 5 % 18 x 2,5 %	§ 7 Abs. 5 Nr. 1 EStG 1987, § 52 Abs. 8 Satz 1 EStG 1987, § 7 Abs. 5 Satz 1 Nr. 1 EStG 1990, § 52 Abs. 11 Satz 2 EStG 1990, § 7 Abs. 5 Satz 1 Nr. 1 EStG 1993
9.	Bauantrag oder Anschaffung und Abschluss des obligatorischen Vertrags nach dem 28.2.1989 und Bauantrag bzw. Abschluss des obligatorischen Vertrags vor dem 1.1.1996	Gebäude, Eigentumswohnungen und im Teileigentum stehende Räume, soweit sie Wohnzwecken dienen		4 x 7 % 6 x 5 % 6 x 2 % 24 x 1,25 %	§ 7 Abs. 5 Satz 2 EStG 1990, § 52 Abs. 11 Satz 1 EStG 1990, § 7 Abs. 5 Satz 1 Nr. 3 Buchstabe a EStG 1993
10.	Bauantrag oder Abschluss des obligatorischen Vertrags nach dem 31.12.1995 und vor dem 1.1.2004	wie zu 9.		8 x 5 % 6 x 2,5 % 36 x 1,25 %	§ 7 Abs. 5 Satz 1 Nr. 3 Buchstabe b EStG 1996
11.	Bauantrag oder Abschluss des obligatorischen Vertrags nach dem 31.12.2003 und vor dem 1.1.2006	wie zu 9.		10 x 4 % 8 x 2,5 % 32 x 1,25 %	§ 7 Abs. 5 Satz 1 Nr. 3 Buchstabe c EStG 2002 i. d. F. des HBeglG 2004 i. V. m. dem Gesetz zum Einstieg in ein steuerliches Sofortprogramm

Anhang 1

Abschreibungsvorschriften   II

Bemessungsgrundlage für die Absetzungen für Abnutzung nach Einlage von zuvor zur Erzielung von Überschusseinkünften genutzten Wirtschaftsgütern; Anwendung der Urteile des BFH vom 18. August 2009 (X R 40/06 – BStBl 2010 II S. 961) und vom 28. Oktober 2009 (VIII R 46/07 – BStBl 2010 II S. 964)

BMF vom 27.10.2010 (BStBl I S. 1204)
IV C 3 – S 2190/09/10007 – 2010/0764153

Unter Bezugnahme auf das Ergebnis der Erörterungen mit den obersten Finanzbehörden der Länder gilt zur Ermittlung der Bemessungsgrundlage für die Absetzungen für Abnutzung (AfA) nach Einlage von zuvor zur Erzielung von Überschusseinkünften genutzten Wirtschaftsgütern Folgendes:

Die AfA in gleichen Jahresbeträgen von Wirtschaftsgütern, deren Verwendung oder Nutzung zur Erzielung von Einkünften sich erfahrungsgemäß auf einen Zeitraum von mehr als einem Jahr erstreckt, wird nach den Anschaffungs- oder Herstellungskosten des Wirtschaftsguts ermittelt (§ 7 Absatz 1 Satz 1 EStG). Bei einer Einlage aus dem Privatvermögen in ein Betriebsvermögen tritt an die Stelle der Anschaffungs- oder Herstellungskosten der Einlagewert (§ 6 Absatz 1 Nummer 5 Satz 1 EStG). 1

Einlagewert ist grundsätzlich der Teilwert (§ 6 Absatz 1 Nummer 5 Satz 1 Halbsatz 1 EStG). Bei der Einlage eines abnutzbaren Wirtschaftsgutes in ein Betriebsvermögen innerhalb von drei Jahren nach Anschaffung oder Herstellung (§ 6 Absatz 1 Nummer 5 Satz 1 Halbsatz 2 Buchstabe a i. V. m. Satz 2 EStG) ermittelt sich der Einlagewert nach den Anschaffungs- oder Herstellungskosten abzüglich der AfA nach § 7 EStG, den erhöhten Absetzungen (außerplanmäßige AfA) sowie etwaigen Sonderabschreibungen, die auf den Zeitraum zwischen der Anschaffung oder Herstellung des Wirtschaftsguts und der Einlage entfallen, unabhängig davon, ob das Wirtschaftsgut vor der Einlage zur Einkunftserzielung genutzt worden ist (R 6.12 Absatz 1 EStR).

Werden Wirtschaftsgüter nach einer Verwendung zur Erzielung von Einkünften im Sinne des § 2 Absatz 1 Satz 1 Nummer 4 bis 7 EStG in ein Betriebsvermögen eingelegt, ist nach § 7 Absatz 1 Satz 5 EStG eine vom Einlagewert nach § 6 Absatz 1 Nummer 5 Satz 1 EStG abweichende AfA-Bemessungsgrundlage zu ermitteln. Die Abschreibung des eingelegten Wirtschaftsguts nach § 7 Absatz 1 EStG bemisst sich in diesem Fall abweichend von R 7.3 Absatz 6 Satz 1 und 2 EStR 2008 nach folgenden Grundsätzen: 2

Fallgruppe 1

Ist der Einlagewert des Wirtschaftsguts höher als oder gleich den historischen Anschaffungs- oder Herstellungskosten, ist die AfA ab dem Zeitpunkt der Einlage nach dem um die bereits in Anspruch genommenen AfA oder Substanzverringerungen (planmäßigen AfA), Sonderabschreibungen oder erhöhten Absetzungen **geminderten Einlagewert** zu bemessen. 3

Beispiel 1:
A erwarb im Jahr 01 ein Grundstück mit aufstehendem Gebäude (Anschaffungskosten 800.000 Euro, davon entfallen 700.000 Euro auf das Gebäude). Er vermietete das Grundstück an eine Versicherung und machte im Rahmen der Einkünfte aus Vermietung und Verpachtung für das Gebäude-AfA geltend. Nach Beendigung des Mietverhältnisses im Jahr 25 legt er das Grundstück mit aufstehendem Gebäude zu Beginn des Jahres 26 in das Betriebsvermögen seines Einzelunternehmens ein. Das Gebäude wird nicht zu Wohnzwecken verwendet. Der Teilwert des Gebäudes beträgt zu diesem Zeitpunkt 1.000.000 Euro. Bis zur Einlage des Gebäudes hat A insgesamt 350.000 Euro als AfA in Anspruch genommen.

B 1 Die Bemessungsgrundlage für die AfA des Gebäudes im Betriebsvermögen beträgt 650.000 Euro. Sie wird nach dem Einlagewert (1.000.000 Euro) abzüglich der bis dahin in Anspruch genommenen AfA (350.000 Euro) ermittelt, denn der Einlagewert (1.000.000 Euro) ist höher als die historischen Anschaffungskosten (700.000 Euro).

Anhang 1
Abschreibungsvorschriften

B 2 Nach § 7 Absatz 4 Satz 1 Nummer 1 EStG ist von der nach § 7 Absatz 1 Satz 5 ermittelten Bemessungsgrundlage das Gebäude nach der Einlage jährlich mit einem Betrag von 19.500 Euro (= 3 % von 650.000 Euro) abzusetzen. Der nach Ablauf von 33 Jahren verbleibende Restwert von 6.500 Euro ist im Folgejahr abzusetzen. Von dem danach verbleibenden Restbuchwert in Höhe von 350.000 € darf keine AfA vorgenommen werden. Bei einer Veräußerung ist dieser Restbuchwert gewinnmindernd zu berücksichtigen. § 6 Absatz 1 Nummer 1 Satz 2 und § 7 Absatz 1 Satz 7 EStG bleiben unberührt.

Fallgruppe 2

4 Ist der Einlagewert des Wirtschaftsguts geringer als die historischen Anschaffungs- oder Herstellungskosten, aber nicht geringer als die fortgeführten Anschaffungs- oder Herstellungskosten, ist die AfA ab dem Zeitpunkt der Einlage nach den **fortgeführten Anschaffungs- oder Herstellungskosten** zu bemessen.

Beispiel 2:
Wie Beispiel 1, der Teilwert beträgt im Zeitpunkt der Einlage jedoch 400.000 Euro.

B 1 Die Bemessungsgrundlage für die AfA des Gebäudes im Betriebsvermögen beträgt 350.000 Euro. Die AfA wird nach den fortgeführten Anschaffungskosten bemessen, weil der Einlagewert (400.000 Euro) geringer als die historischen Anschaffungskosten (700.000 Euro) jedoch höher als die fortgeführten Anschaffungskosten (350.000 Euro) ist.

B 2 Nach § 7 Absatz 4 Satz 1 Nummer 1 EStG ist von der nach § 7 Absatz 1 Satz 5 ermittelten Bemessungsgrundlage das Gebäude jährlich mit einem Betrag von 10.500 Euro (= 3 % von 350.000 Euro) abzusetzen. Der nach Ablauf von 33 Jahren verbleibende Restwert von 3.500 Euro ist im Folgejahr abzusetzen. Von dem danach verbleibenden Restbuchwert in Höhe von 50.000 € darf keine AfA vorgenommen werden. Bei einer Veräußerung ist dieser Restbuchwert gewinnmindernd zu berücksichtigen. § 6 Absatz 1 Nummer 1 Satz 2 und § 7 Absatz 1 Satz 7 EStG bleiben unberührt.

Fallgruppe 3

5 Ist der Einlagewert des Wirtschaftsguts geringer als die fortgeführten Anschaffungs- oder Herstellungskosten, bemisst sich die weitere AfA nach diesem ungeminderten Einlagewert.

Beispiel 3:
Wie Beispiel 1, der Teilwert beträgt im Zeitpunkt der Einlage jedoch 100.000 Euro.

B 1 Die Bemessungsgrundlage für die AfA des Gebäudes im Betriebsvermögen beträgt 100.000 Euro. Die AfA wird nach dem Einlagewert (100.000 Euro) bemessen, weil dieser geringer ist als die fortgeführten Anschaffungskosten (350.000 Euro).

B 2 Nach § 7 Absatz 4 Satz 1 Nummer 1 EStG ist vom Einlagewert des Gebäudes jährlich ein Betrag von 3.000 Euro (= 3 % von 100.000 Euro) abzusetzen. Der nach Ablauf von 33 Jahren verbleibende Restbuchwert von 1.000 Euro ist im Folgejahr abzusetzen. Das insgesamt geltend gemachte AfA-Volumen (vor und nach der Einlage) beträgt damit 450.000 Euro. Der von den ursprünglichen Anschaffungskosten des Gebäudes nicht abgeschriebene Betrag in Höhe von 250.000 Euro stellt einen einkommensteuerlich unbeachtlichen Wertverlust im Privatvermögen dar.

Fallgruppe 4

6 Der Einlagewert eines Wirtschaftsguts nach § 6 Absatz 1 Nummer 5 Satz 1 Halbsatz 2 Buchstabe a i. V. m. Satz 2 EStG gilt gleichzeitig auch als AfA-Bemessungsgrundlage gemäß § 7 Absatz 1 Satz 5 EStG.

7 Die vorstehenden Grundsätze sind in allen noch offenen Fällen anzuwenden. Rz. 5 ist erstmals auf Einlagen anzuwenden, die nach dem 31. Dezember 2010 vorgenommen werden.

Anhang 1

Absetzungen für Abnutzung eines in der Ergänzungsbilanz eines Mitunternehmers aktivierten Mehrwerts für ein bewegliches Wirtschaftsgut; Anwendung des BFH-Urteils vom 20. November 2014 – IV R 1/11 –

BMF vom 19.12.2016 (BStBl I 2017 S. 34)
IV C 6 – S 2241/15/10005 – 2016/1123341

Mit Urteil vom 20. November 2014 – IV R 1/11 – (BStBl II 2017 S. 34) hat der BFH entschieden, dass anlässlich eines Gesellschafterwechsels und der Aufstellung einer positiven Ergänzungsbilanz für den Erwerber des Anteils an einer Mitunternehmerschaft die AfA eines abnutzbaren Wirtschaftsguts des Gesellschaftsvermögens auf die im Zeitpunkt des Anteilserwerbs geltende Restnutzungsdauer vorzunehmen ist. Zugleich – so der BFH – stehen dem Gesellschafter die Abschreibungswahlrechte zu, die auch ein Einzelunternehmer in Anspruch nehmen könnte, wenn er ein entsprechendes Wirtschaftsgut im Zeitpunkt des Anteilserwerbs angeschafft hätte. Der BFH folgt in dem Streitfall im Ergebnis zwar der Auffassung des beklagten Finanzamts und wendet für die in der Ergänzungsbilanz erfassten (Mehr-)Anschaffungskosten (AK) eigene, von der Gesellschaftsbilanz (Gesamthandsbilanz) unabhängige Abschreibungsregeln an. Die Ausführungen des BFH könnten aber so zu verstehen sein, dass sich diese (eigenen) Abschreibungsregeln nur auf die in der Ergänzungsbilanz ausgewiesenen AK, also nur auf den Mehrwert (= aufgedeckte stille Reserven) beziehen, so dass die in der Gesellschaftsbilanz sich auswirkenden AfA-Beträge dabei unberührt bleiben. Spezielle Ausführungen dazu sind dem Urteil allerdings nicht zu entnehmen.

Zur Berechnung der AfA anlässlich eines Gesellschafterwechsels bei einer Mitunternehmerschaft und – in Abgrenzung hierzu – zur Berechnung der AfA bei Einbringungsvorgängen nach § 24 UmwStG nehme ich unter Bezugnahme auf das Ergebnis der Erörterungen mit den obersten Finanzbehörden der Länder wie folgt Stellung:

1. Fälle des Gesellschafterwechsels

Tragendes Argument für den BFH ist es, den Erwerber des Mitunternehmeranteils soweit wie möglich einem Einzelunternehmer, dem AK für entsprechende Wirtschaftsgüter entstanden sind, gleichzustellen. Erwirbt ein Einzelunternehmer einen Betrieb, sind nach § 6 Absatz 1 Nummer 7 EStG die Wirtschaftsgüter höchstens mit den Anschaffungs- oder Herstellungskosten (AK/HK) anzusetzen. Die AK/HK sind auch die Bemessungsgrundlage für die AfA nach § 7 EStG. Übertragen auf den Erwerb eines Mitunternehmeranteils bei gleichzeitiger Aufstellung einer positiven Ergänzungsbilanz sind für die AfA die auf das jeweils (anteilig) erworbene Wirtschaftsgut entfallenden (gesamten) AK maßgebend. Zu diesen (gesamten) AK gehört aber nicht nur ein in der Ergänzungsbilanz ausgewiesener Mehrwert, sondern auch der in der Gesellschaftsbilanz ausgewiesene anteilige (auf den Erwerber des Mitunternehmeranteils entfallende) Buchwert. Die (eigene) AfA des Erwerbers des Mitunternehmeranteils bezieht sich also nicht nur isoliert auf die in der Ergänzungsbilanz ausgewiesenen AK, sondern erfasst auch in der Gesellschaftsbilanz angesetzte AK/HK. Hinsichtlich der AfA-Höhe sind zudem die im Zeitpunkt des Erwerbs für den abschreibungsberechtigten Gesellschafter anwendbaren Abschreibungswahlrechte sowie AfA-Sätze (vgl. auch BMF-Schreiben vom 5. August 2002, BStBl I S. 710) zu beachten.

Beispiel 1 (abnutzbares bewegliches Wirtschaftsgut):
A erwirbt am 1.1.01 zum Preis von 35.000 einen 50%igen Mitunternehmeranteil an einer KG, zu deren Betriebsvermögen ausschließlich ein abnutzbares Wirtschaftsgut mit einem Buchwert von 20.000 gehört (ursprüngliche AK 100.000, bisher linear auf eine Nutzungsdauer von 10 Jahren abgeschrieben, d. h. jährlicher Abschreibungsbetrag 10.000). Im Zeitpunkt des Erwerbs des Mitunternehmeranteils beträgt die Nutzungsdauer für das gebrauchte Wirtschaftsgut noch 5 Jahre. In einer Ergänzungsbilanz des A auf den Erwerbszeitpunkt ist ein Mehrbetrag von 25.000 (Kaufpreis 35.000 ./. anteiliger Buchwert 10.000) auszuweisen.

Anhang 1
III Abschreibungsvorschriften

Lösung:
A hat AK i. H. v. 35.000 für den Erwerb des Anteils an dem Wirtschaftsgut aufgewendet, wovon 10.000 in der Gesellschaftsbilanz und 25.000 in der Ergänzungsbilanz auszuweisen sind.

AfA-Anteil des A gesamt: AK gesamt 35.000 x 1/5 =	7.000
Bereits in der Gesellschaftsbilanz berücksichtigte AfA (1/2 von 10.000)	./. 5.000
Noch in der Ergänzungsbilanz zu berücksichtigende AfA	2.000

Beispiel 2 (Gebäude):
A erwirbt am 1.1.01 zum Preis von 360.000 einen 50%igen Mitunternehmeranteil an einer KG, zu deren Betriebsvermögen ausschließlich ein bebautes Grundstück mit einem Buchwert für den Grund und Boden von 100.000 (enthält keine stillen Reserven) und dem Gebäude von 420.000 (stille Reserven 200.000, ursprüngliche Anschaffungskosten 700.000, AfA-Satz nach § 7 Absatz 4 Satz 1 Nummer 1 EStG = 3 %, Restnutzungsdauer 40 Jahre) gehört. In einer Ergänzungsbilanz des A auf den Erwerbszeitpunkt ist ein Mehrbetrag für das Gebäude von 100.000 (Kaufpreis Gebäude 310.000 ./. anteiliger Buchwert Gebäude 210.000) auszuweisen.

Lösung:
A hat Anschaffungskosten i. H. v. 310.000 für den Erwerb des Anteils an dem Gebäude aufgewendet, wobei 210.000 in der Gesamthandsbilanz und 100.000 in der Ergänzungsbilanz auszuweisen sind. Aufgrund der im Vergleich zur in der Gesamthandsbilanz maßgeblichen AfA-Bemessungsgrundlage (= ursprüngliche Anschaffungskosten) ergibt sich somit – bei gleichbleibendem AfA-Satz – in der Ergänzungsbilanz eine Minder-AfA. Die Minder-AfA führt zu einer jährlichen Erhöhung des Mehrwerts für das Gebäude in der Ergänzungsbilanz.

AfA-Anteil des A gesamt:

310.000 x 3 % (§ 7 Absatz 4 Satz 1 Nummer 1 EStG) =	9.300
Bereits in der Gesamthandsbilanz berücksichtigte AfA (1/2 von 3 % von 700.000) =	10.500
Minder-AfA in der Ergänzungsbilanz	./. 1.200

Korrespondierend zu den Fällen, in denen – wie in den Beispielsfällen 1 und 2 – bei einem Mitunternehmerwechsel die Anschaffungskosten für das jeweilige Wirtschaftsgut über dem (anteiligen) Buchwert der Gesellschaftsbilanz liegen, ist auch in den Fällen, in denen bei einem Mitunternehmerwechsel die Anschaffungskosten für das jeweilige Wirtschaftsgut unter dem (anteiligen) Buchwert der Gesellschaftsbilanz liegen, die vom BFH herausgestellte Gleichbehandlung mit einem Einzelunternehmer zu beachten. Danach sind für die dem Mitunternehmer zustehenden AfA-Beträge ausschließlich seine eigenen Anschaffungskosten und die im Anschaffungszeitpunkt neu zu schätzende Restnutzungsdauer maßgebend; die bei Abstockungen im Rahmen des § 24 UmwStG geltenden Grundsätze zur Ermittlung des Korrekturbetrags können in diesen Fällen nicht angewandt werden (zur Abschreibung von Mehr- oder Minderwerten in einer Ergänzungsbilanz bei Einbringungsvorgängen nach § 24 UmwStG siehe nachfolgend unter 2).

2. Einbringungsvorgänge nach § 24 UmwStG

Hinsichtlich der Abschreibung von Mehr- oder Minderwerten in einer Ergänzungsbilanz im Rahmen von Einbringungsvorgängen nach § 24 UmwStG ergeben sich – mit Ausnahme der Fälle des § 24 Absatz 4 i. V. m. § 23 Absatz 4 1. Halbsatz UmwStG – keine Änderungen durch das BFH-Urteil vom 20. November 2014 – IV R 1/11 – (BStBl II 2017 S. 34). Hier verbleibt es bei der in der Ergänzungsbilanz – parallel zur Abschreibung in der Gesamthandsbilanz – vorzunehmenden gesellschafterbezogenen Korrektur der dem einbringenden Gesellschafter hinsichtlich seiner höheren oder geringeren Anschaffungskosten gegenüber der Gesamthandsbilanz zuzuordnenden zu niedrigen oder zu hohen Abschreibung (vgl. BFH-Urteil vom 28. September 1995, BStBl II 1996 S. 68).

Anhang 1

Anwendungsschreiben zur Sonderabschreibung für die Anschaffung oder Herstellung neuer Mietwohnungen nach § 7b Einkommensteuergesetz (EStG)

BMF vom 07.07.2020 (BStBl I S. 623)
IV C 3 – S 2197/19/10009 :008 – 2020/0578401
unter Berücksichtigung der Änderungen durch
BMF vom 21.09.2021 (BStBl I S. 1805)
IV C 3 – S 2197/19/10009 :009 – 2021/0982991

Mit Artikel 1 Nummer 2 des Gesetzes zur steuerlichen Förderung des Mietwohnungsneubaus vom 4. August 2019 (BGBl. I S. 1122[1])) wurde mit § 7b Einkommensteuergesetz (EStG) eine neue Sonderabschreibung für die Anschaffung oder Herstellung neuer Mietwohnungen eingeführt. Mit Artikel 1 Nummer 27 Buchstabe e des Gesetzes zur weiteren steuerlichen Förderung der Elektromobilität und zur Änderung weiterer steuerlicher Vorschriften vom 12. Dezember 2019 (BGBl. I S. 2451[2])) wurden der Anwendungsbereich des § 7b EStG auf den Veranlagungszeitraum 2018 erweitert (§ 52 Absatz 15a Satz 1 EStG) und der Abzug als Werbungskosten ermöglicht (§ 9 Absatz 1 Satz 3 Nummer 7 EStG).

Unter Bezugnahme auf das Ergebnis der Erörterungen mit den obersten Finanzbehörden der Länder gelten für die Anwendung des § 7b EStG die folgenden Grundsätze:

Inhaltsverzeichnis

	Rz.
I. Einkommensteuerrechtliche Voraussetzungen der Inanspruchnahme der Sonderabschreibung nach § 7b EStG	1 – 88
1. Anspruchsvoraussetzungen	1 – 5
1.1 Persönliche Voraussetzungen	1 – 2
1.2 Sachliche Voraussetzungen	3 – 5
2. Fördergebiet	6 – 7
3. Förderzeitraum	8 – 18
3.1 Zeitpunkt des Bauantrags/der Bauanzeige	8 – 15
3.2 Begrenzung des Förderzeitraums	16 – 18
4. Förderobjekt	19 – 31
4.1 Wohnung i. S. d. § 7b EStG	20 – 23
4.2 Neue Wohnung i. S. d. § 7b EStG	24 – 31
5. Nutzungsvoraussetzung	32 – 38
5.1 Entgeltliche Überlassung zu fremden Wohnzwecken	33 – 34
5.2 Wohnzwecke	35 – 38
6. Abschreibungsfähige Anschaffungs- oder Herstellungskosten	39 – 48
7. Baukostenobergrenze	49 – 54
8. Bemessungsgrundlage	55 – 64
8.1 Ermittlung der förderfähigen Anschaffungs- oder Herstellungskosten	55 – 60
8.2 Ermittlung der Bemessungsgrundlage	61 – 64

---

[1]) BStBl I S. 1306
[2]) BStBl I 2020 S. 17

Anhang 1

	Rz.
9. **Begünstigungszeitraum, Höhe der Sonderabschreibung nach § 7b EStG und der AfA**	65 – 72
9.1 Begünstigungszeitraum	65
9.2 Höhe der Sonderabschreibung nach § 7b EStG	66 – 68
9.3 Höhe der AfA	69 – 71
9.4 Kumulierung mit anderen Sonderabschreibungen/erhöhten Absetzungen	72
10. **Einhaltung der Nutzungsvoraussetzung**	73 – 76
11. **Rückgängigmachung der Sonderabschreibung nach § 7b EStG**	77 – 85
11.1 Veräußerung innerhalb des Nutzungszeitraums	78 – 82
11.2 Überschreiten der Baukostenobergrenze bei nachträglichen Anschaffungs- oder Herstellungskosten	83 – 85
12. **Anwendung weiterer Vorschriften des EStG**	86 – 88
II. **Beihilferechtliche Voraussetzungen der Inanspruchnahme der Sonderabschreibung nach § 7b EStG**	89 – 125
1. Anwendung der De-minimis-Verordnung	89
2. Beihilfehöchstbeträge	90 – 92
3. Erklärung zu anderen De-minimis-Beihilfen	93 – 99
4. Ermittlung des Beihilfewerts der Sonderabschreibung nach § 7b EStG	100 – 113
4.1 Grundsatz: Ermittlung des relevanten wirtschaftlichen Vorteils	102 – 106
4.2 Ermittlung des relevanten wirtschaftlichen Vorteils bei Mitunternehmerschaften oder Gemeinschaften	107 – 111
4.3 Ermittlung des relevanten wirtschaftlichen Vorteils bei gesonderten Feststellungen	112 – 113
5. Prüfung der Beihilfehöchstbeträge	114 – 124
5.1 Grundsatz	114 – 118
5.2 Prüfung bei Mitunternehmerschaften oder Gemeinschaften	119 – 120
5.3 Überschreiten der Beihilfehöchstbeträge	121 – 124
6. Bescheinigung des Beihilfewerts der Sonderabschreibung nach § 7b EStG	125
III. **Prüfungserfordernisse für die Inanspruchnahme der Sonderabschreibung nach § 7b EStG**	126 – 127
IV. **Anwendungsregelung**	128

I. Einkommensteuerrechtliche Voraussetzungen der Inanspruchnahme der Sonderabschreibung nach § 7b EStG

1. Anspruchsvoraussetzungen

1.1 Persönliche Voraussetzungen

1 Zur Inanspruchnahme der Sonderabschreibung nach § 7b EStG sind alle beschränkt und unbeschränkt Steuerpflichtigen i. S. d. EStG und des KStG berechtigt, die auch die beihilferechtlichen Voraussetzungen erfüllen (vgl. II. Beihilferechtliche Voraussetzungen der Inanspruchnahme der Sonderabschreibung nach § 7b EStG).

2 Bei Mitunternehmerschaften oder Gemeinschaften ist nach § 7a Absatz 7 Satz 1 EStG der einzelne Beteiligte anspruchsberechtigt. Das Wahlrecht zur Inanspruchnahme der

Sonderabschreibung nach § 7b EStG darf nach § 7a Absatz 7 Satz 2 EStG sowohl dem Grunde als auch der Höhe nach nur einheitlich ausgeübt werden.

1.2 Sachliche Voraussetzungen

Die Sonderabschreibung nach § 7b EStG kann in Anspruch genommen werden für eine neue Mietwohnung (vgl. 4. Förderobjekt), die im entsprechenden Förderzeitraum (vgl. 3. Förderzeitraum) angeschafft oder hergestellt wird – unter Erfüllung der Nutzungsvoraussetzung (vgl. 5. Nutzungsvoraussetzung) und Einhaltung der Baukostenobergrenze (vgl. 7. Baukostenobergrenze). 3

Beschränkt Steuerpflichtige, die im Inland eine neue Mietwohnung herstellen oder anschaffen und mit den aus deren entgeltlichen Überlassung erzielten Einkünften im Inland steuerpflichtig sind, können die Sonderabschreibung nach § 7b EStG bei Vorliegen der übrigen Voraussetzungen in Anspruch nehmen. 4

Wird eine neue Mietwohnung bis zum Ende des Jahres der Fertigstellung angeschafft, kann die Sonderabschreibung nach § 7b EStG nur vom Erwerber in Anspruch genommen werden (§ 7b Absatz 1 Satz 3 EStG). Veräußert der Erwerber die neue Mietwohnung noch bis zum Ende des Jahres der Fertigstellung weiter, kann nur der Zweit- bzw. Letzterwerber die Sonderabschreibung nach § 7b EStG in Anspruch nehmen. 5

2. Fördergebiet

Die Regelung gilt für jede neue Mietwohnung im Inland. 6

§ 7b EStG findet auch Anwendung, wenn die neue Mietwohnung in einem anderen Mitgliedstaat der Europäischen Union oder einem Staat belegen ist, der aufgrund vertraglicher Verpflichtung Amtshilfe entsprechend dem EU-Amtshilfegesetz in einem Umfang leistet, der für die Überprüfung der Voraussetzungen dieser Vorschrift erforderlich ist. Soweit es sich um einen Drittstaat handelt, ist anhand der jeweiligen vertraglichen Vereinbarungen mit diesem Staat zu prüfen, ob die entsprechenden Voraussetzungen vorliegen. Anhaltspunkte hierfür ergeben sich aus der Anlage 1 (Anwendungsbereich des EUAHiG sowie der DBA und der TIEA) zum „Merkblatt zur zwischenstaatlichen Amtshilfe durch Informationsaustausch in Steuersachen" (BMF-Schreiben vom 29. Mai 2019 – BStBl I 2019 S. 480). Für die dort unter „A. Staaten mit großem Informationsaustausch" aufgeführten Staaten ist davon auszugehen, dass die Voraussetzungen erfüllt sind. 7

3. Förderzeitraum

Förderzeitraum ist der Zeitraum, für den die Förderung nach § 7b EStG dem Grunde nach in Betracht kommt. 8

3.1 Zeitpunkt des Bauantrags/der Bauanzeige

Die Sonderabschreibung nach § 7b EStG kann nur in Anspruch genommen werden, wenn der Bauantrag oder – wenn eine Baugenehmigung nicht erforderlich ist – die Bauanzeige nach dem 31. August 2018 und vor dem 1. Januar 2022 gestellt bzw. getätigt worden ist. Für Mietwohnungen, die nach den baurechtlichen Vorschriften ohne Bauantrag bzw. Bauanzeige errichtet werden können, kann hinsichtlich des in Satz 1 genannten Zeitraums auf den Zeitpunkt des Beginns der Bauausführung abgestellt werden. 9[1]

Wurde der Bauantrag vor dem 1. September 2018 gestellt oder die Bauanzeige vor diesem Zeitpunkt getätigt, mit der tatsächlichen Bautätigkeit aber erst nach diesem Stichtag 10

---

[1] Rz. 9 wurde durch BMF vom 21.09.2021 (BStBl I S. 1805) neu gefasst und ist in allen offenen Fällen anzuwenden.

	begonnen, ist die Inanspruchnahme der Sonderabschreibung nach § 7b EStG nicht zulässig, da die Regelung nicht auf den Beginn der Bautätigkeit, sondern auf den Zeitpunkt der Bauantragstellung bzw. der Tätigung der Bauanzeige abstellt.
11	Ein Bauantrag bzw. eine Bauanzeige wird mittels des von der nach Landesrecht zuständigen Behörde veröffentlichten Vordrucks gestellt bzw. getätigt, mit dem die landesrechtlich vorgesehene Baugenehmigung für die beabsichtigte Herstellung der Mietwohnung angestrebt wird.
12	Für die Bestimmung des Zeitpunkts der Stellung des Bauantrags bzw. der Tätigung der Bauanzeige ist regelmäßig das Datum des Eingangsstempels der nach Landesrecht zuständigen Behörde maßgebend. Dieses Datum gilt auch dann als entscheidender Zeitpunkt, wenn die Bauplanung nach dem Eingang des Bauantrags bzw. der Bauanzeige geändert wird, ohne dass ein neuer Bauantrag bzw. eine neue Bauanzeige erforderlich ist.
13	Ist ein Bauantrag abgelehnt bzw. eine angezeigte Bauausführung untersagt worden und die Baugenehmigung erst aufgrund eines unter neuen Bedingungen gestellten Bauantrags erteilt bzw. der Bau erst aufgrund einer veränderten Bauanzeige begonnen worden, ist der maßgebliche Zeitpunkt des Bauantrags bzw. der Bauanzeige der Eingang des unter neuen Bedingungen gestellten Bauantrags bzw. der neuen Bauanzeige bei der zuständigen Behörde. Dies gilt auch, wenn sich die Bauplanung des Steuerpflichtigen so grundlegend ändert, dass ein neuer Bauantrag gestellt bzw. eine neue Bauanzeige getätigt werden muss. Wird ein Bauantrag bzw. eine Bauanzeige allerdings annulliert und anschließend derselbe Bauantrag bzw. dieselbe Bauanzeige unverändert erneut gestellt bzw. getätigt, bleibt der Zeitpunkt des ursprünglich gestellten Bauantrags bzw. der bisherigen Bauanzeige maßgeblich.
14	Im Fall der Anschaffung einer neuen Mietwohnung ist der Zeitpunkt der Stellung des Bauantrags bzw. der Tätigung der Bauanzeige des Steuerpflichtigen, der die Wohnung hergestellt hat, maßgebend. Nicht entscheidend ist das Datum des Kaufvertrags.
15	Für Mietwohnungen, die entgegen den baurechtlichen Vorschriften ohne Baugenehmigung errichtet wurden, kann die Sonderabschreibung nach § 7b EStG nicht in Anspruch genommen werden.

3.2 Begrenzung des Förderzeitraums

16	Die Sonderabschreibung nach § 7b EStG kann nach § 52 Absatz 15a EStG letztmals im Veranlagungszeitraum 2026 bzw. in dem letzten vor dem 1. Januar 2027 endenden Wirtschaftsjahr in Anspruch genommen werden. Ab dem Veranlagungszeitraum 2027 bzw. für nach dem 31. Dezember 2026 endende Wirtschaftsjahre kann die Sonderabschreibung nach § 7b EStG auch dann nicht mehr in Anspruch genommen werden, wenn der vorgesehene Begünstigungszeitraum (Rz. 65) noch nicht abgelaufen ist.
17	Bei der Bestimmung und Einhaltung des Förderzeitraums kommt es – anders als beim Begünstigungszeitraum (Rz. 65) – nicht auf den Anschaffungs- oder Herstellungszeitpunkt der begünstigten Baumaßnahme an. Das Jahr der Fertigstellung der Baumaßnahme ist damit für die Einhaltung des Förderzeitraums der Sonderabschreibung nach § 7b EStG nicht entscheidend. Die Sonderabschreibung nach § 7b EStG kann auch dann in Anspruch genommen werden, wenn die neue Mietwohnung, für die der Bauantrag gestellt wurde oder die Bauanzeige erfolgt ist, erst nach dem 31. Dezember 2021 fertiggestellt wird. Der Förderzeitraum endet jedoch spätestens im Veranlagungszeitraum 2026 bzw. in dem letzten vor dem 1. Januar 2027 endenden Wirtschaftsjahr.

Beispiel 1:
Ein Mehrfamilienhaus wird im Jahr 2024 aufgrund eines im Jahr 2021 gestellten Bauantrags fertiggestellt. Zum 1. Dezember 2024 geht das Eigentum auf einen Erwerber über, der die Wohnungen ab diesem Zeitpunkt vermietet.
Der Erwerber kann für die Jahre 2024, 2025 und 2026 jährlich bis zu 5 Prozent der förderfähigen Anschaffungskosten geltend machen. Das vierte Jahr des Begünstigungszeitraums für die Inanspruchnahme der Sonderabschreibung nach § 7b EStG entfällt aufgrund der Begrenzung des Förderzeitraums auf den Veranlagungszeitraum 2026 (§ 52 Absatz 15a EStG). Die lineare Absetzung für Abnutzung (AfA) wird im Jahr 2027 gegenüber den Vorjahren unverändert berücksichtigt. Erst ab dem 5. Jahr, dem Jahr 2028, erfolgt die AfA nach § 7a Absatz 9 EStG (vgl. Rz. 70 ff.).

4. Förderobjekt

Gegenstand der Sonderabschreibung nach § 7b EStG ist die einzelne neue Mietwohnung einschließlich der zu ihr gehörenden Nebenräume (begünstigte Wohnung). Die Sonderabschreibung nach § 7b EStG wird nicht – wie nach den üblichen ertragsteuerrechtlichen Grundsätzen – für die Anschaffung oder Herstellung eines neuen Gebäudes oder selbständigen Gebäudeteils gewährt. So ist bei der linearen AfA nach § 7 Absatz 4 EStG Gegenstand der AfA das selbständige unbewegliche Wirtschaftsgut Gebäude. Die Vereinfachungsregelung zur Herstellung eines anderen Wirtschaftsgutes in R 7.3 Absatz 5 EStR findet für die Sonderabschreibung nach § 7b EStG keine Anwendung. Begünstigt sind neue Mietwohnungen in neuen oder vorhandenen Gebäuden und anderen Gebäudeteilen, die selbständige unbewegliche Wirtschaftsgüter sind (Gebäude) sowie Eigentumswohnungen und im Teileigentum stehende Räume.

4.1 Wohnung i. S. d. § 7b EStG

Nach § 7b Absatz 2 Nummer 1 EStG muss die begünstigte Wohnung die bewertungsrechtlichen Anforderungen des § 181 Absatz 9 Bewertungsgesetz (BewG) erfüllen. Danach ist eine Wohnung die Zusammenfassung einer Mehrheit von Räumen, die in ihrer Gesamtheit so beschaffen sein muss, dass die Führung eines selbständigen Haushalts möglich ist. Die Zusammenfassung einer Mehrheit von Räumen muss eine von anderen Wohnungen oder Räumen, insbesondere Wohnräumen, baulich getrennte, in sich abgeschlossene Wohneinheit bilden und einen selbständigen Zugang haben. Außerdem ist es erforderlich, dass die für die Führung eines selbständigen Haushalts notwendigen Nebenräume (Küche, Bad oder Dusche, Toilette) vorhanden sind. Nach § 181 Absatz 9 Satz 4 BewG muss die Wohnfläche mindestens 23 m² betragen. Außerhalb der Wohnung belegene Räume werden dabei nicht berücksichtigt.

Ist die Wohnfläche der neuen Mietwohnung kleiner als 23 m², kann die Sonderabschreibung nach § 7b EStG auch dann in Anspruch genommen werden, wenn es sich um eine Wohnung in einem Studentenwohnheim in Gestalt eines Appartementhauses oder um ein abgeschlossenes Appartement in einem Seniorenheim oder einer Unterkunft für betreutes Wohnen handelt. Die Wohnung muss in diesen Fällen aus einem Wohn-Schlafraum mit einer vollständig eingerichteten Küchenkombination oder zumindest einer Kochgelegenheit mit den für die Kleinkücheneinrichtung üblichen Anschlüssen und einem Bad/WC bestehen und eine Gesamtwohnfläche von mindestens 20 m² haben (BFH vom 4. Dezember 2014, BStBl II 2015 S. 610). Vgl. auch § 249 Absatz 10 BewG wonach – für Zwecke der Grundsteuer – eine Wohnung eine Wohnfläche von mindestens 20 m² aufweisen soll.

Gemäß § 7b Absatz 2 Nummer 1 EStG gehören zu einer Wohnung auch Nebenräume. Hierbei handelt es sich um Räume, die sich nicht im abgeschlossenen Bereich der Wohnung befinden, aber zu dieser gehören. Dies sind z. B. Keller- oder Abstellräume, gemeinschaftlich genutzte Räume im selben Gebäude, Stellplätze in Tiefgaragen sowie die zu einem Gebäude gehörenden Garagen.

23 Garagen, die neben dem Gebäude errichtet werden, gehören dann zu einer Wohnung, wenn Wohnung und Garagen als Bewertungseinheit i. S. d. BewG anzusehen sind.

4.2 Neue Wohnung i. S. d. § 7b EStG

24 Die Sonderabschreibung nach § 7b EStG kommt nur in Betracht, wenn eine neue Wohnung geschaffen wird, die bisher nicht vorhanden war.

25 Eine neue Wohnung i. S. d. § 7b EStG kann entstehen durch
– den Neubau von Ein-, Zwei- oder Mehrfamilienhäusern,
– den Aus- oder Umbau von bestehenden Gebäudeflächen (insbesondere Dachgeschossausbauten, aber auch Teilung bestehender Wohnflächen) oder
– die Aufstockung oder den Anbau auf oder an einem bestehenden Gebäude (mit Flächenerweiterung).

Voraussetzung ist, dass der neu geschaffene Wohnraum die Anforderungen des Wohnungsbegriffs i. S. d. § 7b EStG erfüllt.

26 Keine neue Wohnung i. S. d. § 7b EStG entsteht hingegen, wenn vorhandener Wohnraum nur modernisiert oder saniert wird, auch wenn dies mit hohen Kosten verbunden ist und sich die Ausstattungsmerkmale der Wohnung dadurch deutlich verbessern. Das gilt auch dann, wenn vorhandener Wohnraum innerhalb des Gebäudes verlegt oder die bestehende Wohnung um Wohnfläche erweitert wird. Dies gilt nicht, wenn vor Durchführung der Sanierung keine den Anforderungen des Wohnungsbegriffs genügende Wohnung vorhanden war. Sind diese Anforderungen nach Durchführung der Sanierung erfüllt, ist eine neue Wohnung entstanden.

27 Eine neue Wohnung i. S. d. § 7b EStG kann auch dann entstehen, wenn unter Nutzung bestehender Gebäudeflächen neuer Wohnraum geschaffen wird, z. B. im Wege der Umgestaltung von gewerblich genutzten Flächen oder durch den Ausbau eines bisher nicht genutzten Dachgeschosses. Voraussetzung ist, dass der unter Verwendung der Altbausubstanz neu geschaffene Wohnraum erstmals die Anforderungen des Wohnungsbegriffs i. S. d. § 7b EStG erfüllt (vgl. 5.2. Wohnzwecke). Nicht entscheidend ist, dass mit der Wohnung auch ein neues selbständiges „Wirtschaftsgut" entsteht. Auch wenn die neu geschaffene Wohnung ertragsteuerrechtlich nicht als selbständiges Wirtschaftsgut behandelt wird, sondern in einen bereits bestehenden Nutzungs- und Funktionszusammenhang (zu fremden Wohnzwecken vermietete Wohnungen) eingeht, kann abweichend von dieser ertragsteuerrechtlichen Zuordnung eine neue Wohnung i. S. d. § 7b EStG entstehen.

28 **Beispiel 2:**
In einem im Jahr 2011 errichteten Gebäude gibt es vier Mietwohnungen in den oberen Etagen. Im Erdgeschoss und in der ersten Etage befinden sich Ladengeschäfte und Büroräume. Die Büroräume werden im Jahr 2019 (Tätigung der Bauanzeige am 1. Februar 2019) zu zwei 80 m² großen Wohnungen umgebaut, die ab dem 1. Dezember 2019 vermietet werden.
Bei den zwei Wohnungen handelt es sich um neue Wohnungen, für die eine Sonderabschreibung nach § 7b EStG in Anspruch genommen werden kann.

29 Werden durch die Teilung einer Wohnung (unter Verwendung der vorhandenen Altbausubstanz) mehrere bisher nicht vorhandene baulich getrennte und in sich abgeschlossene Wohneinheiten hergestellt, werden damit mehrere neue Wohnungen i. S. d. § 7b EStG geschaffen. Gehören allerdings die Räume, in denen sich vor der Teilung Bad und Küche der alten Wohnung befunden haben, nach der Teilung nur zu einer der neu entstandenen Wohnungen, so sprechen die objektiven Kriterien dafür, dass diese Wohnung nicht neu i. S. d. § 7b EStG, sondern an die Stelle der alten Wohnung getreten ist.

Im Fall der Anschaffung einer Wohnung gilt diese Wohnung für den Erwerber nur dann als neu i. S. d. § 7b EStG, wenn sie bis zum Ende des Jahres der Fertigstellung angeschafft wird. Eine Wohnung ist fertiggestellt, wenn sie entsprechend ihrer Zweckbestimmung genutzt werden kann. Der Zeitpunkt der Anschaffung einer Wohnung ist der Zeitpunkt der Erlangung der wirtschaftlichen Verfügungsmacht. Das ist der Fall, wenn Eigenbesitz, Gefahr, Nutzen und Lasten auf den Erwerber übergehen. Für die Inanspruchnahme der Sonderabschreibung nach § 7b EStG müssen also Fertigstellung und Erlangung der wirtschaftlichen Verfügungsmacht in einem Kalenderjahr liegen.

Beispiel 3:
Ein Investor lässt in einem neu errichteten Gebäude mehrere Wohnungen herstellen. Das Gebäude und auch die Wohnungen werden am 30. November 2020 (Bauantrag vom 10. Mai 2019) fertiggestellt.
a) Der Investor begründet durch Teilungserklärung Eigentumswohnungen, welche einzeln veräußert werden.
b) Das Gebäude wird als Ganzes veräußert.

In beiden Fällen können die Erwerber die Sonderabschreibung nach § 7b EStG in Anspruch nehmen, wenn die neuen Wohnungen oder das Gebäude bis zum 31. Dezember 2020 rechtswirksam unter Erlangung der wirtschaftlichen Verfügungsmacht erworben wurden.

5. Nutzungsvoraussetzung

Für die Inanspruchnahme der Sonderabschreibung nach § 7b EStG muss die begünstigte Wohnung der entgeltlichen Überlassung zu fremden Wohnzwecken dienen.

5.1 Entgeltliche Überlassung zu fremden Wohnzwecken

Wird eine Wohnung selbstgenutzt oder unentgeltlich zu fremden Wohnzwecken überlassen, liegt keine entgeltliche Überlassung zu fremden Wohnzwecken i. S. d. § 7b EStG vor. Ist die Nutzungsüberlassung gemäß § 21 Absatz 2 EStG in einen entgeltlichen und einen unentgeltlichen Teil aufzuteilen, so ist auch die Sonderabschreibung nach § 7b EStG im gleichen Verhältnis aufzuteilen und nur in Höhe des auf die entgeltliche Nutzungsüberlassung entfallenden Anteils abzugsfähig.

Eine Wohnung dient der entgeltlichen Überlassung zu fremden Wohnzwecken auch dann, wenn sie zwar vorübergehend leer steht, die entgeltliche Überlassung aber (weiterhin) vorgesehen ist und die Wohnung dafür bereitgehalten wird. Im Übrigen vgl. Rz. 24 bis 26 des BMF-Schreibens vom 8. Oktober 2004, BStBl I S. 933 („Einkünfteerzielungsabsicht bei den Einkünften aus Vermietung und Verpachtung").

5.2 Wohnzwecke

Eine Wohnung dient Wohnzwecken, wenn sie dazu bestimmt und geeignet ist, Menschen auf Dauer Aufenthalt und Unterkunft zu ermöglichen.

Eine entgeltlich überlassene Wohnung dient Wohnzwecken i. S. d. § 7b EStG, wenn die entgeltliche Überlassung unbefristet oder mindestens für einen Zeitraum von einem Jahr mietvertraglich festgelegt ist. Wird eine kürzere Mietdauer vereinbart, kann dies unschädlich sein, wenn ein entsprechender Nachweis erbracht wird, dass die Wohnung nicht lediglich der vorübergehenden Beherbergung von Personen, sondern der längerfristigen Nutzung zu Wohnzwecken dienen soll (z. B. Vermietung an einen Praktikanten für die Dauer des Praktikums, Vermietung an einen Studenten für die Dauer eines Semesters). Eine Untervermietung durch den Mieter ist unschädlich, wenn sie zu Wohnzwecken im vorstehenden Sinne erfolgt. Wird eine Wohnung möbliert vermietet, steht dies dem Begriff „zu Wohnzwecken dienen" nicht entgegen.

Eine Wohnung dient nach § 7b Absatz 2 Nummer 3 2. Halbsatz EStG allerdings nicht Wohnzwecken, soweit sie lediglich zur vorübergehenden Beherbergung von Personen

Anhang 1
IV Abschreibungsvorschriften

bestimmt ist, insbesondere bei regelmäßig wechselnden Personen wie z. B. in Ferienwohnungen, Hotels und Boardinghouses sowie bei der Vermietung von Serviced Apartments (auch Aparthotels oder Apartment Hotels). Anhaltspunkt für eine nicht Wohnzwecken dienende, vorübergehende Beherbergung kann z. B. die Bereitstellung oder das Angebot von Serviceleistungen, wie z. B. Wäscheservice oder Mahlzeiten, sein.

38 Eine Wohnung dient auch Wohnzwecken, wenn sie aus besonderen betrieblichen Gründen an Betriebsangehörige überlassen wird, z. B. Wohnung für den Hausmeister, für das Fachpersonal oder für Angehörige der Betriebsfeuerwehr. Das häusliche Arbeitszimmer des Mieters ist zur Vereinfachung den Wohnzwecken dienenden Räumen zuzurechnen. Räume, die sowohl Wohnzwecken als auch betrieblichen oder beruflichen Zwecken dienen, sind je nachdem, welchem Zweck sie überwiegend dienen, entweder ganz den Wohnzwecken oder ganz den betrieblichen oder beruflichen Zwecken dienenden Räumen zuzurechnen.

6. Abschreibungsfähige Anschaffungs- oder Herstellungskosten

39 Die abschreibungsfähigen Anschaffungs- oder Herstellungskosten, die im Rahmen der Anschaffung oder der Herstellung einer begünstigten Wohnung entstehen und für die Prüfung der Baukostenobergrenze (Rz. 49 ff.) und die Ermittlung der Bemessungsgrundlage (Rz. 55 ff.) heranzuziehen sind, werden gemäß § 255 Handelsgesetzbuch (HGB) und den für die Einkommensbesteuerung maßgebenden Grundsätzen ermittelt.

40 Danach sind Anschaffungskosten eines Gebäudes oder einer Wohnung alle Aufwendungen, die geleistet werden, um ein Gebäude/eine Wohnung zu erwerben und es/sie in einen betriebsbereiten Zustand zu versetzen, soweit sie dem Gebäude/der Wohnung einzeln zugerechnet werden können, ferner die Nebenkosten und die nachträglichen Anschaffungskosten (vgl. § 255 Absatz 1 HGB).

41 Typische Anschaffungsnebenkosten sind Maklergebühr, Provisionen, Notarkosten, Grundbuchgebühren, Grunderwerbsteuer, Gerichtskosten, Vermessungskosten, Gutachterkosten und Erschließungskosten (sofern diese notwendigerweise im Zusammenhang mit der Anschaffung des Grundstücks bzw. mit der Herstellung des Gebäudes anfallen und die Benutzbarkeit oder den Wert des angeschafften Grundstücks erhöhen).

42 Nach § 255 Absatz 2 Satz 1 HGB sind Herstellungskosten die Aufwendungen, die durch den Verbrauch von Gütern und die Inanspruchnahme von Diensten für die Herstellung eines Vermögensgegenstandes/Wirtschaftsgutes entstehen. Zu den Herstellungskosten gehören auch anschaffungsnahe Herstellungskosten i. S. d. § 6 Absatz 1 Nummer 1a EStG.

43 Kosten für die Grundstückserschließung, z. B. für Straßen, Versorgungsleitungen und Entsorgungsanlagen außerhalb des Grundstücks, sind dem Grund und Boden zuzuordnen. Anschlüsse vom Gebäude bis zur Grundstücksgrenze an Versorgungsnetze (Strom, Gas, Wasser, Wärme) sind hingegen dem Gebäude zuzurechnen und gehören zu den abschreibungsfähigen Anschaffungs- oder Herstellungskosten, wenn sie zusammen mit dem Gebäude neu hergestellt werden.

44 Aufwendungen für das Grundstück (Anschaffungskosten des Grunds und Bodens sowie die hierauf entfallenden Anschaffungsnebenkosten) sind keine abschreibungsfähigen Aufwendungen und können daher auch nicht für die Sonderabschreibung nach § 7b EStG berücksichtigt werden.

45 Aufwendungen für ein Gebäude, das für Zwecke von Aufstockungen, Aus-, Um-, An- oder Aufbauten angeschafft wird (vgl. Rz. 25), gehören insoweit zu den abschreibungsfähigen Aufwendungen i. S. d. § 7b EStG, als die erworbene Altbausubstanz für die Errichtung der neuen Wohnung i. S. d. § 7b EStG verwendet wird. Dies gilt entsprechend für einen ggf. vorhandenen Restbuchwert eines Gebäudes, soweit Aufstockungen, Aus-,

Um-, An- oder Aufbauten an einem Gebäude vorgenommen werden, das sich bereits im Eigentum des Steuerpflichtigen befindet.

Für die Aufwendungen für Außenanlagen gilt R 21.1 Absatz 3 Satz 1 EStR (vgl. auch H 6.4 „Außenanlagen" und H 7.1 „Unbewegliche Wirtschaftsgüter, die keine Gebäude oder Gebäudebestandteile sind"). 46

Aufwendungen für die Möblierung einer neuen Mietwohnung stellen keine abschreibungsfähigen Aufwendungen i. S. d. § 7b EStG dar. 47

Im Fall der Anschaffung sind die Anschaffungskosten zuzüglich der Anschaffungsnebenkosten sowie nachträglich anfallende Anschaffungskosten ggf. mittels einer Kaufpreisaufteilung in einen Grund- und Bodenanteil sowie einen Gebäude- oder Wohnungsanteil aufzuteilen (siehe hierzu auch die Arbeitshilfe und Anleitung des Bundesministeriums der Finanzen zur Aufteilung eines Gesamtkaufpreises für ein bebautes Grundstück (Kaufpreisaufteilung) auf den Internetseiten des Bundesministeriums der Finanzen [www.bundesfinanzministerium.de]). 48

7. Baukostenobergrenze

Nach § 7b Absatz 2 Nummer 2 EStG ist die Inanspruchnahme der Sonderabschreibung nach § 7b EStG nur zulässig, wenn die abschreibungsfähigen Anschaffungs- oder Herstellungskosten nicht mehr als 3.000 Euro je m² Wohnfläche betragen. Fallen höhere abschreibungsfähige Anschaffungs- oder Herstellungskosten an, führt dies zum vollständigen Ausschluss der Förderung. 49

Für die Prüfung der Baukostenobergrenze müssen die gesamten Anschaffungs- oder Herstellungskosten auf die gesamte Fläche, für die diese Kosten aufgewendet wurden, verteilt werden. Die dabei zugrunde zulegende Fläche ist bei der Anschaffung oder Herstellung eines neuen Gebäudes die Nutzfläche des gesamten Gebäudes, bei Aufstockungen, Aus-, Um-, An- oder Aufbauten die durch die Baumaßnahme insgesamt neu geschaffene Nutzfläche und bei der Anschaffung oder Herstellung einer Eigentumswohnung die den Eigentumsrechten entsprechende Nutzfläche des erworbenen Anteils. 50

Die Nutzfläche wird in sinngemäßer Anwendung der Verordnung zur Berechnung der Wohnfläche (Wohnflächenverordnung – WoFIV) vom 25. November 2003 (BGBl. I S. 2346) in der jeweils geltenden Fassung ermittelt (vgl. R 4.2 Absatz 6 Satz 4 EStR). Bei der Ermittlung der Nutzfläche sind – in Abweichung zu § 2 Absatz 3 WoFIV – auch Nebenräume, wie Bodenräume, Waschküchen, Kellerräume, Trockenräume, Speicherräume, Bade- und Brauseräume, Fahrrad- und Kinderwagenräume usw., soweit sie zur Benutzung durch den einzelnen oder zur gemeinsamen Benutzung durch alle Hausbewohner bestimmt sind, und die zur begünstigten Wohnung gehörenden Garagen (vgl. Definition der Wohnung unter 4. Förderobjekt) einzubeziehen. 51

Für Zwecke einer sachgerechten Ermittlung der Baukosten je m² (Wohn)Fläche kann alternativ die Bruttogrundfläche (BGF) des aufgrund der Baumaßnahme entstandenen Gebäudes herangezogen werden. Die BGF ermittelt sich als Gesamtfläche aller Grundrissebenen eines Bauwerks, die nach der DIN 277 ermittelt werden. Die entsprechenden Angaben müssen anhand der Bauunterlagen nachgewiesen werden können. 52

Zur Ermittlung der Baukosten je m² (Wohn)Fläche sind die abschreibungsfähigen Anschaffungs- oder Herstellungskosten durch die ermittelte gesamte Nutzfläche zu dividieren. Mehraufwendungen für Sonderausstattungen, z. B. bei einer barrierefreien Wohnung, gehen in die allgemeine Kostenaufteilung ein und werden nicht vorab individuell dieser Wohnung zugerechnet. Mehraufwendungen für Sonderausstattungen können jedoch unberücksichtigt bleiben, wenn sie eindeutig und nachweisbar anderen Nutzflächen als der begünstigten Wohnung zuzurechnen sind. 53

Anhang 1
IV Abschreibungsvorschriften

54 **Beispiel 4:**
Ein Gebäude mit einer BGF von insgesamt 750 m² wird neu errichtet.
Die Nutzung des Gebäudes stellt sich wie folgt dar:

300 m²	Fläche entfallen auf Mietwohnungen,
350 m²	Fläche entfallen auf vermietete gewerblich genutzte Flächen
50 m²	Fläche entfallen auf gemeinschaftlich genutzte Nebenräume und
50 m²	Fläche entfallen auf Funktions- und Haustechnikflächen, Aufzüge und Aufzugsschächte, Treppenläufe und -podeste.

Die Herstellungskosten betragen insgesamt 1.850.000 Euro, darin enthalten sind Mehraufwendungen für Sonderausstattung der gewerblich genutzten Fläche i. H. v. 100.000 Euro.
Die Baukosten je m² (Wohn)Fläche ermitteln sich wie folgt:
a) Nach WoFIV und R 4.2 Absatz 6 Satz 4 EStR: 1.750.000 Euro/700 m² = 2.500 Euro je m²
b) Nach DIN 277: 1.750.000 Euro/750 m² = 2.333 Euro je m²
Die Baukostenobergrenze nach § 7b Absatz 2 Nummer 2 EStG ist damit in beiden Fällen nicht überschritten.

8. Bemessungsgrundlage
8.1. Ermittlung der förderfähigen Anschaffungs- oder Herstellungskosten

55 Zu den förderfähigen Anschaffungs- oder Herstellungskosten i. S. d. § 7b EStG gehören entgegen § 2 Absatz 3 WoFIV neben den abschreibungsfähigen Anschaffungs- oder Herstellungskosten für die neue Mietwohnung selbst (Rz. 39 ff.) auch die Anschaffungs- oder Herstellungskosten für die zu dieser Wohnung gehörenden Nebenräume, wie Bodenräume, Waschküchen, Kellerräume, Trockenräume, Speicherräume, Bade- und Brauseräume, Fahrrad- und Kinderwagenräume usw., gleichgültig, ob sie zur Benutzung durch den einzelnen oder zur gemeinsamen Benutzung durch alle Hausbewohner bestimmt sind, und die Anschaffungs- oder Herstellungskosten der zur begünstigten Wohnung gehörenden Garagen (vgl. Definition der Wohnung unter Rz. 20 ff.).

56 Bei Nebenräumen, die vollständig einer neuen Mietwohnung zugerechnet werden können, sind die darauf entfallenden Anschaffungs- oder Herstellungskosten in voller Höhe in die Bemessungsgrundlage einzubeziehen. Für gemeinschaftlich genutzte Nebenräume werden die Anschaffungs- oder Herstellungskosten entsprechend dem Anteil der Nutzfläche der neuen Mietwohnung an der Nutzfläche des gesamten Gebäudes aufgeteilt.

57 Werden neben einer begünstigten Wohnung auch andere Nutzflächen, wie z. B. Büro- oder Gewerbeflächen oder eine eigengenutzte Wohnung angeschafft oder hergestellt, werden die abschreibungsfähigen Anschaffungs- oder Herstellungskosten des gesamten Gebäudes nach den allgemeinen ertragsteuerrechtlichen Regelungen auf die einzelnen Gebäudeteile aufgeteilt. Für diese Aufteilung ist das Verhältnis eines Gebäudeteiles zur Nutzfläche des gesamten Gebäudes maßgebend (vgl. R 4.2 Absatz 6 EStR). D. h. die Aufteilung der Kosten hat so zu erfolgen, dass die gesamten abschreibungsfähigen Anschaffungs- oder Herstellungskosten vollständig verteilt werden.

58 Entsteht eine begünstigte Wohnung durch Um- oder Ausbaumaßnahmen, ist ebenfalls eine entsprechende Aufteilung der abschreibungsfähigen Anschaffungs- oder Herstellungskosten vorzunehmen, wenn mit der Baumaßnahme weitere – nicht begünstigte – Flächen geschaffen werden. Das kann z. B. dann der Fall sein, wenn neben einer begünstigten Wohnung auch eine Wohnung für die Eigennutzung hergestellt wird. Bei der Kostenaufteilung sind alle von der Baumaßnahme betroffenen Flächen zu berücksichtigen.

Um die gesamten abschreibungsfähigen Anschaffungs- oder Herstellungskosten auf die begünstigte Wohnung und die nicht zu ihr gehörende Fläche aufzuteilen, ist die Nutzfläche, die mit der Baumaßnahme insgesamt geschaffen wurde, und die Nutzfläche der begünstigten Wohnung zu ermitteln. So können die gesamten Aufwendungen gleichmäßig auf alle Nutzflächen verteilt werden. Es erfolgt grundsätzlich keine individuelle Zuordnung der Kosten nach Ausstattungsmerkmalen. 59

Beispiel 5: 60
Fortführung des Beispiels 4:
Die Nutzfläche des Gebäudes beträgt 700 m², die Nutzfläche der begünstigten Wohnungen beträgt 323 m² (die gemeinschaftlich genutzten Nebenräume werden zu 46,15 Prozent [300/650] den begünstigten Wohnungen zugerechnet). Die Funktionsflächen von 50 m² werden in die Berechnung der Nutzflächen nicht einbezogen.
Die auf die begünstigten Wohnungen entfallenden förderfähigen Herstellungskosten ermitteln sich nach dem Verhältnis der Nutzfläche der neuen Mietwohnungen zur Gesamtnutzfläche:
(1.750.000 Euro x 323 m²)/700 m² = 807.500 Euro

8.2. Ermittlung der Bemessungsgrundlage

Die Bemessungsgrundlage für die Sonderabschreibung nach § 7b EStG ermittelt sich aus den förderfähigen Anschaffungs- oder Herstellungskosten der begünstigten Wohnung unter Berücksichtigung der Förderhöchstgrenze. 61

Die Bemessungsgrundlage für die Sonderabschreibung nach § 7b EStG wird auf maximal 2.000 Euro je m² Wohnfläche begrenzt (Förderhöchstgrenze). Liegen die Anschaffungs- oder Herstellungskosten je m² Wohnfläche darunter, sind diese in der tatsächlich angefallenen Höhe der Sonderabschreibung nach § 7b EStG zu Grunde zu legen. 62

Betragen die grundsätzlich förderfähigen Anschaffungs- oder Herstellungskosten mehr als 2.000 Euro je m² Wohnfläche, ermittelt sich die Bemessungsgrundlage für die Sonderabschreibung nach § 7b EStG wie folgt: 63

2.000 Euro x Nutzfläche der begünstigten Wohnung = Bemessungsgrundlage

Beispiel 6: 64
Fortführung der Beispiele 4 und 5:
Herstellungskosten je m² Wohnfläche: 1.750.000 Euro/700 m² = 2.500 Euro je m²

Da die Herstellungskosten je m² Wohnfläche (wobei auf die Nutzfläche abgestellt werden darf) die Förderhöchstgrenze i. H. v. 2.000 Euro überschreiten, ermittelt sich die Bemessungsgrundlage für die Sonderabschreibung nach § 7b EStG unter Berücksichtigung des Förderhöchstbetrages wie folgt:
2.000 Euro x 323 m² = 646.000 Euro

9. Begünstigungszeitraum, Höhe der Sonderabschreibung nach § 7b EStG und der AfA

9.1. Begünstigungszeitraum

Die Sonderabschreibung nach § 7b EStG kann im Jahr der Anschaffung oder Fertigstellung und den folgenden drei Jahren (Begünstigungszeitraum) in Anspruch genommen werden. 65

Zur Inanspruchnahme der Sonderabschreibung nach § 7b EStG besteht keine Verpflichtung, sondern ein Wahlrecht. So kann die Sonderabschreibung nach § 7b EStG wahlweise nur in einem Jahr oder nur in zwei oder drei Jahren in Anspruch genommen werden (vgl. Rz. 68). Beteiligte von Mitunternehmerschaften oder Gemeinschaften dürfen dieses Wahlrecht nur einheitlich ausüben (§ 7a Absatz 7 Satz 2 EStG).

Anhang 1

9.2. Höhe der Sonderabschreibung nach § 7b EStG

66 Die Sonderabschreibung nach § 7b EStG beträgt jährlich bis zu 5 Prozent der Bemessungsgrundlage einer begünstigten Wohnung im Jahr der Anschaffung oder Fertigstellung und in den darauffolgenden drei Jahren.

67 Die Sonderabschreibung nach § 7b EStG ist eine Jahresabschreibung. Sie wird daher ohne zeitanteilige Aufteilung für jedes Jahr des Begünstigungszeitraumes vorgenommen.

68 Die Sonderabschreibung nach § 7b EStG kann mit „bis zu" 5 Prozent der Bemessungsgrundlage geltend gemacht werden. Es besteht somit eine Wahlmöglichkeit für den Steuerpflichtigen, jährlich auch weniger als 5 Prozent Sonderabschreibung nach § 7b EStG in Anspruch zu nehmen. Ein nichtausgeschöpfter Anteil des Sonderabschreibungsvolumens erhöht den nach § 7a Absatz 9 EStG verbleibenden Restwert, der über die Restnutzungsdauer ab dem vierten Jahr nach dem Jahr der Fertigstellung linear abgeschrieben wird. Ein darüber hinaus gehendes individuelles Verteilen des Sonderabschreibungsvolumens in Höhe von insgesamt 20 Prozent innerhalb des vierjährigen Begünstigungszeitraums ist nicht zulässig.

9.3. Höhe der AfA

69 Die AfA nach § 7 Absatz 4 EStG ist in jedem Fall in der gesetzlich vorgesehenen Höhe vorzunehmen (§ 7a Absatz 4 EStG). Die lineare AfA nach § 7 Absatz 4 EStG wird entsprechend der für diese Regelung vorgesehenen Bemessungsgrundlage ermittelt, d. h. maßgebend sind – unabhängig von der Bemessungsgrundlage der Sonderabschreibung nach § 7b EStG – die tatsächlichen Anschaffungs- oder Herstellungskosten der begünstigten Wohnung. Eine Begrenzung auf den Förderhöchstbetrag je m² Wohnfläche erfolgt für die lineare AfA nach § 7 Absatz 4 EStG nicht.

70 Nach Ablauf des Begünstigungszeitraums des § 7b EStG von vier Jahren bemisst sich die weitere reguläre AfA nach § 7a Absatz 9 EStG. Danach ermittelt sich die weitere Abschreibung bei Gebäuden nach dem Restwert nach Ablauf des Begünstigungszeitraums und dem nach § 7 Absatz 4 EStG unter Berücksichtigung der rechnerischen Restnutzungsdauer maßgebenden Prozentsatz. Die Begrenzung des Förderzeitraums (Rz. 16) führt nicht zu einer Verkürzung des Begünstigungszeitraums.

71 **Beispiel 7:**
a) Fortführung der Beispiele 4 bis 6:

	1. Jahr (in Euro)	2. Jahr (in Euro)	3. Jahr (in Euro)	4. Jahr (in Euro)	5. Jahr (in Euro)
Sonderabschreibung nach § 7b EStG i. H. v. 5 % (Bemessungsgrundlage von 646.000 Euro)	32.300	32.300	32.300	32.300	0
Reguläre AfA 1. bis 4. Jahr: Lineare AfA nach § 7 Absatz 4 Satz 1 Nummer 2 Buchstabe a EStG (Bemessungsgrundlage von 807.500 Euro) Ab 5. Jahr: Restwert-AfA	16.150*	16.150	16.150	16.150	13.342
Insgesamt	48.450	48.450	48.450	48.450	13.342

* Hinweis: bei Fertigstellung nach dem 31. Januar wäre eine zeitanteilige Kürzung der linearen AfA im Jahr der Fertigstellung erforderlich.

Bei vollständiger Inanspruchnahme der Sonderabschreibung nach § 7b EStG und bei regulärer linearer AfA nach § 7 Absatz 4 EStG beträgt der Restwert:
807.500 Euro – (4 x 48.450 Euro) = 613.700 Euro.
Die Restwert-AfA gemäß § 7a Absatz 9 EStG beträgt ab dem fünften Jahr bei einer Restnutzungsdauer von 46 Jahren 13.342 Euro.

b) Abwandlung: Fertigstellung im Jahr 2026
Die Sonderabschreibung nach § 7b EStG kann nur für ein Jahr in Höhe von 32.300 Euro in Anspruch genommen werden. Bis zum Ende des vierjährigen Begünstigungszeitraums, d. h. in den Jahren 2027 bis 2029 wird die lineare AfA unverändert mit 16.150 Euro berücksichtigt. Ab dem 5. Jahr, dem Jahr 2030, erfolgt die AfA dann verteilt über die Restnutzungsdauer.
Der Restwert beträgt:
807.500 Euro – 32.300 – (4 x 16.150 Euro) = 710.600 Euro.
Die AfA beträgt ab dem 5. Jahr bei einer Restnutzungsdauer von 46 Jahren 15.448 Euro.

9.4. Kumulierung mit anderen Sonderabschreibungen/erhöhten Absetzungen

Liegen für die Anschaffung oder Herstellung einer Mietwohnung sowohl die Voraussetzungen für die Inanspruchnahme der Sonderabschreibung nach § 7b EStG als auch für die Inanspruchnahme der erhöhten Absetzungen nach den §§ 7h, 7i EStG vor, dürfen nach dem Kumulationsverbot gemäß § 7a Absatz 5 EStG die erhöhten Absetzungen nach den §§ 7h, 7i EStG oder die Sonderabschreibung nach § 7b EStG nur aufgrund einer dieser Vorschriften in Anspruch genommen werden. Daran ändert auch die Tatsache nichts, dass die erhöhten Absetzungen nach den §§ 7h und 7i EStG an die Stelle der linearen AfA nach § 7 Absatz 4 EStG treten und die lineare AfA nach § 7 Absatz 4 EStG neben der Sonderabschreibung nach § 7b EStG in Anspruch genommen werden muss. 72

10. Einhaltung der Nutzungsvoraussetzung

Die begünstigte Wohnung muss nach § 7b Absatz 2 Nummer 3 EStG im Jahr der Anschaffung oder Fertigstellung und in den folgenden neun Jahren der entgeltlichen Überlassung zu Wohnzwecken dienen (zehnjähriger Nutzungszeitraum). 73

Der Nachweis über die Einhaltung der mindestens zehnjährigen Nutzung zur entgeltlichen Überlassung zu fremden Wohnzwecken ist vom Steuerpflichtigen jährlich in geeigneter Art und Weise zu erbringen (vgl. Rz. 126). 74

Wird die Nutzung zur entgeltlichen Überlassung zu fremden Wohnzwecken vor Ablauf des zehnjährigen Nutzungszeitraums beendet, hat der Steuerpflichtige dies mit der Steuererklärung des Veranlagungszeitraums, in den die Beendigung fällt, in geeigneter Art und Weise anzuzeigen. 75

Wird eine Wohnung, für die § 7b EStG in Anspruch genommen wurde, vor Ablauf des Nutzungszeitraums veräußert, hat der Veräußerer nachzuweisen, dass die begünstigte Wohnung innerhalb des Nutzungszeitraums auch beim Erwerber der weiteren entgeltlichen Überlassung zu fremden Wohnzwecken gedient hat. Daher ist es grundsätzlich auch möglich, eine begünstigte Wohnung, für die die Sonderabschreibung nach § 7b EStG in Anspruch genommen wurde, innerhalb des zehnjährigen Nutzungszeitraums zu veräußern, ohne dass die in Anspruch genommene Sonderabschreibung nach § 7b Absatz 4 Satz 1 Nummer 1 EStG rückgängig zu machen ist (beachte Rz. 77 ff.). Der entsprechende Nachweis ist vom Veräußerer im Rahmen der Steuererklärung des Veranlagungszeitraums, in der der Ablauf des zehnjährigen Nutzungszeitraums fällt, in geeigneter Art und Weise zu erbringen. 76

Ausreichend ist eine Bestätigung des Erwerbers über die Einhaltung der Nutzungsvoraussetzung. Die Nutzungsvoraussetzung ist auch bei den in Rz. 82 geregelten Vorgängen einzuhalten.

11. Rückgängigmachung der Sonderabschreibung nach § 7b EStG

77 Wird eine begünstigte Wohnung, für die die Sonderabschreibung nach § 7b EStG in Anspruch genommen wurde, innerhalb des zehnjährigen Nutzungszeitraums dem Mietwohnungsmarkt entzogen oder veräußert, ohne dass der Veräußerungsgewinn der Einkommen- oder Körperschaftsteuer unterliegt, oder wird die Baukostenobergrenze nachträglich innerhalb der ersten drei Kalenderjahre nach Ablauf des Jahres der Anschaffung oder Herstellung der begünstigten Wohnung durch nachträgliche Anschaffungs- oder Herstellungskosten überschritten, ist die in Anspruch genommene Sonderabschreibung nach § 7b Absatz 4 EStG in voller Höhe verzinslich rückgängig zu machen und die bisher in Anspruch genommene lineare AfA (ohne Berücksichtigung von § 7a Absatz 9 EStG) entsprechend anzupassen (Berichtigungszeitraum). Für diese Fälle sieht § 7b Absatz 4 Satz 3 EStG eine Anlaufhemmung der Festsetzungsfrist vor. Die Änderung erfolgt nach § 7b Absatz 4 Satz 2 EStG. Die Verzinsung erfolgt gemäß § 233a Absatz 2 i. V. m. Absatz 5 AO.

11.1. Veräußerung innerhalb des Nutzungszeitraums

78 Eine Veräußerung innerhalb des zehnjährigen Nutzungszeitraums, bei der der Veräußerungsgewinn nicht der Einkommen- oder Körperschaftsteuer unterliegt, führt in voller Höhe zu einer Rückgängigmachung der in Anspruch genommenen Sonderabschreibung nach § 7b EStG. Dies gilt nicht nur im Fall der Erzielung eines Veräußerungsgewinns, sondern auch im Fall des Vorliegens eines Veräußerungsverlustes. Entscheidend ist allein, ob die Veräußerung grundsätzlich steuerbar ist.

79 Bei der Veräußerung langfristig gehaltener Grundstücke des Privatvermögens, die der Steuerpflichtige erst neu bebaut hat, liegt regelmäßig keine steuerbare Veräußerung vor, denn bei der Berechnung der in § 23 EStG vorgesehenen zehnjährigen Veräußerungsfrist wird ausschließlich an den Zeitpunkt der Anschaffung des Grunds und Bodens und nicht an den Zeitpunkt der Herstellung des Gebäudes angeknüpft.

80 **Beispiel 8:**
a) Grundfall:
A erwarb im Jahr 2010 einen Bauplatz. Am 1. Oktober 2018 stellte er einen Bauantrag zur Errichtung eines Zweifamilienhauses. Das Gebäude wurde am 1. Juli 2020 fertiggestellt und A vermietet es seitdem entgeltlich zu Wohnzwecken. A beansprucht in den Jahren 2020, 2021 und 2022 Sonderabschreibungen nach § 7b EStG. Ende des Jahres 2022 verkauft A das vermietete Gebäude an B, der dieses weiterhin entgeltlich zu Wohnzwecken überlässt. Der zehnjährige Nutzungszeitraum läuft vom 1. Juli 2020 bis 30. Juni 2030. A veräußert das Gebäude innerhalb des zehnjährigen Nutzungszeitraums. Der Gewinn aus der Veräußerung des Gebäudes an B im Jahr 2022 ist nicht nach § 22 Nummer 2 i. V. m. § 23 EStG steuerbar. Die zehnjährige Veräußerungsfrist des § 23 EStG begann mit dem Erwerb des Bauplatzes im Jahr 2010 und endet im Jahr 2020; sie ist deshalb im Jahr 2022 bereits abgelaufen. Gemäß § 7b Absatz 4 Satz 1 Nummer 2 EStG ist die Sonderabschreibung nach § 7b EStG bei A – trotz entgeltlicher Weitervermietung des Gebäudes durch B – in voller Höhe verzinslich rückgängig zu machen.

b) Abwandlung:
A erwarb den Bauplatz erst im Jahr 2017.
Der Gewinn aus der Veräußerung des Gebäudes an B im Jahr 2022 ist nach § 22 Nummer 2 i. V. m. § 23 EStG steuerbar. Die zehnjährige Veräußerungsfrist des § 23 EStG ist im Jahr 2022 noch nicht abgelaufen. Gemäß § 7b Absatz 4 Satz 1 Nummer 2 EStG ist die Sonderabschreibung nach § 7b EStG bei A sodann nicht rückgängig zu machen, da der Erwerber B das Gebäude weiterhin entgeltlich zu Wohnzwecken vermietet.

81 Ist eine Veräußerung steuerbar, hat die Bundesrepublik Deutschland aber aufgrund einer Regelung in einem Doppelbesteuerungsabkommen kein Recht zur Besteuerung

des Veräußerungserlöses, ist der Tatbestand des § 7b Absatz 4 Satz 1 Nummer 2 EStG nicht erfüllt.

In diesen Fällen liegt ein grundsätzlich steuerbarer Vorgang vor.

Kein schädlicher Vorgang i. S. d. § 7b Absatz 4 Satz 1 Nummer 2 EStG liegt vor, wenn eine Übertragung nicht als Veräußerung anzusehen ist (z. B. im Wege der Erbfolge). 82

11.2. Überschreiten der Baukostenobergrenze bei nachträglichen Anschaffungs- oder Herstellungskosten

Wird die Baukostenobergrenze in Höhe von 3.000 Euro je m² Wohnfläche innerhalb der ersten drei Kalenderjahre nach Ablauf des Jahres der Anschaffung oder Fertigstellung der begünstigten Wohnung durch nachträgliche Anschaffungs- oder Herstellungskosten überschritten, ist die bisher in Anspruch genommene Sonderabschreibung nach § 7b Absatz 4 Satz 1 Nummer 3 EStG in voller Höhe verzinslich rückgängig zu machen. 83

Es handelt sich um eine kalenderjahrbezogene Betrachtung; eine taggenaue Fristberechnung bezogen auf den Anschaffungs- oder Fertigstellungszeitpunkt ist dabei nicht vorgesehen. 84

Bei vom Kalenderjahr abweichenden Wirtschaftsjahren ist auch auf das Kalenderjahr abzustellen.

Unschädlich sind nachträgliche Anschaffungs- oder Herstellungskosten, die nach einer Veräußerung innerhalb des Begünstigungszeitraums beim Erwerber des Förderobjekts anfallen, wenn der Erwerber keinen Anspruch auf die Sonderabschreibung nach § 7b EStG hat. 85

12. Anwendung weiterer Vorschriften des EStG

Im Übrigen gelten die gemeinsamen Vorschriften für erhöhte Absetzungen und Sonderabschreibungen nach § 7a EStG vollumfänglich auch für die Sonderabschreibung nach § 7b EStG. 86

Die Anwendung des § 7b EStG ist nicht auf Wirtschaftsgüter des Anlagevermögens beschränkt, d. h. die Sonderabschreibung nach § 7b EStG kann auch bei den Einkünften aus Vermietung und Verpachtung in Anspruch genommen werden (vgl. § 9 Absatz 1 Satz 3 Nummer 7 EStG). 87

§ 6b Absatz 6 EStG findet in Zusammenhang mit der Sonderabschreibung nach § 7b EStG keine Anwendung. 88

II. Beihilferechtliche Voraussetzungen der Inanspruchnahme der Sonderabschreibung nach § 7b EStG

1. Anwendung der De-minimis-Verordnung

Die Sonderabschreibung nach § 7b EStG kann aufgrund von § 7b Absatz 5 EStG nur in Anspruch genommen werden, soweit die Voraussetzungen der Verordnung (EU) Nr. 1407/2013 der Kommission vom 18. Dezember 2013 über die Anwendung der Artikel 107 und 108 des Vertrags über die Arbeitsweise der Europäischen Union auf De-minimis-Beihilfen (ABl. L 352 vom 24. Dezember 2013, S. 1) (De-minimis-Verordnung) in der jeweils geltenden Fassung eingehalten sind. 89

2. Beihilfehöchstbeträge

Werden Beihilfen auf der Grundlage der De-minimis-Verordnung gewährt, so darf der Gesamtbetrag der einem einzigen Unternehmen gewährten De-minimis-Beihilfen – unabhängig davon, aus welchen Förderprogrammen diese gewährt worden sind – in einem Zeitraum von drei Kalenderjahren die folgenden Beihilfehöchstbeträge nicht übersteigen: 90

Anhang 1
IV Abschreibungsvorschriften

Nach der De-minimis-Verordnung:	200.000 Euro
Nach der DAWI-de-minimis-Verordnung[1])	500.000 Euro

91 Die Sonderabschreibung nach § 7b EStG kann also nur in Anspruch genommen werden, wenn der nach der De-minimis-Verordnung maximal zulässige Beihilfehöchstbetrag von 200.000 Euro unter Einbeziehung des Beihilfewertes aus der Sonderabschreibung nach § 7b EStG nicht überschritten wird. Soweit ein Steuerpflichtiger auch Beihilfen nach der DAWI-de-minimis-Verordnung erhalten hat, sind insoweit Beihilfen bis zu einem Höchstbetrag von 500.000 Euro – unter Einhaltung der 200.000-Euro-Grenze der De-minimis-Verordnung – zulässig. Zur Prüfung der Beihilfehöchstbeträge vgl. Rz. 114 ff.

92 Werden für die nach § 7b EStG förderfähigen Kosten auch noch andere staatliche Beihilfen gewährt, ist dies nur insoweit zulässig, als dass die höchste einschlägige Beihilfeintensität oder der höchste einschlägige Beihilfebetrag, die bzw. der im Einzelfall in einer Gruppenfreistellungsverordnung oder einem Beschluss der Kommission festgelegt ist, nicht überschritten wird.

3. Erklärung zu anderen De-minimis-Beihilfen

93 Für die Inanspruchnahme der Sonderabschreibung nach § 7b EStG muss der Steuerpflichtige nach § 7b Absatz 5 Satz 4 EStG für jedes Jahr des Begünstigungszeitraums Angaben zu den von ihm im jeweiligen Kalenderjahr der Inanspruchnahme der Sonderabschreibung nach § 7b EStG und in den jeweils zwei vorausgegangenen Kalenderjahren erhaltenen anderen Beihilfen auf der Basis der De-minimis-Verordnung und der DAWI-de-minimis-Verordnung machen. Maßgeblich ist hierbei der Zeitpunkt der Gewährung (Datum des Bewilligungsbescheides) und nicht der Zuflusszeitpunkt der Beihilfe.

94 Nicht anzugeben sind in diesem Zusammenhang Beihilfen, die aufgrund einer genehmigten Beihilferegelung oder aufgrund einer auf der Basis der Allgemeinen Gruppenfreistellungsverordnung gewährten Beihilferegelung (z. B. Zentrales Innovationsprogramm Mittelstand – ZIM) bewilligt worden sind.

95 Beihilfen, die einem Steuerpflichtigen auf der Basis der De-minimis-Verordnung oder der DAWI-de-minimis-Verordnung gewährt wurden, sind für diesen regelmäßig ersichtlich, da von jeder beihilfegewährenden Stelle eine Mitteilung über den erhaltenen Beihilfewert ausgestellt werden muss.

96 Hat der Steuerpflichtige im jeweiligen Kalenderjahr der Inanspruchnahme der Sonderabschreibung nach § 7b EStG und in den jeweils zwei vorausgegangenen Kalenderjahren nach der De-minimis-Verordnung oder der DAWI-de-minimis-Verordnung erhalten, so hat er den Beihilfegeber, das Datum der Gewährung und die Höhe des bescheinigten Beihilfewertes dieser Beihilfen gegenüber dem für ihn zuständigen Finanzamt zu erklären. Diese Erklärung ist Voraussetzung für die jeweilige Inanspruchnahme der Sonderabschreibung nach § 7b EStG. Wurden keine anderen Beihilfen nach der De-minimis-Verordnung oder der DAWI-de-minimis-Verordnung in diesem Zeitraum bezogen, ist dies ebenfalls schriftlich zu erklären.

97 Handelt es sich bei dem anspruchsberechtigten Steuerpflichtigen um einen Beteiligten einer Mitunternehmerschaft oder einer Gemeinschaft, für die die Einkünfte gesondert und einheitlich festgestellt werden, sind die Angaben über die erhaltenen Beihilfen nach der De-minimis-Verordnung oder der DAWI-de-minimis-Verordnung für die Mitunternehmerschaft oder die Gemeinschaft im Rahmen der Erklärung zur gesonderten und einheitlichen Feststellung für jedes Jahr des Begünstigungszeitraums zu tätigen.

---

[1]) Verordnung (EU) Nr. 360/2012 der Kommission vom 25.04.2012 über die Anwendung der Artikel 107 und 108 des Vertrags über die Arbeitsweise der Europäischen Union auf De-minimis-Beihilfen an Unternehmen, die Dienstleistungen von allgemeinem wirtschaftlichem Interesse erbringen (ABl. L 114 vom 26. April 2012, S. 8).

Werden die Einkünfte des anspruchsberechtigten Steuerpflichtigen gesondert festgestellt, sind die Angaben über die erhaltenen Beihilfen nach der De-minimis-Verordnung oder der DAWI-de-minimis-Verordnung im Rahmen der Erklärung zur gesonderten Feststellung für jedes Jahr des Begünstigungszeitraums zu tätigen. 98

Beträgt der Beihilfewert aus weiteren Beihilfen nach der De-minimis-Verordnung insgesamt bereits 200.000 Euro oder mehr bzw. aus weiteren Beihilfen nach der DAWI-De-minimis-Verordnung insgesamt bereits 500.000 Euro oder mehr, kann die Sonderabschreibung nach § 7b EStG gemäß § 7b Absatz 5 EStG im betreffenden Jahr des Begünstigungszeitraums nicht in Anspruch genommen werden. Ggf. kommt eine Inanspruchnahme im folgenden Jahr/in den folgenden Jahren des Begünstigungszeitraums in Betracht. 99

4. Ermittlung des Beihilfewerts der Sonderabschreibung nach § 7b EStG

Sind im Kalenderjahr der Inanspruchnahme der Sonderabschreibung nach § 7b EStG und in den zwei vorausgegangenen Kalenderjahren die Beihilfehöchstbeträge durch weitere De-minimis-Beihilfen nicht erreicht worden oder wurden in diesem Zeitraum bisher keine De-minimis-Beihilfen bezogen, muss der Beihilfewert der Sonderabschreibung nach § 7b EStG ermittelt werden. 100

Bei der Ermittlung des sich aus der Sonderabschreibung nach § 7b EStG ergebenden Beihilfewerts ist nicht auf die Höhe der Sonderabschreibung nach § 7b EStG selbst, sondern nur auf den relevanten wirtschaftlichen Vorteil, der durch die vorgezogene höhere Abschreibungsmöglichkeit entsteht, abzustellen. 101

4.1. Grundsatz: Ermittlung des relevanten wirtschaftlichen Vorteils

Der zu Grunde zu legende relevante wirtschaftliche Vorteil der Maßnahme entsteht durch die vorgezogene höhere Abschreibungsmöglichkeit innerhalb des Referenzzeitraums des Abschreibungszeitraums des Förderobjekts. D. h. der relevante wirtschaftliche Vorteil aus der Inanspruchnahme der Sonderabschreibung nach § 7b EStG wird mittels einer Barwertberechnung über den gesamten Abschreibungszeitraum von 50 Jahren ermittelt. Denn den durch die Inanspruchnahme der Sonderabschreibung nach § 7b EStG entstehenden Steuervorteilen stehen im Zeitraum der Gewährung der Restwert-AfA Steuernachteile durch eine niedrigere Restwert-AfA gegenüber. Beides ist für die Ermittlung des relevanten wirtschaftlichen Vorteils in der Gesamtbetrachtung zu berücksichtigen. 102

Bei der Barwertberechnung werden jährlich die jeweiligen nominalen Vor- bzw. Nachteile auf den Investitionszeitpunkt diskontiert. Die Summe der entsprechenden Barwerte über den Abschreibungszeitraum eines Gebäudes (50 Jahre) ergibt den Liquiditätsvorteil der Investition insgesamt, welcher auf die Jahre aufgeteilt wird, in denen durch die Inanspruchnahme der Sonderabschreibung nach § 7b EStG Steuervorteile eintreten. Dabei wird in Einkommensteuerfällen auf den prozentualen Durchschnittssteuersatz abgestellt. Dieser ermittelt sich aus der tariflichen Einkommensteuer zuzüglich Solidaritätszuschlag (soweit erhoben), dividiert durch das zu versteuernde Einkommen (nach Berücksichtigung der Sonderabschreibung nach § 7b EStG). In Körperschaftsteuerfällen wird auf den Körperschaftsteuersatz (15 Prozent) zuzüglich Solidaritätszuschlag und dem individuellen Gewerbesteuersatz abgestellt. Maßgebend sind die Werte des Jahres der erstmaligen Inanspruchnahme der Sonderabschreibung nach § 7b EStG. Zur Diskontierung ist der Abzinsungszinssatz entsprechend der Mitteilung der Kommission über die Änderung der Methode zur Festsetzung der Referenz- und Abzinsungssätze (ABl. C 14 vom 19. Januar 2008 S. 6), der zum Ende des Jahres, das der Fertigstellung vorausgeht, gilt, zu verwenden. 103

Anhang 1
IV — Abschreibungsvorschriften

104 — Der für die Berechnung des Referenz- und Abzinsungssatzes maßgebende Basissatz wird regelmäßig aktualisiert und im Internet unter der folgenden Adresse veröffentlicht: http://ec.europa.eu/competition/state_aid/legislation/reference_rates.html.

105 — Zur Ermittlung des relevanten wirtschaftlichen Vorteils aus der Sonderabschreibung nach § 7b EStG steht im Internet auf den Seiten des Bundesministeriums der Finanzen (https://www.bundesfinanzministerium.de/Content/DE/Standardartikel/Themen/Steuern/Steuerarten/Einkommensteuer/2020-07-07-berechnungsschema-sonderabschreibung-7b-estg) ein Berechnungsschema zur Verfügung. Der relevante wirtschaftliche Vorteil, der sich daraus ergibt, wird über den vierjährigen Begünstigungszeitraum gleichmäßig verteilt.

106 — Der relevante wirtschaftliche Vorteil wird einmalig im ersten Jahr der Inanspruchnahme der Sonderabschreibung nach § 7b EStG ermittelt. Nachträgliche Anschaffungs- oder Herstellungskosten innerhalb der Baukostenobergrenze, eine Veräußerung oder eine Nutzungsänderung des Förderobjekts innerhalb des Abschreibungszeitraumes führen daher nicht rückwirkend zu einer Neuberechnung des relevanten wirtschaftlichen Vorteils.

4.2. Ermittlung des relevanten wirtschaftlichen Vorteils bei Mitunternehmerschaften oder Gemeinschaften

107 — Im Rahmen der gesonderten und einheitlichen Feststellung sind entsprechend dem für die Mitunternehmerschaft oder Gemeinschaft geltenden Einkünfteverteilungsschlüssel

1. der verbrauchte Beihilfewert der Mitunternehmerschaft oder Gemeinschaft (bereits erhaltene Beihilfen nach der De-minimis-Verordnung oder der DAWI-de-minimis-Verordnung)

und

2. die Bemessungsgrundlage der Sonderabschreibung nach § 7b EStG (vgl. Rz. 55 ff.)

auf die Feststellungsbeteiligten aufzuteilen.

108 — Im Feststellungsbescheid ist für jeden Feststellungsbeteiligten der auf ihn entfallende Anteil am verbrauchten Beihilfewert und an der Bemessungsgrundlage nach § 7b EStG auszuweisen. Der verbrauchte Beihilfewert ist für jedes Jahr des Begünstigungszeitraums auszuweisen.

109 — Bei mehrstöckigen Personengesellschaften ist entsprechend zu verfahren.

110 — Im Rahmen der Veranlagung zur Einkommen- oder Körperschaftsteuer des einzelnen Feststellungsbeteiligten wird für die Ermittlung des wirtschaftlichen Vorteils der Sonderabschreibung nach § 7b EStG der im Feststellungsbescheid festgestellte Anteil an der Bemessungsgrundlage nach § 7b EStG der Barwertberechnung wie unter 4.1 dargestellt zugrunde gelegt.

111 — **Beispiel 9:**
Die A-KG, bestehend aus der Komplementär-GmbH [K-GmbH] (Anteil 0 Prozent) und den Kommanditisten A und B (Anteil jeweils 50 Prozent), hat mit Fertigstellung im Jahr 2020 ein Gebäude mit ausschließlich Mietwohnungen errichten lassen.

Die nach § 7b EStG förderfähigen Herstellungskosten betragen 2.000.000 Euro (eine Begrenzung der Bemessungsgrundlage i. S. d. § 7b Absatz 3 EStG erfolgt nicht).

Die A-KG erklärt im Rahmen der gesonderten und einheitlichen Feststellung für 2020 folgende bereits erhaltene Beihilfen für das laufende und die beiden vorausgegangenen Kalenderjahre:

nach der De-minimis-Verordnung: 80.000 Euro (erhalten im Jahr 2019)
nach der DAWI-de-minimis-Verordnung: 400.000 Euro (erhalten im Jahr 2019)

Die A-KG erzielte im Jahr 2020 unter Berücksichtigung der Sonderabschreibung nach § 7b EStG gewerbliche Einkünfte nach § 15 EStG i. H. v. 50.000 Euro.

Der Feststellungsbescheid enthält für die Feststellungsbeteiligten folgende Werte:

Feststellungsbeteiligter	Einkünfte aus Gewerbebetrieb in Euro	Bemessungsgrundlage nach § 7b EStG in Euro	Verbrauchter Beihilfewert nach De-minimis-Verordnung in Euro	Verbrauchter Beihilfewert nach DAWI-de-minimis-Verordnung in Euro
K-GmbH	0	0	0	0
A	25.000	1.000.000	40.000	200.000
B	25.000	1.000.000	40.000	200.000

Weil die Sonderabschreibung nach § 7b EStG in voller Höhe (5 Prozent) in Anspruch genommen wurde, muss keine Aussage hierzu aufgenommen werden.

Im Rahmen der Veranlagung zur Einkommen- oder Körperschaftsteuer werden über die in den ESt 4 B-Mitteilungen für die jeweiligen Feststellungsbeteiligten mitgeteilten Werte die für die Feststellungsbeteiligten maßgeblichen Beihilfewerte aus der Inanspruchnahme der Sonderabschreibung nach § 7b EStG mittels des Berechnungsschemas wie unter 4.1 dargestellt ermittelt.

4.3 Ermittlung des relevanten wirtschaftlichen Vorteils bei gesonderten Feststellungen

Bei gesonderten Feststellungen nach § 180 Absatz 1 Satz 1 Nummer 2 Buchstabe b AO sind im Feststellungsbescheid der verbrauchte Beihilfewert und die Bemessungsgrundlage der Sonderabschreibung nach § 7b EStG auszuweisen. Der verbrauchte Beihilfewert ist für jedes Jahr des Begünstigungszeitraums auszuweisen.

Im Rahmen der Veranlagung zur Einkommensteuer des Steuerpflichtigen wird über die im Feststellungsbescheid mitgeteilten Werte der maßgebliche Beihilfewert aus der Inanspruchnahme der Sonderabschreibung nach § 7b EStG mittels des Berechnungsschemas wie unter 4.1 dargestellt ermittelt.

5. Prüfung der Beihilfehöchstbeträge

5.1. Grundsatz

Die Prüfung, ob die Beihilfehöchstbeträge eingehalten werden, ist für jedes Jahr des Begünstigungszeitraums gesondert vorzunehmen.

Im ersten Jahr des Begünstigungszeitraums werden 25 Prozent des ermittelten Beihilfewerts der Sonderabschreibung nach § 7b EStG in die Berechnung einbezogen. Ist die Summe der erklärten anderen Beihilfen nach der De-minimis-Verordnung für das laufende und für die zwei vorausgegangenen Kalenderjahre sowie des für das erste Jahr des Begünstigungszeitraums anzusetzenden Teilbetrags des ermittelten Beihilfewerts der Sonderabschreibung nach § 7b EStG kleiner als 200.000 Euro, kann die Sonderabschreibung nach § 7b EStG gewährt werden. Hat der Steuerpflichtige zusätzlich auch Beihilfen nach der DAWI-de-minimis-Verordnung erhalten, kann die Sonderabschreibung nach § 7b EStG gewährt werden, wenn der ermittelte Beihilfewert aus den De-minimis-Beihilfen kleiner ist als 200.000 Euro und bei Hinzurechnung der DAWI-de-minimis-Beihilfen den Betrag von 500.000 Euro nicht überschreitet.

Im zweiten Jahr des Begünstigungszeitraums sind wiederum die erklärten anderen De-minimis-Beihilfen für das laufende und für die zwei vorausgegangenen Kalenderjahre und die anteiligen Beihilfewerte der Sonderabschreibung nach § 7b EStG für das erste und das zweite Jahr des Begünstigungszeitraums (jeweils 25 Prozent des gesamten im ersten Jahr des Begünstigungszeitraums ermittelten Beihilfewertes) einzubeziehen. Im dritten Jahr des Begünstigungszeitraums sind dann die anteiligen Beihilfewerte

Anhang 1
IV Abschreibungsvorschriften

der Sonderabschreibung nach § 7b EStG des ersten bis dritten Jahres des Begünstigungszeitraums zu den wiederum aktualisiert mitgeteilten weiteren De-minimis-Beihilfen zu addieren. Im vierten Jahr des Begünstigungszeitraums sind die anteiligen Beihilfewerte der Sonderabschreibung nach § 7b EStG des zweiten bis vierten Jahres des Begünstigungszeitraums zu den wiederum aktualisiert mitgeteilten weiteren De-minimis-Beihilfen zu addieren.

117 Macht der Steuerpflichtige in späteren Jahren Sonderabschreibungen nach § 7b EStG für weitere begünstigte Förderobjekte geltend, ist für Zwecke der Prüfung der Beihilfehöchstbeträge entsprechend zu verfahren: d. h. die Beihilfewerte aus diesen Sonderabschreibungen nach § 7b EStG sind entsprechend zu ermitteln und in die in Rz. 116 erläuterte Prüfung einzubeziehen.

118 Werden für den Steuerpflichtigen Einkünfte gesondert festgestellt, ist anhand der im Feststellungsbescheid ausgewiesenen Werte sowie der im Rahmen der Einkommensteuererklärung ggf. gemachten Angaben über weitere De-minimis-Beihilfen entsprechend zu verfahren.

5.2. Prüfung bei Mitunternehmerschaften oder Gemeinschaften

119 Der für einen Feststellungsbeteiligten ermittelte Beihilfewert der Sonderabschreibung nach § 7b EStG ist der Prüfung der Einhaltung der Beihilfehöchstbeträge zugrunde zu legen.

Neben eigenen De-minimis-Beihilfen eines Feststellungsbeteiligten sind auch die festgestellten, anteilig auf den Feststellungsbeteiligten entfallenden verbrauchten Beihilfewerte aus anderen De-minimis-Beihilfen der Mitunternehmerschaft oder Gemeinschaft in die Berechnung des bereits verbrauchten Beihilfewerts für den Feststellungsbeteiligten einzubeziehen.

120 **Beispiel 10:**
Fortführung des Beispiels 9:
Die Feststellungsbeteiligten der A-KG haben im Jahr 2020 und den beiden vorausgegangenen Kalenderjahren bereits De-minimis-Beihilfen mit den folgenden Beihilfewerten erhalten:

K-GmbH: 200.000 Euro
A: 10.000 Euro
B: 5.000 Euro

Für die Inanspruchnahme der Sonderabschreibung nach § 7b EStG werden für die Feststellungsbeteiligten die folgenden Beihilfewerte ermittelt:

K-GmbH: 0 Euro, d. h. 0 Euro/Jahr
A: 10.384 Euro, d. h. 2.596 Euro/Jahr
B: 7.632 Euro, d. h. 1.908 Euro/Jahr

Feststellungsbeteiligter	Beihilfewert der Sonderabschreibung nach § 7b EStG in Euro	Verbrauchter Beihilfewert nach De-minimis-Verordnung in Euro	Verbrauchter Beihilfewert nach DAWI-de-minimis-Verordnung in Euro	Beihilfewerte bereits erhaltener De-minimis-Beihilfen in Euro
K-GmbH	0	0	0	200.000
A	2.596	40.000	200.000	10.000
B	1.908	40.000	200.000	5.000

Da die Feststellungsbeteiligten A und B für das Jahr 2020 den Beihilfehöchstbetrag sowohl nach der De-minimis-Verordnung (A: 52.596 Euro; B: 46.908 Euro) als auch nach der DAWI-de-minimis-Verordnung (A: 252.596 Euro; B: 246.908 Euro) noch nicht überschritten haben, kann die Sonderabschreibung nach § 7b EStG in voller Höhe in Anspruch genommen werden. Für die K-GmbH ergibt sich aus der Inanspruchnahme der Sonderabschreibung nach § 7b EStG durch die A-KG keine Auswirkung.

5.3 Überschreiten der Beihilfehöchstbeträge

Ergibt die Prüfung der Einhaltung der Beihilfehöchstbeträge nach der De-minimis-Verordnung und der DAWI-de-minimis-Verordnung, dass mit der Inanspruchnahme der Sonderabschreibung nach § 7b EStG der Beihilfehöchstbetrag von 200.000 Euro nach der De-minimis-Verordnung bzw. von 500.000 Euro nach der DAWI-de-minimis-Verordnung überschritten wird, ist die Sonderabschreibung nach § 7b EStG nur in der Höhe zulässig, wie der Beihilfewert aus allen De-minimis-Beihilfeprogrammen 200.000 Euro bzw. 500.000 Euro nicht überschreitet. In diesen Fällen ist die Sonderabschreibung nach § 7b EStG für das betreffende Jahr anteilig zu kürzen.

Das Überschreiten der Beihilfehöchstbeträge führt nur dann zur vollständigen Versagung der Sonderabschreibung nach § 7b EStG, wenn die Beihilfehöchstbeträge bereits ohne Hinzurechnung des Beihilfewerts aus der Sonderabschreibung nach § 7b EStG erreicht sind.

Bei Überschreiten der Beihilfehöchstbeträge hat eine entsprechende Mitteilung über die Höhe der zu gewährenden Sonderabschreibung nach § 7b EStG (ggfs. mit 0 Euro) an das für die (gesonderte bzw. gesondert und einheitliche) Feststellung zuständige Finanzamt bzw. an die zuständige Dienststelle zu ergehen. In der Folge ist ein nach § 175 Absatz 1 Satz 1 Nummer 2 AO geänderter Feststellungsbescheid zu erlassen.

Beispiel 11:
Abwandlung des Beispiels 10:
B hat weitere Beihilfen nach der De-minimis-Verordnung mit Beihilfewerten von insgesamt 160.000 Euro erhalten.
Die Prüfung des Beihilfehöchstbetrags für B ergibt, dass der Beihilfehöchstbetrag nach der De-minimis-Verordnung i. H. v. 200.000 Euro bereits erreicht ist (40.000 Euro aus der Beteiligung an der A-KG und 160.000 Euro für weitere Beihilfen nach der De-minimis-Verordnung). B kann die Sonderabschreibung nach § 7b EStG damit nicht mehr in Anspruch nehmen. Nach einer entsprechenden Mitteilung der für die Veranlagung zur Einkommensteuer zuständigen Dienststelle an die für die gesonderte und einheitliche Feststellung zuständige Dienststelle ergeben sich bei der gesonderten und einheitlichen Feststellung folgende Änderungen (die bislang erklärten bereits verbrauchten Beihilfewerte bleiben unverändert):

Feststellungs-beteiligter	Einkünfte aus Gewerbebetrieb in Euro			Bemessungs-grundlage nach § 7b EStG in Euro
	Gesamt	nach Quote verteilt	Ergänzungs-vermögen	
K-GmbH	0	0		0
A	25.000	25.000	0	1.000.000
B	75.000	25.000	50.000*	1.000.000

* Hinweis: Die Einkünfte des Ergänzungsvermögens i. H. v. 50.000 Euro ergeben sich aus der vollständigen Versagung der Sonderabschreibung nach § 7b EStG (1.000.000 Euro x 5 Prozent).

6. Bescheinigung des Beihilfewerts der Sonderabschreibung nach § 7b EStG

Der Beihilfewert der Sonderabschreibung nach § 7b EStG ist für jedes Jahr des Begünstigungszeitraums im entsprechenden Bescheid über die Festsetzung der Einkommen- oder Körperschaftsteuer auszuweisen.

III. Prüfungserfordernisse für die Inanspruchnahme der Sonderabschreibung nach § 7b EStG

126 Für die Prüfung der Sonderabschreibung nach § 7b EStG sind die in der Anlage zu diesem Schreiben zusammengestellten Angaben („Angaben zur Inanspruchnahme einer Sonderabschreibung nach § 7b EStG") erforderlich.

127 Die erforderlichen Angaben sind nach der diesem Schreiben beigefügten Anlage an das örtlich zuständige Finanzamt zu übersenden. Die Vollständigkeit und Richtigkeit der Angaben sind mit der Unterschrift des Steuerpflichtigen bzw. des gesetzlichen Vertreters zu bestätigen.

Die Angaben sind spätestens auf Anforderung des Finanzamts vorzulegen.

IV. Anwendungsregelung

128 Dieses Schreiben ist in allen noch offenen Fällen anzuwenden.

Anhang 1

Abschreibungsvorschriften

IV

Anlage

Angaben zur Inanspruchnahme einer Sonderabschreibung nach § 7b EStG

für den **Veranlagungszeitraum** (VZ)
bzw. das vom **Kalenderjahr abweichende Wirtschaftsjahr** (WJ) ⎿⎯⎯⎯⎯⎿ / ⎿⎯⎯⎯⎯⎿

Hinweis: Zur inhaltlichen Erläuterung siehe BMF-Schreiben vom 7. Juli 2020

lfd. Nr. ⎿⎯⎯⎿

Zeile	**Allgemeine Angaben**
1	Name, ggf. Bezeichnung der Firma / Gesellschaft / Gemeinschaft
2	Vorname
3	Steuernummer _____ Identifikationsnummer _____

Allgemeine Angaben zum Förderobjekt

Zeile	
4	Straße, Hausnummer
5	Postleitzahl Ort
6	Einheitswert-Aktenzeichen _____
7	Bauantrag gestellt / Bauanzeige getätigt am ⎿⎯⎯⎯⎯⎿	Fertigstellung am ⎿⎯⎯⎯⎯⎿	Im Fall der Anschaffung **zusätzlich**: angeschafft am ⎿⎯⎯⎯⎯⎿
8	⎿⎯⎿ Wohnung(en) ist / sind durch die Baumaßnahme entstanden / wurde(n) angeschafft
9	davon wird / werden ⎿⎯⎿ Wohnung(en) entgeltlich zu fremden Wohnzwecken überlassen
10	⎿⎯⎿ Wohnung(en) selbstgenutzt
11	Es wurden auch Flächen für andere Nutzungen hergestellt / angeschafft (z. B. für gewerbliche Vermietung). ⎿⎯⎿ 1 = Ja 2 = Nein

Erklärung zu den Nutzungsvoraussetzungen

Die Wohnung(en), für die die Sonderabschreibung nach § 7b EStG in Anspruch genommen wird / wurde,

12	☐ dient / dienen seit ihrer Fertigstellung / Anschaffung der entgeltlichen Überlassung zu fremden Wohnzwecken.
13	☐ dient / dienen seit dem ⎿⎯⎯⎯⎯⎿ nicht mehr der entgeltlichen Überlassung zu fremden Wohnzwecken. (Soweit nur anteilig: Erläuterungen zum Umfang der Nutzungsänderung bitte gesondert vorlegen.)
14	☐ wurde / wurden am ⎿⎯⎯⎯⎯⎿ veräußert. (Soweit nur anteilig: Erläuterungen zum Umfang der Nutzungsänderung bitte gesondert vorlegen.)
15	Der Veräußerungsgewinn unterliegt der Ertragsbesteuerung. ⎿⎯⎿ 1 = Ja 2 = Nein

Hinweis: Die bereits in den Vorjahren in Anspruch genommene Sonderabschreibung nach § 7b EStG wird verzinslich rückgängig gemacht, wenn die neue(n) Wohnung(en) im Jahr der Anschaffung oder Herstellung und in den folgenden neun Jahren nicht der entgeltlichen Überlassung zu Wohnzwecken dient / dienen oder die begünstigte(n) Wohnung(en) im folgenden Jahr der Anschaffung oder der Herstellung oder in den folgenden neun Jahren veräußert wird / werden und der Veräußerungsgewinn nicht der Ertragsbesteuerung unterliegt.

Ein Nachweis, dass die begünstigte(n) Wohnung(en) innerhalb des zehnjährigen Nutzungszeitraums auch beim Erwerber der weiterhin der entgeltlichen Überlassung zu fremden Wohnzwecken gedient hat / haben, ist vom Veräußerer im Rahmen der Steuererklärung des Veranlagungszeitraums, in dem der Ablauf des zehnjährigen Nutzungszeitraums fällt, in geeigneter Art und Weise zu erbringen. Ausreichend ist eine Bestätigung des Erwerbers über die Einhaltung der Nutzungsvoraussetzung.

Nur auszufüllen bei Folgeantrag

16	erstes Jahr der Inanspruchnahme ⎿⎯⎯⎯⎯⎿ ☐ ja – weiter bei Zeile 36.
17	Es haben sich keine Änderungen zu den Angaben des VZ bzw. WJ ⎿⎯⎯⎯⎿ / ⎿⎯⎯⎯⎿ ergeben. ☐ nein – bitte die Angaben in den Zeilen 18 bis 35 entsprechend eintragen.

Zeile	**Angaben zur Nutzfläche**	Neubau Gebäude	Aufstockung / Aus-, Um-, An- oder Aufbauten	Anschaffung Eigentumswohnung / Gebäude
19	Nutzfläche des Gebäudes / der Eigentumswohnung insgesamt	m²		m²
20	Nutzfläche, die durch die Baumaßnahme neu geschaffen wurde, insgesamt		m²	
	Davon entfällt			
21	auf die neue(n) Mietwohnung(en) (inkl. zu dieser / diesen gehörende(n) Nebenräume und anteilig gemeinsam genutzte Räume)	m²	m²	m²
22	auf andere Nutzungen	m²	m²	m²
	Alternativ zur Berechnung der Baukostenobergrenze:			
	Verwendung der Brutto-Grundfläche (BGF) nach DIN 277			
24	BGF des Gebäudes / der Eigentumswohnung insgesamt	m²		m²
25	BGF, die durch die Baumaßnahme neu geschaffen wurde, insgesamt		m²	

Angaben zur Inanspruchnahme § 7b EStG – Juli 2020 –

Anhang 1
IV   Abschreibungsvorschriften

– 2 –

		EUR
	Angaben zu den Anschaffungs- oder Herstellungskosten	
26	Anschaffungs- oder Herstellungskosten – ohne Anteil Grund und Boden – (ohne Aufwendungen für Sonderausstattung für andere Nutzungen)	
27	nachträgliche Anschaffungs- oder Herstellungskosten – Kalenderjahr der Fertigstellung + 1 – .	+
28	nachträgliche Anschaffungs- oder Herstellungskosten – Kalenderjahr der Fertigstellung + 2 – .	+
29	nachträgliche Anschaffungs- oder Herstellungskosten – Kalenderjahr der Fertigstellung + 3 – .	+
30	Summe	=

Prüfung der Baukostenobergrenze

31   Summe der Anschaffungs- oder Herstellungskosten der neuen Wohnung(en)   *(Übernahme aus Zeile 30)*   _____ EUR   =   _____ EUR

32   Gesamte Nutzfläche **oder** BGF   _____ m²   *(Übernahme aus Zeile 19 bzw. 20 oder aus Zeile 24 bzw. 25)*

Hinweis: Ist das Ergebnis der Zeile 31 dividiert durch Zeile 32 größer als 3.000 EUR darf die Sonderabschreibung nach § 7b EStG nicht in Anspruch genommen werden. Die bereits in den Vorjahren in Anspruch genommene Sonderabschreibung nach § 7b EStG wird verzinslich rückgängig gemacht, wenn der Betrag von 3.000 EUR innerhalb von drei Kalenderjahren nach Ablauf des Jahres der Anschaffung oder Herstellung überschritten wird.

Ermittlung der Sonderabschreibung nach § 7b EStG

33   Summe der Anschaffungs- oder Herstellungskosten der neuen Wohnung(en) *(Übernahme aus Zeile 30)*   _____ EUR ×   Wohnfläche der neuen Mietwohnung(en) inkl. Nebenräume *(Übernahme aus Zeile 21)* _____ m² / Nutzfläche insgesamt *(Übernahme aus Zeile 19 bzw. 20)* _____ m²   =   _____ EUR

34   höchstens   Wohnfläche der neuen Mietwohnung(en) inkl. Nebenräume *(Übernahme aus Zeile 21)* _____ m² × **2.000 EUR**   =   _____ EUR

35   Übernahme kleinerer Betrag aus Zeile 33 oder 34 _____ EUR × Prozentsatz der Sonderabschreibung nach § 7b EStG **max. 5 %** ___ % ☐ wie Vorjahr = _____ EUR

Das Ergebnis der Zeile 35 ist – vorbehaltlich der Prüfung der Zeilen 36 ff. – in die Anlage V / die Anlage EÜR / die E-Bilanz zu übernehmen (bei mehreren Objekten ist für die Anlage EÜR / die E-Bilanz die Summe aller Sonderabschreibungen nach § 7b EStG zu übernehmen).

De-minimis-Verordnung

Erklärung:
Hiermit erkläre ich (sofern gegeben als gesetzlicher Vertreter der Steuerpflichtigen lt. Zeile 1),

36   Name: _____

dass im laufenden Kalenderjahr sowie in den beiden vorangegangenen Kalenderjahren

37   ☐ keine   ☐ folgende   Beihilfen im Sinne der Verordnung (EU) Nr. 1407/2013 der Kommission vom 18. Dezember 2013 über die Anwendung der Artikel 107 und 108 des Vertrags über die Arbeitsweise der Europäischen Union auf De-minimis-Beihilfen (ABl. L 352 vom 24. Dezember 2013, S. 1) (De-minimis-Verordnung) oder der Verordnung (EU) Nr. 360/2012 der Kommission vom 25. April 2012 über die Anwendung der Artikel 107 und 108 des Vertrags über die Arbeitsweise der Europäischen Union auf De-minimis-Beihilfen an Unternehmen, die Dienstleistungen von allgemeinem wirtschaftlichem Interesse erbringen (ABl. L 114 vom 26. April 2012, S. 8) (sog. DAWI-de-minimis-Verordnung) bezogen wurden.

De-minimis-Beihilfen

	Datum des Bewilligungsbescheids / der Zusage	Beihilfegeber De-minimis-Beihilfen	Beihilfewert EUR
38			
39			
40			
41			
42		Summe	

Ist das Ergebnis in Zeile 42 größer als 200.000 EUR darf die Sonderabschreibung nach § 7b EStG nicht in Anspruch genommen werden.

DAWI-de-minimis-Beihilfen

	Datum des Bewilligungsbescheids / der Zusage	Beihilfegeber DAWI-de-minimis-Beihilfen	Beihilfewert EUR
43			
44			
45		Summe	

Ist das Ergebnis in Zeile 42 zzgl. des Ergebnisses in Zeile 45 größer als 500.000 EUR darf die Sonderabschreibung nach § 7b EStG nicht in Anspruch genommen werden.

Anhang 1

Abschreibungsvorschriften IV

– 3 –

	Beihilfewert der Sonderabschreibung nach § 7b EStG: (Ermittlung unter Verwendung des online unter „https://www.bundesfinanzministerium.de/Content/DE/Standardartikel/Themen/Steuern/Steuerarten/Einkommensteuer/2020-07-07-berechnungsschema-sonderabschreibung-7b-estg" bereitgestellten Berechnungsschemas)	Beihilfewert EUR
46	Erstes Jahr des Begünstigungszeitraums	
47	Zweites Jahr des Begünstigungszeitraums	
48	Drittes Jahr des Begünstigungszeitraums	
49	Viertes Jahr des Begünstigungszeitraums	

Die Sonderabschreibung nach § 7b EStG ist nur in der Höhe zulässig, wie der Beihilfewert im ersten Jahr des Begünstigungszeitraums (Zeile 46) bzw. bei Folgeanträgen die Summe aus dem Beihilfewert des aktuellen Jahres des Begünstigungszeitraums usw. zzgl. der Beihilfewerte aus max. zwei dem aktuellen Jahr des Begünstigungszeitraums vorangegangenen Jahren zusammen mit dem Ergebnis aus Zeile 42 den Betrag von 200.000 EUR und zusammen mit den Ergebnissen aus Zeile 42 und Zeile 45 den Betrag von 500.000 EUR nicht überschreitet.

50	☐	Ich erkläre, dass ich die vorstehenden Angaben wahrheitsgemäß nach bestem Wissen und Gewissen gemacht habe und sie durch entsprechende Unterlagen belegen kann. Mir ist bekannt, dass die Angabe falscher Tatsachen, sowie das Unterlassen einer Anzeige strafrechtliche Folgen nach sich ziehen können (§§ 370, 153 Abgabenordnung – AO).
		Ich erkläre ferner, dass ich die Anwendung der Verordnung (EG) Nr. 1407/2013 der Kommission vom 18. Dezember 2013 als Rechtsgrundlage anerkenne und dass mir bekannt ist, dass die vorstehenden Angaben steuerlich erhebliche Tatsachen im Sinne von § 370 AO sind. Außerdem ist mir bekannt, dass zu den steuerlich erheblichen Tatsachen insbesondere etwaige Sachverhalte gehören, die durch Scheingeschäfte und Scheinhandlungen verdeckt werden, sowie Rechtsgeschäfte oder Handlungen unter Missbrauch von Gestaltungsmöglichkeiten im Zusammenhang mit der in Anspruch genommenen Sonderabschreibung nach § 7b EStG. Das gilt auch für nachträgliche Änderungen von Vereinbarungen oder Rechtshandlungen, die mit dem Ziel vorgenommen werden, den Zeitpunkt des Beginns des Investitionsvorhabens oder des Investitionsabschlusses in eine Zeit, die eine Sonderabschreibung nach § 7b EStG bewirkt, zu verlegen, um dadurch eine Sonderabschreibung nach § 7b EStG in Anspruch zu nehmen.

Unterschrift

Datenschutzhinweis:

Informationen über die Verarbeitung personenbezogener Daten in der Steuerverwaltung und über Ihre Rechte nach der Datenschutz-Grundverordnung sowie über Ihre Ansprechpartner in Datenschutzfragen entnehmen Sie bitte dem allgemeinen Informationsschreiben der Finanzverwaltung. Dieses Informationsschreiben finden Sie unter www.finanzamt.de (unter der Rubrik „Datenschutz") oder erhalten Sie bei Ihrem Finanzamt.

_____

Datum, Unterschrift(en) (ggf. vom gesetzlichen Vertreter)

Bei der Anfertigung hat mitgewirkt: (Name, Anschrift, Telefonnummer)

Anhang 1
V   Abschreibungsvorschriften

Nutzungsdauer von Computerhardware und Software zur Dateneingabe und -verarbeitung
BMF vom 22.02.2022 (BStBl I S. 187)
IV C 3 – S 2190/21/10002 :025 – 2022/0186479

Den Kernbereich der Digitalisierung bilden die Computerhardware (einschließlich der dazu gehörenden Peripheriegeräte) sowie die für die Dateneingabe und -verarbeitung erforderliche Betriebs- und Anwendersoftware. Diese Wirtschaftsgüter unterliegen aufgrund des raschen technischen Fortschritts einem immer schnelleren Wandel. Die betriebsgewöhnliche Nutzungsdauer, die der Abschreibung nach § 7 Einkommensteuergesetz (EStG) zugrunde zu legen ist, wurde für diese Wirtschaftsgüter allerdings seit rund 20 Jahren nicht mehr geprüft und bedarf deshalb einer Anpassung an die geänderten tatsächlichen Verhältnisse.

Unter Bezugnahme auf das Ergebnis der Erörterungen mit den obersten Finanzbehörden der Länder gelten für die Nutzungsdauer von Computerhardware (einschließlich der dazu gehörenden Peripheriegeräte) und von Betriebs- und Anwendersoftware zur Dateneingabe und -verarbeitung steuerlich die folgenden Grundsätze:

I. Nutzungsdauer

1 Für die nach § 7 Absatz 1 EStG anzusetzende Nutzungsdauer kann für die in Rz. 2 ff. aufgeführten materiellen Wirtschaftsgüter „Computerhardware" sowie die in Rz. 5 näher bezeichneten immateriellen Wirtschaftsgüter „Betriebs- und Anwendersoftware" eine betriebsgewöhnliche Nutzungsdauer von einem Jahr zugrunde gelegt werden.

1.1 **Die betroffenen Wirtschaftsgüter unterliegen auch weiterhin § 7 Absatz 1 EStG. Die Möglichkeit, eine kürzere betriebsgewöhnliche Nutzungsdauer zugrunde zu legen, stellt**
  – **keine besondere Form der Abschreibung,**
  – **keine neue Abschreibungsmethode und**
  – **keine Sofortabschreibung dar.**

  Die Anwendung der kürzeren Nutzungsdauer stellt zudem auch kein Wahlrecht im Sinne des § 5 Absatz 1 EStG dar.

1.2 Auch bei einer grundsätzlich anzunehmenden Nutzungsdauer von einem Jahr gilt, dass
  – die Abschreibung im Zeitpunkt der Anschaffung oder Herstellung, mithin bei Fertigstellung, beginnt,
  – die Wirtschaftsgüter in das nach R 5.4 EStR 2012 zu führende Bestandsverzeichnis aufzunehmen sind,
  – der Steuerpflichtige von dieser Annahme auch abweichen kann,
  – die Anwendung anderer Abschreibungsmethoden grundsätzlich möglich ist.

1.3 Die Regelung findet gemäß § 9 Absatz 1 Satz 3 Nummer 7 Satz 1 EStG auch für Überschusseinkünfte Anwendung.

1.4 Es wird nicht beanstandet, wenn abweichend zu § 7 Absatz 1 Satz 4 EStG die Abschreibung im Jahr der Anschaffung oder Herstellung in voller Höhe vorgenommen wird.

II. Begriffsbestimmung

2 Der Begriff „Computerhardware" umfasst Computer, Desktop-Computer, Notebook-Computer, Desktop-Thin-Clients, Workstations, Dockingstations, externe Speicher- und

Anhang 1

Abschreibungsvorschriften

Datenverarbeitungsgeräte (Small-Scale-Server), externe Netzteile sowie Peripheriegeräte.

Die betroffenen Wirtschaftsgüter werden wie folgt definiert:

1. „Computer" bezeichnet ein Gerät, dass Logikoperationen ausführt und Daten verarbeitet, dass in der Lage ist, Eingabegeräte zu nutzen und Informationen auf Anzeigegeräten auszugeben und das in der Regel eine Zentraleinheit (ZE) beinhaltet, die die Operationen ausführt. Ist keine ZE vorhanden, muss das Gerät als Client Gateway zu einem Computerserver fungieren, der als Computerverarbeitungseinheit dient.

2. „Desktop-Computer" bezeichnet einen Computer, dessen Haupteinheit an einem festen Standort aufgestellt wird, der nicht als tragbares Gerät ausgelegt ist und der mit einem externen Anzeigegerät sowie externen Peripheriegeräten wie Tastatur und Maus genutzt wird. Bei einem „integrierten Desktop-Computer" funktionieren der Computer und das Anzeigegerät als Einheit, deren Wechselstromversorgung über ein einziges Kabel erfolgt.

3. „Notebook-Computer" bezeichnet einen Computer, der speziell als tragbares Gerät und für den längeren Betrieb mit oder ohne direkten Anschluss an eine Wechselstromquelle konzipiert ist. Notebook-Computer verfügen über ein integriertes Anzeigegerät mit einer sichtbaren Bildschirmdiagonale von mindestens 22,86 cm (9 Zoll) und können mit einem integrierten Akku oder einer anderen tragbaren Stromquelle betrieben werden. Unterkategorien des Notebook-Computers sind unter anderen:

    a) „Tablet-Computer": eine Notebook-Computerart, die sowohl über ein eingebautes berührungsempfindliches Anzeigegerät als auch über eine eingebaute physische Tastatur verfügt.

    b) „Slate-Computer": eine Notebook-Computerart, die über ein eingebautes berührungsempfindliches Anzeigegerät, nicht aber über eine eingebaute physische Tastatur verfügt.

    c) „mobiler Thin-Client": eine Notebook-Computerart, die eine Verbindung zu entfernten Rechenressourcen (z. B. Computerserver, Remote-Workstation) benötigt, mit denen die hauptsächliche Datenverarbeitung erfolgt, und die über kein eingebautes Rotations-Speichermedium verfügt.

4. „Desktop-Thin-Client" bezeichnet einen Computer, der eine Verbindung zu entfernten Rechenressourcen (z. B. Computerserver, Remote-Workstation) benötigt, mit denen die hauptsächliche Datenverarbeitung erfolgt, und der über kein eingebautes Rotations-Speichermedium verfügt. Die Haupteinheit eines Desktop-Thin-Clients wird an einem festen Standort (z. B. auf einem Schreibtisch) aufgestellt und ist nicht als tragbares Gerät ausgelegt. Desktop-Thin-Clients können Informationen entweder auf einem externen oder, soweit vorhanden, auf einem eingebauten Anzeigegerät ausgeben.

5. „Workstation" bezeichnet einen Hochleistungs-Einzelplatzcomputer, der neben anderen rechenintensiven Aufgaben hauptsächlich für Grafikanwendungen, Computer Aided Design, Softwareentwicklung sowie finanzwirtschaftliche und wissenschaftliche Anwendungen genutzt wird.

6. „Mobile Workstation" bezeichnet einen Hochleistungs-Einzelplatzcomputer, der neben anderen rechenintensiven Aufgaben mit Ausnahme von Spielen hauptsächlich für Grafikanwendungen, Computer Aided Design, Softwareentwicklung sowie finanzwirtschaftliche und wissenschaftliche Anwendungen genutzt wird, und der speziell als tragbares Gerät und für den längeren Betrieb mit oder ohne direkten Anschluss

Anhang 1

Abschreibungsvorschriften

an eine Wechselstromquelle konzipiert ist. Mobile Workstations haben ein integriertes Anzeigegerät und können mit einem integrierten Akku oder einer anderen tragbaren Stromquelle betrieben werden. Die meisten mobilen Workstations verfügen über ein externes Netzteil sowie eine integrierte Tastatur und ein integriertes Zeigegerät.

7. „Small-Scale-Server" bezeichnet eine Computer-Art, die in der Regel Desktop-Computer-Komponenten im Desktopgeräteformat verwendet, jedoch in erster Linie als Speicherhost für andere Computer und zur Ausführung von Funktionen wie der Bereitstellung von Netzinfrastrukturdiensten und dem Daten-/Medien-Hosting bestimmt ist und

    a) als Standgerät, Turmgerät oder in einem sonstigen Format ausgelegt ist, das dem Format von Desktop-Computern ähnelt, so dass alle Datenverarbeitungs-, Speicher- und Netzschnittstellenkomponenten in einem Gehäuse untergebracht sind;

    b) die für den Betrieb 24 Stunden pro Tag an 7 Tagen in der Woche ausgelegt ist;

    c) die in erster Linie für den Simultanbetrieb in einer Mehrbenutzer-Umgebung ausgelegt ist, in der mehrere Benutzer an vernetzten Client-Geräten arbeiten können;

    d) die über ein Betriebssystem verfügt, das für Heimserver oder Serveranwendungen im unteren Leistungsbereich ausgelegt ist, sofern das Gerät mit einem Betriebssystem in Verkehr gebracht wird.

8. „Dockingstation" bezeichnet ein separates Produkt, das an einen Computer angeschlossen wird und dazu dient, Funktionen wie z. B. die Erweiterung der Anschlussmöglichkeiten oder das Zusammenlegen von Anschlüssen für Peripheriegeräte zu übernehmen. Dockingstations können auch das Laden von internen Akkus im angeschlossenen Computer erleichtern.

9. „Externes Netzteil" bezeichnet ein Gerät, das dafür konzipiert ist, Wechselstrom (AC) aus dem Stromnetz in Wechselstrom (AC) oder Gleichstrom (DC) niedrigerer Spannung umzuwandeln; das die Umwandlung jeweils nur in eine Gleichstrom- oder eine Wechselstromausgangsspannung vornehmen kann; das zum Betrieb mit einem separaten Gerät – dem Primärverbraucher – bestimmt ist; das sich in einem vom Primärverbraucher physisch getrennten Gehäuse befindet; das über einen abnehmbaren oder fest verdrahteten elektrischen Anschluss mit Stecker und Kupplung, ein Kabel, eine Litze oder eine sonstige Verdrahtung mit dem Primärverbraucher verbunden ist und das über eine Ausgangsleistung laut Typenschild von höchstens 250 Watt verfügt.

10. „Peripherie-Geräte" sind alle Geräte, die nach dem EVA-Prinzip (Eingabe-Verarbeitung-Ausgabe) zur Ein- und Ausgabe von Daten genutzt werden. Peripheriegeräte lassen sich funktional in drei Gruppen gliedern:

    a) Eingabegeräte: Tastatur, Maus, Grafiktablett, Scanner, Kamera, Mikrofon, Headset, u. ä.

    b) Externe Speicher: Festplatte, DVD-/CD-Laufwerk, Flash Speicher (USB-Stick), Bandlaufwerke (Streamer)

    c) Ausgabegeräte: Beamer, Plotter, Headset, Lautsprecher und „Computer-Bildschirm" oder auch Monitor oder Display (dient der Darstellung der Benutzeroberfläche und der Datenausgabe) sowie „Drucker" (Geräte, die Computerdaten in graphischer Form auf Papier oder Folien bringen, Non-Impact-Drucker (anschlagfrei, Laserdrucker, Tintenstrahldrucker) und Impact-Drucker [Nadeldrucker]).

Die in der Rz. 3 unter Nummer 1 bis 7 aufgeführte Computerhardware wird nur unter der Voraussetzung von Rz. 2 erfasst, dass gemäß Anhang II der Verordnung (EU) Nr. 617/2013 der Kommission vom 26. Juni 2013 zur Durchführung der Richtlinie 2009/125/EG des Europäischen Parlaments und des Rates im Hinblick auf die Festlegung von Anforderungen an die umweltgerechte Gestaltung von Computern und Computerservern (ABl. L 175 vom 27. Juni 2013, S. 13) eine Kennzeichnungspflicht des Herstellers besteht, wonach die Produktart nach Artikel 2 der EU-Verordnung in den technischen Unterlagen anzugeben ist. Die Aufzählung für die Computerhardware ist insoweit abschließend. Die Identifizierung der Peripheriegeräte ist in enger Anlehnung an die in der Rz. 3 Nummer 10 aufgeführten Geräte vorzunehmen, ohne dass die Aufzählung abschließend ist. 4

Der Begriff „Software" im Sinne dieses Schreibens erfasst die Betriebs- und Anwendersoftware zur Dateneingabe und -verarbeitung. Dazu gehören auch die nicht technisch physikalischen Anwendungsprogramme eines Systems zur Datenverarbeitung, sowie neben Standardanwendungen auch auf den individuellen Nutzer abgestimmte Anwendungen wie ERP-Software, Software für Warenwirtschaftssysteme oder sonstige Anwendungssoftware zur Unternehmensverwaltung oder Prozesssteuerung. 5

III. Anwendung

Dieses Schreiben findet erstmals Anwendung in Gewinnermittlungen für Wirtschaftsjahre, die nach dem 31. Dezember 2020 enden. In Gewinnermittlungen nach dem 31. Dezember 2020 können die Grundsätze dieses Schreibens auch auf entsprechende Wirtschaftsgüter angewandt werden, die in früheren Wirtschaftsjahren angeschafft oder hergestellt wurden und bei denen eine andere als die einjährige Nutzungsdauer zugrunde gelegt wurde. 6

Für Wirtschaftsgüter des Privatvermögens, die zur Einkünfteerzielung verwendet werden, gilt Rz. 6 ab dem Veranlagungszeitraum 2021 entsprechend. 7

Die Regelungen des BMF-Schreibens vom 18. November 2005 (BStBl I 2005 S. 1025) sowie die Regelung unter 6.14.3.2 des BMF-Schreibens vom 15. Dezember 2000 (AfA-Tabelle für die allgemein verwendbaren Anlagegüter – BStBl I 2000 S. 1532) sind letztmals für Wirtschaftsjahre anzuwenden, die vor dem 1. Januar 2021 enden. 8

Dieses Schreiben ersetzt das BMF-Schreiben vom 26. Februar 2021 (BStBl I S. 298).

Übersicht

I. Steuerliche Förderung der privaten Altersvorsorge
BMF vom 21.12.2017 (BStBl I 2018 I S. 93) unter Berücksichtigung der Änderungen durch BMF vom 17.02.2020 (BStBl I S. 213) **und vom 11.02.2022 (BStBl I S. 186)**

II. 1. Einkommensteuerrechtliche Behandlung von Vorsorgeaufwendungen
BMF vom 24.05.2017 (BStBl I S. 820) unter Berücksichtigung der Änderungen durch BMF vom 06.11.2017 (BStBl I S. 1455), vom 28.09.2021 (BStBl I S. 1833) und vom 16.12.2021 (BStBl I S. 155)

2. Sonderausgabenabzug für im Rahmen einer Unterhaltsverpflichtung getragene Basiskranken- und Pflegepflichtversicherungsbeiträge eines Kindes bei den Eltern nach § 10 Absatz 1 Nummer 3 Satz 2 EStG;
BFH-Urteil vom 13.3.2018 – X R 25/15 – (BStBl 2019 II S. 191)
BMF vom 03.04.2019 (BStBl I S. 254)

III. Anwendung des § 10 Abs. 1 Satz 1 Nr. 2 Buchstabe a EStG bei Beiträgen an berufsständische Versorgungseinrichtungen;
Aktualisierung der Liste der berufsständischen Versorgungseinrichtungen
BMF vom 19.06.2020 (BStBl I S. 617)

IV. *Aufteilung eines einheitlichen Sozialversicherungsbeitrags (Globalbeitrag); Anpassung der Aufteilungsmaßstäbe für den Veranlagungszeitraum 2022*
BMF vom 19.11.2021 (BStBl I S. 2275)

Steuerliche Förderung der privaten Altersvorsorge
BMF vom 21.12.2017 (BStBl I 2018 S. 93)
IV C 3 – S 2015/17/10001 :005 – 2017/1067450
unter Berücksichtigung der Änderungen durch
BMF vom 17.02.2020 (BStBl I S. 213)
IV C 3 – S 2220-a/19/10006 :001 – 2020/0003261
und vom 11.02.2022 (BStBl I S. 186)
IV C 3 – S 2015/22/10001 :001 – 2022/0113436

Zur steuerlichen Förderung der privaten Altersvorsorge nehme ich im Einvernehmen mit den obersten Finanzbehörden der Länder wie folgt Stellung:

Für die Inanspruchnahme des Sonderausgabenabzugs nach § 10a EStG wird, was die Prüfungskompetenz der Finanzämter betrifft, vorab auf § 10a Abs. 5 Satz 5 EStG hingewiesen, wonach die vom Anbieter mitgeteilten übrigen Voraussetzungen für den Sonderausgabenabzug nach § 10a Abs. 1 bis 3 EStG (z. B. die Zulageberechtigung oder die Art der Zulageberechtigung) **grundsätzlich** im Wege des automatisierten Datenabgleichs nach § 91 EStG durch die zentrale Stelle (Zentrale Zulagenstelle für Altersvermögen – ZfA –) überprüft werden.

Anhang 1a
Altersversorgung/Alterseinkünfte

Inhaltsverzeichnis

	Rz.
A. Private Altersvorsorge	1 – 307
I. Förderung durch Zulage und Sonderausgabenabzug	1 – 125
1. Begünstigter Personenkreis	1 – 29
a) Allgemeines	1
b) Unmittelbar begünstigte Personen	2 – 23
aa) Pflichtversicherte in der inländischen gesetzlichen Rentenversicherung (§ 10a Abs. 1 Satz 1 Halbsatz 1 EStG) und Pflichtversicherte nach dem Gesetz über die Alterssicherung der Landwirte (§ 10a Abs. 1 Satz 3 EStG)	2 – 3
bb) Empfänger von inländischer Besoldung und diesen gleichgestellte Personen (§ 10a Abs. 1 Satz 1 Halbsatz 2 EStG)	4 – 9
cc) Pflichtversicherten gleichstehende Personen	10
dd) Entsendete Pflichtversicherte und Beamte, denen eine Tätigkeit im Ausland zugewiesen wurde	11 – 12
ee) Bezieher einer Rente wegen voller Erwerbsminderung oder Erwerbsunfähigkeit oder einer Versorgung wegen Dienstunfähigkeit	13 – 17
ff) Bestandsschutz ausländische Alterssicherungssysteme	18 – 23
(1) Pflichtversicherte in einer ausländischen gesetzlichen Rentenversicherung	19 – 20
(2) Bezieher einer Rente wegen voller Erwerbsminderung oder Erwerbsunfähigkeit oder einer Versorgung wegen Dienstunfähigkeit aus einem ausländischen Alterssicherungssystem	21
(3) Beschäftigte internationaler Institutionen	22 – 23
c) Nicht unmittelbar begünstigte Personen	24 – 25
d) Mittelbar zulageberechtigte Personen	26 – 29
2. Altersvorsorgebeiträge (§ 82 EStG)	30 – 45
a) Private Altersvorsorgebeiträge	30 – 40
b) Beiträge im Rahmen der betrieblichen Altersversorgung	41
c) Altersvorsorgebeiträge nach Beginn der Auszahlungsphase	42
d) Beiträge, die über den Mindesteigenbeitrag hinausgehen	43 – 44
e) Beiträge von Versicherten in einer ausländischen gesetzlichen Rentenversicherung	45
3. Zulage	46 – 91
a) Grundzulage	46 – 47
b) Kinderzulage	48 – 62
aa) Allgemeines	48 – 51
bb) Kinderzulageberechtigung bei Eltern, die miteinander verheiratet sind oder eine Lebenspartnerschaft führen	52 – 55
cc) Kinderzulageberechtigung in anderen Fällen	56 – 58

Anhang 1a

Altersversorgung/Alterseinkünfte

				Rz.
	dd)	Wechsel des Kindergeldempfängers im Laufe des Beitragsjahres		59 – 61
	ee)	Kindergeldrückforderung		62
c)		Mindesteigenbeitrag		63 – 91
	aa)	Allgemeines		63 – 69
	bb)	Berechnungsgrundlagen		70 – 84
		(1)	Beitragspflichtige Einnahmen	71 – 74
		(2)	Besoldung und Amtsbezüge	75 – 77
		(3)	Land- und Forstwirte	78
		(4)	Bezieher einer Rente wegen voller Erwerbsminderung/Erwerbsunfähigkeit oder einer Versorgung wegen Dienstunfähigkeit	79 – 81
		(5)	Elterngeld	82
		(6)	Sonderfälle	83 – 84
	cc)	Besonderheiten bei Ehegatten/Lebenspartnern		85 – 89
	dd)	Kürzung der Zulage		90 – 91
4. Sonderausgabenabzug				92 – 118
a)		Umfang des Sonderausgabenabzugs bei Ehegatten/Lebenspartnern		99 – 100
b)		Günstigerprüfung		101 – 111
	aa)	Anrechnung des Zulageanspruchs		104
	bb)	Ehegatten/Lebenspartner		105 – 111
c)		Gesonderte Feststellung der zusätzlichen Steuerermäßigung		112 – 118
5. Zusammentreffen mehrerer Verträge				119 – 125
a)		Altersvorsorgezulage		119 – 123
b)		Sonderausgabenabzug		124 – 125
II. Nachgelagerte Besteuerung nach § 22 Nr. 5 EStG				126 – 194
1. Allgemeines				126 – 130
2. Abgrenzung der geförderten und der nicht geförderten Beiträge				131 – 136
a)		Geförderte Beiträge		131 – 133
b)		Nicht geförderte Beiträge		134 – 136
3. Leistungen, die ausschließlich auf geförderten Altersvorsorgebeiträgen beruhen (§ 22 Nr. 5 Satz 1 EStG)				137 – 138
4. Leistungen, die zum Teil auf geförderten, zum Teil auf nicht geförderten Altersvorsorgebeiträgen beruhen (§ 22 Nr. 5 Satz 1 und 2 EStG)				139 – 147
5. Leistungen, die ausschließlich auf nicht geförderten Altersvorsorgebeiträgen beruhen				148
6. Vertragswechsel				149 – 166
a)		Steuerfreiheit nach § 3 Nr. 55c EStG		150 – 152
b)		Besteuerung beim überlebenden Ehegatten/Lebenspartner		153 – 154

Anhang 1a
I Altersversorgung/Alterseinkünfte

	Rz.
c) Übertragung von ungefördertem Altersvorsorgevermögen	155 – 166
aa) Ermittlung des nach § 3 Nr. 55c EStG steuerfreien Betrags bei einem vor dem 1. Januar 2005 abgeschlossenen, versicherungsförmigen Altersvorsorgevertrag	156
bb) Besteuerung im Auszahlungszeitpunkt	157 – 166
7. Wohnförderkonto	167 – 187
8. Nachträgliche Änderung der Vertragsbedingungen	188 – 189
9. Provisionserstattungen bei geförderten Altersvorsorgeverträgen	190
10. Bonusleistungen bei geförderten Altersvorsorgeverträgen	191
11. Vorweggenommene Werbungskosten	192
12. Bescheinigungs- und Mitteilungspflicht des Anbieters	193 – 194
III. Schädliche Verwendung von Altersvorsorgevermögen	195 – 239
1. Allgemeines	195 – 214
2. Auszahlung von gefördertem Altersvorsorgevermögen	215 – 233
a) Möglichkeiten der schädlichen Verwendung	215
b) Folgen der schädlichen Verwendung	216 – 229
aa) Rückzahlung der Förderung	216 – 224
bb) Besteuerung nach § 22 Nr. 5 Satz 3 EStG	225 – 229
c) Übertragung begünstigten Altersvorsorgevermögens auf den überlebenden Ehegatten/Lebenspartner	230 – 233
3. Auszahlung von nicht gefördertem Altersvorsorgevermögen	234 – 235
4. Sonderfälle der Rückzahlung	236 – 239
IV. Altersvorsorge-Eigenheimbetrag und Tilgungsförderung für eine wohnungswirtschaftliche Verwendung	240 – 281
1. Allgemeines	240 – 241
2. Zulageberechtigter als Entnahmeberechtigter	242
3. Entnehmbare Beträge	243 – 250
4. Begünstigte Verwendung (§ 92a Abs. 1 EStG)	251 – 258
a) Unmittelbare Anschaffung oder Herstellung	252 – 254
b) Entschuldung	255
c) Genossenschaftsanteile	256 – 258
d) Umbau einer Wohnung	259 – 263
5. Begünstigte Wohnung	264 – 268
6. Anschaffung oder Herstellung	269
7. Selbstnutzung (Nutzung zu eigenen Wohnzwecken)	270 – 275
8. Aufgabe der Selbstnutzung der eigenen Wohnung	276 – 281
V. Sonstiges	282 – 307
1. Pfändungsschutz (§ 97 EStG)	282 – 284
2. Verfahrensfragen	285 – 305
a) Zulageantrag	285 – 290
b) Rückforderung von Zulagen	291 – 294
c) Festsetzungsfrist	295 – 301

	Rz.
d) Bescheinigungs- und Informationspflichten des Anbieters	302 – 305
3. Datenabgleich	306 – 307
B. Besonderheiten beim Versorgungsausgleich	308 – 346
I. Allgemeines	308 – 318
1. Gesetzliche Neuregelung des Versorgungsausgleichs	308 – 315
2. Besteuerungszeitpunkte	316 – 318
II. Interne Teilung (§ 10 VersAusglG)	319 – 322
1. Steuerfreiheit nach § 3 Nr. 55a EStG	319
2. Besteuerung	320 – 322
III. Externe Teilung (§ 14 VersAusglG)	323 – 329
1. Steuerfreiheit nach § 3 Nr. 55b EStG	323 – 324
2. Besteuerung bei der ausgleichsberechtigten Person	325
3. Beispiele	326 – 328
4. Verfahren	329
IV. Steuerunschädliche Übertragung im Sinne des § 93 Abs. 1a EStG	330 – 343
V. Leistungen an die ausgleichsberechtigte Person als Arbeitslohn	344 – 346
C. Anwendungsregelung	347 – 348

A. Private Altersvorsorge
I. Förderung durch Zulage und Sonderausgabenabzug
1. Begünstigter Personenkreis

a) Allgemeines

Die persönlichen Voraussetzungen müssen im jeweiligen Beitragsjahr (Veranlagungszeitraum) zumindest während eines Teils des Jahres vorgelegen haben.

1

b) Unmittelbar begünstigte Personen

aa) Pflichtversicherte in der inländischen gesetzlichen Rentenversicherung (§ 10a Abs. 1 Satz 1 Halbsatz 1 EStG) und Pflichtversicherte nach dem Gesetz über die Alterssicherung der Landwirte (§ 10a Abs. 1 Satz 3 EStG)

In der inländischen gesetzlichen Rentenversicherung pflichtversichert ist, wer nach §§ 1 bis 4, 229, 229a und 230 SGB VI der Versicherungspflicht unterliegt. Hierzu gehört der in der Anlage 1 Abschnitt A aufgeführte Personenkreis. Allein die Zahlung von Pflichtbeiträgen zur inländischen gesetzlichen Rentenversicherung ohne Vorliegen einer Versicherungspflicht, beispielsweise von dritter Seite aufgrund eines Forderungsüberganges (Regressierung) wegen eines Schadensersatzanspruchs (§ 119 SGB X), begründet nicht die Zugehörigkeit zu dem nach § 10a Abs. 1 Satz 1 EStG begünstigten Personenkreis.

2

Pflichtversicherte nach dem Gesetz über die Alterssicherung der Landwirte gehören, soweit sie nicht als Pflichtversicherte der inländischen gesetzlichen Rentenversicherung ohnehin bereits anspruchsberechtigt sind, in dieser Eigenschaft ebenfalls zum begünstigten Personenkreis. Darunter fallen insbesondere die in Anlage 1 Abschnitt B aufgeführten Personen.

3

Anhang 1a
Altersversorgung/Alterseinkünfte

    bb) Empfänger von inländischer Besoldung und diesen gleichgestellte Personen (§ 10a Abs. 1 Satz 1 Halbsatz 2 EStG)

4 Zum begünstigten Personenkreis nach § 10a Abs. 1 Satz 1 Halbsatz 2 EStG gehören:
- Empfänger von inländischer Besoldung nach dem Bundesbesoldungsgesetz – BBesG – oder einem entsprechenden Landesbesoldungsgesetz (§ 10a Abs. 1 Satz 1 Halbsatz 2 Nr. 1 EStG),
- Empfänger von Amtsbezügen aus einem inländischen Amtsverhältnis, deren Versorgungsrecht die entsprechende Anwendung des § 69e Abs. 3 und 4 des Beamtenversorgungsgesetzes – BeamtVG – vorsieht (§ 10a Abs. 1 Satz 1 Halbsatz 2 Nr. 2 EStG),
- die nach § 5 Abs. 1 Satz 1 Nr. 2 und 3 SGB VI versicherungsfrei Beschäftigten und die nach § 6 Abs. 1 Satz 1 Nr. 2 SGB VI oder nach § 230 Abs. 2 Satz 2 SGB VI von der Versicherungspflicht befreiten Beschäftigten, deren Versorgungsrecht die entsprechende Anwendung des § 69e Abs. 3 und 4 BeamtVG vorsieht (§ 10a Abs. 1 Satz 1 Halbsatz 2 Nr. 3 EStG),
- Beamte, Richter, Berufssoldaten und Soldaten auf Zeit, die ohne Besoldung beurlaubt sind, für die Zeit einer Beschäftigung, wenn während der Beurlaubung die Gewährleistung einer Versorgungsanwartschaft unter den Voraussetzungen des § 5 Abs. 1 Satz 1 SGB VI auf diese Beschäftigung erstreckt wird (§ 10a Abs. 1 Satz 1 Halbsatz 2 Nr. 4 EStG) und
- Steuerpflichtige im Sinne von § 10a Abs. 1 Satz 1 Nr. 1 bis 4 EStG, die beurlaubt sind und deshalb keine Besoldung, Amtsbezüge oder Entgelt erhalten, sofern sie eine Anrechnung von Kindererziehungszeiten nach § 56 SGB VI in Anspruch nehmen könnten, wenn die Versicherungsfreiheit in der inländischen gesetzlichen Rentenversicherung nicht bestehen würde (§ 10a Abs. 1 Satz 1 Halbsatz 2 Nr. 5 EStG). Der formale Grund für die Beurlaubung ist insoweit ohne Bedeutung.

Einzelheiten ergeben sich aus der Anlage 2 zu diesem Schreiben.

5 Neben den vorstehend genannten Voraussetzungen ist für die steuerliche Förderung die schriftliche Einwilligung **nach § 10a Abs. 1 Satz 1 Halbsatz 2 EStG** zur Weitergabe der für einen maschinellen Datenabgleich notwendigen Daten von der zuständigen Stelle (§ 81a EStG) an die ZfA erforderlich. Die Einwilligung ist spätestens bis zum Ablauf des zweiten Kalenderjahrs, das auf das Beitragsjahr folgt **(ab Beitragsjahr 2019: bis zum Ablauf des Beitragsjahres)** gegenüber der zuständigen Stelle zu erteilen. Im Falle einer verspätet oder nicht erteilten Einwilligung ist gleichwohl – bei Erfüllung der Voraussetzungen des § 79 Satz 2 EStG – eine mittelbare Zulageberechtigung möglich (vgl. auch BFH-Urteil vom 25. März 2015, BStBl II S. 709).

6 Im Rahmen eines Festsetzungsverfahrens nach § 90 Abs. 4 EStG kann der Zulageberechtigte ab Beitragsjahr 2019 bis zum rechtskräftigen Abschluss des Festsetzungsverfahrens eine nicht fristgerecht abgegebene Einwilligung gegenüber der zuständigen Stelle nachholen. Über die Nachholung hat er die zentrale Stelle unter Angabe des Datums der Erteilung der Einwilligung unmittelbar zu informieren. Hat der Zulageberechtigte im Rahmen des Festsetzungsverfahrens eine wirksame Einwilligung gegenüber der zuständigen Stelle erteilt, wird er – für das Zulageverfahren und für die Inanspruchnahme des Sonderausgabenabzugs nach § 10a EStG im Einkommensteuerfestsetzungsverfahren – so gestellt, als hätte er die Einwilligung innerhalb der Frist nach § 10a Abs. 1 Satz 1 Halbsatz 2 EStG wirksam gestellt (§ 90 Abs. 5 EStG). Bei der Prüfung im Festsetzungsverfahren, ob eine wirksame Einwilligung vorliegt, sind auch Einwilligungen zu berücksichtigen, die nach Ablauf der Frist nach § 10a Abs. 1 Satz 1 Halbsatz 2 EStG und vor Stellung des Festsetzungsantrags erteilt wurden.

Anhang 1a
Altersversorgung/Alterseinkünfte

Die zuständigen Stellen haben die Daten nach § 10a Abs. 1 Satz 1 EStG bis zum 31. März des dem Beitragsjahr folgenden Kalenderjahres an die ZfA zu übermitteln (§ 91 Abs. 2 Satz 1 EStG). Liegt die Einwilligung erst nach dieser **Übermittlungsfrist** vor, hat die zuständige Stelle die Daten nach § 10a Abs. 1 Satz 1 EStG zeitnah – spätestens bis zum Ende des folgenden Kalendervierteljahres – nach Vorlage der Einwilligung an die ZfA zu übermitteln (§ 91 Abs. 2 Satz 2 EStG). Wechselt die zuständige Stelle, muss gegenüber der neuen zuständigen Stelle eine Einwilligung abgegeben werden.

Auch der Gesamtrechtsnachfolger (z. B. Witwe, Witwer) kann die Einwilligung innerhalb der **gesetzlichen** Frist **(Rz. 5) oder im Rahmen eines Festsetzungsverfahrens (Rz. 6)** für den **Erblasser/die Erblasserin** nachholen.

Wenn ein Angehöriger **des** Personenkreises **des § 10a Abs. 1 Satz 1 Halbsatz 2 EStG** keine Sozialversicherungsnummer hat, muss über die zuständige Stelle eine Zulagennummer bei der ZfA beantragt werden (§ 10a Abs. 1a EStG).

cc) Pflichtversicherten gleichstehende Personen

Nach § 10a Abs. 1 Satz 3 EStG stehen den Pflichtversicherten der inländischen gesetzlichen Rentenversicherung Personen gleich, die eine Anrechnungszeit nach § 58 Abs. 1 Nr. 3 oder Nr. 6 SGB VI in der gesetzlichen Rentenversicherung erhalten und unmittelbar vor einer Anrechnungszeit nach § 58 Abs. 1 Nr. 3 oder Nr. 6 SGB VI zum begünstigten Personenkreis nach § 10a Abs. 1 Satz 1, Satz 3 Halbsatz 1 oder Satz 4 EStG gehörten. Der unmittelbare zeitliche Zusammenhang ist gegeben, wenn im Veranlagungszeitraum vor dem Beginn der Anrechnungszeit eine Zugehörigkeit zum genannten begünstigten Personenkreis bestand. Anrechnungszeiten nach § 58 Abs. 1 Nr. 3 SGB VI erhalten Personen, die wegen Arbeitslosigkeit bei einer deutschen Agentur für Arbeit als Arbeitsuchende gemeldet waren und eine öffentlich-rechtliche Leistung bezogen oder nur wegen des zu berücksichtigenden Einkommens oder Vermögens nicht bezogen haben. Anrechnungszeiten nach § 58 Abs. 1 Nr. 6 SGB VI erhalten Personen, die nach dem 31. Dezember 2010 Arbeitslosengeld II bezogen haben; dies gilt nicht für Empfänger der Leistung,

- die Arbeitslosengeld II nur darlehensweise oder
- nur Leistungen nach § 24 Abs. 3 Satz 1 SGB II bezogen haben oder
- die aufgrund von § 2 Abs. 1a des Bundesausbildungsförderungsgesetzes keinen Anspruch auf Ausbildungsförderung gehabt haben oder
- deren Bedarf sich nach § 12 Abs. 1 Nr. 1 des Bundesausbildungsförderungsgesetzes, nach § 62 Abs. 1 oder § 124 Abs. 1 Nr. 1 SGB III bemessen hat oder
- die versicherungspflichtig beschäftigt oder versicherungspflichtig selbständig tätig gewesen sind oder eine Leistung bezogen haben, wegen der sie nach § 3 Satz 1 Nr. 3 SGB VI versicherungspflichtig gewesen sind.

Wird eine Anrechnungszeit in der Rentenversicherung nicht gewährt, weil

- durch die Zeit der Arbeitslosigkeit keine versicherungspflichtige Beschäftigung oder selbständige Tätigkeit im Sinne von § 58 Abs. 2 SGB VI unterbrochen worden ist oder
- die Anwartschaftszeiten in der Arbeitslosenversicherung nicht erfüllt waren oder
- sich der Arbeitslose nicht bei einer Agentur für Arbeit als Arbeitssuchender gemeldet hat,

besteht keine Förderberechtigung nach § 10a Abs. 1 Satz 3 EStG.

dd) Entsendete Pflichtversicherte und Beamte, denen eine Tätigkeit im Ausland zugewiesen wurde

11 Bei Pflichtversicherten in der inländischen gesetzlichen Rentenversicherung, die von ihrem Arbeitgeber entsendet werden, ergibt sich die Zugehörigkeit zum begünstigten Personenkreis unmittelbar aus § 10a Abs. 1 Satz 1 Halbsatz 1 EStG.

12 Beamte, denen im dienstlichen oder öffentlichen Interesse vorübergehend eine Tätigkeit bei einer öffentlichen Einrichtung außerhalb der Bundesrepublik Deutschland zugewiesen wurde (§ 123a BRRG) und die in ihrem bisherigen inländischen Alterssicherungssystem verbleiben, gehören unmittelbar zu der nach § 10a Abs. 1 Satz 1 Nr. 1 EStG begünstigten Personengruppe.

ee) Bezieher einer Rente wegen voller Erwerbsminderung oder Erwerbsunfähigkeit oder einer Versorgung wegen Dienstunfähigkeit

13 Zum begünstigten Personenkreis nach § 10a Abs. 1 Satz 4 EStG gehören Personen, die nicht nach § 10a Abs. 1 Satz 1 oder 3 EStG begünstigt sind und eine Rente wegen voller Erwerbsminderung oder Erwerbsunfähigkeit oder eine Versorgung wegen Dienstunfähigkeit aus einem der in § 10a Abs. 1 Satz 1 oder 3 EStG genannten inländischen Alterssicherungssysteme beziehen, wenn sie unmittelbar vor dem Bezug der Leistung einer in § 10a Abs. 1 Satz 1 oder 3 EStG genannten Personengruppe angehörten. Eine vorangegangene Zugehörigkeit zu einer begünstigten Personengruppe ist auch anzunehmen, wenn eine Förderberechtigung nur wegen des Fehlens der Einwilligung (Rz. 5 **f.**) nicht bestand. Der Bezug einer Rente wegen teilweiser Erwerbsminderung oder einer Rente wegen Berufsunfähigkeit begründet keine Zugehörigkeit zum begünstigten Personenkreis nach § 10a Abs. 1 Satz 4 EStG. Voraussetzung für die Inanspruchnahme der steuerlichen Förderung bei Beziehern einer Versorgung wegen Dienstunfähigkeit ist die Erteilung einer Einwilligungserklärung (Rz. 5 **f.**). Zum begünstigten Personenkreis gehören auch Bezieher einer Rente wegen voller Erwerbsminderung oder Erwerbsunfähigkeit oder einer Versorgung wegen Dienstunfähigkeit, deren Rente/Versorgung vor dem 1. Januar 2002 begonnen hat.

14 Ein tatsächlicher Bezug der Rente wegen voller Erwerbsminderung oder Erwerbsunfähigkeit oder Versorgung wegen Dienstunfähigkeit ist nicht erforderlich, wenn ein Anspruch dem Grunde nach besteht (einschließlich Antragstellung), aber die Rente oder Versorgung aufgrund von Anrechnungsvorschriften (z. B. § 93 Abs. 1 SGB VI, §§ 53 ff. BeamtVG) nicht geleistet wird.

15 Gehörte der Empfänger einer Versorgung wegen Dienstunfähigkeit vor Beginn der Versorgung zum begünstigten Personenkreis und wechselt die zuständige Stelle (§ 81a EStG) wegen des Versorgungsbezugs, muss er gegenüber der die Versorgung anordnenden Stelle seine Einwilligung (vgl. Rz. 5) erklären.

16 Bei den Personen nach § 10a Abs. 1 Satz 4 EStG ist der unmittelbare zeitliche Zusammenhang gegeben, wenn im Veranlagungszeitraum vor dem Eintritt der vollen Erwerbsminderung/Erwerbsunfähigkeit oder Dienstunfähigkeit eine Zugehörigkeit zur Personengruppe nach § 10a Abs. 1 Satz 1 oder 3 EStG bestand. Dies gilt entsprechend für den in Rz. 21 genannten Personenkreis.

17 Die Begünstigung nach § 10a Abs. 1 Satz 4 EStG endet, wenn die anspruchsbegründende Leistung wegfällt oder in eine Altersrente umgestellt wird, spätestens jedoch mit der Vollendung des 67. Lebensjahres des Steuerpflichtigen. Rz. 1 findet Anwendung.

ff) Bestandsschutz ausländische Alterssicherungssysteme

18 Aufgrund der Änderung durch das Gesetz zur Umsetzung steuerlicher EU-Vorgaben sowie zur Änderung steuerlicher Vorschriften (BGBl. I 2010 S. 386) gehören ab dem 1. Januar 2010 die in einem ausländischen Alterssicherungssystem Versicherten nicht

mehr zum Kreis der nach § 10a Abs. 1 EStG begünstigten Personen. Für Altfälle sieht das Gesetz eine Bestandsschutzregelung in **§ 10a Abs. 6** EStG vor.

(1) Pflichtversicherte in einer ausländischen gesetzlichen Rentenversicherung
Zum begünstigten Personenkreis gehören nach **§ 10a Abs. 6 Satz 1 EStG** auch Pflichtmitglieder in einem ausländischen gesetzlichen Alterssicherungssystem, wenn diese Pflichtmitgliedschaft

19

– mit einer Pflichtmitgliedschaft in einem inländischen Alterssicherungssystem nach § 10a Abs. 1 Satz 1 oder 3 EStG vergleichbar ist und
– vor dem 1. Januar 2010 begründet wurde,

sofern sie unbeschränkt einkommensteuerpflichtig sind oder für das Beitragsjahr nach § 1 Abs. 3 EStG als unbeschränkt einkommensteuerpflichtig behandelt werden. Das gilt ebenso für den Fall der Arbeitslosigkeit, wenn die Pflichtversicherung in der ausländischen gesetzlichen Rentenversicherung fortbesteht. Endet die Pflichtmitgliedschaft in diesem ausländischen gesetzlichen Alterssicherungssystem oder wird sie für länger als ein Beitragsjahr unterbrochen, endet der Bestandsschutz des **§ 10a Abs. 6 EStG**.

Der Bestandsschutz des **§ 10a Abs. 6 EStG besteht nur**, wenn **die in Rz. 19 genannten Voraussetzungen vorliegen und** der Anleger vor dem 1. Januar 2010 einen Vertrag abgeschlossen hat. Wird der vom Anleger vor dem 1. Januar 2010 abgeschlossene Vertrag gekündigt, ist dieser für die Prüfung der Voraussetzungen der Bestandsschutzregelung des **§ 10a Abs. 6 EStG** nicht zu berücksichtigen. Ein nach dem 31. Dezember 2009 abgeschlossener Vertrag ist für die Prüfung der Voraussetzungen der Bestandsschutzregelung des **§ 10a Abs. 6 EStG** nicht zu berücksichtigen, selbst wenn Altersvorsorgevermögen von einem vor dem 1. Januar 2010 abgeschlossenen Vertrag auf diesen übertragen wird. Für die Anwendung des § 10a/Abschnitt XI EStG im Rahmen der Bestandsschutzregelung werden nur Altersvorsorgebeiträge zugunsten eines vor dem 1. Januar 2010 abgeschlossenen Vertrags berücksichtigt (vgl. Rz. **45**).

20

(2) Bezieher einer Rente wegen voller Erwerbsminderung oder Erwerbsunfähigkeit oder einer Versorgung wegen Dienstunfähigkeit aus einem ausländischen Alterssicherungssystem
Die Bestandsschutzregelung gilt auch für Personen,

21

– die aus einem vergleichbaren ausländischen gesetzlichen Alterssicherungssystem eine Leistung erhalten, die mit einer Rente wegen voller Erwerbsminderung oder Erwerbsunfähigkeit oder einer Versorgung wegen Dienstunfähigkeit aus einem der in § 10a Abs. 1 Satz 1 oder 3 EStG genannten inländischen Alterssicherungssysteme vergleichbar ist,
– die unmittelbar vor dem Bezug dieser Leistung einer der in Rz**n**. 2 bis **12, 19, 22** oder **23** genannten Personengruppen angehörten,
– das 67. Lebensjahr noch nicht vollendet haben und

unbeschränkt einkommensteuerpflichtig sind oder für das Beitragsjahr nach § 1 Abs. 3 EStG als unbeschränkt einkommensteuerpflichtig behandelt werden (vgl. Rz. **45**).

Anhang 1a

Altersversorgung/Alterseinkünfte

(3) Beschäftigte internationaler Institutionen

22 Für die Anwendung der Bestandsschutzregelung des **§ 10a Abs. 6** EStG sind die Alterssicherungssysteme der folgenden internationalen Organisationen als ein einem begünstigten inländischen Alterssicherungssystem vergleichbares Alterssicherungssystem anzusehen:

- Bank für Internationalen Zahlungsausgleich (BIZ),
- Europäische Agentur für Flugsicherheit (EASA),
- Europäische Investitionsbank (EIB),
- Europäische Kommission (KOM),
- Europäische Organisation für astronomische Forschung in der südlichen Hemisphäre, (ESO),
- Europäische Organisation für die Nutzung meteorologischer Satelliten (EUMETSAT),
- Europäische Organisation für Kernforschung (CERN),
- Europäische Organisation zur Sicherung der Luftfahrt (EUROCONTROL),
- Europäische Patentorganisation (EPO),
- Europäische Weltraumorganisation (ESA),
- Europäische Zentralbank (EZB),
- Europäischer Rechnungshof (EuRH),
- Europäisches Hochschulinstitut (EHI),
- Europäisches Laboratorium für Molekularbiologie (EMBL),
- Europäisches Patentamt (EPA),
- Europäisches Zentrum für mittelfristige Wettervorhersage (EZMV, engl. ECWMF),
- Europarat,
- Nordatlantikvertragsorganisation (NATO),
- Organisation für wirtschaftliche Zusammenarbeit und Entwicklung (OECD),
- Vereinte Nationen (VN) und
- Westeuropäische Union (WEU).

Das Alterssicherungssystem der Gemeinsamen Organisation der Rüstungskooperation (OCCAR) ist hingegen für die Anwendung der Bestandsschutzregelung des **§ 10a Abs. 6 EStG** nicht als ein einem begünstigten inländischen Alterssicherungssystem vergleichbares Alterssicherungssystem anzusehen.

23 Bedienstete der Europäischen Gemeinschaften (Beamte und sonstige Bedienstete) sind für die Beurteilung der Zugehörigkeit zum begünstigten Personenkreis so zu behandeln, als bestünde für sie eine Pflichtmitgliedschaft in einem ausländischen gesetzlichen Rentenversicherungssystem, die mit einer Pflichtmitgliedschaft in einem inländischen Alterssicherungssystem nach § 10a Abs. 1 Satz 1 oder 3 EStG vergleichbar ist.

c) Nicht unmittelbar begünstigte Personen

24 Nicht unmittelbar begünstigt sind insbesondere die in Anlage 1 Abschnitt C aufgeführten Personengruppen.

25 **Ein Steuerpflichtiger ist nicht berechtigt, seine Altersvorsorgebeiträge als Sonderausgaben gem. § 10a EStG abzuziehen, wenn er im gesamten Beitragsjahr nicht mehr „aktiv", sondern lediglich in früheren Jahren in der gesetzlichen Rentenversicherung pflichtversichert gewesen ist. Eine Berechtigung zum zusätzlichen Sonderausgabenabzug ergibt sich ebenfalls nicht aus einer bestehenden Pflichtmitgliedschaft in einem berufsständischen Versorgungswerk und ist auch nicht**

daraus abzuleiten, dass der Steuerpflichtige über seinen Ehegatten gem. § 79 EStG mittelbar einen Anspruch auf die Altersvorsorgezulage hat (vgl. BFH-Urteil vom 29. Juli 2015, BStBl 2016 II S. 18).

d) *Mittelbar zulageberechtigte Personen*

Bei Ehegatten oder Lebenspartnern einer Lebenspartnerschaft nach dem Lebenspartnerschaftsgesetz (BGBl. I 2001 S. 266) – LPartG – (nachfolgend: Lebenspartner), von denen nur ein Ehegatte/Lebenspartner unmittelbar zulageberechtigt ist, ist auch der andere Ehegatte/Lebenspartner (mittelbar) zulageberechtigt, wenn

26

- die Ehegatten/Lebenspartner nicht dauernd getrennt gelebt haben (§ 26 Abs. 1 EStG),
- beide Ehegatten/Lebenspartner jeweils einen auf ihren Namen lautenden, nach § 5 des Altersvorsorgeverträge-Zertifizierungsgesetzes (AltZertG) zertifizierten Vertrag (Altersvorsorgevertrag) abgeschlossen haben oder der unmittelbar zulageberechtigte Ehegatte/Lebenspartner über eine förderbare Versorgung im Sinne des § 82 Abs. 2 EStG bei einer Pensionskasse, einem Pensionsfonds oder über eine nach § 82 Abs. 2 EStG förderbare Direktversicherung verfügt und der andere Ehegatte/Lebenspartner einen auf seinen Namen lautenden, nach § 5 AltZertG zertifizierten Vertrag abgeschlossen hat,
- sie ihren Wohnsitz oder gewöhnlichen Aufenthalt in einem Mitgliedstaat der Europäischen Union oder einem Staat gehabt haben, auf den das Abkommen über den Europäischen Wirtschaftsraum anwendbar ist, (EU-/EWR-Staat),
- der nicht unmittelbar zulageberechtigte Ehegatte/Lebenspartner Altersvorsorgebeiträge i. H. v. mindestens 60 € auf seinen Altersvorsorgevertrag geleistet hat. Eine anteilige Zahlung ist nicht ausreichend; dies gilt auch, wenn dieser Ehegatte/Lebenspartner innerhalb des Beitragsjahres verstirbt und
- bei dem Altersvorsorgevertrag, für den die Zulage beansprucht wird, die Auszahlungsphase noch nicht begonnen hat.

Die Voraussetzungen für das Vorliegen einer mittelbaren Zulageberechtigung sind für jedes Beitragsjahr gesondert zu prüfen.

Es reicht nicht aus, wenn der nicht unmittelbar zulageberechtigte Ehegatte/Lebenspartner über eine förderbare Versorgung im Sinne des § 82 Abs. 2 EStG bei einer Pensionskasse, einem Pensionsfonds oder über eine nach § 82 Abs. 2 EStG förderbare Direktversicherung verfügt hat (BFH-Urteil vom 21. Juli 2009, BStBl II S. 995). Zum Sonderausgabenabzug nach § 10a EStG vgl. Rz. **100**. Im Hinblick auf die Beantragung einer Zulagenummer wird auf § 89 Abs. 1 Satz 4 EStG verwiesen.

27

Die mittelbare Zulageberechtigung entfällt, wenn

28

- der mittelbar Zulageberechtigte unmittelbar zulageberechtigt wird,
- der unmittelbar zulageberechtigte Ehegatte/Lebenspartner für das Beitragsjahr nicht mehr zum zulageberechtigten Personenkreis gehört,
- die Ehegatten/Lebenspartner im gesamten Beitragsjahr dauernd getrennt gelebt haben,
- mindestens ein Ehegatte/Lebenspartner seinen Wohnsitz oder gewöhnlichen Aufenthalt im gesamten Beitragsjahr nicht mehr in einem EU-/EWR-Staat, gehabt hat.

Ein mittelbar zulageberechtigter Ehegatte/Lebenspartner verliert im Fall der Auflösung der Ehe bzw. der Aufhebung der Lebenspartnerschaft – auch wenn die Ehegatten/Lebenspartner nicht bereits während des ganzen Jahres getrennt gelebt haben – bereits für das Jahr der Auflösung der Ehe bzw. der Aufhebung der Lebenspartnerschaft seine Zulageberechtigung, wenn der unmittelbar Zulageberechtigte im selben Jahr wieder geheiratet hat bzw. eine neue Lebenspartnerschaft begründet hat und er und der neue

29

Anhang 1a
Altersversorgung/Alterseinkünfte

Ehegatte/Lebenspartner nicht dauernd getrennt leben und ihren Wohnsitz oder gewöhnlichen Aufenthalt in einem EU-/EWR-Staat, haben.

2. Altersvorsorgebeiträge (§ 82 EStG)
a) Private Altersvorsorgebeiträge

30 Altersvorsorgebeiträge im Sinne des § 82 Abs. 1 EStG sind die zugunsten eines auf den Namen des Zulageberechtigten lautenden nach § 5 AltZertG zertifizierten Vertrags (Altersvorsorgevertrag) bis zum Beginn der Auszahlungsphase geleisteten Beiträge und Tilgungsleistungen. Die dem Vertrag gutgeschriebenen oder zur Tilgung eingesetzten Zulagen stellen – anders als im AltZertG – keine Altersvorsorgebeiträge dar und sind daher selbst nicht zulagefähig. **Erträge des Altersvorsorgevermögens sind keine Altersvorsorgebeiträge. Es reicht daher für eine Förderung nicht aus, wenn lediglich Zinsen und Erträge des Vorsorgevermögens dem Vertrag gutgeschrieben werden (BFH-Urteil vom 8. Juli 2015, BStBl 2016 II S. 525).** Beiträge zugunsten von Verträgen, bei denen mehrere Personen Vertragspartner sind, sind nicht begünstigt. Dies gilt auch für Verträge, die von Ehegatten/Lebenspartnern gemeinsam abgeschlossen werden. Der Notwendigkeit zum Abschluss eigenständiger Verträge steht jedoch nicht entgegen, wenn eine dritte Person oder der Ehegatte/Lebenspartner für das im Rahmen eines zertifizierten Altersvorsorgevertrags aufgenommene Darlehen mithaftet. Sämtliche Beträge, die bei den in § 3 Nr. 55 bis 55c EStG genannten Übertragungsvorgängen übertragen werden, sind nach § 82 Abs. 4 Nr. 5 EStG für die Berücksichtigung als Altersvorsorgebeiträge ausgeschlossen. **Dem Zulageberechtigten bleibt es unbenommen, Zulageanträge innerhalb der Antragsfrist an den vorherigen Anbieter zu richten, an den die Altersvorsorgebeiträge gezahlt wurden. Ein abgebender Anbieter hat aufgrund seiner nachvertraglichen Pflichten diesen Antrag anzunehmen. Er kann den Zulageantrag ohne weitere Bearbeitung an den neuen Anbieter weiterreichen.** Es wird jedoch nicht beanstandet, wenn der Zulageberechtigte für die im Jahr der Übertragung an den abgebenden Anbieter gezahlten Beiträge über den annehmenden Anbieter eine Zulage beantragt, sofern dem annehmenden Anbieter die Höhe der an den abgebenden Anbieter im laufenden Jahr gezahlten Beiträge bekannt ist.

31 Altersvorsorgebeiträge nach § 82 Abs. 1 Satz 1 Nr. 2 EStG sind die zugunsten eines auf den Namen des Zulageberechtigten lautenden Altersvorsorgevertrags geleisteten Tilgungen für ein Darlehen, das der Zulageberechtigte ausschließlich für eine nach dem 31. Dezember 2007 vorgenommene wohnungswirtschaftliche Verwendung im Sinne des § 92a Abs. 1 Satz 1 EStG eingesetzt hat, vgl. hierzu Rz**n**. **251 bis 275**. Dies gilt auch, wenn das für eine wohnungswirtschaftliche Verwendung im Sinne des § 92a Abs. 1 Satz 1 Nr. 1 oder 2 EStG aufgenommene Darlehen später auf einen zertifizierten Altersvorsorgevertrag in Form eines Darlehensvertrags umgeschuldet wird; auch mehrfache Umschuldungen sind in den Fällen der wohnungswirtschaftlichen Verwendung im Sinne des § 92a Abs. 1 Satz 1 Nr. 1 oder 2 EStG möglich. Es kommt nicht darauf an, ob das abgelöste Darlehen im Rahmen eines zertifizierten Altersvorsorgevertrags gewährt worden ist und ob der Zulageberechtigte alleiniger oder gemeinschaftlicher Darlehensnehmer des abgelösten Darlehens war. Die für die Tilgungsleistungen gezahlten Zulagen sind unmittelbar für die Tilgung des jeweiligen Darlehens zu verwenden. Bei Beiträgen zugunsten mehrerer Altersvorsorgeverträge vgl. Rz**n**. **119, 120**. Der Zulageberechtigte muss die vertragsgemäße Verwendung des Darlehens gegenüber seinem Anbieter nachweisen. Der Anbieter hat solange ganz oder teilweise von nicht ordnungsgemäß verwendeten Darlehensbeträgen auszugehen, bis die ordnungsgemäße Verwendung nachgewiesen ist.

32 Setzt sich ein Altersvorsorgevertrag aus einer Vertragsgestaltung im Sinne des § 1 Abs. 1 AltZertG und einem Rechtsanspruch auf Gewährung eines Darlehens zusammen (§ 1

Abs. 1a Satz 1 Nr. 2 AltZertG), handelt es sich bei den geleisteten Beiträgen für den Vertragsteil, der nach § 1 Abs. 1 AltZertG ausgestaltet ist, um Altersvorsorgebeiträge nach § 82 Abs. 1 Satz 1 Nr. 1 EStG und bei den zur Tilgung des Darlehens geleisteten Zahlungen um Altersvorsorgebeiträge nach § 82 Abs. 1 Satz 1 Nr. 2 EStG.

Handelt es sich um Zahlungen zugunsten eines zertifizierten Altersvorsorgevertrags nach § 1 Abs. 1a Satz 1 Nr. 3 AltZertG, ist zu differenzieren: Zahlungen, die unmittelbar für die Tilgung des Darlehens eingesetzt werden, sind Tilgungsleistungen nach § 82 Abs. 1 Satz 1 Nr. 2 EStG. Wird mit den vom Zulageberechtigten geleisteten Zahlungen jedoch zunächst Altersvorsorgevermögen gebildet, welches zu einem späteren Zeitpunkt zur Tilgung des Darlehens eingesetzt wird und ist dies bereits bei Vertragsabschluss unwiderruflich vereinbart worden, dann gelten die geleisteten Zahlungen bereits im Zahlungszeitpunkt als Tilgungsleistungen nach § 82 Abs. 1 Satz 3 EStG.

Der in der zu zahlenden Kreditrate enthaltene Zinsanteil sowie die anfallenden Kosten und Gebühren sind keine Altersvorsorgebeiträge und damit nicht nach § 10a/Abschnitt XI EStG begünstigt. Die Förderung bezieht sich nur auf den in der gezahlten Kreditrate enthaltenen Tilgungsanteil.

Die während der Nichtnutzung aufgrund des beruflichen Umzugs geleisteten Tilgungsbeträge sind ab dem Jahr nach Aufgabe der Selbstnutzung bis **zum Jahr vor der** Wiederaufnahme der Selbstnutzung keine Altersvorsorgebeiträge und damit nicht nach § 10a/Abschnitt XI EStG begünstigt, auch wenn die weiteren steuerlichen Folgen (Besteuerung des Wohnförderkontos bzw. schädliche Verwendung **im Sinne des** § 93 EStG) wegen der Regelung des § 92a Abs. 4 EStG nicht eintreten. Nach § 82 Abs. 1 Satz 5 EStG werden Tilgungsleistungen nur berücksichtigt, wenn das zugrunde liegende Darlehen für eine nach dem 31. Dezember 2007 vorgenommene wohnungswirtschaftliche Verwendung **im Sinne des** § 92a Abs. 1 Satz 1 EStG eingesetzt wurde. Eine wohnungswirtschaftliche Verwendung **im Sinne des** § 92a EStG liegt in der Zeit der berufsbedingten Nichtnutzung nicht vor, da die Wohnung in dieser Zeit weder die Hauptwohnung noch den Mittelpunkt der Lebensinteressen des Zulageberechtigten darstellt. Die ZfA hat den Anbieter **durch Datensatz** über eine Bescheiderteilung nach § 92a Abs. 4 Satz 3 EStG, eine Wiederaufnahme der Selbstnutzung nach einem beruflichen Umzug sowie den Wegfall der Voraussetzungen nach § 92a Abs. 4 EStG zu informieren.

Im Beitragsjahr der Aufgabe der Selbstnutzung gelten auch die nach der Aufgabe der Selbstnutzung geleisteten Beiträge oder Tilgungsleistungen als Altersvorsorgebeiträge. Im Beitragsjahr einer Reinvestition in eine weitere begünstigte Wohnung (§ 92a Abs. 3 Satz 9 Nr. 1 EStG) oder des Wiedereinzugs in dieselbe Wohnung nach einem beruflich bedingten Umzug (§ 82 Abs. 1 Satz 8 Nr. 2 EStG) gelten auch die vor der Reinvestition bzw. die vor dem Wiedereinzug geleisteten Beiträge oder Tilgungsleistungen als Altersvorsorgebeiträge.

Beispiel:
Z gibt die Selbstnutzung am 1. Mai 2016 auf und teilt gleichzeitig seine Reinvestitionsabsicht mit. Er zahlt für die Beitragsjahre 2017, 2018 und 2019 weiterhin Beiträge in seinen Altersvorsorgevertrag ein. Am 1. Mai 2020 nimmt er die Selbstnutzung einer neuen Wohnung auf. Die gezahlten Beiträge für die Beitragsjahre 2016 und 2020 sind Altersvorsorgebeiträge.

Wird gefördertes Altersvorsorgevermögen von einem Altersvorsorgevertrag im Sinne des § 1 Abs. 1 oder Abs. 1a Satz 1 Nr. 2 AltZertG in einen Altersvorsorgevertrag im Sinne des § 1 Abs. 1a Satz 1 Nr. 3 AltZertG übertragen (§ 1 Abs. 1 Nr. 10 Buchstabe b AltZertG), sind ab dem Zeitpunkt der Übertragung des gebildeten Kapitals, frühestens ab der Inanspruchnahme des Vorfinanzierungsdarlehens oder des Zwischenkredits, die damit übertragenen und bereits geförderten Beiträge nicht mehr Beiträge im Sinne des § 82 Abs. 1 Satz 1 Nr. 1 EStG, sondern bereits geförderte Tilgungsleistungen nach § 82

Anhang 1a
Altersversorgung/Alterseinkünfte

Abs. 1 Satz 3 EStG. Dies gilt auch, wenn ein Altersvorsorgevertrag im Sinne des § 1 Abs. 1a Satz 1 Nr. 3 AltZertG für eine Umschuldung im Sinne der Rz. **31** genutzt wird.

39 Der Zulageberechtigte kann für abgelaufene Beitragsjahre bis einschließlich 2011 Altersvorsorgebeiträge auf einen auf seinen Namen lautenden Altersvorsorgevertrag nachzahlen (**§ 82 Abs. 5** EStG), wenn er

- im jeweiligen für die Nachzahlung bestimmten Beitragsjahr bereits einen Altersvorsorgevertrag hatte,
- im fristgerechten Antrag auf Zulage für dieses Beitragsjahr eine mittelbare Zulageberechtigung angegeben hat und
- tatsächlich aber unmittelbar zulageberechtigt war.

Die Nachzahlungsmöglichkeit besteht längstens bis zum Beginn der Auszahlungsphase des Altersvorsorgevertrags. Die Zahlung dieser Beiträge muss bis zum Ablauf von zwei Jahren nach Erteilung der Bescheinigung nach § 92 EStG erfolgen, mit der zuletzt Ermittlungsergebnisse für das betreffende Beitragsjahr bescheinigt wurden. Die Nachzahlung muss nicht auf den Altersvorsorgevertrag geleistet werden, für den der Antrag auf Zulage für dieses Beitragsjahr gestellt wurde. Eine Nachzahlung auf eine betriebliche Altersversorgung im Sinne des § 82 Abs. 2 EStG ist nicht zulässig. Der Anbieter meldet die nachgezahlten Altersvorsorgebeiträge zusammen mit den korrigierten Daten des Zulageantrags oder des Änderungsantrags für das jeweilige Beitragsjahr, für das die Nachzahlung erfolgt ist. Erfolgt nach der bereits gemeldeten Nachzahlung für dieses Beitragsjahr eine weitere Nachzahlung, hat der Anbieter einen korrigierten Antragsdatensatz mit dem Gesamtnachzahlungsbetrag zu melden.

40 Eine Nachzahlungsmöglichkeit nach **§ 82 Abs. 5** EStG für die Erben oder den überlebenden Ehegatten/Lebenspartner besteht nicht, da nach dem Tod des Zulageberechtigten kein auf den Namen des Zulageberechtigten lautender Vertrag mehr besteht.

b) Beiträge im Rahmen der betrieblichen Altersversorgung

41 Auf die Ausführungen in den Rzn. 25 ff. und 67 ff. des BMF-Schreibens vom 6. Dezember 2017 (BStBl 2018 I S. 147[1]) wird hingewiesen.

c) Altersvorsorgebeiträge nach Beginn der Auszahlungsphase

42 Beiträge zugunsten eines Vertrags, die nach Beginn der Auszahlungsphase geleistet wurden, sind keine Altersvorsorgebeiträge im Sinne des § 82 EStG. D. h., für diese Beiträge kommt eine steuerliche Förderung nach § 10a/Abschnitt XI EStG nicht in Betracht.

d) Beiträge, die über den Mindesteigenbeitrag hinausgehen

43 Auch Beiträge, die über den Mindesteigenbeitrag hinausgehen, sind Altersvorsorgebeiträge. Zum Begriff der Überzahlung wird auf Rz. **134** verwiesen.

44 Sieht der Altersvorsorgevertrag allerdings eine vertragliche Begrenzung auf einen festgelegten Höchstbetrag vor (z. B. den Betrag nach § 10a EStG oder den nach § 86 EStG erforderlichen Mindesteigenbeitrag zuzüglich Zulageanspruch), handelt es sich bei Zahlungen, die darüber hinausgehen, um zivilrechtlich nicht geschuldete Beträge, hinsichtlich derer dem Anleger ein Rückerstattungsanspruch gegen den Anbieter zusteht. Diese Beträge stellen grundsätzlich keine Altersvorsorgebeiträge im Sinne des § 82 Abs. 1 EStG dar (Ausnahme vgl. Rz. **136**). Der Anbieter darf diese Beträge daher nicht in den Datensatz nach § 10a Abs. 5 Satz 1 EStG aufnehmen.

---

[1] jetzt BMF vom 12.08.2021 (BStBl I S. 1050), Anhang 2 III LStH

e) *Beiträge von Versicherten in einer ausländischen gesetzlichen Rentenversicherung*

Als Altersvorsorgebeiträge im Sinne des § 82 EStG sind bei den in R**zn. 19 bis 23** genannten Personengruppen nur diejenigen Beiträge zu berücksichtigen, die vom Zulageberechtigten zugunsten eines vor dem 1. Januar 2010 abgeschlossenen Vertrags geleistet wurden. 45

3. Zulage

a) *Grundzulage*

Jeder unmittelbar **oder mittelbar** Zulageberechtigte erhält auf Antrag für seine im abgelaufenen Beitragsjahr gezahlten Altersvorsorgebeiträge eine Grundzulage. Für die Zulagengewährung bei mittelbar zulageberechtigten Ehegatten/Lebenspartnern sind die Rzn. **26** bis **29** zu beachten. Die Grundzulage beträgt ab dem **Beitragsjahr 2018** jährlich **175 €**. 46

Für unmittelbar Zulageberechtigte, die das 25. Lebensjahr noch nicht vollendet haben, erhöht sich die Grundzulage einmalig um einen Betrag von 200 € (sog. Berufseinsteiger-Bonus). Für die Erhöhung ist kein gesonderter Antrag erforderlich. Die erhöhte Grundzulage ist einmalig für das erste nach dem 31. Dezember 2007 beginnende Beitragsjahr zu zahlen, für das der Zulageberechtigte die Altersvorsorgezulage beantragt, wenn er zu Beginn des betreffenden Beitragsjahres das 25. Lebensjahr noch nicht vollendet hat. Das Datum des Vertragsabschlusses ist insoweit unerheblich. Für die Berechnung des Mindesteigenbeitrags ist in dem ersten Beitragsjahr, in dem die Voraussetzungen für die Gewährung des Erhöhungsbetrags vorliegen, die erhöhte Grundzulage zu berücksichtigen. Erbringt der Zulageberechtigte nicht den erforderlichen Mindesteigenbeitrag (§ 86 Abs. 1 EStG), erfolgt eine entsprechende Kürzung der Altersvorsorgezulage und damit auch des in der erhöhten Grundzulage enthaltenen einmalig zu gewährenden Erhöhungsbetrags (vgl. Rz. **90**). Eine Nachholungsmöglichkeit des gekürzten Erhöhungsbetrags in späteren Beitragsjahren besteht nicht. 47

b) *Kinderzulage*

aa) Allgemeines

Anspruch auf Kinderzulage besteht für jedes Kind, für das **gegenüber dem Zulageberechtigten** für mindestens einen Monat des Beitragsjahres Kindergeld **festgesetzt** worden ist. Die Kinderzulage beträgt ab dem Jahr 2008 für jedes vor dem 1. Januar 2008 geborene Kind 185 € und für jedes nach dem 31. Dezember 2007 geborene Kind 300 € jährlich. Auf den Zeitpunkt der Auszahlung des Kindergeldes kommt es nicht an. Anspruch auf Kinderzulage besteht für ein Beitragsjahr auch dann, wenn das Kindergeld für dieses Jahr erst in einem späteren Kalenderjahr rückwirkend **festgesetzt** wurde. Wird ein Kind z. B. am Ende des Beitragsjahres geboren, so besteht der Anspruch auf Kinderzulage für das gesamte Jahr, auch wenn das Kindergeld für Dezember regelmäßig erst im nachfolgenden Kalenderjahr **festgesetzt** wird. 48

Die Festsetzung ist gegenüber der Auszahlung des Kindergeldes vorrangig. 49

Beispiel: 50
Für den kindergeldberechtigten Vater wird Kindergeld festgesetzt. Wegen der Unterbringung des Kindes in einem Heim stellt das Jugendamt einen Antrag auf Abzweigung des Kindergelds, dem stattgegeben wird. Das Kindergeld wird nicht an den Vater, sondern an das Jugendamt ausgezahlt.
Anspruch auf Kinderzulage hat in diesem Fall der Vater.

Anhang 1a
I Altersversorgung/Alterseinkünfte

51 Dem Kindergeld gleich stehen andere Leistungen für Kinder im Sinne des § 65 Abs. 1 Satz 1 EStG (§ 65 Abs. 1 Satz 2 EStG). Zu den mit dem Kindergeld vergleichbaren Leistungen im Sinne des § 65 Abs. 1 Satz 1 Nr. 2 EStG wird auf das Schreiben des Bundeszentralamts für Steuern vom **16. Januar 2017 (BStBl I S. 151)** verwiesen.

bb) **Kinderzulageberechtigung bei Eltern, die miteinander verheiratet sind oder eine Lebenspartnerschaft führen**

52 Steht ein Kind zu beiden Ehegatten, die
– nicht dauernd getrennt leben (§ 26 Abs. 1 EStG) und
– ihren Wohnsitz oder gewöhnlichen Aufenthalt in einem EU-/EWR-Staat haben,

in einem Kindschaftsverhältnis (§ 32 Abs. 1 EStG), erhält grundsätzlich die Mutter die Kinderzulage. Die Eltern können gemeinsam für das jeweilige Beitragsjahr beantragen, dass der Vater die Zulage erhält. In beiden Fällen kommt es nicht darauf an, **gegenüber** welchem Elternteil das Kindergeld **festgesetzt** wurde. Die Übertragung der Kinderzulage muss auch in den Fällen beantragt werden, in denen die Mutter keinen Anspruch auf Altersvorsorgezulage hat, weil sie beispielsweise keinen Altersvorsorgevertrag abgeschlossen hat. Eine Übertragungsmöglichkeit besteht nicht, wenn das Kind nur zu einem der Ehegatten in einem Kindschaftsverhältnis steht (vgl. Rz. **57**).

53 Der Antrag kann
– für jedes einzelne Kind gestellt werden,
– nach Eingang beim Anbieter nicht mehr widerrufen werden.

54 Hat der Vater seinem Anbieter eine Vollmacht (vgl. Rz. **287**) zur formlosen Antragstellung erteilt, kann der Antrag auf Übertragung der Kinderzulage von der Mutter auf ihn auch für die Folgejahre bis auf Widerruf erteilt werden. Der Antrag kann vor Ende des Beitragsjahres, für das er erstmals nicht mehr gelten soll, gegenüber dem Anbieter des Vaters widerrufen werden.

55 **Bei Eltern, die miteinander eine Lebenspartnerschaft führen, nicht dauernd getrennt leben (§ 26 Abs. 1 EStG) und ihren Wohnsitz oder gewöhnlichen Aufenthalt in einem EU-/EWR-Staat haben, ist die Kinderzulage dem Lebenspartner zuzuordnen, gegenüber dem das Kindergeld festgesetzt wurde; auf Antrag beider Eltern dem anderen Lebenspartner. Eine Übertragungsmöglichkeit besteht nicht, wenn das Kind nur zu einem der Lebenspartner in einem Kindschaftsverhältnis steht (vgl. Rz. 57).**

cc) Kinderzulageberechtigung in anderen Fällen

56 Sind die Eltern nicht miteinander verheiratet **und führen keine Lebenspartnerschaft**, leben sie dauernd getrennt oder haben sie ihren Wohnsitz oder gewöhnlichen Aufenthalt nicht in einem EU-/EWR-Staat, erhält der Elternteil die Kinderzulage, **gegenüber** dem das Kindergeld für das Kind **festgesetzt wurde** (§ 85 Abs. 1 Satz 1 EStG). Eine Übertragung der Kinderzulage nach § 85 Abs. 2 EStG ist in diesen Fällen nicht möglich. Dies gilt auch, wenn derjenige Elternteil, **gegenüber** dem das Kindergeld **festgesetzt wurde**, keine Grundzulage erhält.

57 Sind nicht beide Ehegatten Eltern des Kindes, ist eine Übertragung der Kinderzulage nach § 85 Abs. 2 EStG nicht zulässig. **Wird** beispielsweise **gegenüber einem Zulageberechtigten** Kindergeld für ein in seinen Haushalt aufgenommenes Kind seines Ehegatten (§ 63 Abs. 1 Satz 1 Nr. 2 EStG) **festgesetzt**, steht nur ihm die Kinderzulage nach § 85 Abs. 1 EStG zu.

58 **Wird gegenüber einem Großelternteil im Sinne von § 64 Abs. 2 EStG das Kindergeld festgesetzt**, steht nur ihm die Kinderzulage zu.

Anhang 1a
Altersversorgung/Alterseinkünfte

dd) Wechsel des Kindergeldberechtigten im Laufe des Beitragsjahres

Wurde während des Beitragsjahres **gegenüber** mehreren Zulageberechtigten für unterschiedliche Zeiträume Kindergeld **festgesetzt**, hat gem. § 85 Abs. 1 Satz 4 EStG grundsätzlich derjenige den Anspruch auf die Kinderzulage, dem **gegenüber** für den zeitlich frühesten Anspruchszeitraum im Beitragsjahr Kindergeld **festgesetzt** wurde. Dies gilt nicht bei einem Wechsel zwischen den in Rz. 52 genannten Elternteilen. 59

Beispiel: 60
Das Kind lebt mit den Großeltern und der unverheirateten Mutter in einem gemeinsamen Haushalt. **Einem** Großelternteil **gegenüber wird** das Kindergeld für die Monate Januar bis Mai **2018 festgesetzt**. Ab Juni **2018 wird das Kindergeld gegenüber der** Mutter **festgesetzt**.
Die Kinderzulage steht dem zulageberechtigten Großelternteil zu, da **gegenüber diesem** im Jahr **2018** zeitlich **zuerst das** Kindergeld **festgesetzt wurde**.

Hat der Kindergeldberechtigte keinen Kindergeldantrag gestellt, **besteht nach § 85 Abs. 1 Satz 1 EStG selbst dann kein Anspruch auf die Kinderzulage, wenn** vom Finanzamt der Kinderfreibetrag nach § 32 Abs. 6 Satz 1 EStG berücksichtigt **wird**. 61

ee) Kindergeldrückforderung

Stellt sich zu einem späteren Zeitpunkt heraus, dass das gesamte Kindergeld im Beitragsjahr zu Unrecht **festgesetzt und** ausgezahlt wurde und wird das Kindergeld dahingehend insgesamt zurückgefordert, entfällt der Anspruch auf die Zulage gem. § 85 Abs. 1 Satz 3 EStG. Darf dieses zu Unrecht **festgesetzte und** ausgezahlte Kindergeld aus verfahrensrechtlichen Gründen nicht zurückgefordert werden, bleibt der Anspruch auf die Zulage für das entsprechende Beitragsjahr bestehen. Wird Kindergeld teilweise zu Unrecht **festgesetzt und** ausgezahlt und später für diese Monate zurückgezahlt, bleibt der Anspruch auf Zulage für das entsprechende Beitragsjahr ebenfalls bestehen; allerdings ist in diesen Fällen Rz. 59 zu beachten. 62

c) Mindesteigenbeitrag

aa) Allgemeines

Die Altersvorsorgezulage wird nur dann in voller Höhe gewährt, wenn der Berechtigte einen bestimmten Mindesteigenbeitrag zugunsten der begünstigten – maximal zwei – Verträge erbracht hat (§§ 86, 87 EStG). **Zinsen und Erträge sind keine Beiträge (vgl. Rz. 30).** 63

Der jährliche Mindesteigenbeitrag ermittelt sich wie folgt: 4 % der maßgebenden Einnahmen, maximal 2.100 €, abzüglich der Zulage. 64

Der Mindesteigenbeitrag gem. Rz. **64** ist – auch bei Beiträgen zugunsten von Verträgen, die vor dem 1. Januar 2005 abgeschlossen wurden – mit dem Sockelbetrag nach § 86 Abs. 1 Satz 4 EStG zu vergleichen. Dieser beträgt jährlich einheitlich 60 €. Die Altersvorsorgezulage wird nicht gekürzt, wenn der Berechtigte in dem maßgebenden Beitragsjahr den höheren der beiden Beträge als Eigenbeitrag zugunsten der begünstigten – maximal zwei – Verträge eingezahlt hat. Zu den Besonderheiten bei Ehegatten/Lebenspartnern vgl. Rzn. **85** ff. 65

Hat der Zulageberechtigte in dem dem Beitragsjahr vorangegangenen Kalenderjahr keine maßgebenden Einnahmen (vgl. Rz. **70**) erzielt, ist als Mindesteigenbeitrag immer der Sockelbetrag zugrunde zu legen. 66

Beispiel 1: 67
Der ledige A ohne Kinder erzielt Einkünfte aus nichtselbständiger Arbeit und ist in der inländischen gesetzlichen Rentenversicherung pflichtversichert. Für ihn ist die Beitragsbemessungsgrenze West maßgeblich. Er zahlt zugunsten seines Altersvorsorgevertrags im

Anhang 1a
Altersversorgung/Alterseinkünfte

Jahr **2018** eigene Beiträge von **1.925 €** ein. Im Jahr **2017** hatte er beitragspflichtige Einnahmen i. H. v. 53.000 €. Die beitragspflichtigen Einnahmen des A überschreiten nicht die Beitragsbemessungsgrenze in der allgemeinen Rentenversicherung (West) für das Kalenderjahr **2017**.

Beitragspflichtige Einnahmen	53.000 €
4 %	2.120 €
höchstens	2.100 €
anzusetzen	2.100 €
abzüglich Zulage	**175 €**
Mindesteigenbeitrag (§ 86 Abs. 1 Satz 2 EStG)	**1.925 €**
Sockelbetrag (§ 86 Abs. 1 Satz 4 EStG)	60 €
maßgebend (§ 86 Abs. 1 Satz 5 EStG)	**1.925 €**

Da A den Mindesteigenbeitrag erbracht hat, wird die Zulage von **175 €** nicht gekürzt.

68 **Abwandlung des Beispiels 1 in Rz. 67:**
A erhält zudem Kinderzulage für seine in den Jahren 2004 und 2005 geborenen Kinder.

Beitragspflichtige Einnahmen	53.000 €
4 %	2.120 €
höchstens	2.100 €
anzusetzen	2.100 €
abzüglich Zulage (**175 €** + 2 x 185 €)	**545 €**
Mindesteigenbeitrag (§ 86 Abs. 1 Satz 2 EStG)	**1.555 €**
Sockelbetrag (§ 86 Abs. 1 Satz 4 EStG)	60 €
maßgebend (§ 86 Abs. 1 Satz 5 EStG)	**1.555 €**

Die von A geleisteten Beiträge übersteigen den Mindesteigenbeitrag. Die Zulage wird nicht gekürzt.

69 **Beispiel 2:**
B werden in der gesetzlichen Rentenversicherung für das Jahr **2018** Kindererziehungszeiten (§ 56 SGB VI) angerechnet. Sie hat zwei Kinder, die in den Jahren 2006 und **2017** geboren worden sind, und zahlt zugunsten ihres Altersvorsorgevertrags im Jahr **2018** eigene Beiträge i. H. v. 30 € ein. Im Jahr **2018** hat sie keine beitragspflichtigen Einnahmen erzielt, **2017** erzielte sie aus einer rentenversicherungspflichtigen Beschäftigung beitragspflichtige Einnahmen i. H. v. insgesamt 4.800 €. Außerdem erhielt sie im Jahr **2017** Elterngeld i. H. v. 300 € (keine beitragspflichtigen Einnahmen, vgl. Rz. **82**).

Elterngeld (kein Ansatz)	0 €	
Beitragspflichtige Einnahmen	4.800 €	
4 %	192 €	
höchstens	2.100 €	
anzusetzen	192 €	
abzüglich Zulage (**175 €** + 185 € + 300 €)	**660 €**	
Mindesteigenbeitrag (§ 86 Abs. 1 Satz 2 EStG)	0 €	
Sockelbetrag (§ 86 Abs. 1 Satz 4 EStG)	60 €	
maßgebend (§ 86 Abs. 1 Satz 5 EStG)		60 €
geleisteter Eigenbeitrag		30 €
Kürzungsfaktor (Eigenbeitrag/Mindesteigenbeitrag x 100)		50 %

Da B den Mindesteigenbeitrag (in Höhe des Sockelbetrags) nur zu 50 % geleistet hat, wird die Zulage von insgesamt **660 €** um 50 % gekürzt, so dass **lediglich** eine Zulage i. H. v. **330 €** gewährt **werden kann**.

Anhang 1a
Altersversorgung/Alterseinkünfte

bb) Berechnungsgrundlagen

Maßgebend für den individuell zu ermittelnden Mindesteigenbeitrag (Rz. 58) ist die Summe der in dem dem Beitragsjahr vorangegangenen Kalenderjahr erzielten beitragspflichtigen Einnahmen im Sinne des SGB VI, der bezogenen Besoldung und Amtsbezüge, in den Fällen des § 10a Abs. 1 Satz 1 Halbsatz 2 Nr. 3 und 4 EStG der erzielten Einnahmen, die beitragspflichtig gewesen wären, wenn die Versicherungsfreiheit in der gesetzlichen Rentenversicherung nicht bestanden hätte und der bezogenen Bruttorente wegen voller Erwerbsminderung oder Erwerbsunfähigkeit oder bezogenen Versorgungsbezüge wegen Dienstunfähigkeit (maßgebende Einnahmen). Die entsprechenden Beträge sind auf volle Euro abzurunden, dies gilt auch für die Ermittlung des Mindesteigenbeitrags. 70

Zu Besonderheiten siehe Rzn. 83 ff.

(1) Beitragspflichtige Einnahmen

Als „beitragspflichtige Einnahmen" im Sinne des SGB VI ist nur der Teil des Arbeitsentgelts zu erfassen, der die jeweils gültige Beitragsbemessungsgrenze nicht übersteigt. Insoweit ist auf diejenigen Einnahmen abzustellen, die im Rahmen des sozialrechtlichen Meldeverfahrens den Trägern der gesetzlichen Rentenversicherung gemeldet werden. 71

Die beitragspflichtigen Einnahmen ergeben sich 72

- bei Arbeitnehmern und Beziehern von Vorruhestandsgeld aus der Durchschrift der „Meldung zur Sozialversicherung nach der DEÜV" (Arbeitsentgelte) und
- bei rentenversicherungspflichtigen Selbständigen aus der vom Rentenversicherungsträger erstellten Bescheinigung.

Ausländische Einkünfte sind grundsätzlich nicht **bei den** maßgebenden Einnahmen zu berücksichtigen. Eine Ausnahme besteht nur dann, wenn der Zulageberechtigte in dem dem Beitragsjahr vorangegangenen Kalenderjahr die Voraussetzungen für die Bestandsschutzregelung nach **§ 10a Abs. 6 EStG** erfüllt hat. Nach dieser Vorschrift gehören – unter bestimmten Voraussetzungen – auch Pflichtmitglieder in einem ausländischen gesetzlichen Alterssicherungssystem zum unmittelbar zulageberechtigten Personenkreis (vgl. **Rzn. 19** bis **23**). In diesem Fall sind als maßgebende Einnahmen auch die Einnahmen aus der Tätigkeit zu berücksichtigen, die zur Erfüllung der Voraussetzungen nach **§ 10a Abs. 6 EStG** führten. Freistellungen nach dem jeweiligen DBA sind bei der Bestimmung der beitragspflichtigen Einnahmen unbeachtlich. 73

Bei der Ermittlung der nach § 86 EStG maßgebenden Einnahmen ist auf die in dem Beitragsjahr vorangegangenen Kalenderjahr erzielten beitragspflichtigen Einnahmen im Sinne des SGB VI abzustellen. Dabei handelt es sich um diejenigen Einnahmen, die im Rahmen des sozialversicherungsrechtlichen Meldeverfahrens den Trägern der gesetzlichen Sozialversicherung gemeldet wurden. Für die Zuordnung der erzielten beitragspflichtigen Einnahmen zu den einzelnen Beitragsjahren ist auf die sozialversicherungsrechtlichen Wertungen abzustellen. Dies gilt auch, wenn der Steuerpflichtige in einem Beitragsjahr beitragspflichtige Einnahmen erzielt, die sozialversicherungsrechtlich einem von der tatsächlichen Zahlung abweichenden Jahr zuzurechnen sind. 74

(2) Besoldung und Amtsbezüge

Die Besoldung und die Amtsbezüge ergeben sich aus den Bezüge-/Besoldungsmitteilungen bzw. den Mitteilungen über die Amtsbezüge der die Besoldung bzw. die Amtsbezüge anordnenden Stelle. Für die Bestimmung der maßgeblichen Besoldung ist auf die in dem betreffenden Kalenderjahr zugeflossene Besoldung/zugeflossenen Amtsbezüge entsprechend der Besoldungsmitteilung/Mitteilung über die Amtsbezüge abzustellen. 75

76 Für die Mindesteigenbeitragsberechnung sind sämtliche Bestandteile der Besoldung oder Amtsbezüge außer der Auslandsbesoldung nach § 52 ff. BBesG oder entsprechenden Vorschriften der Länder zu berücksichtigen. Dabei ist es unerheblich, ob die Bestandteile

- beitragspflichtig wären, wenn die Versicherungsfreiheit in der gesetzlichen Rentenversicherung nicht bestünde,
- steuerfrei oder
- ruhegehaltfähig sind.

Besoldungsbestandteile sind u. a. das Grundgehalt, Leistungsbezüge an Hochschulen, der Familienzuschlag, Zulagen und Vergütungen, ferner Anwärterbezüge, vermögenswirksame Leistungen, jährliche Sonderzahlungen (Sonderzuwendung, Urlaubsgeld), der Altersteilzeitzuschlag und die Sachbezüge. Nicht zur Besoldung im Sinne der Vorschriften über den Mindesteigenbetrag gehören Fürsorgeleistungen (z. B. Beihilfe, Zuschuss zur privaten Krankenversicherung bei Elternzeit), die zwar zum Teil zusammen mit der Besoldung ausgezahlt werden, aber auf gesetzliche Regelungen mit anderer Zielsetzung beruhen.

77 Die Höhe der Amtsbezüge richtet sich nach den jeweiligen bundes- oder landesrechtlichen Vorschriften.

(3) Land- und Forstwirte

78 Bei einem Land- und Forstwirt, der nach dem Gesetz über die Alterssicherung der Landwirte pflichtversichert ist, ist für die Berechnung des Mindesteigenbeitrags auf die Einkünfte im Sinne des § 13 EStG des zweiten dem Beitragsjahr vorangegangenen Veranlagungszeitraums abzustellen (§ 86 Abs. 3 EStG). Ist dieser Land- und Forstwirt neben seiner land- und forstwirtschaftlichen Tätigkeit auch als Arbeitnehmer tätig und in der gesetzlichen Rentenversicherung pflichtversichert, sind die beitragspflichtigen Einnahmen des Vorjahres und die positiven Einkünfte im Sinne des § 13 EStG des zweiten dem Beitragsjahr vorangegangenen Veranlagungszeitraums zusammenzurechnen. Eine Saldierung mit negativen Einkünften im Sinne des § 13 EStG erfolgt nicht.

(4) Bezieher einer Rente wegen voller Erwerbsminderung oder Erwerbsunfähigkeit oder einer Versorgung wegen Dienstunfähigkeit

79 Der Bruttorentenbetrag ist der Jahresbetrag der Rente vor Abzug der einbehaltenen eigenen Beitragsanteile zur Kranken- und Pflegeversicherung. Nicht diesem Betrag hinzuzurechnen sind Zuschüsse zur Krankenversicherung. Leistungsbestandteile, wie z. B. der Auffüllbetrag nach § 315a SGB VI oder der Rentenzuschlag nach § 319a SGB VI sowie Steigerungsbeträge aus der Höherversicherung nach § 269 SGB VI zählen zum Bruttorentenbetrag. Es sind nur die Rentenzahlungen für die Mindesteigenbeitragsberechnung zu berücksichtigen, die zur unmittelbaren Zulageberechtigung führen. Private Renten oder Leistungen der betrieblichen Altersversorgung bleiben unberücksichtigt.

80 Hat der Bezieher einer Rente wegen voller Erwerbsminderung **oder** Erwerbsunfähigkeit oder einer Versorgung wegen Dienstunfähigkeit im maßgeblichen Bemessungszeitraum (auch) Einnahmen nach § 86 Abs. 1 Satz 2 Nr. 1 bis 3 EStG bezogen, sind diese Einnahmen bei der Mindesteigenbeitragsberechnung mit zu berücksichtigen.

81 **Beispiel:**
A erhält im April **2018** den Bescheid, mit dem ihm die Deutsche Rentenversicherung rückwirkend ab dem 1. Oktober **2017** eine Rente wegen voller Erwerbsminderung bewilligt. Das Krankengeld, das ihm bis zum Beginn der laufenden Rentenzahlung noch bis zum 31. Mai **2018** von seiner gesetzlichen Krankenkasse gezahlt wird, wird aufgrund deren Erstattungsanspruchs mit der Rentennachzahlung verrechnet.

In dem Beitragsjahr **2017**, in das der Beginn der rückwirkend bewilligten Rente fällt, gehörte A noch aufgrund des Bezugs von Entgeltersatzleistungen zum begünstigten Personenkreis nach § 10a Abs. 1 Satz 1 EStG. Als Bemessungsgrundlage für den für **2017** zu zahlenden Mindesteigenbeitrag wäre hier entweder die in **2016** berücksichtigten beitragspflichtigen Einnahmen oder das ggf. niedrigere tatsächlich bezogene Krankengeld heranzuziehen – vgl. Rz. **84**.

Ab Beginn des Beitragsjahres **2018** liegt der Tatbestand des Leistungsbezuges vor, aus dem sich die Zugehörigkeit zum begünstigten Personenkreis nach § 10a Abs. 1 Satz 4 EStG begründet. Die Bemessungsgrundlage für den im Kalenderjahr **2018** zu leistenden Mindesteigenbeitrag bildet damit die Rente, die am 1. Oktober **2017** begonnen hat und das im Zeitraum vom 1. Januar bis zum 30. September **2017** bezogene Krankengeld.

(5) Elterngeld

Das Elterngeld ist keine maßgebende Einnahme im Sinne des § 86 EStG. Eine Berücksichtigung in der Mindesteigenbeitragsberechnung scheidet daher aus.

(6) Sonderfälle

In der gesetzlichen Rentenversicherung werden für bestimmte pflichtversicherte Personen abweichend vom tatsächlich erzielten Entgelt (§ 14 SGB IV) oder von der Entgeltersatzleistung andere Beträge als beitragspflichtige Einnahmen berücksichtigt. Beispielhaft sind folgende Personen zu nennen:

- zu ihrer Berufsausbildung Beschäftigte,
- behinderte Menschen[1]), die in Einrichtungen der Jugendhilfe oder in anerkannten Werkstätten für behinderte Menschen[1]) beschäftigt werden,
- Personen, die für eine Erwerbstätigkeit befähigt werden sollen,
- Bezieher von Kurzarbeiter- oder Winterausfallgeld,
- Beschäftigte, die in einem Altersteilzeitarbeitsverhältnis stehen,
- Bezieher von Vorruhestandsgeld, Krankengeld, Arbeitslosengeld, Unterhaltsgeld, Übergangsgeld, Verletztengeld oder Versorgungskrankengeld,
- als wehr- oder zivildienstleistende Versicherte,
- Versicherte, die für Zeiten der Arbeitsunfähigkeit oder Rehabilitation ohne Anspruch auf Krankengeld versichert sind,
- Personen, die einen Pflegebedürftigen nicht erwerbsmäßig wenigstens 14 Stunden in der Woche in seiner häuslichen Umgebung pflegen.

Sind die rentenrechtlich berücksichtigten beitragspflichtigen Einnahmen in den genannten Fallgestaltungen höher als das tatsächlich erzielte Entgelt oder der Zahlbetrag der Entgeltersatzleistung (z. B. das Arbeitslosengeld oder Krankengeld), dann sind die tatsächlichen Einnahmen anstelle der rentenrechtlich berücksichtigten Einnahmen für die Berechnung des individuellen Mindesteigenbeitrags zugrunde zu legen. Bei Altersteilzeitarbeit ist das aufgrund der abgesenkten Arbeitszeit erzielte Arbeitsentgelt – ohne Aufstockungs- und Unterschiedsbetrag – maßgebend. Bei Personen, die einen Pflegebedürftigen nicht erwerbsmäßig pflegen, ist ein tatsächlich erzieltes Entgelt von 0 € zu berücksichtigen.

cc) Besonderheiten bei Ehegatten/Lebenspartnern

Gehören beide Ehegatten/Lebenspartner zum unmittelbar begünstigten Personenkreis, ist für jeden Ehegatten/Lebenspartner anhand seiner jeweiligen maßgebenden Einnahmen (Rzn. **70** bis **84**) ein eigener Mindesteigenbeitrag nach Maßgabe der Rzn. **64** und **66** zu berechnen.

---

[1]) jetzt Menschen mit Behinderungen

Anhang 1a
Altersversorgung/Alterseinkünfte

86 Die Grundsätze zur Zuordnung der Kinderzulage (R**zn**. **52** ff.) gelten auch für die Ermittlung des Mindesteigenbeitrags.

87 Ist nur ein Ehegatte/Lebenspartner unmittelbar und der andere mittelbar begünstigt, ist die Mindesteigenbeitragsberechnung nur für den unmittelbar begünstigten Ehegatten/Lebenspartner durchzuführen. Berechnungsgrundlage sind seine Einnahmen im Sinne der R**zn**. **70** bis **84**. Der sich ergebende Betrag (4 % der maßgebenden Einnahmen höchstens 2.100 €) ist um die den Ehegatten/Lebenspartnern insgesamt zustehenden Zulagen zu vermindern.

88 Hat der unmittelbar begünstigte Ehegatte/Lebenspartner den erforderlichen geförderten Mindesteigenbeitrag zugunsten seines Altersvorsorgevertrags oder einer förderbaren Versorgung im Sinne des § 82 Abs. 2 EStG bei einer Pensionskasse, einem Pensionsfonds oder einer nach § 82 Abs. 2 EStG förderbaren Direktversicherung erbracht, erhält auch der Ehegatte/Lebenspartner mit dem mittelbaren Zulageanspruch (vgl. R**zn**. **26** ff.) die Altersvorsorgezulage ungekürzt.

89 **Beispiel:**
A und B sind verheiratet und haben drei Kinder, die in den Jahren **2000, 2004, 2006** geboren wurden. A erzielt Einkünfte aus nichtselbständiger Arbeit und ist in der inländischen gesetzlichen Rentenversicherung pflichtversichert. Für ihn ist die Beitragsbemessungsgrenze West maßgeblich. Im Jahr **2017** betragen seine beitragspflichtigen Einnahmen 53.000 €.
B erzielt keine Einkünfte und hat für das Beitragsjahr auch keinen Anspruch auf Kindererziehungszeiten mehr. B ist nur mittelbar zulageberechtigt. Beide haben in 2008 einen eigenen Altersvorsorgevertrag abgeschlossen. A zahlt einen eigenen jährlichen Beitrag von **1.195 €** zugunsten seines Vertrags ein. B erbringt den Mindestbeitrag zur Erlangung der mittelbaren Zulageberechtigung **i. H. v.** 60 €. Daneben fließen die ihr zustehende Grundzulage und die Kinderzulagen für drei Kinder auf ihren Vertrag.
Mindesteigenbeitragsberechnung für A **für 2018**:

Beitragspflichtige Einnahmen	53.000 €
4 %	2.120 €
höchstens	2.100 €
anzusetzen	2.100 €
abzüglich Zulage (2 x **175 €** + 3 x 185 €)	**905 €**
Mindesteigenbeitrag (§ 86 Abs. 1 Satz 2 EStG)	**1.195 €**
Sockelbetrag (§ 86 Abs. 1 Satz 4 EStG)	60 €
maßgebend (§ 86 Abs. 1 Satz 5 EStG)	**1.195 €**

Beide Ehegatten haben Anspruch auf die volle Zulage, da B den Mindestbetrag zur Erlangung der mittelbaren Zulageberechtigung **i. H. v.** 60 € und A seinen Mindesteigenbeitrag von **1.195 €** erbracht hat, der sich auch unter Berücksichtigung der B zustehenden Kinder- und Grundzulage errechnet.

dd) Kürzung der Zulage

90 Erbringt der unmittelbar Begünstigte in einem Beitragsjahr nicht den erforderlichen Mindesteigenbeitrag, ist die für dieses Beitragsjahr zustehende Altersvorsorgezulage (Grundzulage und Kinderzulage) nach dem Verhältnis der geleisteten Altersvorsorgebeiträge zum erforderlichen Mindesteigenbeitrag zu kürzen. **Der Kürzungsfaktor wird hierbei auf neun Nachkommastellen gerundet und einzeln auf jede maximale Teilzulage angewendet. Das Produkt wird auf zwei Nachkommastellen gerundet.** Für den mittelbar zulageberechtigten Ehegatten/Lebenspartner gilt dieser Kürzungsmaßstab auch für seinen Zulageanspruch (§ 86 Abs. 2 Satz 1 EStG); der vom mittelbar zulageberechtigten Ehegatten/Lebenspartner zu leistende Mindestbeitrag wird nicht als Altersvorsorgebeitrag des unmittelbar berechtigten Ehegatten/Lebenspartners berücksichtigt.

Beispiel:
Wie Beispiel in **Rz. 89**, allerdings haben A und B im Beitragsjahr **2018** zugunsten ihrer Verträge jeweils folgende Beiträge geleistet:

A   1.100 €
B   200 €

Mindesteigenbeitragsberechnung für A **für 2018**:

Beitragspflichtige Einnahmen	53.000 €	
4 %	2.120 €	
höchstens	2.100 €	
anzusetzen		2.100 €
abzüglich Zulage (2 x **175 €** + 3 x 185 €)		**905 €**
Mindesteigenbeitrag (§ 86 Abs. 1 Satz 2 EStG)		**1.195 €**
Sockelbetrag (§ 86 Abs. 1 Satz 4 EStG)		60 €
maßgebend (§ 86 Abs. 1 Satz 5 EStG)		**1.195 €**
tatsächlich geleisteter Eigenbeitrag		1.100 €

dies entspricht **92,050209205 %** des Mindesteigenbeitrags
(1.100/**1.195** x 100)

Zulageanspruch A:

92,050209205 % von 175 €	161,09 €

Zulageanspruch B:

92,050209205 % von 175 €	161,09 €
92,050209205 % von 185 €	170,29 €
92,050209205 % von 185 €	170,29 €
92,050209205 % von 185 €	170,29 €
Zulageansprüche insgesamt	833,05 €

Die eigenen Beiträge von B haben keine Auswirkung auf die Berechnung der Zulageansprüche, können aber von A im Rahmen seines Sonderausgabenabzugs nach § 10a Abs. 1 EStG (vgl. **Rz. 100**) geltend gemacht werden (1.100 € + 200 € + **Zulageansprüche von** A und B **833,05 € = 2.133,05 €**).

4. Sonderausgabenabzug

Neben der Zulageförderung nach Abschnitt XI EStG können die zum begünstigten Personenkreis gehörenden Steuerpflichtigen ihre Altersvorsorgebeiträge (vgl. **Rzn. 30 bis 45**) bis zu bestimmten Höchstbeträgen als Sonderausgaben geltend machen (§ 10a Abs. 1 EStG). Bei Ehegatten/Lebenspartnern, die nach § 26b EStG zusammen zur Einkommensteuer veranlagt werden, kommt es nicht darauf an, ob der Ehemann oder die Ehefrau bzw. welcher der **Ehegatten**/Lebenspartner die Altersvorsorgebeiträge geleistet hat. Altersvorsorgebeiträge gelten auch dann als eigene Beiträge des Steuerpflichtigen, wenn sie im Rahmen der betrieblichen Altersversorgung direkt vom Arbeitgeber an die Versorgungseinrichtung gezahlt werden.

Zu den abziehbaren Sonderausgaben gehören die im Veranlagungszeitraum geleisteten Altersvorsorgebeiträge (siehe **Rzn. 30 ff.** sowie **Rzn. 67 ff. des BMF-Schreibens vom 6. Dezember 2017, BStBl 2018 I S. 147**[1])). Außerdem ist die dem Steuerpflichtigen zustehende Altersvorsorgezulage (Grund- und Kinderzulage) zu berücksichtigen. Hierbei ist abweichend von § 11 Abs. 2 EStG der für das Beitragsjahr (= Kalenderjahr) entstandene Anspruch auf Zulage für die Höhe des Sonderausgabenabzugs maßgebend (§ 10a

---

[1]) jetzt BMF vom 12.08.2021 (BStBl I S. 1050), Anhang 2 III LStH

Abs. 1 Satz 1 EStG). Ob und wann die Zulage dem begünstigten Vertrag gutgeschrieben wird, ist unerheblich. Bei der Ermittlung des nach § 10a Abs. 1 EStG anzusetzenden Anspruchs auf Zulage ist der Erhöhungsbetrag nach § 84 Satz 2 EStG nicht zu berücksichtigen. Für die Anwendung des § 10a Abs. 1 Satz 1 EStG sowie bei der Ermittlung der dem Steuerpflichtigen zustehenden Zulage im Rahmen des § 2 Abs. 6 EStG und des § 10a EStG sind die nach **§ 82 Abs. 5 Satz 1 EStG** gezahlten Altersvorsorgebeiträge (vgl. Rz. 39) weder für das Beitragsjahr, für das sie gezahlt werden, noch für das Beitragsjahr der Zahlung zu berücksichtigen (**§ 82 Abs. 5 Satz 4 EStG**).

94 Die Höhe der vom Steuerpflichtigen geleisteten Altersvorsorgebeiträge ist durch einen entsprechenden Datensatz des Anbieters nachzuweisen. Dies gilt nicht für nachgezahlte Beiträge nach **§ 82 Abs. 5 EStG** (vgl. Rz. 93). Hierzu hat der Steuerpflichtige gegenüber dem Anbieter schriftlich darin einzuwilligen, dass dieser die im jeweiligen Beitragsjahr zu berücksichtigenden Altersvorsorgebeiträge unter Angabe der steuerlichen Identifikationsnummer (§ 139b AO) an die ZfA übermittelt. Die Einwilligung muss dem Anbieter spätestens bis zum Ablauf des zweiten Kalenderjahres, das auf das Beitragsjahr folgt, vorliegen. Die Einwilligung gilt auch für folgende Beitragsjahre, wenn der Steuerpflichtige sie nicht gegenüber seinem Anbieter schriftlich widerruft. Sind beide Ehegatten/Lebenspartner unmittelbar zulageberechtigt oder ist ein Ehegatte/Lebenspartner unmittelbar zulageberechtigt und ein Ehegatte/Lebenspartner mittelbar berechtigt, müssen beide Ehegatten/Lebenspartner die Einwilligungserklärung abgeben. Die Einwilligung gilt auch ohne gesonderte Erklärung als erteilt, wenn

– der Zulageberechtigte seinen Anbieter bevollmächtigt hat, für ihn den Zulageantrag zu stellen (Rz. 287), oder

– dem Anbieter für das betreffende Beitragsjahr ein Zulageantrag vorliegt.

Liegt eine solche Einwilligungsfiktion vor, ist ein Widerruf der Einwilligung nicht möglich. Eine Einwilligungsfiktion entfällt, wenn der Zulageberechtigte seine Bevollmächtigung nach § 89 Abs. 1a EStG widerrufen bzw. seinen Zulageantrag zurückgenommen hat. Der Zulageberechtigte kann in diesen Fällen die Einwilligung zur Datenübermittlung nach § 10a Abs. 5 EStG gesondert erteilen, wenn er eine Steuerermäßigung beanspruchen möchte. Wird der Zulageantrag zurückgenommen und eine gesonderte Einwilligung nicht erteilt, ist ein bereits übermittelter Datensatz nach § 10a Abs. 5 EStG vom Anbieter zu stornieren.

95 Bei Vorliegen der Einwilligung hat der Anbieter die nach § 10a Abs. 5 EStG erforderlichen Daten an die ZfA zu übermitteln. Zu diesen Daten zählt u. a. die Versicherungsnummer nach § 147 SGB VI oder die Zulagenummer. Soweit noch keine Versicherungs- oder Zulagenummer vergeben wurde, gilt die Einwilligung des Zulageberechtigten auch als Antrag auf Vergabe einer Zulagenummer durch die ZfA. Der Anbieter hat die Daten auch dann zu übermitteln, wenn die Einwilligung offenbar verspätet erteilt wurde. Die Einhaltung von Fristen ist insoweit vom Finanzamt als materiell-rechtliche Grundlage für den Sonderausgabenabzug zu prüfen. Der Anbieter hat den Zulageberechtigten über die erfolgte Datenübermittlung in der Bescheinigung nach § 92 EStG **bis zum Ablauf des auf das Beitragsjahr folgenden Jahres** zu informieren. Werden die erforderlichen Daten aus Gründen, die der Steuerpflichtige nicht zu vertreten hat (z. B. technische Probleme), vom Anbieter nicht übermittelt, kann der Steuerpflichtige den Nachweis über die geleisteten Altersvorsorgebeiträge auch in anderer Weise erbringen. Liegen die in § 10a Abs. 5 Satz 1 EStG genannten Voraussetzungen vor und kann die vorgegebene Übermittlungs**frist** durch den Anbieter, z. B. wegen technischer Probleme, nicht eingehalten werden, hat er dem Steuerpflichtigen die für den Sonderausgabenabzug erforderlichen Daten nach dem mit BMF-Schreiben vom 18. August 2011 (BStBl I S. 788) bekannt gegebenen Vordruckmuster grundsätzlich bis zum 31. März des dem Beitragsjahr folgenden Kalenderjahres zu bescheinigen. Die Bescheinigung entbindet

den Anbieter nicht von der Verpflichtung einer Datenübermittlung. Er hat diese unverzüglich nachzuholen. Bei fristgerechter Datenübermittlung hat der Anbieter keine solche Bescheinigungspflicht, selbst wenn dem Finanzamt im Zeitpunkt der Veranlagung die erforderlichen Daten für den Sonderausgabenabzug (noch) nicht vorliegen.

Bei fehlender Einwilligung darf der Anbieter keine Bescheinigung nach dem mit BMF-Schreiben vom 18. August 2011 (BStBl I S. 788) bekannt gegebenen Vordruckmuster erstellen.

Die übrigen Tatbestandsvoraussetzungen für die Inanspruchnahme des Sonderausgabenabzugs nach § 10a EStG – insbesondere die Zulageberechtigung – werden grundsätzlich im Wege des Datenabgleichs nach § 91 EStG durch die ZfA überprüft. 96[1])

Hat das Finanzamt aufgrund einer Mitteilung der ZfA (z. B. wegen fehlender Zulageberechtigung) den Sonderausgabenabzug nach § 91 Abs. 1 Satz 4 EStG korrigiert, entfällt die Steuerermäßigung. Erfolgt danach eine schädliche Verwendung (z. B. wegen einer Vertragskündigung), kann es in Einzelfällen zusätzlich zu einer Rückforderung dieser Steuerermäßigung durch die ZfA kommen. In diesen Fällen verbleibt es bei der geänderten Steuerfestsetzung. Die ZfA wird über die Änderung der Steuerermäßigung im Rahmen des Datenaustauschs informiert und erstattet zu Unrecht **zurückgezahlte** Beträge. 97

Der für die Übersendung des Datensatzes nach § 10a Abs. 5 EStG erforderliche amtlich vorgeschriebene Datensatz ist auf der Internetseite des Bundeszentralamtes für Steuern – BZSt – (www.bzst.bund.de) veröffentlicht (vgl. BMF-Schreiben vom 13. September 2007, BStBl I S. 700). Die für die Datenübermittlung erforderliche Schnittstelle und die dazugehörige Dokumentation werden von der ZfA in einem geschützten Bereich des Internets unter www.zfa.deutsche-rentenversicherung-bund.de zur Verfügung gestellt. 98

a)   Umfang des Sonderausgabenabzugs bei Ehegatten/Lebenspartnern

Für Ehegatten/Lebenspartner, die beide unmittelbar begünstigt sind, ist die Begrenzung auf den Höchstbetrag nach § 10a Abs. 1 EStG jeweils gesondert vorzunehmen. Ein nicht ausgeschöpfter Höchstbetrag eines Ehegatten/Lebenspartners kann dabei nicht auf den anderen Ehegatten/Lebenspartner übertragen werden. 99

Ist nur ein Ehegatte/Lebenspartner nach § 10a Abs. 1 EStG unmittelbar begünstigt, kommt ein Sonderausgabenabzug bis zu der in § 10a Abs. 1 EStG genannten Höhe grundsätzlich nur für seine Altersvorsorgebeiträge sowie die ihm und dem mittelbar zulageberechtigten Ehegatten/Lebenspartner zustehenden Zulagen in Betracht. Der Höchstbetrag erhöht sich um 60 €, wenn der andere Ehegatte/Lebenspartner die Voraussetzungen der mittelbaren Zulageberechtigung (§ 79 Satz 2 EStG) erfüllt. Die vom mittelbar zulageberechtigten Ehegatten/Lebenspartner zugunsten seines Altersvorsorgevertrags geleisteten Altersvorsorgebeiträge können beim Sonderausgabenabzug des unmittelbar zulageberechtigten Ehegatten/Lebenspartners berücksichtigt werden, wenn der Höchstbetrag durch die vom unmittelbar Zulageberechtigten geleisteten Altersvorsorgebeiträge sowie die zu berücksichtigenden Zulagen nicht ausgeschöpft wird. Dabei sind die vom unmittelbar zulageberechtigten Ehegatten/Lebenspartner geleisteten Altersvorsorgebeiträge vorrangig zu berücksichtigen, jedoch mindestens 60 € der vom mittelbar zulageberechtigten Ehegatten/Lebenspartner geleisteten Altersvorsorgebeiträge. Auf das Beispiel in Rz. **91** wird hingewiesen. Der mittelbar Begünstigte hat gegenüber seinem Anbieter in die Datenübermittlung nach § 10a Abs. 2a Satz 1 EStG einzuwilligen (§ 10a Abs. 2a Satz 3 EStG), sofern die Einwilligung nicht als erteilt gilt (§ 10a Abs. 2a Satz 4 EStG). 100

---

[1]) *Rz. 96 wurde durch BMF vom 11.02.2022 (BStBl I S. 186) neu gefasst und ist in allen offenen Fällen anzuwenden.*

b) Günstigerprüfung

101 Ein Sonderausgabenabzug nach § 10a Abs. 1 EStG wird nur gewährt, wenn er für den Steuerpflichtigen einkommensteuerlich günstiger ist als der Anspruch auf Zulage nach Abschnitt XI EStG (§ 10a Abs. 2 Satz 1 und 2 EStG). Bei der Veranlagung zur Einkommensteuer wird diese Prüfung von Amts wegen vorgenommen. Voraussetzung hierfür ist allerdings, dass der Steuerpflichtige gegenüber seinem Anbieter in die Datenübermittlung nach § 10a Abs. 2a Satz 1 EStG eingewilligt und die weiteren für den Sonderausgabenabzug erforderlichen Angaben in die Anlage AV zur Einkommensteuererklärung erklärt oder dies bis zum Eintritt der Bestandskraft des Steuerbescheids nachholt[1]). Der Nachweis über die Höhe der geleisteten Beiträge erfolgt dann durch den entsprechenden Datensatz des Anbieters. **Bei der Günstigerprüfung sind alle Riester-Verträge einzubeziehen, für welche der Steuerpflichtige der Datenübermittlung zugestimmt hat.**

102 Bei der Günstigerprüfung wird stets auf den sich nach den erklärten Angaben ergebenden Zulageanspruch abgestellt. Daher ist es für die Höhe des **beim Sonderausgabenabzug** zu berücksichtigenden Zulageanspruchs unerheblich, ob ein Zulageantrag gestellt worden ist. Der Erhöhungsbetrag nach § 84 Satz 2 EStG bleibt bei der Ermittlung der dem Steuerpflichtigen zustehenden Zulage außer Betracht.

103 Ein Steuerbescheid ist **für Veranlagungszeiträume ab 2017** nach **§ 175b Abs. 1 AO aufzuheben oder** zu ändern, soweit Daten im Sinne des **§ 93c AO**
– erstmals übermittelt oder
– zwecks Korrektur erneut übermittelt oder storniert

worden sind **und** diese Daten oder Stornierungen bei der bisherigen Steuerfestsetzung nicht berücksichtigt wurden. Dies gilt auch dann, wenn die Daten oder Stornierungen im zu ändernden Einkommensteuerbescheid bereits hätten berücksichtigt werden können. Auf die Kenntnis des Bearbeiters kommt es insoweit nicht an. Ein Steuerbescheid ist nach **§ 175b Abs. 3 AO** zu ändern, wenn das Finanzamt feststellt, dass der Steuerpflichtige die Einwilligung in die Datenübermittlung nach § 10a Abs. 2a Satz 1 EStG innerhalb der hierfür maßgeblichen Frist (§ 10a Abs. 2a Satz 2 i. V. m. § 10 Abs. 2a Satz 1 EStG) nicht erteilt hat. Ohne diese Einwilligung sind die Voraussetzungen für den Sonderausgabenabzug nicht gegeben. **Auf eine Verletzung der Mitwirkungspflichten seitens des Steuerpflichtigen oder der Ermittlungspflichten durch die Finanzbehörde kommt es in den Fällen des § 175b AO nicht an.**

Für Veranlagungszeiträume bis einschließlich 2016 gilt weiterhin die Regelung in § 10 Abs. 2a Satz 8 EStG a. F. (z. B. bei der Auswertung einer korrigierten Mitteilung des VZ 2016 im Laufe des Jahres 2018).

aa) Anrechnung des Zulageanspruchs

104 Erfolgt aufgrund der Günstigerprüfung ein Sonderausgabenabzug, erhöht sich die unter Berücksichtigung des Sonderausgabenabzugs ermittelte tarifliche Einkommensteuer um den Anspruch auf Zulage (§ 10a Abs. 2 EStG i. V. m. § 2 Abs. 6 Satz 2 EStG). Durch diese Hinzurechnung wird erreicht, dass dem Steuerpflichtigen **bei** der Einkommensteuerveranlagung nur die über den Zulageanspruch hinausgehende Steuerermäßigung gewährt wird. Der Erhöhungsbetrag nach § 84 Satz 2 EStG bleibt bei der Ermittlung der dem Steuerpflichtigen zustehenden Zulage außer Betracht. Um die volle Förderung sicherzustellen, muss stets die Zulage beantragt werden. Über die zusätzliche Steuer-

---

[1]) *Das Wahlrecht muss nicht zwingend durch Abgabe der Anlage AV zur Einkommensteuererklärung ausgeübt werden, sondern kann auch formlos geltend gemacht werden (>BFH vom 19.01.2022 – BStBl II S. 617).*

Anhang 1a
Altersversorgung/Alterseinkünfte

ermäßigung kann der Steuerpflichtige verfügen; sie wird nicht Bestandteil des Altersvorsorgevermögens. Die Zulage verbleibt auch dann auf dem Altersvorsorgevertrag, wenn die Günstigerprüfung ergibt, dass der Sonderausgabenabzug für den Steuerpflichtigen günstiger ist.

bb) Ehegatten/Lebenspartner

Wird bei einer Zusammenveranlagung von Ehegatten/Lebenspartnern der Sonderausgabenabzug beantragt, gilt für die Günstigerprüfung Folgendes: 105

Ist nur ein Ehegatte/Lebenspartner unmittelbar begünstigt und hat der andere Ehegatte/Lebenspartner keinen Altersvorsorgevertrag abgeschlossen, wird die Steuerermäßigung für die Aufwendungen nach § 10a Abs. 1 EStG des berechtigten Ehegatten/Lebenspartners mit seinem Zulageanspruch verglichen. 106

Ist nur ein Ehegatte/Lebenspartner unmittelbar begünstigt und hat der andere Ehegatte/Lebenspartner einen Anspruch auf Altersvorsorgezulage aufgrund seiner mittelbaren Zulageberechtigung nach § 79 Satz 2 EStG, wird die Steuerermäßigung für die im Rahmen des § 10a Abs. 1 EStG berücksichtigten Aufwendungen beider Ehegatten/Lebenspartner einschließlich der hierfür zustehenden Zulagen mit dem den Ehegatten/Lebenspartnern insgesamt zustehenden Zulageanspruch verglichen (§ 10a Abs. 3 Satz 2 bis 4 i. V. m. Abs. 2 EStG; vgl. auch das Beispiel in Rz. **111**). 107

Haben beide unmittelbar begünstigten Ehegatten/Lebenspartner Altersvorsorgebeiträge geleistet, wird die Steuerermäßigung für die Summe der für jeden Ehegatten/Lebenspartner nach § 10a Abs. 1 EStG anzusetzenden Aufwendungen mit dem den Ehegatten/Lebenspartnern insgesamt zustehenden Zulageanspruch verglichen (§ 10a Abs. 3 Satz 1 i. V. m. Abs. 2 EStG; vgl. auch das Beispiel in Rz. **110**). Auch wenn nur für die von einem Ehegatten/Lebenspartner geleisteten Altersvorsorgebeiträge ein Sonderausgabenabzug nach § 10a Abs. 1 EStG beantragt wird, wird bei der Ermittlung der über den Zulageanspruch hinausgehenden Steuerermäßigung die den beiden Ehegatten/Lebenspartnern zustehende Zulage berücksichtigt (§ 10a Abs. 3 Satz 5 EStG). 108

Im Fall der Einzelveranlagung von Ehegatten/Lebenspartnern nach § 26a EStG (bis 31. Dezember 2012: getrennte Veranlagung nach § 26a EStG oder besondere Veranlagung nach § 26c EStG) ist Rz. **106** oder **Rz. 107** entsprechend anzuwenden; sind beide Ehegatten/Lebenspartner unmittelbar begünstigt, erfolgt die Günstigerprüfung für jeden Ehegatten/Lebenspartner wie bei einer Einzelveranlagung. Es wird daher nur der den jeweiligen Ehegatten/Lebenspartnern zustehende Zulageanspruch angesetzt. 109

Beispiel: 110
Ehegatten, die beide unmittelbar begünstigt sind, haben im Jahr **2018** ein zu versteuerndes Einkommen i. H. v. 150.000 € (ohne Sonderausgabenabzug nach § 10a EStG). Darin sind Einkünfte aus unterschiedlichen Einkunftsarten enthalten. Sie haben mit den Beiträgen i. H. v. 2.300 € (Ehemann)/900 € (Ehefrau) zugunsten ihrer Verträge mehr als die erforderlichen Mindesteigenbeiträge gezahlt und daher für das Beitragsjahr **2018** jeweils einen Zulageanspruch von 175 €.

Ehemann		Ehefrau	
Eigenbeitrag	2.300 €	Eigenbeitrag	900 €
davon gefördert		davon gefördert	
höchstens (2.100 € – 175 €)	1.925 €	höchstens (2.100 € – 175 €)	1.925 €
gefördert somit	1.925 €	gefördert somit	900 €
Abziehbare Sonderausgaben		Abziehbare Sonderausgaben	
(1.925 € + 175 € =)	2.100 €	(900 € + 175 € =)	1.075 €

Anhang 1a

Altersversorgung/Alterseinkünfte

zu versteuerndes Einkommen (bisher)		150.000 €
abzüglich Sonderausgaben Ehemann	2.100 €	
abzüglich Sonderausgaben Ehefrau	<u>1.075 €</u>	<u>3.175 €</u>
zu versteuerndes Einkommen (neu)		146.825 €
Einkommensteuer auf 150.000 €		**54.378 €**
Einkommensteuer auf 146.846 €		**53.045 €**
Differenz		**1.333 €**
abzüglich Zulageansprüche insgesamt (2 x 175 €)		**350 €**
zusätzliche Steuerermäßigung insgesamt		**983 €**

Der Sonderausgabenabzug nach § 10a EStG ergibt für die Ehegatten eine zusätzliche Steuerermäßigung i. H. v. **983 €**. Zur Zurechnung der auf den einzelnen Ehegatten entfallenden Steuerermäßigung vgl. Rz. **117**.

111 **Beispiel:**
Ehegatten haben im Jahr **2018** ein zu versteuerndes Einkommen i. H. v. 150.000 € (ohne Sonderausgabenabzug nach § 10a EStG). Darin sind Einkünfte aus unterschiedlichen Einkunftsarten enthalten. Nur der Ehemann ist unmittelbar begünstigt; er hat den erforderlichen Mindesteigenbeitrag erbracht. Seine Ehefrau hat einen eigenen Altersvorsorgevertrag abgeschlossen und den Mindestbeitrag von 60 € erbracht. Sie ist daher mittelbar zulageberechtigt. Sie haben Beiträge i. H. v. 1.700 € (Ehemann) bzw. 250 € (Ehefrau) zugunsten ihrer Verträge gezahlt und – da der Ehemann den erforderlichen Mindesteigenbeitrag geleistet hat – für das Beitragsjahr **2018** jeweils einen Zulageanspruch von **175 €**.

Ehemann		Ehefrau	
Eigenbeitrag	1.700 €	Eigenbeitrag	250 €
davon gefördert	1.700 €		
durch den unmittelbar Zulageberechtigten ausgeschöpftes Abzugsvolumen:			
Eigenbeitrag des Ehemanns	1.700 €		
Zulageanspruch Ehemann	175 €		
Zulageanspruch Ehefrau	<u>175 €</u>		
ausgeschöpft somit	2.050 €		
Abzugsvolumen	2.100 €		60 €
noch nicht ausgeschöpft	**50 €**		
von der Ehefrau noch nutzbares Abzugsvolumen			**50 €**
Abzugsvolumen Ehefrau			110 €
Eigenbeitrag Ehefrau			250 €
davon abziehbar			110 €
förderbar		förderbar	
(1.700 € + 175 € + 175 € =)	2.050 €		110 €
Abziehbare Sonderausgaben der Ehegatten insgesamt:			
(1.700 € + 110 € + 175 € + 175 € =) 2.160 €			
zu versteuerndes Einkommen (bisher)			150.000 €
abzüglich Sonderausgaben Ehemann/Ehefrau			2.160 €
zu versteuerndes Einkommen (neu)			147.840 €
Einkommensteuer auf 150.000 €			**54.378 €**
Einkommensteuer auf 147.840 €			**53.471 €**
Differenz			**907 €**
abzüglich Zulageansprüche insgesamt (2 x 175 €)			**350 €**
zusätzliche Steuerermäßigung insgesamt			**557 €**

Anhang 1a
Altersversorgung/Alterseinkünfte

Der Sonderausgabenabzug nach § 10a EStG ergibt für die Ehegatten eine zusätzliche Steuerermäßigung i. H. v. **557 €**. Zur Zurechnung der auf den einzelnen Ehegatten entfallenden Steuerermäßigung vgl. Rz. **118**.

c) *Gesonderte Feststellung der zusätzlichen Steuerermäßigung*

Eine gesonderte Feststellung der zusätzlichen Steuerermäßigung nach § 10a Abs. 4 Satz 1 EStG ist nur durchzuführen, wenn der Sonderausgabenabzug nach § 10a Abs. 1 EStG günstiger ist als der Zulageanspruch nach Abschnitt XI EStG. Das Wohnsitzfinanzamt stellt in diesen Fällen die über den Zulageanspruch hinausgehende Steuerermäßigung fest und teilt sie der ZfA mit. Wirkt sich eine Änderung der Einkommensteuerfestsetzung auf die Höhe der Steuerermäßigung aus, ist die Feststellung nach § 10a Abs. 4 Satz 1 i. V. m. § 10d Abs. 4 Satz 4 EStG ebenfalls zu ändern.   112

Ehegatten/Lebenspartner, bei denen die Voraussetzungen des § 26 Abs. 1 EStG vorliegen, ist die über den Zulageanspruch hinausgehende Steuerermäßigung – unabhängig von der gewählten Veranlagungsart – jeweils getrennt zuzurechnen (§ 10a Abs. 4 Satz 3 EStG). Hierbei gilt Folgendes: 113

Gehören beide Ehegatten/Lebenspartner zu dem nach § 10a Abs. 1 EStG begünstigten Personenkreis, ist die über den Zulageanspruch hinausgehende Steuerermäßigung jeweils getrennt zuzurechnen (§ 10a Abs. 4 Satz 3 EStG). Die Zurechnung erfolgt im Verhältnis der als Sonderausgaben berücksichtigten Altersvorsorgebeiträge (geförderte Eigenbeiträge; § 10a Abs. 4 Satz 3 Halbsatz 2 EStG).   114

Gehört nur ein Ehegatte/Lebenspartner zu dem nach § 10a Abs. 1 EStG begünstigten Personenkreis und ist der andere Ehegatte/Lebenspartner nicht nach § 79 Satz 2 EStG zulageberechtigt, weil er keinen eigenen Altersvorsorgevertrag abgeschlossen oder weniger als 60 € im Beitragsjahr zugunsten seines Altersvorsorgevertrags geleistet hat, ist die Steuerermäßigung dem Ehegatten/Lebenspartner zuzurechnen, der zum unmittelbar begünstigten Personenkreis gehört.   115

Gehört nur ein Ehegatte/Lebenspartner zu dem nach § 10a Abs. 1 EStG begünstigten Personenkreis und ist der andere Ehegatte/Lebenspartner nach § 79 Satz 2 EStG zulageberechtigt, ist die Steuerermäßigung den Ehegatten/Lebenspartnern getrennt zuzurechnen. Die Zurechnung erfolgt im Verhältnis der als Sonderausgaben berücksichtigten Altersvorsorgebeiträge (geförderte Eigenbeiträge; § 10a Abs. 4 Satz 3 und 4 EStG).   116

Fortführung des Beispiels aus Rz. 110:   117
Die zusätzliche Steuerermäßigung von **983 €** ist den Ehegatten für die gesonderte Feststellung nach § 10a Abs. 4 Satz 2 EStG getrennt zuzurechnen. Aufteilungsmaßstab hierfür sind die nach § 10a Abs. 1 EStG berücksichtigten Eigenbeiträge.

Zusätzliche Steuerermäßigung insgesamt	**983,00 €**
davon Ehemann (1.925 €/2.825 € x 100 = 68,14 %)	**669,82 €**
davon Ehefrau (900 €/2.825 € x 100 = 31,86 %)	**313,18 €**

Diese Beträge und die Zuordnung zu den jeweiligen Verträgen sind nach § 10a Abs. 4 EStG gesondert festzustellen und der ZfA als den jeweiligen Verträgen zugehörig mitzuteilen.

Fortführung des Beispiels aus Rz. 111:   118
Die zusätzliche Steuerermäßigung von **557 €** ist den Ehegatten für die gesonderte Feststellung nach § 10a Abs. 4 Satz 4 EStG getrennt zuzurechnen. Aufteilungsmaßstab hierfür ist das Verhältnis der Eigenbeiträge des unmittelbar zulageberechtigten Ehegatten zu den wegen der Nichtausschöpfung des Höchstbetrags berücksichtigten Eigenbeiträgen des mittelbar zulageberechtigten Ehegatten.

Anhang 1a

Altersversorgung/Alterseinkünfte

Zusätzliche Steuerermäßigung insgesamt	557,00 €
davon Ehemann	
(1.700 €/1.810 € x 100 = **93,92** %)	523,13 €
davon Ehefrau	
(**110** €/1.810 € x 100 = **6,08** %)	33,87 €

Diese Beträge und die Zuordnung zu den jeweiligen Verträgen sind nach § 10a Abs. 4 EStG gesondert festzustellen und der ZfA als den jeweiligen Verträgen zugehörig mitzuteilen.

5. Zusammentreffen mehrerer Verträge

a) Altersvorsorgezulage

119 Die Altersvorsorgezulage wird bei einem unmittelbar Zulageberechtigten höchstens für zwei Verträge gewährt (§ 87 Abs. 1 Satz 1 EStG). Der Zulageberechtigte kann im Zulageantrag jährlich neu bestimmen, für welche Verträge die Zulage gewährt werden soll (§ 89 Abs. 1 Satz 2 EStG). Wurde nicht der gesamte nach § 86 EStG erforderliche Mindesteigenbeitrag zugunsten dieser Verträge geleistet, wird die Zulage entsprechend gekürzt (§ 86 Abs. 1 Satz 6 EStG). Die zu gewährende Zulage wird entsprechend dem Verhältnis der zugunsten dieser beiden Verträge geleisteten Altersvorsorgebeiträge verteilt. Es steht dem Zulageberechtigten allerdings frei, auch wenn er mehrere Verträge abgeschlossen hat, die Förderung nur für einen Vertrag in Anspruch zu nehmen.

120 Erfolgt bei mehreren Verträgen keine Bestimmung oder wird die Zulage für mehr als zwei Verträge beantragt, wird die Zulage nur für die zwei Verträge gewährt, für die im Beitragsjahr die höchsten Altersvorsorgebeiträge geleistet wurden (§ 89 Abs. 1 Satz 3 EStG).

121 **Beispiel:**
Der Zulageberechtigte zahlt im Jahr **2018** 800 €, 800 € und 325 € zugunsten von drei verschiedenen Altersvorsorgeverträgen (ohne Zulage). Sein Mindesteigenbeitrag beträgt 1.461 €.
Der Zulageberechtigte beantragt die Zulage für die Verträge 1 und 2:

	Vertrag 1	Vertrag 2	Vertrag 3
Beiträge	800 €	800 €	325 €
Zulage	**87,50 €** (800 €/1.600 € x **175 €**)	**87,50 €** (800 €/1.600 € x **175 €**)	–

Er erhält die ungekürzte Zulage von **175 €**, da zugunsten der Verträge 1 und 2 in der Summe der erforderliche Mindesteigenbeitrag geleistet worden ist.

122 **Abwandlung:**
Wie oben, der Zulageberechtigte zahlt die Beiträge (ohne Zulage) jedoch i. H. v. 650 €, 650 € und 325 € zugunsten von drei verschiedenen Altersvorsorgeverträgen.
Weil der Zulageberechtigte mit den Einzahlungen zugunsten der zwei Verträge, für die die Zulage beantragt wird, nicht den Mindesteigenbeitrag von 1.461 € erreicht, wird die Zulage von **175 €** im Verhältnis der Altersvorsorgebeiträge zum Mindesteigenbeitrag gekürzt (§ 86 Abs. 1 Satz 6 EStG). Die Zulage beträgt **175 €** x 1.300 €/1.461 € = **155,72 €**, sie wird den Verträgen 1 und 2 mit jeweils **77,86 €** gutgeschrieben:

	Vertrag 1	Vertrag 2	Vertrag 3
Beiträge	650 €	650 €	325 €
Zulage	**77,86 €** (650 €/1.300 € x **155,72 €**)	**77,86 €** (650 €/1.300 € x **155,72 €**)	–

Anhang 1a
Altersversorgung/Alterseinkünfte

Der nach § 79 Satz 2 EStG mittelbar Zulageberechtigte kann die Zulage für das jeweilige Beitragsjahr nicht auf mehrere Verträge verteilen (§ 87 Abs. 2 EStG). Es ist nur der Vertrag begünstigt, für den zuerst die Zulage beantragt wird.

b) Sonderausgabenabzug

Für den Sonderausgabenabzug nach § 10a Abs. 1 EStG ist keine Begrenzung der Anzahl der zu berücksichtigenden Verträge vorgesehen. Der Steuerpflichtige kann im Rahmen des Höchstbetrags nach § 10a Abs. 1 Satz 1 EStG auch Altersvorsorgebeiträge für Verträge geltend machen, für die keine Zulage beantragt wurde oder aufgrund des § 87 Abs. 1 EStG keine Zulage gewährt wird. In dem Umfang, in dem eine Berücksichtigung nach § 10a EStG erfolgt, gelten die Beiträge als steuerlich gefördert. Die Zurechnung der über den Zulageanspruch nach Abschnitt XI EStG hinausgehenden Steuerermäßigung erfolgt hierbei im Verhältnis der berücksichtigten Altersvorsorgebeiträge (§ 10a Abs. 4 Satz 2 EStG).

Beispiel:
Der Steuerpflichtige zahlt im Jahr **2018** insgesamt 2.400 € Beiträge (ohne Zulage von **175 €**) auf vier verschiedene Altersvorsorgeverträge ein (800 €, 800 €, 400 €, 400 €). Sein Mindesteigenbeitrag beträgt 1.461 €. Die Zulage wird für die beiden Verträge mit je 800 € Beitragsleistung beantragt. Die zusätzliche Steuerermäßigung für den Sonderausgabenabzug nach § 10a Abs. 1 EStG beträgt 270 €.
Obwohl die Altersvorsorgebeiträge für die Verträge 3 und 4 sich nicht auf die Zulagegewährung auswirken (§ 87 Abs. 1 Satz 1 EStG), gehören die auf diese Beiträge entfallenden Leistungen aus diesen Verträgen in der Auszahlungsphase ebenfalls zu den sonstigen Einkünften nach § 22 Nr. 5 Satz 1 EStG, soweit sie als Sonderausgaben berücksichtigt wurden. In folgender Höhe sind die Beiträge steuerlich begünstigt worden:

	Vertrag 1	Vertrag 2	Vertrag 3	Vertrag 4
Sonderausgabenhöchstbetrag abzüglich Zulage (2.100 € – 175 € = 1.925 €) im Verhältnis zu den geleisteten Beiträgen	641,67 € (1.925 €/ 2.400 € x 800 €)	641,67 € (1.925 €/ 2.400 € x 800 €)	320,83 € (1.925 €/ 2.400 € x 400 €)	320,83 € (1.925 €/ 2.400 € x 400 €)
Zulage	87,50 €	87,50 €	–	–
bei den einzelnen Verträgen sind somit die folgende **Beträge** steuerlich begünstigt (729,17 € + 729,17 € + 320,83 € + 320,83 € = 2.100,00 €)	729,17 €	729,17 €	320,83 €	320,83 €

Anhang 1a
Altersversorgung/Alterseinkünfte

Die Steuerermäßigung ist den vier Verträgen wie folgt zuzurechnen:

	Vertrag 1	Vertrag 2	Vertrag 3	Vertrag 4
Beiträge	800 €	800 €	400 €	400 €
Zulage	87,50 €	87,50 €	–	–
Zusätzliche Steuerermäßigung	90 € (641,67 €/ 1.925 € x 270 €)	90 € (641,67 €/ 1.925 € x 270 €)	45 € (320,83 €/ 1.925 € x 270 €)	45 € (320,83 €/ 1.925 € x 270 €)

II. Nachgelagerte Besteuerung nach § 22 Nr. 5 EStG
1. Allgemeines

126 § 22 Nr. 5 EStG ist anzuwenden auf Leistungen aus Altersvorsorgeverträgen im Sinne des § 82 Abs. 1 EStG sowie auf Leistungen aus Pensionsfonds, Pensionskassen und Direktversicherungen. Korrespondierend mit der Freistellung der Beiträge, Zahlungen, Erträge und Wertsteigerungen von steuerlichen Belastungen in der Ansparphase werden die Leistungen erst in der Auszahlungsphase besteuert (nachgelagerte Besteuerung; zu Ausnahmen vgl. Rzn. **195** ff.), und zwar auch dann, wenn zugunsten des Vertrags ausschließlich Beiträge geleistet wurden, die nicht nach § 10a/Abschnitt XI EStG gefördert worden sind. § 22 Nr. 5 EStG ist gegenüber anderen Vorschriften des EStG und des InvStG eine vorrangige Spezialvorschrift. Dies bedeutet auch, dass die ab dem 1. Januar 2009 geltende Abgeltungsteuer in diesen Fällen keine Anwendung findet.

127 Während der Ansparphase erfolgt bei zertifizierten Altersvorsorgeverträgen keine Besteuerung von Erträgen und Wertsteigerungen. Dies gilt unabhängig davon, ob oder in welchem Umfang die Altersvorsorgebeiträge nach § 10a/Abschnitt XI EStG gefördert wurden.

128 Die Regelungen über die Erhebung der Kapitalertragsteuer sind nicht anzuwenden. In der Ansparphase fallen keine kapitalertragsteuerpflichtigen Kapitalerträge an; die Leistungen in der Auszahlungsphase unterliegen nach § 22 Nr. 5 EStG der Besteuerung im Rahmen der Einkommensteuerveranlagung, so dass auch in der Auszahlungsphase kein Kapitalertragsteuerabzug vorzunehmen ist. Da es sich um Einkünfte nach § 22 Nr. 5 EStG handelt, ist kein Sparer-Pauschbetrag nach § 20 Abs. 9 EStG anzusetzen. Der Pauschbetrag für Werbungskosten bestimmt sich nach § 9a Satz 1 Nr. 3 EStG.

129 Der Umfang der Besteuerung der Leistungen in der Auszahlungsphase richtet sich danach, inwieweit die Beiträge in der Ansparphase steuerfrei gestellt (§ 3 Nr. 63, **63a** und 66 EStG), nach § 10a/Abschnitt XI EStG (Sonderausgabenabzug und Altersvorsorgezulage) gefördert worden sind, durch steuerfreie Zuwendungen nach § 3 Nr. 56 EStG oder durch die nach § 3 Nr. 55b Satz 1 oder § 3 Nr. 55c EStG steuerfreien Leistungen aus einem neu begründeten Anrecht erworben wurden. Dies gilt auch für Leistungen aus einer ergänzenden Absicherung der verminderten Erwerbsfähigkeit oder Dienstunfähigkeit und einer zusätzlichen Absicherung der Hinterbliebenen. Dabei ist von einer einheitlichen Behandlung der Beitragskomponenten für Alter und Zusatzrisiken auszugehen. An den Leistungsempfänger auszuzahlende Anteile an den Bewertungsreserven sind steuerlich so zu behandeln wie die zu Grunde liegende Hauptleistung. **Negative Einkünfte nach § 22 Nr. 5 EStG können mit anderen Einkünften im Sinne des § 22 EStG und positiven Einkünften anderer Einkunftsarten verrechnet werden (horizontaler und vertikaler Verlustausgleich). Bei Leistungen in Form von Teil- bzw. Einmalkapitalauszahlungen handelt es sich nicht um außerordentliche Einkünfte im Sinne des § 34 Abs. 2 EStG (vgl. auch BFH-Urteil vom 20. September 2016, BStBl 2017 II S. 347). Eine Anwendung der Fünftelungsregelung des § 34 EStG auf diese Zahlungen kommt daher nicht in Betracht, es sei denn, es handelt sich um eine Kleinbetragsrentenabfindung nach § 93 Abs. 3 EStG (vgl. Rzn. 200 ff.), auf die**

§ 34 Abs. 1 EStG nach § 22 Nr. 5 Satz 13 EStG entsprechend anzuwenden ist. Die Abgrenzung von geförderten und nicht geförderten Beiträgen im Fall einer internen Teilung nach § 10 des Versorgungsausgleichsgesetzes – VersAusglG – (BGBl. I 2009 S. 700) ist bei der ausgleichsberechtigten Person genauso vorzunehmen, wie sie bei der ausgleichspflichtigen Person erfolgt wäre, wenn die interne Teilung nicht stattgefunden hätte.

Zu den Einzelheiten zur Besteuerung der Leistungen aus Pensionsfonds, Pensionskassen und Direktversicherungen vgl. Rzn. 148 ff. des BMF-Schreibens vom 6. Dezember 2017 (BStBl 2018 I S. 147[1])).

2. Abgrenzung der geförderten und der nicht geförderten Beiträge

a) Geförderte Beiträge

Zu den geförderten Beiträgen gehören die geleisteten Eigenbeiträge zuzüglich der für das Beitragsjahr zustehenden **oder gezahlten** Altersvorsorgezulage, soweit sie den Höchstbetrag nach § 10a EStG nicht übersteigen, mindestens jedoch die gewährten Zulagen und die geleisteten Sockelbeträge im Sinne des § 86 Abs. 1 Satz 4 EStG. **Bei mehreren Verträgen ist der Höchstbetrag für diese insgesamt nur einmal anzuwenden; die Aufteilung erfolgt entsprechend dem Verhältnis der zugunsten dieser Verträge geleisteten Altersvorsorgebeiträge** (vgl. Rzn. 124 f.). **Eine zu Unrecht gewährte Förderung, deren Rückforderung nicht mehr möglich ist, kann zu einer Steuerverstrickung über den Höchstbetrag hinaus führen. Zu den im Rahmen der betrieblichen Altersversorgung im Sinne des § 22 Nr. 5 EStG geförderten Beiträgen vgl. BMF-Schreiben vom 6. Dezember 2017 (BStBl 2018 I S. 147[1])).**

Soweit Altersvorsorgebeiträge zugunsten eines zertifizierten Altersvorsorgevertrags, für den keine Zulage beantragt wird oder der als weiterer Vertrag nicht mehr zulagebegünstigt ist (§ 87 Abs. 1 Satz 1 EStG), als Sonderausgaben im Sinne des § 10a EStG berücksichtigt werden, gehören die Beiträge **bis zum Höchstbetrag nach § 10a EStG** ebenfalls zu den geförderten Beiträgen. **Rz. 131 gilt entsprechend.**

Bei einem mittelbar zulageberechtigten Ehegatten/Lebenspartner gehören die im Rahmen des Sonderausgabenabzugs nach § 10a Abs. 1 EStG berücksichtigten Altersvorsorgebeiträge (vgl. Rzn. **100, 111 und 116**) und die für dieses Beitragsjahr zustehende Altersvorsorgezulage zu den geförderten Beiträgen.

b) Nicht geförderte Beiträge

Zu den nicht geförderten Beiträgen gehören Beträge,
– die zugunsten eines zertifizierten Altersvorsorgevertrags in einem Beitragsjahr eingezahlt werden, in dem der Anleger nicht zum begünstigten Personenkreis gehört,
– für die er keine Altersvorsorgezulage und keinen steuerlichen Vorteil aus dem Sonderausgabenabzug nach § 10a EStG erhalten hat oder
– die den Höchstbetrag nach § 10a EStG abzüglich der individuell für das Beitragsjahr zustehenden Zulage übersteigen („Überzahlungen"), sofern es sich nicht um den Sockelbetrag handelt.

Erträge und Wertsteigerungen, die auf zu Unrecht gezahlte und dementsprechend später zurückgeforderte Zulagen entfallen, sind als ungefördertes Altersvorsorgevermögen zu behandeln.

Sieht der zertifizierte Altersvorsorgevertrag vertraglich die Begrenzung auf einen festgelegten Höchstbetrag (z. B. den Betrag nach § 10a EStG, den Mindestbetrag nach § 79

---

[1]) jetzt BMF vom 12.08.2021 (BStBl I S. 1050), Anhang 2 III LStH

Satz 2 EStG oder den nach § 86 EStG erforderlichen Mindesteigenbeitrag zuzüglich Zulageanspruch) vor, handelt es sich bei Zahlungen, die darüber hinausgehen, um zivilrechtlich nicht geschuldete Beträge **und damit nicht um Altersvorsorgebeiträge, für die eine Förderung beansprucht werden kann. Das gleiche gilt für andere gezahlte Beträge, die zivilrechtlich nicht geschuldet waren.** Der Anleger kann sie entweder nach den allgemeinen zivilrechtlichen Vorschriften vom Anbieter zurückfordern oder in Folgejahren mit geschuldeten Beiträgen verrechnen lassen. **Diese Beträge sind erst für das Jahr der Verrechnung als Altersvorsorgebeiträge zu behandeln.**

3. **Leistungen, die ausschließlich auf geförderten Altersvorsorgebeiträgen beruhen (§ 22 Nr. 5 Satz 1 EStG)**

137 Die Leistungen in der Auszahlungsphase unterliegen in vollem Umfang der Besteuerung nach § 22 Nr. 5 Satz 1 EStG, wenn
– die gesamten Altersvorsorgebeiträge in der Ansparphase nach § 10a/Abschnitt XI EStG gefördert worden sind,
– sie auf einem nach § 3 Nr. 55b Satz 1 oder **§ 3** Nr. 55c EStG vollständig steuerfrei begründeten Anrecht beruhen oder
– **die gesamten Beiträge nach § 3 Nr. 63, § 3 Nr. 63a oder Abschnitt XII EStG gefördert worden sind.**
Dies gilt auch, soweit die Leistungen auf gutgeschriebenen Zulagen sowie den erzielten Erträgen und Wertsteigerungen beruhen.

138 **Beispiel:**
Der Steuerpflichtige hat über 25 Jahre einschließlich der Zulagen immer genau die förderbaren Höchstbeiträge zugunsten eines begünstigten Altersvorsorgevertrags eingezahlt. Er erhält ab Vollendung des 65. Lebensjahres eine monatliche Rente i. H. v. 500 €.
Die Rentenzahlung ist mit 12 x 500 € = 6.000 € im Rahmen der Einkommensteuerveranlagung nach § 22 Nr. 5 Satz 1 EStG voll steuerpflichtig.

4. **Leistungen, die zum Teil auf geförderten, zum Teil auf nicht geförderten Altersvorsorgebeiträgen beruhen (§ 22 Nr. 5 Satz 1 und 2 EStG)**

139 Hat der Steuerpflichtige in der Ansparphase sowohl geförderte als auch nicht geförderte Beiträge zugunsten des Vertrags geleistet, sind die Leistungen in der Auszahlungsphase aufzuteilen.

140 Soweit **Beiträge** in der Ansparphase gefördert oder steuerfrei gestellt (z. B. **Rzn. 150** ff.) worden sind, sind die Leistungen nach § 22 Nr. 5 Satz 1 EStG voll zu besteuern. Insoweit gilt Rz. **137** entsprechend.

141 Aufteilungsfälle liegen z. B. vor, wenn
– ein zertifizierter Altersvorsorgevertrag nicht in der gesamten Ansparphase gefördert worden ist, weil z. B. in einigen Jahren die persönlichen Fördervoraussetzungen nicht vorgelegen haben, aber weiterhin Beiträge eingezahlt worden sind,
– der Begünstigte höhere Beiträge eingezahlt hat, als im einzelnen Beitragsjahr nach § 10a EStG begünstigt waren.
Für die Frage des Aufteilungsmaßstabs sind die Grundsätze des BMF-Schreibens vom 11. November 2004 (BStBl I S. 1061) unter Berücksichtigung der Änderungen durch das BMF-Schreiben vom 14. März 2012 (BStBl I S. 311) anzuwenden. Beiträge, die nach dem 31. Dezember 2001 zugunsten eines zertifizierten Altersvorsorgevertrags geleistet wurden, sind danach getrennt aufzuzeichnen und die sich daraus ergebenden Leistungen einschließlich zugeteilter Erträge getrennt zu ermitteln. Dabei scheidet die Anwendung eines beitragsproportionalen Verfahrens für einen längeren Zeitraum – mehr als

Anhang 1a
Altersversorgung/Alterseinkünfte

zwei Beitragsjahre – zur Ermittlung der sich aus den entsprechenden Beiträgen ergebenden Leistungen und Erträge aus.

Wird vom Anbieter zur Erfüllung der **Beitragserhaltungszusage** (§ 1 Abs. 1 Satz 1 Nr. 3 AltZertG) zu Beginn der Auszahlungsphase ein Betrag auf den Altersvorsorgevertrag eingezahlt, ist dieser im gleichen Verhältnis in einen geförderten und einen ungeförderten Teil aufzuteilen, in dem das zu Beginn der Auszahlungsphase auf dem Altersvorsorgevertrag vorhandene geförderte Kapital zum ungeförderten Kapital **ohne Berücksichtigung des vom Anbieter eingezahlten Betrags zur Erfüllung der Beitragserhaltungszusage** steht.   142

Die Besteuerung von Leistungen, die auf nicht geförderten Beiträgen beruhen, richtet sich nach der Art der Leistung. Es werden insoweit drei Gruppen unterschieden: 143

- Leistungen in Form einer lebenslangen Rente oder einer Berufsunfähigkeits-, Erwerbsminderungs- und Hinterbliebenenrente, § 22 Nr. 5 Satz 2 Buchstabe a EStG (Rz. **144**),

- andere Leistungen aus Altersvorsorgeverträgen (zertifizierten Versicherungsverträgen), Pensionsfonds, Pensionskassen und Direktversicherungen, § 22 Nr. 5 Satz 2 Buchstabe b EStG (Rz. **145**),

- übrige Leistungen (z. B. aus zertifizierten Bank- oder Fondssparplänen oder aus zertifizierten Bausparverträgen), § 22 Nr. 5 Satz 2 Buchstabe c EStG (Rz. **146**).

Soweit es sich um eine lebenslange Rente oder eine Berufsunfähigkeits-, Erwerbsminderungs- und Hinterbliebenenrente handelt, die auf nicht geförderten Beiträgen beruht, erfolgt die Besteuerung **in der Regel** nach § 22 Nr. 5 Satz 2 Buchstabe a i. V. m. § 22 Nr. 1 Satz 3 Buchstabe a Doppelbuchstabe bb EStG mit dem entsprechenden Ertragsanteil. **Leistungen aus einem Pensionsfonds, einer Pensionskasse (inkl. Versorgungsausgleichskasse) oder aus einer Direktversicherung, die auf nicht gefördertem Kapital beruhen und für die die Voraussetzungen der Basis-Rente erfüllt sind (zertifiziert nach § 5a AltZertG), werden hingegen nach § 22 Nr. 5 Satz 2 Buchstabe a i. V. m. § 22 Nr. 1 Satz 3 Buchstabe a Doppelbuchstabe aa EStG mit dem Besteuerungsanteil besteuert.** Werden neben einer Grundrente Überschussbeteiligungen in Form einer Bonusrente gezahlt, so ist der gesamte Auszahlungsbetrag mit einem einheitlichen Ertragsanteil der Besteuerung zu unterwerfen. R 22.4 Abs. 1 Satz 1 EStR ist in diesen Fällen nicht einschlägig, da mit der Überschussbeteiligung in Form einer Bonusrente kein neues Rentenrecht begründet wird. In der Mitteilung nach § 22 Nr. 5 EStG ist der Betrag von Grund- und Bonusrente in einer Summe auszuweisen.   144

Wird auf nicht geförderten Beiträgen beruhendes Kapital aus einem zertifizierten Versicherungsvertrag ausgezahlt, ist nach § 22 Nr. 5 Satz 2 Buchstabe b EStG die Regelung des § 20 Abs. 1 Nr. 6 EStG in der für den zugrunde liegenden Vertrag geltenden Fassung entsprechend anzuwenden. Erfolgt bei einem vor dem 1. Januar 2005 abgeschlossenen Versicherungsvertrag die Kapitalauszahlung erst nach Ablauf von zwölf Jahren seit Vertragsabschluss und erfüllt der Vertrag die weiteren Voraussetzungen des § 10 Abs. 1 Nr. 2 EStG in der am 31. Dezember 2004 geltenden Fassung, unterliegt die Kapitalauszahlung insgesamt nicht der Besteuerung (**§ 52 Abs. 28 Satz 5 EStG**). Liegen die genannten Voraussetzungen nicht vor, unterliegen die rechnungsmäßigen und außerrechnungsmäßigen Zinsen der Besteuerung (**§ 52 Abs. 28 Satz 5 EStG**). Bei einem nach dem 31. Dezember 2004 abgeschlossenen Versicherungsvertrag, der die Voraussetzungen des § 20 Abs. 1 Nr. 6 EStG erfüllt, unterliegt bei Kapitalauszahlungen der Unterschiedsbetrag zwischen der Versicherungsleistung und der Summe der auf sie entrichteten Beiträge der Besteuerung. Erfolgt die Auszahlung erst nach Vollendung des 60. Lebensjahres des Steuerpflichtigen und hat der Vertrag im Zeitpunkt der Auszahlung mindestens zwölf Jahre bestanden, ist nur die Hälfte dieses Unterschiedsbetrags der   145

Anhang 1a
Altersversorgung/Alterseinkünfte

Besteuerung zu Grunde zu legen. Für nach dem 31. Dezember 2011 abgeschlossene Verträge ist grundsätzlich auf die Vollendung des 62. Lebensjahres abzustellen.

146 Erhält der Steuerpflichtige in der Auszahlungsphase gleich bleibende oder steigende monatliche (Teil-)Raten, variable Teilraten oder eine Kapitalauszahlung, auf die § 22 Nr. 5 Satz 2 Buchstabe b EStG nicht anzuwenden ist (z. B. Teilkapitalauszahlung aus einem Altersvorsorgevertrag in der Form eines zertifizierten Bank-/Fondssparplans oder Bausparvertrags), gilt § 22 Nr. 5 Satz 2 Buchstabe c EStG. Zu versteuern ist der Unterschiedsbetrag zwischen der ausgezahlten Leistung und den auf sie entrichteten Beiträgen. Erfolgt die Auszahlung der Leistung nach Vollendung des 60. Lebensjahres des Leistungsempfängers und hatte der Vertrag eine Laufzeit von mehr als zwölf Jahren, ist nur die Hälfte des Unterschiedsbetrags zu versteuern. Für nach dem 31. Dezember 2011 abgeschlossene Verträge ist grundsätzlich auf die Vollendung des 62. Lebensjahres abzustellen. Für die Berechnung des Unterschiedsbetrags ist das BMF-Schreiben vom 1. Oktober 2009 (BStBl I S. 1172) **ergänzt durch BMF-Schreiben vom 6. März 2012 (BStBl I S. 238), 11. November 2016 (BStBl I S. 1238) und geändert durch BMF-Schreiben vom 18. Juni 2013 (BStBl I S. 768)** entsprechend anzuwenden.

147 **Beispiel:**
A (geb. im Januar 1961) hat einen Altersvorsorgevertrag abgeschlossen und zugunsten dieses Vertrags ausschließlich geförderte Beiträge eingezahlt (§ 10a EStG/Abschnitt XI EStG). Der Vertrag sieht vor, dass 10 % der geleisteten Beiträge zur Absicherung der verminderten Erwerbsfähigkeit eingesetzt werden.
Im Januar 2020 wird A vermindert erwerbsfähig und erhält aus dem Altersvorsorgevertrag eine Erwerbsminderungsrente i. H. v. 100 € monatlich ausgezahlt. Die Zahlung der Erwerbsminderungsrente steht unter der auflösenden Bedingung des Wegfalls der Erwerbsminderung. Der Versicherer hat sich vorbehalten, die Voraussetzungen für die Rentengewährung alle zwei Jahre zu überprüfen. Diese Rente endet mit Ablauf des Jahres 2025. Ab dem Jahr 2026 erhält A aus dem Vertrag eine Altersrente i. H. v. monatlich 150 €.
Die Erwerbsminderungsrente ist im Jahr 2020 i. H. v. 1.200 € (12 x 100 €) im Rahmen der Einkünfte aus § 22 Nr. 5 Satz 1 EStG zu erfassen. Dies gilt entsprechend für die Jahre 2021 bis 2025. Ab dem Jahr 2026 erfolgt eine Erfassung der Altersrente i. H. v. 1.800 € (12 x 150 €) nach § 22 Nr. 5 Satz 1 EStG.

Abwandlung:
A leistet ab dem Jahr 2008 einen jährlichen Beitrag i. H. v. insgesamt 1.000 €. Er ist in den Jahren 2008 bis 2017 (zehn Jahre) unmittelbar förderberechtigt. Die von ihm geleisteten Beiträge werden nach § 10a EStG/Abschnitt XI EStG gefördert. Im Jahr 2018 und 2019 ist er hingegen nicht förderberechtigt. Er zahlt in den Jahren jedoch – trotz der fehlenden Förderung – weiterhin einen jährlichen Beitrag i. H. v. 1.000 €. Ende des Jahres 2019 beträgt das von A geförderte Altersvorsorgevermögen 15.000 €. Das Gesamtvermögen beläuft sich auf 18.000 €.
Die Erwerbsminderungsrente ist im Jahr 2020 i. H. v. 1.000 € (1.200 € x 15/18) im Rahmen der Einkünfte aus § 22 Nr. 5 Satz 1 EStG zu erfassen. Die verbleibenden 200 € sind nach § 22 Nr. 5 Satz 2 Buchstabe a EStG i. V. m. § 22 Nr. 1 Satz 3 Buchstabe a Doppelbuchstabe bb Satz 5 EStG i. V. m. § 55 EStDV mit einem Ertragsanteil i. H. v. 7 % (bemessen nach einer voraussichtlichen Laufzeit von sechs Jahren) steuerlich zu erfassen. Der Ertragsanteil bemisst sich grundsätzlich nach der Zeitspanne zwischen dem Eintritt des Versicherungsfalls (Begründung der Erwerbsminderung) und dem voraussichtlichen Leistungsende (hier: Erreichen der für die Hauptversicherung vereinbarten Altersgrenze). Steht der Anspruch auf Rentengewährung unter der auflösenden Bedingung des Wegfalls der Erwerbsminderung und lässt der Versicherer das Fortbestehen der Erwerbsminderung in mehr oder minder regelmäßigen Abständen prüfen, wird hierdurch die zu berücksichtigende voraussichtliche Laufzeit nicht berührt. Ab dem Jahr 2026 erfolgt eine Erfassung der Altersrente i. H. v. 1.500 € (1.800 € x 15/18) nach § 22 Nr. 5 Satz 1 EStG. Der verbleibende Rentenbetrag i. H. v. 300 € wird mit dem vom Alter des Rentenberechtigten bei Beginn der Altersrente abhängigen Ertragsanteil nach § 22 Nr. 5 Satz 2 Buchstabe a EStG i. V. m. § 22 Nr. 1 Satz 3 Buchstabe a Doppelbuchstabe bb EStG erfasst.

5. Leistungen, die ausschließlich auf nicht geförderten Altersvorsorgebeiträgen beruhen

Hat der Steuerpflichtige in der Ansparphase ausschließlich nicht geförderte Beiträge zugunsten eines zertifizierten Altersvorsorgevertrags eingezahlt, gelten für die gesamte Auszahlungsleistung die Ausführungen in Rzn. **143** bis **147**.

148

6. Vertragswechsel

Die Übertragung von Altersvorsorgevermögen auf einen anderen Altersvorsorgevertrag führt grundsätzlich zu einem steuerpflichtigen Zufluss, bei dem die Leistungen nach § 22 Nr. 5 EStG zu besteuern sind.

149

Unter den nachfolgenden Voraussetzungen ist eine steuerfreie Übertragung möglich:

a) Steuerfreiheit nach § 3 Nr. 55c EStG

Nach § 3 Nr. 55c EStG sind Übertragungen von Altersvorsorgevermögen auf einen anderen auf den Namen des Zulageberechtigten lautenden Altersvorsorgevertrag (§ 1 Abs. 1 Satz 1 Nr. 10 Buchstabe b AltZertG) steuerfrei, soweit die Leistungen zu steuerpflichtigen Einkünften nach § 22 Nr. 5 EStG führen würden.

150

Dies gilt entsprechend, wenn

151

- Anwartschaften aus einer betrieblichen Altersversorgung, die über einen Pensionsfonds, eine Pensionskasse oder ein Unternehmen der Lebensversicherung (Direktversicherung) durchgeführt wird, lediglich auf einen anderen Träger einer betrieblichen Altersversorgung in Form eines Pensionsfonds, einer Pensionskasse oder eines Unternehmens der Lebensversicherung (Direktversicherung) übertragen werden, soweit keine Zahlungen unmittelbar an den Arbeitnehmer erfolgen (vgl. Rz. 63 des BMF-Schreibens vom 6. Dezember 2017, BStBl 2018 I S. 147[1])) oder

- Anwartschaften der betrieblichen Altersversorgung abgefunden werden, soweit das Altersvorsorgevermögen zugunsten eines auf den Namen des Zulageberechtigten lautenden Altersvorsorgevertrags geleistet wird oder

- im Fall des Todes des Zulageberechtigten das Altersvorsorgevermögen auf einen auf den Namen des Ehegatten/Lebenspartners lautenden Altersvorsorgevertrag übertragen wird, wenn die Ehegatten/Lebenspartner im Zeitpunkt des Todes des Zulageberechtigten nicht dauernd getrennt gelebt haben (§ 26 Abs. 1 EStG) und ihren Wohnsitz oder gewöhnlichen Aufenthalt in einem EU-/EWR-Staat hatten.

Soweit die Übertragung im Rahmen des Vertragswechsels nicht zu Einkünften im Sinne des EStG führt, bedarf es keiner Steuerfreistellung nach § 3 Nr. 55c EStG.

152

b) Besteuerung beim überlebenden Ehegatten/Lebenspartner

Für die Besteuerung der Leistungen bei dem überlebenden Ehegatten/Lebenspartner ist unerheblich, zu welchen Einkünften die Leistungen aus dem übertragenen Altersvorsorgevermögen bei dem verstorbenen Zulageberechtigten geführt hätten, da mit der Übertragung des Altersvorsorgevermögens ein neues Anrecht begründet wird. Bei dem überlebenden Ehegatten/Lebenspartner unterliegen die Leistungen aus dem Altersvorsorgevertrag, die auf dem nach § 3 Nr. 55c EStG steuerfreien Betrag beruhen, insoweit in vollem Umfang der nachgelagerten Besteuerung nach § 22 Nr. 5 Satz 1 EStG.

153

Beispiel:
A hat am 1. Januar 2002 einen versicherungsförmigen Altersvorsorgevertrag abgeschlossen, auf den geförderte und ungeförderte Beiträge eingezahlt wurden. Im Jahr 2012 verstirbt

154

---

[1]) jetzt BMF vom 12.08.2021 (BStBl I S. 1050), Anhang 2 III LStH

Anhang 1a
Altersversorgung/Alterseinkünfte

A. Das Altersvorsorgevermögen wird auf den im Jahr 2012 abgeschlossenen Altersvorsorgevertrag (Fondssparplan) seiner überlebenden Ehefrau B übertragen.
Das übertragene geförderte Altersvorsorgevermögen wird nach § 3 Nr. 55c EStG steuerfrei gestellt, da die Leistungen, die auf dem geförderten Altersvorsorgevermögen beruhen, im Zeitpunkt der Übertragung zu steuerpflichtigen Einkünften nach § 22 Nr. 5 EStG führen würden. Eine Steuerfreistellung des übertragenen ungeförderten Altersvorsorgevermögens erfolgt nicht, da die Leistungen bei einer unterstellten Auszahlung im Todesfall nach § 22 Nr. 5 Satz 2 Buchstabe b EStG i. V. m. § 20 Abs. 1 Nr. 6 EStG in der am 31. Dezember 2004 geltenden Fassung nicht der Besteuerung unterlegen hätten (kein Erlebensfall oder Rückkauf). Zwei Jahre nach der Übertragung des Altersvorsorgevermögens beginnt die Auszahlungsphase des Altersvorsorgevertrags von B. Das geförderte Kapital wird im Rahmen eines Auszahlungsplans mit einer Teilkapitalverrentung ab dem 85. Lebensjahr ausgezahlt. Das ungeförderte Kapital erhält B als Einmalauszahlung.

	Gefördertes AV in €	Ungefördertes AV in €
Beiträge des A	23.012	10.460
Zulagen des A	3.388	
Erträge des A	8.000	3.000
Altersvorsorgevermögen zum Zeitpunkt der Kapitalübertragung wegen Todes	34.400	13.460
Nach § 3 Nr. 55c EStG gefördertes Altersvorsorgevermögen (bisher nach anderen Vorschriften gefördert)	34.400	
Bisher ungefördertes jetzt gefördertes Altersvorsorgevermögen (§ 3 Nr. 55c EStG)	–	–
Altersvorsorgevermögen nach dem Zeitpunkt der Kapitalübertragung	34.400	13.460
Erträge nach der Kapitalübertragung	1.400	550
Tatsächliche Auszahlung	35.800	14.010

Die Auszahlung des übertragenen geförderten Kapitals im Rahmen eines Auszahlungsplans mit einer Teilkapitalverrentung ab dem 85. Lebensjahr ist wegen der Steuerfreistellung nach § 3 Nr. 55c EStG steuerpflichtig nach § 22 Nr. 5 Satz 1 EStG. Die Besteuerung der Einmalauszahlung aus dem übertragenen ungeförderten Kapital erfolgt nach § 22 Nr. 5 Satz 2 Buchstabe c EStG. Danach ist der steuerpflichtige Unterschiedsbetrag zwischen der Leistung und der Summe der auf sie entrichteten Beiträge wie folgt zu ermitteln: 14.010 € – 13.460 € = 550 €. Die Anwendung des hälftigen Unterschiedsbetrags (§ 22 Nr. 5 Satz 2 Buchstabe c EStG) kommt nicht in Betracht, da die Laufzeit des Vertrags von B nur zwei Jahre betragen hat.

c) *Übertragung von ungefördertem Altersvorsorgevermögen*

155 Um beim Vertragswechsel die praktische Umsetzung zu gewährleisten gilt im Hinblick auf die Übertragung von <u>ungefördertem</u> Altersvorsorgevermögen von einem zertifizierten Altersvorsorgevertrag auf einen anderen zertifizierten Altersvorsorgevertrag des Zulageberechtigten Folgendes:

aa) Ermittlung des nach § 3 Nr. 55c EStG steuerfreien Betrags bei einem vor dem 1. Januar 2005 abgeschlossenen, versicherungsförmigen Altersvorsorgevertrag

156 Bei einer Übertragung eines vor dem 1. Januar 2005 abgeschlossenen, versicherungsförmigen Altersvorsorgevertrags im Sinne der Rz. 150 ist § 3 Nr. 55c EStG anzuwenden, wenn die Leistungen bei einer unterstellten Auszahlung an den Zulageberechtigten im Zeitpunkt der Kapitalübertragung zu steuerpflichtigen Einkünften geführt hätten (§ 22 Nr. 5 Satz 2 Buchstabe b i. V. m. § 20 Abs. 1 Nr. 6 EStG in der am 31. Dezember 2004

geltenden Fassung). Für die Ermittlung des insoweit steuerfrei zu stellenden Betrags ist aus Vereinfachungsgründen auf den Unterschiedsbetrag zwischen dem ungeförderten Teil des übertragenen Altersvorsorgevermögens und der Summe der auf ihn entrichteten Beiträge statt auf die rechnungsmäßigen und außerrechnungsmäßigen Zinsen im Sinne des § 20 Abs. 1 Nr. 6 EStG in der am 31. Dezember 2004 geltenden Fassung abzustellen. Dies gilt auch, wenn die Übertragung von einem vor dem 1. Januar 2005 abgeschlossenen versicherungsförmigen Altersvorsorgevertrag auf einen vor dem 1. Januar 2005 abgeschlossenen versicherungsförmigen Altersvorsorgevertrag erfolgt. Die Sätze 2 und 3 sind auch bei Übertragungen im Sinne des § 3 Nr. 55a oder 55b EStG von einem versicherungsförmigen Altersvorsorgevertrag anzuwenden.

bb) Besteuerung im Auszahlungszeitpunkt

Die auf den nach § 3 Nr. 55c EStG steuerfrei gestellten Beträgen (einschließlich ihrer Erträge und Wertsteigerungen) beruhenden Leistungen werden bei der Auszahlung an den Zulageberechtigten nach § 22 Nr. 5 Satz 1 EStG besteuert. Sie sind vom aufnehmenden Anbieter entsprechend in die Mitteilung nach § 22 Nr. 5 Satz 7 EStG aufzunehmen und mit der Rentenbezugsmitteilung nach § 22a EStG zu melden (vgl. Rz. **193**). 157

Hat der abgebende Anbieter dem aufnehmenden Anbieter einen nach § 3 Nr. 55c EStG freizustellenden Betrag für den ungeförderten Teil des übertragenen Altersvorsorgevermögens i. H. v. 0 € gemeldet, weil z. B. bei einer unterstellten Auszahlung an den Zulageberechtigten im Zeitpunkt der Kapitalübertragung nach § 22 Nr. 5 Satz 2 i. V. m. § 20 Abs. 1 Nr. 6 EStG in der am 31. Dezember 2004 geltenden Fassung die Leistungen nicht der Besteuerung unterlägen hätten, dann wird dieser Teil des übertragenen Kapitals im Zeitpunkt der Auszahlung an den Zulageberechtigten nicht besteuert. Die sich aus dem übertragenen ungeförderten Kapital beim aufnehmenden Anbieter ergebenden Erträge und Wertsteigerungen werden nach § 22 Nr. 5 Satz 2 EStG steuerlich erfasst. Sie sind vom aufnehmenden Anbieter entsprechend in die Mitteilung nach § 22 Nr. 5 Satz 7 EStG aufzunehmen und mit der Rentenbezugsmitteilung nach § 22a EStG zu melden (vgl. Rz. **193**). 158

Eine Kapitalübertragung im Sinne des § 3 Nr. 55c EStG löst grundsätzlich eine Vertragsänderung im Sinne der Rzn. 67 ff. des BMF-Schreibens vom 1. Oktober 2009 (BStBl I S. 1172) **ergänzt durch BMF-Schreiben vom 6. März 2012 (BStBl I S. 238), 11. November 2016 (BStBl I S. 1238) und geändert durch BMF-Schreiben vom 18. Juni 2013 (BStBl I S. 768)** aus. Die vertraglichen Vereinbarungen des aufnehmenden Vertrags (z. B. zum frühestmöglichen Beginn der Auszahlungsphase) bleiben unberührt. 159

Beispiel 1: 160
A hat am 1. Januar 2008 einen versicherungsförmigen Altersvorsorgevertrag und einen Altersvorsorgevertrag in Form eines Fondssparplans abgeschlossen. Am 1. Januar 2011 erfolgt eine Kapitalübertragung des bisher auf dem versicherungsförmigen Altersvorsorgevertrag angesparten, ausschließlich ungeförderten Altersvorsorgevermögens i. H. v. 3.000 € auf den bestehenden Altersvorsorgevertrag in Form eines Fondssparplans. Im Übertragungswert sind 2.900 € an Beiträgen sowie Erträge enthalten. Mit der Vollendung seines 61. Lebensjahres am 1. April 2020 lässt sich A das auf seinem Altersvorsorgevertrag in Form eines Fondssparplans angesparte, ausschließlich ungeförderte Altersvorsorgevermögen i. H. v. insgesamt 30.000 € in einer Summe auszahlen. Darin enthalten sind 20.000 € Eigenbeiträge, 3.000 € Übertragungswert sowie Erträge. Von den Erträgen sind 800 € für den Übertragungswert nach der Kapitalübertragung angefallen.

Anhang 1a
Altersversorgung/Alterseinkünfte

Betrag, auf den nach § 22 Nr. 5 Satz 2 Buchstabe c i. V. m. § 20 Abs. 1 Nr. 6 EStG der hälftige Unterschiedsbetrag anzuwenden ist:

Altersvorsorgevermögen	30.000 €
abzügl. Übertragungswert	3.000 €
abzügl. für den Übertragungswert nach der Übertragung angefallene Erträge	800 €
abzügl. Eigenbeiträge	20.000 €
=	6.200 €

Da der Altersvorsorgevertrag in Form eines Fondssparplans vor dem 1. Januar 2012 abgeschlossen wurde und die Auszahlung nach dem 60. Lebensjahr des Steuerpflichtigen und nach Ablauf von zwölf Jahren seit dem Vertragsabschluss erfolgte, ist die Hälfte von den 6.200 €, also 3.100 € zu versteuern.

Betrag, auf den nach § 22 Nr. 5 Satz 2 Buchstabe c i. V. m. § 20 Abs. 1 Nr. 6 EStG der volle Unterschiedsbetrag anzuwenden ist:

Übertragungswert	3.000 €
zuzügl. für den Übertragungswert nach der Übertragung angefallene Erträge	800 €
abzügl. Eigenbeiträge im Übertragungswert	2.900 €
=	900 €

Da der Übertragungswert als Neuvertrag zu behandeln ist und die Auszahlung vor dem Ablauf von 12 Jahren seit dem Vertragsabschluss dieses Neuvertrags erfolgt, sind bezogen auf diesen Neuvertrag die 900 € **voll** zu versteuern.

Insgesamt sind somit 3.100 € + 900 € = 4.000 € zu versteuern.

Beispiel 2:
B hat am 1. Januar 2008 einen versicherungsförmigen Altersvorsorgevertrag und einen Altersvorsorgevertrag in Form eines Banksparplans abgeschlossen. Am 1. Januar 2013 erfolgt eine Kapitalübertragung des bisher auf dem versicherungsförmigen Altersvorsorgevertrag angesparten, ausschließlich geförderten Altersvorsorgevermögens **i. H. v.** 3.250 € auf den bestehenden Altersvorsorgevertrag in Form eines Banksparplans. Im Übertragungswert sind 2.919 € an Beiträgen, 231 € an Zulagen sowie Erträge enthalten. Mit der Vollendung seines 61. Lebensjahres am 1. April 2025 lässt sich B das auf seinem Altersvorsorgevertrag in Form eines Banksparplans angesparte, ausschließlich geförderte Altersvorsorgevermögen **i. H. v.** insgesamt 36.000 € in einer Summe auszahlen. Darin enthalten sind 26.800 € Eigenbeiträge, 1.848 € Zulagen (ohne die Zulagen aus dem Übertragungswert), 3.250 € Übertragungswert sowie Erträge. Von den Erträgen sind 800 € für den Übertragungswert nach der Kapitalübertragung angefallen. Für das geförderte Altersvorsorgevermögen hat er insgesamt einen Steuervorteil von 2.200 € erhalten.

Zur Auszahlung gelangen:

Altersvorsorgevermögen	36.000 €
abzügl. Zulagen (einschließlich der Zulagen aus dem Übertragungswert)	2.079 €
abzügl. Steuervorteil	2.200 €
=	31.721 €

Betrag auf den nach § 22 Nr. 5 Satz 3 i. V. m. § 22 Nr. 5 Satz 2 Buchstabe c i. V. m. § 20 Abs. 1 Nr. 6 EStG der hälftige Unterschiedsbetrag anzuwenden ist:

Altersvorsorgevermögen	36.000 €
abzügl. Zulagen (ohne Zulagen aus dem Übertragungswert)	1.848 €
abzügl. Übertragungswert	3.250 €
abzügl. für den Übertragungswert nach der Übertragung angefallene Erträge	800 €
abzügl. Eigenbeiträge	26.800 €
=	3.302 €

Da der Altersvorsorgevertrag in Form eines Banksparplans vor dem 1. Januar 2012 abgeschlossen wurde und die Auszahlung nach dem 60. Lebensjahr des Steuerpflichtigen und

Anhang 1a
Altersversorgung/Alterseinkünfte

nach Ablauf von zwölf Jahren seit dem Vertragsabschluss erfolgte, ist die Hälfte von den 3.302 €, also 1.651 € zu versteuern.

Betrag auf den nach § 22 Nr. 5 Satz 3 i. V. m. § 22 Nr. 5 Satz 2 Buchstabe c i. V. m. § 20 Abs. 1 Nr. 6 EStG der volle Unterschiedsbetrag anzuwenden ist:

Übertragungswert	3.250 €
zuzügl. für den Übertragungswert nach der Übertragung angefallene Erträge	800 €
abzügl. Zulagen im Übertragungswert	231 €
abzügl. Eigenbeiträge im Übertragungswert	2.919 €
=	900 €

Da der Übertragungswert als Neuvertrag zu behandeln ist und dieser Neuvertrag nach dem 31. Dezember 2011 abgeschlossen wurde, sind bezogen auf diesen Neuvertrag die 900 € **voll** zu versteuern, weil die Auszahlung vor dem 62. Lebensjahr des Steuerpflichtigen erfolgte.

Insgesamt sind somit 1.651 € + 900 € = 2.551 € zu versteuern.

Ergibt sich nach der Kapitalübertragung eine Änderung, die Auswirkung auf die Aufteilung des übertragenen Altersvorsorgevermögens in einen geförderten und einen ungeförderten Anteil hat, so hat der aufnehmende Anbieter eine neue Aufteilung des übertragenen Altersvorsorgevermögens vorzunehmen. Erfolgte die Kapitalübertragung vor dem 8. August 2012 und liegen dem aufnehmenden Anbieter keine jahresbezogenen Aufteilungen hinsichtlich des geförderten und ungeförderten übertragenen Altersvorsorgevermögens vor, wird es nicht beanstandet, wenn eine für diesen Zeitraum erforderliche neue Aufteilung nach einem beitragsproportionalen Verfahren vorgenommen wird. Bei der späteren Leistungsauszahlung hat der Anbieter den entsprechend angepassten nach § 3 Nr. 55c Satz 1 EStG steuerfreien Betrag bei der Mitteilung nach § 22 Nr. 5 Satz 7 EStG und der Rentenbezugsmitteilung nach § 22a EStG zu berücksichtigen (vgl. Rz. **193**).

Beispiel 1:
A hat am 1. Januar 2002 einen versicherungsförmigen Altersvorsorgevertrag abgeschlossen. Im Jahr 2013 wird das Altersvorsorgevermögen auf seinen im Jahr 2013 abgeschlossenen Altersvorsorgevertrag in Form eines Fondssparplans übertragen.

Das übertragene geförderte Altersvorsorgevermögen wird nach § 3 Nr. 55c EStG steuerfrei gestellt, da die Leistungen, die auf dem geförderten Altersvorsorgevermögen beruhen, im Zeitpunkt der Übertragung zu steuerpflichtigen Einkünften nach § 22 Nr. 5 EStG führen würden. Vom übertragenen ungeförderten Altersvorsorgevermögen wird der Unterschiedsbetrag zwischen der Leistung und der Summe der auf sie entrichteten Beiträge nach § 3 Nr. 55c EStG steuerfrei gestellt (vgl. Rz. **156**).

Zwei Jahre nach der Übertragung des Altersvorsorgevermögens beginnt die Auszahlungsphase des Altersvorsorgevertrags. Das geförderte Kapital wird im Rahmen eines Auszahlungsplans mit einer Teilkapitalverrentung ab dem 85. Lebensjahr ausgezahlt. Das ungeförderte Kapital erhält A als Einmalauszahlung.

	Gefördertes AV in €	Ungefördertes AV in €
Beiträge 1. Vertrag	23.012	10.460
Zulagen 1. Vertrag	3.388	
Erträge 1. Vertrag	8.000	3.000
Altersvorsorgevermögen zum Zeitpunkt der Kapitalübertragung	34.400	13.460

Anhang 1a

Altersversorgung/Alterseinkünfte

Nach § 3 Nr. 55c EStG gefördertes Altersvorsorgevermögen (bisher nach anderen Vorschriften gefördert)	34.400	
Bisher ungefördertes jetzt gefördertes Altersvorsorgevermögen (§ 3 Nr. 55c EStG)	3.000	– 3.000
Altersvorsorgevermögen nach dem Zeitpunkt der Kapitalübertragung	37.400	10.460
Erträge nach Kapitalübertragung	(1.400 + 122 =) 1.522	428
Tatsächliche Auszahlung	38.922	10.888

Die Auszahlung des übertragenen geförderten Kapitals im Rahmen eines Auszahlungsplans mit einer Teilkapitalverrentung ab dem 85. Lebensjahr ist wegen der Steuerfreistellung nach § 3 Nr. 55c EStG steuerpflichtig nach § 22 Nr. 5 Satz 1 EStG. Die Besteuerung der Einmalauszahlung aus dem übertragenen ungeförderten Kapital erfolgt nach § 22 Nr. 5 Satz 2 Buchstabe c EStG. Danach ist der steuerpflichtige Unterschiedsbetrag zwischen der Leistung und der Summe der auf sie entrichteten Beiträge wie folgt zu ermitteln: 10.888 € – 10.460 € = 428 €. Die Anwendung des hälftigen Unterschiedsbetrags (§ 22 Nr. 5 Satz 2 Buchstabe c EStG) kommt nicht in Betracht, da die Laufzeit des zweiten Vertrags von A nur zwei Jahre betragen hat.

164 **Beispiel 2:**
A hat am 1. Januar 2002 einen Altersvorsorgevertrag in Form eines Fondssparplans abgeschlossen. Im Jahr 2013 wird das Altersvorsorgevermögen auf seinen im Jahr 2013 abgeschlossenen Altersvorsorgevertrag in Form eines Banksparplans übertragen.

Das übertragene geförderte Altersvorsorgevermögen wird nach § 3 Nr. 55c EStG steuerfrei gestellt, da die Leistungen, die auf dem geförderten Altersvorsorgevermögen beruhen, im Zeitpunkt der Übertragung zu steuerpflichtigen Einkünften nach § 22 Nr. 5 EStG führen würden. Vom übertragenen ungeförderten Altersvorsorgevermögen wird der Unterschiedsbetrag zwischen der Leistung und der Summe der auf sie entrichteten Beiträge nach § 3 Nr. 55c EStG steuerfrei gestellt. Da A einen Verlust erzielt hat, sind negative Erträge zu berücksichtigen.

	Gefördertes AV in €	Ungefördertes AV in €
Beiträge 1. Vertrag	23.012	10.460
Zulagen 1. Vertrag	3.388	
Erträge 1. Vertrag	– 80	– 30
Altersvorsorgevermögen zum Zeitpunkt der Kapitalübertragung	26.320	10.430
Nach § 3 Nr. 55c EStG gefördertes Altersvorsorgevermögen (bisher nach anderen Vorschriften gefördert)	26.320	
Bisher ungefördertes jetzt gefördertes Altersvorsorgevermögen (§ 3 Nr. 55c EStG)	0	0
Verlustverrechnung	– 30	30
Altersvorsorgevermögen nach dem Zeitpunkt der Kapitalübertragung	26.290	10.460
Erträge nach Kapitalübertragung	1.060	428
Tatsächliche Auszahlung	27.350	10.888

Die Auszahlung des übertragenen geförderten Kapitals im Rahmen eines Auszahlungsplans mit einer Teilkapitalverrentung ab dem 85. Lebensjahr ist wegen der Steuerfreistellung nach § 3 Nr. 55c EStG steuerpflichtig nach § 22 Nr. 5 Satz 1 EStG. Die Besteuerung der Einmalauszahlung aus dem übertragenen ungeförderten Kapital erfolgt nach § 22 Nr. 5 Satz 2

Anhang 1a
Altersversorgung/Alterseinkünfte

Buchstabe c EStG. Danach ist der steuerpflichtige Unterschiedsbetrag zwischen der Leistung und der Summe der auf sie entrichteten Beiträge wie folgt zu ermitteln: 10.888 € – 10.460 € = 428 €. Die Anwendung des hälftigen Unterschiedsbetrags (§ 22 Nr. 5 Satz 2 Buchstabe c EStG) kommt nicht in Betracht, da die Laufzeit des zweiten Vertrags von A nur zwei Jahre betragen hat.

Beispiel 3:
Der 1957 geborene A hat am 1. Januar 2005 einen versicherungsförmigen Altersvorsorgevertrag abgeschlossen. Im Jahr 2018 wird das Altersvorsorgevermögen auf seinen im Jahr 2018 abgeschlossenen Altersvorsorgevertrag in Form eines Fondssparplans übertragen. Das übertragene geförderte Altersvorsorgevermögen wird nach § 3 Nr. 55c EStG steuerfrei gestellt, da die Leistungen, die auf dem geförderten Altersvorsorgevermögen beruhen, im Zeitpunkt der Übertragung zu steuerpflichtigen Einkünften nach § 22 Nr. 5 EStG führen würden. Vom übertragenen ungeförderten Altersvorsorgevermögen wird der hälftige Unterschiedsbetrag zwischen der Leistung und der Summe der auf sie entrichteten Beiträge nach § 3 Nr. 55c EStG steuerfrei gestellt, weil der ursprüngliche Altersvorsorgevertrag zum Zeitpunkt der Übertragung bereits eine Laufzeit von 12 Jahren erreicht und A sein 60. Lebensjahr bereits vollendet hatte.

Zwei Jahre nach der Übertragung des Altersvorsorgevermögens beginnt die Auszahlungsphase des Altersvorsorgevertrags. Das geförderte Kapital wird im Rahmen eines Auszahlungsplans mit einer Teilkapitalverrentung ab dem 85. Lebensjahr ausgezahlt. Das ungeförderte Kapital erhält A als Einmalauszahlung.

	Gefördertes AV in €	Ungefördertes AV in €
Beiträge 1. Vertrag	23.012	10.460
Zulagen 1. Vertrag	3.388	
Erträge 1. Vertrag	8.000	3.000
Altersvorsorgevermögen zum Zeitpunkt der Kapitalübertragung	34.400	13.460
Nach § 3 Nr. 55c EStG gefördertes Altersvorsorgevermögen (bisher nach anderen Vorschriften gefördert)	34.400	
Bisher ungefördertes jetzt gefördertes Altersvorsorgevermögen (§ 3 Nr. 55c EStG)	1.500	– 1.500
Altersvorsorgevermögen nach dem Zeitpunkt der Kapitalübertragung	35.900	11.960
Erträge nach Kapitalübertragung	(1.400 + 61 =) 1.461	489
Tatsächliche Auszahlung	37.361	12.449

Die Auszahlung des übertragenen geförderten Kapitals im Rahmen eines Auszahlungsplans mit einer Teilkapitalverrentung ab dem 85. Lebensjahr ist wegen der Steuerfreistellung nach § 3 Nr. 55c EStG steuerpflichtig nach § 22 Nr. 5 Satz 1 EStG. Die Besteuerung der Einmalauszahlung aus dem übertragenen ungeförderten Kapital erfolgt nach § 22 Nr. 5 Satz 2 Buchstabe c EStG. Danach ist der steuerpflichtige Unterschiedsbetrag zwischen der Leistung und der Summe der auf sie entrichteten Beiträge wie folgt zu ermitteln: 12.449 € – 11.960 € = 489 €. Die Anwendung des hälftigen Unterschiedsbetrags (§ 22 Nr. 5 Satz 2 Buchstabe c EStG) kommt nicht in Betracht, da die Laufzeit des zweiten Vertrags von A nur zwei Jahre betragen hat.

Die Regelungen der Rzn. **150** bis **165** können auch für vor dem 14. Dezember 2011 (Inkrafttreten des Beitreibungsrichtlinien-Umsetzungsgesetzes) durchgeführte Vertragswechsel angewendet werden.

7. Wohnförderkonto

167 Das im Wohneigentum gebundene steuerlich geförderte Altersvorsorgekapital wird nach § 22 Nr. 5 EStG nachgelagert besteuert und zu diesem Zweck in einem vertragsbezogenen Wohnförderkonto erfasst (Altersvorsorgevertrag mit Wohnförderkonto). Das Wohnförderkonto wird unabhängig vom Zeitpunkt der Eröffnung durch die ZfA geführt. Im Wohnförderkonto hat die ZfA die geförderten Tilgungsbeiträge (vgl. Rzn. **31** bis **36** und **38**), die hierfür gewährten Zulagen sowie den entnommenen Altersvorsorge-Eigenheimbetrag zu erfassen. Die ZfA teilt dem Anbieter eines Altersvorsorgevertrags, zu dem sie ein Wohnförderkonto führt, jährlich den Stand des Wohnförderkontos mit.

168 Die Tilgungsleistungen für ein zur wohnungswirtschaftlichen Verwendung in Anspruch genommenes Darlehen werden in das Wohnförderkonto eingestellt, wenn die ZfA die Steuerverstrickung dieser Tilgungsleistungen (§ 90 Abs. 2 Satz 6 EStG) dem Anbieter mitteilt. Die Zulagen für Tilgungsleistungen werden in das Wohnförderkonto eingestellt, wenn die ZfA die Auszahlung an den Anbieter zur Gutschrift auf den Altersvorsorgevertrag veranlasst. Zulagen für Tilgungsleistungen, die erst nach der vollständigen Tilgung des Darlehens ausgezahlt werden, müssen vom Anbieter unmittelbar an den Zulageberechtigten weitergereicht werden. Diese Zulagen werden im Wohnförderkonto erfasst. Zulagen für Tilgungsleistungen, die erst nach Beginn der Auszahlungsphase **ausgezahlt** werden, müssen vom Anbieter an den Anleger weitergereicht werden. **In diesem Fall** werden diese Zulagen nicht im Wohnförderkonto erfasst. Die dazugehörigen Tilgungsleistungen werden rückwirkend zum letzten Tag vor Beginn der Auszahlungsphase in das Wohnförderkonto eingestellt.

169 Beiträge, die nach § 82 Abs. 1 Satz 3 EStG als Tilgungsleistungen gelten (Rzn. **33** und **38**), werden erst im Zeitpunkt der unmittelbaren Darlehenstilgung einschließlich der zur Tilgung eingesetzten Zulagen und Erträge in das Wohnförderkonto eingestellt (§ 92a Abs. 2 Satz 2 EStG). **Der Anbieter hat spätestens bis zum Ablauf des zweiten Monats, der auf den Monat der unmittelbaren Darlehenstilgung folgt, das zur Ablösung verwendete geförderte Altersvorsorgevermögen an die ZfA zu melden.** Die zur Tilgung eingesetzten ungeförderten Beiträge einschließlich der darauf entfallenden Erträge fließen dem Zulageberechtigten im Zeitpunkt der Ablösung des Vorfinanzierungsdarlehens zu; die Erträge unterliegen der Besteuerung (Rzn. **134** ff.).

170 Wird vor dem Zeitpunkt der Darlehenstilgung die Selbstnutzung der geförderten Wohnung aufgegeben, **sind** die als Tilgungsleistungen behandelten Beiträge (§ 82 Abs. 1 Satz 3 EStG), die dafür gewährten Zulagen und die entsprechenden Erträge **vom Anbieter an die ZfA zu melden und** in das Wohnförderkonto auf**zunehmen; anschließend sind** die Regelungen des § 92a Abs. 3 EStG (vgl. Rz. **279**) anzuwenden (§ 92a Abs. 3 Satz 8 EStG; **vgl. Rz. 280**). Der Anbieter hat im Zeitpunkt der unmittelbaren Darlehenstilgung die als Tilgungsleistung geltenden Beiträge an die ZfA zu melden. Hinsichtlich des ungeförderten Altersvorsorgevermögens ist Rz. **189** Satz 1 entsprechend anzuwenden.

171 Der sich aus dem Wohnförderkonto ergebende Gesamtbetrag ist in der Ansparphase jährlich um 2 % zu erhöhen. Diese Erhöhung erfolgt – unabhängig vom Zeitpunkt der Einstellung der entsprechenden Beträge ins Wohnförderkonto – nach Ablauf des jeweiligen Beitragsjahres; letztmals ist sie im Zeitpunkt des Beginns der Auszahlungsphase vorzunehmen.

172 **Beispiel:**
Der am 5. Februar 1970 geborene Zulageberechtigte hat in seinem zertifizierten Darlehensvertrag mit dem Anbieter vereinbart, dass die Auszahlungsphase am 1. Februar 2035 beginnt. Das Darlehen wurde im Jahr 2033 vollständig getilgt. Der Gesamtbetrag des Wohnförderkontos am 31. Dezember 2034 beträgt nach der Erhöhung um 2 % 30.000 €.

Anhang 1a
Altersversorgung/Alterseinkünfte

Das Wohnförderkonto wird letztmals zum 1. Februar 2035 für 2035 um 2 % auf 30.600 € erhöht. Im Fall der jährlichen Teilauflösung (Rz. **176**) ist dieser Betrag in den Veranlagungszeiträumen 2035 bis 2055 **i. H. v.** 1/21 von 30.600 € = 1.457,14 € zu versteuern. Wählt der Zulageberechtigte die Auflösung des Wohnförderkontos (Rz. **179**), werden im Veranlagungszeitraum 2035 70 % von 30.600 € = 21.420 € versteuert.

Das Wohnförderkonto wird vermindert um Zahlungen des Zulageberechtigten, die dieser – soweit Vertragsvereinbarungen nicht entgegen stehen – bis zum Beginn der Auszahlungsphase auf einen auf seinen Namen lautenden Altersvorsorgevertrag zur Minderung der in das Wohnförderkonto eingestellten Beträge leistet. Die zur Minderung des Wohnförderkontos geleisteten Beträge (Minderungsbeträge) sind keine Altersvorsorgebeiträge (§ 82 Abs. 4 Nr. 4 EStG); insoweit kann keine erneute Förderung beansprucht werden. Sie stellen jedoch gefördertes Altersvorsorgevermögen dar, welches im Fall einer schädlichen Verwendung bei der Berechnung des Rückzahlungsbetrags (§ 94 EStG) zu berücksichtigen ist. Hierbei bestimmt sich der Rückzahlungsbetrag nach der Förderung, die für die in das Wohnförderkonto eingestellten und durch die Zahlung getilgten Beträge gewährt wurde. **Für die Anwendung des § 22 Nr. 5 Satz 2 EStG ist auf die Art des Vertrags abzustellen, aus welchem die schädliche Verwendung des Altersvorsorgevermögens erfolgte.** 173

Beispiel: 174
Der Stand des Wohnförderkontos des Zulageberechtigten beträgt 10.000 €. Dieser Betrag setzt sich aus eingestellten Zulagen (4.000 €), Tilgungsleistungen (5.000 €) und dem Erhöhungsbetrag (1.000 €) zusammen. Neben den Zulagen hat der Zulageberechtigte noch einen über die Zulage hinausgehenden Steuervorteil (§ 10a EStG) **i. H. v.** 800 € erhalten. Der Zulageberechtigte entscheidet sich, Einzahlungen auf einen zertifizierten Altersvorsorgevertrag **in Form eines Fondssparplans** zur Minderung seines Wohnförderkontos **i. H. v.** 5.000 € vorzunehmen. Auf dem Wohnförderkonto verbleiben somit 5.000 €. Auf dem neu abgeschlossenen Altersvorsorgevertrag gehen in den nächsten zehn Jahren keine zusätzlichen Einzahlungen ein. Das angesparte Altersvorsorgevermögen einschließlich der Erträge beläuft sich nach zehn Jahren auf insgesamt 6.100 €. Jetzt verwendet der Zulageberechtigte das geförderte Altersvorsorgevermögen schädlich.

Zur Auszahlung gelangen:

Altersvorsorgevermögen	6.100 €
abzüglich Zulagen	2.000 €
abzüglich Steuervorteil	400 €
=	3.700 €

Betrag nach § 22 Nr. 5 Satz 3 EStG

Altersvorsorgevermögen	6.100 €
abzüglich Zulagen	2.000 €
=	4.100 €

Auf diesen Betrag ist § 22 Nr. 5 Satz 2 Buchstabe c EStG anzuwenden.

Maßgebender Betrag	4.100 €
abzüglich eingezahlte Beträge (Tilgungsleistungen)	2.500 €
=	1.600 €

Nach § 22 Nr. 5 Satz 2 Buchstabe c EStG sind 1.600 € zu versteuern.

Das Wohnförderkonto bleibt von der schädlichen Verwendung unberührt.

Der Anbieter hat die Einzahlung von Minderungsbeträgen der ZfA mitzuteilen; **die ZfA teilt dem Anbieter daraufhin den von ihr als Minderungsbetrag verwendeten Betrag mit.** Der Zulageberechtigte kann die Einzahlung auch an einen anderen Anbieter leisten als an den, für dessen Altersvorsorgevertrag die ZfA das Wohnförderkonto führt. 175

Anhang 1a
Altersversorgung/Alterseinkünfte

In diesem Fall hat der Zulageberechtigte dem Anbieter, an den die Einzahlung erfolgt, die Vertragsdaten des Altersvorsorgevertrags mit Wohnförderkonto mitzuteilen. Diese Daten hat der Anbieter im Rahmen seiner Datenübermittlung über die erfolgte Einzahlung der ZfA mitzuteilen. Die ZfA schließt das bisherige Wohnförderkonto und führt es ab dem Zeitpunkt der Einzahlung für den Altersvorsorgevertrag weiter, auf dem die Einzahlung erfolgt ist. Die Schließung des Wohnförderkontos teilt sie dem Anbieter des bisherigen Vertrags mit Wohnförderkonto mit. Dies gilt entsprechend für Zahlungen nach § 92a Abs. 3 Satz 9 Nr. 2 EStG (Einzahlung der in das Wohnförderkonto eingestellten Beträge bei Aufgabe der Selbstnutzung).

176 Eine weitere Verminderung des Wohnförderkontos erfolgt durch den jährlichen Verminderungsbetrag (§ 92a Abs. 2 Satz 5 EStG), der nachgelagert besteuert wird (§ 22 Nr. 5 Satz 4 EStG). Dieser Betrag stellt eine jährliche Teilauflösung des Wohnförderkontos dar. Er ergibt sich, indem zu Beginn der Auszahlungsphase der im Wohnförderkonto eingestellte Gesamtbetrag einschließlich des darin enthaltenen Erhöhungsbetrags zu gleichen Teilen auf die Jahre bis zur Vollendung des 85. Lebensjahres verteilt wird (vgl. auch Beispiel unter Rz. **172**).

177 Der Beginn der Auszahlungsphase ergibt sich grundsätzlich aus den vertraglichen Vereinbarungen. Er muss zwischen der Vollendung des 60. und des 68. Lebensjahres des Zulageberechtigten liegen (§ 92a Abs. 2 Satz 5 EStG). Der vereinbarte Zeitpunkt kann zwischen Anbieter und Zulageberechtigtem einvernehmlich bis zu Beginn der Auszahlungsphase geändert werden. Soweit der Vertrag keine anders lautende Vereinbarung enthält, gilt als Beginn der Auszahlungsphase die Vollendung des 67. Lebensjahres. **Sieht der Altersvorsorgevertrag einen von § 92a Abs. 2 Satz 5 EStG abweichenden Auszahlungsbeginn vor, dann handelt es sich bei einer entsprechenden Kapitalentnahme nicht um eine Verwendung im Sinne des § 92a EStG, sondern um eine schädliche Verwendung im Sinne des § 93 EStG. Dies gilt ggf. auch rückwirkend, wenn nach der Entnahme der Beginn der Auszahlungsphase auf einen Zeitpunkt nach Vollendung des 68. Lebensjahres geändert wird.**

Für neu zertifizierte Verträge ab 2018 gilt: Eine Verschiebung des Beginns der Auszahlungsphase über das 68. Lebensjahr des Zulageberechtigten hinaus ist unschädlich, sofern es sich um eine Verschiebung im Zusammenhang mit der Abfindung einer Kleinbetragsrente auf Grund der Regelung nach § 1 Abs. 1 Satz 1 Nr. 4 Buchstabe a AltZertG handelt (§ 92a Abs. 2 Satz 5 letzter Halbsatz EStG).

Beispiel 1:
Z entnimmt im Jahr 2017 einen Altersvorsorge-Eigenheimbetrag i. H. v. 20.000 € aus seinem geförderten Altersvorsorgevermögen. Der Beginn der Auszahlungsphase war auf die Vollendung des 67. Lebensjahres festgelegt. Im Jahr 2019 entscheidet sich Z, den Beginn der Auszahlungsphase auf die Vollendung des 70. Lebensjahres zu verschieben.
Dies führt rückwirkend zu einer schädlichen Verwendung des entnommenen Betrags, da die Bedingungen des § 92a Abs. 2 Satz 5 EStG nicht mehr eingehalten werden.

Beispiel 2:
Z entnimmt einen Altersvorsorge-Eigenheimbetrag i. H. v. 20.000 € aus seinem geförderten Altersvorsorgevermögen. Der Beginn der Auszahlungsphase war auf die Vollendung des 68. Lebensjahres festgelegt. Der Anbieter teilt Z kurz vor Beginn der Auszahlungsphase mit, dass das im Altersvorsorgevertrag verbliebene Altersvorsorgevermögen nur eine Kleinbetragsrente ergeben wird und deshalb der Anspruch durch eine Einmalzahlung abgefunden wird. Z entscheidet sich fristgemäß innerhalb von 4 Wochen dazu, sich die Einmalzahlung erst im darauffolgenden Jahr (1. Januar) auszahlen zu lassen. Dies führt dazu, dass der Beginn der Auszahlungsphase auf einen Zeitpunkt nach Vollendung des 68. Lebensjahres verschoben wird. Die Verschiebung

Anhang 1a
Altersversorgung/Alterseinkünfte

ergibt sich aus der Ausübung seines Wahlrechts und ist hier unschädlich, da die Bedingungen des § 92a Abs. 2 Satz 5 letzter Halbsatz EStG eingehalten werden.

Gibt der Zulageberechtigte die Selbstnutzung der geförderten Wohnung nicht nur vorübergehend auf (Rz. 276), ist das Wohnförderkonto aufzulösen. Dies gilt auch für den Fall der Aufgabe der Reinvestitionsabsicht im Sinne des § 92a Abs. 3 Satz 9 Nr. 1 und 2 i. V. m. Satz 10 EStG (vgl. Abschnitt IV). Gleiches gilt, wenn der Zulageberechtigte in der Auszahlungsphase stirbt und das Wohnförderkonto noch nicht vollständig zurückgeführt worden ist. Der Auflösungsbetrag (§ 92a Abs. 3 Satz 5 EStG) gilt im Zeitpunkt der Aufgabe der Selbstnutzung als Leistung im Sinne des § 22 Nr. 5 Satz 1 EStG (§ 22 Nr. 5 Satz 4 EStG). Im Fall des Todes des Zulageberechtigten ist der Auflösungsbetrag noch dem Erblasser zuzurechnen, so dass in dessen letzter Einkommensteuererklärung die nachgelagerte Besteuerung vorgenommen wird. 178

Anstelle der sukzessiven Besteuerung durch Verminderung des Wohnförderkontos kann der Steuerpflichtige die einmalige Besteuerung wählen. Hierfür kann er **schon vor Beginn der Auszahlungsphase für einen Zeitpunkt ab Beginn der Auszahlungsphase als auch** jederzeit in der Auszahlungsphase verlangen, dass das Wohnförderkonto vollständig aufgelöst wird. Der Antrag ist bei der ZfA zu stellen. Im Fall eines wirksamen Antrags wird der Auflösungsbetrag (§ 92a Abs. 2 Satz 6 EStG) als der im Wohnförderkonto eingestellte Gesamtbetrag einschließlich des darin enthaltenen Erhöhungsbetrags zu 70 % der Besteuerung unterworfen (§ 22 Nr. 5 Satz 5 EStG; vgl. auch Beispiel unter Rz. 172). 179

Gibt der Zulageberechtigte die Selbstnutzung noch in dem Jahr auf, in dem er zuvor die vollständige Auflösung des Wohnförderkontos bei der ZfA beantragt hat, so ist der Auflösungsbetrag nicht zu 70 % der Besteuerung nach § 22 Nr. 5 Satz 5 EStG , sondern als Auflösungsbetrag nach § 92a Abs. 3 Satz 5 zu 100 % als Leistung nach § 22 Nr. 5 Satz 1 EStG zu erfassen. Der Bescheid nach § 92b Abs. 3 EStG ist zu korrigieren. 180

Gibt der Zulageberechtigte die Selbstnutzung der geförderten Wohnung nach der Einmalbesteuerung innerhalb einer Frist von 20 Jahren nicht nur vorübergehend auf, ist der bisher noch nicht besteuerte Betrag gestaffelt nach der Haltedauer im Zeitpunkt der Aufgabe der Selbstnutzung eineinhalbfach (innerhalb eines Zeitraums von zehn Jahren ab Beginn der Auszahlungsphase) oder einfach (in den nachfolgenden zehn Jahren) mit dem individuellen Steuersatz der Besteuerung zu unterwerfen (§ 22 Nr. 5 Satz 6 EStG). Der Tod des Zulageberechtigten führt hingegen nicht zu einer nachgelagerten Besteuerung des noch nicht erfassten Betrags. 181

Beispiel: 182
Der Zulageberechtigte bestimmt zum Beginn der Auszahlungsphase, die am 1. Juli 2034 beginnt, die Auflösung des Wohnförderkontos. Bei einer Aufgabe der Selbstnutzung in der Zeit vom 1. Januar **2035** bis einschließlich 30. Juni 2044 ist der bisher noch nicht besteuerte Betrag mit dem Eineinhalbfachen der Besteuerung zu unterwerfen, in der Zeit vom 1. Juli 2044 bis einschließlich 30. Juni 2054 mit dem Einfachen.

Geht im Rahmen der Regelung von Scheidungsfolgen bzw. der Aufhebung der Lebenspartnerschaft der Eigentumsanteil des Zulageberechtigten an der geförderten Wohnung ganz oder teilweise auf den anderen Ehegatten/Lebenspartner über, geht auch das Wohnförderkonto in Höhe des Anteils, der dem Verhältnis des übergegangenen Eigentumsanteils zum **ursprünglichen** Eigentumsanteil entspricht, mit allen Rechten und Pflichten auf den anderen Ehegatten/Lebenspartner über. 183

Beispiel: 184
Den Eheleuten A und B gehört die geförderte Wohnung (Einfamilienhaus) jeweils zu 50 %. Bei der Scheidung wird der Eigentumsanteil von A zur Hälfte auf B übertragen; A wohnt auch

Anhang 1a
Altersversorgung/Alterseinkünfte

nach der Scheidung weiterhin neben B in dem Haus. A und B haben jeweils ein Wohnförderkonto mit einem Stand von je 50.000 € zum Zeitpunkt der Scheidung. Mit dem Übergang des Eigentumsanteils geht auch das hälftige Wohnförderkonto – 25.000 € – auf B über.

185 Der Beginn der Besteuerung des auf den anderen Ehegatten/Lebenspartner übergegangenen Wohnförderkontos richtet sich nach dessen Lebensalter bzw. nach dem Beginn der Auszahlungsphase seines Vertrags. Hat der andere Ehegatte/Lebenspartner das Lebensalter für den vertraglich vereinbarten Beginn der Auszahlungsphase oder, soweit kein Beginn der Auszahlungsphase vereinbart wurde, das 67. Lebensjahr im Zeitpunkt des Übergangs des Wohnförderkontos bereits überschritten, so gilt als Beginn der Auszahlungsphase der Zeitpunkt des Übergangs des Wohnförderkontos.

186 Die Rzn. **183** bis **185** gelten entsprechend für Ehegatten/Lebenspartner, die im Zeitpunkt des Todes des Zulageberechtigten
- nicht dauernd getrennt gelebt haben (§ 26 Abs. 1 EStG) und
- ihren Wohnsitz oder gewöhnlichen Aufenthalt in einem **EU-/EWR**-Staat hatten.

187 Die ZfA stellt zu Beginn der vertraglich vereinbarten Auszahlungsphase oder, soweit kein Beginn der Auszahlungsphase vereinbart wurde, mit Vollendung des 67. Lebensjahres den Stand des Wohnförderkontos sowie den Verminderungsbetrag oder den Auflösungsbetrag (vgl. Rz. **179**) von Amts wegen gesondert fest. Hierzu hat ihr der Anbieter zu Beginn der Auszahlungsphase den vertraglich vereinbarten Auszahlungszeitpunkt mittels amtlich vorgeschriebenem Datensatz mitzuteilen. **Der Anbieter muss die Mitteilung spätestens bis zum Ablauf des zweiten Monats, der auf den Monat der unmittelbaren Darlehenstilgung oder des Beginns der Auszahlungsphase folgt, übersenden.**

8. Nachträgliche Änderung der Vertragsbedingungen

188 Erfüllt ein Altersvorsorgevertrag aufgrund nachträglicher Änderungen nicht mehr die Zertifizierungskriterien nach dem AltZertG, gilt im Zeitpunkt der Vertragsänderung das Altersvorsorgevermögen als zugeflossen. Wird bei einem Altersvorsorgevertrag nach § 1 Abs. 1a AltZertG das Darlehen nicht wohnungswirtschaftlich im Sinne des § 92a Abs. 1 Satz 1 EStG verwendet, erfolgt kein Zufluss, soweit das Altersvorsorgevermögen innerhalb eines Jahres nach Ablauf des Veranlagungszeitraumes, in dem die Darlehensauszahlung erfolgt, auf einen weiteren auf den Namen des Zulageberechtigten lautenden zertifizierten Vertrag übertragen wird.

189 Soweit ungefördertes Altersvorsorgevermögen zufließt, gelten die Ausführungen in Rzn. **128**, **143** bis **147**. Soweit gefördertes Altersvorsorgevermögen zufließt, finden die Regelungen der schädlichen Verwendung Anwendung (vgl. Rzn. **216** ff.).

9. Provisionserstattungen bei geförderten Altersvorsorgeverträgen

190 Abschluss- und Vertriebskosten eines Altersvorsorgevertrags, die dem Steuerpflichtigen erstattet werden, unterliegen der Besteuerung nach § 22 Nr. 5 Satz **8** EStG unabhängig davon, ob der Erstattungsbetrag auf den Altersvorsorgevertrag eingezahlt oder an den Steuerpflichtigen ausgezahlt wird.

10. Bonusleistungen bei geförderten Altersvorsorgeverträgen

191 Bonusleistungen, die im Zusammenhang mit einem Altersvorsorgevertrag stehen, z. B. Sonderauszahlungen oder Zins-Boni für die Nichtinanspruchnahme eines Bau-Darlehens, unterliegen ebenfalls der Besteuerung nach § 22 Nr. 5 EStG.

Anhang 1a
Altersversorgung/Alterseinkünfte

11. Vorweggenommene Werbungskosten
Die aus den Altersvorsorgebeiträgen geleisteten Aufwendungen eines Altersvorsorgevertrags (z. B. Abschluss-, Verwaltungskosten, Depotgebühren) mindern das Altersvorsorgevermögen und können nicht zusätzlich als vorweggenommene Werbungskosten in Zusammenhang mit Einkünften nach § 22 Nr. 5 EStG geltend gemacht werden.

192

12. Bescheinigungs- und Mitteilungspflicht des Anbieters
Nach § 22 Nr. 5 Satz 7 EStG hat der Anbieter beim erstmaligen Bezug von Leistungen sowie bei Änderung der im Kalenderjahr auszuzahlenden Leistungen dem Steuerpflichtigen nach amtlich vorgeschriebenem Vordruck den Betrag der im abgelaufenen Kalenderjahr zugeflossenen Leistungen **nach § 22 Nr. 5 Satz 1 bis 3 EStG** zu bescheinigen. In dieser Bescheinigung sind die Leistungen entsprechend den Grundsätzen in Rzn. **139 bis 191** gesondert auszuweisen. Zusätzlich hat der Anbieter bis zum **Ablauf des zweiten Kalendermonats** des Jahres, das auf das Jahr folgt, in dem eine Leistung nach § 22 Nr. 5 EStG einem Leistungsempfänger zugeflossen ist, unter Beachtung der im Bundessteuerblatt veröffentlichten Auslegungsvorschriften der Finanzverwaltung eine Rentenbezugsmitteilung nach § 22a EStG zu übermitteln (hierzu ausführlich: BMF-Schreiben vom **19. August 2013, BStBl I S. 1087 und BMF-Schreiben vom 7. Dezember 2011, BStBl I S. 1223**).

193

Wird bei einem Altersvorsorgevertrag nach Beginn der Auszahlungsphase noch eine Förderung gewährt oder eine gewährte Förderung zurückgefordert, ist die Aufteilung der Leistung hinsichtlich des Beruhens auf geförderten/nicht geförderten Beiträgen neu vorzunehmen. Die Bescheinigung(en) nach § 22 Nr. 5 Satz 7 EStG sowie die Rentenbezugsmitteilung(en) nach § 22a EStG sind ab Beginn der Auszahlungsphase zu korrigieren. Aus steuerrechtlicher Sicht bestehen keine Bedenken, wenn bei einer Rückforderung der Zulage nach Beginn der Auszahlungsphase im Einvernehmen zwischen dem Zulageberechtigten und dem Anbieter auf eine Neuberechnung der (Gesamt)Leistungshöhe verzichtet wird. In diesem Fall muss zwischen beiden Einigkeit bestehen, dass die vom Anbieter an die ZfA zurückgezahlte Zulage vom Zulageberechtigten beim Anbieter durch eine entsprechende Einzahlung oder durch eine Verrechnung mit auszuzahlenden Leistungen ausgeglichen wird.

194

III. Schädliche Verwendung von Altersvorsorgevermögen
1. Allgemeines
Nach den Regelungen des AltZertG und des § 93 EStG darf gefördertes Altersvorsorgevermögen, auf das § 10a oder Abschnitt XI des EStG angewandt wurde, nur wie folgt ausgezahlt werden:

195

frühestens
- mit Vollendung des 62. Lebensjahres (bei vor dem 1. Januar 2012 abgeschlossenen Verträgen grundsätzlich mit Vollendung des 60. Lebensjahres – § 14 Abs. 2 AltZertG)

  oder
- mit Beginn der Altersrente
  - aus der gesetzlichen Rentenversicherung

    oder
  - nach dem Gesetz über die Alterssicherung der Landwirte

  oder
- mit Beginn einer Versorgung nach beamten- oder soldatenversorgungsrechtlichen Regelungen wegen Erreichens der Altersgrenze

Anhang 1a
Altersversorgung/Alterseinkünfte

in monatlichen Leistungen in Form
- einer lebenslangen gleich bleibenden oder steigenden monatlichen Leibrente (§ 1 Abs. 1 Satz 1 Nr. 2 und 4 Buchstabe a AltZertG)

oder
- eines Auszahlungsplans mit gleich bleibenden oder steigenden Raten und unmittelbar anschließender lebenslanger Teilkapitalverrentung spätestens ab dem 85. Lebensjahr des Zulageberechtigten (§ 1 Abs. 1 Satz 1 Nr. 4 Buchstabe a AltZertG)

oder
- einer lebenslangen Verminderung des monatlichen Nutzungsentgelts für eine vom Zulageberechtigten selbst genutzte Genossenschaftswohnung (§ 1 Abs. 1 Satz 1 Nr. 4 Buchstabe b AltZertG)

oder
- einer zeitlich befristeten Verminderung des monatlichen Nutzungsentgelts für eine vom Zulageberechtigten selbst genutzte Genossenschaftswohnung mit einer anschließenden Teilkapitalverrentung ab spätestens dem 85. Lebensjahr des Zulageberechtigten (§ 1 Abs. 1 Satz 1 Nr. 4 Buchstabe b AltZertG)

oder
- einer Hinterbliebenenrente (§ 1 Abs. 1 Satz 1 Nr. 2 AltZertG)

oder
- einer Rente wegen verminderter Erwerbsfähigkeit oder Dienstunfähigkeit (§ 1 Abs. 1 Satz 1 Nr. 2 AltZertG)

außerhalb der monatlichen Leistungen
- in Form eines zusammengefassten Auszahlungsbetrags i. H. v. bis zu 12 Monatsleistungen (§ 1 Abs. 1 Satz 1 Nr. 4 Buchstabe a und b AltZertG; dies gilt auch bei einer Hinterbliebenen- oder Erwerbsminderungsrente)

oder
- die in der Auszahlungsphase anfallenden Zinsen und Erträge (§ 1 Abs. 1 Satz 1 Nr. 4 Buchstabe a und b AltZertG); hierbei handelt es sich um die bereits erwirtschafteten Zinsen und Erträge

oder
- in Form einer Auszahlung zur Abfindung einer Kleinbetragsrente im Sinne des § 93 Abs. 3 EStG (§ 1 Abs. 1 Satz 1 Nr. 4 Buchstabe a und b AltZertG; dies gilt auch bei einer Hinterbliebenen- oder Erwerbsminderungsrente); vgl. Rz. **200**

oder
- in Form einer einmaligen Teilkapitalauszahlung von bis zu 30 % des zu Beginn der Auszahlungsphase zur Verfügung stehenden Kapitals (§ 1 Abs. 1 Satz 1 Nr. 4 Buchstabe a und b AltZertG)

oder
- wenn der Vertrag im Verlauf der Ansparphase gekündigt und das gebildete geförderte Kapital auf einen anderen auf den Namen des Zulageberechtigten lautenden Altersvorsorgevertrag übertragen wird (§ 1 Abs. 1 Satz 1 Nr. 10 Buchstabe b AltZertG)

oder
- wenn im Fall der Aufgabe der Selbstnutzung der Genossenschaftswohnung, des Ausschlusses, des Ausscheidens des Mitglieds aus der Genossenschaft oder der Auflösung der Genossenschaft mindestens die eingezahlten Eigenbeiträge, Zulagen und die gutgeschriebenen Erträge auf einen auf den Namen des Zulageberechtigten

lautenden Altersvorsorgevertrag übertragen werden (§ 1 Abs. 1 Satz 1 Nr. 5 Buchstabe a AltZertG)

oder

- wenn im Fall der Verminderung des monatlichen Nutzungsentgelts für eine vom Zulageberechtigten selbst genutzte Genossenschaftswohnung der Vertrag bei Aufgabe der Selbstnutzung der Genossenschaftswohnung in der Auszahlungsphase gekündigt wird und das noch nicht verbrauchte Kapital auf einen anderen auf den Namen des Zulageberechtigten lautenden Altersvorsorgevertrag desselben oder eines anderen Anbieters übertragen wird (§ 1 Abs. 1 Satz 1 Nr. 11 AltZertG)

oder

- wenn im Fall des Versorgungsausgleichs aufgrund einer internen oder externen Teilung nach den §§ 10 oder 14 VersAusglG gefördertes Altersvorsorgevermögen auf einen auf den Namen der ausgleichsberechtigten Person lautenden Altersvorsorgevertrag oder eine nach § 82 Abs. 2 EStG begünstigte betriebliche Altersversorgung (einschließlich der Versorgungsausgleichskasse nach dem Gesetz über die Versorgungsausgleichskasse) übertragen wird (§ 93 Abs. 1a Satz 1 EStG)

oder

- wenn im Fall des Todes des Zulageberechtigten das geförderte Altersvorsorgevermögen auf einen auf den Namen des Ehegatten/Lebenspartners lautenden Altersvorsorgevertrag übertragen wird, wenn die Ehegatten/Lebenspartner im Zeitpunkt des Todes des Zulageberechtigten nicht dauernd getrennt gelebt haben (§ 26 Abs. 1 EStG) und ihren Wohnsitz oder gewöhnlichen Aufenthalt in einem EU-/EWR-Staat hatten

oder

- im Verlauf der Ansparphase als Altersvorsorge-Eigenheimbetrag im Sinne des § 92a EStG (§ 1 Abs. 1 Satz 1 Nr. 10 Buchstabe c AltZertG).

Der gesetzliche Forderungs- und Vermögensübergang nach § 9 BetrAVG und die gesetzlich vorgesehenen schuldbefreienden Übertragungen nach § 8 Abs. 1 BetrAVG sind ebenfalls förderunschädlich (vgl. § 93 Abs. 2 Satz 4 EStG). 196

Bei einem Altersvorsorgevertrag, bei dem die Auszahlung in Form eines Auszahlungsplans mit anschließender Teilkapitalverrentung vorgesehen ist, ist die Höhe der über die gesamte Auszahlungsphase (Auszahlungsplan und Teilkapitalverrentung) mindestens auszuzahlenden monatlichen Leistung wie folgt zu bestimmen: 197

- Auszahlungsplan:

    Das gesamte zu Beginn der Auszahlungsphase zur Verfügung stehende Kapital ist durch die Anzahl der Monate vom Beginn der Auszahlungsphase bis zum Beginn der Teilkapitalverrentung zu teilen. Das zu Beginn der Auszahlungsphase zur Verfügung stehende Kapital ist zu vermindern, um

    - das für die Teilkapitalverrentung spätestens ab dem 85. Lebensjahr eingesetzte Kapital,
    - den Betrag einer Einmalauszahlung von maximal 30 % sowie
    - den Betrag, der zur Entschuldung einer begünstigten Wohnung entnommen wurde.

    Wird vom Anbieter eine Mindestverzinsung garantiert, ist der errechnete monatliche Betrag um diese Mindestverzinsung zu erhöhen.

- Teilkapitalverrentung:

    Die monatliche Rente aus der Teilkapitalverrentung muss mindestens so hoch sein, wie die errechnete monatliche Leistung aus dem Auszahlungsplan.

Anhang 1a
Altersversorgung/Alterseinkünfte

198	Geringfügige Schwankungen in der Höhe der Altersleistungen sind unschädlich, sofern diese Schwankungen auf in einzelnen Jahren unterschiedlich hohen Überschussanteilen, Zinsen oder Erträgen beruhen. D. h., der auf Basis des zu Beginn der Auszahlungsphase garantierten Kapitals zzgl. der unwiderruflich zugeteilten Überschüsse bzw. zugesagten Zinsen oder Erträge zu errechnende Leistungsbetrag darf während der gesamten Auszahlungsphase nicht unterschritten werden. Aus Vereinfachungsgründen können darüber hinausgehende Leistungen auch außerhalb der monatlichen Leistungen ausgezahlt werden, unabhängig davon, ob es sich um Zinsen, Erträge, Überschussanteile, Wertsteigerungen oder Verkaufserlöse aus Fonds handelt.
199	Soweit der Vertrag Leistungen für den Fall der Erwerbsminderung oder eine Hinterbliebenenrente im Sinne des § 1 Abs. 1 Satz 1 Nr. 2 AltZertG vorsieht, dürfen diese im Versicherungsfall schon vor Erreichen der Altersgrenze zur Auszahlung kommen.
200	**Nach § 93 Abs. 3 Satz 1 EStG sind Auszahlungen zur Abfindung einer Kleinbetragsrente keine schädliche Verwendung. Die steuerunschädliche Kleinbetragsrentenabfindung ist jedoch ausschließlich zulässig** – zum ursprünglich vereinbarten Beginn der Auszahlungsphase, – (für ab 1. Januar 2018 zertifizierte Verträge) zum nach § 1 Abs. 1 Satz 1 Nr. 4 Buchstabe a AltZertG verschobenen Beginn der Auszahlungsphase auf den 1. Januar des darauffolgenden Jahres oder – wenn nach dem Beginn der Auszahlungsphase ein Versorgungsausgleich durchgeführt wird und sich dadurch die Rente verringert. **Hat die Auszahlungsphase bereits begonnen, ist im Übrigen keine steuerunschädliche Kleinbetragsrentenabfindung mehr zulässig, selbst wenn die sonstigen Voraussetzungen für eine Kleinbetragsrentenabfindung zu diesem späteren Zeitpunkt (noch) vorliegen.** Eine Kleinbetragsrente nach § 93 Abs. 3 EStG liegt vor, wenn bei gleichmäßiger Verteilung des zu Beginn der Auszahlungsphase zur Verfügung stehenden geförderten Kapitals – einschließlich einer eventuellen Teilkapitalauszahlung, jedoch ohne einen eventuellen Altersvorsorge-Eigenheimbetrag – über die gesamte Auszahlungsphase der Wert von 1 % der monatlichen Bezugsgröße (West) nach § 18 SGB IV nicht überschritten wird. Die monatliche Bezugsgröße zum 1. Januar **2018** beträgt **3.045 €**, so dass im Jahr **2018** eine Kleinbetragsrente bei einem monatlichen Rentenbetrag von nicht mehr als **30,45 €** vorliegt. Das geförderte Altersvorsorgevermögen von sämtlichen Verträgen bei einem Anbieter ist für die Berechnung zusammenzufassen.
201	Bestehen bei einem Anbieter mehrere Verträge, aus denen sich unterschiedliche Auszahlungstermine ergeben, liegt eine Kleinbetragsrente vor, wenn alle für die Altersversorgung zur Auszahlung kommenden Leistungen, die auf geförderten Altersvorsorgebeiträgen beruhen, den Wert von 1 % der monatlichen Bezugsgröße nach § 18 SGB IV nicht übersteigen. Stichtag für die Berechnung, ob die Voraussetzungen für das Vorliegen einer Kleinbetragsrente gegeben sind, ist der Tag des Beginns der Auszahlungsphase für den abzufindenden Vertrag. Bei Beginn der Auszahlung aus dem ersten Vertrag ist zu prognostizieren und festzuhalten, in welcher Höhe zukünftig Leistungen monatlich anfallen würden. Wird der Höchstwert nicht überschritten, liegen insgesamt Kleinbetragsrenten vor, die unschädlich abgefunden werden können. Wird der Höchstwert bei Auszahlung der weiteren Leistungen dennoch überschritten, z. B. wegen günstiger Konditionen am Kapitalmarkt, verbleibt es für die bereits abgefundenen Verträge bei der ursprünglichen Prognose; eine schädliche Verwendung tritt insoweit nicht ein. Für den bei Feststellung der Überschreitung des Höchstwerts zur Auszahlung anstehenden und alle weiteren Verträge mit späterem Auszahlungsbeginn kommt eine Abfindung nicht mehr in Betracht.

Für die Zusammenfassung (§ 93 Abs. 3 Satz 3 EStG) ist auf die sich aus der entsprechenden Absicherung des jeweiligen biometrischen Risikos ergebende Leistung abzustellen, wenn für dieses Risiko ein eigenes Deckungskapital gebildet wurde. Für die Prüfung, ob eine Kleinbetragsrente vorliegt, erfolgt die Zusammenfassung getrennt nach dem jeweils abgesicherten Risiko und dem jeweiligen Deckungskapital. In die Prüfung, ob eine Kleinbetragsrente vorliegt, sind nur die Leistungen einzubeziehen, die für den entsprechenden Versicherungsfall zur Auszahlung kommen. Eine nachträgliche Verschiebung von Deckungskapital mit dem Ziel, das Vorliegen der Voraussetzungen für eine Kleinbetragsrente herbeizuführen, ist nicht zulässig. 202

Für die Abfindung einer Altersrente kann eine solche Betrachtung erst zu Beginn der Auszahlungsphase dieser Rente vorgenommen werden. Verschiebt der Zulageberechtigte den Beginn der Auszahlung der Kleinbetragsrentenabfindung nach der Regelung des § 1 Satz 1 Nr. 4 Buchstabe a AltZertG (für ab 1. Januar 2018 zertifizierte Verträge) auf den 1. Januar des Folgejahres, ist nicht erneut zu prüfen, ob die Voraussetzungen für eine Kleinbetragsrentenabfindung vorliegen (§ 93 Abs. 3 Satz 1 EStG). **Dies gilt nicht, wenn zwischen dem ursprünglich vereinbarten und dem verschobenen Beginn der Auszahlungsphase eine Kapitalübertragung zugunsten des abzufindenden Vertrages stattfindet; in diesem Fall ist eine erneute Überprüfung des Vorliegens der Voraussetzungen für eine Kleinbetragsrentenabfindung auf den Stichtag des verschobenen Beginns der Auszahlungsphase vorzunehmen.** Die Auszahlung der Abfindung einer Kleinbetragsrente aus der Altersrente bereits vor Beginn der Auszahlungsphase ist eine schädliche Verwendung im Sinne des § 93 EStG. Bei Leistungen für den Fall der Erwerbsminderung oder bei Hinterbliebenenrenten im Sinne des § 1 Abs. 1 Satz 1 Nr. 2 AltZertG ist für den Beginn der Auszahlungsphase Rz. 199 zu beachten. 203[1])

Geht nach der Auszahlung der Kleinbetragsrentenabfindung beim Anbieter eine Zulagezahlung für den Anleger ein, hat dies keinen Einfluss auf das Vorliegen einer Kleinbetragsrente. Diese Zulage gehörte im Zeitpunkt des Beginns der Auszahlungsphase noch nicht zum zur Verfügung stehenden Altersvorsorgevermögen und ist daher nicht in die Berechnung des Höchstbetrags für die Kleinbetragsrentenabfindung einzubeziehen. 204

Die Zulage kann im Fall einer abgefundenen Altersrente vom Anbieter unmittelbar an den Zulageberechtigten weitergereicht werden. Sie ist in diesem Fall nicht in die Bescheinigung nach § 92 EStG als dem Vertrag gutgeschriebene Zulage aufzunehmen. Der Anbieter hat diese Zulage als Leistung nach § 22 Nr. 5 Satz 1 EStG zu behandeln und entsprechend nach § 22a EStG zu melden (vgl. Rz. **193**). **Ist der Zulageberechtigte zwischenzeitlich verstorben, ist die nachlaufende Zulage – unter den Voraussetzungen des vorhergehenden Satzes – an die Erben auszuzahlen; dies führt nicht zu einer schädlichen Verwendung im Sinne des § 93 EStG.** 205

Zulagen, die nach der Auszahlung der Kleinbetragsrentenabfindung wegen Erwerbsminderung beim Anbieter eingehen, sind dem Altersvorsorgevertrag für die Alters- und ggf. Hinterbliebenenabsicherung gutzuschreiben und nicht unmittelbar an den Zulageberechtigten **oder die Erben (bei Tod des Zulageberechtigten)** weiterzureichen. 206

Wird eine Hinterbliebenenrente aus einer zusätzlichen Hinterbliebenenrisikoabsicherung ohne Kapitalbildung gezahlt oder als Kleinbetragsrente abgefunden, darf eine nach dem Beginn der Auszahlungsphase für diese Hinterbliebenenrisikorente ermittelte Zulage nicht mehr an den/die Hinterbliebenen ausgezahlt werden. Sie fällt dem bisherigen Altersvorsorgekapital zu. 207

---

[1]) Rz. 203 wurde durch BMF vom 17.02.2020 (BStBl I S. 213) neu gefasst und ist in allen offenen Fällen anzuwenden.

208 Etwas anderes gilt für den Teil der Zulagen, der auf nach § 1 Abs. 1 Nr. 2 AltZertG angespartes gefördertes Altersvorsorgevermögen entfällt, das in Form einer Hinterbliebenenrente oder Abfindung einer Hinterbliebenenkleinbetragsrente an die in § 1 Abs. 1 Nr. 2 AltZertG genannten Hinterbliebenen ausgezahlt wird (d. h., für die Hinterbliebenenrente wird das bei Risikoeintritt vorhandene Kapital eingesetzt). Dieser Teil der Zulagen darf nach Beginn der Auszahlungsphase der Hinterbliebenenrente(n) an den/die Hinterbliebenen weitergereicht werden. Der Anbieter hat diesen Teil der Zulage als Leistung nach § 22 Nr. 5 Satz 1 EStG zu behandeln und entsprechend nach § 22a EStG zu melden (vgl. Rz. **193**).

209 **Die Rzn. 200 bis 208 gelten in den Fällen des § 93 Abs. 3 Satz 4 EStG entsprechend mit der Maßgabe, dass an die Stelle des Beginns der Auszahlungsphase der Zeitpunkt der Durchführung des Versorgungsausgleichs tritt.**

210 Die Entnahme des Teilkapitalbetrags von bis zu 30 % des zur Verfügung stehenden Kapitals aus dem Vertrag hat zu Beginn der Auszahlungsphase zu erfolgen. Eine Verteilung über mehrere Auszahlungszeitpunkte ist nicht möglich. Eine Kombination mit der Entnahme eines Altersvorsorge-Eigenheimbetrags zu Beginn der Auszahlungsphase ist zulässig, solange die Einschränkung der Entnahmemöglichkeit im Hinblick auf die Mindestentnahme- bzw. Restbeträge nach § 92a Abs. 1 Satz 1 EStG beachtet wird.

211 **Beispiel:**
Der Altersvorsorgevertrag des A enthält zu Beginn der Auszahlungsphase ein Altersvorsorgevermögen von 10.000 €, davon sind 7.000 € gefördert und 3.000 € ungefördert. Lässt sich A die maximal steuerunschädlich zulässige Teilkapitalauszahlung von 3.000 € (30 % von 10.000 €) auszahlen, kann er maximal 4.000 € als Altersvorsorge-Eigenheimbetrag entnehmen, weil bei einer solchen Teilentnahme mindestens 3.000 € im Altersvorsorgevertrag verbleiben müssen.

212 Soweit gefördertes Altersvorsorgevermögen, auf das § 10a oder Abschnitt XI des EStG angewandt wurde, nicht diesen gesetzlichen Regelungen entsprechend ausgezahlt wird, liegt eine schädliche Verwendung (§ 93 EStG) vor.

213 Erfolgt die Auszahlung des geförderten Altersvorsorgevermögens abweichend von den in Rz. **195** aufgeführten Möglichkeiten in Raten, z. B. als Rentenzahlung im Rahmen einer vereinbarten Rentengarantiezeit im Fall des Todes des Zulageberechtigten, so stellt jede Teilauszahlung eine anteilige schädliche Verwendung dar.

214 Wird nicht gefördertes Altersvorsorgevermögen (zur Abgrenzung von geförderten und nicht geförderten Beiträgen vgl. **Rzn. 131** ff.) abweichend von den in Rz. **195** aufgeführten Möglichkeiten verwendet, liegt keine schädliche Verwendung vor (Rzn. **234** f.).

2. Auszahlung von gefördertem Altersvorsorgevermögen

a) Möglichkeiten der schädlichen Verwendung

215 Eine schädliche Verwendung von gefördertem Altersvorsorgevermögen liegt beispielsweise in folgenden Fällen vor[1]:
– (Teil-)Kapitalauszahlung aus einem geförderten Altersvorsorgevertrag an den Zulageberechtigten während der Ansparphase oder nach Beginn der Auszahlungsphase (§ 93 Abs. 1 Satz 1 und 2 EStG), soweit das Kapital nicht als Altersvorsorge-Eigenheimbetrag (§ 1 Abs. 1 Satz 1 Nr. 10 Buchstabe c AltZertG i. V. m. § 93 Abs. 1 Satz 1 EStG), im Rahmen einer Rente, eines Auszahlungsplans oder einer Verminderung des monatlichen Nutzungsentgelts für eine vom Zulageberechtigten selbst

---

[1] Eine förderschädliche Auszahlung von Altersvorsorgevermögen liegt aufgrund der gebotenen objektiven Betrachtungsweise auch vor, wenn der Anbieter Zahlungen entgegen den in § 93 Abs. 1 Satz 1 genannten Voraussetzungen – wenn auch irrtümlich – vorgenommen hat (>BFH vom 16.12.2020 – BStBl II 2021 S. 527).

genutzte Genossenschaftswohnung im Sinne des § 1 Abs. 1 Satz 1 Nr. 4 Buchstabe a und b AltZertG oder als Abfindung einer Kleinbetragsrente ausgezahlt wird;
- (Teil-)Kapitalauszahlung aus gefördertem Altersvorsorgevermögen bei einer externen Teilung (§ 14 VersAusglG) im Rahmen des Versorgungsausgleichs, soweit das Kapital nicht unmittelbar zur Begründung eines Anrechts in einem Altersvorsorgevertrag oder in einer nach § 82 Abs. 2 EStG begünstigten betrieblichen Altersversorgung (einschließlich Versorgungsausgleichskasse) verwendet wird (vgl. Rz. **221**);
- Weiterzahlung der Raten oder Renten aus gefördertem Altersvorsorgevermögen an die Erben im Fall des Todes des Zulageberechtigten nach Beginn der Auszahlungsphase (§ 93 Abs. 1 Satz 2 EStG), sofern es sich nicht um eine Hinterbliebenenversorgung im Sinne des § 1 Abs. 1 Satz 1 Nr. 2 AltZertG handelt (§ 93 Abs. 1 Satz 4 Buchstabe a EStG); zu Heilungsmöglichkeiten für den überlebenden Ehegatten/Lebenspartner vgl. **Rzn.** 230 ff.;
- (Teil-)Kapitalauszahlung aus gefördertem Altersvorsorgevermögen im Fall des Todes des Zulageberechtigten an die Erben (§ 93 Abs. 1 Satz 2 EStG; zu Heilungsmöglichkeiten für den überlebenden Ehegatten/Lebenspartner vgl. Rzn. 230 ff.).

b) *Folgen der schädlichen Verwendung*

aa) Rückzahlung der Förderung

Liegt eine schädliche Verwendung von gefördertem Altersvorsorgevermögen vor, sind die darauf entfallenden während der Ansparphase gewährten Altersvorsorgezulagen und die nach § 10a Abs. 4 EStG gesondert festgestellten Steuerermäßigungen zurückzuzahlen (Rückzahlungsbetrag § 94 Abs. 1 EStG; vgl. Beispiel in Rz. **226**). Der Anbieter darf Kosten und Gebühren, die durch die schädliche Verwendung entstehen (z. B. Kosten für die Vertragsbeendigung), nicht mit diesem Rückzahlungsbetrag verrechnen. Abschluss- und Vertriebskosten im Sinne des § 1 Abs. 1 Satz 1 Nr. 8 AltZertG sowie bis zur schädlichen Verwendung angefallene Kosten im Sinne des § 7 Abs. 1 Satz 1 Nr. 1 und 2 und Beitragsanteile zur Absicherung der verminderten Erwerbsfähigkeit oder der Hinterbliebenenabsicherung im Sinne des § 1 Abs. 1 Satz 1 Nr. 3 AltZertG können dagegen vom Anbieter berücksichtigt werden, soweit sie auch angefallen wären, wenn die schädliche Verwendung nicht stattgefunden hätte. | 216

Wurde für ein Beitragsjahr bereits eine Zulage zugunsten eines Vertrags ausgezahlt, dessen steuerlich gefördertes Altersvorsorgevermögen anschließend schädlich verwendet wird, und gehen während der Antragsfrist noch weitere Zulageanträge für zugunsten anderer Verträge geleistete Beiträge ein, so werden neben dem Antrag zu dem zwischenzeitlich schädlich verwendeten Vertrag alle für dieses Beitragsjahr eingehenden rechtswirksamen Zulageanträge in die Zulageermittlung nach den Verteilungsvorschriften gem. § 87 Abs. 1 und § 89 Abs. 1 Satz 3 EStG einbezogen. | 217

Eine Rückzahlungsverpflichtung besteht nicht für den Teil der Zulagen, der auf nach § 1 Abs. 1 Nr. 2 AltZertG angespartes gefördertes Altersvorsorgevermögen entfällt, wenn es in Form einer Hinterbliebenenrente an die dort genannten Hinterbliebenen ausgezahlt wird. Dies gilt auch für den entsprechenden Teil der Steuerermäßigung. | 218

Im Fall der schädlichen Verwendung besteht ebenfalls keine Rückzahlungsverpflichtung für den Teil der Zulagen oder der Steuerermäßigung, der den Beitragsanteilen zuzuordnen ist, die für die Absicherung der verminderten Erwerbsfähigkeit und einer zusätzlichen Hinterbliebenenabsicherung ohne Kapitalbildung eingesetzt worden sind. | 219

Für den Fall der schädlichen Verwendung sowie für die Beitragszusage nach § 1 Abs. 1 Nr. 3 AltZertG ist zu beachten, dass nach dem Beginn der Auszahlungsphase einer Rente wegen Erwerbsminderung oder einer Abfindung einer Kleinbetragsrente wegen | 220

Anhang 1a
Altersversorgung/Alterseinkünfte

	Erwerbsminderung keine Beitragsanteile mehr der Absicherung der verminderten Erwerbsfähigkeit zuzuordnen sind.
221	Erfolgt aufgrund des § 6 VersAusglG eine Auszahlung aus gefördertem Altersvorsorgevermögen oder wird gefördertes Altersvorsorgevermögen aufgrund einer externen Teilung nach § 14 VersAusglG nicht im Rahmen des § 93 Abs. 1a Satz 1 EStG übertragen, treten die Folgen der schädlichen Verwendung zu Lasten der ausgleichspflichtigen Person ein. Dies gilt selbst dann, wenn die ausgleichsberechtigte Person das an sie im Rahmen einer Vereinbarung nach § 6 VersAusglG ausgezahlte Kapital wieder auf einen Altersvorsorgevertrag oder in eine nach § 82 Abs. 2 EStG begünstigte betriebliche Altersversorgung (einschließlich Versorgungsausgleichskasse) einzahlt. Die auf das ausgezahlte geförderte Altersvorsorgevermögen entfallenden Zulagen und die nach § 10a Abs. 4 EStG gesondert festgestellten Beträge sind zurückzuzahlen.
222	Werden dem Zulageberechtigten Raten im Rahmen eines Auszahlungsplans mit einer anschließenden Teilkapitalverrentung ab spätestens dem 85. Lebensjahr gezahlt und lässt er sich nach Beginn der Auszahlungsphase, aber vor Beginn der Teilkapitalverrentung, das gesamte für den Auszahlungsplan noch vorhandene Kapital auszahlen, handelt es sich um eine schädliche Verwendung des gesamten noch vorhandenen geförderten Altersvorsorgevermögens. Dies gilt selbst dann, wenn dem Anleger aus dem Teil des Kapitals, das als Einmalbetrag in eine Rentenversicherung eingezahlt wurde, ab spätestens dem 85. Lebensjahr eine Rente gezahlt wird. Deshalb sind auch die auf das gesamte zum Zeitpunkt der Teil-Kapitalentnahme noch vorhandene geförderte Altersvermögen entfallenden Zulagen und die nach § 10a Abs. 4 EStG gesondert festgestellte Beträge zurückzuzahlen.
223	Die Rückforderung erfolgt sowohl für die Zulagen als auch für die gesondert festgestellten Steuerermäßigungen durch die ZfA (siehe auch Rz. **97**). Die Rückforderung zieht keine Änderung von Einkommensteuer- oder Feststellungsbescheiden im Sinne des § 10a Abs. 4 EStG nach sich.
224	Verstirbt der Zulageberechtigte und wird steuerlich gefördertes Altersvorsorgevermögen schädlich verwendet (Rz. **215**), hat die Rückzahlung (Rz. **216**) vor der Auszahlung des Altersvorsorgevermögens an die Erben oder Vermächtnisnehmer zu erfolgen.
	bb) Besteuerung nach § 22 Nr. 5 Satz 3 EStG
225	§ 22 Nr. 5 Satz 3 EStG regelt die Besteuerung in den Fällen, in denen das ausgezahlte geförderte Altersvorsorgevermögen steuerschädlich verwendet wird (§ 93 EStG). Der Umfang der steuerlichen Erfassung richtet sich insoweit nach der Art der ausgezahlten Leistung (§ 22 Nr. 5 Satz 2 EStG). Hierbei sind **Rzn. 143** bis **166** zu beachten. Als ausgezahlte Leistung im Sinne des § 22 Nr. 5 Satz 2 EStG gilt das geförderte Altersvorsorgevermögen nach Abzug der Zulagen im Sinne des Abschnitts XI EStG. Die insoweit nach § 10a Abs. 4 EStG gesondert festgestellten, zurückgezahlten Beträge sind nicht in Abzug zu bringen. **Ein negativer Unterschiedsbetrag stellt dabei negative Einkünfte im Sinne des § 22 EStG dar, welche sowohl mit anderen Einkünften im Sinne des § 22 EStG als auch mit Einkünften aus anderen Einkunftsarten verrechnet werden können (horizontaler und vertikaler Verlustausgleich). Der negative Leistungsbetrag ist in der Rentenbezugsmitteilung anzugeben** (vgl. Rz. 38 des BMF-Schreibens vom 7. Dezember 2011, BStBl I S. 1223).
226	**Beispiel 1:** Der 50-jährige Steuerpflichtige hat zugunsten eines Altersvorsorgevertrags ausschließlich geförderte Beiträge (insgesamt 38.000 €) eingezahlt. Zum Zeitpunkt der schädlichen Verwendung (Kapitalauszahlung aus einem zertifizierten Banksparplan) beträgt das Altersvorsorgevermögen 55.000 €. Dem Altersvorsorgevertrag wurden Zulagen i. H. v. insgesamt

Anhang 1a
Altersversorgung/Alterseinkünfte

3.**500** € gutgeschrieben. Die Steuerermäßigungen nach § 10a EStG wurden i. H. v. 5.000 € festgestellt.

Zur Auszahlung gelangen:

Altersvorsorgevermögen	55.000 €
abzüglich Zulagen	3.500 €
abzüglich Steuervorteil	5.000 €
=	46.500 €

Betrag nach § 22 Nr. 5 Satz 3 EStG

Altersvorsorgevermögen	55.000 €
abzüglich Zulagen	3.500 €
=	51.500 €

Auf diesen Betrag ist § 22 Nr. 5 Satz 2 Buchstabe c EStG anzuwenden.

maßgebender Betrag	51.500 €
abzüglich Eigenbeiträge	38.000 €
=	13.500 €

Nach § 22 Nr. 5 Satz 2 Buchstabe c EStG sind 13.**500** € zu versteuern.

Beispiel 2:
A hat zum 1. Januar 2018 einen Altersvorsorgevertrag (Fondssparplan) abgeschlossen und zugunsten dieses Vertrags jährliche Beiträge i. H. v. jeweils 1.000 € eingezahlt, die nach § 10a/Abschnitt XI EStG gefördert wurden. Der Anbieter verteilt die Abschluss- und Vertriebskosten i. H. v. insgesamt 500 € auf fünf Jahre. Zum 31. Dezember 2020 wird der Vertrag von A gekündigt. Die von den Beiträgen abzüglich der anteiligen Abschluss- und Vertriebskosten erworbenen Fondsanteile sind auf einen Wert von 2.500 € gesunken. Kosten für die Kündigung werden vom Anbieter nicht erhoben.
Die Besteuerung erfolgt nach § 22 Nummer 5 Satz 2 Buchstabe c EStG mit dem Unterschiedsbetrag zwischen der Leistung und der Summe der auf sie entrichteten Beiträge:

Leistung (nach Abzug der Zulagen)	2.500 €
abzüglich geleistete Beiträge	3.000 €
negativer Leistungsbetrag	– 500 €

Es liegen negative Einkünfte i. H. v. 500 € vor.

Verstirbt der Zulageberechtigte und wird steuerlich gefördertes Altersvorsorgevermögen außerhalb einer zulässigen Hinterbliebenenabsicherung an die Erben ausgezahlt, sind die Erträge von den Erben zu versteuern.

Abwandlung des Beispiels 1 zu Rz. 226:
Der 62-jährige Steuerpflichtige hat zugunsten eines seit 20 Jahren laufenden Altersvorsorgevertrags (zertifizierter Banksparplan) ausschließlich geförderte Beiträge (insgesamt 38.000 €) eingezahlt. Dem Altersvorsorgevertrag wurden Zulagen i. H. v. insgesamt 3.**500** € gutgeschrieben. Die Steuerermäßigungen nach § 10a EStG wurden i. H. v. 5.000 € festgestellt. Bevor die Auszahlung beginnt, verstirbt er. Im Zeitpunkt seines Todes beträgt das angesparte Altersvorsorgevermögen 55.000 €. Bis es im Wege der Einmalkapitalauszahlung zur Auszahlung des Altersvorsorgevermögens an die 42-jährige Tochter kommt, beträgt das Vermögen 55.500 €.

Zur Auszahlung gelangen:

Altersvorsorgevermögen	55.500 €
abzüglich Zulagen	3.500 €
abzüglich Steuervorteil	5.000 €
=	47.000 €

Anhang 1a
Altersversorgung/Alterseinkünfte

Betrag nach § 22 Nr. 5 Satz 3 EStG

Altersvorsorgevermögen	55.500 €
abzüglich Zulagen	<u>3.500 €</u>
=	52.000 €

Auf diesen Betrag ist § 22 Nr. 5 Satz 2 Buchstabe c EStG anzuwenden.

Maßgebender Betrag	52.000 €
abzüglich Eigenbeiträge	<u>38.000 €</u>
Unterschiedsbetrag	14.000 €

Bei der Tochter unterliegen 14.000 € der Besteuerung nach § 22 Nr. 5 Satz 3 i. V. m. Satz 2 Buchstabe c EStG.

229 Die als Einkünfte nach § 22 Nr. 5 Satz 3 i. V. m. § 22 Nr. 5 Satz 2 EStG zu besteuernden Beträge muss der Anbieter gem. § 22 Nr. 5 Satz 7 EStG dem Zulageberechtigten bescheinigen und im Wege des Rentenbezugsmitteilungsverfahrens (§ 22a EStG) mitteilen (vgl. Rz. **193**). Ergeben sich insoweit steuerpflichtige Einkünfte nach § 22 Nr. 5 Satz 3 EStG für einen anderen Leistungsempfänger (z. B. Erben), ist für diesen eine entsprechende Rentenbezugsmitteilung der ZfA zu übermitteln.

c) Übertragung begünstigten Altersvorsorgevermögens auf den überlebenden Ehegatten/Lebenspartner

230 Haben die Ehegatten/Lebenspartner im Zeitpunkt des Todes des Zulageberechtigten nicht dauernd getrennt gelebt (§ 26 Abs. 1 EStG) und hatten sie im Zeitpunkt des Todes ihren Wohnsitz oder gewöhnlichen Aufenthalt in einem EU-/EWR-Staat, treten die Folgen der schädlichen Verwendung nicht ein, wenn das geförderte Altersvorsorgevermögen des verstorbenen Ehegatten/Lebenspartners zugunsten eines auf den Namen des überlebenden Ehegatten/Lebenspartners lautenden zertifizierten Altersvorsorgevertrags übertragen wird (§ 93 Abs. 1 Satz 4 Buchstabe c EStG). Eine solche Übertragung kann beispielsweise durch Abtretung eines Auszahlungsanspruchs erfolgen. Der Anbieter des verstorbenen Zulageberechtigten hat sich vor der Kapitalübertragung durch eine Erklärung des überlebenden Ehegatten/Lebenspartners bestätigen zu lassen, dass die Voraussetzungen für eine steuerunschädliche Übertragung (§ 26 Abs. 1 EStG und Wohnsitz EU/EWR) im Zeitpunkt des Todes vorgelegen haben. Es ist unerheblich, ob der Vertrag des überlebenden Ehegatten/Lebenspartners bereits bestand oder im Zuge der Kapitalübertragung neu abgeschlossen wird und ob der überlebende Ehegatte/Lebenspartner selbst zum begünstigten Personenkreis gehört oder nicht. Die Auszahlung von Leistungen aus diesem Altersvorsorgevertrag richtet sich nach § 1 Abs. 1 AltZertG. Zur steuerlichen Behandlung der auf dem übertragenen Altersvorsorgevermögen beruhenden Leistungen an den überlebenden Ehegatten/Lebenspartner vgl. Rzn. **153** f.

231 Hat der verstorbene Ehegatte/Lebenspartner einen Altersvorsorgevertrag mit einer Rentengarantiezeit abgeschlossen, treten die Folgen einer schädlichen Verwendung auch dann nicht ein, wenn die jeweiligen Rentengarantieleistungen fortlaufend mit dem jeweiligen Auszahlungsanspruch und nicht kapitalisiert unmittelbar zugunsten eines zertifizierten Altersvorsorgevertrags des überlebenden Ehegatten/Lebenspartners übertragen werden. Im Fall der Kapitalisierung des Auszahlungsanspruchs gilt Rz. **230** entsprechend.

232 Steht das Altersvorsorgevermögen nicht dem überlebenden Ehegatten/Lebenspartner allein zu, sondern beispielsweise einer aus dem überlebenden Ehegatten/Lebenspartner und den Kindern bestehenden Erbengemeinschaft, treten ebenfalls die in Rz. **230** genannten Rechtsfolgen ein, wenn das gesamte geförderte Altersvorsorgevermögen zugunsten eines auf den Namen des überlebenden Ehegatten/Lebenspartners lautenden zertifizierten Altersvorsorgevertrags übertragen wird. Es ist unschädlich, wenn die übrigen Erben für den über die Erbquote des überlebenden Ehegatten/Lebenspartners hinausgehenden Kapitalanteil einen Ausgleich erhalten. Satz 1 und 2 gelten entsprechend, wenn Rentengarantieleistungen im Sinne der Rz. **231** der Erbengemeinschaft zustehen und diese unmittelbar mit dem jeweiligen Auszahlungsanspruch zugunsten eines zertifizierten Altersvorsorgevertrags des überlebenden Ehegatten/Lebenspartners übertragen werden.

Die Verwendung des geförderten geerbten Altersvorsorgevermögens zur Begleichung der durch den Erbfall entstehenden Erbschaftsteuer stellt auch beim überlebenden Ehegatten/Lebenspartner eine schädliche Verwendung dar. 233

3. Auszahlung von nicht gefördertem Altersvorsorgevermögen

Die Auszahlung von Altersvorsorgevermögen, das aus nicht geförderten Beiträgen (vgl. Rzn. **134** ff.) stammt, stellt keine schädliche Verwendung im Sinne von § 93 EStG dar. Bei Teilauszahlungen aus einem zertifizierten Altersvorsorgevertrag gilt das nicht geförderte Kapital als zuerst ausgezahlt (Meistbegünstigung). **Dies schließt jedoch nicht aus, dass sich der Zulageberechtigte aktiv dafür entscheiden kann, dass das geförderte Kapital zuerst ausgezahlt werden soll (mit den entsprechenden Konsequenzen einer schädlichen Verwendung).** 234

Beispiel: 235
A, ledig, hat **ab 2018** über 20 Jahre jährlich (einschließlich der Grundzulage von 175 €) 2.100 € geförderte Beiträge zugunsten eines Fondssparplans eingezahlt. Zusätzlich hat er jährlich 500 € nicht geförderte Beiträge geleistet. Zusätzlich zur Zulage von 3.**500 €** hat A über die gesamte Ansparphase insgesamt einen – gesondert festgestellten – Steuervorteil i. H. v. 12.500 € erhalten (§ 10a EStG). Am 31. Dezember 2037 beträgt das Kapital, das aus nicht geförderten Beiträgen besteht, 14.000 €. A entnimmt einen Betrag von 12.000 €.
Nach Rz. **234** ist davon auszugehen, dass A das nicht geförderte Altersvorsorgevermögen entnommen hat. Aus diesem Grund kommt es nicht zur Rückforderung der gewährten Zulagen und Steuerermäßigungen. Allerdings hat A nach § 22 Nr. 5 Satz 2 Buchstabe c EStG den Unterschiedsbetrag zwischen der Leistung (Auszahlung) und der Summe der auf sie entrichteten Beiträge zu versteuern.

4. Sonderfälle der Rückzahlung

Endet die Zulageberechtigung oder hat die Auszahlungsphase des Altersvorsorgevertrags begonnen, treten grundsätzlich die Folgen der schädlichen Verwendung ein, 236
- wenn sich der Wohnsitz oder gewöhnliche Aufenthalt des Zulageberechtigten außerhalb der EU-/EWR-Staaten befindet oder
- wenn sich der Wohnsitz oder gewöhnliche Aufenthalt zwar in einem EU-/EWR-Staat befindet, der Zulageberechtigte aber nach einem DBA als außerhalb eines EU-/EWR-Staates ansässig gilt.

Dabei kommt es nicht darauf an, ob aus dem Altersvorsorgevertrag Auszahlungen erfolgen oder nicht.

Auf Antrag des Zulageberechtigten wird der Rückzahlungsbetrag (Zulagen und Steuerermäßigungen) bis zum Beginn der Auszahlungsphase gestundet, wenn keine vorzeitige Auszahlung von gefördertem Altersvorsorgevermögen erfolgt (§ 95 Abs. 2 EStG). Bei Beginn der Auszahlungsphase ist die Stundung auf Antrag des Zulageberechtigten zu verlängern bzw. erstmalig zu gewähren, wenn der Rückzahlungsbetrag mit mindestens 15 % der Leistungen aus dem Altersvorsorgevertrag getilgt wird. Für die Dauer der gewährten Stundung sind Stundungszinsen nach § 234 AO zu erheben. Die Stundung kann innerhalb eines Jahres nach Erteilung der Bescheinigung nach § 94 Abs. 1 Satz 4/§ 95 Abs. 1 EStG beim Anbieter beantragt werden. Beantragt der Zulageberech- 237

Anhang 1a
Altersversorgung/Alterseinkünfte

tigte eine Stundung innerhalb der Jahresfrist, aber erst nach Zahlung des Rückzahlungsbetrags, ist ein Bescheid über die Stundung eines Rückzahlungsbetrages zu erlassen und der maschinell einbehaltene und abgeführte Rückzahlungsbetrag rückabzuwickeln.

238 **Beispiel:**
Ende der Zulageberechtigung

bei Wohnsitz außerhalb eines EU-/EWR-Staats am	31.12.2010
Beginn der Auszahlungsphase am	01.02.2013

Das Altersvorsorgevermögen wird nicht vorzeitig ausgezahlt.

Summe der zurückzuzahlenden Zulagen und Steuervorteile:	1.500 €
Monatliche Leistung aus dem Altersvorsorgevertrag ab 01.02.2013:	100 €

Der Rückzahlungsbetrag i. H. v. 1.500 € ist bis zum 31. Januar 2013 zu stunden. Die Stundung ist zu verlängern, wenn der Rückzahlungsbetrag vom 1. Februar 2013 an mit 15 € pro Monat getilgt wird. Für die Dauer der gewährten Stundung sind Stundungszinsen nach § 234 AO zu erheben. Die Stundungszinsen werden mit Ablauf des Kalenderjahres, in dem die Stundung geendet hat, festgesetzt (§ 239 Abs. 1 **Satz 2** Nr. 2 AO).

239 Wurde der Rückzahlungsbetrag gestundet und
– verlegt der ehemals Zulageberechtigte seinen ausschließlichen Wohnsitz oder gewöhnlichen Aufenthalt in einen EU-/EWR-Staat oder
– wird der ehemals Zulageberechtigte erneut zulageberechtigt,

sind der Rückzahlungsbetrag und die bereits entstandenen Stundungszinsen von der ZfA zu erlassen (§ 95 Abs. 3 EStG).

IV. Altersvorsorge-Eigenheimbetrag und Tilgungsförderung für eine wohnungswirtschaftliche Verwendung

1. Allgemeines

240 Die Auszahlung eines Altersvorsorge-Eigenheimbetrags ist nur aus einem zertifizierten Altersvorsorgevertrag und die Tilgungsförderung nur bei Zahlung von Tilgungsleistungen auf einen zertifizierten Altersvorsorgevertrag möglich. Diese Möglichkeiten bestehen jedoch nur bis zum Beginn der Auszahlungsphase des Altersvorsorgevertrags. Der vereinbarte Beginn der Auszahlungsphase darf dabei nicht nach der Vollendung des 68. Lebensjahres des Zulageberechtigten liegen. Es kommt ggf. auch rückwirkend zu einer schädlichen Verwendung, wenn nach einer Entnahme des Altersvorsorge-Eigenheimbetrags die Vereinbarung zum Beginn der Auszahlungsphase auf einen Zeitpunkt nach der Vollendung des 68. Lebensjahres des Zulageberechtigten geändert wird (**vgl. dazu auch Rz. 177**). Für den Bereich der betrieblichen Altersversorgung sind diese Möglichkeiten gesetzlich nicht vorgesehen. Dies gilt auch, wenn das Altersvorsorgevermögen aus Beiträgen im Sinne des § 82 Abs. 2 EStG gebildet worden ist.

241 Das angesparte Kapital kann als Altersvorsorge-Eigenheimbetrag vollständig oder teilweise entnommen werden. Bei einer teilweisen Entnahme müssen mindestens 3.000 € Restkapital im Vertrag verbleiben. Der im Rahmen der Entnahme zu beachtende Restbetrag nach § 92a Abs. 1 Satz 1 EStG bezieht sich nur auf das nach § 10a/Abschnitt XI EStG geförderte Altersvorsorgevermögen einschließlich der erwirtschafteten Erträge, Wertsteigerungen und Zulagen. Der Mindestentnahmebetrag nach § 92a Abs. 1 Satz 1 EStG bezieht sich auf das gesamte geförderte und ungeförderte Altersvorsorgevermögen. Der Altersvorsorgevertrag darf vorsehen, dass nur eine vollständige Auszahlung des gebildeten Kapitals für eine Verwendung im Sinne des § 92a EStG verlangt werden kann. Nicht gefördertes Kapital kann unbegrenzt ausgezahlt werden, wenn der Vertrag dies zulässt; insoweit sind die in der Auszahlung enthaltenen Erträge im Rahmen des § 22 Nr. 5 Satz 2 EStG zu besteuern.

2. Zulageberechtigter als Entnahmeberechtigter

Entnahmeberechtigt im Sinne des § 92a Abs. 1 Satz 1 EStG sind Personen, **denen das in einem Altersvorsorgevertrag gebildete** Altersvorsorgevermögen, das nach § 10a/Abschnitt XI EStG gefördert wurde, **zugerechnet wird**. Eine Zulageberechtigung nach § 79 EStG muss im Zeitpunkt der Entnahme und der wohnungswirtschaftlichen Verwendung nicht bestehen. 242

3. Entnehmbare Beträge

Der Altersvorsorge-Eigenheimbetrag oder die Summe der Altersvorsorge-Eigenheimbeträge darf die Herstellungs- oder Anschaffungskosten der Wohnung inklusive der Anschaffungsnebenkosten (z. B. Notargebühren, Grunderwerbsteuer) zuzüglich der Anschaffungskosten für den dazugehörenden Grund und Boden nicht überschreiten (vgl. Rz. 265). 243

Für den barrierereduzierenden Umbau einer vom Zulageberechtigten selbst genutzten Wohnung darf der Altersvorsorge-Eigenheimbetrag die vom Zulageberechtigten getragenen Umbaukosten nicht übersteigen. Die Höhe des Miteigentumsanteils an der Wohnung ist hierbei unbeachtlich. 244

Hat der Zulageberechtigte mehrere Altersvorsorgeverträge, kann er die Entnahmemöglichkeit für jeden dieser Verträge nutzen. Dabei muss der Zeitpunkt der Entnahme aus den einzelnen Verträgen nicht identisch sein. Es ist auch eine mehrmalige Entnahme aus demselben Vertrag zulässig. Jede Entnahme muss jedoch unmittelbar mit einer wohnungswirtschaftlichen Verwendung nach § 92a Abs. 1 Satz 1 EStG zusammenhängen. Auch eine Entnahme in mehreren Teilbeträgen**, beispielsweise** in Abhängigkeit vom Baufortschritt, ist zulässig, solange die Einschränkung der Entnahmemöglichkeit im Hinblick auf die Mindestentnahme- bzw. Restbeträge nach § 92a Abs. 1 Satz 1 EStG beachtet wird. 245

Bei der Ermittlung des Restkapitals im Zuge der Auszahlung ist auf den Stand des geförderten Altersvorsorgevermögens zum Ablauf des Tages (Stichtag) abzustellen, an dem die ZfA den Bescheid über die Höhe der wohnungswirtschaftlichen Verwendung ausgestellt und den Anbieter darüber informiert hat (§ 92b Abs. 1 Satz 3 EStG). 246

Die Mindesthöhe für die Entnahme kann, soweit die Vertragsvereinbarungen dies **nicht ausschließen**, auch durch die Entnahme aus mehreren Verträgen erreicht werden. Der Mindestentnahmebetrag ist innerhalb von zwölf Monaten nach dem Zeitpunkt der erstmaligen Auszahlung zu entnehmen. Der Mindestbetrag ist auch bei einem Darlehen nach § 1 Abs. 1a AltZertG zu beachten. Wird ein Darlehen nach § 1 Abs. 1a AltZertG in Höhe des Mindestbetrags für eine wohnungswirtschaftliche Verwendung nach § 92a EStG genutzt, dieses aber auch mit ungefördertem Vermögen getilgt (z. B. durch Tilgungsleistungen oberhalb der Förderhöchstgrenze des § 10a EStG), ist dies unschädlich. Es ist ausreichend, wenn der Mindestbetrag für eine wohnungswirtschaftliche Verwendung insgesamt durch die Kombination aus Altersvorsorge-Eigenheimbeträgen und Darlehen nach § 1 Abs. 1a AltZertG erreicht wird. 247

Beispiel:
Der barrierereduzierende Umbau des selbst genutzten Hauses von R kostet insgesamt 20.000 €. R hat auf seinem Altersvorsorgevertrag bei Anbieter A bisher 15.000 € angespart. R beantragt im Januar 2014 unter Vorlage der notwendigen Nachweise die Entnahme der 15.000 € bei der ZfA. Gleichzeitig schließt er bei Anbieter B ein zertifiziertes Darlehen zur Finanzierung der Umbaumaßnahmen über 5.000 € ab. Die ZfA bestätigt nach § 92b Abs. 1 Satz 3 EStG eine wohnungswirtschaftliche Verwendung **i. H. v.** 20.000 €. Damit die Anbieter die Erfüllung der Voraussetzungen prüfen können, muss R Anbieter A Nachweise zum Darlehen bei Anbieter B und Anbieter B Nachweise zur Entnahme bei Anbieter A vorlegen. 248

249 Hat der Zulageberechtigte 100 % des geförderten Altersvorsorgevermögens entnommen, gehören auch die Zulagen, die nach erfolgter Entnahme für die entnommenen Beiträge noch auf den Altersvorsorgevertrag ausgezahlt werden, zum entnehmbaren Betrag. Dies gilt auch dann, wenn die Auszahlung dieser Zulagen nicht mehr im unmittelbar zeitlichen Zusammenhang mit der wohnungswirtschaftlichen Verwendung steht. Ein gesonderter Entnahmeantrag ist hierfür nicht erforderlich.

250 Ändert sich nach Erteilung des Bescheides über die Höhe der wohnungswirtschaftlichen Verwendung rückwirkend der Umfang der steuerlichen Förderung, gilt das nicht geförderte Kapital als zuerst entnommen (vgl. Rz. 234), soweit es nicht vom Anbieter für die Rückforderung einer Zulage verwendet wurde. Das Wohnförderkonto ist entsprechend zu korrigieren.

4. Begünstigte Verwendung (§ 92a Abs. 1 EStG)

251 Für den Altersvorsorge-Eigenheimbetrag sieht der Gesetzgeber drei verschiedene begünstigte Verwendungsarten vor:
1. bis zum Beginn der Auszahlungsphase unmittelbar für die Anschaffung oder Herstellung einer Wohnung oder zur Tilgung eines zu diesem Zweck aufgenommenen Darlehens, wenn das dafür entnommene Kapital mindestens 3.000 € beträgt (§ 92a Abs. 1 Satz 1 Nr. 1 EStG)[1]),
2. bis zum Beginn der Auszahlungsphase unmittelbar für den Erwerb von Pflicht-Geschäftsanteilen an einer eingetragenen Genossenschaft für die Selbstnutzung einer Genossenschaftswohnung oder zur Tilgung eines zu diesem Zweck aufgenommenen Darlehens, wenn das dafür entnommene Kapital mindestens 3.000 € beträgt (§ 92a Abs. 1 Satz 1 Nr. 2 EStG), oder
3. bis zum Beginn der Auszahlungsphase für die Finanzierung von Umbaumaßnahmen zur Reduzierung von Barrieren in oder an einer Wohnung; zu den weiteren Voraussetzungen wird auf die Rzn. 259 ff. verwiesen (§ 92a Abs. 1 Satz 1 Nr. 3 EStG).

Andere begünstigte Verwendungsarten sieht das Gesetz nicht vor[2]).

a) Unmittelbare Anschaffung oder Herstellung

252 Der Entnahmevorgang und die Anschaffung/Herstellung der Wohnung müssen in einem unmittelbaren zeitlichen Zusammenhang erfolgen. Davon ist auszugehen, wenn innerhalb von **sechs Monaten** vor Antragstellung bei der ZfA und bis zwölf Monate nach Auszahlung entsprechende Aufwendungen für die Anschaffung/Herstellung entstanden sind. Aufwendungen, für die der Zulageberechtigte bereits eine vertragsmäßige Verwendung im Sinne des WoPG erklärt hat, bleiben unberücksichtigt.

253 Wird die Wohnung nach dem Anschaffungszeitpunkt zunächst durch einen Dritten/Mieter genutzt, kann von einer wohnungswirtschaftlichen Verwendung ab Beginn der Selbstnutzung durch den Zulageberechtigten ausgegangen werden, wenn
– der Zulageberechtigte innerhalb eines Monats nach der **Eintragung seiner Eigentümerstellung im Grundbuch** der Wohnung die beabsichtigte Selbstnutzung durch eine schriftliche Kündigung des Mietverhältnisses zum nächstmöglichen Zeitpunkt nachweist und
– die Selbstnutzung des Zulageberechtigten innerhalb von sechs Monaten nach Auszug des Dritten/Mieters aufgenommen wird.

---

[1]) Weder reine Zinszahlungen noch Sparleistungen sind als „Tilgung eines Darlehens" i. S. d. § 92a Abs. 1 Satz 1 Nr. 1 anzusehen (>BFH vom 16.02.2022 – BStBl II S. 622).

[2]) Eine förderschädliche wohnungswirtschaftliche Verwendung liegt auch dann vor, wenn durch die Einzahlung auf einen nicht zertifizierten Bausparvertrag eine frühere Zuteilung erreicht werden soll (>BFH vom 12.02.2020 – BStBl II S. 496).

Andernfalls ist keine Unmittelbarkeit gegeben.

Der Antrag nach § 92b Abs. 1 EStG ist unter Vorlage der notwendigen Nachweise vom Zulageberechtigten spätestens zehn Monate vor dem Beginn der Auszahlungsphase bei der ZfA zu stellen. Der Zulageberechtigte kann den Anbieter hierzu bevollmächtigen. Im Rahmen eines einheitlichen Vertrags nach § 1 Abs. 1a AltZertG ist nicht zu beanstanden, wenn der Anbieter die für die Prüfung der Entnahmevoraussetzungen erforderlichen Daten an die ZfA übermittelt und das Vorliegen der den Daten zugrunde liegenden Nachweise bestätigt. 254

b) Entschuldung

Der Altersvorsorge-Eigenheimbetrag kann auch zur vollständigen oder teilweisen Ablösung eines für die Finanzierung der Anschaffungs-/Herstellungskosten der selbst genutzten Wohnung oder für den Erwerb von Pflicht-Geschäftsanteilen an einer eingetragenen Genossenschaft eingesetzten Darlehens (Entschuldung) verwendet werden. Diese Entschuldung ist eine wohnungswirtschaftliche Verwendung im Sinne des § 92a Abs. 1 EStG[1]). Auf den Anschaffungs-/Herstellungszeitpunkt der Wohnung kommt es insoweit nicht an. Von einer Finanzierung von Anschaffungs- und Herstellungskosten einer selbst genutzten Wohnung kann insoweit ausgegangen werden, als das ursprüngliche Darlehen im zeitlichen Kontext (Zeitraum von drei Jahren vor und nach der Anschaffung bzw. Herstellung) aufgenommen wurde. Eine Entschuldung im Sinne des § 92a Abs. 1 EStG liegt auch dann vor, wenn das abzulösende Darlehen unmittelbar und ausschließlich zur Umschuldung des ursprünglichen Anschaffungs- oder Herstellungsdarlehens diente. Dies gilt auch bei mehrfacher Umschuldung des ursprünglichen Darlehens. Soweit das Darlehen zur Finanzierung von Modernisierungs- bzw. Renovierungsaufwendungen aufgenommen wurde, auch wenn es sich um Umbaumaßnahmen im Sinne des § 92a Abs. 1 Satz 1 Nr. 3 EStG handelt, und keine anschaffungsnahen Herstellungskosten vorliegen, ist die Entnahme von gefördertem Kapital zur Entschuldung dieses Teils des Darlehens eine schädliche Verwendung. Im Zeitpunkt der Entschuldung muss eine Selbstnutzung vorliegen, eine vorangegangene Vermietung ist unerheblich. Rz. **254** Satz 1 und 2 gilt entsprechend. 255

c) Genossenschaftsanteile

Eine weitere begünstigte Verwendung für den Altersvorsorge-Eigenheimbetrag ist – bis zum Beginn der Auszahlungsphase – der Erwerb von Geschäftsanteilen (Pflichtanteilen) an einer eingetragenen Genossenschaft für die Selbstnutzung einer Genossenschaftswohnung (§ 92a Abs. 1 Satz 1 Nr. 2 EStG). Der Pflichtanteil ist der Anteil, den der Zulageberechtigte erwerben muss, um eine Genossenschaftswohnung selbst beziehen zu können. Hiervon abzugrenzen ist der Erwerb von weiteren Geschäftsanteilen an einer eingetragenen Genossenschaft. 256

Die Wohnungsgenossenschaft muss in diesen Fällen nicht die im AltZertG genannten Voraussetzungen für das Anbieten von Altersvorsorgeverträgen erfüllen, da eine entsprechende Bezugnahme in § 92a Abs. 1 Satz 1 Nr. 2 EStG fehlt. Erforderlich ist lediglich, dass es sich um eine in das Genossenschaftsregister eingetragene Genossenschaft handelt. 257

Rz. **254** Satz 1 und 2 und Rz. **270** gelten entsprechend. 258

---

[1]) Auch im Fall der Verwendung des geförderten Altersvorsorgekapitals zur Tilgung eines Darlehens nach § 92a Abs. 1 Satz 1 Nr. 1 muss ein unmittelbarer Zusammenhang zwischen der Auszahlung des geförderten Kapitals und der Darlehenstilgung bestehen (> BFH vom 16.02.2022 – BStBl II S. 611).

d) Umbau einer Wohnung

259 Der Altersvorsorge-Eigenheimbetrag kann auch für die Finanzierung eines barrierereduzierenden Umbaus einer **selbst genutzten** Wohnung verwendet werden (§ 92a Abs. 1 Satz 1 Nr. 3 EStG). Das für diesen Umbau entnommene Kapital muss mindestens 6.000 € betragen, wenn die Umbaumaßnahmen innerhalb eines Zeitraums von drei Jahren nach der Anschaffung oder Herstellung der Wohnung vorgenommen werden. Im Hinblick auf den Mindestentnahmebetrag ist es ausreichend, wenn die Maßnahmen innerhalb dieses Zeitraumes begonnen werden. Werden die begünstigten Maßnahmen nach diesem Zeitraum aufgenommen, muss das entnommene Kapital mindestens 20.000 € betragen.

260 Das für den Umbau entnommene Kapital muss mindestens zu 50 % für Maßnahmen verwendet werden, die den Vorgaben der DIN 18040 Teil 2, Ausgabe September 2011, entsprechen, soweit baustrukturell möglich. Der verbleibende Teil des entnommenen Kapitals ist für die Reduzierung von Barrieren in oder an der Wohnung zu verwenden. Die technischen Mindestanforderungen für die Reduzierung von Barrieren in oder an der Wohnung nach § 92a Abs. 1 Satz 1 Nr. 3 Buchstabe b EStG wurden im Bundesbaublatt veröffentlicht.

261 Der Zulageberechtigte hat die zweckgerechte Verwendung durch einen Sachverständigen bestätigen zu lassen. Als Sachverständige sind hierfür neben den nach Landesrecht Bauvorlageberechtigten (z. B. Architekten und Bauingenieure) auch nach § 91 Abs. 1 Nr. 8 der Handwerksordnung öffentlich bestellte und vereidigte Sachverständige zugelassen. Voraussetzung ist, dass die Sachverständigen für ein Sachgebiet bestellt sind, das die Barrierefreiheit und Barrierereduzierung in Wohngebäuden umfasst. Des Weiteren müssen sie eine besondere Sachkunde oder ergänzende Fortbildung auf diesem Gebiet nachweisen. Die Kosten für die Bestätigung des Sachverständigen gehören zu den förderunschädlich entnehmbaren Beträgen.

262 Der Zulageberechtigte hat schriftlich zu bestätigen, dass weder er selbst noch ein Mitnutzer der Wohnung für die Umbaukosten
   – eine Förderung durch Zuschüsse oder
   – eine Steuerermäßigung nach § 35a EStG oder
   – eine Berücksichtigung als außergewöhnliche Belastung nach § 33 EStG

beantragt hat oder beantragen wird. Diese Bestätigung ist bei der Antragstellung (vgl. Rz. **254**) gegenüber der ZfA abzugeben. Wird zur Finanzierung des Umbaus ein Darlehen im Rahmen eines Altersvorsorgevertrags nach § 1 Abs. 1a AltZertG aufgenommen, hat der Zulageberechtigte diese Bestätigung gegenüber seinem Anbieter abzugeben. Zu den jeweiligen Umbaukosten gehören neben den Materialkosten auch die anteiligen Lohnkosten für die entsprechende Maßnahme. Für darüber hinaus gehende Umbaukosten, für die keine Entnahme nach § 92a Abs. 1 Satz 1 Nr. 3 EStG erfolgt und für die kein Darlehen nach § 1 Abs. 1a AltZertG in Anspruch genommen wird, gelten keine Beschränkungen.

263 Rz. **254** sowie Rz. **270** gelten entsprechend.

5. Begünstigte Wohnung

264 Als begünstigte Wohnung zählt
   – eine Wohnung in einem eigenen Haus (dies kann auch ein Mehrfamilienhaus sein),
   – eine eigene Eigentumswohnung,
   – eine Genossenschaftswohnung einer in das Genossenschaftsregister eingetragenen Genossenschaft oder
   – ein eigentumsähnliches oder lebenslanges Dauerwohnrecht.

Anhang 1a
Altersversorgung/Alterseinkünfte

Die Wohnung muss in einem EU-/EWR-Staat liegen und mit Beginn der Selbstnutzung die Hauptwohnung oder den Mittelpunkt der Lebensinteressen des Zulageberechtigten darstellen. Nicht begünstigt sind somit Ferien- oder Wochenendwohnungen.

Der Zulageberechtigte muss wirtschaftlicher Eigentümer (§ 39 Abs. 2 Nr. 1 Satz 1 AO) der begünstigten Wohnung sein. Er muss nicht Alleineigentümer der Wohnung werden, ein Miteigentumsanteil ist grundsätzlich ausreichend. Die Höhe des Eigentumsanteils ist insoweit von nachrangiger Bedeutung. Der Entnahmebetrag darf jedoch die Anschaffungs-/Herstellungskosten des Miteigentumsanteils nicht übersteigen. 265

Im Fall der Entschuldung gilt Rz. 265 sinngemäß mit der Maßgabe, dass der Entnahmebetrag auf die Höhe der auf den Miteigentumsanteil entfallenden originären Anschaffungs-/Herstellungskosten beschränkt ist. Sind Ehegatten/Lebenspartner gesamtschuldnerische Darlehensnehmer, kann der Zulageberechtigte das Darlehen bis zur Höhe seiner anteiligen originären Anschaffungs-/Herstellungskosten ablösen. Wurden mit dem umzuschuldenden Darlehen sowohl Anschaffungs-/Herstellungskosten der begünstigten Wohnung als auch andere Kosten finanziert, kann der Zulageberechtigte das Darlehen bis zur Höhe seiner anteiligen originären Anschaffungs-/Herstellungskosten ablösen. 266

Der Erwerb eines eigentumsähnlichen (unbefristeten und vererbbaren) oder lebenslangen (befristeten und nicht vererbbaren) Dauerwohnrechts nach § 33 Wohneigentumsgesetz wird bei der Verwendung des Altersvorsorge-Eigenheimbetrags dem Wohneigentum gleichgestellt. Voraussetzung hierfür ist, dass Vereinbarungen im Sinne des § 39 Wohnungseigentumsgesetz getroffen werden, die den Fortbestand des Dauerwohnrechts auch im Fall einer Zwangsversteigerung sicherstellen. 267

Für den Begriff der Wohnung gelten die bewertungsrechtlichen Abgrenzungsmerkmale, die nach der Rechtsprechung des Bundesfinanzhofs, insbesondere zur Abgeschlossenheit und zum eigenen Zugang, maßgebend sind. Auf die Art des Gebäudes, in dem sich die Wohnung befindet, kommt es nicht an. 268

6. Anschaffung oder Herstellung

Es gelten die allgemeinen einkommensteuerlichen Grundsätze zur Anschaffung oder Herstellung. 269

7. Selbstnutzung (Nutzung zu eigenen Wohnzwecken)

Eine Wohnung wird nur zu Wohnzwecken genutzt, wenn sie tatsächlich bewohnt wird. Der Zulageberechtigte muss nicht Alleinnutzer der Wohnung sein. Ein Ehegatte/Lebenspartner nutzt eine ihm gehörende Wohnung, die er zusammen mit dem anderen Ehegatten/Lebenspartner bewohnt, auch dann zu eigenen Wohnzwecken, wenn der andere Ehegatte/Lebenspartner ein Wohnrecht an der gesamten Wohnung hat. Eine Nutzung zu eigenen Wohnzwecken liegt regelmäßig auch vor, wenn die Wohnung in der Form des betreuten Wohnens genutzt wird. 270

Eine Wohnung im eigenen Haus oder eine Eigentumswohnung dient nicht eigenen Wohnzwecken, wenn sie in vollem Umfang betrieblich oder beruflich genutzt oder unentgeltlich überlassen oder vermietet wird. Die unentgeltliche Überlassung an Angehörige im Sinne des § 15 AO dient ebenfalls nicht den eigenen Wohnzwecken des Zulageberechtigten. **Dient die Wohnung teilweise beruflichen oder betrieblichen Zwecken oder werden Teile der Wohnung unentgeltlich überlassen oder vermietet, liegt insoweit keine Nutzung zu eigenen Wohnzwecken vor.** 271

Sofern der Zulageberechtigte die Anschaffungs- oder Herstellungskosten einer Wohnung ganz oder teilweise unmittelbar durch ein Darlehen finanziert, liegt eine wohnungswirtschaftliche Verwendung ab dem Beginn der Darlehensauszahlung vor, 272

Anhang 1a

- wenn die Selbstnutzung des Zulageberechtigten innerhalb von sechs Monaten nach dem Anschaffungs- oder Herstellungszeitpunkt aufgenommen wird und
- die Wohnung zwischenzeitlich nicht von einem Dritten/Mieter genutzt wird.

273 Nimmt der Zulageberechtigte, der das Darlehen eines Altersvorsorgevertrags nach § 1 Abs. 1a AltZertG ausgezahlt bekommen hat, die Selbstnutzung nicht innerhalb der in Rz. 272 genannten Frist, aber innerhalb eines Jahres nach Ablauf des Veranlagungszeitraums, in dem die Darlehensauszahlung erfolgt ist, auf und wird die Wohnung zwischenzeitlich nicht von einem Dritten/Mieter genutzt, ist der Vertrag bis zur Aufnahme der Selbstnutzung jedoch längstens bis zum Ablauf der Jahresfrist wie ein zertifizierter Altersvorsorgevertrag zu behandeln. Die zugunsten des Vertrags bis zur Aufnahme der Selbstnutzung geleisteten Beträge sind nach § 82 Abs. 1 Satz 5 EStG grundsätzlich keine förderbaren Altersvorsorgebeiträge.

274 Nimmt der Zulageberechtigte die Selbstnutzung innerhalb der Jahresfrist auf, ist jedoch § 82 Abs. 1 Satz 7 EStG analog anzuwenden. D. h., im Beitragsjahr der Aufnahme der Selbstnutzung gelten auch die davor geleisteten Tilgungsleistungen als Altersvorsorgebeiträge nach § 82 Abs. 1 Satz 1 EStG.

275 Nimmt der Zulageberechtigte die Selbstnutzung nicht innerhalb der Jahresfrist auf, ist der Vertrag rückwirkend wie ein nicht zertifizierter Vertrag zu behandeln. Ggf. auf Sparleistungen beruhende Erträge unterliegen (nachträglich) nach den allgemeinen Grundsätzen der Abgeltungsteuer.

8. Aufgabe der Selbstnutzung der eigenen Wohnung

276 Die Auflösung des Wohnförderkontos und Besteuerung des Auflösungsbetrags erfolgt, wenn der Zulageberechtigte die Selbstnutzung der geförderten Wohnung nicht nur vorübergehend oder das Eigentum an der geförderten Wohnung vollständig aufgibt. Bei anteiliger Aufgabe des Eigentums erfolgt die Auflösung des Wohnförderkontos und die Besteuerung des Auflösungsbetrags, soweit der Stand des Wohnförderkontos die auf den verbleibenden Miteigentumsanteil entfallenden originären Anschaffungs-/Herstellungskosten übersteigt. Von einer nur vorübergehenden Aufgabe der Selbstnutzung kann nach Würdigung des Einzelfalls bei einem Zeitraum von bis zu einem Jahr ausgegangen werden. **Bei einer anteiligen Aufgabe der Selbstnutzung kommt es nur insoweit zu den Rechtsfolgen des § 92a Abs. 3 EStG, als die Anschaffungs-/Herstellungskosten des verbleibenden selbstgenutzten Anteils geringer sind als der Stand des Wohnförderkontos.**

277 In den Fällen, in denen der Zulageberechtigte sein Eigentum an der begünstigten Wohnung überträgt und im Gegenzug ein Dauerwohnrecht im Sinne des § 92a Abs. 1 Satz 6 EStG an dieser Wohnung erhält, gilt Folgendes: Das Wohnförderkonto ist nur insoweit aufzulösen, als sein Stand zum Zeitpunkt der Eigentumsübertragung den Wert des eingetragenen Dauerwohnrechts übersteigt. Die Begründung lediglich eines Nießbrauchs- oder Wohnrechts löst eine Auflösung des Wohnförderkontos aus.

278 Sofern das Wohnförderkonto noch nicht vollständig zurückgeführt ist oder es bei einer Einmalbesteuerung des Wohnförderkontos zu einer Nachversteuerungspflicht nach § 22 Nr. 5 Satz 6 EStG kommt, hat der Zulageberechtigte dem Anbieter des Altersvorsorgevertrags mit Wohnförderkonto unverzüglich den Zeitpunkt der Aufgabe der Selbstnutzung oder des Eigentumsübergangs **anzuzeigen**. Der Anbieter hat dies der ZfA nach amtlich vorgeschriebenem Datensatz **spätestens bis zum Ablauf des zweiten Monats, der auf den Monat der Anzeige des Zulageberechtigten folgt, mitzuteilen**. Er-

folgt die Aufgabe der Selbstnutzung in der Auszahlungsphase, so hat der Zulageberechtigte **dies der** ZfA **anzuzeigen**. Im Fall des Todes des Zulageberechtigten besteht diese **Anzeigepflicht** für den Rechtsnachfolger.

Eine Auflösung des Wohnförderkontos in den Fällen der Rz. **276** unterbleibt, 279

a) wenn der Zulageberechtigte einen Betrag in Höhe des Stands des Wohnförderkontos innerhalb von zwei Jahren vor dem Veranlagungszeitraum und von fünf Jahren nach Ablauf des Veranlagungszeitraums, in dem die Nutzung zu eigenen Wohnzwecken aufgegeben wurde, für eine weitere förderbare Wohnung verwendet (§ 92a Abs. 3 Satz 9 Nr. 1 EStG). In diesem Fall hat der Zulageberechtigte dem Anbieter des Altersvorsorgevertrags mit Wohnförderkonto, in der Auszahlungsphase der ZfA, seine Absicht **anzuzeigen**, in eine weitere selbst genutzte Wohnung zu investieren. Übersteigt der Stand des Wohnförderkontos die auf den Eigentumsanteil des Zulageberechtigten entfallenden Anschaffungs- oder Herstellungskosten für die weitere Wohnung, erfolgt zum Zeitpunkt der Reinvestition die Teilauflösung und Besteuerung des den reinvestierten Betrag übersteigenden Anteils des Wohnförderkontos. Buchstabe b gilt entsprechend. Gibt er die Reinvestitionsabsicht auf, hat er dies seinem Anbieter, in der Auszahlungsphase der ZfA, **anzuzeigen**. Zu diesem Zeitpunkt erfolgt die Auflösung des Wohnförderkontos und Besteuerung des Auflösungsbetrags;

b) wenn der Zulageberechtigte innerhalb eines Jahres nach Ablauf des Veranlagungszeitraums, in dem die Nutzung zu eigenen Wohnzwecken aufgegeben wurde, einen Betrag in Höhe des Stands des Wohnförderkontos auf einen auf seinen Namen lautenden Altersvorsorgevertrag zahlt (§ 92a Abs. 3 Satz 9 Nr. 2 EStG). In diesem Fall hat der Zulageberechtigte dem Anbieter seine Absicht **anzuzeigen**, in einen Altersvorsorgevertrag zu investieren. In der Auszahlungsphase hat er **dies der** ZfA **anzuzeigen**. Erfolgt die Einzahlung nicht auf den Altersvorsorgevertrag mit Wohnförderkonto, hat der Zulageberechtigte dem Anbieter, bei dem die Einzahlung erfolgt, die Vertragsdaten des Altersvorsorgevertrags mit Wohnförderkonto mitzuteilen. Diese Daten hat der Anbieter im Rahmen seiner Datenübermittlung über die erfolgte Einzahlung der ZfA mitzuteilen. Ist der reinvestierte Betrag geringer als der Stand des Wohnförderkontos, erfolgt zum Zeitpunkt der Reinvestition die Teilauflösung und Besteuerung des den reinvestierten Betrag übersteigenden Anteils des Wohnförderkontos. Gibt der Zulageberechtigte die Reinvestitionsabsicht auf, hat er dies seinem Anbieter, in der Auszahlungsphase der ZfA, **anzuzeigen**. Zu diesem Zeitpunkt erfolgt die Auflösung des Wohnförderkontos und Besteuerung des Auflösungsbetrags;

c) solange die Ehewohnung aufgrund einer richterlichen Entscheidung nach § 1361b BGB oder nach der Verordnung über die Behandlung der Ehewohnung und des Hausrats dem Ehegatten/Lebenspartner des Zulageberechtigten zugewiesen und von diesem selbst genutzt wird (§ 92a Abs. 3 Satz 9 Nr. 3 EStG). Hierbei wird das Wohnförderkonto grundsätzlich für den Zulageberechtigten weitergeführt;

d) wenn der Zulageberechtigte krankheits- oder pflegebedingt die Wohnung nicht mehr bewohnt, sofern er Eigentümer dieser Wohnung bleibt, sie ihm weiterhin zur Selbstnutzung zur Verfügung steht und sie nicht von Dritten, mit Ausnahme seines Ehegatten/Lebenspartners, genutzt wird (§ 92a Abs. 3 Satz 9 Nr. 4 EStG);

e) auf Antrag des Zulageberechtigten bei der ZfA, wenn er die eigene Wohnung aufgrund eines beruflich bedingten Umzugs für die Dauer der beruflich bedingten Abwesenheit nicht mehr selbst nutzt und beabsichtigt, die Selbstnutzung wieder aufzunehmen. Ein beruflich bedingter Umzug liegt auch dann vor, wenn die Ursache des Umzugs in den Berufsbereich des Ehegatten/Lebenspartners des Zulageberechtigten fällt; die Zulageberechtigung dieses Ehegatten/Lebenspartners ist unerheblich.

Anhang 1a
Altersversorgung/Alterseinkünfte

Die Selbstnutzung muss bei Beendigung der beruflich bedingten Abwesenheit, spätestens mit der Vollendung des 67. Lebensjahres des Zulageberechtigten wieder aufgenommen werden. Wird während der beruflich bedingten Abwesenheit mit einer anderen Person ein Nutzungsrecht vereinbart, muss die Vereinbarung von vorneherein entsprechend befristet werden (§ 92a Abs. 4 EStG). Gibt der Zulageberechtigte seine Absicht, die Selbstnutzung wieder aufzunehmen, auf oder hat er die Selbstnutzung bis zur Vollendung seines 67. Lebensjahres nicht wieder aufgenommen, erfolgt die Auflösung des Wohnförderkontos und Besteuerung des Auflösungsbetrags; es sei denn, es handelt sich um einen Fall der Buchstaben a bis d. Dies gilt auch für den Fall, dass die Selbstnutzung nach einem Wegfall der berufsbedingten Abwesenheitsgründe nicht wieder aufgenommen wird;

f) **wenn der Zulageberechtigte innerhalb von fünf Jahren nach Ablauf des Veranlagungszeitraums, in dem er die Wohnung letztmals zu eigenen Wohnzwecken genutzt hat, die Selbstnutzung dieser Wohnung wieder aufnimmt (§ 92a Abs. 3 Satz 9 Nr. 5 EStG).** In diesem Fall hat der Zulageberechtigte dem Anbieter, in der Auszahlungsphase der zentralen Stelle, die Absicht der fristgerechten **Wiederaufnahme anzuzeigen.**

In den Fällen des Buchstabens c und des § 92a Abs. 2a EStG tritt der andere, geschiedene, frühere oder überlebende Ehegatten/Lebenspartner für die Anwendung der Regelungen des § 92a EStG an die Stelle des Zulageberechtigten.

Eine Teilreinvestition des Betrags des Wohnförderkontos in einen Altersvorsorgevertrag nach § 92a Abs. 3 Satz 9 Nr. 2 EStG (vgl. Buchstabe b) vor einer Reinvestition in eine selbst genutzte Wohnung nach § 92a Abs. 3 Satz 9 Nr. 1 EStG (vgl. Buchstabe a) ist zulässig.

280 Geförderte Beiträge,

- die nach § 82 Abs. 1 Satz 3 EStG wie Tilgungsleistungen behandelt wurden, weil sie zugunsten eines Altersvorsorgevertrags im Sinne des § 1 Abs. 1a Satz 1 Nr. 3 AltZertG erbracht und zur Tilgung eines im Rahmen des Altersvorsorgevertrags abgeschlossenen Darlehens abgetreten **worden sind,**

- die aber noch nicht in das Wohnförderkonto eingestellt wurden, weil die unmittelbare Darlehenstilgung noch nicht erfolgt ist,

sind einschließlich der darauf entfallenden Zulagen und Erträge in ein Wohnförderkonto aufzunehmen, wenn der Zulageberechtigte die Selbstnutzung der geförderten Wohnung nicht nur vorübergehend oder das Eigentum an der Wohnung vollständig aufgibt. Rzn. 276 und 279 gelten entsprechend. Von einer Zahlung des Zulageberechtigten im Sinne der Rz. 279 Buchstabe b ist in diesem Zusammenhang auszugehen, wenn der Zulageberechtigte und der Anbieter innerhalb eines Jahres nach Ablauf des Veranlagungszeitraums, in dem die Nutzung zu eigenen Wohnzwecken aufgegeben wurde, eine Trennung des Altersvorsorgevertrags nach § 1 Abs. 1a Satz 1 Nr. 3 AltZertG in einen Altersvorsorgevertrag nach § 1 Abs. 1a Satz 1 Nr. 2 AltZertG und ein nicht zertifiziertes Darlehen vereinbaren (Trennungsvereinbarung). Wurde für diese Beiträge noch keine Förderung gewährt, fließen sie einschließlich der darauf entfallenden Erträge dem Zulageberechtigten zu dem Zeitpunkt zu, zu dem die Tilgungsleistungen nach § 82 Abs. 1 Satz 3 EStG in das Wohnförderkonto eingestellt werden. Dies gilt auch im Fall des Todes des Zulageberechtigten. Der Anbieter hat dies der ZfA nach amtlich vorgeschriebenem Datensatz **mitzuteilen,** sobald er davon Kenntnis erlangt (vgl. Rz. 278).

281 Im Beitragsjahr der Aufgabe der Selbstnutzung gelten auch die nach der Aufgabe der Selbstnutzung geleisteten Beiträge oder Tilgungsleistungen als Altersvorsorgebeiträge. Im Beitragsjahr einer Reinvestition in eine weitere begünstigte Wohnung (§ 92a Abs. 3

Satz 9 Nr. 1 EStG) gelten auch die vor der Reinvestition geleisteten Beiträge oder Tilgungsleistungen als Altersvorsorgebeiträge.

V. Sonstiges
1. Pfändungsschutz (§ 97 EStG)

Gem. § 97 EStG sind das geförderte Altersvorsorgevermögen einschließlich der hierauf entfallenden Erträge und Wertzuwächse, die geförderten laufenden Altersvorsorgebeiträge und der Anspruch auf Zulage nicht übertragbar. Dieses Vermögen ist daher unpfändbar; dies gilt auch für den Fall einer Verbraucherinsolvenz (§ 851 Abs. 1 Zivilprozessordnung – ZPO – sowie §§ 4 und 304 ff. InsO). Der Pfändungsschutz erstreckt sich nicht auf Kapital, das auf nicht geförderten Beiträgen (vgl. Rzn. **134** ff.) einschließlich der hierauf entfallenden Erträge und Wertzuwächse beruht und auch nicht auf das in einer Wohnung gebundene geförderte Vermögen. Der Pfändung des steuerlich nicht geförderten Altersvorsorgevermögens steht ein vertragliches Abtretungs- und Übertragungsverbot nicht entgegen. Im Fall einer Pfändung tritt insoweit keine schädliche Verwendung im Sinne des § 93 EStG ein.

Der Einsatz des geförderten Altersvorsorgevermögens zur Tilgung des Darlehens, zur Verpfändung, zur Sicherungsabtretung und zur Aufrechnung bei Altersvorsorgeverträgen nach § 1 Abs. 1a Satz 1 Nr. 3 AltZertG stellt keine Übertragung im Sinne des § 97 EStG dar. Das Übertragungsverbot des § 97 EStG findet auf gefördertes Altersvorsorgevermögen, das im Rahmen eines Altersvorsorgevertrags nach § 1 Abs. 1a Satz 1 Nr. 3 AltZertG gebildet wurde, im Verhältnis der Vertragspartner untereinander keine Anwendung. Da es sich um einen einheitlichen Vertrag handeln muss, erfolgt lediglich eine Umbuchung innerhalb des Vertrags.

Die in der Auszahlungsphase an den Vertragsinhaber zu leistenden Beträge unterliegen nicht dem Pfändungsschutz nach § 97 EStG. Insoweit sind ausschließlich die zivilrechtlichen Regelungen (z. B. §§ 850 ff. ZPO) maßgeblich.

2. Verfahrensfragen
a) Zulageantrag

Die Zulage wird nur auf Antrag gewährt. Ein rechtswirksamer Antrag setzt nach § 89 Abs. 1 EStG voraus, dass der Steuerpflichtige die Altersvorsorgezulage nach amtlich vorgeschriebenem Vordruck beantragt. Der Vordruck muss innerhalb der Antragsfrist des § 89 Abs. 1 Satz 1 EStG beim Anbieter eingehen und bis dahin vom Antragsteller eigenhändig unterschrieben sein. Zudem muss erkennbar sein, wer Antragsteller ist; dies setzt voraus, dass die üblichen Personaldaten angegeben werden. Dem Antrag muss ferner entnommen werden können, dass eine Grundzulage und ggf. auch eine Kinderzulage vom Steuerpflichtigen beantragt werden. **Der Zulageantrag ersetzt nicht den Festsetzungsantrag nach § 90 Abs. 4 EStG.**

Ist bei Tilgungsleistungen eines Zulageberechtigten aus Sicht des Anbieters die wohnungswirtschaftliche Verwendung nicht gegeben, hat er dennoch den Antrag auf Zulage an die ZfA weiterzuleiten und die Altersvorsorgebeiträge insoweit mit 0 € zu übermitteln.

Der Zulageberechtigte **hat** die Möglichkeit, dem jeweiligen Anbieter eine schriftliche Vollmacht zu erteilen, für ihn den Antrag – bis auf Widerruf – zu stellen (§ 89 Abs. 1a EStG). Die Vollmacht kann im Rahmen des Zulageantrags oder formlos erteilt werden und ist auch für zurückliegende Beitragsjahre, für die noch kein Zulageantrag gestellt worden ist, möglich. **Bestimmte Personengruppen (z. B. Grenzgänger und pflichtversicherte Landwirte),** die am Dauerzulageverfahren teilnehmen, müssen zusätzlich jährlich dem Anbieter die zur Berechnung des Mindesteigenbeitrags erforderlichen Einnahmen (ausländischer Arbeitslohn, Einkünfte aus Land- und Fortwirtschaft nach § 13 EStG) mitteilen.

Anhang 1a
Altersversorgung/Alterseinkünfte

288 Die Antragsfrist endet mit Ablauf des zweiten Kalenderjahres nach Ablauf des Beitragsjahres. Maßgebend ist der Zeitpunkt, in dem der Zulageantrag beim Anbieter eingeht (§ 89 Abs. 1 EStG). Hat der Zulageberechtigte dem Anbieter seines Vertrags eine schriftliche Vollmacht zur formlosen Antragstellung erteilt (§ 89 Abs. 1a EStG), gilt als Antragseingang die Erstellung des Datensatzes durch den Anbieter.

289 Der Zulageberechtigte kann grundsätzlich auf Angaben zu den beitragspflichtigen Einnahmen und zur Höhe seiner Bruttorente im Zulageantrag verzichten. In diesen Fällen darf die ZfA die Angaben bei den Trägern der gesetzlichen Rentenversicherung erheben. Dies gilt nicht, wenn der Zulageberechtigte nicht der deutschen Rentenversicherung unterliegt oder wenn er Einkünfte aus Land- und Forstwirtschaft hat. Für die Bezieher einer Rente wegen voller Erwerbsminderung nach dem Gesetz über die Alterssicherung der Landwirte darf die ZfA bei fehlender Angabe im Zulageantrag die Höhe der Bruttorente beim Gesamtverband der landwirtschaftlichen Alterskassen erheben. An die Stelle des Gesamtverbands trat ab 1. Januar 2009 der Spitzenverband der landwirtschaftlichen Sozialversicherung. Zum 1. Januar 2013 wurde die Sozialversicherung für Landwirtschaft, Forsten und Gartenbau (SVLFG) gegründet und tritt nunmehr an die Stelle des Spitzenverbands. Sind die der gesetzlichen Rentenversicherung zugrunde liegenden beitragspflichtigen Einnahmen höher als das tatsächlich erzielte Entgelt oder ein Zahlbetrag von Entgeltersatzleistungen des Zulageberechtigten (siehe Rzn. 83 f.), sollte dies im Zulageantrag angegeben werden. Andernfalls werden die höheren – beim Rentenversicherungsträger erhobenen – beitragspflichtigen Einnahmen der Mindesteigenbeitragsberechnung zugrunde gelegt. Bei einem Begünstigten nach § 10a Abs. 1 Satz 1 Halbsatz 2 EStG werden die erforderlichen Daten von den zuständigen Stellen an die ZfA übermittelt.

290 Zur Durchführung des Verfahrens ist es erforderlich, dass der Anleger dem Anbieter die Änderungen der folgenden Verhältnisse mitteilt:
1. Änderung der Art der Zulageberechtigung (mittelbar/unmittelbar),
2. Änderung des Familienstandes,
3. Änderung der Daten zur Ermittlung des Mindesteigenbeitrags, sofern diese im Antrag angegeben worden sind (z. B. tatsächliches Entgelt),
4. Wegfall des Kindergeldes für ein Kind, für das eine Kinderzulage beantragt wird,
5. Änderung der Zuordnung der Kinder.

In seinem eigenen Interesse sollte der Anleger darüber hinaus auch die Änderungen der folgenden Tatbestände anzeigen:
1. Änderung bei der Verteilung der Zulage auf mehrere Verträge,
2. Änderung des beruflichen Status (z. B. Beamter wird Angestellter oder umgekehrt),
3. Erhöhung der Anzahl der Kinder, für die eine Kinderzulage beantragt werden soll,
4. Änderungen der zuständigen Familienkasse und der Kindergeldnummer.

b) Rückforderung von Zulagen

291 Erkennt die ZfA, dass der Zulageanspruch ganz oder teilweise nicht besteht oder weggefallen ist, **hat** sie zu Unrecht gezahlte Zulagen mittels Datensatz vom Anbieter **zurückzufordern. Ab Beitragsjahr 2019 hat die Überprüfung bis zum Ende des zweiten auf die Ermittlung der Zulage folgenden Jahres und die Rückforderung bis zum Ablauf eines Jahres nach Kenntnis des Rückforderungsgrundes zu erfolgen.** Der Anbieter führt die ihm mitgeteilten Rückforderungsbeträge an die ZfA ab, indem er das Vertragskonto des Zulageberechtigten entsprechend belastet. Ist die Geschäftsbeziehung im Hinblick auf den Altersvorsorgevertrag zwischen dem Zulageberechtigten und dem Anbieter beendet, beispielsweise nach Abfindung einer Kleinbetragsrente, fordert die ZfA die Zulage vom Anleger zurück.

Anhang 1a
Altersversorgung/Alterseinkünfte

Erfolgt nach einem durchgeführten Versorgungsausgleich eine Rückforderung zu Unrecht gezahlter Zulagen, fordert die ZfA diese Zulagen vom Zulageberechtigten zurück, soweit 292
- das Guthaben auf dem Vertrag des Zulageberechtigten zur Zahlung des Rückforderungsbetrags nach § 90 Abs. 3 Satz 1 EStG nicht ausreicht und
- im Rückforderungsbetrag ein Zulagebetrag enthalten ist, der in der Ehe-/Lebenspartnerschaftszeit ausgezahlt wurde.

In diesen Fällen setzt die ZfA den Rückforderungsbetrag, ggf. unter Anrechnung bereits vom Anbieter einbehaltener und abgeführter Beträge, gegenüber dem Zulageberechtigten fest.

Dies gilt auch in den Fällen, in denen nach einer Inanspruchnahme eines Altersvorsorge-Eigenheimbetrags **oder während einer Darlehenstilgung bei Altersvorsorgeverträgen nach § 1 Abs. 1a AltZertG** eine Rückforderung zu Unrecht gezahlter Zulagen erfolgt. In diesen Fällen setzt die ZfA den Rückforderungsbetrag, ggf. unter Anrechnung bereits vom Anbieter einbehaltener und abgeführter Beträge, gegenüber dem Zulageberechtigten fest, soweit **das Guthaben auf dem Vertrag des Zulageberechtigten zur Zahlung des Rückforderungsbetrags nicht ausreicht.** 293

> **Beispiel:** 294
> A hat im Jahr **2018** Altersvorsorgebeiträge i. H. v. 1.925 € auf seinen Altersvorsorgevertrag eingezahlt. Für die Beiträge des Jahres **2018** werden dem Vertrag am 31. Dezember **2018** 38 € an Erträgen gutgeschrieben. Anfang des Jahres **2019** erhält er für die Altersvorsorgebeiträge des Jahres **2018 175 €** Zulage. Das Kapital in seinem Altersvorsorgevertrag beträgt mit den in den Vorjahren angesparten Beträgen insgesamt 12.154 €, davon sind 12.154 € gefördert und 0 € ungefördert. Weitere Beiträge zahlt er nicht ein.
> Mitte des Jahres **2019** entnimmt er 100 % des geförderten Vermögens als Altersvorsorge-Eigenheimbetrag. Es werden 12.154 € ins Wohnförderkonto eingestellt. Die Geschäftsbeziehung im Hinblick auf diesen Altersvorsorgevertrag zwischen dem Zulageberechtigten und dem Anbieter endet.
> Im Herbst des Jahres **2019** stellt die ZfA fest, dass A für das Jahr **2018** keinen Zulageanspruch hatte. Sie **teilt dem Anbieter das geänderte Ermittlungsergebnis mit und** fordert die Zulage **i. H. v. 175 €** unmittelbar vom Anleger zurück.
> Rückwirkend zum Zeitpunkt der Entnahme betrachtet, entfallen vom Altersvorsorge-Eigenheimbetrag (12.154 − **1.925** − **175** − 38 =) 10.016 € auf gefördertes Altersvorsorgevermögen. Das Wohnförderkonto wird von der ZfA nach der Übermittlung der geänderten Meldung zur Auszahlung des Altersvorsorge-Eigenheimbetrags auf 10.016 € korrigiert.
> Zu beachten ist, dass die in dem nunmehr ungeförderten Vermögen enthaltenen Erträge nach § 22 Nr. 5 Satz 2 EStG zum Zeitpunkt der Entnahme zu versteuern sind. **Hierzu gehören neben den für 2018 auf die Beiträge gutgeschriebenen Erträgen in Höhe von 38 € auch die auf die von der ZfA zurückgeforderte Zulage für den Zeitraum von Anfang 2019 bis zur Rückforderung der Zulage entfallenden Erträge.**

c) Festsetzungsfrist

Die reguläre Frist für die Berechnung bzw. Festsetzung der Altersvorsorgezulage beträgt vier Jahre (§ 169 Abs. 2 Satz 1 Nr. 2 AO) und beginnt mit Ablauf des Jahres, in dem sie entstanden ist, d. h. mit Ablauf des Beitragsjahres (§ 88 EStG i. V. m. § 170 Abs. 1 AO). 295

Die Festsetzungsfrist für die Rückforderung der Zulage nach § 90 Abs. 3 EStG sowie für die Aufhebung, Änderung oder Berichtigung der Zulagefestsetzung nach einer Festsetzung im Sinne des § 90 Abs. 4 EStG beginnt nach § 170 Abs. 3 AO nicht vor Ablauf des Jahres, in dem der Antrag nach § 89 EStG gestellt worden ist. **Ab Beitragsjahr 2019 richtet sich die zulässige Rückforderungsfrist alleine nach § 90 Abs. 3 Satz 1 EStG n. F.** 296

Anhang 1a

Altersversorgung/Alterseinkünfte

297 **Beispiel 1 (Rechtslage bis 2018):**
Der Zulageantrag für das Beitragsjahr **2014** geht im Jahr **2016** beim Anbieter ein und wird von diesem im Dezember **2016** per Datenübertragung an die ZfA übermittelt. Die ZfA ermittelt die Zulage und überweist sie im Jahr **2017** an den Anbieter. Im Rahmen des Datenabgleichs stellt die ZfA im Jahr **2018** fest, dass der Anleger nicht zum begünstigten Personenkreis gehört. Sie teilt dies dem Anbieter noch im gleichen Jahr mit und fordert gem. § 90 Abs. 3 EStG die gewährte Zulage zurück.
Nach § 170 Abs. 3 AO beginnt die Festsetzungsfrist für die Rückforderung nach § 90 Abs. 3 EStG mit Ablauf des Jahres **2016**. Damit endet die vierjährige Festsetzungsfrist mit Ablauf des Jahres **2020**. Die ZfA hat folglich den Rückforderungsanspruch vor Ablauf der Festsetzungsfrist geltend gemacht.

Beispiel 2 (Rechtslage ab 2019):
Der Zulageantrag für das Beitragsjahr **2019** geht im Jahr **2021** beim Anbieter ein und wird von diesem im Dezember **2021** per Datenübertragung an die ZfA übermittelt. Die ZfA ermittelt die Zulage und überweist sie im Jahr **2022** an den Anbieter. Die ZfA kann nach § 90 Abs. 3 Satz 1 EStG n.F. die Gewährung der Zulage nur bis zum Ablauf des Jahres **2024** überprüfen und muss innerhalb eines Jahres ab Kenntnis des Rückforderungsgrundes die Zulage zurückfordern.

298 Die Festsetzungsfrist für die Berechnung der Zulage (einschließlich der Rückforderung nach § 90 Abs. 3 EStG **für Beitragsjahre bis einschließlich 2018**) endet frühestens in dem Zeitpunkt, in dem über den Zulageantrag unanfechtbar entschieden worden ist (§ 171 Abs. 3 AO). Sofern der Zulageberechtigte innerhalb der Jahresfrist keinen Antrag auf Festsetzung nach § 90 Abs. 4 EStG gestellt hat, ist über den Zulageantrag mit Ablauf eines Jahres nach Erteilung der Bescheinigung nach § 92 EStG durch den Anbieter unanfechtbar entschieden.

299 **Abwandlung des Beispiels 1 zu Rz. 297 (Rechtslage bis 2018):**
Da zu dem in **2016** gestellten Antrag noch Klärungsbedarf bestand, wurde die Zulage von der ZfA erst im Dezember **2018** ermittelt und am 15. Februar **2019** zur Auszahlung angewiesen. Der Anbieter stellte am 3. Mai **2020** eine Bescheinigung nach § 92 EStG aus, mit der er den Anleger über die Zulagengewährung für das Beitragsjahr **2014** informierte.
Im Rahmen des Datenabgleichs stellt die ZfA **Ende Dezember 2020** fest, dass der Anleger nicht zum begünstigten Personenkreis gehört. Sie teilt dies dem Anbieter umgehend mit und fordert gem. § 90 Abs. 3 EStG die gewährte Zulage zurück.
Nach § 170 Abs. 3 AO beginnt die Festsetzungsfrist für die Rückforderung mit Ablauf des Jahres **2016**. Der Ablauf der Festsetzungsfrist ist gem. § 171 Abs. 3 AO mindestens bis zum Ablauf eines Jahres nach der Erteilung der Bescheinigung nach § 92 EStG gehemmt. Sie endet somit nicht mit Ablauf des Jahres **2020**, sondern erst am **3. Mai 2021**. Die ZfA hat folglich den Rückforderungsanspruch vor Ablauf der Festsetzungsfirst geltend gemacht.

300 Korrigiert die ZfA die Berechnung der Zulage nach § 90 Abs. 3 EStG, hat die erneute Bescheinigung nach § 92 EStG über das korrigierte Ergebnis keine Auswirkung auf die Festsetzungsfrist.

301 Beantragt der Zulageberechtigte die förmliche Festsetzung der Zulage nach § 90 Abs. 4 EStG, tritt insoweit eine weitere Ablaufhemmung nach § 171 Abs. 3 AO ein.

d) Bescheinigungs- und Informationspflichten des Anbieters

302 Hat der Anleger im abgelaufenen Beitragsjahr Altersvorsorgebeiträge auf den Vertrag eingezahlt oder wurde der Anbieter von der ZfA über die Ermittlungsergebnisse im abgelaufenen Beitragsjahr oder über den Stand des Wohnförderkontos informiert oder hat sich im abgelaufenen Beitragsjahr der Stand des Altersvorsorgevermögens oder der Stand des Wohnförderkontos geändert, ist der Anbieter verpflichtet, dem Anleger **bis zum Ablauf des auf das Beitragsjahr folgenden Jahres** eine Bescheinigung nach § 92 EStG auszustellen. Dies gilt auch nach einer vollständigen schädlichen Verwendung (§ 93 Abs. 1 EStG), nach Eintritt der Voraussetzungen des § 95 Abs. 1 EStG, nach

Abfindung einer Kleinbetragsrente nach § 93 Abs. 3 EStG, nach einer Übertragung von gefördertem Altersvorsorgevermögen nach § 93 Abs. 1a EStG und in der Auszahlungsphase. Sofern sich allein der Stand des Altersvorsorgevermögens aufgrund von Auszahlungen im Rahmen eines Auszahlungsplans ändert, muss der Anbieter keine Bescheinigung nach § 92 EStG ausstellen. Die Übertragung nach § 93 Abs. 1a EStG stellt bei der ausgleichsberechtigten Person keine zu bescheinigende Einzahlung von Altersvorsorgebeiträgen dar. Wie bei der ausgleichspflichtigen Person ist ein geänderter Stand des Altersvorsorgevermögens zu bescheinigen.

Bei der Ermittlung des Stands des Altersvorsorgevermögens ist auch der Wert des in eine aufschiebend bedingte bzw. sofort beginnende Rentenversicherung investierten Kapitals mit in die Bescheinigung aufzunehmen. Bezogen auf den Teil des Altersvorsorgevermögens, der in eine aufschiebende oder sofort beginnende Rentenversicherung investiert worden ist, ist das von der Versicherung jährlich neu errechnete Deckungskapital der Rentenversicherung mit einzubeziehen. — 303

Soweit kein Fall des § 92 Satz 2 EStG vorliegt, besteht die jährliche Bescheinigungspflicht nach § 92 EStG (Rz. **302**) für den Anbieter auch dann, wenn die Geschäftsbeziehung zwischen dem Anbieter und dem Zulageberechtigten im Hinblick auf den jeweiligen Altersvorsorgevertrag wegen vollständiger Kapitalentnahme oder nach vollständiger Darlehenstilgung beendet wurde. Soweit sich jedoch diese Bescheinigungspflicht allein aus der Mitteilung der ZfA zum Stand des Wohnförderkontos ergibt (vgl. Rz. 161), bedarf es keiner jährlichen Bescheinigung, wenn der Anbieter dem Zulageberechtigten in einer Bescheinigung nach § 92 EStG Folgendes mitgeteilt hat: „Das Wohnförderkonto erhöht sich bis zum Beginn der Auszahlungsphase jährlich um zwei Prozent, solange Sie keine Zahlungen zur Minderung des Wohnförderkontos leisten." — 304

Die jährliche Information nach dem AltZertG hat zu erfolgen, solange der Vertrag besteht, d. h. auch in der Auszahlungsphase. Auch wenn das gebildete Kapital oder ein Teil davon für eine sofort beginnende oder eine aufgeschobene Rente (Teilkapitalverrentung ab dem vollendeten 85. Lebensjahr) an ein Versicherungsunternehmen übertragen worden ist, besteht die Informationspflicht des Anbieters wegen der Einheitlichkeit des Vertrags fort. Er muss sich in diesem Fall die Daten, die er für die Erfüllung seiner Informationspflichten benötigt, von dem Versicherungsunternehmen mitteilen lassen. — 305

3. Datenabgleich

Ergibt die Prüfung der ZfA nach § 91 Abs. 1 EStG eine Abweichung von dem in der Steuerfestsetzung berücksichtigten Sonderausgabenabzug nach § 10a EStG, teilt die ZfA dies dem Finanzamt mit. Der Einkommensteuerbescheid oder die gesonderte Feststellung (§ 10a Abs. 4 Satz 1 EStG) sind daraufhin insoweit nach § 91 Abs. 1 Satz 4 Halbsatz 2 EStG zu ändern, **sofern diese Mitteilung materiell-rechtlich nicht fehlerhaft ist. Die Mitteilung stellt keinen Grundlagenbescheid dar** (BFH-Urteil vom 8. September 2020, BStBl II 2022 S. 157). — 306[1])

Stellt der Steuerpflichtige aufgrund der Versagung der Steuerermäßigung nach § 10a EStG einen Antrag auf Festsetzung nach § 90 Abs. 4 EStG, erteilt die ZfA einen Festsetzungsbescheid, mit dem sie dem Steuerpflichtigen das Ergebnis mitteilt. Dieser Festsetzungsbescheid ist eine Mitteilung im Sinne des § 91 Abs. 1 Satz 4 EStG und führt ggf. zu einer Änderung des Einkommensteuerbescheids oder der gesonderten Feststellung (§ 10a Abs. 4 Satz 1 EStG) nach § 91 Abs. 1 Satz 4 Halbsatz 2 EStG. — 307

---

[1]) *Rz. 306 wurde durch BMF vom 11.02.2022 (BStBl I S. 186) neu gefasst und ist in allen offenen Fällen anzuwenden.*

Anhang 1a

B. Besonderheiten beim Versorgungsausgleich
I. Allgemeines
1. Gesetzliche Neuregelung des Versorgungsausgleichs

308 Mit der am 1. September 2009 in Kraft getretenen Strukturreform des Versorgungsausgleichs wurden die Vorschriften zum Versorgungsausgleich grundlegend geändert. Seitdem gilt nach dem Versorgungsausgleichsgesetz (VersAusglG) für alle ausgleichsreifen Anrechte auf eine Versorgung wegen Alters oder Invalidität der Grundsatz der internen Teilung. Bis dahin wurden alle von den Ehegatten während der Ehe erworbenen Anrechte auf eine Versorgung wegen Alters und Invalidität bewertet und nach Saldierung im Wege eines Einmalausgleichs ausgeglichen, vorrangig über die gesetzliche Rentenversicherung.

309 Das VersAusglG sieht den Grundsatz der internen Teilung auch für alle Systeme der betrieblichen Altersversorgung und privaten Altersvorsorge vor. Mit Durchführung des Versorgungsausgleichs werden die von den Ehegatten in der Ehezeit in den unterschiedlichen Altersversorgungssystemen erworbenen Anrechte innerhalb des jeweiligen Systems geteilt und für den ausgleichsberechtigten Ehegatten eigenständige Versorgungsanrechte geschaffen, die unabhängig von den Versorgungsanrechten des ausgleichspflichtigen Ehegatten im jeweiligen System gesondert weitergeführt werden.

310 Zu einem Ausgleich über ein anderes Versorgungssystem (externe Teilung) kommt es nur noch in den in den §§ 14 bis 17 VersAusglG geregelten Ausnahmefällen. Bei einer externen Teilung hat die ausgleichsberechtigte Person ein Wahlrecht bezüglich der Zielversorgung. Sie kann also wählen, in welches Versorgungssystem der Ausgleichswert transferiert werden soll (ggf. Aufstockung eines bestehenden Anrechts, ggf. Neubegründung eines Anrechts). Dabei darf die Zahlung des Kapitalbetrags an die gewählte Zielversorgung nicht zu nachteiligen steuerlichen Folgen bei der ausgleichspflichtigen Person führen, es sei denn, sie stimmt der Wahl der Zielversorgung zu.

311 Die gesetzliche Rentenversicherung ist Auffang-Zielversorgung, wenn die ausgleichsberechtigte Person ihr Wahlrecht nicht ausübt und es sich nicht um eine betriebliche Altersversorgung handelt. Bei einer betrieblichen Altersversorgung wird bei fehlender Ausübung des Wahlrechts ein Anspruch in der Versorgungsausgleichskasse begründet.

312 Verbunden ist die externe Teilung mit der Leistung eines Kapitalbetrags in Höhe des Ausgleichswerts, der vom Versorgungsträger der ausgleichspflichtigen Person an den Versorgungsträger der ausgleichsberechtigten Person gezahlt wird. (Ausnahme: Externe Teilung von Versorgungen aus einem öffentlich-rechtlichen Dienst- oder Amtsverhältnis nach § 16 VersAusglG, solange der Versorgungsträger – anders als bei der Bundesbeamtenversorgung – noch keine interne Teilung vorsieht: Hier findet wie nach dem bisherigen Quasi-Splitting zwischen der gesetzlichen Rentenversicherung und dem Träger der Beamtenversorgung ein Erstattungsverfahren im Leistungsfall statt.)

313 Ist ein Anrecht zum Zeitpunkt des Versorgungsausgleichs nicht ausgleichsreif (§ 19 VersAusglG), z. B. ein Anrecht bei einem ausländischen, zwischenstaatlichen oder überstaatlichen Versorgungsträger oder ein Anrecht im Sinne des BetrAVG, das noch verfallbar ist, findet insoweit ein Wertausgleich bei der Scheidung nicht statt. In diesem Fall bestehen aber Ausgleichsansprüche nach der Scheidung (§ 20 ff. VersAusglG). Zur steuerlichen Behandlung der Ausgleichsansprüche nach der Scheidung vgl. BMF-Schreiben vom 9. April 2010 (BStBl I S. 323).

314 Nach § 20 LPartG findet, wenn eine Lebenspartnerschaft aufgehoben wird, in entsprechender Anwendung des VersAusglG ein Ausgleich von im In- oder Ausland bestehenden Anrechten (§ 2 Abs. 1 VersAusglG) statt, soweit sie in der Lebenspartnerschaftszeit begründet oder aufrechterhalten worden sind. Schließen die Lebenspartner in einem Le-

benspartnerschaftsvertrag (§ 7 LPartG) Vereinbarungen über den Versorgungsausgleich, so sind die §§ 6 bis 8 VersAusglG entsprechend anzuwenden. Die Ausführungen zum VersAusglG gelten dementsprechend auch in diesen Fällen. An die Stelle der Ehezeit nach § 3 Abs. 1 VersAusglG tritt insoweit die Lebenspartnerschaftszeit (§ 20 Abs. 2 LPartG). **Ergibt sich nach dem durchgeführten Versorgungsausgleich ein Härtefall, können die Folgen des Versorgungsausgleichs unter bestimmten Voraussetzungen durch eine Anpassung nach Rechtskraft (§§ 32 bis 38 VersAusglG) abgemildert oder beseitigt werden.**

Von den nachfolgenden Ausführungen unberührt bleiben steuerliche Auswirkungen, die sich in Zusammenhang mit Pensionszusagen ergeben, die durch Körperschaften an ihre Gesellschafter erteilt wurden und die ganz oder teilweise gesellschaftsrechtlich veranlasst sind.

2. Besteuerungszeitpunkte

Bei der steuerlichen Beurteilung des Versorgungsausgleichs ist zwischen dem Zeitpunkt der Teilung eines Anrechts im Versorgungsausgleich durch gerichtliche Entscheidung und dem späteren Zufluss der Leistungen aus den unterschiedlichen Versorgungssystemen zu unterscheiden.

Bei der internen Teilung wird die Übertragung der Anrechte auf die ausgleichsberechtigte Person zum Zeitpunkt des Versorgungsausgleichs für beide Ehegatten nach § 3 Nr. 55a EStG steuerfrei gestellt, weil auch bei den im Rahmen eines Versorgungsausgleichs übertragenen Anrechten auf eine Alters- und Invaliditätsversorgung das Prinzip der nachgelagerten Besteuerung eingehalten wird. Die Besteuerung erfolgt erst während der Auszahlungsphase. Die später zufließenden Leistungen gehören dabei bei beiden Ehegatten zur gleichen Einkunftsart, da die Versorgungsanrechte innerhalb des jeweiligen Systems geteilt wurden. Ein Wechsel des Versorgungssystems und ein damit möglicherweise verbundener Wechsel der Besteuerung weg von der nachgelagerten Besteuerung hat nicht stattgefunden. Lediglich die individuellen Merkmale für die Besteuerung sind bei jedem Ehegatten gesondert zu ermitteln.

Bei einer externen Teilung kann dagegen die Übertragung der Anrechte zu einer Besteuerung führen, da sie mit einem Wechsel des Versorgungsträgers und damit regelmäßig mit einem Wechsel des Versorgungssystems verbunden ist. § 3 Nr. 55b Satz 1 EStG stellt deshalb die Leistung des Ausgleichswerts in den Fällen der externen Teilung für beide Ehegatten steuerfrei, soweit das Prinzip der nachgelagerten Besteuerung insgesamt eingehalten wird. Soweit die späteren Leistungen bei der ausgleichsberechtigten Person jedoch nicht der nachgelagerten Besteuerung unterliegen werden (z. B. Besteuerung nach § 20 Abs. 1 Nr. 6 EStG oder nach § 22 Nr. 1 Satz 3 Buchstabe a Doppelbuchstabe bb EStG mit dem Ertragsanteil), greift die Steuerbefreiung gem. § 3 Nr. 55b Satz 2 EStG nicht, und die Leistung des Ausgleichswerts ist bereits im Zeitpunkt der Übertragung beim ausgleichspflichtigen Ehegatten zu besteuern. Die Besteuerung der später zufließenden Leistungen erfolgt bei jedem Ehegatten unabhängig davon, zu welchen Einkünften die Leistungen beim jeweils anderen Ehegatten führen, und richtet sich danach, aus welchem Versorgungssystem sie jeweils geleistet werden.

II. Interne Teilung (§ 10 VersAusglG)
1. Steuerfreiheit nach § 3 Nr. 55a EStG

§ 3 Nr. 55a EStG stellt klar, dass die aufgrund einer internen Teilung durchgeführte Übertragung von Anrechten steuerfrei ist; dies gilt sowohl für die ausgleichspflichtige als auch für die ausgleichsberechtigte Person.

Anhang 1a
Altersversorgung/Alterseinkünfte

2. Besteuerung

320 Die Leistungen aus den übertragenen Anrechten gehören bei der ausgleichsberechtigten Person zu den Einkünften, zu denen die Leistungen bei der ausgleichspflichtigen Person gehören würden, wenn die interne Teilung nicht stattgefunden hätte. Die (späteren) Versorgungsleistungen sind daher (weiterhin) Einkünfte aus nichtselbständiger Arbeit (§ 19 EStG), aus Kapitalvermögen (§ 20 EStG) oder sonstige Einkünfte (§ 22 EStG). Ausgleichspflichtige Person und ausgleichsberechtigte Person versteuern beide die ihnen jeweils zufließenden Leistungen. Liegen Einkünfte aus nichtselbständiger Arbeit vor, gilt **Rz. 147 des BMF-Schreibens vom 6. Dezember 2017 (BStBl 2018 I S. 147**[1]**)** auch für die ausgleichsberechtigte Person.

321 Für die Ermittlung des Versorgungsfreibetrags und des Zuschlags zum Versorgungsfreibetrag nach § 19 Abs. 2 EStG, des Besteuerungsanteils nach § 22 Nr. 1 Satz 3 Buchstabe a Doppelbuchstabe aa EStG sowie des Ertragsanteils nach § 22 Nr. 1 Satz 3 Buchstabe a Doppelbuchstabe bb EStG bei der ausgleichsberechtigten Person ist auf deren Versorgungsbeginn, deren Rentenbeginn bzw. deren Lebensalter abzustellen. Die Art einer Versorgungszusage (Alt-/Neuzusage) bei der ausgleichsberechtigten Person entspricht grundsätzlich der Art der Versorgungszusage der ausgleichspflichtigen Person. Dies gilt auch bei einer Änderung des Leistungsspektrums nach § 11 Abs. 1 Nr. 3 VersAusglG. Bei einer Hinterbliebenenversorgung zugunsten von Kindern ändert sich die bisher maßgebende Altersgrenze (**Rz. 4 des BMF-Schreibens vom 6. Dezember 2017, BStBl 2018 I S. 147**[1]**)** nicht. Die Aufstockung eines zugesagten Sterbegeldes (vgl. **Rz. 5 des BMF-Schreibens vom 6. Dezember 2017, BStBl 2018 I S. 147**[1]**)** ist möglich. Sofern die Leistungen bei der ausgleichsberechtigten Person nach § 22 Nr. 5 EStG zu besteuern sind, ist für die Besteuerung auf die der ausgleichspflichtigen Person gewährten Förderung abzustellen, soweit diese auf die übertragene Anwartschaft entfällt (vgl. Rz. **129**).

322 Wird das Anrecht aus einem Altersvorsorgevertrag oder einem Direktversicherungsvertrag intern geteilt und somit ein eigenes Anrecht der ausgleichsberechtigten Person begründet, gilt der Altersvorsorge- oder Direktversicherungsvertrag der ausgleichsberechtigten Person insoweit zu dem gleichen Zeitpunkt als abgeschlossen wie derjenige der ausgleichspflichtigen Person (**§ 52 Abs. 28 Satz 9 EStG**). Dies gilt entsprechend, wenn die Leistungen bei der ausgleichsberechtigten Person nach § 22 Nr. 5 Satz 2 Buchstabe c i. V. m. § 20 Abs. 1 Nr. 6 EStG zu besteuern sind.

III. Externe Teilung (§ 14 VersAusglG)
1. Steuerfreiheit nach § 3 Nr. 55b EStG

323 Nach § 3 Nr. 55b Satz 1 EStG ist der aufgrund einer externen Teilung an den Träger der Zielversorgung geleistete Ausgleichswert grundsätzlich steuerfrei, soweit die späteren Leistungen aus den dort begründeten Anrechten zu steuerpflichtigen Einkünften bei der ausgleichsberechtigten Person führen würden. Soweit die Übertragung von Anrechten im Rahmen des Versorgungsausgleichs zu keinen Einkünften im Sinne des EStG führt, bedarf es keiner Steuerfreistellung nach § 3 Nr. 55b EStG. Die Steuerfreiheit nach § 3 Nr. 55b Satz 1 EStG greift gem. § 3 Nr. 55b Satz 2 EStG nicht, soweit Leistungen, die auf dem begründeten Anrecht beruhen, bei der ausgleichsberechtigten Person zu Einkünften nach § 20 Abs. 1 Nr. 6 EStG oder § 22 Nr. 1 Satz 3 Buchstabe a Doppelbuchstabe bb EStG führen würden.

324 Wird bei der externen Teilung einer betrieblichen Altersversorgung für die ausgleichsberechtigte Person ein Anrecht in einer betrieblichen Altersversorgung begründet, richtet sich die Art der Versorgungszusage (Alt-/Neuzusage) bei der ausgleichsberechtigten

---

[1] jetzt BMF vom 12.08.2021 (BStBl I S. 1050), Anhang 2 III LStH

Person grundsätzlich nach der Art der Versorgungszusage der ausgleichspflichtigen Person. Dies gilt auch bei einer Änderung des Leistungsspektrums nach § 11 Abs. 1 Satz 2 Nr. 3 VersAusglG. Bei einer Hinterbliebenenversorgung zugunsten von Kindern ändert sich die bisher maßgebende Altersgrenze (**Rz. 4 des BMF-Schreibens vom 6. Dezember 2017, BStBl 2018 I S. 147**[1])) nicht. Die Aufstockung eines zugesagten Sterbegeldes (vgl. **Rz. 5 des BMF-Schreibens vom 6. Dezember 2017, BStBl 2018 I S. 147**[1])) ist möglich. Wird im Rahmen der externen Teilung eine bestehende Versorgungszusage der ausgleichsberechtigten Person aufgestockt, richtet sich die Art der Versorgungszusage nach **Rz. 85 des BMF-Schreibens vom 6. Dezember 2017 (BStBl 2018 I S. 147**[1])) i. V. m. Rz. 349 ff. des BMF-Schreibens vom 24. Juli 2013 (BStBl I S. 1022), unter Berücksichtigung der Änderungen durch das BMF-Schreiben vom 13. Januar 2014 (BStBl I S. 97) und das BMF-Schreiben vom 13. März 2014 (BStBl I S. 554).

2. Besteuerung bei der ausgleichsberechtigten Person

Für die Besteuerung bei der ausgleichsberechtigten Person ist unerheblich, zu welchen Einkünften die Leistungen aus dem übertragenen Anrecht bei der ausgleichspflichtigen Person geführt hätten, da mit der externen Teilung ein neues Anrecht begründet wird. Bei der ausgleichsberechtigten Person unterliegen Leistungen aus Altersvorsorgeverträgen, Pensionsfonds, Pensionskassen oder Direktversicherungen, die auf dem nach § 3 Nr. 55b Satz 1 EStG steuerfrei geleisteten Ausgleichswert beruhen, insoweit in vollem Umfang der nachgelagerten Besteuerung nach § 22 Nr. 5 Satz 1 EStG. 325

3. Beispiele

Beispiel 1: 326
Im Rahmen einer externen Teilung zahlt das Versicherungsunternehmen X, bei dem der Arbeitnehmerehegatte A eine betriebliche Altersversorgung über eine Direktversicherung (Kapitalversicherung mit Sparanteil) aufgebaut hat, den vom Familiengericht festgesetzten Ausgleichswert an das Versicherungsunternehmen Y zugunsten von Ehegatte B in einen zertifizierten Altersvorsorgevertrag in Form einer Rentenversicherung. Die Beiträge an das Versicherungsunternehmen X wurden in der Vergangenheit ausschließlich pauschal besteuert (§ 40b Abs. 1 und 2 EStG in der am 31. Dezember 2004 geltenden Fassung i. V. m. § 52 Abs. 40 EStG).
Der Ausgleichswert führt nicht zu steuerbaren Einkünften, da kein Erlebensfall oder Rückkauf vorliegt (§ 22 Nr. 5 Satz 2 Buchstabe b i. V. m. § 20 Abs. 1 Nr. 6 EStG). Der Steuerbefreiung nach § 3 Nr. 55b EStG bedarf es daher nicht. Die spätere durch die externe Teilung gekürzte Kapitalleistung unterliegt bei A der Besteuerung nach § 22 Nr. 5 Satz 2 Buchstabe b i. V. m. § 20 Abs. 1 Nr. 6 EStG (ggf. steuerfrei, wenn die Direktversicherung vor dem 1. Januar 2005 abgeschlossen wurde, § 52 Abs. 28 Satz 5 EStG i. V. m. § 20 Abs. 1 Nr. 6 Satz 2 EStG a. F.). Die Leistungen aus dem zertifizierten Altersvorsorgevertrag, die auf dem eingezahlten Ausgleichswert beruhen, unterliegen bei B der Besteuerung nach § 22 Nr. 5 Satz 2 EStG (vgl. Rzn. 143 bis 148).

Beispiel 2: 327
Im Rahmen einer externen Teilung zahlt ein Versicherungsunternehmen X, bei der der Arbeitnehmerehegatte A eine betriebliche Altersversorgung über eine Direktversicherung (Rentenversicherung) aufgebaut hat, einen Ausgleichswert an das Versicherungsunternehmen Y zugunsten von Ehegatte B in einen zertifizierten Altersvorsorgevertrag. Die Beiträge an das Versicherungsunternehmen X waren steuerfrei (§ 3 Nr. 63 EStG).
Der Ausgleichswert ist steuerfrei nach § 3 Nr. 55b EStG. Die spätere geminderte Leistung unterliegt bei A der Besteuerung nach § 22 Nr. 5 Satz 1 EStG. Die Leistung bei B unterliegt – soweit diese auf dem eingezahlten Ausgleichswert beruht – ebenfalls der Besteuerung nach § 22 Nr. 5 Satz 1 EStG (vgl. Rzn. 137 ff.).

---

[1]) jetzt BMF vom 12.08.2021 (BStBl I S. 1050), Anhang 2 III LStH

Beispiel 3:

328 Im Rahmen einer externen Teilung zahlt der Arbeitgeber des Arbeitnehmerehegatten A mit dessen Zustimmung (§§ 14 Abs. 4 i. V. m. 15 Abs. 3 VersAusglG) den hälftigen Kapitalwert aus einer Direktzusage in einen privaten Rentenversicherungsvertrag mit Kapitalwahlrecht des Ehegatten B ein.

Der Ausgleichswert ist steuerpflichtig, da die späteren Leistungen aus dem Rentenversicherungsvertrag zu lediglich mit dem Ertragsanteil steuerpflichtigen Einkünften beim Ehegatten B führen (§ 3 Nr. 55b Satz 2 EStG). Beim Ausgleichswert handelt es sich um steuerpflichtigen – ggf. nach der Fünftelregelung ermäßigt zu besteuernden – Arbeitslohn des Arbeitnehmerehegatten A.

4. Verfahren

329 Der Versorgungsträger der ausgleichspflichtigen Person hat grundsätzlich den Versorgungsträger der ausgleichsberechtigten Person über die für die Besteuerung der Leistungen erforderlichen Grundlagen zu informieren. Andere Mitteilungs-, Informations- und Aufzeichnungspflichten bleiben hiervon unberührt.

IV. Steuerunschädliche Übertragung im Sinne des § 93 Abs. 1a EStG

330 Eine steuerunschädliche Übertragung im Sinne des § 93 Abs. 1a Satz 1 EStG liegt vor, wenn aufgrund einer Entscheidung des Familiengerichts im Wege der internen Teilung nach § 10 VersAusglG oder externen Teilung nach § 14 VersAusglG während der Ehezeit (§ 3 Abs. 1 VersAusglG) gebildetes gefördertes Altersvorsorgevermögen auf einen zertifizierten Altersvorsorgevertrag oder in eine nach § 82 Abs. 2 EStG begünstigte betriebliche Altersversorgung (einschließlich der Versorgungsausgleichskasse) übertragen wird. Dies ist bei der internen Teilung immer der Fall. Es ist unerheblich, ob die ausgleichsberechtigte Person selbst zulageberechtigt ist. Werden die bei einer internen Teilung entstehenden Kosten mit dem Altersvorsorgevermögen verrechnet (§ 13 VersAusglG), liegt insoweit keine schädliche Verwendung vor. Im Fall der Verrechnung reduziert sich die Beitragszusage (§ 1 Abs. 1 Satz 1 Nr. 3 AltZertG) des Anbieters entsprechend dem Verhältnis von Verrechnungsbetrag zu dem unmittelbar vor der Verrechnung vorhandenen Altersvorsorgekapital.

331 Die Übertragung aufgrund einer internen Teilung nach § 10 VersAusglG oder einer externen Teilung nach § 14 VersAusglG auf einen Altersvorsorgevertrag oder eine nach § 82 Abs. 2 EStG begünstigte betriebliche Altersversorgung (einschließlich Versorgungsausgleichskasse) der ausgleichsberechtigten Person führt nicht zu steuerpflichtigen Einnahmen.

332 Beruht das auf die Ehezeit entfallende, aufzuteilende Altersvorsorgevermögen auf geförderten und ungeförderten Beiträgen, ist das zu übertragende Altersvorsorgevermögen entsprechend dem Verhältnis der hierin enthaltenen geförderten und ungeförderten Beiträge aufzuteilen und anteilig zu übertragen.

333 Wird aufgrund einer internen Teilung nach § 10 VersAusglG oder einer externen Teilung nach § 14 VersAusglG ausschließlich ungefördertes Altersvorsorgevermögen übertragen, stellt dies eine mit einer Übertragung im Sinne des § 93 Abs. 1a EStG vergleichbare Übertragung dar. Insoweit gelten die **Rzn. 335** und **336** entsprechend. Die in § 93 Abs. 1a EStG geregelten Rechtsfolgen und Mitteilungsgründe treten aber nicht ein.

334 Erfolgt jedoch in dem Fall nachträglich eine steuerliche Förderung von Altersvorsorgebeiträgen für ein in der Ehezeit liegendes Beitragsjahr, liegt rückwirkend betrachtet eine Übertragung im Sinne des § 93 Abs. 1a Satz 1 EStG vor, die auch die damit verbundenen weiteren Rechts- und Verfahrensfolgen auslöst. Hinsichtlich der Ermittlung und Auszahlung der nachträglich gewährten Zulage und der Zuordnung der Steuerverstrickung wird auf Rz. **342** verwiesen.

Im Fall der Übertragung im Sinne des § 93 Abs. 1a Satz 1 EStG erfolgt die Mitteilung über die Durchführung der Kapitalübertragung nach dem Verfahren gem. § 11 AltvDV. Bei der internen Teilung entfällt der Datenaustausch zwischen den Anbietern nach § 11 Abs. 1 bis 3 AltvDV. Der Anbieter der ausgleichspflichtigen Person teilt der ZfA in seiner Meldung zur Kapitalübertragung (§ 11 Abs. 4 AltvDV) neben dem Prozentsatz des geförderten Altersvorsorgekapitals, das übertragen wird, auch die vom Familiengericht angegebene Ehezeit im Sinne des § 3 Abs. 1 VersAusglG mit.

335

Zu den Daten, die im Rahmen des Verfahrens gem. § 11 AltvDV der ZfA mitzuteilen sind, zählen auch die Daten, die von der ZfA benötigt werden, um die gemeldete ausgleichsberechtigte Person eindeutig zu identifizieren und **ggf.** für diese eine Zulagennummer zu vergeben bzw. ein Zulagenkonto anlegen zu können. Aus dem Tatbestand, dass die ausgleichsberechtigte Person die Übertragung in eine förderbare Zielversorgung gewählt hat, für die die Verfahrensgrundsätze des Abschnitts XI EStG gelten, leitet sich neben der Antragsfiktion für die Vergabe einer Zulagennummer auch die Berechtigung des Anbieters zur Erhebung der hierfür notwendigen Daten her.

336

Erfolgt die interne Teilung und damit verbunden die Übertragung eines Anrechts im Bereich der betrieblichen Altersversorgung, erlangt die ausgleichsberechtigte Person die versorgungsrechtliche Stellung eines ausgeschiedenen Arbeitnehmers im Sinne des BetrAVG (§ 12 VersAusglG). Damit erlangt sie bei einem Pensionsfonds, einer Pensionskasse oder einer Direktversicherung auch das Recht zur Fortsetzung der betrieblichen Versorgung mit eigenen Beiträgen, die nach § 82 Abs. 2 Buchstabe b EStG zu den Altersvorsorgebeiträgen gehören können, wenn ein Fortsetzungsrecht bei der ausgleichspflichtigen Person für die Versorgung bestanden hätte. **Rzn. 71 ff. des BMF-Schreibens vom 6. Dezember 2017 (BStBl 2018 I S. 147**[1]**))** gelten entsprechend.

337

Die ZfA teilt der ausgleichspflichtigen Person den Umfang der auf die Ehezeit entfallenden steuerlichen Förderung nach § 10a/Abschnitt XI EStG mit. Diese Mitteilung beinhaltet die beitragsjahrbezogene Auflistung der ermittelten Zulagen sowie die nach § 10a Abs. 4 EStG gesondert festgestellten Beträge, soweit der ZfA diese bekannt sind, für die innerhalb der Ehezeit liegenden Beitragsjahre. Für die Beitragsjahre, in die der Beginn oder das Ende der Ehezeit fällt, wird die Förderung monatsweise zugeordnet, indem jeweils ein Zwölftel der für das betreffende Beitragsjahr gewährten Förderung den zu der Ehezeit zählenden Monaten zugerechnet wird. Die monatsweise Zuordnung erfolgt unabhängig davon, ob die für diese Beitragsjahre gezahlten Beiträge vor, nach oder während der Ehezeit auf den Altersvorsorgevertrag eingezahlt wurden. Die Mitteilung der Höhe der für den Vertrag insgesamt gewährten Förderung ist kein Verwaltungsakt.

338

Soweit das während der Ehezeit gebildete geförderte Altersvorsorgevermögen im Rahmen des § 93 Abs. 1a Satz 1 EStG übertragen wird, geht die steuerliche Förderung mit allen Rechten und Pflichten auf die ausgleichsberechtigte Person über. Dies hat zur Folge, dass im Fall einer schädlichen Verwendung des geförderten Altersvorsorgevermögens derjenige Ehegatte die Förderung zurückzahlen muss, der über das ihm zugerechnete geförderte Altersvorsorgevermögen schädlich verfügt. Leistungen aus dem geförderten Altersvorsorgevermögen sind beim Leistungsempfänger nachgelagert zu besteuern. Die Feststellung der geänderten Zuordnung der steuerlichen Förderung erfolgt beitragsjahrbezogen durch die ZfA. Sie erteilt sowohl der ausgleichspflichtigen als auch der ausgleichsberechtigten Person einen Feststellungsbescheid über die Zuordnung der nach § 10a Abs. 4 EStG gesondert festgestellten Beträge sowie der ermittelten Zulagen. Einwände gegen diese Bescheide können nur erhoben werden, soweit sie sich gegen die geänderte Zuordnung der steuerlichen Förderung richten. Nach Eintritt der Unan-

339

---

[1]) jetzt BMF vom 12.08.2021 (BStBl I S. 1050), Anhang 2 III LStH

fechtbarkeit dieser Feststellungsbescheide werden auch die Anbieter durch einen Datensatz nach § 90 Abs. 2 Satz 6 EStG von der ZfA über die geänderte Zuordnung informiert.

340 Die ZfA kann die Mitteilung über den Umfang der auf die Ehezeit entfallenden steuerlichen Förderung (§ 93 Abs. 1a Satz 2 EStG, vgl. Rz. 338) und den Feststellungsbescheid über die geänderte Zuordnung der steuerlichen Förderung (§ 93 Abs. 1a Satz 5 EStG, vgl. Rz. 339) an die ausgleichspflichtige Person in einem Schreiben zusammenfassen, sofern deutlich wird, dass ein Einspruch nur zulässig ist, soweit er sich gegen die Zuordnung der steuerlichen Förderung richtet.

341 Bei der Übertragung im Sinne des § 93 Abs. 1a EStG ist das übertragene Altersvorsorgevermögen zunächst als Kapitalbetrag ohne steuerliche Zuordnung zu behandeln. Bei Eingang der Mitteilung der ZfA über die geänderte Zuordnung für die Ehezeit hat der Anbieter diese Zuordnung in die steuerliche Bestandsführung zu übernehmen. In der Zeit von der Übertragung des Altersvorsorgevermögens bis zur Mitteilung der ZfA über die steuerliche Neuzuordnung der Förderung sind Auszahlungen aus dem Vertrag nur insoweit zulässig, als für ggf. zurückzuzahlende Förderungen noch ausreichend Kapital zur Verfügung steht.

342 Stellt die ausgleichspflichtige Person nach der Übertragung im Sinne des § 93 Abs. 1a Satz 1 EStG einen Antrag auf Altersvorsorgezulage für ein Beitragsjahr in der Ehezeit, sind bei der Ermittlung des Zulageanspruchs die gesamten von der ausgleichspflichtigen Person gezahlten Altersvorsorgebeiträge des Beitragsjahres – also auch der übertragene Teil der Altersvorsorgebeiträge – zugrunde zu legen. Die Zulage wird vollständig dem Vertrag der ausgleichspflichtigen Person gutgeschrieben. Die Zuordnung der Steuerverstrickung auf die ausgleichspflichtige und die ausgleichsberechtigte Person erfolgt, als wenn die Zulage bereits vor der Übertragung dem Vertrag gutgeschrieben worden wäre.

343 Werden nach Erteilung der Mitteilung über den Umfang der auf die Ehezeit entfallenden steuerlichen Förderung und der Feststellungsbescheide über die geänderte Zuordnung der steuerlichen Förderung für die Ehezeit Ermittlungsergebnisse getroffen, aufgehoben oder geändert, so hat die ZfA eine geänderte Mitteilung über den Umfang der auf die Ehezeit entfallenden steuerlichen Förderung zu erteilen und die Feststellungsbescheide über die geänderte Zuordnung der steuerlichen Förderung nach § 175 Abs. 1 Satz 1 Nr. 2 AO zu ändern. Dies gilt auch, wenn die ZfA nachträglich eine Mitteilung des Finanzamts über gesondert festgestellte Beträge nach § 10a Abs. 4 EStG für Veranlagungszeiträume in der Ehezeit erhält. Nach Eintritt der Unanfechtbarkeit dieser geänderten Feststellungsbescheide werden auch die Anbieter durch einen Datensatz nach § 90 Abs. 2 Satz 6 EStG von der ZfA über die geänderte Zuordnung informiert.

V. Leistungen an die ausgleichsberechtigte Person als Arbeitslohn

344 Nach § 19 Abs. 1 Satz 1 Nr. 2 EStG sind Leistungen, die die ausgleichsberechtigte Person aufgrund der internen oder externen Teilung später aus einer Direktzusage oder von einer Unterstützungskasse erhält, Einkünfte aus nichtselbständiger Arbeit; **Rz. 147 des BMF-Schreibens vom 6. Dezember 2017 (BStBl 2018 I S. 147[1]))** gilt entsprechend. Sie unterliegen der Lohnsteuererhebung nach den allgemeinen Regelungen. Bei der ausgleichspflichtigen Person liegen Einkünfte aus nichtselbständiger Arbeit nur hinsichtlich der durch die Teilung gekürzten Leistungen vor.

345 Sowohl bei der ausgleichspflichtigen Person als auch bei der ausgleichsberechtigten Person werden der Arbeitnehmer-Pauschbetrag (§ 9a Satz 1 Nr. 1 Buchstabe a EStG)

---

[1]) jetzt BMF vom 12.08.2021 (BStBl I S. 1050), Anhang 2 III LStH

oder, soweit die Voraussetzungen dafür jeweils vorliegen, der Pauschbetrag für Werbungskosten (§ 9a Satz 1 Nr. 1 Buchstabe b EStG), der Versorgungsfreibetrag und der Zuschlag zum Versorgungsfreibetrag (§ 19 Abs. 2 EStG) berücksichtigt. Die steuerlichen Abzugsbeträge sind nicht auf die ausgleichspflichtige Person und die ausgleichsberechtigte Person aufzuteilen.

Zur Neuberechnung des Versorgungsfreibetrags und des Zuschlags zum Versorgungsfreibetrag vgl. Rz. **321**. 346

C. Anwendungsregelung

Dieses Schreiben ist mit Wirkung ab **1. Januar 2018** anzuwenden. 347

Die Teile A, C und D des BMF-Schreibens vom 24. Juli 2013 – IV C 3 – S 2015/11/10002/ IV C 5 – S 2333/09/10005 – (BStBl I S. 1022) und das BMF-Schreiben vom 13. Januar 2014 – IV C 3 – S 2015/11/10002 :018 – (BStBl I S. 97) werden zum 31. Dezember 2017 aufgehoben. 348

Anhang 1a

Altersvorsorge/Alterseinkünfte

Anlage 1

Pflichtversicherte in der inländischen gesetzlichen Rentenversicherung (§ 10a Abs. 1 Satz 1 Halbsatz 1 EStG) und Pflichtversicherte nach dem Gesetz über die Alterssicherung der Landwirte (§ 10a Abs. 1 Satz 3 EStG)/Nicht begünstigter Personenkreis

A. Pflichtversicherte in der inländischen gesetzlichen Rentenversicherung (§ 10a Abs. 1 Satz 1 Halbsatz 1 EStG)

1. Personen, die gegen Arbeitsentgelt oder zu ihrer Berufsausbildung beschäftigt sind (§ 1 Satz 1 Nr. 1 SGB VI).

    Hierzu gehören auch geringfügig beschäftigte Personen im Sinne des § 8 Abs. 1 Nr. 1 oder § 8a i. V. m. § 8 Abs. 1 Nr. 1 SGB IV, die nicht von der Versicherungspflicht nach § 6 Abs. 1b SGB VI befreit sind.

    Hierzu gehörten bis zum 31. Dezember 2012 ferner geringfügig beschäftigte Personen im Sinne des § 8 Abs. 1 Nr. 1 SGB IV, die auf die Versicherungsfreiheit nach § 5 Abs. 2 Satz 2 SGB VI (i. d. F. bis 31. Dezember 2012) verzichtet und den pauschalen Arbeitgeberbeitrag zur gesetzlichen Rentenversicherung auf den vollen Beitragssatz aufgestockt haben (zum Übergangsrecht siehe Nr. 35 und 42).

    Auch während des Bezuges von Kurzarbeitergeld nach dem SGB III besteht die Versicherungspflicht fort.

    Teilnehmer an dualen Studiengängen stehen den Beschäftigten zur Berufsausbildung im Sinne von § 1 Satz 1 Nr. 1 SGB VI gleich (§ 1 Satz 5 SGB VI).

2. Behinderte Menschen[1]), die in anerkannten Werkstätten für behinderte Menschen[1]) oder in Blindenwerkstätten im Sinne des § 143 SGB IX oder für diese Einrichtungen in Heimarbeit tätig sind (§ 1 Satz 1 Nr. 2 Buchstabe a SGB VI).

3. Behinderte Menschen[1]), die in Anstalten, Heimen oder gleichartigen Einrichtungen in gewisser Regelmäßigkeit eine Leistung erbringen, die einem Fünftel der Leistung eines voll erwerbsfähigen Beschäftigten in gleichartiger Beschäftigung entspricht; hierzu zählen auch Dienstleistungen für den Träger der Einrichtung (§ 1 Satz 1 Nr. 2 Buchstabe b SGB VI).

4. Personen, die in Einrichtungen der Jugendhilfe oder in Berufsbildungswerken oder ähnlichen Einrichtungen für behinderte Menschen[1]) für eine Erwerbstätigkeit befähigt werden sollen; dies gilt auch für Personen während der betrieblichen Qualifizierung im Rahmen der Unterstützten Beschäftigung nach § 38a SGB IX (§ 1 Satz 1 Nr. 3 SGB VI).

5. Auszubildende, die in einer außerbetrieblichen Einrichtung im Rahmen eines Berufsausbildungsvertrags nach dem Berufsbildungsgesetz ausgebildet werden (§ 1 Satz 1 Nr. 3a SGB VI).

6. Mitglieder geistlicher Genossenschaften, Diakonissen und Angehörige ähnlicher Gemeinschaften während ihres Dienstes für die Gemeinschaft und während der Zeit ihrer außerschulischen Ausbildung (§ 1 Satz 1 Nr. 4 SGB VI).

7. Schwestern vom Deutschen Roten Kreuz.

8. Helfer im freiwilligen sozialen Jahr nach dem Jugendfreiwilligendienstgesetz.

---

[1]) jetzt Menschen mit Behinderungen

Anhang 1a
Altersvorsorge/Alterseinkünfte

9. Helfer im freiwilligen ökologischen Jahr nach dem Jugendfreiwilligendienstgesetz.

10. Helfer im Bundesfreiwilligendienst.

11. Heimarbeiter.

12. Seeleute (Mitglieder der Schiffsbesatzung von Binnenschiffen oder deutschen Seeschiffen).

13. Bezieher von Ausgleichsgeld nach dem Gesetz zur Förderung der Einstellung der landwirtschaftlichen Erwerbstätigkeit.

14. Selbständig tätige Lehrer und Erzieher, die im Zusammenhang mit ihrer selbständigen Tätigkeit **regelmäßig** keinen versicherungspflichtigen Arbeitnehmer beschäftigen (§ 2 Satz 1 Nr. 1 SGB VI).

15. Pflegepersonen, die in der Kranken-, Wochen-, Säuglings- oder Kinderpflege tätig sind und im Zusammenhang mit ihrer selbständigen Tätigkeit **regelmäßig** keinen versicherungspflichtigen Arbeitnehmer beschäftigen (§ 2 Satz 1 Nr. 2 SGB VI).

16. Selbständig tätige Hebammen und Entbindungspfleger (§ 2 Satz 1 Nr. 3 SGB VI).

17. Selbständig tätige Seelotsen der Reviere im Sinne des Gesetzes über das Seelotswesen (§ 2 Satz 1 Nr. 4 SGB VI).

18. Selbständige Künstler und Publizisten (§ 2 Satz 1 Nr. 5 SGB VI), wenn sie die künstlerische oder publizistische Tätigkeit erwerbsmäßig und nicht nur vorübergehend ausüben und im Zusammenhang mit der künstlerischen oder publizistischen Tätigkeit nicht mehr als einen Arbeitnehmer beschäftigen, es sei denn, die Beschäftigung erfolgt zur Berufsausbildung oder ist geringfügig im Sinne des § 8 SGB IV.

19. Selbständig tätige Hausgewerbetreibende (§ 2 Satz 1 Nr. 6 SGB VI).

20. Selbständig tätige Küstenschiffer und Küstenfischer, die zur Besatzung ihres Fahrzeuges gehören oder als Küstenfischer ohne Fahrzeug fischen und regelmäßig nicht mehr als vier versicherungspflichtige Arbeitnehmer beschäftigen (§ 2 Satz 1 Nr. 7 SGB VI).

21. Gewerbetreibende, die in die Handwerksrolle eingetragen sind und in ihrer Person die für die Eintragung in die Handwerksrolle erforderlichen Voraussetzungen erfüllen, wobei Handwerksbetriebe im Sinne der §§ 2 und 3 der Handwerksordnung sowie Betriebsfortführungen aufgrund von § 4 der Handwerksordnung außer Betracht bleiben; ist eine Personengesellschaft in die Handwerksrolle eingetragen, gilt als Gewerbetreibender, wer als Gesellschafter in seiner Person die Voraussetzungen für die Eintragung in die Handwerksrolle erfüllt (§ 2 Satz 1 Nr. 8 SGB VI).

22. Personen, die im Zusammenhang mit ihrer selbständigen Tätigkeit regelmäßig keinen versicherungspflichtigen Arbeitnehmer beschäftigen und auf Dauer und im Wesentlichen nur für einen Auftraggeber tätig sind; bei Gesellschaftern gelten als Auftraggeber die Auftraggeber der Gesellschaft (§ 2 Satz 1 Nr. 9 SGB VI).

23. **Personen, die eine Vollrente wegen Alters nach Erreichen der Regelaltersgrenze beziehen (§ 5 Abs. 4 Satz 1 Nr. 1 SGB VI), Personen, die nach beamtenrechtlichen Vorschriften oder Grundsätzen oder entsprechenden kirchenrechtlichen Regelungen oder einer**

Anhang 1a
Altersvorsorge/Alterseinkünfte

berufsständischen Versorgungseinrichtung eine Versorgung nach Erreichen einer Altersgrenze beziehen oder die in der Gemeinschaft übliche Versorgung im Alter erhalten (§ 5 Abs. 4 Satz 1 Nr. 2 SGB VI) sowie Personen, die bis zum Erreichen der Regelaltersgrenze nicht in der gesetzlichen Rentenversicherung versichert waren oder nach Erreichen der Regelaltersgrenze eine Beitragserstattung aus ihrer Versicherung bei der inländischen gesetzlichen Rentenversicherung erhalten haben (§ 5 Abs. 4 Satz 1 Nr. 3 SGB VI) und in einer Beschäftigung oder selbständigen Tätigkeit auf die Versicherungsfreiheit nach § 5 Abs. 4 Sätze 2 bis 4 SGB VI verzichtet haben.

Versicherungspflichtig sind ferner Personen in der Zeit,

24. für die ihnen Kindererziehungszeiten anzurechnen sind (§ 3 Satz 1 Nr. 1 SGB VI).

    Versicherungspflicht wegen Kindererziehung besteht für die ersten 36 Kalendermonate nach dem Geburtsmonat des Kindes (§ 56 Abs. 5 SGB VI). Werden innerhalb des 36-Kalendermonatszeitraumes mehrere Kinder erzogen (z. B. bei Mehrlingsgeburten), verlängert sich die Zeit der Versicherung um die Anzahl an Kalendermonaten, in denen gleichzeitig mehrere Kinder erzogen werden. Dies gilt auch für Elternteile, die während der Erziehungszeit **in einem anderen Alterssicherungssystem** Anwartschaften auf Versorgung im Alter aufgrund der Erziehung erworben haben, die systembezogen nicht **annähernd** gleichwertig berücksichtigt wird wie die Kindererziehung nach dem SGB VI. **Eine Versorgung nach beamtenrechtlichen Vorschriften oder Grundsätzen oder entsprechenden kirchenrechtlichen Regelungen gilt stets als annähernd gleichwertig und schließt die Anrechnung von Kindererziehungszeiten generell aus.**

25. in der sie **bis zum 31. Dezember 2016** einen Pflegebedürftigen im Sinne des § 14 SGB XI nicht erwerbsmäßig wenigstens 14 Stunden wöchentlich in seiner häuslichen Umgebung pflegen, wenn der Pflegebedürftige Anspruch auf Leistungen aus der sozialen oder einer privaten Pflegeversicherung hat; dies gilt ab 1. Januar 2013 auch, wenn die Mindeststundenzahl nur durch die Pflege mehrerer Pflegebedürftiger erreicht wird (nicht erwerbsmäßig tätige Pflegepersonen – § 3 Satz 1 Nr. 1a SGB VI).

26. in der sie ab 1. Januar 2017 einen oder mehrere pflegebedürftige Personen mit mindestens Pflegegrad 2 wenigstens zehn Stunden wöchentlich, verteilt auf regelmäßig mindestens zwei Tage in der Woche, in ihrer häuslichen Umgebung nicht erwerbsmäßig pflegen, wenn der Pflegebedürftige Anspruch auf Leistungen aus der sozialen Pflegeversicherung oder einer privaten Pflege-Pflichtversicherung hat (§ 3 Satz 1 Nr. 1a SGB VI).

27. in der sie aufgrund gesetzlicher Pflicht Wehrdienst oder Zivildienst (längstens bis 31. Dezember 2011) leisten (§ 3 Satz 1 Nr. 2 SGB VI). Der zum 1. Juli 2011 neu eingeführte freiwillige Wehrdienst (für Männer und Frauen) führt zur Versicherungspflicht nach dieser Vorschrift.

28. in der sie sich in einem Wehrdienstverhältnis besonderer Art befinden, wenn sich der Einsatzunfall während einer Zeit ereignet hat, in der Versicherungspflicht als Wehrdienstleistender bestand (§ 3 Satz 1 Nr. 2a SGB VI); die Versicherungspflicht für Einsatzgeschädigte kann frühestens ab 18. Dezember 2007 eintreten.

29. für die sie von einem Leistungsträger Krankengeld (seit 1. August 2012 auch Krankengeld bei Spende von Organen oder Geweben **sowie seit 23. Juli 2015 auch Krankengeld bei Spende von Blut zur Separation von Blutstammzellen oder anderen Blutbestandteilen**), Verletztengeld, Versorgungskrankengeld, Übergangsgeld, Arbeitslosengeld **oder seit dem**

1. Januar 2015 von der sozialen oder einer privaten Pflegeversicherung **Pflegeunterstützungsgeld** beziehen, wenn sie im letzten Jahr vor Beginn der Leistung zuletzt versicherungspflichtig waren; der Zeitraum von einem Jahr verlängert sich um Anrechnungszeiten wegen des Bezugs von Arbeitslosengeld II (§ 3 Satz 1 Nr. 3 SGB VI).

30. für die sie ab 1. August 2012 von einem privaten Krankenversicherungsunternehmen, von einem Beihilfeträger des Bundes, von einem sonstigen öffentlich-rechtlichen Träger von Kosten in Krankheitsfällen auf Bundesebene, von dem Träger der Heilfürsorge im Bereich des Bundes, von dem Träger der truppenärztlichen Versorgung oder von einem öffentlich-rechtlichen Träger von Kosten in Krankheitsfällen auf Landesebene, soweit das Landesrecht dies vorsieht, Leistungen für den Ausfall von Arbeitseinkünften im Zusammenhang mit einer nach den §§ 8 und 8a des Transplantationsgesetzes erfolgenden Spende von Organen oder Geweben **oder seit 23. Juli 2015 im Zusammenhang mit einer im Sinne von § 9 des Transfusionsgesetzes erfolgenden Spende von Blut zur Separation von Blutstammzellen oder anderen Blutbestandteilen** beziehen, wenn sie im letzten Jahr vor Beginn dieser Zahlung zuletzt versicherungspflichtig waren; der Zeitraum von einem Jahr verlängert sich um Anrechnungszeiten wegen des Bezugs von Arbeitslosengeld II (§ 3 Satz 1 Nr. 3a SGB VI).

31. für die sie Vorruhestandsgeld beziehen, wenn sie unmittelbar vor Beginn der Leistung versicherungspflichtig waren (§ 3 Satz 1 Nr. 4 SGB VI).

Nach Übergangsrecht im SGB VI bleiben in dieser Beschäftigung oder Tätigkeit weiterhin versicherungspflichtig:

32. Mitglieder des Vorstands einer Aktiengesellschaft, die am 31. Dezember 1991 versicherungspflichtig waren (§ 229 Abs. 1 Satz 1 Nr. 1 SGB VI).

33. Selbständig tätige Lehrer, Erzieher oder Pflegepersonen, die am 31. Dezember 1991 im Zusammenhang mit ihrer selbständigen Tätigkeit keinen Angestellten, aber mindestens einen Arbeiter beschäftigt haben (§ 229 Abs. 1 Satz 1 Nr. 2 SGB VI).

34. Mitglieder des Vorstands einer Aktiengesellschaft, die am 6. November 2003 in einer weiteren Beschäftigung oder selbständigen Tätigkeit nicht versicherungspflichtig waren und die Versicherungspflicht bis zum 31. Dezember 2004 beantragt haben (§ 229 Abs. 1a Satz 2 SGB VI).

35. Personen, die am 28. Juni 2011 aufgrund einer Beschäftigung im Ausland bei einer amtlichen Vertretung des Bundes oder der Länder oder bei deren Leitern, deutschen Mitgliedern oder Bediensteten versicherungspflichtig waren und keine Beendigung der Versicherungspflicht beantragt haben (§ 229 Abs. 1b SGB VI).

36. Handwerker, die am 31. Dezember 2003 versicherungspflichtig waren und in dieser Tätigkeit weiterhin versicherungspflichtig sind (§ 229 Abs. 2a SGB VI).

37. Personen, die am 31. Dezember 2012 als Beschäftigte nach § 5 Abs. 2 Satz 2 SGB VI i. d. F. bis 31. Dezember 2012 wegen Verzichts auf die Versicherungsfreiheit in einer geringfügigen Beschäftigung oder mehreren geringfügigen Beschäftigungen versicherungspflichtig waren (§ 229 Abs. 5 Satz 1 SGB VI) und den Arbeitgeberbeitrag i. H. v. 15 % zur Rentenversicherung durch eigene Beiträge aufstocken.

38. nach dem Recht ab 1. April 2003 geringfügig Beschäftigte oder selbständig Tätige, die nach dem bis 31. März 2003 geltenden Recht ohne Verzicht auf die Versicherungsfreiheit (§ 5 Abs. 2

Anhang 1a
Altersvorsorge/Alterseinkünfte

Satz 2 SGB VI i. d. F. bis 31. Dezember 2012) versicherungspflichtig waren, wenn sie nicht die Befreiung von der Versicherungspflicht beantragt haben (§ 229 Abs. 6 SGB VI).

39. Selbständig Tätige, die am 31. Dezember 2012 versicherungspflichtig waren und deren Tätigkeit die Merkmale einer geringfügigen Tätigkeit in der ab dem 1. Januar 2013 geltenden Fassung erfüllt, bleiben in dieser selbständigen Tätigkeit bis zum 31. Dezember 2014 versicherungspflichtig (§ 229 Abs. 7 Satz 2 SGB VI).

40. Personen, die am 31. Dezember 1991 im Beitrittsgebiet als selbständige Tätige versicherungspflichtig waren, und nicht ab 1. Januar 1992 nach §§ 1 bis 3 SGB VI versicherungspflichtig geworden sind, bleiben in dieser Tätigkeit versicherungspflichtig, wenn sie keine Beendigung der Versicherungspflicht beantragt haben (§ 229a Abs. 1 SGB VI).

41. Selbständig tätige Landwirte im Beitrittsgebiet, die die Voraussetzungen des § 2 Abs. 1 Nr. 1 des Zweiten Gesetzes über die Krankenversicherung der Landwirte erfüllt haben, in der Krankenversicherung der Landwirte als Unternehmer versichert waren und am 1. Januar 1995 versicherungspflichtig waren, bleiben in dieser Tätigkeit versicherungspflichtig (§ 229a Abs. 2 SGB VI).

42. Personen, die am 31. Dezember 1991 als Beschäftigte von Körperschaften, Anstalten oder Stiftungen des öffentlichen Rechts oder ihrer Verbände versicherungspflichtig waren (§ 230 Abs. 2 Nr. 1 SGB VI).

43. Personen, die am 31. Dezember 1991 als satzungsgemäße Mitglieder geistlicher Genossenschaften, Diakonissen oder Angehörige ähnlicher Gemeinschaften versicherungspflichtig waren (§ 230 Abs. 2 Nr. 2 SGB VI).

44. Geringfügig beschäftigte Personen, die am 31. Dezember 2012 nach § 5 Abs. 2 Satz 1 Nr. 1 SGB VI i. d. F. bis zum 31. Dezember 2012 versicherungsfrei waren, nach dem 31. Dezember 2012 auf die Versicherungsfreiheit **verzichtet haben** (§ 230 Abs. 8 Satz 2 SGB VI) und den Arbeitgeberbeitrag i. H. v. 15 % zur Rentenversicherung durch eigene Beiträge aufstocken.

45. **Bezieher einer Vollrente wegen Alters vor Erreichen der Regelaltersgrenze, die am 31. Dezember 2016 in einer Beschäftigung oder selbständigen Tätigkeit versicherungsfrei waren und nach dem 31. Dezember 2016 in dieser Beschäftigung oder selbständigen Tätigkeit auf die Versicherungsfreiheit verzichtet haben (§ 230 Abs. 9 Sätze 2 bis 4 SGB VI).**

Auf Antrag sind versicherungspflichtig:

46. Entwicklungshelfer, die Entwicklungsdienst oder Vorbereitungsdienst leisten (§ 4 Abs. 1 Satz 1 Nr. 1 SGB VI).

47. Staatsangehörige der EU, des EWR oder der Schweiz, die für eine begrenzte Zeit im Ausland beschäftigt sind (§ 4 Abs. 1 Satz 1 Nr. 2 SGB VI).

48. Staatsangehörige der EU, des EWR oder der Schweiz, die im Ausland bei einer amtlichen Vertretung des Bundes oder der Länder oder deren Leiter, Mitglied oder Bediensteten beschäftigt sind.

Anhang 1a
Altersvorsorge/Alterseinkünfte

49. Personen, die nicht nur vorübergehend selbständig tätig sind, wenn sie die Versicherungspflicht innerhalb von fünf Jahren nach der Aufnahme der selbständigen Tätigkeit oder dem Ende der Versicherungspflicht aufgrund dieser Tätigkeit beantragen (§ 4 Abs. 2 SGB VI).

50. Personen, die Krankengeld, Verletztengeld, Versorgungskrankengeld, Übergangsgeld, Arbeitslosengeld **oder** Leistungen für den Ausfall von Arbeitseinkünften **nach § 3 Satz 1 Nr. 3a SGB VI oder seit dem 1. Januar 2015 von der sozialen oder einer privaten Pflegeversicherung** Pflegeunterstützungsgeld beziehen, aber nicht nach § 3 Satz 1 Nr. 3 oder 3a SGB VI versicherungspflichtig sind (§ 4 Abs. 3 Satz 1 Nr. 1 SGB VI).

51. Personen, die nur deshalb keinen Anspruch auf Krankengeld haben, weil sie nicht in der gesetzlichen Krankenversicherung versichert sind oder in der gesetzlichen Krankenversicherung ohne Anspruch auf Krankengeld versichert sind, u. a. für die Zeit der Arbeitsunfähigkeit, wenn sie im letzten Jahr vor Beginn der Arbeitsunfähigkeit zuletzt versicherungspflichtig waren, längstens jedoch für 18 Monate (§ 4 Abs. 3 Satz 1 Nr. 2 SGB VI).

B. Pflichtversicherte nach dem Gesetz über die Alterssicherung der Landwirte (§ 10a Abs. 1 Satz 3 EStG)

Hierzu gehören insbesondere
1. versicherungspflichtige Landwirte,
2. versicherungspflichtige Ehegatten/Lebenspartner von Landwirten,
3. versicherungspflichtige mitarbeitende Familienangehörige,
4. ehemalige Landwirte, die nach Übergangsrecht weiterhin unabhängig von einer Tätigkeit als Landwirt oder mitarbeitender Familienangehöriger versicherungspflichtig sind.

C. Nicht begünstigter Personenkreis

Nicht zum Kreis der zulageberechtigten Personen gehören:
1. Freiwillig Versicherte in der gesetzlichen Rentenversicherung (vgl. §§ 7, 232 SGB VI).

2. Von der Versicherungspflicht in der gesetzlichen Rentenversicherung befreite Personen für die Zeit der Befreiung; das sind insbesondere
   a) Angestellte und selbständig Tätige für die Beschäftigung oder selbständige Tätigkeit, wegen der sie aufgrund einer durch Gesetz angeordneten oder auf Gesetz beruhenden Verpflichtung Mitglied einer öffentlich-rechtlichen Versicherungseinrichtung oder Versorgungseinrichtung ihrer Berufsgruppe (berufsständische Versorgungseinrichtung für z. B. Ärzte, Architekten, Rechtsanwälte) und zugleich kraft gesetzlicher Verpflichtung Mitglied einer berufsständischen Kammer sind. Für die Befreiung sind weitere Voraussetzungen zu erfüllen (§ 6 Abs. 1 Satz 1 Nr. 1 SGB VI),
   b) Lehrer **oder** Erzieher an nicht-öffentlichen Schulen, **wenn ihnen nach beamtenrechtlichen Grundsätzen oder entsprechenden kirchenrechtlichen Regelungen Anwartschaft auf Versorgung bei verminderter Erwerbsfähigkeit und im Alter sowie auf Hinterbliebenenversorgung gewährleistet und die Erfüllung der Gewährleistung gesichert ist und wenn diese Personen die Voraussetzungen nach § 5 Abs. 1 Satz 2 Nr. 1 und 2 SGB VI erfüllen** (§ 6 Abs. 1 Satz 1 Nr. 2, § 231 Abs. 7 und 8 SGB VI),

Anhang 1a

Altersvorsorge/Alterseinkünfte

- c) Gewerbetreibende im Handwerksbetrieb, wenn für sie mindestens 18 Jahre lang Pflichtbeiträge gezahlt worden sind (§ 6 Abs. 1 Satz 1 Nr. 4 SGB VI),
- d) Selbständige mit einem Auftraggeber als sog. Existenzgründer (§ 6 Abs. 1a SGB VI),
- e) Personen, die eine geringfügige Beschäftigung im Sinne des § 8 Abs. 1 Nr. 1 oder § 8a i. V. m. § 8 Abs. 1 Nr. 1 SGB VI ausüben und nach § 6 Abs. 1b SGB VI von der Versicherungspflicht befreit sind,
- f) Personen, die am 31. Dezember 1991 von der Versicherungspflicht befreit waren (§ 231 Abs. 1 SGB VI),
- g) Selbständige mit einem Auftraggeber, die bereits am 31. Dezember 1998 diese Tätigkeit ausübten und weitere Voraussetzungen erfüllen (§ 231 Abs. 5 SGB VI),
- h) Selbständige (z. B. Lehrer, Erzieher, Pflegepersonen), die bereits am 31. Dezember 1998 nach § 2 Satz 1 Nr. 1 bis 3, § 229a Abs. 1 SGB VI versicherungspflichtig waren und weitere Voraussetzungen erfüllen (§ 231 Abs. 6 SGB VI),
- i) unter bestimmten Voraussetzungen deutsche Seeleute, die auf einem Seeschiff beschäftigt sind, das nicht berechtigt ist, die Bundesflagge zu führen (§ 231 Abs. 7 SGB VI i. d. F. bis 31. Dezember 2008),
- j) selbständig Tätige, die am 31. Dezember 1991 im Beitrittsgebiet aufgrund eines Versicherungsvertrages von der Versicherungspflicht befreit waren, es sei denn sie haben bis zum 31. Dezember 1994 erklärt, dass die Befreiung von der Versicherungspflicht enden soll (§ 231a SGB VI).

3. In der gesetzlichen Rentenversicherung versicherungsfreie Personen; das sind insbesondere
- a) geringfügig Beschäftigte, die den Arbeitgeberbeitrag i. H. v. 15 % zur Rentenversicherung nicht durch eigene Beiträge aufstocken (§ 5 Abs. 2 Satz 1 Nr. 1 SGB VI i. V. m. §§ 8 Abs. 1, 8a SGB IV [bis zum 31. Dezember 2012], § 230 Abs. 8 Satz 1 SGB VI [ab 1. Januar 2013]),
- b) selbständig Tätige, die wegen der Geringfügigkeit der Tätigkeit versicherungsfrei sind (§ 5 Abs. 2 Satz 1 Nr. 2 SGB VI i. V. m. § 8 Abs. 3 SGB IV),
- c) Personen, die eine geringfügige nicht erwerbsmäßige Pflegetätigkeit ausüben (§ 5 Abs. 2 Satz 1 Nr. 3 SGB VI; **diese Regelung wurde mit Wirkung vom 1. Januar 2017 an aufgehoben**),
- d) Personen, die während der Dauer eines Studiums als ordentliche Studierende einer Fachschule oder Hochschule ein Praktikum ableisten, das in ihrer Studienordnung oder Prüfungsordnung vorgeschrieben ist (§ 5 Abs. 3 SGB VI),
- e) Bezieher einer Vollrente wegen Alters **nach Erreichen der Regelaltersgrenze** (§ 5 Abs. 4 Nr. 1 SGB VI) **ohne Verzicht auf diese Versicherungsfreiheit nach § 5 Abs. 4 Sätze 2 bis 4 SGB VI (bis zum 31. Dezember 2016 waren Bezieher einer Altersrente versicherungsfrei [§ 5 Abs. 4 Nr. 1 SGB VI i. d. F. bis 31. Dezember 2016])**,
- f) Personen, die nach beamtenrechtlichen Vorschriften oder Grundsätzen oder entsprechenden kirchenrechtlichen Regelungen oder einer berufsständischen Versorgungseinrichtung eine Versorgung nach Erreichen einer Altersgrenze beziehen oder die in der Gemeinschaft übliche Versorgung im Alter erhalten (§ 5 Abs. 4 Satz 1 Nr. 2 SGB VI) **und nicht auf diese Versicherungsfreiheit nach § 5 Abs. 4 Sätze 2 bis 4 SGB VI verzichtet haben**,
- g) Personen, die bis zum Erreichen der Regelaltersgrenze nicht in der gesetzlichen Rentenversicherung versichert waren oder nach Erreichen der Regelaltersgrenze eine Beitragserstattung aus ihrer Versicherung bei der inländischen gesetzlichen Rentenversicherung erhalten haben (§ 5 Abs. 4 Nr. 3 SGB VI) **und nicht auf diese Versicherungsfreiheit nach § 5 Abs. 4 Sätze 2 bis 4 SGB VI verzichtet haben**,
- h) Polizeivollzugsbeamte auf Widerruf, Handwerker, Mitglieder der Pensionskasse deutscher Eisenbahnen und Straßenbahnen sowie Versorgungsbezieher, die am 31. Dezember 1991 versicherungsfrei waren (§ 230 Abs. 1 SGB VI),

Anhang 1a
Altersvorsorge/Alterseinkünfte

i) Personen, die am 31. Dezember 2016 wegen des Bezugs einer Vollrente wegen Alters vor Erreichen der Regelaltersgrenze in einer Beschäftigung oder selbständigen Tätigkeit versicherungsfrei waren und nicht auf die Versicherungsfreiheit in dieser Beschäftigung oder selbständigen Tätigkeit verzichtet haben (§ 230 Abs. 9 Satz 1 SGB VI).

4. Ohne Vorliegen von Versicherungspflicht in der gesetzlichen Rentenversicherung
   a) nicht versicherungspflichtige selbständig Tätige,
   b) selbständig tätige Handwerker, die am 31. Dezember 1991 in ihrer Tätigkeit nicht versicherungspflichtig waren (§ 229 Abs. 2 SGB VI),
   c) selbständig Tätige, die am 31. Dezember 2012 nicht versicherungspflichtig waren, weil sie versicherungspflichtige Arbeitnehmer beschäftigt haben, bleiben in dieser Tätigkeit nicht versicherungspflichtig, wenn der beschäftigte Arbeitnehmer nicht geringfügig beschäftigt in der bis zum 31. Dezember 2012 geltenden Fassung ist (§ 229 Abs. 7 Satz 1 SGB VI),
   d) Vorstandsmitglieder von Aktiengesellschaften in der Beschäftigung als Vorstand und weiteren Beschäftigungen in Konzernunternehmen (§ 1 Satz 3 [bis zum 28. Juni 2011 Satz 4] SGB VI). Bis zum 31. Dezember 2003 waren Vorstandsmitglieder von Aktiengesellschaften in allen Beschäftigungen, d. h. auch außerhalb des Konzerns nicht versicherungspflichtig. Seit dem 1. Januar 2004 besteht in Nebenbeschäftigungen außerhalb des Konzerns nur dann keine Versicherungspflicht, wenn die Nebenbeschäftigung bereits am 6. November 2003 ausgeübt wurde (§ 229 Abs. 1a Satz 1 SGB VI),
   e) Mitglieder des Deutschen Bundestages, der Landtage sowie des Europäischen Parlaments.

Anhang 1a

Altersvorsorge/Alterseinkünfte

Anlage 2

Begünstigter Personenkreis nach § 10a Abs. 1 Satz 1 Halbsatz 2 EStG/Nicht begünstigter Personenkreis nach § 10a Abs. 1 Satz 1 Halbsatz 2 EStG

A. **Begünstigter Personenkreis nach § 10a Abs. 1 Satz 1 Halbsatz 2 EStG**

1. Empfänger von inländischer Besoldung nach dem Bundesbesoldungsgesetz oder einem entsprechenden Landesbesoldungsgesetz (§ 10a Abs. 1 Satz 1 Halbsatz 2 Nr. 1 EStG), insbesondere:

    a) Bundesbeamte, Beamte der Länder, der Gemeinden, der Gemeindeverbände sowie der sonstigen der Aufsicht eines Landes unterstehenden Körperschaften, Anstalten und Stiftungen des öffentlichen Rechts; hierzu gehören nicht die Ehrenbeamten,

    b) Richter des Bundes und der Länder; hierzu gehören nicht die ehrenamtlichen Richter,

    c) Berufssoldaten und Soldaten auf Zeit.

2. Empfänger von Amtsbezügen aus einem inländischen Amtsverhältnis (§ 10a Abs. 1 Satz 1 Halbsatz 2 Nr. 2 EStG)
    In einem öffentlich-rechtlichen Amtsverhältnis stehen z. B. die Mitglieder der Regierung des Bundes oder eines Landes (z. B. § 1 Bundesministergesetz) sowie die Parlamentarischen Staatssekretäre auf Bundes- und Landesebene (z. B. § 1 Abs. 3 des Gesetzes über die Rechtsverhältnisse der Parlamentarischen Staatssekretäre).

3. Sonstige Beschäftigte von Körperschaften, Anstalten oder Stiftungen des öffentlichen Rechts, deren Verbänden einschließlich der Spitzenverbände oder ihrer Arbeitsgemeinschaften (§ 10a Abs. 1 Satz 1 Halbsatz 2 Nr. 3 EStG), wenn ihnen nach beamtenrechtlichen Vorschriften oder Grundsätzen oder entsprechenden kirchenrechtlichen Regelungen Anwartschaft auf Versorgung bei verminderter Erwerbsfähigkeit und im Alter sowie auf Hinterbliebenenversorgung gewährleistet und die Gewährleistung gesichert ist, u. a. rentenversicherungsfreie Kirchenbeamte und Geistliche in öffentlich-rechtlichen Dienstverhältnissen.

4. Satzungsmäßige Mitglieder geistlicher Genossenschaften, Diakonissen oder Angehörige ähnlicher Gemeinschaften (§ 10a Abs. 1 Satz 1 Halbsatz 2 Nr. 3 EStG), wenn ihnen nach den Regeln der Gemeinschaft Anwartschaft auf die in der Gemeinschaft übliche Versorgung bei verminderter Erwerbsfähigkeit und im Alter gewährleistet und die Gewährleistung gesichert ist.

5. Lehrer oder Erzieher, die an nichtöffentlichen Schulen oder Anstalten beschäftigt sind (§ 10a Abs. 1 Satz 1 Halbsatz 2 Nr. 3 EStG), wenn ihnen nach beamtenrechtlichen Vorschriften oder Grundsätzen oder entsprechenden kirchenrechtlichen Regelungen Anwartschaft auf Versorgung bei verminderter Erwerbsfähigkeit und im Alter sowie auf Hinterbliebenenversorgung gewährleistet und die Gewährleistung gesichert ist.

6. Beamte, Richter, Berufssoldaten und Soldaten auf Zeit, die ohne Besoldung beurlaubt sind, für die Zeit einer Beschäftigung, wenn während der Beurlaubung die Gewährleistung einer Versorgungsanwartschaft unter den Voraussetzungen des § 5 Abs. 1 Satz 1 SGB VI auf diese Beschäftigung erstreckt wird (§ 10a Abs. 1 Satz 1 Halbsatz 2 Nr. 4 EStG).

Anhang 1a
Altersvorsorge/Alterseinkünfte

7. Steuerpflichtige im Sinne der oben unter Ziffer 1. bis 6. aufgeführten, die beurlaubt sind und deshalb keine Besoldung, Amtsbezüge oder Entgelt erhalten, sofern sie eine Anrechnung von Kindererziehungszeiten nach § 56 SGB VI (d. h. im Sinne der inländischen gesetzlichen Rentenversicherung) in Anspruch nehmen könnten, wenn die Versicherungsfreiheit in der inländischen gesetzlichen Rentenversicherung nicht bestehen würde.

In den Fällen der Nummern 2 bis 5 muss das Versorgungsrecht jedoch die Absenkung des Versorgungsniveaus in entsprechender Anwendung des § 69e Abs. 3 Satz 1 und Abs. 4 des Beamtenversorgungsgesetzes vorsehen.

B. Nicht begünstigter Personenkreis nach § 10a Abs. 1 Satz 1 Halbsatz 2 EStG
1. **Beamte, Richter und Berufssoldaten im einstweiligen Ruhestand, sofern sie keine inländische Besoldung mehr nach dem Bundesbesoldungsgesetz oder einementsprechenden Landesbesoldungsgesetz empfangen.**

Anhang 1a

Altersvorsorge/Alterseinkünfte

1.
Einkommensteuerrechtliche Behandlung von Vorsorgeaufwendungen

BMF vom 24.05.2017 (BStBl I S. 820)
IV C 3 – S 2221/16/10001 :004 – 2017/0392623
unter Berücksichtigung der Änderungen durch
BMF vom 06.11.2017 (BStBl I S. 1455)
IV C 3 – S 2221/17/10006 :001 – 2017/0905493,
BMF vom 28.09.2021 (BStBl I S. 1833)
IV C 3 – S 2221/21/10016 :001 – 2021/0863276 und
BMF vom 16.12.2021 (BStBl I S. 155)
IV C 3 – S 2221/20/10012 :002 – 2021/1300715

Zum Sonderausgabenabzug für Beiträge nach § 10 Absatz 1 Nummer 2, 3 und 3a Einkommensteuergesetz (EStG) gilt im Einvernehmen mit den obersten Finanzbehörden der Länder Folgendes:

Inhaltsverzeichnis

	Rz.
A. Abzug von Vorsorgeaufwendungen – § 10 EStG –	1 – 210
I. Sonderausgabenabzug für Altersvorsorgeaufwendungen nach § 10 Absatz 1 Nummer 2 EStG (Basisversorgung)	1 – 79
1. Begünstigte Beiträge	1 – 58
1.1 Beiträge i. S. d. § 10 Absatz 1 Nummer 2 Satz 1 Buchstabe a EStG (gesetzliche Altersvorsorge)	1 – 9
1.1.1 Beiträge zu den gesetzlichen Rentenversicherungen	1 – 5
1.1.2 Beiträge zur landwirtschaftlichen Alterskasse	6 – 7
1.1.3 Beiträge zu berufsständischen Versorgungseinrichtungen	8 – 9
1.2 Beiträge i. S. d. § 10 Absatz 1 Nummer 2 Satz 1 Buchstabe b EStG (private Basisrente)	10 – 55
a) Allgemeines	10 – 15
b) Voraussetzungen der vertraglichen Vereinbarungen	16 – 34
aa) Monatliche Zahlung	16
bb) Gleichbleibende oder steigende Leibrente	17 – 19
cc) Lebenslange Leibrente	20 – 22
dd) Nichtvererblichkeit	23 – 27
ee) Nichtübertragbarkeit	28 – 30
ff) Nichtbeleihbarkeit	31
gg) Nichtveräußerbarkeit	32
hh) Nichtkapitalisierbarkeit	33 – 34
1.2.1 Beiträge i. S. d. § 10 Absatz 1 Nummer 2 Satz 1 Buchstabe b Doppelbuchstabe aa EStG (Basisrente-Alter)	35 – 44
a) Allgemeines	35 – 36
b) Ergänzende Absicherung von Berufsunfähigkeit, verminderter Erwerbsfähigkeit und Hinterbliebenen	37 – 44

			Rz.
	1.2.2	Beiträge i. S. d. § 10 Absatz 1 Nummer 2 Satz 1 Buchstabe b Doppelbuchstabe bb EStG i. V. m. § 2 Absatz 1a AltZertG (Basisrente-Erwerbsminderung)	45 – 55
	1.3	Steuerfreie Zuschüsse und Beitragsrückerstattungen	56 – 57a
	1.4	Beitragsempfänger	58
2.		Ermittlung des Abzugsbetrags nach § 10 Absatz 3 EStG	59 – 79
	2.1	Höchstbetrag	59 – 60
	2.2	Kürzung des Höchstbetrags nach § 10 Absatz 3 Satz 3 EStG	61 – 71
		2.2.1 Kürzung des Höchstbetrags beim Personenkreis des § 10 Absatz 3 Satz 3 Nummer 1 Buchstabe a EStG	65
		2.2.2 Kürzung des Höchstbetrags beim Personenkreis des § 10 Absatz 3 Satz 3 Nummer 1 Buchstabe b EStG	66 – 68
		2.2.3 Kürzung des Höchstbetrags beim Personenkreis des § 10 Absatz 3 Satz 3 Nummer 2 EStG	69 – 71
	2.3	Kürzung des Höchstbetrags bei Ehegatten und Lebenspartnern[1])	72
	2.4	Übergangsregelung (bis 2024)	73
	2.5	Kürzung des Abzugsbetrags bei Arbeitnehmern nach § 10 Absatz 3 Satz 5 EStG	74
	2.6	Beispiele	75 – 79
II.		Sonderausgabenabzug für sonstige Vorsorgeaufwendungen nach § 10 Absatz 1 Nummer 3 und 3a EStG	80 – 180
1.		Allgemeines	80 – 82
2.		Sonstige Vorsorgeaufwendungen	83 – 124
	2.1	Beiträge zur Basiskrankenversicherung (§ 10 Absatz 1 Nummer 3 Satz 1 Buchstabe a EStG)	83 – 116
		a) Allgemeines	83 – 85
		b) Steuerfreie Zuschüsse und Beitragsrückerstattungen	86 – 94
		c) Beiträge an ausländische Versicherungsunternehmen (§ 10 Absatz 2 Satz 1 Nummer 2 Buchstabe a EStG)	95 – 98
		2.1.1 Beiträge zur gesetzlichen Krankenversicherung	99 – 109
		a) Allgemeines	99 – 100
		b) Kürzung der Beiträge bei Anspruch auf Krankengeld	101 – 109
		2.1.2 Beiträge zur privaten Krankenversicherung	110 – 116
	2.2	Beiträge zur gesetzlichen Pflegeversicherung (§ 10 Absatz 1 Nummer 3 Satz 1 Buchstabe b EStG)	117 – 120
		a) Allgemeines	117 – 118
		b) Steuerfreie Zuschüsse und Beitragsrückerstattungen	119 – 120
	2.3	Weitere sonstige Vorsorgeaufwendungen (§ 10 Absatz 1 Nummer 3a EStG)	121 – 124

---

[1]) Der Begriff „Lebenspartner" bezeichnet in diesem BMF-Schreiben Lebenspartner einer eingetragenen Lebenspartnerschaft.

			Rz.
3.	Ermittlung des Abzugsbetrags		125 – 133
	3.1	Höchstbetrag nach § 10 Absatz 4 EStG	125 – 128
	3.2	Mindestansatz	129
	3.3	Abzugsbetrag bei Ehegatten und Lebenspartnern	130 – 133
		a) Zusammenveranlagung nach § 26b EStG	130
		b) Einzelveranlagung nach § 26a EStG und „Patchwork-Familien"	131 – 133
4.	Beitragsvorauszahlungen		134 – 158
	4.1	Anwendungsbereich	134 – 136
	4.2	Zeitliche Zuordnung der Beitragsvorauszahlungen	137 – 146
		a) Ermittlung des zulässigen Vorauszahlungsvolumens	139 – 143
		b) Summe der geleisteten Vorauszahlungen	144 – 146
	4.3	Rechtsfolge	147 – 158
		a) Allgemein	147 – 152
		b) Vorauszahlungen vs. regelmäßig wiederkehrende Zahlungen	153 – 158
5.	Verfahren		159 – 180
	5.1	Gesetzlich Versicherte	162 – 176
		a) Pflichtversicherte Arbeitnehmer	167 – 168
		b) Freiwillig gesetzlich versicherte Arbeitnehmer	169 – 170
		c) Freiwillig gesetzlich versicherte Selbständige	171
		d) Pflichtversicherte selbständige Künstler und Publizisten	172
		e) Freiwillig gesetzlich versicherte Künstler und Publizisten	173
		f) Pflichtversicherte Rentner	174
		g) Pflichtversicherte Empfänger einer Kapitalleistung aus der betrieblichen Altersversorgung	175
		h) Freiwillig gesetzlich versicherte Rentner	176
	5.2	Privat Versicherte	177 – 180
		a) Privat versicherte Arbeitnehmer	177 – 178
		b) Privat versicherte Künstler und Publizisten	179
		c) Privat versicherte Rentner	180
III.	Gemeinsame Regelungen		181 – 206
	1. Datenübermittlung		181 – 185
	2. Einwilligung in die Datenübermittlung		186 – 192
		a) Allgemeines	186 – 190
		b) Einwilligungsfiktion bei Kranken- und Pflegeversicherungsbeiträgen	191 – 192
	3. Nachweis bei fehlgeschlagener Datenübermittlung		193 – 194
		a) Kranken- und Pflegeversicherungsbeiträge	193
		b) Beiträge zur Basisrente	194
	4. Zufluss- und Abflussprinzip (§ 11 EStG)		195 – 198
	5. Zusammenhang mit steuerfreien Einnahmen		199 – 202
	6. Erstattungsüberhänge		203 – 204

		Rz.
	7. Globalbeiträge	205
	8. Änderungsnorm	206
IV.	Günstigerprüfung nach § 10 Absatz 4a EStG	207 – 210
B.	Anwendungsregelung	211 – 212

A. Abzug von Vorsorgeaufwendungen – § 10 EStG –
I. Sonderausgabenabzug für Altersvorsorgeaufwendungen nach § 10 Absatz 1 Nummer 2 EStG (Basisversorgung)
1. Begünstigte Beiträge
1.1 Beiträge i. S. d. § 10 Absatz 1 Nummer 2 Satz 1 Buchstabe a EStG (gesetzliche Altersvorsorge)
1.1.1 Beiträge zu den gesetzlichen Rentenversicherungen

Begünstigt sind nach § 10 Absatz 1 Nummer 2 Satz 1 Buchstabe a EStG Beiträge an folgende Träger der gesetzlichen Rentenversicherung (RV): 1

– Deutsche Rentenversicherung Bund,
– Deutsche Rentenversicherung Knappschaft-Bahn-See,
– Deutsche Rentenversicherung Regionalträger.

Die Künstlersozialkasse fungiert dagegen nicht als Träger der gesetzlichen RV, sondern lediglich als Einzugsstelle der Beiträge. 2

Die Beiträge können wie folgt erbracht und nachgewiesen werden:

Art der Beitragsleistung	Nachweis durch
Pflichtbeiträge aufgrund einer abhängigen Beschäftigung einschließlich des nach § 3 Nummer 62 EStG steuerfreien Arbeitgeberanteils	Lohnsteuerbescheinigung
Pflichtbeiträge aufgrund einer selbständigen Tätigkeit	Beitragsbescheinigung des Rentenversicherungsträgers oder der Künstlersozialkasse
freiwillige Beiträge/Nachzahlung von freiwilligen Beiträgen	Beitragsbescheinigung des Rentenversicherungsträgers
freiwillige Zahlung von Beiträgen zum Ausgleich einer Rentenminderung (bei vorzeitiger Inanspruchnahme einer Altersrente), § 187a des Sechsten Buches Sozialgesetzbuch (SGB VI)	Lohnsteuerbescheinigung oder Beitragsbescheinigung des Rentenversicherungsträgers
freiwillige Zahlung von Beiträgen zum Auffüllen von Rentenanwartschaften, die durch einen Versorgungsausgleich gemindert worden sind, § 187 SGB VI[1]	Besondere Beitragsbescheinigung des Rentenversicherungsträgers
Abfindung von Anwartschaften auf betriebliche Altersversorgung, § 187b SGB VI	Besondere Beitragsbescheinigung des Rentenversicherungsträgers

---

[1] *zur einkommensteuerlichen Berücksichtigung >BFH vom 19.08.2021 (BStBl II 2022 S. 256)*

Anhang 1a
II Altersvorsorge/Alterseinkünfte

3 Selbständige Künstler und Publizisten, die nach dem Künstlersozialversicherungsgesetz versicherungspflichtig sind, entrichten die Hälfte des zu entrichtenden Gesamtbeitrags an die Künstlersozialkasse. Dieser Anteil am Gesamtbeitrag ist als Beitrag zur gesetzlichen RV nach § 10 Absatz 1 Nummer 2 EStG zu berücksichtigen. Der übrige Beitragsanteil wird in der Regel von der Künstlersozialkasse aufgebracht und setzt sich aus der Künstlersozialabgabe und einem Zuschuss des Bundes zusammen. Dieser von der Künstlersozialkasse gezahlte Beitragsanteil ist nicht als Beitrag des Steuerpflichtigen i. S. d. § 10 Absatz 1 Nummer 2 EStG zu berücksichtigen.

4 Zu den Beiträgen nach § 10 Absatz 1 Nummer 2 Satz 1 Buchstabe a EStG gehören auch Beiträge an ausländische gesetzliche Rentenversicherungsträger (vgl. BFH vom 24. Juni 2009, BStBl II 2009, S. 1000); die inländischen Beitragsbemessungsgrenzen zur gesetzlichen RV sind insoweit nicht maßgebend. Zur Aufteilung von Globalbeiträgen wird auf Rz. 205 verwiesen. Der Beitrag eines inländischen Arbeitgebers an eine ausländische RV ist dem Arbeitnehmer zuzurechnen, wenn die Abführung auf vertraglicher und nicht auf gesetzlicher Grundlage erfolgte (BFH vom 18. Mai 2004, BStBl II 2004, S. 1014). § 3 Nummer 62 EStG greift in diesen Fällen nicht.

5 Die Übertragung von Anrechten auf eine zwischen- oder überstaatliche Einrichtung aufgrund eines Abkommens zur Begründung von Anrechten auf Altersversorgung ist steuerfrei nach § 3 Nummer 55e EStG. Das übertragene Vermögen ist nicht als Beitrag nach § 10 Absatz 1 Nummer 2 Satz 1 Buchstabe a EStG zu berücksichtigen.

1.1.2 Beiträge zur landwirtschaftlichen Alterskasse

6 In der Alterssicherung der Landwirte können der Landwirt, sein Ehegatte, sein Lebenspartner oder in bestimmten Fällen mitarbeitende Familienangehörige versichert sein.

7 Beiträge zur landwirtschaftlichen Alterskasse können, soweit sie zum Aufbau einer eigenen Altersversorgung führen, von dem zur Zahlung Verpflichteten als Beiträge i. S. d. § 10 Absatz 1 Nummer 2 Satz 1 Buchstabe a EStG geltend gemacht werden.

1.1.3 Beiträge zu berufsständischen Versorgungseinrichtungen

8 Berufsständische Versorgungseinrichtungen im steuerlichen Sinne sind öffentlich-rechtliche Versicherungs- oder Versorgungseinrichtungen für Beschäftigte und selbständig tätige Angehörige der kammerfähigen freien Berufe, die den gesetzlichen RV vergleichbare Leistungen erbringen. Welche berufsständischen Versorgungseinrichtungen diese Voraussetzung erfüllen, wird jeweils durch gesondertes BMF-Schreiben bekannt gegeben (vgl. zuletzt BMF-Schreiben vom 8. Juli 2014, BStBl I 2014, S. 1098)[1].

9 Die Mitgliedschaft in der berufsständischen Versorgungseinrichtung ist bei Aufnahme der betreffenden Berufstätigkeit gesetzlich verpflichtend. Sie führt in den in § 6 Absatz 1 SGB VI genannten Fällen auf Antrag zu einer Befreiung von der gesetzlichen Rentenversicherungspflicht.

1.2 Beiträge i. S. d. § 10 Absatz 1 Nummer 2 Satz 1 Buchstabe b EStG (private Basisrente)

a) Allgemeines

10 Eine Basisrente i. S. d. § 10 Absatz 1 Nummer 2 Satz 1 Buchstabe b EStG i. V. m. dem Altersvorsorgeverträge-Zertifizierungsgesetz (AltZertG) liegt vor bei einem Vertrag zum Aufbau einer eigenen kapitalgedeckten Altersversorgung (Basisrente-Alter), ggf. ergänzt um eine Absicherung des Eintritts der verminderten Erwerbsfähigkeit, der Berufsun-

---

[1] jetzt BMF vom 19.06.2020 (BStBl I S. 617), Anhang 1a III

fähigkeit oder von Hinterbliebenen oder zur Absicherung gegen den Eintritt der verminderten Erwerbsfähigkeit im Versicherungsfall (Basisrente-Erwerbsminderung), ggf. verbunden mit einer Absicherung gegen den Eintritt der Berufsunfähigkeit.

Nach § 10 Absatz 1 Nummer 2 Satz 1 Buchstabe b EStG sind nur die eigenen Beiträge des Versicherten abziehbar. Dies setzt Personenidentität zwischen dem Beitragszahler, der versicherten Person und dem Leistungsempfänger voraus (bei Ehegatten siehe R 10.1 EStR 2016 – bei Lebenspartnern entsprechend). Dies gilt nicht für Beiträge zu einer die Basisrente-Alter ergänzenden Hinterbliebenenabsicherung; insoweit ist ein abweichender Leistungsempfänger zulässig. 11

Der Anbieter kann davon ausgehen, dass die zugunsten des Vertrags geleisteten Beiträge der Person zuzurechnen sind, die einen vertraglichen Anspruch auf die Leistung hat. Ihn trifft keine Verpflichtung zur Feststellung der Mittelherkunft. 12

Auch Beiträge an Pensionsfonds, Pensionskassen und für Direktversicherungen, die im Rahmen der betrieblichen Altersversorgung erbracht werden, können nach § 10 Absatz 1 Nummer 2 Satz 1 Buchstabe b EStG begünstigt sein, sofern es sich um Beiträge zu einem zertifizierten Vertrag handelt (vgl. Rz. 15). Nicht zu berücksichtigen sind dagegen steuerfreie Beiträge, pauschal besteuerte Beiträge und Beiträge, die aufgrund einer Altzusage geleistet werden (vgl. Rz. 349 ff., 374 und 376 des BMF-Schreibens vom 24. Juli 2013, BStBl I 2013, S. 1022, geändert durch BMF-Schreiben vom 13. Januar 2014, BStBl I 2014, S. 97 und BMF-Schreiben vom 13. März 2014, BStBl I 2014, S. 554). 13

Beinhaltet ein Vorsorgevertrag u. a. folgende Möglichkeiten, liegen keine Beiträge nach § 10 Absatz 1 Nummer 2 Satz 1 Buchstabe b EStG vor: 14
– Kapitalwahlrecht,
– Anspruch bzw. Optionsrecht auf (Teil-)Auszahlung nach Eintritt des Versorgungsfalls,
– Zahlung eines Sterbegeldes,
– Abfindung einer Rente – Abfindungsansprüche und Beitragsrückerstattungen im Fall einer Kündigung des Vertrags; dies gilt nicht für gesetzliche Abfindungsansprüche (z. B. § 3 Betriebsrentengesetz – BetrAVG) oder die Abfindung einer Kleinbetragsrente (vgl. Rz. 34).

Voraussetzung für den Sonderausgabenabzug nach § 10 Absatz 1 Nummer 2 Satz 1 Buchstabe b EStG ist u. a., dass 15
– die Beiträge zugunsten eines Vertrags geleistet wurden, der nach § 5a AltZertG zertifiziert ist (Grundlagenbescheid i. S. d. § 171 Absatz 10 Abgabenordnung – AO), und
– der Steuerpflichtige gegenüber dem Anbieter in die Datenübermittlung nach § 10 Absatz 2a EStG eingewilligt hat (vgl. Rz. 186 ff.).

b) Voraussetzungen der vertraglichen Vereinbarungen

aa) Monatliche Zahlung

Der Vertrag darf nur die Zahlung einer monatlichen Leibrente vorsehen. Abweichend hiervon ist eine vertragliche Vereinbarung, wonach bis zu zwölf Monatsleistungen in einer Auszahlung zusammengefasst werden können, zulässig. 16

bb) Gleichbleibende oder steigende Leibrente

Der Vertrag darf nur die Zahlung einer gleichbleibenden oder steigenden Leibrente vorsehen. 17

Anhang 1a
Altersvorsorge/Alterseinkünfte

18 Ein planmäßiges Sinken der Rentenhöhe ist nicht zulässig. Geringfügige Schwankungen in der Rentenhöhe sind jedoch unschädlich, sofern diese Schwankungen auf in einzelnen Jahren unterschiedlich hohen Überschussanteilen während der Rentenzahlung beruhen, die für die ab Leistungsbeginn garantierten Rentenleistungen gewährt werden. Für die Basisrente-Alter bedeutet dies z. B., dass der auf Basis des zu Beginn der Auszahlungsphase garantierten Kapitals zzgl. der unwiderruflich zugeteilten Überschüsse zu errechnende Rentenbetrag während der gesamten Auszahlungsphase nicht unterschritten werden darf.

19 Um das Vorliegen der Voraussetzungen für eine Leibrente i. S. d. § 10 Absatz 1 Nummer 2 Satz 1 Buchstabe b Doppelbuchstabe aa EStG sicherzustellen, insbesondere dass die Rente während ihrer Laufzeit nicht sinken kann, muss der Vertrag die Verpflichtung des Anbieters enthalten, vor Rentenbeginn die Leibrente auf Grundlage einer anerkannten Sterbetafel zu berechnen und dabei den während der Laufzeit der Rente geltenden Zinsfaktor festzulegen.

cc) Lebenslange Leibrente

20 Der Vertrag darf nur die Zahlung einer lebenslangen Leibrente vorsehen.

21 Eine Auszahlung durch die regelmäßige Gutschrift einer gleichbleibenden oder steigenden Anzahl von Investmentanteilen sowie die Auszahlung von regelmäßigen Raten im Rahmen eines Auszahlungsplans sind keine lebenslange Leibrente i. S. d. § 10 Absatz 1 Nummer 2 Satz 1 Buchstabe b EStG.

22 Hierbei wird nur ein bestimmtes Kapital über eine gewisse Laufzeit verteilt. Nach Laufzeitende ist das Kapital aufgebraucht, so dass die Zahlungen dann enden. Insoweit ist eine lebenslange Auszahlung nicht gewährleistet. Eine andere Wertung ergibt sich auch nicht durch eine Kombination eines Auszahlungsplans mit einer sich anschließenden Teilkapitalverrentung. Begrifflich ist die „Teilverrentung" zwar eine Leibrente, allerdings wird der Auszahlungsplan durch die Verknüpfung mit einer Rente nicht selbst zu einer Leibrente.

dd) Nichtvererblichkeit

23 Die Vertragsbedingungen dürfen eine Auszahlung an die Erben im Todesfall nicht vorsehen. Das vorhandene Vermögen kommt dann der Versichertengemeinschaft bzw. der Gemeinschaft der verbleibenden Vorsorgesparer zugute.

24 Die Nichtvererblichkeit wird nicht berührt durch gesetzlich zugelassene Hinterbliebenenleistungen im Rahmen der ergänzenden Hinterbliebenenabsicherung (Rz. 37 ff.) bei der Basisrente-Alter oder durch Rentenzahlungen an die Erben für den Zeitraum bis zum Ablauf des Todesmonats der versicherten Person.

25 Eine Rentengarantiezeit – also die Vereinbarung, dass die Rente unabhängig vom Tod der versicherten Person mindestens bis zum Ablauf einer vereinbarten Garantiezeit gezahlt wird – widerspricht der im EStG geforderten Nichtvererblichkeit.

26 Im Rahmen von Fondsprodukten (Publikumsfonds) kann die Nichtvererblichkeit bei der Basisrente-Alter dadurch sichergestellt werden, dass keine erbrechtlich relevanten Vermögenswerte aufgrund des Basisrentenvertrags beim Steuerpflichtigen vorhanden sind. Diese Voraussetzung kann entweder über eine auflösend bedingte Ausgestaltung des schuldrechtlichen Leistungsanspruchs („Treuhandlösung") oder im Wege spezieller Sondervermögen erfüllt werden, deren Vertragsbedingungen vorsehen, dass im Falle des Todes des Anlegers dessen Anteile zugunsten des Sondervermögens eingezogen werden („Fondslösung"). Ebenso kann diese Voraussetzung durch eine vertragliche Vereinbarung zwischen dem Anbieter und dem Steuerpflichtigen erfüllt werden, nach der im Falle des Todes des Steuerpflichtigen der Gegenwert seiner Fondsanteile der Spargemeinschaft zugutekommt („vertragliche Lösung").

Für die bei einem fondsbasierten Basis-/Rürup-Rentenprodukt im Rahmen der „vertraglichen Lösung" anfallenden „Sterblichkeitsgewinne" sowie für den Einzug der Anteile am Sondervermögen und die anschließende Verteilung bei der „Treuhandlösung" fällt mit Blick auf die persönlichen Freibeträge der Erwerber keine Erbschaftsteuer an. 27

ee) Nichtübertragbarkeit

Der Vertrag muss die Möglichkeit zur Übertragung der Ansprüche des Leistungsempfängers auf eine andere Person (z. B. im Wege der Schenkung) ausschließen; die Pfändbarkeit nach den Vorschriften der Zivilprozessordnung (ZPO) steht dem nicht entgegen. 28

Der Vertrag darf zulassen, dass die Ansprüche des Leistungsempfängers aus dem Vertrag unmittelbar auf einen nach § 5a AltZertG zertifizierten Vertrag (vgl. Rz. 15) des Leistungsempfängers auch bei einem anderen Unternehmen übertragen werden. Dabei ist lediglich die Übertragung innerhalb der jeweiligen Produktgruppe (Basisrente-Alter oder Basisrente-Erwerbsminderung) zulässig. Dieser Vorgang ist steuerfrei nach § 3 Nummer 55d EStG. Das übertragene Vermögen ist nicht als Beitrag nach § 10 Absatz 1 Nummer 2 Satz 1 Buchstabe b EStG zu berücksichtigen. 29

Die Übertragung von Anrechten aus einem Basisrentenvertrag i. S. d. § 10 Absatz 1 Nummer 2 Satz 1 Buchstabe b Doppelbuchstabe aa EStG zur Regelung von Scheidungsfolgen nach dem Versorgungsausgleichsgesetz (VersAusglG) vom 3. April 2009 (BGBl. I 2009, S. 700), insbesondere im Rahmen einer internen (§ 10 VersAusglG) oder externen Teilung (§ 14 VersAusglG), ist unschädlich. 30

ff) Nichtbeleihbarkeit

Es muss vertraglich ausgeschlossen sein, dass die Ansprüche – z. B. sicherungshalber – abgetreten oder verpfändet werden können. 31

gg) Nichtveräußerbarkeit

Der Vertrag muss so gestaltet sein, dass die Ansprüche nicht an einen Dritten veräußert werden können. 32

hh) Nichtkapitalisierbarkeit

Vertraglich darf kein Recht auf Kapitalisierung des Rentenanspruchs vorgesehen sein. 33

Eine Ausnahme gilt bei der Abfindung einer Kleinbetragsrente in Anlehnung an § 93 Absatz 3 Satz 2 und 3 EStG. Die Abfindungsmöglichkeit besteht bei einer Altersrente i. S. d. § 10 Absatz 1 Nummer 2 Satz 1 Buchstabe b Doppelbuchstabe aa EStG erst mit dem Beginn der Auszahlungsphase, frühestens mit Vollendung des 62. Lebensjahres des Leistungsempfängers (bei vor dem 1. Januar 2012 abgeschlossenen Verträgen ist grundsätzlich die Vollendung des 60. Lebensjahres maßgebend, vgl. Rz. 35). Bei Renten aus einem Basisrentenvertrag (Basisrente-Alter oder Basisrente-Erwerbsminderung) wegen Berufsunfähigkeit, verminderter Erwerbsfähigkeit und an Hinterbliebene ist die Abfindung einer Kleinbetragsrente schon im Versicherungsfall möglich. 34

1.2.1 Beiträge i. S. d. § 10 Absatz 1 Nummer 2 Satz 1 Buchstabe b Doppelbuchstabe aa EStG (Basisrente-Alter)

a) Allgemeines

Beiträge zur Basisrente-Alter können nur berücksichtigt werden, wenn die Laufzeit des Vertrags nach dem 31. Dezember 2004 beginnt (zu Laufzeitbeginn und mindestens einer Beitragsleistung vor dem 1. Januar 2005 vgl. Rz. 122) und der Vertrag eine Leib- 35 rente vorsieht, die nicht vor Vollendung des 62. Lebensjahres des Steuerpflichtigen beginnt (bei vor dem 1. Januar 2012 abgeschlossenen Verträgen ist regelmäßig die Vollendung des 60. Lebensjahres maßgebend).

36 Voraussetzung für den Abzug nach § 10 Absatz 1 Nummer 2 Satz 1 Buchstabe b Doppelbuchstabe aa EStG ist seit dem Veranlagungszeitraum (VZ) 2010, dass der Vertrag zertifiziert ist (vgl. Rz. 15).

b) **Ergänzende Absicherung von Berufsunfähigkeit, verminderter Erwerbsfähigkeit und Hinterbliebenen**

37 Bei der Basisrente-Alter können ergänzend der Eintritt der Berufsunfähigkeit, der verminderten Erwerbsfähigkeit oder auch Hinterbliebene abgesichert werden, wenn die Zahlung einer Rente vorgesehen ist. Eine zeitliche Befristung einer Berufsunfähigkeits- oder Erwerbsminderungsrente ist ausschließlich im Hinblick auf die entfallende Versorgungsbedürftigkeit (Verbesserung der Gesundheitssituation oder Erreichen der Altersgrenze für den Bezug der Altersrente aus dem entsprechenden Vertrag) nicht zu beanstanden. Ebenso ist es unschädlich, wenn der Vertrag bei Eintritt der Berufsunfähigkeit oder der verminderten Erwerbsfähigkeit anstelle oder ergänzend zu einer Rentenzahlung eine Beitragsfreistellung vorsieht.

38 Die ergänzende Absicherung ist nur dann unschädlich, wenn mehr als 50 % der Beiträge auf die eigene Altersversorgung des Steuerpflichtigen entfallen. Für das Verhältnis der Beitragsanteile zueinander ist regelmäßig auf den konkret vom Steuerpflichtigen zu zahlenden (Gesamt-)Beitrag abzustellen. Dabei dürfen die Überschussanteile aus den entsprechenden Risiken die darauf entfallenden Beiträge mindern.

39 Sieht der Basisrentenvertrag vor, dass der Steuerpflichtige bei Eintritt der Berufsunfähigkeit oder einer verminderten Erwerbsfähigkeit von der Verpflichtung zur Beitragszahlung für diesen Vertrag – vollständig oder teilweise – freigestellt wird, sind die insoweit auf die Absicherung dieses Risikos entfallenden Beitragsanteile der Altersvorsorge zuzuordnen. Das gilt jedoch nur, wenn sie der Finanzierung der vertraglich vereinbarten lebenslangen Leibrente i. S. d. § 10 Absatz 1 Nummer 2 Satz 1 Buchstabe b Doppelbuchstabe aa EStG dienen und aus diesen Beitragsanteilen keine Leistungen wegen Berufsunfähigkeit oder verminderter Erwerbsfähigkeit gezahlt werden, d. h., es wird lediglich der Anspruch auf eine Altersversorgung weiter aufgebaut. Eine Zuordnung zur Altersvorsorge erfolgt jedoch nicht, wenn der Steuerpflichtige vertragsgemäß wählen kann, ob er eine Rente wegen Berufsunfähigkeit oder verminderter Erwerbsfähigkeit erhält oder die Beitragsfreistellung in Anspruch nimmt.

40 Sieht der Basisrentenvertrag vor, dass der Steuerpflichtige eine Altersrente und nach seinem Tode der überlebende Ehegatte oder Lebenspartner seinerseits eine lebenslange gleichbleibende oder steigende Leibrente i. S. d. § 10 Absatz 1 Nummer 2 Satz 1 Buchstabe b Doppelbuchstabe aa EStG (insbesondere nicht vor Vollendung seines 62. bzw. 60. Lebensjahres; vgl. Rz. 35) erhält, handelt es sich nicht um eine ergänzende Hinterbliebenenabsicherung, sondern insgesamt um eine Altersvorsorge. Der Beitrag ist in diesen Fällen in vollem Umfang der Altersvorsorge zuzurechnen. Erfüllt dagegen die zugesagte Rente für den hinterbliebenen Ehegatten oder Lebenspartner nicht die Voraussetzungen des § 10 Absatz 1 Nummer 2 Satz 1 Buchstabe b Doppelbuchstabe aa EStG (insbesondere im Hinblick auf das Mindestalter für den Beginn der Rentenzahlung), liegt eine ergänzende Hinterbliebenenabsicherung vor. Die Beitragsanteile, die nach versicherungsmathematischen Grundsätzen auf das Risiko der Rentenzahlung an den hinterbliebenen Ehegatten oder Lebenspartner entfallen, sind daher der ergänzenden Hinterbliebenenabsicherung zuzuordnen.

Wird die Hinterbliebenenversorgung ausschließlich aus dem bei Tod des Steuerpflichtigen vorhandenen Altersvorsorge-(Rest)kapitals finanziert, ist die Hinterbliebenenabsicherung keine Risikoabsicherung und der Beitrag ist insoweit der Altersvorsorge zuzurechnen. Das gilt auch, wenn der Steuerpflichtige eine entsprechend gestaltete Absicherung des Ehegatten oder Lebenspartners als besondere Komponente im Rahmen seines (einheitlichen) Basisrentenvertrags hinzu- oder später wieder abwählen kann (z. B. bei Scheidung, Wiederheirat etc.). 41

Sowohl die Altersversorgung als auch die ergänzenden Absicherungen müssen in einem einheitlichen Vertrag geregelt sein. Andernfalls handelt es sich nicht um ergänzende Absicherungen zu einem Basisrentenvertrag, sondern um eigenständige Versicherungen. Die Aufwendungen hierfür sind bei Vorliegen der Voraussetzungen nach § 10 Absatz 1 Nummer 3a EStG als sonstige Vorsorgeaufwendungen zu berücksichtigen (Rz. 121 ff.). Erfüllt die Absicherung der verminderten Erwerbsfähigkeit jedoch die Voraussetzungen des § 10 Absatz 1 Nummer 2 Satz 1 Buchstabe b Doppelbuchstabe bb EStG, ist auch ein Abzug der Aufwendungen nach § 10 Absatz 1 Nummer 2 Satz 1 Buchstabe b EStG möglich. 42

Bei einem Basisrentenvertrag auf Grundlage von Investmentfonds kann der Einschluss einer ergänzenden Absicherung des Eintritts der Berufsunfähigkeit, der verminderten Erwerbsfähigkeit oder einer zusätzlichen Hinterbliebenenrente im Wege eines einheitlichen Vertrags zugunsten Dritter gem. §§ 328 ff. des Bürgerlichen Gesetzbuchs (BGB) erfolgen. Hierbei ist die Kapitalanlagegesellschaft Versicherungsnehmer (VN), während der Steuerpflichtige die versicherte Person ist und den eigentlichen (Renten-)Anspruch gegen das entsprechende Versicherungsunternehmen erhält. Dies wird im Fall der Vereinbarung einer Berufsunfähigkeits- bzw. Erwerbsunfähigkeitsrente in den Vertragsbedingungen durch Abtretung des Bezugsrechts an den Steuerpflichtigen ermöglicht. Im Falle der Vereinbarung einer zusätzlichen Hinterbliebenenrente erfolgt die Abtretung des Bezugsrechts an den privilegierten Hinterbliebenen. Die Kapitalanlagegesellschaft leitet die Beiträge des Steuerpflichtigen, soweit sie für die ergänzende Absicherung bestimmt sind, an den Versicherer weiter. 43

Zu den Hinterbliebenen, die zusätzlich abgesichert werden können, gehören nur der Ehegatte oder der Lebenspartner des Steuerpflichtigen und Kinder i. S. d. § 32 EStG. Der Anspruch auf Waisenrente ist dabei auf den Zeitraum zu begrenzen, in dem das Kind die Voraussetzungen des § 32 EStG erfüllt. Es ist nicht zu beanstanden, wenn die Waisenrente auch für den Zeitraum gezahlt wird, in dem das Kind nur die Voraussetzungen nach § 32 Absatz 4 Satz 1 EStG erfüllt. Für die vor dem 1. Januar 2007 abgeschlossenen Verträge gilt für das Vorliegen einer begünstigten Hinterbliebenenversorgung die Altersgrenze des § 32 EStG in der bis zum 31. Dezember 2006 geltenden Fassung (§ 52 Absatz 32 Satz 3 EStG). In diesen Fällen können z. B. Kinder in Berufsausbildung in der Regel bis zur Vollendung des 27. Lebensjahres berücksichtigt werden. 44

1.2.2 Beiträge i. S. d. § 10 Absatz 1 Nummer 2 Satz 1 Buchstabe b Doppelbuchstabe bb EStG i. V. m. § 2 Absatz 1a AltZertG (Basisrente-Erwerbsminderung)

Beiträge zur Basisrente-Erwerbsminderung können nur berücksichtigt werden, wenn diese auf einen nach § 5a AltZertG zertifizierten Vertrag eingezahlt werden (vgl. Rz. 15). Zertifizierungen können auf Antrag des Anbieters erstmalig mit Wirkung zum 1. Januar 2014 erteilt werden. Demnach sind Beiträge zur Basisrente-Erwerbsminderung grundsätzlich ab dem VZ 2014 abziehbar. 45

Der Vertrag muss nach § 2 Absatz 1a Nummer 1 AltZertG zwingend eine Absicherung gegen den Eintritt der teilweisen oder vollen Erwerbsminderung vorsehen. Eine Erwerbsminderung liegt vor, wenn der VN voraussichtlich für mindestens zwölf Monate aufgrund 46 von Krankheit, Körperverletzung oder Behinderung nicht in der Lage ist, unter den üblichen Bedingungen des allgemeinen Arbeitsmarktes voll erwerbstätig zu sein. Dabei ist von einer teilweisen Erwerbsminderung auszugehen, wenn der VN nicht imstande ist, mindestens sechs Stunden täglich erwerbstätig zu sein. Eine volle Erwerbsminderung liegt dagegen vor, wenn er hierzu nicht mindestens drei Stunden täglich in der Lage ist. Für die Beurteilung, ob eine Beschäftigung unter den üblichen Bedingungen des allgemeinen Arbeitsmarktes möglich und zumutbar ist, kommt es ausschließlich auf die gesundheitlichen Einschränkungen des Versicherten an. Die allgemeine Arbeitsmarktlage ist nicht zu beachten.

47 Neben der Absicherung gegen den Eintritt der verminderten Erwerbsfähigkeit darf ein Basisrentenvertrag-Erwerbsminderung zusätzlich auch die Absicherung gegen den Eintritt der Berufsunfähigkeit enthalten. Es handelt sich in diesen Fällen weiterhin um einen einheitlichen Vertrag. Die verschiedenen Vertragskomponenten können versicherungsrechtlich sowohl der Haupt- als auch der Zusatzversicherung zugeordnet werden. Tritt der Versicherungsfall (Erwerbsminderung oder ggf. Berufsunfähigkeit) im versicherten Zeitraum, spätestens bis zur Vollendung des 67. Lebensjahres ein, hat der Anbieter eine lebenslange gleichbleibende oder steigende Leibrente vorzusehen.

48 Eine zeitliche Befristung der Erwerbsminderungs- oder Berufsunfähigkeitsrente ist nur dann nicht zu beanstanden, wenn die Erwerbsminderung oder Berufsunfähigkeit bis zur Vollendung des 67. Lebensjahres weggefallen ist. Der Wegfall ist medizinisch zu begründen. Ein medizinisch begründeter Wegfall der Berufsunfähigkeit kann – wenn dies vereinbart wurde – auch dann vorliegen, wenn der VN eine andere Tätigkeit ausübt oder ausüben kann, die zu übernehmen er aufgrund seiner Ausbildung und Fähigkeiten in der Lage ist und die seiner bisherigen Lebensstellung entspricht.

49 Sofern der Steuerpflichtige bei Eintritt des Versicherungsfalls das 55. Lebensjahr vollendet hat, darf die zugesagte Rente in ihrer Höhe vom Alter des Steuerpflichtigen bei Eintritt des Versicherungsfalls abhängig gemacht werden. Es muss allerdings auch bei Eintritt des Versicherungsfalls zwischen dem 55. und 67. Lebensjahr eine gleichbleibende oder steigende lebenslange Leibrente (> 0 €) gezahlt werden (vgl. aber Rz. 33 f.).

50 Für die Absicherung gegen den Eintritt der Berufsunfähigkeit sind die allgemeinen versicherungsvertraglichen Grundsätze zu beachten. Daneben müssen für die Absicherung gegen den Eintritt der verminderten Erwerbsfähigkeit folgende Regelungen nach § 2 Absatz 1a AltZertG im Vertrag vorgesehen werden:

51 – Leistungsumfang:
Sieht der Vertrag sowohl eine Absicherung des Eintritts der vollen als auch teilweisen Erwerbsminderung vor, hat der Anbieter bei Eintritt der teilweisen Erwerbsminderung mindestens die Hälfte der versicherten Leistung zu gewähren.

52 – Leistungsbeginn:
Die Leistung ist spätestens ab Beginn des Kalendermonats zu gewähren, der dem Kalendermonat folgt, in dem die teilweise oder volle Erwerbsminderung eingetreten ist. Dies gilt, wenn die Leistung bis zum Ende des 36. Kalendermonats nach Ablauf des Monats des Eintritts der teilweisen oder vollen Erwerbsminderung beantragt wird. Wird der Antrag zu einem späteren Zeitpunkt gestellt, hat der Anbieter spätestens ab Beginn des Kalendermonats zu leisten, der 36 Monate vor dem Monat der Beantragung liegt, frühestens jedoch ab Vertragsbeginn.

53 – Beitragsstundung:
Die Beiträge (Beitragsanteile) zur Absicherung des Risikos „verminderte Erwerbsfähigkeit" sind auf Antrag des Steuerpflichtigen ab dem Zeitpunkt der Rentenantragstellung

wegen teilweiser oder voller Erwerbsminderung bis zur endgültigen Entscheidung über die Leistungspflicht zinslos und ohne andere Auflagen zu stunden.

– Kündigungs- und Abänderungsverzicht: 54
Verletzt der Steuerpflichtige (Vertragspartner) schuldlos seine Pflicht, ihm bekannte erhebliche Gefahrumstände anzuzeigen, die für den Versicherer hinsichtlich der Entscheidung zum Abschluss des Vertrags entscheidend sein können, hat der Anbieter auf sein Kündigungsrecht nach § 19 Absatz 3 Satz 2 Versicherungsvertragsgesetz (VVG) und das Abänderungsrecht nach § 19 Absatz 4 VVG zu verzichten.

– Begrenzung der medizinischen Mitwirkungspflicht des Steuerpflichtigen: 55
Die Verpflichtung des Steuerpflichtigen zur medizinischen Mitwirkung muss nicht nur auf medizinisch indizierte, sondern auch auf zumutbare ärztliche Untersuchungs- und Behandlungsleistungen begrenzt sein. Dies gilt sowohl zur als auch nach der Feststellung der teilweisen oder vollen Erwerbsminderung.

1.3 Steuerfreie Zuschüsse und Beitragsrückerstattungen

Steuerfreie Beitragszuschüsse und Beitragsrückerstattungen mindern den Sonderausgabenabzug für Altersvorsorgeaufwendungen, z. B. bei 56

– steuerfrei gezahlten Zuschüssen zum Beitrag nach § 32 des Gesetzes über die Alterssicherung der Landwirte (§ 3 Nummer 17 EStG),
– steuerfreien Zuschüssen und geleisteten Erstattungen von Behörden i. S. d. § 6 Absatz 1 AO und anderen öffentlichen Stellen (z. B. vom Jugendamt; § 23 Absatz 2 Satz 1 Nummer 3 des Achten Buches Sozialgesetzbuch – SGB VIII – i. V. m. § 3 Nummer 9 EStG).

Leistungen, die nach § 22 Nummer 1 Satz 3 Buchstabe a Doppelbuchstabe aa EStG steuerbare Einkünfte darstellen, mindern die als Sonderausgaben abzugsfähigen Altersvorsorgeaufwendungen nicht (vgl. BFH vom 7. Juli 2020, BStBl 2021 II S. 750). § 10 Absatz 4b EStG ist in diesen Fällen nicht anzuwenden. 56a[1])

Auch bei Rückzahlung von zu Unrecht geleisteten Beiträgen infolge einer rückwirkenden Vertragsänderung oder aufgrund einer Erstattung nach § 26 SGB IV, mindern diese als Beitragsrückerstattung die im Jahr des Zuflusses geleisteten Rentenversicherungsbeiträge und sind nach § 10 Absatz 4b Satz 4 EStG zu melden. Für unterjährige Beitragsrückerstattungen, die Beiträge desselben VZ betreffen, ist in der Beitragsbescheinigung der saldierte Wert anzugeben. 57

Abweichend von Rz. 57 kann es bei Basisrenten nicht zu einer Beitragsrückerstattung kommen, da eine Kapitalisierung nicht zulässig ist (vgl. Rz. 33). Soweit zu Unrecht geleistete bzw. zivilrechtlich nicht geschuldete Beträge (z. B. bei einem Widerruf des Vertrages) zurückgezahlt werden, hat die mitteilungspflichtige Stelle eine Datensatzstornierung bzw. -korrektur der betreffenden Jahre vorzunehmen. 57a[2])

1.4 Beitragsempfänger

Zu den Beitragsempfängern i. S. d. § 10 Absatz 2 Satz 1 Nummer 2 EStG gehören auch Pensionsfonds, die wie Versicherungsunternehmen den aufsichtsrechtlichen Regelungen des Versicherungsaufsichtsgesetzes (VAG) unterliegen und – seit 1. Januar 2006 – 58

---

[1]) Rz. 56a wurde durch BMF vom 28.09.2021 (BStBl I S. 1833) eingefügt und ist in allen offenen Fällen anzuwenden.
[2]) Rz. 57a wurde durch BMF vom 06.11.2017 (BStBl I S. 1455) eingefügt und ist in allen offenen Fällen anzuwenden.

Anbieter i. S. d. § 80 EStG. Die Produktvoraussetzungen für das Vorliegen einer Basisrente (§ 10 Absatz 1 Nummer 2 Satz 1 Buchstabe b EStG) werden dadurch nicht erweitert.

2. Ermittlung des Abzugsbetrags nach § 10 Absatz 3 EStG
2.1 Höchstbetrag

59 Die begünstigten Beiträge sind nach § 10 Absatz 3 EStG bis zu dem Höchstbeitrag zur knappschaftlichen RV (West) – aufgerundet auf einen vollen Betrag in Euro – als Sonderausgaben abziehbar (gültig ab VZ 2015: 22.172 €; für VZ 2016: 22.767 €[1])). Dieser ergibt sich aus der von der Bundesregierung zu erlassenen Verordnung über maßgebende Rechengrößen der Sozialversicherung und der Verordnung zur Bestimmung der Beitragssätze in der gesetzlichen RV unter Anwendung des jeweiligen Beitragssatzes auf die Beitragsbemessungsgrenze der knappschaftlichen RV (West).

60 Im Falle der Zusammenveranlagung von Ehegatten oder Lebenspartnern verdoppelt sich der Betrag nach Rz. 59, unabhängig davon, wer von den Ehegatten oder Lebenspartnern die begünstigten Beiträge entrichtet hat.

2.2 Kürzung des Höchstbetrags nach § 10 Absatz 3 Satz 3 EStG

61 Der Höchstbetrag nach § 10 Absatz 3 Satz 1 EStG ist bei Steuerpflichtigen, die zum Personenkreis des § 10 Absatz 3 Satz 3 Nummer 1 oder 2 EStG gehören, um den Betrag zu kürzen, der dem (fiktiven) Gesamtbeitrag (Arbeitgeber- und Arbeitnehmeranteil) zur allgemeinen RV entspricht.

62 Der (fiktive) Gesamtbeitrag ist anhand der erzielten steuerpflichtigen Einnahmen aus der Tätigkeit zu ermitteln, die die Zugehörigkeit zum genannten Personenkreis begründen (Bemessungsgrundlage für den Kürzungsbetrag). Dabei ist unerheblich, ob die Zahlungen insgesamt beitragspflichtig gewesen wären, wenn Versicherungspflicht in der gesetzlichen RV bestanden hätte.

63 Bei der Berechnung des Kürzungsbetrags ist einheitlich höchstens auf die Beitragsbemessungsgrenze (Ost) in der allgemeinen RV abzustellen.

64 Für die Berechnung des Kürzungsbetrags ist der zu Beginn des jeweiligen Kalenderjahres geltende Beitragssatz in der allgemeinen RV maßgebend.

2.2.1 Kürzung des Höchstbetrags beim Personenkreis des § 10 Absatz 3 Satz 3 Nummer 1 Buchstabe a EStG

65 Zum Personenkreis des § 10 Absatz 3 Satz 3 Nummer 1 Buchstabe a EStG gehören u. a.:
– Beamte, Richter, Berufssoldaten, Soldaten auf Zeit, Amtsträger,
– Arbeitnehmer, die nach § 5 Absatz 1 Satz 1 Nummer 2 und 3 SGB VI oder § 230 SGB VI versicherungsfrei sind (z. B. Beschäftigte bei Trägern der Sozialversicherung, Geistliche der als öffentlich-rechtliche Körperschaften anerkannten Religionsgemeinschaften),
– Arbeitnehmer, die auf Antrag des Arbeitgebers von der gesetzlichen Rentenversicherungspflicht befreit worden sind, z. B. eine Lehrkraft an nicht öffentlichen Schulen, bei der eine Altersversorgung nach beamtenrechtlichen oder entsprechenden kirchenrechtlichen Grundsätzen gewährleistet ist.

---

[1]) für den VZ 2017 23.362 €, für den VZ 2018 23.712 €, für den VZ 2019 24.305 €, für den VZ 2020 25.046 €, für den VZ 2021 25.787 €, *für den VZ 2022 25.639 €*

2.2.2 Kürzung des Höchstbetrags beim Personenkreis des § 10 Absatz 3 Satz 3 Nummer 1 Buchstabe b EStG

Zum Personenkreis des § 10 Absatz 3 Satz 3 Nummer 1 Buchstabe b EStG gehören seit dem VZ 2008 Arbeitnehmer, die während des ganzen oder eines Teils des Kalenderjahres nicht der gesetzlichen Rentenversicherungspflicht unterliegen und denen eine betriebliche Altersversorgung im Zusammenhang mit einem im betreffenden VZ bestehenden Dienstverhältnis zugesagt worden ist. Hierzu können insbesondere beherrschende Gesellschafter-Geschäftsführer einer GmbH oder Vorstandsmitglieder einer Aktiengesellschaft gehören (für VZ 2005 bis 2007 vgl. BMF-Schreiben vom 22. Mai 2007, BStBl I 2007, S. 493). 66

Für die Beurteilung der Zugehörigkeit zum Personenkreis sind alle Formen der betrieblichen Altersversorgung zu berücksichtigen. Ohne Bedeutung sind dabei die Art der Finanzierung, die Höhe der Versorgungszusage und die Art des Durchführungswegs. Ebenso ist unerheblich, ob im betreffenden VZ Beiträge erbracht wurden oder die Versorgungsanwartschaft angewachsen ist. 67

Für die Beurteilung, ob eine Kürzung vorzunehmen ist, ist auf das konkrete Dienstverhältnis in dem jeweiligen VZ abzustellen. Nicht einzubeziehen sind Anwartschaftsrechte aus einer im gesamten VZ privat fortgeführten Direktversicherung, bei der der Arbeitnehmer selbst VN ist. 68

2.2.3 Kürzung des Höchstbetrags beim Personenkreis des § 10 Absatz 3 Satz 3 Nummer 2 EStG

Zu den Steuerpflichtigen mit Einkünften nach § 22 Nummer 4 EStG gehören u. a. 69
- Bundestagsabgeordnete,
- Landtagsabgeordnete,
- Abgeordnete des Europaparlaments.

Nicht zu diesem Personenkreis gehören z. B. 70
- ehrenamtliche Mitglieder kommunaler Vertretungen,
- kommunale Wahlbeamte wie Landräte und Bürgermeister.

Eine Kürzung des Höchstbetrags nach § 10 Absatz 3 Satz 3 Nummer 2 EStG ist vorzunehmen, wenn der Steuerpflichtige zum genannten Personenkreis gehört und ganz oder teilweise ohne eigene Beitragsleistung einen Anspruch auf Altersversorgung nach dem Abgeordnetengesetz, dem Europaabgeordnetengesetz oder entsprechenden Gesetzen der Länder erwirbt. 71

2.3 Kürzung des Höchstbetrags bei Ehegatten und Lebenspartnern

Bei Ehegatten ist jeweils gesondert zu prüfen, ob und in welcher Höhe der gemeinsame Höchstbetrag nach § 10 Absatz 3 Satz 2 EStG zu kürzen ist (Rz. 61 ff.). Dies gilt für Lebenspartner entsprechend. 72

2.4 Übergangsregelung (bis 2024)

Bis 2024 sind die nach Rz. 1 bis 42 und 44 bis 72 zu berücksichtigenden Aufwendungen mit dem sich aus § 10 Absatz 3 Satz 4 und 6 EStG ergebenden Prozentsatz anzusetzen: 73

Anhang 1a
Altersvorsorge/Alterseinkünfte

Jahr	Prozentsatz
2012	74
2013	76
2014	78
2015	80
2016	82
2017	84
2018	86
2019	88
2020	90
2021	92
2022	94
2023	96
2024	98
ab 2025	100

2.5 Kürzung des Abzugsbetrags bei Arbeitnehmern nach § 10 Absatz 3 Satz 5 EStG

74 Bei Arbeitnehmern, die steuerfreie Arbeitgeberleistungen nach § 3 Nummer 62 EStG oder diesen gleichgestellte steuerfreie Zuschüsse des Arbeitgebers erhalten haben, ist der sich nach Rz. 73 ergebende Abzugsbetrag um diese Beträge zu kürzen (maximal bis 0 €). Haben beide Ehegatten oder beide Lebenspartner steuerfreie Arbeitgeberleistungen erhalten, ist der Abzugsbetrag um beide Beträge zu kürzen.

2.6 Beispiele

75 Bei der Berechnung der Beispiele wurde ein Beitragssatz zur allgemeinen RV i. H. v. 18,7 % herangezogen.

76 **Beispiel 1:**
Ein lediger Arbeitnehmer zahlt im Jahr 2016 einen Arbeitnehmeranteil zur allgemeinen RV i. H. v. 4.000 €. Zusätzlich wird ein steuerfreier Arbeitgeberanteil in gleicher Höhe gezahlt. Daneben hat der Arbeitnehmer noch Beiträge in einen Basisrentenvertrag i. S. d. § 10 Absatz 1 Nummer 2 Satz 1 Buchstabe b EStG i. H. v. 3.000 € eingezahlt.
Im Jahr 2016 können Altersvorsorgeaufwendungen i. H. v. 5.020 € als Sonderausgaben nach § 10 Absatz 1 Nummer 2 i. V. m. Absatz 3 EStG abgezogen werden:

Arbeitnehmerbeitrag	4.000 €
Arbeitgeberbeitrag	4.000 €
Basisrentenvertrag	3.000 €
insgesamt	11.000 €
Höchstbetrag (91.800 € x 24,8 %)	22.767 €
82 % des geringeren Betrags	9.020 €
abzügl. steuerfreier Arbeitgeberanteil	4.000 €
verbleibender Betrag	5.020 €

Zusammen mit dem steuerfreien Arbeitgeberbeitrag werden Altersvorsorgeaufwendungen i. H. v. 9.020 € von der Besteuerung freigestellt. Dies entspricht 82 % der insgesamt geleisteten Beiträge.

77 **Beispiel 2:**
Ein lediger Beamter zahlt 3.000 € in einen begünstigten Basisrentenvertrag i. S. d. § 10 Absatz 1 Nummer 2 Satz 1 Buchstabe b EStG, um zusätzlich zu seinem Pensionsanspruch eine Altersversorgung zu erwerben. Seine Einnahmen aus dem Beamtenverhältnis betragen 42.781 €.

Im Jahr 2016 können Altersvorsorgeaufwendungen i. H. v. 2.460 € als Sonderausgaben abgezogen werden:

Basisrentenvertrag	3.000 €
Höchstbetrag (91.800 € x 24,8 %)	22.767 €
abzügl. fiktiver Gesamtbeitrag RV	8.000 €
(42.781 € x 18,7 %)	
gekürzter Höchstbetrag	14.767 €
82 % des geringeren Betrags	2.460 €

Damit werden 82 % der Beiträge des Steuerpflichtigen von der Besteuerung freigestellt.

Beispiel 3:
Die Eheleute A und B zahlen im Jahr 2016 jeweils 8.000 € für einen Basisrentenvertrag i. S. d. § 10 Absatz 1 Nummer 2 Satz 1 Buchstabe b EStG. A ist im Jahr 2016 als selbständiger Steuerberater tätig und zahlt darüber hinaus 15.000 € in die berufsständische Versorgungseinrichtung der Steuerberater, die der gesetzlichen RV vergleichbare Leistungen erbringt. B ist Beamtin ohne eigene Aufwendungen für ihre künftige Pension. Ihre Einnahmen aus dem Beamtenverhältnis betragen 42.781 €.

Im Jahr 2016 können Altersvorsorgeaufwendungen i. H. v. 25.420 € als Sonderausgaben abgezogen werden:

berufsständische Versorgungseinrichtung	15.000 €	
Basisrentenverträge	16.000 €	
insgesamt		31.000 €
Höchstbetrag	45.534 €	
abzügl. fiktiver Gesamtbeitrag RV	8.000 €	
(42.781 € x 18,7 %)		
gekürzter Höchstbetrag		37.534 €
82 % des geringeren Betrags		25.420 €

Die Beiträge nach § 168 Absatz 1 Nummer 1b oder 1c SGB VI (geringfügig versicherungspflichtig Beschäftigte) oder nach § 172 Absatz 3 oder 3a SGB VI (versicherungsfrei geringfügig Beschäftigte) vermindern den abziehbaren Betrag nur, wenn der Steuerpflichtige die Hinzurechnung dieser Beiträge zu den Vorsorgeaufwendungen nach § 10 Absatz 1 Nummer 2 Satz 7 EStG beantragt hat. Dies gilt, obwohl der Arbeitgeberbeitrag nach § 3 Nummer 62 EStG steuerfrei ist.

II. Sonderausgabenabzug für sonstige Vorsorgeaufwendungen nach § 10 Absatz 1 Nummer 3 und 3a EStG

1. Allgemeines

Mit dem Gesetz zur verbesserten steuerlichen Berücksichtigung von Vorsorgeaufwendungen (Bürgerentlastungsgesetz Krankenversicherung vom 16. Juli 2009) hat der Gesetzgeber die steuerliche Berücksichtigung von Kranken- und Pflegeversicherungsbeiträgen zum 1. Januar 2010 neu geregelt. Die vom Steuerpflichtigen tatsächlich geleisteten Beiträge für eine Absicherung auf sozialhilfegleichem Versorgungsniveau (Basisabsicherung) zur privaten und gesetzlichen Krankenversicherung und zur gesetzlichen Pflegeversicherung werden in vollem Umfang steuerlich berücksichtigt. Ab dem VZ 2010 ist deshalb innerhalb der sonstigen Vorsorgeaufwendungen zwischen den Basiskrankenversicherungsbeiträgen (Rz. 83 ff.) und den Beiträgen zur gesetzlichen Pflegeversicherung in § 10 Absatz 1 Nummer 3 EStG (Rz. 117 ff.) sowie den weiteren sonstigen Vorsorgeaufwendungen in § 10 Absatz 1 Nummer 3a EStG (Rz. 121 ff.) zu unterscheiden.

Die Beiträge zur Basisabsicherung können grundsätzlich bei der Veranlagung des wirtschaftlich belasteten VN (Beitragsschuldner) als Sonderausgaben berücksichtigt werden, unabhängig davon, wer die versicherte Person ist. In den Fällen des § 10 Absatz 1

Nummer 3 Satz 2 EStG können sie abweichend aber auch vom Unterhaltsverpflichteten geltend gemacht werden, wenn dieser die eigenen Beiträge eines Kindes, für das ein Anspruch auf einen Kinderfreibetrag oder auf Kindergeld besteht, wirtschaftlich getragen hat. Hierbei kommt es nicht darauf an, ob die Beiträge in Form von Bar- oder Sachunterhaltsleistungen getragen wurden[1]). Die Beiträge können zwischen den Eltern und dem Kind aufgeteilt, im Ergebnis aber nur einmal – entweder bei den Eltern oder beim Kind – als Vorsorgeaufwendungen berücksichtigt werden (Grundsatz der Einmalberücksichtigung). Die Einkünfte und Bezüge des Kindes haben keinen Einfluss auf die Höhe der bei den Eltern zu berücksichtigenden Vorsorgeaufwendungen. Die Berücksichtigung der Kranken- und Pflegeversicherungsbeiträge des Kindes bei der Grenzbetragsprüfung nach § 32 Absatz 4 Satz 2 EStG in der bis zum VZ 2012 geltenden Fassung steht einer Berücksichtigung der Beiträge zur Basisabsicherung als Sonderausgaben bei den Eltern nicht entgegen.

82 Keine Beiträge i. S. d. § 10 Absatz 1 Nummer 3 und 3a EStG sind
– Prämienzuschläge nach § 193 Absatz 4 VVG. Diese werden erhoben, wenn sich Personen nicht bereits bei Eintritt der Versicherungspflicht, sondern verspätet versichern. Sie sind ein reines Sanktionsmittel, welches dem Ausgleich materieller Vorteile dient. Durch die Zahlung des Prämienzuschlags wird rückwirkend kein Versicherungsschutz begründet.
– selbst getragene Eigenleistungen für Vorsorgeuntersuchungen.
– selbst getragene Krankheitskosten aufgrund eines tariflichen Selbstbehalts oder wegen der Wahl einer Beitragsrückerstattung[2]) (BFH vom 1. Juni 2016, BStBl II 2017, S. 55).

2. Sonstige Vorsorgeaufwendungen

2.1 Beiträge zur Basiskrankenversicherung (§ 10 Absatz 1 Nummer 3 Satz 1 Buchstabe a EStG)

a) Allgemeines

83 Begünstigt sind nach § 10 Absatz 1 Nummer 3 Satz 1 Buchstabe a EStG Beiträge zur Krankenversicherung, soweit diese zur Erlangung eines durch das Zwölfte Buch Sozialgesetzbuch (SGB XII) bestimmten sozialhilfegleichen Versorgungsniveaus erforderlich sind (Basiskrankenversicherung) und sofern auf die Leistungen ein (Rechts-)Anspruch besteht:
– Für Beiträge zur gesetzlichen Krankenversicherung (GKV) sind dies die nach dem Dritten Titel des Ersten Abschnitts des Achten Kapitels des Fünften Buches Sozialgesetzbuch (SGB V) oder die nach dem Sechsten Abschnitt des Zweiten Gesetzes über die Krankenversicherung der Landwirte festgesetzten Beiträge. Soweit sich aus den Beiträgen ein Anspruch auf Krankengeld oder ein Anspruch auf eine Leistung, die anstelle von Krankengeld gewährt wird, ergeben kann, sind diese für die Ermittlung der Basisabsicherung um 4 % zu mindern.
– Für Beiträge zu einer privaten Krankenversicherung (PKV) sind dies die Beitragsanteile, die auf Vertragsleistungen entfallen, die – mit Ausnahme der auf das Krankengeld entfallenden Beitragsanteile – in Art, Umfang und Höhe den Leistungen nach dem Dritten Kapitel des SGB V vergleichbar sind, auf die ein Anspruch besteht (vgl. Rz. 110 ff.).

---

[1]) ergänzend BMF vom 03.04.2019 (BStBl I S. 254), Anhang 1a II **2**
[2]) bestätigt durch BFH vom 29.11.2017 (BStBl II 2018 S. 384)

– Bei einer bestehenden Basisabsicherung durch die GKV ist eine zeitgleiche zusätzliche private Krankheitskostenvollversicherung zur Basisabsicherung nicht erforderlich. In diesen Fällen sind bei Pflichtversicherten ausschließlich die Beiträge zur GKV[1]) und bei freiwillig Versicherten die höheren Beiträge als Beiträge für eine Basisabsicherung anzusetzen. Aus verwaltungsökonomischen Gründen ist der Sonderausgabenabzug für Beiträge an eine PKV als Basisabsicherung zu gewähren, wenn zeitgleich eine beitragsfreie Familienversicherung in der GKV gegeben ist. Werden Beiträge zu einer Anwartschaftsversicherung in der PKV neben den Beiträgen zu einer bestehenden Versicherung in der GKV geleistet, sind sowohl die Beiträge zur GKV als auch die Beiträge zur Anwartschaftsversicherung nach § 10 Absatz 1 Nummer 3 Satz 1 Buchstabe a EStG abziehbar, soweit diese nach Rz. 114 einer Basisabsicherung dienen.

Keine Beiträge i. S. d. § 10 Absatz 1 Nummer 3 Satz 1 Buchstabe a EStG sind Beiträge zu einer Auslandskrankenversicherung (Reisekrankenversicherung), die zusätzlich zu einem bestehenden Versicherungsschutz in der GKV oder PKV ohne eingehende persönliche Risikoprüfung abgeschlossen wird (vgl. Rz. 121). 84

Die im einkommensteuerrechtlichen Zusammenhang verwendeten Begriffe Basisabsicherung und Basiskrankenversicherung sind vom Basistarif i. S. d. § 152 Absatz 1 VAG (vormals § 12 Absatz 1a VAG) abzugrenzen. Der Basistarif wurde zum 1. Januar 2009 eingeführt und ist ein besonders gestalteter Tarif. Dieser muss grundsätzlich von jedem privaten Krankenversicherungsunternehmen angeboten werden. Die Leistungen des Basistarifs entsprechen den Pflichtleistungen der GKV. Die so genannte Basisabsicherung i. S. d. Einkommensteuerrechts ist jedoch kein spezieller Tarif, sondern die Absicherung der Leistungen auf dem Niveau der GKV (mit Ausnahme des Krankengeldes), die auch in jedem anderen Tarif als dem Basistarif enthalten sein kann. Für die Absicherung solcher Leistungen gezahlte Beitragsanteile können nach § 10 Absatz 1 Nummer 3 Satz 1 Buchstabe a EStG steuerlich geltend gemacht werden. 85

b) Steuerfreie Zuschüsse und Beitragsrückerstattungen

Steuerfreie Beitragszuschüsse zur Krankenversicherung mindern den als Sonderausgaben abzugsfähigen Betrag, z. B. bei 86
– steuerfrei gezahlten Arbeitgeberzuschüssen (§ 3 Nummer 62 EStG; Rz. 115),
– von der Künstlersozialkasse (an Stelle eines steuerfreien Arbeitgeberanteils) gewährten Zuschüssen (§ 3 Nummer 57 EStG),
– steuerfrei gezahlten Zuschüssen des Rentenversicherungsträgers (§ 3 Nummer 14 EStG),
– steuerfreien Zuschüssen und geleisteten Erstattungen von Behörden i. S. d. § 6 Absatz 1 AO und anderen öffentlichen Stellen (z. B. Zuschüsse des Jugendamtes zu Vorsorgeaufwendungen von Tagespflegepersonen; § 3 Nummer 9 EStG),
– steuerfreien Zuschüssen aufgrund des Abgeordnetengesetzes oder entsprechender Gesetze der Länder (§ 22 Nummer 4 Satz 4 Buchstabe a EStG).

Beitragsrückerstattungen mindern soweit sie auf die Basisabsicherung entfallen – unabhängig von ihrer Bezeichnung, z. B. als Pauschalleistung – die nach § 10 Absatz 1 Nummer 3 Satz 1 Buchstabe a EStG abziehbaren Krankenversicherungsbeiträge in dem Jahr, in dem sie zufließen. Die Minderung erfolgt unabhängig davon, ob oder in welcher Höhe sich die Beiträge im Abflussjahr steuerlich ausgewirkt haben (BFH vom 6. Juli 2016, BStBl II 2016, S. 933). Zur Ermittlung der auf die Basisabsicherung entfallenden 87

---

[1]) bestätigt durch BFH vom 29.11.2017 (BStBl II 2018 S. 230)

Höhe der Beitragsrückerstattung ist der Vertragsstand zugrunde zu legen, der den erstatteten Beitragszahlungen zugrunde lag, unabhängig vom Vertragsstand zum Zuflusszeitpunkt der Beitragsrückerstattung (zu Erstattungsüberhängen vgl. Rz. 203 f.). Aus Vereinfachungsgründen kann auf den Vertragsstand zum 31. Dezember des Jahres abgestellt werden, welcher der erstatteten Beitragszahlung zugrunde lag.

88[1] Beitragsrückerstattungen in diesem Sinne sind z. B. auch Prämienzahlungen nach § 53 SGB V und Bonusleistungen nach § 65a SGB V, soweit diese Bonusleistungen nicht eine Leistung der GKV darstellen (vgl. Rz. 89). Beitragsrückerstattungen aus Bonusprogrammen sind zu dem Zeitpunkt zu melden, zu dem der Vorteil aus der Bonusleistung dem Grunde nach verfügbar ist (Zufluss). Als Zufluss gilt bei

– Geldprämien der Zeitpunkt der Auszahlung des Geldbetrags,
– Sachprämien der Zeitpunkt der Ausgabe der Sachprämie,
– einer Gutschrift auf dem Bonuskonto der Zeitpunkt der Gutschrift,
– Verzicht auf eine Bonusleistung der Zeitpunkt des Verzichts.

Wird der Vorteil z. B. in Form von Bonuspunkten gewährt, sind diese in Euro umzurechnen und als Beitragsrückerstattung zu melden. Boni für familienversicherte Bonusprogrammteilnehmer sind dem Stammversicherten zuzurechnen. Aus Vereinfachungsgründen kann die Beitragsrückerstattung aus Bonusprogrammen, bei denen der Bonuskontoinhaber erst mit dem Erfüllen bestimmter Mindestvoraussetzungen – z. B. nach einem gewissen Zeitablauf oder nach Erreichen einer bestimmten Anzahl von Bonuspunkten – über fortlaufend angesammelte und dem Bonuskonto gutgeschriebene Bonuspunkte verfügen kann, erst in dem Jahr gemeldet werden, in dem die Bonuspunkte in Form einer Sach- oder Geldprämie an den Versicherten ausgezahlt bzw. ausgegeben werden oder auf die Bonusleistung verzichtet wird. Die Meldung hat in den Fällen, in denen die Versicherten ein Wahlrecht haben, ob sie eine Geldprämie oder eine Sachprämie in Anspruch nehmen, erst für das Jahr der Ausübung des Wahlrechts zu erfolgen.

89[2] Werden von der GKV im Rahmen eines Bonusprogramms nach § 65a SGB V Kosten für Gesundheitsmaßnahmen erstattet bzw. bonifiziert, die nicht im regulären Versicherungsumfang des Basiskrankenversicherungsschutzes enthalten sind (z. B. Osteopathie-Behandlung) bzw. der Förderung gesundheitsbewussten Verhaltens dienen (z. B. Mitgliedschaft in einem Sportverein oder einem Fitnessstudio) und von den Versicherten privat finanziert werden bzw. worden sind, handelt es sich um eine nicht steuerbare Leistung der Krankenkasse und nicht um eine Beitragsrückerstattung (BFH vom 6. Mai 2020, BStBl 2022 II, S. 109). Die als Sonderausgaben abziehbaren Krankenversicherungsbeiträge sind daher nicht um den Betrag der Kostenerstattung bzw. des darauf entfallenden Bonus zu mindern. Auf den Zeitpunkt des Abflusses der Kosten kommt es nicht an (§ 11 Absatz 2 EStG). Eine pauschale Bonusleistung muss die tatsächlich entstandenen bzw. entstehenden Kosten nicht exakt abdecken.

89a[3] Eine Beitragsrückerstattung liegt vor, wenn sich ein Bonus der GKV auf eine Maßnahme bezieht, die vom Basiskrankenversicherungsschutz umfasst ist (insbesondere gesundheitliche Vorsorge- oder Schutzmaßnahmen, z. B. zur Früherkennung bestimmter Krankheiten) oder für aufwandsunabhängiges Verhalten (z. B. Nichtraucherstatus, gesundes Körpergewicht) gezahlt wird.

---

[1] Rz. 88 wurde durch BMF vom 16.12.2021 (BStBl I S. 155) neu gefasst und ist in allen offenen Fällen anzuwenden.
[2] Rz. 89 wurde durch BMF vom 16.12.2021 (BStBl I S. 155) neu gefasst und ist in allen offenen Fällen anzuwenden.
[3] Rz. 89a wurde durch BMF vom 16.12.2021 (BStBl I S. 155) eingefügt und ist in allen offenen Fällen anzuwenden.

Aus Vereinfachungsgründen wird davon ausgegangen, dass Bonuszahlungen auf der Grundlage von § 65a SGB V bis zur Höhe von 150 Euro pro versicherte Person Leistungen der GKV darstellen. Übersteigen die Bonuszahlungen diesen Betrag, liegt in Höhe des übersteigenden Betrags eine Beitragsrückerstattung vor. Etwas anderes gilt nur, soweit der Steuerpflichtige nachweist, dass Bonuszahlungen von mehr als 150 Euro auf Leistungen der GKV gemäß Rz. 89 beruhen. 89b[1]

Diese Regelung gilt für bis zum 31. Dezember 2023 geleistete Zahlungen.

Auch bei Rückzahlung von zu Unrecht oder rechtsgrundlos geleisteten Beiträgen aus Vorjahren, z. B. infolge einer rückwirkenden Vertragsänderung oder aufgrund einer Erstattung nach § 26 des Vierten Buches Sozialgesetzbuch (SGB IV), mindern diese als Beitragsrückerstattung die im Jahr des Zuflusses geleisteten Kranken- und Pflegeversicherungsbeiträge. Unerheblich ist, auf welcher Rechtsgrundlage die Erstattung beruht und/oder ob der der Erstattung zugrundeliegende Beitrag materiell zu Recht oder zu Unrecht geleistet wurde (BFH vom 28. Mai 1998, BStBl II 1999, S. 95; bestätigt durch BFH vom 3. August 2016, NV). 90

Beispiel 1: 91
Eine Steuerpflichtige ist grundsätzlich über ihren Ehemann beihilfeberechtigt und privat krankenversichert. Sie war im VZ 00 zeitweise als Geringverdienerin nichtselbständig tätig und damit in der GKV pflichtversichert. Auf Antrag kann die Steuerpflichtige die an die PKV geleisteten Beiträge, die auf Zeiträume der nichtselbständigen Tätigkeit entfallen, anteilig erstattet bekommen, indem der bisherige Tarif Vollversicherung auf den Tarif Anwartschaftsversicherung umgestellt wird. Werden diese anteiligen Beiträge von der PKV für 00 im Kalenderjahr 01 erstattet, handelt es sich um eine Rückzahlung von zu Unrecht geleisteten Beiträgen aus dem Vorjahr infolge einer rückwirkenden Vertragsänderung und damit um eine Beitragsrückerstattung.

Abwandlung zu Beispiel 1:
Der sich aufgrund der Umstellung des Tarifs ergebende Erstattungsanspruch der Ehefrau wird durch eine Verrechnung mit dem laufenden Krankenversicherungsbeitrag 01 anstelle einer Auszahlung des Guthabens beglichen. Entsprechend der Lösung zum Beispiel 1 veranlasst auch die Abwicklung über eine Ver-/Aufrechnung die Meldung einer Beitragsrückerstattung in 01.

Beispiel 2: 92
Aufgrund einer gerichtlich festgestellten Scheinselbständigkeit wurden Beiträge zur freiwilligen Kranken- und Pflegeversicherung von der GKV für die Jahre 00 bis 05 in 06 erstattet. Die Steuerpflichtige sei laut Gerichtsurteil seit 00 nicht (mehr) freiwillig krankenversichert, sondern pflichtversichert. Werden die Beiträge für 00 bis 05 in 06 erstattet, handelt es sich um eine Rückzahlung wegen zu Unrecht geleisteter Beiträge nach § 26 SGB IV und damit um eine Beitragsrückerstattung.

Beispiel 3: 93
Ein gesetzlich Krankenversicherter erhält von der GKV in 01 eine Erstattung zu viel gezahlter Beiträge für 00, da aufgrund des Zusammentreffens mehrerer Einnahmearten insgesamt beitragspflichtige Einnahmen über der Beitragsbemessungsgrenze hinaus zu Beiträgen herangezogen worden sind (§ 231 SGB V). In Höhe des Auszahlungsbetrags handelt es sich um eine Rückzahlung von zu Unrecht geleisteten Beiträgen und damit um eine Beitragsrückerstattung.

Keine Beitragsrückerstattung ist das sog. „Ersatz"-Krankenhaustagegeld. Diese Leistung erhält der Versicherte aufgrund vertraglicher Vereinbarungen, wenn während eines Krankenhausaufenthaltes auf die Inanspruchnahme bestimmter Wahlleistungen verzichtet wird. 94

---

[1]) Rz. 89b wurde durch BMF vom 16.12.2021 (BStBl I S. 155) eingefügt und ist in allen offenen Fällen anzuwenden.

c) **Beiträge an ausländische Versicherungsunternehmen**
(§ 10 Absatz 2 Satz 1 Nummer 2 Buchstabe a EStG)

95 Bei Versicherungsunternehmen innerhalb eines Mitgliedstaates der Europäischen Union bzw. eines Vertragsstaates des Abkommens über den Europäischen Wirtschaftsraum kann regelmäßig davon ausgegangen werden, dass deren Erlaubnis für das Gebiet aller Mitglied- und Vertragsstaaten – und damit zum Geschäftsbetrieb im Inland – gilt. Welche Unternehmen eine Erlaubnis besitzen, notifiziert sind oder eine Repräsentanz in Deutschland unterhalten, kann unter folgendem Link ermittelt werden:
https://portal.mvp.bafin.de/database/InstInfo/.

96 § 10 Absatz 2 Satz 1 Nummer 2 Buchstabe a Satz 2 EStG gilt rückwirkend ab dem VZ 2010.

97 Wird durch eine Bestätigung des jeweiligen Staates oder eine andere geeignete Quelle (z. B. Dachverband der Versicherungen im jeweiligen Land) nachgewiesen, dass es sich beim Empfänger der Beiträge um einen ausländischen Sozialversicherungsträger handelt, sind diese Beiträge für eine Absicherung im Krankheitsfall nach § 10 Absatz 1 Nummer 3 Satz 1 Buchstabe a EStG bzw. § 10 Absatz 1 Nummer 3a EStG i. V. m. § 10 Absatz 2 Satz 1 Nummer 2 Buchstabe c EStG als Sonderausgaben abziehbar (http://ec.europa.eu/ employment_social/social-security-directory/welcome.seam?langId =de&cid=109205).

98 Beiträge in ausländischer Währung sind nach dem Jahresdurchschnitt der monatlich festgesetzten und im BStBl I veröffentlichten Umsatzsteuer-Umrechnungskurse zu berechnen. Zur Aufteilung von Globalbeiträgen wird auf Rz. 205 verwiesen.

2.1.1 Beiträge zur gesetzlichen Krankenversicherung

a) **Allgemeines**

99 Beiträge zur GKV sowie Beiträge zur landwirtschaftlichen Krankenkasse gehören grundsätzlich zu den Beiträgen für eine Basiskrankenversicherung. Hierzu zählt auch ein eventuell von der Krankenkasse erhobener kassenindividueller Zusatzbeitrag i. S. d. § 242 SGB V. Seit dem 1. Januar 2015 wird der Zusatzbeitrag von der Krankenkasse anstelle eines bisher einkommensunabhängigen Beitrags, als Prozentsatz der beitragspflichtigen Einnahmen (einkommensabhängig) erhoben. Dieser ist kein von Hauptbeitrag unabhängig erhobener Geldbetrag mehr, sondern originärer Bestandteil des Krankenversicherungsbeitrags (vgl. § 220 Absatz 1 Satz 1 zweiter Halbsatz SGB V – „Nebenleistung" teilt Schicksal der „Hauptleistung"). Soweit im Folgenden auf den „GKV-Beitrag" Bezug genommen wird, umfasst dieser sowohl den allgemeinen Beitrag zur Krankenversicherung nach §§ 241 und 243 ff. SGB V als auch den ab 1. Januar 2015 gültigen Zusatzbeitrag nach § 242 SGB V n. F.

100 Beiträge, die über die Pflichtleistungen der GKV hinausgehende Leistungen absichern, sind nicht der Basisabsicherung i. S. d. § 10 Absatz 1 Nummer 3 Satz 1 EStG zuzurechnen, da sie nicht zur Erlangung des sozialhilfegleichen Versorgungsniveaus erforderlich sind. Hierzu gehören Beiträge für Wahl- und Zusatztarife, die z. B. Leistungen wie Chefarztbehandlung oder Einbettzimmer abdecken.

b) **Kürzung der Beiträge bei Anspruch auf Krankengeld**

101 Auch nicht der Basisabsicherung zuzurechnen ist der Beitragsanteil, der der Finanzierung des Krankengeldes dient. Dieser Anteil wird mit einem pauschalen Abschlag i. H. v. 4 % bemessen und von der Finanzverwaltung von den – ggf. um steuerfreie Beitragszuschüsse und Beitragsrückerstattungen geminderten – übermittelten Beträgen abgezogen.

Der ab 1. Januar 2015 erhobene Zusatzbeitrag i. S. d. § 242 SGB V ist in die Bemessungsgrundlage für die Ermittlung des 4 % Abschlags einzubeziehen. Vom kassenindividuellen Zusatzbeitrag i. S. d. § 242 SGB V in der bis 31. Dezember 2014 geltenden Fassung war hingegen kein Abschlag vorzunehmen. 102

Der Abschlag ist allerdings nur dann vorzunehmen, wenn sich aus dem GKV-Beitrag für den Steuerpflichtigen im Krankheitsfall ein Anspruch auf Krankengeldzahlung oder ein Anspruch auf eine Leistung ergeben kann, die anstelle von Krankengeld gewährt wird. 103

Der GKV-Beitrag eines pflichtversicherten Arbeitnehmers ist grundsätzlich um 4 % zu mindern, es sei denn, der Finanzverwaltung ist bekannt, dass sich im Einzelfall aus den Beiträgen kein Anspruch auf Krankengeld bzw. auf eine Leistung, die anstelle von Krankengeld gewährt wird, ergeben kann. 104

Der GKV-Beitrag ist auch um 4 % zu mindern 105

a) bei freiwillig gesetzlich versicherten Arbeitnehmern (Firmenzahler und Selbstzahler), Versorgungsempfängern, Selbständigen oder Künstlern und Publizisten,

b) bei pflichtversicherten selbständigen Künstlern und Publizisten,

wenn sich grundsätzlich ein Anspruch auf Krankengeld oder auf eine Leistung ergeben kann, die anstelle von Krankengeld gewährt wird.

Bezieht ein gesetzlich versicherter Teilrentner (Teilrente wegen Alters, teilweiser Erwerbsminderung oder Berufsunfähigkeit) neben der Rente noch andere Einkünfte und kann sich im Zusammenhang mit diesen anderen Einkünften ein Anspruch auf Krankengeld oder ein Anspruch auf eine Leistung ergeben, die anstelle von Krankengeld gewährt wird, ist der GKV-Beitrag um 4 % zu mindern. 106

Der von pflichtversicherten Rentnern im Rahmen der Krankenversicherung der Rentner (KVdR) erhobene Beitrag ist nicht um 4 % zu mindern. 107

Bezieht ein gesetzlich versicherter Vollrentner (Rente wegen Alters, voller Erwerbsminderung oder Erwerbsunfähigkeit und Ruhegehalt) neben der Rente noch andere Einkünfte, ist der GKV-Beitrag ebenfalls nicht um 4 % zu mindern, da sich im Zusammenhang mit diesen anderen Einkünften kein Anspruch auf Krankengeld oder ein Anspruch auf eine Leistung, die anstelle von Krankengeld gewährt wird, ergeben kann. 108

Ermittelt sich bei einem freiwillig Versicherten der Beitrag unter Berücksichtigung mehrerer Einkunftsarten nach einem einheitlichen Beitragssatz, ist die Kürzung um 4 % für den gesamten GKV-Beitrag vorzunehmen, auch wenn nur ein Teil der Einkünfte bei der Bemessung der Höhe des Krankengeldes berücksichtigt wird. 109

2.1.2 Beiträge zur privaten Krankenversicherung

Der Basisabsicherung in einer PKV dienen die jeweiligen Beitragsanteile, mit denen Versicherungsleistungen finanziert werden, die in Art, Umfang und Höhe den Leistungen nach dem Dritten Kapitel des SGB V – also den Pflichtleistungen der GKV – vergleichbar sind und auf die ein Anspruch besteht. Nicht zur Basisabsicherung gehören – wie bei der GKV – Beitragsanteile, die der Finanzierung von Wahlleistungen i. S. d. §§ 1 Absatz 1 i. V. m. 2 Absatz 1 der Verordnung zur tarifbezogenen Ermittlung der steuerlich berücksichtigungsfähigen Beiträge zum Erwerb eines Krankenversicherungsschutzes i. S. d. § 10 Absatz 1 Nummer 3 Satz 1 Buchstabe a des Einkommensteuergesetzes (Krankenversicherungsbeitragsanteil-Ermittlungsverordnung; KVBEVO; BGBl. I 2009, S. 2730; z. B. Chefarztbehandlung, Einbettzimmer), des Krankenhaustagegeldes oder des Krankentagegeldes dienen. 110

Sind in einem Versicherungstarif sowohl begünstigte als auch nicht begünstigte Versicherungsleistungen abgesichert, muss der vom VN geleistete Beitrag durch das Krankenversicherungsunternehmen aufgeteilt werden. Wie diese Aufteilung in typisierender 111

Weise zu erfolgen hat, wird durch die KVBEVO geregelt. Die wesentlichen Grundsätze der Beitragsaufteilung lassen sich wie folgt zusammenfassen:

- Enthält ein Tarif nur Leistungen, mit denen eine Basisabsicherung gewährleistet wird, ist eine tarifbezogene Beitragsaufteilung nicht erforderlich. Der für diesen Tarif geleistete Beitrag ist insgesamt abziehbar. Dies gilt auch für Beiträge zum Basistarif i. S. d. § 152 Absatz 1 VAG (vormals § 12 Absatz 1a VAG). Kann sich im Rahmen des Basistarifs ein Anspruch auf Krankengeld ergeben, ist vom Beitrag ein Abschlag von 4 % vorzunehmen.
- Enthält ein Tarif nur Wahlleistungen, ist eine tarifbezogene Beitragsaufteilung nicht durchzuführen. Der für diesen Tarif geleistete Beitrag ist insgesamt nicht nach § 10 Absatz 1 Nummer 3 EStG abziehbar.
- Enthält ein Tarif sowohl Leistungen, mit denen eine Basisabsicherung gewährleistet wird, als auch solche, die darüber hinausgehen, hat das Krankenversicherungsunternehmen nach den Vorschriften der KVBEVO den nicht nach § 10 Absatz 1 Nummer 3 EStG abziehbaren Beitragsanteil zu ermitteln.
- Enthält ein erstmals nach dem 1. Mai 2009 für das Neugeschäft angebotener Tarif nur in geringerem Umfang Leistungen, mit denen eine Basisabsicherung gewährleistet wird, und im Übrigen Leistungen, die diesem Niveau nicht entsprechen, hat das Krankenversicherungsunternehmen vom geleisteten Beitrag einen Abschlag i. H. v. 99 % vorzunehmen. Gleiches gilt, wenn – mit Ausnahme des Basistarifs i. S. d. § 152 Absatz 1 VAG (vormals § 12 Absatz 1a VAG) – Krankentagegeld oder Krankenhaustagegeld zusammen mit anderen Leistungen in einem Tarif abgesichert ist. Bei der zum 21. Dezember 2012 eingeführten verpflichtenden Umstellung eines Bisextarifs auf einen Unisextarif, handelt es sich nicht um einen für das Neugeschäft angebotenen Tarif, wenn das Leistungsversprechen tariflich unverändert geblieben ist.

112 Zur Vorsorge für die mit dem Alter steigende Inanspruchnahme von Gesundheitskosten wird von den Krankenkassen ein Zuschlag auf die Tarifprämie des Versicherten erhoben und als sog. Alterungsrückstellung nach § 149 VAG (vormals § 12 Absatz 4a VAG) angelegt. Der für die Bildung der Alterungsrückstellung abgeführte Beitragsanteil ist – soweit auf die Basisabsicherung entfallend – nach § 10 Absatz 1 Nummer 3 Satz 1 Buchstabe a EStG in Einheit mit dem regulären Versicherungsbeitrag abziehbar.

113 Zahlt der Versicherte im Rahmen eines freiwillig vertraglich vereinbarten sog. Beitragsentlastungstarifs einen erhöhten Beitrag, um ab einem bestimmten Alter eine zuvor vereinbarte zeitlich unbefristete Beitragsentlastung für seine Basisabsicherung zu erhalten, ist der auf die Basisabsicherung entfallende Beitragsanteil nach § 10 Absatz 1 Nummer 3 Satz 1 Buchstabe a EStG abziehbar.

114 Mit Beiträgen zugunsten einer sog. Anwartschaftsversicherung erwirbt der VN den Anspruch, zu einem späteren Zeitpunkt eine PKV zu einem ermäßigten Beitrag zu erhalten. Der VN wird dabei hinsichtlich seines der Beitragsbemessung zugrunde gelegten Gesundheitszustands und ggf. auch hinsichtlich der Alterungsrückstellung so gestellt, als sei der Krankenversicherungsvertrag bereits zu einem früheren Zeitpunkt abgeschlossen worden. Bis zu einem Betrag von 100 € jährlich sind Beiträge für eine Anwartschaftsversicherung aus Billigkeitsgründen insgesamt wie Beiträge zu einer Basiskrankenversicherung zu behandeln. Darüber hinaus sind sie nur insoweit wie Beiträge zu einer Basiskrankenversicherung zu behandeln, als sie auf die Minderung von Beitragsbestandteilen gerichtet sind, die der Basiskrankenversicherung zuzurechnen sind.

115 Hat ein Arbeitnehmer mit dem Lohn einen steuerfreien Zuschuss für seine Krankenversicherung erhalten, steht dieser insgesamt in unmittelbarem Zusammenhang mit den Vorsorgeaufwendungen i. S. d. § 10 Absatz 1 Nummer 3 EStG (§ 10 Absatz 2 Satz 1

Nummer 1 EStG). Dies gilt auch, wenn der Arbeitnehmer Wahlleistungen abgesichert hat. Der Zuschuss mindert in vollem Umfang die Beiträge zur Basisabsicherung (BFH vom 2. September 2014, BStBl II 2015, S. 257).

Beispiel: 116
A ist privat krankenversicherter Arbeitnehmer und hat für seine Krankenversicherung einen Beitrag i. H. v. insgesamt 6.000 € jährlich zu leisten. Darin enthalten sind 500 € für einen Tarif, der ausschließlich Wahlleistungen abdeckt und ein Beitrag i. H. v. 5.500 € für einen Tarif, der sowohl Leistungen abdeckt, die der Basisabsicherung dienen, als auch darüber hinausgehende Leistungen. A erhält von seinem Arbeitgeber jährlich einen steuerfreien Zuschuss i. H. v. 3.000 € zu seinem Krankenversicherungsbeitrag.

Der Beitrag i. H. v. 5.500 € ist durch das Versicherungsunternehmen nach der KVBEVO aufzuteilen. Nach der Aufteilung ergibt sich für die Absicherung von Leistungen, die der Basisabsicherung dienen, ein Beitragsanteil i. H. v. 4.500 € und für die Absicherung von Leistungen, die nicht der Basisabsicherung dienen, ein Beitragsanteil i. H. v. 1.000 €. Das Versicherungsunternehmen übermittelt einen Beitrag für die Basisabsicherung i. H. v. 4.500 € an die Finanzverwaltung.

Der übermittelte Beitrag wird von der Finanzverwaltung um den vom Arbeitgeber steuerfrei gezahlten Zuschuss i. H. v. 3.000 € vermindert. Es verbleibt danach ein Beitrag i. H. v. 1.500 €, der als Vorsorgeaufwendungen i. S. d. § 10 Absatz 1 Nummer 3 EStG in vollem Umfang abzugsfähig ist. Die nicht nach § 10 Absatz 1 Nummer 3 EStG abzugsfähigen Beiträge sind als Vorsorgeaufwendungen nach § 10 Absatz 1 Nummer 3a EStG bis zum Höchstbetrag nach § 10 Absatz 4 EStG zu berücksichtigen.

2.2 Beiträge zur gesetzlichen Pflegeversicherung (§ 10 Absatz 1 Nummer 3 Satz 1 Buchstabe b EStG)

a) Allgemeines

Begünstigt sind nach § 10 Absatz 1 Nummer 3 Satz 1 Buchstabe b EStG Beiträge zur gesetzlichen Pflegeversicherung, d. h. zur sozialen Pflegeversicherung und zur privaten Pflege-Pflichtversicherung. 117

Für Beiträge zugunsten einer Anwartschaftsversicherung zur Pflegeversicherung gilt Rz. 114 entsprechend. 118

b) Steuerfreie Zuschüsse und Beitragsrückerstattungen

Die Beiträge zur gesetzlichen Pflegeversicherung sind nach Abzug des steuerfreien Arbeitgeberzuschusses (§ 3 Nummer 62 EStG) bzw. des an Stelle des steuerfreien Arbeitgeberzuschusses gezahlten Betrags, z. B. von der Künstlersozialkasse, ungekürzt anzusetzen. 119

Beitragsrückerstattungen mindern die nach § 10 Absatz 1 Nummer 3 Satz 1 Buchstabe b EStG abziehbaren Pflegeversicherungsbeiträge in dem Jahr, in dem sie zufließen. 120

2.3 Weitere sonstige Vorsorgeaufwendungen (§ 10 Absatz 1 Nummer 3a EStG)

Begünstigt sind nach § 10 Absatz 1 Nummer 3a EStG Beiträge zu 121
- gesetzlichen oder privaten Kranken- und Pflegeversicherungen, soweit diese nicht nach § 10 Absatz 1 Nummer 3 EStG zu berücksichtigen sind; hierzu zählen z. B. Beitragsanteile, die auf Wahlleistungen entfallen oder der Finanzierung des Krankengeldes dienen, Beiträge zu einer Reisekrankenversicherung (vgl. Rz. 84), Beiträge zur freiwilligen privaten Pflegeversicherung oder Basiskrankenversicherungsbeiträge und Beiträge zur gesetzlichen Pflegeversicherung bei fehlender Einwilligung nach § 10 Absatz 2a EStG (vgl. Rz. 186 ff.),
- Versicherungen gegen Arbeitslosigkeit (gesetzliche Beiträge an die Bundesagentur für Arbeit und Beiträge zu privaten Versicherungen),

- Erwerbs- und Berufsunfähigkeitsversicherungen, die nicht Bestandteil einer Versicherung i. S. d. § 10 Absatz 1 Nummer 2 Satz 1 Buchstabe b EStG sind; dies gilt auch für Beitragsbestandteile einer kapitalbildenden Lebensversicherung i. S. d. § 20 Absatz 1 Nummer 6 EStG, die bei der Ermittlung des steuerpflichtigen Ertrags nicht abgezogen werden dürfen,
- Unfallversicherungen, wenn es sich nicht um eine Unfallversicherung mit garantierter Beitragsrückzahlung handelt, die insgesamt als RV oder Kapitalversicherung behandelt wird,
- Haftpflichtversicherungen,
- Lebensversicherungen, die nur für den Todesfall eine Leistung vorsehen (Risikolebensversicherung).

122 Beiträge zu nachfolgenden Versicherungen sind ebenfalls nach § 10 Absatz 1 Nummer 3a EStG begünstigt, wenn die Laufzeit dieser Versicherungen vor dem 1. Januar 2005 begonnen hat und mindestens ein Versicherungsbeitrag bis zum 31. Dezember 2004 entrichtet wurde; auf den Zeitpunkt des Vertragsabschlusses kommt es insoweit nicht an:
- RV ohne Kapitalwahlrecht, die die Voraussetzungen des § 10 Absatz 1 Satz 1 Nummer 2 EStG nicht erfüllen,
- RV mit Kapitalwahlrecht gegen laufende Beitragsleistungen, wenn das Kapitalwahlrecht nicht vor Ablauf von zwölf Jahren seit Vertragsabschluss ausgeübt werden kann,
- Kapitalversicherungen gegen laufende Beitragsleistungen mit Sparanteil, wenn der Vertrag für die Dauer von mindestens zwölf Jahren abgeschlossen worden ist.

123 Ein Versicherungsbeitrag ist bis zum 31. Dezember 2004 entrichtet, wenn nach § 11 Absatz 2 EStG der Beitrag einem Kalenderjahr vor 2005 zuzuordnen ist. Für Beiträge im Rahmen der betrieblichen Altersversorgung an einen Pensionsfonds, an eine Pensionskasse oder für eine Direktversicherung gilt Rz. 330 des BMF-Schreibens vom 24. Juli 2013, BStBl I 2013, S. 1022, geändert durch BMF-Schreiben vom 13. Januar 2014, BStBl I 2014, S. 97 und BMF-Schreiben vom 13. März 2014, BStBl I 2014, S. 554.

124 Für die Berücksichtigung von diesen Beiträgen (Rz. 122) gelten außerdem die bisherigen Regelungen des § 10 Absatz 1 Nummer 2 Buchstabe b Satz 2 bis 6 und Absatz 2 Satz 2 EStG in der am 31. Dezember 2004 geltenden Fassung.

3. Ermittlung des Abzugsbetrags
3.1 Höchstbetrag nach § 10 Absatz 4 EStG

125 Vorsorgeaufwendungen i. S. d. § 10 Absatz 1 Nummer 3 und Nummer 3a EStG können vorbehaltlich des Mindestansatzes (siehe Rz. 129) und der Günstigerprüfung (siehe Rz. 207 ff.) gem. § 10 Absatz 4 EStG grundsätzlich bis zur Höhe von 2.800 € abgezogen werden.

126 Bei einem Steuerpflichtigen, der ganz oder teilweise ohne eigene Aufwendungen einen Anspruch auf vollständige oder teilweise Erstattung oder Übernahme von Krankheitskosten hat oder für dessen Krankenversicherungsleistungen i. S. d. § 3 Nummer 9, 14, 57 oder 62 EStG erbracht werden, vermindert sich der Höchstbetrag auf 1.900 €. Dies gilt auch, wenn die Voraussetzungen dafür nur in einem Teil des Kalenderjahres vorliegen. Ohne Bedeutung ist hierbei, ob aufgrund eines Anspruchs tatsächlich Leistungen erbracht werden und wie hoch der Anspruch ist. Ein vom Arbeitgeber im Rahmen einer geringfügigen Beschäftigung erbrachter pauschaler Beitrag zur GKV führt nicht zum Ansatz des verminderten Höchstbetrags.

Anhang 1a
Altersvorsorge/Alterseinkünfte
II

Der verminderte Höchstbetrag i. H. v. 1.900 € gilt z. B. für 127
- sozialversicherungspflichtige Arbeitnehmer, für die der Arbeitgeber nach § 3 Nummer 62 EStG steuerfreie Beiträge zur Krankenversicherung leistet; das gilt auch dann, wenn der Arbeitslohn aus einer Auslandstätigkeit aufgrund eines Doppelbesteuerungsabkommens (DBA) steuerfrei gestellt wird,
- Besoldungsempfänger oder gleichgestellte Personen, die von ihrem Arbeitgeber nach § 3 Nummer 11 EStG steuerfreie Beihilfen zu Krankheitskosten erhalten,
- Rentner, die aus der gesetzlichen RV nach § 3 Nummer 14 EStG steuerfreie Zuschüsse zu den Krankenversicherungsbeiträgen erhalten,
- Rentner, bei denen der Träger der gesetzlichen RV Beiträge an die GKV zahlt,
- den Ehegatten oder Lebenspartner des Arbeitnehmers, wenn der Arbeitgeber Leistungen i. S. d. § 3 Nummer 62 EStG auch für Ehegatten oder Lebenspartner erbringt (BFH vom 23. Januar 2013, BStBl II 2013, S. 608),
- im VZ beihilferechtlich berücksichtigungsfähige Ehegatten oder Lebenspartner (BFH vom 23. Januar 2013, BStBl II 2013, S. 608),
- Beamte, die in der GKV freiwillig versichert sind und deshalb keine Beihilfe zu ihren Krankheitskosten – trotz eines grundsätzlichen Anspruchs – erhalten,
- Versorgungsempfänger im öffentlichen Dienst mit Beihilfeanspruch oder gleichgestellte Personen,
- in der GKV ohne eigene Beiträge familienversicherte Angehörige,
- Personen, für die steuerfreie Leistungen der Künstlersozialkasse nach § 3 Nummer 57 EStG erbracht werden,
- Beamte, bei denen der Dienstherr seine Fürsorgeverpflichtung dadurch erfüllt, dass er statt der Gewährung eines Beihilfeanspruchs einen Zuschuss zur Krankenversorgung leistet.

Der nach § 3 Nummer 62 EStG steuerfreie Arbeitgeberanteil zur gesetzlichen Kranken- und Pflegeversicherung ist bei der Ermittlung des Höchstbetrags nach § 10 Absatz 4 EStG nicht zu berücksichtigen. Dies gilt auch für den von der Künstlersozialkasse getragenen steuerfreien Beitragsanteil (§ 3 Nummer 57 EStG). 128

3.2 Mindestansatz
Übersteigen die vom Steuerpflichtigen geleisteten Beiträge für die Basisabsicherung (Basiskrankenversicherung – Rz. 83 ff. – und gesetzliche Pflegeversicherung – Rz. 117 ff. –) den Höchstbetrag von 2.800 €/1.900 €, sind diese Beiträge als Sonderausgaben anzusetzen. Eine betragsmäßige Deckelung auf den Höchstbetrag erfolgt in diesen Fällen nicht. Ein zusätzlicher Abzug von Beiträgen nach § 10 Absatz 1 Nummer 3a EStG ist daneben nicht möglich (vorbehaltlich der Günstigerprüfung, Rz. 207 ff.). 129

3.3 Abzugsbetrag bei Ehegatten und Lebenspartnern
a) Zusammenveranlagung nach § 26b EStG
Bei zusammen veranlagten Ehegatten oder Lebenspartnern ist zunächst für jeden Ehegatten oder Lebenspartner nach dessen persönlichen Verhältnissen der ihm zustehende Höchstbetrag zu bestimmen. Die Summe der beiden Höchstbeträge ist der gemeinsame Höchstbetrag (§ 10 Absatz 4 Satz 3 EStG). Übersteigen die von den Ehegatten oder Lebenspartnern geleisteten Beiträge für die Basisabsicherung in der Summe den gemeinsamen Höchstbetrag, sind diese Beiträge als Sonderausgaben zu berücksichtigen. Eine betragsmäßige Deckelung auf den gemeinsamen Höchstbetrag erfolgt in diesen Fällen nicht. Ein zusätzlicher Abzug von Beiträgen nach § 10 Absatz 1 Nummer 3a EStG ist – vorbehaltlich der Günstigerprüfung (Rz. 207 ff.) – daneben nicht möglich. 130

Anhang 1a
Altersvorsorge/Alterseinkünfte

b) Einzelveranlagung nach § 26a EStG und „Patchwork-Familien"

131 Wird von den Ehegatten oder Lebenspartnern die Einzelveranlagung beantragt, wird der Höchstbetrag sowie der Mindestansatz für jeden Ehegatten oder Lebenspartner gesondert ermittelt. Für die Berechnung des Mindestansatzes ist bei jedem Ehegatten oder Lebenspartner der von ihm als VN geleistete Beitrag zur Basisabsicherung anzusetzen. Ist ein Kind VN (vgl. Rz. 81), werden die Beiträge zur Kranken- und Pflegeversicherung i. S. d. § 10 Absatz 1 Nummer 3 Satz 2 EStG jedoch von Unterhaltsverpflichteten getragen, sind die Beiträge von dem jeweiligen unterhaltsverpflichteten Elternteil zu beantragen und anzusetzen, der sie wirtschaftlich getragen hat (Grundsatz der Einmalberücksichtigung). Innerhalb der Ehe bzw. Lebenspartnerschaft folgt die weitere Zuordnung den Regelungen des § 26a Absatz 2 EStG.

132 Beispiel 1:
Ehemann A ist selbständig tätig und privat versichert. Er leistet als VN für seine Basiskrankenversicherung einen Jahresbeitrag i. H. v. 6.000 € bei Versicherung X. Seine Ehefrau B ist Beamtin und privat versichert bei Versicherung Y. Der von B als VN zu leistende Jahresbeitrag zur Basiskrankenversicherung beträgt 3.500 €. Der gemeinsame Sohn S ist im Vertrag von B mitversichert. Der hierfür zu leistende und von B getragene Jahresbeitrag zur Basiskrankenversicherung beträgt 1.000 €. Die Tochter T – steuerlich als Kind i. S. d. § 10 Absatz 1 Nummer 3 Satz 2 EStG zu berücksichtigen – ist in der studentischen Krankenversicherung (KVdS) versichert und zahlt als VN für ihre Beiträge zur ihrigen Basiskrankenversicherung i. H. v. 2.000 €. A und B erstatten T den von ihr geleisteten Jahresbeitrag im Rahmen ihrer Unterhaltsverpflichtung. Die Eheleute A und B beantragen die Einzelveranlagung, wobei § 26a Absatz 2 Satz 1 EStG Anwendung finden soll.
Nach § 10 Absatz 4 Satz 1 EStG kann A Vorsorgeaufwendungen grundsätzlich bis zu einem Höchstbetrag von 2.800 € abziehen, da er seine Krankenversicherung vollständig aus eigenen Mitteln finanziert und auch keine steuerfreien Leistungen zu seinen Krankheitskosten erhält. Für B mindert sich der Höchstbetrag nach § 10 Absatz 4 Satz 2 EStG auf 1.900 €, da B einen Anspruch auf steuerfreie Beihilfen zu ihren Krankheitskosten hat. Dem für jeden Ehegatten gesondert ermittelten Höchstbetrag sind die jeweils von A bzw. von B als VN geleisteten Jahresbeiträge zur Basiskrankenversicherung gegenüberzustellen. Sowohl bei A als auch bei B übersteigen die als VN geleisteten Jahresbeiträge zur Basiskrankenversicherung die Höchstbeträge nach § 10 Absatz 4 EStG. Daher sind jeweils die Beiträge zur Basiskrankenversicherung anzusetzen (Mindestansatz, vgl. Rz. 129).
A kann seinen Beitrag i. H. v. 6.000 € geltend machen. B kann in ihrer Veranlagung den von ihr als VN geleisteten Beitrag i. H. v. 3.500 € zzgl. des von ihr getragenen Beitrags für S i. H. v. 1.000 € (= 4.500 €) ansetzen. Den von A und B an T erstatteten Krankenversicherungsbeitrag i. H. v. 2.000 € können A und B jeweils zu 1.000 € im Rahmen der Sonderausgaben geltend machen.

133 Beispiel 2:
A und B sind verheiratet. B ist die leibliche Mutter des Kindes K. Der Kindesvater ist C. K ist selbst VN seiner Kranken- und Pflegeversicherung. Im Rahmen ihrer Unterhaltspflicht haben C und B die Beiträge des K wirtschaftlich getragen – C zu 20 % und B zu 80 %. A und B beantragen die Einzelveranlagung nach § 26a EStG, wobei § 26a Absatz 2 Satz 2 EStG Anwendung finden soll.
Gem. § 10 Absatz 1 Nummer 3 Satz 2 EStG werden entsprechend der wirtschaftlichen Belastung 20 % bei C und 80 % bei B der jeweils für K getragenen Krankenversicherungsbeiträge wie eigene Beiträge behandelt. Nach der Verteilungsregelung des § 26a Absatz 2 Satz 2 EStG werden bei A und B sämtliche Sonderausgaben – und damit auch die der B nach § 10 Absatz 1 Nummer 3 Satz 2 EStG zugewiesenen Beiträge des K – jeweils hälftig abgezogen, so dass im Ergebnis A und B jeweils 40 % der Beiträge des K absetzen können. Dass bei A keine Unterhaltsverpflichtung gegenüber K besteht, da es sich nicht um sein leibliches Kind handelt, ist für die Verteilung durch § 26a Absatz 2 Satz 2 EStG ohne Belang.

Altersvorsorge/Alterseinkünfte **Anhang 1a** II

4. Beitragsvorauszahlungen
4.1 Anwendungsbereich

§ 10 Absatz 1 Nummer 3 Satz 4 EStG begrenzt ab dem VZ 2011 die innerhalb eines VZ als Sonderausgaben abziehbaren Basiskranken- und gesetzlichen Pflegeversicherungsbeiträge, soweit diese für nach Ablauf des VZ beginnende Beitragsjahre geleistet werden (Beitragsvorauszahlungen). Beitragsvorauszahlungen, die in der Summe das Zweieinhalbfache der im VZ vertraglich geschuldeten Beiträge überschreiten, sind nicht im Jahr der Verausgabung, sondern in dem VZ anzusetzen, für den sie geleistet wurden (Einschränkung des Abflussprinzips gem. § 11 Absatz 2 Satz 1 EStG). Die Einhaltung der Regelung wird durch die Finanzverwaltung überprüft. 134

Soweit Basiskranken- und gesetzliche Pflegeversicherungsbeiträge im Rahmen eines freiwillig vertraglich vereinbarten sog. Beitragsentlastungstarifs zur unbefristeten Beitragsminderung frühestens nach Vollendung des 62. Lebensjahres (Rz. 113) für nach Ablauf des VZ beginnende Beitragsjahre gezahlt werden, stellen diese keine Vorauszahlungen i. S. d. § 10 Absatz 1 Nummer 3 Satz 4 EStG dar. Sie sind gem. § 10 Absatz 1 Nummer 3 Satz 4 zweiter Halbsatz EStG stets im VZ der Zahlung abziehbar. 135

Die Vorschrift gilt für Beiträge zur freiwilligen gesetzlichen und zur privaten Kranken- und Pflegeversicherung gleichermaßen. Für die Beiträge zur Pflegeversicherung und für die Beiträge zur Krankenversicherung sind jeweils getrennte Berechnungen durchzuführen. 136

4.2 Zeitliche Zuordnung der Beitragsvorauszahlungen

Die zeitliche Zuordnung der geleisteten Beiträge ist in Abhängigkeit von zwei Berechnungsgrößen zu ermitteln: 137

– das Zweieinhalbfache der im VZ vertraglich geschuldeten Beiträge (zulässiges Vorauszahlungsvolumen) und
– die Summe der für nach Ablauf des VZ beginnende Beitragsjahre geleisteten Beiträge (Summe der geleisteten Beitragsvorauszahlungen).

In den Fällen des § 10 Absatz 1 Nummer 3 Satz 2 und Satz 3 EStG ist für die Ermittlung des zulässigen Vorauszahlungsvolumens und die Summe der geleisteten Beitragsvorauszahlungen auf die Verhältnisse des VN abzustellen. 138

a) Ermittlung des zulässigen Vorauszahlungsvolumens

Zunächst sind die für den VZ der Zahlung vertraglich geschuldeten Beiträge zur Basiskranken- bzw. zur gesetzlichen Pflegeversicherung – jeweils gesondert – zu ermitteln. Auf die tatsächlich gezahlten Beiträge kommt es hierbei nicht an. Das Ergebnis ist jeweils mit 2,5 zu multiplizieren. 139

Wird das Versicherungsunternehmen im Laufe eines VZ gewechselt, sind die für den VZ vertraglich geschuldeten Basiskranken- bzw. gesetzlichen Pflegeversicherungsbeiträge aller betroffenen Versicherungsunternehmen einzubeziehen. 140

Schuldet der Steuerpflichtige für den VZ keine eigenen Beiträge, z. B. weil er als Kind in einer Familienversicherung mitversichert war, beträgt das zulässige Vorauszahlungsvolumen 0 €. Dagegen erhöht der von den Eltern im laufenden VZ letztmalig für das Kind geleistete Beitrag deren zulässiges Vorauszahlungsvolumen, obwohl insoweit die Beitragsverpflichtung im Folge-VZ nicht mehr besteht. 141

Steuerfreie Zuschüsse und Beitragsrückerstattungen bleiben bei der Ermittlung des zulässigen Vorauszahlungsvolumens außer Betracht. Auch die in einem späteren VZ zufließenden Beitragsrückerstattungen oder die dann gewährten steuerfreien Zuschüsse ändern nicht das zulässige Vorauszahlungsvolumen. 142

Anhang 1a
II Altersvorsorge/Alterseinkünfte

143 Beitragsanteile aufgrund eines freiwillig vertraglich vereinbarten sog. Beitragsentlastungstarifs zur unbefristeten Beitragsminderung frühestens nach Vollendung des 62. Lebensjahres (Rz. 113, 135) sind bei der Ermittlung der vertraglich geschuldeten Beiträge nicht zu berücksichtigen. Dagegen erhöhen die Beitragsanteile, die der sog. Alterungsrückstellung nach § 149 VAG (vormals § 12 Absatz 4a VAG) (Rz. 112) zugeführt werden, in Einheit mit dem Gesamtversicherungsbeitrag die vertraglich geschuldeten Beiträge.

b) Summe der geleisteten Beitragsvorauszahlungen

144 In die Summe der Beitragsvorauszahlungen sind sämtliche im VZ abgeflossenen Basiskranken- bzw. gesetzlichen Pflegeversicherungsbeiträge – jeweils gesondert – einzubeziehen, die für nach dem VZ beginnende Beitragsjahre geleistet werden.

145 Keine Vorauszahlungen und somit nicht einzubeziehen sind jedoch Beiträge, die entsprechend ihrer wirtschaftlichen Zugehörigkeit gem. § 11 Absatz 2 Satz 2 EStG ohnehin erst im folgenden VZ anzusetzen sind (vgl. Beispiele 3 und 4, Rz. 157 f.; Rz. 195 ff.).

146 Beitragsanteile aufgrund eines sog. Beitragsentlastungstarifs zur unbefristeten Beitragsminderung frühestens nach Vollendung des 62. Lebensjahres (Rz. 113, 135) sind bei der Ermittlung der geleisteten Beitragsvorauszahlungen nicht zu berücksichtigen. Dagegen erhöhen die Beitragsanteile, die der sog. Alterungsrückstellung nach § 149 VAG (vormals § 12 Absatz 4a VAG) (Rz. 112) zugeführt werden, in Einheit mit dem Gesamtversicherungsbeitrag die geleisteten Beitragsvorauszahlungen.

4.3 Rechtsfolge
a) Allgemein

147 Basiskranken- und Pflegeversicherungsbeiträge, die der Steuerpflichtige als Vorauszahlungen leistet, sind im VZ der Zahlung abziehbar, soweit sie das Zweieinhalbfache der für das Zahlungsjahr geschuldeten Beiträge nicht übersteigen.

148 Abweichend vom Jahr der Zahlung sind die das Zweieinhalbfache übersteigenden Beiträge in dem VZ anzusetzen, für den sie geleistet wurden. Die Zuordnung der vorausbezahlten Beiträge zu den Zeiträumen, für die sie geleistet wurden, erfolgt gemäß ihrer zeitlichen Abfolge. Vom zulässigen Vorauszahlungsvolumen sind dabei die Beiträge für jene VZ gedeckt, die zeitlich am nächsten am Kalenderjahr der Zahlung liegen.

149 **Beispiel 1:**
Der für das Kalenderjahr 00 zu leistende Beitrag beträgt 1.000 €. Der Steuerpflichtige leistet am 10. Dezember 00 für die Jahre 01 bis 04 jeweils 1.000 € im Voraus.
Das zulässige Vorauszahlungsvolumen für 00 ist mit 2,5 x 1.000 € = 2.500 € zu bemessen. Die geleisteten Beitragsvorauszahlungen betragen in der Summe 4 x 1.000 € = 4.000 €. Der in 00 absetzbare Teil der Vorauszahlungen i. H. v. 2.500 € ist den Jahren 01, 02 (jeweils i. H. v. 1.000 €) und i. H. v. 500 € 03 chronologisch zuzuordnen. Der verbleibende Betrag i. H. v. 1.500 € ist mit 500 € in 03 und mit 1.000 € in 04 anzusetzen.

150 **Abwandlung 1 zu Beispiel 1:**
In dem Beitrag i. H. v. 1.000 € sind 100 € für einen Beitragsentlastungstarif zur unbefristeten Beitragsminderung frühestens nach Vollendung des 62. Lebensjahres enthalten.
Die Vorauszahlungen auf den Beitragsentlastungstarif i. H. v. 400 € sind im VZ der Zahlung (00) anzusetzen. Für die übrigen Vorauszahlungen i. H. v. 3.600 € gilt:
Das zulässige Vorauszahlungsvolumen für 00 ist mit 2,5 x 900 € = 2.250 € zu bemessen. Der in 00 absetzbare Teil der Vorauszahlungen i. H. v. 2.250 € ist den Jahren 01, 02 (jeweils i. H. v. 900 €) und i. H. v. 450 € dem Jahr 03 chronologisch zuzuordnen. Der verbleibende Betrag i. H. v. 1.350 € ist mit 450 € in 03 und mit 900 € in 04 anzusetzen.

Abwandlung 2 zu Beispiel 1:
Im Beitrag i. H. v. 1.000 € sind 100 € für einen Beitragsentlastungstarif zur unbefristeten Beitragsminderung frühestens nach Vollendung des 60. Lebensjahres enthalten.
Lösung wie zu Beispiel 1.

Für die vom VN vorausbezahlten Beiträge findet die Rechtsfolge des § 10 Absatz 1 Nummer 3 Satz 4 EStG in den Fällen des § 10 Absatz 1 Nummer 3 Satz 2 EStG beim unterhaltsverpflichteten Steuerpflichtigen und in den Fällen des § 10 Absatz 1 Nummer 3 Satz 3 EStG beim Unterhaltsberechtigten Anwendung.

b) Vorauszahlungen vs. regelmäßig wiederkehrende Zahlungen (vgl. Rz. 195 ff.)

Regelmäßig wiederkehrende Ausgaben, die kurze Zeit vor Beginn oder kurze Zeit nach Beendigung des Kalenderjahres, zu dem sie wirtschaftlich gehören, abgeflossen und fällig geworden sind, werden dem Kalenderjahr zugeordnet, zu dem sie wirtschaftlich gehören (§ 11 Absatz 2 Satz 2 i. V. m. Absatz 1 Satz 2 EStG). Für im Voraus entrichtete Beiträge bedeutet „kurze Zeit", dass die Zahlung innerhalb des Zeitraums vom 22. Dezember bis 31. Dezember vorgenommen wird und die Beiträge entsprechend der vertraglichen Vereinbarung innerhalb des Zeitraums vom 22. Dezember bis 10. Januar fällig werden.

Rz. 153 gilt auch für Kranken- und Pflegeversicherungsbeiträge, die kumuliert für mehrere Monate oder Jahre in einer Zahlung geleistet werden. Sind die Voraussetzungen des § 11 Absatz 2 Satz 2 i. V. m. Absatz 1 Satz 2 EStG erfüllt, wird der für das folgende Jahr geleistete Beitrag steuerlich im Folgejahr berücksichtigt.

§ 10 Absatz 1 Nummer 3 Satz 4 EStG greift nicht, soweit aufgrund der Anwendbarkeit des § 11 Absatz 2 Satz 2 i. V. m. Absatz 1 Satz 2 EStG keine Vorauszahlungen i. S. d. Rz. 144 vorliegen (vgl. auch Rz. 145).

Beispiel 2:
Am 28. Dezember 00 leistet der Steuerpflichtige in einer Zahlung die Beiträge für die Jahre 01 und 02. Der Jahresbeitrag ist regelmäßig am 1. Januar des jeweiligen Beitragsjahres fällig. Insgesamt überschreitet die Summe der geleisteten Beitragsvorauszahlungen das Zweieinhalbfache der für den VZ 00 geschuldeten Beiträge nicht.
Der in 00 geleistete Beitrag für das Beitragsjahr 01 ist gem. § 11 Absatz 2 Satz 2 i. V. m. Absatz 1 Satz 2 EStG abweichend vom Zahlungsjahr im Jahr der wirtschaftlichen Zugehörigkeit – 01 – zu berücksichtigen. Insoweit liegen keine Vorauszahlungen i. S. d. § 10 Absatz 1 Nummer 3 Satz 4 EStG vor. Der vorausgezahlte Betrag für das Beitragsjahr 02 ist im Jahr 00 anzusetzen.

Beispiel 3:
Am 28. Dezember 00 leistet der Steuerpflichtige in einer Zahlung die Beiträge für die Jahre 01 bis 04. Der Jahresbeitrag ist regelmäßig am 1. Januar des jeweiligen Beitragsjahres fällig. Für das Kalenderjahr 00 bis 04 beträgt der zu leistende Beitrag jeweils 1.000 €.
Der zum Jahreswechsel geleistete Beitrag für das Jahr 01 i. H. v. 1.000 € ist gem. § 11 Absatz 2 Satz 2 i. V. m. Absatz 1 Satz 2 EStG im VZ 01 zu berücksichtigen. Insoweit liegen keine Vorauszahlungen i. S. d. § 10 Absatz 1 Nummer 3 Satz 4 EStG vor.
Die Summe der geleisteten Beitragsvorauszahlungen i. H. v. 3.000 € für die Jahre 02 bis 04 überschreitet das zulässige Vorauszahlungsvolumen von 2.500 € um 500 €. Die Vorauszahlungen sind somit aufzuteilen und soweit das zulässige Vorauszahlungsvolumen überschritten ist, den künftigen VZ chronologisch zuzuordnen. Bis zur Höhe des zulässigen Vorauszahlungsvolumens i. H. v. 2.500 € ist der Beitrag für 02, 03 und ein Betrag i. H. v. 500 € für das Kalenderjahr 04 in 00 anzusetzen. Der das zulässige Vorauszahlungsvolumen überschreitende Betrag von 500 € ist gem. § 10 Absatz 1 Nummer 3 Satz 4 EStG im VZ 04 anzusetzen.

Anhang 1a

Altersvorsorge/Alterseinkünfte

158 Beispiel 4:
Der Steuerpflichtige leistet regelmäßig zum Monatsende den für den Folgemonat geschuldeten Beitrag, der jeweils am ersten Tag des Monats fällig ist. Am 28. Dezember 00 leistet er die Beiträge für die Jahre 01 bis 06 im Voraus. Der monatlich zu leistende Beitrag beträgt in allen Kalenderjahren 100 € (Jahresbeitrag jeweils 1.200 €).

Der Beitrag für Januar 01 ist nach der Regelung in § 11 Absatz 2 Satz 2 i. V. m. Absatz 1 Satz 2 EStG abweichend vom Zahlungsjahr 00 im Jahr 01 zu berücksichtigen. Somit ist dieser nicht in die Summe der geleisteten Beitragsvorauszahlungen mit einzubeziehen.

Die Summe der geleisteten Beitragsvorauszahlungen (Februar bis Dezember 01: 1.100 € + 02 bis 06: 6.000 € = 7.100 €) überschreitet das zulässige Vorauszahlungsvolumen von 3.000 € (= 2,5 x 1.200 €) um 4.100 €. Bis zur Höhe des zulässigen Vorauszahlungsvolumens i. H. v. 3.000 € können die Beiträge für Februar 01 bis Juli 03 (1.100 € für 01, 1.200 € für 02, 700 € für 03) in 00 als Sonderausgaben angesetzt werden. Der das zulässige Vorauszahlungsvolumen überschreitende Betrag i. H. v. 4.100 € ist aufzuteilen und gem. § 10 Absatz 1 Nummer 3 Satz 4 EStG im jeweiligen Kalenderjahr, für das er gezahlt wurde, abzuziehen. In 03 sind daher 500 €, in 04 bis 06 jeweils 1.200 € als Sonderausgaben anzusetzen.

5. Verfahren

159 Die mitteilungspflichtigen Stellen haben die geleisteten und erstatteten Beiträge i. S. d. § 10 Absatz 1 Nummer 3 EStG sowie die weiteren nach § 10 Absatz 2a Satz 4 Nummer 2 EStG erforderlichen Daten an die Finanzverwaltung (Zentrale Zulagenstelle für Altersvermögen – ZfA) zu übermitteln; wegen Einzelheiten vgl. die Ausführungen unter Rz. 181 ff.

160 Der Abzug der steuerfreien Zuschüsse zu den Kranken- und Pflegeversicherungsbeiträgen (vgl. Rz. 86) sowie die Minderung um 4 % bei den Beiträgen zur GKV (im Einzelnen vgl. Rz. 101 ff.) werden von der Finanzverwaltung vorgenommen. Die Beiträge zu einer PKV werden bereits durch das Versicherungsunternehmen um einen Beitragsanteil, der auf Krankentagegeld entfällt, gemindert, so dass die Finanzverwaltung hier nur noch ggf. gewährte Zuschüsse abziehen muss.

161 Werden Beitragsvorauszahlungen (siehe Rz. 134) geleistet, sind die vertraglich geschuldeten Beiträge zur Basiskranken- und gesetzlichen Pflegeversicherung des Beitragsjahres als Bestandteil der Vertrags- bzw. Versicherungsdaten i. S. d. § 10 Absatz 2a Satz 4 EStG in den Datensatz aufzunehmen. Nicht dazu gehören Beiträge, die der unbefristeten Beitragsminderung frühestens ab Vollendung des 62. Lebensjahres im Rahmen eines freiwillig vertraglich vereinbarten sog. Beitragsentlastungstarifs dienen (Rz. 113). Eine Übermittlung der vertraglich geschuldeten Beiträge ist aus Vereinfachungsgründen nicht erforderlich, sofern es sich lediglich um eine Vorauszahlung für den Monat Januar des Folgejahres handelt. Im Datensatz ist anzugeben, ob sich aus den Beiträgen ein Anspruch auf Krankengeld oder ein Anspruch auf eine Leistung ergeben kann, die anstelle von Krankengeld gewährt wird. Auf der Grundlage der übermittelten Daten ermittelt die Finanzverwaltung die sofort abziehbaren Vorauszahlungen nach § 10 Absatz 1 Nummer 3 Satz 4 EStG.

5.1 Gesetzlich Versicherte

162 Bei Vorliegen einer Familienversicherung i. S. d. § 10 SGB V ist für die mitversicherte Person mangels eigener Beitragsleistung kein Datensatz zu übermitteln.

163 Kann sich für

– einen freiwillig gesetzlich versicherten Arbeitnehmer (Selbstzahler), Selbständigen, Künstler oder Publizisten,

– einen pflichtversicherten selbständigen Künstler und Publizisten

aus der GKV ein Anspruch auf Krankengeld bzw. eine Leistung ergeben, die anstelle von Krankengeld gewährt wird, ist dies bei der Übermittlung der Daten anzugeben.

Falls die Kranken- und Pflegeversicherungsbeiträge von einem Dritten, der nicht zur Datenübermittlung mittels elektronischer Lohnsteuerbescheinigung oder im Rentenbezugsmitteilungsverfahren verpflichtet ist, einbehalten und per Sammelüberweisung an die Krankenkassen überwiesen werden, ist – mit Ausnahme der in Rz. 184 geregelten Fälle – grundsätzlich die GKV zur Datenübermittlung verpflichtet. 164

Beispiel 1: 165
Selbständig tätige Knappschaftsärzte, die im Rahmen ihrer Berufstätigkeit auch für die Knappschaft-Bahn-See tätig sind, beziehen aus der gesamten Tätigkeit Einkünfte aus selbständiger Tätigkeit nach § 18 EStG. Die Alters- und Hinterbliebenenbezüge, die nach Abschluss der aktiven selbständigen Tätigkeit von der Knappschaft-Bahn-See an die Knappschaftsärzte geleistet werden, sind als betriebliche Versorgungsrenten in voller Höhe nach § 24 Nummer 2 EStG als nachträgliche Einkünfte aus der selbständigen Tätigkeit zu erfassen. Die Knappschaft behält Beiträge zur gesetzlichen Kranken- und Pflegeversicherung ein und führt diese im sog. Zahlstellenverfahren (§ 256 SGB V) an den Träger der GKV ab.
Nach § 10 Absatz 2a Satz 4 EStG ist die GKV zur Datenübermittlung der Basiskranken- und gesetzlichen Pflegeversicherungsbeiträge i. S. d. § 10 Absatz 1 Nummer 3 Satz 1 EStG an die Finanzverwaltung verpflichtet. Gründe, aus denen die Daten bereits mit der elektronischen Lohnsteuerbescheinigung oder im Rentenbezugsmitteilungsverfahren zu melden sind (vgl. Rz. 183), liegen nicht vor. Eine Verpflichtung zur Datenübermittlung aufgrund des Einbehaltens der Sozialversicherungsbeiträge und anschließender Sammelüberweisung an die Krankenkasse ergibt sich für die Knappschaft-Bahn-See („Dritter") nicht.

Beispiel 2: 166
Honorare der freien Mitarbeiter des Hessischen Rundfunks (und auch der Synchronsprecher) sind einkommensteuerrechtlich im Einzelfall als Einkünfte aus selbstständiger Tätigkeit nach § 18 Absatz 1 Nummer 1 EStG zu beurteilen. Sozialversicherungsrechtlich können die freien Mitarbeiter jedoch als sozialversicherungspflichtige abhängig Beschäftigte eingestuft werden. Entsprechend behält der Hessische Rundfunk dann die Kranken- und Pflegeversicherungsbeiträge von den Honoraren ein und führt sie an den Träger der GKV ab.
Aufgrund der steuerrechtlichen Qualifikation als Einkünfte aus selbständiger Tätigkeit werden die von den Einkünften aus der sozialversicherungspflichtigen abhängigen Beschäftigung einbehaltenen Kranken- und Pflegeversicherungsbeiträge nicht im Lohnsteuerbescheinigungsverfahren übermittelt. Der Hessische Rundfunk ist keine Einrichtung i. S. d. § 10 Absatz 2a Satz 1 EStG und somit keine mitteilungspflichtige Stelle. Nach § 10 Absatz 2a Satz 4 EStG ist daher die GKV zur Datenübermittlung der Basiskranken- und gesetzlichen Pflegeversicherungsbeiträge i. S. d. § 10 Absatz 1 Nummer 3 Satz 1 EStG an die Finanzverwaltung verpflichtet.

a) Pflichtversicherte Arbeitnehmer

Der vom Arbeitgeber einbehaltene und abgeführte GKV- und Pflegeversicherungsbeitrag des Arbeitnehmers wird im Rahmen der elektronischen Lohnsteuerbescheinigung an die Finanzverwaltung übermittelt. Erstattet die GKV Beiträge, sind diese – sofern sie auf die Basisabsicherung entfallen – unmittelbar von der GKV an die Finanzverwaltung zu übermitteln. 167

Der vom Arbeitgeber einbehaltene und abgeführte GKV- und Pflegeversicherungsbeitrag des Arbeitnehmers, welcher nicht im Rahmen der elektronischen Lohnsteuerbescheinigung an die Finanzverwaltung übermittelt wird (z. B. Fälle der Pauschalbesteuerung nach § 40a Absatz 2a EStG), ist von der GKV an die Finanzverwaltung zu übermitteln. Erstattet die GKV Beiträge, sind diese – sofern sie auf die Basisabsicherung entfallen – ebenfalls unmittelbar von der GKV an die Finanzverwaltung zu übermitteln. 168

b) Freiwillig gesetzlich versicherte Arbeitnehmer

Für Arbeitnehmer, bei denen der Arbeitgeber den Gesamtbeitrag zur Kranken- und Pflegeversicherung an die GKV abführt (Firmenzahler), hat der Arbeitgeber in der elektronischen Lohnsteuerbescheinigung der Finanzverwaltung den abgeführten GKV-Beitrag 169 und den geleisteten steuerfreien Arbeitgeberzuschuss (§ 3 Nummer 62 EStG) mitzuteilen. Erstattet die GKV Beiträge, sind diese – sofern sie auf die Basisabsicherung entfallen – unmittelbar von der GKV an die Finanzverwaltung zu übermitteln.

170 Für Arbeitnehmer, bei denen der Kranken- und Pflegeversicherungsbeitrag an die GKV vom Arbeitnehmer selbst gezahlt wird (Selbstzahler), hat der Arbeitgeber in der elektronischen Lohnsteuerbescheinigung den geleisteten steuerfreien Arbeitgeberzuschuss (§ 3 Nummer 62 EStG) mitzuteilen. Die vom Arbeitnehmer unmittelbar an die GKV geleisteten oder von der GKV erstatteten Beiträge sind – sofern sie auf die Basisabsicherung entfallen – von der GKV an die Finanzverwaltung zu übermitteln.

c) Freiwillig gesetzlich versicherte Selbständige

171 An die GKV geleistete oder von der GKV erstattete Beiträge sind – sofern sie auf die Basisabsicherung entfallen – von der GKV an die Finanzverwaltung zu übermitteln.

d) Pflichtversicherte selbständige Künstler und Publizisten

172 Die Künstlersozialkasse übermittelt nach § 10 Absatz 2a Satz 4 Nummer 2 EStG die Höhe des eigenen Anteils des Künstlers oder Publizisten am GKV- und Pflegeversicherungsbeitrag, nicht aber die von der Künstlersozialkasse getragenen steuerfreien Beitragsanteile an die Finanzverwaltung. Erstattet die GKV Beiträge, sind diese – sofern sie auf die Basisabsicherung entfallen – als Beitragsrückerstattung von der GKV an die Finanzverwaltung zu übermitteln.

e) Freiwillig gesetzlich versicherte Künstler und Publizisten

173 An die GKV geleistete oder von der GKV erstattete Beiträge sind – sofern sie auf die Basisabsicherung entfallen – von der GKV an die Finanzverwaltung zu übermitteln. Die Künstlersozialkasse übermittelt zudem die Höhe des an den Künstler oder Publizisten steuerfrei gezahlten Beitragszuschusses.

f) Pflichtversicherte Rentner

174 Bei den Empfängern einer Rente aus der gesetzlichen RV oder aus einer betrieblichen Altersversorgung wird in der Regel der GKV- und Pflegeversicherungsbeitrag unmittelbar vom Rentenversicherungs-/Versorgungsträger einbehalten und abgeführt. Die entsprechenden Daten werden zusammen mit der Rentenbezugsmitteilung vom Träger der gesetzlichen RV bzw. vom Versorgungsträger an die Finanzverwaltung übermittelt. Erstattet die GKV Beiträge, sind diese – sofern sie auf die Basisabsicherung entfallen – unmittelbar von der GKV an die Finanzverwaltung zu übermitteln.

g) Pflichtversicherte Empfänger einer Kapitalleistung aus der betrieblichen Altersversorgung

175 Die vom Empfänger einer Kapitalleistung aus der betrieblichen Altersversorgung unmittelbar an die GKV geleisteten oder von der GKV erstatteten Kranken- und Pflegeversicherungsbeiträge sind von der GKV an die Finanzverwaltung zu übermitteln.

h) Freiwillig gesetzlich versicherte Rentner

176 An die GKV geleistete oder von der GKV erstattete GKV- und Pflegeversicherungsbeiträge sind – sofern sie auf die Basisabsicherung entfallen – von der GKV an die Finanzverwaltung zu übermitteln. Die Höhe des von der mitteilungspflichtigen Stelle i. S. d. § 22a Absatz 1 Satz 1 EStG (z. B. Träger der gesetzlichen RV) gewährten steuerfreien Zuschusses zu den Krankenversicherungsbeiträgen ist im Rahmen der Rentenbezugsmitteilung an die Finanzverwaltung zu übermitteln.

5.2 Privat Versicherte
a) Privat versicherte Arbeitnehmer

Das Versicherungsunternehmen übermittelt die Höhe der geleisteten und erstatteten Beiträge zur Basiskrankenversicherung und zur privaten Pflege-Pflichtversicherung an die Finanzverwaltung.   177

Bei Arbeitnehmern, denen mit dem Lohn ein steuerfreier Zuschuss gezahlt wird, hat der Arbeitgeber in der elektronischen Lohnsteuerbescheinigung die Höhe des geleisteten steuerfreien Arbeitgeberzuschusses mitzuteilen.   178

b) Privat versicherte Künstler und Publizisten

Unmittelbar an die PKV geleistete oder von der PKV erstattete Kranken- und Pflegeversicherungsbeiträge sind von der PKV an die Finanzverwaltung zu übermitteln. Bei Künstlern und Publizisten, für die von der Künstlersozialkasse ein Zuschuss zur Krankenversicherung abgeführt wird, hat die Künstlersozialkasse der Finanzverwaltung die Höhe des Zuschusses mitzuteilen.   179

c) Privat versicherte Rentner

Unmittelbar an die PKV geleistete oder von der PKV erstattete Kranken- und Pflegeversicherungsbeiträge sind von der PKV an die Finanzverwaltung zu übermitteln. Der von der mitteilungspflichtigen Stelle i. S. d. § 22a Absatz 1 Satz 1 EStG (z. B. Träger der gesetzlichen RV) gewährte steuerfreie Zuschuss zu den Krankenversicherungsbeiträgen ist im Rahmen der Rentenbezugsmitteilung an die Finanzverwaltung zu übermitteln.   180

III. Gemeinsame Regelungen
1. Datenübermittlung

Die erforderlichen Daten nach § 10 Absatz 1 Nummer 2 Satz 1 Buchstabe b und Nummer 3 EStG sowie § 10 Absatz 4b Satz 4 EStG (ab VZ 2016) werden von den mitteilungspflichtigen Stellen nach amtlich vorgeschriebenem Datensatz durch Datenfernübertragung unter Angabe der steuerlichen Identifikationsnummer (§ 139b AO) und der Vertragsdaten an die ZfA (§ 81 EStG) übermittelt.   181

Mitteilungspflichtige Stellen sind in den Fällen des   182
- § 10 Absatz 1 Nummer 2 Satz 1 Buchstabe b EStG der Anbieter,
- § 10 Absatz 1 Nummer 3 EStG das Versicherungsunternehmen, der Träger der gesetzlichen Kranken- und Pflegeversicherung, die Künstlersozialkasse und Einrichtungen i. S. d. § 10 Absatz 2 Satz 1 Nummer 2 Buchstabe a Satz 2 EStG,
- § 10 Absatz 4b Satz 4 EStG die Behörden i. S. d. § 6 Absatz 1 AO und andere öffentliche Stellen, die entsprechende Zuschüsse/Erstattungen gewährt haben.

In den Fällen des § 10 Absatz 1 Nummer 3 EStG ist eine Datenübermittlung durch die mitteilungspflichtigen Stellen nicht vorzunehmen, soweit die Daten bereits mit der elektronischen Lohnsteuerbescheinigung oder der Rentenbezugsmitteilung übermittelt werden. Wurden die auf eine Rente entfallenden Beiträge i. S. d. § 10 Absatz 1 Satz 1 Nummer 3 Buchstabe a Satz 1 und 2 und Buchstabe b EStG bereits mit einer elektronischen Lohnsteuerbescheinigung übermittelt, sind diese insoweit nicht in die Rentenbezugsmitteilung nach § 22a Absatz 1 Satz 1 EStG aufzunehmen (vgl. Rz. 97 des BMF-Schreibens vom 7. Dezember 2011, BStBl I 2011, S. 1223). In den Fällen des § 10 Absatz 4b Satz 4 EStG besteht eine Mitteilungspflicht nicht, wenn die mitteilungspflichtige Stelle der Finanzverwaltung die Zahlung der geleisteten und zurückgeforderten steuerfreien Zuschüsse und der erstatteten Vorsorgeaufwendungen bereits aufgrund anderer Vorschriften elektronisch mitzuteilen hat (§ 24 Satz 2 Altersvorsorge-Durchführungsverordnung – AltvDV).   183

184 Abweichend vom allgemeingültigen Verfahren zur Datenübermittlung gilt folgende Ausnahmeregelung:
Werden Kranken- und Pflegeversicherungsbeiträge aufgrund unterschiedlicher Einkunftsarten insgesamt an eine Zahlstelle entrichtet, welche eine mitteilungspflichtige Stelle i. S. d. § 22a Absatz 1 Satz 1 EStG darstellt und welche den Gesamtbeitrag im sog. Zahlstellenverfahren (§ 256 SGB V) an den Träger der GKV abzuführen hat, erfolgt die Datenübermittlung für den Gesamtbeitrag insgesamt durch diese Zahlstelle. Eine Datenübermittlung nach § 10 Absatz 2a Satz 4 EStG durch die GKV darf insoweit nicht zusätzlich vorgenommen werden.

185 **Beispiel:**
Ein ehemals selbständiger Versicherungsmakler der X-AG erhält vom Vertreterversorgungswerk sowohl Versorgungsleistungen, die nach §§ 15, 24 Nummer 2 EStG als nachträgliche gewerbliche Einkünfte zu versteuern sind als auch eine nach § 22 EStG zu erfassende Leibrente. Die X-AG (= hier mitteilungspflichtige Stelle nach § 22a Absatz 1 Satz 1 EStG) ermittelt anhand der gesamten erzielten Einkünfte die zu entrichtenden Kranken- und Pflegeversicherungsbeiträge, behält diese ein und führt sie im sog. Zahlstellenverfahren an den Träger der GKV (= hier mitteilungspflichtige Stelle nach § 10 Absatz 2a Satz 1 EStG) ab.
Ohne Berücksichtigung der Rz. 184 würde die X-AG nur in Bezug auf die Leibrente eine Rentenbezugsmitteilung nach § 22a EStG übermitteln, in der die anteilig auf die Einnahmen aus § 22 EStG entfallenden und geleisteten Kranken- und Pflegeversicherungsbeiträge mitgeteilt werden. Für die Versicherungsbeiträge, die auf dem Teil der Vertreterversorgung basieren, müsste der Träger der GKV – bei Vorliegen einer entsprechenden Einwilligung – die Beiträge an die Finanzverwaltung übermitteln.
Unter Berücksichtigung der Vereinfachungsregelung in Rz. 184 sind der Finanzverwaltung die gesamten von der X-AG abgeführten Kranken- und Pflegeversicherungsbeiträge durch sie als Zahlstelle mitzuteilen. Eine teilweise Datenübermittlung nach § 10 Absatz 2a Satz 4 EStG durch den Träger der GKV ist insoweit nicht zusätzlich vorzunehmen (vgl. Rz. 183).

2. Einwilligung in die Datenübermittlung
a) Allgemeines

186 Voraussetzung für den Sonderausgabenabzug nach § 10 Absatz 1 Nummer 2 Satz 1 Buchstabe b und Nummer 3 EStG ist, dass der Steuerpflichtige (= VN) gegenüber der mitteilungspflichtigen Stelle in die Übermittlung der erforderlichen Daten schriftlich eingewilligt bzw. nicht widersprochen hat, als die mitteilungspflichtige Stelle ihn informierte, dass sie von seinem Einverständnis ausgeht (§ 10 Absatz 6 Satz 2 EStG). Die Einwilligung in die Übermittlung der Beiträge umfasst die das gesamte Versicherungsverhältnis betreffenden Daten aller mitversicherten Personen sowie Beitragsrückerstattungen.

187 Der VN kann die Entscheidung, ob die Datenübermittlung erfolgen darf, nur einheitlich für ein Beitragsjahr treffen. Die Einwilligung muss der mitteilungspflichtigen Stelle spätestens bis zum Ablauf des zweiten Kalenderjahres vorliegen, das auf das Beitragsjahr folgt. Die Einwilligung gilt auch für die folgenden Beitragsjahre, wenn der Steuerpflichtige sie nicht gegenüber der mitteilungspflichtigen Stelle schriftlich widerruft.

188 Widerruft der Steuerpflichtige seine Einwilligung, so muss der Widerruf der mitteilungspflichtigen Stelle vor Beginn des Beitragsjahres, für das die Einwilligung erstmals nicht mehr gelten soll, vorliegen.

189 Wurde eine Einwilligung erteilt (oder gilt diese nach § 10 Absatz 6 Satz 2 EStG als erteilt) und wurde diese nicht widerrufen, hat ein zwischenzeitlicher Statuswechsel (z. B. ein privat krankenversicherter Selbständiger ist vorübergehend als gesetzlich Versicherter Arbeitnehmer tätig) auf den Sonderausgabenabzug von Basiskranken- und gesetzlichen Pflegeversicherungsbeiträgen keinen Einfluss.

Die mitteilungspflichtige Stelle hat die Daten auch dann zu übermitteln, wenn die Einwilligung offenbar verspätet erteilt wurde. Ob die Frist eingehalten wurde, ist vom Finanzamt als materiell-rechtliche Grundlage für den Sonderausgabenabzug zu prüfen. 190

b) Einwilligungsfiktion bei Kranken- und Pflegeversicherungsbeiträgen

Im Lohnsteuerabzugs- und Rentenbezugsmitteilungsverfahren gilt für den Zeitraum der Datenübermittlung im Rahmen dieser Verfahren die Einwilligung für alle sich aus dem Versicherungsverhältnis ergebenden Zahlungsverpflichtungen (einschließlich Beitragsrückerstattungen) als erteilt. 191

Bei Beiträgen an ein ausländisches Versicherungsunternehmen oder den Träger einer ausländischen GKV ist die Einwilligung mangels Datenübermittlung irrelevant. Hat der Steuerpflichtige seine Beiträge in geeigneter Form nachgewiesen, werden die nach § 10 Absatz 1 Nummer 3 Buchstabe a EStG abziehbaren Beiträge nach den Regelungen der KVBEVO ermittelt. 192

3. Nachweis bei fehlgeschlagener Datenübermittlung
a) Kranken- und Pflegeversicherungsbeiträge

Werden die erforderlichen Daten aus Gründen, die der Steuerpflichtige nicht zu vertreten hat (z. B. technische Probleme), von der mitteilungspflichtigen Stelle nach § 10 Absatz 2a Satz 1 EStG und nach § 22a Absatz 1 Satz 1 EStG oder dem Arbeitgeber nicht übermittelt, kann der Steuerpflichtige den Nachweis über die geleisteten und erstatteten Beiträge im Sinne von § 10 Absatz 1 Nummer 3 EStG auch in anderer Weise erbringen. Die mitteilungspflichtigen Stellen haben die Datenübermittlung gleichwohl unverzüglich nachzuholen. 193

b) Beiträge zur Basisrente

Liegen die in § 10 Absatz 2 Satz 2 EStG genannten Voraussetzungen vor und kann der vorgegebene Übermittlungstermin durch den Anbieter, z. B. wegen technischer Probleme, nicht eingehalten werden, hat er dem Steuerpflichtigen die für den Sonderausgabenabzug erforderlichen Daten nach dem mit BMF-Schreiben vom 18. August 2011 (BStBl I 2011, S. 788) bekannt gegebenen Vordruckmuster grundsätzlich bis zum 31. März des dem Beitragsjahr folgenden Kalenderjahres zu bescheinigen. Die Bescheinigung entbindet den Anbieter nicht von seiner Verpflichtung zur Datenübermittlung. Er hat diese unverzüglich nachzuholen. Bei fristgerechter Datenübermittlung hat der Anbieter keine solche Bescheinigungspflicht, selbst wenn dem Finanzamt im Zeitpunkt der Veranlagung die erforderlichen Daten für den Sonderausgabenabzug (noch) nicht vorliegen. 194

4. Zufluss- und Abflussprinzip (§ 11 EStG)

Regelmäßig wiederkehrende Ausgaben (z. B. Versicherungsbeiträge) sind im Rahmen des Sonderausgabenabzugs grundsätzlich in dem Kalenderjahr anzusetzen, in dem sie geleistet wurden (allgemeines Abflussprinzip des § 11 Absatz 2 Satz 1 EStG). Eine Ausnahme von diesem Grundsatz wird durch § 11 Absatz 2 Satz 2 EStG normiert. Danach sind regelmäßig wiederkehrende Ausgaben, die kurze Zeit (Zeitraum von bis zu 10 Tagen) vor oder nach Beendigung des Kalenderjahres geleistet werden, abweichend vom Jahr des tatsächlichen Abflusses dem Jahr der wirtschaftlichen Zugehörigkeit zuzuordnen, wenn die Ausgaben kurze Zeit vor oder nach dem Jahreswechsel fällig werden (vgl. H 11 EStH „Allgemeines", Rz. 153 ff.). 195

196	**Beispiel 1:** Der am 1. Januar 01 fällige Beitrag für den Monat Dezember 00 wird am 10. Januar 01 geleistet. Grundsätzlich wäre der Beitrag im Kalenderjahr 01 (Zahlung im Jahr 01) anzusetzen. Da die laufenden Beitragszahlungen aber regelmäßig wiederkehrend sind und die hier aufgeführte Zahlung innerhalb des Zeitraums vom 22. Dezember bis 10. Januar fällig war und geleistet wurde, ist sie abweichend vom Jahr der Zahlung (01) dem Jahr der wirtschaftlichen Zugehörigkeit 00 zuzuordnen.
197	**Beispiel 2:** Der am 15. Januar 01 fällige Beitrag für den Monat Dezember 00 wird am 5. Januar 01 geleistet. Da die Fälligkeit des Dezemberbeitrags außerhalb des sog. „10-Tageszeitraums" liegt, ist die Zahlung vom 5. Januar 01 steuerlich dem Jahr 01 zuzuordnen.
198	Bei Erstellung der Datensätze haben die mitteilungspflichtigen Stellen für die zeitliche Zuordnung § 11 EStG zu beachten (vgl. in diesem Zusammenhang auch H 11 EStH).

5. Zusammenhang mit steuerfreien Einnahmen

199	Voraussetzung für die Berücksichtigung von Vorsorgeaufwendungen i. S. d. § 10 EStG ist, dass sie nicht in unmittelbarem wirtschaftlichem Zusammenhang mit steuerfreien Einnahmen stehen. Dieser Zusammenhang ist z. B. in folgenden Fällen gegeben:
	– Gesetzliche Arbeitnehmeranteile, die auf steuerfreien Arbeitslohn entfallen (z. B. nach dem Auslandstätigkeitserlass, aufgrund eines DBA oder aufgrund des zusätzlichen Höchstbetrags von 1.800 € nach § 3 Nummer 63 Satz 3 EStG),
	– Aufwendungen aus Mitteln, die nach ihrer Zweckbestimmung zur Leistung der Vorsorgeaufwendungen dienen:
	  – Steuerfreie Zuschüsse zur Krankenversicherung der Rentner, z. B. nach § 106 SGB VI,
	  – Steuerfreie Beträge, die Land- und Forstwirte nach dem Gesetz über die Alterssicherung der Landwirte zur Entlastung von Vorsorgeaufwendungen i. S. d. § 10 Absatz 1 Nummer 2 Satz 1 Buchstabe a EStG erhalten,
	– Krankenversicherungsbeiträge, soweit sie auf steuerfrei ausgezahlte Erträge einer Kapitalleistung aus der betrieblichen Altersversorgung entfallen. Ausgenommen sind Beitragsanteile, soweit sie auf die Rückzahlung der eingezahlten Beiträge in die betriebliche Altersversorgung entfallen. Die Kapitalauszahlung unterliegt insgesamt nicht der Besteuerung, wenn diese nach Ablauf von 12 Jahren seit Vertragsabschluss eines vor dem 1. Januar 2005 abgeschlossenen Versicherungsvertrags erfolgt und der Vertrag die weiteren Voraussetzungen des § 10 Absatz 1 Nummer 2 EStG in der am 31. Dezember 2004 geltenden Fassung erfüllt (§ 52 Absatz 28 Satz 5 EStG).
	Beiträge in unmittelbarem wirtschaftlichem Zusammenhang mit steuerfreiem Arbeitslohn sind nicht als Sonderausgaben abziehbar (BFH vom 18. April 2012, BStBl II 2012, S. 721). Dies gilt nicht, wenn der Arbeitslohn nicht zum Zufluss von Arbeitslohn führt, jedoch beitragspflichtig ist (z. B. Umwandlung zugunsten einer Direktzusage oberhalb von 4 % der Beitragsbemessungsgrenze in der allgemeinen RV). Die Hinzurechnung des nach § 3 Nummer 62 EStG steuerfreien Arbeitgeberanteils zur gesetzlichen RV oder eines gleichgestellten steuerfreien Zuschusses des Arbeitgebers nach § 10 Absatz 1 Nummer 2 Satz 2 EStG und die Verminderung um denselben nach § 10 Absatz 3 Satz 5 EStG bleiben hiervon unberührt; dies gilt nicht, soweit der steuerfreie Arbeitgeberanteil auf steuerfreien Arbeitslohn entfällt.

Anhang 1a
Altersvorsorge/Alterseinkünfte II

Die von einem Rentner gezahlten Kranken- und Pflegeversicherungsbeiträge sind – trotz der nur anteiligen steuerlichen Erfassung der Rente im Rahmen der Kohortenbesteuerung – ungekürzt bei den Sonderausgaben zu berücksichtigen. 200

Beispiel 1: 201
Der alleinstehende 57-jährige Steuerpflichtige ist arbeitslos und bezieht Arbeitslosengeld i. H. v. 1.150 € monatlich. Da der Steuerpflichtige freiwillig in der gesetzlichen RV und privat kranken- und pflegeversichert ist, übernimmt die Bundesagentur für Arbeit während des Bezugs des Arbeitslosengelds seine freiwillig an die gesetzliche RV gezahlten Beiträge i. H. v. 130 € und seine Beiträge zur privaten Kranken- und Pflegeversicherung i. H. v. 270 €.
Die von der Bundesagentur für Arbeit übernommenen freiwilligen Beiträge zur gesetzlichen RV sowie die Beiträge zur privaten Kranken- und Pflegeversicherung stehen mit dem nach § 3 Nummer 2 EStG steuerfreien Arbeitslosengeld in einem unmittelbaren wirtschaftlichen Zusammenhang. Daher sind diese Beiträge nicht als Sonderausgaben nach § 10 Absatz 1 Nummer 2, 3 und 3a EStG zu berücksichtigen.

Beispiel 2: 202
Der Steuerpflichtige erhält im Jahr 2016 nach Ablauf von 22 Jahren eine Kapitalauszahlung aus einer pauschal besteuerten Direktversicherung i. H. v. 50.000 €. Die pauschal besteuerten Beiträge betragen 40.000 €. Zur Berechnung der Kranken- und Pflegeversicherungsbeiträge wird die Kapitalleistung auf 120 Monate verteilt. Es ergibt sich eine jährliche Bemessungsgrundlage von 5.000 € (416,67 € x 12 Monate). Die Kranken- und Pflegeversicherungsbeiträge betragen hierfür für das Jahr 2016 902,50 € (Krankenversicherung: 14,6 % zzgl. – angenommen – 1,1 % und Pflegeversicherung 2,35 % = 18,05 % von 5.000 €).
Die Kranken- und Pflegeversicherungsbeiträge sind i. H. v. 722 € jährlich als Sonderausgaben abziehbar (entspricht dem Verhältnis der eingezahlten Beiträge zur Kapitalleistung = 4/5 von 902,50 €, 1/5 beruht auf „steuerfreien" Erträgen).

6. Erstattungsüberhänge

Übersteigen die vom Steuerpflichtigen erhaltenen Erstattungen zzgl. steuerfreier Zuschüsse die im VZ geleisteten Aufwendungen i. S. d. § 10 Absatz 1 Nummer 2 bis 3a EStG, sind – soweit § 10 Absatz 4b EStG anzuwenden ist (siehe Rz. 56a – die Aufwendungen mit Null anzusetzen. Für den insoweit entstandenen Erstattungsüberhang ist entsprechend § 10 Absatz 4b Satz 2 und 3 EStG zu verfahren (gültig ab VZ 2012)[2]). Ein Erstattungsüberhang, der sich bei den Aufwendungen nach § 10 Absatz 1 Nummer 2 und 3a EStG ergibt, ist in den VZ der Zahlung zurückzutragen (§ 175 Absatz 1 Satz 1 Nummer 2 AO). 203[1])

Beispiel: 204[3])
A ist nichtselbständig tätig und privat krankenversichert. Folgende Beiträge hat A im Jahr 01 entrichtet:

–	Krankenversicherung	1.500 €
	davon für Basisabsicherung	1.200 €
	davon für Wahlleistungen	300 €
–	Pflege-Pflichtversicherung	300 €
–	gesetzliche RV	800 €
–	Kirchensteuer	200 €

---

[1]) Rz. 203 wurde durch BMF vom 28.09.2021 (BStBl I S. 1833) neu gefasst und ist in allen offenen Fällen anzuwenden.
[2]) Die Hinzurechnung nach § 10 Abs. 4b Satz 3 erfolgt auch dann, wenn sich die erstattete Zahlung im Zahlungsjahr nicht steuermindernd ausgewirkt hat (>BFH vom 12.03.2019 – BStBl II S. 658).
[3]) Rz. 204 wurde durch BMF vom 28.09.2021 (BStBl I S. 1833) geändert und ist in allen offenen Fällen anzuwenden.

Anhang 1a
II Altersvorsorge/Alterseinkünfte

Für das Vorjahr 00 erhält er folgende Beitragsrückerstattungen:

- Krankenversicherung 2.000 €
  davon für Basisabsicherung 1.600 €
- gesetzliche RV (Erstattung von zu Unrecht geleisteten Beiträgen nach § 26 SGB V, siehe Rz. 57) 500 €
- Kirchensteuer 1.500 €

Die im VZ erhaltenen Erstattungen sind mit den geleisteten Zahlungen wie folgt zu verrechnen:

	Zahlungen im VZ 01	Erstattungen im VZ 01	Erstattungs- bzw. Zahlungsüberhang	Verrechnung innerhalb der Nummern (§ 10 Abs. 4b S. 2 EStG)	Hinzurechnung des Erstattungsüberhangs zum Gesamtbetrag der Einkünfte (§ 10 Abs. 4b S. 3 EStG)
Rentenversicherung § 10 Abs. 1 Nr. 2 S. 1 Buchst. a EStG	800 €	500 €	+ 300 €	–	–
Krankenversicherung § 10 Abs. 1 Nr. 3 S. 1 Buchst. a EStG	1.200 €	1.600 €	– 400 €	– 400 € + 300 € = – 100 €	100 €
Gesetzliche Pflegeversicherung § 10 Abs. 1 Nr. 3 S. 1 Buchst. b EStG	300 €	0 €	+ 300 €		
Krankenversicherung § 10 Abs. 1 Nr. 3a EStG	300 €	400 €	– 100 €	Keine Verrechnung	Keine Hinzurechnung
Kirchensteuer § 10 Abs. 1 Nr. 4 EStG	200 €	1.500 €	– 1.300 €	Keine Verrechnung	1.300 €

Gem. § 10 Absatz 4b Satz 2 EStG ist ein Erstattungsüberhang bei den Sonderausgaben nach § 10 Absatz 1 Nummer 2 bis 3a EStG im Rahmen der jeweiligen Nummer zu verrechnen. Daher ist der Erstattungsüberhang aus den Krankenversicherungsbeiträgen zur Absicherung von Basisleistungen mit den Beiträgen zur gesetzlichen Pflegeversicherung zu verrechnen. Eine Verrechnung des Erstattungsüberhangs aus den Krankenversicherungsbeiträgen für die Absicherung von Wahlleistungen ist mangels anderer Beiträge nach § 10 Absatz 1 Nummer 3a EStG nicht möglich. Für die Kirchensteuer sieht § 10 Absatz 4b Satz 2 EStG keine Verrechnungsmöglichkeit mit Sonderausgaben nach § 10 Absatz 1 Nummer 2 bis 3a EStG vor (BFH vom 21. Juli 2009, BStBl II 2010, S. 38).

Nach § 10 Absatz 4b Satz 3 EStG ist ein sich aus § 10 Absatz 1 Nummer 3 und 4 EStG ergebender Erstattungsüberhang dem Gesamtbetrag der Einkünfte (§ 2 Absatz 3 EStG) hinzuzurechnen. Deshalb sind die Erstattungsüberhänge aus den Krankenversicherungsbeiträgen zur Absicherung von Basisleistungen und aus der Kirchensteuer dem Gesamtbetrag der

Einkünfte hinzuzurechnen. Der Erstattungsüberhang aus den Krankenversicherungsbeiträgen für die Absicherung von Wahlleistungen nach § 10 Absatz 1 Nummer 3a EStG ist dagegen mit den entsprechenden Beiträgen im VZ 00 zu verrechnen. Der Bescheid für den VZ 00 ist diesbezüglich nach § 175 Absatz 1 Satz 1 Nummer 2 AO zu ändern.

7. Globalbeiträge

Anders als bei der inländischen gesetzlichen Sozialversicherung gibt es einige ausländische Sozialversicherungen, in denen – bezogen auf die Beitragsleistung – nicht nach den verschiedenen Sozialversicherungszweigen unterschieden und ein einheitlicher Sozialversicherungsbeitrag (Globalbeitrag) erhoben wird. Mit dem Globalbeitrag werden Leistungen u. a. bei Arbeitslosigkeit, Krankheit, Mutterschutz, Invalidität, Alter und Tod finanziert. Wie die vom Steuerpflichtigen geleisteten Globalbeiträge zur Ermittlung der steuerlich berücksichtigungsfähigen Vorsorgeaufwendungen (u. a. Beiträge an einen ausländischen gesetzlichen Rentenversicherungsträger) aufzuteilen sind, wird für jeden VZ durch gesondertes BMF-Schreiben bekannt gegeben:

– für den VZ 2011 und früher:

BMF-Schreiben vom 5. Juli 2011, BStBl I 2011, S. 711,

– für den VZ 2012 und teilweise auch für den VZ 2011:

BMF-Schreiben vom 26. Januar 2012, BStBl I 2012, S. 169,

– für den VZ 2013:

BMF-Schreiben vom 29. Oktober 2012, BStBl I 2012, S. 1013,

– für den VZ 2014:

BMF-Schreiben vom 8. Oktober 2013, BStBl I 2013, S. 1266,

– für den VZ 2015:

BMF-Schreiben vom 3. Dezember 2014, BStBl I 2014, S. 1606,

– für den VZ 2016:

BMF-Schreiben vom 28. August 2015, BStBl I 2015, S. 632,

– für den VZ 2017[1)][2)][3)][4)]*[5)]*:

BMF-Schreiben vom 22. August 2016, BStBl I 2016, S. 805[6)].

8. Änderungsnorm

Ein Steuerbescheid ist nach § 10 Absatz 2a Satz 8 EStG zu ändern, soweit Daten bis einschließlich VZ 2016 betroffen sind. Ab VZ 2017 enthält § 175b AO die im Grundsatz bislang in § 10 Absatz 2a Satz 8 EStG verortete Änderungsvorschrift, welche für alle Fälle gilt, in denen sich die Datenübermittlung nach § 93c Absatz 1 AO richtet.

IV. Günstigerprüfung nach § 10 Absatz 4a EStG

Die Regelungen zum Abzug von Vorsorgeaufwendungen nach § 10 Absatz 1 Nummer 2, 3 und 3a EStG sind in bestimmten Fällen ungünstiger als nach der für das Kalenderjahr 2004 geltenden Fassung des § 10 Absatz 3 EStG. Zur Vermeidung einer

---

[1)] für den VZ 2018 >BMF vom 09.10.2017 (BStBl I S. 1326)
[2)] für den VZ 2019 >BMF vom 17.09.2018 (BStBl I S. 1024)
[3)] für den VZ 2020 >BMF vom 15.10.2019 (BStBl I S. 985)
[4)] für den VZ 2021 >BMF vom 13.11.2020 (BStBl I S. 1215)
[5)] für den VZ 2022 >BMF vom 19.11.2021 (BStBl I S. 2275), Anhang 1a IV
[6)] richtig BStBl I 2016 S. 804

Schlechterstellung wird in diesen Fällen der höhere Betrag berücksichtigt. Die Überprüfung erfolgt von Amts wegen. Einbezogen in die Überprüfung werden nur Vorsorgeaufwendungen, die nach dem ab 2005 geltenden Recht abziehbar sind. Hierzu gehört nicht der nach § 10 Absatz 1 Nummer 2 Satz 2 EStG hinzuzurechnende Betrag (steuerfreier Arbeitgeberanteil zur gesetzlichen RV und ein diesem gleichgestellter steuerfreier Zuschuss des Arbeitgebers).

208 Für die Jahre bis 2019 werden bei der Anwendung des § 10 Absatz 3 EStG in der für das Kalenderjahr 2004 geltenden Fassung die Höchstbeträge für den Vorwegabzug schrittweise gekürzt; Einzelheiten ergeben sich aus der Tabelle zu § 10 Absatz 4a EStG.

209 In die Günstigerprüfung nach § 10 Absatz 4a Satz 1 EStG werden zunächst nur die Vorsorgeaufwendungen ohne die Beiträge nach § 10 Absatz 1 Nummer 2 Satz 1 Buchstabe b EStG einbezogen. Die Beiträge zu einer eigenen kapitalgedeckten Altersversorgung i. S. d. § 10 Absatz 1 Nummer 2 Satz 1 Buchstabe b EStG (siehe Rz. 10 bis 55) werden gesondert, und zwar stets mit dem sich aus § 10 Absatz 3 Satz 4 und 6 EStG ergebenden Prozentsatz berücksichtigt. Hierfür erhöhen sich die nach der Günstigerprüfung als Sonderausgaben zu berücksichtigenden Beträge um einen Erhöhungsbetrag (§ 10 Absatz 4a Satz 1 und 3 EStG) für Beiträge nach § 10 Absatz 1 Nummer 2 Satz 1 Buchstabe b EStG. Es ist jedoch im Rahmen der Günstigerprüfung mindestens der Betrag anzusetzen, der sich ergibt, wenn auch die Beiträge nach § 10 Absatz 1 Nummer 2 Satz 1 Buchstabe b EStG in die Günstigerprüfung nach § 10 Absatz 4a Satz 1 EStG einbezogen werden, allerdings ohne Hinzurechnung des Erhöhungsbetrags nach § 10 Absatz 4a Satz 1 und 3 EStG. Der jeweils höhere Betrag (Vorsorgeaufwendungen nach dem seit 2010 geltenden Recht, Vorsorgeaufwendungen nach dem für das Jahr 2004 geltenden Recht zzgl. Erhöhungsbetrag oder Vorsorgeaufwendungen nach dem für das Jahr 2004 geltenden Recht einschließlich Beiträge nach § 10 Absatz 1 Nummer 2 Satz 1 Buchstabe b EStG) wird dann als Sonderausgaben berücksichtigt.

210 **Beispiel:**
Die Eheleute A (Gewerbetreibender) und B (Hausfrau) zahlen im Jahr 2016 folgende Versicherungsbeiträge:

Basisrente (§ 10 Absatz 1 Nummer 2 Satz 1 Buchstabe b EStG)	2.000 €
PKV (Basisabsicherung – § 10 Absatz 1 Nummer 3 Satz 1 Buchstabe a EStG)	5.000 €
PKV (Wahlleistungen – § 10 Absatz 1 Nummer 3a EStG)	500 €
Beiträge zur gesetzlichen Pflegeversicherung	500 €
Haftpflichtversicherungen	1.200 €
Kapitalversicherung (Versicherungsbeginn 1995, Laufzeit 25 Jahre)	3.600 €
Kapitalversicherung (Versicherungsbeginn 2005, Laufzeit 20 Jahre)	2.400 €
Insgesamt	15.200 €

Die Beiträge zu der Kapitalversicherung mit Versicherungsbeginn im Jahr 2005 sind nicht zu berücksichtigen, weil sie nicht die Voraussetzungen des § 10 Absatz 1 Nummer 2 und 3a EStG erfüllen.

Anhang 1a
Altersvorsorge/Alterseinkünfte II

Abziehbar nach § 10 Absatz 1 Nummer 2 EStG i. V. m. § 10 Absatz 3 EStG und § 10 Absatz 1 Nummer 3 und 3a EStG i. V. m. § 10 Absatz 4 EStG (abziehbare Vorsorgeaufwendungen nach dem seit 2010 geltenden Recht):

a) Beiträge zur Altersversorgung: 2.000 €
  Höchstbetrag (ungekürzt) 45.534 €
  zu berücksichtigen 2.000 €
  davon 82 % 1.640 €

b) sonstige Vorsorgeaufwendungen:
  PKV (Basisabsicherung – § 10 Absatz 1 Nummer 3 Satz 1 Buchstabe a EStG) 5.000 €
  PKV (Wahlleistungen – § 10 Absatz 1 Nummer 3a EStG) 500 €
  Gesetzliche Pflegepflichtversicherung 500 €
  Haftpflichtversicherungen 1.200 €
  Kapitalversicherung (88 % von 3.600 €) 3.168 €
  Zwischensumme 10.368 €
  Höchstbetrag nach § 10 Absatz 4 EStG: 5.600 €
  Beiträge nach § 10 Absatz 1 Nummer 3 EStG (Basisabsicherung + gesetzliche Pflegeversicherung) 5.500 €
  anzusetzen somit 5.600 €

c) abziehbar insgesamt 7.240 €

Günstigerprüfung nach § 10 Absatz 4a Satz 1 EStG:
Abziehbare Vorsorgeaufwendungen in der für das Kalenderjahr 2004 geltenden Fassung des § 10 Absatz 3 EStG (ohne Beiträge i. S. d. § 10 Absatz 1 Nummer 2 Satz 1 Buchstabe b EStG) zzgl. Erhöhungsbetrag nach § 10 Absatz 4a Satz 3 EStG:

a) PKV (Basisabsicherung – § 10 Absatz 1 Nummer 3 Satz 1 Buchstabe a EStG) 5.000 €
  PKV (Wahlleistungen – § 10 Absatz 1 Nummer 3a EStG) 500 €
  Gesetzliche Pflegepflichtversicherung 500 €
  Haftpflichtversicherungen 1.200 €
  Kapitalversicherung 3.168 €
  Summe 10.368 €
  davon abziehbar:
  Vorwegabzug 2.400 € 2.400 €
  verbleibende Aufwendungen 7.968 €
  Grundhöchstbetrag 2.668 € 2.668 €
  verbleibende Aufwendungen 5.300 €
  hälftige Aufwendungen 2.650 €
  hälftiger Höchstbetrag 1.334 € 1.334 €
  Zwischensumme 6.402 €

b) zzgl. Erhöhungsbetrag nach § 10 Absatz 4a Satz 3 EStG/Basisrente (§ 10 Absatz 1 Nummer 2 Satz 1 Buchstabe b EStG) 2.000 €
  davon 82 % 1.640 €
  Erhöhungsbetrag 1.640 €

c) Abzugsvolumen nach § 10 Absatz 4a Satz 1 EStG somit: 8.042 €

Anhang 1a

Altersvorsorge/Alterseinkünfte

Ermittlung des Mindestbetrags nach § 10 Absatz 4a Satz 2 EStG:
Nach § 10 Absatz 4a Satz 2 EStG ist bei Anwendung der Günstigerprüfung aber mindestens der Betrag anzusetzen, der sich ergibt, wenn auch die Beiträge zur Basisrente (§ 10 Absatz 1 Nummer 2 Satz 1 Buchstabe b EStG) in die Berechnung des Abzugsvolumens nach dem bis 2004 geltenden Recht einbezogen werden.

a)
Basisrente	2.000 €	
PKV (Basisabsicherung – § 10 Absatz 1 Nummer 3 Satz 1 Buchstabe a EStG)	5.000 €	
PKV (Wahlleistungen – § 10 Absatz 1 Nummer 3a EStG)	500 €	
Gesetzliche Pflegepflichtversicherung	500 €	
Haftpflichtversicherungen	1.200 €	
Kapitalversicherung	3.168 €	
Summe	12.368 €	
davon abziehbar:		
Vorwegabzug	2.400 €	2.400 €
verbleibende Aufwendungen	9.968 €	
Grundhöchstbetrag	2.668 €	2.668 €
verbleibende Aufwendungen	7.300 €	
hälftige Aufwendungen	3.650 €	
hälftiger Höchstbetrag	1.334 €	1.334 €
Zwischensumme		6.402 €

b) Mindestabzugsvolumen nach § 10 Absatz 4a Satz 2 EStG .... 6.402 €

Zusammenstellung:
Abzugsvolumen nach neuem Recht	7.240 €
Günstigerprüfung nach § 10 Absatz 4a Satz 1 EStG	8.042 €
Mindestabzugsvolumen nach § 10 Absatz 4a Satz 2 EStG	6.402 €

Die Eheleute können somit für das Jahr 2016 einen Betrag von 8.042 € als Vorsorgeaufwendungen abziehen.

B. Anwendungsregelung

211 Dieses Schreiben ist ab dem Zeitpunkt seiner Bekanntgabe im Bundessteuerblatt auf alle offenen Fälle anzuwenden. Abweichend hiervon gelten die Rz. 57, 90 und 184 erstmals für den VZ 2017.

212 Teil A des BMF-Schreibens vom 19. August 2013 – IV C 3 – S 2221/12/10010:004/ IV C 5 – S 2345/08/0001, DOK 2013/0760735 (BStBl I 2013, S. 1087) –, geändert durch BMF-Schreiben vom 10. Januar 2014 (BStBl I 2014, S. 70), durch BMF-Schreiben vom 10. April 2015 (BStBl I 2015, S. 256), durch BMF-Schreiben vom 1. Juni 2015 (BStBl I 2015, S. 475), durch BMF-Schreiben vom 4. Juli 2016 (BStBl I 2016, S. 645), durch BMF-Schreiben vom 6. Dezember 2016 (BStBl I 2016, S. 1426) und durch das BMF-Schreiben vom 19. Dezember 2016 (BStBl I 2016, S. 1433) wird zum Zeitpunkt der Bekanntgabe dieses Schreibens im Bundessteuerblatt aufgehoben.

2.
Sonderausgabenabzug für im Rahmen einer Unterhaltsverpflichtung getragene Basiskranken- und Pflegepflichtversicherungsbeiträge eines Kindes bei den Eltern nach § 10 Absatz 1 Nummer 3 Satz 2 EStG; BFH-Urteil vom 13. März 2018 – X R 25/15 – (BStBl 2019 II S. 191)

BMF vom 03.04.2019 (BStBl I S. 254)
IV C 3 – S 2221/10/10005 :005 – 2019/0225692

Der Bundesfinanzhof (BFH) hat mit Urteil vom 13. März 2018 – X R 25/15 – (BStBl 2019 II S. 191) entschieden, dass die Regelung des § 10 Absatz 1 Nummer 3 Satz 2 EStG, nach der Eltern die von ihnen getragenen Basiskranken- und gesetzlichen Pflegeversicherungsbeiträge eines unterhaltsberechtigten Kindes (Kind ist Versicherungsnehmer) im Rahmen des Sonderausgabenabzugs berücksichtigen können, auch dann gelte, wenn das Kind erwerbstätig sei und der Arbeitgeber die Beiträge unmittelbar vom Lohn des Kindes einbehalten habe. Nach Auffassung des BFH ist aber Voraussetzung für den Steuerabzug, dass die Eltern die Beiträge des Kindes tatsächlich gezahlt oder erstattet, d. h. in Form von Barunterhalt getragen haben. Hingegen reiche eine Leistung in Form von Sachunterhalt laut BFH nicht aus. Zum anderen bedürfe es laut Urteilsbegründung im Hinblick auf die Unterhaltsverpflichtung bei volljährigen, in Ausbildung befindlichen Kindern – ggf. unter Anrechnung deren eigener Einkünfte und Bezüge – einer im Einzelfall zu überprüfenden Unterhaltsbedürftigkeit.

Der BFH knüpft damit für die Gewährung des Sonderausgabenabzugs nach § 10 Absatz 1 Nummer 3 Satz 2 EStG – der bestehenden Verwaltungsauffassung folgend – entscheidend an eine dem Grunde nach bestehende **Unterhaltsverpflichtung** der Eltern gegenüber dem als Versicherungsnehmer auftretenden Kind an (§§ 1610 Absatz 2 i. V. m. 1601 BGB). Daneben setzen sowohl die Finanzverwaltung als auch der BFH in seiner o. g. Entscheidung für einen Sonderausgabenabzug bei den unterhaltsverpflichteten Eltern eine durch die Tragung der Beiträge des Kindes entstandene **wirtschaftliche Belastung** der Eltern voraus, welche jedenfalls nicht allein dadurch, dass die Beiträge im Rahmen eines Dienstverhältnisses vom Lohn des Kindes einbehalten wurden, ausgeschlossen ist.

In Bezug auf die vorstehend genannten Anspruchsvoraussetzungen steht das BFH-Urteil X R 25/15 damit dem Grunde nach im Einklang mit der bestehenden Verwaltungsauffassung (vgl. Randziffer 81 des Bezugsschreibens sowie R 10.4 EStR). Im Hinblick auf die konkrete Beurteilung dieser beiden wesentlichen Anspruchsvoraussetzungen legt der BFH die Vorschrift des § 10 Absatz 1 Nummer 3 Satz 2 EStG jedoch deutlich enger als die Finanzverwaltung aus, die ihre Rechtsansicht auf die Regelungen der Randziffer 81 des Bezugsschreibens stützt.

Im Einvernehmen mit den obersten Finanzbehörden der Länder ist das BFH-Urteil vom 13. März 2018 – X R 25/15 – (BStBl 2019 II S. 191) daher lediglich in Bezug auf die in der Entscheidung aufgestellten Grundsätze, nicht aber bezüglich der laut Urteilsbegründung enger ausgestalteten Anforderungen zur Umsetzung dieser Grundsätze über den entschiedenen Einzelfall hinaus anzuwenden.

Damit gilt im Umgang mit dem o. g. Urteil zur steuerlichen Berücksichtigung von im Rahmen einer Unterhaltsverpflichtung getragenen Basiskranken- und Pflegepflichtversicherungsbeiträgen eines Kindes bei den Eltern in Bezug auf den Sonderausgabenabzug nach § 10 Absatz 1 Nummer 3 Satz 2 EStG Folgendes:

Randziffer 81 des BMF-Schreibens zur einkommensteuerrechtlichen Behandlung von Vorsorgeaufwendungen vom 24. Mai 2017 (BStBl 2017 I S. 820; ergänzt durch BMF-Schreiben vom 6. November 2017, BStBl 2017 I S. 1455) sowie R 10.4 EStR bleiben von der BFH-Entscheidung X R 25/15 vom 13. März 2018 (BStBl 2019 II S. 191) unberührt.

Anhang 1a

III Altersvorsorge/Alterseinkünfte

Anwendung des § 10 Absatz 1 Nummer 2 Satz 1 Buchstabe a EStG bei Beiträgen an berufsständische Versorgungseinrichtungen; Aktualisierung der Liste der berufsständischen Versorgungseinrichtungen

BMF vom 19.06.2020 (BStBl I S. 617)
IV C 3 – S 2221/19/10058 :001 – 2020/0460035

Im Einvernehmen mit den obersten Finanzbehörden der Länder übersende ich die aktualisierte Liste der berufsständischen Versorgungseinrichtungen, die den gesetzlichen Rentenversicherungen vergleichbare Leistungen im Sinne des § 10 Absatz 1 Nummer 2 Satz 1 Buchstabe a EStG erbringen.

Der Vollständigkeit halber wird darauf hingewiesen, dass es für die Frage des Vorliegens von Beiträgen im Sinne des § 10 Absatz 1 Nummer 2 Satz 1 Buchstabe a EStG nicht darauf ankommt, in welchem Land der Versicherungsnehmer seinen Wohnsitz hat.

Anhang 1a

Altersvorsorge/Alterseinkünfte   III

Anlage

Berufsgruppe	Versorgungseinrichtung
Ärzte	Baden-Württembergische Versorgungsanstalt für Ärzte, Zahnärzte und Tierärzte Postfach 26 49, 72016 Tübingen
	Bayerische Ärzteversorgung 81919 München
	Berliner Ärzteversorgung Postfach 1 46, 14131 Berlin
	Ärzteversorgung Land Brandenburg Postfach 10 01 35, 03001 Cottbus
	Versorgungswerk der Ärztekammer Bremen Postfach 10 77 29, 28077 Bremen
	Versorgungswerk der Ärztekammer Hamburg Winterhuder Weg 62, 22085 Hamburg
	Versorgungswerk der Landesärztekammer Hessen Mittlerer Hasenpfad 25, 60598 Frankfurt am Main
	Ärzteversorgung Mecklenburg-Vorpommern Postfach 1 20, 30001 Hannover
	Ärzteversorgung Niedersachsen Postfach 1 20, 30001 Hannover
	Nordrheinische Ärzteversorgung Postfach 10 39 53, 40030 Düsseldorf
	Ärzteversorgung Westfalen-Lippe Postfach 59 03, 48135 Münster
	Versorgungseinrichtung der Bezirksärztekammer Koblenz Emil-Schüller-Straße 45, 56068 Koblenz
	Versorgungseinrichtung der Bezirksärztekammer Trier Balduinstraße 10 – 14, 54290 Trier
	Versorgungswerk der Ärztekammer des Saarlandes Postfach 10 02 62, 66002 Saarbrücken
	Sächsische Ärzteversorgung Dr.-Külz-Ring 10, 01067 Dresden
	Ärzteversorgung Sachsen-Anhalt Postfach 1 20, 30001 Hannover
	Versorgungseinrichtung der Ärztekammer Schleswig-Holstein Postfach 11 06, 23781 Bad Segeberg
	Ärzteversorgung Thüringen Postfach 10 06 19, 07706 Jena

Anhang 1a

Altersvorsorge/Alterseinkünfte

Berufsgruppe	Versorgungseinrichtung
Apotheker	Bayerische Apothekerversorgung Postfach 81 01 09, 81901 München
	Apothekerversorgung Berlin Postfach 37 01 46, 14131 Berlin
	Versorgungswerk der Landesapothekerkammer Hessen Postfach 90 06 43, 60446 Frankfurt am Main
	Apothekerversorgung Mecklenburg-Vorpommern Wismarsche Straße 304, 19055 Schwerin
	Apothekerversorgung Niedersachsen Potsdamer Straße 47, 14163 Berlin
	Versorgungswerk der Apothekerkammer Nordrhein Postfach 4, 40213 Düsseldorf
	Versorgungswerk der Apothekerkammer Westfalen-Lippe Bismarckallee 25, 48151 Münster
	Sächsisch-Thüringische Apothekerversorgung Pillnitzer Landstraße 10, 01326 Dresden
	Apothekerversorgung Schleswig-Holstein Düsternbrooker Weg 75, 24105 Kiel
Architekten	Versorgungswerk der Architektenkammer Baden-Württemberg Danneckerstraße 52, 70182 Stuttgart
	Bayerische Architektenversorgung Postfach 81 01 20, 81901 München
	Versorgungswerk der Architektenkammer Berlin Potsdamer Straße 47, 14163 Berlin-Zehlendorf
	Versorgungswerk der Architektenkammer Nordrhein-Westfalen Postfach 32 12 45, 40427 Düsseldorf
	Versorgungswerk der Architektenkammer Sachsen Goetheallee 37, 01309 Dresden
Ingenieure	Versorgungswerk der Architektenkammer Baden-Württemberg Danneckerstraße 52, 70182 Stuttgart
	Ingenieurversorgung Baden-Württemberg Zellerstraße 26, 70180 Stuttgart
	Bayerische Ingenieurversorgung-Bau mit Psychotherapeutenversorgung Postfach 81 02 06, 81901 München
	Ingenieurversorgung Mecklenburg-Vorpommern Alexandrinenstraße 32, 19055 Schwerin
	Versorgungswerk der Ingenieurkammer Niedersachsen Hohenzollernstraße 52, 30161 Hannover
	Versorgungswerk der Architektenkammer Nordrhein-Westfalen Postfach 32 12 45, 40427 Düsseldorf

Anhang 1a

Altersvorsorge/Alterseinkünfte III

Berufsgruppe	Versorgungseinrichtung
Mitglieder des Landtags	Versorgungswerk der Mitglieder der Landtage von Nordrhein-Westfalen, Brandenburg und Baden-Württemberg Platz des Landtags 1, 40221 Düsseldorf
Notare	Notarkasse Anstalt des öffentlichen Rechts Ottostraße 10, 80333 München
	Notarversorgungswerk Hamburg Gustav-Mahler-Platz 1, 20354 Hamburg
	Notarversorgung Köln Breite Straße 67, 40213 Düsseldorf
	Notarversorgungskasse Koblenz Postfach 20 11 54, 56011 Koblenz
	Versorgungswerk der Saarländischen Notarkammer Rondell 3, 66424 Homburg
	Ländernotarkasse – Anstalt des öffentlichen Rechts – Springerstraße 8, 04105 Leipzig
	Notarversorgungswerk Baden-Württemberg Sophienstraße 13, 70178 Stuttgart
Psychologische Psychotherapeuten	Bayerische Ingenieurversorgung-Bau mit Psychotherapeutenversorgung Postfach 81 02 06, 81901 München
	Psychotherapeutenversorgungswerk Neue Wiesen 3, 30855 Langenhagen
	Versorgungswerk der Psychotherapeutenkammer Nordrhein-Westfalen Postfach 10 52 41, 40043 Düsseldorf
	Versorgungswerk der Psychotherapeutenkammer Schleswig-Holstein Schützenwall 59, 24114 Kiel
Rechtsanwälte	Versorgungswerk der Rechtsanwälte in Baden-Württemberg Hohe Straße 16, 70174 Stuttgart
	Bayerische Rechtsanwalts- und Steuerberaterversorgung Postfach 81 01 23, 81901 München
	Versorgungswerk der Rechtsanwälte in Berlin Walter-Benjamin-Platz 6, 10629 Berlin
	Versorgungswerk der Rechtsanwälte im Land Brandenburg Grillendamm 2, 14776 Brandenburg an der Havel
	Hanseatische Rechtsanwaltsversorgung Bremen Knochenhauerstraße 36/37, 28195 Bremen
	Versorgungswerk der Rechtsanwältinnen und Rechtsanwälte in der Freien und Hansestadt Hamburg Esplanade 39, 20354 Hamburg
	Versorgungswerk der Rechtsanwälte im Lande Hessen Bockenheimer Landstraße 23, 60325 Frankfurt am Main

Anhang 1a

Altersvorsorge/Alterseinkünfte

Berufsgruppe	Versorgungseinrichtung
	Versorgungswerk der Rechtsanwälte in Mecklenburg-Vorpommern Bleicherufer 9, 19053 Schwerin
	Rechtsanwaltsversorgungswerk Niedersachsen Postfach 12 11, 29202 Celle
	Versorgungswerk der Rechtsanwälte im Lande Nordrhein-Westfalen Postfach 10 51 61, 40042 Düsseldorf
	Versorgungswerk der rheinland-pfälzischen Rechtsanwaltskammern Löhrstraße 113, 56068 Koblenz
	Versorgungswerk der Rechtsanwaltskammer des Saarlandes Am Schloßberg 5, 66119 Saarbrücken
	Sächsisches Rechtsanwaltsversorgungswerk Wallgässchen 2, 01097 Dresden
	Versorgungswerk der Rechtsanwälte in Sachsen-Anhalt Breite Straße 67, 40213 Düsseldorf
	Schleswig-Holsteinisches Versorgungswerk für Rechtsanwälte Gottorfstraße 13a, 24837 Schleswig
	Versorgungswerk der Rechtsanwälte in Thüringen Lange Brücke 21, 99084 Erfurt
Steuerberater	Versorgungswerk der Steuerberater in Baden-Württemberg Sophienstraße 13, 70178 Stuttgart
	Bayerische Rechtsanwalts- und Steuerberaterversorgung Postfach 81 01 23, 81901 München
	Versorgungswerk der Steuerberater und Steuerbevollmächtigten im Land Brandenburg Tuchmacherstraße 48b, 14482 Potsdam
	Versorgungswerk der Steuerberater in Hessen Postfach 10 52 41, 40043 Düsseldorf
	Versorgungswerk der Steuerberater und Steuerbevollmächtigten in Mecklenburg-Vorpommern Ostseeallee 40, 18107 Rostock
	Steuerberaterversorgung Niedersachsen Adenauerallee 20, 30175 Hannover
	Versorgungswerk der Steuerberater im Land Nordrhein-Westfalen Postfach 10 52 41, 40043 Düsseldorf
	Versorgungswerk der Steuerberaterinnen und Steuerberater in Rheinland-Pfalz Postfach 10 52 41, 40043 Düsseldorf
	Versorgungswerk der Steuerberater/Steuerberaterinnen und Wirtschaftsprüfer/Wirtschaftprüferinnen im Saarland Am Kieselhumes 15, 66123 Saarbrücken

Anhang 1a

Altersvorsorge/Alterseinkünfte

III

Berufsgruppe	Versorgungseinrichtung
	Versorgungswerk der Steuerberater und Steuerbevollmächtigten im Freistaat Sachsen Emil-Fuchs-Straße 2, 04105 Leipzig
	Steuerberaterversorgungswerk Sachsen-Anhalt Zum Domfelsen 4, 39104 Magdeburg
	Versorgungswerk der Steuerberaterinnen und Steuerberater im Land Schleswig-Holstein Hopfenstraße 2d, 24114 Kiel
Tierärzte	Baden-Württembergische Versorgungsanstalt für Ärzte, Zahnärzte und Tierärzte Postfach 26 49, 72016 Tübingen
	Bayerische Ärzteversorgung 81919 München
	Versorgungswerk der Landestierärztekammer Hessen Postfach 14 09, 65524 Niedernhausen
	Versorgungswerk der Landestierärztekammer Mecklenburg-Vorpommern Postfach 1 46, 14131 Berlin
	Tierärzteversorgung Niedersachsen Postfach 1 20, 30001 Hannover
	Versorgungswerk der Tierärztekammer Nordrhein Postfach 10 07 23, 47884 Kempen
	Versorgungswerk der Tierärztekammer Westfalen-Lippe Goebenstraße 50, 48151 Münster
	Sächsische Ärzteversorgung Dr.-Külz-Ring 10, 01067 Dresden
	Versorgungswerk der Landestierärztekammer Thüringen Postfach 37 01 46, 14131 Berlin
Wirtschaftsprüfer	Versorgungswerk der Wirtschaftsprüfer und der vereidigten Buchprüfer im Lande Nordrhein-Westfalen Lindenstraße 87, 40233 Düsseldorf
	Versorgungswerk der Steuerberater/Steuerberaterinnen und Wirtschaftsprüfer/Wirtschaftsprüferinnen im Saarland Am Kieselhumes 15, 66123 Saarbrücken
Zahnärzte	Baden-Württembergische Versorgungsanstalt für Ärzte, Zahnärzte und Tierärzte Postfach 26 49, 72016 Tübingen
	Bayerische Ärzteversorgung 81919 München
	Versorgungswerk der Zahnärztekammer Berlin Klaus-Groth-Straße 3, 14050 Berlin

Anhang 1a

Altersvorsorge/Alterseinkünfte

Berufsgruppe	Versorgungseinrichtung
	Versorgungswerk der Zahnärztekammer Hamburg Postfach 74 09 25, 22099 Hamburg
	Hessische Zahnärzteversorgung Lyoner Straße 21, 60528 Frankfurt am Main
	Versorgungswerk der Zahnärztekammer Mecklenburg-Vorpommern Postfach 74 09 25, 22099 Hamburg
	Altersversorgungswerk der Zahnärztekammer Niedersachsen Postfach 81 06 61, 30506 Hannover
	Versorgungswerk der Zahnärztekammer Nordrhein Postfach 10 51 32, 40042 Düsseldorf
	Versorgungswerk der Zahnärztekammer Westfalen-Lippe Postfach 88 43, 48047 Münster
	Versorgungsanstalt bei der Landeszahnärztekammer Rheinland-Pfalz 117er Ehrenhof 3, 55118 Mainz
	Versorgungswerk der Ärztekammer des Saarlandes Postfach 10 02 62, 66002 Saarbrücken
	Zahnärzteversorgung Sachsen Schützenhöhe 11, 01099 Dresden
	Altersversorgungswerk der Zahnärztekammer Sachsen-Anhalt Postfach 81 06 61, 30506 Hannover
	Versorgungswerk der Zahnärztekammer Schleswig-Holstein Westring 496, 24106 Kiel
	Versorgungswerk der Landeszahnärztekammer Thüringen Barbarossahof 16, 99092 Erfurt

Anhang 1a
Altersvorsorge/Alterseinkünfte IV

Aufteilung eines einheitlichen Sozialversicherungsbeitrags (Globalbeitrag); Anpassung der Aufteilungsmaßstäbe für den Veranlagungszeitraum 2022
BMF vom 19.11.2021 (BStBl I S. 2275)
IV C 3 – S 2221/20/10002 :003 – 2021/1200738

Unter Bezugnahme auf das Ergebnis der Erörterungen mit den obersten Finanzbehörden der Länder sind zur Ermittlung der steuerlich berücksichtigungsfähigen Vorsorgeaufwendungen die vom Steuerpflichtigen geleisteten einheitlichen Sozialversicherungsbeiträge (Globalbeiträge) staatenbezogen wie folgt aufzuteilen[1]):

Vorsorgeaufwendungen nach	Belgien	Irland	Lettland	Malta
§ 10 Absatz 1 Nummer 2 Buchstabe a EStG	52,25 %	75,61 %	76,86 %	52,25 %
§ 10 Absatz 1 Nummer 3 Satz 1 Buchstabe a und b EStG (ohne Krankengeldanteil)	39,33 %	12,20 %	2,93 %	39,33 %
§ 10 Absatz 1 Nummer 3a EStG (Anteil vom Globalbeitrag für Krankengeld)	8,43 % (1,69 %)	12,20 % (2,44 %)	16,81 % (10,18 %)	8,43 % (1,69 %)
Gesamtaufwand	100,00 %[2])	100,00 %[2])	96,60 % (3,40 % sonstige nicht Abziehbare)	100,00 %[2])
Für Höchstbetragsberechnung gemäß § 10 Absatz 3 EStG anzusetzender Arbeitgeberanteil	99,62 %	166,34 %	172,68 %	52,25 %

[1]) Angaben in Prozent des vom Arbeitnehmer geleisteten Globalbeitrags
[2]) Die Abweichung in der Summe beruht auf der Rundung der Einzelwerte.

Anhang 1a
IV — Altersvorsorge/Alterseinkünfte

Vorsorgeaufwendungen nach	Norwegen	Portugal	Spanien	Zypern
§ 10 Absatz 1 Nummer 2 Buchstabe a EStG	57,06 %	86,12 %	96,88 %	86,11 %
§ 10 Absatz 1 Nummer 3 Satz 1 Buchstabe a und b EStG (ohne Krankengeldanteil)	42,94 %	–	–	–
§ 10 Absatz 1 Nummer 3a EStG (Anteil vom Globalbeitrag für Krankengeld)	–	13,89 % (2,78 %)	3,12 % (3,12 %)	13,89 % (2,78 %)
Gesamtaufwand	100,00 %	100,00 %[1])	100,00 %	100,00 %
Für Höchstbetragsberechnung gemäß § 10 Absatz 3 EStG anzusetzender Arbeitgeberanteil	98,12 %	185,94 %	486,46 %	86,11 %

Anwendungsbeispiel:
Der ledige Arbeitnehmer A leistet für das Jahr 2022 in Belgien einen Globalbeitrag i. H. v. 1.000 Euro.

Lösung:
A kann an Vorsorgeaufwendungen geltend machen:
- Altersvorsorgeaufwendungen i. S. d. § 10 Absatz 1 Nummer 2 Buchstabe a EStG i. H. v. 522,50 Euro (= 52,25 % von 1.000 Euro),
- Beiträge zur Basiskranken- und gesetzlichen Pflegeversicherung i. S. d. § 10 Absatz 1 Nummer 3 Satz 1 Buchstabe a und Buchstabe b EStG i. H. v. 393,30 Euro (= 39,33 % von 1.000 Euro),
- Beiträge für sonstige Vorsorgeaufwendungen i. S. d. § 10 Absatz 1 Nummer 3a EStG i. H. v. 84,30 Euro (= 8,43 % von 1.000 Euro, darin enthalten 16,90 Euro = 1,69 % von 1.000 Euro für Krankengeld und 67,40 Euro = 6,74 % von 1.000 Euro für die weiteren sonstigen Vorsorgeaufwendungen).

Im Rahmen der Höchstbetragsberechnung gemäß § 10 Absatz 3 EStG ist ein Arbeitgeberanteil i. H. v. 996,20 Euro (= 99,62 % von 1.000 Euro) anzusetzen.

Eine entsprechende Aufteilung ist hinsichtlich der Altersvorsorgeaufwendungen auch bei der Ausstellung von elektronischen Lohnsteuerbescheinigungen und Besonderen Lohnsteuerbescheinigungen durch den Arbeitgeber für das Kalenderjahr 2022 vorzunehmen (s. Abschnitt I Tz. 13 Buchstabe a des für Kalenderjahre ab 2020 maßgeblichen BMF-Schreibens vom 9. September 2019 [BStBl I Seite 911] i. V. m. der Bekanntmachung vom 18. August 2021 [BStBl I Seite 1079]).

Die Tabellen sind für den Veranlagungszeitraum 2022 anzuwenden. Sie gelten für den gesamten Veranlagungszeitraum.

Die Aufteilung von Globalbeiträgen, die an Sozialversicherungsträger in Ländern außerhalb Europas geleistet werden, ist nach den Umständen des Einzelfalls vorzunehmen. Gleiches gilt auch für das Vereinigte Königreich. Informationen zur Aufteilung der dortigen Globalbeiträge stehen seit Januar 2020 nicht mehr zur Verfügung.

---

[1]) Die Abweichung in der Summe beruht auf der Rundung der Einzelwerte.

Übersicht

I. Steuerrechtliche Anerkennung von Darlehensverträgen zwischen Angehörigen
BMF vom 23.12.2010 (BStBl I 2011 S. 37) unter Berücksichtigung der Änderungen durch BMF vom 29.04.2014 (BStBl I S. 809)

II. unbesetzt

III. Berücksichtigung ausländischer Verhältnisse; Ländergruppeneinteilung ab 1. Januar 2021
BMF vom 11.11.2020 (BStBl I S. 1212)

Steuerrechtliche Anerkennung von Darlehensverträgen zwischen Angehörigen

BMF vom 23.12.2010 (BStBl I 2011 S. 37)
IV C 6 – S 2144/07/10004 – 2010/0862046
unter Berücksichtigung der Änderungen durch
BMF vom 29.04.2014 (BStBl I S. 809)
IV C 6 – S 2144/07/10004 – 2014/0061930

Im Einvernehmen mit den obersten Finanzbehörden der Länder gilt für die Beurteilung von Darlehensverträgen zwischen Angehörigen oder zwischen einer Personengesellschaft und Angehörigen der die Gesellschaft beherrschenden Gesellschafter Folgendes: 1

1. Allgemeine Voraussetzungen der steuerrechtlichen Anerkennung

Voraussetzung für die steuerrechtliche Anerkennung ist, dass der Darlehensvertrag zivilrechtlich wirksam geschlossen worden ist und tatsächlich wie vereinbart durchgeführt wird; dabei müssen Vertragsinhalt und Durchführung dem zwischen Fremden Üblichen entsprechen (Fremdvergleich), vgl. BFH-Urteile vom 18. Dezember 1990 (BStBl 1991 II S. 391) und vom 12. Februar 1992 (BStBl II S. 468). Die Nichtbeachtung zivilrechtlicher Formerfordernisse führt nicht alleine und ausnahmslos dazu, das Vertragsverhältnis steuerrechtlich nicht anzuerkennen. Die zivilrechtliche Unwirksamkeit des Darlehensvertrages ist jedoch ein besonderes Indiz gegen den vertraglichen Bindungswillen der Vertragsbeteiligten, das zur Versagung der steuerrechtlichen Anerkennung führen kann; vgl. BFH-Urteile vom 22. Februar 2007 (BStBl 2011 II S. 20) und vom 12. Mai 2009 (BStBl 2011 II S. 24) sowie Rdnr. 9. 2

Der Darlehensvertrag und seine tatsächliche Durchführung müssen die Trennung der Vermögens- und Einkunftssphären der vertragsschließenden Angehörigen (z. B. Eltern und Kinder) gewährleisten. Eine klare, deutliche und einwandfreie Abgrenzung von einer Unterhaltsgewährung oder einer verschleierten Schenkung der Darlehenszinsen muss in jedem Einzelfall und während der gesamten Vertragsdauer möglich sein, vgl. BFH-Urteile vom 7. November 1990 (BStBl 1991 II S. 291), vom 4. Juni 1991 (BStBl II S. 838) und vom 25. Januar 2000 (BStBl II S. 393). 3

2. Fremdvergleich bei Darlehensverträgen zwischen Angehörigen

a) Allgemeines

Es steht Angehörigen grundsätzlich frei, ihre Rechtsverhältnisse untereinander so zu gestalten, dass sie für sie steuerlich möglichst günstig sind. Das Vereinbarte muss jedoch in jedem Einzelfall und während der gesamten Vertragsdauer nach Inhalt und 4[1]

---

[1] Rn. 4 wurde durch BMF vom 29.04.2014 (BStBl I S. 809) geändert und ist in allen offenen Fällen anzuwenden.

Durchführung dem entsprechen, was fremde Dritte bei der Gestaltung eines entsprechenden Darlehensverhältnisses üblicherweise vereinbaren würden, vgl. BFH-Urteile vom 7. November 1990 (BStBl 1991 II S. 291), vom 18. Dezember 1990 (BStBl 1991 II S. 391) und vom 12. Februar 1992 (BStBl II S. 468). Vergleichsmaßstab sind grundsätzlich die Vertragsgestaltungen, die zwischen Darlehensnehmern und Kreditinstituten üblich sind. Sofern Darlehensverträge zwischen Angehörigen neben dem Interesse des Schuldners an der Erlangung zusätzlicher Mittel außerhalb einer Bankfinanzierung auch dem Interesse des Gläubigers an einer gut verzinslichen Geldanlage dienen, sind ergänzend auch Vereinbarungen aus dem Bereich der Geldanlage zu berücksichtigen, vgl. BFH-Urteil vom 22. Oktober 2013 (BStBl 2014 II S. 374).

5   Das setzt insbesondere voraus, dass
    – eine Vereinbarung über die Laufzeit und über Art und Zeit der Rückzahlung des Darlehens getroffen worden ist,
    – die Zinsen zu den Fälligkeitszeitpunkten entrichtet werden und
    – der Rückzahlungsanspruch ausreichend besichert ist.

6   Eine ausreichende Besicherung liegt bei Hingabe banküblicher Sicherheiten vor. Dazu gehören vornehmlich die dingliche Absicherung durch Hypothek oder Grundschuld. Außerdem kommen alle anderen Sicherheiten, die für das entsprechende Darlehen banküblich sind, in Betracht, wie Bankbürgschaften, Sicherungsübereignung von Wirtschaftsgütern, Forderungsabtretungen sowie Schuldmitübernahme oder Schuldbeitritt eines fremden Dritten oder eines Angehörigen, wenn dieser über entsprechend ausreichende Vermögenswerte verfügt. Das aus dem Fremdvergleich abgeleitete generelle Erfordernis einer ausreichenden Besicherung wird durch einen konkreten Fremdvergleich im jeweiligen Einzelfall überlagert, vgl. BFH-Urteil vom 12. Mai 2009 (BStBl 2011 II S. 24).

7   Der Fremdvergleich ist auch durchzuführen, wenn Vereinbarungen nicht unmittelbar zwischen Angehörigen getroffen werden, sondern zwischen einer Personengesellschaft und Angehörigen der Gesellschafter, wenn die Gesellschafter, mit deren Angehörigen die Vereinbarungen getroffen wurden, die Gesellschaft beherrschen, vgl. BFH-Urteil vom 18. Dezember 1990 (BStBl 1991 II S. 581) und vom 15. April 1999 (BStBl II S. 524). Gleiches gilt, wenn beherrschende Gesellschafter einer Personengesellschaft Darlehensforderungen gegen die Personengesellschaft an Angehörige schenkweise abtreten.

b)   Fremdvergleich bei wirtschaftlich voneinander unabhängigen Angehörigen

8   Ein Darlehensvertrag zwischen volljährigen, voneinander wirtschaftlich unabhängigen Angehörigen kann ausnahmsweise steuerrechtlich bereits anerkannt werden, wenn er zwar nicht in allen Punkten dem zwischen Fremden Üblichen entspricht (vgl. Rdnrn. 2 bis 7), aber die Darlehensmittel, die aus Anlass der Herstellung oder Anschaffung von Vermögensgegenständen gewährt werden (z. B. Bau- oder Anschaffungsdarlehen), ansonsten bei einem fremden Dritten hätten aufgenommen werden müssen. Entscheidend ist, dass die getroffenen Vereinbarungen tatsächlich vollzogen werden, insbesondere die Darlehenszinsen regelmäßig gezahlt werden. Die Modalitäten der Darlehenstilgung und die Besicherung brauchen in diesen Fällen nicht geprüft zu werden, vgl. BFH-Urteil vom 4. Juni 1991 (BStBl II S. 838) und vom 25. Januar 2000 (BStBl II S. 393).

c)   Zivilrechtliche Unwirksamkeit

9   Der zivilrechtlichen Unwirksamkeit eines Vertrages kommt eine Indizwirkung gegen die Ernstlichkeit der Vereinbarung zu. Sie spricht damit gegen deren steuerrechtliche Anerkennung. Diese Indizwirkung gegen den vertraglichen Bindungswillen wird ver-

stärkt, wenn den Vertragspartnern die Nichtbeachtung der Formvorschriften insbesondere bei klarer Zivilrechtslage angelastet werden kann, vgl. BFH-Urteil vom 12. Mai 2009 (BStBl 2011 II S. 24). Die Vertragspartner können aber darlegen und nachweisen, dass sie zeitnah nach dem Auftauchen von Zweifeln an der zivilrechtlichen Wirksamkeit alle erforderlichen Maßnahmen ergriffen haben, um die zivilrechtliche Wirksamkeit des Vertrages herbeizuführen und dass ihnen die Unwirksamkeit nicht anzulasten ist. Dies ist zumindest dann der Fall, wenn sich die Formvorschriften nicht aus dem Gesetzeswortlaut, sondern nur im Wege der erweiternden Auslegung oder des Analogieschlusses ergeben, sich diese Auslegung oder Analogie nicht aufdrängt und keine veröffentlichte Rechtsprechung oder allgemein zugängliche Literatur existiert, vgl. BFH-Urteil vom 13. Juli 1999 (BStBl II S. 386). In diesem Fall ist der Darlehensvertrag von Anfang an steuerrechtlich anzuerkennen.

3. Schenkweise begründete Darlehensforderung

Wird die unentgeltliche Zuwendung eines Geldbetrags an einen Angehörigen davon abhängig gemacht, dass der Empfänger den Betrag als Darlehen wieder zurückgeben muss, ist ertragsteuerlich weder die vereinbarte Schenkung noch die Rückgabe als Darlehen anzuerkennen. Der Empfänger erhält nicht die alleinige und unbeschränkte Verfügungsmacht über die Geldmittel, da er sie nur zum Zwecke der Rückgabe an den Zuwendenden oder an eine Personengesellschaft, die der Zuwendende oder dessen Angehörige beherrschen, verwenden darf. Entsprechendes gilt im Verhältnis zwischen Eltern und minderjährigen Kindern, wenn das Kindesvermögen nicht einwandfrei vom Elternvermögen getrennt wird. Da die Schenkung tatsächlich nicht vollzogen wurde, begründet die Rückgewähr der Geldbeträge kein mit ertragsteuerlicher Wirkung anzuerkennendes Darlehensverhältnis. Die Vereinbarungen zwischen den Angehörigen sind vielmehr ertragsteuerlich als eine modifizierte Schenkung zu beurteilen, die durch die als Darlehen bezeichneten Bedingungen gegenüber dem ursprünglichen Schenkungsversprechen in der Weise abgeändert sind, dass der Vollzug der Schenkung bis zur Rückzahlung des sog. Darlehens aufgeschoben und der Umfang der Schenkung durch die Zahlung sog. Darlehenszinsen erweitert ist. Daher dürfen die als Darlehenszinsen geltend gemachten Aufwendungen nicht als Betriebsausgaben oder Werbungskosten abgezogen werden, vgl. BFH-Urteil vom 22. Januar 2002 (BStBl II S. 685). Ertragsteuerrechtlich sind die Schenkung und die Darlehensforderung jedoch anzuerkennen, wenn das Darlehen an eine zivil- und auch steuerrechtlich eigenständige GmbH gegeben wird, vgl. BFH-Urteil vom 19. Dezember 2007 (BStBl 2008 II S. 568).

Die Abhängigkeit zwischen Schenkung und Darlehen ist insbesondere in folgenden Fällen unwiderleglich zu vermuten:

– Vereinbarung von Schenkung und Darlehen in ein und derselben Urkunde,
– Schenkung unter der Auflage der Rückgabe als Darlehen,
– Schenkungsversprechen unter der aufschiebenden Bedingung der Rückgabe als Darlehen.

Eine Abhängigkeit zwischen Schenkung und Darlehen ist hingegen nicht allein deshalb zu vermuten, weil die Vereinbarung von Schenkung und Darlehen zwar in mehreren Urkunden, aber innerhalb kurzer Zeit erfolgt ist. Die Beurteilung, ob eine gegenseitige Abhängigkeit der beiden Verträge vorliegt, ist anhand der gesamten Umstände des jeweiligen Einzelfalles zu beurteilen; vgl. BFH-Urteil vom 18. Januar 2001 (BStBl II S. 393). Es kann aber auch bei einem längeren Abstand zwischen Schenkungs- und Darlehensvertrag eine auf einem Gesamtplan beruhende sachliche Verknüpfung bestehen, vgl. BFH-Urteil vom 22. Januar 2002, (BStBl II S. 685).

Anhang 2

13 Die Abhängigkeit zwischen Schenkung und Darlehen ist insbesondere bei folgenden Vertragsgestaltungen widerleglich zu vermuten:
- Vereinbarungsdarlehen nach § 607 Abs. 2 BGB[1]),
- Darlehenskündigung nur mit Zustimmung des Schenkers,
- Zulässigkeit von Entnahmen durch den Beschenkten zu Lasten des Darlehenskontos nur mit Zustimmung des Schenkers.

14 Die Vermutung ist widerlegt, wenn Schenkung und Darlehen sachlich und zeitlich unabhängig voneinander vorgenommen worden sind. Voraussetzung hierfür ist, dass die Schenkung zivilrechtlich wirksam vollzogen wurde. Der Schenkende muss endgültig, tatsächlich und rechtlich entreichert und der Empfänger entsprechend bereichert sein; eine nur vorübergehende oder formale Vermögensverschiebung reicht nicht aus, vgl. BFH-Urteile vom 22. Mai 1984 (BStBl 1985 II S. 243), vom 18. Dezember 1990 (BStBl 1991 II S. 581), vom 4. Juni 1991 (BStBl II S. 838) und vom 12. Februar 1992 (BStBl II S. 468).

15 Die Grundsätze zu schenkweise begründeten Darlehensforderungen gelten auch für partiarische Darlehen und für nach dem 31. Dezember 1992 schenkweise begründete stille Beteiligungen, es sei denn, es ist eine Beteiligung am Verlust vereinbart, oder der stille Beteiligte ist als Mitunternehmer anzusehen. Im Übrigen ist R 15.9 (2) EStR anzuwenden.

16 Dieses Schreiben ersetzt die BMF-Schreiben vom 1. Dezember 1992 (BStBl I S. 729), vom 25. Mai 1993 (BStBl I S. 410), vom 30. Mai 2001 (BStBl I S. 348) und vom 2. April 2007 BStBl I S. 441) und ist in allen offenen Fällen anzuwenden.

Anhang 2 II
– unbesetzt –

---

[1]) § 607 Abs. 2 BGB wurde durch das Gesetz zur Modernisierung des Schuldrechts vom 26.11.2001 (BGBl. I S. 3138) mit Wirkung zum 01.01.2002 geändert. Für Vereinbarungsdarlehen ist nunmehr § 311 Abs. 1 BGB maßgebend.

Berücksichtigung ausländischer Verhältnisse; Ländergruppeneinteilung ab 1. Januar 2021

BMF vom 11.11.2020 (BStBl I S. 1212)[1])
IV C 8 – S 2285/19/10001 :002 – 2020/1145114

Die Beträge des § 1 Absatz 3 Satz 2, des § 10 Absatz 1 Nummer 5 Satz 3, des § 32 Absatz 6 Satz 4, des § 33a Absatz 1 Satz 6 und Absatz 2 Satz 2 EStG sind ab dem Veranlagungszeitraum 2021 wie folgt anzusetzen[2]):

in voller Höhe	mit 3/4	mit 1/2	mit 1/4
Wohnsitzstaat oder -ort[3]) des Steuerpflichtigen bzw. der unterhaltenen Person			
1	2	3	4
Amerikanische Jungferninseln	Antigua und Barbuda	Albanien	Afghanistan
Andorra	Aruba	Amerikanisch-Samoa	Ägypten
Australien	Bahrain	Äquatorialguinea	**Algerien**
Bahamas	Barbados	Argentinien	**Angola**
Belgien	Chile	Bosnien und Herzegowina	Armenien
Bermuda	Cookinseln	Botsuana	**Aserbaidschan**
Britische Jungferninseln	Curacao	Brasilien	Äthiopien
Brunei Darussalam	Estland	Bulgarien	Bangladesch
Dänemark	Französisch-Polynesien	China	Belize
Färöer	Griechenland	Costa Rica	Benin
Finnland	**Kroatien**	Dominica	Bhutan
Frankreich	Lettland	Dominikanische Republik	Bolivien, Plurinationaler Staat
Gibraltar	Litauen	Ecuador	Burkina Faso
Grönland	Malta	Fidschi	Burundi
Guam	**Nördliche Marianen**	Gabun	Cabo Verde
Hongkong	Oman	Grenada	Côte d'Ivoire
Insel Man	**Palau**	**Guyana**	Dschibuti
Irland	**Panama**	Irak	El Salvador
Island	**Polen**	Iran, Islamische Republik	Eritrea

---

[1]) Änderungen gegenüber der Ländergruppeneinteilung zum 01.01.2017 sind durch Fettdruck hervorgehoben.
[2]) Auf die konkreten Lebenshaltungskosten am Wohnort ist nicht abzustellen (>BFH vom 25.11.2010 – BStBl II 2011 S. 283).
[3]) Die Aufführung auf dieser Liste als „Wohnsitzstaat oder -ort" erfolgt allein zum Erhalt der Übersichtlichkeit und hat keinen Einfluss auf die Position der Bundesrepublik Deutschland hinsichtlich der Anerkennung von Staaten und/oder Regierungen.

Anhang 2
III Angehörige

in voller Höhe	mit 3/4	mit 1/2	mit 1/4
Wohnsitzstaat oder -ort[1]) des Steuerpflichtigen bzw. der unterhaltenen Person			
1	2	3	4
Israel	Portugal	Jamaika	**Eswatini** (bisher: Swasiland)
Italien	Puerto Rico	Kasachstan	Gambia
Japan	Saudi Arabien	Kolumbien	Georgien
Kaimaninseln	**Seychellen**	Kuba	Ghana
Kanada	Slowakei	Libanon	Guatemala
Kanalinseln	Slowenien	Libyen	Guinea
Katar	St. Kitts und Nevis	Malaysia	Guinea-Bissau
Korea, Republik	**St. Martin (französischer Teil)**	Malediven	Haiti
Kuwait	St. Martin (niederländischer Teil)	**Marshallinseln**	Honduras
Liechtenstein	Trinidad und Tobago	Mauritius	Indien
Luxemburg	**Tschechien** (bisher: Tschechische Republik)	Mexiko	Indonesien
Macau	Turks- und Caicos-Inseln	Montenegro	Jemen
Monaco	**Ungarn**	Namibia	**Jordanien**
Neukaledonien	Uruguay	**Nauru**	Kambodscha
Neuseeland	Zypern	Niue	Kamerun
Niederlande		**Nordmazedonien** (bisher: Mazedonien, ehemalige jugoslawische Republik)	Kenia
Norwegen		**Paraguay**	Kirgisistan
Österreich		Peru	Kiribati
Palästinensische Gebiete		Rumänien	Komoren
San Marino		Russische Föderation	Kongo
Schweden		Serbien	Kongo, Demokratische Republik
Schweiz		St. Lucia	Korea, Demokratische Volksrepublik
Singapur		St. Vincent und die Grenadinen	Kosovo

[1]) Die Aufführung auf dieser Liste als „Wohnsitzstaat oder -ort" erfolgt allein zum Erhalt der Übersichtlichkeit und hat keinen Einfluss auf die Position der Bundesrepublik Deutschland hinsichtlich der Anerkennung von Staaten und/oder Regierungen.

Anhang 2
Angehörige
III

in voller Höhe	mit 3/4	mit 1/2	mit 1/4
Wohnsitzstaat oder -ort¹) des Steuerpflichtigen bzw. der unterhaltenen Person			
1	2	3	4
Spanien		Südafrika	Laos, Demokratische Volksrepublik
Taiwan		Suriname	Lesotho
Vatikanstadt		Thailand	Liberia
Vereinigte Arabische Emirate		Türkei	Madagaskar
Vereinigte Staaten		Turkmenistan	Malawi
Vereinigtes Königreich		Tuvalu	Mali
		Venezuela, Bolivarische Republik	Marokko
		Weißrussland/ Belarus	Mauretanien
			Mikronesien, Föderierte Staaten von
			Moldau, Republik
			Mongolei
			Mosambik
			Myanmar
			Nepal
			Nicaragua
			Niger
			Nigeria
			Pakistan
			Papua Neuguinea
			Philippinen
			Ruanda
			Salomonen
			Sambia
			Samoa
			São Tomé und Principe
			Senegal
			Sierra Leone
			Simbabwe
			Somalia

¹) Die Aufführung auf dieser Liste als „Wohnsitzstaat oder -ort" erfolgt allein zum Erhalt der Übersichtlichkeit und hat keinen Einfluss auf die Position der Bundesrepublik Deutschland hinsichtlich der Anerkennung von Staaten und/oder Regierungen.

Anhang 2
III Angehörige

in voller Höhe	mit 3/4	mit 1/2	mit 1/4
Wohnsitzstaat oder -ort[1]) des Steuerpflichtigen bzw. der unterhaltenen Person			
1	2	3	4
			Sri Lanka
			Sudan
			Südsudan
			Syrien, Arabische Republik
			Tadschikistan
			Tansania, Vereinigte Republik
			Timor-Leste
			Togo
			Tonga
			Tschad
			Tunesien
			Uganda
			Ukraine
			Usbekistan
			Vanuatu
			Vietnam
			Zentralafrikanische Republik

Dieses Schreiben ersetzt ab dem Veranlagungszeitraum 2021 das BMF-Schreiben vom 20. Oktober 2016 (BStBl I Seite 1183).

---

[1]) Die Aufführung auf dieser Liste als „Wohnsitzstaat oder -ort" erfolgt allein zum Erhalt der Übersichtlichkeit und hat keinen Einfluss auf die Position der Bundesrepublik Deutschland hinsichtlich der Anerkennung von Staaten und/oder Regierungen.

Anhang 3

Außergewöhnliche Belastungen

Übersicht

I. Berücksichtigung von Aufwendungen für den Unterhalt von Personen im Ausland als außergewöhnliche Belastung nach § 33a Absatz 1 Einkommensteuergesetz (EStG); Überarbeitung des BMF-Schreibens vom 7. Juni 2010 (BStBl I Seite 588)
BMF vom 06.04.2022 (BStBl I S. 623)

II. Allgemeine Hinweise zur Berücksichtigung von Unterhaltsaufwendungen nach § 33a Absatz 1 Einkommensteuergesetz (EStG) als außergewöhnliche Belastung; Überarbeitung des BMF-Schreibens vom 7. Juni 2010 (BStBl I Seite 582)
BMF vom 06.04.2022 (BStBl I S. 617)

Berücksichtigung von Aufwendungen für den Unterhalt von Personen im Ausland als außergewöhnliche Belastung nach § 33a Absatz 1 Einkommensteuergesetz (EStG); Überarbeitung des BMF-Schreibens vom 7. Juni 2010 (BStBl I Seite 588)

BMF vom 06.04.2022 (BStBl I S. 623)
IV C 8 – S 2285/19/10002 :001 – 2022/0025379

Inhaltsübersicht

	Rz.
1. **Unterhaltsempfänger**	1 – 2
1.1 Zum Abzug berechtigende Unterhaltsempfänger	1
1.2. Zum Abzug nicht berechtigende Unterhaltsempfänger	2
2. **Feststellungslast/Beweisgrundsätze/Erhöhte Mitwirkungspflicht und Beweisvorsorge des Steuerpflichtigen**	3 – 4
3. **Allgemeiner Grundsatz zur Nachweiserbringung**	5
4. **Nachweis der Unterhaltsbedürftigkeit/Unterhaltserklärung**	6 – 9
5. **Unterstützung von Personen im erwerbsfähigen Alter (Erwerbsobliegenheit)**	10 – 12
6. **Nachweis von Aufwendungen für den Unterhalt**	13 – 21
6.1. Überweisungen	13 – 16
6.2. Andere Zahlungswege	17 – 21
7. **Aufteilung einheitlicher Unterhaltsleistungen auf mehrere Personen**	22
8. **Unterstützung durch mehrere Personen**	23 – 24
8.1. Unterstützung durch mehrere unbeschränkt einkommensteuerpflichtige Personen	23
8.2. Unterstützung durch eine im Inland nicht unbeschränkt einkommensteuerpflichtige Person	24
9. **Zeitanteilige Ermäßigung des Höchstbetrags**	25 – 30
9.1. Feststellung der Monate der Unterhaltszahlungen	25
9.2. Zeitliche Zuordnung der Unterhaltsaufwendungen	26 – 28
9.3. Vereinfachungsregelungen	29
9.4. Zeitpunkt des Abflusses der Unterhaltsleistung	30

Anhang 3
Außergewöhnliche Belastungen

	Rz.
10. Anrechnung eigener Bezüge der unterhaltenen Personen	31 – 34
10.1. Begriff der Bezüge	31
10.2. Umrechnung ausländischer Bezüge	32
10.3. Berücksichtigung der Kostenpauschale	33
10.4. Unterstützungszeitraum/Schwankende Bezüge	34
11. Abzugsbeschränkungen	35 – 38
11.1. Verhältnisse des Wohnsitzstaates (Ländergruppeneinteilung)	35 – 37
11.2. Opfergrenzenregelung	38
12. Anwendungsregelung	39

Unter Bezugnahme auf das Ergebnis der Erörterungen mit den obersten Finanzbehörden der Länder gelten für die Berücksichtigung von Unterhaltsaufwendungen an Personen im Ausland als außergewöhnliche Belastung die folgenden Grundsätze.

1. Unterhaltsempfänger
1.1. Zum Abzug berechtigende Unterhaltsempfänger

1 Aufwendungen für den Unterhalt an Personen im Ausland dürfen nur abgezogen werden, wenn diese Personen gegenüber dem Steuerpflichtigen oder seinem Ehegatten bzw. Partner einer eingetragenen Lebenspartnerschaft (§ 2 Absatz 8 EStG)[1]) nach inländischem Recht gesetzlich unterhaltsberechtigt sind (§ 33a Absatz 1 Satz 1 und 6, 2. Halbsatz EStG; BFH-Urteil vom 4. Juli 2002, BStBl II Seite 760 sowie vom 27. Juli 2011, BStBl II Seite 965). Die Voraussetzungen für eine Ehegattenveranlagung nach § 26 Absatz 1 Satz 1 EStG müssen nicht vorliegen (BFH-Urteil vom 27. Juli 2011, BStBl II Seite 965). Zur Berücksichtigung von Personen mit einer Aufenthaltserlaubnis nach § 23 Aufenthaltsgesetz siehe BMF-Schreiben vom 27. Mai 2015, BStBl I Seite 474.

1.2. Zum Abzug nicht berechtigende Unterhaltsempfänger

2 Ein Abzug nach § 33a Absatz 1 EStG kommt nicht in Betracht, wenn der Unterhaltsempfänger

- ein Kind ist, für das ein Anspruch auf Freibeträge für Kinder nach § 32 Absatz 6 EStG oder Kindergeld (§ 66 EStG) besteht (§ 33a Absatz 1 Satz 4 EStG); andere Leistungen für Kinder und dem inländischen Kindergeld vergleichbare Familienbeihilfen nach ausländischem Recht stehen nach § 65 EStG dem Kindergeld gleich (BFH-Urteil vom 4. Dezember 2003, BStBl 2004 II Seite 275); eine Übersicht über im Ausland gewährte vergleichbare Leistungen gemäß § 65 Absatz 1 Satz 1 Nummer 2 EStG kann dem Schreiben des Bundeszentralamtes für Steuern (BZSt) vom 16. Januar 2017 (BStBl I Seite 151) entnommen werden;

- der nicht dauernd getrennt lebende und nicht unbeschränkt einkommensteuerpflichtige Ehegatte des Steuerpflichtigen ist und das Veranlagungswahlrecht nach § 26 Absatz 1 Satz 1 in Verbindung mit § 1a Absatz 1 Nummer 2 EStG gegeben ist;

- der geschiedene oder dauernd getrennt lebende Ehegatte des Steuerpflichtigen ist und der Sonderausgabenabzug nach § 10 Absatz 1a Nummer 1 i. V. m. § 1a Absatz 1 Nummer 1 EStG vorgenommen wird;

- zwar nach ausländischem, aber nicht nach inländischem Recht unterhaltsberechtigt ist, selbst wenn die Unterhaltspflicht des Steuerpflichtigen aufgrund internationalen

---

[1]) nachfolgend Ehegatte

Privatrechts im Inland verbindlich ist (BFH-Urteil vom 4. Juli 2002, BStBl II Seite 760 sowie vom 27. Juli 2011, BStBl II Seite 965).

2. **Feststellungslast/Beweisgrundsätze/Erhöhte Mitwirkungspflicht und Beweisvorsorge des Steuerpflichtigen**

Der Steuerpflichtige trägt nach den im Steuerrecht geltenden allgemeinen Beweisgrundsätzen für Steuerermäßigungen die objektive Beweislast (Feststellungslast). Bei Sachverhalten im Ausland müssen sich die Steuerpflichtigen in besonderem Maße um Aufklärung und Beschaffung geeigneter, in besonderen Fällen auch zusätzlicher Beweismittel bemühen (§ 90 Absatz 2 AO). Danach trifft den Steuerpflichtigen bei der Gestaltung der tatsächlichen Verhältnisse eine Pflicht zur Beweisvorsorge. Aus den Unterlagen muss hervorgehen, dass Geldbeträge des Steuerpflichtigen tatsächlich verwendet worden und an den Unterhaltsempfänger gelangt sind. Der Steuerpflichtige muss, wenn er seine Aufwendungen steuerlich geltend machen will, dafür Sorge tragen, dass sichere und leicht nachprüfbare Belege oder Bescheinigungen vorliegen, die den Zugang und Abfluss der Geldbeträge erkennen lassen. Eigenerklärungen oder eidesstattliche Versicherungen sind allein keine ausreichenden Mittel zur Glaubhaftmachung (BFH-Urteil vom 3. Juni 1987, BStBl II Seite 675). Bei Unterlagen in ausländischer Sprache ist eine deutsche Übersetzung durch einen amtlich zugelassenen Dolmetscher, ein Konsulat oder eine sonstige zuständige (ausländische) Dienststelle notwendig. Hierfür anfallende Aufwendungen sind keine Unterhaltsaufwendungen.

Da die Erfüllung dieser Mitwirkungspflichten erforderlich, möglich, zumutbar und verhältnismäßig sein muss, können hinsichtlich der Beschaffung amtlicher Bescheinigungen aus Krisengebieten Beweiserleichterungen in Betracht kommen. Ist ein Steuerpflichtiger wegen der besonderen Situation im Wohnsitzstaat der unterhaltenen Person nicht in der Lage, beweisgeeignete Unterlagen zu erlangen, so ist ihm dies unter dem Gesichtspunkt des Beweisnotstands nur nach Würdigung der Gesamtumstände des Einzelfalls anzulasten. Ein Beweisnotstand kann beispielsweise in Betracht kommen, wenn wegen der sozialen oder politischen Verhältnisse (etwa im Falle eines Bürgerkriegs) im Heimatland des Empfängers die Beschaffung von beweiserheblichen Unterlagen nicht möglich oder für den Steuerpflichtigen mit erheblichen Schwierigkeiten verbunden und daher unzumutbar ist (BFH-Urteil vom 2. Dezember 2004, BStBl 2005 II Seite 483). Die Weigerung der zuständigen Heimatbehörde, die Angaben der unterstützten Person auf der Unterhaltserklärung zu bestätigen, stellt keinen Beweisnotstand dar (Hinweis auf Rz. 8).

3. **Allgemeiner Grundsatz zur Nachweiserbringung**

Der Steuerpflichtige hat die in den Rz. 6 bis 8 und 12 bis 21 bezeichneten Unterlagen und Nachweise nur auf Anforderung der Finanzbehörde zur Sachverhaltsaufklärung vorzulegen. Die Finanzbehörde kann nach den Umständen des Einzelfalls weitere Auskünfte oder Nachweise verlangen.

4. **Nachweis der Unterhaltsbedürftigkeit/Unterhaltserklärung**

Voraussetzung für den Abzug von Unterhaltsaufwendungen ist der Nachweis über die Unterhaltsbedürftigkeit der im Ausland lebenden unterhaltenen Person. Hierzu sind folgende Angaben des Steuerpflichtigen und der unterhaltenen Person erforderlich:

– das Verwandtschaftsverhältnis der unterhaltenen Person zum Steuerpflichtigen oder dessen Ehegatten,

– Name, Geburtsdatum und -ort, berufliche Tätigkeit, Anschrift, Familienstand der unterhaltenen Person sowie eine Aussage, ob zu ihrem Haushalt noch weitere Personen gehören; diese Angaben sind in der Regel durch eine Bestätigung der Heimatbehörde (Gemeinde-/Meldebehörde) der unterhaltenen Person nachzuweisen; die

- Bestätigung der Angaben kann auch durch einen öffentlich bestellten Notar erfolgen, sofern die Heimatbehörde diesen hiermit beauftragt hat,
- Angaben über Art und Umfang der eigenen Einnahmen (einschließlich Unterhaltsleistungen von dritter Seite) und des eigenen Vermögens der unterhaltenen Person im Kalenderjahr der Unterhaltsleistung sowie eine Aussage darüber, ob die unterhaltene Person nicht, gelegentlich oder regelmäßig beruflich tätig war und ob Unterstützungsleistungen aus öffentlichen Mitteln erbracht worden sind,
- bei erstmaliger Antragstellung sind außerdem detaillierte Angaben erforderlich, wie der Unterhalt bisher bestritten worden ist, welche jährlichen Einnahmen vor der Unterstützung bezogen worden sind, ob eigenes Vermögen vorhanden war und welcher Wert davon auf Hausbesitz entfällt (vgl. R 33a.1 Absatz 2 Satz 4 Nummer 2 EStR 2012). Die Einnahmen sind durch geeignete Unterlagen (z. B. Steuerbescheide, Rentenbescheide, Verdienstbescheinigungen, Bescheide der ausländischen Arbeits- oder Sozialverwaltung) zu belegen,
- Angaben darüber, ob noch andere Personen zum Unterhalt beigetragen haben, welche Unterhaltsbeiträge sie geleistet haben und ab wann und aus welchen Gründen die unterhaltene Person nicht selbst für ihren Lebensunterhalt aufkommen konnte.

7   Zur Erleichterung und Vereinheitlichung der insoweit vorzunehmenden Sachverhaltsaufklärung und zur erleichterten Beweisführung werden zweisprachige Unterhaltserklärungen in den gängigsten Sprachen aufgelegt und im Formular-Management-System (FMS) der Bundesfinanzverwaltung (http://www.formulare-bfinv.de) zum Download bereitgestellt. Die Richtigkeit der darin zu den persönlichen und wirtschaftlichen Verhältnissen geforderten detaillierten Angaben ist durch Unterschrift der unterhaltenen Person zu bestätigen und durch geeignete Unterlagen (z. B. Steuerbescheide, Rentenbescheide, Verdienstbescheinigungen, Bescheide der ausländischen Arbeits- oder Sozialverwaltung) zu belegen. Für jede unterhaltene Person ist eine eigene Unterhaltserklärung auszufüllen.

8   Ist eine Unterhaltserklärung als Nachweis für die Bedürftigkeit der unterhaltenen Person nur unvollständig ausgefüllt, so ist grundsätzlich die Bedürftigkeit der sie betreffenden Person nicht anzunehmen (BFH-Urteil vom 2. Dezember 2004, BStBl 2005 II Seite 483). Weigert sich die Heimatbehörde, die Angaben auf der zweisprachigen Unterhaltserklärung zu bestätigen (vgl. hierzu auch Rz. 4), kann die behördliche Bestätigung zum Verwandtschaftsverhältnis, zu Name, Geburtsdatum und -ort, zur beruflichen Tätigkeit und Anschrift, zum Familienstand der unterhaltenen Person sowie zu Haushaltsmitgliedern auf anderen Dokumenten erbracht werden.

9   Der Abzug von Unterhaltsaufwendungen entfällt, wenn die Unterhaltsbedürftigkeit der unterhaltenen Person trotz entsprechender Unterhaltserklärung nicht glaubhaft ist. Dies ist der Fall, wenn die Unterhaltszahlungen nicht den gesamten Lebensbedarf der unterhaltenen Person abdecken (BFH-Urteil vom 11. November 2010, BStBl 2011 II Seite 966).

5. Unterstützung von Personen im erwerbsfähigen Alter (Erwerbsobliegenheit)

10   Bei Personen im erwerbsfähigen Alter ist davon auszugehen, dass sie ihren Lebensunterhalt durch eigene Arbeit verdienen (BFH-Urteile vom 2. Dezember 2004, BStBl 2005 II Seite 483 und vom 5. Mai 2010, BStBl 2011 II Seite 115). Hierzu hat die unterhaltene Person ihre Arbeitskraft als die ihr zur Bestreitung ihres Lebensunterhalts zur Verfügung stehende Quelle in ausreichendem Maße auszuschöpfen (sog. Erwerbsobliegenheit). Für Personen im erwerbsfähigen Alter sind daher – mangels Zwangsläufigkeit – Unterhaltsaufwendungen grundsätzlich nicht berücksichtigungsfähig. Die Erwerbsobliegenheit ist bei allen unterhaltsberechtigten Personen, die nicht unbeschränkt einkommensteuerpflichtig sind, zu prüfen. Die in R 33a.1 Absatz 2 Satz 2 i. V. m. Absatz 1 Satz 4 EStR 2012 aufgeführte Vereinfachungsregelung gilt in diesen

Fällen nicht. Lediglich bei Unterhaltszahlungen an den im Ausland lebenden Ehegatten ist im Rahmen einer bestehenden Ehegemeinschaft die Erwerbsobliegenheit nicht zu prüfen (BFH-Urteil vom 5. Mai 2010, BStBl 2011 II Seite 115).

Der Einsatz der eigenen Arbeitskraft darf nicht gefordert werden, wenn die unterhaltene Person aus gewichtigen Gründen keiner oder nur in geringem Umfang einer Beschäftigung gegen Entgelt nachgehen kann (BFH-Urteil vom 13. März 1987, BStBl II Seite 599). Als Gründe kommen beispielsweise in Betracht:

– Alter (ab Erreichen der Regelaltersgrenze), die Regelaltersgrenze richtet sich nach den Vorschriften des deutschen Sozialrechts (BFH-Urteil vom 15. April 2015, BStBl 2016 II Seite 148),
– Behinderung,
– schlechter Gesundheitszustand,
– die Erziehung oder Betreuung von Kindern unter 6 Jahren,
– ein ernsthaft und nachhaltig betriebenes Studium oder eine Berufsausbildung,
– die Pflege von Angehörigen mit Behinderungen. Dabei ist das jederzeitige Bereitstehen für einen eventuellen Pflegeeinsatz bei Angehörigen mit Behinderungen („Pflege auf Abruf") kein Umstand, der die generelle Erwerbsobliegenheit volljähriger, sich im erwerbsfähigen Alter befindender Personen entfallen lässt (BFH-Urteil vom 15. April 2015, BStBl 2016 II Seite 148).

Eine von der zuständigen Heimatbehörde bestätigte Arbeitslosigkeit der unterhaltenen Person stellt keinen gewichtigen Grund dar.

Bei Personen, die noch nicht die Regelaltersgrenze nach den Vorschriften des deutschen Sozialrechts erreicht haben, aber bereits eine Rente beziehen, kann auf den Einsatz der eigenen Arbeitskraft nur dann verzichtet werden, wenn die Rente auf Grund eines schlechten Gesundheitszustandes oder einer Behinderung gezahlt wird. An den Nachweis einer Behinderung oder den Nachweis eines schlechten Gesundheitszustandes sind im Regelfall strenge Anforderungen zu stellen. Der Nachweis ist durch eine Bescheinigung des behandelnden Arztes zu führen, die mindestens Ausführungen zur Art der Krankheit, zum Krankheitsbild und den dadurch bedingten dauernden Beeinträchtigungen bzw. dem Grad der Behinderung der unterstützten Person enthalten muss. Außerdem ist anzugeben, in welchem Umfang die unterstützte Person noch in der Lage ist, einer Erwerbstätigkeit nachzugehen. Entsprechend den in Rz. 3 genannten Grundsätzen ist den Unterlagen eine deutsche Übersetzung beizufügen. Die Finanzbehörde kann nach den Umständen des Einzelfalles weitere Auskünfte oder Nachweise verlangen.

6. Nachweis von Aufwendungen für den Unterhalt
6.1. Überweisungen
Post- und Bankbelege

Überweisungen sind grundsätzlich durch Post- oder Bankbelege (Buchungsbestätigungen oder Kontoauszüge) nachzuweisen, die die unterhaltene Person als Empfänger ausweisen. Durch solche Unterlagen wird in der Regel in hinreichendem Maße bewiesen, wann und wie viel Geld aus dem Vermögensbereich des Steuerpflichtigen abgeflossen ist, und es kann im Allgemeinen unterstellt werden, dass diese Beträge auch in den Verfügungsbereich des Adressaten gelangt, nämlich auf dessen Bankkonto im Ausland verbucht bzw. von der Post bar ausgehändigt worden sind (BFH-Urteil vom 14. Mai 1982, BStBl II Seite 772). Für den Geldtransfer anfallende Aufwendungen (Porto, Spesen und Bearbeitungsgebühren) sind keine Unterhaltsaufwendungen.

Anhang 3
Außergewöhnliche Belastungen

Mehrere Personen

14 Werden mehrere Personen, die in einem gemeinsamen Haushalt leben, unterhalten, so genügt es, wenn die Überweisungsbelege auf den Namen einer dieser Personen lauten.

Abweichender Kontoinhaber

15 Bei Überweisungen auf ein nicht auf den Namen der unterhaltenen Person lautendes Konto im Ausland ist neben den inländischen Zahlungsbelegen eine Bescheinigung der Bank über die Kontovollmacht und über den Zeitpunkt, die Höhe und den Empfänger der Auszahlung erforderlich.

Ersatzbelege

16 Sind Zahlungsbelege abhandengekommen, hat der Steuerpflichtige Ersatzbelege zu beschaffen. Die hierfür anfallenden Kosten sind keine Unterhaltsaufwendungen.

6.2. Andere Zahlungswege

Allgemeines

17 Der Steuerpflichtige kann auch einen anderen Zahlungsweg wählen, wenn die so erbrachte Unterhaltsleistung in hinreichender Form nachgewiesen wird (BFH-Urteil vom 14. Mai 1982, BStBl II Seite 774). Entsprechend den unter Rz. 3, 4 dargelegten Grundsätzen sind bei baren Unterhaltszahlungen sowie bei allen anderen Zahlungswegen erhöhte Beweisanforderungen zu erfüllen. Abhebungsnachweise und detaillierte Empfängerbestätigungen (vgl. Rz. 21) sind erforderlich. Zwischen der Abhebung und der jeweiligen Geldübergabe muss ein ausreichender Sachzusammenhang (Zeitraum von höchstens zwei Wochen) bestehen. Die Durchführung der Reise ist stets anhand von Fahrkarten, Tankquittungen, Grenzübertrittsvermerken, Flugscheinen, Visa usw. nachzuweisen.

Mitnahme von Bargeld bei Familienheimfahrten

18 Erleichterungen gelten bei Familienheimfahrten des Steuerpflichtigen zu seiner von ihm unterstützten und im Ausland lebenden Familie. Eine Familienheimfahrt liegt nur vor, wenn der Steuerpflichtige seinen im Ausland lebenden Ehegatten besucht, der dort weiter den Familienhaushalt aufrechterhält. Lebt auch der Ehegatte im Inland und besucht der Steuerpflichtige nur seine im Ausland lebenden Kinder oder die eigenen Eltern, liegt keine Familienheimfahrt vor mit der Folge, dass die allgemeinen Beweisgrundsätze gelten (BFH-Urteil vom 19. Mai 2004, BStBl 2005 II Seite 24).

19 Bei Arbeitnehmern kann grundsätzlich davon ausgegangen werden, dass der Steuerpflichtige je Familienheimfahrt einen Nettomonatslohn für den Unterhalt des Ehegatten, der Kinder und anderer im Haushalt des Ehegatten lebender Angehöriger mitnimmt. Diese Beweiserleichterung gilt nur für bis zu vier im Kalenderjahr nachweislich durchgeführte Familienheimfahrten. Im Rahmen der Beweiserleichterung kann aber höchstens ein Betrag geltend gemacht werden, der sich ergibt, wenn der vierfache Nettomonatslohn um die auf andere Weise erbrachten und nachgewiesenen oder glaubhaft gemachten Zahlungen gekürzt wird (vgl. BFH-Urteil vom 4. August 1994, BStBl 1995 II Seite 114). Macht der Steuerpflichtige höhere Aufwendungen als (pauschal) den vierfachen Nettomonatslohn geltend, müssen alle Zahlungen entsprechend den allgemeinen Grundsätzen nachgewiesen werden.

Beispiel 1:
Ein Arbeitnehmer hat seinen Familienhaushalt (Ehefrau, minderjähriges Kind, kein Anspruch auf Kindergeld oder vergleichbare Leistungen) in einem Land der Ländergruppe 1 (keine Kürzung). Er hat im Kalenderjahr 2021 nachweislich zwei Heimfahrten unternommen und macht die Mitnahme von Bargeld im Wert von jeweils 1.500 Euro geltend, ohne dies jedoch belegen zu können. Außerdem hat er drei Überweisungen in Höhe von jeweils 1.450 Euro

Anhang 3
Außergewöhnliche Belastungen

nachgewiesen. Sein Nettomonatslohn beläuft sich auf 1.312 Euro. Die Opfergrenze kommt nicht zur Anwendung.

1. Aufwendungen für den Unterhalt:
Mitnahme von Bargeld
(2 tatsächliche Familienheimfahrten x 1.312 Euro, Deckelung gemäß
Rz. 19 Satz 1)   2.624 Euro
Überweisungen (3 x 1.450 Euro)   4.350 Euro
Summe   6.974 Euro

2. Berechnung der abziehbaren Unterhaltsaufwendungen:
vierfacher Nettomonatslohn (1.312 Euro x 4)
(jährlich höchstens anzusetzen im Rahmen der Beweiserleichterung)   5.248 Euro
./. anderweitig nachgewiesene Zahlungen   4.350 Euro
verbleibender Betrag im Rahmen der Beweiserleichterung   898 Euro
abziehbare Unterhaltsaufwendungen (4.350 Euro + 898 Euro)   5.248 Euro

Geldtransfer durch eine Mittelsperson

Der Geldtransfer durch eine Mittelsperson (hierzu zählt auch ein neutrales gewerbliches Transportunternehmen) kann grundsätzlich nicht anerkannt werden. Dies gilt nicht, wenn wegen der besonderen Situation im Wohnsitzstaat (z. B. Krisengebiet) ausnahmsweise kein anderer Zahlungsweg möglich ist. In diesem Fall sind neben der Identität der Mittelsperson (Name und Anschrift) der genaue Reiseverlauf darzustellen sowie ein lückenloser Nachweis über die Herkunft des Geldes im Inland und über jeden einzelnen Schritt bis zur Übergabe an die unterhaltene Person zu erbringen. Die Durchführung der Reise durch eine private Mittelsperson ist stets durch Fahrkarten, Tankquittungen, Grenzübertrittsvermerke, Flugscheine, Visa usw. nachzuweisen.

Empfängerbestätigung

Eine Empfängerbestätigung muss für die Übergabe jedes einzelnen Geldbetrags ausgestellt werden. Sie muss den Namen und die Anschrift des Steuerpflichtigen und der unterhaltenen Person, das Datum der Ausstellung und die Unterschrift des Empfängers sowie den Ort und den Zeitpunkt der Geldübergabe enthalten. Um die ihr zugedachte Beweisfunktion zu erfüllen, muss sie Zug um Zug gegen Hingabe des Geldbetrags ausgestellt werden. Nachträglich ausgestellte oder zusammengefasste Empfängerbestätigungen erfüllen die Nachweisvoraussetzungen nicht.

7. Aufteilung einheitlicher Unterhaltsleistungen auf mehrere Personen

Werden Personen unterhalten, die in einem gemeinsamen Haushalt leben, sind die insgesamt nachgewiesenen bzw. glaubhaft gemachten Aufwendungen einheitlich nach Köpfen aufzuteilen, auch soweit unterhaltene Personen nicht zu den zum Abzug berechtigenden Unterhaltsempfängern (Rz. 2) gehören (BFH-Urteile vom 12. November 1993, BStBl 1994 II Seite 731 und vom 19. Juni 2002, BStBl II Seite 753). Eine Aufteilung einheitlicher Unterhaltszahlungen ist nur möglich, wenn die Unterhaltsempfänger gewissermaßen "aus einem Topf" wirtschaften (BFH-Urteil vom 30. Juni 2010, BStBl 2011 II Seite 267).

Beispiel 2:
Ein Steuerpflichtiger unterstützt im Kalenderjahr 2021 seine Ehefrau, sein minderjähriges Kind (Kindergeld wird gewährt), seine verwitwete Mutter und seine Schwester, die im Heimatland in einem gemeinsamen Haushalt leben, mit 6.000 Euro.
Von den Aufwendungen für den Unterhalt in Höhe von 6.000 Euro entfallen auf jede unterstützte Person 1.500 Euro (6.000 Euro : 4). Die Schwester des Steuerpflichtigen und das minderjährige Kind gehören nicht zu den zum Abzug berechtigenden Unterhaltsempfängern (Rz. 1). Abziehbar sind – vorbehaltlich anderer Abzugsbeschränkungen – lediglich die für die Ehefrau (1.500 Euro) und die Mutter (1.500 Euro) erbrachten Aufwendungen.

8. Unterstützung durch mehrere Personen

8.1. Unterstützung durch mehrere unbeschränkt einkommensteuerpflichtige Personen

23 Werden Aufwendungen für eine unterhaltene Person von mehreren unbeschränkt Einkommensteuerpflichtigen getragen, so wird bei jedem der Teil des sich hiernach ergebenden Betrags abgezogen, der seinem Anteil am Gesamtbetrag der Leistung entspricht (§ 33a Absatz 1 Satz 7 EStG). Unterhaltsbeiträge von Personen, die die Voraussetzungen von § 33a Absatz 1 Sätze 1 und 3 EStG nicht erfüllen, führen jedoch nicht zu einer anteiligen Kürzung des Höchstbetrags nach § 33a Absatz 1 Satz 7 EStG. Sie sind als andere Einkünfte und Bezüge der unterhaltenen Person gemäß § 33a Absatz 1 Satz 5 EStG zu berücksichtigen (BFH-Urteil vom 28. April 2020, BStBl 2021 II Seite 209).

Beispiel 3:
Vier Töchter A, B, C und D unterstützen ihren in einem Land der Ländergruppe 1 (keine Kürzung) lebenden bedürftigen Vater im Kalenderjahr 2021 mit jeweils 250 Euro monatlich. Der Abzug der Aufwendungen für den Unterhalt von insgesamt 12.000 Euro ist auf den Höchstbetrag von 9.744 Euro[1]) (§ 33a Absatz 1 Satz 1 EStG) beschränkt. Dieser ist entsprechend dem Anteil der Töchter am Gesamtbetrag der Leistungen mit jeweils 2.436 Euro (9.744 Euro[1]) : 4) abziehbar.

8.2. Unterstützung durch eine im Inland nicht unbeschränkt einkommensteuerpflichtige Person

24 Tragen mehrere Personen zum Unterhalt bei und ist eine davon im Inland nicht unbeschränkt einkommensteuerpflichtig, wird diese bei der Aufteilung des abziehbaren Betrags nicht berücksichtigt. Deren Unterhaltsleistungen sind bei der unterhaltenen Person als Bezüge (Rz. 31) zu erfassen.

Beispiel 4:
Sachverhalt wie Beispiel 3, die Tochter D lebt jedoch in Frankreich.

Höchstbetrag (§ 33a Absatz 1 Satz 1 EStG):		9.744 Euro[1])
anrechenbare Bezüge (250 Euro x 12)	3.000 Euro	
Kostenpauschale	− 180 Euro	
	2.820 Euro	
anrechnungsfreier Betrag	− 624 Euro	
anzurechnende Bezüge	2.196 Euro	2.196 Euro
abziehbarer Höchstbetrag:		7.548 Euro

Bei den Töchtern A, B und C ist wegen ihrer Leistungen in gleicher Höhe jeweils ein Betrag von 2.516 Euro (7.548 Euro : 3) abzuziehen.

9. Zeitanteilige Ermäßigung des Höchstbetrags

9.1. Feststellung der Monate der Unterhaltszahlungen

25 Für jeden vollen Kalendermonat, in dem die allgemeinen Voraussetzungen für den Abzug von Aufwendungen für den Unterhalt nicht vorgelegen haben, ermäßigt sich der nach Rz. 34 in Betracht kommende Höchstbetrag um ein Zwölftel (§ 33a Absatz 3 Satz 1 EStG). Es ist deshalb festzustellen, für welche Monate Zahlungen geleistet wurden.

---

[1]) *Ab VZ 2022 beträgt der Höchstbetrag nach § 33a Abs. 1 Satz 1 i. V. m. § 32a Abs. 1 10.347 €.*

Beispiel 5:
Der Steuerpflichtige unterstützt seine in einem Land der Ländergruppe 1 (keine Kürzung) lebende bedürftige 70 Jahre alte Mutter durch monatliche Überweisungen von Juni bis Dezember 2021 in Höhe von jeweils 800 Euro.

nachgewiesene Aufwendungen für den Unterhalt	5.600 Euro
Höchstbetrag (§ 33a Absatz 1 Satz 1 EStG)	9.744 Euro[1])
zeitanteilige Ermäßigung des Höchstbetrags um 5/12 (§ 33a Absatz 3 Satz 1 EStG, erste Zahlung im Juni)	– 4.060 Euro
abziehbare Aufwendungen für den Unterhalt (7/12)	5.684 Euro

Es sind maximal Unterhaltsaufwendungen i. H. v. 5.684 Euro abzuziehen.

9.2. Zeitliche Zuordnung der Unterhaltsaufwendungen

Unterhaltsaufwendungen können nur abgezogen werden, soweit sie dem laufenden Lebensbedarf der unterhaltenen Person im Kalenderjahr der Leistung dienen (BFH-Urteil vom 11. November 2010, BStBl 2011 II Seite 966). 26

Auch nur gelegentliche oder einmalige Leistungen im Kalenderjahr können Aufwendungen für den Unterhalt sein. Die Unterstützung und die Eignung der Leistungen zur Deckung des laufenden Unterhalts sind dabei besonders sorgfältig zu prüfen. Unterhaltsaufwendungen dürfen aber grundsätzlich nicht auf Monate vor ihrer Zahlung zurückbezogen werden. Dabei ist davon auszugehen, dass der Unterhaltsverpflichtete seine Zahlungen so einrichtet, dass sie zur Deckung des Lebensbedarfs der unterhaltenen Person bis zum Erhalt der nächsten Unterhaltszahlung dienen. Etwas anderes gilt, wenn damit Schulden getilgt werden, die der unterhaltenen Person in den vorangegangenen Monaten des Kalenderjahres durch Bestreitung von Lebenshaltungskosten entstanden sind, und wenn der Steuerpflichtige dies nachweist (BFH-Urteil vom 2. Dezember 2004, BStBl 2005 II Seite 483). 27

Soweit Zahlungen nicht ausschließlich dazu bestimmt sind, den Unterhaltsbedarf des laufenden, sondern auch des folgenden Kalenderjahres abzudecken, können die gesamten Unterhaltsaufwendungen nur im Kalenderjahr der Zahlung, nicht jedoch im folgenden Kalenderjahr berücksichtigt werden. Dabei wird zugunsten des Steuerpflichtigen unterstellt, dass die Zahlung der Bedarfsdeckung bis zum Ende des Kalenderjahres der Zahlung dient (BFH-Urteil vom 25. April 2018, BStBl II Seite 643). 28

Beispiel 6:
Der Steuerpflichtige überweist erstmals im Dezember 2021 einen Betrag von 3.000 Euro an seinen bedürftigen Vater in einem Land der Ländergruppe 1 (keine Kürzung). Die Zahlung ist für den Unterhalt bis zum 30. Juni 2022 bestimmt.
Die Unterhaltszahlung ist in 2021 abgeflossen (§ 11 Absatz 2 EStG). Die Unterhaltsaufwendungen sind mit 812 Euro (1/12 von 9.744 Euro) abziehbar. Eine Berücksichtigung in 2022 ist nicht möglich.

9.3. Vereinfachungsregelungen

Aus Vereinfachungsgründen kann davon ausgegangen werden, dass 29
– Unterhaltsleistungen an den Ehegatten stets zur Deckung des Lebensbedarfs des gesamten Kalenderjahrs bestimmt sind;
– bei Unterhaltsleistungen an andere unterhaltene Personen die einzelne Zahlung ohne Rücksicht auf die Höhe ab dem Zeitpunkt, in dem sie geleistet wurde, zur Deckung des Lebensbedarfs der unterhaltenen Person bis zur nächsten Zahlung reicht.

---

[1]) *Ab VZ 2022 beträgt der Höchstbetrag nach § 33a Abs. 1 Satz 1 i. V. m. § 32a Abs. 1 10.347 €.*

Anhang 3
Außergewöhnliche Belastungen

Dies gilt auch, wenn einzelne Zahlungen den auf einen Monat entfallenden anteiligen Höchstbetrag nicht erreichen;
- die einzige oder letzte Unterhaltsleistung im Kalenderjahr der Bedarfsdeckung bis zum Schluss des Kalenderjahrs dient;
- bei jeder nachgewiesenen Familienheimfahrt Unterhalt geleistet wird (Rz. 18, 19);
- Unterhaltsleistungen an den Ehegatten auch zum Unterhalt anderer Personen bestimmt sind, die mit diesem in einem gemeinsamen Haushalt leben (Rz. 22).

Beispiel 7:
Der Steuerpflichtige unterstützt im Kalenderjahr 2021 seine in einem Land der Ländergruppe 1 (keine Kürzung) lebende bedürftige Ehefrau durch eine einmalige Zahlung im Monat Juli in Höhe von 5.000 Euro.
Es ist davon auszugehen, dass die Aufwendungen für den Unterhalt an die Ehefrau zur Deckung des Lebensbedarfs des gesamten Kalenderjahres bestimmt sind. Die Aufwendungen für den Unterhalt sind in voller Höhe (5.000 Euro) abziehbar.

Beispiel 8:
Der Steuerpflichtige unterstützt seinen in einem Land der Ländergruppe 2 (Kürzung des Höchstbetrages auf 3/4 bzw. 7.308 Euro) lebenden bedürftigen schwerkranken Vater durch gelegentliche Überweisungen im Laufe des Kalenderjahres 2021 in Höhe von 3.200 Euro, und zwar im Februar mit 1.200 Euro und im November mit 2.000 Euro.
Es ist aus Vereinfachungsgründen davon auszugehen, dass die Zahlung im Februar ohne Rücksicht auf die Höhe zur Deckung des Lebensbedarfs des Vaters bis zur nächsten Zahlung im November reicht. Die tatsächlich geleisteten Unterhaltszahlungen sind in voller Höhe (3.200 Euro) abziehbar, da sie unter dem anteiligen Höchstbetrag von 6.699 Euro (11/12 von 7.308 Euro) liegen.

Beispiel 9:
Der Steuerpflichtige unterstützt im Kalenderjahr 2021 seine in einem Land der Ländergruppe 1 (keine Kürzung) lebende bedürftige 80 Jahre alte Mutter durch eine einmalige Zahlung im Monat Juli in Höhe von 5.000 Euro.
Es ist davon auszugehen, dass die Aufwendungen für den Unterhalt an die Mutter der Bedarfsdeckung bis zum Schluss des Kalenderjahres dienen. Von den tatsächlichen Aufwendungen für den Unterhalt in Höhe von 5.000 Euro sind jedoch unter Berücksichtigung der zeitanteiligen Kürzung des Höchstbetrags nach § 33a Absatz 3 Satz 1 EStG lediglich 4.872 Euro (6/12 von 9.744 Euro[1])) abziehbar.

Beispiel 10:
Wie Beispiel 9, aber der Steuerpflichtige leistet vier Zahlungen in Höhe von insgesamt 10.000 Euro (je 2.500 Euro im Februar, Juni, August und November).
Es ist davon auszugehen, dass von Februar an (Zeitpunkt der ersten Unterhaltsleistung) Unterhalt erbracht wurde und dass die letzte Unterhaltsleistung der Bedarfsdeckung bis zum Ende des Kalenderjahrs dient. Die tatsächlichen Aufwendungen in Höhe von 10.000 Euro sind damit unter Berücksichtigung der zeitanteiligen Kürzung des Höchstbetrags nach § 33a Absatz 3 Satz 1 EStG lediglich in Höhe von 8.932 Euro (11/12 von 9.744 Euro[1])) abziehbar.

9.4. Zeitpunkt des Abflusses der Unterhaltsleistung

Eine Unterhaltsleistung ist in dem Zeitpunkt abgeflossen, in dem der Steuerpflichtige die wirtschaftliche Verfügungsmacht über das Geld verliert. Für Überweisungen bedeutet dies, dass die Leistung grundsätzlich mit der Abgabe des Überweisungsträgers bei der Überweisungsbank, spätestens jedoch mit der Lastschrift (Wertstellung) bei der unterstützenden Person abgeflossen ist (BFH-Urteil vom 6. März 1997, BStBl II Seite 509).

---

[1]) **Ab VZ 2022 beträgt der Höchstbetrag nach § 33a Abs. 1 Satz 1 i. V. m. § 32a Abs. 1 10.347 €.**

Beispiel 11:
Der Steuerpflichtige überweist mit Wertstellung 23. Dezember 2021 einen Betrag von 3.000 Euro an seine bedürftige Mutter in einem Land der Ländergruppe 3 (Kürzung des Höchstbetrages auf 1/2 bzw. 4.872 Euro). Das Geld wird am 6. Januar 2022 auf dem Konto der Mutter gutgeschrieben.
Die Unterhaltsleistung ist in 2021 abgeflossen (§ 11 Absatz 2 EStG). Daher sind die Unterhaltsaufwendungen als Leistungen des Monats Dezember 2021 in Höhe von 406 Euro zu berücksichtigen (1/12 von 4.872 Euro). Eine Berücksichtigung in 2022 ist nicht möglich.

10. Anrechnung eigener Bezüge der unterhaltenen Personen
10.1. Begriff der Bezüge
Bezüge sind alle Einnahmen in Geld oder Geldeswert, die nicht im Rahmen der einkommensteuerrechtlichen Einkunftsermittlung erfasst werden. Bezüge im Ausland, die – wenn sie im Inland anfielen – Einkünfte wären, sind wie inländische Einkünfte zu ermitteln. Unter Beachtung der Ländergruppeneinteilung (Rz. 35) sind Sachbezüge nach der jeweils geltenden Sozialversicherungsentgeltverordnung mit dem sich ergebenden Anteil anzusetzen. Die Kürzung nach der Ländergruppeneinteilung gilt nicht für die Werbungskosten-Pauschbeträge, den Sparer-Pauschbetrag und die Kostenpauschale (Rz. 33).   31

10.2. Umrechnung ausländischer Bezüge
Ausländische Bezüge sind in Euro umzurechnen (§ 33a Absatz 1 Satz 8 EStG).   32

10.3. Berücksichtigung der Kostenpauschale
Bei Bezügen, die nicht wie inländische Einkünfte ermittelt werden, ist eine Kostenpauschale von 180 Euro (unabhängig von der Ländergruppeneinteilung) zu berücksichtigen, wenn nicht höhere Aufwendungen geltend gemacht werden.   33

Beispiel 12:
Ein Steuerpflichtiger unterstützt seine im Heimatland (Ländergruppe 2, Kürzung auf 3/4) lebenden Eltern durch zwei Überweisungen am 3. April und am 6. September 2021 von jeweils 750 Euro. Der Vater erzielt im Kalenderjahr 2021 Bezüge aus gewerblicher Tätigkeit (Rz. 31) von – umgerechnet – 1.000 Euro. Die Mutter bezieht eine Rente von – umgerechnet – 1.440 Euro im Kalenderjahr.

1.	Höhe der Aufwendungen für den Unterhalt		
	nachgewiesene Zahlungen		1.500 Euro
2.	Berechnung der Höchstbeträge		
	Berechnung der Höchstbeträge: 9.744 Euro[1]) x 2		19.488 Euro
	zeitanteilige Ermäßigung auf 9/12 (§ 33a Absatz 3 Satz 1 EStG) (erste Zahlung im April)		14.616 Euro
	Ermäßigung nach der Ländergruppeneinteilung auf 3/4		10.962 Euro
3.	Berechnung der anzurechnenden Bezüge		
3.1	Bezüge aus gewerblicher Tätigkeit (Vater) im Unterstützungszeitraum anteilig: 9/12 (April bis Dezember, § 33a Absatz 3 Satz 2 EStG)	1.000 Euro	750 Euro
3.2	Renteneinnahmen (Mutter) (Erfassung der Rente in voller Höhe)	1.440 Euro	
	Werbungskosten-Pauschbetrag 102 Euro (für den sonstigen Einkünften vergleichbaren Rentenanteil)	– 102 Euro	

---

[1]) Ab VZ 2022 beträgt der Höchstbetrag nach § 33a Abs. 1 Satz 1 i. V. m. § 32a Abs. 1 10.347 €.

Anhang 3
Außergewöhnliche Belastungen

Kostenpauschale 180 Euro (für den Rentenanteil, der bei einer inländischen Rente als Bezug zu erfassen wäre)	– 180 Euro
anzusetzende Rente	1.158 Euro
im Unterstützungszeitraum angefallen: 9/12 (April bis Dezember, § 33a Absatz 3 Satz 2 EStG)	868 Euro
Summe der Bezüge	1.618 Euro

3.3 Summe der anteilig anzurechnenden Bezüge
(April bis Dezember, § 33a Absatz 3 Satz 2 EStG)

anrechnungsfreier Betrag (§ 33a Absatz 1 Satz 5 EStG): 624 Euro x 2	1.248 Euro
Kürzung nach der Ländergruppeneinteilung auf 3/4	936 Euro
im Unterstützungszeitraum anteilig zu berücksichtigen: 9/12	– 702 Euro
Summe der anzurechnenden Bezüge	916 Euro

4. Berechnung des abziehbaren Höchstbetrags

ermäßigte zeitanteilige Höchstbeträge (Nr. 2)	10.962 Euro
anzurechnende Bezüge (Nr. 3)	– 916 Euro
abziehbarer Höchstbetrag	10.046 Euro

Abziehbar sind jedoch höchstens die nachgewiesenen Unterhaltsaufwendungen in Höhe von 1.500 Euro (Nr. 1).

10.4. Unterstützungszeitraum/Schwankende Bezüge

34 Bezüge der unterhaltenen Person, die auf Kalendermonate entfallen, in denen die Voraussetzungen für die Anerkennung von Aufwendungen für den Unterhalt nicht vorliegen, vermindern nicht den ermäßigten Höchstbetrag (§ 33a Absatz 3 Satz 2 EStG). Bei schwankenden Bezügen ist aus Vereinfachungsgründen keine monatliche Betrachtungsweise bzw. Zuordnung vorzunehmen, sondern der jeweilige Unterstützungszeitraum als Ganzes zu sehen.

11. Abzugsbeschränkungen

11.1. Verhältnisse des Wohnsitzstaates (Ländergruppeneinteilung)

35 Aufwendungen für den Unterhalt können nur abgezogen werden, soweit sie nach den Verhältnissen des Wohnsitzstaates notwendig und angemessen sind (§ 33a Absatz 1 Satz 6 EStG). Als Maßstab gilt grundsätzlich das Pro-Kopf-Einkommen der Bevölkerung.

36[1]) Die Ländergruppeneinteilung und die sich hiernach ergebenden Kürzungen für die einzelnen Staaten werden durch BMF-Schreiben bekannt gegeben (zuletzt durch das BMF-Schreiben vom 11. November 2020, BStBl I Seite 1212).

37 Der Höchstbetrag nach § 33a Absatz 1 Satz 1 EStG und der anrechnungsfreie Betrag nach § 33a Absatz 1 Satz 5 EStG sind entsprechend der Ländergruppeneinteilung zu kürzen. Die Kürzung nach der Ländergruppeneinteilung gilt nicht für die zur Absicherung der unterhaltsberechtigten Person aufgewandten Beiträge zu einer Basiskranken- und Pflegeversicherung i. S. d. § 33a Absatz 1 Satz 2 EStG.

11.2. Opfergrenzenregelung

38 Eine Abzugsbeschränkung von Unterhaltsaufwendungen kann sich auch durch die Berücksichtigung der Verhältnisse des Steuerpflichtigen selbst und die Anwendung der sog. Opfergrenze ergeben (vgl. hierzu Rz. 16 - 21 des BMF-Schreibens „Allgemeine Hinweise zur Berücksichtigung von Unterhaltsaufwendungen nach § 33a Absatz 1 Einkommensteuergesetz (EStG) als außergewöhnliche Belastung" vom 06. April 2022).

---

[1]) >Anhang 2 III

Anhang 3
Außergewöhnliche Belastungen

Beispiel 13:
Ein Steuerpflichtiger unterstützt im Kalenderjahr 2021 seine im Heimatland (Ländergruppe 1, keine Kürzung) in einem gemeinsamen Haushalt lebenden Angehörigen, und zwar seine Ehefrau, sein minderjähriges Kind (Kindergeld wird gewährt) und seine Schwiegereltern durch Unterhaltsleistungen in Höhe von 8.400 Euro. Die Unterhaltsbedürftigkeit der Ehefrau und der Schwiegereltern ist nachgewiesen. Alle Personen haben keine Bezüge. Der Steuerpflichtige hat Einnahmen (Bruttoarbeitslohn, Steuererstattungen, Kindergeld) in Höhe von 28.000 Euro. Die Steuerabzugsbeträge belaufen sich auf 2.500 Euro. Die Arbeitnehmerbeiträge zur Sozialversicherung belaufen sich auf 4.800 Euro. An Werbungskosten sind ihm 4.250 Euro entstanden.

1. Die Aufwendungen für den Unterhalt sind nach Köpfen auf alle unterstützten Personen aufzuteilen (Rz. 22). Hiernach entfallen auf jede unterstützte Person 2.100 Euro (8.400 Euro : 4).
2. Das minderjährige Kind, für das Kindergeld gewährt wird, gehört nicht zu den begünstigten Unterhaltsempfängern (Rz. 2). Insoweit kommt ein Abzug nicht in Betracht.
3. Für die Unterhaltsleistungen an die Ehefrau gilt die Opfergrenzenregelung nicht. Sie sind in voller Höhe (2.100 Euro) abziehbar.
4. Für die Unterhaltsleistungen an die Schwiegereltern (4.200 Euro) kann eine Begrenzung durch die Opfergrenzenregelung in Betracht kommen.

4.1 Berechnung des Nettoeinkommens:

verfügbare Einnahmen (Bruttoarbeitslohn, Steuererstattungen, Kindergeld)	28.000 Euro
Steuerabzugsbeträge	– 2.500 Euro
Arbeitnehmerbeiträge zur Sozialversicherung	– 4.800 Euro
Werbungskosten	– 4.250 Euro
verfügbares Nettoeinkommen für die Ermittlung der Opfergrenze	16.450 Euro

4.2 Berechnung der Opfergrenze:

1 % je volle 500 Euro des Nettoeinkommens 16.450 Euro abgerundet auf volle 500 Euro (16.000 Euro : 500 Euro = 32)	32 %
abzgl. je 5 %-Punkte für Ehefrau und Kind	– 10 %
maßgebender Prozentsatz für die Berechnung der Opfergrenze	22 %

Die Opfergrenze liegt somit bei 3.619 Euro (22 % von 16.450 Euro).

5. Berechnung der Abzugsbeträge

5.1 Aufwendungen für den Unterhalt an die Ehefrau:
nachgewiesene Zahlungen (Nr. 3)   2.100 Euro

5.2 Aufwendungen für den Unterhalt an die Schwiegereltern:
nachgewiesene Zahlungen (Nr. 4): 4.200 Euro, davon höchstens zu berücksichtigen (Opfergrenze, Nr. 4.2)   3.619 Euro
Summe der abziehbaren Unterhaltsaufwendungen   5.719 Euro

12. Anwendungsregelung

Die vorstehenden Grundsätze gelten für alle offenen Fälle und ersetzen das BMF-Schreiben vom 7. Juni 2010, BStBl I Seite 588.

Anhang 3

Außergewöhnliche Belastungen

Allgemeine Hinweise zur Berücksichtigung von Unterhaltsaufwendungen nach § 33a Absatz 1 Einkommensteuergesetz (EStG) als außergewöhnliche Belastung; Überarbeitung des BMF-Schreibens vom 7. Juni 2010 (BStBl I Seite 582)

BMF vom 06.04.2022 (BStBl I S. 617)
IV C 8 – S 2285/19/10003 :001 – 2022/0025940

Inhaltsübersicht

		Rz.
1.	**Begünstigter Personenkreis**	1 – 3
	1.1. Gesetzlich unterhaltsberechtigte Personen	1
	1.2. Gleichgestellte Personen	2 – 3
2.	**Besonderheiten bei gleichgestellten Personen**	4 – 9
3.	**Bedürftigkeit des Unterhaltsempfängers**	10
4.	**Begünstigte Unterhaltsaufwendungen**	11 – 15
5.	**Abzugsbeschränkung/Ermittlung der abzugsfähigen Unterhaltsaufwendungen unter Berücksichtigung des verfügbaren Nettoeinkommens**	16 – 28
	5.1. Ermittlung des verfügbaren Nettoeinkommens	16 – 21
	5.2. Anwendung der Opfergrenze auf das verfügbare Nettoeinkommen	22 – 23
	5.3. Ermittlung der abziehbaren Unterhaltsaufwendungen bei einer sozialrechtlichen Bedarfsgemeinschaft	24 – 28
6.	**Eigene Einkünfte und Bezüge der unterhaltenen Person**	29 – 36
7.	**Nachweiserfordernisse**	37
8.	**Anwendungsregelung**	38

Unter Bezugnahme auf das Ergebnis der Erörterungen mit den obersten Finanzbehörden der Länder gelten für die steuerliche Behandlung von Unterhaltsaufwendungen als außergewöhnliche Belastung nach § 33a Absatz 1 EStG die folgenden allgemeinen Grundsätze.

1. Begünstigter Personenkreis

1.1. Gesetzlich unterhaltsberechtigte Personen

1 Nach § 33a Absatz 1 Satz 1 EStG sind Aufwendungen für den Unterhalt und die Berufsausbildung einer dem Steuerpflichtigen oder seinem Ehegatten gegenüber gesetzlich unterhaltsberechtigten Person bis zu dem vorgesehenen Höchstbetrag als außergewöhnliche Belastung zu berücksichtigen. Gesetzlich unterhaltsberechtigt sind Personen, denen gegenüber der Steuerpflichtige nach dem Bürgerlichen Gesetzbuch (BGB) oder dem Lebenspartnerschaftsgesetz (LPartG) unterhaltsverpflichtet ist (siehe R 33a.1 Absatz 1 EStR 2012 und H 33a.1 „Unterhaltsanspruch der Mutter bzw. des Vaters eines nichtehelichen Kindes" und „Unterhaltsberechtigung" EStH 2020). Danach sind folgende Personen gegenüber dem Steuerpflichtigen unterhaltsberechtigt:

– Verwandte in gerader Linie (z. B. Kinder, Enkel, Eltern, Großeltern),
– Ehegatten und Lebenspartner einer eingetragenen Lebenspartnerschaft (siehe § 2 Absatz 8 EStG)[1],
– geschiedene Ehegatten und Lebenspartner einer aufgehobenen Lebenspartnerschaft,

---

[1] nachfolgend Ehegatte

– Mutter bzw. Vater eines nichtehelichen Kindes gegenüber dem anderen Elternteil.

Gehört die unterhaltsberechtigte Person zum Haushalt des Steuerpflichtigen, kann regelmäßig davon ausgegangen werden, dass ihm dafür Unterhaltsaufwendungen in Höhe des maßgeblichen Höchstbetrags erwachsen (vgl. R 33a.1 Absatz 1 Satz 5 EStR 2012). Eine bestehende Zugehörigkeit der unterhaltsberechtigten Person zum Haushalt des Steuerpflichtigen wird durch eine auswärtige Ausbildung oder durch ein auswärtiges Studium (z. B. durch die Unterbringung des studierenden Kindes am Studienort) in der Regel nicht aufgehoben. Eine gewisse räumliche Trennung ist unschädlich, wenn keine besonderen Umstände hinzukommen, die auf eine dauerhafte Trennung der unterhaltsberechtigten Person vom Haushalt des Steuerpflichtigen schließen lassen (z. B. wenn ein verheiratetes Kind mit seinem Ehegatten eine eigene Wohnung bezogen hat). Eine auswärtige Unterbringung der unterhaltsberechtigten Person (z. B. des Kindes), die nicht zu einer Beendigung der Haushaltszugehörigkeit führt, hat demzufolge keine Auswirkung auf die Annahme, dass Unterhaltsaufwendungen in Höhe des maßgeblichen Höchstbetrags erwachsen sind.

1.2. Gleichgestellte Personen

Den gesetzlich unterhaltsberechtigten Personen stehen nach § 33a Absatz 1 Satz 3 EStG Personen gleich, bei denen die inländische öffentliche Hand ihre Leistungen (z. B. Arbeitslosengeld II nach dem Dritten Kapitel SGB II, Hilfe zum Lebensunterhalt nach dem Dritten Kapitel SGB XII, Grundsicherung im Alter und bei Erwerbsminderung nach dem Vierten Kapitel SGB XII) wegen der Unterhaltsleistungen des Steuerpflichtigen ganz oder teilweise nicht gewährt oder, wenn ein entsprechender Antrag gestellt würde, ganz oder teilweise nicht gewähren würde[1]).

Aufgrund dessen kann beim Vorliegen einer sozialrechtlichen Bedarfsgemeinschaft regelmäßig davon ausgegangen werden, dass der gleichgestellten Person i. S. d. § 33a Absatz 1 Satz 3 EStG zum Unterhalt bestimmte inländische öffentliche Mittel mit Rücksicht auf die Unterhaltsleistungen des Steuerpflichtigen gekürzt werden (BFH-Urteil vom 9. März 2017, BStBl II Seite 890), vgl. hierzu Rz. 6. Ob eine Gemeinschaft in diesem Sinne vorliegt, ist ausschließlich nach sozialrechtlichen Kriterien zu beurteilen.

Als Personen, die i. S. d. Rz. 2 eine sozialrechtliche Bedarfsgemeinschaft bilden und demzufolge gesetzlich unterhaltsberechtigten Personen gleichstehen, kommen insbesondere Partner einer eheähnlichen Gemeinschaft (§ 7 Absatz 3 Nummer 3 Buchstabe c i. V. m. Absatz 3a, § 9 Absatz 2 SGB II und § 20 Satz 1 SGB XII) in Betracht.

2. Besonderheiten bei gleichgestellten Personen

Unterhaltsleistungen des Steuerpflichtigen für seinen bedürftigen im Inland lebenden ausländischen Lebensgefährten können auch nach § 33a Absatz 1 Satz 3 EStG abziehbar sein, wenn der Lebensgefährte bei Inanspruchnahme von Sozialhilfe damit rechnen müsste, keine Aufenthaltsgenehmigung zu erhalten oder ausgewiesen zu werden (BFH-Urteil vom 20. April 2006, BStBl 2007 II Seite 41).

Hat die unterhaltene Person Leistungen der inländischen öffentlichen Hand erhalten, die zur Bestreitung des Unterhalts bestimmt oder geeignet sind, sind diese Leistungen als Bezüge der unterhaltenen Person im Rahmen des § 33a Absatz 1 Satz 5 EStG zu berücksichtigen. Bei Vorliegen einer sozialrechtlichen Bedarfsgemeinschaft zwischen der unterhaltenen Person und dem Steuerpflichtigen werden typischerweise Sozialleistungen gekürzt oder nicht gewährt, da bei Prüfung der Bedürftigkeit der unterhaltenen Person nicht nur deren eigenes Einkommen und Vermögen, sondern auch das Einkommen

---

[1]) *Dies gilt nicht, wenn der Unterhaltsempfänger nicht wegen der Unterhaltsleistungen, sondern wegen des Bezugs von BAföG keinen Anspruch auf Sozialleistungen hat (>BFH vom 31.03.2021 – BStBl II S. 572).*

und Vermögen der mit ihr in der Bedarfsgemeinschaft lebenden Personen berücksichtigt wird.

6 Da die Vorschriften der § 7 Absatz 3 Nummer 3 Buchstabe c i. V. m. Absatz 3a, § 9 Absatz 2 SGB II und des § 20 Satz 1 SGB XII die Partner von eheähnlichen Gemeinschaften faktisch wie Ehegatten behandeln, bestehen keine Bedenken, wenn in diesen Fällen grundsätzlich davon ausgegangen wird, dass bei der unterstützten Person die Voraussetzungen des § 33a Absatz 1 Satz 3 EStG vorliegen, auch wenn sie keinen Antrag auf Arbeitslosengeld II nach dem Dritten Kapitel SGB II oder Hilfe zum Lebensunterhalt nach dem Dritten Kapitel SGB XII oder Grundsicherung im Alter und bei Erwerbsminderung nach dem Vierten Kapitel SGB XII gestellt hat (bestätigt durch das BFH-Urteil vom 9. März 2017, BStBl II Seite 890).

7 Liegt ein Kürzungs- oder Ablehnungsbescheid nicht vor, setzt die steuermindernde Berücksichtigung der Unterhaltsleistungen voraus, dass die unterstützte Person schriftlich versichert,
– dass sie für den jeweiligen Veranlagungszeitraum keine zum Unterhalt bestimmten Mittel aus inländischen öffentlichen Kassen erhalten und auch keinen entsprechenden Antrag gestellt hat,
– dass im jeweiligen Veranlagungszeitraum eine eheähnliche Gemeinschaft (§ 7 Absatz 3 Nummer 3 Buchstabe c i. V. m. Absatz 3a, § 9 Absatz 2 SGB II und des § 20 Satz 1 SGB XII) mit dem Steuerpflichtigen bestand und darüber hinaus darlegt,
– über welche anderen zum Unterhalt bestimmten Einkünfte und Bezüge sowie über welches Vermögen sie verfügt hat.

8 Die oben genannte Erklärung ist vom Steuerpflichtigen vorzuhalten und der Finanzbehörde auf Anforderung vorzulegen. Dies schließt im Einzelfall nicht aus, dass die Finanzbehörde weitere Nachweise oder Auskünfte verlangen und ggf. ein Auskunftsersuchen an die zuständigen Behörden (§ 93 AO) stellen kann.

9 In entsprechender Anwendung der R 33a.1 Absatz 1 Satz 5 EStR 2012 ist auch bei Unterhaltsaufwendungen an gleichgestellte Personen davon auszugehen, dass dem Steuerpflichtigen Unterhaltsaufwendungen in Höhe des maßgeblichen Höchstbetrags erwachsen. Wegen möglicher Abzugsbeschränkungen wird auf Rz. 23 ff. verwiesen.

3. Bedürftigkeit des Unterhaltsempfängers

10 Die Abziehbarkeit von Unterhaltsaufwendungen setzt – neben der Unterhaltsberechtigung – voraus, dass der Unterhaltsempfänger bedürftig ist, d. h. er darf kein oder nur ein geringes Vermögen besitzen und kein ausreichendes Einkommen haben; vgl. hierzu R 33a.1 Absatz 2 und 3 EStR 2012 und H 33a.1 „Unterhaltsberechtigung" EStH 2020.

4. Begünstigte Unterhaltsaufwendungen

11 Abziehbare Aufwendungen i. S. d. § 33a Absatz 1 Satz 1 EStG sind solche für den typischen Unterhalt, d. h. die üblichen für den Lebensunterhalt bestimmten Leistungen, sowie Aufwendungen für eine Berufsausbildung. Typische Unterhaltsaufwendungen – insbesondere für Ernährung, Kleidung, Wohnung, Hausrat und notwendige Versicherungen – können nur nach § 33a Absatz 1 EStG berücksichtigt werden. Erwachsen dem Steuerpflichtigen außer Aufwendungen für den typischen Unterhalt und einer etwaigen Berufsausbildung Aufwendungen für einen besonderen Unterhaltsbedarf der unterhaltenen Person, z. B. Krankheitskosten, kommt dafür eine Ermäßigung nach § 33 EStG in Betracht (BFH-Urteil vom 19. Juni 2008, BStBl 2009 II Seite 365).

12 Aufwendungen für die krankheitsbedingte Unterbringung von Angehörigen in einem Altenpflegeheim fallen unter § 33 EStG, während Aufwendungen für deren altersbedingte

Heimunterbringung nur nach § 33a Absatz 1 EStG berücksichtigt werden können (BFH-Urteil vom 30. Juni 2011, BStBl 2012 II Seite 876).

Ausbildungsunterhalt i. S. v. § 1610 BGB, zu dem auch Studiengebühren gehören können, ist typischer Unterhaltsaufwand (BFH-Urteil vom 17. Dezember 2009, BStBl 2010 II Seite 341). 13

Auch gelegentliche oder einmalige Leistungen können typische Unterhaltsaufwendungen sein, diese dürfen aber regelmäßig nicht als Unterhaltsleistungen für Vormonate und auch nicht zur Deckung des Unterhaltsbedarfs für das Folgejahr berücksichtigt werden (BFH-Urteil vom 5. Mai 2010, BStBl 2011 II Seite 164 und BFH-Urteil vom 11. November 2010, BStBl 2011 II Seite 966). 14

Die Abgrenzung der typischen von den untypischen Unterhaltsaufwendungen richtet sich nach deren Anlass und Zweckbestimmung, nicht nach deren Zahlungsweise. So kann eine Kapitalabfindung, mit der eine Unterhaltsverpflichtung abgelöst wird, nur im Rahmen des § 33a Absatz 1 EStG berücksichtigt werden (BFH-Urteil vom 19. Juni 2008, BStBl 2009 II Seite 365). 15

5. Abzugsbeschränkung/Ermittlung der abzugsfähigen Unterhaltsaufwendungen unter Berücksichtigung des verfügbaren Nettoeinkommens

5.1. Ermittlung des verfügbaren Nettoeinkommens

Eine Beschränkung der Abziehbarkeit von Aufwendungen für den Unterhalt kann sich durch die Berücksichtigung der Verhältnisse des Steuerpflichtigen selbst ergeben. Es ist zu prüfen, inwieweit der Steuerpflichtige zu Unterhaltsleistungen unter Berücksichtigung seiner persönlichen Einkommensverhältnisse verpflichtet ist bzw. bis zu welcher Höhe ihm die Übernahme der Unterhaltsleistungen überhaupt möglich ist. Hierfür ist es notwendig, das verfügbare Nettoeinkommen des Steuerpflichtigen zu ermitteln. 16

Bei der Ermittlung des verfügbaren Nettoeinkommens sind alle steuerpflichtigen Einkünfte i. S. d. § 2 Absatz 1 EStG, alle steuerfreien Einnahmen sowie etwaige Steuererstattungen (Einkommensteuer, Kirchensteuer, Solidaritätszuschlag) anzusetzen. Zu den Einkünften i. S. d. § 2 Absatz 1 EStG zählen sämtliche Gewinneinkünfte i. S. d. §§ 13 bis 18 EStG sowie sämtliche Überschusseinkünfte i. S. d. §§ 19 bis 23 EStG. Darüber hinaus sind Kapitalerträge nach § 32d Absatz 1 und § 43 Absatz 5 EStG (der Abgeltungssteuer unterliegende Kapitalerträge) ohne Abzug des Sparer-Pauschbetrages nach § 20 Absatz 9 EStG einzubeziehen. Steuerfreie Einnahmen sind z. B. das Kindergeld und vergleichbare Leistungen, Leistungen nach dem SGB II, SGB III und BEEG, die ausgezahlten Arbeitnehmer-Sparzulagen nach dem 5. VermBG, das Baukindergeld und der steuerfreie Teil der Rente. Wegen der Besonderheiten bei der Berücksichtigung von Kindergeld wird auch auf die Ausführungen unter Rz. 25 und 26 verwiesen. 17

Ein ggf. in Anspruch genommener Investitionsabzugsbetrag nach § 7g EStG ist dem Nettoeinkommen wieder hinzuzurechnen, da dem Abzugsbetrag mangels Investition keine Ausgaben bzw. kein Werteverzehr zugrunde liegen und somit die Leistungsfähigkeit des Steuerpflichtigen effektiv nicht beeinflusst wird (BFH-Urteil vom 6. Februar 2014, BStBl II Seite 619). 18

Abzuziehen sind die entsprechenden Steuervorauszahlungen und -nachzahlungen sowie die Steuerabzugsbeträge (Lohn- und Kirchensteuer, Kapitalertragsteuer, Solidaritätszuschlag). Ferner sind die unvermeidbaren Versicherungsbeiträge mindernd zu berücksichtigen (gesetzliche Sozialabgaben bei Arbeitnehmern, gesetzliche Kranken- und Pflegeversicherungsbeiträge bei Rentnern, für alle Übrigen die eigenen Beiträge zu einer Basiskranken- und Pflegepflichtversicherung). 19

20 Der Arbeitnehmer-Pauschbetrag ist auch dann abzuziehen, wenn der Steuerpflichtige keine Werbungskosten hatte (BFH-Urteil vom 11. Dezember 1997, BStBl 1998 II Seite 292). Entsprechendes gilt für den Abzug anderer Werbungskosten-Pauschbeträge nach § 9a EStG und des Sparer-Pauschbetrags nach § 20 Absatz 9 EStG (ausgenommen der Abgeltungsteuer unterliegende Kapitalerträge, vgl. Rz. 17) bei der Ermittlung der anderen Einkünfte.

21 Die Berechnung des verfügbaren Nettoeinkommens ist bei Steuerpflichtigen mit Gewinneinkünften i. S. d. §§ 13 bis 18 EStG regelmäßig auf Grundlage eines Dreijahreszeitraumes vorzunehmen. Steuerzahlungen sind dabei in dem Jahr abzuziehen, in dem sie gezahlt worden sind. Führen Steuerzahlungen für mehrere Jahre allerdings zu nicht unerheblichen Verzerrungen des unterhaltsrechtlich maßgeblichen Einkommens des Veranlagungszeitraumes sind die im maßgeblichen Dreijahreszeitraum geleisteten durchschnittlichen Steuerzahlungen zu ermitteln und vom „Durchschnittseinkommen" des Veranlagungszeitraumes abzuziehen (vgl. BFH-Urteil vom 28. April 2016, BStBl II Seite 742).

5.2. Anwendung der Opfergrenze auf das verfügbare Nettoeinkommen

22 Unter Berücksichtigung seiner Verhältnisse ist ein Steuerpflichtiger nur insoweit zu Unterhaltsleistungen verpflichtet, als diese in einem vernünftigen Verhältnis zu seinen Einkünften stehen und ihm nach Abzug der Unterhaltsaufwendungen genügend Mittel zur Bestreitung des Lebensbedarfs für sich und ggf. für seinen Ehegatten und seine Kinder verbleiben – sog. Opfergrenze (BFH-Urteil vom 27. September 1991, BStBl 1992 II Seite 35).

23 Soweit keine sozialrechtliche Bedarfsgemeinschaft i. S. d. Rz. 2 mit der unterhaltenen Person besteht, sind Unterhaltsaufwendungen im Allgemeinen höchstens insoweit als außergewöhnliche Belastung anzuerkennen, als sie einen bestimmten Prozentsatz des verfügbaren Nettoeinkommens nicht übersteigen. Dieser beträgt 1 Prozent je volle 500 Euro des verfügbaren Nettoeinkommens, höchstens 50 Prozent, und ist um je 5 Prozent für den (ggf. auch geschiedenen) Ehegatten und für jedes Kind, für das der Steuerpflichtige Anspruch auf Freibeträge für Kinder nach § 32 Absatz 6 EStG, Kindergeld (§ 66 EStG) oder eine andere Leistung für Kinder (§ 65 EStG) hat, zu kürzen, höchstens um 25 Prozent. Bei der Berechnung der Opfergrenze ist die kinderbezogene 5-Prozent-Pauschale monatsbezogen zu kürzen, wenn nur für einen Teil des Jahres Anspruch auf Freibeträge für Kinder nach § 32 Absatz 6 EStG, Kindergeld (§ 66 EStG) oder eine andere Leistung für Kinder (§ 65 EStG) besteht (BFH-Urteil vom 14. Dezember 2016, BStBl 2017 II Seite 454).

Die Opfergrenzenregelung gilt nicht bei Aufwendungen für den Unterhalt an den (ggf. auch geschiedenen) Ehegatten.

> **Beispiel 1:**
> Der ledige Steuerpflichtige A unterstützt seinen im Kalenderjahr 2021 nicht mit ihm in einem Haushalt lebenden Sohn B und zahlt für diesen zusätzlich begünstigte Beiträge zu dessen Basiskranken- und Pflegepflichtversicherung in Höhe von 1.200 Euro, die nicht im Rahmen des Sonderausgabenabzugs berücksichtigt werden. Für B besteht kein Anspruch auf einen Freibetrag nach § 32 Absatz 6 EStG oder Kindergeld. A erzielte in den Kalenderjahren 2019 bis 2021 Einkünfte aus Gewerbebetrieb in Höhe von jährlich durchschnittlich 30.000 Euro. Im Kalenderjahr 2021 erzielt A einen Verlust aus Vermietung und Verpachtung in Höhe von 5.000 Euro. Er entrichtet im Kalenderjahr 2021 Einkommensteuervorauszahlungen in Höhe von 5.000 Euro und eigene Beiträge zu einer Basiskranken- und Pflegepflichtversicherung in Höhe von 6.000 Euro. Des Weiteren erhält A im April 2021 eine Einkommensteuererstattung für den Veranlagungszeitraum 2019 in Höhe von 1.000 Euro. B hat keine eigenen Einkünfte und Bezüge.

Berechnung der außergewöhnlichen Belastung nach § 33a Absatz 1 EStG:

Höchstbetrag nach § 33a Absatz 1 Satz 1 EStG:	9.744 Euro[1])
zuzüglich Beiträge zur Basiskranken- und Pflegepflichtversicherung des B nach § 33a Absatz 1 Satz 2 EStG:	1.200 Euro
Gesamthöchstbetrag nach § 33a Absatz 1 EStG:	10.944 Euro

Nettoeinkommen des A:

Einkünfte aus Gewerbebetrieb	30.000 Euro	
abzüglich Verlust aus Vermietung und Verpachtung	– 5.000 Euro	
zuzüglich Einkommensteuererstattung	1.000 Euro	
abzüglich eigene Beiträge zur Basiskranken- und Pflegepflichtversicherung	– 6.000 Euro	
abzüglich Einkommensteuervorauszahlungen	– 5.000 Euro	
verfügbares Nettoeinkommen für die Berechnung der Opfergrenze:		15.000 Euro
Opfergrenze: 1 % je volle 500 Euro des Nettoeinkommens (15.000 Euro : 500 Euro = 30)		
maßgebender Prozentsatz für die Berechnung der Opfergrenze	30 %	
30 % von 15.000 Euro		4.500 Euro

Es können maximal Unterhaltsleistungen in Höhe von 4.500 Euro als außergewöhnliche Belastung nach § 33a Absatz 1 EStG berücksichtigt werden.

5.3. Ermittlung der abziehbaren Unterhaltsaufwendungen bei einer sozialrechtlichen Bedarfsgemeinschaft

Bei einer bestehenden sozialrechtlichen Bedarfsgemeinschaft mit der unterhaltenen Person ist die Opfergrenze nicht anzuwenden (BFH-Urteil vom 29. Mai 2008, BStBl 2009 II Seite 363). Für die Ermittlung der nach § 33a Absatz 1 EStG maximal abziehbaren Unterhaltsaufwendungen sind die verfügbaren Nettoeinkommen des Unterhaltsleistenden und der unterhaltenen Person(en) zusammenzurechnen und dann nach Köpfen auf diese Person(en) zu verteilen (BFH-Urteil vom 17. Dezember 2009, BStBl 2010 II Seite 343). 24

Für zur sozialrechtlichen Bedarfsgemeinschaft gehörende *gemeinsame Kinder* (i. S. d. § 32 EStG) des Steuerpflichtigen und der unterhaltenen Person wird das hälftige Kindergeld sowie der hälftige Kinderbonus (Sonderzahlung in den Jahren 2020 und 2021 aufgrund der Corona-Pandemie, § 66 Absatz 1 Satz 2 ff. EStG i. d. F. vom 29. Juni 2020 bzw. 10. März 2021) jeweils dem Nettoeinkommen des Steuerpflichtigen und der unterhaltenen Person zugerechnet. Bei der Ermittlung der maximal abziehbaren Unterhaltsaufwendungen sind die den Eltern gemeinsam zur Verfügung stehenden Mittel um den nach § 1612a BGB zu ermittelnden Mindestunterhalt der Kinder zu kürzen (BFH-Urteil vom 17. Dezember 2009, BStBl 2010 II Seite 343). Der verbleibende Betrag ist auf die Eltern nach Köpfen zu verteilen und ergibt die maximal abziehbaren Unterhaltsaufwendungen i. S. d. § 33a Absatz 1 EStG. 25

Für zur sozialrechtlichen Bedarfsgemeinschaft gehörende *Kinder* (i. S. d. § 32 EStG) *des Steuerpflichtigen*, die zu der unterhaltenen Person in keinem Kindschaftsverhältnis 26

---

[1]) **Ab VZ 2022 beträgt der Höchstbetrag nach § 33a Abs. 1 Satz 1 i. V. m. § 32a Abs. 1 10.347 €.**

stehen, wird bei der Berechnung des verfügbaren Nettoeinkommens das hälftige Kindergeld sowie der hälftige Kinderbonus (siehe Rz. 25) hinzugerechnet. Bei der Ermittlung der maximal abziehbaren Unterhaltsaufwendungen ist das gemeinsame verfügbare Nettoeinkommen um die Hälfte des nach § 1612a BGB zu ermittelnden Mindestunterhalts für diese Kinder bzw. dieses Kind zu kürzen und der verbleibende Betrag nach Köpfen zu verteilen.

27 Gemäß § 1612a BGB richtet sich der Mindestunterhalt nach dem steuerfrei zu stellenden sächlichen Existenzminimum eines Kindes. Er beträgt monatlich entsprechend dem Alter des Kindes für die Zeit bis zur Vollendung des sechsten Lebensjahres 87 Prozent (erste Altersstufe), für die Zeit vom siebten bis zur Vollendung des zwölften Lebensjahres 100 Prozent (zweite Altersstufe) und für die Zeit vom dreizehnten Lebensjahr an 117 Prozent (dritte Altersstufe) des steuerfrei zu stellenden sächlichen Existenzminimums des Kindes (siehe Düsseldorfer Tabelle).

28 Soweit zur sozialrechtlichen Bedarfsgemeinschaft bei einer eheähnlichen Gemeinschaft auch Kinder (i. S. d. § 32 EStG) des Lebensgefährten/der Lebensgefährtin gehören, die zum Steuerpflichtigen in keinem Kindschaftsverhältnis stehen und denen gegenüber der Steuerpflichtige nicht unterhaltsverpflichtet ist, ist aus Vereinfachungsgründen typisierend zu unterstellen, dass deren Unterhaltsbedarf in vollem Umfang durch das Kindergeld und die Unterhaltsaufwendungen des anderen Elternteils abgedeckt wird und sie damit nicht der sozialrechtlichen Bedarfsgemeinschaft angehören. Dies hat zur Folge, dass diese Kinder bei der Ermittlung und Verteilung des verfügbaren Nettoeinkommens nicht berücksichtigt werden. Kindergeld, das der unterhaltenen Person für ein solches Kind zufließt, ist demnach bei der Ermittlung des verfügbaren Nettoeinkommens nicht zu berücksichtigen.

Beispiel 2:
Der Steuerpflichtige A und dessen Lebensgefährtin B leben zusammen mit dem leiblichen Kind von B in eheähnlicher Gemeinschaft und bilden eine sozialrechtliche Bedarfsgemeinschaft. A ist nicht der leibliche Vater des Kindes. A unterstützt B und zahlt für B zusätzlich begünstigte Beiträge zu deren Basiskranken- und Pflegepflichtversicherung in Höhe von 1.200 Euro, die nicht im Rahmen des Sonderausgabenabzugs berücksichtigt werden. Im Kalenderjahr 2021 erzielt A Einnahmen aus nichtselbständiger Arbeit in Höhe von 40.000 Euro und einen Verlust aus privaten Veräußerungsgeschäften in Höhe von 5.000 Euro. Er entrichtet im Kalenderjahr 2021 Lohn- und Kirchensteuer in Höhe von 6.300 Euro und gesetzliche Sozialabgaben in Höhe von 8.000 Euro. Des Weiteren erhält A im April 2021 eine Einkommensteuererstattung für den Veranlagungszeitraum 2019 in Höhe von 1.000 Euro. B erhält Kindergeld und hat darüber hinaus keine eigenen Einkünfte und Bezüge.

<u>Berechnung der außergewöhnlichen Belastung nach § 33a Absatz 1 EStG:</u>

Höchstbetrag nach § 33a Absatz 1 Satz 1 EStG:	9.744 Euro[1]
zuzüglich Beiträge zur Basiskranken- und Pflegepflichtversicherung der B nach § 33a Absatz 1 Satz 2 EStG:	1.200 Euro
Gesamthöchstbetrag nach § 33a Absatz 1 EStG:	10.944 Euro

---

[1] **Ab VZ 2022 beträgt der Höchstbetrag nach § 33a Abs. 1 Satz 1 i. V. m. § 32a Abs. 1 10.347 €.**

Anhang 3

Außergewöhnliche Belastungen

II

Nettoeinkommen des A:

Einnahmen aus nichtselbständiger Arbeit	40.000 Euro	
abzüglich Arbeitnehmer-Pauschbetrag	− 1.000 Euro[1])	39.000 Euro
abzüglich Verlust aus privaten Veräußerungsgeschäften	− 5.000 Euro	
zuzüglich Einkommensteuererstattung	1.000 Euro	
abzüglich gesetzliche Sozialabgaben	− 8.000 Euro	
abzüglich Lohn- und Kirchensteuer:	− 6.300 Euro	
Nettoeinkommen des A:		20.700 Euro
Nettoeinkommen der B:		0 Euro
gemeinsames verfügbares Nettoeinkommen:		20.700 Euro
Aufteilung des Nettoeinkommens nach Köpfen	: 2	10.350 Euro

Es können maximal Unterhaltsleistungen in Höhe von 10.350 Euro als außergewöhnliche Belastung nach § 33a Absatz 1 EStG anerkannt werden. Die Opfergrenze ist nicht anzuwenden. Bei der Ermittlung und Verteilung des verfügbaren Nettoeinkommens ist das Kind von B nicht zu berücksichtigen.

Beispiel 3:
Der Steuerpflichtige A lebt im Kalenderjahr 2021 mit seiner Lebensgefährtin B in einer eheähnlichen Gemeinschaft in einem gemeinsamen Haushalt. A hat zwei leibliche Kinder (Kind X vollendet im Juni 2021 das sechste Lebensjahr, Kind Y vollendet im Juni 2021 das fünfzehnte Lebensjahr) mit in den Haushalt gebracht, die zu B in keinem Kindschaftsverhältnis stehen. Die zwei von B mit in die Haushaltsgemeinschaft gebrachten Kinder stehen in keinem Kindschaftsverhältnis zu A. Für alle Kinder wird noch Kindergeld gezahlt. A unterstützt B und zahlt für diese zusätzlich begünstigte Beiträge zu deren Basiskranken- und Pflegepflichtversicherung in Höhe von 1.200 Euro, die nicht im Rahmen des Sonderausgabenabzugs berücksichtigt werden. A erzielt im Kalenderjahr 2021 Einnahmen aus nichtselbständiger Arbeit in Höhe von 40.000 Euro sowie Einkünfte aus Vermietung und Verpachtung in Höhe von 1.000 Euro. Er entrichtet im Kalenderjahr 2021 gesetzliche Sozialabgaben in Höhe von 7.900 Euro und Lohn- und Kirchensteuer in Höhe von 6.300 Euro. Außerdem hat A im Kalenderjahr 2021 Einkommensteuervorauszahlungen in Höhe von 2.000 Euro und eine Einkommensteuernachzahlung für den Veranlagungszeitraum 2019 in Höhe von 4.000 Euro geleistet. B hat keine weiteren Einkünfte oder Bezüge und kein eigenes Vermögen.

<u>Kind X:</u>
monatlicher Mindestunterhalt von Januar bis Mai nach der ersten Altersstufe:
393 Euro (x 5 = gesamt 1.965 Euro)
monatlicher Mindestunterhalt von Juni bis Dezember nach der zweiten Altersstufe:
451 Euro (x 7 = gesamt 3.157 Euro)
Jahresmindestunterhalt für Kind X = 5.122 Euro
davon hälftiger Anteil des A = 2.561 Euro

<u>Kind Y:</u>
monatlicher Mindestunterhalt von Januar bis Dezember nach der dritten Altersstufe:
528 Euro (x 12 = gesamt 6.336 Euro)
Jahresmindestunterhalt für Kind Y = 6.336 Euro
davon hälftiger Anteil des A = 3.168 Euro

---

[1]) **ab VZ 2022 1.200 €**

Anhang 3
Außergewöhnliche Belastungen

Berechnung der außergewöhnlichen Belastung nach § 33a Absatz 1 EStG:

Höchstbetrag nach § 33a Absatz 1 Satz 1 EStG:		9.744 Euro[1]
zuzüglich Beiträge zur Basiskranken- und Pflegepflichtversicherung der B nach § 33a Absatz 1 Satz 2 EStG:		1.200 Euro
Gesamthöchstbetrag nach § 33a Absatz 1 EStG:		10.944 Euro
Nettoeinkommen A:		
Einnahmen aus nichtselbständiger Arbeit	40.000 Euro	
abzüglich Arbeitnehmer-Pauschbetrag	– 1.000 Euro[2]	39.000 Euro
abzüglich gesetzliche Sozialabgaben	– 7.900 Euro	
abzüglich Lohn- und Kirchensteuer	– 6.300 Euro	
Einkünfte aus Vermietung und Verpachtung	1.000 Euro	
abzüglich Einkommensteuernachzahlung	– 4.000 Euro	
abzüglich Einkommensteuervorauszahlungen	– 2.000 Euro	
zuzüglich hälftiges Kindergeld und Kinderbonus für die Kinder X und Y von A	2.778 Euro	
Nettoeinkommen A:		22.578 Euro
Nettoeinkommen B:		0 Euro
gemeinsames Nettoeinkommen von A und B:		22.578 Euro
abzüglich Mindestunterhalt für die Kinder X und Y von A (2.561 Euro + 3.168 Euro =)		– 5.729 Euro
gemeinsames verfügbares Nettoeinkommen:		16.849 Euro
Aufteilung des Nettoeinkommens nach Köpfen auf A und B	: 2	8.424 Euro

Es können maximal Unterhaltsleistungen in Höhe von 8.424 Euro als außergewöhnliche Belastung nach § 33a Absatz 1 EStG anerkannt werden. Die Opfergrenze ist nicht anzuwenden. Bei der Ermittlung und Verteilung des verfügbaren Nettoeinkommens sind die leiblichen Kinder von B nicht zu berücksichtigen.

6. Eigene Einkünfte und Bezüge der unterhaltenen Person

29 Hat die unterhaltene Person andere eigene Einkünfte und Bezüge, die zur Bestreitung des Unterhalts bestimmt oder geeignet sind, so vermindert sich der Höchstbetrag um die eigenen Einkünfte und Bezüge, soweit diese den Betrag von insgesamt 624 Euro jährlich übersteigen sowie um die vom Unterhaltsempfänger als Ausbildungshilfe aus öffentlichen Mitteln oder von Förderungseinrichtungen, die hierfür öffentliche Mittel erhalten, bezogenen Zuschüsse (§ 33a Absatz 1 Satz 5 EStG).

30 Als anrechenbare "andere Einkünfte" i. S. d. § 33a Absatz 1 Satz 5 EStG sind alle Einkünfte i. S. d. Einkommensteuergesetzes (§ 2 Absatz 1 EStG) zu verstehen; Verlustabzüge nach § 10d EStG, Sonderausgaben und außergewöhnliche Belastungen sind nicht zu berücksichtigen (BFH-Urteil vom 18. Juni 2015, BStBl II Seite 928). Fiktive Einkünfte sind nicht anzusetzen (vgl. BFH-Urteil vom 9. März 2017, BStBl II Seite 890).

31 Bezüge i. S. d. § 33a Absatz 1 Satz 5 EStG sind alle Einnahmen in Geld oder Geldeswert, die nicht im Rahmen der einkommensteuerrechtlichen Einkünfteermittlung erfasst werden. Zu den Bezügen zählt in vollem Umfang auch das Elterngeld einschließlich des

---

[1] Ab VZ 2022 beträgt der Höchstbetrag nach § 33a Abs. 1 Satz 1 i. V. m. § 32a Abs. 1 10.347 €.
[2] ab VZ 2022 1.200 €

Sockelbetrags; § 2 Absatz 4 BEEG (vgl. BFH-Beschluss vom 20. Oktober 2016, BStBl 2017 II Seite 194).

Weitere Einzelheiten, welche Einkünfte und Bezüge angerechnet bzw. nicht angerechnet werden, sind in H 33a.1 „Anrechnung eigener Einkünfte und Bezüge" EStH 2020 mit Verweis auf R 33a.1 Absatz 3 EStR 2012 dargestellt. 32

Bei der Feststellung der anzurechnenden Bezüge sind aus Vereinfachungsgründen insgesamt 180 Euro im Kalenderjahr abzuziehen, wenn nicht höhere Aufwendungen, die im Zusammenhang mit dem Zufluss der entsprechenden Einnahmen stehen, geltend gemacht werden (vgl. R 33a.1 Absatz 3 Satz 5 EStR 2012). 33

Die Kranken- und Pflegeversicherungsbeiträge, die der Mindestversorgung dienen, werden bei der Bemessung des Höchstbetrages berücksichtigt. Sie dürfen daher zur Vermeidung einer Doppelberücksichtigung nicht zusätzlich die Einkünfte der unterhaltenen Person mindern. Arbeitnehmerbeiträge zur gesetzlichen Renten- und Arbeitslosenversicherung sowie die Beiträge zur gesetzlichen Krankenversicherung für Leistungen, die über das sozialhilferechtliche Niveau hinausgehen, dürfen ebenfalls nicht abgezogen werden (BFH-Urteil vom 18. Juni 2015, BStBl II Seite 928). 34

Im Rahmen der Ermittlung der eigenen Einkünfte und Bezüge sind Kapitalerträge, soweit die tarifliche Einkommensteuer zur Anwendung kommt, unter Berücksichtigung des Sparer-Pauschbetrages nach § 20 Absatz 9 EStG als Einkünfte zu erfassen. Kapitalerträge, die nach § 32d Absatz 1 und § 43 Absatz 5 EStG der Abgeltungsteuer unterliegen, sind als Bezüge ohne Abzug des Sparer-Pauschbetrages nach § 20 Absatz 9 EStG nach § 33a Absatz 1 Satz 5 EStG zu erfassen (vgl. R 33a.1 Absatz 3 Satz 4 Nummer 1 EStR 2012). 35

Eigene Einkünfte und Bezüge der unterhaltenen Person sind nur anzurechnen, soweit sie auf den Unterhaltszeitraum entfallen (§ 33a Absatz 3 Satz 2 EStG) (vgl. H 33a.3 „Allgemeines" EStH 2020). 36

7. Nachweiserfordernisse

Bei Bargeldzahlungen ist die Rz. 17 des BMF-Schreibens „Berücksichtigung von Aufwendungen für den Unterhalt von Personen im Ausland als außergewöhnliche Belastung nach § 33a Absatz 1 Einkommensteuergesetz (EStG)" vom 06. April 2022 sinngemäß anzuwenden. 37

8. Anwendungsregelung

Die vorstehenden Grundsätze sind ab sofort auf alle offenen Fälle anzuwenden und ersetzen das BMF-Schreiben vom 7. Juni 2010 (BStBl I Seite 582). 38

Anhang 4

– unbesetzt –

Anhang 5

Baugesetze

Übersicht

I. Baugesetzbuch (BauGB – Auszug)
II. 1. Verordnung über wohnungswirtschaftliche Berechnungen
 (Zweite Berechnungsverordnung – II. BV – Auszug)
 2. Verordnung zur Berechnung der Wohnfläche (Wohnflächenverordnung – WoFIV)

Baugesetzbuch (BauGB)

in der Fassung der Bekanntmachung vom 03.11.2017 (BGBl. I S. 3634)
zuletzt geändert durch **Artikel 11 des Gesetzes zur Änderung des Energiesicherungsgesetzes und anderer energiewirtschaftlicher Vorschriften vom 08.10.2022 (BGBl. I S. 1726)**

– Auszug –

§ 58
Verteilung nach Flächen

(1) [1] Geht die Umlegungsstelle von dem Verhältnis der Flächen aus, hat sie von den eingeworfenen Grundstücken unter Anrechnung des Flächenabzugs nach § 55 Absatz 2 einen Flächenbeitrag in einem solchen Umfang abzuziehen, dass die Vorteile ausgeglichen werden, die durch die Umlegung erwachsen; dabei bleiben in den Fällen des § 57 Satz 4 Halbsatz 2 die Vorteile insoweit unberücksichtigt. [2] Der Flächenbeitrag darf in Gebieten, die erstmalig erschlossen werden, nur bis zu 30 vom Hundert, in anderen Gebieten nur bis zu 10 vom Hundert der eingeworfenen Fläche betragen. [3] Die Umlegungsstelle kann statt eines Flächenbeitrags ganz oder teilweise einen entsprechenden Geldbeitrag erheben. [4] Soweit der Umlegungsvorteil den Flächenbeitrag nach Satz 1 übersteigt, ist der Vorteil in Geld auszugleichen.

(2) Kann das neue Grundstück nicht in gleicher oder gleichwertiger Lage zugeteilt werden, so sind dadurch begründete Wertunterschiede in Fläche oder Geld auszugleichen.

(3) Für die Bemessung von Geldbeiträgen und Ausgleichsleistungen sind die Wertverhältnisse im Zeitpunkt des Umlegungsbeschlusses maßgebend.

§ 153
Bemessung von Ausgleichs- und Entschädigungsleistungen, Kaufpreise, Umlegung

(1) [1] Sind auf Grund von Maßnahmen, die der Vorbereitung oder Durchführung der Sanierung im förmlich festgelegten Sanierungsgebiet dienen, nach den Vorschriften dieses Gesetzbuchs Ausgleichs- oder Entschädigungsleistungen zu gewähren, werden bei deren Bemessung Werterhöhungen, die lediglich durch die Aussicht auf die Sanierung, durch ihre Vorbereitung oder ihre Durchführung eingetreten sind, nur insoweit berücksichtigt, als der Betroffene diese Werterhöhungen durch eigene Aufwendungen zulässigerweise bewirkt hat. [2] Änderungen in den allgemeinen Wertverhältnissen auf dem Grundstücksmarkt sind zu berücksichtigen.

(2) [1] Liegt bei der rechtsgeschäftlichen Veräußerung eines Grundstücks sowie bei der Bestellung oder Veräußerung eines Erbbaurechts der vereinbarte Gegenwert für das Grundstück oder das Recht über dem Wert, der sich in Anwendung des Absatzes 1 ergibt, liegt auch hierin eine wesentliche Erschwerung der Sanierung im Sinne des § 145 Absatz 2. [2] Dies gilt nicht, wenn in den Fällen des § 154 Absatz 3 Satz 2 oder 3 die Verpflichtung zur Entrichtung des Ausgleichsbetrags erloschen ist.

(3) [1] Die Gemeinde oder der Sanierungsträger darf beim Erwerb eines Grundstücks keinen höheren Kaufpreis vereinbaren, als er sich in entsprechender Anwendung des Absatzes 1 ergibt. [2] In den

Fällen des § 144 Absatz 4 Nummer 4 und 5 darf der Bedarfsträger keinen höheren Kaufpreis vereinbaren, als er sich in entsprechender Anwendung des Absatzes 1 ergibt.

(4) [1] Bei der Veräußerung nach den §§ 89 und 159 Absatz 3 ist das Grundstück zu dem Verkehrswert zu veräußern, der sich durch die rechtliche und tatsächliche Neuordnung des förmlich festgelegten Sanierungsgebiets ergibt. [2] § 154 Absatz 5 ist dabei auf den Teil des Kaufpreises entsprechend anzuwenden, der der durch die Sanierung bedingten Werterhöhung des Grundstücks entspricht.

(5) Im förmlich festgelegten Sanierungsgebiet sind
1. Absatz 1 auf die Ermittlung von Werten nach § 57 Satz 2 und im Falle der Geldabfindung nach § 59 Absatz 2 und 4 bis 6 sowie den §§ 60 und 61 Absatz 2 entsprechend anzuwenden;
2. Wertänderungen, die durch die rechtliche und tatsächliche Neuordnung des förmlich festgelegten Sanierungsgebiets eintreten, bei der Ermittlung von Werten nach § 57 Satz 3 und 4 und im Falle des Geldausgleichs nach § 59 Absatz 2 sowie den §§ 60 und 61 Absatz 2 zu berücksichtigen;
3. § 58 nicht anzuwenden.

§ 154
Ausgleichsbetrag des Eigentümers

(1) [1] Der Eigentümer eines im förmlich festgelegten Sanierungsgebiet gelegenen Grundstücks hat zur Finanzierung der Sanierung an die Gemeinde einen Ausgleichsbetrag in Geld zu entrichten, der der durch die Sanierung bedingten Erhöhung des Bodenwerts seines Grundstücks entspricht. [2] Miteigentümer haften als Gesamtschuldner; bei Wohnungs- und Teileigentum sind die einzelnen Wohnungs- und Teileigentümer nur entsprechend ihrem Miteigentumsanteil heranzuziehen. [3] Werden im förmlich festgelegten Sanierungsgebiet Erschließungsanlagen im Sinne des § 127 Absatz 2 hergestellt, erweitert oder verbessert, sind Vorschriften über die Erhebung von Beiträgen für diese Maßnahmen auf Grundstücke im förmlich festgelegten Sanierungsgebiet nicht anzuwenden. [4] Satz 3 gilt entsprechend für die Anwendung der Vorschrift über die Erhebung von Kostenerstattungsbeträgen im Sinne des § 135a Absatz 3.

(2) Die durch die Sanierung bedingte Erhöhung des Bodenwerts des Grundstücks besteht aus dem Unterschied zwischen dem Bodenwert, der sich für das Grundstück ergeben würde, wenn eine Sanierung weder beabsichtigt noch durchgeführt worden wäre (Anfangswert), und dem Bodenwert, der sich für das Grundstück durch die rechtliche und tatsächliche Neuordnung des förmlich festgelegten Sanierungsgebiets ergibt (Endwert).

(2a) [1] Die Gemeinde kann durch Satzung bestimmen, dass der Ausgleichsbetrag abweichend von Absatz 1 Satz 1 ausgehend von dem Aufwand (ohne die Kosten seiner Finanzierung) für die Erweiterung oder Verbesserung von Erschließungsanlagen im Sinne des § 127 Absatz 2 Nummer 1 bis 3 (Verkehrsanlagen) in dem Sanierungsgebiet zu berechnen ist; Voraussetzung für den Erlass der Satzung sind Anhaltspunkte dafür, dass die sanierungsbedingte Erhöhung der Bodenwerte der Grundstücke in dem Sanierungsgebiet nicht wesentlich über der Hälfte dieses Aufwands liegt. [2] In der Satzung ist zu bestimmen, bis zu welcher Höhe der Aufwand der Berechnung zu Grunde zu legen ist; sie darf 50 vom Hundert nicht übersteigen. [3] Im Geltungsbereich der Satzung berechnet sich der Ausgleichsbetrag für das jeweilige Grundstück nach dem Verhältnis seiner Fläche zur Gesamtfläche; als Gesamtfläche ist die Fläche des Sanierungsgebiets ohne die Flächen für die Verkehrsanlagen zu Grunde zu legen. [4] § 128 Absatz 1 und 3 ist entsprechend anzuwenden.

(3) [1] Der Ausgleichsbetrag ist nach Abschluss der Sanierung (§§ 162 und 163) zu entrichten. [2] Die Gemeinde kann die Ablösung im Ganzen vor Abschluss der Sanierung zulassen; dabei kann zur Deckung von Kosten der Sanierungsmaßnahme auch ein höherer Betrag als der Ausgleichsbetrag vereinbart werden. [3] Die Gemeinde soll auf Antrag des Ausgleichsbetragspflichtigen den Ausgleichsbetrag vorzeitig festsetzen, wenn der Ausgleichsbetragspflichtige an der Festsetzung vor Abschluss

der Sanierung ein berechtigtes Interesse hat und der Ausgleichsbetrag mit hinreichender Sicherheit ermittelt werden kann.

(4) [1] Die Gemeinde fordert den Ausgleichsbetrag durch Bescheid an; der Betrag wird einen Monat nach der Bekanntgabe des Bescheids fällig. [2] Vor der Festsetzung des Ausgleichsbetrags ist dem Ausgleichsbetragspflichtigen Gelegenheit zur Stellungnahme und Erörterung der für die Wertermittlung seines Grundstücks maßgeblichen Verhältnisse sowie der nach § 155 Absatz 1 anrechenbaren Beträge innerhalb angemessener Frist zu geben. [3] Der Ausgleichsbetrag ruht nicht als öffentliche Last auf dem Grundstück.

(5) [1] Die Gemeinde hat den Ausgleichsbetrag auf Antrag des Eigentümers in ein Tilgungsdarlehen umzuwandeln, sofern diesem nicht zugemutet werden kann, die Verpflichtung bei Fälligkeit mit eigenen oder fremden Mitteln zu erfüllen. [2] Die Darlehensschuld ist mit höchstens 6 vom Hundert jährlich zu verzinsen und mit 5 vom Hundert zuzüglich der ersparten Zinsen jährlich zu tilgen. [3] Der Tilgungssatz kann im Einzelfall bis auf 1 vom Hundert herabgesetzt werden und das Darlehen niedrig verzinslich oder zinsfrei gestellt werden, wenn dies im öffentlichen Interesse oder zur Vermeidung unbilliger Härten oder zur Vermeidung einer von dem Ausgleichsbetragspflichtigen nicht zu vertretenden Unwirtschaftlichkeit der Grundstücksnutzung geboten ist. [4] Die Gemeinde soll den zur Finanzierung der Neubebauung, Modernisierung oder Instandsetzung erforderlichen Grundpfandrechten den Vorrang vor einem zur Sicherung ihres Tilgungsdarlehens bestellten Grundpfandrecht einräumen.

(6) Die Gemeinde kann von den Eigentümern auf den nach den Absätzen 1 bis 4 zu entrichtenden Ausgleichsbetrag Vorauszahlungen verlangen, sobald auf dem Grundstück eine den Zielen und Zwecken der Sanierung entsprechende Bebauung oder sonstige Nutzung zulässig ist; die Absätze 1 bis 5 sind sinngemäß anzuwenden.

§ 177
Modernisierungs- und Instandsetzungsgebot

(1) [1] Weist eine bauliche Anlage nach ihrer inneren oder äußeren Beschaffenheit Missstände oder Mängel auf, deren Beseitigung oder Behebung durch Modernisierung oder Instandsetzung möglich ist, kann die Gemeinde die Beseitigung der Missstände durch ein Modernisierungsgebot und die Behebung der Mängel durch ein Instandsetzungsgebot anordnen. [2] Zur Beseitigung der Missstände und zur Behebung der Mängel ist der Eigentümer der baulichen Anlage verpflichtet. [3] In dem Bescheid, durch den die Modernisierung oder Instandsetzung angeordnet wird, sind die zu beseitigenden Missstände oder zu behebenden Mängel zu bezeichnen und eine angemessene Frist für die Durchführung der erforderlichen Maßnahmen zu bestimmen.

(2) Missstände liegen insbesondere vor, wenn die bauliche Anlage nicht den allgemeinen Anforderungen an gesunde Wohn- und Arbeitsverhältnisse entspricht.

(3) [1] Mängel liegen insbesondere vor, wenn durch Abnutzung, Alterung, Witterungseinflüsse oder Einwirkungen Dritter
1. die bestimmungsgemäße Nutzung der baulichen Anlage nicht nur unerheblich beeinträchtigt wird,
2. die bauliche Anlage nach ihrer äußeren Beschaffenheit das Straßen- oder Ortsbild nicht nur unerheblich beeinträchtigt oder
3. die bauliche Anlage erneuerungsbedürftig ist und wegen ihrer städtebaulichen, insbesondere geschichtlichen oder künstlerischen Bedeutung erhalten bleiben soll.

[2] Kann die Behebung der Mängel einer baulichen Anlage nach landesrechtlichen Vorschriften auch aus Gründen des Schutzes und der Erhaltung von Baudenkmälern verlangt werden, darf das Instandsetzungsgebot nur mit Zustimmung der zuständigen Landesbehörde erlassen werden. [3] In dem Bescheid über den Erlass des Instandsetzungsgebots sind die auch aus Gründen des Denkmalschutzes gebotenen Instandsetzungsmaßnahmen besonders zu bezeichnen.

Anhang 5
Baugesetze

(4) ¹Der Eigentümer hat die Kosten der von der Gemeinde angeordneten Maßnahmen insoweit zu tragen, als er sie durch eigene oder fremde Mittel decken und die sich daraus ergebenden Kapitalkosten sowie die zusätzlich entstehenden Bewirtschaftungskosten aus Erträgen der baulichen Anlage aufbringen kann. ²Sind dem Eigentümer Kosten entstanden, die er nicht zu tragen hat, hat die Gemeinde sie ihm zu erstatten, soweit nicht eine andere Stelle einen Zuschuss zu ihrer Deckung gewährt. ³Dies gilt nicht, wenn der Eigentümer auf Grund anderer Rechtsvorschriften verpflichtet ist, die Kosten selbst zu tragen, oder wenn er Instandsetzungen unterlassen hat und nicht nachweisen kann, dass ihre Vornahme wirtschaftlich unvertretbar oder ihm nicht zuzumuten war. ⁴Die Gemeinde kann mit dem Eigentümer den Kostenerstattungsbetrag unter Verzicht auf eine Berechnung im Einzelfall als Pauschale in Höhe eines bestimmten Vomhundertsatzes der Modernisierungs- oder Instandsetzungskosten vereinbaren.

(5) Der vom Eigentümer zu tragende Kostenanteil wird nach der Durchführung der Modernisierungs- oder Instandsetzungsmaßnahmen unter Berücksichtigung der Erträge ermittelt, die für die modernisierte oder instand gesetzte bauliche Anlage bei ordentlicher Bewirtschaftung nachhaltig erzielt werden können; dabei sind die mit einem Bebauungsplan, einem Sozialplan, einer städtebaulichen Sanierungsmaßnahme oder einer sonstigen städtebaulichen Maßnahme verfolgten Ziele und Zwecke zu berücksichtigen.

1.
Verordnung über wohnungswirtschaftliche Berechnungen
(Zweite Berechnungsverordnung – II. BV)

in der Fassung der Bekanntmachung vom 12.10.1990
(BGBl. I S. 2178, BStBl I S. 735)

zuletzt geändert durch Artikel 78 Abs. 2 des Zweiten Gesetzes über die Bereinigung von Bundesrecht im Zuständigkeitsbereich des Bundesministeriums der Justiz vom 23.11.2007 (BGBl. I S. 2614)

– Auszug –

Teil IV
Wohnflächenberechnung

§ 42
Wohnfläche

[1] Ist die Wohnfläche bis zum 31. Dezember 2003 nach dieser Verordnung berechnet worden, bleibt es bei dieser Berechnung[1]). [2] Soweit in den in Satz 1 genannten Fällen nach dem 31. Dezember 2003 bauliche Änderungen an dem Wohnraum vorgenommen werden, die eine Neuberechnung der Wohnfläche erforderlich machen, sind die Vorschriften der Wohnflächenverordnung vom 25. November 2003 (BGBl. I S. 2346) anzuwenden.

---

[1]) letztmals abgedruckt im Anhang 5 II EStH 2003

2.
Verordnung zur Berechnung der Wohnfläche (Wohnflächenverordnung – WoFlV)
vom 25.11.2003 (BGBl. I S. 2346)

§ 1
Anwendungsbereich, Berechnung der Wohnfläche

(1) Wird nach dem Wohnraumförderungsgesetz die Wohnfläche berechnet, sind die Vorschriften dieser Verordnung anzuwenden.

(2) Zur Berechnung der Wohnfläche sind die nach § 2 zur Wohnfläche gehörenden Grundflächen nach § 3 zu ermitteln und nach § 4 auf die Wohnfläche anzurechnen.

§ 2
Zur Wohnfläche gehörende Grundflächen

(1) [1]Die Wohnfläche einer Wohnung umfasst die Grundflächen der Räume, die ausschließlich zu dieser Wohnung gehören. [2]Die Wohnfläche eines Wohnheims umfasst die Grundflächen der Räume, die zur alleinigen und gemeinschaftlichen Nutzung durch die Bewohner bestimmt sind.

(2) Zur Wohnfläche gehören auch die Grundflächen von
1. Wintergärten, Schwimmbädern und ähnlichen nach allen Seiten geschlossenen Räumen sowie
2. Balkonen, Loggien, Dachgärten und Terrassen, wenn sie ausschließlich zu der Wohnung oder dem Wohnheim gehören.

(3) Zur Wohnfläche gehören nicht die Grundflächen folgender Räume:
1. Zubehörräume, insbesondere:
    a) Kellerräume,
    b) Abstellräume und Kellerersatzräume außerhalb der Wohnung,
    c) Waschküchen,
    d) Bodenräume,
    e) Trockenräume,
    f) Heizungsräume und
    g) Garagen.
2. Räume, die nicht den an ihre Nutzung zu stellenden Anforderungen des Bauordnungsrechts der Länder genügen, sowie
3. Geschäftsräume.

§ 3
Ermittlung der Grundfläche

(1) [1]Die Grundfläche ist nach den lichten Maßen zwischen den Bauteilen zu ermitteln; dabei ist von der Vorderkante der Bekleidung der Bauteile auszugehen. [2]Bei fehlenden begrenzenden Bauteilen ist der bauliche Abschluss zu Grunde zu legen.

(2) Bei der Ermittlung der Grundfläche sind namentlich einzubeziehen die Grundflächen von
1. Tür- und Fensterbekleidungen sowie Tür- und Fensterumrahmungen,
2. Fuß-, Sockel- und Schrammleisten,
3. fest eingebauten Gegenständen, wie z. B. Öfen, Heiz- und Klimageräten, Herden, Bade- oder Duschwannen,
4. freiliegenden Installationen,

5. Einbaumöbeln und
6. nicht ortsgebundenen, versetzbaren Raumteilern.

(3) Bei der Ermittlung der Grundflächen bleiben außer Betracht die Grundflächen von

1. Schornsteinen, Vormauerungen, Bekleidungen, freistehenden Pfeilern und Säulen, wenn sie eine Höhe von mehr als 1,50 Meter aufweisen und ihre Grundfläche mehr als 0,1 Quadratmeter beträgt,
2. Treppen mit über drei Steigungen und deren Treppenabsätze,
3. Türnischen und
4. Fenster- und offenen Wandnischen, die nicht bis zum Fußboden herunterreichen oder bis zum Fußboden herunterreichen und 0,13 Meter oder weniger tief sind.

(4) [1] Die Grundfläche ist durch Ausmessung im fertig gestellten Wohnraum oder auf Grund einer Bauzeichnung zu ermitteln. [2] Wird die Grundfläche auf Grund einer Bauzeichnung ermittelt, muss diese

1. für ein Genehmigungs-, Anzeige-, Genehmigungsfreistellungs- oder ähnliches Verfahren nach dem Bauordnungsrecht der Länder gefertigt oder, wenn ein bauordnungsrechtliches Verfahren nicht erforderlich ist, für ein solches geeignet sein und
2. die Ermittlung der lichten Maße zwischen den Bauteilen im Sinne des Absatzes 1 ermöglichen.

[3] Ist die Grundfläche nach einer Bauzeichnung ermittelt worden und ist abweichend von dieser Bauzeichnung gebaut worden, ist die Grundfläche durch Ausmessung im fertig gestellten Wohnraum oder auf Grund einer berichtigten Bauzeichnung neu zu ermitteln.

§ 4
Anrechnung der Grundflächen

Die Grundflächen

1. von Räumen und Raumteilen mit einer lichten Höhe von mindestens 2 Metern sind vollständig,
2. von Räumen und Raumteilen mit einer lichten Höhe von mindestens 1 Meter und weniger als 2 Metern sind zur Hälfte,
3. von unbeheizbaren Wintergärten, Schwimmbädern und ähnlichen nach allen Seiten geschlossenen Räumen sind zur Hälfte,
4. von Balkonen, Loggien, Dachgärten und Terrassen sind in der Regel zu einem Viertel, höchstens jedoch zur Hälfte

anzurechnen.

§ 5
Überleitungsvorschrift

[1] Ist die Wohnfläche bis zum 31. Dezember 2003 nach der Zweiten Berechnungsverordnung in der Fassung der Bekanntmachung vom 12. Oktober 1990 (BGBl. I S. 2178), zuletzt geändert durch Artikel 3 der Verordnung vom 25. November 2003 (BGBl. I S. 2346), in der jeweils geltenden Fassung berechnet worden, bleibt es bei dieser Berechnung. [2] Soweit in den in Satz 1 genannten Fällen nach dem 31. Dezember 2003 bauliche Änderungen an dem Wohnraum vorgenommen werden, die eine Neuberechnung der Wohnfläche erforderlich machen, sind die Vorschriften dieser Verordnung anzuwenden.

Anhang 6
Beteiligungen an Kapitalgesellschaften

Übersicht

I. Ertragsteuerliche Behandlung von Gesellschafterdarlehen (§ 17 Absatz 2a EStG), Bürgschaftsregress- und vergleichbaren Forderungen
BMF vom 07.06.2022 (BStBl I S. 897)

II. Rückwirkende Absenkung der Beteiligungsgrenze in § 17 Absatz 1 Satz 4 EStG; Auswirkungen des Beschlusses des BVerfG vom 7. Juli 2010 – 2 BvR 748/05, 2 BvR 753/05 und 2 BvR 1738/05 – (BStBl 2011 II S. 86); Zuordnung von Veräußerungskosten
BMF vom 20.12.2010 (BStBl I 2011 S. 16) unter Berücksichtigung der Änderungen durch BMF vom 16.12.2015 (BStBl I 2016 S. 10)

Ertragsteuerliche Behandlung von Gesellschafterdarlehen (§ 17 Absatz 2a EStG), Bürgschaftsregress- und vergleichbaren Forderungen
BMF vom 07.06.2022 (BStBl I S. 897)
IV C 6 – S 2244/20/10001 :001 – 2022/0474692

Im Rahmen des Gesetzes zur weiteren steuerlichen Förderung der Elektromobilität und zur Änderung weiterer steuerlicher Vorschriften vom 12. Dezember 2019 (BGBl. I S. 2451) wurde § 17 Absatz 2a EStG neu eingeführt, in dem in den Sätzen 1 bis 4 nunmehr normspezifisch die Anschaffungskosten einschließlich der nachträglichen Anschaffungskosten von Anteilen i. S. v. § 17 EStG definiert werden.

Unter Bezugnahme auf das Ergebnis der Erörterungen mit den obersten Finanzbehörden der Länder gilt zur Anwendung von § 17 Absatz 2a EStG Folgendes:

I. Nachträgliche Anschaffungskosten

Zu den nachträglichen Anschaffungskosten gehören insbesondere: 1
1. offene oder verdeckte Einlagen,
2. Darlehensverluste, soweit die Gewährung des Darlehens oder das Stehenlassen des Darlehens in der Krise der Gesellschaft gesellschaftsrechtlich veranlasst war, und
3. Ausfälle von Bürgschaftsregressforderungen und vergleichbaren Forderungen, soweit die Hingabe oder das Stehenlassen der betreffenden Sicherheit gesellschaftsrechtlich veranlasst war.

Die rein gesellschaftsintern wirkende Umgliederung einer freien Gewinnrücklage in eine 2
zweckgebundene Rücklage führt nicht zu nachträglichen Anschaffungskosten auf den Geschäftsanteil des veräußernden Gesellschafters (BFH-Urteil vom 6. Dezember 2017, IX R 7/17, BStBl II 2019 S. 213).

1. Offene oder verdeckte Einlagen (§ 17 Absatz 2a Satz 3 Nummer 1 EStG)

Ob eine offene oder eine verdeckte Einlage vorliegt, richtet sich nach handels-, bilanz- 3
steuer- und körperschaftsteuerrechtlichen Grundsätzen.

Zu den offenen Einlagen zählen insbesondere Nachschüsse (§§ 26ff GmbHG), Barzu- 4
schüsse und sonstige Zuzahlungen (§ 272 Absatz 2 Nummer 4 HGB) wie Einzahlungen in die Kapitalrücklage. Auch Einlagen, die in zeitlicher Nähe zur Veräußerung der Beteiligung geleistet werden (sog. Einlagen in letzter Minute), sind als offene Einlage i. S. v. § 17 Absatz 2a EStG zu berücksichtigen (vgl. BFH-Urteil vom 20. Juli 2018, IX R 5/15, BStBl II 2019 S. 194).

Anhang 6
Beteiligungen an Kapitalgesellschaften

5 Zu den verdeckten Einlagen (vgl. R 8.9 Absatz 1 KStR) gehört insbesondere der Verzicht auf ein Gesellschafterdarlehen in Höhe des werthaltigen Teils. Dies gilt unabhängig davon, ob es sich im Zeitpunkt des Verzichtes um ein fremdübliches oder um ein gesellschaftsrechtlich veranlasstes Darlehen handelt. Der Verzicht auf den nicht werthaltigen Teil des Gesellschafterdarlehens ist ggf. unter den Voraussetzungen des § 20 Absatz 2 Satz 1 Nummer 7 i. V. m. Satz 2 EStG zu berücksichtigen (vgl. Randnummer 18).

6 Eine verdeckte Einlage kann auch vorliegen, wenn die vom Gesellschafter gewährte Fremdkapitalhilfe aufgrund der vertraglichen Abreden mit der Zuführung einer Einlage in das Gesellschaftsvermögen wirtschaftlich vergleichbar ist. Dies kann der Fall sein bei einem Gesellschafterdarlehen, dessen Rückzahlung auf Grundlage der von den Beteiligten getroffenen Vereinbarungen, wie beispielsweise der Vereinbarung eines Rangrücktritts i. S. d. § 5 Absatz 2a EStG, im Wesentlichen denselben Voraussetzungen unterliegt wie die Rückzahlung von Eigenkapital, wenn und soweit der die Ausbuchung auslösende Rangrücktritt nicht betrieblich, sondern durch das Gesellschaftsverhältnis veranlasst war und die entsprechenden Forderungen des Gläubigers noch werthaltig waren (BFH-Urteil vom 15. April 2015, I R 44/14, BStBl II S. 769).

2. Darlehensverluste (§ 17 Absatz 2a Satz 3 Nummer 2 EStG)

7 Verluste aus Gesellschafterdarlehen sind nur dann zu berücksichtigen, wenn die Gewährung oder das Stehenlassen des Darlehens gesellschaftsrechtlich – also durch das Gesellschaftsverhältnis – veranlasst war. Das gilt auch für Verluste von Darlehen, die unter das Kleinanlegerprivileg (§ 39 Absatz 1 Satz 1 Nummer 5 i. V. m. Absatz 5 InsO) fallen und von Darlehen, die nach § 39 Absatz 1 Nummer 5 i. V. m. Absatz 4 InsO nicht dem Nachranggebot unterliegen (sog. Sanierungsprivileg).

3. Gesellschaftsrechtliche Veranlassung (§ 17 Absatz 2a Satz 4 EStG)

8 Eine gesellschaftsrechtliche Veranlassung der Darlehensgewährung ist danach zu beurteilen, ob die Gesellschaft unter den bestehenden Verhältnissen von einem Dritten noch ein Darlehen zu marktüblichen Bedingungen erhalten hätte. Allein die Vereinbarung eines Gesellschafterdarlehens zu nicht marktüblichen Bedingungen (z. B. zinsloses Darlehen) führt daher noch nicht zur Annahme einer gesellschaftsrechtlichen Veranlassung i. S. v. § 17 Absatz 2a Satz 4 EStG.

9 Ein Darlehen ist dann gesellschaftsrechtlich veranlasst, wenn im Zeitpunkt seiner Gewährung (Krisendarlehen, vgl. Randnummer 11) oder Weitergewährung (sog. stehengelassenes Darlehen, vgl. Randnummern 16 bis 18) die Rückzahlung des Darlehens angesichts der finanziellen Situation der Gesellschaft in dem Maße gefährdet ist, dass ein ordentlicher Kaufmann das Risiko einer Darlehensgewährung zu denselben Bedingungen wie der Gesellschafter nicht mehr eingegangen wäre (sog. Krise). Bei sog. krisenbestimmten Darlehen (vgl. Randnummern 12, 13) und Finanzplandarlehen (vgl. Randnummern 14, 15) ist unabhängig von einer tatsächlichen Krise stets von einer gesellschaftsrechtlichen Veranlassung auszugehen.

10 Liegt keine gesellschaftsrechtliche Veranlassung vor, ist eine steuerliche Berücksichtigung des Darlehensverlustes nur im Rahmen der Einkünfte aus Kapitalvermögen unter den dortigen Voraussetzungen möglich. Randnummern 5 und 6 bleiben unberührt.

4. Höhe der nachträglichen Anschaffungskosten

Im Einzelnen sind folgende Fallgruppen zu unterscheiden:

a) Hingabe des Darlehens in der Krise (Krisendarlehen)

Im Falle der Hingabe des Darlehens in der Krise ist bei Verlust der Nennwert des Darlehens als nachträgliche Anschaffungskosten zu berücksichtigen (§ 17 Absatz 2a Satz 3 Nummer 2 EStG). Entsprechendes gilt bei Darlehensverzicht (§ 17 Absatz 2a Satz 3 Nummer 1 und 2 EStG). Eine Berücksichtigung des Verlustes eines solchen Darlehens im Rahmen der Einkünfte aus Kapitalvermögen ist aufgrund der Subsidiarität des § 20 EStG zu § 17 EStG nicht möglich (vgl. § 20 Absatz 8 EStG). 11

b) Krisenbestimmtes Darlehen

Ein krisenbestimmtes Darlehen ist ein Darlehen, bei dem der Gesellschafter schon vor dem Eintritt der Krise mit bindender Wirkung gegenüber der Gesellschaft oder den Gesellschaftsgläubigern erklärt, dass er das Darlehen auch im Falle einer Krise stehen lassen werde. 12

Im Falle eines krisenbestimmten Darlehens gilt Randnummer 11 entsprechend. 13

c) Finanzplandarlehen

Ein Finanzplandarlehen ist ein Darlehen, das von vornherein in die Finanzplanung der Gesellschaft in der Weise einbezogen wird, dass die zur Aufnahme der Geschäfte erforderliche Kapitalausstattung der Gesellschaft krisenunabhängig durch eine Kombination von Eigen- und Fremdfinanzierung erreicht werden soll. Ein solches von den Gesellschaftern gewährten „finanzplanmäßigen" Darlehen zur Finanzierung des Unternehmenszwecks ist den Einlagen gleichgestellt. 14

Der Verlust eines Finanzplandarlehens ist in Höhe seines Nennwerts als nachträgliche Anschaffungskosten zu berücksichtigen (§ 17 Absatz 2a Satz 3 Nummer 2 EStG). Eine Berücksichtigung des Verlustes eine solchen Darlehens im Rahmen der Einkünfte aus Kapitalvermögen ist aufgrund der Subsidiarität des § 20 EStG zu § 17 EStG nicht möglich (vgl. § 20 Absatz 8 EStG). 15

d) Stehen gelassenes Darlehen

Was im Fall der Hingabe des Darlehens in der Krise der Gesellschaft gilt, gilt grundsätzlich auch bei einem der Gesellschaft vor der Krise gewährten fremdüblichen Darlehen, wenn der Gesellschafter das Darlehen stehen lässt, obwohl er es hätte abziehen können und es angesichts der veränderten finanziellen Situation der Gesellschaft absehbar war, dass die Rückzahlung gefährdet sein wird (sog. stehen gelassenes Darlehen). 16

Im Falle eines stehen gelassenen Darlehens führt bei Verlust nur der im Zeitpunkt des Eintritts der Krise werthaltige Teil des stehen gelassenen Darlehens zu nachträglichen Anschaffungskosten (§ 17 Absatz 2a Satz 3 Nummer 2 EStG). Der Verlust des im Zeitpunkt des Eintritts der Krise nicht mehr werthaltigen Teils des stehen gelassenen Darlehens ist nur im Rahmen der Einkünfte aus Kapitalvermögen unter den dortigen Voraussetzungen zu berücksichtigen. 17

Beispiel 1:
A hält einen Geschäftsanteil in Höhe von 100 % des Stammkapitals an der A-GmbH. Im Jahr 01 gewährte A der A-GmbH ein fremdüblich vereinbartes Darlehen in Höhe 100.000 Euro. Im Jahr 04 gerät die A-GmbH in die Krise. A lässt das Darlehen stehen. Das Darlehen ist bei Kriseneintritt nur noch zu 50 % (50.000 Euro) werthaltig. Im Jahr 05 wird die A-GmbH insolvenzfrei liquidiert. Eine Rückzahlung des Darlehens erfolgt nicht.

Anhang 6
I Beteiligungen an Kapitalgesellschaften

Mit dem Stehenlassen des Darlehens in der Krise wird das Darlehen gesellschaftsrechtlich veranlasst. Der zum Eintritt der Krise (Stehenlassen des Darlehens) nicht mehr werthaltige Teil der Forderung (50.000 Euro) kann im Verlustzeitpunkt (Veranlagungszeitraum 05) bei den Einkünften aus Kapitalvermögen unter den dortigen Voraussetzungen berücksichtigt werden. Der zum Zeitpunkt des Eintritts der Krise noch werthaltige Teil der Forderung (50.000 Euro) ist im Veranlagungszeitraum der Liquidation (Veranlagungszeitraum 05) als Darlehensverlust als nachträgliche Anschaffungskosten nach § 17 Absatz 2a Satz 3 Nummer 2 EStG berücksichtigungsfähig.

18 Im Falle des Verzichtes führt nur der im Zeitpunkt des Eintritts der Krise werthaltige Teil des stehen gelassenen Darlehens zu nachträglichen Anschaffungskosten. Dabei stellt der im Zeitpunkt des Verzichtes noch werthaltige Teil eine verdeckte Einlage nach § 17 Absatz 2a Satz 3 Nummer 1 EStG und der nicht mehr werthaltige Teil einen Darlehensverlust i. S. v. § 17 Absatz 2a Satz 3 Nummer 2 EStG dar. Der Verzicht auf den bereits im Zeitpunkt des Eintritts der Krise nicht mehr werthaltigen Teil des stehen gelassenen Darlehens ist nur im Rahmen der Einkünfte aus Kapitalvermögen unter den dortigen Voraussetzungen zu berücksichtigen.

Beispiel 2:
A hält einen Geschäftsanteil in Höhe von 100 % des Stammkapitals an der A-GmbH. Im Jahr 01 gewährte A der A-GmbH ein fremdüblich vereinbartes Darlehen in Höhe von 100.000 Euro. Im Jahr 04 gerät die A-GmbH in die Krise. A lässt das Darlehen stehen. Das Darlehen ist bei Kriseneintritt nur noch zu 50 % (50.000 Euro) werthaltig. Im Jahr 05 verzichtet A auf die Darlehensforderung. Zu diesem Zeitpunkt ist die Darlehensforderung nur noch zu 20 % (20.000 Euro) werthaltig. Im Jahr 07 veräußert A seinen Geschäftsanteil.
Mit dem Stehenlassen des Darlehens in der Krise wird das Darlehen gesellschaftsrechtlich veranlasst. Der zum Eintritt der Krise (Stehenlassen des Darlehens) nicht werthaltige Teil der Forderung (50.000 Euro) kann im Verzichtszeitpunkt (Veranlagungszeitraum 05) bei den Einkünften aus Kapitalvermögen unter den dortigen Voraussetzungen berücksichtigt werden. Der im Zeitpunkt des Verzichtes noch werthaltige Teil (20.000 Euro) ist im Zeitpunkt der Veräußerung (Veranlagungszeitraum 07) nach § 17 Absatz 2a Satz 3 Nummer 1 EStG als verdeckte Einlage und damit als nachträgliche Anschaffungskosten zu berücksichtigen. Der zum Verzichtszeitpunkt nicht mehr werthaltige Teil der Forderung (30.000 Euro) ist im Veranlagungszeitraum 07 als Darlehensverlust als nachträgliche Anschaffungskosten nach § 17 Absatz 2a Satz 3 Nummer 2 EStG zu berücksichtigen.

e) Veräußerung eines gesellschaftsrechtlich veranlassten Darlehens

19 Ein Verlust aus der Veräußerung eines gesellschaftsrechtlich veranlassten Darlehens an die Gesellschaft oder einen Dritten führt nicht zu nachträglichen Anschaffungskosten i. S. v. § 17 Absatz 2a EStG, soweit keine verdeckte Einlage vorliegt. Eine Berücksichtigung des Verlustes ist nur im Rahmen der Einkünfte aus Kapitalvermögen unter den dort genannten Voraussetzungen möglich.

II. Bürgschaftsregressforderung und vergleichbare Forderung

20 Die Ausführungen unter I. gelten sinngemäß für Bürgschaftsregress- und vergleichbare Forderungen.

III. Berücksichtigung von Verlusten aus Gesellschafterdarlehen bei den Einkünften aus Kapitalvermögen

21 Eine Berücksichtigung von Darlehensverlusten bei den Einkünften aus Kapitalvermögen ist nur möglich, soweit der Darlehensverlust nach den vorstehenden Ausführungen nicht nach § 17 EStG zu berücksichtigen ist (§ 20 Absatz 8 EStG).

1. Einkunftserzielungsabsicht

Der Ausfall einer Darlehensforderung kann einkommensteuerrechtlich nur als Verlust berücksichtigt werden, wenn das Darlehen in der Absicht gewährt wurde, positive Einkünfte zu erzielen. Bei den Einkünften aus Kapitalvermögen ist infolge des beschränkten und pauschalierten Werbungskostenabzugsverbots regelmäßig von einer (widerlegbaren) Einkunftserzielungsabsicht auszugehen (BFH-Urteil vom 14. März 2017, VIII R 38/15, BStBl II S. 1040). Allein die Unverzinslichkeit einer Darlehensforderung eines Gesellschafters führt nicht dazu, dass keine Einkunftserzielungsabsicht vorliegt, da sich die Einkunftserzielungsabsicht hier auch aus anderen Vorteilen (z. B. Wertsteigerung des Anteils an der Gesellschaft, Erzielung Geschäftsführergehalt) ergeben kann. Von einer fehlenden Einkunftserzielungsabsicht ist nur dann auszugehen, wenn die Erzielung von positiven Einkünften im Zusammenhang mit der Darlehensgewährung insgesamt unmöglich ist.

Lag im Zeitpunkt der Darlehensgewährung eine Einkunftserzielungsabsicht vor, dann ist im Zeitpunkt des Kriseneintritts keine erneute Prüfung der Einkunftserzielungsabsicht vorzunehmen. Dies gilt insbesondere für den bei Eintritt der Krise wertlosen Teil eines ursprünglich fremdüblich gewährten Darlehens, das bei Eintritt der Krise stehen gelassen wird.

2. Eintritt der Uneinbringlichkeit einer Darlehensforderung

a) Ausfall der Darlehensforderung

Nach § 20 Absatz 2 Satz 1 Nummer 7 und Satz 2 sowie Absatz 4 EStG führt der endgültige Ausfall einer Darlehensforderung im Sinne des § 20 Absatz 1 Nummer 7 EStG zu einem steuerlich zu berücksichtigenden Verlust. Steuerliche Auswirkungen hat der Darlehensausfall jedoch nur, wenn die steuerpflichtige Person für den nicht werthaltigen Teil der Forderung Anschaffungskosten getragen hat (BFH-Urteil vom 6. August 2019, VIII R 18/16, BStBl II 2020 S. 833). Von einem endgültigen Forderungsausfall ist auszugehen, wenn feststeht, dass keine Rückzahlung mehr stattfinden wird. Die Eröffnung eines Insolvenzverfahrens über das Vermögen des Schuldners reicht hierfür in der Regel nicht aus. Etwas anderes gilt, wenn die Eröffnung des Insolvenzverfahrens mangels Masse abgelehnt worden ist oder aus anderen Gründen feststeht, dass keine Rückzahlung mehr stattfinden wird (BFH-Urteil vom 24. Oktober 2017, VIII R 13/15, BStBl II 2020 S. 831). Der Verlust wird in dem Veranlagungszeitraum realisiert, in dem seine Höhe endgültig feststeht (vgl. Randnummer 60 des BMF-Schreibens vom 19. Mai 2022, BStBl I S. 742).Von einem endgültigen Ausfall einer privaten Kapitalforderung im Sinne des § 20 Absatz 1 Nummer 7 EStG ist jedenfalls dann auszugehen, wenn über das Vermögen des Schuldners das Insolvenzverfahren eröffnet wurde und der Insolvenzverwalter gegenüber dem Insolvenzgericht die Masseunzulänglichkeit gemäß § 208 Absatz 1 Satz 1 InsO angezeigt hat (BFH-Urteil vom 1. Juli 2021, VIII R 28/18, BStBl II S. 911).

b) Verzicht auf die Darlehensforderung

Der Verzicht auf eine nicht werthaltige Darlehensforderung steht einem Forderungsausfall gleich und führt nach § 20 Absatz 2 Satz 1 Nummer 7 und Satz 2 sowie Absatz 4 EStG zu einem steuerlich anzuerkennenden Veräußerungsverlust (BFH-Urteil vom 6. August 2019, VIII R 18/16, BStBl II 2020 S. 833). Steuerliche Auswirkungen hat der Darlehensverzicht jedoch nur, wenn die steuerpflichtige Person für den nicht werthaltigen Teil der Forderung Anschaffungskosten getragen hat (BFH-Urteil vom 6. August 2019, VIII R 18/16, a. a. O.). Der Anerkennung des Verlusts steht die Freiwilligkeit des Verzichts nicht entgegen. Bei einem teilweisen Verzicht ist nur der Teil der nicht werthaltigen Kapitalforderung, auf den verzichtet wurde, als Verlust steuerlich zu berücksichtigen. Der Verlust ist im Fall eines Verzichts in dem Veranlagungszeitraum zu berücksichtigen, in dem der Verzicht erklärt wurde (vgl. Randnummer 61 des BMF-Schreibens vom 19. Mai 2022, BStBl I S. 742).

c) **Begrenzung der Verlustverrechnung bei den Einkünften aus Kapitalvermögen nach § 20 Absatz 6 EStG i. V. m. § 32d Absatz 2 Nummer 1 Satz 1 Buchstabe b und Satz 2 EStG**

aa) **Darlehensgewährung vor dem 1. Januar 2009**

26 Verluste aus dem Ausfall oder Verzicht von Darlehen, deren rechtliche Grundlage vor dem 1. Januar 2009 (also vor Einführung der Abgeltungsteuer) begründet wurde (Darlehensgewährung oder Erwerb der Darlehensforderung), können nicht bei den Einkünften aus Kapitalvermögen berücksichtigt werden.

bb) **Darlehensgewährung nach dem 31. Dezember 2008**

27 Bei Verlusten aus Darlehen, deren rechtliche Grundlage nach dem 31. Dezember 2008, aber vor dem 1. Januar 2021 begründet wurde, ist zu unterscheiden, ob der Anteilseigner zu mindestens 10 % an der Gesellschaft beteiligt oder eine einem solchen Anteilseigner nahe stehende Person (vgl. Randnummer 136 des BMF-Schreibens vom 19. Mai 2022, BStBl I S. 742) ist oder ob die Beteiligung des Anteilseigners unterhalb dieser Schwelle liegt.

aaa) **Beteiligung unter 10 %**

28 Bis einschließlich Veranlagungszeitraum 2019 sind Darlehensverluste uneingeschränkt mit übrigen Kapitaleinkünften verrechenbar (§ 20 Absatz 6 Satz 1 bis 3 EStG).

29 Darlehensverluste ab Veranlagungszeitraum 2020 sind nur nach Maßgabe des § 20 Absatz 6 Satz 6 EStG mit den übrigen Einkünften aus Kapitalvermögen verrechenbar (vgl. Randnummer 118 des BMF-Schreibens vom 19. Mai 2022, BStBl I S. 742).

bbb) **Beteiligung des Anteilseigners mindestens 10 % oder Darlehensvergabe durch eine einem solchen Anteilseigner nahe stehende Person bei Darlehensgewährung vor dem 1. Januar 2021**

30 In diesen Fällen sind die Verluste aus einem Darlehen bis einschließlich Veranlagungszeitraum 2023 uneingeschränkt mit anderen positiven Einkünften verrechenbar (§ 32d Absatz 2 Nummer 1 Satz 1 Buchstabe b und Satz 2 i. V. m. § 52 Absatz 33b EStG). Ab dem Veranlagungszeitraum 2024 ist § 32d Absatz 2 Nummer 1 Satz 1 Buchstabe b und Satz 2 EStG auf Verluste aus einem Darlehen nicht mehr anzuwenden mit der Folge, dass die Verlustverrechnungsbeschränkung des § 20 Absatz 6 Satz 6 EStG greift (vgl. Randnummer 118 des BMF-Schreibens vom 19. Mai 2022, BStBl I S. 742).

ccc) **Beteiligung des Anteilseigners mindestens 10 % oder Darlehensvergabe durch eine einem solchen Anteilseigner nahe stehende Person bei Darlehensgewährung nach dem 31. Dezember 2020**

31 In diesen Fällen ist § 32d Absatz 2 Nummer 1 Satz 1 Buchstabe b und Satz 2 EStG auf Verluste eines Darlehens nicht mehr anzuwenden mit der Folge, dass die Verlustverrechnungsbeschränkung des § 20 Absatz 6 Satz 6 EStG greift (vgl. Randnummer 118 des BMF-Schreibens vom 19. Mai 2022, BStBl I S. 742).

IV. Anwendungsregelung (Abschnitt I und II)

1. Veräußerung i. S. d. § 17 EStG ab 1. August 2019

Abschnitt I und II dieses Schreibens sind in allen offenen Fällen anzuwenden, wenn die Veräußerung (§ 17 Absatz 1 EStG) oder der einem der Veräußerung gleich gestellte Vorgang i. S. v. § 17 Absatz 4 und 5 EStG nach dem 31. Juli 2019 stattgefunden hat (§ 52 Absatz 25a Satz 1 EStG). Der Zeitpunkt der Darlehensgewährung oder des Darlehenserwerbs ist unmaßgeblich. Es kommt ausschließlich auf den Zeitpunkt des Übergangs des zivilrechtlichen/wirtschaftlichen Eigentums an den Anteilen an der Kapitalgesellschaft an. Soweit in Veranlagungszeiträumen vor 2019 der Verlust von gesellschaftsrechtlich veranlassten Darlehen im Rahmen der Einkünfte aus Kapitalvermögen berücksichtigt wurde, ist dies nicht zu beanstanden. Eine Berücksichtigung des Darlehensverlustes in einem späteren Veranlagungszeitraum im Rahmen der nachträglichen Anschaffungskosten bei § 17 EStG ist in diesen Fällen nicht möglich.

2. Veräußerung i. S. d. § 17 EStG bis 31. Juli 2019

Abschnitt I und II dieses Schreibens sind in allen offenen Fällen anzuwenden, wenn die Veräußerung (§ 17 Absatz 1 EStG) oder der einem der Veräußerung gleich gestellte Vorgang i. S. v. § 17 Absatz 4 und 5 EStG bis 31. Juli 2019 stattgefunden hat und die steuerpflichtige Person die Anwendung von § 17 Absatz 2a EStG beantragt (§ 52 Absatz 25a Satz 2 EStG). Der Zeitpunkt der Darlehensgewährung oder des Darlehenserwerbs ist unmaßgeblich. Es kommt ausschließlich auf den Zeitpunkt des Übergangs des zivilrechtlichen/wirtschaftlichen Eigentums an den Anteilen an der Kapitalgesellschaft an.

Wird ein Antrag nach § 52 Absatz 25a Satz 2 EStG gestellt, sind Verluste aus Kapitalvermögen aufgrund eines Verlustes eines gesellschaftsrechtlich veranlassten Darlehens in Veranlagungszeiträumen vor der Veräußerung der Anteile an der Kapitalgesellschaft nicht zu berücksichtigen. Liegen für diese Veranlagungszeiträume bereits Steuerbescheide vor, sind diese nach § 174 Absatz 2 AO zu ändern, soweit diese Verluste im Rahmen der Einkünfte aus Kapitalvermögen berücksichtigt wurden.

Wird kein Antrag nach § 52 Absatz 25a Satz 2 EStG gestellt, sind die BMF-Schreiben vom 21. Oktober 2010 (BStBl I S. 832) und vom 5. April 2019 (BStBl I S. 257) weiter anzuwenden.

Anhang 6

II   Beteiligungen an Kapitalgesellschaften

Rückwirkende Absenkung der Beteiligungsgrenze in § 17 Absatz 1 Satz 4 EStG; Auswirkungen des Beschlusses des BVerfG vom 7. Juli 2010 – 2 BvR 748/05, 2 BvR 753/05 und 2 BvR 1738/05 – (BStBl 2011 II S. 86); Zuordnung von Veräußerungskosten

BMF vom 20.12.2010 (BStBl I 2011 S. 16)
IV C 6 – S 2244/10/10001 – 2010/1006836
unter Berücksichtigung der Änderungen durch
BMF vom 16.12.2015 (BStBl I 2016 S. 10)
IV C 6 – S 2244/10/10001 :003 – 2015/1133262

Das Bundesverfassungsgericht (BVerfG) hat mit Beschluss vom 7. Juli 2010 (BStBl 2011 II S. 86) entschieden, dass § 17 Absatz 1 Satz 4 in Verbindung mit § 52 Absatz 1 Satz 1 EStG in der Fassung des Steuerentlastungsgesetzes 1999/2000/2002 (StEntlG 1999/2000/2002) vom 24. März 1999 (BGBl. I S. 402) gegen die verfassungsrechtlichen Grundsätze des Vertrauensschutzes verstößt und nichtig ist, soweit in einem Veräußerungsgewinn Wertsteigerungen steuerlich erfasst werden, die bis zur Verkündung des StEntlG 1999/2000/2002 am 31. März 1999 entstanden sind und die entweder – bei einer Veräußerung bis zu diesem Zeitpunkt – nach der zuvor geltenden Rechtslage steuerfrei realisiert worden sind oder – bei einer Veräußerung nach Verkündung des Gesetzes – sowohl zum Zeitpunkt der Verkündung als auch zum Zeitpunkt der Veräußerung nach der zuvor geltenden Rechtslage steuerfrei hätten realisiert werden können. Das BVerfG begründet seine Entscheidung damit, dass insoweit bereits eine konkrete Vermögensposition entstanden sei, die durch die rückwirkende Absenkung der Beteiligungsgrenze nachträglich entwertet werde. Das führe zu einer unzulässigen Ungleichbehandlung im Vergleich zu Anteilseignern, die ihre Anteile noch bis Ende 1998 verkauft hatten, da diese den Gewinn noch steuerfrei vereinnahmen konnten. Dies sei unter dem Gesichtspunkt der Lastengleichheit nicht zulässig.

Soweit sich der steuerliche Zugriff auf die erst nach der Verkündung der Neuregelung eintretenden Wertsteigerungen beschränke, begegne dies unter Gesichtspunkten des Vertrauensschutzes jedoch keinen verfassungsrechtlichen Bedenken, auch wenn sie bislang steuerfrei gewesen wären. Zwar könne der Erwerb einer Beteiligung in einer bestimmten Höhe maßgeblich von der Erwartung bestimmt sein, etwaige Wertsteigerungen steuerfrei realisieren zu können. Die bloße Möglichkeit, Gewinne später steuerfrei vereinnahmen zu können, begründe aber keine vertrauensrechtlich geschützte Position, weil damit im Zeitpunkt des Erwerbs nicht sicher gerechnet werden könne.

Im Einvernehmen mit den obersten Finanzbehörden der Länder gelten für die Anwendung des Beschlusses des Bundesverfassungsgerichts vom 7. Juli 2010 (a. a. O.) die folgenden Grundsätze:

A. Beteiligung i. H. v. mehr als 25 %

War der Veräußerer in den letzten fünf Jahren vor der Veräußerung am Kapital der Gesellschaft unmittelbar oder mittelbar zu mehr als 25 % beteiligt, hat der o. g. BVerfG-Beschluss keine Auswirkungen auf die steuerrechtliche Beurteilung der Veräußerung, da die Veräußerungen nach altem wie nach neuem Recht steuerbar sind.

B. Beteiligung i. H. v. weniger als 10 % vor Geltung des Steuersenkungsgesetzes (StSenkG) vom 23. Oktober 2000 (BStBl I S. 1433; BStBl I S. 1428)

Auf Veräußerungen vor Geltung des StSenkG hat der o. g. BVerfG-Beschluss keine Auswirkungen auf die steuerrechtliche Beurteilung der Veräußerung, wenn der Veräußerer in den letzten fünf Jahren vor der Veräußerung am Kapital der Gesellschaft unmittelbar oder mittelbar durchgehend zu weniger als 10 % beteiligt war, da die Veräußerungen nach altem (mehr als 25 %) wie nach neuem (mindestens 10 %) Recht nicht steuerbar sind.

Anhang 6
Beteiligungen an Kapitalgesellschaften II

C.   Beteiligung i. H. v. mind. 10 % aber höchstens 25 %

War der Veräußerer in den letzten fünf Jahren vor der Veräußerung am Kapital der Gesellschaft unmittelbar oder mittelbar zu höchstens 25 %, jedoch zu mind. 10 % beteiligt, gilt für die Besteuerung der Gewinne und Verluste aus der Veräußerung der Anteile Folgendes:

I.   Veräußerung bis 31. März 1999

Der Gewinn aus der Veräußerung der Anteile ist nicht steuerbar.

II.   Veräußerung ab dem 1. April 1999

1.   Veräußerungsgewinne

Der Gewinn aus der Veräußerung der Anteile ist nur insoweit nicht steuerbar, als er auf den Wertzuwachs bis zum 31. März 1999 entfällt. Zur Ermittlung des Veräußerungsgewinns tritt abweichend von § 17 Absatz 2 EStG der gemeine Wert der veräußerten Anteile zum 31. März 1999 an die Stelle der ursprünglichen Anschaffungskosten. Soweit es sich um börsennotierte Anteile an Kapitalgesellschaften handelt, ist dies der Börsenkurs vom 31. März 1999. Liegt für den 31. März 1999 keine Notierung vor, ist der letzte innerhalb von 30 Tagen im regulierten Markt notierte Kurs anzusetzen. Soweit es sich nicht um börsennotierte Anteile handelt, vgl. Aussagen unter a)-c). Einer anteiligen Zuordnung der Veräußerungskosten i. S. v. § 17 Absatz 2 EStG bedarf es nicht. Diese sind unter Beachtung von § 3c Absatz 2 EStG in vollem Umfang vom steuerbaren Veräußerungserlös abzuziehen.[1])

Beispiel:
A ist seit 1990 zu 10 % an der A-GmbH (AK umgerechnet 100.000 €) beteiligt. Er veräußert die Beteiligung am 2. August 2010 für 1.000.000 €. Der Wert der Beteiligung belief sich am 31. März 1999 auf umgerechnet 500.000 €.

Die beim Verkauf realisierten stillen Reserven (900.000 €) dürfen nur besteuert werden, soweit sie nach dem 31. März 1999 entstanden sind. Es dürfen im VZ 2010 daher nur 500.000 € (1.000.000 € (Veräußerungspreis) abzüglich 500.000 € (Wert der Beteiligung zum 31. März 1999)) im Teileinkünfteverfahren besteuert werden. Der steuerpflichtige Veräußerungsgewinn im Jahr 2010 beträgt demnach (500.000 € x 60 % =) 300.000 €.

a)   Vereinfachungsregelung zur Ermittlung des steuerbaren Veräußerungsgewinns

Aus Vereinfachungsgründen ist der Umfang des steuerbaren Wertzuwachses der veräußerten Anteile regelmäßig entsprechend dem Verhältnis der Besitzzeit nach dem 31. März 1999 im Vergleich zur Gesamthaltedauer aus Vereinfachungsgründen zeitanteilig linear (monatsweise) zu ermitteln. Angefangene Monate werden bei der Ermittlung der Gesamtbesitzzeit aufgerundet und bei der Ermittlung der steuerbaren Besitzzeit (1. April 1999 bis Veräußerungsdatum) abgerundet.

Beispiel:
A hat am 15. Januar 1997 Anteile i. H. v. 20 % an der C-GmbH erworben (AK: umgerechnet 100.000 €). Am 3. August 2009 veräußerte A die Anteile für 500.000 €.
Die Gesamtbesitzzeit für die Anteile an der C-GmbH beträgt 150 volle und einen 1 angefangenen Monat (= aufgerundet 151 Monate). Auf den Zeitraum 31. März 1999 bis 3. August 2009 entfallen 124 volle Monate und 1 angefangener Monat (= abgerundet 124 Monate). Der Wertzuwachs von 400.000 € für die Anteile an der C-GmbH ist zu einem Anteil von 124/151 = 328.476 € steuerbar. Unter Berücksichtigung des Teileinkünfteverfahrens beträgt der steuerpflichtige Veräußerungsgewinn im Jahr 2009 (328.476 € x 60 % =) 197.085 €.

---

[1]) C.II.1 wurde durch BMF vom 16.12.2015 (BStBl I 2016 S. 10) ergänzt und ist in allen offenen Fällen anzuwenden.

Anhang 6
II Beteiligungen an Kapitalgesellschaften

b) Abweichende Aufteilung zugunsten des Steuerpflichtigen
Abweichend davon findet die Vereinfachungsregelung auf Antrag des Steuerpflichtigen keine Anwendung, wenn dieser einen tatsächlich höheren Wertzuwachs für den Zeitraum zwischen dem Erwerb der Anteile und dem Zeitpunkt der Verkündung des StEntlG 1999/2000/2002 in geeigneter Weise (z. B. durch Gutachten oder anhand von tatsächlichen Veräußerungen in zeitlicher Nähe zum 31. März 1999) nachweist. Vgl. dazu auch die Aussagen unter II.3.

c) Abweichende Aufteilung zuungunsten des Steuerpflichtigen
Sofern im Einzelfall die grundsätzlich durchzuführende zeitanteilig lineare Aufteilung des Wertzuwachses zu offensichtlichen Widersprüchen zu den tatsächlichen Wertverhältnissen führt und klare, nachweisbare Anhaltspunkte für eine wesentliche – den linear ermittelten steuerbaren Wertzuwachs übersteigende – Wertsteigerung für den Zeitraum nach dem 31. März 1999 und dem Veräußerungszeitpunkt vorliegen, kann die Finanzverwaltung abweichend von der Vereinfachungsregelung auch eine andere – im Einzelfall sachgerechtere – Aufteilung des Wertzuwachses auch zuungunsten des Steuerpflichtigen durchführen. Vgl. dazu auch die Aussagen unter II.3.

2. Veräußerungsverluste
Auf Veräußerungsverluste (bezogen auf die gesamte Besitzzeit) i. S. v. § 17 EStG findet der Beschluss des BVerfG vom 7. Juli 2010 (a. a. O.) keine Anwendung. Bei der Ermittlung des Veräußerungsverlustes sind daher die ursprünglichen Anschaffungskosten zu berücksichtigen (§ 17 Absatz 2 EStG). Dies gilt auch, wenn bis zum 31. März 1999 eine Werterhöhung eingetreten ist (vgl. auch Aussagen unter II.3). Der Verlust ist ohne zeitanteilig lineare Aufteilung unter Beachtung des § 3c Absatz 2 EStG bei der Ermittlung des zu versteuernden Einkommens anzusetzen.

Beispiel:
A war seit 1990 zu 10 % an der C-GmbH (AK umgerechnet 100.000 €) beteiligt. Am 31. März 1999 belief sich der Wert seiner Anteile auf umgerechnet 60.000 €. Am 2. August 2010 veräußerte A seine Anteile für 50.000 €.
Aus dem Verkauf entsteht im VZ 2010 ein Veräußerungsverlust i. H. v. 50.000 €, der im Teileinkünfteverfahren (§ 3 Nummer 40 Satz 1 Buchstabe c EStG i. V. m. § 3c Absatz 2 EStG) mit 60 % (30.000 €) abzugsfähig ist.

3. Berücksichtigung von zwischenzeitlichen Wertminderungen
Wird von der Vereinfachungsregelung unter II.1 nicht Gebrauch gemacht, gilt für die Berücksichtigung von zwischenzeitlichen Wertminderungen (= Wert der Beteiligung ist unter die Anschaffungskosten gesunken.) Folgendes:

a) Wertminderungen bis zum 31. März 1999
Wertminderungen, die bis zum 31. März 1999 eingetreten sind, jedoch nach diesem Zeitpunkt wieder aufgeholt wurden, bleiben ohne steuerliche Auswirkung. Der Beschluss des BVerfG vom 7. Juli 2010 (a. a. O.) ist nicht dahingehend zu interpretieren, dass bis zum 31. März 1999 eingetretene Wertminderungen den späteren Veräußerungsgewinn erhöhen. Der Beschluss betrifft ausdrücklich nur die bis zum 31. März 1999 eingetretene Wertsteigerung als verfassungsrechtlich geschützte Vermögensposition. In diesen Fällen sind nach Maßgabe der Regelungen unter II.1.c) bei der Ermittlung des Veräußerungsgewinns nach § 17 Absatz 2 EStG die ursprünglichen Anschaffungskosten zu berücksichtigen.

Beispiel:
A war seit 1990 zu 10 % an der C-GmbH (AK umgerechnet 100.000 €) beteiligt. Am 31. März 1999 belief sich der Wert seiner Anteile auf umgerechnet 60.000 €. Am 2. August 2010 veräußerte A seine Anteile für 300.000 €.

Aus dem Verkauf entsteht ein Veräußerungsgewinn von 200.000 €, der unter Berücksichtigung des Teileinkünfteverfahrens (§ 3 Nummer 40 Satz 1 Buchstabe c EStG i. V. m. § 3c Absatz 2 EStG) zu 60 % (= 120.000 €) steuerpflichtig ist.

b) Wertminderungen nach dem 31. März 1999

Fand bis zum 31. März 1999 eine Werterhöhung statt und wurde diese durch eine spätere Wertminderung vollständig kompensiert, tritt im Fall der Veräußerung der Anteile der Wert der Beteiligung zum 31. März 1999 nach Maßgabe der Regelungen unter II.1.c) nicht an die Stelle der Anschaffungskosten, so dass sowohl die Werterhöhung als auch die spätere Wertminderung außer Ansatz bleiben.

Beispiel:
A war seit 1990 zu 10 % an der C-GmbH (AK umgerechnet 100.000 €) beteiligt. Am 31. März 1999 belief sich der Wert seiner Anteile auf umgerechnet 500.000 €. Am 2. August 2010 veräußerte A seine Anteile für 100.000 €.

Aus dem Verkauf entsteht ein Veräußerungsgewinn von 0 €. Ein Veräußerungsverlust ist nicht zu berücksichtigen, da der gemeine Wert der Anteile zum 31. März 1999 nicht als Anschaffungskosten zu betrachten ist.

Fand bis zum 31. März 1999 eine vom Steuerpflichtigen nachgewiesene Werterhöhung statt und trat danach eine Wertminderung ein, die die Werterhöhung nur teilweise kompensierte, ist die noch nicht verzehrte Werterhöhung nach den Grundsätzen des o. g. BVerfG-Beschlusses nicht steuerbar.

Beispiel:
A war seit 1990 zu 10 % an der C-GmbH (AK umgerechnet 100.000 €) beteiligt. Am 31. März 1999 belief sich der Wert seiner Anteile sich auf umgerechnet 500.000 €. Am 2. August 2010 veräußerte A seine Anteile für 300.000 €.
Aus dem Verkauf entsteht an sich ein Veräußerungsgewinn von 200.000 €. Da dieser Veräußerungsgewinn auf eine Werterhöhung zurückgeht, die vor dem 31. März 1999 eingetreten ist, ist er nicht steuerbar.

D. Absenkung der Beteiligungsgrenze auf mind. 1 % durch das StSenkG vom 23. Oktober 2000 (BGBl. I S. 1435 vom 26. Oktober 2000, BStBl I S. 1428)[1])

Die unter A. bis C. dargestellten Grundsätze sind entsprechend anzuwenden. Das StSenkG ist am 26. Oktober 2000 im BGBl. verkündet worden.

E. Anwendungsregelung

Dieses Schreiben ist auf alle noch offenen Fälle anzuwenden.

Anhang 7

– unbesetzt –

---

[1]) >auch BMF vom 27.05.2013 (BStBl I S. 721)

Anhang 8

Betriebsaufspaltung/Betriebsverpachtung

Übersicht

I. Zweifelsfragen im Zusammenhang mit der Ausübung des Verpächterwahlrechts gemäß R 139 Abs. 5 EStR[1])
   BMF vom 17.10.1994 (BStBl I S. 771)

II. Bedeutung von Einstimmigkeitsabreden beim Besitzunternehmen für das Vorliegen einer personellen Verflechtung im Rahmen einer Betriebsaufspaltung;
    Anwendung der BFH-Urteile vom 21. Januar 1999 – IV R 96/96 – (BStBl 2002 II S. 771), vom 11. Mai 1999 – VIII R 72/96 – (BStBl 2002 II S. 722) und vom 15. März 2000 – VIII R 82/98 – (BStBl 2002 II S. 774)
    BMF vom 07.10.2002 (BStBl I S. 1028)

III. Anwendungsschreiben zu § 16 Absatz 3b EStG
    BMF vom 22.11.2016 (BStBl I S. 1326)

Zweifelsfragen im Zusammenhang mit der Ausübung des Verpächterwahlrechts gemäß R 139 Abs. 5 EStR[1])

BMF vom 17.10.1994 (BStBl I S. 771)
IV B 2 – S 2242 – 47/94

Unter Bezugnahme auf das Ergebnis der Erörterungen mit den obersten Finanzbehörden der Länder nehme ich zu aufgetretenen Zweifelsfragen im Zusammenhang mit der Ausübung des Verpächterwahlrechts gemäß R 139 Abs. 5 EStR[1]) wie folgt Stellung:

1. Wiederaufleben des Verpächterwahlrechts

Die Frage, ob das Verpächterwahlrecht nach R 139 Abs. 5 EStR[1]), das im Zeitpunkt der Verpachtung nicht ausgeübt werden konnte, zu einem späteren Zeitpunkt wieder auflebt, kann in folgenden Fällen von Bedeutung sein:

a) **Gewerblich geprägte Personengesellschaft**

   Eine Personengesellschaft führt zunächst selbst einen Betrieb. Anschließend verpachtet sie ihn. Im Zeitpunkt der Verpachtung liegen die Voraussetzungen einer gewerblich geprägten Personengesellschaft i. S. des § 15 Abs. 3 Nr. 2 EStG vor. Während der Verpachtung entfallen diese Voraussetzungen, z. B. durch Eintritt einer natürlichen Person als Komplementärin neben der Komplementär-Kapitalgesellschaft.

   Während ihrer gewerblichen Prägung steht der Personengesellschaft das Verpächterwahlrecht nicht zu.

b) **Ausscheiden eines verpachtenden Mitunternehmers**

   Der Gesellschafter einer gewerblich tätigen oder geprägten Personengesellschaft verpachtet seinen bis dahin von ihm selbst geführten Betrieb im ganzen an die Mitunternehmerschaft. Später scheidet er aus der Gesellschaft aus.

   Solange der verpachtende Gesellschafter der Mitunternehmerschaft angehört, rechnen der verpachtete Betrieb zu seinem Sonderbetriebsvermögen und die von der Mitunternehmerschaft gezahlten Pachtzinsen gem. § 15 Abs. 1 Satz 1 Nr. 2 EStG zu seinen Sonderbetriebseinnahmen. Das Verpächterwahlrecht steht ihm in dieser Zeit nicht zu.

---

[1]) jetzt § 16 Abs. 3b

Anhang 8
Betriebsaufspaltung/Betriebsverpachtung

c) **Betriebsaufspaltung**

Bei einer Betriebsverpachtung sind zunächst auch die Voraussetzungen der Betriebsaufspaltung erfüllt. Später entfallen die Voraussetzungen für eine Betriebsaufspaltung, z. B. wegen Wegfalls der personellen Verflechtung.

Die Regeln der Betriebsaufspaltung, wonach der Verpächter gewerblich tätig ist, gehen denen der Betriebsverpachtung vor. Deshalb ist während des Bestehens der Betriebsaufspaltung kein Verpächterwahlrecht gegeben.

Sind in Fällen der Buchstaben a, b und c weiterhin die Voraussetzungen der Betriebsverpachtung erfüllt, lebt das Verpächterwahlrecht wieder auf, sobald der Hinderungsgrund weggefallen ist, d. h.

– in den Fällen des Buchst. a die Voraussetzungen des § 15 Abs. 3 Nr. 2 EStG nicht mehr bestehen,

– in den Fällen des Buchst. b die Voraussetzungen des § 15 Abs. 1 Nr. 2 EStG durch Ausscheiden aus der Gesellschaft entfallen (vgl. BFH-Urteil vom 13. Dezember 1983, BStBl 1984 II S. 474, 478 ff.) oder

– in den Fällen des Buchst. c die Betriebsaufspaltung beendet ist[1]).

Der Verpächter erzielt daher weiterhin gewerbliche Einkünfte und die verpachteten Wirtschaftsgüter bleiben in seinem Betriebsvermögen, solange er die Betriebsaufgabe nicht ausdrücklich erklärt.

2. Gesellschafterwechsel und Gesellschafterbeitritt

Bei Personengesellschaften darf ein bestehendes Verpächterwahlrecht auch in den Fällen des Gesellschafterwechsels oder des Gesellschafterbeitritts weiter ausgeübt werden. Das gilt in den Fällen des Gesellschafterwechsels nur dann nicht, wenn alle bisherigen Gesellschafter ihre Beteiligungen innerhalb eines kurzen Zeitraums vollständig veräußern, wenn es also zu einem gänzlichen Austausch der Gesellschafter kommt.

In den Fällen des Gesellschafterbeitritts spielt die besondere Sicht des Umwandlungssteuerrechts, wonach die bisherigen Mitunternehmeranteile in eine „neue", durch den hinzutretenden Gesellschafter vergrößerte Personengesellschaft eingebracht werden, für die Frage des Verpächterwahlrechts keine Rolle.

Beispiele:
a) Eine nicht gewerblich geprägte Personengesellschaft verpachtet ihren Gewerbebetrieb. Die Betriebsaufgabe wird nicht erklärt. Später veräußert ein Gesellschafter seinen Anteil an einen Dritten. Die Personengesellschaft darf das Verpächterwahlrecht weiterhin ausüben.

b) In eine Personengesellschaft tritt nach Beginn der Verpachtung ein neuer Gesellschafter ein. Auch in diesem Fall darf die Personengesellschaft das Verpächterwahlrecht weiterhin ausüben.

Solange die Personengesellschaft in den Beispielen a und b die Betriebsaufgabe nicht erklärt, erzielt sie weiterhin gewerbliche Einkünfte und bleiben die verpachteten Wirtschaftsgüter in ihrem Betriebsvermögen.

---

[1]) Die Grundsätze über das Verpächterwahlrecht gelten sowohl bei Beendigung einer echten als auch einer unechten Betriebsaufspaltung (>BFH vom 17.04.2019 – BStBl II S. 745).

Anhang 8

Betriebsaufspaltung/Betriebsverpachtung II

Bedeutung von Einstimmigkeitsabreden beim Besitzunternehmen für das Vorliegen einer personellen Verflechtung im Rahmen einer Betriebsaufspaltung; Anwendung der BFH-Urteile vom 21. Januar 1999 – IV R 96/96 – (BStBl 2002 II S. 771), vom 11. Mai 1999 – VIII R 72/96 – (BStBl 2002 II S. 722) und vom 15. März 2000 – VIII R 82/98 – (BStBl 2002 II S. 774)

BMF vom 07.10.2002 (BStBl I S. 1028)
IV A 6 – S 2240 – 134/02

Der BFH hat in seinen Urteilen vom 21. Januar 1999 (a. a. O.), vom 11. Mai 1999 (a. a. O.) und vom 15. März 2000 (a. a. O.) daran festgehalten, dass im Grundsatz eine personelle Verflechtung fehlt, wenn ein nur an der Besitzgesellschaft beteiligter Gesellschafter die rechtliche Möglichkeit hat zu verhindern, dass die beherrschende Person oder Personengruppe ihren Willen in Bezug auf die laufende Verwaltung des an die Betriebsgesellschaft überlassenen Wirtschaftsguts durchsetzen.

Im Einvernehmen mit den obersten Finanzbehörden der Länder gilt zur allgemeinen Anwendung der Grundsätze der BFH-Urteile vom 21. Januar 1999 (a. a. O.) und vom 11. Mai 1999 (a. a. O.) Folgendes:

I. Grundsatz

Für einen einheitlichen geschäftlichen Betätigungswillen als personelle Voraussetzung einer Betriebsaufspaltung genügt es, dass die Person oder die Personengruppe, die die Betriebsgesellschaft tatsächlich beherrscht, in der Lage ist, auch in dem Besitzunternehmen ihren Willen durchzusetzen (Beherrschungsidentität). Die Betriebsgesellschafter können ihren Willen in der Besitzgesellschaft durch Regelungen im Gesellschaftsvertrag, mit Mitteln des Gesellschaftsrechts oder aber ausnahmsweise durch eine faktische Beherrschung durchsetzen. Für die Durchsetzung des geschäftlichen Betätigungswillens ist auf das hinsichtlich der wesentlichen Betriebsgrundlage bestehende Miet- oder Pachtverhältnis (sachliche Verflechtung) abzustellen (BFH-Urteil vom 27. August 1992, BStBl II 1993 S. 134).

II. Gesellschaftsrechtliches Einstimmigkeitsprinzip und Reichweite dieses Prinzips

Werden im Gesellschaftsvertrag keine Regelungen über die Zulässigkeit von Mehrheitsentscheidungen bei Gesellschafterbeschlüssen getroffen, gilt der Grundsatz der Einstimmigkeit (Einstimmigkeitsprinzip). Hierzu gilt im Einzelnen Folgendes:

1. Gesellschaft bürgerlichen Rechts

Wird das Besitzunternehmen als Gesellschaft bürgerlichen Rechts geführt, steht die Führung der Geschäfte den Gesellschaftern nur gemeinschaftlich zu. Für jedes Geschäft ist die Zustimmung aller Gesellschafter erforderlich (§ 709 Abs. 1 BGB).

2. Offene Handelsgesellschaft

Ist das Besitzunternehmen eine Offene Handelsgesellschaft, bedarf es für die über den gewöhnlichen Betrieb hinausgehenden Handlungen des Beschlusses aller Gesellschafter (§ 116 Abs. 2 HGB). Dieser Beschluss ist einstimmig zu fassen (§ 119 Abs. 1 HGB).

3. Kommanditgesellschaft

Das Einstimmigkeitsprinzip gilt auch für die Kommanditgesellschaft, soweit es um die Änderung oder Aufhebung des Miet- oder Pachtvertrags mit der Betriebsgesellschaft geht, denn hierbei handelt es sich um ein so genanntes außergewöhnliches Geschäft, das der Zustimmung aller Gesellschafter bedarf (§ 164 HGB; BFH-Urteil vom 27. August 1992, a. a. O.). Für die laufenden, so genannten Geschäfte des täglichen Lebens ist dagegen die Zustimmung der Kommanditisten nicht erforderlich; insoweit gilt bei einer Kommanditgesellschaft das Einstimmigkeitsprinzip nicht.

III. Beherrschungsidentität auf vertraglicher und gesellschaftsrechtlicher Grundlage

Ist an der Besitzgesellschaft neben der mehrheitlich bei der Betriebsgesellschaft beteiligten Person oder Personengruppe mindestens ein weiterer Gesellschafter beteiligt (Nur-Besitzgesellschafter) und müssen Beschlüsse der Gesellschafterversammlung wegen vertraglicher oder gesetzlicher Bestimmungen einstimmig gefasst werden, ist eine Beherrschungsidentität auf vertraglicher und gesellschaftsrechtlicher Grundlage und damit eine personelle Verflechtung nicht gegeben.

Die mehrheitlich beteiligte Person oder Personengruppe ist infolge des Widerspruchsrechts des nur an der Besitzgesellschaft beteiligten Gesellschafters nicht in der Lage, ihren geschäftlichen Betätigungswillen in der Besitzgesellschaft durchzusetzen.

Dies gilt jedoch nur, wenn das Einstimmigkeitsprinzip auch die laufende Verwaltung der vermieteten Wirtschaftsgüter, die so genannten Geschäfte des täglichen Lebens, einschließt[1]). Ist die Einstimmigkeit nur bezüglich der Geschäfte außerhalb des täglichen Lebens vereinbart, wird die personelle Verflechtung dadurch nicht ausgeschlossen (BFH-Urteil vom 21. August 1996, BStBl 1997 II S. 44)[2]).

IV. Beherrschungsidentität auf faktischer Grundlage

In besonders gelagerten Ausnahmefällen kann trotz fehlender vertraglicher und gesellschaftsrechtlicher Möglichkeit zur Durchsetzung des eigenen geschäftlichen Betätigungswillens auch eine faktische Machtstellung ausreichen, um eine personelle Verflechtung zu bejahen. Eine solche faktische Beherrschung liegt vor, wenn auf die Gesellschafter, deren Stimmen zur Erreichung der im Einzelfall erforderlichen Stimmenmehrheit fehlen, aus wirtschaftlichen oder anderen Gründen Druck dahingehend ausgeübt werden kann, dass sie sich dem Willen der beherrschenden Person oder Personengruppe unterordnen. Dazu kann es z. B. kommen, wenn ein Gesellschafter der Gesellschaft unverzichtbare Betriebsgrundlagen zur Verfügung stellt, die er der Gesellschaft ohne weiteres wieder entziehen kann. Das Vorliegen solcher besonderen Umstände kann stets nur im Einzelfall festgestellt werden. Ein jahrelanges konfliktfreies Zusammenwirken allein lässt den Schluss auf eine faktische Beherrschung nicht zu (BFH-Urteil vom 21. Januar 1999, a. a. O.).

V. Anwendungsregelung

Die Grundsätze dieses Schreibens sind in allen offenen Fällen anzuwenden.

Die BMF-Schreiben vom 29. März 1985 (BStBl I S. 121) und vom 23. Januar 1989 (BStBl I S. 39) werden hiermit aufgehoben.

In den Fällen, in denen die Beteiligten entsprechend der bisherigen Verwaltungsauffassung (BMF-Schreiben vom 29. März 1985, a. a. O., und vom 23. Januar 1989, a. a. O.) steuerlich vom Vorliegen einer Betriebsaufspaltung ausgegangen sind und das Vorliegen einer Betriebsaufspaltung auf der Grundlage der unter I. bis IV. beschriebenen Grundsätze zu verneinen wäre, werden für die Vergangenheit daraus keine Folgerungen gezogen, wenn bis zum 31. Dezember 2002 Maßnahmen zur Herstellung der Voraussetzungen einer Betriebsaufspaltung (z. B. Rücknahme bzw. Ausschluss der Einstimmigkeitsabrede) getroffen werden. Steuerpflichtige, die von der Übergangsregelung Gebrauch machen wollen, können dies bis zur Unanfechtbarkeit des entsprechenden Steuerbescheids beantragen. Der Antrag kann nicht widerrufen werden und ist von allen Gesellschaftern oder Gemeinschaftern, ggf. vertreten durch einen gemeinsamen Bevollmächtigten oder einen Vertreter i. S. d. § 34 AO, einheitlich zu stellen.

---

[1]) Ist im Gesellschaftsvertrag einer GbR die Führung der Geschäfte einem Gesellschafter allein übertragen, dann beherrscht dieser Gesellschafter die Gesellschaft auch dann, wenn nach dem Gesellschaftsvertrag die Gesellschafterbeschlüsse einstimmig zu fassen sind (>BFH vom 01.07.2003 – BStBl II S. 757).

[2]) bestätigt durch BFH vom 30.11.2005 (BStBl II 2006 S. 415)

Anhang 8
Betriebsaufspaltung/Betriebsverpachtung — II

Werden solche Maßnahmen nicht ergriffen und ein solcher Antrag nicht gestellt, gilt Folgendes:

1. Echte Betriebsaufspaltung

In Fällen, in denen in der Vergangenheit von einer echten Betriebsaufspaltung ausgegangen worden ist, die personelle Verflechtung aber nach der vorliegenden BFH-Rechtsprechung zu keinem Zeitpunkt bestanden hat, lag eine Betriebsaufspaltung **von Anfang an** nicht vor. Die Anwendung der vorliegenden BFH-Rechtsprechung allein führt nicht zu einer (Zwangs-)Betriebsaufgabe im Sinne des § 16 EStG.

Es ist vielmehr zu prüfen, ob die von der Besitzgesellschaft an die Betriebsgesellschaft überlassenen Wirtschaftsgüter aus anderen Gründen während der Zeit, für die bisher eine Betriebsaufspaltung angenommen worden ist, zum Betriebsvermögen der Besitzgesellschaft gehört haben und auch weiterhin gehören. Die Einkünfte aus der Überlassung dieser Wirtschaftsgüter sind dann weiterhin den Einkünften aus Gewerbebetrieb zuzurechnen. Dies kann insbesondere der Fall sein

– bei der Verpachtung eines Gewerbebetriebs im Ganzen (R 139 Abs. 5 EStR[1]));
– bei Ruhenlassen der gewerblichen Tätigkeit (BFH-Urteil vom 11. Mai 1999, a. a. O.). Der Annahme einer Betriebsunterbrechung durch Ruhen des Betriebes steht die Betriebsaufteilung in übereignete Wirtschaftsgüter des Anlage- und Umlaufvermögens einerseits und verpachtete Wirtschaftsgüter andererseits nicht entgegen;
– bei Personengesellschaften, die neben der nunmehr von Anfang an bestehenden vermögensverwaltenden Tätigkeit als Besitzgesellschaft noch gewerblich tätig sind und deren Tätigkeit somit insgesamt als Gewerbebetrieb gilt (§ 15 Abs. 3 Nr. 1 EStG);
– bei gewerblich geprägten Personengesellschaften (§ 15 Abs. 3 Nr. 2 EStG).

Können die von der Besitzgesellschaft an die Betriebsgesellschaft überlassenen Wirtschaftsgüter unter keinem rechtlichen Gesichtspunkt als Betriebsvermögen behandelt werden, sind sie in Fällen, in denen eine echte Betriebsaufspaltung angenommen wurde, zu dem Zeitpunkt als entnommen anzusehen (§ 4 Abs. 1 Satz 2 EStG), ab dem eine Betriebsaufspaltung angenommen worden ist. Sind die Bescheide des entsprechenden Veranlagungszeitraums bereits bestandskräftig, sind sie nach § 174 Abs. 3 AO zu ändern. Diese Vorschrift soll verhindern, dass ein steuererhöhender oder steuermindernder Vorgang bei der Besteuerung überhaupt nicht berücksichtigt wird (negativer Widerstreit). Der Gewinn aus dieser Entnahme kann nach §§ 16 und 34 EStG begünstigt sein, soweit die dort genannten übrigen Voraussetzungen erfüllt sind. Dies gilt auch dann, wenn bei Gründung der „Betriebsgesellschaft" Wirtschaftsgüter zu Buchwerten auf diese übertragen wurden und die Buchwerte bei der „Betriebsgesellschaft" fortgeführt werden.

Vor dem Ergehen der BFH-Urteile vom 11. Januar 1999 (a. a. O.), vom 11. Mai 1999 (a. a. O.) und vom 15. März 2000 (a. a. O.) haben die Finanzämter aufgrund der bisherigen Rechtsauffassung (BMF-Schreiben vom 29. März 1985, a. a. O. und vom 23. Januar 1989, a. a. O.) auf die Besteuerung von Entnahmegewinnen erkennbar in der Annahme verzichtet, die stillen Reserven seien in späteren Veranlagungszeiträumen steuerwirksam zu erfassen. Diese Annahme hat sich nachträglich als unzutreffend erwiesen. Werden bis zum 31. Dezember 2002 keine Maßnahmen zur Herstellung der Voraussetzungen einer Betriebsaufspaltung ergriffen und der entsprechende Antrag nicht gestellt, sind bestandskräftige Bescheide insoweit nach § 174 Abs. 3 AO zu ändern. Die Festsetzungsfrist ist auf Grund der Sonderregelung in § 174 Abs. 3 Satz 2 AO noch nicht abgelaufen.

§ 176 Abs. 1 Satz 1 Nr. 3 oder Abs. 2 AO steht einer Bescheidänderung nicht entgegen. Dem Steuerpflichtigen war bereits im Zeitpunkt der Betriebsaufspaltung bewusst, dass die stillen Reserven der von der Besitzgesellschaft an die Betriebsgesellschaft überlassenen Wirtschaftsgüter zu einem späteren Zeitpunkt steuerwirksam aufzulösen sind. Die Anwendung des § 176 AO würde dem Grundsatz von Treu und Glauben widersprechen, der auch im Verhältnis zwischen Steuerpflichtigen und

---

[1]) jetzt § 16 Abs. 3b

Finanzbehörden zumindest insoweit Anwendung findet, als der Änderungsbescheid im Ergebnis zu keiner höheren Belastung des Steuerpflichtigen führt (BFH-Urteil vom 8. Februar 1995, BStBl II S. 764).

Sind in der Vergangenheit auf Grund der Annahme einer Betriebsaufspaltung Wirtschaftsgüter zu Buchwerten auf die Betriebsgesellschaft übertragen worden, verbleibt es aus Billigkeitsgründen bei dem Ansatz des Buchwertes, wenn die Buchwerte auch von der Betriebsgesellschaft fortgeführt werden.

2. Unechte Betriebsaufspaltung

In Fällen, in denen eine sog. unechte Betriebsaufspaltung angenommen worden ist, sind die an die Betriebsgesellschaft überlassenen Wirtschaftsgüter zu keinem Zeitpunkt Betriebsvermögen geworden, sondern es lag **von Anfang an** Privatvermögen vor. Eine (Zwangs-)Betriebsaufgabe im Sinne des § 16 EStG ist somit nicht anzunehmen.

3. Ermittlung der Einkünfte bei dem Besitzunternehmen

Soweit in der Vergangenheit trotz fehlender personeller Verflechtung eine Betriebsaufspaltung mit Einkünften aus Gewerbebetrieb beim Besitzunternehmen angenommen worden ist und die Einkünfte auf der Basis eines Betriebsvermögensvergleichs bestandskräftig festgestellt worden sind, ist bei der Feststellung der Einkünfte aus Vermietung und Verpachtung für die Folgejahre darauf zu achten, dass Einnahmen und Ausgaben nicht doppelt angesetzt werden. Ggf. sind Berichtigungen nach § 174 AO durchzuführen. Es ist nicht zu beanstanden, wenn der Steuerpflichtige in der Erklärung für den ersten noch offenen Feststellungszeitraum eine Hinzurechnung und Abrechnung wie beim Übergang vom Betriebsvermögensvergleich (§ 4 Abs. 1 oder § 5 EStG) zur Einnahmenüberschussrechnung entsprechend R 17 Abs. 2 EStR[1]) vornimmt.

---

[1]) jetzt R 4.6 Abs. 2 EStR

Anwendungsschreiben zu § 16 Absatz 3b EStG

BMF vom 22.11.2016 (BStBl I S. 1326)
IV C 6 – S 2242/12/10001 – 2016/1005711

Im Rahmen des Steuervereinfachungsgesetzes 2011 vom 1. November 2011 (BGBl. I S. 2131) wurde mit § 16 Absatz 3b EStG eine Betriebsfortführungsfiktion für Fälle der Betriebsunterbrechung und der Betriebsverpachtung im Ganzen eingeführt. Danach gilt in diesen Fällen ein Gewerbebetrieb oder ein Mitunternehmeranteil i. S. v. § 16 Absatz 1 Satz 1 Nummer 2 EStG oder ein Anteil eines persönlich haftenden Gesellschafters einer Kommanditgesellschaft auf Aktien i. S. v. § 16 Absatz 1 Satz 1 Nummer 3 EStG nicht als aufgegeben, bis

1. der Steuerpflichtige die Aufgabe i. S. d. § 16 Absatz 3 Satz 1 EStG ausdrücklich gegenüber dem Finanzamt erklärt oder
2. dem Finanzamt Tatsachen bekannt werden, aus denen sich ergibt, dass die Voraussetzungen für eine Aufgabe i. S. d. § 16 Absatz 3 Satz 1 EStG erfüllt sind.

Im Einvernehmen mit den obersten Finanzbehörden der Länder gilt für die Anwendung der Betriebsfortführungsfiktion in § 16 Absatz 3b EStG Folgendes:

I. Betroffene Betriebe

§ 16 Absatz 3b EStG findet Anwendung, soweit es sich um eine Betriebsverpachtung im Ganzen oder um einen Fall der Betriebsunterbrechung (sog. ruhender Gewerbebetrieb) eines Betriebs oder Teilbetriebs handelt.

§ 16 Absatz 3b EStG kommt nicht zur Anwendung, wenn eine Betriebsaufgabe anlässlich (d. h. in engem zeitlichen Zusammenhang) der Beendigung der aktiven, werbenden Tätigkeit durch schlüssige und unmissverständliche Handlung erfolgt und dies dem Finanzamt gegenüber zeitnah erklärt wird.

§ 16 Absatz 3b EStG ist sowohl bei Einzelunternehmen als auch bei Personengesellschaften/Mitunternehmerschaften anzuwenden.

Die Regelung gilt jedoch nicht für gewerblich geprägte Personengesellschaften, da diesen aufgrund der gewerblichen Prägung das Verpächterwahlrecht nicht zusteht (vgl. BMF-Schreiben vom 17. Oktober 1994, BStBl I S. 771), für die Besitzpersonengesellschaft bei einer (mitunternehmerischen) Betriebsaufspaltung (vgl. BMF-Schreiben vom 28. April 1998, BStBl I S. 583 und vom 17. Oktober 1994, BStBl I S. 771) und der Verpachtung des Betriebs eines Mitunternehmers an seine Mitunternehmerschaft (§ 15 Absatz 1 Satz 1 Nummer 2 EStG).

§ 16 Absatz 3b EStG ist auch bei Einkünften aus selbständiger Arbeit (§ 18 EStG) oder aus Land- und Forstwirtschaft (§ 13 i. V. m. § 14 Satz 2 EStG) anzuwenden.

1. Betriebsunterbrechung (ruhender Gewerbebetrieb)

Stellt ein Unternehmer seine gewerbliche Tätigkeit ein, liegt darin nicht notwendiger Weise eine Betriebsaufgabe. Die Einstellung kann auch nur als Betriebsunterbrechung zu beurteilen sein, die den Fortbestand des Betriebs unberührt lässt. Eine Betriebsunterbrechung ist anzunehmen, wenn die betriebliche Tätigkeit vorübergehend ruht und die wesentlichen Betriebsgrundlagen zurückbehalten werden, so dass der Betrieb jederzeit wieder aufgenommen werden könnte. Im Übrigen wird auf H 16 (2) Betriebsunterbrechung EStH 2015 verwiesen.

2. Betriebsverpachtung im Ganzen

Ein verpachteter Gewerbebetrieb liegt nur vor, wenn der Steuerpflichtige oder in den Fällen der unentgeltlichen Rechtsnachfolge sein Rechtsnachfolger objektiv die Möglichkeit hat, ohne wesentliche Änderungen den Betrieb fortzuführen (vgl. BFH-Urteil vom 11. Oktober 2007, BStBl 2008 II S. 220). Zu den Einzelheiten vgl. im Übrigen H 16 (5) EStH 2015.

Anhang 8
III Betriebsaufspaltung/Betriebsverpachtung

Bei land- und forstwirtschaftlichen Betrieben ist es nicht erforderlich, dass sämtliche landwirtschaftlich genutzten Flächen ausnahmslos an einen Pächter verpachtet werden (vgl. BFH-Urteil vom 28. November 1991, BStBl 1992 II S. 521). Eine Betriebsverpachtung im Ganzen liegt auch vor, wenn Stückländereien ohne Hofstelle und stehende Betriebsmittel zunächst bewirtschaftet und diese Flächen dann insgesamt verpachtet werden (vgl. BFH-Urteil vom 18. März 1999, BStBl II S. 398). Die unentgeltliche Überlassung des land- und fortwirtschaftlichen Betriebs oder Teilen davon steht einer Verpachtung gleich (vgl. BFH-Urteil vom 28. November 1991, BStBl 1992 II S. 521).

II. Betriebsfortführungsfiktion

Liegen die Voraussetzungen einer Betriebsunterbrechung oder einer Betriebsverpachtung im Ganzen vor, gilt der Betrieb unwiderleglich so lange nicht als aufgegeben, bis der Steuerpflichtige die Betriebsaufgabe erklärt oder dem Finanzamt Tatsachen bekannt werden, dass zwischenzeitlich eine Betriebsaufgabe stattgefunden hat.

III. Form und Inhalt der Aufgabeerklärung

Für die gegenüber dem Finanzamt abzugebende Erklärung zur Aufgabe des Betriebs ist keine bestimmte Form vorgeschrieben. Aus Beweisgründen sollte die Aufgabeerklärung jedoch schriftlich und unter Angabe eines Aufgabedatums abgegeben werden. Bei Mitunternehmerschaften muss die Betriebsaufgabeerklärung einvernehmlich von allen Mitunternehmern abgegeben werden.

Keine Betriebsaufgabeerklärung i. S. v. § 16 Absatz 3b Satz 1 Nummer 1 EStG liegt vor, wenn die Einkünfte aus dem verpachteten Betrieb im Rahmen der Einkommensteuer- oder Feststellungserklärung bei den Einkünften aus Vermietung und Verpachtung aufgeführt werden. Auch sind in einem solchen Fall die Voraussetzungen des § 16 Absatz 3b Satz 1 Nummer 2 EStG nicht erfüllt.

IV. Zeitpunkt der Betriebsaufgabe

1. Betriebsaufgabeerklärung durch den Betriebsinhaber

Sind die Voraussetzungen einer Betriebsunterbrechung oder -verpachtung im Ganzen entfallen, hat der Steuerpflichtige eine Aufgabeerklärung zum Aufgabezeitpunkt abzugeben oder dem Finanzamt die Tatsachen mitzuteilen, aus denen sich das Vorliegen einer Betriebsaufgabe i. S. v. § 16 Absatz 3 Satz 1 EStG ergibt. Anderenfalls gilt der Betrieb nach § 16 Absatz 3b EStG solange als nicht aufgegeben, bis der Steuerpflichtige die Betriebsaufgabe gegenüber dem zuständigen Finanzamt erklärt oder dem zuständigen Finanzamt die Tatsachen bekannt werden, dass zwischenzeitlich eine Betriebsaufgabe stattgefunden hat.

Die Aufgabe ist rückwirkend für den vom Steuerpflichtigen gewählten Zeitpunkt anzuerkennen, wenn die Aufgabeerklärung spätestens drei Monate nach diesem Zeitpunkt beim zuständigen Finanzamt abgegeben wird. Dies gilt auch dann, wenn der vom Steuerpflichtigen gewählte und innerhalb der Drei-Monatsfrist liegende Aufgabezeitpunkt in einem zurückliegenden Kalenderjahr liegt. Zur Berechnung der Drei-Monatsfrist gelten die Vorschriften der §§ 187, 188 BGB. Wird die Aufgabeerklärung nicht spätestens drei Monate nach dem vom Steuerpflichtigen gewählten Zeitpunkt abgegeben, gilt der Betrieb oder Mitunternehmeranteil erst in dem Zeitpunkt als aufgegeben, in dem die Aufgabeerklärung beim Finanzamt (Eingangsstempel) eingeht. Der vom Steuerpflichtigen i. S. v. § 16 Absatz 3b Satz 2 EStG rückwirkend bis zu drei Monate gewählte Zeitpunkt ist nicht anzuerkennen, wenn der Betrieb zu diesem Zeitpunkt die aktive werbende Tätigkeit noch nicht beendet hat. In diesem Fall kann frühestens mit Einstellung der aktiven Tätigkeit die Betriebsaufgabe angenommen werden, sofern die aktive Tätigkeit vor der Abgabe der Aufgabeerklärung beendet wurde.

Dem Steuerpflichtigen obliegt die Darlegungslast dafür, ob und wann die Aufgabe gegenüber dem Finanzamt erklärt wurde.

Bei Mitunternehmerschaften ist der Aufgabezeitpunkt von allen Mitunternehmern einvernehmlich zu bestimmen.

2. Betriebsaufgabeerklärung durch den/die Rechtsnachfolger

a) Erbfall

Wird die Aufgabe im Erbfall durch den oder die Rechtsnachfolger erklärt, ist innerhalb des Drei-Monatszeitraums eine Betriebsaufgabe auch für einen Zeitpunkt vor Eintritt des Erbfalls zulässig, frühestens jedoch mit der Einstellung der aktiven Tätigkeit durch den Erblasser. Bei mehreren Rechtsnachfolgern ist die rückwirkende Betriebsaufgabeerklärung einvernehmlich vorzunehmen. Der Aufgabegewinn ist dem Erblasser zuzurechnen. Wenn die übrigen Voraussetzungen erfüllt sind, kommt für den Erblasser der Freibetrag nach § 16 Absatz 4 EStG und eine Tarifbegünstigung nach § 34 Absatz 1 oder 3 EStG in Betracht.

b) vorweggenommene Erbfolge

Im Fall der vorweggenommenen Erbfolge ist eine Betriebsaufgabeerklärung durch den oder die Rechtsnachfolger frühestens für den Zeitpunkt des Übergangs des Betriebs auf den oder die Rechtsnachfolger möglich.

Der Rechtsvorgänger kann die Betriebsaufgabe innerhalb des Drei-Monatszeitraums nur bis zum Tag der Betriebsübergabe erklären. Der Aufgabegewinn ist in diesem Fall dem oder den Rechtsvorgänger/Rechtsvorgängern zuzurechnen.

3. Bekanntwerden von Tatsachen, dass eine Betriebsaufgabe stattgefunden hat

Wenn eine Betriebsaufgabeerklärung des Steuerpflichtigen nicht vorliegt, dem Finanzamt aber Tatsachen bekannt werden, dass eine Betriebsaufgabe stattgefunden hat (z. B. aufgrund der Veräußerung einer oder mehrerer wesentlicher Betriebsgrundlagen), sind die steuerrechtlichen Folgerungen (insbesondere die Aufdeckung der stillen Reserven) wie folgt zu ziehen:

Der Aufgabegewinn ist in dem Veranlagungszeitraum zu erfassen, in dem das Finanzamt Kenntnis von der Betriebsaufgabe erlangt, wenn die Betriebsaufgabe beim Rechtsvorgänger des Steuerpflichtigen oder in einem Veranlagungszeitraum stattgefunden hat, für den Festsetzungs- oder Feststellungsverjährung eingetreten ist. Dabei sind die im Zeitpunkt der Kenntniserlangung des Finanzamtes noch vorhandenen Wirtschaftsgüter mit dem gemeinen Wert zu diesem Zeitpunkt anzusetzen.

Werden Wirtschaftsgüter in vorherigen Wirtschaftsjahren veräußert oder unentgeltlich übertragen, sind die Gewinne hieraus im Jahr der Veräußerung oder der unentgeltlichen Übertragung zu erfassen. Die Vorschriften der Abgabenordnung über die Änderung von Steuerfestsetzungen sind zu beachten.

Für die Frage, ob dem Finanzamt die maßgeblichen Tatsachen, aus denen sich eine Betriebsaufgabe ergibt, bekannt geworden sind, kommt es auf den Kenntnisstand der Personen an, die innerhalb des Finanzamts dazu berufen sind, den betreffenden Steuerfall zu bearbeiten. Keine Kenntnis i. S. d. § 16 Absatz 3b Satz 1 Nummer 2 EStG liegt vor, wenn eine andere Stelle des Finanzamts von den maßgeblichen Tatsachen Kenntnis erlangt hat.

V. Anwendungsregelung

Das BMF-Schreiben ist in allen offenen Fällen für Betriebsaufgaben nach dem 4. November 2011 anzuwenden. Für frühere Betriebsaufgaben gelten R 16 Absatz 5 EStR 2008 und H 16 (5) EStH 2011 unverändert fort.

Soweit für Betriebe der Land- und Forstwirtschaft bisher Übergangsregelungen (z. B. aus der Einführung der Bodengewinnbesteuerung oder hinsichtlich der Nutzungsüberlassung von Betrieben der Land- und Forstwirtschaft im Beitrittsgebiet vor dem 1. Juli 1990) Anwendung finden, bleiben diese von der gesetzlichen Neuregelung und diesem Schreiben unberührt.

Anhang 9

Bilanzierung

Übersicht

I. Bilanzsteuerrechtliche Behandlung des Geschäfts- oder Firmenwerts, des Praxiswerts und sogenannter firmenwertähnlicher Wirtschaftsgüter
BMF vom 20.11.1986 (BStBl I S. 532)

II. Bewertung des beweglichen Anlagevermögens und des Vorratsvermögens
(§ 6 Abs. 1 Nrn. 1 und 2 EStG);
hier: Voraussetzungen für den Ansatz von Festwerten sowie deren Bemessung
BMF vom 08.03.1993 (BStBl I S. 276)

III. Maßgeblichkeit der handelsrechtlichen Grundsätze ordnungsmäßiger Buchführung für die steuerliche Gewinnermittlung;
Änderung des § 5 Absatz 1 EStG durch das Gesetz zur Modernisierung des Bilanzrechts (Bilanzrechtsmodernisierungsgesetz – BilMoG) vom 15. Mai 2009 (BGBl. I S. 1102, BStBl I S. 650)
BMF vom 12.03.2010 (BStBl I S. 239) unter Berücksichtigung der Änderungen durch BMF vom 22.06.2010 (BStBl I S. 597)

IV. Bewertung von Tieren in land- und forstwirtschaftlich tätigen Betrieben nach § 6 Abs. 1 Nr. 1 und 2 EStG
BMF vom 14.11.2001 (BStBl I S. 864)

V. Abzinsung von Verbindlichkeiten und Rückstellungen in der steuerlichen Gewinnermittlung nach § 6 Abs. 1 Nrn. 3 und 3a EStG in der Fassung des Steuerentlastungsgesetzes 1999/2000/2002
BMF vom 26.05.2005 (BStBl I S. 699)

VI. Teilwertabschreibung gemäß § 6 Absatz 1 Nummer 1 und 2 EStG;
Voraussichtlich dauernde Wertminderung, Wertaufholungsgebot
BMF vom 02.09.2016 (BStBl I S. 995)

VII. Zweifelsfragen zu § 6 Absatz 3 EStG im Zusammenhang mit der unentgeltlichen Übertragung von Mitunternehmeranteilen mit Sonderbetriebsvermögen und von Anteilen an Mitunternehmeranteilen mit Sonderbetriebsvermögen sowie mit der unentgeltlichen Aufnahme in ein Einzelunternehmen;
Verhältnis von § 6 Absatz 3 zu § 6 Absatz 5 EStG
BMF vom 20.11.2019 (BStBl I S. 1291) unter Berücksichtigung der Änderungen durch BMF vom 05.05.2021 (BStBl I S. 696)

VIII. Zweifelsfragen zur Überführung und Übertragung von einzelnen Wirtschaftsgütern nach § 6 Absatz 5 EStG
BMF vom 08.12.2011 (BStBl I S. 1279)

IX. Passivierung von Verbindlichkeiten bei Vereinbarung eines einfachen oder qualifizierten Rangrücktritts;
Auswirkungen des § 5 Abs. 2a EStG
BMF vom 08.09.2006 (BStBl I S. 497)

X. Bilanzsteuerliche Behandlung von Pensionszusagen einer Personengesellschaft an einen Gesellschafter und dessen Hinterbliebene
BMF vom 29.01.2008 (BStBl I S. 317)

XI. Steuerliche Gewinnermittlung;
Bilanzsteuerrechtliche Berücksichtigung von Verpflichtungsübernahmen, Schuldbeitritten und Erfüllungsübernahmen mit vollständiger oder teilweiser Schuldfreistellung, Anwendung der Regelungen in § 4f und § 5 Absatz 7 Einkommensteuergesetz (EStG)
BMF vom 30.11.2017 (BStBl I S. 1619)

XII. unbesetzt –

XIII. Bewertung des Vorratsvermögens gemäß § 6 Absatz 1 Nummer 2a EStG – Lifo-Methode
BMF vom 12.05.2015 (BStBl I S. 462)

Anhang 9
Bilanzierung

Bilanzsteuerrechtliche Behandlung des Geschäfts- oder Firmenwerts, des Praxiswerts und sogenannter firmenwertähnlicher Wirtschaftsgüter

BMF vom 20.11.1986 (BStBl I S. 532)
IV B 2 – S 2172 – 13/86

Durch Artikel 10 Abs. 15 des Bilanzrichtlinien-Gesetzes vom 19. Dezember 1985 (BGBl. I S. 2355 – BStBl I S. 704) sind in § 6 Abs. 1 Nr. 2 EStG die Worte „Geschäfts- oder Firmenwert" gestrichen und in § 7 Abs. 1 EStG für den Geschäfts- oder Firmenwert eine betriebsgewöhnliche Nutzungsdauer von 15 Jahren festgelegt worden.

Zu der Frage, welche Folgen sich aus diesen Gesetzesänderungen für die bilanzsteuerrechtliche Behandlung des Geschäfts- oder Firmenwerts, des Praxiswerts und sogenannter firmenwertähnlicher Wirtschaftsgüter ergeben, wird unter Bezugnahme auf das Ergebnis der Erörterung mit den Vertretern der obersten Finanzbehörden der Länder wie folgt Stellung genommen:

I. Geschäfts- oder Firmenwert

Der Geschäfts- oder Firmenwert eines Gewerbebetriebs oder eines Betriebs der Land- und Forstwirtschaft gehört nach der Änderung der §§ 6 und 7 EStG zu den abnutzbaren Wirtschaftsgütern des Anlagevermögens (§ 6 Abs. 1 Nr. 1 EStG). Entgeltlich erworbene Geschäfts- oder Firmenwerte sind wie bisher zu aktivieren (§ 5 Abs. 2 EStG). Auf den Aktivposten sind Absetzungen für Abnutzung (AfA) während der gesetzlich festgelegten Nutzungsdauer von 15 Jahren vorzunehmen (§ 7 Abs. 1 Satz 3 EStG). Die AfA dürfen auch dann nicht nach einer kürzeren Nutzungsdauer bemessen werden, wenn im Einzelfall Erkenntnisse dafür vorliegen, daß die tatsächliche Nutzungsdauer kürzer als 15 Jahre sein wird, beispielsweise bei sogenannten personenbezogenen Betrieben, bei denen der Unternehmenswert so eng mit der Person des Betriebsinhabers verbunden ist, daß nach dessen Ausscheiden mit einer kürzeren Nutzungsdauer des erworbenen Geschäfts- oder Firmenwerts zu rechnen ist.

Die Möglichkeit des Ansatzes eines niedrigeren Teilwerts bleibt grundsätzlich unberührt. Die gesetzliche Festlegung der betriebsgewöhnlichen Nutzungsdauer auf 15 Jahre ist jedoch auch hierbei zu beachten. Der Ansatz eines niedrigeren Teilwerts ist deshalb nur in dem von der Rechtsprechung bisher als zulässig erachteten Rahmen anzuerkennen (vgl. BFH-Urteil vom 13. April 1983 – BStBl II S. 667).

II. Praxiswert
überholt, >BFH vom 24.2.1994 (BStBl II S. 590)

III. Sogenannte firmenwertähnliche Wirtschaftsgüter

a) **Verkehrsgenehmigungen**

Aufwendungen für den wirtschaftlichen Vorteil, der mit einer behördlichen Verkehrsgenehmigung verbunden ist, sind nach der Rechtsprechung des BFH aktivierungspflichtige Aufwendungen für den Erwerb eines nichtabnutzbaren immateriellen Wirtschaftsguts (vgl. z. B. die Urteile vom 13. März 1956 – BStBl III S. 149, zum Fall einer Omnibuslinie, oder vom 8. Mai 1963 – BStBl III S. 377, zum Fall einer Güterverkehrsgenehmigung). Das immaterielle Wirtschaftsgut nutzt sich nach den Ausführungen des BFH nicht durch Zeitablauf ab, weil der Erwerber der Genehmigung nach der Verfahrensübung der Genehmigungsbehörden mit einer Verlängerung oder Erneuerung der Genehmigung rechnen kann, solange der Betrieb besteht. AfA sind deshalb nicht zulässig. Aus diesem Grunde wurden die Wirtschaftsgüter als „firmenwertähnlich" bezeichnet. Die Unzulässigkeit der AfA beruhte jedoch bei Verkehrsgenehmigungen anders als beim Geschäfts- oder Firmenwert nicht auf der gesetzlichen Fiktion als nicht abnutzbares Wirtschaftsgut, sondern auf der tatsächlichen Nichtabnutzbarkeit. Die bilanzielle Behandlung wird deshalb von der Gesetzesänderung nicht berührt.

b) Verlagswerte

Nach dem BFH-Urteil vom 5. August 1970 – BStBl II S. 804 ist der Verlagswert ein vom Geschäfts- oder Firmenwert abzugrenzendes immaterielles Einzelwirtschaftsgut, das bei entgeltlichem Erwerb vom Geschäfts- oder Firmenwert gesondert zu aktivieren ist, aber wie dieser nicht nach § 7 EStG abgeschrieben werden darf. Beim entgeltlich erworbenen Verlagswert ergab sich die Begründung für die Unzulässigkeit von AfA daraus, daß der tatsächliche Abnutzungsverlauf dem des entgeltlich erworbenen Geschäfts- oder Firmenwerts vergleichbar ist. Mit dem Wegfall des Abschreibungsverbots für den Geschäfts- oder Firmenwert entfällt deshalb in diesem Fall auch das Abschreibungsverbot für das dem Geschäfts- oder Firmenwert vergleichbare Wirtschaftsgut. Entsprechend der bisherigen Gleichbehandlung sind die nunmehr für den Geschäfts- oder Firmenwert maßgebenden Vorschriften über Nutzungsdauer (§ 7 Abs. 1 Satz 3 EStG) und Abschreibungsbeginn (§ 52 Abs. 6a EStG[1])) auch bei der bilanziellen Behandlung von Verlagswerten anzuwenden.

---

[1]) i. d. F. des BiRiLiG

Bewertung des beweglichen Anlagevermögens und des Vorratsvermögens
(§ 6 Abs. 1 Nrn. 1 und 2 EStG);
hier: Voraussetzungen für den Ansatz von Festwerten sowie deren Bemessung
BMF vom 08.03.1993 (BStBl I S. 276)
IV B 2 – S 2174a – 1/93

Nach §§ 5 Abs. 1, 6 Abs. 1 Nrn. 1 und 2 EStG in Verbindung mit §§ 240 Abs. 3, 256 Satz 2 HGB können Wirtschaftsgüter des Sachanlagevermögens sowie Roh-, Hilfs- und Betriebsstoffe mit einem Festwert angesetzt werden, wenn sie regelmäßig ersetzt werden, ihr Gesamtwert für das Unternehmen von nachrangiger Bedeutung ist und ihr Bestand in seiner Größe, seinem Wert und seiner Zusammensetzung nur geringen Veränderungen unterliegt. Zudem ist in der Regel alle drei Jahre eine körperliche Bestandsaufnahme durchzuführen.

Zu der Frage, unter welchen Voraussetzungen der Gesamtwert der für einen einzelnen Festwert in Betracht kommenden Wirtschaftsgüter von nachrangiger Bedeutung ist, sowie zu der Frage, welche Abschreibungsmethoden bei der Ermittlung der Wertigkeit beweglicher Wirtschaftsgüter des Sachanlagevermögens (sog. Anhaltewert) zugrunde zu legen sind, nehme ich im Einvernehmen mit den obersten Finanzbehörden der Länder wie folgt Stellung:

1. Nachrangigkeit

Zur Beurteilung der Nachrangigkeit ist auf die Bilanzsumme abzustellen. Der Gesamtwert der für einen einzelnen Festwert in Betracht kommenden Wirtschaftsgüter ist für das Unternehmen grundsätzlich von nachrangiger Bedeutung, wenn er an den dem Bilanzstichtag vorangegangenen fünf Bilanzstichtagen im Durchschnitt 10 v. H. der Bilanzsumme nicht überstiegen hat.

2. Ermittlung des sog. Anhaltewerts

Der Anhaltewert von beweglichen Wirtschaftsgütern des Sachanlagevermögens ist anhand der steuerlich zulässigen linearen oder degressiven Absetzungen für Abnutzung nach § 7 EStG zu ermitteln. Erhöhte Absetzungen oder Sonderabschreibungen dürfen dagegen bei der Ermittlung des Anhaltewerts nicht berücksichtigt werden.

Maßgeblichkeit der handelsrechtlichen Grundsätze ordnungsmäßiger Buchführung für die steuerliche Gewinnermittlung; Änderung des § 5 Absatz 1 EStG durch das Gesetz zur Modernisierung des Bilanzrechts (Bilanzrechtsmodernisierungsgesetz – BilMoG) vom 15. Mai 2009 (BGBl. I S. 1102, BStBl I S. 650)

BMF vom 12.03.2010 (BStBl I S. 239)
IV C 6 – S 2133/09/10001 – 2010/0188935
unter Berücksichtigung der Änderungen durch
BMF vom 22.06.2010 (BStBl I S. 597)
IV C 6 – S 2133/09/10001 – 2010/0482262

Durch das Gesetz zur Modernisierung des Bilanzrechts (BilMoG vom 25. Mai 2009 (BGBl. I S. 1102, BStBl I S. 650) wurde § 5 Absatz 1 EStG geändert. Danach ist für den Schluss des Wirtschaftsjahres das Betriebsvermögen anzusetzen (§ 4 Absatz 1 Satz 1 EStG), das nach den handelsrechtlichen Grundsätzen ordnungsmäßiger Buchführung auszuweisen ist, es sei denn, im Rahmen der Ausübung eines steuerlichen Wahlrechtes wird oder wurde ein anderer Ansatz gewählt (§ 5 Absatz 1 Satz 1 EStG). § 5 Absatz 1 Satz 2 und 3 EStG knüpfen die Ausübung steuerlicher Wahlrechte an bestimmte Dokumentationspflichten. Zur Anwendung des § 5 Absatz 1 EStG i. d. F. des Bilanzrechtsmodernisierungsgesetzes nehme ich im Einvernehmen mit den obersten Finanzbehörden der Länder wie folgt Stellung:

I. Maßgeblichkeit der handelsrechtlichen Grundsätze ordnungsmäßiger Buchführung für die steuerliche Gewinnermittlung

1. Anwendung des § 5 Absatz 1 Satz 1 Halbsatz 1 EStG

Ausgangspunkt für die Ermittlung des steuerlichen Gewinns ist der Betriebsvermögensvergleich nach § 4 Absatz 1 Satz 1 EStG. Bei Gewerbetreibenden, die auf Grund gesetzlicher Vorschriften verpflichtet sind, Bücher zu führen und regelmäßig Abschlüsse zu machen, oder die dies freiwillig machen, ist das Betriebsvermögen anzusetzen, das nach den handelsrechtlichen Grundsätzen ordnungsmäßiger Buchführung auszuweisen ist (§ 5 Absatz 1 EStG). Soweit der Steuerpflichtige keine gesonderte Steuerbilanz aufstellt, ist Grundlage für die steuerliche Gewinnermittlung die Handelsbilanz unter Beachtung der vorgeschriebenen steuerlichen Anpassungen (§ 60 Absatz 2 Satz 1 EStDV). 1

Die allgemeinen Grundsätze zur Aktivierung, Passivierung und Bewertung der einzelnen Bilanzposten wurden durch das BilMoG nicht geändert und sind für die steuerliche Gewinnermittlung maßgeblich. Der Grundsatz der Maßgeblichkeit wird durch die steuerlichen Ansatz- und Bewertungsvorbehalte durchbrochen (§ 5 Absatz 1a bis 4b, Absatz 6; §§ 6, 6a und 7 EStG). 2

a) Ansatz von Wirtschaftsgütern, Schulden und Rechnungsabgrenzungsposten

aa) Aktivierungsgebote, Aktivierungsverbote und Aktivierungswahlrechte

Handelsrechtliche Aktivierungsgebote und Aktivierungswahlrechte führen zu Aktivierungsgeboten in der Steuerbilanz, es sei denn, die Aktivierung in der Steuerbilanz ist aufgrund einer steuerlichen Regelung ausgeschlossen. 3

Beispiel
Selbst geschaffene immaterielle Wirtschaftsgüter (§ 248 Absatz 2 Satz 1 HGB/§ 5 Absatz 2 EStG)
Nach § 248 Absatz 2 HGB können selbst geschaffene immaterielle Vermögensgegenstände des Anlagevermögens als Aktivposten in die Bilanz aufgenommen werden, soweit es sich

nicht um Marken, Drucktitel, Verlagsrechte, Kundenlisten oder vergleichbare immaterielle Vermögensgegenstände des Anlagevermögens handelt. Eine Aktivierung selbst geschaffener immaterieller Wirtschaftsgüter des Anlagevermögens ist nach § 5 Absatz 2 EStG ausgeschlossen. Das Aktivierungswahlrecht in der Handelsbilanz führt nicht zu einem Aktivierungsgebot in der Steuerbilanz.

bb) Passivierungsgebote, Passivierungsverbote und Passivierungswahlrechte

4   Handelsrechtliche Passivierungsgebote sind – vorbehaltlich steuerlicher Vorschriften – auch für die steuerliche Gewinnermittlung maßgeblich. So sind für Pensionsverpflichtungen nach den Grundsätzen ordnungsmäßiger Buchführung Rückstellungen für ungewisse Verbindlichkeiten zu bilden (im Einzelnen Randnummern 9 bis 11).

Passivierungsverbote und Passivierungswahlrechte in der Handelsbilanz führen zu Passivierungsverboten in der Steuerbilanz (BFH vom 3. Februar 1969, BStBl II S. 291).

b) Bewertungswahlrechte und Bewertungsvorbehalte

5   Bewertungswahlrechte, die in der Handelsbilanz ausgeübt werden können, ohne dass eine eigenständige steuerliche Regelung besteht, wirken wegen des maßgeblichen Handelsbilanzansatzes auch auf den Wertansatz in der Steuerbilanz.

6   **Beispiel 1**
Fremdkapitalzinsen (§ 255 Absatz 3 Satz 2 HGB; R 6.3 Absatz 4 EStR)[1])
Zinsen für Fremdkapital gelten gemäß § 255 Absatz 3 Satz 2 HGB als Herstellungskosten des Vermögensgegenstands, wenn das Fremdkapital zur Herstellung eines Vermögensgegenstands verwendet wird. Sind handelsrechtlich Fremdkapitalzinsen in die Herstellungskosten einbezogen worden, sind sie gemäß § 5 Absatz 1 Satz 1 Halbsatz 1 EStG auch in der steuerlichen Gewinnermittlung als Herstellungskosten zu beurteilen.

7   **Beispiel 2**
Bewertungsvereinfachungsverfahren (§ 240 Absatz 3 und 4 HGB)
Nach § 240 Absatz 3 (Festwertbewertung) und 4 (Gruppenbewertung) HGB werden bei der Bewertung bestimmter Wirtschaftsgüter unter den genannten Voraussetzungen Erleichterungen gewährt. Steuerliche Regelungen hierzu bestehen nicht. Aufgrund des § 5 Absatz 1 Satz 1 EStG sind bei Anwendung dieser Bewertungsvereinfachungsverfahren die Wertansätze der Handelsbilanz in die Steuerbilanz zu übernehmen.

8[2])   **Beispiel 3**
Einbeziehungswahlrechte (§ 255 Absatz 2 Satz 3 HGB)
Nach § 255 Absatz 2 Satz 3 HGB ist der Kaufmann nicht verpflichtet, sondern berechtigt, angemessene Teile der Kosten der allgemeinen Verwaltung sowie angemessene Aufwendungen für soziale Einrichtungen des Betriebs, für freiwillige soziale Leistungen und für die betriebliche Altersversorgung bei der Berechnung der Herstellungskosten einzubeziehen. Bei der steuerlichen Gewinnermittlung sind nach § 6 Absatz 1 Nummer 2 Satz 1 EStG die Herstellungskosten anzusetzen, also alle Aufwendungen, die ihrer Art nach Herstellungskosten sind (BFH vom 21. Oktober 1993, BStBl 1994 II S. 176). Dazu gehören auch die in § 255 Absatz 2 Satz 3 HGB aufgeführten Kosten. Die steuerrechtliche Bewertungsvorschrift geht wegen des Bewertungsvorbehalts in § 5 Absatz 6 EStG der handelsrechtlichen Regelung vor. Das gilt auch dann, wenn der Kaufmann gem. § 255 Absatz 2 Satz 3 HGB vom Ansatz dieser Kosten als Teil der Herstellungskosten in der Handelsbilanz absehen kann (BFH vom 21. Oktober 1993, a. a. O.).

---

[1]) jetzt R 6.3 Abs. 5 EStR 2012
[2]) überholt durch § 6 Abs. 1 Nr. 1b

c) Ansatz und Bewertung von Pensionsverpflichtungen im Sinne von § 6a EStG

Nach § 249 HGB müssen in der Handelsbilanz für unmittelbare Pensionszusagen Rückstellungen gebildet werden. Dieses Passivierungsgebot gilt auch für die steuerliche Gewinnermittlung. Die bilanzsteuerlichen Ansatz- und Bewertungsvorschriften des § 6a EStG schränken jedoch die Maßgeblichkeit des handelsrechtlichen Passivierungsgebotes ein.

In der steuerlichen Gewinnermittlung sind Pensionsrückstellungen nur anzusetzen, wenn die Voraussetzungen des § 6a Absatz 1 und 2 EStG (z. B. Schriftformerfordernis, § 6a Absatz 1 Nummer 3 EStG) erfüllt sind. Die Passivierung einer Pensionszusage unterliegt zudem dem Bewertungsvorbehalt des § 6a Absatz 3 und 4 EStG. Die Bewertung kann somit vom handelsrechtlichen Wert abweichen; die Regelungen in R 6a Absatz 20 Satz 2 bis 4 EStR[1]), wonach der handelsrechtliche Ansatz der Pensionsrückstellung die Bewertungsobergrenze ist, sind nicht weiter anzuwenden.

Für laufende Pensionen und Anwartschaften auf Pensionen, die vor dem 1. Januar 1987 rechtsverbindlich zugesagt worden sind (sog. Altzusagen), gilt nach Artikel 28 des Einführungsgesetzes zum HGB in der durch Gesetz vom 19. Dezember 1985 (BGBl. I S. 2355, BStBl 1986 I S. 94) geänderten Fassung weiterhin das handels- und steuerrechtliche Passivierungswahlrecht.

2. Anwendung des § 5 Absatz 1 Satz 1 Halbsatz 2 EStG

Steuerliche Wahlrechte können sich aus dem Gesetz oder aus den Verwaltungsvorschriften (z. B. R 6.5 Absatz 2 EStR, R 6.6 EStR oder BMF-Schreiben) ergeben.

a) Steuerliche Wahlrechte

Wahlrechte, die nur steuerrechtlich bestehen, können unabhängig vom handelsrechtlichen Wertansatz ausgeübt werden (§ 5 Absatz 1 Satz 1 Halbsatz 2 EStG). Die Ausübung des steuerlichen Wahlrechts wird insoweit nicht nach § 5 Absatz 1 Satz 1 Halbsatz 1 EStG durch die Maßgeblichkeit der handelsrechtlichen Grundsätze ordnungsmäßiger Buchführung beschränkt.

Beispiel 1
Übertragung stiller Reserven bei der Veräußerung bestimmter Anlagegüter (§ 6b EStG)
Stille Reserven aus der Veräußerung bestimmter Anlagegüter können zur Vermeidung der Besteuerung auf die Anschaffungs- oder Herstellungskosten anderer bestimmter Wirtschaftsgüter übertragen werden. Dazu sind deren Anschaffungs- oder Herstellungskosten zu mindern. Soweit die Übertragung auf ein anderes Wirtschaftsgut nicht vorgenommen wird, kann der Steuerpflichtige eine den steuerlichen Gewinn mindernde Rücklage bilden. Eine Minderung der Anschaffungs- oder Herstellungskosten oder die Bildung einer entsprechenden Rücklage in der Handelsbilanz ist nach den Vorschriften des HGB nicht zulässig. Die Abweichung vom Handelsbilanzansatz in der Steuerbilanz wird durch § 5 Absatz 1 Satz 1 Halbsatz 2 EStG zugelassen.

Beispiel 2
Teilwertabschreibungen (§ 6 Absatz 1 Nummer 1 Satz 2 und Nummer 2 Satz 2 EStG)
Vermögensgegenstände des Anlage- und Umlaufvermögens sind bei voraussichtlich dauernder Wertminderung außerplanmäßig abzuschreiben (§ 253 Absatz 3 Satz 3, Absatz 4 HGB). Nach § 6 Absatz 1 Nummer 1 Satz 2 und Nummer 2 Satz 2 EStG kann bei einer voraussichtlich dauernden Wertminderung der Teilwert angesetzt werden. Die Vornahme einer außerplanmäßigen Abschreibung in der Handelsbilanz ist nicht zwingend in der Steuerbilanz durch eine Teilwertabschreibung nachzuvollziehen; der Steuerpflichtige kann darauf auch verzichten.

---

[1]) EStR 2008

Hat der Steuerpflichtige in einem Wirtschaftsjahr eine Teilwertabschreibung vorgenommen und verzichtet er in einem darauf folgenden Jahr auf den Nachweis der dauernden Wertminderung (z. B. im Zusammenhang mit Verlustabzügen), ist zu prüfen, ob eine willkürliche Gestaltung vorliegt.

b) Handelsrechtliche und steuerliche Wahlrechte

16 Wahlrechte, die sowohl handelsrechtlich als auch steuerrechtlich bestehen, können aufgrund des § 5 Absatz 1 Satz 1 Halbsatz 2 EStG in der Handelsbilanz und in der Steuerbilanz unterschiedlich ausgeübt werden.

17 **Beispiel 1**
Verbrauchsfolgeverfahren (§ 256 HGB/§ 6 Absatz 1 Nummer 2a EStG)
Nach § 256 HGB kann für den Wertansatz gleichartiger Vermögensgegenstände des Vorratsvermögens eine bestimmte Verbrauchsfolge unterstellt werden (Fifo und Lifo). Steuerrechtlich besteht nach § 6 Absatz 1 Nummer 2a EStG dieses Wahlrecht nur für das Verbrauchsfolgeverfahren, bei dem die zuletzt angeschafften oder hergestellten Wirtschaftsgüter zuerst verbraucht oder veräußert werden (Lifo).
Die Anwendung des Verbrauchsfolgeverfahrens in der Steuerbilanz setzt nicht voraus, dass der Steuerpflichtige die Wirtschaftsgüter auch in der Handelsbilanz unter Verwendung von Verbrauchsfolgeverfahren bewertet. Eine Einzelbewertung der Wirtschaftsgüter in der Handelsbilanz steht der Anwendung des Verbrauchsfolgeverfahrens nach § 6 Absatz 1 Nummer 2a Satz 1 EStG unter Beachtung der dort genannten Voraussetzungen nicht entgegen.

18 **Beispiel 2**
lineare und degressive Absetzung für Abnutzung (§ 253 HGB/§ 5 Absatz 6 i. V. m. § 7 Absatz 2 EStG)
Gemäß § 253 Absatz 3 Satz 1 HGB sind bei Vermögensgegenständen des Anlagevermögens, deren Nutzung zeitlich begrenzt ist, die Anschaffungs- oder die Herstellungskosten um planmäßige Abschreibungen zu vermindern. Es ist demnach eine lineare oder degressive Abschreibung und eine Leistungsabschreibung sowie auch eine progressive Abschreibung möglich.
Gemäß § 7 Absatz 2 EStG i. d. F. des Gesetzes zur Umsetzung steuerrechtlicher Regelungen des Maßnahmenpakets „Beschäftigungssicherung durch Wachstumsstärkung" vom 21. Dezember 2008 (BGBl. I S. 2896; BStBl 2009 I S. 133) kann bei beweglichen Wirtschaftsgütern des Anlagevermögens statt der Absetzung für Abnutzung in gleichen Jahresbeträgen (lineare Absetzung für Abnutzung) die Absetzung für Abnutzung in fallenden Jahresbeträgen (degressive Absetzung für Abnutzung) in Anspruch genommen werden. Die Absetzung für Abnutzung nach § 7 Absatz 2 EStG setzt nicht voraus, dass der Steuerpflichtige auch in der Handelsbilanz eine degressive Abschreibung vornimmt.

II. Aufzeichnungspflichten

19 Voraussetzung für die Ausübung steuerlicher Wahlrechte ist nach § 5 Absatz 1 Satz 2 EStG die Aufnahme der Wirtschaftsgüter, die nicht mit dem handelsrechtlich maßgeblichen Wert in der steuerlichen Gewinnermittlung ausgewiesen werden, in besondere, laufend zu führende Verzeichnisse. Die Verzeichnisse sind Bestandteil der Buchführung. Sie müssen nach § 5 Absatz 1 Satz 3 EStG den Tag der Anschaffung oder Herstellung, die Anschaffungs- oder Herstellungskosten, die Vorschrift des ausgeübten steuerlichen Wahlrechtes und die vorgenommenen Abschreibungen enthalten. Bei der Ausübung steuerlicher Wahlrechte für Wirtschaftsgüter des Sonderbetriebsvermögens ist eine gesonderte Aufzeichnung nach § 5 Absatz 1 Satz 2 EStG nicht erforderlich. Dies gilt auch für Umwandlungsvorgänge des Umwandlungssteuerrechts.

20 Eine besondere Form der Verzeichnisse ist nicht vorgeschrieben. Soweit die Angaben bereits im Anlagenverzeichnis oder in einem Verzeichnis für geringwertige Wirtschaftsgüter gemäß § 6 Absatz 2 Satz 4 EStG (für Wirtschaftsgüter, die nach dem 31. Dezember 2009 angeschafft, hergestellt oder in das Betriebsvermögen eingelegt worden sind) enthalten sind, oder das Anlagenverzeichnis um diese Angaben ergänzt wird, ist diese

Dokumentation ausreichend. Zum Ausweis des Feldinventars genügt das Anbauverzeichnis nach § 142 AO. Die Aufstellung der Verzeichnisse kann auch nach Ablauf des Wirtschaftsjahres im Rahmen der Erstellung der Steuererklärung (z. B. bei vorbereitenden Abschlussbuchungen) erfolgen.

Die laufende Führung des in § 5 Absatz 1 Satz 3 EStG genannten Verzeichnisses ist Tatbestandsvoraussetzung für die wirksame Ausübung des jeweiligen steuerlichen Wahlrechtes. Wird das Verzeichnis nicht oder nicht vollständig geführt, ist der Gewinn hinsichtlich des betreffenden Wirtschaftsguts durch die Finanzbehörde so zu ermitteln, als wäre das Wahlrecht nicht ausgeübt worden. Wird ein steuerliches Wahlrecht im Wege der Bilanzänderung erstmals ausgeübt, ist dies durch eine Aufzeichnung nach § 5 Absatz 1 Satz 2 EStG zu dokumentieren. 21

Für die Bildung von steuerlichen Rücklagen ist eine Aufnahme in das besondere, laufend zu führende Verzeichnis nicht erforderlich, wenn die Rücklage in der Steuerbilanz abgebildet wird. Wird die Rücklage in einem folgenden Wirtschaftsjahr auf die Anschaffungs- oder Herstellungskosten eines Wirtschaftsgutes übertragen, handelt es sich um die Ausübung eines steuerlichen Wahlrechts im Sinne des § 5 Absatz 1 Satz 1 Halbsatz 2 EStG. Das Wirtschaftsgut ist mit den erforderlichen Angaben in das besondere, laufend zu führende Verzeichnis aufzunehmen. Soweit sich die Angaben aus der Buchführung im Sinne des § 6b Absatz 4 EStG ergeben, ist diese Dokumentation ausreichend. 22

Behandelt ein Steuerpflichtiger Zuschüsse für Anlagegüter erfolgsneutral, indem er die Anschaffungs- oder Herstellungskosten für das Wirtschaftsgut um die erhaltenen Zuschüsse mindert (R 6.5 Absatz 2 Satz 3 EStR), ist die gesonderte Aufzeichnung nach § 5 Absatz 1 Satz 2 EStG erforderlich. Die Aufzeichnungspflicht entfällt, sofern der Steuerpflichtige die Zuschüsse als Betriebseinnahme ansetzt (R 6.5 Absatz 2 Satz 2 EStR). 23

III. Anwendungsregelung

§ 5 Absatz 1 EStG i. d. F. des BilMoG ist nach § 52 Absatz 1 Satz 1 EStG[1]) i. V. m. Artikel 15 des BilMoG erstmals für den Veranlagungszeitraum 2009, d. h. für Wirtschaftsjahre, die nach dem 31. Dezember 2008 enden, anzuwenden. Danach ist die Ausübung steuerlicher Wahlrechte nicht mehr an die Übereinstimmung mit der handelsrechtlichen Jahresbilanz gebunden. Änderungen in der Handelsbilanz, wie z. B. die Auflösung eines auf der Ausübung eines steuerlichen Wahlrechtes beruhenden Sonderpostens mit Rücklagenanteil nach § 247 Absatz 3 HGB a. F., haben ab diesem Zeitpunkt keine Auswirkungen auf die Steuerbilanz. Soweit handelsrechtlich die steuerlichen Ansätze im Rahmen der Übergangsvorschriften zum BilMoG noch beibehalten werden, bestehen die besonderen Aufzeichnungspflichten nicht. 24

Soweit Randnummer 8 von R 6.3 Absatz 4 EStR 2008 abweicht, ist es nicht zu beanstanden, wenn für Wirtschaftsjahre, die vor der Veröffentlichung einer geänderten Richtlinienfassung enden, noch nach R 6.3 Absatz 4 EStR 2008 verfahren wird. 25[2])

---

[1]) i. d. F. des JStG 2009
[2]) überholt, jetzt § 6 Abs. 1 Nr. 1b, § 52 Abs. 12 Satz 1

Anhang 9

Bewertung von Tieren in land- und forstwirtschaftlich tätigen Betrieben nach § 6 Abs. 1 Nrn. 1 und 2 EStG

BMF vom 14.11.2001 (BStBl I S. 864)
IV A 6 – S 2170 – 36/01

Zu der Frage, wie Tiere in land- und forstwirtschaftlich tätigen Betrieben nach § 6 Abs. 1 Nrn. 1 und 2 EStG zu bewerten sind, gilt unter Bezugnahme auf das Ergebnis der Erörterungen mit den obersten Finanzbehörden der Länder Folgendes:

1. Herstellungskosten

1 Maßgebend ist die Bestimmung des Begriffs der Herstellungskosten nach § 255 Abs. 2 HGB (R 33 Abs. 1 EStR[1]).

2 Material- und Fertigungskosten sind die Anschaffungskosten für Jungtiere sowie insbesondere die Kosten des selbst hergestellten und zugekauften Futters (einschl. Feldbestellungskosten, Pachtzinsen für Futterflächen), Deck- und Besamungskosten (einschl. Embryotransfer) und die Fertigungslöhne bis zum Zeitpunkt der Fertigstellung. Zu den Einzelkosten gehören auch Transport- und Fahrtkosten, die bei der Fertigung entstehen.

3 In die Herstellungskosten sind auch die Material- und Fertigungsgemeinkosten einzubeziehen, z. B. die Kosten für Tierarzt, Medikamente, Tierversicherungen (einschl. Tierseuchenkasse), Energie, Abwasser, Gülleentsorgung und AfA, Erhaltungs- und laufender Unterhaltungsaufwand für die beweglichen und unbeweglichen Wirtschaftsgüter des Anlagevermögens, die der Tierhaltung dienen (z. B. Stallgebäude, Futterlager, Gülleeinrichtungen), sowie Miet- und Pachtzinsen für derartige Wirtschaftsgüter. AfA und Unterhaltskosten der Elterntiere sind bei der Herstellung von Jungtieren anteilig zu berücksichtigen. Zu erfassen sind diese Gemeinkosten aus allen Herstellungsphasen, die bis zum Zeitpunkt der Fertigstellung entstehen.

4 Die Kosten der allgemeinen Verwaltung brauchen nicht erfasst zu werden[2]) (z. B. Beiträge zur Berufsgenossenschaft, zur Landwirtschaftskammer, Kosten für die Leitung des Betriebes, freiwillige soziale Aufwendungen, Gewerbesteuer[3])). Sie sind in den Richtwerten lt. Anlage nicht enthalten.

5 Nicht zu den Herstellungskosten gehören Umsatzsteuer, Ertragsteuern und Vertriebskosten.

6 Zu den Zinsen und Geldbeschaffungskosten siehe R 33 Abs. 4 EStR[4]).

2. Herstellungskosten von Jungtieren bis zur Geburt

7 Ein Jungtier wird erst mit der Geburt als Wirtschaftsgut greifbar. Deshalb ist es erst zu diesem Zeitpunkt mit den bis dahin als Betriebsausgaben behandelten Herstellungskosten zu bewerten. Die vor der Geburt entstandenen Herstellungskosten eines Jungtieres sind nur auf kalkulatorischem Weg von den Herstellungs- bzw. Erhaltungsaufwendungen des Muttertieres abgrenzbar.

3. Zeitpunkt der Fertigstellung von Tieren des Anlagevermögens

8 Ein Tier ist fertig gestellt, wenn es ausgewachsen ist. Als Zeitpunkt der Fertigstellung gilt bei männlichen Zuchttieren der Zeitpunkt, in dem sie zur Zucht eingesetzt werden kön-

---

[1]) jetzt R 6.3 Abs. 1 EStR
[2]) jetzt § 6 Abs. 1 Nr. 1b, § 52 Abs. 12 Satz 1
[3]) jetzt R 6.3 Abs. 6 Satz 2 EStR
[4]) jetzt R 6.3 Abs. 5 EStR

nen, bei weiblichen Zuchttieren die Vollendung der ersten Geburt (BFH vom 9. Dezember 1988, BStBl 1989 II S. 244) und bei Gebrauchstieren die erste Ingebrauchnahme. Turnier- und Rennpferde gelten mit ihrem ersten Einsatz (BFH vom 23. Juli 1981, BStBl II S. 672), Reitpferde mit Beginn des Zureitens als fertig gestellt.

4. Anschaffungskosten

Maßgebend ist die Bestimmung des Begriffs der Anschaffungskosten nach § 255 Abs. 1 HGB (R 32a EStR[1])). 9

5. Bewertungsgrundsätze

Tiere sind grundsätzlich einzeln zu bewerten. Als weitere Bewertungsmethode kommt die Gruppenbewertung nach § 240 Abs. 4 HGB in Betracht. Innerhalb dieser Bewertungsmethoden sind verschiedene Verfahren zur Wertermittlung zulässig. 10

a) Einzelbewertung

aa) Betriebsindividuelle Wertermittlung

Die dem Tier zurechenbaren Anschaffungs- und Herstellungskosten sind nach den Verhältnissen des Betriebs zu ermitteln. Ist der Teilwert eines Tieres niedriger als der Buchwert, der sich aufgrund der Anschaffungs- oder Herstellungskosten ergibt, kann der Teilwert angesetzt werden; für Wirtschaftsjahre, die nach dem 31. Dezember 1998 enden, kommt der Ansatz des niedrigeren Teilwerts nur in Betracht, wenn eine voraussichtlich dauernde Wertminderung vorliegt (§ 6 Abs. 1 Nr. 1 Satz 2, Nr. 2 Satz 2 EStG). 11

bb) Werte aus vergleichbaren Musterbetrieben

Die Werte können auch aus vergleichbaren Musterbetrieben abgeleitet werden (BFH vom 4. Juni 1992, BStBl 1993 II S. 276; vom 1. Oktober 1992, BStBl 1993 II S. 284). 12

cc) Richtwerte

Die Anschaffungs- oder Herstellungskosten können auch mit den Richtwerten lt. Spalte 2/3 der Anlage angesetzt werden, soweit es sich nicht um besonders wertvolle Tiere (z. B. Zuchttiere wie Zuchthengste und Zuchtbullen, Turnier- oder Rennpferde) handelt. 13

b) Gruppenbewertung

Die am Bilanzstichtag vorhandenen Tiere können in Gruppen zusammen gefasst werden, die nach Tierarten und Altersklassen (Aufzuchtstadien) gebildet sind und mit dem gewogenen Durchschnittswert bewertet werden (§ 240 Abs. 4 HGB, R 125 EStR[2])). Die in der Anlage vorgenommene Gliederung kann der Bestimmung der Tiergruppen zugrunde gelegt werden. 14

Für besonders wertvolle Tiere (vgl. Rn. 13) ist die Gruppenbewertung nicht zulässig. 15

aa) Betriebsindividuelle Wertermittlung

Der gewogene Durchschnittswert kann nach den Verhältnissen des Betriebs ermittelt werden. 16

bb) Werte aus vergleichbaren Musterbetrieben

Der gewogene Durchschnittswert kann auch aus vergleichbaren Musterbetrieben abgeleitet werden (vgl. Rn. 12). 17

---

[1]) jetzt R 6.2 EStR
[2]) zuletzt R 125 EStR 2003

cc) Richtwerte

18   Als gewogener Durchschnittswert können die Richtwerte aus Spalte 6/7 der Anlage angesetzt werden.

c) **Bewertungsstetigkeit**

19   Die gewählte Bewertungsmethode sowie das Wertermittlungsverfahren sind für die jeweilige Tiergruppe (vgl. Rn. 10-18) grundsätzlich beizubehalten (§ 252 Abs. 1 Nr. 6 HGB; BFH vom 14. April 1988, BStBl II S. 672). Von der Gruppenbewertung der Tiere des Anlagevermögens kann jedoch für Neuzugänge eines Wirtschaftsjahres der jeweiligen Tiergruppe einheitlich zur Einzelbewertung übergegangen werden (BFH vom 15. Februar 2001, BStBl II S. 548 und S. 549).

20   Im Übrigen kann auf eine andere Bewertungsmethode oder auf ein anderes Wertermittlungsverfahren nur dann übergegangen werden, wenn sich die betrieblichen Verhältnisse wesentlich geändert haben, z. B. bei Strukturwandel.

6. Anlagevermögen

a) **Zugehörigkeit zum Anlagevermögen**

21   Zum Anlagevermögen gehören Tiere, die nach ihrer Fertigstellung nicht zur sofortigen Veräußerung, Verarbeitung oder zum Verbrauch bestimmt sind (z. B. Zuchttiere, Milchvieh, Legehennen).

22   Tiere des Anlagevermögens sind sowohl zur Nutzung im Betrieb, als auch zur Verwendung als Schlachtvieh bestimmt.

b) **Absetzung für Abnutzung und Sonderabschreibungen**

23   AfA nach § 7 EStG und Sonderabschreibungen können erst ab dem Zeitpunkt der Fertigstellung entsprechend der betriebsgewöhnlichen Nutzungsdauer des Tieres vorgenommen werden. Dasselbe gilt für die Bewertungsfreiheit nach § 6 Abs. 2 EStG (R 40 Abs. 4 EStR[1])).

24   Bemessungsgrundlage und Volumen für AfA nach § 7 EStG und Sonderabschreibungen sind die Differenz zwischen den Anschaffungs- oder Herstellungskosten und dem Schlachtwert. Schlachtwert ist der Veräußerungserlös, der bei vorsichtiger Beurteilung nach Beendigung der Nutzung erzielbar sein wird (BFH vom 4. Juni 1992, a. a. O., und vom 1. Oktober 1992, a. a. O.). Der Schlachtwert kann betriebsindividuell, mit Wertansätzen aus vergleichbaren Musterbetrieben oder mit den Richtwerten lt. Spalte 4/5 der Anlage ermittelt werden.

25   Bei Inanspruchnahme der Bewertungsfreiheit nach § 6 Abs. 2 EStG sind die Anschaffungs- oder Herstellungskosten bis zur Höhe des Schlachtwerts abzusetzen (BFH vom 15. Februar 2001, BStBl II S. 549)[2]). Die Berücksichtigung eines Schlachtwerts braucht bei Tieren, die in Wirtschaftsjahren angeschafft oder hergestellt worden sind, die vor dem 1. Juli 2002 enden, nicht vorgenommen zu werden.

c) **Betriebsgewöhnliche Nutzungsdauer**

26   Bei der Bemessung der AfA nach § 7 EStG kann folgende betriebsgewöhnliche Nutzungsdauer zugrunde gelegt werden:

---

[1]) jetzt R 6.13 Abs. 3 EStR
[2]) bei fehlender beabsichtigter Umwidmung in Umlaufvermögen (Aufmästung) aber >BFH vom 24.07.2013 (BStBl II 2014 S. 246)

Zuchthengste	5	Jahre
Zuchtstuten	10	Jahre
Zuchtbullen	3	Jahre
Milchkühe	3	Jahre
übrige Kühe	5	Jahre
Zuchteber und -sauen	2	Jahre
Zuchtböcke und -schafe	3	Jahre
Legehennen	1,33	Jahre
Damtiere	10	Jahre

d) Gruppenwert beim Anlagevermögen

Die degressive AfA nach § 7 Abs. 2 EStG und Sonderabschreibungen können nur bei Einzelbewertung (Rn. 11-13) in Anspruch genommen werden. Den Gruppenwerten in Spalte 6/7 der Anlage liegt die lineare AfA nach § 7 Abs. 1 EStG zugrunde. 27

Bei der Gruppenbewertung mit Richtwerten (Rn. 18) ist der Wert aus Spalte 6/7 der Anlage anzusetzen. Dieser ist das Mittel zwischen dem Richtwert für die Anschaffungs- oder Herstellungskosten (Spalte 2/3 der Anlage) und dem Richtwert für den Schlachtwert (Spalte 4/5 der Anlage). Bei den betriebsindividuell ermittelten oder aus vergleichbaren Musterbetrieben abgeleiteten Gruppenwerten ist entsprechend zu verfahren. 28

7. Umlaufvermögen

Zum Umlaufvermögen gehören die Tiere, die zur Veräußerung, zur Verarbeitung oder zum Verbrauch im Betrieb bestimmt sind (z. B. Masttiere). Sie sind nach § 6 Abs. 1 Nr. 2 EStG mit den Anschaffungs- oder (Teil-)Herstellungskosten oder mit dem Teilwert zu bewerten; für Wirtschaftsjahre, die nach dem 31. Dezember 1998 enden, kommt der Ansatz des niedrigeren Teilwerts nur in Betracht, wenn eine voraussichtlich dauernde Wertminderung vorliegt. Es gelten die dargestellten Bewertungsgrundsätze (vgl. Rn. 10-20). 29

8. Anwendung

a) Sachlicher Geltungsbereich

Die vorstehenden Regelungen gelten für alle land- und forstwirtschaftlich tätigen Betriebe, unabhängig von ihrer Rechtsform. Sie gelten auch für Betriebe, die Einkünfte aus Gewerbebetrieb im Sinne des § 15 EStG erzielen. 30

Bei der Gewinnermittlung nach § 4 Abs. 3 EStG sind die Regelungen sinngemäß anzuwenden (R 125a EStR[1]).

b) Zeitlicher Geltungsbereich

Die vorstehenden Regelungen gelten für Wirtschaftsjahre, die nach dem 31. Dezember 1994 enden. Sie können auch für frühere Wirtschaftsjahre angewendet werden. Bilanzänderungen sind im Rahmen des § 4 Abs. 2 Satz 2 EStG zulässig (BMF-Schreiben vom 18. Mai 2000, BStBl I S. 587, und vom 23. März 2001, BStBl I S. 244). Bei einem vom Kalenderjahr abweichenden Wirtschaftsjahr ist eine Bilanzberichtigung auch dann vorzunehmen, wenn die Veranlagung für das Erstjahr bereits bestandskräftig geworden ist (BFH vom 12. November 1992, BStBl 1993 II S. 392)[2]. 31

Dieses Schreiben ersetzt das BMF-Schreiben vom 22. Februar 1995 (BStBl I S. 179).

---

[1] zuletzt R 13.3 EStR 2005
[2] überholt durch § 4 Abs. 2 Satz 1

Anhang 9

Bilanzierung

Anlage

Richtwerte für die Viehbewertung

Tierart	Anschaffungs-/ Herstellungskosten je Tier		Schlachtwerte je Tier		Gruppenwert je Tier	
	DM (bis 31.12.2001)	€ (ab 1.1.2002)	DM (bis 31.12.2001)	€ (ab 1.1.2002)	DM (bis 31.12.2001)	€ (ab 1.1.2002)
Spalte 1	Spalte 2	Spalte 3	Spalte 4	Spalte 5	Spalte 6	Spalte 7
Pferde[1])						
Pferde bis 1 Jahr	1.600,00	800,00			1.600,00	800,00
Pferde über 1 bis 2 Jahre	2.800,00	1.400,00			2.800,00	1.400,00
Pferde über 2 bis 3 Jahre	4.000,00	2.000,00			4.000,00	2.000,00
Pferde über 3 Jahre	5.200,00	2.600,00	800,00	400,00	3.000,00	1.500,00
Rindvieh						
Mastkälber	550,00	275,00			550,00	275,00
Männl. bis 1/2 Jahr	400,00	200,00			400,00	200,00
Männl. über 1/2 bis 1 Jahr	670,00	335,00			670,00	335,00
Männl. über 1 bis 1 1/2 Jahre	1.000,00	500,00			1.000,00	500,00
Männl. über 1 1/2 Jahre	1.400,00	700,00			1.400,00	700,00
Weibl. bis 1/2 Jahr	360,00	180,00			360,00	180,00
Weibl. über 1/2 bis 1 Jahr	600,00	300,00			600,00	300,00
Weibl. über 1 bis 2 Jahre	1.000,00	500,00			1.000,00	500,00
Färsen	1.500,00	750,00			1.500,00	750,00
Kühe	1.600,00	800,00	1.100,00	550,00	1.350,00	675,00
Schweine						
Ferkel bis 25 kg	60,00	30,00			60,00	30,00
Ferkel bis 50 kg	100,00	50,00			100,00	50,00
Mastschweine über 50 kg	160,00	80,00			160,00	80,00
Jungsauen	400,00	200,00			400,00	200,00
Zuchtsauen	420,00	210,00	300,00	150,00	360,00	180,00
Schafe						
Lämmer bis 1/2 Jahr	60,00	30,00			60,00	30,00
Schafe über 1/2 bis 1 Jahr	100,00	50,00			100,00	50,00
Jungschafe bis 20 Monate	140,00	70,00			140,00	70,00
Mutterschafe über 20 Monate	150,00	75,00	50,00	25,00	100,00	50,00
Geflügel						
Aufzuchtküken	2,00	1,00			2,00	1,00
Junghennen	5,90	2,95			5,90	2,95
Legehennen	9,00	4,50	0,80	0,40	4,90	2,45
Masthähnchen	1,30	0,65			1,30	0,65
schwere Mastputen	14,50	7,25			14,50	7,25
Enten	4,50	2,25			4,50	2,25
Gänse	10,60	5,30			10,60	5,30

[1]) Kleinpferde sind mit jeweils 2/3 und Ponys mit 1/3 der Werte anzusetzen.

Abzinsung von Verbindlichkeiten und Rückstellungen in der steuerlichen Gewinnermittlung nach § 6 Abs. 1 Nrn. 3 und 3a EStG in der Fassung des Steuerentlastungsgesetzes 1999/2000/2002

BMF vom 26.05.2005 (BStBl I S. 699)
IV B 2 – S 2175 – 7/05

Inhaltsverzeichnis

	Rn.
A. Bewertungsverfahren	1 – 2
B. Abzinsung von Verbindlichkeiten in der steuerlichen Gewinnermittlung	
I. Abzinsung von unverzinslichen Verbindlichkeiten, die in einem Betrag fällig sind (Fälligkeitsdarlehen)	
1. Ermittlung der maßgebenden Restlaufzeit am Bilanzstichtag	
a) Grundsätze	3 – 4
b) Vom Leben bestimmter Personen abhängige Laufzeit	5
c) Verbindlichkeiten mit unbestimmter Laufzeit	6 – 7
2. Maßgebender Vervielfältiger	8
II. Abzinsung von unverzinslichen Verbindlichkeiten, die in gleichen Jahresraten getilgt werden (Tilgungsdarlehen)	
1. Ermittlung der maßgebenden Restlaufzeit am Bilanzstichtag	9
2. Jahreswert und maßgebender Vervielfältiger (Kapitalwert)	10
III. Ausnahmen von der Abzinsung	11
1. Laufzeit am Bilanzstichtag von weniger als 12 Monaten	12
2. Verzinsliche Verbindlichkeiten	
a) Allgemeines	13 – 16
b) Verbindlichkeiten, die zeitweise verzinslich sind	17 – 18
c) Verbindlichkeiten, deren Verzinsung vom Eintritt eines bestimmten Ereignisses abhängt (bedingt verzinsliche Verbindlichkeiten)	19
3. Anzahlungen oder Vorausleistungen	20
IV. Unverzinsliche Verbindlichkeiten von Körperschaften gegenüber ihren Anteilseigner	21 – 22
V. Unverzinsliche Verbindlichkeiten innerhalb einer Mitunternehmerschaft im Sinne von § 15 Abs. 1 Nr. 2 EStG	23
C. Abzinsung von Rückstellungen in der steuerlichen Gewinnermittlung	
I. Abzinsung von Rückstellungen für Geld- und Sachleistungsverpflichtungen	
1. Ermittlung der voraussichtlichen Restlaufzeit einer Rückstellung am Bilanzstichtag	
a) Grundsatz	24
b) Geldleistungsverpflichtungen	25
c) Sachleistungsverpflichtungen	26
d) Garantie- und Gewährleistungsrückstellungen	27
2. Maßgebender Vervielfältiger	28
II. Abzinsung von Rückstellungen für Verpflichtungen, für deren Entstehen im wirtschaftlichen Sinne der laufende Betrieb ursächlich ist	29

Anhang 9
V Bilanzierung

	Rn.
III. Ausnahmen von der Abzinsung	30
1. Laufzeit am Bilanzstichtag von weniger als 12 Monaten	31
2. Verzinslichkeit der einer Rückstellung zugrunde liegenden Verbindlichkeit	
a) Grundsatz	32
b) Rückstellungen für Steuerschulden	33
3. Auf Anzahlungen oder Vorausleistungen beruhende Rückstellungen	34
D. Rücklagen nach § 52 Abs. 16 EStG[1])	
1. Gesetzliche Grundlage	35 – 36
2. Rücklagefähige Gewinne	37
3. Auflösung der Rücklage	38
E. Gewerbesteuerliche Behandlung	39
F. Buchtechnische Abwicklung	40 – 41
G. Zeitliche Anwendung	42 – 43

Nach § 6 Abs. 1 Nr. 3 und 3a Buchstabe e Satz 1 des Einkommensteuergesetzes (EStG) in der Fassung des Steuerentlastungsgesetzes 1999/2000/2002 (BGBl. 1999 I S. 402) sind Verbindlichkeiten und Rückstellungen mit einem Zinssatz von 5,5 % abzuzinsen[2]). Die Neuregelung ist für nach dem 31. Dezember 1998 endende Wirtschaftsjahre anzuwenden (§ 52 Abs. 16 Satz 2 EStG[1])). Ausgenommen sind Verbindlichkeiten und Rückstellungen, deren Laufzeiten am Bilanzstichtag weniger als 12 Monate betragen, die verzinslich sind oder auf einer Anzahlung oder Vorausleistung beruhen. Nach dem Ergebnis einer Erörterung mit den obersten Finanzbehörden der Länder gilt für die Abzinsung von Verbindlichkeiten und Rückstellungen Folgendes:

A. Bewertungsverfahren

1   Bei der Abzinsung von Verbindlichkeiten und Rückstellungen nach § 6 Abs. 1 Nr. 3 und 3a EStG sind finanz- oder versicherungsmathematische Grundsätze unter Berücksichtigung eines Zinssatzes von 5,5 % anzuwenden.

2   Aus Vereinfachungsgründen kann der Abzinsungsbetrag auch nach §§ 12 bis 14 Bewertungsgesetz (BewG) ermittelt werden. Die vereinfachten Bewertungsverfahren sind einheitlich für alle abzuzinsenden Verbindlichkeiten oder Rückstellungen maßgebend und an den nachfolgenden Bilanzstichtagen beizubehalten.

B. Abzinsung von Verbindlichkeiten in der steuerlichen Gewinnermittlung[3])

I. Abzinsung von unverzinslichen Verbindlichkeiten, die in einem Betrag fällig sind (Fälligkeitsdarlehen)

1. Ermittlung der maßgebenden Restlaufzeit am Bilanzstichtag

a) Grundsätze

---

[1]) i. d. F. vor BilMoG
[2]) Dies gilt auch für unverzinsliche betriebliche Verbindlichkeiten aus Angehörigendarlehen (>BFH vom 13.07.2017 – BStBl II 2018 S. 15).
[3]) *Überholt durch § 6 Abs. 1 Nr. 3 i. d. F. des Artikels 3 des Vierten Corona-Steuerhilfegesetzes vom 19.06.2022 (BGBl I S. 911); die Regelung ist erstmals für Wj. anzuwenden, die nach dem 31.12.2022 enden. Auf Antrag ist die Regelung auch für frühere Wj. anzuwenden* >§ 52 Abs. 12 Satz 2 und 3.

Anhang 9
Bilanzierung — V

Die (verbleibende) Laufzeit einer Verbindlichkeit am Bilanzstichtag ist tagegenau zu berechnen. Dabei kann aus Vereinfachungsgründen das Kalenderjahr mit 360 Tagen, jeder volle Monat mit 30 Tagen, der Monat, in dem der Fälligkeitstag liegt, mit der Anzahl der tatsächlichen Tage einschließlich des Fälligkeitstages, höchstens jedoch mit 30 Tagen gerechnet werden. 3

Grundsätzlich ist der vereinbarte Rückzahlungszeitpunkt maßgebend. Ist nach den Verhältnissen am Bilanzstichtag davon auszugehen, dass die Rückzahlung voraussichtlich zu einem anderen Zeitpunkt erfolgt, ist dieser zu berücksichtigen. 4

Beispiel 1
Nach dem Darlehensvertrag beträgt die Laufzeit einer Verbindlichkeit am Bilanzstichtag 31.12.2001 noch 2 Jahre (Rückzahlung am 31.12.2003). Eine vorzeitige Tilgung ist jedoch möglich. Im Dezember 2001 hat der Schuldner mitgeteilt, dass die Rückzahlung voraussichtlich bereits am 31.12.02 erfolgen wird.
Die voraussichtliche Restlaufzeit beträgt nach den Erkenntnissen am Bilanzstichtag 31.12.2001 noch 12 Monate. Der vertragliche Rückzahlungstermin ist unbeachtlich.

b) Vom Leben bestimmter Personen abhängige Laufzeit

Ist die Laufzeit einer unverzinslichen Verbindlichkeit durch das Leben einer oder mehrerer Personen bedingt, ist bei Anwendung der Vereinfachungsregelung nach Randnummer 2 zur Berechnung der Laufzeit von der mittleren Lebenserwartung der betreffenden Personen am Bilanzstichtag auszugehen. Die jeweilige mittlere Lebenserwartung ergibt sich aus der „Sterbetafel für die Bundesrepublik Deutschland 1986/88 nach dem Gebietsstand seit dem 3. Oktober 1990" (vgl. *Tabelle 1* in Anlage). 5

c) Verbindlichkeiten mit unbestimmter Laufzeit

Steht am Bilanzstichtag der Rückzahlungszeitpunkt einer unverzinslichen Verbindlichkeit, deren Fälligkeit nicht vom Leben einer oder mehrerer bestimmter Personen abhängt, nicht fest, ist vorrangig die Restlaufzeit zu schätzen. Das gilt auch dann, wenn die Darlehensvereinbarung eine jederzeitige Kündbarkeit vorsieht oder die gesetzliche Kündigungsfrist nach § 488 Abs. 3 des Bürgerlichen Gesetzbuches (BGB) in der Fassung des Gesetzes zur Modernisierung des Schuldrechtes vom 26. November 2001 (BGBl. I S. 3138) nicht ausgeschlossen wird. 6

Liegen für eine objektive Schätzung der Restlaufzeit keine Anhaltspunkte vor, kann hilfsweise § 13 Abs. 2 BewG analog angewendet werden: 7
Nach § 13 Abs. 2 BewG sind Nutzungen und Leistungen von unbestimmter Dauer, die nicht vom Leben bestimmter Personen abhängen, mit dem 9,3fachen des Jahreswertes zu bewerten. Nach der Tabelle 3 (Vervielfältiger für Tilgungsdarlehen, vgl. Randnummer 10) entspricht dieser Faktor unter Berücksichtigung der Randnummer 3 einer Laufzeit von 12 Jahren, 10 Monaten und 12 Tagen. Dementsprechend ergibt sich nach Tabelle 2 für Fälligkeitsdarlehen (vgl. Randnummer 8) ein Vervielfältiger von 0,503.

2. Maßgebender Vervielfältiger

Bei Anwendung der Vereinfachungsregelung nach Randnummer 2 erfolgt die Bewertung einer unverzinslichen Verbindlichkeit, die in einem Betrag fällig ist, mittels der als Anlage beigefügten *Tabelle 2*. Dabei ist der Nennwert der Verbindlichkeit mit dem von der Restlaufzeit abhängigen Vervielfältiger zu multiplizieren. 8

Anhang 9
Bilanzierung

Beispiel 2
Die Restlaufzeit einer Verbindlichkeit beträgt am Bilanzstichtag 31.12.2001 noch 1 Jahr, 3 Monate und 10 Tage. Bei Anwendung der Vereinfachungsregelung ist der maßgebende Vervielfältiger nach Tabelle 2 wie folgt zu interpolieren:

Vervielfältiger für 2 Jahre:	0,898
Vervielfältiger für 1 Jahr:	0,948
Differenz:	– 0,050
davon (3/12 + 10/360):	– 0,014
interpoliert (0,948 – 0,014):	**0,934**

In der steuerlichen Gewinnermittlung zum 31.12.2001 ist die Verbindlichkeit (Nennwert 100.000 €) somit in Höhe von 100.000 € x 0,934 = 93.400 € anzusetzen.

II. Abzinsung von unverzinslichen Verbindlichkeiten, die in gleichen Jahresraten getilgt werden (Tilgungsdarlehen)

1. Ermittlung der maßgebenden Restlaufzeit am Bilanzstichtag

9 Die Restlaufzeit einer Verbindlichkeit, die in gleichen Jahresraten getilgt wird (Tilgungsdarlehen), endet unter sinngemäßer Anwendung der Randnummern 3 und 4 mit Fälligkeit der letzten Rate.

Beispiel 3
Zum Bilanzstichtag 31.12.2001 ist eine unverzinsliche Verbindlichkeit mit einem Restwert von 10.000 € zu bewerten, die an jedem 1. Tag eines Monats in Höhe von 500 € zu tilgen ist.
Zum Bilanzstichtag 31.12.2001 sind noch insgesamt 20 Monatsraten à 500 € erforderlich, um die Verbindlichkeit vollständig zu tilgen. Die letzte Zahlung wird demnach am 01.08.2003 erfolgen. Die Restlaufzeit zum Bilanzstichtag 31.12.2001 beträgt somit 1 Jahr, 7 Monate und 1 Tag.

2. Jahreswert und maßgebender Vervielfältiger (Kapitalwert)

10 Bei Anwendung der Vereinfachungsregelung nach Randnummer 2 erfolgt die Bewertung einer unverzinslichen Verbindlichkeit, die in gleichen Jahresraten getilgt wird (Tilgungsdarlehen), mittels der als Anlage beigefügten *Tabelle 3*. Dabei ist der Jahreswert (Jahresbetrag) der Verbindlichkeit mit dem von der Restlaufzeit abhängigen Vervielfältiger zu multiplizieren. Der Jahreswert ist die Summe der Zahlungen innerhalb eines Jahres.

Beispiel 4
Sachverhalt wie Beispiel 3, von der Vereinfachungsregelung wird Gebrauch gemacht.
Der Jahreswert beträgt 12 x 500 € = 6.000 €. Zum Bilanzstichtag 31.12.2001 ist eine Restlaufzeit von 1 Jahr und 7 Monaten und 1 Tag maßgebend. Der Vervielfältiger (Kapitalwert) nach Tabelle 3 ermittelt sich wie folgt:

Kapitalwert für 2 Jahre:	1,897
Kapitalwert für 1 Jahr:	0,974
Differenz:	0,923
davon (7/12 + 1/360):	0,541
interpoliert 0,974 + 0,541:	1,515

In der steuerlichen Gewinnermittlung zum 31.12.2001 ist die Verbindlichkeit mit 6.000 € x 1,515 = 9.090 € anzusetzen.

III. Ausnahmen von der Abzinsung

Eine Abzinsung unterbleibt, wenn die Laufzeit der Verbindlichkeit am Bilanzstichtag weniger als 12 Monate beträgt, die Verbindlichkeit verzinslich ist oder auf einer Anzahlung oder Vorausleistung beruht (§ 6 Abs. 1 Nr. 3 Satz 2 EStG). Der Steuerpflichtige hat darzulegen, dass ein Tatbestand des § 6 Abs. 1 Nr. 3 Satz 2 EStG vorliegt.   11

1. Laufzeit am Bilanzstichtag von weniger als 12 Monaten

Eine Laufzeit von weniger als 12 Monaten ist gegeben, wenn die Verbindlichkeit vor Ablauf eines Jahres nach dem Bilanzstichtag vollständig getilgt wird. Auf die Randnummern 4 bis 7 wird hingewiesen.   12[1])

2. Verzinsliche Verbindlichkeiten

a) Allgemeines

Eine verzinsliche Verbindlichkeit liegt vor, wenn ein Zinssatz von mehr als 0 % vereinbart wurde. Dabei ist es unerheblich, ob am Bilanzstichtag fällige Zinsen auch tatsächlich gezahlt wurden. So ist bei einer Stundung von Zinszahlungen weiterhin eine verzinsliche Verbindlichkeit anzunehmen.   13

Stehen einer Verbindlichkeit keine Kapitalverzinsung, sondern andere wirtschaftliche Nachteile[2]) gegenüber (z. B. Verpflichtung zur unentgeltlichen Überlassung eines Wirtschaftsgutes des Betriebsvermögens), liegt eine verzinsliche Verbindlichkeit vor.   14

Die mit der Gewährung von Darlehen zur Förderung des sozialen Wohnungsbaus, des Wohnungsbaus für Angehörige des öffentlichen Dienstes und des Bergarbeiterwohnungsbaus oder anderer Förderprogramme im Bereich des Wohnungswesens verbundenen Auflagen, die den Darlehensnehmer insbesondere dazu verpflichten, die geförderten Wohnungen nur bestimmten Wohnungssuchenden zu überlassen (Belegungsbindung) oder Vorteile aus der Zinslosigkeit in Form von preisgünstigen Mieten an Dritte weiterzugeben, entsprechen in ihrem wirtschaftlichen Gehalt einer Zinsvereinbarung; derartige Darlehen sind nicht abzuzinsen (BMF-Schreiben vom 23. August 1999, BStBl I S. 818). Entsprechendes kann gelten, wenn zinslose Kredite im Rahmen einer Regionalförderung an Unternehmen zweckgebunden gewährt werden und die Zweckbindung ihrem wirtschaftlichen Gehalt nach einer Zinsbelastung entspricht (z. B. Verpflichtung zur Schaffung zusätzlicher Dauerarbeitsplätze über einen bestimmten Zeitraum).   15

Ist nach den Umständen des jeweiligen Einzelfalles davon auszugehen, dass bei wirtschaftlicher Betrachtung eine Verzinslichkeit (d. h. eine Gegenleistung für die Kapitalüberlassung) nicht gegeben ist, liegt eine unverzinsliche Verbindlichkeit vor.   16

b) Verbindlichkeiten, die zeitweise verzinslich sind

Ist nach der Darlehensvereinbarung nur in bestimmten Zeiträumen eine Verzinsung vorgesehen, liegt eine verzinsliche Verbindlichkeit vor[3]). In diesem Fall unterbleibt eine Abzinsung; Randnummer 16 ist zu beachten.   17

---

[1]) Ein mit gesetzlicher Frist kündbares Darlehen begründet keine Verbindlichkeit mit einer Laufzeit von weniger als 12 Monaten, wenn nach den Erfahrungen der Vergangenheit keine alsbaldige Kündigung droht (>BFH vom 27.01.2010 – BStBl II S. 478).

[2]) Die bloße Zweckbindung ist nicht geeignet, einen die Verzinsung ersetzenden Nachteil zu begründen; denn sie ändert nichts daran, dass der Zinsvorteil dem Darlehensnehmer ungeschmälert zugute kommt (>BFH vom 27.01.2010 – BStBl II S. 478).

[3]) Das gilt auch dann, wenn vor dem Bilanzstichtag eine Zinsvereinbarung getroffen wurde, die erst für Zeiträume nach diesem Bilanzstichtag eine Verzinsung vorsieht (>BFH vom 18.09.2018 – BStBl II 2019 S. 67).

Beispiel 5
A gewährt Unternehmer U am 01.01.2001 ein Darlehen über 50.000 €. Die Rückzahlung soll am 31.12.2005 erfolgen. Eine vorzeitige Rückzahlung ist möglich. Für den Zeitraum 01.01.2004 bis 31.10.2004 sind Zinsen in Höhe von 5 % p. a. zu entrichten.
Es handelt sich um ein verzinsliches Darlehen im Sinne von § 6 Abs. 1 Nr. 3 Satz 2 EStG, auch wenn teilweise keine Verzinsung vorgesehen ist. Eine Abzinsung unterbleibt.

Weiterführung Beispiel 5
Das Darlehen wird vorzeitig am 31.12.2003 zurückgezahlt.
Die jeweiligen Bilanzansätze zum 31.12.2001 und 31.12.2002 bleiben unverändert, auch wenn das Darlehen aufgrund der vorzeitigen Tilgung vor Beginn des Zinslaufes tatsächlich unverzinst bleibt.

18[1] Entsteht oder entfällt aufgrund eines bestimmten Ereignisses die Verzinslichkeit im Sinne von § 6 Abs. 1 Nr. 3 Satz 2 EStG (z. B. neue vertragliche Vereinbarung zu den Zinskonditionen, Eintritt einer Bedingung), ist die Verbindlichkeit für die Anwendung der Steuerrechtsnorm ab dem Bilanzstichtag, der dem Ereignis folgt, nach den vorgenannten Grundsätzen neu zu bewerten. Das gilt unabhängig von der zivilrechtlichen Rechtslage. Die Bilanzansätze der dem Ereignis vorangegangenen Wirtschaftsjahre bleiben unberührt.

c) Verbindlichkeiten, deren Verzinsung vom Eintritt eines bestimmten Ereignisses abhängt (bedingt verzinsliche Verbindlichkeiten)

19 Hängt nach der Darlehensvereinbarung die Verzinslichkeit im Sinne von § 6 Abs. 1 Nr. 3 Satz 2 EStG vom Eintritt einer Bedingung ab, bleibt diese Bedingung zunächst unberücksichtigt. Bei Eintritt der Bedingung gilt Randnummer 18 entsprechend.

Beispiel 6
A gewährt dem Unternehmer B am 01.01.2000 ein betriebliches Fälligkeitsdarlehen, das jährlich mit 5 % zu verzinsen ist. Fallen im Betrieb des B vor Rückzahlung des Darlehens Verluste an, entfällt die Verzinsung rückwirkend ab Beginn der Laufzeit. Bereits gezahlte Zinsen sind zu erstatten. Im Wirtschaftsjahr 01.01.2002 bis 31.12.2002 erwirtschaftet B einen Verlust.
Die Bedingung (Entstehung eines Verlustes) ist erst zu berücksichtigen, wenn sie eingetreten ist (Randnummer 19). Die Verbindlichkeit ist daher als verzinsliches Darlehen (zunächst) nicht abzuzinsen. Der Verlust in 2002 führt zu einem die Verzinslichkeit beeinflussenden Ereignis im Sinne der Randnummer 18. Ab dem Bilanzstichtag, der dem Verlustentstehungsjahr folgt, d. h. ab dem 31.12.2003, ist die Verbindlichkeit abzuzinsen. Die Bilanzstichtage 31.12.2000 bis 31.12.2002 (keine Abzinsung) bleiben unberührt.

Beispiel 7
Nach der Darlehensvereinbarung ist die betriebliche Verbindlichkeit nur dann (rückwirkend) zu verzinsen, wenn der Gläubiger seinen Arbeitsplatz verliert und innerhalb eines Jahres keine neue Anstellung findet.
Das Darlehen ist (zunächst) unverzinslich und daher abzuzinsen. Bei Eintritt der Bedingung ist die Verbindlichkeit zu verzinsen, so dass ab dem diesem Ereignis folgenden Bilanzstichtag der Nennwert anzusetzen ist. Die vorangegangenen Bewertungen bleiben aber unberührt (Randnummer 18).

3. Anzahlungen oder Vorausleistungen

20 Anzahlungen und Vorausleistungen sind Vorleistungen, die in Erfüllung eines zu einem späteren Zeitpunkt noch zu vollziehenden Rechtsgeschäftes erbracht werden (vgl. auch Urteil des Bundesfinanzhofes – BFH – vom 2. Juni 1978 – BStBl II S. 475 – und vom 21. November 1980, BStBl 1981 II S. 179).

---

[1]) bestätigt durch BFH vom 22.05.2019 (BStBl II S. 795)

IV. Unverzinsliche Verbindlichkeiten von Körperschaften gegenüber ihren Anteilseignern

Erhält eine Körperschaft von einem Anteilseigner ein unverzinsliches Darlehen, sind die Regelungen zur Abzinsung von Verbindlichkeiten anzuwenden. Das gilt auch für verbundene Unternehmen (z. B. Organschaften). Ein Darlehen ist verzinslich im Sinne von § 6 Abs. 1 Nr. 3 Satz 2 EStG, wenn anstelle der Kapitalverzinsung andere Gegenleistungen im Sinne der Randnummern 14 und 15 gewährt werden[1]). 21

Die gewinnmindernden Erhöhungen der abgezinsten Verbindlichkeiten aufgrund kürzerer Restlaufzeiten sind keine Vergütungen im Sinne von § 8a KStG. 22

V. Unverzinsliche Verbindlichkeiten innerhalb einer Mitunternehmerschaft im Sinne von § 15 Abs. 1 Satz 1 Nr. 2 EStG

Die o. g. Regelungen zur Abzinsung von Verbindlichkeiten gelten auch bei Darlehen innerhalb einer Mitunternehmerschaft im Sinne von § 15 Abs. 1 Satz 1 Nr. 2 EStG, soweit es sich dabei ertragsteuerlich nicht um Einlagen oder Entnahmen handelt (vgl. z. B. BFH-Urteile vom 12. Dezember 1996, BStBl 1998 II S. 180 zu Kapitalüberlassungen eines Gesellschafters an seine Personengesellschaft und vom 9. Mai 1996, BStBl II S. 642 zu Darlehen von Personengesellschaften an deren Mitunternehmer). 23

C. Abzinsung von Rückstellungen in der steuerlichen Gewinnermittlung

I. Abzinsung von Rückstellungen für Geld- und Sachleistungsverpflichtungen

1. Ermittlung der voraussichtlichen Restlaufzeit einer Rückstellung am Bilanzstichtag

a) Grundsatz

Die voraussichtliche Restlaufzeit einer Rückstellung für eine ungewisse Verpflichtung am Bilanzstichtag ist nach den Umständen des jeweiligen Einzelfalles zu schätzen; die Randnummern 3 bis 7 gelten entsprechend. Hinsichtlich der Berechnung des Abzinsungsbetrages wird auf die Randnummern 1 und 2 verwiesen. 24

b) Geldleistungsverpflichtungen

Bei der Ermittlung der Laufzeit einer Geldleistungsverpflichtung ist auf den voraussichtlichen Erfüllungszeitpunkt abzustellen. Sind mehrere Teilbeträge zu entrichten, ist die Rückstellung entsprechend aufzuteilen. Die Teilleistungen sind dann hinsichtlich ihrer Fälligkeit einzeln zu beurteilen. 25

c) Sachleistungsverpflichtungen

Bei Sachleistungsverpflichtungen ist gemäß § 6 Abs. 1 Nr. 3a Buchstabe e Satz 2 EStG auf den Zeitraum bis zum Beginn der Erfüllung der Verpflichtung abzustellen. Ist eine in Teilleistungen zu erbringende Verpflichtung als Einheit zu sehen, ist der Beginn der ersten Teilleistung maßgebend. 26

d) Garantie- und Gewährleistungsrückstellungen

Die Laufzeit von Einzelrückstellungen für Garantie- und Gewährleistungsansprüche (Sachleistungsverpflichtungen) ist nach den Umständen des jeweiligen Einzelfalles zu schätzen. Auf Pauschalrückstellungen findet das Abzinsungsgebot gemäß § 6 Abs. 1 Nr. 3a Buchstabe e EStG aus Vereinfachungsgründen keine Anwendung. 27

---

[1]) bestätigt durch BFH vom 06.10.2009 (BStBl II 2010 S. 177) und vom 27.01.2010 (BStBl II S. 478)

Anhang 9
V Bilanzierung

2. Maßgebender Vervielfältiger

28 Bei Anwendung der Vereinfachungsregelung nach Randnummer 2 erfolgt die Bewertung einer abzuzinsenden Rückstellung für eine Geld- oder Sachleistungsverpflichtung mittels *Tabelle 2*. Dabei ist die Rückstellung unter Berücksichtigung der Wertverhältnisse am Bilanzstichtag mit dem von der Restlaufzeit abhängigen Vervielfältiger zu multiplizieren.

II. Abzinsung von Rückstellungen für Verpflichtungen, für deren Entstehen im wirtschaftlichen Sinne der laufende Betrieb ursächlich ist

29 Nach § 6 Abs. 1 Nr. 3a Buchstabe d Satz 1 EStG sind Rückstellungen für Verpflichtungen, für deren Entstehen im wirtschaftlichen Sinne der laufende Betrieb ursächlich ist, zeitanteilig in gleichen Raten anzusammeln. Gleichzeitig sind die ratierlich angesammelten Rückstellungen abzuzinsen (§ 6 Abs. 1 Nr. 3a Buchstabe e Satz 1 EStG). Bei der Abzinsung gelten die Randnummern 24 bis 28 entsprechend.

Beispiel 8
Unternehmer U pachtet ab 01.01.2001 für 20 Jahre ein unbebautes Grundstück und errichtet eine betrieblich genutzte Lagerhalle. U hat sich verpflichtet, die Lagerhalle nach Ablauf des Pachtvertrages abzureißen. Die voraussichtlichen Kosten betragen nach den Verhältnissen des Bilanzstichtages 31.12.2001 insgesamt 20.000 €, am 31.12.2002 21.000 €. Bei der Abzinsung soll die Vereinfachungsregelung angewendet werden.
Für die Abrissverpflichtung hat U eine Rückstellung für ungewisse Verbindlichkeiten zu bilden. Da für das Entstehen der Verpflichtung im wirtschaftlichen Sinne der laufende Betrieb ursächlich ist (Nutzung der Lagerhalle), ist die Rückstellung nach § 6 Abs. 1 Nr. 3a Buchstabe d Satz 1 EStG zeitanteilig in gleichen Raten anzusammeln.

Bewertung am Bilanzstichtag 31.12.2001
Zum 31.12.2001 ist unter Berücksichtigung der Wertverhältnisse am Bilanzstichtag eine Rückstellung von 1/20 x 20.000 € = 1.000 € anzusetzen, die zusätzlich nach § 6 Abs. 1 Nr. 3a Buchstabe e Satz 1 EStG abzuzinsen ist. Der Beginn der Erfüllung der Sachleistungsverpflichtung (Abbruch) ist voraussichtlich der 31.12.2020 (Ablauf des Pachtvertrages). Am 31.12.2001 ist somit eine Restlaufzeit von 19 Jahren maßgebend. Nach Tabelle 2 ergibt sich ein Vervielfältiger von 0,362. Der Ansatz in der steuerlichen Gewinnermittlung zum 31.12.2001 beträgt somit 1.000 € x 0,362 = 362 €.

Bewertung am Bilanzstichtag 31.12.2002
Am 31.12.2002 sind unter Berücksichtigung der erhöhten voraussichtlichen Kosten nach den Verhältnissen am Bilanzstichtag 31.12.2002 und einer Restlaufzeit von 18 Jahre 2/20 x 21.000 € x 0,381 = 800 € anzusetzen.

III. Ausnahmen von der Abzinsung

30 Die Ausnahmen hinsichtlich der Abzinsung von Verbindlichkeiten (§ 6 Abs. 1 Nr. 3 Satz 2 EStG) gelten nach § 6 Abs. 1 Nr. 3a Buchstabe e Satz 1 zweiter Halbsatz EStG entsprechend. Somit unterbleibt eine Abzinsung, wenn die Laufzeit der Rückstellung am Bilanzstichtag weniger als 12 Monate beträgt, die auf der Rückstellung basierende ungewisse Verbindlichkeit verzinslich ist oder die Rückstellung auf einer Anzahlung oder Vorausleistung beruht.

1. Laufzeit am Bilanzstichtag von weniger als 12 Monaten

31 Auf die Randnummern 24 bis 27 wird hingewiesen.

2. Verzinslichkeit der einer Rückstellung zugrunde liegenden Verbindlichkeit
a) Grundsatz
Für die Frage, ob die einer Rückstellung zugrunde liegende Verbindlichkeit verzinslich ist, gelten die in Abschnitt B genannten Regelungen (Randnummern 13 bis 18) zur Verzinslichkeit von Verbindlichkeiten entsprechend. 32

b) Rückstellungen für Steuerschulden
Rückstellungen für Steuerschulden, die nach § 233a Abgabenordnung – AO – verzinst werden, sind nicht abzuzinsen. Insoweit basiert die ungewisse Verbindlichkeit auf einer zeitweise verzinslichen Verpflichtung im Sinne der Randnummer 17. Aus Vereinfachungsgründen gilt dies auch dann, wenn möglicherweise Zinsen nicht festgesetzt werden (z. B. bei einer Steuerfestsetzung vor Beginn des Zinslaufs nach § 233a Abs. 2 AO). 33

3. Auf Anzahlungen oder Vorausleistungen beruhende Rückstellungen
Auf Randnummer 20 wird verwiesen. 34

D. Rücklagen nach § 52 Abs. 16 EStG[1])
1. Gesetzliche Regelung
Nach § 52 Abs. 16 Sätze 10 und 12 EStG[1]) gelten die Regelungen in § 6 Abs. 1 Nr. 3 und 3a EStG auch für Verbindlichkeiten und Rückstellungen, die bereits zum Ende eines vor dem 1. Januar 1999 endenden Wirtschaftsjahres angesetzt oder gebildet worden sind. Für den entsprechenden, aufgrund der erstmaligen Abzinsung entstandenen Gewinn kann jeweils in Höhe von neun Zehntel eine den Gewinn mindernde Rücklage gebildet werden (Wahlrecht), die in den folgenden neun Wirtschaftsjahren jeweils mit mindestens einem Neuntel gewinnerhöhend aufzulösen ist (§ 52 Abs. 16 Sätze 11 und 14 EStG[1])). Scheidet die gesamte Verbindlichkeit während des Auflösungszeitraums aus dem Betriebsvermögen aus oder ist die gesamte Rückstellung aufzulösen, ist die entsprechende Rücklage zum Ende des Wirtschaftsjahres des Ausscheidens oder der Auflösung in vollem Umfang gewinnerhöhend aufzulösen. Wird die Verbindlichkeit nicht vollständig, sondern lediglich bis auf einen geringen Restbetrag getilgt, ist zu prüfen, ob im Hinblick auf § 52 Abs. 16 Satz 11 zweiter Teilsatz EStG[1]) ein Missbrauch von Gestaltungsmöglichkeiten im Sinne von § 42 AO vorliegt. Die Rücklage ist in Übereinstimmung mit der handelsrechtlichen Jahresbilanz zu bilden (§ 5 Abs. 1 Satz 2 EStG); die steuerrechtliche Anerkennung der Rücklage ist jedoch vom Ausweis eines entsprechenden Sonderpostens mit Rücklagenanteil in der Handelsbilanz nur abhängig, soweit auch in der Handelsbilanz durch Abzinsung ein entsprechend höherer Gewinn ausgewiesen wird. 35

Die genannten Grundsätze gelten nicht für Gewinne aus der Abzinsung von Verbindlichkeiten und Rückstellungen, die erstmals in nach dem 31. Dezember 1998 endenden Wirtschaftsjahren passiviert werden. 36

2. Rücklagefähige Gewinne
Es ist ausschließlich die Gewinnauswirkung aufgrund der erstmaligen Anwendung der Abzinsungsregelung rücklagefähig. Sonstige gewinnwirksame Änderungen der Bewertung einer Verbindlichkeit oder Rückstellung bleiben unberücksichtigt. Dabei ist die am Ende des dem Wirtschaftsjahr der erstmaligen Abzinsung vorangegangenen Wirtschaftsjahres passivierte Verbindlichkeit oder Rückstellung (Ausgangswert) nach den 37

---

[1]) i. d. F. vor BilMoG

Anhang 9
Bilanzierung

Verhältnissen am Ende des Wirtschaftsjahres der erstmaligen Anwendung der Abzinsungsregelung abzuzinsen. Soweit im Wirtschaftsjahr der erstmaligen Abzinsung Änderungen zu einer gewinnerhöhenden Verminderung der abzuzinsenden Verbindlichkeit oder Rückstellung führen (z. B. geringere voraussichtliche Aufwendungen), sind diese Änderungen vom Ausgangswert abzuziehen.

Beispiel 9
Wie Beispiel 8, der Bilanzstichtag 31.12.2001 ist jedoch durch 31.12.1998 und der Bilanzstichtag 31.12.2002 durch 31.12.1999 (erstmalige gesetzliche Abzinsung) zu ersetzen. Die noch in Deutsche Mark aufzustellende Bilanz 31.12.1998 wurde aus Vereinfachungsgründen in Euro umgerechnet.

In der steuerlichen Gewinnermittlung 31.12.1998 ist die Ansammlungsrückstellung nach bisheriger Rechtslage noch nicht abzuzinsen und somit in Höhe von 1.000 € anzusetzen. Bei der Bewertung der Rückstellungen in der steuerlichen Gewinnermittlung 31.12.1999 ist erstmals eine Abzinsung erforderlich.

Ohne Abzinsung wäre die Rückstellung mit 2/20 x 21.000 € = 2.100 € zu bewerten. Die Gewinnminderung aufgrund der aufzustockenden Rückstellung würde 1.100 € betragen. Nach der gesetzlichen Neuregelung sind jedoch 2/20 x 21.000 € x 0,381 = 800 € anzusetzen, so dass die bisherige Rückstellung um 200 € zu vermindern ist und sich der Gewinn entsprechend erhöht.

Rücklagefähig nach § 52 Abs. 16 EStG[1]) ist die Gewinnauswirkung aus der Abzinsung der Rückstellung zum 31.12.1998 (1.000 €) mit dem Abzinsungsfaktor am Ende des Wirtschaftsjahres 1999. Eine Korrektur des Rückstellungsansatzes 31.12.1998 als Ausgangswert für die Abzinsung erfolgt nicht, da die Rückstellung in 1999 vor der Abzinsung nicht zu vermindern, sondern ausschließlich zu erhöhen ist.

Ansatz zum 31.12.1998:	1.000 €
Ansatz nach Abzinsung mit dem Faktor am 31.12.1999: 1.000 € x 0,381 =	381 €
Abzinsungsbetrag:	619 €
davon rücklagefähig 9/10 =	**557 €**

Beispiel 10
In der Bilanz 31.12.1998 wurde eine Rückstellung für eine unverzinsliche, ungewisse Verbindlichkeit mit 100.000 € bewertet (zur Vereinfachung Umrechnung DM in €). Nach den Erkenntnissen bei Aufstellung der Bilanz zum 31.12.1999 werden die voraussichtlichen Aufwendungen jedoch nur 80.000 € betragen (voraussichtliche Erfüllung in 5 Jahren). Bei der Abzinsung wird von der Vereinfachungsregelung Gebrauch gemacht.

In der Bilanz 31.12.1999 sind die voraussichtlichen Aufwendungen in Höhe von 80.000 € maßgebend. Zudem ist die Rückstellung nach § 6 Abs. 1 Nr. 3a Buchstabe e EStG abzuzinsen. Es ergibt sich ein Ansatz von 80.000 € x 0,765 = 61.200 € und eine Gewinnerhöhung von 100.000 € – 61.200 € = 38.800 €. Rücklagefähig ist jedoch nur der Teil der Gewinnerhöhung, der auf der (erstmaligen) Abzinsung beruht:

Ansatz am 31.12.1998 abzüglich der Verminderung in 1999 vor der Abzinsung (100.000 € – 20.000 €):	80.000 €
Ansatz nach Abzinsung mit dem Faktor am 31.12.1999: 80.000 € x 0,765 =	61.200 €
Abzinsungsbetrag:	18.800 €
davon rücklagefähig 9/10 =	**16.920 €**

3 Auflösung der Rücklage

Die Rücklage ist in den dem Wirtschaftsjahr der Bildung folgenden Wirtschaftsjahren jeweils mit mindestens 1/9 gewinnerhöhend aufzulösen. Das gilt auch dann, wenn die tatsächliche oder voraussichtliche Restlaufzeit kürzer ist als der Auflösungszeitraum. In diesen Fällen ist die verbleibende Rücklage bei Ausscheiden der Verbindlichkeit oder bei Auflösung der Rückstellung in einem Betrag gewinnerhöhend aufzulösen.

---

[1]) i. d. F. vor BilMoG

Fortsetzung Beispiel 10
Zum 31.12.1999 wird eine den Gewinn mindernde Rücklage von 16.920 € passiviert, die in den folgenden Wirtschaftsjahren mindestens zu 1/9 = 1.880 € gewinnerhöhend aufzulösen ist. Da die Rückstellung zum 31.12.2004 aufgelöst wird, ist auch die verbleibende Rücklage von 16.920 € – (1.880 € x 4) = 9.400 € gewinnerhöhend auszubuchen.
Die Ausbuchung des höheren Restbetrages kann beispielsweise dadurch vermieden werden, dass anstelle der jährlichen Auflösung von 1/9 die Rücklage an den Bilanzstichtagen 31.12.2000 bis 31.12.2004 zu je 1/5 = 3.384 € gewinnerhöhend aufgelöst wird. Ein höherer Restbetrag bei Auflösung der Rückstellung verbleibt in diesem Fall nicht.

E. Gewerbesteuerliche Behandlung

Aus dem Abzinsungsvorgang nach § 6 Abs. 1 Nr. 3 EStG ergeben sich keine Dauerschuldentgelte im Sinne von § 8 Nr. 1 Gewerbesteuergesetz (GewStG). 39

F. Buchtechnische Abwicklung

Die Abzinsungsregelungen nach § 6 Abs. 1 Nr. 3 und 3a Buchstabe e Satz 1 und 2 EStG sind spezielle bilanzsteuerrechtliche Vorschriften für die Bewertung von Verbindlichkeiten und Rückstellungen in der steuerlichen Gewinnermittlung. 40

Ist eine Verbindlichkeit oder Rückstellung abzuzinsen, ist in der steuerlichen Gewinnermittlung stets der abgezinste Betrag auszuweisen; die Bildung eines Rechnungsabgrenzungspostens unterbleibt. Dabei stellt die Abzinsung einen außerordentlichen Ertrag, die nachfolgende Aufzinsung einen außerordentlichen Aufwand dar. 41

G. Zeitliche Anwendung

Die Grundsätze dieses Schreibens sind vorbehaltlich Randnummer 43 in allen noch offenen Fällen anzuwenden. 42

Bei der Bewertung von Verbindlichkeiten, die vor dem 1. Juni 2005 entstanden sind und deren Verzinsung von künftigen Einnahmen, Gewinnen oder ähnlichen Betriebsvermögensmehrungen abhängt, ist abweichend von Randnummer 19 aus Vertrauensschutzgründen davon auszugehen, dass diese Bedingungen eintreten werden und folglich zeitweise verzinsliche Verbindlichkeiten im Sinne von Randnummer 17 vorliegen. Bei Verbindlichkeiten, die nach dem 31. Mai 2005 entstanden sind, ist Randnummer 19 uneingeschränkt anzuwenden. 43

Beispiel 11
Einem in Zahlungsschwierigkeiten befindlichen Unternehmen wird am 1. Juli 2004 ein Darlehen gewährt. Um eine Überschuldung zu vermeiden, hat der Darlehensgeber gegen Besserungsschein auf eine Verzinsung der Verbindlichkeit verzichtet. Bei Wegfall des Liquiditätsengpasses soll aber eine (nachträgliche) marktübliche Verzinsung ab Beginn der Darlehenslaufzeit erfolgen.
Die Verzinslichkeit der Verbindlichkeit hängt vom Betriebsvermögensmehrungsmerkmal „Liquidität" ab. Nach Randnummer 43 ist in vor dem 1. Juni 2005 entstandenen Verbindlichkeiten für die Bewertung davon auszugehen, dass die Bedingung (Wegfall des Liquiditätsengpasses) eintreten wird. Eine Abzinsung unterbleibt, da aufgrund dieser Annahme eine teilweise verzinsliche Verpflichtung i. S. v. Randnummer 17 vorliegt.

Beispiel 12
Nach der Darlehensvereinbarung (Vertrag vom 30. Juni 2004) ist die Verbindlichkeit grundsätzlich verzinslich. Für Wirtschaftsjahre, in denen kein Bilanzgewinn ausgewiesen wird, sind jedoch keine Zinsleistungen zu erbringen. Im Wirtschaftsjahr 1. Januar 2004 bis 31. Dezember 2004 weist der Schuldner einen Bilanzverlust aus.
Nach Randnummer 19 bleibt die Bedingung, nach der eine Verzinsung für Wirtschaftsjahre unterbleibt, in denen kein Bilanzgewinn ausgewiesen wird, zunächst unberücksichtigt. Da

der Schuldner bereits im Wirtschaftsjahr des Beginns der Darlehenslaufzeit einen Bilanzverlust ausgewiesen hat, d. h. die Bedingung eingetreten ist, gilt Randnummer 18 entsprechend, so dass für Zwecke der **steuerbilanziellen Abzinsung** ab dem Bilanzstichtag, der dem Verlustentstehungsjahr folgt, d. h. ab dem 31. Dezember 2005, grundsätzlich abzuzinsen wäre, da das Darlehen (zunächst) unverzinst bleibt. Gleichzeitig liegt aber ein **neues** ungewisses Ereignis i. S. v. Randnummer 19 vor, denn im Falle von künftigen Bilanzgewinnen lebt die Verzinsung wieder auf. Da die Verzinsung des Darlehens weiterhin von künftigen Bilanzgewinnen abhängt, gilt die Fiktion gemäß Randnummer 43, so dass weiterhin nicht abgezinst wird.

Tabelle 1

Mittlere Lebenserwartung, abgeleitet aus der "Sterbetafel für die Bundesrepublik Deutschland 1986/88 nach dem Gebietsstand seit dem 3. Oktober 1990"

(Die Zahlen der mittleren Lebenserwartung sind jeweils auf- oder abgerundet)

Bei einem erreichten Alter von ... Jahren	beträgt die mittlere Lebenserwartung für Männer	beträgt die mittlere Lebenserwartung für Frauen	Bei einem erreichten Alter von ... Jahren	beträgt die mittlere Lebenserwartung für Männer	beträgt die mittlere Lebenserwartung für Frauen
20	53	59	66	13	17
21	52	58	67	12	16
22	51	57	68	12	15
23	50	56	69	11	14
24	49	55	70	11	14
25	48	54	71	10	13
26	47	53	72	10	12
27	46	52	73	9	11
28	45	51	74	8	11
29	44	50	75	8	10
30	43	49	76	8	9
31	42	48	77	7	9
32	42	47	78	7	8
33	41	46	79	6	8
34	40	45	80	6	7
35	39	44	81	6	7
36	38	43	82	5	6
37	37	42	83	5	6
38	36	41	84	5	6
39	35	40	85	4	5
40	34	40	86	4	5
41	33	39	87	4	4
42	32	38	88	4	4
43	31	37	89	3	4
44	30	36	90	3	4
45	29	35	91	3	3
46	29	34	92	3	3
47	28	33	93	3	3
48	27	32	94	2	3
49	26	31	95	2	3
50	25	30	96	2	2
51	24	29	97	2	2
52	23	28	98	2	2
53	23	27	99	2	2
54	22	27	100	2	2
55	21	26			
56	20	25			
57	19	24			
58	19	23			
59	18	22			
60	17	21			
61	17	21			
62	16	20			
63	15	19			
64	14	18			
65	14	17			

Anhang 9
V Bilanzierung

Tabelle 2

Vervielfältiger für die Abzinsung einer unverzinslichen Schuld, die nach bestimmter Zeit in einem Betrag fällig ist, im Nennwert von 1,– €

Laufzeit in Jahren	maßgebender Vervielfältiger	Laufzeit in Jahren	maßgebender Vervielfältiger	Laufzeit in Jahren	maßgebender Vervielfältiger
1	0,948	36	0,146	71	0,022
2	0,898	37	0,138	72	0,021
3	0,852	38	0,131	73	0,020
4	0,807	39	0,124	74	0,019
5	0,765	40	0,117	75	0,018
6	0,725	41	0,111	76	0,017
7	0,687	42	0,106	77	0,016
8	0,652	43	0,100	78	0,015
9	0,618	44	0,095	79	0,015
10	0,585	45	0,090	80	0,014
11	0,555	46	0,085	81	0,013
12	0,526	47	0,081	82	0,012
13	0,499	48	0,077	83	0,012
14	0,473	49	0,073	84	0,011
15	0,448	50	0,069	85	0,011
16	0,425	51	0,065	86	0,010
17	0,402	52	0,062	87	0,009
18	0,381	53	0,059	88	0,009
19	0,362	54	0,056	89	0,009
20	0,343	55	0,053	90	0,008
21	0,325	56	0,050	91	0,008
22	0,308	57	0,047	92	0,007
23	0,292	58	0,045	93	0,007
24	0,277	59	0,042	94	0,007
25	0,262	60	0,040	95	0,006
26	0,249	61	0,038	96	0,006
27	0,236	62	0,036	97	0,006
28	0,223	63	0,034	98	0,005
29	0,212	64	0,032	99	0,005
30	0,201	65	0,031	100	0,005
31	0,190	66	0,029		
32	0,180	67	0,028		
33	0,171	68	0,026		
34	0,162	69	0,025		
35	0,154	70	0,024		

Anhang 9

Bilanzierung — V

Tabelle 3

Vervielfältiger für die Abzinsung einer unverzinslichen Schuld, die in gleichen Jahresraten getilgt wird

Der Jahresbetrag der Raten wurde mit 1,– € angesetzt.

Laufzeit in Jahren	maßgebender Vervielfältiger	Laufzeit in Jahren	maßgebender Vervielfältiger	Laufzeit in Jahren	maßgebender Vervielfältiger	Laufzeit in Jahren	maßgebender Vervielfältiger
1	0,974	36	15,963	71	18,264	106	18,618
2	1,897	37	16,105	72	18,286	107	18,621
3	2,772	38	16,239	73	18,307	108	18,624
4	3,602	39	16,367	74	18,326	109	18,627
5	4,388	40	16,487	75	18,345	110	18,630
6	5,133	41	16,602	76	18,362	111	18,633
7	5,839	42	16,710	77	18,379	112	18,635
8	6,509	43	16,813	78	18,395	113	18,638
9	7,143	44	16,910	79	18,410	114	18,640
10	7,745	45	17,003	80	18,424	115	18,642
11	8,315	46	17,090	81	18,437	116	18,644
12	8,856	47	17,173	82	18,450	117	18,646
13	9,368	48	17,252	83	18,462	118	18,648
14	9,853	49	17,326	84	18,474	119	18,650
15	10,314	50	17,397	85	18,485	120	18,652
16	10,750	51	17,464	86	18,495	121	18,653
17	11,163	52	17,528	87	18,505	122	18,655
18	11,555	53	17,588	88	18,514	123	18,656
19	11,927	54	17,645	89	18,523	124	18,657
20	12,279	55	17,699	90	18,531	125	18,659
21	12,613	56	17,750	91	18,539	126	18,660
22	12,929	57	17,799	92	18,546	127	18,661
23	13,229	58	17,845	93	18,553	128	18,662
24	13,513	59	17,888	94	18,560	129	18,663
25	13,783	60	17,930	95	18,566	130	18,664
26	14,038	61	17,969	96	18,572	131	18,665
27	14,280	62	18,006	97	18,578	132	18,666
28	14,510	63	18,041	98	18,583	133	18,667
29	14,727	64	18,075	99	18,589	134	18,668
30	14,933	65	18,106	100	18,593	135	18,668
31	15,129	66	18,136	101	18,598	136	18,669
32	15,314	67	18,165	102	18,602	137	18,670
33	15,490	68	18,192	103	18,607	138	18,670
34	15,656	69	18,217	104	18,611	139	18,671
35	15,814	70	18,242	105	18,614	140	18,671

Teilwertabschreibung gemäß § 6 Absatz 1 Nummer 1 und 2 EStG; Voraussichtlich dauernde Wertminderung, Wertaufholungsgebot

BMF vom 02.09.2016 (BStBl I S. 995)
IV C 6 – S 2171-b/09/10002 :002 – 2016/0666535

1. Gemäß § 6 Absatz 1 Nummer 1 Satz 2 und Nummer 2 Satz 2 EStG kann der niedrigere Teilwert nur angesetzt werden, wenn eine voraussichtlich dauernde Wertminderung vorliegt. Gemäß § 6 Absatz 1 Nummer 1 Satz 4 und Nummer 2 Satz 3 EStG gilt ein striktes Wertaufholungsgebot.

2. Im Einvernehmen mit den obersten Finanzbehörden der Länder nehme ich dazu wie folgt Stellung:

I. Ermittlung des Teilwerts

3. Der Teilwert ist grundsätzlich nach den in den R 6.7 ff. EStR und den EStH enthaltenen Anweisungen zu ermitteln. Danach kann der Teilwert von zum Absatz bestimmten Waren retrograd ermittelt werden (vgl. R 6.8 Absatz 2 EStR). Wenn bei rentabel geführten Betrieben der Verkaufspreis bewusst nicht kostendeckend kalkuliert ist (sogenannte Verlustprodukte), ist eine Teilwertabschreibung nicht zulässig (BFH vom 29. April 1999 – IV R 14/98 –, BStBl II S 681).

4. Die Nachweispflicht für den niedrigeren Teilwert liegt beim Steuerpflichtigen. Darüber hinaus trägt der Steuerpflichtige auch die Darlegungs- und Feststellungslast für eine voraussichtlich dauernde Wertminderung. Zudem ist im Rahmen des Wertaufholungsgebots nachzuweisen, dass und in welchem Umfang der Teilwert weiterhin unter der Bewertungsobergrenze liegt.

II. Voraussichtlich dauernde Wertminderung
1. Begriff

5. Eine voraussichtlich dauernde Wertminderung bedeutet ein voraussichtlich nachhaltiges Absinken des Werts des Wirtschaftsguts unter den maßgeblichen Buchwert; eine nur vorübergehende Wertminderung reicht für eine Teilwertabschreibung nicht aus (vgl. auch § 253 Absatz 3 Satz 5 HGB).

6. Die Wertminderung ist voraussichtlich nachhaltig, wenn der Steuerpflichtige hiermit aus der Sicht am Bilanzstichtag aufgrund objektiver Anzeichen ernsthaft zu rechnen hat. Aus der Sicht eines sorgfältigen und gewissenhaften Kaufmanns müssen mehr Gründe für als gegen eine Nachhaltigkeit sprechen. Grundsätzlich ist von einer voraussichtlich dauernden Wertminderung auszugehen, wenn der Wert des Wirtschaftsguts die Bewertungsobergrenze während eines erheblichen Teils der voraussichtlichen Verweildauer im Unternehmen nicht erreichen wird. Wertminderungen aus besonderem Anlass (z. B. Katastrophen oder technischer Fortschritt) sind regelmäßig von Dauer. Werterhellende Erkenntnisse bis zum Zeitpunkt der Aufstellung der Handelsbilanz sind zu berücksichtigen. Wenn keine Handelsbilanz aufzustellen ist, ist der Zeitpunkt der Aufstellung der Steuerbilanz maßgeblich.

Davon zu unterscheiden sind Erkenntnisse, die einer Wertbegründung nach dem Bilanzstichtag entsprechen.

7. Für die Beurteilung eines voraussichtlich dauernden Wertverlustes zum Bilanzstichtag kommt der Eigenart des betreffenden Wirtschaftsguts eine maßgebliche Bedeutung zu (BFH vom 26. September 2007 – I R 58/06 –, BStBl II 2009 S. 294; BFH vom 24. Oktober 2012 – I R 43/11 –, BStBl II 2013 S. 162).

2. Abnutzbares Anlagevermögen

Für die Wirtschaftsgüter des abnutzbaren Anlagevermögens kann von einer voraussichtlich dauernden Wertminderung ausgegangen werden, wenn der Wert des jeweiligen Wirtschaftsguts zum Bilanzstichtag mindestens für die halbe Restnutzungsdauer unter dem planmäßigen Restbuchwert liegt (BFH vom 29. April 2009 – I R 74/08 –, BStBl II S. 899). Die verbleibende Nutzungsdauer ist für Gebäude nach § 7 Absatz 4 und 5 EStG, für andere Wirtschaftsgüter grundsätzlich nach den amtlichen AfA-Tabellen zu bestimmen. Dies gilt auch dann, wenn der Steuerpflichtige beabsichtigt, das Wirtschaftsgut vor Ablauf seiner betriebsgewöhnlichen Nutzungsdauer zu veräußern (BFH vom 29. April 2009, a. a. O.).

Beispiel 1:
Der Steuerpflichtige hat eine Maschine in 01 zu Anschaffungskosten von 100.000 € erworben.
Die Nutzungsdauer beträgt zehn Jahre, die jährliche AfA beträgt 10.000 €. Im Jahre 02 beträgt der Teilwert nur noch 30.000 € bei einer Restnutzungsdauer von acht Jahren.

Lösung:
Eine Teilwertabschreibung auf 30.000 € ist zulässig. Die Minderung ist voraussichtlich von Dauer, da der Wert des Wirtschaftsguts zum Bilanzstichtag bei planmäßiger Abschreibung erst nach fünf Jahren (Ende Jahr 07), das heißt, erst nach mehr als der Hälfte der Restnutzungsdauer, erreicht wird.

Abwandlung:
Der Teilwert beträgt 50.000 €.

Lösung:
Eine Teilwertabschreibung auf 50.000 € ist nicht zulässig. Die Minderung ist voraussichtlich nicht von Dauer, da der Wert des Wirtschaftsguts zum Bilanzstichtag bei planmäßiger Abschreibung schon nach drei Jahren (Ende Jahr 05) und damit früher als nach mehr als der Hälfte der Restnutzungsdauer erreicht wird.

3. Nicht abnutzbares Anlagevermögen

Für die Wirtschaftsgüter des nichtabnutzbaren Anlagevermögens ist grundsätzlich darauf abzustellen, ob die Gründe für eine niedrigere Bewertung voraussichtlich anhalten werden.

a) Grundstücke

Beispiel 2:
Der Steuerpflichtige ist Eigentümer eines mit Altlasten verseuchten Grundstücks. Die ursprünglichen Anschaffungskosten des Grund und Bodens betragen 200.000 €. Zum Bilanzstichtag ermittelt ein Gutachter den Wert des Grundstücks aufgrund der festgestellten Altlast mit nur noch 10.000 €. Aus umweltrechtlichen Gründen ist der Steuerpflichtige grundsätzlich verpflichtet, die Altlast zu beseitigen. Mangels akuter Umweltgefährdung wird die zuständige Behörde die Schadensbeseitigung jedoch erst fordern, wenn der Steuerpflichtige die derzeitige Nutzung des Grundstücks ändert. Die Bildung einer Rückstellung ist aus diesem Grund nicht zulässig.

Lösung:
Eine Teilwertabschreibung in Höhe von 190.000 € auf den vom Gutachter ermittelten Wert ist zulässig. Zwar ist der Steuerpflichtige grundsätzlich verpflichtet, die Altlast zu beseitigen. Allerdings ist vor dem Hintergrund einer eventuellen Nutzungsänderung des Grundstücks nicht zu erwarten, dass der Steuerpflichtige in absehbarer Zeit behördlich zur Beseitigung des Schadens aufgefordert wird. Aus der Sicht am Bilanzstichtag ist daher von einer voraussichtlich dauernden Wertminderung des Grundstücks auszugehen (vgl. Rn. 9 und 10 des

BMF-Schreibens vom 11. Mai 2010, BStBl I S. 495). Wird die Altlast später beseitigt und erhöht sich dementsprechend der Wert des Grundstücks, ist eine Zuschreibung bis höchstens zu den ursprünglichen Anschaffungskosten vorzunehmen.

13 **Beispiel 3:**
Der Steuerpflichtige betreibt ein Kiesausbeuteunternehmen. Der zu dem Unternehmen gehörende Grund und Boden ist z. T. aufgeschlossen, z. T. rekultiviert und wieder der ursprünglichen landwirtschaftlichen Nutzung zugeführt. Da die Preise für landwirtschaftliche Grundstücke allgemein gefallen sind, macht der Steuerpflichtige zum Bilanzstichtag eine Teilwertabschreibung für die Grundstücke geltend. Nach den Feststellungen des Finanzamtes übersteigen die Anschaffungskosten die Richtwerte für die verfüllten Grundstücke.

Lösung:
Eine Teilwertabschreibung ist ohne weiteres nicht zulässig. Die Preise auf dem Markt für landwirtschaftliche Grundstücke unterliegen ebenso wie die anderen Immobilienpreise marktbedingten Schwankungen. Die Preisschwankungen stellen deshalb eine nur vorübergehende Wertminderung dar. Aus diesem Grund ist es auch für die Grundstücke, auf denen noch die Kiesausbeute betrieben wird, nicht ausgeschlossen, dass der Preise bis zu dem Zeitpunkt, an dem die Kiesausbeute und die sich daran anschließende Wiederauffüllung abgeschlossen sein werden, die Anschaffungskosten wieder erreichen oder sogar noch übersteigen.

b) Forderungen

14 **Beispiel 4:**
Der Steuerpflichtige hat eine Forderung aus einem Kredit im Nennwert von 100 an die Y-KG. Wegen unerwarteter Zahlungsausfälle ist die Y-KG im Laufe des Wirtschaftsjahrs notleidend geworden. Am Bilanzstichtag kann die Forderung des Steuerpflichtigen deshalb nur in Höhe von 20 % bedient werden. Bis zum Zeitpunkt der Bilanzaufstellung stellt die Y-KG wider Erwarten eine Sicherheit in Höhe von 30 % der Forderung.

Lösung:
Am Bilanzstichtag ist eine Teilwertabschreibung auf die Forderung des Steuerpflichtigen in Höhe von 80 % zulässig, da mit überwiegender Wahrscheinlichkeit nur mit einem Zahlungseingang von 20 % gerechnet werden kann. Zwar gewinnt die Forderung bis zum Zeitpunkt der Bilanzaufstellung durch die Gestellung der Sicherheit nachträglich an Wert. Dieses – nach dem Bilanzstichtag eingetretene – Ereignis ist jedoch als wertbegründend und daher als zusätzliche Erkenntnis nicht zu berücksichtigen.

15 Der auf der Unverzinslichkeit einer im Anlagevermögen gehaltenen Forderung beruhende Wert ist keine voraussichtlich dauernde Wertminderung und rechtfertigt deshalb keine Teilwertabschreibung (BFH vom 24. Oktober 2012 – I R 43/11 –, BStBl II 2013 S. 162).

4. Umlaufvermögen

16 Die Wirtschaftsgüter des Umlaufvermögens sind nicht dazu bestimmt, dem Betrieb auf Dauer zu dienen. Sie werden stattdessen regelmäßig für den Verkauf oder den Verbrauch gehalten. Demgemäß kommt dem Zeitpunkt der Veräußerung oder Verwendung für die Bestimmung einer voraussichtlich dauernden Wertminderung eine besondere Bedeutung zu. Hält die Minderung bis zum Zeitpunkt der Aufstellung der Bilanz (vgl. Tz. II. 1., Rn. 6) oder dem vorangegangenen Verkaufs- oder Verbrauchszeitpunkt an, so ist die Wertminderung voraussichtlich von Dauer. Zusätzliche werterhellende Erkenntnisse bis zu diesen Zeitpunkten sind in die Beurteilung einer voraussichtlich dauernden Wertminderung der Wirtschaftsgüter zum Bilanzstichtag einzubeziehen.

5. Börsennotierte, börsengehandelte und aktienindexbasierte Wertpapiere des Anlage- und Umlaufvermögens

Bei börsennotierten, börsengehandelten und aktienindexbasierten Wertpapieren des Anlage- und Umlaufvermögens ist von einer voraussichtlich dauernden Wertminderung auszugehen, wenn der Börsenwert zum Bilanzstichtag unter denjenigen im Erwerbszeitpunkt gesunken ist und der Kursverlust die Bagatellgrenze von 5 % der Notierung bei Erwerb überschreitet. Bei einer vorangegangenen Teilwertabschreibung ist für die Bestimmung der Bagatellgrenze der Bilanzansatz am vorangegangenen Bilanzstichtag maßgeblich. In Fällen der Wertaufholung nach erfolgter Inanspruchnahme einer Teilwertabschreibung kommt die Bagatellgrenze von 5 % nicht zur Anwendung. Die Wertaufholung ist auf den aktuellen Börsenkurs am Bilanzstichtag, maximal auf die Anschaffungskosten vorzunehmen. [17 1)]

Der Teilwert eines Wertpapiers kann nur dann nicht nach dem Kurswert (zuzüglich der im Fall eines Erwerbs anfallenden Erwerbsnebenkosten) bestimmt werden, wenn aufgrund konkreter und objektiv überprüfbarer Anhaltspunkte davon auszugehen ist, dass der Börsenpreis den tatsächlichen Anteilswert nicht widerspiegelt (BFH vom 21. September 2011 – I R 89/10 –, BStBl II 2014 S. 612). Dies wäre z. B. dann der Fall, wenn der Kurs durch Insidergeschäfte beeinflusst (manipuliert) wurde oder über einen längeren Zeitraum kein Handel mit den zu bewertenden Wertpapieren stattfand. [18]

Bei den bis zum Tag der Bilanzaufstellung eintretenden Kursänderungen handelt es sich um wertbeeinflussende (wertbegründende) Umstände, die die Bewertung der Wertpapiere zum Bilanzstichtag grundsätzlich nicht berühren (vgl. BFH-Urteil vom 21. September 2011 – I R 89/10 –, BStBl II 2014 S. 612). [19]

Die besonderen Bestimmungen unter Tzn. II. 6. (Rn. 21-23) und II. 7. (Rn. 24-26) bleiben unberührt.

Beispiel 5: [20]
Der Steuerpflichtige hat Aktien der börsennotierten X-AG zum Preis von 100 €/Stück erworben. Die Aktien sind als langfristige Kapitalanlage dazu bestimmt, dauernd dem Geschäftsbetrieb zu dienen.

a) Der Kurs der Aktien schwankt nach der Anschaffung zwischen 70 € und 100 €. Am Bilanzstichtag beträgt der Börsenpreis 90 €. Am Tag der Bilanzaufstellung beträgt der Wert 92 €. [20a]

Lösung:
Eine Teilwertabschreibung auf 90 € ist zulässig, da der Kursverlust am Bilanzstichtag im Vergleich zum Erwerb mehr als 5 % beträgt. Die Kursentwicklung nach dem Bilanzstichtag ist als wertbegründender Umstand unerheblich.

b) wie a). Am Tag der Bilanzaufstellung beträgt der Wert 80 €. [20b]

Lösung:
Eine Teilwertabschreibung ist auf 90 € zulässig, da der Kursverlust am Bilanzstichtag im Vergleich zum Erwerb mehr als 5 % beträgt und die Kursentwicklung nach dem Bilanzstichtag als wertbegründender Umstand unerheblich ist. Eine Teilwertabschreibung auf 80 € ist daher nicht möglich.

c) Der Kurs der Aktien schwankt nach der Anschaffung zwischen 70 € und 100 €. Am Bilanzstichtag beträgt der Börsenpreis 98 € und am Tag der Bilanzaufstellung 80 €. [20c]

Lösung:
Eine Teilwertabschreibung ist nicht zulässig, da der Kursverlust am Bilanzstichtag im Vergleich zum Erwerb nicht mehr als 5 % beträgt. Die Erkenntnisse zwischen Bilanzstichtag und

---

1) zur Teilwertabschreibung von Anteilen an offenen Immobilienfonds, deren Ausgabe und Rücknahme endgültig eingestellt ist >BFH vom 13.02.2019 (BStBl II 2021 S. 717)

Aufstellung der Bilanz bleiben bei der Feststellung der voraussichtlich dauernden Wertminderung unberücksichtigt. Eine Teilwertabschreibung auf 80 € ist daher nicht möglich.

6. Festverzinsliche Wertpapiere, die eine Forderung in Höhe des Nominalwerts der Forderung verbriefen

21 Eine Teilwertabschreibung unter den Nennwert allein wegen gesunkener Kurse ist regelmäßig nicht zulässig, weil es bei festverzinslichen Wertpapieren des Anlage- und Umlaufvermögens, die eine Forderung in Höhe des Nominalwerts der Forderung verbriefen, in der Regel an einer voraussichtlich dauernden Wertminderung fehlt. Eine Teilwertabschreibung unter den Nennwert ist nur zulässig, wenn ein Bonitäts- oder Liquiditätsrisiko hinsichtlich der Rückzahlung der Nominalbeträge besteht und die Wertpapiere bei Endfälligkeit nicht zu ihrem Nennbetrag eingelöst werden können (BFH vom 8. Juni 2011 – I R 98/10 –, BStBl II 2012 S. 716).

22 Für börsennotierte festverzinsliche Wertpapiere, die eine Forderung in Höhe des Nominalwerts der Forderung verbriefen, gelten die unter Tz. II. 5. (Rn. 17-20c) dargestellten Grundsätze entsprechend. Die Bagatellgrenze von 5 % wird bei börsennotierten festverzinslichen Wertpapieren, die eine Forderung in Höhe des Nominalwerts der Forderung verbriefen, aber nicht angewendet.

23 **Beispiel 6:**
Der Steuerpflichtige hält im Umlaufvermögen börsennotierte festverzinsliche Wertpapiere im Nennwert von 100 €, die er für 102 € erworben hat und die bei Endfälligkeit zu 100 % des Nennwerts eingelöst werden. Aufgrund einer Änderung des Zinsniveaus beträgt der Börsenkurs am Bilanzstichtag nur noch 98 €. Bis zum Zeitpunkt der Bilanzaufstellung hat sich der Börsenkurs auf 100,5 € erholt.

Lösung:
Der Tatsache, dass die festverzinslichen Wertpapiere im Umlaufvermögen gehalten werden, kommt bei der Beurteilung der voraussichtlichen Dauerhaftigkeit der Wertminderung keine besondere Bedeutung zu. Wie auch bei festverzinslichen Wertpapieren des Anlagevermögens ist eine Teilwertabschreibung grundsätzlich nur auf 100 € zulässig, weil die Papiere bei Fälligkeit zum Nennwert eingelöst werden (BFH-Urteil vom 8. Juni 2011 – I R 98/10 –, BStBl II 2012 S. 716). Die Bagatellgrenze in Höhe von 5 % ist nicht anzuwenden. Im Übrigen ist der Kursanstieg bis zur Bilanzaufstellung als wertbegründender Umstand unbeachtlich.

7. Anteile an Investmentfonds, die als Finanzanlage im Anlagevermögen gehalten werden

24 Die unter Tz. II. 5. zur Bewertung von börsennotierten, börsengehandelten und aktienindexbasierten Wertpapieren des Anlage- und Umlaufvermögens aufgestellten Grundsätze sind entsprechend auf im Anlagevermögen gehaltene Investmentanteile an Publikums- und Spezial-Investmentfonds anzuwenden, wenn der Investmentfond überwiegend in börsennotierten Aktien als Vermögensgegenstände investiert ist, vgl. auch BFH vom 21. September 2011 – I R 7/11 – (BStBl II 2014 S. 616). Der Investmentfond ist dann überwiegend in börsennotierten Aktien investiert, wenn mehr als 50 % seines Wertes zum Bilanzstichtag in Aktien investiert ist. Abzustellen ist auf die tatsächlichen Verhältnisse beim Investmentfond am Bilanzstichtag des Anlegers. Unerheblich ist, ob der zu bewertende Investmentanteil selbst börsennotiert ist.

25 Von einer voraussichtlich dauernden Wertminderung i. S. d. § 6 Absatz 1 Nummer 2 Satz 2 EStG ist auszugehen, wenn der Preis, zu dem der Investmentanteil erworben werden kann (Ausgabepreis, zuzüglich der ggf. anfallenden Erwerbsnebenkosten), zu dem jeweils aktuellen Bilanzstichtag um mehr als 5 % (sog. Bagatellgrenze) unter die Anschaffungskosten gesunken ist.

Bei der Beurteilung der steuerlichen Auswirkungen einer Teilwertabschreibung auf Investmentanteile auf das zu versteuernde Einkommen eines betrieblichen Anlegers sind § 8 Absatz 3 InvStG und das BMF-Schreiben vom 18. August 2009, BStBl I S. 931, Rn. 162 ff. zu beachten.

26

III. Wertaufholungsgebot
1. Grundsätze

Aufgrund des Wertaufholungsgebots ergibt sich der Wertansatz eines Wirtschaftsguts für jeden Bilanzstichtag aus dem Vergleich der um die zulässigen Abzüge geminderten Anschaffungs- oder Herstellungskosten oder des an deren Stelle tretenden Werts als der Bewertungsobergrenze und dem niedrigeren Teilwert als der Bewertungsuntergrenze. Hat sich der Wert des Wirtschaftsguts nach einer vorangegangenen Teilwertabschreibung wieder erhöht, so ist diese Betriebsvermögensmehrung bis zum Erreichen der Bewertungsobergrenze steuerlich zu erfassen. Dabei kommt es nicht darauf an, ob die konkreten Gründe für die vorherige Teilwertabschreibung weggefallen sind. Auch eine Erhöhung des Teilwerts aus anderen Gründen führt zu einer Korrektur des Bilanzansatzes (z. B. der Steuerpflichtige kann oder will eine dauernde Wertminderung nicht nachweisen – siehe „2. Nachweispflicht"). Gleiches gilt auch, wenn die vorherige Teilwertabschreibung steuerlich nicht oder nicht vollständig wirksam wurde (vgl. Tz. III. 3., Rn. 29). Auf die Besonderheiten bei der Wertaufholung im Zusammenhang mit der Bagatellgrenze bei börsennotierten, börsengehandelten und aktienindexbasierten Wertpapieren (vgl. Tz. II. 5., Rn. 17) wird hingewiesen.

27

2. Nachweispflicht

Grundsätzlich hat der Steuerpflichtige die Bewertungsobergrenze anhand geeigneter Unterlagen (historische Anschaffungs- oder Herstellungskosten) nachzuweisen. Vor allem bei unbebauten Grundstücken kann auf die beim zuständigen Grundbuchamt vorliegenden notariellen Verträge zurückgegriffen werden. Können die historischen Anschaffungs- oder Herstellungskosten nicht nachgewiesen werden, gilt der Buchwert, der in der ältesten noch vorhandenen Bilanz als Anfangswert für das Wirtschaftsgut ausgewiesen ist, als Bewertungsobergrenze, es sei denn, die Finanzbehörde legt – zum Beispiel auf Grund der dort vorhandenen Unterlagen – eine höhere Bewertungsobergrenze dar.

28

3. Steuerrechtliche Sonderregelungen
   (z. B. § 3c Absatz 2 i. V. m. § 3 Nummer 40 EStG)

Steuerrechtliche Sonderregelungen stehen dem Wertaufholungsgebot nicht entgegen (vgl. Tz. III. 1., Rn. 27). So dienen die Regelungen der § 3 Nummer 40 und § 3c Absatz 2 EStG der Umsetzung des Teileinkünfteverfahrens. Die Teilwertabschreibung als solche und damit das Wertaufholungsgebot bleiben hiervon unberührt.

29

IV. Verbindlichkeiten
1. Grundsätze

Verbindlichkeiten sind nach § 6 Absatz 1 Nummer 3 Satz 1 erster Halbsatz EStG unter sinngemäßer Anwendung der Regelungen in § 6 Absatz 1 Nummer 2 EStG anzusetzen. Verbindlichkeiten, die Kursschwankungen unterliegen (z. B. Fremdwährungsverbindlichkeiten), sind daher unter Berücksichtigung der in diesem Schreiben für das Aktivvermögen aufgestellten Grundsätze, mit Ausnahme der Tzn. II. 5. bis II. 7., wie folgt zu bewerten:

30

31 Verbindlichkeiten sind mit ihrem Erfüllungsbetrag anzusetzen (§ 5 Absatz 1 Satz 1 EStG i. V. m. § 253 Absatz 1 Satz 2 HGB). Ist die Höhe der Zahlungsverpflichtung von einem bestimmten Kurswert abhängig (z. B. Fremdwährungsverbindlichkeiten), ist grundsätzlich der Wert zum Zeitpunkt des Entstehens der Verbindlichkeit maßgebend (bei Fremdwährungsverbindlichkeiten der entsprechende Wechselkurs). Nur unter der Voraussetzung einer voraussichtlich dauernden Erhöhung des Kurswertes kann an den nachfolgenden Bilanzstichtagen der höhere Wert angesetzt werden (§ 6 Absatz 1 Nummer 3 Satz 1 i. V. m. Nummer 2 Satz 2 EStG).

32[1]) Eine voraussichtlich dauernde Erhöhung des Kurswertes einer Verbindlichkeit liegt nur bei einer nachhaltigen Erhöhung des Wechselkurses gegenüber dem Kurs bei Entstehung der Verbindlichkeit vor. Die Änderung ist voraussichtlich nachhaltig, wenn der Steuerpflichtige hiermit aus der Sicht des Bilanzstichtages aufgrund objektiver Anzeichen ernsthaft rechnen muss. Aus Sicht eines sorgfältigen und gewissenhaften Kaufmanns müssen mehr Gründe für als gegen eine Nachhaltigkeit sprechen. Bei Fremdwährungsverbindlichkeiten, die eine Restlaufzeit von jedenfalls zehn Jahren haben, begründet ein Kursanstieg der Fremdwährung grundsätzlich keine voraussichtlich dauernde Teilwerterhöhung; die Währungsschwankungen werden in der Regel ausgeglichen (BFH vom 23. April 2009 – IV R 62/06 –, BStBl II S. 778).

33 Auf den Devisenmärkten übliche Wechselkursschwankungen berechtigen nicht zu einem höheren Ansatz der Verbindlichkeit.

2. Verbindlichkeiten des laufenden Geschäftsverkehrs

34 Ist nach den Umständen des jeweiligen Einzelfalls eine Verbindlichkeit dem laufenden Geschäftsverkehr zuzuordnen und somit nicht dazu bestimmt, das Betriebskapital auf Dauer zu verstärken, kommt dem Zeitpunkt der Tilgung oder Entnahme der Verbindlichkeit für die Bestimmung einer voraussichtlich dauernden Werterhöhung eine besondere Bedeutung zu.

35 Nach der Rechtsprechung des BFH (vgl. z. B. BFH vom 31. Oktober 1990 – I R 77/86 –, BStBl II 1991 S. 471) ist der Begriff „Verbindlichkeit des laufenden Geschäftsverkehrs" durch folgende Merkmale gekennzeichnet:
  – Ihr Entstehen hängt wirtschaftlich eng mit einzelnen bestimmbaren, nach Art des Betriebs immer wiederkehrenden und nicht die Anschaffung oder Herstellung von Wirtschaftsgütern des Anlagevermögens betreffenden laufenden Geschäftsvorfällen zusammen.
  – Dieser Zusammenhang bleibt bis zur Tilgung der Verbindlichkeit erhalten.
  – Die Verbindlichkeit wird innerhalb der nach Art des laufenden Geschäftsvorfalls allgemein üblichen Frist getilgt.

36 Hält eine Wechselkurserhöhung im Zusammenhang mit einer Verbindlichkeit des laufenden Geschäftsverkehrs bis zum Zeitpunkt der Aufstellung der Bilanz (vgl. Tz. II. 1., Rn. 6) oder dem vorangegangenen Tilgungs- oder Entnahmezeitpunkt an, ist davon auszugehen, dass die Werterhöhung voraussichtlich von Dauer ist. Soweit keine Handelsbilanz aufzustellen ist, ist der Zeitpunkt der Aufstellung der Steuerbilanz maßgebend. Zusätzliche Erkenntnisse bis zu diesen Zeitpunkten sind zu berücksichtigen. Allgemeine

---

[1]) *zur Teilwertzuschreibung von Fremdwährungsverbindlichkeiten bei fundamentaler Änderung der wirtschaftlichen oder währungspolitischen Daten >BFH vom 10.06.2021 (BStBl II 2022 S. 211) und bei einer Fremdwährungsverbindlichkeit mit einer Restlaufzeit von mehr als zehn Jahren aufgrund von Stützungskäufen einer Notenbank >BFH vom 02.07.2021 (BStBl II 2022 S. 205)*

Entwicklungen, z. B. Wechselkursschwankungen auf den Devisenmärkten, sind zusätzliche Erkenntnisse und als solche in die Beurteilung einer voraussichtlich dauernden Werterhöhung einer Verbindlichkeit zum Bilanzstichtag einzubeziehen.

V. Zeitliche Anwendung
1. Grundsätze
Für Wirtschaftsjahre, die nach dem 31. Dezember 2008 enden, sind bei der Vornahme der steuerrechtlichen Teilwertabschreibung die Grundsätze des BMF-Schreibens vom 12. März 2010, BStBl I S. 239 zu beachten. 37

2. Bewertung festverzinslicher Wertpapiere im Umlaufvermögen
Die Grundsätze des BFH-Urteils vom 8. Juni 2011 (a. a. O.) zur Bewertung von festverzinslichen Wertpapieren im Umlaufvermögen sind spätestens in der ersten auf einen Bilanzstichtag nach dem 22. Oktober 2012 (Tag der Veröffentlichung des BFH-Urteils vom 8. Juni 2011 im BStBl 2012 II S. 716) aufzustellenden Bilanz anzuwenden. Die Nichtanwendung der Grundsätze des BFH-Urteils vom 8. Juni 2011 (a. a. O.) in einer auf einen Bilanzstichtag vor dem 23. Oktober 2012 aufzustellenden Bilanz darf aber nicht zu einem niedrigeren als dem sich aufgrund der damaligen Verwaltungsauffassung ergebenden Bilanzansatz führen. 38

3. Anteile an Investmentfonds, die als Finanzanlage im Anlagevermögen gehalten werden
Bei der Teilwertabschreibung von Anteilen an Investmentfonds, die überwiegend in börsennotierten Aktien als Vermögensgegenständen investiert sind und die als Finanzanlage im Anlagevermögen gehalten werden, wird es nicht beanstandet, wenn bei einer Teilwertabschreibung vor dem 1. Januar 2015 noch die Regelungen des BMF-Schreibens vom 5. Juli 2011 (BStBl I S. 735) Anwendung finden, wonach bei der Ermittlung des niedrigeren Teilwerts der Rücknahmepreis zu Grunde zu legen ist. 39

4. Anwendung der Bagatellgrenze bei börsennotierten, börsengehandelten und aktienindexbasierten Wertpapieren des Anlage- und Umlaufvermögens
Die unter Tz. II. 5. zur Bewertung börsennotierter, börsengehandelter und aktienindexbasierter Wertpapiere des Anlage- und Umlaufvermögens genannten Grundsätze zur Anwendung der Bagatellgrenze von 5 % sind spätestens in der ersten auf einen Bilanzstichtag nach dem 23. September 2016 aufzustellenden Bilanz anzuwenden, soweit sie nicht bereits nach dem BMF-Schreiben vom 16. Juli 2014 (BStBl I S. 1162) anzuwenden waren. 40

5. Andere Wirtschaftsgüter
Die Grundsätze dieses Schreibens sind in allen offenen Fällen anzuwenden, soweit § 176 AO einer Änderung nicht entgegensteht. 41

VI. Aufhebung eines BMF-Schreibens
Dieses Schreiben ersetzt das BMF-Schreiben vom 16. Juli 2014 (BStBl I S. 1162). 42

Anhang 9

Bilanzierung

Zweifelsfragen zu § 6 Absatz 3 EStG im Zusammenhang mit der unentgeltlichen Übertragung von Mitunternehmeranteilen mit Sonderbetriebsvermögen und von Anteilen an Mitunternehmeranteilen mit Sonderbetriebsvermögen sowie mit der unentgeltlichen Aufnahme in ein Einzelunternehmen; Verhältnis von § 6 Absatz 3 zu § 6 Absatz 5 EStG

BMF vom 20.11.2019 (BStBl I S. 1291)
IV C 6 – S 2241/15/10003 – 2019/0964762
unter Berücksichtigung der Änderungen durch
BMF vom 05.05.2021 (BStBl I S. 696)
IV C 6 – S 2240/19/10003 :017 – 2021/0450777

Unter Bezugnahme auf das Ergebnis der Erörterung mit den obersten Finanzbehörden der Länder wird zu den im obigen Betreff genannten Zweifelsfragen wie folgt Stellung genommen:

Inhaltsverzeichnis

	Rn.
A. Persönlicher Anwendungsbereich	1 – 5
B. Sachlicher Anwendungsbereich	6 – 35
I. Übertragung des gesamten Mitunternehmeranteils (§ 6 Absatz 3 Satz 1 1. Halbsatz EStG)	7 – 17
1. Übertragung unter Vorbehalt eines Nießbrauchsrechts	7
2. Behandlung von funktional wesentlichem Sonderbetriebsvermögen	8 – 9a
3. Keine Gesamtplanbetrachtung bei Anwendung von § 6 Absatz 3 und § 6 Absatz 5 EStG	10 – 15
4. Weitere Anwendung des Gesamtplangedankens bei § 16 Absatz 4 und § 34 EStG	16
5. Behandlung von funktional nicht wesentlichem Sonderbetriebsvermögen	17
II. Übertragung eines Teils eines Mitunternehmeranteils	18 – 34
1. Übertragung unter Vorbehalt eines Nießbrauchsrechts	18
2. Übertragung bei funktional wesentlichem Sonderbetriebsvermögen	19 – 33
3. Übertragung bei funktional nicht wesentlichem Sonderbetriebsvermögen	34
III. Isolierte Übertragung von Sonderbetriebsvermögen	35
C. Unentgeltliche Aufnahme einer natürlichen Person in ein bestehendes Einzelunternehmen (§ 6 Absatz 3 Satz 1 2. Halbsatz EStG)	36
D. Fälle der mitunternehmerischen Betriebsaufspaltung	37 – 39
E. Aufhebung einzelner Regelungen in anderen Verwaltungsanweisungen	40
F. Zeitliche Anwendung	41 – 42

A. Persönlicher Anwendungsbereich

1   Übertragende und Aufnehmende können natürliche Personen, Mitunternehmerschaften und Kapitalgesellschaften sein. Aufnehmende kann auch eine Stiftung sein. Voraussetzung ist in allen Fällen, dass die Besteuerung der stillen Reserven sichergestellt ist. In den Fällen der Übertragung von Teilen eines Mitunternehmeranteils sowie der unentgeltlichen Aufnahme in ein Einzelunternehmen nach § 6 Absatz 3 Satz 1 2. Halbsatz und Satz 2 EStG ist die Übertragung nur auf natürliche Personen zulässig.

Bei den grundsätzlich unter § 6 Absatz 3 EStG fallenden unentgeltlichen Übertragungen von einer oder auf eine Kapitalgesellschaft gehen jedoch die Regelungen zur verdeckten Gewinnausschüttung i. S. d. § 8 Absatz 3 KStG oder der verdeckten Einlage vor (BFH-Urteil vom 18. Dezember 1990, VIII R 17/85, BStBl 1991 II S. 512). Handelt es sich bei der unentgeltlichen Übertragung eines Mitunternehmeranteils oder eines Teils eines Mitunternehmeranteils um eine verdeckte Einlage (z. B. bei der Übertragung auf eine GmbH, an der der Übertragende beteiligt ist), greifen die Regelungen über die Betriebsaufgabe ein (BFH-Urteil vom 24. August 2000, IV R 51/98, BStBl 2005 II S. 173). In Fällen der verdeckten Einlage eines Teils eines Mitunternehmeranteils ist § 16 Absatz 1 Satz 2 EStG zu beachten.

Beispiel 1:
A überträgt seinen Mitunternehmeranteil im Rahmen einer verdeckten Einlage unentgeltlich auf die A-GmbH, deren Gesellschafter er ist.
Der Übertragungsvorgang führt zur Aufdeckung der stillen Reserven (ggf. nach §§ 16 und 34 EStG begünstigt). Die Anschaffungskosten der GmbH-Beteiligung erhöhen sich bei A um den Wert des Mitunternehmeranteils.

Handelt es sich bei der aufnehmenden Körperschaft um eine Stiftung, die als solche keine Gesellschaftsrechte vermittelt, kommen die Grundsätze der verdeckten Einlage nicht zur Anwendung und die Buchwerte sind fortzuführen, wenn die Besteuerung der stillen Reserven sichergestellt ist.

Beispiel 2:
A überträgt seinen Mitunternehmeranteil unentgeltlich auf eine steuerpflichtige Stiftung. Der Übertragende A realisiert keinen Gewinn, da die Wirtschaftsgüter mit den Buchwerten anzusetzen sind (§ 6 Absatz 3 Satz 1 EStG). Bei der aufnehmenden Stiftung kommt es unter Anwendung des § 8 Absatz 1 KStG und des § 6 Absatz 3 Satz 3 EStG zu einer Buchwertfortführung.

Ist die aufnehmende Körperschaft eine steuerbefreite Stiftung und begründet der übertragene Mitunternehmeranteil einen steuerpflichtigen wirtschaftlichen Geschäftsbetrieb, sind ebenfalls die Buchwerte nach § 6 Absatz 3 EStG anzusetzen.

Beispiel 3:
A überträgt seinen Mitunternehmeranteil an einer gewerblich tätigen Personengesellschaft unentgeltlich auf eine steuerbefreite Stiftung.
Der Übertragende A realisiert keinen Gewinn, da die Wirtschaftsgüter mit den Buchwerten anzusetzen sind (§ 6 Absatz 3 Satz 1 EStG). Der übertragene Mitunternehmeranteil führt bei der aufnehmenden steuerbefreiten Stiftung zur Begründung eines steuerpflichtigen wirtschaftlichen Geschäftsbetriebs. Es kommt unter Anwendung des § 8 Absatz 1 KStG und des § 6 Absatz 3 Satz 3 EStG deshalb zu einer Buchwertfortführung.

Anders ist dies im Falle der Gewerblichkeit, die lediglich aufgrund Prägung nach § 15 Absatz 3 Nummer 2 EStG gegeben ist. Denn ein wirtschaftlicher Geschäftsbetrieb i. S. d. § 14 AO liegt bei der aufnehmenden steuerbefreiten Stiftung nicht vor, wenn die Tätigkeit der gewerblich geprägten Personengesellschaft nicht über eine reine Vermögensverwaltung hinausgeht (BFH-Urteil vom 25. Mai 2011, I R 60/10, BStBl II S. 858).

Beispiel 4:
A überträgt seinen Mitunternehmeranteil an einer vermögensverwaltenden gewerblich geprägten GmbH & Co. KG (§ 15 Absatz 3 Nummer 2 EStG) unentgeltlich auf eine gemeinnützige Stiftung.
Der Übertragungsvorgang führt zur Aufdeckung der stillen Reserven (ggf. nach §§ 16 und 34 EStG begünstigt), denn die übernehmende gemeinnützige Stiftung begründet mit dem Mitunternehmeranteil keinen wirtschaftlichen Geschäftsbetrieb.

B. Sachlicher Anwendungsbereich

6 Der Mitunternehmeranteil eines Gesellschafters umfasst sowohl den Anteil am Gesamthandsvermögen als auch das dem einzelnen Mitunternehmer zuzurechnende Sonderbetriebsvermögen (BFH-Urteil vom 12. April 2000, XI R 35/99, BStBl 2001 II S. 26). Im Rahmen des § 6 Absatz 3 EStG kommt nur die funktionale Betrachtung zur Anwendung. Funktional wesentlich können nur solche Wirtschaftsgüter sein, die im Zeitpunkt des Übertragungsvorgangs für die Funktion des Betriebes von Bedeutung sind; auf das Vorhandensein erheblicher stiller Reserven kommt es nicht an.

I. Übertragung des gesamten Mitunternehmeranteils (§ 6 Absatz 3 Satz 1 1. Halbsatz EStG)

1. Übertragung unter Vorbehalt eines Nießbrauchsrechts

7 Erfolgt die Übertragung eines Mitunternehmeranteils unter Vorbehalt eines Nießbrauchsrechts und wird der neue Gesellschafter Mitunternehmer, steht der Nießbrauchsvorbehalt der Buchwertfortführung nach § 6 Absatz 3 EStG nicht entgegen. Die Grundsätze des zu Einzelbetrieben mit gewerblichen Einkünften nach § 15 EStG ergangenen BFH-Urteils vom 25. Januar 2017 – X R 59/14 – (BStBl 2019 II S. 730) gelten nicht für die Übertragung von Mitunternehmeranteilen. Dagegen ist die unentgeltliche Übertragung eines im Ganzen verpachteten gewerblichen Einzelunternehmens unter Vorbehalt eines Nießbrauchsrechts kein von § 6 Absatz 3 EStG erfasster Vorgang (BFH-Urteil vom 25. Januar 2017, X R 59/14, BStBl 2019 II S. 730).

2. Behandlung von funktional wesentlichem Sonderbetriebsvermögen

8 Wird der gesamte Anteil des Mitunternehmers an der Gesellschaft übertragen, setzt § 6 Absatz 3 Satz 1 EStG vorbehaltlich der nachfolgenden Ausführungen in Rn. 10 bis 15 voraus, dass neben dem Anteil am Gesamthandsvermögen auch sämtliche Wirtschaftsgüter des Sonderbetriebsvermögens, die im Zeitpunkt der Übertragung für die Funktion des Betriebes von Bedeutung sind (im Folgenden funktional wesentliches Sonderbetriebsvermögen genannt), übertragen werden.

9[1]) Wird im Zeitpunkt der Übertragung des Anteils am Gesamthandsvermögen funktional wesentliches Sonderbetriebsvermögen zurückbehalten und zeitgleich (vgl. Rn. 9a) in das Privatvermögen des Übertragenden überführt, ist eine Buchwertfortführung nach § 6 Absatz 3 Satz 1 EStG nicht zulässig, weil auch das funktional wesentliche Sonderbetriebsvermögen zum Zeitpunkt der Entnahme noch im Betriebsvermögen des Übertragenden befand und bei einer derartigen Konstellation gerade nicht alle im Übertragungszeitpunkt noch vorhandenen wesentlichen Betriebsgrundlagen des vorhandenen Betriebs nach § 6 Absatz 3 Satz 1 EStG übertragen werden (vgl. hierzu das BFH-Urteil vom 29. November 2017, I R 7/16, BStBl 2019 II S. 738). Es liegt in diesem Fall insgesamt grundsätzlich eine tarifbegünstigte Aufgabe des gesamten Mitunternehmeranteils vor (BFH-Beschluss vom 31. August 1995, VIII B 21/93, BStBl II S. 890). Die stillen Reserven im Gesamthandsvermögen und im Sonderbetriebsvermögen sind aufzudecken. § 6 Absatz 3 Satz 2 EStG ist nicht anwendbar, da der Übertragende mit der Übertragung des (gesamten) Anteils am Gesamthandsvermögen nicht mehr Mitunternehmer ist.

9a[2]) Bei der Prüfung, ob die Übertragung des Anteils am Gesamthandsvermögen und die Veräußerung an Dritte oder die Überführung ins Privatvermögen zeitgleich vorgenommen werden, ist auf das im Zeitpunkt der Übertragung vorhandene Betriebsvermögen

---

[1]) Rn. 9 wurde durch BMF vom 05.05.2021 (BStBl I S. 696) neu gefasst und ist in offenen Fällen anzuwenden.

[2]) Rn. 9a wurde durch BMF vom 05.05.2021 (BStBl I S. 696) eingefügt und ist in offenen Fällen anzuwenden.

abzustellen. Hierfür ist eine zeitpunktbezogene Prüfung vorzunehmen, bei der der Zeitpunkt des Übergangs des wirtschaftlichen Eigentums (§ 39 Absatz 2 Nummer 1 Satz 1 AO) maßgeblich ist. Es ist unschädlich, wenn vor Übertragung des (verbliebenen) gesamten Mitunternehmeranteils eine (funktional) wesentliche Betriebsgrundlage aus diesem durch Veräußerung an Dritte oder Überführung in das Privatvermögen ausgeschieden ist. Dies ist auch dann der Fall, wenn es sich nur um eine "juristische Sekunde" handelt (vgl. BFH-Urteil vom 10. September 2020 – IV R 14/18, BStBl 2021 II S. 367). Rn. 11 und 12 gelten sinngemäß.

3. Keine Gesamtplanbetrachtung bei Anwendung von § 6 Absatz 3 und § 6 Absatz 5 EStG

a) Umstrukturierung und Überführung oder Übertragung

Die gleichzeitige Anwendung der beiden Buchwertprivilegien nach § 6 Absatz 5 EStG Auslagerung von funktional wesentlichem Betriebsvermögen/Sonderbetriebsvermögen) und § 6 Absatz 3 EStG ist möglich, denn es steht der Anwendung des § 6 Absatz 3 EStG nicht entgegen, dass im Zeitpunkt der Übertragung nach § 6 Absatz 3 EStG zum Betriebsvermögen/Sonderbetriebsvermögen der Mitunternehmerschaft gehörende Wirtschaftsgüter zeitgleich nach § 6 Absatz 5 EStG überführt oder übertragen werden (BFH-Urteile vom 2. August 2012, IV R 41/11, BStBl 2019 II S. 715 und vom 12. Mai 2016, IV R 12/15, BStBl 2019 II S. 726). 10[1])

Die gleichzeitige Anwendung der beiden Buchwertprivilegien darf jedoch keine Betriebszerschlagung zur Folge haben. Vielmehr muss auch nach Auslagerung von funktional wesentlichem Betriebsvermögen/Sonderbetriebsvermögen noch weiterhin eine funktionsfähige betriebliche Einheit bestehen und die Besteuerung der stillen Reserven sichergestellt sein. § 6 Absatz 3 EStG ist demnach auch als eine Regelung der Umstrukturierung zu verstehen, welche mit der Umstrukturierungsnorm des § 6 Absatz 5 EStG auf einer Ebene steht (BFH-Urteile vom 2. August 2012, IV R 41/11, BStBl 2019 II S. 715 und vom 12. Mai 2016, IV R 12/15, BStBl 2019 II S. 726). Das Erfordernis der Sicherstellung der Besteuerung der stillen Reserven ist sowohl in § 6 Absatz 5 EStG als auch in § 6 Absatz 3 EStG i. d. F. des Gesetzes zur Umsetzung der Änderungen der EU-Amtshilferichtlinie und von weiteren Maßnahmen gegen Gewinnkürzungen und -verlagerungen vom 20. Dezember 2016 (BStBl 2017 I S. 5) enthalten. 11

b) Funktionsfähige betriebliche Einheit versus Betriebszerschlagung

Die gleichzeitige (parallele) Anwendung der Buchwertprivilegien nach § 6 Absatz 5 und § 6 Absatz 3 EStG zu Buchwerten kommt dagegen nicht in Betracht, wenn nach der Auslagerung von funktional wesentlichem Betriebsvermögen/Sonderbetriebsvermögen gem. § 6 Absatz 5 EStG keine funktionsfähige betriebliche Einheit mehr besteht. Für die Buchwertfortführung gem. § 6 Absatz 3 EStG ist deshalb jeweils zeitpunktbezogen zu prüfen, ob auch nach der Auslagerung noch eine funktionsfähige betriebliche Einheit nach § 6 Absatz 3 EStG übertragen werden kann. Voraussetzung hierfür ist, dass das nach der Auslagerung von Betriebsvermögen/Sonderbetriebsvermögen gem. § 6 Absatz 5 EStG noch verbleibende „Restbetriebsvermögen" für sich gesehen wirtschaftlich lebensfähig ist und dieses weiterhin alle Merkmale eines Betriebs oder Teilbetriebs i. S. d. § 16 EStG erfüllt. Stellt das nach der Auslagerung gem. § 6 Absatz 5 EStG verbleibende „Restbetriebsvermögen" keine funktionsfähige betriebliche Einheit mehr dar, liegt hinsichtlich des verbleibenden „Restbetriebsvermögens" eine Betriebszerschlagung und damit grundsätzlich eine nicht nach § 16 Absatz 4, § 34 EStG 12

---

[1]) Rn. 10 wurde durch BMF vom 05.05.2021 (BStBl I S. 696) neu gefasst und ist in offenen Fällen anzuwenden.

steuerbegünstigte Betriebsaufgabe vor, da eine im zeitlichen und sachlichen Zusammenhang stehende Übertragung oder Überführung einer wesentlichen Betriebsgrundlage zu Buchwerten nach § 6 Absatz 5 EStG die Inanspruchnahme der Vergünstigungen nach § 16 Absatz 4, § 34 EStG ausschließt (vgl. hierzu auch Rn. 16). Eine wirtschaftliche Zerschlagung des bisherigen Betriebs im Sinne einer Betriebsaufgabe gem. § 16 EStG ist aber nicht allein deshalb anzunehmen, weil das Buchwertprivileg auch für die unentgeltliche Übertragung einer bis zum Übertragungszeitpunkt verkleinerten betrieblichen Einheit zu gewähren ist.

c) *Aufdeckung der stillen Reserven im Betriebsvermögen/Sonderbetriebsvermögen*

13[1]) Wird aufgrund einheitlicher Planung zeitlich vor der Übertragung des Mitunternehmeranteils funktional wesentliches Betriebsvermögen/Sonderbetriebsvermögen unter Aufdeckung der stillen Reserven entweder entnommen (z. B. durch unentgeltliche Übertragung auf einen Angehörigen) oder zum gemeinen Wert veräußert, kann der Mitunternehmeranteil gleichwohl nach § 6 Absatz 3 EStG zum Buchwert übertragen werden, sofern es sich bei dem verbleibenden „Restbetriebsvermögen" weiterhin um eine funktionsfähige betriebliche Einheit handelt (BFH-Urteil vom 9. Dezember 2014, IV R 29/14, BStBl 2019 II S. 723). § 6 Absatz 3 EStG ist hier also nur dann anwendbar, wenn funktional wesentliches Betriebsvermögen/Sonderbetriebsvermögen bereits vor dem Zeitpunkt der Übertragung des Mitunternehmeranteils entweder veräußert oder entnommen wurde. Zeitgleiche Veräußerungen oder Entnahmen sind dagegen – mit Ausnahme von Überführungen und Übertragungen nach § 6 Absatz 5 EStG – für eine Buchwertfortführung nach § 6 Absatz 3 EStG schädlich (siehe hierzu auch Rn. 9a sowie BFH-Urteile vom 29. November 2017, I R 7/16, BStBl 2019 II S. 738 und vom 10. September 2020 – IV R 14/18, BStBl 2021 II S. 367).

d) *Beispiel:*

14 Vater V war Kommanditist bei der X-KG, an die er ein Grundstück (wesentliche Betriebsgrundlage) vermietet hatte. V übertrug im Juli 2018 seinen gesamten Kommanditanteil unentgeltlich auf seinen Sohn S. Bereits im März 2018 hatte V das Grundstück nach § 6 Absatz 5 Satz 3 Nummer 2 EStG zum Buchwert auf die von ihm neu gegründete gewerblich geprägte Y-GmbH & Co KG übertragen.
Die Voraussetzungen für eine Buchwertübertragung des Kommanditanteils nach § 6 Absatz 3 EStG liegen hier vor, auch wenn das Grundstück (wesentliche Betriebsgrundlage im Sonderbetriebsvermögen) zuvor nach § 6 Absatz 5 Satz 3 Nummer 2 EStG auf die Y-GmbH & Co KG ausgelagert und deshalb nicht ebenfalls an den Sohn übertragen wurde, weil nach den BFH-Urteilen vom 2. August 2012 – IV R 41/11 – (BStBl 2019 II S. 715) und vom 12. Mai 2016 – IV R 12/15 – (BStBl 2019 II S. 726) eine gleichzeitige Anwendung der Buchwertprivilegien des § 6 Absatz 3 und des § 6 Absatz 5 EStG möglich ist.

e) *Zeitlich gestreckte Aufgabe eines Mitunternehmeranteils (§§ 16, 34 EStG)*

15 Die Aufgabe einer betrieblichen Einheit und damit auch eines Mitunternehmeranteils kann in mehreren Schritten zeitlich gestreckt als einheitlicher Vorgang i. S. d. §§ 16, 34 EStG erfolgen. Danach liegt eine Betriebsaufgabe i. S. d. § 16 Absatz 3 EStG vor, wenn der Steuerpflichtige den Entschluss gefasst hat, seine betriebliche Tätigkeit einzustellen und seinen Betrieb als selbständigen Organismus des Wirtschaftslebens aufzulösen, und wenn er in Ausführung dieses Entschlusses alle wesentlichen Betriebsgrundlagen in einem einheitlichen Vorgang innerhalb kurzer Zeit (hier gilt eine Frist von bis zu 18 Monaten) an verschiedene Abnehmer veräußert, überträgt oder in das Privatvermögen

---

[1]) Rn. 13 wurde durch BMF vom 05.05.2021 (BStBl I S. 696) neu gefasst und ist in offenen Fällen anzuwenden.

überführt. In diesen Fällen entsteht ein insgesamt nach §§ 16, 34 EStG steuerbegünstigter Gewinn (vgl. hierzu BFH-Urteile vom 19. Mai 2005, IV R 17/02, BStBl II S. 637 und vom 30. August 2007, IV R 5/06, BStBl 2008 II S. 113).

4. Weitere Anwendung des Gesamtplangedankens bei § 16 Absatz 4 und § 34 EStG

Abweichend von den Aussagen unter 3. ist übereinstimmend mit der BFH-Rechtsprechung der Gedanke des Gesamtplans im Rahmen der Gewährung der Steuervergünstigungen nach § 16 Absatz 4 und § 34 EStG auch weiterhin anzuwenden. Der Gesamtplangedanke dient in diesem Bereich der Verwirklichung des Zwecks der Vergünstigungen nach § 16 Absatz 4 und § 34 EStG, die zusammengeballte Realisierung der während vieler Jahre entstandenen stillen Reserven nicht ungemildert dem progressiven Einkommensteuertarif zu unterwerfen (siehe BFH-Urteil vom 17. Dezember 2014, IV R 57/11, BStBl 2015 II S. 536). Außerdem sind bei der Prüfung der Vergünstigungen nach § 16 Absatz 4 und § 34 EStG auch funktional nicht wesentliche Wirtschaftsgüter mit stillen Reserven zu berücksichtigen. 16

Stellt das nach der Auslagerung verbleibende „Restbetriebsvermögen" keine funktionsfähige betriebliche Einheit mehr dar, liegt hinsichtlich des verbleibenden „Restbetriebsvermögens" eine Betriebszerschlagung und damit eine Betriebsaufgabe gem. § 16 EStG vor. Eine derartige Betriebszerschlagung führt zu einer nicht steuerbegünstigten Betriebsaufgabe i. S. d. § 16 Absatz 4 und § 34 EStG, da eine im zeitlichen und sachlichen Zusammenhang stehende Übertragung oder Überführung einer wesentlichen Betriebsgrundlage zu Buchwerten nach § 6 Absatz 5 EStG die Inanspruchnahme der Vergünstigungen nach § 16 Absatz 4 und § 34 EStG mangels Aufdeckung aller stiller Reserven ausschließt.

5. Behandlung von funktional nicht wesentlichem Sonderbetriebsvermögen

Wird im Zeitpunkt der Übertragung des Anteils am Gesamthandsvermögen funktional nicht wesentliches Sonderbetriebsvermögen entnommen oder nach § 6 Absatz 5 EStG zum Buchwert in ein anderes Betriebsvermögen überführt oder übertragen, steht dies der Anwendung des § 6 Absatz 3 Satz 1 EStG im Hinblick auf die Übertragung des Mitunternehmeranteils ebenfalls nicht entgegen. Wird dieses Sonderbetriebsvermögen entnommen, entsteht insoweit grundsätzlich ein laufender Gewinn (BFH-Urteil vom 29. Oktober 1987, IV R 93/85, BStBl 1988 II S. 374). 17

II. Übertragung eines Teils eines Mitunternehmeranteils

1. Übertragung unter Vorbehalt eines Nießbrauchsrechts

Rn. 7 Satz 1 gilt entsprechend für die Übertragung eines Teils eines Mitunternehmeranteils. 18

2. Übertragung bei funktional wesentlichem Sonderbetriebsvermögen

Die unter I. dargestellten Grundsätze zur Anwendung der BFH-Urteile vom 2. August 2012 – IV R 41/11 – (BStBl 2019 II S. 715), vom 12. Mai 2016 – IV R 12/15 – (BStBl 2019 II S. 726), vom 9. Dezember 2014 – IV R 29/14 – (BStBl 2019 II S. 723) und vom 10. September 2020 – IV R 14/18 – (BStBl 2021 II S. 367) zur Übertragung des gesamten Anteils am Gesamthandsvermögen einer Personengesellschaft sind bei der Übertragung eines Teils des Anteils am Gesamthandsvermögen einer Personengesellschaft entsprechend anzuwenden[1]). Im Übrigen gilt hier Folgendes: 19

---

[1]) Rn. 19 Satz 1 wurde durch BMF vom 05.05.2021 (BStBl I S. 696) neu gefasst und ist in offenen Fällen anzuwenden.

Anhang 9

Bilanzierung

a) *Quotale Übertragung eines Teils des Anteils am Gesamthandsvermögen und eines Teils des Sonderbetriebsvermögens (§ 6 Absatz 3 Satz 1 2. Halbsatz EStG)*

20 § 6 Absatz 3 Satz 1 EStG ist im Falle der unentgeltlichen Übertragung eines Teils eines Anteils am Gesamthandsvermögen bei gleichzeitigem Vorhandensein von funktional wesentlichem Sonderbetriebsvermögen auch dann anwendbar, soweit das funktional wesentliche Sonderbetriebsvermögen quotal nicht in demselben Verhältnis übergeht, in dem der übertragene Teil des Anteils am Gesamthandsvermögen zum gesamten Anteil am Gesamthandsvermögen steht (vgl. BFH-Urteil vom 24. August 2000, IV R 51/98, BStBl 2005 II S. 173). Umfasst das Sonderbetriebsvermögen mehrere Wirtschaftsgüter, z. B. Grundstücke, müssen deshalb nicht alle funktional wesentlichen Wirtschaftsgüter anteilig mit übertragen werden.

21 Gem. BFH-Urteil vom 2. August 2012 – IV R 41/11 – (BStBl 2019 II S. 715) wird für die Fälle der Übertragung eines Teils eines Mitunternehmeranteils bei gleichzeitigem Vorhandensein von funktional wesentlichem Sonderbetriebsvermögen eine rein wertmäßige (rechnerische) Betrachtung vorgenommen. Eines Wertgutachtens bedarf es nicht, wenn das funktional wesentliche Sonderbetriebsvermögen in demselben Verhältnis übergeht, in dem der übertragene Teil des Anteils am Gesamthandsvermögen zum gesamten Anteil am Gesamthandsvermögen steht.

22 Die Voraussetzungen des § 6 Absatz 3 Satz 2 EStG sind (nur) dann erfüllt, wenn nicht mindestens ein Anteil am Sonderbetriebsvermögen übertragen wird, der dem übertragenen Teil des Anteils am Gesamthandsvermögen des Übertragenden entspricht; nur dann liegt eine unterquotale Übertragung i. S. d. § 6 Absatz 3 Satz 2 EStG vor.

23 **Beispiel 1:**
Vater V ist alleiniger Kommanditist der V GmbH & Co. KG. Die V GmbH ist als Komplementärin nicht am Vermögen der KG beteiligt. Für ihren Betrieb überlässt V der KG zwei Grundstücke (wesentliche Betriebsgrundlagen), nämlich das Grundstück 1 mit aufstehender Produktionshalle sowie das Grundstück 2 mit aufstehendem Bürogebäude und angeschlossenem Lagerplatz. Beide Grundstücke haben den identischen Teilwert von 3 Mio. Euro. V überträgt nun auf seinen Sohn S neben dem hälftigen Kommanditanteil das ganze Grundstück 1. Grundstück 2 behält er hingegen vollständig zurück. Wertmäßig betrachtet kommt es damit weder zu einer unter- noch zu einer überquotalen Übertragung von Sonderbetriebsvermögen. Diese Vorgehensweise führt daher im rechnerischen Ergebnis zu einer quotalen Übertragung und deshalb nicht zur Aufdeckung der stillen Reserven in dem vorhandenen Sonderbetriebsvermögen (hier also die Grundstücke 1 und 2). Die Behaltefrist nach § 6 Absatz 3 Satz 2 EStG kommt nicht zur Anwendung, weil V wertmäßig einen Anteil am Sonderbetriebsvermögen überträgt, der dem übertragenen Teil des Anteils am Gesamthandsvermögen des Übertragenden entspricht.

Diese Grundsätze gelten für den Fall der unentgeltlichen Aufnahme einer natürlichen Person in ein Einzelunternehmen entsprechend.

24 **Beispiel 2:**
Vater V erzielt aus seinem Einzelunternehmen Einkünfte aus Gewerbebetrieb nach § 15 Absatz 1 Satz 1 Nummer 1 EStG. Im Betriebsvermögen des V befinden sich zwei Grundstücke (wesentliche Betriebsgrundlagen), nämlich das Grundstück 1 mit aufstehender Produktionshalle sowie das Grundstück 2 mit aufstehendem Bürogebäude und angeschlossenem Lagerplatz. Beide Grundstücke haben den identischen Teilwert von 3 Mio. Euro. V nimmt seinen Sohn S unentgeltlich in sein Einzelunternehmen auf und S erhält eine Vermögensanteil von 50 % am Betriebsvermögen. Abweichend davon erhält S das Alleineigentum am Grundstück 1 und V bleibt dafür Alleineigentümer des Grundstücks 2. Wertmäßig betrachtet kommt es damit weder zu einer unter- noch zu einer überquotalen Begründung von Sonderbetriebsvermögen. Dieses Vorgehen führt daher im rechnerischen Ergebnis zu einer quotalen Aufnahme des S. Die Behaltefrist nach § 6 Absatz 3 Satz 2 EStG kommt auch hier nicht zur Anwendung.

b) Disquotale Übertragung von Gesamthandsvermögen und Sonderbetriebsvermögen

aa) Übertragung eines Teils des Anteils am Gesamthandsvermögen unter gleichzeitiger Zurückbehaltung von Sonderbetriebsvermögen
(unterquotale Übertragung – § 6 Absatz 3 Satz 2 EStG)

Wird im Zeitpunkt der unentgeltlichen Aufnahme einer natürlichen Person in ein Einzelunternehmen oder der unentgeltlichen Übertragung eines Teils des Anteils am Gesamthandsvermögen funktional wesentliches Betriebsvermögen/Sonderbetriebsvermögen nicht oder in geringerem Umfang (unterquotal) übertragen, als es dem übertragenen Teil des Einzelunternehmens oder des Anteils am Gesamthandsvermögen entspricht, liegt insgesamt eine Übertragung nach § 6 Absatz 3 Satz 2 EStG vor.

Voraussetzung für die Buchwertübertragung ist dann, dass der Übernehmer den übernommenen Mitunternehmeranteil über einen Zeitraum von mindestens fünf Jahren nicht veräußert oder aufgibt. Der Veräußerung des Mitunternehmeranteils steht die Veräußerung nur des Anteils am Gesamthandsvermögen oder eines Teils davon und/oder des mit dem Mitunternehmeranteil übernommenen funktional wesentlichen Sonderbetriebsvermögens oder eines Teils davon innerhalb der Fünf-Jahresfrist gleich. Veräußert der Rechtsnachfolger den übernommenen Mitunternehmeranteil – oder einen Teil davon – oder gibt er den Mitunternehmeranteil innerhalb der Behaltefrist auf, liegen in Bezug auf den ursprünglichen Übertragungsvorgang die Voraussetzungen für die Buchwertübertragung nach § 6 Absatz 3 Satz 2 EStG nicht mehr vor. Für die gesamte Übertragung sind dann rückwirkend auf den ursprünglichen Übertragungsstichtag die Teilwerte anzusetzen (§ 175 Absatz 1 Satz 1 Nummer 2 AO). Der dabei beim Übertragenden entstehende Gewinn ist laufender Gewinn (§ 16 Absatz 1 Satz 2 i. V. m. § 16 Absatz 3 EStG). Für die Berechnung der Behaltefrist ist grundsätzlich auf den Übergang des wirtschaftlichen Eigentums hinsichtlich des übernommenen Mitunternehmeranteils (= Übergang von Nutzen und Lasten) abzustellen. Die Behaltefrist endet spätestens dann, wenn dem Rechtsnachfolger neben dem Teil des Anteils auch der restliche Bruchteil des Anteils am Gesamthandsvermögen übertragen wird (BFH-Urteil vom 2. August 2012, IV R 41/11, BStBl 2019 II S. 715).

War der Übernehmer bereits vor der unentgeltlichen Übertragung des Teils des Anteils Mitunternehmer dieser Mitunternehmerschaft, ist von einer Veräußerung des übernommenen Anteils erst auszugehen, wenn der Anteil der Beteiligung nach der Veräußerung des Teils des Mitunternehmeranteils unter dem Anteil der übernommenen Beteiligung liegt oder das mit dem Mitunternehmeranteil übernommene funktional wesentliche Sonderbetriebsvermögen innerhalb der Fünf-Jahresfrist veräußert oder entnommen wird.

Beispiel:
Vater V und Sohn S sind jeweils zu 50 % an einer OHG beteiligt. V überträgt unentgeltlich einen Teil seines Gesellschaftsanteils auf S, behält sein Sonderbetriebsvermögen aber zurück, so dass V jetzt zu 25 % und S zu 75 % an der OHG beteiligt sind. S reduziert innerhalb der Fünf-Jahresfrist seine Beteiligung auf 20 % und veräußert entsprechend einen Teil seines Mitunternehmeranteils.
Es liegt eine unterquotale Übertragung von V auf S nach § 6 Absatz 3 Satz 2 EStG vor, bei der die Behaltefrist zu beachten ist. Da der Anteil des S nach der Veräußerung (20 %) unter dem Anteil der übernommenen Beteiligung (25 %) liegt, hat er auch einen Teil des übernommenen Mitunternehmeranteils veräußert. Für die ursprüngliche Übertragung von V auf S ist damit insgesamt § 6 Absatz 3 EStG nicht anwendbar (Rn. 26).Für die gesamte Übertragung sind rückwirkend auf den ursprünglichen Übertragungsstichtag die Teilwerte anzusetzen (§ 6 Absatz 3 Satz 2 EStG, § 175 Absatz 1 Satz 1 Nummer 2 AO). Der bei V entstehende Gewinn ist laufender Gewinn (§ 16 Absatz 1 Satz 2 i. V. m. § 16 Absatz 3 EStG).

29 Eine Veräußerung i. S. d. § 6 Absatz 3 Satz 2 EStG ist grundsätzlich auch eine Einbringung nach den §§ 20 oder 24 UmwStG, unabhängig davon, ob die Buchwerte, gemeinen Werte oder Zwischenwerte angesetzt werden. Als Veräußerung gilt auch ein Formwechsel nach § 25 UmwStG. Überträgt der Rechtsnachfolger einzelne Wirtschaftsgüter des übernommenen Sonderbetriebsvermögens gegen Gewährung von Gesellschaftsrechten nach § 6 Absatz 5 Satz 3 EStG auf einen Dritten, liegt auch eine Veräußerung vor. Wird der nach § 6 Absatz 3 Satz 2 EStG übertragene Teil eines Mitunternehmeranteils vom Übernehmer zu einem späteren Zeitpunkt insgesamt zu Buchwerten nach § 20 UmwStG in eine Kapitalgesellschaft oder zu Buchwerten nach § 24 UmwStG in eine Personengesellschaft eingebracht, liegt – abweichend vom oben genannten Grundsatz – keine schädliche Veräußerung i. S. d. § 6 Absatz 3 Satz 2 EStG vor, wenn der Einbringende die hierfür erhaltene Beteiligung an der Kapitalgesellschaft oder den erhaltenen Mitunternehmeranteil über einen Zeitraum von mindestens fünf Jahren – beginnend mit der ursprünglichen Übertragung des Mitunternehmeranteils nach § 6 Absatz 3 Satz 2 EStG – nicht veräußert oder aufgibt und die Kapitalgesellschaft oder die Personengesellschaft den eingebrachten Mitunternehmeranteil oder die eingebrachten Wirtschaftsgüter innerhalb der genannten Frist nicht veräußert.

30 Eine unentgeltliche Weiterübertragung ist unschädlich; dabei geht die Behaltefrist jedoch auf den Rechtsnachfolger über. Dem Rechtsnachfolger ist die Behaltedauer des Übertragenden anzurechnen.

31[1]) Voraussetzung für eine Buchwertübertragung i. S. d. § 6 Absatz 3 Satz 2 EStG ist nicht, dass das zurückbehaltene Sonderbetriebsvermögen dauerhaft zum Betriebsvermögen derselben Mitunternehmerschaft gehört. Denn nach dem BFH-Urteil vom 12. Mai 2016 – IV R 12/15 – (BStBl 2019 II S. 726) entfällt die Buchwertprivilegierung der unentgeltlichen Übertragung eines Teils eines Mitunternehmeranteils unter Zurückbehaltung eines Wirtschaftsgutes des Sonderbetriebsvermögens nicht deshalb rückwirkend, weil das zurückbehaltene Wirtschaftsgut zu einem späteren Zeitpunkt von dem Übertragenden zum Buchwert nach § 6 Absatz 5 EStG in ein anderes Betriebsvermögen übertragen wird. Wird Betriebsvermögen/Sonderbetriebsvermögen aufgrund einheitlicher Planung vor der unentgeltlichen Aufnahme einer natürlichen Person in ein bestehendes Einzelunternehmen oder der unentgeltlichen Übertragung eines Teils eines Mitunternehmeranteils entnommen oder unter Aufdeckung der stillen Reserven zum Verkehrswert veräußert, schließt dies eine Buchwertübertragung nach § 6 Absatz 3 EStG nicht aus. Die zeitgleiche Entnahme oder Veräußerung ist jedoch schädlich (vgl. auch Rn. 13 und 9a).

bb) Übertragung eines Teils des Anteils am Gesamthandsvermögen unter gleichzeitiger überquotaler Übertragung von Sonderbetriebsvermögen

32 Wird im Zeitpunkt der unentgeltlichen Aufnahme einer natürlichen Person in ein Einzelunternehmen oder der unentgeltlichen Übertragung eines Teils des Anteils am Gesamthandsvermögen funktional wesentliches Betriebsvermögen/Sonderbetriebsvermögen in größerem Umfang (überquotal) übertragen, als es dem übertragenen Teil des Einzelunternehmens oder des Anteils am Gesamthandsvermögen entspricht, ist der Vorgang nicht in eine Übertragung nach § 6 Absatz 3 Satz 1 EStG für den quotalen Teil des Betriebsvermögens/Sonderbetriebsvermögens (ohne Lauf einer Sperrfrist) und eine Übertragung nach § 6 Absatz 5 EStG für den überquotalen Teil des Betriebsvermögens/Sonderbetriebsvermögens (mit Lauf einer Sperrfrist) aufzuteilen. Denn in diesem Fall handelt es sich ausschließlich (und einheitlich) um eine unentgeltliche Aufnahme einer natürlichen Person in ein Einzelunternehmen oder eine unentgeltliche Übertragung eines

---

[1]) Rn. 31 wurde durch BMF vom 05.05.2021 (BStBl I S. 696) neu gefasst und ist in offenen Fällen anzuwenden.

Teils eines Mitunternehmeranteils nach § 6 Absatz 3 Satz 1 EStG ohne Lauf einer Sperrfrist (BFH-Urteil vom 2. August 2012, IV R 41/11, BStBl 2019 II S. 715).

Die o. g. Grundsätze gelten auch, wenn die Mitunternehmerstellung des Empfängers mit der Übertragung eines Teils eines Mitunternehmeranteils erstmals begründet wird (BFH-Urteil vom 6. Dezember 2000, VIII R 21/00, BStBl 2003 II S. 194). 33

3. Übertragung bei funktional nicht wesentlichem Sonderbetriebsvermögen

Wird ein Teil eines Mitunternehmeranteils unentgeltlich übertragen, jedoch für die Mitunternehmerschaft funktional nicht wesentliches Sonderbetriebsvermögen zurückbehalten, ist § 6 Absatz 3 Satz 1 EStG uneingeschränkt anwendbar. Der übernehmende Gesellschafter hat die Buchwerte fortzuführen. Bei der Überführung des zurückbehaltenen Sonderbetriebsvermögens in das Privatvermögen entsteht laufender Gewinn (vgl. Rn. 17). 34

III. Isolierte Übertragung von Sonderbetriebsvermögen

Wird das Sonderbetriebsvermögen isoliert (d. h. ohne Änderung der Beteiligungsverhältnisse bei der Mitunternehmerschaft) unentgeltlich übertragen, liegt keine Übertragung eines Mitunternehmeranteils vor (BFH-Urteil vom 11. Dezember 1990, VIII R 14/87, BStBl 1991 II S. 510). Liegen die Voraussetzungen des § 6 Absatz 5 Satz 3 EStG vor, erfolgt die Übertragung zum Buchwert. Andernfalls handelt es sich um eine Entnahme. § 16 Absatz 4 und § 34 EStG sind nicht anwendbar. 35

C. Unentgeltliche Aufnahme einer natürlichen Person in ein bestehendes Einzelunternehmen (§ 6 Absatz 3 Satz 1 2. Halbsatz EStG)

Bei der unentgeltlichen Aufnahme einer natürlichen Person in ein bestehendes Einzelunternehmen unter Zurückbehaltung von Betriebsvermögen ist § 6 Absatz 3 Satz 2 EStG anzuwenden, wenn das zurückbehaltene Betriebsvermögen Sonderbetriebsvermögen bei der entstandenen Mitunternehmerschaft wird (vgl. Rn. 20 ff.). 36

D. Fälle der mitunternehmerischen Betriebsaufspaltung

Entsteht infolge einer unentgeltlichen Übertragung nach § 6 Absatz 3 EStG eine mitunternehmerische Betriebsaufspaltung (vgl. hierzu auch BMF-Schreiben vom 28. April 1998, BStBl I S. 583), sind verschiedene Fallgruppen zu unterscheiden: 37

a) Übertragung von Sonderbetriebsvermögen, das nach der Übertragung im Gesamthandseigentum des Übertragenden und des Übernehmenden steht

Begründen der Übertragende und der Übernehmer hinsichtlich des anteilig übertragenen Sonderbetriebsvermögens nach der Übertragung zivilrechtlich eine Gesamthandsgemeinschaft (§ 718 ff. BGB), wird diese unmittelbar zur Besitzpersonengesellschaft. In diesem Fall folgt der unter § 6 Absatz 3 Satz 1 EStG fallenden Übertragung eine Zurechnung der Wirtschaftsgüter des Sonderbetriebsvermögens zum Gesamthandsvermögen der Besitzpersonengesellschaft gem. § 6 Absatz 5 Satz 3 EStG unmittelbar nach. 38

Entsteht die mitunternehmerische Betriebsaufspaltung infolge einer Übertragung nach § 6 Absatz 3 Satz 2 EStG, so führt eine unterquotale Übertragung des Sonderbetriebsvermögens in die Besitzpersonengesellschaft zu keiner schädlichen Veräußerung oder Aufgabe i. S. d. § 6 Absatz 3 Satz 2 EStG; für die einer Übertragung nach § 6 Absatz 3 Satz 2 EStG nachfolgenden Übertragungen sind insbesondere die Rn. 26 und 29 zu beachten.

b) *Übertragung von Sonderbetriebsvermögen, das nach der Übertragung im Bruchteilseigentum des Übertragenden und Übernehmenden steht*

39 Wird bei der anteiligen Übertragung von Sonderbetriebsvermögen dem Übernehmer zivilrechtlich ein Bruchteil zu Eigentum übertragen (§ 741 BGB), findet zuerst eine unentgeltliche Übertragung eines Teils eines Mitunternehmeranteils (einschließlich des Sonderbetriebsvermögens) auf den übernehmenden Gesellschafter nach § 6 Absatz 3 Satz 2 EStG statt. Anschließend erfolgt sowohl bei dem übertragenden Gesellschafter als auch bei dem übernehmenden Gesellschafter eine Überführung des Sonderbetriebsvermögens in das Sonderbetriebsvermögen bei der Besitzpersonengesellschaft (GbR) gem. § 6 Absatz 5 Satz 2 EStG.

Hinsichtlich des Sonderbetriebsvermögens findet hier allerdings kein Rechtsträgerwechsel statt, sondern es erfolgt hier nur ein Zuordnungswechsel von dem Sonderbetriebsvermögen bei der bisherigen Personengesellschaft in das Sonderbetriebsvermögen der Besitzpersonengesellschaft (BFH-Urteil vom 18. August 2005, IV R 59/04, BStBl II S. 830).

Beispiel (für eine quotale Übertragung des Sonderbetriebsvermögens):
A ist zu 60 % an der AB OHG beteiligt, der er auch ein im Sonderbetriebsvermögen befindliches Grundstück zur Nutzung überlässt. In 2018 überträgt A die Hälfte seines Mitunternehmeranteils (1/2 des Anteils am Gesamthandsvermögen und 1/2 des Sonderbetriebsvermögens) unentgeltlich auf C. Die AC-GbR überlässt das Grundstück der ABC-OHG entgeltlich zur Nutzung.

a) Das Grundstück steht im Gesamthandsvermögen von A und C
b) Das Grundstück steht im Bruchteilseigentum von A und C

zu a)
Zunächst liegt eine unentgeltliche Übertragung eines Teils eines Mitunternehmeranteils nach § 6 Absatz 3 Satz 1 EStG vor, der zwingend eine Buchwertfortführung vorschreibt. Im zweiten Schritt ändert sich aufgrund der steuerlichen Beurteilung des neu entstandenen Gebildes als mitunternehmerische Betriebsaufspaltung die bisherige Zuordnung des Grundstücks als Sonderbetriebsvermögen bei der OHG. Das Grundstück wird Gesamthandsvermögen bei der AC-GbR. Die damit verbundene Übertragung des Sonderbetriebsvermögens in das Gesamthandsvermögen der AC-GbR erfolgt nach § 6 Absatz 5 Satz 3 Nummer 2 EStG zum Buchwert.

zu b)
Zunächst liegt eine unentgeltliche Übertragung eines Teils eines Mitunternehmeranteils nach § 6 Absatz 3 Satz 1 EStG vor, der zwingend eine Buchwertfortführung vorschreibt. Im zweiten Schritt ändert sich aufgrund der steuerlichen Beurteilung des neu entstandenen Gebildes als mitunternehmerische Betriebsaufspaltung die bisherige Zuordnung des Grundstücks als Sonderbetriebsvermögen bei der OHG. Das Grundstück wird – wegen des fehlenden Rechtsträgerwechsels bei dem Bruchteilseigentum – zu Sonderbetriebsvermögen der Mitunternehmer bei der „gesamthandsvermögenslosen" AC-GbR (BFH-Urteil vom 18. August 2005, IV R 59/04, BStBl II S. 830). Die damit verbundene Überführung des Sonderbetriebsvermögens bei der OHG auf das Sonderbetriebsvermögen bei der AC-GbR erfolgt nach § 6 Absatz 5 Satz 2 EStG zum Buchwert.

E. Aufhebung einzelner Regelungen in anderen Verwaltungsanweisungen

40 Rn. 19 des BMF-Schreibens zur Anwendung des § 6 Absatz 5 EStG vom 8. Dezember 2011 (BStBl I S. 1279) ist insoweit überholt, als dort unter Rn. 19 zu prüfen ist, ob einer Buchwertfortführung nach § 6 Absatz 5 EStG die Gesamtplanrechtsprechung entgegensteht.

Hinsichtlich der in Rn. 8 des BMF-Schreibens zu den wiederkehrenden Leistungen nach § 10 Absatz 1a Nummer 2 EStG vom 11. März 2010 (BStBl I S. 227) in Bezug genommenen quotalen Übertragung von Sonderbetriebsvermögen sind die Grundsätze dieses Schreibens anzuwenden.

Außerdem ist das BMF-Schreiben vom 12. September 2013 (BStBl I S. 1164) insoweit überholt, als dort unter Punkt II.2. die Veröffentlichung des BFH-Urteils vom 2. August 2012 – IV R 41/11 – im Bundessteuerblatt zurückgestellt wurde; dieses BMF-Schreiben wird insoweit aufgehoben.

F. Zeitliche Anwendung

Dieses Schreiben ersetzt das bisherige BMF-Schreiben zur Anwendung des § 6 Absatz 3 EStG vom 3. März 2005 (BStBl I S. 458) mit Ergänzung vom 7. Dezember 2006 (BStBl I S. 766) und ist auf alle noch offenen Veranlagungszeiträume mit Übertragungsvorgängen gem. § 6 Absatz 3 und § 6 Absatz 5 EStG anzuwenden.

Aus Vertrauensschutzgründen kann das BMF-Schreiben zur Anwendung des § 6 Absatz 3 EStG vom 3. März 2005 (BStBl I S. 458) mit Ergänzung vom 7. Dezember 2006 (BStBl I S. 766) für bereits abgeschlossene Übertragungsvorgänge weiterhin angewendet werden, wenn die Beteiligten auf Antrag hieran einvernehmlich auch weiterhin festhalten möchten.

Zweifelsfragen zur Übertragung und Überführung von einzelnen Wirtschaftsgütern nach § 6 Absatz 5 EStG

BMF vom 08.12.2011 (BStBl I S. 1279)
IV C 6 – S 2241/10/10002 – 2011/0973858

Zur Anwendung des § 6 Absatz 5 EStG in der Fassung des Gesetzes zur Fortentwicklung des Unternehmenssteuerrechts vom 20. Dezember 2001 (BGBl. I S. 3858, BStBl 2002 I S. 35), zuletzt geändert durch das Jahressteuergesetz 2010 vom 8. Dezember 2010 (BGBl. I S. 1768), nehme ich nach Abstimmung mit den obersten Finanzbehörden der Länder wie folgt Stellung:

I. Überführung von Wirtschaftsgütern nach § 6 Absatz 5 Satz 1 und 2 EStG

1 Bei der Überführung eines einzelnen Wirtschaftsguts nach § 6 Absatz 5 Satz 1 und 2 EStG handelt es sich um eine Entnahme i. S. d. § 4 Absatz 1 Satz 2 EStG aus dem abgebenden Betriebsvermögen und um eine Einlage i. S. d. § 4 Absatz 1 Satz 8 EStG bei dem aufnehmenden Betriebsvermögen (vgl. BMF-Schreiben vom 17. November 2005 – BStBl I S. 1019[1]), Rdnr. 10), deren Bewertungen abweichend von § 6 Absatz 1 Satz 1 Nummer 4 und 5 EStG in § 6 Absatz 5 EStG geregelt sind.

1. Persönlicher Anwendungsbereich

2 Überführender i. S. v. § 6 Absatz 5 Satz 1 EStG ist grundsätzlich jede unbeschränkt oder beschränkt steuerpflichtige natürliche Person, die mehrere Betriebe unterhält. Es können aber auch Erbengemeinschaften und eheliche Gütergemeinschaften mit mehreren eigenen Betriebsvermögen unter den Anwendungsbereich der Sätze 1 und 2 fallen. Da eine Körperschaft i. S. d. § 1 Absatz 1 Nummer 1 bis 3 KStG und eine Personengesellschaft steuerlich immer nur einen Betrieb führen können, steht der Körperschaft als Mitunternehmer (über § 8 Absatz 1 KStG) oder der (doppelstöckigen) Personengesellschaft regelmäßig nur der Anwendungsbereich des § 6 Absatz 5 Satz 2 EStG offen.

2. Sachlicher Anwendungsbereich

3 Nach § 6 Absatz 5 Satz 1 und 2 EStG müssen einzelne Wirtschaftsgüter[2]) mit dem Buchwert angesetzt werden, wenn sie aus einem (Sonder-)Betriebsvermögen in ein anderes Betriebs- oder Sonderbetriebsvermögen desselben Steuerpflichtigen überführt werden, sofern die Besteuerung der stillen Reserven sichergestellt ist. Dabei ist es unerheblich, ob es sich bei dem zu überführenden Wirtschaftsgut um ein Wirtschaftsgut des Anlage- oder Umlaufvermögens handelt. Das zu überführende Wirtschaftsgut kann auch eine wesentliche Betriebsgrundlage des abgebenden Betriebsvermögens sein. Bei der Überführung von Wirtschaftsgütern ist die gleichzeitige Übernahme von Verbindlichkeiten unschädlich.

4 In den Anwendungsbereich des § 6 Absatz 5 Satz 1 und 2 EStG fallen auch selbst geschaffene nicht bilanzierungsfähige immaterielle Wirtschaftsgüter des Anlagevermögens (§ 5 Absatz 2 EStG) und im Sammelposten erfasste Wirtschaftsgüter (vgl. BMF-Schreiben vom 30. September 2010 – BStBl I S. 755)[3]), sofern die Besteuerung der stillen Reserven sichergestellt ist (siehe auch Rdnr. 24).

5 Das Betriebs- oder Sonderbetriebsvermögen, in das das Wirtschaftsgut überführt wird, muss nicht bereits vor der Überführung bestanden haben, sondern es kann auch erst

---

[1]) jetzt BMF vom 02.11.2018 (BStBl I S. 1207), Rdnr. 10, Anhang 16 I 1
[2]) Die Rücklage nach § 6b ist kein Wirtschaftsgut (>BFH vom 22.11.2018 – BStBl II 2019 S. 313).
[3]) >Anhang 16 IX

durch die Überführung des Wirtschaftsguts entstehen. Das abgebende und aufnehmende Betriebsvermögen muss nicht derselben Einkunftsart (§§ 13, 15, 18 EStG) zuzuordnen sein.

Beispiel 1:
A und B sind zu jeweils 50 % an der AB-OHG beteiligt. Die AB-OHG betreibt eine Metzgerei. Im Sonderbetriebsvermögen des A befindet sich ein Verkaufswagen, mit dem die AB-OHG ihre Waren auf Wochenmärkten verkauft. Diesen Wagen vermietet A an die AB-OHG für ein monatliches Entgelt. Die AB-OHG stellt den Verkauf auf den Wochenmärkten ein. A will nun diesen Wagen im Rahmen eines im eigenen Namen neu gegründeten Einzelunternehmens zum Fischverkauf einsetzen.

Lösung:
Der Verkaufswagen ist nunmehr dem Betriebsvermögen des neu gegründeten Einzelunternehmens des A zuzurechnen. Die Überführung aus dem Sonderbetriebsvermögen des A bei der AB-OHG in das Betriebsvermögen des Einzelunternehmens muss nach § 6 Absatz 5 Satz 2 EStG zum Buchwert erfolgen.

Der Anwendung des § 6 Absatz 5 Satz 1 und 2 EStG steht nicht entgegen, dass mehrere Wirtschaftsgüter zeitgleich überführt werden. Dabei ist es unschädlich, wenn die überführten Wirtschaftsgüter einen Betrieb, Teilbetrieb bilden oder es sich insgesamt um einen Mitunternehmeranteil handelt.

Sicherstellung der Besteuerung der stillen Reserven bedeutet, dass im Zeitpunkt der späteren Veräußerung auch diejenigen stillen Reserven zu besteuern sind, die sich in dem überführten Wirtschaftsgut zeitlich erst nach der Überführung gebildet haben (also Besteuerung auch der künftigen stillen Reserven). Eine Sicherstellung der Besteuerung der stillen Reserven liegt deshalb unter anderem dann nicht vor, wenn ein bisher einer inländischen Betriebsstätte des Steuerpflichtigen zugeordnetes Wirtschaftsgut einer ausländischen Betriebsstätte des Steuerpflichtigen zugeordnet wird (§ 6 Absatz 5 Satz 1 i. V. m. § 4 Absatz 1 Satz 4 EStG).

II. Übertragung von Wirtschaftsgütern nach § 6 Absatz 5 Satz 3 Nummer 1 bis 3 EStG

Bei der Übertragung von Wirtschaftsgütern nach § 6 Absatz 5 Satz 3 EStG gegen Gewährung oder Minderung von Gesellschaftsrechten handelt es sich als eine Spezialform des Tauschs um einen Veräußerungsvorgang (tauschähnlicher Vorgang), dessen Bewertung abweichend von den allgemeinen Grundsätzen zwingend zum Buchwert vorzunehmen ist (§ 6 Absatz 6 Satz 4 EStG). Die unentgeltliche Übertragung von Wirtschaftsgütern nach § 6 Absatz 5 Satz 3 EStG stellt hingegen eine Entnahme dar (vgl. Rdnr. 1).

1. Persönlicher Anwendungsbereich

Übertragender i. S. v. § 6 Absatz 5 Satz 3 Nummer 1 bis 3 EStG ist ein Mitunternehmer, der neben seiner Beteiligung an einer Mitunternehmerschaft mindestens einen weiteren Betrieb unterhält, oder dem Sonderbetriebsvermögen bei der selben Mitunternehmerschaft oder einer weiteren Mitunternehmerschaft zuzurechnen ist; bei einer doppelstöckigen Personengesellschaft kann Mitunternehmer der Tochterpersonengesellschaft auch die Mutterpersonengesellschaft (Mitunternehmerschaft) oder der Mitunternehmer der Mutterpersonengesellschaft sein. Bei Mitunternehmerschaften ohne Gesamthandsvermögen, z. B. atypisch stillen Gesellschaften und Ehegatten-Mitunternehmerschaften in der Land- und Forstwirtschaft, gelten § 6 Absatz 5 Satz 3 Nummer 1 bis 3 EStG entsprechend. Auch für eine Körperschaft i. S. d. KStG gelten über § 8 Absatz 1 KStG die Regelungen des § 6 Absatz 5 Satz 3 Nummer 1 bis 3 EStG. Bei Übertragungen unter Beteiligung einer Kapitalgesellschaft sind die Regelungen zur verdeckten Gewinnausschüttung und zur verdeckten Einlage zu beachten (BFH-Urteil vom 20. Juli 2005 – BStBl 2006 II S. 457).

2. Sachlicher Anwendungsbereich

10 Nach § 6 Absatz 5 Satz 3 Nummer 1 bis 3 EStG müssen einzelne Wirtschaftsgüter[1]) mit dem Buchwert angesetzt werden, wenn diese

- aus dem Betriebsvermögen des Mitunternehmers in das Gesamthandsvermögen einer Mitunternehmerschaft und umgekehrt gegen Gewährung oder Minderung von Gesellschaftsrechten oder unentgeltlich (Nummer 1),
- aus dem Sonderbetriebsvermögen eines Mitunternehmers in das Gesamthandsvermögen derselben Mitunternehmerschaft und umgekehrt gegen Gewährung oder Minderung von Gesellschaftsrechten oder unentgeltlich (Nummer 2),
- aus dem Sonderbetriebsvermögen eines Mitunternehmers in das Gesamthandsvermögen bei einer anderen Mitunternehmerschaft, an der er beteiligt ist, und umgekehrt gegen Gewährung oder Minderung von Gesellschaftsrechten oder unentgeltlich (Nummer 2),
- unentgeltlich aus einem Sonderbetriebsvermögen des Mitunternehmers in das Sonderbetriebsvermögen eines anderen Mitunternehmers bei derselben Mitunternehmerschaft, (Nummer 3),

übertragen werden und die Besteuerung der stillen Reserven sichergestellt ist. Dabei ist es unerheblich, ob es sich bei dem zu übertragenden Wirtschaftsgut um ein Wirtschaftsgut des Anlage- oder Umlaufvermögens handelt. § 6 Absatz 5 Satz 3 EStG gilt auch, wenn es sich bei dem zu übertragenden Wirtschaftsgut um eine wesentliche Betriebsgrundlage des abgebenden Betriebsvermögen handelt.

11 Für den Zeitpunkt der Übertragung ist aus steuerlicher Sicht immer die Zurechnung des wirtschaftlichen Eigentums (§ 39 Absatz 2 Nummer 1 Satz 1 AO) maßgeblich.

12 Die Rdnrn. 4, 5, 6 Satz 1 und 7 gelten bei der Übertragung von einzelnen Wirtschaftsgütern nach § 6 Absatz 5 Satz 3 Nummer 1 bis 3 EStG entsprechend (siehe auch Rdnr. 24). Vorrangig sind jedoch die Vorschriften des § 6 Absatz 3 EStG oder § 24 UmwStG anzuwenden, wenn die dortigen Voraussetzungen erfüllt sind. Dies ist insbesondere bei der gleichzeitigen Übernahme von Verbindlichkeiten der Fall.

13 § 6 Absatz 5 Satz 3 EStG regelt nicht die Übertragungen von Wirtschaftsgütern aus dem Privatvermögen in das Gesamthandsvermögen und umgekehrt (vgl. BMF-Schreiben vom 29. März 2000 – BStBl I S. 462)[2]). Für die Übertragung von Wirtschaftsgütern des Privatvermögens des Mitunternehmers in das Gesamthandsvermögen der Mitunternehmerschaft gelten die Grundsätze des BMF-Schreibens vom 11. Juli 2011 (BStBl I S. 713)[3]).

3. Unentgeltliche Übertragung oder Übertragung gegen Gewährung oder Minderung von Gesellschaftsrechten

14 § 6 Absatz 5 Satz 3 Nummer 1 und 2 EStG ist anzuwenden, soweit die Übertragung unentgeltlich oder gegen Gewährung oder Minderung von Gesellschaftsrechten erfolgt; § 6 Absatz 5 Satz 3 Nummer 3 EStG ist anzuwenden, soweit die Übertragung unentgeltlich erfolgt. Ob eine Übertragung unentgeltlich oder gegen Gewährung oder Minderung von Gesellschaftsrechten vorgenommen wird, richtet sich auch nach den Grundsätzen des BMF-Schreibens vom 11. Juli 2011 (BStBl I S. 713)[3]).

---

[1]) Die Rücklage nach § 6b ist kein Wirtschaftsgut (>BFH vom 22.11.2018 – BStBl II 2019 S. 313).
[2]) >Anhang 24 II 1
[3]) >Anhang 24 II 2

a) Unentgeltlichkeit

Die Übertragung eines Wirtschaftsguts erfolgt unentgeltlich, soweit keine Gegenleistung hierfür erbracht wird. Eine Gegenleistung kann sowohl durch die Hingabe von Aktiva als auch durch die Übernahme von Passiva (z. B. Verbindlichkeiten) erfolgen. In diesen Fällen ist die Übertragung des Wirtschaftsguts nicht vollumfänglich unentgeltlich. Die Übernahme von Verbindlichkeiten stellt wirtschaftlich gesehen ein (sonstiges) Entgelt dar. Ob eine teilentgeltliche Übertragung vorliegt, ist nach den Grundsätzen der sog. „Trennungstheorie" anhand der erbrachten Gegenleistung im Verhältnis zum Verkehrswert des übertragenen Wirtschaftsguts zu prüfen. Liegt die Gegenleistung unter dem Verkehrswert, handelt es sich um eine teilentgeltliche Übertragung, bei der der unentgeltliche Teil nach § 6 Absatz 5 Satz 3 EStG zum Buchwert zu übertragen ist. Hinsichtlich des entgeltlichen Teils der Übertragung liegt eine Veräußerung des Wirtschaftsguts vor und es kommt insoweit zur Aufdeckung der stillen Reserven des Wirtschaftsguts (vgl. BFH-Urteil vom 11. Dezember 2001 – BStBl 2002 II S. 420).

15[1])

Beispiel 2:
A und B sind zu jeweils 50 % an der AB-OHG beteiligt. In seinem Einzelunternehmen hat A einen PKW mit einem Buchwert von 1.000 €. Der Verkehrswert des PKW beträgt 10.000 €. Zudem hat A eine Verbindlichkeit bei der Bank des PKW-Herstellers i. H. v. 3.000 €. A überträgt den PKW nach § 6 Absatz 5 Satz 3 Nummer 1 EStG ohne Gewährung von Gesellschaftsrechten in das Gesamthandsvermögen der AB-OHG. Dabei übernimmt die AB-OHG auch das Darlehen.

Lösung:
Es handelt sich um eine teilentgeltliche Übertragung des PKW. Der entgeltliche Anteil liegt durch die Übernahme der Verbindlichkeit bei 30 % (3.000 € von 10.000 €), der unentgeltliche Anteil bei 70 %. Im Einzelunternehmen des A werden durch die teilentgeltliche Übertragung stille Reserven i. H. v. 2.700 € (3.000 € abzgl. 30 % des Buchwerts = 300 €) aufgedeckt. Die AB-OHG muss den PKW mit 3.700 € (3.000 € zzgl. 70 % des Buchwerts = 700 €) auf der Aktivseite und die Verbindlichkeit mit 3.000 € auf der Passivseite im Gesamthandsvermögen bilanzieren.

b) Gesellschaftsrechte

Für die Entscheidung, ob eine Übertragung nach § 6 Absatz 5 Satz 3 Nummer 1 und 2 EStG gegen Gewährung oder Minderung von Gesellschaftsrechten erfolgt, ist maßgeblich auf den Charakter des in diesem Zusammenhang angesprochenen Kapitalkontos des Gesellschafters abzustellen. Zur Abgrenzung zwischen Eigenkapital- und Darlehenskonten des Gesellschafters wird auf das BFH-Urteil vom 16. Oktober 2008 (BStBl 2009 II S. 272) sowie auf das BMF-Schreiben vom 30. Mai 1997 (BStBl I S. 627)[2]) verwiesen.

16

Abwandlung Beispiel 2:
Der Buchwert des PKW beträgt 1.000 € (Verkehrswert 10.000 €). Von der AB-OHG wurden keine Verbindlichkeiten übernommen. A überträgt den PKW in das Gesamthandsvermögen der AB-OHG gegen Gewährung von Gesellschaftsrechten i. H. von 1.000 € (Buchung auf dem Kapitalkonto I des A) und Buchung auf dem gesamthänderisch gebundenen Rücklagenkonto i. H. v. 9.000 €. Die OHG setzt den PKW mit 10.000 € in ihrem Gesamthandsvermögen an.

Lösung:
Die nur teilweise Buchung über ein Gesellschaftsrechte vermittelndes Kapitalkonto führt insgesamt zu einem entgeltlichen Vorgang. Die Übertragung des PKW muss gleichwohl zwingend mit dem Buchwert angesetzt werden, weil die Übertragung gegen Gewährung von Gesellschaftsrechten erfolgt ist (§ 6 Absatz 5 Satz 3 Nummer 1 EStG). Ist mit der Übertragung

---

[1]) Rn. 15 ist vorerst weiterhin uneingeschränkt anzuwenden (>BMF vom 12.09.2013 – BStBl I S. 1164).
[2]) >Anhang 29 II

eine Änderung der Gewinnverteilung und der Beteiligung am Liquidationserlös verbunden, haben sowohl A als auch B zum Zwecke der Erfolgsneutralität des Vorgangs eine negative Ergänzungsbilanz aufzustellen. In den übrigen Fällen sind nach § 6 Absatz 5 Satz 4 EStG die bis zur Übertragung entstandenen stillen Reserven in vollem Umfang dem Einbringenden A zuzuordnen.

4. Einzelfälle zu Übertragungen nach § 6 Absatz 5 Satz 3 Nummer 1 bis 3 EStG

a) Übertragung nach § 6 Absatz 5 Satz 3 Nummer 1 EStG

17 § 6 Absatz 5 Satz 3 Nummer 1 EStG regelt ausschließlich die Übertragung einzelner Wirtschaftsgüter zwischen dem Betriebsvermögen eines Mitunternehmers in das Gesamthandsvermögen einer Mitunternehmerschaft, an der der Übertragende beteiligt ist oder umgekehrt, sofern die Besteuerung der stillen Reserven sichergestellt ist. Für die Übertragung eines Wirtschaftsguts nach § 6 Absatz 5 Satz 3 Nummer 1 EStG aus dem Gesamthandsvermögen einer Mitunternehmerschaft in das Betriebsvermögen des Mitunternehmers und umgekehrt ist die Buchwertfortführung nicht auf den ideellen Anteil des Mitunternehmers am Wirtschaftsgut des Gesamthandsvermögens begrenzt; § 6 Absatz 5 Satz 5 EStG ist zu beachten (siehe auch Rdnr. 31).

Beispiel 3:
Vater V und Sohn S betreiben eine land- und forstwirtschaftliche GbR. Zum 30. Juni 10 scheidet V in der Form aus der GbR aus, dass er nur die wesentlichen Betriebsgrundlagen (Grund- und Boden, Hofstelle), die sich in seinem Sonderbetriebsvermögen befinden, behält. Das gesamte Gesamthandsvermögen erhält hingegen S, der das land- und forstwirtschaftliche Unternehmen als Einzelunternehmen fortführt. V verpachtet die wesentlichen Betriebsgrundlagen (Grund- und Boden, Hofstelle) an S und übt gleichzeitig das Verpächterwahlrecht (R 16 Absatz 5 EStR 2008)[1]) aus.

Lösung:
Es handelt sich nicht um einen Fall der steuerneutralen Realteilung i. S. v. § 16 Absatz 3 Satz 2 EStG, weil S das nämliche Unternehmen in unveränderter Weise fortführt und es somit begrifflich an der erforderlichen Betriebsaufgabe fehlt[2]). Es liegt auch kein Fall des § 6 Absatz 3 EStG vor, da V zwar seinen gesamten Anteil am Gesamthandsvermögen auf S übertragen, jedoch seinen Anteil am Sonderbetriebsvermögen zurückbehalten hat. Das zurückbehaltene Sonderbetriebsvermögen gehört infolge der Auflösung der Mitunternehmerschaft nicht mehr zum Betriebsvermögen derselben Mitunternehmerschaft. Bei der Übertragung der Wirtschaftsgüter des Gesamthandsvermögens von der land- und forstwirtschaftlichen GbR in das Betriebsvermögen des Einzelunternehmens hat S jedoch nach § 6 Absatz 5 Satz 3 Nummer 1 EStG zwingend die Buchwerte der Wirtschaftsgüter fortzuführen, wenn er im Rahmen der Übertragung keine Verbindlichkeiten übernommen hat.

b) Übertragung nach § 6 Absatz 5 Satz 3 Nummer 2 EStG

18 § 6 Absatz 5 Satz 3 Nummer 2 EStG regelt ausschließlich die Übertragung zwischen dem Sonderbetriebsvermögen eines Mitunternehmers in das Gesamthandsvermögen derselben oder einer anderen Mitunternehmerschaft, an der der Übertragende beteiligt ist oder umgekehrt, sofern die Besteuerung der stillen Reserven sichergestellt ist. Die unmittelbare Übertragung von einzelnen Wirtschaftsgütern zwischen den Gesamthandsvermögen von Schwesterpersonengesellschaften stellt hingegen keinen Anwendungsfall des § 6 Absatz 5 Satz 3 Nummer 2 EStG dar und ist somit nicht zu Buchwerten möglich (BFH-Urteil vom 25. November 2009 – BStBl 2010 II S. 471); dies gilt selbst dann, wenn es sich um beteiligungsidentische Schwesterpersonengesellschaften handelt. Die Buchwertfortführung kann in diesen Fällen auch nicht nach § 6 Absatz 5 Satz 1 EStG erfolgen, da es sich um einen Übertragungsvorgang mit Rechtsträgerwechsel handelt

---

[1]) jetzt § 16 Abs. 3b
[2]) überholt durch BMF vom 19.12.2018 (BStBl I 2019 S. 6), Anhang 24 III

und nicht um einen Überführungsvorgang (BMF-Schreiben vom 28. Februar 2006 – BStBl I S. 228, Tz. IV.1.)[1]).

Bei einer Kettenübertragung eines Wirtschaftsguts zwischen zwei Mitunternehmerschaften, bei der das zu übertragende Wirtschaftsgut in einem zeitlichen und sachlichen Zusammenhang zunächst vom Gesamthandsvermögen der Mitunternehmerschaft in das Sonderbetriebsvermögen derselben Mitunternehmerschaft und anschließend ins Gesamthandsvermögen der anderen (Schwester-)Mitunternehmerschaft übertragen wird, ist zu prüfen, ob der Buchwertfortführung die Gesamtplanrechtsprechung[2]) oder andere missbräuchliche Gestaltungen i. S. d. § 42 AO entgegen stehen.

Durch die Rückkehr zur gesellschafterbezogenen Betrachtungsweise bei Anwendung des § 6b EStG für Veräußerungen nach dem 31. Dezember 2001 können nach § 6b EStG begünstigte Wirtschaftsgüter von einer Mitunternehmerschaft verkauft und (gleichzeitig) der Gewinn bei der erwerbenden Mitunternehmerschaft über §§ 6b, 6c EStG im Rahmen der Anschaffung oder Herstellung der Wirtschaftsgüter übertragen werden, soweit die Anschaffungs- oder Herstellungskosten dieser Wirtschaftsgüter anteilig dem Mitunternehmer der anschaffenden Gesellschaft zuzurechnen sind und soweit der begünstigte Gewinn anteilig auf diesen Mitunternehmer entfällt (R 6b.2 Absatz 7 EStR 2008)[3]). Eine vollständige Gewinnübertragung nach §§ 6b, 6c EStG ist möglich, wenn dieselben Mitunternehmer an beiden Mitunternehmerschaften in demselben Beteiligungsverhältnis beteiligt sind.

c) Übertragung nach § 6 Absatz 5 Satz 3 Nummer 3 EStG

§ 6 Absatz 5 Satz 3 Nummer 3 EStG regelt ausschließlich die Übertragung zwischen den jeweiligen Sonderbetriebsvermögen verschiedener Mitunternehmer derselben Mitunternehmerschaft, sofern die Besteuerung der stillen Reserven sichergestellt ist.

Beispiel 4:
Vater V und Sohn S betreiben eine land- und forstwirtschaftliche GbR. Zum 30. Juni 10 scheidet V aus der GbR aus. Im Rahmen der Aufgabe der land- und forstwirtschaftlichen GbR erhält S zusätzlich zu den gesamten Wirtschaftsgütern des Gesamthandsvermögens auch die im Sonderbetriebsvermögen des V stehende Hofstelle. Den Grund und Boden überträgt V nicht auf S.

Lösung:
Die Übertragung der Hofstelle vom V auf S kann nicht zum Buchwert nach § 6 Absatz 5 Satz 3 Nummer 3 EStG erfolgen, da durch das Ausscheiden des V und die sich dadurch ergebende Anwachsung des Anteils auf S zu einem Einzelunternehmen die GbR beendet und somit eine Übertragung zwischen zwei Sonderbetriebsvermögen (des V und des S) begrifflich nicht mehr möglich ist. Die in der Hofstelle enthaltenen stillen Reserven sind daher aufzudecken. Soweit die Wirtschaftsgüter des Gesamthandsvermögens in das Einzelunternehmen des S übertragen werden, gelten die Ausführungen zu Beispiel 3.

Abwandlung Beispiel 4:
Vor seinem Ausscheiden überträgt V die Hofstelle aus seinem Sonderbetriebsvermögen in das Sonderbetriebsvermögen des S. Zum 30. Juni 10 scheidet V dann aus der GbR aus und S erhält die gesamten Wirtschaftsgüter des Gesamthandsvermögens. Den Grund und Boden überträgt V nicht auf S.

---

[1]) jetzt BMF vom 19.12.2018 (BStBl I 2019 S. 6), Rn. 12, Anhang 24 III
[2]) insoweit überholt, als zu prüfen ist, ob einer Buchwertfortführung nach § 6 Abs. 5 die Gesamtplanrechtsprechung entgegensteht >BMF vom 20.11.2019 (BStBl I S. 1291), Rn. 40 Satz 1, Anhang 9 VII
[3]) jetzt EStR 2012

Lösung:
Die Übertragung der Hofstelle vom V auf S erfolgt zum Buchwert nach § 6 Absatz 5 Satz 3 Nummer 3 EStG vom Sonderbetriebsvermögen des V in das Sonderbetriebsvermögen des S. Durch das Ausscheiden des V zum 30. Juni 10 wird die GbR beendet. Soweit die Wirtschaftsgüter des Gesamthandsvermögens in das Einzelunternehmen des S übertragen werden, gelten die Ausführungen zu Beispiel 3.

III. Einzelheiten zu § 6 Absatz 5 Satz 4 bis 6 EStG
1. Sperrfrist des § 6 Absatz 5 Satz 4 EStG und rückwirkender Ansatz des Teilwerts

22 Der zwingende Buchwertansatz bei der Übertragung von Wirtschaftsgütern nach § 6 Absatz 5 Satz 3 Nummer 1 bis 3 EStG ist beim Übernehmer zur Vermeidung von missbräuchlichen Gestaltungen mit einer sog. Sperrfrist verknüpft (§ 6 Absatz 5 Satz 4 EStG). Der Übernehmer darf innerhalb der Sperrfrist das übertragene Wirtschaftsgut weder aus dem Betriebsvermögen entnehmen noch veräußern; ansonsten wird rückwirkend auf das Ereignis der Übertragung der Teilwert für das Wirtschaftsgut angesetzt. Die Sperrfrist endet drei Jahre nach Abgabe der Steuererklärung des Übertragenden für den Veranlagungs-/Feststellungszeitraum der Übertragung. Wurde keine Steuer-/Feststellungserklärung abgegeben, endet die Sperrfrist mit Ablauf des sechsten Jahres, das auf den Veranlagungs-/Feststellungszeitraum der Übertragung folgt.

23 Keine Verletzung der Sperrfrist (§ 6 Absatz 5 Satz 4 EStG) liegt vor, wenn die einer Buchwertübertragung nach § 6 Absatz 5 Satz 3 EStG nachfolgende Übertragung ebenfalls wieder unter § 6 Absatz 5 Satz 3 EStG fällt und damit auch zwingend zum Buchwert vorzunehmen ist, wenn bei einer Realteilung für die übertragenen Wirtschaftsgüter eine neue Sperrfrist ausgelöst wird oder wenn das Wirtschaftsgut aufgrund höherer Gewalt (Zerstörung, Untergang, etc.) aus dem Betriebsvermögen ausgeschieden ist. Die Sperrfrist wird durch jede nachfolgende Übertragung nach § 6 Absatz 5 Satz 3 EStG neu ausgelöst und tritt somit an die Stelle der bisherigen Sperrfrist. Bei einer nachfolgenden Überführung nach § 6 Absatz 5 Satz 1 und 2 EStG liegt ebenfalls keine Verletzung der Sperrfrist vor; allerdings läuft hier die ursprüngliche Sperrfrist weiter, da eine Überführung keine neue Sperrfrist auslösen kann. Im Fall einer Veräußerung oder Entnahme innerhalb der Sperrfrist ist der Teilwert rückwirkend auf den Zeitpunkt der letzten Übertragung anzusetzen. Eine „fiktive" Entnahme i. S. v. § 4 Absatz 1 Satz 3 EStG oder eine „fiktive" Veräußerung i. S. v. § 12 Absatz 1 KStG innerhalb der Sperrfrist führt ebenfalls zum rückwirkenden Ansatz des Teilwerts auf den Übertragungsstichtag i. S. v. § 6 Absatz 5 Satz 4 EStG.

24 Bei der Übertragung selbst geschaffener nicht bilanzierungsfähiger immaterieller Wirtschaftsgüter des Anlagevermögens (§ 5 Absatz 2 EStG) und von im Sammelposten erfassten Wirtschaftsgütern (§ 6 Absatz 2a EStG) muss die Besteuerung der stillen Reserven sichergestellt sein.

Beispiel 5:
A und B sind Mitunternehmer der AB-OHG. In 01 schafft sich A für seine Tätigkeit bei der AB-OHG einen Schreibtisch (AK 900 €) und einen Stuhl (AK 400 €) an. Diese Wirtschaftsgüter erfasst er in seinem Sammelposten 01 in seinem Sonderbetriebsvermögen bei der AB-OHG. In 03 benötigt B diese Wirtschaftsgüter für seine Tätigkeit bei der AB-OHG. Die Übertragung von A auf den B erfolgt unentgeltlich.

Lösung:
Die Übertragung des Schreibtisches und des Stuhls vom Sonderbetriebsvermögen des A in das Sonderbetriebsvermögen des B bei der AB-KG führt nicht zur Aufdeckung der stillen Reserven (§ 6 Absatz 5 Satz 3 Nummer 3 EStG), da diese unentgeltlich erfolgt. Die Wirtschaftsgüter sind nun dem Sonderbetriebsvermögen des B zuzurechnen und entsprechende stille Reserven sind dort steuerverstrickt. Gleichwohl werden die Wirtschaftsgüter nicht aus

dem Sammelposten 01 im Sonderbetriebsvermögen des A ausgebucht. Dieser wird regulär über 5 Jahre aufgelöst.

Entsprechendes gilt, wenn der Steuerpflichtige von der Regelung des R 14 Absatz 2 EStR 2008[1]) für das übertragene Feldinventar, die stehende Ernte und die nicht zum Verkauf bestimmten Vorräte Gebrauch gemacht hat.

Der mit der Sperrfrist verbundene rückwirkende Ansatz des Teilwerts für das veräußerte Wirtschaftsgut wird ausschließlich einheitlich angewendet, d. h. bei einer vorherigen Übertragung auf eine Gesamthand wird der rückwirkende Ansatz des Teilwerts in voller Höhe vorgenommen und nicht nur für den Anteil des Wirtschaftsguts, der auf neue Mitunternehmer der Gesamthand übergegangen ist. 25

Beispiel 6:
A und B sind zu jeweils 50 % an der landwirtschaftlichen AB-GbR beteiligt. Neben der AB-GbR betreibt A noch ein landwirtschaftliches Einzelunternehmen. A überträgt aus seinem Einzelunternehmen eine Maschine in das Gesamthandsvermögen der AB-GbR. Die Maschine wird nach einem halben Jahr von der AB-GbR an einen fremden Dritten veräußert.

Lösung:
Die Übertragung der Maschine aus dem Einzelunternehmen des A in das Gesamthandsvermögen der AB-GbR erfolgt zunächst nach § 6 Absatz 5 Satz 3 Nummer 1 EStG zum Buchwert. Bei einer Veräußerung innerhalb der dreijährigen Sperrfrist (§ 6 Absatz 5 Satz 4 EStG) muss rückwirkend auf den Tag der Übertragung der Teilwert der Maschine angesetzt werden. Der Entnahmegewinn fällt beim Einzelunternehmen des A an. Der Teilwert ist in voller Höhe rückwirkend anzusetzen und nicht lediglich für den hälftigen Anteil an der Maschine, der durch die Übertragung auch dem B zuzurechnen ist.

Ein rückwirkender Ansatz des Teilwerts erfolgt nicht, wenn die bis zur Übertragung entstandenen stillen Reserven durch Erstellung einer Ergänzungsbilanz dem übertragenden Mitunternehmer zugeordnet werden. Hierdurch ist sichergestellt, dass die bis zur Übertragung entstandenen stillen Reserven in der Person des übertragenden Mitunternehmers – wie in Beispiel 6 – versteuert werden. 26

Trotz Erstellung einer Ergänzungsbilanz ist nach R 6.15 EStR 2008[2]) ein sofortiger (rückwirkender) Ansatz des Teilwerts im Übertragungszeitpunkt vorzunehmen, wenn durch die Übertragung keine Änderung des Anteils des übertragenden Gesellschafters an dem übertragenen Wirtschaftsgut eingetreten ist, aber das Wirtschaftsgut einem anderen Rechtsträger zuzuordnen ist. Dies ist z. B. der Fall, wenn ein Wirtschaftsgut aus einem Betriebsvermögen in das Gesamthandsvermögen einer Mitunternehmerschaft übertragen wird, an deren Vermögen der Übertragende zu 100 % beteiligt ist[3]).

Beispiel 7:
An einer KG ist A zu 100 % und eine GmbH zu 0 % beteiligt. A überträgt aus seinem Einzelunternehmen ein unbebautes Grundstück (Buchwert 100.000 €, Teilwert 500.000 €) in das Gesamthandsvermögen der KG gegen Gewährung von Gesellschaftsrechten. Die KG setzt das unbebaute Grundstück mit dem Teilwert in ihrer Gesamthandsbilanz an; zum Zwecke der Erfolgsneutralität des Vorgangs wird für A eine negative Ergänzungsbilanz mit einem Minderwert des unbebauten Grundstücks von 400.000 € ausgewiesen. Das unbebaute Grundstück wird nach einem Jahr von der KG an einen fremden Dritten veräußert.

Lösung:
Auf den Tag der Übertragung ist der Teilwert des Grundstücks anzusetzen. A versteuert somit – wie auch durch die Erstellung der Ergänzungsbilanz sichergestellt – die bis zur Übertragung entstandenen stillen Reserven (400.000 €). Die Versteuerung erfolgt jedoch nicht

---
[1]) jetzt R 14 Abs. 2 und 3 EStR 2012
[2]) jetzt EStR 2012
[3]) überholt durch BFH vom 31.07.2013 (BStBl II 2015 S. 450) und BFH vom 26.06.2014 (BStBl II 2015 S. 463), >H 6.15 (Einmann-GmbH & Co. KG)

erst im Veräußerungs-, sondern schon im Übertragungszeitpunkt. Sofern A § 6b EStG anwenden will, ist somit für die Sechs-Jahres-Frist i. S. d. § 6b Absatz 4 Satz 1 Nummer 2 EStG auf den Übertragungszeitpunkt abzustellen.

27 Ob die dreijährige Sperrfrist eingehalten worden ist, kann regelmäßig nur das Finanzamt des Übernehmers erkennen. Stellt dieses fest, dass das übertragene Wirtschaftsgut innerhalb der Sperrfrist vom Übernehmer entnommen oder veräußert wurde, muss es dieses Ereignis dem Finanzamt des Übertragenden mitteilen. Dieses Finanzamt muss dann prüfen, ob rückwirkend der Teilwert anzusetzen und deshalb die Steuerfestsetzung nach § 175 Absatz 1 Satz 1 Nummer 2 i. V. m. Absatz 2 Satz 1 AO zu ändern ist. Die entsprechenden Änderungen beim Übernehmer hat das für die Besteuerung zuständige Finanzamt ebenfalls nach § 175 Absatz 1 Satz 1 Nummer 2 AO vorzunehmen, z. B. eine höhere Abschreibungsbemessungsgrundlage für das übertragene Wirtschaftsgut.

Beispiel 8:
Im April 06 übertragen die Mitunternehmer A und B jeweils ein Wirtschaftsgut (keine wesentliche Betriebsgrundlage), das sie bis dahin in ihrem jeweiligen Einzelunternehmen genutzt haben, in das Gesamthandsvermögen der AB-OHG. A gibt seine Einkommensteuererklärung für 06 im Mai 07 und B seine Einkommensteuererklärung 06 im Dezember 07 ab. Im September 10 veräußert die AB-OHG, die auf sie im April 06 übertragenen Wirtschaftsgüter.

Lösung:
Für das von A übertragene Wirtschaftsgut ist bei der Veräußerung durch die AB-OHG die Sperrfrist bereits abgelaufen; es verbleibt beim Buchwertansatz zum Übertragungsstichtag. Für das von B übertragene Wirtschaftsgut ist dagegen rückwirkend der Teilwert anzusetzen.

2. Begründung oder Erhöhung eines Anteils einer Körperschaft, Personenvereinigung oder Vermögensmasse an einem Wirtschaftsgut i. S. d. § 6 Absatz 5 Satz 5 EStG

28 Bei einer Übertragung eines Wirtschaftsguts nach § 6 Absatz 5 Satz 3 Nummer 1 oder 2 EStG aus dem (Sonder-)Betriebsvermögen des Mitunternehmers in das Gesamthandsvermögen einer Mitunternehmerschaft, an der vermögensmäßig auch eine Körperschaft, Personenvereinigung oder Vermögensmasse beteiligt ist, ist der Teilwert anzusetzen, soweit der vermögensmäßige Anteil einer Körperschaft, Personenvereinigung oder Vermögensmasse an dem Wirtschaftsgut unmittelbar oder mittelbar begründet wird oder sich erhöht (§ 6 Absatz 5 Satz 5 EStG). Auch die Erstellung einer Ergänzungsbilanz ändert an den Rechtsfolgen des § 6 Absatz 5 Satz 5 EStG nichts.

Beispiel 9:
A und die B-GmbH sind zu jeweils 50 % vermögensmäßig an der AB-OHG beteiligt. In seinem Einzelunternehmen hat A einen PKW mit einem Buchwert von 1.000 €. Der Teilwert des PKW beträgt 10.000 €. A überträgt den PKW unentgeltlich in das Gesamthandsvermögen der AB-OHG. A ist nicht Gesellschafter der B-GmbH und auch keine nahe stehende Person.

Lösung:
Grundsätzlich ist bei einer Übertragung von Wirtschaftsgütern nach § 6 Absatz 5 Satz 3 Nummer 1 EStG aus einem Betriebsvermögen eines Mitunternehmers in das Gesamthandsvermögen einer Mitunternehmerschaft die Buchwertverknüpfung vorgeschrieben. Durch die Beteiligung der B-GmbH an der AB-OHG gehen 50 % der stillen Reserven des PKW auf die B-GmbH über. Aus diesem Grund muss nach § 6 Absatz 5 Satz 5 EStG der hälftige Teilwert i. H. v. 5.000 € angesetzt werden, da ein Anteil der B-GmbH am übertragenen PKW von 50 % begründet wird. Die AB-OHG muss den PKW mit 5.500 € (5.000 € zzgl. 50 % des Buchwerts i. H. v. 500 €) im Gesamthandsvermögen bilanzieren. Im Einzelunternehmen des A entsteht ein anteiliger Gewinn aus der Übertragung des PKW i. H. v. 4.500 € (5.000 € abzgl. 50 % des Buchwerts = 500 €).

Ist eine Körperschaft, Personenvereinigung oder Vermögensmasse zu 100 % vermögensmäßig am Gesamthandsvermögen einer Mitunternehmerschaft beteiligt, ist die Übertragung eines Wirtschaftsguts aus dem (Sonder-)Betriebsvermögen dieser Körperschaft, Personenvereinigung oder Vermögensmasse in das Gesamthandsvermögen der Mitunternehmerschaft oder umgekehrt zwingend nach § 6 Absatz 5 Satz 3 Nummer 1 oder 2 EStG zum Buchwert vorzunehmen, da ihr vermögensmäßiger Anteil an dem Wirtschaftsgut weder begründet wird noch sich erhöht. Gleiches gilt, wenn eine Körperschaft, Personenvereinigung oder Vermögensmasse nicht am Vermögen der Mitunternehmerschaft beteiligt ist, auf die das Wirtschaftsgut übertragen wird. In beiden Fällen findet § 6 Absatz 5 Satz 5 EStG keine Anwendung.

Beispiel 10:
A ist als Kommanditist vermögensmäßig alleine an der B-GmbH & Co. KG beteiligt. Die B-GmbH ist als Komplementärin vermögensmäßig nicht an der B-GmbH & Co. KG beteiligt. In seinem Einzelunternehmen hat A einen PKW mit einem Buchwert von 1.000 €. Der Teilwert des PKW beträgt 10.000 €. A überträgt den PKW unentgeltlich in das Gesamthandsvermögen der KG.

Lösung:
Grundsätzlich ist bei einer Übertragung von Wirtschaftsgütern nach § 6 Absatz 5 Satz 3 Nummer 1 EStG aus einem Betriebsvermögen eines Mitunternehmers in das Gesamthandsvermögen einer Mitunternehmerschaft die Buchwertverknüpfung vorgeschrieben. Da die B-GmbH an der B-GmbH & Co. KG vermögensmäßig nicht beteiligt ist, gehen hier – anders als in Beispiel 9 – auch keine stillen Reserven des PKW auf die B-GmbH über, denn wirtschaftlich gesehen ist der PKW sowohl vor als auch nach der Übertragung allein dem A zuzurechnen. Aus diesem Grund müssen bei der Übertragung des PKW keine stillen Reserven nach § 6 Absatz 5 Satz 5 EStG aufgedeckt werden.

§ 6 Absatz 5 Satz 5 EStG findet auch dann keine Anwendung, wenn sowohl eine natürliche Person als auch eine Körperschaft, Personenvereinigung oder Vermögensmasse vermögensmäßig am Gesamthandsvermögen einer Mitunternehmerschaft beteiligt sind und sich durch die Übertragung der ideelle Anteil der Körperschaft, Personenvereinigung oder Vermögensmasse am Wirtschaftsgut verringert.

Beispiel 11:
A und die B-GmbH sind im Verhältnis 2:1 an der AB-OHG beteiligt. Zum Gesamthandsvermögen der OHG gehört ein PKW (Buchwert 1.000 €, Teilwert 10.000 €). Gegen Minderung von Gesellschaftsrechten überträgt die OHG den PKW in das Einzelunternehmen des A.

Lösung:
Bei der Übertragung des PKW aus dem Gesamthandsvermögen der OHG in das Betriebsvermögen des A ist nach § 6 Absatz 5 Satz 3 Nummer 1 EStG die Buchwertverknüpfung vorgeschrieben, sofern die Besteuerung der stillen Reserven bei A sichergestellt ist. § 6 Absatz 5 Satz 5 EStG ist nicht einschlägig, da der Anteil der B-GmbH am PKW nicht begründet oder erhöht wird, sondern sich verringert.

Ist eine Körperschaft, Personenvereinigung oder Vermögensmasse zu weniger als 100 % vermögensmäßig am Gesamthandsvermögen einer Mitunternehmerschaft beteiligt, ist die Übertragung eines Wirtschaftsguts aus dem (Sonder-)Betriebsvermögen eines anderen beteiligten Körperschaft, Personenvereinigung oder Vermögensmasse in das Gesamthandsvermögen der Mitunternehmerschaft zwingend nach § 6 Absatz 5 Satz 3 Nummer 1 oder 2 EStG zum Buchwert vorzunehmen, allerdings beschränkt auf den der übertragenden Kapitalgesellschaft, Personenvereinigung oder Vermögensmasse nach der Übertragung mittelbar zuzurechnenden Anteil am Wirtschaftsgut. Die Übertragung eines Wirtschaftsguts aus dem Sonderbetriebsvermögen einer Körperschaft, Personenvereinigung oder Vermögensmasse in das Sonderbetriebsvermögen einer anderen Körperschaft, Personenvereinigung oder Vermögensmasse bei derselben

Mitunternehmerschaft nach § 6 Absatz 5 Satz 3 Nummer 3 EStG erfolgt unter Beachtung des § 6 Absatz 5 Satz 5 EStG stets zum Teilwert.

Beispiel 12:
Die A-GmbH ist Komplementärin und die B-GmbH ist Kommanditistin der X-GmbH & Co. KG. Die A-GmbH ist am Vermögen der KG zu 90 % und die B-GmbH zu 10 % beteiligt. Nun überträgt die A-GmbH einen PKW aus ihrem Betriebsvermögen in das Gesamthandsvermögen der KG.

Lösung:
Der PKW kann nur i. H. v. 90 % zum Buchwert nach § 6 Absatz 5 Satz 3 Nummer 1 EStG in das Gesamthandsvermögen der KG übertragen werden, da der übertragenden A-GmbH der PKW nur insoweit weiterhin mittelbar zugerechnet wird. Hinsichtlich des 10 %igen Anteils am PKW, der auf die B-GmbH entfällt, sind die stillen Reserven aufzudecken, da insoweit ein 10 %iger Anteil an dem PKW für die B-GmbH neu begründet wird (§ 6 Absatz 5 Satz 5 EStG).

Abwandlung Beispiel 12:
Die A-GmbH ist Komplementärin und B (natürliche Person) ist Kommanditist der X-GmbH & Co. KG. Die A-GmbH ist am Vermögen der KG zu 90 % und B zu 10 % beteiligt.

Lösung:
Der PKW kann insgesamt zum Buchwert nach § 6 Absatz 5 Satz 3 Nummer 1 EStG in das Gesamthandsvermögen der KG übertragen werden. Der übertragenden A-GmbH wird der PKW weiterhin zu 90 % zugerechnet. Somit wird der vermögensmäßige Anteil der A-GmbH an dem Wirtschaftsgut nicht unmittelbar oder mittelbar begründet oder erhöht. Hinsichtlich des 10 %igen Anteils am PKW, der auf B entfällt, sind ebenfalls nicht die stillen Reserven aufzudecken, da insoweit ein (mittelbarer) Anteil einer natürlichen Person begründet wird.

32 Ist der Gesellschafter der Körperschaft gleichzeitig Mitunternehmer der Mitunternehmerschaft und wird ein Wirtschaftsgut von der Körperschaft in das Gesamthandsvermögen der Mitunternehmerschaft übertragen, können die Regelungen zur verdeckten Gewinnausschüttung Anwendung finden.

3. Sperrfrist bei Umwandlungsvorgängen (§ 6 Absatz 5 Satz 4 und 6 EStG)

33 Eine Veräußerung innerhalb der Sperrfrist ist z. B. auch eine Umwandlung oder eine Einbringung i. S. d. UmwStG unabhängig davon, ob die Buchwerte, gemeinen Werte oder Zwischenwerte angesetzt werden, wenn zu dem eingebrachten Betriebsvermögen ein Wirtschaftsgut gehört, für das noch die Sperrfrist nach § 6 Absatz 5 Satz 4 EStG läuft.

34 Die zwingende Buchwertverknüpfung bei der Übertragung von Wirtschaftsgütern wird innerhalb einer Sperrfrist von sieben Jahren nach § 6 Absatz 5 Satz 6 EStG rückwirkend versagt, wenn innerhalb dieser Frist ein Anteil einer Körperschaft, Personenvereinigung oder Vermögensmasse an dem übertragenen Wirtschaftsgut unmittelbar oder mittelbar begründet wird oder sich erhöht. Diese Regelung gilt insbesondere in Umwandlungsfällen (z. B. in den Fällen der §§ 20, 25 UmwStG) oder auch – vorbehaltlich der Rdnr. 29 – bei Anwachsung des Vermögens auf eine Körperschaft, Personenvereinigung oder Vermögensmasse.

35 Für die Überwachung der siebenjährigen Sperrfrist gelten die Ausführungen zu Rdnr. 27 entsprechend.

IV. Verhältnis von § 6 Absatz 5 EStG zu anderen Vorschriften

Die Buchwertverknüpfung des § 6 Absatz 5 EStG steht bei Überführungen oder Übertragungen von Wirtschaftsgütern in Konkurrenz zu anderen steuerrechtlichen Vorschriften:

1. Fortführung des Unternehmens (§ 6 Absatz 3 EStG)

Scheidet ein Mitunternehmer aus der Mitunternehmerschaft aus und überträgt er zu Lebzeiten oder durch Tod seinen gesamten Mitunternehmeranteil auf eine oder mehrere natürliche Personen unentgeltlich, so sind nach § 6 Absatz 3 EStG die Buchwerte fortzuführen (vgl. im Weiteren BMF-Schreiben vom 3. März 2005 – BStBl I S. 458 – unter Berücksichtigung der Änderungen durch das BMF-Schreiben vom 7. Dezember 2006 – BStBl I S. 766)[1]). Der Rechtsnachfolger tritt in die steuerliche Rechtsstellung des Rechtsvorgängers ein (Gesamtrechtsnachfolge), dies gilt insbesondere für die Sperrfristen des § 6 Absatz 5 Satz 4 EStG.

36

2. Realteilung

Eine Realteilung einer Mitunternehmerschaft nach § 16 Absatz 3 Satz 2 EStG liegt vor, wenn die bisherige Mitunternehmerschaft beendet wird und zumindest ein Mitunternehmer den ihm zugeteilten Teilbetrieb, Mitunternehmeranteil oder die ihm zugeteilten Einzelwirtschaftsgüter als Betriebsvermögen fortführt. Insoweit sind die Buchwerte fortzuführen (vgl. auch BMF-Schreiben vom 28. Februar 2006 – BStBl I S. 228)[2]). Scheidet ein Mitunternehmer aus einer bestehenden Mitunternehmerschaft aus und wird diese von den verbleibenden Mitunternehmern unverändert fortgeführt, liegt kein Fall der Realteilung vor (BFH-Urteil vom 10. März 1998 – BStBl 1999 II S. 269)[3]). Die Realteilung, bei der unschädlich zusammen mit Einzelwirtschaftsgütern auch Verbindlichkeiten übertragen werden können, hat Vorrang vor der Regelung des § 6 Absatz 5 EStG.

37

3. Veräußerung

Bei einer teilentgeltlichen oder vollentgeltlichen Veräußerung des Wirtschaftsguts kommt es zur anteiligen oder zur vollumfänglichen Aufdeckung der stillen Reserven des Wirtschaftsguts, insoweit findet § 6 Absatz 5 EStG keine Anwendung (sog. „Trennungstheorie" – vgl. Rdnr. 15).

38

4. Tausch

Der Anwendungsbereich des § 6 Absatz 5 Satz 3 EStG geht den allgemeinen Regelungen zur Gewinnrealisierung bei Tauschvorgängen nach § 6 Absatz 6 EStG vor.

39

V. Zeitliche Anwendung

Dieses Schreiben ist in allen noch offenen Fällen anzuwenden.

40

---

[1]) jetzt BMF vom 20.11.2019 (BStBl I S. 1291), Anhang 9 VII
[2]) jetzt BMF vom 19.12.2018 (BStBl I 2019 S. 6), Anhang 24 III
[3]) überholt durch BMF vom 19.12.2018 (BStBl I 2019 S. 6), Rn. 2, Anhang 24 III

Anhang 9

**Passivierung von Verbindlichkeiten bei Vereinbarung eines einfachen oder qualifizierten Rangrücktritts;
Auswirkungen des § 5 Abs. 2a EStG**

BMF vom 08.09.2006 (BStBl I S. 497)
IV B 2 – S 2133 – 10/06

Unter Bezugnahme auf das Ergebnis der Erörterung mit den obersten Finanzbehörden der Länder nehme ich zur Anwendung des § 5 Abs. 2a EStG in der Fassung des Steuerbereinigungsgesetzes 1999 vom 22.12.1999, BGBl. I 1999, S. 2601, auf Fälle, in denen zwischen Schuldner und Gläubiger eine Rangrücktrittsvereinbarung abgeschlossen wurde, wie folgt Stellung:

I. Begriff der Rangrücktrittsvereinbarung

1. Einfacher Rangrücktritt

1   Bei einem einfachen Rangrücktritt vereinbaren Schuldner und Gläubiger, dass eine Rückzahlung der Verbindlichkeit nur dann zu erfolgen habe, wenn der Schuldner dazu aus zukünftigen Gewinnen, aus einem Liquidationsüberschuss oder aus anderem – freien – Vermögen künftig in der Lage ist und der Gläubiger mit seiner Forderung im Rang hinter alle anderen Gläubiger zurücktritt.
Bei dieser Vereinbarung handelt es sich um einen Rangrücktritt, der mit einer Besserungsabrede verbunden wird.

2. Qualifizierter Rangrücktritt

2   Bei einem qualifizierten Rangrücktritt erklärt der Gläubiger sinngemäß, er wolle wegen der Forderung erst nach Befriedigung sämtlicher anderer Gläubiger der Gesellschaft und – bis zur Abwendung der Krise – auch nicht vor, sondern nur zugleich mit den Einlagenrückgewähransprüchen der Gesellschafter berücksichtigt, also so behandelt werden, als handele es sich bei seiner Forderung um statutarisches Kapital (vgl. Urteil des BGH vom 8. Januar 2001, BGHZ 146, 264-280). Ziel der Vereinbarung eines qualifizierten Rangrücktritts ist, die Verbindlichkeit in der insolvenzrechtlichen Überschuldungsbilanz der Gesellschaft nicht auszuweisen.

II. Ertragsteuerliche Behandlung

1. Grundsätzliche Passivierungspflicht

3   Eine Verbindlichkeit ist zu passivieren, wenn sie rechtlich entstanden und wirtschaftlich verursacht ist. Dagegen widerspricht es den Grundsätzen ordnungsmäßiger Buchführung, wenn ein Kaufmann Verbindlichkeiten in seiner Bilanz ausweist, obwohl mit einer Inanspruchnahme durch den Gläubiger mit an Sicherheit grenzender Wahrscheinlichkeit nicht mehr zu rechnen ist und die – rechtlich bestehende – Verpflichtung keine wirtschaftliche Belastung mehr darstellt (BFH vom 22. November 1988, BStBl 1989 II S. 359). Allein die Tatsache, dass der Schuldner die Verbindlichkeit mangels ausreichenden Vermögens nicht oder nur teilweise tilgen kann, begründet noch keine Annahme einer fehlenden wirtschaftlichen Belastung (BFH vom 9. Februar 1993, BStBl II S. 747)[1].

---

[1] Dies gilt auch dann, wenn der Schuldner aufgrund einer fehlenden operativen Geschäftstätigkeit aus der Sicht des Bilanzstichtages nicht in der Lage ist, freies Vermögen zu schaffen, und eine tatsächliche Belastung des Schuldnervermögens voraussichtlich nicht eintreten wird (>BFH vom 19.08.2020 – BStBl II 2021 S. 279).

2. Wirkung der Rangrücktrittsvereinbarung

Die Vereinbarung eines einfachen oder eines qualifizierten Rangrücktritts hat keinen Einfluss auf die Bilanzierung der Verbindlichkeit. Im Gegensatz zu einem Forderungsverzicht mindert sich oder erlischt die Verbindlichkeit nicht. Diese wird weiterhin geschuldet und stellt für den Steuerpflichtigen eine wirtschaftliche Belastung dar; lediglich die Rangfolge der Tilgung ändert sich. Die Verbindlichkeit ist weiterhin als Fremdkapital in der (Steuer-)Bilanz der Gesellschaft auszuweisen.

3. Anwendung des § 5 Abs. 2a EStG auf Rangrücktrittsvereinbarungen

Gemäß § 5 Abs. 2a EStG darf weder eine Verbindlichkeit angesetzt noch eine Rückstellung gebildet werden, wenn die Verpflichtung nur zu erfüllen ist, soweit künftig Einnahmen oder Gewinne anfallen. Eine solche Verbindlichkeit oder Rückstellung darf erst angesetzt werden, wenn die Einnahmen oder Gewinne angefallen sind.

Voraussetzung für die Anwendung des § 5 Abs. 2a EStG ist, dass zwischen dem Ansatz der Verbindlichkeit und Gewinnen und Einnahmen eine Abhängigkeit im Zahlungsjahr besteht. Haben Schuldner und Gläubiger eine Vereinbarung im Sinne der Rdnr. 1 (= einfacher Rangrücktritt) geschlossen, besteht die erforderliche Abhängigkeit zwischen Verbindlichkeit und Einnahmen oder Gewinnen nicht, so dass der Tatbestand des § 5 Abs. 2a EStG nicht erfüllt ist; die Verbindlichkeit ist zu passivieren. Fehlt dagegen eine Bezugnahme auf die Möglichkeit einer Tilgung auch aus sonstigem freien Vermögen, ist der Ansatz von Verbindlichkeiten oder Rückstellungen bei derartigen Vereinbarungen ausgeschlossen[1]).

Bei einer Vereinbarung im Sinne der Rdnr. 2 (qualifizierter Rangrücktritt) liegen die Voraussetzungen des § 5 Abs. 2a EStG nicht vor, weil eine Abhängigkeit zwischen Verbindlichkeit und Einnahmen oder Gewinnen nicht besteht, sondern die Begleichung der Verbindlichkeit zeitlich aufschiebend bedingt – bis zur Abwendung der Krise – verweigert werden kann.

Die Aussagen des BFH im Urteil vom 10. November 2005 (BStBl 2006 II S. 618) stehen dem nicht entgegen. Die Vereinbarung eines Rangrücktritts (ohne Besserungsabrede) erfüllt nicht die Tatbestandsvoraussetzungen des § 5 Abs. 2a EStG. Daher kann es in einem solchen Fall nicht auf eine ausdrückliche Bezugnahme auf die Möglichkeit der Tilgung auch aus einem Liquidationsüberschuss oder aus sonstigem freien Vermögen ankommen.

III. Zeitliche Anwendung

Dieses Schreiben ist in allen offenen Fällen anzuwenden. Es ersetzt das BMF-Schreiben vom 18. August 2004 (BStBl I S. 850).

---

[1]) bestätigt durch BFH vom 15.04.2015 (BStBl II S. 769) und vom 10.08.2016 (BStBl II 2017 S. 670)

Anhang 9

Bilanzsteuerliche Behandlung von Pensionszusagen einer Personengesellschaft an einen Gesellschafter und dessen Hinterbliebene

BMF vom 29.01.2008 (BStBl I S. 317)
IV B 2 – S 2176/07/0001 – 2008/0027617

1   Nach dem der bisherigen Verwaltungsauffassung zugrunde liegenden BFH-Urteil vom 8. Januar 1975 (BStBl II S. 437) ist eine Pensionszusage, die eine Personengesellschaft ihrem Gesellschafter-Geschäftsführer erteilt, als Gewinnverteilungsabrede zwischen den Gesellschaftern anzusehen, die den Gewinn der Gesellschaft nicht beeinflussen darf und dementsprechend auch nicht zur Rückstellungsbildung für die künftigen Pensionsleistungen berechtigt. Demgegenüber hat der BFH im Urteil vom 2. Dezember 1997 – VIII R 15/96 – (BStBl 2008 II S. 174) entschieden, eine derartige Pensionszusage führe bei der Gesellschaft zu einer zu passivierenden Verpflichtung, der auf der Gesellschafterebene eine korrespondierende Forderung gegenüberstehe. Das Urteil lässt offen, ob diese Forderung in einer Sonderbilanz nur bei dem durch die Zusage begünstigten Gesellschafter oder anteilig bei allen Gesellschaftern erfasst werden muss.

Inzwischen hat der BFH mit Urteilen vom 14. Februar 2006 – VIII R 40/03 – (BStBl 2008 II S. 182) und vom 30. März 2006 – IV R 25/04 – (BStBl 2008 II S. 171) entschieden, dass der zur Pensionsrückstellung korrespondierende Aktivposten ausschließlich in der Sonderbilanz des begünstigten Gesellschafters zu aktivieren ist. In seinem Urteil vom 30. März 2006 – IV R 25/04 – (BStBl 2008 II S. 171) hat der BFH außerdem festgelegt, dass diese Rechtsprechung auch auf bereits vorher bestehende Pensionszusagen anzuwenden ist. Dies bedeutet, dass in solchen Fällen im ersten Jahr, dessen Veranlagung verfahrensrechtlich noch geändert werden kann, in der Sonderbilanz des begünstigten Gesellschafters die bisher nicht aktivierte Zuführung zur Pensionsrückstellung gewinnerhöhend nachzuholen ist.

2   Unter Berücksichtigung der Grundsätze dieser BFH-Urteile gilt zur künftigen bilanzsteuerrechtlichen Behandlung von Pensionszusagen einer Personengesellschaft an einen Gesellschafter und dessen Hinterbliebene im Einvernehmen mit den obersten Finanzbehörden der Länder Folgendes:

I. Pensionszusagen an einen Gesellschafter unmittelbar durch die Gesellschaft

1. Gesellschaftsebene

3   Die Gesellschaft hat für die sich aus der Pensionszusage ergebende Verpflichtung in der Gesellschaftsbilanz nach Maßgabe des § 6a EStG eine Pensionsrückstellung zu bilden; zum Passivierungswahlrecht bei laufenden Pensionen und Anwartschaften auf Pensionen, die vor dem 1. Januar 1987 rechtsverbindlich zugesagt worden sind (Altzusagen), vgl. R 6a Abs. 1 Satz 3 EStR 2005[1]).

4   Für die Zeit nach vertraglich vorgesehenem Eintritt des Versorgungsfalls sind unter Beachtung der Grundsätze in R 6a Abs. 22 EStR 2005[1]) laufende Pensionsleistungen auf der Gesellschaftsebene als Betriebsausgaben abziehbar und ist die gebildete Pensionsrückstellung anteilig gewinnerhöhend aufzulösen. Entfällt die Verpflichtung und ist die Rückstellung deshalb in vollem Umfang aufzulösen (z. B. im Falle des Todes des Gesellschafters ohne Hinterbliebenenversorgung), entsteht auf Gesellschaftsebene ein außerordentlicher, allen Gesellschaftern zugute kommender Ertrag. Zur Auflösung der Pensionsrückstellungen allgemein vgl. R 6a Abs. 21 EStR 2005[1]).

---

[1]) jetzt EStR 2012

2. Gesellschafterebene

Der aus der Zusage begünstigte Gesellschafter hat gemäß § 15 Abs. 1 Satz 1 Nr. 2 EStG in seiner Sonderbilanz eine Forderung auf künftige Pensionsleistungen zu aktivieren, die der Höhe der bei der Gesellschaft passivierten Pensionsverpflichtung entspricht (korrespondierende Bilanzierung); bei den nicht begünstigten Gesellschaftern sind keine Ansprüche zu aktivieren. Ist die Pensionszusage bereits vor Beginn des Wirtschaftsjahres, das nach dem 31. Dezember 2007 endet, erteilt worden (Altzusage), kann der begünstigte Gesellschafter in den Fällen, in denen die Pensionszusage bisher entweder als steuerlich unbeachtliche Gewinnverteilungsabrede behandelt worden ist oder zwar eine Passivierung der Pensionszusage in der Gesellschaftsbilanz erfolgt ist, aber die hierdurch entstehende Gewinnminderung durch eine anteilige Aktivierung in den Sonderbilanzen aller Gesellschafter neutralisiert worden ist, aus Billigkeitsgründen eine Rücklage in Höhe von 14/15 des aus der erstmaligen Anwendung dieses Schreibens entstehenden Gewinns (Ertrag aus der erstmaligen Aktivierung des Pensionsanspruchs in der Sonderbilanz und anteiliger Aufwand aus der erstmaligen Passivierung aller Pensionsrückstellungen in der Gesamthandsbilanz oder Ertrag aus der Differenz zwischen dem bisher aktivierten anteiligen Anspruch und dem nunmehr zu aktivierenden vollen Anspruch) bilden, die in den nachfolgenden vierzehn Wirtschaftsjahren zu mindestens je einem vierzehntel gewinnerhöhend aufzulösen ist. Die Rücklage darf nur gebildet werden, soweit aufgrund der erstmaligen Anwendung dieses Schreibens insgesamt – also unter anteiliger Berücksichtigung aller in der Gesamthandsbilanz zu passivierenden Rückstellungen – ein Gewinn beim begünstigten Gesellschafter verbleibt.

Beispiel:
A und B sind als Mitunternehmer an einer Personengesellschaft zu je 50 % beteiligt. Beide Mitunternehmer haben eine Pensionszusage erhalten, und zwar beträgt der

Wert für A am Bilanzstichtag	80
Wert für B am Bilanzstichtag (wegen längerer Zugehörigkeit zur Gesellschaft)	100

Für die Rücklagenbildung ist bei jedem Gesellschafter nicht nur die anteilige Passivierung „seiner" Pensionsrückstellung zu berücksichtigen, sondern die anteilige Passivierung aller Pensionsrückstellungen. Also ergibt sich für A kein rücklagefähiger Gewinn, sondern vielmehr ein Verlust von 10 (Aktivierung 80 ./. 1/2 von 180 = ./. 10). Bei B ergibt sich hingegen ein rücklagefähiger Gewinn von 10 (Aktivierung 100 ./. 1/2 von 180 = 10).

Die Rücklage in der Sonderbilanz des begünstigten Gesellschafters ist nur für Zwecke der Einkommensteuer zu berücksichtigen. Die Rücklage kann außerdem nur in Anspruch genommen werden, wenn von der Gesellschaft für Altzusagen die Grundsätze dieses Schreibens ab dem Erstjahr (das ist das Wirtschaftsjahr, das nach dem 31. Dezember 2007 endet – siehe RdNr. 10 –, in den Fällen der RdNr. 11 das entsprechende Vorjahr) angewendet werden. Wird also zunächst ein Antrag nach RdNr. 20 dieses Schreibens gestellt, für Altzusagen weiterhin nach der bisherigen Rechtslage zu verfahren und wird ein solcher Antrag später wieder zurückgenommen, kann die Rücklage nicht in Anspruch genommen werden. Die Rücklage ist bereits vor Ablauf des Fünfzehnjahreszeitraums aufzulösen, wenn der Pensionsanspruch wegfällt.

Entsprechendes gilt, wenn in der Vergangenheit in der Gesamthandsbilanz eine Pensionsrückstellung gebildet worden ist, die Zuführungen zur Rückstellung jedoch durch außerbilanzielle Hinzurechnungen neutralisiert worden sind. Die außerbilanziellen Hinzurechnungen sind hier bei dem Gesellschafter, bei dem sie vorgenommen worden sind, im Jahr der erstmaligen Anwendung dieses Schreibens als Aufwand zu berücksichtigen. Beim begünstigten Gesellschafter ist zusätzlich der Ertrag aus der erstmaligen Aktivierung des Pensionsanspruchs in der Sonderbilanz gewinnerhöhend zu erfassen. Der Saldo aus Gewinnerhöhung und Aufwandsberücksichtigung kann beim begünstigten

Anhang 9

Bilanzierung

6 Gesellschafter in eine Rücklage eingestellt werden; RdNr. 5 Satz 2 ff. sind hier entsprechend anzuwenden.

Laufende Pensionsleistungen sind als Sonderbetriebseinnahmen beim begünstigten Gesellschafter zu erfassen. Entsprechend den unterschiedlichen Rechtsgrundlagen ist zwischen Pensionsleistungen, die an noch beteiligte Gesellschafter gezahlt werden (§ 15 Abs. 1 Satz 1 Nr. 2 EStG), und Pensionsleistungen an ehemalige Gesellschafter (§ 15 Abs. 1 Satz 2 EStG) zu unterscheiden:

a) Pensionsleistungen an noch beteiligte Gesellschafter

7 Die Pensionsleistungen sind nach § 15 Abs. 1 Satz 1 Nr. 2 EStG als Sonderbetriebseinnahmen beim begünstigten Gesellschafter zu erfassen. Aufgrund der korrespondierenden Bilanzierung ist die in der Sonderbilanz aktivierte Forderung (RdNr. 5) entsprechend der gewinnerhöhenden Auflösung der Pensionsrückstellung in der Gesellschaftsbilanz (RdNr. 4) gewinnmindernd aufzulösen.

b) Pensionsleistungen an ehemalige Gesellschafter

8[1]) Der ehemalige Gesellschafter ist mit den nachträglichen Einkünften in die gesonderte und einheitliche Feststellung für die Gesellschaft einzubeziehen; laufende Pensionsleistungen sind nach § 15 Abs. 1 Satz 2 EStG als Sonderbetriebseinnahmen dieses Gesellschafters zu erfassen.

Die aufgrund der Pensionszusage ausgewiesene Forderung bleibt nach § 15 Abs. 1 Satz 2 EStG nach dem Ausscheiden des Gesellschafters Sonderbetriebsvermögen dieses Gesellschafters. Die Forderung ist entsprechend der gewinnerhöhenden Auflösung der Pensionsrückstellung in der Gesamthandsbilanz gewinnmindernd aufzulösen.

c) Wegfall des Pensionsanspruches

9 Bei Wegfall des Pensionsanspruches (z. B. durch Tod des Gesellschafters ohne Hinterbliebenenversorgung) entsteht durch die Ausbuchung der Forderung ein außerordentlicher Aufwand, der zu Sonderbetriebsausgaben beim betreffenden Gesellschafter führt. Eine noch bestehende Rücklage nach RdNr. 5 ist gewinnerhöhend aufzulösen.

3. Zeitliche Anwendung

10 Die Regelungen in den RdNrn. 3 bis 9 sind erstmals in der Schlussbilanz des Wirtschaftsjahres anzuwenden, das nach dem 31. Dezember 2007 endet.

11 Die Regelungen in RdNrn. 3 bis 9 können auch bereits für Wirtschaftsjahre noch offener Veranlagungszeiträume der Vorjahre angewendet werden, wenn die Gesellschafter der Personengesellschaft dies einvernehmlich gegenüber dem für die Gesellschaft örtlich zuständigen Finanzamt schriftlich und unwiderruflich erklären und die bisher vorgelegten Bilanzen (Gesellschaftsbilanzen und Sonderbilanzen) entsprechend berichtigen.

II. Pensionszusage an einen Gesellschafter durch die Komplementär-GmbH einer GmbH & Co. KG

1. Gesellschaftsebene

12 Durch die von der Komplementär-GmbH gewährte Pensionszusage wird die Gesamthandsbilanz der GmbH & Co. KG nicht berührt.

---

[1]) bestätigt durch BFH vom 06.03.2014 (BStBl II S. 624)

2. Komplementärebene

Die Komplementär-GmbH hat für die sich aus der Zusage ergebende Verpflichtung in ihrer Steuerbilanz nach Maßgabe des § 6a EStG eine Pensionsrückstellung zu bilden; die übrigen in RdNrn. 3 und 4 aufgeführten Grundsätze gelten entsprechend. Der Rückstellungsaufwand stellt für die Komplementär-GmbH eine Sonderbetriebsausgabe im Rahmen der Gewinnermittlung für die Personengesellschaft dar (§ 15 Abs. 1 Satz 1 Nr. 2 EStG). 13

3. Kommanditistenebene

Für den aus der Zusage (noch beteiligten oder ehemaligen) begünstigten Gesellschafter sind die Grundsätze in RdNr. 5 Satz 1 und in RdNrn. 6 bis 9 entsprechend anzuwenden. Die Billigkeitsregelung der RdNr. 5 Satz 2 ff. ist hier nicht anzuwenden, weil diese Fallgestaltung bereits dem BFH-Urteil vom 16. Dezember 1992 (BStBl 1993 II S. 792) zugrunde lag. 14

III. Pensionszusage im Rahmen einer doppelstöckigen Personengesellschaft

Nach § 15 Abs. 1 Satz 1 Nr. 2 Satz 2 EStG steht der mittelbar über eine oder mehrere Personengesellschaften beteiligte Gesellschafter dem unmittelbar beteiligten Gesellschafter gleich. Für Pensionszusagen, die ein Gesellschafter von der Gesellschaft erhält, an der er mittelbar beteiligt ist, sind die Grundsätze der RdNrn. 3 bis 11 entsprechend anzuwenden. 15

Erhält der Gesellschafter die Zusage von der Komplementär-GmbH der Gesellschaft, an der er mittelbar beteiligt ist, sind die Grundsätze der RdNrn. 12 bis 14 entsprechend anzuwenden.

Dem steht § 52 Abs. 18 Satz 2 EStG i. d. F. des StÄndG 1992 vom 25. Februar 1992 (BGBl. I S. 297; BStBl I S. 146) nicht entgegen. Diese Vorschrift betraf die Auflösung von Pensionsrückstellungen in der ersten Schlussbilanz nach Einfügung des § 15 Abs. 1 Satz 1 Nr. 2 Satz 2 EStG (doppelstöckige Personengesellschaft) in das Einkommensteuergesetz und galt damit nur für das erste Wirtschaftsjahr, das nach dem 31. Dezember 1991 endete. 16

IV. Pensionszusage an Hinterbliebene eines Gesellschafters

Pensionszusagen an Hinterbliebene eines Gesellschafters (Witwen-/Witwerversorgung oder Waisenversorgung) sind vor Eintritt des Versorgungsfalls unselbständiger Bestandteil der Pensionszusage an den Gesellschafter; die insoweit bestehenden Verpflichtungen sind im Rahmen der Bewertung des Pensionsanspruchs und der Pensionsverpflichtung zu berücksichtigen. Auf die Ausführungen unter RdNrn. 3 bis 16 wird verwiesen. Wird nach dem Tod des Gesellschafters der Hinterbliebene Gesellschafter, so führt er den Wert in seiner Sonderbilanz fort. Andere Hinterbliebene sind mit ihren nachträglichen Einkünften als Rechtsnachfolger des Gesellschafters nach § 15 Abs. 1 Satz 2 und § 24 Nr. 2 EStG in die gesonderte und einheitliche Gewinnfeststellung für die Gesellschaft einzubeziehen (BFH-Beschluss vom 25. Januar 1994, BStBl II S. 455); RdNr. 8 Satz 1 zweiter Halbsatz gilt entsprechend. Die Forderung des begünstigten Gesellschafters ist in dessen Sonderbilanz an den Wert anzupassen, der bei dem Hinterbliebenen anzusetzen ist. Der Hinterbliebene führt dann als Rechtsnachfolger die Sonderbilanz des Gesellschafters gemäß § 15 Abs. 1 Satz 2 EStG fort. War im Zeitpunkt der erstmaligen Anwendung der Grundsätze dieses Schreibens der Versorgungsfall für den Hinterbliebenen bereits eingetreten, ist hinsichtlich des Gewinns aus der erstmaligen Aktivierung des (restlichen) Pensionsanspruchs die Billigkeitsregelung in RdNr. 5 entsprechend anzuwenden. 17

18 Mit Urteil vom 2. Dezember 1997 – VIII R 42/96 – (BStBl II 2008 S. 177) hat der BFH entgegen der Auffassung im BMF-Schreiben vom 10. März 1992 (BStBl I S. 190) entschieden, dass eine bis einschließlich 31. Dezember 1985 in den Steuerbilanzen einer Personengesellschaft gebildete Rückstellung wegen Versorgungsleistungen an eine Gesellschafter-Witwe in der Bilanz zum 31. Dezember 1986 nicht gewinnerhöhend aufzulösen ist und eine Aktivierung des Versorgungsanspruchs in einer Sonderbilanz der Witwe zum 31. Dezember 1986 nicht gefordert werden kann. Die Grundsätze dieses BFH-Urteils sind in allen noch offenen Fällen anzuwenden; an der entgegenstehenden Auffassung in den BMF-Schreiben vom 16. Juli 1986 (BStBl I S. 359) und vom 10. März 1992 (BStBl I S. 190) wird nicht mehr festgehalten.

V. Rückdeckungsversicherung

19 Hat die Personengesellschaft eine Pensionszusage an einen Gesellschafter und dessen Hinterbliebene durch den Abschluss eines Versicherungsvertrags rückgedeckt, gehört der der Personengesellschaft zustehende Versicherungsanspruch (Rückdeckungsanspruch) nicht zum Betriebsvermögen der Gesellschaft. Die Prämien für die Rückdeckungsversicherung stellen keine Betriebsausgaben dar. Sie sind Entnahmen, die allen Gesellschaftern nach Maßgabe ihrer Beteiligung zuzurechnen sind (BFH-Urteil vom 28. Juni 2001 – BStBl 2002 II S. 724).

VI. Allgemeine Übergangsregelung betreffend die Behandlung von sog. Altzusagen

20 Die jeweilige Gesellschaft kann auf Antrag für Altzusagen (siehe RdNr. 5) auch für Wirtschaftsjahre, die nach dem 31. Dezember 2007 enden, die Pensionszusage als steuerlich unbeachtliche Gewinnverteilungsabrede behandeln oder aber bei Passivierung der Pensionsverpflichtung in der Gesamthandsbilanz die anteilige Aktivierung der Ansprüche in den Sonderbilanzen aller Gesellschafter vornehmen, wenn die betreffende Gesellschaft bisher kontinuierlich in dieser Weise verfahren ist und die Gesellschafter der betreffenden Personengesellschaft dies übereinstimmend gegenüber dem für die Gesellschaft örtlich zuständigen Finanzamt schriftlich erklären. In diesem Fall kann für Altzusagen die bisherige Behandlung zeitlich unbeschränkt fortgeführt werden. Der Antrag kann nur im Einvernehmen aller Gesellschafter zurückgenommen werden; eine Rücknahme des Antrags wirkt nur für die Zukunft.

Steuerliche Gewinnermittlung;
Bilanzsteuerrechtliche Berücksichtigung von Verpflichtungsübernahmen, Schuldbeitritten und Erfüllungsübernahmen mit vollständiger oder teilweiser Schuldfreistellung, Anwendung der Regelungen in § 4f und § 5 Absatz 7 Einkommensteuergesetz (EStG)

BMF vom 30.11.2017 (BStBl I S. 1619)
IV C 6 – S 2133/14/10001 – 2017/0978503

Der Bundesfinanzhof (BFH) hat in mehreren Urteilen entschieden, dass übernommene Verpflichtungen beim Übernehmer keinen Ansatz- und Bewertungsbeschränkungen unterliegen, sondern als ungewisse Verbindlichkeiten auszuweisen und mit den „Anschaffungskosten" oder dem höheren Teilwert zu bewerten sind (Urteile vom 14. Dezember 2011 und 12. Dezember 2012, a. a. O.). Tritt ein Dritter neben dem bisherigen Schuldner in die Verpflichtung ein (sog. Schuldbeitritt) und verpflichtet sich der Dritte, den bisherigen Schuldner von der Verpflichtung freizustellen, kann der bisherige Schuldner mangels Wahrscheinlichkeit der Inanspruchnahme weder eine Rückstellung für die Verpflichtung passivieren, noch einen Freistellungsanspruch gegenüber dem Schuldbeitretenden ansetzen (Urteil vom 26. April 2012, a. a. O.). Der BFH weicht somit von den BMF-Schreiben vom 16. Dezember 2005 und 24. Juni 2011 (a. a. O.) ab. Für Wirtschaftsjahre, die nach dem 28. November 2013 enden, sind indes die Regelungen des § 5 Absatz 7 EStG in der Fassung des AIFM-Steuer-Anpassungsgesetzes vom 18. Dezember 2013 (BGBl. I S. 4318; BStBl 2014 I S. 2) zu beachten, wonach der Übernehmer einer Verpflichtung die gleichen Bilanzierungsvorschriften zu beachten hat, die auch für den ursprünglich Verpflichteten gegolten haben.

Zur Anwendung der Grundsätze der BFH-Rechtsprechung und zu den Auswirkungen auf die o. g. BMF-Schreiben vom 16. Dezember 2005 und 24. Juni 2011 im Zusammenhang mit den gesetzlichen Neuregelungen in den §§ 4f und 5 Absatz 7 EStG nehme ich nach Abstimmung mit den obersten Finanzbehörden der Länder wie folgt Stellung:

Verpflichtungen können entweder im Wege einer Schuldübernahme nach den §§ 414 ff. Bürgerliches Gesetzbuch (BGB) oder durch Übernahme der mit der Verpflichtung verbundenen Lasten (Schuldbeitritte und Erfüllungsübernahmen mit vollständiger oder teilweiser Schuldfreistellung) übernommen werden.	1
Übernommene Verpflichtungen, die beim ursprünglich Verpflichteten bilanzsteuerlichen Ansatzverboten, -beschränkungen oder Bewertungsvorbehalten unterlegen haben, sind in der steuerlichen Gewinnermittlung des Übernehmers oder dessen Rechtsnachfolger nach Maßgabe des § 5 Absatz 7 EStG anzusetzen und zu bewerten. § 5 Absatz 7 EStG gilt ausschließlich für am Bilanzstichtag bestehende Verpflichtungen, die aufgrund der Vorschriften des EStG (z. B. § 5 Absatz 2a bis 4b, Absatz 5 Satz 1 Nummer 2, § 6 Absatz 1 Nummer 3 und 3a sowie § 6a EStG) und des Körperschaftsteuergesetzes (KStG), z. B. Schwankungs- und Schadenrückstellungen nach § 20 KStG) nicht oder niedriger anzusetzen und zu bewerten sind als die für die Übernahme der Verpflichtung erhaltene Gegenleistung („Anschaffungskosten" i. S. d. BFH-Rechtsprechung).	2
Auf Seiten des Übertragenden kommt eine Verteilung des Aufwandes nach § 4f EStG nur dann in Betracht, wenn die Verpflichtung an dem der Übertragung vorangegangenen Bilanzstichtag bestand und die Verpflichtung beim Übernehmer oder dessen Rechtsnachfolger in den Anwendungsbereich des § 5 Absatz 7 EStG fällt oder § 5 Absatz 7 EStG zur Anwendung käme, wenn der Übernehmer dem deutschen Steuerrecht unterläge.	3
Ändert sich bei einer betrieblichen Altersversorgungszusage der Durchführungsweg (Direktzusage, Unterstützungskassenzusage, Direktversicherung, Pensionskasse oder Pensionsfonds), sind die §§ 4f und 5 Absatz 7 EStG nicht anzuwenden; das bei einer	4

Übertragung von Versorgungsleistungen auf Pensionsfonds bestehende Wahlrecht zur Verteilung der Betriebsausgaben gemäß § 4d Absatz 3 und § 4e Absatz 3 i. V. m. § 3 Nummer 66 EStG bleibt unberührt.

I. Schuldübernahme nach §§ 414 ff. BGB

5 Eine Schuld kann von einem Dritten durch Vertrag mit dem Gläubiger in der Weise übernommen werden, dass der Dritte an die Stelle des bisherigen Schuldners tritt (§§ 414 ff. BGB). Verpflichtungen können einzeln oder im Rahmen einer entgeltlichen Betriebsübertragung übertragen werden oder kraft Gesetzes (z. B. nach § 613a BGB) auf einen Dritten übergehen.

1. Bilanzielle Behandlung beim Verpflichtungsübernehmer

a) Ansatz und Bewertung in Wirtschaftsjahren, die vor dem 29. November 2013 enden

6 In vor dem 29. November 2013 endenden Wirtschaftsjahren ist die o. g. BFH-Rechtsprechung zu beachten, wonach übernommene Verpflichtungen im Wirtschaftsjahr der Übernahme mit den „Anschaffungskosten" oder dem höheren Teilwert anzusetzen sind.

7 Auf Antrag können die Neuregelungen des § 5 Absatz 7 EStG (Randnummern 8 bis 10) bereits für vor dem 29. November 2013 endende Wirtschaftsjahre angewendet werden (§ 52 Absatz 9 Satz 2 EStG[1])). Der Antrag ist nicht formgebunden und gilt durch den entsprechenden Ansatz in der steuerlichen Gewinnermittlung als ausgeübt.

b) Ansatz und Bewertung in Wirtschaftsjahren, die nach dem 28. November 2013 enden

8 In nach dem 28. November 2013 endenden Wirtschaftsjahren ist die Neuregelung in § 5 Absatz 7 EStG maßgebend (§ 52 Absatz 9 Satz 1 EStG[2])). Der Übernehmer hat die gleichen Bilanzierungsvorschriften zu beachten, die auch für den ursprünglich Verpflichteten am Bilanzstichtag gegolten hätten, wenn er die Verpflichtung nicht übertragen hätte. Unterlag der ursprünglich Verpflichtete nicht dem deutschen Steuerrecht, ist der Wert maßgebend, der nach den Regelungen des EStG oder KStG anzusetzen gewesen wäre. Dadurch ist sichergestellt, dass der Übernehmer entsprechend dem Sinn und Zweck der Regelungen in § 5 Absatz 7 EStG die Verpflichtung unter Berücksichtigung der steuerlichen Ansatz- und Bewertungsvorbehalte ansetzt (Randnummer 10).

9 Wurde eine Verpflichtung bereits mehrfach übertragen, ist derjenige ursprünglich verpflichtet im Sinne von § 5 Absatz 7 Satz 1 EStG, der die Schuld erstmalig begründet hat.

10 In der ersten für die Besteuerung maßgebenden Schlussbilanz nach der Übernahme sind Verpflichtungen unter Berücksichtigung der steuerlichen Ansatz- und Bewertungsvorbehalte anzusetzen; insbesondere die Regelungen in § 5 Absatz 2a bis 4b, Absatz 5 Satz 1 Nummer 2, § 6 Absatz 1 Nummer 3 und 3a sowie § 6a EStG (vgl. Randnummern 26 bis 33 zu Pensionsverpflichtungen) sind zu beachten. Bilanzsteuerliche Wahlrechte (z. B. Teilwert- oder Pauschalwertverfahren bei Jubiläumsrückstellungen) können unabhängig von der Wahl des Rechtsvorgängers in Anspruch genommen werden.

c) Gewinnmindernde Rücklagen nach § 5 Absatz 7 Satz 5 und 6 EStG

11 Für den Gewinn, der sich aus der Anwendung von § 5 Absatz 7 EStG ergibt, kann gemäß § 5 Absatz 7 Satz 5 EStG jeweils i. H. v. 14/15 eine gewinnmindernde Rücklage gebildet werden, die in den folgenden 14 Wirtschaftsjahren jeweils mit mindestens 1/14 gewinnerhöhend aufzulösen ist (Auflösungszeitraum). Wurde die Verpflichtung vor dem

---

[1]) *jetzt Satz 3*
[2]) *jetzt Satz 2*

14. Dezember 2011 übernommen, können 19/20 des Gewinns als Rücklage passiviert werden, die in den folgenden 19 Wirtschaftsjahren aufzulösen ist (§ 52 Absatz 9 Satz 3 EStG[1])). Scheidet eine Verpflichtung vor Ablauf des Auflösungszeitraums aus dem Betriebsvermögen aus, ist eine für diese Verpflichtung noch nicht aufgelöste Rücklage gewinnerhöhend auszubuchen (§ 5 Absatz 7 Satz 6 EStG).

Die in Randnummer 11 genannten Verteilungszeiträume sind auch dann maßgebend, wenn die Verpflichtung, für die eine Rücklage gebildet wurde, voraussichtlich bereits vor Ende des Auflösungszeitraums nicht mehr bestehen wird. In diesen Fällen kann aber die bei Ausscheiden erforderliche Auflösung der verbleibenden Rücklage dadurch vermieden werden, dass jährlich mehr als 1/14 oder 1/19 gewinnerhöhend aufgelöst werden (z. B. Verteilung über die tatsächliche Laufzeit der Verpflichtung). 12

Gewinn im Sinne von § 5 Absatz 7 Satz 5 EStG ist der Unterschiedsbetrag zwischen den „Anschaffungskosten" zum Zeitpunkt der Übernahme der Verpflichtung und dem in der folgenden Schlussbilanz nach § 5 Absatz 7 EStG anzusetzenden niedrigeren Wert (Randnummer 10). Scheidet eine übernommene Verpflichtung bereits vor dem folgenden Bilanzstichtag aus dem Betriebsvermögen aus, kann für einen sich insoweit ergebenden Gewinn keine Rücklage gebildet werden (vgl. auch Randnummer 2). 13

Beispiel 1
Unternehmer U pachtet seit dem 01.01.2003 für 20 Jahre ein unbebautes Grundstück und errichtet darauf eine betrieblich genutzte Lagerhalle. U hat sich verpflichtet, die Lagerhalle nach Ablauf des Pachtvertrages am 31.12.2022 abzureißen. Am Bilanzstichtag 31.12.2012 betragen die voraussichtlichen Abrisskosten 10.000 €. U hat für die Abrissverpflichtung eine Rückstellung für ungewisse Verbindlichkeiten passiviert. Da für das Entstehen der Verpflichtung im wirtschaftlichen Sinne der laufende Betrieb ursächlich ist (Nutzung der Lagerhalle), ist die Rückstellung nach § 6 Absatz 1 Nummer 3a Buchstabe d Satz 1 EStG zeitanteilig in gleichen Raten anzusammeln und nach § 6 Absatz 1 Nummer 3a Buchstabe e Satz 1 EStG abzuzinsen. Die von U zum 31.12.2012 passivierte Rückstellung beträgt bei einer Restlaufzeit von 10 Jahren und einem Abzinsungsfaktor von 0,585 (Tabelle 2 des BMF-Schreibens vom 26. Mai 2005, BStBl I S. 699) zutreffend 10.000 € x 10/20 x 0,585 = 2.925 €.
Am 02.01.2013 übernimmt A (Wirtschaftsjahr = Kalenderjahr) mit Zustimmung des Verpächters den Pachtvertrag von U. Der von A an U zu zahlende Kaufpreis für die Lagerhalle beträgt 50.000 €. Die mit der übernommenen Abrissverpflichtung verbundenen Kosten werden entsprechend den voraussichtlichen Abrisskosten zum 31.12.2012 zutreffend auf 10.000 € geschätzt und mit dem Kaufpreis für die Lagerhalle verrechnet. A bucht den Geschäftsvorfall zutreffend wie folgt:

Betriebsanlage	50.000 €	an	Bank	40.000 €
			Abrissverpflichtung	10.000 €

Bis zum Ende des Wirtschaftsjahres 2013 ergeben sich folgende Änderungen bei den prognostizierten Abrisskosten:

Variante a:	keine
Variante b:	20.000 €
Variante c:	5.000 €

Die „Anschaffungskosten" der Abrissverpflichtung betragen 10.000 €. Am folgenden Bilanzstichtag 31.12.2013 ist diese Pflicht gemäß § 5 Absatz 7 Satz 1 EStG so zu bilanzieren, wie sie beim ursprünglich Verpflichteten U ohne Übertragung zu bilanzieren wäre. Demzufolge hat A für die Abrissverpflichtung eine Rückstellung für ungewisse Verbindlichkeiten zu passivieren und bei einer Restlaufzeit von 9 Jahren und einem Abzinsungsfaktor von 0,618 wie folgt zu bewerten:

---

[1]) *jetzt Satz 4*

Variante a:	10.000 € x 11/20 x 0,618 =	3.399 €
Variante b:	20.000 € x 11/20 x 0,618 =	6.798 €
Variante c:	5.000 € x 11/20 x 0,618 =	1.700 €

Es ergibt sich unter Berücksichtigung der bei Schuldübernahme eingebuchten Abrissverpflichtung von 10.000 € folgender Gewinn, für den i. H. v. 14/15 eine gewinnmindernde Rücklage gebildet werden kann:

Variante a:	10.000 € − 3.399 € =	6.601 € (Rücklage 6.161 €)
Variante b:	10.000 € − 6.798 € =	3.202 € (Rücklage 2.989 €)
Variante c:	10.000 € − 1.700 € =	8.300 € (Rücklage 7.747 €)

14 In den Fällen der Randnummer 6 (Passivierung der „Anschaffungskosten" in vor dem 29. November 2013 endenden Wirtschaftsjahren) ist Gewinn im Sinne von § 5 Absatz 7 Satz 5 EStG der Unterschiedsbetrag zwischen den letztmals passivierten „Anschaffungskosten" und dem am folgenden Bilanzstichtag erstmals nach § 5 Absatz 7 EStG angesetzten Wert (Randnummer 10). Randnummer 13 Satz 2 (keine Rücklage bei vor dem folgenden Bilanzstichtag ausscheidenden Verpflichtungen) gilt entsprechend.

15 Soweit die Steuer- oder Feststellungsbescheide des Wirtschaftsjahres der Verpflichtungsübernahme und die folgenden Steuer- oder Feststellungsbescheide bereits bestandskräftig sind, sind die Randnummern 6 bis 14 in der steuerlichen Gewinnermittlung des ersten noch änderbaren Steuer- oder Feststellungsbescheides anzuwenden.

2. Abzug des Aufwandes beim ursprünglich Verpflichteten (§ 4f Absatz 1 EStG)

a) Verteilung des Aufwandes

16 Ein Aufwand, der sich für den ursprünglich Verpflichteten in einem nach dem 28. November 2013 endenden Wirtschaftsjahr aus einem Übertragungsvorgang ergibt, kann gemäß § 4f Absatz 1 Satz 1 i. V. m. § 52 Absatz 8 EStG grundsätzlich nur auf das Jahr der Schuldübernahme und die folgenden 14 Wirtschaftsjahre gleichmäßig verteilt als Betriebsausgabe abgezogen werden. Die Verteilung des Aufwandes erfolgt durch außerbilanzielle Hinzurechnungen und Abrechnungen.

17 Ein zu verteilender Aufwand aus einem Übertragungsvorgang kann auch dann nicht mit Gewinnen aus anderen Geschäftsvorfällen verrechnet werden, wenn diese Gewinne in einem mittelbaren oder unmittelbaren Zusammenhang mit dem Aufwand aus dem Übertragungsvorgang stehen.

b) Gewinnerhöhend aufzulösende Passivposten im Sinne des § 4f Absatz 1 Satz 2 EStG

18 Sind infolge der Übertragung einer Verpflichtung in der steuerlichen Gewinnermittlung des Vorjahres ausgewiesene Passivposten wie Rückstellungen, Verbindlichkeiten und steuerliche Rücklagen (z. B. nach R 6.11 Absatz 3 EStR bei niedrigeren handelsrechtlichen Bilanzansätzen) gewinnerhöhend aufzulösen, ist der sich aus dem Übertragungsvorgang ergebende Aufwand in dem Wirtschaftsjahr der Übertragung nach § 4f Absatz 1 Satz 2 erster Halbsatz EStG in Höhe der aufgelösten Passivposten als Betriebsausgabe abzugsfähig. Dabei ist immer auf die am vorangegangenen Bilanzstichtag angesetzten Passivposten abzustellen, soweit die Auflösung auf der Übertragung der Verpflichtung beruht. Der Bilanzansatz in einer im Zusammenhang mit einem Umwandlungssteuervorgang erstellten steuerlichen Schlussbilanz ist insoweit unbeachtlich. Weicht der Übertragungszeitpunkt vom Bilanzstichtag ab, kommt eine Zugrundelegung fiktiver Passivposten, die zu diesem Zeitpunkt maßgebend gewesen wären, nicht in Betracht. Der übersteigende Aufwand ist auf das Jahr der Schuldübernahme und die folgenden 14 Wirtschaftsjahre gleichmäßig zu verteilen (§ 4f Absatz 1 Satz 2 EStG). Im Ergebnis ist ein Aufwand, der sich daraus ergibt, dass die Gegenleistung höher ist als die bislang in der

steuerlichen Gewinnermittlung passivierte Verpflichtung, nur über 15 Jahre verteilt als Betriebsausgabe abzugsfähig.

c) Teilbetriebsaufgaben/-veräußerungen, Umwandlungen und Einbringungen

Bei der Veräußerung oder Aufgabe eines Teilbetriebes wird der Übertragungsaufwand nach § 4f Absatz 1 Satz 1 und 2 EStG nur verteilt, soweit er einen Verlust begründet oder erhöht (§ 4f Absatz 1 Satz 4 EStG). Der insoweit hinzugerechnete Aufwand ist wie bei einer im laufenden Wirtschaftsjahr erfolgten Schuldübertragung auf das Wirtschaftsjahr der Schuldübernahme und die nachfolgenden Wirtschaftsjahre zu verteilen, d. h. der sofort abzugsfähige Aufwand von 1/15 ist im Rahmen der Ermittlung des Veräußerungs- oder Aufgabegewinns nach § 16 Absatz 2 EStG zu berücksichtigen und der verbleibende Betrag auf die folgenden 14 Wirtschaftsjahre zu verteilen. Entsprechendes gilt bei Umwandlungen und Einbringungen von Teilbetrieben nach dem Umwandlungssteuergesetz. 19

d) Übertragung von (Teil-) Mitunternehmeranteilen

Eine Verpflichtung kann auch durch entgeltliche Übertragung von (Teil-) Mitunternehmeranteilen übertragen werden. Wird der gesamte Mitunternehmeranteil übertragen, unterbleibt nach § 4f Absatz 1 Satz 3 EStG eine Verteilung des sich ergebenden Aufwandes. 20

e) Ausnahmen von der Aufwandsverteilung

Die Verteilungsregelung gilt nach § 4f Absatz 1 Satz 3 EStG nicht für kleine und mittlere Betriebe im Sinne von § 7g EStG sowie für Betriebsveräußerungen und Betriebsaufgaben. 21

II. **Übernahme von mit einer Verpflichtung verbundenen Lasten (Schuldbeitritte und Erfüllungsübernahmen mit vollständiger oder teilweiser Schuldfreistellung)**

Bei Schuldbeitritten und Erfüllungsübernahmen mit vollständiger oder teilweiser Schuldfreistellung besteht das bisherige Vertragsverhältnis zwischen dem Freigestellten und dem Gläubiger der Verpflichtung unverändert fort. Der Übernehmer verpflichtet sich, den bislang alleine Verpflichteten von den künftigen Leistungspflichten ganz oder teilweise freizustellen. 22

1. Bilanzierung beim Übernehmer oder Beitretenden

Für die zu passivierende Freistellungsverpflichtung gelten die Randnummern 6 bis 15 entsprechend. 23

2. Bilanzielle Folgen beim Freistellungsberechtigten

Eine vom Freistellungsberechtigten bislang passivierte Rückstellung ist aufgrund fehlender Wahrscheinlichkeit der Inanspruchnahme gewinnerhöhend aufzulösen (BFH-Urteil vom 26. April 2012, a. a. O.). Der Freistellungsberechtigte hat in der steuerlichen Gewinnermittlung keinen Freistellungsanspruch gegenüber dem Freistellungsverpflichteten auszuweisen. 24

Ist die Gegenleistung für den Schuldbeitritt oder die Erfüllungsübernahme höher als die bislang passivierte Rückstellung, entsteht ein Aufwand im Sinne von § 4f Absatz 2 i. V. m. Absatz 1 EStG; die Randnummern 16 bis 18 gelten entsprechend. Bei Schuldbeitritten und Erfüllungsübernahmen kommen Ausnahmen von der Verteilungspflicht 25 nach § 4f Absatz 1 Satz 3 EStG (vgl. Randnummer 21) nicht in Betracht, da gemäß § 4f Absatz 2 EStG nur die Sätze 1, 2 und 7 des Absatzes 1 entsprechend gelten.

III. Schuldübernahmen, Schuldbeitritte und Erfüllungsübernahmen mit vollständiger oder teilweiser Schuldfreistellung im Zusammenhang mit Pensionsverpflichtungen im Sinne von § 6a EStG

26 Bei der Bewertung übernommener Pensionsverpflichtungen nach § 6a EStG können bilanzsteuerrechtliche Wahlrechte (insbesondere das Pensionsalter nach R 6a Absatz 11 EStR und die Wahl der biometrischen Rechnungsgrundlagen) unabhängig von der Entscheidung des Rechtsvorgängers in Anspruch genommen werden (vgl. Randnummer 10). Das sog. Nachholverbot nach § 6a Absatz 4 EStG gilt für bei einem Rechtsvorgänger entstandene Fehlbeträge in der ersten Schlussbilanz nach der Übernahme nicht.

27 In den Fällen der Übernahme von Pensionsverpflichtungen gegenüber Arbeitnehmern, die bisher in einem anderen Unternehmen tätig waren (Unternehmenswechsel), unter gleichzeitiger Übernahme von Vermögenswerten gilt für die Bewertung der Pensionsverpflichtungen die Sonderregelung des § 5 Absatz 7 Satz 4 EStG: Bei der Ermittlung des Teilwertes der jeweiligen Verpflichtung ist der Jahresbetrag nach § 6a Absatz 3 Satz 2 Nummer 1 EStG so zu bemessen, dass zu Beginn des Wirtschaftsjahres der Übernahme der Barwert der Jahresbeträge zusammen mit den übernommenen Vermögenswerten gleich dem Barwert der künftigen Pensionsleistungen ist, wobei sich kein negativer Jahresbetrag ergeben darf. Das gilt unabhängig von der Anzahl der übernommenen Pensionsverpflichtungen. Bei Betriebsübergängen gemäß § 613a BGB kommt die Anwendung der Sonderregelung nach § 5 Absatz 7 Satz 4 EStG nicht in Betracht, da in diesen Fällen der neue Betriebsinhaber in die Rechte und Pflichten aus den bestehenden Arbeitsverhältnissen eintritt und kein Unternehmenswechsel erfolgt.

28 Wurde eine Pensionsverpflichtung bereits mehrfach übertragen und wurde bei mindestens einer der Übertragungen die in § 5 Absatz 7 Satz 4 EStG dargelegte Sonderregelung angewendet, ist abweichend von Randnummer 9 derjenige ursprünglich verpflichtet im Sinne von § 5 Absatz 7 Satz 1 EStG, der zuletzt die Sonderregelung angewendet hat.

29 Nach § 4f Absatz 1 Satz 3 zweiter Teilsatz EStG unterbleibt die Verteilung von Aufwand im Zusammenhang mit der Übertragung von Pensionsansprüchen von Versorgungsberechtigten, die zu einem neuen Arbeitgeber wechseln. Das gilt auch für Verpflichtungen aus Jubiläumszusagen, Altersteilzeitvereinbarungen und ähnlichen Verpflichtungen gegenüber dem Arbeitnehmer, die auf den neuen Arbeitgeber übertragen werden. In den Fällen des § 613a BGB ist § 4f Absatz 1 Satz 3 zweiter Teilsatz EStG aber nicht anzuwenden (vgl. Randnummer 27 letzter Satz).

30 **Beispiel 2**
Arbeitgeber K (Wirtschaftsjahr = Kalenderjahr) hat seinem Arbeitnehmer Pensionsleistungen zugesagt und in seiner Steuerbilanz zum 31.12.2012 eine Pensionsrückstellung nach § 6a EStG i. H. v. 100.000 € zutreffend passiviert. Mit Vertrag vom 16.12.2013 vereinbart K mit F (Wirtschaftsjahr = Kalenderjahr) einen Schuldbeitritt mit Freistellungsverpflichtung und zahlt hierfür am 17.12.2013 150.000 € an F.
Wegen der Freistellungsverpflichtung des F ist nicht mehr davon auszugehen, dass K aus der Pensionsverpflichtung in Anspruch genommen wird. Die bislang passivierte Pensionsrückstellung nach § 6a EStG ist daher in der Bilanz zum 31.12.2013 gewinnerhöhend aufzulösen (BFH-Urteil vom 26. April 2012, a. a. O.). Die Zahlung von 150.000 € an F ist Betriebsausgabe, so dass sich im Ergebnis ein Verlust von 50.000 € ergibt. Dieser Verlust ist nach § 4f EStG über 15 Jahre zu verteilen, da der Aufwand in einem nach dem 28.11.2013 endenden Wirtschaftsjahr entstanden ist (vgl. § 52 Absatz 8 EStG). In den Wirtschaftsjahren 2013 bis 2027 können jeweils 1/15 x 50.000 € = 3.333 € als Betriebsausgabe abgezogen werden (außerbilanzielle Hinzurechnungen und Abrechnungen).

Anhang 9
Bilanzierung XI

Die aufgrund des Schuldbeitrittes bei F zu passivierende Pensionsverpflichtung ist zunächst mit den „Anschaffungskosten" von 150.000 € anzusetzen (Buchung: Bank 150.000 € an Pensionsverpflichtung 150.000 €).
Am folgenden Bilanzstichtag 31.12.2013 ist § 5 Absatz 7 Satz 2 EStG zu beachten. Die Freistellungsverpflichtung ist so zu bilanzieren, wie sie der ursprünglich alleine verpflichtete K am 31.12.2013 anzusetzen gehabt hätte (Pensionsrückstellung, Teilwert nach § 6a EStG zum 31.12.2013, hier angenommen 110.000 €). Nimmt F die Rücklagenregelung gemäß § 5 Absatz 7 Satz 5 EStG in Anspruch, kann der Gewinn aus dem Teilwertansatz nach § 6a EStG (150.000 € – 110.000 € = 40.000 €) zu 14/15 = 37.334 € als Rücklage passiviert werden.
Es verbleibt ein Gewinn von 1/15 x 40.000 € = 2.666 €. Dementsprechend ergibt sich folgende Steuerbilanz:

Steuerbilanz F 31.12.2013

Aktiva		Passiva		
Bank	150.000 €	Schuldbeitrittsverpflichtung, § 6a EStG		110.000 €
		Rücklage § 5 Absatz 7 Satz 5 EStG		37.334 €
		Kapital		
		Anfangsbestand	0 €	
		+ Gewinn Ansatz § 6a EStG	2.666 €	2.666 €

Verpflichtet sich der Beitretende, den bislang alleine Verpflichteten von den künftigen Leistungspflichten gegenüber einem Anwärter ganz freizustellen, zahlt der bislang alleine Verpflichtete als Gegenleistung für den Schuldbeitritt aber zunächst nur ein Basisentgelt für die bis zum Beitritt erdiente Versorgungsanwartschaft und vergütet die nach diesem Stichtag erdienten Anwartschaften durch entsprechende Entgelterhöhungen, gilt als Wirtschaftsjahr des Schuldbeitrittes für die gesamte Pensionsverpflichtung das Wirtschaftsjahr, in dem die Verpflichtung zur Zahlung des Basisentgeltes gewinnwirksam wird. Die Verteilungs- und Rücklagenregelung der §§ 4f und 5 Absatz 7 EStG kommen aus Vereinfachungsgründen nur für das Basisentgelt in Betracht. Die in den dem Schuldbeitritt folgenden Wirtschaftsjahren für die neu erdienten Anwartschaften gezahlten Entgelterhöhungen sind beim bislang alleine Verpflichteten uneingeschränkt in voller Höhe als Betriebsausgabe abzugsfähig und beim Beitretenden in voller Höhe als Betriebseinnahme anzusetzen.

Abwandlung Beispiel 2

K zahlt am 17.12.2013 an F für den Schuldbeitritt zunächst nur ein Basisentgelt in Höhe des nach HGB-Grundsätzen ermittelten Barwertes der bis zum Schuldbeitritt erdienten Anwartschaft des noch im Unternehmen tätigen Versorgungsberechtigten (120.000 €). Die Vergütung der nach dem Schuldbeitritt erdienten Anwartschaft soll durch jährliche Entgelterhöhungen erfolgen.
K hat die bislang passivierte Pensionsrückstellung nach § 6a EStG i. H. v. 100.000 € in der Bilanz zum 31.12.2013 vollständig gewinnerhöhend aufzulösen, da er von der gesamten Versorgungsverpflichtung freigestellt wird. Das gezahlte Basisentgelt von 120.000 € ist bis zur Höhe der aufgelösten Rückstellung sofort als Betriebsausgabe abzugsfähig. Der übersteigende Betrag von 20.000 € ist in den Wirtschaftsjahren 2013 bis 2027 gleichmäßig verteilt abzuziehen. Die in den folgenden Jahren für die neu erdienten Anwartschaften gezahlten Entgelterhöhungen sind in voller Höhe Betriebsausgabe.
F hat zum 31.12.2013 die gesamte übernommene Verpflichtung nach § 6a EStG zu bewerten (110.000 €).
Unter Berücksichtigung der erhaltenen Zahlung von 120.000 € ergibt sich ein Gewinn von 10.000 €, für den nach § 5 Absatz 7 Satz 5 EStG eine gewinnmindernde Rücklage gebildet werden kann, die über 15 Jahre zu verteilen ist. Die Entgelte in den Folgejahren sind jeweils in vollem Umfang gewinnwirksam.

33 Die Regelungen gemäß Randnummer 31 gelten entsprechend bei Erhöhungsbeträgen, die aufgrund des Bilanzrechtsmodernisierungsgesetzes gezahlt werden, wenn der bislang alleine Verpflichtete das handelsrechtliche Wahlrecht zur Verteilung der Rückstellungszuführung nach Artikel 65 Absatz 1 des Einführungsgesetzes zum Handelsgesetzbuch in Anspruch genommen hat.

IV. Zeitliche Anwendung

34 Dieses Schreiben gilt in allen noch offenen Fällen. Das BMF-Schreiben vom 16. Dezember 2005 (a. a. O.) zur bilanziellen Behandlung von Schuldbeitrittsvereinbarungen und das BMF-Schreiben vom 24. Juni 2011 (a. a. O.) zu den bilanzsteuerrechtlichen Ansatz- und Bewertungsvorbehalten bei der Übernahme von schuldrechtlichen Verpflichtungen werden aufgehoben.

35 Hat der Freistellungsberechtigte abweichend von Randnummer 24 bislang aufgrund der in Randnummer 34 genannten BMF-Schreiben eine Rückstellung und einen Freistellungsanspruch gegenüber dem Freistellungsverpflichteten angesetzt, ist es nicht zu beanstanden, wenn Rückstellung und Anspruch spätestens in dem Wirtschaftsjahr gewinnwirksam aufgelöst werden, das nach der Veröffentlichung dieses Schreibens im Bundessteuerblatt endet.

Die Betriebsausgabenverteilung gemäß § 4f Absatz 2 i. V. m. Absatz 1 EStG kommt nur dann in Betracht, wenn die Vereinbarung auch ohne Anwendung der in Randnummer 34 genannten BMF-Schreiben in nach dem 28. November 2013 endenden Wirtschaftsjahren zu einem Aufwand geführt hätte.

Anhang 9 XII
– unbesetzt –

Bewertung des Vorratsvermögens gemäß § 6 Absatz 1 Nummer 2a EStG – Lifo-Methode

BMF vom 12.05.2015 (BStBl I S. 462)
IV C 6 – S 2174/07/10001 :002 – 2015/0348300

Gemäß § 6 Absatz 1 Nummer 2a EStG können Steuerpflichtige, die den Gewinn nach § 5 EStG ermitteln, für den Wertansatz gleichartiger Wirtschaftsgüter des Vorratsvermögens unterstellen, dass die zuletzt angeschafften oder hergestellten Wirtschaftsgüter zuerst verbraucht oder veräußert worden sind, soweit dies den handelsrechtlichen Grundsätzen ordnungsmäßiger Buchführung entspricht („last in – first out"). Durch die steuerliche Anerkennung der Lifo-Methode mit dem Steuerreformgesetz 1990 sollte neben der Bewertungsvereinfachung auch die Verhinderung der Besteuerung von Scheingewinnen erreicht werden (BT-Drs. 11/2157 S. 140 und BT-Drs. 11/2536 S. 47). Zur Zulässigkeit der Anwendung dieses Bewertungsvereinfachungsverfahrens nehme ich im Einvernehmen mit den obersten Finanzbehörden der Länder wie folgt Stellung:

1. Wirtschaftsgüter des Vorratsvermögens

Wirtschaftsgüter des Vorratsvermögens, für die eine Anwendung der Lifo-Methode in Betracht kommt, sind gemäß § 266 Absatz 2 Buchstabe B I. HGB Roh-, Hilfs- und Betriebsstoffe, unfertige Erzeugnisse, fertige Erzeugnisse und Waren.

2. Grundsätze ordnungsmäßiger Buchführung

Die Bewertung des Vorratsvermögens unter Anwendung der Lifo-Methode setzt voraus, dass sie den handelsrechtlichen Grundsätzen ordnungsmäßiger Buchführung entspricht. Diese Voraussetzung ist erfüllt, wenn die am Schluss des Wirtschaftsjahres vorhandenen Wirtschaftsgüter mengenmäßig vollständig erfasst sind und die Anwendung der Lifo-Methode nach den betriebsindividuellen Verhältnissen zu einer Vereinfachung bei der Bewertung des Vorratsvermögens führt.

§ 6 Absatz 1 Nummer 2a EStG enthält eine Ausnahme vom Einzelbewertungsgrundsatz. Zu diesem Zweck wird für den Wertansatz des Vorratsvermögens unterstellt, dass die zuletzt angeschafften oder hergestellten Wirtschaftsgüter zuerst verbraucht oder veräußert werden. Einer weiteren Prüfung, ob eine Durchbrechung dieses Einzelbewertungsgrundsatzes zulässig ist, bedarf es daher nicht. Die weitere Voraussetzung der Entsprechung mit den handelsrechtlichen Grundsätzen ordnungsmäßiger Buchführung verlangt nur, dass die Bewertung des Vorratsvermögens nach dem Wirtschaftlichkeits- und Wesentlichkeitsgrundsatz zu einer Bewertungsvereinfachung führt.

3. Anwendbarkeit der Lifo-Methode

Für die Anwendung der Lifo-Methode können gleichartige Wirtschaftsgüter zu einer Gruppe zusammengefasst werden. Wirtschaftsgüter sind gleichartig, wenn es sich bei diesen um eine gleichartige Warengattung handelt oder sie funktionsgleich sind (siehe auch R 6.9 Absatz 3 EStR). Das Bewertungswahlrecht kann für verschiedene Bewertungsgruppen unterschiedlich ausgeübt werden. Sämtliche Wirtschaftsgüter einer Bewertungsgruppe sind nach einheitlichen Grundsätzen zu bewerten. Der Steuerpflichtige darf die Lifo-Methode auch bei der Bewertung der Materialbestandteile unfertiger oder fertiger Erzeugnisse anwenden (zu den weiteren Voraussetzungen siehe R 6.9 Absatz 2 Satz 4 EStR). Zum Wechsel der Bewertungsmethoden vgl. R 6.9 Absatz 5 EStR.

Die Lifo-Methode muss nicht mit der tatsächlichen Verbrauchs- oder Veräußerungsfolge übereinstimmen. Sie ist somit unabhängig vom Vorhandensein besonderer ordnungsrechtlicher Vorschriften (z. B. Lebensmittelrecht) zulässig. Auch Zertifizierungs-Verfahren, die eine bestimmte tatsächliche Verbrauchsfolge vorschreiben, schließen die Anwendung der Lifo-Methode nicht aus.

a) Handelsware

6 Ist es bei zum Verkauf und nicht zur weiteren Ver- oder Bearbeitung bestimmten Vorräten (Handelsware) z. B. durch im Betrieb eingesetzte moderne EDV-Systeme technisch möglich, die individuellen Anschaffungskosten der einzelnen Wirtschaftsgüter ohne weiteres zu ermitteln (z. B. durch Codierung), so ist die Anwendung der Lifo-Methode unzulässig. Zur Bewertungsvereinfachung ist die Lifo-Methode für Handelsware jedoch zulässig, wenn durch den Einsatz solcher EDV-Systeme eine Einzelbewertung der Wirtschaftsgüter zwar möglich wäre, dies aber weiteren Aufwand oder weitere Rechen- oder Ermittlungsschritte erfordern würde (z. B. Zuordnung weiterer anteiliger Anschaffungsnebenkosten, aber auch weitere Programmierungs- oder Implementierungsschritte oder Kosten für den zusätzlichen manuellen Erfassungsaufwand in der Buchhaltung). Der Umfang dieser weiteren Ermittlungsschritte ist dabei unbeachtlich.

b) Ver- oder bearbeitete Erzeugnisse

7 Handelt es sich bei den Vorräten um Erzeugnisse, die im Betrieb erst nach einer weiteren Ver- oder Bearbeitung von Roh-, Hilfs- und Betriebsstoffen hergestellt wurden (z. B. durch Verbindung oder Trennung/Teilung, Ver- oder Entmischung, Verformung), sind zur Ermittlung der individuellen Anschaffungs- oder Herstellungskosten weitere Kosten aus dem Fertigungsprozess in die Einzelkosten einzubeziehen. Für diese Fertig- oder Teilfertigerzeugnisse ist auch bei Einsatz eines elektronischen Warenwirtschaftssystems die Anwendung der Lifo-Methode zulässig. Dies gilt für die zugehörigen Roh-, Hilfs- und Betriebsstoffe sowie unfertigen Erzeugnisse entsprechend.

8 Eine Codierung der Ausgangs-, Zwischen- oder Endprodukte ist für die Anwendung der Lifo-Methode unschädlich.

c) Verderbliche Vorräte

9 Sind Vorräte dauerhaft haltbar oder werden sie dies durch Be- und Verarbeitung, darf die Lifo-Methode angewandt werden. Als dauerhaft gilt eine Haltbarkeit von mindestens einem Jahr. Haben Vorräte eine geringere Haltbarkeit, so ist die Lifo-Methode nicht zulässig, weil eine Verbrauchs- oder Veräußerungsfolge, wonach die zuletzt gekauften Waren als erstes verarbeitet und verkauft werden, dem betrieblichen Geschehensablauf völlig widerspricht.

4. Einzelbewertung im HGB- oder IFRS-Abschluss

10 Bei der Bewertung nach § 6 Absatz 1 Nummer 2a EStG handelt es sich um ein eigenständiges steuerliches Wahlrecht, das unabhängig davon ausgeübt werden kann, ob in der Handelsbilanz das entsprechende Wahlrecht gemäß § 256 Satz 1 HGB ausgeübt wird; jedoch muss dem Grunde nach auch handelsrechtlich die Anwendung des Bewertungsvereinfachungsverfahrens Lifo zulässig sein. Auch eine Einzelbewertung im IFRS-Abschluss steht der Anwendung der Lifo-Methode in der Steuerbilanz nicht entgegen.

5. Anwendung

11 Die Regelungen sind in allen offenen Fällen anwendbar.

Buchführung in land- und forstwirtschaftlichen Betrieben

BMF vom 15.12.1981 (BStBl I S. 878)
IV B 4 – S 2163 – 63/81
IV A 7 – S 0312 – 6/81

Die Buchführung in land- und forstwirtschaftlichen Betrieben ist durch das Gesetz zur Neuregelung der Einkommensbesteuerung der Land- und Forstwirtschaft und durch die Abgabenordnung 1977 auf eine neue Rechtsgrundlage gestellt worden. Unter Bezugnahme auf das Ergebnis der Erörterungen mit den obersten Finanzbehörden der Länder gelten für sie folgende Grundsätze:

Inhaltsverzeichnis

1	Voraussetzungen der Buchführungspflicht
1.1	Gesetzliche Grundlagen
1.2	Außersteuerliche Buchführungs- und Aufzeichnungspflichten
1.3	Buchführungsgrenzen
2	Beginn und Ende der Buchführungspflicht
2.1	Beginn der Buchführungspflicht
2.2	Ende der Buchführungspflicht
2.3	Übergang der Buchführungspflicht
2.4	Befreiung von der Buchführungspflicht
3	Ordnungsmäßigkeit der Buchführung
3.1	Erleichterungen
3.2	Bewertung von Pflanzenbeständen und Kulturen
3.3	Anbauverzeichnis
3.4	Besonderheiten bei Forstbetrieben
3.5	Nach außersteuerlichen Vorschriften zu führende Bücher und sonstige Aufzeichnungen
4	Aufzeichnung des Warenausgangs
5	Übergangsregelung
6	Anwendungs- und Schlußbestimmung

1 Voraussetzung der Buchführungspflicht

1.1 Der **Buchführungspflicht** unterliegen Land- und Forstwirte, die einen land- und forstwirtschaftlichen Betrieb als Eigentümer, Pächter, Nießbraucher oder sonstiger Nutzungsberechtigter bewirtschaften, ferner Verpächter, die einen Betrieb im ganzen verpachtet, aber nicht aufgegeben haben, wenn die Voraussetzungen des § 140 AO erfüllt sind oder eine der in § 141 Abs. 1 AO festgelegten Buchführungsgrenzen überschritten wird.

Hat der Steuerpflichtige einen **Antrag nach § 13a Abs. 2 Nr. 1 EStG**[1]) gestellt und für das Erstjahr Bücher geführt und einen Abschluß gemacht, so ist der Gewinn des Betriebs für vier aufeinanderfolgende Wirtschaftsjahre durch Betriebsvermögensvergleich zu ermitteln. Diese Buchführungspflicht steht selbständig neben einer sich aus den §§ 140, 141 AO ergebenden Verpflichtung. Tz. 2 gilt für diese Fälle nicht.

1.2 Durch § 140 AO werden die **außersteuerlichen Buchführungs- und Aufzeichnungsvorschriften**, die auch für die Besteuerung von Bedeutung sind, für das Steuerrecht nutzbar

---

[1]) EStG a. F.

gemacht. In Betracht kommen einmal die allgemeinen Buchführungs- und Aufzeichnungsvorschriften des Handels-, Gesellschafts- und Genossenschaftsrechts. Zum anderen fallen hierunter die Buchführungs- und Aufzeichnungsvorschriften für bestimmte Betriebe und Berufe, die sich aus einer Vielzahl von Gesetzen und Verordnungen ergeben (vgl. dazu im einzelnen die beispielhafte Aufzählung zu § 140 AO im Einführungserlaß zur AO 1977 vom 1.10.1976 – BStBl I S. 576).

Soweit Land- und Forstwirte zwecks Inanspruchnahme staatlicher Förderungsmittel nach den einzelbetrieblichen Förderungsprogrammen der Bundesregierung oder der Landesregierungen verpflichtet sind, für einen bestimmten Zeitraum Bücher zu führen und Abschlüsse zu machen und der zuständigen Landwirtschaftsbehörde alljährlich den Buchführungsabschluß in der vorgeschriebenen Form vorzulegen (sog. Auflagenbuchführung), begründet diese auf Verwaltungsvorschriften beruhende Verpflichtung für sich allein keine Buchführungspflicht i. S. des § 140 AO. Entsprechendes gilt für eine Buchführung als Testbetrieb nach dem Landwirtschaftsgesetz vom 5.9.1955 (BGBl. I S. 565), geändert durch Artikel 75 des Einführungsgesetzes zur AO vom 14.12.1976 (BGBl. I S. 3341).

1.3 Bei der Prüfung, ob eine der **Buchführungsgrenzen** nach § 141 AO überschritten ist, ist folgendes zu beachten:

1.3.1 Zu den **Umsätzen** im Sinne des § 141 Abs. 1 Nr. 1 AO gehören auch die nicht steuerbaren Auslandsumsätze. Soweit Land- und Forstwirte mit Durchschnittssatzbesteuerung nach § 24 UStG ihre Umsätze nicht aufzeichnen brauchen (§ 67 UStDV) und auch tatsächlich nicht aufzeichnen, sind diese ggf. anhand von Richtsätzen zu schätzen. Maßgebend sind die im Kalenderjahr erzielten Umsätze.

1.3.2 **Wirtschaftswert** im Sinne des § 141 Abs. 1 Nr. 3 und Satz 3 AO ist der nach den Grundsätzen des § 46 BewG errechnete Wert der selbstbewirtschafteten land- und forstwirtschaftlichen Flächen.

1.3.3 Maßgebend ist der **Gewinn** des Kalenderjahrs (§ 141 Abs. 1 Nr. 5 AO). Das ist bei vom Kalenderjahr abweichenden Wirtschaftsjahren die Summe der zeitlich aufgeteilten Gewinne aus zwei Wirtschaftsjahren. Erhöhte Absetzungen oder Sonderabschreibungen dürfen nach § 7a Abs. 6 EStG bei der Prüfung, ob die Gewinngrenze überschritten ist, nicht berücksichtigt werden. Dies gilt auch für Gewinnabzüge nach den §§ 77, 78 EStDV. Sie sind daher den Gewinnen vor der Aufteilung wieder hinzuzurechnen. Steuerfreie Rücklagen brauchen dagegen nicht hinzugerechnet zu werden, weil § 7a Abs. 6 EStG für sie nicht gilt (vgl. z. B. § 3 Abs. 5 des Forstschäden-Ausgleichsgesetzes vom 29.8.1969 – BStBl I S. 513).

1.3.4 Die Buchführungsgrenzen beziehen sich stets auf den einzelnen land- und forstwirtschaftlichen **Betrieb**. Wird das Vorhandensein mehrerer Betriebe behauptet, so ist zu prüfen, ob es sich dabei nicht nur um Teilbetriebe oder Betriebsteile handelt, die insgesamt einheitlich bewirtschaftet werden. Eine einheitliche Bewirtschaftung spricht regelmäßig für einen Betrieb.

1.3.5 Hat ein Land- und Forstwirt Teile seines im übrigen selbstbewirtschafteten Betriebs verpachtet, so sind bei der Berechnung der Umsatz- und Gewinngrenze die Pachteinnahmen einzubeziehen, wenn die Einkünfte aus der Verpachtung zu den Einkünften aus Land- und Forstwirtschaft gehören. Bei der Berechnung der Wirtschaftswertgrenze bleibt der auf die verpachteten Flächen entfallende Anteil am Wirtschaftswert außer Ansatz.

1.3.6 Hat ein Land- und Forstwirt den land- und forstwirtschaftlichen Betrieb ganz oder zum Teil gepachtet oder auf Grund einer anderen vertraglichen Vereinbarung zur Nutzung übernommen, so ist bei ihm der Wirtschaftswert aller selbstbewirtschafteten Flächen maßgebend (§ 141 Abs. 1 Satz 3 AO).

Zugepachtete Flächen sind beim Pächter mit dem Vergleichswert zu berücksichtigen, mit dem sie im Wirtschaftswert des Verpächters enthalten sind; besteht für zugepachtete Flächen kein eigener Vergleichswert oder sind sie bei der Einheitsbewertung nach § 69 BewG dem Grundvermögen zugerechnet und mit dem gemeinen Wert bewertet, so ist deren Wert nach dem Hektarwert zu errechnen, der bei der Einheitsbewertung für den eigenen Betrieb beim Vergleichswert der entsprechenden Nutzung zugrunde gelegt worden ist oder zugrunde zu legen wäre. Bei der Berechnung des Wirtschaftswerts sind auch Zu- und Abgänge von Flächen zu berücksichtigen, die nicht oder noch nicht zu einer Fortschreibung des Einheitswerts geführt haben. Als Zu- und Abgänge von Flächen gelten auch Nutzungsänderungen innerhalb eines Betriebs (Abschnitt 5 Abs. 3 Nr. 1 Buchstabe b Fortschreibungs-Richtlinien vom 2.12.1971 – BStBl I S. 638).

Wegen der Berechnung des Wirtschaftswerts bei Pachtung eines Betriebs und bei ausschließlicher Bewirtschaftung zugepachteter Flächen wird auf Abschnitt 130a Abs. 3 EStR[1]) hingewiesen.

1.3.7 Die Grundsätze von Tz. 1.3.6 gelten – über den dort genannten Fall hinaus – auch für land- und forstwirtschaftlich genutzte Flächen, die nach § 69 BewG als Grundvermögen bewertet sind.

1.3.8 Bei gemeinschaftlichem Betrieb der Land- und Forstwirtschaft durch mehrere Personen gilt für die Buchführungspflicht die Gemeinschaft oder Gesellschaft als Land- und Forstwirt. Es müssen daher Bücher geführt werden, wenn der im gemeinschaftlichen Betrieb erzielte Umsatz oder Gewinn oder der Wirtschaftswert des gemeinschaftlich bewirtschafteten Betriebs die maßgebende Grenze überschreitet.

2 Beginn und Ende der Buchführungspflicht

2.1 Für den **Beginn der Buchführungspflicht** ist u. a. Voraussetzung, daß nach den Feststellungen der Finanzbehörde eine der maßgebenden Buchführungsgrenzen überschritten ist. Diese Feststellung kann nicht nur die für die Besteuerung zuständige, sondern im Namen dieser auch die Finanzbehörde treffen, die nach § 195 AO mit der Durchführung von Außenprüfungen beauftragt ist. Die Feststellungen setzen nicht zwingend einen Steuerbescheid, Feststellungsbescheid oder eine Rechtsbehelfsentscheidung voraus. Sie können auch in anderer Weise getroffen werden. Es genügt z. B., wenn die Finanzbehörde aus Steuererklärungen oder auf Grund einer Außenprüfung Sachverhalte erkennt, die eine Buchführungspflicht auslösen.

2.1.1 In der **Mitteilung über die Verpflichtung zur Buchführung** (§ 141 Abs. 2 AO) ist anzugeben, auf welche Sachverhalte sich die Feststellung der Finanzbehörde stützt.

Die Mitteilung nach § 141 Abs. 2 AO ist Voraussetzung für den Beginn der Buchführungspflicht. Das gilt selbst dann, wenn der Steuerpflichtige die tatsächliche Höhe des Umsatzes, Gewinns oder Wirtschaftswerts nicht richtig erklärt oder überhaupt keine Steuererklärungen abgegeben hat (vgl. BFH-Urteile vom 31.3.1977 – BStBl II S. 549 – und vom 17.3.1977 – BStBl II 1978 S. 76).

2.1.2 Die Mitteilung über die Buchführungspflicht ist ein Verwaltungsakt i. S. der §§ 118 ff. AO. Sie kann mit einem Steuerbescheid verbunden werden. Eine solche Verbindung setzt eine entsprechende Rechtsbehelfsbelehrung voraus, weil gegen den Steuerbescheid der Einspruch, gegen die Mitteilung aber die Beschwerde als Rechtsbehelf gegeben ist. Der Steuerpflichtige soll jedoch nach Möglichkeit eine gesonderte Mitteilung erhalten. Dies ist insbesondere dann erforderlich, wenn der Umsatz oder aber bei Pächtern und anderen Nutzungsberechtigten der Wirtschaftswert für den Beginn der Buchführungspflicht maßgebend ist, weil Steuerbescheide bzw. Feststellungsbescheide insoweit nicht in Frage kommen.

Die Mitteilung soll möglichst frühzeitig, mindestens aber einen Monat vor Beginn des Wirtschaftsjahres bekanntgegeben werden, von dessen Beginn an die Buchführungspflicht zu erfüllen ist.

---

[1]) zuletzt >R 130a Abs. 1 EStR 1999

Anhang 10
Buchführung

2.1.3 Die Buchführungspflicht beginnt auch dann, wenn gegen die Mitteilung Beschwerde eingelegt ist (vgl. im übrigen den BFH-Beschluß vom 6.12.1979 – BStBl 1980 II S. 427).

2.1.4 Der Land- und Forstwirt ist aufzufordern, nach Beginn der Buchführungspflicht eine Eröffnungsbilanz vorzulegen.

2.2 § 141 Abs. 2 AO sieht eine förmliche Mitteilung über den Wegfall der Buchführungspflicht nicht vor. Aus Gründen der Rechtssicherheit ist jedoch ein entsprechender Hinweis im Steuerbescheid oder eine besondere Mitteilung zweckmäßig. Die Buchführungspflicht endet nicht bereits mit dem Ablauf des Wirtschaftsjahres, in dem die Feststellung getroffen worden ist, sondern erst mit Ablauf des darauffolgenden Wirtschaftsjahrs (§ 141 Abs. 2 Satz 2 AO), sofern die Finanzbehörde bis dahin nicht erneut das Bestehen der Buchführungspflicht feststellt und dem Steuerpflichtigen dies mitgeteilt hat.

2.3 Die **Buchführungspflicht geht** kraft Gesetzes (§ 141 Abs. 3 Satz 1 AO) auf denjenigen über, der den Betrieb im ganzen als Erwerber, Pächter, Nießbraucher oder sonstiger Nutzungsberechtigter übernimmt. Eine besondere Mitteilung (siehe Tz. 2.1.1 bis 2.1.3) an den Übernehmer ist nicht erforderlich (§ 141 Abs. 3 Satz 2 AO). Der Erwerb kann z. B. von Todes wegen, auf Grund vorweggenommener Erbfolge, durch Kauf sowie durch Einbringung oder Umwandlung eines Einzelbetriebs in eine Personengesellschaft und umgekehrt erfolgen.

Eine Übernahme des Betriebs im ganzen liegt vor, wenn seine Identität gewahrt bleibt. Das ist der Fall, wenn die wesentlichen Grundlagen des Betriebs als einheitliches Ganzes erhalten bleiben (vgl. hierzu die koordinierten Ländererlasse zur Verpachtung von Betrieben vom 17.12.1965 – BStBl 1966 II S. 34 –). Eine Übernahme im ganzen ist danach grundsätzlich auch dann anzunehmen, wenn sie sich auf die Hofstelle und den Grund und Boden beschränkt. Bei Pachtbetrieben bildet auch das lebende und tote Inventar die wesentliche Grundlage. Die anderweitige Verwendung einzelner Wirtschaftsgüter ändert nichts an der Identität des Betriebs.

Strukturelle Veränderungen des Betriebs im Zusammenhang mit der Übernahme oder im Anschluß daran wirken sich auf den Übergang der Buchführungspflicht nicht aus. Erst wenn das Finanzamt feststellt, daß diese Veränderungen zu einem Fortfall der Voraussetzungen des § 141 Abs. 1 AO geführt haben, endet die Buchführungspflicht mit Ablauf des darauffolgenden Wirtschaftsjahres (§ 141 Abs. 2 Satz 2 AO).

2.4 Beim Überschreiten einer Buchführungsgrenze auf Grund außergewöhnlicher Umstände (z. B. Veräußerung von Grund und Boden) soll auf Antrag nach § 148 AO Befreiung von der Buchführungspflicht bewilligt werden, wenn zu erwarten ist, daß künftig keine der Buchführungsgrenzen überschritten wird.

3 Ordnungsmäßigkeit der Buchführung

3.1 Für die Buchführung der Land- und Forstwirte gelten grundsätzlich die gleichen Vorschriften wie für Gewerbetreibende (§§ 140 ff. AO, § 22 UStG i. V. m. §§ 63 ff. UStDV sowie Abschn. 13 und 29-31 EStR[1])). Aus Vereinfachungsgründen werden jedoch folgende Erleichterungen zugelassen:

3.1.1 Die geordnete und übersichtliche Sammlung und Aufbewahrung der Kontoauszüge von ständigen Geschäftspartnern ersetzt die betreffenden Grundbücher, wenn die darin ausgewiesenen Geschäftsvorfälle unter Hinweis auf den dazugehörigen Beleg mit dem erforderlichen Buchungstext erläutert werden. Voraussetzung ist jedoch, daß diese Auszüge in regelmäßigen Zeitabständen – etwa nach einem Monat – vorliegen.

3.1.2 Zu den **Entnahmen** im Sinne des § 4 EStG gehört auch der Eigenverbrauch (Naturalentnahmen). Werden hierfür die von den Oberfinanzdirektionen aufgestellten Richtsätze angesetzt, so genügt es, wenn der Richtsatzbetrag am Ende des Wirtschaftsjahres gebucht wird.

---

[1]) jetzt R 4.1 Abs. 5 und R 5.2-5.4 EStR

Anhang 10
Buchführung

3.1.3 Nach § 141 Abs. 1 Satz 2 AO[1]) braucht sich die **Bestandsaufnahme** nicht auf das stehende Holz zu erstrecken.

Bei Betrieben mit jährlicher Fruchtfolge kann auch für das Feldinventar und die stehende Ernte (Abschn. 131 Abs. 2 EStR[2])) sowie für selbstgewonnene, nicht zum Verkauf bestimmte Vorräte (z. B. Heu, Stroh, Silofutter, Trockenfutter, Dünger) auf eine Bestandsaufnahme und Bewertung verzichtet werden. Diese Wirtschaftsgüter brauchen auch in der für die Gewinnermittlung nach § 4 Abs. 1 EStG maßgebenden Bilanz nicht erfaßt zu werden.

3.2 Für die **Bewertung von Pflanzenbeständen und Kulturen** gelten – soweit nicht die Vereinfachungsregelungen nach Tz. 3.1.3, Tz. 3.2.1 oder Absatz 2 in Betracht kommen – die allgemeinen Vorschriften des § 6 EStG. Mehrjährige Kulturen und Dauerkulturen sind danach zu aktivieren. Dies gilt auch für Topfpflanzen, soweit es sich um mehrjährige Kulturen handelt. Mehrjährige Kulturen sind Pflanzungen, die nach einer Kulturzeit im Betrieb von mehr als einem Jahr einen einmaligen Ertrag liefern, der zum Verkauf bestimmt ist (z. B. Baumschulkulturen). Sie gehören zum Umlaufvermögen und sind nach § 6 Abs. 1 Nr. 2 EStG zu bewerten. Dauerkulturen sind Pflanzungen, die während einer Reihe von Jahren Erträge durch ihre zum Verkauf bestimmten Blüten, Früchte oder anderen Pflanzenteile liefern (z. B. Spargel-, Rhabarber- und Hopfenanlagen, Obstanlagen sowie Rebanlagen). Sie stellen abnutzbares Anlagevermögen dar, dessen Bewertung sich nach § 6 Abs. 1 Nr. 1 EStG richtet.

Es ist nicht zu beanstanden, wenn Topfpflanzen erstmals zum Schluß des Wirtschaftsjahres aktiviert werden, das nach ihrer Anschaffung oder Herstellung beginnt.

3.2.1 Bei mehrjährigen Kulturen und Dauerkulturen entsprechen die Anlagekosten den Anschaffungs- oder Herstellungskosten. Dazu gehören z. B. die Aufwendungen für Jungpflanzen, für die Aushebung der Pflanzgruben, für Baumpfähle und Bindematerial, für Umzäunungen oder Drahtschutz gegen Wildverbiß und für Veredelungsarbeiten. Pflegekosten sind aus Vereinfachungsgründen nicht zu aktivieren. Gemeinkosten werden in den meisten Fällen von so geringer Bedeutung sein, daß in der Regel auf ihre Aktivierung ebenfalls verzichtet werden kann. Das Aktivierungsrecht des Steuerpflichtigen bleibt unberührt.

3.3 Land- und Forstwirte haben nach § 142 AO neben der jährlichen Bestandsaufnahme und dem jährlichen Abschluß ein **Anbauverzeichnis** zu führen. In dem Anbauverzeichnis ist nachzuweisen, mit welchen Fruchtarten die selbstbewirtschafteten Flächen im abgelaufenen Wirtschaftsjahr bestellt waren. In das Anbauverzeichnis sind alle dem Betrieb dienenden Flächen, also auch Pachtflächen und andere zur Nutzung überlassenen Flächen, aufzunehmen. Die selbstbewirtschaftete Fläche ist unter Angabe ihrer Größe in die einzelnen Nutzungs- und Kulturarten aufzuteilen; Flur- und Parzellenbezeichnungen oder ortsübliche Bezeichnungen sind anzugeben. Unproduktive Flächen, wie z. B. Hofraum, Dauerwege, Lagerplätze, Gebäudeflächen, sollen gleichfalls angegeben werden.

3.3.1 Das Anbauverzeichnis muß grundsätzlich nach den Verhältnissen zum Beginn eines Wirtschaftsjahres aufgestellt werden. Fruchtarten, die innerhalb eines Wirtschaftsjahres bestellt werden und abgeerntet werden, sind fortlaufend zusätzlich anzugeben.

Im gärtnerischen Gemüsebau und im Blumen- und Zierpflanzenbau ist zum 1. eines jeden Kalendervierteljahres anzugeben, welche Kulturen am Stichtag in den einzelnen Quartieren, Gewächshäusern usw. stehen.

3.3.2 In den Anbauverzeichnissen der **gärtnerischen Betriebe**, Teilbetriebe oder Betriebsteile sind die Nutzungsteile Gemüsebau, Blumen- und Zierpflanzenbau, Obstbau, Baumschulen gesondert auszuweisen. Zu den einzelnen Nutzungsteilen gehören auch die Mutterpflanzenquartiere, Saatkämpen und Jungpflanzenanzuchtflächen. Sie sind besonders zu kennzeichnen. Das gilt auch für Dauerkulturen und mehrjährige Kulturen. Es ist zwischen Freiland-,

---

[1]) jetzt § 141 Abs. 1 Satz 4 AO
[2]) jetzt R 14 Abs. 2 und 3 EStR

Anhang 10
Buchführung

Niederglas- sowie heizbaren und nicht heizbaren Hochglasflächen zu unterscheiden. Bei mehrstöckiger Bepflanzung ist die insgesamt bepflanzte Fläche anzugeben.

Beim **Gemüse-, Blumen- und Zierpflanzenanbau** sind die einzelnen Arten mit ihren handelsüblichen Bezeichnungen anzugeben. Als Grundlage für die Anbauverzeichnisse im gärtnerischen Gemüsebau und im Blumen- und Zierpflanzenbau haben sich maßstabsgerechte Lagepläne und – insbesondere Glasflächen – Grundrißzeichnungen bewährt.

Beim **Obstbau** sind die einzelnen Arten und diese wiederum unterteilt nach Sorten und Erziehungsformen (z. B. Halbstamm, Hochstamm) anzugeben. Bei den Obstbäumen ist unter Angabe der Zahl der Bäume eine weitere Aufgliederung in Jungpflanzen und im Ertrag stehende Bäume erforderlich. Bei Beeren ist die Fläche anzugeben.

Der Nutzungsteil **Baumschulen** ist mindestens wie folgt aufzugliedern:

Rhododendron und Azaleen

sonstige Ziergehölze aller Art

Forstpflanzen, die üblicherweise als Massenartikel gezogen werden

Heckenpflanzen, die üblicherweise als Massenartikel gezogen werden

Obstgehölze aller Art.

Die in Containern gezogenen Pflanzen sind gesondert auszuweisen.

Bei Samen-, Saat- und sonstigen **Pflanzenzuchtbetrieben** sind Lage, Art und Umfang des Vermehrungsanbaues anzugeben.

3.3.3 **Forstwirtschaftlich genutzte Flächen** sind in Holzboden-, Nichtholzboden- und sonstige Flächen (Nebenflächen) aufzugliedern. Die Holzbodenflächen sind nach Holzarten unter Angabe der Altersklassen aufzuteilen. Die im Wirtschaftsjahr kultivierten Flächen sind getrennt nach Wiederaufforstungen und Erstaufforstungen auszuweisen. Diese Angaben stellen in der Forstwirtschaft das Anbauverzeichnis dar.

Ein Anbauverzeichnis erübrigt sich, wenn für einen Forstbetrieb oder Forstbetriebsteil ein amtlich anerkanntes Betriebsgutachten oder ein Betriebswerk vorliegt.

3.4 Forstbetriebe haben die Holzaufnahme und den Holzeingang aufzuzeichnen. Zu diesem Zweck ist das eingeschlagene und aufgearbeitete Nutzholz und Brennholz (Derbholz) aufzumessen und mit fortlaufenden Nummern zu versehen. Aus den Aufzeichnungen muß sich auch die Holzart, die Holzsorte (Güte und Stärkeklasse) und die Holzmenge (Kubikmeter, Stückzahl u. ä.) ergeben.

3.4.1 Der Nachweis über die Holzaufnahme und den Holzeingang kann in entsprechend aufgegliederter Form durch Führung von Holzaufnahmelisten oder Nummernbüchern und Holzeingangsbüchern (Holzeinschlagsbuch, Holzeinnahmebuch, Fällungsnachweise) geführt werden. Er ist insbesondere im Hinblick auf § 34b EStG geboten, um die Voraussetzung der Angabe der unterschiedlichen Nutzungen zu erfüllen.

3.4.2 Werden Nummernbücher geführt, sind die Nummernbücher eines Wirtschaftsjahres fortlaufend zu kennzeichnen. Die Schlußnachweisung eines jeden Nummernbuchs ist in das Holzeinschlagsbuch zu übertragen. Am Ende des Wirtschaftsjahres ist das Holzeinschlagsbuch mengenmäßig abzuschließen.

Dabei soll erläutert werden, ob es sich um Mengen mit Rinde oder ohne Rinde handelt. Außerdem ist das am Schluß des Wirtschaftsjahres vorhandene eingeschlagene Holz in das Holzeingangsbuch – getrennt nach Holzsorten – einzutragen. Auf diese Weise ist unter Berücksichtigung der Anfangsbestände eine Abstimmung mit dem Holzausgangsbuch möglich.

3.4.3 Forstbetriebe haben außerdem nach Maßgabe der Tz. 4 sämtliche entgeltlichen und unentgeltlichen Holzlieferungen – Holzausgang – aufzuzeichnen (§ 144 Abs. 5 AO).

Aus den Aufzeichnungen müssen sich ergeben:

 das Verkaufsdatum,

die Anschrift des Erwerbers,
die Holzart,
die Holzsorte (Stärke und Güteklasse),
die Menge,
der Preis.

Zur Vollständigkeit der Aufzeichnungen gehört auch die Angabe der Entnahmen und der Lieferungen an Betriebsangehörige.

3.4.4 Der Nachweis über den Holzausgang kann anhand von Durchschlägen der fortlaufend numerierten Holzzettel geführt werden.

Diese können auch in Verkaufslisten zusammengefaßt werden. Holzart und Holzsorte können sich auch aus dem Nummernbuch ergeben.

3.4.5 Werden in einem forstwirtschaftlichen Betrieb das Holzeinschlagsbuch (Holzeinnahmebuch, Fällungsnachweis) und das Holzausgangsbuch (Holzausgabebuch, Verwertungsnachweis) ordnungsgemäß geführt, so kann für das eingeschlagene Holz eine permanente Inventur im Sinne des Abschn. 30 Abs. 2 EStR[1]) erstellt werden.

3.5 Bestandteil der Buchführung sind im übrigen auch die nach außensteuerlichen Vorschriften zu führenden Bücher und sonstigen Aufzeichnungen.

4 Aufzeichnung des Warenausgangs

Nach § 144 Abs. 5 AO gelten die Vorschriften über die gesonderte Aufzeichnung des Warenausgangs auch für buchführungspflichtige Land- und Forstwirte. Diese Aufzeichnungen sollen eine bessere Überprüfung der Käufer land- und forstwirtschaftlicher Produkte ermöglichen. Es sind daher die Waren aufzuzeichnen, die erkennbar zur gewerblichen Weiterverwendung bestimmt sind.

Unter die Aufzeichnungspflicht fallen auch solche Produkte, die vom Erwerber nicht unmittelbar weiterveräußert, sondern zuvor be- oder verarbeitet werden.

5 Übergangsregelung

Nach der Tz. 3.2 sind mehrjährige Kulturen und Dauerkulturen zu aktivieren. Soweit dies bisher noch nicht geschehen ist, ist der Aktivposten erstmals in der Schlußbilanz des Wirtschaftsjahrs anzusetzen, das nach dem 31.12.1980 beginnt. Der dadurch entstehende Gewinn kann in der Weise auf fünf Wirtschaftsjahre verteilt werden, daß in derselben Schlußbilanz eine den steuerlichen Gewinn mindernde Rücklage von höchstens 4/5 des Gewinns gebildet wird. Die Rücklage ist in den folgenden Wirtschaftsjahren mit mindestens je 1/4 gewinnerhöhend aufzulösen.

6 Anwendungs- und Schlußbestimmung

Die vorstehenden Regelungen sind erstmals für Wirtschaftsjahre anzuwenden, die nach dem 31.12.1980 beginnen. Der RdF-Erlaß vom 5. Juli 1935 – S 2140 – 50 III (RStBl S. 953), die Verwaltungsanordnung über die Buchführung gärtnerischer Betriebe vom 15. Juni 1951 (BStBl I S. 235), die gleichlautenden Ländererlasse aus dem Jahre 1958 über die Buchführung forstwirtschaftlicher Betriebe, die gleichlautenden Ländererlasse aus dem Jahre 1970 über die land- und forstwirtschaftliche Buchführung (BMF-Schreiben vom 22.1.1970 – IV B 4 – S 2163 – 4/70 – BStBl I S. 184) sind überholt.

Anhang 11
– unbesetzt –

---

[1]) jetzt H 5.3 (Permanente Inventur)

Anhang 12
DBA/Ausländische Besteuerung/Steuerabzug nach § 50a EStG I, II

Übersicht

I. – *unbesetzt* –

II. 1. Verzeichnis ausländischer Steuern in Nicht-DBA-Staaten, die der deutschen Einkommensteuer entsprechen
2. Verzeichnis von Nicht-DBA-Staaten bzw. Nicht-DBA-Gebieten mit Quellensteuern auf Dividenden, Zinsen und Wertpapierveräußerungsgewinne, die der deutschen Einkommensteuer entsprechen
3. Verzeichnis von Nicht-DBA-Staaten bzw. Nicht-DBA-Gebieten ohne Quellensteuern auf Dividenden, Zinsen und Wertpapierveräußerungsgewinne

Anhang 12 I
– *unbesetzt* –

Anhang 12 II
1.
Verzeichnis
ausländischer Steuern in Nicht-DBA-Staaten, die der deutschen Einkommensteuer entsprechen

Afghanistan
income tax (Einkommen- und Körperschaftsteuer),
rent tax (Steuer auf Einkünfte aus Vermietung),
corporate tax (Körperschaftsteuer)

Angola
imposto industrial (Steuer auf Einkünfte aus Gewerbebetrieb),
imposto sobre os rendimentos do trabalho (Steuer auf Einkünfte aus selbständiger und nichtselbständiger Arbeit),
imposto predial urbano (Steuer auf Einkünfte aus bebauten Grundstücken),
imposto sobre a aplicaçáço de capitais (Steuer auf Einkünfte aus Kapitalvermögen)

Antigua und Barbuda
individual income tax (Einkommensteuer)

Äquatorialguinea
impuesto sobre la renta de las personas fisicas (Einkommensteuer)

Äthiopien
income tax (Einkommen- und Körperschaftsteuer)

Barbados
income and corporate tax (Einkommen- und Körperschaftsteuer)

Benin
impôt général sur le revenue (allgemeine Einkommensteuer)

Bhutan
tax deducted at source oder salary tax (Steuer auf Löhne und Gehälter),
health contribution (Einkommensteuer)

Botsuana
income tax (Einkommen- und Körperschaftsteuer)

Brasilien
imposto de renda da pessoas fisicas (Einkommensteuer),
imposto de renda da pessoas juridicas (Körperschaftsteuer),
imposto de renda retido da fonte (Einkommensteuer als Quellensteuer auf Einkünfte von Steuerausländern)
Carnê- Leão do titular (Einkommensteuer als Anmeldung auf sonstige Einkünfte und Zahlungen aus dem Ausland)

Anhang 12
II DBA/Ausländische Besteuerung/Steuerabzug nach § 50a EStG

Brunei
income tax (Einkommensteuer)

Burkina Faso
Impôt Unique sur les Traitements et Salaires – IUTS (Steuer auf Löhne und Gehälter)

Chile
impuesto a la renta (Einkommen- und Körperschaftsteuer),
impuesto global complementario (Zusatzsteuer auf das Gesamteinkommen),
impuesto adicional (Zusatzsteuer auf Einkünfte von Steuerausländern)

China (Taiwan)
individual consolidated income tax (Einkommensteuer der natürlichen Personen),
profit-seeking enterprise income tax (Einkommensteuer der gewerblichen Unternehmen)

China, Volksrepublik
(Special Administrative Region Hongkong), siehe Hongkong

Cookinseln
income tax (Einkommen- und Körperschaftsteuer)

Dominikanische Republik
impuesto sobre la renta (Einkommen- und Körperschaftsteuer),
contribucion adicional al impuesto sobre la renta (Zuschlag zur Einkommen- und Körperschaftsteuer)

El Salvador
impuesto sobre la renta (Einkommen- und Körperschaftsteuer)

Fidschi
income tax (Einkommen- und Körperschaftsteuer),
dividend tax (Quellensteuer auf Dividenden von Steuerinländern),
interest witholding tax (Quellensteuer auf Zinsen),
non-resident dividend witholding tax (Quellensteuer auf Dividenden Steuerausländer)

Gabun
impôt général sur le revenu des personnes physiques (allgemeine Einkommensteuer),
impôt sur le revenu des valeurs mobilières (Steuer auf Einkünfte aus Beteiligungen),
taxe complémentaire sur les salaires (Zusatzsteuer auf Einkünfte aus nichtselbständiger Arbeit),
impôt sur les sociétés (Körperschaftsteuer)

Gambia
income tax (Einkommen- und Körperschaftsteuer),
capital gains tax (Steuer auf Veräußerungsgewinne)

Gibraltar
income tax (Einkommen- und Körperschaftsteuer)

Grönland
Akileraarutissaq/Indkomstskat, Akileraarutit A-t/A-skat, Akileraarutit B-t/B-skat (Einkommensteuer)

Guatemala
impuesto sobre la renta (Einkommen- und Körperschaftsteuer)

Guernsey
income tax (Einkommensteuer)

Guinea
impôt général sur le revenu (Einkommensteuer),
impôt sur les traitements et salaires (Steuer auf Einkünfte aus nichtselbständiger Arbeit),
impôt sur les revenus non salariaux versés à des non résidents (Quellensteuer für Steuerausländer),
impôt sur les bénéfices industriels, commerciaux et non commerciaux (Steuer auf gewerbliche Einkünfte und auf Einkünfte aus selbständiger Arbeit),
impôt sur le revenu des capitaux mobiliers (Quellensteuer auf Kapitalerträge),

impôt sur les sociétés (Körperschaftsteuer)

Guyana
income tax (Einkommen- und Körperschaftsteuer),
corporation tax (Körperschaftsteuer),
capital gains tax (Steuer auf Veräußerungsgewinne)

Haiti
impôt sur le revenu (Einkommen- und Körperschaftsteuer)

Honduras
impuesto sobre la renta (Einkommen- und Körperschaftsteuer),
aportación solidaria temporal (Solidaritätszuschlag für Körperschaften)

Hongkong
profits tax (Gewinnsteuer),
salaries tax (Lohnsteuer),
property tax (Steuer auf Mieteinkünfte)

Irak
income tax (Einkommen- und Körperschaftsteuer)

Jordanien
income tax (Einkommen- und Körperschaftsteuer),
social welfare tax (Zuschlag auf die Einkommensteuer),
university tax (Steuer auf ausschüttungsfähige Gewinne)

Kambodscha
withholding tax on management and technical services (Quellensteuer auf Vergütungen für Dienstleistungen),
withholding tax on salary (Quellensteuer auf Lohnzahlungen)

Kamerun
impôt sur le revenu des personnes physiques (Einkommensteuer),
impôt sur les sociétés (Körperschaftsteuer)

Katar
income tax (Körperschaftsteuer)

Kolumbien
impuesto sobre la renta (Einkommen- und Körperschaftsteuer einschließlich Zuschlag),
impuesto complementario des remesas (Zuschlag zur Einkommen- und Körperschaftsteuer bei Mittelabflüssen ins Ausland)
retencion en la fuente (Quellensteuer auf Dividenden, Zinsen, Lizenzen und technische Dienstleistungen)

Kongo, Demokratische Republik
impôt sur les revenus locatifs (Steuer auf Einkünfte aus Vermietung),
impôt mobilier (Steuer auf Kapitalerträge),
impôt professionnel (Steuer auf Erwerbseinkünfte),
contribution sur les revenus des personnes physiques (Einkommensteuer)

Kongo, Republik
impôt sur le revenu des personnes physiques (Einkommensteuer),
impôt complémentaire (Ergänzungsteuer zur Einkommensteuer),
impôt sur les sociétés (Körperschaftsteuer),
impôt sur le revenu des valeurs mobilières (Steuern auf Kapitalerträge),
taxe immobilières sur les loyers (Steuer auf Mieteinkünfte),
Impôt sur les plus-values résultant de la cession d'immeubles (Steuer auf Gewinne aus der Veräußerung von Grundvermögen)

Kuba
impuesto sobre utilidades (Gewinnsteuer),
impuesto sobre ingresos personales (Einkommensteuer)

Lesotho
income tax (Einkommen- und Körperschaftsteuer),
graded tax (Zusatzsteuer vom Einkommen)

Anhang 12
II DBA/Ausländische Besteuerung/Steuerabzug nach § 50a EStG

Libanon
impôt sur le revenu (Einkommen- und Körperschaftsteuer),
Impôt sur les immeubles bâtis (Steuer auf Mieteinkünfte),
Distribution tax (Sondersteuer auf Dividendenzahlungen)

Libyen
income tax (Einkommen- und Körperschaftsteuer),
defense-tax (Zusatzsteuer auf alle Einkommen außer solchen aus Landwirtschaft)

Macau
imposto professional (Einkommensteuer)

Madagaskar
impôt général sur le revenu (Einkommensteuer),
impôt sur les bénéfices des sociétés (Körperschaftsteuer),
impôt sur les revenus des capitaux mobiliers (Steuer auf Kapitalerträge),
impôt sur la plus-value immobilière (Steuer auf Veräußerungsgewinne von Grundvermögen)

Malawi
income tax (Einkommen- und Körperschaftsteuer),
paye-tax (Lohnsteuer)

Mali
impôt général sur le revenu (Einkommensteuer),
impôt sur le bénéfice agricole (Steuer auf Einkünfte aus Land- und Forstwirtschaft),
impôt sur les revenus fonciers (Steuer auf Einkünfte aus Vermietung und Verpachtung),
impôt sur les revenus des valeurs mobilières (Steuer auf Kapitalerträge),
impôt sur les bénéfices industriels et commerciaux (Steuer auf gewerbliche und freiberufliche Einkünfte),
impôt sur les sociétés (Körperschaftsteuer)

Mauretanien
impôt général sur les revenus (Einkommensteuer),
impôt sur les bénéfices industriels et commerciaux (Steuer auf gewerbliche Gewinne),
impôt sur les revenus des capitaux mobiliers (Steuer auf Kapitalerträge),
impôt sur les bénéfices non commerciaux (Steuer auf nichtgewerbliche Einkünfte),
impôt sur les traitements et salaires (Steuer auf Einkünfte aus nichtselbständiger Arbeit)

Monaco
impôt sur les bénéfices des activités industrielles et commerciales (Steuer auf gewerbliche Gewinne)

Mosambik
imposto de rendimento das pessoas singulares (Einkommensteuer),
imposto sobre o rendimento das pessoas colectivas (Körperschaftsteuer)

Myanmar
income tax (Einkommen- und Körperschaftsteuer),
profits tax (Einkommensteuer)

Nepal
income tax (Einkommen- und Körperschaftsteuer),
surcharge on income tax (Zusatzsteuer),
tax on rental income (Steuer auf Einkünfte aus Vermietung und Verpachtung)

Nicaragua
impuesto sobre la renta (Einkommen- und Körperschaftsteuer)

Niederländische Antillen
inkomstenbelasting (Einkommensteuer),
winstbelasting (Körperschaftsteuer),
isular surcharge (Zusatzsteuer)

Niger
impôt général sur les revenus (Einkommensteuer),

Anhang 12
DBA/Ausländische Besteuerung/Steuerabzug nach § 50a EStG II

impôt sur les bénéfices industriels, commerciaux et agricols (Steuer auf gewerbliche und landwirtschaftliche Einkünfte),

impôt sur les bénéfices des professions non-commerciales (Steuer auf nichtgewerbliche Einkünfte),

impôt sur les traitements publics et privés, les indemnités et émoluments, les salaires, les pensions ou indemnités annuelles et rentes viagères (Steuer auf öffentliche und private Bezüge, auf Entschädigungen, Löhne, Ruhegehälter, Leibrenten und Altersrenten),

impôt sur les revenus des capitaux mobiliers (Steuer auf Kapitalerträge)

Nigeria
personal income tax (Einkommensteuer),
companies income tax (Bundeskörperschaftsteuer),
petroleum profits tax (Steuer auf Einkünfte von Erdölunternehmen),
capital gains tax (Veräußerungsgewinnsteuer),
Directors' fees tax (Einkommensteuer für Aufsichtsratsvergütungen),
education tax (Ergänzungsabgabe für Körperschaften)
withholding tax (Quellensteuer für Beratungsleistungen (10 %), bzw. für Zahlungen aufgrund Liefer- und Agenturverträgen (5 %))

Oman
company income tax (Körperschaftsteuer),
profit tax on establishments (Gewinnsteuer auf Unternehmen)

Panama
impuesto sobre la renta (Einkommen- und Körperschaftsteuer),
impuesto complementario (Steuer auf nicht ausgeschüttete Gewinne von juristischen Personen),
impuesto sobre los dividendos (Quellensteuer auf Dividenden),
impuesto sobre la ganancia de capital (Steuer auf Veräußerungsgewinne von Anteilen an einer Kapitalgesellschaft)

Papua-Neuguinea
foreign contractor withholding tax (Quellensteuer für ausländische Auftragnehmer)
salary or wages tax (Lohnsteuer),
additional profits tax upon taxable additional profits from mining operations (zusätzliche Gewinnsteuer auf steuerbare zusätzliche Gewinne aus dem Bergbau),
additional profits tax upon taxable additional profits from petroleum operations (zusätzliche Gewinnsteuer auf steuerbare zusätzliche Gewinne aus dem Erdölgeschäft),
specific gains tax upon taxable specific gains (Steuer auf steuerbare spezifische Gewinne)

Paraguay
impuesto a la renta del servicio de carácter personal (Allgemeine Einkommensteuer),
impuesto a la renta de actividades comerciales, industriales o de servicios (Steuer auf gewerbliche Einkünfte),
impuesto a la renta de las actividades agropecuarias (Steuer auf Einkünfte aus Land- und Forstwirtschaft),
tributo único (Steuer auf gewerbliche Einkünfte natürlicher Personen)

Peru
impuesto a la renta (Einkommen- und Körperschaftsteuer)

Puerto Rico
income tax (Einkommen- und Körperschaftsteuer),
surtax (Zusatzsteuer)

Ruanda
income tax (Einkommen- und Körperschaftsteuer),
paye-tax (Lohnsteuer),
rental income tax (Steuer auf Einkünfte aus Vermietung und Verpachtung),
loans tax (Steuer auf Kapitalerträge),
withholding tax on service fees including management and technical service fees (Einkommensteuer auf Vergütungen für Dienstleistungen inklusive Management und technische Dienstleistungsvergütungen)

Anhang 12
II DBA/Ausländische Besteuerung/Steuerabzug nach § 50a EStG

Salomonen
withholding tax (Abzugsteuer auf Dividendenerträge)

San Marino
imposta generale sui redditi (Einkommen- und Körperschaftsteuer)

Saudi-Arabien
income tax (Einkommen- und Körperschaftsteuer; 5 % für Betriebsstättengewinne, Dividenden, Zinsen und Honorare für technische und beratende Leistungen, 15 % für Lizenzgebühren und für Zahlungen für Dienstleistungen von der Hauptverwaltung und von verbundenen Unternehmen, 20 % für Managementgebühren)

Senegal
impôt sur le revenu des personnes physiques (Einkommensteuer),
impôt sur les sociétés (Körperschaftsteuer)

Seychellen
business tax (Einkommen- und Körperschaftsteuer)

Sierra Leone
income tax (Einkommen- und Körperschaftsteuer),
diamond industry profit tax (Sondersteuer für die Diamantenindustrie)

Somalia
income tax (Einkommen- und Körperschaftsteuer)

Sudan
income tax (Einkommen- und Körperschaftsteuer),
capital gains tax (Steuer auf Veräußerungsgewinne)

Suriname
inkomstenbelasting (Einkommen- und Körperschaftsteuer)

Swasiland
income tax (Einkommen- und Körperschaftsteuer),
graded tax (Zusatzsteuer zur Einkommensteuer),
branch profits tax (Zusatzsteuer zur Körperschaftsteuer für nicht ansässige Kapitalgesellschaften),
non-resident tax on interest (Steuer auf Zinserträge Nichtansässiger),
non-resident shareholder tax on dividends (Steuer auf Dividenden der Nichtansässigen)

Taiwan
siehe China (Taiwan)

Tansania, Vereinigte Republik
income tax (Einkommen- und Körperschaftsteuer),
capital gains tax (Steuer auf Veräußerungsgewinne)

Togo
impôt général sur le revenu des personnes physiques (Einkommensteuer),
impôt sur les sociétés (Körperschaftsteuer),
taxe complémentaire (Zusatzsteuer zur Einkommensteuer),
taxe sur le salaire (Lohnsteuer)

Tschad
L'Impôt sur le Revenu des Personnes physiques – IRPP

Uganda
income tax (Einkommen- und Körperschaftsteuer),
branch profits tax (Zuschlag zur Körperschaftsteuer),
graduated tax (Lokale Einkommensteuer)
withholding tax (Quellensteuer für Beratungsleistungen (15 %)

Anhang 12
DBA/Ausländische Besteuerung/Steuerabzug nach § 50a EStG II

2. Quellensteuern auf Dividenden, Zinsen und Wertpapierveräußerungsgewinne in Nicht-DBA-Staaten bzw. Nicht-DBA-Gebieten, die der deutschen Einkommensteuer entsprechen

Stand: 1.1.2017

Mit der Aufnahme einer Quellensteuer in die nachstehende Liste ist lediglich dokumentiert, dass es eine Quellensteuer für den genannten Kapitalertrag gibt. Die Frage, ob tatsächlich und in welcher Höhe eine ausländische Quellensteuer erhoben wurde, bedarf stets in jedem Einzelfall der Prüfung und eines entsprechenden Nachweises durch die für die Erhebung der Abgeltungsteuer zuständige Stelle. Trotz des Bestehens einer Quellensteuerregelung kann im Einzelfall z. B. in Folge von gesetzlichen Steuerbefreiungen bestimmter Erträge, verwaltungsmäßigen Befreiungen, von Freibeträgen oder Erhebungsfehlern ausländische Quellensteuer nicht erhoben worden sein.

Der nationale Name der Quellensteuer ist angegeben, wenn er eindeutig festgestellt werden konnte und es sich um einen nichtenglischen Namen handelt. Auf Bezeichnungen wie „Withholding tax on dividends", „Withholding tax on distributions" oder „Withholding tax on movable capital", die in englischsprachigen Gesetzen verwendet werden oder mit denen in englischer Sekundärliteratur gearbeitet wird, wurde verzichtet, weil sie gegenüber den verwendeten deutschen Bezeichnungen keinen zusätzlichen Erkenntnisgewinn bieten.

Nr.	Nicht-DBA-Staat/ Nicht-DBA-Gebiet	Quellensteuer auf …. (nationale Bezeichnung der Quellensteuer, soweit bekannt)
1.	Afghanistan	Dividenden Zinsen
2.	Amerikanische Jungferninseln	Dividenden Zinsen
3.	Amerikanisch-Samoa	Dividenden Zinsen
4.	Angola	Dividenden Zinsen
5.	Antigua und Barbuda	Dividenden Zinsen
6.	Äquatorialguinea	Dividenden Zinsen Wertpapierveräußerungsgewinne
7.	Aruba	Dividenden
8.	Äthiopien	Dividenden Zinsen
9.	Barbados	Dividenden Zinsen
10.	Belize	Dividenden Zinsen (Business tax)

Anhang 12
II DBA/Ausländische Besteuerung/Steuerabzug nach § 50a EStG

Nr.	Nicht-DBA-Staat/ Nicht-DBA-Gebiet	Quellensteuer auf .... (nationale Bezeichnung der Quellensteuer, soweit bekannt)
11.	Benin	Dividenden Zinsen Wertpapierveräußerungsgewinne
12.	Bhutan	Dividenden Zinsen
13.	Bonaire	Dividenden
14.	Botsuana	Dividenden Zinsen
15.	Brasilien	Zinsen (Imposto de renda retido da fonte) Zinsen auf Eigenkapital (Juros sobre o capital proprio)
16.	Burkina Faso	Dividenden Zinsen
17.	Burundi	Dividenden Zinsen (Tax on income from movable capital) Wertpapierveräußerungsgewinne
18.	Chile	Dividenden Zinsen (impuesto adicional)
19.	Cookinseln	Dividenden Zinsen
20.	Dominica	Dividenden Zinsen Wertpapierveräußerungsgewinne
21.	Dominikanische Republik	Dividenden Zinsen Wertpapierveräußerungsgewinne
22.	El Salvador	Dividenden Zinsen Wertpapierveräußerungsgewinne
23.	Eritrea	Zinsen
24.	Färöer	Dividenden Zinsen
25.	Fidschi	Dividenden Zinsen
26.	Französisch-Polynesien	Dividenden Zinsen (Impôt sur le revenu des capitaux mobiliers)

Anhang 12
DBA/Ausländische Besteuerung/Steuerabzug nach § 50a EStG II

Nr.	Nicht-DBA-Staat/ Nicht-DBA-Gebiet	Quellensteuer auf .... (nationale Bezeichnung der Quellensteuer, soweit bekannt)
27.	Gabun	Dividenden Zinsen
28.	Gambia	Dividenden Zinsen
29.	Gibraltar	Zinsen
30.	Grenada	Dividenden Zinsen
31.	Grönland	Dividenden
32.	Guam	Dividenden Zinsen
33.	Guatemala	Dividenden Zinsen Wertpapierveräußerungsgewinne
34.	Guinea	Dividenden Zinsen
35.	Guinea-Bissau	Dividenden Zinsen (imposto de capitais, IC)
36.	Guyana	Dividenden Zinsen
37.	Haiti	Dividenden Zinsen Wertpapierveräußerungsgewinne
38.	Honduras	Dividenden Zinsen
39.	Irak	Zinsen
40.	Jemen	Zinsen
41.	Jordanien	Dividenden Zinsen
42.	Kambodscha	Dividenden Zinsen
43.	Kamerun	Dividenden Zinsen
44.	Kap Verde	Dividenden Zinsen Wertpapierveräußerungsgewinne
45.	Kiribati	Dividenden Zinsen

Anhang 12

II DBA/Ausländische Besteuerung/Steuerabzug nach § 50a EStG

Nr.	Nicht-DBA-Staat/ Nicht-DBA-Gebiet	Quellensteuer auf …. (nationale Bezeichnung der Quellensteuer, soweit bekannt)
46.	Kolumbien	Dividenden Zinsen Wertpapierveräußerungsgewinne
47.	Komoren	Dividenden Zinsen Wertpapierveräußerungsgewinne
48.	Kongo, Demokratische Republik	Dividenden Zinsen
49.	Kongo, Republik	Dividenden Zinsen
50.	Korea, Nord (Demokratische Volksrepublik)	Dividenden Zinsen
51.	Kuba	Dividenden
52.	Laos	Dividenden Zinsen Wertpapierveräußerungsgewinne
53.	Lesotho	Dividenden Zinsen
54.	Libanon	Dividenden Zinsen
55.	Libyen	Zinsen
56.	Madagaskar	Zinsen (Impôt sur les revenus des capitaux mobiliers, IRCM)
57.	Malawi	Dividenden Zinsen
58.	Mali	Dividenden Zinsen (Impôt sur les revenus de valeurs mobilières)
59.	Mauretanien	Dividenden Zinsen (Impôt sur les revenus des capitaux mobiliers, IRCM)
60.	Montserrat	Dividenden Zinsen
61.	Mosambik	Dividenden Zinsen
62.	Myanmar	Zinsen

Nr.	Nicht-DBA-Staat/ Nicht-DBA-Gebiet	Quellensteuer auf .... (nationale Bezeichnung der Quellensteuer, soweit bekannt)
63.	Nepal	Dividenden Zinsen
64.	Neukaledonien	Dividenden (Impôt sur le revenu des valeurs mobilières, IRVM) Zinsen (Impôt sur le revenu des créances, dépôts et cautionnements, IRCDC)
65.	Nicaragua	Dividenden Zinsen
66.	Niger	Dividenden (Impôt sur les revenus des valeurs mobilières, IRVM) Zinsen (Impôt sur les revenus des créances, dépôt et cautionnement)
67.	Nigeria	Dividenden Zinsen
68.	Nördliche Marianen	Dividenden Zinsen
69.	Panama	Dividenden Zinsen Wertpapierveräußerungsgewinne
70.	Papua-Neuguinea	Dividenden Zinsen
71.	Paraguay	Dividenden Zinsen
72.	Peru	Dividenden Zinsen Wertpapierveräußerungsgewinne
73.	Puerto Rico	Dividenden Zinsen Wertpapierveräußerungsgewinne
74.	Ruanda	Dividenden Zinsen
75.	Saba	Dividenden
76.	Saint-Pierre und Miquelon	Dividenden Zinsen (Retenue à la source de l'impôt sur les revenus de capitaux mo-biliers)
77.	Salomonen	Dividenden Zinsen

Anhang 12
II DBA/Ausländische Besteuerung/Steuerabzug nach § 50a EStG

Nr.	Nicht-DBA-Staat/ Nicht-DBA-Gebiet	Quellensteuer auf …. (nationale Bezeichnung der Quellensteuer, soweit bekannt)
78.	Samoa	Zinsen
79.	San Marino	Zinsen
80.	São Tomé und Príncipe	Dividenden Zinsen Wertpapierveräußerungsgewinne
81.	Saudi-Arabien	Dividenden Zinsen
82.	Senegal	Dividenden Zinsen (Retenue à la source sur les revenus des valeurs mobilières)
83.	Seychellen	Dividenden Zinsen
84.	Sierra Leone	Dividenden Zinsen
85.	Sint Eustatius	Dividenden
86.	St. Helena, Ascension und Tristan da Cunha	Zinsen (nur St. Helena)
87.	St. Kitts und Nevis	Dividenden Zinsen
88.	St. Lucia	Zinsen
89.	St. Vincent und die Grenadinen	Zinsen
90.	Sudan	Zinsen
91.	Südsudan	Dividenden Zinsen
92.	Suriname	Dividenden
93.	Swasiland	Dividenden (non-resident shareholders tax) Zinsen (non-residents tax on interest)
94.	Tansania	Dividenden Zinsen (Income Tax Payable by Withholding from investment returns)
95.	Timor-Leste	Dividenden Zinsen (Retenção na fonte de não residentes de rendimento auferido em Timor-Leste)

Anhang 12
DBA/Ausländische Besteuerung/Steuerabzug nach § 50a EStG   II

Nr.	Nicht-DBA-Staat/ Nicht-DBA-Gebiet	Quellensteuer auf .... (nationale Bezeichnung der Quellensteuer, soweit bekannt)
96.	Togo	Dividenden (Impôt sur le Revenu des Valeurs Mobilières, IRVM) Zinsen (Impôt sur le Revenu des Créances, IRC) Wertpapierveräußerungsgewinne
97.	Tonga	Dividenden Zinsen
98.	Tschad	Dividenden Zinsen Wertpapierveräußerungsgewinne (L'Impôt sur le Revenu des Personnes physiques, IRPP)
99.	Tuvalu	Dividenden Zinsen
100.	Uganda	Dividenden Zinsen
101.	Zentralafrikanische Republik	Dividenden Zinsen

Anhang 12
II DBA/Ausländische Besteuerung/Steuerabzug nach § 50a EStG

3. Nicht-DBA-Staaten bzw. Nicht-DBA-Gebiete ohne Quellensteuern auf Dividenden, Zinsen und Wertpapierveräußerungsgewinne
Stand: 1.1.2017

Nr.	Nicht-DBA-Staat/ Nicht-DBA-Gebiet	Nr.	Nicht-DBA-Staat/ Nicht-DBA-Gebiet
1.	Andorra	18.	Malediven
2.	Anguilla	19.	Marshallinseln
3.	Bahamas	20.	Mayotte
4.	Bahrain	21.	Mikronesien
5.	Bermuda	22.	Monaco
6.	Britische Jungferninseln	23.	Nauru
7.	Brunei	24.	Oman
8.	Curaçao	25.	Palau
9.	Dschibuti	26.	Pitcairninseln
10.	Falklandinseln	27.	Saint-Barthélemy
11.	Guernsey	28.	Saint-Martin
12.	Honkong	29.	Sint Maarten
13.	Insel Man	30.	Somalia
14.	Jersey	31.	Turks- und Caicosinseln
15.	Kaimaninseln	32.	Vanuatu
16.	Katar	33.	Vatikanstadt
17.	Macau	34.	Wallis und Futuna

Anhang 13
Erbfolgeregelungen (Erbauseinandersetzung) I

Übersicht

I. Ertragsteuerliche Behandlung der Erbengemeinschaft und ihrer Auseinandersetzung
BMF vom 14.03.2006 (BStBl I S. 253) unter Berücksichtigung der Änderungen durch BMF vom 27.12.2018 (BStBl I 2019 S. 11)

II. Ertragsteuerliche Behandlung der vorweggenommenen Erbfolge;
hier: Anwendung des Beschlusses des Großen Senats vom 5.7.1990 (BStBl II S. 847)
BMF vom 13.01.1993 (BStBl I S. 80) unter Berücksichtigung der Änderungen durch BMF vom 26.02.2007 (BStBl I S. 269)

III. Abzug von Schuldzinsen als Betriebsausgaben oder Werbungskosten – Aufgabe der sog. Sekundärfolgerechtsprechung durch den BFH;
Anwendung der BFH-Urteile vom 2.3.1993 – VIII R 47 / 90 – (BStBl 1994 II S. 619), vom 25.11.1993 – IV R 66 / 93 – (BStBl 1994 II S. 623) und vom 27.7.1993 – VIII R 72 / 90 – (BStBl 1994 II S. 625)
BMF vom 11.08.1994 (BStBl I S. 603)

IV. Einkommensteuerrechtliche Behandlung von wiederkehrenden Leistungen im Zusammenhang mit einer Vermögensübertragung
BMF vom 11.03.2010 (BStBl I S. 227) unter Berücksichtigung der Änderungen durch BMF vom 06.05.2016 (BStBl I S. 476)

Ertragsteuerliche Behandlung der Erbengemeinschaft und ihrer Auseinandersetzung

BMF vom 14.03.2006 (BStBl I S. 253)
IV B 2 – S 2242 – 7/06
unter Berücksichtigung der Änderungen durch
BMF vom 27.12.2018 (BStBl I 2019 S. 11)
IV C 6 – S 2242/07/10004 – 2018/1029934

Im Einvernehmen mit den obersten Finanzbehörden der Länder gilt zur ertragsteuerlichen Behandlung der Erbengemeinschaft und ihrer Auseinandersetzung auf der Grundlage des BFH-Beschlusses vom 5. Juli 1990 (BStBl II S. 837) Folgendes:

Inhaltsverzeichnis

	Tz.
A. Allgemeines	1
B. Zurechnung der laufenden Einkünfte zwischen Erbfall und Erbauseinandersetzung	2 – 9
1. Allgemeines	2
2. Zurechnung laufender Gewinneinkünfte	3 – 5
3. Zurechnung laufender Überschusseinkünfte	6
4. Beendigung der Erbengemeinschaft und rückwirkende Zurechnung der laufenden Einkünfte	7 – 9
C. Erbauseinandersetzung durch Aufteilung des Nachlasses	10 – 36
I. Erbauseinandersetzung über Betriebsvermögen	10 – 21
1. Teilung ohne Abfindungszahlungen	10 – 13
a) Allgemeines	10

Anhang 13
I (Erbauseinandersetzung)   Erbfolgeregelungen

		Tz.
	b) Gewinnrealisierung nach den Grundsätzen über die Betriebsaufgabe	11
	c) Buchwertfortführung bei Übertragung in ein anderes Betriebsvermögen der Miterben	12
	d) Ansatz bei Überführung von Wirtschaftsgütern in das Privatvermögen	13
2.	Teilung mit Spitzen- oder Wertausgleich	14 – 21
	a) Allgemeines	14 – 17
	b) Übernahme von Verbindlichkeiten über die Erbquote hinaus	18
	c) Buchwertfortführung im Zusammenhang mit Abfindungszahlungen	19 – 21
II. Erbauseinandersetzung über Privatvermögen		22 – 31
1.	Teilung ohne Abfindungszahlungen	22 – 25
	a) Allgemeines	22
	b) Behandlung von Nachlassverbindlichkeiten	23 – 25
2.	Teilung mit Abfindungszahlungen	26 – 31
	a) Allgemeines	26 – 27
	b) Aufteilung von Abfindungszahlungen	28 – 29
	c) Behandlung liquider Mittel des Nachlasses	30
	d) AfA-Bemessungsgrundlage und AfA-Satz nach Erbauseinandersetzung	31
III. Erbauseinandersetzung über einen Mischnachlass		32 – 37
1.	Teilung ohne Abfindungszahlungen	32 – 35
	a) Allgemeines	32
	b) Schaffung von Privatvermögen im engen zeitlichen Zusammenhang mit der Auseinandersetzung	33
	c) Behandlung von Nachlassverbindlichkeiten bei Mischnachlässen, insbesondere Schuldzinsenabzug	34 – 35
2.	Teilung mit Abfindungszahlungen	36
D. Entgeltliche und unentgeltliche Übertragung eines Erbteils		37 – 47
1. Allgemeines		37
2. Zum Nachlass gehört nur Betriebsvermögen		38 – 39
	a) Schenkung eines Erbteils	38
	b) Verkauf eines Erbteils	39
3. Zum Nachlass gehört nur Privatvermögen		40 – 43
	a) Schenkung eines Erbteils	40
	b) Verkauf eines Erbteils	41 – 43
4. Mischnachlass		44 – 47
	a) Schenkung eines Erbteils	45
	b) Verkauf eines Erbteils	46 – 47
E. Ausscheiden eines Miterben		48 – 52
1. Allgemeines		48
2. Ausscheiden ohne Abfindung		49

Anhang 13
Erbfolgeregelungen (Erbauseinandersetzung) I

	Tz.
3. Ausscheiden gegen Barabfindung	50
4. Ausscheiden gegen Sachwertabfindung	51 – 52
a) Grundsatz	51
b) Buchwertfortführung	52
F. Erbauseinandersetzung durch Veräußerung des Nachlasses	53 – 55
1. Allgemeines	53
2. Betriebsvermögen	54
3. Privatvermögen	55
G. Teilerbauseinandersetzung	56 – 59
1. Behandlung wie Gesamtauseinandersetzung	56 – 57
2. Behandlung von umgekehrten Abfindungen	58 – 59
H. Vermächtnisse, Vorausvermächtnisse, Teilungsanordnung	60 – 68
1. Steuerliche Auswirkungen von Vermächtnissen	60 – 63
2. Besonderheiten bei Vorausvermächtnissen	64 – 66
3. Steuerliche Auswirkungen von Teilungsanordnungen	67 – 68
I. Sonderfragen	69 – 82
I. Erbfolge bei der Beteiligung an einer Personengesellschaft	69 – 74
1. Fortsetzung der Gesellschaft durch die übrigen Gesellschafter oder Auflösungsklausel	69
2. Eintrittsklausel	70
3. Einfache Nachfolgeklausel	71
4. Qualifizierte Nachfolgeklausel	72 – 74
II. Sonderfragen im Bereich der Land- und Forstwirtschaft	75 – 82
1. Erbfolge im Bereich der Land- und Forstwirtschaft	75 – 81
2. Behandlung von Abfindungen, die das Kapitalkonto unterschreiten	82
J. Übergangsregelung	83

A. Allgemeines

Mit dem Tod des Erblassers geht der gesamte Nachlass unentgeltlich im Wege der Gesamtrechtsnachfolge auf den Alleinerben oder die Erbengemeinschaft über. Der Nachlass ist Gesamthandsvermögen der Erben (§ 1922 BGB). Die Erbengemeinschaft wird bis zu ihrer Auseinandersetzung (§ 2042 BGB) steuerlich bei den Überschusseinkünften wie eine Bruchteilsgemeinschaft (§ 39 Abs. 2 Nr. 2 AO) und bei den Gewinneinkünften als Mitunternehmerschaft behandelt.

1

Die steuerlichen Grundsätze zur Erbauseinandersetzung sind auch auf Abfindungszahlungen infolge eines gerichtlichen Vergleichs an angebliche Miterben anzuwenden (BFH-Urteil vom 14. März 1996 – BStBl II S. 310). Ein Erbprätendent mit möglichem Pflichtteilsanspruch, der zur Vermeidung weiterer Streitigkeiten Wirtschaftsgüter aus dem Nachlass erhält, ist steuerlich wie ein Erbe zu behandeln (BFH-Urteil vom 13. Februar 1997 – BStBl II S. 535).

Anhang 13
I (Erbauseinandersetzung) Erbfolgeregelungen

B. Zurechnung der laufenden Einkünfte zwischen Erbfall und Erbauseinandersetzung

1. Allgemeines

2 Sowohl für den Bereich des Betriebsvermögens als auch für den Bereich des Privatvermögens bilden Erbfall und Erbauseinandersetzung keine rechtliche Einheit. Hinterlässt ein Erblasser mehrere Erben, geht sein Vermögen mit dem Tod im Ganzen auf die Erben über und wird bei ihnen zu gemeinschaftlichem Vermögen. Die Miterben verwalten den Nachlass gemeinsam und können über Nachlassgegenstände nur gemeinschaftlich verfügen. Die Erbengemeinschaft kann unbegrenzt bestehen bleiben. Das Ergebnis ihrer Betätigung wird Bestandteil des gemeinschaftlichen Vermögens. Hieraus ergeben sich Folgerungen für das Entstehen und die Zurechnung von steuerlichen Einkünften bei den Miterben.

2. Zurechnung laufender Gewinneinkünfte

3 Gehört ein gewerbliches, freiberufliches oder land- und forstwirtschaftliches Unternehmen zum Nachlass, geht es mit dem Erbfall auf die Erbengemeinschaft über (§ 1922 BGB). Sämtliche Miterben werden – abgesehen von bestimmten Sonderfällen (siehe Tz. 69 ff.) – Mitunternehmer i. S. v. § 15 Abs. 1 Satz 1 Nr. 2 EStG. Aufgrund ihrer Stellung als Miterben tragen sie ein Mitunternehmerrisiko und können Mitunternehmerinitiative entfalten. Diese Beurteilung hängt nicht von der Länge des Zeitraums ab, in dem die Erbengemeinschaft das Unternehmen weiterführt. Auch wenn die Erben ein Unternehmen frühzeitig nach dem Erbfall abwickeln und einstellen oder es auf eine andere Person übertragen, haben sie zunächst die Eigenschaft von Mitunternehmern erlangt und behalten diese bis zur Betriebsbeendigung oder Auseinandersetzung über den Betrieb. Als solche beziehen die Erben ihre Einkünfte kraft eigener Verwirklichung des Einkünftetatbestandes. Die laufenden Einkünfte sind den einzelnen Miterben als Mitunternehmer nach dem allgemeinen Gewinnverteilungsschlüssel zuzurechnen, der sich bei den Miterben grundsätzlich nach ihren Erbteilen bestimmt (§ 2038 Abs. 2, § 743 Abs. 1 BGB). Zur rückwirkenden Zurechnung laufender Einkünfte vgl. Tz. 7 ff., zur Zurechnung der Einkünfte an einen Vermächtnisnehmer als wirtschaftlichem Eigentümer eines Gewerbebetriebes vgl. Tz. 61.

4 Gehört zu einem Nachlass neben einem Gewerbebetrieb ein der selbständigen Arbeit dienendes Betriebsvermögen, ein land- und forstwirtschaftlicher Betrieb oder Privatvermögen, findet § 15 Abs. 3 Nr. 1 EStG (sog. Abfärberegelung) keine Anwendung.

5 Ist der Erblasser selbständig tätig i. S. d. § 18 Abs. 1 Nr. 1 EStG gewesen, erzielt die Erbengemeinschaft Einkünfte aus selbständiger Arbeit i. S. v. § 18 EStG allerdings nur dann, wenn keine berufsfremden Erben an der Erbengemeinschaft beteiligt sind. Berufsfremd ist, wer nicht die erforderliche freiberufliche Qualifikation besitzt. Ist zumindest ein Miterbe berufsfremd, erzielt die Erbengemeinschaft Einkünfte aus Gewerbebetrieb. Ist mit dem Übergang eines freiberuflichen Betriebsvermögens auf Grund fehlender Qualifikation des Erben, Miterben oder Vermächtnisnehmers eine Umqualifizierung des bisher freiberuflichen Vermögens in gewerbliches Betriebsvermögen und eine entsprechende Umqualifizierung der aus dem Betrieb erzielten Einkünfte verbunden, kommt es nicht zu einer Betriebsaufgabe (vgl. BFH-Urteil vom 12. März 1992, BStBl 1993 II S. 36).

3. Zurechnung laufender Überschusseinkünfte

6 Hat der Erblasser Einkünfte aus Kapitalvermögen oder aus vermietetem oder verpachtetem Vermögen gehabt, wird dieses Vermögen nach dem Erbfall durch die Erbengemeinschaft zur Nutzung oder zum Gebrauch überlassen. Die Miterben bestimmen über die Verwendung des Vermögens, ihnen fließt der Vermögensertrag zu. Sie verwirklichen damit gemeinsam den Tatbestand der Einkunftserzielung nach §§ 20 oder 21 EStG. Die

Anhang 13
Erbfolgeregelungen (Erbauseinandersetzung) I

erzielten Einkünfte werden ihnen grundsätzlich nach ihren Erbanteilen zugerechnet (§ 2038 Abs. 2, § 743 Abs. 1 BGB).

4. Beendigung der Erbengemeinschaft und rückwirkende Zurechnung der laufenden Einkünfte

Die Einkunftserzielung durch die Erbengemeinschaft und damit die Zurechnung der laufenden Einkünfte an die Miterben findet ihr Ende, soweit sich die Miterben hinsichtlich des gemeinsamen Vermögens auseinandersetzen. 7

In den Fällen der Auseinandersetzung von Erbengemeinschaften – auch in den Fällen der Auseinandersetzung einer Mitunternehmerschaft – ist eine steuerlich unschädliche Rückwirkung auf den Zeitpunkt des Erbfalls in engen Grenzen anzuerkennen, da die Erbengemeinschaft eine gesetzliche Zufallsgemeinschaft ist, die auf Teilung angelegt ist. Bei der Auseinandersetzungsvereinbarung wird in der Regel eine rückwirkende Zurechnung laufender Einkünfte für sechs Monate anerkannt. Die Frist beginnt mit dem Erbfall. In diesen Fällen können die laufenden Einkünfte daher ohne Zwischenzurechnung ab dem Erbfall ungeschmälert dem die Einkunftsquelle übernehmenden Miterben zugerechnet werden. Dies gilt auch bei Teilauseinandersetzungen. Liegt eine Teilungsanordnung (§ 2048 BGB) des Erblassers vor und verhalten sich die Miterben tatsächlich bereits vor der Auseinandersetzung entsprechend dieser Anordnung, indem dem das Unternehmen fortführenden Miterben die Einkünfte zugeordnet werden, ist eine rückwirkende Zurechnung laufender Einkünfte auch über einen längeren Zeitraum, der sich an den Umständen des Einzelfalls zu orientieren hat, vorzunehmen. Soweit laufende Einkünfte rückwirkend zugerechnet werden, ist die Auseinandersetzung steuerlich so zu behandeln, als ob sich die Erbengemeinschaft unmittelbar nach dem Erbfall auseinandergesetzt hätte (Durchgangserwerb der Erbengemeinschaft). Solange die Teilungsanordnung von den Erben vor der Auseinandersetzung beachtet wird, sind die Veranlagungen vorläufig nach § 165 Abs. 1 Satz 1 AO durchzuführen. 8

Allerdings reicht es nicht aus, wenn die Miterben innerhalb der Frist lediglich den Entschluss fassen, sich auseinanderzusetzen. Vielmehr muss innerhalb der Frist eine klare und rechtlich bindende Vereinbarung über die Auseinandersetzung und ihre Modalitäten vorliegen. Diese Auseinandersetzungsvereinbarung muss den Übergang von Nutzungen und Lasten für die von dieser Auseinandersetzung betroffenen Wirtschaftsgüter auf den Zeitpunkt des Erbfalls festlegen; sie muss auch tatsächlich durchgeführt werden. Soweit noch eine Wertfindung erforderlich ist, kann diese jedoch auch außerhalb der Frist erfolgen. 9

C. Erbauseinandersetzung durch Aufteilung des Nachlasses

I. Erbauseinandersetzung über Betriebsvermögen

1. Teilung ohne Abfindungszahlungen

a) Allgemeines

Gehört zum Nachlass nur Betriebsvermögen und wird der Nachlass ohne Zahlung von Abfindungen real geteilt, ist die Aufteilung kein entgeltlicher Vorgang, da es sich weder um einen Tausch von (Miteigentums-)Anteilen an den einzelnen Wirtschaftsgütern des Nachlasses noch um einen Tausch eines Gesamthandsanteils gegen Alleineigentum an den zugeteilten Wirtschaftsgütern, sondern um die Erfüllung des durch die Auseinandersetzungsvereinbarung konkretisierten gesetzlichen Auseinandersetzungsanspruchs handelt. Durch die Aufteilung können also weder Anschaffungskosten noch Veräußerungserlöse entstehen. 10

1633

Anhang 13
I (Erbauseinandersetzung) Erbfolgeregelungen

b) Gewinnrealisierung nach den Grundsätzen über die Betriebsaufgabe

11 Die Aufteilung eines Betriebsvermögens der Erbengemeinschaft ohne Betriebsfortführung ist zugleich eine Betriebsaufgabe, durch die regelmäßig ein begünstigter Aufgabegewinn (§ 16 Abs. 3 Satz 1, § 34 EStG) entsteht; es sei denn, es liegt ein Fall der Realteilung i. S. v. § 16 Abs. 3 Satz 2 bis 4 EStG (vgl. Tz. 12) oder der Buchwertfortführung nach § 6 Abs. 5 EStG vor.

Beispiel 1
A und B sind Miterben zu je 1/2. Zum Nachlass gehört ein Betriebsvermögen, das lediglich aus zwei Grundstücken besteht, die beide einen Buchwert von je 200.000 € und einen Verkehrswert von je 2 Mio. € haben. A und B setzen sich unter Aufgabe des Betriebs in der Weise auseinander, dass A das Grundstück 1 und B das Grundstück 2 erhält. Die Grundstücke gehören bei A und B jeweils zum Privatvermögen.

Durch die Betriebsaufgabe entsteht ein Aufgabegewinn von 3,6 Mio. € in der Erbengemeinschaft, den A und B je zur Hälfte zu versteuern haben. A und B müssen für die künftige Gebäude-AfA jeweils von den Entnahmewerten ausgehen (vgl. R 7.3 Abs. 6 Satz 4 und R 7.4 Abs. 11 EStR)[1]).

c) Buchwertfortführung bei Übertragung in ein anderes Betriebsvermögen der Miterben

12 Die Miterben haben jedoch nach Maßgabe des § 16 Abs. 3 Satz 2 bis 4 EStG die Buchwerte fortzuführen, wenn die bei der Aufteilung erworbenen Wirtschaftsgüter in ein anderes Betriebsvermögen übertragen werden. Die Grundsätze des BMF-Schreibens zur Realteilung vom 28. Februar 2006 (BStBl I S. 228)[2]) sind sinngemäß anzuwenden.

Beispiel 2
S und T sind Miterben zu je 1/2. Zum Nachlass gehört ein aus zwei Teilbetrieben bestehender Betrieb im Wert von je 1 Mio. €. S erhält Teilbetrieb 1, T erhält Teilbetrieb 2.
Es liegt ein Fall der Realteilung vor. S und T haben nach § 16 Abs. 3 Satz 2 bis 4 EStG die Buchwerte fortzuführen.

Gleiches gilt, wenn der Nachlass aus zwei Betrieben besteht. Da die Mitunternehmerschaft (Erbengemeinschaft) nur ein Betriebsvermögen hat, sind die geerbten Betriebe wie Teilbetriebe der Erbengemeinschaft zu behandeln.

d) Ansatz bei Überführung von Wirtschaftsgütern in das Privatvermögen

13 Werden Wirtschaftsgüter, die zu den wesentlichen Betriebsgrundlagen gehören, von den Miterben insgesamt ins Privatvermögen überführt, liegt zwingend eine Betriebsaufgabe vor. Im Übrigen wird auf Abschnitt I des BMF-Schreibens zur Realteilung vom 28. Februar 2006 (BStBl I S. 228)[3]) verwiesen. Ein etwaiger Entnahmegewinn ist allen Miterben zuzurechnen; es sei denn, dass der Gewinn nach den von den Miterben schriftlich getroffenen Vereinbarungen über die Erbauseinandersetzung dem entnehmenden Miterben zuzurechnen ist.

2. Teilung mit Spitzen- oder Wertausgleich
a) Allgemeines

14 Wird im Rahmen einer Erbauseinandersetzung ein Nachlass real geteilt und erhält ein Miterbe wertmäßig mehr, als ihm nach seiner Erbquote zusteht, und zahlt er für dieses „Mehr" an seine Miterben einen Spitzen- oder Wertausgleich (Abfindung), liegt insoweit

---
[1]) jetzt R 7.3 Abs. 6 Satz 1 und R 7.4 Abs. 10 EStR
[2]) jetzt BMF vom 19.12.2018 (BStBl I 2019 S. 6), Anhang 24 III
[3]) jetzt BMF vom 19.12.2018 (BStBl I 2019 S. 6), Rn. 9 und 10, Anhang 24 III

Anhang 13
Erbfolgeregelungen (Erbauseinandersetzung)

ein Anschaffungs- und Veräußerungsgeschäft vor. In Höhe der Abfindungszahlung liegen Anschaffungskosten vor. Derjenige, der die Abfindung erhält, erzielt einen Veräußerungserlös. Werden die bei der Aufteilung erworbenen Wirtschaftsgüter in ein anderes Betriebsvermögen der Miterben übertragen, ist der sich aus dem Veräußerungsgeschäft ergebende Veräußerungsgewinn nicht nach §§ 16 und 34 EStG begünstigt, sondern als laufender Gewinn zu besteuern. Der Gewinn rechnet grundsätzlich nicht zum Gewerbeertrag nach § 7 Satz 1 GewStG. Ab Erhebungszeitraum 2002 ist der Gewinn aus der Aufdeckung der stillen Reserven aber nach § 7 Satz 2 GewStG als Gewerbeertrag zu erfassen, soweit er nicht auf eine natürliche Person als unmittelbar beteiligtem Mitunternehmer entfällt. Werden die bei der Aufteilung erworbenen Wirtschaftsgüter insgesamt ins Privatvermögen übertragen, führt dieser Vorgang zu einer nach §§ 16 und 34 EStG steuerbegünstigten Betriebsaufgabe. Aufgabegewinn ist der Gewinn, der sich aus dem Entnahmegewinn (Übertragung der Wirtschaftsgüter ins Privatvermögen) und dem Gewinn aus der Abfindungszahlung ergibt.

Beispiel 3
A und B sind Miterben zu je 1/2. Zum Nachlass gehört ein Betriebsvermögen, das lediglich aus zwei Grundstücken besteht. Grundstück 1 hat einen Buchwert von 300.000 € und einen Verkehrswert von 3 Mio. €. Grundstück 2 hat einen Buchwert von 200.000 € und einen Verkehrswert von 2 Mio. €. A erhält das Grundstück 1, B das Grundstück 2 und eine Abfindung von A in Höhe von 500.000 €. A führt den Betrieb mit Grundstück 1 fort. Grundstück 2 wird Privatvermögen des B.
Die Abfindung stellt bei A Anschaffungskosten und bei B Veräußerungserlös dar. A erwirbt 5/6 seines Betriebsvermögens unentgeltlich und führt insoweit den Buchwert (= 250.000 €) fort. Der Buchwert ist zusätzlich um die Abfindungszahlung i. H. v. 500.000 € zu erhöhen. Nach Erbauseinandersetzung beträgt der Buchwert 750.000 €.
Für B liegt eine Betriebsaufgabe vor. Durch die Aufgabe seines Mitunternehmeranteils erzielt er einen Aufgabegewinn i. H. v. 2,25 Mio. €, der sich aus dem Gewinn aus der Entnahme des Grundstücks 2 (2 Mio. abzgl. 200.000 € Buchwert) und dem Gewinn aus der Abfindungszahlung (500.000 € abzgl. 50.000 € Buchwert) zusammensetzen. Der Gewinn ist nach §§ 16, 34 EStG begünstigt zu besteuern.

Die vorstehenden Grundsätze gelten auch, soweit sich die Erbengemeinschaft gemäß § 2042 Abs. 2, § 753 Abs. 1 BGB durch Zwangsversteigerung zum Zweck der Aufhebung der Gemeinschaft auseinandersetzt und die Erben dabei Nachlassgegenstände erwerben (BFH-Urteil vom 29. April 1992 – BStBl II S. 727). 15

Bei der Teilung im Rahmen einer Erbauseinandersetzung bezieht sich das Entgelt nicht auf das, was ein Miterbe aufgrund seiner Erbquote erhält, sondern nur auf das „Mehr", das er aufgrund eines neben der Teilung bestehenden besonderen entgeltlichen Rechtsgeschäfts bekommt. Es handelt sich hier also nicht um die bloße Aufteilung eines einheitlichen Rechtsvorgangs, sondern um die Beurteilung von zwei rechtlich selbständigen Vorgängen, von denen der eine unentgeltlich und der andere entgeltlich ist. Für die Zahlung einer Abfindung bedarf es daher regelmäßig einer gesonderten Vereinbarung zwischen den Beteiligten, da sich eine derartige Abwicklung nicht aus dem erbrechtlichen Auseinandersetzungsanspruch ergibt; die Zahlung einer Abfindung kann sich allerdings auch auf Grund einer Teilungsanordnung des Erblassers oder aufgrund einer vom Erblasser angeordneten Testamentsvollstreckung ergeben. Die Vereinbarung ist bei der Berechnung des Anteils des Miterben am Aufgabegewinn in den Fällen der Betriebsaufgabe zu berücksichtigen. 16

Die Abfindungszahlung ist bei der Übertragung von Betrieben oder Teilbetrieben dem Teil des Kapitalkontos gegenüberzustellen, der dem Verhältnis von Abfindungszahlung zum Wert des übernommenen Betriebsvermögens entspricht. 17

1635

Anhang 13
I (Erbauseinandersetzung) — Erbfolgeregelungen

Beispiel 4
S und T sind Miterben zu je 1/2. Zum Nachlass (3,6 Mio. €) gehört ein aus zwei Teilbetrieben bestehender Gewerbebetrieb. Teilbetriebsvermögen 1 hat einen Wert von 2 Mio. € und einen Buchwert von 200.000 €. Teilbetriebsvermögen 2 hat einen Wert von 1,6 Mio. € und einen Buchwert von 160.000 €. Im Wege der Erbauseinandersetzung erhält S das Teilbetriebsvermögen 1 und T das Teilbetriebsvermögen 2. Außerdem zahlt S an T eine Abfindung von 200.000 €.
S stehen wertmäßig am Nachlass 1,8 Mio. € (50 % von 3,6 Mio. €) zu. Da er aber 2 Mio. € erhält, also 200.000 € mehr, zahlt er diesen Betrag für 1/10 (10 % von 2 Mio. € = 200.000 €) des Teilbetriebsvermögens 1, das er mehr erhält. S erwirbt also 9/10 des Teilbetriebsvermögens 1 unentgeltlich und 1/10 entgeltlich. Auf diese 1/10 entfällt ein Buchwert von 20.000 €, so dass S die Aktivwerte um 180.000 € (200.000 € Abfindung abzgl. anteiligem Buchwert von 20.000 €) aufstocken muss und T einen als laufenden Gewinn zu versteuernden Veräußerungsgewinn von 180.000 € (200.000 € Abfindung ./. 20.000 € anteiliger Buchwert) zu versteuern hat. Im Übrigen (für 9/10 des Nachlasses) liegt eine steuerneutrale Realteilung vor (vgl. BMF-Schreiben zur Realteilung vom 28. Februar 2006, BStBl I S. 228)[1].

Gleiches gilt, wenn der Nachlass aus zwei Betrieben besteht. Da die Mitunternehmerschaft (Erbengemeinschaft) nur ein Betriebsvermögen hat, sind die geerbten Betriebe wie Teilbetriebe der Erbengemeinschaft zu behandeln.

Beispiel 5
S und T sind Miterben zu je 1/2. Zum Nachlass gehört ein Betriebsvermögen, das aus dem Grundstück 1 (Teilwert 2 Mio. €, Buchwert 200.000 €) und dem Grundstück 2 (Teilwert 1,6 Mio. €, Buchwert 160.000 €) besteht. S erhält das Grundstück 1 und zahlt an T 200.000 € Abfindung. T erhält Grundstück 2 und die Abfindung. Beide bringen die Grundstücke in ein ihnen gehörendes Betriebsvermögen ein.
S stehen an dem Nachlass wertmäßig 1,8 Mio. € zu. Da er aber das Grundstück 1 im Wert von 2 Mio. € erhält, also 200.000 € mehr, zahlt er diesen Betrag für 1/10 (200.000 €/2 Mio. € = 1/10) des Grundstücks 1, das er erhält. S erwirbt also 9/10 des Grundstücks 1 unentgeltlich und 1/10 entgeltlich. Auf diese 1/10 entfällt ein Buchwert von 20.000 €, so dass S den Grundstücksbuchwert in seiner Bilanz um 180.000 € aufstocken muss und T einen Gewinn von 180.000 € (200.000 € Abfindung ./. 20.000 € anteiliger Buchwert) als laufenden Gewinn zu versteuern hat. Im Übrigen (für 9/10 des Nachlasses) liegt eine steuerneutrale Realteilung vor.

b) Übernahme von Verbindlichkeiten über die Erbquote hinaus

18[2] Eine Übernahme von Schulden über die Erbquote hinaus führt nicht zu Anschaffungskosten. Deshalb entsteht auch kein Veräußerungserlös, soweit ein Miterbe Verbindlichkeiten über die Erbquote hinaus übernimmt. Zur Übernahme von Verbindlichkeiten vgl. im Übrigen Tz. 23 ff.

Beispiel 6
Wie Beispiel 3 mit der Abwandlung, dass S den T von Betriebsschulden i. H. v. 200.000 €, die zum Teilbetriebsvermögen 2 gehören, freistellt, also zum gesamthänderisch gebundenen Nachlass gehörende Verbindlichkeiten i. H. v. 200.000 € übernimmt.
S erhält wertmäßig nur 1,8 Mio. € und braucht an T keine Abfindung zu zahlen. Es liegt keine entgeltliche Teilung vor.

c) Buchwertfortführung im Zusammenhang mit Abfindungszahlungen

19 Werden Abfindungszahlungen geleistet, haben die Miterben, abgesehen von der notwendigen teilweisen Gewinnrealisierung nach Maßgabe der Abfindung, nach § 16

---

[1] jetzt BMF vom 19.12.2018 (BStBl I 2019 S. 6), Anhang 24 III
[2] Grundsätzlich bestätigt durch BFH vom 19.12.2006 (BStBl II 2008 S. 216); eine überquotale Schuldübernahme kann ausnahmsweise zu Anschaffungskosten führen, wenn sie die Gegenleistung für ein zeitliches Vorziehen der Erbauseinandersetzung darstellt.

Abs. 3 Satz 2 bis 4 EStG die Buchwerte fortzuführen, soweit die zugeteilten Wirtschaftsgüter Betriebsvermögen bleiben. Der vom Miterben, der die Abfindungszahlung erhält, zu versteuernde Gewinn ist nicht nach §§ 16, 34 EStG begünstigt. Der Gewinn rechnet grundsätzlich nicht zum Gewerbeertrag nach § 7 Satz 1 GewStG. Ab Erhebungszeitraum 2002 ist der Gewinn aus der Aufdeckung der stillen Reserven aber nach § 7 Satz 2 GewStG als Gewerbeertrag zu erfassen, soweit er nicht auf eine natürliche Person als unmittelbar beteiligtem Mitunternehmer entfällt. Ist eine Buchwertfortführung nach § 16 Abs. 3 Satz 2 bis 4 EStG nicht möglich, kommt ggf. unter den dortigen Voraussetzungen eine Buchwertfortführung nach § 6 Abs. 5 EStG in Betracht.

Soweit Wirtschaftsgüter gegen Abfindungszahlungen übernommen werden und Betriebsvermögen bleiben, gilt für die AfA Folgendes: Bei der Übernahme eines Grundstücks ergeben sich hinsichtlich des Gebäudes zwei AfA-Reihen. Hinsichtlich des unentgeltlich erworbenen Gebäudeteils muss der übernehmende Miterbe die Buchwerte der Erbengemeinschaft fortführen. Bezüglich des entgeltlich erworbenen Gebäudeteils hat er Anschaffungskosten in Höhe der Abfindungszahlung, die Bemessungsgrundlage für die weitere AfA hinsichtlich des entgeltlich erworbenen Teils des Gebäudes sind. Entsprechendes gilt im Grundsatz, wenn kein Gebäude, sondern ein bewegliches Wirtschaftsgut übernommen wird; da jedoch die Nutzungsdauer des entgeltlich erworbenen Teils des Wirtschaftsguts hier regelmäßig mit der Restnutzungsdauer des unentgeltlich erworbenen Teils des Wirtschaftsguts übereinstimmt, kann in diesen Fällen auf eine Aufspaltung in zwei AfA-Reihen verzichtet werden. 20

Soweit Wirtschaftsgüter gegen Abfindungszahlungen übernommen werden, gilt für die Anwendung des § 6b Abs. 3 EStG Folgendes: 21

Für den entgeltlich erworbenen Teil des Wirtschaftsguts kann auf die durch die Abfindungszahlungen entstandenen Anschaffungskosten eine Rücklage nach § 6b EStG übertragen werden. Hinsichtlich des unentgeltlich erworbenen Teils des Wirtschaftsgutes ist im Falle einer späteren Veräußerung die Besitzzeit der Erbengemeinschaft und des Erblassers für die Besitzzeit i. S. d. § 6b Abs. 4 Satz 1 Nr. 2 EStG zu berücksichtigen, wenn die entsprechenden Voraussetzungen erfüllt sind.

II. Erbauseinandersetzung über Privatvermögen
1. Teilung ohne Abfindungszahlungen
a) Allgemeines

Auch bei der Erbauseinandersetzung über Privatvermögen führt eine Teilung ohne Abfindungszahlungen nicht zur Entstehung von Anschaffungskosten oder Veräußerungserlösen. Eine Erbauseinandersetzung kann auch in der Weise durchgeführt werden, dass einem Miterben ein Nutzungsrecht an einem zum Nachlass gehörenden Wirtschaftsgut eingeräumt wird, das einem anderen Miterben zugeteilt wird (z. B. Wohnrecht an einem Gebäude). Dieses Nutzungsrecht ist nicht gegen Entgelt bestellt. Die Ablösung des Nutzungsrechts durch den Miterben führt zu nachträglichen Anschaffungskosten (BFH-Urteil vom 28. November 1991 – BStBl 1992 II S. 381). 22

Ein unentgeltlicher Vorgang liegt auch vor, wenn Gesamthandseigentum in Bruchteilseigentum umgewandelt wird und ein Miterbe Anteile an der Bruchteilsgemeinschaft von einem anderen Miterben im Tauschwege gegen eigene Anteile erwirbt.

b) Behandlung von Nachlassverbindlichkeiten

Eine Schuldübernahme führt auch insoweit nicht zu Anschaffungskosten, als sie die Erbquote übersteigt. Dies bedeutet gleichzeitig, dass Nachlassverbindlichkeiten einen 23[1]

---

[1] Bestätigt durch BFH vom 10.10.2018 (BStBl II 2019 S. 170); eine überquotale Schuldübernahme kann ausnahmsweise zu Anschaffungskosten führen, wenn sie die Gegenleistung für ein zeitliches Vorziehen der Erbauseinandersetzung darstellt (>BFH vom 19.12.2006 – BStBl II 2008 S. 216).

Anhang 13
I (Erbauseinandersetzung)   Erbfolgeregelungen

wertmäßigen Ausgleich unter den Miterben bei einer Teilung und damit einen unentgeltlichen Rechtsvorgang ermöglichen. Dabei kommt es nicht darauf an, ob die übernommenen Verbindlichkeiten in einem Finanzierungszusammenhang mit zugeteilten Nachlassgegenständen stehen.

Beispiel 7
A und B sind Erben zu je 1/2. Zum Nachlass gehört ein Grundstück (Wert 2 Mio. €), das mit einer noch voll valutierten Hypothek von 1 Mio. € belastet ist. Zum Nachlass gehören außerdem Wertpapiere (Wert 3 Mio. €). Die Erben setzen sich dahin auseinander, dass A das Grundstück und B die Wertpapiere erhält. B übernimmt außerdem die Verbindlichkeit in voller Höhe.
Es liegt eine Teilung ohne Abfindungszahlung, also ein unentgeltlicher Rechtsvorgang vor. A erhält einen Wert von 2 Mio. € (Grundstück). B erhält ebenfalls einen Wert von 2 Mio. € (Wertpapiere im Wert von 3 Mio. € abzüglich einer übernommenen Verpflichtung von 1 Mio. €).

24[1]) Die Übernahme von Verbindlichkeiten der Erbengemeinschaft durch einzelne Miterben über die Erbquote hinaus führt auch dann nicht zu Anschaffungskosten, wenn durch die Art der Verteilung von Verbindlichkeiten zusätzlich Abfindungsbedarf geschaffen wird. Dies gilt unabhängig davon, ob durch die Art der Verteilung von Verbindlichkeiten ein bisher bestehender Finanzierungszusammenhang zwischen Wirtschaftsgut und Schuld erhalten bleibt oder nicht. Regelmäßig wird der Übernahme von Verbindlichkeiten eine interne Freistellungsverpflichtung zugrunde liegen.

Beispiel 8
A und B sind Erben zu je 1/2. Zum Nachlass gehören zwei Grundstücke im Wert von je 1 Mio. €, die mit Hypotheken von je 500.000 € belastet sind. A erhält Grundstück 1 und übernimmt auch die das Grundstück 2 betreffende Hypothek. B erhält das Grundstück 2 und zahlt an A 500.000 €.
Es liegt eine Teilung ohne Abfindungszahlung vor. B hat mit der Zahlung von 500.000 € an A die Freistellung von der das Grundstück 2 belastenden Schuld intern beglichen.

Beispiel 9
A und B sind Erben zu je 1/2. Zum Nachlass gehört ein Grundstück (Wert 2 Mio. €), das mit einer noch voll valutierten Hypothek von 1 Mio. € belastet ist. Die zu Grunde liegende Verpflichtung betrifft ein Darlehen, das zur Anschaffung des Grundstücks verwendet worden ist. Zum Nachlass gehört außerdem eine Beteiligung an einer Kapitalgesellschaft (Wert 3 Mio. €). Die Erben setzen sich dahin auseinander, dass A das Grundstück und das dazugehörige Darlehen und B die Beteiligung übernimmt. B leistet zusätzlich an A eine Zahlung von 1 Mio. €.
B bezahlt mit der Leistung von 1 Mio. € an A eine interne Schuldfreistellung wegen der Übernahme des hypothekarisch gesicherten Darlehens durch A i. H. v. 1 Mio. €. Im Ergebnis hat somit A infolge der Freistellungsverpflichtung des B ein unbelastetes Grundstück im Wert von 2 Mio. € erhalten und B hat die Beteiligung zugeteilt bekommen, ist allerdings durch die Zahlung für die Freistellung belastet, so dass er im Ergebnis ebenfalls einen Wert von 2 Mio. € erhalten hat. Dass die Übernahme der Darlehensschuld durch A nach außen hin den Finanzierungszusammenhang zwischen Wirtschaftsgut und Schuld aufrechterhält, ist dabei ohne Bedeutung.

25   Die vom BFH in seinem Beschluss vom 5. Juli 1990 (BStBl II S. 837) zur Wertangleichung zugelassene Möglichkeit der Übernahme von Verbindlichkeiten der Erbengemeinschaft über die Erbquote hinaus bezieht sich nur auf Nachlassverbindlichkeiten. Dabei kommt es nicht darauf an, ob die Verbindlichkeit bereits im Zeitpunkt des Erbfalls bestanden hat oder ob sie erst im Zuge der Verwaltung des Nachlasses entstanden ist.

---

[1]) Bestätigt durch BFH vom 10.10.2018 (BStBl II 2019 S. 170); eine überquotale Schuldübernahme kann ausnahmsweise zu Anschaffungskosten führen, wenn sie die Gegenleistung für ein zeitliches Vorziehen der Erbauseinandersetzung darstellt (>BFH vom 19.12.2006 – BStBl II 2008 S. 216).

Geht die Erbengemeinschaft dagegen im engen zeitlichen Zusammenhang mit der Erbauseinandersetzung Verbindlichkeiten ein, um insoweit eine gewinnneutrale Realteilung zu ermöglichen, handelt es sich nicht mehr um Nachlassverbindlichkeiten (§ 42 AO).

2. Teilung mit Abfindungszahlungen
a) Allgemeines

Wird im Rahmen einer Erbauseinandersetzung ein Nachlass real geteilt und erhält ein Miterbe wertmäßig mehr, als ihm nach seiner Erbquote zusteht, und zahlt er für dieses „Mehr" an seine Miterben eine Abfindung, liegt insoweit – wie bei der Erbauseinandersetzung über Betriebsvermögen – ein Anschaffungs- und Veräußerungsvorgang vor. In Höhe der Abfindungszahlung entstehen Anschaffungskosten. Das gilt auch, soweit sich die Erbengemeinschaft durch Zwangsversteigerung zum Zwecke der Aufhebung der Gemeinschaft auseinandersetzt. Wird ein Wirtschaftsgut gegen Abfindungszahlung erworben, berechnen sich der entgeltlich und der unentgeltlich erworbene Teil des Wirtschaftsguts nach dem Verkehrswert (vgl. BFH-Urteil vom 29. Oktober 1991 – BStBl 1992 II S. 512). In der Regel kann davon ausgegangen werden, dass der Verkehrswert dem Wert entspricht, den die Miterben der Erbauseinandersetzung zugrunde legen (Anrechnungswert).

26

Beispiel 10
A und B sind Miterben zu je 1/2. Der Nachlass besteht aus einem Gebäude auf einem Erbbaugrundstück (Verkehrswert 1 Mio. €) und Bargeld (500.000 €). A erhält das Gebäude und zahlt an B eine Abfindung i. H. v. 250.000 €. B erhält das Bargeld und die Abfindungszahlung.

A hat Anschaffungskosten in Höhe von 250.000 €. Es ist unerheblich, aus welchem Vermögensbereich der die Abfindung Zahlende die Mittel für die Abfindungszahlung entnimmt. A zahlt die Abfindung nicht für das ganze Gebäude, auch nicht für den gesamten Anteil des B an dem Gebäude (1/2), sondern nur für das wertmäßige „Mehr", das er bei der Erbteilung erhalten hat. Das Gebäude ist 1 Mio. € wert. 750.000 € stehen dem A nach seiner Erbquote zu, so dass A mithin 1/4 des Gebäudes für 250.000 € entgeltlich und 3/4 des Gebäudes unentgeltlich erworben hat.

Der Veräußerungsgewinn ist nur steuerpflichtig, wenn die Voraussetzungen der §§ 17, 23 EStG oder des § 21 UmwStG[1]) vorliegen.

27

Beispiel 11
Erblasser E, zu dessen Privatvermögen eine 50%ige Beteiligung an einer GmbH gehörte, wird von A und B beerbt. Im Zuge der Erbauseinandersetzung erhält A die gesamte Beteiligung gegen Ausgleichszahlung an B für dessen hälftigen Anteil.
A erlangt – auf der Grundlage getrennter Rechtsgeschäfte – die Beteiligung zum einen i. H. v. 1/2 (25 v. H.) in Erfüllung seines erbrechtlichen Auseinandersetzungsanspruchs entsprechend § 11d EStDV und zum anderen bezüglich des Mehrempfangs entgeltlich von B. B erzielt in Höhe der Ausgleichszahlung einen Veräußerungserlös, der im Rahmen des § 17 EStG anzusetzen ist.
A führt die Anschaffungskosten des Erblassers zur Hälfte, nämlich für die auf ihn entfallende 25%ige Beteiligung fort; im Übrigen ist die Zahlung des A als Anschaffungskosten für die von B erhaltene 25%ige Beteiligung anzusehen.

---

[1]) § 21 UmwStG i. d. F. des UmwStG vom 28.10.1994, zuletzt geändert durch das StVergAbG, war letztmals für Einbringungen vor dem 13.12.2006 anzuwenden.

Anhang 13
I (Erbauseinandersetzung)   Erbfolgeregelungen

b) Aufteilung von Abfindungsleistungen

28 Erhält ein Miterbe alle oder mehrere Wirtschaftsgüter des Nachlasses gegen Leistung einer Abfindung an die übrigen Miterben, ist die Abfindung nach dem Verhältnis der Verkehrswerte der Wirtschaftsgüter aufzuteilen. Tz. 42 ist entsprechend anzuwenden.

Beispiel 12
Erben sind A und B je 1/2. Zum Nachlass gehören Grundstück 1 (Verkehrswert 800.000 €) und Grundstück 2 (Verkehrswert 400.000 €). A übernimmt beide Grundstücke und zahlt an B 600.000 €.
Die Abfindungszahlungen sind Anschaffungskosten, die mit 400.000 € für den Erwerb des hälftigen Anteils am Grundstück 1 und mit 200.000 € für den Erwerb des hälftigen Anteils am Grundstück 2 aufgewendet worden sind.

29 Erhalten bei einer Erbauseinandersetzung mit Abfindungszahlungen mehrere Miterben Wirtschaftsgüter des Nachlasses, sind die Anschaffungskosten ebenfalls im Verhältnis der Verkehrswerte auf die erlangten Nachlassgegenstände zu verteilen. Tz. 42 ist entsprechend anzuwenden.

Beispiel 13
Erben sind A und B je 1/2. Zum Nachlass gehören Grundstück 1 (Verkehrswert 800.000 €) Grundstück 2 (Verkehrswert 600.000 €) und Grundstück 3 (Verkehrswert 400.000 €). A erhält Grundstück 1, B die Grundstücke 2 und 3. B zahlt an A eine Abfindung von 100.000 €.
Die Abfindung von 100.000 € stellt für B Anschaffungskosten dar. B muss diese Abfindung im Verhältnis der Verkehrswerte (6 : 4) auf Grundstück 2 und 3 verteilen. Somit erwirbt er jedes Grundstück zu 1/10 entgeltlich und zu 9/10 unentgeltlich.

c) Behandlung liquider Mittel des Nachlasses

30 Keine Anschaffungskosten liegen vor, soweit eine Abfindungszahlung dem Wert übernommener liquider Mittel des Nachlasses (z. B. Bargeld, Bankguthaben, Schecks) entspricht, weil es sich wirtschaftlich um einen Leistungsaustausch „Geld gegen Geld" handelt, der einer Rückzahlung der Abfindungszahlung gleichsteht.

Beispiel 14
Ein Nachlass besteht aus einem Grundstück (Verkehrswert 2 Mio. €) und aus Bankguthaben (Verkehrswert 2 Mio. €). Miterben sind A und B zu je 1/2. A erhält das Grundstück und das Bankguthaben und zahlt an B eine Abfindung von 2 Mio. €.
Es ist steuerlich davon auszugehen, dass der Nachlass im Wege der Naturalteilung verteilt wurde, bei der A das Grundstück und B das Bankguthaben erhalten hat. A hat deshalb keine Anschaffungskosten (vgl. auch Beispiel 8).

d) AfA-Bemessungsgrundlage und AfA-Satz nach Erbauseinandersetzung

31[1]) Nach der Erbauseinandersetzung ist hinsichtlich der weiteren Abschreibung zwischen dem unentgeltlich erworbenen Teil des Wirtschaftsguts und dem entgeltlich erworbenen Teil zu unterscheiden.

Auf den unentgeltlich erworbenen Teil ist § 11d Abs. 1 EStDV anzuwenden. Der Miterbe führt die von der Erbengemeinschaft vorgenommene Abschreibung anteilig fort.

Soweit der Miterbe das Wirtschaftsgut entgeltlich erworben hat, sind der weiteren AfA seine Anschaffungskosten zu Grunde zu legen. Für den entgeltlich erworbenen Teil des Wirtschaftsguts bemessen sich die AfA

---

[1]) Erbauseinandersetzungskosten begründen als Anschaffungsnebenkosten eine eigenständige AfA-Bemessungsgrundlage (>BFH vom 09.07.2013 – BStBl II 2014 S. 878).

Anhang 13
Erbfolgeregelungen (Erbauseinandersetzung) I

- bei beweglichen Wirtschaftsgütern und bei unbeweglichen Wirtschaftsgütern, die keine Gebäude sind, nach der tatsächlichen künftigen Nutzungsdauer des Wirtschaftsguts im Zeitpunkt der Erbauseinandersetzung.
- bei Gebäuden nach den hierfür geltenden Vorschriften (i. d. R. § 7 Abs. 4 EStG).

Danach kann sich bei Gebäuden für den unentgeltlich und den entgeltlich erworbenen Teil eine unterschiedliche Abschreibungsdauer ergeben.

Beispiel 15
Miterben sind S und T je zu 1/2. Zum Nachlass gehören ein bebautes Grundstück (Verkehrswerte: Gebäude 1,5 Mio. € und Grund und Boden 500.000 €) und Bargeld (1 Mio. €). Die ursprünglichen Anschaffungskosten des Gebäudes i. H. v. 2 Mio. € sind bei der Auseinandersetzung der Erbengemeinschaft am 1. Januar 04 bereits mit jährlich 2 v. H. bis auf 800.000 € abgeschrieben. S erhält das Grundstück und zahlt an T eine Abfindung i. H. v. 500.000 €. T erhält das Bargeld und die Abfindungszahlung.
S hat das Grundstück zu 1/4 entgeltlich erworben. Nach dem Verhältnis der Verkehrswerte entfallen auf das Gebäude 375.000 € und auf den Grund und Boden 125.000 € der Abfindungszahlung. Die AfA, die S nach der Erbauseinandersetzung vornehmen kann, bemesst sich wie folgt: Hinsichtlich 3/4 des Gebäudes hat S nach § 11d EStDV die AfA-Reihe der Erbengemeinschaft fortzuführen und mithin jährlich 2 v. H. von 1.500.000 € (3/4 von 2 Mio. € Anschaffungskosten des Erblassers) = 30.000 € abzuschreiben. Hinsichtlich 1/4 des Gebäudes liegt ein entgeltlicher Erwerb vor. S hat insofern – soweit keine kürzere Nutzungsdauer als 50 Jahre in Betracht kommt (§ 7 Abs. 4 Satz 2 EStG) – 2 v. H. von 375.000 € (= 7.500 €) jährlich abzusetzen.

III. Erbauseinandersetzung über einen Mischnachlass
1. Teilung ohne Abfindungszahlungen
a) Allgemeines
Auch beim Mischnachlass führt eine Teilung ohne Abfindungszahlungen nicht zur Entstehung von Anschaffungskosten oder Veräußerungserlösen. Demzufolge können auch hier keine Veräußerungsgewinne entstehen.

Beispiel 16
Erben sind A und B zu je 1/2. Zum Nachlass gehört ein Betriebsvermögen (Wert 3 Mio. €) und privater Grundbesitz (Wert 3 Mio. €). A und B setzen sich in der Weise auseinander, dass A den Betrieb und B den privaten Grundbesitz erhält.
Es liegen keine Anschaffungs- oder Veräußerungsgeschäfte vor mit der Folge, dass weder für A noch für B Anschaffungskosten entstehen. Der Mitunternehmeranteil des B geht ohne Gewinnrealisierung auf A nach § 6 Abs. 3 EStG zum Buchwert über. Dies gilt auch dann, wenn die Erbauseinandersetzung erst viele Jahre nach dem Erbfall stattfindet und der Umfang des Betriebsvermögens sich zwischenzeitlich verändert hat. A muss die Buchwerte fortführen. B tritt gemäß § 11d Abs. 1 EStDV in die Abschreibungsreihe der Erbengemeinschaft ein.

In der Teilung eines Mischnachlasses ohne Abfindungszahlungen liegt – ebenso wie in der Realteilung eines nur aus Betriebsvermögen bestehenden Nachlasses – nicht nur keine entgeltliche Anschaffung oder Veräußerung, sondern auch keine zur Gewinnrealisierung führende Aufgabe eines Mitunternehmeranteils gemäß § 16 Abs. 3 Satz 1 EStG, sofern nicht alle wesentlichen Betriebsgrundlagen in das Privatvermögen überführt werden (vgl. Tzn. 11 und 13).

b) Schaffung von Privatvermögen im engen zeitlichen Zusammenhang mit der Auseinandersetzung
Die Teilung eines Mischnachlasses ohne Abfindungszahlung führt nicht zur Entstehung von Anschaffungskosten einerseits sowie eines Veräußerungs- oder Aufgabegewinns

1641

andererseits, es sei denn alle wesentlichen Betriebsgrundlagen werden ins Privatvermögen überführt. Dabei kommt es nicht darauf an, ob bereits im Zeitpunkt des Erbfalls ein Mischnachlass bestanden hat oder ob sich im Zuge der Verwaltung des Nachlasses privates Nachlassvermögen gebildet hat. Wird dagegen durch Entnahmen liquider Mittel im engen zeitlichen Zusammenhang mit der Auseinandersetzung Privatvermögen geschaffen, um insoweit eine gewinnneutrale Teilung zu ermöglichen, ist diese Gestaltung nach § 42 AO steuerlich nicht anzuerkennen.

c) Behandlung von Nachlassverbindlichkeiten bei Mischnachlässen, insbesondere Schuldzinsenabzug

34 Auch bei einem Mischnachlass kann die Abstimmung mit dem Auseinandersetzungsguthaben des Miterben dadurch erreicht werden, dass der Miterbe Verbindlichkeiten der Erbengemeinschaft übernimmt. Wie sich derartige Schulden in der Folge bei den Miterben auswirken, hängt davon ab, mit welchem Vermögen sie in Zusammenhang stehen und wie dieses Vermögen beim Erben verwendet wird. So kann Privatvermögen der Erbengemeinschaft beim Miterben Betriebsvermögen und die damit zusammenhängende Verbindlichkeit Betriebsschuld werden.

Die Übernahme von Schulden über die Erbquote hinaus kann trotz fehlender Anschaffungskosten (vgl. Tz. 18 Satz 1) zu Betriebsvermögen führen, das den Schuldzinsenabzug ermöglicht.

Beispiel 17
A und B sind Miterben zu je 1/2. Zum Nachlass gehören ein Betrieb (Wert 3 Mio. €) sowie ein privates Grundstück (Wert 2 Mio. €), das mit einer Hypothek von 1 Mio. € belastet ist. A übernimmt den Betrieb und die Verbindlichkeit, B erhält das Grundstück.
Es ist von einer gewinnneutralen Teilung eines Mischnachlasses auszugehen, da auch beim Mischnachlass eine Wertangleichung zur Vermeidung von Ausgleichszahlungen durch überproportionale Übernahme von Nachlassverbindlichkeiten erreicht werden kann. Die von A zusätzlich zum Betrieb übernommene private Nachlassschuld bleibt keine Privatschuld, sondern wandelt sich nach der Übernahme durch A in eine Betriebsschuld um mit der Folge, dass A künftig die auf diese Schuld entfallenden Schuldzinsen als Betriebsausgaben abziehen kann.

35 Die Begleichung von Erbfallschulden (z. B. Pflichtteils- und Ersatzansprüche) führt nicht zu Anschaffungskosten. Die Aufwendungen für die Finanzierung von Pflichtteils- und Erbersatzansprüchen dürfen nicht als Betriebsausgaben oder Werbungskosten abgezogen werden (BFH-Urteile vom 2. März 1993 – BStBl 1994 II S. 619, vom 25. November 1993 – BStBl 1994 II S. 623 und vom 27. Juli 1993 – BStBl 1994 II S. 625). Dies gilt auch für die Aufwendungen zur Finanzierung von Vermächtnissen.

Werden Pflichtteilsansprüche durch die Übertragung von im Nachlass befindlichen Wirtschaftsgütern, Betrieben, Teilbetrieben oder Mitunternehmeranteilen abgegolten, liegt grundsätzlich eine entgeltliche Übertragung vor. Dies bedeutet, dass der Erbe das einzelne Wirtschaftsgut, den Betrieb, Teilbetrieb oder Mitunternehmeranteil veräußert und der Pflichtteilsberechtigte Anschaffungskosten für das erhaltene Vermögen in Höhe seines Pflichtteilsanspruchs hat (BFH-Urteil vom 16. Dezember 2004 – BStBl 2005 II S. 554).

2. Teilung mit Abfindungszahlungen

36 Auch beim Mischnachlass liegt Entgeltlichkeit nur vor, soweit Abfindungszahlungen geleistet werden. Hat daher im Rahmen einer Teilung ein Miterbe an andere Miterben Abfindungszahlungen zu leisten, führt dies insoweit zu Anschaffungskosten einerseits und zu einem – ggf. einkommensteuerpflichtigen – Veräußerungserlös andererseits.

Anhang 13
Erbfolgeregelungen (Erbauseinandersetzung)

Beispiel 18
Erben sind A und B je 1/2. Zum Nachlass gehören ein Betrieb (Wert 1 Mio. €, Buchwert 200.000 €) und ein Privatgrundstück (Wert 500.000 €). A erhält den Betrieb, B das Grundstück und eine Abfindung von A i. H. v. 250.000 €.
Die Abfindung stellt bei A Anschaffungskosten, bei B Veräußerungserlös für die Übertragung eines Mitunternehmeranteils dar. Da A und B jeweils im Wert von 750.000 € am Gesamtnachlass beteiligt sind (= 1/2 von 1,5 Mio. €), erwirbt A 3/4 des Betriebs unentgeltlich und führt insoweit die Buchwerte (= 150.000 €) fort. B erzielt durch die Übertragung eines Mitunternehmeranteils von 1/4 einen – als nicht nach §§ 16, 34 EStG begünstigten – Veräußerungsgewinn von 200.000 € (= 250.000 € ./. 50.000 €). A stockt die Buchwerte um 200.000 € auf, da B 1/4 des Betriebs entgeltlich an A übertragen hat. Das restliche 1/4, das dem B als Mitunternehmer zuzurechnen war, ist unentgeltlich auf A übergegangen.

D. Entgeltliche und unentgeltliche Übertragung eines Erbteils
1. Allgemeines
Ein Miterbe kann seinen Anteil am Nachlass (seinen Erbteil) an einen anderen Miterben oder an einen Dritten verschenken oder verkaufen (§ 2033 Abs. 1 BGB). Wird ein Erbteil verschenkt, entstehen weder Anschaffungskosten noch Veräußerungserlöse. Wird ein Erbteil verkauft, hat der Käufer dagegen Anschaffungskosten und der Verkäufer einen Veräußerungserlös. Die Ausschlagung der Erbschaft gegen eine Abfindung steht der entgeltlichen Veräußerung des Erbteils gleich (vgl. BFH-Urteil vom 20. April 2004 – BStBl II S. 987).

37

2. Zum Nachlass gehört nur Betriebsvermögen
a) Schenkung eines Erbteils
Wird ein Erbteil verschenkt und gehört zum Nachlass nur Betriebsvermögen, hat der Beschenkte die Buchwerte des Schenkers fortzuführen (§ 6 Abs. 3 EStG).

38

b) Verkauf eines Erbteils
Die entgeltliche Übertragung des Erbanteils bedeutet die Veräußerung eines Mitunternehmeranteils i. S. v. § 16 Abs. 1 Satz 1 Nr. 2 EStG, und zwar auch dann, wenn der Erwerber Miterbe ist. Anschaffungskosten und Veräußerungsgewinn errechnen sich wie bei der Übertragung eines Mitunternehmeranteils.

39

Beispiel 19
Der Nachlass besteht allein aus einem Einzelunternehmen. Das Kapitalkonto betrug 600.000 €. Erben sind A, B und C zu je 1/3, so dass auf jeden Miterben ein Kapitalkonto von 200.000 € entfällt. C verkauft seinen Erbteil und damit gleichzeitig seinen Mitunternehmeranteil an D für 320.000 €.
In diesem Fall liegt ein entgeltliches Veräußerungsgeschäft vor. Für C entsteht nach § 16 Abs. 2 EStG ein Veräußerungsgewinn i. H. v. 120.000 € (320.000 € Veräußerungserlös ./. 200.000 € Buchwert), der nach §§ 16, 34 EStG begünstigt ist. D hat Anschaffungskosten von 320.000 €, mit denen er seinen Anteil in der Bilanz der Erbengemeinschaft ausweisen muss. Das geschieht i. H. v. 200.000 € in der Hauptbilanz (Fortführung des Kapitalkontos des C) und i. H. v. 120.000 € in einer für D aufzustellenden positiven Ergänzungsbilanz.

3. Zum Nachlass gehört nur Privatvermögen
a) Schenkung eines Erbteils
Wird ein Erbteil verschenkt und gehört zum Nachlass nur Privatvermögen, findet § 11d Abs. 1 EStDV Anwendung. Durch den unentgeltlichen Erwerb des Erbteils ist der Beschenkte in die Rechtsstellung des Schenkers eingetreten, die dieser innerhalb der Erbengemeinschaft gehabt hat. Die anteilige AfA, die dem Beschenkten an den zum Nachlass gehörenden abnutzbaren Wirtschaftsgütern des Privatvermögens zusteht, bemisst

40

1643

Anhang 13
I (Erbauseinandersetzung)   Erbfolgeregelungen

sich demzufolge (weil der Schenker ebenfalls unentgeltlich erworben hat) nach der AfA-Bemessungsgrundlage der Erbengemeinschaft (§ 11d Abs. 1 Satz 1 EStDV). Der Beschenkte kann – anteilmäßig – nur noch das nicht bereits verbrauchte AfA-Volumen abschreiben.

b) Verkauf eines Erbteils

41   Verkauft ein Miterbe seinen Erbteil und gehört zum Nachlass nur Privatvermögen, ist § 11d Abs. 1 EStDV nicht anwendbar. Der Erwerber muss seine AfA ausgehend von seinen Anschaffungskosten nach § 7 EStG bemessen.

Beispiel 20
E wird von seinen Söhnen A, B und C zu je 1/3 beerbt. Zum Nachlass gehört nur ein privates Mietwohnhaus, das E für 2,5 Mio. € (Anteil Gebäude 2 Mio. €) erworben und jährlich mit 2 v. H. abgeschrieben hatte. C veräußert seinen Erbteil zum 01.01.04 für 700.000 € an D. Hiervon entfallen 560.000 € auf das Gebäude und 140.000 € auf den Grund und Boden. Im Zeitpunkt der Veräußerung hatte das Gebäude einen Restwert von 1,2 Mio. €.
Die AfA für das immer noch zum Nachlass gehörende Gebäude kann nicht mehr einheitlich vorgenommen werden. A und B haben als Miterben ihre Anteile am Nachlass und damit an dem Grundstück, aus dem der Nachlass besteht, unentgeltlich erworben. Sie müssen demzufolge nach § 11d Abs. 1 EStDV die AfA der Erbengemeinschaft – anteilig – fortführen. A und B können also jährlich je 13.334 € (je 1/3 von 40.000 €) absetzen. Für D hingegen ist, da er entgeltlich erworben hat, seine anteilige AfA nach seinen Anschaffungskosten zu bemessen. Er muss seinen Gebäudeanteil mit 2 v. H. von 560.000 € = 11.200 € abschreiben. Zu einem anderen Ergebnis kann D nur dann kommen, wenn er nachweist, dass die Nutzungsdauer kürzer ist.

42   Wird ein Erbteil entgeltlich erworben und gehören mehrere Wirtschaftsgüter zum Nachlass, ist für die Aufteilung der Anschaffungskosten des Erbteils einer nach außen hin erkennbaren Zuordnung der Anschaffungskosten durch die Erben zu folgen, soweit die Aufteilung nicht zu einer unangemessenen wertmäßigen Berücksichtigung der einzelnen Wirtschaftsgüter gehört (vgl. BFH-Urteil vom 27. Juli 2004 – BStBl 2006 II S. 9).

43   Verkauft ein Miterbe seinen Erbteil, ist ein Veräußerungsgewinn nur steuerpflichtig, wenn die Voraussetzungen des § 17 EStG, des § 23 EStG oder des § 21 UmwStG[1]) vorliegen.

4. Mischnachlass

44   Wird der Anteil an einem Mischnachlass veräußert, gelten die unter Tz. 32 ff. genannten Grundsätze.

a) Schenkung eines Erbteils

45   Eine Bewertung der Nachlassgegenstände ist hier nicht erforderlich. Im privaten Bereich des Nachlasses hat der Erwerber die AfA der Erbengemeinschaft nach § 11d Abs. 1 EStDV und im betrieblichen Bereich die Buchwerte der Erbengemeinschaft (§ 6 Abs. 3 EStG) fortzuführen.

b) Verkauf eines Erbteils

46   Wird bei einem Mischnachlass ein Erbteil verkauft, muss der für den Erbteil erzielte Veräußerungserlös aufgeteilt werden. Dabei ist der Veräußerungserlös im Verhältnis des Verkehrswertes des Mitunternehmeranteils und der anteiligen Verkehrswerte der Wirtschaftsgüter des Privatvermögens zu verteilen. Tz. 42 gilt entsprechend. Der Kaufpreis ist beim Erbschaftskäufer entsprechend aufzuteilen.

---

[1]) § 21 UmwStG i. d. F. des UmwStG vom 28.10.1994, zuletzt geändert durch das StVergAbG, war letztmals für Einbringungen vor dem 13.12.2006 anzuwenden.

§ 15 Abs. 3 Nr. 1 EStG (sog. Abfärberegelung) ist auch dann nicht auf die Erbengemeinschaft anzuwenden, wenn ein Miterbe seinen Erbteil veräußert und ein fremder Dritter in die Erbengemeinschaft eintritt.

E. Ausscheiden eines Miterben
1. Allgemeines

Scheidet ein Miterbe freiwillig aus der Erbengemeinschaft aus, wächst zivilrechtlich sein Anteil am Gemeinschaftsvermögen den verbliebenen Miterben zu. Die Anwachsung eines Erbteils für den Fall, dass mehrere Erben in der Weise eingesetzt sind, dass sie die gesetzliche Erbfolge ausschließen, und dass einer der Erben vor oder nach dem Eintritt des Erbfalls wegfällt, ist in § 2094 BGB geregelt. Die Anwachsung ist ein Unterfall der Veräußerung des Erbteils. Ertragsteuerlich ist das Anwachsen als entgeltliche oder unentgeltliche Übertragung des Anteils des ausscheidenden Miterben auf die verbleibenden Miterben anzusehen.

2. Ausscheiden ohne Abfindung

Scheidet ein Miterbe ohne Abfindung aus der Erbengemeinschaft aus, finden die Grundsätze über die Schenkung eines Erbteils Anwendung.

3. Ausscheiden gegen Barabfindung

Scheidet ein Miterbe gegen Barabfindung aus der Erbengemeinschaft aus, finden die Grundsätze über den Verkauf eines Erbteils Anwendung.

4. Ausscheiden gegen Sachwertabfindung
a) Grundsatz

Beim Ausscheiden gegen Sachwertabfindung können sich zusätzlich zu dem vom ausscheidenden Miterben zu versteuernden Veräußerungsgewinn auch für die verbleibenden Miterben Veräußerungsgewinne ergeben.

Beispiel 21
A, B und C sind Miterben zu je 1/3. Der Nachlass besteht nur aus einem Betriebsvermögen. Der Wert des Betriebsvermögens beträgt 3 Mio. €, der Buchwert 300.000 €. Die Bilanz des Unternehmens sieht wie folgt aus:

Aktiva		Passiva	
Wirtschaftsgut 1	100.000 €	KapKto A	100.000 €
	(TW: 1 Mio. €)	KapKto B	100.000 €
Wirtschaftsgut 2	200.000 €	KapKto C	100.000 €
	(TW: 2 Mio. €)		
	300.000 €		300.000 €

C scheidet gegen eine Abfindung von 1 Mio. € aus dem Unternehmen aus. Nach dem Ausscheiden des C hat die Bilanz folgendes Bild:

Aktiva		Passiva	
Wirtschaftsgut 1	100.000 €	KapKto A	100.000 €
+ 300.000 €	= 400.000 €	KapKto B	100.000 €
Wirtschaftsgut 2	200.000 €	Anspruch C	1.000.000 €
+ 600.000 €	= 800.000 €		
	1.200.000 €		1.200.000 €

Anhang 13
I (Erbauseinandersetzung) — Erbfolgeregelungen

Für C ist ein tarifbegünstigter Veräußerungsgewinn von 900.000 € (1.000.000 € ./. 100.000 €) entstanden. A und B müssen die Buchwerte der Wirtschaftsgüter 1 und 2 entsprechend aufstocken. Da die Wirtschaftsgüter zu 1/3 entgeltlich erworben wurden, erhöht sich die AfA-Bemessungsgrundlage um 900.000 € (Anschaffungskosten 1 Mio. € ./. Buchwert 100.000 €). Wenn C das Wirtschaftsgut 1 (Buchwert nunmehr 400.000 €) zur Tilgung seiner Ausgleichsforderung von 1 Mio. € erhält, müssen A und B dieses Wirtschaftsgut aus dem Betrieb nehmen. Da das Wirtschaftsgut 1 Mio. € wert ist, entsteht dadurch ein Veräußerungsgewinn i. H. v. 600.000 €, den A und B je zur Hälfte als laufenden Gewinn versteuern müssen. Ein Veräußerungsgewinn – und kein Entnahmegewinn – entsteht deshalb, weil die Hingabe des Sachwerts zum Wegfall der Schuld führt. Darin ist keine Entnahme, sondern eine Veräußerung, verbunden mit einer Gewinnrealisierung hinsichtlich des den Buchwert des Wirtschaftsguts übersteigenden Schuldenteils (Ausgleichsanspruch des C), zu sehen.

b) Buchwertabfindung

52[1]) Gelangt die Sachwertabfindung beim ausscheidenden Miterben in ein Betriebsvermögen, hat der Miterbe die Buchwerte der Erbengemeinschaft fortzuführen.

Beispiel 21a
Wie Beispiel 21. Jedoch erhält der Miterbe C statt einer Barabfindung das Wirtschaftsgut 1 als Abfindung. Dieses wird in das Betriebsvermögen des C gehörenden Einzelunternehmens übertragen.

Es liegt ein Fall der unechten Realteilung (vgl. Rn. 2 des BMF-Schreibens vom **19. Dezember 2018** (IV C 6 – S 2242/07/10002, DOK 2018/0795144, BStBl 2019 I S. 6) vor. C hat nach § 16 Absatz 3 Satz 2 EStG den Buchwert des Wirtschaftsgutes 1 (100.000 €) fortzuführen. Das Kapitalkonto des C beim Betrieb der Erbengemeinschaft sinkt unter gleichzeitigem Ausscheiden des C aus dem Betrieb auf null. C muss das Wirtschaftsgut in seinem eigenen Betrieb mit 100.000 € erfolgsneutral unter Erhöhung seines Kapitalkontos erfassen. Für C entstehen weder ein Entnahme- noch ein Veräußerungsgewinn. Auch für A und B ergeben sich keine Gewinnauswirkungen.

F. Erbauseinandersetzung durch Veräußerung des Nachlasses
1. Allgemeines

53 Die Erbauseinandersetzung kann gem. §§ 2046 ff. BGB auch in der Weise erfolgen, dass alle Wirtschaftsgüter des Nachlasses veräußert werden. Anschließend werden alle Nachlassverbindlichkeiten abgezogen. Der Rest der Veräußerungserlöse wird den Erbquoten entsprechend anteilmäßig unter den Miterben verteilt.

2. Betriebsvermögen

54 Gehört zum Nachlass ein Betriebsvermögen, kann der gesamte Betrieb von der Erbengemeinschaft veräußert werden. Dann liegt ein Fall des § 16 Abs. 1 EStG vor. Der von der Erbengemeinschaft erzielte Veräußerungsgewinn ist von den Miterben begünstigt zu versteuern (§§ 16, 34 EStG).

Wird der Betrieb von den Miterben nicht fortgeführt und werden die einzelnen Wirtschaftsgüter des Betriebsvermögens veräußert, kann eine begünstigte Betriebsaufgabe vorliegen (§ 16 Abs. 3 Satz 1 EStG).

---

[1]) Tz. 52 wurde durch BMF vom 27.12.2018 (BStBl I 2019 S. 11) neu gefasst.

Anhang 13
Erbfolgeregelungen   (Erbauseinandersetzung)

3. Privatvermögen
Soweit zum Nachlass Privatvermögen gehört, ist die Veräußerung einkommensteuerrechtlich nur dann zu erfassen, wenn die §§ 17, 23 EStG oder § 21 UmwStG[1]) zur Anwendung kommen.

G. Teilerbauseinandersetzung
1. Behandlung wie Gesamtauseinandersetzung
Bei der gegenständlichen Teilauseinandersetzung stellen die geleisteten Abfindungen Anschaffungskosten bzw. Veräußerungsentgelt dar und zwar unabhängig davon, dass die Miterben am Restnachlass beteiligt bleiben.

Beispiel 22
Erben sind A und B je 1/2. Zum Nachlass gehören ein Betrieb (Wert 1 Mio. €, Buchwert 200.000 €) und ein Privatgrundstück (Wert 500.000 €). Bei einer Teilauseinandersetzung erhält A den Betrieb, B bekommt eine Abfindung von A i. H. v. 500.000 €. Das Grundstück verbleibt in der Erbengemeinschaft.
B erzielt einen tarifbegünstigten Veräußerungsgewinn von 400.000 €. A stockt die Buchwerte des Betriebs um 400.000 € auf. Der Wert und die spätere Verteilung des Restnachlasses bleiben zunächst außer Betracht.

Soweit im Rahmen einer Teilauseinandersetzung ein Wirtschaftsgut des Betriebsvermögens einem Miterben zu Lasten seiner Beteiligung am Restnachlass zugewiesen wird, das er in sein Privatvermögen übernimmt, entsteht ein Entnahmegewinn. Der Entnahmegewinn ist Teil des Gesamtgewinns der Mitunternehmerschaft. Dieser ist den Mitunternehmern (Miterben) nach dem allgemeinen Gewinnverteilungsschlüssel zuzurechnen, der sich bei den Miterben nach ihrem Anteil am Nachlass bestimmt (§ 2038 Abs. 2, § 743 Abs. 1 BGB), es sei denn, dass der Gewinn nach den von den Miterben schriftlich getroffenen Vereinbarungen über die Teilauseinandersetzung dem entnehmenden Miterben zuzurechnen ist.

Wird im Rahmen einer Teilauseinandersetzung ein Wirtschaftsgut aus dem Betriebsvermögen der Erbengemeinschaft (Mitunternehmerschaft) in ein anderes Betriebsvermögen eines der Miterben überführt, ist nach § 6 Abs. 5 EStG der Buchwert fortzuführen.

2. Behandlung von umgekehrten Abfindungen
Abfindungen in umgekehrter Richtung vermindern grundsätzlich die bei einer Teilauseinandersetzung angenommenen Anschaffungskosten und Veräußerungserlöse, wenn die Miterben eine weitere Auseinandersetzung im Auge hatten, bei der es zu umgekehrten Abfindungen kommt (BFH-Beschluss vom 5. Juli 1990 – BStBl II S. 837). Davon ist auszugehen, wenn seit der vorausgegangenen Teilauseinandersetzung nicht mehr als fünf Jahre vergangen sind. Eine spätere (weitere) Teilauseinandersetzung oder Endauseinandersetzung ist nicht mehr mit vorangegangenen Teilauseinandersetzungen als Einheit zu betrachten, sondern wie eine selbständige Auseinandersetzung zu behandeln.

Ist bei einer vorangegangenen Teilauseinandersetzung eine Abfindung für den Erwerb mehrerer Wirtschaftsgüter geleistet worden, ist die umgekehrte Abfindung auf diese Wirtschaftsgüter nach dem Verhältnis ihrer Verkehrswerte im Zeitpunkt der vorangegangenen Teilauseinandersetzung aufzuteilen. Tz. 42 ist entsprechend anzuwenden.

---

[1]) § 21 UmwStG i. d. F. des UmwStG vom 28.10.1994, zuletzt geändert durch das StVergAbG, war letztmals für Einbringungen vor dem 13.12.2006 anzuwenden.

Beispiel 23
Erben sind A und B zu je 1/2. Zum Nachlass gehören ein Betrieb (Wert 1 Mio. €, Buchwert 200.000 €) und ein Privatgrundstück. Bei einer Teilauseinandersetzung erhält A den Betrieb und muss an B eine Abfindung i. H. v. 500.000 € zahlen. Im Rahmen der vier (sechs) Jahre später erfolgenden Endauseinandersetzung erhält B das Grundstück, dessen Wert auf 500.000 € festgestellt wurde, und zahlt deshalb an A eine Abfindung i. H. v. 250.000 €.
Die von B bei der Endauseinandersetzung an A zu zahlende umgekehrte Abfindung i. H. v. 250.000 € bewirkt, dass der Veräußerungsgewinn des B von ursprünglich 400.000 € nunmehr nur noch 200.000 € beträgt und nicht mehr nach §§ 16, 34 EStG begünstigt ist. Die bisherige Aufstockung der Buchwerte bei A um 400.000 € muss auf einen Aufstockungsbetrag von 200.000 € gemindert werden.
Dagegen würde sich die ursprüngliche Behandlung der Teilauseinandersetzung nicht mehr ändern, wenn die Endauseinandersetzung sechs Jahre später erfolgt.
Aus der Veräußerung des Mitunternehmeranteils hat B einen nach den §§ 16 und 34 EStG begünstigten Veräußerungsgewinn i. H. v. 400.000 € zu versteuern; A hat die Buchwerte entsprechend aufzustocken. Der sich aus der sechs Jahre späteren Teilerbauseinandersetzung über das Grundstück ergebende Veräußerungsgewinn ist nur steuerpflichtig, wenn die Voraussetzungen des § 23 EStG vorliegen.

59 Werden im Rahmen einer Teilauseinandersetzung entstandene Veräußerungsgewinne durch umgekehrte Abfindungen gemindert, ist dies ein Ereignis, das Rückwirkung für die Vergangenheit hat (§ 175 Abs. 1 Satz 1 Nr. 2 AO), weshalb die Minderung des Veräußerungsgewinns rückwirkend erfolgen muss.
Auch die bei die ursprüngliche Abfindung leistenden Miterben durch die umgekehrte Abfindung eintretende Verminderung der Anschaffungskosten hat rückwirkend zu erfolgen (§ 175 Abs. 1 Satz 1 Nr. 2 AO). Umgekehrte Abfindungen sind insoweit nicht erst ab dem Jahr ihrer Zahlung zu berücksichtigen.

H. Vermächtnisse, Vorausvermächtnisse, Teilungsanordnung
1. Steuerliche Auswirkungen von Vermächtnissen

60 Im Falle der Erbeinsetzung liegt in vollem Umfang ein unentgeltlicher Erwerb unmittelbar vom Erblasser vor. Der Erbe ist an die Buch- und Steuerwerte gem. § 6 Abs. 3 EStG und § 11d Abs. 1 EStDV gebunden, auch wenn ihm die Erfüllung von Vermächtnissen auferlegt wird. Die Erfüllung eines Vermächtnisses durch den beschwerten Erben stellt kein Entgelt für den Erwerb des Erbteils dar und führt daher bei ihm nicht zu Anschaffungskosten (BFH-Urteil vom 17. Oktober 1991 – BStBl 1992 II S. 392). Dies gilt auch, wenn ein Sachvermächtnis hinsichtlich eines Wirtschaftsguts des Betriebsvermögens ausgesetzt wird und dieses Sachvermächtnis vom Erben und Betriebsübernehmer erfüllt wird. Geht daher ein Betrieb durch Erbeinsetzung mit der Verpflichtung über, dass der Erbe oder die Erbengemeinschaft ein Wirtschaftsgut des Betriebsvermögens an einen Dritten herausgeben muss, führt dies zur Entnahme dieses Wirtschaftsguts. Dies gilt auch dann, wenn das Wirtschaftsgut beim Vermächtnisnehmer Betriebsvermögen wird (vgl. aber Tz. 65). Der Entnahmegewinn ist dem Alleinerben oder allen Miterben zuzurechnen.
Der Alleinerbe oder die Miterben können bei der Entnahme von Grund und Boden aus einem land- und forstwirtschaftlichen Betrieb ggf. den Freibetrag nach § 14a Abs. 4 EStG in Anspruch nehmen, wenn die Entnahme vor dem 1. Januar 2006 erfolgt.

Beispiel 24
A wurde vom Erblasser als Alleinerbe eingesetzt. Zum Nachlass gehört ein Gewerbebetrieb. In Erfüllung eines Vermächtnisses überträgt A auf B ein Betriebsgrundstück (Teilwert 1 Mio. €, Buchwert 400.000 €).

Anhang 13
Erbfolgeregelungen (Erbauseinandersetzung)

A führt nach § 6 Abs. 3 EStG die Buchwerte des Erblassers fort. Er erzielt bei der Übertragung des Grundstücks auf B einen nicht begünstigten Entnahmegewinn i. H. v. 600.000 € (= 1 Mio. € ./. 400.000 €). Das gilt auch, wenn das Grundstück beim Vermächtnisnehmer ins Betriebsvermögen übernommen wird.

Betrifft das Sachvermächtnis dagegen einen ganzen Betrieb, erzielt die Erbengemeinschaft (oder der Alleinerbe) keinen Veräußerungs- oder Aufgabegewinn. Der Vermächtnisnehmer führt nach § 6 Abs. 3 EStG die Buchwerte der Erbengemeinschaft fort. Ist ein Betrieb (Einzelunternehmen) aufgrund eines Sachvermächtnisses an einen der Miterben oder einen Dritten (Vermächtnisnehmer) herauszugeben, sind die nach dem Erbfall bis zur Erfüllung des Vermächtnisses erzielten betrieblichen Einkünfte grundsätzlich den Miterben als Mitunternehmern zuzurechnen. Abweichend von diesem Grundsatz sind die zwischen Erbfall und Erfüllung des Vermächtnisses angefallenen Einkünfte dem Vermächtnisnehmer zuzurechnen, wenn dieser schon vor der Erfüllung des Vermächtnisses als Inhaber des Betriebs (Unternehmer) anzusehen ist (BFH-Urteil vom 24. September 1991 – BStBl 1992 II S. 330). 61

Besteht das Vermächtnis darin, dass dem Bedachten ein privates Wirtschaftsgut zu übertragen ist, ist er nach § 11d Abs. 1 EStDV an die bisher für den Alleinerben oder die Erbengemeinschaft maßgebenden Steuerwerte gebunden. 62

Wie die Erfüllung eines Vermächtnisses führt auch die Begleichung von Erbfallschulden (Pflichtteils- und Erbersatzansprüche) nicht zu Anschaffungskosten. Aufwendungen für die Finanzierung von Pflichtteils- und Erbersatzansprüchen dürfen nicht als Betriebsausgaben oder Werbungskosten abgezogen werden. Ein Vermächtnis führt ausnahmsweise dann zu einem Veräußerungserlös des beschwerten Erben oder der beschwerten Miterben und zu Anschaffungskosten des Vermächtnisnehmers, wenn der Vermächtnisnehmer für den Erwerb des vermachten Gegenstandes eine Gegenleistung zu erbringen hat. 63

2. Besonderheiten bei Vorausvermächtnissen

Wird ein Miterbe durch ein Vermächtnis bedacht (Vorausvermächtnis), hat er – ebenso wie ein nicht zu den Miterben gehörender Vermächtnisnehmer – lediglich einen schuldrechtlichen Anspruch gegenüber der Erbengemeinschaft. Die ihm durch das Vorausvermächtnis zugewandten Vermögensgegenstände des Erblassers erwirbt er daher nicht unmittelbar vom Erblasser, sondern von der Erbengemeinschaft. 64

Betrifft das Vorausvermächtnis einen Betrieb, erzielt die Erbengemeinschaft keinen Veräußerungs- oder Aufgabegewinn. Der Vermächtnisnehmer führt nach § 6 Abs. 3 EStG die Buchwerte der Erbengemeinschaft fort. Demgegenüber liegt eine Entnahme durch die Erbengemeinschaft (nicht durch den Erblasser) vor, wenn ein Einzelwirtschaftsgut des Betriebsvermögens in Erfüllung eines Vorausvermächtnisses auf einen der Miterben in dessen Privatvermögen übertragen wird. 65

Beispiel 25
Erben sind A und B zu je 1/2. Der Nachlass umfasst neben anderen Nachlassgegenständen einen Betrieb. A erhält im Wege des Vorausvermächtnisses ein Grundstück dieses Betriebs (Teilwert 500.000 €, Buchwert 200.000 €), das er privat nutzt.
Die Erfüllung des Vorausvermächtnisses durch Übertragung des Betriebsgrundstücks auf A führt zu einem laufenden Entnahmegewinn bei der Erbengemeinschaft i. H. v. 300.000 €, der den beiden Miterben A und B im Rahmen der gesonderten und einheitlichen Feststellung der Gewinneinkünfte je hälftig zuzurechnen ist.

Wird in Erfüllung eines Vorausvermächtnisses ein Einzelwirtschaftsgut aus dem Betriebsvermögen der Erbengemeinschaft in ein anderes Betriebsvermögen eines der Miterben überführt, besteht nach § 6 Abs. 5 EStG die Pflicht zur – gewinnneutralen – Buchwertfortführung.

Anhang 13
I (Erbauseinandersetzung) | Erbfolgeregelungen

Beispiel 26
Erben sind A und B zu je 1/2. Zum Nachlass gehört u. a. ein Betrieb. A erhält im Wege des Vorausvermächtnisses ein Grundstück dieses Betriebs (Teilwert 500.000 €, Buchwert 200.000 €), das er in einem eigenen Betrieb nutzt.
Ein Entnahmegewinn entsteht nicht, da A als Mitunternehmer zur Fortführung des Buchwertes verpflichtet ist.

66 Besteht das Vorausvermächtnis darin, dass dem Bedachten ein privates Wirtschaftsgut zu übertragen ist, ist er nach § 11d Abs. 1 EStDV an die bisher für die Erbengemeinschaft maßgebenden Steuerwerte gebunden.

3. Steuerliche Auswirkungen von Teilungsanordnungen

67 Durch eine Teilungsanordnung (§ 2048 BGB) wird lediglich die Art und Weise der Erbauseinandersetzung durch den Erblasser festgelegt. Deshalb gehen auch bei der Teilungsanordnung zunächst alle Nachlassgegenstände auf die Erbengemeinschaft und nicht einzelne Nachlassgegenstände unmittelbar auf denjenigen Miterben über, der sie aufgrund der Teilungsanordnung erhalten soll. Verhalten sich die Miterben jedoch bereits vor der Auseinandersetzung entsprechend der Teilungsanordnung, ist dies auch steuerrechtlich anzuerkennen, solange die tatsächliche Auseinandersetzung innerhalb einer sich an den Umständen des Einzelfalls orientierten Frist vorgenommen wird. Dies gilt auch bei Anordnung einer Testamentsvollstreckung. Setzen sich die Erben einverständlich über die Teilungsanordnung hinweg, ist für die steuerliche Beurteilung die tatsächliche Auseinandersetzung maßgeblich. Solange die Teilungsanordnung von den Erben vor der Auseinandersetzung beachtet wird, sind die Veranlagungen vorläufig nach § 165 Abs. 1 Satz 1 AO durchzuführen.

68 Zur Abgrenzung zwischen Teilungsanordnung und Vorausvermächtnis ist von Bedeutung, dass sich die Teilungsanordnung in der Zuweisung bestimmter Nachlassgegenstände innerhalb des Rahmens des Erbteils erschöpft, während das Vorausvermächtnis in der Zuweisung bestimmter Nachlassgegenstände außerhalb des Erbteils, d. h. über den Erbteil hinaus, besteht. Mit dem Vorausvermächtnis will der Erblasser einem der Erben einen zusätzlichen Vermögensvorteil zuwenden. Bei der Teilungsanordnung fehlt ein derartiger Begünstigungswille, sie beschränkt sich auf die Verteilung der Nachlassgegenstände bei der Erbauseinandersetzung. Bei der Abgrenzung zwischen Teilungsanordnung und Vorausvermächtnis kommt es nicht auf die formale Bezeichnung, sondern auf das tatsächlich Gewollte an.

I. Sonderfragen
I. Erbfolge bei der Beteiligung an einer Personengesellschaft
1. Fortsetzung der Gesellschaft durch die übrigen Gesellschafter oder Auflösungsklausel

69 Bei Tod eines Gesellschafters scheidet der verstorbene Gesellschafter aus der Gesellschaft aus und die überlebenden Gesellschafter setzen die Gesellschaft fort (§ 131 Abs. 3 Nr. 1 HGB). In diesem Fall geht zivilrechtlich der Gesellschaftsanteil nicht auf die Erben über. Diese erlangen lediglich einen privaten Abfindungsanspruch gegenüber den verbleibenden Gesellschaftern. Steuerlich realisiert der Erblasser durch Aufgabe seines Mitunternehmeranteils unter Anwachsung bei den verbleibenden Gesellschaftern einen begünstigten Veräußerungsgewinn (§§ 16, 34 EStG) in Höhe des Unterschieds zwischen dem Abfindungsanspruch und dem Buchwert seines Kapitalkontos im Todeszeitpunkt (BFH-Urteil vom 15. April 1993 – BStBl 1994 II S. 227).

Ist im Gesellschaftsvertrag eine sog. Auflösungsklausel, nach der sich die Gesellschaft bei Tod eines Gesellschafters auflöst, enthalten, liegt insgesamt eine nach §§ 16, 34 EStG begünstigte Betriebsaufgabe vor, soweit weder nach Realteilungsgrundsätzen

1650

(vgl. BMF-Schreiben vom 28. Februar 2006 – BStBl I S. 228)[1]) noch nach § 6 Abs. 5 EStG eine Buchwertfortführung möglich ist. Satz 1 gilt nicht, sofern die Gesellschafter die Gesellschaft fortsetzen.

2. Eintrittsklausel

Ist im Gesellschaftsvertrag eine Eintrittsklausel des Inhalts vereinbart worden, dass ein oder mehrere Erben mit dem Tod eines Gesellschafters das Recht haben, in die Gesellschaft einzutreten, wird die Gesellschaft zunächst mit den verbleibenden Gesellschaftern fortgesetzt. Der Gesellschaftsanteil des verstorbenen Gesellschafters wächst mithin den übrigen Gesellschaftern an und die eintrittsberechtigten Erben erben lediglich das Eintrittsrecht. Hieraus folgt grundsätzlich, dass bei Zahlung einer Abfindung im Fall des Nichteintritts – wie bei der Fortsetzungsklausel – der Erblasser einen tarifbegünstigten Veräußerungsgewinn (§§ 16, 34 EStG) erzielt. Wird allerdings das Eintrittsrecht innerhalb von 6 Monaten nach dem Erbfall ausgeübt, gelten, wenn alle Erben von ihrem Eintrittsrecht Gebrauch machen, die Ausführungen über die einfache Nachfolgeklausel (Tz. 71), wenn nur einer oder einige Erben von ihrem Eintrittsrecht Gebrauch machen, die Ausführungen über die qualifizierte Nachfolgeklausel (Tz. 72) entsprechend.

3. Einfache Nachfolgeklausel

Im Fall der sog. einfachen Nachfolgeklausel wird die Gesellschaft beim Tod eines Gesellschafters mit allen Erben dieses Gesellschafters fortgesetzt. Mitunternehmeranteile, die vom Erblasser gesondert auf die Miterben übergegangen sind, können im Fall der sog. einfachen Nachfolgeklausel in die Erbauseinandersetzung einbezogen und abweichend aufgeteilt werden. Ausgleichszahlungen an die weichenden Miterben führen auch in diesem Fall zu Anschaffungskosten (BFH-Urteile vom 13. Dezember 1990 – BStBl 1992 II S. 510 und vom 29. Oktober 1991 – BStBl 1992 II S. 512).

Diese Betrachtungsweise hat zur Folge, dass durch die Einbeziehung von Mitunternehmeranteilen in die Erbauseinandersetzung im Fall der sog. einfachen Nachfolgeklausel eine gewinnneutrale Realteilung eines Nachlasses erreicht wird.

Beispiel 27 (bei Mischnachlass)
Gesellschafter einer OHG sind A, B und C. A stirbt. Erben sind D und E je zur Hälfte. Zum Nachlass gehören der OHG-Anteil (Wert 2 Mio. €) sowie ein Privatgrundstück (Wert 2 Mio. €). D und E treten aufgrund der im Gesellschaftsvertrag verbrieften einfachen Nachfolgeklausel in die OHG ein. Das Grundstück wird zunächst in Erbengemeinschaft verwaltet. Nach einiger Zeit setzen sich D und E dergestalt auseinander, dass E dem D seinen Gesellschaftsanteil überlässt und dafür aus der Erbengemeinschaft das Privatgrundstück erhält. Ausgleichszahlungen erfolgen nicht.
Es ist von einer gewinnneutralen Teilung eines Mischnachlasses auszugehen, bei der D den Gesellschaftsanteil und E das Grundstück erhalten hat. Anschaffungskosten und Veräußerungsgewinne entstehen mangels Ausgleichszahlungen nicht.

Aus dieser Betrachtungsweise ergibt sich weiter, dass auch beim Vorhandensein von Sonderbetriebsvermögen eine gewinnneutrale Realteilung eines Nachlasses möglich ist.

Beispiel 28 (bei Mischnachlass)
Gesellschafter einer OHG sind A, B und C. A stirbt. Erben sind D und E je zur Hälfte. Zum Nachlass gehören der OHG-Anteil (Wert 1,2 Mio. €), ein der OHG überlassenes Grundstück (Wert 800.000 €) und ein Privatgrundstück (Wert 2 Mio. €). D und E treten aufgrund der im Gesellschaftsvertrag verbrieften einfachen Nachfolgeklausel in die OHG ein. Das Privatgrundstück wird zunächst von der Erbengemeinschaft verwaltet. Nach einiger Zeit setzen

---

[1]) jetzt BMF vom 19.12.2018 (BStBl I 2019 S. 6), Anhang 24 III

Anhang 13
I (Erbauseinandersetzung)   Erbfolgeregelungen

sich D und E dergestalt auseinander, dass E dem D seinen Gesellschaftsanteil und seinen Anteil an dem der OHG überlassenen Grundstück überträgt und dafür aus der Erbengemeinschaft das Privatgrundstück erhält. Ausgleichszahlungen erfolgen nicht.

Es liegt eine gewinnneutrale Teilung eines Mischnachlasses vor, bei der D den Gesellschaftsanteil an der OHG und das der OHG überlassene Grundstück und E das Privatgrundstück erhält. Anschaffungskosten und Veräußerungs- oder Entnahmegewinne entstehen mangels Ausgleichszahlungen nicht.

4. Qualifizierte Nachfolgeklausel

72   In den Fällen der sog. qualifizierten Nachfolgeklausel folgen nicht alle Miterben, sondern nur einer oder einzelne von mehreren Miterben dem Erblasser in seiner Gesellschafterstellung nach. Nach dem BFH-Urteil vom 29. Oktober 1991 (BStBl 1992 II S. 512) hat dies zur Folge, dass nur die qualifizierten Miterben, nicht dagegen die nicht qualifizierten Miterben als Mitunternehmer anzusehen sind (kein Durchgangserwerb). Werden von den qualifizierten Erben an die nicht qualifizierten Miterben Abfindungen geleistet, entstehen deshalb weder Veräußerungsgewinne noch Anschaffungskosten. Zur Behandlung der Schuldzinsen, die durch die Finanzierung der Wertausgleichsverbindlichkeiten veranlasst sind, wird auf das BMF-Schreiben vom 11. August 1994 (BStBl I S. 603)[1]) verwiesen.

73   Daraus ergibt sich weiter, dass es mit dem Erbfall zu einer anteiligen Entnahme etwaigen Sonderbetriebsvermögens kommt, soweit das Sonderbetriebsvermögen auf nicht qualifizierte Miterben entfällt (§ 39 Abs. 2 Nr. 2 AO). Denn das Sonderbetriebsvermögen geht – im Gegensatz zum Gesellschaftsanteil – zivilrechtlich auf die Erbengemeinschaft als Ganzes über. Dies gilt auch, wenn bei einer zeitnahen Auseinandersetzung das Sonderbetriebsvermögen auf den qualifizierten Miterben übergeht.

74   Der Entnahmegewinn ist dem Erblasser zuzurechnen, da der nicht qualifizierte Miterbe nicht Mitunternehmer geworden ist.

II. Sonderfragen im Bereich der Land- und Forstwirtschaft
1. Erbfolge im Bereich der Land- und Forstwirtschaft

75   Die Erbfolge im Bereich der Land- und Forstwirtschaft ist zivilrechtlich nach Landesrecht unterschiedlich geregelt. Im Übrigen gibt es bundesrechtliche Besonderheiten.

Während in den Ländern Hamburg, Niedersachsen, Nordrhein-Westfalen und Schleswig-Holstein für bestimmte Höfe die sog. Höfeordnung (HöfeO) Anwendung findet, sind in anderen Ländern (z. B. in Hessen und in Teilen von Baden-Württemberg bis 31. Dezember 2000) für bestimmte Höfe sog. Landesanerbengesetze maßgebend. Es gibt aber auch Länder, die weder eine HöfeO noch ein Landesanerbenrecht kennen (Bayern, Berlin, Brandenburg, Mecklenburg-Vorpommern, Saarland, Sachsen, Sachsen-Anhalt und Thüringen). Soweit keine Sonderregelung eingreift, können das Landgutrecht nach § 2049 BGB sowie das Zuweisungsverfahren nach §§ 13 bis 17 Grundstücksverkehrsgesetz bedeutsam sein.

76   Abfindungen an weichende Erben sind stets Entgelte, wenn nach den jeweiligen landesrechtlichen Vorschriften der Hof nicht unmittelbar vom Altbauer im Wege der Sondererbfolge auf den Hoferben als Alleinerben übergeht („Höferecht"), sondern zunächst auf die Erbengemeinschaft („Anerbenrecht"). Im letzteren Falle erwirbt der Hoferbe den Hof von der Erbengemeinschaft (Durchgangserwerb).

77   Was die als partielles Bundesrecht geltende HöfeO angeht, bestimmt § 4 HöfeO, dass der Hof als Teil der Erbschaft kraft Gesetzes nur einem der Erben zufällt und an seine

---

[1]) >Anhang 13 III

Anhang 13
Erbfolgeregelungen (Erbauseinandersetzung) I

Stelle im Verhältnis der Miterben zueinander der Hofeswert tritt. Diese Norm ist zivilrechtlich so zu verstehen, dass im Rahmen eines gespaltenen Nachlasses der Hof unmittelbar und sofort dem Hoferben als Alleinerben zufällt, während daneben zugleich für das hofesfreie Vermögen eine Erbengemeinschaft besteht. In den Fällen der HöfeO ist eine Miterbengemeinschaft hinsichtlich des Hofes ausgeschlossen, die weichenden Miterben erhalten vielmehr insoweit schuldrechtliche Abfindungsansprüche im Sinne gesetzlich angeordneter Vermächtnisse. Die weichenden Erben erhalten daher die Abfindung nach § 12 HöfeO nicht als Entgelt für die Aufgabe einer Erbquote am Hof. Die Abfindung einschließlich einer Nachabfindung nach § 13 HöfeO ist daher kein Entgelt. Aufwendungen für die Finanzierung der Abfindung sind nicht als Betriebsausgaben abzugsfähig.

Diese Betrachtungsweise gilt auch für die übrigen Landes-Höfegesetze. Nach § 9 Abs. 1 des Bremischen HöfeG fällt der Hof als Teil der Erbschaft nur einem Erben zu. § 14 des Rheinland-Pfälzischen Landesgesetzes über die HöfeO regelt die Erbfolge in gleicher Weise wie § 4 der HöfeO.

Nehmen in den Fällen der Tz. 77 Wirtschaftsgüter des Betriebsvermögens nicht an der Sonderrechtsnachfolge teil (hofesfreies Vermögen), sind sie auch steuerlich der Erbengemeinschaft zuzurechnen. Soweit diese Wirtschaftsgüter nicht anteilig dem Hoferben zuzurechnen sind, liegt eine Entnahme durch den Erblasser vor. Im Übrigen gelten die allgemeinen Regeln über die Behandlung der Erbauseinandersetzung. 78

Nehmen umgekehrt Wirtschaftsgüter des Privatvermögens an der Sonderrechtsnachfolge teil (z. B. Wohnung des Betriebsinhabers), findet insoweit ein unentgeltlicher Erwerb vom Erblasser statt und die Abfindung führt nicht zu Anschaffungskosten. 79

Anders als bei land- und forstwirtschaftlichen Betrieben, die unter den Anwendungsbereich der HöfeO oder unter vergleichbare Landes-Höferechte fallen („Höferecht"), ist die Erbfolge bei Betrieben zu beurteilen, in denen der Hof zunächst auf die Erbengemeinschaft übergeht. Dies ist insbesondere nach dem Badischen Hofgütergesetz und der Hessischen Landgüterordnung der Fall („Anerbenrecht"). Die Abfindung der „weichenden Erben" nach Badischem und Hessischem Landesrecht sowie deren Ergänzungsabfindungen (wenn die Berechtigung zur erbrechtlichen Schlechterstellung der Nicht-Hoferben entfällt) sind Entgelte. Denn der Hofübernehmer hat mehr an land- und forstwirtschaftlichem Betriebsvermögen bekommen, als ihm nach seiner Erbquote zustand. Insoweit vollzieht sich die Erbauseinandersetzung nach den allgemeinen Regeln. 80

Nach den allgemeinen Regeln vollzieht sich die Erbauseinandersetzung über einen land- und forstwirtschaftlichen Betrieb auch in den Bundesländern, die weder eine HöfeO noch ein Landesanerbenrecht kennen (Bayern, Berlin, Brandenburg, Mecklenburg-Vorpommern, Saarland, Sachsen, Sachsen-Anhalt und Thüringen). 81

2. Behandlung von Abfindungen, die das Kapitalkonto unterschreiten

Gehört zum Nachlass ein land- und forstwirtschaftlicher Betrieb, wird dieser gemäß § 2049 BGB im Rahmen der Erbauseinandersetzung in den meisten Fällen nur mit dem Ertragswert berücksichtigt. Wegen der geringen Ertragsfähigkeit liegen die Ertragswerte solcher Betriebe deutlich unter dem Verkehrswert und regelmäßig auch unter dem Buchwert. Das bedeutet, dass die weichenden Erben nach erbrechtlichen Regelungen eine geringere Abfindung erhalten, als ihrem Kapitalkonto (gemessen an der Erbquote) entspricht. Abfindungen, die das Kapitalkonto unterschreiten, sind ertragsteuerlich in der Weise zu behandeln, dass in solchen Fällen der Betriebsübernehmer gemäß § 6 Abs. 3 EStG die Buchwerte fortführt. Dies bedeutet, dass keine Abstockung der Buchwerte erforderlich ist und die weichenden Erben keinen Veräußerungsverlust erleiden. 82

Anhang 13
I (Erbauseinandersetzung)   Erbfolgeregelungen

J. Übergangsregelung

83 Die Grundsätze dieses Schreibens sind in allen noch offenen Fällen anzuwenden. Es tritt an die Stelle der BMF-Schreiben vom 11. Januar 1993 (BStBl I S. 62) und vom 5. Dezember 2002 (BStBl I S. 1392).

Soweit die Erbauseinandersetzung vor dem 1. Januar 2001 durchgeführt worden ist, gelten weiterhin die in den BMF-Schreiben vom 11. Januar 1993 und 11. August 1994[1]) genannten Grundsätze (einschließlich Übergangsregelungen) unter Berücksichtigung der Gesetzesänderungen in § 6 Abs. 5 Satz 3 und § 16 Abs. 3 Satz 2 EStG i. d. F. des StEntlG 1999/2000/2002 für Vorgänge in der Zeit vom 1. Januar 1999 bis 31. Dezember 2000.

---

[1]) >Anhang 13 III

Anhang 13
Erbfolgeregelungen (vorweggenommene Erbfolge) II

**Ertragsteuerliche Behandlung der vorweggenommenen Erbfolge;
hier: Anwendung des Beschlusses des Großen Senats vom
5. Juli 1990 (BStBl II S. 847)**

BMF vom 13.01.1993 (BStBl I S. 80)
IV B 3 – S 2190 – 37/92
unter Berücksichtigung der Änderungen durch
BMF vom 26.02.2007 (BStBl I S. 269)
$\dfrac{\text{IV C 2 – S 2230 – 46/06}}{\text{IV C 3 – S 2190 – 18/06}}$

Inhaltsverzeichnis

	Tz.
A. Allgemeines	
1. Begriff der vorweggenommenen Erbfolge	1
2. Abgrenzung zu voll entgeltlichen Geschäften	2
B. Übertragung von Privatvermögen	
I. Arten der Vermögensübertragung	3
1. Versorgungsleistungen	4 – 6
2. Ausgleichs- und Abstandsverpflichtungen	7 – 8
3. Übernahme von Verbindlichkeiten	9
4. Vorbehalt oder Einräumung von Nutzungsrechten an dem übertragenen Vermögen	10
II. Höhe der Anschaffungskosten	
1. Unverzinsliche Geldleistungspflichten	11
2. Leistungen in Sachwerten	12
3. Anschaffungsnebenkosten	13
III. Aufteilung des Veräußerungs- und Anschaffungsvorgangs in einen entgeltlichen und einen unentgeltlichen Teil	14 – 15
IV. Absetzungen für Abnutzung	
1. Bemessungsgrundlage	16
2. Vomhundertsatz	17 – 18
V. Bedingung und Befristung	19 – 21
VI. Schuldzinsenabzug	22
VII. Steuerpflicht der Veräußerungsgewinne	23
C. Übertragung von Betriebsvermögen	
I. Arten der Vermögensübertragung	24
1. Versorgungsleistungen	25 – 26
2. Übernahme von Verbindlichkeiten	27 – 31
3. Verpflichtung zur Übertragung von Gegenständen des Betriebsvermögens	32
II. Übertragung einzelner Wirtschaftsgüter des Betriebsvermögens	
1. Unentgeltliche Übertragung	33
2. Teilentgeltliche Übertragung	34

Anhang 13
II (vorweggenommene Erbfolge)   Erbfolgeregelungen

		Tz.
III.	Übertragung eines Betriebs, Teilbetriebs oder Mitunternehmeranteils	
	1. Über dem Kapitalkonto liegendes Veräußerungsentgelt	35 – 37
	2. Veräußerungsentgelt bis zur Höhe des Kapitalkontos	38
IV.	Abschreibungen	39
V.	Schuldzinsen	40
VI.	Verbleibensfristen und Vorbesitzzeiten	41
D.	**Übertragung von land- und forstwirtschaftlichen Vermögen**	42
	1. Freibetrag nach § 14a Abs. 4 EStG[1])	43
	2. Abfindungen nach der Höfeordnung	44
	3. Gutabstandsgelder	45
	4. Nach § 55 EStG pauschal bewerteter Grund und Boden	46
E.	**Mischfälle**	47
F.	**Übergangsregelung**	
	1. Allgemeines	48 – 49
	2. Nachholung unterbliebener AfA	50 – 54
	3. Anschaffungsnaher Aufwand	55

Unter Bezugnahme auf das Ergebnis der Erörterung mit den obersten Finanzbehörden der Länder nehme ich zur ertragsteuerlichen Behandlung der vorweggenommenen Erbfolge wie folgt Stellung:

A. Allgemeines
1. Begriff der vorweggenommenen Erbfolge

1   Unter vorweggenommener Erbfolge sind Vermögensübertragungen unter Lebenden mit Rücksicht auf die künftige Erbfolge zu verstehen. Der Übernehmer soll nach dem Willen der Beteiligten wenigstens teilweise eine unentgeltliche Zuwendung erhalten (Beschluß des Großen Senats des BFH vom 5. Juli 1990 – BStBl II S. 847). Der Vermögensübergang tritt nicht kraft Gesetzes, sondern aufgrund einzelvertraglicher Regelungen ein.

2. Abgrenzung zu voll entgeltlichen Geschäften

2   Im Gegensatz zum Vermögensübergang durch vorweggenommene Erbfolge ist ein Vermögensübergang durch voll entgeltliches Veräußerungsgeschäft anzunehmen, wenn die Werte der Leistung und Gegenleistung wie unter Fremden nach kaufmännischen Gesichtspunkten gegeneinander abgewogen sind (vgl. Abschnitt 23 Abs. 1 und 123 Abs. 3 EStR 1990). Trotz objektiver Ungleichwertigkeit von Leistung und Gegenleistung kann ein Veräußerungs-/Erwerbsgeschäft vorliegen, wenn die Beteiligten subjektiv von der Gleichwertigkeit ausgegangen sind (BFH-Urteil vom 29. Januar 1992 – BStBl 1992 II S. 465)[2]).

---

[1]) § 14a Abs. 4 ist letztmals für Entnahmen und Veräußerungen vor dem 01.01.2006 anzuwenden.
[2]) bestätigt durch BFH vom 16.12.1993 (BStBl II 1996 S. 669) und vom 30.07.2003 (BStBl II 2004 S. 211)

Anhang 13

Erbfolgeregelungen (vorweggenommene Erbfolge) II

B. Übertragung von Privatvermögen

I. Arten der Vermögensübertragung

Je nach Art der anläßlich der Vermögensübertragung durch vorweggenommene Erbfolge vereinbarten Leistungen liegt eine voll unentgeltliche oder eine teilentgeltliche Übertragung vor. 3

1. Versorgungsleistungen

Eine unentgeltliche Übertragung liegt vor, soweit Versorgungsleistungen (Versorgungsrenten und dauernde Lasten) bei der Übertragung von Vermögen vom Übernehmer dem Übergeber oder Dritten (z. B. Ehegatten des Übergebers, Geschwister des Übernehmers) zugesagt werden. Sie sind von den als Anschaffungskosten zu beurteilenden Veräußerungsleistungen und von steuerlich nicht abziehbaren Unterhaltsleistungen abzugrenzen[1]). 4

Eine als Anschaffungskosten zu beurteilende Veräußerungsleistung ist anzunehmen, wenn die beiderseitigen Leistungen nach den unter Tz. 2 dargestellten Grundsätzen nach kaufmännischen Gesichtspunkten gegeneinander abgewogen sind. Bei Vermögensübertragungen auf Abkömmlinge besteht eine nur in Ausnahmefällen zu widerlegende Vermutung dafür, daß die Übertragung aus familiären Gründen, nicht aber im Wege eines Veräußerungsgeschäfts unter kaufmännischer Abwägung von Leistung und Gegenleistung erfolgt (Beschluß des Großen Senats des BFH vom 5. Juli 1990 a. a. O.). 5

Bei der Abgrenzung zu nicht abziehbaren Unterhaltsleistungen ist Abschnitt 123 Absatz 3 EStR 1990 zu beachten (Beschluß des Großen Senats des BFH vom 15. Juli 1991 – BStBl 1992 II S. 78)[2]).

Versorgungsleistungen können mit dem Ertragsanteil zu berücksichtigende Leibrenten (§ 10 Abs. 1 Nr. 1a Satz 2, § 22 Nr. 1 Satz 1 i. V. m. Satz 3 Buchstabe a[4]) EStG) oder in voller Höhe zu berücksichtigende dauernde Lasten (§ 10 Absatz 1 Nr. 1a Satz 1 EStG) darstellen (vgl. Beschluß des Großen Senats des BFH vom 5. Juli 1990 a. a. O.). Das gilt auch, wenn die Versorgungsleistung nicht aus den Erträgen des übertragenen Vermögens geleistet werden kann (BFH-Urteil vom 23. Januar 1992 – BStBl II S. 526)[5]). Versorgungsleistungen in Geld sind als dauernde Last abziehbar, wenn sich ihre Abänderbarkeit entweder aus einer ausdrücklichen Bezugnahme auf § 323 ZPO oder in anderer Weise aus dem Vertrag ergibt (Beschluß des Großen Senats des BFH vom 15. Juli 1991, a. a. O.)[5]). 6[3])

---

[1]) zur Abgrenzung >BMF vom 16.09.2004 (BStBl I S. 922), Anhang 13 IV EStH 2008 (gilt für wiederkehrende Leistungen im Zusammenhang mit einer Vermögensübertragung, die auf einem vor dem 01.01.2008 geschlossenen Übertragungsvertrag beruhen)
 zur Abgrenzung >BMF vom 11.03.2010 (BStBl I S. 227), Anhang 13 IV (gilt für wiederkehrende Leistungen im Zusammenhang mit einer Vermögensübertragung, die auf einem nach dem 31.12.2007 geschlossenen Übertragungsvertrag beruhen)
[2]) überholt durch BMF vom 16.09.2004 (BStBl I S. 922), Rz. 50, Anhang 13 IV EStH 2008 und BMF vom 11.03.2010 (BStBl I S. 227), Anhang 13 IV
[3]) Überholt; § 10 Abs. 1 Nr. 1a und § 22 Nr. 1b wurden durch das JStG 2008 neu gefasst.
 für wiederkehrende Leistungen im Zusammenhang mit einer Vermögensübertragung, die auf einem nach dem 31.12.2007 geschlossenen Übertragungsvertrag beruhen >BMF vom 11.03.2010 (BStBl I S. 227), Anhang 13 IV
[4]) jetzt Satz 3 Buchst. a Doppelbuchst. bb
[5]) >aber BMF vom 16.09.2004 (BStBl I S. 922), Rz. 47 und 48, Anhang 13 IV EStH 2008 (gilt für wiederkehrende Leistungen im Zusammenhang mit einer Vermögensübertragung, die auf einem vor dem 01.01.2008 geschlossenen Übertragungsvertrag beruhen)
 Für Verträge nach dem 31.12.2007 überholt; § 10 Abs. 1 Nr. 1a wurde durch das JStG 2008 neu gefasst.

Anhang 13
II (vorweggenommene Erbfolge) Erbfolgeregelungen

2. Ausgleichs- und Abstandsverpflichtungen

7   Ein Veräußerungs- und Anschaffungsgeschäft liegt vor, soweit sich der Übernehmer zur Zahlung eines bestimmten Geldbetrags an andere Angehörige des Übergebers oder an Dritte (Gleichstellungsgeld) oder zu einer Abstandszahlung an den Übergeber verpflichtet. Entsprechendes gilt, wenn der Übernehmer verpflichtet ist, bisher in seinem Vermögen stehende Wirtschaftsgüter auf Dritte zu übertragen, oder wenn er zunächst zu einer Ausgleichszahlung verpflichtet war und diese Verpflichtung später durch Hingabe eines Wirtschaftsguts erfüllt.

8   Der Übernehmer erwirbt nicht deshalb entgeltlich, weil er Teile des übernommenen Vermögens an Angehörige oder Dritte zu übertragen hat.

3. Übernahme von Verbindlichkeiten

9   Die Übernahme von Verbindlichkeiten des Übergebers durch den Übernehmer führt zu einem Veräußerungsentgelt und zu Anschaffungskosten. Hierbei macht es keinen Unterschied, ob die Verbindlichkeiten im wirtschaftlichen oder rechtlichen Zusammenhang mit dem übernommenen Wirtschaftsgut stehen oder ob es sich um Verbindlichkeiten handelt, die nicht mit einer Einkunftsart in Zusammenhang stehen (vgl. BMF-Schreiben vom 7. August 1992 – BStBl I S. 522).

4. Vorbehalt oder Einräumung von Nutzungsrechten an dem übertragenen Vermögen[1])

10 Behält sich der Übergeber ein dingliches oder obligatorisches Nutzungsrecht (z. B. Nießbrauch, Wohnrecht) an übertragenen Wirtschaftsgütern vor oder verpflichtet er den Übernehmer, ihm oder einem Dritten ein solches Nutzungsrecht einzuräumen, wird das bereits mit dem Nutzungsrecht belastete Vermögen erworben. Ein entgeltlicher Erwerb liegt insoweit nicht vor (vgl. BFH-Urteil vom 24. April 1991 – BStBl II S. 793).

II. Höhe der Anschaffungskosten

1. Unverzinsliche Geldleistungspflichten

11 Hat sich der Übernehmer zu einer unverzinslichen Geldleistung verpflichtet, die nach mehr als einem Jahr zu einem bestimmten Zeitpunkt fällig wird, liegen Anschaffungskosten nicht in Höhe des Nennbetrags, sondern in Höhe des nach den Vorschriften des Bewertungsgesetzes abgezinsten Gegenwartswerts vor (BFH-Urteil vom 21. Oktober 1980 – BStBl 1981 II S. 160).

Den Zinsanteil kann der Übernehmer nach § 9 Abs. 1 Nr. 1 EStG als Werbungskosten im Jahr der Zahlung abziehen. Der Inhaber des aufgrund der getroffenen Vereinbarungen entstandenen Forderungsrechts hat insoweit steuerpflichtige Einkünfte nach § 20 Abs. 1 Nr. 7 EStG. Das ist bei echten Verträgen zugunsten Dritter der Begünstigte.

Beispiel:
V überträgt im Wege der vorweggenommenen Erbfolge auf seinen Sohn S zum 1. Januar 1992 ein schuldenfreies vermietetes Mehrfamilienhaus. S verpflichtet sich gegenüber V an seine Schwester T am 1. Januar 1995 200.000 DM zu zahlen.

Lösung:
S hat Anschaffungskosten für das Mehrfamilienhaus i. H. des Gegenwartswerts der unverzinslichen Geldleistungspflicht. Der Gegenwartswert beträgt nach § 12 Abs. 3 BewG

---

[1]) zur einkommensteuerrechtlichen Behandlung des Nießbrauchs und anderer Nutzungsrechte bei Einkünften aus Vermietung und Verpachtung >BMF vom 30.09.2013 (BStBl I S. 1184), Anhang 30 VI

170.322 DM[1]). Den Zinsanteil i. H. v. 29.678 DM[2]) kann S im Jahr der Zahlung als Werbungskosten nach § 9 Abs. 1 Nr. 1 EStG abziehen. T hat im Jahr der Zahlung in gleicher Höhe Einnahmen i. S. d. § 20 Abs. 1 Nr. 7 EStG.

2. Leistungen in Sachwerten

Ist der Übernehmer verpflichtet, Leistungen in Sachwerten zu erbringen (vgl. Tz. 7), hat er Anschaffungskosten in Höhe des gemeinen Werts der hingegebenen Wirtschaftsgüter. Entnimmt er ein Wirtschaftsgut aus dem Betriebsvermögen, ist der Teilwert maßgebend.   12

3. Anschaffungsnebenkosten

Im Rahmen eines teilentgeltlichen Erwerbs aufgewandte Anschaffungsnebenkosten (z. B. Notar-, Gerichtsgebühren) werden in voller Höhe den Anschaffungskosten zugerechnet (BFH-Urteil vom 10. Oktober 1991 – BStBl 1992 II S. 239). Nebenkosten eines in vollem Umfang unentgeltlichen Erwerbs führen weder zu Anschaffungskosten noch zu Werbungskosten[3]). Nicht zu den Anschaffungskosten gehört die Schenkungsteuer (§ 12 Nr. 3 EStG).   13

III. Aufteilung des Veräußerungs- und Anschaffungsvorgangs in einen entgeltlichen und einen unentgeltlichen Teil

Wird ein Wirtschaftsgut teilentgeltlich übertragen, ist der Vorgang in einen entgeltlichen und einen unentgeltlichen Teil aufzuteilen. Dabei berechnen sich der entgeltlich und der unentgeltlich erworbene Teil des Wirtschaftsguts nach dem Verhältnis des Entgelts (ohne Anschaffungsnebenkosten) zu dem Verkehrswert des Wirtschaftsguts. Werden mehrere Wirtschaftsgüter teilentgeltlich übertragen, ist eine von den Vertragsparteien vorgenommene Zuordnung der Anschaffungskosten auf die einzelnen Wirtschaftsgüter maßgeblich für die Besteuerung, wenn die Zuordnung nach außen hin erkennbar ist und die Aufteilung nicht zu einer nach § 42 AO unangemessenen wertmäßigen Berücksichtigung der einzelnen Wirtschaftsgüter führt. Ansonsten sind die Anschaffungskosten vorweg nach dem Verhältnis der Verkehrswerte den einzelnen Wirtschaftsgütern anteilig zuzurechnen.   14[4])

Hat sich der Übergeber ein Nutzungsrecht an dem übertragenen Wirtschaftsgut vorbehalten, ist bei Aufteilung des Rechtsgeschäfts in den entgeltlichen und den unentgeltlichen Teil dem Entgelt der um den Kapitalwert des Nutzungsrechts geminderte Wert des Wirtschaftsguts gegenüberzustellen (BFH-Urteil vom 24. April 1991 – BStBl II S. 793).   15

IV. Absetzungen für Abnutzung
1. Bemessungsgrundlage

Soweit der Übernehmer das Wirtschaftsgut unentgeltlich erworben hat, führt er die AfA des Übergebers fort. Er kann die AfA nur bis zu dem Betrag abziehen, der anteilig von der Bemessungsgrundlage des Übergebers nach Abzug der AfA, der erhöhten Absetzungen und Sonderabschreibungen verbleibt (§ 11d Abs. 1 EStDV). Soweit er das Wirtschaftsgut entgeltlich erworben hat, bemessen sich die AfA nach seinen Anschaffungskosten.   16

---

[1]) 170.400 DM auf Basis der Anlage zu BMF vom 26.05.2005 (BStBl I S. 699), Anhang 9 V
[2]) 29.600 DM auf Basis der Anlage zu BMF vom 26.05.2005 (BStBl I S. 699), Anhang 9 V
[3]) Satz 2 ist überholt; Nebenkosten eines in vollem Umfang unentgeltlichen Erwerbs begründen als Anschaffungsnebenkosten eine eigenständige AfA-Bemessungsgrundlage (>BFH vom 09.07.2013 – BStBl II 2014 S. 878).
[4]) Tz. 14 wurde durch BMF vom 26.02.2007 (BStBl I S. 269) geändert und ist in allen offenen Fällen anzuwenden.

Anhang 13
II (vorweggenommene Erbfolge)   Erbfolgeregelungen

Beispiel:
V überträgt seinem Sohn S im Wege der vorweggenommenen Erbfolge ein schuldenfreies Mietwohngrundstück mit einem Verkehrswert von 2 Millionen DM (Gebäude 1,6 Millionen DM, Grund und Boden 400.000 DM). V hatte das Mietwohngrundstück zum 1. Januar 1970 erworben und die auf das Gebäude entfallenden Anschaffungskosten von 700.000 DM mit jährlich 2 v. H. abgeschrieben. S hat seiner Schwester T einen Betrag von 1 Million DM zu zahlen. Der Übergang von Nutzungen und Lasten erfolgt zum 1. Januar 1992.

Lösung:
S hat Anschaffungskosten in Höhe von 1 Million DM. Nach dem Verhältnis der Verkehrswerte entfallen auf das Gebäude 800.000 DM und auf den Grund und Boden 200.000 DM. Eine Gegenüberstellung von Anschaffungskosten und Verkehrswert ergibt, daß S das Gebäude zu 1/2 unentgeltlich und zu 1/2 entgeltlich für 800.000 DM erworben hat.

Die AfA-Bemessungsgrundlage und das AfA-Volumen ab 1992 berechnen sich wie folgt:

	unentgeltlich	entgeltlich
	erworbener Teil des Gebäudes	
Bemessungsgrundlage ab 1992	350.000 DM	800.000 DM
	(1/2 von 700.000 DM)	
./. bereits von V für den unentgeltlich erworbenen Gebäudeteil in Anspruch genommene AfA 22 x 2 v. H. von 350.000 DM (1/2 von 700.000 DM)	154.000 DM	
AfA-Volumen ab 1992	196.000 DM	800.000 DM

2. Vomhundertsatz

17 Hinsichtlich des weiteren AfA-Satzes des Erwerbers ist zwischen dem unentgeltlich und dem entgeltlich erworbenen Teil des Wirtschaftsguts zu unterscheiden.

Für den unentgeltlich erworbenen Teil des Wirtschaftsguts hat der Übernehmer die vom Übergeber begonnene Abschreibung anteilig fortzuführen (§ 11d Abs. 1 EStDV).

Für den entgeltlich erworbenen Teil des Wirtschaftsguts bemessen sich die AfA
- bei beweglichen Wirtschaftsgütern und bei unbeweglichen Wirtschaftsgütern, die keine Gebäude sind, nach der tatsächlichen künftigen Nutzungsdauer des Wirtschaftsguts im Zeitpunkt des Übergangs von Nutzungen und Lasten,
- bei Gebäuden regelmäßig nach § 7 Abs. 4 EStG.

Danach ergibt sich bei Gebäuden für den unentgeltlich und den entgeltlich erworbenen Teil regelmäßig eine unterschiedliche Abschreibungsdauer.

Beispiel:
Beträgt im vorigen Beispiel die tatsächliche Nutzungsdauer des Gebäudes am 1. Januar 1992 nicht weniger als 50 Jahre, sind folgende Beträge als AfA abzuziehen:

	unentgeltlich	entgeltlich
	erworbener Teil des Gebäudes	
AfA-Satz (§ 7 Abs. 4 Satz 1 Nr. 2a EStG)	2 v. H.	2 v. H.
AfA jährlich	7.000 DM	16.000 DM
Abschreibungszeitraum	1992-2019	1992-2041

Die abzuziehenden AfA betragen mithin in den Jahren 1992 bis 2019 insgesamt 23.000 DM jährlich und in den Jahren 2020 bis 2041 16.000 DM jährlich.

18 Entsprechendes gilt im Grundsatz, wenn kein Gebäude, sondern ein bewegliches Wirtschaftsgut übernommen wird; da jedoch die Nutzungsdauer des entgeltlich erworbenen Teils des Wirtschaftsguts hier regelmäßig mit der Restnutzungsdauer des unentgeltlich

erworbenen Teils des Wirtschaftsguts übereinstimmt, kann in diesen Fällen auf eine Aufspaltung in zwei AfA-Reihen verzichtet werden.

V. Bedingung und Befristung

Eine Leistungsverpflichtung des Übernehmers steht i. d. R. unter einer aufschiebenden Bedingung, wenn ihre Entstehung von einem Ereignis abhängt, dessen Eintritt ungewiß ist (z. B. Heirat); sie steht i. d. R. unter einer aufschiebenden Befristung, wenn ihre Entstehung von einem Ereignis abhängt, dessen Eintritt sicher, der Zeitpunkt aber ungewiß ist (z. B. Tod).

19

Von der Befristung ist die bloße Betagung zu unterscheiden, bei der lediglich der Eintritt der Fälligkeit der bereits bei Begründung des Schuldverhältnisses entstandenen Forderung von einem bestimmten Termin abhängt (BFH-Urteil vom 24. November 1972 – BStBl 1973 II S. 354). Hier liegen Anschaffungskosten bereits im Zeitpunkt der Vermögensübertragung vor. Die Grundsätze der Tz. 11 sind zu beachten.

20

Aufschiebend bedingte oder befristete Leistungsverpflichtungen des Übernehmers führen erst bei Eintritt des Ereignisses, von dem die Leistungspflicht abhängt, zu Veräußerungsentgelten und Anschaffungskosten (vgl. §§ 6, 8 BewG). Der Umfang des entgeltlichen Erwerbs des Wirtschaftsguts bestimmt sich nach dem Verhältnis seines Verkehrswertes zur Höhe der Leistungsverpflichtung im Zeitpunkt ihrer Entstehung und hat Auswirkungen für die Bemessung der künftigen AfA.

21

Beispiel:
V überträgt im Wege der vorweggenommenen Erbfolge auf seinen Sohn S zum 1. Januar 1985 ein schuldenfreies Mehrfamilienhaus. V hat die Herstellungskosten in Höhe von 400.000 DM mit jährlich 2 v. H. bis auf 320.000 DM abgeschrieben. S verpflichtet sich, an seine Schwester T im Zeitpunkt ihrer Heirat einen Betrag von 300.000 DM zu zahlen. T heiratet am 1. Januar 1990. Das Mehrfamilienhaus hat zu diesem Zeitpunkt einen Wert von 600.000 DM (Grund und Boden 120.000 DM, Gebäude 480.000 DM).

Lösung:
S hat das Mehrfamilienhaus zunächst unentgeltlich erworben und setzt gem. § 11d EStDV die AfA des V fort. Zum 1. Januar 1990 entstehen dem S Anschaffungskosten in Höhe von 300.000 DM. Nach dem Verhältnis der Verkehrswerte zum 1. Januar 1990 entfallen auf das Gebäude 240.000 DM und auf den Grund und Boden 60.000 DM. Die Gegenüberstellung der Anschaffungskosten und des Verkehrswertes des Gebäudes ergibt, daß S das Gebäude jeweils zur Hälfte entgeltlich für 240.000 DM und zur Hälfte unentgeltlich erworben hat.

Die AfA berechnen sich ab 1985 wie folgt:

AfA 1. Januar 1985 bis 31. Dezember 1989:
5 Jahre x 2 v. H. = 10 v. H. von 400.000 DM =   40.000 DM

ab 1. Januar 1990:

AfA unentgeltlich erworbener Gebäudeteil:
2 v. H. von 200.000 DM (1/2 von 400.000 DM) =   4.000 DM
AfA entgeltlich erworbener Gebäudeteil:
2 v. H. von 240.000 DM =   4.800 DM

Der verbleibende Abschreibungszeitraum beträgt für den unentgeltlich erworbenen Gebäudeteil 35 Jahre und für den entgeltlich erworbenen Gebäudeteil 50 Jahre, wenn keine kürzere Nutzungsdauer nachgewiesen wird.

Anhang 13

II (vorweggenommene Erbfolge) — Erbfolgeregelungen

VI. Schuldzinsenabzug

22 Schuldzinsen für Verbindlichkeiten, die im Rahmen der vorweggenommenen Erbfolge übernommen werden oder die aufgenommen werden, um Abfindungszahlungen zu leisten, sind als Werbungskosten abziehbar, wenn und soweit der Übernehmer das betreffende Wirtschaftsgut zur Erzielung steuerpflichtiger Einkünfte einsetzt. Dies gilt auch, wenn die Verbindlichkeiten, die der Übernehmer übernehmen muß, beim Übergeber ursprünglich privat veranlaßt waren (BFH-Urteil vom 8. November 1990 – BStBl 1991 II S. 450).

VII. Steuerpflicht der Veräußerungsgewinne

23 Die teilentgeltliche Veräußerung von Wirtschaftsgütern des Privatvermögens führt beim Übergeber nur unter den Voraussetzungen der §§ 17 und 23 EStG und der §§ 20, 21[1]) Umwandlungssteuergesetz zu steuerpflichtigen Einkünften. Die Übertragung ist zur Ermittlung der steuerpflichtigen Einkünfte nach dem Verhältnis des nach den vorstehenden Grundsätzen ermittelten Veräußerungsentgelts zum Verkehrswert des übertragenen Wirtschaftsguts aufzuteilen (BFH-Urteil vom 17. Juli 1980 – BStBl 1981 II S. 11)[2]).

Beispiel:
V hält Aktien einer Aktiengesellschaft (Grundkapital 100.000 DM) im Nennwert von 30.000 DM (Verkehrswert 120.000 DM). Er überträgt seine Aktien im Wege der vorweggenommenen Erbfolge auf seinen Sohn S. S leistet V eine Abstandszahlung von 60.000 DM. V hatte die Anteile für 94.000 DM erworben.

Lösung:
V erhält ein Veräußerungsentgelt i. H. v. 60.000 DM. Nach dem Verhältnis des Veräußerungsentgelts zum Verkehrswert ist die Beteiligung zu 1/2 entgeltlich übertragen worden. Der Veräußerungsgewinn wird nach § 17 Abs. 3 EStG nur insoweit zur Einkommensteuer herangezogen, als er den Teil von 20.000 DM übersteigt, der dem Nennwert des entgeltlich übertragenen Anteils (1/2 von 30.000 DM = 15.000 DM) entspricht.

Der steuerpflichtige Veräußerungsgewinn i. S. d. § 17 EStG beträgt:

Veräußerungspreis	60.000 DM
./. 1/2 Anschaffungskosten des V	47.000 DM
	13.000 DM[3])
./. Freibetrag nach § 17 Abs. 3 EStG	
$\frac{15}{100}$ von 20.000 DM	3.000 DM
Kürzung des Freibetrags	
Veräußerungsgewinn	13.000 DM
./. $\frac{15}{100}$ von 80.000 DM	12.000 DM
verbleibender Freibetrag	1.000 DM
	2.000 DM
	11.000 DM

In den Fällen des § 17 EStG ist bei einer späteren Veräußerung des unentgeltlich übertragenen Anteils durch den Übernehmer § 17 Abs. 1 Satz 5 EStG[4]) zu beachten.

---

[1]) § 21 UmwStG i. d. F. des UmwStG vom 28.10.1994, zuletzt geändert durch das StVergAbG, war letztmals für Einbringungen vor dem 13.12.2006 anzuwenden.
[2]) zum Werbungskostenabzug >BMF vom 05.10.2000 (BStBl I S. 1383), Rz. 30, Anhang 26
[3]) Für Veräußerungen nach dem 31.12.2008 unterliegt der Veräußerungsgewinn nach § 3 Nr. 40 Satz 1 Buchst. c dem Teileinkünfteverfahren.
[4]) jetzt § 17 Abs. 1 Satz 4

Anhang 13
Erbfolgeregelungen (vorweggenommene Erbfolge) II

C. Übertragung von Betriebsvermögen
I. Arten der Vermögensübertragung

Für die Übertragung von Betriebsvermögen im Wege der vorweggenommenen Erbfolge gelten die unter den Tz. 3 bis 10 dargelegten Grundsätze entsprechend. Folgende Besonderheiten sind zu beachten: 24

1. Versorgungsleistungen

Private Versorgungsleistungen stellen wie bei der Übertragung von Privatvermögen weder Veräußerungsentgelt noch Anschaffungskosten dar, sondern können wiederkehrende Bezüge (§ 22 Nr. 1 EStG)[1]) und Sonderausgaben (§ 10 Abs. 1 Nr. 1a EStG[2])) sein (vgl. Tz. 4). 25

Sie sind von betrieblichen Versorgungsleistungen und betrieblichen Veräußerungsrenten abzugrenzen. Betriebliche Versorgungsleistungen sind nur in Ausnahmefällen anzunehmen (vgl. BFH-Urteil vom 20. Dezember 1988 – BStBl 1989 II S. 585). Eine betriebliche Veräußerungsrente ist gegeben, wenn bei der Veräußerung eines Betriebs, eines Teilbetriebs, eines Mitunternehmeranteils oder einzelner Wirtschaftsgüter des Betriebsvermögens Leistung und Gegenleistung nach den unter Tz. 2 dargestellten Grundsätzen gegeneinander abgewogen werden. Bei Betriebsübertragungen zwischen nahen Angehörigen gegen wiederkehrende Leistungen spricht, unabhängig vom Wert der übertragenen Vermögenswerte, eine widerlegbare Vermutung für eine private Versorgungsrente (BFH-Urteile vom 9. Oktober 1985 – BStBl 1986 II S. 51 und vom 29. Januar 1992 – BStBl II S. 465). Dies gilt auch, wenn der Übernehmer Versorgungsleistungen an Angehörige des Übergebers zusagt (BFH-Beschluß vom 5. Juli 1990, a. a. O.). 26[3])

2. Übernahme von Verbindlichkeiten

Im Zusammenhang mit der Übertragung von Betriebsvermögen im Wege der vorweggenommenen Erbfolge übernommene private Verbindlichkeiten des Übergebers stellen Veräußerungsentgelte und Anschaffungskosten dar. Die Verbindlichkeiten sind, soweit sich aus ihrer Übernahme Anschaffungskosten des Betriebsvermögens ergeben, als Betriebsschulden zu passivieren (vgl. BFH-Urteil vom 8. November 1990 – BStBl 1991 II S. 450). 27

Die Übernahme betrieblicher Verbindlichkeiten führt zu einem Veräußerungsentgelt und zu Anschaffungskosten, wenn sie im Zusammenhang mit der Übertragung einzelner Wirtschaftsgüter des Betriebsvermögens steht. 28

Bei der Übertragung eines Betriebs, Teilbetriebs oder Mitunternehmeranteils stellen die übernommenen Verbindlichkeiten des übertragenen Betriebs, Teilbetriebs oder Mitunternehmeranteils kein Veräußerungsentgelt und keine Anschaffungskosten dar, so daß der Betriebsübernehmer hinsichtlich der übernommenen positiven und negativen Wirtschaftsgüter die Buchwerte des Übergebers fortzuführen hat. 29

Dies gilt grundsätzlich auch bei der Übertragung eines Betriebs, Teilbetriebs oder Mitunternehmeranteils, dessen steuerliches Kapitalkonto negativ ist, das Vorhandensein 30

---

[1]) jetzt Leistungen i. S. d. § 22 Nr. 1a
[2]) jetzt § 10 Abs. 1a Nr. 2
[3]) zur Abgrenzung >BMF vom 16.09.2004 (BStBl I S. 922), Anhang 13 IV EStH 2008 (gilt für wiederkehrende Leistungen im Zusammenhang mit einer Vermögensübertragung, die auf einem vor dem 01.01.2008 geschlossenen Übertragungsvertrag beruhen)
zur Abgrenzung >BMF vom 11.03.2010 (BStBl I S. 227), Rz. 80, Anhang 13 IV (gilt für wiederkehrende Leistungen im Zusammenhang mit einer Vermögensübertragung, die auf einem nach dem 31.12.2007 geschlossenen Übertragungsvertrag beruhen)

Anhang 13
II (vorweggenommene Erbfolge)   Erbfolgeregelungen

eines negativen Kapitalkontos einer unentgeltlichen Betriebsübertragung nicht entgegensteht (BFH-Urteile vom 23. April 1971 – BStBl II S. 686, und vom 24. August 1972 – BStBl 1973 II S. 111).

31   Ist allerdings neben der Übernahme des negativen Kapitalkontos noch ein Gleichstellungsgeld oder eine Abstandszahlung zu leisten oder wird eine private Verbindlichkeit übernommen, handelt es sich um eine entgeltliche Vermögensübertragung.

Der Übergeber erhält ein Veräußerungsentgelt in Höhe der ihm zusätzlich gewährten Leistungen zuzüglich des übertragenen negativen Kapitalkontos, das in der Regel auch der Veräußerungsgewinn ist, und der Übernehmer hat Anschaffungskosten in entsprechender Höhe.

Beispiel:
V überträgt seinen Gewerbebetrieb mit einem Verkehrswert von 600.000 DM im Wege der vorweggenommenen Erbfolge auf seinen Sohn S. V hat ein negatives Kapitalkonto von 100.000 DM (Aktiva 300.000 DM, Passiva 400.000 DM). S hat an seine Schwester T ein Gleichstellungsgeld in Höhe von 150.000 DM zu zahlen.

Lösung:
Das an T zu zahlende Gleichstellungsgeld zuzüglich des übertragenen negativen Kapitalkontos führen zu einem Veräußerungsentgelt i. H. v. 250.000 DM, das auch gleichzeitig der Veräußerungsgewinn ist, und zu Anschaffungskosten bei S in gleicher Höhe.

3. Verpflichtung zur Übertragung von Gegenständen des Betriebsvermögens

32   Überträgt der Übernehmer auf Grund einer Verpflichtung gegenüber dem Übergeber einem Dritten ein Wirtschaftsgut des übernommenen Betriebsvermögens in unmittelbarem Anschluß an die Übertragung oder hält der Übergeber ein Wirtschaftsgut des Betriebsvermögens zurück und verliert das Wirtschaftsgut dadurch seine Eigenschaft als Betriebsvermögen, handelt es sich um eine Entnahme des Wirtschaftsguts durch den Übergeber. Ist der Übernehmer verpflichtet, das Wirtschaftsgut zu einem späteren Zeitpunkt auf einen Dritten zu übertragen, erfolgt die Entnahme regelmäßig durch den Übernehmer, der den durch die Entnahme realisierten Gewinn zu versteuern hat.

II. Übertragung einzelner Wirtschaftsgüter des Betriebsvermögens
1. Unentgeltliche Übertragung

33   Die unentgeltliche Übertragung einzelner Wirtschaftsgüter des Betriebsvermögens stellt beim Übergeber regelmäßig eine Entnahme des Wirtschaftsguts dar. Die anschließende Übertragung im Rahmen der vorweggenommenen Erbfolge erfolgt im Privatvermögen nach den hierfür geltenden Grundsätzen. Der Übernehmer des Wirtschaftsguts hat daher seine Abschreibung regelmäßig nach dem Entnahmewert des Übergebers zu bemessen (§ 11d Abs. 1 EStDV).

2. Teilentgeltliche Übertragung

34   Werden einzelne Wirtschaftsgüter des Betriebsvermögens teilentgeltlich auf den Übernehmer übertragen, handelt es sich in Höhe des unentgeltlich übertragenen Teils um eine Entnahme in Höhe des anteiligen Teilwerts und in Höhe des entgeltlich übertragenen Teils um eine Veräußerung.

Beispiel:
V überträgt ein bebautes Betriebsgrundstück im Wege der vorweggenommenen Erbfolge auf seinen Sohn S. Der Teilwert des Gebäudes beträgt 1.000.000 DM (Buchwert 100.000 DM). S hat an V eine Abstandszahlung zu leisten, die mit 250.000 DM auf das Gebäude entfällt.

Anhang 13
Erbfolgeregelungen (vorweggenommene Erbfolge) II

Lösung:
Nach dem Verhältnis Veräußerungsentgelt zum Teilwert hat V das Gebäude zu 3/4 entnommen (anteiliger Teilwert 750.000 DM) und zu 1/4; veräußert (Veräußerungserlös 250.000 DM). S hat, soweit das Gebäude von V entnommen wurde, seine AfA nach dem Entnahmewert des V i. H. v. 750.000 DM (3/4 von 1.000.000 DM) und, soweit er das Gebäude entgeltlich erworben hat, nach seinen Anschaffungskosten von 250.000 DM zu bemessen.

III. Übertragung eines Betriebs, Teilbetriebs oder Mitunternehmeranteils

1. Über dem Kapitalkonto liegendes Veräußerungsentgelt

Führen die vom Vermögensübernehmer zu erbringenden Leistungen bei Erwerb eines Betriebs, Teilbetriebs oder Mitunternehmeranteils zu einem Veräußerungspreis, der über dem steuerlichen Kapitalkonto des Übergebers liegt, ist von einem entgeltlichen Erwerb des Betriebs, Teilbetriebs oder Mitunternehmeranteils auszugehen. Der Veräußerungsgewinn im Sinne des § 16 Abs. 2 EStG ist durch Gegenüberstellung des Entgelts und des steuerlichen Kapitalkontos des Übergebers zu ermitteln (BFH-Urteil vom 10. Juli 1986 – BStBl II S. 811). Zur Ermittlung der Anschaffungskosten muß zunächst festgestellt werden, in welchen Buchwerten stille Reserven enthalten sind und wieviel sie insgesamt betragen. Diese stillen Reserven sind dann gleichmäßig um den Vomhundertsatz aufzulösen, der dem Verhältnis des aufzustockenden Betrages (Unterschied zwischen dem Buchwert des übertragenen Betriebsvermögens und dem Veräußerungspreis) zum Gesamtbetrag der vorhandenen stillen Reserven des beim Veräußerer ausgewiesenen Betriebsvermögens entspricht.

Zu einer Aufdeckung der stillen Reserven, die auf einen in dem vom Übertragenden selbst geschaffenen Geschäfts- oder Firmenwert entfallen, kommt es erst nach vollständiger Aufdeckung der stillen Reserven, die in den übrigen Wirtschaftsgütern des Betriebsvermögens enthalten sind.

Beispiel:
V überträgt im Wege der vorweggenommenen Erbfolge seinen Gewerbebetrieb mit einem Verkehrswert von 10.000 000 DM einschließlich der betrieblichen Verbindlichkeiten auf seinen Sohn S. S verpflichtet sich, an seinen Vater V eine Abstandszahlung von 500.000 DM und an seine Schwester T einen Gleichstellungsbetrag von 2 Mio. DM zu zahlen. Die Bilanz des Gewerbebetriebs zum Übertragungszeitpunkt stellt sich wie folgt dar:

	Buchwert	(Teilwert)		Buchwert
Geschäfts- oder Firmenwert	–	(3 Mio.)	Kapital	1 Mio. DM
Anlagevermögen	4 Mio. DM	(9 Mio.)	Verbindlichkeiten	7 Mio. DM
Umlaufvermögen	5 Mio. DM	(6 Mio.)	Rückstellungen	1 Mio. DM
	9 Mio. DM	18 Mio. DM		9 Mio. DM

Lösung:
Zum Erwerb des Betriebs wendet S 2.500 000 DM auf. Nicht zu den Anschaffungskosten gehören die übernommenen betrieblichen Verbindlichkeiten. V erzielt durch die entgeltliche Übertragung seines Betriebs einen nach §§ 16[1]), 34[2]) EStG begünstigten Veräußerungsgewinn in Höhe von 1.500.000 DM (Veräußerungsentgelt 2.500.000 DM ./. Betriebsvermögen 1 Mio. DM).

S hat V neben dem Kapitalkonto von 1 Mio. DM auch Teile der bisher nicht aufgedeckten stillen Reserven bezahlt (vgl. BFH-Urteil vom 10. Juli 1986 – BStBl II S. 811). Für S ergeben sich folgende Wertansätze:

---

[1]) Für Veräußerungen nach dem 31.12.1995 ist dem Stpfl. der Freibetrag nach § 16 Abs. 4 nur einmal zu gewähren.
[2]) Für Veräußerungen nach dem 31.12.2000 kann der Stpfl. die Steuerermäßigung nach § 34 Abs. 3 nur einmal im Leben in Anspruch nehmen.

Anhang 13
II (vorweggenommene Erbfolge) — Erbfolgeregelungen

Im Anlage- und Umlaufvermögen sind folgende stille Reserven enthalten:

Anlagevermögen	5 Mio. DM
Umlaufvermögen	<u>1 Mio. DM</u>
	6 Mio. DM

Diese stillen Reserven werden i. H. v. 1.500 000 DM (= 25 v. H.) aufgedeckt. Zu einer Aufdeckung der in dem von V selbst geschaffenen Geschäfts- oder Firmenwert enthaltenen stillen Reserven kommt es nicht.

S hat die Buchwerte um die anteilig aufgedeckten stillen Reserven wie folgt aufzustocken:

Anlagevermögen:

bisheriger Buchwert	4.000.000 DM
+ anteilig aufgedeckte stille Reserven (25 v. H. von 5 Mio. DM)	1.250.000 DM
	5.250.000 DM

Umlaufvermögen:

bisheriger Buchwert	5.000.000 DM
+ anteilig aufgedeckte stille Reserven (25 v. H. von 1 Mio. DM)	250.000 DM
Die Eröffnungsbilanz des S lautet:	5.250.000 DM

Geschäfts- oder Firmenwert	0 DM	Kapital	2.500.000 DM
Anlagevermögen	5.250.000 DM	Verbindlichkeiten	7.000.000 DM
Umlaufvermögen	5.250.000 DM	Rückstellungen	1.000.000 DM
	10.500.000 DM		10.500.000 DM

36[1]) Der Freibetrag nach § 16 Abs. 4 EStG wird in den Fällen, in denen das Entgelt den Verkehrswert des Betriebs, Teilbetriebs oder Mitunternehmeranteils nicht erreicht, nur im Verhältnis des bei der Veräußerung tatsächlich entstandenen Gewinns zu dem bei einer unterstellten Veräußerung des ganzen Betriebs erzielbaren Gewinns gewährt (BFH-Urteil vom 10. Juli 1986 – BStBl II S. 811).

37 Überschreiten die Anschaffungskosten das steuerliche Kapitalkonto des Übergebers, bestimmt sich der entgeltlich und der unentgeltlich erworbene Teil der einzelnen Wirtschaftsgüter nach dem Verhältnis der gesamten Anschaffungskosten zum Verkehrswert des Betriebs, Teilbetriebs oder Mitunternehmeranteils.

Aus Vereinfachungsgründen können die Aufstockungsbeträge wie nachträgliche Anschaffungskosten behandelt werden.

2. Veräußerungsentgelt bis zur Höhe des Kapitalkontos

38 Wendet der Übernehmer Anschaffungskosten bis zur Höhe des steuerlichen Kapitalkontos auf, hat er die Buchwerte des Übergebers fortzuführen. Ein Veräußerungsverlust liegt beim Übergeber nicht vor.

Beispiel:
V überträgt seinen Gewerbebetrieb mit einem Verkehrswert von 1.000.000 DM (steuerliches Kapitalkonto 500.000 DM) im Wege der vorweggenommenen Erbfolge auf seinen Sohn S. S hat an seine Schwester T eine Abstandszahlung in Höhe von 200.000 DM zu leisten, die er durch Kredit finanziert.

---

[1]) Abweichend von Tz. 36 ist bei Übertragungen von Betrieben, Teilbetrieben oder Mitunternehmeranteilen im Wege der vorweggenommenen Erbfolge der Freibetrag nach § 16 Abs. 4 auch in den Fällen, in denen das Entgelt den Verkehrswert des Betriebs, Teilbetriebs oder Mitunternehmeranteils nicht erreicht (teilentgeltliche Veräußerung), in voller Höhe zu gewähren (>BMF vom 20.12.2005 – BStBl I 2006 S. 7, Anhang 16 XII).

Anhang 13
Erbfolgeregelungen (vorweggenommene Erbfolge) II

Lösung:
V erzielt keinen Veräußerungsgewinn. S führt die Buchwerte des V unverändert fort (§ 7 Abs. 1 EStDV)[1]). Der Kredit führt zu einer Betriebsschuld, die zu passivieren ist.

IV. Abschreibungen
Der Übernehmer hat, soweit ein entgeltlicher Erwerb nicht gegeben ist, die Abschreibungen des Übergebers fortzuführen (§ 7 Abs. 1 EStDV)[1]).   39

V. Schuldzinsen
Schuldzinsen für einen Kredit, der zur Finanzierung von Abstandszahlungen und Gleichstellungsgeldern aufgenommen wird, sind als Betriebsausgaben abziehbar, wenn und soweit sie im Zusammenhang mit der Übertragung des Betriebsvermögens stehen. Dies gilt auch, wenn die Schuldzinsen auf einer vom Rechtsvorgänger übernommenen privat veranlaßten Verbindlichkeit beruhen (vgl. Tz. 27).   40

VI. Verbleibensfristen und Vorbesitzzeiten
Fordern einzelne Regelungen (z. B. § 6b EStG, § 3 Zonenrandförderungsgesetz, § 5 Abs. 6 Investitionszulagengesetz 1986, § 2 Fördergebietsgesetz) ein Verbleiben der begünstigten Wirtschaftsgüter für einen bestimmten Zeitraum im Betriebsvermögen des Steuerpflichtigen, können die Verbleibensfristen nur hinsichtlich des nach Tz. 24 bis 37 unentgeltlich übertragenen Teils des Betriebsvermögens beim Rechtsvorgänger und beim Rechtsnachfolger zusammengefaßt werden (vgl. BFH-Urteil vom 10. Juli 1986 – BStBl II S. 811). Hinsichtlich des entgeltlich erworbenen Teils der Wirtschaftsgüter handelt es sich um eine Anschaffung, die gegebenenfalls neue Fristen in Gang setzt. Zu den Verbleibensvoraussetzungen für die Sonderabschreibungen nach § 3 Zonenrandförderungsgesetz vgl. das BMF-Schreiben vom 27. Dezember 1989 – BStBl I S. 518).   41

D. Übertragung von land- und forstwirtschaftlichen Vermögen
Die vorstehenden Grundsätze gelten für die Übertragung land- und forstwirtschaftlichen Vermögens im Wege einer vorweggenommenen Erbfolge entsprechend. Folgende Besonderheiten sind zu beachten: 42

1. Freibetrag nach § 14a Abs. 4 EStG[2])
Veräußert der Hofübernehmer Grund und Boden, um mit dem Veräußerungserlös weichende Erben abzufinden, können ggf. die Freibeträge nach § 14a Abs. 4 EStG beansprucht werden (vgl. Abschnitt 133b Abs. 3 EStR 1990)[3]).   43

2. Abfindungen nach der Höfeordnung
Auf Abfindungen und Ergänzungsabfindungen, die der Übernehmer eines land- und forstwirtschaftlichen Betriebs nach §§ 12, 13, 17 Abs. 2 Höfeordnung an andere Abkömmlinge des Übergebers zahlen muß, sind die Grundsätze der ertragsteuerlichen Behandlung der Erbauseinandersetzung (Tz. 89 des BMF-Schreibens vom 11.1.1993 – BStBl I S. 62[4])) anzuwenden.   44

Für die Übertragung von hofesfreiem Vermögen gelten die Grundsätze der vorweggenommenen Erbfolge.

---

[1]) jetzt § 6 Abs. 3
[2]) § 14a Abs. 4 ist letztmals für Entnahmen und Veräußerungen vor dem 01.01.2006 anzuwenden.
[3]) zuletzt R 14a EStR, letztmals abgedruckt im EStH 2006
[4]) jetzt BMF vom 14.03.2006 (BStBl I S. 253), Tz. 77, Anhang 13 I

Anhang 13
II (vorweggenommene Erbfolge) — Erbfolgeregelungen

3. Gutabstandsgelder
45 Bei der Hofübergabe neben Altenteilsleistungen vereinbarte unverzinsliche Geldansprüche des Übergebers, die nur auf sein Verlangen zu erbringen sind und die mit seinem Tod erlöschen (Gutabstandsgelder), führen erst bei ihrer Entstehung zu Veräußerungsentgelten des Übergebers und Anschaffungskosten des Übernehmers.

4. Nach § 55 EStG pauschal bewerteter Grund und Boden
46 Bei Übertragung von nach § 55 Abs. 1 EStG mit pauschalen Buchwerten angesetztem Grund und Boden ist die Verlustklausel des § 55 Abs. 6 EStG zu beachten[1]). Der entgeltlich erworbene Teil des Grund und Bodens ist beim Übernehmer mit den tatsächlichen Anschaffungskosten zu bilanzieren. Veräußerungsverluste, die sich für den entgeltlich übertragenen Teil aufgrund der pauschalen Werte ergeben, dürfen nach § 55 Abs. 6 EStG nicht berücksichtigt werden; d. h., der Veräußerungsgewinn ist um die Differenz aus pauschalem Wert und Entgelt für den entgeltlich übertragenen Teil des Grund und Bodens zu erhöhen.

Beispiel:
V überträgt seinen land- und forstwirtschaftlichen Betrieb mit einem Verkehrswert von 800.000 DM (steuerliches Kapitalkonto 300.000 DM) im Wege der vorweggenommenen Erbfolge auf seinen Sohn S. S hat an seine Schwester T ein Gleichstellungsgeld in Höhe von 400.000 DM zu leisten. Bei Aufstellung einer Bilanz zum Übertragungszeitpunkt ergeben sich folgende Werte:

	Buchwert (Teilwert)		Buchwert (Teilwert)
pauschal bewerteter		Kapital	300.000 (800.000)
Grund und Boden	390.000 (260.000)	Verbindlichkeiten	150.000 (150.000)
sonstige Aktiva	60.000 (690.000)		
	450.000 (950.000)		450.000 (950.000)

Lösung:
Mit dem Gleichstellungsgeld von 400.000 DM erwirbt S 100.000 DM stille Reserven (400.000 DM Gleichstellungsgeld ./. 300.000 DM Kapital). Er hat damit 1/5 der gesamten stillen Reserven aufzudecken (500.000 DM gesamte stille Reserven zu 100.000 DM entgeltlich erworbene stille Reserven). Die sonstigen Aktiva sind somit um 126.000 DM (1/5 von 630.000 DM) aufzustocken, der Grund und Boden ist um 26.000 DM (1/5 von 130.000 DM) abzustocken. Der Betrag von 26.000 DM fällt unter das Verlustausgleichsverbot des § 55 Abs. 6 EStG.

E. Mischfälle
47[2]) Besteht das übertragene Vermögen sowohl aus Privatvermögen als auch aus Betriebsvermögen, sind der steuerlichen Beurteilung die für die jeweiligen Vermögensarten geltenden Grundsätze zu Grunde zu legen. Werden zusammen mit dem Betrieb auch Wirtschaftsgüter des Privatvermögens übertragen, sind vertraglich vereinbarte Einzelpreise für das gesamte Betriebsvermögen einerseits und für das jeweilige Wirtschaftsgut des Privatvermögens andererseits bis zur Höhe der jeweiligen Verkehrswerte nicht zu beanstanden. Ansonsten ist das Entgelt vorweg nach dem Verhältnis der Verkehrswerte des Betriebsvermögens und der privaten Wirtschaftsgüter aufzuteilen.

---

[1]) Dies gilt auch für vom pauschal bewerteten Grund und Boden abgespaltene immaterielle Wirtschaftsgüter (>BMF vom 05.11.2014 – BStBl I S. 1503, Rn. 29).
[2]) Tz. 47 wurde durch BMF vom 26.02.2007 (BStBl I S. 269) geändert und ist in allen offenen Fällen anzuwenden.

Beispiel 1:
Im Rahmen der vorweggenommenen Erbfolge erhält Sohn S von seinem Vater V einen Betrieb der Land- und Forstwirtschaft mit einem Verkehrswert von 1.000.000 € (Buchwert 200.000 €) und ein Mietwohngrundstück mit einem Verkehrswert von 800.000 €. S ist verpflichtet, an V einen Betrag von 900.000 € zu zahlen. Sie vereinbaren einen Preis von 800.000 € für das Mietwohngrundstück und einen Preis von 100.000 € für den Betrieb der Land- und Forstwirtschaft.

Lösung 1:
S hat Anschaffungskosten für den Betrieb der Land- und Forstwirtschaft und das Mietwohngrundstück in Höhe der Zahlung von 900.000 €. Auf Grund der vereinbarten Einzelpreise ist das Mietwohngrundstück voll entgeltlich erworben worden, die Übernahme des Betriebs der Land- und Forstwirtschaft wird wegen Unterschreitung des Kapitalkontos dagegen steuerlich neutral behandelt. Zur Bemessung der Abschreibung ist für das Mietwohngrundstück eine Kaufpreisaufteilung (nach den Verkehrswertanteilen von Grund und Boden und vom Gebäude) vorzunehmen.

Beispiel 2:
Im Rahmen der vorweggenommenen Erbfolge erhält S von seinem Vater V einen Gewerbebetrieb mit einem Verkehrswert von 1 Mio. € (Buchwert 100.000 €) und ein Mietwohngrundstück mit einem Verkehrswert von 500.000 €, das mit Verbindlichkeiten in Höhe von 150.000 € belastet ist. Die Verbindlichkeiten stehen im Zusammenhang mit dem Erwerb des Mietwohngrundstücks. S ist verpflichtet, seiner Schwester T einen Betrag von 600.000 € zu zahlen.

Lösung 2:
S hat Anschaffungskosten für den Gewerbebetrieb und das Mehrfamilienhaus von insgesamt 750.000 € (Verbindlichkeiten 150.000 €, Gleichstellungsgeld 600.000 €). Nach dem Verhältnis der Verkehrswerte (Gewerbebetrieb 1 Mio. €, Mietwohngrundstück 500.000 €) entfallen die Anschaffungskosten zu 2/3 auf den Gewerbebetrieb und zu 1/3 auf das Mietwohngrundstück. S hat danach Anschaffungskosten für den Gewerbebetrieb i. H. v. 500.000 € und für das Mietwohngrundstück von 250.000 €. Das Mehrfamilienhaus (Verkehrswert 500.000 €) erwirbt er zu 1/2 entgeltlich und zu 1/2 unentgeltlich. Die auf den Betriebserwerb entfallenden Verbindlichkeiten i. H. v. 100.000 € (2/3 von 150.000 €) stellen betriebliche Verbindlichkeiten des S dar.

F. Übergangsregelung

1. Allgemeines

Die Grundsätze dieses Schreibens sind in allen noch offenen Fällen anzuwenden. Soweit die Vermögensübertragung vor dem 1. Januar 1991 rechtlich bindend festgelegt und bis spätestens 31. Dezember 1993 vollzogen worden sind, sind auf Antrag die Rechtsgrundsätze anzuwenden, die aufgrund der Rechtsprechung vor Ergehen des Beschlusses des BFH vom 5. Juli 1990 (BStBl 1990 II S. 847) gegolten haben; in diesen Fällen ist nach den bisher maßgebenden Grundsätzen (vgl. BFH-Urteil vom 26. November 1985 – BStBl 1986 II S. 161) zu verfahren.

48

Im Falle der Tz. 48 Satz 2 ist ein Veräußerungsgewinn beim Übergeber unabhängig von der steuerlichen Behandlung beim Übernehmer gemäß § 163 AO oder § 176 AO außer Ansatz zu lassen. Zugunsten des Übernehmers sind auch in diesen Fällen die Grundsätze dieses Schreibens anzuwenden.

49

2. Nachholung unterbliebener AfA

Soweit eine vorweggenommene Erbfolge über abnutzbare Wirtschaftsgüter, die nach der Übertragung zur Erzielung von Einkünften im Sinne von § 2 Abs. 1 Nrn. 1 bis 7 EStG dienen, nach den bisher anzuwendenden Grundsätzen als unentgeltlicher Vorgang behandelt worden ist, sind die AfA in der Regel für den entgeltlich erworbenen Teil des Wirtschaftsguts zu niedrig angesetzt worden.

50

Anhang 13
II (vorweggenommene Erbfolge) Erbfolgeregelungen

51 Für bereits veranlagte Kalenderjahre können die AfA nur berichtigt werden, soweit eine Aufhebung oder Änderung der Steuerfestsetzung verfahrensrechtlich zulässig ist (§§ 164, 165, 172 ff. AO). Eine Aufhebung oder Änderung nach § 173 Abs. 1 Nr. 2 AO scheidet aus, weil das Finanzamt bei ursprünglicher Kenntnis des Sachverhalts nach damaliger Rechtslage nicht anders entschieden hätte (BFH-Beschluß vom 23. November 1987 – BStBl 1988 II S. 180).

52 AfA, die bei dem entgeltlich erworbenen Teil eines Gebäudes unterblieben sind, für den die AfA nach § 7 Abs. 4 Satz 1 EStG zu bemessen gewesen wäre, sind in der Weise nachzuholen, daß die weiteren AfA von der nach den Grundsätzen dieses Schreibens ermittelten Bemessungsgrundlage mit dem für den entgeltlich erworbenen Teil des Gebäudes maßgebenden Vomhundertsatz vorgenommen werden. Die AfA können bis zu dem Betrag abgezogen werden, der von dieser Bemessungsgrundlage nach Abzug der bisherigen AfA, der erhöhten Absetzungen und Sonderabschreibungen verbleibt. Hierbei verlängert sich der Abschreibungszeitraum für den entgeltlich erworbenen Teil des Gebäudes über 25, 40 bzw. 50 Jahre hinaus (BFH-Urteil vom 3. Juli 1984 – BStBl II S. 709).

Beispiel:
V übertrug mit Wirkung zum 1. Januar 1980 im Wege der vorweggenommenen Erbfolge ein bebautes Grundstück mit einem Verkehrswert von 1 Mio. DM (Gebäude 800.000 DM, Grund und Boden 200.000 DM) auf seinen Sohn S. V hatte das Grundstück zum 1. Januar 1970 für 600.000 DM (Gebäude 480.000 DM, Grund und Boden 120.000 DM) erworben. S übernahm auf dem Grundstück lastende Verbindlichkeiten in Höhe von 400.000 DM und hatte an seine Schwester T 300.000 DM zu zahlen. Das Gebäude hatte am 1. Januar 1980 eine tatsächliche Nutzungsdauer von 50 Jahren. S hat seitdem die AfA des V, der das Gebäude nach § 7 Abs. 4 Nr. 2a EStG mit jährlich 2 v. H. abgeschrieben hat, unverändert fortgeführt. Die Einkommensteuerbescheide für S bis einschließlich 1989 sind bestandskräftig. In 1990 legte S dem Finanzamt den Sachverhalt dar.

Lösung:
S hat zum Erwerb des Grundstücks insgesamt 700.000 DM (Abfindungszahlung 300.000 DM und übernommene Verbindlichkeiten 400.000 DM) aufgewendet. Nach dem Verhältnis der Verkehrswerte entfallen auf das Gebäude 560.000 DM und auf den Grund und Boden 140.000 DM. Eine Gegenüberstellung der Anschaffungskosten und des Verkehrswerts des Gebäudes ergibt, daß S das Gebäude zu 3/10 unentgeltlich und zu 7/10 entgeltlich für Anschaffungskosten in Höhe von 560.000 DM erworben hat.

Ab 1990 berechnen sich die AfA wie folgt:

	unentgeltlich	entgeltlich
	erworbener Teil des Gebäudes	
Bemessungsgrundlage ab 1990	144.000 DM	560.000 DM
	(3/10 von 480.000 DM)	
./. AfA 1970 bis 1989 für den unentgeltlich erworbenen Teil: 20 Jahre x 2 v. H. = 40 v. H. von 144.000 DM	57.600 DM	
./. AfA 1980 bis 1989 für den entgeltlich erworbenen Teil, die S nach § 11d EStDV bemessen hat: 10 Jahre x 2 v. H. = 20 v. H. von 336.000 DM (= 7/10 von 480.000 DM)		67.200 DM
Insgesamt verbleibende AfA ab 1990	86.400 DM	492.800 DM
jährliche AfA ab 1990 2 v. H.	2.880 DM	11.200 DM
Verbleibender Absetzungszeitraum ab 1990	30 Jahre	44 Jahre
bis einschließlich:	2019	2033

Die AfA betragen mithin in den Jahren 1990 bis 2019 insgesamt 14.080 DM jährlich und in den Jahren 2020 bis 2033 11.200 DM jährlich.

Sind AfA bei dem entgeltlich erworbenen Teil des Gebäudes teilweise unterblieben, den der Übernehmer nunmehr nach § 7 Abs. 4 Satz 2 EStG abschreibt, bemessen sich die weiteren AfA nach seinen um die bereits abgezogenen AfA, erhöhten Absetzungen und Sonderabschreibungen verminderten Anschaffungskosten und der Restnutzungsdauer des Gebäudes. Entsprechendes gilt für den entgeltlich erworbenen Teil eines beweglichen Wirtschaftsgutes. 53

Die vorstehenden Grundsätze sind entsprechend anzuwenden, wenn die Aufstockungsbeträge wie nachträgliche Anschaffungskosten behandelt werden (Tz. 36). 54

3. Anschaffungsnaher Aufwand

Erhaltungsaufwand, den der Übernehmer bereits in bestandskräftig veranlagten Kalenderjahren – ausgehend von den bisher für die vorweggenommene Erbfolge angewandten Grundsätzen – als Werbungskosten abgezogen hat, und der sich bei Annahme eines teilentgeltlichen Erwerbs als anschaffungsnaher Aufwand (Abschnitt 157 Abs. 5 EStR 1990) darstellt, ist nicht nachträglich in die AfA-Bemessungsgrundlage einzubeziehen. 55

Anhang 13
III   Erbfolgeregelungen

Abzug von Schuldzinsen als Betriebsausgaben oder Werbungskosten – Aufgabe der sog. Sekundärfolgenrechtsprechung durch den BFH; Anwendung der BFH-Urteile vom 2. März 1993 – VIII R 47/90 – (BStBl 1994 II S. 619), vom 25. November 1993 – IV R 66/93 – (BStBl 1994 II S. 623) und vom 27. Juli 1993 – VIII R 72/90 – (BStBl 1994 II S. 625)

BMF vom 11.08.1994 (BStBl I S. 603)
IV B 2 – S 2242 – 33/94

Mit Urteil vom 2. März 1993 – VIII R 47/90 – (BStBl 1994 II S. 619) hat der VIII. Senat des BFH mit Zustimmung des I., III. und IV. Senats die sog. Sekundärfolgenrechtsprechung (vgl. BFH-Urteile vom 2. April 1987 – BStBl II S. 621 –, vom 28. April 1989 – BStBl II S. 618 – und vom 17. Oktober 1991 – BStBl 1992 II S. 392 –) unter Hinweis auf die Beschlüsse des Großen Senats zur steuerlichen Behandlung von Kontokorrentzinsen vom 4. Juli 1990 (BStBl II S. 817) und zur Erbauseinandersetzung vom 5. Juli 1990 (BStBl II S. 837) als überholt aufgegeben.

Wird ein Pflichtteilsanspruch aufgrund einer Vereinbarung mit dem Erben eines Betriebes verzinslich gestundet, dürfen die hierauf entfallenden Schuldzinsen nach dem Urteil des VIII. Senats vom 2. März 1993 (a. a. O.) mangels Vorliegens einer Betriebsschuld nicht als Betriebsausgaben abgezogen werden.

Hat ein Hoferbe ein Darlehen aufgenommen, um damit die höferechtlichen Abfindungsansprüche der weichenden Erben zu tilgen, dürfen die Darlehenszinsen nach dem Urteil des IV. Senats vom 25. November 1993 – IV R 66/93 – (BStBl 1994 II S. 623) nicht als Betriebsausgaben abgezogen werden.

Ist eine OHG-Beteiligung aufgrund einer sog. qualifizierten Nachfolgeklausel unmittelbar und ausschließlich auf einen Miterben mit der Maßgabe übergegangen, daß er die übrigen Miterben insoweit abzufinden hat, stellen die durch die Finanzierung dieser – privaten – Wertausgleichsverbindlichkeit entstandenen Schuldzinsen keine Sonderbetriebsausgaben dar, wie der VIII. Senat mit Urteil vom 27. Juli 1993 – VIII R 72/90 – (BStBl 1994 II S. 625) entschieden hat.

Zur Anwendung der genannten BFH-Urteile nehme ich unter Bezugnahme auf das Ergebnis der Erörterungen mit den obersten Finanzbehörden der Länder wie folgt Stellung:

Das Urteil des VIII. Senats vom 2. März 1993 (a. a. O.) ist auch für Aufwendungen zur Finanzierung von Vermächtnisschulden, Erbersatzverbindlichkeiten und Zugewinnausgleichsschulden (vgl. zu letzteren auch das BFH-Urteil vom 8. Dezember 1992 – IX R 68/89 – BStBl 1993 II S. 434) zu beachten. Solche Aufwendungen sind nach der neuen Rechtsprechung privat veranlaßt. Die geänderte Rechtsprechung des BFH hat deshalb zur Folge, daß Aufwendungen für die Stundung bzw. Finanzierung von

- Pflichtteilsverbindlichkeiten
- Vermächtnisschulden
- Erbersatzverbindlichkeiten
- Zugewinnausgleichsschulden
- Abfindungsschulden nach der Höfeordnung
- Abfindungsschulden im Zusammenhang mit der Vererbung eines Anteils an einer Personengesellschaft im Wege der qualifizierten Nachfolgeklausel oder im Wege der qualifizierten Eintrittsklausel

nicht als Betriebsausgaben oder Werbungskosten abgezogen werden dürfen.

Anhang 13
Erbfolgeregelungen III

Die Tzn. 37 letzter Absatz, 70 und 89 Satz 4 des BMF-Schreibens zur ertragsteuerlichen Behandlung der Erbengemeinschaft und ihrer Auseinandersetzung (BStBl 1993 I S. 62 ff.) sind damit überholt. Dies gilt nicht, soweit nach Tzn. 36, 37 des BMF-Schreibens Privatschulden, die von Miterben im Rahmen der Realteilung eines Mischnachlasses übernommen werden, Betriebsschulden werden können.

Die geänderte Rechtsprechung und Verwaltungsauffassung ist für Werbungskosten erstmals für den Veranlagungszeitraum 1995 und für Betriebsausgaben erstmals für Wirtschaftsjahre, die nach dem 31. Dezember 1994 beginnen, anzuwenden.

Anhang 13

Erbfolgeregelungen

Einkommensteuerrechtliche Behandlung von wiederkehrenden Leistungen im Zusammenhang mit einer Vermögensübertragung

BMF vom 11.03.2010 (BStBl I S. 227)
IV C 3 – S 2221/09/10004 – 2010/0188949
unter Berücksichtigung der Änderungen durch
BMF vom 06.05.2016 (BStBl I S. 476)
IV C 3 – S 2221/15/10011 :004 – 2016/0405757

Inhaltsverzeichnis

	Rz.
A. Allgemeines/Abgrenzung	1
B. Versorgungsleistungen im Zusammenhang mit einer unentgeltlichen Vermögensübertragung	
I. Vermögensübertragung i. S. des § 10 Absatz 1 Nummer 1a EStG[1])	
1. Begriff der Vermögensübertragung	2 – 3
2. Empfänger des Vermögens	4
3. Unentgeltlichkeit	5 – 6
4. Gegenstand der Vermögensübertragung	7
a) Mitunternehmeranteil an einer Personengesellschaft	8 – 11
b) Betrieb oder Teilbetrieb	12 – 14
c) Anteil an einer GmbH	15 – 20
d) Anderes Vermögen, Wirtschaftsüberlassungsverträge und Nießbrauchsrecht	21 – 22
e) Missbrauchsregelung	23
5. Übertragung von Vermögen unter Nießbrauchsvorbehalt	24 – 25
6. Ausreichend Ertrag bringendes Vermögen	
a) Grundsätze	26 – 31
b) Ermittlung der Erträge	32 – 35
7. Betriebsaufgabe, Übertragung, Umwandlung und Umschichtung von übertragenem Vermögen	
a) Umschichtungsverpflichtung im Übertragungsvertrag	36
b) Betriebsaufgabe, Übertragung, Umwandlung und nachträgliche Umschichtung	37 – 43
II. Versorgungsleistungen i. S. des § 10 Absatz 1 Nummer 1a EStG[1])	
1. Umfang der Versorgungsleistungen	44 – 49
2. Empfänger der Versorgungsleistungen	50
3. Korrespondenzprinzip bei Versorgungsleistungen	51 – 55
4. Wiederkehrende Leistungen auf die Lebenszeit des Empfängers der Versorgungsleistungen	56
5. Rechtliche Einordnung von wiederkehrenden Leistungen, die keine Versorgungsleistungen sind	57 – 58
III. Anforderungen an den Übertragungsvertrag	59 – 64

---

[1]) jetzt § 10 Abs. 1a Nr. 2

Anhang 13
Erbfolgeregelungen IV

	Rz.
C. Entgeltliche Vermögensübertragung gegen wiederkehrende Leistungen	65 – 66
I. Übertragung von Betriebsvermögen	67 – 68
II. Übertragung von Privatvermögen gegen wiederkehrende Leistungen auf Lebenszeit	
1. Behandlung beim Verpflichteten	
a) Anschaffungskosten	69 – 70
b) Zinsanteil	71 – 72
2. Behandlung beim Berechtigten	
a) Veräußerungspreis	73 – 74
b) Zinsanteil	75 – 76
III. Übertragung von Privatvermögen gegen wiederkehrende Leistungen auf bestimmte Zeit	
1. Anschaffungskosten und Veräußerungspreis	77
2. Zinsanteil	78 – 79
D. Anwendungsregelung	
I. Allgemeines	80 – 84
II. Ablösung eines Nießbrauchsrechts	85 – 86
III. Umschichtung	
1. Umschichtungsverpflichtung im Übertragungsvertrag	87
2. Nachträgliche Umschichtung	88
IV. Besteuerung nach § 22 Nummer 1b EStG[1])	89
V. Umwandlung einer Versorgungsleistung	90

Unter Bezugnahme auf das Ergebnis der Erörterungen mit den obersten Finanzbehörden der Länder gilt zur einkommensteuerrechtlichen Behandlung von wiederkehrenden Leistungen im Zusammenhang mit einer Vermögensübertragung Folgendes[2]):

A. Allgemeines/Abgrenzung

Wiederkehrende Leistungen im Zusammenhang mit einer Vermögensübertragung können Versorgungsleistungen, Unterhaltsleistungen oder wiederkehrende Leistungen im Austausch mit einer Gegenleistung sein. **Liegen die Voraussetzungen des § 10 Absatz 1 Nummer 1a EStG vor, sind die Versorgungsleistungen beim** Verpflichteten **als** Sonderausgaben **abziehbar** und beim Berechtigten nach § 22 Nummer 1**b** EStG **steuerpflichtig (vgl. B.).** Unterhaltsleistungen (Zuwendungen) dürfen nach § 12 Nummer 2 EStG nicht abgezogen werden. Wiederkehrende Leistungen im Austausch mit einer Gegenleistung enthalten eine nichtsteuerbare oder steuerbare Vermögensumschichtung und einen Zinsanteil (vgl. C.).

1

---

[1]) jetzt § 22 Nr. 1a
[2]) Änderungen gegenüber dem BMF-Schreiben vom 16.09.2004 (BStBl I S. 922), die nicht ausschließlich redaktioneller Art sind, sind durch Fettdruck hervorgehoben.

B. Versorgungsleistungen im Zusammenhang mit einer unentgeltlichen Vermögensübertragung

I. Vermögensübertragung i. S. des § 10 Absatz 1 Nummer 1a EStG

1. Begriff der Vermögensübertragung

2 Nach § 10 Absatz 1 Nummer 1a EStG begünstigte Versorgungsleistungen sind wiederkehrende Leistungen, die im Zusammenhang mit einer Vermögensübertragung – **in der Regel** zur vorweggenommenen Erbfolge – **geleistet werden**. Voraussetzung ist die Übertragung bestimmten Vermögens (**vgl. B.I.4.**) **grundsätzlich** kraft einzelvertraglicher Regelung unter Lebenden mit Rücksicht auf die künftige Erbfolge. **Eine Vermögensübertragung i. S. des § 10 Absatz 1 Nummer 1a EStG kann ihren Rechtsgrund auch in einer Verfügung von Todes wegen haben, wenn sie im Wege der vorweggenommenen Erbfolge zu Lebzeiten des Erblassers ebenfalls begünstigt wäre** (BFH vom 11. Oktober 2007 – BStBl 2008 II Seite 123).

3 Der **Übergeber behält** sich in Gestalt der Versorgungsleistungen typischerweise Erträge seines Vermögens vor, die nunmehr allerdings vom Übernehmer erwirtschaftet werden müssen (BFH vom 15. Juli 1991 – BStBl 1992 II Seite 78). **Somit ist eine Versorgung insoweit gewährleistet, als der Vermögensübergeber durch die jeweilige Übertragung begünstigten Vermögens nicht länger selbst die Früchte aus diesem übertragenen Vermögen erwirtschaftet.** Soweit im Zusammenhang mit der Vermögensübertragung Versorgungsleistungen zugesagt werden, sind diese weder Veräußerungsentgelt noch Anschaffungskosten (BFH vom 5. Juli 1990 – BStBl II Seite 847).

2. Empfänger des Vermögens

4 Eine nach § 10 Absatz 1 Nummer 1a EStG begünstigte Vermögens**übertragung (vgl. Rz. 2 f.) ist stets unter Angehörigen, grundsätzlich aber** auch unter Fremden **möglich** (BFH vom 16. Dezember 1997 – BStBl 1998 II Seite 718). Empfänger des Vermögens können die Abkömmlinge und grundsätzlich auch gesetzlich erbberechtigte entferntere Verwandte des Übergebers sein (vgl. BFH vom 16. Dezember 1993 – BStBl 1996 II Seite 669). Hat der Übernehmer aufgrund besonderer persönlicher Beziehungen zum Übergeber ein persönliches Interesse an der lebenslangen angemessenen Versorgung des Übergebers oder sind die Vertragsbedingungen allein nach dem Versorgungsbedürfnis des Übergebers und der Leistungsfähigkeit des Übernehmers vereinbart worden, können auch nahe stehende Dritte (z. B. Schwiegerkinder, Neffen und Nichten) und ausnahmsweise auch familienfremde Dritte Empfänger des Vermögens sein (vgl. BFH vom 16. Dezember 1997 – BStBl 1998 II Seite 718).

3. Unentgeltlichkeit

5 **Bei der Vermögensübertragung im Zusammenhang mit Versorgungsleistungen soll der Übernehmer** nach dem Willen der Beteiligten – wenigstens teilweise – eine unentgeltliche Zuwendung erhalten. **In den Fällen** der Vermögensübertragung auf Angehörige spricht eine widerlegbare Vermutung dafür, dass die wiederkehrenden Leistungen unabhängig vom Wert des übertragenen Vermögens nach dem Versorgungsbedürfnis des Berechtigten und nach der wirtschaftlichen Leistungsfähigkeit des Verpflichteten **(vgl. B.I.6)** bemessen worden sind. Diese Vermutung ist widerlegt, wenn die Beteiligten Leistung und Gegenleistung nach kaufmännischen Gesichtspunkten gegeneinander abgewogen haben und subjektiv von der Gleichwertigkeit der beiderseitigen Leistungen ausgehen durften, auch wenn Leistung und Gegenleistung objektiv ungleichwertig sind (vgl. hierzu BFH vom 29. Januar 1992 – BStBl II Seite 465, vom 16. Dezember 1993 – BStBl 1996 II Seite 669 und vom 30. Juli 2003 – BStBl 2004 II Seite 211). **In diesem Fall ist der Anwendungsbereich des § 10 Absatz 1 Nummer 1a EStG nicht eröffnet.**

Es gelten die Grundsätze über die einkommensteuerrechtliche Behandlung wiederkehrender Leistungen im Austausch mit einer Gegenleistung (vgl. C.).

Unter Fremden besteht eine nur in Ausnahmefällen widerlegbare Vermutung, dass bei der Übertragung von Vermögen Leistung und Gegenleistung kaufmännisch gegeneinander abgewogen sind. Ein Anhaltspunkt für ein entgeltliches Rechtsgeschäft kann sich auch daraus ergeben, dass die wiederkehrenden Leistungen auf Dauer die erzielbaren Erträge übersteigen. Die für die Entgeltlichkeit des Übertragungsvorgangs sprechende Vermutung kann hingegen z. B. widerlegt sein, wenn der Übernehmer aufgrund besonderer persönlicher (insbesondere familienähnlicher) Beziehungen zum Übergeber ein persönliches Interesse an der lebenslangen angemessenen Versorgung des Übergebers hat (BFH vom 16. Dezember 1997 – BStBl 1998 II Seite 718).

4. Gegenstand der Vermögensübertragung

Eine begünstigte Vermögensübertragung i. S. des § 10 Absatz 1 Nummer 1a EStG liegt nur vor bei Versorgungsleistungen im Zusammenhang mit der Übertragung

– eines Mitunternehmeranteils an einer Personengesellschaft, die eine Tätigkeit i. S. der §§ 13, 15 Absatz 1 Satz 1 Nummer 1 oder des § 18 Absatz 1 EStG ausübt (vgl. Rz. 8 bis 11),

– eines Betriebs oder Teilbetriebs (vgl. Rz. 12 bis 14) sowie

– eines mindestens 50 Prozent betragenden Anteils an einer Gesellschaft mit beschränkter Haftung (GmbH), wenn der Übergeber als Geschäftsführer tätig war und der Übernehmer diese Tätigkeit nach der Übertragung übernimmt (vgl. Rz. 15 bis 20).

a) Mitunternehmeranteil an einer Personengesellschaft

Die Übertragung eines Mitunternehmeranteils an einer Personengesellschaft (OHG, KG, GbR) oder an einer anderen Gesellschaft, bei der der Gesellschafter als Mitunternehmer anzusehen ist (z. B. atypisch stille Gesellschaft) ist nur dann begünstigt, wenn die Gesellschaft Einkünfte aus Land- und Forstwirtschaft, Gewerbebetrieb oder selbständiger Arbeit erzielt. Als Personengesellschaften gelten auch Gemeinschaften, wenn die Beteiligten eine dem Gesellschafter einer Personengesellschaft wirtschaftlich vergleichbare Stellung haben, z. B. als Beteiligter an einer Erbengemeinschaft oder Gütergemeinschaft (BFH vom 25. Juni 1984 – BStBl II Seite 751). Die Begünstigung kann in Anspruch genommen werden bei der Übertragung des gesamten Mitunternehmeranteils (einschließlich Sonderbetriebsvermögens) auf einen oder mehrere Übernehmer, bei der Übertragung eines Teils eines Mitunternehmeranteils (einschließlich der quotalen[1]) Übertragung der wesentlichen Betriebsgrundlagen des Sonderbetriebsvermögens) und bei der unentgeltlichen Aufnahme des Übernehmers in ein bestehendes Einzelunternehmen.

Die Übertragung von Anteilen an einer gewerblich infizierten Personengesellschaft i. S. des § 15 Absatz 3 Nummer 1 1. Alternative EStG erfüllt den Tatbestand der begünstigten Übertragung eines Mitunternehmeranteils i. S. von § 10 Absatz 1 Nummer 1a Satz 2 Buchstabe a EStG. Ein Mitunternehmeranteil an einer Besitzgesellschaft im Rahmen einer Betriebsaufspaltung kann begünstigt im Zusammenhang mit Versorgungsleistungen übertragen werden, soweit ihr die gewerbliche Tätigkeit der Betriebsgesellschaft auch nach der Übertragung zugerechnet wird.

---

[1]) jetzt aber BMF vom 20.11.2019 (BStBl I S. 1291), Rz. 40 Satz 2, Anhang 9 VII

Keine Begünstigung liegt vor, wenn eine vermögensverwaltende Personengesellschaft lediglich an einer gewerblich tätigen Gesellschaft beteiligt ist, § 15 Absatz 3 Nummer 1 2. Alternative EStG.

10   Anteile an einer gewerblich geprägten Personengesellschaft i. S. des § 15 Absatz 3 Nummer 2 EStG (z. B. an einer vermögensverwaltenden GmbH & Co. KG) können nicht im Rahmen einer begünstigten Vermögensübertragung im Zusammenhang mit Versorgungsleistungen übertragen werden, da die Gesellschaft keine Tätigkeit i. S. des § 15 Absatz 1 Satz 1 Nummer 1 EStG ausübt.

11   Der Sonderausgabenabzug kommt auch in Betracht, wenn im Zusammenhang mit Versorgungsleistungen Anteile an einer Personengesellschaft übertragen werden, die verpachtet sind, oder wenn Anteile an einer Personengesellschaft übertragen werden, die selbst ihren gesamten Betrieb verpachtet hat, sofern der Betrieb mangels Betriebsaufgabeerklärung als fortgeführt gilt.

b)   Betrieb oder Teilbetrieb

12   Neben der Übertragung eines laufenden Betriebs oder Teilbetriebs ist nach § 10 Absatz 1 Nummer 1a Satz 2 Buchstabe b EStG auch die Übertragung eines verpachteten Betriebs oder Teilbetriebs begünstigt, sofern der Betrieb oder Teilbetrieb mangels Betriebsaufgabeerklärung als fortgeführt gilt.

13   Ein Teilbetrieb i. S. des § 10 Absatz 1 Nummer 1a Satz 2 Buchstabe b EStG liegt vor, wenn ein mit einer gewissen Selbständigkeit ausgestatteter, organisch geschlossener Teil des Gesamtbetriebs übertragen wird, der für sich betrachtet alle Merkmale eines Betriebs i. S. des EStG aufweist und für sich lebensfähig ist. Eine völlig selbständige Organisation mit eigener Buchführung ist nicht erforderlich (R 16 Absatz 3 EStR). Der Teilbetrieb muss bereits vor der Vermögensübertragung als solcher existiert haben.

14   Die Teilbetriebsfiktion des § 16 Absatz 1 Satz 1 Nummer 1 Satz 2 EStG ist für die Fälle der begünstigten Vermögensübertragung im Zusammenhang mit Versorgungsleistungen nicht anzuwenden. Eine das gesamte Nennkapital umfassende Beteiligung an einer Kapitalgesellschaft kann daher nicht nach § 10 Absatz 1 Nummer 1a Satz 2 Buchstabe b EStG begünstigt übertragen werden. Für die Übertragung von Anteilen an einer GmbH richtet sich die begünstigte Übertragung nach den Tatbestandsvoraussetzungen des § 10 Absatz 1 Nummer 1a Satz 2 Buchstabe c EStG.

c)   Anteil an einer GmbH

15   Zu einer begünstigten Vermögensübertragung im Zusammenhang mit Versorgungsleistungen führt nur die Übertragung eines mindestens 50 Prozent betragenden Anteils an einer GmbH (einschließlich Unternehmergesellschaft, § 5a GmbHG), wenn der Übergeber als Geschäftsführer tätig war und der Übernehmer die Geschäftsführertätigkeit nach der Übertragung übernimmt. Begünstigt ist auch die Übertragung von Anteilen an einer der GmbH vergleichbaren Gesellschaftsform eines anderen Mitgliedstaats der Europäischen Union oder eines Staates, auf den das Abkommen über den Europäischen Wirtschaftsraum anwendbar ist (vgl. Tabellen zum BMF-Schreiben vom 24. Dezember 1999 – BStBl I Seite 1076). Werden Anteile an anderen Körperschaften im Zusammenhang mit wiederkehrenden Leistungen übertragen, liegt keine begünstigte Vermögensübertragung nach § 10 Absatz 1 Nummer 1a EStG vor.

16   Es ist nicht erforderlich, dass der Übergeber seinen gesamten Anteil überträgt, sofern der übertragene Anteil mindestens 50 Prozent beträgt. Dabei sind Teilübertragungen jeweils isoliert zu betrachten.

Anhang 13
Erbfolgeregelungen
IV

Beispiel:
V ist zu 80 Prozent an der X-GmbH beteiligt. Außerdem ist er Geschäftsführer der X-GmbH. V überträgt am 10. Januar 2008 einen 20 Prozent betragenden Anteil an der X-GmbH auf seinen Sohn S. S verpflichtet sich dafür, wiederkehrende Leistungen i. H. v. monatlich 200 € an V zu zahlen. Am 1. Januar 2011 überträgt V den restlichen Anteil an der X-GmbH (60 Prozent) auf S. S wird Geschäftsführer der X-GmbH, V zieht sich aus der Geschäftsführertätigkeit vollständig zurück. S verpflichtet sich im Zuge dieser Übertragung, V zusätzlich monatliche Versorgungsleistungen i. H. v. 2.000 € zu zahlen.

Lösung:
Die wiederkehrenden Leistungen, die S im Zusammenhang mit der ersten Teilübertragung an V zu leisten hat, stellen keine Leistungen aufgrund einer nach § 10 Absatz 1 Nummer 1a Satz 2 Buchstabe c EStG begünstigten Vermögensübertragung dar, weil der übertragene GmbH-Anteil nicht mindestens 50 Prozent betragen hat. Im Übrigen hat S die Geschäftsführertätigkeit von V zu diesem Zeitpunkt noch nicht übernommen. Die Übertragung des 60 Prozent betragenden GmbH-Anteils stellt hingegen eine begünstigte Übertragung dar, weil isoliert betrachtet alle Voraussetzungen des § 10 Absatz 1 Nummer 1a Satz 2 Buchstabe c EStG erfüllt sind. S kann daher ab dem 1. Januar 2011 einen Betrag i. H. v. 2.000 € monatlich als Sonderausgaben geltend machen.

Überträgt ein Gesellschafter-Geschäftsführer einen mindestens 50 Prozent betragenden Anteil an der GmbH auf den Übernehmer, liegen begünstigte Versorgungsleistungen nur vor, solange der Vermögensübernehmer eine Geschäftsführertätigkeit ausübt. Es ist unschädlich, wenn der Übernehmer bereits vor der Übertragung Geschäftsführer der Gesellschaft war, solange er es auch nach der Übertragung bleibt. Voraussetzung ist jedoch, dass der Übergeber seine Geschäftsführertätigkeit insgesamt aufgibt[1]. So ist es z. B. unschädlich, wenn der Vermögensübernehmer bereits die Funktion des Geschäftsführers für die finanziellen Aufgaben innehatte und der Vermögensübergeber Geschäftsführer für den technischen Bereich war und der Übergeber die Geschäftsführertätigkeit mit der Vermögensübertragung aufgibt. Es ist nicht erforderlich, dass der Übernehmer dieselbe Funktion im Rahmen der Geschäftsführung ausübt wie vormals der Übergeber. Wird der Vermögensübergeber für die GmbH in anderer Weise als der eines Geschäftsführers tätig (im Rahmen einer selbständigen oder nichtselbständigen Tätigkeit), so ist dieses ebenfalls unschädlich.

Überträgt der Vermögensübergeber seine GmbH-Beteiligung auf mehrere Vermögensübernehmer, liegt eine begünstigte Vermögensübertragung i. S. des § 10 Absatz 1 Nummer 1a Satz 2 Buchstabe c EStG nur bezogen auf den Vermögensübernehmer vor, der mindestens einen 50 Prozent betragenden Anteil erhalten und die Geschäftsführertätigkeit übernommen hat. Überträgt der Vermögensübergeber seine 100 Prozent-GmbH-Beteiligung zu jeweils 50 Prozent auf zwei Vermögensübernehmer, wird aber nur einer der Vermögensübernehmer Geschäftsführer, führt nur die Anteilsübertragung auf diesen zu einer begünstigten Vermögensübertragung i. S. des § 10 Absatz 1 Nummer 1a EStG. Sind oder werden beide Übernehmer Geschäftsführer der Gesellschaft, dann liegt in beiden Fällen eine begünstigte Übertragung i. S. des § 10 Absatz 1 Nummer 1a EStG vor.

Beispiel:
V ist zu 80 Prozent an der X-GmbH beteiligt. Er ist außerdem Geschäftsführer der Gesellschaft. V überträgt seine GmbH-Beteiligung auf seine drei Söhne S, T und U. S erhält einen 15 Prozent betragenden Anteil an der GmbH und verpflichtet sich, seinem Vater V wiederkehrende Leistungen i. H. v. 300 € monatlich zu zahlen. V überträgt dem

---
[1]) bestätigt durch BFH vom 20.03.2017 (BStBl II S. 985)

Sohn T ebenfalls einen 15 Prozent betragenden Anteil an der GmbH und die Geschäftsführung im Bereich der Produktionsplanung. T verpflichtet sich, V wiederkehrende Leistungen i. H. v. 800 € monatlich zu zahlen. U erhält von V einen 50 Prozent betragenden Anteil an der GmbH und übernimmt die Geschäftsführung für den finanziellen Bereich der Gesellschaft von V. Er verpflichtet sich, V wiederkehrende Leistungen i. H. v. 2.000 € monatlich zu zahlen. V hat die Geschäftsführertätigkeit insgesamt aufgegeben.

Lösung:
Die Übertragungen der Anteile an S und T stellen keine begünstigten Übertragungen von Vermögen i. S. des § 10 Absatz 1 Nummer 1a Satz 2 EStG dar, da in beiden Fällen nicht mindestens ein 50 Prozent betragender Anteil übertragen wurde. An diesem Ergebnis ändert im Fall des T auch die Übertragung der Geschäftsführertätigkeit im Bereich der Produktionsplanung nichts, da die Voraussetzungen der Anteilshöhe und der Übernahme der Geschäftsführung gemeinsam erfüllt sein müssen. Die monatlichen Zahlungen der Söhne S und T sind somit nach den Grundsätzen über die einkommensteuerrechtliche Behandlung wiederkehrender Leistungen im Austausch mit einer Gegenleistung zu behandeln (vgl. C.). Lediglich die Übertragung auf den Sohn U ist begünstigt nach § 10 Absatz 1 Nummer 1a EStG.

d) Anderes Vermögen, Wirtschaftsüberlassungsverträge und Nießbrauchsrecht

21[1]) Wird anderes als das in Rz. 7 genannte Vermögen übertragen (z. B. privater Grundbesitz, Wertpapiervermögen) oder erfüllt das übertragene Vermögen nicht die in Rz. 8 bis 20 genannten Bedingungen, liegt keine begünstigte Vermögensübertragung im Zusammenhang mit Versorgungsleistungen vor. Dies gilt auch für die Einräumung eines Nießbrauchsrechts und zwar unabhängig davon, ob das Nießbrauchsrecht an Vermögen i. S. des § 10 Absatz 1 Nummer 1a Satz 2 EStG bestellt ist oder nicht (vgl. aber zur sog. zeitlich gestreckten „gleitenden" Vermögensübertragung Rz. 25). Es gelten die Grundsätze über die einkommensteuerrechtliche Behandlung wiederkehrender Leistungen im Austausch mit einer Gegenleistung (vgl. C.).

22 Entsprechendes gilt für land- und forstwirtschaftliche Betriebe, wenn sie aufgrund von Wirtschaftsüberlassungsverträgen, die Vorstufe zur Hof- und Betriebsübertragung sind, überlassen werden[2]). Eine begünstigte Vermögensübertragung im Zusammenhang mit Versorgungsleistungen kann in diesen Fällen erst bei der späteren tatsächlichen Übertragung des Hofs und Betriebs im Zusammenhang mit wiederkehrenden Leistungen vorliegen. Dies gilt auch für Pachtverträge, die steuerrechtlich als Wirtschaftsüberlassungsverträge gewürdigt werden.

e) Missbrauchsregelung

23 Wird der Anteil an einer GmbH im Betriebsvermögen eines Betriebs, Teilbetriebs oder einer Mitunternehmerschaft (Gesamthands- und Sonderbetriebsvermögen) im Zusammenhang mit wiederkehrenden Leistungen auf den Vermögensübernehmer (mit-)übertragen, liegt eine insgesamt nach § 10 Absatz 1 Nummer 1a Satz 2 Buchstabe a oder b EStG begünstigte Übertragung vor. Wurde der Anteil an der Körperschaft binnen eines Jahres vor der Vermögensübertragung in den Betrieb, Teilbetrieb oder die Mitunternehmerschaft eingelegt und gehört er dort nicht zum notwendigen Betriebsvermögen, oder der Betrieb, Teilbetrieb oder die Mitunter-

---

[1]) *bestätigt durch BFH vom 29.09.2021 (BStBl II 2022 S. 228)*
[2]) Auf einem Wirtschaftsüberlassungsvertrag beruhende Leistungen des Nutzungsberechtigten an den Überlassenden sind nicht als Sonderausgaben abziehbar (>BFH vom 25.06.2014 – BStBl II S. 889).

nehmerschaft ist binnen eines Jahres vor der Vermögensübertragung durch Umwandlung einer Körperschaft entstanden, ist zu vermuten, dass § 10 Absatz 1 Nummer 1a Satz 2 Buchstabe c EStG umgangen werden soll; § 2 Absatz 1 und Absatz 2 UmwStG ist nicht anzuwenden.

5. Übertragung von Vermögen unter Nießbrauchsvorbehalt

Überträgt der Vermögensübergeber begünstigtes Vermögen im Zusammenhang mit Versorgungsleistungen (vgl. Rz. 7 bis 20) unter Vorbehalt eines Nießbrauchs, steht dies der Anerkennung von Versorgungsleistungen nicht entgegen, wenn der Nießbrauch lediglich Sicherungszwecken dient und der Vermögensübergeber gleichzeitig mit der Bestellung des Nießbrauchs dessen Ausübung nach § 1059 BGB dem Vermögensübernehmer überlässt. 24

Wird ein an begünstigtem Vermögen (vgl. Rz. 7 bis 20) vorbehaltenes oder durch Vermächtnis eingeräumtes Nießbrauchsrecht im Zusammenhang mit wiederkehrenden Leistungen abgelöst, können diese in sachlichem Zusammenhang mit der Vermögensübertragung stehen und daher Versorgungsleistungen sein (sog. zeitlich gestreckte „gleitende" Vermögensübertragung; vgl. BFH vom 3. Juni 1992, BStBl 1993 II Seite 23). Dies gilt nicht, wenn die Ablösung des Nießbrauchs der lastenfreien Veräußerung des Vermögens dient. Für die Anerkennung von Versorgungsleistungen kommt es nicht darauf an, ob die wiederkehrenden Leistungen bereits im Übertragungsvertrag selbst vereinbart wurden oder erst im Zusammenhang mit der Ablösung des Nießbrauchs vereinbart werden. Dies gilt auch, wenn im Fall des § 14 HöfeO Versorgungsleistungen (in Form des Altenteils) erbracht werden, sowie in den Fällen der sog. „Rheinischen Hofübergabe", wenn der Übergeber den Betrieb in Ausübung des Nießbrauchs wiederum an den Übernehmer verpachtet. 25

6. Ausreichend Ertrag bringendes Vermögen
a) Grundsätze

Das Merkmal der Versorgung ist nur bei der Übertragung von Vermögen i. S. des § 10 Absatz 1 Nummer 1a Satz 2 EStG erfüllt, das ausreichend Ertrag bringt, um die Versorgung des Übergebers aus dem übernommenen Vermögen zumindest zu einem Teil zu sichern. 26

Von ausreichend Ertrag bringendem **Vermögen** ist auszugehen, wenn nach überschlägiger Berechnung die wiederkehrenden Leistungen nicht höher sind als der langfristig erzielbare Ertrag des übergebenen Vermögens. 27

Zu Erträgen führen grundsätzlich nur Einnahmen die den Tatbestand einer Einkunftsart i. S. des § 2 Absatz 1 EStG erfüllen. Einnahmen aus einer Tätigkeit ohne Einkünfte- oder Gewinnerzielungsabsicht sind daher nicht als Erträge zu beurteilen. 28

Wird ein **Betrieb oder Teilbetrieb i. S. des § 10 Absatz 1 Nummer 1a Satz 2 Buchstabe b EStG im Zusammenhang mit** wiederkehrenden Leistungen im Wege der vorweggenommenen Erbfolge übertragen, besteht eine widerlegbare Vermutung (z. B. mehrjährige Verluste oder im Verhältnis zu den wiederkehrenden Leistungen geringe Gewinne des Unternehmens) dafür, dass die Erträge ausreichen, um die wiederkehrenden Leistungen in der vereinbarten Höhe zu erbringen, wenn **der Betrieb oder Teilbetrieb** vom Übernehmer tatsächlich fortgeführt wird. **Entsprechendes gilt, wenn ein Mitunternehmeranteil oder der Teil eines Mitunternehmeranteils i. S. des § 10 Absatz 1 Nummer 1a Satz 2 Buchstabe a EStG oder ein Anteil an einer GmbH i. S. des § 10 Absatz 1 Nummer 1a Satz 2 Buchstabe c EStG übertragen wird.** Die Beweiser- 29 leichterung ist nicht anzuwenden bei verpachteten oder überwiegend verpachteten Betrieben, **Teilbetrieben, (Teil-)Mitunternehmeranteilen und GmbH-Anteilen oder bei Personengesellschaften, die selbst ihren gesamten Betrieb verpachtet haben.**

30 Wird im Rahmen einer einheitlichen Vermögens**übertragung** neben begünstigtem Vermögen **i. S. des § 10 Absatz 1 Nummer 1a Satz 2 EStG** weiteres nicht begünstigtes Vermögen übertragen, **greift die Beweiserleichterung nicht. Im Übrigen vgl. in diesem Fall Rz. 47.**

31 Versorgungsleistungen, die aus den langfristig erzielbaren Erträgen des übergebenen Vermögens erbracht werden können, sind auch dann als Sonderausgaben abziehbar, wenn das übertragene Vermögen nicht über einen ausreichenden Unternehmenswert verfügt (entgegen BFH vom 12. Mai 2003, BStBl 2004 II Seite 100).

b) Ermittlung der Erträge

32 **Greift die Beweiserleichterung (Rz. 29) nicht, sind zur Ermittlung der maßgebenden Erträge die** auf der Grundlage des steuerlichen **Gewinns** ermittelten Erträge **heranzuziehen.** Absetzungen für Abnutzung, erhöhte Absetzungen und Sonderabschreibungen sowie außerordentliche Aufwendungen, z. B. größere Erhaltungsaufwendungen, die nicht jährlich üblicherweise anfallen, **sind dabei den Erträgen** hinzuzurechnen. Bei Einkünften aus Land- und Forstwirtschaft, aus Gewerbebetrieb und aus selbständiger Arbeit ist ein Unternehmerlohn nicht abzuziehen. Bei **der** Übertragung eines Anteils an einer GmbH mindert im **Falle der Rz. 34** das Gesellschafter-Geschäftsführergehalt **des Vermögensübergebers und im Falle der Rz. 35 das Gesellschafter-Geschäftsführergehalt des Vermögensübernehmers** die auf der Grundlage des steuerlichen **Gewinns** ermittelten Erträge nicht. Bei der Ermittlung der Erträge aus dem GmbH-Anteil ist **im Übrigen** nicht auf die tatsächlich ausgeschütteten, sondern auf die ausschüttungsfähigen Gewinne abzustellen **(BFH vom 21. Juli 2004 – BStBl 2005 II Seite 133).**

33 **Greift die Beweiserleichterung (Rz. 29) bei einem land- und forstwirtschaftlichen Betrieb nicht, kann die Ertragskraft ungeachtet der tatsächlichen Gewinnermittlung nach § 13a EStG durch Betriebsvermögensvergleich oder Einnahmen-Überschussrechnung berechnet werden.**

34 Die wiederkehrenden Leistungen müssen durch entsprechende Erträge aus dem übernommenen Vermögen abgedeckt sein. Davon ist auszugehen, wenn nach den Verhältnissen im Zeitpunkt der Vermögens**übertragung** der durchschnittliche jährliche Ertrag ausreicht, um die jährlichen wiederkehrenden Leistungen zu erbringen. Bei Ablösung eines vom Übergeber vorbehaltenen Nutzungsrechts in den Fällen der zeitlich gestreckten Vermögens**übertragung** (vgl. Rz. 25) sind die Verhältnisse im Zeitpunkt der Ablösung maßgeblich **(BFH vom 16. Juni 2004 – BStBl 2005 II Seite 130).** Aus Vereinfachungsgründen ist es nicht zu beanstanden, wenn zur Ermittlung des durchschnittlichen Ertrags die Gewinne des Jahres der Vermögens**übertragung** und der beiden vorangegangenen Jahre herangezogen werden.

35 Reicht der durchschnittliche jährliche Ertrag nach den Verhältnissen im Zeitpunkt der Vermögens**übertragung** nicht aus, um die jährlichen wiederkehrenden Leistungen zu erbringen, bleibt es dem Übernehmer unbenommen, nachzuweisen, dass für die Zukunft ausreichend hohe Nettoerträge zu erwarten sind. Hiervon kann regelmäßig ausgegangen werden, wenn die durchschnittlichen Erträge des Jahres der Vermögens**übertragung** und der beiden folgenden Jahre ausreichen, um die wiederkehrenden Leistungen zu erbringen. Die Veranlagungen sind insoweit sowohl beim Übergeber als auch beim Übernehmer **in** dem Jahr der Vermögens**übertragung und in den beiden Folgejahren** vorläufig gemäß § 165 AO vorzunehmen.

7. Betriebsaufgabe, Übertragung, Umwandlung und Umschichtung von übertragenem Vermögen

a) Umschichtungsverpflichtung im Übertragungsvertrag

Verpflichtet sich der Übernehmer im Übertragungsvertrag zur Umschichtung des übertragenen Vermögens in Vermögen i. S. des § 10 Absatz 1 Nummer 1a Satz 2 EStG, liegt keine begünstigte Vermögensübertragung im Zusammenhang mit Versorgungsleistungen vor. — 36

b) Betriebsaufgabe, Übertragung, Umwandlung und nachträgliche Umschichtung

Der sachliche Zusammenhang der wiederkehrenden Leistungen mit der begünstigten Vermögens**übertragung** endet grundsätzlich, wenn der Übernehmer **den Betrieb aufgibt oder** das übernommene Vermögen dem Übernehmer steuerrechtlich nicht mehr zuzurechnen ist. **Die im Zusammenhang mit der Vermögensübertragung vereinbarten wiederkehrenden Leistungen zwischen dem Übergeber und dem Übernehmer sind ab diesem Zeitpunkt Unterhaltsleistungen i. S. des § 12 Nummer 2 EStG und dürfen beim Übernehmer nicht mehr als Sonderausgaben nach § 10 Absatz 1 Nummer 1a EStG abgezogen werden. Beim Übergeber sind sie nicht mehr nach § 22 Nummer 1b EStG steuerbar (BFH vom 31. März 2004 – BStBl II Seite 830).** — 37

Der sachliche Zusammenhang der wiederkehrenden Leistungen mit der Vermögens**übertragung** endet nicht, wenn der Übernehmer **seinerseits** das übernommene Vermögen im Wege der vorweggenommenen Erbfolge weiter überträgt (vgl. Rz. 50). **Geht dabei die Versorgungsverpflichtung nicht mit über, können die Versorgungsleistungen weiterhin abgezogen werden, wenn der Übernehmer diese aus ihm im Rahmen der weiteren Vermögensübertragung seinerseits eingeräumten Versorgungsleistungen oder aus einem an dem weiter übertragenen Vermögen vorbehaltenen Nießbrauchsrecht bewirken kann.** — 38

Beispiel: — 39
Der 65jährige Vater V übergab seinen bislang als Einzelunternehmen geführten Betrieb im Jahre 2008 im Zusammenhang mit lebenslänglich zu erbringenden wiederkehrenden Leistungen von monatlich 5.000 € an seinen Sohn S. Im Jahre 2028 übertrug S das Einzelunternehmen im Hinblick auf die Generationennachfolge an seinen Sohn, den Enkel E des V. S erhält hierfür von dem weiteren Vermögensübernehmer E lebenslang monatlich 10.000 €. Er bleibt aber weiterhin verpflichtet, an seinen inzwischen 85jährigen Vater wiederkehrende Leistungen zu erbringen, die zwischenzeitlich in steuerlich anzuerkennender Weise auf 8.000 € monatlich angepasst wurden.

Lösung:
Die von S zu erbringenden Zahlungen an V bleiben auch im Jahre 2028 und in den folgenden Jahren Versorgungsleistungen und können von S als Sonderausgaben abgezogen werden. Korrespondierend muss V die von S erhaltenen wiederkehrenden Leistungen ebenso als sonstige Einkünfte versteuern, wie dies für S hinsichtlich der von E gezahlten Versorgungsleistungen der Fall ist.

Werden nur Teile des begünstigt übernommenen Vermögens i. S. des § 10 Absatz 1 Nummer 1a Satz 2 EStG auf Dritte übertragen, **können** die nach der Übertragung entrichteten wiederkehrenden Leistungen an den Übergeber weiterhin als Versorgungsleistungen zu beurteilen **sein. Voraussetzung ist, dass** der nicht übertragene Teil des übernommenen Vermögens **nach der Übertragung auf den Dritten ausreichende Erträge abwirft, um die Versorgungsleistungen zu finanzieren, und weiterhin begünstigtes Vermögen i. S. des § 10 Absatz 1 Nummer 1a Satz 2 EStG vorliegt.** Maßgebend für die Beurteilung sind die Erträge ab dem Zeitpunkt, ab dem der übertragene — 40

Anhang 13
IV Erbfolgeregelungen

Vermögensteil dem Übernehmer steuerrechtlich nicht mehr zuzurechnen ist **(zur Ermittlung der Erträge vgl. Rz. 32 bis 35)**.

41[1]) Überträgt der **Vermögensübernehmer** das **begünstigt** übernommene Vermögen auf einen Dritten und erwirbt mit dem Erlös zeitnah **anderes Vermögen i. S. des § 10 Absatz 1 Nummer 1a Satz 2 EStG**, sind die nach der Übertragung an den Übergeber entrichteten wiederkehrenden Leistungen weiterhin Versorgungsleistungen.

Dies gilt auch, wenn
- nicht der gesamte Erlös aus der Veräußerung zur Anschaffung verwendet wird, die wiederkehrenden Leistungen **aber** durch die Erträge aus **dem neu angeschafften Vermögen** abgedeckt werden,

oder
- der gesamte Erlös aus der Veräußerung zur Anschaffung dieses Vermögens nicht ausreicht, der Übernehmer bei der Umschichtung zusätzlich eigene Mittel zur Anschaffung aufwendet und der auf den reinvestierten Veräußerungserlös entfallende Anteil an den Erträgen ausreicht, um die vereinbarten wiederkehrenden Leistungen zu erbringen.

Maßgebend für die Beurteilung sind die Erträge ab dem Zeitpunkt der Anschaffung dieses Vermögens (nachträgliche Umschichtung). Von ausreichenden Erträgen kann regelmäßig ausgegangen werden, wenn die durchschnittlichen Erträge des Jahres der nachträglichen Umschichtung und der beiden folgenden Jahre ausreichen, um die wiederkehrenden Leistungen zu erbringen. Die Veranlagungen sind insoweit sowohl beim Übernehmer **in** als auch beim Übernehmer in dem Jahr der Umschichtung **und in den beiden Folgejahren** vorläufig gemäß § 165 AO vorzunehmen.

42 Die Einbringung **begünstigt** übernommenen Vermögens in eine **GmbH i. S. des § 20 UmwStG** oder **in eine** Personengesellschaft i. S. des § 24 UmwStG gegen Gewährung von Gesellschaftsanteilen oder -rechten **und der Anteilstausch i. S. des § 21 UmwStG** stellen – unabhängig davon, mit welchem Wert das eingebrachte Vermögen bei der übernehmenden Gesellschaft angesetzt wird – keine nachträgliche Umschichtung i. S. der Rz. 41 dar, **wenn auch nach der Einbringung die übrigen Voraussetzungen der Rz. 7 bis 11 und 15 bis 20 bzw. nach dem Anteilstausch die übrigen Voraussetzungen der Rz. 15 bis 20 erfüllt sind. Der sachliche Zusammenhang der wiederkehrenden Leistungen mit der begünstigten Vermögensübertragung endet in diesen Fällen nicht.** Dies gilt auch für die formwechselnde Umwandlung oder Verschmelzung von Personengesellschaften. **Der sachliche Zusammenhang endet hingegen, soweit dem Vermögensübernehmer die erhaltenen GmbH-Anteile oder Mitunternehmeranteile steuerrechtlich nicht mehr zuzurechnen sind; Rz. 38 bleibt unberührt.**

43 Im Fall der Realteilung (§ 16 Absatz 3 Satz 2 bis 4 EStG) wird der sachliche Zusammenhang der wiederkehrenden Leistungen mit der begünstigten Vermögensübertragung nur dann nicht beendet, wenn der Vermögensübernehmer einen Teilbetrieb oder Mitunternehmeranteil erhält und nach der Realteilung die übrigen Voraussetzungen der Rz. 7 bis 11 oder der Rz. 13 und 14 erfüllt sind. Im Falle der Realteilung eines land- und forstwirtschaftlichen Betriebs gilt dies auch, wenn der

---

[1]) Schichtet ein Vermögensübernehmer das überlassene Vermögen in nicht ausreichend ertragbringende Wirtschaftsgüter um, sind die wiederkehrenden Leistungen auch dann nicht als Sonderausgaben abziehbar, wenn die Beteiligten die geschuldeten Versorgungsleistungen an die Erträge der neu erworbenen Vermögensgegenstände anpassen (>BFH vom 18.08.2010 – BStBl II 2011 S. 633).

Vermögensübernehmer einzelne Wirtschaftsgüter erhält, die bei ihm nach der Realteilung einen selbständigen landwirtschaftlichen Betrieb darstellen (vgl. BMF-Schreiben vom 28. Februar 2006 – BStBl I Seite 228)[1]).

II. Versorgungsleistungen i. S. des § 10 Absatz 1 Nummer 1a EStG

1. Umfang der Versorgungsleistungen

Versorgungsleistungen sind alle im **Übertragungsvertrag** vereinbarten wiederkehrenden Leistungen in Geld oder Geldeswert. Hierzu gehören insbesondere Geldleistungen, Übernahme von Aufwendungen und Sachleistungen. Bei Sachleistungen sind mit Ausnahme persönlicher Dienstleistungen und der Wohnraumüberlassung die Werte nach § 8 Absatz 2 EStG maßgebend. Zur Bewertung von **unbaren** Altenteilsleistungen vgl. BFH vom 18. Dezember 1990 – BStBl 1991 II Seite 354. 44

Die Verpflichtung zur Erbringung wiederkehrender persönlicher Dienstleistungen durch persönliche Arbeit ist keine Versorgungsleistung. Stellt der Verpflichtete dagegen eine fremde Arbeitskraft, sind die Dienstleistungen Versorgungsleistungen i. H. des Lohnaufwands (BFH vom 22. Januar 1992 – BStBl II Seite 552). 45

In den Fällen der Wohnungsüberlassung an den Übergeber sind nur die mit der Nutzungsüberlassung tatsächlich zusammenhängenden Aufwendungen anzusetzen. Hierzu gehören insbesondere Aufwendungen für Sachleistungen wie Strom, Heizung, Wasser und Instandhaltungskosten, zu denen der Übernehmer aufgrund einer klaren und eindeutigen Bestimmung im **Übertragungsvertrag** verpflichtet ist. Entsprechendes gilt für Aufwendungen, mit denen der Übernehmer seiner bürgerlich-rechtlich wirksamen Verpflichtung zur Instandhaltung nachkommt. Instandhaltungskosten dürfen jedoch nur als Versorgungsleistungen abgezogen werden, soweit sie der Erhaltung des vertragsgemäßen Zustands der Wohnung im Zeitpunkt der **Übertragung** dienen (BFH vom 25. August 1999 – BStBl 2000 II Seite 21 sowie BMF-Schreiben vom 21. Juli 2003 – BStBl I Seite 405). Ein Abzug anteiliger Absetzungen für Abnutzung und Schuldzinsen sowie anteiliger – vor allem öffentlicher – Lasten des Grundstücks, die vom Übernehmer als Eigentümer geschuldet werden, kommt nicht in Betracht (BFH vom 25. März 1992 – BStBl II Seite 1012). 46

Hat der Vermögensübergeber neben dem nach § 10 Absatz 1 Nummer 1a Satz 2 EStG begünstigten Vermögen im Rahmen des Übertragungsvertrags oder der Verfügung von Todes wegen weiteres nicht begünstigtes Vermögen übertragen (z. B. Grundvermögen, Wertpapiervermögen), ist für die Zuordnung der Versorgungsleistungen die konkrete Vereinbarung im Übertragungsvertrag maßgebend. Dabei wird es grundsätzlich nicht beanstandet, wenn die wiederkehrenden Leistungen in vollem Umfang der Übertragung des begünstigten Vermögens zugeordnet werden. Wirft das begünstigte Vermögen im Zeitpunkt der Vermögensübertragung im Verhältnis zu den wiederkehrenden Leistungen durchschnittlich nur geringe Erträge ab oder wurde keine konkrete Vereinbarung getroffen, sind die wiederkehrenden Leistungen anhand eines angemessenen Maßstabs (z. B. Verhältnis der Erträge der einzelnen Vermögenswerte) aufzuteilen. 47

Wird ein Betrieb der Land- und Forstwirtschaft übertragen, ist auch der Teil der Versorgungsleistungen begünstigt, der auf den Wohnteil des Betriebes (§ 160 Absatz 1 Nummer 3 BewG) entfällt (§ 10 Absatz 1 Nummer 1a Satz 3 EStG). 48

Versorgungsleistungen, die mit steuerbefreiten Einkünften des Übernehmers, z. B. aufgrund eines DBA, in wirtschaftlichem Zusammenhang stehen, können nicht als Sonderausgaben berücksichtigt werden. § 3 Nummer 40, § 3 Nummer 40a 49

---

[1]) jetzt BMF vom 19.12.2018 (BStBl I 2019 S. 6), Anhang 24 III

und § 32d EStG stehen der Abziehbarkeit der Versorgungsleistungen nicht entgegen.

2. Empfänger der Versorgungsleistungen

50[1]) Als Empfänger der Versorgungsleistungen kommen in erster Linie der Übergeber **des Vermögens i. S. des § 10 Absatz 1 Nummer 1a EStG**, dessen Ehegatte und die gesetzlich erb- und pflichtteilsberechtigten Abkömmlinge des Übergebers (vgl. BFH vom 27. Februar 1992 – BStBl II Seite 612 und vom 26. November 2003 – BStBl 2004 II Seite 820) sowie der Lebenspartner einer eingetragenen Lebenspartnerschaft in Betracht. Empfänger von Versorgungsleistungen können auch die Eltern des Übergebers sein, wenn der Übergeber das übergebene Vermögen seinerseits von den Eltern im Wege der Vermögens**übertragung im Zusammenhang mit** Versorgungsleistungen erhalten hat (BFH vom 23. Januar 1997 – BStBl II Seite 458). Sind Empfänger der wiederkehrenden Leistungen die Geschwister des Übernehmers, besteht die widerlegbare Vermutung, dass diese nicht versorgt, sondern gleichgestellt werden sollen (vgl. BFH vom 20. Oktober 1999 – BStBl 2000 II Seite 602). Nicht zum Generationennachfolgeverbund gehörende Personen (z. B. die langjährige Haushälterin, der Lebensgefährte/die Lebensgefährtin, Mitarbeiter im Betrieb) können nicht Empfänger von Versorgungsleistungen sein (vgl. BFH vom 26. November 2003 – a. a. O.).

3. Korrespondenzprinzip bei Versorgungsleistungen

51 Im Zusammenhang mit einer Vermögens**übertragung** vereinbarte Versorgungsleistungen sind vom Berechtigten als **Einkünfte nach § 22 Nummer 1b EStG** zu versteuern, **wenn** der Verpflichtete zum Abzug der Leistungen als Sonderausgaben nach § 10 Absatz 1 Nummer 1a EStG berechtigt ist. **Es kommt nicht darauf an, dass sich die wiederkehrenden Leistungen auch tatsächlich steuermindernd ausgewirkt haben.**

52 **Versorgungsleistungen anlässlich einer begünstigten Vermögensübertragung** sind beim Empfänger in vollem Umfang steuerpflichtig und beim Verpflichteten in vollem Umfang als Sonderausgaben abziehbar. **Dies gilt unabhängig davon, ob die wiederkehrenden Versorgungsleistungen in Form von Renten oder dauernden Lasten vereinbart sind. Bei der Ermittlung der Einkünfte nach § 22 Nummer 1b EStG ist § 9a Satz 1 Nummer 3 EStG anzuwenden.**

53 Versorgungsleistungen können nur dann nach § 10 Absatz 1 Nummer 1a EStG als Sonderausgaben abgezogen werden, wenn der Empfänger der Versorgungsleistungen unbeschränkt einkommensteuerpflichtig ist. Eine Ausnahme gilt in den Fällen des § 1a Absatz 1 Nummer 1a EStG: Ist der Vermögensübernehmer Staatsangehöriger eines Mitgliedstaates der Europäischen Union oder eines Staates, auf den das Abkommen über den Europäischen Wirtschaftsraum anwendbar ist, und ist er nach § 1 Absatz 1 oder Absatz 3 EStG unbeschränkt einkommensteuerpflichtig, sind Versorgungsleistungen auch dann als Sonderausgaben abziehbar, wenn der Empfänger nicht unbeschränkt einkommensteuerpflichtig ist. Voraussetzung ist in diesem Fall, dass der Empfänger seinen Wohnsitz oder gewöhnlichen Aufenthalt im Hoheitsgebiet eines anderen Mitgliedstaates der Europäischen Union oder eines Staates hat, auf den das Abkommen über den Europäischen Wirtschaftsraum Anwendung findet, und dass die Besteuerung der Versorgungsleistungen beim Empfänger durch eine Bescheinigung der zuständigen ausländischen Steuerbehörde nachgewiesen wird.

---

[1]) *Wiederkehrende Leistungen, die der Erblasser einem Vorerben zugunsten eines zum Generationennachfolge-Verbund gehörenden Nacherben für die Dauer der Vorerbschaft auferlegt und die aus dem übergegangenen Vermögen zu erbringen sind, können den Versorgungsleistungen zuzuordnen sein (>BFH vom 16.06.2021 – BStBl II 2022 S. 161).*

Fallen die Voraussetzungen der Rz. 53 nach der Vermögensübertragung weg, liegen ab dem Zeitpunkt des Wegfalls nichtabziehbare Unterhaltsleistungen i. S. des § 12 Nummer 2 EStG vor. Ebenso stellen die wiederkehrenden Leistungen solange Unterhaltsleistungen i. S. des § 12 Nummer 2 EStG dar, bis die Voraussetzungen der Rz. 53 erfüllt werden, sofern diese Voraussetzungen im Zeitpunkt der Vermögensübertragung nicht vorliegen. 54

Ist der Vermögensübernehmer in Deutschland nicht unbeschränkt einkommensteuerpflichtig und kann daher die wiederkehrenden Leistungen nicht als Sonderausgaben nach § 10 Absatz 1 Nummer 1a EStG abziehen, hat der Empfänger der Versorgungsleistungen die wiederkehrenden Leistungen nicht zu versteuern. 55

4. Wiederkehrende Leistungen auf die Lebenszeit des Empfängers der Versorgungsleistungen

Versorgungsleistungen sind nur wiederkehrende Leistungen, die **lebenslang** – auf die Lebenszeit des Empfängers – **gezahlt** werden. Wiederkehrende Leistungen auf die Lebenszeit des Empfängers der Versorgungsleistungen, die 56

(a) für eine Mindestlaufzeit zu erbringen sind (sog. Mindestzeitrenten oder verlängerte Leibrenten oder dauernde Lasten),

(b) auf eine bestimmte Zeit beschränkt sind (sog. abgekürzte Leibrenten oder dauernde Lasten),

sind stets nach den Grundsätzen über die einkommensteuerrechtliche Behandlung wiederkehrender Leistungen im Austausch mit einer Gegenleistung zu behandeln (zu (a) BFH vom 21. Oktober 1999 – BStBl 2002 II Seite 650).

5. Rechtliche Einordnung von wiederkehrenden Leistungen, die keine Versorgungsleistungen sind

Liegen die Voraussetzungen einer begünstigten unentgeltlichen Vermögensübertragung im Zusammenhang mit Versorgungsleistungen nicht vor, weil z. B. kein begünstigtes Vermögen i. S. des § 10 Absatz 1 Nummer 1a Satz 2 EStG übertragen worden ist, die wiederkehrenden Leistungen nicht auf die Lebenszeit des Berechtigten zu zahlen sind (vgl. Rz. 56) oder die Erträge nicht ausreichen, um die wiederkehrenden Leistungen zu finanzieren (vgl. Rz. 26 bis 35), gelten die Grundsätze zu C. (BFH vom 12. Mai 2003 – BStBl 2004 II Seite 95). 57

Sind wiederkehrende Leistungen an Berechtigte zu erbringen, die nicht zum Generationennachfolgeverbund gehören (vgl. Rz. 50 Satz 4) oder erfüllt der Übertragungsvertrag die Voraussetzungen für eine steuerrechtliche Anerkennung nicht (Rz. 59 bis 64), ist zu prüfen, ob nichtabziehbare Unterhaltsleistungen nach § 12 Nummer 2 EStG oder wiederkehrende Leistungen im Austausch mit einer Gegenleistung vorliegen. Gleiches gilt, wenn der Übernehmer das übernommene Vermögen auf einen Dritten überträgt und die Voraussetzungen der Rz. 38 und 40 nicht vorliegen. 58

III. Anforderungen an den Übertragungsvertrag[1]

Die steuerrechtliche Anerkennung des **Übertragungs**vertrags setzt voraus, dass die gegenseitigen Rechte und Pflichten klar und eindeutig sowie rechtswirksam vereinbart und ernsthaft gewollt sind und die Leistungen wie vereinbart tatsächlich erbracht werden. Als wesentlicher Inhalt des **Übertragungs**vertrags müssen der Umfang des übertragenen 59

---

[1] Änderungen eines Versorgungsvertrags können nur dann steuerlich berücksichtigt werden, wenn sie von den Vertragsparteien schriftlich fixiert worden sind (>BFH vom 15.09.2010 – BStBl II 2011 S. 641).

Vermögens, die Höhe der Versorgungsleistungen und die Art und Weise der Zahlung vereinbart sein (BFH vom 15. Juli 1992 – BStBl II Seite 1020).

60 Die Vereinbarungen müssen zu Beginn des durch den **Übertragungs**vertrag begründeten Rechtsverhältnisses oder bei Änderung dieses Verhältnisses für die Zukunft getroffen werden. Änderungen der Versorgungsleistungen sind steuerrechtlich nur anzuerkennen, wenn sie durch ein in der Regel langfristig verändertes Versorgungsbedürfnis des Berechtigten und/oder die veränderte wirtschaftliche Leistungsfähigkeit des Verpflichteten veranlasst sind (BFH vom 15. Juli 1992 – BStBl II Seite 1020). Rückwirkende Vereinbarungen sind steuerrechtlich nicht anzuerkennen, es sei denn, die Rückbeziehung ist nur von kurzer Zeit und hat lediglich technische Bedeutung (BFH vom 21. Mai 1987 – BStBl II Seite 710 und vom 29. November 1988 – BStBl 1989 II Seite 281).

61 **Einigen sich die Vertragsbeteiligten auf ein in Anbetracht des gestiegenen Versorgungsbedürfnisses – z. B. wegen des Umzugs des Versorgungsberechtigten in ein Pflegeheim – neues Versorgungskonzept, sind Zahlungen, die ab diesem Zeitpunkt nicht mehr aus dem Ertrag des übergebenen Vermögens erbracht werden können, freiwillige Leistungen i. S. des § 12 Nummer 2 EStG** (BFH vom 13. Dezember 2005 – BStBl 2008 II, Seite 16). Um freiwillige Leistungen i. S. des § 12 Nummer 2 EStG handelt es sich auch, soweit die Zahlungen zwar aus dem Ertrag des übergebenen Vermögens erbracht werden können, aber die Anpassung der wiederkehrenden Leistungen zwecks Übernahme eines Pflegerisikos im ursprünglichen Übertragungsvertrag ausdrücklich ausgeschlossen war.

62 **Werden die Versorgungsleistungen im Fall einer erheblichen Ertragsminderung infolge einer Betriebsverpachtung nicht angepasst, obwohl die Abänderbarkeit aufgrund wesentlich veränderter Bedingungen vertraglich nicht ausgeschlossen war, sind die die dauerhaften Erträge übersteigenden Zahlungen freiwillige Leistungen i. S. des § 12 Nummer 2 EStG.**

63[1]) Werden die auf der Grundlage eines **Übertragungsvertrags** geschuldeten Versorgungsleistungen ohne Änderung der Verhältnisse, also willkürlich nicht mehr erbracht, sind sie steuerrechtlich nicht anzuerkennen, auch wenn die vereinbarten Zahlungen später wieder aufgenommen werden. Rz. 59 und 60 bleiben unberührt.

64 Machen die Parteien eines **Übertragungsvertrags** von einer vereinbarten Wertsicherungsklausel keinen Gebrauch, lässt dies für sich allein noch keinen zwingenden Schluss auf das Fehlen des Rechtsbindungswillens zu; die Abweichung vom Vereinbarten kann aber im Rahmen der gebotenen Gesamtwürdigung von Bedeutung sein (BFH vom 3. März 2004 – BStBl II Seite 826).

C. Entgeltliche Vermögensübertragung gegen wiederkehrende Leistungen

65 Wiederkehrende Leistungen im Austausch mit einer Gegenleistung enthalten bis zur Grenze der Angemessenheit eine nichtsteuerbare oder steuerbare Vermögensumschichtung i. H. ihres Barwerts (Tilgungsanteil) und einen Zinsanteil.

66 Ist der Barwert **(Tilgungsanteil)** der wiederkehrenden Leistungen höher als der Wert des übertragenen Vermögens, ist Entgeltlichkeit i. H. des angemessenen Kaufpreises anzunehmen. Der übersteigende Betrag ist eine Zuwendung i. S. des § 12 Nummer 2 EStG. Ist der Barwert der wiederkehrenden Leistungen mehr als doppelt so hoch wie der Wert des übertragenen Vermögens, liegt insgesamt eine Zuwendung i. S. des § 12 Nummer 2 EStG vor. Wiederkehrende Leistungen werden teilentgeltlich erbracht, wenn der Wert des übertragenen Vermögens höher ist als der Barwert der wiederkehrenden Leistungen.

---

[1]) bestätigt durch BFH vom 15.09.2010 (BStBl II 2011 S. 641)

I. Übertragung von Betriebsvermögen

Zur ertragsteuerlichen Behandlung der Veräußerung von Wirtschaftsgütern des Betriebsvermögens gegen Leibrenten, Veräußerungsrenten oder Kaufpreisraten **gelten die allgemeinen Grundsätze.** Im Fall der Gewinnermittlung nach § 4 Absatz 3 EStG siehe R 4.5 Absatz 5 EStR. 67

Das Wahlrecht nach R 16 Absatz 11 EStR im Fall der Veräußerung eines Betriebs gegen wiederkehrende Bezüge bleibt unberührt. 68

II. Übertragung von Privatvermögen gegen wiederkehrende Leistungen auf Lebenszeit

1. Behandlung beim Verpflichteten

a) Anschaffungskosten

Die Anschaffungskosten bemessen sich nach dem Barwert der wiederkehrenden Leistungen, ggf. nach dem anteiligen Barwert (vgl. Rz. 65 f.), der nach §§ 12 ff. BewG (bei lebenslänglichen Leistungen nach § 14 Absatz 1 BewG) oder nach versicherungsmathematischen Grundsätzen berechnet werden kann (vgl. R 6.2 Satz 1 EStR). Bei der Berechnung des Barwerts ungleichmäßig wiederkehrender Leistungen (dauernde Lasten) ist als Jahreswert der Betrag zu Grunde zu legen, der – aus der Sicht des Anschaffungszeitpunkts – in Zukunft im Durchschnitt der Jahre voraussichtlich erzielt wird (BFH vom 18. Oktober 1994 – BStBl 1995 II Seite 169). 69

Werden die wiederkehrenden Leistungen für den Erwerb eines zur Einkünfteerzielung dienenden abnutzbaren Wirtschaftsguts gezahlt, ist der Barwert der Rente oder dauernden Last Bemessungsgrundlage für die Absetzungen für Abnutzung, erhöhten Absetzungen und Sonderabschreibungen (BFH vom 9. Februar 1994 – BStBl 1995 II Seite 47). Der in den **wiederkehrenden Leistungen** enthaltene Tilgungsanteil kann **im Zeitpunkt der Zahlung** nicht **gesondert als Werbungskosten** abgezogen werden. 70

b) Zinsanteil

Der Zinsanteil von Veräußerungsleibrenten ist nach der Ertragsanteilstabelle des § 22 Nummer 1 Satz 3 Buchstabe a **Doppelbuchstabe bb EStG (ggf. i. V. m. § 55 Absatz 1 EStDV)** zu ermitteln (BFH vom 25. November 1992 – BStBl 1996 II Seite 666). Der Zinsanteil von dauernden Lasten ist in entsprechender Anwendung der Ertragsanteilstabelle des § 22 Nummer 1 Satz 3 Buchstabe a **Doppelbuchstabe bb EStG (ggf. i. V. m. § 55 Absatz 1 EStDV)** zu berechnen (BFH vom 9. Februar 1994 – BStBl 1995 II Seite 47), **kann aber auch** nach finanzmathematischen Grundsätzen unter Verwendung eines Zinsfußes von 5,5 Prozent berechnet werden. Bei der Berechnung nach finanzmathematischen Grundsätzen ist die voraussichtliche Laufzeit nach der zum jeweiligen Berechnungszeitpunkt geltenden Sterbetafel (**zurzeit Sterbetafel nach dem Stand 2005/2007**) zu bemessen (BFH vom 25. November 1992 – BStBl 1996 II Seite 663). 71

Der Zinsanteil von Renten und dauernden Lasten darf grundsätzlich nicht abgezogen werden (BFH vom 25. November 1992 – BStBl 1996 II Seite 666). Dient das gegen Zahlung einer Rente oder dauernden Last erworbene Wirtschaftsgut der Einkünfteerzielung, ist der in den einzelnen Zahlungen enthaltene Zinsanteil dagegen als Werbungskosten abzuziehen (BFH vom 9. Februar 1994 – BStBl 1995 II Seite 47), **sofern kein Werbungskostenabzugsverbot greift (z. B. § 20 Absatz 9 EStG). Bei Veräußerungsleibrenten sind auch die Erhöhungs- und Mehrbeträge aufgrund einer Wertsicherungsklausel nur mit dem Ertragsanteil als Werbungskosten zu berücksichtigen (BFH vom 19. August 2008 – BStBl 2010 II Seite 24).** 72[1])

---

[1]) bestätigt durch BFH vom 18.05.2010 (BStBl II 2011 S. 675)

Anhang 13
IV Erbfolgeregelungen

2. Behandlung beim Berechtigten
a) Veräußerungspreis

73 Der Berechtigte erzielt für das entgeltlich im Austausch mit wiederkehrenden Leistungen übertragene Vermögen einen Veräußerungspreis i. H. des nach Rz. 69 zu ermittelnden Barwerts der wiederkehrenden Leistungen.

74 Veräußerungspreis bei privaten Veräußerungsgeschäften (§ 22 Nummer 2 EStG) gegen wiederkehrende Leistungen (Renten oder dauernde Lasten) ist – bis zur Höhe des nach Rz. 69 ermittelten Barwerts der wiederkehrenden Leistungen – der Unterschiedsbetrag zwischen der Summe der jährlichen Zahlungen und dem nach Rz. 71 zu ermittelnden Zinsanteil. Ein Gewinn aus privaten Veräußerungsgeschäften entsteht erstmals in dem Veranlagungszeitraum, in dem der in der Summe der jährlichen Zahlungen enthaltene Veräußerungspreis die ggf. um die Absetzungen für Abnutzung, erhöhten Absetzungen und Sonderabschreibungen verminderten Anschaffungs- oder Herstellungskosten sowie die zugehörigen Werbungskosten übersteigt. Bei Veräußerungsgewinnen i. S. des § 17 Absatz 2 EStG entsteht der Gewinn im Zeitpunkt der Veräußerung. Wird eine Beteiligung i. S. des § 17 EStG gegen eine Leibrente oder gegen einen in Raten zu zahlenden Kaufpreis veräußert, **sind die Grundsätze der** R 17 Absatz 7 Satz 2 i. V. m. R 16 Absatz 11 EStR **und des BMF-Schreibens vom 3. August 2004 (BStBl I Seite 1187)** zu beachten. **Wird Kapitalvermögen gegen wiederkehrende Leistungen veräußert, kann auch ein Gewinn oder Ertrag i. S. des § 20 Absatz 2 EStG vorliegen, der den Regelungen über die Abgeltungsteuer unterliegt.**

b) Zinsanteil

75 Der in **wiederkehrenden Leistungen** enthaltene Zinsanteil **ist Entgelt für die Stundung des Veräußerungspreises, das** auf die Laufzeit der wiederkehrenden Leistungen zu verteilen ist. **Der Zinsanteil wird gemäß den in Rz. 71 dargelegten Grundsätzen ermittelt.** Bei **dauernden Lasten** ist der zu ermittelnde Zinsanteil als Einkünfte aus Kapitalvermögen nach § 20 Absatz 1 Nummer 7 EStG zu versteuern (vgl. BFH vom 25. November 1992 – BStBl 1996 II Seite 663 und vom 26. November 1992 – BStBl 1993 II Seite 298). Der in Veräußerungsleibrenten enthaltene Ertragsanteil ist nach § 22 Nummer 1 Satz 3 Buchstabe a **Doppelbuchstabe bb** EStG zu versteuern[1].

76 **Beispiel:**
V überträgt seinem Sohn S im Wege der vorweggenommenen Erbfolge eine **vermietete Eigentumswohnung** mit einem Verkehrswert von **210.000 €**. S verpflichtet sich, V eine an dessen Bedürfnissen orientierte lebenslängliche Rente i. H. von monatlich **2.500 €** (jährlich **30.000 €**) zu zahlen. Der Barwert der wiederkehrenden Leistungen beträgt 350.000 €.

Lösung:
Da **die vermietete Eigentumswohnung nicht zu den begünstigten Wirtschaftsgütern i. S. des § 10 Absatz 1 Nummer 1a Satz 2 EStG gehört (vgl. Rz 7),** liegt keine **Vermögensübertragung im Zusammenhang mit** Versorgungsleistungen (vgl. B.), sondern bis zur Höhe eines angemessenen Kaufpreises (**210.000 €**) ein entgeltliches Geschäft gegen wiederkehrende Leistungen vor. Die Gegenleistung ist in dem Umfang als unangemessen anzusehen, in dem der Barwert der wiederkehrenden Leistungen (**350.000 €**) den Verkehrswert des übertragenen Vermögens (**210.000 €**) übersteigt (140.000/350.000 = 40 Prozent). **S hat Anschaffungskosten für die vermietete Eigentumswohnung i. H. v. 210.000 €, die – abzüglich des Anteils für den Grund und Boden – Bemessungsgrundlage für die Absetzungen für Abnutzung sind.** Der unangemessene Anteil der jährlichen Zahlung, **also ein Betrag** i. H. von (40 Prozent von 30.000 € =) **12.000 €**, ist als Zuwendung i. S. des § 12 Nummer 2 EStG zu beurteilen. Der verbleibende Betrag von (30.000 € ./. 12.000 € =)

---

[1] bestätigt durch BFH vom 18.05.2010 (BStBl II 2011 S. 675)

18.000 € ist in einen Tilgungs- und einen Zinsanteil zu zerlegen. Den nach der Ertragsanteilstabelle des § 22 Nummer 1 Satz 3 Buchstabe a **Doppelbuchstabe bb** EStG ermittelten Zinsanteil der Veräußerungsleibrente muss V als Berechtigter versteuern. S, als Verpflichteter, kann den Zinsanteil, **der ebenfalls nach der Ertragsanteilstabelle des § 22 Nummer 1 Satz 3 Buchstabe a Doppelbuchstabe bb EStG zu ermitteln ist, als Werbungskosten nach § 9 Absatz 1 Satz 3 Nummer 1 EStG abziehen, weil er das erworbene Wirtschaftsgut zur Erzielung von Einkünften aus Vermietung und Verpachtung verwendet. Bei V ist zu prüfen, ob der (angemessene) Tilgungsanteil als Gewinn aus einem privaten Veräußerungsgeschäft zu erfassen ist (vgl. Rz. 74).**

III. Übertragung von Privatvermögen gegen wiederkehrende Leistungen auf bestimmte Zeit

1. Anschaffungskosten und Veräußerungspreis

Bei wiederkehrenden Leistungen auf bestimmte Zeit und bei für eine Mindestlaufzeit zu erbringenden wiederkehrenden Leistungen liegen Anschaffungskosten i. H. des nach § 13 Absatz 1 BewG zu ermittelnden (ggf. anteiligen) Barwerts (Tilgungsanteil) vor. Bei wiederkehrenden Leistungen auf die Lebenszeit des Berechtigten, die auf eine bestimmte Zeit beschränkt sind, hat der Verpflichtete Anschaffungskosten i. H. des nach § 13 Absatz 1 Satz 2 BewG i. V. m. § 14 BewG zu ermittelnden Barwerts. Der Barwert kann auch nach versicherungsmathematischen Grundsätzen ermittelt werden. **Der Veräußerungspreis ist diesen Grundsätzen entsprechend zu ermitteln.** Zur steuerlichen Behandlung der Anschaffungskosten vgl. Rz. 69 f. Zur steuerlichen Behandlung des Veräußerungspreises vgl. Rz. 73 f.   77

2. Zinsanteil

Für die Ermittlung des Zinsanteils einer Rente auf die Lebenszeit des Berechtigten bei vereinbarter Mindestlaufzeit ist zunächst zu bestimmen, ob die laufenden Zahlungen mehr von den begrifflichen Merkmalen einer Leibrente oder mehr von denjenigen einer (Kaufpreis-)Rate geprägt werden. Eine einheitliche Rente ist dabei nicht in eine Zeitrente und in eine durch den Ablauf der Mindestlaufzeit aufschiebend bedingte Leibrente aufzuspalten. Wurde die durch die Lebensdauer des Berechtigten bestimmte Wagniskomponente nicht zugunsten eines vorausbestimmten Leistungsvolumens ausgeschaltet, dann ist der Ertragsanteil mittels der Ertragswerttabelle des § 22 Nummer 1 Satz 3 Buchstabe a Doppelbuchstabe bb Satz 4 EStG zu ermitteln (BFH vom 19. August 2008 – BStBl 2010 II Seite 24). Dies ist z. B. bei einer Rente auf die Lebenszeit des Empfängers mit vereinbarter Mindestlaufzeit, die kürzer ist als die durchschnittliche Lebensdauer, der Fall. Zur steuerlichen Behandlung dieses Ertragsanteils beim Verpflichteten und Berechtigten vgl. Rz. 72 und 75.   78

Überwiegen hingegen die Gründe für die Annahme, bei den wiederkehrenden Leistungen handele es sich um (Kaufpreis-)Raten (z. B. bei einer Zeitrente, bei einer abgekürzten Leibrente oder bei einer Leibrente, bei der die Mindestlaufzeit höher ist als die durchschnittliche Lebensdauer), dann ist der Zinsanteil dieser auf besonderen Verpflichtungsgründen beruhenden Renten bzw. dauernden Lasten der Unterschiedsbetrag zwischen der Summe der jährlichen Zahlungen (vgl. aber Rz. 65 ff.) und der jährlichen Minderung des Barwerts der wiederkehrenden Leistungen, der nach finanzmathematischen Grundsätzen unter Verwendung eines Zinsfußes von 5,5 Prozent zu ermitteln ist (BFH vom 26. November 1992 – BStBl 1993 II Seite 298). Die jährliche Barwertminderung ist nach § 13 Absatz 1 BewG, bei sog. verlängerten Leibrenten oder dauernden Lasten nach § 13 Absatz 1 Satz 2 BewG i. V. m. § 14 BewG zu bestimmen. Aus Vereinfachungsgründen kann der Zinsanteil auch in Anlehnung an die Ertragswert-   79 tabelle des § 55 Absatz 2 EStDV bestimmt werden. **Zur steuerlichen Behandlung dieses Zinsanteils beim Verpflichteten vgl. Rz. 72. Beim Berechtigten ist der Zinsanteil nach § 20 Absatz 1 Nummer 7 EStG zu besteuern**[1]**.**

D. Anwendungsregelung

I. Allgemeines

80 **Vorstehende Regelungen sind grundsätzlich auf alle wiederkehrenden Leistungen im Zusammenhang mit einer Vermögensübertragung anzuwenden, die auf einem nach dem 31. Dezember 2007 geschlossenen Übertragungsvertrag (Abschluss des schuldrechtlichen Rechtsgeschäfts) beruhen.**

81 Für wiederkehrende Leistungen im Zusammenhang mit einer Vermögensübertragung, die auf einem vor dem 1. Januar 2008 geschlossenen Übertragungsvertrag beruhen, bleiben grundsätzlich § 10 Absatz 1 Nummer 1a EStG in der vor dem 1. Januar 2008 geltenden Fassung und das BMF-Schreiben vom 16. September 2004 (BStBl I Seite 922)[2] weiter anwendbar. Dies gilt auch für vor dem 1. Januar 2008 geschlossene Wirtschaftsüberlassungsverträge und Pachtverträge, die als Wirtschaftsüberlassungsverträge anzusehen sind.

82 Bringt das übertragene Vermögen nur deshalb einen ausreichenden Ertrag, weil ersparte Aufwendungen zu den Erträgen des Vermögens gerechnet werden, gelten § 10 Absatz 1 Nummer 1a EStG in der Fassung des JStG 2008 und die Regelungen dieses BMF-Schreibens. Rz. 76 des BMF-Schreibens vom 16. September 2004 findet ab dem Veranlagungszeitraum 2008 keine Anwendung mehr. § 10 Absatz 1 Nummer 1a EStG in der vor dem 1. Januar 2008 geltenden Fassung und das BMF-Schreiben vom 16. September 2004 (BStBl I Seite 922) sind jedoch weiter anwendbar, wenn ein ausreichender Ertrag in Form des Nutzungsvorteils eines zu eigenen Zwecken genutzten Grundstücks vorliegt.

83 Maßgeblich für die zeitliche Einordnung ist bei der Regelung der Vermögensübertragung in einer Verfügung von Todes wegen der Eintritt des Erbfalls. Ergibt sich der Anspruch auf Versorgungsleistungen aus einem in einer Verfügung von Todes wegen geregelten Vermächtnis, ist auf den Zeitpunkt des Anfalls des entsprechenden Vermächtnisses, also auf den Zeitpunkt der schuldrechtlichen Entstehung des Vermächtnisanspruchs oder der Auflagenbegünstigung abzustellen.

84 Bedarf die schuldrechtliche Vereinbarung einer staatlichen Genehmigung (z. B. familien-, vormundschafts- oder nachlassgerichtliche Genehmigung), wirkt die Erteilung dieser Genehmigung auf den Zeitpunkt der Vornahme des Rechtsgeschäfts zurück, wenn die Vertragsparteien alles in ihrer Macht stehende getan haben, um einen wirksamen zivilrechtlichen Vertrag abzuschließen. Steht die schuldrechtliche Vereinbarung unter einer aufschiebenden Bedingung, tritt die von der Bedingung abhängige Wirkung erst mit dem Eintritt der aufschiebenden Bedingung ein.

---

[1] *bestätigt durch BFH vom 14.07.2020 (BStBl II S. 813)*
[2] letztmals abgedruckt im EStH 2008

II. Ablösung eines Nießbrauchsrechts

Wurde aufgrund eines vor dem 1. Januar 2008 abgeschlossenen Übertragungsvertrags Vermögen unter Nießbrauchsvorbehalt auf den Vermögensübernehmer übertragen und wird dieses Nießbrauchsrecht nach dem 31. Dezember 2007 im Zusammenhang mit wiederkehrenden Leistungen abgelöst, gilt ebenfalls Rz. 81 (vgl. BFH vom 12. Mai 2015, BStBl 2016 II Seite 331).   85[1])

Entsprechendes gilt, wenn das Nießbrauchsrecht im Wege des Vermächtnisses eingeräumt worden ist.   86

III. Umschichtung

1. Umschichtungsverpflichtung im Übertragungsvertrag

Wurde vor dem 1. Januar 2008 ein Übertragungsvertrag abgeschlossen, der die Verpflichtung des Vermögensübernehmers vorsieht, ertragloses oder nicht ausreichend Ertrag bringendes Vermögen in eine ihrer Art nach bestimmte, ausreichend Ertrag bringende Vermögensanlage umzuschichten (vgl. Rz. 13 des BMF-Schreibens vom 16. September 2004 – BStBl I Seite 922), gelten § 10 Absatz 1 Nummer 1a EStG in der Fassung des JStG 2008 und die Regelungen dieses BMF-Schreibens, wenn die Umschichtung nicht vor dem 1. Januar 2008 vollzogen ist.   87

2. Nachträgliche Umschichtung

Wurde vor dem 1. Januar 2008 rechtswirksam eine Vermögensübertragung im Zusammenhang mit Versorgungsleistungen vereinbart und wird das begünstigte Vermögen nach dem 31. Dezember 2007 nachträglich umgeschichtet, ist die nachträgliche Umschichtung nach den Regelungen in den Rz. 28 ff. des BMF-Schreibens vom 16. September 2004 (BStBl I Seite 922) zu beurteilen. Es ist in diesen Fällen nicht erforderlich, dass in Vermögen i. S. des § 10 Absatz 1 Nummer 1a Satz 2 EStG in der Fassung des JStG 2008 umgeschichtet wird.   88

---

[1]) Rz. 85 i. d. F. dieses BMF-Schreibens ist i. d. R. in allen offenen Fällen anzuwenden.
Für VZ vor 2016 gilt Rz. 85 des BMF-Schreibens vom 11.03.2010 (BStBl I S. 227) jedoch für die Veranlagung des Vermögensübernehmers oder Vermögensübergebers fort, wenn die Anwendung der Rz. 81 zu einer höheren Steuerlast führen würde.
Für VZ nach 2015 gilt Rz. 85 des BMF-Schreibens vom 11.03.2010 (BStBl I S. 227) sowohl für die Veranlagung des Vermögensübernehmers als auch für die Veranlagung des Vermögensübergebers fort, wenn die Ablösung des Nießbrauchsrechts vor dem 01.06.2016 vereinbart wurde sowie Vermögensübernehmer und Vermögensübergeber übereinstimmend an der Fortgeltung festhalten. An die einmal getroffene, korrespondierende Entscheidung sind die Beteiligten für die Zukunft gebunden.
Die vorstehenden Sätze 2 bis 4 gelten nicht, wenn die Ablösung des Nießbrauchsrechts gegen Versorgungsleistungen und deren Zeitpunkt bereits im Übertragungsvertrag verbindlich vereinbart wurden.
Rz. 85 i. d. F. des BMF-Schreibens vom 11.03.2010 (BStBl I S. 227):
„Wurde aufgrund eines vor dem 01.01.2008 abgeschlossenen Übertragungsvertrags (Rz. 81) Vermögen unter Nießbrauchsvorbehalt auf den Vermögensübernehmer übertragen und wird dieses Nießbrauchsrecht nach dem 31.12.2007 im Zusammenhang mit wiederkehrenden Leistungen abgelöst, gilt Folgendes:
- Wurde die Ablösung des Nießbrauchsrechts gegen Versorgungsleistungen und der Zeitpunkt bereits im Übertragungsvertrag verbindlich vereinbart, bleiben § 10 Absatz 1 Nummer 1a in der vor dem 01.01.2008 geltenden Fassung und das BMF-Schreiben vom 16.09.2004 (BStBl I S. 922) weiter anwendbar.
- Erfolgt die Vereinbarung der Ablösung des Nießbrauchsrechts erst später und nach dem 31.12.2007, gelten § 10 Absatz 1 Nummer 1a in der Fassung des JStG 2008 und die Regelungen dieses BMF-Schreibens."

IV. Besteuerung nach § 22 Nummer 1b EStG

89 § 22 Nummer 1b EStG gilt ab dem Veranlagungszeitraum 2008 für die Besteuerung von Versorgungsleistungen beim Empfänger der Leistungen unabhängig vom Zeitpunkt des Abschlusses des Übertragungsvertrags. § 22 Nummer 1b EStG regelt, dass die Einkünfte aus Versorgungsleistungen zu versteuern sind, soweit sie beim Zahlungsverpflichteten nach § 10 Absatz 1 Nummer 1a EStG als Sonderausgaben abgezogen werden können. Sofern also bei einem Vertragsabschluss vor dem 1. Januar 2008 Versorgungsleistungen in Form einer Leibrente vereinbart wurden und diese beim Vermögensübernehmer lediglich i. H. des Ertragsanteils als Sonderausgaben abziehbar sind, unterliegen beim Vermögensübergeber die Bezüge auch nur insoweit der Besteuerung nach § 22 Nummer 1b EStG.

V. Umwandlung einer Versorgungsleistung

90 Für vor dem 1. Januar 2008 abgeschlossene Vermögensübertragungsverträge bleibt Rz. 48 des BMF-Schreibens vom 16. September 2004 (BStBl I Seite 922) weiter anwendbar, auch wenn die Umwandlung einer Leibrente in eine dauernde Last erst nach dem 31. Dezember 2007 erfolgt.

Anhang 14 und 15

– unbesetzt –

Anhang 16

Gewinnermittlung

Übersicht

I. 1. Betrieblicher Schuldzinsenabzug nach § 4 Absatz 4a EStG
       BMF vom 02.11.2018 (BStBl I S. 1207) unter Berücksichtigung der Änderungen durch BMF vom 18.01.2021 (BStBl I S. 119) und vom 05.11.2021 (BStBl I S. 2211)
    2. Schuldzinsen für Kontokorrentkredite als Betriebsausgaben oder Werbungskosten
       BMF vom 10.11.1993 (BStBl I S. 930)
II. Steuerliche Anerkennung von Aufwendungen für die Bewirtung von Personen aus geschäftlichem Anlass in einem Bewirtungsbetrieb als Betriebsausgaben
    BMF vom 30.06.2021 (BStBl I S. 908)
III. Ertragsteuerliche Erfassung der Nutzung eines betrieblichen Kraftfahrzeugs zu Privatfahrten, zu Fahrten zwischen Wohnung und Betriebsstätte sowie zu Familienheimfahrten nach § 4 Absatz 5 Satz 1 Nummer 6 und § 6 Absatz 1 Nummer 4 Satz 1 bis 3 EStG;
    Berücksichtigung der Änderungen durch das Gesetz zur Eindämmung missbräuchlicher Steuergestaltungen vom 28. April 2006 (BStBl I S. 353) und des Gesetzes zur Fortführung der Gesetzeslage 2006 bei der Entfernungspauschale vom 20. April 2009 (BGBl. I S. 774, BStBl I S. 536)
    BMF vom 18.11.2009 (BStBl I S. 1326) unter Berücksichtigung der Änderungen durch BMF vom 15.11.2012 (BStBl I S. 1099)
IV. Ertragsteuerliche Behandlung des Sponsoring
    BMF vom 18.02.1998 (BStBl I S. 212)
V. *– unbesetzt –*
VI. Zweifelsfragen im Zusammenhang mit § 6b Absatz 2a EStG
    BMF vom 07.03.2018 (BStBl I S. 309)
VII. Nutzungsüberlassung von Betrieben mit Substanzerhaltungspflicht des Berechtigten; sog. Eiserne Verpachtung
    BMF vom 21.02.2002 (BStBl I S. 262)
VIII. Gewinnerzielungsabsicht bei kleinen Photovoltaikanlagen und vergleichbaren Blockheizkraftwerken
    BMF vom 29.10.2021 (BStBl I S. 2202)
IX. Steuerliche Gewinnermittlung;
    Zweifelsfragen zur bilanziellen Behandlung sog. geringwertiger Wirtschaftsgüter nach § 6 Absatz 2 EStG und zum Sammelposten nach § 6 Absatz 2a EStG in der Fassung des Gesetzes zur Beschleunigung des Wirtschaftswachstums vom 22. Dezember 2009 (BGBl. 2009 I S. 3950, BStBl 2010 I S. 2)
    BMF vom 30.09.2010 (BStBl I S. 755)
X. Bildung gewillkürten Betriebsvermögens bei der Gewinnermittlung nach § 4 Abs. 3 EStG; BFH-Urteil vom 2. Oktober 2003 – IV R 13/03 – (BStBl II S. 985)
    BMF vom 17.11.2004 (BStBl I S. 1064)
XI. 1. Ertragsteuerliche Behandlung von Aufwendungen für VIP-Logen in Sportstätten
       BMF vom 22.08.2005 (BStBl I S. 845)
    2. Ertragsteuerliche Behandlung von Aufwendungen für VIP-Logen in Sportstätten, Anwendung der Vereinfachungsregelungen auf ähnliche Sachverhalte;
       BMF-Schreiben vom 22. August 2005 (BStBl I 2005 S. 845)
       BMF vom 11.07.2006 (BStBl I S. 447)
XII. Gewährung des Freibetrags nach § 16 Abs. 4 EStG und der Tarifermäßigung nach § 34 Abs. 3 EStG
    BMF vom 20.12.2005 (BStBl I 2006 S. 7)

Anhang 16
Gewinnermittlung

XIII. Zuordnung der Steuerberatungskosten zu den Betriebsausgaben, Werbungskosten oder Kosten der Lebensführung
BMF vom 21.12.2007 (BStBl I 2008 S. 256)

XIV. Zinsschranke (§ 4h EStG; § 8a KStG)
BMF vom 04.07.2008 (BStBl I S. 718)

XV. Anwendung des Teileinkünfteverfahrens in der steuerlichen Gewinnermittlung (§ 3 Nummer 40, § 3c Absatz 2 EStG)
BMF vom 23.10.2013 (BStBl I S. 1269)

XVI. Beschluss des BVerfG vom 7. Juli 2010 – 2 BvR 748/05, 2 BvR 753/05 und 2 BvR 1738/05 – (BStBl 2011 II S. 86);
Auswirkungen auf Einlagen nach § 6 Absatz 1 Nummer 5 Satz 1 Buchstabe b EStG und Einbringungen nach § 22 Absatz 1 Satz 5 i. V. m. Absatz 2 UmwStG
BMF vom 21.12.2011 (BStBl I 2012 S. 42) unter Berücksichtigung der Änderungen durch BMF vom 16.12.2015 (BStBl I 2016 S. 11)

XVII. Ertragsteuerliche Beurteilung von Aufwendungen für Fahrten zwischen Wohnung und Betriebsstätte und von Reisekosten unter Berücksichtigung der Reform des steuerlichen Reisekostenrechts zum 1. Januar 2014;
Anwendung bei der Gewinnermittlung
BMF vom 23.12.2014 (BStBl I 2015 S. 26)

XVIII. Eigener Aufwand des Unternehmer-Ehegatten für die Errichtung von Betriebsgebäuden auf einem auch dem Nichtunternehmer-Ehegatten gehörenden Grundstück;
BFH-Urteil vom 9. März 2016 – X R 46/14 – (BStBl II S. 976)
BMF vom 16.12.2016 (BStBl I S. 1431)

1.
Betrieblicher Schuldzinsenabzug nach § 4 Absatz 4a EStG

BMF vom 02.11.2018 (BStBl I S. 1207)
IV C 6 – S 2144/07/10001 :007 – 2018/0223681
unter Berücksichtigung der Änderungen durch
BMF vom 18.01.2021 (BStBl I S. 119)
IV C 6 – S 2144/19/10003 :004 – 2021/0040649 und
BMF vom 05.11.2021 (BStBl I S. 2211)
IV C 6 – S 2144/19/10003 :008 – 2021/0931514

Im Einvernehmen mit den obersten Finanzbehörden der Länder gilt zur Einschränkung des Abzugs von Schuldzinsen nach § 4 Absatz 4a EStG Folgendes:

Inhaltsverzeichnis

		Rdnr.
I.	Betrieblich veranlasste Schuldzinsen	2 – 7
II.	Überentnahme (§ 4 Absatz 4a Satz 2 EStG) Begriffe Gewinn, Entnahme, Einlage	8 – 15
III.	Ermittlung des Hinzurechnungsbetrages (§ 4 Absatz 4a Satz 3 und 4 EStG)	16 – 22
IV.	Schuldzinsen aus Investitionsdarlehen (§ 4 Absatz 4a Satz 5 EStG)	23 – 26

Anhang 16
Gewinnermittlung

	Rdnr.
V. Schuldzinsen bei Mitunternehmerschaften	
1. Gesellschafts-/Gesellschafterbezogene Betrachtungsweise	27 – 29
2. Schuldzinsen	
2.1. Gewinnermittlung der Mitunternehmerschaft	30 – 31
2.2. Darlehen im Sonderbetriebsvermögen	32 – 35
3. Entnahmen/Einlagen	36
4. Umwandlungen nach dem UmwStG	
4.1. Einbringung in eine Personengesellschaft (§ 24 UmwStG)	37 – 38
4.2. Einbringung in eine Kapitalgesellschaft (§ 20 UmwStG)	39
VI. Gewinnermittlung nach § 4 Absatz 3, § 5a und § 13a EStG	40 – 42
VII. Anwendungsregelung	43 – 46

Der Regelung unterliegen nur Schuldzinsen, die betrieblich veranlasst sind. Dies erfordert im Hinblick auf die steuerliche Abziehbarkeit eine zweistufige Prüfung. In einem ersten Schritt ist zu ermitteln, ob und inwieweit Schuldzinsen zu den betrieblich veranlassten Aufwendungen gehören. In einem zweiten Schritt muss geprüft werden, ob der Betriebsausgabenabzug im Hinblick auf Überentnahmen eingeschränkt ist.

1

I. Betrieblich veranlasste Schuldzinsen

Die betriebliche Veranlassung von Schuldzinsen bestimmt sich nach den vom BFH entwickelten Grundsätzen. Insbesondere die Rechtsgrundsätze in den BFH-Beschlüssen vom 4. Juli 1990 (BStBl II S. 817) und vom 8. Dezember 1997 (BStBl 1998 II S. 193) sowie in den BFH-Urteilen vom 4. März 1998 (BStBl II S. 511) und vom 19. März 1998 (BStBl II S. 513) sind weiter anzuwenden. Danach sind Schuldzinsen anhand des tatsächlichen Verwendungszwecks der Darlehensmittel der Erwerbs- oder Privatsphäre zuzuordnen.

2

Darlehen zur Finanzierung außerbetrieblicher Zwecke, insbesondere zur Finanzierung von Entnahmen, sind nicht betrieblich veranlasst. Unterhält der Steuerpflichtige für den betrieblich und den privat veranlassten Zahlungsverkehr ein einheitliches – gemischtes – Kontokorrentkonto, ist für die Ermittlung der als Betriebsausgaben abziehbaren Schuldzinsen der Sollsaldo grundsätzlich aufzuteilen. Das anzuwendende Verfahren bei der Aufteilung ergibt sich aus Rdnrn. 11 bis 18 des BMF-Schreibens vom 10. November 1993 (BStBl I S. 930).

3

Dem Steuerpflichtigen steht es frei, zunächst dem Betrieb Barmittel ohne Begrenzung auf einen Zahlungsmittelüberschuss zu entnehmen und im Anschluss hieran betriebliche Aufwendungen durch Darlehen zu finanzieren (sog. Zwei-Konten-Modell). Wird allerdings ein Darlehen nicht zur Finanzierung betrieblicher Aufwendungen, sondern tatsächlich zur Finanzierung einer Entnahme verwendet, ist dieses Darlehen außerbetrieblich veranlasst. Ein solcher Fall ist dann gegeben, wenn dem Betrieb keine entnahmefähigen Barmittel zur Verfügung stehen und die Entnahme von Barmitteln erst dadurch möglich wird, dass Darlehensmittel in den Betrieb fließen.

4

Beispiel 1:
Der Steuerpflichtige unterhält ein Betriebsausgabenkonto, das einen Schuldsaldo von 100.000 € aufweist. Auf dem Betriebseinnahmenkonto besteht ein Guthaben von 50.000 €; hiervon entnimmt der Steuerpflichtige 40.000 €.
Die Schuldzinsen auf dem Betriebsausgabenkonto sind in vollem Umfang betrieblich veranlasst.

5

Anhang 16
Gewinnermittlung

Beispiel 2:

6 Der Steuerpflichtige unterhält ein einziges betriebliches Girokonto, über das Einnahmen wie Ausgaben gebucht werden. Dieses Konto weist zum Zeitpunkt der Geldentnahme einen Schuldsaldo in Höhe von 50.000 € aus, der unstreitig betrieblich veranlasst ist. Durch die privat veranlasste Erhöhung des Schuldsaldos um 40.000 € auf 90.000 € ergeben sich höhere Schuldzinsen.

Durch Anwendung der Zinszahlenstaffelmethode muss der privat veranlasste Anteil der Schuldzinsen ermittelt werden. Die privat veranlasste Erhöhung des Schuldsaldos von 40.000 € führt nicht bereits zu einer Entnahme von zum Betriebsvermögen gehörenden Wirtschaftsgütern und ist daher nicht bei der Ermittlung der Entnahmen i. S. d. § 4 Absatz 4a EStG zu berücksichtigen.

Eine Entnahme i. S. d. § 4 Absatz 4a Satz 2 EStG liegt erst in dem Zeitpunkt vor, in dem der privat veranlasste Teil des Schuldsaldos durch eingehende Betriebseinnahmen getilgt wird, weil insoweit betriebliche Mittel zur Tilgung einer privaten Schuld verwendet werden (BFH vom 3. März 2011, BStBl II S. 688). Aus Vereinfachungsgründen ist es jedoch nicht zu beanstanden, wenn der Steuerpflichtige schon die Erhöhung des Schuldsaldos aus privaten Gründen als Entnahme bucht und bei der Tilgung des privat veranlassten Schuldsaldos keine Entnahmebuchung mehr vornimmt.

Entsprechendes gilt, wenn der Steuerpflichtige zwei Konten unterhält und die privat veranlasste Erhöhung des Schuldsaldos durch betriebliche Zahlungseingänge oder durch Umbuchung vom Betriebseinnahmenkonto tilgt.

Beispiel 3:

7 Der Steuerpflichtige benötigt zur Anschaffung einer Motoryacht, die er zu Freizeitzwecken nutzen will, 100.000 €. Mangels ausreichender Liquidität in seinem Unternehmen kann er diesen Betrag nicht entnehmen. Er möchte auch sein bereits debitorisch geführtes betriebliches Girokonto hierdurch nicht weiter belasten. Daher nimmt er zur Verstärkung seines betrieblichen Girokontos einen „betrieblichen" Kredit auf und entnimmt von diesem den benötigten Betrag.

Das Darlehen ist privat veranlasst, da es tatsächlich zur Finanzierung einer Entnahme verwendet wird und dem Betrieb keine entnahmefähigen Barmittel zur Verfügung standen. Die auf das Darlehen entfallenden Schuldzinsen sind dem privaten Bereich zuzuordnen. Der Betrag von 100.000 € ist nicht bei der Ermittlung der Entnahmen i. S. d. § 4 Absatz 4a EStG zu berücksichtigen.

II. Überentnahme (§ 4 Absatz 4a Satz 2 EStG)

Begriffe Gewinn, Entnahme, Einlage

Der Abzug betrieblich veranlasster Schuldzinsen ist eingeschränkt, wenn Überentnahmen vorliegen. Dies ist grundsätzlich der Fall, wenn die Entnahmen höher sind als die Summe aus Gewinn und Einlagen des Wirtschaftsjahres.

8 Die Regelung enthält zu den Begriffen Gewinn (BFH vom 7. März 2006, BStBl II S. 588), Entnahme und Einlage keine von § 4 Absatz 1 EStG abweichenden Bestimmungen. Es gelten daher die allgemeinen Grundsätze. Der Begriff Gewinn umfasst auch einen Verlust (BFH vom 14. März 2018, BStBl II S. 744). Für den Gewinnbegriff des § 4 Absatz 4a EStG ist der Gewinn nach § 4 Absatz 1 EStG maßgeblich; außerbilanzielle Kürzungen und Hinzurechnungen wirken sich auf den Gewinn i. S. d. § 4 Absatz 4a EStG nicht aus (vgl. BFH vom 3. Dezember 2019, BStBl 2021 II S. 77)[1]). Hierzu gehören auch Über-

---

[1]) Satz 4 neu gefasst durch BMF vom 18.01.2021 (BStBl I S. 119)
Danach sind außerbilanzielle Kürzungen und Hinzurechnungen u. a.:
– nicht abzugsfähige Gewerbesteuer samt Nebenleistung (§ 4 Abs. 5b),
– nach § 4d Abs. 3, § 4e Abs. 3 oder § 4f verteilte Betriebsausgaben,
– abgezogene oder hinzugerechnete Investitionsabzugsbeträge nach § 7g,
– Verteilung des Übergangsgewinns aus dem Wechsel der Gewinnermittlungsart nach R 4.6 Abs. 1 Satz 2 EStR.
zur Anwendung >Rdnr. 46 Satz 5 ff.

gangsgewinne i. S. v. R 4.6 EStR 2012. Hierbei ist auf den Gewinn des jeweiligen Betriebs abzustellen. Daher bleiben einheitlich und gesondert festgestellte Gewinn-/Verlustanteile aus im Betriebsvermögen gehaltenen Beteiligungen an Mitunternehmerschaften (z. B. bei doppelstöckigen Personengesellschaften) unberücksichtigt. Erst Auszahlungen aus Gewinnanteilen zwischen den verbundenen Mitunternehmerschaften sind wie Entnahmen oder Einlagen zu behandeln. Steuerfreie Gewinne gehören zum Gewinn. Bei steuerfreien Entnahmen (z. B. § 13 Absatz 4 und 5 EStG) ist grundsätzlich der sich aus § 6 Absatz 1 Nummer 4 EStG ergebende Wert anzusetzen. Aus Vereinfachungsgründen kann jedoch die Entnahme mit dem Buchwert angesetzt werden, wenn die darauf beruhende Gewinnerhöhung ebenfalls außer Ansatz bleibt. Dies gilt sinngemäß in den Fällen des § 55 Absatz 6 EStG.

Zum Gewinn gehört auch der Gewinn aus der Veräußerung oder Aufgabe eines Betriebes. Zu den Entnahmen gehören auch Überführungen von Wirtschaftsgütern des Betriebsvermögens in das Privatvermögen anlässlich einer Betriebsaufgabe sowie der Erlös aus der Veräußerung eines Betriebes, soweit er in das Privatvermögen überführt wird (>Anwendungsregelung Rdnr. 44). Verbleibt nach der Betriebsaufgabe oder Betriebsveräußerung im Ganzen noch eine Überentnahme, sind Schuldzinsen nur unter den Voraussetzungen des § 4 Absatz 4a EStG als nachträgliche Betriebsausgaben zu berücksichtigen. 9

Die Überführung oder Übertragung von Wirtschaftsgütern aus einem Betriebsvermögen in ein anderes Betriebsvermögen ist als Entnahme aus dem abgebenden Betriebsvermögen und als Einlage in das aufnehmende Betriebsvermögen zu behandeln, auch wenn dieser Vorgang nach § 6 Absatz 5 EStG zu Buchwerten erfolgt. 10

Der unentgeltliche Übergang eines Betriebs oder eines Mitunternehmeranteils führt beim bisherigen Betriebsinhaber/Mitunternehmer nicht zu Entnahmen i. S. d. § 4 Absatz 4a EStG und beim jeweiligen Rechtsnachfolger nicht zu Einlagen i. S. dieser Vorschrift. Die beim bisherigen Betriebsinhaber/Mitunternehmer entstandenen Über- oder Unterentnahmen, sowie der kumulierte Entnahmenüberschuss (siehe Rdnr. 16) gehen auf den Rechtsnachfolger – ggf. anteilig – über (vgl. BFH vom 12. Dezember 2013, BStBl 2014 II S. 316). 11

Die geänderte betriebsvermögensmäßige Zuordnung eines Wirtschaftsguts aufgrund des Bestehens einer Bilanzierungskonkurrenz stellt weder eine Entnahme beim abgebenden Betrieb noch eine Einlage beim aufnehmenden Betrieb i. S. d. § 4 Absatz 4a EStG dar, wenn der Vorgang zum Buchwert stattgefunden hat (BFH vom 22. September 2011, BStBl 2012 II S. 10). 12

Eine geänderte betriebsvermögensmäßige Zuordnung eines Wirtschaftsguts aufgrund des Bestehens einer Bilanzierungskonkurrenz im vorstehenden Sinne liegt u. a. vor, wenn:

a) ein Wirtschaftsgut nach Begründung einer mitunternehmerischen Betriebsaufspaltung einem anderen Betriebsvermögen zuzuordnen ist (BFH vom 22. September 2011, BStBl 2012 II S. 10)

b) ein Wirtschaftsgut nach Verschmelzung einem anderen Betriebsvermögen zuzuordnen ist.

Beispiel 4:
Zum Betriebsvermögen der A-GmbH gehört eine fremdfinanzierte Beteiligung an der B-GmbH. Die B-GmbH ist ihrerseits an der C-KG als Kommanditistin beteiligt. Weiteres Betriebsvermögen hat die B-GmbH nicht. Die B-GmbH wird auf die A-GmbH verschmolzen, so dass die A-GmbH nunmehr unmittelbar an der C-KG beteiligt ist. Da die Beteiligung an der C-KG das einzige Betriebsvermögen der B-GmbH war, wird das Refinanzierungsdarlehen, das bisher

Anhang 16
Gewinnermittlung

bei der A-GmbH zu passivieren war, aufgrund des geänderten Finanzierungszusammenhangs nach § 6 Absatz 5 Satz 2 EStG zum Buchwert in das Sonderbetriebsvermögen der C-KG überführt.

13 Die kurzfristige Einlage von Geld stellt einen Missbrauch von Gestaltungsmöglichkeiten des Rechts dar, wenn sie allein dazu dient, die Hinzurechnung nicht abziehbarer Schuldzinsen zu umgehen (BFH vom 21. August 2012, BStBl 2013 II S. 16).

14 Die ermittelte kumulierte Über- oder Unterentnahme und der kumulierte Entnahmenüberschuss (siehe Rdnr. 16) sind formlos festzuhalten.

Beispiel 5:

15 Der Betrieb des Steuerpflichtigen hat für das Wirtschaftsjahr 01 mit einem Verlust von 100.000 € abgeschlossen. Der Steuerpflichtige hat keine Entnahmen getätigt. Dem Betrieb wurden keine Einlagen zugeführt. Aus den vorangegangenen Wirtschaftsjahren stammt eine Unterentnahme von 10.000 €. Der kumulierte Entnahmenüberschuss des Vorjahres beträgt 75.000 € (Vorjahreswerte an kumulierte Entnahmen 350.000 € und an kumulierten Einlagen 275.000 €).

Berechnung der Überentnahme 01:

Entnahmen des Wirtschaftsjahres	0 €
– Einlagen des Wirtschaftsjahres	0 €
– Verlust des Wirtschaftsjahres	– 100.000 €
= Überentnahme des Wirtschaftsjahres	100.000 €
– Unterentnahme aus vorangegangenen Wirtschaftsjahren	10.000 €
= **kumulierte Überentnahme**	**90.000 €**

(geht in die Berechnung des Folgejahres ein)

Berechnung des Entnahmenüberschusses 01:

Entnahmen des Wirtschaftsjahres	0 €
– Einlagen des Wirtschaftsjahres	0 €
– kumulierter Entnahmenüberschuss des Vorjahres	75.000 €
= **kumulierter Entnahmenüberschuss des Wirtschaftsjahres**	**75.000 €**

Die Überentnahme des Wirtschaftsjahres ist mit der Unterentnahme der Vorjahre zu verrechnen und bewirkt eine kumulierte Überentnahme in 01 i. H. v. 90.000 €; die Überentnahme ist aber auf den kumulierten Entnahmenüberschuss von 75.000 € zu begrenzen. In die Berechnung des Folgejahres geht als Vorjahreswert die Überentnahme mit dem Betrag von 90.000 € ein.

Im Folgejahr 02 ergibt sich ein Gewinn i. H. v. 10.000 €. Entnahmen und Einlagen werden nicht getätigt.

Berechnung der Überentnahme in 02:

Entnahmen des Wirtschaftsjahres	0 €
– Einlagen des Wirtschaftsjahres	0 €
– Gewinn des Wirtschaftsjahres	10.000 €
= Unterentnahme des Wirtschaftsjahres	10.000 €
– Überentnahme aus vorangegangenen Wirtschaftsjahren	90.000 €
= **kumulierte Überentnahme**	**80.000 €**

(geht in die Berechnung des Folgejahres ein)

Berechnung des Entnahmenüberschusses in 02:

Entnahmen des Wirtschaftsjahres	0 €
– Einlagen des Wirtschaftsjahres	0 €
– kumulierter Entnahmenüberschuss des Vorjahres	75.000 €
= **kumulierter Entnahmenüberschuss des Wirtschaftsjahres**	**75.000 €**

Die Überentnahme des Vorjahres 01 i. H. v. 90.000 € ist fortzuschreiben und um die Unterentnahme des Wirtschaftsjahres 02 i. H. v. 10.000 € zu mindern. Dadurch ergibt sich eine

Überentnahme in 02 von 80.000 €. Da in 02 keine Einlagen und Entnahmen getätigt wurden, beträgt der kumulierte Entnahmenüberschuss weiterhin 75.000 €. Die Bemessungsgrundlage für die Berechnung der nichtabziehbaren Schuldzinsen ist im Jahr 02 auf den kumulierten Entnahmenüberschuss von 75.000 € zu begrenzen.

III. Ermittlung des Hinzurechnungsbetrages (§ 4 Absatz 4a Satz 3 und 4 EStG)

§ 4 Absatz 4a Satz 3 EStG bestimmt, dass die betrieblich veranlassten Schuldzinsen pauschal in Höhe von 6 % der Überentnahme des Wirtschaftsjahres zuzüglich der verbliebenen Überentnahme oder abzüglich der verbliebenen Unterentnahme des vorangegangenen Wirtschaftsjahres (kumulierte Überentnahme) zu nicht abziehbaren Betriebsausgaben umqualifiziert werden. Die kumulierte Überentnahme ist auf den kumulierten Entnahmenüberschuss zu begrenzen. Der kumulierte Entnahmenüberschuss errechnet sich aus den Entnahmen der Totalperiode abzüglich der Einlagen der Totalperiode, d. h. seit der Betriebseröffnung, frühestens aber seit dem 1. Januar 1999 (BFH vom 14. März 2018, BStBl II S. 744). Der pauschal ermittelte Betrag, höchstens jedoch der um 2.050 € verminderte Betrag der im Wirtschaftsjahr angefallenen Schuldzinsen, ist nach § 4 Absatz 4a Satz 4 EStG dem Gewinn hinzuzurechnen.

Beispiel 6:
A hat seinen Betrieb am 1. Juni 02 mit einer Einlage von 50.000 € eröffnet. Er erwirtschaftete in 02 einen Verlust von 50.000 €. Entnahmen tätigte er in Höhe von 70.000 €. Betrieblich veranlasste Schuldzinsen – ohne Berücksichtigung von Zinsen für ein Investitionsdarlehen – fielen in Höhe von 15.000 € an.

Berechnung der Überentnahme:

Entnahmen des Wirtschaftsjahres	70.000 €
– Einlagen des Wirtschaftsjahres	50.000 €
– Verlust des Wirtschaftsjahres	– 50.000 €
= Überentnahme des Wirtschaftsjahres	70.000 €
(kein Vorjahreswert; Jahr der Betriebseröffnung)	
= **kumulierte Überentnahme**	**70.000 €**
(geht in die Berechnung des Folgejahres ein)	

Berechnung des Entnahmenüberschusses:

Entnahmen des Wirtschaftsjahres	70.000 €
– Einlagen des Wirtschaftsjahres	50.000 €
= **kumulierter Entnahmenüberschuss**	**20.000 €**

Ergebnis:

auf den kumulierten Entnahmenüberschuss begrenzte Überentnahme i. S. d. § 4 Absatz 4a EStG	20.000 €

Berechnung des Hinzurechnungsbetrages:

20.000 € x 6 % =	1.200 €

Berechnung des Höchstbetrages:

Tatsächlich angefallene Schuldzinsen	15.000 €
./. Kürzungsbetrag	2.050 €
	12.950 €

Da der Hinzurechnungsbetrag den Höchstbetrag nicht übersteigt, ist er in voller Höhe von 1.200 € dem Gewinn hinzuzurechnen.

Bei der pauschalen Ermittlung des Hinzurechnungsbetrages handelt es sich lediglich um einen Berechnungsmodus, bei dem die unmittelbare und die mittelbare Gewinnauswirkung der Rechtsfolge nicht zu berücksichtigen ist (§ 4 Absatz 4a Satz 3 2. Halbsatz

Anhang 16 — Gewinnermittlung

19 EStG). Im Hinblick auf den Ansatz des Hinzurechnungsbetrags ist eine Neuberechnung der Gewerbesteuerrückstellung nicht erforderlich, aber auch nicht zu beanstanden[1].

Zu den im Wirtschaftsjahr angefallenen Schuldzinsen gehören alle Aufwendungen zur Erlangung wie Sicherung eines Kredits einschließlich der Nebenkosten der Darlehensaufnahme und der Geldbeschaffungskosten (BFH vom 1. Oktober 2002, BStBl 2003 II S. 399). Nachzahlungs-, Aussetzungs- und Stundungszinsen im Sinne der Abgabenordnung sind ebenfalls in die nach § 4 Absatz 4a EStG zu kürzenden Zinsen einzubeziehen.

20 Eine Überentnahme liegt auch vor, wenn sie sich lediglich aus Überentnahmen vorangegangener Wirtschaftsjahre ergibt (BFH vom 17. August 2010, BStBl II S. 1041). Überentnahmen und Unterentnahmen sind nicht nur zur Ermittlung der Berechnungsgrundlage für die hinzuzurechnenden Schuldzinsen, sondern auch zur Fortführung in den Folgejahren zu saldieren.

Beispiel 7:

21 Im Wirtschaftsjahr 02 ergibt sich eine Unterentnahme in Höhe von 50.000 €. Die Überentnahme des Wirtschaftsjahres 01 betrug 60.000 €.

Die Überentnahme für das Wirtschaftsjahr 02 berechnet sich wie folgt:

Unterentnahme Wirtschaftsjahr 02	./. 50.000 €
Überentnahme Wirtschaftsjahr 01	+ 60.000 €
verbleibende Überentnahme	+ 10.000 €
(Berechnungsgrundlage und im Folgejahr fortzuführen)	

22 Der Kürzungsbetrag von höchstens 2.050 € ist betriebsbezogen. Zur Anwendung bei Mitunternehmerschaften vgl. Rdnr. 27.

IV. Schuldzinsen aus Investitionsdarlehen (§ 4 Absatz 4a Satz 5 EStG)

23 Die Regelung nimmt Zinsen für Darlehen aus der Abzugsbeschränkung aus, wenn diese zur Finanzierung von Anschaffungs- oder Herstellungskosten betrieblicher Anlagegüter verwendet werden. Die Finanzierung von Umlaufvermögen, das im Rahmen der Betriebseröffnung erworben und fremdfinanziert wurde, ist nicht begünstigt (BFH vom 23. März 2011, BStBl II S. 753). § 4 Absatz 4a Satz 5 EStG umfasst auch Zinsen für die Finanzierung von Zinsen für Investitionsdarlehen (BFH vom 7. Juli 2016. BStBl II S. 837).

24 Es ist nicht erforderlich, dass zur Finanzierung von Anschaffungs- oder Herstellungskosten von Wirtschaftsgütern des Anlagevermögens ein gesondertes Darlehen aufgenommen wird. Ob Schuldzinsen i. S. d. § 4 Absatz 4a Satz 5 EStG für Darlehen zur Finanzierung von Anschaffungs- oder Herstellungskosten von Wirtschaftsgütern des Anlagevermögens vorliegen, ist ausschließlich nach der tatsächlichen Verwendung der Darlehensmittel zu bestimmen. Werden Darlehensmittel zunächst auf ein betriebliches Kontokorrentkonto überwiesen, von dem sodann die Anschaffungs- oder Herstellungskosten von Wirtschaftsgütern des Anlagevermögens bezahlt werden, oder wird zunächst das Kontokorrentkonto belastet und anschließend eine Umschuldung in ein Darlehen vorgenommen, kann ein Finanzierungszusammenhang mit den Anschaffungs- oder Herstellungskosten von Wirtschaftsgütern des Anlagevermögens nur angenommen werden, wenn ein enger zeitlicher und betragsmäßiger Zusammenhang zwischen der Belastung auf dem Kontokorrentkonto und der Darlehensaufnahme besteht. Dabei wird unwiderlegbar vermutet, dass die dem Kontokorrentkonto gutgeschriebenen Darlehensmittel zur Finanzierung der Anschaffungs- oder Herstellungskosten von Wirtschaftsgütern des Anlagevermögens verwendet werden, wenn diese innerhalb von 30 Tagen vor oder nach Auszahlung der Darlehensmittel tatsächlich über das entsprechende Kontokorrentkonto finanziert wurden. Beträgt der Zeitraum mehr als 30 Tage, muss der Steuerpflichtige den

---

[1] Rdnr. 18 Satz 2 angefügt durch BMF vom 05.11.2021 (BStBl I S. 2211)

erforderlichen Finanzierungszusammenhang zwischen der Verwendung der Darlehensmittel und der Bezahlung der Anschaffungs- oder Herstellungskosten für die Wirtschaftsgüter des Anlagevermögens nachweisen. Eine Verwendung der Darlehensmittel zur Finanzierung von Anschaffungs- oder Herstellungskosten von Wirtschaftsgütern des Anlagevermögens scheidet aus, wenn die Anschaffungs- oder Herstellungskosten im Zeitpunkt der Verwendung der Darlehensmittel bereits abschließend finanziert waren und die erhaltenen Darlehensmittel lediglich das eingesetzte Eigenkapital wieder auffüllen (BFH vom 9. Februar 2010, BStBl 2011 II S. 257).

Werden die Anschaffungs- oder Herstellungskosten von Wirtschaftsgütern des Anlagevermögens über ein Kontokorrentkonto finanziert und entsteht oder erhöht sich dadurch ein negativer Saldo des Kontokorrentkontos, sind die dadurch veranlassten Schuldzinsen gemäß § 4 Absatz 4a Satz 5 EStG unbeschränkt als Betriebsausgaben abziehbar. Der Anteil der unbeschränkt abziehbaren Schuldzinsen ist dabei nach der Zinszahlenstaffelmethode oder durch Schätzung zu ermitteln. Entsprechend den Rdnrn. 11 bis 18 des BMF-Schreibens vom 10. November 1993 (BStBl I S. 930) ist für die Ermittlung der als Betriebsausgaben abziehbaren Schuldzinsen der Sollsaldo des Kontokorrentkontos anhand der zugrunde liegenden Geschäftsvorfälle nach seiner Veranlassung aufzuteilen und sind die Sollsalden des betrieblichen Unterkontos zu ermitteln. Hierbei ist davon auszugehen, dass mit den eingehenden Betriebseinnahmen zunächst private Schuldenteile, dann die durch sonstige betriebliche Aufwendungen entstandenen Schuldenteile und zuletzt die durch die Investitionen entstandenen Schuldenteile getilgt werden.

Wird demgegenüber ein gesondertes Darlehen aufgenommen, mit dem teilweise Wirtschaftsgüter des Anlagevermögens finanziert, teilweise aber auch sonstiger betrieblicher Aufwand bezahlt wird, können die Schuldzinsen nach § 4 Absatz 4a Satz 5 EStG – ungeachtet etwaiger Überentnahmen – als Betriebsausgaben abgezogen werden, soweit sie nachweislich auf die Anschaffungs- oder Herstellungskosten der Wirtschaftsgüter des Anlagevermögens entfallen. Der Steuerpflichtige ist hierfür nachweispflichtig.

V. Schuldzinsen bei Mitunternehmerschaften
1. Gesellschafts-/Gesellschafterbezogene Betrachtungsweise

Die Regelung des § 4 Absatz 4a EStG ist eine betriebsbezogene Gewinnhinzurechnung. Der Hinzurechnungsbetrag ist daher auch für jede einzelne Mitunternehmerschaft zu ermitteln. Der Begriff der Überentnahme sowie die ihn bestimmenden Merkmale (Einlage, Entnahme, Gewinn und ggf. Verlust) ist dagegen gesellschafterbezogen auszulegen (BFH vom 29. März 2007, BStBl 2008 II S. 420). Die Überentnahme bestimmt sich nach dem Anteil des einzelnen Mitunternehmers am Gesamtgewinn der Mitunternehmerschaft (Anteil am Gewinn oder Verlust aus dem Gesamthandsvermögen einschließlich Ergänzungsbilanzen zuzüglich/abzüglich seines im Sonderbetriebsvermögen erzielten Ergebnisses) und der Höhe der individuellen Einlagen und Entnahmen (einschließlich Sonderbetriebsvermögen).

Der Kürzungsbetrag nach § 4 Absatz 4a Satz 4 EStG i. H. v. 2.050 € ist gesellschaftsbezogen anzuwenden, d. h. er ist nicht mit der Anzahl der Mitunternehmer zu vervielfältigen. Er ist auf die einzelnen Mitunternehmer entsprechend ihrer Schuldzinsenquote aufzuteilen (BFH vom 29. März 2007, BStBl 2008 II S. 420). Schuldzinsen i. S. d. § 4 Absatz 4a Satz 5 EStG sind bei der Aufteilung des Kürzungsbetrages nach § 4 Absatz 4a Satz 4 EStG nicht zu berücksichtigen.

Beispiel 8:
An der X-OHG sind A, B und C zu jeweils einem Drittel beteiligt. Weitere Abreden bestehen nicht. Im ersten Wirtschaftsjahr hat der Gewinn der OHG 120.000 € und haben die Schuldzinsen zur Finanzierung laufender Aufwendungen 10.000 € betragen. Die Entnahmen verteilen sich auf die Mitunternehmer wie folgt: B und C haben jeweils 80.000 € entnommen,

Anhang 16
Gewinnermittlung

während sich A auf eine Entnahme in Höhe von 20.000 € beschränkte. Einlagen wurden nicht getätigt.

Der Hinzurechnungsbetrag ist wie folgt zu ermitteln:

	A	B	C
Gewinnanteil	40.000	40.000	40.000
Entnahmen	20.000	80.000	80.000
Überentnahmen		40.000	40.000
Unterentnahmen	20.000		
(kumulierter) Entnahmenüberschuss	20.000	80.000	80.000
niedrigerer Betrag*)	0	40.000	40.000
6 %	0	2.400	2.400
anteilige Zinsen	3.334	3.333	3.333
Mindestabzug	684	683	683
Höchstbetrag	2.650	2.650	2.650
Hinzurechnungsbetrag	0	2.400	2.400

*) Überentnahmen oder kumulierter Entnahmenüberschuss

Bei den Mitunternehmern B und C sind Überentnahmen in Höhe von jeweils 40.000 € entstanden. Demzufolge können Schuldzinsen in Höhe von jeweils 2.400 € (= 6 % aus 40.000 €) nicht als Betriebsausgaben abgezogen werden. Hieraus ergibt sich ein korrigierter Gewinn der Mitunternehmerschaft in Höhe von 124.800 €, der den Mitunternehmern A i. H. v. 40.000 € und den Mitunternehmern B und C zu jeweils 42.400 € zuzurechnen ist.

2. Schuldzinsen

2.1. Gewinnermittlung der Mitunternehmerschaft

30 Zinsaufwendungen werden nur einbezogen, wenn sie im Rahmen der Ermittlung des Gesamtgewinns als Betriebsausgaben berücksichtigt worden sind. Zinsen eines Darlehens des Mitunternehmers an die Gesellschaft i. S. d. § 15 Absatz 1 Satz 1 Nummer 2, 2. Halbsatz EStG gleichen sich im Rahmen ihrer Gesamtgewinnauswirkung aus (Betriebsausgaben im Gesamthandsvermögen und Betriebseinnahmen im Sonderbetriebsvermögen); sie sind keine Schuldzinsen i. S. d. § 4 Absatz 4a EStG. Dies gilt auch für Zinsaufwendungen für Darlehen eines mittelbar beteiligten Mitunternehmers i. S. d. § 15 Absatz 1 Satz 1 Nummer 2 Satz 2 EStG (BFH vom 12. Februar 2014, BStBl II S. 621).

31 Die von der Mitunternehmerschaft geleisteten Zinsen sind den Mitunternehmern nach dem Gewinnverteilungsschlüssel zuzurechnen.

2.2. Darlehen im Sonderbetriebsvermögen

32 Ein Investitionsdarlehen im Sinne des § 4 Absatz 4a Satz 5 EStG liegt auch dann vor, wenn die Darlehensverbindlichkeit zwar im Sonderbetriebsvermögen auszuweisen ist, die Darlehensmittel aber zur Finanzierung von Anschaffungs- oder Herstellungskosten von Wirtschaftsgütern des Anlagevermögens des Gesamthandsvermögens eingesetzt werden.

33 In diesem Fall sind die Schuldzinsen in vollem Umfang abziehbar (§ 4 Absatz 4a Satz 5 EStG), unabhängig davon, ob das Darlehen im Gesamthandsvermögen als Verbindlichkeit gegenüber dem Mitunternehmer ausgewiesen ist oder dem Mitunternehmer für die Hingabe der Darlehensmittel (weitere) Gesellschaftsrechte gewährt werden.

34 Zinsen aus Darlehen (im Sonderbetriebsvermögen des Mitunternehmers) zur Finanzierung des Erwerbs eines Mitunternehmeranteils sind, soweit sie auf die Finanzierung von anteilig erworbenen Wirtschaftsgütern des Anlagevermögens (Gesamthands- und Sonderbetriebsvermögen) entfallen, wie Schuldzinsen aus Investitionsdarlehen (Rdnrn. 23 bis 26) zu behandeln. Soweit diese nicht auf anteilig erworbene Wirtschaftsgüter des

Anlagevermögens entfallen, sind sie in die Berechnung der nicht abziehbaren Schuldzinsen gem. § 4 Absatz 4a EStG einzubeziehen. Bei der Refinanzierung der Gesellschaftereinlage oder des Kaufpreises des Mitunternehmeranteils mit einem einheitlichen Darlehen sind die Schuldzinsen im Verhältnis der Teilwerte der anteilig erworbenen Wirtschaftsgüter aufzuteilen.

Zinsen, die Sonderbetriebsausgaben eines Mitunternehmers darstellen, sind diesem bei der Ermittlung der nicht abziehbaren Schuldzinsen zuzurechnen. 35

3. Entnahmen/Einlagen

Entnahmen liegen vor, wenn Wirtschaftsgüter (Barentnahmen, Waren, Erzeugnisse, Nutzungen und Leistungen) in den privaten Bereich der Mitunternehmer oder in einen anderen betriebsfremden Bereich überführt werden. In diesem Sinne ist die Zahlung einer Tätigkeitsvergütung i. S. d. § 15 Absatz 1 Satz 1 Nummer 2, 2. Halbsatz EStG auf ein privates Konto des Mitunternehmers eine Entnahme, die bloße Gutschrift auf dem Kapitalkonto des Mitunternehmers jedoch nicht. Bei der Darlehen des Mitunternehmers an die Gesellschaft i. S. d. § 15 Absatz 1 Satz 1 Nummer 2, 2. Halbsatz EStG stellt die Zuführung der Darlehensvaluta eine Einlage und die Rückzahlung des Darlehens an den Mitunternehmer eine Entnahme dar. Die unentgeltliche Übertragung eines Wirtschaftsguts in das Sonderbetriebsvermögen eines anderen Mitunternehmers derselben Mitunternehmerschaft ist als Entnahme i. S. d. § 4 Absatz 4a EStG beim abgebenden und als Einlage i .S. d. § 4 Absatz 4a EStG beim aufnehmenden Mitunternehmer zu berücksichtigen. 36

4. Umwandlungen nach dem UmwStG

4.1. Einbringung in eine Personengesellschaft (§ 24 UmwStG)

In Umwandlungsfällen gem. § 24 UmwStG gelten die aufgestellten Grundsätze für Betriebsaufgaben und Betriebsveräußerungen gem. Rdnrn. 9 und 10 nicht. Beim Einbringenden erfolgt keine Entnahme und bei der Zielgesellschaft keine Einlage. Es ist lediglich ein entstandener Einbringungsgewinn beim Einbringenden zu berücksichtigen, der das Entnahmepotenzial erhöht (Minderung der Überentnahmen oder Erhöhung der Unterentnahmen). Die Über- oder Unterentnahmen sowie der kumulierte Entnahmeüberschuss sind bei der Einbringung eines Betriebes oder bei der Aufnahme eines weiteren Mitunternehmers in eine bestehende Mitunternehmerschaft unabhängig vom gewählten Wertansatz in der Zielgesellschaft fortzuführen. Bei der Einbringung eines Teilbetriebs sind die Werte grundsätzlich aufzuteilen. Es ist nicht zu beanstanden, wenn diese in voller Höhe dem Restbetrieb des Einbringenden zugerechnet werden. Bei Einbringung eines Mitunternehmeranteils werden bei der Zielgesellschaft die Werte nicht fortgeführt. 37

Beispiel 9:
A bringt seinen Betrieb zum 01.01.02 in die Personengesellschaft AB ein. Der Buchwert des Betriebes beträgt 500.000 €, der Teilwert 600.000 €, der Gewinn in 01 50.000 €, Entnahmen 100.000 €, Einlagen 60.000 € und die zum 31.12.00 fortzuschreibenden Überentnahmen 20.000 €. Der kumulierte Entnahmeüberschuss beträgt zum 31.12.01 24.000 € (Mehrentnahmen). 38

a) Einbringung zum Buchwert; beim Einbringenden ergeben sich in 01 folgende Werte:

Entnahmen	100.000 €
Einlagen	60.000 €
Gewinn	50.000 €
Unterentnahme	10.000 €
Überentnahme Vorjahr	20.000 €
kumulierte Überentnahme	10.000 €

Die Überentnahme i. H. v. 10.000 € sowie der kumulierte Entnahmenüberschuss sind in der Mitunternehmerschaft fortzuführen.

b) Einbringung zum Teilwert; beim Einbringenden ergeben sich in 01 folgende Werte:

Entnahmen	100.000 €
Einlagen	60.000 €
Gewinn	50.000 €
Einbringungsgewinn	100.000 €
Unterentnahme	110.000 €
Überentnahme Vorjahr	20.000 €
kumulierte Unterentnahme	90.000 €

Die Unterentnahme i. H. v. 90.000 € sowie der kumulierte Entnahmenüberschuss sind in der Mitunternehmerschaft fortzuführen.

4.2. Einbringung in eine Kapitalgesellschaft (§ 20 UmwStG)

39 Werden für eine Einbringung in eine Kapitalgesellschaft gewährte Gesellschaftsanteile im Privatvermögen gehalten, liegt eine Entnahme in Höhe des gewählten Wertansatzes vor.

VI. Gewinnermittlung nach § 4 Absatz 3 EStG, § 5a und § 13a EStG

40 Die genannten Grundsätze gelten auch bei der Gewinnermittlung durch Einnahmenüberschussrechnung nach § 4 Absatz 3 EStG (§ 4 Absatz 4a Satz 6 EStG)[1]). Hierzu müssen ab dem Jahr 2000 alle Entnahmen und Einlagen gesondert aufgezeichnet werden (§ 52 Absatz 11 Satz 4 EStG a. F.). Entnahmen und Einlagen von Geld sind für die Anwendung des § 4 Absatz 4a EStG bei der Gewinnermittlung nach § 4 Absatz 3 EStG ebenso zu beurteilen wie bei der Gewinnermittlung nach § 4 Absatz 1 EStG (BFH vom 21. August 2012, BStBl 2013 II S. 16).

41 Werden ab dem Jahr 2000 die erforderlichen Aufzeichnungen nicht geführt, sind zumindest die nach § 4 Absatz 4a Satz 5 EStG privilegierten Schuldzinsen für „Investitionsdarlehen" sowie tatsächlich entstandene nicht begünstigte Schuldzinsen bis zum Sockelbetrag in Höhe von 2.050 € als Betriebsausgaben abziehbar.

42 Bei der Gewinnermittlung nach § 5a oder § 13a EStG findet § 4 Absatz 4a EStG keine Anwendung.

VII. Anwendungsregelung

43 Die Regelung der Einschränkung des Schuldzinsenabzugs ist erstmals für Wirtschaftsjahre anzuwenden, die nach dem 31. Dezember 1998 enden (§ 52 Absatz 6 Satz 5[2]) EStG). Die Über- oder Unterentnahmen in Wirtschaftsjahren, die vor dem Jahr 1999 geendet haben, bleiben unberücksichtigt. Bei einem vom Kalenderjahr abweichenden Wirtschaftsjahr bleiben die vor dem 1. Januar 1999 getätigten Über- und Unterentnahmen

---

[1]) *zur Berechnung der Überentnahmen i. S. d. § 4 Abs. 4a Satz 2 und 3 bestätigt durch BFH vom 17.05.2022 (BStBl II S. 662)*
[2]) *jetzt Satz 7*

unberücksichtigt (BFH vom 23. März 2011, BStBl II S. 753). Der Anfangsbestand ist daher mit 0 DM anzusetzen (§ 52 Absatz 6 Satz 6¹⁾ EStG).

Nach § 52 Absatz 6 Satz 7²⁾ EStG gilt bei Betrieben, die vor dem 1. Januar 1999 eröffnet worden sind, abweichend von Rdnr. 9 Folgendes: 44

Im Fall der Betriebsaufgabe sind bei der Überführung von Wirtschaftsgütern aus dem Betriebsvermögen in das Privatvermögen die Buchwerte nicht als Entnahme anzusetzen. Im Fall der Betriebsveräußerung ist nur der Veräußerungsgewinn als Entnahme anzusetzen.

§ 52 Absatz 6 Satz 7²⁾ EStG gilt nicht für die Entnahme von Wirtschaftsgütern außerhalb einer Betriebsaufgabe oder -veräußerung, auch wenn diese bereits vor dem 1. Januar 1999 zum Betriebsvermögen gehörten (>BFH vom 24. November 2016, BStBl 2017 II S. 268).

Bei Gewinnermittlung nach § 4 Absatz 3 EStG sind die Entnahmen und Einlagen für das Wirtschaftsjahr, das nach dem 31. Dezember 1998 endet, und für den Zeitraum bis zum 31. Dezember 1999 zu schätzen, sofern diese nicht gesondert aufgezeichnet sind. 45

Dieses BMF-Schreiben tritt an die Stelle der BMF-Schreiben vom 17. November 2005 (BStBl I S. 1019), vom 7. Mai 2008 (BStBl I S. 588) und vom 18. Februar 2013 (BStBl I S. 197) und ist in allen offenen Fällen anzuwenden. Die Rdnrn. 30 bis 32d des BMF-Schreibens vom 17. November 2005 (BStBl I S. 1019) können auf gemeinsamen Antrag der Mitunternehmer letztmals für das Wirtschaftsjahr angewandt werden, das vor dem 1. Mai 2008 beginnt³⁾. Die Verlustberücksichtigung gemäß Tz. II. 2. des BMF-Schreibens vom 17. November 2005 (BStBl I S. 1019) kann abweichend von Rdnr. 8 Satz 3 und Rdnr. 16 Satz 2 auf Antrag des Steuerpflichtigen letztmalig für das Wirtschaftsjahr angewendet werden, das vor dem 1. Januar 2018 begonnen hat; bei Mitunternehmerschaften ist ein einvernehmlicher Antrag aller Mitunternehmer erforderlich. Die Regelungen in Rdnrn. 8 bis 10 des BMF-Schreibens vom 10. November 1993 (BStBl I S. 930) sind durch die BFH-Rechtsprechung überholt und nicht mehr anzuwenden. Die Änderung der Rdnr. 8 Satz 4 ist grundsätzlich in allen offenen Fällen anzuwenden⁴⁾. Auf Antrag des Steuerpflichtigen können außerbilanzielle Hinzurechnungen nach Rdnr. 8 Satz 4 des BMF-Schreibens in der Fassung vom 2. November 2018 (BStBl I S. 1207) letztmals für Wirtschaftsjahre berücksichtigt werden, die vor dem 1. Januar 2021 begonnen haben. Dieser Antrag ist bei einer Mitunternehmerschaft einvernehmlich von allen Mitunternehmern zu stellen. Aus Vereinfachungsgründen wird es nicht beanstandet, wenn bereits durchgeführte Berechnungen der Gewinne und Verluste unverändert fortgeschrieben werden und hierfür die Änderung der Rdnr. 8 hinsichtlich der außerbilanziellen Kürzungen und Hinzurechnungen unberücksichtigt bleibt. 46

---

¹⁾ *jetzt Satz 8*
²⁾ *jetzt Satz 9*
³⁾ Nach BMF vom 04.11.2008 (BStBl I S. 957) wird es nicht beanstandet, wenn der Saldo an Über- oder Unterentnahmen des Wirtschaftsjahres, für das letztmals die gesellschaftsbezogene Ermittlung nach der bisherigen Verwaltungsauffassung erfolgte, nach dem Gewinnverteilungsschlüssel der Mitunternehmerschaft den einzelnen Mitunternehmern zugerechnet wird. Auf eine Rückrechnung nach der gesellschafterbezogenen Ermittlungsmethode bis zur Gründung der Mitunternehmerschaft/Einführung der Vorschrift wird in diesen Fällen aus Vereinfachungsgründen verzichtet. Voraussetzung dafür ist ein übereinstimmender Antrag der Mitunternehmer.
⁴⁾ Satz 5 ff. angefügt durch BMF vom 18.01.2021 (BStBl S. 119)

Anhang 16
Gewinnermittlung

2.
Schuldzinsen für Kontokorrentkredite als Betriebsausgaben oder Werbungskosten

BMF vom 10.11.1993 (BStBl I S. 930)
IV B 2 – S 2144 – 94/93

1   Nach dem Beschluß des Großen Senats des Bundesfinanzhofs vom 4. Juli 1990 (BStBl II S. 817) sind Schuldzinsen steuerlich als Betriebsausgaben oder Werbungskosten nur anzuerkennen, wenn sie für eine Verbindlichkeit geleistet werden, die durch einen Betrieb oder durch Aufwendungen zur Erwerbung, Sicherung und Erhaltung von Einnahmen veranlaßt und deshalb einem Betriebsvermögen oder einer Einkunftsart im Sinne des § 2 Abs. 1 Nr. 4 bis 7 EStG zuzurechnen ist. Zu den Folgerungen, die sich aus dieser Rechtsprechung für die steuerliche Behandlung von Schuldzinsen für Kontokorrentkredite und für die steuerliche Nichtanerkennung von Gestaltungen insbesondere bei Kombination mehrerer Kontokorrentkonten ergeben, nehme ich im Einvernehmen mit den obersten Finanzbehörden der Länder wie folgt Stellung:

A. Schuldzinsen als Betriebsausgaben

Der Zahlungsverkehr des Steuerpflichtigen kann betrieblich oder privat (durch die persönliche Lebenssphäre) veranlaßt sein. Für die steuerliche Behandlung eines Kontokorrentkontos kommt es deshalb darauf an, wie die einzelnen darüber geleisteten Zahlungen veranlaßt sind.

I. Getrennte Kontokorrentkonten

1. Kontokorrentkonten für den betrieblich und privat veranlaßten Zahlungsverkehr

2   Unterhält der Steuerpflichtige für den betrieblich und den privat veranlaßten Zahlungsverkehr getrennte, rechtlich selbständige Kontokorrentkonten, ist zu unterscheiden:

3   Das Kontokorrentkonto für den betrieblich veranlaßten Zahlungsverkehr (betriebliches Konto) rechnet zum Betriebsvermögen, soweit über das Kontokorrentkonto nicht auch privat veranlaßte Aufwendungen geleistet werden, durch die ein Sollsaldo auf dem Kontokorrentkonto entsteht oder sich erhöht. Schuldzinsen für das betriebliche Konto sind grundsätzlich als Betriebsausgaben abzuziehen.

4   Das Kontokorrentkonto für den privat veranlaßten Zahlungsverkehr (privates Konto) rechnet zum Privatvermögen, soweit über das Kontokorrentkonto nicht auch betrieblich veranlaßte Aufwendungen geleistet werden, durch die ein Sollsaldo auf dem Kontokorrentkonto entsteht oder sich erhöht. Schuldzinsen für das private Konto können nicht als Betriebsausgaben abgezogen werden.

5   Entsteht oder erhöht sich durch privat veranlaßte Aufwendungen ein Sollsaldo auf dem betrieblichen Konto oder durch betrieblich veranlaßte Aufwendungen ein Sollsaldo auf dem privaten Konto, ist das betreffende Konto nach den für ein gemischtes Kontokorrentkonto geltenden Grundsätzen (vgl. Tzn. 11-18) zu behandeln (BFH-Urteile vom 21. Februar 1991, BStBl II S. 514 und vom 5. März 1991, BStBl II S. 516).

Beispiel:

		betriebliches Kontokorrentkonto DM	privates Kontokorrentkonto DM
1. 1.		+ 5.000	0
3. 1.	Entnahme	− 5.000	+ 5.000
Saldo		0	+ 5.000
10. 1.	Wareneinkauf	− 10.000	
Saldo		− 10.000	+ 5.000
15. 1.	Prämie Lebensversicherung		− 5.000
Saldo		− 10.000	
20. 1.	Maschine	− 5.000	
	Einkommensteuer	− 2.000	
Saldo		− 17.000	0
		betriebliches Unterkonto	privates Unterkonto
		− 15.000	− 2.000
25. 1.	Wareneinkauf	− 5.000	
Saldo		− 20.000 − 22.000	− 2.000	0

2. Mehrere Kontokorrentkonten für den betrieblich veranlaßten Zahlungsverkehr

Unterhält der Steuerpflichtige für den betrieblich veranlaßten Zahlungsverkehr mehrere rechtlich selbständige Kontokorrentkonten, gelten die Tzn. 3 und 5 für jedes Kontokorrentkonto. Darüber hinaus sind Umbuchungen von einem auf ein anderes Konto auf ihren Zusammenhang mit einer Entnahme hin zu prüfen.

– überholt durch BMF vom 22.5.2000 (BStBl I S. 588) –

II. Gemischtes Kontokorrentkonto

Unterhält der Steuerpflichtige für den betrieblich und den privat veranlaßten Zahlungsverkehr ein einheitliches – gemischtes – Kontokorrentkonto, ist für die Ermittlung der als Betriebsausgaben abziehbaren Schuldzinsen der Sollsaldo grundsätzlich aufzuteilen.

1. Ermittlung des dem Betriebsvermögen zuzurechnenden Sollsaldos

Der Sollsaldo rechnet zum Betriebsvermögen, soweit er betrieblich veranlaßt ist. Zur Bestimmung des – anteiligen – betrieblich veranlaßten Sollsaldos sind die auf dem Kontokorrentkonto erfolgten Buchungen nach ihrer privaten und betrieblichen Veranlassung zu trennen. Hierzu ist das Kontokorrentkonto rechnerisch in ein betriebliches und ein privates Unterkonto aufzuteilen. Auf dem betrieblichen Unterkonto sind die betrieblich veranlaßten und auf dem privaten Unterkonto die privat veranlaßten Sollbuchungen zu erfassen. Habenbuchungen sind vorab dem privaten Unterkonto bis zur Tilgung von dessen Schuldsaldo gutzuschreiben (BFH-Urteil vom 11. Dezember 1990, BStBl 1991 II S. 390); nur darüber hinausgehende Beträge sind dem betrieblichen Unterkonto zuzurechnen. Betriebseinnahmen werden nicht zuvor mit Betriebsausgaben des gleichen Tages saldiert (BFH-Urteil vom 15. November 1990, BStBl 1991 II S. 226).

---

[1]) Rdnr. 8-10 durch BFH-Rechtsprechung überholt und nicht mehr anzuwenden >BMF vom 02.11.2018 (BStBl I S. 1207), Rdnr. 46, Anhang 16 I 1

Anhang 16

Gewinnermittlung

13 In der Schlußbilanz ist nur der nach diesen Grundsätzen für den Bilanzstichtag ermittelte Sollsaldo des betrieblichen Unterkontos auszuweisen.

2. Berechnung der als Betriebsausgaben abziehbaren Schuldzinsen

14 Schuldzinsen sind abzuziehen, soweit sie durch Sollsalden des betrieblichen Unterkontos veranlaßt sind (vgl. Tz. 12). Ihre Berechnung erfolgt grundsätzlich nach der Zinszahlenstaffelmethode.

15 Bei der Zinszahlenstaffelmethode wird nicht auf die einzelne Buchung, sondern auf die jeweiligen Soll- oder Habensalden (Zwischensalden) abgestellt. Dies hat zur Folge, daß dem Steuerpflichtigen eine Schuld nur zuzurechnen ist, soweit diese Zwischensalden negativ sind. Entsprechend sind auch nur dann Schuldzinsen zu berechnen. Ausgehend von einem Zwischensaldo wird die Zinszahl für diesen Saldo für die Zeit (Tage) seiner unveränderten Dauer (Wertstellung) nach einer besonderen Formel berechnet (Zinszahlenstaffel):

$$\text{Zinszahl} = \frac{\text{Kapital} \times \text{Tage}}{100}$$

Am Ende der Rechnungsperiode werden die Zinszahlensummen der Soll- und Habenseite addiert und

durch einen Zinsdivisor ($\frac{360}{\text{Zinsfuß}}$) geteilt.

16 **Beispiel:**

		Buchungen gesamt DM	betrieblich DM	Zinstage	Zinszahlen	privat DM	Zinstage	Zinszahlen
Saldo	1.1.	0	0	1		0		
Abbuchung	2.1.	− 15.000	− 10.000			− 5.000		
Saldo	2.1.	− 15.000	− 10.000	1	$\frac{10.000 \times 1}{100}$ = 100 S	− 5.000	1	$\frac{5.000 \times 1}{100}$ = 50 S
bis Einlage	3.1.	+ 5.000				+ 5.000		
Saldo	3.1.	− 10.000	− 10.000	7	$\frac{10.000 \times 7}{100}$ = 700 S	0		
bis Betriebs-Einnahme	10.1.	+ 15.000	+ 15.000					
Saldo	10.1.	+ 5.000	+ 5.000	10	$\frac{5.000 \times 10}{100}$ = 500 H	0		
bis Abbuchung	20.1.	− 8.000	− 8.000					
Saldo	20.1.	− 3.000	− 3.000	11	$\frac{3.000 \times 11}{100}$ = 330 S	0		
bis Betriebs-Einnahme	31.1.	+ 3.000	+ 3.000					
Saldo	31.1.	0	0		500 H 1.130 S	0		50 S

Anhang 16
Gewinnermittlung

Bei einem Schuldzinssatz in Höhe von 9 v. H. und einem Guthabenzinssatz in Höhe von 1 v. H. ergeben sich am Ende der Rechnungsperiode folgende Zinsen:

- private Schuldzinsen: $\frac{50 \times 9}{360} = 1{,}25$ DM

- betriebliche Schuldzinsen: $\frac{1.130 \times 9}{360} = 28{,}25$ DM

- betriebliche Guthabenzinsen: $\frac{500 \times 1}{360} = 1{,}38$ DM

3. Schätzung

Grundsätzlich muß der Steuerpflichtige die Unterteilung des gemischten Kontokorrentkontos vornehmen und die Entwicklung der Unterkonten darstellen; dies kann auch nachträglich geschehen. Kommt der Steuerpflichtige seiner Mitwirkungspflicht nicht nach, sind die als Schuldzinsen abziehbaren Betriebsausgaben im Wege der Schätzung zu ermitteln. Die Schätzung ist an den Umständen des einzelnen Falles auszurichten. Sie muß das Ergebnis anstreben, das sich bei einer Aufteilung des gemischten Kontokorrentkontos in ein betriebliches und ein privates Unterkonto unter Anwendung der Zinszahlenstaffelrechnung ergeben würde (BFH-Urteil vom 15. November 1990, BStBl 1991 II S. 226). 17

Im Einzelfall kann eine Schätzung nach dem – unter Umständen überschlägig ermittelten – Verhältnis der Summe der betrieblich und privat veranlaßten Sollbeträge in Betracht kommen, soweit diese zu einem Sollsaldo führen. Zu diesem Zweck kann der Besteuerungszeitraum auch in geeignete Zeitabschnitte – etwa die banküblichen Abrechnungszeiträume – unterteilt werden. Es bestehen keine Bedenken, nach diesem Verhältnis auch den zu Beginn der Zinszahlenstaffelrechnung bestehenden Sollsaldo aufzuteilen. 18

B. Schuldzinsen als Werbungskosten

Die vorstehenden Grundsätze gelten für den Abzug von Kontokorrentschuldzinsen als Werbungskosten entsprechend. 19

C. Zeitliche Anwendung

Die Grundsätze dieses Schreibens sind in allen noch offenen Fällen anzuwenden. 20

In Fällen der Gewinnermittlung nach § 4 Abs. 1 oder § 5 EStG ist es nicht zu beanstanden, wenn bei vor dem 1. Januar 1991 entstandenen Schuldzinsen weiterhin nach den Grundsätzen des Abschnitts 14a Abs. 4 Sätze 5 und 6 EStR 1990 verfahren wird. 21

Das BMF-Schreiben vom 15. März 1991 (BStBl I S. 331) wird aufgehoben. 22

Anhang 16

Steuerliche Anerkennung von Aufwendungen für die Bewirtung von Personen aus geschäftlichem Anlass in einem Bewirtungsbetrieb als Betriebsausgaben

BMF vom 30.06.2021 (BStBl I S. 908)
IV C 6 – S 2145/19/10003 :003 – 2021/0748446

Unter Bezugnahme auf das Ergebnis der Erörterungen mit den obersten Finanzbehörden der Länder gilt zur steuerlichen Anerkennung des Betriebsausgabenabzugs von Aufwendungen für die Bewirtung im Sinne des § 4 Absatz 5 Satz 1 Nummer 2 EStG in Verbindung mit R 4.10 Absatz 5 bis 9 EStR Folgendes:

1 Der Abzug von angemessenen Bewirtungsaufwendungen als Betriebsausgaben erfordert nach § 4 Absatz 5 Satz 1 Nummer 2 Satz 2 EStG vom Steuerpflichtigen einen schriftlichen Nachweis über Ort, Tag, Teilnehmer und Anlass der Bewirtung sowie die Höhe der Aufwendungen. Die zum Nachweis von Bewirtungsaufwendungen erforderlichen schriftlichen Angaben müssen zeitnah gemacht werden (vgl. BFH vom 25. März 1988 – III R 96/85 – BStBl II S. 655). Hierfür wird regelmäßig ein formloses Dokument (sog. Bewirtungsbeleg als Eigenbeleg) erstellt. Dieser Eigenbeleg ist vom Steuerpflichtigen zu unterschreiben (vgl. BFH vom 15. Januar 1998 – IV R 81/96 – BStBl II S. 263). Bei Bewirtung in einem Bewirtungsbetrieb ist zum Nachweis die Rechnung über die Bewirtung beizufügen; dabei genügen auf dem Eigenbeleg Angaben zum Anlass und zu den Teilnehmern der Bewirtung (§ 4 Absatz 5 Satz 1 Nummer 2 Satz 3 EStG, R 4.10 Absatz 8 Satz 2 EStR). Die Rechnung muss, soweit im Folgenden nichts Anderes geregelt ist, nach R 4.10 Absatz 8 Satz 8 EStR den Anforderungen des § 14 UStG genügen. Sie muss maschinell erstellt und elektronisch aufgezeichnet sein. Bei Rechnungen mit einem Gesamtbetrag bis zu 250 Euro (Kleinbetragsrechnungen) müssen mindestens die Anforderungen des § 33 UStDV erfüllt sein.

1. Inhalt der Bewirtungsrechnung

1.1 Name und Anschrift des leistenden Unternehmers (Bewirtungsbetrieb)

2 Die Rechnung muss den vollständigen Namen und die vollständige Anschrift des leistenden Unternehmers (Bewirtungsbetrieb) enthalten. Dies gilt auch bei Kleinbetragsrechnungen (§ 33 UStDV). Den Anforderungen ist genügt, wenn sich auf Grund der in der Rechnung aufgenommenen Bezeichnungen der Name und die Anschrift eindeutig feststellen lassen (§ 31 Absatz 2 UStDV).

1.2 Steuernummer oder Umsatzsteuer-Identifikationsnummer

3 Die Rechnung muss die dem leistenden Unternehmer (Bewirtungsbetrieb) vom Finanzamt erteilte Steuernummer oder die ihm vom Bundeszentralamt für Steuern erteilte Umsatzsteuer-Identifikationsnummer enthalten. Dies gilt nicht bei Kleinbetragsrechnungen.

1.3 Ausstellungsdatum

4 Die Rechnung muss das Ausstellungsdatum enthalten. Dies gilt auch bei Kleinbetragsrechnungen.

1.4 Rechnungsnummer

5 Die Rechnung muss eine fortlaufende Nummer enthalten, die zur Identifizierung der Rechnung vom Rechnungsaussteller einmalig vergeben worden ist. Dies gilt nicht bei Kleinbetragsrechnungen. Verpflichtende Angaben nach § 6 Kassensicherungsverordnung (KassenSichV), wie z. B. die Angabe einer Transaktionsnummer, bleiben unberührt.

1.5 Leistungsbeschreibung

Die Rechnung muss zu der Bewirtungsleistung die Menge und die Art (handelsübliche Bezeichnung) der gelieferten Gegenstände oder den Umfang und die Art der sonstigen Leistung enthalten. Dies gilt auch für Kleinbetragsrechnungen. Buchstaben, Zahlen oder Symbole, wie sie für umsatzsteuerliche Zwecke ausreichen (§ 31 Absatz 3 UStDV), genügen für den Betriebsausgabenabzug nicht. Bewirtungsleistungen sind im Einzelnen zu bezeichnen; die Angabe "Speisen und Getränke" und die Angabe der für die Bewirtung in Rechnung gestellten Gesamtsumme reichen nicht. Bezeichnungen wie z. B. "Menü 1", "Tagesgericht 2" oder "Lunch-Buffet" und aus sich selbst heraus verständliche Abkürzungen sind jedoch nicht zu beanstanden.

1.6 Leistungszeitpunkt (Tag der Bewirtung)

Für den Betriebsausgabenabzug von Bewirtungsaufwendungen muss der Leistungszeitpunkt (Tag der Bewirtung) angegeben werden. Dies gilt auch bei Kleinbetragsrechnungen. Ein Verweis auf das Ausstellungsdatum (siehe Rdnr. 4) z. B. in der Form „Leistungsdatum entspricht Rechnungsdatum" ist ausreichend.

Handschriftliche Ergänzungen oder Datumsstempel reichen nicht aus.

1.7 Rechnungsbetrag

Die Rechnung muss den Preis für die Bewirtungsleistungen enthalten. Ein ggf. vom bewirtenden Steuerpflichtigen zusätzlich gewährtes Trinkgeld kann durch die maschinell erstellte und elektronisch aufgezeichnete Rechnung zusätzlich ausgewiesen werden. Wird das Trinkgeld in der Rechnung nicht ausgewiesen, gelten für den Nachweis von Trinkgeldzahlungen die allgemeinen Regelungen über die Feststellungslast, die beim bewirtenden Steuerpflichtigen liegt. Der Nachweis kann z. B. dadurch geführt werden, dass das Trinkgeld vom Empfänger des Trinkgeldes auf der Rechnung quittiert wird.

1.8 Name des Bewirtenden

Nach R 4.10 Absatz 8 Satz 4 EStR muss die Rechnung auch den Namen des bewirtenden Steuerpflichtigen enthalten; dies gilt nicht, wenn der Gesamtbetrag der Rechnung 250 Euro nicht übersteigt. Es bestehen jedoch bei einem Rechnungsbetrag über 250 Euro keine Bedenken, wenn der leistende Unternehmer (Bewirtungsbetrieb) den Namen des bewirtenden Steuerpflichtigen handschriftlich auf der Rechnung vermerkt.

2. Erstellung der Bewirtungsrechnung

Verwendet der Bewirtungsbetrieb ein elektronisches Aufzeichnungssystem mit Kassenfunktion i. S. d. § 146a Abs. 1 AO i. V. m. § 1 KassenSichV, werden für den Betriebsausgabenabzug von Aufwendungen für eine Bewirtung von Personen aus geschäftlichem Anlass nur maschinell erstellte, elektronisch aufgezeichnete und mit Hilfe einer zertifizierten technischen Sicherheitseinrichtung (TSE) abgesicherte Rechnungen anerkannt. Der Bewirtungsbetrieb ist in diesen Fällen nach § 146a Absatz 2 AO verpflichtet, mit dem elektronischen Aufzeichnungssystem mit Kassenfunktion Belege über die Geschäftsvorfälle zu erstellen. Der zu erstellende Beleg, der die Angaben gemäß § 6 KassenSichV enthält, stellt ab einem Rechnungsbetrag bis 250 Euro eine ordnungsgemäße Rechnung im Sinne des § 14 UStG i. V. m. § 33 UStDV dar. Rechnungen in anderer Form, z. B. handschriftlich erstellte oder nur maschinell erstellte, erfüllen die Nachweisvoraussetzungen des Satzes 1 nicht; die darin ausgewiesenen Bewirtungsaufwendungen sind vollständig vom Betriebsausgabenabzug ausgeschlossen.

Der bewirtende Steuerpflichtige kann im Allgemeinen darauf vertrauen, dass die ihm erteilte Rechnung vom Bewirtungsbetrieb maschinell ordnungsgemäß erstellt und auf-

Anhang 16
Gewinnermittlung

	gezeichnet worden ist, wenn der von dem elektronischen Aufzeichnungssystem mit Kassenfunktion ausgestellte Beleg mit einer Transaktionsnummer, der Seriennummer des elektronischen Aufzeichnungssystems oder der Seriennummer des Sicherheitsmoduls versehen wurde. Diese Angaben können auch in Form eines QR Codes dargestellt werden.
12	Fällt die zertifizierte technische Sicherheitseinrichtung (TSE) aus, darf nach AEAO zu § 146a Nr. 7.2 und 7.3 das elektronische Aufzeichnungssystem weiterbetrieben werden, wenn der Ausfall auf dem Beleg z. B. durch eine fehlende Transaktionsnummer oder durch eine sonstige eindeutige Kennzeichnung ersichtlich ist. Für entsprechend ausgestellte Belege über Bewirtungsaufwendungen ist der Betriebsausgabenabzug grundsätzlich zulässig.
13	Werden Bewirtungsleistungen zu einem späteren Zeitpunkt als dem Tag der Bewirtung in Rechnung gestellt und unbar bezahlt (z. B. bei der Bewirtung eines größeren Personenkreises im Rahmen einer geschlossenen Veranstaltung) oder sind in dem bewirtenden Betrieb ausschließlich unbare Zahlungen möglich, ist die Vorlage eines Belegs eines elektronischen Aufzeichnungssystems mit Kassenfunktion, der die Angaben nach § 6 KassenSichV beinhaltet, nicht zwingend erforderlich. In diesem Fall ist der Rechnung der Zahlungsbeleg über die unbare Zahlung beizufügen.
14	Werden für Gäste eines Unternehmens Verzehrgutscheine ausgegeben, gegen deren Vorlage die Besucher auf Rechnung des Unternehmens in einem Bewirtungsbetrieb bewirtet werden, reicht für den Betriebsausgabenabzug die Vorlage der Abrechnung über die Verzehrgutscheine aus.

3. Digitale oder digitalisierte Bewirtungsrechnungen und -belege

Für die vollständige elektronische Abbildung der Nachweisvoraussetzungen gilt Folgendes:

15	Der Eigenbeleg wird vom Steuerpflichtigen digital erstellt oder digitalisiert (digitaler oder digitalisierter Eigenbeleg). Die erforderliche Autorisierung ist durch den Steuerpflichtigen durch eine elektronische Unterschrift oder eine elektronische Genehmigung der entsprechenden Angaben zu gewährleisten; die Angaben dürfen im Nachhinein nicht undokumentiert geändert werden können.
16	Die Rechnung über die Bewirtung in einem Bewirtungsbetrieb kann dem Steuerpflichtigen bereits in digitaler Form übermittelt werden (digitale Bewirtungsrechnung). Eine Bewirtungsrechnung in Papierform kann vom Steuerpflichtigen digitalisiert werden (digitalisierte Bewirtungsrechnung).
17	Ein digitaler oder digitalisierter Eigenbeleg muss digital mit der Bewirtungsrechnung zusammengefügt oder durch einen Gegenseitigkeitshinweis auf Eigenbeleg und Bewirtungsrechnung verbunden werden. Eine elektronische Verknüpfung (z. B. eindeutiger Index, Barcode) ist zulässig. Die geforderten Angaben können auch in digitaler Form auf der digitalen oder digitalisierten Bewirtungsrechnung angebracht werden.
18	Die Nachweiserfordernisse des § 4 Absatz 5 Satz 1 Nummer 2 Satz 2 und 3 EStG sind als erfüllt anzusehen, wenn – der Steuerpflichtige zeitnah einen elektronischen Eigenbeleg mit den gesetzlich erforderlichen Angaben erstellt oder die gesetzlich erforderlichen Angaben zeitnah auf der digitalen oder digitalisierten Bewirtungsrechnung elektronisch ergänzt, – der Zeitpunkt der Erstellung oder Ergänzung im Dokument elektronisch aufgezeichnet wird, – das erstellte Dokument oder die Ergänzung der Bewirtungsrechnung vom Steuerpflichtigen digital signiert oder genehmigt wird, – der Zeitpunkt der Signierung oder Genehmigung elektronisch aufgezeichnet wird,

- das erstellte Dokument – in Fällen des § 4 Absatz 5 Satz 1 Nummer 2 Satz 3 EStG zusammen mit der digitalen oder digitalisierten Bewirtungsrechnung (z. B. durch einen gegenseitigen Verweis) – oder die ergänzte Bewirtungsrechnung elektronisch aufbewahrt wird und
- bei den genannten Vorgängen die Grundsätze zur ordnungsmäßigen Führung und Aufbewahrung von Büchern, Aufzeichnungen und Unterlagen in elektronischer Form sowie zum Datenzugriff (GoBD) des BMF-Schreibens vom 28. November 2019 (BStBl I S. 1269, insbesondere Rzn. 36 ff., 45 ff., 58 ff., 107 ff., 125 ff., 130 ff., 136 ff. und 156 ff.) erfüllt und die jeweils angewandten Verfahren in der Verfahrensdokumentation beschrieben (Rz. 151 ff. der GoBD) werden.

4. Bewirtungen im Ausland

§ 4 Absatz 5 Satz 1 Nummer 2 EStG unterscheidet nicht, ob die Bewirtung im Inland oder im Ausland stattgefunden hat. Die dort genannten Anforderungen gelten daher auch bei Auslandsbewirtungen. Die Anforderungen der R 4.10 Absatz 5 bis 9 EStR sind grundsätzlich auch bei Bewirtungen im Ausland zu erfüllen. Wird jedoch glaubhaft gemacht, dass eine detaillierte, maschinell erstellte und elektronisch aufgezeichnete Rechnung nicht zu erhalten war, genügt in Ausnahmefällen die ausländische Rechnung, auch wenn sie diesen Anforderungen nicht voll entspricht. Liegt im Ausnahmefall nur eine handschriftlich erstellte ausländische Rechnung vor, hat der Steuerpflichtige glaubhaft zu machen, dass im jeweiligen ausländischen Staat keine Verpflichtung zur Erstellung maschineller Belege besteht.

5. Anwendungsregelung

Dieses Schreiben ersetzt das BMF-Schreibens vom 21. November 1994 (BStBl I S. 855) und ist in allen offenen Fällen mit der Maßgabe anzuwenden, dass die im jeweiligen Veranlagungszeitraum maßgeblichen Betragsgrenzen des § 33 UStDV zu beachten sind. Für bis zum 31. Dezember 2022 ausgestellte Belege über Bewirtungsaufwendungen ist der Betriebsausgabenabzug unabhängig von den nach der KassenSichV geforderten Angaben zulässig. Führen die Regelungen in diesem Schreiben über die nach der KassenSichV geforderten Angaben hinaus im Vergleich zu den Regelungen im Schreiben vom 21. November 1994 (a. a. O.) zu erhöhten Anforderungen an die Nachweisführung, sind diese verpflichtend erst für Bewirtungsaufwendungen vorauszusetzen, die nach dem 1. Juli 2021 anfallen.

Anhang 16
III Gewinnermittlung

Ertragsteuerliche Erfassung der Nutzung eines betrieblichen Kraftfahrzeugs zu Privatfahrten, zu Fahrten zwischen Wohnung und Betriebsstätte sowie zu Familienheimfahrten nach § 4 Absatz 5 Satz 1 Nummer 6 und § 6 Absatz 1 Nummer 4 Satz 1 bis 3 EStG;[1]
Berücksichtigung der Änderungen durch das Gesetz zur Eindämmung missbräuchlicher Steuergestaltungen vom 28. April 2006 (BStBl I S. 353) und des Gesetzes zur Fortführung der Gesetzeslage 2006 bei der Entfernungspauschale vom 20. April 2009 (BGBl. I S. 774, BStBl I S. 536)

BMF vom 18.11.2009 (BStBl I S. 1326)
IV C 6 – S 2177/07/10004 – 2009/0725394
unter Berücksichtigung der Änderungen durch
BMF vom 15.11.2012 (BStBl I S. 1099)
IV C 6 – S 2177/10/10002 – 2012/1038276

Im Einvernehmen mit den obersten Finanzbehörden der Länder gilt für die ertragsteuerliche Erfassung der Nutzung eines betrieblichen Kraftfahrzeugs zu Privatfahrten, zu Fahrten zwischen Wohnung und Betriebsstätte sowie zu Familienheimfahrten nach § 4 Absatz 5 Satz 1 Nummer 6 und § 6 Absatz 1 Nummer 4 Satz 1 bis 3 EStG Folgendes:

I. Anwendungsbereich des § 4 Absatz 5 Satz 1 Nummer 6 und des § 6 Absatz 1 Nummer 4 Satz 2 bis 3 EStG

1. Betriebliche Nutzung eines Kraftfahrzeugs

1 Die Zuordnung von Kraftfahrzeugen zu einem Betriebsvermögen richtet sich nach allgemeinen Grundsätzen (R 4.2 Absatz 1 EStR 2008[2])). Zur betrieblichen Nutzung zählt auch die auf Wege zwischen Wohnung und Betriebsstätte und Familienheimfahrten entfallende Nutzung gemäß § 4 Absatz 5 Satz 1 Nummer 6 EStG.

Der private Nutzungsanteil eines zum Betriebsvermögen gehörenden Kraftfahrzeugs ist nach § 6 Absatz 1 Nummer 4 Satz 2 EStG mit 1 Prozent des inländischen Listenpreises zu bewerten, wenn dieses zu mehr als 50 Prozent betrieblich genutzt wird. Dies gilt auch für gemietete oder geleaste Kraftfahrzeuge. Kraftfahrzeuge i. S. dieser Regelung sind Kraftfahrzeuge, die typischerweise nicht nur vereinzelt und gelegentlich für private Zwecke genutzt werden (BFH-Urteil vom 13. Februar 2003, BStBl II S. 472). Hierzu zählen beispielsweise auch Geländekraftfahrzeuge, wobei die kraftfahrzeugsteuerrechtliche Einordnung vor der Neuregelung in § 2 Absatz 2a KraftStG zum 1. Mai 2005 unerheblich ist. Keine Kraftfahrzeuge i. d. S. sind Zugmaschinen oder Lastkraftwagen, die kraftfahrzeugsteuerrechtlich „andere Kraftfahrzeuge" sind.

2 Die bloße Behauptung, das Kraftfahrzeug werde nicht für Privatfahrten genutzt oder Privatfahrten würden ausschließlich mit anderen Kraftfahrzeugen durchgeführt, reicht nicht aus, um von dem Ansatz eines privaten Nutzungsanteils abzusehen (BFH-Urteil vom 13. Februar 2003, BStBl II S. 472). Vielmehr trifft den Steuerpflichtigen die objektive Beweislast, wenn ein nach der Lebenserfahrung untypischer Sachverhalt, wie z. B. die ausschließlich betriebliche Nutzung des einzigen betrieblichen Kraftfahrzeugs eines Unternehmers, der Besteuerung zugrunde gelegt werden soll.

---

[1]) bei Nutzung von Elektro- und Hybridelektrofahrzeugen >BMF vom **05.11.2021** (BStBl I S. **2205**), **Anhang 24 IV 6 LStH**
[2]) jetzt EStR 2012

Die Anwendung von § 4 Absatz 5 Satz 1 Nummer 6 EStG setzt voraus, dass ein Kraftfahrzeug für Fahrten zwischen Wohnung und Betriebsstätte oder für Familienheimfahrten genutzt wird. Die Zugehörigkeit des Kraftfahrzeugs zum Betriebsvermögen des Steuerpflichtigen ist hierbei nicht erforderlich. Für ein Kraftfahrzeug im Privatvermögen des Steuerpflichtigen werden im Ergebnis nur Aufwendungen in Höhe der Entfernungspauschale i. S. d. § 9 Absatz 1 Satz 3 Nummer 4 und Nummer 5 Satz 1 bis 6 EStG zum Abzug zugelassen. Die Regelung des § 9 Absatz 2 EStG ist entsprechend anzuwenden.

2. **Nachweis der betrieblichen Nutzung i. S. d. § 6 Absatz 1 Nummer 4 Satz 2 EStG**

Der Umfang der betrieblichen Nutzung ist vom Steuerpflichtigen darzulegen und glaubhaft zu machen. Dies kann in jeder geeigneten Form erfolgen. Auch die Eintragungen in Terminkalendern, die Abrechnung gefahrener Kilometer gegenüber den Auftraggebern, Reisekostenaufstellungen sowie andere Abrechnungsunterlagen können zur Glaubhaftmachung geeignet sein. Sind entsprechende Unterlagen nicht vorhanden, kann die überwiegende betriebliche Nutzung durch formlose Aufzeichnungen über einen repräsentativen zusammenhängenden Zeitraum (i. d. R. 3 Monate) glaubhaft gemacht werden. Dabei reichen Angaben über die betrieblich veranlassten Fahrten (jeweiliger Anlass und die jeweils zurückgelegte Strecke) und die Kilometerstände zu Beginn und Ende des Aufzeichnungszeitraumes aus.

Auf einen Nachweis der betrieblichen Nutzung kann verzichtet werden, wenn sich bereits aus Art und Umfang der Tätigkeit des Steuerpflichtigen ergibt, dass das Kraftfahrzeug zu mehr als 50 Prozent betrieblich genutzt wird. Dies kann in der Regel bei Steuerpflichtigen angenommen werden, die ihr Kraftfahrzeug für eine durch ihren Betrieb oder Beruf bedingte typische Reisetätigkeit benutzen oder die zur Ausübung ihrer räumlich ausgedehnten Tätigkeit auf die ständige Benutzung des Kraftfahrzeugs angewiesen sind (z. B. bei Taxiunternehmern, Handelsvertretern, Handwerkern der Bau- und Baunebengewerbe, Landtierärzten). Diese Vermutung gilt, wenn ein Steuerpflichtiger mehrere Kraftfahrzeuge im Betriebsvermögen hält, nur für das Kraftfahrzeug mit der höchsten Jahreskilometerleistung. Für die weiteren Kraftkraftfahrzeuge gelten die allgemeinen Grundsätze. Die Vermutungsregelung ist nicht anzuwenden, sobald für ein weiteres Kraftfahrzeug der Nachweis über die überwiegende betriebliche Nutzung erbracht wird.

Keines weiteren Nachweises bedarf es, wenn die Fahrten zwischen Wohnung und Betriebsstätte und die Familienheimfahrten mehr als 50 Prozent der Jahreskilometerleistung des Kraftfahrzeugs ausmachen.

Hat der Steuerpflichtige den betrieblichen Nutzungsumfang des Kraftfahrzeugs einmal dargelegt, so ist – wenn sich keine wesentlichen Veränderungen in Art oder Umfang der Tätigkeit oder bei den Fahrten zwischen Wohnung und Betriebsstätte ergeben – auch für die folgenden Veranlagungszeiträume von diesem Nutzungsumfang auszugehen. Ein Wechsel der Kraftfahrzeugklasse kann im Einzelfall Anlass für eine erneute Prüfung des Nutzungsumfangs sein. Die im Rahmen einer rechtmäßigen Außenprüfung erlangten Kenntnisse bestimmter betrieblicher Verhältnisse des Steuerpflichtigen in den Jahren des Prüfungszeitraums lassen Schlussfolgerungen auf die tatsächlichen Gegebenheiten in den Jahren vor oder nach dem Prüfungszeitraum zu (BFH-Urteil vom 28. August 1987, BStBl II 1988 S. 2).

3. **Methodenwahl**

Wird das Kraftfahrzeug zu mehr als 50 Prozent betrieblich genutzt, kann der Steuerpflichtige die Wahl zwischen der Besteuerung nach § 6 Absatz 1 Nummer 4 Satz 2 EStG (1 %-Regelung) oder nach § 6 Absatz 1 Nummer 4 Satz 3 EStG (Fahrtenbuchmethode,

Anhang 16
Gewinnermittlung

Randnummer 21 bis 30) durch Einreichen der Steuererklärung beim Finanzamt vornehmen; die Methodenwahl muss für das Wirtschaftsjahr einheitlich getroffen werden. Im Fall des Kraftfahrzeugwechsels (vgl. Randnummer 9) ist auch während eines Wirtschaftsjahres der Übergang zu einer anderen Ermittlungsmethode zulässig. Das Wahlrecht kann bis zur Bestandskraft der Steuerfestsetzung ausgeübt oder geändert werden.

4. Kraftfahrzeugwechsel

9 Wird das auch privat genutzte Kraftfahrzeug im laufenden Wirtschaftsjahr ausgewechselt, z. B. bei Veräußerung des bisher genutzten und Erwerb eines neuen Kraftfahrzeugs, ist der Ermittlung der pauschalen Wertansätze im Monat des Kraftfahrzeugwechsels der inländische Listenpreis des Kraftfahrzeugs zugrunde zu legen, das der Steuerpflichtige nach der Anzahl der Tage überwiegend genutzt hat.

II. Pauschale Ermittlung des privaten Nutzungswerts[1])
1. Listenpreis

10 Für den pauschalen Nutzungswert ist der inländische Listenpreis[2]) des Kraftfahrzeugs im Zeitpunkt seiner Erstzulassung zuzüglich der Kosten für Sonderausstattung[3]) (z. B. Navigationsgerät, BFH-Urteil vom 16. Februar 2005, BStBl II S. 563) einschließlich der Umsatzsteuer (BFH-Urteil vom 6. März 2003, BStBl II S. 704) maßgebend. Das gilt auch für reimportierte Kraftfahrzeuge. Soweit das reimportierte Kraftfahrzeug mit zusätzlicher Sonderausstattung versehen ist, die sich im inländischen Listenpreis nicht niedergeschlagen hat, ist der Wert der Sonderausstattung, der sich aus der Preisliste des Herstellers ergibt, zusätzlich zu berücksichtigen. Soweit das reimportierte Kraftfahrzeug geringwertiger ausgestattet ist, ist der Wert der „Minderausstattung" anhand des inländischen Listenpreises eines vergleichbaren inländischen Kraftfahrzeugs angemessen zu berücksichtigen. Kosten für nur betrieblich nutzbare Sonderausstattung, wie z. B. der zweite Pedalsatz eines Fahrschulkraftfahrzeugs, sind nicht anzusetzen. Für Kraftfahrzeuge, für die der inländische Listenpreis nicht ermittelt werden kann, ist dieser zu schätzen[4]). Der Listenpreis ist auf volle Hundert Euro abzurunden. Für Veranlagungszeiträume ab 2002 ist der Listenpreis für vor dem 1. Januar 2002 angeschaffte oder hergestellte Kraftfahrzeuge zunächst in Euro umzurechnen und danach auf volle Hundert Euro abzurunden.

11 Zeitpunkt der Erstzulassung ist der Tag, an dem das Kraftfahrzeug das erste Mal zum Straßenverkehr zugelassen worden ist. Das gilt auch für gebraucht erworbene Kraftfahrzeuge. Zeitpunkt der Erstzulassung des Kraftfahrzeugs ist nicht der Zeitpunkt der Erstzulassung des Kraftfahrzeugtyps, sondern des jeweiligen individuellen Kraftfahrzeugs. Bei inländischen Kraftfahrzeugen ergibt sich das Datum aus den Zulassungspapieren. Macht der Steuerpflichtige geltend, dass für ein importiertes oder ein reimportiertes Kraftfahrzeug ein anderes Datum maßgebend sei, trifft ihn die objektive Beweislast.

---

[1]) Bei Landwirten mit Durchschnittssatzbesteuerung nach § 24 UStG ist eine nach der 1 %-Regelung ermittelte Entnahme für die private Pkw-Nutzung nicht um eine fiktive Umsatzsteuer zu erhöhen (>BFH vom 03.02.2010 – BStBl II S. 689).

[2]) Listenpreis i. S. d. § 6 Abs. 1 Nr. 4 Satz 2 im Taxigewerbe ist nur der Preis, zu dem der Stpfl. das Fahrzeug auch als Privatkunde erwerben könnte (>BFH vom 08.11.2018 – BStBl II 2019 S. 229).

[3]) Eine Sonderausstattung liegt nur dann vor, wenn das Fahrzeug bereits werkseitig im Zeitpunkt der Erstzulassung damit ausgestattet ist (>BFH vom 13.10.2010 – BStBl II 2011 S. 361).

[4]) Dies gilt auch für Importfahrzeuge, für die weder ein inländischer Bruttolistenpreis vorhanden ist noch eine Vergleichbarkeit mit einem bau- und typengleichen inländischen Fahrzeug besteht (>BFH vom 09.11.2017 – BStBl II 2018 S. 278).

2. Nutzung mehrerer Kraftfahrzeuge und Nutzung durch mehrere Nutzungsberechtigte

a) Einzelunternehmen

Gehören gleichzeitig mehrere Kraftfahrzeuge zum Betriebsvermögen, so ist der pauschale Nutzungswert grundsätzlich für jedes Kraftfahrzeug anzusetzen, das vom Steuerpflichtigen oder zu seiner Privatsphäre gehörenden Personen für Privatfahrten genutzt wird (vgl. Randnummer 2). Kann der Steuerpflichtige dagegen glaubhaft machen, dass bestimmte betriebliche Kraftfahrzeuge ausschließlich betrieblich genutzt werden, weil sie für eine private Nutzung nicht geeignet sind (z. B. bei sog. Werkstattwagen – BFH-Urteil vom 18. Dezember 2008 – VI R 34/07 – BStBl II S. 381) oder diese ausschließlich eigenen Arbeitnehmern zur Nutzung überlassen werden, ist für diese Kraftfahrzeuge kein pauschaler Nutzungswert zu ermitteln. Dies gilt entsprechend für Kraftfahrzeuge, die nach der betrieblichen Nutzungszuweisung nicht zur privaten Nutzung zur Verfügung stehen. Hierzu können z. B. Vorführwagen eines Kraftfahrzeughändlers, zur Vermietung bestimmte Kraftfahrzeuge oder Kraftfahrzeuge von Steuerpflichtigen, die ihre Tätigkeit nicht in einer festen örtlichen Einrichtung ausüben oder die ihre Leistungen nur durch den Einsatz eines Kraftfahrzeugs erbringen können, gehören. Gibt der Steuerpflichtige in derartigen Fällen in seiner Gewinnermittlung durch den Ansatz einer Nutzungsentnahme an, dass von ihm das Kraftfahrzeug mit dem höchsten Listenpreis auch privat genutzt wird, ist diesen Angaben aus Vereinfachungsgründen zu folgen und für weitere Kraftfahrzeuge kein zusätzlicher pauschaler Nutzungswert anzusetzen. Für die private Nutzung von betrieblichen Kraftfahrzeugen durch zur Privatsphäre des Steuerpflichtigen gehörende Personen gilt dies entsprechend, wenn je Person das Kraftfahrzeug mit dem nächsthöchsten Listenpreis berücksichtigt wird. Wird ein Kraftfahrzeug gemeinsam vom Steuerpflichtigen und einem oder mehreren Arbeitnehmern genutzt, so ist bei pauschaler Nutzungswertermittlung für Privatfahrten der Nutzungswert von 1 Prozent des Listenpreises entsprechend der Zahl der Nutzungsberechtigten aufzuteilen. Es gilt die widerlegbare Vermutung, dass für Fahrten zwischen Wohnung und Betriebsstätte und für Familienheimfahrten das Kraftfahrzeug mit dem höchsten Listenpreis genutzt wird.

12[1])

Beispiel 1a
Zum Betriebsvermögen des Versicherungsmaklers C gehören fünf Kraftfahrzeuge, von denen vier von C, seiner Ehefrau und dem erwachsenen Sohn auch zu Privatfahrten genutzt werden; von C auch für Fahrten zwischen Wohnung und Betriebsstätte. Ein Kraftfahrzeug wird ausschließlich einem Angestellten auch zur privaten Nutzung überlassen; der Nutzungsvorteil wird bei diesem lohnversteuert. Die betriebliche Nutzung der Kraftfahrzeuge beträgt jeweils mehr als 50 Prozent. Es befindet sich kein weiteres Kraftfahrzeug im Privatvermögen. Die private Nutzungsentnahme nach § 6 Absatz 1 Nummer 4 Satz 2 EStG ist für vier Kraftfahrzeuge anzusetzen, und zwar mit jeweils 1 Prozent des Listenpreises. Zusätzlich ist für Fahrten zwischen Wohnung und Betriebsstätte der Betriebsausgabenabzug zu kürzen. Dabei ist der höchste Listenpreis zugrunde zu legen.

Beispiel 1b:
Zum Betriebsvermögen eines Architekturbüros gehören sechs Kraftfahrzeuge, die jeweils vom Betriebsinhaber, seiner Ehefrau und den Angestellten/freien Mitarbeitern genutzt werden. Der Steuerpflichtige erklärt glaubhaft eine Nutzungsentnahme für die zwei von ihm und seiner Ehefrau auch privat genutzten Kraftfahrzeuge mit den höchsten Listenpreisen. Die übrigen Kraftfahrzeuge werden den Angestellten/freien Mitarbeitern nicht zur privaten Nutzung überlassen; sie werden im Rahmen ihrer Tätigkeit genutzt, um die Bauprojekte zu betreuen und zu überwachen. Eine Nutzungswertbesteuerung der vier weiteren Kraftfahrzeuge ist nicht vorzunehmen. Weist der Steuerpflichtige dem betrieblichen Kraftfahrzeug eine be-

---

[1]) Rdnr. 12 wurde durch BMF vom 15.11.2012 (BStBl I S. 1099) neu gefasst und ist in allen offenen Fällen anzuwenden.

Anhang 16

Gewinnermittlung

stimmte Funktion im Betrieb zu und erklärt er zudem durch den Ansatz einer Nutzungsentnahme für zwei andere Fahrzeuge, dass er und die zu seiner Privatsphäre gehörenden Personen jenes Kraftfahrzeug nicht privat nutzen, so soll dieser Erklärung grundsätzlich gefolgt werden. Die reine Möglichkeit der privaten Nutzung der den Mitarbeitern zur Betreuung und Überwachung von Bauprojekten zugeordneten Kraftfahrzeuge (z. B. am Wochenende) führt nicht zum Ansatz einer weiteren Nutzungsentnahme.

b) Personengesellschaft

13 Befinden sich Kraftfahrzeuge im Betriebsvermögen einer Personengesellschaft, ist ein pauschaler Nutzungswert für den Gesellschafter anzusetzen, dem die Nutzung des Kraftfahrzeugs zuzurechnen ist. Randnummer 12 ist entsprechend anzuwenden.

Beispiel 2:
Der IJK-OHG gehören die Gesellschafter I, J und K an. Es befinden sich 4 Kraftfahrzeuge im Betriebsvermögen. Die Gesellschafter I und K sind alleinstehend. Niemand aus ihrer Privatsphäre nutzt die betrieblichen Kraftfahrzeuge. Der Gesellschafter J ist verheiratet. Seine Ehefrau nutzt ein betriebliches Kraftfahrzeug auch zu Privatfahrten. Die betriebliche Nutzung der Kraftfahrzeuge beträgt jeweils mehr als 50 Prozent. Die Bruttolistenpreise der Kraftfahrzeuge betragen 80.000 €, 65.000 €, 50.000 € und 40.000 €. I nutzt das 80.000 €-Kraftfahrzeug, J das 50.000 €-Kraftfahrzeug, K das 65.000 €-Kraftfahrzeug und Frau J das 40.000 €-Kraftfahrzeug. Die private Nutzungsentnahme ist monatlich für den Gesellschafter I mit 1 Prozent von 80.000 €, für den Gesellschafter K mit 1 Prozent von 65.000 € und für den Gesellschafter J mit 1 Prozent von 50.000 € zuzüglich 1 Prozent von 40.000 € anzusetzen.

3. Nur gelegentliche Nutzung des Kraftfahrzeugs

14 Der pauschale Nutzungswert und die nicht abziehbaren Betriebsausgaben sind auch dann mit den Monatswerten zu ermitteln, wenn das Kraftfahrzeug nur gelegentlich zu Privatfahrten oder zu Fahrten zwischen Wohnung und Betriebsstätte genutzt wird[1].

15 Die Monatswerte sind nicht anzusetzen für volle Kalendermonate, in denen eine private Nutzung oder eine Nutzung zu Fahrten zwischen Wohnung und Betriebsstätte ausgeschlossen ist.

16 Hat ein Steuerpflichtiger mehrere Betriebsstätten in unterschiedlicher Entfernung von der Wohnung, kann bei der pauschalen Berechnung der nicht abziehbaren Betriebsausgaben nach § 4 Absatz 5 Satz 1 Nummer 6 EStG die Entfernung zur näher gelegenen Betriebsstätte zugrunde gelegt werden. Die Fahrten zur weiter entfernt gelegenen Betriebsstätte sind zusätzlich mit 0,002 Prozent des inländischen Listenpreises i. S. d. § 6 Absatz 1 Nummer 4 Satz 2 EStG für jeden weiteren Entfernungskilometer (Differenz zwischen den Entfernungen der Wohnung zur jeweiligen Betriebsstätte) anzusetzen.

Beispiel 3:
Der Unternehmer A wohnt in A-Stadt und hat dort eine Betriebsstätte (Entfernung zur Wohnung 30 km). Eine zweite Betriebsstätte unterhält er in B-Stadt (Entfernung zur Wohnung 100 km). A fährt zwischen Wohnung und Betriebsstätte mit dem Betriebs-Kraftfahrzeug (Bruttolistenpreis: 22.500 €). Er ist an 40 Tagen von der Wohnung zur Betriebsstätte in B-Stadt gefahren, an den anderen Tagen zur Betriebsstätte in A-Stadt (insgesamt an 178 Tagen). Die nicht abziehbaren Betriebsausgaben sind wie folgt zu ermitteln:

a) 22.500 € x 0,03 % x 30 km x 12 Monate =   2.430,00 €
    ./. 178 Tage x 30 km x 0,30 € =   1.602,00 €   828,00 €

b) 22.500 € x 0,002 % x 70 (100 ./. 30) km x 40 Tage =   1.260,00 €
    ./. 40 Tage x 100 km x 0,30 € =   1.200,00 €
                                                                              60,00 €
    Summe der nicht abziehbaren Betriebsausgaben   888,00 €

---

[1] bestätigt durch BFH vom 12.06.2018 (BStBl II S. 755)

4. Nutzung im Rahmen unterschiedlicher Einkunftsarten

Nutzt der Steuerpflichtige das betriebliche Kraftfahrzeug auch im Rahmen anderer Einkunftsarten, sind die auf diese außerbetriebliche, aber nicht private Nutzung entfallenden Aufwendungen grundsätzlich nicht mit dem nach § 6 Absatz 1 Nummer 4 Satz 2 EStG (1 %-Regelung) ermittelten Betrag abgegolten (BFH-Urteil vom 26. April 2006, BStBl II 2007 S. 445). Es bestehen keine Bedenken, diese Entnahme mangels anderer Anhaltspunkte mit 0,001 % des inländischen Listenpreises des Kraftfahrzeugs je gefahrenem Kilometer zu bewerten; dieser Entnahmewert stellt vorbehaltlich bestehender Abzugsbeschränkungen die im Rahmen der anderen Einkunftsart abziehbaren Betriebsausgaben oder Werbungskosten dar. Aus Vereinfachungsgründen wird einkommensteuerrechtlich auf den Ansatz einer zusätzlichen Entnahme verzichtet, soweit die Aufwendungen bei der anderen Einkunftsart keinen Abzugsbeschränkungen unterliegen und dort nicht abgezogen werden.

17[1])[2])

5. Begrenzung der pauschalen Wertansätze (sog. Kostendeckung)

Der pauschale Nutzungswert nach § 6 Absatz 1 Nummer 4 Satz 2 EStG sowie die nicht abziehbaren Betriebsausgaben für Fahrten zwischen Wohnung und Betriebsstätte und Familienheimfahrten nach § 4 Absatz 5 Satz 1 Nummer 6 EStG können die für das genutzte Kraftfahrzeug insgesamt tatsächlich entstandenen Aufwendungen übersteigen. Wird das im Einzelfall nachgewiesen, so sind diese Beträge höchstens mit den Gesamtkosten[3])[4]) des Kraftfahrzeugs anzusetzen[5]). Bei mehreren privat genutzten Kraftfahrzeugen können die zusammengefassten pauschal ermittelten Wertansätze auf die nachgewiesenen tatsächlichen Gesamtaufwendungen dieser Kraftfahrzeuge begrenzt werden; eine fahrzeugbezogene „Kostendeckelung" ist zulässig.

18

Wird neben dem pauschalen Nutzungswert nach § 6 Absatz 1 Nummer 4 Satz 2 EStG eine Entnahme aufgrund der Nutzung des Kraftfahrzeugs zur Erzielung anderer Einkunftsarten erfasst, ist auch dieser Betrag den tatsächlichen Aufwendungen gegenüberzustellen (vgl. Randnummer 17).

19

Bei Anwendung der Kostendeckelung müssen dem Steuerpflichtigen als abziehbare Aufwendungen mindestens die nach § 4 Absatz 5 Satz 1 Nummer 6 Satz 2, § 9 Absatz 1

20

---

[1]) Überlässt der Stpfl. das Kfz einem Dritten aus privaten Gründen, handelt es sich um eine private Nutzung durch den Stpfl. mit der Folge, dass diese durch die Anwendung der 1 %-Regelung abgegolten ist. Dies gilt auch, wenn der Dritte das Kfz zu seiner eigenen Einkunftserzielung nutzt. Für diese Nutzung des Dritten kommt ein Betriebsausgaben- oder Werbungskostenabzug nicht in Betracht, wenn er für die Nutzungsüberlassung keine Aufwendungen trägt (>BFH vom 15.07.2014 – BStBl II 2015 S. 132).

[2]) Überlässt ein Arbeitgeber seinem Arbeitnehmer einen betrieblichen PKW, dessen Kosten der Arbeitgeber in vollem Umfang trägt, auch zur Nutzung für Fahrten im privaten Bereich und zur Erzielung anderer Einkünfte und versteuert der Arbeitnehmer den daraus erlangten geldwerten Vorteil nach der sog. 1 %-Regelung, kann der Arbeitnehmer für die Nutzung des PKW im Rahmen der anderen Einkünfte keine Betriebsausgaben oder Werbungskosten abziehen (>BFH vom 16.07.2015 – BStBl II 2016 S. 44).

[3]) Bei entgeltlicher Überlassung eines Kfz durch einen Mitunternehmer an die Mitunternehmerschaft zählen die Aufwendungen der Mitunternehmerschaft für das Kfz, nicht aber die Aufwendungen des Mitunternehmers, zu den Gesamtkosten (>BFH vom 18.09.2012 – BStBl II 2013 S. 120).

[4]) *Bei der Ermittlung der Gesamtkosten für Zwecke der Kostendeckelung sind Aufwendungen für das Kfz, die für mehr als ein Jahr erbracht werden – wie etwa eine Leasingsonderzahlung – auch bei der Gewinnermittlung durch Einnahmenüberschussrechnung periodengerecht den jeweiligen Nutzungszeiträumen zuzuordnen, d. h. auf die betroffenen Jahre zu verteilen (>BFH vom 17.05.2022 – BStBl II S. 829).*

[5]) Auch wenn die Anwendung der 1 %-Regelung voraussetzt, dass das Kfz zu mehr als 50 % betrieblich genutzt wird, ist es nicht geboten, die ermittelte Nutzungsentnahme auf 50 % der Gesamtkosten zu begrenzen (>BFH vom 15.05.2018 – BStBl II S. 712).

Anhang 16
III Gewinnermittlung

Satz 3 Nummer 4 und Nummer 5 EStG ermittelten Beträge (Entfernungspauschalen) verbleiben.

Beispiel 4:
Für ein zu mehr als 50 Prozent für betriebliche Zwecke genutztes Kraftfahrzeug (Bruttolistenpreis 35.600 €) sind im Wirtschaftsjahr 7.400 € Gesamtkosten angefallen. Das Kraftfahrzeug wurde an 200 Tagen für Fahrten zwischen Wohnung und Betriebsstätte (Entfernung 27 Kilometer) genutzt. Ein Fahrtenbuch wurde nicht geführt.

1. pauschaler Wertansatz nach § 4 Absatz 5 Satz 1 Nummer 6 EStG:
   35.600 € x 0,03 % x 27 km x 12 Monate =   3.460,32 €

2. privater Nutzungsanteil nach § 6 Absatz 1 Nummer 4 Satz 2 EStG:
   35.600 € x 1 % x 12 Monate =   4.272,00 €

3. Prüfung der Kostendeckelung:
   Gesamtaufwendungen   7.400,00 €
   Pauschale Wertansätze (Summe aus 1. und 2.)   7.732,32 €
   Höchstbetrag der pauschalen Wertansätze   7.400,00 €

Die pauschalen Wertansätze übersteigen die entstandenen Gesamtkosten. Es liegt ein Fall der Kostendeckelung vor. Der pauschale Wertansatz für die Fahrten zwischen Wohnung und Betriebsstätte nach § 4 Absatz 5 Satz 1 Nummer 6 EStG und der private Nutzungsanteil nach § 6 Absatz 1 Nummer 4 Satz 2 EStG sind auf die Höhe der Gesamtaufwendungen von 7.400 € beschränkt. Die Entfernungspauschale nach § 4 Absatz 5 Satz 1 Nummer 6 i. V. m. § 9 Absatz 1 Satz 3 Nummer 4 EStG i. H. v. 1.620,00 € (200 Tage x 27 km x 0,30 €) ist zu berücksichtigen.

III. Ermittlung des tatsächlichen privaten Nutzungswerts
1. Führung eines Fahrtenbuches

21 Ein Fahrtenbuch soll die Zuordnung von Fahrten zur betrieblichen und beruflichen Sphäre ermöglichen und darstellen. Es muss laufend geführt werden.

22 Werden mehrere betriebliche Kraftfahrzeuge vom Unternehmer oder von zu seiner Privatsphäre gehörenden Personen zu Privatfahrten, zu Fahrten zwischen Wohnung und Betriebsstätte oder zu Familienheimfahrten genutzt, ist diese Nutzung für jedes der Kraftfahrzeuge, das zu mehr als 50 Prozent betrieblich genutzt wird, entweder pauschal im Wege der Listenpreisregelung oder aber konkret anhand der Fahrtenbuchmethode zu ermitteln (BFH-Urteil vom 3. August 2000, BStBl II 2001 S. 332). Gehören dabei gleichzeitig mehrere Kraftfahrzeuge zum Betriebsvermögen, und wird nicht für jedes dieser Kraftfahrzeuge ein Fahrtenbuch im Sinne des § 6 Absatz 1 Nummer 4 Satz 3 EStG geführt, ist für diejenigen Kraftfahrzeuge, für die kein Fahrtenbuch geführt wird, und die für Privatfahrten, für Fahrten zwischen Wohnung und Betriebsstätte oder für Familienheimfahrten genutzt werden, § 6 Absatz 1 Nummer 4 Satz 2 EStG (1 %-Regelung) und § 4 Absatz 5 Satz 1 Nummer 6 EStG (pauschale Ermittlung der nicht abziehbaren Betriebsausgaben) anzuwenden. Die Rdnrn. 12 und 13 gelten entsprechend.

Beispiel 5:
Zum Betriebsvermögen des Unternehmers C gehören 5 Kraftfahrzeuge, die von C, seiner Ehefrau und dem erwachsenen Sohn auch zu Privatfahrten genutzt werden. Die betriebliche Nutzung der Kraftfahrzeuge beträgt jeweils mehr als 50 Prozent. Es befindet sich kein weiteres Kraftfahrzeug im Privatvermögen. Für ein Kraftfahrzeug wird ein Fahrtenbuch geführt. Die (pauschale) private Nutzungsentnahme für die vier weiteren auch privat genutzten Kraftfahrzeuge ist nach § 6 Absatz 1 Nummer 4 Satz 2 EStG mit jeweils 1 Prozent des Listenpreises anzusetzen. Für das Kraftfahrzeug, für das ein Fahrtenbuch geführt wird, ist die Nutzungsentnahme mit den tatsächlich auf die private Nutzung entfallenden Aufwendungen anzusetzen.

2. Elektronisches Fahrtenbuch

Ein elektronisches Fahrtenbuch ist anzuerkennen, wenn sich daraus dieselben Erkenntnisse wie aus einem manuell geführten Fahrtenbuch gewinnen lassen. Beim Ausdrucken von elektronischen Aufzeichnungen müssen nachträgliche Veränderungen der aufgezeichneten Angaben technisch ausgeschlossen, zumindest aber dokumentiert werden (BFH-Urteil vom 16. November 2005, BStBl II 2006 S. 410).

3. Anforderungen an ein Fahrtenbuch

Ein Fahrtenbuch muss zeitnah und in geschlossener Form geführt werden. Es muss die Fahrten einschließlich des an ihrem Ende erreichten Gesamtkilometerstandes vollständig und in ihrem fortlaufenden Zusammenhang wiedergeben (BFH-Urteil vom 9. November 2005, BStBl II 2006 S. 408). Das Fahrtenbuch muss mindestens folgende Angaben enthalten (vgl. R 8.1 Absatz 9 Nummer 2 Satz 3 LStR 2008[1])): Datum und Kilometerstand zu Beginn und Ende jeder einzelnen betrieblich/beruflich veranlassten Fahrt, Reiseziel, Reisezweck und aufgesuchte Geschäftspartner. Wird ein Umweg gefahren, ist dieser aufzuzeichnen. Auf einzelne dieser Angaben kann verzichtet werden, soweit wegen der besonderen Umstände im Einzelfall die betriebliche/berufliche Veranlassung der Fahrten und der Umfang der Privatfahrten ausreichend dargelegt sind und Überprüfungsmöglichkeiten nicht beeinträchtigt werden. So sind z. B. folgende berufsspezifisch bedingte Erleichterungen möglich:

a) Handelsvertreter, Kurierdienstfahrer, Automatenlieferanten und andere Steuerpflichtige, die regelmäßig aus betrieblichen/beruflichen Gründen große Strecken mit mehreren unterschiedlichen Reisezielen zurücklegen

   Zu Reisezweck, Reiseziel und aufgesuchtem Geschäftspartner ist anzugeben, welche Kunden an welchem Ort besucht wurden. Angaben zu den Entfernungen zwischen den verschiedenen Orten sind nur bei größerer Differenz zwischen direkter Entfernung und tatsächlich gefahrenen Kilometern erforderlich.

b) Taxifahrer, Fahrlehrer

   Bei Fahrten eines Taxifahrers im sog. Pflichtfahrgebiet ist es in Bezug auf Reisezweck, Reiseziel und aufgesuchtem Geschäftspartner ausreichend, täglich zu Beginn und Ende der Gesamtheit dieser Fahrten den Kilometerstand anzugeben mit der Angabe „Taxifahrten im Pflichtfahrgebiet" o. ä. Wurden Fahrten durchgeführt, die über dieses Gebiet hinausgehen, kann auf die genaue Angabe des Reiseziels nicht verzichtet werden.

Für Fahrlehrer ist es ausreichend, in Bezug auf Reisezweck, Reiseziel und aufgesuchten Geschäftspartner „Lehrfahrten", „Fahrschulfahrten" o. ä. anzugeben.

Werden regelmäßig dieselben Kunden aufgesucht, wie z. B. bei Lieferverkehr, und werden die Kunden mit Name und (Liefer-)Adresse in einem Kundenverzeichnis unter einer Nummer geführt, unter der sie später identifiziert werden können, bestehen keine Bedenken, als Erleichterung für die Führung eines Fahrtenbuches zu Reiseziel, Reisezweck und aufgesuchtem Geschäftspartner jeweils zu Beginn und Ende der Lieferfahrten Datum und Kilometerstand sowie die Nummern der aufgesuchten Geschäftspartner aufzuzeichnen. Das Kundenverzeichnis ist dem Fahrtenbuch beizufügen.

Für die Aufzeichnung von Privatfahrten genügen jeweils Kilometerangaben; für Fahrten zwischen Wohnung und Betriebsstätte genügt jeweils ein kurzer Vermerk im Fahrtenbuch.

---

[1]) >LStR 2015

4. Nichtanerkennung eines Fahrtenbuches

30 Wird die Ordnungsmäßigkeit der Führung eines Fahrtenbuches von der Finanzverwaltung z. B. anlässlich einer Betriebsprüfung nicht anerkannt, ist der private Nutzungsanteil nach § 6 Absatz 1 Nummer 4 Satz 2 EStG zu bewerten, wenn die betriebliche Nutzung mehr als 50 Prozent beträgt. Für Fahrten zwischen Wohnung und Betriebsstätte sowie für Familienheimfahrten ist die Ermittlung der nicht abziehbaren Betriebsausgaben nach § 4 Absatz 5 Satz 1 Nummer 6 EStG vorzunehmen.

5. Ermittlung des privaten Nutzungsanteils bei Ausschluss der 1 %-Regelung

31 Beträgt der Umfang der betrieblichen Nutzung 10 bis 50 Prozent, darf der private Nutzungsanteil nicht gemäß § 6 Absatz 1 Nummer 4 Satz 2 EStG (1 %-Regelung) bewertet werden. Der private Nutzungsanteil ist als Entnahme gemäß § 6 Absatz 1 Nummer 4 Satz 1 EStG mit den auf die private Nutzung entfallenden tatsächlichen Selbstkosten (vgl. Randnummer 32) zu bewerten. Für Fahrten zwischen Wohnung und Betriebsstätte und Familienheimfahrten sind die nicht abziehbaren Betriebsausgaben nach § 4 Absatz 5 Satz 1 Nummer 6 Satz 3 2. Alternative EStG zu ermitteln.

IV. Gesamtaufwendungen für das Kraftfahrzeug

32 Zu den Gesamtaufwendungen für das Kraftfahrzeug (Gesamtkosten) gehören Kosten, die unmittelbar dem Halten und dem Betrieb des Kraftfahrzeugs zu dienen bestimmt sind und im Zusammenhang mit seiner Nutzung zwangsläufig anfallen (BFH-Urteil vom 14. September 2005, BStBl II 2006 S. 72). Zu den Gesamtkosten gehören nicht die Sonderabschreibungen (BFH-Urteil vom 25. März 1988, BStBl II S. 655). Außergewöhnliche Kraftfahrzeugkosten sind dagegen vorab der beruflichen oder privaten Nutzung zuzurechnen. Aufwendungen, die ausschließlich der privaten Nutzung zuzurechnen sind, sind vorab als Entnahme zu behandeln (z. B. Mautgebühren auf einer privaten Urlaubsreise – BFH-Urteil vom 14. September 2005, BStBl II 2006 S. 72). Bei der Ermittlung des privaten Nutzungsanteils nach § 6 Absatz 1 Nummer 4 Satz 3 EStG sind die verbleibenden Kraftfahrzeugaufwendungen anhand des Fahrtenbuches anteilig der privaten Nutzung, der Nutzung für Fahrten zwischen Wohnung und Betriebsstätte oder für Familienheimfahrten zuzurechnen.

V. Fahrten zwischen Wohnung und Betriebsstätte

1. Mehrfache Fahrten zwischen Wohnung und Betriebsstätte

33 Werden täglich mehrere Fahrten zwischen Wohnung und Betriebsstätte zurückgelegt, so vervielfacht sich der pauschale Hinzurechnungsbetrag nach § 4 Absatz 5 Satz 1 Nummer 6 EStG nicht. Für die Ermittlung des betrieblichen Nutzungsumfangs sind auch die Mehrfachfahrten zu berücksichtigen.

2. Abziehbare Aufwendungen bei behinderten Menschen[1]) für Fahrten zwischen Wohnung und Betriebsstätte sowie Familienheimfahrten

34 Behinderte Menschen[1]), deren Grad der Behinderung mindestens 70 beträgt, sowie behinderte Menschen[1]), deren Grad der Behinderung weniger als 70, aber mindestens 50 beträgt und die in ihrer Bewegungsfähigkeit im Straßenverkehr erheblich beeinträchtigt sind, können ihre tatsächlichen Kosten für die Benutzung eines eigenen oder zur Nutzung überlassenen Kraftfahrzeuges für Fahrten zwischen Wohnung und Betriebsstätte sowie für Familienheimfahrten als Betriebsausgaben abziehen. Dabei ist der Gewinn nicht um Aufwendungen in Höhe des in § 4 Absatz 5 Satz 1 Nummer 6 EStG jeweils genannten positiven Unterschiedsbetrags zu erhöhen.

---

[1]) jetzt Menschen mit Behinderungen

VI. Umsatzsteuerliche Beurteilung

Zur Frage des Vorsteuerabzugs und der Umsatzbesteuerung bei unternehmerisch genutzten Kraftfahrzeugen vgl. BMF-Schreiben vom 27. August 2004 (BStBl I S. 864). Ist die Anwendung der 1 %-Regelung gem. § 6 Absatz 1 Nummer 4 Satz 2 EStG ausgeschlossen, weil das Kraftfahrzeug zu weniger als 50 Prozent betrieblich genutzt wird, und wird der nicht unternehmerische Nutzungsanteil nicht durch ein ordnungsgemäßes Fahrtenbuch nachgewiesen, ist dieser Nutzungsanteil im Wege der Schätzung zu ermitteln, wobei der Umsatzbesteuerung grundsätzlich der für ertragsteuerliche Zwecke ermittelte private Nutzungsanteil zugrunde zu legen ist.

35

VII. Zeitliche Anwendung

Dieses Schreiben ersetzt die BMF-Schreiben vom 21. Januar 2002 (BStBl I S. 148) und vom 7. Juli 2006 (BStBl I S. 446) und ist in allen offenen Fällen anzuwenden. Randnummer 12 ist erstmals auf Wirtschaftsjahre anzuwenden, die nach dem 31. Dezember 2009 beginnen. Randnummer 17 ist erstmals ab dem Veranlagungszeitraum 2007 anzuwenden; wird der Gewinn nach einem vom Kalenderjahr abweichenden Wirtschaftsjahr ermittelt, ist Randnummer 17 erstmals ab 1. Januar 2007 anzuwenden.

36

Ertragsteuerliche Behandlung des Sponsoring
BMF vom 18.02.1998 (BStBl I S. 212)
IV B 2 – S 2144 – 40/98
IV B 7 – S 0183 – 62/98

Für die ertragsteuerliche Behandlung des Sponsoring gelten – unabhängig von dem gesponserten Bereich (z. B. Sport-, Kultur-, Sozio-, Öko- und Wissenschaftssponsoring) – im Einvernehmen mit den obersten Finanzbehörden der Länder folgende Grundsätze:

I. Begriff des Sponsoring

1   Unter Sponsoring wird üblicherweise die Gewährung von Geld oder geldwerten Vorteilen durch Unternehmen zur Förderung von Personen, Gruppen und/oder Organisationen in sportlichen, kulturellen, kirchlichen, wissenschaftlichen, sozialen, ökologischen oder ähnlich bedeutsamen gesellschaftspolitischen Bereichen verstanden, mit der regelmäßig auch eigene unternehmensbezogene Ziele der Werbung oder Öffentlichkeitsarbeit verfolgt werden. Leistungen eines Sponsors beruhen häufig auf einer vertraglichen Vereinbarung zwischen dem Sponsor und dem Empfänger der Leistungen (Sponsoring-Vertrag), in dem Art und Umfang der Leistungen des Sponsors und des Empfängers geregelt sind.

II. Steuerliche Behandlung beim Sponsor

2   Die im Zusammenhang mit dem Sponsoring gemachten Aufwendungen können
- Betriebsausgaben i. S. des § 4 Abs. 4 EStG,
- Spenden, die unter den Voraussetzungen der §§ 10b EStG, 9 Abs. 1 Nr. 2 KStG, 9 Nr. 5 GewStG abgezogen werden dürfen, oder
- steuerlich nicht abziehbare Kosten der Lebensführung (§ 12 Nr. 1 EStG), bei Kapitalgesellschaften verdeckte Gewinnausschüttungen (§ 8 Abs. 3 Satz 2 KStG) sein.

1. Berücksichtigung als Betriebsausgaben

3   Aufwendungen des Sponsors sind Betriebsausgaben, wenn der Sponsor wirtschaftliche Vorteile, die insbesondere in der Sicherung oder Erhöhung seines unternehmerischen Ansehens liegen können (vgl. BFH vom 3. Februar 1993, BStBl II S. 441, 445), für sein Unternehmen erstrebt oder für Produkte seines Unternehmens werben will. Das ist insbesondere der Fall, wenn der Empfänger der Leistungen auf Plakaten, Veranstaltungshinweisen, in Ausstellungskatalogen, auf den von ihm benutzten Fahrzeugen oder anderen Gegenständen auf das Unternehmen oder auf die Produkte des Sponsors werbewirksam hinweist[1]. Die Berichterstattung in Zeitungen, Rundfunk oder Fernsehen kann einen wirtschaftlichen Vorteil, den der Sponsor für sich anstrebt, begründen, insbesondere wenn sie in seine Öffentlichkeitsarbeit eingebunden ist oder der Sponsor an Pressekonferenzen oder anderen öffentlichen Veranstaltungen des Empfängers mitwirken und eigene Erklärungen über sein Unternehmen oder seine Produkte abgeben kann.

4   Wirtschaftliche Vorteile für das Unternehmen des Sponsors können auch dadurch erreicht werden, daß der Sponsor durch Verwendung des Namens, von Emblemen oder Logos des Empfängers oder in anderer Weise öffentlichkeitswirksam auf seine Leistungen aufmerksam macht.

---

[1]) bestätigt durch BFH vom 14.07.2020 (BStBl II 2021 S. 14)
Erfolgt das Sponsoring durch eine Freiberufler-Personengesellschaft, liegt der erforderliche hinreichende Zusammenhang zum Sponsor auch dann vor, wenn auf die freiberufliche Tätigkeit und Qualifikation der einzelnen Berufsträger hingewiesen wird (>BFH vom 14.07.2020 – BStBl II 2021 S. 14).

Für die Berücksichtigung der Aufwendungen als Betriebsausgaben kommt es nicht darauf an, ob die Leistungen notwendig, üblich oder zweckmäßig sind; die Aufwendungen dürfen auch dann als Betriebsausgaben abgezogen werden, wenn die Geld- oder Sachleistungen des Sponsors und die erstrebten Werbeziele für das Unternehmen nicht gleichwertig sind. Bei einem krassen Mißverhältnis zwischen den Leistungen des Sponsors und dem erstrebten wirtschaftlichen Vorteil ist der Betriebsausgabenabzug allerdings zu versagen (§ 4 Abs. 5 Satz 1 Nr. 7 EStG).

Leistungen des Sponsors im Rahmen des Sponsoring-Vertrags, die die Voraussetzungen der RdNrn. 3, 4 und 5 für den Betriebsausgabenabzug erfüllen, sind keine Geschenke i. S. des § 4 Abs. 5 Satz 1 Nr. 1 EStG.

2. Berücksichtigung als Spende

Zuwendungen des Sponsors, die keine Betriebsausgaben sind, sind als Spenden (§ 10 b EStG) zu behandeln, wenn sie zur Förderung steuerbegünstigter Zwecke freiwillig oder aufgrund einer freiwillig eingegangenen Rechtspflicht erbracht werden, kein Entgelt für eine bestimmte Leistung des Empfängers sind und nicht in einem tatsächlichen wirtschaftlichen Zusammenhang mit dessen Leistungen stehen (BFH vom 25. November 1987, BStBl II 1988 S. 220; vom 12. September 1990, BStBl II 1991 S. 258).

3. Nichtabziehbare Kosten der privaten Lebensführung oder verdeckte Gewinnausschüttungen

Als Sponsoringaufwendungen bezeichnete Aufwendungen, die keine Betriebsausgaben und keine Spenden sind, sind nicht abziehbare Kosten der privaten Lebensführung (§ 12 Nr. 1 Satz 2 EStG). Bei entsprechenden Zuwendungen einer Kapitalgesellschaft können verdeckte Gewinnausschüttungen vorliegen, wenn der Gesellschafter durch die Zuwendungen begünstigt wird, z. B. eigene Aufwendungen als Mäzen erspart (vgl. Abschnitt 31 Abs. 2 Satz 4 KStR 1995[1])).

III. Steuerliche Behandlung bei steuerbegünstigten Empfängern

Die im Zusammenhang mit dem Sponsoring erhaltenen Leistungen können, wenn der Empfänger eine steuerbegünstigte Körperschaft ist, steuerfreie Einnahmen im ideellen Bereich, steuerfreie Einnahmen aus der Vermögensverwaltung oder steuerpflichtige Einnahmen eines wirtschaftlichen Geschäftsbetriebs sein. Die steuerliche Behandlung der Leistungen beim Empfänger hängt grundsätzlich nicht davon ab, wie die entsprechenden Aufwendungen beim leistenden Unternehmen behandelt werden.

Für die Abgrenzung gelten die allgemeinen Grundsätze (vgl. insbesondere Anwendungserlaß zur Abgabenordnung, zu § 67a, Tz.I/9). Danach liegt kein wirtschaftlicher Geschäftsbetrieb vor, wenn die steuerbegünstigte Körperschaft dem Sponsor nur die Nutzung ihres Namens zu Werbezwecken in der Weise gestattet, daß der Sponsor selbst zu Werbezwecken oder zur Imagepflege auf seine Leistungen an die Körperschaft hinweist. Ein wirtschaftlicher Geschäftsbetrieb liegt auch dann nicht vor, wenn der Empfänger der Leistungen z. B. auf Plakaten, Veranstaltungshinweisen, in Ausstellungskatalogen oder in anderer Weise auf die Unterstützung durch einen Sponsor lediglich hinweist. Dieser Hinweis kann unter Verwendung des Namens, Emblems oder Logos des Sponsors, jedoch ohne besondere Hervorhebung, erfolgen. Ein wirtschaftlicher Geschäftsbetrieb liegt dagegen vor, wenn die Körperschaft an den Werbemaßnahmen mitwirkt. Der wirtschaftliche Geschäftsbetrieb kann kein Zweckbetrieb (§§ 65 bis 68 AO) sein.

Dieses Schreiben ersetzt das BMF-Schreiben vom 9. Juli 1997 (BStBl I S. 726).

---

[1]) jetzt R 8.5 KStR *2022* und H 8.5 KStH *2022*

Anhang 16 V

– unbesetzt –

Anhang 16 VI

Zweifelsfragen im Zusammenhang mit § 6b Absatz 2a EStG

BMF vom 07.03.2018 (BStBl I S. 309)
IV C 6 – S 2139/17/10001 :001 – 2018/0024866

Nach § 6b Absatz 2a Satz 1 EStG i. d. F. des Steueränderungsgesetzes 2015 (StÄndG 2015) kann die festgesetzte Steuer, die auf einen Gewinn i. S. d. § 6b Absatz 2 EStG entfällt, auf Antrag des Steuerpflichtigen in fünf gleichen Jahresraten entrichtet werden. Voraussetzung hierfür ist, dass im Jahr der Veräußerung eines nach § 6b Absatz 1 Satz 1 EStG begünstigten Wirtschaftsguts oder in den folgenden vier Jahren ein in § 6b Absatz 1 Satz 2 EStG bezeichnetes Wirtschaftsgut angeschafft oder hergestellt wird oder werden soll, das einem Betriebsvermögen des Steuerpflichtigen in einem anderen Mitgliedstaat der Europäischen Union (EU) oder des Europäischen Wirtschaftsraums (EWR) zuzuordnen ist. § 36 Absatz 5 Satz 2 bis 5 EStG ist sinngemäß anzuwenden (§ 6b Absatz 2a Satz 3 EStG i. d. F. des StÄndG 2015). § 6b Absatz 2a EStG gilt über § 31 Absatz 1 Satz 1 KStG auch für Körperschaftsteuerpflichtige.

Nach dem BFH-Urteil vom 22. Juni 2017 – VI R 84/14 – (BStBl II 2018 S. 171) bestehen gegen die Regelung des § 6b Absatz 2a EStG keine unionsrechtlichen Bedenken. Im Anschluss an dieses BFH-Urteil nehme ich zur Anwendung des § 6b Absatz 2a EStG unter Bezugnahme auf das Ergebnis der Erörterungen mit den obersten Finanzbehörden der Länder wie folgt Stellung:

1. Stellung des Antrags nach § 6b Absatz 2a Satz 2 EStG

1   Nach dem Wortlaut des § 6b Absatz 2a Satz 2 EStG kann der Antrag nach § 6b Absatz 2a EStG zwar „nur im Wirtschaftsjahr der Veräußerung" gestellt werden. Gemäß § 52 Absatz 14 Satz 1 EStG sind allerdings auch Gewinne i. S. d. § 6b Absatz 2a EStG begünstigt, die bereits vor dem Datum der Verkündung des StÄndG 2015 am 6. November 2015 entstanden sind.

2   Hinsichtlich der Frage, bis zu welchem Zeitpunkt der Antrag nach § 6b Absatz 2a EStG noch wirksam beim Finanzamt gestellt werden kann, ist im Hinblick auf die gebotene unionsrechtskonforme Handhabung zu Gunsten des Steuerpflichtigen auch für Gewinne i. S. d. § 6b Absatz 2a EStG, die erst nach der Verkündung des StÄndG 2015 am 6. November 2015 entstanden sind, eine weite Auslegung zu befürworten. Der Antrag nach § 6b Absatz 2a EStG kann deshalb in allen Fällen berücksichtigt werden, in denen die materielle Bestandskraft des betroffenen Steuerbescheids noch nicht eingetreten ist; bei vom Kalenderjahr abweichendem Wirtschaftsjahr von Land- und Forstwirten ist der noch nicht bestandskräftig veranlagte Steuerbescheid maßgebend, in dem der anteilige Gewinn i. S. d. § 6b Absatz 2 EStG aus der Veräußerung des begünstigten Wirtschaftsguts erfasst ist.

3   Werden die Einkünfte, in deren Rahmen der Gewinn i. S. d. § 6b Absatz 2 EStG erfasst ist, gesondert oder gesondert und einheitlich festgestellt, ist der Antrag nach § 6b Absatz 2a EStG beim Wohnsitz-Finanzamt des jeweiligen Antragstellers zu stellen.

4   Der Antrag nach § 6b Absatz 2a EStG kann auch im Rahmen einer Betriebsveräußerung gestellt werden. In diesem Fall findet im Hinblick auf die gebotene unionsrechtskonforme Handhabung zu Gunsten des Steuerpflichtigen die Regelung in R 6b.2 Absatz 10 EStR bei einer Betriebsveräußerung entsprechende Anwendung.

Dies hat zur Folge, dass eine bereits gewährte Ratenzahlung nach § 6b Absatz 2a EStG auch noch für die Zeit weitergeführt werden kann, für die sie ohne Veräußerung des Betriebs zulässig gewesen wäre. In diesem Fall kann für den Veräußerungsgewinn der Freibetrag nach § 16 Absatz 4 EStG und eine Tarifermäßigung nach § 34 EStG nur in Anspruch genommen werden, wenn die Ratenzahlung nach § 6b Absatz 2a EStG nicht auf stille Reserven zurückgeht, die bei der Veräußerung einer wesentlichen Grundlage des Betriebs aufgedeckt worden sind. Wird demgegenüber für den Gewinn aus der Betriebsveräußerung ein Antrag nach § 6b Absatz 2a EStG erstmals gestellt, so scheidet gemäß § 34 Absatz 1 Satz 4 und Absatz 3 Satz 6 EStG eine ermäßigte Besteuerung für außerordentliche Einkünfte i. S. d. § 34 Absatz 2 Nummer 1 EStG aus.

Der Antrag nach § 6b Absatz 2a EStG ist nicht formgebunden.

2. Verhältnis des § 6b Absatz 2a EStG zu § 6b Absatz 1 EStG und § 6b Absatz 3 EStG

§ 6b Absatz 2a EStG greift grundsätzlich nicht ein, soweit der Gewinn i. S. d. § 6b Absatz 2 EStG nach § 6b Absatz 1 EStG übertragen oder in eine Rücklage nach § 6b Absatz 3 EStG eingestellt wurde und dieser Bilanzansatz nicht nach § 4 Absatz 2 Satz 2 EStG geändert werden kann.

3. Behandlung von „Altfällen"

Abweichend von den Aussagen unter Rn. 7 ist in sog. „Altfällen" das BFH-Urteil vom 22. Juni 2017 – VI R 84/14 – (BStBl II 2018 S. 171) zu beachten. Ein als „Altfall" zu behandelnder Fall liegt vor,
- wenn ein nach § 6b EStG begünstigter Veräußerungsgewinn vor der Verkündung des StÄndG 2015 am 6. November 2015 entstanden und zulässigerweise in eine Rücklage nach § 6b Absatz 3 EStG eingestellt worden ist,
- wenn die Steuererklärung vor dem 6. November 2015 abgegeben worden ist und
- soweit Anschaffungs- oder Herstellungskosten für in § 6b Absatz 1 Satz 2 EStG bezeichnete Wirtschaftsgüter angefallen sind, die vor Auflösung der Rücklage angeschafft oder hergestellt worden sind und einem Betriebsvermögen des Steuerpflichtigen in einem anderen Mitgliedstaat der EU oder des EWR zuzuordnen sind.

In diesen „Altfällen" ist zur Herstellung einer unionsrechtskonformen Rückwirkung des § 6b Absatz 2a EStG das Jahr, in dem der Auflösungsbetrag für die nach § 6b Absatz 3 EStG gebildete Rücklage zu versteuern ist, als das Jahr der Veräußerung zu werten. Die auf den Auflösungsbetrag entfallende Steuer kann auf Antrag nach § 6b Absatz 2a EStG auf fünf gleiche Jahresraten verteilt entrichtet werden. Nach Maßgabe dieses Urteils kommt es demnach in diesen „Altfällen", in denen es um eine unionsrechtskonforme Rückwirkung des § 6b Absatz 2a EStG geht, auf die Möglichkeit der Bilanzänderung nicht an. Denn der – nicht die Steuerfestsetzung, sondern nur die Steuererhebung betreffende – Zahlungsantrag nach § 6b Absatz 2a EStG ist von der Beschränkung der Bilanzänderung nach § 4 Absatz 2 Satz 2 EStG nicht betroffen.

4. Reinvestitionsabsicht im Rahmen des § 6b Absatz 2a Satz 2 EStG

Die Darlegung einer Reinvestitionsabsicht wird nach § 6b Absatz 2a EStG nicht gefordert. Damit reicht die objektive Möglichkeit künftiger grenzüberschreitender Aktivitäten aus.

Dies entspricht auch der Handhabung bei der Rücklage nach § 6b Absatz 3 EStG, bei der ebenfalls keine Investitionsabsicht dargelegt werden muss. Es ist daher für die Anwendung des § 6b Absatz 2a EStG nicht zwingend, dass der Steuerpflichtige bereits vor

Stellung des Antrags nach § 6b Absatz 2a EStG eine Betriebsstätte im begünstigten Ausland unterhält.

Es ist für die Anwendung des § 6b Absatz 2a EStG vielmehr ausreichend, wenn eine spätere Reinvestition in das Betriebsvermögen einer EU-/EWR-Betriebsstätte denkbar und möglich ist.

5. Partielle oder ausbleibende Reinvestition im Rahmen des § 6b Absatz 2a Satz 2 EStG

11 Eine partielle oder ausbleibende Reinvestition in eine EU-/EWR-Betriebsstätte führt nicht zu einer Aufhebung der gewährten Ratenzahlung nach § 6b Absatz 2a EStG.

Anhang 16

Gewinnermittlung

VII

Nutzungsüberlassung von Betrieben mit Substanzerhaltungspflicht des Berechtigten; sog. Eiserne Verpachtung

BMF vom 21.02.2002 (BStBl I S. 262)

IV A 6 – S 2132 – 4/02

Zur Gewinnermittlung des Verpächters und des Pächters bei der Verpachtung von Betrieben mit Substanzerhaltungspflicht des Pächters („Eiserne Verpachtung") nach §§ 582a, 1048 BGB nehme ich im Einvernehmen mit den obersten Finanzbehörden der Länder wie folgt Stellung:

Für den Verpächter und für den Pächter sind entsprechend der BFH-Rechtsprechung (BFH-Urteil vom 17. Februar 1998, BStBl II S. 505; BFH-Urteil vom 28. Mai 1998, BStBl 2000 II S. 286; BFH-Urteil vom 24. Juni 1999, BStBl 2000 II S. 309) die allgemeinen Gewinnermittlungsgrundsätze, im Falle des Betriebsvermögensvergleichs nach § 4 Abs. 1, § 5 EStG insbesondere die handels- und steuerrechtlichen Grundsätze ordnungsmäßiger Buchführung maßgebend. Die für den Bereich der Land- und Forstwirtschaft getroffenen Erleichterungsregelungen (Ziffer 4 zweiter Absatz der einheitlichen Ländererlasse vom 17. Dezember 1965, BStBl 1966 II S. 34) sowie die ergänzenden Regelungen der Länder werden aufgehoben. Es gilt Folgendes:

I. Gewinnermittlung nach § 4 Abs. 1, § 5 EStG
A. Pachtbeginn
1. Anlagevermögen

Das vom Pächter unter Rückgabeverpflichtung (§ 582a Abs. 3 Satz 1, § 1048 BGB) zur Nutzung übernommene Inventar, d. h. die beweglichen Wirtschaftsgüter des Anlagevermögens, bleibt im zivilrechtlichen und wirtschaftlichen Eigentum des Verpächters und ist ohne Rücksicht auf die Gewinnermittlungsart weiterhin ihm zuzurechnen und von ihm unverändert mit den Werten fortzuführen, die sich nach den Vorschriften über die Gewinnermittlung ergeben. Die Abschreibungen der abnutzbaren Wirtschaftsgüter stehen allein dem Verpächter als dem zivilrechtlichen und wirtschaftlichen Eigentümer zu (BFH-Urteil vom 21. Dezember 1965, BStBl 1966 III S. 147).

2. Umlaufvermögen

Übergibt der Verpächter im Zeitpunkt der Verpachtung mit eisernem Inventar auch Umlaufvermögen, das der Pächter nach Beendigung des Pachtverhältnisses zurückzugeben hat, so handelt es sich dabei um die Gewährung eines Sachdarlehens. Beim Verpächter tritt an die Stelle der übergebenen Wirtschaftsgüter eine Sachwertforderung, die mit dem gleichen Wert anzusetzen ist wie die übergebenen Wirtschaftsgüter (BFH-Urteil vom 6. Dezember 1984, BStBl 1985 II S. 391; BFH-Urteil vom 30. Januar 1986, BStBl II S. 399). Der Pächter wird wirtschaftlicher Eigentümer der überlassenen Wirtschaftsgüter. Er muss diese bei Gewinnermittlung durch Betriebsvermögensvergleich nach § 4 Abs. 1, § 5 EStG nach den allgemeinen Grundsätzen aktivieren und in gleicher Höhe eine Rückgabeverpflichtung passivieren (BFH-Urteil vom 16. November 1978, BStBl 1979 II S. 138 und R 131 Abs. 2 EStR[1])).

B. Substanzerhaltung
1. Anspruch des Verpächters auf Substanzerhaltung

Der Verpächter hat den Anspruch gegen den Pächter auf Substanzerhaltung des eisern verpachteten Inventars als sonstige Forderungen zu aktivieren (BFH-Urteil vom 17. Februar 1998, a. a. O.; BFH-Urteil vom 24. Juni 1999, a. a. O.). Der Anspruch ist zu jedem Bilanzstichtag unter Berücksichtigung der Wiederbeschaffungskosten neu zu bewerten. Er beträgt bei Pachtbeginn 0 DM/0 Euro und wird infolge der Abnutzung der verpachteten Wirtschaftsgüter von Jahr zu Jahr um den Wert der

---

[1]) jetzt R 14 Abs. 2 und 3 EStR

Abnutzung – unter Berücksichtigung der veränderten Wiederbeschaffungskosten – erhöht. Im Ergebnis wirkt sich damit beim Verpächter nur der Unterschiedsbetrag zwischen der vorgenommenen Abschreibung und der Veränderung des Anspruchs auf Substanzerhaltung gewinnwirksam aus.

2. Verpflichtung des Pächters zur Substanzerhaltung

Die Verpflichtung des Pächters, die zur Nutzung übernommenen Pachtgegenstände bei Beendigung der Pacht zurückzugeben, muss sich in seiner Bilanz gewinnwirksam widerspiegeln. Der Pächter muss den Erfüllungsrückstand (noch nicht eingelöste Verpflichtung zur Substanzerhaltung) erfolgswirksam durch Passivierung einer Rückstellung ausweisen, auch wenn diese Verpflichtung noch nicht fällig ist (BFH-Urteil vom 3. Dezember 1991, BStBl 1993 II S. 89). Der Bilanzposten entwickelt sich korrespondierend mit jenem des Verpächters wegen seines Anspruchs auf Substanzerhaltung (BFH-Urteil vom 17. Februar 1998, a. a. O.).

3. Erhaltungsaufwendungen und Ersatzbeschaffungen des Pächters

Der Pächter hat die Verpflichtung, das zur Nutzung übernommene bewegliche Anlagevermögen zu erhalten und laufend zu ersetzen (§ 582a Abs. 2 Satz 1, § 1048 Abs. 1 Satz 2, 1. Halbsatz BGB). Die Erhaltungsaufwendungen im ertragsteuerlichen Sinn sind bei ihm als Betriebsausgaben zu berücksichtigen. Die vom Pächter ersetzten Wirtschaftsgüter werden Eigentum des Verpächters auch insoweit, als ihre Anschaffung oder Herstellung durch den Pächter über diese Verpflichtung hinausgeht (§ 582a Abs. 2 Satz 2, § 1048 Abs. 1 Satz 2, 2. Halbsatz BGB). Sie sind vom Verpächter mit den vom Pächter aufgewendeten Anschaffungs- oder Herstellungskosten zu aktivieren und abzuschreiben. Der Verpächter hat den auf die ersetzten Wirtschaftsgüter entfallenden (als sonstige Forderung aktivierten) Anspruch auf Substanzerhaltung aufzulösen (vgl. BFH-Urteil vom 17. Februar 1998, a. a. O.). Beim Pächter ist die Rückstellung insoweit aufzulösen.

Für über die zivilrechtliche Verpflichtung hinausgehende Anschaffungs- oder Herstellungskosten hat der Verpächter eine Wertausgleichsverpflichtung zu passivieren und der Pächter einen Wertausgleichsanspruch als sonstige Forderung zu aktivieren. Beide Bilanzposten sind in den folgenden Wirtschaftsjahren unter Berücksichtigung von geänderten Wiederbeschaffungskosten gleichmäßig aufzulösen. Der Auflösungszeitraum ergibt sich aus der Differenz zwischen der Nutzungsdauer des neu angeschafften oder hergestellten Wirtschaftsguts und der bei Pachtbeginn verbliebenen Restnutzungsdauer des ersetzten Wirtschaftsguts.

II. Gewinnermittlung nach § 4 Abs. 3 EStG

Bei Gewinnermittlung durch Einnahmenüberschussrechnung nach § 4 Abs. 3 EStG haben die vorgenannten Forderungen und Verbindlichkeiten keine Auswirkung auf den Gewinn. Ersatzbeschaffungen von Wirtschaftsgütern des Anlagevermögens führen beim Pächter im Wirtschaftsjahr der Zahlung zu einer Betriebsausgabe. Beim Verpächter führen sie im Wirtschaftsjahr der Ersatzbeschaffung zu einer Betriebseinnahme.

Dies gilt unabhängig von der Gewinnermittlungsart des jeweils anderen Vertragspartners.

III. Unentgeltliche Betriebsübertragung vom Verpächter auf den Pächter

Durch eine unentgeltliche Betriebsübertragung auf den Pächter (§ 6 Abs. 3 EStG) verzichtet der Verpächter aus privaten Gründen auf seinen Anspruch auf Substanzerhaltung (BFH-Urteil vom 24. Juni 1999, a. a. O.).

Der Forderungsverzicht löst beim Verpächter eine Gewinnrealisierung aus, wenn dieser seinen Gewinn durch Einnahmenüberschussrechnung ermittelt. Bei einem bilanzierenden Verpächter ist der Vorgang dagegen erfolgsneutral.

Ist der Pächter verpflichtet, die gepachteten Gegenstände dem Verpächter nach Ablauf der Pachtzeit in neuwertigem Zustand zurückzugeben und erlässt der Verpächter dem Pächter diese Verbindlichkeit aus privaten Gründen (z. B. in Schenkungsabsicht), so ist die gebildete Pachterneuerungsrückstellung vom Pächter erfolgsneutral aufzulösen. Es entsteht bei diesem Vorgang eine betriebliche Vermögensmehrung, die auf den Wegfall eines Passivpostens aus außerbetrieblichen Gründen zurückzuführen ist (BFH-Urteil vom 12. April 1989, BStBl II S. 612). Bei Gewinnermittlung des Pächters durch Einnahmenüberschussrechnung kann der Pächter eine Betriebsausgabe in der Höhe geltend machen, in der bei Gewinnermittlung nach Bestandsvergleich eine Rückstellung für die Verpflichtung zur Substanzerhaltung zu bilden gewesen wäre.

Hat der Pächter im Zeitpunkt des Betriebsübergangs gegen den Verpächter einen Wertausgleichsanspruch, entfällt dieser durch Vereinigung von Forderung und Verbindlichkeit in seiner Person.

IV. Buchwertmethode

Ist die Eiserne Verpachtung im Vorgriff auf eine spätere Hofübertragung in der Land- und Forstwirtschaft vorgenommen worden, kann auf gemeinsamen Antrag von Pächter und Verpächter abweichend von den vorstehenden Grundsätzen aus Vereinfachungs- und Billigkeitsgründen auch nach der sog. Buchwertmethode verfahren werden. Dies gilt jedoch nicht, wenn sowohl der Pächter als auch der Verpächter ihren Gewinn nach § 4 Abs. 1 EStG ermitteln.

Unter Zugrundelegung der Buchwertmethode hat der Pächter die eisern übernommenen Wirtschaftsgüter in der Anfangsbilanz mit den Buchwerten des Verpächters anzusetzen und in gleicher Höhe eine Rückgabeverpflichtung zu bilanzieren, die in unveränderter Höhe fortzuführen ist; eine Abzinsung ist nicht vorzunehmen. Er hat die Abschreibungen des Verpächters für die „eisern" zur Nutzung überlassenen Wirtschaftsgüter fortzuführen und kann für die von ihm vorgenommenen Ersatzbeschaffungen Absetzungen für Abnutzung, Sonderabschreibungen und Teilwertabschreibungen vornehmen. Der Verpächter ist dagegen nicht mehr zu Abschreibungen berechtigt. Die Buchwerte für die „eisern" zur Nutzung überlassenen Wirtschaftsgüter bleiben unverändert bestehen.

Im Falle einer späteren unentgeltlichen Übertragung des Betriebs vom Verpächter auf den Pächter ist unter Zugrundelegung dieser Vereinfachungsregelung davon auszugehen, dass sich die Rückgabeverpflichtung des Pächters und die eingefrorenen Buchwerte des Verpächters gegenseitig ausgleichen, so dass sich eine Gewinnauswirkung im Sinne der Tz. III Abs. 2 daraus nicht ergibt. Durch die Buchwertmethode werden im Ergebnis die steuerlichen Auswirkungen der späteren Betriebsübertragung in den Zeitpunkt der Verpachtung teilweise vorverlagert.

V. Übergangsregelungen

Die vorstehenden Regelungen sind grundsätzlich auf alle noch offenen Fälle anzuwenden. Sind Verträge vor dem 1. April 2002 abgeschlossen worden, für die die Erleichterungsregelungen für den Bereich der Land- und Forstwirtschaft (a. a. O.) in Anspruch genommen worden sind, sind jedoch auf einvernehmlichen Antrag von Pächter und Verpächter aus Vertrauensschutzgründen die bisherigen Grundsätze anzuwenden.

Beim Übergang auf die neuen Grundsätze gilt Folgendes:

1. Auswirkungen beim Verpächter

a) mit Gewinnermittlung nach § 4 Abs. 1, § 5 EStG

Die Wirtschaftsgüter des Anlagevermögens sind mit ihren fortentwickelten Anschaffungs- oder Herstellungskosten anzusetzen, unabhängig davon, ob sie vom Verpächter oder vom Pächter angeschafft oder hergestellt worden sind. Der auf der Grundlage der Wiederbeschaffungskosten ermittelte Anspruch auf Substanzerhaltung und ggf. eine Wertausgleichsverpflichtung ist in der Bilanz auszuweisen.

Anhang 16
VII Gewinnermittlung

b) mit Gewinnermittlung nach § 4 Abs. 3 EStG

Die nicht in Anspruch genommenen Absetzungen für Abnutzung oder Substanzverringerung für die bei Vertragsbeginn auf den Pächter übertragenen Wirtschaftsgüter des Anlagevermögens sind nachzuholen. Die Buchwerte der vom Pächter ersatzbeschafften Wirtschaftsgüter sind gewinnerhöhend zu berücksichtigen.

2. Auswirkungen beim Pächter

a) mit Gewinnermittlung nach § 4 Abs. 1, § 5 EStG

Die vom Verpächter übernommenen und die ersatzbeschafften Wirtschaftsgüter des Anlagevermögens sind auszubuchen. Die bisher angesetzte Verpflichtung zur Substanzerhaltung ist durch eine auf der Grundlage der Wiederbeschaffungskosten ermittelte Verpflichtung oder ggf. durch eine Forderung (Wertausgleichsanspruch) zu ersetzen.

b) mit Gewinnermittlung nach § 4 Abs. 3 EStG

Die während der Vertragslaufzeit vorgenommenen Absetzungen für Abnutzung oder Substanzverringerung für die vom Verpächter übernommenen Wirtschaftsgüter des Anlagevermögens sind gewinnerhöhend rückgängig zu machen. Die Buchwerte der vom Pächter ersatzbeschafften Wirtschaftsgüter sind gewinnmindernd zu berücksichtigen.

Die vorgenannten Grundsätze sind bei Gewinnermittlung nach § 4 Abs. 1 EStG gewinnwirksam im Wege einer Bilanzberichtigung in der ersten Schlussbilanz vorzunehmen, deren Ergebnis noch nicht einer bestandskräftigen Veranlagung zugrunde liegt.

Bei Gewinnermittlung nach § 4 Abs. 3 EStG sind die Gewinnauswirkungen im ersten Wirtschaftsjahr, dessen Ergebnis noch nicht einer bestandskräftigen Veranlagung zugrunde liegt, zu berücksichtigen.

Gewinnerzielungsabsicht bei kleinen Photovoltaikanlagen[1] und vergleichbaren Blockheizkraftwerken

BMF vom 29.10.2021 (BStBl I S. 2202)
IV C 6 – S 2240/19/10006 :006 – 2021/1117804

Nach Erörterung mit den obersten Finanzbehörden der Länder gelten zur ertragsteuerlichen Behandlung kleiner Photovoltaikanlagen und vergleichbarer Blockheizkraftwerke (BHKW) die nachfolgenden Regelungen. Diese dienen der Vereinfachung des Verwaltungsverfahrens, da bei Inanspruchnahme der Vereinfachungsregelung aufwändige und streitanfällige Ergebnisprognosen für die Beurteilung der Gewinnerzielungsabsicht weder erstellt noch geprüft werden müssen.

I. Betrieb kleiner Photovoltaikanlagen und vergleichbarer BHKW

Betreibt eine steuerpflichtige Person oder eine Mitunternehmerschaft ausschließlich eine oder mehrere Photovoltaikanlagen mit einer installierten Gesamtleistung (Summe der installierten Leistung aller Photovoltaikanlagen einer steuerpflichtigen Person/einer Mitunternehmerschaft) von bis zu 10,0 kW/kWp (maßgeblich ist die installierte Leistung i. S. d. § 3 Nummer 31 EEG 2021) und/oder ein oder mehrere BHKW mit einer installierten elektrischen Gesamtleistung von bis zu 2,5 kW ist auf schriftlichen Antrag der steuerpflichtigen Person aus Vereinfachungsgründen ohne weitere Prüfung in allen offenen Veranlagungszeiträumen zu unterstellen, dass diese ohne Gewinnerzielungsabsicht betrieben werden und es sich daher um eine steuerlich unbeachtliche Liebhaberei handelt, wenn die in den nachfolgenden Randnummern genannten Voraussetzungen erfüllt sind. Bei Mitunternehmerschaften ist der Antrag durch den Vertreter/den Empfangsbevollmächtigen oder alle Mitunternehmer gemeinsam zu stellen. 1

Alle Photovoltaikanlagen/BHKW, die von einer antragstellenden Person betrieben werden, bilden dabei einen einzigen Betrieb, so dass die jeweiligen Leistungen für die Ermittlung der 10,0 kW/kWp-Grenze zu addieren sind. Das gilt sowohl für Anlagen, die sich auf demselben Grundstück befinden als auch für Anlagen auf verschiedenen Grundstücken. Dabei ist unerheblich, ob die Anlagen technisch voneinander getrennt sind. Auch solche Anlagen sind einzubeziehen, die die übrigen Voraussetzungen der Vereinfachungsregelung nicht erfüllen (z. B. Anlagen, deren Strom einem Mieter des Antragstellers zur Verfügung gestellt wird). 2

Beispiel 1:
A betreibt seit dem 1. Januar 2020 auf
a) ihrem zu eigenen Wohnzwecken genutzten Einfamilienhaus
b) ihrem zu eigenen Wohnzwecken genutzten Zweifamilienhaus (zweite Wohnung ist vermietet)
c) dem Dach eines Mehrfamilienhauses, in dem sich eine zu eigenen Wohnzwecken genutzte Wohnung befindet,
eine Photovoltaikanlage mit einer Leistung von 8,0 kW/kWp.
Der Strom wird neben der Einspeisung in das öffentliche Stromnetz nur von A für private Wohnzwecke genutzt.

Lösung:
In den Fällen a) bis c) kann auf Antrag die Vereinfachungsregelung in Anspruch genommen werden, mit der Folge, dass Liebhaberei unterstellt wird und die Abgabe einer Anlage EÜR nicht erforderlich ist.

---

[1] Die Steuerbefreiung des § 3 Nr. 72 für bestimmte Photovoltaikanlagen gilt rückwirkend zum 01.01.2022.

Beispiel 2:
A betreibt seit dem 1. Januar 2020 auf ihrem zu eigenen Wohnzwecken genutzten Einfamilienhaus und auf ihrem Ferienhaus, das nicht vermietet wird, je eine Photovoltaikanlage mit einer Leistung von jeweils
a) 4 kW/kWp
b) 6 kW/kWp.

Lösung:
In Fall a) kann A auf Antrag die Vereinfachungsregelung in Anspruch nehmen, mit der Folge, dass Liebhaberei unterstellt wird und die Abgabe einer Anlage EÜR nicht erforderlich ist.

In Fall b) kann A die Vereinfachungsregelung nicht in Anspruch nehmen, auch nicht für nur eine der beiden Anlagen.

3   Die Photovoltaikanlage(n)/das oder die BHKW wurde(n) nach dem 31. Dezember 2003 oder vor mehr als 20 Jahren in Betrieb genommen.

Beispiel 3:
A betreibt zwei Photovoltaikanlagen (zusammen 9 kW/kWp). Photovoltaikanlage 1 wurde am 1. Oktober 2003 und Photovoltaikanlage 2 wurde am 1. Juni 2020 in Betrieb genommen.

Lösung:
Ein Antrag kann erst ab Veranlagungszeitraum 2024 gestellt werden (vgl. Rn. 9).

4   Eine Photovoltaikanlage mit einer installierten Leistung von über 10,0 kW/kWp, deren maximale Werkleistungseinspeisung aufgrund der Regelung § 6 Absatz 2 Nummer 2 EEG 2012 bzw. § 9 Absatz 2 Nummer 2 EEG 2021[1]) auf 70 Prozent der installierten Leistung begrenzt ist und damit eine tatsächliche Leistung von bis zu 10,0 kW/kWp erbringt, ist keine Photovoltaikanlage i. S. d. Rn. 1.

5   Der von der Photovoltaikanlage/dem BHKW erzeugte Strom wird neben der Einspeisung in das öffentliche Stromnetz ausschließlich in den zu eigenen Wohnzwecken genutzten Räumen verbraucht. Die unentgeltliche Überlassung zu Wohnzwecken steht der Nutzung zu eigenen Wohnzwecken gleich. Der Verbrauch des erzeugten Stroms in einem häuslichen Arbeitszimmer ist unschädlich. Der (teilweise) Verbrauch des durch die Photovoltaikanlage/das BHKW erzeugten Stroms durch einen Mieter oder zu anderweitigen eigenen oder fremden betrieblichen Zwecken muss technisch ausgeschlossen sein. Dies gilt nicht, wenn die Mieteinnahmen 520 Euro im Veranlagungszeitraum nicht überschreiten (vgl. R 21.2 Absatz 1 Satz 2 EStR). Wird die Photovoltaikanlage/das BHKW von einer Mitunternehmerschaft betrieben, reicht es aus, wenn der erzeugte Strom in das öffentliche Stromnetz eingespeist und daneben von mindestens einem Mitunternehmer privat zu eigenen Wohnzwecken genutzt wird.

Beispiel 4:
A betreibt auf dem Dach ihres zu eigenen Wohnzwecken genutzten Einfamilienhauses eine Photovoltaikanlage mit 9 kW/kWp.

Ein Raum wird als häusliches Arbeitszimmer im Rahmen der nichtselbständigen Tätigkeit genutzt. Daneben vermietet A gelegentlich über eine Internetplattform das Gästezimmer an Touristen. Die Mieteinnahmen hieraus betragen:
a) 400 €/Jahr
b) 600 €/Jahr.

Lösung:
Nur im Fall a) kann auf Antrag die Vereinfachungsregelung in Anspruch genommen werden, mit der Folge, dass Liebhaberei unterstellt wird und die Abgabe einer Anlage EÜR nicht erforderlich ist.

---

[1]) jetzt § 9 Abs. 2 Nr. 3 EEG 2021

Beispiel 5:
A betreibt auf dem Dach ihres zu eigenen Wohnzwecken genutzten Einfamilienhauses eine Photovoltaikanlage mit 9 kW/kWp.
Zwei Räume nutzt A im Rahmen ihrer selbständigen Tätigkeit als Physiotherapiepraxis.
a) Für die Physiotherapiepraxis besteht ein technisch getrennter eigener Stromanschluss. Der Strom aus der Photovoltaikanlage wird neben der Einspeisung in das öffentliche Stromnetz ausschließlich in den zu Wohnzwecken genutzten Räumen verbraucht.
b) Für die Physiotherapiepraxis besteht lediglich ein eigener Stromzähler.

Lösung:
Nur im Fall a) kann auf Antrag die Vereinfachungsregelung in Anspruch genommen werden, mit der Folge, dass Liebhaberei unterstellt wird und die Abgabe einer Anlage EÜR nicht erforderlich ist.

Beispiel 6:
Die Eheleute A und B betreiben auf dem Dach ihres Einfamilienhauses eine Photovoltaikanlage mit 9 kW/kWp. Die Eheleute leben getrennt. A nutzt das Haus zu eigenen Wohnzwecken. B wohnt nicht im Einfamilienhaus.

Lösung:
Die Eheleute können einen Antrag auf Anwendung der Vereinfachungsregelung stellen, auch wenn kein Verbrauch des Stroms durch B stattfindet.

II. Wirkung des Antrags
1. Inbetriebnahme nach dem 31. Dezember 2003

Der Antrag, der beim örtlich zuständigen Finanzamt zu stellen ist, wirkt in allen offenen Veranlagungszeiträumen und auch für die Folgejahre. In diesen Fällen ist eine Anlage EÜR für den Betrieb der Photovoltaikanlage/des BHKW für alle offenen Veranlagungszeiträume nicht mehr abzugeben.

Veranlagte Gewinne und Verluste aus zurückliegenden Veranlagungszeiträumen, die verfahrensrechtlich einer Änderung noch zugänglich sind (z. B. bei unter dem Vorbehalt der Nachprüfung oder vorläufig durchgeführten Veranlagungen), sind nicht mehr zu berücksichtigen. Die Inanspruchnahme der Vereinfachungsregelung ist kein Fall des § 7g Absatz 4 EStG, da insoweit keine schädliche Verwendung der Investition vorliegt.

Bei Neuanlagen, die nach dem 31. Dezember 2021 in Betrieb genommen werden, ist der Antrag bis zum Ablauf des Veranlagungszeitraums zu stellen, der auf das Jahr der Inbetriebnahme folgt. Bei Altanlagen (Inbetriebnahme vor dem 31. Dezember 2021) ist der Antrag bis zum 31. Dezember 2022 zu stellen.

2. Ausgeförderte Anlagen

Bei Photovoltaikanlagen/BHKW i. S. v. Rn. 1 und 2, die vor dem 1. Januar 2004 in Betrieb genommen wurden, und die nach dem Auslaufen der Förderung in die Einspeisevergütung i. S. d. § 21 Absatz 1 Nummer 3 EEG 2021 eintreten (sog. ausgeförderte Anlagen), können frühestens nach 20 Jahren Betriebsdauer zur Liebhaberei übergehen. Der Antrag wirkt in diesen Fällen abweichend von Rn. 6 erst für den Veranlagungszeitraum, der auf den Veranlagungszeitraum folgt, in dem letztmalig die garantierte Einspeisevergütung gewährt wurde, und für alle Folgejahre. Die stillen Reserven im Zeitpunkt des Übergangs zur Liebhaberei sind mit 0 Euro zu bewerten. In diesen Fällen ist eine Anlage EÜR für den Betrieb der Photovoltaikanlage/des BHKW ab dem Veranlagungszeitraum, der auf den Veranlagungszeitraum folgt, in dem letztmalig die garantierte Einspeisevergütung gewährt wurde, nicht mehr abzugeben.

Bei ausgeförderten Anlagen im Sinne der Rn. 9 ist der Antrag bis zum Ablauf des Veranlagungszeitraums zu stellen, der auf den Veranlagungszeitraum folgt, in dem letztmalig die erhöhte garantierte Einspeisevergütung gewährt wurde.

3. Nutzungsänderungen, Überschreitung der Leistungsgrenze

11 Für Veranlagungszeiträume, in denen die Voraussetzungen der Rn. 1 und 2 nicht ganzjährig vorliegen (z. B. bei Nutzungsänderung, Vergrößerung der Anlage(n) über eine Gesamtleistung von 10,0 kW/kWp), ist die Vereinfachungsregelung unabhängig von der Erklärung der steuerpflichtigen Person/der Mitunternehmerschaft nicht anzuwenden. Sie hat den Wegfall der Voraussetzungen der Rn. 1 und 2 dem zuständigen Finanzamt schriftlich mitzuteilen. Es ist eine Anlage EÜR abzugeben.

III. Nachweis Gewinnerzielungsabsicht durch die steuerpflichtige Person

12 Unabhängig von den Regelungen dieses Schreibens bleibt es der steuerpflichtigen Person unbenommen, eine Gewinnerzielungsabsicht nach Maßgabe von H 15.3 EStH nachzuweisen. Macht die steuerpflichtige Person von der Vereinfachungsregelung dieses Schreibens keinen Gebrauch, ist die Gewinnerzielungsabsicht nach den allgemeinen Grundsätzen (vgl. H 15.3 EStH) zu prüfen. In diesem Fall gelten die allgemeinen Regelungen in allen noch offenen und künftigen Veranlagungszeiträumen, d. h. die in Rn. 1 ff beschriebene Vereinfachungsregelung kann nicht in Anspruch genommen werden.

IV. Anwendungsregelung

13 Dieses Schreiben tritt an die Stelle des BMF-Schreibens vom 2. Juni 2021 (IV C 6 – S 2240/19/10006 :003, 2021/0627224, BStBl I S.722), das hiermit aufgehoben wird.

Anhang 16

Gewinnermittlung IX

Steuerliche Gewinnermittlung;
Zweifelsfragen zur bilanzsteuerlichen Behandlung sog. geringwertiger Wirtschaftsgüter nach § 6 Absatz 2 EStG und zum Sammelposten nach § 6 Absatz 2a EStG in der Fassung des Gesetzes zur Beschleunigung des Wirtschaftswachstums vom 22. Dezember 2009
(BGBl. 2009 I S. 3950, BStBl 2010 I S. 2)

BMF vom 30.09.2010 (BStBl I S. 755)
IV C 6 – S 2180/09/10001 – 2010/0750885

Nach § 6 Absatz 2 EStG in der Fassung des Gesetzes zur Beschleunigung des Wirtschaftswachstums vom 22. Dezember 2009 (BGBl. 2009 I S. 3950, BStBl 2010 I S. 2) können die Anschaffungs- oder Herstellungskosten von abnutzbaren, beweglichen und einer selbständigen Nutzung fähigen Wirtschaftsgütern des Anlagevermögens in voller Höhe als Betriebsausgaben abgezogen werden, wenn die um einen enthaltenen Vorsteuerbetrag verminderten Anschaffungs- oder Herstellungskosten für das einzelne Wirtschaftsgut 410 Euro[1]) nicht übersteigen. Für gleichartige Wirtschaftsgüter, deren Anschaffungs- oder Herstellungskosten 150 Euro[2]), aber nicht 1.000 Euro übersteigen, kann im Wirtschaftsjahr der Anschaffung oder Herstellung ein Sammelposten gebildet werden (§ 6 Absatz 2a EStG). Die Regelungen gemäß § 6 Absatz 2 und 2a EStG gelten auch bei Einlagen und im Falle der Betriebseröffnung (§ 6 Absatz 1 Nummer 5 bis 6 EStG).

Nach dem Ergebnis einer Erörterung mit den obersten Finanzbehörden der Länder gelten für die Anwendung von § 6 Absatz 2 und 2a EStG in Ergänzung zu Richtlinie R 6.13 EStR 2008[3]) die folgenden Regelungen. Soweit nichts anderes angegeben, sind bei Verwendung der Begriffe

– Aufwendungen

die Anschaffungs- oder Herstellungskosten, vermindert um einen darin enthaltenen Vorsteuerbetrag (§ 9b Absatz 1 EStG), oder der nach § 6 Absatz 1 Nummer 5 bis 6 EStG an deren Stelle tretende Wert für das einzelne abnutzbare, bewegliche und einer selbständigen Nutzung fähige Wirtschaftsgut des Anlagevermögens und

– Wirtschaftsjahr

das Wirtschaftsjahr der Anschaffung, Herstellung oder Einlage eines Wirtschaftsgutes oder der Eröffnung eines Betriebes

gemeint.

I. Bilanzsteuerrechtliche Wahlrechte für Aufwendungen bis 1.000 Euro

1. Grundsatz

Die Aufwendungen sind grundsätzlich durch Absetzungen für Abnutzung (AfA) nach Maßgabe der §§ 7 ff. EStG (insbesondere § 7 Absatz 1 oder Absatz 2 EStG) unter Berücksichtigung der jeweiligen betriebsgewöhnlichen Nutzungsdauer des Wirtschaftsgutes gewinnmindernd als Betriebsausgaben abzuziehen. 1

2. Aufwendungen bis 150 Euro[2])

Abweichend von Randnummer 1 können Aufwendungen bis 150 Euro[2]) im maßgebenden Wirtschaftsjahr in voller Höhe gemäß § 6 Absatz 2 EStG als Betriebsausgaben abgezogen werden. Das Wahlrecht kann für jedes Wirtschaftsgut individuell in Anspruch genommen werden (wirtschaftsgutbezogenes Wahlrecht). 2

---

[1]) bei Anschaffung, Herstellung oder Einlage in das Betriebsvermögen ab 01.01.2018 800 € >§ 52 Abs. 12 Satz **8**
[2]) bei Anschaffung, Herstellung oder Einlage in das Betriebsvermögen ab 01.01.2018 250 € >§ 52 Abs. 12 Satz **10**
[3]) jetzt EStR 2012

1739

Anhang 16
IX Gewinnermittlung

3 Bei Anwendung des § 6 Absatz 2 EStG bestehen mit Ausnahme der buchmäßigen Erfassung des Zugangs des Wirtschaftsgutes keine weiteren Aufzeichnungspflichten; aus steuerlichen Gründen ist eine Aufnahme in ein Inventar im Sinne des § 240 HGB nicht erforderlich.

3. Aufwendungen von mehr als 150 Euro[1]) und nicht mehr als 410 Euro[2])
a) Erstes Wahlrecht

4 Abweichend von Randnummer 1 können Aufwendungen von mehr als 150 Euro[1]) und nicht mehr als 410 Euro[2]) im maßgebenden Wirtschaftsjahr in voller Höhe gemäß § 6 Absatz 2 EStG als Betriebsausgaben abgezogen werden.

5 Nach § 6 Absatz 2 Satz 4 und 5 EStG ist das Wirtschaftsgut unter Angabe des Tages der Anschaffung, Herstellung oder Einlage sowie der Anschaffungs- oder Herstellungskosten oder des Einlagewertes in ein besonderes, laufend zu führendes Verzeichnis aufzunehmen. Das Verzeichnis braucht nicht geführt zu werden, wenn diese Angaben aus der Buchführung ersichtlich sind.

b) Zweites Wahlrecht

6 Die Aufwendungen können im maßgebenden Wirtschaftsjahr gemäß § 6 Absatz 2a EStG in einem Sammelposten erfasst werden (zu den Einzelheiten vgl. Randnummern 8 bis 25). Dieses Wahlrecht kann nach § 6 Absatz 2a Satz 5 EStG nur einheitlich für alle Wirtschaftsgüter des Wirtschaftsjahres mit Aufwendungen von mehr als 150 Euro[1]) und nicht mehr als 1.000 Euro (Randnummern 4 bis 7) in Anspruch genommen werden (wirtschaftsjahrbezogenes Wahlrecht).

4. Aufwendungen von mehr als 410 Euro[2]) und nicht mehr als 1.000 Euro

7 Abweichend von Randnummer 1 können Aufwendungen von mehr als 410 Euro[2]) und nicht mehr als 1.000 Euro im maßgebenden Wirtschaftsjahr gemäß § 6 Absatz 2a EStG in einem Sammelposten (Randnummern 8 bis 25) erfasst werden. Dieses Wahlrecht kann nur einheitlich für alle Wirtschaftsgüter des Wirtschaftsjahres mit Aufwendungen von mehr als 150 Euro[1]) und nicht mehr als 1.000 Euro in Anspruch genommen werden (wirtschaftsjahrbezogenes Wahlrecht, Randnummer 6 Satz 2).

II. Sammelposten nach § 6 Absatz 2a EStG
1. Bildung des Sammelpostens

8 Der Sammelposten ist kein Wirtschaftsgut, sondern eine Rechengröße (R 6.13 Absatz 6 Satz 1 EStR).

9 Wirtschaftsgüter im Sinne des § 6 Absatz 2a EStG können alternativ zur Sofortabschreibung nach § 6 Absatz 2 EStG oder zur ratierlichen Absetzung für Abnutzung im maßgebenden Wirtschaftsjahr in **einem** jahrgangsbezogenen Sammelposten je Bilanz (Gesamthandsbilanz, Sonderbilanz, Ergänzungsbilanz) erfasst werden (vgl. R 6.13 Absatz 5 Satz 1 EStR). Dies gilt sinngemäß auch bei einer Gewinnermittlung durch Einnahmenüberschussrechnung. Ein Schrott- oder Schlachtwert für im Sammelposten erfasste Wirtschaftsgüter bleibt außer Ansatz, da bei diesen Wirtschaftsgütern nach vollständiger gewinnmindernder Auflösung des Sammelpostens nicht mehr von einem beträchtlichen Restwert ausgegangen werden kann (BFH-Urteil vom 22. Juli 1971, BStBl II S. 800). Abgesehen von der buchmäßigen Erfassung des Zugangs der Wirtschaftsgüter

---

[1]) bei Anschaffung, Herstellung oder Einlage in das Betriebsvermögen ab 01.01.2018 250 € >§ 52 Abs. 12 Satz **10**
[2]) bei Anschaffung, Herstellung oder Einlage in das Betriebsvermögen ab 01.01.2018 800 € >§ 52 Abs. 12 Satz **8**

in den Sammelposten bestehen keine weiteren Aufzeichnungspflichten. Die Wirtschaftsgüter des Sammelpostens müssen aus steuerlichen Gründen nicht in ein Inventar im Sinne des § 240 HGB aufgenommen werden.

Nachträgliche Anschaffungs- oder Herstellungskosten von Wirtschaftsgütern im Sinne des § 6 Absatz 2a EStG erhöhen den Sammelposten des Wirtschaftsjahres, in dem die Aufwendungen entstehen (R 6.13 Absatz 5 Satz 2 EStR). Beabsichtigt der Steuerpflichtige, in diesem Wirtschaftsjahr § 6 Absatz 2a EStG nicht anzuwenden (vgl. Randnummern 6 und 7), beschränkt sich der Sammelposten auf die nachträglichen Anschaffungs- oder Herstellungskosten der in Satz 1 genannten Wirtschaftsgüter. Fallen die nachträglichen Anschaffungs- oder Herstellungskosten bereits im Wirtschaftsjahr der Investition an und übersteigt die Summe der Gesamtkosten in diesem Wirtschaftsjahr die Betragsgrenze von 1.000 Euro, kann § 6 Absatz 2a EStG nicht angewendet werden; das Wirtschaftsgut ist nach § 6 Absatz 1 Nummer 1 EStG einzeln zu bewerten. Scheidet ein Wirtschaftsgut im Jahr der Anschaffung, Herstellung oder Einlage aus dem Betriebsvermögen aus, liegen die Voraussetzungen für die Berücksichtigung des Wirtschaftsgutes im Sammelposten zum Schluss dieses Wirtschaftsjahres nicht vor. 10

Anschaffungs- oder Herstellungskosten von nicht selbständig nutzbaren Wirtschaftsgütern sind, sofern sie keine nachträglichen Anschaffungs- oder Herstellungskosten darstellen, nicht im Sammelposten zu erfassen. 11

Beispiel
Einzelunternehmer A schafft am Ende des Wirtschaftsjahres 01 für sein Anlagevermögen einen PC an. Die Anschaffungskosten betragen 500 Euro. Im Wirtschaftsjahr 02 erfolgt die Anschaffung eines Druckers – welcher neben dem Drucken keine weiteren Funktionen ausführen kann – sowie einer PC-Maus, die bisher nicht im Lieferumfang des PC enthalten war. Die Anschaffungskosten für den Drucker betragen 180 Euro und für die PC-Maus 25 Euro. A wendet in 01 und 02 die Regelungen zum Sammelposten gemäß § 6 Absatz 2a EStG an.

Lösung
Der PC ist als selbständig nutzungsfähiges Wirtschaftsgut des Anlagevermögens im Sammelposten des Wirtschaftsjahres 01 zu erfassen. Eine Abschreibung über die betriebsgewöhnliche Nutzungsdauer kommt nicht in Betracht, da A sich für die Anwendung der Regelungen zum Sammelposten entschieden hat (einheitliche Wahlrechtsausübung). Dagegen ist der Drucker ein nicht selbständig nutzungsfähiges Wirtschaftsgut (vgl. BFH-Urteil vom 19. Februar 2004, BStBl II S. 958). Die Aufwendungen stellen aber keine nachträglichen Anschaffungskosten des PC dar. Der Drucker ist einzeln nach den Vorschriften des § 6 Absatz 1 Nummer 1 EStG zu bewerten und die Anschaffungskosten sind über die betriebsgewöhnliche Nutzungsdauer abzuschreiben. Demgegenüber bildet die ebenfalls nicht selbständig nutzungsfähige PC-Maus eine Nutzungseinheit mit dem PC. Daher sind die Aufwendungen für die PC-Maus nachträgliche Anschaffungskosten des PC und im Sammelposten des Wirtschaftsjahres 02 zu erfassen (vgl. R 6.13 Absatz 5 Satz 2 EStR).

Die Regelungen zum Sammelposten gelten sowohl für notwendiges als auch für gewillkürtes Betriebsvermögen. 12

Der Ansatz von Festwerten (§ 240 Absatz 3 HGB) ist für im Sammelposten erfasste Wirtschaftsgüter nicht zulässig. Der Festwert für Wirtschaftsgüter, die zulässigerweise mit einem gleich bleibenden Wert angesetzt wurden, ist planmäßig gemäß R 5.4 Absatz 3 EStR anzupassen. 13

2. Auflösung des Sammelpostens

Scheidet ein im Sammelposten erfasstes Wirtschaftsgut aus dem Betriebsvermögen durch Entnahme, Veräußerung, Verschrottung oder sonstiges Abhandenkommen aus, hat dieser Vorgang keine Auswirkung auf den Sammelposten. Auch der Abgang sämtlicher im Sammelposten erfasster Wirtschaftsgüter führt nicht zu einer Auflösung des 14

Sammelpostens. Bei im Sammelposten erfassten Wirtschaftsgütern sind Sonderabschreibungen sowie Teilwertabschreibungen nicht zulässig.

15 Sammelposten sind jahrgangsbezogen mit jeweils einem Fünftel gewinnmindernd zum Ende des jeweiligen Wirtschaftsjahres aufzulösen. Die betriebsgewöhnliche Nutzungsdauer der einzelnen Wirtschaftsgüter ist für die Auflösung des Sammelpostens auch dann unbeachtlich, wenn diese weniger als fünf Jahre beträgt. Die jahrgangsbezogene Auflösung zum Ende des jeweiligen Wirtschaftsjahres mit jeweils einem Fünftel gilt auch bei Rumpfwirtschaftsjahren, beispielsweise bei Betriebsveräußerung oder Betriebsaufgabe vor Ablauf des regulären Wirtschaftsjahres. Die gewinnmindernde Auflösung zum Ende des (Rumpf-)Wirtschaftsjahres mit einem Fünftel ist beim laufenden Gewinn dieses (Rumpf-)Wirtschaftsjahres zu erfassen. Der verbleibende Restbuchwert ist bei der Ermittlung des Gewinns nach § 16 Absatz 2 EStG zu berücksichtigen.

16 Die Grundsätze der Randnummer 15 gelten für die Feststellung des Unterschiedsbetrages nach § 5a Absatz 4 EStG entsprechend. Der Unterschiedsbetrag ist für den einzelnen Sammelposten insgesamt durch die Gegenüberstellung des Buchwerts des Sammelpostens und der Teilwerte der im Betriebsvermögen noch vorhandenen Wirtschaftsgüter des jeweiligen Sammelpostens festzustellen. Scheidet ein in einem Sammelposten erfasstes Wirtschaftsgut aus dem Betriebsvermögen aus oder dient es nicht mehr dem Betrieb von Handelsschiffen im internationalen Verkehr, führt dies nicht zur Hinzurechnung nach § 5a Absatz 4 Satz 3 Nummer 2 EStG.

17 In den Fällen der Realteilung (§ 16 Absatz 3 Satz 2 bis 4 EStG) sind die Sammelposten des Gesamthandsvermögens entsprechend der Beteiligung am Betriebsvermögen der Mitunternehmerschaft bei den einzelnen Mitunternehmern fortzuführen. Sammelposten des Sonderbetriebsvermögens sind unmittelbar bei den einzelnen Mitunternehmern planmäßig aufzulösen.

18 Werden im Sammelposten erfasste Wirtschaftsgüter außerbetrieblich genutzt, ist für die Ermittlung der als Entnahme zu behandelnden Selbstkosten der Wertverzehr im Schätzungsweg zu berücksichtigen.

3. Sammelposten in Fällen der Übertragung im Sinne des § 6 Absatz 3 EStG, Überführung oder Übertragung im Sinne des § 6 Absatz 5 EStG und Einbringung im Sinne der §§ 20, 24 UmwStG

a) Übertragung oder Einbringung eines gesamten Betriebes

19 In den Fällen der Übertragung oder Einbringung eines gesamten Betriebes zum Buchwert gehen die im Sammelposten erfassten Wirtschaftsgüter zusammen mit dem Betrieb auf den neuen Rechtsträger über. Der übernehmende Rechtsträger führt den Sammelposten unverändert fort.

20 Bei einer Einbringung zu einem über dem Buchwert liegenden Wert liegt für den übernehmenden Rechtsträger ein Anschaffungsvorgang vor, der unter den Voraussetzungen des § 6 Absatz 2a EStG zur Bildung eines neuen Sammelpostens führen kann.

21 Behält der übertragende, überführende oder einbringende Rechtsträger Betriebsvermögen zurück (z. B. Einbringung des Betriebsvermögens einer Personengesellschaft in eine andere Personengesellschaft oder eine Kapitalgesellschaft, wenn die einbringende Personengesellschaft fortbesteht), ist der Sammelposten im verbleibenden Betriebsvermögen auszuweisen.

b) Übertragung oder Einbringung eines Teilbetriebes

22 Die Übertragung oder Einbringung eines Teilbetriebes hat ungeachtet des Verbleibs der im Sammelposten zu erfassenden erfassten Wirtschaftsgüter keine Auswirkung auf den Sammelposten des übertragenden oder einbringenden Rechtsträgers (R 6.13 Absatz 6

Anhang 16
Gewinnermittlung
IX

EStR); Entsprechendes gilt für nach § 6 Absatz 5 EStG überführte oder übertragene und im Sammelposten erfasste Wirtschaftsgüter.

Wird ein Teilbetrieb zum Buchwert übertragen oder eingebracht, erfolgt beim übernehmenden Rechtsträger mangels eines eigenen Buchwertes für im Sammelposten erfasste Wirtschaftsgüter weder ein Ausweis dieser Wirtschaftsgüter noch der Ausweis eines Sammelpostens. Dies gilt auch für eine Übertragung oder Überführung von Wirtschaftsgütern zum Buchwert nach entsprechender Anwendung des § 6 Absatz 5 EStG. 23

4. Übertragung und Veräußerung eines Mitunternehmeranteils

Bei der unentgeltlichen Übertragung des gesamten oder eines Teils eines Mitunternehmeranteils bleibt der im Gesamthandsvermögen der Mitunternehmerschaft gebildete Sammelposten unverändert bestehen. Ein im Sonderbetriebsvermögen des übertragenen Mitunternehmeranteils enthaltener Sammelposten geht auf den Rechtsnachfolger über, wenn der gesamte Mitunternehmeranteil übertragen wird. Wird hingegen nur ein Teil eines Mitunternehmeranteils übertragen, wird der Sammelposten im Sonderbetriebsvermögen des Übertragenden unverändert fortgeführt, es sei denn, mit der Übertragung des Teils eines Mitunternehmeranteils wird das gesamte Sonderbetriebsvermögen unentgeltlich übertragen. Beim rückwirkenden Ansatz des Teilwerts nach § 6 Absatz 3 Satz 2 EStG bleibt der Sammelposten aus Vereinfachungsgründen in unveränderter Höhe bestehen. 24

Die Veräußerung eines Mitunternehmeranteils hat keine Auswirkungen auf den Sammelposten der Gesamthandsbilanz der Mitunternehmerschaft. Für die Sammelposten der Sonderbilanz des veräußerten Mitunternehmeranteils ist Randnummer 15 zu beachten. In der Ergänzungsbilanz des Erwerbers ist aus Vereinfachungsgründen immer nur ein Posten für im Sammelposten enthaltene Mehr- oder Minderwerte zu bilden, unabhängig davon, ob der Mehr- oder Minderwert auf Wirtschaftsgüter entfällt, die in einem oder in verschiedenen Sammelposten erfasst wurden. Der Sammelposten in der Ergänzungsbilanz ist im Wirtschaftsjahr des Erwerbs und in den folgenden vier Wirtschaftsjahren mit jeweils einem Fünftel aufzulösen. 25

Beispiel

Die ABCD-oHG hat in der Gesamthandsbilanz zum 31.12.02 für Anschaffungen des Jahres 01 (200 Wirtschaftsgüter zu je 500 Euro; Anschaffungskosten somit 100.000 Euro) einen Sammelposten 01 in Höhe von 60.000 Euro (Anschaffungskosten 100.000 Euro abzgl. je ein Fünftel = 20.000 Euro für 01 und 02) und für Anschaffungen des Jahres 02 (100 Wirtschaftsgüter zu je 250 Euro; Anschaffungskosten somit 25.000 Euro) einen Sammelposten 02 in Höhe von 20 000 Euro (Anschaffungskosten 25.000 Euro abzgl. ein Fünftel = 5.000 Euro für 02) gebildet.

Mitunternehmer A hat in seiner Sonderbilanz zum 31.12.02 für Anschaffungen des Jahres 01 (AK 20.000 Euro) einen Sammelposten 01 in Höhe von 12.000 Euro (Anschaffungskosten 20.000 Euro abzgl. je ein Fünftel = 4.000 Euro für 01 und 02) und für Anschaffungen des Jahres 02 (Anschaffungskosten 5.000 Euro) einen Sammelposten 02 in Höhe von 4.000 Euro (Anschaffungskosten 5.000 Euro abzgl. ein Fünftel = 1.000 Euro für 02) gebildet.

	ABCD-oHG 31.12.02		
Sammelposten 01	60.000	Kapital A	20.000
Sammelposten 02	20.000	Kapital B	20.000
		Kapital C	20.000
		Kapital D	20.000

	Sonderbilanz A 31.12.02		
Sammelposten 01	12.000	Kapital	16.000
Sammelposten 02	4.000		

1743

Anhang 16
Gewinnermittlung

Zum 01.01.03 veräußert A seinen Mitunternehmeranteil für 50.000 Euro an E. Die Wirtschaftsgüter seines Sonderbetriebsvermögens entnimmt er in sein Privatvermögen (Teilwert = 17.000 Euro). Von den Anschaffungskosten des E entfallen 24.000 Euro auf die in den Sammelposten erfassten Wirtschaftsgüter, der Rest entfällt auf den Geschäfts- oder Firmenwert.

Behandlung A

Veräußerungserlös	50.000 Euro
Entnahmewert	17.000 Euro
Kapitalkonto Gesamthandsvermögen	– 20.000 Euro
Kapitalkonto Sonderbetriebsvermögen	– 16.000 Euro
Veräußerungsgewinn	31.000 Euro

Behandlung oHG und E:

In der Gesamthandsbilanz der BCDE-oHG erfolgt keine Änderung auf Grund der Veräußerung des Mitunternehmeranteils bei den Sammelposten 01 und 02. Die Sammelposten in der Gesamthandsbilanz werden in den Folgejahren wie bisher jeweils um ein Fünftel (für 01 je 20.000 Euro und für 02 je 5.000 Euro) gewinnmindernd aufgelöst. Den Mehrwert für die im Sammelposten der Gesamthandsbilanz erfassten Wirtschaftsgüter (24.000 Euro abzgl. 20.000 Euro = 4.000 Euro) hat E in einem Sammelposten neben dem Geschäfts- oder Firmenwert (26.000 Euro) in seiner Ergänzungsbilanz zu erfassen. E muss im Jahr 03 in seiner Ergänzungsbilanz den Mehrwert für die im Sammelposten erfassten Wirtschaftsgüter entsprechend § 6 Absatz 2a Satz 2 EStG um ein Fünftel (= 800 Euro) gewinnmindernd auflösen.

5. Zeitliche Anwendung

a) Wirtschaftsgüter, die nach dem 31. Dezember 2009 angeschafft, hergestellt oder in das Betriebsvermögen eingelegt werden

26 Bei Wirtschaftsgütern, die nach dem 31. Dezember 2009 angeschafft, hergestellt oder in das Betriebsvermögen eingelegt werden, sind die Randnummern 1 bis 25 anzuwenden (§ 52 Absatz 16 Satz 14 EStG[1])).

b) Wirtschaftsgüter, die nach dem 31. Dezember 2007 und vor dem 1. Januar 2010 angeschafft, hergestellt oder in das Betriebsvermögen eingelegt wurden

27 Abweichend von den Randnummern 1 bis 7 ist bei Wirtschaftsgütern, die nach dem 31. Dezember 2007 und vor dem 1. Januar 2010 angeschafft, hergestellt oder in das Betriebsvermögen eingelegt wurden, § 6 Absatz 2 und 2a i. V. m. § 52 Absatz 16 Satz 17 EStG i. d. F. des Unternehmensteuerreformgesetzes 2008 vom 14. August 2007 (BGBl. I S. 1912, BStBl I S. 630) anzuwenden. Danach sind Aufwendungen bis 150 Euro[2]) zwingend in voller Höhe als Betriebsausgaben abzusetzen. Für Aufwendungen von mehr als 150 Euro[2]) und nicht mehr als 1.000 Euro ist zwingend ein Sammelposten im Sinne der Randnummern 8 bis 13 zu bilden, der nach Maßgabe der Randnummern 14 bis 18 aufzulösen ist. Abgesehen von der buchmäßigen Erfassung des Zugangs der Wirtschaftsgüter mit Aufwendungen bis 1.000 Euro bestehen keine weiteren steuerlichen Aufzeichnungspflichten.

---

[1]) § 52 Abs. 16 Satz 14 i. d. F. vor dem Gesetz zur Anpassung des nationalen Steuerrechts an den Beitritt Kroatiens zur EU und zur Änderung weiterer steuerlicher Vorschriften

[2]) bei Anschaffung, Herstellung oder Einlage in das Betriebsvermögen ab 01.01.2018 250 € >§ 52 Abs. 12 Satz **10**

c)   Vom Kalenderjahr abweichendes Wirtschaftsjahr (§ 4a EStG)

Weicht das Wirtschaftsjahr vom Kalenderjahr ab (§ 4a Absatz 1 Nummer 1 und 2 EStG), sind in dem vor dem 1. Januar 2010 beginnenden Wirtschaftsjahr (Übergangsjahr) sowohl Randnummer 26 als auch Randnummer 27 zu beachten. Wird im Übergangsjahr hinsichtlich der nach dem 31. Dezember 2009 angeschafften, hergestellten oder eingelegten Wirtschaftsgüter das Wahlrecht nach den Randnummern 6 und 7 in Anspruch genommen, ist insoweit kein eigener Sammelposten zu bilden; diese Wirtschaftsgüter sind vielmehr in dem für die vor dem 1. Januar 2010 angeschafften, hergestellten oder eingelegten Wirtschaftsgüter mit Aufwendungen von mehr als 150 Euro[1]) und nicht mehr als 1.000 Euro zwingend gebildeten Sammelposten zu erfassen.

In vor dem 1. Januar 2008 beginnenden abweichenden Wirtschaftsjahren ist für die vor dem 1. Januar 2008 angeschafften, hergestellten oder eingelegten Wirtschaftsgüter ausschließlich § 6 Absatz 2 EStG in der Fassung vor der zeitlichen Anwendung des Unternehmensteuerreformgesetzes 2008 vom 14. August 2007 (BGBl. I S. 1912, BStBl I S. 630) maßgebend; Randnummer 27 ist insoweit nicht anzuwenden.

---

[1]) bei Anschaffung, Herstellung oder Einlage in das Betriebsvermögen ab 01.01.2018 250 € >§ 52 Abs. 12 Satz *10*

Bildung gewillkürten Betriebsvermögens bei der Gewinnermittlung nach § 4 Abs. 3 EStG; BFH-Urteil vom 2. Oktober 2003 – IV R 13/03 – (BStBl II S. 985)

BMF vom 17.11.2004 (BStBl I S. 1064)
IV B 2 – S 2134 – 2/04

1   Mit Urteil vom 2. Oktober 2003 (BStBl II 2004 S. 985) hat der BFH entschieden, dass die Bildung gewillkürten Betriebsvermögens entgegen R 13 Abs. 16 EStR 2003 auch bei einer Gewinnermittlung durch Einnahmenüberschussrechnung (§ 4 Abs. 3 EStG) möglich ist. Die Zuordnung eines gemischt genutzten Wirtschaftsguts zum gewillkürten Betriebsvermögen scheidet aber aus, wenn das Wirtschaftsgut nur in geringfügigem Umfang, d. h. zu weniger als 10 v. H., betrieblich genutzt wird. Der Nachweis der Zuordnung zum gewillkürten Betriebsvermögen ist in unmissverständlicher Weise durch entsprechende zeitnah erstellte Aufzeichnungen zu erbringen. Ein sachverständiger Dritter, z. B. ein Betriebsprüfer, muss daher ohne eine weitere Erklärung des Steuerpflichtigen die Zugehörigkeit des erworbenen oder eingelegten Wirtschaftsguts zum Betriebsvermögen erkennen können.

2   Nach dem Ergebnis der Erörterung mit den obersten Finanzbehörden der Länder gelten folgende Grundsätze:

3   Der Steuerpflichtige trägt für die Zuordnung eines Wirtschaftsguts zum gewillkürten Betriebsvermögen die Beweislast. Er hat die Zuordnung sowie den Zeitpunkt der Zuordnung nachzuweisen. Hierfür hat er entsprechende Beweisvorsorge zu treffen. Zweifel gehen zu seinen Lasten. Eine rückwirkende Zuordnung zum gewillkürten Betriebsvermögen scheidet aus.

4   Als Nachweis ausreichend ist die zeitnahe Aufnahme in ein laufend zu führendes Bestandsverzeichnis oder vergleichbare Aufzeichnungen. Die Aufzeichnung hat dabei in einer Form zu erfolgen, die Zweifel in Bezug auf die Zuordnung eines Wirtschaftsguts zum gewillkürten Betriebsvermögen sowie deren Zeitpunkt ausschließt. Der Nachweis kann auch in anderer Weise geführt werden, z. B. durch eine zeitnahe schriftliche Erklärung gegenüber dem zuständigen Finanzamt. Der Behandlung von Einnahmen und Ausgaben im Zusammenhang mit dem Wirtschaftsgut als Betriebseinnahmen und Betriebsausgaben kommt bei der Zuordnungsentscheidung Indizwirkung zu.

5   Die Aufzeichnungen haben zeitnah, spätestens bis zum Ende des Veranlagungszeitraumes zu erfolgen. Bei einer späteren Aufzeichnung, z. B. nach Ablauf des Veranlagungszeitraums im Rahmen der Erstellung der Einnahmenüberschussrechnung, ist die Zuordnung zum gewillkürten Betriebsvermögen erst zum Zeitpunkt des Eingangs der Einnahmenüberschussrechnung beim zuständigen Finanzamt anzuerkennen, es sei denn, der Steuerpflichtige kann auf andere Art und Weise einen früheren Zuordnungszeitpunkt nachweisen.

6   Die Unterlagen, aus denen sich der Nachweis sowie der Zeitpunkt der Zuführung eines Wirtschaftsgutes zum gewillkürten Betriebsvermögen ergeben, sind mit der Einnahmenüberschussrechnung beim Finanzamt einzureichen. Werden keine geeigneten Unterlagen zum Nachweis der Zuordnung eines Wirtschaftsguts zum gewillkürten Betriebsvermögen vorgelegt und ist die Zuordnung nicht durch andere Angaben belegt worden, ist die Zuordnung des Wirtschaftsguts zum gewillkürten Betriebsvermögen erst zum Zeitpunkt des Eingangs der Einnahmenüberschussrechnung beim zuständigen Finanzamt anzuerkennen.

7   Diese Grundsätze sind in allen noch nicht bestandskräftigen Fällen anzuwenden.

Anhang 16

Gewinnermittlung XI

1.
Ertragsteuerliche Behandlung von Aufwendungen für VIP-Logen in Sportstätten

BMF vom 22.08.2005 (BStBl I S. 845)
IV B 2 – S 2144 – 41/05

Unter Aufwendungen für VIP-Logen in Sportstätten werden solche Aufwendungen eines Steuerpflichtigen verstanden, die dieser für bestimmte sportliche Veranstaltungen trägt und für die er vom Empfänger dieser Leistung bestimmte Gegenleistungen mit Werbecharakter für die „gesponserte" Veranstaltung erhält. Neben den üblichen Werbeleistungen (z. B. Werbung über Lautsprecheransagen, auf Videowänden, in Vereinsmagazinen) werden dem sponsernden Unternehmer auch Eintrittskarten für VIP-Logen überlassen, die nicht nur zum Besuch der Veranstaltung berechtigen, sondern auch die Möglichkeit der Bewirtung des Steuerpflichtigen und Dritter (z. B. Geschäftsfreunde, Arbeitnehmer) beinhalten. Regelmäßig werden diese Maßnahmen in einem Gesamtpaket vereinbart, wofür dem Sponsor ein Gesamtbetrag in Rechnung gestellt wird.

Im Einvernehmen mit den obersten Finanzbehörden der Länder gilt zur ertragsteuerlichen Behandlung der Aufwendungen für VIP-Logen in Sportstätten Folgendes:

Aufwendungen im Zusammenhang mit VIP-Logen in Sportstätten können betrieblich veranlasst (Ausnahme Rdnr. 11) und in der steuerlichen Gewinnermittlung entsprechend der Art der Aufwendungen einzeln zu berücksichtigen sein. Dabei sind die allgemeinen Regelungen des § 4 Abs. 4 und 5 EStG in Verbindung mit dem zum Sponsoring ergangenen BMF-Schreiben vom 18. Februar 1998 (BStBl I S. 212) zu beachten. 1

Bei den Aufwendungen sind zu unterscheiden:

1. Aufwendungen für Werbeleistungen

Die in den vertraglich abgeschlossenen Gesamtpaketen neben den Eintrittskarten, der Bewirtung, den Raumkosten u. ä. erfassten Aufwendungen für Werbeleistungen sind grundsätzlich als Betriebsausgaben gemäß § 4 Abs. 4 EStG abziehbar. 2

2. Aufwendungen für eine besondere Raumnutzung

Wird im Einzelfall glaubhaft gemacht, dass auf der Grundlage einer vertraglichen Vereinbarung Räumlichkeiten in der Sportstätte für betriebliche Veranstaltungen (z. B. Konferenzen, Besprechungen mit Geschäftspartnern) außerhalb der Tage, an denen Sportereignisse stattfinden, genutzt werden, stellen die angemessenen, auf diese Raumnutzung entfallenden Aufwendungen ebenfalls abziehbare Betriebsausgaben dar (vgl. Rdnr. 19). 3

3. Aufwendungen für VIP-Maßnahmen gegenüber Geschäftsfreunden

a) Geschenke

Wendet der Steuerpflichtige seinen Geschäftsfreunden unentgeltlich Leistungen zu (beispielsweise Eintrittskarten), um geschäftliche Kontakte vorzubereiten und zu begünstigen oder um sich geschäftsfördernd präsentieren zu können, kann es sich um Geschenke im Sinne von § 4 Abs. 5 Satz 1 Nr. 1 EStG handeln, die nur abziehbar sind, wenn die Anschaffungs- oder Herstellungskosten der dem Empfänger im Wirtschaftsjahr zugewendeten Gegenstände insgesamt 35 Euro nicht übersteigen. Der Geschenkbegriff des § 4 Abs. 5 Satz 1 Nr. 1 EStG entspricht demjenigen der bürgerlich-rechtlichen Schenkung. 4

5 Erfolgt die Zuwendung dagegen als Gegenleistung für eine bestimmte in engem sachlichen oder sonstigem unmittelbaren Zusammenhang stehende Leistung des Empfängers, fehlt es an der für ein Geschenk notwendigen unentgeltlichen Zuwendung. Die Aufwendungen sind dann grundsätzlich unbeschränkt als Betriebsausgaben abziehbar.

b) Bewirtung

6 Aufwendungen für die Bewirtung von Geschäftsfreunden aus geschäftlichem Anlass sind gemäß § 4 Abs. 5 Satz 1 Nr. 2 EStG unter den dort genannten Voraussetzungen beschränkt abziehbar.

c) Behandlung beim Empfänger

7 Bei den Empfängern der Geschenke ist der geldwerte Vorteil wegen der betrieblichen Veranlassung als Betriebseinnahme zu versteuern, und zwar auch dann, wenn für den Zuwendenden das Abzugsverbot des § 4 Abs. 5 Satz 1 Nr. 1 EStG gilt (BFH-Urteil vom 26. September 1995, BStBl 1996 II S. 273). Der Vorteil aus einer Bewirtung im Sinne des § 4 Abs. 5 Satz 1 Nr. 2 EStG ist dagegen aus Vereinfachungsgründen beim bewirteten Steuerpflichtigen nicht als Betriebseinnahme zu erfassen (R 18 Abs. 3 EStR 2003[1])).

4. Aufwendungen für VIP-Maßnahmen zugunsten von Arbeitnehmern

a) Geschenke

8 Aufwendungen für Geschenke an Arbeitnehmer des Steuerpflichtigen sind vom Abzugsverbot des § 4 Abs. 5 Satz 1 Nr. 1 EStG ausgeschlossen und somit in voller Höhe als Betriebsausgaben abziehbar.

b) Bewirtung

9 Bewirtungen, die der Steuerpflichtige seinen Arbeitnehmern gewährt, gelten als betrieblich veranlasst und unterliegen mithin nicht der Abzugsbeschränkung des § 4 Abs. 5 Satz 1 Nr. 2 EStG. Zu unterscheiden hiervon ist die Bewirtung aus geschäftlichem Anlass, an der Arbeitnehmer des Steuerpflichtigen lediglich teilnehmen (Beispiel: Der Unternehmer lädt anlässlich eines Geschäftsabschlusses die Geschäftspartner und seine leitenden Angestellten ein). Hier greift § 4 Abs. 5 Satz 1 Nr. 2 EStG auch für den Teil der Aufwendungen, der auf den an der Bewirtung teilnehmenden Arbeitnehmer entfällt.

c) Behandlung beim Empfänger

10 Die Zuwendung stellt für den Arbeitnehmer einen zum steuerpflichtigen Arbeitslohn gehörenden geldwerten Vorteil dar, wenn der für die Annahme von Arbeitslohn erforderliche Zusammenhang mit dem Dienstverhältnis gegeben ist (§ 8 Abs. 1 i. V. m. § 19 Abs. 1 Satz 1 Nr. 1 EStG und § 2 Abs. 1 LStDV). Der geldwerte Vorteil ist grundsätzlich nach § 8 Abs. 2 Satz 1 EStG zu bewerten. Die Freigrenze für Sachbezüge i. H. v. 44 Euro im Kalendermonat (§ 8 Abs. 2 Satz 9 EStG[2])) und R 31 Abs. 2 Satz 9 LStR 2005[3]) sind zu beachten.

Nicht zum steuerpflichtigen Arbeitslohn gehören insbesondere Zuwendungen, die der Arbeitgeber im ganz überwiegenden betrieblichen Interesse erbringt. Dies sind auch Zuwendungen im Rahmen einer üblichen Betriebsveranstaltung (vgl. R 72 LStR 2005[4]))

---

[1]) jetzt R 4.7 Abs. 3 EStR
[2]) jetzt § 8 Abs. 2 Satz 11
[3]) jetzt R 8.1 Abs. 2 Satz 3 LStR 2015
[4]) jetzt BMF vom 14.10.2015 (BStBl I S. 832)

Anhang 16
Gewinnermittlung   XI

oder Zuwendungen aus geschäftlichem Anlass (Beispiel: Der Unternehmer lädt anlässlich eines Geschäftsabschlusses die Geschäftspartner und seine leitenden Angestellten ein, vgl. R 31 Abs. 8 Nr. 1 LStR 2005[1])).

5. Privat veranlasste Aufwendungen für VIP-Maßnahmen

Ist die Leistung des Unternehmers privat veranlasst, handelt es sich gemäß § 12 Nr. 1 EStG in vollem Umfang um nicht abziehbare Kosten der privaten Lebensführung; bei Kapitalgesellschaften können verdeckte Gewinnausschüttungen vorliegen. Eine private Veranlassung ist u. a. dann gegeben, wenn der Steuerpflichtige die Eintrittskarten an Dritte überlässt, um damit gesellschaftlichen Konventionen zu entsprechen, z. B. aus Anlass eines persönlichen Jubiläums (vgl. BFH-Urteil vom 12. Dezember 1991, BStBl 1992 II S. 524; BFH-Urteil vom 29. März 1994, BStBl II S. 843).   11

6. Nachweispflichten

Der Betriebsausgabenabzug für Aufwendungen im Rahmen von VIP-Maßnahmen ist zu versagen, wenn keine Nachweise dafür vorgelegt worden sind, welchem konkreten Zweck der getätigte Aufwand diente, d. h. welchem Personenkreis aus welcher Veranlassung die Leistung zugewendet wurde.   12

Dagegen ist der Betriebsausgabenabzug nicht bereits aus dem Grunde zu versagen, dass der Nutzungsvertrag keine Aufgliederung des vereinbarten Nutzungsentgelts einerseits und der Einräumung der sonstigen werblichen Möglichkeiten andererseits zulässt. Soweit die vertraglichen Vereinbarungen keine Aufschlüsselung des Pauschalpreises in die einzelnen Arten der Ausgaben enthalten, führt dies nicht zu einem generellen Abzugsverbot. Vielmehr ist im Wege der sachgerechten Schätzung mittels Fremdvergleichs unter Mitwirkung des Unternehmers zu ermitteln, in welchem Umfang die Kosten auf die Eintrittskarten, auf die Bewirtung, auf die Werbung und/oder auf eine besondere Raumnutzung entfallen. Das vereinbarte Gesamtentgelt ist hierbei einzelfallbezogen unter Würdigung der Gesamtumstände nach dem Verhältnis der ermittelten Teilwerte für die Einzelleistungen aufzuteilen. Im Rahmen der Einzelfallprüfung ist ggf. auch eine Kürzung der ausgewiesenen Werbekosten vorzunehmen, wenn diese im Fremdvergleich unangemessen hoch ausfallen.   13

7. Vereinfachungsregelungen
a) Pauschale Aufteilung des Gesamtbetrages für VIP-Logen in Sportstätten

Aus Vereinfachungsgründen ist es nicht zu beanstanden, wenn bei betrieblich veranlassten Aufwendungen der für das Gesamtpaket (Werbeleistungen, Bewirtung, Eintrittskarten usw.) vereinbarte Gesamtbetrag wie folgt pauschal aufgeteilt wird: 14[2])

– Anteil für die Werbung: 40 v. H. des Gesamtbetrages.

  Dieser Werbeaufwand, der in erster Linie auf die Besucher der Sportstätte ausgerichtet ist, ist in vollem Umfang als Betriebsausgabe abziehbar.

– Anteil für die Bewirtung: 30 v. H. des Gesamtbetrages.

  Dieser Anteil ist gemäß § 4 Abs. 5 Satz 1 Nr. 2 EStG mit dem abziehbaren v. H.-Satz als Betriebsausgabe zu berücksichtigen.

---

[1]) jetzt R 8.1 Abs. 8 Nr. 1 LStR 2015
[2]) zur weiteren Anwendung ab 01.01.2007 >BMF vom 19.05.2015 (BStBl I S. 468), Rdnr. 15, **Anhang 23a LStH**

– Anteil für Geschenke: 30 v. H. des Gesamtbetrages.

Sofern nicht eine andere Zuordnung nachgewiesen wird, ist davon auszugehen, dass diese Aufwendungen je zur Hälfte auf Geschäftsfreunde (Rdnr. 15, 16) und auf eigene Arbeitnehmer (Rdnr. 17, 18) entfallen.

b) Geschenke an Geschäftsfreunde (z. B. andere Unternehmer und deren Arbeitnehmer)

15 Da diese Aufwendungen regelmäßig den Betrag von 35 Euro pro Empfänger und Wirtschaftsjahr übersteigen, sind sie gemäß § 4 Abs. 5 Satz 1 Nr. 1 EStG nicht als Betriebsausgabe abziehbar.

16[1]) Bei den Empfängern der Zuwendungen ist dieser geldwerte Vorteil grundsätzlich als Betriebseinnahme/Arbeitslohn zu versteuern. Auf eine Benennung der Empfänger und die steuerliche Erfassung des geldwerten Vorteils bei den Empfängern kann jedoch verzichtet werden, wenn zur Abgeltung dieser Besteuerung 60 v. H. des auf Geschäftsfreunde entfallenden Anteils am Gesamtbetrag i. S. d. Rdnr. 14 zusätzlich der Besteuerung beim Zuwendenden unterworfen werden.

c) Geschenke an eigene Arbeitnehmer

17 Soweit die Aufwendungen auf Geschenke an eigene Arbeitnehmer entfallen, sind sie in voller Höhe als Betriebsausgabe abziehbar. Zur steuerlichen Behandlung dieser Zuwendungen bei den eigenen Arbeitnehmern vgl. Rdnr. 10.

18[1]) Bei Anwendung der Vereinfachungsregelung i. S. d. Rdnr. 14 kann der Steuerpflichtige (Arbeitgeber) die Lohnsteuer für diese Zuwendungen mit einem Pauschsteuersatz in Höhe von 30 v. H. des auf eigene Arbeitnehmer entfallenden Anteils am Gesamtbetrag i. S. d. Rdnr. 14 übernehmen. Die Höhe dieses Pauschsteuersatzes berücksichtigt typisierend, dass der Arbeitgeber die Zuwendungen an einen Teil seiner Arbeitnehmer im ganz überwiegenden betrieblichen Interesse erbringt (vgl. Rdnr. 10). § 40 Abs. 3 EStG gilt entsprechend.

d) Pauschale Aufteilung bei besonderer Raumnutzung

19 In Fällen der Rdnr. 3, in denen die besondere Raumnutzung mindestens einmal wöchentlich stattfindet, kann der auf diese Raumnutzung entfallende Anteil vorab pauschal mit 15 v. H. des Gesamtbetrages ermittelt und als Betriebsausgabe abgezogen werden. Für die weitere Aufteilung nach Rdnr. 14 ist in diesen Fällen von dem um den Raumnutzungsanteil gekürzten Gesamtbetrag auszugehen.

8. Zeitliche Anwendung

20 Die vorstehenden Regelungen sind in allen offenen Fällen anzuwenden.

Die Regelungen des BMF-Schreibens vom 18. Februar 1998 (BStBl I S. 212)[2]) bleiben unberührt.

---

[1]) ab 01.01.2007 nicht mehr anzuwenden >BMF vom 19.05.2015 (BStBl I S. 468), Rdnr. 15, **Anhang 23a LStH**
[2]) >Anhang 16 IV

2.
Ertragsteuerliche Behandlung von Aufwendungen für VIP-Logen in Sportstätten, Anwendung der Vereinfachungsregelungen auf ähnliche Sachverhalte; BMF-Schreiben vom 22. August 2005
– IV B 2 – S 2144 – 41/05 – (BStBl I S. 845)

BMF vom 11.07.2006 (BStBl I S. 447)
IV B 2 – S 2144 – 53/06

Mit Schreiben vom 22. August 2005 (BStBl I S. 845) hat das BMF zur ertragsteuerlichen Behandlung von Aufwendungen für VIP-Logen in Sportstätten Stellung genommen. Zur Anwendung der Vereinfachungsregelungen (Rdnrn. 14 ff.) vertrete ich im Einvernehmen mit den obersten Finanzbehörden der Länder folgende Auffassung:

1. Nachweis der betrieblichen Veranlassung
Nach Rdnr. 16[1]) des o. g. BMF-Schreibens ist die Benennung der Empfänger der Zuwendung nicht erforderlich. Der Nachweis der betrieblichen Veranlassung der Aufwendungen kann dadurch erfolgen, dass z. B. die Einladung der Teilnehmer, aus der sich die betriebliche/geschäftliche Veranlassung ergibt, zu den Buchungsunterlagen genommen wird. Im Zweifelsfall sollte zum Nachweis der betrieblichen/geschäftlichen Veranlassung auch eine Liste der Teilnehmer zu den Unterlagen genommen werden.

2. Geltung der gesetzlichen Aufzeichnungspflichten
Für die anteiligen Aufwendungen für die Bewirtung i. S. d. Rdnr. 14 müssen die Aufzeichnungen nach § 4 Abs. 5 Satz 1 Nr. 2 Satz 2 EStG nicht geführt werden.

3. Anwendung der pauschalen Aufteilung
Für Fälle, in denen im Gesamtbetrag der Aufwendungen nur die Leistungen Werbung und Eintrittskarten enthalten sind und für die Bewirtung eine Einzelabrechnung vorliegt (z. B. bei Vertrag mit externem Caterer), ist die Vereinfachungsregelung im Hinblick auf die Pauschalaufteilung 40:30:30 nicht anwendbar. Es ist für den Werbeanteil und den Ticketanteil ein anderer angemessener Aufteilungsmaßstab i. S. einer sachgerechten Schätzung zu finden. Der Bewirtungsanteil steht – soweit er angemessen ist – fest. Dessen Abziehbarkeit richtet sich nach den allgemeinen steuerlichen Regelungen des § 4 Abs. 5 Satz 1 Nr. 2 EStG. Die Versteuerung zugunsten des Geschäftsfreundes – anderer Unternehmer und dessen Arbeitnehmer – (Rdnr. 16[1]) des BMF-Schreibens) oder eine Pauschalbesteuerung für die eigenen Arbeitnehmer (Rdnr. 18[1]) des BMF-Schreibens) auf Ebene des Zuwendenden im Hinblick auf den angemessenen Geschenkanteil kommt jedoch in Betracht.

4. Anwendung der Regelungen bei sog. "Business-Seats"
Für sog. Business-Seats, bei denen im Gesamtbetrag der Aufwendungen nur die Leistungen Eintrittskarten und Rahmenprogramm (steuerlich zu beurteilen als Zuwendung) und Bewirtung enthalten sind, ist, soweit für diese ein Gesamtbetrag vereinbart wurde, dieser sachgerecht aufzuteilen (ggf. pauschale Aufteilung entsprechend Rdnr. 14 mit 50 v. H. für Geschenke und 50 v. H. für Bewirtung). Die Vereinfachungsregelungen der Rdnrn. 16[1]) und 18[1]) können angewandt werden.

Weist der Steuerpflichtige nach, dass im Rahmen der vertraglich vereinbarten Gesamtleistungen auch Werbeleistungen erbracht werden, die die Voraussetzungen des BMF-Schreibens vom

---

[1]) ab 01.01.2007 nicht mehr anzuwenden >BMF vom 19.05.2015 (BStBl I S. 468), Rdnr. 15, **Anhang 23a LStH**

18. Februar 1998 (BStBl I S. 212) erfüllen, kann für die Aufteilung des Gesamtbetrages der Aufteilungsmaßstab der Rdnr. 14 des BMF-Schreibens vom 22. August 2005 (a. a. O) angewendet werden. Der Anteil für Werbung i. H. v. 40 v. H. ist dann als Betriebsausgabe zu berücksichtigen.

5. Andere Veranstaltungen in Sportstätten

Soweit eine andere, z. B. kulturelle Veranstaltung in einer Sportstätte stattfindet, können die getroffenen Regelungen angewendet werden, sofern die Einzelfallprüfung einen gleichartigen Sachverhalt ergibt.

6. Veranstaltungen außerhalb von Sportstätten

Soweit außerhalb einer Sportstätte in einem Gesamtpaket Leistungen angeboten werden, die Eintritt, Bewirtung und Werbung enthalten (z. B. Operngala) ist eine pauschale Aufteilung möglich. Der Aufteilungsmaßstab muss sich an den Umständen des Einzelfalls orientieren. Die Übernahme der Besteuerung für die Zuwendung an Geschäftsfreunde und die eigenen Arbeitnehmer i. S. d. Vereinfachungsregelungen des BMF-Schreibens vom 22. August 2005 (a. a. O) ist möglich.

7. Abweichende Aufteilung der Gesamtaufwendungen

Die Vereinfachungsregelungen (Übernahme der Besteuerung) gemäß Rdnrn. 16[1]) und 18[1]) sind auch in den Fällen anwendbar, in denen nachgewiesen wird, dass eine von Rdnr. 14 abweichende andere Aufteilung der Gesamtaufwendungen im Einzelfall angemessen ist.

---

[1]) ab 01.01.2007 nicht mehr anzuwenden >BMF vom 19.05.2015 (BStBl I S. 468), Rdnr. 15, **Anhang 23a LStH**

Gewährung des Freibetrages nach § 16 Abs. 4 EStG und der Tarifermäßigung nach § 34 Abs. 3 EStG

BMF vom 20.12.2005 (BStBl I 2006 S. 7)
IV B 2 – S 2242 – 18/05

Im Einvernehmen mit den obersten Finanzbehörden der Länder gilt zur Gewährung des Freibetrages nach § 16 Abs. 4 EStG und der Tarifermäßigung nach § 34 Abs. 3 EStG Folgendes:

I. Aufteilung des Freibetrages und Gewährung der Tarifermäßigung bei Betriebsaufgaben über zwei Kalenderjahre

Erstreckt sich eine Betriebsaufgabe (§ 16 Abs. 3 Satz 1 EStG, R 16 Abs. 2 EStR 2005[1])) über zwei Kalenderjahre und fällt der Aufgabegewinn daher in zwei Veranlagungszeiträumen an, ist der Freibetrag nach § 16 Abs. 4 EStG insgesamt nur einmal zu gewähren. Er bezieht sich auf den gesamten Betriebsaufgabegewinn und ist im Verhältnis der Gewinne auf beide Veranlagungszeiträume zu verteilen. Die Tarifermäßigung nach § 34 Abs. 3 EStG kann für diesen Gewinn auf Antrag in beiden Veranlagungszeiträumen gewährt werden. Der Höchstbetrag von fünf Millionen Euro ist dabei aber insgesamt nur einmal zu gewähren.

Beispiel:
Unternehmer A (60 Jahre alt) will seinen Gewerbebetrieb (Summe der Buchwerte des Betriebsvermögens 20.000 €) aufgeben. In der Zeit von November 2004 bis Januar 2005 werden daher alle – wesentlichen – Wirtschaftsgüter des Betriebsvermögens veräußert. Die Veräußerungserlöse betragen 80.000 € in 2004 (hierauf entfällt anteilig ein Buchwert von 16.000 €) und 100.000 € in 2005 (anteiliger Buchwert 4.000 €). Der begünstigte Aufgabegewinn beträgt insgesamt 160.000 €. Davon entsteht ein Gewinn i. H. v. 64.000 € (40 %) in 2004 und ein Gewinn i. H. v. 96.000 € (60 %) in 2005.
Der zu gewährende Freibetrag beträgt insgesamt 21.000 € (45.000 € abzüglich (160.000 € – 136.000 €). Er ist i. H. v. 8.400 € (40 %) in 2004 und i. H. v. 12.600 € (60 %) in 2005 zu gewähren.

Da die Höhe des zu berücksichtigenden Freibetrages nach § 16 Abs. 4 EStG nach dem Gesamtaufgabegewinn beider Veranlagungszeiträume zu bemessen ist, steht die Höhe des Freibetrages nach § 16 Abs. 4 EStG erst nach Abschluss der Betriebsaufgabe endgültig fest.

Ergibt sich im zweiten Veranlagungszeitraum durch den Gewinn oder Verlust eine Über- oder Unterschreitung der Kappungsgrenze oder insgesamt ein Verlust, ist der im ersten Veranlagungszeitraum berücksichtigte Freibetrag rückwirkend zu ändern. Diese Tatsache stellt ein Ereignis mit steuerlicher Rückwirkung dar (§ 175 Abs. 1 Satz 1 Nr. 2 AO).

Entsteht in einem Veranlagungszeitraum ein Gewinn und in dem anderen ein Verlust, ist die Tarifermäßigung des § 34 EStG nur auf den saldierten Betrag anzuwenden.

Sowohl nach § 16 Abs. 4 EStG als auch nach § 34 Abs. 3 EStG ist in dem jeweiligen Veranlagungszeitraum maximal der Betrag begünstigt, der sich insgesamt aus dem einheitlich zu beurteilenden Aufgabevorgang ergibt.

---

[1]) jetzt EStR 2012

Anhang 16

Gewinnermittlung

II. Aufteilung des Freibetrages, wenn der Veräußerungsgewinn auch einen Gewinn aus der Veräußerung von Anteilen an Körperschaften, Personenvereinigungen oder Vermögensmassen umfasst[1])

Umfasst der Veräußerungsgewinn auch dem Halbeinkünfteverfahren[2]) unterliegende Gewinne aus der Veräußerung von Anteilen an Körperschaften, Personenvereinigungen oder Vermögensmassen, ist der Freibetrag nach § 16 Abs. 4 EStG entsprechend den Anteilen der Gewinne, die dem ermäßigten Steuersatz nach § 34 EStG unterliegen, und der Gewinne, die im Halbeinkünfteverfahren[2]) zu versteuern sind, am Gesamtgewinn aufzuteilen (vgl. H 16.13 EStH 2005 – Halbeinkünfteverfahren[3])).

III. Freibetrag bei teilentgeltlicher Veräußerung im Wege der vorweggenommenen Erbfolge

Abweichend von Tz. 36 des BMF-Schreibens vom 13.01.1993 – IV B 3 – S 2190 – 37/92 – (BStBl 1993 I S. 80) ist bei Übertragungen von Betrieben, Teilbetrieben oder Mitunternehmeranteilen im Wege der vorweggenommenen Erbfolge der Freibetrag nach § 16 Abs. 4 EStG auch in den Fällen, in denen das Entgelt den Verkehrswert des Betriebs, Teilbetriebs oder Mitunternehmeranteils nicht erreicht (teilentgeltliche Veräußerung), in voller Höhe zu gewähren.

IV. Vollendung der Altersgrenze in § 16 Abs. 4 und § 34 Abs. 3 EStG nach Beendigung der Betriebsaufgabe oder -veräußerung, aber vor Ablauf des Veranlagungszeitraums der Betriebsaufgabe oder -veräußerung

Vollendet der Steuerpflichtige das 55. Lebensjahr zwar nach Beendigung der Betriebsaufgabe oder -veräußerung, aber noch vor Ablauf des Veranlagungszeitraums der Betriebsaufgabe, sind weder der Freibetrag nach § 16 Abs. 4 EStG[4]) noch die Tarifermäßigung nach § 34 Abs. 3 EStG zu gewähren.

Vollendet der Steuerpflichtige das 55. Lebensjahr bei einer Betriebsaufgabe über mehrere Veranlagungszeiträume zwar vor Beendigung der Betriebsaufgabe, aber erst im zweiten Veranlagungsjahr, sind der (anteilige) Freibetrag und die Tarifermäßigung auch für den ersten Veranlagungszeitraum zu gewähren.

V. Zeitliche Anwendung

Dieses Schreiben ist in allen noch offenen Fällen anzuwenden.

---

[1]) überholt durch BFH vom 14.07.2010 (BStBl II S. 1011):
„Erzielt der Stpfl. einen Veräußerungsgewinn, der sowohl dem Teileinkünfteverfahren unterliegende als auch in voller Höhe zu besteuernde Gewinne enthält, wird der Freibetrag gem. § 16 Abs. 4 für Zwecke der Ermittlung der nach § 34 Abs. 1 und 3 tarifermäßigt zu besteuernden Gewinne vorrangig mit dem Veräußerungsgewinn verrechnet, auf den das Teileinkünfteverfahren anzuwenden ist."
[2]) jetzt Teileinkünfteverfahren
[3]) jetzt H 16 (13) Teileinkünfteverfahren
[4]) bestätigt durch BFH vom 28.11.2007 (BStBl II 2008 S. 193)

Anhang 16

Zuordnung der Steuerberatungskosten zu den Betriebsausgaben, Werbungskosten oder Kosten der Lebensführung

BMF vom 21.12.2007 (BStBl I 2008 S. 256)
IV B 2 – S 2144/07/0002 – 2007/0586772

Durch das Gesetz zum Einstieg in ein steuerliches Sofortprogramm vom 22. Dezember 2005 (BGBl. I S. 3682, BStBl I 2006 S. 79) wurde der Abzug von Steuerberatungskosten als Sonderausgaben ausgeschlossen. Steuerberatungskosten sind nur noch zu berücksichtigen, wenn sie Betriebsausgaben oder Werbungskosten darstellen. Im Einvernehmen mit den obersten Finanzbehörden der Länder gilt für die Zuordnung der Steuerberatungskosten zu den Betriebsausgaben, Werbungskosten oder den nicht abziehbaren Kosten der Lebensführung Folgendes:

1. Begriffsbestimmung

Steuerberatungskosten umfassen alle Aufwendungen, die in sachlichem Zusammenhang mit dem Besteuerungsverfahren stehen. Hierzu zählen insbesondere solche Aufwendungen, die dem Steuerpflichtigen durch die Inanspruchnahme eines Angehörigen der steuerberatenden Berufe zur Erfüllung seiner steuerlichen Pflichten und zur Wahrung seiner steuerlichen Rechte entstehen (§§ 1 und 2 StBerG). Dazu gehören auch die damit zwangsläufig verbundenen und durch die Steuerberatung veranlassten Nebenkosten (BFH vom 12. Juli 1989, BStBl II S. 967), wie Fahrtkosten zum Steuerberater und Unfallkosten auf dem Weg zum Steuerberater. Steuerberatungskosten sind u. a. auch Beiträge zu Lohnsteuerhilfevereinen, Aufwendungen für Steuerfachliteratur und sonstige Hilfsmittel (z. B. Software).

Nicht zu den Steuerberatungskosten zählen u. a. Rechtsanwaltskosten, die der Steuerpflichtige aufwendet, um die Zustimmung seines geschiedenen oder dauernd getrennt lebenden unbeschränkt steuerpflichtigen Ehegatten zum begrenzten Realsplitting zu erlangen oder die für die Verteidigung in einem Steuerstrafverfahren (>BFH vom 20. September 1989, BStBl II 1990 S. 20) anfallen.

2. Zuordnung zu den Betriebsausgaben/Werbungskosten

Steuerberatungskosten sind als Betriebsausgaben oder Werbungskosten abzuziehen, wenn und soweit sie bei der Ermittlung der Einkünfte anfallen (>BFH vom 18. November 1965, BStBl III 1966 S. 190) oder im Zusammenhang mit Betriebssteuern (z. B. Gewerbesteuer, Umsatzsteuer, Grundsteuer für Betriebsgrundstücke) oder Investitionszulagen für Investitionen im einkünfterelevanten Bereich stehen. Die Ermittlung der Einkünfte umfasst die Kosten der Buchführungsarbeiten und der Überwachung der Buchführung, die Ermittlung von Ausgaben oder Einnahmen, die Anfertigung von Zusammenstellungen, die Aufstellung von Bilanzen oder von Einnahmenüberschussrechnungen, die Beantwortung der sich dabei ergebenden Steuerfragen, soweit es sich nicht um Nebenleistungen nach § 12 Nr. 3 EStG handelt und die Kosten der Beratung. Zur Ermittlung der Einkünfte zählt auch das Ausfüllen des Vordrucks Einnahmenüberschussrechnung (EÜR).

3. Zuordnung zu den Kosten der Lebensführung

Das Übertragen der Ergebnisse aus der jeweiligen Einkunftsermittlung in die entsprechende Anlage zur Einkommensteuererklärung und das übrige Ausfüllen der Einkommensteuererklärung gehören nicht zur Einkunftsermittlung. Die hierauf entfallenden Kosten sowie Aufwendungen, die die Beratung in Tarif- oder Veranlagungsfragen betreffen oder im Zusammenhang mit der Ermittlung von Sonderausgaben und außergewöhnlichen Belastungen stehen, sind als Kosten der privaten Lebensführung gemäß

§ 12 Nr. 1 EStG steuerlich nicht zu berücksichtigen (>BFH vom 12. Juli 1989, BStBl II S. 967).

5 Zu den der Privatsphäre zuzurechnenden Aufwendungen zählen auch die Steuerberatungskosten, die:
- durch haushaltsnahe Beschäftigungsverhältnisse veranlasst sind,
- im Zusammenhang mit der Inanspruchnahme haushaltsnaher Dienstleistungen oder der steuerlichen Berücksichtigung von Kinderbetreuungskosten stehen,
- die Erbschaft- oder Schenkungsteuer,
- das Kindergeld oder
- die Eigenheimzulage betreffen.

4. Zuordnung zur Betriebs-/Berufssphäre oder zur Privatsphäre

6 Steuerberatungskosten, die für Steuern entstehen, die sowohl betrieblich/beruflich als auch privat verursacht sein können, sind anhand ihrer Veranlassung den Aufwendungen nach Rdnr. 3 oder 4 zuzuordnen (z. B. Grundsteuer, Kraftfahrzeugsteuer, Zweitwohnungssteuer, Gebühren für verbindliche Auskünfte nach § 89 Abs. 3 bis 5 AO). Als Aufteilungsmaßstab dafür ist grundsätzlich die Gebührenrechnung des Steuerberaters heranzuziehen.

5. Zuordnung gemischt veranlasster Aufwendungen

7 Entstehen dem Steuerpflichtigen Aufwendungen, die unter Berücksichtigung der Ausführungen zu den Rdnrn. 3 und 4 sowohl betrieblich/beruflich als auch privat veranlasst sind, wie z. B. Beiträge an Lohnsteuerhilfevereine, Anschaffungskosten für Steuerfachliteratur zur Ermittlung der Einkünfte und des Einkommens, Beratungsgebühren für einen Rechtsstreit, der sowohl die Ermittlung von Einkünften als auch z. B. den Ansatz von außergewöhnlichen Belastungen umfasst, ist im Rahmen einer sachgerechten Schätzung eine Zuordnung zu den Betriebsausgaben, Werbungskosten oder Kosten der Lebensführung vorzunehmen. Dies gilt auch in den Fällen einer Vereinbarung einer Pauschalvergütung nach § 14 der StBGebV.

8 Bei Beiträgen an Lohnsteuerhilfevereine, Aufwendungen für steuerliche Fachliteratur und Software wird es nicht beanstandet, wenn diese Aufwendungen i. H. v. 50 Prozent den Betriebsausgaben oder Werbungskosten zugeordnet werden. Dessen ungeachtet ist aus Vereinfachungsgründen der Zuordnung des Steuerpflichtigen bei Aufwendungen für gemischte Steuerberatungskosten bis zu einem Betrag von 100 Euro im Veranlagungszeitraum zu folgen.

Beispiel:
Der Steuerpflichtige zahlt in 01 einen Beitrag an einen Lohnsteuerhilfeverein i. H. v. 120 Euro. Davon ordnet er 100 Euro den Werbungskosten zu; diese Zuordnung ist nicht zu beanstanden.

6. Zuordnung der Steuerberatungskosten bei Körperschaften

9 Auf Körperschaften findet § 12 EStG keine Anwendung. Den Körperschaften im Sinne des § 1 Abs. 1 Nr. 1 bis 3 KStG entstehende Steuerberatungskosten sind in vollem Umfang als Betriebsausgaben abziehbar. Für Körperschaften, die auch andere als gewerbliche Einkünfte erzielen, ist zwischen einkunftsbezogenen und nicht einkunftsbezogenen Aufwendungen zu unterscheiden. Den einzelnen Einkunftsarten zuzuordnenden Steuerberatungskosten sind als Betriebsausgaben oder Werbungskosten abziehbar.

7. Anwendungszeitpunkt

Steuerberatungskosten, die den Kosten der Lebensführung zuzuordnen sind, sind ab dem 1. Januar 2006 nicht mehr als Sonderausgaben zu berücksichtigen. Maßgebend dafür ist der Zeitpunkt des Abflusses der Aufwendungen (§ 11 Abs. 2 Satz 1 EStG). Werden Steuerberatungskosten für den Veranlagungszeitraum 2005 vorschussweise (§ 8 StBGebV) bereits in 2005 gezahlt, so sind sie dem Grunde nach abziehbar. Eine spätere Rückzahlung aufgrund eines zu hohen Vorschusses mindert die abziehbaren Aufwendungen des Veranlagungszeitraumes 2005. Ein bereits bestandskräftiger Bescheid ist nach § 175 Abs. 1 Satz 1 Nr. 2 AO zu ändern (>BFH vom 28. Mai 1998, BStBl II 1999 S. 95).

Anhang 16

Gewinnermittlung

Zinsschranke (§ 4h EStG; § 8a KStG)

BMF vom 04.07.2008 (BStBl I S. 718)
IV C 7 – S 2742-a/07/10001 – 2008/0336202

Inhaltsverzeichnis

	Tz.
I. Zeitliche Anwendung	1
II. Betriebsausgabenabzug für Zinsaufwendungen (§ 4h Abs. 1 EStG, § 8a Abs. 1 KStG)	2 – 54
1. Betrieb	2 – 10
2. Kapitalforderungen/Fremdkapital	11 – 14
3. Zinsaufwendungen/Zinserträge	15 – 26
4. Aufzinsung	27 – 28
5. Abtretung	29 – 39
a) Abtretung einer Forderung aus der Überlassung von Geldkapital	29 – 34
b) Abtretung einer Forderung aus schwebenden Geschäften	35 – 39
6. Steuerliches EBITDA	40 – 45
7. Zinsvortrag	46 – 49
8. Mitunternehmerschaften	50 – 52
9. Organschaften	53 – 54
III. Ausnahmetatbestände (§ 4h Abs. 2 EStG)	55 – 78
1. Freigrenze	55 – 58
2. Konzernzugehörigkeit	59 – 68
3. Eigenkapitalvergleich bei konzernzugehörigen Betrieben (EscapeKlausel)	69 – 78
IV. Gesellschafterfremdfinanzierung	79 – 82
V. Öffentlich Private Partnerschaften	83 – 89
1. Grundlagen	83
2. Grundsätze	84
3. Inhabermodell/Erwerbermodell	85
4. Vermietungsmodell	86
5. Leasingmodell	87
6. Contracting-Modell	88
7. Konzessionsmodell	89
VI. Öffentliche Hand	90 – 92
VII. Sonderfälle	93

Unter Bezugnahme auf das Ergebnis der Erörterungen mit den obersten Finanzbehörden der Länder wird zu Anwendungsfragen des § 4h EStG und des § 8a KStG in der Fassung des Unternehmensteuerreformgesetzes 2008 vom 14. August 2007 (BGBl. I S. 1912, BStBl I S. 630) – Zinsschranke – wie folgt Stellung genommen:

Anhang 16

I. Zeitliche Anwendung

Die Zinsschranke ist erstmals für Wirtschaftsjahre anzuwenden, die nach dem 25. Mai 2007 (Tag des Beschlusses des Deutschen Bundestags über das Unternehmensteuerreformgesetz 2008) beginnen und nicht vor dem 1. Januar 2008 enden (§ 52 Abs. 12d EStG[1]), § 34 Abs. 6a Satz 3 KStG[2])). 1

II. Betriebsausgabenabzug für Zinsaufwendungen
(§ 4h Abs. 1 EStG, § 8a Abs. 1 KStG)

1. Betrieb

§ 4h EStG ist eine Gewinnermittlungsvorschrift und beschränkt den Betriebsausgabenabzug für Zinsaufwendungen eines Betriebs. Voraussetzung sind Einkünfte des Betriebs aus Land- und Forstwirtschaft, Gewerbebetrieb oder selbständiger Arbeit. 2

Ein Einzelunternehmer kann mehrere Betriebe haben (siehe hierzu aber Tz. 62 und 64). 3

Die Zinsschranke ist auch anzuwenden, wenn der Gewinn gemäß § 4 Abs. 3 EStG durch den Überschuss der Betriebseinnahmen über die Betriebsausgaben ermittelt wird. 4

Eine vermögensverwaltend tätige Personengesellschaft ist kein Betrieb im Sinne der Zinsschranke, es sei denn, ihre Einkünfte gelten kraft gewerblicher Prägung nach § 15 Abs. 3 Nr. 2 EStG als Gewinneinkünfte. 5

Eine Mitunternehmerschaft hat nur einen Betrieb im Sinne der Zinsschranke. Zum Betrieb der Mitunternehmerschaft gehört neben dem Gesamthandsvermögen auch das Sonderbetriebsvermögen von Mitunternehmern im Sinne des § 15 Abs. 1 Satz 1 Nr. 2 und Abs. 3 EStG. 6

Eine Kapitalgesellschaft hat grundsätzlich nur einen Betrieb im Sinne der Zinsschranke. Nach § 8a Abs. 1 Satz 4 KStG ist § 4h EStG auf Kapitalgesellschaften, die ihre Einkünfte durch den Überschuss der Einnahmen über die Werbungskosten ermitteln (§ 2 Abs. 2 Nr. 2 EStG), sinngemäß anzuwenden. 7

Die Kommanditgesellschaft auf Aktien (KGaA) hat nur einen Betrieb im Sinne der Zinsschranke; dazu gehört auch der Gewinnanteil des persönlich haftenden Gesellschafters. Zur KGaA siehe auch Tz. 44. 8

Betriebsstätten sind keine eigenständigen Betriebe. 9

Der Organkreis gilt für Zwecke der Zinsschranke als ein Betrieb (§ 15 Satz 1 Nr. 3 KStG). 10

2. Kapitalforderungen/Fremdkapital

Die Zinsschranke erfasst grundsätzlich nur Erträge und Aufwendungen aus der Überlassung von Geldkapital (Zinserträge und Zinsaufwendungen im engeren Sinne) und nicht solche aus der Überlassung von Sachkapital. Fremdkapital im Sinne des § 4h Abs. 3 EStG sind damit alle als Verbindlichkeit passivierungspflichtigen Kapitalzuführungen in Geld, die nach steuerlichen Kriterien nicht zum Eigenkapital gehören. Das sind insbesondere: 11

- fest und variabel verzinsliche Darlehen (auch soweit es sich um Darlehensforderungen und -verbindlichkeiten im Sinne des § 8b Abs. 3 Satz 4 ff. KStG handelt),
- partiarische Darlehen,
- typisch stille Beteiligungen,
- Gewinnschuldverschreibungen und

---

[1]) § 52 Abs. 12d i. d. F. vor dem Gesetz zur Anpassung des nationalen Steuerrechts an den Beitritt Kroatiens zur EU und zur Änderung weiterer steuerlicher Vorschriften
[2]) § 34 Abs. 6a Satz 3 KStG i. d. F. vor dem Gesetz zur Anpassung des nationalen Steuerrechts an den Beitritt Kroatiens zur EU und zur Änderung weiterer steuerlicher Vorschriften

– Genussrechtskapital (mit Ausnahme des Genussrechtskapitals im Sinne des § 8 Abs. 3 Satz 2 KStG).

12 Auf die Dauer der Überlassung des Fremdkapitals kommt es nicht an.

13 Bei Banken stellt auch das nach dem Kreditwesengesetz (KWG) dem haftenden Eigenkapital zuzurechnende Fremdkapital Fremdkapital im Sinne des § 4h Abs. 3 Satz 2 EStG dar.

14 Die Abtretung einer Forderung zu einem Betrag unter dem Nennwert gilt als eigenständige Überlassung von Fremdkapital im Sinne von § 4h Abs. 3 EStG, wenn die Abtretung nach allgemeinen Grundsätzen als Darlehensgewährung durch den Zessionar an den Zedenten zu beurteilen ist (sog. unechte Forfaitierung/unechtes Factoring). Die Grundsätze des BMF-Schreibens vom 9. Januar 1996 (BStBl I S. 9) sind zu beachten.

Übernimmt der Zessionar zusätzlich das Risiko der Zahlungsunfähigkeit des Schuldners der abgetretenen Forderung (sog. echte Forfaitierung/echtes Factoring) ergeben sich durch die Abtretung grundsätzlich weder beim Zedenten noch beim Zessionar Zinsaufwendungen und Zinserträge im Sinne des § 4h Abs. 3 Satz 2 und 3 EStG. Es wird aber nicht beanstandet, wenn Zessionar und Zedent auf Grund eines übereinstimmenden schriftlichen Antrags, der bei dem für den Zessionar örtlich zuständigen Finanzamt zu stellen ist, die echte Forfaitierung bzw. das echte Factoring als Überlassung von Fremdkapital im Sinne von § 4h Abs. 3 EStG behandeln (siehe hierzu Tz. 32 ff. und 37 ff.). Der Zessionar hat in diesen Fällen nachzuweisen, dass der Zedent gegenüber dem für ihn örtlich zuständigen Veranlagungsfinanzamt eine schriftliche und unwiderrufliche Einverständniserklärung abgegeben hat, dass er mit der Erfassung der Zinsanteile als Zinsaufwendungen im Rahmen der Zinsschranke einverstanden ist. Die Anwendung der Billigkeitsregelung beim Zessionar hängt von der korrespondierenden Erfassung der Zinsen beim Zedenten ab.

Entgelte für die Übernahme des Bonitätsrisikos und anderer Kosten stellen keine Zinsaufwendungen beim Zedenten und keine Zinserträge beim Zessionar dar.

Unerheblich ist, ob die abgetretene Forderung ihrerseits eine Forderung aus der Überlassung von Geldkapital ist; auch die Abtretung einer Forderung aus der Überlassung von Sachkapital kann ihrerseits die Überlassung von Fremdkapital darstellen.

3. Zinsaufwendungen/Zinserträge

15 Zinsaufwendungen im Sinne der Zinsschranke sind Vergütungen für Fremdkapital (§ 4h Abs. 3 Satz 2 EStG); Zinserträge im Sinne der Zinsschranke sind Erträge aus Kapitalforderungen jeder Art (§ 4h Abs. 3 Satz 3 EStG). Hierzu gehören auch Zinsen zu einem festen oder variablen Zinssatz, aber auch Gewinnbeteiligungen (Vergütungen für partiarische Darlehen, typisch stille Beteiligungen, Genussrechte und Gewinnschuldverschreibungen) und Umsatzbeteiligungen. Zinsaufwendungen bzw. Zinserträge sind auch Vergütungen, die zwar nicht als Zins berechnet werden, aber Vergütungscharakter haben (z. B. Damnum, Disagio, Vorfälligkeitsentschädigungen, Provisionen und Gebühren, die an den Geber des Fremdkapitals gezahlt werden).

16 Keine Zinsaufwendungen oder -erträge sind Dividenden, Zinsen nach § 233 ff. AO sowie Skonti und Boni.

17 Ausgeschüttete oder ausschüttungsgleiche Erträge aus Investmentvermögen, die aus Zinserträgen im Sinne des § 4h Abs. 3 Satz 3 EStG stammen, sind beim Anleger im Rahmen des § 4h Abs. 1 EStG als Zinserträge zu berücksichtigen (§ 2 Abs. 2a InvStG in der Fassung des Jahressteuergesetzes 2008).

18 Der Zinsschranke unterliegen nur solche Zinsaufwendungen und Zinserträge, die den maßgeblichen Gewinn bzw. das maßgebliche Einkommen gemindert oder erhöht haben. Insbesondere nicht abziehbare Zinsen gemäß § 3c Abs. 1 und Abs. 2 EStG, § 4 Abs. 4a

EStG, § 4 Abs. 5 Satz 1 Nr. 8a EStG und Zinsen, die gemäß § 8 Abs. 3 Satz 2 KStG als verdeckte Gewinnausschüttungen das Einkommen einer Körperschaft nicht gemindert haben, sind keine Zinsaufwendungen im Sinne des § 4h Abs. 3 Satz 2 EStG.

Zinsaufwendungen, die im Inland steuerpflichtige Sondervergütungen eines Mitunternehmers im Sinne des § 15 Abs. 1 Satz 1 Nr. 2 EStG sind, stellen weder Zinsaufwendungen der Mitunternehmerschaft noch Zinserträge des Mitunternehmers dar. Zinsaufwendungen und -erträge, die Sonderbetriebsausgaben oder -einnahmen sind, werden der Mitunternehmerschaft zugeordnet. — 19

Zinsaufwendungen für Fremdkapital, das zur Finanzierung der Herstellung eines Vermögensgegenstands verwendet wird (z. B. Bauzeitzinsen), dürfen nach § 255 Abs. 3 Satz 2 HGB als Herstellungskosten angesetzt werden, soweit sie auf den Zeitraum der Herstellung entfallen. In diesem Fall führt die spätere Ausbuchung bzw. Abschreibung des entsprechenden Aktivpostens nicht zu Zinsaufwendungen im Sinne der Zinsschranke (vgl. BFH-Urteil vom 30. April 2003 – BStBl 2004 II S. 192). — 20

Erbbauzinsen stellen ein Entgelt für die Nutzung des Grundstücks dar und führen nicht zu Zinsaufwendungen oder Zinserträgen. — 21

Gewinnauswirkungen in Zusammenhang mit Rückstellungen in der Steuerbilanz sind keine Zinserträge und keine Zinsaufwendungen im Rahmen der Zinsschranke. Dies gilt nicht, soweit Zinsaufwendungen i. S. d. § 4h Abs. 3 Satz 2 EStG zurückgestellt werden. — 22

Vergütungen für die vorübergehende Nutzung von fremdem Sachkapital stellen grundsätzlich keine Zinserträge bzw. Zinsaufwendungen im Sinne der Zinsschranke dar. Dazu gehören auch Aufwendungen und Erträge, die Scheideanstalten aus der Goldleihe bzw. aus Edelmetallkonten erzielen. — 23

Eine Wertpapierleihe oder ein ähnliches Geschäft kann einen Missbrauch von rechtlichen Gestaltungsmöglichkeiten (§ 42 AO) darstellen, wenn es z. B. dazu dienen soll, beim Entleiher künstlich Zinseinnahmen zu erzielen und dadurch die Abzugsmöglichkeit für anfallende Zinsaufwendungen zu erhöhen. — 24

Zinsanteile in Leasingraten führen zu Zinsaufwendungen oder -erträgen, wenn das wirtschaftliche Eigentum am Leasinggegenstand (Sachkapital) auf den Leasingnehmer übergeht, der Leasinggeber also eine Darlehensforderung und der Leasingnehmer eine Darlehensverbindlichkeit auszuweisen hat. Die in den BMF-Schreiben vom 19. April 1971 (BStBl I S. 264), vom 21. März 1972 (BStBl I S. 188), vom 22. Dezember 1975 (Anhang 21 III EStH 2007) und vom 23. Dezember 1991 (BStBl 1992 I S. 13) niedergelegten Grundsätze sind zu beachten. — 25

Verbleibt nach Maßgabe der in Tz. 25 angeführten BMF-Schreiben das wirtschaftliche Eigentum am Leasinggegenstand beim Leasinggeber (Voll- und Teilamortisationsverträge) und handelt es sich um Finanzierungsleasing von Immobilien, ist eine Erfassung von Zinsanteilen in Leasingraten möglich, wenn der Leasinggeber mit den in der Grundmietzeit zu entrichtenden Raten zuzüglich des Erlöses aus einer Ausübung eines von Anfang an zum Ende der Grundmietzeit vertraglich vereinbarten Optionsrechts seine Anschaffungs- oder Herstellungskosten für den Leasinggegenstand sowie alle Nebenkosten einschließlich der Finanzierungskosten deckt und er dies gegenüber den Finanzbehörden nachweist. — 26

Der Leasinggeber kann in diesen Fällen die Zinsanteile als Zinserträge im Rahmen der Zinsschranke saldieren, soweit er in Leasingraten enthaltene Zinsanteile gegenüber dem Leasingnehmer offen ausweist; der Leasingnehmer hat seinerseits die Zinsanteile als Zinsaufwendungen im Rahmen der Zinsschranke zu erfassen. Die Erfassung von Zinsanteilen in Leasingraten setzt einen gemeinsamen schriftlichen Antrag von Leasinggeber und Leasingnehmer bei dem für den Leasinggeber örtlich zuständigen Finanzamt voraus. Der Leasinggeber muss außerdem nachweisen, dass der Leasingnehmer gegenüber dem für ihn örtlich zuständigen Veranlagungsfinanzamt eine schriftliche und unwiderrufliche Einverständniserklärung abgegeben hat, dass er mit der Erfassung der Zinsanteile als Zinsaufwendungen im Rahmen der Zinsschranke einverstanden ist. Die Anwendung der Billigkeitsregelung beim Leasinggeber hängt von der korrespondierenden Erfassung der Zinsen beim Leasingnehmer ab.

Bei Leasingverträgen über Immobilien, die bis zum 25. Mai 2007 (Tag des Beschlusses des Deutschen Bundestags über das Unternehmensteuerreformgesetz 2008) abgeschlossen worden sind, wird es im Zeitraum bis zur erstmaligen Änderungsmöglichkeit des Leasingvertrags nicht beanstandet, wenn der Leasinggeber in Leasingraten enthaltene Zinsanteile auch ohne Ausweis gegenüber dem Leasingnehmer als Zinserträge im Rahmen der Zinsschranke saldiert. Voraussetzung hierfür ist ein schriftlicher Antrag des Leasinggebers und der Nachweis des enthaltenen Zinsanteils gegenüber den Finanzbehörden.

4. Aufzinsung

27 Die Aufzinsung unverzinslicher oder niedrig verzinslicher Verbindlichkeiten oder Kapitalforderungen führt zu Zinserträgen oder Zinsaufwendungen im Sinne der Zinsschranke (§ 4h Abs. 3 Satz 4 EStG). Ausgenommen sind Erträge anlässlich der erstmaligen Bewertung von Verbindlichkeiten (Abzinsung). Die vom Nennwert abweichende Bewertung von Kapitalforderungen mit dem Barwert führt ebenfalls nicht zu Zinsaufwendungen im Sinne der Zinsschranke. Die Auf- und Abzinsung und Bewertungskorrekturen von Verbindlichkeiten oder Kapitalforderungen mit einer Laufzeit am Bilanzstichtag von weniger als zwölf Monaten bleiben unberücksichtigt.

Beispiel 1 (Endfällige Forderung):
Die V-GmbH liefert am 30.12.01 Waren an die S-GmbH. Der Kaufpreis beträgt 10 Mio. € und ist am 31.12.10 endfällig. Das Wirtschaftsjahr aller Beteiligten entspricht dem Kalenderjahr. Die Voraussetzungen für die Anwendbarkeit der Zinsschranke (Überschreiten der Freigrenze, kein Escape etc.) sind bei allen Beteiligten gegeben.

Lösung:
B1 Die S-GmbH hat die Waren zum Barwert der Kaufpreisverpflichtung angeschafft. Zum Zwecke der Ermittlung des Barwerts kann der Vervielfältiger 0,618 nach Tabelle 2 des BMF-Schreibens vom 26. Mai 2005 (BStBl I S. 699) verwendet werden. Der durch die Neubewertung der Verbindlichkeit zu den nachfolgenden Stichtagen sukzessiv entstehende Aufwand ist Zinsaufwand im Sinne des § 4h Abs. 3 Satz 2 EStG. Im Wirtschaftsjahr 02 entsteht auf diese Weise ein Zinsaufwand in Höhe von 340 T€, im Wirtschaftsjahr 03 von 350 T€, im Wirtschaftsjahr 04 von 380 T€ etc.; im Wirtschaftsjahr 10 wird die Verbindlichkeit vollständig getilgt, und der Zinsaufwand beträgt 520 T€. Der berücksichtigungsfähige Gesamtzinsaufwand der S-GmbH über die Laufzeit der Verbindlichkeit beläuft sich auf 3,82 Mio. €.

B2 Die V-GmbH hat auf den 31.12.01 eine Forderung gegen die S-GmbH auszuweisen. Die Forderung ist in Höhe der Anschaffungskosten der Forderung, die deren Barwert entspricht, zu bilanzieren. Zur Ermittlung der Anschaffungskosten (Barwert) kann ebenfalls der Vervielfältiger 0,618 nach Tabelle 2 des BMF-Schreibens vom 26. Mai 2005 (a. a. O.) verwendet werden. Der Barwert der Forderung beläuft sich auf 6,18 Mio. €. Der durch die Neubewertung der Forderung zu den nachfolgenden Stichtagen sukzessiv entstehende Ertrag ist Zinsertrag im Sinne des § 4h Abs. 3 Satz 3 EStG. Im Wirtschaftsjahr 02 kommt es zu einem Zinsertrag in Höhe von 340 T€, in 03 von 350 T€ etc. Der berücksichtigungsfähige Gesamtzinsertrag der V-GmbH über die Laufzeit der Forderung beträgt 3,82 Mio. €.

28 Teilwertberichtigungen führen – vorbehaltlich der in Tz. 27 genannten Grundsätze – nicht zu Zinsaufwendungen oder Zinserträgen im Sinne des § 4h Abs. 3 Satz 2 und 3 EStG.

5. Abtretung

a) Abtretung einer Forderung aus der Überlassung von Geldkapital

aa) Unechte Forfaitierung/unechtes Factoring

Bei der unechten Forfaitierung bzw. dem unechten Factoring bleibt die Forderung beim Zedenten weiterhin mit ihrem Barwert aktiviert. Der Zedent hat eine verzinsliche Darlehensschuld in Höhe des Nennwerts der gegenüber dem Zessionar bestehenden Rückzahlungsverpflichtung (= Nennwert der abgetretenen Forderung) zu passivieren.

In Höhe der Differenz zwischen dem Nennwert der Verbindlichkeit und dem überlassenen Geldkapital hat der Zedent einen aktiven Rechnungsabgrenzungsposten zu bilden. Der Zessionar weist eine Darlehensforderung gegenüber dem Zedenten und einen passiven Rechnungsabgrenzungsposten in entsprechender Höhe aus. Die Rechnungsabgrenzungsposten sind bei Fälligkeitsdarlehen linear aufzulösen. Der hierdurch entstehende Aufwand bzw. Ertrag ist Zinsaufwand bzw. -ertrag im Sinne des § 4h Abs. 3 Satz 2 und 3 EStG. Factoring-Gebühren bzw. Forfaitierungs-Gebühren, die sonstige Kosten – z. B. für die Übernahme der Debitorenbuchhaltung durch den Zessionar – abdecken, stellen keine Zinsaufwendungen und keine Zinserträge dar. Die Zinsaufwendungen des Zedenten vermindern sich um Factoring-Gebühren bzw. Forfaitierungs-Gebühren nur insoweit, als er eine ordnungsgemäße Rechnung des Zessionars über diese Beträge vorlegt.

Beispiel 2 (Abtretung endfälliger Forderung):
Die V-GmbH verkauft ihre endfällige Forderung gegen die S-GmbH aus Beispiel 1 noch am 30.12.01 an die K-GmbH und tritt sie mit sofortiger Wirkung ab. Der Kaufpreis beträgt 6,0 Mio. € und wird sofort gezahlt. Das Risiko der Zahlungsunfähigkeit der S-GmbH trägt laut Kaufvertrag weiterhin die V-GmbH. Ein gesonderter Abschlag für Inkassokosten etc. ist nicht vereinbart worden. Das Wirtschaftsjahr aller Beteiligten entspricht dem Kalenderjahr. Die Voraussetzungen für die Anwendbarkeit der Zinsschranke (Überschreiten der Freigrenze, kein Escape etc.) sind bei allen Beteiligten gegeben.

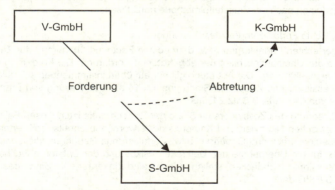

Lösung:
B3 Die bilanzielle Behandlung der Verbindlichkeit der S-GmbH gegenüber der V-GmbH wird von der Forderungsabtretung nicht berührt. Das Bilanzbild und die Ergebnisentwicklung entsprechen jener in Tz. B1. Der berücksichtigungsfähige Gesamtzinsaufwand der S-GmbH über die Laufzeit der Verbindlichkeit beträgt unverändert 3,82 Mio. €.

B4 Die V-GmbH hat auf den 31.12.01 – neben der Forderung gegen die S-GmbH (siehe Tz. B2) – nunmehr eine Darlehensverbindlichkeit in Höhe von 10,0 Mio. € gegenüber der K-GmbH sowie einen aktiven Rechnungsabgrenzungsposten in Höhe von 4,0 Mio. € auszuweisen:

Anhang 16

V-GmbH 31.12.01

Aktiva		Passiva	
Forderung gg. S-GmbH	6.180.000	EK	6.180.000
Bankguthaben	6.000.000	Darlehensverbindlichkeit	10.000.000
aktiver RAP	4.000.000		
	16.180.000		16.180.000

B5 Die Darlehensverbindlichkeit unterliegt keiner Abzinsung nach § 6 Abs. 1 Nr. 3 EStG, da sie verzinslich ist. Zu den nachfolgenden Abschlussstichtagen entstehen durch die Neubewertung der Forderung Erträge, die über die Gesamtlaufzeit zu einem Zinsertrag im Sinne des § 4h Abs. 3 Satz 3 EStG in Höhe von 3,82 Mio. € führen (siehe Tz. B2). Der aktive Rechnungsabgrenzungsposten ist linear (endfällige Verbindlichkeit) über die Laufzeit der Darlehensverbindlichkeit aufzulösen und führt jährlich zu einem Zinsaufwand im Sinne des § 4h Abs. 3 Satz 2 EStG in Höhe von 444.444 €. Über die Laufzeit der Darlehensverbindlichkeit kommt es bei V insgesamt zu einem Zinsaufwand von 180 T€.

B6 Die K-GmbH erwirbt durch den Forderungskauf eine Darlehensforderung gegen die V-GmbH. Das Bilanzbild stellt sich auf den 31.12.01 wie folgt dar:

K-GmbH 31.12.01

Aktiva		Passiva	
Forderung gg. V-GmbH	10.000.000	Bank	6.000.000
		passiver RAP	4.000.000
	10.000.000		10.000.000

B7 Die Darlehensforderung unterliegt keiner Bewertungskorrektur nach § 6 Abs. 1 Nr. 2 EStG, da sie verzinslich ist. Der passive Rechnungsabgrenzungsposten ist linear (endfällige Forderung) über die Laufzeit der Forderung aufzulösen und führt jährlich zu einem Zinsertrag im Sinne des § 4h Abs. 3 Satz 3 EStG in Höhe von 444.444 €.

31 Erfolgt die Tilgung der (abgetretenen) Forderung in Raten, sind die Rechnungsabgrenzungsposten nach der Zinsstaffelmethode aufzulösen.

bb) Echte Forfaitierung/echtes Factoring

32 Bei der echten Forfaitierung bzw. dem echten Factoring übernimmt der Zessionar das Risiko der Uneinbringlichkeit der abgetretenen Forderung. Die Forderung ist bilanziell bei ihm zu aktivieren. Die Abtretung gilt nur auf übereinstimmenden schriftlichen Antrag von Zessionar und Zedent im Sinne von Tz. 14 als Überlassung von Fremdkapital im Sinne von § 4h Abs. 3 Satz 2 EStG.

Als Zinsertrag des Zessionars im Sinne der Zinsschranke ist in diesen Fällen die Differenz zwischen Nennwert und Kaufpreis der erworbenen bereits realisierten Forderung anzusetzen. Factoring-Gebühren bzw. Forfaitierungs-Gebühren, die sonstige Kosten – z. B. für die Übernahme des Delkredererisikos und der Debitorenbuchhaltung durch den Zessionar – abdecken, stellen jedoch keine Zinserträge im Sinne des § 4h Abs. 3 Satz 3 EStG dar.

33 Der Zedent hat in diesen Fällen in Höhe des Differenzbetrages zwischen Verkaufserlös und Buchwert der verkauften Forderung einen Zinsertrag bzw. -aufwand im Sinne der Zinsschranke. Soweit dieser Differenzbetrag auf in einer ordnungsgemäßen Rechnung offen ausgewiesene Factoring-Gebühren bzw. Forfaitierungs-Gebühren entfällt, liegen keine Zinsaufwendungen im Sinne des § 4h Abs. 3 Satz 2 EStG vor.

Beispiel 3 (Abtretung endfälliger Forderung):
Siehe Beispiel 2. Das Risiko der Zahlungsunfähigkeit der S-GmbH trägt laut Kaufvertrag die K-GmbH. Ein gesondertes Entgelt für Risikoübernahme und Inkasso wurde in der Rechnung in Höhe von 100.000 € von dem Kaufpreis der Forderung (6,1 Mio. €) abgesetzt. V erhält

6 Mio. € ausbezahlt. Die V-GmbH und die K-GmbH haben einen übereinstimmenden schriftlichen Antrag nach Tz. 14 gestellt.

Lösung:

B8 Die bilanzielle Behandlung der Verbindlichkeit der S-GmbH gegenüber der V-GmbH wird von der Forderungsabtretung nicht berührt. Das Bilanzbild und die Ergebnisentwicklung entsprechen jener in Tz. B1. Der berücksichtigungsfähige Gesamtzinsaufwand der S-GmbH über die Laufzeit der Verbindlichkeit beträgt 3,82 Mio. €.

B9 Die V-GmbH hat die Forderung auszubuchen und den Verkaufserlös einzubuchen. In Höhe der Wertdifferenz zwischen dem Buchwert der abgetretenen Forderung und dem Verkaufspreis kommt es zu einem Zinsaufwand bzw. einem Zinsertrag im Sinne der Zinsschranke. Bei der V-GmbH entsteht damit ein sofort zu berücksichtigender Zinsaufwand im Sinne von § 4h Abs. 3 Satz 2 EStG in Höhe von 80 T€ (= 6,1 Mio. € ./. 6,18 Mio. €). In Höhe der offen in der Rechnung ausgewiesenen Gebühren für Risikoübernahme und Inkasso entstehen sofort abziehbare Betriebsausgaben in Höhe von 100 T€, die keine Zinsaufwendungen im Sinne des § 4h Abs. 3 Satz 2 EStG sind.

B10 Die K-GmbH erwirbt eine Forderung gegen die S-GmbH und realisiert einen Ertrag in Höhe von 100 T€ für Risikoübernahme und Inkasso. Die Forderung gegen die S-GmbH ist zum 31.12.01 mit 6,1 Mio. € zu bilanzieren. Zu den nachfolgenden Bilanzstichtagen ist die Forderung grundsätzlich mit ihren Anschaffungskosten von 6,1 Mio. € zu bewerten. Bei Erfüllung der Forderung im Wirtschaftsjahr 10 realisiert die K-GmbH einen Zinsertrag im Sinne von § 4h Abs. 3 Satz 3 EStG in Höhe von 3,9 Mio. €.

In den Fällen der echten Forfaitierung/des echten Factorings einer ratenweise zu tilgenden Forderung ist sinngemäß zu verfahren.

34

b) Abtretung einer Forderung aus schwebenden Geschäften

Im Falle der Abtretung einer noch nicht realisierten Geldforderung aus einem Dauerschuldverhältnis ergeben sich vor der Abtretung keine Zinsaufwendungen oder -erträge im Sinne der Zinsschranke aus der Auf- oder Abzinsung der Forderung und Verbindlichkeit, da diese bilanziell noch nicht erfasst sind.

35

aa) Unechte Forfaitierung

Die Abtretung einer Forderung zu einem Betrag unter dem Nennwert ist eine eigenständige Überlassung von Fremdkapital im Sinne des § 4h Abs. 3 Satz 2 EStG, wenn der Vorgang bilanziell als Darlehensgeschäft auszuweisen ist (sog. unechte Forfaitierung). Bei der Ermittlung der Zinsaufwendungen und Zinserträge aus der Abtretung einer Forderung im o. g. Sinne sind die Grundsätze zur Abtretung einer Forderung aus der Überlassung von Geldkapital (siehe Tz. 29 ff.) und des BMF-Schreibens vom 9. Januar 1996 (BStBl I S. 9) zu beachten. Der Zedent hat in Höhe der Differenz zwischen dem Nennwert der Darlehensschuld und dem überlassenen Geldkapital einen aktiven Rechnungsabgrenzungsposten zu bilden, der nach der Zinsstaffelmethode aufzulösen ist. Der hierdurch entstehende Aufwand ist Zinsaufwand im Sinne des § 4h Abs. 3 Satz 2 EStG. Der Zessionar hat einen Zinsertrag im Sinne des § 4h Abs. 3 Satz 3 EStG in entsprechender Höhe. Factoring-Gebühren bzw. Forfaitierungs-Gebühren, die sonstige Kosten – z. B. für die Übernahme der Debitorenbuchhaltung durch den Zessionar – abdecken, stellen keine Zinsaufwendungen und keine Zinserträge im Sinne des § 4h Abs. 3 Satz 2 und 3 EStG dar. Die Zinsaufwendungen des Zedenten vermindern sich um Forfaitierungs-Gebühren nur insoweit, als er eine ordnungsgemäße Rechnung des Zessionars über diese Beträge vorlegt.

36

Beispiel 4 (Unechte Forfaitierung einer Mietforderung):

Die V-GmbH überlässt der S-GmbH ab dem 01.01.01 ein Grundstück zur Miete. Der Mietvertrag ist bis zum 31.12.10 befristet. Der jährlich auf den 01.01. zu entrichtende Mietzins beträgt 1 Mio. €. Die V-GmbH verkauft sämtliche noch nicht beglichenen Mietzinsansprüche mit einem Nennwert von 9 Mio. € am 30.12.01 an die K-GmbH und tritt sie mit sofortiger Wirkung ab. Der Kaufpreis beträgt 7,5 Mio. € und wird sofort gezahlt. Das Risiko der Zahlungsunfähigkeit der S-GmbH trägt laut Kaufvertrag weiterhin die V-GmbH. Ein gesonderter Abschlag für Inkassokosten etc. ist nicht vereinbart worden. Das Wirtschaftsjahr aller Beteiligten entspricht dem Kalenderjahr. Die Voraussetzungen für die Anwendbarkeit der Zinsschranke (Überschreiten der Freigrenze, kein Escape etc.) sind bei allen Beteiligten gegeben.

Lösung:
B11 Die S-GmbH als Mieterin bilanziert ihre zukünftigen, wirtschaftlich noch nicht entstandenen Verbindlichkeiten aus dem Mietvertrag nicht. Der von ihr für das jeweils laufende Wirtschaftsjahr entrichtete Mietzins für den Gebrauch der Mietsache führt unmittelbar zu Mietaufwand.

B12 Die V-GmbH hat der K-GmbH gegenüber eine Darlehensverbindlichkeit in Höhe des Nennwerts der veräußerten Mietzinsansprüche zu passivieren. Sie vereinnahmt den Mietzins bei Zahlung durch die S-GmbH erfolgswirksam als Mietertrag, der in voller Höhe als sofort an die K-GmbH weitergeleitet gilt. Die Darlehensverbindlichkeit mindert sich um den jeweiligen Mietzins. In Höhe der Differenz zwischen dem Nennwert der abgetretenen Mietzinsansprüche und dem Kaufpreis ist ein aktiver Rechnungsabgrenzungsposten in Höhe von 1,5 Mio. € zu bilden, der entsprechend der Zinsstaffelmethode aufzulösen ist und zu Zinsaufwand im Sinne des § 4h Abs. 3 EStG führt. Der zu berücksichtigende Gesamtzinsaufwand im Sinne des § 4h Abs. 3 Satz 2 EStG der V-GmbH beläuft sich im Beispielsfall auf 1,5 Mio. €.

B13 Die K-GmbH aktiviert eine (Darlehens-)Forderung in Höhe des Nennwerts der Mietzinsansprüche gegen die V-GmbH und passiviert einen Rechnungsabgrenzungsposten in Höhe der Differenz zwischen Nennwert und Kaufpreis, der entsprechend der Zinsstaffelmethode aufzulösen ist. Der Gesamtzinsertrag im Sinne des § 4h Abs. 3 Satz 3 EStG der K-GmbH über die Laufzeit der erworbenen Forderung beträgt 1,5 Mio. €.

bb) Echte Forfaitierung

37 In den Fällen, in denen der Zessionar zusätzlich das Risiko der Zahlungsunfähigkeit des Schuldners der abgetretenen Forderung übernimmt (sog. echte Forfaitierung) gilt die Abtretung einer Forderung zu einem Betrag unter dem Nennwert nach Tz. 14 nur auf übereinstimmenden schriftlichen Antrag von Zessionar und Zedent als eigenständige Überlassung von Fremdkapital im Sinne von § 4h Abs. 3 Satz 2 EStG.

38 Als Zinsertrag des Zessionars im Sinne des § 4h Abs. 3 Satz 3 EStG ist in diesen Fällen die Differenz zwischen den vereinnahmten Erlösen aus dem Dauerschuldverhältnis (z. B. Mieterträge) und dem Kaufpreis der Forderung anzusetzen. Forfaitierungs-Gebühren, die sonstige Kosten – z. B. für die Übernahme des Delkredererisikos und der Debitorenbuchhaltung durch den Zessionar – abdecken, stellen jedoch keine Zinserträge im Sinne des § 4h Abs. 3 Satz 3 EStG dar.

39 Der Zedent hat in Höhe des Differenzbetrags zwischen Verkaufserlös und Nennwert der verkauften Forderung einen Zinsaufwand bzw. einen Zinsertrag im Sinne der Zinsschranke. Soweit dieser Differenzbetrag auf in einer ordnungsgemäßen Rechnung offen ausgewiesene Forfaitierungs-Gebühren entfällt, liegen keine Zinsaufwendungen im Sinne des § 4h Abs. 3 Satz 2 EStG vor.

Beispiel 5 (Echte Forfaitierung einer Mietforderung):
Siehe Beispiel 4. Das Risiko der Zahlungsunfähigkeit der S-GmbH trägt laut Kaufvertrag die K-GmbH. Ein gesondertes Entgelt für die Risikoübernahme wurde nicht vereinbart. Die V-GmbH und die K-GmbH haben einen übereinstimmenden schriftlichen Antrag nach Tz. 14 gestellt.

Anhang 16
Gewinnermittlung XIV

Lösung:

B14 Die S-GmbH als Mieterin bilanziert ihre Verbindlichkeit aus dem Mietvertrag in der Regel nicht. Der von ihr entrichtete Mietzins für den Gebrauch der Mietsache führt unmittelbar zu Aufwand, der kein Zinsaufwand im Sinne der Zinsschranke ist.

B15 Es ist für Zwecke der Zinsschranke abweichend von den allgemeinen bilanzsteuerlichen Grundsätzen davon auszugehen, dass die V-GmbH eine Mieteinnahme in Höhe des Nennbetrags der (Summe der) abgetretenen Mietforderungen vereinnahmt. In Höhe des Differenzbetrags zwischen dem Nennbetrag der abgetretenen Mietforderungen und dem vereinnahmten Kaufpreis entsteht gleichzeitig ein Zinsaufwand der V-GmbH im Sinne des § 4h Abs. 3 Satz 2 EStG. Der berücksichtigungsfähige Gesamtzinsaufwand der V-GmbH beläuft sich im Beispielsfall somit auf 1,5 Mio. €. Der durch die Mieteinnahme erlöste Ertrag und der Gesamtzinsaufwand sind über die Laufzeit des Mietvertrags wie ein Rechnungsabgrenzungsposten auf die Wirtschaftsjahre linear zu verteilen.

B16 Die K-GmbH aktiviert die erworbenen Forderungen gegen die S-GmbH in Höhe des Kaufpreises. Der vereinnahmte Mietzins ist in einen Zinsanteil und einen Tilgungsanteil aufzuteilen. Die Ermittlung des Zinsanteils pro Rate erfolgt nach allgemeinen bilanzsteuerrechtlichen Grundsätzen. Der danach ermittelte Zinsanteil stellt Zinsertrag im Sinne des § 4h Abs. 3 Satz 3 EStG dar. Die Forderung vermindert sich um den Tilgungsanteil. Der Gesamtzinsertrag beträgt im Beispielsfall 1,5 Mio. €.

6. Steuerliches EBITDA

Die Zinsaufwendungen eines Betriebs sind in Höhe des Zinsertrags abziehbar, darüber hinaus ist der Abzug auf 30 Prozent des um die Zinsaufwendungen und um die nach § 6 Abs. 2 Satz 1, § 6 Abs. 2a Satz 2 und § 7 EStG abgesetzten Beträge erhöhten und um die Zinserträge verminderten maßgeblichen Gewinn bzw. des maßgeblichen Einkommens begrenzt (sog. steuerliches EBITDA). 40

Bei Personenunternehmen ist maßgeblicher Gewinn der nach den Vorschriften des EStG mit Ausnahme des § 4h Abs. 1 EStG ermittelte steuerpflichtige Gewinn (§ 4h Abs. 3 Satz 1 EStG):

	Steuerpflichtiger Gewinn vor Anwendung des § 4h EStG
./.	Zinserträge
+	Zinsaufwendungen
+	Abschreibungen nach § 6 Abs. 2 und 2a sowie § 7 EStG
=	steuerliches EBITDA

Bei Körperschaften tritt an die Stelle des maßgeblichen Gewinns das nach den Vorschriften des EStG und des KStG mit Ausnahme der §§ 4h, 10d EStG und § 9 Abs. 1 Satz 1 Nr. 2 KStG ermittelte Einkommen. Das steuerliche EBITDA einer Körperschaft wird insbesondere durch verdeckte Gewinnausschüttungen erhöht und durch Dividenden und Veräußerungsgewinne vermindert, soweit diese nach § 8b KStG steuerfrei sind: 41

	Einkommen der Körperschaft im Sinne des § 8 Abs. 1 KStG vor Anwendung des § 4h EStG
./.	Zinserträge
+	Zinsaufwendungen
+	Abschreibungen nach § 6 Abs. 2 und 2a sowie § 7 EStG
+	Verlustabzug im Sinne von § 10d EStG (Verlustrück- und -vortrag)
+	Spendenabzug im Sinne von § 9 Abs. 1 Satz 1 Nr. 2 KStG
=	steuerliches EBITDA

Anhang 16
XIV Gewinnermittlung

42 Das steuerliche EBITDA ist betriebsbezogen zu ermitteln. Zinsaufwendungen, Zinserträge, Abschreibungen und Anteile am maßgeblichen Gewinn, die in das steuerliche EBITDA einer Mitunternehmerschaft einfließen, finden deshalb beim Mitunternehmer nicht nochmals Berücksichtigung.

43 Hält ein Gesellschafter einer vermögensverwaltenden Personengesellschaft seine Beteiligung im Betriebsvermögen (sog. Zebragesellschaft), kommt die Zinsschranke auf der Ebene des Gesellschafters zur Anwendung. Zinsaufwendungen, Zinserträge und Abschreibungen der Personengesellschaft und die Beteiligungseinkünfte sind anteilig beim Gesellschafter im Rahmen seiner Gewinneinkünfte zu berücksichtigen.

44 Bei einer KGaA ist zur Ermittlung des maßgeblichen Einkommens im Sinne des § 8a Abs. 1 KStG die Vorschrift des § 9 Abs. 1 Satz 1 Nr. 1 KStG nicht anzuwenden. Hinsichtlich eventueller Sondervergütungen ist § 8a Abs. 2 und 3 KStG zu prüfen. Bei der Bildung des steuerlichen EBITDA des persönlich haftenden Gesellschafters bleibt der Gewinnanteil unberücksichtigt.

45 Zinsaufwendungen und Zinserträge im Sinne des § 4h Abs. 3 EStG einer Organgesellschaft sind beim Organträger im Rahmen des § 4h Abs. 1 EStG zu berücksichtigen (§ 15 Satz 1 Nr. 3 Satz 3 KStG). Entsprechendes gilt für Abschreibungen nach § 6 Abs. 2 Satz 1, § 6 Abs. 2a Satz 2 und § 7 EStG.

7. Zinsvortrag

46 Die nicht abziehbaren Zinsaufwendungen eines Veranlagungszeitraums sind nach § 4h Abs. 1 Satz 2 EStG in die folgenden Wirtschaftsjahre vorzutragen (Zinsvortrag). Sie erhöhen die Zinsaufwendungen dieser Wirtschaftsjahre und können dazu führen, dass im Vortragsjahr die Freigrenze nach § 4h Abs. 2 Satz 1 Buchstabe a EStG überschritten wird.

47 Nach § 4h Abs. 5 EStG geht ein nicht verbrauchter Zinsvortrag bei Aufgabe oder Übertragung des Betriebs unter. Bei Aufgabe oder Übertragung eines Teilbetriebs geht der Zinsvortrag anteilig unter. Als Aufgabe eines Teilbetriebs gilt auch das Ausscheiden einer Organgesellschaft aus dem Organkreis.

48 Die Nutzung eines vororganschaftlichen Zinsvortrags der Organgesellschaft ist während der Organschaft nicht zulässig; die Grundsätze zu § 15 Satz 1 Nr. 1 KStG gelten entsprechend.

49 Der Zinsvortrag ist gemäß § 4h Abs. 4 Satz 1 EStG gesondert festzustellen. Der Feststellungsbescheid ist für jeden Betrieb an den Betriebsinhaber (Personengesellschaft, Körperschaft) zu richten, bei Einzelunternehmen an diesen unter Bezeichnung des Betriebs. Bei Personengesellschaften ist diese selbst Adressat des Feststellungsbescheids, nicht die Mitunternehmer. Bei Betrieben gewerblicher Art ist der Feststellungsbescheid an dessen Rechtsträger unter Bezeichnung des Betriebs zu richten.

8. Mitunternehmerschaften

50 Zu Sonderbetriebsvermögen und Sondervergütungen von Mitunternehmern siehe Tz. 1 und 19.

51 Die Ermittlung der nicht abziehbaren Zinsaufwendungen erfolgt betriebsbezogen. Nicht abziehbare Zinsaufwendungen sind den Mitunternehmern auch dann nach dem allgemeinen Gewinnverteilungsschlüssel zuzurechnen, wenn es sich um Zinsaufwendungen aus dem Sonderbetriebsvermögensbereich eines Mitunternehmers handelt.

52 Bei Ausscheiden eines Mitunternehmers aus einer Gesellschaft geht der Zinsvortrag anteilig mit der Quote unter, mit der der ausgeschiedene Mitunternehmer an der Gesellschaft beteiligt war (§ 4h Abs. 5 Satz 2 EStG).

Beispiel:
An der ABC-OHG sind die A-GmbH zu 10 %, die B-GmbH zu 60 %, die C-GmbH zu 30 % beteiligt. Alle Gesellschaften gehören einem Konzern an. Der Gewinnverteilungsschlüssel der OHG richtet sich nach den Beteiligungsquoten. Der Gewinn der OHG (Gesamthandsbereich) beträgt am 31.12.01 10 Mio. €. Die A-GmbH hat ihre Beteiligung fremdfinanziert. Es entstehen bis zum 31.12.01 im Sonderbetriebsvermögensbereich der A-GmbH Sonderbetriebsausgaben in Höhe von 7 Mio. €. Der OHG gelingt der Escape nicht.

Am 01.01.02 scheidet
a) die A-GmbH
b) die C-GmbH
aus.

Lösung:
1. Gewinnverteilung:

		A (10 %)	B (60 %)	C (30 %)
Gesamthand	10.000.000	1.000.000	6.000.000	3.000.000
SBA	./. 7.000.000	./. 7.000.000		
Gewinn	3.000.000	./. 6.000.000	6.000.000	3.000.000

2. Ermittlung der abziehbaren Zinsen
   Der maßgebliche Gewinn beträgt 3 Mio. € + 7 Mio. € = 10 Mio. €.
   Die abziehbaren Zinsen betragen 10 Mio. € x 30 % = 3 Mio. €

3. Ermittlung des Zinsvortrags
   7 Mio. € ./. 3 Mio. € = 4 Mio. €

4. Gewinnverteilung nach Anwendung der Zinsschranke

		A (10 %)	B (60 %)	C (30 %)
Gesamthand	10.000.000	1.000.000	6.000.000	3.000.000
SBA	./. 7.000.000	./. 7.000.000		
	3.000.000	./. 6.000.000	6.000.000	3.000.000
Nicht abziehbare Zinsen	4.000.000	400.000	2.400.000	1.200.000
Gewinn	7.000.000	./. 5.600.000	8.400.000	4.200.000

5. Untergehender Zinsvortrag nach § 4h Abs. 5 Satz 2 EStG
   a) bei Ausscheiden der A-GmbH: 4 Mio. € x 10/100 = 0,4 Mio. €,
   b) bei Ausscheiden der C-GmbH: 4 Mio. € x 30/100 = 1,2 Mio. €.

9. Organschaften

Zur Behandlung der Organschaft als Betrieb siehe Tz. 10 und 65.   53
Zur Freigrenze bei Organschaft siehe Tz. 57.   54

III. Ausnahmetatbestände (§ 4h Abs. 2 EStG)
1. Freigrenze

Die Zinsschranke kommt nicht zur Anwendung, wenn die die Zinserträge übersteigenden Zinsaufwendungen (Zinssaldo) weniger als 1 Million Euro[1]) betragen (Freigrenze des § 4h Abs. 2 Satz 1 Buchstabe a EStG).   55

---

[1]) ab VZ 2008 3 Mio. €

Anhang 16
Gewinnermittlung

56 Die Freigrenze ist betriebsbezogen. Sie gilt auch für Körperschaften, Personenvereinigungen und Vermögensmassen (§ 8a Abs. 1 KStG).

57 Die Freigrenze wird für den Organkreis nur einmal gewährt.

58 Die Freigrenze bezieht sich auf das jeweilige Wirtschaftsjahr des Betriebs.

2. Konzernzugehörigkeit

59 Der Zinsschranke liegt ein erweiterter Konzernbegriff zugrunde. Ein Betrieb kann nur durch einen Rechtsträger beherrscht werden. Ob ein Betrieb konzernzugehörig ist, bestimmt sich regelmäßig nach § 4h Abs. 3 Satz 5 EStG (Grundfall). Ein Betrieb gehört danach zu einem Konzern, wenn er nach dem einschlägigen Rechnungslegungsstandard in einen Konzernabschluss einzubeziehen ist oder einbezogen werden könnte.

60 Liegt kein Konzern im Sinne des § 4h Abs. 3 Satz 5 EStG vor, sind die Voraussetzungen des § 4h Abs. 3 Satz 6 EStG (sog. Gleichordnungskonzern) zu prüfen. Voraussetzung für einen Gleichordnungskonzern ist, dass die Finanz- und Geschäftspolitik eines Betriebs mit einem oder mehreren anderen Betrieben einheitlich bestimmt werden kann. Ein Konzern kann somit auch dann vorliegen, wenn eine natürliche Person an der Spitze des Konzerns steht und die Beteiligungen an den beherrschten Rechtsträgern im Privatvermögen gehalten werden. Auch eine vermögensverwaltend tätige Gesellschaft kann Konzernspitze sein.

In den Fällen, in denen die Konzernspitze selbst keinen Betrieb im Sinne des § 4h Abs. 1 EStG darstellt oder unterhält, sind in den Konzernabschluss nur die beherrschten Betriebe einzubeziehen. Zur Frage der Gesellschafterfremdfinanzierung in diesen Fällen siehe Tz. 80.

61 Gemeinschaftlich geführte Unternehmen nach § 310 HGB oder vergleichbare Unternehmen, die nach anderen zur Anwendung kommenden Rechnungslegungsstandards (z. B. IAS 31) nur anteilmäßig in den Konzernabschluss einbezogen werden, gehören für Zwecke der Zinsschranke nicht zu einem Konzern. Gleiches gilt für assoziierte Unternehmen (§ 311 HGB) oder diesen vergleichbare Unternehmen.

62 Ein Einzelunternehmer mit mehreren Betrieben begründet für sich noch keinen Konzern im Sinne der Zinsschranke.

63 Ergibt sich die Gewerblichkeit eines Besitzunternehmens nur aufgrund einer personellen und sachlichen Verflechtung mit dem Betriebsunternehmen (Betriebsaufspaltung), liegt ebenfalls kein Konzern im Sinne der Zinsschranke vor.

64 Ein Einzelunternehmer oder eine Gesellschaft begründet nicht bereits deshalb einen Konzern, weil er oder sie eine oder mehrere Betriebsstätten im Ausland hat. Für die Dotation der Betriebsstätte mit Eigenkapital gelten die Betriebsstätten-Verwaltungsgrundsätze nach dem BMF-Schreiben vom 24. Dezember 1999 (BStBl I S. 1076).

65 Ein Organkreis gilt als ein Betrieb (§ 15 Satz 1 Nr. 3 KStG) und bildet für sich allein keinen Konzern im Sinne der Zinsschranke.

66 Bei einer GmbH & Co. KG gelten die KG und die als Komplementär allein haftende GmbH als ein Betrieb im Sinne der Zinsschranke, wenn sich die Tätigkeit der GmbH – neben ihrer Vertretungsbefugnis – in der Übernahme der Haftung und Geschäftsführung für die KG erschöpft und weder die KG noch die als Komplementär allein haftende GmbH anderweitig zu einem Konzern gehören. Die GmbH & Co. KG ist in diesen Fällen nicht als Konzern anzusehen. Das gilt nicht, wenn die GmbH darüber hinaus eine eigene Geschäftstätigkeit entfaltet. Dies ist z. B. dann anzunehmen, wenn ihr nach den Grundsätzen dieses Schreibens Zinsaufwendungen zuzuordnen sind. Entsprechendes gilt bei Gesellschaften in Rechtsformen, die der GmbH & Co. KG vergleichbar sind (z. B. die Limited & Co. KG).

Zweckgesellschaften sind für Zwecke der Zinsschranke konzernangehörige Betriebe, wenn nach dem jeweils zur Anwendung kommenden Rechnungslegungsstandard eine Konsolidierung in den Konzernabschluss zu erfolgen hat. In den Fällen des Gleichordnungskonzerns nach § 4h Abs. 3 Satz 6 EStG sind Zweckgesellschaften dann als konzernangehörig anzusehen, wenn ihre Finanz- und Geschäftspolitik mit einem oder mehreren anderen Betrieben einheitlich bestimmt werden kann. 67

Verbriefungszweckgesellschaften im Rahmen von Asset-Backed-Securities-Gestaltungen, deren Unternehmensgegenstand in dem rechtlichen Erwerb von Forderungen aller Art und/oder der Übernahme von Risiken aus Forderung und Versicherungen liegt, gelten für Zwecke der Zinsschranke nicht als konzernangehörige Unternehmen, wenn eine Einbeziehung in den Konzernabschluss allein aufgrund einer wirtschaftlichen Betrachtungsweise unter Berücksichtigung der Nutzen- und Risikoverteilung erfolgt ist.

Für die Frage, ob und zu welchem Konzern ein Betrieb gehört, ist grundsätzlich auf die Verhältnisse am vorangegangenen Abschlussstichtag abzustellen. Das gilt auch für die Fälle des unterjährigen Erwerbs oder der unterjährigen Veräußerung von Gesellschaften. 68

Bei Neugründung einer Gesellschaft, einschließlich der Neugründung durch Umwandlung, gilt die Gesellschaft ab dem Zeitpunkt der Neugründung für Zwecke der Zinsschranke als konzernangehörig. Entsteht ein Konzern im Sinne des § 4h Abs. 3 S. 5 und 6 EStG neu, gelten die einzelnen Betriebe erst zum folgenden Abschlussstichtag als konzernangehörig.

3. Eigenkapitalvergleich bei konzernzugehörigen Betrieben (Escape-Klausel)

Nach § 4h Abs. 2 Satz 1 Buchstabe c Satz 2 EStG unterliegt der Zinsabzug nicht den Beschränkungen des § 4h Abs. 1 EStG, wenn die Eigenkapitalquote des Betriebs die Eigenkapitalquote des Konzerns um nicht mehr als einen Prozentpunkt[1]) unterschreitet. Die Eigenkapitalquote ermittelt sich als Verhältnis des Eigenkapitals zur Bilanzsumme (§ 4h Abs. 2 Satz 1 Buchstabe c Satz 3 EStG). 69

Für die Anwendung der Escape-Klausel ist auf die Eigenkapitalquote am vorangegangenen Abschlussstichtag abzustellen (§ 4h Abs. 2 Satz 1 Buchstabe c Satz 1 EStG). Bei Neugründung eines Betriebs wird ausnahmsweise auf das Eigenkapital in der Eröffnungsbilanz abgestellt. Die Eigenkapitalquote des Betriebs ist mit der Eigenkapitalquote des Konzerns am vorangegangenen Abschlussstichtag zu vergleichen. Der Konzernabschluss wird nicht um den neu gegründeten Betrieb erweitert. 70

Weicht der Abschlussstichtag des Betriebs vom Abschlussstichtag des Konzerns ab, ist für den Vergleich der Eigenkapitalquoten derjenige Abschluss des Betriebs maßgeblich, der in den Konzernabschluss eingegangen ist. Es kann sich dabei um einen Zwischenabschluss handeln (vergleiche z. B. bei Abschlüssen nach dem Handelsgesetzbuch § 299 Abs. 2 HGB).

Für den Eigenkapitalvergleich sind der bestehende Konzernabschluss und der bestehende Abschluss des Betriebs zugrunde zu legen. Die für den Eigenkapitalvergleich erforderlichen Korrekturen von Eigenkapital und Bilanzsumme des Konzernabschlusses oder/und des Abschlusses des Betriebs sind außerhalb des Abschlusses in einer Nebenrechnung vorzunehmen. 71

Bestehende Konzernabschlüsse werden in den Fällen des § 4h Abs. 3 Satz 5 EStG grundsätzlich unverändert für den Eigenkapitalvergleich herangezogen, wenn sie nach den §§ 291, 292 und 315a HGB befreiende Wirkung haben. Sie müssen nicht um diejenigen konzernzugehörigen Betriebe erweitert werden, die zulässigerweise – etwa nach § 296 HGB – nicht in den Konzernabschluss aufgenommen wurden; diese Betriebe sind dessen ungeachtet konzernangehörige Betriebe im Sinne des § 4h Abs. 2 Satz 1 Buchstabe c EStG. 72

---

[1]) ab VZ 2010 2 %

Konsolidierte Verbriefungszweckgesellschaften sind zur Ermittlung der Eigenkapitalquote des Konzerns aus dem Konzernabschluss herauszurechnen, wenn sie für Zwecke der Zinsschranke als nicht konzernangehörig gelten.

Für gemeinschaftlich geführte Unternehmen darf ein Wahlrecht auf anteilmäßige Konsolidierung (Quotenkonsolidierung) für Zwecke der Zinsschranke nicht ausgeübt werden. Die Eigenkapitalquote des Konzernabschlusses ist ggf. entsprechend anzupassen.

Eine Korrektur des Konzernabschlusses um Verbriefungszweckgesellschaften und gemeinschaftlich geführte Unternehmen kann unterbleiben, sofern sich dadurch keine erheblichen Veränderungen der Konzerneigenkapitalquote ergeben.

73 Bei der Ermittlung der Eigenkapitalquote des Betriebs sind Vermögensgegenstände und Schulden, einschließlich Rückstellungen, Bilanzierungshilfen, Rechnungsabgrenzungsposten u. ä., sofern sie im Konzernabschluss enthalten sind, mit den dort abgebildeten Werten anzusetzen. Ein im Konzernabschluss enthaltener Firmenwert und im Rahmen eines Beteiligungserwerbs mitbezahlte stille Reserven der Beteiligungsgesellschaft sind dem Betrieb zuzuordnen, soweit sie auf diesen entfallen. Die Bilanzsumme des Betriebs ist ggf. anzupassen.

74 Die in § 4h Abs. 2 Satz 1 Buchstabe c Satz 5 EStG vorgesehene Kürzung der Anteile an anderen inländischen und ausländischen Konzerngesellschaften umfasst auch die Beteiligungen an Mitunternehmerschaften. Die Beteiligungshöhe ist unmaßgeblich.

Eine Kürzung um eigene Anteile und um Anteile an nicht konzernangehörigen Gesellschaften unterbleibt.

75 Bei der Ermittlung der Eigenkapitalquote des Betriebs ist das nach den jeweils relevanten Rechnungslegungsstandards ermittelte Eigenkapital um folgende Größen zu modifizieren (§ 4h Abs. 2 Satz 1 Buchstabe c Satz 5 bis 7 EStG):

+ im Konzernabschluss enthaltener Firmenwert, soweit er auf den Betrieb entfällt,
+ ./. Korrektur der Wertansätze der Vermögensgegenstände und Schulden (Ausweis – vorbehaltlich der Tz. 73 – mit den im Konzernabschluss enthaltenen Werten),
+ die Hälfte des Sonderpostens mit Rücklagenanteil (§ 273 HGB),
./. Eigenkapital, das keine Stimmrechte vermittelt – mit Ausnahme von Vorzugsaktien,
./. Anteile an anderen Konzerngesellschaften,
./. Einlagen der letzten sechs Monate vor dem maßgeblichen Abschlussstichtag, soweit ihnen Entnahmen oder Ausschüttungen innerhalb der ersten sechs Monate nach dem maßgeblichen Abschlussstichtag gegenüberstehen;
+ ./. Sonderbetriebsvermögen ist dem Betrieb der Mitunternehmerschaft zuzuordnen.

76 Die Bilanzsumme des Betriebs ist wie folgt zu verändern:

+ im Konzernabschluss enthaltener Firmenwert, soweit er auf den Betrieb entfällt,
+ ./. Korrektur der Wertansätze der Vermögensgegenstände und Schulden (Ausweis – vorbehaltlich der Tz. 73 – mit den im Konzernabschluss enthaltenen Werten),
./. Anteile an anderen Konzerngesellschaften,
./. Einlagen der letzten sechs Monate vor dem maßgeblichen Abschlussstichtag, soweit ihnen Entnahmen oder Ausschüttungen innerhalb der ersten sechs Monate nach dem maßgeblichen Abschlussstichtag gegenüberstehen,
./. Kapitalforderungen, die nicht im Konzernabschluss ausgewiesen sind und denen Verbindlichkeiten im Sinne des § 4h Abs. 3 EStG in mindestens gleicher Höhe gegenüberstehen;
+ ./. Sonderbetriebsvermögen ist dem Betrieb der Mitunternehmerschaft zuzuordnen.

Der Eigenkapitalvergleich hat grundsätzlich auch dann auf der Grundlage von nach den International Financial Reporting Standards (IFRS) erstellten Abschlüssen zu erfolgen, wenn bislang kein Konzernabschluss erstellt wurde (§ 4h Abs. 2 Satz 1 Buchstabe c Satz 8 EStG). Hiervon abweichend können Abschlüsse nach dem Handelsrecht eines Mitgliedstaats der Europäischen Union verwendet werden, wenn kein Konzernabschluss nach den IFRS zu erstellen und offen zu legen ist und für keines der letzten fünf Wirtschaftsjahre ein Konzernabschluss nach den IFRS erstellt wurde. 77

Nach den Generally Accepted Accounting Principles der Vereinigten Staaten von Amerika (US-GAAP) aufzustellende und offen zu legende Abschlüsse sind zu verwenden, wenn kein Konzernabschluss nach den IFRS oder dem Handelsrecht eines Mitgliedstaats der Europäischen Union zu erstellen und offen zu legen ist. 78

IV. Gesellschafterfremdfinanzierung

Auf Rechtsträger, die nicht zu einem Konzern gehören (§ 4h Abs. 2 Satz 1 Buchstabe b EStG), findet die Abzugsbeschränkung des § 4h Abs. 1 EStG Anwendung, wenn eine schädliche Gesellschafterfremdfinanzierung vorliegt. Diese setzt eine Vergütung für Gesellschafterfremdfinanzierung in Höhe von mehr als 10 % der die Zinserträge übersteigenden Zinsaufwendungen der Körperschaft durch einen unmittelbar oder mittelbar zu mehr als einem Viertel am Kapital beteiligten Anteilseigner (wesentlich beteiligter Anteilseigner), eine diesem nahe stehende Person im Sinne des § 1 Abs. 2 AStG oder einen Dritten, der auf den wesentlich beteiligten Anteilseigner oder die nahe stehende Person zurückgreifen kann, voraus (vgl. § 8a Abs. 2 KStG). 79

Ein zu einem Konzern gehörender Rechtsträger kann die Escape-Klausel des § 4h Abs. 2 Satz 1 Buchstabe c EStG nur in Anspruch nehmen, wenn ihm der Nachweis im Sinne des § 8a Abs. 3 Satz 1 KStG für sämtliche zum Konzern gehörenden Rechtsträger gelingt. § 8a Abs. 3 KStG setzt eine schädliche Fremdfinanzierung irgendeiner inländischen oder ausländischen Konzerngesellschaft durch einen unmittelbar oder mittelbar wesentlich beteiligten nicht konzernangehörigen Anteilseigner dieser oder einer anderen Konzerngesellschaft, eine diesem nahe stehende Person oder einen Dritten, der auf diesen wesentlich beteiligten Anteilseigner oder die nahe stehende Person zurückgreifen kann, voraus. Es muss sich dabei nicht um eine Fremdfinanzierung des Rechtsträgers handeln, auf den § 4h Abs. 1 EStG Anwendung findet. 80

Konzerninterne Finanzierungen führen nicht zu einer schädlichen Gesellschafterfremdfinanzierung im Sinne von § 8a Abs. 3 KStG; dies gilt z. B. auch für konzerninterne Bürgschaften. Eine konzerninterne Finanzierung liegt dann nicht vor, wenn das Fremdkapital durch die Konzernspitze überlassen wird und die Konzernspitze selbst nicht zum Konzern gehört (Gleichordnungskonzern). Eine Fremdfinanzierung von Konzerngesellschaften durch die Konzernspitze kann in diesen Fällen unter den Voraussetzungen des § 8a Abs. 3 KStG schädlich sein. Eine solche Konstellation kann z. B. dann vorliegen, wenn eine natürliche Person mehrere Kapitalgesellschaften beherrscht und diesen Gesellschaften Fremdkapital überlässt.

Unmittelbare und mittelbare Beteiligungen werden für die Beurteilung, ob ein Gesellschafter wesentlich beteiligt ist, zusammengerechnet; mittelbare Beteiligungen reichen aus. 81

Eine Gesellschafterfremdfinanzierung ist schädlich, wenn die auf sie entfallene Vergütung 10 % des Nettozinsaufwands der Gesellschaft übersteigt. Es werden die Vergütungen für Fremdkapital aller Gesellschafter zusammengerechnet (Gesamtbetrachtung). Einbezogen werden Gesellschafterfremdfinanzierungen unabhängig davon, ob sie sich auf den inländischen oder ausländischen Gewinn des Rechtsträgers auswirken. 82

Anhang 16

XIV Gewinnermittlung

83 Ein konkreter rechtlich durchsetzbarer Anspruch (z. B. aufgrund einer Garantieerklärung oder einer Bürgschaft), eine Vermerkpflicht in der Bilanz, eine dingliche Sicherheit (z. B. Sicherungseigentum, Grundschuld) oder eine harte bzw. weiche Patronatserklärung vermögen einen Rückgriff im Sinne der Tz. 79 f. zu begründen, sind hierfür aber nicht erforderlich. Es genügt bereits, wenn der Anteilseigner oder die ihm nahe stehende Person dem Dritten gegenüber faktisch für die Erfüllung der Schuld einsteht. Insbesondere werden auch Gestaltungen erfasst, bei denen eine Bank der Kapitalgesellschaft ein Darlehen gewährt und der Anteilseigner seinerseits bei der Bank eine Einlage unterhält (sog. Back-to-Back-Finanzierung); die Abtretung der Einlageforderung an die Bank ist nicht Voraussetzung. Auch die Verpfändung der Anteile an der fremdfinanzierten Gesellschaft begründet einen Rückgriff.

V. Öffentlich Private Partnerschaften

Zur Anwendung der Zinsschranke auf Öffentlich Private Partnerschaften – ÖPP (Public Private Partnerships – PPP) gilt Folgendes:

1. Grundlagen

84 Unter ÖPP ist eine vertraglich geregelte und langfristig angelegte Zusammenarbeit zwischen öffentlicher Hand und Privatwirtschaft zur wirtschaftlichen Erfüllung öffentlicher Aufgaben zu verstehen, wobei der private Partner regelmäßig die Planung, den Bau, die Finanzierung, den Betrieb und ggf. die Verwertung des Projektgegenstandes übernimmt. Als Vertragsmodelle kommen dabei im Wesentlichen das Inhabermodell, das Erwerbermodell, das Vermietungsmodell, das Leasingmodell, das Contracting-Modell sowie das Konzessionsmodell in Betracht. Die Projekte können sowohl im Rahmen von bereits bestehenden Betrieben als auch im Rahmen von für Zwecke des Projekts gegründeten Gesellschaften abgewickelt werden, ggf. unter Beteiligung des öffentlichen Auftraggebers als Gesellschafter (Gesellschaftsmodell).

2. Grundsätze

85 Die Zurechnung der Wirtschaftsgüter, die Gegenstand eines ÖPP-Vertrages sind, ist von der von den Parteien gewählten Vertragsgestaltung und deren tatsächlicher Durchführung abhängig. Unter Würdigung der gesamten Umstände ist im Einzelfall nach allgemeinen Grundsätzen zu entscheiden, wem die Gegenstände zuzurechnen sind. Die in den Tz. 27 ff. dargelegten Grundsätze zur Auf- und Abzinsung und zur Abtretung von Forderungen (Forfaitierung) sind auch auf Vertragsbeziehungen im Rahmen von ÖPP anzuwenden.

3. Inhabermodell/Erwerbermodell

86 Kennzeichnend für das Inhaber- und das Erwerbermodell ist es, dass die öffentliche Hand nach Übergabe und Abnahme des Projektgegenstandes zivilrechtlicher und wirtschaftlicher (beim Inhabermodell) oder zumindest wirtschaftlicher Eigentümer (beim Erwerbermodell) des Projektgegenstandes wird. Zur Refinanzierung seiner Aufwendungen erhält der private Auftragnehmer ein monatliches Leistungsentgelt vom öffentlichen Auftraggeber. Wird hinsichtlich der über die Vertragslaufzeit gestundeten Forderung des privaten Auftragnehmers eine gesonderte Kreditvereinbarung getroffen, stellen die vereinbarten Vergütungen beim privaten Auftragnehmer Zinserträge und beim öffentlichen Auftraggeber Zinsaufwendungen dar. Fehlt eine gesonderte Zinsvereinbarung, ist die Forderung des privaten Auftragnehmers mit dem Barwert zu bilanzieren. Entsprechend Tz. 27 entstehen beim privaten Auftragnehmer sukzessive Zinserträge und beim öffentlichen Auftraggeber sukzessive Zinsaufwendungen.

Bei Forfaitierung der Forderung durch den privaten Auftragnehmer kann es nach Maßgabe der Tz. 29 ff. bei einer unechten Forfaitierung und nach Maßgabe der Tz. 32 ff. bei einer echten Forfaitierung beim privaten Auftragnehmer zu einem Zinsaufwand kommen, der der Zinsschranke unterliegt.

4. Vermietungsmodell

Kennzeichnend für das Vermietungsmodell ist es, dass das zivilrechtliche und wirtschaftliche Eigentum am Projektgegenstand während der gesamten Vertragslaufzeit beim privaten Auftragnehmer liegt. Mietzahlungen, die durch die öffentliche Hand an den privaten Auftragnehmer geleistet werden, enthalten keinen Zinsanteil und führen bei diesem nicht zu Zinserträgen, die zur Saldierung mit Zinsaufwendungen im Rahmen der Zinsschranke berechtigen. 87

Die Forfaitierung von künftigen Mieterlösen durch den privaten Auftragnehmer führt unter den Voraussetzungen der Tz 36 ff. bei diesem zu Zinsaufwendungen.

5. Leasingmodell

In Leasingraten enthaltene Zinsanteile führen nach Maßgabe der Tz. 25 zu Zinserträgen beim privaten Auftragnehmer als Leasinggeber und zu Zinsaufwendungen beim öffentlichen Auftraggeber als Leasingnehmer. 88

Die Forfaitierung von künftigen Leasingerlösen durch den privaten Auftragnehmer führt unter den Voraussetzungen der Tz. 36 ff. bei diesem zu Zinsaufwendungen.

6. Contracting-Modell

Vertragsgegenstand ist regelmäßig der Einbau und der Betrieb von technischen Anlagen in Gebäuden. Entsprechend den für Mietereinbauten geltenden Grundsätzen ist im konkreten Einzelfall unter Berücksichtigung der jeweiligen vertraglichen Vereinbarungen zu prüfen, wem die Contracting-Anlage bilanzsteuerlich zuzurechnen ist. Im Falle der Zurechnung zum privaten Auftragnehmer gelten die Ausführungen zu Tz. 87 und im Falle der Zurechnung zum öffentlichen Auftraggeber die Ausführungen in Tz.86 entsprechend. 89

7. Konzessionsmodell

Bei ÖPP, die vertraglich über das Konzessionsmodell abgewickelt werden, besteht die Besonderheit, dass Nutzer des Projektgegenstandes und ggf. der weiteren Leistungen des privaten Auftragnehmers nicht der öffentliche Auftraggeber, sondern Dritte sind. Die Dritten sind nicht Vertragspartner im Rahmen des Konzessionsvertrages, der zwischen dem privaten Auftragnehmer und dem öffentlichen Auftraggeber abgeschlossen wird. Der öffentliche Auftraggeber räumt im Konzessionsvertrag dem privaten Auftragnehmer das Recht ein, sich durch Entgelte bzw. Gebühren der Nutzer zu refinanzieren. 90

Unabdingbare Voraussetzung für die Annahme einer Finanzierungsleistung des privaten Auftragnehmers, die bei diesem zu Zinserträgen führt, ist es, dass zumindest das wirtschaftliche Eigentum an dem Projektgegenstand beim öffentlichen Auftraggeber liegt bzw. spätestens bei Fertigstellung auf diesen übertragen wird. Soweit im Rahmen von Konzessionsverträgen gesonderte Darlehensvereinbarungen zwischen den Vertragsparteien über die Finanzierungsleistungen des privaten Auftragnehmers getroffen werden, stellen die in Rechnung gestellten und gezahlten Zinsen beim privaten Auftragnehmer Zinserträge und beim öffentlichen Auftraggeber Zinsaufwendungen dar. Der private Auftragnehmer hat nachzuweisen, dass die vereinbarte Vergütung marktüblich ist. Übersteigen die dem öffentlichen Auftraggeber in Rechnung gestellten und gezahlten Zinsen

Anhang 16

die Refinanzierungskosten des privaten Auftragnehmers, ist dies als Indiz gegen die Marktüblichkeit ist zu werten.

VI. Öffentliche Hand

91 Körperschaften des öffentlichen Rechts (z. B. Gebietskörperschaften, Kirchen) bilden mit ihren Betrieben gewerblicher Art und ihren Beteiligungen an anderen Unternehmen, soweit sie nicht in einem Betrieb gewerblicher Art gehalten werden, keinen Gleichordnungskonzern im Sinne der Zinsschranke.

92 Beteiligungsgesellschaften der öffentlichen Hand können Teil eines Konzerns im Sinne der Zinsschranke sein. Im Besitz von Körperschaften des öffentlichen Rechts stehende Holdinggesellschaften des privaten Rechts können ebenfalls einen eigenständigen Konzern im Sinne des § 4h EStG bilden.

93 Körperschaften des öffentlichen Rechts und steuerbefreite Einrichtungen im Sinne des § 5 Abs. 1 Nr. 2 KStG erfüllen durch die Gewährung von Bürgschaften und anderen Sicherheiten bei der Finanzierung von Gesellschaften, an denen sie zu mindestens 50 % unmittelbar oder mittelbar am Kapital beteiligt sind, nicht die Voraussetzungen einer Gesellschafterfremdfinanzierung nach § 8a KStG, es sei denn, es handelt sich um eine Gestaltung, bei der der bürgschaftsberechtigte Dritte der Kapitalgesellschaft ein Darlehen gewährt und die Körperschaft des öffentlichen Rechts ihrerseits gegen den Dritten oder eine diesem nahe stehende Person eine Forderung hat, auf die der Dritte oder die nahe stehende Person zurückgreifen kann (sog. Back-to-Back-Finanzierungen). Entsprechendes gilt im Fall einer gesamtschuldnerischen Mithaftung der öffentlichen Hand. Die öffentliche Hand erfüllt mit ihren wirtschaftlichen Betätigungen regelmäßig Aufgaben der Daseinsvorsorge im Rahmen gesetzlicher Vorgaben und unterliegt regelmäßig einer Aufsicht.

VII. Sonderfälle

94 Vergütungen für Darlehen, die auf Grund von allgemeinen Förderbedingungen vergeben werden, sind keine Zinsaufwendungen oder Zinserträge im Sinne der Zinsschranke, wenn es sich um mittelbar oder unmittelbar aus öffentlichen Haushalten gewährte Mittel der Europäischen Union, von Bund, Ländern, Gemeinden oder Mittel anderer öffentlich-rechtlicher Körperschaften oder einer nach § 5 Abs. 1 Nr. 2, 17 oder 18 KStG steuerbefreiten Einrichtung handelt.

Hierzu zählen insbesondere

– Förderdarlehen der Förderinstitute (im Sinne der Verständigung zwischen der EU-Kommission und der Bundesrepublik Deutschland über die Ausrichtung rechtlich selbstständiger Förderinstitute in Deutschland vom 1. März 2002)

– Öffentliche und nicht öffentliche Baudarlehen

– Wohnungsfürsorgemittel

– Mittel, die mit Auflagen (z. B. Belegungsrechten oder Mietpreisbindungen) verbunden sind.

Anwendung des Teileinkünfteverfahrens in der steuerlichen Gewinnermittlung (§ 3 Nummer 40, § 3c Absatz 2 EStG)

BMF vom 23.10.2013 (BStBl I S. 1269)
IV C 6 – S 2138/07/10001 – 2013/0935028

Zur Anwendung des Teilabzugsverbots auf Aufwendungen im Zusammenhang mit der Überlassung von Wirtschaftsgütern an Kapitalgesellschaften in der steuerlichen Gewinnermittlung und auf Substanzverluste und Substanzgewinne sowie auf sonstige Aufwendungen bezüglich im Betriebsvermögen gehaltener Darlehensforderungen (§ 3c Absatz 2 EStG) nehme ich unter Bezugnahme auf das Ergebnis der Erörterung mit den obersten Finanzbehörden der Länder wie folgt Stellung:

Der BFH hat mit seinen beiden Urteilen vom 18. April 2012 – X R 5/10 – (BStBl 2013 II S. 785) und – X R 7/10 – (BStBl 2013 II S. 791) entschieden, dass § 3c Absatz 2 EStG auf Substanzverluste von im Betriebsvermögen gehaltenen Darlehensforderungen wie bei Teilwertabschreibungen oder Forderungsverzichten unabhängig davon keine Anwendung findet, ob die Darlehensgewährung selbst gesellschaftsrechtlich veranlasst ist oder war, denn Darlehensforderungen sind selbständige Wirtschaftsgüter, die von der Kapitalbeteiligung als solcher zu unterscheiden sind. 1

Darüber hinaus hat der BFH mit Urteil vom 28. Februar 2013 – IV R 49/11 – (BStBl II S. 802) entschieden, dass das Teilabzugsverbot des § 3c Absatz 2 EStG in Betriebsaufspaltungsfällen grundsätzlich für laufende Aufwendungen bei Wirtschaftsgütern (z. B. Maschinen, Einrichtungsgegenständen oder Gebäuden) anzuwenden ist, soweit das betreffende Wirtschaftsgut verbilligt an die Betriebskapitalgesellschaft überlassen wird. Trotz dieser grundsätzlichen Anwendbarkeit des Teilabzugsverbots gilt dieses nach Ansicht des BFH gleichwohl nicht für solche laufenden Aufwendungen, die sich auf die Substanz der dem Betriebsvermögen zugehörigen und zur Nutzung an die Betriebskapitalgesellschaft überlassenen Wirtschaftsgüter beziehen; das Teilabzugsverbot gilt hier insbesondere nicht für Absetzungen für Abnutzung (AfA) und für Erhaltungsaufwendungen in Bezug auf die überlassenen Wirtschaftsgüter. 2

Die genannten BFH-Urteile sind in allen noch offenen Fällen anzuwenden. Im Zusammenhang mit der Anwendung dieser BFH-Rechtsprechung gilt im Einzelnen Folgendes: 3

1. Aufwendungen für die Überlassung von Wirtschaftsgütern an eine Kapitalgesellschaft, an der der Überlassende beteiligt ist

Für die Frage, ob die laufenden Aufwendungen, die im Zusammenhang mit der Überlassung von Wirtschaftsgütern an Kapitalgesellschaften, an der der Überlassende beteiligt ist (insbesondere in Fällen einer Betriebsaufspaltung), entstehen, ganz oder gemäß § 3c Absatz 2 EStG nur anteilig als Betriebsausgaben abgezogen werden können, ist der Veranlassungszusammenhang mit voll oder nach § 3 Nummer 40 EStG nur teilweise zu besteuernden Betriebsvermögensmehrungen maßgeblich. Laufende Aufwendungen beispielsweise im Fall der Überlassung von Grundstücken stellen insbesondere Aufwendungen für Strom, Gas, Wasser, Heizkosten, Gebäudereinigungskosten, Versicherungsbeiträge und Finanzierungskosten dar. 4

a) Überlassung zu fremdüblichen Konditionen

Erfolgt die Überlassung der im Betriebsvermögen gehaltenen Wirtschaftsgüter an die (Betriebs-)Kapitalgesellschaft vollentgeltlich, d. h. zu fremdüblichen Konditionen, ist § 3c Absatz 2 EStG nicht anwendbar, weil die Aufwendungen in erster Linie mit den verein- 5 barten Miet- oder Pachtzinsen und nicht mit den erwarteten Beteiligungserträgen (Gewinnausschüttungen/Dividenden und Gewinnen aus einer zukünftigen Veräußerung oder Entnahme des Anteils) in Zusammenhang stehen.

b) *Überlassung aus gesellschaftsrechtlichen Gründen:*
Teilentgeltliche oder unentgeltliche Überlassung

6 Erfolgt die Überlassung der im Betriebsvermögen gehaltenen Wirtschaftsgüter an die (Betriebs-)Kapitalgesellschaft dagegen aus gesellschaftsrechtlichen Gründen unentgeltlich oder teilentgeltlich, d. h. zu nicht fremdüblichen Konditionen, ist insoweit grundsätzlich § 3c Absatz 2 EStG anzuwenden, weil in diesem Fall die Aufwendungen ganz oder teilweise mit den aus der (Betriebs-)Kapitalgesellschaft erwarteten Einkünften des Gesellschafters, nämlich den Beteiligungserträgen in Form von Gewinnausschüttungen/ Dividenden und den Gewinnen aus einer zukünftigen Veräußerung oder Entnahme des Anteils zusammenhängen.

7 Werden Wirtschaftsgüter teilentgeltlich überlassen, ist eine Aufteilung in eine voll entgeltliche und eine unentgeltliche Überlassung vorzunehmen. Die Aufteilung muss dabei im Verhältnis der vereinbarten Konditionen zu den fremdüblichen Konditionen unter ansonsten gleichen Verhältnissen vorgenommen werden. Die fehlende Fremdüblichkeit und damit die Teilentgeltlichkeit beruhen im Regelfall auf einem zu niedrigen Pachtentgelt. Als Aufteilungsmaßstab ist in diesen Fällen grundsätzlich das Verhältnis des tatsächlich gezahlten Pachtentgelts zum fremdüblichen Pachtentgelt heranzuziehen (vgl. BFH-Urteile vom 28. Februar 2013 – IV R 49/11 –, BStBl II S. 802 und vom 17. Juli 2013 – X R 17/11 –, BStBl II S. 817).

c) *Laufende Aufwendungen auf die Substanz des überlassenen Betriebsvermögens*

8 Das Teilabzugsverbot des § 3c Absatz 2 EStG gilt dagegen nicht für solche laufenden Aufwendungen, die sich auf die Substanz der dem Betriebsvermögen zugehörigen, zur Nutzung an die (Betriebs-)Kapitalgesellschaft überlassenen Wirtschaftsgüter beziehen; das Teilabzugsverbot gilt hier insbesondere nicht für AfA und für Erhaltungsaufwendungen (vgl. BFH-Urteil vom 28. Februar 2013 – IV R 49/11 –, BStBl II S. 802).

d) *Behandlung von Finanzierungskosten*

9 Finanzierungskosten bezüglich der überlassenen Wirtschaftsgüter wie etwa Zinsaufwendungen können allerdings kein substanzbezogener Aufwand im Sinne des vorstehenden Buchstabens c) sein, da in vollem Umfang steuerpflichtige Substanzgewinne insoweit nicht vorliegen können. Der Finanzierungsaufwand z. B. für ein Grundstück, das an die (Betriebs-)Kapitalgesellschaft überlassen wird, unterliegt damit bei einer teilentgeltlichen oder unentgeltlichen Überlassung dem Teilabzugsverbot des § 3c Absatz 2 EStG.

2. Substanzverluste und Substanzgewinne sowie sonstige Aufwendungen bezüglich im Betriebsvermögen gehaltener Darlehensforderungen

10 Ein Darlehen, das einer Kapitalgesellschaft gewährt wird, an der der Darlehensgeber beteiligt ist, kann dem Betriebsvermögen des Darlehensgebers zuzuordnen sein. Die Beteiligung an der Kapitalgesellschaft und die Darlehensforderung stellen jeweils selbstständige Wirtschaftsgüter dar, die getrennt auszuweisen und einzeln zu bewerten sind.

a) *Teilwertabschreibung auf Darlehensforderungen (Substanzverluste)*

11 § 3c Absatz 2 EStG findet auf Substanzverluste von im Betriebsvermögen gehaltenen Darlehensforderungen wie bei Teilwertabschreibungen oder Forderungsverzichten unabhängig davon keine Anwendung, ob die Darlehensgewährung selbst gesellschafts-

rechtlich veranlasst ist oder war, denn Darlehensforderungen sind selbständige Wirtschaftsgüter, die von der Kapitalbeteiligung als solcher zu unterscheiden sind. Deshalb sind Substanzverluste getrennt nach den für das jeweilige Wirtschaftsgut zur Anwendung kommenden Vorschriften zu beurteilen. Da Substanzgewinne aus einer Wertsteigerung oder Veräußerung einer im Betriebsvermögen gehaltenen Darlehensforderung voll steuerpflichtig sind, kann umgekehrt das Teilabzugsverbot des § 3c Absatz 2 EStG auch nicht Substanzverluste von Darlehensforderungen erfassen (vgl. BFH-Urteile vom 18. April 2012 – X R 5/10 –, (BStBl 2013 II S. 785) und – X R 7/10 –, (BStBl 2013 II S. 791).

b) *Wertaufholung nach vorausgegangener Teilwertabschreibung (Substanzgewinne)*
Liegen in späteren Wirtschaftsjahren die Voraussetzungen für den niedrigeren Teilwert nicht mehr vor, ist für die zunächst auf den niedrigeren Teilwert abgeschriebene Darlehensforderung eine Wertaufholung gemäß § 6 Absatz 1 Nummer 2 Satz 3 EStG vorzunehmen. Diese Wertaufholung ist in vollem Umfang steuerpflichtig, weil die vorausgehende Wertminderung ihrerseits nicht dem Teilabzugsverbot des § 3c Absatz 2 EStG unterfiel.

12

c) *Behandlung von Finanzierungskosten*
Finanzierungskosten bezüglich der gewährten Darlehensforderungen wie etwa Zinsaufwendungen können allerdings kein substanzbezogener Aufwand im Sinne des vorstehenden Buchstabens a) sein, da in vollem Umfang steuerpflichtige Substanzgewinne insoweit nicht vorliegen können. Der Finanzierungsaufwand für ein Darlehen unterliegt damit bei einer teilentgeltlichen oder unentgeltlichen Darlehensgewährung dem Teilabzugsverbot des § 3c Absatz 2 EStG.

13

3. Wechsel des Veranlassungszusammenhangs

Nach dem Grundsatz der Abschnittsbesteuerung ist für jeden Veranlagungszeitraum zu prüfen, ob und ggf. durch welche Einkunftsart oder Einnahmen die geltend gemachten Aufwendungen (vorrangig) veranlasst sind (vgl. BFH-Urteil vom 28. Februar 2013 – IV R 49/11 –, BStBl II S. 802). Insoweit kann es zu einem steuerrechtlich zu berücksichtigenden Wechsel des Veranlassungszusammenhangs kommen. Der für die unter Textziffer 1 und 2 vorzunehmende Einordnung maßgebliche Veranlassungszusammenhang hinsichtlich des überlassenen Wirtschaftsguts oder des gewährten Darlehens kann sich demnach ändern. Das ist z. B. dann der Fall, wenn sich mit dem Abschluss einer Vereinbarung über den künftigen Verzicht auf Erhebung eines marktüblichen Miet- oder Pachtzinses ein Übergang von einer voll entgeltlichen Überlassung zu einer voll unentgeltlichen Überlassung vollzieht.

14

Werden die Pachtentgelte zunächst zu fremdüblichen Bedingungen vereinbart, verzichtet der Verpächter aber zu einem späteren Zeitpunkt auf noch nicht entstandene (künftige) Pachtforderungen ganz oder teilweise, ist darauf abzustellen, ob der Verzicht betrieblich (durch das Pachtverhältnis) veranlasst ist oder auf dem Gesellschaftsverhältnis beruht.

15

Ein (teilweiser) Verzicht ist z. B. dann betrieblich veranlasst, wenn die vergleichbaren marktüblichen Pachtentgelte generell gesunken sind und fremde Dritte eine Pachtanpassung vereinbart hätten oder wenn der Verzicht im Rahmen von Sanierungsmaßnahmen, an denen auch gesellschaftsfremde Personen teilnehmen, zeitlich befristet ausgesprochen wird (vgl. BFH-Urteil vom 28. Februar 2013 – IV R 49/11 –, BStBl II S. 802). War der Verzicht des Verpächters dagegen durch das Gesellschaftsverhältnis veranlasst, weil ein fremder Dritter den vereinbarten Verzicht weder in zeitlicher Hinsicht noch der Höhe nach akzeptiert hätte, sondern weiterhin auf der Zahlung des vereinbarten Pachtentgelts bestanden hätte oder ansonsten das Pachtverhältnis beendet hätte, unterliegen die mit der Nutzungsüberlassung zusammenhängenden Aufwendungen nach

16

dem Wechsel des Veranlassungszusammenhangs in voller Höhe – bei teilweisem Verzicht anteilig – dem Teileinkünfteverfahren (vgl. BFH-Urteil vom 28. Februar 2013 – IV R 49/11 –, BStBl II S. 802).

17 Entsprechendes gilt, wenn bei einer Darlehensgewährung (siehe Textziffer 2) ganz oder teilweise auf künftige Darlehenszinsen verzichtet wird.

4. Rückgriffsforderungen aus einer Bürgschaftsinanspruchnahme

18 In der Praxis erfolgt insbesondere in den Fällen einer Betriebsaufspaltung häufig eine Gestellung von Sicherheiten des Besitzunternehmens in Form einer Bürgschaftserklärung für die Verbindlichkeiten der Betriebsgesellschaft. Für die Aufwendungen im Zusammenhang mit der Bürgschaftsinanspruchnahme sind die unter Textziffer 1. bis 3. dargestellten Grundsätze sinngemäß anzuwenden. Entsprechendes gilt bei der Gestellung anderer Sicherheiten.

5. Grundsätze des BFH-Urteils vom 25. Juni 2009 (BStBl 2010 II S. 220) zu einnahmelosen Kapitalbeteiligungen

19 Nach § 3c Absatz 2 Satz 2 EStG ist für die Anwendung des § 3c Absatz 2 Satz 1 EStG die Absicht zur Erzielung von Betriebsvermögensmehrungen oder Einnahmen i. S. des § 3 Nummer 40 EStG ausreichend. Fehlt es vollständig an Einnahmen, ist § 3c Absatz 2 Satz 1 EStG für Veranlagungszeiträume ab 2011 anzuwenden und der angefallene Erwerbsaufwand deshalb nur teilweise abziehbar. Die Grundsätze des BFH-Urteils vom 25. Juni 2009 – IX R 42/08 – (BStBl 2010 II S. 220), wonach das Teilabzugsverbot des § 3c Absatz 2 EStG auf Erwerbsaufwendungen im Falle von vollständig einnahmelosen Beteiligungen keine Anwendung findet, sind für Veranlagungszeiträume bis einschließlich 2010 zu beachten.

6. Anwendungsregelung

20 Dieses Schreiben ist in allen noch offenen Fällen anzuwenden. Das BMF-Schreiben vom 8. November 2010 (BStBl I S. 1292) wird mit der Maßgabe aufgehoben, dass Textziffer 4[1]) dieses Schreibens („Spätere Wertaufholung auf die Darlehensforderung") aus Gründen der sachlichen Billigkeit in denjenigen Fällen auch weiterhin anzuwenden ist, in denen eine Teilwertabschreibung auf eine Darlehensforderung unter Berücksichtigung der bisherigen Verwaltungsauffassung bereits Gegenstand einer bestandskräftigen Steuerfestsetzung war.

---

[1]) Tz. 4 des BMF vom 08.11.2010 lautet:
„Liegen in späteren Wirtschaftsjahren die Voraussetzungen für den niedrigeren Teilwert nicht mehr vor, ist für die zunächst auf den niedrigeren Teilwert abgeschriebene Darlehensforderung eine Wertaufholung gemäß § 6 Absatz 1 Nummer 2 vorzunehmen. War in diesem Fall die zugrunde liegende Teilwertabschreibung auf die Darlehensforderung nach den oben unter 2. dargestellten Grundsätzen nur anteilig abziehbar, ist auch der spätere Gewinn aus der Zuschreibung nicht voll, sondern nur anteilig steuerpflichtig („umgekehrte" Anwendung des § 3c Absatz 2)."

**Beschluss des BVerfG vom 7. Juli 2010 – 2 BvR 748/05, 2 BvR 753/05 und
2 BvR 1738/05 – (BStBl 2011 II S. 86);
Auswirkungen auf Einlagen nach § 6 Absatz 1 Nummer 5 Satz 1 Buchstabe b EStG
und Einbringungen nach § 22 Absatz 1 Satz 5 i. V. m. Absatz 2 UmwStG;
Zuordnung von Veräußerungskosten**

BMF vom 21.12.2011 (BStBl I 2012 S. 42)
IV C 6 – S 2178/11/10001 – 2011/0939512
unter Berücksichtigung der Änderungen durch
BMF vom 16.12.2015 (BStBl I 2016 S. 11)
IV C 6 – S 2178/11/10001 – 2015/1141118

Das Bundesverfassungsgericht (BVerfG) hat mit Beschluss vom 7. Juli 2010 (BStBl 2011 II S. 86) entschieden, dass § 17 Absatz 1 Satz 4 in Verbindung mit § 52 Absatz 1 Satz 1 EStG in der Fassung des Steuerentlastungsgesetzes 1999/2000/2002 (StEntlG 1999/2000/2002) vom 24. März 1999 (BGBl. I S. 402) gegen die verfassungsrechtlichen Grundsätze des Vertrauensschutzes verstößt und nichtig ist, soweit in einem Veräußerungsgewinn Wertsteigerungen steuerlich erfasst werden, die bis zur Verkündung des StEntlG 1999/2000/2002 am 31. März 1999 entstanden sind und die entweder
– bei einer Veräußerung bis zu diesem Zeitpunkt – nach der zuvor geltenden Rechtslage steuerfrei realisiert worden sind oder – bei einer Veräußerung nach Verkündung des Gesetzes – sowohl zum Zeitpunkt der Verkündung als auch zum Zeitpunkt der Veräußerung nach der zuvor geltenden Rechtslage steuerfrei hätten realisiert werden können. Das BVerfG begründet seine Entscheidung damit, dass insoweit bereits eine konkrete Vermögensposition entstanden sei, die durch die rückwirkende Absenkung der Beteiligungsgrenze nachträglich entwertet werde. Das führe zu einer unzulässigen Ungleichbehandlung im Vergleich zu Anteilseignern, die ihre Anteile noch bis Ende 1998 verkauft hatten, da diese den Gewinn noch steuerfrei vereinnahmen konnten. Dies sei unter dem Gesichtspunkt der Lastengleichheit nicht zulässig.

Soweit sich der steuerliche Zugriff auf die erst nach der Verkündung der Neuregelung eintretenden Wertsteigerungen beschränke, begegne dies unter Gesichtspunkten des Vertrauensschutzes jedoch keinen verfassungsrechtlichen Bedenken, auch wenn sie bislang steuerfrei gewesen wären. Zwar könne der Erwerb einer Beteiligung in einer bestimmten Höhe maßgeblich von der Erwartung bestimmt sein, etwaige Wertsteigerungen steuerfrei realisieren zu können. Die bloße Möglichkeit, Gewinne später steuerfrei vereinnahmen zu können, begründe aber keine rechtlich geschützte Vertrauensposition, weil damit im Zeitpunkt des Erwerbs nicht sicher gerechnet werden könne.

Zur Anwendung der Grundsätze dieser Entscheidung auf Fälle des § 17 EStG hat die Finanzverwaltung mit BMF-Schreiben vom 20. Dezember 2010 (BStBl 2011 I S. 16) Stellung genommen.

Im Einvernehmen mit den obersten Finanzbehörden der Länder sind die Grundsätze dieser Entscheidung des BVerfG auch auf

– die Fälle von Einlagen nach § 6 Absatz 1 Nummer 5 Satz 1 Buchstabe b EStG und
– Einbringungen nach § 22 Absatz 1 Satz 5 i. V. m. Absatz 2 UmwStG

entsprechend anzuwenden, in denen es über den Ansatz der originären Anschaffungskosten zur Erfassung des bis zum 31. März 1999 eingetretenen nicht steuerbaren Wertzuwachses kommt.

A.   Einlage nach § 6 Absatz 1 Nummer 5 Satz 1 Buchstabe b EStG

Einlagen von Beteiligungen i. S. v. § 17 EStG in ein Betriebsvermögen sind nach § 6 Absatz 1 Nummer 5 Satz 1 Buchstabe b EStG mit den Anschaffungskosten zu bewerten.

Die Grundsätze der Entscheidung des BVerfG sind erst im Zeitpunkt der Veräußerung durch außerbilanzielle Korrektur des Gewinns aus der Veräußerung der Beteiligung entsprechend den nachfolgenden Grundsätzen anzuwenden.

Anhang 16

Gewinnermittlung

I. Veräußerung von Beteiligungen an Kapitalgesellschaften i. S. v. § 17 Absatz 1 oder 6 EStG nach dem 31. März 1999 ohne zwischenzeitliche Teilwertabschreibungen nach dem Zeitpunkt der Einlage

Für die Veräußerung von im Betriebsvermögen gehaltenen Anteilen an Kapitalgesellschaften mit einer Beteiligungshöhe von mind. 10 % und höchstens 25 %, die vor dem 1. April 1999 angeschafft wurden und nach dem 31. Dezember 1998 nach § 6 Absatz 1 Nummer 5 Satz 1 Buchstabe b EStG zu Anschaffungskosten in das Betriebsvermögen eingelegt wurden und zwischenzeitlich keine Teilwertabschreibungen auf diese Beteiligung vorgenommen wurde, gilt, soweit der Teilwert am 31. März 1999 über den Anschaffungskosten lag, Folgendes:

1. Ermittlung des steuerbaren Gewinns

Der Gewinn aus der Veräußerung der Anteile ist insoweit nicht steuerbar, als er auf den im Privatvermögen entstandenen Wertzuwachs bis zum 31. März 1999 entfällt. Der Gewinn aus der Veräußerung der Anteile ist außerbilanziell um den Unterschiedsbetrag zwischen dem erzielten Gewinn und dem Gewinn zu kürzen, der sich ergibt, wenn die Einlage abweichend von § 6 Absatz 1 Nummer 5 Satz 1 Buchstabe b EStG mit dem die Anschaffungskosten übersteigenden Teilwert der veräußerten Anteile zum 31. März 1999 bewertet worden wäre. Die Kürzung darf jedoch nicht zur Entstehung eines Veräußerungsverlustes führen. Einer anteiligen Zuordnung der Veräußerungskosten bedarf es nicht[1]. Diese sind unter Beachtung von § 3c Absatz 2 EStG in vollem Umfang vom steuerbaren Veräußerungserlös abzuziehen. Soweit es sich um börsennotierte Anteile an Kapitalgesellschaften handelt, ist der höchste an einer deutschen Börse notierte Börsenschlusskurs vom 31. März 1999 maßgebend. Liegt für den 31. März 1999 keine Notierung vor, ist der letzte innerhalb von 30 Tagen im regulierten Markt notierte Kurs anzusetzen. Soweit es sich nicht um börsennotierte Anteile handelt, vgl. Aussagen unter a) bis c).

Beispiel
A hielt seit 1990 eine 10 %ige Beteiligung an der A-GmbH (AK umgerechnet 100.000 €) im Privatvermögen. Er legte diese Beteiligung am 1. Oktober 2005 nach § 6 Absatz 1 Nummer 5 Satz 1 Buchstabe b EStG mit den Anschaffungskosten in das Betriebsvermögen seines Einzelunternehmens ein. Er veräußerte die Beteiligung am 2. August 2010 für 1.000.000 €. Der Wert der Beteiligung belief sich am 31. März 1999 auf umgerechnet 500.000 €.
Die beim Verkauf realisierten stillen Reserven (900.000 €) dürfen nur besteuert werden, soweit sie nach dem 31. März 1999 entstanden sind. Es dürfen im VZ 2010 daher nur 500.000 € (1.000.000 € (Veräußerungspreis) abzüglich 500.000 € (Wert der Beteiligung zum 31. März 1999)) im Rahmen des Gewinns des Einzelunternehmens besteuert werden. Der steuerbare Gewinn aus der Veräußerung der Beteiligung i. H. v. 500.000 € ist unter Berücksichtigung des Teileinkünfteverfahrens (§ 3 Nummer 40 Satz 1 Buchstabe a EStG) zu 60 % (= 300.000 €) steuerpflichtig.

a) Vereinfachungsregelung zur Ermittlung des steuerbaren Anteils des Gewinns aus der Veräußerung

Aus Vereinfachungsgründen ist der Umfang des steuerbaren Anteils des Gewinns der veräußerten Anteile regelmäßig entsprechend dem Verhältnis der Besitzzeit nach dem 31. März 1999 im Vergleich zur Gesamthaltedauer zeitanteilig linear (monatsweise) zu ermitteln. Angefangene Monate werden bei der Ermittlung der Gesamtbesitzzeit aufgerundet und bei der Ermittlung der steuerbaren Besitzzeit (1. April 1999 bis Veräußerungsdatum) abgerundet. Einer anteiligen Zuordnung der Veräußerungskosten bedarf es nicht[1]. Diese sind unter Beachtung von § 3c Absatz 2 EStG in vollem Umfang vom steuerbaren Veräußerungserlös abzuziehen[1].

---

[1] eingefügt durch BMF vom 16.12.2015 (BStBl I 2016 S. 11)

Anhang 16
Gewinnermittlung — XVI

Beispiel
A hat am 15. Januar 1997 Anteile i. H. v. 20 % an der C-GmbH erworben (AK umgerechnet 100.000 €), die er am 31. Dezember 2000 nach § 6 Absatz 1 Nummer 5 Satz 1 Buchstabe b EStG mit den Anschaffungskosten in das Betriebsvermögen seines Einzelunternehmens eingelegt hat. Am 3. August 2009 veräußerte A die Anteile für 500.000 €.
Die Gesamtbesitzzeit für die Anteile an der C-GmbH beträgt 150 volle und einen angefangenen Monat (= aufgerundet 151 Monate). Auf den Zeitraum 31. März 1999 bis 3. August 2009 entfallen 124 volle Monate und 1 angefangener Monat (= abgerundet 124 Monate). Der Wertzuwachs von 400.000 € für die Anteile an der C-GmbH ist zu einem Anteil von 124/151 = 328.476 € steuerbar. Der Gewinn des Einzelunternehmens ist daher um 71.524 € außerbilanziell zu kürzen. Unter Berücksichtigung des Teileinkünfteverfahrens beträgt der steuerpflichtige Gewinn aus der Veräußerung der Anteile im Jahr 2009 (328.476 € x 60 % =) 197.085 €.

b) Abweichende Aufteilung zugunsten des Steuerpflichtigen
Abweichend davon findet die Vereinfachungsregelung auf Antrag des Steuerpflichtigen keine Anwendung, wenn dieser einen tatsächlich höheren Wertzuwachs für den Zeitraum zwischen dem Erwerb der Anteile und dem Zeitpunkt der Verkündung des StEntlG 1999/2000/2002 in geeigneter Weise (z. B. durch Gutachten oder anhand von tatsächlichen Veräußerungen in zeitlicher Nähe zum 31. März 1999) nachweist.
War der Teilwert der Anteile bis zum 31. März 1999 über die Anschaffungskosten gestiegen und ist danach wieder gesunken, ohne dabei unter die Anschaffungskosten zu fallen, ist der Veräußerungsgewinn außerbilanziell auf 0 € zu kürzen, weil die Wertsteigerung bis zum 31. März 1999 realisiert wurde. Ein Verlust ist nicht zu berücksichtigen.

c) Abweichende Aufteilung zuungunsten des Steuerpflichtigen
Sofern im Einzelfall die grundsätzlich durchzuführende zeitanteilig lineare Aufteilung des Wertzuwachses zu offensichtlichen Widersprüchen zu den tatsächlichen Wertverhältnissen führt und klare, nachweisbare Anhaltspunkte für eine wesentliche – den linear ermittelten steuerbaren Wertzuwachs übersteigende – Wertsteigerung für den Zeitraum zwischen dem 31. März 1999 und dem Veräußerungszeitpunkt vorliegen, kann die Finanzverwaltung abweichend von der Vereinfachungsregelung eine andere – im Einzelfall sachgerechtere – Aufteilung des Wertzuwachses auch zuungunsten des Steuerpflichtigen durchführen.

2. Verluste aus der Veräußerung von Anteilen an Kapitalgesellschaften
Soweit Anteile an Kapitalgesellschaften mit Verlust veräußert werden (bezogen auf die gesamte Besitzzeit), findet der Beschluss des BVerfG vom 7. Juli 2010 (a. a. O.) keine Anwendung. Bei der Ermittlung des Verlustes aus der Veräußerung sind daher die ursprünglichen Anschaffungskosten zu berücksichtigen (§ 6 Absatz 1 Nummer 5 Satz 1 Buchstabe b EStG). Der Verlust ist ohne zeitanteilig lineare Aufteilung unter Beachtung von § 3 Nummer 40 Satz 1 Buchstabe a i. V. m. § 3c Absatz 2 EStG bei der Ermittlung des Gewinns des Betriebs zu berücksichtigen.

Beispiel
A war seit 1990 zu 10 % an der C-GmbH (AK umgerechnet 100.000 €) beteiligt. Am 31. März 1999 belief sich der Wert seiner Anteile auf umgerechnet 60.000 €. A legte die Beteiligung am 10. Januar 2005 zu Anschaffungskosten in das Betriebsvermögen seines Einzelunternehmens ein. Am 2. August 2010 veräußerte A seine Anteile für 50.000 €.
Aus dem Verkauf entsteht ein Verlust i. H. v. 50.000 €, der im Teileinkünfteverfahren (§ 3 Nummer 40 Satz 1 Buchstabe a EStG i. V. m. § 3c Absatz 2 EStG) mit 60 % (30.000 €) abzugsfähig ist.
Dies gilt auch, wenn bis zum 31. März 1999 eine Werterhöhung eingetreten ist.

Anhang 16
Gewinnermittlung

3. **Veräußerung von Anteilen an Kapitalgesellschaften im Rahmen einer Betriebsveräußerung oder -aufgabe i. S. v. § 16 EStG**

Werden im Rahmen einer Betriebsveräußerung im Ganzen Anteile an Kapitalgesellschaften veräußert, auf die der Beschluss des BVerfG anzuwenden ist, ist der gemeine Wert der Beteiligung zum Zeitpunkt der Betriebsveräußerung separat – ggf. im Schätzungswege – zu ermitteln. Der Veräußerungsgewinn nach § 16 EStG ist nach Maßgabe der Ausführungen unter 1. ggf. zu kürzen.

Werden im Rahmen einer Betriebsaufgabe Anteile an Kapitalgesellschaften ins Privatvermögen überführt, auf die der Beschluss des BVerfG anzuwenden ist, ist der gemeine Wert der Beteiligung zum Zeitpunkt der Betriebsaufgabe separat – ggf. im Schätzungswege – zu ermitteln. Der Aufgabegewinn nach § 16 EStG ist nach Maßgabe der Ausführungen unter 1. ggf. zu kürzen.

Werden im Rahmen einer Betriebsaufgabe Anteile an Kapitalgesellschaften veräußert, auf die der Beschluss des BVerfG anzuwenden ist, ist der Aufgabegewinn nach § 16 EStG nach Maßgabe der Ausführungen unter 1. unter Berücksichtigung des tatsächlich erzielten Veräußerungspreises ggf. zu kürzen.

II. **Veräußerung von Beteiligungen an Kapitalgesellschaften i. S. v. § 17 Absatz 1 oder 6 EStG nach dem 31. März 1999 mit zwischenzeitlichen Teilwertabschreibungen und/oder Wertaufholungen nach dem Zeitpunkt der Einlage**

1. **Wertminderungen bis zum 31. März 1999**

Wertminderungen, die bis zum 31. März 1999 eingetreten sind, jedoch nach diesem Zeitpunkt wieder aufgeholt wurden, bleiben – unabhängig davon, ob sie im Zeitpunkt der Einlage noch oder nicht bestanden – ohne steuerliche Auswirkung. Der Beschluss des BVerfG vom 7. Juli 2010 (a. a. O.) ist nicht dahingehend zu interpretieren, dass bis zum 31. März 1999 eingetretene Wertminderungen den späteren Veräußerungsgewinn erhöhen. H 17 (8) EStH (Einlage einer wertgeminderten Beteiligung) bleibt unberührt. Der Beschluss betrifft ausdrücklich nur die bis zum 31. März 1999 eingetretene Wertsteigerung als verfassungsrechtlich geschützte Vermögensposition. Einer außerbilanziellen Korrektur des Gewinns bedarf es nicht. Bei der Ermittlung des Gewinns aus der Veräußerung der Anteile ist der Einlagewert (= ursprüngliche Anschaffungskosten) zu berücksichtigen. R 17 Absatz 8 EStR 2008 ist überholt und damit nicht anzuwenden.

> **Beispiel**
> A war seit 1990 zu 10 % an der C-GmbH (AK umgerechnet 100.000 €) beteiligt. Am 31. März 1999 belief sich der Wert seiner Anteile auf umgerechnet 60.000 €. A legte die Beteiligung am 31. Dezember 2009 nach § 6 Absatz 1 Nummer 5 Satz 1 Buchstabe b EStG i. V. m. H 17 (8) (Einlage einer wertgeminderten Beteiligung) zu Anschaffungskosten in das Betriebsvermögen seines Einzelunternehmens ein. Am 2. August 2010 veräußerte A seine Anteile für 300.000 €.
> Aus dem Verkauf der Anteile entsteht ein Gewinn von 200.000 €, der unter Berücksichtigung des Teileinkünfteverfahrens (§ 3 Nummer 40 Satz 1 Buchstabe a EStG i. V. m. § 3c Absatz 2 EStG) zu 60 % (= 120.000 €) steuerpflichtig ist.

2. **Wertminderungen nach dem 31. März 1999**

War der Teilwert der Anteile bis zum 31. März 1999 über die Anschaffungskosten gestiegen und wurde später aufgrund einer dauerhaften Wertminderung eine Teilwertabschreibung vorgenommen, ist der Gewinn aus der Veräußerung der Anteile (Veräußerungspreis abzgl. Buchwert der Anteile) um den Unterschiedsbetrag zwischen dem Teilwert am 31. März 1999 (ggf. Ermittlung des Teilwerts unter Berücksichtigung der Vereinfachungsregelung unter I.1.a) und den Anschaffungskosten zu kürzen. Die Kürzung darf nicht zur Entstehung eines Veräußerungsverlustes führen.

Gleiches gilt in den Fällen, in denen die Teilwertabschreibung durch spätere Wertaufholungen teilweise wieder rückgängig gemacht wurde.

Anhang 16

B. Umwandlung

Die oben unter A.I.1. genannten Grundsätze sind in den Fällen des § 22 Absatz 1 Satz 5 i. V. m. Absatz 2 UmwStG (Einbringungsgewinn II aufgrund der späteren Veräußerung der im Rahmen einer Betriebseinbringung miteingebrachten von dem o. g. Beschluss des BVerfG betroffenen Anteile durch die aufnehmende Kapitalgesellschaft) analog anzuwenden.

Fand der Anteilstausch in eine Kapitalgesellschaft nach Maßgabe des UmwStG a. F. (bis 12. Dezember 2006) statt, muss die aufnehmende Kapitalgesellschaft den Gewinn aus der Veräußerung der eingebrachten Anteile innerhalb der siebenjährigen Sperrfrist des alten Rechts nach § 8b Absatz 4 Satz 1 Nummer 2 KStG a. F. in voller Höhe versteuern, wenn die Anteile von einer natürlichen Person eingebracht wurden (§ 34 Absatz 7a KStG[1])). Auch in diesen Fällen sind die unter A.I.1 genannten Grundsätze analog anzuwenden.

C. Absenkung der Beteiligungsgrenze auf mind. 1 % durch das StSenkG vom 23. Oktober 2000 (BGBl. I S. 1435 vom 26. Oktober 2000, BStBl I S. 1428)

Die unter A. dargestellten Grundsätze sind entsprechend anzuwenden. Maßgeblicher Stichtag ist der 26. Oktober 2000 (Tag der Verkündung des StSenkG im BGBl.).

D. Anwendungsregelung

Dieses Schreiben ist auf alle noch offenen Fälle anzuwenden.

---

[1]) § 34 Abs. 7a KStG i. d. F. vor dem Gesetz zur Anpassung des nationalen Steuerrechts an den Beitritt Kroatiens zur EU und zur Änderung weiterer steuerlicher Vorschriften

Anhang 16

Gewinnermittlung

Ertragsteuerliche Beurteilung von Aufwendungen für Fahrten zwischen Wohnung und Betriebsstätte und von Reisekosten unter Berücksichtigung der Reform des steuerlichen Reisekostenrechts zum 1. Januar 2014; Anwendung bei der Gewinnermittlung

BMF vom 23.12.2014 (BStBl I 2015 S. 26)
IV C 6 – S 2145/10/10005 :001 – 2014/1085209

Mit dem Gesetz zur Änderung und Vereinfachung der Unternehmensbesteuerung und des steuerlichen Reisekostenrechts vom 20. Februar 2013 (BGBl. I S. 285, BStBl I S. 188) wurde die Abziehbarkeit von Reisekosten als Betriebsausgaben geändert. Im Einvernehmen mit den obersten Finanzbehörden der Länder gilt für die ertragsteuerliche Beurteilung von Reisekosten ab dem 1. Januar 2014 Folgendes:

1. Aufwendungen für Wege zwischen Wohnung und Betriebsstätte
a) Begriffsbestimmung Betriebsstätte

1[1]) Aufwendungen für die Wege zwischen Wohnung und Betriebsstätte i. S. d. § 4 Absatz 5 Satz 1 Nummer 6 EStG sind keine Reisekosten. Ihr Abzug richtet sich gemäß § 4 Absatz 5 Satz 1 Nummer 6 EStG nach den Regelungen in § 9 Absatz 1 Satz 3 Nummer 4 Satz 2 bis 6 EStG zur Entfernungspauschale. Im Hinblick auf den besonderen Zweck des § 4 Absatz 5 Satz 1 Nummer 6 EStG, den Zusammenhang mit § 9 Absatz 1 Satz 3 Nummer 4 EStG und wegen der gebotenen Gleichbehandlung von Arbeitnehmern und Steuerpflichtigen mit Gewinneinkünften im Regelungsbereich beider Vorschriften weicht der Begriff der Betriebsstätte vom Betriebsstättenbegriff des § 12 AO ab. Unter Betriebsstätte ist die von der Wohnung getrennte dauerhafte Tätigkeitsstätte des Steuerpflichtigen zu verstehen, d. h. eine ortsfeste betriebliche Einrichtung i. S. d. Rdnr. 3 des BMF-Schreibens vom 24. Oktober 2014[2]) (a. a. O.) des Steuerpflichtigen, des Auftraggebers oder eines vom Auftraggeber bestimmten Dritten, an der oder von der aus die steuerrechtlich relevante Tätigkeit dauerhaft ausgeübt wird. Eine hierauf bezogene eigene Verfügungsmacht des Steuerpflichtigen ist – im Unterschied zur Geschäftseinrichtung i. S. d. § 12 Satz 1 AO – nicht erforderlich.

2 Dauerhaftigkeit liegt vor, wenn die steuerlich erhebliche Tätigkeit an einer Tätigkeitsstätte unbefristet, für eine Dauer von voraussichtlich mehr als 48 Monaten oder für die gesamte Dauer der betrieblichen Tätigkeit ausgeübt werden soll. Für die Prognose der voraussichtlichen Dauer kann auf die Dauer des Auftragsverhältnisses abgestellt werden. Wird das Auftragsverhältnis zu einem späteren Zeitpunkt verlängert, ist die Prognoseentscheidung für zukünftige Zeiträume neu zu treffen; bereits vergangene Tätigkeitszeiträume sind bei der Prüfung des 48-Monatszeitraums nicht mit einzubeziehen. Weichen die tatsächlichen Verhältnisse durch unvorhersehbare Ereignisse, wie etwa Krankheit, politische Unruhen am Tätigkeitsort, Insolvenz des Kunden o. ä. von der ursprünglichen Prognose ab, bleibt die zuvor getroffene Prognoseentscheidung für die Vergangenheit bezüglich des Vorliegens einer Betriebsstätte maßgebend.

3 Ein häusliches Arbeitszimmer ist keine Betriebsstätte i. S. d. § 4 Absatz 5 Satz 1 Nummer 6 EStG. Der Steuerpflichtige kann an mehreren Betriebsstätten tätig sein; für jeden Betrieb kann jedoch höchstens eine ortsfeste betriebliche Einrichtung Betriebsstätte i. S. d. § 4 Absatz 5 Satz 1 Nummer 6 EStG (erste Betriebsstätte) sein.

---

[1]) zur Übertragung der für die Zuordnung von Arbeitnehmern geltenden Grundsätze und zur Bestätigung des Betriebsstättenbegriffs i. S. d. § 4 Abs. 5 Satz 1 Nr. 6 >BFH vom 16.02.2022 (BStBl II S. 805)

[2]) jetzt BMF vom 25.11.2020 (BStBl I S. 1228), Rz. 3, **Anhang 25 III LStH**

Als Betriebsstätte gilt auch eine Bildungseinrichtung, die vom Steuerpflichtigen aus betrieblichem Anlass zum Zwecke eines Vollzeitstudiums oder einer vollzeitlichen Bildungsmaßnahme aufgesucht wird.

b) Erste Betriebsstätte

Übt der Steuerpflichtige seine betriebliche Tätigkeit an mehreren Betriebsstätten aus, ist die erste Betriebsstätte anhand quantitativer Merkmale zu bestimmen. Nach § 9 Absatz 4 Satz 4 EStG ist danach erste Betriebsstätte die Tätigkeitsstätte, an der der Steuerpflichtige dauerhaft typischerweise (im Sinne eines Vergleichs mit einem Arbeitnehmer) arbeitstäglich oder je Woche an zwei vollen Arbeitstagen oder mindestens zu einem Drittel seiner regelmäßigen Arbeitszeit tätig werden will. Treffen diese Kriterien auf mehrere Tätigkeitsstätten zu, ist die der Wohnung des Steuerpflichtigen näher gelegene Tätigkeitsstätte erste Betriebsstätte (entsprechend § 9 Absatz 4 Satz 7 EStG). Die Fahrten zu weiter entfernt liegenden Tätigkeitsstätten sind als Auswärtstätigkeiten zu beurteilen.

Beispiel 1
Der Steuerpflichtige wohnt in A und betreibt in B ein Einzelunternehmen, das er arbeitstäglich z. B. während der Öffnungszeiten aufsucht. Bei den Fahrten handelt es sich um Fahrten zwischen Wohnung und Betriebsstätte; die Aufwendungen sind in Höhe der Entfernungspauschale als Betriebsausgaben abziehbar.

Beispiel 2
Der Steuerpflichtige wohnt in A und betreibt ein Einzelunternehmen mit Filialen in B (Entfernung zur Wohnung 15 km) und C (Entfernung zur Wohnung 10 km), die Filiale in B sucht er arbeitstäglich z. B. während der Öffnungszeiten auf, die Filiale in C nur einmal wöchentlich. Erste Betriebsstätte nach Rdnr. 5 ist die Filiale in B. Bei den Fahrten handelt es sich um Fahrten zwischen Wohnung und Betriebsstätte; der Abzug der Aufwendungen richtet sich nach § 4 Absatz 5 Satz 1 Nummer 6 EStG (Entfernungspauschale). Die Betriebsstätte in C ist keine erste Betriebsstätte; die Aufwendungen für die Fahrten von der Wohnung zur Betriebsstätte in C sind wie auch die Aufwendungen für die Fahrten zwischen den Betriebsstätten in voller Höhe abziehbar.

Beispiel 3
Der Steuerpflichtige wohnt in A und betreibt ein Einzelunternehmen mit Filialen in B (Entfernung zur Wohnung 15 km) und C (Entfernung zur Wohnung 10 km), die er beide arbeitstäglich z. B. während der Öffnungszeiten aufsucht. Erste Betriebsstätte nach Rdnr. 5 ist die Filiale in C. Bei den Fahrten zur Betriebsstätte in C handelt es sich um Fahrten zwischen Wohnung und Betriebsstätte; der Abzug der Aufwendungen richtet sich nach § 4 Absatz 5 Satz 1 Nummer 6 EStG (Entfernungspauschale). Die Betriebsstätte in B ist keine erste Betriebsstätte; die Aufwendungen für die Fahrten von der Wohnung zur Betriebsstätte in B sind wie auch die Aufwendungen für die Fahrten zwischen den Betriebsstätten in voller Höhe abziehbar.

Beispiel 4
Der Steuerpflichtige wohnt in A und bereitet in seinem häuslichen Arbeitszimmer seine Dozententätigkeit vor, die er in den Volkshochschulen in B (Entfernung zur Wohnung 15 km) und C (Entfernung zur Wohnung 10 km) ausübt. Die Volkshochschule in B sucht er an drei Tagen und die in C an zwei Tagen auf. Die Tätigkeiten beruhen auf unterschiedlichen unbefristeten Auftragsverhältnissen. Liegen die Kriterien des § 9 Absatz 4 Satz 4 Nummer 2 EStG für beide Tätigkeitsstätten vor, ist die der Wohnung näher gelegene Tätigkeitsstätte C als erste Betriebsstätte zu beurteilen. Die Aufwendungen für die Fahrten nach C sind nach Maßgabe des § 4 Absatz 5 Satz 1 Nummer 6 EStG (Entfernungspauschale), die Fahrten nach B in voller Höhe abziehbar.

Beispiel 5
Der Steuerpflichtige wohnt in A und ist als Handelsvertreter für verschiedene Unternehmen tätig. Bei der Fa. XY in B wird ihm ein Büro zur Verfügung gestellt, das er an zwei vollen Tagen wöchentlich nutzt. Das Auftragsverhältnis ist unbefristet. Die Bürotätigkeiten für die übrigen Auftraggeber wickelt er in seinem häuslichen Arbeitszimmer ab. Da das Büro in der Fa. XY eine Betriebsstätte des A i. S. d. § 4 Absatz 5 Satz 1 Nummer 6 EStG darstellt und

Anhang 16

der Steuerpflichtige dort dauerhaft i. S. d. § 9 Absatz 4 Satz 4 EStG tätig wird, sind die Fahrten dorthin als Fahrten zwischen Wohnung und Betriebsstätte zu beurteilen und die Aufwendungen nach Maßgabe des § 4 Absatz 5 Satz 1 Nummer 6 EStG (Entfernungspauschale) abziehbar.

Beispiel 6
Der Steuerpflichtige ist als Versicherungsmakler tätig und erledigt in seinem häuslichen Arbeitszimmer die anfallenden Bürotätigkeiten. Die Beratungsleistungen erbringt er regelmäßig beim Kunden. Der Steuerpflichtige hat keine Betriebsstätte i. S. d. § 4 Absatz 5 Satz 1 Nummer 6 EStG.

Beispiel 7 (Bildungseinrichtung):
Der Steuerpflichtige strebt eine selbständige Tätigkeit als Heilpraktiker an und besucht zur Vorbereitung der amtlichen Heilpraktikerprüfung für sechs Monate eine vollzeitige Heilpraktikerschule. Die Fahrten zur Heilpraktikerschule sind nach Maßgabe des § 4 Absatz 5 Satz 1 Nummer 6 EStG (Entfernungspauschale) als Betriebsausgaben abziehbar (entsprechend § 9 Absatz 4 Satz 8 EStG; vgl. Rdnr. 4).

c) Keine erste Betriebsstätte

6 Eine Tätigkeitsstätte muss nicht Betriebsstätte sein. Wird der Steuerpflichtige typischerweise nur an ständig wechselnden Tätigkeitsstätten, die keine Betriebsstätten sind, oder an einer nicht ortsfesten betrieblichen Einrichtung (z. B. Fahrzeug, Flugzeug, Schiff) betrieblich tätig, sind die Aufwendungen für die Fahrten zwischen Wohnung und Tätigkeitsstätte grundsätzlich unbeschränkt als Betriebsausgaben abziehbar.

Beispiel 8
Der Steuerpflichtige erbringt Bauleistungen bei wechselnden Kunden. Die Büroarbeiten erledigt er im häuslichen Arbeitszimmer. Der Steuerpflichtige hat keine Betriebsstätte i. S. d. § 4 Absatz 5 Satz 1 Nummer 6 EStG. Die Aufwendungen für die Fahrten zu den Kunden oder zu deren Baustellen sind unbeschränkt als Betriebsausgaben abziehbar.

7 Hat der Steuerpflichtige keine erste Betriebsstätte und sucht er nach den Auftragsbedingungen dauerhaft denselben Ort oder dasselbe weiträumige Tätigkeitsgebiet (vgl. hierzu Rdnrn. 40 bis 43 des BMF-Schreibens vom 24. Oktober 2014[1], a. a. O., und BFH vom 29. April 2014, BStBl II S. 777) typischerweise täglich auf, sind die Aufwendungen für die Fahrten zwischen der Wohnung und diesem Ort oder die Fahrten zwischen der Wohnung und dem nächst gelegenen Zugang zum Tätigkeitsgebiet nach Maßgabe des § 4 Absatz 5 Satz 1 Nummer 6 EStG (Entfernungspauschale) als Betriebsausgaben abziehbar (vgl. Rdnrn. 1 und 2). Rdnr. 5 ist beim Vorliegen mehrerer dauerhafter Auftragsverhältnisse oder weiträumiger Tätigkeitsgebiete entsprechend anzuwenden.

Beispiel 9
Der Steuerpflichtige ist selbständiger Paketzusteller und als Subunternehmer eines Paketdienstes tätig. Das zeitlich unbefristete Auftragsverhältnis mit dem Paketdienst sieht vor, dass der Paketzusteller den Zustellbezirk Landkreis B übernimmt. Der Paketzusteller wohnt in A, das 5 km von der Landkreisgrenze entfernt liegt. Der Lieferwagen wird auf dem Wohngrundstück abgestellt. Die Aufwendungen für die Fahrten von der Wohnung in A zum Zustellbezirk Landkreis B (5 km) sind nach Maßgabe des § 4 Absatz 5 Satz 1 Nummer 6 EStG (Entfernungspauschale) als Betriebsausgaben abziehbar. Die Aufwendungen für die Fahrten innerhalb des Zustellbezirks sind in voller Höhe als Betriebsausgaben abziehbar.

2. Reisekosten

8 Die lohnsteuerlichen Regelungen zu den Reisekosten sind bei der Gewinnermittlung sinngemäß, unter Beachtung von § 4 Absatz 5 Satz 1 Nummer 7 EStG, anzuwenden. Reisekosten sind Fahrtkosten, Mehraufwendungen für Verpflegung, Übernachtungskosten und Reisenebenkosten.

---

[1]) jetzt BMF vom 25.11.2020 (BStBl I S. 1228), Rz. 41-44, *Anhang 25 III LStH*

Mehraufwendungen für die Verpflegung des Steuerpflichtigen sind nur dann als Betriebsausgaben abziehbar, wenn der Steuerpflichtige vorübergehend von seiner Wohnung und dem Mittelpunkt seiner dauerhaft angelegten betrieblichen Tätigkeit entfernt betrieblich tätig wird. Der Begriff des Mittelpunktes der dauerhaft angelegten betrieblichen Tätigkeit des Steuerpflichtigen i. S. d. § 4 Absatz 5 Satz 1 Nummer 5 EStG entspricht dem Begriff der ersten Betriebsstätte (vgl. Rdnrn. 1 bis 5).

Der Abzug von Verpflegungsmehraufwendungen ist nach § 9 Absatz 4a EStG zu bestimmen. Nach Satz 6 ist der Abzug auf die ersten drei Monate einer längerfristigen beruflichen Tätigkeit an derselben Tätigkeitsstätte beschränkt (vgl. Rdnrn. 52 ff. des BMF-Schreibens vom 24. Oktober 2014[1]), a. a. O.)

Beispiel 10
Der Steuerpflichtige besucht eine eintägige Tagung. In der Mittagspause nimmt er in einem Restaurant eine Mahlzeit ein. Die Abwesenheit von der Wohnung und der ersten Betriebsstätte beträgt 9 Stunden. Dem Steuerpflichtigen steht zur Abgeltung seiner tatsächlich entstandenen betrieblich veranlassten Aufwendungen eine Verpflegungspauschale nach § 4 Absatz 5 Satz 1 Nummer 5 i. V. m. § 9 Absatz 4a Satz 3 Nummer 3 EStG von 12 € zu. Ein Abzug der tatsächlichen Verpflegungskosten als Betriebsausgabe ist nicht zulässig.

Wird durch Zahlungsbelege nur ein Gesamtpreis für Unterkunft und Verpflegung oder neben der Beherbergungsleistung nur ein Sammelposten für Nebenleistungen einschließlich Verpflegung nachgewiesen und lässt sich der Preis für die Verpflegung deshalb nicht feststellen (z. B. Tagungspauschale), so ist dieser Gesamtpreis zur Ermittlung der Übernachtungs- oder Reisenebenkosten zu kürzen. Als Kürzungsbeträge sind dabei
– für Frühstück 20 Prozent,
– für Mittag- und Abendessen jeweils 40 Prozent
der für den Unterkunftsort maßgebenden Verpflegungspauschale bei einer Auswärtstätigkeit mit einer Abwesenheitsdauer von 24 Stunden anzusetzen.

Beispiel 11
Im Rahmen einer betrieblich veranlassten Auswärtstätigkeit übernachtet der Steuerpflichtige im Hotel. Das Hotel stellt (netto) 100 € für die Übernachtung und zusätzlich (netto) 22 € für ein Business- oder Servicepaket (inkl. Frühstück) in Rechnung. Der Steuerpflichtige kann für den An- und Abreisetag jeweils eine Verpflegungspauschale von 12 € als Betriebsausgabe abziehen. Daneben können die Übernachtungskosten i. H. v. 100 € und die Aufwendungen für das Business- oder Servicepaket i. H. v. 17,20 € (22 € abzgl. 4,80 €) abgezogen werden. Der Kostenanteil für das Frühstück (anzusetzen mit 4,80 €) ist vom Betriebsausgabenabzug ausgeschlossen und mit der Verpflegungspauschale abgegolten.

Die Verpflegungspauschalen sind nicht nach § 9 Absatz 4a Satz 8 EStG zu kürzen, wenn von dritter Seite Mahlzeiten unentgeltlich oder verbilligt zur Verfügung gestellt werden oder wenn der Steuerpflichtige anlässlich einer betrieblich veranlassten Reise Bewirtungsaufwendungen i. S. d. § 4 Absatz 5 Satz 1 Nummer 2 EStG trägt.

3. Mehraufwendungen bei doppelter Haushaltsführung

Die für den Werbungskostenabzug bei Arbeitnehmern geltenden Regelungen zu den Mehraufwendungen bei doppelter Haushaltsführung sind dem Grunde und der Höhe nach entsprechend anzuwenden. Zu den Mehraufwendungen bei doppelter Haushaltsführung zählen Fahrtkosten aus Anlass der Wohnungswechsel zu Beginn und am Ende der doppelten Haushaltsführung sowie für wöchentliche Heimfahrten an den Ort des eigenen Hausstandes oder Aufwendungen für wöchentliche Familien-Ferngespräche, Verpflegungsmehraufwendungen, Aufwendungen für die Zweitwohnung und Umzugskosten.

---

[1]) jetzt BMF vom 25.11.2020 (BStBl I S. 1228), Rz. 53 ff., *Anhang 25 III LStH*

Eigener Aufwand des Unternehmer-Ehegatten für die Errichtung von Betriebsgebäuden auf einem auch dem Nichtunternehmer-Ehegatten gehörenden Grundstück;
BFH-Urteil vom 9. März 2016 – X R 46/14 – (BStBl II S. 976)

BMF vom 16.12.2016 (BStBl I S. 1431)
IV C 6 – S 2134/15/10003 – 2016/0531091

Mit Urteil vom 9. März 2016 (a. a. O.) hat der BFH zur Behandlung des eigenen Aufwands des Betriebsinhabers für die Errichtung eines betrieblich genutzten Gebäudes auf einem auch dem Nichtunternehmer-Ehegatten gehörenden Grundstück entschieden. Zu den Folgen, die sich aus dieser Rechtsprechung ergeben, nehme ich im Einvernehmen mit den obersten Finanzbehörden des Bundes und der Länder wie folgt Stellung:

1. **1. Zurechnung des Gebäudes**

    Errichtet der Betriebsinhaber mit eigenen Mitteln ein Gebäude auf einem auch dem Nichtunternehmer-Ehegatten gehörenden Grundstück, wird der Nichtunternehmer-Ehegatte – sofern keine abweichenden Vereinbarungen zwischen den Eheleuten getroffen werden – sowohl zivilrechtlicher als auch wirtschaftlicher Eigentümer des auf seinen Miteigentumsanteil entfallenden Gebäudeteils. Die Wirtschaftsgüter sind beim Nichtunternehmer-Ehegatten grundsätzlich Privatvermögen.

2. **2. Zurechnung der Anschaffungs- oder Herstellungskosten**

    Die vom Betriebsinhaber getragenen Aufwendungen für die Anschaffung oder Herstellung des Gebäudes, die auf den Miteigentumsanteil des Nichtunternehmer-Ehegatten entfallen, sind als eigener Aufwand nach den allgemeinen ertragsteuerlichen Regelungen als Betriebsausgaben abzuziehen. Sie sind – bei Gewinnermittlung nach § 4 Absatz 1, § 5 EStG – in einem Aufwandsverteilungsposten in der Bilanz abzubilden.

3. **3. Aufwandsverteilungsposten**

    Der Aufwandsverteilungsposten ist kein Wirtschaftsgut. Dieser kann nicht Träger stiller Reserven sein. Der Aufwand kann daher nur nach den Vorschriften, die für Privatvermögen gelten, abgezogen werden. Eine Bildung oder Übertragung stiller Reserven nach den steuerrechtlichen Sonderregelungen, die nur für Betriebsvermögen gelten (z. B. § 6b EStG), ist nicht zulässig (BFH vom 19. Dezember 2012 – BStBl II 2013 S. 387).

4. Wurden entgegen Rdnr. 3 in der Vergangenheit in dem Aufwandsverteilungsposten durch die Inanspruchnahme steuerlicher Sonderregelungen für Betriebsvermögen stille Reserven gebildet, sind diese steuerverstrickt. Der Ansatz des Aufwandsverteilungspostens in der Bilanz ist nach den Grundsätzen zur Bilanzberichtigung in der Schlussbilanz des ersten Jahres, dessen Veranlagung geändert werden kann, zu berichtigen. Für den aus dieser Berichtigung entstehenden Gewinn kann der Steuerpflichtige im Berichtigungsjahr (Erstjahr) eine den steuerlichen Gewinn mindernde Rücklage in Höhe von vier Fünfteln bilden, die in den dem Erstjahr folgenden Wirtschaftsjahren zu mindestens einem Viertel gewinnerhöhend aufzulösen ist.

    Beispiel
    Der Ehemann hat in 2005 auf einem Grundstück, das ihm gemeinsam mit seiner Ehefrau zu gleichen Anteilen gehört, ein Gebäude mit Herstellungskosten von 1.200.000 Euro errichtet und nutzt dieses für seine betrieblichen Zwecke. Als Absetzungen für Abnutzung hat er in den Jahren 2005 bis 2014 36.000 Euro (3 % von 1.200.000 Euro) abgezogen. Die Ver-

anlagungen für die Jahre bis 2013 sind bestandskräftig. Der Restbuchwert zum 31. Dezember 2014 beträgt danach 840.000 Euro (1.200.000 Euro abzgl. 360.000 Euro [10 Jahre x 36.000 Euro/Jahr]).
Zutreffend wäre eine Aktivierung des dem Betriebsinhaber gehörenden Miteigentumsanteils am Gebäude mit Herstellungskosten von 600.000 Euro und entsprechender anteiliger Abschreibung und der Ausweis eines Aufwandsverteilungspostens für den der Ehefrau zuzurechnenden Miteigentumsanteil am Gebäude gewesen. Der Aufwandsverteilungsposten ist in Höhe von 12.000 Euro/Jahr (2 % von 600.000 Euro) aufzulösen. Bei zutreffender Auflösung beträgt der Restbuchwert des Aufwandsverteilungspostens 480.000 Euro (600.000 Euro abzgl. 10 x 12.000 Euro) zum 31. Dezember 2014. Bei der Gewinnermittlung für das Jahr 2014 ist eine Gewinnerhöhung um 60.000 Euro (480.000 Euro abzgl. 420.000 Euro) vorzunehmen. Auf den 31. Dezember 2014 kann gemäß Rdnr. 4 eine Rücklage in Höhe von 48.000 Euro (vier Fünftel von 60.000 Euro) gebildet werden, die im Zeitraum 2015 bis 2018 gewinnerhöhend aufzulösen ist (jährlich mindestens 12.000 Euro [ein Viertel von 48.000 Euro]).

Geht das zivilrechtliche Eigentum an dem betrieblich genutzten Miteigentumsanteil am Grund und Boden und am Gebäude auf den Betriebsinhaber über (vgl. Rdnr. 8), kann auf Antrag auf eine Berichtigung der Bilanz verzichtet werden, wenn der Einlagewert des Miteigentumsanteils an dem Gebäude und damit auch die Bemessungsgrundlage für die Absetzungen für Abnutzung um den Betrag der unzulässigerweise gebildeten stillen Reserven gemindert wird.

Wird ein Betrieb, ein Teilbetrieb oder der Anteil eines Mitunternehmers an einem Betrieb unentgeltlich nach § 6 Absatz 3 EStG übertragen und die betriebliche Nutzung des Gebäudes auf fremdem Grund und Boden beibehalten, geht der Aufwandsverteilungsposten auf den Rechtsnachfolger über, wenn dem Rechtsnachfolger nicht gleichzeitig das Grundstück zivilrechtlich und wirtschaftlich zuzurechnen ist.

4. Beendigung der betrieblichen Nutzung

Endet die Nutzung des dem Nichtunternehmer-Ehegatten gehörenden Miteigentumsanteils an dem vom Betriebsinhaber zu betrieblichen Zwecken genutzten Grundstück, können die auf den Nichtunternehmer-Ehegatten entfallenden und noch nicht abgezogenen Anschaffungs- oder Herstellungskosten nicht weiter als Betriebsausgaben abgezogen werden. Der verbleibende Betrag ist erfolgsneutral auszubuchen und dem Eigentümer (Nichtunternehmer-Ehegatte) als Anschaffungs- oder Herstellungskosten des Wirtschaftsgutes zuzurechnen (BFH-Urteil vom 19. Dezember 2012 – a. a. O.). Wertsteigerungen des Wirtschaftsgutes treten im Privatvermögen des Nichtunternehmer-Ehegatten ein und können dem Betriebsinhaber nicht zugerechnet werden.

5. Übergang des Eigentums auf den Betriebsinhaber

Geht das zivilrechtliche Eigentum an dem betrieblich genutzten Miteigentumsanteil am Grund und Boden und am Gebäude durch Einzel- oder Gesamtrechtsnachfolge auf den Betriebsinhaber über, werden die Wirtschaftsgüter Betriebsvermögen. Bei unentgeltlicher Übertragung gehen sie durch eine nach § 6 Absatz 1 Nummer 5 EStG grundsätzlich mit dem Teilwert zu bewertende Einlage in das Betriebsvermögen ein. Der Einlagewert bildet die Bemessungsgrundlage für Vornahme von Absetzungen für Abnutzung. Die während der Nutzung zu betrieblichen Zwecken abgezogenen Absetzungen für Abnutzung oder Substanzverringerung, Sonderabschreibungen oder erhöhte Absetzungen sind nicht vom Einlagewert abzuziehen.

6. Gewinnermittlung nach § 4 Absatz 3 EStG

Bei der Gewinnermittlung durch Einnahmenüberschussrechnung nach § 4 Absatz 3 EStG sind die Regelungen zu den Rdnrn. 1, 2, 3, 6, 7 und 8 entsprechend anzuwenden.

Eine Richtigstellung der zu Unrecht vorgenommenen Abzüge ist in allen noch nicht bestandskräftigen Fällen durch die Berücksichtigung des zutreffenden Abzugs vorzunehmen. Sofern in bestandskräftigen Jahren zu Unrecht Abzüge vorgenommen worden sind, ist H 7.4 „Unterlassene oder überhöhte AfA – Lineare Gebäude-AfA" EStH 2015 entsprechend anzuwenden.

10 **7. Anwendung auf im Alleineigentum stehende Gebäude**

Die vorstehenden Regelungen sind für ein im Alleineigentum des Nichtunternehmer-Ehegatten stehendes Gebäude entsprechend anzuwenden.

11 Die BMF-Schreiben vom 3. Mai 1985 (BStBl I S. 188) und vom 5. November 1996 (BStBl I S. 1257) werden aufgehoben.

Abgrenzung zwischen privater Vermögensverwaltung und gewerblichem Grundstückshandel
BMF vom 26.03.2004 (BStBl I S. 434)
IV A 6 – S 2240 – 46/04

Im Einvernehmen mit den obersten Finanzbehörden der Länder gilt zur Abgrenzung des gewerblichen Grundstückshandels von der privaten Vermögensverwaltung Folgendes:

I. Allgemeine Grundsätze[1])

Veräußern Privatpersonen Grundstücke, ist bei der Prüfung, ob ein gewerblicher Grundstückshandel vorliegt, wesentlich auf die Dauer der Nutzung vor Veräußerung und die Zahl der veräußerten Objekte abzustellen. In Fällen, in denen ein gewerblicher Grundstückshandel zu verneinen ist, bleibt jedoch zu prüfen, ob der Gewinn aus der Veräußerung nach § 23 EStG zu besteuern ist.

1. Bebaute Grundstücke

Sind bebaute Grundstücke bis zur Veräußerung während eines langen Zeitraums (mindestens zehn Jahre) vermietet worden, gehört grundsätzlich auch noch die Veräußerung der bebauten Grundstücke zur privaten Vermögensverwaltung (vgl. BFH-Urteil vom 6. April 1990 – BStBl II S. 1057). Dies ist unabhängig vom Umfang des veräußerten Grundbesitzes. Bei Grundstücken, die im Wege der vorweggenommenen Erbfolge oder durch Schenkung auf den Grundstücksveräußerer übergegangen sind, ist für die Berechnung der Nutzungsdauer die Besitzdauer des Rechtsvorgängers wie eine eigene Besitzzeit des Veräußerers zu werten. Zu Grundstücken, die durch Erbfolge oder durch Schenkung übergegangen sind vgl. Tz. 9. Wegen der zu eigenen Wohnzwecken genutzten Grundstücke vgl. Tz. 10.

Die Aufteilung eines Gebäudes in Eigentumswohnungen ist – für sich betrachtet – allein kein Umstand, der die Veräußerung der so entstandenen Eigentumswohnungen zu einer gewerblichen Tätigkeit macht. Auch hier ist maßgeblich auf die Dauer der Nutzung vor Veräußerung abzustellen.

2. Unbebaute Grundstücke

Bei unbebauten Grundstücken, die vor Veräußerung selbst genutzt (z. B. als Gartenland) oder verpachtet wurden, führt die bloße Parzellierung für sich allein nicht zur Annahme eines gewerblichen Grundstückshandels. Beim An- und Verkauf von Grundstücken über mehrere Jahre liegt dagegen im Regelfall ein gewerblicher Grundstückshandel vor. Ein gewerblicher Grundstückshandel liegt auch dann vor, wenn der Grundstückseigentümer, ähnlich wie ein Grundstückshändler oder ein Baulandaufschließungsunternehmen, beginnt, seinen Grundbesitz ganz oder teilweise durch Baureifmachung in Baugelände umzugestalten und zu diesem Zweck diesen Grundbesitz nach einem bestimmten Bebauungsplan in einzelne Parzellen aufteilt und diese dann an Interessenten veräußert (vgl. BFH-Urteile vom 28. September 1961 – BStBl 1962 III S. 32, vom 25. Juli 1968 – BStBl II S. 644, vom 22. Oktober 1969 – BStBl 1970 II S. 61, vom 17. Dezember 1970 – BStBl 1971 II S. 456, vom 14. November 1972 – BStBl 1973 II S. 239,

---

[1]) Maßgeblich für die steuerrechtliche Qualifizierung einer Tätigkeit ist nicht die vom Stpfl. subjektiv vorgenommene Beurteilung, sondern vielmehr die Wertung nach objektiven Kriterien. Daher ist ein gewerblicher Grundstückshandel nicht allein deshalb zu bejahen, weil der Stpfl. einen solchen angemeldet oder erklärt hat (>BFH vom 18.08.2009 – BStBl II S. 965). Ein gewerblicher Grundstückshandel setzt Gewinnerzielungsabsicht voraus (>BFH vom 05.04.2017 – BStBl II S. 1130).

Anhang 17
Grundstückshandel

vom 7. Februar 1973 – BStBl II S. 642 und vom 29. März 1973 – BStBl II S. 682). In diesem Fall sind alle Aktivitäten des Veräußerers bei der Baureifmachung, Erschließung und Bebauung einzeln zu untersuchen und im Zusammenhang zu würdigen. Auch die Veräußerung land- und forstwirtschaftlicher Grundstücke oder Betriebe kann Gegenstand eines selbständigen gewerblichen Unternehmens sein (vgl. BFH-Urteil vom 28. Juni 1984 – BStBl II S. 798); vgl. Tz. 27.

3. Beteiligung am allgemeinen wirtschaftlichen Verkehr

4[1]) Die Beteiligung am allgemeinen wirtschaftlichen Verkehr ist durch den Kontakt zu einer Mehrzahl von Verkäufern oder Käufern gegeben (vgl. BFH-Urteile vom 20. Dezember 1963 – BStBl 1964 III S. 139 und vom 29. März 1973 – BStBl II S. 661). Eine Beteiligung am allgemeinen wirtschaftlichen Verkehr kann

- auch bei einer Tätigkeit für nur einen Vertragspartner oder bei Einschaltung eines Maklers vorliegen (vgl. BFH-Urteile vom 12. Juli 1991 – BStBl 1992 II S. 143 und vom 7. Dezember 1995 – BStBl 1996 II S. 367).
- bereits dadurch vorliegen, dass die Verkaufsabsicht nur einem kleinen Personenkreis – unter Umständen einer einzigen Person – bekannt wird und der Verkäufer damit rechnet, die Verkaufsabsicht werde sich herumsprechen. Entscheidend ist, dass der Verkäufer an jeden, der die Kaufbedingungen erfüllt, verkaufen will. Das ist bereits dann der Fall, wenn er bereit ist, das fragliche Objekt an einen anderen Erwerber zu veräußern, falls sich der Verkauf an den ursprünglich vorgesehenen Käufer zerschlägt.
- durch den Verkauf an Bekannte erfolgen (vgl. BFH-Urteile vom 28. Oktober 1993 – BStBl 1994 II S. 463 und vom 7. März 1996 – BStBl II S. 369).
- auch dann gegeben sein, wenn der Steuerpflichtige nur ein Geschäft mit einem Dritten tätigt, sich dieser aber in Wirklichkeit und nach außen erkennbar nach den Bestimmungen des Steuerpflichtigen an den allgemeinen Markt wendet (vgl. BFH-Urteil vom 13. Dezember 1995 – BStBl 1996 II S. 232).

Auch ein entgeltlicher und von Gewinnerzielungsabsicht getragener Leistungsaustausch zwischen nahen Angehörigen erfüllt die Voraussetzung einer Teilnahme am allgemeinen wirtschaftlichen Verkehr (vgl. BFH-Urteil vom 13. August 2002 – BStBl II S. 811). Dies gilt auch, wenn der Eigentümer Objekte nur an bestimmte Personen auf deren Wunsch veräußert.

Bei mehreren Grundstücksverkäufen muss das Merkmal der Beteiligung am allgemeinen wirtschaftlichen Verkehr nicht bei jedem Geschäft vorliegen (vgl. BFH-Urteil vom 28. Oktober 1993 – BStBl 1994 II S. 463).

II. Gewerblicher Grundstückshandel wegen Überschreitung der „Drei-Objekt-Grenze"

1. Merkmale der „Drei-Objekt-Grenze"

5[2]) Als Indiz für das Vorliegen eines gewerblichen Grundstückshandels gilt die Überschreitung der „Drei-Objekt-Grenze" (vgl. BFH-Beschluss vom 10. Dezember 2001 – BStBl 2002 II S. 291). Danach ist die Veräußerung von mehr als drei Objekten innerhalb

---

[1]) Auch der Verkauf eines Grundstücks zwischen Schwesterpersonengesellschaften kann eine Beteiligung am allgemeinen wirtschaftlichen Verkehr darstellen (>BFH vom 01.12.2005 – BStBl II 2006 S. 259).

[2]) Gewerblicher Grundstückshandel erfordert nicht, dass in jedem VZ Verwertungsmaßnahmen ergriffen oder ständig Grundstücke vorrätig gehalten werden. Gewerblicher Grundstückshandel liegt auch vor, wenn nach der Veräußerung des ersten Objekts über einen Zeitraum von mehr als zwei Jahren keine späteren Grundstücksgeschäfte konkret absehbar sind und auch keine Grundstücke im Umlaufvermögen gehalten werden (inaktive Phase) (>BFH vom 20.04.2006 – BStBl II 2007 S. 375).

eines Fünfjahreszeitraums grundsätzlich gewerblich (vgl. BFH-Urteil vom 18. September 1991 – BStBl 1992 II S. 135). Die Veräußerung von mehr als drei in bedingter Verkaufsabsicht erworbener oder errichteter (vgl. Tz. 19 ff.) Objekte innerhalb dieses Zeitraums führt bei Vorliegen der übrigen Voraussetzungen (§ 15 Abs. 2 EStG) grundsätzlich zur Gewerblichkeit aller – d. h. auch der ersten drei – Objektveräußerungen. Die zeitliche Grenze von fünf Jahren hat allerdings keine starre Bedeutung. Ein gewerblicher Grundstückshandel kann z. B. bei einer höheren Zahl von Veräußerungen nach Ablauf dieses Zeitraums, aber auch bei einer hauptberuflichen Tätigkeit im Baubereich vorliegen.

Objekt i. S. d. „Drei-Objekt-Grenze" sind nur solche Objekte, bei denen **ein enger zeitlicher Zusammenhang** (vgl. Tz. 20) zwischen Errichtung, Erwerb oder Modernisierung und der Veräußerung besteht. Ist ein derartiger enger zeitlicher Zusammenhang nicht gegeben, können bis zur zeitlichen Obergrenze von zehn Jahren Objekte nur mitgerechnet werden, wenn weitere Umstände den Schluss rechtfertigen, dass im Zeitpunkt der Errichtung, des Erwerbs oder der Modernisierung eine Veräußerungsabsicht vorgelegen hat. Solche weiteren Umstände liegen z. B. vor, wenn ein branchenkundiger Steuerpflichtiger innerhalb eines Zeitraums von fünf Jahren nach der Errichtung eines Gebäudes weniger als vier, danach aber in relativ kurzer Zeit planmäßig weitere Objekte veräußert (vgl. BFH-Urteil vom 5. September 1990 – BStBl II S. 1060). Vgl. auch Tz. 28. 6

Als Veräußerung i. S. d. „Drei-Objekt-Grenze" gilt auch die Einbringung eines Grundstücks in das Gesamthandsvermögen einer Personengesellschaft, die nach den Grundsätzen des BMF-Schreibens vom 29. März 2000 (BStBl I S. 462)[2]) als Veräußerung anzusehen ist. Grundstücksübertragungen in das Gesamthandsvermögen einer Personengesellschaft, für die der Übertragende keine Gegenleistung erhält (verdeckte Einlage), und die Übertragung von Grundstücken im Wege der Realteilung einer vermögensverwaltenden Personengesellschaft oder Bruchteilsgemeinschaft auf die einzelnen Gesellschafter zu Alleineigentum gelten dagegen nicht als Veräußerung i. S. d. „Drei-Objekt-Grenze". Als Veräußerung i. S. d. „Drei-Objekt-Grenze" gilt die Einbringung eines Grundstücks in eine Kapitalgesellschaft gegen Gewährung von Gesellschaftsrechten. Dies gilt auch in den sog. Mischfällen, in denen die dem Gesellschafter gewährte angemessene (drittübliche) Gegenleistung teils in der Gewährung von Gesellschaftsrechten und teils in anderen Entgelten, z. B. in der Zahlung eines Barkaufpreises, der Einräumung einer Forderung oder in der Übernahme von Schulden des Gesellschafters besteht (vgl. BFH-Urteil vom 19. September 2002 – BStBl 2003 II S. 394). 7[1])

Im Einzelnen gilt für die Überschreitung der „Drei-Objekt-Grenze" Folgendes:

a) Definition des Objekts i. S. d. „Drei-Objekt-Grenze"

Objekt i. S. d. „Drei-Objekt-Grenze" sind **Grundstücke jeglicher Art**. Auf die Größe, den Wert oder die Nutzungsart des einzelnen Objekts kommt es nicht an (vgl. BFH-Urteile vom 18. Mai 1999 – BStBl 2000 II S. 28 und vom 15. März 2000 – BStBl 2001 II S. 530). Es kommt nicht darauf an, ob es sich um bebaute oder unbebaute Grundstücke handelt 8[3])[4])

---

[1]) Die Einbringung von Grundstücken in das Betriebsvermögen einer Personengesellschaft zum Teilwert gegen Übernahme von Verbindlichkeiten und Einräumung einer Darlehensforderung ist als Veräußerung durch den Stpfl. anzusehen (>BFH vom 28.10.2015 – BStBl II 2016 S. 95).

[2]) >Anhang 24 II 1

[3]) Die Drei-Objekt-Grenze ist überschritten, wenn der Kaufvertrag zwar über einen unabgeteilten Miteigentumsanteil abgeschlossen wurde, das Grundstück jedoch in derselben Urkunde in Wohn- und Gewerbeeinheiten aufgeteilt wurde, von denen dem Erwerber mehr als drei Einheiten zugewiesen wurden (>BFH vom 30.09.2010 – BStBl II 2011 S. 645).

[4]) Ein ungeteiltes Grundstück mit mehreren freistehenden Häusern ist nur ein Objekt i. S. d. Drei-Objekt-Grenze (>BFH vom 05.05.2011 – BStBl II S. 787).

oder ob der Steuerpflichtige die Objekte selbst errichtet hat oder in bebautem Zustand erworben hat.

Danach stellt auch ein im Teileigentum stehender Garagenabstellplatz ein selbständiges Objekt dar, wenn dieser nicht im Zusammenhang mit dem Verkauf einer Wohnung veräußert wird. Der Verkauf eines Garagenabstellplatzes ist jedoch dann nicht als eigenes Objekt zu zählen, wenn dieser als Zubehörraum einer Eigentumswohnung im Zusammenhang mit dem Verkauf der Eigentumswohnung an andere Erwerber als die Käufer der Eigentumswohnung veräußert wird (vgl. BFH-Urteil vom 18. September 2002 – BStBl 2003 II S. 238).

Jedes zivilrechtliche Wohnungseigentum, das selbständig nutzbar und veräußerbar ist, stellt ein Objekt i. S. d. „Drei-Objekt-Grenze" dar, auch wenn mehrere Objekte nach Vertragsabschluss baulich zu einem Objekt zusammengefasst werden (vgl. BFH-Urteil vom 16. Mai 2002 – BStBl II S. 571)[1]). Gleiches gilt für Grundstücke, bei denen der Verkauf beim Vertragsvollzug gescheitert ist (vgl. BFH-Urteil vom 5. Dezember 2002 – BStBl 2003 II S. 291).

Als Objekt i. S. d. „Drei-Objekt-Grenze" kommen weiterhin auch Erbbaurechte in Betracht[2]).

b) Durch Erbfall, vorweggenommene Erbfolge oder Schenkung übergegangene Grundstücke als Grundstücke i. S. d. „Drei-Objekt-Grenze"

9   In die Prüfung des gewerblichen Grundstückshandels und damit der „Drei-Objekt-Grenze" sind Grundstücke, die im Wege der vorweggenommenen Erbfolge oder durch Schenkung übertragen und vom Rechtsnachfolger in einem zeitlichen Zusammenhang veräußert worden sind, mit einzubeziehen. In diesem Fall ist hinsichtlich der unentgeltlich übertragenen Grundstücke für die Frage des zeitlichen Zusammenhangs (vgl. Tz. 6, 20) auf die Anschaffung oder Herstellung durch den Rechtsvorgänger abzustellen. Werden im zeitlichen Zusammenhang durch den Rechtsvorgänger und den Rechtsnachfolger insgesamt mehr als drei Objekte veräußert, liegen gewerbliche Einkünfte vor:

– beim Rechtsvorgänger hinsichtlich der veräußerten Grundstücke;
– beim Rechtsnachfolger hinsichtlich der unentgeltlich erworbenen und veräußerten Grundstücke.

In diesen Fällen sind beim Rechtsnachfolger die Veräußerungen der unentgeltlich erworbenen Grundstücke für die Frage, ob er daneben Einkünfte aus einem eigenen gewerblichen Grundstückshandel erzielt, als Objekte i. S. d. „Drei-Objekt-Grenze" mitzuzählen.

Beispiel:
V erwirbt im Jahr 01 vier Eigentumswohnungen E 1, E 2, E 3 und E 4. Im Jahr 03 veräußert er die Eigentumswohnungen E 1, E 2 und E 3. Die Eigentumswohnung E 4 überträgt er im Wege der vorweggenommenen Erbfolge im Jahr 03 auf seinen Sohn S. S hat im Jahr 02 die Reihenhäuser RH 1, RH 2 und RH 3 erworben. Im Jahr 04 veräußert S die Reihenhäuser und die Eigentumswohnung E 4.

– Die Veräußerung der Eigentumswohnung E 4 innerhalb des zeitlichen Zusammenhangs durch S führt bei V zur Annahme eines gewerblichen Grundstückshandels. Der Gewinn aus der Veräußerung der Eigentumswohnungen E 1 bis E 3 ist bei V steuerpflichtig.

---

[1]) Zwei Doppelhaushälften auf einem ungeteilten Grundstück bilden ein Objekt (>BFH vom 14.10.2003 – BStBl II 2004 S. 227). Aneinandergrenzende, rechtlich selbständige Mehrfamilienhausgrundstücke stellen jeweils gesonderte wirtschaftliche Einheiten dar (>BFH vom 03.08.2004 – BStBl II 2005 S. 35).

[2]) Die erstmalige Bestellung eines Erbbaurechts ist kein Objekt i. S. d. Drei-Objekt-Grenze. Hingegen ist ein Erbbaurecht ein Objekt i. S. d. Drei-Objekt-Grenze, wenn es veräußert wird (>BFH vom 12.07.2007 – BStBl II S. 885).

- Bei S ist der Gewinn aus der Veräußerung der Eigentumswohnung E 4 steuerpflichtig. Auch aus der Veräußerung der drei Objekte (RH 1 bis RH 3) erzielt er Einkünfte aus einem gewerblichen Grundstückshandel, weil die Veräußerung der Eigentumswohnung E 4 als sog. Zählobjekt mitzuzählen ist.

Dies gilt entsprechend im Fall der Modernisierung (vgl. Tz. 24).

Nicht einzubeziehen sind jedoch – unabhängig vom Umfang des Grundbesitzes – Grundstücke, die durch Erbfolge übergegangen sind (vgl. BFH-Urteil vom 15. März 2000 – BStBl 2001 II S. 530), es sei denn, dass bereits der Erblasser in seiner Person einen gewerblichen Grundstückshandel begründet hat und der Erbe einen unternehmerischen Gesamtplan fortführt oder der Erbe die Grundstücke vor der Veräußerung in nicht unerheblichem Maße modernisiert und hierdurch ein Wirtschaftsgut anderer Marktgängigkeit entstanden ist (vgl. Tz. 24).

c) **Zu eigenen Wohnzwecken genutzte Grundstücke als Grundstücke i. S. d. „Drei-Objekt-Grenze"**

Ebenfalls nicht einzubeziehen sind Grundstücke, die eigenen Wohnzwecken dienen. Zu eigenen Wohnzwecken genutzte bebaute Grundstücke gehören in aller Regel zum notwendigen Privatvermögen (vgl. BFH-Urteil vom 16. Oktober 2002 – BStBl 2003 II S. 245). Etwas anderes kann sich allerdings ergeben, wenn ein zur Veräußerung bestimmtes Wohnobjekt nur vorübergehend zu eigenen Wohnzwecken genutzt wird (vgl. BFH-Urteil vom 11. April 1989 – BStBl II S. 621). Bei einer Selbstnutzung von weniger als fünf Jahren ist das Grundstück dann nicht einzubeziehen, wenn der Veräußerer eine auf Dauer angelegte Eigennutzung nachweist, indem er darlegt, dass die Veräußerung auf offensichtlichen Sachzwängen beruhte (vgl. BFH-Urteil vom 18. September 2002 – BStBl 2003 II S. 133).

d) **Grundstücke, die ohne Gewinnerzielungsabsicht veräußert werden, als Grundstücke i. S. d. „Drei-Objekt-Grenze"**

Objekte, mit deren Weitergabe kein Gewinn erzielt werden soll (z. B. teilentgeltliche Veräußerung oder Schenkung an Angehörige), sind in die Betrachtung, ob die „Drei-Objekt-Grenze" überschritten ist, grundsätzlich nicht einzubeziehen (vgl. BFH-Urteile vom 18. September 2002 – BStBl 2003 II S. 238 und vom 9. Mai 1996 – BStBl II S. 599). Eine teilentgeltliche Veräußerung in diesem Sinne liegt vor, wenn der Verkaufspreis die Selbstkosten (Anschaffungs- oder Herstellungskosten oder Einlagewert) nicht übersteigt (vgl. BFH-Urteile vom 14. März 1989 – BStBl 1990 II S. 1053, vom 9. Mai 1996 – BStBl II S. 599 und vom 18. September 2002 – BStBl 2003 II S. 238).

Eine Einbeziehung von an Kinder übertragene Objekte hinsichtlich der Frage des Überschreitens der „Drei-Objekt-Grenze" kommt jedoch dann in Betracht, wenn der Steuerpflichtige – bevor er sich dazu entschlossen hat, diese Objekte unentgeltlich an seine Kinder zu übertragen – die zumindest bedingte Absicht besaß, auch diese Objekte am Markt zu verwerten (vgl. BFH-Urteil vom 18. September 2002 – BStBl 2003 II S. 238).

Grundstücke, die zwar mit der Absicht, Gewinn zu erzielen, veräußert wurden, mit deren Verkauf aber letztlich ein Verlust realisiert wurde, sind in die Betrachtung, ob die „Drei-Objekt-Grenze" überschritten ist, mit einzubeziehen.

e) **Veräußerungen durch Ehegatten**

Bei Ehegatten ist eine Zusammenfassung der Grundstücksaktivitäten im Regelfall nicht zulässig. Dies bedeutet, dass jeder Ehegatte bis zu drei Objekte im Bereich der Vermögensverwaltung veräußern kann. Die Grundstücksaktivitäten von Ehegatten sind jedoch dann zusammenzurechnen, wenn die Ehegatten eine über ihre eheliche Lebensgemeinschaft hinausgehende, zusätzliche enge Wirtschaftsgemeinschaft, z. B. als Gesellschaft des bürgerlichen Rechts, eingegangen sind, in die sie alle oder den größeren Teil der Grundstücke eingebracht haben (vgl. BFH-Urteil vom 24. Juli 1996 – BStBl II S. 913[1])).

f) Übertragungen im Wege der Realteilung

13 Grundstücke, die im Wege der Realteilung einer vermögensverwaltenden Personengesellschaft oder Bruchteilsgemeinschaft den einzelnen Gesellschaftern zu Alleineigentum übertragen werden, sind ebenfalls nicht mit in die „Drei-Objekt-Grenze" einzubeziehen (vgl. BFH-Urteil vom 9. Mai 1996 – BStBl II S. 599).

g) Beteiligung an Grundstücksgesellschaften

14 Beteiligt sich ein Steuerpflichtiger an Grundstücksgesellschaften zur Verwertung von Grundstücken (z. B. durch Verkauf oder Bebauung und Verkauf), ist zunächst zu prüfen, ob die Gesellschaft selbst ein gewerbliches Unternehmen i. S. d. § 15 Abs. 2 EStG betreibt (vgl. BFH-Beschluss vom 25. Juni 1984 – BStBl II S. 751), so dass steuerlich eine Mitunternehmerschaft i. S. d. § 15 Abs. 1 Satz 1 Nr. 2 EStG vorliegt. In diesem Fall ist die Überschreitung der „Drei-Objekt-Grenze" auf der Ebene der Gesellschaft zu prüfen; auf eventuelle Grundstücksveräußerungen durch den einzelnen Gesellschafter kommt es insoweit nicht an[2]). Wird die Gesellschaft nach den vorgenannten Grundsätzen im Rahmen eines gewerblichen Grundstückshandels tätig, sind die Grundstücksveräußerungen der Gesellschaft bei der Prüfung, ob auch auf der Ebene des Gesellschafters ein – weiterer – gewerblicher Grundstückshandel besteht, als Objekt mitzuzählen (vgl. BFH-Beschluss vom 3. Juli 1995 – BStBl II S. 617, BFH-Urteil vom 28. November 2002 – BStBl 2003 II S. 250)[3]).

Voraussetzung hierfür ist jedoch, dass der Gesellschafter an der jeweiligen Gesellschaft zu mindestens 10 % beteiligt ist oder dass der Verkehrswert des Gesellschaftsanteils oder des Anteils an dem veräußerten Grundstück bei einer Beteiligung von weniger als 10 % mehr als 250.000 € beträgt[4]).

15 Ist die Gesellschaft nach den vorgenannten Grundsätzen vermögensverwaltend tätig, muss ihre Betätigung (z. B. Erwerb, Bebauung und Verkauf der Grundstücke) den einzelnen Gesellschaftern in gleicher Weise wie bei einer Bruchteilsgemeinschaft anteilig zugerechnet werden (§ 39 Abs. 2 Nr. 2 AO) und bei diesen einkommensteuerrechtlich nach den für den einzelnen Gesellschafter und seine Betätigung maßgeblichen Kriterien beurteilt werden. Dabei sind zwei Fallgruppen zu unterscheiden:

---

[1]) >BFH vom 24.07.1986 (BStBl II S. 913)
[2]) Bestätigt durch BFH vom 17.12.2008 (BStBl II 2009 S. 529 und S. 795), wonach bei der Prüfung, ob eine Personengesellschaft wegen Überschreitung der „Drei-Objekt-Grenze" den Bereich der privaten Vermögensverwaltung verlassen hat, solche Grundstücksaktivitäten nicht mitzuzählen sind, die die Gesellschafter allein oder im Rahmen einer anderen gewerblich tätigen (Schwester-) Personengesellschaft entwickelt haben.
[3]) Auch wenn ein Stpfl. in eigener Person kein einziges Objekt veräußert, kann er allein durch die Zurechnung der Grundstücksverkäufe von Personengesellschaften oder Gemeinschaften einen gewerblichen Grundstückshandel betreiben (>BFH vom 22.08.2012 – BStBl II S. 865). Die Einbringung von Grundstücken in eine als Grundstückshändlerin tätige Personengesellschaft zum Teilwert gegen Übernahme von Verbindlichkeiten und Einräumung einer Darlehensforderung ist als Veräußerung durch den Stpfl. anzusehen (>BFH vom 28.10.2015 – BStBl II 2016 S. 95).
[4]) Die Grenzen sind jedoch unbeachtlich, wenn der Gesellschafter über eine Generalvollmacht oder aus anderen Gründen die Geschäfte der Grundstücksgesellschaft maßgeblich bestimmt (>BFH vom 12.07.2007 – BStBl II S. 885).

aa) **Die Beteiligung an der Grundstücksgesellschaft wird im Betriebsvermögen gehalten.**
Der Gesellschafter erzielt aus der Beteiligung in jedem Fall gewerbliche Einkünfte (vgl. BFH-Urteile vom 20. November 1990 – BStBl 1991 II S. 345 und vom 3. Juli 1995 – BStBl II S. 617).

16

bb) **Die Beteiligung an der Grundstücksgesellschaft wird im Privatvermögen gehalten.**
In diesen Fällen gilt unter Beachtung der Halte- und Veräußerungsfristen Folgendes:

Veräußerungen von Grundstücken der Grundstücksgesellschaft
Überschreiten die von der vermögensverwaltenden Gesellschaft getätigten und dem einzelnen Gesellschafter anteilig zuzurechnenden Grundstücksveräußerungen entweder für sich gesehen oder unter Zusammenrechnung mit der Veräußerung von Objekten, die dem betreffenden Gesellschafter allein oder im Rahmen einer anderen Personengesellschaft gehören, den Rahmen der bloßen Vermögensverwaltung, wird der Gesellschafter selbst im Rahmen eines gewerblichen Grundstückshandels tätig. Für die Prüfung, ob auf der Ebene des Gesellschafters ein gewerblicher Grundstückshandel begründet wird, ist der Anteil des Steuerpflichtigen an dem Objekt der Grundstücksgesellschaft oder -gesellschaften für die Ermittlung der „Drei-Objekt-Grenze" jeweils einem Objekt gleichzustellen. Bei Veräußerung von Miteigentumsanteilen an einem Grundstück an verschiedene Erwerber stellt jeder Miteigentumsanteil ein Zählobjekt i. S. d. „Drei-Objekt-Grenze" dar (vgl. BFH-Urteil vom 7. Dezember 1995 – BStBl 1996 II S. 367). Voraussetzung hierfür ist jedoch, dass der Gesellschafter an der jeweiligen Gesellschaft zu mindestens 10 % beteiligt ist oder dass der Verkehrswert des Gesellschaftsanteils oder des Anteils an dem veräußerten Grundstück bei einer Beteiligung von weniger als 10 % mehr als 250.000 € beträgt.

17[1])

Überschreiten die von der vermögensverwaltenden Gesellschaft getätigten und dem einzelnen Gesellschafter anteilig zuzurechnenden Grundstücksveräußerungen entweder für sich gesehen oder unter Zusammenrechnung mit der Veräußerung von Objekten, die dem betreffenden Gesellschafter allein oder im Rahmen einer anderen Personengesellschaft gehören, den Rahmen der bloßen Vermögensverwaltung, wird der Gesellschafter selbst im Rahmen eines gewerblichen Grundstückshandels tätig. Für die Prüfung, ob auf der Ebene des Gesellschafters ein gewerblicher Grundstückshandel begründet wird, ist der Anteil des Steuerpflichtigen an dem Objekt der Grundstücksgesellschaft oder -gesellschaften für die Ermittlung der „Drei-Objekt-Grenze" jeweils einem Objekt gleichzustellen. Bei Veräußerung von Miteigentumsanteilen an einem Grundstück an verschiedene Erwerber stellt jeder Miteigentumsanteil ein Zählobjekt i. S. d. „Drei-Objekt-Grenze" dar (vgl. BFH-Urteil vom 7. Dezember 1995 – BStBl 1996 II S. 367). Voraussetzung hierfür ist jedoch, dass der Gesellschafter an der jeweiligen Gesellschaft zu mindestens 10 % beteiligt ist oder dass der Verkehrswert des Gesellschaftsanteils oder des Anteils an dem veräußerten Grundstück bei einer Beteiligung von weniger als 10 % mehr als 250.000 € beträgt.

---

[1]) Ein Stpfl. wird nachhaltig tätig, wenn zehn Personengesellschaften, an denen er beteiligt ist, in einer notariellen Urkunde, die eigenständige und voneinander unabhängige Kaufverträge beinhaltet, insgesamt zehn Grundstücke innerhalb von fünf Jahren nach dem jeweiligen Erwerb an acht verschiedene Erwerber-Kapitalgesellschaften veräußern, selbst wenn diese Kapitalgesellschaften jeweils dieselbe Muttergesellschaft haben (>BFH vom 22.04.2015 – BStBl II S. 897).

Anhang 17

Grundstückshandel

Veräußerung des Anteils an der Grundstücksgesellschaft

18[1]) In den Fällen, in denen der Gesellschafter seinen Anteil an der Grundstücksgesellschaft veräußert, ist die Veräußerung der Beteiligung gem. § 39 Abs. 2 Nr. 2 AO einer anteiligen Grundstücksveräußerung gleichzustellen.

Für die „Drei-Objekt-Grenze" kommt es dabei auf die Zahl der im Gesellschaftsvermögen (Gesamthandsvermögen) befindlichen Grundstücke an (vgl. BFH-Urteile vom 7. März 1996 – BStBl II S. 369 und vom 28. November 2002 – BStBl 2003 II S. 250). Voraussetzung für die Anrechnung von Anteilsveräußerungen ist jedoch, dass der Gesellschafter an der jeweiligen Gesellschaft zu mindestens 10 % beteiligt ist oder dass eine Beteiligung von weniger als 10 % einen Verkehrswert von mehr als 250.000 € hat.

Die vorstehenden Ausführungen (Tz. 15 bis 18) gelten entsprechend für Grundstücksgemeinschaften (Bruchteilsgemeinschaften).

> **Beispiel 1:**
> Ein Steuerpflichtiger erwirbt und veräußert innerhalb von vier Jahren drei Beteiligungen an verschiedenen Gesellschaften, zu deren Gesellschaftsvermögen jeweils ein Grundstück gehört.
> Die „Drei-Objekt-Grenze" wird nicht überschritten. Der Steuerpflichtige wird nicht im Rahmen eines gewerblichen Grundstückshandels tätig.

> **Beispiel 2:**
> Ein Steuerpflichtiger erwirbt und veräußert innerhalb von vier Jahren zwei Beteiligungen an verschiedenen Gesellschaften, zu deren Gesellschaftsvermögen jeweils zwei Grundstücke gehören.
> Die „Drei-Objekt-Grenze" ist überschritten. Der Steuerpflichtige wird im Rahmen eines gewerblichen Grundstückshandels tätig.

2. Errichtung von Objekten

19 a) Bebaut ein Steuerpflichtiger ein Grundstück oder erwirbt er ein unbebautes Grundstück zur Bebauung, liegt in der Regel ein gewerblicher Grundstückshandel vor, wenn mehr als drei Objekte **in engem zeitlichen Zusammenhang** mit ihrer Errichtung veräußert werden und der Steuerpflichtige mit **Veräußerungsabsicht** handelt[2]). Ein gewerblicher Grundstückshandel liegt in diesem Fall auch dann vor, wenn die Objekte zwischenzeitlich vermietet wurden (vgl. BFH-Urteil vom 11. April 1989 – BStBl II S. 621). Ferner ist unerheblich, ob die veräußerten Wohneinheiten in der rechtlichen Gestalt von Eigentumswohnungen entstanden sind oder ob sie zunächst rechtlich unselbständige, zur Vermietung an verschiedene Interessenten bestimmte, Teile eines Gesamtobjekts (z. B. Mehrfamilienhaus) waren.

---

[1]) Die Veräußerung von Mitunternehmeranteilen an mehr als drei am Grundstücksmarkt tätigen Gesellschaften bürgerlichen Rechts ist auch dann der Veräußerung der zum Gesamthandsvermögen gehörenden Grundstücke gleichzustellen, wenn es sich bei den Gesellschaften um gewerblich geprägte Personengesellschaften i. S. d. § 15 Abs. 3 Nr. 2 handelt. Die Gewinne aus den Anteilsveräußerungen sind daher – bei Vorliegen der übrigen Voraussetzungen – als laufende Gewinne aus gewerblichem Grundstückshandel zu erfassen (>BFH vom 05.06.2008 – BStBl II 2010 S. 974). Nichts anderes kann gelten, wenn der Stpfl. weniger als vier Anteile an derartigen Personengesellschaften veräußert, er die Drei-Objekt-Grenze aber aufgrund der Veräußerung weiterer Grundstücke in eigener Person überschreitet. Auch dann stellt sich die Anteilsveräußerung im Lichte der Gesamttätigkeit des Gesellschafters als Teil der laufenden Geschäftstätigkeit eines gewerblichen Grundstückshändlers dar (>BFH vom 18.04.2012 – BStBl II S. 647).

[2]) Bei der Prüfung, ob eine Tätigkeit wie z. B. die Errichtung von Gebäuden als nachhaltig anzusehen ist, sind die Vertragsleistungen eines Generalunternehmers dem Auftraggeber jeweils gesondert als Einzelaktivitäten zuzurechnen (>BFH vom 19.02.2009 – BStBl II S. 533).

b) Ein **enger zeitlicher Zusammenhang** zwischen Errichtung und Veräußerung der Objekte ist dann gegeben, wenn die Zeitspanne zwischen Fertigstellung und der Veräußerung der Objekte nicht mehr als fünf Jahre beträgt (vgl. BFH-Urteile vom 23. Oktober 1987 – BStBl 1988 II S. 293 und vom 22. März 1990 – BStBl II S. 637). Eine Überschreitung von wenigen Tagen beeinträchtigt diese Indizwirkung noch nicht (vgl. BFH-Urteil vom 28. November 2002 – BStBl 2003 II S. 250).

c) Die **Veräußerungsabsicht** ist anhand äußerlicher Merkmale zu beurteilen; die bloße Erklärung des Steuerpflichtigen, er habe eine solche Absicht nicht gehabt, reicht nicht aus. Das Vorhandensein einer Veräußerungsabsicht kann allerdings nicht allein aus dem engen zeitlichen Zusammenhang zwischen Errichtung und Veräußerung hergeleitet werden (vgl. Beschluss des Großen Senats des BFH vom 10. Dezember 2001 – BStBl 2002 II S. 291). Liegen von Anfang an eindeutige (vom Steuerpflichtigen darzulegende) Anhaltspunkte dafür vor, dass ausschließlich eine anderweitige Nutzung als die Veräußerung objektiv in Betracht gezogen worden ist, hat der enge zeitliche Zusammenhang für sich genommen keine Bedeutung. Fehlen solche Anhaltspunkte, zwingt der enge zeitliche Zusammenhang zwischen Errichtung und Veräußerung aber nach der Lebenserfahrung zu der Schlussfolgerung, dass bei der Errichtung der Objekte zumindest eine bedingte Veräußerungsabsicht bestanden hat. In diesen Fällen kann sich der Steuerpflichtige nicht darauf berufen, die (eigentliche) Verkaufsabsicht sei erst später wegen Finanzierungsschwierigkeiten und zu hoher finanzieller Belastungen gefasst worden (vgl. BFH-Urteile vom 6. April 1990 – BStBl II S. 1057 und vom 12. Dezember 2002 – BStBl II 2003 S. 297); vgl. auch Tz. 30.

3. Erwerb von Objekten

Beim Erwerb von Objekten liegt grundsätzlich ein gewerblicher Grundstückshandel vor, wenn mehr als drei Objekte in engem zeitlichem Zusammenhang mit ihrem Erwerb veräußert werden und der Steuerpflichtige mit Veräußerungsabsicht handelt. Hinsichtlich des engen zeitlichen Zusammenhangs gilt Tz. 20, hinsichtlich der Veräußerungsabsicht gilt Tz. 21 entsprechend.

Im Fall des Erwerbs bebauter Grundstücke gelten folgende Besonderheiten:

Wandelt der Steuerpflichtige bisher vermietete Wohnungen eines erworbenen Miethauses in Eigentumswohnungen um und versetzt er die Wohnungen vor der sich anschließenden Veräußerung lediglich in einen zum vertragsmäßigen Gebrauch geeigneten Zustand, wozu unter Berücksichtigung des bei Mietwohnungen Ortsüblichen auch die Ausführung von Schönheitsreparaturen gehören kann (vgl. BFH-Urteil vom 10. August 1983 – BStBl 1984 II S. 137), ist ein gewerblicher Grundstückshandel nur anzunehmen, wenn innerhalb eines überschaubaren Zeitraums (in der Regel fünf Jahre) ein oder mehrere bereits in Veräußerungsabsicht erworbene Gebäude aufgeteilt und nach dieser Aufteilung mehr als drei Eigentumswohnungen veräußert werden[2]).

---

[1]) Die entgeltliche Übertragung eines Objekts auf eine vom Stpfl. beherrschte GmbH vor Fertigstellung des Objekts ist als Anhaltspunkt für das Vorliegen einer unbedingten Veräußerungsabsicht heranzuziehen (>BFH vom 24.06.2009 – BStBl II 2010 S. 171).

[2]) bestätigt durch BFH vom 18.03.2004 (BStBl II S. 787)

4. Modernisierung von Objekten

24[1)] Besteht kein enger, zeitlicher Zusammenhang zwischen der Errichtung oder dem Erwerb und der Veräußerung der Objekte, kann ein gewerblicher Grundstückshandel vorliegen, wenn der Steuerpflichtige die Objekte vor der Veräußerung in nicht unerheblichem Maße modernisiert und hierdurch ein Wirtschaftsgut anderer Marktgängigkeit entstanden ist. Für die Veräußerungsabsicht kommt es dann auf den engen zeitlichen Zusammenhang mit der Modernisierung an. In Sanierungsfällen beginnt die Fünf-Jahres-Frist mit Abschluss der Sanierungsarbeiten (vgl. BFH-Urteil vom 5. Dezember 2002 – BStBl 2003 II S. 291).

5. Mischfälle

25 Treffen bei einem Steuerpflichtigen, der eine bestimmte Anzahl von Objekten veräußert hat, diejenigen Fälle, in denen das veräußerte Objekt vom Steuerpflichtigen selbst errichtet worden ist, mit solchen Fällen zusammen, in denen das Objekt von einem Dritten erworben worden ist, ist die Frage, ob die Veräußerung eines Objektes der einen oder anderen Gruppe bei Prüfung der „Drei-Objekt-Grenze" mitzuzählen ist, jeweils nach den Kriterien zu entscheiden, die für die betreffende Gruppe bei Veräußerung von mehr als drei Objekten gelten.

6. Unbebaute Grundstücke

26 Beim Verkauf von unbebauten Grundstücken gelten die für den Erwerb und die Veräußerung bebauter Grundstücke dargestellten Grundsätze entsprechend (vgl. BFH-Urteil vom 13. Dezember 1995 – BStBl 1996 II S. 232). Dies bedeutet, dass der Erwerb, die Parzellierung und die Veräußerung von mehr als drei unbebauten Grundstücken (Bauparzellen) nur dann gewerblich ist, wenn

– die Grundstücke (Bauparzellen) in Veräußerungsabsicht erworben wurden oder
– der Steuerpflichtige über die Parzellierung hinaus Tätigkeiten entwickelt hat (z. B. Erschließung, Bebauungsplan, Baureifmachung).

Bei Mischfällen gilt Tz. 25 entsprechend.

7. Land- und forstwirtschaftlich genutzte Grundstücke

27 Die Veräußerung land- und forstwirtschaftlicher Grundstücke kann unter den vorstehenden Voraussetzungen Gegenstand eines selbständigen gewerblichen Unternehmens sein. Hat der Land- und Forstwirt schon mit Tätigkeiten begonnen, die objektiv erkennbar auf die Vorbereitung von Grundstücksgeschäften gerichtet sind, wechseln die Grundstücke auch bei zunächst unveränderter Nutzung nach § 6 Abs. 5 EStG zum Buchwert aus dem Anlagevermögen des landwirtschaftlichen Betriebs in das Umlaufvermögen des

---

[1)] Ein bebautes Grundstück, das durch den Stpfl. langjährig im Rahmen privater Vermögensverwaltung genutzt wird, kann Gegenstand eines gewerblichen Grundstückshandels werden, wenn der Stpfl. im Hinblick auf eine Veräußerung Baumaßnahmen ergreift, die derart umfassend sind, dass hierdurch das bereits bestehende Gebäude nicht nur erweitert oder über seinen ursprünglichen Zustand hinausgehend wesentlich verbessert wird, sondern ein neues Wirtschaftsgut „Gebäude" hergestellt wird. Dies gilt unabhängig davon, ob durch die Maßnahmen ein selbständiges – neben den Altbau tretendes – neues Gebäude, ein selbständiger Gebäudeteil oder ein einheitliches neues Gebäude unter Einbeziehung der Altbausubstanz entsteht (>BFH vom 15.01.2020 – BStBl I S. 538).

Anhang 17
Grundstückshandel

Gewerbebetriebs gewerblicher Grundstückshandel (vgl. BFH-Urteile vom 31. Mai 2001 – BStBl II S. 673 und vom 25. Oktober 2001 – BStBl 2002 II S. 289)[1]).
Überführt der Land- und Forstwirt ein Grundstück anlässlich einer Betriebsaufgabe in das Privatvermögen, liegt darin eine Entnahme. Wird das Grundstück später veräußert, ist bei der Anwendung der Grundsätze zum zeitlichen Zusammenhang (vgl. Tz. 20) der Zeitraum, in dem sich das Grundstück vor seiner steuerpflichtigen Entnahme im Betriebsvermögen befunden hat, mitzurechnen.

III. Gewerblicher Grundstückshandel ohne Überschreitung der „Drei-Objekt-Grenze"[2])

1. Abweichend von den Grundsätzen der „Drei-Objekt-Grenze" kann auch der Verkauf von weniger als vier Objekten in zeitlicher Nähe zu ihrer Errichtung zu einer gewerblichen Tätigkeit führen (vgl. Beschluss des Großen Senats des BFH vom 10. Dezember 2001 – BStBl 2002 II S. 291, BFH-Urteile vom 13. August 2002 – BStBl II S. 811 und vom 18. September 2002 – BStBl 2003 II S. 238 und 286)[3]). Dies gilt bei Wohnobjekten (Ein-, Zweifamilienhäuser, Eigentumswohnungen) insbesondere in folgenden Fällen:

28

– Das Grundstück mit einem darauf vom Veräußerer zu errichtenden Gebäude wird bereits vor seiner Bebauung verkauft. Als Verkauf vor Bebauung ist ein Verkauf bis zur Fertigstellung des Gebäudes anzusehen.

– Das Grundstück wird von vornherein auf Rechnung und nach Wünschen des Erwerbers bebaut.

– Das Bauunternehmen des das Grundstück bebauenden Steuerpflichtigen erbringt erhebliche Leistungen für den Bau, die nicht wie unter fremden Dritten abgerechnet werden.

---

[1]) – Die Grundstücksveräußerungen eines Landwirtes werden Gegenstand eines selbständigen gewerblichen Grundstückshandels, wenn er Aktivitäten entfaltet, die über die Parzellierung und Veräußerung hinausgehen und die darauf gerichtet sind, den Grundbesitz zu einem Objekt anderer Marktgängigkeit zu machen. Schädliche Aktivitäten, die zu einer Umqualifizierung der Einkünfte eines Landwirts hin zu den Einkünften eines gewerblichen Grundstückshändlers führen, liegen z. B. dann vor, wenn der Stpfl. einen Bebauungsplan beantragt und finanziert, Straßen und Abwasserkanäle anlegt oder die Verlegung von Versorgungsleitungen vornimmt, insoweit selbst dann, wenn er keinen Einfluss auf die Erstellung des Bebauungsplans nimmt (>BFH vom 08.09.2005 – BStBl II 2006 S. 166 und vom 05.11.2007 – BStBl II 2008 S. 359). Der Hinzutausch von Grundstücksflächen zur Optimierung der Bebaubarkeit zuvor landwirtschaftlich genutzter Grundstücke und die Beantragung eines konkreten Bauvorbescheids sind ebenfalls Aktivitäten, die darauf gerichtet sind, ein Objekt anderer Marktgängigkeit zu schaffen (>BFH vom 08.11.2007 – BStBl II 2008 S. 231).

– Bedient sich der Landwirt zur Erschließung des Baugeländes eines Dritten, der Geschäfte dieser Art eigengewerblich betreibt, ist ihm dessen Tätigkeit als eigene zuzurechnen. Aktivitäten eines Dritten sind dem Landwirt dagegen nicht zuzurechnen, wenn der Dritte die Erschließung und Vermarktung der Grundstücke aus eigener Initiative und auf eigenes Risiko durchführt und wenn sich die Mitwirkung des Landwirts im Wesentlichen darauf beschränkt, die gewerbliche Tätigkeit des Dritten zu ermöglichen (>BFH vom 05.11.2007 – BStBl II 2008 S. 359).

[2]) Zur Annahme eines gewerblichen Grundstückshandels bei Nichtüberschreiten der Drei-Objekt-Grenze muss in den Fällen der Grundstücksbebauung der unbedingte Entschluss zur Grundstücksveräußerung spätestens im Zeitpunkt des Abschlusses der auf die Bebauung gerichteten Verträge gefasst worden sein (>BFH vom 17.12.2008 – BStBl II 2009 S. 791). Die unbedingte Veräußerungsabsicht kann nicht allein wegen des engen zeitlichen Zusammenhangs zwischen Erwerb oder Bebauung und (nachfolgender) Veräußerung eines Grundstücks angenommen werden (>BFH vom 27.11.2008 – BStBl II 2009 S. 278).

[3]) >auch BFH vom 01.12.2005 (BStBl II 2006 S. 259) zur Veräußerung einer vom Veräußerer zu errichtenden Einkaufspassage an eine Schwesterpersonengesellschaft

Anhang 17
Grundstückshandel

- Das Bauvorhaben wird nur kurzfristig finanziert.
- Der Steuerpflichtige beauftragt bereits während der Bauzeit einen Makler mit dem Verkauf des Objekts.
- Vor Fertigstellung wird ein Vorvertrag mit dem künftigen Erwerber geschlossen.
- Der Steuerpflichtige übernimmt über den bei Privatverkäufen üblichen Bereich hinaus Gewährleistungspflichten.
- Unmittelbar nach dem Erwerb des Grundstücks wird mit der Bebauung begonnen und das Grundstück wird unmittelbar nach Abschluss der Bauarbeiten veräußert.

29[1])   2. Bei Verkauf von errichteten Großobjekten (z. B. Mehrfamilienhäuser, Büro-, Hotel-, Fabrik- oder Lagergrundstücke) kann auch außerhalb der o. g. Ausnahmefälle ein gewerblicher Grundstückshandel bei Veräußerung von weniger als vier Objekten vorliegen (vgl. BFH-Urteile vom 24. Januar 1996 – BStBl II S. 303 und 14. Januar 1998 – BStBl II S. 346). Dies setzt voraus, dass besondere Umstände gegeben sind, z. B. wenn die Tätigkeit des Steuerpflichtigen nach ihrem wirtschaftlichen Kern der Tätigkeit eines Bauträgers entspricht.

IV. Kein gewerblicher Grundstückshandel bei Überschreitung der „Drei-Objekt-Grenze"

30[2])   Trotz des Überschreitens der „Drei-Objekt-Grenze" ist ein gewerblicher Grundstückshandel ausnahmsweise nicht anzunehmen, wenn auf Grund besonderer vom Steuerpflichtigen darzulegender Umstände eindeutige Anhaltspunkte gegen eine von Anfang an bestehende Veräußerungsabsicht sprechen. Als Umstand, der gegen eine bereits im Zeitpunkt der Anschaffung oder Errichtung des Objekts bestehende Veräußerungsabsicht spricht, kann eine vom Veräußerer selbst vorgenommene langfristige – über fünf Jahre hinausgehende – Vermietung eines Wohnobjektes angesehen werden[3]). Die konkreten Anlässe und Beweggründe für die Veräußerungen (z. B. plötzliche Erkrankung, Finanzierungsschwierigkeiten, schlechte Vermietbarkeit, Scheidung, nachträgliche Entdeckung von Baumängeln, unvorhergesehene Notlagen) sind im Regelfall jedoch nicht geeignet, die auf Grund des zeitlichen Abstands der maßgebenden Tätigkeiten vermutete (bedingte) Veräußerungsabsicht im Zeitpunkt der Anschaffung oder Errichtung auszuschließen (vgl. BFH-Urteil vom 20. Februar 2003 – BStBl II S. 510)[4]).

V. Beginn, Umfang und Beendigung des gewerblichen Grundstückshandels, Gewinnermittlung

1. Beginn

31   Als Beginn des gewerblichen Grundstückshandels ist regelmäßig der Zeitpunkt anzusehen, in dem der Steuerpflichtige mit Tätigkeiten beginnt, die objektiv erkennbar auf die

---

[1]) Zur Annahme eines gewerblichen Grundstückshandels bei Nichtüberschreiten der Drei-Objekt-Grenze muss in den Fällen der Grundstücksbebauung der unbedingte Entschluss zur Grundstücksveräußerung spätestens im Zeitpunkt des Abschlusses der auf die Bebauung gerichteten Verträge gefasst worden sein (>BFH vom 17.12.2008 – BStBl II 2009 S. 791). Die unbedingte Veräußerungsabsicht kann nicht allein wegen des engen zeitlichen Zusammenhangs zwischen Erwerb oder Bebauung und (nachfolgender) Veräußerung eines Grundstücks angenommen werden (>BFH vom 27.11.2008 – BStBl II 2009 S. 278).

[2]) >auch BFH vom 17.12.2009 (BStBl II 2010 S. 541)

[3]) Hiermit nicht vergleichbar sind Mietverträge von unbestimmter Dauer, die innerhalb der im BGB geregelten Fristen kündbar sind, auch wenn das Mietverhältnis tatsächlich mehr als fünf Jahre bestanden hat (>BFH vom 28.10.2015 – BStBl II 2016 S. 95).

[4]) >auch BFH vom 27.09.2012 (BStBl II 2013 S. 433) zur Veräußerung zwecks Vermeidung einer Zwangsversteigerung

Anhang 17
Grundstückshandel

Vorbereitung der Grundstücksgeschäfte gerichtet sind (vgl. BFH-Urteile vom 9. Februar 1983 – BStBl II S. 451, vom 23. Oktober 1987 – BStBl 1988 II S. 293 und vom 21. Juni 2001 – BStBl 2002 II S. 537). Dabei sind folgende Fallgruppen zu unterscheiden:

a) Bei Errichtung und Veräußerung in engem zeitlichen Zusammenhang (vgl. Tz. 20) beginnt der gewerbliche Grundstückshandel grundsätzlich mit der Stellung des Bauantrags, bei baugenehmigungsfreien Bauvorhaben mit der Einreichung der Bauunterlagen oder dem Beginn der Herstellung (vgl. R 42a Abs. 4 EStR[1])).

b) Bei Erwerb und Veräußerung in engem zeitlichen Zusammenhang (vgl. Tz. 22 und 23) beginnt der gewerbliche Grundstückshandel grundsätzlich im Zeitpunkt des Grundstückserwerbs.

c) Bei Modernisierung und Veräußerung in engem zeitlichem Zusammenhang (vgl. Tz. 24) beginnt der gewerbliche Grundstückshandel in dem Zeitpunkt, in dem mit den Modernisierungsmaßnahmen begonnen wird.

d) Bei Sanierung und Veräußerung in engem zeitlichen Zusammenhang (vgl. Tz. 25) beginnt der gewerbliche Grundstückshandel in dem Zeitpunkt, in dem mit den Sanierungsarbeiten begonnen wird.

2. Umfang[2])

Der Umfang eines gewerblichen Grundstückshandels wird grundsätzlich durch den veräußerten Grundbesitz bestimmt. Dabei ist auch die Vermutung des § 344 Abs. 1 HGB zu beachten, wonach die von einem Kaufmann vorgenommenen Rechtsgeschäfte im Zweifel als zum Betrieb seines Handelsgewerbes gehörig gelten. Diese Zugehörigkeitsvermutung wird insbesondere bei branchengleichen Wirtschaftsgütern angenommen und rechtfertigt sich aus der Nähe der Tätigkeit zum gewerblichen Betrieb und der Schwierigkeit, einzelne Wirtschaftsgüter oder Geschäfte als Privatangelegenheit auszusondern.

Im Übrigen hat die Prüfung des Umfangs der gewerblichen Tätigkeit eines bereits bestehenden gewerblichen Grundstückshandels – abgesehen davon, dass es auf die Anzahl der veräußerten Objekte im Sinne der „Drei-Objekt-Grenze" nicht mehr ankommt – nach den gleichen Kriterien wie denjenigen für die Abgrenzung zwischen gewerblichem Grundstückshandel und privater Vermögensverwaltung zu erfolgen (vgl. BFH-Urteil vom 12. Dezember 2002 – BStBl 2003 II S. 297). Dabei sind Objektveräußerungen, die unter Tzn. 2 und 10 fallen – das sind die Fälle, in denen bebaute Grundstücke bis zum Verkauf während eines langen Zeitraums durch Vermietung (mindestens zehn Jahre) oder zu eigenen Wohnzwecken (i. d. R. mindestens fünf Jahre) genutzt worden sind – nicht mit einzubeziehen.

Werden die im Rahmen eines gewerblichen Grundstückshandels zu erfassenden Grundstücke zwischenzeitlich vermietet, bleiben diese Umlaufvermögen beim gewerblichen Grundstückshandel und dürfen dem zur Folge nicht abgeschrieben werden (vgl. BFH-Urteil vom 5. Dezember 2002 – BStBl 2003 II S. 291).

3. Gewinnermittlung

Der Gewinn aus einem gewerblichen Grundstückshandel ist grundsätzlich durch Betriebsvermögensvergleich zu ermitteln. Die Grundstücke stellen Umlaufvermögen dar (vgl. BFH-Urteil vom 18. September 2002 – BStBl 2003 II S. 133)[3]). Abschreibung und Sonderabschreibungen können daher nicht geltend gemacht werden.

---

[1]) jetzt R 7.2 Abs. 4 EStR
[2]) >auch BFH vom 05.05.2004 (BStBl II S. 738)
[3]) bestätigt durch BFH vom 14.12.2006 (BStBl II 2007 S. 777)

Anhang 17
Grundstückshandel

33 Eine Gewinnermittlung nach § 4 Abs. 3 EStG kommt für einen Grundstückshändler in Betracht, wenn dieser die Grenzen des § 141 AO nicht überschreitet und nicht nach § 140 AO i. V. m. § 238 HGB buchführungspflichtig ist. Ein Grundstückshändler, dessen Betrieb nach Art oder Umfang keinen in einer kaufmännischen Weise eingerichteten Geschäftsbetrieb erfordert, betreibt kein Handelsgewerbe und ist kein Kaufmann i. S. d. HGB (§§ 1, 238 HGB); es sei denn, der Betrieb ist ins Handelsregister eingetragen (§ 2 HGB).

Das Wahlrecht zur Gewinnermittlung nach § 4 Abs. 3 EStG kann nur zu Beginn des Gewinnermittlungszeitraums durch schlüssiges Verhalten ausgeübt werden (vgl. BFH-Urteil vom 13. Oktober 1989 – BStBl 1990 II S. 287)[1]).

Diese Wahlentscheidung setzt denknotwendig das Bewusstsein des Steuerpflichtigen zur Einkünfteerzielung voraus. Ist der Steuerpflichtige davon ausgegangen, gar nicht gewerblich tätig und demgemäß auch nicht verpflichtet gewesen zu sein, für Zwecke der Besteuerung einen Gewinn aus Gewerbebetrieb ermitteln und erklären zu müssen, ist eine Wahl zwischen den Gewinnermittlungsarten nicht denkbar (vgl. BFH-Urteil vom 8. März 1989 – BStBl II S. 714). Der Gewinn ist in diesen Fällen durch Betriebsvermögensvergleich zu ermitteln.

Bei einem gewerblichen Grundstückshandel auf Grund der Überschreitung der „Drei-Objekt-Grenze" sind auch die Veräußerungen der ersten drei Objekte gewerblich. Die entsprechenden Steuerbescheide sind ggf. nach § 173 Abs. 1 Nr. 1 AO zu ändern (vgl. BFH-Urteil vom 23. März 1983 – BStBl II S. 548). In diesen Fällen bestehen keine Bedenken, den nachträglich zu ermittelnden Gewinn durch Abzug der fortgeführten Anschaffungs- oder Herstellungskosten oder des Einlagewerts und der Veräußerungskosten vom Veräußerungserlös zu berechnen. Dies gilt entsprechend bei Gewinnermittlung durch Einnahmenüberschussrechnung nach § 4 Abs. 3 EStG.

4. Wertansatz

34 Die nach Tz. 32 dem gewerblichen Grundstückshandel zuzurechnenden Objekte sind in den Fällen des Erwerbs von Objekten für den gewerblichen Grundstückshandel mit den Anschaffungskosten, im Übrigen mit den Werten, die sich aus § 6 Abs. 1 Nr. 6 i. V. m. Nr. 5 EStG (Einlage in das Betriebsvermögen) ergeben, dem Betriebsvermögen zuzuordnen.

In Errichtungsfällen gilt für die Einlagewerte des Grund und Bodens Folgendes:

Die unbebauten Grundstücke sind mit den Werten anzusetzen, die sich zu Beginn des gewerblichen Grundstückshandels ergeben (vgl. Tz. 31).

In Modernisierungsfällen (Tz. 24) gilt Folgendes:

Die Wirtschaftsgüter „Grund und Boden" sowie „Gebäude" sind mit den Werten anzusetzen, die sich zum Beginn der Sanierungsarbeiten ergeben.

5. Beendigung

35[2]) Die Gewinne aus den Grundstücksveräußerungen sind regelmäßig nicht begünstigte laufende Gewinne, auch wenn zugleich der Gewerbebetrieb aufgegeben wird (vgl. BFH-Urteile vom 29. September 1976 – BStBl 1977 II S. 71, vom 23. Juni 1977 – BStBl II

---

[1]) überholt durch BFH vom 19.03.2009 (BStBl II S. 659), >auch H 4.5 (1) Wahl der Gewinnermittlungsart

[2]) Entsprechendes gilt für die Veräußerung eines Mitunternehmeranteils jedenfalls dann, wenn zum Betriebsvermögen der Personengesellschaft nahezu ausschl. Grundstücke des Umlaufvermögens gehören (>BFH vom 14.12.2006 – BStBl II 2007 S. 777).

S. 721 und vom 23. Januar 2003 – BStBl II S. 467)[1]). Ein gewerblicher Grundstückshandel wird mit Verkauf des letzten Objekts oder durch die endgültige Einstellung der Verkaufstätigkeiten beendet.

VI. Anwendungszeitpunkt

Dieses Schreiben tritt an die Stelle der BMF-Schreiben vom 20. Dezember 1990 (BStBl I S. 884), vom 9. Juli 2001 (BStBl I S. 512) und vom 19. Februar 2003 (BStBl I S. 171), welche hiermit aufgehoben werden. Es ist auf alle noch offenen Fälle anzuwenden. Die Regelungen der Tz. 28 sind, soweit sich hieraus nachteilige Folgen für den Steuerpflichtigen ergeben, erst auf Veräußerungen anzuwenden, die nach dem 31. Mai 2002 (Datum der Veröffentlichung des Beschlusses des Großen Senats des BFH vom 10. Dezember 2001) stattgefunden haben. Die vor dem 1. Juni 2002 erfolgten Veräußerungen sind jedoch in jedem Fall als Zählobjekte i. S. d. „Drei-Objekt-Grenze" zu behandeln. Veräußerungen vor dem 1. Juni 2002 sind somit für Veräußerungen nach dem 31. Mai 2002 in die Prüfung eines gewerblichen Grundstückshandels einzubeziehen.

36

---

[1]) bestätigt durch BFH vom 05.07.2005 (BStBl II 2006 S. 160)

Anhang 17

Grundstückshandel

Anlage

Vereinfachtes Prüfschema „Gewerblicher Grundstückshandel"

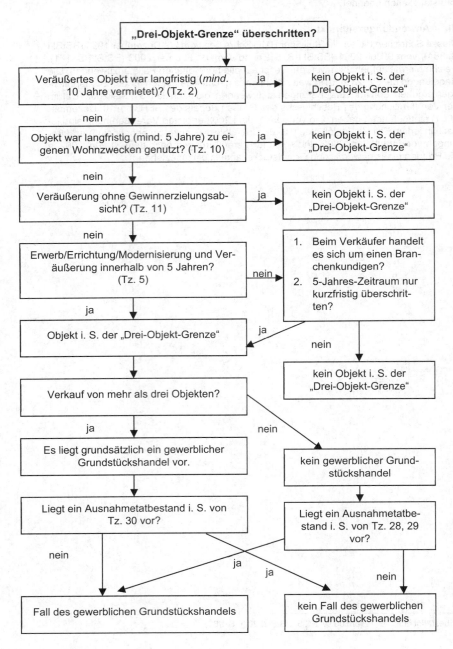

Anhänge 17a, 17b
Heil- und Heilhilfsberufe

Anhang 17a
– unbesetzt –

Anhang 17b
Ertragsteuerliche Behandlung von Heil- und Heilhilfsberufen
BMF vom 20.11.2019 (BStBl I S. 1298)
IV C 6 – S 2246/19/10001 – 2019/0982151

Zur Einordnung der Einkünfte aus der Tätigkeit im Rahmen eines Heil- oder Heilhilfsberufs als Einkünfte aus freiberuflicher Tätigkeit (§ 18 Absatz 1 Nummer 1 EStG) oder als Einkünfte aus Gewerbebetrieb (§ 15 EStG) gilt im Einvernehmen mit den obersten Finanzbehörden der Länder Folgendes:

1. Vergleichbarkeit mit einem Katalogberuf

Einen Heil- oder Heilhilfsberuf übt derjenige aus, dessen Tätigkeit der Feststellung, Heilung oder Linderung von Krankheiten, Leiden oder Körperschäden beim Menschen dient. Dazu gehören auch Leistungen der vorbeugenden Gesundheitspflege.

Soweit Heil- oder Heilhilfsberufe nicht zu den Katalogberufen zählen, ist ein solcher Beruf einem der in § 18 Absatz 1 Nummer 1 Satz 2 EStG genannten Katalogberufe ähnlich, wenn das typische Bild des Katalogberufs mit seinen wesentlichen Merkmalen dem Gesamtbild des zu beurteilenden Berufs vergleichbar ist. Dazu gehören die Vergleichbarkeit der jeweils ausgeübten Tätigkeit nach den sie charakterisierenden Merkmalen, die Vergleichbarkeit der Ausbildung und die Vergleichbarkeit der Bedingungen, an die das Gesetz die Ausübung des zu vergleichenden Berufs knüpft.

Bei der Prüfung der Vergleichbarkeit ist regelmäßig auf die Katalogberufe des Heilpraktikers oder Krankengymnasten abzustellen. Dies bedeutet für die einzelnen Tatbestandsmerkmale Folgendes:

a) Vergleichbarkeit der ausgeübten Tätigkeit

Die ausgeübte Tätigkeit ist den o. g. Katalogberufen ähnlich, wenn sie der Ausübung der Heilkunde dient.

b) Vergleichbarkeit der Ausbildung

Die Ausbildung ist den o. g. Katalogberufen ähnlich, wenn sie als mehrjährige theoretische und praktische Ausbildung auf Grund eines bundeseinheitlichen Berufsgesetzes absolviert wird.

c) Vergleichbarkeit der gesetzlichen Bedingungen an die Ausübung

Es müssen grundsätzlich vergleichbare berufsrechtliche Regelungen über Ausbildung, Prüfung, staatliche Anerkennung sowie staatliche Erlaubnis und Überwachung der Berufsausübung vorliegen.

aa) Berufsrechtliche Regelung

Für den zu beurteilenden Beruf muss ein bundeseinheitliches Berufsgesetz existieren, in dem Ausbildung und Ausübung geregelt sind.

bb) Staatliche Erlaubnis der Berufsausübung

Die Ausübung des zu beurteilenden Berufs muss einer gesetzlich vorgeschriebenen Erlaubnis bedürfen.

cc) Staatliche Überwachung

Die Ausübung des zu beurteilenden Berufs muss einer staatlichen Überwachung durch die zuständige Behörde (z. B. Gesundheitsamt) unterliegen.

Anhang 17b
Heil- und Heilhilfsberufe

2. Vergleichbare Berufsgruppen

Nach den unter 1. genannten Grundsätzen üben demnach folgende Berufsgruppen eine freiberufliche Tätigkeit aus:

- Altenpfleger, soweit keine hauswirtschaftliche Versorgung der Patienten erfolgt,
- Diätassistenten,
- Ergotherapeuten,
- Fußpfleger, medizinische,
- Hebammen/Entbindungspfleger,
- Krankenpfleger/Krankenschwestern, soweit keine hauswirtschaftliche Versorgung der Patienten erfolgt,
- Logopäden,
- staatlich geprüfte Masseure, Heilmasseure, soweit diese nicht lediglich oder überwiegend kosmetische oder Schönheitsmassagen durchführen,
- medizinische Bademeister, soweit diese auch zur Feststellung des Krankheitsbefunds tätig werden oder persönliche Heilbehandlungen am Körper des Patienten vornehmen,
- medizinisch-technische Assistenten,
- Orthoptisten,
- Psychologische Psychotherapeuten, Kinder- und Jugendlichenpsychotherapeuten,
- Podologen,
- Rettungsassistenten,
- Zahnpraktiker.

3. Zulassung des Steuerpflichtigen oder der Berufsgruppe nach § 124 Absatz 1 SGB V oder §§ 140a ff. SGB V

Ergänzend zu den unter 1. dargestellten Grundsätzen stellt die Zulassung des jeweiligen Steuerpflichtigen oder die regelmäßige Zulassung seiner Berufsgruppe nach § 124 Absatz 1 SGB V durch die zuständigen Stellen der gesetzlichen Krankenkassen ein ausreichendes Indiz für das Vorliegen einer dem Katalogberuf des Krankengymnasten ähnlichen Tätigkeit dar. Gleiches gilt für die Zulassung zur Teilnahme an Verträgen zur Integrierten Versorgung mit Anthroposophischer Medizin nach §§ 140a ff. SGB V.

Fehlt es an einer solchen Zulassung, kann durch ein Gutachten nachgewiesen werden, ob die Ausbildung, die Erlaubnis und die Tätigkeit des Steuerpflichtigen mit den Erfordernissen des § 124 Absatz 1 Satz 1 Nummer 1 bis 3 SGB V oder § 140a ff. SGB V vergleichbar sind. (vgl. BFH-Urteile vom 28. August 2003, BStBl II 2004 S. 954 und vom 20. November 2018, BStBl II 2019 S. 776).

Dieses Schreiben tritt an die Stelle des Schreibens vom 22. Oktober 2004 – IV B 2 – S 2246 – 3/4 – (BStBl I S. 1030) und ist auf alle offenen Fälle anzuwenden.

Anhang 18

Investitionsabzugsbetrag

Steuerliche Gewinnermittlung;
***Zweifelsfragen zu den Investitionsabzugsbeträgen nach
§ 7g Absatz 1 bis 4 und 7 EStG in der Fassung des
Jahressteuergesetzes 2020 (JStG 2020) vom 21. Dezember 2020 (BGBl. I S. 3096)***
BMF vom 15.06.2022 (BStBl I S. 945)
IV C 6 – S 2139-b/21/10001:001 – 2022/0547974

Inhaltsverzeichnis

		Rn.
I.	**Voraussetzungen für die Inanspruchnahme von Investitionsabzugsbeträgen (§ 7g Absatz 1 EStG)**	
1.	Begünstigte Betriebe	1 – 5
2.	Begünstigte Wirtschaftsgüter	6 – 8
3.	Höhe der Investitionsabzugsbeträge	9 – 10
4.	Gewinngrenze nach § 7g Absatz 1 Satz 2 Nummer 1 EStG	11 – 16
5.	Inanspruchnahme von Investitionsabzugsbeträgen	17 – 19
6.	Datenfernübertragung der Angaben zu § 7g EStG nach amtlich vorgeschriebenen Datensätzen (§ 7g Absatz 1 Satz 2 Nummer 2 EStG)	20 – 22
II.	**Hinzurechnung von Investitionsabzugsbeträgen bei Durchführung begünstigter Investitionen und gleichzeitige gewinnmindernde Herabsetzung der Anschaffungs- oder Herstellungskosten (§ 7g Absatz 2 EStG)**	23
1.	Hinzurechnung von Investitionsabzugsbeträgen (§ 7g Absatz 2 Satz 1 und 2 EStG)	24 – 26
2.	Minderung der Anschaffungs- oder Herstellungskosten (§ 7g Absatz 2 Satz 3 EStG)	27 – 28
III.	**Rückgängigmachung von Investitionsabzugsbeträgen (§ 7g Absatz 3 EStG)**	29 – 32
IV.	**Nichteinhaltung der Verbleibens- und Nutzungsfristen (§ 7g Absatz 4 EStG)**	33 – 34
1.	Schädliche Verwendung einer Investition	35 – 47
2.	Erforderliche Änderungen der betroffenen Steuerfestsetzungen	48 – 51
V.	**Buchtechnische und verfahrensrechtliche Grundlagen**	
1.	Inanspruchnahme von Investitionsabzugsbeträgen nach § 7g Absatz 1 EStG im Abzugsjahr	52
2.	Gewinnhinzurechnung und gewinnmindernde Herabsetzung der Anschaffungs-/Herstellungskosten nach § 7g Absatz 2 EStG in den Investitionsjahren	53
3.	Rückgängigmachung von Investitionsabzugsbeträgen nach § 7g Absatz 3 oder 4 EStG	54 – 55
VI.	**Auswirkungen auf andere Besteuerungsgrundlagen**	
1.	Auswirkungen der Rückgängigmachung von Investitionsabzugsbeträgen nach § 7g Absatz 3 oder 4 EStG auf Steuerrückstellungen	56
2.	Berücksichtigung von Investitionsabzugsbeträgen bei der Berechnung des steuerbilanziellen Kapitalkontos nach § 15a EStG	57
VII.	**Zeitliche Anwendung**	58 – 59

Anhang 18

Investitionsabzugsbetrag

Zur Anwendung von § 7g Absatz 1 bis 4 und 7 EStG in der Fassung des Jahressteuergesetzes 2020 (JStG 2020) vom 21. Dezember 2020 (BGBl. I S. 3096) nehme ich nach Abstimmung mit den obersten Finanzbehörden der Länder wie folgt Stellung:

I. Voraussetzungen für die Inanspruchnahme von Investitionsabzugsbeträgen (§ 7g Absatz 1 EStG)

1. Begünstigte Betriebe

a) Aktive Betriebe

1 Die Inanspruchnahme von Investitionsabzugsbeträgen ist grundsätzlich nur bei Betrieben (Einzelunternehmen, Personengesellschaften und Körperschaften) möglich, die aktiv am wirtschaftlichen Verkehr teilnehmen und eine in diesem Sinne werbende Tätigkeit ausüben. Steuerpflichtige, die ihren Betrieb ohne Aufgabeerklärung durch Verpachtung im Ganzen fortführen (sog. Betriebsverpachtung im Ganzen, vgl. § 16 Absatz 3b Satz 1 Nummer 1 EStG), können die Regelungen des § 7g EStG nicht anwenden (BFH-Urteil vom 27. September 2001, BStBl II 2002 S. 136). Im Falle einer Betriebsaufspaltung können sowohl das Besitzunternehmen als auch das Betriebsunternehmen Investitionsabzugsbeträge beanspruchen. Entsprechendes gilt bei Organschaften für Organträger und Organgesellschaft.

b) Noch nicht eröffnete Betriebe

2 Begünstigt im Sinne des § 7g EStG sind auch Betriebe, die sich noch in der Eröffnungsphase befinden. Die Betriebseröffnungsphase beginnt in dem Zeitpunkt, in dem der Steuerpflichtige erstmals Tätigkeiten ausübt, die objektiv erkennbar auf die Vorbereitung der beabsichtigten betrieblichen Tätigkeit gerichtet sind (BFH-Urteil vom 9. Februar 1983, BStBl II S. 451) und endet erst, wenn die wesentlichen Grundlagen vorhanden sind (Abschluss der Betriebseröffnung, BFH-Urteil vom 10. Juli 1991, BStBl II S. 840)

3 In Zweifelsfällen hat der Steuerpflichtige die Betriebseröffnungsabsicht glaubhaft darzulegen. Indizien für eine Betriebseröffnung sind beispielsweise eine Gewerbeanmeldung, beantragte Kredite oder Unterlagen, aus denen sich die geplante Anschaffung oder Herstellung der wesentlichen Betriebsgrundlagen ergibt (z. B. Kostenvoranschläge, Informationsmaterial, konkrete Verhandlungen oder Bestellungen). Für eine beabsichtigte Betriebseröffnung spricht außerdem, dass der Steuerpflichtige bereits selbst und endgültig mit Aufwendungen belastet ist oder dass die einzelnen zum Zwecke der Betriebseröffnung bereits unternommenen Schritte sich als sinnvolle, zeitlich zusammenhängende Abfolge mit dem Ziel des endgültigen Abschlusses der Betriebseröffnung darstellen.

c) Personengesellschaften und Gemeinschaften

4 Auch Personengesellschaften und Gemeinschaften können unter entsprechender Anwendung der Regelungen dieses Schreibens § 7g EStG in Anspruch nehmen (§ 7g Absatz 7 Satz 1 EStG), wenn es sich um eine Mitunternehmerschaft (§ 13 Absatz 7, § 15 Absatz 1 Satz 1 Nummer 2, § 18 Absatz 4 Satz 2 EStG) handelt. Investitionsabzugsbeträge können sowohl vom gemeinschaftlichen Gewinn als auch vom Sonderbetriebsgewinn eines Mitunternehmers abgezogen werden. Bei der Prüfung der Gewinngrenze im Sinne des § 7g Absatz 1 Satz 2 Nummer 1 Buchstabe b EStG (Randnummern 13 bis 16) sind der gemeinschaftliche Gewinn (inklusive der Gewinne aus Ergänzungsbilanzen/-rechnungen der Mitunternehmer) und die Sonderbetriebsgewinne zusammenzurechnen. Bei der Ermittlung des Höchstbetrages von 200.000 € (§ 7g Absatz 1 Satz 4 EStG, vgl. Randnummer 10) sind die im Bereich des gemeinschaftlichen Gewinns und die im Bereich der Sonderbetriebsgewinne in Anspruch genommenen und nicht wieder

Anhang 18
Investitionsabzugsbetrag

hinzugerechneten oder rückgängig gemachten Investitionsabzugsbeträge zusammenzufassen.

Vom Gewinn der Gesamthand oder Gemeinschaft abgezogene Investitionsabzugsbeträge können ausschließlich bei begünstigten Investitionen im Gesamthandsvermögen gewinnerhöhend hinzugerechnet werden (§ 7g Absatz 7 Satz 2 EStG). Vom Sonderbetriebsgewinn eines Gesellschafters oder Gemeinschafters abgezogene Investitionsabzugsbeträge können ausschließlich bei begünstigten Investitionen im Sonderbetriebsvermögen dieses Gesellschafters oder Gemeinschafters sonderbetriebsgewinnerhöhend hinzugerechnet werden (§ 7g Absatz 7 Satz 3 EStG). 5

Die Anschaffung eines begünstigten Wirtschaftsgutes liegt nicht vor, wenn ein Gesellschafter oder Gemeinschafter ein Wirtschaftsgut von der Personengesellschaft oder Gemeinschaft erwirbt oder die Personengesellschaft oder Gemeinschaft oder ein anderer Gesellschafter oder Gemeinschafter ein Wirtschaftsgut erwirbt, das zuvor zum Sonderbetriebsvermögen eines Gesellschafters oder Gemeinschafters gehörte, da in diesen Fällen das Wirtschaftsgut bereits vor der Anschaffung dem Betriebsvermögen der Mitunternehmerschaft zuzurechnen war.

2. Begünstigte Wirtschaftsgüter

Investitionsabzugsbeträge können für neue oder gebrauchte abnutzbare bewegliche Wirtschaftsgüter des Anlagevermögens geltend gemacht werden, die in einem dem Wirtschaftsjahr des Abzuges folgenden Wirtschaftsjahr angeschafft oder hergestellt werden. Für immaterielle Wirtschaftsgüter, z. B. Software, kann § 7g EStG nicht in Anspruch genommen werden (BFH-Urteil vom 18. Mai 2011, BStBl II S. 865). Das gilt nicht für sog. Trivialprogramme, die nach R 5.5 Absatz 1 EStR zu den abnutzbaren beweglichen und selbständig nutzbaren Wirtschaftsgütern gehören. 6

Sogenannte geringwertige Wirtschaftsgüter (§ 6 Absatz 2 EStG) oder Wirtschaftsgüter, die nach § 6 Absatz 2a EStG in einem Sammelposten erfasst werden, sind nach § 7g EStG begünstigt. 7

Die Wirtschaftsgüter müssen mindestens bis zum Ende des dem Wirtschaftsjahr der Anschaffung oder Herstellung folgenden Wirtschaftsjahres vermietet oder in einer inländischen Betriebsstätte des Betriebes ausschließlich oder fast ausschließlich betrieblich genutzt werden (Verbleibens- und Nutzungszeitraum gemäß § 7g Absatz 1 Satz 1 EStG, vgl. Randnummern 33 bis 44). 8

3. Höhe der Investitionsabzugsbeträge

Nach § 7g EStG sind höchstens 50 % der tatsächlichen Aufwendungen für begünstigte Wirtschaftsgüter (Randnummern 6 bis 8), die innerhalb der dreijährigen Investitionsfrist angeschafft oder hergestellt werden, berücksichtigungsfähig. Soweit Investitionsabzugsbeträgen keine entsprechenden Investitionen gegenüberstehen, sind sie rückgängig zu machen (Randnummern 29 bis 51). 9

Begünstigte Betriebe (Randnummern 1 bis 4) können Investitionsabzugsbeträge bis zu einer Summe von insgesamt 200.000 € in Anspruch nehmen (§ 7g Absatz 1 Satz 4 EStG). Dieser betriebsbezogene Höchstbetrag vermindert sich im jeweiligen Wirtschaftsjahr des Abzuges um die in den drei vorangegangenen Wirtschaftsjahren berücksichtigten Abzugsbeträge nach § 7g Absatz 1 EStG, die noch „vorhanden" sind, d. h. nicht wieder hinzugerechnet (§ 7g Absatz 2 Satz 1 EStG) oder rückgängig gemacht wurden (§ 7g Absatz 3 und 4 EStG). 10

1813

Anhang 18

Investitionsabzugsbetrag

4. Gewinngrenze nach § 7g Absatz 1 Satz 2 Nummer 1 EStG

11 Investitionsabzugsbeträge können nur in Wirtschaftsjahren in Anspruch genommen werden, in denen der Gewinn 200.000 € nicht überschreitet. Das gilt auch bei noch nicht eröffneten Betrieben (Randnummern 2 und 3).

a) Gewinnermittlung nach § 4 oder § 5 EStG

12 Die Inanspruchnahme von Investitionsabzugsbeträgen setzt die Ermittlung des Gewinns durch Betriebsvermögensvergleich nach § 4 Absatz 1 oder § 5 EStG bzw. Einnahmenüberschussrechnung nach § 4 Absatz 3 EStG voraus. Bei einer Tonnagebesteuerung gemäß § 5a EStG oder einer Gewinnermittlung nach Durchschnittsätzen (§ 13a EStG) ist § 7g EStG nicht anwendbar (vgl. § 5a Absatz 5 Satz 3 zweiter Teilsatz EStG bzw. § 13a Absatz 3 Satz 2 EStG und Randnummer 85 des BMF-Schreibens vom 10. November 2015, BStBl I S. 877).

b) Maßgebender Gewinn

13 Gewinn im Sinne von § 7g Absatz 1 Satz 2 Nummer 1 Buchstabe b EStG ist der Betrag, der ohne Berücksichtigung von Abzügen und Hinzurechnungen gemäß § 7g Absatz 1 und Absatz 2 Satz 1 EStG der Besteuerung zugrunde zu legen ist (§ 2 Absatz 2 Satz 1 Nummer 1 i. V. m. §§ 4 bis 5 sowie 6 bis 7i EStG); außerbilanzielle Korrekturen der Steuerbilanz sowie Hinzu- und Abrechnungen bei der Einnahmeüberschussrechnung sind zu berücksichtigen. Bei Körperschaften ist der steuerliche Gewinn (Punkt 31 der Richtlinie R 7.1 Absatz 1 Satz 2 KStR 2022) ohne Berücksichtigung von Abzügen und Hinzurechnungen gemäß § 7g Absatz 1 und Absatz 2 Satz 1 EStG (Punkt 9 der Richtlinie R 7.1 Absatz 1 Satz 2 KStR 2022) maßgebend. Die Gewinngrenze ist für jeden Betrieb getrennt zu ermitteln und gilt unabhängig davon, wie viele Personen an dem Unternehmen beteiligt sind.

14 Wird ein Betrieb im Laufe eines Wirtschaftsjahres unentgeltlich nach § 6 Absatz 3 EStG übertragen, ist für die Prüfung der Gewinngrenze des § 7g Absatz 1 Satz 2 Nummer 1 Buchstabe b EStG der anteilige Gewinn oder Verlust des Rechtsvorgängers und des Rechtsnachfolgers zusammenzufassen.

15 Hat der Steuerpflichtige mehrere Betriebe, ist für jeden Betrieb gesondert zu prüfen, ob die Voraussetzungen des § 7g Absatz 1 Satz 2 Nummer 1 EStG vorliegen. Bei Personengesellschaften, bei denen die Gesellschafter als Mitunternehmer anzusehen sind, ist der Gewinn der Personengesellschaft (gemeinschaftlicher Gewinn inklusive Ergebnisse aus Ergänzungsbilanzen/-rechnungen zzgl. Sonderbetriebsgewinne) maßgebend. Das gilt auch dann, wenn die Investitionsabzugsbeträge für Wirtschaftsgüter in Anspruch genommen werden, die zum Sonderbetriebsvermögen eines Mitunternehmers der Personengesellschaft gehören. In den Fällen der Betriebsaufspaltung sind das Besitz- und das Betriebsunternehmen bei der Prüfung der Gewinngrenze des § 7g Absatz 1 Satz 2 Nummer 1 Buchstabe b EStG getrennt zu beurteilen (BFH-Urteil vom 17. Juli 1991, BStBl II 1992 S. 246). Entsprechendes gilt bei Organschaften für Organträger und Organgesellschaft. Partnerschaftsgesellschaften, die weder rechtlich selbständige noch im Rahmen der Mitunternehmerschaft einkommensteuerrechtlich gesondert zu betrachtende Kanzleien in verschiedenen Städten betreiben und hieraus ausschließlich Einkünfte aus selbständiger Arbeit erzielen, unterhalten nur einen Betrieb im Sinne des § 7g EStG (BFH-Urteil vom 13. Juli 2016, BStBl II S. 936).

16 Wird eine Steuerfestsetzung oder eine gesonderte Feststellung nachträglich mit der Folge geändert, dass die Gewinngrenze von 200.000 € überschritten wird, können ggf. in diesem Jahr geltend gemachte Investitionsabzugsbeträge nicht mehr berücksichtigt werden. Der entsprechende Steuer- oder Feststellungsbescheid ist unter den Voraussetzungen der §§ 164, 165 und 172 ff. Abgabenordnung (AO) zu ändern.

5. Inanspruchnahme von Investitionsabzugsbeträgen

Investitionsabzugsbeträge können ohne weitere Angaben entweder im Rahmen der Steuererklärung oder – bei Vorliegen der verfahrensrechtlichen Voraussetzungen – nach der erstmaligen Steuerfestsetzung bzw. gesonderten Feststellung (z. B. im Rechtsbehelfsverfahren oder durch Änderungsantrag nach § 172 Absatz 1 Satz 1 Nummer 2 Buchstabe a AO) geltend gemacht werden. Das gilt auch bei noch nicht abgeschlossenen Betriebseröffnungen (Randnummern 2 und 3). Der Nachweis oder die Glaubhaftmachung von Investitionsabsichten ist nicht erforderlich.

17

Für Wirtschaftsjahre vor einer unentgeltlichen Betriebsübertragung nach § 6 Absatz 3 EStG kann der bisherige Betriebsinhaber auch dann noch Investitionsabzugsbeträge in Anspruch nehmen, wenn davon auszugehen ist, dass er vor der Übertragung keine begünstigten Investitionen mehr tätigt (vgl. BFH-Urteil vom 10. März 2016, BStBl II S. 763). Entsprechendes gilt für Wirtschaftsjahre vor einer Einbringung von Betriebsvermögen in eine Personengesellschaft nach § 24 Umwandlungssteuergesetz (UmwStG).

18

Behält der Steuerpflichtige im Rahmen einer Betriebsveräußerung, Betriebsaufgabe oder Einbringung in einen anderen Betrieb Betriebsvermögen zurück und übt er seine bisherige Tätigkeit der Art nach weiterhin mit Gewinnerzielungsabsicht aus, können für mit dem „Restbetrieb" im Zusammenhang stehende Investitionen bei Vorliegen der Voraussetzungen des § 7g EStG weiterhin Investitionsabzugsbeträge in Anspruch genommen werden. Dies gilt unabhängig davon, ob die Veräußerung oder Entnahme des sonstigen Betriebsvermögens nach den §§ 16 und 34 EStG besteuert wird (BFH-Urteil vom 1. August 2007, BStBl II 2008 S. 106).

19

6. Datenfernübertragung der Angaben zu § 7g EStG nach amtlich vorgeschriebenen Datensätzen (§ 7g Absatz 1 Satz 2 Nummer 2 EStG)

Die Abzugsbeträge, Hinzurechnungen und Rückgängigmachungen nach § 7g EStG sind bei einer Gewinnermittlung
- nach § 4 Absatz 1 oder § 5 EStG im Rahmen der sog. E-Bilanz (§ 5b EStG),
- nach § 4 Absatz 3 EStG mit der sog. Anlage EÜR (§ 60 Absatz 4 Einkommensteuer-Durchführungsverordnung)

nach amtlich vorgeschriebenem Datensatz durch Datenfernübertragung zu übermitteln (§ 7g Absatz 1 Satz 2 Nummer 2 Satz 1 EStG). Bei Inanspruchnahme, Hinzurechnung oder Rückgängigmachung von Investitionsabzugsbeträgen sowie entsprechenden Änderungen nach der erstmaligen Übermittlung eines Datensatzes ist jeweils ein neuer Datensatz mittels E-Bilanz oder Anlage EÜR zu versenden. Im Einzelnen sind die Daten mit folgenden Datensätzen zu übermitteln:

20

Vorgang	§ 4 Absatz 1, § 5 EStG	§ 4 Absatz 3 EStG
Investitionsabzugsbeträge, § 7g Absatz 1 EStG (Randnummern 17 bis 19)	E-Bilanz Datensatz Abzugsjahr	Anlage EÜR Abzugsjahr
Hinzurechnung, § 7g Absatz 2 EStG (Randnummern 23 bis 25)	E-Bilanz Datensatz Wirtschaftsjahr der Hinzurechnung (mit Angabe des Abzugsjahres/ der Abzugsjahre)	Anlage EÜR Wirtschaftsjahr der Hinzurechnung (mit Angabe des Abzugsjahres/ der Abzugsjahre)

Anhang 18
Investitionsabzugsbetrag

Vorgang	§ 4 Absatz 1, § 5 EStG	§ 4 Absatz 3 EStG
Rückgängigmachung, § 7g Absatz 3 EStG (Randnummern 29 bis 32)	neuer E-Bilanz Datensatz Abzugsjahr (Korrektur ursprünglicher Abzugsbetrag)	geänderte Anlage EÜR Abzugsjahr (Korrektur ursprünglicher Abzugsbetrag)
Rückabwicklung, § 7g Absatz 4 EStG (Randnummern 33 bis 50)	neue E-Bilanz Datensätze Wirtschaftsjahr der Hinzurechnung und ggf. Abzugsjahr (entsprechend der „Verwendung" betroffener Abzugsbeträge, vgl. Randnummern 49 und 50)	geänderte Anlage EÜR Wirtschaftsjahr der Hinzurechnung und ggf. Abzugsjahr (entsprechend der „Verwendung" betroffener Abzugsbeträge, vgl. Randnummern 49 und 50)

Bei Körperschaftsteuerpflichtigen sind die Abzugsbeträge, Hinzurechnungen und Rückgängigmachungen nach § 7g EStG nicht in dem E-Bilanz-Datensatz, sondern in der Körperschaftsteuererklärung (Anlage GK) anzugeben. Werden Investitionsabzugsbeträge rückgängig gemacht, nachträglich beansprucht oder geändert, ist jeweils eine berichtigte Körperschaftsteuererklärung für alle betroffenen Jahre zu übermitteln.

21 Nach § 7g Absatz 1 Satz 2 Nummer 2 Satz 2 EStG i. V. m. § 150 Absatz 8 AO sind die Finanzbehörden nach pflichtgemäßem Ermessen angehalten, einem Härtefallantrag zu entsprechen, wenn die elektronische Datenübermittlung aus wirtschaftlichen oder persönlichen Gründen unzumutbar ist. Die wirtschaftlichen und persönlichen Gründe liegen insbesondere dann vor, wenn der Steuerpflichtige

– nicht über die erforderliche technische Ausstattung verfügt und es für ihn nur mit nicht unerheblichem finanziellem Aufwand möglich wäre, die für die elektronische Übermittlung notwendigen Möglichkeiten zu schaffen oder

– nach seinen individuellen Kenntnissen und Fähigkeiten nicht oder nur eingeschränkt in der Lage ist, die Möglichkeiten der Datenfernübertragung zu nutzen.

22 Verzichtet die Finanzbehörde in den Fällen der Randnummer 21 auf Antrag des Steuerpflichtigen auf die elektronische Übermittlung der Steuerdaten (§ 7g Absatz 1 Satz 2 Nummer 2 Satz 2 EStG), müssen sich Geltendmachung, Hinzurechnung und Rückgängigmachung von Investitionsabzugsbeträgen aus den der Steuererklärung beizufügenden Unterlagen ergeben (§ 7g Absatz 1 Satz 2 Nummer 2 Satz 3 EStG). Insoweit maßgebend ist die steuerliche Gewinnermittlung. In den Fällen des § 4 Absatz 3 EStG sind die erforderlichen Angaben bei Inanspruchnahme der Regelungen zu den Investitionsabzugsbeträgen stets auf dem amtlichen Vordruck der Anlage EÜR zu erklären. Bei Körperschaftsteuerpflichtigen sind die erforderlichen Angaben immer auf den amtlichen Vordrucken der Körperschaftsteuererklärung zu übermitteln.

II. Hinzurechnung von Investitionsabzugsbeträgen bei Durchführung begünstigter Investitionen und gleichzeitige gewinnmindernde Herabsetzung der Anschaffungs- oder Herstellungskosten (§ 7g Absatz 2 EStG)

23 Wird ein begünstigtes Wirtschaftsgut (Randnummern 6 und 7) angeschafft oder hergestellt, das die Verbleibens- und Nutzungsvoraussetzungen (§ 7g Absatz 1 Satz 1 EStG, Randnummern 33 bis 44) voraussichtlich erfüllen wird, kann § 7g Absatz 2 EStG angewendet werden.

Anhang 18
Investitionsabzugsbetrag

1. Hinzurechnung von Investitionsabzugsbeträgen (§ 7g Absatz 2 Satz 1 EStG)

Der Gewinn des Wirtschaftsjahres, in dem ein oder mehrere begünstigte Wirtschaftsgüter angeschafft oder hergestellt werden, kann um bis zu 50 % der jeweiligen Anschaffungs- oder Herstellungskosten, höchstens jedoch in Höhe der insgesamt geltend gemachten und bislang noch nicht hinzugerechneten oder rückgängig gemachten Abzugsbeträge, erhöht werden (Hinzurechnung von Investitionsabzugsbeträgen). Entsprechendes gilt für nachträglich anfallende Anschaffungs- oder Herstellungskosten. Bei der Hinzurechnung ist anzugeben, welche Investitionsabzugsbeträge verwendet werden (Abzugsjahr und Höhe). Mit der Ausübung des Wahlrechtes nach § 7g Absatz 2 Satz 1 EStG entscheidet der Steuerpflichtige, ob und in welchem Umfang in Anspruch genommene Investitionsabzugsbeträge getätigten Investitionen zugeordnet werden. Teilhinzurechnungen sind möglich.

Die Hinzurechnung von Investitionsabzugsbeträgen, die weder im Rahmen der Steuererklärung noch bis zum Eintritt der Unanfechtbarkeit der erstmaligen Steuerfestsetzung oder der erstmaligen gesonderten Feststellung (Ablauf der Einspruchsfrist von einem Monat, § 355 Absatz 1 Satz 1 AO) geltend gemacht werden, setzt voraus, dass das betreffende Wirtschaftsgut zum Zeitpunkt der jeweiligen Inanspruchnahme dieser Investitionsabzugsbeträge noch nicht angeschafft oder hergestellt worden ist (§ 7g Absatz 2 Satz 2 EStG). So können beispielsweise im Rahmen einer Betriebsprüfung zulässigerweise nachträglich beanspruchte Investitionsabzugsbeträge nur für Investitionen verwendet werden, die zeitlich nach der Inanspruchnahme erfolgen. Im Ergebnis scheidet nach Ablauf der Investitionsfrist die nachträgliche Inanspruchnahme von Investitionsabzugsbeträgen aufgrund § 7g Absatz 2 Satz 2 EStG aus.

Beispiel:
Im Anschluss an eine Betriebsprüfung betreffend das Wirtschaftsjahr 2021 (Steuerfestsetzung in 2022) nimmt der Steuerpflichtige am 24. Mai 2023 zulässigerweise für 2021 einen Investitionsabzugsbetrag in Anspruch und möchte diesen für eine in 2022 durchgeführte Investition verwenden.
Die Verwendung des nach Eintritt der Unanfechtbarkeit der erstmaligen Steuerfestsetzung nachträglich zulässigerweise in Anspruch genommen Investitionsabzugsbetrages für die in 2022 durchgeführte Investition ist nicht zulässig, da das betreffende Wirtschaftsgut zum Zeitpunkt der Inanspruchnahme des Investitionsabzugsbetrages am 24. Mai 2023 bereits angeschafft worden ist (§ 7g Absatz 2 Satz 2 EStG). Der am 24. Mai 2023 in Anspruch genommene Investitionsabzugsbetrag kann nur für begünstigte Investitionen verwendet werden, die zwischen dem 25. Mai 2023 und dem 31. Dezember 2024 (Ende der dreijährigen Investitionsfrist) erfolgen. Andernfalls ist er nach § 7g Absatz 3 EStG rückgängig zu machen.

Wird die erstmalige Steuerfestsetzung oder erstmalige gesonderte Feststellung fristgerecht angefochten, Investitionsabzugsbeträge aber erst nach Ablauf der Einspruchsfrist gemäß § 355 Absatz 1 Satz 1 AO tatsächlich geltend gemacht (z. B. Einspruch gegen eine Steuerschätzung, Abgabe der Steuererklärung mit beanspruchten Investitionsabzugsbeträgen erst nach der Monatsfrist), liegt kein Fall des § 7g Absatz 2 Satz 2 EStG vor.

2. Gewinnmindernde Herabsetzung der Anschaffungs- oder Herstellungskosten (§ 7g Absatz 2 Satz 3 EStG)

Zum Ausgleich der Gewinnerhöhung durch die Hinzurechnung von Investitionsabzugsbeträgen aufgrund begünstigter Investitionen können die jeweiligen Anschaffungs- oder Herstellungskosten im Wirtschaftsjahr der Anschaffung oder Herstellung um bis zu 50 % gewinnmindernd herabgesetzt werden. Die Höhe der gewinnmindernden Herabsetzung ist beschränkt auf die wirtschaftsgutbezogene Hinzurechnung nach § 7g Absatz 2 Satz 1 EStG (Randnummer 24). Damit wird im Ergebnis – entsprechend dem Sinn und Zweck des § 7g EStG – Abschreibungsvolumen in einem Jahr vor der tatsächlichen Investition gewinnmindernd berücksichtigt. Die gewinnmindernde Herabsetzung der Anschaffungs- oder Herstellungskosten stellt ein steuerrechtliches Wahlrecht dar, das im Rahmen der Gewinnermittlung nach § 4 Absatz 1, § 5 EStG innerhalb der Steuerbilanz (Bilanz zuzüglich Überleitungsrechnung im Sinne des § 60 Absatz 2 Satz 1 EStDV oder separate Steuerbilanz im Sinne des § 60 Absatz 2 Satz 2 EStDV) ausgeübt wird. Eine Änderung des ausgeübten Wahlrechtes ist nur nach Maßgabe der Regelungen zur Bilanzänderung gemäß § 4 Absatz 2 Satz 2 EStG zulässig. Dies gilt auch für die Änderung des im Rahmen einer Überleitungsrechnung ausgeübten Wahlrechtes (vgl. auch BFH-Urteil vom 27. Mai 2020, BStBl II S. 779).

28 Bei Inanspruchnahme der Herabsetzungen nach § 7g Absatz 2 Satz 3 EStG vermindern sich die jeweiligen Bemessungsgrundlagen für die Absetzungen nach den §§ 7 ff. EStG um diese Beträge. Darüber hinaus kann die gewinnmindernde Herabsetzung der Anschaffungs- oder Herstellungskosten zur Anwendung der Regelungen zu den geringwertigen Wirtschaftsgütern nach § 6 Absatz 2 EStG oder zum Sammelposten nach § 6 Absatz 2a EStG führen, wenn die dort genannten Betragsgrenzen unterschritten werden.

III. Rückgängigmachung von Investitionsabzugsbeträgen (§ 7g Absatz 3 EStG)

29 Werden bis zum Ende des dreijährigen Investitionszeitraums keine (ausreichenden) begünstigten Investitionen getätigt, die zu Hinzurechnungen nach § 7g Absatz 2 Satz 1 EStG geführt haben (Randnummer 24), sind insoweit noch „vorhandene" Investitionsabzugsbeträge bei der Steuerfestsetzung oder gesonderten Feststellung rückgängig zu machen, bei der der Abzug vorgenommen wurde (§ 7g Absatz 3 Satz 1 erster Teilsatz EStG). Auf Antrag des Steuerpflichtigen können Investitionsabzugsbeträge auch vorzeitig ganz oder teilweise rückgängig gemacht werden (§ 7g Absatz 3 Satz 1 letzter Teilsatz EStG). Investitionsabzugsbeträge sind auch dann rückgängig zu machen, wenn der Steuerpflichtige zwar fristgerecht begünstigte Investitionen tätigt, es aber unterlassen hat, in einem Vorjahr abgezogene Investitionsabzugsbeträge außerbilanziell entsprechend hinzuzurechnen und das Finanzamt auf dieser Grundlage einen nicht mehr änderbaren Steuerbescheid für das Jahr der Investitionen erlassen hat (BFH-Urteil vom 3. Dezember 2019, BStBl II 2020 S. 276).

30 Bei einer unentgeltlichen Betriebsübertragung nach § 6 Absatz 3 EStG entsteht im Übertragungsjahr kein Rumpfwirtschaftsjahr, so dass sich die maßgebenden Investitionszeiträume nicht verkürzen. Erfolgt die Übertragung beispielsweise im letzten Wirtschaftsjahr der Investitionsfrist, kann der Rechtsnachfolger die Investition noch bis zum Ende der regulären Investitionsfrist steuerbegünstigt durchführen. Die beiden vorstehenden Sätze gelten bei einer Buchwerteinbringung von Betriebsvermögen in eine Personengesellschaft gemäß § 24 UmwStG entsprechend.

31 Sind im Zeitpunkt einer Betriebsveräußerung, Betriebsaufgabe oder Buchwerteinbringung nach § 20 UmwStG noch Abzugsbeträge für nicht mehr realisierbare Investitionen vorhanden, sind diese Investitionsabzugsbeträge nach § 7g Absatz 3 EStG rückgängig zu machen. Das gilt nicht, wenn ein „Restbetrieb" bestehen bleibt (Randnummer 19) und die Investitionsfristen noch nicht abgelaufen sind.

32 Nach § 7g Absatz 2 Satz 1 EStG nicht hinzugerechnete Investitionsabzugsbeträge sind rückgängig zu machen, wenn der Steuerpflichtige zur Gewinnermittlung nach § 5a Absatz 1 oder § 13a EStG übergeht.

IV. Nichteinhaltung der Verbleibens- und Nutzungsfristen (§ 7g Absatz 4 EStG)

33 Werden aufgrund der Anschaffung oder Herstellung eines begünstigten Wirtschaftsgutes Investitionsabzugsbeträge hinzugerechnet und gegebenenfalls die Anschaffungs- oder Herstellungskosten gemindert (§ 7g Absatz 2 EStG, Randnummern 24

bis 28), das Wirtschaftsgut aber nicht bis zum Ende des dem Wirtschaftsjahr der Anschaffung oder Herstellung folgenden Wirtschaftsjahres vermietet oder in einer inländischen Betriebsstätte des Betriebes ausschließlich oder fast ausschließlich betrieblich genutzt (Verbleibens- und Nutzungsfristen), ist die Anwendung von § 7g Absatz 2 EStG nach Maßgabe der Randnummern 48 bis 51 rückgängig zu machen (§ 7g Absatz 4 Satz 1 EStG).

Hat die Herabsetzung der Anschaffungs- oder Herstellungskosten gemäß § 7g Absatz 2 Satz 3 EStG zur Anwendung von § 6 Absatz 2 oder 2a EStG geführt (Randnummer 28) oder wurden die insoweit maßgebenden maximalen Anschaffungs- oder Herstellungskosten bereits vor Anwendung von § 7g Absatz 2 Satz 3 EStG unterschritten, sind aus Vereinfachungsgründen die Einhaltung der Verbleibens- und Nutzungsfristen im Sinne des § 7g Absatz 4 Satz 1 EStG nicht zu prüfen. 34

1. Schädliche Verwendung einer Investition

Eine im Sinne des § 7g Absatz 4 EStG schädliche Verwendung liegt insbesondere dann vor, wenn das betreffende Wirtschaftsgut vor dem Ende des dem Wirtschaftsjahr der Anschaffung oder Herstellung folgenden Wirtschaftsjahres aus dem begünstigten Betrieb ausscheidet, dort nicht mehr zu mindestens 90 % betrieblich genutzt oder vermietet wird oder der Betrieb veräußert oder aufgegeben wird. 35

a) Nutzung in einer inländischen Betriebsstätte des Betriebes

Eine betriebliche Nutzung im Sinne des § 7g EStG liegt entweder bei einer Verwendung des Wirtschaftsgutes in einer inländischen Betriebsstätte des Betriebes oder bei einer Vermietung (Nutzungsüberlassung gegen Entgelt) vor. Dabei ist die betriebliche Nutzung funktional zu prüfen, so dass ein Wirtschaftsgut (z. B. Werkzeug) auch dann einer inländischen Betriebsstätte des Betriebes zuzurechnen sein kann, wenn es sich räumlich im Betrieb eines Anderen befindet (vgl. hierzu BFH-Urteil vom 3. Dezember 2020, BStBl II 2021 S. 382). Anhaltspunkt für die betriebliche Nutzung des Wirtschaftsgutes in einer inländischen Betriebsstätte des begünstigten Betriebes im Verbleibens- und Nutzungszeitraum (Randnummern 8 und 33) ist regelmäßig die Erfassung im Bestandsverzeichnis (Anlageverzeichnis), es sei denn, es handelt sich um ein geringwertiges Wirtschaftsgut im Sinne von § 6 Absatz 2 EStG oder um ein Wirtschaftsgut, das nach § 6 Absatz 2a EStG in einem Sammelposten erfasst wurde. Der Steuerpflichtige hat die Möglichkeit, die betriebliche Nutzung auch anderweitig nachzuweisen. Soweit das Wirtschaftsgut vermietet wird, muss die Miete als Betriebseinnahme erfasst sein. Die Angemessenheit der Miete ist bei der Prüfung der betrieblichen Nutzung im Sinne des § 7g EStG unbeachtlich. Bei nicht fremdüblichen und unangemessenen Mieten sind aber die allgemeinen Regelungen zu Nutzungsentnahmen und verdeckten Gewinnausschüttungen anzuwenden. 36

Die Verbleibens- und Nutzungsvoraussetzung wird insbesondere dann nicht mehr erfüllt, wenn das Wirtschaftsgut innerhalb des Verbleibens- und Nutzungszeitraums 37

– veräußert,
– entnommen,
– in einen anderen Betrieb,
– in eine ausländische Betriebsstätte oder
– in das Umlaufvermögen überführt wird.

Bei einer wegen sachlicher und personeller Verflechtung bestehenden Betriebsaufspaltung gilt die Verbleibensvoraussetzung auch dann als erfüllt, wenn das Besitzunterneh- 38

Anhang 18

Investitionsabzugsbetrag

men dem Betriebsunternehmen das Wirtschaftsgut unentgeltlich überlässt. Das gilt jedoch nicht, wenn die personelle Verflechtung zwischen dem Besitz- und Betriebsunternehmen ausschließlich auf einer tatsächlichen Beherrschung beruht.

39 Wird der Betrieb im Jahr nach der Anschaffung oder Herstellung des begünstigten Wirtschaftsgutes aufgegeben oder veräußert, müssen die Nutzungs- und Verbleibensvoraussetzungen bis zum Schluss des mit der Betriebsaufgabe endenden Rumpfwirtschaftsjahres im Sinne des § 8b EStDV erfüllt sein (BFH-Urteil vom 28. Juli 2021, BStBl II 2022 S. 439). Der Erbfall, der Vermögensübergang im Sinne des UmwStG oder die unentgeltliche Übertragung des Betriebes, Teilbetriebes oder Mitunternehmeranteils nach § 6 Absatz 3 EStG sind unschädlich, wenn der begünstigte Betrieb, Teilbetrieb oder Mitunternehmeranteil bis zum Ende des Verbleibens- und Nutzungszeitraums in der Hand des neuen Eigentümers bestehen bleibt und gleichzeitig die Nutzungs- und Verbleibensvoraussetzungen für das begünstigte Wirtschaftsgut erfüllt werden. Der vom ursprünglichen Anschaffungs- oder Herstellungszeitpunkt ausgehend ermittelte Nutzungs- und Verbleibenszeitraum bleibt auch für Erwerber der Sachgesamtheit maßgebend; innerhalb dieses Zeitraums sind mehrere begünstigte Übertragungen möglich. Bei einer Betriebsverpachtung im Ganzen gilt Entsprechendes. Unbeachtlich ist auch, wenn der Steuerpflichtige aufgrund struktureller Veränderungen im Betrieb künftig Gewinne oder Verluste aus einer anderen Einkunftsart im Sinne des § 2 Absatz 1 Satz 1 Nummer 1 bis 3 EStG erzielt (z. B. Wechsel von Einkünften aus Land- und Forstwirtschaft zu Einkünften aus Gewerbebetrieb).

40 Die Verbleibens- und Nutzungsvoraussetzung gilt auch dann als erfüllt, wenn das vorzeitige Ausscheiden des Wirtschaftsgutes unmittelbar auf einem nicht vom Willen des Steuerpflichtigen abhängigen Ereignis beruht, z. B. infolge

– Ablaufes der Nutzungsdauer wegen wirtschaftlichen Verbrauches,
– Umtausches wegen Mangelhaftigkeit gegen ein anderes Wirtschaftsgut gleicher oder besserer Qualität oder
– höherer Gewalt oder behördlicher Eingriffe (vgl. R 6.6 Absatz 2 EStR).

Ein noch erzielbarer Schrott- oder Schlachtwert steht einem wirtschaftlichen Verbrauch oder einer Mangelhaftigkeit nicht entgegen.

b) Ausschließliche oder fast ausschließliche betriebliche Nutzung

41 Ein Wirtschaftsgut wird ausschließlich oder fast ausschließlich betrieblich genutzt, wenn es der Steuerpflichtige zu nicht mehr als 10 % privat nutzt. Der Steuerpflichtige hat in begründeten Zweifelsfällen darzulegen, dass der Umfang der betrieblichen Nutzung mindestens 90 % beträgt.

42 Die außerbetriebliche Nutzung eines Wirtschaftsgutes ist zeitraumbezogen und nicht wirtschaftsjahrbezogen zu prüfen. Eine schädliche Verwendung liegt nicht vor, wenn das Wirtschaftsgut im Wirtschaftsjahr der Anschaffung oder Herstellung zwar mehr als 10 % privat genutzt wird, die außerbetriebliche Nutzung aber bezogen auf den gesamten Nutzungszeitraum (von der Anschaffung oder Herstellung bis zum Ende des der Anschaffung oder Herstellung folgenden Wirtschaftsjahres) die 10 %-Grenze nicht übersteigt.

43 Fahrten zwischen Wohnung und Betriebsstätte und Familienheimfahrten im Rahmen einer doppelten Haushaltsführung mit einem betrieblichen Fahrzeug sind der betrieblichen Nutzung zuzurechnen. Der Umfang der betrieblichen Nutzung im maßgebenden Nutzungszeitraum ist vom Steuerpflichtigen anhand geeigneter Unterlagen darzulegen (BFH-Urteile vom 15. Juli 2020, BStBl II 2022 S. 435, und vom 16. März 2022, BStBl II S. 450); im Fall des § 6 Absatz 1 Nummer 4 Satz 3 EStG durch das ordnungsgemäße Fahrtenbuch. Bei Anwendung der sog. 1 %-Regelung (§ 6 Absatz 1 Nummer 4 Satz 2

EStG) ist ohne Vorlage ergänzender Belege, die eine ausschließliche oder fast ausschließliche betriebliche Nutzung des Kraftfahrzeuges zweifelsfrei dokumentieren, von einem schädlichen Nutzungsumfang auszugehen.

Wird eine Photovoltaikanlage gewerblich betrieben, ist der private Verbrauch des Stroms keine schädliche außerbetriebliche Nutzung im Sinne des § 7g EStG, sondern eine Sachentnahme des produzierten Stroms, auch soweit für den selbst verbrauchten Strom keine Vergütung mehr gezahlt wird. Für die Frage der Nutzung kommt es auf die unmittelbare Verwendung des Wirtschaftsgutes „Photovoltaikanlage" an. Der erzeugte „Strom" ist lediglich dessen Produkt. Entsprechendes gilt bei sog. Blockheizkraftwerken, soweit diese als Betriebsvorrichtung zu behandeln sind (zur Sachentnahme von Wärme bei Blockheizkraftwerken vgl. BFH-Urteil vom 12. März 2020, BStBl II 2021 S. 226). 44

c) Nutzung des Wirtschaftsgutes in einem anderen Betrieb des Steuerpflichtigen

Die Verbleibens- und Nutzungsfristen (Randnummern 33 ff.) sind betriebsbezogen zu prüfen, so dass die Nutzung des Wirtschaftsgutes in einem anderen Betrieb des Steuerpflichtigen zu mehr als 10 % grundsätzlich eine schädliche außerbetriebliche Verwendung im Sinne des § 7g Absatz 4 EStG darstellt. Das gilt nicht, wenn das Wirtschaftsgut an einen anderen Betrieb vermietet wird (vgl. hierzu Randnummer 36) oder das Wirtschaftsgut in den Fällen der Betriebsaufspaltung unentgeltlich überlassen wird (Randnummer 38). 45

Beträgt der private Nutzungsanteil nicht mehr als 10 % (Randnummer 41), ist abweichend von Randnummer 45 die Nutzung des Wirtschaftsgutes in einem anderen Betrieb des Steuerpflichtigen zu mehr als 10 % unschädlich, wenn ein einheitliches Unternehmen aus ertragsteuerrechtlichen Gründen funktionell in zwei Betriebe aufgeteilt wurde. So ist die Verwendung eines Wirtschaftsgutes in dem landwirtschaftlichen Betrieb eines Steuerpflichtigen, der hierfür einen Investitionsabzugsbetrag in seinem aus ertragsteuerlichen Gründen separierten Lohnunternehmen in Anspruch genommen hat, nicht außerbetrieblich und damit unschädlich (BFH-Urteil vom 19. März 2014, BStBl II 2017 S. 291). Entsprechendes gilt beispielsweise bei Augenärzten, die neben ihrer selbständigen Tätigkeit Kontaktlinsen und Pflegemittel anbieten oder Zahnärzten, die neben ihrer selbständigen Tätigkeit Artikel zur Mundhygiene verkaufen. 46

Die Ausnahmeregelung nach Randnummer 46 setzt grundsätzlich voraus, dass die Bedingungen für die Inanspruchnahme der Investitionsabzugsbeträge, die für das in beiden Betrieben genutzte Wirtschaftsgut verwendet wurden, auch bei einer Zusammenlegung dieser Betriebe erfüllt worden wären (vgl. BFH-Urteil vom 19. März 2014, a. a. O.). Dabei sind der summierte Gewinn und die in beiden Betrieben insgesamt beanspruchten Investitionsabzugsbeträge zu ermitteln. Der Steuerpflichtige hat die Einhaltung der maßgebenden Gewinngrenze gemäß § 7g Absatz 1 Satz 2 Nummer 1 Buchstabe b EStG und des Höchstbetrages (§ 7g Absatz 1 Satz 4 EStG) nachzuweisen. 47

2. Erforderliche Änderungen der betroffenen Steuerfestsetzungen

Im Wirtschaftsjahr der Anwendung von § 7g Absatz 2 Satz 1 EStG sind die erfolgte Hinzurechnung von Investitionsabzugsbeträgen (höchstens 50 % der Anschaffungs- oder Herstellungskosten des schädlich verwendeten Wirtschaftsgutes) sowie die insoweit beanspruchte Minderung der Anschaffungs- oder Herstellungskosten nach § 7g Absatz 2 Satz 3 EStG (abgesehen von den Fällen der Randnummer 34) rückgängig zu machen. Dadurch erhöht sich die Bemessungsgrundlage für die Absetzungen nach den §§ 7 ff. EStG. Die Abschreibungen sind entsprechend zu erhöhen. 48

Hat der Steuerpflichtige andere begünstigte Investitionen getätigt, können Abzugsbeträge, deren Hinzurechnung wieder rückgängig gemacht wurde (Randnummer 48), auf diese Investitionen unter Berücksichtigung der Regelungen des § 7g Absatz 2 EStG 49

„übertragen" werden, soweit die Steuerfestsetzung oder gesonderte Feststellung für das jeweilige Investitionsjahr verfahrensrechtlich noch änderbar ist.

50 Ist die dreijährige Investitionsfrist zum Zeitpunkt der Rückgängigmachung nach § 7g Absatz 4 Satz 1 EStG noch nicht abgelaufen, können die betreffenden Investitionsabzugsbeträge entweder nach § 7g Absatz 3 EStG vorzeitig rückgängig gemacht oder für eventuelle künftige Investitionen verwendet werden. Der Verzicht auf die vorzeitige Rückgängigmachung ist aber nur zulässig, soweit dadurch der Höchstbetrag nach § 7g Absatz 1 Satz 4 EStG nicht überschritten wird. Spätestens nach Ablauf der Investitionsfrist sind die nicht verwendeten Investitionsabzugsbeträge gemäß § 7g Absatz 3 EStG im Wirtschaftsjahr des ursprünglichen Abzuges rückgängig zu machen.

51 Soweit sich die Änderungen nach den Randnummern 49 und 50 auf die Anwendung anderer Rechtsnormen des EStG (z. B. § 4 Absatz 4a EStG, § 34a EStG) auswirken, sind die entsprechenden Anpassungen vorzunehmen. Randnummer 56 zu Steuerrückstellungen ist zu beachten.

V. Buchtechnische und verfahrensrechtliche Grundlagen

Für die Inanspruchnahme von § 7g EStG gilt Folgendes:

1. Inanspruchnahme von Investitionsabzugsbeträgen nach § 7g Absatz 1 EStG im Abzugsjahr

52 Liegen die Voraussetzungen für die Inanspruchnahme von Investitionsabzugsbeträgen nach § 7g Absatz 1 EStG vor, kann der Gewinn im Sinne von § 2 Absatz 2 Satz 1 Nummer 1 EStG entsprechend gemindert werden. Bei einer Gewinnermittlung nach § 4 Absatz 1 oder § 5 EStG erfolgt der Abzug außerhalb der Bilanz.

2. Gewinnhinzurechnung und gewinnmindernde Herabsetzung der Anschaffungs- oder Herstellungskosten nach § 7g Absatz 2 EStG in den Investitionsjahren

53 Bei der Hinzurechnung von Investitionsabzugsbeträgen nach § 7g Absatz 2 Satz 1 EStG (Randnummer 24) ist der jeweilige Gewinn im Sinne des § 2 Absatz 2 Satz 1 Nummer 1 EStG zu erhöhen. Bei der Gewinnermittlung nach § 4 Absatz 1 oder § 5 EStG erfolgt die Hinzurechnung außerhalb der Bilanz. Die Minderung der Investitionskosten begünstigter Wirtschaftsgüter nach § 7g Absatz 2 Satz 3 EStG (Randnummer 27) ist durch eine erfolgswirksame Kürzung der entsprechenden Anschaffungs- oder Herstellungskosten vorzunehmen (Buchung bei Bilanzierung: a. o. Aufwand/Wirtschaftsgut).

3. Rückgängigmachung von Investitionsabzugsbeträgen nach § 7g Absatz 3 oder 4 EStG

54 In den Fällen des § 7g Absatz 3 oder 4 EStG hat der Steuerpflichtige die maßgebenden Sachverhalte spätestens mit Abgabe der Steuererklärung für das Wirtschaftsjahr anzuzeigen, in dem das die jeweilige Rückabwicklung auslösende Ereignis (z. B. Ablauf der Investitionsfrist, schädliche Verwendung) eintritt. Der Steuerpflichtige hat aber auch die Möglichkeit, zu einem früheren Zeitpunkt Rückgängigmachungen gegenüber dem Finanzamt zu erklären und die Änderung der entsprechenden Steuerfestsetzung(en) oder gesonderte(n) Feststellung(en) zu beantragen.

55 Die Absätze 3 und 4 des § 7g EStG enthalten eigene Änderungsvorschriften und Ablaufhemmungen der Festsetzungsfrist zur Rückabwicklung von Investitionsabzugsbeträgen. Sie ermöglichen als spezielle Korrekturvorschriften lediglich punktuelle Rückgängigmachungen von Investitionsabzugsbeträgen. Über diesen Rahmen hinausgehende Gewinnänderungen können nur vorgenommen werden, wenn diese durch andere Änderungs-

vorschriften der AO gedeckt sind. Dies gilt auch für Fehler, die dem Finanzamt im Zusammenhang mit der Rückgängigmachung von Investitionsabzugsbeträgen unterlaufen sind (BFH-Urteil vom 25. März 2021, BStBl II S. 530).

VI. Auswirkungen auf andere Besteuerungsgrundlagen

1. Auswirkungen der Rückgängigmachung von Investitionsabzugsbeträgen nach § 7g Absatz 3 oder 4 EStG auf Steuerrückstellungen

Steuerrückstellungen sind auf der Grundlage objektiver, am Bilanzstichtag vorliegender Tatsachen aus der Sicht eines sorgfältigen und gewissenhaften Kaufmanns zu bewerten (BFH-Urteil vom 30. Januar 2002, BStBl II S. 688). Geltend gemachte Investitionsabzugsbeträge sind bei der Berechnung der Steuerrückstellungen mindernd zu berücksichtigen. Die Verhältnisse aus Sicht des Bilanzstichtages ändern sich nicht, wenn beanspruchte Investitionsabzugsbeträge zu einem späteren Zeitpunkt nach § 7g Absatz 3 oder 4 EStG rückgängig gemacht werden. In diesen Fällen sind die Steuerrückstellungen daher nicht zu erhöhen.

56

2. Berücksichtigung von Investitionsabzugsbeträgen bei der Berechnung des steuerbilanziellen Kapitalkontos nach § 15a EStG

Aufgrund der außerbilanziellen Abzüge und Hinzurechnungen von Investitionsabzugsbeträgen nach § 7g EStG bleibt das steuerbilanzielle Kapitalkonto von Kommanditisten im Sinne von § 15a EStG unberührt. Infolgedessen sind die Berechnungen nach § 15a EStG insgesamt ohne die Berücksichtigung von Investitionsabzugsbeträgen durchzuführen. Die Inanspruchnahme des § 7g EStG führt immer zu einem insoweit ausgleichs- und abzugsfähigen (anteiligen) Verlust. Dementsprechend darf der (anteilige) Gewinn aus der Hinzurechnung von Investitionsabzugsbeträgen nicht mit einem vorhandenen verrechenbaren Verlust nach § 15a Absatz 2 EStG verrechnet werden. Es entsteht insoweit immer ein laufender Gewinn. Hiervon zu unterscheiden sind die innerbilanziellen Minderungen der Anschaffungs- oder Herstellungskosten nach § 7g Absatz 2 Satz 3 EStG. Dieser Aufwand ist Teil des Steuerbilanzergebnisses und hat daher insoweit auch das steuerbilanzielle Kapitalkonto gemindert. Insoweit können sich Auswirkungen im Rahmen des § 15a EStG ergeben.

57

VII. Zeitliche Anwendung

Dieses Schreiben ist erstmals für Investitionsabzugsbeträge anzuwenden, die in nach dem 31. Dezember 2019 endenden Wirtschaftsjahren in Anspruch genommen werden. In den folgenden Fällen gelten gemäß § 52 Absatz 16 Satz 1 und 2 EStG i. d. F. des JStG 2020 vom 21. Dezember 2020 (a. a. O.) abweichende Anwendungsregelungen:

58

1. Mögliche spätere Anwendung der Neuregelungen zur Gewinngrenze bei nach § 4a EStG vom Kalenderjahr abweichenden Wirtschaftsjahren (Randnummern 11 bis 16)

   Die Randnummern 11 bis 16 (Gewinngrenze nach § 7g Absatz 1 Satz 2 Nummer 1 EStG) sind spätestens für Investitionsabzugsbeträge maßgebend, die in nach dem 17. Juli 2020 endenden Wirtschaftsjahren beansprucht werden.

2. Eingeschränkte Verwendung von nachträglich geltend gemachten Investitionsabzugsbeträgen (Randnummer 25)

   Randnummer 25 zu § 7g Absatz 2 Satz 2 EStG ist für Investitionsabzugsbeträge anzuwenden, die in nach dem 31. Dezember 2020 endenden Wirtschaftsjahren in Anspruch genommen werden. Die Regelung ist wirtschaftsjahrbezogen zu verstehen und betrifft ausschließlich Investitionsabzugsbeträge, die in Gewinnermittlungen für die Veranlagungszeiträume ab 2021 nachträglich geltend gemacht werden.

3. Eingeschränkte Verwendung von Investitionsabzugsbeträgen bei Personengesellschaften und Gemeinschaften (Randnummer 5)

Anhang 18

Investitionsabzugsbetrag

Randnummer 5 zu § 7g Absatz 7 Satz 2 EStG ist für Investitionsabzugsbeträge anzuwenden, die in nach dem 31. Dezember 2020 endenden Wirtschaftsjahren beansprucht werden.

59 Für Investitionsabzugsbeträge, die in vor den in Randnummer 58 genannten endenden Wirtschaftsjahren in Anspruch genommen wurden, bleiben § 7g EStG a. F. sowie die BMF-Schreiben vom 20. März 2017 (BStBl I S. 423) und 26. August 2019 (BStBl I S. 870) weiter maßgebend. Das gilt auch für die Frage, ob Investitionsabzugsbeträge bis zu 40 % oder bis zu 50 % nach § 7g Absatz 2 Satz 1 EStG hinzugerechnet werden können (Randnummern 24 und 25) und ebenso für das Tatbestandsmerkmal der Vermietung im Sinne des § 7g Absatz 1 Satz 1 EStG (Randnummer 8). Hinsichtlich des Nachweises der betrieblichen Nutzung von Fahrzeugen sind die in Randnummer 43 dieses Schreibens zitierten BFH-Urteile vom 15. Juli 2020 (BStBl II 2022 S. 435) und 16. März 2022 (BStBl II S. 450) in allen noch offenen Fällen anzuwenden.

Beispiel 1:
In den Gewinnermittlungen für die Wirtschaftsjahre 2019 und 2020 macht der Steuerpflichtige Investitionsabzugsbeträge in Höhe von 21.000 € (2019) und 6.000 € (2020) geltend. Im Wirtschaftsjahr 2022 investiert er in einen neuen Lieferwagen mit Anschaffungskosten in Höhe von 50.000 € und möchte die höchstmögliche Hinzurechnung nach § 7g Absatz 2 Satz 1 EStG beanspruchen.

Der Steuerpflichtige kann die Investitionsabzugsbeträge der Wirtschaftsjahre 2019 und 2020 wie folgt für die Anschaffungskosten des neuen Lieferwagens im Wirtschaftsjahr 2022 verwenden:

Investitionsabzugsbetrag 2019:	40 % x 50.000 € =	**20.000 €**
Investitionsabzugsbetrag 2020:	50 % x 50.000 € = abzgl. des durch die Hinzurechnung des Investitionsabzugsbetrages 2019 verbrauchten Volumens:	25.000 € 20.000 €
	verbleiben:	**5.000 €**

Beispiel 2:
Der Steuerpflichtige macht in seiner Gewinnermittlung 2019 einen Investitionsabzugsbetrag nach § 7g EStG geltend. In 2021 schafft er eine Maschine an, die er ausschließlich vermietet. Da der Investitionsabzugsbetrag in der Gewinnermittlung 2019 beansprucht wurde, ist die alte Rechtslage maßgebend, die die Begünstigung bei vermieteten Wirtschaftsgütern noch nicht vorsah. Daher kann er den Investitionsabzugsbetrag nicht für die in 2021 angeschaffte Maschine verwendet werden.

Dieses Schreiben wird im Bundessteuerblatt Teil I veröffentlicht.

Anhang 19

Kapitalvermögen (Abgeltungsteuer)

Übersicht

I. Kapitalertragsteuer;
Ausstellung von Steuerbescheinigungen für Kapitalerträge nach § 45a Absatz 2 und 3 EStG
BMF vom 23.05.2022 (BStBl I S. 860)

II. Einzelfragen zur Abgeltungsteuer
BMF vom 19.05.2022 (BStBl I S. 742) unter Berücksichtigung der Änderungen durch BMF vom 20.12.2022 (BStBl I 2023 S. 46)

Kapitalertragsteuer;
Ausstellung von Steuerbescheinigungen für Kapitalerträge nach § 45a Absatz 2 und 3 EStG
BMF vom 23.05.2022 (BStBl I S. 860)
IV C 1 – S 2401/19/10001 :006 – 2022/0538617

Nach Erörterung mit den obersten Finanzbehörden der Länder wird das BMF-Schreiben vom 15. Dezember 2017 (BStBl 2018 I S. 13) wie folgt neu gefasst:

Für Kapitalerträge, die nach § 43 Absatz 1 EStG dem Steuerabzug unterliegen, haben der Schuldner der Kapitalerträge, die die Kapitalerträge auszahlende Stelle oder die zur Abführung der Steuer verpflichtete Stelle dem Gläubiger der Kapitalerträge auf Verlangen eine Steuerbescheinigung nach amtlich vorgeschriebenem Muster auszustellen, die die nach § 32d EStG erforderlichen Angaben enthält; die Verpflichtung besteht unabhängig von der Vornahme eines Steuerabzugs. In den Fällen des § 56 Absatz 3 Satz 4 InvStG in der ab dem 1. Januar 2018 anzuwendenden Fassung – im Folgenden: InvStG – (Ansatz der Ersatzbemessungsgrundlage als Gewinn aus der fiktiven Veräußerung von Investmentanteilen) ist der Entrichtungspflichtige nach § 56 Absatz 3 Satz 5 InvStG zur Ausstellung einer Steuerbescheinigung verpflichtet. Zur Ausstellung von Steuerbescheinigungen gilt Folgendes:

Inhaltsverzeichnis

		Rn.
I.	**Allgemeines**	
1.	Muster der Steuerbescheinigung	1
2.	Umfang der zu bescheinigenden Angaben	2
3.	Ergänzende Angaben	3
4.	Erstmalige Erteilung	4
5.	Elektronische Übermittlung	5
6.	Berichtigung	6
7.	Allgemeine Angaben zum Gläubiger/Schuldner	7
8.	Keine Auswirkungen des § 36a EStG	8
II.	**Steuerbescheinigung für Privatkonten und/oder -depots sowie Verlustbescheinigung im Sinne des § 43a Absatz 3 Satz 4 EStG (Muster I)**	
1.	Allgemeines	9 – 10
2.	Gläubiger der Kapitalerträge und Hinterleger der Wertpapiere	11 – 12
3.	Depotverwahrung	13
4.	Depotinhaber	14 – 15

Anhang 19
I   Kapitalvermögen (Abgeltungsteuer)

	Rn.
5. Vorlage einer Nichtveranlagungs-Bescheinigung	16
6. Ausstellung einer Steuerbescheinigung für einbehaltene Kapitalertragsteuer in besonderen Fällen	17 – 25
a) Bescheinigung der von Zinsen aus einem Mietkautionskonto, das auf den Namen des Vermieters lautet, einbehaltenen Kapitalertragsteuer	17 – 20
aa) Allgemeines	17
bb) Bescheinigungsverfahren	18 – 20
b) Bescheinigung der von Zinsen aus der Anlage einer Instandhaltungsrücklage einer Wohnungseigentümergemeinschaft einbehaltenen Kapitalertragsteuer	21 – 22
aa) Bescheinigung des Vermögensverwalters	21
bb) Behandlung der Kapitalertragsteuer	22
c) Bescheinigung der von Zinsen aus einem Notaranderkonto einbehaltenen Kapitalertragsteuer	23 – 24
d) Bescheinigung der von Kapitalerträgen aus einem Gemeinschaftskonto bei einer ehe- oder lebenspartnerschaftsähnlichen Gemeinschaft einbehaltenen Kapitalertragsteuer	25
7. Muster I im Einzelnen	26 – 42
III. Steuerbescheinigung einer leistenden Körperschaft, Personenvereinigung oder Vermögensmasse oder eines Personenunternehmens oder eines Spezial-Investmentfonds (Muster II)	
1. Allgemeines	43
2. Berechtigung zur Ausstellung	44
3. Abweichende Anschrift	45
4. Muster der Steuerbescheinigung	46 – 47
5. Umfang der zu bescheinigenden Angaben	48 – 53
6. Anteilseigner	54
7. Anteile im Gesamthandsvermögen	55
8. Inländisches Kreditinstitut	56
IV. Steuerbescheinigung der die Kapitalerträge auszahlenden Stelle für Konten und/oder Depots bei Einkünften im Sinne der §§ 13, 15, 18 und 21 EStG, bei Einkünften im Sinne des § 43 Abs. 1 Satz 1 Nr. 1, 1a, 2 EStG von beschränkt Steuerpflichtigen, bei Einkünften von Körperschaften, Vermögensmassen und Personenvereinigungen sowie bei Einkünften eines Investmentfonds oder eines Spezial-Investmentfonds (Muster III)	
1. Allgemeines	57 – 63
2. Muster der Steuerbescheinigung	64
V. Besonderheiten Muster I und III	
1. Zweigniederlassung	65
2. Gutschrift für andere Kreditinstitute, Kennzeichnung der Steuerbescheinigung	66 – 70
a) Mitteilungsverpflichtung	66
b) Ausstellung in Vertretung des Anteilseigners	67

	Rn.
c) Kapitalerträge mit Zahlstellensteuerprinzip im Sinne des § 43 Absatz 1 Satz 1 Nummer 1a EStG	68
d) Ausländische Wertpapiersammelbank	69
e) Ausländisches Kreditinstitut	70
VI. Anwendungsregelung, Nichtbeanstandungsregelung und Fundstellennachweis	71 – 72

I. Allgemeines

1. Muster der Steuerbescheinigung

Für die Bescheinigung der Angaben sind die anliegenden amtlich vorgeschriebenen Muster I bis Muster III zu verwenden. Nach Inhalt, Aufbau und Reihenfolge der Angaben darf von ihnen nicht abgewichen werden. Die Gestaltung der Felder für die Bezeichnung des Instituts und des Gläubigers ist nicht vorgeschrieben. Eine Ergänzung der Steuerbescheinigungen um ein zusätzliches Adressfeld ist zulässig. Bei Lebensversicherungsunternehmen ist zusätzlich die Versicherungsnummer anzugeben. 1

Die Ausstellung erfolgt grundsätzlich für den zivilrechtlichen Gläubiger, nicht für den Steuergläubiger. Bei sogenannten Contractual Trust Arrangements (CTA)-Modellen kann die Steuerbescheinigung direkt an den steuerpflichtigen Treugeber (Arbeitgeber) versendet werden, vgl. Rn. 156 des BMF-Schreibens vom 19. Mai 2022 (BStBl I S. 742).

Die Steuerbescheinigung für Erträge aus Versicherungsverträgen ist auf den Namen des Steuerpflichtigen auszustellen. Die Person des Steuerpflichtigen ist gemäß Rn. 50 bis 53 des BMF-Schreibens vom 1. Oktober 2009 (BStBl I S. 1172), zuletzt geändert durch das BMF-Schreiben vom 9. August 2019 (BStBl I S. 829) zu ermitteln.

2. Umfang der zu bescheinigenden Angaben

Es ist nicht zu beanstanden, wenn in Fällen, in denen ein in dem amtlichen Muster enthaltener Sachverhalt nicht gegeben ist (z. B. bei Muster I: es wurden keine Veräußerungsgeschäfte mit Aktien getätigt und/oder keine ausländische Steuer entrichtet), die entsprechende(n) Zeile(n) oder ggf. Teile des Textes einer Zeile des amtlichen Musters, die nicht zutreffend sind, entfallen. Entsprechendes gilt für die mit Ankreuzfeldern versehenen Zeilen. Die Reihenfolge der ausgedruckten Zeilen ist jedoch entsprechend dem amtlichen Muster beizubehalten. Bei Muster III kann die Tabelle im Falle der zusammengefassten Steuerbescheinigung bezüglich der Kapitalerträge im Sinne des § 43 Absatz 1 Satz 1 Nummer 1, 1a und 2 EStG auch an das Ende des amtlichen Musters verschoben werden. Sofern das betreffende Wertpapier nicht stücknotiert ist, sondern nominal, kann auf die Angabe der Stückzahl in der Tabelle verzichtet werden. 2

3. Ergänzende Angaben

Der Steuerbescheinigung können weitere Erläuterungen beigefügt werden, sofern die Ergänzungen im Anschluss an das amtliche Muster erfolgen und hiervon optisch abgesetzt werden. 3

4. Erstmalige Erteilung

Der Anspruch auf Ausstellung einer Steuerbescheinigung entsteht frühestens für Kapitalerträge, die dem Gläubiger nach dem 31. Dezember 2008 zufließen. 4

5. Elektronische Übermittlung

Die nach amtlich vorgeschriebenem Muster ausgestellte Steuerbescheinigung kann dem Steuerpflichtigen in elektronischer Form übermittelt werden. Auf welchem Wege die 5 elektronische Übermittlung erfolgt, lässt § 45a Absatz 2 Satz 2 EStG offen. Die Steuerbescheinigung kann insbesondere in eine elektronische PostBox eingestellt oder per E-Mail übermittelt werden.

Durch den elektronischen Versand wird das Recht auf Erteilung der Steuerbescheinigung in Papierform nicht ausgeschlossen. Der Steuerpflichtige kann die Steuerbescheinigung in Papierform innerhalb der gesetzlichen Aufbewahrungsfristen der der Steuerbescheinigung zugrundeliegenden Daten bei der auszahlenden Stelle/dem Schuldner/dem Entrichtungspflichtigen anfordern. Sollte dem Steuerpflichtigen die Steuerbescheinigung bereits in elektronischer Form zugeleitet worden sein und wünscht er eine Steuerbescheinigung in Papierform, ist ihm diese – als Ersatzbescheinigung gekennzeichnet – zu übermitteln, wenn der Kunde im Rahmen der Anforderung der Steuerbescheinigung in Papierform in Textform versichert, dass er die elektronischen Daten nicht weiterverwendet.

6. Berichtigung

Sind in der Steuerbescheinigung die Kapitalerträge und die anrechenbare Kapitalertragsteuer zu niedrig ausgewiesen, kann von einer Berichtigung der Steuerbescheinigung nach § 45a Absatz 6 EStG abgesehen werden, wenn eine ergänzende Steuerbescheinigung ausgestellt wird, in die neben den übrigen Angaben nur der Unterschied zwischen dem richtigen und dem ursprünglich bescheinigten Betrag aufgenommen wird. Die ergänzende Steuerbescheinigung ist als solche zu kennzeichnen. Die ursprünglich ausgestellte Steuerbescheinigung behält in diesen Fällen weiterhin Gültigkeit.

Ist eine Steuerbescheinigung nach § 45a Absatz 6 EStG zu berichtigen, hat der Aussteller das für ihn zuständige Betriebsstättenfinanzamt auf elektronischem Weg zu benachrichtigen. Das Betriebsstättenfinanzamt leitet die Meldung an das Wohnsitzfinanzamt des Gläubigers weiter. Handelt es sich bei dem Empfänger der Steuerbescheinigung um einen Steuerausländer, ist bei Dividendenzahlungen sowie bei weiteren Erträgen im Sinne des § 43 Absatz 1 Satz 1 Nummer 1, 1a und 2 EStG, bei denen eine Steuerbescheinigung nach Muster III ausgestellt wurde, das Bundeszentralamt für Steuern (BZSt) elektronisch zu benachrichtigen. Die mitteilungspflichtige Stelle hat den Steuerpflichtigen nach § 93c Absatz 1 Nummer 3 AO mit der berichtigen Steuerbescheinigung darüber zu informieren, welche für seine Besteuerung relevanten Daten sie an die Finanzbehörden übermittelt hat oder übermitteln wird. Dazu ist folgender Text in die Steuerbescheinigung aufzunehmen: „Nach § 45a Absatz 6 EStG wurde die Steuerbescheinigung berichtigt. Die in § 45a Absatz 6 Satz 3 EStG aufgeführten Daten (z. B. Anlass der Ausstellung usw.) wurden von der mitteilungspflichtigen Stelle an die Finanzverwaltung übermittelt."

Abweichend davon setzt eine Erstattung von Kapitalertragsteuer gegenüber einem unbeschränkt körperschaftsteuerpflichtigen Investmentfonds voraus, dass der Investmentfonds eine erteilte Steuerbescheinigung im Original zurückgegeben hat (§ 7 Absatz 5 Satz 3 und 4 InvStG). Nach erfolgter Erstattung hat der Entrichtungspflichtige dem Investmentfonds eine neue Steuerbescheinigung auszustellen und hierin auf die Erstattung nach § 7 Absatz 5 Satz 1 und/oder Satz 2 InvStG unter Angabe der kumulierten Erstattungs- und Abstandnahmebeträge hinzuweisen. Wenn mangels eines entsprechenden Verlangens des Investmentfonds keine Steuerbescheinigung ausgestellt wurde, besteht auch nach einer Erstattung nur auf Verlangen des Investmentfonds eine Verpflichtung zur Ausstellung einer Steuerbescheinigung.

Es wird nicht beanstandet, wenn der Entrichtungspflichtige bei Erstattungen nach § 7 Absatz 5 Satz 1 und/oder Satz 2 InvStG von einer Rückforderung der Steuerbescheinigung und der Ausstellung einer neuen Steuerbescheinigung absieht. Dies setzt voraus, dass der Entrichtungspflichtige die Erstattungs- und Abstandnahmebeträge intern dokumentiert hat und der Finanzverwaltung auf Anforderung zur Verfügung stellt. Fordert der Investmentfonds für Zwecke des Erstattungsverfahrens nach § 11 InvStG vom Entrichtungspflichtigen eine Erklärung nach § 11 Absatz 1 Satz 1 InvStG, hat der Entrichtungspflichtige bei zwischenzeitlichen Erstattungen für unbeschränkt körperschaftsteuerpflichtige Investmentfonds nach § 7 Absatz 5 Satz 1 und/oder Satz 2 InvStG jedoch eine neue Steuerbescheinigung auszustellen und hierin eine kumulierte Summe aus den zwischenzeitlichen Erstattungsbeträgen und den Beträgen, in deren Höhe vom Steuerabzug Abstand genommen wurde (Abstandnahmebeträge), aufzuführen.

7. Allgemeine Angaben zum Gläubiger/Schuldner

Es bestehen keine Bedenken dagegen, dass die Einzelsteuerbescheinigung auf der für den Gläubiger der Kapitalerträge bestimmten Mitteilung über die Gutschrift der Dividenden, Zinsen usw. erteilt wird. Für die Angabe des Schuldners reicht die übliche Kurzbezeichnung des Schuldners in Verbindung mit der Angabe der Wertpapierkennnummer oder der ISIN (International Securities Identification Number) aus.

8. Keine Auswirkungen des § 36a EStG

Eine Voraussetzung für die Anrechnung von Kapitalertragsteuer ist nach § 36 Absatz 2 Nummer 2 Satz 2 EStG (in Verbindung mit § 31 Absatz 1 KStG) die Vorlage der Steuerbescheinigung. Die Anrechnungsbeschränkung des § 36a EStG für Kapitalertragsteuer auf Kapitalerträge im Sinne des § 43 Absatz 1 Satz 1 Nummer 1a EStG sowie des § 36a Absatz 1 Satz 4 EStG wirkt unmittelbar auf der Ebene des Steuerpflichtigen. § 36a EStG berührt den Kapitalertragsteuerabzug nicht und ist daher bei der Erteilung einer Steuerbescheinigung unbeachtlich.

II. Steuerbescheinigung für Privatkonten und/oder -depots sowie Verlustbescheinigung im Sinne des § 43a Absatz 3 Satz 4 EStG (Muster I)

1. Allgemeines

Grundsätzlich darf nur eine einzige Jahressteuerbescheinigung ausgestellt werden. Es wird jedoch nicht beanstandet, wenn auf Grund geänderter Besteuerungsmerkmale die auf das abgelaufene ganze Kalenderjahr bezogene Kapitalertragsteuer in zwei oder ggf. mehrere zeitraumbezogene Steuerbescheinigungen aufgeteilt wird. Die Steuerbescheinigungen sind in diesem Jahr laufend zu nummerieren. Weiterhin ist die Gesamtzahl der erstellten Steuerbescheinigungen anzuführen.

Dementsprechend ist das Muster I wie folgt zu ergänzen:

„Steuerbescheinigung
(„1 von 2", „2 von 2")

....
Für

(Name und Anschrift der Gläubigerin/des Gläubigers/der Gläubiger der Kapitalerträge)
werden ☐ für das Kalenderjahr ..../☐ für den Zeitraum .... folgende Angaben bescheinigt:".

Bei der nur in bestimmten Fällen zulässigen Verwendung des Musters als Einzelsteuerbescheinigung ist die Kontenart (z. B. Treuhand-, Nießbrauch-, Notaranderkonto/Wohnungseigentümergemeinschaft/Tafelgeschäfte) zu bezeichnen. Eine Jahressteuerbescheinigung ergeht für alle Konten und Depots des Steuerpflichtigen.

Anhang 19

| Kapitalvermögen (Abgeltungsteuer)

10 Die inländischen Kredit-, Finanzdienstleistungs- oder Wertpapierinstitute einschließlich der Bundesrepublik Deutschland – Finanzagentur GmbH können dabei gleichzeitig als auszahlende Stelle und als Schuldner der Kapitalertragsteuer fungieren. Die Steuerbescheinigung ist auch von Lebensversicherungsunternehmen auszustellen, sofern außer den Erträgen aus Versicherungsverträgen sonstige Einnahmen (z. B. Zinsen aus Beitrags- oder Parkdepots) erzielt werden. Werden nur Versicherungserträge im Sinne des § 20 Absatz 1 Nummer 6 EStG erzielt, ist das Muster II zu verwenden.

2. Gläubiger der Kapitalerträge und Hinterleger der Wertpapiere

Gemeinschaftskonten

11 Wird für Ehegatten/Lebenspartner ein gemeinschaftliches Konto oder Depot unterhalten, lautet die Steuerbescheinigung auf den Namen beider Ehegatten/Lebenspartner. Gleiches gilt für Gemeinschaftskonten/-depots von ehe- und lebenspartnerschaftsähnlichen Gemeinschaften. Bei Personengemeinschaften, bei denen über die steuerliche Zurechnung der Erträge und ggf. anzurechnender Steuerabzugsbeträge grundsätzlich im Rahmen der gesonderten und einheitlichen Feststellung der Einkünfte aus Kapitalvermögen oder von sonstigen Einkünften im Sinne des § 180 Absatz 1 Satz 1 Nummer 2 Buchstabe a AO entschieden wird, ist die Steuerbescheinigung auf den Namen der entsprechenden Gemeinschaft auszustellen. Wird die Steuerbescheinigung den Ehegatten/Lebenspartnern in elektronischer Form übermittelt, ist sicherzustellen, dass sie von beiden Ehegatten/Lebenspartnern zur Kenntnis genommen werden kann. Dafür ist es beispielsweise ausreichend, dass die Steuerbescheinigung an die Kontaktdaten versandt wird, die für die elektronische Übermittlung von den Ehegatten/Lebenspartnern angegeben wurden.

Besonderheiten bei Ausübung der Transparenzoption nach § 30 Absatz 1 InvStG durch einen Spezial-Investmentfonds und nach § 30 Absatz 4 Satz 1 InvStG durch einen Dach-Spezial-Investmentfonds

12 Übt ein Spezial-Investmentfonds die Transparenzoption nach § 30 Absatz 1 InvStG aus, so gelten den Anlegern die inländischen Beteiligungseinnahmen im Sinne des § 6 Absatz 3 InvStG oder die dem Kapitalertragsteuerabzug unterliegenden sonstigen inländischen Einkünfte im Sinne des § 6 Absatz 5 InvStG als unmittelbar selbst zugeflossen. Der Steuerabzug ist gemäß § 31 Absatz 1 Satz 1 InvStG unter Berücksichtigung des Status des jeweiligen Anlegers vorzunehmen. Der Entrichtungspflichtige hat in der Steuerbescheinigung für den Spezial-Investmentfonds zusätzlich die Angaben nach § 31 Absatz 1 Satz 2 InvStG zu machen. Das heißt, es ist nur eine Steuerbescheinigung auszustellen, in der sämtliche Anleger des Spezial-Investmentfonds aufzuführen sind.

Die Steuerbescheinigung verbleibt beim Spezial-Investmentfonds. Der Spezial-Investmentfonds hat allen Anlegern jeweils eine Kopie der Steuerbescheinigung zur Verfügung zu stellen. Alternativ darf auch direkt der Entrichtungspflichtige Kopien der Steuerbescheinigung an die Anleger übermitteln. Schwärzungen hinsichtlich der jeweils anderen Anleger sind unzulässig. Die Kopien sind in der Veranlagung grundsätzlich auch ohne eine Bestätigung des Spezial-Investmentfonds hinsichtlich der Übereinstimmung der Kopie mit dem Original anzuerkennen.

Für jede inländische Beteiligungseinnahme ist eine Einzelsteuerbescheinigung zu erstellen. Auszahlende Stellen haben Muster III zu verwenden. Schuldner der Kapitalerträge (z. B. eine GmbH, die an einen Spezial-Investmentfonds Dividenden ausschüttet) haben das Muster II zu verwenden. Wenn an dem Spezial-Investmentfonds im Falle der Ausübung der Transparenzoption ausschließlich steuerbefreite Anleger beteiligt sind und vom Steuerabzug Abstand genommen wird, entfällt das Ausstellen einer Steuerbescheinigung.

Anhang 19
Kapitalvermögen (Abgeltungsteuer)

Übt ein Spezial-Investmentfonds die Transparenzoption nach § 30 Absatz 1 InvStG aus und ist der Anleger des Spezial-Investmentfonds ein Dach-Spezial-Investmentfonds, der seinerseits die Transparenzoption nach § 30 Absatz 4 in Verbindung mit Absatz 1 InvStG ausübt, so gelten den Anlegern des Dach-Spezial-Investmentfonds die inländischen Beteiligungseinnahmen im Sinne des § 6 Absatz 3 InvStG oder die dem Kapitalertragsteuerabzug unterliegenden sonstigen inländischen Einkünfte im Sinne des § 6 Absatz 5 InvStG als unmittelbar selbst zugeflossen. Der Steuerabzug ist gemäß § 31 Absatz 1 Satz 1 InvStG unter Berücksichtigung des Status des jeweiligen Anlegers des Dach-Spezial-Investmentfonds vorzunehmen. Der Entrichtungspflichtige hat in der Steuerbescheinigung für den Spezial-Investmentfonds zusätzlich die Angaben nach § 31 Absatz 1 Satz 2 InvStG zu machen. Das heißt, es ist nur eine Steuerbescheinigung auszustellen, in der auch sämtliche Anleger des Dach-Spezial-Investmentfonds aufzuführen sind.

3. Depotverwahrung

Sind in dem Wertpapierdepot auch Aktien verzeichnet, für die die Dividende nicht durch das Kreditinstitut, sondern unmittelbar durch die leistende Körperschaft an den Anteilseigner ausgezahlt wird, sind diese Ausschüttungen in die Jahressteuerbescheinigung des Kreditinstituts nicht aufzunehmen. Für diese Ausschüttung hat die leistende Körperschaft eine gesonderte Steuerbescheinigung auszustellen (Muster II).   13

4. Depotinhaber

Das Kreditinstitut, bei dem ein Wertpapierdepot unterhalten wird, kann bei Fehlen gegenteiliger Anhaltspunkte davon ausgehen, dass der Depotinhaber der steuerliche Anteilseigner und Gläubiger der Kapitalerträge ist. Ist dem Kreditinstitut bekannt, dass der Depotinhaber nicht der steuerliche Anteilseigner ist, darf es eine Steuerbescheinigung auf den Namen des Depotinhabers nicht ausstellen.   14

Nießbrauchsbestellung, Treuhandverhältnis oder Anderkonten

Hat das Kreditinstitut von einer Nießbrauchsbestellung oder einem Treuhandverhältnis Kenntnis, ohne zu wissen, ob der Depotinhaber Anteilseigner ist, oder handelt es sich um ein Anderkonto von Rechtsanwälten, Notaren oder Angehörigen der wirtschaftsprüfenden oder steuerberatenden Berufe, bestehen keine Bedenken dagegen, dass die Steuerbescheinigung abweichend von Rn. 14 auf den Namen des Depotinhabers ausgestellt, jedoch durch den entsprechenden Hinweis „Nießbrauchsdepot", „Treuhanddepot" oder „Anderdepot" gekennzeichnet wird. In diesen Fällen muss das Finanzamt, bei dem die Anrechnung der Kapitalertragsteuer beantragt wird, nach Vorlage der Steuerbescheinigung prüfen, wem die Kapitalerträge steuerlich zuzurechnen sind. Zur Bescheinigung der von Zinsen aus Notaranderkonten einbehaltenen Kapitalertragsteuer, vgl. Rn. 23.   15

5. Vorlage einer Nichtveranlagungs-Bescheinigung

Die Vorlage einer Nichtveranlagungs-Bescheinigung entbindet nicht von der Verpflichtung zur Ausstellung einer Steuerbescheinigung. Die Steuerbescheinigung ist auf Verlangen des Steuerpflichtigen auszustellen.   16

6. Ausstellung einer Steuerbescheinigung für einbehaltene Kapitalertragsteuer in besonderen Fällen

a) Bescheinigung der von Zinsen aus einem Mietkautionskonto, das auf den Namen des Vermieters lautet, einbehaltenen Kapitalertragsteuer

aa) Allgemeines

17 Mit der Vereinbarung im Mietvertrag, dem Vermieter für dessen etwaige nachvertragliche Ansprüche eine Geldsumme als Sicherheit zu leisten, trifft der Mieter eine Vorausverfügung über die Zinsen, die ihm nach § 551 Absatz 3 BGB zustehen und die Sicherheit erhöhen.

Die Zinsen fließen dem Mieter deshalb in dem Zeitpunkt zu, in dem sie auf dem vom Vermieter für die Sicherheit eingerichteten Konto fällig werden, und sind vom Mieter zu versteuern.

bb) Bescheinigungsverfahren

18 Hat der Vermieter ein für das Kreditinstitut als Treuhandkonto erkennbares Sparkonto eröffnet, wie es seinen Verpflichtungen nach § 551 Absatz 3 BGB entspricht, und weiß das Kreditinstitut, wer der Treugeber ist, hat es die Steuerbescheinigung auf den Namen des Treugebers auszustellen. Der Vermieter hat dem Mieter die Steuerbescheinigung zur Verfügung zu stellen (§ 34 Absatz 1 und 3 AO).

19 Hat das Kreditinstitut von dem Treuhandverhältnis Kenntnis, ohne zu wissen, ob der Kontoinhaber Anspruch auf die Zinsen hat, ist die Steuerbescheinigung auf den Namen des Kontoinhabers auszustellen und mit dem Vermerk „Treuhandkonto" zu versehen. Auch in diesem Fall hat der Vermieter dem Mieter die Steuerbescheinigung zur Verfügung zu stellen.

20 Werden die Mietkautionen mehrerer Mieter auf demselben Konto angelegt, ist der Vermieter als Vermögensverwalter im Sinne des § 34 AO verpflichtet, gegenüber dem für ihn zuständigen Finanzamt eine Erklärung zur gesonderten und einheitlichen Feststellung der Einkünfte aus Kapitalvermögen der Mieter (§ 180 AO) abzugeben. Sieht das Finanzamt nach § 180 Absatz 3 Satz 1 Nummer 2 AO von einer gesonderten und einheitlichen Feststellung der Einkünfte ab, kann es dies gegenüber dem Vermieter durch negativen Feststellungsbescheid feststellen. In diesem Fall hat der Vermieter dem Mieter eine Ablichtung des Bescheides und der Steuerbescheinigung des Kreditinstituts zur Verfügung zu stellen sowie den anteiligen Kapitalertrag und die anteilige Kapitalertragsteuer mitzuteilen.

b) Bescheinigung der von Zinsen aus der Anlage einer Instandhaltungsrücklage einer Wohnungseigentümergemeinschaft einbehaltenen Kapitalertragsteuer

aa) Bescheinigung des Vermögensverwalters

21 Im Regelfall ist nach § 180 Absatz 3 Satz 1 Nummer 2 AO von einer gesonderten und einheitlichen Feststellung der von der Wohnungseigentümergemeinschaft erzielten Zinsen aus der Anlage der Instandhaltungsrücklage abzusehen. Es reicht aus, dass der Verwalter die anteiligen Kapitalerträge nach dem Verhältnis der Miteigentumsanteile aufteilt und dem einzelnen Wohnungseigentümer mitteilt.

bb) Behandlung der Kapitalertragsteuer

22 Die Anrechnung der Kapitalertragsteuer bei dem einzelnen Beteiligten ist nur möglich, wenn neben der Mitteilung des Verwalters über die Aufteilung der Kapitalerträge und der Kapitalertragsteuer eine Ablichtung der Steuerbescheinigung des Kreditinstituts vorgelegt wird.

Bedeutet dieses Verfahren allerdings für die Wohnungseigentümer und den Verwalter keine beachtliche Erleichterung, so sind die Kapitalerträge nach § 180 Absatz 1 Satz 1 Nummer 2 Buchstabe a AO gesondert und einheitlich festzustellen. Dabei hat das für die gesonderte und einheitliche Feststellung zuständige Finanzamt auch die entrichtete und anzurechnende Kapitalertragsteuer zu ermitteln und den Wohnsitzfinanzämtern die auf den einzelnen Wohnungseigentümer entfallenden Steuerbeträge mitzuteilen. In diesem Fall ist die Original-Steuerbescheinigung dem Feststellungsfinanzamt einzureichen; Ablichtungen der Steuerbescheinigung für die Wohnungseigentümer sind nicht erforderlich.

c) **Bescheinigung der von Zinsen aus einem Notaranderkonto einbehaltenen Kapitalertragsteuer**

Zu der Frage, ob die Steuerbescheinigung über die Kapitalertragsteuer bei einem Notaranderkonto auf den Namen des formell berechtigten Notars oder auf den Namen des Berechtigten ausgestellt werden soll und wie bei mehreren Berechtigten zu verfahren ist, gilt Folgendes:

Der Notar leitet die Original-Steuerbescheinigung an den Berechtigten weiter. In den Fällen, in denen in der Steuerbescheinigung des Kreditinstituts der Hinweis „Anderkonto" fehlt, erteilt der Notar dem Berechtigten zusätzlich eine Bestätigung darüber, dass er für ihn treuhänderisch tätig war. Der Berechtigte hat im Fall der Veranlagung zur Einkommen- oder Körperschaftsteuer die Steuerbescheinigung und die Bestätigung dem für ihn zuständigen Finanzamt ggf. vorzulegen.

Wenn die auf dem Notaranderkonto erzielten kapitalertragsteuerpflichtigen Zinsen zeitanteilig auf Verkäufer und Käufer entfallen, stellt der Notar eine der Anzahl der Berechtigten entsprechende Anzahl beglaubigter Abschriften der Original-Steuerbescheinigung her und vermerkt auf der an den jeweiligen Berechtigten auszuhändigenden Abschrift, in welcher Höhe er diesem Zinsen gutgeschrieben hat. Die Berechtigten haben diese beglaubigte Abschrift der Steuerbescheinigung dem für sie zuständigen Finanzamt vorzulegen.

Wenn die auf einem Notaranderkonto erzielten kapitalertragsteuerpflichtigen Zinsen an mehrere Berechtigte auszukehren sind, die nicht zusammen veranlagt werden, gilt Folgendes:

– Sind dem Notar die Anteilsverhältnisse bekannt, teilt er die Kapitalerträge und die Kapitalertragsteuer auf die Berechtigten auf.

– Sind dem Notar die Anteilsverhältnisse nicht bekannt, sind die Kapitalerträge und die hierauf entfallende Kapitalertragsteuer gesondert und einheitlich nach § 180 Absatz 1 Satz 1 Nummer 2 Buchstabe a AO festzustellen.

Die vorstehenden Regelungen sind auf Kapitalerträge aus Anderkonten von Rechtsanwälten, Steuerberatern, Steuerbevollmächtigten, Steuerberatungsgesellschaften, Wirtschaftsprüfern, vereidigten Buchprüfern, Wirtschaftsprüfungsgesellschaften und Buchführungsgesellschaften entsprechend anzuwenden.

d) **Bescheinigung der von Kapitalerträgen aus einem Gemeinschaftskonto bei einer ehe- oder lebenspartnerschaftsähnlichen Gemeinschaft einbehaltenen Kapitalertragsteuer**

Partner einer ehe- oder lebenspartnerschaftsähnlichen Gemeinschaft dürfen für ein Gemeinschaftskonto – anders als Ehegatten oder Lebenspartner – keinen Freistellungsauftrag erteilen. Die Kapitalertragsteuer ist vom Kreditinstitut einzubehalten. Darüber ist eine Steuerbescheinigung auf den Namen beider Kontoinhaber auszustellen. Anstelle der gesonderten und einheitlichen Feststellung gemäß § 180 Absatz 1 Satz 1 Nummer 2 Buchstabe a AO wird folgendes vereinfachte Verfahren zur Ermittlung des Anteils jedes

Anhang 19
Kapitalvermögen (Abgeltungsteuer)

Kontoinhabers am Kapitalertrag und an der einbehaltenen Kapitalertragsteuer zugelassen:

Wie die Kapitalerträge (und die darauf entfallende Kapitalertragsteuer) auf die Kontoinhaber zu verteilen sind, wird auf dem Original der Steuerbescheinigung vermerkt. Von der mit diesem Vermerk versehenen Steuerbescheinigung wird eine Ablichtung gefertigt.

Sowohl auf der Original-Steuerbescheinigung als auch auf der Ablichtung haben beide Kontoinhaber zu unterschreiben. Es bestehen keine Bedenken, in diesem Fall sowohl die Original-Steuerbescheinigung als auch deren Ablichtung anzuerkennen und den anteiligen Kapitalertrag und die darauf entfallende Kapitalertragsteuer im Fall der Veranlagung zur Einkommensteuer jedes Kontoinhabers zu berücksichtigen.

Sofern sich später Meinungsverschiedenheiten über die Aufteilung der Kapitalerträge ergeben, ist eine gesonderte und einheitliche Feststellung bis zum Ablauf der Festsetzungsfrist nachzuholen.

7. Muster I im Einzelnen:

26 Das Kreditinstitut hat die **Höhe der Kapitalerträge** nach Verlustverrechnung und vor Berücksichtigung des Sparer-Pauschbetrags (nur positiver Saldo) anzugeben. Der Ausweis setzt voraus, dass die betreffenden Erträge vor Berücksichtigung eines evtl. Sparer-Pauschbetrages/einer Nichtveranlagungs-Bescheinigung und der Anrechnung der ausländischen Quellensteuer grundsätzlich kapitalertragsteuerpflichtig waren. Bei unbaren Kapitalerträgen im Sinne des § 44 Absatz 1 Satz 7 EStG kommt ein Ausweis nicht in Betracht, wenn dem Kreditinstitut keine Beträge zur Abführung der Kapitalertragsteuer zur Verfügung gestellt werden.

Bei negativer Saldogröße erfolgt der Ausweis in den entsprechenden Zeilen für sonstige Verluste oder Aktienveräußerungsverluste, sofern ein Antrag für eine Verlustbescheinigung gestellt wird, vgl. Rn. 34. In den Fällen des § 20 Absatz 6 Satz 5 und 6 EStG sind die Verluste zwingend – also ohne einen Antrag des Steuerpflichtigen – in den dafür vorgesehenen Zeilen der Steuerbescheinigung auszuweisen, vgl. Rn. 34a.

Grundsätzlich sind alle Arten von Kapitalerträgen – außer z. B. Kapitalerträge aus einem anderen Staat, die auf Grund eines Doppelbesteuerungsabkommens mit diesem Staat in Deutschland steuerfrei sind – in einer Gesamtsumme enthalten. Es wird nicht nach der Quelle der Kapitalerträge unterschieden. Die Kapitalerträge sind in Zeile 7 der Anlage KAP einzutragen.

Ausschüttungen eines Investmentfonds, die nach § 17 Absatz 1 Satz 1 InvStG als steuerfreie Kapitalrückzahlung gelten, sind nicht in der Höhe der Kapitalerträge auszuweisen. Erfolgt nach § 44b Absatz 1 EStG eine Erstattung der auf steuerfreie Kapitalrückzahlungen entfallenden Kapitalertragsteuer erst nach Ausstellung der Steuerbescheinigung, so ist die Steuerbescheinigung zu korrigieren. Für den Fall, dass die ausgewiesene anrechenbare Kapitalertragsteuer beim Finanzamt im Rahmen der Einkommensteuer- oder Körperschaftsteuerveranlagung angerechnet oder erstattet wurde (§ 36 Absatz 2 Nummer 2 EStG, ggf. in Verbindung mit § 31 Absatz 1 KStG), hat der Steuerpflichtige dies dem zuständigen Finanzamt unter Beifügung der berichtigten Steuerbescheinigung anzuzeigen (§ 153 AO).

27 Nicht besetzt

28 Die akkumulierten ausschüttungsgleichen Erträge aus vor dem 1. Januar 2018 erworbenen Anteilen an ausländischen thesaurierenden Investmentfonds nach § 7 Absatz 1 Satz 1 Nummer 3 in der bis zum 31. Dezember 2017 geltenden Fassung des Investmentsteuergesetzes (InvStG 2004) unterliegen zum Zeitpunkt der tatsächlichen Veräußerung oder bei Rückgabe der Investmentanteile dem Steuerabzug (§ 56 Absatz 3

Satz 6 InvStG) und sind in der bescheinigten Höhe der Kapitalerträge enthalten. Diese akkumulierten ausschüttungsgleichen Erträge sind im Rahmen der Steuererklärung und des Veranlagungsverfahrens von der bescheinigten Höhe der Kapitalerträge abzuziehen (vgl. den nachrichtlichen Ausweis bei Veräußerung oder Rückgabe von vor dem 1. Januar 2018 erworbenen Anteilen an ausländischen Investmentfonds in den Mustern I und III). Denn es handelt sich nicht um Kapitalerträge im Veräußerungszeitpunkt, sondern um einen nachholenden Steuerabzug auf die während der Haltedauer der Investmentanteile zuzurechnenden ausschüttungsgleichen Erträge. Zu den Voraussetzungen der Anrechnung dieser Kapitalertragsteuer, vgl. das BMF-Schreiben vom 17. Dezember 2012 (BStBl 2013 I S. 54). Aufgrund des Abzugs der akkumulierten ausschüttungsgleichen Erträge (Bemessungsgrundlage für den Kapitalertragsteuerabzug nach § 7 Absatz 1 Satz 1 Nummer 3 InvStG 2004) von den Kapitalerträgen können negative Kapitalerträge vorliegen. Ein negativer Betrag der Kapitalerträge ist in Zeile 12 der Anlage KAP zu erfassen.

Investmenterträge im Sinne des § 16 InvStG (Ausschüttungen, Vorabpauschalen und Gewinne aus der Veräußerung von Investmentanteilen) aus in- und ausländischen Investmentfonds sind grundsätzlich in der bescheinigten Höhe der Kapitalerträge enthalten. Insbesondere Vorabpauschalen sind auch dann auszuweisen, wenn aufgrund einer Verrechnung mit dem Sparer-Pauschbetrag, der Anwendung einer Nichtveranlagungs-Bescheinigung oder der Anrechnung einer ausländischen Quellensteuer kein Steuerabzug vorzunehmen war, vgl. Rn. 26. Unterliegen die Investmenterträge einer Teilfreistellung nach § 20 InvStG (Ausschüttungen für Aktienfonds (§ 20 Absatz 1 Satz 1 InvStG), für Mischfonds (§ 20 Absatz 2 InvStG), für Immobilienfonds (§ 20 Absatz 3 Satz 1 InvStG) oder für Auslands-Immobilienfonds (§ 20 Absatz 3 Satz 2 InvStG), so beschränkt sich der Steuerabzug nach § 43a Absatz 2 Satz 1 Halbsatz 2 EStG auf die steuerpflichtigen Teile der Kapitalerträge, vgl. Ausführungen zu Rn. 59). Nur diese Teile sind in der Steuerbescheinigung in der Zeile „Höhe der Kapitalerträge Zeile 7 Anlage KAP" auszuweisen.

29

Werden Alt-Anteile im Sinne des § 56 Absatz 2 Satz 1 InvStG tatsächlich veräußert, ist auf den Gewinn aus der fiktiven Veräußerung zum 31. Dezember 2017 nach § 56 Absatz 3 Satz 3 und 4 InvStG und auf die Beträge nach § 56 Absatz 3 Satz 6 InvStG ein Steuerabzug vorzunehmen. Sofern der Steuerabzug auf die Ersatzbemessungsgrundlage nach § 56 Absatz 3 Satz 4 InvStG und der Steuerabzug auf die akkumulierten ausschüttungsgleichen Erträge nebeneinander anwendbar sind, wird nicht beanstandet, wenn nur ein Steuerabzug auf die höhere der beiden Bemessungsgrundlagen vorgenommen wird (vgl. auch Rz. 56.78 des BMF-Schreibens vom 21. Mai 2019 [BStBl I S. 527], zuletzt geändert durch das BMF-Schreiben vom 15. März 2022 [BStBl I S. 336]).

Zu den Alt-Anteilen in diesem Sinne rechnen auch Anteile an Personengesellschaften, die als Investmentfonds im Sinne des § 1 Absatz 1b Satz 2 InvStG 2004 unter den Anwendungsbereich des InvStG 2004 fielen, jedoch nach § 1 Absatz 3 Satz 1 Nummer 2 InvStG ab dem 1. Januar 2018 keine Investmentfonds mehr darstellen (Personen-Investmentvermögen). Die Ausschüttungen und die Gewinne aus der Veräußerung von Anteilen an Personen-Investmentvermögen unterliegen seit dem 1. Januar 2018 keinem Steuerabzug. Bei einer Veräußerung eines Anteils an einem Personen-Investmentvermögen ist jedoch ein Steuerabzug nach § 56 Absatz 3 Satz 3 und 4 InvStG auf den Gewinn aus der fiktiven Veräußerung zum 31. Dezember 2017 sowie ein Steuerabzug nach § 56 Absatz 3 Satz 6 InvStG auf die Beträge nach § 7 Absatz 1 Satz 1 Nummer 3 InvStG 2004 vorzunehmen. Die Stelle, die Anteile an einem Personen-Investmentvermögen verwahrt oder verwaltet, hat das Vorhandensein derartiger Anteile und die Höhe von Ausschüttungen sowie von Veräußerungserlösen (nicht die Veräußerungsgewinne) im nachrichtlichen Teil der Steuerbescheinigung auszuweisen. Anteile an Personen-Investmentvermögen sind nicht als bestandsgeschützte Alt-Anteile auszuweisen. Soweit die Stelle, die die Anteile verwahrt oder verwaltet, nicht erkennt, ob es sich um ein Personen-Investmentvermögen handelt, hat sie für Zwecke des Steuerabzugs und der Steuerbescheinigung die für Investmentfonds geltenden Regelungen anzuwenden.

Zu Besonderheiten bei im Privatvermögen gehaltenen bestandsgeschützten Alt-Anteilen im Sinne des § 56 Absatz 6 Satz 1 InvStG, vgl. Rn. 30.

30 Realisierte Gewinne aus der Veräußerung von Investmentanteilen, die vor dem 1. Januar 2009 erworben wurden, seit der Anschaffung nicht im Betriebsvermögen gehalten wurden und keine Anteile im Sinne des § 56 Absatz 6 Satz 6 InvStG sind (bestandsgeschützte Alt-Anteile im Sinne des § 56 Absatz 6 Satz 1 InvStG), unterliegen mit den ab dem 1. Januar 2018 eingetretenen und durch Veräußerung realisierten Wertveränderungen nach § 43 Absatz 1 Satz 1 Nummer 9 EStG dem Kapitalertragsteuerabzug. Gewinne und Verluste aus der Veräußerung von bestandsgeschützten Alt-Anteilen sind nach § 43a Absatz 3 Satz 2 EStG mit anderen negativen oder positiven Kapitalerträgen verrechenbar. Die hiernach dem Kapitalertragsteuerabzug unterliegenden Gewinne sind in der Steuerbescheinigung in der Zeile „Höhe der Kapitalerträge Zeile 7 Anlage KAP" auszuweisen. Wenn es dem depotführenden Kreditinstitut nicht möglich ist, die Anteile im Sinne des § 56 Absatz 6 Satz 6 InvStG zu erkennen, wird es die Finanzverwaltung nicht beanstanden, dass auch diese Anteile im Steuerabzugsverfahren als bestandsgeschützte Alt-Anteile behandelt werden. Zweifelsfälle, bei denen die Anteile zwischen dem 10. November 2007 und dem 31. Dezember 2008 angeschafft wurden und die Anschaffungskosten einer Einzeltransaktion mindestens 100.000 € betragen, sind jedoch im nachrichtlichen Teil der Steuerbescheinigung gesondert auszuweisen. Hierbei ist sowohl der Gewinn oder Verlust aus der Veräußerung von bestandsgeschützten Alt-Anteilen nach § 56 Absatz 6 Satz 1 Nummer 2 InvStG als auch der Gewinn oder Verlust aus der fiktiven Veräußerung nach § 56 Absatz 3 Satz 1 InvStG gesondert auszuweisen. Sofern dem Kreditinstitut die Anschaffungskosten von als bestandsgeschützt behandelten Alt-Anteilen nicht vorliegen, ist es nicht zu beanstanden, wenn in der Spalte Gewinn/Verlust aus der fiktiven Veräußerung nach § 56 Absatz 3 Satz 1 InvStG „nicht ermittelbar" ausgewiesen wird.

Die Gewinne aus der Veräußerung von bestandsgeschützten Alt-Anteilen im Sinne des § 56 Absatz 6 Satz 1 Nummer 2 InvStG sind steuerfrei, soweit die insgesamt seit dem 1. Januar 2018 eingetretenen und durch Veräußerung realisierten Wertveränderungen den persönlichen Freibetrag von 100.000 € nicht übersteigen. Den persönlichen Freibetrag kann der Steuerpflichtige ausschließlich im Rahmen der Einkommensteuerveranlagung geltend machen. Hierfür sowie für Zwecke der gesonderten Feststellung nach § 56 Absatz 6 Satz 2 ff. InvStG ist die Summe der Gewinne im „davon"-Ausweis „Gewinne aus der Veräußerung bestandsgeschützter Alt-Anteile im Sinne des § 56 Abs. 6 Satz 1 Nr. 2 InvStG (nach Teilfreistellung) Zeile 10 Anlage KAP" auszuweisen. Für diesen Ausweis ist keine Saldierung zwischen Gewinnen und Verlusten aus bestandsgeschützten Alt-Anteilen vorzunehmen. Dies gilt auch in den Fällen einer ehegatten- oder lebenspartnerübergreifenden Verlustverrechnung. Der „davon"-Ausweis „Gewinne aus der Veräußerung bestandsgeschützter Alt-Anteile im Sinne des § 56 Abs. 6 Satz 1 Nr. 2 InvStG (nach Teilfreistellung) Zeile 10 Anlage KAP" ist der Höhe nach nicht auf die Höhe der Kapitalerträge (Zeile 7 Anlage KAP) beschränkt.

Maßgebend für den Ausweis der Summe der Gewinne aus bestandsgeschützten Alt-Anteilen sind nur die seit dem 1. Januar 2018 eingetretenen Wertveränderungen. Gewinne oder Verluste, die auf Wertveränderungen der bestandsgeschützten Alt-Anteile bis zum 31. Dezember 2017 beruhen, sind beim Steuerpflichtigen steuerfrei (§ 56 Absatz 6 Satz 1 Nummer 1 InvStG).

Anhang 19
Kapitalvermögen (Abgeltungsteuer)

Beispiel (vereinfacht ohne Solidaritätszuschlag und Kirchensteuer):
Gewinn aus bestandsgeschützten Alt-Anteilen
(realisierter Wertzuwachs ab 2018) + 11.000 €
Verlust aus sonstigen Kapitalerträgen
(realisierter Wertverlust aus bestandsgeschützten Alt-Anteilen ab 2018) − 9.000 €
Sonstige Kapitalerträge + 6.000 €
Summe der Kapitalerträge + 8.000 €
Kapitalertragsteuer 2.000 €

Lösung:
In der Steuerbescheinigung ist im „davon"-Ausweis ein Gewinn aus der Veräußerung bestandsgeschützter Alt-Anteile in Höhe von 11.000 € auszuweisen.

Abwandlung (vereinfacht ohne Solidaritätszuschlag und Kirchensteuer):
Gewinn aus bestandsgeschützten Alt-Anteilen
(realisierter Wertzuwachs ab 2018) + 11.000 €
Verlust aus sonstigen Kapitalerträgen
(realisierter Wertverlust aus bestandsgeschützten Alt-Anteilen ab 2018) − 15.000 €
Sonstige Kapitalerträge + 3.000 €
Summe der Kapitalerträge (Verlust) − 1.000 €

Lösung:
Hat der Steuerpflichtige rechtzeitig eine Verlustbescheinigung beantragt, ist in dieser im „davon"-Ausweis ein Gewinn aus der Veräußerung bestandsgeschützter Alt-Anteile in Höhe von 11.000 € auszuweisen.

In der Zeile „Höhe der Kapitalerträge Zeile 7 Anlage KAP" sind bei Lebensversicherungsverträgen die steuerpflichtigen Kapitalerträge nach § 20 Absatz 1 Nummer 6 EStG in der jeweils für den Vertrag geltenden Fassung anzugeben. Für Altverträge – Vertragsabschluss vor dem 1. Januar 2005 – sind die rechnungsmäßigen und außerrechnungsmäßigen Zinsen aus den Sparanteilen maßgebend. Für Neuverträge – Vertragsabschluss nach dem 31. Dezember 2004 – ist der Ertrag nach § 20 Absatz 1 Nummer 6 EStG in der seit dem 1. Januar 2005 geltenden Fassung anzugeben. Ertrag ist bei diesen Verträgen der Unterschiedsbetrag zwischen der Versicherungsleistung (im Erlebensfall) und der Summe der auf sie entrichteten Beiträge. Sind in dem Ertrag auch Erträge aus fondsgebundenen Lebensversicherungen enthalten, so sind nur die Erträge auszuweisen, die sich nach der teilweisen Steuerfreistellung im Sinne des § 20 Absatz 1 Nummer 6 Satz 9 EStG ergeben. Erträge nach § 20 Absatz 1 Nummer 6 Satz 2 EStG sind nicht in den Ausweis der „Höhe der Kapitalerträge Zeile 7 Anlage KAP" einzubeziehen, vgl. Rn. 35. Maßgeblich für den Kapitalertragsteuerabzug sind die Zinsen und/oder Erträge. 31

Der **Gewinn aus Aktienveräußerungen im Sinne des § 20 Absatz 2 Satz 1 Nummer 1 EStG** ist gesondert auszuweisen („davon"-Ausweis); berechnet wird der positive Unterschiedsbetrag zwischen Aktiengewinnen und -verlusten. Im nachrichtlichen Teil der Steuerbescheinigung ist zusätzlich der Gewinn aus Aktienveräußerungen im Sinne des § 20 Absatz 2 Satz 1 Nummer 1 EStG vor Verrechnung mit sonstigen Verlusten im Sinne des § 20 Absatz 2 EStG auszuweisen. 32

Der **Gewinn aus Termingeschäften im Sinne des § 20 Absatz 2 Satz 1 Nummer 3 EStG** und die Einkünfte aus Stillhalterprämien im Sinne des § 20 Absatz 1 Nummer 11 EStG sind gesondert auszuweisen („davon"-Ausweis). Ggf. vom Stillhalter getätigte Glattstellungsgeschäfte sowie mit der Prämieneinnahme verbundene Kosten sind dabei nicht vom „davon"-Ausweis und vom nachrichtlichen Ausweis abzuziehen, vgl. Rn. 25 und 34 des BMF-Schreibens vom 19. Mai 2022 (BStBl I S. 742). Eine unterjährige Verrechnung von Gewinnen aus Termingeschäften im Sinne des § 20 Absatz 2 32a

Anhang 19

Kapitalvermögen (Abgeltungsteuer)

Satz 1 Nummer 3 EStG und Einkünften aus Stillhalterprämien im Sinne des § 20 Absatz 1 Nummer 11 EStG mit sonstigen Verlusten ist zwar zulässig. Im nachrichtlichen Teil der Steuerbescheinigung sind jedoch zusätzlich der Gewinn aus Termingeschäften im Sinne des § 20 Absatz 2 Satz 1 Nummer 3 EStG und die Einkünfte aus Stillhalterprämien im Sinne des § 20 Absatz 1 Nummer 11 EStG vor Verrechnung mit sonstigen Verlusten auszuweisen. Zur Verrechnung von Verlusten aus Termingeschäften im Sinne des § 20 Absatz 2 Satz 1 Nummer 3 EStG, vgl. Rn. 34a.

33 Der in der Zeile **Ersatzbemessungsgrundlage** im Sinne des § 43a Absatz 2 Satz 7, 10, 13 und 14 EStG nach Teilfreistellung und im Sinne des § 56 Absatz 3 Satz 4 InvStG anzusetzende Betrag ist als Bruttobetrag, das heißt vor Berücksichtigung von Verlusten und eines Freistellungsauftrags, anzugeben. Der Betrag wird unabhängig von einem Kapitalertragsteuerabzug ausgewiesen.

Als Ersatzbemessungsgrundlage nach § 43a Absatz 2 Satz 7, 10, 13 und 14 EStG sind 30 % der Einnahmen aus der Veräußerung oder Einlösung der Wirtschaftsgüter zu Grunde zu legen. Werden Kapitalanlagen auf fremde Depots übertragen, ohne dass der Depotinhaber eine Erklärung über die Unentgeltlichkeit abgibt, hat das Kreditinstitut von einer steuerpflichtigen Veräußerung auszugehen. Als Einnahme aus der Veräußerung gilt der Börsenpreis zum Zeitpunkt der Übertragung zuzüglich Stückzinsen. Falls ein Börsenpreis nicht vorliegt, sind 30 % der Anschaffungskosten als Ersatzbemessungsgrundlage heranzuziehen. Durch Erklärung gegenüber dem Finanzamt kann der Steuerpflichtige im Rahmen der Veranlagung die Sachverhalte mit Ansatz der Ersatzbemessungsgrundlage aufklären und eine zutreffende Besteuerung herbeiführen, vgl. Rn. 182 des BMF-Schreibens vom 19. Mai 2022 (BStBl I S. 742). Ist die angesetzte Ersatzbemessungsgrundlage geringer als der tatsächlich erzielte Ertrag, hat der Steuerpflichtige die Ersatzbemessungsgrundlage gegenüber seinem Finanzamt zu korrigieren, vgl. Rn. 183 des vorgenannten BMF-Schreibens.

Bei der tatsächlichen Veräußerung von vor dem 1. Januar 2018 angeschafften Investmentanteilen (Alt-Anteile im Sinne des § 56 Absatz 2 Satz 1 InvStG) gilt der Gewinn aus der fiktiven Veräußerung zum 31. Dezember 2017 als zugeflossen, § 56 Absatz 3 Satz 1 InvStG (im Ausweis der Höhe der Kapitalerträge zu Zeile 7 der Anlage KAP enthalten, soweit steuerpflichtig). Darüber hinaus ist der auf den Zeitraum ab dem 1. Januar 2018 bis zum Veräußerungszeitpunkt entfallende Veräußerungsgewinn zu ermitteln (enthalten im Ausweis der Höhe der Kapitalerträge zu Zeile 7 der Anlage KAP). Wenn für die Ermittlung des Gewinns aus der fiktiven Veräußerung keine Anschaffungskosten vorliegen, ist nach § 56 Absatz 3 Satz 4 InvStG eine Ersatzbemessungsgrundlage von 30 % des letzten im Kalenderjahr 2017 festgesetzten Rücknahmepreises dem Steuerabzug zu Grunde zu legen. Liegt kein Rücknahmepreis vor, ist der letzte im Kalenderjahr 2017 verfügbare Börsen- oder Marktpreis als Bemessungsgrundlage für den Steuerabzug anzusetzen. Nach dem 31. Dezember 2017 eintretende Kapitalmaßnahmen haben keine Auswirkungen auf die Bestimmung der Ersatzbemessungsgrundlage.

Kann der Entrichtungspflichtige weder den Rücknahmepreis noch den Börsen- oder Marktpreis ermitteln, so ist keine Ersatzbemessungsgrundlage für den Gewinn aus der fiktiven Veräußerung zum 31. Dezember 2017 anzusetzen. Dies gilt auch für die Fälle, in denen zwar Anschaffungskosten vorliegen, aber weder der Rücknahmepreis noch der Börsen- oder Marktpreis ermittelbar ist. Es ist keine Anzeige des Entrichtungspflichtigen gegenüber dem zuständigen Finanzamt hinsichtlich des fehlenden Ansatzes der Ersatzbemessungsgrundlage für den Gewinn aus der fiktiven Veräußerung zum 31. Dezember 2017 erforderlich. Im nachrichtlichen Teil der Steuerbescheinigung sind auch die Alt-Anteile gesondert auszuweisen, bei denen die Ersatzbemessungsgrundlage nicht ermit-

Kapitalvermögen (Abgeltungsteuer)

telt werden konnte. Es sind jedoch nach § 43a Absatz 2 Satz 7 EStG 30 % der Einnahmen aus der tatsächlichen Veräußerung als Ersatzbemessungsgrundlage für den ab dem 1. Januar 2018 entstandenen Gewinn anzusetzen.

Der Ansatz der Ersatzbemessungsgrundlage hinsichtlich des Gewinns aus der fiktiven Veräußerung zum 31. Dezember 2017 ist im nachrichtlichen Teil der Steuerbescheinigung kenntlich zu machen, § 56 Absatz 3 Satz 5 Halbsatz 2 InvStG. Hierbei sind die aktuellen Gattungsdaten im Zeitpunkt der Erhebung des Kapitalertragsteuerabzugs anzugeben.

Die Kapitalertragsteuer auf die Ersatzbemessungsgrundlage entfaltet keine Abgeltungswirkung. Der Steuerpflichtige ist zur Erklärung des Veräußerungsgewinns in der Steuererklärung verpflichtet, § 56 Absatz 3 Satz 5 Halbsatz 1 InvStG.

Für die Zwecke des Steuerabzugs ist auch bei einem Ansatz der Ersatzbemessungsgrundlage im Sinne des § 43a Absatz 2 Satz 7, 10, 13 und 14 EStG die Teilfreistellung nach § 20 InvStG zu berücksichtigen. In der Steuerbescheinigung ist bei der Höhe der Kapitalerträge der nach der Teilfreistellung verbleibende steuerpflichtige Betrag anzusetzen.

Beispiel:
Privatanleger A erwirbt am 1. Oktober 2010 einen Investmentanteil an einem Immobilienfonds zu einem Preis von 100 €, der die ab 2018 geltenden Voraussetzungen für eine Immobilienteilfreistellung von 60 % nach § 20 Absatz 3 Satz 1 InvStG erfüllt. Es ist kein letzter im Kalenderjahr 2017 festgesetzter Rücknahmepreis im Sinne des § 56 Absatz 2 Satz 2 InvStG und kein Börsen- oder Marktpreis im Sinne des § 56 Absatz 2 Satz 3 InvStG ermittelbar. Am 15. Januar 2018 veräußert A den Investmentanteil zu einem Preis von 200 €.

Lösung:
Für den Gewinn aus der fiktiven Veräußerung zum 31. Dezember 2017 ist aufgrund des nicht ermittelbaren Rücknahme-, Börsen- oder Marktpreises keine Ersatzbemessungsgrundlage anzusetzen. Als Ersatzbemessungsgrundlage für den ab dem 1. Januar 2018 entstandenen Gewinn sind 30 % des Veräußerungspreises von 200 € = 60 € anzusetzen. Dem Steuerabzug unterliegt aber nur die um die Teilfreistellung gekürzte Ersatzbemessungsgrundlage: 60 € − 36 € (60 € x 60 % steuerfrei) = 24 €.
Bei der Höhe der Kapitalerträge sind in der Steuerbescheinigung damit 24 € anzugeben. Außerdem sind die 24 € in der Zeile „Ersatzbemessungsgrundlage im Sinne des § 43a Abs. 2 Satz 7, 10, 13 und 14 EStG nach Teilfreistellung und im Sinne des § 56 Abs. 3 Satz 4 InvStG" einzutragen und der Investmentanteil im nachrichtlichen Teil der Steuerbescheinigung als Alt-Anteil im Sinne des § 56 Abs. 2 Satz 1 InvStG, der kein bestandsgeschützter Alt-Anteil im Sinne des § 56 Abs. 6 InvStG ist, unter Angabe der Ersatzbemessungsgrundlage als „nicht ermittelbar" auszuweisen.

Verluste aus Kapitalvermögen dürfen nach § 20 Absatz 6 Satz 1 EStG nicht mit Einkünften aus anderen Einkunftsarten ausgeglichen werden. Für Zwecke der Verlustverrechnung ist zwischen Verlusten aus der Veräußerung von Aktien, Verlusten im Sinne des § 20 Absatz 6 Satz 5 EStG, Verlusten im Sinne des § 20 Absatz 6 Satz 6 EStG, vgl. Rn. 34a und sonstigen Verlusten zu unterscheiden.

Die **Höhe der nicht ausgeglichenen Verluste** aus der Veräußerung von Aktien und die Höhe der nicht ausgeglichenen sonstigen Verluste hat das Kreditinstitut auf Antrag des Steuerpflichtigen zu bescheinigen, um diesem im Rahmen der Veranlagung bei dessen Finanzamt eine Verrechnung mit anderen Kapitalerträgen (beispielsweise solchen, die bei einem anderen Kreditinstitut erzielt wurden) zu ermöglichen.

Die sonstigen Verluste können mit allen Arten von Kapitalerträgen, Verluste aus Aktienveräußerungen jedoch nur mit Gewinnen aus Aktienveräußerungen verrechnet werden. Beide Verlustverrechnungskreise sind im Gegensatz zu den Verlustverrechnungskreisen des § 20 Absatz 6 Satz 5 und 6 EStG betragsmäßig nicht beschränkt.

Anhang 19
Kapitalvermögen (Abgeltungsteuer)

34a Nach § 20 Absatz 6 Satz 5 EStG können Verluste aus Termingeschäften im Sinne des § 20 Absatz 2 Satz 1 Nummer 3 EStG, insbesondere aus der Veräußerung, der Glattstellung und dem Verfall von Optionen, nur mit Gewinnen aus Termingeschäften im Sinne des § 20 Absatz 2 Satz 1 Nummer 3 EStG und mit Einkünften aus Stillhalterprämien im Sinne des § 20 Absatz 1 Nummer 11 EStG ausgeglichen werden. Die Verlustverrechnung ist beschränkt auf 20.000 €. Nicht verrechnete Verluste können auf Folgejahre vorgetragen und je Folgejahr in Höhe von 20.000 € mit Gewinnen aus Termingeschäften und mit Einkünften aus Stillhalterprämien verrechnet werden, wenn nach der unterjährigen Verlustverrechnung ein verrechenbarer Gewinn oder verrechenbare Einkünfte verbleiben. Ein Verlustausgleich nach § 20 Absatz 6 Satz 5 EStG findet nur im Rahmen der Veranlagung statt. Die Verluste können nicht mit anderen Kapitalerträgen verrechnet werden. Das Kreditinstitut hat die angefallenen Verluste aus Termingeschäften auch ohne Antrag des Steuerpflichtigen zu bescheinigen, um dem Steuerpflichtigen im Rahmen der Veranlagung diese Verrechnung (beispielsweise mit Gewinnen aus Termingeschäften und Einkünften aus Stillhalterprämien, die bei einem anderen Kreditinstitut erzielt wurden) zu ermöglichen. Verluste aus Stillhaltergeschäften im Sinne des § 20 Absatz 1 Nummer 11 EStG (z. B. durch entsprechende Glattstellungsgeschäfte) werden von § 20 Absatz 6 Satz 5 EStG nicht erfasst.

Nach § 20 Absatz 6 Satz 6 EStG können Verluste aus der ganzen oder teilweisen Uneinbringlichkeit einer Kapitalforderung, aus der Ausbuchung wertloser Wirtschaftsgüter im Sinne des § 20 Absatz 1 EStG, aus der Übertragung wertloser Wirtschaftsgüter im Sinne des § 20 Absatz 1 EStG auf einen Dritten oder aus einem sonstigen Ausfall von Wirtschaftsgütern im Sinne des § 20 Absatz 1 EStG nur mit Einkünften aus Kapitalvermögen bis zur Höhe von 20.000 € ausgeglichen werden. Nicht verrechnete Verluste können auf Folgejahre vorgetragen und je Folgejahr in Höhe von 20.000 € mit Einkünften aus Kapitalvermögen verrechnet werden. Ein Verlustausgleich nach § 20 Absatz 6 Satz 6 EStG findet nur im Rahmen der Veranlagung statt. Das Kreditinstitut hat die angefallenen Verluste im Sinne des § 20 Absatz 6 Satz 6 EStG auch ohne Antrag des Steuerpflichtigen zu bescheinigen, um dem Steuerpflichtigen im Rahmen der Veranlagung diese Verrechnung (beispielsweise mit Einkünften aus Kapitalvermögen, die bei einem anderen Kreditinstitut erzielt wurden) zu ermöglichen. Handelt es sich bei den wertlosen oder ausgefallenen Wirtschaftsgütern um Investmentanteile, ist der Verlust aus der Ausbuchung, der Übertragung auf einen Dritten oder einem sonstigen Ausfall nach Teilfreistellung zu bescheinigen.

34b Ein negativer Unterschiedsbetrag bei Lebensversicherungen im Sinne des § 20 Absatz 1 Nummer 6 EStG ist – nach Berücksichtigung der teilweisen Steuerfreistellung im Sinne des § 20 Absatz 1 Nummer 6 Satz 9 EStG – in der Zeile „Höhe des nicht ausgeglichenen Verlustes ohne Verlust aus der Veräußerung von Aktien Zeile 12 Anlage KAP" in voller Höhe auszuweisen, vgl. auch Rn. 31 und 35. Zu Muster II vgl. Rn. 50.

35 In der Zeile „Höhe der **Kapitalerträge aus Lebensversicherungen** im Sinne des § 20 Absatz 1 Nummer 6 Satz 2 EStG nach Berücksichtigung der teilweisen Steuerfreistellung im Sinne des § 20 Abs. 1 Nr. 6 Satz 9 EStG Zeile 30 Anlage KAP" sind die positiven und negativen Erträge des Lebensversicherungsvertrags – Vertragsabschluss ab dem 1. Januar 2005 – gesondert auszuweisen, die nur in Höhe des hälftigen Unterschiedsbetrags einkommensteuerpflichtig sind (Vertragslaufzeit zwölf Jahre, Vollendung des 60. Lebensjahres des Steuerpflichtigen, bei Vertragsabschlüssen nach dem 31. Dezember 2011 nach Vollendung des 62. Lebensjahres, vgl. § 52 Absatz 28 Satz 7 EStG). Es ist zu beachten, dass das Versicherungsunternehmen den Unterschiedsbetrag immer in voller Höhe zu bescheinigen hat. Enthalten die auszuweisenden Erträge aus Lebensversicherungen im Sinne des § 20 Absatz 1 Nummer 6 Satz 2 EStG außerdem Erträge aus fondsgebundenen Lebensversicherungen, so ist der Unterschiedsbetrag nur in der Höhe anzugeben, der sich nach der teilweisen Steuerfreistellung im Sinne des § 20 Absatz 1 Nummer 6 Satz 9 EStG ergibt.

Maßgeblich für den Kapitalertragsteuerabzug auf diese Erträge ist immer der volle Unterschiedsbetrag zwischen der Versicherungsleistung (im Erlebensfall) und der Summe der auf sie entrichteten Beiträge, ggf. nach Abzug der teilweisen Steuerfreistellung im Sinne des § 20 Absatz 1 Nummer 6 Satz 9 EStG. Erst im Rahmen der Veranlagung wird nur der hälftige Unterschiedsbetrag versteuert. Die einbehaltene Kapitalertragsteuer/der Solidaritätszuschlag/die Kirchensteuer ist ausschließlich im Ausweis zu den Zeilen 43 bis 45 anzugeben.

Leistet eine Bausparkasse im Rahmen einer gerichtlichen oder außergerichtlichen Vergleichsvereinbarung Zahlungen für entgangene Zinsen, sind diese als „Entschädigungen, die als Ersatz für entgangene oder entgehende Einnahmen gewährt wurden Zeile 35 oder 36 Anlage KAP" im nachrichtlichen Teil des Musters I und in der „Höhe der Kapitalerträge Zeile 7 Anlage KAP" zu erfassen. | 35a

Die Regelungen zur Aufteilung, Bescheinigung und Anrechnung der Kapitalertragsteuer sind für den auf die Kapitalertragsteuer erhobenen **Solidaritätszuschlag** entsprechend anzuwenden. | 36

Bei einem Gemeinschaftskonto von Ehegatten/Lebenspartnern ist die einbehaltene **Kirchensteuer** anteilsmäßig gesondert auszuweisen. Bei Zugehörigkeit der Ehegatten/Lebenspartner zur gleichen Religionsgemeinschaft ist nur eine Summe in der Steuerbescheinigung auszuweisen. Bei konfessionsverschiedener Ehe/Lebenspartnerschaft hat zuerst die Angabe für den Ehemann/Person A (Ehegatte A/Lebenspartner A) zu erfolgen. Bei Lebenspartnerschaften ist der in der Zeile „Name und Anschrift der Gläubigerin/des Gläubigers/der Gläubiger der Kapitalerträge" zuerst genannte Lebenspartner auch in der Zeile „Kirchensteuer zur Kapitalertragsteuer" zuerst zu berücksichtigen. | 37

Neben der einbehaltenen Kirchensteuer ist nach § 51a Absatz 2c Satz 6 EStG auch die steuererhebende Religionsgemeinschaft im Klartext (z. B. Bistum Essen, Evangelische Landeskirche in Baden) anzugeben. Klartexte, die 100 Zeichen überschreiten, können geeignet abgekürzt werden.

Wurde im laufenden Jahr wegen einer Änderung der Zugehörigkeit zur Religionsgemeinschaft ein Steuerabzug für unterschiedliche steuererhebende Religionsgemeinschaften durchgeführt, sind sämtliche steuererhebenden Religionsgemeinschaften anzugeben.

Angaben zu den **ausländischen Steuern** werden einschließlich der fiktiven Steuern, soweit sie ohne Einschränkung angerechnet werden dürfen, ausgewiesen. In der Summe der anrechenbaren noch nicht angerechneten ausländischen Steuern dürfen die fiktiven Quellensteuern mit besonderen Anrechnungsvoraussetzungen nicht enthalten sein. Eine Übersicht über anrechenbare ausländische Quellensteuern ist auf der Internetseite des steuerlichen Info-Centers des BZSt veröffentlicht (https://www.bzst.de/DE/Privatpersonen/Kapitalertraege/AuslaendischeQuellensteuer/auslaendischequellensteuer_node). Die Voraussetzungen für die Anrechnung fiktiver Quellensteuern sind in den Doppelbesteuerungsabkommen (DBA) mit entsprechenden Vereinbarungen unterschiedlich geregelt. Eine Prüfung der Voraussetzungen für die Anrechnung kann nur im Einzelfall, das heißt im Rahmen der Veranlagung, durch die zuständigen Finanzämter erfolgen. Ein Verzeichnis ausländischer Steuern in Nicht-DBA-Staaten, die der deutschen Einkommensteuer entsprechen, ist in Anhang 12 II.1 des Einkommensteuer-Handbuchs veröffentlicht. | 38

Ein negativer Quellensteuerbetrag, der zu einer Nachbelastung von Kapitalertragsteuer geführt hat, ist als negativer Betrag in der Zeile „Summe der angerechneten ausländischen Steuer Zeile 40 Anlage KAP" auszuweisen.

Anhang 19
Kapitalvermögen (Abgeltungsteuer)

Im Falle eines negativen Quellensteuertopfes sind Beträge, die beim Steuerabzug nicht berücksichtigt werden konnten, als negative Beträge in der Zeile „Summe der anrechenbaren noch nicht angerechneten ausländischen Steuer Zeile 41 Anlage KAP" auszuweisen. Das Kreditinstitut hat in diesem Fall auf die Veranlagungspflicht nach § 32d Absatz 3 EStG in der Steuerbescheinigung hinzuweisen.

39 Wurde für Ehegatten/Lebenspartner die ehegatten- oder lebenspartnerübergreifende Verlustverrechnung im Sinne des § 43a Absatz 3 Satz 2 Halbsatz 2 EStG durchgeführt, sind in der jeweiligen Steuerbescheinigung die Erträge und Quellensteuern auszuweisen, die nach der entsprechend den Rn. 266 bis 277 des BMF-Schreibens vom 19. Mai 2022 (BStBl I S. 742) durchgeführten übergreifenden Verlustverrechnung und Quellensteueranrechnung verbleiben.

40 Nicht besetzt
41 Nicht besetzt
42 Nicht besetzt

III. Steuerbescheinigung einer leistenden Körperschaft, Personenvereinigung oder Vermögensmasse oder eines Personenunternehmens oder eines Spezial-Investmentfonds (Muster II)

1. Allgemeines

43 Die Steuerbescheinigung einer leistenden Körperschaft, Personenvereinigung oder Vermögensmasse oder eines Personenunternehmens oder eines Spezial-Investmentfonds soll im Unterschied zum Muster I von einem Aussteller erteilt werden, der kein Kredit-, Finanzdienstleistungs- oder Wertpapierinstitut ist, z. B. Lebensversicherungsunternehmen, GmbH, Aktiengesellschaft (wenn die Aktien der Gesellschaft nicht im Depot gehalten werden) oder Spezial-Investmentfonds. Bei Investmentfonds haben die Kapitalverwaltungsgesellschaften, die selbst die Anteile der Anleger verwahren oder verwalten, eine Steuerbescheinigung als auszahlende Stelle im Sinne des § 44 Absatz 1 Satz 4 EStG nach Muster I oder Muster III zu erstellen. Die Steuerbescheinigung gilt unabhängig von einer Abgeltungswirkung des Steuerabzugs für alle Kapitalerträge, insbesondere auch für betriebliche Kapitalerträge. Rn. 26 Satz 1 gilt hinsichtlich der Berücksichtigung des Sparer-Pauschbetrages entsprechend. Grundsätzlich gelten die Ausführungen zu Muster I entsprechend, Besonderheiten werden nachfolgend gesondert aufgeführt.

2. Berechtigung zur Ausstellung

44 Die leistende Körperschaft, Personenvereinigung oder Vermögensmasse oder das Personenunternehmen oder der Spezial-Investmentfonds braucht bei der Ausstellung der Steuerbescheinigung nicht zu prüfen, ob der Anteilseigner zur (vollständigen) Anrechnung der Kapitalertragsteuer oder zur Erstattung nach § 50c EStG (bei Steuerausländern) berechtigt ist. Diese Prüfung obliegt dem für die Besteuerung des Anteilseigners zuständigen Finanzamt oder dem BZSt. Wegen der Ausstellung von Steuerbescheinigungen an Anteilseigner, deren Anteile sich im Wertpapierdepot eines ausländischen Kreditinstituts befinden, vgl. Rn. 70.

3. Abweichende Anschrift

45 Weicht die in der Steuerbescheinigung angegebene Anschrift des Anteilseigners von derjenigen ab, unter der er beim Finanzamt geführt wird, ist dies der Vereinfachung wegen nicht zu beanstanden, wenn kein Zweifel daran besteht, dass es sich um dieselbe Person handelt. Bestehen Zweifel an der Identität, muss das Finanzamt den Anteilseigner auffordern, den Sachverhalt aufzuklären. Soweit hierzu erforderlich, hat der Anteilseigner eine berichtigte Steuerbescheinigung vorzulegen (§ 45a Absatz 6 EStG). Erge-

ben sich die Zweifel daraus, dass die Steuerbescheinigung an eine von dem Anteilseigner der leistenden Körperschaft, Personenvereinigung oder Vermögensmasse oder des Personenunternehmens oder des Spezial-Investmentfonds mitgeteilte Versandanschrift geleitet worden ist, die sich nicht mit der Anschrift deckt, unter der er beim Finanzamt geführt wird, kann die Identität auch durch eine ergänzende Steuerbescheinigung der leistenden Körperschaft, Personenvereinigung oder Vermögensmasse oder des Personenunternehmens oder des Spezial-Investmentfonds nachgewiesen werden, aus der Straße, Hausnummer, Wohnort bzw. Sitz oder Geschäftsleitung des Anteilseigners hervorgehen.

4. Muster der Steuerbescheinigung

Für die Angabe des Schuldners reicht die übliche Kurzbezeichnung des Schuldners aus. 46

Da auch der Zahlungstag zu bescheinigen ist, darf die Steuerbescheinigung erst ausgestellt werden, nachdem die Leistung erbracht worden ist. 47

5. Umfang der zu bescheinigenden Angaben

Die Verpflichtung unbeschränkt steuerpflichtiger Körperschaften, ihren Anteilseignern auf Verlangen zur Anrechnung von Kapitalertragsteuer eine Steuerbescheinigung auszustellen, wird nicht nur durch Leistungen begründet, die bei den Anteilseignern Gewinnanteile darstellen. Die Verpflichtung entsteht auch, wenn den Anteilseignern der Körperschaft sonstige Bezüge im Sinne des § 20 Absatz 1 Nummer 1 Satz 2 und 3 EStG zufließen, sowie für Bezüge, die nach der Auflösung der Körperschaft anfallen und die nicht in der Rückzahlung von Nennkapital bestehen; § 20 Absatz 1 Nummer 1 Satz 3 EStG gilt entsprechend (§ 20 Absatz 1 Nummer 2 Satz 1 EStG). Das gleiche gilt, wenn die Anteilseigner auf Grund einer Kapitalherabsetzung oder nach der Auflösung der Körperschaft Bezüge erhalten, die als Gewinnausschüttung im Sinne des § 28 Absatz 2 Satz 2 KStG gelten (§ 20 Absatz 1 Nummer 2 Satz 2 EStG). Liegen die Voraussetzungen nicht vor, hat die Körperschaft gemäß § 27 Absatz 3 KStG die Leistungen zu bescheinigen und in der Steuerbescheinigung darauf hinzuweisen. 48

Die leistende Körperschaft muss die Steuerbescheinigung auch erteilen, wenn einem Anteilseigner Kapitalerträge im Sinne des § 20 Absatz 1 Nummer 1 oder 2 EStG aus dem früheren Rechtsverhältnis zufließen, vgl. § 24 Nummer 2 EStG. Ist die Körperschaft eine Organgesellschaft im Sinne der §§ 14, 17 KStG und werden Ausgleichszahlungen an außenstehende Anteilseigner geleistet, hat die Körperschaft die Steuerbescheinigung an diese Anteilseigner auch zu erteilen, wenn die Verpflichtung zum Ausgleich von dem Organträger erfüllt worden ist. 49

Ein negativer Unterschiedsbetrag bei Lebensversicherungen ist – nach Berücksichtigung der teilweisen Steuerfreistellung im Sinne des § 20 Absatz 1 Nummer 6 Satz 9 EStG – in Muster II in voller Höhe als Minusbetrag auszuweisen. Dabei sind die Beträge nach § 20 Absatz 1 Nummer 6 Satz 1 EStG in der Zeile „Kapitalerträge im Sinne des § 43 Absatz 1 Satz 1 Nummer 4 EStG" und die Beträge nach § 20 Absatz 1 Nummer 6 Satz 2 EStG in der Zeile „Kapitalerträge aus Lebensversicherungen im Sinne des § 20 Absatz 1 Nummer 6 Satz 2 EStG" zu erfassen. Eine gesonderte Verlustbescheinigung nach § 43a Absatz 3 Satz 4 EStG ist in diesen Fällen nicht zu erteilen, da das Versicherungsunternehmen nicht als auszahlende Stelle handelt. Zu Muster I vgl. Rn. 34. 50

Ein inländischer Spezial-Investmentfonds ist selbst zur Vornahme des Kapitalertragsteuerabzugs verpflichtet. Dem Steuerabzug unterliegen nach § 50 Absatz 1 Satz 2 InvStG sowohl ausgeschüttete und ausschüttungsgleiche Erträge als auch Gewinne aus der Veräußerung von Spezial-Investmentanteilen. 51

Nicht besetzt 52

Anhang 19
Kapitalvermögen (Abgeltungsteuer)

53 Zuzurechnende steuerabzugspflichtige Erträge aus inländischen Spezial-Investmentfonds sind als „Kapitalerträge im Sinne des § 50 Absatz 1 Satz 2 InvStG" auszuweisen. Handelt es sich um Veräußerungsgewinne im Sinne des § 50 Absatz 1 Satz 2 Nummer 2 InvStG, sind die Anzahl der veräußerten Spezial-Investmentanteile und der Handelstag zu benennen. Wird eine zusammengefasste Steuerbescheinigung für einen Zeitraum erteilt und sind in diesem Zeitraum Spezial-Investmentanteile in mehreren Tranchen veräußert worden, sind die einzelnen Veräußerungsdaten (Handelstag und Anzahl der Spezial-Investmentanteile) separat auszuweisen.

Die Kapitalerträge im Sinne des § 50 Absatz 1 Satz 2 InvStG, bei denen nach § 43 Absatz 2 Satz 3 bis 8 EStG vom Steuerabzug Abstand genommen wurde, sind gesondert auszuweisen. Dies gilt sowohl für die ausgeschütteten und ausschüttungsgleichen Erträge als auch die Gewinne aus der Veräußerung von Spezial-Investmentanteilen. Es ist auch dann eine Steuerbescheinigung auf Verlangen des Steuerpflichtigen zu erstellen, die einen gesonderten Ausweis der nach § 43 Absatz 2 Satz 3 bis 8 EStG vom Steuerabzug frei gestellten Erträge und Gewinne enthält, wenn insgesamt keine Kapitalertragsteuer einbehalten wurde.

Bei beschränkt Steuerpflichtigen (Steuerausländern) unterliegen nur die inländischen Immobilienerträge nach § 33 Absatz 3 InvStG sowie die sonstigen inländischen Einkünfte nach § 33 Absatz 4 InvStG der beschränkten Steuerpflicht. Nur in Bezug auf diese Erträge darf eine Steuerbescheinigung für beschränkt Steuerpflichtige ausgestellt werden. Dies gilt entsprechend für ausländische Spezial-Investmentfonds, die freiwillig Kapitalertragsteuer nach § 50 InvStG auf Erträge im Sinne des § 33 Absatz 3 und/oder Absatz 4 InvStG an die für sie nach § 4 InvStG zuständige Finanzbehörde abführen. Der ausländische Spezial-Investmentfonds ist in diesem Fall zur Ausstellung einer Steuerbescheinigung berechtigt.

In den Fällen einer nach § 33 Absatz 2 Satz 3 InvStG ausgeübten Immobilien-Transparenzoption hat der Ziel-Spezial-Investmentfonds gegenüber dem Dach-Spezial-Investmentfonds eine Steuerbescheinigung zu erteilen, in der sämtliche Anleger des Dach-Spezial-Investmentfonds und die weiteren Angaben des § 31 Absatz 1 Satz 2 InvStG aufzuführen sind.

6. Anteilseigner

54 Die leistende Körperschaft darf die Steuerbescheinigung für Erträge nach § 20 Absatz 1 Satz 1 EStG nur an ihre Anteilseigner erteilen. Anteilseigner ist derjenige, dem nach § 39 AO die Anteile an dem Kapitalvermögen im Sinne des § 20 Absatz 1 Nummer 1 EStG, z. B. Aktien, Anteile an Gesellschaften mit beschränkter Haftung, an Erwerbs- und Wirtschaftsgenossenschaften oder an bergbaubetreibenden Vereinigungen, die die Rechte einer juristischen Person haben, im Zeitpunkt des Gewinnverteilungsbeschlusses zuzurechnen sind (§ 20 Absatz 5 Satz 2 EStG).

7. Anteile im Gesamthandsvermögen

55 Gehören die Anteile am Kapitalvermögen zum Gesamthandsvermögen einer Personengesellschaft, kann über die steuerliche Zurechnung der Kapitalerträge aus diesen Anteilen und der anzurechnenden Kapitalertragsteuer nur im Rahmen der gesonderten Feststellung des Gewinns der Personengesellschaft (§ 180 AO) entschieden werden. Die ausschüttende Körperschaft hat deshalb eine zusammenfassende Steuerbescheinigung auf den Namen der Personengesellschaft auszustellen. Für die Mitunternehmer ergibt sich in diesen Fällen der Betrag der anzurechnenden Kapitalertragsteuer aus der gesonderten Feststellung. Wird der Einkommensteuerbescheid oder der Körperschaftsteuerbescheid für die Mitunternehmer nach § 155 Absatz 2 AO vor Erlass des Bescheids über die gesonderte Feststellung erteilt, kann die anzurechnende Kapitalertragsteuer dabei

vorläufig geschätzt werden. Entsprechendes gilt, wenn die Anteile an dem Kapitalvermögen einer anderen Gesamthandsgemeinschaft oder einer Bruchteilsgemeinschaft gehören. Ist die Steuerbescheinigung auf den Namen einer Gesamthands- oder Bruchteilsgemeinschaft ausgestellt worden, die an einer ausschüttenden Körperschaft beteiligt ist, und unterbleibt nach § 180 Absatz 3 AO eine gesonderte Feststellung, ist die anzurechnende Kapitalertragsteuer den Steuerpflichtigen der Vereinfachung wegen in dem Verhältnis zuzurechnen, in dem ihnen die zugrundeliegenden Einnahmen im Sinne des § 20 Absatz 1 Nummer 1 und 2 EStG zugerechnet werden. Stehen die Anteile im Alleineigentum eines Gesellschafters, gehören sie aber zum Sonderbetriebsvermögen des Gesellschafters einer Personengesellschaft, ist die Steuerbescheinigung auf den Namen des Gesellschafters auszustellen. In diesen Fällen ist die Steuerbescheinigung in dem Verfahren der gesonderten Feststellung nach § 180 AO vorzulegen, weil die Leistung der ausschüttenden Körperschaft und die anzurechnende Kapitalertragsteuer in die gesonderte Feststellung einzubeziehen sind.

8. Inländisches Kreditinstitut

In den Fällen, in denen die auszahlende Stelle nach § 44 Absatz 1 Satz 4 EStG gleichzeitig auch Kapitalerträge als Schuldner der Kapitalerträge zahlt, sind diese Kapitalerträge in eine etwaige Verlustverrechnung mit einzubeziehen und daher in Muster I zu bescheinigen. Entsprechendes gilt, wenn die Voraussetzungen für eine Einbeziehung in eine zeitraum- oder jahresbezogene Steuerbescheinigung nach Muster III gegeben sind. 56

IV. Steuerbescheinigung der die Kapitalerträge auszahlenden Stelle für Konten und/oder Depots bei Einkünften im Sinne der §§ 13, 15, 18 und 21 EStG, bei Einkünften im Sinne des § 43 Abs. 1 Satz 1 Nr. 1, 1a, 2 EStG von beschränkt Steuerpflichtigen, bei Einkünften von Körperschaften, Vermögensmassen und Personenvereinigungen sowie bei Einkünften eines Investmentfonds oder eines Spezial-Investmentfonds (Muster III)

1. Allgemeines

Die Steuerbescheinigung der die Kapitalerträge auszahlenden Stelle für Konten und/oder Depots bei Einkünften im Sinne der §§ 13, 15, 18 und 21 EStG gilt für Fälle, die nicht der Abgeltungsteuer unterliegen (Muster I), jedoch für Anrechnungszwecke ebenfalls einer Steuerbescheinigung bedürfen (z. B. Körperschaften). In diesen Fällen wird § 43a Absatz 3 EStG nicht angewendet, insbesondere findet keine Verlustverrechnung statt, vgl. § 43a Absatz 3 Satz 8 EStG. Sofern Erträge aus Versicherungen zu den betrieblichen Einkünften gehören und der Versicherungsnehmer daneben Erträge aus Beitragsdepots, Parkdepots, Ablaufdepots oder Kapitalisierungsgeschäften erzielt, ist in der Steuerbescheinigung die Bezeichnung der auszahlenden Stelle um die Bezeichnung des Schuldners der Kapitalerträge zu ergänzen. Grundsätzlich gelten die Ausführungen zu Muster I entsprechend, Besonderheiten werden nachfolgend gesondert aufgeführt. 57

Beschränkt steuerpflichtige Gläubiger von Kapitalerträgen im Sinne des § 43 Absatz 1 Satz 1 Nummer 1a EStG können gemäß § 50c Absatz 3 Satz 3 EStG eine Kapitalertragsteuererstattung nur gegen Vorlage einer Steuerbescheinigung im Sinne des § 45a Absatz 2 EStG (Muster III) beim BZSt beantragen.

Die Ausführungen in Rn. 28 (Veräußerung/Rückgabe von Anteilen an ausländischen thesaurierenden Investmentfonds) und in Rn. 29 (Ansatz von Investmenterträgen im Sinne des § 16 InvStG) sind sinngemäß bei Muster III anzuwenden. 58

Beim Kapitalertragsteuerabzug auf Investmenterträge aus Aktienfonds (§ 20 Absatz 1 InvStG) oder Mischfonds (§ 20 Absatz 2 InvStG) ist nach § 43a Absatz 2 Satz 1 Halbsatz 2 EStG ausschließlich die Teilfreistellung für im Privatvermögen gehaltene Invest- 59 mentanteile zu berücksichtigen, vgl. Ausführungen zu Rn. 29. Ein darüberhinausgehender Teilfreistellungssatz für betriebliche oder dem KStG unterliegende Anleger kann erst im Rahmen der Veranlagung berücksichtigt werden.

Im nachrichtlichen Teil der Steuerbescheinigung sind die im Bescheinigungszeitraum erzielten Erträge aus in- und ausländischen Investmentanteilen zur Berücksichtigung des zutreffenden Teilfreistellungssatzes nach § 20 InvStG sowie des Ansatzes der im Bescheinigungszeitraum als zugeflossen geltenden Vorabpauschalen nach § 18 InvStG aufzugliedern. Hierin sind die Höhe der zuzurechnenden Investmenterträge (vor Anwendung der Teilfreistellung) untergliedert nach der Art der anzuwendenden Teilfreistellung (Aktienteilfreistellung, Mischfondsteilfreistellung, Immobilienteilfreistellung und Auslands-Immobilienteilfreistellung) auszuweisen. Die hierin enthaltenen Teilgrößen für im Bescheinigungszeitraum nach § 18 Absatz 3 InvStG als zugeflossen geltenden und dem Steuerabzug unterworfenen, vgl. Rn. 29. Vorabpauschalen im Sinne des § 18 InvStG sind ergänzend auszuweisen.

Wenn mehrere fiktive Veräußerungen nach § 22 Absatz 1 InvStG oder § 19 Absatz 2 Satz 1 InvStG eingetreten sind, ist es nicht zu beanstanden, dass der Entrichtungspflichtige auch bei betrieblichen Anlegern eine Verrechnung von positiven und negativen fiktiven Veräußerungsgewinnen vornimmt (abweichend von Rn. 215 des BMF-Schreibens vom 19. Mai 2022 [BStBl I S. 742]). Hinsichtlich des Ausweises von Veräußerungsgewinnen vor Anwendung der Teilfreistellung ist darauf zu achten, dass keine Verrechnung zwischen Gewinnen vorgenommen wird, auf die unterschiedliche Teilfreistellungssätze (als Aktien-, Misch-, Immobilien-, Auslands-Immobilienfonds oder sonstiger (nicht begünstigter) Investmentfonds) anwendbar sind.

60 Für betriebliche Kapitalerträge und Kapitalerträge bei Einkünften aus Vermietung und Verpachtung von Personengesellschaften und Einzelunternehmen ist entsprechend den Regelungen für Körperschaften im Rahmen der Abgeltungsteuer in bestimmten Fällen kein Steuerabzug vorzunehmen, falls der Steuerpflichtige eine entsprechende Option (§ 43 Absatz 2 Satz 3 Nummer 2 EStG) ausübt. In diesen sowie in den übrigen Fällen des § 43 Absatz 2 EStG sind die Erträge nicht in der Steuerbescheinigung auszuweisen.

61 Die als zugeflossen geltenden, aber noch nicht dem Steuerabzug unterworfenen Erträge nach § 7 Absatz 1 Satz 1 Nummer 3 InvStG 2004 und der Zwischengewinn nach § 7 Absatz 1 Satz 1 Nummer 4 InvStG 2004, unterliegen zum Zeitpunkt der tatsächlichen Veräußerung des Alt-Anteils dem Steuerabzug nach § 43 Absatz 1 Satz 1 Nummer 5 EStG (§ 56 Absatz 3 Satz 6 InvStG). In der Steuerbescheinigung für betriebliche Anleger wird es nicht beanstandet, wenn diese in der Zeile „Kapitalerträge im Sinne des § 43 Abs. 1 Satz 1 Nr. 1, 1a EStG" ausgewiesen werden.

62 Investmenterträge im Sinne des § 20 Absatz 1 Nummer 3 EStG in Verbindung mit § 16 InvStG unterliegen nicht der beschränkten Steuerpflicht und sind daher bei beschränkt steuerpflichtigen Anlegern nicht im amtlichen Teil der Steuerbescheinigung auszuweisen. Der nachrichtliche Ausweis der Investmenterträge im Sinne des § 16 Absatz 1 Nummer 1 bis 3 InvStG hat unabhängig davon zu erfolgen, ob ein Steuerabzug durchgeführt wurde. Dieser nachrichtliche Ausweis ist insbesondere für die Fälle erforderlich, in denen sich in der Veranlagung herausstellt, dass die Voraussetzungen für eine Abstandnahme oder ein Absehen vom Steuerabzug nicht vorlagen (z. B. liegt – anders als im Steuerabzugsverfahren angenommen – ein Status als Steuerinländer und nicht als Steuerausländer vor). Im Falle der Ausstellung von Einzelsteuerbescheinigungen kann der Steuerpflichtige auch bei fehlendem Steuerabzug eine Steuerbescheinigung mit dem nachrichtlichen Ausweis der Investmenterträge im Sinne des § 16 Absatz 1 Nummer 1 bis 3 InvStG verlangen.

Erträge aus Limited Liability Companies (LLCs), aus Limited Partnerships (LPs) und aus Master Limited Partnerships (MLPs) werden im Steuerabzugsverfahren als Dividendenerträge nach § 20 Absatz 1 Nummer 1 EStG behandelt und sind in Muster III als Kapitalerträge im Sinne des § 43 Absatz 1 Satz 1 Nummer 6 EStG zu bescheinigen. Da erst im Veranlagungsverfahren geprüft werden kann, ob beim Dividendenempfänger die Voraussetzungen des § 3 Nummer 40 EStG vorliegen, ist die Zeile „>davon: Erträge, die dem Teileinkünfteverfahren unterliegen" vom Kreditinstitut nicht auszufüllen. Gleiches gilt für Veräußerungsgewinne als Kapitalerträge im Sinne des § 43 Absatz 1 Satz 1 Nummer 9 EStG.

2. Muster der Steuerbescheinigung

Für die Angabe des Schuldners reicht die übliche Kurzbezeichnung des Schuldners in Verbindung mit der Angabe der Wertpapierkennnummer oder der ISIN aus. Die Angabe des Schuldners ist lediglich bei Ausstellung einer Einzelsteuerbescheinigung erforderlich.

V. Besonderheiten Muster I und III
1. Zweigniederlassung

Neben inländischen Kreditinstituten ist auch die im Inland befindliche Zweigniederlassung oder Zweigstelle eines ausländischen Unternehmens zur Ausstellung von Steuerbescheinigungen nach § 45a Absatz 3 EStG berechtigt. Voraussetzung ist, dass dem ausländischen Unternehmen die Erlaubnis zum Betrieb von Bankgeschäften erteilt und dass die in § 20 Absatz 1 und 2 EStG bezeichnete Leistung für Rechnung der ausschüttenden Körperschaft von der inländischen Zweigniederlassung oder Zweigstelle erbracht worden ist. Eine Abfragemöglichkeit über die Zweigniederlassungen gemäß §§ 53b und 53c KWG als auch die Zweigstellen gemäß § 53 KWG ist auf den Internetseite der Bundesanstalt für Finanzdienstleistungsaufsicht (www.bafin.de/de) unter dem Suchwort „Unternehmensdatenbank" gegeben. In dieser Unternehmensdatenbank sind nicht nur die ausländischen Unternehmen mit einer Erlaubnis zum Betrieb von Bankgeschäften mittels inländischer Zweigniederlassungen oder Zweigstellen, sondern auch diejenigen ausländischen Unternehmen enthalten, die die Erlaubnis haben, mittels inländischer Zweigniederlassungen oder Zweigstellen Finanzdienstleistungen zu erbringen.

2. Gutschrift für andere Kreditinstitute, Kennzeichnung der Steuerbescheinigung
a) Mitteilungsverpflichtung

Führt ein Kreditinstitut ein Wertpapierdepot, das auf den Namen eines anderen Kreditinstituts lautet, darf das depotführende Kreditinstitut dem anderen Kreditinstitut eine Steuerbescheinigung über Kapitalerträge im Sinne des § 43 Absatz 1 Satz 1 Nummer 1 EStG nur erteilen, wenn das andere Kreditinstitut schriftlich mitgeteilt hat, dass es Eigentümer der Wertpapiere ist, vgl. § 4 Absatz 2 DepotG. Liegt eine solche Mitteilung nicht vor, hat stets das andere Kreditinstitut die Steuerbescheinigung zu erteilen, und zwar sowohl für die Dividenden, die es seinen Kunden gutschreibt, als auch für diejenigen, die es selbst bezieht. In den Fällen des § 43 Absatz 1 Satz 1 Nummer 1a EStG hat stets das Kreditinstitut die Steuerbescheinigung zu erteilen, das zuvor den Kapitalertragsteuerabzug vorgenommen hat, vgl. Rn. 68.

b) Ausstellung in Vertretung des Anteilseigners

Bei Dividendengutschriften im Sinne des § 43 Absatz 1 Satz 1 Nummer 1 EStG für andere Kreditinstitute bestehen jedoch keine Bedenken dagegen, dass ein inländisches Kreditinstitut eine Steuerbescheinigung auf den Namen des Anteilseigners ausstellt, wenn ein anderes Kreditinstitut in Vertretung des Anteilseigners eine auf dessen Namen lautende Steuerbescheinigung beantragt hat. Die Steuerbescheinigung ist von dem ausstellenden Kreditinstitut nach § 45a Absatz 3 und § 44a Absatz 6 EStG entsprechend zu kennzeichnen; sie muss außerdem erkennen lassen, welches Kreditinstitut die Gutschrift erhalten hat. Das gilt auch, wenn die Ausstellung von einem ausländischen Kreditinstitut beantragt worden ist.

c) Kapitalerträge mit Zahlstellensteuerprinzip im Sinne des § 43 Absatz 1 Satz 1 Nummer 1a EStG

68 Führt ein inländisches Kreditinstitut ein Wertpapierdepot, das auf den Namen eines ausländischen Kreditinstituts lautet, liegt für Erträge im Sinne des § 43 Absatz 1 Satz 1 Nummer 1a und Nummer 2 Satz 4 EStG regelmäßig ein Fall des § 44 Absatz 1 Satz 4 Nummer 3 EStG vor. Das depotführende inländische Kreditinstitut ist zum Einbehalt von Kapitalertragsteuer in seiner Funktion als auszahlende Stelle im Sinne des § 44 Absatz 1 Satz 3 EStG verpflichtet.

Eine Steuerbescheinigung auf den Namen des ausländischen Kreditinstituts darf das depotführende inländische Kreditinstitut nur ausstellen, wenn das ausländische Kreditinstitut schriftlich mitgeteilt hat, dass es Eigentümer der Wertpapiere ist.

In den Fällen der ausländischen Zwischenverwahrung von Wertpapieren für inländische Endkunden kann nach Maßgabe des BMF-Schreibens vom 16. September 2013 (BStBl I S. 1168) von dem inländischen Kreditinstitut, das als letzte inländische Stelle gemäß § 44 Absatz 1 Satz 4 Nummer 3 EStG vor der Zahlung in das Ausland einen Steuerabzug vorgenommen hat, eine Sammel-Steuerbescheinigung über den vorgenommenen Kapitalertragsteuerabzug ausgestellt werden.

Bei im Inland endverwahrten Beständen, soweit keine Sammel-Steuerbescheinigung beantragt wurde, sowie bei im Ausland endverwahrten Beständen ist für die bei inländischen Kreditinstituten verwahrten Wertpapierbestände ausländischer Kreditinstitute bis zur Höhe der auf die Kapitalerträge abgeführten Kapitalertragsteuer auf Antrag des ausländischen Kreditinstitutes in Vertretung des Anteilseigners eine Einzelsteuerbescheinigung durch das inländische Kreditinstitut auszustellen.

Die Steuerbescheinigung ist von dem ausstellenden Kreditinstitut nach § 45a Absatz 2 und § 44a Absatz 6 EStG entsprechend zu kennzeichnen; sie muss außerdem erkennen lassen, welches Kreditinstitut die Gutschrift erhalten hat.

Das inländische Kreditinstitut hat dabei eine Einzelsteuerbescheinigung nach Muster I auszustellen, wenn das ausländische Institut mitteilt, dass die Steuerbescheinigung für einen unbeschränkt Steuerpflichtigen mit Einkünften nach § 20 EStG erteilt werden soll. Wird die Steuerbescheinigung für einen beschränkt Steuerpflichtigen beantragt, ist das Muster III als Einzelsteuerbescheinigung zu verwenden.

Liegen keine Angaben vor, ob es sich beim Anteilseigner um einen unbeschränkt oder beschränkt Steuerpflichtigen handelt, ist bei Ausstellung einer Steuerbescheinigung für natürliche Personen mit inländischer Anschrift als Empfänger im Adressfeld eine Einzelsteuerbescheinigung nach Muster I und im Übrigen nach Muster III auszustellen.

Soweit Muster III als zusammengefasste Bescheinigung ausgestellt werden kann, wird es nicht beanstandet, wenn für beschränkt Steuerpflichtige die Kapitalerträge entsprechend der in Muster III vorgegebenen Tabelle zusammengefasst dargestellt werden.

d) Ausländische Wertpapiersammelbank

69 Werden inländische Aktien von einer ausländischen Wertpapiersammelbank verwahrt, deren Globalurkunde bei einer inländischen Wertpapiersammelbank hinterlegt ist, ist zur Ausstellung der Steuerbescheinigung nur das inländische Kreditinstitut berechtigt, das der ausländischen Wertpapiersammelbank die Dividendengutschrift erteilt hat. Werden

dagegen die inländischen Aktien von einer ausländischen Wertpapiersammelbank verwahrt, ist nur der Emittent als Schuldner der Kapitalerträge nach § 45a Absatz 2 Satz 1 Nummer 1 EStG zur Ausstellung der Steuerbescheinigung berechtigt. Eine inländische depotführende Stelle darf hingegen nach § 45a Absatz 3 Satz 1 Halbsatz 2 EStG keine Steuerbescheinigung ausstellen.

e) Ausländisches Kreditinstitut

Außer in den Fällen der Rn. 67 ff. darf ein inländisches Kreditinstitut eine Steuerbescheinigung an Anteilseigner, deren Aktien sich im Wertpapierdepot eines ausländischen Kreditinstituts befinden, nur ausstellen, wenn der Anteilseigner sich die Dividendenscheine von dem ausländischen Kreditinstitut aushändigen lässt und sie dem inländischen Kreditinstitut zur Einlösung vorlegt. Das inländische Kreditinstitut muss nach § 45a Absatz 3 und § 44a Absatz 6 EStG die Steuerbescheinigung durch einen entsprechenden Hinweis kennzeichnen. Legt der Anteilseigner die Dividendenscheine bei der ausschüttenden Körperschaft zur Einlösung vor oder beauftragt er das ausländische Kreditinstitut, die Dividendenscheine der ausschüttenden Körperschaft zur Ausschüttung vorzulegen, ist nur die ausschüttende Körperschaft verpflichtet und berechtigt, die Steuerbescheinigung auszustellen. Beantragt das ausländische Kreditinstitut in Vertretung des Anteilseigners bei der ausschüttenden Körperschaft, die Steuerbescheinigung auf den Namen des Anteilseigners auszustellen, muss die Steuerbescheinigung erkennen lassen, welches ausländische Kreditinstitut die Gutschrift erhalten hat.

70

VI. Anwendungsregelung, Nichtbeanstandungsregelung und Fundstellennachweis

Für Kapitalerträge, die nach dem 31. Dezember 2021 zufließen, ersetzt dieses Schreiben die BMF-Schreiben vom 15. Dezember 2017 (BStBl 2018 I S. 13), vom 27. Juni 2018 (BStBl I S. 805), vom 11. November 2020 (BStBl I S. 1134), vom 18. Februar 2021 (BStBl I S. 295) und vom 13. April 2021 (BStBl I S. 686).

71

Wurden bereits Steuerbescheinigungen für ein Kalenderjahr nach den bisherigen Mustern ausgestellt und ändern sich danach durch dieses Schreiben Ausweispflichten in den Mustern, behalten die bereits ausgestellten Steuerbescheinigungen ihre Gültigkeit. Es wird nicht beanstandet, wenn bis zum 31. Dezember 2022 Einzelsteuerbescheinigungen, in der mit BMF-Schreiben vom 15. Dezember 2017 (BStBl 2018 I S. 13) veröffentlichten Form, erteilt werden. Zudem wird für das Jahr 2021 nicht beanstandet, wenn Institute die einzelnen „davon"-Ausweise – betreffend die Rn. 32 und 32a – in Muster I auf die Höhe der Kapitalerträge gedeckelt haben.

Die Änderungen der Rn. 6 zur elektronischen Übermittlung einer berichtigten Steuerbescheinigung sind auf Kapitalerträge anzuwenden, die nach dem 31. Dezember 2022 zufließen. Es wird jedoch nicht beanstandet, wenn die Regelung wegen der technischen Umsetzung erst für Kapitalerträge, die nach dem 31. Dezember 2023 zufließen, angewendet wird.

Der nachrichtliche Ausweis in Muster II und III

72

„Alt-Anteile im Sinne des § 56 Abs. 2 Satz 1 InvStG, die keine bestandsgeschützten Alt-Anteile im Sinne des § 56 Abs. 6 InvStG sind, wurden veräußert und ein Gewinn/Verlust nach § 56 Abs. 3 Satz 1 InvStG erzielt (ohne Fälle der Ersatzbemessungsgrundlage nach § 56 Abs. 3 Satz 4 InvStG):"

sowie der nachrichtliche Ausweis in Muster I bis III

- „Alt-Anteile im Sinne des § 56 Abs. 2 Satz 1 InvStG, die keine bestandsgeschützten Alt-Anteile im Sinne des § 56 Abs. 6 InvStG sind, wurden veräußert und für die Ermittlung des Gewinns nach § 56 Abs. 3 InvStG ist nach § 56 Abs. 3 Satz 4 InvStG folgende Ersatzbemessungsgrundlage[3] anwendbar:"

sind auch dann vorzunehmen, wenn vom Steuerabzug Abstand genommen wurde (z. B. bei betrieblichen Anlegern nach § 43 Absatz 2 Satz 3 Nummer 2 EStG oder bei Vorlage einer Nichtveranlagungs-Bescheinigung). Der nachrichtliche Ausweis der Veräußerung von Alt-Anteilen soll die Steuerpflichtigen und die Finanzämter darauf hinweisen, dass ein steuerpflichtiger Gewinn oder Verlust aus der fiktiven Veräußerung nach § 56 Absatz 3 Satz 1 InvStG angefallen ist, und es ermöglichen, die Richtigkeit des Steuerabzugs zu überprüfen. Darüber hinaus soll in den Fällen des Ansatzes der Ersatzbemessungsgrundlage deutlich gemacht werden, dass im Rahmen der Einkommensteuererklärung der zutreffende Gewinn aus der fiktiven Veräußerung nach § 56 Absatz 3 Satz 1 InvStG anzugeben und im Rahmen der Veranlagung zu überprüfen ist.

Anhang 19

Kapitalvermögen (Abgeltungsteuer)

Muster I

....
....
....
(Bezeichnung der auszahlenden Stelle/des Schuldners der Kapitalerträge)

Adressfeld
....
....
....

Steuerbescheinigung

☐ Bescheinigung für alle Privatkonten und/oder -depots
☐ Verlustbescheinigung im Sinne des § 43a Abs. 3 Satz 4 EStG für alle Privatkonten und/oder -depots

Für ....
(Name und Anschrift der Gläubigerin/des Gläubigers/der Gläubiger der Kapitalerträge)

werden für das Kalenderjahr .... folgende Angaben bescheinigt:

☐ *Steuerbescheinigung für ein Treuhandkonto/Nießbrauchkonto/Anderkonto/Konto einer Wohnungseigentümergemeinschaft/Tafelgeschäfte*
(Nichtzutreffendes streichen)

☐ *Die Steuerbescheinigung wird auf Antrag der .... (Name des ausländischen Kreditinstitutes, das in Vertretung des Anteilseigners den Antrag auf Ausstellung einer Einzelsteuerbescheinigung gestellt hat und die Gutschrift der Kapitalerträge erhalten hat) erteilt. Die Gutschrift der Kapitalerträge wurde an die .... (Name des ausländischen Kreditinstituts) erteilt. Die Wertpapiere wurden im Zeitpunkt des Zuflusses der Kapitalerträge nicht bei .... (Name des inländischen Kreditinstituts) verwaltet oder verwahrt, sondern durch ...., ... (Name des ausländischen Kreditinstituts, Stadt). Die Gutschrift der Kapitalerträge erfolgte ebenfalls durch ...., ... (Name des ausländischen Kreditinstituts, Stadt). Auf Antrag des depotführenden Kreditinstituts versichern wir, dass die vorstehenden Erträge dem Anleger zugeflossen sind bzw. als zugeflossen gelten.*

Dem Kontoinhaber/Der Kontoinhaberin/Den Kontoinhabern werden
☐ für das Kalenderjahr ..../☐ für den Zahlungstag ....

Anhang 19

Kapitalvermögen (Abgeltungsteuer)

folgende Angaben bescheinigt:

Höhe der Kapitalerträge ....
Zeile 7 Anlage KAP
nach Berücksichtigung der teilweisen Steuerfreistellung im Sinne des § 20 Abs. 1 Nr. 6 Satz 9 EStG
(ohne Kapitalerträge aus Lebensversicherungen im Sinne des § 20 Abs. 1 Nr. 6 Satz 2 EStG)

> davon: Gewinn aus Aktienveräußerungen im Sinne des § 20 Abs. 2 Satz 1 Nr. 1 EStG ....
> Zeile 8 Anlage KAP

> davon: Einkünfte aus Stillhalterprämien im Sinne des § 20 Abs. 1 Nr. 11 EStG und Gewinne aus Termingeschäften im Sinne des § 20 Abs. 2 Satz 1 Nr. 3 EStG ....
> Zeile 9 Anlage KAP

> davon: Gewinne aus der Veräußerung bestandsgeschützter Alt-Anteile im Sinne des § 56 Abs. 6 Satz 1 Nr. 2 InvStG[1])
> (nach Teilfreistellung) ....
> Zeile 10 Anlage KAP

> [1]) Die ausgewiesenen Gewinne sind nach § 56 Abs. 6 Satz 1 Nr. 2 InvStG steuerfrei, soweit die insgesamt ab dem 1. Januar 2018 eingetretenen und durch Veräußerung realisierten Wertveränderungen den persönlichen Freibetrag von 100.000 € nicht übersteigen. Die Steuerfreiheit kann nur im Rahmen der Einkommensteuerveranlagung geltend gemacht werden.

Ersatzbemessungsgrundlage im Sinne des § 43a Abs. 2 Satz 7, 10, 13 und 14 EStG nach Teilfreistellung und im Sinne des § 56 Abs. 3 Satz 4 InvStG ....
Enthalten in den bescheinigten Kapitalerträgen
Zeile 11 Anlage KAP

Höhe des nicht ausgeglichenen Verlustes ohne Verlust aus der Veräußerung von Aktien ....
Zeile 12 Anlage KAP

Höhe des nicht ausgeglichenen Verlustes aus der Veräußerung von Aktien im Sinne des § 20 Abs. 2 Satz 1 Nr. 1 EStG ....
Zeile 13 Anlage KAP

Höhe des Verlustes im Sinne des § 20 Abs. 6 Satz 5 EStG ....
Zeile 14 Anlage KAP

Höhe des Verlustes im Sinne des § 20 Abs. 6 Satz 6 EStG ....
Zeile 15 Anlage KAP

**Anhang 19**
Kapitalvermögen (Abgeltungsteuer)

Höhe des in Anspruch genommenen Sparer-Pauschbetrages
Zeile 16 oder 17 Anlage KAP ....

Höhe der Kapitalerträge aus Lebensversicherungen im Sinne des § 20 Abs. 1 Nr. 6
Satz 2 EStG nach Berücksichtigung der teilweisen Steuerfreistellung im Sinne des
§ 20 Abs. 1 Nr. 6 Satz 9 EStG
Zeile 30 Anlage KAP ....

    einbehaltene Kapitalertragsteuer
    Zeile 43 Anlage KAP ....

    Solidaritätszuschlag
    Zeile 44 Anlage KAP ....

    Kirchensteuer zur Kapitalertragsteuer
    Zeile 45 Anlage KAP ....
    kirchensteuererhebende Religionsgemeinschaft ....

    Kapitalertragsteuer
    Zeile 37 Anlage KAP ....

    Solidaritätszuschlag
    Zeile 38 Anlage KAP ....

    Kirchensteuer zur Kapitalertragsteuer
    Zeile 39 Anlage KAP ....
    kirchensteuererhebende Religionsgemeinschaft ....

Summe der angerechneten ausländischen Steuer
Zeile 40 Anlage KAP ....

Summe der anrechenbaren noch nicht angerechneten ausländischen Steuer
Zeile 41 Anlage KAP ....

Wir weisen Sie darauf hin, dass Sie bei negativem Ausweis verpflichtet sind, die hieraus resultierenden Erträge in Ihrer Einkommensteuererklärung – Zeile 19 der Anlage KAP – gemäß § 32d Abs. 3 EStG anzugeben.

☐ Leistungen aus dem Einlagekonto (§ 27 Abs. 1 – 7 KStG)

<u>nur nachrichtlich:</u>
Bei Veräußerung/Rückgabe von vor dem 1. Januar 2018 erworbenen Anteilen an ausländischen Investmentfonds (Alt-Anteile im Sinne des § 56 Abs. 2 Satz 1 InvStG):

Summe der als zugeflossen geltenden, noch nicht dem Steuerabzug unterworfenen
Erträge aus Anteilen an ausländischen Investmentfonds im Sinne des § 7 Abs. 1
Satz 1 Nr. 3 InvStG 2004 in Verbindung mit § 56 Abs. 3 Satz 6 InvStG ....

(Diese Summe ist in der bescheinigten Höhe der Kapitalerträge enthalten und in der
Anlage KAP von der Höhe der Kapitalerträge abzuziehen.)

Anhang 19
I Kapitalvermögen (Abgeltungsteuer)

nur nachrichtlich:

☐ Als bestandsgeschützte Alt-Anteile im Sinne des § 56 Abs. 6 InvStG behandelte Alt-Anteile wurden veräußert, bei denen Indizien vorliegen, dass es sich um Anteile an Investmentfonds im Sinne des § 21 Abs. 2a InvStG 2004 handeln könnte (Anschaffungsdatum zwischen dem 10. November 2007 und dem 31. Dezember 2008, Anschaffungskosten betragen mindestens 100.000 Euro):

Bei Anteilen an Investmentfonds im Sinne des § 21 Abs. 2a InvStG 2004 sind auch die vor 2018 eingetretenen Wertveränderungen steuerpflichtig und der persönliche Freibetrag von 100.000 Euro ist nicht anwendbar (§ 56 Abs. 6 Satz 6 InvStG). Verluste aus der Veräußerung von bestandsgeschützten Alt-Anteilen sind im „davon"-Ausweis der Gewinne aus der Veräußerung bestandsgeschützter Alt-Anteile im Sinne des § 56 Abs. 6 Satz 1 Nr. 2 InvStG nicht enthalten. Zur Prüfung des § 56 Abs. 6 Satz 6 InvStG i. V. m. § 21 Abs. 2a InvStG 2004 sind diese Verluste dennoch in der nachfolgenden Tabelle ausgewiesen.

Bei folgenden Anteilen ist im Rahmen der Veranlagung zu klären, ob es sich um Anteile an Investmentfonds im Sinne des § 21 Abs. 2a InvStG 2004 handelt:

Bezeichnung	ISIN	Anzahl der Anteile	Gewinn/Verlust[2]) im Sinne des § 56 Abs. 6 Satz 1 Nr. 2 InvStG (nach Teilfreistellung)	Gewinn/Verlust[2]) aus der fiktiven Veräußerung nach § 56 Abs. 3 Satz 1 InvStG

[2]) Bei Verlusten wurde ein negatives Vorzeichen (Minuszeichen) verwendet.

nur nachrichtlich:

☐ Alt-Anteile im Sinne des § 56 Abs. 2 Satz 1 InvStG, die keine bestandsgeschützten Alt-Anteile im Sinne des § 56 Abs. 6 InvStG sind, wurden veräußert und für die Ermittlung des Gewinns nach § 56 Abs. 3 InvStG ist nach § 56 Abs. 3 Satz 4 InvStG folgende Ersatzbemessungsgrundlage[3]) anwendbar:

Bezeichnung	ISIN	Anzahl der Anteile	Ersatzbemessungsgrundlage

[3]) Eine Ersatzbemessungsgrundlage ist anwendbar, wenn der zum Steuerabzug verpflichteten Stelle relevante Informationen insbesondere zu der Höhe der Anschaffungskosten fehlen. Bei Ansatz einer Ersatzbemessungsgrundlage sind Sie verpflichtet, den tatsächlichen Veräußerungsgewinn gegenüber dem Finanzamt durch geeignete Unterlagen (z. B. Beleg über die Anschaffung der Investmentanteile) nachzuweisen. Wenn die Ersatzbemessungsgrundlage aufgrund fehlender Informationen über den Rücknahme-, Markt- oder Börsenpreis zum 31. Dezember 2017 nicht ermittelt werden konnte, ist in der Spalte „Ersatzbemessungsgrundlage" die Angabe „nicht ermittelbar" auszuweisen.

Anhang 19
Kapitalvermögen (Abgeltungsteuer)

☐ Gegenüber dem Steuerpflichtigen wurden nach § 44b Abs. 1 EStG die auf Ausschüttungen eines Investmentfonds abgeführte Kapitalertragsteuer und der darauf entfallende Solidaritätszuschlag erstattet oder es wurde vom Steuerabzug Abstand genommen. Die Erstattung oder die Abstandnahme wurden für folgende Investmentanteile vorgenommen:

Bezeichnung	ISIN	Anzahl der Anteile	Höhe der steuerfreien Kapitalrückzahlungen im Sinne des § 17 Abs. 1 InvStG pro Anteil

Handelt es sich um eine berichtigte Steuerbescheinigung und wurde die ausgewiesene anrechenbare Kapitalertragsteuer beim Finanzamt im Rahmen der Einkommensteuerveranlagung angerechnet oder erstattet (§ 36 Abs. 2 Nr. 2 EStG), haben Sie dies dem zuständigen Finanzamt unter Beifügung der berichtigten Steuerbescheinigung anzuzeigen (§ 153 AO).

☐ Es wurden Anteile an Investmentvermögen in der Rechtsform einer Personengesellschaft verwahrt, die nach § 1 Abs. 3 Satz 1 Nr. 2 InvStG nicht unter den Anwendungsbereich des Investmentsteuergesetzes fallen (Personen-Investmentvermögen). Auf die folgenden Ausschüttungen und Veräußerungserlöse wurde kein Steuerabzug vorgenommen. Die Einkünfte aus den Personen-Investmentvermögen sind in der Steuererklärung anzugeben.
Folgende Anteile an Personen-Investmentvermögen wurden verwahrt:

Bezeichnung	ISIN	Anzahl der Anteile	Ausschüttung/Veräußerungserlös

<u>nur nachrichtlich:</u>
Gewinn aus Aktienveräußerungen im Sinne des § 20 Abs. 2 Satz 1 Nr. 1 EStG vor Verrechnung mit sonstigen Verlusten im Sinne des § 20 Abs. 2 EStG ....

<u>nur nachrichtlich:</u>
Einkünfte aus Stillhalterprämien im Sinne des § 20 Abs. 1 Nr. 11 EStG und Gewinne aus Termingeschäften im Sinne des § 20 Abs. 2 Satz 1 Nr. 3 EStG vor Verrechnung mit sonstigen Verlusten ....

<u>nur nachrichtlich:</u>
Entschädigungen, die als Ersatz für entgangene oder entgehende Einnahmen gewährt wurden
Zeile 35 oder 36 Anlage KAP ....

Anhang 19

Kapitalvermögen (Abgeltungsteuer)

Muster II

....
....
....
(Bezeichnung des Schuldners der Kapitalerträge)

Adressfeld
....
....
....

Steuerbescheinigung
einer leistenden Körperschaft, Personenvereinigung oder Vermögensmasse oder eines Personenunternehmens oder eines Spezial-Investmentfonds

☐ Einzelsteuerbescheinigung

☐ Zusammengefasste Steuerbescheinigung für den Zeitraum ....
Wir versichern, dass Einzelsteuerbescheinigungen insoweit nicht ausgestellt worden sind.

[Alternative 1]
An
....
(Name und Anschrift der Gläubigerin/des Gläubigers/der Gläubiger der Kapitalerträge)

wurden lt. Beschluss vom .... am .... für ....
                                            (Zahlungstag)   (Zeitraum)
folgende Kapitalerträge gezahlt/als ausgeschüttete oder ausschüttungsgleiche Erträge zugerechnet:

[Alternative 2]
Am .... [Angabe des Handelstags] wurden von
....
(Name und Anschrift der Gläubigerin/des Gläubigers/der Gläubiger der Kapitalerträge)

...... [Angabe der Anzahl] Spezial-Investmentanteile veräußert und folgende Kapitalerträge erzielt:

Kapitalerträge im Sinne des § 43 Abs. 1 Satz 1 Nr. 1 EStG	....
Kapitalerträge im Sinne des § 43 Abs. 1 Satz 1 Nr. 2 und 3 EStG	....
Kapitalerträge im Sinne des § 43 Abs. 1 Satz 1 Nr. 7a EStG	....

Anhang 19
Kapitalvermögen (Abgeltungsteuer)

Darin enthaltene Kapitalerträge, von denen der Steuerabzug in Höhe von drei Fünfteln vorgenommen wurde (§ 44a Abs. 8 EStG) ....
Summe der darauf entfallenden Kapitalertragsteuer ....

Kapitalerträge im Sinne des § 43 Abs. 1 Satz 1 Nr. 4 EStG[4])[5]) nach Berücksichtigung der teilweisen Steuerfreistellung im Sinne des § 20 Abs. 1 Nr. 6 Satz 9 EStG (ohne Kapitalerträge aus Lebensversicherungen im Sinne des § 20 Abs. 1 Nr. 6 Satz 2 EStG) ....

[4]) Bei Verwendung der Anlage KAP: Eintragung in Zeile 7.

[5]) In diesen Fällen ist keine gesonderte Verlustbescheinigung nach § 43a Absatz 3 Satz 4 EStG auszustellen, vgl. Rn. 50 des BMF-Schreibens vom 23. Mai 2022 (BStBl I S. 860).

Kapitalerträge aus Lebensversicherungen im Sinne des § 20 Abs. 1 Nr. 6 Satz 2 EStG[6])[5]) nach Berücksichtigung der teilweisen Steuerfreistellung im Sinne des § 20 Abs. 1 Nr. 6 Satz 9 EStG ....

[6]) Bei Verwendung der Anlage KAP: Eintragung in Zeile 30.

[5]) In diesen Fällen ist keine gesonderte Verlustbescheinigung nach § 43a Absatz 3 Satz 4 EStG auszustellen, vgl. Rn. 50 des BMF-Schreibens vom 23. Mai 2022 (BStBl I S. 860).

    einbehaltene Kapitalertragsteuer
    Zeile 43 Anlage KAP ....

    Solidaritätszuschlag
    Zeile 44 Anlage KAP ....

    Kirchensteuer zur Kapitalertragsteuer
    Zeile 45 Anlage KAP ....
    kirchensteuererhebende Religionsgemeinschaft ....

Sonstige Kapitalerträge ....

Summe Kapitalertragsteuer in Höhe von 25 % oder wegen einbehaltener Kirchensteuer entsprechend geminderter Kapitalertragsteuerbetrag ....

Kapitalerträge im Sinne des § 43 Abs. 1 Satz 1 Nr. 7b EStG ....
Kapitalerträge im Sinne des § 43 Abs. 1 Satz 1 Nr. 7c EStG ....

Kapitalerträge im Sinne des § 50 Abs. 1 Satz 2 InvStG ....
    davon: Kapitalerträge im Sinne des § 43 Abs. 1 Satz 1 Nr. 6 und 8 bis 12 EStG, bei denen nach § 50 Abs. 3 InvStG kein Steuerabzug vorgenommen wurde
    (Bei beschränkt Steuerpflichtigen) ....
    davon: Erträge im Sinne des § 33 Abs. 3 und 4 InvStG ....

Summe Kapitalertragsteuer in Höhe von 15 % ....

1857

Anhang 19
I Kapitalvermögen (Abgeltungsteuer)

Summe Solidaritätszuschlag ....

Summe Kirchensteuer zur Kapitalertragsteuer ....
kirchensteuererhebende Religionsgemeinschaft ....

Höhe des in Anspruch genommenen Sparer-Pauschbetrages[7])
Zeile 16 oder 17 Anlage KAP ....

[7]) Beachte Rn. 129 des BMF-Schreibens vom 19. Mai 2022 (BStBl I S. 742).

Summe der angerechneten ausländischen Steuer ....

Summe der anrechenbaren noch nicht angerechneten ausländischen Steuer ....

Leistungen aus dem steuerlichen Einlagekonto (§ 27 Abs. 1 – 7 KStG) ....

nur nachrichtlich:

Die Kapitalerträge im Sinne des § 50 Abs. 1 Satz 2 InvStG gliedern sich wie folgt auf (weitere Zeilen ergänzbar):

Art der Erträge (ausgeschüttete Erträge; ausschüttungsgleiche Erträge; Gewinne aus der Veräußerung von Spezial-Investmentanteilen)	Höhe der Erträge[8])

[8]) Die auf Spezial-Investmenterträge entfallende Kapitalertragsteuer hat keine abgeltende Wirkung. Die Spezial-Investmenterträge unterliegen der tariflichen Einkommensteuer und sind daher in der Einkommensteuererklärung anzugeben (§ 34 Abs. 2 Satz 1 InvStG).

(nur bei beschränkt Steuerpflichtigen)
Summe der auf inländische Immobilienerträge im Sinne des § 33 Abs. 3 InvStG entfallenden Kapitalertragsteuer ....

(nur bei beschränkt Steuerpflichtigen)
Summe der auf sonstige inländische Einkünfte im Sinne des § 33 Abs. 4 InvStG entfallenden Kapitalertragsteuer ....

nur nachrichtlich:

☐ Alt-Anteile im Sinne des § 56 Abs. 2 Satz 1 InvStG, die keine bestandsgeschützten Alt-Anteile im Sinne des § 56 Abs. 6 InvStG sind, wurden veräußert und ein Gewinn/Verlust nach § 56 Abs. 3 Satz 1 InvStG erzielt (ohne Fälle der Ersatzbemessungsgrundlage nach § 56 Abs. 3 Satz 4 InvStG):

Bezeichnung	ISIN	Anzahl der Anteile	Gewinn/Verlust[2]) nach § 56 Abs. 3 Satz 1 InvStG

[2]) Bei Verlusten wurde ein negatives Vorzeichen (Minuszeichen) verwendet.

Anhang 19
Kapitalvermögen (Abgeltungsteuer)

nur nachrichtlich:

☐ Alt-Anteile im Sinne des § 56 Abs. 2 Satz 1 InvStG, die keine bestandsgeschützten Alt-Anteile im Sinne des § 56 Abs. 6 InvStG sind, wurden veräußert und für die Ermittlung des Gewinns nach § 56 Abs. 3 InvStG ist nach § 56 Abs. 3 Satz 4 InvStG folgende Ersatzbemessungsgrundlage[3]) anwendbar.

Bezeichnung	ISIN	Anzahl der Anteile	Ersatzbemessungsgrundlage

[3]) Eine Ersatzbemessungsgrundlage ist anwendbar, wenn der zum Steuerabzug verpflichteten Stelle relevante Informationen insbesondere zu der Höhe der Anschaffungskosten fehlen. Bei Ansatz einer Ersatzbemessungsgrundlage sind Sie verpflichtet, den tatsächlichen Veräußerungsgewinn gegenüber dem Finanzamt durch geeignete Unterlagen (z. B. Beleg über die Anschaffung der Investmentanteile) nachzuweisen. Wenn die Ersatzbemessungsgrundlage aufgrund fehlender Informationen über den Rücknahme-, Markt- oder Börsenpreis zum 31. Dezember 2017 nicht ermittelt werden konnte, ist in der Spalte „Ersatzbemessungsgrundlage" die Angabe „nicht ermittelbar" auszuweisen.

☐ Der Spezial-Investmentfonds (Name und Anschrift des Spezial-Investmentfonds) hat die Transparenzoption nach § 30 Abs. 1 Satz 1 InvStG ausgeübt. Am .... (Zurechnungszeitpunkt; bei Kapitalerträgen im Sinne des § 43 Abs. 1 Satz 1 Nr. 1, 1a EStG = Tag des Gewinnverteilungsbeschlusses) wurde/n dem Spezial-Investmentfonds eine inländische Beteiligungseinnahme/ sonstige inländische Einkünfte mit Steuerabzug [Nichtzutreffendes streichen] in Höhe von (Brutto-Betrag der Beteiligungseinnahme/sonstigen inländischen Einkünfte in Euro) zugerechnet, die von der (Bezeichnung und WKN der ausschüttenden Gesellschaft oder in den Fällen des § 6 Abs. 3 Satz 1 Nr. 2 InvStG in Verbindung mit § 2 Nr. 2 Buchstabe a bis c KStG und bei sonstigen inländischen Einkünften der Name und Anschrift des Schuldners der Entgelte, Einnahmen oder Bezüge) stammt. Zum Zurechnungszeitpunkt hat der Spezial-Investmentfonds (Gesamtzahl) Spezial-Investmentanteile begeben.

An dem Spezial-Investmentfonds waren die nachfolgend angegebenen Anleger in dem nachfolgend angegebenen Umfang beteiligt und gegenüber diesen Anlegern wurde in dem nachfolgend angegebenen Umfang Kapitalertragsteuer und Solidaritätszuschlag erhoben:

Name und Anschrift des Anlegers	Anzahl der Anteile zum Zurechnungszeitpunkt	Höhe der gegenüber dem Anleger erhobenen Kapitalertragsteuer	Höhe des gegenüber dem Anleger erhobenen Solidaritätszuschlags

Anhang 19
I   Kapitalvermögen (Abgeltungsteuer)

☐ Der Dach-Spezial-Investmentfonds (Name und Anschrift des Dach-Spezial-Investmentfonds) hat die Immobilien-Transparenzoption nach § 33 Abs. 2 Satz 3 InvStG ausgeübt. Am .... (Zurechnungszeitpunkt) wurden inländische Immobilienerträge oder sonstige inländische Einkünfte ohne Steuerabzug in Höhe von (Betrag der ausgeschütteten oder ausschüttungsgleichen inländischen Immobilienerträge oder sonstigen inländischen Einkünfte) an den Dach-Spezial-Investmentfonds ausgeschüttet oder gelten diesem als ausschüttungsgleiche Erträge zugeflossen. Zum Zurechnungszeitpunkt hat der Dach-Spezial-Investmentfonds (Gesamtzahl) Spezial-Investmentanteile begeben.

An dem Dach-Spezial-Investmentfonds waren die nachfolgend angegebenen Anleger in dem nachfolgend angegebenen Umfang beteiligt und gegenüber diesen Anlegern wurde in dem nachfolgend angegebenen Umfang Kapitalertragsteuer und Solidaritätszuschlag erhoben:

Name und Anschrift des Anlegers	Anzahl der Anteile zum Zurechnungszeitpunkt	Höhe der gegenüber dem Anleger erhobenen Kapitalertragsteuer	Höhe des gegenüber dem Anleger erhobenen Solidaritätszuschlags

☐ Es handelt sich um eine geänderte Steuerbescheinigung für einen Investmentfonds aufgrund von Erstattungen nach § 7 Abs. 5 Satz 1 und/oder Satz 2 InvStG.

Kumulierte Erstattungsbeträge nach § 7 Abs. 5 InvStG und der Beträge, in deren Höhe vom Steuerabzug Abstand genommen wurde: ....

Anhang 19

Kapitalvermögen (Abgeltungsteuer)

Muster III

....
....
....
(Bezeichnung der auszahlenden Stelle)

Adressfeld
....
....
....

Steuerbescheinigung

der die Kapitalerträge auszahlenden Stelle für Konten und/oder Depots bei Einkünften im Sinne der §§ 13, 15, 18 und 21 EStG, bei Einkünften im Sinne des § 43 Abs. 1 Satz 1 Nr. 1, 1a, 2 EStG von beschränkt Steuerpflichtigen, bei Einkünften von Körperschaften, Vermögensmassen und Personenvereinigungen sowie bei Einkünften eines Investmentfonds oder eines Spezial-Investmentfonds

☐ Einzelsteuerbescheinigung

☐ Zusammengefasste Steuerbescheinigung für den Zeitraum ....
Wir versichern, dass Einzelsteuerbescheinigungen insoweit nicht ausgestellt worden sind.

☐ Abstandnahme vom Steuerabzug nach § 43 Abs. 2 EStG

An ....
(Name und Anschrift der Gläubigerin/des Gläubigers/der Gläubiger der Kapitalerträge)

☐ wurden am   ....
                    (Zahlungstag)

☐ *Die Steuerbescheinigung wird auf Antrag der .... (Name des ausländischen Kreditinstitutes, das in Vertretung des Anteilseigners den Antrag auf Ausstellung einer Einzelsteuerbescheinigung gestellt hat und die Gutschrift der Kapitalerträge erhalten hat) erteilt. Die Gutschrift der Kapitalerträge wurde an die .... (Name des ausländischen Kreditinstituts) erteilt. Die Wertpapiere wurden im Zeitpunkt des Zuflusses der Kapitalerträge nicht bei .... (Name des inländischen Kreditinstituts) verwaltet oder verwahrt, sondern durch ....,............... (Name des ausländischen Kreditinstituts, Stadt). Die Gutschrift der Kapitalerträge erfolgte ebenfalls durch....................,......................... (Name des ausländischen Kreditinstituts, Stadt). Auf Antrag des depotführenden Kreditinstituts versichern wir, dass die vorstehenden Erträge (Einkünfte im Sinne des §§ 13, 15, 18 und 21 EStG) dem Anleger zugeflossen sind bzw. als zugeflossen gelten.*

Anhang 19
Kapitalvermögen (Abgeltungsteuer)

für ....
(Name und Anschrift des Schuldners der Kapitalerträge, bei Wertpapieren WKN/ISIN)

☐ wurden für den Zeitraum ....

folgende Kapitalerträge gezahlt/gutgeschrieben/gelten als zugeflossen:

Kapitalerträge im Sinne des § 43 Abs. 1 Satz 1 Nr. 1, 1a EStG ....
> davon: Erträge, die dem Teileinkünfteverfahren unterliegen ....
> davon: Erträge im Sinne des § 19 Abs. 1 REITG ....
> davon: Erträge beschränkt Steuerpflichtiger[9] ....

[9]) Bei zusammengefasster Steuerbescheinigung entfallen die Erträge auf folgende Wertpapiere (weitere Zeilen ergänzbar):

Name Wertpapier	WKN/ISIN	Stückzahl	Zuflussdatum	Brutto-Kapitalertrag	KapSt	SolZ

Kapitalerträge im Sinne des § 43 Abs. 1 Satz 1 Nr. 2 EStG ....
> davon: Erträge beschränkt Steuerpflichtiger[9] ....

[9]) Bei zusammengefasster Steuerbescheinigung entfallen die Erträge auf folgende Wertpapiere (weitere Zeilen ergänzbar):

Name Wertpapier	WKN/ISIN	Stückzahl	Zuflussdatum	Brutto-Kapitalertrag	KapSt	SolZ

Kapitalerträge im Sinne des § 43 Abs. 1 Satz 1 Nr. 3 EStG ....

Darin enthaltene Kapitalerträge, von denen der Steuerabzug in Höhe von drei Fünfteln vorgenommen wurde (§ 44a Abs. 8 EStG) ....
Summe der darauf entfallenden Kapitalertragsteuer ....

Kapitalerträge im Sinne des § 43 Abs. 1 Satz 1 Nr. 4 EStG nach Berücksichtigung der teilweisen Steuerfreistellung im Sinne des § 20 Abs. 1 Nr. 6 Satz 9 EStG
(ohne Kapitalerträge aus Lebensversicherungen im Sinne des § 20 Abs. 1 Nr. 6 Satz 2 EStG) ....

Kapitalerträge aus Lebensversicherungen im Sinne des § 20 Abs. 1 Nr. 6 Satz 2 EStG nach Berücksichtigung der teilweisen Steuerfreistellung im Sinne des § 20 Abs. 1 Nr. 6 Satz 9 EStG ....

Anhang 19

Kapitalvermögen (Abgeltungsteuer)

einbehaltene Kapitalertragsteuer ....
Zeile 43 Anlage KAP

Solidaritätszuschlag ....
Zeile 44 Anlage KAP
Kirchensteuer zur Kapitalertragsteuer ....
Zeile 45 Anlage KAP
kirchensteuererhebende Religionsgemeinschaft ....

Kapitalerträge im Sinne des § 43 Abs. 1 Satz 1 Nr. 5 EStG ....

Kapitalerträge im Sinne des § 43 Abs. 1 Satz 1 Nr. 6 EStG ....
> davon: Erträge, die dem Teileinkünfteverfahren unterliegen ....
> davon: Erträge im Sinne des § 19 Abs. 1 REITG ....

Kapitalerträge im Sinne des § 43 Abs. 1 Satz 1 Nr. 7 EStG ....

Kapitalerträge im Sinne des § 43 Abs. 1 Satz 1 Nr. 8 und 10 bis 12 EStG ....

Kapitalerträge im Sinne des § 43 Abs. 1 Satz 1 Nr. 9 EStG ....
(ohne Gewinne aus der Veräußerung von Investmentanteilen)
> davon: Erträge, die dem Teileinkünfteverfahren unterliegen ....

Gewinne aus der Veräußerung von Investmentanteilen im Sinne des § 16 Abs. 1 Nr. 3 InvStG und des § 56 Abs. 3 Satz 1 InvStG ....

Ersatzbemessungsgrundlage im Sinne des § 43a Abs. 2 Satz 7, 10, 13 und 14 EStG nach Teilfreistellung und im Sinne des § 56 Abs. 3 Satz 4 InvStG ....
Enthalten in den bescheinigten Kapitalerträgen

Kapitalertragsteuer ....

Solidaritätszuschlag ....

Kirchensteuer zur Kapitalertragsteuer ....
kirchensteuererhebende Religionsgemeinschaft ....

Leistungen aus dem steuerlichen Einlagekonto (§ 27 Abs. 1 – 7 KStG) ....

Anhang 19
I   Kapitalvermögen (Abgeltungsteuer)

nur nachrichtlich:
Bei Veräußerung/Rückgabe von vor dem 1. Januar 2018 erworbenen Anteilen an ausländischen Investmentfonds (Alt-Anteile im Sinne der § 56 Abs. 2 Satz 1 InvStG):

Summe der als zugeflossen geltenden, noch nicht dem Steuerabzug unterworfenen
Erträge aus Anteilen an ausländischen Investmentfonds im Sinne des § 7 Abs. 1
Satz 1 Nr. 3 InvStG 2004 in Verbindung mit § 56 Abs. 3 Satz 6 InvStG   ....

(Diese Summe ist in den bescheinigten Kapitalerträgen im Sinne des § 43 Abs. 1 Satz 1 Nr. 5 EStG oder in den bescheinigten Kapitalerträgen im Sinne des § 43 Abs. 1 Satz 1 Nr. 1, 1a EStG enthalten [Nichtzutreffendes streichen].)

☐ Im Bescheinigungszeitraum waren Investmentanteile vorhanden oder wurden veräußert.
    nur nachrichtlich:
    Investmenterträge im Sinne des § 16 Abs. 1 Nr. 1 und 2 InvStG
    (vor Berücksichtigung einer etwaigen Teilfreistellung nach § 20 InvStG)   ....
    davon:
    Investmenterträge aus Aktienfonds (§ 2 Abs. 6 InvStG)   ....
        darin enthaltene Vorabpauschale   ....
    Investmenterträge aus Mischfonds (§ 2 Abs. 7 InvStG)   ....
        darin enthaltene Vorabpauschale   ....
    Investmenterträge aus Immobilienfonds (§ 2 Abs. 9 Satz 1 InvStG)   ....
        darin enthaltene Vorabpauschal e   ....
    Investmenterträge aus Auslands-Immobilienfonds (§ 2 Abs. 9 Satz 2 InvStG)   ....
        darin enthaltene Vorabpauschale   ....
    Investmenterträge aus sonstigen Investmentfonds (keine Teilfreistellung)   ....
        darin enthaltene Vorabpauschale   ....

    Investmenterträge im Sinne des § 16 Abs. 1 Nr. 3 InvStG
    (vor Berücksichtigung einer etwaigen Teilfreistellung nach § 20 InvStG)   ....
    davon:
    Investmenterträge aus Aktienfonds (§ 2 Abs. 6 InvStG)   ....
    Investmenterträge aus Mischfonds (§ 2 Abs. 7 InvStG)   ....
    Investmenterträge aus Immobilienfonds (§ 2 Abs. 9 Satz 1 InvStG)   ....
    Investmenterträge aus Auslands-Immobilienfonds (§ 2 Abs. 9 Satz 2 InvStG)   ....
    Investmenterträge aus sonstigen Investmentfonds (keine Teilfreistellung)   ....

☐ Im Bescheinigungszeitraum waren ausländische Spezial-Investmentanteile vorhanden oder wurden veräußert.

Anhang 19
Kapitalvermögen (Abgeltungsteuer)

nur nachrichtlich:

☐ Alt-Anteile im Sinne des § 56 Abs. 2 Satz 1 InvStG, die keine bestandsgeschützten Alt-Anteile im Sinne des § 56 Abs. 6 InvStG sind, wurden veräußert und ein Gewinn/Verlust nach § 56 Abs. 3 Satz 1 InvStG erzielt (ohne Fälle der Ersatzbemessungsgrundlage nach § 56 Abs. 3 Satz 4 InvStG):

Bezeichnung	ISIN	Anzahl der Anteile	Gewinn/Verlust[2] nach § 56 Abs. 3 Satz 1 InvStG

[2]) Bei Verlusten wurde ein negatives Vorzeichen (Minuszeichen) verwendet.

nur nachrichtlich:

☐ Alt-Anteile im Sinne des § 56 Abs. 2 Satz 1 InvStG, die keine bestandsgeschützten Alt-Anteile im Sinne des § 56 Abs. 6 InvStG sind, wurden veräußert und für die Ermittlung des Gewinns nach § 56 Abs. 3 InvStG ist nach § 56 Abs. 3 Satz 4 InvStG folgende Ersatzbemessungsgrundlage[3]) anwendbar:

Bezeichnung	ISIN	Anzahl der Anteile	Ersatzbemessungsgrundlage

[3]) Eine Ersatzbemessungsgrundlage ist anwendbar, wenn der zum Steuerabzug verpflichteten Stelle relevante Informationen insbesondere zu der Höhe der Anschaffungskosten fehlen. Bei Ansatz einer Ersatzbemessungsgrundlage sind Sie verpflichtet, den tatsächlichen Veräußerungsgewinn gegenüber dem Finanzamt durch geeignete Unterlagen (z. B. Beleg über Anschaffung der Investmentanteile) nachzuweisen. Wenn die Ersatzbemessungsgrundlage aufgrund fehlender Informationen über den Rücknahme-, Markt- oder Börsenpreis zum 31. Dezember 2017 nicht ermittelt werden konnte, ist in der Spalte „Ersatzbemessungsgrundlage" die Angabe „nicht ermittelbar" auszuweisen.

☐ Es handelt sich um eine geänderte Steuerbescheinigung für einen Investmentfonds aufgrund von Erstattungen nach § 7 Abs. 5 Satz 1 und/oder Satz 2 InvStG.
Kumulierte Erstattungsbeträge nach § 7 Abs. 5 InvStG und der Beträge, in deren Höhe vom Steuerabzug Abstand genommen wurde: ....

☐ Gegenüber dem Steuerpflichtigen wurde nach § 44b Abs. 1 EStG die auf Ausschüttungen eines Investmentfonds abgeführte Kapitalertragsteuer und der darauf entfallende Solidaritätszuschlag erstattet. Die Erstattung wurde für folgende Investmentanteile vorgenommen:

Bezeichnung	ISIN	Anzahl der Anteile	Höhe der steuerfreien Kapitalrückzahlungen im Sinne des § 17 Abs. 1 InvStG pro Anteil

Anhang 19

Kapitalvermögen (Abgeltungsteuer)

Handelt es sich um eine berichtigte Steuerbescheinigung und wurde die ausgewiesene anrechenbare Kapitalertragsteuer beim Finanzamt im Rahmen der Veranlagung angerechnet oder erstattet (§ 36 Abs. 2 Nr. 2 EStG), haben Sie dies dem zuständigen Finanzamt unter Beifügung der berichtigen Steuerbescheinigung anzuzeigen (§ 153 AO)

☐ Der Spezial-Investmentfonds (Name und Anschrift des Spezial-Investmentfonds) hat die Transparenzoption nach § 30 Abs. 1 Satz 1 InvStG ausgeübt. Am .... (Zurechnungszeitpunkt; bei Kapitalerträgen im Sinne des § 43 Abs. 1 Satz 1 Nr. 1, 1a EStG = Tag des Gewinnverteilungsbeschlusses) wurde/n dem Spezial-Investmentfonds eine inländische Beteiligungseinnahme/ sonstige inländische Einkünfte mit Steuerabzug [Nichtzutreffendes streichen] in Höhe von (Brutto-Betrag der Beteiligungseinnahme/sonstigen inländischen Einkünfte in Euro) zugerechnet, die von der (Bezeichnung und WKN der ausschüttenden Gesellschaft oder in den Fällen des § 6 Abs. 3 Satz 1 Nr. 2 InvStG in Verbindung mit § 2 Nr. 2 Buchstabe a bis c KStG und bei sonstigen inländischen Einkünften der Name und Anschrift des Schuldners der Entgelte, Einnahmen oder Bezüge) stammt. Zum Zurechnungszeitpunkt hat der Spezial-Investmentfonds (Gesamtzahl) Spezial-Investmentanteile begeben.

An dem Spezial-Investmentfonds waren die nachfolgend angegebenen Anleger in dem nachfolgend angegebenen Umfang beteiligt und gegenüber diesen Anlegern wurde in dem nachfolgend angegebenen Umfang Kapitalertragsteuer und Solidaritätszuschlag erhoben:

Name und Anschrift des Anlegers	Anzahl der Anteile zum Zurechnungszeitpunkt	Höhe der gegenüber dem Anleger erhobenen Kapitalertragsteuer	Höhe des gegenüber dem Anleger erhobenen Solidaritätszuschlags

☐ Es wurden Anteile an Investmentvermögen in der Rechtsform einer Personengesellschaft verwahrt, die nach § 1 Abs. 3 Satz 1 Nr. 2 InvStG nicht unter den Anwendungsbereich des Investmentsteuergesetzes fallen (Personen-Investmentvermögen). Auf die folgenden Ausschüttungen und Veräußerungserlöse wurde kein Steuerabzug vorgenommen. Die Einkünfte aus den Personen-Investmentvermögen sind in der Steuererklärung anzugeben.

Folgende Anteile an Personen-Investmentvermögen wurden verwahrt:

Bezeichnung	ISIN	Anzahl der Anteile	Ausschüttung/Veräußerungserlös

Einzelfragen zur Abgeltungsteuer
BMF vom 19.05.2022 (BStBl I S. 742)
IV C 1 – S 2252/19/10003 :009 – 2022/0457871
unter Berücksichtigung der Änderungen durch
BMF vom 20.12.2022 (BStBl I 2023 S. 46)
IV C 1 – S 2252/19/10003 :011 – 2022/1252662[1])

Nach Erörterungen mit den obersten Finanzbehörden der Länder wird das BMF-Schreiben vom 18. Januar 2016 (BStBl I S. 85) wie folgt neu gefasst:

Inhaltsverzeichnis

	Rn.
I. Kapitalvermögen (§ 20 EStG)	1 – 129a
1. Laufende Erträge (§ 20 Absatz 1 EStG)	1 – 8c
a) Dividenden (§ 20 Absatz 1 Nummer 1 EStG)	1 – 3
b) Einnahmen aus der Beteiligung an einem Handelsgewerbe als stiller Gesellschafter (§ 20 Absatz 1 Nummer 4 EStG)	4
c) Lebensversicherungen (§ 20 Absatz 1 Nummer 6 EStG)	5
d) Erträge aus sonstigen Kapitalforderungen (§ 20 Absatz 1 Nummer 7 EStG)	6 – 8c
2. Gewinne aus Veräußerung, Einlösung, Termingeschäften (§ 20 Absatz 2 EStG)	9 – 82
a) Termingeschäfte (§ 20 Absatz 2 Satz 1 Nummer 3 EStG) und Stillhaltergeschäfte (§ 20 Absatz 1 Nummer 11 EStG)	9 – 47
b) Veräußerung sonstiger Kapitalforderungen (§ 20 Absatz 2 Satz 1 Nummer 7 EStG)	48 – 58
c) Veräußerungsbegriff (§ 20 Absatz 2 Satz 2 EStG)	59 – 71
d) Abgeltungsteuer und Personengesellschaften, insbesondere Beteiligungen an vermögensverwaltenden Personengesellschaften (§ 20 Absatz 2 Satz 3 EStG)	72 – 82
3. Besondere Entgelte und Vorteile (§ 20 Absatz 3 EStG)	83 – 84
4. Gewinn (§ 20 Absatz 4 EStG)	85 – 99
a) Grundregelung (§ 20 Absatz 4 Satz 1 EStG)	85 – 96
b) Fifo-Methode (§ 20 Absatz 4 Satz 7 EStG)	97 – 99
5. Kapitalmaßnahmen (§ 20 Absatz 4a EStG)	100 – 117
a) Anteilstausch (§ 20 Absatz 4a Satz 1 EStG)	100 – 102
b) Sonstige Kapitalforderungen (§ 20 Absatz 4a Satz 3 EStG)	103 – 107
c) Kapitalerhöhung gegen Einlage (§ 20 Absatz 4a Satz 4 EStG)	108 – 110
d) Zuteilung von Anteilen ohne Gegenleistung (§ 20 Absatz 4a Satz 5 EStG)	111 – 117
6. Verluste (§ 20 Absatz 6 EStG)	118 – 123
7. Subsidiarität (§ 20 Absatz 8 EStG)	124
8. Einkunftserzielungsabsicht (§ 20 Absatz 9 EStG)	125 – 129a

---

[1]) *Aus diesem BMF-Schreiben wurden nur die bereits in 2022 geltenden Änderungen der Rn. 92 und 300a übernommen.*

Anhang 19
Kapitalvermögen (Abgeltungsteuer)

	Rn.
II. Einkünfte aus sonstigen Leistungen (§ 22 Nummer 3 EStG)/ Private Veräußerungsgeschäfte (§ 23 EStG)	129b – 131
III. Gesonderter Steuertarif für Einkünfte aus Kapitalvermögen (§ 32d EStG)	132 – 151
1. Tarif (§ 32d Absatz 1 EStG)	132 – 133
2. Ausnahmen vom Abgeltungsteuersatz § 32d Absatz 2 EStG	134 – 143
a) Zwingende Ausnahme bei Kapitalüberlassung an nahestehende Personen oder von Anteilseignern (§ 32d Absatz 2 Nummer 1 EStG)	134 – 137
b) Ausnahme auf Antrag bei bestimmter Beteiligungshöhe (§ 32d Absatz 2 Nummer 3 EStG)	138 – 143
3. Erträge, die nicht dem Kapitalertragsteuerabzug bei einem inländischen Kreditinstitut unterlegen haben (§ 32d Absatz 3 EStG)	144
4. Veranlagungs-Wahlrecht (§ 32d Absatz 4 EStG)	145 – 147
5. Anrechnung ausländischer Steuern (§ 32d Absatz 5 EStG)	148
6. Günstigerprüfung (§ 32d Absatz 6 EStG)	149 – 151
IV. Kapitalerträge mit Steuerabzug (§ 43 EStG)	151a – 183
1. Treuhanddepots	152 – 158
2. Kapitalerträge mit Steuerabzug (§ 43 Absatz 1 EStG)	159 – 173
a) Nachzahlungen (§ 43 Absatz 1 Satz 1 Nummer 7 EStG)	159
b) Weltbank-Papiere im Rahmen der Abgeltungsteuer (§ 43 Absatz 1 Satz 1 Nummer 7 Buchstabe a EStG)	160
c) Namensschuldverschreibungen (§ 43 Absatz 1 Satz 1 Nummer 7 EStG	161
d) Depotübertrag mit Gläubigerwechsel (§ 43 Absatz 1 Satz 4 bis 6 EStG)	162 – 173
3. Ausnahmen vom Steuerabzug (§ 43 Absatz 2 EStG)	174 – 179
a) Interbankenprivileg (§ 43 Absatz 2 Satz 2 EStG)	174
b) Ausnahmen für Unternehmen (§ 43 Absatz 2 Satz 3 bis 8 EStG)	175 – 179
4. Einbehalt und Abführung der Kapitalertragsteuer durch inländische Niederlassungen von ausländischen Versicherungsunternehmen (§ 43 Absatz 3 EStG)	180 – 181
5. Abgeltungswirkung bei von den Erträgen abweichender Bemessungsgrundlage (§ 43 Absatz 5 EStG)	182 – 183
V. Bemessung der Kapitalertragsteuer (§ 43a EStG)	183a – 241d
1. Übernahme der Kapitalertragsteuer durch den Schuldner der Kapitalerträge	183a
2. Depotüberträge ohne und mit Gläubigerwechsel (§ 43a Absatz 2 EStG)	184 – 200
a) Einzelfragen (§ 43a Absatz 2 Satz 3 ff. EStG)	184 – 193
b) Ersatzbemessungsgrundlage und Verluste (§ 43a Absatz 2 Satz 6 und 7 EStG)	194 – 197
c) Übertragung nicht verbriefter Kapitalforderungen/Wertpapiere des Bundes und der Länder (§ 43a Absatz 2 Satz 8 EStG)	198 – 200
3. Anrechnung ausländischer Quellensteuer (§ 43a Absatz 3 Satz 1 EStG)	201 – 211
4. Verlusttopf (§ 43a Absatz 3 Satz 2 bis 6 und 8 EStG)	212 – 240
5. Korrekturen beim Kapitalertragsteuerabzug (§ 43a Absatz 3 Satz 7 EStG)	241 – 241d

Anhang 19
Kapitalvermögen (Abgeltungsteuer) II

		Rn.
VI.	**Entrichtung der Kapitalertragsteuer (§ 44 EStG)**	242 – 251d
1.	Zuflusszeitpunkt, auszahlende Stelle, Umfang des Steuerabzugs (§ 44 Absatz 1 EStG)	242 – 251d
	a) Zufluss von Zinsen (§ 44 Absatz 1 Satz 2 EStG)	242 – 243
	b) Umfang des Steuerabzugs (§ 44 Absatz 1 Satz 2 EStG)	246 – 247
	c) Auszahlende Stelle (§ 44 Absatz 1 Satz 3 und 4 EStG)	248 – 251
	d) Erhebung der Kapitalertragsteuer bei Sachwertleistung (§ 44 Absatz 1 Satz 7 bis 11 EStG)	251a – 251d
VII.	**Abstandnahme vom Steuerabzug (§ 44a EStG)**	252 – 306
1.	Freistellungsauftrag, NV-Bescheinigung (§ 44a Absatz 2 EStG)	252 – 294
	a) Ausstellung, Widerruf und Verwendung einer NV-Bescheinigung	252 – 256a
	b) Erteilung und Änderung von Freistellungsaufträgen	257 – 260
	c) Freistellungsaufträge bei Ehegatten/Lebenspartnern	261 – 265
	d) Gemeinsamer Freistellungsauftrag als Voraussetzung für die Verlustverrechnung gemäß § 43a Absatz 3 Satz 2 Halbsatz 2 EStG	266 – 277
	e) NV-Bescheinigungen und Freistellungsaufträge nach dem Tod eines Ehegatten/Lebenspartners	278 – 279
	f) NV-Bescheinigung und Freistellungsaufträge bei nicht steuerbefreiten Körperschaften	280 – 285
	g) Nicht der Körperschaftsteuer unterliegende Zusammenschlüsse	286 – 294
2.	NV-Bescheinigung bei steuerbefreiten Körperschaften und inländischen juristischen Personen des öffentlichen Rechts (§ 44a Absatz 4, 7 und 8 EStG)	295 – 300b
	a) Abstandnahme	295 – 298a
	b) Zinszahlungen an eine Personengesellschaft mit körperschaftsteuerbefreiten Gesellschaftern (§ 44a Absatz 4 Satz 1 EStG)	299 – 299a
	c) Erstattung der Kapitalertragsteuer in besonderen Fällen	300 – 300b
3.	Identität von Kontoinhaber und Gläubiger der Kapitalerträge (§ 44a Absatz 6 ff. EStG)	301 – 302
4.	Ausstellung von Bescheinigungen und Verwendung von Kopien	303 – 304
5.	Gutschriften zugunsten von ausländischen Personengesellschaften	305 – 306
VIII.	**Erstattung der Kapitalertragsteuer in besonderen Fällen (§ 44b Absatz 1 und Absatz 5 EStG)**	307 – 309
IX.	**Anmeldung und Bescheinigung von Kapitalertragsteuer (§ 45a EStG)**	310
X.	**Nicht besetzt**	311
XI.	**Kapitalertragsteuerabzug bei beschränkt steuerpflichtigen Einkünften aus Kapitalvermögen (§ 49 Absatz 1 Nummer 5 EStG)**	312 – 315
XII.	**Anwendungsvorschriften zur Einführung einer Abgeltungsteuer (§ 52 EStG)**	316 – 323
1.	Einbehalt der Kapitalertragsteuer bei bestehenden, bisher nicht dem Steuerabzug unterliegenden Beitragsdepots und vergleichbaren Einrichtungen	316

1869

Anhang 19
Kapitalvermögen (Abgeltungsteuer)

	Rn.
2. Zeitliche Anwendung von § 20 Absatz 2 Satz 1 Nummer 1 EStG und § 23 Absatz 1 Satz 1 Nummer 2 EStG a. F. (§ 52 Absatz 28 Satz 11, Absatz 31 Satz 2 EStG)	317 – 318
3. Übergangsregelung bei obligationsähnlichen Genussrechten und Gewinnobligationen (§ 52 Absatz 28 Satz 15 und 16 EStG)	319 – 323
XIII. Anwendungsregelung, Nichtbeanstandungsregelungen und Fundstellennachweis	324 – 325

I. Kapitalvermögen (§ 20 EStG)
1. Laufende Erträge (§ 20 Absatz 1 EStG)
a) Dividenden (§ 20 Absatz 1 Nummer 1 EStG)

Nachzahlungen

1 Werden einem Steuerpflichtigen Nachzahlungsbeträge im Zusammenhang mit Anteilen an Kapitalgesellschaften zugewiesen und ist die Rechtsnatur der Zahlungen nicht eindeutig erkennbar, hat die auszahlende Stelle im Zweifelsfall die Erträge als Kapitalertrag im Sinne des § 20 Absatz 1 Nummer 1 EStG zu behandeln.

Einkommensteuerrechtliche Behandlung der Erträge aus einer Limited Liability Company (LLC), Limited Partnership (LP) oder einer Master Limited Partnership (MLP)

2 Bestimmte Gesellschaften – beispielsweise in der Rechtsform einer LLC, LP oder einer MLP –, deren Anteile als depotfähige Wertpapiere an einer Börse gehandelt werden, können nach ausländischem Steuerrecht ein Wahlrecht zur Besteuerung als Kapital- oder Personengesellschaft haben. Erträge aus solchen Gesellschaften sind für das Steuerabzugsverfahren auch dann als Dividendenerträge im Sinne des § 20 Absatz 1 Nummer 1 EStG zu behandeln, wenn nach ausländischem Steuerrecht zur Besteuerung als Personengesellschaft optiert wurde.

3 Die Anrechnung der ausländischen Quellensteuer findet allein im Veranlagungsverfahren statt. Hinsichtlich der steuerlichen Einordnung beispielsweise einer LLC, LP oder einer MLP als Personengesellschaft oder Kapitalgesellschaft gelten die Grundsätze des BMF-Schreibens vom 19. März 2004 (BStBl I S. 411) unter Berücksichtigung der Ausführungen in Textziffer 1.2 des BMF-Schreibens vom 26. September 2014 (BStBl I S. 1258).

b) Einnahmen aus der Beteiligung an einem Handelsgewerbe als stiller Gesellschafter (§ 20 Absatz 1 Nummer 4 EStG)

4 Zu den Einkünften aus Kapitalvermögen auf Grund einer Beteiligung an einem Handelsgewerbe als stiller Gesellschafter gehört der dem stillen Gesellschafter zugewiesene Gewinn oder der unter Berücksichtigung der §§ 15a, 15b EStG zuzurechnende Verlust. Wird dem stillen Gesellschafter im Rahmen der Auseinandersetzung sein Guthaben zugewiesen, werden bei der Ermittlung des Gewinns im Sinne des § 20 Absatz 4 EStG die als laufende Einkünfte berücksichtigten Gewinn oder Verlustanteile, die das Auseinandersetzungsguthaben erhöht oder gemindert haben, vom Gewinn abgerechnet oder dem Gewinn hinzugerechnet.

Beispiel:
A beteiligt sich im Jahr 09 als typisch stiller Gesellschafter an dem Einzelunternehmen des B mit einer Einlage von 100.000 €. Auf den stillen Gesellschafter entfallen in den Jahren 10 und 11 jeweils Verluste in Höhe von 10.000 €. Die Verluste werden jeweils von der Einlage des stillen Gesellschafters abgebucht.

Im Jahr 12 erhält er sein Auseinandersetzungsguthaben in Höhe von 80.000 €.

Lösung:
Die laufenden Verlustanteile können unabhängig davon, ob der stille Gesellschafter eine nahestehende Person im Sinne des § 32d Absatz 2 Nummer 1 EStG ist, als Verlust im Sinne des § 20 Absatz 1 Nummer 4 EStG berücksichtigt werden.
Durch die Vereinnahmung des Auseinandersetzungsguthabens erzielt A Einkünfte im Sinne des § 20 Absatz 2 Satz 1 Nummer 4 in Verbindung mit Absatz 2 Satz 2 EStG. A erzielt einen Gewinn im Sinne des § 20 Absatz 4 Satz 1 EStG in Höhe von 0 € (Einlage 100.000 € abzüglich Auseinandersetzungsguthaben in Höhe von 80.000 € zuzüglich Verlust in Höhe von 20.000 €).

c) Lebensversicherungen (§ 20 Absatz 1 Nummer 6 EStG)

Hinweis auf BMF-Schreiben vom 1. Oktober 2009 (BStBl I S. 1172), zuletzt geändert durch BMF-Schreiben vom 9. August 2019 (BStBl I S. 829). 5

d) Erträge aus sonstigen Kapitalforderungen (§ 20 Absatz 1 Nummer 7 EStG)

Optionsanleihe

Bei einer Optionsanleihe besitzt der Inhaber neben dem Recht auf Rückzahlung des Nominalbetrags ein in einem Optionsschein verbrieftes Recht, innerhalb der Optionsfrist eine bestimmte Anzahl von Aktien des Emittenten oder einer anderen Gesellschaft, Anleihen, Fremdwährungen, Edelmetalle oder andere Basiswerte zu einem festgelegten Kaufpreis zu erwerben. Mit der Ausübung der Option erlischt der Anspruch auf Rückzahlung des Nominalbetrags der Anleihe nicht. Anleihe und Optionsschein können voneinander getrennt werden und sind sodann gesondert handelbar. 6

Dabei stellen Anleihe und Optionsschein jeweils selbständige Wirtschaftsgüter dar. Erträge aus der Anleihe sind nach § 20 Absatz 1 Nummer 7 und § 20 Absatz 2 Satz 1 Nummer 7 EStG als Einkünfte aus Kapitalvermögen zu behandeln. Unabhängig davon, ob der Optionsschein noch mit der Anleihe verbunden ist oder bereits von ihr getrennt wurde, gilt für seine einkommensteuerrechtliche Behandlung die Rn. 8, zu den Anschaffungskosten des Basiswerts im Falle der Ausübung der Option, vgl. Rn. 86. 7

In Optionsscheinen verbriefte Kapitalforderungen

Optionsscheine sind Kapitalforderungen im Sinne des § 20 Absatz 1 Nummer 7 EStG. Bei Optionsscheinen ist das Optionsrecht in einem Wertpapier verbrieft. Der Erwerber des Optionsscheins nimmt stets die Position des Berechtigten ein. Er erwirbt entweder eine Kaufoption oder eine Verkaufsoption, während der Emittent die Stillhalter-Position einnimmt. Optionsscheine sehen überwiegend einen Barausgleich vor. Das Optionsrecht kann nicht durch ein glattstellendes Gegengeschäft zum Erlöschen gebracht werden. 8

Optionsscheine können mit Zusatzvereinbarungen ausgestattet sein, die neben dem Optionsrecht z. B.

– eine Zusatzprämie beim Eintritt bestimmter Bedingungen gewähren,
– hinsichtlich des Barausgleichs mit einer Obergrenze („cap") ausgestattet sind,
– besondere Berechnungsmodalitäten für den Barausgleich vorsehen oder
– Zusatzvereinbarungen über Ausübung oder Verfall des Optionsrechts beinhalten.

Optionsscheine können mit einer Schuldverschreibung (Anleihe) verbunden sein (Optionsanleihe), vgl. Rn. 6 letzter Satz.

Die Emissionsbedingungen eines als Optionsschein bezeichneten Wertpapiers können Regelungen enthalten, die dem Inhaber des Optionsscheins eine Rückzahlung des eingesetzten Kapitals oder ein Entgelt für die Kapitalüberlassung zusagen oder gewähren

(z. B. sog. airbag-warrants). Auch durch eine Kombination von Optionsscheinen kann sich der Käufer eine Kapitalrückzahlung oder ein Entgelt für die Kapitalüberlassung sichern (z. B. sog. capped warrants). Bei Verlusten aus dem Verfall von Optionsscheinen ist die Verlustverrechnungsbeschränkung gemäß § 20 Absatz 6 Satz 6 EStG zu berücksichtigen (siehe auch Rn. 118).

Laufende Erträge aus einem Zertifikat gehören zu den Kapitaleinkünften gemäß § 20 Absatz 1 Nummer 7 EStG

8a Liegen bei einem Vollrisikozertifikat mehrere Zahlungszeitpunkte bis zur Endfälligkeit vor, sind die Erträge zu diesen Zeitpunkten Einkünfte im Sinne des § 20 Absatz 1 Nummer 7 EStG (BFH-Urteil vom 29. Oktober 2019 – VIII R 16/16, BStBl II 2020 S. 254); dies gilt nicht, wenn die Emissionsbedingungen von vornherein eindeutige Angaben zur Tilgung oder zur Teiltilgung während der Laufzeit vorsehen und die Vertragspartner entsprechend verfahren. Erfolgt bei diesen Zertifikaten zum Zeitpunkt der Endfälligkeit keine Zahlung mehr, liegt zum Zeitpunkt der Endfälligkeit eine Rückzahlung zu Null und damit ein veräußerungsgleicher Vorgang im Sinne des § 20 Absatz 2 EStG vor.

Sind bei einem Zertifikat im Zeitpunkt der Endfälligkeit keine Zahlungen vorgesehen, weil der Basiswert eine nach den Emissionsbedingungen vorgesehene Bandbreite verlassen hat, oder kommt es durch das Verlassen der Bandbreite zu einer (vorzeitigen) Beendigung des Zertifikats (sogenanntes „Knock-out-Zertifikat") ohne weitere Kapitalrückzahlungen, liegt eine Einlösung zu Null und damit ebenfalls ein veräußerungsgleicher Tatbestand im Sinne des § 20 Absatz 2 EStG vor (BFH-Urteil vom 20. November 2018 – VIII R 37/15, BStBl II 2019 S. 507). Die Anschaffungskosten des Zertifikates sind als Verlust zu berücksichtigen. Für die Verluste ist die Verlustverrechnungsbeschränkung gemäß § 20 Absatz 6 Satz 6 EStG zu berücksichtigen (siehe auch Rn. 118). Entsprechendes gilt für das Erreichen der Knock-out-Schwelle.

Nutzungsersatz bei Rückabwicklung von Darlehensverträgen und auf rückerstattete Kreditbearbeitungsgebühren sowie gezahlte Prozess und Verzugszinsen

8b Zahlen Kreditinstitute einen Nutzungsersatz auf rückerstattete Kreditbearbeitungsgebühren oder erhält ein Kreditnehmer aus der Rückabwicklung eines Darlehensvertrages einen Nutzungsersatz für die von ihm an den Darlehensgeber erbrachten Leistungen, handelt es sich um einkommensteuerpflichtige Kapitalerträge im Sinne des § 20 Absatz 1 Nummer 7 EStG, bei denen nach § 43 Absatz 1 Satz 1 Nummer 7 Buchstabe b EStG eine Verpflichtung zum Kapitalertragsteuerabzug besteht. Dies gilt entsprechend für Prozess- oder Verzugszinsen sowie geleisteten Nutzungsersatz in anderen Fällen (z. B. Zinsen auf erstattete Kontoführungsgebühren).

Wurde ein solcher Nutzungsersatz ohne Einbehalt von Kapitalertragsteuer ausgezahlt, haben die Kreditinstitute den Steuerabzug nach Maßgabe der Rn. 241 letzter Absatz zu korrigieren.

Kapitalertragsteuerabzug bei Erstattung von Darlehenszinsen auf darlehensfinanzierte Kreditbearbeitungsgebühren

8c Werden durch ein Kreditinstitut Darlehenszinsen auf eine in die Finanzierung eingeschlossene Kreditbearbeitungsgebühr erstattet, liegen keine Einkünfte nach § 20 Absatz 1 Nummer 7 EStG vor; für einen ggf. übersteigenden Betrag gilt Rn. 8b.

2. Gewinne aus Veräußerung, Einlösung, Termingeschäften (§ 20 Absatz 2 EStG)

a) Termingeschäfte (§ 20 Absatz 2 Satz 1 Nummer 3 EStG) und Stillhaltergeschäfte (§ 20 Absatz 1 Nummer 11 EStG)

Begriff des Termingeschäfts

Der Begriff des Termingeschäfts umfasst sämtliche als Options- oder Festgeschäft ausgestaltete Finanzinstrumente sowie Kombinationen zwischen Options- und Festgeschäften, die zeitlich verzögert zu erfüllen sind und deren Preis unmittelbar oder mittelbar abhängt von

– dem Börsen- oder Marktpreis von Wertpapieren,
– dem Börsen- oder Marktpreis von Geldmarktinstrumenten,
– dem Kurs von Devisen oder Rechnungseinheiten,
– Zinssätzen oder anderen Erträgen oder
– dem Börsen- oder Marktpreis von Waren oder Edelmetallen.

Zu den Termingeschäften gehören insbesondere Optionsgeschäfte, Swaps, Devisentermingeschäfte und Forwards oder Futures, vgl. Rn. 36 und 37 sowie Contracts for Difference (CFDs). CFDs sind Verträge zwischen zwei Parteien, die auf die Kursentwicklung eines bestimmten Basiswerts spekulieren. Basiswerte können beispielsweise Aktien, Indizes, Währungspaare oder Zinssätze sein. Zertifikate und Optionsscheine gehören nicht zu den Termingeschäften, vgl. Rn. 8 f.

Beim Optionsgeschäft hat der Käufer der Option das Recht, jedoch nicht die Verpflichtung, zu einem späteren Zeitpunkt ein Geschäft, z. B. den Kauf oder Verkauf eines Wertpapiers, zu vorab festgelegten Konditionen abzuschließen (bedingtes Termingeschäft). Im Gegensatz dazu gehen beim Festgeschäft beide Vertragsparteien bereits bei Abschluss des Geschäfts die feste Verpflichtung ein, zu einem späteren Zeitpunkt z. B. einen bestimmten Kaufgegenstand zum vereinbarten Preis zu erwerben oder zu liefern (unbedingtes Termingeschäft).

Optionsgeschäfte

Inhalt des Optionsgeschäfts

Beim Optionsgeschäft erwirbt der Käufer der Option (Optionsnehmer) vom Verkäufer der Option (Optionsgeber oder sogenannte Stillhalter) gegen Bezahlung einer Optionsprämie das Recht, eine bestimmte Anzahl Basiswerte (z. B. Aktien) am Ende der Laufzeit oder jederzeit innerhalb der Laufzeit der Option (so möglich bei EUREX-Optionen) zum vereinbarten Basispreis entweder vom Verkäufer der Option zu kaufen (Kaufoption oder „call") oder an ihn zu verkaufen (Verkaufsoption oder „put"). Diesem Recht des Optionskäufers steht die entsprechende Verpflichtung des Verkäufers der Option gegenüber, die Basiswerte zu liefern oder abzunehmen, wenn der Optionskäufer sein Optionsrecht ausübt.

Ist die effektive Abnahme oder Lieferung des Basiswertes auf Grund der Natur der Sache (z. B. bei Indizes) oder auf Grund von Handelsbedingungen (z. B. bei EUREX-Optionen auf Futures) ausgeschlossen, besteht die Verpflichtung des Optionsgebers bei Ausübung der Option durch den Optionskäufer in der Zahlung der Differenz zwischen vereinbartem Basispreis und Tageskurs des Basiswerts (Barausgleich oder „cash-settlement"). Ein Barausgleich kann bei jeder Option vereinbart werden, auch wenn der Basiswert lieferbar ist.

Anhang 19
Kapitalvermögen (Abgeltungsteuer)

13 Die Option erlischt
- mit Ablauf der Optionsfrist durch Verfall,
- durch Ausübung der Option oder
- an der EUREX auch durch sogenannte Glattstellung.

Bei Glattstellung tätigt der Anleger ein Gegengeschäft, d. h. z. B. der Inhaber einer Kauf- oder Verkaufsoption verkauft eine Option derselben Serie, aus der er zuvor gekauft hat. Kennzeichnet er das Geschäft als Glattstellungs- oder closing-Geschäft, bringt er damit Rechte und Pflichten aus beiden Geschäften zum Erlöschen. Umgekehrt kann sich auch der Optionsverkäufer (Stillhalter) vor Ablauf der Optionsfrist durch Kauf einer Option derselben Serie aus seiner Verpflichtung lösen.

14 Anders als bei außerbörslichen Optionsgeschäften und bei Optionsscheinen ist es einem Anleger an der EUREX nur sehr eingeschränkt und nur innerhalb eines kurzen Zeitraums möglich, die erworbene Option auf einen Dritten zu übertragen.

15 Anleger können grundsätzlich vier Grundpositionen eingehen:
- Kauf einer Kaufoption („long call"),
- Kauf einer Verkaufsoption („long put"),
- Verkauf einer Kaufoption („short call"),
- Verkauf einer Verkaufsoption („short put").

16 Darüber hinaus ist an der EUREX auch der standardisierte Abschluss eines sogenannten Kombinationsgeschäfts, d. h. einer Kombination von jeweils zwei Grundgeschäften in einem Abschluss möglich. Zu unterscheiden sind:
- „spreads": Gleichzeitiger Kauf und Verkauf von Optionen der gleichen Serie, aber mit unterschiedlichem Basispreis und/oder Verfalldatum;
- „straddles": Gleichzeitiger Kauf einer Kauf- und einer Verkaufsoption mit gleichem Basiswert, Basispreis und Verfalldatum;
- „strangles": Gleichzeitiger Kauf einer Kauf- und einer Verkaufsoption mit gleichem Basiswert und Verfalldatum, aber unterschiedlichem Basispreis.

Besonderheiten bei Optionsscheinen

17 Nicht besetzt.
18 Nicht besetzt.
19 Nicht besetzt.
20 Nicht besetzt.

Einkommensteuerrechtliche Behandlung eines Optionsgeschäfts

Kauf einer Kaufoption

21 Die gezahlten Optionsprämien sind Anschaffungskosten des Käufers für das Wirtschaftsgut „Optionsrecht". Beim Erwerb der Option anfallende Bankspesen, Provisionen und andere Transaktionskosten sind Teil der Anschaffungskosten.

Ausübung einer Kaufoption

22 Übt der Inhaber die Kaufoption aus und wird der Basiswert geliefert, gehören die Anschaffungs- und Anschaffungsnebenkosten des Optionsrechts zu den Anschaffungskosten des Basiswerts.

23 Erhält der Inhaber an Stelle des Basiswerts einen Barausgleich, liegen Kapitaleinkünfte im Sinne des § 20 Absatz 2 Satz 1 Nummer 3 Buchstabe a EStG vor. Die Anschaffungs- und Anschaffungsnebenkosten des Optionsrechts sind bei der Ermittlung des Gewinns gemäß § 20 Absatz 4 Satz 5 EStG zu berücksichtigen.

Erzielt der Inhaber der Kaufoption aus diesem Geschäft einen Verlust, weil der Barausgleich die Anschaffungs- und Anschaffungsnebenkosten des Optionsrechts nicht deckt, so ist die Verlustverrechnungsbeschränkung gemäß § 20 Absatz 6 Satz 5 EStG zu berücksichtigen (siehe auch Rn. 118).

Veräußerung und Glattstellung einer Kaufoption

Veräußert der Inhaber die Kaufoption, erzielt er Kapitaleinkünfte im Sinne des § 20 Absatz 2 Satz 1 Nummer 3 Buchstabe b EStG; Entsprechendes gilt bei einer Veräußerung mit closing-Vermerk, vgl. Rn. 13. Gewinn oder Verlust gemäß § 20 Absatz 4 Satz 1 EStG ist in diesem Fall der Unterschiedsbetrag zwischen den Anschaffungs- und Anschaffungsnebenkosten der Kaufoption und der aus dem glattstellenden Abschluss des Stillhaltergeschäfts erzielten Optionsprämie. Für einen Verlust aus der Veräußerung einer Kaufoption ist die Verlustverrechnungsbeschränkung gemäß § 20 Absatz 6 Satz 5 EStG zu berücksichtigen (siehe auch Rn. 118).

24

Beispiel:
Privatkunde K erwirbt am 1. März über seine Bank an der EUREX zehn Kaufoptionen über je 100 Aktien der S-AG zum Basispreis von 320 €, weil er für die nächsten Monate mit einem Kursanstieg der Aktie rechnet (Kurs der S-Aktie am 1. März 309,60 €). Verfallmonat der Kaufoption ist Juli. K entrichtet eine Optionsprämie von 1.000 x 20,40 € = 20.400 € zuzüglich 250 € Spesen. Am 1. April ist der Kurs der S-Aktie auf 350 € gestiegen. Das Recht, die Aktien zu einem Basispreis von 320 € zu kaufen, ist jetzt 50 € wert (innerer Wert 30 €, angenommener Zeitwert 20 €).
K beschließt daher, seine Position durch ein Gegengeschäft glattzustellen, d. h. er verkauft über seine Bank zehn EUREX-Kaufoptionen über je 100 Aktien der S-AG zum Basispreis von 320 €, Verfallmonat Juli, mit closing-Vermerk. K erhält dafür am 2. April eine Optionsprämie von 1.000 x 50 € = 50.000 € abzüglich 500 € Spesen.

Lösung:
K hat einen steuerpflichtigen Veräußerungsgewinn in Höhe von (50.000 € ./. 500 € ./. 20.400 € ./. 250 € =) 28.850 € erzielt.

Einkommensteuerrechtliche Behandlung des Stillhalters bei einer Kaufoption

Der Stillhalter erhält die Optionsprämie für seine Bindung und die Risiken, die er durch die Einräumung des Optionsrechts während der Optionsfrist eingeht. Die Optionsprämie stellt bei ihm ein Entgelt im Sinne des § 20 Absatz 1 Nummer 11 EStG dar.

25

Werden Stillhalterprämien vereinnahmt, unterliegen diese in diesem Zeitpunkt dem Kapitalertragsteuerabzug im Sinne des § 43 Absatz 1 Satz 1 Nummer 8 EStG. Schließt der Stillhalter ein Glattstellungsgeschäft ab, sind die gezahlten Prämien und die damit im Zusammenhang angefallenen Nebenkosten zum Zeitpunkt der Zahlung als negativer Kapitalertrag in den sogenannten Verlustverrechnungstopf im Sinne des § 43a Absatz 3 Satz 2 EStG einzustellen. Gleiches gilt, wenn die im Zusammenhang mit erhaltenen Prämien angefallenen Nebenkosten die vereinnahmten Stillhalterprämien mindern, da es insoweit unerheblich ist, ob die Nebenkosten im Zeitpunkt der Glattstellung oder der Vereinnahmung angefallen sind.

Übt der Inhaber die Kaufoption aus und liefert der Stillhalter den Basiswert, liegt beim Stillhalter ein Veräußerungsgeschäft nach § 20 Absatz 2 EStG hinsichtlich des Basiswerts vor, wenn der Basiswert ein Wirtschaftsgut im Sinne des § 20 Absatz 2 EStG (z. B. Aktie) ist. Die vereinnahmte Optionsprämie, die nach § 20 Absatz 1 Nummer 11 EStG zu versteuern ist, wird bei der Ermittlung des Veräußerungsgewinns nicht berücksichtigt. Hat der Stillhalter einen Barausgleich zu leisten, ist dieser als Verlust aus einem Termingeschäft nach § 20 Absatz 2 Satz 1 Nummer 3 Buchstabe a EStG zu berücksichtigen

26

(BFH-Urteil vom 20. Oktober 2016 – VIII R 55/13, BStBl II 2017 S. 264). Für einen Verlust aus einem geleisteten Barausgleich ist die Verlustverrechnungsbeschränkung gemäß § 20 Absatz 6 Satz 5 EStG zu berücksichtigen (siehe auch Rn. 118).

Verfall einer Kaufoption

27 Lässt der Inhaber der Kaufoption diese am Ende der Laufzeit verfallen, sind die für den Erwerb der Kaufoption entstandenen Aufwendungen bei der Ermittlung des Gewinns (oder Verlusts) im Sinne des § 20 Absatz 4 Satz 5 EStG zu berücksichtigen (BFH-Urteile vom 12. Januar 2016 – IX R 48/14, IX R 49/14, IX R 50/14, BStBl II S. 456, 459 und 462). Dies gilt auch, wenn die Kaufoption vorzeitig durch Erreichen eines Schwellenwerts verfällt (Kaufoption mit Knock-out-Charakter). Für einen Verlust aus dem wertlosen Verfall einer Kaufoption ist die Verlustverrechnungsbeschränkung gemäß § 20 Absatz 6 Satz 5 EStG zu berücksichtigen (siehe auch Rn. 118).

Kauf einer Verkaufsoption

28 Die gezahlten Optionsprämien sind Anschaffungskosten des Käufers für das Wirtschaftsgut „Optionsrecht". Beim Erwerb der Option anfallende Bankspesen, Provisionen und andere Transaktionskosten gehören zu den Anschaffungskosten.

Ausübung einer Verkaufsoption

29 Übt der Inhaber die Verkaufsoption aus und liefert er den Basiswert, liegt ein Veräußerungsgeschäft nach § 20 Absatz 2 EStG hinsichtlich des Basiswerts vor, wenn dieser ein Wirtschaftsgut im Sinne des § 20 Absatz 2 EStG (z. B. Aktien oder Anleihe) ist. Die Anschaffungs- und Anschaffungsnebenkosten des Optionsrechts sind gemäß § 20 Absatz 4 Satz 1 EStG zu berücksichtigen.

30 Erhält der Inhaber der Verkaufsoption einen Barausgleich, liegen Kapitaleinkünfte im Sinne des § 20 Absatz 2 Satz 1 Nummer 3 Buchstabe a EStG vor. Die Anschaffungskosten des Optionsrechts sind gemäß § 20 Absatz 4 Satz 5 EStG zu berücksichtigen.

Erzielt der Inhaber der Verkaufsoption aus diesem Geschäft einen Verlust, weil der Barausgleich die Anschaffungs- und Anschaffungsnebenkosten des Optionsrechts nicht deckt, so ist die Verlustverrechnungsbeschränkung gemäß § 20 Absatz 6 Satz 5 EStG zu berücksichtigen (siehe auch Rn. 118).

Veräußerung und Glattstellung einer Verkaufsoption

31 Veräußert der Inhaber die Verkaufsoption, liegt ein Veräußerungsgeschäft im Sinne des § 20 Absatz 2 Satz 1 Nummer 3 Buchstabe b EStG vor. Verkauft der Inhaber einer Verkaufsoption eine Verkaufsoption derselben Serie mit closing-Vermerk, gilt Entsprechendes. Gewinn oder Verlust ist in diesem Fall der Unterschiedsbetrag zwischen den Anschaffungskosten der Verkaufsoption und der aus dem glattstellenden Abschluss des Stillhaltergeschäfts erzielten Optionsprämie. Für einen Verlust aus der Veräußerung oder Glattstellung einer Verkaufsoption ist die Verlustverrechnungsbeschränkung gemäß § 20 Absatz 6 Satz 5 EStG zu berücksichtigen (siehe auch Rn. 118).

Verfall einer Verkaufsoption

32 Lässt der Inhaber der Verkaufsoption diese am Ende der Laufzeit verfallen, sind die für den Erwerb der Verkaufsoption entstandenen Aufwendungen bei der Ermittlung des Gewinns (oder Verlusts) im Sinne des § 20 Absatz 4 Satz 5 EStG zu berücksichtigen (BFH-Urteile vom 12. Januar 2016 – IX R 48/14, IX R 49/14, IX R 50/14, BStBl II S. 456, 459 und 462). Dies gilt auch, wenn die Verkaufsoption vorzeitig durch Erreichen eines Schwellenwertes verfällt (Verkaufsoption mit Knock-out-Charakter). Für einen Verlust

aus dem wertlosen Verfall einer Verkaufsoption ist die Verlustverrechnungsbeschränkung gemäß § 20 Absatz 6 Satz 5 EStG zu berücksichtigen (siehe auch Rn. 118).

Einkommensteuerrechtliche Behandlung des Stillhalters bei einer Verkaufsoption
Übt der Inhaber die Verkaufsoption aus und liefert er den Basiswert, liegt beim Stillhalter ein Anschaffungsgeschäft nach § 20 Absatz 2 EStG hinsichtlich des Basiswerts vor, wenn es sich dabei um ein Wirtschaftsgut im Sinne des § 20 Absatz 2 EStG handelt. Bei einer späteren Veräußerung wird die vereinnahmte Optionsprämie, die nach § 20 Absatz 1 Nummer 11 EStG zu versteuern ist, bei der Ermittlung des Veräußerungsgewinns nicht berücksichtigt. Schließt der Stillhalter ein Glattstellungsgeschäft ab, sind die gezahlten Prämien und die damit im Zusammenhang angefallenen Nebenkosten zum Zeitpunkt der Zahlung als negativer Kapitalertrag in den sogenannten Verlustverrechnungstopf im Sinne des § 43a Absatz 3 Satz 2 EStG einzustellen. Gleiches gilt, wenn die im Zusammenhang mit erhaltenen Prämien angefallenen Nebenkosten die vereinnahmten Stillhalterprämien mindern, da es insoweit unerheblich ist, ob die Nebenkosten im Zeitpunkt der Glattstellung oder der Vereinnahmung angefallen sind. 33

Hat der Stillhalter auf Grund des Optionsgeschäfts einen Barausgleich zu leisten, ist dieser als Verlust aus einem Termingeschäft nach § 20 Absatz 2 Satz 1 Nummer 3 Buchstabe a EStG zu berücksichtigen (BFH-Urteil vom 20. Oktober 2016 – VIII R 55/13, BStBl II 2017 S. 264). Für Verluste aus Termingeschäften ist die Verlustverrechnungsbeschränkung gemäß § 20 Absatz 6 Satz 5 EStG zu berücksichtigen (siehe auch Rn. 118). 34

Kombinationsgeschäfte, vgl. Rn. 16
Da jedes sogenannte Kombinationsgeschäft aus mindestens zwei rechtlich selbständigen Grundgeschäften besteht, gelten für ihre einkommensteuerrechtliche Behandlung die Regelungen für Grundgeschäfte, vgl. Rn. 21 bis 34, entsprechend. Die gezahlte oder erhaltene Optionsprämie ist im Verhältnis der am Kauftag für die Grundgeschäfte zu zahlenden Optionsprämien aufzuteilen. Entsprechendes gilt, wenn zwei oder mehr gleichgerichtete Grundgeschäfte kombiniert werden. 35

Beispiel:
Der Kurs der B-Aktie liegt im Februar bei 41 €. Anleger A erwartet für Ende März ein Kurspotential von bis zu 44 €. Es lässt sich aber auch eine gegenläufige Entwicklung nicht ausschließen. A kauft im Februar eine EUREX-Kaufoption über 100 B-Aktien mit Fälligkeit März und einem Basispreis von 42 €. Gleichzeitig verkauft A eine EUREX-Kaufoption über 100 B-Aktien mit Fälligkeit März und einem Basispreis von 44 €. Für diesen sogenannten „Spread" („Bull Call Spread") muss A insgesamt eine Prämie von 100 € zahlen. Diese ergibt sich als Differenz aus 195 € zu zahlender Optionsprämie für den Kauf der Kaufoption und 95 € erhaltener Optionsprämie für den Verkauf der Kaufoption. Im März beträgt der Kurs der B-Aktie 44 €. A stellt die gekaufte Kaufoption glatt und erhält eine Optionsprämie von 200 €.

Lösung:
Die vereinnahmte Optionsprämie von 95 € führt zu Einnahmen nach § 20 Absatz 1 Nummer 11 EStG. A erzielt des Weiteren mit der Glattstellung einen Veräußerungsgewinn nach § 20 Absatz 2 Satz 1 Nummer 3 Buchstabe b EStG von 200 € ./. 195 € = 5 €. Die verkaufte Kaufoption verfällt, weil sich der Ausübungspreis mit dem Kurs der Aktie deckt.

Als Festgeschäft ausgestaltete Termingeschäfte (Futures und Forwards)
Futures und Forwards stellen im Gegensatz zu Optionen für Käufer und Verkäufer die feste Verpflichtung dar, nach Ablauf einer Frist einen bestimmten Basiswert (z. B. Anleihen) zum vereinbarten Preis abzunehmen oder zu liefern. Mit dem Begriff Futures werden die an einer amtlichen Terminbörse (z. B. EUREX) gehandelten, standardisierten 36

Anhang 19
Kapitalvermögen (Abgeltungsteuer)

Festgeschäfte, mit dem Begriff Forwards die außerbörslich gehandelten, individuell gestalteten Festgeschäfte bezeichnet. Bei physisch nicht lieferbaren Basiswerten (z. B. Aktienindex) wandelt sich die Verpflichtung auf Lieferung oder Abnahme in einen Barausgleich in Höhe der Differenz zwischen Kaufpreis des Kontrakts und dem Wert des Basisobjekts bei Fälligkeit des Kontrakts.

Wird bei Fälligkeit eines Future-Kontrakts ein Differenzausgleich gezahlt, erzielt der Empfänger einen Gewinn und der Zahlende einen Verlust aus einem Veräußerungsgeschäft im Sinne des § 20 Absatz 2 Satz 1 Nummer 3 Buchstabe a EStG.

Bei an der EUREX gehandelten Futures ist als Differenzausgleich die Summe oder die Differenz der während der Laufzeit eines Kontrakts geleisteten Zahlungen im Zeitpunkt der Fälligkeit des Kontrakts zu erfassen.

Bei der Glattstellung eines Future-Kontrakts liegt ein Termingeschäft im Sinne des § 20 Absatz 2 Satz 1 Nummer 3 Buchstabe a EStG vor. Der Gewinn oder Verlust ergibt sich aus der Summe oder Differenz aller während der Laufzeit des Kontrakts geleisteten Zahlungen.

Wird der Basiswert geliefert, sind die auf den Future-Kontrakt geleisteten Zahlungen sowie die Nebenkosten des Future-Kontrakts beim Käufer Anschaffungskosten des Basiswerts. Veräußert der Käufer den Basiswert, liegt bei ihm ein Veräußerungsgeschäft im Sinne des § 20 Absatz 2 EStG vor, wenn dieser ein Wirtschaftsgut im Sinne des § 20 Absatz 2 EStG darstellt.

Auch bei den Kapitalmarkt-Futures kann es zur Lieferung kommen. Bei den an der EUREX z. B. auch gehandelten Kapitalmarkt-Futures kauft oder verkauft der Anleger z. B. fiktive Schuldverschreibungen mit verschiedener Laufzeit, die jeweils mit einer Verzinsung ausgestattet sind. Dabei sind die tatsächlich gelieferten mit den fiktiven Schuldverschreibungen des Future-Kontrakts als wirtschaftlich identisch anzusehen.

Wird durch Glattstellung oder Zahlung eines Differenzausgleichs durch einen der Beteiligten eines Future-Kontrakts ein Verlust erzielt, so ist die Verlustverrechnungsbeschränkung gemäß § 20 Absatz 6 Satz 5 EStG zu berücksichtigen (siehe auch Rn. 118).

Einkommensteuerrechtliche Behandlung von Forwards

37 Für die einkommensteuerrechtliche Behandlung von Forwards gilt die Rn. 36 entsprechend.

Besonderheiten bei Devisentermingeschäften

38 Devisentermingeschäfte können die Verpflichtung der Vertragsparteien zum Gegenstand haben, zwei vereinbarte Währungsbeträge zu einem zukünftigen Zeitpunkt zu einem vorher festgelegten Terminkurs auszutauschen. Devisentermingeschäfte können nach dem Willen der Vertragsparteien aber auch ausschließlich auf die Erzielung eines Differenzausgleichs nach § 20 Absatz 2 Satz 1 Nummer 3 Buchstabe a EStG gerichtet sein, selbst wenn sie äußerlich in die Form eines Kaufvertrags gekleidet sind. Dies gilt auch bei Abschluss eines Eröffnungsgeschäftes mit nachfolgendem Gegengeschäft, wenn das Gegengeschäft auf einen Differenzausgleich in Bezug auf das Eröffnungsgeschäft gerichtet ist. Beide Geschäfte müssen derart miteinander verknüpft sein, dass der auf die Realisierung einer positiven oder negativen Differenz aus Eröffnungs- und Gegengeschäft gerichtete Wille der Vertragsbeteiligten erkennbar ist, vgl. BFH-Urteil vom 24. Oktober 2017 – VIII R 35/15, BStBl II 2018 S. 189). Davon ist auszugehen, wenn der Kunde eine Order mit Closingvermerk aufgibt. Demgegenüber genügt es nicht, dass dem Eröffnungsgeschäft tatsächlich ein Gegengeschäft lediglich nachfolgt, das dessen Erfüllung dient.

Ein auf Differenzausgleich gerichtetes Devisentermingeschäft liegt auch vor, wenn die Vertragsbeteiligten ausdrücklich oder stillschweigend vereinbaren, dass keine effektive Lieferung, sondern ein Differenzausgleich erfolgen soll.

Verluste aus Devisentermingeschäften, die auf einen Differenzausgleich gerichtet sind, unterliegen der Verlustverrechnungsbeschränkung gemäß § 20 Absatz 6 Satz 5 EStG (siehe auch Rn. 118).

Kommt es zur effektiven Lieferung des Fremdwährungsbetrags und tauscht der Käufer diesen innerhalb eines Jahres nach Abschluss des Devisentermingeschäfts in Euro oder eine andere Währung um, führt dies zu einem privaten Veräußerungsgeschäft im Sinne des § 23 Absatz 1 Satz 1 Nummer 2 EStG. Dasselbe gilt, wenn am Fälligkeitstag ein auf Euro lautendes Konto des Käufers mit dem Kaufpreis belastet und ihm gleichzeitig der Euro-Betrag gutgeschrieben wird, welcher der auf Termin gekauften Fremdwährung entspricht. In diesem Fall wird die mit dem Devisentermingeschäft erworbene Fremdwährung am Fälligkeitstag geliefert und unmittelbar danach in Euro zurückgetauscht.

39

Zinsbegrenzungsvereinbarungen

Bei Zinsbegrenzungsvereinbarungen sind der Optionsinhaber und der Stillhalter wie folgt zu behandeln:

Kauf einer Zinsbegrenzungsvereinbarung (Rechtsstellung des Optionsinhabers)

Zinsbegrenzungsvereinbarungen sind Verträge, in denen sich einer der Vertragspartner (der Verkäufer) verpflichtet, an einen anderen Vertragspartner (den Käufer) Ausgleichszahlungen zu leisten, wenn ein bestimmter Zinssatz eine gewisse Höhe über- oder unterschreitet. Ihre Grundformen sind Caps (Zinsoberbegrenzungen), Floors (Zinsuntergrenzungen) und Collars (eine Kombination aus Caps und Floors).

40

Da die Ausgleichszahlungen in Abhängigkeit von der Entwicklung einer bestimmten Bezugsgröße, dem Referenzzinssatz, gezahlt werden, sind Zinsbegrenzungsvereinbarungen als Termingeschäfte im Sinne des § 20 Absatz 2 Satz 1 Nummer 3 Buchstabe a EStG zu klassifizieren. Ihrem wirtschaftlichen Gehalt nach werden Zinsbegrenzungsvereinbarungen als eine Reihe von Zinsoptionen beurteilt.

Caps, Floors und Collars können dabei nach analogen Grundsätzen behandelt werden. Die Zahlung der Prämie zum Zeitpunkt des Erwerbs der Zinsbegrenzungsvereinbarung stellt die Anschaffung eines Optionsrechts bzw. mehrerer hintereinander gestaffelter Optionsrechte dar. Zinsbegrenzungsvereinbarungen stellen Dauerschuldverhältnisse dar, deren Leistungen sich zu bestimmten vertraglich vereinbarten Terminen konkretisieren.

41

Im Sinne einer cash-flow-Besteuerung ist an die während der Laufzeit des Kontrakts zu leistenden Ausgleichszahlungen anzuknüpfen. Die für den Erwerb der Zinsbegrenzungsvereinbarung getätigten Aufwendungen werden zum Zeitpunkt der ersten Ausgleichszahlung berücksichtigt (§ 20 Absatz 4 Satz 5 EStG), d. h. sie mindern den Ertrag oder erhöhen den nach § 20 Absatz 6 Satz 5 EStG zu berücksichtigenden Verlust.

42

Kommt es zu keiner Ausgleichszahlung über die gesamte Vertragslaufzeit, weil der Referenzzinssatz die Zinsobergrenze zu keinem Zeitpunkt überschreitet oder die Zinsuntergrenze zu keinem Zeitpunkt unterschreitet, sind die für den Verfall von Optionen geltenden Rechtsgrundsätze anzuwenden. Die Verlustverrechnungsbeschränkung gemäß § 20 Absatz 6 Satz 5 EStG ist zu berücksichtigen (siehe auch Rn. 118).

43

Verkauf einer Zinsbegrenzungsvereinbarung (Stillhalterposition)

Die zu Vertragsbeginn vereinnahmte Prämie zählt zu den nach § 20 Absatz 1 Nummer 11 EStG abgeltungsteuerpflichtigen Kapitalerträgen. Die vom Stillhalter einer derartigen Vereinbarung zu leistenden Ausgleichszahlungen entsprechen der Entrichtung eines Differenzausgleiches und sind als Verlust aus einem Termingeschäft nach § 20

44

Absatz 2 Satz 1 Nummer 3 Buchstabe a EStG zu berücksichtigen (BFH-Urteil vom 20. Oktober 2016 – VIII R 55/13 – BStBl II 2017 S. 264).

Aktienswaps

45 Aktienswaps werden in der Regel dazu eingesetzt, aus einer Aktienposition resultierende Chancen und Risiken auf einen Vertragspartner (Sicherungsgeber, in der Regel die Hausbank) zu übertragen. Der Sicherungsgeber übernimmt dabei für die Laufzeit des Geschäfts das Kurs- und Dividendenrisiko aus den Aktien. Er erhält Dividendenausgleichszahlungen und bei Fälligkeit einen Ausgleich von etwaigen Wertsteigerungen der Aktien. Im Gegenzug ersetzt der Sicherungsgeber dem Sicherungsnehmer dessen Finanzierungskosten (Berechnungsgrundlage der vertraglich vereinbarten „Zinszahlungen" ist der Marktwert der Aktienposition bei Vertragsabschluss) und leistet einen Ausgleich für etwaige Kursverluste.

Ein Kapitaltransfer in Höhe des Marktwertes der dem Swap-Geschäft zu Grunde liegenden Aktienpositionen findet regelmäßig nicht statt.

46 Die Anwendung der sachlich gebotenen Nettobetrachtung hat folgende steuerliche Konsequenzen:

(1) Vereinnahmung der Dividende:

Kapitalertrag im Sinne des § 20 Absatz 1 Nummer 1 EStG.

(2) Leistung einer Dividendenausgleichszahlung an die Hausbank (Sicherungsgeber):

Aufwendungen im Sinne des § 20 Absatz 4 Satz 5 EStG.

(3) Vergütung etwaiger Wertsteigerungen an die Hausbank (Sicherungsgeber):

Aufwendungen im Sinne des § 20 Absatz 4 Satz 5 EStG.

(4) „Zinszahlungen" der Hausbank (Sicherungsgeber) an den Anleger:

Geldbetrag im Sinne des § 20 Absatz 4 Satz 5 EStG.

(5) Ausgleich der Hausbank (Sicherungsgeber) für etwaige Kursverluste:

Geldbetrag im Sinne des § 20 Absatz 4 Satz 5 EStG.

Die einzelnen Leistungen sind beim Steuerabzug zum Zeitpunkt des Zuflusses oder Abflusses zu berücksichtigen. Die Verlustverrechnungsbeschränkung gemäß § 20 Absatz 6 Satz 5 EStG ist zu berücksichtigen (siehe auch Rn. 118).

Zinsswaps und andere Swapgeschäfte

47 Bei einem Zinsswap vereinbaren die Parteien für eine vertraglich bestimmte Laufzeit den Austausch von Geldbeträgen, welche sich in Bezug auf die Zinsberechnungsbasis unterscheiden. Kapitalbeträge werden nicht ausgetauscht, sondern dienen lediglich als Berechnungsbasis für die Ermittlung der auszutauschenden Geldbeträge. Im einfachsten Fall werden jährlich (halbjährlich, quartalsweise, monatlich) zu zahlende Festzinsbeträge gegen jährlich (halbjährlich, quartalsweise, monatlich) zu zahlende variable Zinsbeträge getauscht, die sich nach einem Referenzzins wie beispielsweise dem EURIBOR richten.

Häufig werden laufende Zinszahlungen gegen einmalig am Anfang oder am Ende der Laufzeit zu zahlende Beträge getauscht („Up-Front-Zinsswap" oder „Balloon-Zinsswap").

Zu beachten ist, dass Swapgeschäfte, ähnlich wie Zinsbegrenzungsvereinbarungen, Dauerschuldverhältnisse sind und als Termingeschäfte im Sinne des § 20 Absatz 2 Satz 1 Nummer 3 Buchstabe a EStG einzustufen sind.

Entsprechend den Regelungen zu Zinsbegrenzungsvereinbarungen ist an die während der Laufzeit jeweils erhaltenen und geleisteten Zinsbeträge anzuknüpfen. Up-Front oder

Balloon-Payments sind zum jeweiligen Zahlungszeitpunkt zu berücksichtigen. Transaktionskosten sind als Aufwendungen im Sinne des § 20 Absatz 4 Satz 5 EStG zum Zeitpunkt ihrer Leistung zu berücksichtigen.

Für geleistete Ausgleichszahlungen, Up-Front und Balloon-Payments sowie Transaktionskosten ist die Verlustverrechnungsbeschränkung gemäß § 20 Absatz 6 Satz 5 EStG zu berücksichtigen (siehe auch Rn. 118).

b) Veräußerung sonstiger Kapitalforderungen (§ 20 Absatz 2 Satz 1 Nummer 7 EStG)

Allgemeines

Unter § 20 Absatz 2 Satz 1 Nummer 7 EStG fallen auch sonstige Kapitalforderungen, bei denen sowohl die Höhe des Entgelts als auch die Höhe der Rückzahlung von einem ungewissen Ereignis abhängen. Erfasst werden Kapitalforderungen, deren volle oder teilweise Rückzahlung weder rechtlich noch faktisch garantiert wird. Erträge, die bei Rückzahlung, Einlösung oder Veräußerung realisiert werden, unterliegen der Besteuerung nach § 20 Absatz 2 Satz 1 Nummer 7 EStG. 48

Stückzinsen

Werden Wertpapiere im Laufe eines Zinszahlungszeitraums mit dem laufenden Zinsschein veräußert, hat der Erwerber dem Veräußerer in der Regel den Zinsbetrag zu vergüten, der auf die Zeit seit dem Beginn des laufenden Zinszahlungszeitraums bis zur Veräußerung entfällt. Diese Zinsen heißen Stückzinsen. Sie werden in der Regel besonders berechnet und vergütet. 49

Der Veräußerer hat die besonders in Rechnung gestellten und vereinnahmten Stückzinsen als Einkünfte aus Kapitalvermögen im Sinne des § 20 Absatz 2 Satz 1 Nummer 7 EStG zu versteuern. Dies gilt auch bei Wertpapieren, die vor dem 1. Januar 2009 angeschafft wurden, vgl. § 52 Absatz 28 Satz 16 EStG, BFH-Urteile vom 7. Mai 2019 – VIII R 22/15, BStBl II S. 576 und VIII R 31/15, BStBl II S. 577. 50

Beim Erwerber der Wertpapiere sind die von ihm entrichteten Stückzinsen im Veranlagungszeitraum des Abflusses negative Einnahmen aus Kapitalvermögen im Sinne des § 20 Absatz 1 Nummer 7 EStG und beim Privatanleger in den Verlustverrechnungstopf einzustellen. 51

Bundesschatzbrief Typ B/Wertpapiere des Bundes und der Länder

Werden bei Bundesschatzbriefen Typ B Stückzinsen gesondert in Rechnung gestellt, gelten die Ausführungen zu Rn. 49 bis 51 entsprechend. 52

Die Auszahlung der Geldbeträge bei Endfälligkeit, die entgeltliche Übertragung sowie die vorzeitige Rückgabe führen jeweils zu Einnahmen aus einer Veräußerung im Sinne des § 20 Absatz 2 Satz 1 Nummer 7 EStG. Gehören die Erträge aus Bundesschatzbriefen zu den Betriebseinnahmen, unterbleibt der Kapitalertragsteuereinbehalt bei entsprechender Freistellungserklärung gemäß § 43 Absatz 2 Satz 3 EStG durch den Anleger, vgl. Muster Anlage 1. Die Erträge sind bei der Einkommensteuerveranlagung (im Rahmen der betrieblichen Gewinnermittlung) zu berücksichtigen. 53

Die Zuordnung zu den Veräußerungsgewinnen bei einer entgeltlichen Übertragung und bei vorzeitiger Rückgabe ist nicht zu beanstanden, da sowohl der Veräußerungserlös als auch die Stückzinsen zu Einnahmen aus Veräußerung im Sinne des § 20 Absatz 4 EStG führen, die im Rahmen der Ermittlung des Veräußerungsgewinns den Veräußerungsaufwendungen und Anschaffungskosten gegenüberzustellen sind. 54

Einnahmen aus der Einlösung von Zero-Bonds durch den Ersterwerber

55 Die Einlösung von Zero-Bonds und anderen in § 20 Absatz 2 Satz 1 Nummer 4 Buchstabe a EStG a. F. genannten Auf- und Abzinsungspapieren fällt auch beim (durchhaltenden) Ersterwerber unter § 20 Absatz 2 EStG, da auch die Einlösung und Rückzahlung als Veräußerung gilt, ohne zwischen Ersterwerber und Zweiterwerber zu unterscheiden.

Nichtbeanstandungsregelung für Alt-Finanzinnovationen

56 § 20 Absatz 2 Satz 1 Nummer 7 EStG findet auch bei sogenannten Finanzinnovationen Anwendung, die vor dem 1. Januar 2009 erworben wurden (§ 52 Absatz 28 Satz 15 und 16 EStG). Bei diesen Kapitalanlagen ist es nicht zu beanstanden, wenn bei der Gewinnermittlung im Sinne des § 20 Absatz 4 EStG Anschaffungsnebenkosten nicht berücksichtigt werden, wenn dem inländischen Kreditinstitut hierfür keine Daten vorliegen. Erfolgte die Anschaffung dieser Wertpapiere in einer Fremdwährung, ist es nicht zu beanstanden, wenn bei der Veräußerung oder Einlösung der Unterschiedsbetrag weiterhin in der Fremdwährung ermittelt wird und der sich ergebene Gewinn mit dem Umrechnungskurs zum Zeitpunkt der Veräußerung oder Einlösung umgerechnet wird, sofern diese Erträge dem inländischen Steuerabzug unterliegen.

Zertifikate

57 Werden Inhaberschuldverschreibungen veräußert oder eingelöst, die einen Lieferanspruch auf Gold oder einen anderen Rohstoff verbriefen und durch Gold oder einen anderen Rohstoff in physischer Form nicht gedeckt sind, sind die Einnahmen Einkünfte im Sinne des § 20 Absatz 2 Satz 1 Nummer 7 EStG.

Sehen die Vertrags-/Emissionsbedingungen hingegen vor, dass der Emittent das zur Verfügung gestellte Kapital nahezu vollständig in Gold oder einen anderen Rohstoff zu investieren hat und besteht ausschließlich ein Anspruch auf Auslieferung des hinterlegten Rohstoffs oder ein Anspruch auf Auszahlung des Erlöses aus der Veräußerung des Rohstoffs durch den Emittenten, liegt keine Kapitalforderung im Sinne des § 20 Absatz 1 Nummer 7 EStG, sondern ein Sachleistungsanspruch vor (BFH-Urteile vom 12. Mai 2015 – VIII R 35/14, BStBl II 2015 S. 834, und vom 16. Juni 2020 – VIII R 7/17, BStBl II 2021 S. 9); ggf. kommt eine Besteuerung als privates Veräußerungsgeschäft nach § 23 Absatz 1 Satz 1 Nummer 2 EStG in Betracht. Für vor dem 1. Januar 2009 angeschaffte Inhaberschuldverschreibungen findet § 52 Absatz 28 Satz 17 EStG Anwendung.

Private Kapitalforderungen; Besserungsscheine

58 Eine Forderung, die kein am Finanzmarkt angebotenes Produkt darstellt (z. B. eine private Darlehensforderung, Gesellschafterforderung), ist eine Kapitalforderung im Sinne des § 20 Absatz 2 Satz 1 Nummer 7 EStG. § 20 Absatz 2 Satz 1 Nummer 7 EStG findet auf diese Forderung erstmals Anwendung, wenn die Forderung nach dem 31. Dezember 2008 angeschafft oder begründet wurde.

c) Veräußerungsbegriff (§ 20 Absatz 2 Satz 2 EStG)
Allgemeines

59 § 20 Absatz 2 Satz 2 EStG stellt klar, dass als Veräußerung neben der entgeltlichen Übertragung des – zumindest wirtschaftlichen – Eigentums auch die Abtretung einer Forderung, die vorzeitige oder vertragsmäßige Rückzahlung einer Kapitalforderung oder die Endeinlösung einer Forderung oder eines Wertpapiers anzusehen sind. Entsprechendes gilt für die verdeckte Einlage von Wirtschaftsgütern im Sinne des § 20 Absatz 2 EStG in eine Kapitalgesellschaft. Die Sicherungsabtretung ist keine Veräußerung im Sinne dieser Vorschrift. Eine Veräußerung im Sinne des § 20 Absatz 2 Satz 1 Nummer 1 EStG

ist weder von der Höhe der Gegenleistung noch von der Höhe der anfallenden Veräußerungskosten abhängig (BFH-Urteil vom 12. Juni 2018 – VIII R 32/16, BStBl II 2019 S. 221). Bei der Veräußerung von wertlosen Wirtschaftsgütern im Sinne des § 20 Absatz 1 EStG ist die Verlustverrechnungsbeschränkung nach § 20 Absatz 6 Satz 6 EStG zu berücksichtigen. Von einer Veräußerung eines wertlosen Wirtschaftsgutes ist regelmäßig auszugehen, wenn der Veräußerungserlös die tatsächlichen Transaktionskosten nicht übersteigt. Wird die Höhe der in Rechnung gestellten Transaktionskosten nach Vereinbarung mit dem depotführenden Institut dergestalt begrenzt, dass sich die Transaktionskosten aus dem Veräußerungserlös unter Berücksichtigung eines Abzugsbetrages errechnen, ist gleichfalls regelmäßig von der Veräußerung eines wertlosen Wirtschaftsgutes auszugehen.

Eine entgeltliche Übertragung liegt auch vor, wenn wertlose Anteile ohne Gegenleistung zwischen fremden Dritten übertragen werden (BFH-Urteile vom 17. November 2020 – VIII R 20/18, BStBl I 2021 S. 378 und vom 29. September 2020 – VIII R 9/17, BStBl II 2021 S. 385). Dementsprechend ist eine Veräußerung im Sinne des § 20 Absatz 2 EStG auch anzunehmen, wenn die wertlosen Wirtschaftsgüter ohne Zahlung eines Entgelts aus dem Depot des Steuerpflichtigen auf ein Depot des Kreditinstituts ausgebucht werden. Eine Ausbuchung aus dem Depot kommt insbesondere in Betracht, wenn die Wirtschaftsgüter nicht mehr handelbar sind oder weil der Anleger nicht über die kleinste handelbare Einheit verfügt. Die Verlustverrechnungsbeschränkung gemäß § 20 Absatz 6 Satz 6 EStG ist zu berücksichtigen (siehe auch Rn. 118).

Ausfall nicht verbriefter Kapitalforderungen

Die ganze oder teilweise Uneinbringlichkeit einer Kapitalforderung im Sinne des § 20 Absatz 1 Nummer 7 EStG führt zu einem steuerlich anzuerkennenden Veräußerungsverlust gemäß § 20 Absatz 2 Satz 1 Nummer 7, Satz 2 und Absatz 4 EStG (BFH-Urteil vom 24. Oktober 2017 – VIII R 13/15, BStBl II 2020 S. 831) soweit keine Berücksichtigung als nachträgliche Anschaffungskosten bei den gewerblichen Einkünften in Betracht kommt (§ 17 Absatz 2a Satz 3 in Verbindung mit § 20 Absatz 8 EStG). Dies gilt grundsätzlich nur, wenn die Kapitalforderung nach dem 31. Dezember 2008 begründet worden ist und die Kapitalerträge nach dem 31. Dezember 2008 zugeflossen sind, vgl. § 52 Absatz 28 Satz 15 bis 17 EStG.

Die Uneinbringlichkeit einer Kapitalforderung liegt vor, wenn dem Gläubiger keine gesetzlich gebilligte Möglichkeit zur Durchsetzung des Anspruchs offensteht. Davon ist insbesondere dann auszugehen, wenn das Insolvenzverfahren mangels Masse abgelehnt wurde. Nicht ausreichend ist die bloße Eröffnung des Insolvenzverfahrens über das Vermögen des Schuldners, es sei denn, der Insolvenzverwalter hat gegenüber dem Insolvenzgericht die Masseunzulänglichkeit gemäß § 208 Absatz 1 Satz 1 InsO angezeigt, (BFH-Urteil vom 1. Juli 2021 – VIII R 28/18, BStBl II S. 911). Der Veräußerungsverlust errechnet sich aus dem Unterschied zwischen den Einnahmen aus der Rückzahlung nach Abzug der Aufwendungen, die im unmittelbaren sachlichen Zusammenhang mit dem Ausfall der Kapitalforderung stehen und den Anschaffungskosten der Kapitalforderung. Für die Verlustverrechnung gilt § 20 Absatz 6 Satz 6 EStG. Auf Rn. 118 wird verwiesen.

Beispiel:
K schloss mit der B im Jahr 01 einen Vertrag ab, auf Grund dessen K 20.000 € an B gezahlt hat. Die B täuschte K die Anlage des Kapitals in Anleihen vor. K sollte hierfür eine jährlich nachschüssig zu zahlende Rendite zwischen 7% bis 9 % des Anlagebetrages erhalten. Im Jahr 02 wurde K für das Jahr 01 eine fällige und zur Auszahlung bereitstehende Scheinrendite in Höhe von 800 € in den Büchern der B gutgeschrieben. Zu diesem Zeitpunkt war die B noch leistungsfähig und leistungsbereit. Im Jahr 03 kam es zum Zusammenbruch des

Schneeballsystems und es stand fest, dass mit einer Kapitalrückzahlung nicht zu rechnen ist, die Eröffnung des Insolvenzverfahrens war mangels Masse abgelehnt worden.

Lösung:
Im Jahr 02 erzielt K Kapitaleinkünfte in Höhe von 800 € (§ 20 Absatz 1 Nummer 7 EStG), die zu besteuern sind. Die Wiederanlage der Scheinrendite führt zu Anschaffungskosten einer Kapitalforderung. Im Jahr 03 kann ein Veräußerungsverlust in Höhe von 20.800 € steuerlich berücksichtigt werden (Kapitalauszahlung 0 € abzüglich Anschaffungskosten 20.800 €). Davon sind in 03 20.000 € zu berücksichtigen und 800 € nach § 20 Absatz 6 Satz 6 EStG gesondert festzustellen.

Forderungsverzicht

61 Der Verzicht auf eine nicht werthaltige Forderung steht einem Forderungsausfall gleich und führt nach § 20 Absatz 2 Satz 1 Nummer 7 und Satz 2 sowie Absatz 4 EStG zu einem steuerlich anzuerkennenden Veräußerungsverlust (BFH-Urteil vom 6. August 2019 – VIII R 18/16, BStBl II 2020 S. 833), soweit keine Berücksichtigung als nachträgliche Anschaffungskosten bei den gewerblichen Einkünften in Betracht kommt (§ 17 Absatz 2a Satz 3 in Verbindung mit § 20 Absatz 8 EStG). Der Anerkennung des Verlusts steht die Freiwilligkeit des Verzichts nicht entgegen. In Höhe des werthaltigen Teils der Forderung ist der Verzicht ertragsteuerrechtlich unbeachtlich (unentgeltliche Übertragung), soweit keine verdeckte Einlage vorliegt und es sich nicht um nachträgliche Anschaffungskosten im Sinne des § 17 Absatz 2a EStG handelt. Die Regelungen zum Erbschaft- und Schenkungsteuergesetz sind zu beachten.

Der werthaltige Teil der Forderung bestimmt sich nach dem gemeinen Wert der Forderung im Zeitpunkt des Verzichts. Bezogen auf den nicht werthaltigen Teil der Forderung ist die Verlustverrechnungsbeschränkung gemäß § 20 Absatz 6 Satz 6 EStG zu berücksichtigen (siehe auch Rn. 118).

Restrukturierung von Anleihen bei Kombination von Teilverzicht, Nennwertreduktion und Teilrückzahlung

61a Vereinbaren der Anleiheschuldner und die Gläubiger im Rahmen einer Restrukturierung eine Kombination von Einzelmaßnahmen dergestalt, dass auf einen Teilbetrag der Nominalforderung eine Rückzahlung zu erfolgen hat, auf einen Teilbetrag der Forderung verzichtet und für den Restbetrag eine Reduzierung des Nennwertes der Forderung vorgenommen wird, liegt in Höhe des Teilverzichts ein steuerlich anzuerkennender Veräußerungsverlust gemäß § 20 Absatz 2 Satz 1 Nummer 7 und Satz 2 sowie Absatz 4 EStG vor. Für die Verlustverrechnung gilt § 20 Absatz 6 Satz 6 EStG. Auf Rn. 118 wird verwiesen.

Die teilweise Rückzahlung der Kapitalforderung führt zu Einkünften im Sinne des § 20 Absatz 2 Satz 1 Nummer 7 und Satz 2 EStG. Steuerpflichtiger Gewinn/Verlust nach § 20 Absatz 4 EStG ist der Unterschiedsbetrag zwischen dem Rückzahlungsbetrag und den anteiligen Anschaffungskosten.

Die Nennwertreduktion führt nicht zu einer Veräußerung der Anleihe. Das Anschaffungsdatum und die anteiligen Anschaffungskosten der reduzierten Nominalforderung sind zu berücksichtigen.

Beispiel:
A erwirbt am 15. Januar für 100 € eine Forderung mit einem Nominalwert in Höhe von 100 €. Gemäß einer Restrukturierungsvereinbarung wird am 15. Februar der Nominalwert der Forderung auf 30 € reduziert, auf den ursprünglichen Nominalwert von 100 € werden 20 € zurückgezahlt und in Höhe von 50 € Nominalwert (nicht werthaltiger Teil der Forderung) wird ein Forderungsverzicht vereinbart.

Anhang 19
Kapitalvermögen (Abgeltungsteuer)   II

Lösung:
Aufgrund Teilrückzahlung in Höhe von 20 % des Nominalwertes erzielt A einen Veräußerungsgewinn nach § 20 Absatz 2 Satz 1 Nummer 7 und Satz 2 EStG in Höhe von 0 € (Rückzahlungsbetrag von 20 € abzüglich anteiliger Anschaffungskosten von 20 €). In Höhe des Teilverzichts von 50 € erzielt A einen Veräußerungsverlust. Für die Verlustverrechnung gilt § 20 Absatz 6 Satz 6 EStG. Auf Rn. 118 wird verwiesen. Die anteiligen, auf den reduzierten Nominalwert von 30 € entfallenden Anschaffungskosten betragen 30 €.

Das Anschaffungsdatum ändert sich infolge der Nominalwertreduzierung nicht, die Anschaffungskosten der Anleihe (100 € abzüglich 20 €, abzüglich 50 €) werden mit 30 € fortgeführt.

Abwandlung:
A erwirbt die gleiche Forderung am 15. Januar für 10 € mit einem Nominalwert in Höhe von 100 €.

Lösung:
Aufgrund der Teilrückzahlung in Höhe von 20 % des Nominalwertes erzielt A einen Veräußerungsgewinn nach § 20 Absatz 2 Satz 1 Nummer 7 Satz 2 EStG in Höhe von 18 € (Rückzahlungsbetrag von 20 € abzüglich anteiliger Anschaffungskosten von 2 €). Die anteiligen, auf den Teilverzicht entfallenden Anschaffungskosten von 5 € sind als Veräußerungsverlust zu berücksichtigen. Für die Verlustverrechnung gilt § 20 Absatz 6 Satz 6 EStG. Auf Rn. 118 wird verwiesen. Die anteiligen, auf den reduzierten Nominalwert von 30 € entfallenden Anschaffungskosten betragen 3 €. Das Anschaffungsdatum ändert sich infolge der Nominalwertreduzierung nicht, die Anschaffungskosten der Anleihe (10 € abzüglich 2 € abzüglich 5 €) werden mit 3 € fortgeführt.

Forderungsverzicht gegen Besserungsschein
Bei einem Forderungsverzicht gegen Besserungsschein verzichtet der Gläubiger unter der Bedingung, dass die Forderung (ggf. rückwirkend auch Zinsen) wiederauflebt, wenn beim Schuldner die Besserung eintritt. Erst im Zeitpunkt des endgültigen Verzichts (d. h. Wegfall des Besserungsscheins ohne, dass die Besserung eingetreten ist) finden die für den Forderungsverzicht geltenden Grundsätze Anwendung, vgl. Rn. 61.   62

Beispiel:
GmbH-Gesellschafter A verzichtet am 1. Juli 10 auf eine am 2. Januar 09 begründete Gesellschafterforderung gegen Besserungsschein. Der Nominalwert der Forderung beträgt im Zeitpunkt des Verzichts 100.000 €, der Teilwert dagegen nur 10.000 €. Im Jahr 11 tritt der Besserungsfall ein und A erhält eine Darlehensrückzahlung von 100.000 €.

Lösung:
A erzielt durch den Forderungsverzicht zunächst Einnahmen im Sinne des § 20 Absatz 2 Satz 1 Nummer 7 EStG in Höhe von 10.000 €. Insoweit liegt eine verdeckte Einlage vor, die auch zu Anschaffungskosten der GmbH-Anteile führt. Da die Forderung zum Nominalwert angeschafft (hingegeben) wurde, die Anschaffungskosten dieses Teils der Forderung also 10.000 € betragen, beläuft sich der anteilige Gewinn im Sinne des § 20 Absatz 2 Satz 1 Nummer 7 EStG auf 0 €.

Das Wiederaufleben der Forderung und damit des schuldrechtlichen Veranlassungszusammenhangs nach Eintritt der Besserung mindert die Beteiligungsanschaffungskosten um 10.000 €. Die Tilgung der Kapitalforderung führt beim Gesellschafter A zu Einnahmen im Sinne des § 20 Absatz 2 Satz 1 Nummer 7 EStG in Höhe von 100.000 €. Da diesen Einnahmen nach Wiederaufleben des Veranlassungszusammenhangs die ursprünglichen Anschaffungskosten von 100.000 € gegenüberstehen, betragen die Einkünfte des A im Sinne des § 20 Absatz 2 Satz 1 Nummer 7 EStG 0 €. Sofern für das Jahr 10 die verdeckte Einlage bei der Einkommensteuerfestsetzung bereits berücksichtigt wurde, ist diese gemäß § 175 Absatz 1 Satz 1 Nummer 2 AO zu ändern.

Abwandlung:
GmbH-Gesellschafter A verzichtet am 1. Juli 10 auf eine am 2. Januar 09 begründete Gesellschafterforderung gegen Besserungsschein. Der Nominalwert der Forderung beträgt im Zeitpunkt des Verzichts 100.000 €, der Teilwert dagegen nur 10.000 €. Sodann veräußert A seine Beteiligung und seinen Besserungsanspruch für jeweils 1 € an B. Im Jahr 11 tritt der Besserungsfall ein und B erhält eine Darlehensrückzahlung von 100.000 €.

Lösung:
A erzielt zunächst durch den Forderungsverzicht Einnahmen im Sinne des § 20 Absatz 2 Satz 1 Nummer 7 EStG in Höhe von 10.000 €. Da die Forderung zum Nominalwert hingegeben (angeschafft) wurde, beläuft sich der anteilige Gewinn im Sinne des § 20 Absatz 2 Satz 1 Nummer 7 EStG auf 0 €. Die Tilgung der wieder entstandenen Kapitalforderung nach Eintritt der Besserung führt allerdings beim Gesellschafter B in Höhe von 100.000 € zu Einnahmen im Sinne des § 20 Absatz 2 Satz 1 Nummer 7 EStG. Da diesen Einnahmen Anschaffungskosten von nur 1 € gegenüberstehen, betragen die Einkünfte des B 99.999 €. Auf diese Einkünfte findet § 32d Absatz 2 Nummer 1 Buchstabe b EStG Anwendung, sofern Gesellschafter B zu mindestens 10 % an der GmbH beteiligt ist.

Ausbuchung wertloser Wertpapiere (Verfall)

63 Die Ausbuchung wertloser Wertpapiere führt gemäß § 20 Absatz 2 Satz 1 Nummer 1 und 7, Satz 2 und Absatz 4 EStG zu einem steuerlich anzuerkennenden Veräußerungsverlust. Ein Wertpapier ist wertlos, wenn es

– aufgrund der Insolvenz des Emittenten eingezogen,
– infolge der Herabsetzung des Kapitals ausgebucht (BFH-Urteil vom 3. Dezember 2019 – VIII R 34/16, BStBl II 2020 S. 836) oder
– infolge des Erreichens der Knock-out-Schwelle entschädigungslos ausgebucht oder
– ohne Gegenleistung aus dem Depot ausgebucht, vgl. Rn. 59

wurde.

Sehen die Emissionsbedingungen hingegen vor, dass bei Erreichen der Knock-Out-Schwelle eine Mindestrückzahlung erfolgt, die nicht lediglich einen symbolischen Wert in Höhe der voraussichtlichen Transaktionskosten hat, so tritt bei einem solchen Wertpapier mit Erreichen der Knock-Out-Schwelle keine Wertlosigkeit ein.

Auch das Erlöschen der Mitgliedschaftsrechte eines Aktionärs durch Löschung der Gesellschaft im Register bei Vermögenslosigkeit führt zu einem steuerlich anzuerkennenden Veräußerungsverlust (BFH-Urteil vom 17. November 2020 – VIII R 20/18, BStBl II 2021 S. 378).

Dies gilt grundsätzlich nur für Wertpapiere, die nach dem 31. Dezember 2008 erworben wurden, vgl. § 52 Absatz 28 Satz 11, 16 und 17 EStG. Die Verlustverrechnungsbeschränkung gemäß § 20 Absatz 6 Satz 6 EStG ist zu berücksichtigen (siehe auch Rn. 118).

Tausch von Wertpapieren

64 Beim Tausch von Aktien eines Unternehmens gegen Aktien eines anderen Unternehmens werden die bisher gehaltenen Aktien veräußert und die erlangten Aktien erworben, soweit nicht die Voraussetzungen des § 20 Absatz 4a Satz 1 EStG, vgl. Rn. 100, vorliegen. Entsprechendes gilt für den Tausch von anderen Wertpapieren.

Veräußerungserlös der hingegebenen Wertpapiere

65 Als Veräußerungserlös für die hingegebenen Wertpapiere ist der Börsenkurs der erlangten Wertpapiere am Tag der Depoteinbuchung anzusetzen. Der Wert ist unter sinngemäßer Anwendung des § 43a Absatz 2 Satz 9 EStG zu ermitteln. Ist dieser Börsenkurs

nicht zeitnah ermittelbar, wird nicht beanstandet, wenn stattdessen auf den Börsenkurs der hingegebenen Wertpapiere abgestellt wird.

Anschaffungskosten der erlangten Wertpapiere

Als Anschaffungskosten der erlangten Wertpapiere ist der Börsenkurs der hingegebenen Wertpapiere im Zeitpunkt der Depotausbuchung anzusetzen. Der Wert ist unter sinngemäßer Anwendung des § 43a Absatz 2 Satz 9 EStG zu ermitteln. Ist dieser Börsenkurs nicht zeitnah ermittelbar, wird nicht beanstandet, wenn stattdessen auf den Börsenkurs der erlangten Wertpapiere abgestellt wird. 66

Werden im Rahmen von Umschuldungsmaßnahmen auf Veranlassung des Schuldners/Emittenten die ursprünglich ausgegebenen Wertpapiere durch den Schuldner gegen neue Wertpapiere getauscht, ist als Veräußerungserlös der hingegebenen Wertpapiere und als Anschaffungskosten der erhaltenen Wertpapiere der Börsenkurs der erhaltenen Wertpapiere anzusetzen. Ist dieser Börsenkurs nicht zeitnah ermittelbar, wird es nicht beanstandet, wenn stattdessen auf den Börsenkurs der hingegebenen Wertpapiere abgestellt wird. 66a

Beschließt eine Aktiengesellschaft die Umwandlung von Vorzugs- in Stammaktien, hat dies lediglich eine Modifikation der bestehenden Mitgliedschaftsrechte der Aktionäre zur Folge. Die Umwandlung ist für Zwecke des § 20 Absatz 2 EStG nicht als Tausch der Vorzugs- in Stammaktien anzusehen. Barzuzahlungen des Aktionärs führen hierbei zu nachträglichen Anschaffungskosten. Diese Regelungen gelten entsprechend für den Fall der Umwandlung von Inhaber- in Namensaktien und umgekehrt. Auch rein wertpapiertechnisch bedingte Umtauschvorgänge wie z. B. Umtausch wegen ISIN-Änderung oder Urkundentausch sind nicht als Tausch im steuerrechtlichen Sinne anzusehen. 67

Steuerliche Behandlung des Umtauschs von Hinterlegungsscheinen in Aktien

ADRs, GDRs, EDRs und IDRs (American, Global, European bzw. International Depositary Receipts) ermöglichen Anlegern, denen z. B. aus rechtlichen Gründen der unmittelbare Aktienbesitz verwehrt ist, eine Teilhabe an der Wertentwicklung einschließlich Dividendenausschüttung eines Unternehmens. Die Umbuchung von Depositary Receipts in die dahinterstehenden Aktien ist keine Veräußerung des Receipts bzw. Neuanschaffung der bezogenen Aktien. Soweit der Umtausch in 2009 als Veräußerung behandelt wurde, ist dies nicht zu beanstanden. 68

Abfindung von Minderheits-Aktionären bei Übernahmevorgängen

Es ist ohne Bedeutung, ob die Veräußerung freiwillig oder unter wirtschaftlichem Zwang erfolgt. Werden oder sind bei einer Gesellschaftsübernahme die verbliebenen Minderheitsgesellschafter rechtlich oder wirtschaftlich gezwungen, ihre Anteile an den Übernehmenden zu übertragen, liegt vorbehaltlich des § 20 Absatz 4a Satz 1 EStG eine Veräußerung der Anteile an den Übernehmenden vor. Wird die Gegenleistung nicht in Geld geleistet (z. B. Lieferung eigener Aktien des Übernehmenden), ist als Veräußerungspreis der gemeine Wert der erhaltenen Wirtschaftsgüter anzusetzen. 69

Rn. 69 gilt auch bei der Übernahme oder Einziehung von Beteiligungen im Sinne der §§ 327a ff. AktG (sogenannter squeeze-out). 70

Einlagewert für Kapitalanlagen

Die Einlage in eine Kapitalgesellschaft ist grundsätzlich keine Veräußerung im Sinne des § 20 Absatz 2 Satz 2 EStG, es sei denn, es handelt sich um eine verdeckte Einlage. Bei Einlagen bis zum 31. Dezember 2008 gelten die bisherigen Regelungen des § 6 Absatz 1 Nummer 5 EStG, d. h., Ansatz mit dem Teilwert oder mit den Anschaffungskosten bei Erwerb innerhalb der letzten 3 Jahre. Wirtschaftsgüter, die ab dem 1. Januar 2009 71 eingelegt werden, sind mit dem Teilwert, höchstens mit den (ursprünglichen) Anschaffungskosten, zu bewerten. Bei verdeckten Einlagen gilt § 20 Absatz 2 Satz 2 EStG (Veräußerungsfiktion). Er geht § 6 Absatz 1 Nummer 5 Satz 1 Buchstabe c EStG vor.

d) **Abgeltungsteuer und Personengesellschaften, insbesondere Beteiligungen an vermögensverwaltenden Personengesellschaften (§ 20 Absatz 2 Satz 3 EStG)**

72 Erzielt eine Personengesellschaft Kapitalerträge im Sinne des § 20 EStG, sind diese Einkünfte gemäß § 179 Absatz 2, § 180 Absatz 1 Satz 1 Nummer 2 Buchstabe a AO gesondert und einheitlich festzustellen, vgl. auch Rn. 286 bis 290. Der Feststellungsbescheid entfaltet hinsichtlich der Frage der Inanspruchnahme der Veranlagungsoption keine Bindungswirkung für den Steuerbescheid. Ob eine Veranlagung im Sinne des EStG durchzuführen ist, ist hierfür nicht von Bedeutung. Veräußerungsvorgänge einer vermögensverwaltenden Gesellschaft, die den Tatbestand des § 20 Absatz 2 Satz 1 Nummer 1 EStG erfüllen, sind zunächst als Gewinn/Verlust gesondert und einheitlich festzustellen, und zwar auch dann, wenn ein, mehrere oder alle Gesellschafter mit der Veräußerung den Tatbestand des § 17 EStG verwirklicht haben. Die (Um-) Qualifizierung als Vorgang nach § 17 EStG (§ 20 Absatz 8 EStG) erfolgt auf Ebene der Gesellschafter im Veranlagungsverfahren. Die Beteiligungsquoten der einzelnen Gesellschafter an der vermögensverwaltenden Personengesellschaft bzw. an der veräußerten Kapitalbeteiligung sind dem Wohnsitzfinanzamt nachrichtlich mitzuteilen.

73 Gemäß § 20 Absatz 2 Satz 3 EStG gilt die Anschaffung oder Veräußerung einer unmittelbaren oder mittelbaren Beteiligung an einer vermögensverwaltenden Personengesellschaft als Anschaffung oder Veräußerung der anteiligen Wirtschaftsgüter.

Eintritt eines Gesellschafters

74 Tritt ein Gesellschafter der Personengesellschaft bei, erwirbt er durch seine Einlage oder den Erwerb des Gesellschafteranteils eine Beteiligung an der Personengesellschaft. Der Erwerb der Beteiligung gilt zugleich als Anschaffung der von der Gesellschaft gehaltenen Wirtschaftsgüter anteilig nach der Beteiligungsquote. Als Anschaffungskosten der erworbenen Wirtschaftsgüter gilt der Anteil der Einlage oder des Kaufpreises, der nach dem Verhältnis der Verkehrswerte der erworbenen Wirtschaftsgüter zueinander auf das entsprechende Wirtschaftsgut entfällt.

75 Durch den Neueintritt eines Gesellschafters veräußern zugleich die Altgesellschafter einen Anteil der Wirtschaftsgüter an den neuen Gesellschafter. Als Gewinn aus der Veräußerung der einzelnen Wirtschaftsgüter ist der dem Altgesellschafter zuzurechnende Anteil der Einlage oder des Verkaufspreises, der nach dem Verhältnis der Verkehrswerte der veräußerten Wirtschaftsgüter zueinander auf das entsprechende Wirtschaftsgut entfällt, abzüglich des Anteils der Anschaffungskosten der an den Neugesellschafter veräußerten Wirtschaftsgüter, anzusetzen.

Beispiel 1:
An der vermögensverwaltenden X GbR sind A und B beteiligt. Mit ihrer Einlage von jeweils 5.000 € hatten sie im Jahr 01 1.200 Aktien der Y AG zu 5 € und 800 Aktien der Z AG zu 5 € erworben.
Im Jahr 03 beteiligt sich C, indem er an A und B jeweils 2.500 € zahlt. Er ist zu 1/3 an den Aktien beteiligt. Die Aktien der Y AG haben zu diesem Zeitpunkt einen Verkehrswert von 8 € (x 1.200 Stück = 9.600 €), die der Z AG von 6,75 € (x 800 Stück = 5.400 €).

Kapitalvermögen (Abgeltungsteuer)

Lösung:

Anschaffungskosten C:
C erhält jeweils 1/3 der Anteile der Y AG und der Z AG. Da sich die Anschaffungskosten nach dem Verhältnis der Verkehrswerte der Anteile zueinander bemessen, betragen die Anschaffungskosten hinsichtlich des Anteils an den Aktien der Y AG 3.200 € sowie bezüglich des Anteils an den Aktien der Z AG 1.800 €.

Veräußerungsgewinn A und B:
A und B haben jeweils 1/3 ihres Anteils an den Aktien der Y AG und der Z AG veräußert.

Veräußerungsgewinn Y AG (jeweils A und B):
erhaltener anteiliger Veräußerungserlös
(9.600 €/15.000 € von 2.500 €)   1.600 €
abzgl. Anschaffungskosten
(1/2 x 1/3 von 1.200 Aktien zu 5 €)   1.000 €
Summe   600 €

Veräußerungsgewinn Z AG (jeweils A und B):
erhaltener anteiliger Veräußerungserlös
(5.400 €/15.000 € von 2.500 €)   900 €
abzgl. Anschaffungskosten
(1/2 x 1/3 von 800 Aktien zu 5 €)   666 €
Summe   234 €
Insgesamt   834 €

Der Gewinn aus der Veräußerung ist nicht kapitalertragsteuerpflichtig. Er ist im Rahmen der gesonderten und einheitlichen Feststellung zu erklären und in der Einkommensteuererklärung des Gesellschafters anzugeben. Das Feststellungsfinanzamt teilt den Wohnsitzfinanzämtern der Altgesellschafter die Besteuerungsgrundlagen insoweit nachrichtlich mit.

Beispiel 2
Wie Beispiel 1. Allerdings hat C keine Anteile von A und B erworben, sondern legt den Betrag in Höhe von 5.000 € in das Gesellschaftsvermögen ein.
Wert des Gesellschaftsvermögens in 03 (vor Beitritt C) 15.000 €
– auf A und B entfallen je 1/2 = 7.500 € (Aktienpaket Y AG = 9.600 €; Aktienpaket Z AG = 5.400 €)

Lösung:
Wert des Gesellschaftsvermögens in 03 (nach Beitritt C): 20.000 €
Die Beteiligungsverhältnisse stellen sich wie folgt dar:
– C 5.000 € (= 1/4, entspricht 25 %)
– B 7.500 € (= 3/8, entspricht 37,5 %)
– A 7.500 € (= 3/8, entspricht 37,5 %)
Die Gesellschafter der X GbR sind entsprechend dieser Beteiligungsquoten an den vorhandenen Wirtschaftsgütern (Aktien der Y AG und der Z AG sowie Bareinlage/Kontobestand) beteiligt.

Anschaffungskosten C:
Die Anschaffungskosten des C betragen hinsichtlich des Anteils an den Aktien der Y AG 2.400 €, des Anteils an der Z AG 1.350 € sowie bezüglich des Kontobestandes 1.250 €.

Veräußerungsgewinn A und B:
Aktien der Y AG
Erlös (anteilige Einlage des C; 1/4 von 9.600 €)   2.400 €
abzgl. Anschaffungskosten 1/4 von 6.000 €)   1.500 €
Veräußerungsgewinn   900 €

A und B erzielen einen Veräußerungsgewinn in Höhe von je 450 €.

Anhang 19
II   Kapitalvermögen (Abgeltungsteuer)

Aktien der Z AG
Erlös (anteilige Einlage des C; 1/4 von 5.400 €)	1.350 €
abzgl. Anschaffungskosten 1/4 von 4.000 €)	1.000 €
Veräußerungsgewinn	350 €

A und B erzielen einen Veräußerungsgewinn in Höhe von je 175 €.
Insgesamt erzielen A und B einen Veräußerungsgewinn von 1.250 €. Dieser ist A und B je zur Hälfte zuzurechnen.
Der Gewinn aus der Veräußerung ist nicht kapitalertragsteuerpflichtig. Er ist im Rahmen der gesonderten und einheitlichen Feststellung zu erklären und in der Einkommensteuererklärung des Gesellschafters anzugeben. Das Feststellungsfinanzamt teilt den Wohnsitzfinanzämtern der Altgesellschafter die Besteuerungsgrundlagen insoweit nachrichtlich mit.

76   Gehören zum Bestand einer Personengesellschaft Wertpapiere, die vor dem 1. Januar 2009 erworben wurden, findet § 20 Absatz 2 Satz 3 EStG bei der Veräußerung keine Anwendung, sofern ein Fall des Bestandsschutzes im Sinne des § 52 Absatz 28 Satz 11 EStG vorliegt.

Beispiel:
A und B haben die Aktien der Y AG im Jahr 2007 und die Aktien der Z AG im Jahr 2009 erworben. Im Jahr 2010 tritt C der GbR bei.

Lösung:
Der auf die Anteile der Y AG entfallende Gewinn ist nicht steuerbar.

77   Werden durch die Gesellschaft Wertpapiere veräußert, sind die auf den jeweiligen Gesellschafter entfallenden spezifischen Anschaffungskosten und -zeitpunkte zu berücksichtigen.

Fortführung Beispiel:
Die Gesellschaft veräußert im Jahr 2011 100 Aktien der Y AG und 100 Aktien der Z AG zu jeweils 9 € das Stück.

Lösung zu Beispiel 1:
Veräußerungsgewinn A und B (jeweils):
Aus den Aktien der Y AG:
Die Anteile wurden vor dem 1. Januar 2009 erworben. Der Veräußerungsgewinn ist nicht steuerbar.
Aus den Aktien der Z AG:

Veräußerungserlös (100 x 9 € x 1/3)	300,00 €
abzgl. Anschaffungskosten (100 x 5 € x 1/3)	166,67 €
Gewinn	133,33 €

Veräußerungsgewinn C:
Aus den Aktien der Y AG:

Veräußerungserlös (100 x 9 € x 1/3)	300,00 €
abzgl. Anschaffungskosten (100 x 8 € x 1/3)	266,67 €
Gewinn	33,33 €

Kapitalvermögen (Abgeltungsteuer)

Anhang 19
II

Aus den Aktien der Z AG:
Veräußerungserlös (100 x 9 € x 1/3)   300,00 €
abzgl. Anschaffungskosten
(100 x 6,75 € x 1/3)   225,00 €
Gewinn   75,00 €

Der Gewinn aus der Veräußerung der Anteile an der Z AG ist kapitalertragsteuerpflichtig, da die Anteile nach dem 31. Dezember 2008 erworben wurden.
Die GbR hat eine Erklärung zur gesonderten und einheitlichen Feststellung abzugeben.
Da die Anteile der Y AG durch die GbR vor dem 1. Januar 2009 erworben wurden, behält die Bank bei der Veräußerung der Anteile im Jahr 2011 keine Kapitalertragsteuer ein. Die dem C zuzurechnenden Anteile sind von C nach dem 31. Dezember 2008 erworben worden, dieser spätere Anschaffungszeitpunkt auf Ebene des Gesellschafters wird beim Kapitalertragsteuerabzug nicht berücksichtigt. C hat seinen Veräußerungsgewinn im Rahmen der Veranlagung gemäß § 32d Absatz 3 EStG als Ertrag aus einer Beteiligung zu erklären. Die GbR hat den Veräußerungsgewinn des C im Rahmen der Erklärung zur gesonderten und einheitlichen Feststellung anzugeben.
Für die Anteile der Z AG hat die Bank Kapitalertragsteuer einzubehalten. Als Gewinn hat die Bank 400 € (Anschaffungskosten der Aktien durch die GbR 5 €, Veräußerungserlös 9 €) anzusetzen und 100 € Kapitalertragsteuer einzubehalten. Mit dem auf A und B entfallenden Steuerabzug in Höhe von je 33,33 € ist deren Einkommensteuer grundsätzlich abgegolten.
Da bei C auf seinen Gewinn von 75,00 € tatsächlich nur 18,75 € Abgeltungsteuer entfallen und die Bank – bezogen auf seinen Anteil – 33,33 € Kapitalertragsteuer einbehalten hat, kann er gemäß § 32d Absatz 4 EStG eine Veranlagung beantragen, seine individuell höheren Anschaffungskosten von 6,75 € geltend machen und sich die zu viel gezahlte Kapitalertragsteuer erstatten lassen.

Lösung zu Beispiel 2:
Veräußerungsgewinn A und B (jeweils):
Aus den Aktien der Y AG:
Die Anteile wurden vor dem 1. Januar 2009 erworben. Der Veräußerungsgewinn ist wie im Beispiel 1 nicht steuerbar.
Aus den Aktien der Z AG:
Veräußerungserlös (100 St x 9 € x 3/8)   337,50 €
abzgl. Anschaffungskosten
(100 x 5 € x 3/8)   187,50 €
Gewinn   150,00 €

Veräußerungsgewinn C:
Aus den Aktien der Y AG:
Veräußerungserlös (100 St x 9 € x 1/4)   225,00 €
abzgl. Anschaffungskosten
(100 x 8 € x 1/4)   200,00 €
Gewinn   25,00 €

Aus den Aktien der Z AG:
Veräußerungserlös (100 St x 9 € x 1/4)   225,00 €
abzgl. Anschaffungskosten
(100 x 6,75 € x 1/4)   168,75 €
Gewinn   56,25 €

Der Gewinn aus der Veräußerung der Anteile an der Z AG ist kapitalertragsteuerpflichtig, da die Anteile nach dem 31. Dezember 2008 erworben wurden.
Die GbR hat eine Erklärung zur gesonderten und einheitlichen Feststellung abzugeben.
Da die Anteile der Y AG durch die GbR vor dem 1. Januar 2009 erworben wurden, behält die Bank bei der Veräußerung der Anteile im Jahr 2011 keine Kapitalertragsteuer ein. Die

dem C zuzurechnenden Anteile sind von C nach dem 31. Dezember 2008 erworben worden, dieser spätere Anschaffungszeitpunkt auf Ebene des Gesellschafters wird beim Kapitalertragsteuerabzug nicht berücksichtigt. C hat seinen Veräußerungsgewinn im Rahmen der Veranlagung gemäß § 32d Absatz 3 EStG als Ertrag aus einer Beteiligung zu erklären. Die GbR hat den Veräußerungsgewinn des C im Rahmen der Erklärung zur gesonderten und einheitlichen Feststellung anzugeben.

Für die Anteile der Z AG hat die Bank Kapitalertragsteuer einzubehalten. Als Gewinn hat die Bank 400 € (Anschaffungskosten der Aktien durch die GbR 5 €, Veräußerungserlös 9 €) anzusetzen und 100 € Kapitalertragsteuer einzubehalten. Mit dem auf A und B entfallenden Steuerabzug in Höhe von je 37,50 € ist deren Einkommensteuer grundsätzlich abgegolten. Da bei C auf seinen Gewinn von 56,25 € tatsächlich nur 14,06 € Abgeltungsteuer entfallen und die Bank – bezogen auf seinen Anteil – 25 € Kapitalertragsteuer einbehalten hat, kann er gemäß § 32d Absatz 4 EStG eine Veranlagung beantragen, seine individuell höheren Anschaffungskosten von 6,75 € geltend machen und sich die zu viel gezahlte Kapitalertragsteuer erstatten lassen.

Austritt eines Gesellschafters

78 Verlässt ein Gesellschafter die Personengesellschaft und lässt er sich den gegenwärtigen Wert der ihm anteilig zustehenden Wertpapiere auszahlen, liegt eine Veräußerung der Beteiligung an der Personengesellschaft vor. Die Veräußerung wird nach § 20 Absatz 2 Satz 2 Satz 3 EStG als Veräußerung der anteiligen Wertpapiere eingestuft. Gehören hierzu Wertpapiere im Sinne des § 23 EStG a. F., die vor dem 1. Januar 2009 erworben wurden, und war der Gesellschafter zu diesem Zeitpunkt bereits an der Gesellschaft beteiligt, findet § 20 Absatz 2 Satz 3 EStG keine Anwendung.

79 Ein Kapitalertragsteuerabzug ist hinsichtlich dieses Veräußerungsvorganges nicht durchzuführen. Der austretende Gesellschafter hat die Veräußerung in seiner Einkommensteuererklärung gemäß § 32d Absatz 3 EStG anzugeben. Ferner ist die Veräußerung im Rahmen der gesonderten und einheitlichen Feststellung zu erklären. Das Feststellungsfinanzamt teilt dem Wohnsitzfinanzamt des austretenden Gesellschafters die Besteuerungsgrundlagen insoweit nachrichtlich mit (BFH-Urteil vom 20. November 2018 – VIII R 39/15, BStBl II 2019 S. 239).

80 Als Gewinn ist der dem austretenden Gesellschafter zufließende Auszahlungsbetrag aus der Einlage abzüglich der ihm zugewiesenen Anschaffungskosten der Wirtschaftsgüter anzusetzen.

81 Als Anschaffungskosten der an die verbleibenden Gesellschafter übertragenen Anteile der Wirtschaftsgüter gilt der Anteil des Auszahlungsbetrags, der nach dem Verhältnis des Verkehrswerts auf das entsprechende Wirtschaftsgut entfällt.

Fortführung der Beispiele zu Rn. 75 und 76
C ist im Jahr 2010 in die GbR eingetreten. Die Aktien der Y AG hatten A und B im Jahr 2007, die der Z AG im Jahr 2009 erworben. Im Jahre 2012 tritt A aus der GbR aus. Zu diesem Zeitpunkt haben die 1.200 Aktien der Y AG und die 800 Aktien der Z AG jeweils einen Wert von 10 €.

Lösung im Beispiel 1:
Der Wert des Gesellschaftsvermögens beträgt 20.000 € (Y AG 12.000 € und Z AG 8.000 €). Der Abfindungsanspruch des A beträgt 6.667 € (1/3 von 20.000 €). Der auf die Aktien der Y AG entfallende Veräußerungserlös in Höhe von 4.000 € führt nicht zu einem steuerbaren Veräußerungsgewinn, da die Anteile vor dem 1. Januar 2009 erworben wurden.

Kapitalvermögen (Abgeltungsteuer)

Veräußerungsgewinn aus den Aktien der Z AG:
Anteiliger Veräußerungserlös
(8.000 €/20.000 € von 6.667 €)   2.667 €
abzgl. Anschaffungskosten
(800 x 5 € x 1/3)   1.333 €
Gewinn   1.334 €

B hält nunmehr neben seinem bisherigen Anteil von 1/3 der Aktien der Y AG und Z AG mit Anschaffungskosten von 5 € den von A erworbenen Anteil von 1/6 der Aktien der Y AG und Z AG mit Anschaffungskosten von 10 €. C hält neben seinem bisherigen Anteil von 1/3 der Aktien der Y AG mit Anschaffungskosten von 8 € den von A erworbenen Anteil von 1/6 der Aktien der Y AG mit Anschaffungskosten von 10 €. Außerdem hält C neben seinem bisherigen Anteil von 1/3 der Aktien der Z AG mit Anschaffungskosten von 6,75 € den von A erworbenen Anteil von 1/6 der Aktien der Z AG mit Anschaffungskosten von 10 €.

Lösung im Beispiel 2:
Wert der Aktienpakete
(Y AG 12.000 €; Z AG 8.000 €)   20.000 €
zzgl. Kontostand (nach Einlage C)   5.000 €
Gesellschaftsvermögen   25.000 €
Anteil des A = 3/8 (Abfindungsanspruch)   9.375 €

Der auf die Anteile an der Y AG entfallende Veräußerungserlös in Höhe von 4.500 € (12.000 € x 3/8) führt nicht zu einem steuerbaren Veräußerungsgewinn, da die Anteile vor dem 1. Januar 2009 erworben wurden.

Veräußerungsgewinn aus den Aktien der Z AG:
Veräußerungserlös (8.000 € x 3/8)   3.000 €
abzgl. Anschaffungskosten
(800 x 5 € x 3/8)   1.500 €
Gewinn   1.500 €

B hält nunmehr neben seinem bisherigen Anteil von 3/8 der Aktien der Y AG und Z AG mit Anschaffungskosten von 5 € den von A erworbenen Anteil von 3/16 der Aktien der Y AG und Z AG mit Anschaffungskosten von 10 €. C hält neben seinem bisherigen Anteil von 1/4 der Aktien der Y AG mit Anschaffungskosten von 8 € den von A erworbenen Anteil von 3/16 der Aktien der Y AG mit Anschaffungskosten von 10 €. Außerdem hält C neben seinem bisherigen Anteil von 1/4 der Aktien der Z AG mit Anschaffungskosten von 6,75 € den von A erworbenen Anteil von 3/16 der Aktien der Z AG mit Anschaffungskosten von 10 €.

Die Rn. 78 bis 81 gelten sinngemäß für den Fall der Veräußerung des Anteils an der Personengesellschaft an einen Dritten.

Die Übertragung von Wertpapieren auf eine Personengesellschaft ohne Betriebsvermögen gegen Entgelt oder gegen Gewährung von Gesellschaftsrechten ist nicht als Veräußerung anzusehen, soweit der bisherige Eigentümer auch nach der Übertragung am Vermögen der Gesellschaft beteiligt ist.

Beispiel:
A und B gründen im Jahr 2010 mit einer Beteiligung zu 1/2 eine Personengesellschaft zum Zwecke der gemeinsamen Kapitalanlage. A zahlt eine Einlage in Höhe von 5.000 €. B überträgt als Einlage 1.000 Aktien, die er im Jahr 2009 für 2.500 € erworben hatte, und die nunmehr einen Verkehrswert von 5.000 € haben.

Anhang 19
II   Kapitalvermögen (Abgeltungsteuer)

Lösung:
Die Übertragung der Aktien ist zur Hälfte nicht als Veräußerung anzusehen, weil B in diesem Umfang an der GbR beteiligt ist.

Berechnung des Veräußerungsgewinns
1/2 des Veräußerungserlöses von 5.000 €	2.500 €
abzgl. 1/2 der Anschaffungskosten von 2.500 €	<u>1.250 €</u>
Gewinn	<u>1.250 €</u>

B hat einen Gewinn in Höhe von 1.250 € erzielt. Ein Kapitalertragsteuerabzug ist hinsichtlich dieses Veräußerungsvorganges nicht durchzuführen. Die Veräußerung ist im Rahmen der gesonderten und einheitlichen Feststellung zu erklären. Weiterhin hat B die Veräußerung in seiner Einkommensteuererklärung gemäß § 32d Absatz 3 EStG anzugeben. Das Feststellungsfinanzamt teilt dem Wohnsitzfinanzamt des B die Besteuerungsgrundlagen insoweit nachrichtlich mit.

Entsprechendes gilt, wenn die Wertpapiere von der Personengesellschaft auf einen Gesellschafter übertragen werden.

3. Besondere Entgelte und Vorteile (§ 20 Absatz 3 EStG)
Schadenersatz oder Kulanzerstattungen

83   Erhalten Anleger Entschädigungszahlungen für Verluste, die auf Grund von Beratungsfehlern im Zusammenhang mit einer Kapitalanlage geleistet werden, sind diese Zahlungen besondere Entgelte und Vorteile im Sinne des § 20 Absatz 3 in Verbindung mit Absatz 1 oder 2 EStG, wenn ein unmittelbarer Zusammenhang zu einer konkreten einzelnen Transaktion besteht, bei der ein konkreter Verlust entstanden ist oder ein steuerpflichtiger Gewinn vermindert wird. Dies gilt auch dann, wenn die Zahlung ohne eine rechtliche Verpflichtung erfolgt, und im Übrigen auch bei Entschädigungszahlungen für künftig zu erwartende Schäden. Sofern die Zahlungen in Zusammenhang mit Aktien-, Misch- oder Immobilienfonds erfolgen, findet der zum Zeitpunkt der Zahlung geltende Teilfreistellungssatz Anwendung.

Behandlung von weitergegebenen Bestandsprovisionen

84   Kapitalverwaltungsgesellschaften zahlen Vermittlungsentgelte an Kreditinstitute oder Finanzdienstleistungsinstitute für den Vertrieb von Fondsanteilen in Form von sogenannten Kontinuitätsprovisionen (Bestandsprovisionen). Die Provisionen werden regelmäßig gezahlt und bemessen sich nach dem beim Kreditinstitut oder Finanzdienstleistungsinstitut verwahrten Bestand an Fondsanteilen.

Erstatten Kreditinstitute oder Finanzdienstleistungsinstitute ihren Kunden diese Bestandsprovisionen ganz oder teilweise, stellt die Rückvergütung der Bestandsprovision wirtschaftlich betrachtet einen teilweisen Rückfluss früherer Aufwendungen dar. Es handelt sich daher um Kapitalerträge im Sinne des § 20 Absatz 3 in Verbindung mit § 20 Absatz 1 Nummer 3 EStG, bei denen die Kapitalertragsteuer unter Anwendung der im Rückvergütungszeitpunkt der Bestandsprovisionen gültigen Teilfreistellungssätze einbehalten wird.

4. Gewinn (§ 20 Absatz 4 EStG)
a) Grundregelung (§ 20 Absatz 4 Satz 1 EStG)
Regelung des maßgeblichen Zeitpunkts bei Veräußerungstatbeständen

85   Der Zeitpunkt, in dem das der Veräußerung/Einlösung zugrundeliegende obligatorische Rechtsgeschäft abgeschlossen wird, ist der maßgebliche Zeitpunkt für die Währungsumrechnung und die Berechnung des steuerlichen Veräußerungs- bzw. Einlösungsgewinns oder -verlustes sowie für die Freistellungsauftragsverwaltung und die Verlustverrechnung.

Vorschusszinsen als Veräußerungskosten

Wird eine Spareinlage vorzeitig zurückgezahlt und werden dabei Vorschusszinsen in Rechnung gestellt, stellen diese Zinsen Aufwendungen im Zusammenhang mit der Veräußerung einer Kapitalforderung im Sinne von § 20 Absatz 4 Satz 1 EStG dar. Übersteigen die Vorschusszinsen im Jahr der Veräußerung die Habenzinsen, ist der negative Saldo durch das Kreditinstitut in den Verlustverrechnungstopf einzustellen. 85a

Anschaffungskosten bei Optionsanleihen

Übt der Inhaber des Optionsscheins das Optionsrecht aus, schafft er im Zeitpunkt der Ausübung den Basiswert an. Der Kaufpreis und die Anschaffungsnebenkosten des Optionsscheins gehören zu den Anschaffungskosten des Basiswerts. Wurde der Optionsschein zusammen mit der Anleihe erworben, sind die Anschaffungskosten der Optionsanleihe aufzuteilen in Anschaffungskosten der Anleihe und Anschaffungskosten des Optionsrechts. Die Aufteilung der Anschaffungskosten der Optionsanleihe richtet sich beim Ersterwerb nach den Angaben im Emissionsprospekt, soweit dort ein gesondertes Aufgeld für das Optionsrecht ausgewiesen und die Anleihe mit einer marktgerechten Verzinsung ausgestattet ist. In anderen Fällen kann der Steuerpflichtige die Anschaffungskosten der Anleihe zurechnen, wenn die Aufteilung der Anschaffungskosten der Optionsanleihe nicht nach den Angaben im Emissionsprospekt erfolgen kann. Dies gilt auch für vor dem 1. Januar 2009 erworbene Optionsanleihen. 86

Anschaffung von Aktien durch Ausübung von Arbeitnehmer-Optionen („stock-options")

Übt ein Arbeitnehmer eine ihm vom Arbeitgeber eingeräumte Option zum Bezug von Aktien des Arbeitgebers oder einer anderen Gesellschaft („stock-option") aus, ist als Anschaffungskosten der Aktien bei späterem Verkauf neben der zu leistenden Zuzahlung der Wert anzusetzen, der als geldwerter Vorteil bei den Einkünften des Arbeitnehmers aus nichtselbständiger Arbeit angesetzt wird. Auch in den Fällen, in denen der geldwerte Vorteil – beispielsweise durch die Anwendung des Freibetrags im Sinne von § 8 Absatz 3 Satz 2 EStG – nicht der Besteuerung unterworfen wurde oder in denen eine Steuerbegünstigung gewährt wird, liegen Anschaffungskosten in Höhe dieses (steuerfreien oder besonders versteuerten) geldwerten Vorteils vor. Vergleiche auch das BMF-Schreiben vom 16. November 2021 (BStBl I S. 2308) zur lohnsteuerlichen Überlassung bzw. Übertragung von Vermögensbeteiligungen ab 2021 (§ 3 Nr. 39, § 19a EStG). 87

Aktiensplit und Reverse-Split

Aktiensplit ist die Aufteilung einer Aktie in zwei oder mehr Aktien. Der Gesellschaftsanteil, den der einzelne Aktionär an dem Unternehmen hält, sowie das Grundkapital der Gesellschaft sind vor und nach dem Aktiensplit gleich. 88

Die im Rahmen eines Aktiensplits zugeteilten Aktien werden durch diesen Vorgang nicht angeschafft und die gesplittete Aktie nicht veräußert. Als Tag der Anschaffung des Aktienbestands gilt weiterhin der Tag, an dem die jetzt gesplitteten Aktien angeschafft wurden. Die Anschaffungskosten der Aktien sind nach dem Split-Verhältnis auf die neue Anzahl an Aktien aufzuteilen. 89

Die Aussagen der Rn. 88 und 89 gelten auch für einen Reverse-Split. Ein Reverse-Split ist die Zusammenfassung mehrerer Aktien zu einem Wertpapier. 89a

Veräußerung und Ausübung von Teilrechten bei einer Kapitalerhöhung

Erhöht eine Aktiengesellschaft ihr Grundkapital aus Gesellschaftsmitteln nach §§ 207 ff. AktG und werden damit neue Anteilsrechte (Gratis- oder Berichtigungsaktien und Teilrechte) zugeteilt, werden die Gratisaktien oder Teilrechte vom Aktionär nicht im Zeitpunkt 90

Anhang 19
Kapitalvermögen (Abgeltungsteuer)

ihrer Gewährung oder Ausgabe angeschafft. Als Zeitpunkt der Anschaffung der Gratisaktien oder Teilrechte gilt der Zeitpunkt der Anschaffung der Altaktien.

Die Kapitalerhöhung aus Gesellschaftsmitteln führt zu einer Abspaltung der in den Altaktien verkörperten Substanz und dementsprechend zu einer Abspaltung eines Teils der ursprünglichen Anschaffungskosten. Die bisherigen Anschaffungskosten der Altaktien vermindern sich um den Teil, der durch die Abspaltung auf die Gratisaktien oder Teilrechte entfällt. Die Aufteilung der Anschaffungskosten erfolgt nach dem rechnerischen Bezugsverhältnis.

Die Geltendmachung der Teilrechte ist keine Veräußerung der Teilrechte und keine Anschaffung der bezogenen Aktien. Der Gewinn aus der Veräußerung von Teilrechten oder Gratisaktien ist unter Beachtung der Anwendungsregelung des § 52 Absatz 28 Satz 11 ff. EStG ein steuerpflichtiger Veräußerungsgewinn im Sinne des § 20 Absatz 4 EStG. § 20 Absatz 4a Satz 4 EStG findet keine Anwendung.

Beispiel:
Der Steuerpflichtige A hat am 10. Januar 30 Aktien der B AG zum Kurs von 150 € angeschafft. Die B AG beschließt am 30. April eine Kapitalerhöhung aus Gesellschaftsmitteln. Für je zwei Altaktien wird am 1. Juni eine neue Aktie ausgegeben. Am 30. April beträgt der Kurs 120 €. Durch die Abspaltung sinkt der Kurs der Altaktien am 2. Mai auf 80 €. A erwirbt zu den ihm zugeteilten 30 Teilrechten am 3. Mai 30 weitere Teilrechte zum Kurs von 40 € hinzu und erhält am 1. Juni eine Zuteilung von 30 Aktien (für je zwei Teilrechte eine neue Aktie). A veräußert am 10. August sämtliche Aktien der B AG zum Kurs von 100 €.

Lösung:
Der erzielte Veräußerungsgewinn ist steuerpflichtig. Die durch die zugeteilten Teilrechte erlangten Aktien gelten am 10. Januar, die durch die erworbenen Teilrechte erlangten Aktien gelten mit der Anschaffung der Teilrechte am 3. Mai als angeschafft. Die Anschaffungskosten der ursprünglich angeschafften 30 Aktien entfallen nach Ausübung der Teilrechte auf 45 Aktien.

Der Veräußerungsgewinn beträgt:

Veräußerungserlös	60 x 100 €		6.000 €
Anschaffungskosten für 45 Aktien	30 x 150 €	4.500 €	
Anschaffungskosten für 15 Aktien	30 x 40 €	1.200 €	5.700 €
Veräußerungsgewinn			300 €

Abwandlung:
A veräußert am 3. Mai die ihm zugeteilten 30 Teilrechte zum Kurs von 40 €.
Die Anschaffungskosten einer Altaktie von 150 € entfallen zu 1/3 auf das zugeteilte Teilrecht. Dessen Anschaffungskosten betragen somit 50 €.

Lösung:
Der Veräußerungserlös beträgt:

Veräußerungserlös	30 x 40 €	1.200 €
Anschaffungskosten	30 x 50 €	1.500 €
Veräußerungsverlust		300 €

91 Entspricht die Kapitalerhöhung bei inländischen Gesellschaften nicht den Vorschriften der §§ 207 ff. AktG, stellt die Zuteilung der Teilrechte oder Gratisaktien nach § 1 KapErhStG Einkünfte im Sinne des § 20 Absatz 1 Nummer 1 EStG dar. Die Höhe der Kapitalerträge bemisst sich nach dem niedrigsten am ersten Handelstag an einer Börse notierten Kurs der Teilrechte oder Gratisaktien. Dieser Wert gilt zugleich als Anschaffungskosten der Teilrechte oder der Gratisaktien. Bei ausländischen Gesellschaften findet in diesen Fällen § 20 Absatz 4a Satz 5 EStG Anwendung.

Kapitalherabsetzung/Ausschüttung aus dem Einlagekonto

Die Herabsetzung des Nennkapitals einer unbeschränkt steuerpflichtigen Kapitalgesellschaft ist keine anteilige Veräußerung der Anteile an der Kapitalgesellschaft im Sinne des § 20 Absatz 2 EStG. Wird der Herabsetzungsbetrag nicht an die Anteilseigner ausgekehrt, ergibt sich keine Auswirkung auf die Anschaffungskosten der Anteile. Im Auskehrungsfall mindert der Auskehrungsbetrag die Anschaffungskosten der Anteile, soweit er nicht auf einen Sonderausweis nach § 28 Absatz 1 Satz 3 KStG entfällt. Zahlungen aus einer Kapitalherabsetzung oder Zahlungen aus dem steuerlichen Einlagekonto können je nach Einstandskurs auch zu negativen Anschaffungskosten führen (BFH-Urteil vom 20. April 1999 – VIII R 44/96, BStBl II S. 698). Soweit der Auskehrungsbetrag auf einen Sonderausweis nach § 28 Absatz 1 Satz 3 KStG entfällt, ist der Herabsetzungsbetrag als Einkünfte aus Kapitalvermögen nach § 20 Absatz 1 Nummer 2 Satz 2 EStG zu behandeln; eine Minderung der Anschaffungskosten für die Anteile an der Kapitalgesellschaft tritt insoweit nicht ein. Diese Grundsätze gelten für Körperschaften und Personenvereinigungen, die in einem anderen Mitgliedstaat der Europäischen Union oder einem Staat, auf den das Abkommen über den Europäischen Wirtschaftsraum Anwendung findet, unbeschränkt steuerpflichtig sind, entsprechend.

92[1])

Auch bei einer Nennkapitalherabsetzung und -rückzahlung einer Drittstaaten-Kapitalgesellschaft handelt es sich nicht um eine anteilige Veräußerung der Anteile. Auf die Auskehrung des Herabsetzungsbetrags an die Anteilseigner ist § 28 KStG nicht anwendbar. Unter den Voraussetzungen des § 7 Absatz 2 KapErhStG sind die Auskehrungen als Einkünfte im Sinne des § 20 Absatz 1 Nummer 1 EStG steuerbar.

Nach Ablauf der 5-Jahres-Frist des § 7 Absatz 2 KapErhStG sind die Auskehrungen nicht steuerbar, mindern jedoch die Anschaffungskosten der Anteile.

Soweit innerhalb oder außerhalb der 5-Jahres-Frist die Rückzahlung den Betrag einer vorhergehenden Erhöhung des Kapitals nach § 7 Absatz 1 KapErhStG übersteigt, handelt es sich um eine echte, nicht steuerbare Nennkapital-Rückzahlung.

Bei Auskehrungen von Körperschaften und Personenvereinigungen aus einem Staat, auf den das Abkommen über den Europäischen Wirtschaftsraum Anwendung findet und der nicht zugleich ein Mitgliedstaat der Europäischen Union ist (Island, Liechtenstein, Norwegen), sowie bei Auskehrungen von Drittstaaten-Kapitalgesellschaften können die damit zusammenhängenden Fragen nur im Rahmen der jeweiligen Veranlagungsverfahren der Gesellschafter geklärt werden, BMF-Schreiben vom 21. April 2022 (BStBl I S. 647).

Transaktionskostenanteil des Vermögensverwaltungsentgelts/all-in-fee bei Kreditinstituten

Im Rahmen der Abgeltungsteuer sind Depot- und Vermögensverwaltungsgebühren nicht mehr als Werbungskosten abziehbar. Hingegen wirken sich Anschaffungsnebenkosten und Veräußerungskosten (Aufwendungen, die in unmittelbarem Zusammenhang mit dem Veräußerungsgeschäft stehen) steuermindernd aus. Auch der Transaktionskostenanteil der all-in-fee (= pauschales Entgelt bei den Kreditinstituten, das auch die Transaktionskosten mit abdeckt) ist abzugsfähig. Dies gilt jedenfalls dann, wenn im Vermögensverwaltungsvertrag festgehalten ist, wie hoch der Transaktionskostenanteil der all-in-fee ist.

93

Da die pauschale Jahresgebühr keinem Geschäft konkret zugeordnet werden kann, ist die in der all-in-fee enthaltene Transaktionskostenpauschale im Zeitpunkt der Verausgabung als abziehbarer Aufwand anzuerkennen. Sofern die Pauschale einen Betrag von

---

[1]) *Die Rn. 92 wurde durch BMF vom 20.12.2022 (BStBl I 2023 S. 46) geändert und gilt in dieser Fassung nur für VZ bis einschl. 2022.*

Anhang 19
II Kapitalvermögen (Abgeltungsteuer)

50 % der gesamten Gebühr nicht überschreitet, ist sie im Rahmen des Kapitalertragsteuerabzugs in den Verlustverrechnungstopf einzustellen. Voraussetzung hierfür ist jedoch, dass die in der all-in-fee enthaltene Transaktionskostenpauschale auf einer sachgerechten und nachprüfbaren Berechnung beruht. Bei Anwendung dieser Pauschale dürfen Einzelveräußerungskosten nicht zusätzlich berücksichtigt werden, es sei denn, es handelt sich um weiterberechnete Spesen von dritter Seite.

94 Dies gilt auch für ein Veranlagungsverfahren nach § 32d EStG.

95 Die Regelung ist auch bei Beratungsverträgen anwendbar. Beratungsverträge unterscheiden sich von Vermögensverwaltungsverträgen lediglich dadurch, dass die von Seiten des Kreditinstituts empfohlenen Wertpapiertransaktionen jeweils unter dem Vorbehalt der Zustimmung des Kunden stehen.

96 Die Regelung ist auch anwendbar, wenn ein Ausweis des Transaktionskostenanteils alternativ in der jeweiligen Abrechnung der all-in-fee erfolgt.

Beispiel 1:
Der Vermögensverwaltungsvertrag sieht eine pauschale Vergütung in Höhe von 2 % (inkl. Umsatzsteuer) des verwalteten Depotbestands, bewertet jeweils zum Stichtag 31. Dezember, vor. Die Pauschale deckt auch die Transaktionskosten (Veräußerungskosten) des Kunden ab. Der Kunde erhält von seinem Vermögensverwalter (Depotbank) folgende Abrechnung nach Ablauf eines Jahres:

Verwaltetes Vermögen:	250.000 €
all-in-fee (insgesamt):	
2 % v. 250.000 € =	5.000 €

Nachrichtlich erfolgt die Information, dass sich die all-in-fee in folgende Positionen gliedert:

Vermögensverwaltung:	2.600 €
Depotführung:	500 €
Wertpapierumsatz:	<u>1.900 €</u>
Summe:	<u>5.000 €</u>

Lösung:
Da der ausgewiesene Transaktionskostenanteil (Wertpapierumsatz) auf Grund des vorgegebenen festgelegten Kostenschlüssels die 50 %-Grenze bezogen auf die all-in-fee nicht übersteigt, kann der Betrag von 1.900 € in den Verlustverrechnungstopf eingestellt werden.

Beispiel 2:
Der Vermögensverwaltungsvertrag sieht eine pauschale Vergütung in Höhe von 1,5 % (inkl. Umsatzsteuer) des verwalteten Depotbestandes, bewertet jeweils zum Stichtag 31. Dezember, vor. Die Pauschale deckt auch die Transaktionskosten (Veräußerungskosten) des Kunden ab. Der Kunde erhält von seinem Vermögensverwalter (Depotbank) folgende Abrechnung nach Ablauf eines Jahres:

Verwaltetes Vermögen	
100.000 € x 1,5 % =:	1.500 €

Nachrichtlich erfolgt die Information, dass der darin enthaltene Transaktionskostenanteil auf Grund des vorgegebenen festgelegten Kostenschlüssels 70 % der all-in-fee beträgt.

Lösung:
Der Transaktionskostenanteil kann begrenzt auf 50 % der all-in-fee, d. h. in Höhe von 750 €, in den Verlustverrechnungstopf eingestellt werden.

b) Fifo-Methode (§ 20 Absatz 4 Satz 7 EStG)

Gemäß § 20 Absatz 4 Satz 7 EStG ist bei Wertpapieren bei der Veräußerung aus der Girosammelverwahrung (§§ 5 ff. DepotG) zu unterstellen, dass die zuerst angeschafften Wertpapiere zuerst veräußert werden (Fifo-Methode). Die Anwendung der Fifo-Methode im Sinne des § 20 Absatz 4 Satz 7 EStG ist auf das einzelne Depot bezogen anzuwenden. Konkrete Einzelweisungen des Kunden, welches Wertpapier veräußert werden soll, sind insoweit einkommensteuerrechtlich unbeachtlich. 97

Als Depot im Sinne dieser Regelung ist auch ein Unterdepot anzusehen. Bei einem Unterdepot handelt es sich um eine eigenständige Untergliederung eines Depots mit einer laufenden Unterdepot-Nummer. Der Kunde kann hierbei die Zuordnung der einzelnen Wertpapiere zum jeweiligen Depot bestimmen. 98

Die Fifo-Methode gilt auch bei der Streifbandverwahrung. 99

5. Kapitalmaßnahmen (§ 20 Absatz 4a EStG)
a) Anteilstausch (§ 20 Absatz 4a Satz 1 EStG)
Anwendungsbereiche des Anteilstauschs

§ 20 Absatz 4a Satz 1 EStG umfasst Verschmelzungen, Aufspaltungen sowie Anteilstauschvorgänge, sofern diese auf eine gesellschaftsrechtlich veranlasste Maßnahme (z. B. freiwilliges Übernahmeangebot) zurückzuführen sind. In diesen Fällen, in denen der Anteilseigner eines Unternehmens für die Hingabe der Anteile einer Gesellschaft neue Anteile einer anderen Gesellschaft erhält, treten die erhaltenen Anteile an die Stelle der hingegebenen Anteile. Die Anschaffungskosten der hingegebenen Anteile werden in den neuen Anteilen fortgeführt. Der Anteilstausch stellt hierbei keine Veräußerung nach § 20 Absatz 2 EStG dar. Im Zusammenhang mit dem Anteilstausch anfallende Transaktionskosten bleiben steuerrechtlich unberücksichtigt und führen nicht zu einem Veräußerungsverlust. § 20 Absatz 4a Satz 1 EStG findet auch Anwendung auf Anteile, die vor dem 1. Januar 2009 erworben wurden. § 20 Absatz 4a Satz 1 EStG findet keine Anwendung bei der Verschmelzung von Investmentfonds; hier gelten die Regelungen des InvStG. 100

Barausgleich beim Anteilstausch

Wird anlässlich eines Anteilstausches für vor dem 1. Januar 2009 erworbene Anteile ein Barausgleich gezahlt, ist dieser nicht gemäß § 20 Absatz 4a Satz 2 EStG in eine einkommensteuerpflichtige Dividende umzuqualifizieren, wenn die Anteile wegen Ablaufs der einjährigen Haltefrist bereits steuerentstrickt waren (BFH-Urteil vom 20. Oktober 2016 – VIII R 10/13, BStBl II 2017 S. 262). § 20 Absatz 4a Satz 2 EStG findet auch dann keine Anwendung, wenn die Anteile von einem nicht unbeschränkt Steuerpflichtigen gehalten werden. 100a

Umtauschverhältnis

Ergibt sich bei einer Spaltung die Notwendigkeit, die Anschaffungskosten der alten Anteile auf mehrere neue Anteile aufzuteilen, ist grundsätzlich auf das Umtauschverhältnis laut Spaltungs- oder Übernahmevertrag oder Spaltungsplan abzustellen. Wenn dieses Verhältnis, insbesondere bei ausländischen Maßnahmen, nicht bekannt ist, ist das rechnerische Umtauschverhältnis bzw. das Splittingverhältnis maßgebend. 101

Prüfung der Voraussetzungen für die Steuerverstrickung (§ 20 Absatz 4a Satz 1 EStG)

Gemäß § 20 Absatz 4a Satz 1 EStG ist Voraussetzung für die steuerneutrale Behandlung von Anteilstauschvorgängen, dass das Recht der Bundesrepublik Deutschland hinsichtlich der Besteuerung des Gewinns aus der Veräußerung der erlangten Anteile nicht 102 ausgeschlossen oder beschränkt ist. Für die Zwecke des Kapitalertragsteuerabzugs ist davon auszugehen, dass das Besteuerungsrecht Deutschlands hinsichtlich der erlangten Anteile nicht beschränkt oder ausgeschlossen ist.

b) Sonstige Kapitalforderungen (§ 20 Absatz 4a Satz 3 EStG)

Abgrenzung

103 Zu den Kapitalforderungen im Sinne des § 20 Absatz 4a Satz 3 EStG gehören insbesondere sogenannte Wandelanleihen, Umtauschanleihen oder Hochzinsanleihen, nicht jedoch Optionsanleihen, vgl. Rn. 6.

Bei einer Wandelanleihe (Wandelschuldverschreibung im Sinne des § 221 AktG) besitzt der Inhaber das Recht, innerhalb einer bestimmten Frist die Anleihe in eine bestimmte Anzahl von Aktien des Emittenten umzutauschen. Mit dem Umtausch erlischt der Anspruch auf Rückzahlung des Nominalbetrags der Anleihe.

Bei einer Umtauschanleihe besitzt der Inhaber das Recht, bei Fälligkeit an Stelle der Rückzahlung des Nominalbetrags der Anleihe vom Emittenten die Lieferung einer vorher festgelegten Anzahl von Aktien zu verlangen. Mit der Ausübung der Option erlischt der Anspruch auf Rückzahlung des Nominalbetrags der Anleihe.

Bei einer Hochzins- oder Aktienanleihe besitzt der Emittent das Recht, bei Fälligkeit dem Inhaber an Stelle der Rückzahlung des Nominalbetrags der Anleihe eine vorher festgelegte Anzahl von Aktien anzudienen. Mit der Ausübung der Option erlischt die Verpflichtung zur Rückzahlung des Nominalbetrags der Anleihe.

104 Wird bei Fälligkeit einer sonstigen Kapitalforderung im Sinne des § 20 Absatz 1 Nummer 7 EStG anstelle der Rückzahlung des Nominalbetrags eine vorher festgelegte Anzahl von Wertpapieren geliefert, fingiert § 20 Absatz 4a Satz 3 EStG das Entgelt für den Erwerb der Kapitalforderung als Veräußerungspreis der Kapitalforderung. Zugleich ist das Entgelt für den Forderungserwerb als Anschaffungskosten der erhaltenen Wertpapiere anzusetzen. Für Andienungen, die nach dem 31. Dezember 2020 erfolgen, findet § 20 Absatz 4a Satz 3 EStG nur dann Anwendung, wenn Wertpapiere im Sinne des § 20 Absatz 1 Nummer 1 EStG (insbesondere Aktien) angedient werden, vgl. § 52 Absatz 28 Satz 19 EStG.

Anwendbarkeit auf Vollrisikozertifikate mit Andienungsrecht

105 Die Regelung findet auch Anwendung auf Vollrisikozertifikate mit Andienungsrecht, sofern die Andienung nach dem 31. Dezember 2009 erfolgt und diese Zertifikate nach dem 14. März 2007 angeschafft wurden.

Sie findet keine Anwendung auf Vollrisikozertifikate mit Andienungsrecht, wenn die Andienung vor dem 1. Januar 2010 erfolgt.

Vollrisikozertifikate sind Schuldverschreibungen, bei denen die Wertentwicklung von der Entwicklung eines Basiswerts, z. B. eines Indexes oder eines Aktienkorbs, abhängig ist und bei denen sowohl die Rückzahlung des Kapitals als auch die Erzielung von Erträgen unsicher sind.

Behandlung eines Barausgleichs von Bruchteilen

106 Werden bei der Tilgung von sonstigen Kapitalforderungen mittels Andienung von Wertpapieren im Sinne des § 20 Absatz 1 Nummer 1 EStG (insbesondere Aktien) Bruchteile nicht geliefert, sondern in Geld ausgeglichen, handelt es sich bei den Zahlungen um einen Kapitalertrag im Sinne des § 20 Absatz 1 Nummer 7 EStG, sofern die Voraussetzungen von Rn. 107 nicht vorliegen.

Beispiel:
Anleger K erwirbt 10.000 € Nominal einer Aktienanleihe mit einem Basispreis von 22 €. Da der Kurs des Basiswertes am Bewertungstag unter der maßgeblichen Schwelle liegt (z. B. 21 €), bekommt er pro 1.000 € Nominal Aktienanleihe rechnerisch 45,4545 Aktien (1.000 €/22 €) geliefert. Weil die Lieferung von Bruchstücken nicht möglich ist, bekommt der Anleger im Ergebnis 450 Aktien. Bruchstücke in Höhe von 4,545 „Aktien" werden dem Anleger stattdessen zum Kurs – in Abhängigkeit der Emissionsbedingungen – am Tag der Fälligkeit der Anleihe ausgezahlt.

Lösung:
Die Anschaffungskosten der 450 Aktien betragen 10.000 €. Bei einem am Fälligkeitstag unterstellten Kurs von 20 € fließen dem Anleger 90,90 € (4,545 x 20 €) als Kapitalertrag im Sinne des § 20 Absatz 1 Nummer 7 EStG zu.

Teilweise Tilgung der Kapitalforderung in bar
Sehen die Emissionsbedingungen von vornherein eine eindeutige Angabe zur Tilgung in bar oder in Stücken vor und wird entsprechend am Ende der Laufzeit verfahren, werden die Anschaffungskosten der Anleihe entsprechend den erhaltenen Stücken zugewiesen.

Beispiel:
Die Emissionsbedingungen einer verzinslichen Wandelanleihe mit einem Nennwert von 1.000 € sehen bei einem Verfall eine Rückzahlung in bar in Höhe von 501,25 € sowie zusätzlich eine Andienung von 7,1454 Aktien vor. Die Bruchteile der Aktie werden basierend auf dem Wandelpreis in bar ausgezahlt.

Lösung:
Auf Grund des vom Emittenten vorgegebenen Aufteilungsverhältnisses zwischen Barrückzahlung und Andienung von Stücken besteht ein konkreter Aufteilungsmaßstab für die Anschaffungskosten. Da der Rückzahlungsbetrag in Höhe von 501,25 € einem Betrag von 50,125 % der Anschaffungskosten der Anleihe entspricht, können den erhaltenen Stücken somit 49,875 % der Aufwendungen für die Anleihe als Anschaffungskosten zugewiesen werden.
Der Barausgleich für die Abfindung der Bruchteile stellt Einnahmen aus Kapitalvermögen im Sinne des § 20 Absatz 4 Satz 1 EStG dar.

Sofern die Voraussetzungen eines steuerneutralen Vorgangs nach § 20 Absatz 4a Satz 3 EStG nicht vorliegen, weil andere Wertpapiere als solche nach § 20 Absatz 1 Nummer 1 EStG angedient werden, sind die Regelungen in den Rn. 64 bis 66 für den Tausch von Wertpapieren analog anzuwenden. Wenn es dabei zu einem Barausgleich von Bruchteilen kommt oder zusätzliche Barkomponenten gezahlt werden, so sind diese Barbeträge als Bestandteil des Veräußerungserlöses für die hingegebenen Wertpapiere anzusehen.

c) Kapitalerhöhung gegen Einlage (§ 20 Absatz 4a Satz 4 EStG)
Erhält der Anteilsinhaber Bezugsrechte zugeteilt, werden diese gemäß § 20 Absatz 4a Satz 4 EStG mit Anschaffungskosten in Höhe von 0 € eingebucht, wenn die Altanteile vom Anteilseigner nach dem 31. Dezember 2008 angeschafft wurden.

Das Anschaffungsdatum der Altanteile geht im Falle der Veräußerung auf die Bezugsrechte über. Veräußert der Anleger später die Bezugsrechte, entsteht ein steuerpflichtiger Veräußerungsgewinn somit nur in den Fällen, in denen auch die zugrundeliegenden Altanteile steuerlich verstrickt sind. Wurden die Anteile vor dem 1. Januar 2009 erworben, unterliegt die Veräußerung der zugeteilten Bezugsrechte nicht der Abgeltungsteuer; sofern die Jahresfrist des § 23 Absatz 1 Satz 1 Nummer 2 EStG a. F. noch nicht abgelaufen ist, muss der Anleger ein privates Veräußerungsgeschäft in seiner Steuererklärung deklarieren.

Anhang 19
Kapitalvermögen (Abgeltungsteuer)

110 Die Ausübung des Bezugsrechts ist nicht als Veräußerung des Bezugsrechts anzusehen. Übt der Steuerpflichtige das Bezugsrecht aus, wird die junge Aktie zu diesem Zeitpunkt angeschafft. Beruht das Bezugsrecht auf Anteilen, die nach dem 31. Dezember 2008 erworben wurden, ist im Falle der Ausübung der Wert des Bezugsrechts bei der Berechnung der Anschaffungskosten der jungen Aktien mit 0 € zu berücksichtigen. Bei vor dem 1. Januar 2009 angeschafften Anteilen ist im Falle der Ausübung der Kurswert, mit dem die Bezugsrechte in das Depot des Anteilseigners eingebucht wurden, bei den Anschaffungskosten der jungen Aktien zusätzlich zu dem Kaufpreis der Aktien anzusetzen (BFH-Urteil vom 9. Mai 2017 – VIII R 54/14, BStBl II 2018 S. 262). Kann kein Kurswert für das Bezugsrecht ermittelt werden, ist der innere Wert des Bezugsrechts bei der Berechnung der Anschaffungskosten der jungen Aktien zu berücksichtigen. Der innere Wert des Bezugsrechts berechnet sich wie folgt:

$$\frac{\text{Kurs der Altaktie am Trenntag} - \text{Zuzahlungsbetrag}}{\text{Bezugsverhältnis} + 1} = \text{Wert des Bezugsrechts}$$

Beispiel:
A besitzt 100 Aktien, davon 40 Stücke mit Anschaffung vor dem 1. Januar 2009 und 60 Stücke mit Anschaffung nach dem 31. Dezember 2008. Das Trennverhältnis ist 1:1 (für je eine gehaltene Aktie wird ein Bezugsrecht eingebucht). Das Bezugsverhältnis ist 5:1 (für 5 Alt-Aktien erhält A das Recht eine junge Aktie im Rahmen der Kapitalerhöhung zu beziehen). Der Zuzahlungsbetrag pro junger Aktie beträgt 3 €. Der Kurs der Alt-Aktien zum Trenntag beträgt 23 €.
Die Bewertung der Bezugsrechte für die Ermittlung der Anschaffungskosten der bezogenen Aktien sollte wie folgt erfolgen:

Lösung:
Pro bestandsgeschütztem Bezugsrecht: $\frac{23\,€ - 3\,€}{5/1 + 1} = 3{,}33\,€$

Pro nicht bestandsgeschütztem Bezugsrecht: 0 €
(hier greift weiterhin § 20 Absatz 4a Satz 4 EStG).
Ermittlung der Anschaffungskosten bei Bezug 20 neuer Aktien:
40 x 3,33 € + Zuzahlungsbetrag 8 x 3 € = 157,20 €
und
60 x 0 € + Zuzahlungsbetrag 12 x 3 € = 36 €
Kann für das Bezugsrecht kein innerer Wert ermittelt werden, ist das Bezugsrecht mit 0 € anzusetzen. Die Anschaffungskosten der jungen Aktien sind mit den unterschiedlichen Anschaffungskosten getrennt auszuweisen. Sie haben aber denselben Anschaffungszeitpunkt.

d) Zuteilung von Anteilen ohne Gegenleistung (§ 20 Absatz 4a Satz 5 EStG)
Bezug von Bonusanteilen

111 Werden Anteile im Sinne des § 20 Absatz 1 Nummer 1 EStG von einer ausländischen Körperschaft, Personenvereinigung oder Vermögensmasse an die Anteilseigner ausgegeben ohne dass diese eine Gegenleistung zu erbringen haben und liegen die Voraussetzungen des § 20 Absatz 4a Satz 3, 4 und 7 EStG nicht vor, sind gemäß § 20 Absatz 4a Satz 5 EStG der Ertrag und die Anschaffungskosten der erhaltenen Anteile mit 0 € anzusetzen. § 20 Absatz 4a Satz 5 EStG findet keine Anwendung, wenn

- dem Anteilseigner nach ausländischem Recht (z. B. Frankreich, Niederlande oder Spanien) ein Wahlrecht zwischen Dividende und Freianteilen zusteht,
- dem Anteilseigner mit ausländischer Quellensteuer belastete Anteile eingebucht wurden,
- es sich um Doppelmaßnahmen handelt (Ausschüttung und Reinvestition in neue Aktien),

- neben der Einbuchung von Aktien auch andere Wirtschaftsgüter gewährt werden (sog. gemischte Maßnahmen),
- Nachbesserungsrechte, die zu einem Bezug neuer Aktien führen können, gewährt werden.

Bei inländischen Sachverhalten findet § 20 Absatz 4a Satz 5 EStG ab 2021 keine Anwendung mehr. Als Anschaffungskosten der Bonusanteile oder Freianteile zur Ermittlung eines Veräußerungsgewinns bei späterem Verkauf ist der Wert anzusetzen, der bei ihrem Bezug als Einkünfte (einschließlich ggf. steuerfrei bleibender Teile) angesetzt wurde.

112

Folgen einer Abspaltung und einer Anteilsübertragung auf Anteilseigner („spin-off", Abspaltung)

Überträgt eine inländische Körperschaft in ihrem Besitz befindliche Anteile an einer weiteren Körperschaft ohne Kapitalherabsetzung und ohne zusätzliches Entgelt auf ihre Anteilseigner, ist diese Übertragung vorbehaltlich § 20 Absatz 4a Satz 7 EStG, vgl. Rn. 115, als Sachausschüttung an die Anteilseigner der übertragenden Körperschaft zu beurteilen. Die Sachausschüttung führt zu Einkünften aus Kapitalvermögen nach § 20 Absatz 1 Nummer 1 EStG, sofern keine Einlagenrückgewähr nach § 20 Absatz 1 Nummer 1 Satz 3 EStG vorliegt. Es ist davon auszugehen, dass die Erträge durch entsprechende Angaben des Emittenten zu ermitteln sein werden. Die übertragenen Anteile gelten im Zeitpunkt der Depoteinbuchung über die Übertragung zum gemeinen Wert gemäß § 43a Absatz 2 Satz 9 EStG als angeschafft. Bei ausländischen Sachverhalten findet vorbehaltlich § 20 Absatz 4a Satz 7 EStG, vgl. Rn. 115, § 20 Absatz 4a Satz 5 EStG Anwendung.

113

Nicht besetzt.

114

Erhält ein Anteilseigner Anteile an einer Körperschaft aufgrund einer Abspaltung im Sinne des § 123 Absatz 2 UmwG oder aufgrund eines vergleichbaren ausländischen Vorgangs, findet § 20 Absatz 4a Satz 7 EStG Anwendung. Ein vergleichbarer ausländischer Vorgang liegt vor, wenn die Strukturmerkmale einer Abspaltung nach Rn. 01.36 des BMF-Schreibens vom 11. November 2011 (BStBl I S.1314) mit der Maßgabe erfüllt werden, dass die Erfüllung des Merkmals „kraft Gesetzes" nicht erforderlich ist, wenn die Vermögensübertragung auf die übernehmende Gesellschaft einerseits und die Übertragung der Anteile an der übernehmenden Gesellschaft andererseits in zeitlichem und sachlichen Zusammenhang erfolgen (BFH-Urteile vom 1. Juli 2021 – VIII R 9/19 und VIII R 15/20, BStBl II 2022 S. 359 und S. 363). Die Rn. 100 ff. gelten entsprechend. Abgesehen von den Fällen einer Abspaltung zur Aufnahme ist bei ausländischen Vorgängen für die Anwendung des § 20 Absatz 4a Satz 7 EStG bereits dann von einer Abspaltung auszugehen, wenn folgende Kriterien erfüllt sind:

115

- Die ISIN der ursprünglichen Gattung (= Rumpfunternehmen) bleibt erhalten.
- Die ISIN der neu eingebuchten Gattung wurde neu vergeben und es handelt sich nicht um eine bereits börsennotierte Gesellschaft.
- Auf Grundlage der Emitteninformationen liegen die Strukturmerkmale einer Abspaltung im Sinne des Satzes 2 vor.
- Es ist ein Aufteilungsverhältnis angegeben.
- Es wird keine Quellensteuer einbehalten.
- Aus den Emitteninformationen ergeben sich keine Hinweise auf eine Gewinnverteilung.

- Der übertragende ausländische und der übernehmende in- oder ausländische Rechtsträger müssen einem vergleichbaren umwandlungsfähigen Rechtsträger inländischen Rechts entsprechen. Der Rechtstypenvergleich ausgewählter ausländischer Rechtsformen erfolgt entsprechend Tabellen 1 und 2 zum BMF-Schreiben vom 24. Dezember 1999 (BStBl I S. 1076).
- Es wurde keine Barzuzahlung durch den Anteilseigner geleistet.

§ 20 Absatz 4a Satz 7 EStG findet insoweit keine Anwendung, als die Beteiligungen in einem Betriebsvermögen gehalten werden, vgl. § 20 Absatz 8 Satz 2 EStG.

115a Für die Klassifikation als Abspaltung gemäß § 20 Absatz 4a Satz 7 EStG kommt es auf das Kriterium des Teilbetriebserfordernisses oder des Vorliegens einer Kapitalherabsetzung nicht an.

116 Nicht besetzt.

Reorganisation einer ausländischen Kapitalgesellschaft (B-Shares)

117 Werden dem Anleger im Zuge einer Reorganisation sogenannte B-Aktien (B-Shares, redemptionshares) angedient, die ihm Wahlrechte zur sofortigen Bareinlösung oder einer späteren Einlösung einräumen, ist danach zu differenzieren, welches Wahlrecht der Anleger ausübt.

Beispiel:
Im Jahr 01 führte eine Gesellschaft eine Reorganisation im Verhältnis 8:7 + 1 B-Share durch. Die zugeteilten B-Shares konnten entweder sofort oder innerhalb einer vom Emittenten gesetzten Frist in einen festgelegten Geldbetrag umgetauscht werden. Nach Ablauf der Frist erfolgte ein Umtausch durch die Gesellschaft aufgrund eines vorbehaltenen Kündigungsrechtes.

Lösung:
Erhält der Anleger sogleich das Geld, handelt es sich um eine Bardividende. Bezieht der Anleger B-Shares, gelten die Grundsätze zur Sachausschüttung.

6. Verluste (§ 20 Absatz 6 EStG)

Verlustverrechnung

118 Der Verlustausgleich nach § 20 Absatz 6 Satz 5 und 6 EStG findet nur im Rahmen der Veranlagung statt, vgl. Rn. 229a, 233.

Verluste aus Termingeschäften, insbesondere aus dem Verfall von Optionen und Glattstellungsgeschäften, können nur mit Gewinnen aus Termingeschäften und mit Einkünften aus Stillhalterprämien ausgeglichen werden, soweit die Verluste nach dem 31. Dezember 2020 entstanden sind. Die Verlustverrechnung ist beschränkt auf 20.000 €. Nicht verrechnete Verluste können auf Folgejahre vorgetragen werden und jeweils in Höhe von 20.000 € mit Gewinnen aus Termingeschäften oder mit Einkünften aus Stillhalterprämien verrechnet werden, wenn nach der unterjährigen Verlustverrechnung ein verrechenbarer Gewinn verbleibt.

Verluste aus der ganzen oder teilweisen Uneinbringlichkeit einer Kapitalforderung, aus der Ausbuchung wertloser Wirtschaftsgüter im Sinne des § 20 Absatz 1 EStG, aus der Übertragung wertloser Wirtschaftsgüter im Sinne des § 20 Absatz 1 EStG auf einen Dritten oder aus einem sonstigen Ausfall von Wirtschaftsgütern im Sinne des § 20 Absatz 1 EStG (im Folgenden: Verluste im Sinne des § 20 Absatz 6 Satz 6 EStG) können nur mit Einkünften aus Kapitalvermögen bis zur Höhe von 20.000 € ausgeglichen werden. Dies gilt auch für die Ausbuchung wertloser Aktien. § 20 Absatz 6 Satz 4 EStG findet insoweit keine Anwendung.

Nicht verrechnete Verluste können auf Folgejahre vorgetragen und jeweils in Höhe von 20.000 € mit Einkünften aus Kapitalvermögen verrechnet werden.

Anhang 19
Kapitalvermögen (Abgeltungsteuer) — II

Für die Verlustverrechnung in den Verlustverrechnungskreisen ist in der Veranlagung nachfolgende Reihenfolge zu berücksichtigen:

1. Aktienveräußerungsgewinne/-verluste im Sinne des § 20 Absatz 6 Satz 4 EStG aus dem aktuellen Jahr;

    Aktienveräußerungsverluste im Sinne des § 20 Absatz 6 Satz 4 EStG aus dem aktuellen Jahr dürfen nur mit Aktienveräußerungsgewinnen verrechnet werden.

2. Gewinne/Verluste aus Termingeschäften aus dem aktuellen Jahr (die nach dem 31. Dezember 2020 entstanden sind);

    Verluste aus Termingeschäften im Sinne des § 20 Absatz 6 Satz 5 EStG aus dem aktuellen Jahr (die nach dem 31. Dezember 2020 entstanden sind) dürfen bis zur Höhe von 20.000 € und nur mit Gewinnen aus Termingeschäften und Einkünften aus Stillhalterprämien verrechnet werden.

3. Verluste im Sinne des § 20 Absatz 6 Satz 6 EStG aus dem aktuellen Jahr (die nach dem 31. Dezember 2019 entstanden sind) dürfen bis zur Höhe von 20.000 € mit Einkünften aus Kapitalvermögen verrechnet werden.

4. sonstige Kapitalerträge/Verluste aus dem aktuellen Jahr;

    sonstige negative Einkünfte aus dem aktuellen Jahr im Sinne des § 20 EStG dürfen mit positiven Einkünften im Sinne des § 20 EStG verrechnet werden.

5. Verlustvorträge im Sinne des § 20 Absatz 6 Satz 3 EStG aus Aktienveräußerungen im Sinne des § 20 Absatz 6 Satz 4 EStG dürfen nur mit nach Verrechnung gemäß Ziffer 1, 3 und 4 verbleibenden Aktienveräußerungsgewinnen verrechnet werden.

6. Verlustvorträge im Sinne des § 20 Absatz 6 Satz 3 EStG aus Termingeschäften im Sinne des § 20 Absatz 6 Satz 5 EStG (die nach dem 31. Dezember 2020 entstanden sind) dürfen nur mit nach Verrechnung gemäß Ziffer 2 bis 4 verbleibenden Gewinnen aus Termingeschäften und mit Einkünften aus Stillhalterprämien nur bis zur Höhe von 20.000 € verrechnet werden.

7. Verlustvorträge im Sinne des § 20 Absatz 6 Satz 3 EStG aus Verlusten im Sinne des § 20 Absatz 6 Satz 6 EStG (die nach dem 31. Dezember 2019 entstanden sind) dürfen nur mit nach Verrechnung gemäß Ziffer 1 bis 6 verbleibenden Einkünften aus Kapitalvermögen und nur bis zur Höhe von 20.000 € verrechnet werden.

8. sonstige Verlustvorträge im Sinne des § 20 Absatz 6 Satz 3 EStG dürfen mit positiven Einkünften nach Verrechnung gemäß Ziffer 1 bis 7 im Sinne des § 20 EStG verrechnet werden.

Die Verlustverrechnung kann nicht auf Teilbeträge beschränkt werden.

Nach § 43a Absatz 3 Satz 2 EStG hat die auszahlende Stelle unter Berücksichtigung des § 20 Absatz 6 Satz 4 EStG im Kalenderjahr negative Kapitalerträge einschließlich gezahlter Stückzinsen bis zur Höhe der positiven Kapitalerträge auszugleichen. Diese institutsbezogene unterjährige Verlustverrechnung, vgl. auch Rn. 212, ist nur zeitlich vorrangig. Auf Antrag des Steuerpflichtigen ist im Rahmen der Veranlagung gemäß § 32d Absatz 4 EStG eine institutsübergreifende Verlustverrechnung (zwischen mehreren Depots bei unterschiedlich auszahlenden Stellen) durchzuführen (BFH-Urteil vom 29. August 2017 – VIII R 23/15, BStBl II 2019 S. 54).

Anhang 19
Kapitalvermögen (Abgeltungsteuer)

Beispiel für die Verlustverrechnungsbeschränkung nach § 20 Absatz 6 Satz 6 EStG:
Folgende Einkünfte des nicht verheirateten A liegen im Jahr 2022 vor:

Bank A
./. Verluste § 20 Absatz 6 Satz 6 EStG   12.000 €

Bank B
Gewinne Termingeschäfte/Einkünfte Stillhalterprämien   30.000 €
./. Sonstiger Verlust   5.000 €
Es wurde kein Freistellungsauftrag erteilt.

Verlustvortrag zum 31. Dezember 2021:
§ 20 Absatz 6 Satz 3 und 6 EStG in Verbindung mit § 10d Absatz 4 EStG   45.000 €

Ausweis Steuerbescheinigung (Bank A)
Höhe der Kapitalerträge Zeile 7 Anlage KAP   0 €
./. Höhe des Verlustes im Sinne des § 20 Abs. 6 Satz 6 EStG   12.000 €
Zeile 15 Anlage KAP

Ausweis Steuerbescheinigung (Bank B)
Höhe der Kapitalerträge Zeile 7 Anlage KAP   25.000 €
davon: Einkünfte aus Stillhalterprämien im Sinne des § 20 Absatz 1
Nr. 11 EStG und Gewinne aus Termingeschäften im Sinne des § 20
Abs. 2 Satz 1 Nr. 3 EStG   25.000 €
Zeile 9 Anlage KAP

nur nachrichtlich:
Einkünfte aus Stillhalterprämien im Sinne des § 20 Abs. 1 Nr. 11 EStG
und Gewinne aus Termingeschäften im Sinne des § 20 Abs. 2 Satz 1
Nr. 3 EStG vor Verrechnung mit sonstigen Verlusten   30.000 €

Verlustverrechnung im Veranlagungsverfahren gemäß § 32d Absatz 4 EStG

Einkünfte § 20 EStG:
Kapitalerträge lt. Steuerbescheinigung Bank B   25.000 €
./. Verluste § 20 Absatz 6 Satz 6 EStG lt. Steuerbescheinigung Bank A   12.000 €
./. Verlustvortrag § 20 Absatz 6 Satz 3 und 6 EStG   13.000 €
./. Sparer-Pauschbetrag nach § 20 Absatz 9 EStG   0 €
= Einkünfte (§ 20 EStG)   0 €
Verlustvortrag § 20 Absatz 6 Satz 3 und 6 EStG zum 31. Dezember 2021   45.000 €
./. Verrechnung in 2022   13.000 €
+ Verlustüberhang Bank A aus 2022   0 €
Verlustvortrag § 20 Absatz 6 Satz 3 und 6 EStG zum 31. Dezember 2022   <u>32.000 €</u>

119 Um im Rahmen der Veranlagung eine institutsübergreifende Verrechnung von Aktienveräußerungsverlusten mit Aktienveräußerungsgewinnen zu erreichen, hat der Steuerpflichtige von dem jeweils depotführenden Kreditinstitut eine Steuerbescheinigung im Sinne des § 45a Absatz 2 EStG einzureichen, in der „davon: Gewinn aus Aktienveräußerungen im Sinne des § 20 Abs. 2 Satz 1 Nr. 1 EStG (Zeile 8 Anlage KAP)" und im nachrichtlichen Teil der „Gewinn aus Aktienveräußerungen im Sinne des § 20 Abs. 2 Satz 1 Nr. 1 EStG vor Verrechnung mit sonstigen Verlusten im Sinne des § 20 Abs. 2 EStG" aufgeführt werden. Für die Veranlagungszeiträume bis einschließlich 2018 bestehen keine Bedenken, wenn der Steuerpflichtige die Aktienveräußerungsgewinne und die bereits mit Verlusten verrechneten Aktienveräußerungsgewinne durch geeignete Unterlagen nachweist.

Anhang 19
Kapitalvermögen (Abgeltungsteuer) — II

Beispiel für die institutsübergreifende Verlustverrechnung:
Folgende Einkünfte liegen im Jahr 2022 vor:

<u>Bank A:</u>
Aktienveräußerungsgewinne	5.000 €
Aktienveräußerungsverluste	1.000 €
Verluste Termingeschäfte	20.000 €

<u>Bank B:</u>
Gewinne Termingeschäfte	10.000 €
Verluste Anleiheverkäufe	2.000 €
Aktienveräußerungsverluste	4.000 €

Ein Antrag auf Verlustbescheinigung nach § 43a Absatz 3 Satz 4 EStG wird gestellt.

<u>Verlustverrechnung durch die Bank A:</u>
Aktienveräußerungsgewinne	5.000 €
./. Aktienveräußerungsverluste	1.000 €
= verbleibende Veräußerungsgewinne (§ 20 Absatz 2 EStG)	4.000 €
Verluste Termingeschäfte nach § 20 Absatz 6 Satz 5 EStG	20.000 €

<u>Ausweis Steuerbescheinigung (Bank A)</u>
Höhe der Kapitalerträge Zeile 7 Anlage KAP	4.000 €
davon: Gewinne aus Aktienveräußerung Zeile 8 Anlage KAP	4.000 €
Höhe des Verlustes im Sinne des § 20 Abs. 6 Satz 5 EStG Zeile 14 Anlage KAP	20.000 €

<u>nur nachrichtlich:</u>
„Gewinn aus Aktienveräußerungen im Sinne des § 20 Abs. 2 Satz 1 Nr. 1 EStG vor Verrechnung mit sonstigen Verlusten im Sinne des § 20 Abs. 2 EStG"	4.000 €

<u>Verlustverrechnung durch die Bank B:</u>
Gewinne Termingeschäfte	10.000 €
./. Verluste Anleiheverkäufe	2.000 €
= verbleibende Veräußerungsgewinne (§ 20 Absatz 2 EStG)	8.000 €

<u>Ausweis Steuerbescheinigung (Bank B)</u>
Höhe der Kapitalerträge Zeile 7 Anlage KAP	8.000 €
davon: Einkünfte aus Stillhalterprämien im Sinne des § 20 Abs. 1 Nr. 11 EStG und Gewinne aus Termingeschäfte im Sinne des § 20 Abs. 2 Satz 1 Nr. 3 EStG Zeile 9 Anlage KAP	8.000 €
Nicht ausgeglichene Verluste aus der Veräußerung von Aktien Zeile 13 Anlage KAP	4.000 €

<u>nur nachrichtlich:</u>
Einkünfte aus Stillhalterprämien im Sinne des § 20 Abs. 1 Nr. 11 EStG und Gewinne aus Termingeschäften im Sinne des § 20 Abs. 2 Satz 1 Nr. 3 EStG vor Verrechnung mit sonstigen Verlusten	10.000 €

<u>Verlustverrechnung im Veranlagungsverfahren gemäß § 32d Absatz 4 EStG</u>
Einkünfte § 20 Absatz 2 EStG (Aktien):
Aktienveräußerungsgewinne lt. Steuerbescheinigung Bank A	4.000 €
./. Aktienveräußerungsverluste lt. Steuerbescheinigung Bank B	4.000 €
= verbleibender Verlust aus Aktienveräußerungen	0 €

Anhang 19
II Kapitalvermögen (Abgeltungsteuer)

> *Einkünfte § 20 Absatz 2 Satz 1 Nummer 3 EStG:*
> *Gewinne § 20 Absatz 6 Satz 5 EStG (Bank B)*   *10.000 €*
> *Verluste § 20 Absatz 6 Satz 5 EStG (Bank A)*   *20.000 €*
> *= verbleibende Verluste nach § 20 Absatz 6 Satz 5 EStG*   *10.000 €*
> *Einkünfte § 20 Absatz 2 Satz 1 Nummer 7 EStG:*
> *Verluste § 20 Absatz 2 EStG (Bank B Verluste Anleiheverkäufe)*   *2.000 €*
>
> *Nach § 20 Absatz 6 Satz 5 EStG sind 10.000 € und nach § 20 Absatz 6 Satz 3 EStG sind 2.000 € gesondert festzustellen und in den folgenden Veranlagungszeiträumen verrechenbar.*

119a   Verluste aus Kapitaleinkünften, die nach § 32d Absatz 1 EStG dem besonderen Steuersatz unterliegen, dürfen nicht mit positiven Erträgen aus Kapitaleinkünften, die der tariflichen Steuer nach § 32d Absatz 2 EStG unterliegen, verrechnet werden. Dies gilt nicht, wenn ein Antrag nach § 32d Absatz 6 EStG gestellt wurde (Günstigerprüfung) und sämtliche Kapitalerträge der tariflichen Einkommensteuer zu unterwerfen sind (BFH-Urteile vom 30. November 2016 – VIII R 11/14, BStBl II 2017 S. 443 und vom 29. August 2017 – VIII R 5/15, BStBl II 2018 S. 66). Voraussetzung hierfür ist jedoch, dass sämtliche Einkünfte aus Kapitalvermögen erklärt werden.

Vorrang der Verlustverrechnung vor der Gewährung des Sparer-Pauschbetrages

119b   Der Sparer-Pauschbetrag ist nur zu berücksichtigen, wenn nach Verrechnung sämtlicher positiver und negativer Einkünfte aus Kapitalvermögen positive Einkünfte verbleiben.

Verlustverrechnung und Anrechnung ausländischer Quellensteuer sowie Anwendung des Freistellungsauftrags

120   Die Grundsätze zur Verlustverrechnung und Anrechnung ausländischer Quellensteuer sowie Anwendung des Freistellungsauftrags, vgl. Rn. 201 ff. zu § 43a EStG, gelten im Rahmen der Veranlagung entsprechend.

121   Die noch nicht angerechnete ausländische Quellensteuer kann dem neuen Kreditinstitut nach einem vollständigen Depotwechsel mitgeteilt werden.

122   Verluste mindern die abgeltungsteuerpflichtigen Erträge unabhängig davon, ob diese aus in- oder ausländischen Quellen stammen. Die Summe der anrechenbaren ausländischen Quellensteuer ist auf die nach Verlustverrechnung verbleibende Abgeltungsteuerschuld anzurechnen. Die Anwendung des Freistellungsauftrags hat die gleiche Wirkung wie die Verlustverrechnung.

> ***Beispiel:***
> *A erzielt im Februar aus der Veräußerung von festverzinslichen Wertpapieren einen Verlust in Höhe von 300 €. Im März erhält er ausländische Dividenden in Höhe von 10 €. Die anrechenbare ausländische Steuer beträgt 15 €. A hält die Wertpapiere im Depot der Bank X. Wegen der Verluste aus dem Februar behält die Bank keine Kapitalertragsteuer ein.*
> *Weiterhin erhält A im Juni ausländische Dividenden in Höhe von 700 €. Die anrechenbare ausländische Steuer beträgt 70 €. A hält die Wertpapiere im Depot der Bank Y. Da er der Bank einen Freistellungsauftrag über 801 € erteilt hat, erfolgt kein Kapitalertragsteuerabzug.*
> *Im Dezember erhält A Zinseinkünfte bei der Bank Z in Höhe von 621 €. Die Bank behält 155 € Kapitalertragsteuer ein.*
> *A erklärt im Rahmen der Veranlagung seine Einkünfte aus Kapitalvermögen gemäß § 32d Absatz 4 EStG. Die Verlust-Bescheinigung gemäß § 43a Absatz 3 Satz 4 EStG sowie die entsprechenden Steuerbescheinigungen nach § 45a Absatz 2 EStG legt er bei.*

Kapitalvermögen (Abgeltungsteuer)

Lösung:
Im Rahmen der Veranlagung werden die Kapitaleinkünfte wie folgt berücksichtigt.

	Erträge	Anrechenbare Steuer
Veräußerung Wertpapiere	./. 300 €	
Erträge ausländische Dividende	800 €	85 €
Zinseinkünfte	621 €	

A erzielt insgesamt Einnahmen in Höhe von 1.121 €. Unter Berücksichtigung des Sparer-Pauschbetrages verbleiben 320 €. Hierauf entfällt eine Abgeltungsteuer in Höhe von 80 €. Angerechnet werden somit ausländische Steuern in Höhe von maximal 80 €. Die bisher einbehaltene Kapitalertragsteuer in Höhe von 155 € wird erstattet.

Behandlung von Verlusten aus der Veräußerung von ADRs (American Depositary Receipts)

Erzielt der Steuerpflichtige Verluste aus der Veräußerung oder Einlösung von ADRs und GDRs, vgl. Rn. 68, fallen diese unter die eingeschränkte Verlustverrechnung im Sinne des § 20 Absatz 6 Satz 4 EStG.

123

7. Subsidiarität (§ 20 Absatz 8 EStG)

Termingeschäfte (z. B. Zinsbegrenzungsvereinbarungen oder Swaps), die zu den Einkünften aus Vermietung und Verpachtung gehören, fallen nicht unter die Einkünfte des § 20 EStG. Derartige Geschäfte werden von den Steuerpflichtigen – wie bei den betrieblichen Einkünften – meist zu Absicherungszwecken (Absicherung von Darlehen, die der Finanzierung vermieteter Immobilien dienen) abgeschlossen, vgl. aber BFH-Urteil vom 13. Januar 2015 – IX R 13/14, BStBl II S. 827.

124

8. Einkunftserzielungsabsicht (§ 20 Absatz 9 EStG)
Grundsatz

Bei den Einkünften aus Kapitalvermögen ist infolge des beschränkten und pauschalierten Werbungskostenabzugs regelmäßig von einer Einkunftserzielungsabsicht auszugehen (BFH-Urteil vom 14. März 2017 – VIII R 38/15, BStBl II S. 1040).

125

Bausparverträge

Werden Guthabenzinsen aus Bausparverträgen, die mit sogenannten Auffüllkrediten bzw. Vorfinanzierungsdarlehen aus Bausparverträgen gekoppelt sind, zur Finanzierung einer zu eigenen Wohnzwecken genutzten Immobilie eingesetzt, sind die Guthabenzinsen aus Billigkeitsgründen einkommensteuerrechtlich unbeachtlich, sofern die Finanzierungsverträge bis zum 30. Juni 2010 abgeschlossen worden sind.

126

In diesen Fällen ist dennoch ein Kapitalertragsteuerabzug vorzunehmen, da bei dem Abschluss der entsprechenden Verträge nicht von vornherein ausgeschlossen werden kann, dass eine Immobilie zur Fremdnutzung eingesetzt wird.

127

Die Steuerpflichtigen können sich die einbehaltene Kapitalertragsteuer auf Guthabenzinsen aus Bausparverträgen, die zur Finanzierung einer zu eigenen Wohnzwecken genutzten Immobilie eingesetzt werden, nach § 32d Absatz 4 EStG durch das Veranlagungsfinanzamt auf die festgesetzte Einkommensteuer anrechnen lassen.

128

Sparer-Pauschbetrag

Hat der Steuerpflichtige sowohl Kapitalerträge, für die § 32d Absatz 1 EStG gilt, als auch solche im Sinne des § 32d Absatz 2 Nummer 2 EStG erzielt, ist der Sparer-Pauschbetrag vorrangig von den Kapitalerträgen im Sinne des § 32d Absatz 2 Nummer 2 EStG abzuziehen. Die im Rahmen des Kapitalertragsteuerabzugs freigestellten Kapitalerträge

129

sind im Rahmen der Einkommensteuerveranlagung dem gesonderten Steuertarif nach § 32d Absatz 1 EStG zu unterwerfen.

Negative Einlagezinsen

129a Behält ein Kreditinstitut negative Einlagezinsen für die Überlassung von Kapital ein, stellen diese negativen Einlagezinsen keine Zinsen im Sinne des § 20 Absatz 1 Nummer 7 EStG dar, da sie nicht vom Kapitalnehmer an den Kapitalgeber als Entgelt für die Überlassung von Kapital gezahlt werden. Wirtschaftlich gesehen handelt es sich vielmehr um eine Art Verwahr- und Einlagegebühr, die bei den Einkünften aus Kapitalvermögen als Werbungskosten vom Sparer-Pauschbetrag gemäß § 20 Absatz 9 Satz 1 EStG erfasst sind.

Bei Anlageprodukten mit gestaffelten Zinskomponenten („Staffelzinsen") ist die Gesamtverzinsung im Zeitpunkt des Zuflusses zu betrachten. Ist die Gesamtverzinsung positiv, so handelt es sich insgesamt um Einnahmen im Sinne des § 20 Absatz 1 Nummer 7 EStG. Eine negative Gesamtverzinsung ist hingegen stets insgesamt als Verwahr- oder Einlagegebühr zu behandeln.

Beispiel:
Die Zinskonditionen für ein Anlageprodukt (Tagesgeld) sind wie folgt ausgestaltet:
— *von 0,00 € bis 500.000,00 € positiver Zins (0,1 % p. a.)*
— *von 500.000,01 € bis 1.000.000,00 € keine Verzinsung*
— *ab 1.000.000,01 € negativer Zins (– 0,05 % p. a.)*
Es werden 1.500.000,00 € vom 1.01. – 31.03. angelegt. Die Zinsgutschrift erfolgt am 31.03.

Lösung:
Auf den ersten Teilbetrag in Höhe von 500.000,00 € entfällt ein positiver Zins in Höhe von 125,00 € (500.000,00 € x 0,1 % x 3 Monate). Auf den zweiten Teilbetrag (500.000,01 € bis 1.000.000,00 €) entfällt kein Zins. Auf den dritten Teilbetrag (1.000.000,01 € bis 1.500.000,00 €) entfällt ein negativer Zins in Höhe von ./. 62,50 € (500.000,00 € x 0,05 % x 3 Monate). Der Besteuerung ist der positive Saldo aus den Zinsen der drei Guthabenbereiche in Höhe von 62,50 € zugrunde zu legen (125,00 € + 0,00 € ./. 62,50 €).

II. Einkünfte aus sonstigen Leistungen (§ 22 Nummer 3 EStG)/Private Veräußerungsgeschäfte (§ 23 EStG)

129b Wird ein Wertpapierdepot auf ein anderes Kreditinstitut übertragen und zahlt das übernehmende Kreditinstitut dafür eine Geldprämie, so stellt diese Geldprämie Einkünfte aus sonstigen Leistungen im Sinne des § 22 Nummer 3 EStG dar, sofern sie nicht einer anderen Einkunftsart (§§ 13, 15, 18 oder 21 EStG) zugeordnet werden kann. Das übernehmende Kreditinstitut hat den Kunden bei Auszahlung der Geldprämie auf die Steuerpflicht hinzuweisen.

Wird dagegen ein Kontoguthaben auf ein anderes Kreditinstitut übertragen oder erstmalig bei einem Kreditinstitut ein Depot eröffnet und wird dafür eine Geldprämie unter der Bedingung gezahlt, dass Wertpapiere beim übernehmenden/eröffnenden Kreditinstitut erworben werden, so mindert die für die Übertragung des Kontoguthabens gezahlte Geldprämie die Anschaffungskosten dieser Wertpapiere. Die Geldprämie ist mit den Anschaffungskosten der erworbenen Wertpapiere in der Reihenfolge deren Erwerbs zu verrechnen.

130 Nicht besetzt.

131 Bei der Anschaffung und Veräußerung von Fremdwährungsbeträgen kann es sich um ein privates Veräußerungsgeschäft im Sinne des § 23 Absatz 1 Satz 1 Nummer 2 EStG handeln (BFH-Urteil vom 2. Mai 2000 – IX R 73/98, BStBl II S. 614), sofern die Einkünfte nicht den Einkünften aus Kapitalvermögen zuzurechnen sind (§ 23 Absatz 2 EStG in

Verbindung mit § 20 Absatz 2 Satz 1 Nummer 7, Absatz 2 Satz 2 und Absatz 4 Satz 1 EStG).

Währungsgewinne/-verluste aus der Veräußerung oder Rückzahlung einer verbrieften oder unverbrieften verzinslichen Kapitalforderung oder eines verzinslichen Fremdwährungsguthabens (verzinsliches Fremdwährungskonto) sind gemäß § 20 Absatz 2 Satz 1 Nummer 7 und Absatz 4 Satz 1 EStG zu berücksichtigen. Dabei stellt jede Einzahlung oder Zinsgutschrift auf ein verzinsliches Tages-, Festgeld- oder sonstiges Fremdwährungskonto einen Anschaffungsvorgang dar. Im Falle der späteren Rückzahlung liegt ein veräußerungsgleicher Vorgang im Sinne von § 20 Absatz 2 Satz 2 EStG vor, vgl. auch Rn. 59. Dabei kommt es nicht darauf an, ob eine etwaige Fremdwährungskapitalforderung zugleich in Euro oder eine dritte Währung umgewandelt wird. Das Gleiche gilt, wenn die Fremdwährungskapitalforderung nach Fälligkeit erneut verzinslich angelegt wird oder auf ein anderes verzinsliches Konto bei demselben oder einem anderen Kreditinstitut umgebucht wird. Diese Vorgänge stellen steuerlich eine Veräußerung der ursprünglichen Kapitalforderung und zugleich eine Anschaffung einer neuen Kapitalforderung dar. Die Prolongation täglich fälliger Kapitalforderungen (beispielsweise Tagesgeldanlagen) sowie die Änderung des Zinssatzes stellt für sich genommen keinen Anschaffungs- oder Veräußerungstatbestand dar, es sei denn das Guthaben wird erstmalig verzinslich oder ein bisher verzinsliches Guthaben wird erstmalig unverzinslich angelegt. Bei der Anschaffung und Veräußerung mehrerer gleichartiger Fremdwährungsbeträge ist zu unterstellen, dass die zuerst angeschafften Beträge zuerst veräußert werden.

Bei Fremdwährungsguthaben auf Zahlungsverkehrskonten (z. B. Girokonten, Basiskonten, Girocard), Kreditkarten und digitalen Zahlungsmitteln kann unterstellt werden, dass diese ausschließlich als Zahlungsmittel eingesetzt werden und eine Einkunftserzielungsabsicht im Rahmen der Einkünfte aus Kapitalvermögen nicht vorhanden ist. Eine Erfassung von Währungsgewinnen/-verlusten gemäß § 20 Absatz 2 Satz 1 Nummer 7 und Absatz 4 Satz 1 EStG für Zahlungsmittel scheidet daher aus. Lediglich die mit diesen Fremdwährungsguthaben erzielten Zinsen unterliegen einer Besteuerung nach § 20 Absatz 1 Nummer 7 EStG.

Währungsgewinne/-verluste aus der Veräußerung oder Rückzahlung einer unverbrieften und unverzinslichen Kapitalforderung oder eines unverzinslichen Fremdwährungsguthabens sind gemäß § 23 Absatz 1 Satz 1 Nummer 2 EStG bei der Veräußerung des Fremdwährungsguthabens zu berücksichtigen.

Wird der Fremdwährungsbetrag innerhalb der Frist des § 23 Absatz 1 Satz 1 Nummer 2 EStG in Euro oder eine dritte Währung getauscht, so sind Währungsgewinne/-verluste die bereits bei den Einkünften aus Kapitalvermögen erfasst wurden, nicht zusätzlich bei den Einkünften aus privaten Veräußerungsgeschäften zu erfassen, § 23 Absatz 2 EStG.

III. Gesonderter Steuertarif für Einkünfte aus Kapitalvermögen (§ 32d EStG)

Tarif (§ 32d Absatz 1 EStG)

Abgeltungsteuer nach § 32d und § 35b EStG

Die Einkommensteuer für Einkünfte aus Kapitalvermögen im Sinne des § 32d Absatz 1 EStG ist keine tarifliche Steuer im Sinne des § 32a Absatz 1 EStG. Steuerermäßigungen, die an die tarifliche Einkommensteuer anknüpfen (z. B. §§ 35a und 35b EStG), können infolgedessen die Einkommensteuer nach dem gesonderten Steuertarif für Einkünfte aus Kapitalvermögen im Sinne des § 32d Absatz 1 EStG nicht mindern.

132

Höhe der Ermäßigung der Kapitalertragsteuer bei Zwölftelung der Kirchensteuer (§ 32d Absatz 1 Satz 3 bis 5 EStG)

133   Stimmen der Zeitraum der Einkommensteuerpflicht und der Kirchensteuerpflicht nicht überein, wird die Kirchensteuer im Fall der Erhebung der Kirchensteuer auf die Kapitalertragsteuer durch das Finanzamt gezwölftelt. Bei der Ermäßigung der Kapitalertragsteuer ist der gezwölftelte Kirchensteuersatz anzuwenden.

Beispiel:
Endet die Kirchensteuerpflicht im Januar, ist in der Formel des § 32d Absatz 1 Satz 4 EStG für k bei einem angenommenen Kirchensteuersatz von 9 % nicht 9, sondern nur 9 x 1/12 = 0,75 anzusetzen.

2. Ausnahmen vom Abgeltungsteuersatz (§ 32d Absatz 2 EStG)

a) Zwingende Ausnahme bei Kapitalüberlassung an nahestehende Personen oder von Anteilseignern (§ 32d Absatz 2 Nummer 1 EStG)

134   Die Regelung findet bei Einkünften im Sinne des § 20 Absatz 1 Nummer 7 und Absatz 2 Satz 1 Nummer 7 EStG nur Anwendung, wenn der Darlehensnehmer eine natürliche Person ist, die Einkünfte aus Land- und Forstwirtschaft, Gewerbebetrieb, selbständiger Arbeit und Vermietung und Verpachtung oder Einkünfte im Sinne des § 22 Nummer 1 Satz 3 Buchstabe a Doppelbuchstabe bb EStG (fremdfinanzierte Rentenversicherungen) und § 22 Nummer 3 EStG (z. B. Containerleasing) erzielt und sie die Darlehenszinsen als Betriebsausgaben oder Werbungskosten geltend machen kann oder der Darlehensnehmer eine Personengesellschaft ist, bei der hinsichtlich der Erträge aus der Darlehensgewährung § 15 Absatz 1 Satz 1 Nummer 2 Satz 1 EStG keine Anwendung findet. Entsprechendes gilt in den Fällen, in denen eine Stiftung Darlehensnehmer ist.

135   Werden Kapitalerträge von einer Kapitalgesellschaft oder Genossenschaft gezahlt, findet § 32d Absatz 2 Nummer 1 Buchstabe b EStG Anwendung, wenn der Darlehensgeber zu mindestens 10 % an dem Darlehensnehmer beteiligt ist. Für Kapitalerträge aus Darlehen, die nach dem 31. Dezember 2020 begründet wurden, findet § 32d Absatz 2 Nummer 1 Buchstabe b EStG nur dann Anwendung, wenn der Darlehensnehmer die den Kapitalerträgen entsprechenden Darlehenszinsen als Betriebsausgaben oder Werbungskosten im Zusammenhang mit Einkünften, die der inländischen Besteuerung unterliegen, abziehen kann. Der Abzug der Zinsen beim Darlehensnehmer darf nicht durch § 20 Absatz 9 Satz 1 zweiter Halbsatz EStG eingeschränkt sein. Gewinne und Verluste aus der Veräußerung oder dem Ausfall einer Darlehensforderung eines Gesellschafters oder Mitglieds, die nach dem 31. Dezember 2020 begründet wurden, unterliegen hingegen dem gesonderten Steuertarif nach § 32d Absatz 1 EStG, da den betreffenden Einkünften des Gesellschafters oder Mitglieds auf Seiten der Kapitalgesellschaft oder Genossenschaft keine Betriebsausgaben gegenüberstehen. Für Kapitalerträge aus Darlehen, die vor dem 1. Januar 2021 begründet wurden, gelten die vorstehenden Ausführungen erst ab dem Veranlagungszeitraum 2024, vgl. § 52 Absatz 33b EStG. § 32d Absatz 2 Nummer 1 Buchstabe a EStG ist nicht anzuwenden, auch wenn die Beteiligung unter 10 % liegt.

Definition der nahestehenden Person (§ 32d Absatz 2 Nummer 1 Buchstabe a und b EStG)

136   Das Verhältnis von nahestehenden Personen liegt vor, wenn die Person auf den Steuerpflichtigen einen beherrschenden Einfluss ausüben kann oder umgekehrt der Steuerpflichtige auf diese Person einen beherrschenden Einfluss ausüben kann oder eine dritte Person auf beide einen beherrschenden Einfluss ausüben kann oder die Person oder der Steuerpflichtige imstande ist, bei der Vereinbarung der Bedingungen einer Ge-

schäftsbeziehung auf den Steuerpflichtigen oder die nahestehende Person einen außerhalb dieser Geschäftsbeziehung begründeten Einfluss auszuüben oder wenn einer von ihnen ein eigenes wirtschaftliches Interesse an der Erzielung der Einkünfte des anderen hat.

Von einem solchen Beherrschungsverhältnis ist auszugehen, wenn der beherrschten Person auf Grund eines absoluten Abhängigkeitsverhältnisses im Wesentlichen kein eigener Entscheidungsspielraum verbleibt (BFH-Urteile vom 29. April 2014 – VIII R 9/13, VIII R 35/13, VIII R 44/13, VIII R 31/11, BStBl II S. 986, 990, 992 und 995). Das Abhängigkeitsverhältnis kann wirtschaftlicher oder persönlicher Natur sein (BFH-Urteil vom 28. Januar 2015 – VIII R 8/14, BStBl II S. 397).

Beispiel:
Ehegatte/Lebenspartner A gewährt dem Ehegatten/Lebenspartner B ein Darlehen zum Erwerb einer vermieteten Immobilie. Der darlehensnehmende Ehegatte/Lebenspartner B ist ansonsten mittellos. Ein fremder Dritter hätte den Erwerb der Immobilie durch B nicht zu 100 % finanziert.

Lösung:
B ist von A finanziell abhängig. Hinsichtlich der Finanzierung verbleibt B kein eigener Entscheidungsspielraum, so dass A bei der Darlehensgewährung einen beherrschenden Einfluss auf B ausüben kann. Die Anwendung des gesonderten Steuertarifs nach § 32d Absatz 1 EStG auf die vom darlehensgebenden Ehegatten/Lebenspartner A erzielten Kapitaleinkünfte ist nach § 32d Absatz 2 Nummer 1 Buchstabe a EStG ausgeschlossen.

Für die Annahme eines eigenen wirtschaftlichen Interesses der Vertragsparteien an der Einkünfteerzielung des anderen reicht es nicht aus, dass der Darlehensgeber von der Besteuerung der Zinsen nach dem gesonderten Tarif gemäß § 32d Absatz 1 EStG profitiert und der Schuldner die gezahlten Vergütungen im tariflichen Bereich als Betriebsausgaben abziehen kann (BFH-Urteil vom 16. Juni 2020 – VIII R 5/17, BStBl II S. 807).

Beteiligungsgrenze (§ 32d Absatz 2 Nummer 1 Buchstabe b EStG)
In die Berechnung der 10 %igen Beteiligungsgrenze sind ausschließlich die unmittelbaren Beteiligungen einzubeziehen (BFH-Urteile vom 20. Oktober 2016 – VIII R 27/15, BStBl II 2017 S. 441 und vom 9. Juli 2019 – X R 9/17, BStBl II 2021 S. 418). Eine mittelbare Beteiligung schließt die Anwendung des § 32d Absatz 2 Nummer 1 Buchstabe b Satz 2 EStG nicht aus.

b) Ausnahme auf Antrag bei bestimmter Beteiligungshöhe (§ 32d Absatz 2 Nummer 3 EStG)
Berufliche Tätigkeit
Unter den Begriff der beruflichen Tätigkeit fallen sowohl selbständig als auch nichtselbständig ausgeübte Tätigkeiten. Ob es sich bei der beruflichen Tätigkeit um eine gewerbliche, freiberufliche oder um eine andere unter die Gewinneinkünfte fallende Tätigkeit handelt, ist unerheblich. Die erforderliche berufliche Tätigkeit für eine Kapitalgesellschaft setzt nicht voraus, dass der Gesellschafter unmittelbar für diejenige Kapitalgesellschaft tätig wird, für deren Kapitalerträge er den Antrag zur tariflichen Einkommensteuer stellt. Bei besonderen Umständen können auch Tätigkeiten auf Ebene einer anderen Kapitalgesellschaft als berufliche Tätigkeit für diejenige Kapitalgesellschaft zu qualifizieren sein, für deren Kapitalerträge der Antrag gestellt wird (BFH-Urteil vom 27. März 2018 – VIII R 1/15, BStBl II 2019 S. 56).

Zeitraum der Beteiligung

139 Es ist ausreichend, dass die notwendige Beteiligungsquote zu irgendeinem Zeitpunkt in dem Veranlagungszeitraum, für den der Antrag erstmals gestellt wird, vorliegt. Wird die Beteiligungsquote in einem auf die erstmalige Antragstellung folgenden Jahr nicht mehr erreicht, entfaltet die vorher ausgeübte Option keine Wirkung mehr. § 32d Absatz 2 Nummer 3 Satz 4 EStG beinhaltet insoweit lediglich eine Nachweiserleichterung und ersetzt nicht die Tatbestandsvoraussetzungen.

Hinzuerwerb von Anteilen

140 Erwirbt der Steuerpflichtige Anteile hinzu, findet die Regelung auf die gesamte Beteiligung Anwendung. Eine teilweise Anwendung der Vorschrift auf die hinzuerworbenen Anteile ist nicht möglich.

Antragsfrist

141 Der Antrag ist spätestens zusammen mit der Abgabe der erstmaligen Einkommensteuererklärung (gleicher Eingangsstempel) für den jeweiligen Veranlagungszeitraum zu stellen. Hierbei handelt es sich um eine Ausschlussfrist, wobei es auf die erstmalige Abgabe der Steuererklärung für das jeweilige Jahr ankommt. Eine Nachholung ist nur unter den Voraussetzungen des § 110 AO möglich (BFH-Urteil vom 28. Juli 2015 – VIII R 50/14, BStBl II S. 894 und vom 29. August 2017 – VIII R 33/15, BStBl II 2018 S. 69). Ein Fall höherer Gewalt im Sinne des § 110 Absatz 3 AO liegt nicht vor, wenn der Steuerpflichtige deshalb keinen Antrag gestellt hat, weil er irrtümlich davon ausgegangen ist, keine Erträge aus der Beteiligung erzielt zu haben (BFH-Urteil vom 14. Mai 2019 – VIII R 20/16; BStBl II S. 586). Ein Widerruf des Antrags kann auch für das Erstjahr bis zur Bestandskraft erklärt werden. Nach Eintritt der Bestandskraft kommt ein wirksamer Widerruf allenfalls in Betracht, soweit die Steuerfestsetzung verfahrensrechtlich geändert werden kann.

Verfahrensfragen

142 Ist der Steuerpflichtige mittelbar über eine vermögensverwaltende Personengesellschaft an einer Kapitalgesellschaft beteiligt, ist der Antrag im Rahmen der Einkommensteuerveranlagung des Steuerpflichtigen zu stellen. Insoweit liegen die Voraussetzungen des § 32d Absatz 2 Nummer 3 Satz 2 EStG zur Anwendung des Teileinkünfteverfahrens sowie zur Verlustverrechnung und Abziehbarkeit von Werbungskosten vor.

Vorliegen von Kapitalerträgen

143 Das abstrakte Vorliegen von Kapitalerträgen im Sinne des § 20 Absatz 1 Nummer 1 oder 2 EStG ermöglicht dem Steuerpflichtigen die Ausübung der Option also auch dann, wenn in dem jeweiligen Veranlagungszeitraum Erträge tatsächlich nicht vorhanden sind und die Option nur dazu dient, die tatsächlich entstandenen Werbungskosten zu 60 % im Rahmen der Veranlagung zu berücksichtigen.

3. Erträge, die nicht dem Kapitalertragsteuerabzug bei einem inländischen Kreditinstitut unterlegen haben (§ 32d Absatz 3 EStG)

144 Steuerpflichtige Kapitalerträge, die aus rechtlichen oder tatsächlichen Gründen nicht dem Kapitalertragsteuerabzug unterlegen haben (z. B. Gewinne aus der Veräußerung von GmbH-Anteilen oder verdeckte Gewinnausschüttungen), hat der Steuerpflichtige nach § 32d Absatz 3 Satz 1 EStG in seiner Einkommensteuererklärung anzugeben, vgl. auch Rn. 183.

4. Veranlagungs-Wahlrecht (§ 32d Absatz 4 EStG)

Allgemeines

Dem Steuerpflichtigen steht für Kapitaleinkünfte, die der Kapitalertragsteuer unterlegen haben, ein Wahlrecht zu, diese im Rahmen seiner Veranlagung geltend zu machen, um die gesetzlich geregelten Tatbestände, die beim Kapitalertragsteuerabzug nicht berücksichtigt werden können, wie z. B. ein Verlustvortrag nach § 20 Absatz 6 EStG, steuermindernd geltend zu machen. Ebenso besteht für den Steuerpflichtigen die Möglichkeit, den Steuereinbehalt des Kreditinstituts dem Grund und der Höhe nach überprüfen zu lassen. Der entsprechende Antrag kann bis zur Unanfechtbarkeit des Einkommensteuerbescheides gestellt werden bzw. solange eine Änderung nach den Vorschriften der AO (z. B. § 164 Absatz 2 AO) oder den Einzelsteuergesetzen möglich ist. (BFH-Urteil vom 21. August 2019 – X R 16/17, BStBl II 2020 S. 99). §§ 177 und 351 Absatz 1 AO sind zu beachten. 145

So kann der Steuerpflichtige z. B. bei Veräußerungsfällen Anschaffungskosten, die sein depotführendes Institut nicht berücksichtigt hat, im Rahmen der Veranlagung anführen. Außerdem kann der Steuerpflichtige unter anderem in den Fällen, in denen beim Kapitalertragsteuerabzug der steuermindernde Effekt der Kirchensteuerzahlung noch nicht berücksichtigt wurde (z. B. bei Dividendenausschüttungen), diesen im Rahmen der Veranlagung nachholen, wenn der Kirchensteuerabzug durch sein depotführendes Institut nicht durchgeführt worden ist und die Festsetzung der Kirchensteuer in der Veranlagung zu erfolgen hat.

Erklärt er diese Einkünfte in der Veranlagung, erfolgt entsprechend der Regelung in § 32d Absatz 3 Satz 2 EStG eine Erhöhung der tariflichen Einkommensteuer um 25 % der – durch die entsprechenden Tatbestände geminderten – Einkünfte. Die vom Kreditinstitut bereits einbehaltene und bescheinigte Kapitalertragsteuer wird nach § 36 Absatz 2 Nummer 2 EStG im Rahmen der Veranlagung auf die für die Einkünfte aus Kapitalvermögen festgesetzte Einkommensteuer angerechnet. Dies kann zu einer Einkommensteuererstattung führen.

§ 32d Absatz 4 EStG findet zur Verrechnung von positiven Einkünften aus Kapitalvermögen mit negativen Einkünften aus anderen Einkunftsarten keine Anwendung. In diesen Fällen ist § 32d Absatz 6 EStG anzuwenden. 146

Nicht besetzt. 147

5. Anrechnung ausländischer Steuern (§ 32d Absatz 5 EStG)

Anrechnung ausländischer Steuern bei ausländischen Investmenterträgen

Nach § 32d Absatz 5 Satz 1 EStG sind höchstens 25 % ausländische Steuer auf den einzelnen Kapitalertrag anzurechnen. Bei ausländischen Investmenterträgen ist für die Berechnung des anrechenbaren Höchstbetrages der nach Berücksichtigung der Teilfreistellung nach § 20 InvStG verbleibende steuerpflichtige Investmentertrag maßgebend. 148

Beispiel (ausländischer Auslands-Immobilienfonds):
Ein inländischer Privatanleger bezieht eine Ausschüttung eines ausländischen Auslands-Immobilienfonds im Sinne des § 2 Absatz 9 Satz 2 InvStG in Höhe von 10.000 €. Nach Anwendung der Auslands-Immobilienteilfreistellung nach § 20 Absatz 3 Satz 2 InvStG in Höhe von 80 % sind nur 2.000 € der Investmenterträge steuerpflichtig. Die Ausschüttung unterliegt im Sitzstaat des Investmentfonds einer Quellensteuer in Höhe von 30 %, also 3.000 €. Das entsprechende DBA sieht einen Ermäßigungsanspruch auf 15 % (hier 1.500 €) vor.

Lösung:
Höchstbetrag in Höhe von 500 € (2.000 € × 25 %);
Anrechnung in Höhe von 500 €.

Anhang 19
Kapitalvermögen (Abgeltungsteuer)

Beispiel (ausländischer Aktienfonds):
Ein inländischer Privatanleger bezieht eine Ausschüttung eines ausländischen Aktienfonds im Sinne des § 2 Absatz 6 Satz 1 InvStG in Höhe von 10.000 €. Nach Anwendung der Aktienteilfreistellung nach § 20 Absatz 1 Satz 1 InvStG in Höhe von 30 % sind nur 7.000 € der Investmenterträge steuerpflichtig. Die Ausschüttung unterliegt im Sitzstaat des Investmentfonds einer Quellensteuer in Höhe von 30 %, also 3.000 €. Das entsprechende DBA sieht einen Ermäßigungsanspruch auf 15 % (hier 1.500 €) vor.

Lösung:
Höchstbetrag in Höhe von 1.750 € (7.000 € x 25 %);
Anrechnung in Höhe von 1.500 € (aufgrund der Begrenzung auf die nach dem DBA-Ermäßigungsanspruch verbleibende ausländische Steuer)

Wenn die auszahlende Stelle bei vor dem 1. Januar 2020 zugeflossenen Kapitalerträgen eine niedrigere ausländische Steuer angerechnet hat, als sich nach dieser Randnummer ergibt, ist es nicht zu beanstanden, wenn die auszahlende Stelle keine Korrektur vornimmt. Der Steuerpflichtige kann in diesen Fällen eine Korrektur nach § 32d Absatz 4 EStG im Veranlagungsverfahren beantragen. Für diesen Zweck hat die auszahlende Stelle zu bestätigen, dass sie keine Korrektur vorgenommen hat und vornehmen wird.

6. Günstigerprüfung (§ 32d Absatz 6 EStG)

Allgemeines

149 § 32d Absatz 6 EStG regelt die Wahlmöglichkeit des Steuerpflichtigen, seine Einkünfte aus Kapitalvermögen abweichend von § 32d Absatz 1 EStG den allgemeinen einkommensteuerrechtlichen Regelungen zur Ermittlung der tariflichen Einkommensteuer zu unterwerfen. Damit wird für Steuerpflichtige, deren Belastung mit der tariflichen Einkommensteuer auf Kapitaleinkünfte niedriger ist als der Abgeltungsteuersatz in Höhe von 25 %, die Möglichkeit geschaffen, dass ihre Einkünfte aus Kapitalvermögen diesem niedrigeren Steuersatz unterworfen werden. Der Steuerpflichtige hat diese Wahlmöglichkeit im Rahmen seiner Veranlagung geltend zu machen. Zusammenveranlagte Ehegatten/Lebenspartner können das Wahlrecht nur gemeinsam ausüben. Der Antrag auf Günstigerprüfung kann bis zur Unanfechtbarkeit des betreffenden Einkommensteuerbescheides gestellt werden bzw. solange eine Änderung nach den Vorschriften der AO (z. B. § 164 Absatz 2 AO) oder den Einzelsteuergesetzen möglich ist. Die Festsetzung der Steuer in einem Änderungsbescheid nach Eintritt der Bestandskraft, die aufgrund der im Änderungsbescheid berücksichtigten Besteuerungsgrundlagen erstmals eine erfolgreiche Antragstellung gemäß § 32d Absatz 6 EStG ermöglicht, ist ein rückwirkendes Ereignis im Sinne des § 175 Absatz 1 Satz 1 Nummer 2 AO, das einen korrekturbedürftigen Zustand auslöst (BFH-Urteil vom 14. Juli 2020 – VIII R 6/17, BStBl II 2021 S. 92). §§ 177 und 351 Absatz 1 AO sind zu beachten (BFH-Urteil vom 12. Mai 2015 – VIII R 14/13, BStBl II S. 806).

150 Das Finanzamt prüft im Rahmen der Steuerfestsetzung von Amts wegen, ob die Anwendung der allgemeinen Regelungen (insbesondere unter Berücksichtigung des Grundfreibetrags und des Altersentlastungsbetrags) zu einer niedrigeren Steuerfestsetzung führt (Günstigerprüfung). Sollte dies nicht der Fall sein, gilt der Antrag als nicht gestellt.

Wird das Veranlagungswahlrecht nach § 32d Absatz 6 EStG ausgeübt, müssen alle Kapitalerträge erklärt werden. Hierzu sind sämtliche Steuerbescheinigungen vorzuhalten und auf Verlangen des Finanzamts einzureichen (§ 36 Absatz 2 Nummer 2 Satz 3 EStG). Nicht ausgeglichene Verluste im Sinne des § 43a Absatz 3 EStG sind nur zu berücksichtigen, wenn die Bescheinigung nach § 43a Absatz 3 Satz 4 EStG vorliegt. Der Abzug der tatsächlichen Werbungskosten ist auch im Rahmen der Günstigerprüfung ausgeschlossen (§ 20 Absatz 9 EStG und BFH-Urteil vom 28. Januar 2015 – VIII R 13/13, BStBl II S. 393).

Bei Ansatz der tariflichen Einkommensteuer ist die Kirchensteuer auf Kapitalerträge als Sonderausgabe abzugsfähig (§ 10 Absatz 1 Nummer 4 EStG).

Beispiel:
A (ledig) erzielt folgende Einkünfte:

Verluste aus Gewerbebetrieb	*20.000 €*
Einkünfte aus Kapitalvermögen bei seinem inländischen Kreditinstitut	*25.000 €*

Lösung:
Beantragt der Steuerpflichtige die Günstigerprüfung, beträgt die festzusetzende tarifliche Einkommensteuer 0 €. Die einbehaltene Kapitalertragsteuer (zzgl. Zuschlagsteuern) wird im Rahmen der Veranlagung erstattet.
Alternativ kann der Steuerpflichtige die Kapitaleinkünfte mit dem in § 32d EStG geregelten Steuersatz versteuern. In diesem Fall beträgt der negative Gesamtbetrag der Einkünfte 20.000 €, welcher nach den Regelungen des § 10d EStG zu berücksichtigen ist.

Die nach § 32d Absatz 5 EStG ermittelte ausländische Steuer wird auch im Falle der Günstigerprüfung angerechnet. Dabei ist die Anrechnung auf die tarifliche Einkommensteuer beschränkt, die auf die hinzugerechneten Kapitaleinkünfte entfällt (§ 32d Absatz 6 Satz 2 EStG).

Der Anrechnungshöchstbetrag ist wie folgt zu berechnen:

tarifliche Einkommensteuer bei Hinzurechnung der Kapitaleinkünfte

abzüglich tarifliche Einkommensteuer ohne Kapitaleinkünfte

= Anrechnungshöchstbetrag

IV. Kapitalerträge mit Steuerabzug (§ 43 EStG)

Die Kreditinstitute haben als Organe der Steuererhebung die Rechtsauffassung der Finanzverwaltung hinsichtlich des Kapitalertragsteuereinbehalts anzuwenden (§ 44 Absatz 1 Satz 3 EStG).

1. Treuhanddepots

Treuhandkonten und -depots sind im Rahmen der Abgeltungsteuer nach den für die Einkünfte aus Kapitalvermögen geltenden Regeln, d. h. grundsätzlich wie Privatkonten und -depots zu behandeln. Die Verlustverrechnung und die Anrechnung ausländischer Quellensteuer hat nach § 43a Absatz 3 EStG zu erfolgen. Für jedes Treuhandkonto ist ein gesonderter Verlustverrechnungstopf zu führen. Als Steuerbescheinigung ist das Muster I der Anlage des BMF-Schreibens vom 23. Mai 2022 (BStBl I S. 860) zu verwenden. Eine Steuerbescheinigung nach Muster III der Anlage des o. g. BMF-Schreibens darf nicht ausgestellt werden.

Bei Treuhandkonten und -depots scheidet eine Abstandnahme vom Steuerabzug aufgrund eines Freistellungsauftrags oder einer NV-Bescheinigung aus, da nach § 44a Absatz 6 EStG Voraussetzung für die Abstandnahme ist, dass Kontoinhaber und Gläubiger der Kapitalerträge identisch sind, vgl. Rn. 301, 302.

Eine Freistellung des Betriebsvermögens gemäß § 43 Absatz 2 Satz 3 EStG von den Kapitalertragsteuertatbeständen ist bei Treuhandkonten und -depots nicht möglich.

Verwaltung durch einen Insolvenzverwalter

Betriebliche Konten und Depots, die durch einen Insolvenzverwalter verwaltet werden, fallen nicht unter die Regelungen der Rn. 152 und 154. Zum Nachweis, dass es sich um ein betriebliches Konto handelt, reicht eine Bestätigung des Insolvenzverwalters gegenüber dem Kreditinstitut aus.

Treuhänderische Vermögensauslagerung auf sogenannte Contractual Trust Arrangements (CTA)

156 Die Rn. 152 bis 154 gelten nicht bei Contractual Trust Arrangements (CTAs). Dem konto- bzw. depotführenden Kreditinstitut sind sowohl bei seinen eigenen (konzerninternen) CTAs als auch bei den von dem Kreditinstitut verwalteten für Kunden zur Verfügung gestellten CTAs und Gruppen-CTAs sämtliche Details der Strukturen vollinhaltlich bekannt. Insbesondere ist das Treugeberunternehmen, dem die Kapitalerträge zuzurechnen sind, dem Kreditinstitut bekannt. In diesem Fall sind die Erträge dem Betriebsvermögen des Treugeberunternehmens zuzurechnen. Das Kreditinstitut hat infolge dessen von betrieblichen Einnahmen auszugehen, so dass keine Verlustverrechnung und keine Quellensteueranrechnung erfolgt (§ 43a Absatz 3 Satz 7 EStG). Für die Freistellung vom Steuerabzug nach § 43 Absatz 2 Satz 3 Nummer 1 oder 2 EStG ist auf das Treugeberunternehmen (als Gläubigerin der Kapitalerträge) abzustellen. Ist das Treugeberunternehmen ein Kredit- oder Finanzdienstleistungsinstitut, findet § 43 Absatz 2 Satz 2 EStG Anwendung.

157 Für andere Treuhandkonten und -depots, die dem konto- bzw. depotführenden Kreditinstitut gegenüber als CTA-Konstruktion offen angezeigt sind, gilt Folgendes:

Der Treuhänder legt dem Kreditinstitut ein Schreiben des Treugeberunternehmers vor, wonach die folgenden Voraussetzungen für die wirtschaftliche Zurechnung zum Treugeberunternehmen für das betreffende Treuhandvermögen erfüllt sind:

– der Treuhänder hat die überlassenen Barmittel oder anderen Vermögenswerte nach vom Treugeber aufgestellten Richtlinien anzulegen oder zu verwalten;

– das eigene Vermögen des Treuhänders und das Treuhandvermögen werden getrennt verwaltet, so dass eine Identifizierung der vom Treuhänder übertragenen Vermögenswerte jederzeit gewährleistet ist;

– Geschäfte mit dem Treugut werden im Namen des Treuhänders, aber nur für Rechnung des Treugebers getätigt;

– der Treugeber kann die Herausgabe des endgültig nicht mehr benötigten Treuhandvermögens verlangen;

– den Treugeber treffen die wirtschaftlichen Entwicklungen der Vermögensanlage einschließlich des Risikos einer Wertminderung sowie der nicht zweckgerichteten Verwendung endgültig.

Wird ein solches Schreiben vorgelegt, hat das konto- bzw. depotführende Kreditinstitut dann von Betriebsvermögen auszugehen und für die Freistellung vom Steuerabzug nach § 43 Absatz 2 Satz 3 Nummer 1 und 2 EStG auf die Merkmale des Treugeberunternehmens abzustellen. Ist eine Freistellung vom Steuerabzug nach § 43 Absatz 2 Satz 3 Nummer 1 und 2 EStG nicht möglich, wird unter den Voraussetzungen des Satzes 1 dieser Randnummer eine Abstandnahme vom Steuerabzug aufgrund einer NV-Bescheinigung nicht beanstandet.

158 In Fällen der Rn. 156 und 157 sind im Zusammenhang mit einer Freistellung nach § 43 Absatz 2 Satz 3 Nummer 2 EStG in Verbindung mit § 43 Absatz 2 Satz 7 EStG die Kontendaten des Treuhänders zu übermitteln und dabei dem Treugeber zuzuordnen.

2. Kapitalerträge mit Steuerabzug (§ 43 Absatz 1 EStG)

a) Nachzahlungen (§ 43 Absatz 1 Satz 1 Nummer 7 EStG)

159 Erhält ein Anleger verzinsliche Nachzahlungen auf einen squeeze-out, vgl. Rn. 70, ist der Zinsertrag gemäß § 20 Absatz 1 Nummer 7 EStG zu erfassen. Kapitalertragsteuer ist nicht einzubehalten, es sei denn, das auszahlende Kreditinstitut ist Schuldner der Kapitalerträge.

b) Weltbank-Papiere im Rahmen der Abgeltungsteuer
(§ 43 Absatz 1 Satz 1 Nummer 7 Buchstabe a EStG)

Auf Zinsscheine zu DM- und Fremdwährungsanleihen der Afrikanischen Entwicklungsbank (African Development Bank – AfDB), der Asiatischen Entwicklungsbank (Asian Development Bank – AFB), der International Finance Corporation (IFC), der Weltbank (International Bank for Reconstruction and Development – IBRD) und zu Fremdwährungsanleihen der Interamerikanischen Entwicklungsbank (Inter-American Development Bank – IADB), die vor dem 24. September 1992 begeben worden sind, sowie auf Zinsscheine zu DM-Anleihen der Interamerikanischen Entwicklungsbank (IADB), die vor dem 4. November 1992 begeben worden sind, wird kein Steuerabzug vorgenommen, wenn die Zinsscheine im Tafelgeschäft bei Kreditinstituten eingelöst werden, die in den jeweiligen Emissionsbedingungen als Zahlstellen genannt sind. Dies gilt auch für die Einlösung der Anleihen. Die Festsetzung der Einkommensteuer ist gemäß § 32d Absatz 3 EStG im Rahmen der Einkommensteuerveranlagung durchzuführen. 160

c) Namensschuldverschreibungen (§ 43 Absatz 1 Satz 1 Nummer 7 EStG)

Eine Namensschuldverschreibung fällt grundsätzlich unter § 43 Absatz 1 Satz 1 Nummer 7 Buchstabe b EStG, ist jedoch ausnahmsweise als Teilschuldverschreibung im Sinne des § 43 Absatz 1 Satz 1 Nummer 7 Buchstabe a EStG einzuordnen, wenn folgende Voraussetzungen erfüllt sind: 161

- die Anleihe/Emission muss in einem einheitlichen Akt begeben worden sein,
- die über die einheitliche Anleihe ausgestellten, auf Teile des Gesamtnennbetrags lautenden Schuldverschreibungen müssen hinsichtlich der Konditionen (Ausstellungsdatum, Laufzeit, Tilgungsmodalitäten, Verzinsung) einheitlich ausgestaltet, also untereinander austauschbar und übertragbar (fungibel) sein und
- aus der Teilschuldverschreibung muss ersichtlich sein, dass sie einen Teil einer Gesamtemission verbrieft.

Findet die Verwahrung als Streifbandverwahrung oder als eingeschränkte Girosammelverwahrung statt und schafft der Emittent hierdurch die Möglichkeit, Namensschuldverschreibungen auf einfachem Weg auszutauschen und zu übertragen, reicht dies für die Annahme einer hinreichenden Fungibilität als Merkmal einer Teilschuldverschreibung aus.

d) Depotübertrag mit Gläubigerwechsel (§ 43 Absatz 1 Satz 4 bis 6 EStG)
Veräußerungsfiktion bei Depotübertrag mit Gläubigerwechsel
(§ 43 Absatz 1 Satz 4 EStG)

Für Zwecke des Kapitalertragsteuerabzugs gilt die Übertragung eines von einer auszahlenden Stelle verwahrten oder verwalteten Wirtschaftsguts im Sinne von § 20 Absatz 2 EStG auf einen anderen Gläubiger grundsätzlich als Veräußerung des Wirtschaftsguts. 162

Eine nach § 43 Absatz 1 Satz 4 EStG fingierte Veräußerung ist nur dann kapitalertragsteuerpflichtig, wenn sich nach der Übergangsregelung in § 52 Absatz 28 EStG eine materielle Steuerpflicht des Veräußerungsgewinns nach § 20 Absatz 2 EStG ergeben würde. 163

Beispiel:
A überträgt an B Aktien, die er im Jahr 2006 erworben hat.

Lösung:
Die Übertragung stellt keine steuerpflichtige Veräußerung im Sinne des § 43 Absatz 1 Satz 4 EStG dar.

Anhang 19
Kapitalvermögen (Abgeltungsteuer)

164 Die auszahlende Stelle muss die anfallende Kapitalertragsteuer vom Kunden einfordern oder das Betriebsstättenfinanzamt informieren, soweit der Betrag nicht zur Verfügung gestellt wird (entsprechende Anwendung von § 44 Absatz 1 Satz 7 bis 11 EStG).

Übertragung von Depots aus Anlass von Erbfällen (§ 43 Absatz 1 Satz 5 EStG)/ Übertragungen für Zwecke der Begründung eines Treuhandverhältnisses

165 Kommt es in Erbfällen zu einem Depotübertrag auf einen anderen Gläubiger, ist von einem unentgeltlichen Depotübertrag im Sinne des § 43 Absatz 1 Satz 5 EStG auszugehen. Da in diesen Fällen dem Grunde nach eine Verpflichtung zur Anzeige unmittelbar an das zuständige Erbschaftsteuerfinanzamt nach § 33 ErbStG besteht, ist eine Meldung nach § 43 Absatz 1 Satz 6 EStG nicht erforderlich.

In den Fällen, in denen sowohl der Treuhänder als auch der Treugeber bekannt sind (offene Treuhand) und eine Übertragung zwischen Treugeber und Treuhänder erfolgt, ist eine Meldung nicht erforderlich.

Unentgeltliche Depotüberträge (§ 43 Absatz 1 Satz 5 und 6 EStG)

166 Von einer Veräußerung ist nicht auszugehen, wenn der Steuerpflichtige unter Benennung der gesetzlich geforderten Daten der auszahlenden Stelle mitteilt, dass es sich um eine unentgeltliche Übertragung handelt.

Sofern bei einer Übertragung eines Depots die erforderlichen Daten, die den Übertragenden und den Depotempfänger betreffen, berechtigterweise nicht vollständig mitgeteilt werden können, steht dies einer Einordnung als unentgeltlicher Übertragung nicht entgegen. Dies gilt insbesondere bei Personengesellschaften, Körperschaften und anderen Unternehmen, die nicht über eine steuerliche Identifikationsnummer verfügen. Natürliche Personen (z. B. Anleger aus dem Ausland, Diplomaten) können sich für diesen Zweck eine steuerliche Identifikationsnummer beim Bundeszentralamt für Steuern erteilen lassen, wenn ihnen nicht aus anderen Gründen bereits eine solche erteilt wurde.

Sind mehrere Personen, entweder als Übertragende oder als Empfänger, Inhaber eines Gemeinschaftsdepots, so ist für diesen Depotübertrag nur eine Meldung vorzunehmen (inklusive der steuerlichen Identifikationsnummern und der sonstigen gesetzlich vorgeschriebenen Angaben).

Informiert das Kreditinstitut den Steuerpflichtigen z. B. bei Antragstellung oder bei Auftragserteilung für einen Depotübertrag mit dem jeweiligen Formular darüber, dass die abgefragten Daten an die Finanzbehörden übermittelt werden, so ist keine zusätzliche Information des Steuerpflichtigen im Sinne des § 93c Absatz 1 Nummer 3 AO mehr erforderlich.

Bei einem Übertrag der Wertpapiere von einem Treuhänder auf einen Dritten sind die steuerlichen Identifikationsnummern des Treugebers (soweit bekannt), des Treuhänders und des Empfängers zu melden.

167 Die auszahlende Stelle kann zur Verfahrensvereinfachung die Übertragungen je Empfänger zusammenfassen. Die Übertragungen sind bis zum 31. Mai des Folgejahres dem Betriebsstättenfinanzamt zu übermitteln.

168 Wird ein Wirtschaftsgut vom Einzeldepot eines Ehegatten/Lebenspartners auf ein Gemeinschaftsdepot der Ehegatten/Lebenspartner (oder umgekehrt) oder auf ein Einzeldepot des anderen Ehegatten/Lebenspartners übertragen, gilt dies für Zwecke des Kapitalertragsteuerabzugs als unentgeltliche Übertragung im Sinne des § 43 Absatz 1 Satz 5 und 6 EStG. Hiervon unabhängig bedarf es jedoch der Angabe der steuerlichen Identifikationsnummern der Ehegatten/Lebenspartner.

Anhang 19
Kapitalvermögen (Abgeltungsteuer)

Bei einem unentgeltlichen Depotübertrag muss keine Meldung an das Finanzamt erfolgen, soweit es sich um einen Übertrag von Altbeständen im Sinne des § 52 Absatz 28 EStG handelt, die nicht der Abgeltungsteuer unterliegen. 169

Behandlung von Wertpapierleihe, Wertpapierpensions- und Repogeschäften

Werden Wertpapierleihe-, Wertpapierpensions- oder Repogeschäfte durchgeführt, liegt unabhängig von der zivilrechtlichen Abwicklung einkommensteuerrechtlich in allen Varianten ein Depotübertrag auf einen anderen Gläubiger (Depot des Verleihers auf Depot des Entleihers) vor, der nach § 43 Absatz 1 Satz 4 EStG als Veräußerung fingiert wird. Beim Entleiher erfolgt eine Einbuchung mit dem Ersatzwert für die Anschaffungskosten, § 43a Absatz 2 Satz 11 EStG. Bei entsprechender Mitteilung kann der Vorgang auch als unentgeltlicher Depotübertrag mit Meldung an das Finanzamt abgewickelt werden (§ 43 Absatz 1 Satz 5 und 6 EStG). 170

Ist das depotführende Kreditinstitut in den Leihevorgang als Entleiher eingeschaltet, sind der Entleihvorgang und die Rückgabe steuerlich neutral zu behandeln. § 43 Absatz 1 Satz 4 bis 6 EStG findet keine Anwendung. 171

Rn. 171 gilt entsprechend, wenn das Kreditinstitut der Verleiher der Wertpapiere ist. Werden die auf Grund der Wertpapierleihe eingebuchten Wertpapiere im Zeitraum des Leihgeschäfts zwischenzeitlich veräußert, ist hinsichtlich der Ermittlung des Veräußerungsgewinns die Ersatzbemessungsgrundlage nach § 43a Absatz 2 Satz 7 EStG anzuwenden. Deckt sich der Steuerpflichtige mit den Wertpapieren für Zwecke der Rückübertragung ein, hat das Kreditinstitut die hierfür angefallenen Anschaffungskosten nachträglich dem Veräußerungsgeschäft zuzuordnen. Im Rahmen der Kapitalertragsteuer-Anmeldung ist die Erhebung der Kapitalertragsteuer insoweit zu korrigieren, als anstelle des Ansatzes der Ersatzbemessungsgrundlage der tatsächliche Veräußerungsgewinn unter Berücksichtigung der tatsächlichen Anschaffungskosten anzusetzen ist. Kann die Zuordnung des späteren Eindeckungsgeschäfts zu dem vorangehenden Veräußerungsgeschäft ausnahmsweise nicht durch das Kreditinstitut vorgenommen werden oder unterbleibt die Zuordnung, weil das Eindeckungsgeschäft in einem späteren Kalenderjahr als dem des Verkaufs erfolgt, wird das Erfüllungsgeschäft als entgeltlicher Depotübertrag (§ 43 Absatz 1 Satz 4 EStG) behandelt. Dabei wird als Ersatzwert für den Veräußerungserlös der Börsenkurs angesetzt. Die Zuordnung des Eindeckungsgeschäfts zu dem vorangehenden Veräußerungsgeschäft kann in diesem Fall vom Kunden in der Veranlagung vorgenommen werden (§ 32d Absatz 4 EStG). 172

Für den im Rahmen eines Wertpapierpensionsgeschäfts geleisteten Repozins findet § 22 Nummer 3 EStG Anwendung. 173

3. Ausnahmen vom Steuerabzug (§ 43 Absatz 2 EStG)
a) Interbankenprivileg (§ 43 Absatz 2 Satz 2 EStG)

§ 43 Absatz 2 Satz 2 EStG ist auch anzuwenden, wenn Gläubiger der Kapitalerträge die Deutsche Bundesbank oder eine ausländische Zweigstelle eines inländischen Kreditinstituts oder inländischen Finanzdienstleistungsinstituts ist. 174

§ 43 Absatz 2 Satz 2 EStG findet auch Anwendung bei zugunsten eines inländischen Kreditinstituts oder inländischen Finanzdienstleistungsinstituts verwahrten Investmentanteilen.

Gehören die Konten oder Depots einem unter Insolvenzverwaltung stehenden Kredit- oder Finanzdienstleistungsinstitut, findet § 43 Absatz 2 Satz 2 EStG gleichfalls Anwendung. Rn. 155 Satz 2 gilt entsprechend.

b) Ausnahmen für Unternehmen (§ 43 Absatz 2 Satz 3 bis 8 EStG)
Nach ausländischem Recht gegründete, unbeschränkt steuerpflichtige Körperschaften

175 Unter die Freistellung vom Steuerabzug gemäß § 43 Absatz 2 Satz 3 Nummer 1 EStG fallen auch unbeschränkt steuerpflichtige Körperschaften, die nach ausländischem Recht gegründet wurden. Körperschaften in diesem Sinne sind insbesondere die in Anlage 2 zum EStG (zu § 43b EStG) angeführten Gesellschaften.

Erklärung zur Freistellung vom Steuerabzug nach § 43 Absatz 2 Satz 3 Nummer 2 EStG

176 Bei Kapitalerträgen im Sinne des § 43 Absatz 1 Satz 1 Nummer 6 und 8 bis 12 sowie Satz 2 EStG ist kein Steuerabzug vorzunehmen, wenn die Kapitalerträge Betriebseinnahmen oder Erträge aus Options- und Termingeschäften im Rahmen der Einkünfte aus Vermietung und Verpachtung sind und der Gläubiger der Kapitalerträge dies gegenüber der auszahlenden Stelle nach amtlich vorgeschriebenem Muster erklärt. Ausgleichszahlungen aus der Auflösung von Zinsswapgeschäften gehören nicht zu den Einkünften aus Vermietung und Verpachtung (BFH-Urteil vom 13. Januar 2015 – IX R 13/14, BStBl II S. 827).

177 Optiert eine Personenhandels- oder Partnerschaftsgesellschaft nach § 1a KStG zur Körperschaftsbesteuerung und liegt der auszahlenden Stelle eine „Erklärung zur Freistellung vom Kapitalertragsteuerabzug gemäß § 43 Absatz 2 Satz 3 Nummer 2 EStG" vor, so gilt dies als Widerruf der Erklärung. Der Nachweis der Ausübung der Option zur Körperschaftsbesteuerung gegenüber der auszahlenden Stelle erfolgt durch Vorlage einer Kopie der Zuteilung einer Körperschaftsteuernummer durch das nach § 20 AO für die Körperschaftsbesteuerung der optierenden Gesellschaft zuständige Finanzamt. Die Beendigung der Option zur Körperschaftsbesteuerung hat die Personenhandels- oder Partnerschaftsgesellschaft der auszahlenden Stelle unverzüglich formlos anzuzeigen, ggf. ist ein erneuter Antrag mit der „Erklärung zur Freistellung vom Kapitalertragsteuerabzug gemäß § 43 Absatz 2 Satz 3 Nummer 2 EStG" zu stellen. Es wird nicht beanstandet, wenn die sich im Kapitalertragsteuerabzugsverfahren aufgrund der Option zur Körperschaftsbesteuerung ergebenden Änderungen erst im Folgejahr nach der Einreichung der Unterlagen beim Kreditinstitut angewendet werden. Dies gilt sowohl für den Nachweis der Ausübung der Option als auch für die Rückoption. Zum Muster vgl. Anlage 1.

178 Es ist nicht zu beanstanden, wenn Sachverhalte, die bei einer auszahlenden Stelle nicht vorkommen, im Freistellungserklärungsformular weggelassen werden (z. B. depotführende Kapitalanlagegesellschaften führen keine Termin- und Optionsgeschäfte für ihre Kunden aus, so dass die entsprechenden Ankreuzkästchen mit dazugehörigem Text in der Freistellungserklärung entfallen können).

179 Weiterhin wird nicht beanstandet, wenn – je nach Fallgestaltung – in der Freistellungserklärung nur die Depots benannt und die Konten weggelassen werden. Außerdem kann statt der Formulierung „aus den Konten und Depots mit der Stammnummer ..." auch die Formulierung „aus den Konten und Depots mit der Kundennummer..." verwendet werden.

4. Einbehalt und Abführung der Kapitalertragsteuer durch inländische Niederlassungen von ausländischen Versicherungsunternehmen (§ 43 Absatz 3 EStG)

180 Bei inländischen Kapitalerträgen im Sinne des § 20 Absatz 1 Nummer 6 EStG ist Kapitalertragsteuer zu erheben (§ 43 Absatz 1 Satz 1 Nummer 4 EStG). Inländische Kapitalerträge liegen auch dann vor, wenn der Schuldner eine Niederlassung im Sinne der §§ 61, 65 oder 68 des Versicherungsaufsichtsgesetzes im Inland hat (§ 43 Absatz 3 Satz 1

Anhang 19

Kapitalvermögen (Abgeltungsteuer)

Halbsatz 2 EStG). Maßgeblich ist der Zeitpunkt des Zuflusses der Kapitalerträge. Keine Bedeutung hat insoweit der Zeitpunkt des Vertragsabschlusses. Ein Steuerabzug hat gegenüber allen unbeschränkt steuerpflichtigen Personen unabhängig davon zu erfolgen, ob der Versicherungsvertrag über die inländische Niederlassung oder über eine ausländische Geschäftsstelle abgeschlossen oder verwaltet wurde. Handelt es sich bei dem Gläubiger der Kapitalerträge um eine nicht unbeschränkt steuerpflichtige Person, ist in den Fällen des § 43 Absatz 3 Satz 1 Halbsatz 2 EStG kein Steuerabzug vorzunehmen.

Die inländische Niederlassung gilt für Zwecke der Kapitalertragsteuer als Schuldner der Kapitalerträge. Bei mehreren inländischen Niederlassungen hat das Versicherungsunternehmen eine Niederlassung zu bestimmen, die die Rechte und Pflichten aus dem Steuerabzugsverfahren wahrnimmt; hierüber ist das örtlich zuständige Finanzamt der Niederlassung zu informieren. Die inländische Niederlassung hat insbesondere die einbehaltene Kapitalertragsteuer gegenüber ihrem örtlich zuständigen Finanzamt anzumelden und abzuführen, auf Verlangen des Steuerpflichtigen eine Steuerbescheinigung zu erstellen und Freistellungsaufträge oder NV-Bescheinigungen anzunehmen. 181

5. Abgeltungswirkung bei von den Erträgen abweichender Bemessungsgrundlage (§ 43 Absatz 5 EStG)

Ist die beim Kapitalertragsteuerabzug angesetzte Bemessungsgrundlage größer als die tatsächlich erzielten Erträge, kann der Steuerpflichtige im Rahmen des Veranlagungswahlrechts nach § 32d Absatz 4 EStG den zutreffenden Ansatz geltend machen. 182

Ist die beim Kapitalertragsteuerabzug angesetzte Bemessungsgrundlage kleiner als die tatsächlich erzielten Erträge, tritt die Abgeltungswirkung nach § 43 Absatz 5 EStG nur insoweit ein, als die Erträge der Höhe nach dem Steuerabzug unterlegen. Für den darüberhinausgehenden Betrag besteht eine Veranlagungspflicht nach § 32d Absatz 3 EStG. Aus Billigkeitsgründen kann hiervon abgesehen werden, wenn die Differenz je Veranlagungszeitraum nicht mehr als 500 € beträgt und keine weiteren Gründe für eine Veranlagung nach § 32d Absatz 3 EStG vorliegen. 183

V. Bemessung der Kapitalertragsteuer (§ 43a EStG)

1. Übernahme der Kapitalertragsteuer durch den Schuldner der Kapitalerträge

Übernimmt der Schuldner der Kapitalerträge für den Gläubiger die Kapitalertragsteuer, gilt dies auch für den Solidaritätszuschlag. Die Kirchensteuer ist ebenfalls zu berücksichtigen, vgl. § 51a Absatz 2c EStG. 183a

Beispiel 1:

Berechnungsbeispiel (mit Kirchensteuer):

verdeckte Gewinnausschüttung:	100.000,00 €
vom Schuldner übernommene Kapitalertragsteuer:	33.955,86 €
vom Schuldner übernommener Solidaritätszuschlag:	1.867,57 €
vom Schuldner übernommene Kirchensteuer:	3.056,03 €
Kapitalertrag i. S. des § 43a Absatz1 Satz1 Nummer 1 EStG:	138.879,46 €

Die Berechnungsformel nach § 32d Absatz 1 Satz 3 EStG ist wie folgt anzupassen:

$$\text{Kapitalertrag} = \frac{\text{tatsächlich ausgezahlter Betrag} \times 4{,}09}{2{,}945}$$

Bei einem Kirchensteuer-Satz von 8 % ist im Zähler ein Wert von 4,08 zu verwenden.

Anhang 19
II Kapitalvermögen (Abgeltungsteuer)

Beispiel 2:
Berechnungsbeispiel (ohne Kirchensteuer):

verdeckte Gewinnausschüttung:	100.000,00 €
vom Schuldner übernommene Kapitalertragsteuer:	33.955,86 €
vom Schuldner übernommener Solidaritätszuschlag:	1.867,57 €
Kapitalertrag i. S. des § 43a Absatz 1 Satz 1 Nummer 1 EStG:	135.823,43 €

Berechnungsformel:

$$\text{Kapitalertrag} = \frac{\text{tatsächlich ausgezahlter Betrag} \times 4}{2{,}945}$$

2. Depotüberträge ohne und mit Gläubigerwechsel (§ 43a Absatz 2 EStG)
a) Einzelfragen (§ 43a Absatz 2 Satz 3 ff. EStG)

Wertansatz bei nicht börsennotierten Inhaber-Schuldverschreibungen

184 Kommt es bei einer nicht börsennotierten Inhaber-Schuldverschreibung zu einem Depotwechsel, kann mangels Börsenkurs der von der emittierenden Stelle festgestellte Wert angesetzt werden. Da in der Praxis der Emittent bei diesen Papieren regelmäßig den Kurs feststellt, sind diese Daten anzusetzen.

Übermittlung der Anschaffungsdaten bei Übertragung von Investmentanteilen von einem anderen inländischen Institut ohne Gläubigerwechsel sowie mit Gläubigerwechsel bei einem unentgeltlichen Erwerb im Sinne des § 43 Absatz 1 Satz 5 EStG

184a Unter den Begriff der Anschaffungsdaten sind sämtliche bei Anschaffung der Investmentanteile vorliegenden Daten zu fassen. Im Einzelnen sind die folgenden Anschaffungsdaten zu übermitteln:

– der Anschaffungszeitpunkt,
– die Anschaffungskosten (Ausgabepreis oder bei einem Erwerb auf dem Sekundärmarkt der Kaufpreis einschließlich Anschaffungsnebenkosten) der zum jeweiligen Anschaffungszeitpunkt erworbenen Investmentanteile,
– die Anzahl der zum jeweiligen Anschaffungszeitpunkt erworbenen Investmentanteile (sofern zwischenzeitlich eine steuerneutrale Fondsverschmelzung vorgenommen wurde: die Anzahl der erworbenen Anteile unter Berücksichtigung des Umtauschverhältnisses der Fondsverschmelzung).

Darüber hinaus ist bei Depotüberträgen bis einschließlich dem 31. Dezember 2017 auch der bei Erwerb der Investmentanteile gezahlte Zwischengewinn im Sinne des § 1 Absatz 4 InvStG in der bis zum 31. Dezember 2017 geltenden Fassung mitzuteilen. Außerdem sollte der Immobiliengewinn zum Anschaffungszeitpunkt übermittelt werden. Es wird jedoch nicht beanstandet, wenn der Immobiliengewinn nicht übermittelt wird, sondern von dem aufnehmenden Kreditinstitut anhand des Anschaffungszeitpunkts bestimmt wird.

Für Investmentanteile, die im Rahmen einer steuerneutralen Verschmelzung gemäß §§ 14, 17a InvStG in der bis zum 31. Dezember 2017 geltenden Fassung erworben worden sind, gehören zu den Anschaffungsdaten auch die für die Veräußerungsgewinnermittlung nach § 8 Absatz 5 InvStG in der bis zum 31. Dezember 2017 geltenden Fassung erforderlichen Korrekturgrößen für den Zeitraum zwischen Anschaffung und Verschmelzung der Investmentanteile an dem übertragenden Investmentfonds. Die Korrekturgrößen können gesondert oder durch Anpassung im Sinne des § 8 Absatz 5 InvStG in der bis zum 31. Dezember 2017 geltenden Fassung des zu übermittelnden Ausgabe-

bzw. Kaufpreises der Investmentanteile an dem übertragenden Investmentfonds mitgeteilt werden. Daneben sind die zum Zeitpunkt der Verschmelzung noch nicht dem Steuerabzug unterworfenen akkumulierten ausschüttungsgleichen Erträge sowie der Zeitpunkt der letzten steuerneutralen Verschmelzung mitzuteilen.

Bei Depotüberträgen ab dem 1. Januar 2018 sind folgende zusätzliche Angaben zu übermitteln:

- der Gewinn aus der fiktiven Veräußerung zum 31. Dezember 2017 im Sinne des § 56 Absatz 2 Satz 1 InvStG und die akkumulierten ausschüttungsgleichen Erträge nach § 7 Absatz 1 Satz 1 Nummer 3 InvStG in der bis zum 31. Dezember 2017 geltenden Fassung (§ 56 Absatz 4 Satz 1 und 3 InvStG),
- der Zwischengewinn nach § 56 Absatz 4 Satz 1 Nummer 2 InvStG in Verbindung mit § 7 Absatz 1 Satz 1 Nummer 4 InvStG in der bis zum 31. Dezember 2017 geltenden Fassung (§ 56 Absatz 4 Satz 3 InvStG),
- die Anschaffungskosten im Sinne des § 56 Absatz 2 Satz 2 oder 3 InvStG zum 1. Januar 2018 (die ursprünglichen Anschaffungskosten wurden im fiktiven Veräußerungsgewinn berücksichtigt und sind daher nicht zu übermitteln),
- der Gewinn aus der fiktiven Veräußerung im Sinne des § 22 Absatz 1 InvStG,
- die Anschaffungskosten im Sinne des § 22 Absatz 2 InvStG (dieser Wert tritt an die Stelle der ursprünglichen Anschaffungskosten zum Zeitpunkt des Erwerbs) und
- die Anschaffungskosten im Sinne des § 52 Absatz 3 Satz 2 InvStG.

Es wird nicht beanstandet, wenn für den Fall von mehreren vorangegangenen fiktiven Veräußerungen im Sinne des § 22 Absatz 1 InvStG Gewinne und Verluste, die aus einer originären Anschaffungsposition stammen, in einem Betrag übermittelt werden, vgl. Rn. 59 Absatz 3 des BMF-Schreibens vom 23. Mai 2022 (BStBl I S. 860).

Die übermittelten Anschaffungsdaten sind im Rahmen des Steuerabzugs für die Ermittlung des (späteren) Gewinns aus der Rückgabe oder Veräußerung der Investmentanteile für die übernehmende inländische auszahlende Stelle grundsätzlich bindend. Ändert der Investmentfonds die Angaben zum Zwischengewinn oder zum Immobiliengewinn, so hat das aufnehmende Kreditinstitut die korrigierten Werte zu berücksichtigen. Wenn das abgebende Kreditinstitut korrigierte Anschaffungsdaten übermittelt, dann sind diese korrigierten Werte dem Steuerabzug zu Grunde zu legen.

Wertansatz bei Anteilen an Investmentfonds

Soweit der Börsenkurs bei börsennotierten Wertpapieren zu Grunde zu legen ist, tritt an diese Stelle bei Anteilen an Investmentfonds der Rücknahmepreis. Wird bei Investmentanteilen ein Rücknahmepreis nicht festgesetzt, tritt an seine Stelle der Börsen- oder Marktpreis.

185

Depotübertrag aufgrund einer Versicherungsleistung in Form von Investmentfondsanteilen

Bei fondsgebundenen Versicherungsverträgen im Sinne des § 20 Absatz 1 Nummer 6 EStG wird dem Versicherungsnehmer mitunter das Wahlrecht eingeräumt, anstatt einer Auszahlung der Versicherungsleistung in Geld eine Übertragung von Fondsanteilen zu verlangen. § 43a Absatz 2 Satz 3 EStG ist in diesen Fällen entsprechend anzuwenden. Die vom Versicherungsunternehmen mitgeteilten Anschaffungsdaten sind von dem übernehmenden inländischen Kreditinstitut zu verwenden. Als Anschaffungskosten gilt dabei der Rücknahmepreis, mit dem die Versicherungsleistung bei einer Geldzahlung berechnet worden wäre; vgl. Rn. 34 des BMF-Schreibens vom 1. Oktober 2009 (BStBl I S. 1172) zuletzt geändert durch das BMF-Schreiben vom 9. August 2019 (BStBl I

186

Anhang 19
II Kapitalvermögen (Abgeltungsteuer)

S. 829). Als Anschaffungsdatum ist der Zeitpunkt der Fälligkeit der Versicherungsleistung vom Versicherungsunternehmen mitzuteilen.

Behandlung von Depotüberträgen ohne Gläubigerwechsel, die vor 2009 vollzogen werden

187 Für die Anwendung des § 43a Absatz 2 Satz 3 EStG (Überträge innerhalb Deutschlands) sowie des § 43a Absatz 2 Satz 5 EStG (EU/EWR-Auslandsfälle) gelten die Vorschriften zur Abgeltungsteuer erstmals für nach dem 31. Dezember 2008 zufließende Kapitalerträge. § 43a Absatz 2 Satz 3 und 5 EStG gilt somit erst für Depotüberträge ab 2009.

188 Hat die inländische abgebende Stelle bei einem Depotübertrag, der vor 2009 vollzogen wurde, der übernehmenden auszahlenden Stelle die Daten übertragen oder überträgt sie diese Daten nach dem 31. Dezember 2008, obwohl sie hierzu nicht verpflichtet ist, sind diese Daten von der übernehmenden Stelle zu berücksichtigen; die Regelung zur Ersatzbemessungsgrundlage findet insoweit keine Anwendung. Werden die Daten von der abgebenden Stelle erst zeitlich nach einer bereits abgerechneten Veräußerung übertragen, ist diese Abrechnung von der übernehmenden auszahlenden Stelle nicht zu korrigieren.

Behandlung von Depotübertragungen bei Wertpapieren, die vor dem 1. Januar 2009 angeschafft wurden

189 § 43a Absatz 2 Satz 3 ff. EStG findet auch Anwendung bei Wertpapieren, die vor dem 1. Januar 2009 angeschafft wurden.

Weitergabe von Anschaffungsdaten im Emissionsgeschäft

190 Im Emissionsgeschäft begibt der Emittent bestimmte Wertpapiere (z. B. Inhaberschuldverschreibungen oder Genussscheine) und bietet diese im Rahmen eines öffentlichen Angebotes selbstständig, d. h. ohne Beteiligung der abwickelnden Bank, interessierten Anlegern an. Sodann beauftragt der Emittent ein Finanzdienstleistungs- oder Kreditinstitut mit der Verbriefung der zu begebenden Wertpapiere. Das insgesamt angebotene Emissionsvolumen wird daraufhin von dem Finanzdienstleistungs- oder Kreditinstitut „en bloc" oder in Teilbeträgen verbrieft, bei einem Zentralverwahrer (z. B. Clearstream Banking) zugelassen und in ein Emissionsdepot des Emittenten eingebucht.

Aus dem Emissionsdepot heraus werden dann Übertragungsaufträge erteilt, mit denen die jeweils gezeichneten Wertpapiere zu den entsprechenden Anlegern transportiert werden sollen. Alle notwendigen Anschaffungsdaten teilt der Emittent der begleitenden Bank gemeinsam mit den Übertragungsaufträgen mit, so dass die begleitende Bank der Depotbank des Anlegers die effektiv zugrunde zu legenden Anschaffungsdaten mitteilen kann. Sowohl Anschaffungspreise als auch Anschaffungszeitpunkte können dabei auf Basis des Emissionsprospektes oder auch der Zeichnungsscheine festgestellt werden. Die eingeschränkte Möglichkeit des Nachweises der Anschaffungsdaten nach § 43a Absatz 2 Satz 3 EStG findet insoweit keine Anwendung, da die Richtigkeit der Anschaffungskosten auf Ebene der begleitenden Bank nachvollzogen werden kann.

Depotüberträge aufgrund von Umstrukturierungen im Konzern und Geschäftsstellenveräußerungen – Übertragung von nicht ausgeglichenen Verlusten sowie nicht angerechneter ausländischer Quellensteuern

191 Werden depotführende Unternehmensteile eines Kreditinstituts veräußert oder auf andere Konzerngesellschaften übertragen (Gesamt- oder Einzelrechtsnachfolge), hat in diesen Fällen der Konzernumstrukturierungen und Veräußerungen einer Geschäftsstelle eines Kreditinstituts an ein anderes Kreditinstitut die Ermittlung der Bemessungsgrund-

lage für den Kapitalertragsteuerabzug weiterhin nach den historischen Anschaffungsdaten zu erfolgen. Die Ersatzbemessungsgrundlage ist nicht anzuwenden. Eventuell erteilte Freistellungsaufträge oder NV-Bescheinigungen gelten weiter, sofern die Geschäftsbeziehungen zum übertragenden Institut aufgegeben werden. Weiterhin sind die nicht ausgeglichenen Verluste sowie die nicht angerechneten anrechenbaren ausländischen Quellensteuern zu berücksichtigen.

Entsprechendes gilt, wenn an der Umstrukturierung depotführende Kapitalanlagegesellschaften beteiligt sind. 192

Übermittlung der Anschaffungsdaten bei Depotübertrag ohne Gläubigerwechsel von einem ausländischen Institut

Nach dem Wortlaut des § 43a Absatz 2 Satz 5 EStG kann der Steuerpflichtige den Nachweis der Anschaffungsdaten bei Depotüberträgen von einem ausländischen Institut mit Sitz innerhalb der EU, des EWR oder in den Staaten/Gebieten Luxemburg, Österreich, Schweizerische Eidgenossenschaft, Fürstentum Liechtenstein, Republik San Marino, Fürstentum Monaco, Fürstentum Andorra, Curacao und Sint Maarten nur mittels Bescheinigung des ausländischen Instituts führen. Es ist jedoch nicht zu beanstanden, wenn bei Depotüberträgen aus dem Ausland eine Übertragung der Anschaffungsdaten auf elektronischem Wege erfolgt. Die Anschaffungsdaten dürfen nur dann übernommen werden, wenn das abgebende ausländische Institut versichert, dass in den letzten 10 Jahren vor dem Depotübertrag ins Inland weder ein Erbfall noch ein sonstiger unentgeltlicher Erwerb (z. B. Stiftungsfall) mit Übernahme der Anschaffungsdaten stattgefunden hat. Bei Depotüberträgen von einem ausländischen Institut mit Sitz außerhalb der vorgenannten Staaten ist nach § 43a Absatz 2 Satz 6 EStG ein Nachweis der Anschaffungsdaten im Rahmen des Steuerabzugsverfahrens nicht zulässig und infolge dessen die Ersatzbemessungsgrundlage anzuwenden. Eine Berichtigungsmöglichkeit besteht ausschließlich im Veranlagungsverfahren auf Antrag nach § 32d Absatz 4 EStG. 193

Im Fall einer Umschreibung eines durch Erbfall erworbenen Depots auf den Erben im Ausland mit anschließender Übertragung ins Inland ist von einem Depotübertrag mit Gläubigerwechsel auszugehen, bei dem die Anschaffungsdaten auch bei einem Übertrag von einem ausländischen Institut mit Sitz innerhalb der in Satz 1 genannten Staaten und Gebiete nicht vom inländischen Institut übernommen werden dürfen, es sei denn, das ausländische Institut versichert, dass der Erbfall mehr als 10 Jahre vor der Depotübertragung ins Inland zurückliegt.

Bei einem unentgeltlichen Depotübertrag mit Gläubigerwechsel (z. B. Depotübertrag Stifter auf Stiftung) kommt eine unmittelbare oder analoge Anwendung des § 43a Absatz 2 Satz 5 EStG nicht in Betracht.

b) Ersatzbemessungsgrundlage und Verluste (§ 43a Absatz 2 Satz 6 und 7 EStG)

Die Korrektur des Kapitalertrags nach Anwendung einer Ersatzbemessungsgrundlage erfolgt grundsätzlich im Rahmen der Veranlagung nach § 32d Absatz 4 EStG, vgl. Rn. 145. Der Steuerpflichtige hat hierbei die entsprechenden Unterlagen vorzulegen, die zur Korrektur der steuerlichen Daten dieses Geschäftsvorfalls dienen. 194

Beispiel 1:
Der Steuerpflichtige weist die Anschaffungsdaten bei einem Geschäftsvorfall (Einlösung einer Anleihe), den das Kreditinstitut mit Ersatzbemessungsgrundlage (Gewinn 300 €) abgerechnet hat, in der Veranlagung nach (Gewinn 0 €).

Lösung:
Die einbehaltene Kapitalertragsteuer wird erstattet.

Abwandlung:
Der Steuerpflichtige hat aus der Veräußerung von Anleihen außerdem Verluste in Höhe von 500 € erzielt. Die Bank bescheinigt am Ende des Kalenderjahres Verluste in Höhe von 200 €. Der Steuerpflichtige weist die Anschaffungsdaten im Rahmen der Veranlagung nach, so dass er neben den von der Bank bescheinigten Verlusten in Höhe von 200 € weitere Verluste in Höhe von 300 € im Rahmen der Veranlagung mit Gewinnen aus Kapitaleinkünften verrechnen kann.

Lösung:
Erklärt der Steuerpflichtige keine weiteren Einkünfte aus Kapitalvermögen, wird zum Jahresende ein Verlust in Höhe von 500 € festgestellt (§ 20 Absatz 6 EStG). Kapitalertragsteuer wird nicht erstattet.

Beispiel 2:
Der Steuerpflichtige veräußert ein Wertpapier für 2 € und zahlt Transaktionskosten von 10 €. Die Anschaffungskosten (100 €) sind der auszahlenden Stelle aufgrund eines Depotübertrags aus dem Ausland nicht bekannt. Im Steuerabzugsverfahren wird die Ersatzbemessungsgrundlage angewendet (30 % des Veräußerungserlöses von 2 €) = 0,60 €.

Lösung 2:
Da die Transaktionskosten den Veräußerungserlös übersteigen, ist von der Veräußerung eines wertlosen Wertpapieres auszugehen, die der Verlustverrechnungsbeschränkung nach § 20 Absatz 6 Satz 6 EStG unterliegt, vgl. Rn. 59.

Ausweis in der Steuerbescheinigung:

„Höhe der Kapitalerträge Zeile 7 der Anlage KAP"	0,60 €
„Ersatzbemessungsgrundlage im Sinne des § 43a Abs. 2 Satz 7, 10, 13 und 14 EStG	
Enthalten in den bescheinigten Kapitalerträgen Zeile 11 Anlage KAP"	0,60 €

In der Veranlagung macht der Anleger geltend, dass die Anschaffungskosten 100 € und die Transaktionskosten 10 € betrugen. Der Veräußerungsverlust wird im Rahmen der Veranlagung ermittelt und kann in Höhe von 108 € nach § 20 Absatz 6 EStG berücksichtigt werden. Die Kapitalertragsteuer auf die bereits besteuerten 0,60 € wird erstattet.

Alternativ kann – je nach Verfahrensweise der auszahlenden Stelle – auf den Ansatz der Ersatzbemessungsgrundlage verzichtet werden. In diesem Fall ist in der Steuerbescheinigung die „Höhe des Verlustes im Sinne des § 20 Abs. 6 Satz 6 EStG, Zeile 5 der Anlage KAP" in Höhe von 8 € (2 € minus 10 €) auszuweisen.

Bei einer wertlosen Ausbuchung von Wertpapieren (Rn. 59) für die der depotführenden Stelle die Anschaffungsdaten nicht vorliegen, ist der Kunde im Beleg über die Ausbuchung darauf hinzuweisen, dass er den Sachverhalt auch wegen der noch nicht berücksichtigten Anschaffungskosten in der Veranlagung klären kann.

195 Ist bei einem als entgeltlich zu behandelnden Depotübertrag (§ 43 Absatz 1 Satz 4 EStG) keine Ersatzbemessungsgrundlage ermittelbar, weil weder die Anschaffungskosten bekannt sind noch ein Veräußerungspreis ermittelbar ist, hat in diesem Fall eine Meldung an das zuständige Finanzamt entsprechend § 44 Absatz 1 Satz 7 ff. EStG zu erfolgen.

Behandlung von Leerverkäufen

196 Verfügt der Kunde über keinen Bestand und erteilt er einen Verkaufsauftrag, gilt Folgendes:

Der Verkaufsauftrag muss sofort als Veräußerungsgeschäft abgewickelt werden. Da dem Veräußerungsgeschäft kein Depotbestand und somit auch keine Anschaffungskosten gegenüberstehen, ist der Verkauf mit der Ersatzbemessungsgrundlage abzurechnen (§ 43a Absatz 2 Satz 7 EStG).

Deckt der Kunde sich anschließend mit entsprechenden Wertpapieren ein, hat das Kreditinstitut die hierfür angefallenen Anschaffungskosten nachträglich dem Veräußerungsgeschäft zuzuordnen. Im Rahmen der Kapitalertragsteuer-Anmeldung ist die Erhebung der Kapitalertragsteuer insoweit zu korrigieren, als anstelle des Ansatzes der Ersatzbemessungsgrundlage der tatsächliche Veräußerungsgewinn unter Berücksichtigung der tatsächlichen Anschaffungskosten anzusetzen ist. Das Erfüllungsgeschäft (Lieferung der Wertpapiere) ist steuerlich nicht relevant.

Kann die Zuordnung des späteren Eindeckungsgeschäfts zu dem vorangehenden Veräußerungsgeschäft ausnahmsweise nicht durch das Kreditinstitut vorgenommen werden oder unterbleibt die Zuordnung, weil das Eindeckungsgeschäft in einem späteren Kalenderjahr als dem des Leerverkaufs erfolgt, wird das Erfüllungsgeschäft als entgeltlicher Depotübertrag (§ 43 Absatz 1 Satz 4 EStG) behandelt. Dabei wird als Ersatzwert für den Veräußerungserlös der Börsenkurs angesetzt. Die Zuordnung des Eindeckungsgeschäfts zu dem vorangehenden Veräußerungsgeschäft kann in diesem Fall vom Kunden in der Veranlagung vorgenommen werden (§ 32d Absatz 4 EStG).

Nimmt das Kreditinstitut eine Zuordnung des Eindeckungsgeschäfts zu dem vorangegangenen Veräußerungsgeschäft im gleichen Kalenderjahr vor, ist im Rahmen der Kapitalertragsteuer-Anmeldung die Erhebung der Kapitalertragsteuer insoweit zu korrigieren, als dass anstelle der Ersatzbemessungsgrundlage der Gewinn aus der Differenz zwischen dem Veräußerungserlös und den tatsächlichen Anschaffungskosten anzusetzen ist.

Erfolgt zunächst der Wertpapierkauf und anschließend der Wertpapierverkauf (so die Reihenfolge der Kaufverträge), wird aber die Kaufabrechnung nach der Verkaufsabrechnung verbucht (rein technisch bedingter Minusbestand), gilt Folgendes: 197

Der Verkauf wird zunächst unter Anwendung der Ersatzbemessungsgrundlage (wegen fehlender Anschaffungsdaten) abgewickelt. Bei späterer Einbuchung der Anschaffungskosten erfolgt dann jedoch eine Korrekturabrechnung durch die Depotbank.

c) Übertragung nicht verbriefter Kapitalforderungen/Wertpapiere des Bundes und der Länder (§ 43a Absatz 2 Satz 8 EStG)

Werden nicht für einen marktmäßigen Handel bestimmte schuldbuchfähige Wertpapiere des Bundes, bei denen die rechnerisch angefallenen Zinsen ausgewiesen werden, auf einen anderen Gläubiger übertragen, ist als Einnahme aus der Veräußerung nach § 43a Absatz 2 Satz 8 EStG der Börsenpreis zum Zeitpunkt der Übertragung anzusetzen. Als Börsenpreis gilt in allen Fällen der Übertragung der Wert der Kapitalforderung einschließlich der bis zum Übertragungszeitpunkt rechnerisch angefallenen und ausgewiesenen Zinsen. § 43a Absatz 2 Satz 15 EStG ist nicht anzuwenden. 198

Die entsprechende Kapitalertragsteuer ist nach § 44 Absatz 1 Satz 7 EStG bei dem Steuerpflichtigen anzufordern. Nach § 44 Absatz 1 Satz 10 EStG hat die auszahlende Stelle bei Nichtzahlung eine Meldung bei ihrem Betriebsstättenfinanzamt vorzunehmen. 199

Wird bei den nicht für einen marktmäßigen Handel bestimmten schuldbuchfähigen Wertpapieren der Länder der rechnerisch angefallene Zins ebenfalls berechnet und ausgewiesen, gelten die Ausführungen zu den Wertpapieren des Bundes entsprechend. Andernfalls ist bei diesen Wertpapieren zwar bei ihrer Übertragung von der Veräußerungsfiktion des § 43 Absatz 1 Satz 4 EStG auszugehen, aber mangels einer vergleichbaren Bemessungsgrundlage kein Kapitalertragsteuerabzug vorzunehmen. Weiterhin ist beim Zessionar bei der Einlösung gemäß § 43a Absatz 2 Satz 15 EStG der Kapitalertragsteuerabzug nach dem vollen Kapitalertrag vorzunehmen. Die Ermittlung der tatsächlichen Bemessungsgrundlagen ist für den Zedenten und den Zessionar im Wege der Veranlagung vorzunehmen. 200

Anhang 19

Kapitalvermögen (Abgeltungsteuer)

3. Anrechnung ausländischer Quellensteuer (§ 43a Absatz 3 Satz 1 EStG)
Anwendungsbereich, Verfahrensweise

201 Gemäß § 43a Absatz 3 Satz 1 EStG sind ausländische Steuern auf Kapitalerträge auf Ebene der Kreditinstitute nach Maßgabe des § 32d Absatz 5 EStG zu berücksichtigen. Danach ist bei jedem einzelnen ausländischen Kapitalertrag die jeweilige ausländische Steuer auf die deutsche Abgeltungsteuer anzurechnen, wobei gegebenenfalls die Anrechnungsregelungen nach den jeweiligen DBA zu berücksichtigen sind. Die Anrechnung erfolgt unabhängig vom Beitrag in- oder ausländischer Kapitalerträge zum Abgeltungsteueraufkommen; sie ist begrenzt auf 25 %.

202 Die Anrechnung der ausländischen Steuer gemäß § 32d Absatz 5 EStG ist nur für diejenigen Kapitalerträge durchzuführen, die den Einkünften aus Kapitalvermögen zuzurechnen sind.

Beispiel 1:

Ausländische Dividende	100
Steuerberechnung	
Abgeltungsteuer (25 %)	25
./. anrechenbare ausländische Steuer	15
zu zahlende Abgeltungsteuer	10

Beispiel 2:

	Geschäftsvorfall	Ertrag	Abgeltungsteuer	anrechenbare ausl. Steuer
(1)	Ausl. Div. Staat 1	100	10	15
(2)	Ausl. Div. Staat 2	200	0	50
(3)	Inl. Zinsertrag	300	75	0
	Summe	600	85	65

Steuerverprobung:	
Erträge insgesamt	600
Abgeltungsteuer (25 %)	150
./. anrechenbare ausländische Steuer	65
zu zahlende Abgeltungsteuer	85

Verluste mindern die abgeltungsteuerpflichtigen Erträge unabhängig davon, ob diese aus in- oder ausländischen Quellen stammen. Die Summe der anrechenbaren ausländischen Quellensteuerbeträge ist auf die nach Verlustverrechnung verbleibende Abgeltungsteuerschuld anzurechnen.

Anhang 19

Kapitalvermögen (Abgeltungsteuer) II

Beispiel 3:
Geschäftsvorfälle (1) – (3) wie Beispiel 2, zusätzlich danach
(4) Verlust aus Anleiheveräußerung

	Geschäftsvorfall	Ertrag	Verlust-topf	Abgeltungsteuer	anrechenbare ausl. Steuer
(1)	Ausl. Div. Staat 1	100		10	15
(2)	Ausl. Div. Staat 2	200		0	50
(3)	Inl. Zinsertrag	300		75	0
(4)	Veräußerungsverlust		– 300		
	Summe brutto	600	– 300	85	65
	Verlustverrechnung	– 300	300		
	Zwischensumme	300	0	85	65
	Steuererstattung			– 75	0
	Endsumme	300	0	10	65
Steuerverprobung					
Erträge nach Verlustverrechnung					300
Abgeltungsteuer (25 %)					75
./. anrechenbare ausländische Steuer					65
Verbleibende Abgeltungsteuerschuld					10
./. bereits gezahlte Abgeltungsteuer					85
Erstattung					75

Auf die Abrechnungsperiode bezogen ergibt sich hinsichtlich der Anrechnung ausländischer Steuern insgesamt kein Unterschied aus der Reihenfolge des Anfalls von Verlusten und Erträgen.

Beispiel 4:
Wie Beispiel 3, aber zuerst Verlust aus Anleiheveräußerung

	Geschäftsvorfall	Ertrag	Verlust-topf	Abgeltungsteuer	anrechenbare ausl. Steuer
(0)	Veräußerungsverlust		– 300	0	0
(1)	Ausl. Div. Staat 1	100	(– 100)	0	15
(2)	Ausl. Div. Staat 2	200	(– 200)	0	50
(3)	Inl. Zinsertrag	300		75	0
	Summe brutto	600	– 300	75	65
	Verlustverrechnung	– 300	300		
	Zwischensumme	300	0	75	65
	Steuererstattung			– 65	0
	Endsumme	300	0	10	65
Steuerverprobung:					
Erträge nach Verlustverrechnung					300
Abgeltungsteuer (25 %)					75
./. anrechenbare ausländische Steuer					65
Verbleibende Abgeltungsteuerschuld					10
./. bereits gezahlte Abgeltungsteuer					75
Erstattung					65

Anhang 19
II Kapitalvermögen (Abgeltungsteuer)

204 Eine dem Grunde nach anzurechnende ausländische Steuer muss der Höhe nach nicht dem gesonderten Steuersatz von 25 % entsprechen. Eine Anrechnung über 25 % ist nicht möglich, mit der Konsequenz, dass der Empfänger dieses ausländischen Kapitalertrags insoweit endgültig belastet bleibt. Die Verrechnung eines derartigen Anrechnungsüberhangs mit der auf anderen Kapitalerträgen lastenden Abgeltungsteuer durch die Zahlstelle ist ebenso wenig zulässig wie eine Erstattung ausländischer Quellensteuer.

205 Die Anwendung des Freistellungsauftrags hat die gleiche Wirkung wie die Verlustverrechnung. Die Bemessungsgrundlage für die Abgeltungsteuer wird unabhängig davon gemindert, ob es sich um in- oder ausländische Erträge handelt. Eine nach Staaten differenzierte Anwendung des Freistellungsauftrags und eine dahingehend eingeschränkte Anrechnung ausländischer Quellensteuer kommt – wie bei der Verlustverrechnung – nicht in Betracht.

206 Wenn nach Verlustverrechnung und Anwendung des Freistellungsauftrags die Abgeltungsteuer geringer ist als die anrechenbare ausländische Quellensteuer, so kann der Anrechnungsüberhang vom Kreditinstitut gesondert bescheinigt werden, damit der Kunde diesen gegebenenfalls mit anderweitig geschuldeter Abgeltungsteuer im Rahmen der Veranlagung verrechnen kann (Anwendungsfall des § 32d Absatz 4 EStG). Ist dies nicht möglich, verfällt die ausländische Steuer.

207 In der Veranlagung besteht nicht die Möglichkeit des Abzugs gemäß § 34c Absatz 2 EStG.

Anrechnung ausländischer Steuer bei einem Erstattungsanspruch im ausländischen Staat

207a Die auszahlende Stelle hat keine Anrechnung der ausländischen Quellensteuer vorzunehmen, wenn im betreffenden ausländischen Staat nach dem Recht dieses Staates ein Anspruch auf teilweise oder vollständige Erstattung der ausländischen Steuer besteht. Besteht lediglich der Anspruch auf eine teilweise Erstattung, kann der Steuerpflichtige die Anrechnung im Wege der Veranlagung gemäß § 32d Absatz 4 EStG beantragen. In diesen Fällen hat er dem zuständigen Finanzamt die Höhe der möglichen Erstattung im ausländischen Staat nachzuweisen (z. B. durch Vorlage des ausländischen Bescheides über die Erstattung der anteiligen Quellensteuer nach ausländischem Recht).

Hinsichtlich der Anrechnung norwegischer Quellensteuer, vgl. BMF-Schreiben vom 15. November 2011 (BStBl I S. 1113). Besteht ein Erstattungsanspruch im Quellenstaat, können entsprechende Erstattungsformulare über die Homepage des Bundeszentralamtes für Steuern online über folgenden Link abgerufen werden:
https://www.bzst.de/DE/Service/SteuerlichesInfocenter/Ausl_Formulare/auslaendische_formulare_node.html.

Anrechnung ausländischer Steuern in Nicht-DBA-Fällen

208 Da es vor allem in Nicht-DBA-Fällen fraglich ist, ob die abgezogene ausländische Quellensteuer eine der deutschen Einkommensteuer entsprechende Steuer darstellt, können die Kreditinstitute nicht von einer generellen Anrechenbarkeit von Quellensteuern (ausländischen Steuern) auf Kapitalerträge ausgehen. Die gesetzlichen Voraussetzungen, nach denen eine Anrechnung ausländischer Steuern vorgenommen werden kann, müssen im Einzelfall vorliegen. Für die Prüfung, ob eine ausländische Steuer der deutschen Einkommensteuer entspricht, enthält Anhang 12 II des Einkommensteuer-Handbuchs eine Übersicht.

Anrechnung ausländischer Quellensteuer in DBA-Fällen

Das Bundeszentralamt für Steuern veröffentlicht auf seiner Internetseite unter Steuern International – Ausländische Quellensteuer eine Übersicht der Sätze der anrechenbaren ausländischen Quellensteuer, die jährlich zum Stand 1. Januar aktualisiert wird und die für die auszahlenden Stellen maßgebend ist. Es ist nicht zu beanstanden, wenn die sich aus der Übersicht ergebenden Änderungen erst ab dem 1. Juli des jeweiligen Kalenderjahres durch die auszahlenden Stellen berücksichtigt werden.

208a

Anrechnung fiktiver Quellensteuer im Steuerabzugsverfahren

Die Anrechnung fiktiver Quellensteuern ist im Rahmen des Kapitalertragsteuerabzugs möglich, wenn die Anrechnung nach dem DBA nicht an besondere Voraussetzungen gebunden ist. Grundlage stellt hierzu die auf der Internetseite des Bundeszentralamts für Steuern veröffentlichte Übersicht der Sätze der anrechenbaren ausländischen Quellensteuern unter – Steuern international – Ausländische Quellensteuer – dar. Im Übrigen erfolgt die Anrechnung im Rahmen der Veranlagung durch das zuständige Finanzamt.

209

Anrechnung ausländischer Quellensteuern bei Treuhandkonten, Nießbrauch- und Nachlasskonten

Da für die genannten Konten beim Steuerabzug grundsätzlich die für Einkünfte aus Kapitalvermögen geltenden Regelungen angewendet werden (mit konten- oder nachlassbezogenen eigenen Verlustverrechnungskreisen), ist auch die Anrechnung ausländischer Quellensteuern bei Treuhandkonten, Nießbrauch- und Nachlasskonten möglich (zu Treuhandkonten vgl. Rn. 152 bis 154).

210

Anrechnung ausländischer Quellensteuer bei Ausschüttungen kanadischer Income Trusts

Für Zwecke des Kapitalertragsteuerverfahrens gelten die Ausschüttungen kanadischer Income Trusts als Einkünfte im Sinne des § 20 Absatz 1 Nummer 1 EStG. Eine Anrechnung der kanadischen Quellensteuer ist nicht vorzunehmen. Die tatsächliche Zurechnung der Erträge zu den einzelnen Einkunftsarten sowie die Anrechnung der Quellensteuer erfolgt im Rahmen einer Veranlagung zur Einkommensteuer. Entsprechendes gilt für vergleichbar konzipierte Trustgebilde anderer Staaten, bei denen eine eindeutige Zuordnung der Erträge zu einer Einkunftsart im Rahmen des Kapitalertragsteuerverfahrens schwierig ist.

211

4. Verlusttopf (§ 43a Absatz 3 Satz 2 bis 6 und 8 EStG)

Führung eines Steuerverrechnungskontos mit Erstattungsmöglichkeit und Auskunft über den Stand des Steuerverrechnungskontos

Im Steuerabzugsverfahren hat das Kreditinstitut im Kalenderjahr negative Kapitalerträge einschließlich gezahlter Stückzinsen bis zur Höhe der positiven Kapitalerträge auszugleichen (§ 43a Absatz 3 Satz 2 EStG). Unterjährig kann das Kreditinstitut die Erträge allerdings nur in der Reihenfolge ihres Zuflusses abarbeiten. Dies kann zu einem unterschiedlichen Kapitalertragsteuerabzug führen, je nach Reihenfolge von positiven und negativen Erträgen.

Um dem Erfordernis des Verlustausgleichs über das Kalenderjahr hinweg gerecht zu werden, kann das Kreditinstitut dem Steuerpflichtigen eine Steuergutschrift aus einer nachträglichen Verrechnung mit dem Verlusttopf erteilen.

Der Ausgleich kann technisch über ein vom Kreditinstitut intern für jeden Steuerpflichtigen geführtes Steuerverrechnungskonto vorgenommen werden.

212

Anhang 19
Kapitalvermögen (Abgeltungsteuer)

Im Hinblick auf dieses Steuerverrechnungskonto und das skizzierte Ausgleichserfordernis wird es nicht beanstandet, wenn das Kreditinstitut nicht nur am Ende des Kalenderjahres, sondern auch unterjährig (zu bestimmten Stichtagen oder auch täglich bzw. mit jedem neuen Geschäftsvorfall) einen Abgleich vornimmt und dem Steuerpflichtigen einen etwaigen sich ergebenden positiven Steuersaldo erstattet, der im Rahmen der jeweils nächsten Kapitalertragsteuer-Anmeldung verrechnet wird.

213 Soweit inländische Dividenden durch eine Verlustverrechnung vom Steuerabzug freizustellen sind, ist der zu erstattende Steuerbetrag im Rahmen der jeweils nächsten Kapitalertragsteuer-Anmeldung (also über das jeweilige Betriebsstättenfinanzamt) zu verrechnen. Entsprechendes gilt für die übrigen Kapitalerträge, bei denen die Abgeltungsteuer vom Emittenten der Wertpapiere einzubehalten ist.

Verlustverrechnung nur für Konten und Depots des Privatvermögens

214 Die Verlustverrechnung ist bei natürlichen Personen nur für diejenigen Kapitalerträge durchzuführen, die den Einkünften aus Kapitalvermögen zuzuordnen sind.

215 Bei betrieblichen und anderen nicht den Einkünften aus Kapitalvermögen zuzuordnenden privaten Konten und Depots kommt eine Verlustverrechnung nicht in Betracht. Negative Kapitalerträge, die anderen Einkunftsarten zuzuordnen sind, sind somit nicht verrechenbar mit positiven Kapitalerträgen des Privatvermögens und umgekehrt.

216 Die Kreditinstitute dürfen hierbei auf die Angaben der Kunden vertrauen. Nur wenn dem Institut auf dieser Grundlage bekannt ist, dass es sich um ein betriebliches oder der Vermietung oder Verpachtung zugehörendes Konto oder Depot handelt, ist es in der Lage, die betreffenden Konten und Depots von der Verlustverrechnung auszuschließen.

217 Nicht besetzt.

218 Nicht besetzt.

Verlustverrechnung bei Ehegatten/Lebenspartnern

219 Mit Wirkung ab dem Jahr 2010 haben die Kreditinstitute im Rahmen des Steuerabzugsverfahrens eine übergreifende Verlustverrechnung über alle beim Kreditinstitut geführten Konten und Depots der Ehegatten/Lebenspartner (Einzelkonten und -depots; Gemeinschaftskonten und -depots) vorzunehmen, wenn die Ehegatten/Lebenspartner einen gemeinsamen Freistellungsauftrag erteilt haben. Hinsichtlich der Erteilung und Änderung von Freistellungsaufträgen bei Ehegatten/Lebenspartnern wird auf die Rn. 261 ff. und hinsichtlich der übergreifenden Verlustverrechnung auf die Rn. 266 ff. verwiesen.

Gemeinschaftskonten und -depots

220 Bei Gemeinschaftskonten und -depots natürlicher Personen wird der Verlusttopf für die jeweilige Gemeinschaft geführt (z. B. nichteheliche Lebensgemeinschaft). Dies gilt auch für andere Personengemeinschaften (z. B. private Investmentclubs, Sparclubs etc.).

221 Die Verlustverrechnung ist unabhängig von einem Wechsel der Beteiligten (z. B. Ein- und Austritte bei Investmentclubs oder bei vermögensverwaltenden Personengesellschaften) fortzuführen. Eine Aufteilung der Erträge und der Verluste oder sogar Zuordnung von Verlusttöpfen ist weder unterjährig noch zum Jahresende vorzunehmen. Wird eine Verlustbescheinigung beantragt, wird diese für die (im Zeitpunkt der Erstellung aktuelle) Gemeinschaft ausgestellt. Sofern kein Antrag gestellt wird, hat das Institut einen Verlustüberhang auf das Folgejahr vorzutragen.

Treuhandkonten und -depots, Wohnungseigentümergemeinschaften u. Ä.

222 Bei Treuhandkonten, Nießbrauchkonten, Notaranderkonten, Mietkautionskonten und bei Wohnungseigentümergemeinschaften ist eine getrennte Verlustverrechnung (je Konto

oder Depot) vorzunehmen unabhängig davon, ob der Treugeber bekannt ist und weitere Konten und Depots beim Kreditinstitut führt oder ob er dem Institut nicht bekannt ist.

Schließen des Verlusttopfs bei Tod eines Kunden

Sobald ein Kreditinstitut vom Tod eines Kunden Kenntnis erlangt, hat es den Verlusttopf zu schließen. Entsprechendes gilt bei Gemeinschaftskonten von Ehegatten/Lebenspartnern. Eine Abgrenzung der Erträge und Verluste zurück auf den Todestag ist nicht erforderlich. 223

Da die Verlustverrechnung bei anderen Gemeinschaftskonten oder Personengesellschaftskonten sowie -depots unabhängig vom Bestand der Gemeinschaft oder der Gesellschaft erfolgt, wird der Verlusttopf fortgeführt, wenn eine der beteiligten Personen stirbt und die Gemeinschaft oder Gesellschaft dann noch aus mindestens zwei Personen besteht. 224

Stirbt ein Ehegatte/Lebenspartner, wird der für ihn selbst geführte Verlusttopf geschlossen, der Verlusttopf für den anderen Ehegatten/Lebenspartner wird hingegen fortgeführt. 225

Verlustverrechnung bei NV-Fällen

Verluste, die bis zum Widerruf einer NV-Bescheinigung aufgelaufen sind, können im Rahmen des Kapitalertragsteuerabzugs nicht berücksichtigt werden. Entsprechendes gilt für nicht angerechnete Quellensteuer. 226

Die Kreditinstitute haben im Hinblick auf die Veranlagung die aufgelaufenen Verluste zu berücksichtigen (z. B. in einem sogenannten fiktiven Verlusttopf oder durch anderweitige Verrechnung positiver und negativer Erträge während der NV-Phase). Die nicht angerechnete Quellensteuer ist dem Steuerpflichtigen jährlich zu bescheinigen. Nach Fristablauf der NV-Bescheinigung oder falls das Kreditinstitut vom Widerruf der NV-Bescheinigung Kenntnis erlangt, darf ein verbleibender Verlust- oder Quellensteuersaldo nicht mit später zufließenden steuerpflichtigen Erträgen verrechnet oder in das Folgejahr übertragen werden. Wird ein fiktiver Verlust- oder Quellensteuertopf geführt, ist dieser zu schließen. Ein während der NV-Phase entstandener Verlustüberhang ist zu bescheinigen. 227

Verrechnung von Aktienverlusten (Aktientopf)

Da Verluste aus Aktienverkäufen nur mit Gewinnen aus Aktienverkäufen verrechnet werden dürfen (§ 43a Absatz 3 Satz 2 in Verbindung mit § 20 Absatz 6 Satz 4 EStG), muss ein zusätzlicher Verrechnungstopf eingerichtet werden. Verluste aus der Veräußerung von ADRs und GDRs sind in diesen Verlusttopf einzustellen, vgl. Rn. 68, 123. Verluste aus Veräußerungen von Teilrechten und von Bezugsrechten auf Aktien sind nicht in diesen Verlusttopf einzustellen und ohne Einschränkung verrechenbar. Gewinne aus der Veräußerung von Teilrechten und Bezugsrechten können nicht mit Aktienverlusten verrechnet werden. 228

Gewinne aus der Veräußerung von Aktien, die nicht durch entsprechende Aktienveräußerungsverluste ausgeglichen werden, können mit dem Verlusttopf für sonstige Verluste verrechnet werden. Dies kann über das Steuerverrechnungskonto erfolgen (siehe Rn. 212 ff.). Falls nach Verrechnung eines Aktienveräußerungsgewinns mit dem Verlusttopf für sonstige Verluste im weiteren Verlauf des Jahres ein Aktienveräußerungsverlust realisiert wird, muss die Verlustverrechnung insoweit, um eine zeitnahe Verrechnung der Aktienverluste zu erreichen, wieder korrigiert und der Aktienverlust nachträglich mit dem Aktiengewinn verrechnet werden; der Verlusttopf für sonstige Verluste lebt also insoweit wieder auf. 229

Anhang 19
Kapitalvermögen (Abgeltungsteuer)

Verlustverrechnungsbeschränkung nach § 20 Absatz 6 Satz 5 und 6 EStG

229a Verluste, auf die die Verlustverrechnungsbeschränkungen des § 20 Absatz 6 Satz 5 und 6 EStG Anwendung finden, dürfen nicht in den Verlusttopf für sonstige Verluste oder den besonderen Verlusttopf für Aktienverluste eingestellt werden. Der Verlustausgleich findet ausschließlich im Rahmen der Veranlagung statt, vgl. Rn. 118, 233.

Berücksichtigung von Freistellungsaufträgen

230 Ein erteilter Freistellungsauftrag, vgl. Rn. 257 ff., ist erst auf den nach Verlustverrechnung verbleibenden abzugspflichtigen Ertrag anzuwenden. Ein Freistellungsauftrag wird somit erst nach Berücksichtigung des Verlustverrechnungstopfes angewendet („verbraucht"). Je nach Reihenfolge der Geschäfte kann diese Betrachtung dazu führen, dass ein ausgeführter Freistellungsauftrag bzw. der Freistellungsbetrag wieder auflebt, weil eine vorrangige Verrechnung von Verlusten die Ausführung des Freistellungsauftrages insoweit verhindert.

Beispiel:

Geschäftsvorfall	Ertrag/ Verlust	Verlusttopf/ Aktienveräußerung	Verlusttopf sonstige	Zur Verfügung stehendes Freistellungsvolumen	Abgeltungsteuer
1.2.2009 gezahlte Stückzinsen	– 100		100	801	0
1.3.2009 Zinszahlung	+ 900		0	1	0
1.4.2009 Verlust aus Anleiheverkauf	– 500		0	501 (aufgelebtes Freistellungsvolumen)	0

Hierdurch wird sichergestellt, dass der Sparer-Pauschbetrag nicht höher ist als die nach Maßgabe des § 20 Absatz 6 EStG verrechneten Kapitalerträge. Nicht verrechenbare Aktienverluste bleiben dabei unberücksichtigt.

Erstattung bereits einbehaltener Kapitalertragsteuer auf Grund der Erteilung eines gemeinsamen Freistellungsauftrages im Jahr der Eheschließung/Begründung der Lebenspartnerschaft

231 Ehegatten/Lebenspartner, die unbeschränkt einkommensteuerpflichtig sind und nicht dauernd getrennt leben, können entweder einen gemeinsamen Freistellungsauftrag oder Einzel-Freistellungsaufträge erteilen. Der gemeinsame Freistellungsauftrag gilt sowohl für Gemeinschaftskonten als auch für Konten oder Depots, die auf den Namen nur eines Ehegatten/Lebenspartners geführt werden.

232 Eine rückwirkende Erstattung bereits einbehaltener Kapitalertragsteuer ist auch im Jahr der Eheschließung/Begründung der Lebenspartnerschaft aufgrund eines gemeinsamen Freistellungsauftrages möglich.

Verlustvortrag auf Folgejahr bzw. Ausstellung einer Verlustbescheinigung

233 Etwaige am Jahresende sich ergebende Verlustüberhänge im Verlusttopf für sonstige Verluste und im Aktienverlusttopf sind getrennt auf das Folgejahr vorzutragen. Der Antrag auf die Erteilung der Verlustbescheinigung kann für beide Töpfe getrennt gestellt werden. In den Fällen der ehegatten-/lebenspartnerübergreifenden Verlustverrechnung umfasst die Bescheinigung die nach Maßgabe der Rn. 266 bis 277 ermittelten nicht ausgeglichenen Verluste.

Die Bescheinigung der Verluste im Sinne des § 20 Absatz 6 Satz 5 und 6 EStG wird ohne Antrag ausgestellt. Der Verlustausgleich nach § 20 Absatz 6 Satz 5 und 6 EStG findet nur im Rahmen der Veranlagung statt, vgl. Rn. 118, 229a.

Nach dem Gesetzeswortlaut muss der Gläubiger den Antrag stellen (§ 43a Absatz 3 Satz 4 EStG). Dies ist dahingehend auszulegen, dass der Konto- bzw. Depotinhaber (bei Gemeinschaftskonten/-depots der Bevollmächtigte) den Antrag stellen kann (muss nicht der Gläubiger im steuerlichen Sinne sein, z. B. bei Treuhandkonto). Geht der Antrag nicht bis zum 15. Dezember des laufenden Jahres bei der auszahlenden Stelle ein, kann keine Bescheinigung erstellt werden. Eine Berücksichtigung der Verluste im Rahmen der Einkommensteuerveranlagung ist nicht möglich; dies gilt nicht für Verluste im Sinne des § 20 Absatz 6 Satz 5 und 6 EStG. 234

Überträgt der Steuerpflichtige sein Depot vollständig auf ein anderes Institut, werden die Verluste nur auf Antrag übertragen. Voraussetzung ist, dass sämtliche von der auszahlenden Stelle verwahrten Wertpapiere übertragen werden. Auch eine getrennte Übertragung der Verluste aus Aktienveräußerungen sowie der Verluste aus anderen Veräußerungsgeschäften ist möglich. Ein Verlustübertrag ohne einen Übertrag von Wirtschaftsgütern ist nicht möglich. 235

Vollständiger Depotübertrag auf mehrere Institute nach Beendigung der Kundenbeziehung

Es ist zulässig, den Aktienverlusttopf und den Verlusttopf für sonstige Verluste jeweils auf unterschiedliche Institute zu übertragen. 236

Verlustbescheinigung beim Tod eines Kunden (§ 43a Absatz 3 Satz 4 EStG)

Sobald das Kreditinstitut vom Tod eines Kunden Kenntnis erlangt, werden die Verlustverrechnungstöpfe geschlossen. In diesen Fällen ist der an sich erforderliche Antrag auf Ausstellung einer Verlustbescheinigung gemäß § 43a Absatz 3 Satz 4 EStG als gestellt anzusehen. 237

Verlustbescheinigung bei Beendigung der Kundenbeziehung und bei Steuerausländereigenschaft

Bei Beendigung der Kundenbeziehung sind die in diesem Zeitpunkt noch vorhandenen Verlusttöpfe zu schließen und eine Verlustbescheinigung zum Jahresende zu erstellen, sofern kein Antrag auf Verlustmitteilung an das neue Kreditinstitut (§ 43a Absatz 3 Satz 6 EStG) gestellt wird. Entsprechendes gilt, wenn der Kunde in den Status des Steuerausländers wechselt. Die Ausstellung der Bescheinigungen durch das Kreditinstitut erfolgt ohne Antrag. 238

Lebensversicherungsunternehmen können die Verlustbescheinigung ohne Antrag erteilen, wenn auf Grund der Beziehungen zwischen dem Unternehmen und dem Steuerpflichtigen nicht damit zu rechnen ist, dass im nächsten Jahr positive Kapitalerträge von diesem Unternehmen für den Steuerpflichtigen anfallen. Ein derartiger Fall liegt insbesondere dann vor, wenn bei dem Versicherungsunternehmen nur ein Lebensversicherungsvertrag besteht, der durch Rückkauf beendet wird. 239

Kein Verlusttopf bei Körperschaften (§ 43a Absatz 3 Satz 8 EStG)

Bei den Körperschaften ist – wie auch bei den Einkünften gemäß § 20 Absatz 8 EStG – kein Verlusttopf zu führen, da § 43a Absatz 3 EStG in diesen Fällen keine Anwendung findet. Die in § 43a Absatz 3 EStG enthaltenen Regelungen insbesondere zur Verlustverrechnung und zur – vereinfachten – Anrechnung ausländischer Steuern sind darauf ausgerichtet, durch eine zusammenfassende Betrachtung aller bei einem Kreditin- 240 stitut unterhaltenen Konten und Depots eines Steuerpflichtigen mit privaten Kapitalerträgen schon bei Erhebung der Kapitalertragsteuer die letztlich zutreffende Jahressteuer zu erheben, um den Abgeltungscharakter der Kapitalertragsteuer auf private Kapitalerträge in möglichst vielen Fällen sicherzustellen. Auch die Führung eines eingeschränkten Verlusttopfes – nur für gezahlte Stückzinsen und Zwischengewinne – ist nicht zulässig.

5. Korrekturen beim Kapitalertragsteuerabzug (§ 43a Absatz 3 Satz 7 EStG)

241 Korrekturen beim Kapitalertragsteuerabzug sind gemäß § 43a Absatz 3 Satz 7 EStG nur mit Wirkung für die Zukunft, d. h. nach den Verhältnissen im Zeitpunkt des Bekanntwerdens des Fehlers vorzunehmen.

Beispiel 1:
A erhält eine Ausschüttung einer Kapitalgesellschaft über 100 € im Jahr 01, die in voller Höhe als Dividende behandelt wird. Im Jahr 02 erfolgt die Korrektur des Dividendenertrags auf 50 €. In Höhe von weiteren 50 € lag eine nicht steuerbare Kapitalrückzahlung vor. Insoweit ergibt sich eine Minderung der Anschaffungskosten für die Anteile. Die Aktien sind im Jahr 02 noch im Bestand des Kunden.
Das Kreditinstitut hat einen sonstigen Verlust in Höhe von 50 € im Jahr 02 einzubuchen. Außerdem sind die Anschaffungskosten um 50 € zu mindern.

Abwandlung:
Die Aktien wurden von A im Jahr 01 mit einem Verlust von 20 € veräußert.
Das Kreditinstitut hat einen sonstigen Verlust in Höhe von 50 € und einen Aktienveräußerungsgewinn von 50 € einzubuchen.

Beispiel 2:
A hat im Jahr 01 Aktien mit einem Gewinn von 2.000 € veräußert. Im Jahr 02 führt die Neuberechnung des Veräußerungsergebnisses auf Grund einer Fehlerkorrektur zu einem Verlust von 500 €.
Die Bank hat im Jahr 02 einen sonstigen Verlust in Höhe von 2.000 € und einen Aktienverlust in Höhe von 500 € einzubuchen.

Beispiel 3:
A veräußert im Jahr 01 Wertpapiere mit einem Verlust von 200 €. Die Bank behandelt die Verluste als Aktienveräußerungsverluste. Im Jahr 02 stellt sich heraus, dass es sich um Verluste aus der Veräußerung von Finanzinnovationen handelt. Der Verlusttopf ist noch nicht verbraucht.
Die Bank hat die steuerrechtliche Einstufung im Jahr 02 zu korrigieren.

Beispiel 4:
Ehegatten/Lebenspartner A und B erteilen einen gemeinsamen Freistellungsauftrag gegenüber der Bank in Höhe von 1.602 €. Bei der Bank werden jeweils Einzelkonten und gemeinschaftliche Konten geführt. A verstirbt im Jahr 01. Ehegatte/Lebenspartner B teilt dies der Bank erst im Jahr 04 mit.
Die Bank hat für die Einzelkonten von A und B sowie für die gemeinschaftlichen Konten eine Korrektur nach § 43a Absatz 3 Satz 7 EStG im Jahr 04 für die Jahre 02 und 03 durchzuführen. Eine Korrektur für das Todesjahr erfolgt nicht. Die Steuerbescheinigungen der Jahre 02 und 03 werden nicht korrigiert. B kann mit Wirkung zum 1. Januar 04 einen neuen Freistellungsauftrag erteilen.

Beispiel 5:
Steuerpflichtiger A hat einen Freistellungsauftrag gegenüber der Bank in Höhe von 801 € erteilt. A verstirbt am 1. Juni 01. Die Erben teilen dies der Bank erst im Jahr 02 mit. Am 1. Oktober 01 werden 100 € Zinsen auf dem Konto des A gutgeschrieben.
Da die Geschäftsbeziehung zu A mit dessen Todestag endet, treten die Erben in die Geschäftsbeziehung zur Bank ein. Für die zugeflossenen 100 € in 01 ist für die Erben eine Deltakorrektur nach § 43a Absatz 3 Satz 7 EStG im Jahr 02 für das Jahr 01 durchzuführen.

Falls im Jahr 02 der Freistellungsauftrag weiterhin in Anspruch genommen wurde, ist von der Bank die Abrechnung für das Jahr 02 zu stornieren und neu für die Erben abzurechnen.

Abwandlung:
Der verstorbene A war Steuerausländer und hatte die Steuerausländereigenschaft nach Rn. 314 nachgewiesen. Die Erben des A sind alle unbeschränkt steuerpflichtig.
Da die Geschäftsbeziehung zu A mit dessen Todestag endet, treten die Erben in die Geschäftsbeziehung zu der Bank ein. Für die zugeflossen 100 € in 01 ist für die Erben eine Deltakorrektur nach § 43a Absatz 3 Satz 7 EStG im Jahr 02 für das Jahr 01 durchzuführen.
Falls im Jahr 02 keine Umschlüsselung der Steuerausländereigenschaft erfolgte und weitere Zinsen zugeflossen sind, ist von der Bank die Abrechnung für das Jahr 02 zu stornieren und neu für die Erben abzurechnen.

Hiervon abweichend können die auszahlenden Stellen einheitlich für alle Anleger bis zum 31. Januar Korrekturen für das vorangegangene Kalenderjahr vornehmen.

Bei der Korrektur nach Satz 1 dieser Randnummer hat die auszahlende Stelle nicht auf die rechtliche Zuordnung zum Zeitpunkt des Steuerabzugs, sondern auf die rechtliche Zuordnung zum Zeitpunkt der Korrektur abzustellen.

Beispiele:
Zum Zeitpunkt des Steuereinbehalts im Jahr 01 befanden sich die Wertpapiere im Privatvermögen des A. Im Jahr 02 gehören die Wertpapiere zum Betriebsvermögen. Eine Korrektur im Jahr 02 ist nicht vorzunehmen.
A war zum Zeitpunkt des Steuereinbehalts im Jahr 01 unbeschränkt steuerpflichtig. Ende des Jahres 01 zieht er in das Ausland. Eine Korrektur ist im Jahr 02 nicht vorzunehmen.

Hat die auszahlende Stelle den Fehler offensichtlich selbst zu vertreten, kann sie abweichend von Satz 1 dieser Randnummer nach § 44b Absatz 5 Satz 1 EStG die Korrektur für die Vergangenheit durchführen. In diesen Fällen ist es zulässig, die Korrektur des Steuerabzugs erst im Rahmen der nächsten Steueranmeldung zu berücksichtigen; eine Änderung der ursprünglichen Anmeldung ist nicht erforderlich.

Korrekturen mit Wirkung für die Zukunft nach Maßgabe der Rn. 241 finden keine Anwendung bei 241a

- Anlegern, deren Kapitalerträge Betriebseinnahmen sind (§ 43a Absatz 3 Satz 8 EStG),
- Steuerausländern,
- der Korrektur der Ersatzbemessungsgrundlage, sofern nicht die Voraussetzungen der Rn. 196 vorliegen.

Beispiel:
Das Kreditinstitut hat im Jahr 01 einen Wertpapierverkauf wegen fehlender Kenntnis über die Anschaffungskosten mit der Ersatzbemessungsgrundlage abgerechnet. Als Veräußerungspreis wurde ein Börsenkurs von 100 € zu Grunde gelegt. Im Jahr 02 stellt sich heraus, dass der Börsenkurs tatsächlich 90 € betrug.
Eine Korrektur ist nicht vorzunehmen.

- Korrekturen bei Erträgen aus Anteilen an ausländischen Investmentfonds, soweit bei der Veräußerung oder Rückgabe von Anteilen an ausländischen thesaurierenden Investmentfonds § 7 Absatz 1 Satz 1 Nummer 3 InvStG angewendet wurde,
- Korrekturen bei der Anrechnung ausländischer Quellensteuer, wenn der Steuerpflichtige die Quellensteuer auf Grund einer Entscheidung des EuGH vom ausländischen Staat erstattet bekommt, sowie bei Änderung oder Wegfall der Bemessungsgrundlage auf Grund einer Entscheidung des EuGH, des Bundesverfassungsgerichts oder des Bundesfinanzhofs,

- wenn ein Steuerpflichtiger die Geschäftsbeziehung mit einer auszahlenden Stelle beendet, ohne seine Wertpapiere auf ein anderes Institut zu übertragen. Der Tod gilt als Beendigung der Geschäftsbeziehung.

Die zutreffende Festsetzung der Einkommensteuer erfolgt in diesen Fällen bei unbeschränkt Steuerpflichtigen im Rahmen der Veranlagung. Eine Veranlagung von beschränkt Steuerpflichtigen kommt nur in Ausnahmefällen in Betracht.

241b   Weist der Steuerpflichtige durch eine Bescheinigung der auszahlenden Stelle nach, dass sie die Korrektur nicht vorgenommen hat und auch nicht vornehmen wird, kann er die Korrektur nach § 32d Absatz 4 oder 6 EStG geltend machen. In den Fällen der Rn. 241a bedarf es keiner Bescheinigung.

Korrektur ausländischer Quellensteuer

241c   Wird der Betrag der anrechenbaren ausländischen Quellensteuer zu Gunsten des Steuerpflichtigen korrigiert und wurde im Berichtigungsjahr bereits Kapitalertragsteuer einbehalten, kann diese um die Quellensteuer gemindert und erstattet werden. Wurde noch keine Kapitalertragsteuer einbehalten, ist der Betrag im Quellensteuertopf zu erfassen und beim nächsten Steuereinbehalt zu berücksichtigen.

Wird der Betrag der anrechenbaren ausländischen Quellensteuer zu Lasten des Steuerpflichtigen korrigiert, hat die auszahlende Stelle den Betrag gleichfalls im Quellensteuertopf als Negativbetrag einzustellen und beim nächsten Steuereinbehalt zu Lasten des Steuerpflichtigen zu berücksichtigen. Hiervon abweichend ist es nicht zu beanstanden, wenn an Stelle der Einstellung des Negativbetrags in den Quellensteuertopf die auszahlende Stelle zum Zeitpunkt der Korrektur die Kapitalertragsteuer einbehält.

Am Ende des Kalenderjahres wird der Quellensteuertopf geschlossen. Positive oder negative Beträge – die beim Steuerabzug nicht berücksichtigt werden konnten – sind in der Steuerbescheinigung im Hinblick auf eine Veranlagung gemäß § 32d Absatz 3 EStG im Falle eines negativen Quellensteuertopfes sowie gemäß § 32d Absatz 4 EStG im Falle eines positiven Quellensteuertopfes auszuweisen.

Anzeige an das Betriebsstättenfinanzamt

241d   Wenn der Schuldner der Kapitalertragsteuer seine Geschäftsbeziehung zu der Bank beendet hat und eine Korrektur gemäß § 43a Absatz 3 Satz 7 EStG nicht mehr möglich ist, ist die Regelung des § 44 Absatz 1 Satz 10 bis 11 EStG entsprechend anzuwenden.

VI.   Entrichtung der Kapitalertragsteuer (§ 44 EStG)

1.   Zuflusszeitpunkt, auszahlende Stelle, Umfang des Steuerabzugs (§ 44 Absatz 1 EStG)

a)   Zufluss von Zinsen (§ 44 Absatz 1 Satz 2 EStG)

242   Zinsen fließen als regelmäßig wiederkehrende Einnahmen dem Steuerpflichtigen nach § 11 Absatz 1 Satz 2 EStG in dem Jahr zu, zu dem sie wirtschaftlich gehören. Die wirtschaftliche Zugehörigkeit bestimmt sich nach dem Jahr, in dem sie zahlbar, d. h. fällig sind, unabhängig davon, für welchen Zeitraum die Zinsen gezahlt werden oder wann die Gutschrift tatsächlich vorgenommen wird. Auch bei auf- und abgezinsten Kapitalforderungen ist für den Zufluss nicht der Zeitraum maßgebend, für den die Zinsen gezahlt werden, sondern der Zeitpunkt der Fälligkeit.

243   Bei Bundesschatzbriefen Typ B, bei denen der Zinslauf am 1. Januar beginnt, ist die Kapitalertragsteuer ebenfalls bei Fälligkeit, d. h. am 1. Januar, abzuziehen.

b) Umfang des Steuerabzugs (§ 44 Absatz 1 Satz 2 EStG)
Nicht besetzt. 244
Nicht besetzt. 245

Kapitalertragsteuer bei Zinsen aus Kontokorrentkonten
Bei Zinsen aus Kontokorrentkonten ist die Kapitalertragsteuer nicht auf der Grundlage des Saldos am Ende des jeweiligen Abrechnungszeitraums, sondern von den einzelnen Habenzinsbeträgen vor der Saldierung zu erheben. 246

Umrechnung von Währungsbeträgen
Bei in Fremdwährung bezogenen Kapitalerträgen, z. B. aus Fremdwährungsanleihen und Fremdwährungskonten, ist sowohl für die Gutschrift als auch für die Kapitalertragsteuer der Devisenbriefkurs der jeweiligen Fremdwährung zugrunde zu legen, der am Tag des Zuflusses der Kapitalerträge gilt (zur Billigkeitsregelung bei sogenannten „Alt-Finanzinnovationen" vgl. Rn. 56). 247

c) Auszahlende Stelle (§ 44 Absatz 1 Satz 3 und 4 EStG)
Mehrstufige Verwahrung
Wertpapiere werden vielfach nicht unmittelbar von dem Kreditinstitut oder der anderen auszahlenden Stelle verwahrt, bei dem der Steuerpflichtige sein Depot unterhält, sondern auch – z. B. im Falle der Girosammelverwahrung – bei der Wertpapiersammelbank (Clearstream Banking AG) als Unterverwahrer. Auszahlende Stelle ist bei mehrstufiger Verwahrung die depotführende auszahlende Stelle, die als letzte auszahlende Stelle die Wertpapiere für den Steuerpflichtigen verwahrt und allein dessen individuellen Verhältnisse (z. B. Freistellungsauftrag, NV-Bescheinigung) berücksichtigen kann. 248

Stillhalter- oder Termingeschäfte
Ist ein Kreditinstitut Partei eines Termingeschäfts, hat es in diesen Fällen hinsichtlich der Erträge, die aus diesem Geschäft ausgezahlt oder gutgeschrieben werden, Kapitalertragsteuer einzubehalten, vgl. § 44 Absatz 1 Satz 4 Nummer 1 Buchstabe a Doppelbuchstabe aa EStG. Dies gilt entsprechend bei Stillhaltergeschäften. 249

Wertpapierinstitute
Auszahlende Stelle im Sinne des § 44 Absatz 1 Satz 4 Nummer 1 EStG ist neben den inländischen Kreditinstituten und inländischen Finanzdienstleistungsinstituten das inländische Wertpapierinstitut. Zum Begriff des Wertpapierinstituts, vgl. § 1 Absatz 3d KWG. 250

Wertpapierinstitute sowie Finanzdienstleistungsunternehmen, die einen Eigenhandel im Sinne des § 1 Absatz 1a Satz 1 Nummer 4 KWG sowie Eigengeschäfte gemäß § 1 Absatz 1a Satz 2 KWG betreiben, führen insoweit keine Veräußerung im Sinne des § 44 Absatz 1 Satz 4 Nummer 1 EStG durch. 251

d) Erhebung der Kapitalertragsteuer bei Sachwertleistung (§ 44 Absatz 1 Satz 7 bis 11 EStG)
Werden Kapitalerträge in Sachwerten geleistet oder reicht der in Geld geleistete Ertrag zur Deckung der Kapitalertragsteuer nicht aus, kann der zum Steuerabzug Verpflichtete nach § 44 Absatz 1 Satz 8 und 9 EStG den Fehlbetrag von einem bei ihm geführten Giro-, Kontokorrent- oder Tagesgeldkonto des Gläubigers einziehen. Auf das zum Depot hinterlegte Verrechnungskonto kann auch zugegriffen werden, wenn Gläubiger der Kapitalerträge und Kontoinhaber nicht identisch sind. Ein Zugriff auf den Kontokorrentkredit ist ausgeschlossen, wenn der Gläubiger vor dem Zufluss der Kapitalerträge widerspricht. 251a

Anhang 19
II Kapitalvermögen (Abgeltungsteuer)

Bei mehreren Kontoberechtigten reicht es aus, wenn ein Kontoberechtigter widerspricht. Der Widerspruch gilt solange, bis er vom Gläubiger zurückgenommen wird.

251b Der zum Steuerabzug Verpflichtete kann den Gläubiger der Kapitalerträge auffordern, den Fehlbetrag zur Verfügung zu stellen. Kann nicht auf ein Giro-, Kontokorrent- oder Tagesgeldkonto des Gläubigers zugegriffen werden oder deckt das zur Verfügung stehende Guthaben einschließlich eines zur Verfügung stehenden Kontokorrentkredits den Fehlbetrag nicht oder nicht vollständig, hat der zum Steuerabzug Verpflichtete den vollen Kapitalertrag dem Betriebsstättenfinanzamt spätestens nach Ablauf des Kalenderjahres unter Beachtung der in § 93c Absatz 1 Nummer 1 1. Halbsatz AO genannten Frist anzuzeigen.

251c Sind depotführende Kreditinstitute, depotführende Stellen sowie Tochter- oder Schwestergesellschaften von Kapitalverwaltungsgesellschaften berechtigt, auf ein sogenanntes Referenzkonto des Kunden zuzugreifen, wird es nicht beanstandet, dort den Fehlbetrag einzuziehen.

251d Ist eine Meldung nach § 44 Absatz 1 Satz 10 EStG an das Betriebsstättenfinanzamt zu fertigen, hat diese folgende Angaben zu enthalten:
– die Identifikationsnummer, den Namen und die Anschrift des Gläubigers der Kapitalerträge,
– das Datum des fehlgeschlagenen Steuereinbehalts,
– das betroffene Wertpapier mit Name, ISIN und Anzahl, soweit vorhanden, ansonsten die Bezeichnung des betroffenen Kapitalertrags,
– die Höhe des Kapitalertrags, für den der Steuereinbehalt fehlgeschlagen ist.

VII. Abstandnahme vom Steuerabzug (§ 44a EStG)
1. Freistellungsauftrag, NV-Bescheinigung (§ 44a Absatz 2 EStG)
a) Ausstellung, Widerruf und Verwendung einer NV-Bescheinigung

252 Eine NV-Bescheinigung im Sinne des § 44a Absatz 2 Satz 1 Nummer 2 EStG ist auch in den Fällen des § 44a Absatz 1 Satz 4 EStG nicht zu erteilen, wenn der Steuerpflichtige voraussichtlich oder auf Antrag zur Einkommensteuer veranlagt wird. Daher ist eine NV-Bescheinigung in allen Fällen eines festgestellten verbleibenden Verlustabzugs nicht zu erteilen.

253 Nach § 44a Absatz 2 Satz 2 und 3 EStG ist die NV-Bescheinigung unter dem Vorbehalt des Widerrufs mit einer Geltungsdauer von höchstens drei Jahren auszustellen; sie muss am Schluss eines Kalenderjahres enden.

254 Der Widerruf einer NV-Bescheinigung dürfte in der Regel mit Wirkung ab Beginn des folgenden Kalenderjahres ausgesprochen werden. Sollte die Geltungsdauer in Widerrufsfällen ausnahmsweise während des Jahres enden und der Steuerpflichtige im Anschluss daran einen Freistellungsauftrag erteilen, muss im Hinblick auf das noch zur Verfügung stehende Freistellungsvolumen berücksichtigt werden, in welcher Höhe zuvor während des Kalenderjahres der Kapitalertragsteuerabzug unterblieben ist und etwaige Anträge auf Erstattung von Kapitalertragsteuer gestellt worden sind oder noch gestellt werden.

255 Wird dagegen neben einem Freistellungsauftrag oder nach dessen Widerruf eine NV-Bescheinigung vorgelegt, ist es unerheblich, in welchem Umfang zuvor eine Abstandnahme vom Kapitalertragsteuerabzug vorgenommen wurde und Anträge auf Erstattung gestellt worden sind. Nach Ablauf der Geltungsdauer oder Widerruf der NV-Bescheinigung lebt der erteilte Freistellungsauftrag wieder auf.

256 Es bestehen keine Bedenken, neben dem Original der NV-Bescheinigung auch eine Kopie für steuerliche Zwecke anzuerkennen. Wird die NV-Bescheinigung vom Finanzamt

zurückgefordert und hatte der zum Steuerabzug Verpflichtete das Original der NV-Bescheinigung zuvor eingescannt und anschließend vernichtet, ist es ausreichend, wenn die Löschung der Abstandnahme vom zum Steuerabzug Verpflichteten bestätigt wird.

Ein Kreditinstitut hat eine NV-Bescheinigung nach § 44a Absatz 2 Satz 1 Nummer 2 EStG nur dann zu berücksichtigen, wenn diese mit Angabe der steuerlichen Identifikationsnummer (bei Ehegatten/Lebenspartnern von beiden) erteilt wurde. Bereits ohne Angabe der steuerlichen Identifikationsnummer erteilte NV-Bescheinigungen sind von der Meldestelle nur zu berücksichtigen, wenn die Identifikationsnummer der Meldestelle aus anderen Gründen vorliegt. 256a

b) Erteilung und Änderung von Freistellungsaufträgen

Jeder Freistellungsauftrag muss nach amtlich vorgeschriebenem Muster erteilt werden, vgl. Anlage 2. Das Muster sieht die Unterschrift des Kunden vor. Gegen eine Erteilung eines Freistellungsauftrages mit Kundenunterschrift auf einem sogenannten PenPad bestehen keine Bedenken. Eine Vertretung ist zulässig. Der Freistellungsauftrag kann auch per Fax oder als Datei per E-Mail übermittelt erteilt werden. Daneben ist die Erteilung im elektronischen Verfahren zulässig. In diesem Fall muss die Unterschrift durch eine elektronische Authentifizierung des Kunden z. B. in Form des banküblichen gesicherten PIN/TAN-Verfahrens ersetzt werden. Hierbei wird zur Identifikation die persönliche Identifikationsnummer (PIN) verwendet und die Unterschrift durch Eingabe der Transaktionsnummer (TAN) ersetzt. Die Erteilung eines Freistellungsauftrags ist nur für Konten und Depots von natürlichen Personen möglich. 257

Wird im Laufe des Kalenderjahres ein dem jeweiligen Kreditinstitut bereits erteilter Freistellungsauftrag geändert, handelt es sich insgesamt nur um einen Freistellungsauftrag. Wird der freizustellende Betrag herabgesetzt, muss das Kreditinstitut prüfen, inwieweit das bisherige Freistellungsvolumen bereits durch Abstandnahme vom Steuerabzug ausgeschöpft ist. Ein Unterschreiten des bereits freigestellten und ausgeschöpften Betrages ist nicht zulässig. Eine Erhöhung des freizustellenden Betrages darf ebenso wie die erstmalige Erteilung eines Freistellungsauftrages nur mit Wirkung für das Kalenderjahr, in dem der Antrag gestellt wird, spätestens jedoch bis zum 31. Januar des Folgejahres für das abgelaufene und für spätere Kalenderjahre erfolgen. 258

Freistellungsaufträge können nur mit Wirkung zum Kalenderjahresende befristet werden. Eine Herabsetzung bis zu dem im laufenden Kalenderjahr bereits genutzten Betrag ist jedoch zulässig. Sofern ein Freistellungsauftrag im laufenden Jahr noch nicht genutzt wurde, kann er auch zum 1. Januar des laufenden Jahres widerrufen werden. Eine Beschränkung des Freistellungsauftrages auf einzelne Konten oder Depots desselben Kreditinstituts ist nicht möglich. 259

Ab 1. Januar 2016 ist ein Freistellungsauftrag nur wirksam, wenn der Meldestelle im Sinne des § 45d Absatz 1 Satz 1 EStG die steuerliche Identifikationsnummer des Gläubigers der Kapitalerträge und bei gemeinsamen Freistellungsaufträgen auch die des Ehegatten/Lebenspartners vorliegt (§ 44a Absatz 2a Satz 2 EStG). 259a

Stellt sich ab diesem Zeitpunkt im laufenden Kalenderjahr heraus, dass die mitgeteilte steuerliche Identifikationsnummer nicht korrekt ist und lässt sich die richtige steuerliche Identifikationsnummer im laufenden Kalenderjahr ermitteln, ist der Freistellungsauftrag als wirksam zu behandeln. Kann die korrekte steuerliche Identifikationsnummer nicht ermittelt werden, ist der Freistellungsauftrag als unwirksam zu behandeln.

Jede Änderung muss nach amtlich vorgeschriebenem Muster vorgenommen werden. Wird die Geschäftsbeziehung im laufenden Kalenderjahr vollständig beendet (z. B. Auszahlung eines Lebensversicherungsvertrages) und der vorliegende Freistellungsauftrag 260

Anhang 19
Kapitalvermögen (Abgeltungsteuer)

nicht zum Kalenderjahresende befristet, so kann aus Vereinfachungsgründen angenommen werden, dass der erteilte Freistellungsauftrag ab dem Folgejahr – auch ohne ausdrückliche Änderung nach vorgeschriebenem Muster – nicht mehr gültig sein soll.

Mit dem Tod des Kontoinhabers entfällt die Wirkung des erteilten Freistellungsauftrags. Zu den Besonderheiten beim Tod eines Ehegatten/Lebenspartners mit gemeinsam erteiltem Freistellungsauftrag, vgl. Rn. 278 f.

c) Freistellungsaufträge bei Ehegatten/Lebenspartnern

261 Ehegatten/Lebenspartner, die unbeschränkt einkommensteuerpflichtig sind und nicht dauernd getrennt leben, haben ein gemeinsames Freistellungsvolumen (§ 20 Absatz 9 Satz 2 EStG) und können entweder einen gemeinsamen Freistellungsauftrag oder Einzel-Freistellungsaufträge erteilen. Der gemeinsame Freistellungsauftrag gilt sowohl für Gemeinschaftskonten als auch für Konten oder Depots, die auf den Namen nur eines Ehegatten/Lebenspartners geführt werden.

Beispiel:
Die Ehegatten/Lebenspartner haben Einzel-Freistellungsaufträge über jeweils 801 € gestellt.

		Ehemann/Lebenspartner A	Ehefrau/Lebenspartner B
15.02.	Einnahme	10.000 €	./. 10.000 €
	Freistellungsauftrag	801 €	801 €
	Saldo	9.199 €	./. 10.000 €
31.12.	Verlustverrechnung	Entfällt	Entfällt
	Verbleiben	9.199 €	./. 10.000 €
	Verlustvortrag	0 €	./. 10.000 €

Der Freistellungsauftrag der Ehefrau/des Lebenspartners B hat sich nicht ausgewirkt, weil keine positiven Einkünfte erzielt wurden. Der insoweit nicht ausgeschöpfte Sparer-Pauschbetrag kann im Rahmen der Veranlagung bei den Kapitaleinkünften des Ehemanns/Lebenspartners A berücksichtigt werden. Der gesamte Verlust wird in den Verlusttopf der Ehefrau/des Lebenspartners B eingestellt und vom Kreditinstitut vorgetragen, sofern die Ehefrau/der Lebenspartner B keine Verlustbescheinigung beantragt.

262 Bei Erteilung und Änderung des Freistellungsauftrags im elektronischen Verfahren ist das amtlich vorgeschriebene Muster vom Kreditinstitut mit der Maßgabe anzuwenden, dass der erstgenannte Ehegatte/Lebenspartner als Auftraggeber gilt. Der Auftraggeber hat zu versichern, dass er für die Erteilung oder Änderung durch seinen Ehegatten/Lebenspartner bevollmächtigt wurde. Für die Versicherung hat das Kreditinstitut eine entsprechende Abfragemöglichkeit einzurichten. Nach der Dokumentation des Freistellungsauftrags beim Kreditinstitut erhält der vertretene Ehegatte/Lebenspartner sowohl eine gesonderte Benachrichtigung, mit der er über die Erteilung oder Änderung durch den Auftraggeber informiert wird, als auch eine Kopie des Freistellungsauftrags.

263 Die Kreditinstitute können bei Entgegennahme eines gemeinsamen Freistellungsauftrags von Ehegatten/Lebenspartnern auf die Richtigkeit der gemachten Angaben grundsätzlich vertrauen, sofern ihnen nichts Gegenteiliges bekannt ist; bei grob fahrlässiger Unkenntnis ergeben sich Haftungsfolgen. Die Kreditinstitute müssen jedoch darauf achten, dass der Freistellungsauftrag korrekt ausgefüllt ist; eine Vertretung ist zulässig.

Haben Ehegatten/Lebenspartner bereits vor dem Zeitpunkt ihrer Eheschließung/Begründung der Lebenspartnerschaft einzeln Freistellungsaufträge erteilt, kann der gemeinsame Freistellungsauftrag für den Veranlagungszeitraum der Eheschließung/Begründung der Lebenspartnerschaft erteilt werden. In diesem Fall ist der Freistellungsauftrag mindestens in Höhe der Summe der Kapitalerträge, die bereits aufgrund der von den

Ehegatten/Lebenspartnern einzeln erteilten Freistellungsaufträge vom Kapitalertragsteuerabzug freigestellt worden sind, zu erteilen. Die Summe der Kapitalerträge, die bereits aufgrund der einzeln erteilten Freistellungsaufträge vom Kapitalertragsteuerabzug freigestellt worden sind, wird von der auszahlenden Stelle auf das Freistellungsvolumen des gemeinsamen Freistellungsauftrags angerechnet. Eine (rückwirkende) Erstattung bereits einbehaltener Kapitalertragsteuer aufgrund des gemeinsamen Freistellungsauftrags ist zulässig.

Ehegatten/Lebenspartner, die unbeschränkt einkommensteuerpflichtig sind und nicht dauernd getrennt gelebt haben, haben im Jahr der Trennung noch ein gemeinsames Freistellungsvolumen (§ 20 Absatz 9 Satz 2 EStG). Sie können daher für das Kalenderjahr der Trennung auch für die Zeit nach der Trennung gemeinsame Freistellungsaufträge erteilen. Dies gilt sowohl für Gemeinschaftskonten als auch für nur auf den Namen eines der Ehegatten/Lebenspartner geführten Konten oder Depots. 264

Für Kalenderjahre, die auf das Kalenderjahr der Trennung folgen, dürfen nur auf den einzelnen Ehegatten/Lebenspartner bezogene Freistellungsaufträge erteilt werden. 265

d) Gemeinsamer Freistellungsauftrag als Voraussetzung für die Verlustverrechnung gemäß § 43a Absatz 3 Satz 2 Halbsatz 2 EStG

Für die ehegatten-/lebenspartnerübergreifende Verlustverrechnung ist Voraussetzung, dass es sich um zusammen veranlagte Ehegatten/Lebenspartner handelt, die gegenüber dem Kreditinstitut einen gemeinsamen Freistellungsauftrag erteilt haben. 266

Zwar können Ehegatten/Lebenspartner zwischen Zusammenveranlagung und Einzelveranlagung wählen. In welcher Form die Ehegatten/Lebenspartner dieses Wahlrecht ausüben, ist für das Steuerabzugsverfahren unbeachtlich. Erteilen Ehegatten/Lebenspartner einen gemeinsamen Freistellungsauftrag – vgl. Anlage 2 – haben die Kreditinstitute die übergreifende Verlustverrechnung durchzuführen. Die ehegatten-/lebenspartnerübergreifende Verlustverrechnung erfolgt unabhängig davon, ob die Ehegatten/Lebenspartner eine oder mehrere Verlustbescheinigungen im Sinne des § 43a Absatz 3 Satz 4 EStG beantragt haben, vgl. Rn. 233 ff. Verlustbescheinigungen umfassen somit die nach der übergreifenden Verrechnung noch nicht ausgeglichenen Verluste.

Ehegatten/Lebenspartner können auch einen gemeinsamen Freistellungsauftrag über 0 € erteilen. Dies ist erforderlich, wenn Ehegatten/Lebenspartner eine übergreifende Verlustverrechnung vom Kreditinstitut durchführen lassen möchten, ihr gemeinsames Freistellungsvolumen aber schon bei einem anderen Institut ausgeschöpft haben. 267

Haben Ehegatten/Lebenspartner vor 2010 einen gemeinsamen Freistellungsauftrag erteilt, hat dieser weiterhin Bestand und führt zu einer gemeinsamen Verlustverrechnung. Die Voraussetzungen der Rn. 259a sind zu beachten. 268

Getrennte Verlusttöpfe mit übergreifender Verrechnung nur am Jahresende

Die Kapitaleinkünfte sind unter Berücksichtigung des Freistellungsauftrags, vgl. Rn. 230 und 261, zunächst getrennt zu ermitteln, d. h. wie bisher gesondert für die Einzelkonten und -depots des Ehemannes/der Person A (Ehegatte A/Lebenspartner A), der Ehefrau/der Person B (Ehegatte B/Lebenspartner B) sowie für die Gemeinschaftskonten und -depots. Einmalig zum Jahresende erfolgt dann die Verrechnung bestehender Verlustüberhänge über einen Ausgleich der einzelnen Verlusttöpfe. Voraussetzung ist, dass am Jahresende ein gemeinschaftlich gestellter gültiger Freistellungsauftrag vorliegt. 269

Anhang 19
Kapitalvermögen (Abgeltungsteuer)

Beispiel 1:
Die Ehegatten/Lebenspartner haben einen gemeinsamen Freistellungsauftrag von 0 € gestellt.
Verlustverrechnung am Jahresende:

		Ehemann/Lebenspartner A	Ehefrau/Lebenspartner B
15.02.	Einnahme	1.000 €	
20.03.	Verlust		./. 1.000 €
28.06.	Einnahme		500 €
	Summe	1.000 €	./. 500 €
31.12.	Verlustverrechnung	./. 500 €	500 €
	Verbleiben	500 €	0 €

270 Eine fortlaufende Verlustverrechnung ist nicht zulässig.

Beispiel 2:

		Ehemann/Lebenspartner A	Ehefrau/Lebenspartner B
15.02.	Einnahme	1.000 €	
20.03.	Verlust	./. 1.000 €	./. 1.000 €
20.03.	Verlustverrechnung	0 €	1.000 €
	Zwischensumme		0 €
28.06.	Einnahme		500 €
31.12.	Kapitalerträge	0 €	500 €
	Verbleiben	0 €	500 €

Die Beispiele zeigen, dass nur die Verlustverrechnung am Jahresende zu nachvollziehbaren und plausiblen Ergebnissen führt (siehe Beispiel 1). Bei fortlaufender Verlustverrechnung (Beispiel 2) fiele hingegen Kapitalertragsteuer auf die von der Ehefrau/dem Lebenspartner B am 28. Juni erzielte Einnahme an, obwohl die Ehefrau/der Lebenspartner B insgesamt in dem Jahr einen Verlust erzielt hat. Hier würden sich rein zufällig unterschiedlich hohe Kapitalerträge für die Ehegatten/Lebenspartner ergeben, je nachdem in welcher zeitlichen Reihenfolge positive und negative Erträge anfallen. Da die Kirchensteuer an die Kapitalertragsteuer anknüpft, würden sich zwangsläufig auch Zufallsergebnisse bei der Kirchensteuer ergeben, wenn z. B. nur ein Ehegatte/Lebenspartner Mitglied einer kirchensteuererhebenden Religionsgemeinschaft ist oder wenn die Ehegatten/Lebenspartner unterschiedlichen Religionsgemeinschaften angehören.

271 Beenden die Ehegatten/Lebenspartner die gesamte Geschäftsbeziehung im Laufe des Kalenderjahres, können die Kreditinstitute eine ehegatten-/lebenspartnerübergreifende Verlustverrechnung nicht mehr durchführen. Eine Verlustverrechnung am Jahresende setzt voraus, dass noch mindestens ein Konto oder Depot der Kunden geführt wird, um den erforderlichen Geldausgleich für die Erstattung der Kapitalertragsteuer vorzunehmen.

272 Sofern am Jahresende keine Geschäftsbeziehung mehr besteht, werden die Kreditinstitute die Verluste und/oder die gezahlte Kapitalertragsteuer in der jeweiligen Steuerbescheinigung für den Ehemann/die Person A (Ehegatte A/Lebenspartner A), die Ehefrau/die Person B/Lebenspartner B) sowie für die Gemeinschaftskonten und -depots ausweisen, ohne dass eine übergreifende Verlustverrechnung stattfindet (zur automatischen Erstellung einer Verlustbescheinigung zum Jahresende bei Beendigung der Kundenbeziehung vgl. Rn. 238).

Anhang 19
Kapitalvermögen (Abgeltungsteuer) — II

Verrechnung von Verlusten aus Aktienveräußerungen

Bei der übergreifenden Verlustverrechnung werden zunächst der Aktienverlust und dann der sonstige Verlust verrechnet. Dabei werden ausschließlich die am Jahresende vorhandenen „Verlustüberhänge" – wie in Rn. 269 dargestellt – verrechnet. Es erfolgt keine umfassende Verrechnung von Aktienverlusten zwischen den Ehegatten/Lebenspartnern mit der Folge, dass ggf. der Verlusttopf für sonstige Verluste wieder auflebt (anders als bei der zeitnahen Verlustverrechnung für die Einzelperson; vgl. Rn. 228).

273

Beispiel:

		Ehemann/Lebenspartner A	Ehefrau/Lebenspartner B
15.02.	Aktiengewinn		100 €
20.03.	Aktienverlust	./. 100 €	
27.05.	allgemeiner Verlust	./. 100 €	
30.09.	allgemeiner Verlust		./. 50 €
31.12.	Saldo je Ehegatte/ Lebenspartner	./. 100 € (Aktienverlust) ./. 100 € (sonstiger Verlust)	50 €
31.12.	übergreifende Verlustverrechnung	50 €	./. 50 €
	Verbleiben	./. 50 € (Aktienverlust) ./. 100 € (sonstiger Verlust)	0 €

Die übergreifende Verlustverrechnung am Jahresende führt nicht dazu, dass der Aktiengewinn der Ehefrau/des Lebenspartners B in vollem Umfang mit dem Aktienverlust des Ehemannes/Lebenspartners A verrechnet wird; die bereits erfolgte Verrechnung mit dem Verlusttopf für sonstige Verluste in Höhe von 50 € bleibt vielmehr bestehen. Verrechnet wird nur der am Jahresende noch nicht verrechnete Aktiengewinn (im Beispiel 50 €). Ein Wiederaufleben von Verlusttöpfen kommt nicht in Betracht.

Berücksichtigung des gemeinsamen Freistellungsauftrags

Im Rahmen der Veranlagung wird der gemeinsame Sparer-Pauschbetrag auch dann gewährt, wenn nur ein Ehegatte/Lebenspartner positive Einkünfte aus Kapitalvermögen in dieser Höhe erzielt hat, die Ehegatten/Lebenspartner aber insgesamt einen Verlust aus Kapitalvermögen erzielt haben.

274

Für das Steuerabzugsverfahren folgt daraus, dass zuerst die Einkünfte der Ehegatten/Lebenspartner unter Berücksichtigung des gemeinsamen Freistellungsauftrags zu ermitteln sind und dann – wie nachstehend dargestellt – die danach noch bestehenden Verluste am Jahresende ehegatten-/lebenspartnerübergreifend zu verrechnen sind.

275

Beispiel 1:
Die Ehegatten/Lebenspartner haben einen gemeinsamen Freistellungsauftrag in Höhe von 1.602 € erteilt.
Ehegatten-/lebenspartnerübergreifende Verlustverrechnung nach Berücksichtigung des Freistellungsauftrags:

	Ehemann/Lebenspartner A	Ehefrau/Lebenspartner B
Einnahme	10.000 €	./. 15.000 €
Freistellungsauftrag	./. 1.602 €	
Saldo	8.398 €	./. 15.000 €
Verlustverrechnung	./. 8.398 €	8.398 €
Verbleiben	0 €	./. 6.602 €
Verlustvortrag	0 €	./. 6.602 €

Eine ehegatten-/lebenspartnerübergreifende Verlustverrechnung vor Berücksichtigung des Freistellungsauftrags erfolgt nicht.

Anhang 19
Kapitalvermögen (Abgeltungsteuer)

Beispiel 2:

	Ehemann/Lebenspartner A	Ehefrau/Lebenspartner B
Einnahme	10.000 €	./. 15.000 €
Verlustvortrag	./. 10.000 €	10.000 €
Verbleiben	0 €	./. 5.000 €
Freistellungsauftrag	0 €	0 €
Verbleiben	0 €	./. 5.000 €
Verlustvortrag	0 €	./. 5.000 €

Die Beispiele zeigen, dass eine ehegatten-/lebenspartnerübergreifende Verlustverrechnung vor Berücksichtigung von Freistellungsaufträgen (Beispiel 2) zu einer nicht zu rechtfertigenden Benachteiligung von Ehegatten/Lebenspartnern gegenüber Einzelpersonen führen würde. Denn in dem Beispiel würde der Ehemann/Lebenspartner A, obwohl er positive Einkünfte erzielt hatte, nicht in den Genuss des Sparer-Pauschbetrages kommen.

Quellensteueranrechnung

276 Sofern ein gemeinsamer Freistellungsauftrag der Ehegatten/Lebenspartner vorliegt, hat die Quellensteueranrechnung gleichfalls ehegatten-/lebenspartnerübergreifend zu erfolgen, um Veranlagungsfälle zu vermeiden.

Hierzu werden getrennte Quellensteuertöpfe geführt. Die übergreifende Anrechnung erfolgt im Rahmen der übergreifenden Verlustverrechnung am Jahresende. Eine bereits erfolgte Quellensteueranrechnung wird wieder rückgängig gemacht, wenn nach der übergreifenden Verlustverrechnung keiner der Ehegatten/Lebenspartner mit Kapitalertragsteuer belastet wird.

Beispiel 1:

	Ehemann/Lebenspartner A	Ehefrau/Lebenspartner B
Saldo Kapitalerträge (inkl. ausländischer Erträge)	./. 1.000 €	5.000 €
Verlustverrechnung	1.000 €	./. 1.000 €
Kapitalerträge nach Verlustverrechnung	0 €	4.000 €
nicht angerechnete Quellensteuer (vor Verlustverrechnung)	50 €	0 €
Anrechnung Quellensteuer nach Verlustverrechnung		50 €

Es wird die beim Ehemann/Lebenspartner A angefallene Quellensteuer auf die von der Ehefrau/dem Lebenspartner B gezahlte Kapitalertragsteuer angerechnet.

Kapitalvermögen (Abgeltungsteuer)

Anhang 19
II

Beispiel 2:

	Ehemann/Lebenspartner A	Ehefrau/Lebenspartner B
Saldo Kapitalerträge (inkl. ausländischer Erträge beim Ehemann/Lebenspartner A)	0 €	5.000 €
Verlustverrechnung	–	–
Kapitalerträge nach Verlustverrechnung	0 €	5.000 €
nicht angerechnete Quellensteuer	50 €	0 €
Anrechnung Quellensteuer		50 €

Die beim Ehemann/Lebenspartner A angerechnete Quellensteuer wird auf die von der Ehefrau/dem Lebenspartner B gezahlte Kapitalertragsteuer angerechnet. Dies gilt auch, wenn eine ehegatten-/lebenspartnerübergreifende Verlustverrechnung nicht durchgeführt wird.

Beispiel 3:

	Ehemann/Lebenspartner A	Ehefrau/Lebenspartner B
Saldo Kapitalerträge	1.000 €	./. 1.000 €
Verlustverrechnung	./. 1.000 €	1.000 €
Kapitalerträge nach Verlustverrechnung	0 €	0 €
angerechnete Quellensteuer vor Verlustverrechnung	50 €	0 €
Anrechnung Quellensteuer nach Verlustverrechnung	0 €	0 €

Die bereits erfolgte Quellensteuer-Anrechnung wird wieder rückgängig gemacht, da nach der übergreifenden Verlustverrechnung keiner der Ehegatten/Lebenspartner mit Kapitalertragsteuer belastet ist.

Kirchensteuer

Die bereits abgeführte Kirchensteuer der Ehegatten/Lebenspartner wird durch die übergreifende Verlust- und Quellensteuerverrechnung beeinflusst. Die Kirchensteuer des einen Ehegatten/Lebenspartners wird somit durch den Verlust des anderen Ehegatten/Lebenspartners gemindert.

e) NV-Bescheinigungen und Freistellungsaufträge nach dem Tod eines Ehegatten/Lebenspartners

Mit dem Tod eines Ehegatten/Lebenspartners entfällt die Wirkung eines gemeinsam erteilten Freistellungsauftrags für Gemeinschaftskonten der Ehegatten/Lebenspartner sowie Konten und Depots, die auf den Namen des Verstorbenen lauten. Da dem verwitweten Steuerpflichtigen im Todesjahr noch der gemeinsame Sparer-Pauschbetrag zusteht, bleibt der gemeinsame Freistellungsauftrag allerdings bis zum Ende des laufenden Veranlagungszeitraums noch für solche Kapitalerträge wirksam, bei denen die alleinige Gläubigerstellung des Verwitweten feststeht, vgl. § 44a Absatz 6 EStG. Entsprechendes gilt für eine den Ehegatten/Lebenspartnern erteilte NV-Bescheinigung. Zur Korrektur des Kapitalertragsteuerabzugs in Fällen, in denen die Bank erst nach Ablauf des Kalenderjahres vom Tod eines Ehegatten/Lebenspartners Kenntnis erlangt, vgl. Rn. 241 (Beispiel 4).

Es bestehen keine Bedenken dagegen, dass der verwitwete Steuerpflichtige Freistellungsaufträge, die er gemeinsam mit dem verstorbenen Ehegatten/Lebenspartner erteilt hat, im Todesjahr ändert oder neue Freistellungsaufträge erstmals erteilt. In diesen Fällen sind anstelle der Unterschrift des verstorbenen Ehegatten/Lebenspartners Vorname, Name und Todestag des Verstorbenen einzutragen. Wird ein ursprünglich gemeinsam erteilter Freistellungsauftrag geändert, muss das Kreditinstitut prüfen, inwieweit das bisherige Freistellungsvolumen bereits durch Abstandnahme vom Kapitalertragsteuerabzug ausgeschöpft ist. Durch die Änderung darf der bereits freigestellte und ausgeschöpfte Betrag nicht unterschritten werden.

Ein Widerruf ist nur zum Jahresende möglich, vgl. Rn. 258. Für das auf das Todesjahr folgende Jahr dürfen unabhängig von der Gewährung des Splitting-Tarifs nur Einzel-Freistellungsaufträge über den Sparer-Pauschbetrag des verwitweten Steuerpflichtigen, d. h. nur bis zur Höhe von insgesamt 801 € erteilt werden.

f) **NV-Bescheinigung und Freistellungsaufträge bei nicht steuerbefreiten Körperschaften**

Abstandnahme vom Steuerabzug

280 Einer unbeschränkt steuerpflichtigen und nicht steuerbefreiten Körperschaft, Personenvereinigung und Vermögensmasse steht, wenn sie Einkünfte aus Kapitalvermögen erzielt, nach § 8 Absatz 1 KStG der Sparer-Pauschbetrag von 801 € im Rahmen der Veranlagung zu (§ 20 Absatz 9 Satz 1 EStG). Um eine Abstandnahme vom Kapitalertragsteuerabzug zu erreichen, haben unbeschränkt steuerpflichtige und nicht steuerbefreite Körperschaften, Personenvereinigungen und Vermögensmassen, denen der Freibetrag nach § 24 KStG zusteht und deren Einkommen den Freibetrag von 5.000 € nicht übersteigt, Anspruch auf Erteilung einer NV-Bescheinigung (Vordruck NV 3 B). Sie dürfen keinen Freistellungsauftrag erteilen.

281 Gesellschaften des bürgerlichen Rechts können keinen Freistellungsauftrag und auch keinen Antrag auf Erteilung einer NV-Bescheinigung stellen.

282 Nichtrechtsfähige Vereine dürfen keinen Freistellungsauftrag erteilen. Ein nichtrechtsfähiger Verein liegt vor, wenn die Personengruppe

- einen gemeinsamen Zweck verfolgt,
- einen Gesamtnamen führt,
- unabhängig davon bestehen soll, ob neue Mitglieder aufgenommen werden oder bisherige Mitglieder ausscheiden,
- einen für die Gesamtheit der Mitglieder handelnden Vorstand hat.

283 Das Kreditinstitut hat sich anhand einer Satzung der Personengruppe zu vergewissern, ob die genannten Wesensmerkmale gegeben sind.

284 Nicht besetzt.

Erstattung von Kapitalertragsteuer

285 Im Anwendungsbereich des Teileinkünfteverfahrens können Gewinnausschüttungen auf der Ebene der empfangenden nicht steuerbefreiten Körperschaft nach Maßgabe des § 8b KStG bei der Ermittlung des Einkommens außer Ansatz bleiben. Eine Erstattung von Kapitalertragsteuer kann durch eine NV-Bescheinigung bewirkt werden. Eine NV-Bescheinigung kann nur für sogenannte kleine Körperschaften im Sinne von § 24 KStG (NV-Bescheinigung NV 3 B) und für sogenannte Überzahler im Sinne von § 44a Absatz 5 EStG (Bescheinigung NV 2 B) erteilt werden.

g) Nicht der Körperschaftsteuer unterliegende Zusammenschlüsse

Grundsatz

Ein nicht körperschaftsteuerpflichtiger Personenzusammenschluss (z. B. eine Gesellschaft bürgerlichen Rechts oder eine Personenvereinigung, die nicht die in Rn. 282 beschriebenen Wesensmerkmale erfüllt) darf einen Freistellungsauftrag nicht erteilen. Die ihm zufließenden Kapitalerträge unterliegen der Kapitalertragsteuer nach den allgemeinen Grundsätzen. 286

Die Einnahmen aus Kapitalvermögen, die Gewinne und Verluste im Sinne des § 20 Absatz 4 EStG und die anzurechnende Kapitalertragsteuer sind grundsätzlich nach § 180 Absatz 1 Satz 1 Nummer 2 Buchstabe a AO gesondert und einheitlich festzustellen. 287

Die Erklärung zur gesonderten und einheitlichen Feststellung ist vom Geschäftsführer oder vom Vermögensverwalter abzugeben. Soweit ein Geschäftsführer oder Vermögensverwalter nicht vorhanden ist, kann sich das Finanzamt an jedes Mitglied oder jeden Gesellschafter halten. 288

Die gesondert und einheitlich festgestellten Besteuerungsgrundlagen werden bei der Einkommensteuerveranlagung des einzelnen Mitglieds oder Gesellschafters berücksichtigt. Dabei wird auch der Sparer-Pauschbetrag angesetzt. 289

Von einer gesonderten und einheitlichen Feststellung der Besteuerungsgrundlagen kann gemäß § 180 Absatz 3 Satz 1 Nummer 2 AO abgesehen werden, wenn es sich um einen Fall von geringer Bedeutung handelt. In diesen Fällen reicht es aus, dass der Geschäftsführer oder Vermögensverwalter (Kontoinhaber) die anteiligen Einnahmen aus Kapitalvermögen auf die Mitglieder oder Gesellschafter aufteilt und sie den Beteiligten mitteilt. Die Anrechnung der Kapitalertragsteuer bei den einzelnen Beteiligten ist nur zulässig, wenn neben der Mitteilung des Geschäftsführers oder Vermögensverwalters über die Aufteilung der Einnahmen und der Kapitalertragsteuer eine Ablichtung der Steuerbescheinigung des Kreditinstituts vorgelegt wird. 290

Vereinfachungsregel

Aus Vereinfachungsgründen ist es nicht zu beanstanden, wenn bei losen Personenzusammenschlüssen (z. B. Sparclubs, Schulklassen, Sportgruppen), die aus mindestens sieben Mitgliedern bestehen, wie folgt verfahren wird: 291

Das Kreditinstitut kann vom Steuerabzug im Sinne des § 43 Absatz 1 EStG Abstand nehmen, wenn

- das Konto neben dem Namen des Kontoinhabers einen Zusatz enthält, der auf den Personenzusammenschluss hinweist (z. B. Sparclub XX, Klassenkonto der Realschule YY, Klasse 5 A),
- die Kapitalerträge bei den einzelnen Guthaben des Personenzusammenschlusses im Kalenderjahr den Betrag von 10 €, vervielfältigt mit der Anzahl der Mitglieder, höchstens 300 € im Kalenderjahr, nicht übersteigen und
- Änderungen der Anzahl der Mitglieder dem Kreditinstitut zu Beginn eines Kalenderjahres mitgeteilt werden.

Die Verpflichtung zur Erstellung einer Steuerbescheinigung im Sinne des § 45a Absatz 2 EStG ist hiervon unberührt. 292

Die Anwendung der Vereinfachungsregelung setzt grundsätzlich voraus, dass die insgesamt – d. h. auch bei Aufsplittung des Guthabens auf mehrere Konten und auch ggf. verteilt auf mehrere Kreditinstitute – zugeflossenen Kapitalerträge die genannten Grenzen im Kalenderjahr nicht übersteigen. 293

294 Ein „loser Personenzusammenschluss" im Sinne dieser Vereinfachungsregel ist z. B. nicht gegeben bei
- Grundstücksgemeinschaften,
- Erbengemeinschaften,
- Wohnungseigentümergemeinschaften,
- Mietern im Hinblick auf gemeinschaftliche Mietkautionskonten.

2. NV-Bescheinigung bei steuerbefreiten Körperschaften und inländischen juristischen Personen des öffentlichen Rechts (§ 44a Absatz 4, 7 und 8 EStG)

a) Abstandnahme

295 Für die vollständige Abstandnahme vom Steuerabzug nach § 44a Absatz 4 und Absatz 7 Satz 1 Nummer 2 und 3 EStG und die teilweise Abstandnahme vom Steuerabzug nach § 44a Absatz 7 Satz 1 Nummer 1 EStG in Verbindung mit § 44a Absatz 10 Satz 1 Nummer 2 zweiter Halbsatz EStG und § 44a Absatz 8 EStG ist grundsätzlich die Vorlage einer NV-Bescheinigung (NV 2 B) erforderlich. Es wird jedoch nicht beanstandet, wenn dem Schuldner der Kapitalerträge oder der auszahlenden Stelle statt der NV-Bescheinigung eine Kopie des zuletzt erteilten Freistellungsbescheides überlassen wird, der für einen nicht älter als fünf Jahre zurückliegenden Veranlagungszeitraum vor dem Veranlagungszeitraum des Zuflusses der Kapitalerträge erteilt worden ist. Dies gilt auch für die Abstandnahme vom Kapitalertragsteuerabzug bei Personengesellschaften im Sinne des § 212 Absatz 1 SGB V (§ 44a Absatz 4a und 8a EStG). Die Vorlage eines Freistellungsbescheides führt – im Gegensatz zur NV-Bescheinigung – auch im Fall einer Körperschaft, Personenvereinigung oder Vermögensmasse nach § 44a Absatz 7 Satz 1 Nummer 1 EStG zur vollständigen Abstandnahme vom Steuerabzug.

295a Gläubiger im Sinne des § 44a Absatz 7 Satz 1 EStG oder Gläubiger im Sinne des § 44a Absatz 8 Satz 1 EStG erfüllen stets auch die Voraussetzungen eines Gläubigers im Sinne des § 44a Absatz 4 Satz 1 EStG. Bei Vorlage einer NV-Bescheinigung nach § 44a Absatz 7 Satz 2 EStG (NV-Art 35-37) oder nach § 44a Absatz 8 Satz 2 EStG (NV-Art 04) ist daher auch nach § 44a Absatz 4 EStG vom Kapitalertragsteuerabzug Abstand zu nehmen.

296 Die Vorlage des Freistellungsbescheides ist unzulässig, wenn die Erträge in einem wirtschaftlichen Geschäftsbetrieb anfallen, für den die Befreiung von der Körperschaftsteuer ausgeschlossen ist, oder wenn sie in einem nicht von der Körperschaftsteuer befreiten Betrieb gewerblicher Art anfallen.

297 Die Rn. 295 und 296 gelten entsprechend, wenn eine Kopie des Feststellungsbescheides nach § 60a AO der Finanzbehörde überlassen wird. In diesem Fall und bei Vorlage einer NV-Bescheinigung (NV 2 B) einer Körperschaft, Personenvereinigung oder Vermögensmasse nach § 44a Absatz 7 Satz 1 Nummer 1 EStG ist die Abstandnahme vom Steuerabzug auf Kapitalerträge im Sinne des § 43 Absatz 1 Satz 1 Nummer 1a EStG in Höhe von maximal 20.000 € jährlich begrenzt. Es wird nicht beanstandet, wenn für die vollständige Abstandnahme vom Steuerabzug die auszahlende Stelle darauf abstellt, dass der Steuerpflichtige die Anteile seit mindestens einem Jahr unverändert im Bestand hat. Nach § 44a Absatz 2 Satz 3 in Verbindung mit § 44a Absatz 4 und 7 EStG gilt die Erlaubnis zur Abstandnahme vom Steuerabzug höchstens für drei Jahre; die Frist endet immer am Schluss des Kalenderjahres. Nach § 44a Absatz 4 und 7 EStG ist für die Abstandnahme vom Steuerabzug Voraussetzung, dass eine steuerbefreite Körperschaft, Personenvereinigung oder Vermögensmasse gegeben ist. Bei nach § 5 Absatz 1 Nummer 9 KStG befreiten Körperschaften, Personenvereinigungen oder Vermögensmassen liegen diese Voraussetzungen dann vor, wenn die Befreiung von der Körperschaftsteuer für den gesamten Veranlagungszeitraum gewährt werden kann (§ 60 Absatz 2 AO).

	298
Unterhalten steuerbefreite Körperschaften einen wirtschaftlichen Geschäftsbetrieb, bei dem die Freibeträge und Freigrenzen überschritten sind, sind sie jährlich zur Körperschaftsteuer zu veranlagen. In diesen Fällen ist die Steuerbefreiung für den steuerbegünstigten Bereich in Form einer Anlage zum Körperschaftsteuerbescheid zu bescheinigen. Die Abstandnahme ist zulässig bis zum Ablauf des dritten Kalenderjahres, das auf das Kalenderjahr folgt, für das der Körperschaftsteuerbescheid erteilt wurde. Der Gläubiger der Kapitalerträge hat dem zum Steuerabzug Verpflichteten in Schriftform mitzuteilen, ob die Kapitalerträge im steuerfreien oder steuerpflichtigen Bereich angefallen sind. Die Vorlage der Anlage zum Körperschaftsteuerbescheid führt bei Körperschaften im Sinne des § 44a Absatz 7 Satz 1 EStG zu einer vollständigen Abstandnahme vom Steuerabzug.

Rn. 295 bis 298 finden bei Erstattungen im Sinne des § 44b Absatz 6 Satz 1 Nummer 3 und 4 EStG und bei der Abstandnahme vom Steuerabzug im Sinne des § 44a Absatz 4b Satz 1 Nummer 3 und 4 und Absatz 10 Satz 1 Nummer 2 und 3 EStG entsprechende Anwendung. — 298a

b) Zinszahlungen/Dividendenausschüttungen an eine Personengesellschaft mit körperschaftsteuerbefreiten Gesellschaftern (§ 44a Absatz 4 Satz 1 EStG)

Ist für eine Personengesellschaft, an der zumindest ein Gesellschafter beteiligt ist, der von der Körperschaftsteuer befreit ist, Kapitalertragsteuer nach § 43 Absatz 1 Satz 1 Nummer 1, 3, 4, 6, 7 und 8 bis 12 sowie Satz 2 EStG einbehalten worden, kann die einbehaltene Kapitalertragsteuer vorbehaltlich einer Erstattung nach § 44b Absatz 7 EStG an die körperschaftsteuerbefreiten Gesellschafter auf deren Antrag von dem für sie zuständigen Finanzamt in der gesetzlich zulässigen Höhe erstattet werden. — 299

Die Möglichkeit der Erstattung nach Rn. 299 besteht auch entsprechend für Kapitalertragsteuer, die nach § 43 Absatz 1 Satz 1 Nummer 1a EStG einbehalten wurde, wenn der Gesellschafter die Voraussetzungen nach § 36a Absatz 1 bis 3 EStG für eine Anrechenbarkeit der Kapitalertragsteuer erfüllt. — 299a

c) Erstattung der Kapitalertragsteuer in besonderen Fällen

Ist die Kapitalertragsteuer bei Kapitalerträgen, die steuerbefreiten inländischen Körperschaften, Personenvereinigungen und Vermögensmassen oder inländischen juristischen Personen des öffentlichen Rechts zufließen, deswegen einbehalten worden, weil dem Schuldner der Kapitalerträge oder der auszahlenden Stelle die Bescheinigung nach § 44a Absatz 4 Satz 3 EStG nicht vorlag, und ist eine Änderung der Steueranmeldung nach § 44b Absatz 5 EStG durch den Schuldner der Kapitalerträge oder die auszahlende Stelle tatsächlich nicht erfolgt, gilt Folgendes: — 300

Bei den genannten Einrichtungen ist die Körperschaftsteuer grundsätzlich durch den Steuerabzug vom Kapitalertrag abgegolten (§ 32 Absatz 1 KStG). Eine Veranlagung findet nicht statt. Zur Vermeidung von sachlichen Härten wird die Kapitalertragsteuer auf Antrag der betroffenen Organisation von dem für sie zuständigen Finanzamt erstattet.

Ist in den Fällen des § 44a Absatz 7, 8 und 10 Satz 1 Nummer 2 und 3 EStG ein Steuerabzug vom Kapitalertrag deswegen vorgenommen worden, weil dem Schuldner der Kapitalerträge oder der auszahlenden Stelle die Bescheinigung im Sinne des § 44a Absatz 7 oder 8 EStG nicht vorlag, und hat der Schuldner der Kapitalerträge oder die auszahlende Stelle von der Möglichkeit der Änderung der Steueranmeldung nach § 44b Absatz 5 EStG keinen Gebrauch gemacht, wird zur Vermeidung von Härten zugelassen, dass die Kapitalertragsteuer auf Antrag der betroffenen Körperschaft in der gesetzlich — 300a[1])

---

[1]) *Rn. 300a geändert durch BMF vom 20.12.2022 (BStBl I 2023 S. 46)*

zulässigen Höhe von dem Finanzamt, an das die Kapitalertragsteuer abgeführt wurde, erstattet wird.

300b Ist in Fällen, in denen eine Institution im Sinne des § 44a Absatz 7 oder 8 EStG als Erbe eingesetzt worden ist, ein Steuerabzug vom Kapitalertrag vorgenommen worden, weil dem Schuldner der Kapitalerträge oder der auszahlenden Stelle die Bescheinigung im Sinne des § 44a Absatz 7 oder 8 EStG nicht oder erst verspätet vorgelegt werden konnte und hat der Schuldner der Kapitalerträge oder die auszahlende Stelle von der Möglichkeit der Änderung der Steueranmeldung nach § 44b Absatz 5 EStG keinen Gebrauch gemacht, so erstattet auf Antrag der betroffenen Körperschaft das Finanzamt, an das die Kapitalertragsteuer abgeführt worden ist, die Kapitalertragsteuer unter den Voraussetzungen des § 44a Absatz 4, 7, 8 oder Absatz 10 Satz 1 Nummer 2 und 3 EStG in dem dort beschriebenen Umfang. Dem Antrag ist die Bescheinigung im Sinne des § 44a Absatz 7 oder 8 EStG, die Steuerbescheinigung im Original und ein Nachweis über die Rechtsnachfolge beizufügen. Das Finanzamt, an das die Kapitalertragsteuer abgeführt wurde, erstattet auch die Kapitalertragsteuer auf Kapitalerträge, die einer Institution im Sinne des § 44a Absatz 7 oder 8 EStG vor dem 1. Januar 2013 zugeflossen sind.

3. Identität von Kontoinhaber und Gläubiger der Kapitalerträge (§ 44a Absatz 6 ff. EStG)

301 Voraussetzung für die Abstandnahme vom Steuerabzug ist u. a., dass Einlagen und Guthaben beim Zufluss von Einnahmen unter dem Namen des Gläubigers der Kapitalerträge bei der auszahlenden Stelle verwaltet werden. Die Abstandnahme setzt also Identität von Gläubiger und Kontoinhaber voraus. Auf die Verfügungsberechtigung kommt es nicht an; denn Gläubiger von Kapitalerträgen kann auch sein, wer nicht verfügungsberechtigt ist.

Erstattung der Kapitalertragsteuer von Erträgen einer juristischen Person des öffentlichen Rechts aus Treuhandkonten und von Treuhandstiftungen

302 Bei Kapitalerträgen, die inländischen juristischen Personen des öffentlichen Rechts über einen Treuhänder zufließen, sieht das geltende Recht für Kapitalerträge keine Abstandnahme vom Steuerabzug und keine Erstattung der einbehaltenen Kapitalertragsteuer vor. Eine Veranlagung zur Körperschaftsteuer findet nicht statt; die Körperschaftsteuer ist durch den Steuerabzug vom Kapitalertrag abgegolten (§ 32 KStG).

Zur Vermeidung von sachlichen Härten wird zugelassen, dass die Kapitalertragsteuer auf Antrag der betroffenen Körperschaft in der gesetzlich zulässigen Höhe von dem für sie zuständigen Finanzamt erstattet wird.

Entsprechendes gilt auch in den Fällen, in denen ein inländisches Kreditinstitut das Vermögen mehrerer nichtrechtsfähiger Stiftungen des privaten Rechts in einem gemeinsamen Treuhanddepot verwaltet, und die antragstellende Stiftung nachweist, dass bei ihr die Voraussetzungen für eine Körperschaftsteuerbefreiung vorliegen und ihr die jeweiligen Kapitalerträge zuzurechnen sind. Werden in einem Treuhandkonto lediglich die Kapitalanlagen einer Stiftung verwaltet, findet § 44a Absatz 6 Satz 3 EStG Anwendung.

4. Ausstellung von Bescheinigungen und Verwendung von Kopien

303 Der Gläubiger der Kapitalerträge hat einen Anspruch auf Ausstellung der von ihm benötigten Anzahl von NV-Bescheinigungen sowie auf die Beglaubigung von Kopien des zuletzt erteilten Freistellungsbescheides, des Feststellungsbescheides nach § 60a AO oder der Bescheinigung über die Steuerbefreiung für den steuerbefreiten Bereich.

304 Es bestehen keine Bedenken, neben dem Original der Bescheinigungen oder Bescheide auch eine Kopie für steuerliche Zwecke anzuerkennen.

5. Gutschriften zugunsten von ausländischen Personengesellschaften

Gläubiger der Kapitalerträge bei einem auf den Namen einer Personengesellschaft geführten Konto sind die Gesellschafter. Von der Erhebung der Kapitalertragsteuer kann deshalb nur dann abgesehen werden, wenn es sich bei allen Gesellschaftern um Steuerausländer handelt. 305

Wird dagegen im Inland ein Konto geführt, das auf den Namen einer Personenhandelsgesellschaft lautet, die weder Sitz, Geschäftsleitung noch Betriebsstätte im Inland hat, ist der Kapitalertragsteuereinbehalt wegen der Ausländereigenschaft nicht vorzunehmen. 306

VIII. Erstattung der Kapitalertragsteuer in besonderen Fällen (§ 44b Absatz 1 und Absatz 5 EStG)

Erstattung bei zu Unrecht einbehaltener Kapitalertragsteuer

In den Fällen, in denen Kapitalertragsteuer ohne rechtliche Verpflichtung einbehalten und abgeführt worden ist (z. B. Nichtvorliegen einer beschränkten Steuerpflicht bei Zinseinkünften von Steuerausländern), geht das Erstattungsverfahren nach § 44b Absatz 5 EStG dem Verfahren nach § 37 Absatz 2 AO vor. Sofern eine Korrektur des Steuerabzugs nach § 44b Absatz 5 EStG durch den Schuldner der Kapitalerträge oder die auszahlende Stelle tatsächlich nicht erfolgt ist, führt die ohne rechtlichen Grund einbehaltene Kapitalertragsteuer zu einem Steuererstattungsanspruch im Sinne von § 37 Absatz 2 AO. Der Antrag auf Erstattung der Kapitalertragsteuer ist an das Betriebsstättenfinanzamt zu richten, an das die Kapitalertragsteuer abgeführt worden ist. Im Kalenderjahr des Wechsels von der unbeschränkten zur beschränkten Steuerpflicht ist für die Anrechnung der Kapitalertragsteuer ausschließlich das Wohnsitzfinanzamt zuständig, § 36 Absatz 2 Nummer 2 Satz 5 in Verbindung mit § 2 Absatz 7 Satz 3 EStG. 307

Erstattung von Kapitalertragsteuer bei nachträglich bekannt gewordenen Steuerbefreiungstatbeständen

Legt der Gläubiger der Kapitalerträge der auszahlenden Stelle 307a
- eine Bescheinigung nach § 43 Absatz 2 Satz 4 EStG,
- einen Freistellungsauftrag nach § 44a Absatz 2 Satz 1 Nummer 1 EStG,
- eine NV-Bescheinigung nach § 44a Absatz 2 Satz 1 Nummer 2 EStG,
- eine Bescheinigung nach § 44a Absatz 4 Satz 3, Absatz 5 Satz 4 EStG oder
- eine Erklärung nach § 43 Absatz 2 Satz 3 Nummer 2 EStG

bis zum Zeitpunkt der technischen Erstellung der Steuerbescheinigung – spätestens bis zum 31. Januar des Folgejahres – für das betreffende Kalenderjahr vor, so hat diese einen bereits vorgenommenen Steuerabzug zu korrigieren.

Nach diesem Zeitpunkt kann der zum Steuerabzug Verpflichtete eine Korrektur des Steuerabzugs vornehmen. Es besteht jedoch keine Verpflichtung (§ 44b Absatz 5 Satz 1 EStG).

Bei bereits aufgelösten Konten und Depots ist es nicht zu beanstanden, wenn nachträglich eingereichte Bescheinigungen, NV-Bescheinigungen und Freistellungsaufträge nicht mehr berücksichtigt werden.

Die Erstattung der Kapitalertragsteuer an Steuerausländer ist jedoch ausgeschlossen, wenn es sich um sogenannte Tafelgeschäfte im Sinne des § 44 Absatz 1 Satz 4 Buchstabe a Doppelbuchstabe bb EStG handelt. 308

Kapitalvermögen (Abgeltungsteuer)

Erstattung von Kapitalertragsteuer nach § 44b Absatz 1 EStG aufgrund einer Kapitalrückzahlung nach § 17 InvStG in der vom 1. Januar 2018 bis zum 31. Dezember 2019 anzuwendenden Fassung

308a Nach § 44b Absatz 1 EStG ist die auf Ausschüttungen eines Investmentfonds in dessen Liquidationsphase erhobene Kapitalertragsteuer zu erstatten, soweit die Ausschüttungen Kapitalrückzahlungen darstellen. Die auszahlende Stelle im Sinne des § 44 Absatz 1 Satz 3 und 4 in Verbindung mit § 43 Absatz 1 Satz 1 Nummer 5 EStG (in der Regel das depotführende Kreditinstitut des Inhabers der Investmentanteile) hat die Erstattung vorzunehmen. Gemäß § 17 Absatz 1 InvStG in der vom 1. Januar 2018 bis zum 31. Dezember 2019 anzuwendenden Fassung ist nur der Mehrbetrag, um den die Summe aller Ausschüttungen und des Rücknahmepreises am Ende des Kalenderjahres den Rücknahmepreis am Anfang des Kalenderjahres übersteigt, steuerpflichtig.

Beispiel:
Am Anfang des Jahres 01 beträgt der Rücknahmepreis für einen Anteil an dem A-Investmentfonds 100 €. Der A-Investmentfonds schüttet 20 € pro Anteil während des Jahres 01 aus. Am Ende des Jahres 01 beträgt der Rücknahmepreis für einen Anteil 85 €.

Lösung:
Steuerpflichtig sind (20 € + 85 €) – 100 € = 5 €; steuerneutrale Kapitalrückzahlung sind 15 €. Die auf die Ausschüttung in Höhe von 15 € erhobene Kapitalertragsteuer hat die zum Steuerabzug verpflichtete Stelle nach § 44b Absatz 1 EStG an den Anleger A nach Ablauf des Jahres 01 zu erstatten.

Nimmt ein Investmentfonds mehrere Ausschüttungen während eines Kalenderjahres vor, ist die Kapitalrückzahlung quotal aufzuteilen.

Abwandlung:
Der A-Investmentfonds schüttet erst 5 € und anschließend 15 € aus.

Lösung:
Von der ersten Ausschüttung sind 3,75 € (5 x 15/20) und von der zweiten Ausschüttung sind 11,25 € (15 x 15/20) der Kapitalrückzahlung zuzuordnen.

Wenn bei der Erhebung der Kapitalertragsteuer ausländische Quellensteuer angerechnet wurde, ist bei der Erstattung der auf die Kapitalrückzahlung entfallenden Kapitalertragsteuer eine Korrektur der anrechenbaren ausländischen Quellensteuer vorzunehmen. Die quellensteuerbelastete Ausschüttung stellt keinen einheitlichen Kapitalertrag im Sinne des § 32d Absatz 5 EStG dar, sondern es handelt sich nur zum Teil um einen Kapitalertrag und im Übrigen um eine Kapitalrückzahlung. Die ausländische Quellensteuer ist quotal auf die Kapitalrückzahlung und den verbleibenden Ertrag aufzuteilen.

Abwandlung:
Im Ausgangsbeispiel werden 4 € ausländische Quellensteuer angerechnet.

Lösung:
Es sind 3 € (4 x 15/20) der Kapitalrückzahlung und 1 € (4 x 5/20) dem verbleibenden Ertrag zuzuordnen.

Die vorstehenden Regelungen sind gleichermaßen in den Fällen eines unterjährigen Erwerbs oder einer unterjährigen Veräußerung des Investmentanteils anzuwenden. Berechnungsgrundlage für die Ermittlung der steuerneutralen Kapitalrückzahlung sind ebenfalls der Rücknahmepreis am Anfang und Ende des Jahres sowie die gesamten Ausschüttungen während des Jahres. Eine Erstattung ist allerdings nur insoweit vorzunehmen, wie dem Anleger eine steuerneutrale Kapitalrückzahlung zugeflossen ist.

Abwandlung:
Am Anfang des Jahres 01 beträgt der Rücknahmepreis für einen Anteil an dem A-Investmentfonds 100 €. Der A-Investmentfonds schüttet am 10. März 01 5 € pro Anteil aus. Am 1. April 01 erwirbt der Anleger A einen Investmentanteil zu einem Preis von 96 €. Am 30. Oktober 01 nimmt der A-Investmentfonds eine weitere Ausschüttung in Höhe von 15 € vor. Am Ende des Jahres 01 beträgt der Rücknahmepreis für einen Anteil 85 €. Anfang des Jahres 02 veräußert der Anleger A den Anteil zu einem Preis von 85 €.

Lösung:
Steuerpflichtig sind (20 € + 85 €) – 100 € = 5 €; steuerneutrale Kapitalrückzahlung sind 15 €. Von der Ausschüttung vom 10. März 01 sind 3,75 € (5 x 15/20) und der Ausschüttung vom 30.Oktober 01 sind 11,25 € (15 x 15/20) der Kapitalrückzahlung zuzuordnen. Die zum Steuerabzug nach § 44b Absatz 1 EStG verpflichtete Stelle hat nur im Hinblick auf die in der Ausschüttung vom 30. Oktober 01 enthaltene Kapitalrückzahlung von 11,25 € eine Erstattung vorzunehmen.
Der Anleger A hat damit im Jahr 01 3,75 € zu versteuern. Im Jahr 02 fällt ein steuerpflichtiger Veräußerungsgewinn in Höhe von 0,25 € an (85 € Veräußerungserlös – [96 € Anschaffungskosten – 11,25 € Kapitalrückzahlung] = 0,25 €). Über die gesamte Haltedauer hat der Anleger A 4 € zu versteuern.

Erstattung von Kapitalertragsteuer nach § 44b Absatz 1 EStG aufgrund einer Kapitalrückzahlung nach § 17 InvStG in der ab dem 1. Januar 2020 anzuwendenden Fassung

Nach § 17 Absatz 1 Satz 1 InvStG in der ab dem 1. Januar 2020 anzuwendenden Fassung gelten Ausschüttungen eines Kalenderjahres nur insoweit als steuerfreie Kapitalrückzahlung, wie der letzte im Kalenderjahr festgesetzte Rücknahmepreis die fortgeführten Anschaffungskosten unterschreitet. Beispiele hierzu finden sich unter Tz. 17.1 a) des BMF-Schreibens vom 21. Mai 2019 (BStBl I S. 527), zuletzt geändert durch das BMF-Schreiben vom 18. August 2021 (BStBl I S. 1516).

308b

Die für eine Kapitalrückzahlung nach § 17 InvStG in der vom 1. Januar 2018 bis zum 31. Dezember 2019 anzuwendenden Fassung getroffenen Aussagen zur Erstattung nach § 44b Absatz 1 EStG durch den Entrichtungspflichtigen, zur quotalen Aufteilung der Kapitalrückzahlung im Fall von mehreren Ausschüttungen sowie zum Korrektur der anrechenbaren ausländischen Quellensteuer und deren quotaler Aufteilung gelten für Kapitalrückzahlungen nach § 17 InvStG in der ab dem 1. Januar 2020 anzuwendenden Fassung entsprechend.

Beispiel
Der Anleger hat seinen Anteil an dem Investmentfonds am 20. Dezember 2019 für 100 € gekauft. Der Rücknahmepreis beträgt am 31. Dezember 2020 noch 95 €. Am 1. September 2020 fand eine Ausschüttung in Höhe von 8 € statt.

Lösung:
Der Rücknahmepreis zum Jahresende 2020 unterschreitet die fortgeführten Anschaffungskosten um 5 €. Die Ausschüttung in Höhe von 8 € ist in einen steuerpflichtigen Teil (8 € ./. 5 €) = 3 € und eine steuerfreie Kapitalrückzahlung in Höhe von 5 € aufzuteilen.

Abwandlung:
Es werden 4 € ausländische Quellensteuer angerechnet.

Lösung:
Es sind 1,50 € (4 x 3/8) dem Ertrag und 2,50 € (4 x 5/8) der Kapitalrückzahlung zuzuordnen.

Es wird nicht beanstandet, wenn die Aufteilung im Fall von mehreren Ausschüttungen sequenziell statt quotal vorgenommen wird.

Beispiel:
Der Anleger hält einen Anteil an dem Investmentfonds. Die fortgeführten Anschaffungskosten betragen 100 €. In 2021 finden mehrere Aufschüttungen statt.
1. Ausschüttung am 2. März 2021 = 5 €, angerechnete ausländische Quellensteuer (15 %) 0,75 €
2. Ausschüttung am 15. November 2021 = 20 €, angerechnete ausländische Quellensteuer (15 %) 3 €
Summe der Ausschüttungen: 25 €
Der Rücknahmepreis beträgt am 31. Dezember 2021 85 €.
Der letzte in 2021 festgesetzte Rücknahmepreis unterschreitet die fortgeführten Anschaffungskosten um 15 €. 15 € der in 2021 erfolgten Ausschüttungen von insgesamt 25 € sind somit als steuerfreie Kapitalrückzahlung zu berücksichtigen.

Ausschüttung 1:
Die Ausschüttung vom 2. März 2021 wird in vollem Umfang zur steuerfreien Kapitalrückzahlung reklassifiziert, d. h. die einbehalte Kapitalertragsteuer auf 5 € wird dem Anleger vollständig erstattet, die bisher angerechnete ausländische Quellensteuer in Höhe von 0,75 € darf in voller Höhe nicht angerechnet werden.

Ausschüttung 2:
Die Ausschüttung vom 15. November 2021 wird zum Teil ebenfalls reklassifiziert, von den ausgeschütteten 20 € werden 10 € als steuerfreie Kapitalrückzahlung berücksichtigt. Es erfolgt eine Steuererstattung auf 10 €. Die verbleibenden 10 € bleiben steuerpflichtig. Die bisher angerechnete ausländische Quellensteuer in Höhe von 3 € darf anteilig in Höhe von 1,50 € nicht angerechnet werden.
In Summe: Steuerfrei = 15 €, steuerpflichtig = 10 €
In Summe: Nicht anrechenbare ausländische Quellensteuer 2,25 € (5/5 x 0,75 € + 10/20 x 3 €), angerechnete ausländische Quellensteuer 1,50 € (0/5 x 0,75 € + 10/20 x 3 €)

Erstattung in Treuhandfällen bei Steuerausländern

309 Bei Kapitalerträgen, die auf einem Treuhandkonto erzielt werden, ist mangels Identität von Gläubiger und Kontoinhaber eine Abstandnahme vom Kapitalertragsteuerabzug nicht zulässig. Dies gilt auch, wenn der Gläubiger der Kapitalerträge ein Steuerausländer ist, der mit den Einkünften aus Kapitalvermögen nicht der beschränkten Steuerpflicht unterliegt. Da die Einkünfte mangels Steuerpflicht nicht in eine Veranlagung einbezogen werden können, kommt eine Anrechnung der einbehaltenen Kapitalertragsteuer im Rahmen einer Einkommensteuerveranlagung nicht in Betracht. Eine Erstattung nach § 50c Absatz 3 Satz 1 EStG (§ 50d Absatz 1 EStG a. F.) beim Bundeszentralamt für Steuern ist ebenfalls nicht zulässig, weil die Kapitalerträge nicht auf Grund des § 43b EStG oder eines DBA vom Steuerabzug freizustellen sind. Der Steuerausländer hat vielmehr einen Erstattungsanspruch nach § 37 Absatz 2 AO.

IX. Anmeldung und Bescheinigung von Kapitalertragsteuer (§ 45a EStG)

310 Vgl. BMF-Schreiben vom 23. Mai 2022 (BStBl I S. 860).

X. Nicht besetzt

311 Nicht besetzt.

XI. Kapitalertragsteuerabzug bei beschränkt steuerpflichtigen Einkünften aus Kapitalvermögen (§ 49 Absatz 1 Nummer 5 EStG)

312 Soweit die Einkünfte aus Kapitalvermögen der beschränkten Steuerpflicht unterliegen, können sie dem Kapitalertragsteuerabzug unterliegen. Der beschränkten Einkommensteuerpflicht unterliegen die in § 49 Absatz 1 Nummer 5 EStG aufgeführten Kapitaleinkünfte, die von natürlichen oder juristischen Personen ohne Sitz, Wohnsitz und gewöhnlichen Aufenthalt im Inland bezogen werden (§ 1 Absatz 4 EStG oder § 2 KStG). Vom

Kapitalertragsteuerabzug sind insbesondere Dividendenzahlungen eines inländischen Schuldners (z. B. bestimmter Körperschaften) betroffen.

Soweit bei Kapitaleinkünften die Voraussetzungen für eine beschränkte Steuerpflicht nicht vorliegen, ist von der auszahlenden Stelle für diese Einkünfte kein Kapitalertragsteuereinbehalt vorzunehmen. Es ist nicht zu beanstanden, wenn bei Treuhand- und Nießbrauchsverhältnissen, bei denen sowohl Treuhänder/Nießbraucher als auch Treugeber/Inhaber der Forderung Steuerausländer sind, kein Kapitalertragsteuereinbehalt vorgenommen wird. 313

Die Ausländereigenschaft eines Kunden kann anhand der Merkmale festgestellt werden, die vom Kreditinstitut im Zusammenhang mit der Legitimationsprüfung nach § 154 AO oder der Identifizierung nach §§ 3, 4 des Geldwäschegesetzes (GwG) bei der Begründung der Geschäftsbeziehung oder der Kontoeröffnung erhoben werden. Ist im Einzelfall unklar, ob der Kunde Steuerausländer ist, kann das Institut auf die von einer ausländischen Finanzbehörde ausgestellte Wohnsitzbescheinigung vertrauen und für den Steuerabzug davon ausgehen, dass im Inland nur eine beschränkte Steuerpflicht besteht. 314

Teilt ein Kunde seinem Kreditinstitut den Umzug vom Inland in das Ausland mit, kann das Kreditinstitut nur dann nicht mehr von einer unbeschränkten Steuerpflicht ausgehen, wenn dem Kreditinstitut der Statuswechsel durch schriftliche, beweiskräftige Unterlagen nachgewiesen wurde. Schriftliche beweiskräftige Unterlagen sind insbesondere die melderechtlichen Nachweise (Schreiben an Meldebehörde) des Wohnsitzwechsels oder die von einer ausländischen Finanzbehörde ausgestellte Wohnsitzbescheinigung. Kann der Statuswechsel nicht zweifelsfrei nachgewiesen werden, ist weiterhin davon auszugehen, dass im Inland eine unbeschränkte Steuerpflicht besteht. Die Voraussetzungen, dass keine unbeschränkte Steuerpflicht vorliegt, sind in einem zeitlich angemessenen Abstand vom Kreditinstitut entsprechend den Grundsätzen zu § 10 Absatz 3 Nummer 4, § 11 Absatz 3 GwG zu überprüfen.

Besitzt ein Steuerausländer Anteile an einer Kapitalgesellschaft, die in einem inländischen Depot liegen, besteht im Falle der Veräußerung (§ 49 Absatz 1 Nummer 2 Buchstabe e EStG) auch dann keine Verpflichtung zum Steuerabzug, wenn der Steuerausländer an der Kapitalgesellschaft zu mindestens 1 % beteiligt ist. 315

XII. Anwendungsvorschriften zur Einführung einer Abgeltungsteuer (§ 52 EStG)

1. Einbehalt der Kapitalertragsteuer bei bestehenden, bisher nicht dem Steuerabzug unterliegenden Beitragsdepots und vergleichbaren Einrichtungen

Auch bei Erträgen aus Beitragsdepots, Parkdepots, Ablaufdepots oder Kapitalisierungsgeschäften, die vor dem 1. Januar 2007 abgeschlossen wurden, besteht nach Einführung der Abgeltungsteuer bei Versicherungsunternehmen eine Pflicht zum Einbehalt der Kapitalertragsteuer, soweit die Kapitalanlagen mit dem Einlagengeschäft bei Kreditinstituten vergleichbar sind. Es ist jedoch nicht zu beanstanden, wenn bei Beitragsdepots, die vor dem 1. Januar 2007 abgeschlossen wurden, vom Steuerabzug Abstand genommen wird. 316

2. Zeitliche Anwendung von § 20 Absatz 2 Satz 1 Nummer 1 EStG und § 23 Absatz 1 Satz 1 Nummer 2 EStG a. F. (§ 52 Absatz 28 Satz 11, Absatz 31 Satz 2 EStG)

§ 23 Absatz 1 Satz 1 Nummer 2 EStG a. F. ist letztmals auf private Veräußerungsgeschäfte mit Wertpapieren anzuwenden, die vor dem 1. Januar 2009 erworben wurden. Der Begriff des Erwerbs beinhaltet den Tatbestand des „rechtswirksam abgeschlossenen obligatorischen Vertrags oder gleichstehenden Rechtsaktes". 317

Anhang 19
II   Kapitalvermögen (Abgeltungsteuer)

Anschaffungszeitpunkt angedienter Wertpapiere in der Übergangszeit 2008/2009

318   Nach Rechtslage vor Einführung der Abgeltungsteuer gelten bei Umtausch- oder Aktienanleihen die Aktien zu dem Zeitpunkt als angeschafft, in dem die entsprechenden Ausübungsrechte (Umtauschanleihe) ausgeübt oder nach den Emissionsbedingungen der Anleihe feststeht, dass es zur Lieferung kommt (Aktienanleihe).

Damit ist für die erhaltenen Aktien weiterhin § 23 EStG in der bis zum 31. Dezember 2008 geltenden Fassung anzuwenden, auch wenn die Aktien, die als noch in 2008 angeschafft gelten, dem Steuerpflichtigen erst in 2009 zugehen.

Der Steuerpflichtige erzielt aus der Anleihe – durch den Bezug der Aktien – Einkünfte im Sinne des § 20 Absatz 2 Satz 1 Nummer 7 EStG. In diesen Fällen findet § 20 Absatz 4a Satz 3 EStG keine Anwendung.

Übergangsregelung bei obligationsähnlichen Genussrechten und Gewinnobligationen (§ 52 Absatz 28 Satz 15 und 16 EStG)

319   Für die Veräußerung von obligationsähnlichen Genussrechten und Gewinnobligationen im Sinne des § 20 Absatz 2 Satz 1 Nummer 4 Satz 5 EStG in der bis 31. Dezember 2008 geltenden Fassung findet § 52 Absatz 28 Satz 16 EStG Anwendung (BFH-Urteil vom 12. Dezember 2012 – I R 27/12, BStBl II 2013 S. 682).

320   Nicht besetzt.
321   Nicht besetzt.
322   Nicht besetzt.
323   Nicht besetzt.

XIII. Anwendungsregelung, Nichtbeanstandungsregelungen und Fundstellennachweis

324   Für die Abgeltungsteuer auf Kapitalerträge und Veräußerungsgewinne sind die Grundsätze dieses Schreibens auf alle offenen Fälle anzuwenden. Im Übrigen ist dieses Schreiben auf Kapitalerträge, die nach dem 31. Dezember 2008 zufließen, sowie erstmals für den Veranlagungszeitraum 2009 anzuwenden.

Bei Sachverhalten, die unter die Regelung dieses Schreibens fallen, sind folgende BMF-Schreiben nicht mehr anzuwenden: vom 18. Januar 2016 (BStBl I S. 85), 20. April 2016 (BStBl I S. 475), 16. Juni 2016 (BStBl I S. 527), 3. Mai 2017 (BStBl I S. 739), 10. Mai 2017 (BStBl I S. 774), 19. Dezember 2017 (BStBl I 2018 S. 52), 12. April 2018 (BStBl I S. 624), 17. Dezember 2018 (BStBl I S. 1399), 17. Januar 2019 (BStBl I S. 51), 10. Mai 2019 (BStBl I S. 464), 16. September 2019 (BStBl I S. 889), 19. Februar 2021 (BStBl I S. 296) und vom 3. Juni 2021 (BStBl I S. 723).

325   Für den Kapitalertragsteuerabzug wird es nicht beanstandet, wenn die Änderungen der Rn. 63, 111, 166 und 280 sowie die Rn. 193 hinsichtlich der Versicherung des ausländischen Instituts ab dem 1. Januar 2023 und die Änderung der Rn. 131 in der Fassung des BMF-Schreibens vom 19. Mai 2022 erst ab dem 1. Januar 2024 angewendet werden. Für die erstmalige Anwendung der Rn. 131 ist hierbei auf den Anschaffungszeitpunkt der Kapitalforderung abzustellen.

Anhang 19

Kapitalvermögen (Abgeltungsteuer) II

Anlage 1

Erklärung zur Freistellung vom Kapitalertragsteuerabzug
gemäß § 43 Absatz 2 Satz 3 Nummer 2 EStG

(Name/Firma – bei natürlichen Personen Vor- und Zuname, Geburtsdatum)

(Anschrift) (Steuernummer – bei natürlichen Personen Identifikationsnummer)

An die auszahlende Stelle/Kreditinstitut

(Name/Firma)

(Filiale X-Stadt)

(Anschrift)

Ich erkläre/Wir erklären hiermit, dass die Kapitalerträge

☐ aus den Konten und Depots mit der Stammnummer ....

☐ aus den nachstehend oder in der Anlage angeführten Konten und Depots

Konto- bzw. Depot-Nr. ....
Konto- bzw. Depot-Nr. ....
Konto- bzw. Depot-Nr. ....
Konto- bzw. Depot-Nr. ....
Konto- bzw. Depot-Nr. ....

☐ aus den mit Ihnen seit dem .... abgeschlossenen Termin- und/oder Optionsgeschäften

☐ aus sonstigen nach dem .... erworbenen Kapitalforderungen, auch wenn diese nicht konten- oder depotmäßig verbucht sind,

zu den Betriebseinnahmen meines/unseres inländischen Betriebs gehören und der Steuerabzug bei Kapitalerträgen i. S. des § 43 Absatz 1 Satz 1 Nummer 6 und 8-12 sowie Satz 2 EStG nicht vorzunehmen ist.

☐ aus den mit Ihnen seit dem .... abgeschlossenen Termin- und/oder Optionsgeschäften zu meinen/unseren Einkünften aus Vermietung und Verpachtung gehören und der Steuerabzug bei Kapitalerträgen i. S. des § 43 Absatz 1 Satz 1 Nummer 8 und 11 sowie Satz 2 EStG nicht vorzunehmen ist.

Anhang 19
II Kapitalvermögen (Abgeltungsteuer)

Werden von mir/uns im Rahmen meines/unseres inländischen Betriebs weitere betriebliche Konten/Depots eröffnet, Kapitalforderungen erworben oder Options- und/oder Termingeschäfte abgeschlossen, so können die Kapitalerträge bei der Eröffnung, dem Erwerb und dem Abschluss durch Bezugnahme auf diese Erklärung als vom Steuerabzug auf Kapitalerträge i. S. des § 43 Absatz 1 Satz 1 Nummer 6 und 8-12 sowie Satz 2 EStG freizustellende Erträge gekennzeichnet werden. Entsprechendes gilt beim Abschluss von Options- und/oder Termingeschäften im Rahmen der Einkünfte aus Vermietung und Verpachtung.

Diese Erklärung gilt ab dem .... bis zu einem möglichen Widerruf.

Änderungen der Verhältnisse werden Ihnen umgehend mitgeteilt.

_____
(Unterschrift)

Hinweise:
1. Bei Kapitalerträgen i. S. des § 43 Absatz 1 Satz 1 Nummer 6 und 8-12 sowie Satz 2 EStG ist kein Steuerabzug vorzunehmen, wenn die Kapitalerträge Betriebseinnahmen eines inländischen Betriebs sind und der Gläubiger der Kapitalerträge oder die Personenmehrheit dies gegenüber der auszahlenden Stelle nach dem vorliegenden Vordruck erklärt. Entsprechendes gilt für Erträge aus Options- und/oder Termingeschäften, die zu den Einkünften aus Vermietung und Verpachtung gehören.

2. Bei Personenmehrheiten ist die Einkunftsqualifikation auf der Ebene der Personenmehrheit maßgeblich, nicht die abweichende Qualifikation bei einzelnen Beteiligten.

3. Die auszahlende Stelle hat die vorliegende Erklärung sechs Jahre lang aufzubewahren. Die Frist beginnt am Ende des Jahres zu laufen, in dem die Freistellung letztmals berücksichtigt wird.

4. Die auszahlende Stelle übermittelt im Falle der Freistellung die Steuernummer bzw. bei natürlichen Personen die Identifikationsnummer, Vor- und Zuname des Gläubigers der Kapitalerträge sowie die Konto- oder Depotbezeichnung bzw. die sonstige Kennzeichnung des Geschäftsvorgangs an die Finanzverwaltung. Bei Personenmehrheiten treten die Firma oder vergleichbare Bezeichnungen an die Stelle des Vor- und Zunamens.

Anhang 19

Kapitalvermögen (Abgeltungsteuer)   II

Anlage 2

Muster

– Freistellungsauftrag für Kapitalerträge und Antrag auf ehegattenübergreifende/lebenspartnerübergreifende Verlustverrechnung –

(Gilt nicht für Betriebseinnahmen und Einnahmen aus Vermietung und Verpachtung)

_____   _____
(Name, abweichender Geburtsname, Vorname,   (Straße, Hausnummer)
Geburtsdatum des Gläubigers der
Kapitalerträge)

_____
(Identifikationsnummer des Gläubigers)

☐ Gemeinsamer Freistellungsauftrag*)

_____   _____
(ggf. Name, abweichender Geburtsname,   (Postleitzahl, Ort)
Vorname, Geburtsdatum des Ehegatten/
des Lebenspartners)

_____
(Identifikationsnummer des Ehegatten/
des Lebenspartners bei gemeinsamem
Freistellungsauftrag)

An

_____
(z. B. Kreditinstitut/Bausparkasse/Lebensversicherungsunternehmen/Bundes-/Landesschuldenverwaltung)

_____   _____
(Straße, Hausnummer)   (Postleitzahl, Ort)

Hiermit erteile ich/erteilen wir**) Ihnen den Auftrag, meine/unsere**) bei Ihrem Institut anfallenden Kapitalerträge vom Steuerabzug freizustellen und/oder bei Dividenden und ähnlichen Kapitalerträgen die Erstattung von Kapitalertragsteuer zu beantragen, und zwar

☐ bis zu einem Betrag von .... € (bei Verteilung des Sparer-Pauschbetrages auf mehrere Kreditinstitute).

☐ bis zur Höhe des für mich/uns**) geltenden Sparer-Pauschbetrages von insgesamt 801 €/ 1.602 €**).

☐ über 0 €***) (sofern lediglich eine ehegattenübergreifende/lebenspartnerübergreifende Verlustverrechnung beantragt werden soll).

1963

Anhang 19
II   Kapitalvermögen (Abgeltungsteuer)

Dieser Auftrag gilt ab dem 01.01.XXXX bzw. ab Beginn der Geschäftsverbindung

☐ so lange, bis Sie einen anderen Auftrag von mir/uns**) erhalten.
☐ bis zum 31.12.XXXX

Die in dem Auftrag enthaltenen Daten und freigestellten Beträge werden dem Bundeszentralamt für Steuern (BZSt) übermittelt. Sie dürfen zur Durchführung eines Verwaltungsverfahrens oder eines gerichtlichen Verfahrens in Steuersachen oder eines Strafverfahrens wegen einer Steuerstraftat oder eines Bußgeldverfahrens wegen einer Steuerordnungswidrigkeit verwendet sowie vom BZSt den Sozialleistungsträgern übermittelt werden, soweit dies zur Überprüfung des bei der Sozialleistung zu berücksichtigenden Einkommens oder Vermögens erforderlich ist (§ 45d EStG).

Ich versichere/Wir versichern**), dass mein/unser**) Freistellungsauftrag zusammen mit Freistellungsaufträgen an andere Kreditinstitute, Bausparkassen, das BZSt usw. den für mich/uns**) geltenden Höchstbetrag von insgesamt 801 €/1.602 €**) nicht übersteigt. Ich versichere/Wir versichern**) außerdem, dass ich/wir**) mit allen für das Kalenderjahr erteilten Freistellungsaufträgen für keine höheren Kapitalerträge als insgesamt 801 €/1.602 €**) im Kalenderjahr die Freistellung oder Erstattung von Kapitalertragsteuer in Anspruch nehme(n)**).

Die mit dem Freistellungsauftrag angeforderten Daten werden auf Grund von § 44a Absatz 2 und 2a, § 45b Absatz 1 und § 45d Absatz 1 EStG erhoben. Die Angabe der steuerlichen Identifikationsnummer ist für die Übermittlung der Freistellungsdaten an das BZSt erforderlich. Die Rechtsgrundlagen für die Erhebung der Identifikationsnummer ergeben sich aus § 139a Absatz 1 Satz 1 2. Halbsatz AO, § 139b Absatz 2 AO und § 45d EStG. Die Identifikationsnummer darf nur für Zwecke des Besteuerungsverfahrens verwendet werden.

_____   _____   _____
      (Datum)   (Unterschrift)   (ggf. Unterschrift Ehegatte, Lebenspartner, gesetzliche(r) Vertreter)

☐ Zutreffendes bitte ankreuzen

*)   Angaben zum Ehegatten/Lebenspartner und dessen Unterschrift sind nur bei einem gemeinsamen Freistellungsauftrag erforderlich
**)   Nichtzutreffendes bitte streichen
***) Möchten Sie mit diesem Antrag lediglich eine ehegattenübergreifende/lebenspartnerübergreifende Verlustverrechnung beantragen, so kreuzen Sie bitte dieses Feld an

Der Höchstbetrag von 1.602 € gilt nur bei Ehegatten/Lebenspartnern, die einen gemeinsamen Freistellungsauftrag erteilen und bei denen die Voraussetzungen einer Zusammenveranlagung i. S. des § 26 Absatz 1 Satz 1 EStG vorliegen. Der gemeinsame Freistellungsauftrag ist z. B. nach Auflösung der Ehe/Lebenspartnerschaft oder bei dauerndem Getrenntleben zu ändern. Erteilen Ehegatten/Lebenspartner einen gemeinsamen Freistellungsauftrag, führt dies am Jahresende zu einer Verrechnung der Verluste des einen Ehegatten/Lebenspartner mit den Gewinnen und Erträgen des anderen Ehegatten/Lebenspartner. Freistellungsaufträge können nur mit Wirkung zum Kalenderjahresende befristet werden. Eine Herabsetzung bis zu dem im Kalenderjahr bereits ausgenutzten Betrag ist jedoch zulässig. Sofern ein Freistellungsauftrag im laufenden Jahr noch nicht genutzt wurde, kann er auch zum 1. Januar des laufenden Jahres widerrufen werden. Der Freistellungsauftrag kann nur für sämtliche Depots oder Konten bei einem Kreditinstitut oder einem anderen Auftragnehmer gestellt werden.

Steuerliche Berücksichtigung von Kinderbetreuungskosten ab dem Veranlagungszeitraum 2012 (§ 10 Absatz 1 Nummer 5 EStG); Anwendungsschreiben

BMF vom 14.03.2012 (BStBl I S. 307)
IV C 4 – S 2221/07/0012 :012 – 2012/0204082

Im Einvernehmen mit den obersten Finanzbehörden der Länder gilt für die steuerliche Berücksichtigung von Kinderbetreuungskosten ab dem Veranlagungszeitraum 2012 Folgendes:

I. Änderung des Einkommensteuergesetzes durch das Steuervereinfachungsgesetz 2011

Die mit Wirkung vom Veranlagungszeitraum 2006 eingeführten und seit 2009 in § 9c EStG zusammengeführten Regelungen zum Abzug von erwerbsbedingten und nicht erwerbsbedingten Kinderbetreuungskosten bis zu einem Höchstbetrag von 4.000 Euro je Kind sind – unter Verringerung der Anspruchsvoraussetzungen – mit Wirkung ab dem Veranlagungszeitraum 2012 in den neuen § 10 Absatz 1 Nummer 5 EStG übernommen worden. Die Unterscheidung nach erwerbsbedingten und nicht erwerbsbedingten Kinderbetreuungskosten entfällt. Auf die persönlichen Anspruchsvoraussetzungen bei den steuerpflichtigen Eltern, wie z. B. Erwerbstätigkeit oder Ausbildung, kommt es nicht mehr an. Aus diesem Grund können Betreuungskosten für Kinder im Sinne des § 32 Absatz 1 EStG ab dem Veranlagungszeitraum 2012 ab Geburt des Kindes bis zur Vollendung seines 14. Lebensjahres berücksichtigt werden. Darüber hinaus können solche Aufwendungen für Kinder berücksichtigt werden, die wegen einer vor Vollendung des 25. Lebensjahres eingetretenen körperlichen, geistigen oder seelischen Behinderung außerstande sind, sich selbst zu unterhalten. Das gilt auch für Kinder, die wegen einer vor dem 1. Januar 2007 in der Zeit ab Vollendung des 25. Lebensjahres und vor Vollendung des 27. Lebensjahres eingetretenen körperlichen, geistigen oder seelischen Behinderung außerstande sind, sich selbst zu unterhalten (§ 52 Absatz 24a Satz 2 EStG[1])). 1

Kinderbetreuungskosten sind ab Veranlagungszeitraum 2012 einheitlich als Sonderausgaben abziehbar. Der Abzug wie Betriebsausgaben oder Werbungskosten ist ab diesem Zeitraum entfallen. Soweit es sich um Kinderbetreuungskosten handelt, die unter den Voraussetzungen der bis einschließlich 2011 geltenden gesetzlichen Regelung des § 9c EStG wie Betriebsausgaben oder Werbungskosten abgezogen werden konnten, kann die Neuregelung Auswirkungen haben, soweit außersteuerliche Rechtsnormen an steuerliche Einkommensbegriffe anknüpfen, wie z. B. § 14 Absatz 1 Wohngeldgesetz. Diese Auswirkungen werden durch den mit dem Steuervereinfachungsgesetz 2011 eingefügten § 2 Absatz 5a Satz 2 EStG vermieden: Knüpfen außersteuerliche Rechtsnormen an die Begriffe „Einkünfte", „Summe der Einkünfte" oder „Gesamtbetrag der Einkünfte" an, mindern sich für deren Zwecke diese Größen um die nach § 10 Absatz 1 Nummer 5 EStG abziehbaren Kinderbetreuungskosten. Auch bei Anwendung dieser Regelung wird nicht danach unterschieden, ob die Kinderbetreuungskosten erwerbsbedingt oder nicht erwerbsbedingt angefallen sind. 2

---

[1]) jetzt § 52 Abs. 18 Satz 3

Anhang 19a
Kinderbetreuungskosten

II. Allgemeine Voraussetzungen

1. Dienstleistungen zur Betreuung

3[1]) Betreuung im Sinne des § 10 Absatz 1 Nummer 5 EStG ist die behütende oder beaufsichtigende Betreuung, d. h. die persönliche Fürsorge für das Kind muss der Dienstleistung erkennbar zugrunde liegen. Berücksichtigt werden können danach z. B. Aufwendungen für
- die Unterbringung von Kindern in Kindergärten, Kindertagesstätten, Kinderhorten, Kinderheimen und Kinderkrippen sowie bei Tagesmüttern, Wochenmüttern und in Ganztagespflegestellen,
- die Beschäftigung von Kinderpflegern und Kinderpflegerinnen oder -schwestern, Erziehern und Erzieherinnen,
- die Beschäftigung von Hilfen im Haushalt, soweit sie ein Kind betreuen,
- die Beaufsichtigung des Kindes bei Erledigung seiner häuslichen Schulaufgaben (BFH-Urteil vom 17. November 1978, BStBl 1979 II S. 142).

4 Aufwendungen für Kinderbetreuung durch Angehörige des Steuerpflichtigen können nur berücksichtigt werden, wenn den Leistungen klare und eindeutige Vereinbarungen zu Grunde liegen, die zivilrechtlich wirksam zustande gekommen sind, inhaltlich dem zwischen Fremden Üblichen entsprechen, tatsächlich so auch durchgeführt werden und die Leistungen nicht üblicherweise auf familienrechtlicher Grundlage unentgeltlich erbracht werden. So können z. B. Aufwendungen für eine Mutter, die zusammen mit dem gemeinsamen Kind im Haushalt des Steuerpflichtigen lebt, nicht berücksichtigt werden (BFH-Urteil vom 6. November 1997, BStBl 1998 II S. 187). Auch bei einer eheähnlichen Lebensgemeinschaft oder einer Lebenspartnerschaft zwischen dem Steuerpflichtigen und der Betreuungsperson ist eine Berücksichtigung von Kinderbetreuungskosten nicht möglich. Leistungen an eine Person, die für das betreute Kind Anspruch auf einen Freibetrag nach § 32 Absatz 6 EStG oder auf Kindergeld hat, können nicht als Kinderbetreuungskosten anerkannt werden.

2. Aufwendungen[2])

5 Zu berücksichtigen sind Ausgaben in Geld oder Geldeswert (Wohnung, Kost, Waren, sonstige Sachleistungen) für Dienstleistungen zur Betreuung eines Kindes einschließlich der Erstattungen an die Betreuungsperson (z. B. Fahrtkosten), wenn die Leistungen im Einzelnen in der Rechnung oder im Vertrag aufgeführt werden. Wird z. B. bei einer ansonsten unentgeltlich erbrachten Betreuung ein Fahrtkostenersatz gewährt, so ist dieser zu berücksichtigen, wenn hierüber eine Rechnung erstellt wird. Aufwendungen für Fahrten des Kindes zur Betreuungsperson sind nicht zu berücksichtigen (BFH-Urteil vom 29. August 1986, BStBl 1987 II S. 167). Eine Gehaltsreduzierung, die dadurch entsteht, dass der Steuerpflichtige seine Arbeitszeit zugunsten der Betreuung seines Kindes kürzt, stellt keinen Aufwand für Kinderbetreuung dar. Für Sachleistungen gilt § 8 Absatz 2 EStG entsprechend.

---

[1]) Kinderbetreuung umfasst auch die pädagogisch sinnvolle Gestaltung der in Kindergärten und ähnlichen Einrichtungen verbrachten Zeit. Um nicht begünstigte Aufwendungen für Unterricht oder die Vermittlung besonderer Fähigkeiten handelt es sich daher nur, wenn die Dienstleistungen in einem regelmäßig organisatorisch, zeitlich und räumlich verselbständigten Rahmen stattfinden und die vom Leistungserbringer während der Unterrichtszeit ausgeübte Aufsicht über das Kind und damit die behütende Betreuung gegenüber der Vermittlung der besonderen Fähigkeiten als dem Hauptzweck der Dienstleistung in den Hintergrund rückt (>BFH vom 19.04.2012 – BStBl II S. 862).

[2]) Als Sonderausgaben abziehbare Kinderbetreuungskosten sind um steuerfreie Arbeitgeberzuschüsse nach § 3 Nr. 33 zu kürzen (>BFH vom 14.04.2021 – BStBl II S. 772).

Anhang 19a
Kinderbetreuungskosten

Wird ein einheitliches Entgelt sowohl für Betreuungsleistungen als auch für andere Leistungen gezahlt, ist mit Ausnahme der in Randnummer 9 bezeichneten Fälle gegebenenfalls eine Aufteilung im Schätzungswege vorzunehmen. Von einer Aufteilung ist abzusehen, wenn die anderen Leistungen von untergeordneter Bedeutung sind.   6

Bei Aufnahme eines Au-pairs in eine Familie fallen in der Regel sowohl Aufwendungen für die Betreuung der Kinder als auch für leichte Hausarbeiten an. Wird in einem solchen Fall der Umfang der Kinderbetreuungskosten nicht nachgewiesen (z. B. durch Festlegung der Tätigkeiten im Vertrag und entsprechende Aufteilung des Entgelts), kann ein Anteil von 50 Prozent der Gesamtaufwendungen als Kinderbetreuungskosten berücksichtigt werden.   7

Aufwendungen für Unterricht (z. B. Schulgeld, Nachhilfe oder Fremdsprachenunterricht), die Vermittlung besonderer Fähigkeiten (z. B. Musikunterricht, Computerkurse) oder für sportliche und andere Freizeitbetätigungen (z. B. Mitgliedschaft in Sportvereinen oder anderen Vereinen, Tennis- oder Reitunterricht) sind nicht zu berücksichtigen. Auch Aufwendungen für die Verpflegung des Kindes sind nicht zu berücksichtigen (BFH-Urteil vom 28. November 1986, BStBl 1987 II S. 490).   8

Werden für eine Nachmittagsbetreuung in der Schule Elternbeiträge erhoben und umfassen diese nicht nur eine Hausaufgabenbetreuung, sind Entgeltanteile, die z. B. auf Nachhilfe oder bestimmte Kurse (z. B. Computerkurs) oder auf eine etwaige Verpflegung entfallen, nicht zu berücksichtigen. Ein Abzug von Kinderbetreuungskosten ist nur möglich, wenn eine entsprechende Aufschlüsselung der Beiträge vorliegt.   9

Die Zuordnung von Kinderbetreuungskosten zu einem Veranlagungszeitraum richtet sich nach § 11 EStG.   10

Bei beschränkter Steuerpflicht ist ein Abzug von Kinderbetreuungskosten ausgeschlossen (§ 50 Absatz 1 Satz 3 EStG).   11

3. Haushaltszugehörigkeit

Ein Kind gehört zum Haushalt des jeweiligen Elternteils, in dessen Wohnung es dauerhaft lebt oder mit dessen Einwilligung es vorübergehend auswärtig untergebracht ist. Auch in Fällen, in denen dieser Elternteil mit dem Kind in der Wohnung seiner Eltern oder Schwiegereltern oder in Wohngemeinschaft mit anderen Personen lebt, ist die Haushaltszugehörigkeit des Kindes als gegeben anzusehen. Haushaltszugehörigkeit erfordert ferner eine Verantwortung für das materielle (Versorgung, Unterhaltsgewährung) und immaterielle Wohl (Fürsorge, Betreuung) des Kindes. Eine Heimunterbringung ist unschädlich, wenn die Wohnverhältnisse in der Familienwohnung die speziellen Bedürfnisse des Kindes berücksichtigen und es sich im Haushalt dieses Elternteils regelmäßig aufhält (BFH-Urteil vom 14. November 2001, BStBl 2002 II S. 244). Bei nicht zusammenlebenden Elternteilen ist grundsätzlich die Meldung des Kindes maßgebend.   12

Ein Kind kann ausnahmsweise zum Haushalt des Elternteils gehören, bei dem es nicht gemeldet ist, wenn der Elternteil dies nachweist oder glaubhaft macht. Die Zahlung des Kindergeldes an einen Elternteil ist ein weiteres Indiz für die Zugehörigkeit des Kindes zu dessen Haushalt. In Ausnahmefällen kann ein Kind auch zu den Haushalten beider getrennt lebender Elternteile gehören (BFH-Urteil vom 14. Dezember 2004, BStBl 2008 II S. 762; BFH-Urteil vom 28. April 2010, BStBl 2011 II S. 30).   13

4. Berechtigter Personenkreis

Zum Abzug von Kinderbetreuungskosten ist grundsätzlich nur der Elternteil berechtigt, der die Aufwendungen getragen hat (BFH-Urteil vom 25. November 2010, BStBl 2011 II S. 450) und zu dessen Haushalt das Kind gehört. Trifft dies auf beide Elternteile zu, kann jeder seine tatsächlichen Aufwendungen grundsätzlich nur bis zur Höhe des hälftigen   14

Anhang 19a
Kinderbetreuungskosten

15 Aufwendungen zur Betreuung von Stiefkindern und Enkelkindern können nicht berücksichtigt werden, da es sich insoweit nicht um Kinder im Sinne des § 32 Absatz 1 EStG handelt.

Abzugshöchstbetrages geltend machen. Zur Zuordnung der Aufwendungen siehe im Übrigen Randnummern 25 bis 29.

5. Höchstbetrag

16 Kinderbetreuungskosten sind in Höhe von zwei Dritteln der Aufwendungen, höchstens 4.000 Euro je Kind und Kalenderjahr abziehbar.

17 Der Höchstbetrag beläuft sich auch bei einem Elternpaar, das entweder gar nicht oder nur zeitweise zusammengelebt hat, auf 4.000 Euro je Kind für das gesamte Kalenderjahr. Eine Aufteilung auf die Zeiträume des gemeinsamen Haushalts bzw. der getrennten Haushalte ist nicht vorzunehmen. Haben beide Elternteile entsprechende Aufwendungen getragen, sind diese bei jedem Elternteil grundsätzlich nur bis zu einem Höchstbetrag von 2.000 Euro zu berücksichtigen. Siehe im Übrigen Randnummern 25 bis 29.

18 Der Höchstbetrag ist ein Jahresbetrag. Eine zeitanteilige Aufteilung findet auch dann nicht statt, wenn für das Kind nicht im gesamten Kalenderjahr Betreuungskosten angefallen sind.

Beispiel:
Das Kind eines verheirateten Elternpaares geht von Januar bis Juni 2012 in den Kindergarten. Die Sommermonate Juli bis zu seiner Einschulung Ende September 2012 verlebt es bei seinen Großeltern. Ab der Einschulung geht es nachmittags in den Kinderhort.
Den Eltern sind 2012 Kinderbetreuungskosten in Höhe von insgesamt 3.600 Euro entstanden. Davon können sie zwei Drittel, also 2.400 Euro als Sonderausgaben geltend machen. Es findet keine zeitanteilige Kürzung statt.

19 Ist das zu betreuende Kind nicht unbeschränkt einkommensteuerpflichtig, ist der Höchstbetrag zu kürzen, soweit es nach den Verhältnissen im Wohnsitzstaat des Kindes notwendig und angemessen ist. Die für die einzelnen Staaten in Betracht kommenden Kürzungen ergeben sich aus der Ländergruppeneinteilung, die durch BMF-Schreiben bekannt gemacht wird, zuletzt durch BMF-Schreiben vom 4. Oktober 2011 (BStBl 2011 I S. 961)[1].

III. Nachweis
1. Rechnung

20 Der Abzug von Kinderbetreuungskosten setzt nach § 10 Absatz 1 Nummer 5 Satz 4 EStG voraus, dass der Steuerpflichtige für die Aufwendungen eine Rechnung erhalten hat und die Zahlung auf das Konto des Erbringers der Leistung erfolgt ist. Die Rechnung sowie die Zahlungsnachweise sind nur auf Verlangen des Finanzamts vorzulegen. Es muss sich nicht um eine Rechnung im Sinne des Umsatzsteuergesetzes handeln.

21 Einer Rechnung stehen gleich:
- bei einem sozialversicherungspflichtigen Beschäftigungsverhältnis oder einem Minijob der zwischen dem Arbeitgeber und dem Arbeitnehmer abgeschlossene schriftliche (Arbeits-)Vertrag,
- bei Au-pair-Verhältnissen ein Au-pair-Vertrag, aus dem ersichtlich ist, dass ein Anteil der Gesamtaufwendungen auf die Kinderbetreuung entfällt,
- bei der Betreuung in einem Kindergarten oder Hort der Bescheid des öffentlichen oder privaten Trägers über die zu zahlenden Gebühren,

---

[1] jetzt BMF vom 11.11.2020 (BStBl I S. 1212), Anhang 2 III

Anhang 19a
Kinderbetreuungskosten

- eine Quittung, z. B. über Nebenkosten zur Betreuung, wenn die Quittung genaue Angaben über die Art und die Höhe der Nebenkosten enthält. Ansonsten sind Nebenkosten nur zu berücksichtigen, wenn sie in den Vertrag oder die Rechnung aufgenommen worden sind.

2. Zahlungsarten

Die Zahlung auf das Konto des Erbringers der Leistung erfolgt in der Regel durch Überweisung. Beträge, für deren Begleichung ein Dauerauftrag eingerichtet worden ist oder die durch eine Einzugsermächtigung abgebucht oder im Wege des Online-Bankings überwiesen wurden, können in Verbindung mit dem Kontoauszug, der die Abbuchung ausweist, anerkannt werden. Das gilt auch bei Übergabe eines Verrechnungsschecks oder der Teilnahme am Electronic-Cash-Verfahren oder an elektronischen Lastschriftverfahren. 22

3. Keine Barzahlung

Barzahlungen einschließlich Baranzahlungen oder Barteilzahlungen sowie Barschecks können in keinem Fall anerkannt werden[1]). Das gilt selbst dann, wenn die Barzahlung von dem Erbringer der Betreuungsleistung tatsächlich ordnungsgemäß verbucht worden ist und der Steuerpflichtige einen Nachweis über die ordnungsgemäße Buchung erhalten hat oder wenn eine Barzahlung durch eine später veranlasste Zahlung auf das Konto des Erbringers der Leistung ersetzt wird. 23

4. Konto eines Dritten

Der Sonderausgabenabzug durch den Steuerpflichtigen ist auch möglich, wenn die Betreuungsleistung, für die der Steuerpflichtige eine Rechnung erhalten hat, von dem Konto eines Dritten bezahlt worden ist (abgekürzter Zahlungsweg). Siehe auch Randnummer 29. 24

IV. Zuordnung der Aufwendungen
1. Verheiratete Eltern, welche die Voraussetzungen des § 26 Absatz 1 Satz 1 EStG erfüllen

a) Zusammenveranlagung

Für den Abzug von Kinderbetreuungskosten als Sonderausgaben kommt es bei verheirateten Eltern, die nach § 26b EStG zusammen zur Einkommensteuer veranlagt werden, nicht darauf an, welcher Elternteil die Aufwendungen geleistet hat oder ob sie von beiden getragen wurden. 25

b) Getrennte Veranlagung 2012

Mangels einer ausdrücklichen gesetzlichen Regelung für den Sonderausgabenabzug von Kinderbetreuungskosten im Fall der getrennten Veranlagung von Ehegatten im Veranlagungszeitraum 2012 sind die Sonderausgaben demjenigen Ehegatten zuzurechnen, der die Aufwendungen getragen hat. Trifft dies auf beide Ehegatten zu, kann jeder seine tatsächlichen Aufwendungen grundsätzlich nur bis zur Höhe des hälftigen Abzugshöchstbetrages geltend machen. Etwas anderes gilt nur dann, wenn die Ehegatten einvernehmlich gegenüber dem Finanzamt eine anderweitige Aufteilung des Höchstbetrages wählen. Abweichend davon können die Kinderbetreuungskosten aus Billigkeitsgrün- 26

---

[1]) Dies gilt auch, wenn die Zahlungen im Rahmen eines geringfügigen Beschäftigungsverhältnisses (Minijob) geleistet werden (>BFH vom 18.12.2014 – BStBl II 2015 S. 583).

Anhang 19a
Kinderbetreuungskosten

den auf übereinstimmenden Antrag der Ehegatten von diesen jeweils zur Hälfte abgezogen werden. Der Abzug ist dabei bei jedem Ehegatten auf den hälftigen Abzugshöchstbetrag beschränkt.

c) Einzelveranlagung ab 2013

27 Mit Wirkung ab dem Veranlagungszeitraum 2013 wird die getrennte Veranlagung durch die Einzelveranlagung von Ehegatten nach § 26a EStG in der Fassung des Steuervereinfachungsgesetzes 2011 ersetzt (§ 52 Absatz 1, 68 Satz 1 EStG i. V. m. Artikel 18 Absatz 1 des Steuervereinfachungsgesetzes 2011). Nach § 26a Absatz 2 Satz 1 EStG sind Sonderausgaben demjenigen Ehegatten zuzurechnen, der die Aufwendungen wirtschaftlich getragen hat. Trifft dies auf beide Ehegatten zu, kann jeder seine tatsächlichen Aufwendungen grundsätzlich bis zur Höhe des hälftigen Abzugshöchstbetrages geltend machen. Etwas anderes gilt nur dann, wenn die Ehegatten einvernehmlich gegenüber dem Finanzamt eine anderweitige Aufteilung des Abzugshöchstbetrages wählen. Abweichend davon können die Kinderbetreuungskosten auf übereinstimmenden Antrag der Ehegatten von diesen jeweils zur Hälfte abgezogen werden (§ 26a Absatz 2 Satz 2 EStG). Der Abzug ist dabei bei jedem Ehegatten auf den hälftigen Abzugshöchstbetrag beschränkt. In begründeten Einzelfällen reicht der Antrag desjenigen Ehegatten, der die Aufwendungen wirtschaftlich getragen hat, aus (§ 26a Absatz 2 Satz 3 EStG). Die Wahl des Abzugs wird durch Angabe in der Steuererklärung getroffen (§ 26a Absatz 2 Satz 4 i. V. m. § 26 Absatz 2 Satz 3 EStG).

2. Nicht verheiratete, dauernd getrennt lebende oder geschiedene Eltern

28 Bei nicht verheirateten, dauernd getrennt lebenden oder geschiedenen Eltern ist derjenige Elternteil zum Abzug von Kinderbetreuungskosten berechtigt, der die Aufwendungen getragen hat (BFH-Urteil vom 25. November 2010, BStBl 2011 II S. 450) und zu dessen Haushalt das Kind gehört. Trifft dies auf beide Elternteile zu, kann jeder seine tatsächlichen Aufwendungen grundsätzlich nur bis zur Höhe des hälftigen Abzugshöchstbetrages geltend machen. Etwas anderes gilt nur dann, wenn die Eltern einvernehmlich eine abweichende Aufteilung des Abzugshöchstbetrages wählen und dies gegenüber dem Finanzamt anzeigen.

29 Wenn von den zusammenlebenden, nicht miteinander verheirateten Eltern nur ein Elternteil den Kinderbetreuungsvertrag (z. B. mit der Kindertagesstätte) abschließt und das Entgelt von seinem Konto zahlt, kann dieses weder vollständig noch anteilig dem anderen Elternteil als von ihm getragener Aufwand zugerechnet werden (BFH-Urteil vom 25. November 2010, BStBl 2011 II S. 450).

V. Ausschluss eines weiteren Abzugs

30 Erfüllen Kinderbetreuungskosten grundsätzlich die Voraussetzungen für einen Abzug als Sonderausgaben, kommt für diese Aufwendungen eine Steuerermäßigung nach § 35a EStG nicht in Betracht (§ 35a Absatz 5 Satz 1, 2. Halbsatz EStG). Auf den tatsächlichen Abzug als Sonderausgaben kommt es dabei nicht an. Dies gilt sowohl für das nicht abziehbare Drittel der Aufwendungen, als auch für die Aufwendungen, die den Höchstbetrag von 4.000 Euro je Kind übersteigen.

VI. Abweichendes Wirtschaftsjahr

31 Für Steuerpflichtige mit abweichendem Wirtschaftsjahr, die Kinderbetreuungskosten bis einschließlich 31. Dezember 2011 wie Betriebsausgaben abziehen können, gilt Folgendes:

Die auf die Zeit vom Beginn des abweichenden Wirtschaftsjahrs 2011 bis zum 31. Dezember 2011 entfallenden Kinderbetreuungskosten können bis zu dem zeitanteiligen

Höchstbetrag wie Betriebsausgaben abgezogen werden. Die ab 1. Januar 2012 anfallenden Kinderbetreuungskosten können nur als Sonderausgaben nach Maßgabe des § 10 Absatz 1 Nummer 5 EStG in der Fassung des Steuervereinfachungsgesetzes 2011 geltend gemacht werden.

Beispiel:
Ein Ehepaar betreibt gemeinsam einen land- und forstwirtschaftlichen Betrieb mit abweichendem Wirtschaftsjahr 1. Juli bis 30. Juni. Die im Jahr 2011 anfallenden Kinderbetreuungskosten können beide wie Betriebsausgaben abziehen. Der auf die Zeit vom 1. Juli bis 31. Dezember 2011 entfallende Höchstbetrag beträgt zeitanteilig zwei Drittel der Aufwendungen, maximal 2.000 Euro.

VII. Anwendungsregelungen

Dieses BMF-Schreiben ist mit Ausnahme der Randnummern 27 und 31 ab dem Veranlagungszeitraum 2012 anzuwenden. 32

Randnummer 27 ist ab dem Veranlagungszeitraum 2013 und Randnummer 31 ist nur für die Veranlagungszeiträume 2011 und 2012 anzuwenden. 33

Für die Veranlagungszeiträume 2006 bis 2011 ist das BMF-Schreiben vom 19. Januar 2007 (BStBl 2007 I S. 184) weiter anzuwenden. 34

Anhang 19b
Kindertagespflege

Ertragsteuerliche Behandlung der Kindertagespflege
BMF vom 11.11.2016 (BStBl I S. 1236)
IV C 6 – S 2246/07/10002 :005 – 2016/0958810

Im Einvernehmen mit den obersten Finanzbehörden der Länder gilt für in der Kindertagespflege vereinnahmte Gelder Folgendes:

I. Definition der Kindertagespflege
Bei der Kindertagespflege nach § 22 Sozialgesetzbuch VIII (SGB VIII) soll eine Kindertagespflegeperson ein einer Kindertagesstätte ähnliches Angebot im familiären Rahmen bieten.

II. Einkunftsart
1. Selbständige Kindertagespflegeperson
Wird die Kindertagespflege im Haushalt der Kindertagespflegeperson, der Personensorgeberechtigten des Kindes oder in anderen geeigneten Räumen vorgenommen und betreut die Kindertagespflegeperson Kinder verschiedener Personensorgeberechtigter eigenverantwortlich, handelt es sich um eine selbständige erzieherische Tätigkeit i. S. v. § 18 Absatz 1 Nummer 1 Einkommensteuergesetz (EStG).

2. Nichtselbständige Kindertagespflegeperson
Betreut die Kindertagespflegeperson ein Kind oder mehrere Kinder in dessen/deren Familie nach Weisungen der Personensorgeberechtigten, ist sie in der Regel Arbeitnehmer, die Personensorgeberechtigten sind die Arbeitgeber. In diesem Fall erzielt die Kindertagespflegeperson Einkünfte aus nichtselbständiger Arbeit i. S. v. § 19 EStG. Von den Einnahmen aus der Tätigkeit als Kindertagespflegeperson können die tatsächlich angefallenen Werbungskosten (§ 9 Absatz 1 EStG) oder alternativ der Arbeitnehmerpauschbetrag (§ 9a Satz 1 Nummer 1 Buchstabe a EStG) von 1.000 € abgezogen werden.

III. Ermittlung des Gewinns bei einer selbständigen Kindertagespflegeperson
1. Einnahmen
Nach § 23 SGB VIII erhält die Kindertagespflegeperson eine laufende Geldleistung, die neben der Erstattung des Sachaufwands die Förderungsleistung der Kindertagespflegeperson anerkennen soll. Diese Geldleistung ist als steuerpflichtige Einnahme aus freiberuflicher Tätigkeit im Sinne des § 18 Absatz 1 Nummer 1 EStG zu qualifizieren. Dies gilt unabhängig von der Anzahl der betreuten Kinder und von der Herkunft der vereinnahmten Mittel. § 3 Nummer 11 und 26 EStG sind nicht anwendbar.

Die vom Träger der öffentlichen Jugendhilfe geleisteten Erstattungen für Beiträge zu einer Unfallversicherung, die Erstattungen zu einer angemessenen Alterssicherung und zu einer angemessenen Kranken- und Pflegeversicherung nach § 23 Absatz 2 Satz 1 Nummer 3 und 4 SGB VIII sind nach § 3 Nummer 9 EStG steuerfrei.

2. Abzug der tatsächlichen Betriebsausgaben
Von den steuerpflichtigen Einnahmen (vgl. III.1) sind die tatsächlich angefallenen und nachgewiesenen Betriebsausgaben abzuziehen.

Zu den Betriebsausgaben einer Kindertagespflegeperson gehören zum Beispiel folgende tätigkeitsbezogene Aufwendungen für
– Nahrungsmittel, Ausstattungsgegenstände (Mobiliar), Beschäftigungsmaterialien, Fachliteratur, Hygieneartikel,
– Miete und Betriebskosten der zur Kinderbetreuung genutzten Räumlichkeiten,

Anhang 19b
Kindertagespflege

- Kommunikationskosten,
- Weiterbildungskosten,
- Beiträge für Versicherungen, soweit unmittelbar mit der Tätigkeit im Zusammenhang stehend,
- Fahrtkosten,
- Freizeitgestaltung.

Keine Betriebsausgaben sind die von der Kindertagespflegeperson gezahlten Beiträge zur Alterssicherung, Unfallversicherung und zu einer angemessenen Kranken- und Pflegeversicherung.

3. Betriebsausgabenpauschalen
a) Betriebsausgabenpauschale für betreute Kinder

Bei der Ermittlung der Einkünfte aus der Tätigkeit als Kindertagespflegeperson wird aus Vereinfachungsgründen zugelassen, dass anstelle der tatsächlichen Betriebsausgaben von den erzielten Einnahmen 300 € je Kind und Monat pauschal als Betriebsausgaben abgezogen werden. Der Betriebsausgabenpauschale liegt eine wöchentliche Betreuungszeit von 40 Stunden zugrunde. Soweit die tatsächlich vereinbarte Betreuungszeit hiervon abweicht, ist die Betriebsausgabenpauschale zeitanteilig nach der nachfolgenden Formel zu kürzen:

$$\frac{300\ \text{€} \times \text{vereinbarte wöchentliche Betreuungszeit (max. 40 Stunden)}}{(8\ \text{Stunden} \times 5\ \text{Tage} =)\ 40\ \text{Stunden}}$$

Bei tageweiser Belegung von sog. Freihalteplätzen (vgl. Ausführungen unter b) ist die ggf. nach der obigen Formel gekürzte Betriebsausgabenpauschale von 300 €/Monat/Kind zeitanteilig (Zahl der belegten Tage/pauschal 20 Arbeitstagen im Monat) zu gewähren.

Für Zeiten, in denen die Kindertagespflegeperson verhindert ist, die vereinbarten Betreuungszeiten selbst zu absolvieren (z. B. aufgrund von Urlaub, Krankheit oder Fortbildung), kann die Betriebsausgabenpauschale nur dann abgezogen werden, wenn das Betreuungsgeld für diese Zeit weiter gezahlt wird.

b) Betriebsausgabenpauschale für Freihalteplätze

Werden der Kindertagespflegeperson nach § 23 SGB VIII laufende Geldleistungen für sog. Freihalteplätze gezahlt, die im Fall einer Krankheits-, Urlaubs- oder Fortbildungsvertretung einer anderen Kindertagespflegeperson kurzfristig belegt werden können, wird bei der Ermittlung der Einkünfte aus selbständiger Arbeit aus Vereinfachungsgründen zugelassen, dass anstelle der tatsächlichen Betriebsausgaben von den für den Freihalteplatz gezahlten Einnahmen 40 € je Freihalteplatz und Monat pauschal als Betriebsausgaben abgezogen werden. Bei Belegung der Freihalteplätze ist die Betriebsausgabenpauschale zeitanteilig (Verhältnis der Tage der Belegung des Freihalteplatzes im Monat zu pauschal 20 Arbeitstagen im Monat) zu kürzen.

c) Voraussetzungen für den Abzug der Betriebsausgabenpauschale

Findet die Betreuung im Haushalt der Personensorgeberechtigten oder in unentgeltlich zur Verfügung gestellten Räumlichkeiten als selbständige Tätigkeit statt, können die Betriebsausgabenpauschalen nicht abgezogen werden. In diesen Fällen ist nur der Abzug der tatsächlichen Betriebsausgaben möglich.

Die Betriebsausgabenpauschalen dürfen nur bis zur Höhe der Betriebseinnahmen abgezogen werden.

Es können entweder die Betriebsausgabenpauschalen in Anspruch genommen oder die tatsächlichen Betriebsausgaben abgezogen werden. Neben den Betriebsausgabenpauschalen ist ein zusätzlicher Abzug tatsächlicher Betriebsausgaben damit nicht zulässig.

Anhang 19b

Kindertagespflege

IV. Berechnungsbeispiel zur Ermittlung der Betriebsausgabenpauschalen

Eine Kindertagespflegeperson betreut im Jahr 01 4 Kinder. Zudem hält die Kindertagespflegeperson einen Freihalteplatz vor. Kind 1 wird von Januar bis Dezember für jeweils 40 Wochenstunden betreut. Kind 2 wird von Februar bis November für 20 Wochenstunden betreut. Im Juni wird Kind 2 für 3 Wochen krankheitsbedingt nicht betreut. Die Zahlungen des Trägers der öffentlichen Jugendhilfe bleiben jedoch unverändert. Kind 3 wird von August bis Dezember für 45 Wochenstunden betreut. Kind 4 wird von Januar bis Dezember betreut, jedoch nur an 2 Tagen in der Woche für jeweils 9 Stunden.

Der Freihalteplatz ist nur im November für 12 Tage für jeweils 6 Stunden (Kind 5) und im Dezember für 4 Tage für jeweils 8 Stunden (Kind 6) belegt.

Die Kindertagespflegeperson kann im Jahr 01 folgende Betriebsausgabepauschalen geltend machen:

Kind	Berechnung der Pauschale	Pauschale
Kind 1	300 € x 12 Monate	3.600 €
Kind 2	150 € (300 € x 20 Stunden vereinbarte wöchentliche Betreuungszeit/ 40 Stunden) x 10 Monate	1.500 €
Kind 3	300 € x 5 Monate	1.500 €
Kind 4	135 € (300 € x 18 Stunden vereinbarte wöchentliche Betreuungszeit/ 40 Stunden) x 12 Monate	1.620 €
Kind 5 (Belegung Freihalteplatz im November)	6/8 x 300 € x 12 Tage/20 Tagen	135 €
Kind 6 (Belegung Freihalteplatz im Dezember)	300 € x 4 Tage/20 Tagen	60 €
Freihalteplatz	40 € x 10 Monate (Januar bis Oktober) 40 € x 8 Tage/20 Tage für November 40 € x 16 Tage/20 Tage für Dezember	400 € 16 € 32 €

Im Jahr 01 kann die Kindertagespflegeperson insgesamt 8.863 € pauschal als Betriebsausgaben geltend machen.

V. Anwendungsregelungen

Dieses Schreiben ist in allen offenen Fällen anzuwenden. Die BMF-Schreiben vom 17. Dezember 2007 (BStBl 2008 I S. 17), vom 17. Dezember 2008 (BStBl 2009 I S. 15) und vom 20. Mai 2009 (BStBl I S. 642) werden aufgehoben.

Anhang 19c
Kinder, Freibeträge

Übersicht

I. Übertragung der Freibeträge für Kinder;
BMF-Schreiben zu § 32 Absatz 6 Satz 6 bis 11 EStG
BMF vom 28.06.2013 (BStBl I S. 845)

II. Familienleistungsausgleich;
Lebenspartner und Freibeträge für Kinder
Gesetz zur Änderung des Einkommensteuergesetzes in Umsetzung der Entscheidung des Bundesverfassungsgerichtes vom 7. Mai 2013 (BGBl. I Seite 2397)
BMF vom 17.01.2014 (BStBl I S. 109)

Übertragung der Freibeträge für Kinder;
BMF-Schreiben zu § 32 Absatz 6 Satz 6 bis 11 EStG

BMF vom 28.06.2013 (BStBl I S. 845)
IV C 4 – S 2282-a/10/10002 – 2013/0518616

Durch das Steuervereinfachungsgesetz 2011 vom 1. November 2011 (BGBl. I Seite 2131) sind die Voraussetzungen für die Übertragung der Freibeträge für Kinder (§ 32 Absatz 6 Satz 6 bis 11 EStG) sowie des Behinderten-Pauschbetrags (§ 33b Absatz 5 Satz 2 EStG) mit Wirkung ab dem Veranlagungszeitraum 2012 geändert worden. Nach dem Ergebnis der Erörterungen mit den obersten Finanzbehörden der Länder gelten hierzu die nachfolgenden Ausführungen:

I. Übertragung des Kinderfreibetrags des anderen Elternteils (§ 32 Absatz 6 Satz 6 und 7 EStG)

Bei nicht verheirateten, geschiedenen oder dauernd getrennt lebenden unbeschränkt einkommensteuerpflichtigen Eltern wird auf Antrag eines Elternteils der Kinderfreibetrag des anderen Elternteils auf ihn übertragen, wenn er, nicht aber der andere Elternteil, seiner Unterhaltspflicht gegenüber dem Kind für das Kalenderjahr im Wesentlichen nachkommt (Rz. 2) oder der andere Elternteil mangels Leistungsfähigkeit nicht unterhaltspflichtig ist (Rz. 3).   1[1])

Ein Elternteil kommt seiner Barunterhaltsverpflichtung gegenüber dem Kind dann im Wesentlichen nach, wenn er sie mindestens zu 75 % erfüllt. Der Elternteil, in dessen Obhut sich ein minderjähriges Kind befindet, erfüllt seine Unterhaltsverpflichtung in der Regel durch die Pflege und Erziehung des Kindes (§ 1606 Absatz 3 Satz 2 BGB)[2]).   2

Eine Unterhaltspflicht besteht für den anderen Elternteil nicht, wenn er mangels ausreichender eigener Mittel nicht leistungsfähig ist (§ 1603 Absatz 1 BGB). Freiwillige Leistungen des nicht leistungsfähigen Elternteils können die Übertragung nicht verhindern.   3

---

[1]) Bei zusammenlebenden und nicht miteinander verheirateten Eltern kann der Kinderfreibetrag i. d. R. nicht übertragen werden (>BFH vom 15.12.2021 – BStBl II 2022 S. 409).

[2]) Allein der Umstand, dass ein sorgeberechtigter Elternteil, der sein minderjähriges Kind in seinen Haushalt aufgenommen hat, für sich und sein Kind Leistungen nach dem SGB II bezieht, rechtfertigt nicht die Übertragung des diesem für sein Kind zustehenden Kinderfreibetrags und des Freibetrags für den Betreuungs- und Erziehungs- oder Ausbildungsbedarf auf den anderen Elternteil, der den Barunterhalt für das gemeinsame Kind leistet (>BFH vom 15.06.2016 – BStBl II S. 893).

Anhang 19c
Kinder, Freibeträge

4   Eine Übertragung scheidet für solche Kalendermonate aus, für die Unterhaltsleistungen nach dem Unterhaltsvorschussgesetz gezahlt werden. Auf die Höhe der Unterhaltsleistungen kommt es nicht an. Nachzahlungen sind auf die Kalendermonate zu verteilen, für die sie bestimmt sind.

5[1])   Die Übertragung des Kinderfreibetrags führt stets auch zur Übertragung des Freibetrags für den Betreuungs- und Erziehungs- oder Ausbildungsbedarf.

II. Übertragung des Freibetrags für den Betreuungs- und Erziehungs- oder Ausbildungsbedarf (§ 32 Absatz 6 Satz 8 und 9 EStG)

6   Bei minderjährigen Kindern von nicht verheirateten, geschiedenen oder dauernd getrennt lebenden unbeschränkt einkommensteuerpflichtigen Eltern wird auf Antrag des Elternteils, bei dem das Kind gemeldet ist, der Freibetrag für den Betreuungs- und Erziehungs- oder Ausbildungsbedarf des anderen Elternteils auf ihn übertragen, wenn das minderjährige Kind bei dem anderen Elternteil nicht gemeldet ist.

7   Der Elternteil, bei dem das Kind nicht gemeldet ist, kann der Übertragung widersprechen, wenn er Kinderbetreuungskosten (Rz. 8) trägt oder wenn er das Kind regelmäßig in einem nicht unwesentlichen Umfang (Rz. 9) betreut.

8   Als Kinderbetreuungskosten gelten nicht nur Aufwendungen für Dienstleistungen im Sinne des § 10 Absatz 1 Nummer 5 EStG, sondern alle Aufwendungen für die Betreuung, Erziehung oder Ausbildung des Kindes bis zur Vollendung seines 18. Lebensjahres. Hierzu zählen beispielsweise Aufwendungen für die regelmäßige Unterbringung an Wochenenden.

9   Maßgebend für eine regelmäßige Betreuung in einem nicht unwesentlichen Umfang[2]) ist ein nicht nur gelegentlicher Umgang mit dem Kind, der erkennen lässt, dass der Elternteil die Betreuung mit einer gewissen Nachhaltigkeit wahrnimmt, d. h. fortdauernd und immer wieder in Kontakt zum Kind steht. Bei lediglich kurzzeitigem, anlassbezogenem Kontakt, beispielsweise zum Geburtstag, zu Weihnachten und zu Ostern, liegt eine Betreuung in unwesentlichem Umfang vor. Von einem nicht unwesentlichen Umfang der Betreuung eines Kindes ist typischerweise auszugehen, wenn eine gerichtliche oder außergerichtliche Vereinbarung über einen regelmäßigen Umgang an Wochenenden und in den Ferien vorgelegt wird.

10   Widerspricht der andere Elternteil der Übertragung des Freibetrags, so hat das Finanzamt zu prüfen, ob dieser Einrede für das weitere Verfahren Bedeutung zukommt. Die Entscheidung hierüber wird nicht in einem eigenen Verwaltungsakt getroffen, sondern im jeweiligen Einkommensteuerbescheid.

11   Es ist ausreichend, wenn der Steuerpflichtige der Übertragung durch Einspruch gegen seinen eigenen Steuerbescheid mit dem Ziel widerspricht, dass bei ihm der Freibetrag neu oder wieder angesetzt wird. Ist diese widersprechende Einrede sachlich gerechtfertigt, so ist der Steuerbescheid desjenigen Elternteils, auf dessen Antrag zunächst der Freibetrag übertragen wurde, nach § 175 Absatz 1 Satz 1 Nummer 2 AO zu ändern.

---

[1]) für VZ vor 2021 keine Übertragung des dem anderen Elternteil zustehenden Freibetrags für den Betreuungs- und Erziehungs- oder Ausbildungsbedarf nach Volljährigkeit des Kindes >BFH vom 22.04.2020 (BStBl II S. 43 und S. 63)

[2]) Von einem „nicht unwesentlichen Umfang" kann bei einem für einen längeren Zeitraum im Voraus festgelegten weitgehend gleichmäßigen Betreuungsrhythmus mit einem zeitlichen Betreuungsanteil von jährlich durchschnittlich 10 % ausgegangen werden (>BFH vom 08.11.2017 – BStBl II 2018 S. 266).

Anhang 19c
Kinder, Freibeträge

III. Übertragung der Freibeträge für Kinder auf einen Stief- oder Großelternteil (§ 32 Absatz 6 Satz 10 und 11 EStG)

Die den Eltern zustehenden Freibeträge für Kinder können auf Antrag auf einen Großelternteil übertragen werden, wenn dieser das Kind in seinen Haushalt aufgenommen hat oder einer Unterhaltspflicht gegenüber dem Kind unterliegt. Auf einen Stiefelternteil können diese Freibeträge auf Antrag übertragen werden, wenn dieser das Kind in seinen Haushalt aufgenommen hat. Da ein Stiefelternteil keiner gesetzlichen Unterhaltspflicht gegenüber seinem Stiefkind unterliegt, kommt eine Übertragung aus diesem Grund nicht in Betracht.

Eine Übertragung auf einen Großelternteil, der das Kind nicht in seinen Haushalt aufgenommen hat, ist nur möglich, wenn dieser einer konkreten Unterhaltsverpflichtung unterliegt. Dies ist insbesondere dann der Fall, wenn die Eltern des Kindes nicht leistungsfähig sind.

Die Tatsache, dass der die Übertragung beantragende Großelternteil die Unterhaltsverpflichtung gegenüber seinem Enkelkind erfüllt, ist in geeigneter Weise – zum Beispiel durch Vorlage von Zahlungsbelegen – nachzuweisen. Bei einer Haushaltsaufnahme erübrigt sich der Nachweis.

IV. Aufteilung des Behinderten-Pauschbetrags eines Kindes bei der Übertragung auf die Eltern (§ 33b Absatz 5 Satz 2 EStG)

Steht der Behinderten-Pauschbetrag oder der Hinterbliebenen-Pauschbetrag einem Kind zu, für das der Steuerpflichtige einen Anspruch auf einen Freibetrag nach § 32 Absatz 6 EStG oder auf Kindergeld hat, wird der Pauschbetrag auf Antrag auf den Steuerpflichtigen übertragen, wenn ihn das Kind nicht in Anspruch nimmt. Der Pauschbetrag wird auf die Elternteile je zur Hälfte aufgeteilt, es sei denn, der Kinderfreibetrag wurde auf den anderen Elternteil übertragen.

Bei einer Übertragung des Kinderfreibetrags ist stets der volle Behinderten-Pauschbetrag oder der volle Hinterbliebenen-Pauschbetrag zu übertragen. Eine Übertragung des vollen Pauschbetrags erfolgt auch dann, wenn der Kinderfreibetrag nur für einen Teil des Kalenderjahres übertragen wird.

V. Anwendungszeitraum

Dieses Schreiben ist ab dem Veranlagungszeitraum 2012 anzuwenden.

Familienleistungsausgleich; Lebenspartner und Freibeträge für Kinder

Gesetz zur Änderung des Einkommensteuergesetzes in Umsetzung der Entscheidung des Bundesverfassungsgerichtes vom 7. Mai 2013 (BGBl. I Seite 2397)

BMF vom 17.01.2014 (BStBl I S. 109)
IV C 4 – S 2282-a/0 :004 – 2014/0036473

Nach § 2 Absatz 8 EStG sind die einkommensteuerrechtlichen Vorschriften zu Ehegatten und Ehen auch auf Lebenspartner und Lebenspartnerschaften anzuwenden. Nach dem Ergebnis der Erörterungen mit den obersten Finanzbehörden der Länder gilt für den Abzug der Freibeträge für Kinder in Lebenspartnerschaften Folgendes:

I. Leibliches Kind eines Lebenspartners, das vom anderen Lebenspartner adoptiert worden ist (Stiefkindadoption)

Hat ein Lebenspartner das leibliche Kind seines Lebenspartners adoptiert, besteht zu beiden Lebenspartnern ein Kindschaftsverhältnis. Demzufolge erhalten beide Lebenspartner jeweils die Freibeträge für Kinder; im Fall der Zusammenveranlagung haben die Lebenspartner einen Anspruch auf die verdoppelten Freibeträge (§ 32 Absatz 6 Satz 2 EStG).

II. Kind ohne leibliches Verwandtschaftsverhältnis zu beiden Lebenspartnern, das von einem Lebenspartner adoptiert worden ist

Hat ein Lebenspartner ein fremdes Kind adoptiert, besteht ein Kindschaftsverhältnis nur zu diesem Lebenspartner (Adoptiv-Elternteil). In diesem Fall erhält dieser Lebenspartner sowohl bei Einzel- als auch Zusammenveranlagung die verdoppelten Freibeträge für Kinder (§ 32 Absatz 6 Satz 3 Nummer 2 EStG).

III. Leibliches Kind eines Lebenspartners, das nicht vom anderen Lebenspartner adoptiert worden ist

Ist ein Lebenspartner leiblicher Elternteil eines Kindes, das sein Lebenspartner nicht adoptiert hat, besteht ein Kindschaftsverhältnis nur zum leiblichen Elternteil. Dieser Elternteil erhält als leiblicher Elternteil in folgenden Fällen ebenfalls die verdoppelten Freibeträge für Kinder:
- Der andere Elternteil des Kindes ist verstorben oder nicht unbeschränkt einkommensteuerpflichtig.
- Der Wohnsitz des anderen Elternteils ist nicht ermittelbar.
- Der Vater des Kindes ist amtlich nicht feststellbar; das ist auch dann der Fall, wenn unter Nutzung fortpflanzungsmedizinischer Verfahren der biologische Vater anonym bleibt.

Besteht eine Unterhaltspflicht eines anderen Elternteils, beispielsweise wenn eine Vaterschaft anerkannt oder gerichtlich festgestellt wurde, erfolgt keine Verdoppelung der Freibeträge bei den Lebenspartnern.

Bei einer bestehenden Unterhaltspflicht kann der Kinderfreibetrag nur dann vom anderen Elternteil auf den in einer Lebenspartnerschaft lebenden leiblichen Elternteil übertragen werden, wenn dieser, nicht aber der andere Elternteil seiner Unterhaltsverpflichtung im Wesentlichen nachgekommen ist oder wenn der andere Elternteil mangels Leistungsfähigkeit nicht unterhaltspflichtig ist (§ 32 Absatz 6 Satz 6 EStG).

IV. Übertragung der Freibeträge für Kinder auf einen Stiefelternteil

Auf Antrag können die Freibeträge für Kinder auf einen Stiefelternteil übertragen werden, wenn dieser das Kind in seinen Haushalt aufgenommen hat (§ 32 Absatz 6 Satz 10 EStG). Das gilt auch für Lebenspartner eines Elternteils.

V. Anwendung

Dieses Schreiben ergänzt das Schreiben vom 28. Juni 2013 (BStBl I Seite 845) und ist in allen Fällen anzuwenden, in denen die Einkommensteuer noch nicht bestandskräftig festgesetzt ist.

Anhang 20

Land- und Forstwirtschaft   I, II

Übersicht

I. – unbesetzt –

II. Besteuerung der Forstwirtschaft;
Ertragsteuerrechtliche Behandlung von forstwirtschaftlichen Flächen als Betriebsvermögen eines Erwerbsbetriebs
BMF vom 18.05.2018 (BStBl I S. 689)

III. Besteuerung der Forstwirtschaft;
Auswirkungen der Rechtsprechung des Bundesfinanzhofs vom 5. Juni 2008 (BStBl II S. 960 und 968) und Anpassung an die Änderungen des Steuervereinfachungsgesetzes 2011
BMF vom 16.05.2012 (BStBl I S. 595)

IV. – unbesetzt –

V. Gewinnermittlung nach Durchschnittssätzen für Land- und Forstwirte gemäß § 13a EStG; Neuregelung für die Wirtschaftsjahre 2015 ff. bzw. abweichenden Wirtschaftsjahre 2015/2016 ff.
BMF vom 10.11.2015 (BStBl I S. 877) *unter Berücksichtigung der Änderungen durch BMF vom 04.01.2023 (BStBl I S. 175)*

Anhang 20 I

– unbesetzt –

Anhang 20 II

Besteuerung der Forstwirtschaft;
Ertragsteuerrechtliche Behandlung von forstwirtschaftlichen Flächen als Betriebsvermögen eines Erwerbsbetriebs

BMF vom 18.05.2018 (BStBl I S. 689)
IV C 7 – S 2232/0-02 – 2018/0185471

Nach dem Ergebnis der Erörterungen mit den obersten Finanzbehörden der Länder gilt zur ertragsteuerrechtlichen Behandlung von forstwirtschaftlichen Flächen als Betriebsvermögen eines Erwerbsbetriebs das Folgende:

I. Grundsätze

1. Forstwirtschaftliche Tätigkeit und forstwirtschaftliche Fläche

Forstwirtschaft ist die planmäßige Nutzung der natürlichen Kräfte des Grund und Bodens zur Gewinnung und Verwertung von Rohholz und anderen Walderzeugnissen. Eine forstwirtschaftliche Tätigkeit erfordert grundsätzlich eine geschlossene mit Forstpflanzen bestockte Grundfläche, auf der nahezu ausschließlich Baumarten mit dem Ziel einer langfristigen Holzentnahme erzeugt werden (forstwirtschaftliche Fläche).

2. Voraussetzungen für einen ertragsteuerrechtlichen Betrieb der Forstwirtschaft

Ertragsteuerrechtlich reicht das Eigentum an einer forstwirtschaftlichen Fläche grundsätzlich unabhängig von der Flächengröße für die Annahme einer betrieblichen Tätigkeit i. S. d. § 2 Absatz 1 Satz 1 Nr. 1 i. V. m. § 13 Absatz 1 Nr. 1 EStG aus, wenn Gewinnerzielungsabsicht besteht (vgl. Tz. IV.). Dies gilt auch dann, wenn der Steuerpflichtige ohne eigene Bewirtschaftungsmaßnahmen (z. B. Anpflanzung oder Durchforstung) durch den natürlichen Baumwuchs an der Fruchtziehung beteiligt ist und dadurch einen Gewinn erzielen kann (vgl. BFH vom 18. März 1976 – BStBl II S. 482 und BFH vom 9. März 2017 – BStBl II S. 981).

3. Umfang eines ertragsteuerrechtlichen Betriebs der Forstwirtschaft

Grundsätzlich bilden mehrere räumlich voneinander getrennte forstwirtschaftliche Flächen einen einheitlichen Betrieb. Ob im Einzelfall mehrere selbständige Betriebe vorliegen, ist aufgrund einer Gesamtbetrachtung der betrieblichen Verhältnisse zu entscheiden. Dabei ist auch die Entfernung zu und zwischen den Grundstücken zu berücksichtigen. Eine feste Grenze für die höchstzulässige Entfernung gibt es jedoch nicht (vgl. BFH vom 9. März 2017 – a. a. O.).

II. Betriebsvermögenseigenschaft von forstwirtschaftlichen Flächen

1. Forstwirtschaftliche Flächen, die einem landwirtschaftlichen Betrieb zuzuordnen sind

Im Eigentum des Steuerpflichtigen stehende forstwirtschaftliche Flächen, die sich in nicht zu großer räumlicher Entfernung von einem landwirtschaftlichen Betrieb des Steuerpflichtigen befinden (vgl. BFH vom 9. März 2017 – a. a. O.), gehören unabhängig von deren Flächengröße zum notwendigen Betriebsvermögen eines einheitlichen land- und forstwirtschaftlichen Betriebs. Zur Frage des Bestehens eines selbständigen forstwirtschaftlichen Teilbetriebs vgl. Tz. III.

Die im Eigentum des Steuerpflichtigen stehenden forstwirtschaftlichen Flächen verlieren ihre Betriebsvermögenseigenschaft weder durch Nutzungsüberlassung an einen Dritten noch durch Flächenverringerung. Die Betriebsvermögenseigenschaft der forstwirtschaftlichen Flächen bleibt grundsätzlich auch dann bestehen, wenn das übrige Betriebsvermögen des land- und forstwirtschaftlichen Betriebs verpachtet, in das Privatvermögen überführt oder veräußert wird. Ein Wechsel vom Erwerbsbetrieb zu einem Liebhabereibetrieb erfolgt nur, wenn mit den verbleibenden forstwirtschaftlichen Flächen kein steuerlicher Totalgewinn mehr erzielt werden kann (vgl. Tz. IV.). Nach dem Urteil des BFH vom 29. Oktober 1981 (BStBl II S. 381) ist in dieser Änderung der steuerrechtlichen Beurteilung keine Betriebsaufgabe mit der Folge einer Auflösung der stillen Reserven und einer Überführung in das Privatvermögen zu sehen. In einem solchen Fall sind die stillen Reserven gesondert festzustellen (vgl. § 8 der Verordnung über die gesonderte Feststellung von Besteuerungsgrundlagen nach § 180 Absatz 2 der Abgabenordnung). Eine Überführung der forstwirtschaftlichen Flächen in das Privatvermögen setzt in diesem Fall eine entsprechende eindeutige und unmissverständliche Erklärung des Steuerpflichtigen und eine Versteuerung der stillen Reserven voraus.

2. Forstwirtschaftliche Flächen, die nicht Teil eines landwirtschaftlichen Betriebs sind

Ist der Steuerpflichtige Eigentümer von forstwirtschaftlichen Flächen, die keinem bestehenden land- und forstwirtschaftlichen Betrieb als Betriebsvermögen zuzuordnen sind, ist nach ertragsteuerrechtlichen Grundsätzen (vgl. Tz. I.2) zu prüfen, ob ein (Erwerbs-) Betrieb der Forstwirtschaft besteht. Dabei ist – insbesondere wenn der Steuerpflichtige keine eigenen Bewirtschaftungsmaßnahmen ergreift – zu prüfen, ob die Flächen nach den bewertungsrechtlichen Grundsätzen (§ 33 i. V. m. § 34 Absatz 2 Nr. 1 bzw. § 158 i. V. m. § 160 Absatz 2 Satz 1 Nr. 2 BewG) der forstwirtschaftlichen Nutzung und damit einer wirtschaftlichen Einheit Betrieb der Land- und Forstwirtschaft zuzurechnen sind.

Liegt nach diesen Grundsätzen eine dem Grunde nach forstwirtschaftliche Tätigkeit vor, ist ertragsteuerrechtlich regelmäßig von einem Forstbetrieb auszugehen, wenn mindestens eine der im Eigentum des Steuerpflichtigen stehenden forstwirtschaftlichen Flächen mit Bäumen bestanden ist, die nach den Grundsätzen des BMF-Schreibens vom 16. Mai 2012 (BStBl I S. 595)[1] als selbständiges Wirtschaftsgut Baumbestand zu beurteilen sind. In diesem Fall ist diese forstwirtschaftliche Fläche ggf. unter Einbeziehung weiterer forstwirtschaftlicher Flächen des Steuerpflichtigen notwendiges Betriebsvermögen eines Forstbetriebs; die weitere Abgrenzung eines Erwerbsbetriebs von der Liebhaberei erfolgt nach Tz. IV. Besteht nach diesen Grundsätzen ein Betrieb der Forstwirtschaft,

---

[1] >Anhang 20 III

so verlieren die einzelnen forstwirtschaftlichen Flächen grundsätzlich auch dann nicht ihre Betriebsvermögenseigenschaft, wenn sie einem Dritten zur Nutzung überlassen werden oder der Flächenumfang z. B. durch Veräußerung oder Übertragung verringert wird.

III. Teilbetriebseigenschaft einzelner forstwirtschaftlicher Flächen

Forstwirtschaftliche Flächen, die zum notwendigen Betriebsvermögen eines land- und forstwirtschaftlichen Betriebs gehören, sind insgesamt ohne weitere sachliche Voraussetzungen als selbständiger Teilbetrieb i. S. von § 14 EStG zu beurteilen, wenn mindestens eine dieser Flächen die Voraussetzungen für die Annahme eines selbständigen Betriebs der Forstwirtschaft erfüllt (vgl. Tz. I.2. und Tz. II.2.).

Innerhalb eines bestehenden Betriebs der Forstwirtschaft oder forstwirtschaftlichen Teilbetriebs können auch einzelne forstwirtschaftliche Flächen das Merkmal eines selbständigen Teilbetriebs i. S. von § 14 EStG erfüllen. Nach der Rechtsprechung des BFH vom 5. November 1981 (BStBl 1982 II S. 158) und vom 17. Januar 1991 (BStBl II S. 566) genügt es, wenn von einem Forstareal eine räumlich zusammenhängende Waldfläche von einer Größe abgetrennt und übertragen oder veräußert wird, die der Erwerber als selbständiges, lebensfähiges Forstrevier (Erwerbsbetrieb der Forstwirtschaft) fortführen kann (vgl. Tz. I.2. und Tz. II.2.).

IV. Abgrenzung Erwerbsbetrieb

Eine forstwirtschaftliche Tätigkeit kann abweichend von Tz. I. ohne Gewinnerzielungsabsicht erfolgen (sog. Liebhaberei). Bei der Prüfung der Gewinnerzielungsabsicht gelten für forstwirtschaftliche Flächen die sich aus der Rechtsprechung ergebenden allgemeinen Grundsätze (z. B. BFH vom 25. Juni 1984 – BStBl II S. 751) und folgende Besonderheiten:

Die Feststellung, ob ein Forstbetrieb mit Gewinnerzielungsabsicht geführt wird, liegt im Wesentlichen auf dem Gebiet der Tatsachenwürdigung (vgl. BFH vom 9. März 2017 – BStBl II S. 981). Dabei ist die erforderliche Totalgewinnprognose grundsätzlich generationenübergreifend über den Zeitraum der durchschnittlichen Umtriebszeit des im Forstbetrieb vorherrschenden Baumbestands zu erstrecken (vgl. BFH vom 7. April 2016 – BStBl II S. 765 und BFH vom 9. März 2017 – a. a. O.). Dies gilt zugleich betriebsübergreifend auch dann, wenn der Forstbetrieb zunächst unter Nießbrauchsvorbehalt an die nächste Generation übertragen wird. Die Totalgewinnprognose ist dann ungeachtet der Entstehung zweier Forstbetriebe für einen fiktiven konsolidierten Forstbetrieb zu erstellen. Werden bei einer Betriebsgründung bzw. einem Betriebserwerb bereits hergestellte Baumbestände erworben, ist der Prognosezeitraum regelmäßig nach dem Zeitpunkt des Erwerbs bis zur Hiebsreife der Baumbestände zu bemessen (vgl. BFH vom 7. April 2016 – a. a. O.).

Die Prüfung der Gewinnerzielungsabsicht erfolgt auch bei räumlich getrennt liegenden Flächen für den gesamten als Einheit zu beurteilenden Forstbetrieb bzw. forstwirtschaftlichen Teilbetrieb (vgl. BFH vom 9. März 2017 – a. a. O.). Unterhält ein Steuerpflichtiger einen landwirtschaftlichen und einen forstwirtschaftlichen Betrieb oder betreibt er innerhalb eines land- und forstwirtschaftlichen Betriebs Landwirtschaft und Forstwirtschaft, so ist die Gewinnerzielungsabsicht für beide Tätigkeitsbereiche grundsätzlich getrennt zu prüfen.

Der Totalgewinn bzw. die Totalgewinnprognose für den Forstbetrieb oder forstwirtschaftlichen Teilbetrieb ist nach ertragsteuerrechtlichen Grundsätzen unter Berücksichtigung der maßgeblichen Gewinnermittlungsart zu ermitteln. Die Totalgewinnprognose setzt sich aus den in der Vergangenheit erzielten und künftig zu erwartenden laufenden Gewinnen/Verlusten und dem sich bei Betriebsbeendigung voraussichtlich ergebenden Veräußerungs- bzw. Aufgabegewinn/-verlust zusammen. Dabei ist für die bestockten Flächen zu prüfen, ob die Wirtschaftsgüter „Baumbestand" zur Erzielung von Einkünften objektiv geeignet sind. Hierzu sind Art und Umfang des Aufwuchses im Zeitpunkt der Totalgewinnprognose zu würdigen und nach dem Nominalwertprinzip anzusetzen. Ist die objektive Totalgewinnprognose negativ, kann der Steuerpflichtige seine subjektive Gewinnerzielungsabsicht nachweisen.

Anhang 20

Land- und Forstwirtschaft

V. Entnahmemöglichkeit kleiner forstwirtschaftlicher Flächen

Verbleiben nach einer Verkleinerung eines Forstbetriebs oder forstwirtschaftlichen Teilbetriebs nur forstwirtschaftliche Flächen geringer Größe, die nicht die Voraussetzungen für die Annahme eines selbständigen Forstbetriebs erfüllen (vgl. Tz. I.2. und Tz. II.2.), so bleiben sie grundsätzlich Betriebsvermögen. Abweichend hiervon können diese Flächen durch ausdrückliche und unmissverständliche Entnahmehandlung unter Aufdeckung der stillen Reserven in das Privatvermögen überführt werden. Die Entnahme dieser forstwirtschaftlichen Flächen muss auf einen bestimmten Zeitpunkt erfolgen und darf nicht zurückwirken. Verbleiben derartige forstwirtschaftliche Flächen bei Aufgabe oder Veräußerung des land- und forstwirtschaftlichen Betriebs im Eigentum des Steuerpflichtigen, so kann der auf sie entfallende Entnahmegewinn bei entsprechender Erklärung des Steuerpflichtigen in den nach §§ 14, 16, 34 EStG begünstigten Gewinn einbezogen werden. Anderenfalls bleiben sie fortgeführtes Betriebsvermögen.

VI. Zeitliche Anwendung

Die Regelungen dieses Schreibens sind in allen offenen Fällen anzuwenden.

Anhang 20

Land- und Forstwirtschaft III

Besteuerung der Forstwirtschaft;
Auswirkungen der Rechtsprechung des Bundesfinanzhofs vom 5. Juni 2008 (BStBl II S. 960 und 968) und Anpassung an die Änderungen des Steuervereinfachungsgesetzes 2011

BMF vom 16.05.2012 (BStBl I S. 595)
IV D 4 – S 2232/0 – 01 – 2012/0205152

Unter Bezugnahme auf das Ergebnis der Erörterungen mit den obersten Finanzbehörden der Länder gilt zur ertragsteuerrechtlichen Behandlung des Wirtschaftsguts Baumbestand das Folgende:

A. Wirtschaftsgut Baumbestand

I. Definition

Als Wirtschaftsgut ist beim stehenden Holz der in einem selbständigen Nutzungs- und Funktionszusammenhang stehende Baumbestand anzusehen (BFH vom 5. Juni 2008 – BStBl II S. 960 und vom 5. Juni 2008 – BStBl II S. 968). Dieser ist ein vom Grund und Boden getrennt zu bewertendes Wirtschaftsgut des nicht abnutzbaren Anlagevermögens[1]). Der Umfang der einzelnen Wirtschaftsgüter (Baumbestand) ergibt sich vorrangig aus einem amtlich anerkannten Betriebsgutachten, ansonsten aus einem Betriebswerk, ansonsten aus den Regelungen zum Anbauverzeichnis nach § 142 AO (vgl. BMF-Schreiben vom 15. Dezember 1981 – BStBl I S. 878 – Teilziffer 3.3.3).

Ein Baumbestand innerhalb eines land- und forstwirtschaftlichen Betriebs tritt in der Regel nur dann als ein selbständiges Wirtschaftsgut nach außen in Erscheinung, wenn er eine Flächengröße von zusammenhängend mindestens einem Hektar aufweist (vgl. BFH vom 5. Juni 2008 – BStBl II Seite 960). Baumbestände auf verschiedenen räumlich voneinander entfernt liegenden Flurstücken stehen nicht in einem einheitlichen Nutzungs- und Funktionszusammenhang und sind deshalb auch dann selbständige Wirtschaftsgüter, wenn deren Größe einen Hektar unterschreitet.

II. Ausweis der Wirtschaftsgüter

Jedes selbständige Wirtschaftsgut Baumbestand ist im Bestandsverzeichnis bzw. dem laufend zu führenden Verzeichnis nach § 4 Absatz 3 Satz 5 EStG auszuweisen.

B. Bilanzierung des Wirtschaftsguts Baumbestand

Bei der Bilanzierung des Wirtschaftsguts Baumbestand ist zwischen Holznutzungen in Form von Kahlschlägen und anderen Holznutzungen zu unterscheiden.

I. Holznutzungen in Form von Kahlschlägen

1. Definition

Ein Kahlschlag im ertragsteuerrechtlichen Sinne liegt vor, wenn das nutzbare Derbholz auf der gesamten Fläche eines Baumbestandes, der ein selbständiges Wirtschaftsgut ist, eingeschlagen wird und keine gesicherte Kultur bestehen bleibt. Dieses gilt gleichermaßen für den Fall, dass auf einer mindestens ein Hektar großen zusammenhängenden Teilfläche ein Kahlschlag erfolgt, unabhängig davon, ob er in verschiedenen aneinander angrenzenden Baumbeständen oder innerhalb eines Baumbestandes vorgenommen wird. Dabei sind Einschläge innerhalb eines Zeitraums von fünf aufeinander folgenden Wirtschaftsjahren einheitlich zu beurteilen.

2. Übergang ins Umlaufvermögen

Mit dem Einschlag des Holzes wird der Nutzungs- und Funktionszusammenhang zum bisherigen Wirtschaftsgut Baumbestand gelöst und das eingeschlagene Holz wird Umlaufvermögen.

---

[1]) bestätigt durch BFH vom 18.02.2015 (BStBl II S. 763)

3. Minderung des Buchwerts

Mit dem Kahlschlag eines Baumbestandes, der ein selbständiges Wirtschaftsgut des Anlagevermögens gewesen ist, wird dessen Buchwert im Umfang des Einschlags gemindert und in gleicher Höhe den Herstellungskosten des eingeschlagenen Holzes (Umlaufvermögen) zugerechnet. Gleiches gilt für den Kahlschlag auf einer mindestens ein Hektar großen zusammenhängenden Teilfläche. Die Minderung des Buchwerts des Baumbestandes ist grundsätzlich entsprechend dem Flächenanteil des Kahlschlags vorzunehmen.

4. Wiederaufforstungskosten nach einem Kahlschlag

Wiederaufforstungskosten nach einem Kahlschlag sind Herstellungskosten für das neu entstehende Wirtschaftsgut Baumbestand und als nicht abnutzbares Anlagevermögen zu aktivieren.

Die Wiederaufforstung beginnt mit den Pflanzmaßnahmen, der Naturverjüngung oder der Saat. Sie endet mit der Sicherung des Baumbestandes, die nach Ablauf von fünf Wirtschaftsjahren nach dem Wirtschaftsjahr des Beginns der Wiederaufforstung anzunehmen ist. Zu den Wiederaufforstungskosten gehören insbesondere die Aufwendungen für Setzlinge, Pflanzung, Befestigung des Pflanzgutes (z. B. Pfähle und Drähte), Pflegemaßnahmen sowie Löhne. Dagegen führen Aufwendungen für Kulturzäune zu Herstellungskosten für ein selbständiges Wirtschaftsgut und werden über R 6.3 Absatz 1 EStR entsprechend berücksichtigt.

Sofern die Wiederaufforstung erst in einem späteren Wirtschaftsjahr vorgenommen wird, ist eine Rückstellung nach § 5 Absatz 4b EStG nicht zulässig.

5. Aufwendungen für Verjüngung und Pflege

Aufwendungen für Bestandsverjüngung und Bestandspflege sind sofort abzugsfähige Betriebsausgaben.

II. Holznutzungen, die keine Kahlschläge sind

1. Abgrenzung zum ertragsteuerrechtlichen Kahlschlag

Führen Holznutzungen nicht zu Kahlschlägen im ertragsteuerrechtlichen Sinn, bleibt das Wirtschaftsgut Baumbestand erhalten. Daher kommt eine Buchwertminderung grundsätzlich nicht in Betracht.

2. Minderung des Buchwerts[1])

Sofern die planmäßige Ernte hiebsreifer Bestände im Einzelfall zu einer weitgehenden Minderung der Substanz und des Wertes des Wirtschaftsgutes Baumbestand führt, kann dies eine Buchwertminderung begründen (vgl. BFH vom 5. Juni 2008 – BStBl II S. 968). Die Buchwertminderung ist begrenzt auf den Unterschied zwischen dem bisherigen Buchwert des jeweiligen Baumbestands und dem Teilwert der verbleibenden Baumbestands. Diese Voraussetzungen und der Teilwert des verbleibenden Baumbestands (§ 6 Absatz 1 Nummer 2 Satz 2 EStG) sind vom Steuerpflichtigen nachzuweisen. Der Betrag, um den der Buchwert gemindert wurde, ist den Herstellungskosten des eingeschlagenen Holzes (Umlaufvermögen) zuzurechnen.

3. Aufwendungen für die Wiederaufforstung

Soweit infolge einer Holznutzung, die keinen Kahlschlag darstellt und die nicht zu einer Buchwertminderung entsprechend Teilziffer B.II.2. geführt hat, dennoch eine Wiederaufforstungsverpflichtung

---

[1]) bestätigt durch BFH vom 18.02.2015 (BStBl II S. 763)
Reine Durchforstungsmaßnahmen lassen den Buchwert des Wirtschaftsguts Baumbestand (stehendes Holz) unberührt. Einschläge zur Anlegung von befestigten Wirtschaftswegen oder Lagerplätzen führen immer zur Minderung des auf das eingeschlagene Holz entfallenden Teils des Buchwerts. Die Anlage von (unbefestigten) Rückewegen ist demgegenüber als Durchforstungsmaßnahme anzusehen, die keine Minderung des Buchwerts für das stehende Holz zur Folge hat (>BFH vom 18.02.2015 – BStBl II S. 763).

entsteht, sind die Wiederaufforstungskosten nicht zu aktivieren. Sie sind entsprechend dem Umfang der Verpflichtung und den Wertverhältnissen am Bilanzstichtag in eine Rückstellung einzustellen, wenn die Voraussetzungen für eine Rückstellungsbildung gem. R 5.7 Absatz 4 EStR erfüllt sind (für Rückstellung aufgrund öffentlich-rechtlicher Verpflichtung vgl. BFH vom 13. Dezember 2007 – BStBl 2008 II S. 516). Die Grundsätze von R 6.11 Absatz 1 EStR sind zu berücksichtigen (z. B. Zuschüsse).

Ist dagegen nach Teilziffer B.II.2. eine Buchwertminderung vorgenommen worden, sind die Wiederaufforstungskosten als nachträgliche Anschaffungs- oder Herstellungskosten zu aktivieren, soweit die Aufwendungen für die Wiederaufforstung der gesicherten Kultur den bei der Buchwertminderung zu Grunde gelegten Wert dieser Kultur übersteigen.

Zum Umfang der Wiederaufforstungskosten vgl. Teilziffer B.I.4., zu den Aufwendungen für Verjüngung und Pflege vgl. Teilziffer B.I.5.

C. Gewinnermittlung nach § 4 Absatz 3 EStG und § 13a Absatz 6 Satz 1 Nummer 1 EStG[1])

Soweit beim Übergang vom nicht abnutzbaren Anlagevermögen zum Umlaufvermögen von den (fortgeführten) Anschaffungs-/Herstellungskosten des Baumbestands ein Betrag abzuspalten ist, der bei der Gewinnermittlung durch Betriebsvermögensvergleich als Herstellungskosten für das eingeschlagene Holz zu aktivieren wäre, sind im Wirtschaftsjahr des Einschlags in dieser Höhe Betriebsausgaben zu berücksichtigen.

D. Wertansätze für bereits vorhandene Baumbestände

Die Verpflichtung zum Ausweis eines Wertansatzes für die einzelnen Wirtschaftsgüter Baumbestand (vgl. Teilziffer A.) besteht auch für Baumbestände, die vor der Veröffentlichung der BFH-Urteile vom 5. Juni 2008 (BStBl II S. 960 und 968) am 31. Dezember 2008 angeschafft oder hergestellt wurden. Dabei ist es regelmäßig nicht zu beanstanden, wenn die Aufteilung eines bisher einheitlichen Wertansatzes auf die einzelnen Wirtschaftsgüter Baumbestand nach dem Umfang der entsprechenden Flächen vorgenommen wird.

Ein bisher für mehrere Wirtschaftsgüter Baumbestand ausgewiesener einheitlicher Wertansatz kann so lange fortgeführt werden, bis sich eine ertragsteuerrechtliche Auswirkung ergibt. In einem solchen Fall sind die bisher bestehenden Wertansätze insgesamt auf die einzelnen Wirtschaftsgüter nach dem Verhältnis der einzelnen Teilwerte im Zeitpunkt der Anschaffung bzw. Herstellung aufzuteilen. Aus Vereinfachungsgründen kann regelmäßig eine Aufteilung eines bisher einheitlichen Wertansatzes nach dem Umfang der entsprechenden Flächen vorgenommen werden. Für die übrigen Wirtschaftsgüter Baumbestand kann der Wertansatz weiterhin einheitlich ausgewiesen werden, bis sich bei diesen eine ertragsteuerrechtliche Auswirkung ergibt.

E. Kalamitätsnutzungen

Soweit durch Kalamitätsnutzungen ein Kahlschlag entsteht, kann abweichend von den unter B. dargestellten Grundsätzen der Buchwert dieses Baumbestandes beibehalten werden. Die Wiederaufforstungskosten sind in diesem Fall sofort als Betriebsausgaben abzugsfähig.

F. Pauschsätze nach § 51 EStDV

Rechtslage für Wirtschaftsjahre, die vor dem 1. Januar 2012 beginnen:

Mit einer Holznutzung im Zusammenhang stehende Wiederaufforstungskosten, die sofort abziehbare Betriebsausgaben sind, sind durch die Pauschsätze nach § 51 EStDV abgegolten. Dies gilt unabhängig vom Wirtschaftsjahr ihrer Entstehung.

---

[1]) § 13a Abs. 5 n. F.

Im Falle eines Kahlschlags (vgl. Teilziffer B.I.1.) ist der Buchwertabgang mit dem jeweiligen Pauschsatz abgegolten und die Wiederaufforstungskosten sind als Herstellungskosten in dem nach § 4 Absatz 3 Satz 5 EStG laufend zu führenden Verzeichnis auszuweisen. Dabei sind der Umfang des Kahlschlags und die Höhe der Wiederaufforstungskosten nachzuweisen.

Rechtslage für Wirtschaftsjahre, die nach dem 31. Dezember 2011 beginnen:

Mit einer Holznutzung im Zusammenhang stehende Wiederaufforstungskosten, die sofort abziehbare Betriebsausgaben sind, sind durch die Pauschsätze nach § 51 EStDV nicht abgegolten. Sie sind im Wirtschaftsjahr der Zahlung abziehbar. Zuschüsse zu den Wiederaufforstungskosten sind Betriebseinnahmen, die nicht mit der Verwertung des Holzes zusammenhängen, so dass die Pauschsätze nach § 51 Absatz 2 und 3 EStDV hierfür nicht angewendet werden können.

Buchwertminderungen und Buchwertabgänge beim Wirtschaftsgut Baumbestand sind neben den jeweiligen Pauschsätzen nach § 51 EStDV als Betriebsausgaben zu berücksichtigen. Soweit Wiederaufforstungskosten Herstellungskosten darstellen, sind sie in dem nach § 4 Absatz 3 Satz 5 EStG laufend zu führenden Verzeichnis auszuweisen. Zur Behandlung der Wiederaufforstungskosten vgl. Teilziffer B.I.4 und II.3.

G. Forstschäden-Ausgleichsgesetz[1]

Bei der Anwendung des § 4 Forstschäden-Ausgleichsgesetz gelten die Grundsätze der Teilziffer C. Bei der Ausübung des Wahlrechts nach § 4a Forstschäden-Ausgleichsgesetz sind Buchwertminderungen und Buchwertabgänge beim Wirtschaftsgut Baumbestand im Wirtschaftsjahr des Einschlags als Betriebsausgaben sofort abziehbar, soweit von einer Aktivierung abgesehen worden ist.

H. Tarifvergünstigung nach § 34b EStG

Rechtslage bis 31. Dezember 2011:

Buchwertminderungen im Sinne der Teilziffer B. und die sofort als Betriebsausgaben abziehbaren Wiederaufforstungskosten (Teilziffer B.II.3.) gehören zu den anderen Betriebsausgaben im Sinne des § 34b Absatz 2 Nummer 2 EStG.

I. Anwendungsregelung

Die Regelungen dieses Schreibens sind in allen noch offenen Fällen anzuwenden. R 34b.2 Absatz 1 Satz 4 EStR 2008 ist nicht mehr anzuwenden.

Soweit sich aus diesem Schreiben für einen Steuerpflichtigen Verschlechterungen gegenüber der bisherigen bundeseinheitlichen Verwaltungsauffassung ergeben, sind die Regelungen erstmals für Wirtschaftsjahre anzuwenden, die nach dem 30. Juni 2010 beginnen.

---

[1] >Gesetz vom 26.08.1985 (BGBl. I S. 1756) zuletzt geändert durch **Artikel 111 des Gesetzes zur Modernisierung des** Personengesellschaftsrechts vom *10.08.2021 (BGBl. I S. 3436)*

Anhang 20 IV

– unbesetzt –

Anhang 20 V

Gewinnermittlung nach Durchschnittssätzen für Land- und Forstwirte gemäß § 13a EStG;
Neuregelung für die Wirtschaftsjahre 2015 ff. bzw. abweichenden Wirtschaftsjahre 2015/2016 ff.

BMF vom 10.11.2015 (BStBl I S. 877)
IV C 7 – S 2149/15/10001 – 2015/1014358
unter Berücksichtigung der Änderungen durch
BMF vom 04.01.2023 (BStBl I S. 175)
IV C 7 – S 2230/21/10003 :008 – 2022/1305393

Inhaltsverzeichnis

		RdNr.
A.	Neuregelung der Gewinnermittlung nach Durchschnittssätzen gemäß § 13a EStG	
I.	Zugangsvoraussetzungen	
1.	Grundsätze	1
2.	Buchführungspflicht – § 13a Absatz 1 Satz 1 Nummer 1 EStG	2
3.	Selbst bewirtschaftete Flächen der landwirtschaftlichen Nutzung – § 13a Absatz 1 Satz 1 Nummer 2 EStG	3 – 4
4.	Vieheinheitengrenze – § 13a Absatz 1 Satz 1 Nummer 3 EStG	5 – 6
5.	Forstwirtschaftliche Nutzung – § 13a Absatz 1 Satz 1 Nummer 4 EStG	7 – 8
6.	Sondernutzungen – § 13a Absatz 1 Satz 1 Nummer 5 oder Satz 2 EStG	9 – 13
7.	Hof- und Gebäudeflächen	14
8.	Rumpfwirtschaftsjahr	15
9.	Neugründung und Betriebsübernahme	16 – 22
10.	Wegfallmitteilung	23
11.	Rückkehr zur Gewinnermittlung nach Durchschnittssätzen	24
II.	Gewinnermittlung auf Grund eines Antrags i. S. d. § 13a Absatz 2 EStG	25
III.	Ermittlung des Durchschnittssatzgewinns – § 13a Absatz 3 EStG	26 – 29
IV.	Ermittlung des Gewinns der landwirtschaftlichen Nutzung – § 13a Absatz 4 EStG	
1.	Ermittlung des Grundbetrags – § 13a Absatz 4 Satz 2 EStG	30
2.	Zuschlag für Tierzucht und Tierhaltung – § 13a Absatz 4 Satz 3 EStG	31 – 33

Anhang 20
IV, V Land- und Forstwirtschaft

	RdNr.
V. Ermittlung des Gewinns der forstwirtschaftlichen Nutzung – § 13a Absatz 5 EStG	
1. Grundsätze	34
2. Pauschalierung des Gewinns aus Holznutzungen	35 – 36
3. Ermittlung des Gewinns für die übrige Forstwirtschaft	37
VI. Ermittlung des Gewinns der Sondernutzungen – § 13a Absatz 6 EStG	38 – 40
VII. Ermittlung der Sondergewinne – § 13a Absatz 7 EStG	
1. Grundsätze	41
2. Veräußerung oder Entnahme von Grund und Boden und dem dazugehörigen Aufwuchs, Gebäuden, immateriellen Wirtschaftsgütern und Beteiligungen	42 – 46
3. Veräußerung von übrigem Anlagevermögen und von Tieren	47 – 51
4. Entschädigungen für den Verlust, den Untergang oder die Wertminderung von Wirtschaftsgütern des Anlagevermögens und von Tieren	52 – 54
5. Auflösung von Rücklagen	55
6. Betriebseinnahmen und Betriebsausgaben nach § 9b Absatz 2 EStG	56
7. Einnahmen aus dem Grunde nach gewerblichen Tätigkeiten, die dem Bereich der Land- und Forstwirtschaft zugerechnet werden	57 – 75
a) Grundsätze	57 – 58
b) Nebenbetriebe (R 15.5 Absatz 3 EStR)	59 – 61
c) Verwertung organischer Abfälle (R 15.5 Absatz 4 EStR)	62
d) Absatz eigener und fremder Erzeugnisse (R 15.5 Absatz 5 und 6 EStR)	63 – 64
e) Absatz eigener Erzeugnisse i. V. m. Dienstleistungen (R 15.5 Absatz 7 EStR)	65 – 66
f) Absatz eigener Erzeugnisse i. V. m. besonderen Leistungen (R 15.5 Absatz 8 EStR)	67 – 68
g) Verwendung von Wirtschaftsgütern und Dienstleistungen (R 15.5 Absatz 9 und 10 EStR)	69
h) Aufzucht und Halten fremder Tiere	70 – 72
8. Rückvergütungen	73
VIII. Einnahmen aus Vermietung und Verpachtung von Wirtschaftsgütern des land- und forstwirtschaftlichen Betriebsvermögens – § 13a Absatz 3 Satz 1 Nummer 5 EStG	74 – 77
IX. Einnahmen aus Kapitalvermögen, soweit sie zu den Einkünften aus Land- und Forstwirtschaft gehören – § 13a Absatz 3 Satz 1 Nummer 6 EStG	78 – 80
B. Wechsel der Gewinnermittlungsart	
1. Übergang zur Gewinnermittlung nach § 4 Absatz 1 EStG	81 – 82
2. Übergang zur Gewinnermittlung nach § 4 Absatz 3 EStG	83
3. Besonderheiten beim Übergang zur Gewinnermittlung nach § 13a EStG n. F.	84 – 85

Anhang 20

Land- und Forstwirtschaft

C. Aufzeichnungs- und Aufbewahrungspflichten	86 – 89
D. Schlussbestimmungen	90 – 91

Nach dem Ergebnis der Erörterungen mit den obersten Finanzbehörden der Länder gilt zur Anwendung des § 13a EStG in der Fassung des Zollkodex-Anpassungsgesetzes vom 22. Dezember 2014 (BGBl. I S. 2417) für Wirtschaftsjahre, die nach dem 30. Dezember 2015 enden, das Folgende:

A. Neuregelung der Gewinnermittlung nach Durchschnittssätzen gemäß § 13a EStG

I. Zugangsvoraussetzungen

1. Grundsätze

Die Einkünfte aus einem selbst bewirtschafteten Betrieb der Land- und Forstwirtschaft sind grundsätzlich nach der Gewinnermittlungsvorschrift des § 13a EStG zu ermitteln, wenn die Voraussetzungen des § 13a Absatz 1 Satz 1 Nummer 1 bis 5 oder Satz 2 EStG erfüllt sind. Zu den selbst bewirtschafteten Nutzungen gehören auch im Ausland belegene Betriebsteile eines Betriebs der Land- und Forstwirtschaft (z. B. Traktatländereien). 1

2. Buchführungspflicht – § 13a Absatz 1 Satz 1 Nummer 1 EStG

Eine die Anwendung der Gewinnermittlung nach Durchschnittssätzen nach § 13a Absatz 1 Satz 1 Nummer 1 EStG ausschließende Buchführungspflicht muss gesetzlich begründet sein (§§ 140, 141 AO). Daher ist die Gewinnermittlung nach Durchschnittssätzen für den Betrieb der Land- und Forstwirtschaft auch dann anzuwenden, wenn der Steuerpflichtige für diesen Betrieb freiwillig Bücher führt und aufgrund jährlicher Bestandsaufnahmen Abschlüsse macht und keinen wirksamen Antrag nach § 13a Absatz 2 EStG gestellt hat. 2

3. Selbst bewirtschaftete Flächen der landwirtschaftlichen Nutzung – § 13a Absatz 1 Satz 1 Nummer 2 EStG

Die Gewinnermittlung nach Durchschnittssätzen ist anwendbar, wenn die selbst bewirtschafteten Flächen der landwirtschaftlichen Nutzung am 15. Mai des laufenden Wirtschaftsjahres nicht mehr als 20 Hektar betragen; zur Neugründung eines Betriebs und zum Rumpfwirtschaftsjahr vgl. RdNr. 15 und 16 ff. 3

Zur Ermittlung der maßgeblichen Flächen der landwirtschaftlichen Nutzung sind alle selbst bewirtschafteten Flächen i. S. d. § 160 Absatz 2 Satz 1 Nummer 1 Buchstabe a BewG i. V. m. R 13.2 Absatz 3 Satz 1 EStR zu berücksichtigen. Dies gilt auch, soweit die Flächen als Grundvermögen bewertet wurden. Zur Berücksichtigung der Hof- und Gebäudeflächen vgl. RdNr. 14. Maßgeblich ist die für den Stichtag 15. Mai des laufenden Wirtschaftsjahres auf der Grundlage des Automatisierten Liegenschaftskatasters nachgewiesene Flächengröße. Nicht zur landwirtschaftlichen Nutzung gehören die Sondernutzungen (§ 13a Absatz 6 EStG i. V. m. § 160 Absatz 2 Satz 1 Nummer 1 Buchstabe c bis e BewG). Ferner sind das Abbauland, Geringstland und Unland (§ 160 Absatz 2 Satz 1 Nummer 3 BewG) nicht zu berücksichtigen. 4

4. Vieheinheitengrenze – § 13a Absatz 1 Satz 1 Nummer 3 EStG

Bei der Prüfung der Vieheinheitengrenze nach § 13a Absatz 1 Satz 1 Nummer 3 EStG von 50 Vieheinheiten sind die im Wirtschaftsjahr erzeugten und gehaltenen Tiere i. S. v. § 13 Absatz 1 Nummer 1 Satz 2 bis 4 EStG i. V. m. § 51 BewG sowie der Anlage 1 zum BewG zu berücksichtigen. Die Grundsätze zum Strukturwandel nach R 15.5 Absatz 2 EStR sind entsprechend anzuwenden. 5

6 Zu den in die Prüfung der Vieheinheitengrenze einzubeziehenden Tieren gehören auch die im Betrieb des Land- und Forstwirts gehaltenen und erzeugten fremden Tiere (vgl. RdNr. 70).

5. Forstwirtschaftliche Nutzung – § 13a Absatz 1 Satz 1 Nummer 4 EStG

7 Die Gewinnermittlung nach Durchschnittssätzen ist nicht anwendbar, wenn ausschließlich selbst bewirtschaftete Flächen der forstwirtschaftlichen Nutzung vorhanden sind.

8 Bei der Prüfung, ob die Grenze von 50 Hektar der forstwirtschaftlichen Nutzung überschritten ist, ist die für den Stichtag 15. Mai des laufenden Wirtschaftsjahrs auf der Grundlage des Automatisierten Liegenschaftskatasters nachgewiesene Flächengröße maßgebend; zur Berücksichtigung der Hof- und Gebäudeflächen vgl. RdNr. 14. Zur Neugründung eines Betriebs und zum Rumpfwirtschaftsjahr vgl. RdNr. 15 und 16 ff.

6. Sondernutzungen – § 13a Absatz 1 Satz 1 Nummer 5 oder Satz 2 EStG

9 Zu den Sondernutzungen i. S. d. § 13a Absatz 1 Satz 1 Nummer 5 und Absatz 6 EStG i. V. m. § 160 Absatz 2 Satz 1 Nummer 1 Buchstabe c bis e BewG gehören die weinbauliche Nutzung, die gärtnerischen Nutzungsteile Gemüsebau, Blumen/Zierpflanzenbau, Obstbau und Baumschulen, der Anbau von Hopfen, Spargel, Tabak und anderen Sonderkulturen sowie die sonstigen land- und forstwirtschaftlichen Nutzungen.

10 Zu den sonstigen land- und forstwirtschaftlichen Nutzungen gehören insbesondere die Binnenfischerei, die Teichwirtschaft, die Fischzucht für Binnenfischerei und Teichwirtschaft, die Imkerei, die Wanderschäferei, die Saatzucht, der Pilzanbau, die Produktion von Nützlingen, die Weihnachtsbaumkulturen und die Kurzumtriebsplantagen.

11 Für die Anwendung der Gewinnermittlung nach Durchschnittssätzen ist nicht erforderlich, dass neben einer selbst bewirtschafteten Sondernutzung auch selbst bewirtschaftete Flächen der landwirtschaftlichen Nutzung vorhanden sind.

12 Bei Prüfung der Zugangsvoraussetzung für eine Sondernutzung, die in Anlage 1a Nummer 2 zu § 13a EStG aufgeführt ist, gilt jeweils die Grenze der Spalte 2. Bei Sondernutzungen, die in Spalte 2 nicht aufgeführt sind, gelten für die Zugangsvoraussetzung keine Grenzen. Zur Ermittlung des Gewinns aus Sondernutzungen vgl. RdNr. 38-40.

13 Bei der Prüfung, ob die jeweiligen Sondernutzungsgrenzen des § 13a Absatz 1 Satz 1 Nummer 5 oder Satz 2 EStG i. V. m. Anlage 1a Nummer 2 zu § 13a EStG überschritten sind, ist bei flächengebundenen Nutzungen die für den Stichtag 15. Mai des laufenden Wirtschaftsjahres auf der Grundlage des Automatisierten Liegenschaftskatasters nachgewiesene Flächengröße maßgebend. Bei nicht flächengebundenen Nutzungen ist auf die durchschnittlichen Verhältnisse des laufenden Wirtschaftsjahres abzustellen.

Zur Berücksichtigung der Hof- und Gebäudeflächen vgl. RdNr. 14. Zur Neugründung eines Betriebs und zum Rumpfwirtschaftsjahr vgl. RdNr. 15 und 16 ff.

7. Hof- und Gebäudeflächen

14 Die Hof- und Gebäudeflächen eines Betriebs der Land- und Forstwirtschaft, jedoch ohne den zur Wohnung gehörenden Grund und Boden, sind in die einzelnen land- und forstwirtschaftlichen Nutzungen im Sinne des § 160 Absatz 2 Satz 1 BewG einzubeziehen (vgl. § 163 Absatz 13 BewG, R 13a.2 Absatz 1 Satz 2 EStR). Dies erfolgt bei mehreren vorhandenen Nutzungen grundsätzlich anteilig im Verhältnis der tatsächlichen Nutzung. Anstelle einer anteiligen Zuordnung zu den einzelnen Nutzungen können vorhandene Hof- und Gebäudeflächen aus Vereinfachungsgründen der landwirtschaftlichen Nutzung zugeordnet werden.

8. Rumpfwirtschaftsjahr

Umfasst ein Rumpfwirtschaftsjahr nicht den Stichtag 15. Mai, ist hinsichtlich der Zugangsvoraussetzungen anstelle dieses Stichtags auf die Verhältnisse am Ende des Wirtschaftsjahres abzustellen. Zu den Einzelheiten bei Neugründung und Betriebsübernahme vgl. RdNr. 16 ff.

9. Neugründung und Betriebsübernahme

Bei Neugründung und Betriebsübernahme eines land- und forstwirtschaftlichen Betriebs bestimmt sich die Zulässigkeit der Gewinnermittlung nach Durchschnittssätzen ausschließlich nach § 13a Absatz 1 Satz 1 oder 2 EStG.

Bei der Neugründung eines Betriebs durch erstmalige Aufnahme einer land- und forstwirtschaftlichen Tätigkeit oder der Übernahme eines Betriebs bedarf es keiner Mitteilung des Finanzamts, wenn die Voraussetzungen des § 13a Absatz 1 Satz 1 oder 2 EStG nicht vorliegen. Für die Zugangsvoraussetzungen des § 13a Absatz 1 Satz 1 Nummer 2, 4 und 5 oder Satz 2 EStG sind grundsätzlich die Verhältnisse am 15. Mai des Wirtschaftsjahres der Neugründung oder der Betriebsübernahme maßgebend.

Die Gewinnermittlung nach § 13a EStG ist auch anzuwenden, wenn die Zugangsvoraussetzungen des § 13a Absatz 1 Satz 1 oder 2 EStG zu Beginn des ersten Wirtschaftsjahres nicht vorliegen, jedoch am 15. Mai dieses Wirtschaftsjahres erstmals erfüllt sind.

Liegen die Voraussetzungen des § 13a Absatz 1 Satz 1 oder 2 EStG zu Beginn des ersten Wirtschaftsjahres, aber nicht am 15. Mai dieses Wirtschaftsjahres vor, besteht für das Wirtschaftsjahr keine Berechtigung zur Gewinnermittlung nach Durchschnittssätzen. Es wird in diesen Fällen nicht beanstandet, wenn für dieses erste Wirtschaftsjahr ein nach den Grundsätzen des § 13a EStG ermittelter Gewinn angesetzt wird. In diesen Fällen bedarf es keiner Mitteilung nach § 13a Absatz 1 Satz 4 EStG.

Ist das erste Wirtschaftsjahr ein Rumpfwirtschaftsjahr und umfasst dieses nicht den Stichtag 15. Mai, ist hinsichtlich der Zugangsvoraussetzungen anstelle des 15. Mai auf die Verhältnisse am Ende dieses Wirtschaftsjahres abzustellen.

Liegen die Voraussetzungen des § 13a Absatz 1 Satz 1 oder 2 EStG zu Beginn des ersten Rumpfwirtschaftsjahres, aber nicht am Ende dieses Wirtschaftsjahres vor, besteht für das Wirtschaftsjahr keine Berechtigung zur Gewinnermittlung nach Durchschnittssätzen. Es wird in diesen Fällen jedoch nicht beanstandet, wenn für dieses erste Wirtschaftsjahr ein nach den Grundsätzen des § 13a EStG ermittelter Gewinn angesetzt wird. In diesen Fällen bedarf es keiner Mitteilung nach § 13a Absatz 1 Satz 4 EStG.

Bei einem Betriebsübergang sind die persönlichen Zugangsvoraussetzungen des § 13a Absatz 1 Satz 1 oder 2 EStG grundsätzlich für jeden Steuerpflichtigen gesondert zu betrachten. Führt die Übernahme eines bisher bestehenden Betriebs der Land- und Forstwirtschaft, für den der Übergeber bis zum Zeitpunkt der Übergabe den Gewinn zulässiger Weise nach § 4 Absatz 1 oder 3 EStG ermittelt hat, beim Übernehmer zur Bildung eines Rumpfwirtschaftsjahres, ist die Anwendung der Gewinnermittlung nach Durchschnittssätzen für dieses (Rumpf-) Wirtschaftsjahr ausgeschlossen (§ 13a Absatz 1 Satz 3 EStG). Dies betrifft insbesondere Fälle, in denen der Übernehmer die Zugangsvoraussetzungen grundsätzlich erfüllt. In diesen Fällen kommt es bis zum Ende des laufenden Wirtschaftsjahres zu einer Übernahme der Bindungsfrist für den Übernehmer. Liegen die Voraussetzungen des § 13a Absatz 1 Satz 3 EStG vor, treten die Rechtsfolgen des § 13a Absatz 2 Satz 2 EStG nicht ein. Möchte der Übernehmer die Gewinnermittlung nach § 4 Absatz 1 oder 3 EStG auch für die darauf folgenden Wirtschaftsjahre fortführen, muss er die Gewinnermittlung nach Durchschnittssätzen gemäß § 13a Absatz 2 EStG abwählen.

10. Wegfallmitteilung

23[1]) Die Mitteilung nach § 13a Absatz 1 Satz 4 EStG soll innerhalb einer Frist von einem Monat vor Beginn des folgenden Wirtschaftsjahres bekanntgegeben werden (vgl. aber BFH vom 29. März 2007 – BStBl II S. 816). Bis zum Beginn dieses Wirtschaftsjahres ist der Gewinn noch nach Durchschnittssätzen zu ermitteln.

11. Rückkehr zur Gewinnermittlung nach Durchschnittssätzen

24 Das Wort „letztmalig" in § 13a Absatz 1 Satz 4 EStG bedeutet nicht, dass eine Rückkehr zur Gewinnermittlung nach Durchschnittssätzen zu einem späteren Zeitpunkt ausgeschlossen ist. Der Gewinn ist erneut nach Durchschnittssätzen zu ermitteln, wenn die Voraussetzungen des § 13a Absatz 1 Satz 1 oder 2 EStG wieder gegeben sind und ein Antrag nach § 13a Absatz 2 EStG nicht gestellt wird. Bestand für den Land- und Forstwirt Buchführungspflicht nach § 141 Absatz 1 AO, ist zuvor die Feststellung der Finanzbehörde erforderlich, dass die Voraussetzungen für die Buchführungspflicht nach § 141 Absatz 1 AO nicht mehr vorliegen (§ 141 Absatz 2 Satz 2 AO). Bei einem Land- und Forstwirt, der weder buchführungspflichtig ist noch die sonstigen Voraussetzungen des § 13a Absatz 1 Satz 1 oder 2 EStG erfüllt und dessen Gewinn nach § 4 Absatz 1 oder 3 EStG ermittelt wird, ist der Gewinn bereits ab dem folgenden Wirtschaftsjahr nach Durchschnittssätzen zu ermitteln, wenn am maßgeblichen Stichtag (grundsätzlich 15. Mai) dieses Wirtschaftsjahres die Voraussetzungen des § 13a Absatz 1 Satz 1 oder 2 EStG wieder erfüllt sind; § 141 Absatz 2 Satz 2 AO ist nur bei wegfallender Buchführungspflicht anzuwenden. Einer Mitteilung der Finanzbehörde bedarf es insoweit nicht. Ist eine Mitteilung nach § 13a Absatz 1 Satz 4 EStG über den Wegfall der Voraussetzungen des § 13a Absatz 1 Satz 1 oder 2 EStG ergangen und liegen am maßgeblichen Stichtag (grundsätzlich 15. Mai) des auf die Bekanntgabe der Mitteilung folgenden Wirtschaftsjahres die Voraussetzungen für die Gewinnermittlung nach Durchschnittssätzen wieder vor, hat das Finanzamt die Rechtswirkungen dieser Mitteilung zu beseitigen; § 13a EStG ist weiterhin anzuwenden.

II. Gewinnermittlung auf Grund eines Antrags i. S. d. § 13a Absatz 2 EStG

25 Ein Land- und Forstwirt, der seinen Gewinn auf Antrag nach § 13a Absatz 2 EStG für vier aufeinanderfolgende Wirtschaftsjahre nach § 4 Absatz 1 oder 3 EStG ermittelt, ist damit vorübergehend aus der Gewinnermittlung nach Durchschnittssätzen ausgeschieden. Dabei ist Folgendes zu beachten:

1. Wird innerhalb des Vierjahreszeitraums eine der Buchführungsgrenzen des § 141 Absatz 1 AO überschritten, ist der Land- und Forstwirt rechtzeitig vor Beginn des nächstfolgenden Wirtschaftsjahres auf den Beginn der Buchführungspflicht hinzuweisen. Die Mitteilung soll einen Monat vor Beginn des Wirtschaftsjahres bekannt gegeben werden, von dessen Beginn an die Buchführungspflicht zu erfüllen ist.

2. Werden innerhalb des Vierjahreszeitraums die Voraussetzungen des § 13a Absatz 1 Satz 1 Nummer 2 bis 5 oder des Satzes 2 EStG nicht mehr erfüllt, soll der Land- und Forstwirt innerhalb einer Frist von einem Monat vor Beginn des nächstfolgenden Wirtschaftsjahres darauf hingewiesen werden, dass der Gewinn nicht mehr nach Durchschnittssätzen zu ermitteln ist.

3. Ist der Land- und Forstwirt vor Beginn eines Wirtschaftsjahres innerhalb des Vierjahreszeitraums darauf hingewiesen worden, dass der Gewinn nicht mehr nach

---

[1]) Lagen die Voraussetzungen zur Gewinnermittlung nach § 13a von Anfang an nicht vor, bedarf es auch dann keiner Wegfallmitteilung, wenn das Finanzamt die Gewinnermittlung nach § 13a jahrelang nicht beanstandet hat. Ein schützenswertes Vertrauen des Stpfl. in den (vorübergehenden) Fortbestand der für ihn günstigen, aber fehlerhaften Verwaltungspraxis besteht nicht (>BFH vom 23.08.2017 – BStBl II 2018 S. 174).

Durchschnittssätzen zu ermitteln bzw. dass eine der Buchführungsgrenzen überschritten ist, verkürzt sich der Vierjahreszeitraum entsprechend. Die Rechtsfolge des § 13a Absatz 2 Satz 2 EStG tritt nicht ein, wenn der Land- und Forstwirt für den verkürzten Vierjahreszeitraum den Gewinn nach § 4 Absatz 1 oder 3 EStG ermittelt hat.

4. Nach Ablauf des Vierjahreszeitraums ist der Gewinn wieder nach Durchschnittssätzen zu ermitteln, wenn die Voraussetzungen des § 13a Absatz 1 Satz 1 oder 2 EStG
   a) erfüllt sind und der Land- und Forstwirt von der Möglichkeit der erneuten Ausübung des Wahlrechtes (§ 13a Absatz 2 EStG) keinen Gebrauch macht,
   b) nicht mehr erfüllt sind, der Land- und Forstwirt aber noch nicht zur Buchführung aufgefordert oder darauf hingewiesen worden ist, dass der Gewinn nicht mehr nach Durchschnittssätzen zu ermitteln ist.

III. Ermittlung des Durchschnittssatzgewinns – § 13a Absatz 3 EStG

Im Rahmen der Gewinnermittlung nach § 13a EStG wird der Gewinn der landwirtschaftlichen Nutzung (§ 13a Absatz 3 Satz 1 Nummer 1 EStG) und der in Anlage 1a Nummer 2 zu § 13a EStG genannten Sondernutzungen (§ 13a Absatz 3 Satz 1 Nummer 3 i. V. m. Absatz 6 Satz 2 EStG) nach den Grundsätzen des § 4 Absatz 1 EStG ermittelt. Alle übrigen Gewinne werden nach der Systematik des § 4 Absatz 3 EStG ermittelt. 26

Der Durchschnittssatzgewinn ist die Summe der Gewinne nach § 13a Absatz 3 Satz 1 Nummer 1 bis 6 EStG. Mit dem Ansatz des Durchschnittssatzgewinns sind alle Betriebseinnahmen und Betriebsausgaben berücksichtigt. Insbesondere sind verausgabte Pachtzinsen, Schuldzinsen und dauernde Lasten, die Betriebsausgaben sind, nach § 13a Absatz 3 EStG nicht zusätzlich abziehbar. 27

Bei der forstwirtschaftlichen Nutzung, den Sondernutzungen nach § 13a Absatz 6 Satz 3 i. V. m. § 4 Absatz 3 EStG und bei einzelnen Sondergewinntatbeständen können Verluste entstehen, die zu einem negativen Durchschnittssatzgewinn führen können. 28

Ist der Gewinn nach § 13a EStG für ein Rumpfwirtschaftsjahr oder ein verlängertes Wirtschaftsjahr zu ermitteln, sind der Grundbetrag (§ 13a Absatz 4 Satz 2 EStG), der Zuschlag für Tierzucht und Tierhaltung (§ 13a Absatz 4 Satz 3 EStG) und die pauschalen Gewinne für Sondernutzungen (§ 13a Absatz 6 Satz 2 EStG) zeitanteilig für jeden begonnenen Monat mit einem Zwölftel anzusetzen. 29[1])

IV. Ermittlung des Gewinns der landwirtschaftlichen Nutzung – § 13a Absatz 4 EStG

1. Ermittlung des Grundbetrags – § 13a Absatz 4 Satz 2 EStG

Zur Ermittlung des Grundbetrags für ein Wirtschaftsjahr sind alle selbst bewirtschafteten Flächen der landwirtschaftlichen Nutzung i. S. d. § 160 Absatz 2 Satz 1 Nummer 1 Buchstabe a BewG ohne Sondernutzungen (§ 13a Absatz 6 EStG i. V. m. § 160 Absatz 2 Satz 1 Nummer 1 Buchstabe c bis e BewG) zu berücksichtigen. Zum maßgeblichen Stichtag (grundsätzlich 15. Mai) und zum Umfang der Flächen an diesem Stichtag vgl. RdNr. 3 und 4 sowie RdNr. 14. Für angefangene Hektar ist ein entsprechender Anteil zu berücksichtigen. 30

---

[1]) *Rn. 29 wurde durch BMF vom 04.01.2023 (BStBl I S. 175) geändert und ist in allen offenen Fällen anzuwenden. In Fällen des verlängerten Wj. ist Rn. 29 i. d. F. des BMF-Schreibens vom 10.11.2015 (BStBl I S. 877) weiterhin für Wj. anzuwenden, die vor dem 04.01.2023 begonnen haben. Rn 29 in der am 10.11.2015 geltenden Fassung lautet:*
„*Ist der Gewinn nach § 13a für ein Rumpfwirtschaftsjahr oder ein verlängertes Wj. zu ermitteln, sind der Grundbetrag (§ 13a Abs. 4 Satz 2), der Zuschlag für Tierzucht und Tierhaltung (§ 13a Abs. 4 Satz 3) und die pauschalen Gewinne für Sondernutzungen (§ 13a Abs 6 Satz 2) für ein volles Wj. anzusetzen.*"

2. Zuschlag für Tierzucht und Tierhaltung – § 13a Absatz 4 Satz 3 EStG

31   Der Zuschlag für Tierzucht und Tierhaltung je Wirtschaftsjahr ist für im Betrieb der Land- und Forstwirtschaft gehaltene und erzeugte Tiere vorzunehmen. Tiere, die in einem gesonderten Gewerbebetrieb des Steuerpflichtigen oder im Zusammenhang mit einer dem Grunde nach gewerblichen Dienstleistung (§ 13a Absatz 7 Satz 1 Nummer 3 EStG) gehalten oder erzeugt werden, sind nicht zu berücksichtigen. Zur Abgrenzung beim Halten und der Erzeugung fremder Tiere vgl. RdNr. 70.

32   Maßgeblich sind bei Tieren des Umlaufvermögens die im Wirtschaftsjahr erzeugten und bei Tieren des Anlagevermögens die im Durchschnitt des Wirtschaftsjahrs gehaltenen Tiere. Die Umrechnung der Tierbestände in Vieheinheiten erfolgt unter Beachtung der bewertungsrechtlichen Vorschriften des § 51 BewG. Der Umrechnungsschlüssel ergibt sich aus Anlage 1 zum BewG.

33   Eine Tierzucht und Tierhaltung bis insgesamt einschließlich 25 Vieheinheiten ist mit dem Ansatz des Grundbetrags der landwirtschaftlichen Nutzung nach § 13a Absatz 4 Satz 2 EStG abgegolten. Für alle weiteren Vieheinheiten sind nach Nummer 1 der Anlage 1a zu § 13a EStG 300 Euro pro Vieheinheit als Tierzuschlag für das Wirtschaftsjahr anzusetzen. Für angefangene Vieheinheiten ist ein entsprechender Anteil von 300 Euro zu berücksichtigen.

V. Ermittlung des Gewinns der forstwirtschaftlichen Nutzung – § 13a Absatz 5 EStG

1. Grundsätze

34   Bei der Gewinnermittlung nach Durchschnittssätzen ist der Gewinn aus forstwirtschaftlicher Nutzung nach den Grundsätzen des § 4 Absatz 3 EStG zu ermitteln. Dabei sind gemäß § 13a Absatz 5 EStG zwingend die pauschalen Betriebsausgaben nach § 51 EStDV zu berücksichtigen.

2. Pauschalierung des Gewinns aus Holznutzungen

35   Die Einnahmen aus Holznutzungen umfassen die Erlöse aus der Verwertung des Holzes, die im Wirtschaftsjahr zugeflossen sind. Hierzu gehören insbesondere die Erlöse für das veräußerte und der Teilwert für das entnommene Holz. Nicht dazu gehören die Einnahmen aus einer anderen Nutzung des Waldes, wie z. B. aus der Verpachtung einzelner Flächen, der Ausübung der Jagd, dem Verkauf von Früchten des Waldes (Beeren, Pilze, Bärlauch) oder von Reisholz und Grünschnitt. Zinsen aus der Kreditierung von Holzverkäufen gehören ebenfalls nicht zu den Einnahmen aus Holznutzungen, sondern zu den Einnahmen aus Kapitalvermögen i. S. d. § 13a Absatz 3 Satz 1 Nummer 6 EStG.

36   Zur Ermittlung des Gewinns aus Holznutzungen sind bei einer Verwertung von Holz auf dem Stamm 20 % und bei einer Verwertung von eingeschlagenem Holz 55 % der zugeflossenen Einnahmen als Betriebsausgaben abziehbar. Alle übrigen Einnahmen in sachlichem Zusammenhang mit Holznutzungen (z. B. Entschädigungen, Zuschüsse zur Abgeltung erhöhter Betriebsausgaben) sind in voller Höhe zu erfassen. Damit sind sämtliche Betriebsausgaben nach den Grundsätzen des § 4 Absatz 3 EStG abgegolten, die die forstwirtschaftlichen Flächen betreffen. Ausgenommen hiervon sind die Wiederaufforstungskosten und die Minderung des Buchwerts für das jeweilige Wirtschaftsgut Baumbestand (vgl. BMF-Schreiben vom 16. Mai 2012 – BStBl I S. 595[1])).

---

[1]) >Anhang 20 III

3. Ermittlung des Gewinns für die übrige Forstwirtschaft

Die pauschalen Betriebsausgaben von 20 % bzw. 55 % gelten nicht für die Ermittlung des Gewinns aus Waldverkäufen sowie für die übrigen Einnahmen und die damit in unmittelbarem Zusammenhang stehenden Betriebsausgaben. Der Gewinn aus Waldverkäufen wird entsprechend der Regelung des § 51 Absatz 5 EStDV grundsätzlich als Sondergewinn nach § 13a Absatz 7 Satz 1 Nummer 1 Buchstabe a EStG und die Ermittlung des Gewinns für das übrige Anlagevermögen als Sondergewinn nach § 13a Absatz 7 Satz 1 Nummer 1 Buchstabe b oder c EStG erfasst. Einnahmen aus der Verpachtung von Flächen der forstwirtschaftlichen Nutzung und der Jagdpacht sind nach § 13a Absatz 3 Satz 1 Nummer 5 EStG zu erfassen, ohne dass es darauf ankommt, ob sich die Jagd auf landwirtschaftliche oder forstwirtschaftliche Flächen bezieht. Für alle übrigen Einnahmen, die nicht in einem unmittelbaren Zusammenhang mit den Holznutzungen stehen (vgl. RdNr. 35) und nicht nach § 13a Absatz 3 Satz 1 Nummer 5 und 6 EStG zu erfassen sind, gilt § 51 Absatz 5 EStDV.

VI. Ermittlung des Gewinns der Sondernutzungen – § 13a Absatz 6 EStG

Bei der Ermittlung der Gewinne aus Sondernutzungen im Sinne des § 13a Absatz 6 i. V. m. § 160 Absatz 2 Satz 1 Nummer 1 Buchstabe c bis e BewG ist für jede selbst bewirtschaftete Nutzung und für jeden selbst bewirtschafteten Nutzungsteil ein Sondergewinn zu ermitteln. Zur Frage der Definition der Sondernutzungen und deren Umfang zum maßgeblichen Stichtag (grundsätzlich 15. Mai) vgl. RdNr. 9-13 und RdNr. 14.

Nach § 13a Absatz 6 Satz 2 EStG ist bei jeder einzelnen Sondernutzung, die die in Anlage 1a Nummer 2 – Spalte 3 zu § 13a EStG genannte Grenze überschreitet, ein Gewinn von 1.000 Euro je Sondernutzung für das Wirtschaftsjahr anzusetzen. Dagegen ist für jede Sondernutzung, die unter dieser Grenze liegt, ein Gewinn von 0 Euro für das Wirtschaftsjahr anzusetzen. Der Gewinn aus Sondernutzungen nach § 13a Absatz 6 Satz 2 EStG ist ein nach den Grundsätzen des § 4 Absatz 1 EStG ermittelter Gewinn.

Für Sondernutzungen, die nicht in der Anlage 1a Nummer 2 zu § 13a EStG aufgeführt sind (vgl. RdNr. 9-13), ist innerhalb des § 13a EStG eine Gewinnermittlung nach § 4 Absatz 3 EStG erforderlich (§ 13a Absatz 6 Satz 3 EStG). Zu diesen Sondernutzungen gehören insbesondere der Anbau von Tabak, der Anbau von Energieholz auf Kurzumtriebsplantagen und die Produktion von Nützlingen. Für diese Sondernutzungen ist bei der im Rahmen der Gewinnermittlung nach Durchschnittssätzen vorzunehmenden Gewinnermittlung nach § 4 Absatz 3 EStG für Wirtschaftsgüter, die ausschließlich dieser Sondernutzung dienen, die Vornahme der Absetzung für Abnutzung nur in gleichen Jahresbeträgen zulässig; im Übrigen gilt die Absetzung für Abnutzung im Rahmen des Durchschnittssatzgewinns als in Anspruch genommen (§ 13a Absatz 3 Satz 3 EStG).

VII. Ermittlung der Sondergewinne – § 13a Absatz 7 EStG
1. Grundsätze

Die Ermittlung aller Sondergewinne nach § 13a Absatz 7 EStG erfolgt einschließlich der damit verbundenen Aufzeichnungs- und Aufbewahrungspflichten nach § 4 Absatz 3 EStG (vgl. RdNr. 86-89). Betriebseinnahmen i. S. v. § 13a Absatz 7 Satz 1 EStG sind die zugeflossenen Erlöse einschließlich der gesetzlichen Umsatzsteuer. Entsprechendes gilt im Falle der Entnahme für den an deren Stelle tretenden Wert und die daraus resultierende gesetzliche Umsatzsteuer.

Anhang 20
Land- und Forstwirtschaft

2. Veräußerung oder Entnahme von Grund und Boden und dem dazugehörigen Aufwuchs, Gebäuden, immateriellen Wirtschaftsgütern und Beteiligungen

42 Der Gewinn oder Verlust aus der Veräußerung oder Entnahme des zum Betriebsvermögen gehörenden Grund und Bodens und des dazugehörigen Aufwuchses (z. B. stehendes Holz und Dauerkulturen) sowie der zum Betriebsvermögen gehörenden Gebäude, immateriellen Wirtschaftsgüter und Beteiligungen ist stets als Sondergewinn zu erfassen und nicht mit dem Ansatz des Durchschnittssatzgewinns nach § 13a Absatz 3 Satz 1 Nummer 1 bis 3 und 5 bis 6 EStG abgegolten.

43 Für Gewinne aus der Veräußerung von Grund und Boden und des dazugehörigen Aufwuchses sowie von Gebäuden kann unter den Voraussetzungen des § 6c i. V. m. § 6b EStG eine Rücklage gebildet werden. Gleiches gilt unter den Voraussetzungen der R 6.6 EStR für die Bildung einer Rücklage für Ersatzbeschaffung. Soweit für das Wirtschaftsgut Grund und Boden und ggf. immaterielle Wirtschaftsgüter ein Buchwert nach § 55 EStG anzusetzen ist, sind die Grundsätze dieser Vorschrift anzuwenden.

44 Bei der Gewinnermittlung nach § 13a EStG ist die Bildung und Beibehaltung von gewillkürtem Betriebsvermögen nach den für die Land- und Forstwirtschaft geltenden allgemeinen Grundsätzen möglich. Die unter RdNr. 42-43 genannten Grundsätze gelten auch für Wirtschaftsgüter des gewillkürten Betriebsvermögens.

45 Zu den Beteiligungen gehören insbesondere die zum Betriebsvermögen gehörenden Anteile an Kapitalgesellschaften und Genossenschaften. Mitunternehmeranteile gehören nicht zu den Beteiligungen, wenn sie außerhalb der Gewinnermittlung nach § 13a EStG als gesondertes Betriebsvermögen behandelt werden.

46 Ist der Land- und Forstwirt an einer Bruchteilsgemeinschaft (z. B. Maschinengemeinschaft) beteiligt, die keine eigene Gewinnerzielungsabsicht verfolgt, ist der Eigentumsanteil des Steuerpflichtigen an Wirtschaftsgütern des Gemeinschaftsvermögens ertragsteuerrechtlich wie ein eigenes Wirtschaftsgut des Steuerpflichtigen zu behandeln. In diesen Fällen bezieht sich die Regelung des § 13a Absatz 7 Satz 1 Nummer 1 Buchstabe b EStG bei Veräußerung oder Entnahme des Wirtschaftsguts einschließlich der Grenze von 15.000 Euro auf den Eigentumsanteil des Steuerpflichtigen (vgl. RdNr. 47-51).

3. Veräußerung von übrigem Anlagevermögen und von Tieren

47 Die Veräußerung oder Entnahme der übrigen Wirtschaftsgüter des Anlagevermögens und von Tieren ist unter den Voraussetzungen des § 13a Absatz 7 Nummer 1 Buchstabe b EStG nicht mit dem Ansatz des Durchschnittssatzgewinns nach § 13a Absatz 3 Satz 1 Nummer 1 bis 3 EStG abgegolten.

48 Der für die Prüfung der Grenze von 15.000 Euro maßgebliche Veräußerungspreis ist der bürgerlich-rechtliche Gesamtendpreis, d. h. einschließlich der gesetzlichen Umsatzsteuer. Entsprechendes gilt im Falle der Entnahme für den an dessen Stelle tretenden Wert und die daraus resultierende gesetzliche Umsatzsteuer. Erfolgt die Veräußerung des Wirtschaftsguts durch einen Tausch oder einen Tausch mit Baraufgabe, so ist die Angemessenheit des Werts für das hingegebene Wirtschaftsgut auf Verlangen des Finanzamts glaubhaft zu machen.

49 Bei der Ermittlung des Gewinns aus der Veräußerung von übrigem Anlagevermögen ist der Buchwert des jeweiligen Wirtschaftsguts zu ermitteln. Dabei sind die Vorgaben der amtlichen Abschreibungstabellen zu berücksichtigen. Wird ein Wirtschaftsgut in mehreren Abschreibungstabellen angeführt, ist vorrangig die amtliche Abschreibungstabelle für die Land- und Forstwirtschaft anzuwenden.

50 Soweit sich die Anschaffungs- bzw. Herstellungskosten nicht aus einem vom Steuerpflichtigen geführten Anlageverzeichnis ergeben oder nicht mehr nachgewiesen werden

können, dürfen allenfalls die vom Steuerpflichtigen angemessen geschätzten Anschaffungs- bzw. Herstellungskosten und der glaubhaft daraus abgeleitete Buchwert des jeweiligen Wirtschaftsguts zum Zeitpunkt des Ausscheidens aus dem Betriebsvermögen anerkannt werden.

Bei der Ermittlung des Gewinns aus der Veräußerung von Tieren gelten die vorstehenden Regelungen entsprechend. Dabei ist ohne Bedeutung, ob das jeweilige Tier ertragsteuerrechtlich dem Anlage- oder Umlaufvermögen zuzurechnen ist. Die Ermittlung der Anschaffungs- bzw. Herstellungskosten, der zu berücksichtigenden Absetzungen für Abnutzung sowie eines ggf. anzusetzenden Schlachtwerts kann nach den Grundsätzen des BMF-Schreibens vom 14. November 2001 (BStBl I S. 864)[1]) erfolgen.

4. Entschädigungen für den Verlust, den Untergang oder die Wertminderung von Wirtschaftsgütern des Anlagevermögens und Tieren

Gewährte Entschädigungen für den Verlust, den Untergang oder die Wertminderung von Wirtschaftsgütern des Anlagevermögens und von Tieren i. S. d. § 13a Absatz 7 Satz 1 Nummer 1 Buchstabe a oder b EStG sind als Sondergewinn zu erfassen (§ 13a Absatz 7 Satz 1 Nummer 1 Buchstabe c EStG). Bei der Prüfung der Grenze von 15.000 Euro ist die für das jeweilige Wirtschaftsgut i. S. d. § 13a Absatz 7 Satz 1 Nummer 1 Buchstabe b EStG gezahlte Entschädigung einschließlich Umsatzsteuer maßgebend.

Entschädigungen, die als Ersatz für entgangene Einnahmen oder als Ersatz für erhöhte Betriebsausgaben gewährt werden, sind bei entsprechendem Veranlassungszusammenhang mit dem Gewinn der landwirtschaftlichen Nutzung nach § 13a Absatz 4 EStG und dem Gewinn aus Sondernutzungen nach § 13a Absatz 6 Satz 2 EStG abgegolten. Bei der forstwirtschaftlichen Nutzung sind diese Entschädigungen nach den Regelungen des § 51 EStDV zu erfassen. Pauschale Betriebsausgaben sind nur zu berücksichtigen, soweit die Zahlungen auf entgangene Einnahmen aus Holznutzungen entfallen.

Einheitlich gewährte Entschädigungen sind für die Anwendung der vorstehenden Grundsätze nach deren wirtschaftlichen Gehalt aufzuteilen.

5. Auflösung von Rücklagen

Soweit im Rahmen der Gewinnermittlung für den land- und forstwirtschaftlichen Betrieb eine Rücklage gebildet wurde (z. B. §§ 6b, 6c EStG, R 6.6 EStR), ist die Auflösung der Rücklage als Sondergewinn zu erfassen.

6. Betriebseinnahmen und Betriebsausgaben nach § 9b Absatz 2 EStG

Betriebseinnahmen und Betriebsausgaben aus Vorsteuerberichtigungen i. S. d. § 15a UStG sind im Zeitpunkt des Zuflusses bzw. Abflusses als Sondergewinn zu erfassen (§ 13a Absatz 7 Satz 1 Nummer 2 EStG).

7. Einnahmen aus dem Grunde nach gewerblichen Tätigkeiten, die dem Bereich der Land- und Forstwirtschaft zugerechnet werden

a) Grundsätze

Soweit Einnahmen (Erlöse und Entnahmen) nach den allgemeinen Grundsätzen in einem gesonderten Gewerbebetrieb zu erfassen sind (Abgrenzung zu Einkünften i. S. v. § 13 EStG; vgl. insbesondere R 15.5 EStR), sind sie dem Grunde nach kein innerhalb der Gewinnermittlung nach § 13a EStG zu berücksichtigender Sondergewinn.

Sind Einnahmen aus dem Grunde nach gewerblichen Tätigkeiten noch dem Bereich der Land- und Forstwirtschaft zuzuordnen, werden sie abzüglich pauschaler Betriebsausgaben in Höhe von 60 % nach § 13a Absatz 7 Satz 1 Nummer 3 EStG i. V. m. Nummer 3

---

[1]) >Anhang 9 IV

der Anlage 1a zu § 13a EStG innerhalb der Gewinnermittlung nach Durchschnittssätzen als Sondergewinn erfasst. Zu den genannten Tätigkeiten gehören insbesondere die innerhalb der Grenzen nach R 15.5 Absatz 11 EStR ausgeübten Tätigkeiten i. S. d. R 15.5 Absatz 3 bis 10 EStR.

b) Nebenbetriebe (R 15.5 Absatz 3 EStR)

59 Die Be- und Verarbeitung überwiegend eigener land- und forstwirtschaftlicher Erzeugnisse im Rahmen einer ersten Bearbeitungsstufe ist als land- und forstwirtschaftliche Tätigkeit mit dem jeweiligen Gewinn nach § 13a Absatz 4 bis 6 EStG abgegolten.

60 Gleiches gilt für Substanzbetriebe, soweit die gewonnene Substanz im eigenen land- und forstwirtschaftlichen Betrieb verwendet wird. Der Verkauf oder die Entnahme einer gewonnenen Substanz innerhalb der Grenzen der R 15.5 Absatz 3 EStR ist dagegen als Sondergewinn zu erfassen (§ 13a Absatz 7 Satz 1 Nummer 3 EStG i. V. m. Nummer 3 der Anlage 1a zu § 13a EStG).

61 Die Be- und Verarbeitung überwiegend fremder Erzeugnisse oder die Bearbeitung überwiegend eigener land- und forstwirtschaftlicher Erzeugnisse im Rahmen einer zweiten und weiteren Bearbeitungsstufe kann unter den Voraussetzungen der R 15.5 Absatz 11 EStR der Land- und Forstwirtschaft zuzurechnen sein, ist aber dem Grunde nach eine gewerbliche Tätigkeit. In diesem Fall sind die hieraus erzielten Einnahmen unter Abzug der pauschalen Betriebsausgaben von 60 % als Sondergewinn zu erfassen.

c) Verwertung organischer Abfälle (R 15.5 Absatz 4 EStR)

62 Ist die Verwertung organischer Abfälle nach R 15.5 Absatz 4 Satz 1 und 2 EStR eine dem Grunde nach land- und forstwirtschaftliche Tätigkeit, so ist sie mit dem Ansatz des jeweiligen Gewinns nach § 13a Absatz 4 bis 6 EStG abgegolten. Zu Tätigkeiten nach R 15.5 Absatz 4 Satz 3 EStR vgl. RdNr. 69.

d) Absatz eigener und fremder Erzeugnisse (R 15.5 Absatz 5 und 6 EStR)

63 Der Absatz eigener land- und forstwirtschaftlicher Erzeugnisse ist als land- und forstwirtschaftliche Tätigkeit mit dem jeweiligen Gewinn nach § 13a Absatz 4 bis 6 EStG abgegolten.

64 Der Absatz fremder Erzeugnisse ist unter den Voraussetzungen der R 15.5 Absatz 11 EStR der Land- und Forstwirtschaft zuzurechnen. Die hieraus erzielten Einnahmen sind unter Abzug der pauschalen Betriebsausgaben von 60 % als Sondergewinn zu erfassen.

e) Absatz eigener Erzeugnisse i. V. m. Dienstleistungen (R 15.5 Absatz 7 EStR)

65 Der Absatz eigener land- und forstwirtschaftlicher Erzeugnisse ist bezogen auf die jeweilige Tätigkeit in folgenden Fällen als land- und forstwirtschaftlich zu qualifizieren und mit dem Ansatz des jeweiligen Gewinns nach § 13a Absatz 4 bis 6 EStG abgegolten:
- Lieferung ausschließlich eigener land- und forstwirtschaftlicher Erzeugnisse ohne Dienstleistung;
- Lieferung ausschließlich eigener land- und forstwirtschaftlicher Erzeugnisse i. V. m. grundsätzlich gewerblichen Dienstleistungen bis zu 50 % der Erlöse;
- Lieferung eigener land- und forstwirtschaftlicher Erzeugnisse von mindestens 50 % i. V. m. der Lieferung fremder Erzeugnisse und grundsätzlich gewerblichen Dienstleistungen bis zu insgesamt 50 % der Erlöse.

Anhang 20
Land- und Forstwirtschaft

Der Absatz eigener Erzeugnisse i. V. m. darüber hinausgehenden gewerblichen Dienstleistungen oder einem darüber hinausgehenden Absatz fremder Erzeugnisse i. V. m. gewerblichen Dienstleistungen führt zu einer insgesamt grundsätzlich gewerblichen Tätigkeit und kann nur unter den Voraussetzungen der R 15.5 Absatz 11 EStR der Land- und Forstwirtschaft zuzurechnen sein. Die hieraus erzielten Einnahmen sind unter Abzug der pauschalen Betriebsausgaben von 60 % als Sondergewinn zu erfassen. 66

f) Absatz eigener Erzeugnisse i. V. m. besonderen Leistungen (R 15.5 Absatz 8 EStR)

Der Ausschank von eigen erzeugten, der Land- und Forstwirtschaft zuzurechnenden Getränken ist eine Form der Vermarktung und als land- und forstwirtschaftliche Tätigkeit mit dem Ansatz des jeweiligen Gewinns nach § 13a Absatz 4 bis 6 EStG abgegolten. 67

Dagegen ist der Absatz von Speisen und anderen Getränken (z. B. fremde Getränke, 2. Bearbeitungsstufe), die im Rahmen einer land- und forstwirtschaftlichen Tätigkeit abgegeben werden, nur unter den Voraussetzungen der R 15.5 Absatz 11 EStR der Land- und Forstwirtschaft zuzurechnen. Die hieraus erzielten Einnahmen sind unter Abzug der pauschalen Betriebsausgaben von 60 % als Sondergewinn zu erfassen. 68

g) Verwendung von Wirtschaftsgütern und Dienstleistungen (R 15.5 Absatz 9 und 10 EStR)

Die Verwendung von Wirtschaftsgütern sowie Dienstleistungen i. S. d. R 15.5 Absatz 9 und 10 EStR sind unabhängig vom Empfänger der Leistung (Landwirt oder Nichtlandwirt) dem Grunde nach gewerbliche Tätigkeiten, die unter den Voraussetzungen der R 15.5 Absatz 11 EStR der Land- und Forstwirtschaft zugerechnet werden können. Die hieraus erzielten Einnahmen sind unter Abzug der pauschalen Betriebsausgaben von 60 % als Sondergewinn zu erfassen. 69

h) Aufzucht und Halten fremder Tiere

Zieht der Steuerpflichtige innerhalb der Grenzen des § 13 Absatz 1 Nummer 1 Satz 2 EStG auf eigenes wirtschaftliches Risiko im Rahmen einer land- und forstwirtschaftlichen Tätigkeit fremde Tiere auf, so ist dies mit dem Ansatz des Gewinns nach § 13a Absatz 4 EStG abgegolten. Zur Abgrenzung der dem Grunde nach land- und forstwirtschaftlichen Tätigkeit und der dem Grunde nach gewerblichen Tätigkeit bei Pensionspferdehaltung vgl. BFH vom 29. November 2007 (BStBl 2008 II S. 425). 70

Beschränkt sich die Leistung des Steuerpflichtigen im Wesentlichen auf die Vermietung des Stallplatzes, so liegen Mieteinnahmen nach § 13a Absatz 3 Satz 1 Nummer 5 EStG vor (vgl. dazu RdNr. 74-77). 71

Übt ein Land- und Forstwirt im Rahmen der Gewinnermittlung nach § 13a EStG eine Pensionstierhaltung aus, so bestehen aus Vereinfachungsgründen keine Bedenken, die hieraus erzielten gesamten Einnahmen ohne Aufteilung in einzelne Leistungsbereiche unter Abzug der pauschalen Betriebsausgaben von 60 % als Sondergewinn zu erfassen. 72

8. Rückvergütungen

Zur Abgrenzung von Hilfs- und Nebengeschäften im Rahmen genossenschaftlicher Rückvergütungen ist R 20 Absatz 6 Nummer 3 und 4 KStR 2004[1]) einschlägig. 73

---

[1]) jetzt R 5.11 Abs. 6 Nr. 3 und 4 KStR **2022**

VIII. Einnahmen aus Vermietung und Verpachtung von Wirtschaftsgütern des land- und forstwirtschaftlichen Betriebsvermögens – § 13a Absatz 3 Satz 1 Nummer 5 EStG

74 Die Ermittlung der Einnahmen aus der Vermietung und Verpachtung von Wirtschaftsgütern des land- und forstwirtschaftlichen Betriebsvermögens erfolgt unter Berücksichtigung des § 11 Absatz 1 EStG. Vermietung und Verpachtung i. S. d. § 13a Absatz 3 Satz 1 Nummer 5 EStG ist die entgeltliche Nutzungsüberlassung von Wirtschaftsgütern des Betriebsvermögens. Auf die Bezeichnung des Vertrages über die Nutzungsüberlassung kommt es nicht an.

75 Zu erfassen sind Einnahmen aus einer Nutzungsüberlassung, die ohne Zugehörigkeit der überlassenen Wirtschaftsgüter zum land- und forstwirtschaftlichen Betriebsvermögen als vermögensverwaltende Tätigkeit zu qualifizieren wäre. Hierzu gehört insbesondere die Nutzungsüberlassung von Grund und Boden, Gebäuden, beweglichen oder immateriellen Wirtschaftsgütern und von Ferienzimmern/-wohnungen im Rahmen der R 15.5 Absatz 13 EStR.

76 Werden Wirtschaftsgüter des Betriebsvermögens im Zusammenhang mit mehr als nur unbedeutenden Dienstleistungen und vergleichbaren Tätigkeiten zur Nutzung überlassen, liegen insgesamt Einnahmen nach R 15.5 Absatz 9 EStR vor (vgl. dazu RdNr. 69).

77 Die nach § 13a Absatz 3 Satz 1 Nummer 5 EStG anzusetzenden Nutzungsentgelte dürfen nicht um Betriebsausgaben gemindert werden (vgl. BFH vom 5. Dezember 2002 – BStBl 2003 II S. 345). Bei einer Vermietung einer zum land- und forstwirtschaftlichen Betriebsvermögen gehörenden Wohnung zählen auch zusätzlich zur Grundmiete vereinnahmte Umlagen und Nebenentgelte zu den anzusetzenden Nutzungsentgelten (vgl. BFH vom 14. Mai 2009 – BStBl II S. 900). Dies gilt auch für die im Zusammenhang mit einer Nutzungsüberlassung von Wirtschaftsgütern vereinnahmte gesetzliche Umsatzsteuer.

IX. Einnahmen aus Kapitalvermögen, soweit sie zu den Einkünften aus Land- und Forstwirtschaft gehören – § 13a Absatz 3 Satz 1 Nummer 6 EStG

78 Nach § 13a Absatz 3 Satz 1 Nummer 6 EStG sind sämtliche Einnahmen aus Kapitalvermögen i. S. v. § 20 EStG zu erfassen, die nach § 20 Absatz 8 EStG den Einkünften aus Land- und Forstwirtschaft zuzurechnen sind. Die Ermittlung der Einnahmen aus Kapitalvermögen nach § 13a Absatz 3 Satz 1 Nummer 6 EStG erfolgt unter Berücksichtigung des § 11 Absatz 1 EStG. Ein Abzug von Betriebsausgaben im Zusammenhang mit Einnahmen aus Kapitalvermögen kommt nicht in Betracht.

79 Unterliegen Einnahmen aus Kapitalvermögen dem Teileinkünfteverfahren, sind die Einnahmen nur in Höhe des steuerpflichtigen Teils von 60 % zu erfassen (§ 3 Nummer 40 Satz 1 Buchstabe d EStG).

80 Einnahmen aus Kapitalvermögen, die aus betrieblichen Mitteln stammen, können der Abgeltungsteuer nur dann unterworfen werden, wenn der sachliche Zusammenhang mit dem Betrieb der Land- und Forstwirtschaft gelöst und die dafür erforderliche Entnahme der Mittel nachweisbar dokumentiert wird.

B. Wechsel der Gewinnermittlungsart
1. Übergang zur Gewinnermittlung nach § 4 Absatz 1 EStG

81 Bei einem Wechsel der Gewinnermittlungsart von § 13a EStG zum Betriebsvermögensvergleich nach § 4 Absatz 1 EStG und umgekehrt ist im Bereich des § 13a Absatz 3 Satz 1 Nummer 1 und 3 i. V. m. Absatz 6 Satz 2 EStG (Gewinn der landwirtschaftlichen Nutzung und der in der Anlage 1a Nummer 2 zu § 13a EStG genannten Sondernutzungen) kein Übergangsgewinn zu ermitteln.

In den übrigen Bereichen des § 13a Absatz 3 Satz 1 Nummer 2 bis 6 EStG ist ein Übergangsgewinn nach den Grundsätzen des Übergangs von der Gewinnermittlung nach § 4 Absatz 3 EStG zur Gewinnermittlung nach § 4 Absatz 1 EStG und umgekehrt zu ermitteln; R 4.6 EStR ist anzuwenden. 82

2. Übergang zur Gewinnermittlung nach § 4 Absatz 3 EStG

Bei einem Wechsel der Gewinnermittlungsart von § 13a EStG zur Gewinnermittlung nach § 4 Absatz 3 EStG und umgekehrt ist im Bereich des § 13a Absatz 3 Satz 1 Nummer 1 und 3 i. V. m. Absatz 6 Satz 2 EStG (Gewinn der landwirtschaftlichen Nutzung und der in der Anlage 1a zu § 13a EStG Nummer 2 genannten Sondernutzungen) ein Übergangsgewinn zu ermitteln; R 4.6 EStR ist anzuwenden. 83

3. Besonderheiten beim Übergang zur Gewinnermittlung nach § 13a EStG n. F.

Nach § 13a Absatz 3 Satz 2 EStG n. F. findet die Vorschrift des § 6 Absatz 2a EStG keine Anwendung. Außerhalb der Geltung des § 13a EStG gebildete Sammelposten sind beim Übergang zu § 13a EStG nicht als Abrechnungsbetrag zu berücksichtigen. 84

Außerhalb der Geltung des § 13a EStG n. F. zulässiger Weise in Anspruch genommene Investitionsabzugsbeträge können bei Anwendung des § 13a EStG n. F. nicht nach § 7g Absatz 2 Satz 1 EStG zum Gewinn des Wirtschaftsjahres der Investition hinzugerechnet werden, da die Regelungen zu den Investitionsabzugsbeträgen nicht angewendet werden dürfen (§ 13a Absatz 3 Satz 2 EStG). Demzufolge sind in Vorjahren beanspruchte Investitionsabzugsbeträge gemäß § 7g Absatz 3 EStG im Wirtschaftsjahr die jeweiligen Abzugs rückgängig zu machen. Zu den Einzelheiten vgl. RdNrn. 49 und 55 des BMF-Schreibens vom 20. November 2013 (BStBl I S. 1493); RdNr. 1 Satz 2, RdNr. 47 Satz 2 und RdNr. 54 Satz 2 des BMF-Schreibens sind nicht weiter anzuwenden[1]. Im Hinblick auf die gesetzliche Änderung bezüglich der Berücksichtigung von Investitionsabzugsbeträgen bei der Gewinnermittlung nach Durchschnittssätzen ist es aus Billigkeitsgründen nicht zu beanstanden, wenn beim Übergang auf die Neuregelung des § 13a EStG im Rahmen der Gewinnermittlung für das Wirtschaftsjahr 2015 oder das abweichende Wirtschaftsjahr 2015/2016 noch bestehende Investitionsabzugsbeträge nicht nach § 7g Absatz 3 EStG im ursprünglichen Abzugsjahr rückgängig gemacht, sondern unter sinngemäßer Anwendung von § 7g Absatz 2 Satz 1 EStG in voller Höhe hinzugerechnet werden. 85

C. Aufzeichnungs- und Aufbewahrungspflichten

Soweit innerhalb der Gewinnermittlung nach § 13a EStG Gewinne nach den Grundsätzen des § 4 Absatz 3 EStG zu ermitteln sind (§ 13a Absatz 5, Absatz 6 Satz 3 und Absatz 7 EStG), sind die hierfür geltenden Aufzeichnungs- und Aufbewahrungsvorschriften anzuwenden. Bei der Ermittlung des Gewinns aus der forstwirtschaftlichen Nutzung gemäß § 13a Absatz 5 EStG ist nach dem BMF-Schreiben vom 16. Mai 2012 (BStBl I S. 595)[2] zu verfahren. 86

Ein besonderes, laufend zu führendes Verzeichnis ist nur für die in § 13a Absatz 7 Satz 1 Nummer 1 Buchstabe a EStG genannten Wirtschaftsgüter zu führen (§ 13a Absatz 7 Satz 3 EStG). Bei der Ermittlung des Gewinns aus der Veräußerung oder Entnahme von Wirtschaftsgütern i. S. v. § 13a Absatz 7 Satz 1 Nummer 1 Buchstabe b EStG kann ein Restbuchwert nur abgezogen werden, wenn dieser nachgewiesen oder nach RdNr. 50 glaubhaft gemacht wird. 87

---

[1] *für nach dem 31.12.2019 in Anspruch genommene Investitionsabzugsbeträge* >BMF vom 15.06.2022 (BStBl I S. 945), Rn 32
[2] >Anhang 20 III

| 88 | Werden dem Grunde nach gewerbliche Tätigkeiten ausgeführt (§ 13a Absatz 7 Satz 1 Nummer 3 EStG), sind die daraus erzielten Einnahmen aufzuzeichnen. Darüber hinaus obliegt es dem Steuerpflichtigen, die Voraussetzungen von R 15.5 Absatz 11 EStR nachzuweisen. |
| 89 | Aufzeichnungs- und Aufbewahrungspflichten nach anderen steuerrechtlichen oder außersteuerlichen Vorschriften bleiben unberührt. Auf § 147 Absatz 1 Nummer 5 AO wird hingewiesen. |

D. Schlussbestimmungen

| 90 | Die vorstehenden Grundsätze gelten für Wirtschaftsjahre, die nach dem 30. Dezember 2015 enden. Die R 13a.1 und R 13a.2 EStR sind für diese Wirtschaftsjahre nicht mehr anzuwenden. |
| 91 | Nach § 52 Absatz 22a Satz 3 EStG gilt die Bindungsfrist für Steuerpflichtige, die ihren Gewinn nach § 13a Absatz 2 EStG a. F. freiwillig nach § 4 Absatz 1 oder 3 EStG ermitteln, fort. Der Zeitraum der Abwahl der Gewinnermittlung nach § 13a EStG wird dadurch nicht unterbrochen. |

Anhang 21

Leasing

Übersicht

I. Ertragsteuerliche Behandlung von Leasing-Verträgen über bewegliche Wirtschaftsgüter
BMF vom 19.04.1971 (BStBl I S. 264)

II. Ertragsteuerliche Behandlung von Finanzierungs-Leasing-Verträgen über unbewegliche Wirtschaftsgüter
BMWF vom 21.03.1972 (BStBl I S. 188)

III. Steuerrechtliche Zurechnung des Leasing-Gegenstandes beim Leasing-Geber
BMF vom 22.12.1975

IV. Ertragsteuerliche Behandlung von Teilamortisations-Leasing-Verträgen über unbewegliche Wirtschaftsgüter
BMF vom 23.12.1991 (BStBl I 1992 S. 13)

Ertragsteuerliche Behandlung von Leasing-Verträgen über bewegliche Wirtschaftsgüter
BMF vom 19.04.1971 (BStBl I S. 264)
IV B/2 – S 2170 – 31/71

Unter Bezugnahme auf das Ergebnis der Erörterungen mit den obersten Finanzbehörden der Länder wird zu der Frage der steuerlichen Behandlung von Leasing-Verträgen über bewegliche Wirtschaftsgüter wie folgt Stellung genommen:

I. Allgemeines

Der Bundesfinanzhof hat mit Urteil vom 26. Januar 1970 (BStBl 1970 II S. 264) zur steuerlichen Behandlung von sogenannten Finanzierungs-Leasing-Verträgen über bewegliche Wirtschaftsgüter Stellung genommen.

Um eine einheitliche Rechtsanwendung durch die Finanzverwaltung zu gewährleisten, kann bei vor dem 24. April 1970 abgeschlossenen Leasing-Verträgen aus Vereinfachungsgründen von dem wirtschaftlichen Eigentum des Leasing-Gebers am Leasing-Gut und einer Vermietung oder Verpachtung an den Leasing-Nehmer ausgegangen werden, wenn die Vertragsparteien in der Vergangenheit übereinstimmend eine derartige Zurechnung zugrunde gelegt haben und auch in Zukunft daran festhalten. Das gilt auch, wenn die Vertragslaufzeit über den genannten Stichtag hinausreicht (vgl. Schreiben vom 21. Juli 1970 – ($\frac{\text{IV B/2 – S 2170 – 52/70}}{\text{IV A/1 – S 7471 – 10/70}}$) – BStBl 1970 I S. 913).

Für die steuerliche Behandlung von nach dem 23. April 1970 abgeschlossenen Leasing-Verträgen über bewegliche Wirtschaftsgüter sind die folgenden Grundsätze zu beachten. Dabei ist als betriebsgewöhnliche Nutzungsdauer der in den amtlichen AfA-Tabellen angegebene Zeitraum zugrunde zu legen.

II. Begriff und Abgrenzung des Finanzierungs-Leasing-Vertrages bei beweglichen Wirtschaftsgütern

1. Finanzierungs-Leasing im Sinne dieses Schreibens ist nur dann anzunehmen, wenn

    a) der Vertrag über eine bestimmte Zeit abgeschlossen wird, während der der Vertrag bei vertragsgemäßer Erfüllung von beiden Vertragsparteien nicht gekündigt werden kann (Grundmietzeit),

    und

    b) der Leasing-Nehmer mit den in der Grundmietzeit zu entrichtenden Raten mindestens die Anschaffungs- oder Herstellungskosten sowie alle Nebenkosten einschließlich der Finanzierungskosten des Leasing-Gebers deckt.

Anhang 21
Leasing

2. Beim Finanzierungs-Leasing von beweglichen Wirtschaftsgütern sind im wesentlichen folgende Vertragstypen[1]) festzustellen:
   a) Leasing-Verträge ohne Kauf- oder Verlängerungsoption
      Bei diesem Vertragstyp sind zwei Fälle zu unterscheiden:
      Die Grundmietzeit
      aa) deckt sich mit der betriebsgewöhnlichen Nutzungsdauer des Leasing-Gegenstandes,
      bb) ist geringer als die betriebsgewöhnliche Nutzungsdauer des Leasing-Gegenstandes.
      Der Leasing-Nehmer hat nicht das Recht, nach Ablauf der Grundmietzeit den Leasing-Gegenstand zu erwerben oder den Leasing-Vertrag zu verlängern.
   b) Leasing-Verträge mit Kaufoption
      Der Leasing-Nehmer hat das Recht, nach Ablauf der Grundmietzeit, die regelmäßig kürzer ist als die betriebsgewöhnliche Nutzungsdauer des Leasing-Gegenstandes, den Leasing-Gegenstand zu erwerben.
   c) Leasing-Verträge mit Mietverlängerungsoption
      Der Leasing-Nehmer hat das Recht, nach Ablauf der Grundmietzeit, die regelmäßig kürzer ist als die betriebsgewöhnliche Nutzungsdauer des Leasing-Gegenstandes, das Vertragsverhältnis auf bestimmte oder unbestimmte Zeit zu verlängern.
      Leasing-Verträge ohne Mietverlängerungsoption, bei denen nach Ablauf der Grundmietzeit eine Vertragsverlängerung für den Fall vorgesehen ist, daß der Mietvertrag nicht von einer der Vertragsparteien gekündigt wird, sind steuerlich grundsätzlich ebenso wie Leasing-Verträge mit Mietverlängerungsoption zu behandeln. Etwas anderes gilt nur dann, wenn nachgewiesen wird, daß der Leasing-Geber bei Verträgen über gleiche Wirtschaftsgüter innerhalb eines Zeitraums von neun Zehnteln der betriebsgewöhnlichen Nutzungsdauer in einer Vielzahl von Fällen das Vertragsverhältnis auf Grund seines Kündigungsrechts beendet.
   d) Verträge über Spezial-Leasing
      Es handelt sich hierbei um Verträge über Leasing-Gegenstände, die speziell auf die Verhältnisse des Leasing-Nehmers zugeschnitten und nach Ablauf der Grundmietzeit regelmäßig nur noch beim Leasing-Nehmer wirtschaftlich sinnvoll verwendbar sind. Die Verträge kommen mit oder ohne Optionsklausel vor.

III. Steuerliche Zurechnung des Leasing-Gegenstandes[2])
Die Zurechnung des Leasing-Gegenstandes ist von der von den Parteien gewählten Vertragsgestaltung und deren tatsächlicher Durchführung abhängig. Unter Würdigung der gesamten Umstände ist im Einzelfall zu entscheiden, wem der Leasing-Gegenstand steuerlich zuzurechnen ist. Bei den unter II. 2. genannten Grundvertragstypen gilt für die Zurechnung das Folgende:
1. Leasing-Verträge ohne Kauf- oder Verlängerungsoption
   Bei Leasing-Verträgen ohne Optionsrecht ist der Leasing-Gegenstand regelmäßig zuzurechnen
   a) dem Leasing-Geber,
      wenn die Grundmietzeit mindestens 40 v. H. und höchstens 90 v. H. der betriebsgewöhnlichen Nutzungsdauer des Leasing-Gegenstandes beträgt,

---

[1]) zu Leasingverträgen mit Andienungsrecht >Fußnote zu Abschnitt III
[2]) Leasingverträge mit Andienungsrecht:
Wirtschaftliches Eigentum des Leasingnehmers an dem Leasinggegenstand kommt nicht in Betracht, wenn die betriebsgewöhnliche Nutzungsdauer des Leasinggegenstandes länger als die Grundmietzeit ist und der Leasingnehmer rechtlich nicht in der Lage ist, den Leasinggeber auch für die über die Grundmietzeit hinausgehende betriebsgewöhnliche Nutzungsdauer von der Einwirkung auf den Leasinggegenstand auszuschließen. Ein solcher Ausschluss ist grundsätzlich nicht gegeben, wenn dem Leasinggeber ein Andienungsrecht zusteht (>BFH vom 13.10.2016 – BStBl II 2018 S. 81).

Anhang 21
Leasing

b) dem Leasing-Nehmer,

wenn die Grundmietzeit weniger als 40 v. H. oder mehr als 90 v. H. der betriebsgewöhnlichen Nutzungsdauer beträgt.

2. Leasing-Verträge mit Kaufoption

   Bei Leasing-Verträgen mit Kaufoption ist der Leasing-Gegenstand regelmäßig zuzurechnen

   a) dem Leasing-Geber,

   wenn die Grundmietzeit mindestens 40 v. H. und höchstens 90 v. H. der betriebsgewöhnlichen Nutzungsdauer des Leasing-Gegenstandes beträgt

   und der für den Fall der Ausübung des Optionsrechts vorgesehene Kaufpreis nicht niedriger ist als der unter Anwendung der linearen AfA nach der amtlichen AfA-Tabelle ermittelte Buchwert oder der niedrigere gemeine Wert im Zeitpunkt der Veräußerung,

   b) dem Leasing-Nehmer,

   aa) wenn die Grundmietzeit weniger als 40 v. H. oder mehr als 90 v. H. der betriebsgewöhnlichen Nutzungsdauer beträgt oder

   bb) wenn bei einer Grundmietzeit von mindestens 40 v. H. und höchstens 90 v. H. der betriebsgewöhnlichen Nutzungsdauer der für den Fall der Ausübung des Optionsrechts vorgesehene Kaufpreis niedriger ist als der unter Anwendung der linearen AfA nach der amtlichen AfA-Tabelle ermittelte Buchwert oder der niedrigere gemeine Wert im Zeitpunkt der Veräußerung.

   Wird die Höhe des Kaufpreises für den Fall der Ausübung des Optionsrechts während oder nach Ablauf der Grundmietzeit festgelegt oder verändert, so gilt Entsprechendes. Die Veranlagungen sind gegebenenfalls zu berichtigen.

3. Leasing-Verträge mit Mietverlängerungsoption

   Bei Leasing-Verträgen mit Mietverlängerungsoption ist der Leasing-Gegenstand regelmäßig zuzurechnen

   a) dem Leasing-Geber,

   wenn die Grundmietzeit mindestens 40 v. H. und höchstens 90 v. H. der betriebsgewöhnlichen Nutzungsdauer des Leasing-Gegenstandes beträgt

   und die Anschlußmiete so bemessen ist, daß sie den Wertverzehr für den Leasing-Gegenstand deckt, der sich auf der Basis des unter Berücksichtigung der linearen Absetzung für Abnutzung nach der amtlichen AfA-Tabelle ermittelten Buchwerts oder des niedrigeren gemeinen Werts und der Restnutzungsdauer lt. AfA-Tabelle ergibt.

   b) dem Leasing-Nehmer,

   aa) wenn die Grundmietzeit weniger als 40 v. H. oder mehr als 90 v. H. der betriebsgewöhnlichen Nutzungsdauer des Leasing-Gegenstandes beträgt oder

   bb) wenn bei einer Grundmietzeit von mindestens 40 v. H. und höchstens 90 v. H. der betriebsgewöhnlichen Nutzungsdauer die Anschlußmiete so bemessen ist, daß sie den Wertverzehr für den Leasing-Gegenstand nicht deckt, der sich auf der Basis des unter Berücksichtigung der linearen AfA nach der amtlichen AfA-Tabelle ermittelten Buchwerts oder des niedrigeren gemeinen Werts und der Restnutzungsdauer lt. AfA-Tabelle ergibt.

   Wird die Höhe der Leasing-Raten für den Verlängerungszeitraum während oder nach Ablauf der Grundmietzeit festgelegt oder verändert, so gilt entsprechendes.
   Abschnitt II Nr. 2 Buchstabe c Sätze 2 und 3 sind zu beachten.

Anhang 21
Leasing

4. Verträge über Spezial-Leasing[1])

   Bei Spezial-Leasing-Verträgen ist der Leasing-Gegenstand regelmäßig dem Leasing-Nehmer ohne Rücksicht auf das Verhältnis von Grundmietzeit und Nutzungsdauer und auf Optionsklauseln zuzurechnen.

IV. **Bilanzmäßige Darstellung von Leasing-Verträgen bei Zurechnung des Leasing-Gegenstandes beim Leasing-Geber**

1. Beim Leasing-Geber

   Der Leasing-Geber hat den Leasing-Gegenstand mit seinen Anschaffungs- oder Herstellungskosten zu aktivieren. Die Absetzung für Abnutzung ist nach der betriebsgewöhnlichen Nutzungsdauer vorzunehmen.

   Die Leasing-Raten sind Betriebseinnahmen.

2. Beim Leasing-Nehmer

   Die Leasing-Raten sind Betriebsausgaben.

V. **Bilanzmäßige Darstellung von Leasing-Verträgen bei Zurechnung des Leasing-Gegenstandes beim Leasing-Nehmer**

1. Beim Leasing-Nehmer

   Der Leasing-Nehmer hat den Leasing-Gegenstand mit seinen Anschaffungs- oder Herstellungskosten zu aktivieren. Als Anschaffungs- oder Herstellungskosten gelten die Anschaffungs- oder Herstellungskosten des Leasing-Gebers, die der Berechnung der Leasing-Raten zugrunde gelegt worden sind, zuzüglich etwaiger weiterer Anschaffungs- oder Herstellungskosten, die nicht in den Leasing-Raten enthalten sind (vgl. Schreiben vom 5. Mai 1970 – IV B/2 – S 2170 – 4/70 –).

   Dem Leasing-Nehmer steht die AfA nach der betriebsgewöhnlichen Nutzungsdauer des Leasing-Gegenstandes zu.

   In Höhe der aktivierten Anschaffungs- oder Herstellungskosten mit Ausnahme der nicht in den Leasing-Raten berücksichtigten Anschaffungs- oder Herstellungskosten des Leasing-Nehmers ist eine Verbindlichkeit gegenüber dem Leasing-Geber zu passivieren.

   Die Leasing-Raten sind in einen Zins- und Kostenanteil sowie einen Tilgungsanteil aufzuteilen. Bei der Aufteilung ist zu berücksichtigen, daß sich infolge der laufenden Tilgung der Zinsanteil verringert und der Tilgungsanteil entsprechend erhöht.

   Der Zins- und Kostenanteil stellt eine sofort abzugsfähige Betriebsausgabe dar, während der andere Teil der Leasing-Rate als Tilgung der Kaufpreisschuld erfolgsneutral zu behandeln ist.

2. Beim Leasing-Geber

   Der Leasing-Geber aktiviert eine Kaufpreisforderung an den Leasing-Nehmer in Höhe der den Leasing-Raten zugrunde gelegten Anschaffungs- oder Herstellungskosten. Dieser Betrag ist grundsätzlich mit der vom Leasing-Nehmer ausgewiesenen Verbindlichkeit identisch.

   Die Leasing-Raten sind in einem Zins- und Kostenanteil sowie in einen Anteil Tilgung der Kaufpreisforderung aufzuteilen. Wegen der Aufteilung der Leasing-Raten und deren steuerlicher Behandlung gelten die Ausführungen unter V. 1. entsprechend.

VI. Die vorstehenden Grundsätze gelten entsprechend auch für Verträge mit Leasing-Nehmern, die ihren Gewinn nicht durch Bestandsvergleich ermitteln.

---

[1]) Bei Spezialleasing ist eine Zurechnung beim Leasingnehmer auch dann vorzunehmen, wenn dem Leasinggeber ein Andienungsrecht zusteht (>BFH vom 13.10.2016 – BStBl II 2018 S. 81).

Ertragsteuerliche Behandlung von Finanzierungs-Leasing-Verträgen über unbewegliche Wirtschaftsgüter
BMWF vom 21.03.1972 (BStBl I S. 188)
F/IV B 2 – S 2170 – 11/72

Unter Bezugnahme auf das Ergebnis der Erörterungen mit den obersten Finanzbehörden der Länder wird zu der Frage der ertragsteuerlichen Behandlung von Finanzierungs-Leasing-Verträgen über unbewegliche Wirtschaftsgüter wie folgt Stellung genommen:

I. Finanzierungs-Leasing-Verträge
1. Allgemeines

a) In meinem Schreiben vom 19. April 1971 – IV B/2 – S 2170 – 31/71 – habe ich unter Berücksichtigung des BFH-Urteils vom 26.1.1970 (BStBl II S. 264) zur steuerlichen Behandlung von Finanzierungs-Leasing-Verträgen über bewegliche Wirtschaftsgüter Stellung genommen. Die in Abschnitt II dieses Schreibens enthaltenen Ausführungen über den Begriff und die Abgrenzung des Finanzierungs-Leasing-Vertrages bei beweglichen Wirtschaftsgütern gelten entsprechend für Finanzierungs-Leasing-Verträge über unbewegliche Wirtschaftsgüter.

b) Ebenso wie bei den Finanzierungs-Leasing-Verträgen über bewegliche Wirtschaftsgüter kann bei vor dem 24. April 1970 abgeschlossenen Finanzierungs-Leasing-Verträgen über unbewegliche Wirtschaftsgüter zur Gewährleistung einer einheitlichen Rechtsanwendung und aus Vereinfachungsgründen von dem wirtschaftlichen Eigentum des Leasing-Gebers am Leasing-Gegenstand, einer Vermietung oder Verpachtung an den Leasing-Nehmer und von der bisherigen steuerlichen Behandlung ausgegangen werden, wenn die Vertragsparteien in der Vergangenheit übereinstimmend eine derartige Zurechnung zugrunde gelegt haben und auch in Zukunft daran festhalten. Das gilt auch, wenn die Vertragslaufzeit über den genannten Stichtag hinausreicht.

c) Für die steuerliche Zurechnung von unbeweglichen Wirtschaftsgütern bei Finanzierungs-Leasing-Verträgen, die nach dem 23. April 1970 abgeschlossen wurden, gelten unter Berücksichtigung der in Abschnitt III meines Schreibens vom 19.4.1971 aufgestellten Grundsätze und des BFH-Urteils vom 18.11.1970 (BStBl 1971 II S. 133) über Mietkaufverträge bei unbeweglichen Wirtschaftsgütern die in Nummer 2 aufgeführten Kriterien.

d) Die Grundsätze für die Behandlung von unbeweglichen Wirtschaftsgütern gelten nicht für Betriebsvorrichtungen, auch wenn sie wesentliche Bestandteile eines Grundstücks sind (§ 50 Abs. 1 Satz 2 BewG a. F.). Die Zurechnung von Betriebsvorrichtungen, die Gegenstand eines Finanzierungs-Leasing-Vertrages sind, ist vielmehr nach den Grundsätzen für die ertragsteuerliche Behandlung von beweglichen Wirtschaftsgütern zu beurteilen. Für die Abgrenzung der Betriebsvorrichtungen von den Gebäuden sind die Anweisungen in dem übereinstimmenden Ländererlaß über die Abgrenzung der Betriebsvorrichtungen vom Grundvermögen vom 28.3.1960 (BStBl 1960 II S. 93)[1] maßgebend.

2. Steuerliche Zurechnung unbeweglicher Leasing-Gegenstände

a) Die Zurechnung des unbeweglichen Leasing-Gegenstandes ist von der von den Parteien gewählten Vertragsgestaltung und deren tatsächlicher Durchführung abhängig. Unter Würdigung der gesamten Umstände ist im Einzelfall zu entscheiden, wem der Leasing-Gegenstand zuzurechnen ist.

Die Zurechnungs-Kriterien sind dabei für Gebäude und Grund und Boden getrennt zu prüfen.

b) Bei Finanzierungs-Leasing-Verträgen ohne Kauf- oder Verlängerungsoption und Finanzierungs-Leasing-Verträgen mit Mietverlängerungsoption ist der Grund und Boden grundsätzlich dem

---

[1] >Gleich lautende Erlasse der obersten Finanzbehörden der Länder zur Abgrenzung des Grundvermögens von den Betriebsvorrichtungen vom 05.06.2013 (BStBl I S. 734)

Anhang 21
Leasing

Leasing-Geber zuzurechnen, bei Finanzierungs-Leasing-Verträgen mit Kaufoption dagegen regelmäßig dem Leasing-Nehmer, wenn nach Buchstabe c auch das Gebäude dem Leasing-Nehmer zugerechnet wird. Für die Zurechnung des Grund und Bodens in Fällen des Spezial-Leasings ist entsprechend zu verfahren.

c) Für die Zurechnung der Gebäude gilt im einzelnen das Folgende:

aa) Ist die Grundmietzeit kürzer als 40 v. H. oder länger als 90 v. H. der betriebsgewöhnlichen Nutzungsdauer des Gebäudes, so ist das Gebäude regelmäßig dem Leasing-Nehmer zuzurechnen. Wird die Absetzung für Abnutzung des Gebäudes nach § 7 Abs. 4 Satz 1 oder Abs. 5 EStG bemessen, so gilt als betriebsgewöhnliche Nutzungsdauer ein Zeitraum von 50 Jahren. Hat der Leasing-Nehmer dem Leasing-Geber an dem Grundstück, das Gegenstand des Finanzierungs-Leasing-Vertrages ist, ein Erbbaurecht eingeräumt und ist der Erbbaurechtszeitraum kürzer als die betriebsgewöhnliche Nutzungsdauer des Gebäudes, so tritt bei Anwendung des vorstehenden Satzes an die Stelle der betriebsgewöhnlichen Nutzungsdauer des Gebäudes der kürzere Erbbaurechtszeitraum.

bb) Beträgt die Grundmietzeit mindestens 40 v. H. und höchstens 90 v. H. der betriebsgewöhnlichen Nutzungsdauer, so gilt unter Berücksichtigung der Sätze 2 und 3 des vorstehenden Doppelbuchstabens aa folgendes:

Bei Finanzierungs-Leasing-Verträgen ohne Kauf- oder Mietverlängerungsoption ist das Gebäude regelmäßig dem Leasing-Geber zuzurechnen.

Bei Finanzierungs-Leasing-Verträgen mit Kaufoption kann das Gebäude regelmäßig nur dann dem Leasing-Geber zugerechnet werden, wenn der für den Fall der Ausübung des Optionsrechtes vorgesehene Gesamtkaufpreis nicht niedriger ist als der unter Anwendung der linearen AfA ermittelte Buchwert des Gebäudes zuzüglich des Buchwertes für den Grund und Boden oder der niedrigere gemeine Wert des Grundstücks im Zeitpunkt der Veräußerung. Wird die Höhe des Kaufpreises für den Fall der Ausübung des Optionsrechtes während oder nach Ablauf der Grundmietzeit festgelegt oder verändert, so gilt entsprechendes. Die Veranlagungen sind ggf. zu berichtigen.

Bei Finanzierungs-Leasing-Verträgen mit Mietverlängerungsoption kann das Gebäude regelmäßig nur dann dem Leasing-Geber zugerechnet werden, wenn die Anschlußmiete mehr als 75 v. H. des Mietentgeltes beträgt, das für ein nach Art, Lage und Ausstattung vergleichbares Grundstück üblicherweise gezahlt wird. Wird die Höhe der Leasing-Raten für den Verlängerungszeitraum während oder nach Ablauf der Grundmietzeit festgelegt oder verändert, so gilt Entsprechendes. Die Veranlagungen sind ggf. zu berichtigen.

Verträge ohne Mietverlängerungsoption, bei denen nach Ablauf der Grundmietzeit eine Vertragsverlängerung für den Fall vorgesehen ist, daß der Mietvertrag nicht von einer der Vertragsparteien gekündigt wird, sind steuerlich grundsätzlich ebenso wie Finanzierungs-Leasing-Verträge mit Mietverlängerungsoption zu behandeln.

d) Bei Spezial-Leasing-Verträgen ist das Gebäude stets dem Leasing-Nehmer zuzurechnen.

II. Bilanzmäßige Darstellung

1. Zurechnung des Leasing-Gegenstandes beim Leasing-Geber

a) Darstellung beim Leasing-Geber

Der Leasing-Geber hat den Leasing-Gegenstand mit seinen Anschaffungs- oder Herstellungskosten zu aktivieren.

Die Leasing-Raten sind Betriebseinnahmen.

b) Darstellung beim Leasing-Nehmer

Die Leasing-Raten sind grundsätzlich Betriebsausgaben.

Anhang 21
Leasing II

2. Zurechnung des Leasing-Gegenstandes beim Leasing-Nehmer

a) Bilanzierung beim Leasing-Nehmer

Der Leasing-Nehmer hat den Leasing-Gegenstand mit seinen Anschaffungs- oder Herstellungskosten zu aktivieren. Als Anschaffungs- oder Herstellungskosten gelten die Anschaffungs- oder Herstellungskosten des Leasing-Gebers, die der Berechnung der Leasing-Raten zugrunde gelegt worden sind, zuzüglich etwaiger weiterer Anschaffungs- oder Herstellungskosten, die nicht in den Leasing-Raten enthalten sind (vgl. Schreiben vom 5. Mai 1970 – IV B/2 – S 2170 – 4/70 –).

In Höhe der aktivierten Anschaffungs- oder Herstellungskosten mit Ausnahme der nicht in den Leasing-Raten berücksichtigten Anschaffungs- oder Herstellungskosten des Leasing-Nehmers ist eine Verbindlichkeit gegenüber dem Leasing-Geber zu passivieren.

Die Leasing-Raten sind in einen Zins- und Kostenanteil sowie einen Tilgungsanteil aufzuteilen. Bei der Aufteilung ist zu berücksichtigen, daß sich infolge der laufenden Tilgung der Zinsanteil verringert und der Tilgungsanteil entsprechend erhöht.

Der Zins- und Kostenanteil stellt eine sofort abzugsfähige Betriebsausgabe dar, während der andere Teil der Leasing-Rate als Tilgung der Kaufpreisschuld erfolgsneutral zu behandeln ist.

b) Bilanzierung beim Leasing-Geber

Der Leasing-Geber aktiviert eine Kaufpreisforderung an den Leasing-Nehmer in Höhe der den Leasing-Raten zugrunde gelegten Anschaffungs- oder Herstellungskosten. Dieser Betrag ist grundsätzlich mit der vom Leasing-Nehmer ausgewiesenen Verbindlichkeit identisch.

Die Leasing-Raten sind in einen Zins- und Kostenanteil sowie in einen Anteil Tilgung der Kaufpreisforderung aufzuteilen. Wegen der Aufteilung der Leasing-Raten und deren steuerlicher Behandlung gelten die Ausführungen unter a entsprechend.

III. Andere Verträge

Erfüllen Verträge über unbewegliche Wirtschaftsgüter nicht die Merkmale, die als Voraussetzung für den Begriff des Finanzierungs-Leasings in Abschnitt II meines Schreibens vom 19.4.1971 aufgeführt sind, so ist nach allgemeinen Grundsätzen, insbesondere auch nach den von der Rechtsprechung aufgestellten Grundsätzen über Mietkaufverträge zu entscheiden, wem der Leasing- oder Mietgegenstand zuzurechnen ist (vgl. hierzu insbesondere BFH-Urteile vom 5.11.1957 – BStBl 1957 III S. 445 –, 25.10.1963 – BStBl 1964 III S. 44 –, 2.8.1966 – BStBl 1967 III S. 63 – und 18.11.1970 – BStBl 1971 II S. 133).

Anhang 21
III Leasing

Steuerrechtliche Zurechnung des Leasing-Gegenstandes beim Leasing-Geber
BMF vom 22.12.1975
IV B 2 – S 2170 – 161/75

Unter Bezugnahme auf das Ergebnis der Erörterung mit den obersten Finanzbehörden der Länder hat der Bundesminister der Finanzen zu einem Schreiben des Deutschen Leasing-Verbandes vom 24.7.1975 wie folgt Stellung genommen:

1. Gemeinsames Merkmal der in dem Schreiben des Deutschen Leasing-Verbandes dargestellten Vertragsmodelle ist, daß eine unkündbare Grundmietzeit vereinbart wird, die mehr als 40 v. H., jedoch nicht mehr als 90 v. H. der betriebsgewöhnlichen Nutzungsdauer des Leasing-Gegenstandes beträgt und daß die Anschaffungs- oder Herstellungskosten des Leasing-Gebers sowie alle Nebenkosten einschließlich der Finanzierungskosten des Leasing-Gebers in der Grundmietzeit durch die Leasing-Raten nur zum Teil gedeckt werden. Da mithin Finanzierungs-Leasing im Sinne des BdF-Schreibens über die ertragsteuerrechtliche Behandlung von Leasing-Verträgen über bewegliche Wirtschaftsgüter vom 19.4.1971 (BStBl I S. 264) nicht vorliegt, ist die Frage, wem der Leasing-Gegenstand zuzurechnen ist, nach den allgemeinen Grundsätzen zu entscheiden.

2. Die Prüfung der Zurechnungsfrage hat folgendes ergeben:

    a) Vertragsmodell mit Andienungsrecht des Leasing-Gebers, jedoch ohne Optionsrecht des Leasing-Nehmers

    Bei diesem Vertragsmodell hat der Leasing-Geber ein Andienungsrecht. Danach ist der Leasing-Nehmer, sofern ein Verlängerungsvertrag nicht zustande kommt, auf Verlangen des Leasing-Gebers verpflichtet, den Leasing-Gegenstand zu einem Preis zu kaufen, der bereits bei Abschluß des Leasing-Vertrags fest vereinbart wird. Der Leasing-Nehmer hat kein Recht den Leasing-Gegenstand zu erwerben.

    Der Leasing-Nehmer trägt bei dieser Vertragsgestaltung das Risiko der Wertminderung, weil er auf Verlangen des Leasing-Gebers den Leasing-Gegenstand auch dann zum vereinbarten Preis kaufen muß, wenn der Wiederbeschaffungspreis für ein gleichwertiges Wirtschaftsgut geringer als der vereinbarte Preis ist. Der Leasing-Geber hat jedoch die Chance der Wertsteigerung, weil er sein Andienungsrecht nicht ausüben muß, sondern das Wirtschaftsgut zu einem über dem Andienungspreis liegenden Preis verkaufen kann, wenn ein über dem Andienungspreis liegender Preis am Markt erzielt werden kann.

    Der Leasing-Nehmer kann unter diesen Umständen nicht als wirtschaftlicher Eigentümer des Leasing-Gegenstandes angesehen werden.

    b) Vertragsmodell mit Aufteilung des Mehrerlöses

    Nach Ablauf der Grundmietzeit wird der Leasing-Gegenstand durch den Leasing-Geber veräußert. Ist der Veräußerungserlös niedriger als die Differenz zwischen den Gesamtkosten des Leasing-Gebers und den in der Grundmietzeit entrichteten Leasing-Raten (Restamortisation), so muß der Leasing-Nehmer eine Abschlußzahlung in Höhe der Differenz zwischen Restamortisation und Veräußerungserlös zahlen. Ist der Veräußerungserlös hingegen höher als die Restamortisation, so erhält der Leasing-Geber 25 v. H., der Leasing-Nehmer 75 v. H. des die Restamortisation übersteigenden Teils des Veräußerungserlöses.

    Durch die Vereinbarung, daß der Leasing-Geber 25 v. H. des die Restamortisation übersteigenden Teils des Veräußerungserlöses erhält, wird bewirkt, daß der Leasing-Geber noch in einem wirtschaftlich ins Gewicht fallenden Umfang an etwaigen Wertsteigerungen des Leasing-Gegenstandes beteiligt ist. Der Leasing-Gegenstand ist daher dem Leasing-Geber zuzurechnen.

    Eine ins Gewicht fallende Beteiligung des Leasing-Gebers an Wertsteigerungen des Leasing-Gegenstandes ist hingegen nicht mehr gegeben, wenn der Leasing-Geber weniger als

25 v. H. des die Restamortisation übersteigenden Teils des Veräußerungserlöses erhält. Der Leasing-Gegenstand ist in solchen Fällen dem Leasing-Nehmer zuzurechnen.

c) Kündbarer Mietvertrag mit Anrechnung des Veräußerungserlöses auf die vom Leasing-Nehmer zu leistende Schlußzahlung

Der Leasing-Nehmer kann den Leasing-Vertrag frühestens nach Ablauf einer Grundmietzeit, die 40 v. H. der betriebsgewöhnlichen Nutzungsdauer beträgt, kündigen. Bei Kündigung ist eine Abschlußzahlung in Höhe der durch die Leasing-Raten nicht gedeckten Gesamtkosten des Leasing-Gebers zu entrichten. Auf die Abschlußzahlung werden 90 v. H. des vom Leasing-Geber erzielten Veräußerungserlöses angerechnet. Ist der anzurechnende Teil des Veräußerungserlöses zuzüglich der vom Leasing-Nehmer bis zur Veräußerung entrichteten Leasing-Raten niedriger als die Gesamtkosten des Leasing-Gebers, so muß der Leasing-Nehmer in Höhe der Differenz eine Abschlußzahlung leisten. Ist jedoch der Veräußerungserlös höher als die Differenz zwischen Gesamtkosten des Leasing-Gebers und den bis zur Veräußerung entrichteten Leasing-Raten, so behält der Leasing-Geber diesen Differenzbetrag in vollem Umfang.

Bei diesem Vertragsmodell kommt eine während der Mietzeit eingetretene Wertsteigerung in vollem Umfang dem Leasing-Geber zugute. Der Leasing-Geber ist daher nicht nur rechtlicher, sondern auch wirtschaftlicher Eigentümer des Leasing-Gegenstandes.

Die vorstehenden Ausführungen gelten nur grundsätzlich, d. h. nur insoweit, wie besondere Regelungen in Einzelverträgen nicht zu einer anderen Beurteilung zwingen.

Ertragsteuerliche Behandlung von Teilamortisations-Leasing-Verträgen über unbewegliche Wirtschaftsgüter

BMF vom 23.12.1991 (BStBl I 1992 S. 13)
IV B 2 – S 2170 – 115/91

1   In meinem Schreiben vom 21. März 1972 (BStBl I S. 188) habe ich zur ertragsteuerlichen Behandlung von Finanzierungs-Leasing-Verträgen über unbewegliche Wirtschaftsgüter Stellung genommen. Dabei ist unter Finanzierungs-Leasing das Vollamortisations-Leasing verstanden worden. Zu der Frage der ertragsteuerlichen Behandlung von Teilamortisations-Leasing-Verträgen über unbewegliche Wirtschaftsgüter wird unter Bezugnahme auf das Ergebnis der Erörterung mit den obersten Finanzbehörden der Länder wie folgt Stellung genommen:

I. Begriff und Abgrenzung des Teilamortisations-Leasing-Vertrages bei unbeweglichen Wirtschaftsgütern

2   1. Teilamortisations-Leasing im Sinne dieses Schreibens ist nur dann anzunehmen, wenn

   a) der Vertrag über eine bestimmte Zeit abgeschlossen wird, während der er bei vertragsgemäßer Erfüllung von beiden Vertragsparteien nur aus wichtigem Grund gekündigt werden kann (Grundmietzeit),

   und

3   b) der Leasing-Nehmer mit den in der Grundmietzeit zu entrichtenden Raten die Anschaffungs- oder Herstellungskosten sowie alle Nebenkosten einschließlich der Finanzierungskosten des Leasing-Gebers nur zum Teil deckt.

4   2. Wegen der möglichen Vertragstypen weise ich auf Abschnitt II Ziffer 2 meines Schreibens vom 19. April 1971 (BStBl I S. 264) hin. Die dortigen Ausführungen gelten beim Teilamortisations-Leasing von unbeweglichen Wirtschaftsgütern entsprechend.

II. Steuerrechtliche Zurechnung des Leasing-Gegenstandes

5   1. Die Zurechnung des unbeweglichen Leasing-Gegenstandes hängt von der Vertragsgestaltung und deren tatsächlicher Durchführung ab. Unter Würdigung der gesamten Umstände ist im Einzelfall zu entscheiden, wem der Leasing-Gegenstand zuzurechnen ist. Dabei ist zwischen Gebäude sowie Grund und Boden zu unterscheiden.

2. Für die Zurechnung der **Gebäude** gilt im einzelnen folgendes:

6   a) Der Leasing-Gegenstand ist – vorbehaltlich der nachfolgenden Ausführungen – grundsätzlich dem **Leasing-Geber** zuzurechnen.

   b) Der Leasing-Gegenstand ist in den nachfolgenden Fällen ausnahmsweise dem **Leasing-Nehmer** zuzurechnen:

7   aa) Verträge über Spezial-Leasing

   Bei Spezial-Leasing-Verträgen ist der Leasing-Gegenstand regelmäßig dem Leasing-Nehmer ohne Rücksicht auf das Verhältnis von Grundmietzeit und Nutzungsdauer und auf etwaige Optionsklauseln zuzurechnen.

8   bb) Verträge mit Kaufoption

   Bei Leasing-Verträgen mit Kaufoption ist der Leasing-Gegenstand regelmäßig dem Leasing-Nehmer zuzurechnen,

   wenn die Grundmietzeit mehr als 90 v. H. der betriebsgewöhnlichen Nutzungsdauer beträgt oder der vorgesehene Kaufpreis geringer ist als der

Restbuchwert des Leasing-Gegenstandes unter Berücksichtigung der AfA gemäß § 7 Abs. 4 EStG nach Ablauf der Grundmietzeit.

Die betriebsgewöhnliche Nutzungsdauer berechnet sich nach der Zeitspanne, für die AfA nach § 7 Abs. 4 Satz 1 EStG vorzunehmen ist, in den Fällen des § 7 Abs. 4 Satz 2 EStG nach der tatsächlichen Nutzungsdauer.   9

cc) Verträge mit Mietverlängerungsoption   10

Bei Leasing-Verträgen mit Mietverlängerungsoption ist der Leasing-Gegenstand regelmäßig dem Leasing-Nehmer zuzurechnen,

wenn die Grundmietzeit mehr als 90 v. H. der betriebsgewöhnlichen Nutzungsdauer des Leasing-Gegenstandes beträgt oder die Anschlußmiete nicht mindestens 75 v. H. des Mietentgelts beträgt, das für ein nach Art, Lage und Ausstattung vergleichbares Grundstück üblicherweise gezahlt wird.

Wegen der Berechnung der betriebsgewöhnlichen Nutzungsdauer vgl. unter Tz. 9.

dd) Verträge mit Kauf- oder Mietverlängerungsoption und besonderen Verpflichtungen   11

Der Leasing-Gegenstand ist bei Verträgen mit Kauf- oder Mietverlängerungsoption dem Leasing-Nehmer stets zuzurechnen, wenn ihm eine der nachfolgenden Verpflichtungen auferlegt wird:

- Der Leasing-Nehmer trägt die Gefahr des zufälligen ganzen oder teilweisen Untergangs des Leasing-Gegenstandes. Die Leistungspflicht aus dem Mietvertrag mindert sich in diesen Fällen nicht.   12

- Der Leasing-Nehmer ist bei ganzer oder teilweiser Zerstörung des Leasing-Gegenstandes, die nicht von ihm zu vertreten ist, dennoch auf Verlangen des Leasing-Gebers zur Wiederherstellung bzw. zum Wiederaufbau auf seine Kosten verpflichtet oder die Leistungspflicht aus dem Mietvertrag mindert sich trotz der Zerstörung nicht.   13

- Für den Leasing-Nehmer mindert sich die Leistungspflicht aus dem Mietvertrag nicht, wenn die Nutzung des Leasing-Gegenstandes aufgrund eines nicht von ihm zu vertretenden Umstands langfristig ausgeschlossen ist.   14

- Der Leasing-Nehmer hat dem Leasing-Geber die bisher nicht gedeckten Kosten ggf. auch einschließlich einer Pauschalgebühr zur Abgeltung von Verwaltungskosten zu erstatten, wenn es zu einer vorzeitigen Vertragsbeendigung kommt, die der Leasing-Nehmer nicht zu vertreten hat.   15

- Der Leasing-Nehmer stellt den Leasing-Geber von sämtlichen Ansprüchen Dritter frei, die diese hinsichtlich des Leasing-Gegenstandes gegenüber dem Leasing-Geber geltend machen, es sei denn, daß der Anspruch des Dritten von dem Leasing-Nehmer verursacht worden ist.   16

- Der Leasing-Nehmer als Eigentümer des Grund und Bodens, auf dem der Leasing-Geber als Erbbauberechtigter den Leasing-Gegenstand errichtet, ist aufgrund des Erbbaurechtsvertrags unter wirtschaftlichen Gesichtspunkten gezwungen, den Leasing-Gegenstand nach Ablauf der Grundmietzeit zu erwerben.   17

3. Der **Grund und Boden** ist grundsätzlich demjenigen zuzurechnen, dem nach den Ausführungen unter Tz. 6 bis 17 das Gebäude zugerechnet wird.   18

III. Bilanzmäßige Darstellung

19 Die bilanzmäßige Darstellung erfolgt nach den Grundsätzen unter Abschnitt II meines Schreibens vom 21. März 1972 (BStBl I S. 188).

IV. Übergangsregelung

20 Soweit die vorstehend aufgeführten Grundsätze zu einer Änderung der bisherigen Verwaltungspraxis für die Zurechnung des Leasing-Gegenstandes bei Teilamortisations-Leasing-Verträgen über unbewegliche Wirtschaftsgüter führen, sind sie nur auf Leasing-Verträge anzuwenden, die nach dem 31. Januar 1992 abgeschlossen werden.

Anhang 22

– unbesetzt –

Anhang 22a
Lebensversicherungen (Vertragsabschluss nach dem 31.12.2004)

Übersicht

I. Besteuerung von Versicherungserträgen im Sinne des § 20 Absatz 1 Nummer 6 EStG
BMF vom 01.10.2009 (BStBl I S. 1172) unter Berücksichtigung der Änderungen durch BMF vom 06.03.2012 (BStBl I S. 238), vom 29.09.2017 (BStBl I S. 1314) und vom 09.08.2019 (BStBl I S. 829)

II. Berechnung des Unterschiedsbetrages zwischen der Versicherungsleistung und der Summe der auf sie entrichteten Beiträge bei (Teil-)Auszahlungen des Zeitwertes von Rentenversicherungen nach Beginn der Rentenzahlung
BMF vom 18.06.2013 (BStBl I S. 768)

Besteuerung von Versicherungserträgen im Sinne des § 20 Absatz 1 Nummer 6 EStG

BMF vom 01.10.2009 (BStBl I S. 1172)
IV C 1 – S 2252/07/0001 – 2009/0637786
unter Berücksichtigung der Änderungen durch
BMF vom 06.03.2012 (BStBl I S. 238)
IV C 3 – S 2220/11/10002/IV C 1 – S 2252/07/0001 :005,
vom 29.09.2017 (BStBl I S. 1314)
IV C 1 – S 2252/15/10008 :011 – 2017/0796174
und vom 09.08.2019 (BStBl I S. 829)
IV C 1 – S 2252/19/10011 :004 – 2019/0686062

Im Einvernehmen mit den obersten Finanzbehörden der Länder wird das BMF-Schreiben vom 22. Dezember 2005 (BStBl I 2006, S. 92) wie folgt gefasst (**Änderungen gegenüber dem bisherigen Text sind durch Fettdruck gekennzeichnet**):

Inhaltsverzeichnis

		Rz.
I.	Versicherung im Sinne des § 20 Absatz 1 Nummer 6 EStG	1 – 7
II.	Allgemeine Begriffsbestimmungen	8 – 18
	1. Versicherungsnehmer	8
	2. Bezugsberechtigter	9 – 11
	3. Versicherte Person	12
	4. Überschussbeteiligung	13 – 18
III.	Rentenversicherung mit Kapitalwahlrecht, soweit nicht die Rentenzahlung gewählt wird	19 – 22
IV.	Kapitalversicherung mit Sparanteil	23 – 30
	1. Kapitalversicherung auf den Todes- und Erlebensfall (klassische Kapital-Lebensversicherung)	24 – 26
	2. Unfallversicherung mit garantierter Beitragsrückzahlung	27
	3. Kapitalversicherung auf den Todes- und Erlebensfall von zwei oder mehreren Personen (Kapitalversicherung auf verbundene Leben)	28
	4. Kapitalversicherung mit festem Auszahlungszeitpunkt (Termfixversicherung)	29
	5. Kapitalversicherung mit lebenslangem Todesfallschutz	30

Anhang 22a
I Lebensversicherungen (Vertragsabschluss nach dem 31.12.2004)

		Rz.
V.	**Sonderformen**	31 – 35
	1. Fondsgebundene Kapital-Lebensversicherung und fondsgebundene Rentenversicherung	31 – 34
	2. Vermögensverwaltender Versicherungsvertrag	34a – 34m
	3. Direktversicherung, Pensionskasse, Pensionsfonds	35
VI.	**Absicherung weiterer Risiken**	36 – 39
VII.	**Erlebensfall oder Rückkauf**	40 – 49
	1. Erlebensfall	41 – 47
	2. Rückkauf	48 – 49
VIII.	**Steuerpflichtiger**	50 – 53
IX.	**Berechnung des Unterschiedsbetrags**	54 – 64
	1. Versicherungsleistung	55
	2. Summe der entrichteten Beiträge	56 – 59
	3. Negativer Unterschiedsbetrag (Verlust)	60
	4. Teilleistungen	61 – 64
	5. Entgeltlicher Erwerb	64a – 64b
IXa.	**Steuerfreistellung nach § 20 Absatz 1 Nummer 6 Satz 9 EStG**	64c – 64x
	1. Steuerfreistellung bei ausschließlicher Anlage in Investmentfonds und Vertragsbeginn nach dem 31. Dezember 2017	64g
	2. Steuerfreistellung bei gemischter Anlage (Investmentfonds und konventionelle Anlage – Hybridprodukte) und Vertragsbeginn nach dem 31. Dezember 2017	64h – 64n
	3. Steuerfreistellung bei ausschließlicher Anlage in Investmentfonds und Vertragsbeginn vor dem 1. Januar 2018 (Bestandsverträge)	64o – 64p
	4. Steuerfreistellung bei gemischter Anlage (Investmentfonds und konventionelle Anlage – Hybridprodukte) und Vertragsbeginn vor dem 1. Januar 2018 (Bestandsverträge)	64q – 64x
X.	**Hälftiger Unterschiedsbetrag**	65 – 78
	1. Beginn der Mindestvertragsdauer	66
	2. Neubeginn aufgrund von Vertragsänderungen	67 – 73
	a. Bei Vertragsabschluss vereinbarte künftige Vertragsänderungen	68
	b. Nachträglich vereinbarte Vertragsänderungen	69 – 71
	c. Zahlungsschwierigkeiten	72 – 73
	d. Fortsetzung einer während der Elternzeit beitragsfreigestellten Lebensversicherung	73a
	e. Umwandlung einer Kapital-Lebensversicherung in eine nach § 851c ZPO unter Pfändungsschutz stehende Rentenversicherung	73b – 73e
	3. Policendarlehen	74
	4. Teilleistungen teilweise vor dem 60. Lebensjahr und teilweise danach	75 – 76

Anhang 22a
Lebensversicherungen (Vertragsabschluss nach dem 31.12.2004)

		Rz.
5.	Hälftiger Unterschiedsbetrag bei Kapitalversicherungen auf verbundene Leben	77 – 78
6.	Mindesttodesfallschutz	78a – 78m
	a. § 20 Absatz 1 Nummer 6 Satz 6 Buchstabe a EStG („50 %-Regel")	78a – 78j
	b. § 20 Absatz 1 Nummer 6 Satz 6 Buchstabe b EStG („10 %-Regel")	78k – 78l
	c. Verhältnis zwischen den Regelungen zum Mindesttodesfallschutz	78m
XI.	**Werbungskosten**	79 – 81
XIa.	**Entgeltliche Veräußerung**	81b
XII.	**Nachweis der Besteuerungsgrundlagen**	82 – 83
	1. Inländische Versicherungen	82
	2. Ausländische Versicherungen	83
XIII.	**Kapitalertragsteuer**	84 – 87
XIIIa.	**Mitteilungspflicht für inländische Versicherungsvermittler**	87a – 87c
XIV.	**Anwendungsregelungen**	88 – 97
	1. Zeitliche Abgrenzung von Altverträgen zu Neuverträgen	88 – 89
	2. Weitergeltung von BMF-Schreiben	90
	3. Vorratsverträge	91
	4. Vertragsänderungen bei Altverträgen	92 – 94
	5. Vertragsschluss im Namen eines minderjährigen Kindes	95 – 97

I. Versicherung im Sinne des § 20 Absatz 1 Nummer 6 EStG

Der Besteuerung nach § 20 Absatz 1 Nummer 6 EStG unterliegen die Erträge aus folgenden Versicherungen auf den Erlebens- oder Todesfall (kapitalbildenden Lebensversicherungen): Rentenversicherungen mit Kapitalwahlrecht, soweit nicht die Rentenzahlung gewählt wird, und Kapitalversicherungen mit Sparanteil. Erträge aus Unfallversicherungen mit garantierter Beitragsrückzahlung unterliegen ebenfalls der Besteuerung nach § 20 Absatz 1 Nummer 6 EStG. 1

Eine Versicherung im Sinne des § 20 Absatz 1 Nummer 6 EStG unterscheidet sich von einer Vermögensanlage ohne Versicherungscharakter dadurch, dass ein wirtschaftliches Risiko abgedeckt wird, das aus der Unsicherheit und Unberechenbarkeit des menschlichen Lebens für den Lebensplan des Menschen erwächst (biometrisches Risiko). Die durch die Lebensversicherung typischerweise abgedeckten Gefahren sind der Tod (Todesfallrisiko) oder die ungewisse Lebensdauer (Erlebensfallrisiko, Langlebigkeitsrisiko). Bei der Unfallversicherung mit garantierter Beitragsrückzahlung stellen das Unfallrisiko oder das Risiko der Beitragsrückzahlung im Todesfall die mit der Versicherung untrennbar verbundenen charakteristischen Hauptrisiken dar. 2

Es liegt kein Versicherungsvertrag im Sinne des § 20 Absatz 1 Nummer 6 EStG vor, wenn der Vertrag keine nennenswerte Risikotragung enthält. Davon ist insbesondere dann auszugehen, wenn bei Risikoeintritt nur eine Leistung der angesammelten und verzinsten Sparanteile zuzüglich einer Überschussbeteiligung vereinbart ist. In der Regel ist vom Vorliegen eines Versicherungsvertrages im Sinne des § 20 Absatz 1 Nummer 6 EStG auszugehen, wenn es sich um eine Lebensversicherung oder Unfallversicherung mit garantierter Beitragsrückzahlung im Sinne des Versicherungsaufsichtsrechts handelt. **Die Regelungen zum Mindesttodesfallschutz (vgl. Rz. 23 ff. des BMF Schreibens vom 22. August 2002 – IV C 4 – S 2221 – 211/02, BStBl I S. 827) sind für nach** 3

Anhang 22a
Lebensversicherungen (Vertragsabschluss nach dem 31.12.2004)

dem 31. Dezember 2004 abgeschlossene Versicherungsverträge nicht anzuwenden; für nach dem 31. März 2009 abgeschlossene Kapital-Lebensversicherungsverträge gelten neue Regelungen zum Mindesttodesfallschutz (vgl. Rz. 78a ff.).

3a Eine Rentenversicherung liegt nur dann vor, wenn bereits am Beginn der Vertragslaufzeit ein Langlebigkeitsrisiko vom Versicherungsunternehmen übernommen wird. Dies bedeutet, dass bereits bei Vertragsabschluss die Höhe der garantierten Leibrente in Form eines konkreten Geldbetrages festgelegt wird oder ein konkret bezifferter Faktor garantiert wird, mit dem die Höhe der garantierten Leibrente durch Multiplikation mit dem am Ende der Anspar- bzw. Aufschubphase vorhandenen Fondsvermögen bzw. Deckungskapital errechnet wird (Rentenfaktor). Für einzelne Vermögensteile (z. B. durch die Kapitalanlage sichergestelltes Mindestvermögen, eventuelle über die gezahlten Beiträge erheblich hinausgehende Wertsteigerungen) können auch unterschiedliche Rentenfaktoren garantiert werden. Bei Beitragserhöhungen muss der konkrete Geldbetrag oder der Rentenfaktor spätestens im Erhöhungszeitpunkt garantiert werden. Eine vereinbarte Anpassung des Beitrags oder der Leistung gemäß § 163 VVG ist unschädlich.

3b Für vor dem 1. Juli 2010 abgeschlossene Rentenversicherungen ist es ausreichend, dass das Versicherungsunternehmen bei Vertragsabschluss bzw. im Erhöhungszeitpunkt hinreichend konkrete Grundlagen für die Berechnung der Rentenhöhe oder des Rentenfaktors zugesagt hat. Dieses Erfordernis ist auch erfüllt, wenn die bei Vertragsbeginn für die Rentenberechnung unterstellten Rechnungsgrundlagen mit Zustimmung eines unabhängigen Treuhänders, der die Voraussetzungen und die Angemessenheit prüft, geändert werden können.

Insbesondere bei den nachfolgenden Vertragsgestaltungen ist von einer hinreichenden Konkretisierung der Berechnungsgrundlagen auszugehen:

Beispiel 1:
Es gelten die am Ende der Aufschubphase gültigen Rententarife. Der maßgebende Rentenfaktor muss dabei aber mindestens 75 % des Wertes des Rentenfaktors betragen, der sich mit den bei Vertragsabschluss verwendeten Rechnungsgrundlagen ergeben würde.

Beispiel 2:
Die auszuzahlende Rente wird zu Beginn der Rentenzahlung für die gesamte Rentenbezugszeit festgelegt. Bei der Rentenberechnung werden mindestens 50 % der Sterblichkeiten der Sterbetafel DAV 2004 R und der dann aufsichtsrechtlich festgelegte Höchstrechnungszins zur Deckungsrückstellungsberechnung angesetzt.

Ein Vertrag, der keine hinreichend konkreten Berechnungsgrundlagen enthält, sondern lediglich eine Verrentung am Ende der Anspar- bzw. Aufschubphase zu den dann gültigen Bedingungen vorsieht, ist steuerrechtlich keine Rentenversicherung, sondern ein nach den allgemeinen Vorschriften zu besteuernder Sparvorgang mit einer steuerlich unbeachtlichen Verrentungsoption. Wird bei einem derartigen Vertrag während der Anspar- bzw. Aufschubphase ein Todesfallrisiko übernommen, ist von einer Kapitalversicherung und von einem Zufluss der Erträge am Ende der Anspar- bzw. Aufschubphase auszugehen (vgl. Rz. 26). Sofern vor dem 1. Juli 2010 ein konkreter Geldbetrag oder Rentenfaktor nachträglich zugesagt wird, ist der Vertrag als Rentenversicherung zu betrachten und es ist keine steuerlich relevante Vertragsänderung anzunehmen. Bei Verträgen, bei denen vor diesem Datum die Rentenzahlung beginnt, und bei vor dem 1. Januar 2005 abgeschlossenen Rentenversicherungsverträgen ist eine nachträgliche Zusage nicht erforderlich.

3c Bei ab dem 1. Juli 2010 abgeschlossenen Versicherungsverträgen ist nicht von einer steuerlich anzuerkennenden Rentenversicherung auszugehen, wenn der vereinbarte Rentenzahlungsbeginn dergestalt aufgeschoben ist, dass die mittlere Lebenserwartung der versicherten Person unwesentlich unterschritten oder sogar überschritten wird. Nicht zu beanstanden ist es, wenn der Zeitraum zwischen dem vereinbarten spätesten Rentenbeginn und der mittleren Lebenserwartung mehr als 10 % der bei Vertragsabschluss verbliebenen Lebenserwartung beträgt. Maßgebend ist die dem Vertrag zu Grunde gelegte Sterbetafel.

> **Beispiel:**
> Die versicherte Person ist bei Vertragsabschluss 30 Jahre alt und hat eine mittlere Lebenserwartung von 82 Jahren. Die verbleibende Lebenserwartung beträgt 52 Jahre, davon 10 % sind 5,2 Jahre. Ein vereinbarter Rentenbeginn mit 77 Jahren wäre nicht zu beanstanden.

Keine Versicherungsverträge im Sinne des § 20 Absatz 1 Nummer 6 EStG sind Kapitalisierungsgeschäfte. Als Kapitalisierungsgeschäfte gelten Geschäfte, bei denen unter Anwendung eines mathematischen Verfahrens die im Voraus festgesetzten einmaligen oder wiederkehrenden Prämien und die übernommenen Verpflichtungen nach Dauer und Höhe festgelegt sind (vgl. § 1 Absatz 4 Satz 2 des Versicherungsaufsichtsgesetzes [VAG][1]). — 4

Bei Kapitalforderungen aus Verträgen mit Versicherungsunternehmen, bei denen es sich nicht um einen Versicherungsvertrag im oben angeführten Sinne handelt, richtet sich die Besteuerung des Kapitalertrags nach § 20 Absatz 1 Nummer 7 EStG. — 5

Zu den nach § 20 Absatz 1 Nummer 6 EStG steuerpflichtigen Renten- oder Kapitalversicherungen zählen nur solche, die einen Sparanteil enthalten. Bei solchen Versicherungen setzt sich der Versicherungsbeitrag grundsätzlich zusammen aus dem — 6

- **Kostenanteil** (Beitragsteil insbesondere für Verwaltungsaufgaben des Unternehmens, Abschlusskosten, Inkassokosten), dem
- **Risikoanteil** (Beitragsanteil für Leistungen bei Eintritt eines charakteristischen Hauptrisikos: Tod bei Lebensversicherungen, Unfall oder Beitragsrückzahlung im Todesfall bei Unfallversicherungen mit garantierter Beitragsrückzahlung) und dem
- **Sparanteil** (Beitragsanteil, der für die Finanzierung einer Erlebensfall-Leistung verwendet wird).

Eine Leistung aus einer **reinen Risikoversicherung**, also einer Versicherung ohne Sparanteil (z. B. Risikolebensversicherung, Unfallversicherung ohne garantierte Beitragsrückzahlung, Berufsunfähigkeitsversicherung, Erwerbsunfähigkeitsversicherung, Pflegeversicherung), fällt nicht unter § 20 Absatz 1 Nummer 6 EStG. Dies gilt sowohl für Kapitalauszahlungen aus reinen Risikoversicherungen als auch für Rentenzahlungen (z. B. Unfall-Rente, Invaliditätsrente). Bei einer Rentenzahlung kann sich jedoch eine Besteuerung aus anderen Vorschriften (insbesondere § 22 Nummer 1 Satz 1 EStG oder § 22 Nummer 1 Satz 3 Buchstabe a Doppelbuchstabe bb EStG) ergeben. Die Barauszahlung von Überschüssen (vgl. Rz. 13 ff.) sowie die Leistung aufgrund einer verzinslichen Ansammlung der Überschüsse (vgl. Rz. 17) ist bei einer reinen Risikoversicherung keine Einnahme im Sinne des § 20 Absatz 1 Nummer 6 EStG und auch nicht im Sinne des § 20 Absatz 1 Nummer 7 EStG. — 7

---

[1]) jetzt § 1 Abs. 2 Satz 2 VAG

Anhang 22a
I Lebensversicherungen (Vertragsabschluss nach dem 31.12.2004)

II. Allgemeine Begriffsbestimmungen
1. Versicherungsnehmer

8 Der Versicherungsnehmer (vgl. § 1 des Versicherungsvertragsgesetzes [VVG]) ist der Vertragspartner des Versicherers. Er ist Träger aller Rechte des Vertrages, z. B. Recht die Versicherungsleistung zu fordern, den Vertrag zu ändern, zu kündigen, Bezugsberechtigungen zu erteilen, die Ansprüche aus dem Vertrag abzutreten oder zu verpfänden. Er ist gleichzeitig Träger aller Pflichten, z. B. Pflicht zur Beitragszahlung.

2. Bezugsberechtigter

9 Der Bezugsberechtigte (vgl. §§ 166, 167 VVG[1])) ist derjenige, der nach den vertraglichen Vereinbarungen die Versicherungsleistung erhalten soll. In der Regel kann der Versicherungsnehmer ohne Zustimmung des Versicherers einen Dritten als Bezugsberechtigten bestimmen. Das Bezugsrecht kann getrennt für den Erlebensfall und den Rückkauf sowie für den Todesfall festgelegt sein. Es kann widerruflich oder unwiderruflich ausgesprochen sein.

10 Bei einem unwiderruflichen Bezugsrecht bedarf jede Änderung des Bezugsrechts der Zustimmung des Bezugsberechtigten. Dieser hat auch einen unmittelbaren Rechtsanspruch auf die Leistung.

11 Bei einem widerruflichen Bezugsrecht hat der Bezugsberechtigte nur eine Anwartschaft auf die Leistung. Das widerrufliche Bezugsrecht kann auch jederzeit durch eine Mitteilung des Versicherungsnehmers an das Versicherungsunternehmen geändert werden. Im Zeitpunkt des Versicherungsfalls wird aus der Anwartschaft ein Rechtsanspruch.

3. Versicherte Person

12 Die versicherte Person ist die Person, auf deren Leben oder Gesundheit die Versicherung abgeschlossen wird (vgl. § 150 VVG). Da von ihren individuellen Eigenschaften (insbes. Alter und Gesundheitszustand) die wesentlichen Merkmale eines Versicherungsvertrages abhängen (vgl. BFH vom 9. Mai 1974, BStBl II S. 633), ist die versicherte Person eine unveränderbare Vertragsgrundlage. Bei einem Wechsel der versicherten Person erlischt, unabhängig von der Frage, ob ein entsprechendes Optionsrecht bereits bei Vertragsabschluss vereinbart worden ist oder nicht (vgl. hierzu Rz. 68), steuerrechtlich der „alte Vertrag" und es wird steuerrechtlich vom Abschluss eines „neuen Vertrages" ausgegangen. Dabei ist für beide Verträge getrennt zu prüfen, ob die Voraussetzungen für die Anwendung des § 20 Absatz 1 Nummer 6 Satz 2 EStG erfüllt sind. Wird die auf den „alten Vertrag" entfallende Versicherungsleistung ganz oder teilweise auf den „neuen Vertrag" angerechnet, so gilt auch die angerechnete Versicherungsleistung aus dem „alten Vertrag" als zugeflossen. Die aus dem „alten Vertrag" angerechnete Versicherungsleistung gilt als Beitragszahlung auf den „neuen Vertrag".

12a Ein steuerlich relevanter Zufluss liegt nicht vor, wenn bei einer internen Teilung nach § 10 des Versorgungsausgleichsgesetzes (VersAusglG) oder bei einer externen Teilung nach § 14 VersAusglG Ansprüche aus einem Vertrag der ausgleichspflichtigen Person übertragen werden. Der Vertrag der ausgleichsberechtigten Person gilt insoweit als zum gleichen Zeitpunkt abgeschlossen wie derjenige der ausgleichspflichtigen Person, § 52 Absatz 36 Satz 12 EStG[2]).

---

[1]) jetzt §§ 159, 160 VVG
[2]) jetzt § 52 Abs. 28 Satz 9

4. Überschussbeteiligung

Der Versicherungsvertrag sieht in der Regel vor, dass der Versicherungsnehmer und/oder der Bezugsberechtigte an den Überschüssen des Versicherungsunternehmens zu beteiligen ist. Überschüsse erzielen die Unternehmen vor allem aus dem Kapitalanlage-, dem Risiko- und dem Kostenergebnis.

Ein Überschuss entsteht im Kapitalanlageergebnis, wenn ein höherer Ertrag als der Rechnungszins erzielt wird. Der Rechnungszins gibt den vom Versicherungsunternehmen garantierten Zins wieder, mit dem die Deckungsrückstellung kalkuliert wird. Beim Risikoergebnis kommt es zu Überschüssen, wenn der Risikoverlauf günstiger ist, als bei der Kalkulation angenommen (z. B. bei Versicherungen mit Todesfall-Leistung eine geringere Anzahl von Sterbefällen). Das Kostenergebnis ist positiv, wenn das Versicherungsunternehmen weniger Kosten für die Einrichtung und die laufende Verwaltung des Vertrages aufwendet, als veranschlagt wurde. Die Überschüsse werden jährlich ermittelt.

Die Beteiligung an den Überschüssen kann insbesondere in Form der nachfolgend beschriebenen Methoden erfolgen:

<u>Barauszahlung</u>
Die Überschüsse werden jährlich ausgezahlt (zu den steuerlichen Folgen siehe Rz. 45).

<u>Beitragsverrechnung</u>
Es kann auch vereinbart werden, dass die Überschüsse mit den Beiträgen zu verrechnen sind, so dass die laufende Beitragsleistung des Versicherungsnehmers gemindert wird. Der kalkulierte Beitrag wird in diesem Zusammenhang als Bruttobeitrag, der um Überschüsse reduzierte Beitrag als Nettobeitrag bezeichnet (zu den steuerlichen Folgen siehe Rz. 46).

<u>Bonussystem</u>
Beim Bonussystem werden die Überschussanteile als Einmalbeiträge für eine zusätzliche beitragsfreie Versicherung (Bonus) verwendet. Bei jährlichen Überschussanteilen erhöht sich dadurch die Versicherungsleistung von Jahr zu Jahr (zu den steuerlichen Folgen siehe Rzn. 47 und 57).

<u>Verzinsliche bzw. rentierliche Ansammlung</u>
Bei der verzinslichen Ansammlung werden die jährlichen Überschussanteile beim Versicherungsunternehmen einbehalten und Ertrag bringend angelegt. Die angesammelten Beträge zuzüglich der Erträge werden zusammen mit der Versicherungssumme ausbezahlt (zu den steuerlichen Folgen siehe Rz. 47).

<u>Schlussüberschussbeteiligung</u>
Überschussanteile, die nicht laufend dem Vertrag unwiderruflich zugeteilt, sondern nur für den Fall einer Leistung aus dem Vertrag in einem Geschäftsjahr festgelegt werden, werden als Schlussüberschüsse, Schlussgewinne, Schlussdividende o. ä. bezeichnet (zu den steuerlichen Folgen siehe Rz. 47).

III. Rentenversicherung mit Kapitalwahlrecht, soweit nicht die Rentenzahlung gewählt wird

Bei einer Rentenversicherung besteht die Versicherungsleistung grundsätzlich in der Zahlung einer lebenslänglichen Rente für den Fall, dass die versicherte Person den vereinbarten Rentenzahlungsbeginn erlebt. Zu den Einnahmen nach § 20 Absatz 1 Nummer 6 EStG rechnet die Versicherungsleistung aus einer Rentenversicherung mit Kapitalwahlrecht nur dann, wenn sie nicht in Form einer Rentenzahlung erbracht wird. Davon ist dann auszugehen, wenn eine einmalige Kapitalauszahlung erfolgt, wenn mehrere Teilauszahlungen geleistet werden oder wenn wiederkehrende Bezüge erbracht werden, die nicht die nachstehenden Anforderungen an eine Rente erfüllen (zur Berechnung des Unterschiedsbetrags bei der Leistung in Form eines wiederkehrenden Bezugs siehe Rz. 63). Ebenfalls nach § 20 Absatz 1 Nummer 6 EStG zu versteuern sind Kapitalleistungen, soweit ein Teil der Versicherungsleistung nicht als Rente gezahlt wird, oder wenn ein laufender Rentenzahlungsanspruch durch eine Abfindung abgegolten wird. Bei einer Teilverrentung kann bei der Ermittlung des Unterschiedsbetrages für die Kapitalauszahlung nur ein Teil der geleisteten Beiträge abgezogen werden. Dies gilt auch dann, wenn vereinbart ist, dass lediglich die Beiträge ausgezahlt werden sollen und der verbleibende Teil verrentet wird. Auch in diesem Fall sind die Beiträge gleichmäßig auf die Kapitalauszahlung und den nach versicherungsmathematischen Grundsätzen ermittelten Barwert der Rentenauszahlung zu verteilen (zur Berechnung des Unterschiedsbetrags in diesen Fällen siehe Rz. 64).

20 Eine die Besteuerung nach § 20 Absatz 1 Nummer 6 EStG ausschließende Rentenzahlung setzt voraus, dass gleich bleibende oder steigende wiederkehrende Bezüge zeitlich unbeschränkt für die Lebenszeit der versicherten Person (lebenslange Leibrente) vereinbart werden. Leibrenten mit einer vertraglich vereinbarten Höchstlaufzeit (abgekürzte Leibrenten) und wiederkehrende Bezüge, die nicht auf die Lebenszeit, sondern auf eine festgelegte Dauer zu entrichten sind (Zeitrenten), sind nach § 20 Absatz 1 Nummer 6 EStG zu versteuern. Leibrenten mit einer vertraglich vereinbarten Mindestlaufzeit (verlängerte Leibrenten) sind nur dann nach § 20 Absatz 1 Nummer 6 EStG zu versteuern, wenn die Rentengarantiezeit über die auf volle Jahre aufgerundete verbleibende mittlere Lebenserwartung der versicherten Person bei Rentenbeginn hinausgeht. Maßgebend ist die zum Zeitpunkt des Vertragsabschlusses zugrunde gelegte Sterbetafel und das bei Rentenbeginn vollendete Lebensjahr der versicherten Person. Entspricht die Rentengarantiezeit der Lebenserwartung oder ist sie kürzer, ist auch für den Rechtsnachfolger (in der Regel der Erbe) die Ertragsanteilsbesteuerung anzuwenden. Dabei wird der auf den Erblasser angewandte Ertragsanteil fortgeführt.

21 Wird neben einem gleich bleibenden oder steigenden Sockelbetrag eine jährlich schwankende Überschussbeteiligung gewährt, handelt es sich dennoch insgesamt um gleich bleibende oder steigende Bezüge im Sinne der Rz. 20. Sowohl auf den Sockelbetrag als auch auf die Überschussbeteiligung ist die Ertragsanteilbesteuerung (§ 22 Nummer 1 Satz 3 Buchstabe a Doppelbuchstabe bb EStG) anzuwenden (vgl. BMF-Schreiben vom 26. November 1998, BStBl I 1998, 1508).

Die Auszahlung in Form einer konstanten Anzahl von Investmentanteilen stellt keinen gleich bleibenden Bezug und damit keine Rentenzahlung dar.

22 Die Todesfall-Leistung einer Rentenversicherung gehört nicht zu den Einnahmen aus § 20 Absatz 1 Nummer 6 EStG. Bei einer Rentenzahlung kann sich jedoch eine Besteuerung aus anderen Vorschriften (insbesondere § 22 Nummer 1 Satz 3 Buchstabe a Doppelbuchstabe bb EStG) ergeben.

IV. Kapitalversicherung mit Sparanteil

23 Kapitalversicherungen mit Sparanteil treten insbesondere in folgenden Ausgestaltungen auf:

Anhang 22a
Lebensversicherungen (Vertragsabschluss nach dem 31.12.2004)

1. Kapitalversicherung auf den Todes- und Erlebensfall (klassische Kapital-Lebensversicherung)

Bei einer Kapitalversicherung auf den Todes- und Erlebensfall leistet der Versicherer, wenn die versicherte Person den im Versicherungsschein genannten Auszahlungstermin erlebt oder wenn die versicherte Person vor dem Auszahlungstermin verstirbt. Die Leistung im Todesfall unterfällt nicht der Besteuerung nach § 20 Absatz 1 Nummer 6 EStG. 24

Die Ausgestaltung des Vertrages mit oder ohne Rentenwahlrecht, gegen Einmalbeitrag oder laufende Beitragszahlung hat keinen Einfluss auf die Besteuerung nach § 20 Absatz 1 Nummer 6 EStG. 25

Wird bei einer Kapitalversicherung mit Rentenwahlrecht die Rentenzahlung gewählt, fließen die Erträge nach § 11 Absatz 1 EStG in dem Zeitpunkt zu, in dem die Kapitalleistung im Erlebensfall zu leisten wäre. Lediglich das nach Abzug von Kapitalertragsteuer vorhandene Kapital steht für die Verrentung zur Verfügung. Die Rentenzahlungen gehören zu den Einnahmen aus § 22 Nummer 1 Satz 3 Buchstabe a Doppelbuchstabe bb EStG. 26

2. Unfallversicherung mit garantierter Beitragsrückzahlung

Bei einer Unfallversicherung mit garantierter Beitragsrückzahlung wird neben den Beitragsbestandteilen für die Abdeckung des Unfallrisikos sowie des Risikos der Beitragsrückzahlung im Todesfall und der Verwaltungskosten ein Sparanteil erbracht, der verzinslich bzw. rentierlich angelegt wird. Die Versicherungsleistung bei Ablauf der Versicherungslaufzeit gehört zu den Einnahmen aus § 20 Absatz 1 Nummer 6 EStG, nicht aber die Versicherungsleistung bei Eintritt des versicherten Risikos. Sofern die Unfallversicherung mit garantierter Beitragsrückzahlung als Rentenversicherung mit Kapitalwahlrecht abgeschlossen wird, sind die unter Rzn. 19 ff. angeführten Regelungen anzuwenden. 27

3. Kapitalversicherung auf den Todes- und Erlebensfall von zwei oder mehreren Personen (Kapitalversicherung auf verbundene Leben)

Die Erlebensfall-Leistung ist bei einer Kapitalversicherung auf verbundene Leben zu erbringen, wenn beide/alle versicherten Personen den im Versicherungsschein genannten Ablauftermin erleben. Zur Ermittlung des hälftigen Unterschiedsbetrags, wenn nur einer der Steuerpflichtigen bei Auszahlung der Versicherungsleistung im Erlebensfall oder bei Rückkauf das 60. Lebensjahr vollendet hat, siehe Rzn. 77-78. Die Leistung im Todesfall unterfällt nicht der Besteuerung nach § 20 Absatz 1 Nummer 6 EStG. 28

4. Kapitalversicherung mit festem Auszahlungszeitpunkt (Termfixversicherung)

Bei einer Termfixversicherung wird die Versicherungsleistung nur zu einem festen Zeitpunkt ausgezahlt. Wenn die versicherte Person vor Erreichen dieses festen Zeitpunkts verstirbt, wird die Todesfallsumme in der Regel nicht sofort ausgezahlt, sondern es endet lediglich die Beitragszahlungsdauer. Die Leistung im Todesfall gehört nicht zu den Einnahmen aus § 20 Absatz 1 Nummer 6 EStG. 29

5. Kapitalversicherung mit lebenslangem Todesfallschutz

Bei einer Kapitalversicherung mit lebenslangem Todesfallschutz leistet das Versicherungsunternehmen grundsätzlich nur, wenn die versicherte Person stirbt. Der vornehmliche Zweck eines solchen Versicherungsvertrages ist die Deckung von Kosten und Aufwendungen im Zusammenhang mit dem Todesfall, z. B. Erbschaftsteuer (Erbschaftsteuerversicherung), zivilrechtlich bedingten Ausgleichszahlungen im Rahmen einer Erb- 30

Anhang 22a
I Lebensversicherungen (Vertragsabschluss nach dem 31.12.2004)

schaftsplanung (Vermögensnachfolgeversicherung) oder Deckung der Bestattungskosten (Sterbegeldversicherung). Die Versicherungsleistung im Todesfall stellt keine Einnahme im Sinne des § 20 Absatz 1 Nummer 6 EStG dar. Manche Kapitalversicherungen mit lebenslangem Todesfallschutz bieten jedoch die Möglichkeit, zu Lebzeiten der versicherten Person eine Versicherungsleistung abzurufen, so dass die Versicherung beendet wird oder mit einer reduzierten Versicherungssumme bestehen bleibt. Eine abgerufene Leistung ist nach § 20 Absatz 1 Nummer 6 EStG zu versteuern.

V. Sonderformen

1. Fondsgebundene Kapital-Lebensversicherung und fondsgebundene Rentenversicherung

31 Fondsgebundene Lebensversicherungen unterscheiden sich von konventionellen Lebensversicherungen dadurch, dass die Höhe der Leistungen direkt von der Wertentwicklung der in einem besonderen Anlagestock angesparten Vermögensanlagen abhängt, wobei üblicherweise die Sparanteile nur in Investmentanteilen angelegt werden. Die Kapitalerträge aus fondsgebundenen Lebensversicherungen gehören unter den gleichen Voraussetzungen zu den Einnahmen aus Kapitalvermögen wie Erträge aus konventionellen Lebensversicherungen.

32 Eine der Höhe nach garantierte Leistung gibt es bei der fondsgebundenen Lebensversicherung in der Regel nicht, selbst der Verlust des gesamten eingesetzten Kapitals ist möglich (zu einem negativen Unterschiedsbetrag siehe Rz. 60).

33 Üblich sind Verträge, bei denen der Versicherungsnehmer einen oder mehrere Investmentfonds selbst wählen kann, wobei er die Auswahl für zukünftige Sparanteile während der Versicherungsdauer in der Regel ändern kann (Switchen). Außerdem kann das Recht eingeräumt sein, bereits investierte Sparanteile in andere Fonds umzuschichten (Shiften). Solche Umschichtungen stellen keinen Zufluss dar.

34 Hinsichtlich der Versicherungsleistung kann vereinbart sein, dass der Versicherungsnehmer wählen kann, ob er statt einer Geldzahlung die Übertragung der Fondsanteile in sein Depot möchte. Sofern eine Übertragung der Fondsanteile erfolgt, ist als Versicherungsleistung der Rücknahmepreis anzusetzen, mit dem die Versicherungsleistung bei einer Geldzahlung berechnet worden wäre.

2. Vermögensverwaltende Versicherungsverträge

34a **Nach § 20 Absatz 1 Nummer 6 Satz 5 EStG (in der Fassung des Artikels 1 des Gesetzes vom 19. Dezember 2008 [BGBl. I S. 2794]) werden vermögensverwaltende Versicherungsverträge von den allgemeinen Besteuerungsregelungen für Versicherungsverträge ausgenommen. Stattdessen werden derartige Verträge transparent besteuert. Das heißt, dass im Zeitpunkt, in dem Kapitalerträge z. B. in Form von Zinsen, Dividenden oder Veräußerungsgewinnen dem vom Versicherungsunternehmen gehaltenen Depot oder Konto zufließen, diese dem wirtschaftlich Berechtigten zuzurechnen sind. Dabei richtet sich die Besteuerung nach den für das jeweilige Anlagegut geltenden Regelungen (z. B. bei Zinsen nach § 20 Absatz 1 Nummer 7 EStG, bei Dividenden nach § 20 Absatz 1 Nummer 1 EStG, bei Veräußerungen nach § 20 Absatz 2 i. V. m. Absatz 4 EStG und bei Investmentfondserträgen nach den Vorschriften des Investmentsteuergesetzes). Die Vorschrift ist für alle Kapitalerträge anzuwenden, die dem Versicherungsunternehmen nach dem 31. Dezember 2008 zufließen (§ 52 Absatz 36 Satz 10 EStG**[1]**)). Dies gilt nicht für Versicherungsverträge, die vor dem 1. Januar 2005 abgeschlossen wurden.**

---

[1] § 52 Abs. 36 Satz 10 i. d. F. vor dem Gesetz zur Anpassung des nationalen Steuerrechts an den Beitritt Kroatiens zur EU und zur Änderung weiterer steuerlicher Vorschriften

Anhang 22a
Lebensversicherungen (Vertragsabschluss nach dem 31.12.2004)

Ein vermögensverwaltender Versicherungsvertrag liegt vor, wenn die folgenden Voraussetzungen kumulativ erfüllt sind: — 34b
(1) In dem Versicherungsvertrag ist eine gesonderte Verwaltung von speziell für diesen Vertrag zusammengestellten Kapitalanlagen vereinbart und
(2) die zusammengestellten Kapitalanlagen sind nicht auf öffentlich vertriebene Investmentfondsanteile oder Anlagen, die die Entwicklung eines veröffentlichten Indexes abbilden, beschränkt und
(3) der wirtschaftlich Berechtigte kann unmittelbar oder mittelbar über die Veräußerung der Vermögensgegenstände und die Wiederanlage der Erlöse bestimmen (Dispositionsmöglichkeit).

Bei einer gesonderten Verwaltung, wird die Sparleistung nicht vom Versicherungsunternehmen für eine unbestimmte Vielzahl von Versicherten gemeinschaftlich, sondern separat für den einzelnen Vertrag angelegt bzw. verwaltet, wobei der wirtschaftlich Berechtigte das Kapitalanlagerisiko trägt. Typischerweise erfolgt die Kapitalanlage bei einem vermögensverwaltenden Versicherungsvertrag auf einem Konto oder Depot bei einem vom Kunden frei wählbaren Kreditinstitut. Dabei wird das Versicherungsunternehmen Eigentümer bzw. Inhaber der auf dem Konto oder Depot verwalteten Anlagegüter. — 34c

Speziell für diesen Vertrag zusammengestellte Kapitalanlagen liegen vor, wenn die Anlage ganz oder teilweise gemäß den individuellen Wünschen des Versicherungsnehmers erfolgt. Dies ist insbesondere der Fall, wenn der Versicherungsnehmer einzelne Wertpapiere oder ein bereits vorhandenes Wertpapierdepot als Versicherungsbeitrag erbringt. — 34d

Die ausschließliche Auswahl von im Inland oder im Ausland öffentlich vertriebenen Investmentfondsanteilen schließt die Annahme eines vermögensverwaltenden Versicherungsvertrages aus. Die Verwendung von versicherungsinternen Fonds beeinträchtigt nicht die Charakterisierung als öffentlich vertriebene Investmentfondsanteile, vorausgesetzt dass diese internen Fonds die Anlagen von einem oder mehreren öffentlich vertriebenen Investmentfonds widerspiegeln. — 34e

Unter „Anlagen, die einen veröffentlichten Index abbilden" fallen auch Kombinationsmöglichkeiten mehrerer im Inland oder Ausland veröffentlichter Indizes. — 34f

Eine unmittelbare Dispositionsmöglichkeit besteht, wenn der Versicherungsvertrag ein Weisungsrecht des wirtschaftlich Berechtigten gegenüber dem Versicherungsunternehmen oder gegenüber einem beauftragten Vermögensverwalter vorsieht. — 34g

Von einer mittelbaren Dispositionsmöglichkeit ist insbesondere auszugehen, wenn
- die Anlageentscheidungen von einem Vermögensverwalter getroffen werden, der durch den wirtschaftlich Berechtigten beauftragt wurde,
- der wirtschaftlich Berechtigte einen Wechsel in der Person des Vermögensverwalters verlangen kann,
- eine individuelle Anlagestrategie zwischen dem Versicherungsunternehmen oder dem Vermögensverwalter und dem wirtschaftlich Berechtigten vereinbart wird.

Die Auswahlmöglichkeit aus standardisierten Anlagestrategien, die einer unbestimmten Vielzahl von Versicherungsnehmern angeboten werden, stellt keine unmittelbare oder mittelbare Dispositionsmöglichkeit dar[1]); dies gilt auch dann, — 34h

---
[1]) bestätigt durch BFH vom 26.03.2019 (BStBl II S. 399)

Anhang 22a

I   Lebensversicherungen (Vertragsabschluss nach dem 31.12.2004)

34i wenn der Versicherungsnehmer einem Vertrag mehrere derartiger standardisierter Anlagestrategien in unterschiedlicher Gewichtung zugrunde legen darf.

34i Wird ein bereits vorhandenes Depot in einen Versicherungsvertrag dergestalt eingebracht, dass die Depotführung und die Vermögensverwaltung beim bisherigen Kreditinstitut oder dem bisherigen Vermögensverwalter verbleiben, ist in der Regel von einer weiter bestehenden Dispositionsmöglichkeit des wirtschaftlich Berechtigten auszugehen. Es gilt insoweit die – widerlegbare – Vermutung, dass der wirtschaftlich Berechtigte aufgrund einer gewachsenen und weiterhin bestehenden Geschäftsbeziehung Einfluss auf die Anlageentscheidungen ausüben kann.

34j Wirtschaftlich Berechtigter ist der Inhaber des Anspruchs auf die Versicherungsleistung. Dies ist in der Regel der Versicherungsnehmer, kann in den Fällen eines unwiderruflich eingeräumten Bezugsrechts aber auch ein Dritter sein. Sicherungsübereignung oder Pfändung führt grundsätzlich nicht zu einem Wechsel in der Person des wirtschaftlich Berechtigten. Die Regelungen in Rzn. 50-53 gelten entsprechend.

34k Nach § 20 Absatz 1 Nummer 6 Satz 5 EStG erfolgt eine Besteuerung der dem Versicherungsunternehmen zugeflossenen Erträge im Sinne des § 20 Absatz 1 und Absatz 2 EStG. Leistungen im Todes- oder Erlebensfall sowie bei Rückkauf des Vertrages sind hingegen einkommensteuerlich unbeachtlich, soweit die Erträge, die in diesen Versicherungsleistungen enthalten sind, nach § 20 Absatz 1 Nummer 6 Satz 5 EStG der Besteuerung unterlegen haben. Soweit in der Beitragsleistung Kosten insbesondere für die Verwaltung enthalten sind oder von dem Anlagekonto bzw. -depot entnommen werden, sind diese grundsätzlich als Werbungskosten zu betrachten. Werbungskosten werden ab dem Veranlagungszeitraum 2009 nur noch im Rahmen des Sparer-Pauschbetrages (§ 20 Absatz 9 EStG) berücksichtigt (vgl. Rz. 81a).

34l Die Übertragung von Anlagegütern auf das Versicherungsunternehmen im Zeitpunkt der Begründung eines vermögensverwaltenden Versicherungsvertrags sowie deren Rückübertragung auf den wirtschaftlich Berechtigten im Zeitpunkt der Beendigung des Vertragsverhältnisses ist steuerlich unbeachtlich und führt damit insbesondere nicht zu einer Veräußerung im Sinne des § 20 Absatz 2 EStG.

34m Ob eine Vertragsänderung, die darauf abzielt bislang bestehende Merkmale eines vermögensverwaltenden Versicherungsvertrages nachträglich abzubedingen, steuerlich zu einer Beendigung des bisherigen Vertrages und Schaffung eines neuen Vertrages führt, hängt von den jeweiligen Umständen des Einzelfalls ab. Bei derartigen Vertragsänderungen die vor dem 1. Juli 2010 vorgenommen werden, ist jedenfalls nicht von einer steuerrechtlich relevanten Vertragsänderung auszugehen.

3.   Direktversicherung, Pensionskasse, Pensionsfonds

35   Zur steuerrechtlichen Behandlung von Leistungen aus einer Pensionskasse, aus einem Pensionsfonds oder aus einer Direktversicherung wird auf das BMF-Schreiben vom 20. Januar 2009, BStBl I S. 273, Rzn. 268-285[1]) verwiesen.

VI.   Absicherung weiterer Risiken

36   Neben dem der Versicherung zugrunde liegenden charakteristischen Hauptrisiko können weitere Risiken (Nebenrisiken) in Form einer Zusatzversicherung oder innerhalb einer einheitlichen Versicherung abgesichert sein. Üblich sind dabei die Invaliditäts-, Berufsunfähigkeits-, Unfalltod-, Pflege- und die Dread-Disease-Absicherung. Bei einer

---

[1]) jetzt BMF vom 12.08.2021 (BStBl I S. 1050), Rn. 148-166, Anhang 2 III LStH

Dread-Disease-Absicherung wird bei Eintritt einer schweren Krankheit geleistet (engl. dread disease = furchtbare Krankheit, schlimme Leiden).

Enthält der Versicherungsvertrag andere als die oben angeführten Nebenrisiken und ist der Eintritt dieses Risikos zu erwarten oder durch die versicherte Person herbeiführbar, so dass es sich bei wirtschaftlicher Betrachtungsweise um eine Fälligkeitsregelung handelt (z. B. Beginn der Ausbildung, Heirat), ist die Kapitalauszahlung bei Eintritt eines solchen unechten Nebenrisikos als Erlebensfall-Leistung nach § 20 Absatz 1 Nummer 6 EStG zu versteuern.

Kapitalauszahlungen bei Eintritt eines (echten) Nebenrisikos sind nicht nach § 20 Absatz 1 Nummer 6 EStG zu versteuern. Besteht die Leistung der weiteren Absicherung in einer Beitragsbefreiung für den Hauptvertrag, ist für die Berechnung des Unterschiedsbetrags ein rechnerischer Ausgleichsposten in Höhe der angenommenen oder tatsächlich durch das Versicherungsunternehmen übernommenen Beiträge bei der Berechnung des Unterschiedsbetrags ertragsmindernd zu berücksichtigen. 37

Überschüsse und sonstige Leistungen (z. B. Rückzahlung überhobener Beiträge) aus einer weiteren Absicherung sind grundsätzlich keine Einnahmen im Sinne des § 20 Absatz 1 Nummer 6 EStG. Der hierfür erforderliche Nachweis, dass die Überschüsse und sonstigen Leistungen aus einer weiteren Absicherung stammen, setzt voraus, dass das Versicherungsunternehmen den darauf entfallenden Beitrag, den Überschussanteil und die sonstige Leistung für die weitere Absicherung getrennt ausweist. In diesem Fall ist gegebenenfalls ein Sonderausgabenabzug nach § 10 Absatz 1 Nummer 3 Buchstabe a EStG[1]) für diese Beitragsbestandteile möglich. 38

Beitragsbestandteile für die Absicherung der Nebenrisiken mindern den steuerpflichtigen Unterschiedsbetrag nicht (vgl. Rz. 58). 39

VII. Erlebensfall oder Rückkauf

Der Besteuerung nach § 20 Absatz 1 Nummer 6 EStG unterliegen nur der Erlebensfall oder der Rückkauf. Die Versicherungsleistung bei Eintritt des mit der Versicherung untrennbar verbundenen charakteristischen Hauptrisikos (Tod, Unfall) rechnet nicht zu den Einnahmen nach § 20 Absatz 1 Nummer 6 EStG (hinsichtlich weiterer versicherter Risiken siehe Rzn. 36-38). 40

1. Erlebensfall

Alle Versicherungsleistungen, die vom Versicherungsunternehmen aufgrund des Versicherungsvertrages zu erbringen sind, ohne dass sich das versicherte Risiko realisiert hat (Risiko-Leistung) oder dass der Versicherungsvertrag ganz oder teilweise vorzeitig beendet wurde (Rückkauf), sind Erlebensfall-Leistungen. 41

Enthält der Versicherungsvertrag einen Anspruch auf Gewährung eines Darlehens des Versicherungsunternehmens an den Steuerpflichtigen, ohne dass sich das Versicherungsunternehmen eine freie Entscheidung über das ob der Darlehensgewährung vorbehält, ist generell von einer steuerpflichtigen Erlebensfall-Leistung auszugehen. In allen anderen Fällen ist zu prüfen, ob ein nicht am Versicherungsvertrag beteiligter Dritter einen vergleichbaren Darlehensvertrag abschließen würde, wenn man unterstellt, dass dem Dritten die vertraglichen Ansprüche zur Sicherheit abgetreten werden. Unter Zugrundelegung des Fremdvergleichsmaßstabs ist in der Regel von einer steuerpflichtigen Erlebensfall-Leistung auszugehen, wenn insbesondere 41a

– der Versicherungsschutz (Leistung bei Eintritt des versicherten Risikos) aufgrund der Auszahlung abgesenkt wird, oder

---

[1]) jetzt § 10 Abs. 1 Nr. 3a

Anhang 22a
I Lebensversicherungen (Vertragsabschluss nach dem 31.12.2004)

- keine oder offensichtlich marktunüblich niedrige Darlehenszinsen zu entrichten sind, oder
- die Höhe der Darlehenszinsen und/oder die Höhe des zurück zu zahlenden Kapitals an die Höhe der Verzinsung oder Wertentwicklung des Versicherungsvertrages gekoppelt sind.

Diese Regelungen sind auf Auszahlungen nach Veröffentlichung dieses Schreibens im Bundessteuerblatt anzuwenden. Erfolgen die Auszahlungen entsprechend der Darlehensvereinbarung ratierlich, ist für die Anwendung dieser Regelung insgesamt das Datum der ersten Rate maßgeblich. Bei Altverträgen (zum Begriff siehe Rz. 88) kann eine steuerpflichtige Erlebensfall-Leistung nur vorliegen, wenn im Auszahlungszeitpunkt die Voraussetzungen für eine Steuerbefreiung im Sinne des § 20 Absatz 1 Nummer 6 Satz 2 EStG in der am 31. Dezember 2004 geltenden Fassung (a. F.)[1]) fehlen. Sofern nach den oben angeführten Grundsätzen von einer Erlebensfall-Leistung auszugehen ist, kann es sich bei Altverträgen nicht um eine schädliche Verwendung eines Policendarlehens im Sinne des § 10 Absatz 2 Satz 2 EStG a. F.[1]) handeln. Bei Endfälligkeit des Versicherungsvertrages sind bereits versteuerte außerrechnungsmäßige und rechnungsmäßige Zinsen oder Unterschiedsbeträge sowie an den Versicherer gezahlte Zinsen bei der Ermittlung des steuerpflichtigen Ertrags zum Abzug zu bringen. Ein zusätzlicher Abzug derartiger Zinsen als Werbungskosten oder Betriebsausgaben, wenn die Leistung zur Erzielung von Einkünften verwendet wird, ist ausgeschlossen.

42 In der Regel tritt der Erlebensfall bei Ablauf der vereinbarten Versicherungslaufzeit ein. Es können im Versicherungsvertrag mehrere konkrete Teilauszahlungstermine oder zeitlich und der Höhe nach flexible Abrufmöglichkeiten bereits in der Ansparphase bzw. Aufschubphase vereinbart sein, so dass es mehrere Erlebensfälle gibt. Beispielsweise können bei einem Versicherungsvertrag mit 30-jähriger Laufzeit Teilauszahlungen nach 20 und nach 25 Jahren vorgesehen sein. Sofern es sich dabei lediglich um ein Wahlrecht des Begünstigten handelt, das nicht ausgeübt wird, liegt kein Erlebensfall vor. Zur Ermittlung des Unterschiedsbetrags bei Teilauszahlungen siehe Rzn. 61-62.

43 Bei einer gestreckten Kapitalauszahlung (Teilauszahlungen oder wiederkehrende Bezüge, die keine Rentenzahlung darstellen, vgl. Rz. 20) nach Ablauf der Versicherungslaufzeit liegt nur ein Erlebensfall zum Ablauftermin vor. Ein Zufluss ist jedoch erst mit Leistung des jeweiligen Teilbetrags gegeben. Davon zu unterscheiden ist der Fall, dass bei einer Kapital-Lebensversicherung mit Rentenwahlrecht für die Rentenzahlung optiert wird. In der Ausübung der Renten-Option liegt eine Verfügung über die auszahlbare Versicherungsleistung, die einen Zufluss begründet (vgl. Rz. 26).

44 Wenn sich der Steuerpflichtige das Kapital nach Erreichen des Ablauftermins nicht auszahlen lässt, sondern es gegen Entgelt oder auch ohne Entgelt bis zur Entscheidung über die endgültige Verwendung dem Versicherungsunternehmen überlässt (sog. Parkdepot), liegt aufgrund der erlangten Verfügungsmacht ein Zufluss vor. Wird die Fälligkeit einer Versicherungsleistung aufgrund einer nachträglichen Vertragsänderung während der Versicherungslaufzeit (Verlängerung der Versicherungslaufzeit) hinausgeschoben, liegt dagegen zum ursprünglichen Fälligkeitszeitpunkt kein Zufluss vor.

45 Eine laufende (z. B. jährliche) Auszahlung von Überschüssen (vgl. Rz. 14) stellt eine zugeflossene Erlebensfall-Leistung dar. Die Regelungen zur Ermittlung des Unterschiedsbetrags bei Teilauszahlungen (siehe Rzn. 61-62) sind anzuwenden. Wird der Überschuss nicht zur Barauszahlung, sondern zur Reduzierung der laufenden Beitrags-

---

[1]) Auszug aus dem EStG 2002 in der am 31.12.2004 geltenden Fassung, letztmals abgedruckt im Anhang 22 IV EStH 2020

zahlung verwendet, liegt zivilrechtlich eine Aufrechnung und damit ebenfalls eine zugeflossene Erlebensfall-Leistung vor. Bei der Berechnung des Unterschiedsbetrags ist der Bruttobeitrag (einschließlich des durch Aufrechnung gezahlten Teils) in Ansatz zu bringen.

Ist jedoch von vornherein keine Auszahlung der laufenden Überschüsse, sondern eine Verrechnung mit den Beiträgen vereinbart, besteht also kein Wahlrecht zwischen Auszahlung und Verrechnung, liegt hinsichtlich der Überschüsse kein Erlebensfall und kein Zufluss von Erträgen vor. Bei der Ermittlung des Unterschiedsbetrags ist nur der Netto-Beitrag (vgl. Rz. 15) anzusetzen. 46

Beim Bonussystem (vgl. Rz. 16), bei der verzinslichen bzw. rentierlichen Ansammlung (vgl. Rz. 17) und bei der Schlussüberschussbeteiligung (vgl. Rz. 18) liegt ein Zufluss von Erträgen in der Regel erst bei Ablauf der Versicherungslaufzeit vor. 47

2. Rückkauf

Ein Rückkauf liegt vor, wenn der Versicherungsvertrag vorzeitig ganz oder teilweise beendet wird (insbesondere aufgrund Rücktritt, Kündigung oder Anfechtung). Bei einer vorzeitigen Beendigung des Versicherungsvertrages ist regelmäßig vereinbart, dass das Versicherungsunternehmen einen Rückkaufswert zu erstatten hat (vgl. § 176 Absatz 1 VVG[1]), der eine gesetzliche Verpflichtung zur Erstattung des Rückkaufswertes bei Kapitalversicherungen auf den Todesfall mit unbedingter Leistungspflicht enthält). Der Rückkaufswert ist nach den anerkannten Regeln der Versicherungsmathematik für den Schluss der laufenden Versicherungsperiode als Zeitwert der Versicherung zu berechnen. Beitragsrückstände werden vom Rückkaufswert abgesetzt. § 12 Absatz 4 Satz 1 Bewertungsgesetz ist nicht anwendbar. Ein teilweiser Rückkauf liegt insbesondere vor, wenn der Versicherungsvertrag das Recht enthält, durch Teilkündigung einen Teil der Erlebensfall-Leistung vorzeitig abzurufen. 48

In der Anfangszeit einer Versicherung ist der Rückkaufswert regelmäßig niedriger als die Summe der geleisteten Beiträge. Dies ergibt sich daraus, dass jeder Vertrag Abschlusskosten (z. B. Provision für den Versicherungsvermittler) verursacht, die zu tilgen sind. Außerdem behalten sich die Versicherer gewöhnlich vor, einen Abzug bei vorzeitiger Beendigung vorzunehmen (Stornoabschlag). Dadurch kann es insbesondere bei einem sehr frühzeitigen Rückkauf zu einem negativen Unterschiedsbetrag kommen. 49

VIII. Steuerpflichtiger

Steuerpflichtiger im Sinne des § 20 Absatz 1 Nummer 6 EStG ist grundsätzlich derjenige, der das Kapital in Form der Sparanteile im eigenen Namen und für eigene Rechnung dem Versicherungsunternehmen zur Nutzung überlassen hat. Soweit eine andere Person wirtschaftlicher Eigentümer im Sinne des § 39 Absatz 2 Nummer 1 Abgabenordnung – AO – des Anspruchs auf die steuerpflichtige Versicherungsleistung (Erlebensfall-Leistung oder Rückkaufswert) ist, sind ihr die erzielten Erträge zuzurechnen. 50

In der Regel ist der Versicherungsnehmer Steuerpflichtiger, da er die Sparanteile zur Nutzung überlassen hat und auch Inhaber des Rechts ist, die Versicherungsleistung zu fordern. Wechselt die Person des Versicherungsnehmers durch Gesamtrechts- oder Einzelrechtsnachfolge, wird regelmäßig der Rechtsnachfolger Steuerpflichtiger. 51

Mit der Einräumung eines unwiderruflichen Bezugsrechts (vgl. Rz. 10) für die steuerpflichtige Versicherungsleistung gilt grundsätzlich der Bezugsberechtigte als Steuerpflichtiger der erzielten Erträge. Bei einem widerruflichen Bezugsrecht wird der Bezugsberechtigte erst bei Eintritt des Erlebensfalls Steuerpflichtiger. 52

---

[1]) jetzt § 169 Abs. 1 VVG

Anhang 22a
Lebensversicherungen (Vertragsabschluss nach dem 31.12.2004)

53 Bei einer Abtretung des Anspruchs auf die Versicherungsleistung wird der Abtretungsempfänger (Zessionar) nur dann Steuerpflichtiger, wenn er und nicht der Abtretende (Zedent) die Erträge erzielt. Das Erzielen von Erträgen setzt voraus, dass nach den getroffenen Vereinbarungen die Versicherungsleistung das Vermögen des Zessionars und nicht das des Zedenten mehren soll. Dient beispielsweise die Versicherungsleistung dazu, eigene Verbindlichkeiten des Zedenten gegenüber dem Zessionar zu tilgen, bleibt der Zedent Steuerpflichtiger. Typischerweise werden durch die Versicherungsleistung bei Eintritt des Sicherungsfalls bei einer Sicherungsabtretung oder bei Einziehung und Verwertung durch einen Pfandgläubiger eigene Verbindlichkeiten des Zedenten bzw. des Pfandschuldners getilgt, so dass regelmäßig der Zedent bzw. der Pfandschuldner Steuerpflichtiger der Erträge bleibt.

IX. Berechnung des Unterschiedsbetrags

54 Die Ermittlung des Ertrags nach § 20 Absatz 1 Nummer 6 EStG ist nur anzuwenden, wenn der Steuerpflichtige die Versicherung im Privatvermögen hält. Gehört der Versicherungsvertrag zu dem Betriebsvermögen des Steuerpflichtigen, sind die allgemeinen Gewinnermittlungsvorschriften anzuwenden. Für den Kapitalertragsteuerabzug gelten aber auch in diesen Fällen die Vorschriften für Versicherungen im Privatvermögen (vgl. Rzn. 84 ff.).

1. Versicherungsleistung

55 Versicherungsleistung ist grundsätzlich der Gesamtbetrag der zugeflossenen Geldleistungen (zur Übertragungsoption bei fondsgebundenen Lebensversicherungen siehe Rz. 34). In der Versicherungsleistung enthalten sind die angesammelten Sparanteile, die garantierte Verzinsung der Sparanteile und Überschüsse aus dem Kapitalanlage-, dem Risiko- und dem Kostenergebnis. Auszusondern sind die Überschussanteile und sonstige Leistungen aus Nebenrisiken (vgl. Rz. 38).

2. Summe der entrichteten Beiträge

56 Versicherungsbeiträge (Prämien) sind die aufgrund des Versicherungsvertrages erbrachten Geldleistungen. Hierzu gehören auch die Ausfertigungsgebühr, Abschlussgebühr und die Versicherungsteuer. Provisionen, die der Versicherungsvermittler von der Versicherungsgesellschaft erhält und die dieser an den Steuerpflichtigen weiterleitet, oder Provisionen, die der Steuerpflichtige unmittelbar von der Versicherungsgesellschaft erhält (sog. Eigenprovisionen), mindern die Summe der entrichteten Beiträge (BFH-Urteil vom 2. März 2004, BStBl II 2004, 506)[1]. Eine Vermittlungsprovision, die vom Versicherungsnehmer aufgrund eines gesonderten Vertrages an einen Versicherungsvermittler erbracht wird, ist bei der Berechnung des Unterschiedsbetrags ertragsmindernd anzusetzen. Für Zwecke der Kapitalertragsteuer ist es erforderlich, dass der Steuerpflichtige die Zahlung der Provision an den Vermittler gegenüber dem Versicherungsunternehmen belegt.

57 Zur Höhe der entrichteten Beiträge in den Fällen der Beitragsverrechnung siehe Rzn. 45 und 46. Der beim Bonussystem (vgl. Rz. 16) für eine Erhöhung der Versicherungsleistung verwendete Überschussanteil stellt keinen entrichteten Beitrag dar.

58 Die im Beitrag enthaltenen Anteile zur Absicherung des charakteristischen Hauptrisikos (Todesfallrisiko bei einer Lebensversicherung, Unfallrisiko sowie das Risiko der Beitragsrückzahlung im Todesfall bei einer Unfallversicherung mit Beitragsrückzahlung) mindern den steuerpflichtigen Ertrag. Beitragsanteile, die das Versicherungsunternehmen aufgrund individueller oder pauschaler Kalkulation den Nebenrisiken (Rzn. 36 ff.)

---

[1] Ist die Eigenprovision Betriebseinnahme bei dem Versicherungsvertreter, ist die Summe der entrichteten Beiträge nicht zu mindern >H 4.7 (Eigenprovisionen).

Anhang 22a
Lebensversicherungen (Vertragsabschluss nach dem 31.12.2004)

zugeordnet hat, sind bei der Ermittlung des Unterschiedsbetrags nicht ertragsmindernd anzusetzen.

Für die Berechnung des Unterschiedsbetrags ist es grundsätzlich unerheblich, wer die Versicherungsbeiträge aufgewendet hat. Auch Beiträge, die nicht der Steuerpflichtige aufgewendet hat, mindern den steuerpflichtigen Ertrag.   59

3. Negativer Unterschiedsbetrag (Verlust)

Insbesondere in den Fällen eines frühzeitigen Rückkaufs (vgl. Rz. 49) des Versicherungsvertrags kann es zu einem negativen Unterschiedsbetrag kommen. Ist die Einkunftserzielungsabsicht zu überprüfen, ist vom hälftigen Unterschiedsbetrag als Ertrag auszugehen, wenn nach dem vereinbarten Versicherungsverlauf die Voraussetzungen des § 20 Absatz 1 Nummer 6 Satz 2 EStG erfüllt worden wären (vgl. BFH-Urteil vom 6. März 2003, BStBl II 2003, 702; zum Ansatz der Werbungskosten vgl. Rz. 81).   60

4. Teilleistungen[1])

Bei Teilleistungen (Teilauszahlungen, Auszahlungen in Form von wiederkehrenden Bezügen, die keine Rentenzahlung darstellen, sowie Barauszahlungen von laufenden Überschussanteilen) sind die anteilig entrichteten Beiträge von der Auszahlung in Abzug zu bringen. Die anteilig entrichteten Beiträge sind dabei wie folgt zu ermitteln: 61

$$\frac{\text{Versicherungsleistung} \times (\text{Summe der entrichteten Beiträge} - \text{bereits verbrauchte Beiträge})}{\text{Zeitwert der Versicherung zum Auszahlungszeitpunkt}}$$

Die hiernach ermittelten Beiträge sind höchstens in Höhe der Teilleistung anzusetzen. Die bereits für Teilleistungen verbrauchten Beiträge mindern die bei nachfolgenden Teilleistungen zu berücksichtigenden Beiträge. Bei der Ermittlung des Unterschiedsbetrags der letzten Teilleistung bzw. der Schlussleistung sind die noch nicht angesetzten Beiträge abzuziehen.

Beispiel 1: Teilauszahlung in der Ansparphase   62
Laufzeit 20 Jahre, nach 10 Jahren Teilauszahlung i. H. v. 5.000 €, geleistete Beiträge im Auszahlungszeitpunkt: 10.000 €, Zeitwert der Versicherung im Auszahlungszeitpunkt 15.000 €; Restauszahlung nach weiteren 10 Jahren i. H. v. 25.000 €, geleistete Beiträge insgesamt: 20.000 €

Lösung:
- Teilauszahlung i. H. v. 5.000 €

    anteilige Beiträge: $\frac{5.000 \times 10.000}{15.000} =$ 3.333,33 €

Versicherungsleistung:	5.000,00 €
./. anteilig geleistete Beiträge:	3.333,33 € (= 33 %)
Ertrag nach § 20 Absatz 1 Nummer 6 EStG	1.666,67 €

- Restauszahlung i. H. v. 25.000 €

Versicherungsleistung:	25.000,00 €
./. geleistete Beiträge (20.000 − 3.333,33)	16.666,67 €
Ertrag nach § 20 Absatz 1 Nummer 6 EStG	8.333,33 €

Kontrollrechnung:

Versicherungsleistung:	5.000,00 € + 25.000,00 € =	30.000,00 €
Summe der Beiträge:	3.333,33 € + 16.666,67 € =	20.000,00 €
Ertrag nach § 20 Absatz 1 Nummer 6 EStG:		10.000,00 €

---

[1]) zur Anwendung der Rz. 61-64 >BMF vom 18.06.2013 letzter Absatz, Anhang 22a II

Anhang 22a
I Lebensversicherungen (Vertragsabschluss nach dem 31.12.2004)

63 **Beispiel 2:** Auszahlung in Form eines wiederkehrenden Bezugs
Der Versicherungsvertrag sieht wiederkehrende Bezüge von jährlich 6.000 € für die Lebenszeit des Begünstigten, längstens jedoch für fünf Jahre vor. An Beiträgen wurden 12.000 € erbracht. Der Steuerpflichtige (männlich) hat zum Beginn der Auszahlung das 50. Lebensjahr vollendet.
Der nach den anerkannten Regeln der Versicherungsmathematik unter Berücksichtigung der geschlechtsspezifischen Sterbewahrscheinlichkeit ermittelte Zeitwert der Versicherung vor Auszahlung der jeweiligen Bezüge beträgt im

Jahr 01:	27.500
Jahr 02:	22.500
Jahr 03:	17.200
Jahr 04:	11.700
Jahr 05:	6.000.

Lösung:

– anteilige Beiträge im Jahr 01: $\dfrac{6.000 \times 12.000}{27.500} = 2.618{,}18\ €$

Versicherungsleistung:	6.000,00 €
./. anteilig geleistete Beiträge:	2.618,18 €
Ertrag nach § 20 Absatz 1 Nummer 6 EStG	3.381,82 €

– anteilige Beiträge im Jahr 02: $\dfrac{6.000 \times (12.000 - 2.618{,}18)}{22.500} = 2.501{,}82\ €$

Versicherungsleistung:	6.000,00 €
./. anteilig geleistete Beiträge:	2.501,82 €
Ertrag nach § 20 Absatz 1 Nummer 6 EStG	3.498,18 €

– Gesamtlösung:

Jahr	Versicherungsleistungen	anteilige Beiträge	Ertrag
01	6.000,00 €	2.618,18	3.381,82
02	6.000,00 €	2.501,82	3.498,18
03	6.000,00 €	2.400,00	3.600,00
04	6.000,00 €	2.297,44	3.702,56
05	6.000,00 €	2.182,56	3.817,44
Kontrollsumme	30.000,00 €	12.000,00	18.000,00

64 **Beispiel 3:** Teilkapitalauszahlung bei einer Rentenversicherung
Rentenversicherung mit Kapitalwahlrecht, Ansparphase 20 Jahre, gezahlte Beiträge insgesamt 20.000 €, Zeitwert der Versicherung zum Ende der Ansparphase: 30.000 €, Ausübung des Kapitalwahlrechts in Höhe von 15.000 €, Verrentung des Restkapitals führt zu einer monatlichen garantierten Rente von 100 €.

Lösung:

– Teilauszahlung in Höhe von 15.000 €:

anteilige Beiträge: $\dfrac{15.000 \times 20.000}{30.000} = 10.000\ €$

Versicherungsleistung	15.000 €
./. anteilig geleistete Beiträge	10.000 €
Ertrag nach § 20 Absatz 1 Nummer 6 EStG	5.000 €

– Rentenzahlung:

Jahresbetrag der Rente (ggf. zuzüglich Überschüsse)	1.200 €

zu versteuern nach § 22 Nummer 1 Satz 3 Buchstabe a Doppelbuchstabe bb EStG

Anhang 22a
Lebensversicherungen (Vertragsabschluss nach dem 31.12.2004)

5. Entgeltlicher Erwerb

Die Aufwendungen für den Erwerb des Anspruchs auf eine Versicherungsleistung sind Anschaffungskosten (siehe Rz. 80 und Rz. 81b). Diese Anschaffungskosten treten nach § 20 Absatz 1 Nummer 6 Satz 3 EStG an die Stelle der vor dem Erwerb entrichteten Beiträge und sind bei der Ermittlung des Unterschiedsbetrags steuermindernd anzusetzen. Diese Regelung ist ab dem Veranlagungszeitraum 2008 anzuwenden (§ 52 Absatz 1 EStG i. d. F. des Unternehmensteuerreformgesetz 2008 [BGBl. I S. 1912]). 64a

Bei einem entgeltlichen Erwerb eines vor dem 1. Januar 2005 abgeschlossenen Versicherungsvertrages ist die Steuerfreiheit der außerrechnungsmäßigen und rechnungsmäßigen Zinsen in der Regel ausgeschlossen (§ 20 Absatz 1 Nummer 6 Satz 3, i. V. m. § 10 Absatz 1 Nummer 2 Buchstabe b Satz 6, § 52 Absatz 36 Satz 4 und Satz 5 EStG jeweils in der am 31. Dezember 2004 geltenden Fassung[1])). Zur weiteren Erläuterung und den Ausnahmen siehe Rz. 4 des BMF-Schreibens vom 22. August 2002 (BStBl I 2002, S. 827). § 20 Absatz 1 Nummer 6 Satz 3 EStG ist bei der Ermittlung der zu versteuernden außerrechnungsmäßigen und rechnungsmäßigen Zinsen entsprechend anzuwenden. Das heißt, dass die bis zu dem Erwerbszeitpunkt angefallenen außerrechnungsmäßigen und rechnungsmäßigen Zinsen steuermindernd zu berücksichtigen sind. Als Nachweis für die Höhe der Zinsen im Erwerbszeitpunkt ist in der Regel eine Bescheinigung des Versicherungsunternehmens vorzulegen. 64b

IXa. Steuerfreistellung nach § 20 Absatz 1 Nummer 6 Satz 9 EStG[2])

Gemäß § 20 Absatz 1 Nummer 6 Satz 9 EStG sind bei fondsgebundenen Lebensversicherungen 15 % des Unterschiedsbetrages steuerfrei oder dürfen nicht bei der Ermittlung der Einkünfte abgezogen werden, soweit der Unterschiedsbetrag aus Investmenterträgen stammt. Die Steuerfreistellung wird gewährt, um die steuerliche Vorbelastung von Investmentfonds durch das Investmentsteuerreformgesetz vom 19. Juli 2016 (BGBl. I S. 1730, BStBl I S. 731) ab dem 1. Januar 2018 zu berücksichtigen. Die Steuerfreistellung greift nur, soweit Investmenterträge im Sinne des § 52 Absatz 28 Satz 21 EStG (Erträge aus Investmentfonds) Bestandteil des Unterschiedsbetrages nach § 20 Absatz 1 Nummer 6 Satz 1 EStG sind. Erträge aus konventionellen Anlagen oder aus Spezial-Investmentfonds fallen nicht in den Anwendungsbereich der Norm. Dies gilt auch für Erträge aus „internen Fonds" im Sinne des § 124 Absatz 2 Nummer 1 VAG, es sei denn, sie stammen nachweislich aus Investmentfonds. Werden die Sparanteile aus den Versicherungsbeiträgen nicht ausschließlich für die Erzielung von Investmenterträgen verwendet, muss der Anteil der Erträge aus Investmentfonds ermittelt werden. 64c

Bei Versicherungsverträgen, die nach dem 31. Dezember 2004 und vor dem 1. Januar 2018 abgeschlossen wurden (Bestandsverträge), umfasst die Steuerfreistellung nur die Investmenterträge, die auf den Zeitraum nach dem 31. Dezember 2017 entfallen. Die bis zum 31. Dezember 2017 entstandenen Investmenterträge werden von der pauschalen Freistellung nicht erfasst und müssen abgegrenzt werden. 64d

Bei der Ermittlung des steuerpflichtigen Ertrags aus dem Versicherungsvertrag werden nach § 20 Absatz 1 Nummer 6 Satz 1 EStG von der Versicherungsleistung im Erlebensfall die Summe der auf sie entrichteten Beiträge einschließlich der darin enthaltenen Kostenanteils (Abschluss-, Verwaltungs- und Vertriebskosten) abgezogen. Entsprechend muss für Zwecke des § 20 Absatz 1 Nummer 6 Satz 9 EStG 64e

---

[1]) Auszug aus dem EStG 2002 in der am 31.12.2004 geltenden Fassung, letztmals abgedruckt im Anhang 22 IV EStH 2020
[2]) Überschrift IXa. mit den Rz. 64c-64x eingefügt durch BMF vom 29.09.2017 (BStBl I S. 1314)

Anhang 22a
Lebensversicherungen (Vertragsabschluss nach dem 31.12.2004)

bei der Ermittlung der Erträge aus Investmentfonds der auf den nach dem 31. Dezember 2017 entfallende Kostenanteil aus dem Versicherungsvertrag berücksichtigt werden. Die zeitliche und sachliche Abgrenzung der anteilig auf Investmentfonds entfallenden Erträge unter Berücksichtigung zu verrechnender Kosten hat grundsätzlich auf Grundlage der tatsächlich aus der Anlage in Investmentfonds erzielten Erträge und Aufwendungen zu erfolgen (exakte Wertermittlung).

64f   Es wird nicht beanstandet, dass der steuerfreie Anteil am Unterschiedsbetrag nach § 20 Absatz 1 Nummer 6 Satz 9 EStG anstelle der exakten Wertermittlung pauschaliert ermittelt wird, wenn die auf Investmentfonds ab 1. Januar 2018 entfallenden Erträge sachgerecht abgegrenzt werden. Wird die pauschale Ermittlung des steuerfreien Anteils am Unterschiedsbetrag gewählt, ist die in Randziffer 64e bis 64x dargestellte Verfahrensweise zu befolgen.

Bei der zeitlichen und sachlichen Abgrenzung der Erträge ist zu unterscheiden zwischen

– Versicherungsverträgen mit ausschließlicher Anlage der Sparanteile in Investmentfonds und Vertragsabschluss nach dem 31. Dezember 2017 (vgl. nachfolgend die Ausführungen zu 1.) bzw. vor dem 1. Januar 2018 (vgl. nachfolgend die Ausführungen zu 3.)

– Versicherungsverträgen mit nur teilweiser Anlage der Sparanteile in Investmentfonds (sog. Hybridprodukte) und Vertragsabschluss nach dem 31. Dezember 2017 (vgl. nachfolgend die Ausführungen zu 2.) bzw. vor dem 1. Januar 2018 (vgl. nachfolgend die Ausführungen zu 4.).

1. **Steuerfreistellung bei ausschließlicher Anlage in Investmentfonds und Vertragsbeginn nach dem 31. Dezember 2017**

64g   Soweit bei fondsgebundenen Lebensversicherungen die Sparanteile aus den Versicherungsbeiträgen ausschließlich für die Anlage in Investmentfonds verwendet wurden, werden 15 % des Unterschiedsbetrages nach § 20 Absatz 1 Nummer 6 Satz 1 EStG von der Steuer freigestellt.

Beispiel 1:
Die Sparanteile eines fondsgebundenen Versicherungsvertrags werden ausschließlich in Investmentfonds angelegt. Der Versicherungsvertrag wird am 1. Februar 2018 abgeschlossen und kommt am 31. Januar 2048 zur Auszahlung.

Versicherungsleistung am 31. Januar 2048	100.000 €
./. Versicherungsbeiträge	50.000 €

Lösung:
Unterschiedsbetrag nach § 20 Absatz 1 Nummer 6 Satz 1 EStG:

Versicherungsleistung am 31. Januar 2048	100.000 €
./. Versicherungsbeiträge	<u>50.000 €</u>
	50.000 €
Teilfreistellung nach § 20 Absatz 1 Nummer 6 Satz 9 EStG $= \frac{15}{100} \times 50.000\ € =$	7.500 €
Steuerpflichtiger Unterschiedsbetrag gemäß § 20 Absatz 1 Nummer 6 Satz 1 EStG nach Teilfreistellung: (50.000 € ./. 7.500 € =)	42.500 €

Beispiel 2 (negative Teilfreistellung):
Die Sparanteile eines fondsgebundenen Versicherungsvertrags werden ausschließlich in Investmentfonds angelegt. Der Versicherungsvertrag wird am 1. Februar 2018 abgeschlossen und kommt am 31. Januar 2048 zur Auszahlung.

Versicherungsleistung am 31. Januar 2048	50.000 €
./. Versicherungsbeiträge	100.000 €

Anhang 22a
Lebensversicherungen (Vertragsabschluss nach dem 31.12.2004)

Lösung:
Unterschiedsbetrag nach § 20 Absatz 1 Nummer 6 Satz 1 EStG:

Versicherungsleistung am 31. Januar 2048	50.000 €
./. Versicherungsbeiträge	100.000 €
	− 50.000 €
Nicht abzugsfähiger Anteil nach § 20 Absatz 1 Nummer 6 Satz 9 EStG $= \frac{15}{100} \times -50.000\,€ =$	− 7.500 €
Steuerpflichtiger Unterschiedsbetrag gemäß § 20 Absatz 1 Nummer 6 Satz 1 EStG nach Teilfreistellung = − 50.000 € + 7.500 € =	− 42.500 €

2. Steuerfreistellung bei gemischter Anlage
   (Investmentfonds und konventionelle Anlage – Hybridprodukte)
   und Vertragsbeginn nach dem 31. Dezember 2017

Soweit die Sparanteile aus den Versicherungsbeiträgen nicht ausschließlich für die Anlage in Investmentfonds verwendet werden, sondern beispielsweise bei sog. „Hybridprodukten" teilweise in das konventionelle Sicherungsvermögen investiert wurden, kann die Steuerfreistellung nach § 20 Absatz 1 Nummer 6 Satz 9 EStG nicht auf den vollen Unterschiedsbetrag nach § 20 Absatz 1 Nummer 6 Satz 1 EStG gewährt werden. Vielmehr muss vor der Berechnung der Freistellung nach § 20 Absatz 1 Nummer 6 Satz 9 EStG der Anteil der Investmenterträge am Unterschiedsbetrag nach § 20 Absatz 1 Nummer 6 Satz 1 EStG ermittelt werden. Dazu müssen auch die anteilig auf das Fondsvermögen entfallenden Gesamtkosten aus dem Versicherungsvertrag (GKF – siehe auch Rz. 64l) zugeordnet werden. Die anteilig dem Fondsvermögen zuzuordnenden Gesamtkosten werden nach dem Gewicht bestimmt, das die Entwicklung des Fondsvermögens an der Wertentwicklung des Versicherungsvertrags insgesamt hat. Je höher die Wertentwicklung des Fondsvermögens für den Erfolg des gesamten Versicherungsvertrags ausschlaggebend ist, desto höher werden auch die dem Fondsvermögen zuzuordnenden Gesamtkosten angesetzt.

64h

a. Wertzuwachs des Versicherungsvertrags (WzV)

Der Wertzuwachs des Versicherungsvertrags (WzV) ist aus der Differenz zwischen der Versicherungsleistung (VL) und der für die Vermögensanlage verwendeten Einzahlungen (Sparanteile, Anlagebeträge aus zugeteilten Überschussanteilen) in den Versicherungsvertrag zu ermitteln. Der Wertzuwachs des Versicherungsvertrags bildet dabei die Wertentwicklung des für die Vermögensanlage zur Verfügung stehenden Kapitals aus dem Versicherungsvertrag ohne Berücksichtigung der auf den Vertrag entfallenden Kosten ab. Bei der Ermittlung des Unterschiedsbetrags nach § 20 Absatz 1 Nummer 6 Satz 1 EStG hingegen beinhalten die von der Versicherungsleistung abzusetzenden Beiträge die auf den Vertrag entfallenden Kosten. Der Wertzuwachs des Versicherungsvertrags übersteigt betragsmäßig stets den Unterschiedsbetrag nach § 20 Absatz 1 Nummer 6 Satz 1 EStG. Die dem versicherten Vertrag belasteten Kosten ergeben sich aus der Differenz zwischen dem Wertzuwachs des Versicherungsvertrags und dem Unterschiedsbetrag nach § 20 Absatz 1 Nummer 6 Satz 1 EStG.

64i

VL − Einzahlungen (Sparanteile, Anlagebeträge aus zugeteilten Überschussanteilen) = WzV

Beispiel 3:
Die Sparanteile eines fondsgebundenen Versicherungsvertrags werden ausschließlich in Investmentfonds angelegt. Der Versicherungsvertrag wird am 1. Februar 2018 abgeschlossen und kommt am 31. Januar 2048 zur Auszahlung.

64j

Anhang 22a
Lebensversicherungen (Vertragsabschluss nach dem 31.12.2004)

Versicherungsleistung am 31. Januar 2048	50.000 €
Sparanteile	20.000 €
Anlagebeträge aus zugeteilten Überschussanteilen	5.000 €

Lösung:
Wertzuwachs des Versicherungsvertrags:

Versicherungsleistung am 31. Januar 2048	50.000 €
./. Sparanteile	20.000 €
./. Anlagebeträge aus zugeteilten Überschussanteilen	5.000 €
	25.000 €

b. Wertzuwachs des Fondsvermögens (WzF)

64k Der Wertzuwachs des Fondsvermögens (WzF) errechnet sich aus der Differenz des für die Erbringung der Versicherungsleistung zur Verfügung stehenden Fondsvermögens und den für den Erwerb der Fondsanteile aufgewendeten Sparanteilen und sonstigen Zuflüssen (z. B. Anlagebeträge aus zugeteilten Überschussanteilen oder aus Umschichtungen zu Lasten des konventionellen Sicherungsvermögens in Investmentfonds). Während der Versicherungslaufzeit erfolgte Abflüsse zu Lasten des Fondsvermögens (z. B. Umschichtungen in das konventionelle Sicherungsvermögen) werden zur Ermittlung des während der Versicherungslaufzeit erzielten Wertzuwachses hinzugerechnet.

Fondsvermögen am Ende der Versicherungslaufzeit
+ Abflüsse aus dem Fondsvermögen
− Zuflüsse in das Fondsvermögen = WzF

c. Gesamtkosten des Versicherungsvertrags (GKV) und anteilig auf das Fondsvermögen zu verrechnende Gesamtkosten (GKF)

64l Die Gesamtkosten des Versicherungsvertrags sind aus der Differenz zwischen dem Wertzuwachs des Versicherungsvertrags (WzV) und dem Unterschiedsbetrag nach § 20 Absatz 1 Nummer 6 Satz 1 EStG zu ermitteln. Die Differenz zeigt die dem Versicherungsvertrag belasteten Gesamtkosten und entspricht dem Betrag, um den die Summe der Versicherungsbeiträge die für die Vermögensanlage verwendeten Beitragsteile übersteigt.

WzV − Unterschiedsbetrag nach § 20 Absatz 1 Nummer 6 Satz 1 EStG = GKV

Die anteilig dem Fondsvermögen zuzurechnenden Gesamtkosten (GKF) ergeben sich aus dem Anteil, den die Entwicklung des Fondsvermögens an der Wertentwicklung des gesamten Versicherungsvertrags hat. Das Gewicht wird ermittelt, indem der betragsmäßige Wertzuwachs des Fondsvermögens zur Summe des betragsmäßigen Wertzuwachses des Fondsvermögens und der übrigen Kapitalanlagen zueinander ins Verhältnis gesetzt wird.

$$(\text{WzV} - \text{Unterschiedsbetrag nach § 20 Absatz 1 Nr. 6 Satz 1}) \times \frac{|\text{WzF}|}{|\text{WzV} - \text{WzF}| + |\text{WzF}|} = \text{GKF}$$

Nach Berechnung der anteiligen Gesamtkosten errechnet sich der nach § 20 Absatz 1 Nummer 6 Satz 9 EStG steuerfreie Teil der Erträge aus Investmentfonds wie folgt:

$$\frac{15}{100} \times (\text{WzF} - \text{GKF}) = \text{Steuerfreier Anteil}$$

Anhang 22a
Lebensversicherungen (Vertragsabschluss nach dem 31.12.2004)

Beispiel 4:
Eine als Hybridprodukt ausgestaltete Versicherung wird am 1. Februar 2018 abgeschlossen und kommt am 31. Januar 2048 zur Auszahlung. Zugeteilte Überschussanteile, die dem Versicherungsvertrag gutgeschrieben werden, liegen nicht vor. Am Ende der Versicherungslaufzeit ergeben sich folgende Eckwerte:

64m

Versicherungsleistung am 31. Januar 2048	44.550 €
Versicherungsbeiträge	30.000 €
Unterschiedsbetrag im Sinne des § 20 Absatz 1 Nummer 6 Satz 1 EStG	14.550 €
Sparanteile der Versicherungsbeiträge	27.850 €
Fondsvermögen am 31. Januar 2048	19.000 €
Für das Fondsvermögen verwendete Beiträge	9.500 €

Lösung:
Berechnung Wertzuwachs Fondsvermögen (WzF):

Fondsvermögen am 31. Januar 2048	19.000 €
./. für das Fondsvermögen verwendete Beiträge	9.500 €
	9.500 €

Berechnung Wertzuwachs Versicherungsvertrag (WzV):

Versicherungsleistung am 31. Januar 2048	44.550 €
./. Sparanteile	27.850 €
	16.700 €

Berechnung Gesamtkosten Versicherungsvertrag (GKV):

WzV	16.700 €
./. Unterschiedsbetrag nach § 20 Absatz 1 Nummer 6 Satz 1 EStG	14.550 €
	2.150 €

Dem Fondsvermögen zuzurechnender Anteil der Gesamtkosten (GKF):

$$\text{GKF} = 2.150\ € \text{ (GKV)} \times \frac{9.500\ € \text{ (I WzF I)}}{16.700\ € \text{ (I WzV − WzF I + I WzF I)}} = 1.223\ €$$

Teilfreistellung nach § 20 Absatz 1 Nummer 6 Satz 9 EStG:

$$\frac{15}{100} \times (9.500\ € - 1.223\ €) = 1.242\ €$$

Steuerpflichtiger Unterschiedsbetrag gemäß § 20 Absatz 1 Nummer 6 Satz 1 EStG nach Teilfreistellung:

44.500 € − 30.000 € − 1.242 € =   13.308 €

Beispiel 5 (negative Teilfreistellung):
Eine als Hybridprodukt ausgestaltete Versicherung wird am 1. Februar 2018 abgeschlossen und kommt am 31. Januar 2048 zur Auszahlung. Zugeteilte Überschussanteile, die dem Versicherungsvertrag gutgeschrieben werden, liegen nicht vor. Am Ende der Versicherungslaufzeit ergeben sich folgende Eckwerte:

64n

Versicherungsleistung am 31. Januar 2048	35.000 €
Versicherungsbeiträge	30.000 €
Unterschiedsbetrag im Sinne des § 20 Absatz 1 Nummer 6 EStG	5.000 €
Sparanteile der Versicherungsbeiträge	26.850 €
Fondsvermögen am 31. Januar 2048	17.000 €
Für das Fondsvermögen verwendete Beiträge	19.000 €

Anhang 22a
Lebensversicherungen (Vertragsabschluss nach dem 31.12.2004)

Lösung:
Berechnung Wertzuwachs Fondsvermögen (WzF):

Fondsvermögen am 31. Januar 2048	17.000 €
./. für das Fondsvermögen verwendete Beiträge	19.000 €
	– 2.000 €

Berechnung Wertzuwachs Versicherungsvertrag (WzV):

Versicherungsleistung am 31. Januar 2048	35.000 €
./. Sparanteile	26.850 €
	8.150 €

Berechnung Gesamtkosten Versicherungsvertrag (GKV):

WzV	8.150 €
./. Unterschiedsbetrag nach § 20 Absatz 1 Nummer 6 Satz 1 EStG	5.000 €
	3.150 €

Dem Fondsvermögen zuzurechnender Anteil der Gesamtkosten (GKF):

$$\text{GKF} = 3.150 \text{ € (GKV)} \times \frac{2.000 \text{ € (I WzF I)}}{2.000 \text{ € + 10.150 € (I WzF I + I WzV – WzF I)}} = 519 \text{ €}$$

Nicht abzugsfähiger Anteil nach § 20 Absatz 1 Nummer 6 Satz 9 EStG:

$$\frac{15}{100} \times (– 2.000 \text{ €} – 519 \text{ €}) = – 378 \text{ €}$$

Steuerpflichtiger Unterschiedsbetrag gemäß § 20 Absatz 1 Nummer 6 Satz 1 EStG nach Teilfreistellung:

35.500 € – 30.000 € + 378 € =	5.378 €

3. Steuerfreistellung bei ausschließlicher Anlage in Investmentfonds und Vertragsbeginn vor dem 1. Januar 2018

64o Werden bei Bestandsverträgen die Sparanteile vollständig in Investmentfonds angelegt, ist der anteilig auf den Zeitraum nach dem 1. Januar 2018 erzielte Wertzuwachs vom Wertzuwachs des den Zeitraum vor dem 1. Januar 2018 betreffenden Vertragsteils abzugrenzen, da auch nur insoweit eine Teilfreistellung nach § 20 Absatz 1 Nummer 6 Satz 9 EStG vorzunehmen ist.

Beispiel 6:

64p Die Sparanteile eines fondsgebundenen Versicherungsvertrags werden ausschließlich in Investmentfonds angelegt. Der Versicherungsvertrag wurde am 1. Februar 2010 abgeschlossen und kommt am 31. Januar 2040 zur Auszahlung. Zugeteilte Überschussanteile, die dem Versicherungsvertrag gutgeschrieben werden, liegen nicht vor.

Versicherungsleistung am 31. Januar 2040	55.000 €
Versicherungsbeiträge	36.000 €
Unterschiedsbetrag nach § 20 Absatz 1 Nummer 6 Satz 1 EStG	19.000 €
Vertragswert am 31. Dezember 2017	11.000 €
Versicherungsbeiträge bis 31. Dezember 2017	10.000 €

Lösung:
Auf den Zeitraum ab 1. Januar 2018 aus dem Investmentfonds erzielter Wertzuwachs:

Versicherungsleistung am 31. Januar 2040	55.000 €
./. Versicherungsbeiträge ab 1. Januar 2018 (36.000 € ./. 10.000 €)	26.000 €
./. Vertragswert zum 31. Dezember 2017	11.000 €
	18.000 €

Anhang 22a
Lebensversicherungen (Vertragsabschluss nach dem 31.12.2004)   I

Steuerfreier Anteil nach § 20 Absatz 1 Nummer 6 Satz 9 EStG = $\frac{15}{100}$ x 18.000 € = 2.700 €

Steuerpflichtiger Unterschiedsbetrag gemäß § 20 Absatz 1 Nummer 6 Satz 1 EStG nach Teilfreistellung = 19.000 € – 2.700 € =   16.300 €

4. Steuerfreistellung bei gemischter Anlage (Investmentfonds und konventionelle Anlage – Hybridprodukte) und Vertragsbeginn vor dem 1. Januar 2018 (Bestandsverträge)

Zur Berechnung des steuerfreien Unterschiedsbetrages bei Bestandsverträgen in Form der sog. Hybridprodukte muss zusätzlich zur Abgrenzung der Erträge, die auf den Zeitraum nach dem 31. Dezember 2017 entfallen, eine Ermittlung des Anteils der Erträge aus Investmentfonds an den Gesamterträgen der Versicherung erfolgen. Korrespondierend sind auch die Kosten auf den nach dem 31. Januar 2017 auf Investmentfonds entfallenden Anteil abzugrenzen. 64q

Der steuerfreie Unterschiedsbetrag ist entsprechend der Vorgehensweise zur Abgrenzung der Investmenterträge bei Hybridprodukten mit Vertragsabschluss nach dem 31. Dezember 2017 zu ermitteln. 64r

Die Teilfreistellung nach § 20 Absatz 1 Nummer 6 Satz 9 EStG errechnet sich wie folgt:

a. Unterschiedsbeträge nach § 20 Absatz 1 Nummer 6 Satz 1 EStG: 64s

Versicherungsleistung
./. Beiträge
= Unterschiedsbetrag nach § 20 Absatz 1 Nummer 6 Satz 1 EStG
Vertragswert$_{31.\ Dezember\ 2017}$
./. Beiträge$_{bis\ 31.\ Dezember\ 2017}$
= Unterschiedsbetrag nach § 20 Absatz 1 Nummer 6 Satz 1 EStG$_{31.\ Dezember\ 2017}$
Unterschiedsbetrag nach § 20 Absatz 1 Nummer 6 Satz 1 EStG
./. Unterschiedsbetrag nach § 20 Absatz 1 Nummer 6 Satz 1 EStG$_{31.\ Dezember\ 2017}$
= Unterschiedsbetrag nach § 20 Absatz 1 Nummer 6 Satz 1 EStG$_{ab\ 1.\ Januar\ 2018}$

b. Wertzuwachs des Versicherungsvertrags ab 1. Januar 2018 (WzV2018): 64t

Versicherungsleistung
./. Sparanteile$_{ab\ 1.\ Januar\ 2018}$
./. Überschussanteile$_{ab\ 1.\ Januar\ 2018}$
./. Vertragswert$_{31.\ Dezember\ 2017}$
= WzV_{2018}

c. Wertzuwachs Fondsvermögen ab 1. Januar 2018 (WzF2018): 64u

Der Wertzuwachs des Fondsvermögens ab 1. Januar 2018 (WzF_{2018}) errechnet sich aus dem für die Erbringung der Versicherungsleistung zur Verfügung stehenden Fondsvermögens abzüglich der ab dem 1. Januar 2018 für den Erwerb der Investmentanteile verwendeten Mittel aus Sparanteilen, sonstigen Zuflüssen zum Erwerb von Investmentanteilen (z. B. aus Anlagebeiträgen aus zugeteilten Überschussanteilen oder aus Umschichtungen zu Lasten des konventionellen Sicherungsvermögens in Investmentfonds) und des Fondsvermögens zum 31. Dezem-

Anhang 22a
I Lebensversicherungen (Vertragsabschluss nach dem 31.12.2004)

ber 2017. Ab dem 1. Januar 2018 erfolgte Abflüsse zu Lasten des Fondsvermögens (z. B. aus Umschichtungen vom Fondsvermögen in das konventionelle Sicherungsvermögen) werden hinzugerechnet.

Fondsvermögen am Ende der Versicherungslaufzeit
+ Abflüsse aus dem Fondsvermögen$_{\text{ab 1. Januar 2018}}$
− Zuflüsse in das Fondsvermögen$_{\text{ab 1. Januar 2018}}$
− Fondsvermögen$_{\text{31. Dezember 2017}}$
= WzF$_{2018}$

64v d. **Gesamtkosten Versicherungsvertrag ab 1. Januar 2018 (GKV2018):**

Die Gesamtkosten des Versicherungsvertrags (GKV) sind aus der Differenz zwischen dem Wertzuwachs des Versicherungsvertrags (WzV), der auf den Zeitraum ab dem 1. Januar 2018 entfällt, und dem Unterschiedsbetrag nach § 20 Absatz 1 Nummer 6 Satz 1 EStG, der auf den Zeitraum ab dem 1. Januar 2018 entfällt, zu ermitteln. Der auf den Zeitraum nach dem 1. Januar 2018 entfallende Unterschiedsbetrag nach § 20 Absatz 1 Nummer 6 Satz 1 EStG ist aus der Differenz zwischen dem Unterschiedsbetrag des Versicherungsvertrags nach § 20 Absatz 1 Nummer 6 Satz 1 EStG und dem auf den 31. Dezember 2017 errechneten Unterschiedsbetrag nach § 20 Absatz 1 Nummer 6 Satz 1 EStG zu ermitteln.

GKV$_{2018}$ = WzV$_{2018}$ − (Unterschiedsbetrag nach § 20 Absatz 1 Nummer 6 Satz 1 EStG
− Unterschiedsbetrag nach § 20 Absatz 1 Nummer 6 Satz 1 EStG$_{\text{31. Dezember 2017}}$)

64w e. **Anteilig auf das Fondsvermögen zu verrechnende Gesamtkosten ab 1. Januar 2018 (GKF$_{2018}$):**

Die anteilig auf das Fondsvermögen zu verrechnenden Kosten ab dem 1. Januar 2018 (GKF$_{2018}$) ergeben sich analog Rz 64l.

$$\text{GKF}_{2018} = \text{GKV}_{2018} \times \frac{|\text{WzF}_{2018}|}{|\text{WzF}_{2018}| + |\text{WzV}_{2018} - \text{WzF}_{2018}|}$$

Teilfreistellung nach § 20 Absatz 1 Nummer 6 Satz 9 EStG: $= \frac{15}{100} \times (\text{WzF}_{2018} - \text{GKF}_{2018})$

64x **Beispiel 7:**
Die Sparanteile eines fondsgebundenen Versicherungsvertrags werden in Investmentfonds und sonstige Kapitalanlagen angelegt (Hybridprodukt). Der Versicherungsvertrag wird am 1. Februar 2010 abgeschlossen und kommt am 31. Dezember 2029 zur Auszahlung. Zugeteilte Überschussanteile, die dem Vertrag gutgeschrieben werden, liegen nicht vor.

Versicherungsleistung am 31. Dezember 2029	44.500 €
Versicherungsbeiträge	30.000 €
Sparanteile ab 1. Januar 2018	18.000 €
Vertragswert am 31. Dezember 2017	12.000 €
Versicherungsbeiträge bis zum 31. Dezember 2017	10.000 €
Fondsvermögen am 31. Dezember 2029	20.000 €
Abflüsse aus dem Fondsvermögen ab dem 1. Januar 2018	1.000 €
Zuflüsse in das Fondsvermögen ab dem 1. Januar 2018	10.000 €
Fondsvermögen am 31. Dezember 2017	4.000 €

Anhang 22a
Lebensversicherungen (Vertragsabschluss nach dem 31.12.2004) I

Lösung:
Unterschiedsbetrag nach § 20 Absatz 1 Nummer 6 Satz 1 EStG:

Versicherungsleistung am 31. Dezember 2029	44.500 €
./. Versicherungsbeiträge	30.000 €
	14.500 €

Unterschiedsbetrag nach § 20 Absatz 1 Nummer 6 Satz 1 EStG am 31. Dezember 2017:

Vertragswert am 31. Dezember 2017	12.000 €
./. Beiträge bis zum 31. Dezember 2017	10.000 €
	2.000 €

Wertzuwachs des Versicherungsvertrags ab dem 1. Januar 2018 (WzV_{2018}):

Versicherungsleistung am 31. Dezember 2029	44.500 €
./. Sparanteile ab dem 1. Januar 2018	18.000 €
./. Vertragswert am 31. Dezember 2017	12.000 €
	14.500 €

Wertzuwachs Fondsvermögen (WzF_{2018}):

Fondsvermögen am 31. Dezember 2029	20.000 €
+ Abflüsse aus dem Fondsvermögen ab dem 1. Januar 2018	1.000 €
./. Zuflüsse in das Fondsvermögen ab dem 1. Januar 2018	10.000 €
./. Fondsvermögen am 31. Dezember 2017	4.000 €
	7.000 €

Gesamtkosten des Versicherungsvertrags ab dem 1. Januar 2018:

$GKV_{2018} = WzV_{2018}$ − (Unterschiedsbetrag nach § 20 Absatz 1 Nummer 6 Satz 1 EStG − Unterschiedsbetrag nach § 20 Absatz 1 Nummer 6 Satz 1 $EStG_{31.\,Dezember\,2017}$)

GKV_{2018} = 14.500 € − (14.500 € − 2.000 €) = 2.000 €

Auf die Fondsanlage zu verrechnender Anteil der Gesamtkosten ab 1. Januar 2018 (GKF_{2018}):

$$GKF_{2018} = GKV_{2018} \times \frac{|\,WzF_{2018}\,|}{|\,WzF_{2018}\,| + |\,WzV_{2018} - WzF_{2018}\,|}$$

$$GKF_{2018} = 2.000\ € \times \frac{7.000\ €}{14.500\ €} = 966\ €$$

Teilfreistellung nach § 20 Absatz 1 Nummer 6 Satz 9 EStG: $\frac{15}{100} \times$ (7.000 € − 966 €) = 905 €

Steuerpflichtiger Unterschiedsbetrag gemäß § 20 Absatz 1 Nummer 6 Satz 1 EStG nach Teilfreistellung:

44.500 € − 30.000 € − 905 € = 13.595 €

X. Hälftiger Unterschiedsbetrag

Wird die Versicherungsleistung nach Vollendung des 60. Lebensjahres des Steuerpflichtigen und nach Ablauf von zwölf Jahren seit dem Vertragsabschluss ausgezahlt, ist die Hälfte des Unterschiedsbetrags anzusetzen. **Bei Verträgen, die nach dem 31. Dezember 2011 abgeschlossen werden, ist die Vollendung des 62. Lebensjahres des Steuerpflichtigen erforderlich (§ 52 Absatz 36 Satz 9 EStG[1]).**

---

[1]) jetzt § 52 Abs. 28 Satz 7

Anhang 22a
I Lebensversicherungen (Vertragsabschluss nach dem 31.12.2004)

1. Beginn der Mindestvertragsdauer

66 Für den Beginn der Mindestvertragsdauer bestehen aus Vereinfachungsgründen keine Bedenken, als Zeitpunkt des Vertragsabschlusses den im Versicherungsschein bezeichneten Tag des Versicherungsbeginns gelten zu lassen, wenn innerhalb von drei Monaten nach diesem Tag der Versicherungsschein ausgestellt und der erste Beitrag gezahlt wird; ist die Frist von drei Monaten überschritten, tritt an die Stelle des im Versicherungsschein bezeichneten Tages des Versicherungsbeginns der Tag der Zahlung des ersten Beitrages.

2. Neubeginn aufgrund von Vertragsänderungen

67 Werden wesentliche Vertragsmerkmale einer Versicherung im Sinne des § 20 Absatz 1 Nummer 6 EStG (Versicherungslaufzeit, Versicherungssumme, Beitragshöhe, Beitragszahlungsdauer, vgl. BFH vom 9. Mai 1974, BStBl II S. 633) geändert, führt dies nach Maßgabe der nachfolgenden Regelungen zu einem Neubeginn der Mindestvertragsdauer. Bei einer Änderung der Person des Versicherungsnehmers ist steuerrechtlich grundsätzlich nicht von einem neuen Vertrag auszugehen.

a. Bei Vertragsabschluss vereinbarte künftige Vertragsänderungen

68 Vertragsanpassungen, die bereits bei Vertragsabschluss vereinbart worden sind, sowie hinreichend bestimmte Optionen zur Änderung des Vertrages führen vorbehaltlich der Grenzen des Gestaltungsmissbrauchs nicht zu einem Neubeginn der Mindestvertragsdauer.

b. Nachträglich vereinbarte Vertragsänderungen

69 Werden ausschließlich wesentliche Vertragsbestandteile vermindert bzw. gesenkt (z. B. Verkürzung der Laufzeit oder der Beitragszahlungsdauer, niedrigere Beitragszahlungen oder Versicherungssumme), so gilt steuerrechtlich der geänderte Vertrag als „alter Vertrag", der unverändert fortgeführt wird.

70 Nachträglich vereinbarte Änderungen der Versicherungslaufzeit oder der Beitragszahlungsdauer bleiben für die Beurteilung der Mindestvertragsdauer außer Betracht, soweit nicht die Gesamtvertragsdauer von zwölf Jahren unterschritten wird (z. B. nachträgliche Verlängerung der Versicherungslaufzeit und/oder der Beitragszahlungsdauer bei gleich bleibender Versicherungssumme aufgrund reduzierten Beitrags).

71 Nachträglich vereinbarte Beitragserhöhungen und Erhöhungen der Versicherungssumme gelten steuerlich im Umfang der Erhöhung als gesonderter neuer Vertrag, für den die Mindestvertragsdauer ab dem vereinbarten Erhöhungszeitpunkt neu zu laufen beginnt.

Im Hinblick auf die gesetzliche Anhebung des Rentenalters von 65 auf 67 Jahre gilt Folgendes[1]**:**

Die Verlängerung der Laufzeit eines Vertrages, der bisher einen Auszahlungszeitpunkt im 65. oder 66. Lebensjahr zum Inhalt hatte, führt nicht zu einer nachträglichen Vertragsänderung, wenn die Verlängerung einen Zeitraum von höchstens zwei Jahren umfasst. Eine entsprechende Verlängerung der Beitragszahlungsdauer ist zulässig. Eine solche Verlängerung der Laufzeit bzw. der Beitragszahlungsdauer infolge der Anhebung der Altersgrenze kann nur einmalig vorgenommen werden.

---

[1] Rz. 71 ergänzt durch BMF vom 06.03.2012 (BStBl I S. 238)

Anhang 22a
Lebensversicherungen (Vertragsabschluss nach dem 31.12.2004)

c. Zahlungsschwierigkeiten

Wurden Versicherungsbeiträge oder die Versicherungssumme wegen Zahlungsschwierigkeiten des Versicherungsnehmers insbesondere wegen Arbeitslosigkeit, Kurzarbeit oder Arbeitsplatzwechsels gemindert oder die Beiträge ganz oder teilweise befristet gestundet, so kann der Versicherungsnehmer innerhalb einer Frist von in der Regel drei Jahren eine Wiederherstellung des alten Versicherungsschutzes bis zur Höhe der ursprünglich vereinbarten Versicherungssumme verlangen und die Beitragsrückstände nachentrichten. Die nachentrichteten Beiträge werden als auf Grund des ursprünglichen Vertrages geleistet angesehen. — 72

Konnte der Versicherungsnehmer wegen Zahlungsschwierigkeiten, insbesondere aufgrund von Arbeitslosigkeit, Kurzarbeit oder Arbeitsplatzwechsel die vereinbarten Beiträge nicht mehr aufbringen und nach Behebung seiner finanziellen Schwierigkeiten die fehlenden Beiträge nicht nachentrichten, so kann der Versicherungsnehmer innerhalb von in der Regel bis zu drei Jahren eine Wiederherstellung des alten Versicherungsschutzes bis zur Höhe der ursprünglich vereinbarten Versicherungssumme verlangen. Maßnahmen zur Schließung der Beitragslücke (z. B. Anhebung der künftigen Beiträge, Leistungsherabsetzung, Verlegung von Beginn- und Ablauftermin) führen nicht zu einem Neubeginn der Mindestvertragsdauer. — 73

d. Fortsetzung einer während der Elternzeit beitragsfrei gestellten Lebensversicherung

Die Regelungen in den Rzn. 72 und 73 sind entsprechend anzuwenden, wenn eine Lebensversicherung während der Elternzeit im Sinne des Bundeselterngeld- und Elternzeitgesetzes beitragsfrei gestellt wurde und innerhalb von drei Monaten nach Beendigung der Elternzeit zu den vor der Umwandlung vereinbarten Bedingungen fortgeführt wird. — 73a

e. Umwandlung einer Kapital-Lebensversicherung in eine nach § 851c ZPO unter Pfändungsschutz stehende Rentenversicherung

Eine vor dem 1. Januar 2010 vollzogene Umwandlung einer Kapital-Lebensversicherung in eine Rentenversicherung, die die in § 10 Absatz 1 Nummer 2 Buchstabe b EStG[1]) genannten Voraussetzungen nicht erfüllt, die jedoch den Voraussetzungen des § 851c Absatz 1 ZPO entspricht, wird aus Billigkeitsgründen nicht als steuerschädliche Vertragsänderung betrachtet. Hiervon ausgenommen sind vor dem 1. Januar 2005 abgeschlossene Versicherungsverträge, wenn bei vertragsgemäßer Fortsetzung bis zum vereinbarten Ablaufzeitpunkt die rechnungsmäßigen und außerrechnungsmäßigen Zinsen nach § 20 Absatz 1 Nummer 6 Satz 1 EStG in der am 31. Dezember 2004 geltenden Fassung[2]) der Besteuerung unterlegen hätten und Lebensversicherungsverträge, die nach dem 30. März 2007 abgeschlossen wurden. Zu den Rechtsfolgen einer Umwandlung eines Kapital-Lebensversicherungsvertrags in einen Rentenversicherungsvertrag im Sinne des § 10 Absatz 1 Nummer 2 Buchstabe b EStG (Basisrente) siehe Rz. 104 des BMF-Schreibens vom 30. Januar 2008 (BStBl I S. 390)[3]). — 73b

Nach der Umwandlung geleistete Versicherungsbeiträge können als sonstige Vorsorgeaufwendungen berücksichtigt werden, wenn der Beginn des Versicherungsvertrages vor dem 1. Januar 2005 lag und ein Versicherungsbeitrag vor diesem Zeitpunkt geleistet wurde. Aus Billigkeitsgründen sind für die Frage des Versiche- — 73c

---

[1]) jetzt § 10 Abs. 1 Nr. 2 Buchst. b Doppelbuchst. aa
[2]) Auszug aus dem EStG 2002 in der am 31.12.2004 geltenden Fassung, letztmals abgedruckt im Anhang 22 IV EStH 2020
[3]) jetzt BMF vom 19.08.2013 (BStBl I S. 1087), Rz. 209, **Anhang 3 II LStH**

Anhang 22a
I Lebensversicherungen (Vertragsabschluss nach dem 31.12.2004)

rungsbeginns und der ersten Beitragsleistung (§ 10 Absatz 1 Nummer 3 Buchstabe b EStG[1])) der ursprüngliche Kapital-Lebensversicherungsvertrag und der Rentenversicherungsvertrag als Einheit anzusehen. Die aus dem umgewandelten Vertrag angerechnete Versicherungsleistung kann nicht als Sonderausgabe berücksichtigt werden.

73d **Beispiel:**
Unternehmer A hat in 2007 eine Kapital-Lebensversicherung vor dem 30. März 2007 abgeschlossen, die nach Ablauf der Versicherungslaufzeit eine Erlebensfall-Leistung in Form einer Kapitalauszahlung vorsieht (steuerpflichtig nach § 20 Absatz 1 Nummer 6 EStG). Im Jahre 2008 macht er von seinem Umwandlungsrecht nach § 173 VVG[2]) Gebrauch und stellt die Kapital-Lebensversicherung auf einen privaten Rentenversicherungsvertrag um, der im Todesfall während der Ansparphase eine Todesfall-Leistung in Form einer Beitragsrückgewähr vorsieht, die seine Erben erhalten sollen.

73e **Die Regelung in Rz. 58 des BMF-Schreibens vom 22. August 2002 (BStBl I 2002, S. 827), dass die Umstellung einer Kapital-Lebensversicherung in einen Vertrag im Sinne des Altersvorsorgeverträge-Zertifizierungsgesetzes keine steuerschädliche Vertragsänderung darstellt, ist auf nach dem 31. Dezember 2004 abgeschlossene Versicherungsverträge nicht anzuwenden** (vgl. Rz. 90).

3. Policendarlehen

74 Dienen die Ansprüche aus dem Versicherungsvertrag der Tilgung oder Sicherung eines Darlehens, so steht dies der Anwendung des § 20 Absatz 1 Nummer 6 Satz 2 EStG (Ansatz des hälftigen Unterschiedsbetrag) nicht entgegen. **Zur Abgrenzung zwischen Policendarlehen und steuerpflichtigen Versicherungsleistungen siehe Rz. 41a.**

4. Teilleistungen teilweise vor dem 60. Lebensjahr und teilweise danach

75 Werden mehrere Versicherungsleistungen zu unterschiedlichen Zeitpunkten ausgekehrt (z. B. bei Teilauszahlungen und Barauszahlungen von laufenden Überschussanteilen), ist jeweils gesondert zu prüfen, ob § 20 Absatz 1 Nummer 6 Satz 2 EStG zur Anwendung kommt. Die anteilig entrichteten Beiträge sind zu berücksichtigen.

76 **Beispiel:**
Laufzeit 20 Jahre, nach 10 Jahren Teilauszahlung i. H. v. 5.000 €, vollendetes Lebensalter des Steuerpflichtigen im Zeitpunkt der Teilauszahlung 55 Jahre, geleistete Beiträge zum Auszahlungszeitpunkt: 10.000 €, Zeitwert der Versicherung zum Auszahlungszeitpunkt 15.000 €; Restauszahlung nach weiteren 10 Jahren i. H. v. 25.000 € geleistete Beiträge insgesamt 20.000 €.

Lösung:
– Teilauszahlung i. H. v. 5.000 € (Laufzeit 10 Jahre Alter 55)

Versicherungsleistung:	5.000,00 €
./. anteilig geleistete Beiträge: (5.000 : 15.000 x 10.000)	3.333,33 € (= 33 %)
Ertrag nach § 20 Absatz 1 Nummer 6 Satz 1 EStG	1.666,67 €

– Restauszahlung i. H. v. 25.000 € (Laufzeit 20 Jahre Alter 65)

Versicherungsleistung:	25.000,00 €
./. geleistete Beiträge (20.000 – 3.333,33)	16.666,67 €
Ertrag nach § 20 Absatz 1 Nummer 6 Satz 1 EStG	8.333,33 €
Davon anzusetzen nach § 20 Absatz 1 Nummer 6 Satz 2 EStG	4.166,67 €

---

[1]) jetzt § 10 Abs. 1 Nr. 3a Teilsätze 3 und 4
[2]) jetzt § 167 VVG

Anhang 22a
Lebensversicherungen (Vertragsabschluss nach dem 31.12.2004)

5. Hälftiger Unterschiedsbetrag bei Kapitalversicherungen auf verbundene Leben

Sofern bei einer Kapitalversicherung auf verbundene Leben (vgl. Rz. 28) die Versicherungsleistung mehreren Steuerpflichtigen gemeinschaftlich zufließt, ist bei jedem Beteiligten gesondert zu prüfen, inwieweit er in seiner Person den Tatbestand des § 20 Absatz 1 Nummer 6 Satz 1 bzw. Satz 2 EStG verwirklicht. Die Aufteilung der Erträge ist dabei nach Köpfen vorzunehmen, soweit kein abweichendes Verhältnis vereinbart ist. 77

Beispiel: 78
Ehemann A schließt als Versicherungsnehmer eine Kapitalversicherung mit Sparanteil auf verbundene Leben ab. Versicherte Personen sind Ehemann A und Ehefrau B. Beiden steht das unwiderrufliche Bezugsrecht gemeinschaftlich zu. Laufzeit der Versicherung 20 Jahre. Erlebensfall-Leistung 30.000 €, geleistete Beiträge 20.000 €. A hat zum Auszahlungszeitpunkt das 62., B das 58. Lebensjahr vollendet.

Lösung:

Versicherungsleistung:	30.000 €
./. geleistete Beiträge:	20.000 €
Zwischensumme:	10.000 €
Auf Ehemann A entfallen 50 % = 5.000 €	
Davon anzusetzen nach § 20 Absatz 1 Nummer 6 Satz 2 EStG	2.500 €
Auf Ehefrau B entfallen 50 % = 5.000 €	
Davon anzusetzen nach § 20 Absatz 1 Nummer 6 Satz 1 EStG	5.000 €

6. Mindesttodesfallschutz

Durch § 20 Absatz 1 Nummer 6 Satz 6 EStG (in der Fassung des Artikels 1 des Gesetzes vom 19. Dezember 2008 [BGBl. I S. 2794] werden neue steuerliche Mindeststandards für die Anforderungen an die Risikoleistung aus einer Kapital-Lebensversicherung gesetzt. Sofern diese nicht erfüllt sind, ist die Steuerbegünstigung des Satzes 2 nicht anzuwenden, d. h. diese Verträge sind von einer nur hälftigen Versteuerung der Erträge ausgeschlossen. Die Neuregelung ist für alle Versicherungsverträge anzuwenden, die nach dem 31. März 2009 abgeschlossen werden oder bei denen die erstmalige Beitragsleistung nach dem 31. März 2009 erfolgt (§ 52 Absatz 36 Satz 11 EStG[1]). 78a

a. § 20 Absatz 1 Nummer 6 Satz 6 Buchstabe a EStG („50 %-Regel")

Buchstabe a des § 20 Absatz 1 Nummer 6 Satz 6 EStG (im Weiteren nur „Buchstabe a") betrifft Kapital-Lebensversicherungen mit einer vereinbarten laufenden Beitragszahlung bis zum Zeitpunkt des Erlebensfalls. Mindestens 50 % der über die gesamte Laufzeit zu zahlenden Beiträge werden als Mindesttodesfallschutz vorausgesetzt. Dies gilt nicht für Kapital-Lebensversicherungen, bei denen die Todesfallsumme mindestens der Erlebensfallsumme entspricht; bei diesen Verträgen ist die Festlegung eines Mindesttodesfallschutzes nicht erforderlich. 78b

Beitragserhöhungen

Eine „vereinbarte laufende Beitragszahlung in mindestens gleich bleibender Höhe" liegt auch bei vertraglich vereinbarten Beitragserhöhungen und vertraglich vereinbarten Optionsrechten im Sinne der Rz. 68 vor. Sie stehen der Anwendung des Mindestrisikoschutzes nach Buchstabe a nicht entgegen. Bei dynamischen Tarifen ist zu unterscheiden zwischen solchen, bei denen von vornherein Beitragserhöhungen zur Erlebensfall-Leistung fest vereinbart werden, und solchen, bei denen der Versicherungsnehmer zwar das Recht auf Erhöhung des Beitrags hat, 78c

---
[1]) jetzt § 52 Abs. 28 Satz 8

Anhang 22a
I Lebensversicherungen (Vertragsabschluss nach dem 31.12.2004)

eine Verpflichtung zur Beitragserhöhung aber nicht besteht. Für die Unterscheidung sind die im Versicherungsvertrag enthaltenen Vereinbarungen maßgebend. Beitragserhöhungen, die von vornherein vereinbart werden, sind bei der Bestimmung des Mindesttodesfallschutzes zu berücksichtigen. Künftige Beitragserhöhungen sind dagegen erst dann zu berücksichtigen, wenn die Erhöhung wirksam wird.

78d Sofern Beitragserhöhungen eine steuerlich relevante Vertragsänderung darstellen (z. B. nachträglich vereinbarte einmalige Zuzahlungen), sind die Voraussetzungen für den Mindesttodesfallschutz für den neuen Vertagsteil separat zu prüfen. Bei einmaligen nachträglichen Zuzahlungen, die eine steuerlich relevante Vertragsänderung darstellen, kommt in der Regel der Mindesttodesfallschutz nach Buchstabe b des § 20 Absatz 1 Nummer 6 Satz 6 EStG in Betracht.

Beitragsfreistellung/Beitragsherabsetzung

78e Ist die Beitragszahlungsdauer kürzer als die Versicherungsdauer kommt die Anwendung des Mindesttodesfallschutzes nach Buchstabe a grundsätzlich nicht in Betracht. Das Recht des Versicherungsnehmers jederzeit die Umwandlung der Versicherung in eine prämienfreie Versicherung zu verlangen (§ 165 VVG) schließt die Anwendbarkeit des Mindesttodesfallschutzes nach Buchstabe a jedoch nicht aus. Übt der Versicherungsnehmer dieses aus, reduziert sich der Mindesttodesfallschutz auf 50 % der sich nach der Beitragsfreistellung insgesamt für die Vertragsdauer ergebenden Beitragssumme. Entsprechendes gilt bei einer nachträglich vereinbarten Beitragsherabsetzung. Nach der Herabsetzung müssen die neuen laufenden Beiträge nach der Vereinbarung in mindestens gleich bleibender Höhe bis zum Zeitpunkt des Erlebensfalls vorgesehen werden.

Kapital-Lebensversicherungen mit mehreren Erlebensfallzahlungen während der Versicherungsdauer

78f Nach jeder Teilauszahlung ermäßigt sich der Mindesttodesfallschutz in dem Verhältnis, in dem die Teilauszahlungssumme zum aktuellen Rückkaufswert vor Abzug von Kosten steht.

Beispiel:
Vertraglich vereinbarte Beitragssumme 70.000 €; garantierte Erlebensfall-Leistung 100.000 €. Mindesttodesfallschutz: 35.000 €; Vertragsstand nach 20 Jahren: 90.000 € (Rückkaufswert). Teilauszahlung nach 20 Jahren i. H. v. 30.000 €.

Lösung:
Der Mindesttodesfallschutz ermäßigt sich im Verhältnis 30.000 zu 90.000 mithin um 1/3. Der Mindesttodesfallschutz beträgt nach der Teilauszahlung 23.333 € (35.000 € x 2/3).

Zuzahlungen zur Abkürzung der Versicherungsdauer

78g Zuzahlungen zur Abkürzung der Versicherungsdauer, bei denen der ursprünglich vereinbarte Beitrag nach erfolgter Zuzahlung in unveränderter Höhe weiterläuft, führen ebenfalls zu einer Neuberechnung des Mindesttodesfallschutzes, sofern die Zuzahlung keine steuerlich relevante Vertragsänderung darstellt (insbesondere bei gleichbleibender Versicherungssumme).

Beispiel:
Vertragsdauer 30 Jahre, Jahresbeitrag 3.000 €, Beitragssumme 90.000 €, Mindesttodesfallschutz 45.000 €, garantierte Erlebensfall-Leistung 120.000 €.
Zuzahlung im Jahr 10 i. H. v. 20.000 € führt zu einer neuen Vertragslaufzeit von 20 Jahren, Versicherungssumme bleibt unverändert.

Anhang 22a
Lebensversicherungen (Vertragsabschluss nach dem 31.12.2004)

Lösung:
Die Beitragssumme reduziert sich auf 80.000 € (20 Jahre x 3.000 € + 20.000 €). Der Mindesttodesfallschutz reduziert sich ab Zuzahlung entsprechend auf 40.000 € (80.000 € x 50 %).

Zusatzversicherungen
Beitragsanteile für Nebenrisiken, die nach Rz. 58 bei der Ermittlung des Unterschiedsbetrages nicht ertragsmindernd anzusetzen sind, bleiben bei der Bestimmung des Mindesttodesfallschutzes außer Betracht. 78h

Karenzzeit
Ein Ausschluss der Risikotragung in den ersten Jahren der Vertragslaufzeit ist bei der Prüfung des Mindesttodesfallschutzes nach Buchstabe a nicht zulässig. 78i

b. § 20 Absatz 1 Nummer 6 Satz 6 Buchstabe b EStG („10 %-Regel")
Buchstabe b des § 20 Absatz 1 Nummer 6 Satz 6 EStG (im Weiteren nur: „Buchstabe b") betrifft hauptsächlich Kapital-Lebensversicherungsverträge gegen Einmalbeitrag oder mit abgekürzter Beitragszahlungsdauer. Anstatt auf die Beitragssumme werden bei diesen Verträgen die Anforderungen an den Mindesttodesfallschutz auf das Deckungskapital, auf den Zeitwert des Vertrages oder auf die Summe der gezahlten Beiträge bezogen. Als ausreichend wird eine Todesfall-Leistung betrachtet, die das Deckungskapital oder den Zeitwert um mindestens zehn Prozent des Deckungskapitals, des Zeitwerts oder die Summe der gezahlten Beiträge übersteigt. 78j

Karenzzeit
Es ist zulässig, wenn der Mindesttodesfallschutz erst nach Ablauf von fünf Jahren nach Vertragsabschluss erbracht wird. Beitragserhöhungen führen nicht dazu, dass diese Frist erneut zu laufen beginnt. 78k

Absinken des Mindesttodesfallschutzes
Der Mindesttodesfallschutz nach Buchstabe b darf vom Zeitpunkt des Beginns des Versicherungsschutzes an bis zum Ende der Vertragslaufzeit in jährlich gleichen Schritten auf Null sinken (§ 20 Absatz 1 Nummer 6 Satz 6 Buchstabe b Satz 2 EStG). Bei der Vereinbarung einer Karenzzeit darf das gleichmäßige Absinken des Satzes von zehn Prozent erst nach Ablauf der vereinbarten Karenzzeit einsetzen. Diese Regelung zum Absinken des Versicherungsschutzes ist nicht auf Kapital-Lebensversicherungen mit lebenslangem Todesfallschutz (vgl. Rz. 30) anwendbar, da es an einem zeitlich bestimmten Laufzeitende fehlt. 78l

Beitragserhöhungen
Vertraglich vereinbarte Beitragserhöhungen, die keine steuerlich relevante Vertragsänderung darstellen, führen zu einer Erhöhung des Deckungskapitals bzw. des Zeitwertes und sind bei der Ermittlung des Mindesttodesfallschutzes zu berücksichtigen. § 20 Absatz 1 Nummer 6 Satz 6 Buchstabe b Satz 2 EStG ist dabei mit der Maßgabe anzuwenden, dass im Zeitpunkt der Beitragserhöhung weiterhin der sich zu diesem Zeitpunkt ergebende Prozentsatz maßgeblich ist. 78m

Soweit aufgrund einer Beitragserhöhung steuerlich ein neuer Vertrag vorliegt (z. B. bei einer nachträglich vereinbarten Beitragserhöhung) ist hinsichtlich des neuen Vertragsteils der Mindesttodesfallschutz einschließlich des Prozentsatzes nach § 20 Absatz 1 Nummer 6 Satz 6 Buchstabe b Satz 2 EStG neu zu ermitteln. 78n

Anhang 22a
Lebensversicherungen (Vertragsabschluss nach dem 31.12.2004)

c. Verhältnis zwischen den Regelungen zum Mindesttodesfallschutz

78o Der Versicherungsvertrag muss durchgehend entweder den Mindesttodesfallschutz nach Buchstabe a oder Buchstabe b des § 20 Absatz 1 Nummer 6 Satz 6 EStG erfüllen. Ein Wechsel zwischen den beiden Varianten ist während der Vertragslaufzeit nicht möglich. Wenn ein Versicherungsvertrag die Anforderungen in Buchstabe a und Buchstabe b dergestalt miteinander verbindet, dass bei Risikoeintritt jeweils die Variante anzuwenden sei, die zu einer niedrigeren Leistung führt, ist nicht von einem ausreichenden Mindesttodesfallschutz auszugehen. Es besteht jedoch ein ausreichender Todesfallschutz, wenn der Versicherungsvertrag bei Risikoeintritt die höhere Leistung nach den Anforderungen von Buchstabe a oder Buchstabe b bietet.

XI. Werbungskosten

79 Kosten, die durch den Versicherungsvertrag veranlasst sind, können als Werbungskosten abgezogen werden. Zur Behandlung einer Vermittlungsprovision, die der Versicherungsnehmer aufgrund eines gesonderten Vertrages an den Versicherungsvermittler zahlt, siehe Rz. 56. Abschlusskosten, die durch die Beitragsleistung bezahlt werden (insbesondere die Vermittlungsprovision, die das Versicherungsunternehmen an den Vermittler erbringt), sind keine Werbungskosten. **Die Werbungskosten sind auf den Sparer-Pauschbetrag beschränkt (Rz. 81a).**

80 Die Aufwendungen für den entgeltlichen Erwerb eines Versicherungsvertrages sind Anschaffungskosten und keine Werbungskosten (siehe Rz. 64a und Rz. 81b).

81 Auch bei hälftigem Unterschiedsbetrag besteht der volle Werbungskostenabzug. § 3c Absatz 1 EStG ist nicht anwendbar, da § 20 Absatz 1 Nummer 6 Satz 2 EStG keine Steuerbefreiung, sondern eine Sonderregelung zur Ermittlung des anzusetzenden Ertrags enthält.

81a Ab dem 1. Januar 2009 ist der Werbungskostenabzug nach § 20 Absatz 9 EStG ausschließlich durch den Sparer-Pauschbetrag in Höhe von 801 € bzw. 1.602 € für Verheiratete möglich. Der Ansatz der tatsächlichen Werbungskosten ist ausgeschlossen.

XIa. Entgeltliche Veräußerung

81b Nach § 20 Absatz 2 Satz 1 Nummer 6 EStG[1]) ist die Veräußerung von Ansprüchen auf eine Versicherungsleistung im Sinne des § 20 Absatz 1 Nummer 6 EStG steuerpflichtig, wenn der Verkauf nach dem 31. Dezember 2008 stattgefunden hat und der Versicherungsvertrag nach dem 31. Dezember 2004 abgeschlossen wurde. Bei Versicherungsverträgen, die vor dem 1. Januar 2005 abgeschlossen wurden, ist die Veräußerung nach § 20 Absatz 2 Satz 1 Nummer 6 EStG steuerpflichtig, wenn bei einem Rückkauf zum Veräußerungszeitpunkt die Erträge nach § 20 Absatz 1 Nummer 6 EStG i. d. F. vom 31. Dezember 2004 steuerpflichtig wären (§ 52a Absatz 10 Satz 5 EStG[2])).

XII. Nachweis der Besteuerungsgrundlagen
1. Inländische Versicherungen

82 Bei Versicherungen, die im Inland Sitz, Geschäftsleitung oder Niederlassung haben, dient als Nachweis für die Höhe der Kapitalerträge im Sinne des § 20 Absatz 1 Nummer 6 EStG im Rahmen der Einkommensteuererklärung bei positiven Kapitalerträgen

---

[1]) § 20 Abs. 2 Satz 1 Nr. 6 regelt auch den Verlustfall (>BFH vom 14.03.2017 – BStBl II S. 1040).
[2]) jetzt § 52 Abs. 28 Satz 14

Anhang 22a
Lebensversicherungen (Vertragsabschluss nach dem 31.12.2004)

die Steuerbescheinigung im Sinne des § 45a EStG. Negative Kapitalerträge sind in der Regel durch eine Berechnung des Versicherungsunternehmens zu belegen.

2. Ausländische Versicherungen
Der Steuerpflichtige hat alle für die Besteuerung nach § 20 Absatz 1 Nummer 6 EStG erforderlichen Unterlagen zu beschaffen und seiner Steuererklärung beizufügen (§ 90 Absatz 2 AO). — 83

XIII. Kapitalertragsteuer
Dem Kapitalertragsteuerabzug (§ 43 Absatz 1 Satz 1 Nummer 4 Satz 1 EStG) unterliegen auch Teilleistungen (vgl. Rz. 61). — 84
Bemessungsgrundlage ist im Regelfall der Unterschiedsbetrag. — 85[1])
Kapitalertragsteuer ist nach § 44a EStG nicht einzubehalten, wenn eine Nichtveranlagungsbescheinigung vorgelegt oder soweit ein Freistellungsauftrag erteilt wurde. — 86
Die Kapitalertragsteuer wird von den inländischen Versicherungsunternehmen auch von den Erträgen aus Versicherungen im Sinne des § 20 Absatz 1 Nummer 6 EStG erhoben, bei denen der Steuerpflichtige nur beschränkt steuerpflichtig ist (§§ 1 Absatz 4, 49 Absatz 1 Nummer 5 EStG). Sie hat in diesen Fällen nach **§ 50 Absatz 2 Satz 1 EStG** abgeltende Wirkung. Niedrigere Quellensteuerhöchstsätze nach den Doppelbesteuerungsabkommen sind im Erstattungsverfahren nach § 50d Absatz 1 EStG geltend zu machen. — 87

XIIIa. Mitteilungspflicht für inländische Versicherungsvermittler[2])
Ein inländischer Versicherungsvermittler ist verpflichtet, die erfolgreiche Vermittlung eines Vertrages i. S. d. § 20 Absatz 1 Nummer 6 (Kapitalversicherungen und Rentenversicherungen) nach § 45d Absatz 3 EStG bis zum 30. März des Folgejahres gegenüber dem Bundeszentralamt für Steuern (BZSt) mitzuteilen, wenn es sich um einen Vertrag zwischen einer im Inland ansässigen Person und einem ausländischen Versicherungsunternehmen handelt. Ausgenommen sind Verträge mit ausländischen Versicherungsunternehmen mit inländischer Niederlassung, da für diese Fälle eine Verpflichtung zum Einbehalt der Kapitalertragsteuer besteht (§ 43 Absatz 3 Satz 1 EStG). — 87a
Die Verpflichtung zur Mitteilung entfällt, sofern das Versicherungsunternehmen freiwillig das BZSt bis zum 30. März des Folgejahres über den Abschluss eines Vertrages informiert hat und den Versicherungsvermittler hierüber in Kenntnis gesetzt hat.
Der Versicherungsvermittler hat die in § 45d Absatz 3 Satz 2 EStG genannten Daten dem BZSt mitzuteilen, wenn der Versicherungsvertrag nach dem 31. Dezember 2008 abgeschlossen wurde. Die erstmalige Übermittlung hat bis zum 30. März 2011 zu erfolgen, somit sind in 2011 die Vertragsabschlüsse für zwei Kalenderjahre zu übermitteln. — 87b
Die Übermittlung hat nach amtlich vorgeschriebenen Datensatz grundsätzlich in elektronischer Form zu erfolgen (§ 45d Absatz 3 Satz 3 i. V. m. Absatz 1 Satz 2 — 87c

---

[1]) Rz. 85 wurde durch BMF vom 09.08.2019 (BStBl I S. 829) geändert und ist erstmals ab 01.01.2018 anzuwenden.
[2]) § 45d Abs. 3 wurde durch das Gesetz zur Modernisierung des Besteuerungsverfahrens neu gefasst. Zur Mitteilungspflicht für inländische Versicherungsvermittler für Versicherungsverträge, die nach dem 31.12.2016 abgeschlossen werden >§ 45d Abs. 3 in der am 01.01.2017 geltenden Fassung. Die Rz. 87a-87c sind insoweit überholt.

Anhang 22a
Lebensversicherungen (Vertragsabschluss nach dem 31.12.2004)

bis 4 EStG, § 150 Absatz 6 AO, § 1 Absatz 1 Steuerdaten-Übermittlungsverordnung). Die Datensatzbeschreibung und Hinweise zur Übermittlung werden in einem gesonderten nachfolgenden Schreiben dargestellt.

XIV. Anwendungsregelungen
1. Zeitliche Abgrenzung von Altverträgen zu Neuverträgen

88 Durch das Alterseinkünftegesetz vom 5. Juli 2004 (BGBl. I S. 1427) ist § 20 Absatz 1 Nummer 6 EStG neu gefasst worden. Nach § 52 Absatz 36 EStG[1]) ist für vor dem 1. Januar 2005 abgeschlossene Versicherungsverträge (Altverträge) § 20 Absatz 1 Nummer 6 EStG in der am 31. Dezember 2004 geltenden Fassung (a. F.)[2]) weiter anzuwenden. Damit besteht insbesondere die Steuerbefreiung nach § 20 Absatz 1 Nummer 6 Satz 2 EStG a. F.[2]) für Altverträge fort.

89 Für die Frage, ob noch § 20 Absatz 1 Nummer 6 EStG a. F.[2]) anzuwenden ist, kommt es auf den Zeitpunkt des Vertragsabschlusses an. Die Regelung zur Rückdatierung (Rz. 66) ist in diesem Zusammenhang nicht anzuwenden. Der Versicherungsvertrag kommt mit dem Zugang der Annahmeerklärung des Versicherers beim Versicherungsnehmer zustande. Auf eine ausdrückliche Annahmeerklärung kann jedoch verzichtet werden, wenn sie nach der Verkehrssitte nicht zu erwarten ist oder der Antragende auf sie verzichtet hat (§ 151 BGB). Bei Lebensversicherungsverträgen kann aufgrund der regelmäßig erforderlichen Risikoprüfung davon ausgegangen werden, dass eine ausdrückliche Annahmeerklärung erfolgt. Für die steuerrechtliche Beurteilung ist unter dem Zeitpunkt des Vertragsabschlusses grundsätzlich das Datum der Ausstellung des Versicherungsscheines zu verstehen. Wenn der Steuerpflichtige geltend macht, der Vertragsschluss sei vor dem Datum der Ausstellung des Versicherungsscheins erfolgt, hat er dies durch geeignete Dokumente (z. B. Annahmeerklärung des Versicherers) zu belegen. Aus Vereinfachungsgründen ist es nicht erforderlich, dass der Steuerpflichtige den Zeitpunkt des Zugangs der Annahmeerklärung nachweist, sondern es ist auf das Datum der Annahmeerklärung abzustellen.

2. Weitergeltung von BMF-Schreiben

90 Die BMF-Schreiben vom 22. August 2002 – IV C 4 – S 2221 – 211/02 – (BStBl I S. 827), vom 15. Juni 2000 – IV C 4 – S 2221 – 86/00 – (BStBl I S. 1118), vom 13. November 1985 – IV B 4 – S 2252 – 150/85 – (BStBl I S. 661) und vom 31. August 1979 – IV B 4 – S 2252 – 77/79 – (BStBl I S. 592) sind für Altverträge weiterhin anzuwenden. Die BMF-Schreiben vom 25. November 2004 – IV C 1 – S 2252 – 405/04 – (BStBl I S. 1096) und vom 22. Dezember 2005 – IV C 1 – S 2252 – 343/05 – werden aufgehoben.

3. Vorratsverträge

91 Im Abschluss so genannter Vorratsverträge ist regelmäßig ein steuerrechtlicher Gestaltungsmissbrauch im Sinne des § 42 AO zu sehen. Bei Versicherungsverträgen, die zwar noch im Jahr 2004 abgeschlossen werden, bei denen der vereinbarte Versicherungsbeginn aber erst nach dem 31. März 2005 liegt, kommt steuerlich der Vertragsabschluss zu dem Zeitpunkt zustande, zu dem die Versicherung beginnt.

4. Vertragsänderungen bei Altverträgen

92 Ergänzend zu dem BMF-Schreiben vom 22. August 2002 – IV C 4 – S 2221 – 211/02 – (BStBl I S. 827) gilt für Beitragserhöhungen bei Altverträgen Folgendes: Ob im Falle von

---

[1]) jetzt § 52 Abs. 28
[2]) Auszug aus dem EStG 2002 in der am 31.12.2004 geltenden Fassung, letztmals abgedruckt im Anhang 22 IV EStH 2020

bereits bei Vertragsabschluss vereinbarten Beitragsanpassungen in vollem Umfange ein Altvertrag vorliegt, hängt davon ab, ob die vereinbarten Beitragsanpassungen als rechtsmissbräuchlich einzustufen sind (BMF-Schreiben vom 22. August 2002, BStBl I S. 827, Rz. 38). Ein Missbrauch rechtlicher Gestaltungsmöglichkeiten liegt insbesondere dann nicht vor, wenn die Beitragserhöhung pro Jahr 20 v. H. des bisherigen Beitrags nicht übersteigt. Dabei ist es unbeachtlich, ob die Beitragserhöhung durch Anwendung eines Vomhundertsatzes oder eines vergleichbaren Dynamisierungsfaktors, bezifferter Mehrbeträge oder durch im Voraus festgelegte feste Beiträge ausgedrückt wird. Im Falle einer Beitragserhöhung pro Jahr um mehr als 20 v. H. des bisherigen Beitrags handelt es sich nicht um einen Missbrauch steuerlicher Gestaltungsmöglichkeiten,
– wenn die jährliche Beitragserhöhung nicht mehr als 250 € beträgt oder
– wenn der Jahresbeitrag bis zum fünften Jahr der Vertragslaufzeit auf nicht mehr als 4.800 € angehoben wird und der im ersten Jahr der Vertragslaufzeit zu zahlende Versicherungsbeitrag mindestens 10 v. H. dieses Betrages ausmacht oder
– wenn der erhöhte Beitrag nicht höher ist, als der Beitrag, der sich bei einer jährlichen Beitragserhöhung um 20 v. H. seit Vertragsabschluss ergeben hätte.

Im Hinblick auf die gesetzliche Anhebung des Rentenalters von 65 auf 67 Jahre gilt Folgendes[1]**):**
Die Verlängerung der Laufzeit eines Vertrages, der bisher einen Auszahlungszeitpunkt im 65. oder 66. Lebensjahr zum Inhalt hatte, führt nicht zu einer nachträglichen Vertragsänderung, wenn die Verlängerung einen Zeitraum von höchstens zwei Jahren umfasst. Eine entsprechende Verlängerung der Beitragszahlungsdauer ist zulässig. Eine solche Verlängerung der Laufzeit bzw. der Beitragszahlungsdauer infolge der Anhebung der Altersgrenze kann nur einmalig vorgenommen werden.

Ist die Erhöhung der Beitragsleistung als missbräuchlich einzustufen, sind die insgesamt auf die Beitragserhöhung entfallenden Vertragsbestandteile steuerlich als gesonderter neuer Vertrag zu behandeln. Der neue Vertrag gilt in dem Zeitpunkt als abgeschlossen, zu dem der auf den Erhöhungsbetrag entfallende Versicherungsbeginn erfolgt. Wenn die Beitragshöhe in den Kalenderjahren 2005 oder 2006 gesenkt wird und nunmehr die o. a. Grenzen nicht überschritten werden, ist kein Gestaltungsmissbrauch und steuerlich kein gesonderter neuer Vertrag anzunehmen.

Es wird nicht beanstandet, wenn das Versicherungsunternehmen als Einnahmen aus einem Vertrag, für den aufgrund einer Vertragsänderung nach Maßgabe des BMF-Schreibens vom 22. August 2002 (BStBl I S. 827) für den „alten Vertrag" § 20 Absatz 1 Nummer 6 EStG a. F. und für den „neuen Vertrag" § 20 Absatz 1 Nummer 6 EStG n. F. Anwendung findet, insgesamt die rechnungsmäßigen und außerrechnungsmäßigen Zinsen zugrunde legt, wenn der Steuerpflichtige dem zugestimmt hat.
§ 20 Absatz 1 Nummer 6 Satz 2 EStG n. F. ist für den „neuen Vertrag" entsprechend anzuwenden.

5. Vertragsschluss im Namen eines minderjährigen Kindes
Fälle, in denen Eltern für ihr minderjähriges Kind einen Versicherungsvertrag dergestalt vor dem 31. Dezember 2004 abschließen, dass das Kind Versicherungsnehmer wird, sind folgendermaßen zu behandeln:

Nach § 1643 Absatz 1 BGB in Verbindung mit § 1822 Nummer 5 BGB bedarf ein Vertrag der Genehmigung des Familiengerichts, wenn durch den Vertrag der Minderjährige zu wiederkehrenden Leistungen verpflichtet wird und das Vertragsverhältnis länger als ein

---

[1]) Rz. 92 ergänzt durch BMF vom 06.03.2012 (BStBl I S. 238)

Anhang 22a

I   Lebensversicherungen (Vertragsabschluss nach dem 31.12.2004)

Jahr nach dem Eintritt der Volljährigkeit fortdauern soll. Enthält der Versicherungsvertrag eine Beitragszahlungsverpflichtung über den 19. Geburtstag hinaus, ist somit eine Genehmigung erforderlich. Wird das Kind volljährig, so tritt seine Genehmigung an die Stelle des Familiengerichts (§ 1829 Absatz 3 BGB). Solange keine Genehmigung erteilt wurde, ist das Rechtsgeschäft schwebend unwirksam (§ 1829 Absatz 1 Satz 1 BGB). Nach § 184 Absatz 1 BGB wirkt eine Genehmigung auf den Zeitpunkt der Vornahme des Rechtsgeschäfts zurück (ex tunc). Bei Genehmigung gilt der Vertrag als noch in 2004 geschlossen. § 20 Absatz 1 Nummer 6 EStG ist in der bis zum 31. Dezember 2004 geltenden Fassung[1]) anzuwenden.

97   Wird die Genehmigung nicht erteilt und erfolgt eine Rückabwicklung des Leistungsverhältnisses (§ 812 BGB), sind die in den Rückabwicklungsansprüchen enthaltenen Zinsanteile nach § 20 Absatz 1 Nummer 7 EStG zu versteuern.

---

[1]) Auszug aus dem EStG 2002 in der am 31.12.2004 geltenden Fassung, letztmals abgedruckt im Anhang 22 IV EStH 2020

Anhang 22a
Lebensversicherungen (Vertragsabschluss nach dem 31.12.2004)   II

Berechnung des Unterschiedsbetrages zwischen der Versicherungsleistung und der Summe der auf sie entrichteten Beiträge bei (Teil-)Auszahlungen des Zeitwertes von Rentenversicherungen nach Beginn der Rentenzahlung
BMF vom 18.06.2013 (BStBl I S. 768)
IV C 1 – S 2252/07/0001 :023 – 2013/0556629

Zu der Frage, wie der Unterschiedsbetrag zwischen der Versicherungsleistung und der Summe der auf sie entrichteten Beiträge bei (Teil-)Kapitalauszahlungen des Zeitwertes von Rentenversicherungen nach Beginn der laufenden Rentenzahlung zu ermitteln ist, gilt nach Erörterung mit den obersten Finanzbehörden der Länder Folgendes:

Bei einer Rentenversicherung besteht die Versicherungsleistung grundsätzlich in der Zahlung einer lebenslänglichen Rente für den Fall, dass die versicherte Person den vereinbarten Rentenzahlungsbeginn erlebt. Die laufende Rentenzahlung unterliegt gemäß § 22 Nummer 1 Satz 3 Buchstabe a Doppelbuchstabe bb EStG der Besteuerung mit dem Ertragsanteil. Hierbei wird u. a. berücksichtigt, dass mit der Rentenzahlung auch eine Rückzahlung der zum Aufbau der Anwartschaft aus dem versteuerten Einkommen eingesetzten Beiträge erfolgt.

Zu den Einnahmen nach § 20 Absatz 1 Nummer 6 EStG zählt die Versicherungsleistung aus einer Rentenversicherung, soweit sie nicht in Form einer lebenslangen Leibrente erbracht wird. Dies gilt insbesondere, wenn ein laufender Rentenzahlungsanspruch nach einer Kündigung oder Teilkündigung des Versicherungsvertrages durch Auszahlung des Zeitwertes der Versicherung abgegolten wird.

Wie der Unterschiedsbetrag nach § 20 Absatz 1 Nummer 6 EStG im Falle einer Teilkapitalauszahlung einer Rentenversicherung zum Ende der Ansparphase zu berechnen ist, ergibt sich aus Rz. 64 des BMF-Schreibens vom 1. Oktober 2009[1]).

Erfolgt die Kapitalauszahlung nach Beginn der Auszahlungsphase der Rentenversicherung, ist bei der Ermittlung des Unterschiedsbetrages zu berücksichtigen, dass in den bis zum Zeitpunkt der Auszahlung geleisteten Rentenzahlungen anteilige Versicherungsbeiträge enthalten sind. Diese ergeben sich in pauschalierender Form aus der Differenz zwischen dem bisher ausgezahlten Rentenbetrag und dem für diese Rentenzahlung anzusetzenden Ertragsanteil. Der so ermittelte Betrag ist bei der Berechnung des Unterschiedsbetrages nach § 20 Absatz 1 Nummer 6 EStG als bereits verbrauchte Beiträge zu berücksichtigen.

Die anteilig entrichteten Beiträge sind dabei wie folgt zu ermitteln:

$$\frac{\text{Versicherungsleistung} \times (\text{Summe der auf die Versicherung entrichteten Beiträge} - \text{Differenz aus Rentenzahlungen bis zum Auszahlungszeitpunkt und kumuliertem Ertragsanteil auf die Rentenzahlungen})}{\text{Zeitwert der Versicherung zum Auszahlungszeitpunkt}}$$

Beispiel:

Zeitwert der Versicherung zum Auszahlungszeitpunkt	24.000 €
Teilauszahlung von 50 % des Zeitwertes der Versicherung	12.000 €
Summe der auf die Versicherung entrichteten Beiträge	20.000 €
bei Beginn der Rente vollendetes Lebensjahr des Rentenberechtigten	65
Ertragsanteil der Rente in Prozent	18
Monatliche Rente	100 €
Dauer des Rentenbezuges bis zur Teilauszahlung in Monaten	60
Summe der Rentenzahlungen	6.000 €
Kumulierter Ertragsanteil auf die Rentenzahlungen	1.080 €

---
[1]) >Anhang 22a I

Anhänge 22a, 23
II Lebensversicherungen (Vertragsabschluss nach dem 31.12.2004)

Anteilig entrichtete Beiträge:

$$\frac{12.000 \times (20.000 - 4.920)}{24.000} = 7.540 \text{ €}$$

Berechnung des Unterschiedsbetrages:

12.000 € − 7.540 € =   4.460 €

Ertrag nach § 20 Absatz 1 Nummer 6 EStG: 4.460 €

Soweit der Unterschiedsbetrag bei (Teil-)Auszahlungen des Zeitwertes von Rentenversicherungen nach Beginn der Rentenzahlung abweichend von diesem Schreiben entsprechend der Rz. 61-64 des BMF-Schreibens vom 1. Oktober 2009 (BStBl I Seite 1172)[1]) berechnet wurde, wird dies für Teilauszahlungen vor Veröffentlichung dieses Schreibens[2]) nicht beanstandet.

Anhang 23
– unbesetzt –

---

[1]) >Anhang 22a I
[2]) Datum der Veröffentlichung 08.07.2013

Mitunternehmer

Anhang 24

Übersicht

I. 1. Sonderbetriebsvermögen bei Vermietung an eine Schwestergesellschaft; Anwendung der BFH-Urteile vom 16. Juni 1994 (BStBl 1996 II S. 82), vom 22. November 1994 (BStBl 1996 II S. 93) und vom 26. November 1996 (BStBl 1998 II S. 328)
2. Verhältnis des § 15 Abs. 1 Nr. 2 EStG zur mitunternehmerischen Betriebsaufspaltung; Anwendung des BFH-Urteils vom 23. April 1996 – VIII R 13/95 – (BStBl 1998 II S. 325) BMF vom 28.04.1998 (BStBl I S. 583)

II. 1. Behandlung der Einbringung einzelner zum Privatvermögen gehörender Wirtschaftsgüter in das betriebliche Gesamthandsvermögen einer Personengesellschaft als tauschähnlicher Vorgang; Anwendung des BFH-Urteils vom 19. Oktober 1998 – VIII R 69/95 – BMF vom 29.03.2000 (BStBl I S. 462)
2. Behandlung der Einbringung zum Privatvermögen gehörender Wirtschaftsgüter in das betriebliche Gesamthandsvermögen einer Personengesellschaft BMF vom 11.07.2011 (BStBl I S. 713)

III. Realteilung; Anwendung von § 16 Absatz 3 Satz 2 bis 4 und Absatz 5 EStG BMF vom 19.12.2018 (BStBl I 2019 S. 6)

---

1. Sonderbetriebsvermögen bei Vermietung an eine Schwestergesellschaft; Anwendung der BFH-Urteile vom 16. Juni 1994 (BStBl 1996 II S. 82), vom 22. November 1994 (BStBl 1996 II S. 93) und vom 26. November 1996 (BStBl 1998 II S. 328)
2. Verhältnis des § 15 Abs. 1 Nr. 2 EStG zur mitunternehmerischen Betriebsaufspaltung; Anwendung des BFH-Urteils vom 23. April 1996 – VIII R 13/95 – (BStBl 1998 II S. 325)

BMF vom 28.04.1998 (BStBl I S. 583)
IV B 2 – S 2241 – 42/98

Der BFH hat mit Urteilen vom 16. Juni 1994 (BStBl 1996 II S. 82) und vom 22. November 1994 (BStBl 1996 II S. 93) entschieden, daß die Wirtschaftsgüter, die eine gewerblich tätige oder gewerblich geprägte Personengesellschaft an eine ganz oder teilweise personenidentische Personengesellschaft (Schwestergesellschaft) vermietet, zum Betriebsvermögen der vermietenden Personengesellschaft und nicht der nutzenden Personengesellschaft gehören. Diese Rechtsgrundsätze gelten auch, wenn leistende Gesellschaft eine gewerblich geprägte atypisch stille Gesellschaft ist (BFH-Urteil vom 26. November 1996, BStBl 1998 II S. 328). Mit Urteil vom 23. April 1996 (BStBl 1998 II S. 325) hat der BFH unter Aufgabe der bisherigen Rechtsprechung schließlich die Auffassung vertreten, bei einer Betriebsaufspaltung habe die Qualifikation des überlassenen Vermögens als Betriebsvermögen der Besitzpersonengesellschaft sowie der Einkünfte aus der Verpachtung dieses Vermögens als gewerbliche Einkünfte der Gesellschafter der Besitzpersonengesellschaft Vorrang vor der Qualifikation des Vermögens als Sonderbetriebsvermögen und der Einkünfte aus der Verpachtung als Sonderbetriebseinkünfte der Gesellschafter bei der Betriebspersonengesellschaft.

Unter Bezugnahme auf das Ergebnis der Erörterung mit den obersten Finanzbehörden der Länder nehme ich zur Anwendung der Rechtsgrundsätze der genannten BFH-Urteile wie folgt Stellung:

Anhang 24
Mitunternehmer

1. Bedeutung und Abgrenzung des Anwendungsbereichs der neuen Rechtsprechung

Nach früherer Rechtsprechung und Verwaltungsauffassung hatte die Vorschrift des § 15 Abs. 1 Satz 1 Nr. 2 Satz 1 Halbsatz 2 EStG Vorrang vor dem Rechtsinstitut der mitunternehmerischen Betriebsaufspaltung (BFH-Urteil vom 25. April 1985, BStBl 1985 II S. 622 sowie R 137 Abs. 4 EStR 1993). Das BFH-Urteil vom 23. April 1996 (a. a. O.) führt nunmehr zu einem Vorrang der Rechtsgrundsätze der Betriebsaufspaltung vor der Anwendung des § 15 Abs. 1 Satz 1 Nr. 2 Satz 1 Halbsatz 2 EStG und schließt damit – ebenso wie die BFH-Urteile vom 16. Juni 1994 (a. a. O.), vom 22. November 1994 (a.a.O) und vom 26. November 1996 (BStBl 1998 II S. 328) – die Behandlung der vermieteten Wirtschaftsgüter als Sonderbetriebsvermögen der mietenden Gesellschaft bei sog. Schwester-Personengesellschaften aus. Im Falle einer unentgeltlichen Überlassung von Wirtschaftsgütern ist allerdings auch nach der neuen Rechtsprechung keine mitunternehmerische Betriebsaufspaltung anzunehmen, weil es in diesem Fall an einer Gewinnerzielungsabsicht und damit an einer eigenen gewerblichen Tätigkeit der Besitzpersonengesellschaft fehlt. In diesem Fall bleibt § 15 Abs. 1 Nr. 2 EStG weiterhin anwendbar. Auch bei einer lediglich teilentgeltlichen Nutzungsüberlassung ist eine eigene gewerbliche Tätigkeit der Besitzpersonengesellschaft und damit eine mitunternehmerische Betriebsaufspaltung nur anzunehmen, wenn die Voraussetzung der Gewinnerzielungsabsicht bei der Besitzpersonengesellschaft vorliegt.

Die Rechtsgrundsätze des BFH-Urteils vom 23. April 1996 sind – ebenso wie die der BFH-Urteile vom 16. Juni 1994 (a. a. O.), vom 22. November 1994 (a. a. O.) und vom 26. November 1996 (BStBl 1998 II S. 328) – nur in den Fällen sog. Schwestergesellschaften anzuwenden, d. h., wenn sowohl an der vermietenden als auch an der mietenden Personengesellschaft ganz oder teilweise dieselben Personen als Gesellschafter beteiligt sind. Nicht betroffen von der neuen Rechtsprechung sind die Fälle der sog. doppel- oder mehrstöckigen Personengesellschaft, also diejenigen Fälle, in denen eine Personengesellschaft selbst unmittelbar oder mittelbar an einer anderen Personengesellschaft als Mitunternehmer beteiligt ist. In diesen Fällen verbleibt es bei der Anwendung der gesetzlichen Regelung zur doppelstöckigen Personengesellschaft in § 15 Abs. 1 Satz 1 Nr. 2 Satz 2 EStG.

2. Ertragsteuerliche Folgen der Änderung der BFH-Rechtsprechung

Die Anwendung der Rechtsgrundsätze des BFH-Urteils vom 23. April 1996 (a. a. O.) führt insbesondere zu folgenden steuerlichen Änderungen:

a) Auf der Grundlage der bisherigen Rechtsprechung und Verwaltungspraxis sind bei einem Gesellschafter, der nur an der Besitz-, nicht aber an der Betriebspersonengesellschaft beteiligt ist ("Nur-Besitz-Gesellschafter"), vielfach lediglich Einkünfte aus Vermietung und Verpachtung angenommen und seine Anteile an den Wirtschaftsgütern dem Privatvermögen zugeordnet worden. Nach der geänderten Rechtsprechung erzielt er Einkünfte aus Gewerbebetrieb und die Wirtschaftsgüter gehören zum Betriebsvermögen, so daß auch die Veräußerungsgewinne steuerpflichtig sind.

b) Die Besitzpersonengesellschaft unterfällt ggf. der Abfärbung gemäß § 15 Abs. 3 Nr. 1 EStG (Beispiel: Eine Grundstücks-GbR vermietet einige Grundstücke an private Dritte und ein Grundstück an die mit ihr personell verflochtene KG).

c) Durch die Begründung der Eigengewerblichkeit werden die bisherigen Verpachtungspersonengesellschaften der Gewerbesteuer unterworfen, die Wirtschaftsgüter an von der Gewerbesteuer befreite Personengesellschaften zur Nutzung überlassen haben, die Krankenhäuser, Rehabilitationskliniken oder sonstige Gesundheitseinrichtungen betreiben, die in den Anwendungsbereich von § 67 AO fallen. Die über die bisherige Zurechnungsvorschrift des § 15 Abs. 1 Nr. 2 EStG wirksame Befreiungsvorschrift des § 3 Nr. 20 Gewerbesteuergesetz kommt insoweit nicht mehr zum Tragen.

d) Zwischen Schwester-Personengesellschaften vereinbarte Darlehen, die als Dauerschulden zu qualifizieren sind, führen bei der mitunternehmerischen Betriebsaufspaltung in Höhe des hälftigen Entgelts zu einer gewerbesteuerlichen Doppelbelastung, da das hälftige Entgelt bei der das Darlehen empfangenden Gesellschaft gemäß § 8 Nr. 1 GewStG hinzuzurechnen ist. Waren die

Darlehenszinsen nach bisheriger Rechtsprechung Sondervergütungen i. S. des § 15 Abs. 1 Nr. 2 EStG der Gesellschafter der Besitzpersonengesellschaft, erhöhten sie zwar bei der das Darlehen empfangenden Personengesellschaft den Gewerbeertrag (Abschnitt 40 Abs. 2 GewStR[1])). Da aber die Hinzurechnungsvorschrift des § 8 Nr. 1 GewStG auf Sondervergütungen i. S. des § 15 Abs. 1 Nr. 2 EStG nicht anzuwenden ist, ergab sich bisher keine gewerbesteuerliche Doppelbelastung.

e) Ein negativer Gewerbeertrag der Besitzpersonengesellschaft darf nicht mit einem positiven Gewerbeertrag der Betriebspersonengesellschaft verrechnet werden (oder umgekehrt), während bisher eine Saldierung zwischen Gesamthandsergebnis und Sonderbetriebsergebnis grundsätzlich möglich war.

f) Bei der Investitionszulage und bei den Sonderabschreibungen nach dem Fördergebietsgesetz ist nicht mehr die Betriebspersonengesellschaft, sondern die Besitzpersonengesellschaft anspruchsberechtigt. Es gelten die allgemeinen Regelungen zur Betriebsaufspaltung, z. B. bei der Investitionszulage Nr. 5 des BMF-Schreibens vom 31. März 1992 (BStBl I S. 236) und Abschnitt IV des BMF-Schreibens vom 30. Dezember 1994 (BStBl 1995 I S. 18) sowie bei dem Fördergebietsgesetz Tz. 6 des BMF-Schreibens vom 29. März 1993 (BStBl I S. 279) und Abschnitt II Nr. 2 des BMF-Schreibens vom 24. Dezember 1996 (BStBl I S. 1516).

3. Uneingeschränkte Anwendung der Rechtsprechung zur Vermietung von gewerblich tätigen oder geprägten Personengesellschaften an Schwestergesellschaften

Die Rechtsgrundsätze der BFH-Urteile vom 16. Juni 1994 (a. a. O.), vom 22. November 1994 (a. a. O.) und vom 26. November 1996 (a. a. O.) sind für Wirtschaftsjahre, die nach dem 31. Dezember 1998 beginnen, **uneingeschränkt** anzuwenden. Das BMF-Schreiben vom 18. Januar 1996 (BStBl I S. 86), nach dem die Grundsätze der BFH-Urteile vom 16. Juni 1994 (BStBl 1996 II S. 82) und vom 22. November 1994 (BStBl 1996 II S. 93) nur unter den dort genannten Einschränkungen für anwendbar erklärt worden sind, ist für Wirtschaftsjahre, die nach dem 31. Dezember 1998 beginnen, nicht mehr anzuwenden. Sind die vermieteten Wirtschaftsgüter aufgrund der in dem BMF-Schreiben vom 18. Januar 1996 (a. a. O.) enthaltenen Einschränkungen bisher zum Betriebsvermögen der nutzenden Personengesellschaft gerechnet worden, so gelten die Ausführungen unter Nr. 4 zur erfolgsneutralen Übertragung der überlassenen Wirtschaftsgüter in die Bilanz der vermietenden Personengesellschaft entsprechend.

4. Erstmalige Anwendung der Rechtsprechung zur Betriebsaufspaltung zwischen Schwester-Personengesellschaften nebst Übergangsregelung

Die Rechtsgrundsätze des BFH-Urteils vom 23. April 1996 (a. a. O.) werden aus Vertrauensschutzgründen erstmals für Wirtschaftsjahre angewendet, die nach dem 31. Dezember 1998 beginnen.

Auf Antrag sind die Rechtsgrundsätze des BFH-Urteils vom 23. April 1996 (a. a. O.) auch für Wirtschaftsjahre anzuwenden, die vor dem 1. Januar 1999 beginnen. Der Antrag kann nur einheitlich für alle vor dem 1. Januar 1999 beginnenden Wirtschaftsjahre und für alle Steuerarten einschließlich der Investitionszulage und für alle Beteiligten gestellt werden. Entsprechende Anträge sind bis zum 31. Dezember 1999 bei den jeweils zuständigen Finanzämtern zu stellen; die Anträge sind unwiderruflich.

Die Anwendung der neuen Rechtsprechung führt in den Fällen, in denen die vermieteten Wirtschaftsgüter bisher wegen des Vorrangs des § 15 Abs. 1 Satz 1 Nr. 2 Satz 1 Halbsatz 2 EStG vor der mitunternehmerischen Betriebsaufspaltung als Sonderbetriebsvermögen der mietenden Gesellschaft behandelt worden sind, entsprechend den Grundsätzen der Bilanzberichtigung zu einer – erfolgsneutralen – Übertragung der überlassenen Wirtschaftsgüter in die – ggf. erstmals aufzustellende – Bilanz der Besitzpersonengesellschaft und einer entsprechenden Ausbuchung in den (Sonder-)Bilanzen der Betriebspersonengesellschaft. Aus Vereinfachungsgründen ist es nicht zu beanstanden,

---

[1]) jetzt H 7.1 (3) (Ermittlung des Gewerbeertrags bei Mitunternehmerschaften) GewStH 2016

Anhang 24
Mitunternehmer

wenn die erforderlichen Korrekturen wie die Überführung eines Wirtschaftsguts von einem Betrieb in einen anderen Betrieb (R 14 Abs. 2 Satz 2 EStR 1996) dargestellt werden. Die Wirtschaftsgüter sind dann bei der Besitzpersonengesellschaft mit dem Buchwert anzusetzen, den sie in der letzten Bilanz der Betriebspersonengesellschaft hatten. Die weiteren AfA sind in diesen Fällen (Behandlung gemäß R 14 Abs. 2 Satz 2 EStR 1996) nach der bisherigen Bemessungsgrundlage und dem bisherigen Absetzungsverfahren zu bemessen. Die Besitzpersonengesellschaft darf Sonderabschreibungen nach dem Fördergebietsgesetz noch in der Höhe und in dem Zeitraum vornehmen, wie es auch die Betriebspersonengesellschaft noch dürfte.

Nach der neuen Rechtsprechung sind auch die Anteile an Wirtschaftsgütern eines "Nur-Besitz-Gesellschafters" (vgl. oben unter Nr. 2 Buchstabe a) sowie alle Wirtschaftsgüter einer Besitzpersonengesellschaft, die nunmehr der Abfärbung gemäß § 15 Abs. 3 Nr. 1 EStG unterliegt (vgl. oben unter Nr. 2 Buchstabe b), im Betriebsvermögen der Besitzpersonengesellschaft angeschafft oder hergestellt worden. Die o. g. Grundsätze zur Anwendung von R 14 Abs. 2 Satz 2 EStR 1996 gelten in diesen Fällen entsprechend mit der Maßgabe, daß es nicht beanstandet wird, wenn die Anteile an den Wirtschaftsgütern des "Nur-Besitz-Gesellschafters" und die Wirtschaftsgüter der der Abfärbung unterliegenden Besitzpersonengesellschaft mit ihren Restwerten angesetzt werden.

Die Betriebspersonengesellschaft bleibt für die Investitionszulage von Wirtschaftsgütern, die die Besitzpersonengesellschaft vor der erstmaligen Anwendung der Rechtsgrundsätze des BFH-Urteils vom 23. April 1996 (a. a. O.) angeschafft oder hergestellt und der Betriebspersonengesellschaft seit der Anschaffung oder Herstellung zur Nutzung überlassen hat, antragsberechtigt.

Die Änderung der Rechtsprechung allein hat keine Auswirkungen auf die Zugehörigkeits-, Verbleibens- und Verwendungsvoraussetzungen nach dem Investitionszulagengesetz und dem Fördergebietsgesetz.

Beispiel:
Bei einer mitunternehmerischen Betriebsaufspaltung hat die Besitzpersonengesellschaft im November 1996 ein neues bewegliches Wirtschaftsgut mit Anschaffungskosten von 100.000 DM angeschafft. Die Rechtsgrundsätze des BFH-Urteils vom 23. April 1996 (a. a. O.) werden erstmalig im Kalenderjahr 1997 angewendet.

a) Die Besitzpersonengesellschaft hat ihren Sitz in München und überläßt das Wirtschaftsgut einer Betriebspersonengesellschaft zur Nutzung in deren Betriebsstätte in Dresden. Im Jahr 1996 nimmt die Betriebspersonengesellschaft Sonderabschreibungen von 30.000 DM in Anspruch.
Der Antrag auf Investitionszulage für 1996 ist von der Betriebspersonengesellschaft zu stellen. Für die Investitionszulage von 5 v. H. und die Sonderabschreibungen nach dem Fördergebietsgesetz ist es ohne Bedeutung, daß das Wirtschaftsgut ab 1. Januar 1997 zum Anlagevermögen der Besitzpersonengesellschaft in München gehört. Die Verbleibensvoraussetzung im Sinne des § 2 Nr. 2 FördG ist auch nach dem 31. Dezember 1996 erfüllt, weil das Wirtschaftsgut im Rahmen einer Betriebsaufspaltung zur Nutzung überlassen wird und in einer Betriebsstätte der Betriebspersonengesellschaft im Fördergebiet verbleibt (vgl. Tz. 6 des BMF-Schreibens vom 29. März 1993, BStBl I S. 279). Die Besitzpersonengesellschaft kann in den Jahren 1997 bis 2000 die restlichen Sonderabschreibungen von 20.000 DM in Anspruch nehmen.

b) Die Besitzpersonengesellschaft gehört nicht zum verarbeitenden Gewerbe und überläßt das Wirtschaftsgut einer zum verarbeitenden Gewerbe gehörenden Betriebspersonengesellschaft zur Nutzung in deren Betriebsstätte im Fördergebiet.
Für die Investitionszulage nach § 5 Abs. 3 InvZulG 1996 von 10 v. H. ist es ohne Bedeutung, daß das Wirtschaftsgut ab 1. Januar 1997 nicht mehr zum Anlagevermögen eines Betriebs des verarbeitenden Gewerbes gehört. Die Verbleibensvoraussetzung im Sinne des § 5 Abs. 3 Nr. 2 Buchstabe b InvZulG ist auch nach dem 31. Dezember 1996 erfüllt, weil das Wirtschaftsgut im Rahmen einer Betriebsaufspaltung zur Nutzung überlassen wird und die Betriebspersonengesellschaft zum verarbeitenden Gewerbe gehört (vgl. Tz. 12 des BMF-Schreibens vom 30. Dezember 1994, BStBl 1995 I S. 18).

Anhang 24
Mitunternehmer

5. Steuerneutrale Vermeidung bzw. Beendigung der mitunternehmerischen Betriebsaufspaltung

a) Mitunternehmererlaß vom 20. Dezember 1977 (BStBl 1978 I S. 8)

Vor Anwendung der neuen BFH-Rechtsprechung kann die Annahme einer mitunternehmerischen Betriebsaufspaltung im Sinne des BFH-Urteils vom 23. April 1996 (a. a. O.) vermieden werden, indem die vermieteten Wirtschaftsgüter nach dem sog. Mitunternehmererlaß (vgl. Tz. 28, Tz. 35 und Tz. 66 des BMF-Schreibens vom 20. Dezember 1977 – BStBl 1978 I S. 8), d. h. erfolgsneutral ohne Aufdeckung der stillen Reserven, auf die Betriebspersonengesellschaft übertragen werden. Das setzt allerdings voraus, daß keine Verbindlichkeiten übernommen werden. Es muß Unentgeltlichkeit in dem Sinne gegeben sein, daß lediglich Gesellschaftsrechte bei der aufnehmenden Gesellschaft gewährt werden. Der erfolgsneutralen Übertragung von Wirtschaftsgütern auch unter Übernahme von Verbindlichkeiten stehen die Tz. 28 und Tz. 66 des Mitunternehmer-Erlasses entgegen. Danach kann, wenn ein Wirtschaftsgut gegen Gewährung von Gesellschaftsrechten und gegen sonstiges Entgelt aus dem Sonderbetriebsvermögen oder einem anderen Betrieb des Mitunternehmers in das Gesamthandsvermögen übertragen wird, die Personengesellschaft das Wirtschaftsgut nur insoweit mit dem anteiligen Buchwert ansetzen, als es gegen Gewährung von Gesellschaftsrechten übertragen wird. Die Übernahme von Verbindlichkeiten ist als sonstiges Entgelt im Sinne des Mitunternehmer-Erlasses anzusehen. Beides gilt auch für den umgekehrten Fall der Übertragung von der Gesellschaft in ein Betriebsvermögen des Gesellschafters. In derartigen Fällen ist der Vorgang in ein entgeltliches Veräußerungsgeschäft und in einen steuerneutralen Übertragungsvorgang aufzuspalten.

b) Umwandlungssteuergesetz

Hat der Steuerpflichtige die vorzeitige Anwendung der neuen Rechtsprechung beantragt (vgl. oben unter 3.), so ist eine steuerneutrale Beendigung der bestehenden mitunternehmerischen Betriebsaufspaltung, z. B. durch Einbringung sämtlicher Mitunternehmeranteile der Gesellschafter der Besitzpersonengesellschaft in die Betriebspersonengesellschaft, nach § 24 UmwStG möglich. Denn bei Anwendung der neuen Rechtsprechung, nach der die Besitzpersonengesellschaft aufgrund der Betriebsaufspaltung als eigengewerblicher Betrieb anzusehen ist, haben die Gesellschafter der Besitzpersonengesellschaft Mitunternehmeranteile, die sie nach § 24 UmwStG in die Betriebspersonengesellschaft einbringen können. Hat der Steuerpflichtige keinen Antrag auf vorzeitige Anwendung der neuen Rechtsprechung gestellt, so ist die neue Rechtsprechung erstmals für das nach dem 31. Dezember 1998 beginnende Wirtschaftsjahr anzuwenden. In diesem Fall ist in den vor dem 1. Januar 1999 beginnenden Wirtschaftsjahren eine steuerneutrale Beendigung der bestehenden mitunternehmerischen Betriebsaufspaltung nicht nach § 24 UmwStG möglich. Denn für die Frage der Anwendung des § 24 UmwStG muß in diesem Fall die bis zum Ergehen des BFH-Urteils vom 23. April 1996 vertretene Rechtsauffassung zugrunde gelegt werden: Wegen des Vorrangs des § 15 Abs. 1 Nr. 2 EStG würde es sich hier um eine Einbringung von Sonderbetriebsvermögen einer Personengesellschaft in das Gesamthandsvermögen derselben Personengesellschaft handeln. Die Einbringung von Wirtschaftsgütern des Sonderbetriebsvermögens fällt nicht unter § 24 UmwStG, sondern ist ausschließlich nach den Regeln des Mitunternehmer-Erlasses zu beurteilen (vgl. oben unter a).

6. Weitere Anwendung des BMF-Schreibens vom 10. Dezember 1979 (BStBl I S. 683)

Das BMF-Schreiben vom 10. Dezember 1979 (BStBl I S. 683) zu den Fällen, in denen der Mitunternehmer einen gewerblichen Betrieb unterhält und er im Rahmen dieses Betriebs Wirtschaftsgüter entgeltlich der Mitunternehmerschaft zur Nutzung überläßt, ist weiterhin anzuwenden.

1.

Behandlung der Einbringung einzelner zum Privatvermögen gehörender Wirtschaftsgüter in das betriebliche Gesamthandsvermögen einer Personengesellschaft als tauschähnlicher Vorgang; Anwendung des BFH-Urteils vom 19.10.1998 – VIII R 69/95 –

BMF vom 29.03.2000 (BStBl I S. 462)
IV C 2 – S 2178 – 4/00

Der VIII. Senat des BFH behandelt im Urteil vom 19. Oktober 1998 – VIII R 69/95 – (BStBl 2000 II S. 230) die Einbringung einer wesentlichen Beteiligung i. S. des § 17 EStG aus dem Privatvermögen in das betriebliche Gesamthandsvermögen einer Personengesellschaft gegen Gewährung von Gesellschaftsrechten als tauschähnlichen Vorgang, der beim einbringenden Gesellschafter zu einer entgeltlichen Veräußerung i. S. des § 17 EStG und bei der aufnehmenden Personengesellschaft zu einem Anschaffungsgeschäft führt. Der BFH ist damit von der Auffassung der Finanzverwaltung abgewichen, die eine Veräußerung durch den Gesellschafter i. S. des § 17 EStG verneint und den Vorgang als Einlage i. S. des § 4 Abs. 1 Satz 5[1]) EStG i. V. m. § 6 Abs. 1 Nr. 5 EStG ansieht (BMF-Schreiben vom 20. Dezember 1977 – BStBl 1978 I S. 8, Tz. 49).

Unter Bezugnahme auf das Ergebnis der Erörterung mit den obersten Finanzbehörden der Länder nehme ich zur Anwendung der Rechtsgrundsätze des o. g. BFH-Urteils wie folgt Stellung:

I. Allgemeine Anwendung und Bedeutung des BFH-Urteils

Die Rechtsgrundsätze des BFH-Urteils vom 19. Oktober 1998 – VIII R 69/95 – sind in allen offenen Fällen anzuwenden. Tz. 49 des BMF-Schreibens vom 20. Dezember 1977 (BStBl 1978 I S. 8) ist damit überholt.

Das BFH-Urteil ist zwar nur für die Übertragung einer im Privatvermögen gehaltenen wesentlichen Beteiligung i. S. des § 17 EStG ergangen, gilt aber der Sache nach allgemein für die Übertragung einzelner Wirtschaftsgüter aus dem Privatvermögen in das betriebliche Gesamthandsvermögen einer Personengesellschaft gegen Gewährung von Gesellschaftsrechten.

II. Änderungen gegenüber der bisherigen Rechtsauffassung im Einzelnen

Im Einzelnen ergeben sich aus der Anwendung des o. g. BFH-Urteils folgende Änderungen gegenüber der bisherigen Rechtsauffassung:

1. Die Übertragung eines Einzelwirtschaftsguts aus dem Privatvermögen in das betriebliche Gesamthandsvermögen einer Personengesellschaft
   a) stellt einen tauschähnlichen Vorgang dar, wenn dem Einbringenden als Gegenleistung für das eingebrachte Einzelwirtschaftsgut Gesellschaftsrechte gewährt werden, die dem Wert des Wirtschaftsguts entsprechen (offene Sacheinlage). § 6 Abs. 1 Nr. 5 EStG kommt nicht zur Anwendung. Eine Gewährung von Gesellschaftsrechten ist anzunehmen, wenn die durch die Übertragung eintretende Erhöhung des Gesellschaftsvermögens dem Kapitalkonto des einbringenden Gesellschafters gutgeschrieben wird, das für seine Beteiligung am Gesellschaftsvermögen maßgebend ist (vgl. Tz. 24 des BMF-Schreibens vom 20. Dezember 1977 – BStBl 1978 I S. 8). Die Verbuchung auf einem Darlehenskonto stellt keine offene Sacheinlage dar. Zur Abgrenzung zwischen Darlehenskonto und Kapitalkonto vgl. das BMF-Schreiben vom 30. Mai 1997 (BStBl I S. 627),

---

[1]) jetzt Satz 8

b) stellt eine Einlage dar, wenn dem Einbringenden überhaupt keine Gesellschaftsrechte gewährt werden (verdeckte Einlage)[1]),

c)[2]) ist in einen tauschähnlichen Vorgang und eine Einlage aufzuteilen, wenn der Wert des übertragenen Wirtschaftsguts höher ist als die im Gegenzug eingeräumten Gesellschaftsrechte. Aufteilungsmaßstab ist das Verhältnis des Werts der gewährten Gesellschaftsrechte zum gemeinen Wert des übertragenen Wirtschaftsguts (vgl. BFH-Urteil vom 17. Juli 1980, BStBl 1981 II S. 11).

Da diese Grundsätze nicht nur bei der Einbringung wesentlicher Beteiligungen i. S. des § 17 EStG, sondern für alle Einzelwirtschaftsgüter gelten, führt z. B. die Einbringung von Grundstücken und grundstücksgleichen Rechten durch offene Sacheinlage in das betriebliche Gesamthandsvermögen einer Personengesellschaft innerhalb von zehn Jahren seit der Anschaffung im Privatvermögen zu einem privaten Veräußerungsgeschäft i. S. des § 23 Abs. 1 Satz 1 Nr. 1 EStG. Erfolgt die Einlage in das betriebliche Gesamthandsvermögen im Wege der verdeckten Einlage und wurde die Einlage nach dem 31. Dezember 1999 vorgenommen, liegt ein privates Veräußerungsgeschäft i. S. des § 23 Abs. 1 Satz 5 Nr. 1 EStG vor, wenn das eingelegte Wirtschaftsgut innerhalb eines Zeitraums von zehn Jahren seit der Anschaffung im Privatvermögen aus dem Betriebsvermögen veräußert wird.

2. Die o. a. Grundsätze gelten nicht nur bei der Einbringung in eine Personengesellschaft, sondern auch in eine andere Gesamthandsgemeinschaft (Gütergemeinschaft, Erbengemeinschaft).

3. Entsprechendes gilt bei der Übertragung eines Einzelwirtschaftsguts aus dem betrieblichen Gesamthandsvermögen einer Personengesellschaft oder anderen Gesamthandsgemeinschaft in das Privatvermögen. Das bedeutet, dass es sich auch im Falle der Übertragung gegen Minderung von Gesellschaftsrechten um einen tauschähnlichen Vorgang handelt.

III. Einbringung wertgeminderter wesentlicher Beteiligungen

In Fällen der Einbringung wertgeminderter wesentlicher Beteiligungen gilt Folgendes:

1. Die Einbringung einer wertgeminderten wesentlichen Beteiligung i. S. des § 17 EStG aus dem Privatvermögen in das betriebliche Gesamthandsvermögen einer Personengesellschaft gegen Gewährung von Gesellschaftsrechten stellt nach den Grundsätzen des BFH-Urteils vom 19. Oktober 1998 – VIII R 69/95 – einen tauschähnlichen Vorgang dar. Im Zeitpunkt der Einbringung entsteht ein Veräußerungsverlust, der nach Maßgabe des § 17 Abs. 2 Satz 4[3]) EStG zu berücksichtigen ist. R 140 Abs. 8 EStR findet keine Anwendung.

2.[4]) In Fällen der Einlage einer wertgeminderten wesentlichen Beteiligung in einen als Einzelunternehmen geführten Betrieb desselben Steuerpflichtigen oder in das Sonderbetriebsvermögen desselben Steuerpflichtigen bei einer Mitunternehmerschaft sind R 140 Abs. 8 EStR sowie das BMF-Schreiben vom 5. Dezember 1996 (BStBl I S. 1500) weiterhin anzuwenden. Gleiches gilt für die Übertragung in das betriebliche Gesamthandsvermögen einer Personengesellschaft, soweit dem Einbringenden keine oder nur teilweise Gesellschaftsrechte gewährt werden (vgl. Abschnitt I Ziffer 1 Buchstaben b und c).

IV. Übergangsregelung

Wird das Wirtschaftsgut vor dem 1. Juli 2000 in das bzw. aus dem Gesamthandsvermögen einer Personengesellschaft gegen Gewährung bzw. Minderung von Gesellschaftsrechten übertragen, so kann auf gemeinsamen Antrag der Beteiligten noch nach der bisherigen Auffassung der Finanzver-

---

[1]) >auch BMF vom 11.07.2011 (BStBl I S. 713), Anhang 24 II 2
[2]) >aber BMF vom 11.07.2011 (BStBl I S. 713), Abschnitt II.2.a, Anhang 24 II 2
[3]) jetzt Satz 6
[4]) überholt >H 17 (8) Einlage einer wertgeminderten Beteiligung

waltung verfahren werden, d. h. bei der Übertragung in das Gesellschaftsvermögen gegen Gewährung von Gesellschaftsrechten ist die Übertragung als Einlage (Tz. 49 des BMF-Schreibens vom 20. Dezember 1977, BStBl I S. 8) und bei der Übertragung in das Privatvermögen gegen Minderung von Gesellschaftsrechten als Entnahme zu behandeln. Die Beteiligten sind dann für die Zukunft an diese Behandlung gebunden. Bei einem gemeinsamen Antrag der Beteiligten ist die Einbringung auch für die Anwendung des § 23 EStG als Einlage anzusehen. Bei Einlagen, die nach dem 31. Dezember 1999 vorgenommen werden, ist § 23 Abs. 1 Satz 5 Nr. 1 EStG zu beachten.

Entscheidend für den Zeitpunkt der Übertragung ist der Zeitpunkt des Übergangs des wirtschaftlichen Eigentums.

2.
Behandlung der Einbringung zum Privatvermögen gehörender Wirtschaftsgüter in das betriebliche Gesamthandsvermögen einer Personengesellschaft
BMF vom 11.07.2011 (BStBl I S. 713)
IV C 6 – S 2178/09/10001 – 2011/0524044

Bei der Behandlung der Einbringung einzelner zum Privatvermögen gehörender Wirtschaftsgüter in das betriebliche Gesamthandsvermögen einer Personengesellschaft als tauschähnlicher Vorgang ist die Frage aufgeworfen worden, unter welchen Voraussetzungen bei Anwendung der BFH-Urteile vom 24. Januar 2008 – IV R 37/06 – (BStBl 2011 II S. 617) und vom 17. Juli 2008 – I R 77/06 – (BStBl 2009 II S. 464) weiterhin vom Vorliegen einer verdeckten Einlage i. S. d. Ausführungen zu Abschnitt II.1.b) des BMF-Schreibens vom 29. März 2000 (BStBl I S. 462) auszugehen ist.

Hierzu nehme ich unter Bezugnahme auf das Ergebnis der Erörterungen mit den obersten Finanzbehörden der Länder wie folgt Stellung:

I. Übertragung gegen Gewährung von Gesellschaftsrechten

Erhöht sich durch die Übertragung eines Wirtschaftsguts der Kapitalanteil des Einbringenden, liegt insoweit eine Übertragung gegen Gewährung von Gesellschaftsrechten vor.

Für die Frage, ob als Gegenleistung für die Übertragung Gesellschaftsrechte gewährt werden, ist grundsätzlich das Kapitalkonto der Handelsbilanz (z. B. bei einer OHG nach § 120 Absatz 2 HGB) maßgebend, wonach sich die Gesellschaftsrechte – wenn nichts anderes vereinbart ist – nach dem handelsrechtlichen Kapitalanteil des Gesellschafters richten. Dieser Kapitalanteil ist nach dem Regelstatut des HGB z. B. für die Verteilung des Jahresgewinns, für Entnahmerechte und für die Auseinandersetzungsansprüche von Bedeutung (bei einer OHG betrifft dies §§ 121, 122 und 155 HGB).

Werden die handelsrechtlichen Vorschriften abbedungen und nach den gesellschaftsvertraglichen Vereinbarungen mehrere (Unter-)Konten geführt, gilt für die steuerliche Beurteilung Folgendes:

1. Kapitalkonto I

Erfolgt als Gegenleistung für die Übertragung die Buchung auf dem Kapitalkonto I, ist von einer Übertragung gegen Gewährung von Gesellschaftsrechten auszugehen. Als maßgebliche Gesellschaftsrechte kommen die Gewinnverteilung, die Auseinandersetzungsansprüche sowie Entnahmerechte in Betracht. Die bloße Gewährung von Stimmrechten stellt allein keine Gegenleistung im Sinne einer Gewährung von Gesellschaftsrechten dar, da Stimmrechte allein keine vermögensmäßige Beteiligung an der Personengesellschaft vermitteln.

2. Weitere – variable – Gesellschafterkonten[1])

Werden neben dem Kapitalkonto I weitere gesellschaftsvertraglich vereinbarte – variable – Gesellschafterkonten geführt, so kommt es für deren rechtliche Einordnung auf die jeweiligen vertraglichen Abreden im Gesellschaftsvertrag an. Ein wesentliches Indiz für das Vorliegen eines Kapitalkontos ist die gesellschaftsvertragliche Vereinbarung, dass auf dem jeweiligen Konto auch Verluste gebucht

---

[1]) Tz. I. 2 ist insoweit überholt, als danach sowohl eine Buchung, die ausschl. auf einem variablen Kapitalkonto (insbesondere dem Kapitalkonto II) erfolgt, als auch eine Buchung, die teilweise auf einem variablen Kapitalkonto (insbesondere dem Kapitalkonto II) und teilweise auf einem gesamthänderisch gebundenen Rücklagenkonto erfolgt, zu einer Gewährung von Gesellschaftsrechten und damit zu einem entgeltlichen Vorgang führt.
Auf gemeinsamen Antrag des Übertragenden oder des Einbringenden und der übernehmenden Personengesellschaft kann in noch offenen Fällen die bisherige Verwaltungsauffassung, wonach auch eine Buchung auf dem Kapitalkonto II zu einer Gewährung von Gesellschaftsrechten führt, für Übertragungen und Einbringungen bis zum 31.12.2016 weiterhin angewendet werden (>BMF vom 26.07.2016 – BStBl I S. 684).

Anhang 24

II Mitunternehmer

werden, vgl. hierzu BMF-Schreiben vom 30. Mai 1997 (BStBl I S. 627[1])) sowie BFH-Urteil vom 26. Juni 2007 – IV R 29/06 – (BStBl 2008 II S. 103).

Liegt nach diesen Maßstäben (Buchung auch von Verlusten) ein (weiteres) Kapitalkonto II vor, gilt Folgendes:

Auch wenn das Kapitalkonto eines Gesellschafters in mehrere Unterkonten aufgegliedert wird, bleibt es gleichwohl ein einheitliches Kapitalkonto. Eine Buchung auf einem Unterkonto des einheitlichen Kapitalkontos (und damit auch auf dem Kapitalkonto II) führt demnach regelmäßig zu einer Gewährung von Gesellschaftsrechten.

Handelt es sich bei dem betreffenden Gesellschafterkonto nicht um ein Kapitalkonto, ist regelmäßig von einem Darlehenskonto auszugehen. Erfolgt die Übertragung von Einzelwirtschaftsgütern gegen Buchung auf einem Darlehenskonto, so kann dieses Konto keine Gesellschaftsrechte gewähren; wegen des Erwerbs einer Darlehensforderung durch den übertragenden Gesellschafter liegt insoweit ein entgeltlicher Vorgang vor, der nach § 6 Absatz 1 Nummer 1 oder 2 EStG zu bewerten ist.

II. Abgrenzung der entgeltlichen von der unentgeltlichen Übertragung (verdeckte Einlage)

1. Abgrenzungsmerkmale

Soweit dem Einbringenden überhaupt keine Gesellschaftsrechte und auch keine sonstigen Gegenleistungen (einschließlich der Begründung einer Darlehensforderung bei Buchung auf einem Darlehenskonto) gewährt werden, liegt mangels Gegenleistung eine verdeckte Einlage vor. Sie ist nach § 4 Absatz 1 Satz 8 i. V. m. § 6 Absatz 1 Nummer 5 EStG zu bewerten, auch wenn sie in der Steuerbilanz der Gesellschaft das Eigenkapital erhöht. In den übrigen Fällen liegen – vorbehaltlich der Ausführungen zu Ziffer 2.d) – stets in vollem Umfang entgeltliche Übertragungsvorgänge vor.

2. Buchungstechnische Behandlung

a) Voll entgeltliche Übertragungsfälle

In den Fällen der vollständigen Gegenbuchung des gemeinen Werts des auf die Personengesellschaft übertragenen (eingebrachten) Wirtschaftsguts[2])

– auf dem Kapitalkonto I oder auf einem variablen Kapitalkonto (z. B. Kapitalkonto II),
– auf dem Kapitalkonto I und teilweise auf einem variablen Kapitalkonto oder
– teilweise auf dem Kapitalkonto I oder einem variablen Kapitalkonto **und** teilweise auf einem gesamthänderisch gebundenen Rücklagenkonto der Personengesellschaft

liegt stets ein in vollem Umfang entgeltlicher Übertragungsvorgang vor; eine Aufteilung der Übertragung in einen entgeltlichen und einen unentgeltlichen Teil ist in diesen Fällen nicht vorzunehmen (BFH-Urteile vom 24. Januar 2008 – IV R 37/06 – BStBl 2011 II S. 617 und vom 17. Juli 2008 – I R 77/06 – BStBl 2009 II S. 464).

Beispiel 1:
A und B sind Gesellschafter der betrieblich tätigen AB-OHG. Ihre Gesellschaftsanteile (Kapitalkonto I) betragen jeweils 50.000 €. A bringt ein Grundstück (gemeiner Wert 400.000 €, angeschafft im Privatvermögen des A vor 10 Jahren für 40.000 €) in das Gesamthandsvermögen der OHG ein und erhält dafür weitere Gesellschaftsrechte (Kapitalkonto I) i. H. v. 40.000 €. Nach den ausdrücklichen Bestimmungen in

---

[1]) >Anhang 29 II
[2]) Tz. II. 2. a) erster und dritter Spiegelstrich ist insoweit überholt, als danach sowohl eine Buchung, die ausschl. auf einem variablen Kapitalkonto (insbesondere dem Kapitalkonto II) erfolgt, als auch eine Buchung, die teilweise auf einem variablen Kapitalkonto (insbesondere dem Kapitalkonto II) und teilweise auf einem gesamthänderisch gebundenen Rücklagenkonto erfolgt, zu einer Gewährung von Gesellschaftsrechten und damit zu einem entgeltlichen Vorgang führt.
Auf gemeinsamen Antrag des Übertragenden oder des Einbringenden und der übernehmenden Personengesellschaft kann in noch offenen Fällen die bisherige Verwaltungsauffassung, wonach auch eine Buchung auf dem Kapitalkonto II zu einer Gewährung von Gesellschaftsrechten führt, für Übertragungen und Einbringungen bis zum 31.12.2016 weiterhin angewendet werden (>BMF vom 26.07.2016 – BStBl I S. 684).

der Einbringungsvereinbarung wird der Restbetrag von 360.000 € auf einem gesamthänderisch gebundenen Kapitalrücklagenkonto gutgeschrieben und das Grundstück wird mit 400.000 € in der Gesamthandsbilanz der OHG erfasst.

Lösung:
Da eine Buchung des Vorgangs teilweise auf dem Kapitalkonto I und teilweise auf dem gesamthänderisch gebundenen Kapitalrücklagenkonto erfolgt ist, liegt ein in vollem Umfang entgeltlicher Übertragungsvorgang vor; eine Aufteilung der Übertragung in einen entgeltlichen und einen unentgeltlichen Teil ist nicht vorzunehmen.

b) Unentgeltliche Übertragungsfälle[1])

Eine Übertragung im Wege der verdeckten Einlage und damit ein unentgeltlicher Vorgang ist nur dann anzunehmen, wenn dem Einbringenden überhaupt keine Gesellschaftsrechte gewährt werden und demzufolge die Übertragung des Wirtschaftsguts **ausschließlich** auf einem gesamthänderisch gebundenen Kapitalrücklagenkonto gutgeschrieben wird oder – was handelsrechtlich zulässig sein kann – als Ertrag gebucht wird.

In beiden Fällen erhöht dies zwar das Eigenkapital der Gesellschaft. Dem Einbringenden werden aber hierdurch keine zusätzlichen Gesellschaftsrechte gewährt. Bei der ausschließlichen Buchung auf einem gesamthänderisch gebundenen Kapitalrücklagenkonto erlangt der übertragende Gesellschafter nämlich anders als bei der Buchung auf einem Kapitalkonto keine individuelle Rechtsposition, die ausschließlich ihn bereichert. Bei der Buchung auf einem gesamthänderisch gebundenen Kapitalrücklagenkonto wird vielmehr der Auseinandersetzungsanspruch aller Gesellschafter entsprechend ihrer Beteiligung dem Grunde nach gleichmäßig erhöht. Der Mehrwert fließt also – ähnlich wie bei einer Buchung auf einem Ertragskonto – in das gesamthänderisch gebundene Vermögen der Personengesellschaft und kommt dem übertragenden Gesellschafter ebenso wie allen anderen Mitgesellschaftern nur als reflexartige Wertsteigerung seiner Beteiligung zugute. Mangels Gegenleistung an den übertragenden Gesellschafter liegt deshalb hier ein unentgeltlicher Vorgang im Sinne einer verdeckten Einlage vor.

c) Fehlende Interessengegensätze auf Gesellschafterebene

Die Ausführungen unter b) gelten grundsätzlich auch für die Fälle, in denen auf der Ebene der vermögensmäßig beteiligten Gesellschafter kein Interessengegensatz zu verzeichnen ist, wie es beispielsweise in den Fällen der „Einmann-GmbH & Co. KG" anzunehmen ist. In diesen Fällen obliegt die Entscheidung ausschließlich dem Gesellschafter selbst, eine vollständige Buchung auf einem gesamthänderisch gebundenen Kapitalrücklagenkonto später wieder rückgängig zu machen (z. B. durch Auflösung des Kapitalrücklagenkontos gegen Gutschrift auf seinem Kapitalkonto, so dass der ursprünglich angenommene unentgeltliche Vorgang später nicht mehr gegeben ist, weil die – im Nachhinein vorgenommene – Umbuchung auf das Kapitalkonto gerade nicht zu einem unentgeltlichen Vorgang führt). Insbesondere in den Fällen der Übertragung von Grundstücken auf eine „Einmann-GmbH & Co. KG" ist daher zu prüfen, ob im Hinblick auf die Anwendbarkeit des § 23 Absatz 1 Satz 1 Nummer 1 EStG ein Missbrauch von rechtlichen Gestaltungsmöglichkeiten i. S. d. § 42 AO anzunehmen ist, wenn die Übertragung des Wirtschaftsguts (zunächst) vollständig auf einem gesamthänderisch gebundenen Kapitalrücklagenkonto gutgeschrieben wird.

---

[1]) Tz. II. 2. b) ist insoweit überholt, als danach sowohl eine Buchung, die ausschl. auf einem variablen Kapitalkonto (insbesondere dem Kapitalkonto II) erfolgt, als auch eine Buchung, die teilweise auf einem variablen Kapitalkonto (insbesondere dem Kapitalkonto II) und teilweise auf einem gesamthänderisch gebundenen Rücklagenkonto erfolgt, zu einer Gewährung von Gesellschaftsrechten und damit zu einem entgeltlichen Vorgang führt.
Auf gemeinsamen Antrag des Übertragenden oder des Einbringenden und der übernehmenden Personengesellschaft kann in noch offenen Fällen die bisherige Verwaltungsauffassung, wonach auch eine Buchung auf dem Kapitalkonto II zu einer Gewährung von Gesellschaftsrechten führt, für Übertragungen und Einbringungen bis zum 31.12.2016 weiterhin angewendet werden (>BMF vom 26.07.2016 – BStBl I S. 684).

Anhang 24
II Mitunternehmer

d) Teilentgeltliche Übertragungsvorgänge

Wird im Falle einer Übertragung eines Einzelwirtschaftsguts ausdrücklich ein den gemeinen Wert unterschreitender Wertansatz vereinbart (z. B. wegen einer Zuwendungsabsicht), ist der überschießende Wertanteil als verdeckte Einlage zu qualifizieren, vgl. hierzu auch Ziffer I.4 der Entscheidungsgründe des BFH-Urteils vom 17. Juli 2008 – I R 77/06 – (BStBl 2009 II S. 464). Sofern die Übertragung im Übrigen als entgeltliche Übertragung zu beurteilen ist, ist der Vorgang in einen entgeltlichen und einen unentgeltlichen Anteil aufzuteilen (sog. „Trennungstheorie").

Beispiel 2 (Abwandlung des Beispiels 1):
A und B sind Gesellschafter der betrieblich tätigen AB-OHG. Ihre Gesellschaftsanteile (Kapitalkonto I) betragen jeweils 50.000 €. A bringt ein Grundstück (gemeiner Wert 400.000 €, angeschafft im Privatvermögen des A vor 10 Jahren für 40.000 €) in das Gesamthandsvermögen der OHG ein. Im zugrunde liegenden Einbringungsvertrag ist ausdrücklich ein Einbringungswert von (nur) 40.000 € und demgemäß die Gewährung weiterer Gesellschaftsrechte (Kapitalkonto I) i. H. v. (nur) 40.000 € vereinbart worden. Das Grundstück wird gemäß dieser (bewussten) Vereinbarung mit 40.000 € in der Gesamthandsbilanz der OHG erfasst und das Kapitalkonto des A wird um 40.000 € erhöht. Weitere Buchungen durch die Beteiligten erfolgen nicht.

Lösung:
Wäre das Grundstück nach den Bestimmungen der Einbringungsvereinbarung in der Bilanz der OHG mit 400.000 € angesetzt und der Differenzbetrag von 360.000 € auf einem gesamthänderisch gebundenen Rücklagenkonto gebucht worden, würde es sich nach den Ausführungen unter Ziffer 2.a) um einen in vollem Umfang entgeltlichen Übertragungsvorgang handeln (siehe auch die Lösung des Beispiels 1). Im vorliegenden Fall aber, in dem das Grundstück nach den Bestimmungen in der Einbringungsvereinbarung bewusst nur mit 40.000 € angesetzt und der Differenzbetrag von 360.000 € durch die Beteiligten buchungstechnisch zunächst überhaupt nicht erfasst wird, ist von einem teilentgeltlichen Vorgang auszugehen, da das Grundstück nach dem ausdrücklichen Willen der Beteiligten unter Wert eingebracht werden sollte. Für diesen Fall der Einbringung unter Wert sind die Ausführungen im BMF-Schreiben vom 29. März 2000 (BStBl 2000 I S. 462) zu Abschnitt II.1.c) weiterhin anzuwenden; im Übrigen sind diese Ausführungen aufgrund der Ausführungen oben unter Ziffer 2.a) zu den voll entgeltlichen Übertragungsvorgängen überholt.
Im Beispiel 2 liegt ein teilentgeltlicher Vorgang vor, weil das Grundstück zu 10 % (40.000 €/400.000 €) entgeltlich und zu 90 % (360.000 €/400.000 €) unentgeltlich übertragen wird. Hinsichtlich des entgeltlich übertragenen Teils ist das Grundstück deshalb in der Bilanz der OHG mit dem Veräußerungspreis von 40.000 € (= Wert der hingegebenen Gesellschaftsrechte) anzusetzen. Hinsichtlich des unentgeltlich übertragenen Teils ist das Grundstück nach Einlagegrundsätzen gemäß § 4 Absatz 1 Satz 8 EStG i. V. m. § 6 Absatz 1 Nummer 5 Satz 1 EStG mit dem anteiligen Teilwert in Höhe von 360.000 € (90 % von 400.000 €) anzusetzen. Das Grundstück ist deshalb richtigerweise auch bei einer teilentgeltlichen Übertragung mit 400.000 € in der Bilanz der OHG zu erfassen. Aufgrund der Teilentgeltlichkeit des Übertragungsvorgangs ist der den Wert der auf dem Kapitalkonto I verbuchten Gesellschaftsrechte übersteigende Betrag von 360.000 € innerhalb der Bilanz der OHG als Ertrag zu behandeln. Diese Ertragsbuchung ist durch eine entsprechende gegenläufige außerbilanzielle Korrektur zu neutralisieren. Aufgrund der ausdrücklichen Bestimmungen in der Einbringungsvereinbarung (Einbringung unter Wert) kommt hier eine Buchung des übersteigenden Betrags von 360.000 € auf einem gesamthänderischen Rücklagenkonto oder auf einem variablen Kapitalkonto (Kapitalkonto II) nicht in Betracht, weil diese Vorgehensweise nach den unter Ziffer 2.a) dargestellten Grundsätzen zur Annahme eines voll entgeltlichen Übertragungsgeschäfts führen würde, was nach der zugrunde liegenden Einbringungsvereinbarung von den Beteiligten gerade nicht gewollt war.

III. Bloße Nutzungsänderung oder Eintritt der Voraussetzungen des § 15 Absatz 3 Nummer 2 EStG

Unter I. und II. werden ausschließlich die Fälle der Übertragung von Wirtschaftsgütern auf gesellschaftsrechtlicher Grundlage behandelt. Hiervon zu unterscheiden sind die Fälle einer bloßen Nutzungsänderung oder des Eintritts der Voraussetzungen des § 15 Absatz 3 Nummer 2 EStG. Die Regelungen unter I. und II. finden bei der Überführung eines Wirtschaftsguts aus dem steuerlichen Privatvermögen der Personengesellschaft in deren Betriebsvermögen keine Anwendung, so z. B. in den Fällen einer bloßen Nutzungsänderung hinsichtlich einzelner Wirtschaftsgüter wie etwa Grundstücke. Das Gleiche gilt in den Fällen des (späteren) Eintritts der Voraussetzungen einer gewerblichen Prägung der Personengesellschaft nach § 15 Absatz 3 Nummer 2 EStG).

IV. Übergangsregelung

Dieses Schreiben ersetzt das BMF-Schreiben vom 26. November 2004 (BStBl I S. 1190). Sofern die in den Urteilen vom 24. Januar 2008 – IV R 37/06 – (BStBl 2011 II S. 617) und vom 17. Juli 2008 – I R 77/06 – (BStBl 2009 II S. 464) geäußerte Rechtsauffassung des BFH zur vollen Entgeltlichkeit von Übertragungsvorgängen zu einer Verschärfung gegenüber der bisher geltenden Auffassung der Finanzverwaltung führt, kann auf Antrag die bisherige Verwaltungsauffassung für Übertragungsvorgänge bis zum 30. Juni 2009 weiterhin angewendet werden (Übergangsregelung). Bei Anwendung der Übergangsregelung liegt, soweit eine Buchung teilweise auch auf einem gesamthänderisch gebundenen Kapitalrücklagenkonto erfolgt, ein unentgeltlicher Vorgang (verdeckte Einlage) vor; ein entgeltlicher Vorgang liegt nur insoweit vor, als die Buchung auf dem Kapitalkonto erfolgt. Voraussetzung für die Anwendung der Übergangsregelung ist, dass der das Wirtschaftsgut Übertragende und der Übernehmer des Wirtschaftsguts einheitlich verfahren und dass der Antragsteller damit einverstanden ist, dass die Anwendung der Übergangsregelung z. B. die Rechtsfolge des § 23 Absatz 1 Satz 5 Nummer 1 EStG auslöst.

Realteilung;
Anwendung von § 16 Absatz 3 Satz 2 bis 4 und Absatz 5 EStG

BMF vom 19.12.2018 (BStBl I 2019 S. 6)
IV C 6 – S 2242/07/10002 – 2018/0795144

Inhaltsverzeichnis

		Rn.
I.	Abgrenzung „echte" Realteilung und „unechte" Realteilung	1 – 4
II.	Gegenstand der Realteilung	5 – 7
III.	Begünstigte Realteilung	8 – 11
IV.	Übertragung in das jeweilige Betriebsvermögen der einzelnen Mitunternehmer	12 – 14
	1. Umfang des Betriebsvermögens	12 – 13
	2. Betriebsverpachtung im Ganzen	14
V.	Sicherstellung der Versteuerung der stillen Reserven	15
VI.	Realteilung und Spitzen- oder Wertausgleich	16 – 21
VII.	Ansatz des übernommenen Betriebsvermögens	22 – 23
VIII.	Sperrfrist	24 – 27
	1. Realteilung durch Übertragung von Einzelwirtschaftsgütern	24 – 26
	2. Realteilung durch Übertragung von Teilbetrieben	27
IX.	Folgen bei Veräußerung oder Entnahme während der Sperrfrist	28 – 31
X.	Zeitliche Anwendung	32

Im Einvernehmen mit den obersten Finanzbehörden der Länder gilt für die Anwendung des § 16 Absatz 3 Satz 2 bis 4 und Absatz 5 EStG Folgendes:

I. Abgrenzung „echte" Realteilung und „unechte" Realteilung

1 Die „echte" Realteilung i. S. d. § 16 Absatz 3 Satz 2 und 3 EStG ist durch den auf der Ebene der Mitunternehmerschaft verwirklichten Tatbestand der Betriebsaufgabe i. S. d. § 16 Absatz 3 Satz 1 EStG gekennzeichnet (BFH vom 16. März 2017, IV R 31/14, BStBl 2019 II S. 24). Eine Betriebsaufgabe auf Ebene der Mitunternehmerschaft und damit ein Fall der „echten" Realteilung liegt auch bei Ausscheiden eines Mitunternehmers unter Übertragung eines Teilbetriebs, eines (Teil-)Mitunternehmeranteils an einer Tochter-Personengesellschaft oder von Einzelwirtschaftsgütern aus einer zweigliedrigen Mitunternehmerschaft und Fortführung des Betriebs durch den verbleibenden Mitunternehmer in Form eines Einzelunternehmens vor.

2 Scheidet ein Mitunternehmer aus einer mehrgliedrigen Mitunternehmerschaft gegen Übertragung von Wirtschaftsgütern des Betriebsvermögens, die beim ausscheidenden Mitunternehmer zumindest teilweise weiterhin Betriebsvermögen darstellen, aus und wird diese im Übrigen von den verbleibenden Mitunternehmern als Mitunternehmerschaft fortgeführt, liegt ein Fall der „unechten" Realteilung vor (BFH vom 16. März 2017, IV R 31/14, BStBl 2019 II S. 24). Dies gilt unabhängig davon, ob der ausscheidende Mitunternehmer einen Teilbetrieb (BFH vom 17. September 2015, III R 49/13, BStBl 2017 II S. 37), einen Mitunternehmeranteil oder nur Einzelwirtschaftsgüter (BFH vom 30. März 2017, IV R 11/15, BStBl 2019 II S. 29) erhält. Entsprechendes gilt im Fall von doppelstöckigen Personengesellschaften beim Ausscheiden aus der Mutter-Personengesellschaft gegen Übertragung eines Teils eines Mitunternehmeranteils an einer Tochter-

Personengesellschaft. Kein Fall der „unechten" Realteilung liegt vor, wenn der ausscheidende Mitunternehmer die ihm im Rahmen seines Ausscheidens übertragenen Einzelwirtschaftsgüter vollständig ins Privatvermögen überführt. In diesem Fall erzielt der ausscheidende Mitunternehmer einen Veräußerungsgewinn.

Scheidet ein Mitunternehmer aus einer Mitunternehmerschaft in der Weise aus, dass sein Mitunternehmeranteil den verbleibenden Mitunternehmern oder dem letzten verbleibenden Mitunternehmer anwächst und er eine Abfindung in Geld erhält, liegt ebenfalls kein Fall der Realteilung vor.

Die nachfolgenden Grundsätze der Realteilung gelten sowohl für die „echte" Realteilung als auch für die „unechte" Realteilung (BFH vom 16. März 2017, IV R 31/14, BStBl 2019 II S. 24).

II. Gegenstand der Realteilung

Gegenstand einer Realteilung ist das Gesamthandsvermögen der Mitunternehmerschaft. Das Sonderbetriebsvermögen ist nur insoweit Gegenstand der Realteilung, als es im Rahmen der Realteilung auf einen anderen Mitunternehmer übertragen wird. Die Überführung von Wirtschaftsgütern des Sonderbetriebsvermögens eines Mitunternehmers in ein anderes (Sonder-)Betriebsvermögen desselben Mitunternehmers ist nicht Bestandteil einer Realteilung und richtet sich nach den Grundsätzen des § 6 Absatz 5 Satz 2 EStG. Die Realteilung kann durch Übertragung von Teilbetrieben, Mitunternehmeranteilen oder Einzelwirtschaftsgütern erfolgen. Mitunternehmeranteile in diesem Sinne sind auch Teile von Mitunternehmeranteilen. Die Übertragung von Mitunternehmeranteilen stellt keinen Fall der Übertragung von Einzelwirtschaftsgütern mit der Folge der Anwendbarkeit der Sperrfrist dar (vgl. VIII.).

Die Übertragung einer 100%igen Beteiligung an einer Kapitalgesellschaft ist als Übertragung eines Teilbetriebs zu behandeln.

Die vorherige Einbringung der Anteile an einer Mitunternehmerschaft in andere Personengesellschaften steht einer Realteilung der Mitunternehmerschaft mit Buchwertfortführung nicht entgegen, wenn an den anderen Personengesellschaften vermögensmäßig nur die Personen beteiligt sind, die zuvor auch an der Mitunternehmerschaft vermögensmäßig beteiligt waren (BFH vom 16. Dezember 2015, IV R 8/12, BStBl 2017 II S. 766). Die tatbestandlichen Voraussetzungen des § 16 Absatz 3 Satz 2 EStG und insbesondere die Übertragung auf einen Mitunternehmer müssen gleichwohl im Zeitpunkt der Übertragung vorliegen.

III. Begünstigte Realteilung

Hinsichtlich der im Rahmen einer Realteilung übertragenen Wirtschaftsgüter findet § 6 Absatz 5 Satz 3 EStG keine Anwendung (BFH vom 30. März 2017, IV R 11/15, BStBl 2019 II S. 29); vgl. jedoch Rn. 5 zum Gegenstand der Realteilung. Unschädlich für die Annahme einer im Übrigen steuerneutralen Realteilung ist die Zahlung eines Spitzen- oder Wertausgleichs (siehe auch VI.). Es ist nicht erforderlich, dass jeder Realteiler wesentliche Betriebsgrundlagen des Gesamthandsvermögens erhält. Wesentliche Betriebsgrundlage i. S. d. § 16 Absatz 3 Satz 3 EStG sind Wirtschaftsgüter, in denen erhebliche stille Reserven ruhen (quantitative Betrachtungsweise) oder Wirtschaftsgüter, die zur Erreichung des Betriebszwecks erforderlich sind und denen ein besonderes wirtschaftliches Gewicht für die Betriebsführung zukommt (funktionale Betrachtungsweise).

Im Fall einer echten Realteilung stellen die in das Privatvermögen übertragenen Wirtschaftsgüter Entnahmen der Realteilungsgemeinschaft dar. Im Übrigen sind zwingend die Buchwerte fortzuführen.

Anhang 24
III   Mitunternehmer

10 Werden im Fall der unechten Realteilung einzelne Wirtschaftsgüter in das Privatvermögen des ausscheidenden Mitunternehmers übertragen, realisiert nur er einen Veräußerungsgewinn i. S. v. § 16 Absatz 2 EStG. Im Rahmen der Ermittlung des Gewinnes i. S. v. § 16 Absatz 2 EStG ist als Veräußerungspreis der gemeine Wert der in das Privatvermögen gelangten Wirtschaftsgüter und der Buchwert der im Rahmen der Realteilung erhaltenen und in das Betriebsvermögen des ausscheidenden Mitunternehmers gelangten Wirtschaftsgüter anzusetzen. Die verbleibenden Mitunternehmer realisieren auf Ebene der Mitunternehmerschaft einen laufenden Gewinn aus der Veräußerung der in das Privatvermögen des ausgeschiedenen Mitunternehmers übertragenen Wirtschaftsgüter. Insoweit sind die Buchwerte der in der Mitunternehmerschaft verbleibenden Wirtschaftsgüter anteilig aufzustocken.

11 Eine begünstigte Realteilung i. S. d. § 16 Absatz 3 Satz 2 EStG ist insoweit nicht gegeben, als Einzelwirtschaftsgüter der real zu teilenden Mitunternehmerschaft unmittelbar oder mittelbar in das Betriebsvermögen einer Körperschaft, Personenvereinigung oder Vermögensmasse übertragen werden (§ 16 Absatz 3 Satz 4 EStG) und die Körperschaft nicht schon bisher mittelbar oder unmittelbar an dem übertragenen Wirtschaftsgut beteiligt war. Dies gilt auch dann, wenn an der real zu teilenden Mitunternehmerschaft ausschließlich Körperschaften, Personenvereinigungen oder Vermögensmassen beteiligt sind.

IV. Übertragung in das jeweilige Betriebsvermögen der einzelnen Mitunternehmer

1. Umfang des Betriebsvermögens

12 Voraussetzung für die Buchwertfortführung ist, dass das übernommene Betriebsvermögen nach der Realteilung weiterhin Betriebsvermögen bleibt. Hierfür ist es ausreichend, wenn erst im Rahmen der Realteilung bei den Realteilern durch die Übertragung einzelner Wirtschaftsgüter ein neuer Betrieb (z. B. durch Begründung einer Betriebsaufspaltung) entsteht. Es ist demnach nicht erforderlich, dass die Realteiler bereits vor der Realteilung außerhalb der real zu teilenden Mitunternehmerschaft noch Betriebsvermögen (z. B. im Rahmen eines Einzelunternehmens) haben. Das übernommene Betriebsvermögen muss in das jeweilige Betriebsvermögen des einzelnen Realteilers übertragen werden. Hierzu zählt auch das Sonderbetriebsvermögen bei einer anderen Mitunternehmerschaft. Eine Übertragung einzelner Wirtschaftsgüter des Gesamthandsvermögens in das Gesamthandsvermögen einer anderen Mitunternehmerschaft, an der der Realteiler ebenfalls beteiligt ist, ist jedoch zu Buchwerten nicht möglich. Dies gilt auch dann, wenn es sich um eine personenidentische Schwesterpersonengesellschaft handelt.

13 Beim Übergang eines Mitunternehmeranteils oder eines Teils eines Mitunternehmeranteils ist eine Übertragung in ein weiteres Betriebsvermögen des Realteilers nicht erforderlich.

2. Betriebsverpachtung im Ganzen

14 Erfolgt die Realteilung durch Übertragung von Teilbetrieben, können diese Teilbetriebe anschließend im Rahmen einer Betriebsverpachtung im Ganzen verpachtet werden (BFH vom 14. Dezember 1978, IV R 106/75, BStBl 1979 II S. 300). Wird ein land- und forstwirtschaftlicher Betrieb im Wege der Realteilung mit Einzelwirtschaftsgütern geteilt, kann das Verpächterwahlrecht nach der Realteilung erstmalig begründet oder fortgeführt werden, wenn die erhaltenen Wirtschaftsgüter bei dem Realteiler nach der Realteilung einen selbständigen land- und forstwirtschaftlichen Betrieb darstellen (vgl. BMF vom 1. Dezember 2000, BStBl I S. 1556)[1].

---

[1] jetzt aber § 14 Abs. 3 i. V. m. § 52 Abs. 22c

V. Sicherstellung der Versteuerung der stillen Reserven

Eine Übertragung des übernommenen Betriebsvermögens des Realteilers zu Buchwerten in ein anderes Betriebsvermögen ist nur dann möglich, wenn die Besteuerung der stillen Reserven weiterhin sichergestellt ist. Dies ist z. B. dann nicht der Fall, wenn die Wirtschaftsgüter in eine ausländische Betriebsstätte übertragen werden (§ 16 Absatz 3 Satz 2 i. V. m. § 4 Absatz 1 Satz 4 EStG).

VI. Realteilung und Spitzen- oder Wertausgleich

Eine Realteilung mit Spitzenausgleich liegt vor, wenn ein Mitunternehmer aus eigenen Mitteln einen Ausgleich an den anderen Mitunternehmer leistet, weil er etwa im Rahmen der Realteilung Wirtschaftsgüter übernommen hat, deren Verkehrswerte den Wert seines Anteils am Gesamthandsvermögen übersteigen (BFH vom 11. April 2013, III R 32/12, BStBl 2014 II S. 242).

Wird ein Spitzen- oder Wertausgleich gezahlt, liegt im Verhältnis des Spitzenausgleichs zum Wert des übernommenen Betriebsvermögens ein entgeltliches Geschäft vor. In Höhe des um den anteiligen Buchwert verminderten Spitzenausgleichs entsteht ein Veräußerungsgewinn für den veräußernden Realteiler oder die veräußernde Mitunternehmerschaft. Dieser Gewinn ist nicht nach §§ 16 und 34 EStG begünstigt, sondern als laufender Gewinn zu versteuern. Die „echte" Realteilung ist auch nach Gewerbesteuerrecht eine Betriebsaufgabe (BFH vom 17. Februar 1994, VIII R 13/94, BStBl II S. 809); im Fall der Sperrfristverletzung ist die rückwirkende Aufdeckung (§ 16 Absatz 3 Satz 3 EStG) vorgenannter stiller Reserven diesem Vorgang zuzuordnen (vgl. Rn. 24 ff.).

Der Gewinn rechnet grundsätzlich nicht zum Gewerbeertrag nach § 7 Satz 1 GewStG. Der Gewinn aus der Aufdeckung der stillen Reserven ist aber nach § 7 Satz 2 GewStG als Gewerbeertrag zu erfassen, soweit er nicht auf eine natürliche Person als unmittelbar beteiligter Mitunternehmer entfällt.

Bei einer „unechten" Realteilung gehört der Gewinn aus der Aufdeckung der stillen Reserven durch die Übertragung von Wirtschaftsgütern an den ausscheidenden Mitunternehmer oder die Mitunternehmerschaft zum laufenden Gewerbeertrag.

Beispiel 1 („echte" Realteilung):
A und B sind Mitunternehmer eines aus zwei Teilbetrieben bestehenden Gewerbebetriebs. Teilbetriebsvermögen 1 hat einen Wert von 2 Mio. € und einen Buchwert von 200.000 €. Teilbetriebsvermögen 2 hat einen Wert von 1,6 Mio. € und einen Buchwert von 160.000 €. Im Wege der Realteilung erhält A das Teilbetriebsvermögen 1 und B das Teilbetriebsvermögen 2. Außerdem zahlt A an B eine Abfindung von 200.000 €.

Lösung:
A stehen bei der Realteilung wertmäßig 1,8 Mio. € (50 % von 3,6 Mio. €) zu. Da er aber 2 Mio. € erhält, also 200.000 € mehr, zahlt er diesen Betrag für 1/10 (10 % von 2 Mio. € = 200.000 €) des Teilbetriebsvermögens 1, das er mehr erhält. A erwirbt also 9/10 des Teilbetriebsvermögens 1 unentgeltlich und 1/10 entgeltlich. Auf diese 1/10 entfällt ein Buchwert von 20.000 €, so dass A die Aktivwerte um 180.000 € (200.000 € Abfindung abzgl. anteiligem Buchwert von 20.000 €) aufstocken muss und B einen als laufenden Gewinn zu versteuernden Veräußerungsgewinn von 180.000 € (200.000 € Abfindung ./. 20.000 € anteiliger Buchwert) zu versteuern hat.

Beispiel 2 („unechte" Realteilung):
A, B und C sind zu gleichen Teilen Mitunternehmer eines aus zwei Teilbetrieben bestehenden Gewerbebetriebs. Teilbetriebsvermögen 1 hat einen Wert von 2 Mio. € und einen Buchwert von 200.000 €. Teilbetriebsvermögen 2 hat einen Wert von 1,6 Mio. € und einen Buchwert von 160.000 €. C scheidet im Rahmen einer „unechten" Realteilung aus der Mitunternehmerschaft aus, die im Übrigen durch A und B fortgeführt wird. C erhält das Teilbetriebsvermögen 1. A und B behalten das Teilbetriebsvermögen 2. Außerdem zahlt C an A und B eine Abfindung von 800.000 €.

Lösung:
C stehen bei der Realteilung wertmäßig 1,2 Mio. € (1/3 von 3,6 Mio. €) zu. Da er aber 2 Mio. € erhält, also 800.000 € mehr, zahlt er diesen Betrag für 4/10 (40 % von 2 Mio. € = 800.000 €) des Teilbetriebsvermögens 1, das er mehr erhält. C erwirbt also 6/10 des Teilbetriebsvermögens 1 unentgeltlich und 4/10 entgeltlich. Auf diese 4/10 entfällt ein Buchwert von 80.000 €, so dass C die Aktivwerte um 720.000 € (800.000 € Abfindung abzgl. anteiligem Buchwert von 80.000 €) aufstocken muss und A und B einen als laufenden Gewinn zu versteuernden Veräußerungsgewinn von 720.000 € (800.000 € Abfindung ./. 80.000 € anteiliger Buchwert) zu versteuern haben.

VII. Ansatz des übernommenen Betriebsvermögens

22 Entspricht der Buchwert des erhaltenen Vermögens dem Buchwert des bisherigen Kapitalkontos des jeweiligen Realteilers und geht auf den betreffenden Realteiler betragsmäßig genau der Anteil an den stillen Reserven über, der ihm zuvor auf Ebene der Mitunternehmerschaft zuzurechnen war, erübrigen sich in den Eröffnungsbilanzen der Realteiler bilanzielle Anpassungsmaßnahmen. Entspricht jedoch die Summe der Buchwerte der übernommenen Wirtschaftsgüter nicht dem Buchwert des Kapitalkontos, sind bilanzielle Anpassungsmaßnahmen erforderlich, damit sich Aktiva und Passiva in der Bilanz des Realteilers entsprechen. Hierzu ist die sog. Kapitalkontenanpassungsmethode anzuwenden. Bei der Kapitalkontenanpassungsmethode werden die Buchwerte der übernommenen Wirtschaftsgüter von den Realteilern in ihren eigenen Betrieben fortgeführt. Die Kapitalkonten der Realteiler werden durch Auf- oder Abstocken gewinnneutral dahin angepasst, dass ihre Höhe der Summe der Buchwerte der übernommenen Wirtschaftsgüter entspricht (BFH vom 10. Dezember 1991, VIII R 69/86, BStBl 1992 II S. 385).

23 **Beispiel:**
A ist zu 40 %, B zu 60 % an der AB-OHG beteiligt. A und B beschließen, die OHG aufzulösen. Im Wege der Realteilung soll A den Teilbetrieb I und B den Teilbetrieb II erhalten. Die Schlussbilanz der OHG sieht wie folgt aus:

Schlussbilanz

Aktiva	Buchwerte	Gemeine Werte		Buchwerte	Passiva Auseinandersetzungsansprüche
Teilbetrieb I	50.000 €	80.000 €	Kapital A	40.000 €	80.000 €
Teilbetrieb II	50.000 €	120.000 €	Kapital B	60.000 €	120.000 €
	100.000 €	200.000 €		100.000 €	200.000 €

Der Buchwert des Teilbetriebs I (50.000 €) übersteigt den Buchwert des Kapitalkontos des A um 10.000 €, während der Buchwert des Teilbetriebs II den Buchwert des Kapitalkontos des B um 10.000 € unterschreitet.

Lösung:
Die Eröffnungsbilanzen stellen sich wie folgt dar:

Eröffnungsbilanz A

Aktiva			Passiva
Teilbetrieb I	50.000 €	Kapital A	40.000 €
		Kapitalanpassung	10.000 €
			50.000 €
	50.000 €		50.000 €

Eröffnungsbilanz B

Aktiva		Passiva	
Teilbetrieb II	50.000 €	Kapital B	60.000 €
		Kapitalanpassung	– 10.000 € 50.000 €
	50.000 €		50.000 €

VIII. Sperrfrist

1. Realteilung durch Übertragung von Einzelwirtschaftsgütern

Werden im Rahmen einer Realteilung einzelne Wirtschaftsgüter in ein Betriebsvermögen des Realteilers übertragen, ist für den jeweiligen Übertragungsvorgang nach § 16 Absatz 3 Satz 3 EStG rückwirkend der gemeine Wert anzusetzen, soweit übertragener Grund und Boden, übertragene Gebäude (ausgenommen Umlaufvermögen) oder andere übertragene wesentliche Betriebsgrundlagen innerhalb der Sperrfrist entnommen oder veräußert (maßgeblicher Zeitpunkt: Übergang des wirtschaftlichen Eigentums) werden. Die Entnahme oder Veräußerung von Grund und Boden sowie Gebäuden des Anlagevermögens, die keine wesentlichen Betriebsgrundlagen darstellen, löst ebenfalls die Folgen des § 16 Absatz 3 Satz 3 EStG aus. Bei einer Realteilung durch Übertragung von Betrieben, Teilbetrieben oder Mitunternehmer(teil)anteilen ist die Sperrfrist jedoch unbeachtlich. Es ist jedoch § 16 Absatz 5 EStG zu beachten (vgl. Aussagen unter 2.). Die Sperrfrist beginnt im Zeitpunkt der Realteilung und endet drei Jahre nach Abgabe der Feststellungserklärung der Mitunternehmerschaft für den Veranlagungszeitraum der Realteilung.

Im Fall der „unechten" Realteilung ist § 16 Absatz 3 Satz 3 EStG bei der von den verbleibenden Mitunternehmern fortgeführten Mitunternehmerschaft nicht anzuwenden.

Eine Veräußerung ist grundsätzlich auch eine Einbringung der im Rahmen der Realteilung erhaltenen einzelnen Wirtschaftsgüter, wenn sie zusammen mit einem Betrieb, Teilbetrieb oder Mitunternehmer(teil-)anteil nach §§ 20, 24 UmwStG eingebracht werden, unabhängig davon, ob die Buchwerte, die gemeinen Werte oder Zwischenwerte angesetzt werden. Als Veräußerung gilt auch ein Formwechsel nach § 25 UmwStG. Überträgt der Realteiler Wirtschaftsgüter, die im Anschluss an die Realteilung Betriebsvermögen geworden sind, gegen Gewährung von Gesellschaftsrechten nach § 6 Absatz 5 EStG auf einen Dritten, liegt ebenfalls eine Veräußerung vor.

2. Realteilung durch Übertragung von Teilbetrieben

Werden bei einer Realteilung durch Übertragung mit Teilbetrieben Anteile an einer Körperschaft, Personenvereinigung oder Vermögensmasse unmittelbar oder mittelbar von einem nicht nach § 8b Absatz 2 KStG begünstigten Mitunternehmer (z. B. natürliche Person) auf einen nach § 8b Absatz 2 KStG begünstigten Mitunternehmer (z. B. GmbH) übertragen, ist rückwirkend auf den Zeitpunkt der Realteilung der gemeine Wert anzusetzen, wenn der übernehmende Mitunternehmer die Anteile innerhalb eines Zeitraums von sieben Jahren nach der Realteilung unmittelbar oder mittelbar veräußert oder nach § 22 UmwStG weiter überträgt (§ 16 Absatz 5 EStG).

IX. Folgen bei Veräußerung oder Entnahme während der Sperrfrist

Eine schädliche Entnahme oder Veräußerung i. S. d. § 16 Absatz 3 Satz 3 EStG führt zu einer rückwirkenden Aufdeckung der in den veräußerten oder entnommenen Wirtschaftsgütern enthaltenen stillen Reserven. Dieser Vorgang stellt ein Ereignis mit steuerlicher Rückwirkung dar (§ 175 Absatz 1 Satz 1 Nummer 2 AO). Eine Aufdeckung der übrigen stillen Reserven erfolgt nicht. Der aus der nachträglichen Aufdeckung entstehende Gewinn stellt einen laufenden Gewinn dar, der nicht nach §§ 16 und 34 EStG begünstigt ist. Ein nach §§ 16 und 34 EStG begünstigter Veräußerungsgewinn liegt jedoch vor, wenn sämtliche stille Reserven aus den wesentlichen Betriebsgrundlagen rückwirkend aufzudecken sind[1]). Die „echte" Realteilung ist auch nach Gewerbesteuerrecht eine Betriebsaufgabe (BFH vom 17. Februar 1994, VIII R 13/94, BStBl II S. 809); die nachträgliche Aufdeckung vorgenannter stiller Reserven ist diesem Vorgang zuzuordnen.

29 Dieser Gewinn ist im Fall der „echten" Realteilung bei Wirtschaftsgütern, die zum Gesamthandsvermögen der Mitunternehmerschaft gehörten, allen Realteilern nach dem allgemeinen Gewinnverteilungsschlüssel zuzurechnen, es sei denn, dass der Gewinn nach dem Gesellschaftsvertrag oder den von den Mitunternehmern schriftlich getroffenen Vereinbarungen über die Realteilung allein dem entnehmenden oder veräußernden Realteiler zuzurechnen ist[2]). Soweit Sonderbetriebsvermögen eines Realteilers von einem anderen Realteiler im Rahmen der Realteilung übernommen wurde, ist der Gewinn nur dann dem übernehmenden Realteiler zuzurechnen, wenn dies in den schriftlichen Vereinbarungen über die Realteilung so vereinbart wurde.

30 Der Gewinn rechnet grundsätzlich nicht zum Gewerbeertrag nach § 7 Satz 1 GewStG. Der Gewinn aus der Aufdeckung der stillen Reserven ist aber nach § 7 Satz 2 GewStG als Gewerbeertrag zu erfassen, soweit er nicht auf eine natürliche Person als unmittelbar beteiligter Mitunternehmer entfällt.

31 Im Fall der „unechten" Realteilung ist bei dem ausgeschiedenen Mitunternehmer bei der Ermittlung des Gewinnes i. S. v. § 16 Absatz 2 EStG rückwirkend der gemeine Wert des Wirtschaftsgutes anzusetzen. Zudem entsteht auf Ebene der Mitunternehmerschaft ein laufender Gewinn mit der Folge, dass insoweit die Buchwerte der Wirtschaftsgüter der verbleibenden Mitunternehmerschaft aufzustocken sind.

X. Zeitliche Anwendung

32 Dieses Schreiben ersetzt das Schreiben vom 20. Dezember 2016 (BStBl 2017 I S. 36)[3]). Es ist auf alle offenen Fälle anzuwenden. Die im BMF-Schreiben vom 20. Dezember 2016 (a. a. O.) enthaltenen Übergangsregelungen gelten fort. Auf einvernehmlichen Antrag aller Mitunternehmer sind die Grundsätze dieses Schreibens in den Fällen einer „unechten" Realteilung (vgl. Abschnitt I) nicht anzuwenden, wenn die „unechte" Realteilung vor dem 1. Januar 2019 stattgefunden hat.

Anhang 25

– unbesetzt –

---

[1]) Die tarifbegünstigte Besteuerung eines durch eine echte Realteilung einer Sozietät ausgelösten Aufgabegewinns gem. § 34 Abs. 2 Nr. 1 setzt voraus, dass der Stpfl. die wesentlichen vermögensmäßigen Grundlagen seiner bisherigen freiberuflichen Tätigkeit aufgibt (>BFH vom 15.01.2019 – BStBl II 2020 S. 251).

[2]) *Veräußert ein Realteiler innerhalb der Sperrfrist seinen Betrieb, in den er die im Rahmen der Realteilung übernommenen wesentlichen Betriebsgrundlagen zum Buchwert übertragen hat, ist der Gewinn nach § 16 Abs. 3 Satz 3 gem. § 16 Abs. 3 Satz 8 allein diesem Realteiler zuzurechnen (>BFH vom 23.11.2021 – BStBl II 2022 S. 371).*

[3]) letztmals abgedruckt im Anhang 24 III EStH 2017

Zweifelsfragen zur Neuregelung der Besteuerung privater Grundstücksveräußerungsgeschäfte nach § 23 EStG

BMF vom 05.10.2000 (BStBl I S. 1383)
IV C 3 – S 2256 – 263/00
unter Berücksichtigung der Änderungen durch
BMF vom 07.02.2007 (BStBl I S. 262)
IV C 3 – S 2256 – 11/07
und vom 03.09.2019 (BStBl I S. 888)
IV C 1 – S 2256/19/10002:0001 – 2019/0752002

Im Einvernehmen mit den obersten Finanzbehörden der Länder nehme ich zu Zweifelsfragen der Besteuerung privater Veräußerungsgeschäfte bei Grundstücken und grundstücksgleichen Rechten nach § 23 EStG wie folgt Stellung:

1. Überführung eines Grundstücks aus dem Betriebsvermögen in das Privatvermögen (§ 23 Abs. 1 Satz 2 EStG)

Als Anschaffung gilt die Überführung eines Grundstücks in das Privatvermögen des Steuerpflichtigen durch Entnahme oder Betriebsaufgabe, wenn das Grundstück nach dem 31. Dezember 1998 in das Privatvermögen überführt wird. Zum Zeitpunkt der Entnahme vgl. R 4.3 Abs. 3 EStR 2005.   1[1])

2. Einlage eines Grundstücks in das Betriebsvermögen und Übertragungsvorgänge zwischen Gesellschaftsvermögen und Vermögen eines Gesellschafters (§ 23 Abs. 1 Satz 5 EStG)

Die Einlage eines Grundstücks in   2

– das Betriebsvermögen eines Einzelunternehmens,
– in das Sonderbetriebsvermögen des Steuerpflichtigen bei einer Personengesellschaft und
– in das Gesamthandsvermögen einer Personengesellschaft ohne Gewährung von Gesellschaftsrechten und sonstigen Gegenleistungen

ist keine Veräußerung. Demgegenüber ist eine verdeckte Einlage in eine Kapitalgesellschaft stets als Veräußerung des Grundstücks zu behandeln (§ 23 Abs. 1 Satz 5 Nr. 2 EStG).

Die Einlage eines Grundstücks in das Betriebsvermögen ist jedoch dann nachträglich als Veräußerung zu werten, wenn das Grundstück innerhalb von zehn Jahren nach seiner Anschaffung aus dem Betriebsvermögen veräußert wird (§ 23 Abs. 1 Satz 5 Nr. 1 EStG). Zur Ermittlung des privaten Veräußerungsgewinns und zur zeitlichen Erfassung siehe Rz. 35 ff.   3

Als Veräußerung des Grundstücks aus dem Betriebsvermögen gilt für die Anwendung des § 23 Abs. 1 Satz 5 Nr. 1 EStG z. B. auch   4

1. die Veräußerung des Grundstücks im Rahmen der Veräußerung des gesamten Betriebs oder eines Teilbetriebs. Bei einer Personengesellschaft gilt dies bei Veräußerung
   – des Betriebs,
   – eines Teilbetriebs oder
   – eines Mitunternehmeranteils,

---

[1]) >BMF vom 07.02.2007 (BStBl I S. 262), Rz. 1

wenn das Grundstück zum Sonderbetriebsvermögen des Mitunternehmers gehört oder ohne Gewährung von Gesellschaftsrechten in das Gesamthandsvermögen eingelegt worden ist;

2. die Überführung eines zuvor in das Betriebsvermögen eingelegten Grundstücks in eine Kapitalgesellschaft im Wege einer verschleierten Sachgründung oder einer verschleierten Sacheinlage im Zusammenhang mit einer Kapitalerhöhung;

3. die Einbringung des zuvor eingelegten Grundstücks zusammen mit einem Betrieb, Teilbetrieb oder Mitunternehmeranteil in eine Kapitalgesellschaft oder in das Gesamthandsvermögen einer Personengesellschaft gegen Gewährung von Gesellschaftsrechten;

4. die Übertragung eines Grundstücks aus dem betrieblichen Gesamthandsvermögen einer Personengesellschaft in das Privatvermögen oder das Sonderbetriebsvermögen eines Gesellschafters, soweit das Grundstück vorher in das Vermögen der Gesellschaft ohne Gewährung von Gesellschaftsrechten eingelegt wurde;

5. die verdeckte Einlage des Grundstücks in eine Kapitalgesellschaft, wenn die Anteile an der Kapitalgesellschaft zum Betriebsvermögen des Steuerpflichtigen gehören; hier ist kein Fall des § 23 Abs. 1 Satz 5 Nr. 2 EStG gegeben, weil das Grundstück gleichzeitig in das Betriebsvermögen des Steuerpflichtigen eingelegt wird.

5 Wird das in das Betriebsvermögen eingelegte Grundstück wieder ins Privatvermögen überführt, liegt keine Veräußerung aus dem Betriebsvermögen im Sinne des § 23 Abs. 1 Satz 5 Nr. 1 EStG vor. Zur steuerlichen Behandlung einer anschließenden Veräußerung vgl. Rz. 35.

6 Kein Fall des § 23 Abs. 1 Satz 5 Nr. 1 EStG, sondern eine Veräußerung im Sinne des § 23 Abs. 1 Satz 1 Nr. 1 EStG ist die Übertragung eines Grundstücks aus dem Privatvermögen in das betriebliche Gesamthandsvermögen einer Personengesellschaft oder in das Vermögen einer Kapitalgesellschaft, soweit sie gegen Gewährung von Gesellschaftsrechten erfolgt. Zur steuerlichen Behandlung der Übertragung von Grundstücken aus dem Privatvermögen in das betriebliche Gesamthandsvermögen einer Personengesellschaft und zur Übertragung eines Grundstücks aus dem betrieblichen Gesamthandsvermögen einer Personengesellschaft in das Privatvermögen vgl. im Übrigen BMF-Schreiben vom 29.3.2000 – BStBl I S. 462[1]).

7 Entsprechendes gilt bei der Übertragung eines Grundstücks in das Vermögen einer Gemeinschaft mit betrieblichem Vermögen oder aus dem betrieblichen Gemeinschaftsvermögen in das Vermögen eines Mitglieds der Gemeinschaft.

8 Die Übertragung eines Grundstücks auf eine Personengesellschaft oder Gemeinschaft ohne Betriebsvermögen gegen Entgelt oder gegen Gewährung von Gesellschaftsrechten ist insoweit nicht als Veräußerung anzusehen, als der bisherige Eigentümer nach der Übertragung am Vermögen der Gesellschaft oder Gemeinschaft beteiligt ist[2]). Entsprechendes gilt, wenn das Grundstück von der Personengesellschaft oder Gemeinschaft auf einen Gesellschafter oder ein Mitglied der Gemeinschaft übertragen wird. Rz. 23 ff. des BMF-Schreibens vom 11.1.1993 – BStBl I S. 62[3]), bleiben unberührt.

Beispiel:
An der vermögensverwaltend tätigen BC-GbR sind B und C zu je 1/2 beteiligt. Im Jahr 2000 beteiligt sich A an der GbR und bringt dazu ein unbebautes Grundstück mit einem Wert von 240.000 DM, das er im Jahr 1993 für 180.000 DM erworben hatte, in die GbR ein. Danach

---

[1]) >Anhang 24 II 1, >auch BMF vom 11.07.2011 (BStBl I S. 713), Anhang 24 II 2
[2]) bestätigt durch BFH vom 02.04.2008 (BStBl II S. 679)
[3]) jetzt BMF vom 14.03.2006 (BStBl I S. 253), Rz. 22, Anhang 13 I

Anhang 26
Private Veräußerungsgeschäfte

sind A, B und C zu je 1/3 an der GbR beteiligt. Im Jahr 2004 veräußert die GbR das Grundstück zu einem Kaufpreis von 270.000 DM an den Gesellschafter B, der es seinerseits im Jahr 2005 für 300.000 DM an einen fremden Dritten verkauft.

1. **Einbringung durch A in GbR**
   Die Übertragung des Grundstücks auf die GbR ist zu 1/3 nicht als Veräußerung anzusehen, weil A in diesem Umfang an der GbR beteiligt ist.

   Berechnung des Veräußerungsgewinns:
2/3 des Veräußerungserlöses von 240.000 DM	160.000 DM
abzgl. 2/3 der Anschaffungskosten von 180.000 DM	120.000 DM
Veräußerungsgewinn des A	40.000 DM

2. **Verkauf GbR an B**
   Die Veräußerung durch die GbR an B ist als anteilige Veräußerung des Grundstücks durch A und C an B zu behandeln. Der von A erzielte Veräußerungsgewinn unterliegt nicht der Besteuerung nach § 23 Abs. 1 Satz 1 Nr. 1 EStG, weil er das Grundstück, das ihm noch zu 1/3 zuzurechnen ist, vor mehr als zehn Jahren vor der Veräußerung erworben hat.

   Berechnung des Veräußerungsgewinns des C:
1/3 des Veräußerungserlöses von 270.000 DM	90.000 DM
abzgl. 1/3 der Anschaffungskosten von 240.000 DM im Jahr 2000	80.000 DM
Veräußerungsgewinn des C	10.000 DM

3. **Verkauf B an Dritten**
   Der Erwerb des Grundstücks durch die GbR im Jahr 2000 ist zu 1/3 als Anschaffung durch B und der Erwerb des Grundstücks von der GbR durch B im Jahr 2004 zu 2/3 als Anschaffung des Grundstücks durch B zu behandeln. Da die Anschaffungsvorgänge und die Veräußerung der jeweiligen Grundstücksanteile innerhalb der Zehnjahresfrist erfolgte, unterliegt der gesamte Vorgang der Besteuerung nach § 23 Abs. 1 Satz 1 Nr. 1 EStG.

   Berechnung des Veräußerungsgewinns:
Veräußerungserlös		300.000 DM
Anschaffungskosten		
1/3 von 240.000 DM im Jahr 2000	80.000 DM	
2/3 von 270.000 DM im Jahr 2002	180.000 DM	260.000 DM
Veräußerungsgewinn des B		40.000 DM

3. **Im Zeitraum zwischen Anschaffung und Veräußerung des Grundstücks errichtete Gebäude und andere in diesem Zeitraum durchgeführte Baumaßnahmen (§ 23 Abs. 1 Satz 1 Nr. 1 Satz 2 EStG)**

Errichtet ein Steuerpflichtiger ein Gebäude und veräußert er es zusammen mit dem zuvor erworbenen Grund und Boden, liegt ein privates Veräußerungsgeschäft sowohl hinsichtlich des Grund und Bodens als auch hinsichtlich des Gebäudes vor, wenn die Frist zwischen Anschaffung des Grund und Bodens und Veräußerung des bebauten Grundstücks nicht mehr als zehn Jahre beträgt.

Beispiel:
A hat am 31. März 1993 ein unbebautes Grundstück angeschafft. Im Jahr 1998 stellt er darauf ein Einfamilienhaus fertig, das er anschließend vermietet. Ab dem 1. April 2003 kann er das bebaute Grundstück veräußern, ohne dass der Gewinn der Besteuerung nach § 23 EStG unterliegt.

Wurde der Grund und Boden vom Veräußerer unentgeltlich erworben und vom Rechtsvorgänger innerhalb von zehn Jahren vor der Veräußerung durch den Rechtsnachfolger angeschafft, unterliegt ein Veräußerungsgewinn beim Rechtsnachfolger sowohl hinsichtlich des Grund und Bodens als auch eines zwischenzeitlich errichteten Gebäudes

Anhang 26

Private Veräußerungsgeschäfte

11 der Besteuerung, unabhängig davon, ob der Rechtsvorgänger oder der Veräußerer das Gebäude errichtet hat. Dies gilt auch bei unentgeltlicher Einzelrechtsnachfolge (§ 23 Abs. 1 Satz 3 EStG).

11 Wird ein teilweise entgeltlich (z. B. im Wege der vorweggenommenen Erbfolge) oder gegen Abfindungszahlung bei der Erbauseinandersetzung erworbenes Grundstück während der Zehnjahresfrist nach Anschaffung bebaut und veräußert, ist das Gebäude anteilig in die Besteuerung nach § 23 Abs. 1 Nr. 1 EStG einzubeziehen. Für den unentgeltlich erworbenen Teil des Grundstücks gilt Rz. 10.

12 Im Zeitpunkt der Veräußerung noch nicht fertig gestellte Gebäude, Ausbauten und Erweiterungen sind einzubeziehen.

> **Beispiel:**
> A errichtet auf dem von ihm im Jahr 1993 erworbenen Grund und Boden im Jahr 1995 ein Einfamilienhaus, das zu Wohnzwecken vermietet wird. Im Jahr 1998 beginnt er mit dem Ausbau des bisher nicht nutzbaren Dachgeschosses zu einer zweiten, zur Vermietung bestimmten Wohnung. Im Februar 1999 wird das Grundstück mit dem teilfertigen Zweifamilienhaus veräußert.
> Der auf das Gebäude (einschließlich des noch nicht fertig gestellten Dachgeschossausbaus) entfallende Teil des Veräußerungserlöses ist in die Ermittlung des steuerpflichtigen Veräußerungsgewinns einzubeziehen.

13 Rz. 9 bis 12 gelten entsprechend für Außenanlagen sowie für Gebäudeteile, die selbständige unbewegliche Wirtschaftsgüter sind, für Eigentumswohnungen und für im Teileigentum stehende Räume.

4. Veräußerung eines „bebauten" Erbbaurechts (§ 23 Abs. 1 Satz 1 Nr. 1 EStG)

14 Ein privates Veräußerungsgeschäft im Sinne des § 23 Abs. 1 Satz 1 Nr. 1 EStG liegt auch bei Veräußerung eines „bebauten" Erbbaurechts vor, wenn der Zeitraum zwischen

a)[1] dem Abschluss des Erbbaurechtsvertrags und der Veräußerung des „bebauten" Erbbaurechts oder

b) der Anschaffung und der Veräußerung des „bebauten" Erbbaurechts

nicht mehr als zehn Jahre beträgt (vgl. BFH-Urteil vom 30.11.1976 – BStBl 1977 II S. 384). Der Veräußerungspreis entfällt insgesamt auf das Gebäude oder die Außenanlage, wenn der Erwerber dem bisherigen Erbbauberechtigten nachweislich nur etwas für das Gebäude oder die Außenanlage gezahlt hat und gegenüber dem Erbbauverpflichteten nur zur Zahlung des laufenden Erbbauzinses verpflichtet ist (vgl. BFH-Urteil vom 15.11.1994 – BStBl 1995 II S. 374).

15[2] Sind Grundstück und aufstehendes Gebäude getrennt handelbar (Artikel 231 und 233 EGBGB), können sowohl Grundstück als auch Gebäude gesondert Gegenstand eines privaten Veräußerungsgeschäfts nach § 23 Abs. 1 Satz 1 Nr. 1 EStG sein. Wird ein Gebäude in Ausübung eines Nutzungsrechts am Grund und Boden errichtet und der Grund und Boden nach Fertigstellung des Gebäudes erworben, ist bei einer späteren Veräußerung des bebauten Grundstücks das Gebäude nicht in das private Veräußerungsgeschäft einzubeziehen.

---

[1] überholt durch BFH vom 08.11.2017 (BStBl II 2018 S. 518)

[2] Bei lastenfreier Veräußerung eines bei Anschaffung mit einem Erbbaurecht belasteten Grundstücks ist wirtschaftliche Teilidentität gegeben. Bei der Ermittlung des Gewinns aus dem privaten Veräußerungsgeschäft ist nur der ggf. im Schätzungswege zu ermittelnde anteilige Veräußerungspreis zugrunde zu legen, der auf das Grundstück im belasteten Zustand entfällt (>BFH vom 12.06.2013 – BStBl II S. 1011).

Anhang 26
Private Veräußerungsgeschäfte

Beispiel:
An einem unbebauten Grundstück wird im Jahr 1993 ein Erbbaurecht zu Gunsten von A bestellt. A errichtet auf dem Grundstück im Jahr 1994 ein zur Vermietung bestimmtes Gebäude. Im Jahr 1997 erwirbt er das Grundstück und veräußert es im Jahr 2000 mit dem aufstehenden Gebäude.
Hinsichtlich des Grundstücks liegt ein privates Veräußerungsgeschäft im Sinne des § 23 Abs. 1 Satz 1 Nr. 1 EStG vor. Das Gebäude ist nicht einzubeziehen, weil es vor der Anschaffung des Grundstücks in Ausübung des Erbbaurechts errichtet wurde und somit nicht das private Veräußerungsgeschäft betrifft, dessen Gegenstand das Grundstück und nicht das Erbbaurecht ist.

5. Zu eigenen Wohnzwecken genutzte Wirtschaftsgüter (§ 23 Abs. 1 Satz 1 Nr. 1 Satz 3 EStG)

5.1 Begünstigte Wirtschaftsgüter

Gebäude, selbständige Gebäudeteile, Eigentumswohnungen und in Teileigentum stehende Räume (Wirtschaftsgüter), die im Zeitraum zwischen Anschaffung und Fertigstellung und Veräußerung ausschließlich zu eigenen Wohnzwecken oder im Jahr der Veräußerung und in den beiden vorangegangenen Jahren zu eigenen Wohnzwecken genutzt wurden, sind von der Veräußerungsgewinnbesteuerung ausgenommen. Dasselbe gilt bei Veräußerung eines teilweise zu eigenen Wohnzwecken und teilweise zu anderen Zwecken genutzten Gebäudes (z .B. zu Wohnzwecken vermietete Wohnung, betrieblich oder beruflich[1]) genutztes Arbeitszimmer einschließlich des Gebäudeanteils eines Grundstücksteils von untergeordnetem Wert nach § 8 EStDV und R 13 Abs. 8 EStR 1999[2])) für den zu eigenen Wohnzwecken genutzten Gebäudeteil und für zu eigenen Wohnzwecken genutzte Eigentumswohnungen. 16

Von der Veräußerungsgewinnbesteuerung ausgenommen ist auch der Grund und Boden, der zu einem zu eigenen Wohnzwecken genutzten Gebäude gehört. Dieser umfasst nur die für die entsprechende Gebäudenutzung erforderlichen und üblichen Flächen. Dabei ist auch deren künftige Nutzung zu berücksichtigen. Die steuerfreie Veräußerung weiterer Flächen ist selbst dann ausgeschlossen, wenn diese im Veräußerungszeitpunkt als Hausgarten genutzt werden[3]) (vgl. BFH-Urteil vom 24.10.1996 – BStBl 1997 II S. 50). Dies gilt insbesondere, soweit Teilflächen parzelliert werden und dadurch ein verkehrsfähiges Grundstück entstanden ist, das in absehbarer Zeit einer anderen Nutzung, z. B. als Bauland, zugeführt werden kann. 17

Bei Veräußerung eines teilweise zu eigenen Wohnzwecken und teilweise zu anderen Zwecken genutzten Gebäudes ist der Grund und Boden, der nach dem Verhältnis der Nutzflächen des Gebäudes auf den zu eigenen Wohnzwecken genutzten Gebäudeteil entfällt, nicht in den Veräußerungsgewinn einzubeziehen. 18

Für die Einbeziehung des Grund und Bodens in die Ermittlung des nicht zu besteuernden Veräußerungsgewinns ist es ohne Bedeutung, welchen Zwecken der Grund und Boden vor Errichtung des Gebäudes gedient hat. 19

Beispiel:
A hat im Jahr 1993 ein unbebautes Grundstück angeschafft, das er zunächst als Gartenland nutzt. Im Jahr 1996 errichtet er darauf ein Einfamilienhaus, das er bis zur Veräußerung des Grundstücks im Jahr 1999 mit seiner Familie bewohnt.

---

[1]) überholt durch BFH vom 01.03.2021 (BStBl II S. 680): Eine Nutzung zu eigenen Wohnzwecken liegt auch hinsichtlich eines häuslichen Arbeitszimmers vor.
[2]) jetzt R 4.2 Abs. 8 EStR
[3]) bestätigt durch BFH vom 25.05.2011 (BStBl II S. 868)

Da A das Einfamilienhaus im Zeitraum zwischen Fertigstellung und Veräußerung zu eigenen Wohnzwecken genutzt hat, unterliegt ein erzielter Veräußerungsgewinn insgesamt nicht der Besteuerung.

20 Ein unbebautes Grundstück ist kein begünstigtes Wirtschaftsgut im Sinne des § 23 Abs. 1 Satz 1 Nr. 1 Satz 3 EStG.

Beispiel:
A hat im Jahr 1995 ein unbebautes Grundstück angeschafft. Bis zu dessen Veräußerung im Jahr 1999 nutzt er das unbebaute Grundstück zusammen mit seiner Familie ausschließlich zu Erholungszwecken.
Ein erzielter Veräußerungsgewinn unterliegt der Besteuerung nach § 23 Abs. 1 Satz 1 Nr. 1 Satz 1 EStG.

Dies gilt auch
– in den Fällen, in denen die vorgesehene Bebauung mit einer zu eigenen Wohnzwecken bestimmten Wohnung nicht realisiert wird, und
– bei der Veräußerung von Grund und Boden (unbebaute Teilfläche) eines Grundstücks, das ansonsten mit dem zu eigenen Wohnzwecken genutzten Gebäude bebaut ist.

5.2 Wohnzwecke

21 Ein Wirtschaftsgut dient Wohnzwecken, wenn es dazu bestimmt und geeignet ist, Menschen auf Dauer Aufenthalt und Unterkunft zu ermöglichen. Wirtschaftsgüter, die zur vorübergehenden Beherbergung von Personen bestimmt sind (z. B. Ferienwohnungen), dienen nicht Wohnzwecken (vgl. R 42a Abs. 1 Satz 3 EStR 1999[1]). Auch ein häusliches Arbeitszimmer (BMF-Schreiben vom 16.6.1998 – BStBl I S. 863[2], Rz. 7) dient nicht Wohnzwecken, selbst wenn der Abzug der Aufwendungen als Betriebsausgaben oder Werbungskosten nach § 4 Abs. 5 Satz 1 Nr. 6b, § 9 Abs. 5 EStG ausgeschlossen oder eingeschränkt ist[3].

5.3 Nutzung zu eigenen Wohnzwecken[4]

22 Der Steuerpflichtige muss das Wirtschaftsgut zu eigenen Wohnzwecken genutzt haben. Diese Voraussetzung ist erfüllt, wenn er das Wirtschaftsgut allein, mit seinen Familienangehörigen oder gemeinsam mit einem Dritten bewohnt hat. Unschädlich ist, wenn der Steuerpflichtige Teile des Wirtschaftsguts einem Dritten unentgeltlich zu Wohnzwecken überlassen hat. Die dem Steuerpflichtigen zu eigenen Wohnzwecken verbleibenden Räume müssen jedoch noch den Wohnungsbegriff erfüllen und ihm die Führung eines selbständigen Haushalts ermöglichen. Ein Wirtschaftsgut wird auch dann zu eigenen Wohnzwecken genutzt, wenn es vom Steuerpflichtigen nur zeitweise bewohnt wird, in der übrigen Zeit ihm jedoch als Wohnung zur Verfügung steht (z. B. Wohnung im Rahmen einer doppelten Haushaltsführung, nicht zur Vermietung bestimmte Ferienwohnung; auf die Belegenheit der Wohnung in einem Sondergebiet für Ferien- oder Wochenendhäuser kommt es nicht an)[5].

---

[1] jetzt R 7.2 Abs. 1 Satz 3 EStR
[2] jetzt BMF vom 06.10.2017 (BStBl I S. 1320), Rz. 3, **Anhang 19 I LStH**
[3] überholt durch BFH vom 01.03.2021 (BStBl II S. 680): Eine Nutzung zu eigenen Wohnzwecken liegt auch hinsichtlich eines zur Erzielung von Überschusseinkünften genutzten häuslichen Arbeitszimmers vor.
[4] *Eine Nutzung zu eigenen Wohnzwecken liegt auch dann vor, wenn der Stpfl. ein mit einem Haus (hier Gartenhaus) bebautes Grundstück baurechtswidrig dauerhaft bewohnt und das Haus nach seiner Beschaffenheit dazu bestimmt und geeignet ist, Menschen auf Dauer Aufenthalt und Unterkunft zu gewähren (>BFH vom 26.10.2021 – BStBl II 2022 S. 403).*
[5] bestätigt durch BFH vom 27.06.2017 (BStBl II S. 1192)

Anhang 26

Private Veräußerungsgeschäfte

Eine Nutzung zu eigenen Wohnzwecken liegt auch vor, wenn der Steuerpflichtige das Wirtschaftsgut einem Kind, für das er Anspruch auf Kindergeld oder einen Freibetrag nach § 32 Abs. 6 EStG hat, unentgeltlich zu Wohnzwecken überlassen hat. Die unentgeltliche Überlassung eines Wirtschaftsguts an andere – auch unterhaltsberechtigte – Angehörige stellt keine Nutzung zu eigenen Wohnzwecken im Sinne des § 23 Abs. 1 Satz 1 Nr. 1 Satz 3 EStG dar. Die Altenteilerwohnung in der Land- und Forstwirtschaft ist kein vom Eigentümer zu eigenen Wohnzwecken genutztes Wirtschaftsgut. 23

Bewohnt ein Miteigentümer eines Zwei- oder Mehrfamilienhauses eine Wohnung allein, liegt eine Nutzung zu eigenen Wohnzwecken vor, soweit er die Wohnung auf Grund eigenen Rechts nutzt (vgl. R 164 Abs. 2 Satz 1 EStR 1999 und H 164 "Beispiele zur Überlassung an Miteigentümer" EStH 1999)[1]). 24

5.4 Zeitlicher Umfang der Nutzung zu eigenen Wohnzwecken

Von der Besteuerung des Veräußerungsgewinns sind Wirtschaftsgüter ausgenommen, die ausschließlich, d. h. ununterbrochen 25

– vom Zeitpunkt der Anschaffung oder Fertigstellung bis zur Veräußerung zu eigenen Wohnzwecken genutzt wurden. Für die Bestimmung des Zeitpunkts der Anschaffung und der Veräußerung ist in diesem Zusammenhang jeweils auf den Zeitpunkt der Übertragung des wirtschaftlichen Eigentums abzustellen. Ein Leerstand vor Beginn der Nutzung zu eigenen Wohnzwecken ist unschädlich, wenn er mit der beabsichtigten Nutzung des Wirtschaftsguts zu eigenen Wohnzwecken in Zusammenhang steht. Dies gilt auch für einen Leerstand zwischen Beendigung der Nutzung zu eigenen Wohnzwecken und Veräußerung des Gebäudes, wenn der Steuerpflichtige die Veräußerungsabsicht nachweist;

– im Jahr der Veräußerung und in den beiden vorangegangenen Jahren, d. h. in einem zusammenhängenden Zeitraum innerhalb der letzten drei Kalenderjahre, der nicht die vollen drei Kalenderjahre umfassen muss, zu eigenen Wohnzwecken genutzt wurden[3]). Ein Leerstand zwischen Beendigung der Selbstnutzung und Veräußerung ist unschädlich, wenn das Wirtschaftsgut im Jahr der Beendigung der Nutzung zu eigenen Wohnzwecken und in den beiden vorangegangenen Jahren zu eigenen Wohnzwecken genutzt wurde. [2])

Beispiel:
Eine Eigentumswohnung, die A im Jahr 1995 angeschafft und anschließend vermietet hatte, wird nach Beendigung des Mietverhältnisses im Dezember 1998 bis zur Veräußerung im Januar 2000 von ihm zu eigenen Wohnzwecken genutzt. Da A die Wohnung im Jahr der Veräußerung und in den beiden vorangegangenen Jahren zu eigenen

---

[1]) jetzt H 21.6 (Mietverhältnis zwischen GbR und Gesellschafter) und H 21.6 (Miteigentum)
[2]) überholt durch BMF vom 17.06.2020 (BStBl I S. 576):
Von der Besteuerung des Veräußerungsgewinns nach § 23 Abs. 1 Satz 1 Nr. 1 sind Wirtschaftsgüter ausgenommen, die im Jahr der Veräußerung und in den beiden vorangegangenen Jahren zu eigenen Wohnzwecken genutzt wurden. Dabei muss die Nutzung zu eigenen Wohnzwecken über einen zusammenhängenden Zeitraum vorliegen, der sich über drei Kalenderjahre erstreckt. Es genügt hierbei, dass der Stpfl. das Wirtschaftsgut im Jahr der Veräußerung zumindest am 1. Januar, im Vorjahr der Veräußerung durchgehend, sowie im zweiten Jahr vor der Veräußerung mindestens am 31. Dezember zu eigenen Wohnzwecken genutzt hat. Es ist mithin unschädlich, wenn das Wirtschaftsgut im Anschluss an die Nutzung zu eigenen Wohnzwecken nach den vorgenannten zeitlichen Kriterien im Jahr der Veräußerung vermietet wird. Wird das Wirtschaftsgut hingegen im Vorjahr der Veräußerung kurzfristig zu anderen Zwecken genutzt (z. B. vorübergehende Vermietung) oder kommt es im Vorjahr der Veräußerung zu einem vorübergehenden Leerstand, ist der Veräußerungsgewinn zu versteuern.
[3]) bestätigt durch BFH vom 27.06.2017 (BStBl II S. 1192)

Wohnzwecken genutzt hat, unterliegt ein erzielter Veräußerungsgewinn nicht der Besteuerung. Hätte A die Eigentumswohnung im Jahr 1999 auch nur kurzfristig zu anderen Zwecken genutzt (z. B. vorübergehende Fremdvermietung), wäre der erzielte Veräußerungsgewinn zu versteuern.

26 Bei unentgeltlichem Erwerb (Gesamtrechtsnachfolge, unentgeltliche Einzelrechtsnachfolge) ist die Nutzung des Wirtschaftsguts zu eigenen Wohnzwecken durch den Rechtsvorgänger dem Rechtsnachfolger zuzurechnen.

27 Werden in das zu eigenen Wohnzwecken genutzte Wirtschaftsgut innerhalb des Zehnjahreszeitraums bisher zu anderen Zwecken genutzte Räume einbezogen, unterliegt ein auf diese Räume entfallender Veräußerungsgewinn nur dann nicht der Besteuerung, wenn die bisher zu anderen Zwecken genutzten Räume in einem zusammenhängenden Zeitraum innerhalb der letzten drei Kalenderjahre vor der Veräußerung zu eigenen Wohnzwecken genutzt wurden.

6. Ermittlung des steuerpflichtigen Veräußerungsgewinns (§ 23 Abs. 3 EStG)

6.1 Anschaffungs- und Herstellungskosten

28 Anschaffungs- und Herstellungskosten im Sinne des § 23 Abs. 3 Satz 1 EStG sind die vom Steuerpflichtigen getragenen Aufwendungen im Sinne des § 255 HGB. Dazu gehören auch nachträgliche Anschaffungs- und Herstellungskosten, die für das Wirtschaftsgut aufgewendet worden sind. Werden auf die Anschaffungs- oder Herstellungskosten Zuschüsse von dritter Seite geleistet, die keine Mieterzuschüsse im Sinne des R 163 Abs. 3 EStR 1999[1]) sind, sind die Anschaffungs- oder Herstellungskosten bei der Ermittlung des Veräußerungsgewinns um diese Zuschüsse zu kürzen. Eigenheimzulage und Investitionszulage mindern die Anschaffungs- und Herstellungskosten nicht (§ 9 InvZulG 1999, § 16 EigZulG).

6.2 Werbungskosten

29 Als Werbungskosten sind die im Zusammenhang mit der Veräußerung stehenden Aufwendungen zu berücksichtigen, die nicht zu den Anschaffungs- oder Herstellungskosten des veräußerten Wirtschaftsguts gehören, nicht vorrangig einer anderen Einkunftsart zuzuordnen sind und nicht wegen der Nutzung zu eigenen Wohnzwecken unter das Abzugsverbot des § 12 EStG fallen (vgl. H 169 „Werbungskosten" EStH 1999[2])).

6.3 Ermittlung des Veräußerungsgewinns bei einem teilweise entgeltlich oder im Wege der Erbauseinandersetzung mit Abfindungszahlung erworbenen Grundstück

30 Bei der Veräußerung eines teilweise entgeltlich, teilweise unentgeltlich oder im Wege der Erbauseinandersetzung mit Abfindungszahlung erworbenen Grundstücks berechnet sich der Veräußerungsgewinn im Sinne des § 23 Abs. 3 EStG für den entgeltlich erworbenen Teil durch Gegenüberstellung des anteiligen Veräußerungserlöses zu den tatsächlichen Anschaffungskosten. Der anteilige Veräußerungserlös bestimmt sich nach dem Verhältnis der aufgewendeten Anschaffungskosten zum Verkehrswert des Grundstücks im Zeitpunkt des Erwerbs (vgl. BMF-Schreiben vom 11.1.1993 – BStBl I S. 62, Rz. 28[3]), und BMF-Schreiben vom 13.1.1993 – BStBl I S. 80[4]), Rz. 23). Die Werbungskosten sind, soweit sie nicht eindeutig dem entgeltlichen oder unentgeltlichen Teil zugeordnet werden können, im Verhältnis des Entgelts (ohne Anschaffungsnebenkosten)

---

[1]) jetzt R 21.5 Abs. 3 EStR
[2]) jetzt H 23 (Werbungskosten)
[3]) jetzt BMF vom 14.03.2006 (BStBl I S. 253), Rz. 26, Anhang 13 I
[4]) >Anhang 13 I und II

Anhang 26
Private Veräußerungsgeschäfte

zum Verkehrswert des Grundstücks im Zeitpunkt des Erwerbs aufzuteilen (BFH-Urteile vom 24.3.1993 – BStBl II S. 704 und vom 1.10.1997 – BStBl 1998 II S. 247).

Wird ein teilweise entgeltlich oder im Wege der Erbauseinandersetzung gegen Abfindungszahlung erworbenes Grundstück während der Zehnjahresfrist nach Anschaffung bebaut und veräußert, ist der auf das Gebäude entfallende Teil des Veräußerungserlöses in die Berechnung des Veräußerungsgewinns einzubeziehen, soweit das Grundstück als entgeltlich erworben gilt.

Beispiel:
A erwirbt im Jahr 1995 im Wege der vorweggenommenen Erbfolge von B ein unbebautes Grundstück mit einem gemeinen Wert von 200.000 DM für eine Gegenleistung von 50.000 DM. B hatte das Grundstück im Jahr 1982 erworben. Im Jahr 1999 wird das Grundstück mit einem Zweifamilienhaus mit Herstellungskosten von 400.000 DM bebaut und unmittelbar nach Fertigstellung des Gebäudes zu einem Kaufpreis von 800.000 DM veräußert. Von diesem Kaufpreis entfallen nach dem Verhältnis der Verkehrswerte 280.000 DM auf das Grundstück und 520.000 DM auf das Gebäude.
Das Grundstück gilt zu einem Viertel (50.000 DM zu 200.000 DM) als entgeltlich erworben. Der für das Grundstück erzielte Veräußerungserlös ist somit ebenfalls zu einem Viertel in die Berechnung des Veräußerungsgewinns im Sinne des § 23 Abs. 3 EStG einzubeziehen. Der auf das Gebäude entfallende Teil des Veräußerungserlöses geht im selben Verhältnis in die Ermittlung des steuerpflichtigen Veräußerungsgewinns ein.

1/4 des Veräußerungserlöses Grundstück	70.000 DM	
abzüglich Anschaffungskosten Grundstück	./. 50.000 DM	20.000 DM
1/4 des Veräußerungserlöses Gebäude	130.000 DM	
abzüglich 1/4 der Herstellungskosten Gebäude	./. 100.000 DM	30.000 DM
steuerpflichtiger Veräußerungsgewinn		<u>50.000 DM</u>

6.4 Ermittlung des steuerpflichtigen Veräußerungsgewinns bei teilweise zu eigenen Wohnzwecken, teilweise zu anderen Zwecken genutzten Gebäuden

Die Anschaffungs- oder Herstellungskosten und der Veräußerungspreis des gesamten Gebäudes sind auf den zu eigenen Wohnzwecken und auf den zu anderen Zwecken genutzten Gebäudeteil aufzuteilen. Für die Aufteilung ist das Verhältnis der Nutzfläche des zu anderen Zwecken genutzten Gebäudeteils zur Nutzfläche des gesamten Gebäudes maßgebend, es sei denn, die Aufteilung nach dem Verhältnis der Nutzflächen führt zu einem unangemessenen Ergebnis. Die Nutzfläche ist in sinngemäßer Anwendung der §§ 43 und 44 der Zweiten Berechnungsverordnung zu ermitteln. Für die Aufteilung der Anschaffungskosten und des Veräußerungspreises des Grund und Bodens, der zu dem zu anderen Zwecken genutzten Gebäudeteil gehört, ist das Verhältnis der Nutzfläche des zu anderen Zwecken genutzten Gebäudeteils zur Nutzfläche des gesamten Gebäudes maßgebend.

Beispiel:
A hat im Jahr 1993 ein unbebautes Grundstück für 220.000 DM angeschafft. Im Jahr 1996 stellt er darauf ein Zweifamilienhaus für 900.000 DM fertig. Eine Wohnung wird von ihm zu eigenen Wohnzwecken genutzt, die andere hat er vermietet. Beide Wohnungen haben eine Nutzfläche von jeweils 150 qm. Im Jahr 1999 veräußert A das Grundstück für 1,6 Mio. DM. Von dem Veräußerungspreis entfallen 1,2 Mio. DM auf das Gebäude und 400.000 DM auf den Grund und Boden.
Ermittlung des steuerpflichtigen Veräußerungsgewinns:
Verhältnis der Nutzfläche des vermieteten Gebäudeteils zur Gesamtnutzfläche des Gebäudes 150 qm : 300 qm.

Anhang 26
Private Veräußerungsgeschäfte

Gebäude:	
Veräußerungspreis	1.200.000 DM
Herstellungskosten	900.000 DM
Veräußerungsgewinn	300.000 DM
davon entfallen auf den vermieten Gebäudeteil 50 v. H. =	150.000 DM
Grund und Boden:	
Veräußerungspreis	400.000 DM
Anschaffungskosten	220.000 DM
Veräußerungsgewinn	180.000 DM
davon entfallen auf den vermieteten Gebäudeteil 50 v. H. =	90.000 DM
steuerpflichtiger Veräußerungsgewinn	240.000 DM

A hat einen Veräußerungsgewinn von 240.000 DM zu versteuern. Der auf die eigengenutzte Wohnung einschließlich des dazu gehörenden Grund und Bodens entfallende Gewinn von 240.000 DM unterliegt nicht der Besteuerung.

6.5 Ermittlung des steuerpflichtigen Veräußerungsgewinns bei Entnahme des Grundstücks aus einem Betriebsvermögen (§ 23 Abs. 1 Satz 2 und Abs. 3 Satz 3 EStG)

33 Wird ein Grundstück veräußert, das vorher aus einem Betriebsvermögen in das Privatvermögen überführt worden ist, tritt an die Stelle der Anschaffungs- oder Herstellungskosten der Wert, mit dem das Grundstück bei der Überführung angesetzt worden ist (§ 23 Abs. 3 Satz 3 i V. m. § 6 Abs. 1 Nr. 4 EStG). Entsprechendes gilt für den Fall, in dem das Grundstück anlässlich der Betriebsaufgabe in das Privatvermögen überführt worden ist (§ 23 Abs. 3 Satz 3 i. V. m. § 16 Abs. 3 Satz 5 EStG). Sätze 1 und 2 gelten auch, wenn bei einer vorangegangenen Überführung des Grundstücks in das Privatvermögen der Entnahmegewinn nicht zur Einkommensteuer herangezogen worden ist (§ 16 Abs. 4, §§ 14, 14a, § 18 Abs. 3 EStG).

34 [1])

6.6 Ermittlung des privaten Veräußerungsgewinns bei Einlage des Grundstücks in das Betriebsvermögen (§ 23 Abs. 1 Satz 5 Nr. 1 und 2 und Abs. 3 Satz 2 EStG)

35 Wird das Grundstück in das Betriebsvermögen eingelegt und innerhalb der Zehnjahresfrist seit Anschaffung veräußert, tritt bei der Ermittlung des Gewinns oder des Verlustes aus dem privaten Veräußerungsgeschäft an die Stelle des Veräußerungspreises der Wert, mit dem die Einlage angesetzt wurde. Wurde das Grundstück wieder ins Privatvermögen überführt und innerhalb von zehn Jahren nach der ursprünglichen Anschaffung veräußert, sind bei der Ermittlung des privaten Veräußerungsgewinns die ursprünglichen Anschaffungskosten zu Grunde zu legen[2]). Dieser Veräußerungsgewinn ist um den im Betriebsvermögen zu erfassenden Gewinn zu korrigieren. Wurde das Grundstück nach mehr als zehn Jahren seit der ursprünglichen Anschaffung, aber innerhalb von zehn Jahren nach der Überführung ins Privatvermögen veräußert, ist bei der Ermittlung des privaten Veräußerungsgewinns der bei der Überführung angesetzte Wert zu Grunde zu legen.

Beispiel:
A hat am 2. Januar 1993 ein unbebautes Grundstück für 100.000 DM angeschafft. Im Jahr 1997 legt er es in sein Einzelunternehmen zum Teilwert von 150.000 DM ein und entnimmt es wieder am 3. März 2000. Der Teilwert zum Zeitpunkt der Entnahme beträgt 200.000 DM.

---

[1]) Aufgehoben durch BMF vom 03.09.2019 (BStBl I S. 888); die Grundsätze dieses Schreibens sind in allen offenen Fällen anzuwenden.
[2]) bestätigt durch BFH vom 23.08.2011 (BStBl II 2013 S. 1002)

Anhang 26
Private Veräußerungsgeschäfte

Veräußert A das Grundstück vor dem 3. Januar 2003 für 230.000 DM, ermittelt sich der private Veräußerungsgewinn wie folgt:

Veräußerungserlös		230.000 DM
abzgl. Anschaffungskosten		100.000 DM
Veräußerungsgewinn (§ 24 Abs. 1 Satz 1 EStG)		130.000 DM
Teilwert Entnahme	200.000 DM	
abzgl. Teilwert Einlage	150.000 DM	
abzuziehender Entnahmegewinn im Betriebsvermögen		50.000 DM
privater Veräußerungsgewinn		80.000 DM

Wird das Grundstück nach dem 2. Januar 2003 und vor dem 4. März 2010 veräußert, unterliegt der Veräußerungsgewinn auf der Grundlage des bei der Entnahme angesetzten Werts wie folgt der Besteuerung nach § 23 EStG:

Veräußerungserlös	230.000 DM
abzgl. Entnahmewert (§ 23 Abs. 3 Satz 3 EStG)	200.000 DM
privater Veräußerungsgewinn	30.000 DM

Der private Veräußerungsgewinn bei Einlage in das Betriebsvermögen und anschließender Veräußerung des Wirtschaftsguts aus dem Betriebsvermögen ist in dem Kalenderjahr anzusetzen, in dem der Veräußerungspreis zufließt. Fließt der Veräußerungspreis in Teilbeträgen über mehrere Kalenderjahre zu, ist der Veräußerungsgewinn erst zu berücksichtigen, wenn die Summe der gezahlten Teilbeträge die ggf. um die Absetzungen für Abnutzung, erhöhten Absetzungen und Sonderabschreibungen geminderten Anschaffungs- oder Herstellungskosten des veräußerten Wirtschaftsguts übersteigt. 36

In den Fällen der Rz. 4 Nr. 2 bis 5 gilt der Veräußerungspreis in dem Zeitpunkt als zugeflossen, in dem die dort genannten, der Veräußerung aus dem Betriebsvermögen gleichgestellten Sachverhalte verwirklicht werden. Bei der verdeckten Einlage eines Wirtschaftsguts in eine Kapitalgesellschaft ist der private Veräußerungsgewinn im Kalenderjahr der verdeckten Einlage zu erfassen. 37

6.7 Kürzung der Anschaffungs- oder Herstellungskosten um Absetzungen für Abnutzung, erhöhte Absetzungen und Sonderabschreibungen (§ 23 Abs. 3 Satz 4 EStG)

Bei Veräußerungsgeschäften, bei denen der Steuerpflichtige das Wirtschaftsgut nach dem 31. Juli 1995 angeschafft oder in das Privatvermögen überführt und veräußert hat, mindern sich die Anschaffungs- oder Herstellungskosten um Absetzungen für Abnutzung, erhöhte Absetzungen und Sonderabschreibungen, soweit sie bei der Ermittlung der Einkünfte im Sinne des § 2 Abs. 1 Nr. 4 bis 6 EStG abgezogen worden sind. Als Zeitpunkt der Anschaffung gilt der Zeitpunkt des Abschlusses des obligatorischen Vertrags oder des gleichstehenden Rechtsakts. Bei Veräußerung eines vom Steuerpflichtigen errichteten Wirtschaftsguts mindern sich die Herstellungskosten um Absetzungen für Abnutzung, erhöhte Absetzungen und Sonderabschreibungen, wenn der Steuerpflichtige das Wirtschaftsgut nach dem 31. Dezember 1998 fertig stellt und veräußert. 38

Beispiel:
A errichtet ab dem Jahr 1998 ein zur Vermietung zu Wohnzwecken bestimmtes Gebäude auf einem in 1996 angeschafften Grundstück in Dresden. Das Gebäude mit Herstellungskosten von 800.000 DM wird im Jahr 1999 fertig gestellt. Bis zum 31. Dezember 1998 sind Teilherstellungskosten in Höhe von 600.000 DM entstanden, für die A 150.000 DM Sonderabschreibungen nach § 4 Abs. 2 FördG für den Veranlagungszeitraum 1998 in Anspruch nimmt. Das Gebäude wird unmittelbar nach Fertigstellung veräußert. A kann den Nachweis der Einkunftserzielungsabsicht erbringen.

Anhang 26
Private Veräußerungsgeschäfte

Da das Wirtschaftsgut nach dem 31. Dezember 1998 fertig gestellt worden ist, sind die Herstellungskosten bei der Ermittlung des Veräußerungsgewinns um die in Anspruch genommenen Sonderabschreibungen in Höhe von 150.000 DM zu mindern.

39 Nutzt der Steuerpflichtige einen Raum zu betrieblichen oder beruflichen Zwecken (häusliches Arbeitszimmer), sind die anteiligen Anschaffungs- oder Herstellungskosten um den auf das häusliche Arbeitszimmer entfallenden Teil der Absetzungen für Abnutzung, der erhöhten Absetzungen und der Sonderabschreibungen zu kürzen. Die anteiligen Anschaffungs- oder Herstellungskosten sind nicht zu kürzen, wenn der Abzug der Aufwendungen nach § 4 Abs. 5 Satz 1 Nr. 6b, § 9 Abs. 5 EStG ausgeschlossen ist. Aus Vereinfachungsgründen gilt dies auch, wenn der Abzug der Betriebsausgaben oder Werbungskosten auf 2.400 DM[1]) begrenzt ist.

40 Die Anschaffungs- oder Herstellungskosten sind nicht um die Abzugsbeträge nach den §§ 10e, 10f, 10g und 10h EStG oder § 7 FördG, die Eigenheimzulage und die Investitionszulage nach dem InvZulG 1999 zu kürzen.

7. Verlustverrechnung (§ 23 Abs. 3 Satz 8 und 9[2]) EStG)

41 Bei der Zusammenveranlagung von Ehegatten ist der Gesamtgewinn aus privaten Veräußerungsgeschäften für jeden Ehegatten zunächst getrennt zu ermitteln. Dabei ist für den Gewinn jedes Ehegatten die Freigrenze von 1.000 DM[3]) nach § 23 Abs. 3 Satz 6[4]) EStG gesondert zu berücksichtigen. Die ggf. von einem Ehegatten nicht ausgeschöpfte Freigrenze kann nicht beim anderen Ehegatten berücksichtigt werden. Verluste aus privaten Veräußerungsgeschäften des einen Ehegatten sind mit Gewinnen des anderen Ehegatten aus privaten Veräußerungsgeschäften auszugleichen (vgl. BFH-Urteil vom 6.7.1989 – BStBl II S. 787). Ein Ausgleich ist nicht vorzunehmen, wenn der erzielte Gesamtgewinn aus privaten Veräußerungsgeschäften des anderen Ehegatten steuerfrei bleibt, weil er im Kalenderjahr weniger als 1.000 DM[3]) betragen hat[5]).

42 Nicht im Entstehungsjahr mit Veräußerungsgewinnen ausgeglichene Veräußerungsverluste der Jahre ab 1999 sind nach Maßgabe des § 10d EStG rück- und vortragsfähig. Sie mindern in den Rück- oder Vortragsjahren erzielte private Veräußerungsgewinne im Sinne des § 23 EStG, soweit diese in die Ermittlung der Summe der Einkünfte eingegangen sind oder eingehen würden (§ 23 Abs. 3 Satz 9[6]) EStG). Bei der Zusammenveranlagung von Ehegatten ist der Verlustabzug nach Maßgabe des § 10d Abs. 1 und 2 EStG zunächst getrennt für jeden Ehegatten und anschließend zwischen den Ehegatten durchzuführen[7]). Der am Schluss eines Veranlagungszeitraums verbleibende Verlustvortrag ist gesondert festzustellen (§ 23 Abs. 3 Satz 9[6]), nach Maßgabe des § 10d Abs. 4 Satz 1 EStG)[8]).

43[9]) Für Veräußerungsverluste aus den Veranlagungszeiträumen vor 1999 ist § 23 Abs. 3 Satz 9[6]) EStG nicht anzuwenden. Sie dürfen nur mit Veräußerungsgewinnen desselben Kalenderjahres ausgeglichen und nicht nach § 10d EStG abgezogen werden.

---

[1]) ab VZ 2002 1.250 €
[2]) ab VZ 2009 Satz 7 und 8
[3]) ab VZ 2008 600 €
[4]) ab VZ 2009 Satz 5
[5]) Die Freigrenze ist nur vor der Durchführung eines Verlustrücktrages zu berücksichtigen (>BFH vom 11.01.2005 – BStBl II S. 433).
[6]) ab VZ 2009 Satz 8
[7]) überholt durch BMF vom 29.11.2004 (BStBl I S. 1097)
[8]) Insoweit ist § 23 Abs. 3 Satz 9 i. d. F. des JStG 2007 auch in den Fällen anzuwenden, in denen am 01.01.2007 die Feststellungsfrist noch nicht abgelaufen ist >§ 52 Abs. 39 Satz 7 i. d. F. vor Änderung durch Unternehmensteuerreformgesetz 2008.
[9]) überholt durch BFH vom 01.06.2004 (BStBl II 2005 S. 26)

Anhang 27

– unbesetzt –

Anhang 27a

Berücksichtigung von Schulgeldzahlungen als Sonderausgaben nach § 10 Abs. 1 Nr. 9 EStG;
Änderungen durch das Jahressteuergesetz 2009

BMF vom 09.03.2009 (BStBl I S. 487)
IV C 4 – S 2221/07/0007 – 2009/0158048

Aufgrund der Änderungen durch das Jahressteuergesetz 2009 (JStG 2009) vom 19. Dezember 2008 (BGBl. I S. 2794 vom 24. Dezember 2008, BStBl 2009 I S. 74) gilt in Abstimmung mit den obersten Finanzbehörden der Länder für die Berücksichtigung von Schulgeldzahlungen als Sonderausgaben nach § 10 Abs. 1 Nr. 9 EStG Folgendes:

1. Ab dem Veranlagungszeitraum 2008 ist die Klassifizierung der Schule (z. B. als Ersatz- oder Ergänzungsschule) für die Berücksichtigung von Schulgeldzahlungen nicht mehr von Bedeutung. Vielmehr kommt es nunmehr – auch für Schulgeldzahlungen an inländische Schulen – allein auf den erreichten oder beabsichtigten Abschluss an. Führt eine in der Europäischen Union bzw. im Europäischen Wirtschaftsraum (EU-/EWR-Raum) belegene Privatschule oder eine Deutsche Schule im Ausland zu einem anerkannten Schul-, Jahrgangs- oder Berufsabschluss oder bereitet sie hierauf vor, kommt ein Sonderausgabenabzug der Schulgeldzahlungen in Betracht. Daher sind im Inland nicht nur wie bisher Entgelte an staatlich genehmigte oder nach Landesrecht erlaubte allgemein bildende und berufsbildende Ersatzschulen sowie an allgemein bildende anerkannte Ergänzungsschulen einbezogen, sondern erstmalig auch solche an andere Schulen (z. B. berufsbildende Ergänzungsschulen einschließlich der Schulen des Gesundheitswesens) und solche Einrichtungen, die auf einen Beruf oder einen allgemein bildenden Abschluss vorbereiten (s. Nr. 2). Die Prüfung und Feststellung der schulrechtlichen Kriterien obliegt allein dem zuständigen inländischen Landesministerium (z. B. dem Schul- oder Kultusministerium), der Kultusministerkonferenz der Länder oder der zuständigen inländischen Zeugnisanerkennungsstelle. Die Finanzverwaltung ist – wie bisher – an deren Entscheidung gebunden und führt keine eigenen Prüfungen durch[1]).

2. Zu den Einrichtungen, die auf einen Schul-, Jahrgangs- oder Berufsabschluss ordnungsgemäß vorbereiten, gehören solche, die nach einem staatlich vorgegebenen, genehmigten oder beaufsichtigten Lehrplan ausbilden. Hierzu gehören auch Volkshochschulen und Einrichtungen der Weiterbildung in Bezug auf die Kurse zur Vorbereitung auf die Prüfungen für Nichtschülerinnen und Nichtschüler zum Erwerb des Haupt- oder Realschulabschlusses, der Fachhochschulreife oder des Abiturs, wenn die Kurse hinsichtlich der angebotenen Fächer sowie in Bezug auf Umfang und Niveau des Unterrichts den Anforderungen und Zielsetzungen der für die angestrebte Prüfung maßgeblichen Prüfungsordnung entsprechen. Dagegen sind Besuche von Nachhilfeeinrichtungen, Musikschulen, Sportvereinen, Ferienkursen (z. B. Feriensprachkursen) und Ähnlichem nicht einbezogen.

---

[1]) überholt durch BFH vom 20.06.2017 (BStBl II 2018 S. 58): Die Prüfung und Feststellung der schulrechtlichen Kriterien in Bezug auf die ordnungsgemäße Vorbereitung eines schulisches Abschlusses gem. § 10 Abs. 1 Nr. 9 Satz 3 obliegt nicht den Schulbehörden, sondern ist Aufgabe der Finanzbehörden.

Anhang 27a

Schulgeld

3. Auch Entgelte an private Grundschulen können von § 10 Abs. 1 Nr. 9 EStG erfasst sein; der Schulbesuch von Grund- oder Förderschulen wird von der Norm durch den Verweis auf Jahrgangsabschlüsse umfasst. Dies gilt aber regelmäßig erst ab Beginn der öffentlich-rechtlichen Schulpflicht, vgl. BFH-Urteil vom 16. November 2005 (BStBl 2006 II S. 377).

4. Hochschulen, einschließlich der Fachhochschulen und die ihnen im EU/EWR-Ausland gleichstehenden Einrichtungen, sind keine Schulen im Sinne des § 10 Abs. 1 Nr. 9 EStG, so dass Entgelte für den Besuch dieser Einrichtungen nicht berücksichtigt werden. Ein Abzug von Studiengebühren ist somit ausgeschlossen.

5. Der Höchstbetrag beläuft sich auch bei einem Elternpaar, das nicht zusammen zur Einkommensteuer veranlagt wird, auf 5.000 Euro je Kind. Die Schulgeldzahlungen sind dabei grundsätzlich bei dem Elternteil zu berücksichtigen, der sie getragen hat. Haben beide Elternteile entsprechende Aufwendungen getragen, sind sie bei jedem Elternteil nur bis zu einem Höchstbetrag von 2.500 Euro zu berücksichtigen, es sei denn, die Eltern beantragen einvernehmlich eine andere Aufteilung. Eine abweichende Aufteilung kommt z. B. in Betracht, wenn die von einem Elternteil getragenen Aufwendungen den anteiligen Höchstbetrag von 2.500 Euro überschreiten, während die von dem anderen Elternteil getragenen Aufwendungen den anteiligen Höchstbetrag nicht erreichen.

6. Übergangsregelung für Veranlagungszeiträume bis einschließlich 2007

    Für Schulgeldzahlungen an inländische Privatschulen für Veranlagungszeiträume bis einschließlich 2007 gilt weiterhin H 10.10 in der Fassung des Einkommensteuerhandbuchs (EStH) 2007. Für Schulgeldzahlungen, die vor 2008 an Privatschulen geleistet wurden, die in einem anderen Mitgliedstaat der Europäischen Union oder in einem Staat belegen sind, auf den das Abkommen über den Europäischen Wirtschaftsraum Anwendung findet, gilt bei Vorliegen der in § 52 Abs. 24b Satz 2 EStG genannten Voraussetzungen die Rechtsfolge des § 10 Abs. 1 Nr. 9 EStG in der vor dem Jahressteuergesetz 2009 geltenden Fassung, also ohne Beschränkung auf einen absoluten Höchstbetrag, wenn bei Inkrafttreten des JStG 2009 am 25. Dezember 2008 noch keine bestandskräftige Steuerfestsetzung erfolgt war. Das Sonderungsverbot ist in diesen Fällen nicht mehr zu prüfen.

Anhang 27b
Steuerermäßigungen

Übersicht

I. Steuerermäßigung bei den Einkünften aus Gewerbebetrieb gem. § 35 EStG
BMF vom 03.11.2016 (BStBl I S. 1187) unter Berücksichtigung der Änderungen durch BMF vom 17.04.2019 (BStBl I S. 459)

II. Steuerermäßigung bei Aufwendungen für haushaltsnahe Beschäftigungsverhältnisse und für die Inanspruchnahme haushaltsnaher Dienstleistungen (§ 35a EStG)
BMF vom 09.11.2016 (BStBl I S. 1213) unter Berücksichtigung der Änderungen durch BMF vom 01.09.2021 (BStBl I S. 1494)

III. 1. Steuerermäßigung für energetische Maßnahmen bei zu eigenen Wohnzwecken genutzten Gebäuden (§ 35c EStG);
Bescheinigung des ausführenden Fachunternehmens;
Bescheinigung für Personen mit Ausstellungsberechtigung nach § 88 Gebäudeenergiegesetz
BMF vom 26.01.2023 (BStBl I S. 218)

2. Steuerliche Förderung energetischer Maßnahmen an zu eigenen Wohnzwecken genutzten Gebäuden;
Einzelfragen zu § 35c EStG
BMF vom 14.01.2021 (BStBl I S. 103)

Steuerermäßigung bei den Einkünften aus Gewerbebetrieb gem. § 35 EStG

BMF vom 03.11.2016 (BStBl I S. 1187)
IV C 6 – S 2296-a/08/10002 :003 – 2016/0944407
unter Berücksichtigung der Änderungen durch
BMF vom 17.04.2019 (BStBl I S. 459)
IV C 6 – S 2296-a/17/10004 – 2019/0328796

Inhaltsverzeichnis

		Rn.
1.	Anwendungsbereich	1 – 3
2.	Tarifliche Einkommensteuer	4
3.	Anrechnungsvolumen	5 – 13
4.	Gewerbliche Einkünfte i. S. d. § 35 EStG	14 – 15
5.	Ermittlung des Ermäßigungshöchstbetrags	16 – 18
6.	Steuerermäßigung bei Mitunternehmerschaften	
6.1	Aufteilung nach dem allgemeinen Gewinnverteilungsschlüssel	19 – 24
6.2	Besonderheiten bei mehrstöckigen Personengesellschaften	25 – 26
6.2.1	Ermittlung des Ermäßigungshöchstbetrags (§ 35 Absatz 1 Satz 2 EStG)	25
6.2.2	Begrenzung des Ermäßigungsbetrags auf die tatsächlich zu zahlende Gewerbesteuer (§ 35 Absatz 1 Satz 5 EStG)	25a – 26
6.3	Der anteilige Gewerbesteuermessbetrag bei einer KGaA	27
6.4	Ermittlung des Gewerbesteuermessbetrags bei unterjähriger Unternehmensübertragung und Gesellschafterwechsel	28 – 30
6.5	Gesonderte oder gesonderte und einheitliche Feststellung	31 – 32
6.6	Behandlung von Veräußerungs- und Aufgabegewinnen i. S. d. § 7 Satz 2 GewStG	33
7.	Anwendungszeitraum	34

Anhang 27b
Steuerermäßigungen

Im Einvernehmen mit den obersten Finanzbehörden der Länder nehme ich zur Anwendung der Steuerermäßigung bei Einkünften aus Gewerbebetrieb nach § 35 EStG wie folgt Stellung:

1. Anwendungsbereich

1 § 35 EStG ist erstmals für den Veranlagungszeitraum 2001 anzuwenden. Dies gilt auch für Einkünfte aus einem Gewerbebetrieb mit einem vom Kalenderjahr abweichenden Wirtschaftsjahr, wenn das Wirtschaftsjahr nach dem 31. Dezember 2000 endet (§ 52 Absatz 50a EStG 2001). Begünstigt sind unbeschränkt und beschränkt steuerpflichtige natürliche Personen mit Einkünften aus Gewerbebetrieb als Einzelunternehmer oder als unmittelbar oder mittelbar beteiligter Mitunternehmer i. S. d. § 15 Absatz 1 Satz 1 Nummer 2 EStG oder i. S. d. § 15 Absatz 3 Nummer 1 oder 2 EStG. Begünstigt sind auch die persönlich haftenden Gesellschafter einer Kommanditgesellschaft auf Aktien (KGaA) mit ihren Gewinnanteilen (§ 15 Absatz 1 Satz 1 Nummer 3 EStG).

2 § 35 EStG in der Fassung des Unternehmensteuerreformgesetzes 2008 vom 14. August 2007 (BGBl. I S. 1912), geändert durch das Jahressteuergesetz 2008 vom 20. Dezember 2007 (BGBl. I S. 3150) und das Jahressteuergesetz 2009 vom 19. Dezember 2008 (BGBl. I S. 2794), ist erstmalig für den Veranlagungszeitraum 2008 anzuwenden. Gewerbesteuermessbeträge, die Erhebungszeiträumen zuzuordnen sind, die vor dem 1. Januar 2008 enden, sind nur mit dem 1,8-fachen des Gewerbesteuermessbetrages zu berücksichtigen.

3 Die Steuerermäßigung nach § 35 EStG mindert die Bemessungsgrundlage des Solidaritätszuschlags (§ 3 Absatz 2 SolZG), nicht aber die Bemessungsgrundlage der Kirchensteuer (§ 51a Absatz 2 Satz 3 EStG i. V. m. den jeweiligen Kirchensteuergesetzen).

2. Tarifliche Einkommensteuer

4 Ausgangsgröße für die Steuerermäßigung nach § 35 EStG ist die tarifliche Einkommensteuer, vermindert um die anzurechnenden ausländischen Steuern nach § 32d Absatz 6 EStG, § 34c Absatz 1 und 6 EStG und § 12 AStG (tarifliche Einkommensteuer i. S. d. § 35 Absatz 1 Satz 1 EStG). Die Steuerermäßigungen nach § 34f EStG, § 34g EStG sowie nach § 35a EStG sind erst nach Abzug der Steuerermäßigung nach § 35 EStG zu berücksichtigen.

3. Anrechnungsvolumen

5 Das **Anrechnungsvolumen** ist begrenzt auf den Ermäßigungshöchstbetrag (siehe Rn. 16 ff.); es darf die tatsächlich zu zahlende Gewerbesteuer (§ 35 Absatz 1 Satz 5 EStG) nicht übersteigen (Rn. 6).

6 Die tatsächlich zu zahlende Gewerbesteuer entspricht grundsätzlich der im Gewerbesteuerbescheid festgesetzten Gewerbesteuer für den jeweiligen Betrieb (vgl. § 35 Absatz 3 Satz 2 EStG) und in den Fällen des § 35 Absatz 1 Satz 1 Nummer 2 EStG der jeweils anteilig festgesetzten Gewerbesteuer. Erfolgt die Festsetzung der Einkommensteuer vor Bekanntgabe des Gewerbesteuerbescheides durch die Gemeinde, kann die tatsächlich zu zahlende Gewerbesteuer auf der Grundlage des festgestellten Gewerbesteuermessbetrages und des Hebesatzes angesetzt werden (§ 16 Absatz 1 GewStG). Bei einer Abweichung zwischen der zunächst dem Einkommensteuerbescheid zugrunde gelegten „tatsächlich zu zahlenden Gewerbesteuer" und der im Gewerbesteuerbescheid festgesetzten Gewerbesteuer kann der Einkommensteuerbescheid nach § 175 Absatz 1 Satz 1 Nummer 1 AO geändert werden. Entsprechendes gilt, wenn die Kommune nach Bekanntgabe des Gewerbesteuerbescheides die tatsächlich zu zahlende Gewerbesteuer

Anhang 27b
Steuerermäßigungen

aufgrund einer Billigkeitsmaßnahme nach § 163 AO mindert. Bei einer Billigkeitsmaßnahme im Erhebungsverfahren gemäß § 227 AO besteht die Möglichkeit einer Änderung des Einkommensteuerbescheides gemäß § 175 Absatz 1 Satz 1 Nummer 2 AO. Der Steuerpflichtige ist gemäß § 153 Absatz 2 AO verpflichtet, dem Finanzamt die Minderung der tatsächlich zu zahlenden Gewerbesteuer unverzüglich mitzuteilen.

Die Höhe der Steuerermäßigung beträgt das 3,8-fache[1]) des nach § 14 GewStG festgesetzten Gewerbesteuermessbetrags oder des anteiligen Gewerbesteuermessbetrags (Anrechnungsvolumen). Maßgebend ist der Gewerbesteuermessbetrag, der für den Erhebungszeitraum festgesetzt worden ist, der dem Veranlagungszeitraum entspricht. Bei einem vom Kalenderjahr abweichenden Wirtschaftsjahr wird der Gewerbeertrag dem Erhebungszeitraum zugerechnet, in dem das Wirtschaftsjahr endet (§ 10 Absatz 2 GewStG). 7

Zur Ermittlung des auf den Mitunternehmer oder des auf den persönlich haftenden Gesellschafter einer KGaA entfallenden anteiligen Gewerbesteuermessbetrags siehe Rn. 27. 8

Sind dem Steuerpflichtigen als Einzelunternehmer oder Mitunternehmer Einkünfte aus mehreren Gewerbebetrieben oder aus Mitunternehmerschaften mit gewerblichen Einkünften zuzurechnen, sind die jeweiligen Gewerbesteuermessbeträge für jeden Gewerbebetrieb und für jede Mitunternehmerschaft getrennt zu ermitteln, mit dem Faktor 3,8[3]) zu vervielfältigen und auf das tatsächlich zu zahlende Gewerbesteuer zu begrenzen (betriebsbezogene Ermittlung, BFH-Urteil vom 20. März 2017, X R 62/14, BStBl 2019 II S. 244). Die so ermittelten Beträge sind zur Berechnung des Ermäßigungshöchstbetrags zusammenzufassen. Zu den Besonderheiten bei mehrstöckigen Gesellschaften vgl. Rn. 25 und 26. 9[2])

Bei zusammenveranlagten Ehegatten/Lebenspartnern sind die Anrechnungsvolumina der Ehegatten/Lebenspartner zusammenzufassen, sofern beide Ehegatten/Lebenspartner jeweils eine positive Summe der gewerblichen Einkünfte i. S. d. § 35 EStG (vgl. Rn. 14 bis 18) haben. Sofern ein Ehegatte/Lebenspartner eine positive Summe der gewerblichen Einkünfte und der andere Ehegatte/Lebenspartner eine negative Summe der gewerblichen Einkünfte oder eine Summe der gewerblichen Einkünfte i. H. v. 0 € hat, sind die Gewerbesteuermessbeträge des Ehegatten/Lebenspartners, der keine positive Summe der gewerblichen Einkünfte hat, nicht zu berücksichtigen. 10

Beispiel:
Ein zusammenveranlagtes Ehepaar erzielt folgende Einkünfte i. S. d. § 15 EStG:

	Einkünfte § 15 EStG	Gewerbesteuermessbetrag
Betrieb I (Ehefrau)	100.000 €	3.000 €
Betrieb II (Ehemann)	– 100.000 €	1.000 €
Betrieb III (Ehemann)	– 100.000 €	0 €
Betrieb IV (Ehemann)	100.000 €	3.000 €

Lösung:
Bei der Berechnung des Ermäßigungshöchstbetrags i. S. d. § 35 Absatz 1 Satz 2 EStG sind nur die positiven gewerblichen Einkünfte der Ehefrau zu berücksichtigen (positive Summe der gewerblichen Einkünfte: 100.000 €). Die negative Summe der gewerblichen Einkünfte des Ehemanns i. H. v. – 100.000 € bleibt unberücksichtigt (vgl. Rn. 16). Folglich steht auch nur der auf die gewerblichen Einkünfte der Ehefrau entfallende Gewerbesteuermessbetrag

---

[1]) ab VZ 2020 das 4-fache >§ 35 Abs. 1 Satz 1 Nr. 1, 2 und § 52 Abs. 35a i. d. F. des Artikels 1 des Zweiten Corona-Steuerhilfegesetzes
[2]) Rn. 9 wurde durch BMF vom 17.04.2019 (BStBl I S. 459) neu gefasst und ist ab VZ 2020, auf Antrag auch für VZ vor 2020 anzuwenden.
[3]) ab VZ 2020 Faktor 4 >§ 35 Abs. 1 Satz 1 Nr. 1, 2 und § 52 Abs. 35a i. d. F. des Artikels 1 des Zweiten Corona-Steuerhilfegesetzes

Anhang 27b
Steuerermäßigungen

i. H. v. 3.000 € für die Berechnung des Anrechnungsvolumens i. S. d. § 35 Absatz 1 Satz 1 EStG zur Verfügung.

11 Die Festsetzungen des Gewerbesteuermessbetrags, der zu zahlenden Gewerbesteuer und die Feststellung der Prozentsätze nach § 35 Absatz 2 EStG (anteiliger Gewerbesteuermessbetrag und anteilig zu zahlende Gewerbesteuer bei Mitunternehmerschaften und KGaA) sind bei der Ermittlung der Steuerermäßigung nach § 35 Absatz 1 EStG Grundlagenbescheide (§ 35 Absatz 3 Satz 2 EStG).

12 Nicht nutzbares Anrechnungsvolumen kann nicht auf vorherige und nachfolgende Veranlagungszeiträume übertragen werden (BFH vom 23. April 2008, X R 32/06, BStBl 2009 II S. 7).

13 Der auf einen Veräußerungs- oder Aufgabegewinn nach § 18 Absatz 4 Satz 1 und 2 UmwStG a. F., § 18 Absatz 3 Satz 1 und 2 UmwStG i. d. F. des SEStEG entfallende Gewerbesteuermessbetrag bleibt bei der Ermäßigung der Einkommensteuer nach § 35 EStG unberücksichtigt (§ 18 Absatz 4 Satz 3 UmwStG a. F., § 18 Absatz 3 Satz 3 UmwStG i. d. F. des SEStEG). Dies gilt nicht, wenn das Personenunternehmen aus einer umgewandelten Organ(kapital)gesellschaft entstanden ist und ein von dieser erzielter und dem Organträger zuzurechnender Veräußerungs- oder Aufgabegewinn zu einer Anrechnung nach § 35 EStG geführt hätte (BFH vom 28. Mai 2015, IV R 27/12, BStBl II S. 837).

§ 35 EStG findet keine Anwendung auf Gewinne, die der Tonnagebesteuerung nach § 5a Absatz 1 EStG unterliegen (§ 5a Absatz 5 EStG); insoweit sind auch der (anteilig) darauf entfallende Gewerbesteuermessbetrag und die (anteilig) darauf entfallende, tatsächlich zu zahlende Gewerbesteuer nicht zu berücksichtigen. In Fällen, in denen

- einem Mitunternehmer aus der Mitunternehmerschaft lediglich ein anteiliger Tonnagegewinn i. S. d. § 5a Absatz 1 EStG und keine nach § 35 EStG begünstigten Einkünfte zugerechnet werden und
- auf den Mitunternehmer aber gleichwohl ein anteiliger nach § 35 EStG begünstigter Gewerbesteuermessbetrag entfällt, der beispielsweise aus Einkünften i. S. d. § 5a Absatz 4 Satz 3 EStG eines anderen Mitunternehmers resultiert,

geht der nach § 35 EStG begünstigte Gewerbesteuermessbetrag in das Anrechnungsvolumen i. S. d. § 35 Absatz 1 Satz 1 EStG ein. Bei der Ermittlung des Ermäßigungshöchstbetrags i. S. d. § 35 Absatz 1 Satz 2 EStG sind die gewerblichen Einkünfte bei der Ermittlung der „Summe der positiven gewerblichen Einkünfte" für die Beteiligung in diesem Fall mit 0 € anzusetzen (vgl. Rn. 16).

4. Gewerbliche Einkünfte i. S. d. § 35 EStG

14 Die gewerblichen Einkünfte i. S. d. § 35 EStG umfassen die Einkünfte aus Gewerbebetrieb i. S. d. § 15 EStG, wenn sie gewerbesteuersteuerpflichtig und nicht von der Anwendung des § 35 EStG ausgeschlossen sind (vgl. Rn. 13). Einkünfte i. S. d. §§ 16 und 17 EStG gehören grundsätzlich nicht zu den gewerblichen Einkünften i. S. d. § 35 EStG. In die gewerblichen Einkünfte i. S. d. § 35 EStG einzubeziehen sind jedoch die gewerbesteuerpflichtigen Veräußerungsgewinne aus der 100%igen Beteiligung an einer Kapitalgesellschaft (§ 16 Absatz 1 Satz 1 Nummer 1 Satz 2 EStG), wenn die Veräußerung nicht im engen Zusammenhang mit der Aufgabe des Gewerbebetriebs erfolgt (vgl. **R 7.1 (3) GewStR und H 7.1. (3) GewStH**) sowie die Veräußerungsgewinne, die nach § 7 Satz 2 GewStG gewerbesteuerpflichtig sind. Der Gewinn aus der Veräußerung eines Teils eines Mitunternehmeranteils i. S. d. § 16 Absatz 1 Satz 2 EStG gehört als laufender Gewinn auch zu den gewerblichen Einkünften i. S. d. § 35 EStG. Die auf einen Veräußerungs- oder Aufgabegewinn nach § 18 Absatz 4 Satz 1 und 2 UmwStG a. F., § 18 Absatz 3 Satz 1 und 2 UmwStG i. d. F. des SEStEG entfallenden Einkünfte aus Gewerbebetrieb sind nicht in die gewerblichen Einkünfte i. S. d. § 35 EStG einzubeziehen. Dies

gilt nicht, wenn das Personenunternehmen aus einer umgewandelten Organ(kapital)gesellschaft entstanden ist und ein von dieser erzielter und dem Organträger zuzurechnender Veräußerungs- oder Aufgabegewinn zu einer Anrechnung nach § 35 EStG geführt hätte (BFH vom 28. Mai 2015, IV R 27/12, BStBl II S. 837).

Nicht entnommene Gewinne i. S. d. § 34a EStG sind im Veranlagungszeitraum ihrer begünstigten Besteuerung bei der Steuerermäßigung nach § 35 EStG einzubeziehen. Im Veranlagungszeitraum der Nachversteuerung i. S. d. § 34a Absatz 4 EStG

– gehören die Nachversteuerungsbeträge nicht zu den begünstigten gewerblichen Einkünften,

– gehört die Einkommensteuer auf den Nachversteuerungsbetrag zur tariflichen Einkommensteuer.

5. Ermittlung des Ermäßigungshöchstbetrags

Die Steuerermäßigung wird durch § 35 Absatz 1 EStG auf die tarifliche Einkommensteuer beschränkt, die anteilig auf die gewerblichen Einkünfte entfällt (Ermäßigungshöchstbetrag). Der Ermäßigungshöchstbetrag wird wie folgt ermittelt (§ 35 Absatz 1 Satz 2 EStG):

$$\frac{\text{Summe der positiven gewerblichen Einkünfte}}{\text{Summe aller positiven Einkünfte}} \times \text{geminderte tarifliche Steuer}$$

Die „Summe der positiven gewerblichen Einkünfte" und die „Summe aller positiven Einkünfte" im Sinne dieser Berechnungsformel sind die positiven Einkünfte aus der jeweiligen Einkunftsart. Positive und negative Einkünfte innerhalb einer Einkunftsart sind zu saldieren (sog. horizontaler Verlustausgleich). Eine negative Summe der Einkünfte aus einer Einkunftsart kann nicht mit der positiven Summe der Einkünfte aus einer anderen Einkunftsart verrechnet werden (sog. vertikaler Verlustausgleich).

Bei zusammenveranlagten Ehegatten/Lebenspartnern ist für jeden Ehegatten/Lebenspartner getrennt zu prüfen, ob positive Einkünfte im Sinne der Berechnungsformel vorliegen. Positive Einkünfte eines Ehegatten/Lebenspartners sind nicht mit negativen Einkünften des anderen Ehegatten/Lebenspartners aus derselben Einkunftsart zu verrechnen.

Bei der Ermittlung der „Summe der positiven gewerblichen Einkünfte" im Sinne der Berechnungsformel sind nur positive und negative gewerbliche Einkünfte i. S. d. § 35 EStG zu berücksichtigen (vgl. Rn. 14 ff.). Andere gewerbliche Einkünfte bleiben unberücksichtigt. Dagegen sind bei der Ermittlung der Summe aller positiven Einkünfte im Sinne der Berechnungsformel jegliche positiven und negativen gewerblichen Einkünfte – also auch solche, die nicht gewerbesteuerpflichtig oder von der Anwendung des § 35 EStG ausgeschlossen sind – zu saldieren. Bei der Ermittlung der „Summe der positiven gewerblichen Einkünfte" und der „Summe aller positiven Einkünfte" i. S. d. § 35 Absatz 1 Satz 2 EStG sind zudem die bei der Ermittlung der Summe der Einkünfte geltenden Verlustverrechnungsbeschränkungen (z. B. § 15 Absatz 4, §§ 15a, 15b, § 23 Absatz 3 Satz 7 EStG) zu beachten.

In den Fällen, in denen einem Mitunternehmer nur ein Tonnagegewinn nach § 5a Absatz 1 EStG und ein anteiliger GewSt-Messbetrag, der nicht auf den Tonnagegewinn entfällt, zugerechnet werden, sind für die Ermittlung der „Summe der gewerblichen Einkünfte" i. S. d. § 35 Absatz 1 Satz 2 EStG gewerbliche Einkünfte i. H. v. 0 € zu berücksichtigen. Der Tonnagegewinn ist Bestandteil der „Summe aller positiven Einkünfte".

Anhang 27b
Steuerermäßigungen

17 **Beispiel 1:**
Der ledige Steuerpflichtige A erzielt folgende Einkünfte:

§ 15 EStG, Betrieb 1	– 50.000 €
§ 15 EStG, Betrieb 2	120.000 €
§ 17 EStG (keine Einkünfte i. S. d. § 35 EStG)	– 30.000 €
§ 18 EStG	– 100.000 €
§ 21 EStG, Grundstück 1	– 100.000 €
§ 21 EStG, Grundstück 2	200.000 €
Summe der Einkünfte:	**40.000 €**

Lösung:
Der Ermäßigungshöchstbetrag ermittelt sich wie folgt:

$$\frac{70.000 \text{ (Summe der positiven gewerblichen Einkünfte (Betrieb 1 + Betrieb 2))}}{140.000 \text{ (gewerbliche Einkünfte (§§ 15, 17 EStG) + Einkünfte § 21 EStG)}} \times \text{geminderte tarifliche Steuer}$$

18 **Beispiel 2:**
Ein zusammenveranlagtes Ehepaar erzielt folgende Einkünfte:

Einkünfte	Ehemann	Ehefrau
§ 15 EStG	50.000 €	– 25.000 €
§ 19 EStG		10.000 €
§ 21 EStG Grundstück 1	– 30.000 €	
§ 21 EStG Grundstück 2		25.000 €
§ 21 EStG Grundstück 3		– 10.000 €
Summe der Einkünfte:	**20.000 €**	

Lösung:
Der Ermäßigungshöchstbetrag ermittelt sich wie folgt:

$$\frac{50.000 \text{ (gewerbliche Einkünfte EM)}}{75.000 \text{ (gewerbliche Einkünfte EM + Einkünfte § 19 EStG EF + Einkünfte § 21 EStG EF)}} \times \text{geminderte tarifliche Steuer}$$

6. Steuerermäßigung bei Mitunternehmerschaften
6.1. Aufteilung nach dem allgemeinen Gewinnverteilungsschlüssel

19 Der anteilige Gewerbesteuermessbetrag von Mitunternehmern ist gemäß § 35 Absatz 2 Satz 2 EStG nach Maßgabe des allgemeinen Gewinnverteilungsschlüssels zu ermitteln; auf die Verteilung im Rahmen der einheitlichen und gesonderten Feststellung der Einkünfte aus Gewerbebetrieb kommt es dabei nicht an. Dies gilt auch für Fälle der atypisch stillen Gesellschaft.

20 Für die Verteilung aufgrund des allgemeinen Gewinnverteilungsschlüssels ist grundsätzlich die handelsrechtliche Gewinnverteilung maßgeblich. Diese ergibt sich entweder aus den gesetzlichen Regelungen des HGB oder aus abweichenden gesellschaftsvertraglichen Vereinbarungen.

21 Dies gilt jedoch nur insoweit, wie die handelsrechtliche Gewinnverteilung auch in steuerrechtlicher Hinsicht anzuerkennen ist. So sind steuerrechtliche Korrekturen der Gewinnverteilung bei Familienpersonengesellschaften in Fällen, in denen die gesellschaftsvertragliche Gewinnverteilung nicht anerkannt wird oder steuerrechtliche Korrekturen in Fällen, in denen eine unzulässige rückwirkende Änderung der Gewinnverteilungsabrede festgestellt wird, auch bei der Ermittlung des allgemeinen Gewinnverteilungsschlüssels i. S. d. § 35 Absatz 2 Satz 2 EStG zu berücksichtigen.

Bei der Ermittlung des Aufteilungsmaßstabs für den Gewerbesteuermessbetrag sind Vorabgewinnanteile nach § 35 Absatz 2 Satz 2 2. Halbsatz EStG nicht zu berücksichtigen. Dies gilt auch für Sondervergütungen i. S. d. § 15 Absatz 1 Satz 1 Nummer 2 EStG sowie für die Ergebnisse aus Sonder- und Ergänzungsbilanzen. 22

Gewerbesteuermessbeträge aus gewerbesteuerpflichtigen Veräußerungsgewinnen sind ebenfalls entsprechend dem am Ende des gewerbesteuerrechtlichen Erhebungszeitraums geltenden, allgemeinen Gewinnverteilungsschlüssel auf die am Ende des gewerbesteuerrechtlichen Erhebungszeitraums beteiligten Mitunternehmer (vgl. Rn. 28) aufzuteilen. 23

In die Aufteilung sind auch Gesellschafter einzubeziehen, für die eine Ermäßigung nach § 35 EStG nicht in Betracht kommt, beispielsweise Kapitalgesellschaften. 24

6.2. Besonderheiten bei mehrstöckigen Gesellschaften
6.2.1 Ermittlung des Ermäßigungshöchstbetrags (§ 35 Absatz 1 Satz 2 EStG)

Bei mehrstöckigen Mitunternehmerschaften sind bei der Ermittlung des Ermäßigungshöchstbetrags nach § 35 Absatz 1 Satz 2 EStG die Einkünfte aus der Obergesellschaft (einschließlich der Ergebnisse der Untergesellschaft(en)) als gewerbliche Einkünfte zu berücksichtigen, soweit es sich um gewerbliche Einkünfte i. S. d. § 35 EStG (vgl. Rn. 14, 15) handelt. 25[1])

Die gewerblichen Einkünfte i. S. d. § 35 Absatz 1 Satz 3 EStG sind im Verfahren der gesonderten und einheitlichen Feststellung (§ 35 Absatz 2 EStG) nachrichtlich mitzuteilen. Neben dem anteiligen Gewerbesteuermessbetrag und der anteiligen tatsächlich zu zahlenden Gewerbesteuer der Obergesellschaft sind den Mitunternehmern der Obergesellschaft zudem die anteilig auf die Obergesellschaft entfallenden Gewerbesteuermessbeträge der Untergesellschaften nach Maßgabe des allgemeinen Gewinnverteilungsschlüssels zuzurechnen (§ 35 Absatz 2 Satz 5 EStG). Dies gilt auch für die Zurechnung eines anteiligen Gewerbesteuermessbetrags einer Untergesellschaft an den mittelbar beteiligten Gesellschafter, wenn sich auf der Ebene der Obergesellschaft ein negativer Gewerbeertrag und damit ein Gewerbesteuermessbetrag von 0 € ergibt.

6.2.2 Begrenzung des Ermäßigungsbetrags auf die tatsächlich zu zahlende Gewerbesteuer (§ 35 Absatz 1 Satz 5 EStG)

Die Beschränkung des Steuerermäßigungsbetrags auf die tatsächlich zu zahlende Gewerbesteuer (§ 35 Absatz 1 Satz 5 EStG) (Vergleich zwischen dem mit dem Faktor 3,8[3]) vervielfältigten anteiligen Gewerbesteuermessbetrag und der anteiligen tatsächlich zu zahlenden Gewerbesteuer) ist bei mehrstöckigen Mitunternehmerschaften betriebsbezogen jeweils getrennt für Obergesellschaft und Untergesellschaft(en) zu ermitteln (BFH-Urteile vom 20. März 2017, X R 12/15, BStBl 2019 II S. 249 und X R 62/14, BStBl 2019 II S. 244). 25a[2])

Der ggf. auf die tatsächlich zu zahlende Gewerbesteuer begrenzte Steuerermäßigungsbetrag nach § 35 Absatz 1 Satz 5 EStG sowie die gewerblichen Einkünfte i. S. d. § 35 EStG sind im Verfahren der gesonderten und einheitlichen Feststellung (§ 35 Absatz 2 EStG) stets nachrichtlich mitzuteilen.

---

[1]) Rn. 25 wurde durch BMF vom 17.04.2019 (BStBl I S. 459) neu gefasst und ist ab VZ 2020, auf Antrag auch für VZ vor 2020 anzuwenden.

[2]) Rn. 25a wurde durch BMF vom 17.04.2019 (BStBl I S. 459) eingefügt und ist ab VZ 2020, auf Antrag auch für VZ vor 2020 anzuwenden.

[3]) ab VZ 2020 Faktor 4 >§ 35 Abs. 1 Satz 1 Nr. 1, 2 und § 52 Abs. 35a i. d. F. des Artikels 1 des Zweiten Corona-Steuerhilfegesetzes

Anhang 27b
Steuerermäßigungen

26[1])[2])

Beispiel:
A ist zu 70 % an der GmbH & Co KG I (KG I) beteiligt, die wiederum zu 50 % an der GmbH & Co KG II (KG II) beteiligt ist. Die KG II erzielt einen Gewinn von 100.000 €. Für die KG II wird unter Berücksichtigung von §§ 8 und 9 GewStG ein Gewerbesteuermessbetrag von 1.000 € festgestellt. Die tatsächlich zu zahlende Gewerbesteuer beträgt 3.600 €. Dies führt damit zu einem der KG I zuzurechnenden anteiligen Gewerbesteuermessbetrag von 500 € (50 % von 1.000 € entsprechend dem allgemeinen Gewinnverteilungsschlüssel) und einer zuzurechnenden anteiligen tatsächlich zu zahlenden Gewerbesteuer von 1.800 € (50 % von 3.600 € entsprechend dem allgemeinen Gewinnverteilungsschlüssel).
Der KG I werden aus der Beteiligung an der KG II Einkünfte von 50.000 € zugewiesen. Die KG I erzielt aus dem eigenen operativen Geschäft einen Gewinn von 120.000 €. Es wird ein Gewerbesteuermessbetrag von 1.500 € festgestellt. Dies führt zu einer zu zahlenden Gewerbesteuer von 6 000 €.

Lösung:
Der auf A entfallende Gewerbesteuermessbetrag beträgt 1.400 € (70 % von [1.500 € + 500 €]) und die auf A entfallende tatsächlich zu zahlende Gewerbesteuer 5.460 € (70 % von [6.000 € + 1.800 €]). Bei A ist eine Steuerermäßigung nach § 35 EStG in Höhe des 3,8-fachen des auf ihn entfallenden anteiligen Gewerbesteuermessbetrags von 1.400 € (= 5.320 €), höchstens der Ermäßigungshöchstbetrag nach § 35 Absatz 1 Satz 2 EStG und begrenzt auf die auf ihn entfallende anteilige tatsächlich zu zahlende Gewerbesteuer nach § 35 Absatz 1 Satz 5 EStG (3 990 € lt. unten stehender Berechnung) zu berücksichtigen. Bei der Ermittlung des Ermäßigungshöchstbetrags für A sind positive Einkünfte aus Gewerbebetrieb von 119.000 € anzusetzen.
Die Begrenzung des Steuerermäßigungsbetrags nach § 35 Absatz 1 Satz 5 EStG auf die tatsächlich zu zahlende Gewerbesteuer berechnet sich **betriebsbezogen** wie folgt:

<u>KG II</u>
auf die KG I entfallender Anteil am Gewerbesteuermessbetrag: 500 € (50 % von 1.000 €)
auf die KG I entfallende tatsächlich zu zahlende Gewerbesteuer: 1.800 € (50 % von 3.600 €)
500 € x 3,8 = 1.900 € > 1.800 €, d. h., die tatsächlich zu zahlende Gewerbesteuer ist geringer als das 3,8-fache des Gewerbesteuermessbetrags
Der für die KG II betriebsbezogen ermittelte nach § 35 Absatz 1 Satz 5 EStG begrenzte Steuerermäßigungsbetrag der KG I beträgt **1.800 €**. Dieser nach § 35 Absatz 1 Satz 5 EStG begrenzte Steuerermäßigungsbetrag ist dem für die KG I zuständigen Finanzamt nachrichtlich mitzuteilen.

<u>KG I</u>
auf A entfallender Anteil am Gewerbesteuermessbetrag: 1.050 € (70 % von 1.500 €)
auf A entfallende tatsächlich zu zahlende Gewerbesteuer: 4.200 € (70 % von 6.000 €)
1.050 € x 3,8 = 3.990 € < 4.200 €, d. h., das 3,8-fache des Gewerbesteuermessbetrags übersteigt nicht die tatsächlich zu zahlende Gewerbesteuer
Der für die KG I betriebsbezogen ermittelte Steuerermäßigungsbetrag des A beträgt **3.990 €**.
Das für die KG I zuständige Finanzamt hat ferner dem für den A zuständigen Finanzamt den auf A entfallenden Teil des Steuerermäßigungsbetrags aus der KG II mitzuteilen (70 % von 1.800 € = 1.260 €).

<u>Einkommensteuer des A</u>
Der Ermäßigungsbetrag nach § 35 Absatz 1 Satz 1 Nummer 2 EStG beträgt 5.320 € (das 3,8-fache des festgestellten anteiligen Gewerbesteuermessbetrags von 1.400 €).
Für Zwecke der Ermittlung des Ermäßigungshöchstbetrags nach § 35 Absatz 1 Satz 2 EStG sind für A positive gewerbliche Einkünfte in Höhe von 119.000 € anzusetzen.

---

[1]) Rn. 26 wurde durch BMF vom 17.04.2019 (BStBl I S. 459) neu gefasst und ist ab VZ 2020, auf Antrag auch für VZ vor 2020 anzuwenden.

[2]) ab VZ 2020 Faktor 4 >§ 35 Abs. 1 Satz 1 Nr. 1, 2 und § 52 Abs. 35a i. d. F. des Artikels 1 des Zweiten Corona-Steuerhilfegesetzes

Der Steuerermäßigungsbetrag ist auf die tatsächlich zu zahlende Gewerbesteuer beschränkt (§ 35 Absatz 1 Satz 5 EStG). Die Beschränkung ist betriebsbezogen zu ermitteln (vgl. Rn. 9) und führt zu einer Begrenzung auf 5.250 € (3.990 € + 1.260 €).

6.3. Der anteilige Gewerbesteuermessbetrag bei einer KGaA

Bei einer KGaA führt nur der auf die persönlich haftenden Gesellschafter entfallende Teil des Gewerbesteuermessbetrags zu einer Steuerermäßigung. Für die erforderliche Aufteilung des Gewerbesteuermessbetrags gilt die Regelung des § 35 Absatz 2 EStG. Zur Ermittlung des anteilig auf den persönlich haftenden Gesellschafter entfallenden Gewerbesteuermessbetrags ist ebenfalls auf den allgemeinen Gewinnverteilungsschlüssel (vgl. Rn. 20 ff.) abzustellen. Demnach ist das Verhältnis seines allgemeinen Gewinnanteils an der Gesellschaft, soweit er nicht auf seine Anteile am Grundkapital (Kommanditaktien) entfällt, zum Gesamtgewinn der KGaA maßgebend. Sondervergütungen werden bei der Ermittlung des Aufteilungsschlüssels nicht berücksichtigt. 27

Erhält der persönlich haftende Gesellschafter neben seiner Ausschüttung auf seine Anteile am Grundkapital beispielsweise nur eine Tätigkeitsvergütung, beträgt sein anteiliger Gewerbesteuermessbetrag immer 0 €.

Für die Berücksichtigung der tatsächlich zu zahlenden Gewerbesteuer (§ 35 Absatz 1 Satz 5 EStG) gilt Entsprechendes.

6.4. Ermittlung des Gewerbesteuermessbetrags bei unterjähriger Unternehmensübertragung und Gesellschafterwechsel

Tritt ein Gesellschafter während des Wirtschaftsjahrs in eine Personengesellschaft ein oder scheidet er aus dieser aus, und besteht die Personengesellschaft fort, geht der Gewerbebetrieb nicht im Ganzen auf einen anderen Unternehmer über. Für Zwecke der Berechnung der Steuerermäßigung ist der für den Erhebungszeitraum festgestellte Gewerbesteuermessbetrag auf die Gesellschafter aufzuteilen, die zum Ende des gewerbesteuerrechtlichen Erhebungszeitraums noch an der Personengesellschaft beteiligt sind (BFH vom 14. Januar 2016, IV R 5/14, BStBl II S. 875). Aufteilungsmaßstab ist der zum Ende des gewerbesteuerrechtlichen Erhebungszeitraums geltende allgemeine Gewinnverteilungsschlüssel. Unterjährig ausgeschiedenen Gesellschaftern ist kein anteiliger Gewerbesteuermessbetrag zuzurechnen. Hinsichtlich der zeitlichen Anwendung des vorstehenden Satzes wird auf Rn. 34 verwiesen. Der Veräußerungs- und Aufgabegewinn des ausscheidenden Gesellschafters beeinflusst den allgemeinen Gewinnverteilungsschlüssel nicht. 28

Wird ein Einzelunternehmen durch Aufnahme eines oder mehrerer Gesellschafter in eine Personengesellschaft umgewandelt oder scheiden aus einer Personengesellschaft alle Gesellschafter bis auf einen aus und findet dieser Rechtsformwechsel während des Kalenderjahrs statt, ist der für den Erhebungszeitraum ermittelte einheitliche Steuermessbetrag dem Einzelunternehmer und der Personengesellschaft anteilig zuzurechnen und getrennt festzusetzen (R 11.1 GewStR 2009). Die getrennte Festsetzung des anteiligen Steuermessbetrags ist jeweils für die Anwendung des § 35 EStG maßgeblich. Eine gesonderte Aufteilung des Gewerbesteuermessbetrags zwischen dem Einzelunternehmen und der Personengesellschaft ist daher nicht erforderlich. 29

Besteht die sachliche Gewerbesteuerpflicht bei Vorgängen nach dem UmwStG für das Unternehmen fort, obwohl der gewerbesteuerliche Steuerschuldner wechselt, so ergehen mehrere den Steuerschuldnerwechsel berücksichtigende Gewerbesteuermessbescheide mit Anteilen des einheitlichen Gewerbesteuermessbetrags. Diese Anteile sind bei der Ermittlung der Steuermäßigung nach § 35 EStG maßgeblich. 30

Für die Berücksichtigung der tatsächlich zu zahlenden Gewerbesteuer (§ 35 Absatz 1 Satz 5 EStG) gilt Entsprechendes.

Anhang 27b
Steuerermäßigungen

6.5. Gesonderte oder gesonderte und einheitliche Feststellung

31 Zuständig für die gesonderte Feststellung des anteiligen Gewerbesteuermessbetrags und der tatsächlich zu zahlenden Gewerbesteuer nach § 35 Absatz 2 EStG ist das für die gesonderte Feststellung der Einkünfte zuständige Finanzamt (§ 35 Absatz 3 Satz 1 EStG). Dabei sind die Festsetzung des Gewerbesteuermessbetrags, die tatsächlich zu zahlende Gewerbesteuer und die Festsetzung des anteiligen Gewerbesteuermessbetrags aus der Beteiligung an einer Mitunternehmerschaft Grundlagenbescheide (§ 35 Absatz 3 Satz 3 EStG).

32 Das Betriebsfinanzamt stellt außerdem die gewerblichen Einkünfte i. S. d. § 35 EStG und ggf. Verluste gemäß § 16 EStG, die nicht in die Ermittlung des Gewerbeertrages einzubeziehen sind, gesondert oder bei einer Beteiligung mehrerer Personen gesondert und einheitlich fest.

6.6. Behandlung von Veräußerungs- und Aufgabegewinnen i. S. d. § 7 Satz 2 GewStG

33 Nach § 7 Satz 2 GewStG gewerbesteuerpflichtige Veräußerungs- oder Aufgabegewinne gehen in den Gewerbeertrag der Mitunternehmerschaft ein. Der unter Berücksichtigung des § 7 Satz 2 GewStG festgesetzte Gewerbesteuermessbetrag sowie die gezahlte Gewerbesteuer sind nach Maßgabe des allgemeinen, zum Ende des Erhebungszeitraums geltenden Gewinnverteilungsschlüssels auf die Mitunternehmer zu verteilen.

Bei der Ermittlung des Ermäßigungshöchstbetrags i. S. d. § 35 Absatz 1 Satz 2 GewStG sind nach § 7 Satz 2 GewStG gewerbesteuerpflichtige Veräußerungs- oder Aufgabegewinne nur dann bei der „Summe der positiven gewerblichen Einkünfte" und der „Summe aller positiven Einkünfte" zu berücksichtigen, wenn sie dem betroffenen Mitunternehmer zuzurechnen sind. Eine Aufteilung nach dem allgemeinen Gewinnverteilungsschlüssel kommt nicht in Betracht, weil § 35 Absatz 2 Satz 2 EStG nur für die Verteilung des Gewerbesteuermessbetrags gilt.

Beispiel 1:
A und die B-GmbH sind zu 50 % an der C-OHG beteiligt. Der laufende Gewinn 01 beträgt 0 €. Der Betrieb der C-OHG wird zum 31.12.01 aufgegeben. Der Aufgabegewinn i. H. v. 100.000 € entfällt i. H. v. jeweils 50.000 € auf A und die B-GmbH. Der Gewerbesteuermessbetrag wird auf Grundlage eines Gewerbeertrags i. H. v. 25.500 € (nach § 7 Satz 2 GewStG gewerbesteuerpflichtiger Aufgabegewinn i. H. v. 50.000 € abzüglich Freibetrag nach § 11 Absatz 1 Satz 3 Nr. 1 GewStG i. H. v. 24.500 €) festgesetzt (Gewerbesteuermessbetrag 892 €).

Lösung:
Der auf A entfallende, nach § 35 EStG begünstigte Gewerbesteuermessbetrag beträgt 446 € (50 % von 892 €). Er geht in das Anrechnungsvolumen i. S. d. § 35 Absatz 1 Satz 1 EStG ein. Bei der Ermittlung des Ermäßigungshöchstbetrags i. S. d. § 35 Absatz 1 Satz 2 EStG sind bei der Ermittlung der „Summe der positiven gewerblichen Einkünfte" die Einkünfte aus der Beteiligung an der C-OHG mit 0 € anzusetzen, weil der auf A entfallende Aufgabegewinn nicht der Gewerbesteuer unterlegen hat (§ 35 Absatz 1 Satz 3 EStG). Bei der Ermittlung der „Summe aller positiven Einkünfte" i. S. d. § 35 Absatz 1 Satz 2 EStG sind die Einkünfte aus der Beteiligung an der C-OHG mit 50.000 € anzusetzen.

Beispiel 2:
A ist alleiniger Kommanditist der B-KG. Die B-KG ist alleinige Kommanditistin der C-KG. Die Komplementär-GmbHs sind jeweils nicht am Vermögen der B-KG und C-KG beteiligt. Der Betrieb der C-KG wird zum 31.12.01 aufgegeben. Der Aufgabegewinn ist nach § 7 Satz 2 GewStG gewerbesteuerpflichtig, weil er auf die B-KG als unmittelbar beteiligte Mitunternehmerin entfällt, die keine natürliche Person ist.

Lösung:
Der nach § 7 Satz 2 GewStG gewerbesteuerpflichtige Aufgabegewinn wird A für Zwecke der Einkommensteuer über die B-KG zugerechnet und bei der Ermittlung der Einkünfte des A erfasst. Da der Aufgabegewinn mit Gewerbesteuer belastet ist, ist er bei Ermittlung der „Summe der positiven gewerblichen Einkünfte" i. S. d. § 35 Absatz 1 Satz 2 EStG zu berücksichtigen (§ 35 Absatz 1 Satz 3 EStG). Der für die C-KG festgesetzte Gewerbesteuermessbetrag geht in das Anrechnungsvolumen i. S. d. § 35 Absatz 1 Satz 1 EStG des A ein (§ 35 Absatz 2 Satz 5 EStG).

7. Anwendungsregelung

Dieses Schreiben ist auf alle offenen Fälle anzuwenden. In den Fällen, in denen die Anwendung der Rn. 16 bis 18 zu einer geringeren Anrechnung der Gewerbesteuer nach § 35 EStG als nach der bisherigen Verwaltungsauffassung im BMF-Schreiben vom 24. Februar 2009 (BStBl I S. 440) führt, ist das Schreiben auf Antrag des Steuerpflichtigen erst ab dem Veranlagungszeitraum 2016 anzuwenden. Rn. 30 des BMF-Schreibens vom 24. Februar 2009 (BStBl I S. 440) ist bis zum Veranlagungszeitraum 2017 weiterhin anzuwenden, wenn alle zum Ende des gewerbesteuerrechtlichen Erhebungszeitraums noch beteiligten Mitunternehmer dies einheitlich beantragen.

Die BMF-Schreiben vom 24. Februar 2009 (BStBl I S. 440), vom 22. Dezember 2009 (BStBl 2010 I S. 43) und vom 25. November 2010 (BStBl I S. 1312) werden aufgehoben.

Steuerermäßigung bei Aufwendungen für haushaltsnahe Beschäftigungsverhältnisse und für die Inanspruchnahme haushaltsnaher Dienstleistungen (§ 35a EStG); Änderung des BMF-Schreibens vom 9. November 2016 (BStBl I S. 1213) zur Begünstigung von Maßnahmen der öffentlichen Hand, die nach öffentlich-rechtlichen Kriterien abgerechnet werden

BMF vom 09.11.2016 (BStBl I S. 1213)
IV C 8 – S 2296-b/07/10003 :008 – 2016/1021450
unter Berücksichtigung der Änderungen durch
BMF vom 01.09.2021 (BStBl I S. 1494)
IV C 8 – S 2296-b/21/10002 :001 – 2021/0938068

Unter Bezugnahme auf das Ergebnis der Erörterungen mit den obersten Finanzbehörden der Länder gilt für die Anwendung des § 35a EStG Folgendes:

I Haushalt

1. Allgemeines

1   Das haushaltsnahe Beschäftigungsverhältnis, die haushaltsnahe Dienstleistung oder die Handwerkerleistung müssen in einem inländischen oder in einem anderen in der Europäischen Union oder im Europäischen Wirtschaftsraum liegenden Haushalt des Steuerpflichtigen ausgeübt oder erbracht werden. Unter einem Haushalt im Sinne des § 35a EStG ist die Wirtschaftsführung mehrerer zusammenlebender Personen oder einer einzelnen Person in einer Wohnung oder in einem Haus einschließlich des dazu gehörenden Grund und Bodens zu verstehen. Zum Haushalt gehört auch das Bewirtschaften von Zubehörräumen und Außenanlagen. Maßgeblich ist, dass der Steuerpflichtige den ggf. gemeinschaftlichen Besitz über diesen Bereich ausübt und für Dritte dieser Bereich nach der Verkehrsanschauung als der Ort, an dem der Steuerpflichtige seinen Haushalt betreibt, anzusehen ist. Dabei können auch mehrere, räumlich voneinander getrennte Orte dem Haushalt des Steuerpflichtigen zuzuordnen sein. Dies gilt insbesondere für eine vom Steuerpflichtigen tatsächlich zu eigenen Wohnzwecken genutzte Zweit-, Wochenend- oder Ferienwohnung, für eine Wohnung, die dieser einem nach ihm zu berücksichtigenden Kind (§ 32 EStG) zur unentgeltlichen Nutzung überlässt sowie eine tatsächlich zu eigenen Wohnzwecken genutzte geerbte Wohnung. Die Steuerermäßigung wird – auch bei Vorhandensein mehrerer Wohnungen – insgesamt nur einmal bis zu den jeweiligen Höchstbeträgen gewährt (BFH-Urteil vom 29. Juli 2010, BStBl 2014 II S. 151).

2. Räumlicher Zusammenhang

2   Der räumliche Bereich, in dem sich der Haushalt entfaltet, wird regelmäßig durch die Grundstücksgrenzen abgesteckt. Ausnahmsweise können auch Leistungen, die jenseits der Grundstücksgrenzen auf fremdem, beispielsweise öffentlichem Grund erbracht werden, begünstigt sein. Es muss sich dabei allerdings um Leistungen handeln, die in unmittelbarem räumlichem Zusammenhang zum Haushalt[1] durchgeführt werden und diesem dienen (BFH-Urteile vom 20. März 2014, BStBl II S. 880 und S. 882). Ein solcher unmittelbarer räumlicher Zusammenhang liegt nur vor, wenn beide Grundstücke eine gemeinsame Grenze haben oder dieser durch eine Grunddienstbarkeit vermittelt wird.

---

[1] Der räumlich-funktionale Zusammenhang zum Haushalt des Stpfl. ist nicht gegeben, wenn für die Neuverlegung einer öffentlichen Mischwasserleitung als Teil des öffentlichen Sammelnetzes ein Baukostenzuschuss erhoben wird (>BFH vom 21.02.2018 – BStBl II S. 641).

Für Handwerkerleistungen der öffentlichen Hand, die nicht nur einzelnen Haushalten, sondern allen an den Maßnahmen der öffentlichen Hand beteiligten Haushalten zugutekommen, ist eine Begünstigung nach § 35a EStG ausgeschlossen (z. B. Ausbau des allgemeinen Versorgungsnetzes oder Erschließung einer Straße). Insoweit fehlt es an einem räumlich-funktionalen Zusammenhang der Handwerkerleistungen mit dem Haushalt des einzelnen Grundstückseigentümers (BFH-Urteil vom 21. Februar 2018, BStBl II S. 641)[1]).

3. Wohnungswechsel, Umzug

Der Begriff „im Haushalt" ist nicht in jedem Fall mit „tatsächlichem Bewohnen" gleichzusetzen. Beabsichtigt der Steuerpflichtige umzuziehen und hat er für diesen Zweck bereits eine Wohnung oder ein Haus gemietet oder gekauft, gehört auch diese Wohnung oder dieses Haus zu seinem Haushalt, wenn er tatsächlich dorthin umzieht. Hat der Steuerpflichtige seinen Haushalt durch Umzug in eine andere Wohnung oder ein anderes Haus verlegt, gelten Maßnahmen zur Beseitigung der durch die bisherige Haushaltsführung veranlassten Abnutzung (z. B. Renovierungsarbeiten eines ausziehenden Mieters) noch als im Haushalt erbracht. Voraussetzung ist, dass die Maßnahmen in einem engen zeitlichen Zusammenhang zu dem Umzug stehen. Für die Frage, ab wann oder bis wann es sich um einen Haushalt des Steuerpflichtigen handelt, kommt es grundsätzlich auf das wirtschaftliche Eigentum an. Bei einem Mietverhältnis ist der im Mietvertrag vereinbarte Beginn des Mietverhältnisses oder bei Beendigung der Zeitpunkt, auf den die Kündigung erfolgt, und bei einem Kauf der Übergang von Nutzen und Lasten entscheidend. Ein früherer oder späterer Zeitpunkt für den Ein- oder Auszug ist durch geeignete Unterlagen (z. B. Meldebestätigung der Gemeinde, Bestätigung des Vermieters) nachzuweisen. In Zweifelsfällen kann auf das in der Regel anzufertigende Übergabe-/Übernahmeprotokoll abgestellt werden.

4. Wohnen in einem Alten(wohn)heim, einem Pflegeheim oder einem Wohnstift

Eine Inanspruchnahme der Steuerermäßigung nach § 35a Absatz 1 bis 3 EStG ist auch möglich, wenn sich der eigenständige und abgeschlossene Haushalt in einem Heim, wie z. B. einem Altenheim, einem Altenwohnheim, einem Pflegeheim oder einem Wohnstift befindet. Ein Haushalt in einem Heim ist gegeben, wenn die Räumlichkeiten des Steuerpflichtigen nach ihrer Ausstattung für eine Haushaltsführung geeignet sind (Bad, Küche, Wohn- und Schlafbereich), individuell genutzt werden können (Abschließbarkeit) und eine eigene Wirtschaftsführung des Steuerpflichtigen nachgewiesen oder glaubhaft gemacht wird.

II Haushaltsnahe Beschäftigungsverhältnisse oder Dienstleistungen
1. Haushaltsnahe Beschäftigungsverhältnisse

Der Begriff des haushaltsnahen Beschäftigungsverhältnisses ist gesetzlich nicht definiert. Im Rahmen eines solchen Beschäftigungsverhältnisses werden Tätigkeiten ausgeübt, die einen engen Bezug zum Haushalt haben. Zu diesen Tätigkeiten gehören u. a. die Zubereitung von Mahlzeiten im Haushalt, die Reinigung der Wohnung des Steuerpflichtigen, die Gartenpflege und die Pflege, Versorgung und Betreuung von Kindern sowie von kranken, alten oder pflegebedürftigen Personen. Die Erteilung von Unterricht (z. B. Sprachunterricht), die Vermittlung besonderer Fähigkeiten sowie sportliche und andere Freizeitbetätigungen fallen nicht darunter.

---

[1]) Rdnr. 2 Abs. 2 wurde durch BMF vom 01.09.2021 (BStBl I S. 1494) angefügt und ist in allen offenen Fällen anzuwenden.

2. Geringfügige Beschäftigung im Sinne des § 8a SGB IV

6 Die Steuerermäßigung nach § 35a Absatz 1 EStG kann der Steuerpflichtige nur beanspruchen, wenn es sich bei dem haushaltsnahen Beschäftigungsverhältnis um eine geringfügige Beschäftigung im Sinne des § 8a SGB IV handelt. Es handelt sich nur dann um ein geringfügiges Beschäftigungsverhältnis im Sinne dieser Vorschrift, wenn der Steuerpflichtige am Haushaltsscheckverfahren teilnimmt und die geringfügige Beschäftigung in seinem inländischen oder in einem anderen Mitgliedstaat der Europäischen Union oder im Europäischen Wirtschaftsraum liegenden Haushalt ausgeübt wird.

7 Wohnungseigentümergemeinschaften und Vermieter können im Rahmen ihrer Vermietertätigkeit nicht am Haushaltsscheckverfahren teilnehmen. Die von ihnen eingegangenen geringfügigen Beschäftigungsverhältnisse sind nicht nach § 35a Absatz 1 EStG begünstigt. Sie fallen unter die haushaltsnahen Dienstleistungen. Zur Berücksichtigung der Aufwendungen s. Rdnr. 11.

3. Beschäftigungsverhältnisse in nicht inländischen Haushalten

8 Bei einem nicht inländischen Haushalt, der in einem Staat liegt, der der Europäischen Union oder dem Europäischen Wirtschaftsraum angehört, setzt die Inanspruchnahme der Steuerermäßigung nach § 35a Absatz 1 EStG voraus, dass das monatliche Arbeitsentgelt 450 Euro nicht übersteigt, die Sozialversicherungsbeiträge ausschließlich von dem Arbeitgeber zu entrichten sind und von ihm auch entrichtet werden. Bei anderen haushaltsnahen Beschäftigungsverhältnissen ist für die Gewährung einer Steuerermäßigung nach § 35a Absatz 2 Satz 1 Alternative 1 EStG Voraussetzung, dass aufgrund des Beschäftigungsverhältnisses Arbeitgeber- und Arbeitnehmerbeiträge an die Sozialversicherung in dem jeweiligen Staat der Europäischen Union oder des Europäischen Wirtschaftsraums entrichtet werden.

4. Beschäftigungsverhältnisse zwischen Ehegatten, Partnern einer Lebenspartnerschaft bzw. einer nicht ehelichen Lebensgemeinschaft oder zwischen nahen Angehörigen

9 Da familienrechtliche Verpflichtungen grundsätzlich nicht Gegenstand eines steuerlich anzuerkennenden Vertrags sein können, sind entsprechende Vereinbarungen zwischen in einem Haushalt zusammenlebenden Ehegatten (§§ 1360, 1356 Absatz 1 BGB) oder zwischen Eltern und in deren Haushalt lebenden Kindern (§ 1619 BGB) nicht begünstigt. Entsprechendes gilt für die Partner einer Lebenspartnerschaft. Auch bei in einem Haushalt zusammenlebenden Partnern einer nicht ehelichen Lebensgemeinschaft oder einer Lebenspartnerschaft, die nicht unter das Lebenspartnerschaftsgesetz fällt, kann regelmäßig nicht von einem begünstigten Beschäftigungsverhältnis ausgegangen werden, weil jeder Partner auch seinen eigenen Haushalt führt und es deshalb an dem für Beschäftigungsverhältnisse typischen Über- und Unterordnungsverhältnis fehlt. Ein steuerlich nicht begünstigtes Vertragsverhältnis liegt darüber hinaus auch dann vor, wenn der Vertragspartner eine zwischengeschaltete Person (z. B. GmbH) ist und die Arbeiten im Namen dieser zwischengeschalteten Person von einer im Haushalt lebenden Person ausgeführt werden. Zur haushaltsbezogenen Inanspruchnahme der Steuerermäßigung vgl. Rdnrn. 53 bis 55.

10 Haushaltsnahe Beschäftigungsverhältnisse mit Angehörigen, die nicht im Haushalt des Steuerpflichtigen leben (z. B. mit Kindern, die in einem eigenen Haushalt leben), können steuerlich nur anerkannt werden, wenn die Verträge zivilrechtlich wirksam zustande gekommen sind, inhaltlich dem zwischen Fremden Üblichen entsprechen und tatsächlich auch so durchgeführt werden.

5. Haushaltsnahe Dienstleistungen

Grundsatz

Unter haushaltsnahen Dienstleistungen im Sinne des § 35a Absatz 2 Satz 1 Alternative 2 EStG werden Leistungen verstanden, die eine hinreichende Nähe zur Haushaltsführung aufweisen oder damit im Zusammenhang stehen (BFH-Urteil vom 20. März 2014, BStBl II S. 880). Das sind Tätigkeiten, die gewöhnlich Mitglieder des privaten Haushalts erledigen und für die fremde Dritte beschäftigt werden oder für die eine Dienstleistungsagentur oder ein selbstständiger Dienstleister in Anspruch genommen wird. Zu den haushaltsnahen Dienstleistungen gehören auch geringfügige Beschäftigungsverhältnisse, die durch Wohnungseigentümergemeinschaften und Vermieter im Rahmen ihrer Vermietertätigkeit eingegangen werden. Keine haushaltsnahen Dienstleistungen sind solche, die zwar im Haushalt des Steuerpflichtigen ausgeübt werden, jedoch keinen Bezug zur Hauswirtschaft haben (BFH-Urteil vom 1. Februar 2007, BStBl II S. 760). Ebenfalls nicht zu den haushaltsnahen Dienstleistungen gehören die handwerklichen Leistungen im Sinne des § 35a Absatz 3 EStG. Keine begünstigte haushaltsnahe Dienstleistung ist die als eigenständige Leistung vergütete Bereitschaft auf Erbringung einer Leistung im Bedarfsfall. Etwas anderes gilt nur dann, wenn der Bereitschaftsdienst Nebenleistung einer ansonsten begünstigten Hauptleistung oder im Fall eines Hausnotrufsystems innerhalb des sog. „Betreuten Wohnens" in einer Seniorenwohneinrichtung ist; s. auch Rdnrn. 17 und 28. Eine beispielhafte Aufzählung begünstigter und nicht begünstigter haushaltsnaher Dienstleistungen enthält Anlage 1.

Personenbezogene Dienstleistungen

Personenbezogene Dienstleistungen (z. B. Frisör- oder Kosmetikerleistungen) sind keine haushaltsnahen Dienstleistungen, selbst wenn sie im Haushalt des Steuerpflichtigen erbracht werden. Diese Leistungen können jedoch zu den Pflege- und Betreuungsleistungen im Sinne der Rdnr. 13 gehören, wenn sie im Leistungskatalog der Pflegeversicherung aufgeführt sind.

Pflege- und Betreuungsleistungen

Die Feststellung und der Nachweis einer Pflegebedürftigkeit oder der Bezug von Leistungen der Pflegeversicherung sowie eine Unterscheidung nach Pflegestufen bzw. Pflegegraden sind nicht erforderlich. Es reicht aus, wenn Dienstleistungen zur Grundpflege, d. h. zur unmittelbaren Pflege am Menschen (Körperpflege, Ernährung und Mobilität) oder zur Betreuung in Anspruch genommen werden. Die Steuerermäßigung steht neben der pflegebedürftigen Person auch anderen Personen zu, wenn diese für Pflege- oder Betreuungsleistungen aufkommen, die in ihrem inländischen oder in einem anderen Mitgliedstaat der Europäischen Union oder im Europäischen Wirtschaftsraum liegenden Haushalt bzw. im Haushalt der gepflegten oder betreuten Person durchgeführt werden. Die Steuerermäßigung ist haushaltsbezogen. Werden z. B. zwei pflegebedürftige Personen in einem Haushalt gepflegt, kann die Steuerermäßigung nur einmal in Anspruch genommen werden.

Aufwendungen für Dienstleistungen, die mit denen einer Hilfe im Haushalt vergleichbar sind (§ 35a Absatz 2 Satz 2 EStG)

Voraussetzung für die Gewährung einer Steuerermäßigung für Aufwendungen, die mit denen einer Hilfe im Haushalt vergleichbar sind, ist, dass das Heim oder der Ort der dauernden Pflege in der Europäischen Union oder dem Europäischen Wirtschaftsraum liegt (§ 35a Absatz 4 Satz 2 EStG). Das Vorhandensein eines eigenen Haushalts im Heim oder am Ort der dauernden Pflege ist nicht erforderlich. Zum Wohnen in einem

Anhang 27b
Steuerermäßigungen

eigenständigen und abgeschlossenen Haushalt in einem Alten(wohn)heim, einem Pflegeheim oder einem Wohnstift vgl. Rdnrn. 4, 17 und 28.

15 Begünstigt sind Aufwendungen, die einem Steuerpflichtigen wegen der Unterbringung in einem Heim oder zur dauernden Pflege erwachsen[1]), soweit darin – die allgemeinen Unterbringungskosten übersteigende – Aufwendungen für Dienstleistungen enthalten sind, die mit denen einer Hilfe im Haushalt vergleichbar sind (§ 35a Absatz 2 Satz 2 EStG). In Frage kommen die (anteiligen) Aufwendungen für
- die Reinigung des Zimmers oder des Appartements,
- die Reinigung der Gemeinschaftsflächen,
- das Zubereiten der Mahlzeiten in dem Heim oder an dem Ort der dauernden Pflege,
- das Servieren der Mahlzeiten in dem Heim oder an dem Ort der dauernden Pflege,
- den Wäscheservice, soweit er in dem Heim oder an dem Ort der dauernden Pflege erfolgt.

16 Nicht begünstigt sind
- Mietzahlungen, wie z. B. die allgemeinen Aufwendungen für die Unterbringung in einem Alten(wohn)heim, einem Pflegeheim oder einem Wohnstift,
- die Aufwendungen für den Hausmeister, den Gärtner sowie sämtliche Handwerkerleistungen.

Nicht mit einer Hilfe im Haushalt vergleichbar sind Pflege- und Betreuungsleistungen (s. Rdnr. 13).

Wohnen in einem Alten(wohn)heim, einem Pflegeheim oder einem Wohnstift

17 Zu den begünstigten haushaltsnahen Dienstleistungen bei einer Heimunterbringung gehören neben den in dem eigenständigen und abgeschlossenen Haushalt des Steuerpflichtigen durchgeführten und individuell abgerechneten Leistungen (z. B. Reinigung des Appartements, Pflege- oder Handwerkerleistungen im Appartement) u. a. die Hausmeisterarbeiten, die Gartenpflege sowie kleinere Reparaturarbeiten, die Dienstleistungen des Haus- und Etagenpersonals sowie die Reinigung der Gemeinschaftsflächen, wie Flure, Treppenhäuser und Gemeinschaftsräume (BFH-Urteil vom 29. Januar 2009, BStBl 2010 II S. 166). Aufwendungen für die Zubereitung von Mahlzeiten in der hauseigenen Küche eines Alten(wohn)heims, Pflegeheims oder Wohnstifts und das Servieren der Speisen in dem zur Gemeinschaftsfläche rechnenden Speisesaal sind ebenfalls als haushaltsnahe Dienstleistungen begünstigt. Die Tätigkeit von Haus- und Etagenpersonal, dessen Aufgabe neben der Betreuung des Bewohners noch zusätzlich in der Begleitung des Steuerpflichtigen, dem Empfang von Besuchern und der Erledigung kleiner Botengänge besteht, ist grundsätzlich den haushaltsnahen Dienstleistungen zuzurechnen. Zur Anspruchsberechtigung im Einzelnen s. Rdnr. 28.

6. Beschäftigungsverhältnisse und Dienstleistungen außerhalb des Haushalts des Steuerpflichtigen

18 Beschäftigungsverhältnisse oder Dienstleistungen, die ausschließlich Tätigkeiten zum Gegenstand haben, die außerhalb des Haushalts des Steuerpflichtigen ausgeübt oder erbracht werden, sind nicht begünstigt. Die Begleitung von Kindern, kranken, alten oder pflegebedürftigen Personen bei Einkäufen und Arztbesuchen sowie kleine Botengänge usw. sind nur dann begünstigt, wenn sie zu den Nebenpflichten der Haushaltshilfe, des Pflegenden oder Betreuenden im Haushalt gehören. Pflege- und Betreuungsleistungen

---

[1]) Begünstigt sind nur Aufwendungen, die dem Stpfl. wegen seiner eigenen Unterbringung in einem Heim oder zu seiner eigenen dauernden Pflege erwachsen (>BFH vom 03.04.2019 – BStBl II S. 445).

sind auch begünstigt, wenn die Pflege und Betreuung im Haushalt der gepflegten oder betreuten Person durchgeführt wird. In diesem Fall ist Voraussetzung, dass der Haushalt der gepflegten oder betreuten Person im Inland, in einem anderen Mitgliedstaat der Europäischen Union oder im Europäischen Wirtschaftsraum liegt (§ 35a Absatz 4 EStG).

III Inanspruchnahme von Handwerkerleistungen
1. Begünstigte Handwerkerleistung

§ 35a Absatz 3 EStG gilt für alle handwerklichen Tätigkeiten für Renovierungs-, Erhaltungs- und Modernisierungsmaßnahmen, die in einem inländischen, in der Europäischen Union oder dem Europäischen Wirtschaftsraum liegenden Haushalt des Steuerpflichtigen erbracht werden, unabhängig davon, ob es sich um regelmäßig vorzunehmende Renovierungsarbeiten oder kleine Ausbesserungsarbeiten handelt, die gewöhnlich durch Mitglieder des privaten Haushalts erledigt werden, oder um Erhaltungs- und Modernisierungsmaßnahmen, die im Regelfall nur von Fachkräften durchgeführt werden. Ob es sich bei den Aufwendungen für die einzelne Maßnahme ertragsteuerrechtlich um Erhaltungs- oder Herstellungsaufwand handelt, ist nicht ausschlaggebend. Die sachliche Begrenzung der begünstigten Maßnahme ist vielmehr aus dem Tatbestandsmerkmal „im Haushalt" zu bestimmen (BFH-Urteil vom 6. November 2014, BStBl 2015 II S. 481). Maßnahmen im Zusammenhang mit neuer Wohn- bzw. Nutzflächenschaffung in einem vorhandenen Haushalt sind begünstigt (BFH-Urteil vom 13. Juli 2011, BStBl 2012 II S. 232), vgl. auch Rdnr. 21. Eine – nachhaltige – Erhöhung des Gebrauchswerts der Immobilie ist kein Kriterium und führt nicht zum Ausschluss der Gewährung der Steuerermäßigung. 19

Die Erhebung des unter Umständen mangelfreien Istzustands, z. B. die Prüfung der ordnungsgemäßen Funktion einer Anlage, ist ebenso eine Handwerkerleistung wie die Beseitigung eines bereits eingetretenen Schadens oder Maßnahmen zur vorbeugenden Schadensabwehr. Das gilt auch dann, wenn der Handwerker über den ordnungsgemäßen Istzustand eines Gewerkes oder einer Anlage eine Bescheinigung „für amtliche Zwecke" erstellt. Es ist nicht erforderlich, dass eine etwaige Reparatur- oder Instandhaltungsmaßnahme zeitlich unmittelbar nachfolgt. Sie kann auch durch einen anderen Handwerksbetrieb durchgeführt werden (BFH-Urteil vom 6. November 2014, BStBl 2015 II S. 481). Handelt es sich dagegen bei der gutachterlichen Tätigkeit weder um eine Handwerkerleistung, noch um eine haushaltsnahe Dienstleistung, kommt die Steuerermäßigung nach § 35a EStG nicht in Betracht. Weder zu den haushaltsnahen Dienstleistungen noch zu den Handwerkerleistungen gehören beispielsweise 20

– Tätigkeiten, die der Wertermittlung dienen,
– die Erstellung eines Energiepasses,
– Tätigkeiten im Zusammenhang mit einer Finanzierung (z. B. zur Erlangung einer KfW-Förderung).

2. Nicht begünstigte Handwerkerleistungen

Handwerkliche Tätigkeiten im Rahmen einer Neubaumaßnahme sind nicht begünstigt. Als Neubaumaßnahmen gelten alle Maßnahmen, die im Zusammenhang mit der Errichtung eines Haushalts bis zu dessen Fertigstellung (vgl. H 7.4 „Fertigstellung" EStH) anfallen. Rdnr. 3 ist für Dienstleistungen im Zusammenhang mit dem Bezug der Wohnung anwendbar. Eine beispielhafte Aufzählung begünstigter und nicht begünstigter handwerklicher Tätigkeiten enthält Anlage 1. 21

Anhang 27b
II Steuerermäßigungen

3. Beauftragtes Unternehmen und Maßnahmen der öffentlichen Hand

22 Das beauftragte Unternehmen muss nicht in die Handwerksrolle eingetragen sein. Auch Kleinunternehmer im Sinne des § 19 Absatz 1 UStG oder die öffentliche Hand können steuerbegünstigte Handwerkerleistungen erbringen (BFH-Urteil vom 6. November 2014, BStBl 2015 II S. 481).[1]

4. Öffentlich geförderte Maßnahmen

23 Unter einer Maßnahme im Sinne des § 35a Absatz 3 Satz 2 EStG ist die (Einzel-)Maßnahme zu verstehen, für die eine öffentliche Förderung in der Form eines zinsverbilligten Darlehens oder steuerfreier Zuschüsse in Anspruch genommen wird. Wird für diese Maßnahme die öffentliche Förderung bewilligt, schließt dies die Möglichkeit der Inanspruchnahme einer Steuerermäßigung nach § 35a Absatz 3 EStG auch für den Teil der mit dieser Maßnahme verbundenen Aufwendungen aus, die sich – z. B. weil sie den Förderhöchstbetrag übersteigen – im Rahmen der öffentlichen Förderung nicht auswirken. Eine Aufteilung der Aufwendungen für eine öffentlich geförderte (Einzel-)Maßnahme mit dem Ziel, für einen Teil der Aufwendungen die Steuerermäßigung nach § 35a Absatz 3 EStG in Anspruch zu nehmen, ist nicht möglich.

24 Werden im Rahmen von Renovierungs-, Erhaltungs- und Modernisierungsmaßnahmen mehrere (Einzel-)Maßnahmen durchgeführt, von denen einzelne öffentlich gefördert werden, ist die Inanspruchnahme der Steuerermäßigung für (Einzel-)Maßnahmen, die nicht unter diese öffentliche Förderung fallen, möglich.

Beispiel 1:
Der Eigentümer E saniert sein Einfamilienhaus. Er lässt von einer Heizungsfirma eine neue energieeffiziente Heizungsanlage einbauen und beantragt dafür öffentliche Fördergelder mit der Folge, dass die Inanspruchnahme der Steuerermäßigung nach § 35a EStG für diese Maßnahme ausgeschlossen ist. Gleichzeitig lässt er an den Außenwänden eine Wärmedämmung anbringen. Hierfür beantragt er keine öffentliche Förderung, sondern macht für die darauf entfallenden Arbeitskosten die ihm für diese Maßnahme auch zu gewährende Steuerermäßigung nach § 35a Absatz 3 EStG geltend.

IV Anspruchsberechtigte
1. Arbeitgeber, Auftraggeber, Grundsatz

25 Der Steuerpflichtige kann die Steuerermäßigung nach § 35a EStG grundsätzlich nur in Anspruch nehmen, wenn er entweder Arbeitgeber des haushaltsnahen Beschäftigungsverhältnisses oder Auftraggeber der haushaltsnahen Dienstleistung oder Handwerkerleistung ist.

2. Wohnungseigentümergemeinschaften

26 Besteht ein Beschäftigungsverhältnis zu einer Wohnungseigentümergemeinschaft (z. B. bei Reinigung und Pflege von Gemeinschaftsräumen) oder ist eine Wohnungseigentümergemeinschaft Auftraggeber der haushaltsnahen Dienstleistung bzw. der handwerklichen Leistung, kommt für den einzelnen Wohnungseigentümer eine Steuerermäßigung in Betracht, wenn in der Jahresabrechnung

– die im Kalenderjahr unbar gezahlten Beträge nach den begünstigten haushaltsnahen Beschäftigungsverhältnissen, Dienstleistungen und Handwerkerleistungen jeweils gesondert aufgeführt sind (zur Berücksichtigung von geringfügigen Beschäftigungsverhältnissen s. Rdnr. 11),

---

[1] Rdnr. 22 Satz 3 aufgehoben durch BMF vom 01.09.2021 (BStBl I S. 1494)

- der Anteil der steuerbegünstigten Kosten ausgewiesen ist (Arbeits- und Fahrtkosten, s. auch Rdnr. 39) und
- der Anteil des jeweiligen Wohnungseigentümers individuell errechnet wurde.

Hat die Wohnungseigentümergemeinschaft zur Wahrnehmung ihrer Aufgaben und Interessen einen Verwalter bestellt und ergeben sich die Angaben nicht aus der Jahresabrechnung, ist der Nachweis durch eine Bescheinigung des Verwalters über den Anteil des jeweiligen Wohnungseigentümers zu führen. Ein Muster für eine derartige Bescheinigung ist als Anlage 2 beigefügt. Das Datum über die Beschlussfassung der Jahresabrechnung kann formlos bescheinigt oder auf der Bescheinigung vermerkt werden.

3. Mieter/unentgeltliche Nutzer

Auch der Mieter einer Wohnung kann die Steuerermäßigung nach § 35a EStG beanspruchen, wenn die von ihm zu zahlenden Nebenkosten Beträge umfassen, die für ein haushaltsnahes Beschäftigungsverhältnis, für haushaltsnahe Dienstleistungen oder für handwerkliche Tätigkeiten geschuldet werden und sein Anteil an den vom Vermieter unbar gezahlten Aufwendungen entweder aus der Jahresabrechnung hervorgeht oder durch eine Bescheinigung (vgl. Rdnr. 26 und Anlage 2) des Vermieters oder seines Verwalters nachgewiesen wird. Das gilt auch für den Fall der unentgeltlichen Überlassung einer Wohnung, wenn der Nutzende die entsprechenden Aufwendungen getragen hat. 27

4. Wohnen in einem Alten(wohn)heim, einem Pflegeheim oder einem Wohnstift

Für Bewohner eines Altenheims, eines Altenwohnheims, eines Pflegeheims oder eines Wohnstiftes (vgl. Rdnr. 4) gilt nach Abschluss eines sog. Heimvertrages Folgendes: Aufwendungen für Dienstleistungen, die innerhalb des Appartements erbracht werden, wie z. B. die Reinigung des Appartements oder die Pflege und Betreuung des Heimbewohners, sind begünstigt. Aufwendungen für Dienstleistungen, die außerhalb des Appartements erbracht werden, sind im Rahmen der Rdnrn. 4, 14, 15 und 17 begünstigt. Das gilt jeweils auch für die von dem Heimbetreiber pauschal erhobenen Kosten, sofern die damit abgegoltene Dienstleistung gegenüber dem einzelnen Heimbewohner nachweislich tatsächlich erbracht worden ist. Darüber hinausgehende Dienstleistungen fallen grundsätzlich nicht unter die Steuerermäßigungsregelung des § 35a EStG, es sei denn, es wird nachgewiesen, dass die jeweilige haushaltsnahe Dienstleistung im Bedarfsfall von dem Heimbewohner abgerufen worden ist. Das gilt sowohl für Dienstleistungen des Heimbetreibers selbst, ggf. mittels eigenen Personals, als auch für Dienstleistungen eines externen Anbieters. Rdnrn. 26 und 27 gelten sinngemäß. Aufwendungen für die Möglichkeit, bei Bedarf bestimmte Pflege- oder Betreuungsleistungen in Anspruch zu nehmen, sind begünstigt. Aufwendungen für Pflegekostenergänzungsregelungen oder Beiträge an Einrichtungen (z. B. Solidarkassen), durch welche der Heimbewohner ähnlich einer Versicherung Ansprüche erwirbt, in vertraglich definierten Sachverhalten (z. B. bei Eintritt der Pflegebedürftigkeit) eine Kostenfreistellung oder eine Kostenerstattung zu erhalten, sind nicht begünstigt. 28

5. Arbeitgeber-Pool

Schließen sich mehrere Steuerpflichtige als Arbeitgeber für ein haushaltsnahes Beschäftigungsverhältnis zusammen (sog. Arbeitgeber-Pool), kann jeder Steuerpflichtige die Steuerermäßigung für seinen Anteil an den Aufwendungen in Anspruch nehmen, wenn für die an dem Arbeitgeber-Pool Beteiligten eine Abrechnung über die im jeweiligen Haushalt ausgeführten Arbeiten vorliegt. Wird der Gesamtbetrag der Aufwendungen für das Beschäftigungsverhältnis durch ein Pool-Mitglied überwiesen, gelten die Regelungen für Wohnungseigentümer und Mieter (vgl. Rdnrn. 26 und 27) entsprechend. 29

6. Erben

30 Gehört zum Haushalt des Steuerpflichtigen eine zu eigenen Wohnzwecken geerbte Wohnung (s. Rdnr. 1), kann er für Leistungen, die in dieser Wohnung durchgeführt wurden, bei Vorliegen der sonstigen Voraussetzungen die Steuerermäßigung nach § 35a EStG in Anspruch nehmen. Das gilt auch, wenn die Leistungen für diese Wohnung noch vom Erblasser in Anspruch genommen und die Rechnungsbeträge vom Erben überwiesen worden sind.

Beispiel 2:
Ein Steuerpflichtiger erbt Anfang des Jahres 2015 eine Wohnung von seinem verstorbenen Vater (Erblasser). Er zieht umgehend in die Wohnung ein und nutzt sie zu eigenen Wohnzwecken. Der Vater hatte Ende 2014 das Bad von einem Handwerksbetrieb sanieren lassen und hierfür eine Rechnung erhalten. Der Steuerpflichtige begleicht die Rechnung in Höhe von 5.000 € (darin enthaltene Arbeits- und Fahrtkosten in Höhe von 2.000 €) im Jahr 2015 durch Banküberweisung. Der Steuerpflichtige kann für die begünstigten Handwerkerleistungen (Arbeits- und Fahrtkosten) die Steuerermäßigung nach § 35a Absatz 3 EStG in Anspruch nehmen (20 % von 2.000 € = 400 €).

V Begünstigte Aufwendungen

1. Ausschluss der Steuerermäßigung bei Betriebsausgaben oder Werbungskosten

31 Die Steuerermäßigung für Aufwendungen ist ausgeschlossen, soweit diese Betriebsausgaben oder Werbungskosten darstellen. Gemischte Aufwendungen (z. B. für eine Reinigungskraft, die auch das beruflich genutzte Arbeitszimmer reinigt) sind unter Berücksichtigung des zeitlichen Anteils der zu Betriebsausgaben oder Werbungskosten führenden Tätigkeiten an der Gesamtarbeitszeit sachgerecht aufzuteilen.

2. Ausschluss der Steuerermäßigung bei Berücksichtigung der Aufwendungen als Sonderausgaben oder außergewöhnliche Belastungen; Aufwendungen für Kinderbetreuung

Sonderausgaben, außergewöhnliche Belastungen

32 Eine Steuerermäßigung nach § 35a EStG kommt nur in Betracht, soweit die Aufwendungen nicht vorrangig als Sonderausgaben (z. B. Erhaltungsmaßnahmen nach § 10f EStG oder Kinderbetreuungskosten – vgl. Rdnr. 34) oder als außergewöhnliche Belastungen berücksichtigt worden sind. Für den Teil der Aufwendungen, der durch den Ansatz der zumutbaren Belastung nach § 33 Absatz 3 EStG oder wegen der Gegenrechnung von Pflegegeld oder Pflegetagegeld nicht als außergewöhnliche Belastung berücksichtigt wird, kann der Steuerpflichtige die Steuerermäßigung nach § 35a EStG in Anspruch nehmen[1]). Werden im Rahmen des § 33 EStG Aufwendungen geltend gemacht, die dem Grunde nach sowohl bei § 33 EStG als auch bei § 35a EStG berücksichtigt werden können, ist davon auszugehen, dass die zumutbare Belastung vorrangig auf die nach § 35a EStG begünstigten Aufwendungen entfällt.

Behinderten-Pauschbetrag

33 Nimmt die pflegebedürftige Person einen Behinderten-Pauschbetrag nach § 33b Absatz 1 Satz 1 in Verbindung mit Absatz 3 Satz 2 oder 3 EStG in Anspruch, schließt dies eine Berücksichtigung dieser Pflegeaufwendungen nach § 35a EStG bei ihr aus (BFH-Urteil vom 5. Juni 2014, BStBl II S. 970). Das gilt nicht, wenn der einem Kind zustehende

---

[1]) Bestätigt durch BFH vom 16.12.2020 (BStBl II 2021 S. 476); in der Haushaltsersparnis für krankheitsbedingte Unterbringung sind keine Aufwendungen enthalten, die eine Steuerermäßigung nach § 35a Abs. 2 rechtfertigen.

Behinderten-Pauschbetrag nach § 33b Absatz 5 EStG auf den Steuerpflichtigen übertragen wird (BFH-Urteil vom 11. Februar 2010, BStBl II S. 621) und dieser für Pflege- und Betreuungsaufwendungen des Kindes aufkommt (vgl. Rdnr. 13).

Kinderbetreuungskosten

Fallen Kinderbetreuungskosten dem Grunde nach unter die Regelung des § 10 Absatz 1 Nummer 5 EStG, kommt ein Abzug nach § 35a EStG nicht in Betracht (§ 35a Absatz 5 Satz 1 EStG). Dies gilt sowohl für den Betrag, der zwei Drittel der Aufwendungen für Dienstleistungen übersteigt, als auch für alle Aufwendungen, die den Höchstbetrag von 4.000 Euro je Kind übersteigen. 34

Au-pair

Bei Aufnahme eines Au-pairs in eine Familie fallen in der Regel neben den Aufwendungen für die Betreuung der Kinder auch Aufwendungen für leichte Hausarbeiten an, die im Einzelnen in der Rechnung oder im Au-pair-Vertrag aufzuführen sind. Wird der Umfang der einzelnen Leistungen nicht nachgewiesen, kann ein Anteil von 50 % der Gesamtaufwendungen im Rahmen der Steuerermäßigung für haushaltsnahe Dienstleistungen nach § 35a Absatz 2 Satz 1 EStG berücksichtigt werden, wenn die übrigen Voraussetzungen des § 35a EStG (insbesondere die Zahlung auf ein Konto des Au-pairs) vorliegen (vgl. auch Rdnrn. 5, 7 des BMF-Schreibens vom 14. März 2012, BStBl I S. 307). 35

3. Umfang der begünstigten Aufwendungen

Arbeitsentgelt

Zu den begünstigten Aufwendungen des Steuerpflichtigen nach § 35a Absatz 1 und 2 Alternative 1 EStG gehört der Bruttoarbeitslohn oder das Arbeitsentgelt (bei Anwendung des Haushaltsscheckverfahrens und geringfügiger Beschäftigung im Sinne des § 8a SGB IV) sowie die vom Steuerpflichtigen getragenen Sozialversicherungsbeiträge, die Lohnsteuer ggf. zuzüglich Solidaritätszuschlag und Kirchensteuer, die Umlagen nach dem Aufwendungsausgleichsgesetz (U 1 und U 2) und die Unfallversicherungsbeiträge, die an den Gemeindeunfallversicherungsverband abzuführen sind. 36

Nachweis des Arbeitsentgelts

Als Nachweis dient bei geringfügigen Beschäftigungsverhältnissen (s. Rdnr. 6), für die das Haushaltsscheckverfahren Anwendung findet, die dem Arbeitgeber von der Einzugsstelle (Minijob-Zentrale) zum Jahresende erteilte Bescheinigung nach § 28h Absatz 4 SGB IV. Diese enthält den Zeitraum, für den Beiträge zur Rentenversicherung gezahlt wurden, die Höhe des Arbeitsentgelts sowie die vom Arbeitgeber getragenen Gesamtsozialversicherungsbeiträge und Umlagen. Zusätzlich wird in der Bescheinigung die Höhe der einbehaltenen Pauschsteuer beziffert. Die Leistung des Arbeitslohns ist mit sämtlichen Zahlungsmitteln möglich und für die Gewährung der Steuerermäßigung nach § 35a Absatz 1 EStG nicht schädlich. 37

Bei sozialversicherungspflichtigen haushaltsnahen Beschäftigungsverhältnissen, für die das allgemeine Beitrags- und Meldeverfahren zur Sozialversicherung gilt und bei denen die Lohnsteuer pauschal oder nach Maßgabe der persönlichen Lohnsteuerabzugsmerkmale erhoben wird, sowie bei geringfügigen Beschäftigungsverhältnissen ohne Haushaltsscheckverfahren gelten für die Steuerermäßigung die allgemeinen Nachweisregeln (Rdnrn. 49 ff.). 38

Arbeitskosten, Materialkosten

39 Begünstigt sind generell nur die Arbeitskosten für Leistungen, die im Haushalt des Steuerpflichtigen erbracht worden sind (Rdnrn. 1 bis 4). Arbeitskosten sind die Aufwendungen für die Inanspruchnahme der haushaltsnahen Tätigkeit selbst, für Pflege- und Betreuungsleistungen bzw. für Handwerkerleistungen einschließlich der in Rechnung gestellten Maschinen- und Fahrtkosten. Arbeitskosten für Leistungen, die außerhalb des Haushalts des Steuerpflichtigen erbracht wurden, sind in der Rechnung entsprechend zu kennzeichnen. Materialkosten oder sonstige im Zusammenhang mit der Dienstleistung, den Pflege- und Betreuungsleistungen bzw. den Handwerkerleistungen gelieferte Waren bleiben mit Ausnahme von Verbrauchsmitteln außer Ansatz.

Aufteilung

40 Der Anteil der Arbeitskosten muss grundsätzlich anhand der Angaben in der Rechnung gesondert ermittelt werden können. Auch eine prozentuale Aufteilung des Rechnungsbetrages in Arbeitskosten und Materialkosten durch den Rechnungsaussteller ist zulässig. Eine Schätzung des Anteils der Arbeitskosten durch den Steuerpflichtigen ist nicht zulässig und kann auch nicht auf die Entscheidung des BFH vom 20. März 2014 (BStBl II S. 882) gestützt werden. Bei Wartungsverträgen ist es nicht zu beanstanden, wenn der Anteil der Arbeitskosten, der sich auch pauschal aus einer Mischkalkulation ergeben kann, aus einer Anlage zur Rechnung hervorgeht. Leistungen, die sowohl im als auch außerhalb des räumlichen Bereichs des Haushalts (Rdnr. 2) durchgeführt werden, sind entsprechend aufzuteilen. Zur Aufteilung der Aufwendungen bei Wohnungseigentümergemeinschaften genügt ein Jahresbescheinigung des Grundstücksverwalters. Entsprechendes gilt für die Nebenkostenabrechnung der Mieter. Abschlagszahlungen können nur dann berücksichtigt werden, wenn hierfür eine entsprechende Aufteilung vorgenommen worden ist und eine Rechnung vorliegt, welche die Voraussetzungen des § 35a EStG erfüllt (vgl. Rdnr. 49). Ein gesonderter Ausweis der auf die Arbeitskosten entfallenden Mehrwertsteuer ist nicht erforderlich.

Versicherungsleistungen

41 Aufwendungen für haushaltsnahe Dienstleistungen oder Handwerkerleistungen, die im Zusammenhang mit Versicherungsschadensfällen entstehen, können nur berücksichtigt werden, soweit sie nicht von der Versicherung erstattet werden. Dabei sind nicht nur erhaltene, sondern auch in späteren Veranlagungszeiträumen zu erwartende Versicherungsleistungen zu berücksichtigen. Das gilt auch für Versicherungsleistungen, die zur medizinischen Rehabilitation erbracht werden, wie z. B. für Haushaltshilfen nach § 10 Absatz 2 Satz 2, § 36 Absatz 1 Satz 2, § 37 Absatz 1 Satz 2, § 39 Absatz 1 Satz 2 des Gesetzes über die Alterssicherung der Landwirte, § 10 des Zweiten Gesetzes über die Krankenversicherung der Landwirte, § 38 Absatz 4 Satz 1 Alternative 2 SGB V, § 54 Absatz 2, § 55 SGB VII, § 54 SGB IX. In solchen Fällen ist nur die Selbstbeteiligung nach § 35a EStG begünstigt.

42 Empfangene Leistungen der Pflegeversicherung des Steuerpflichtigen sowie die Leistungen im Rahmen des Persönlichen Budgets im Sinne des § 17 SGB IX sind anzurechnen, soweit sie ausschließlich und zweckgebunden für Pflege- und Betreuungsleistungen sowie für haushaltsnahe Dienstleistungen im Sinne des § 35a Absatz 2 in Verbindung mit Absatz 5 EStG, die keine Handwerkerleistungen im Sinne des § 35a Absatz 3 EStG sind, gewährt werden. Danach sind Pflegesachleistungen nach § 36 SGB XI und der Kostenersatz für zusätzliche Betreuungsleistungen nach § 45b SGB XI auf die entstandenen Aufwendungen anzurechnen. Leistungen der Pflegeversicherung im Sinne des § 37 SGB XI (sog. Pflegegeld) sind dagegen nicht anzurechnen, weil sie nicht zweckgebunden für professionelle Pflegedienste bestimmt sind, die die Voraussetzungen des

Anhang 27b
Steuerermäßigungen
II

§ 35a Absatz 5 EStG erfüllen (Ausstellung einer Rechnung, Überweisung auf ein Konto des Empfängers).

Beispiel 3:
Ein pflegebedürftiger Steuerpflichtiger der Pflegestufe II mit dauerhafter erheblicher Einschränkung seiner Alltagskompetenz erhält im Veranlagungszeitraum 2015 in seinem eigenen Haushalt Pflegesachleistungen in der Form einer häuslichen Pflegehilfe sowie zusätzliche Betreuung. Er nimmt dafür einen professionellen Pflegedienst in Anspruch. Die monatlichen Aufwendungen betragen 1.500 €. Die Pflegeversicherung übernimmt die Aufwendungen in Höhe von monatlich 1.144 € (§ 36 Absatz 3 Nummer 2 Buchstabe d SGB XI). Darüber hinaus erhält der Steuerpflichtige einen zusätzlichen Kostenersatz nach § 45b SGB XI in Höhe von monatlich 104 €.
Es handelt sich um die Inanspruchnahme von Pflege- und Betreuungsleistungen im Sinne des § 35a Absatz 2 Satz 2 EStG, für die der Steuerpflichtige eine Steuerermäßigung in Anspruch nehmen kann. Die Beträge nach § 36 SGB XI sowie der Kostenersatz nach § 45b SGB XI sind anzurechnen.
Die Steuerermäßigung für die Pflege- und Betreuungsleistungen wird für den Veranlagungszeitraum 2015 wie folgt berechnet:

1.500 € x 12 Monate	18.000 €
– (1.144 € + 104 €) x 12 Monate	– 14.976 €
verbleibende Eigenleistung	3.024 €

Davon 20 % = 604,80 €. Der Steuerpflichtige kann 605 € als Steuerermäßigung in Anspruch nehmen.

Beispiel 4:
Eine pflegebedürftige Steuerpflichtige der Pflegestufe I beantragt anstelle der häuslichen Pflegehilfe (§ 36 SGB XI) ein Pflegegeld nach § 37 SGB XI. Im Veranlagungszeitraum 2015 erhält sie monatlich 244 €. Die Steuerpflichtige nimmt zur Deckung ihres häuslichen Pflege- und Betreuungsbedarfs zusätzlich einzelne Pflegeeinsätze eines professionellen Pflegedienstes in Anspruch. Die Aufwendungen dafür betragen jährlich 2.400 €.
Es handelt sich um die Inanspruchnahme von Pflege- und Betreuungsleistungen im Sinne des § 35a Absatz 2 Satz 2 EStG, für die die Steuerpflichtige eine Steuerermäßigung in Anspruch nehmen kann. Das Pflegegeld ist nicht anzurechnen.
Die Steuerermäßigung für die Pflege- und Betreuungsleistungen wird für den Veranlagungszeitraum 2015 wie folgt berechnet:
20 % von 2.400 € = 480 €. Die Steuerpflichtige kann 480 € als Steuerermäßigung in Anspruch nehmen.

Beispiel 5:
Ein pflegebedürftiger Steuerpflichtiger der Pflegestufe II nimmt im Veranlagungszeitraum 2015 die ihm nach § 36 Absatz 3 Nummer 2 Buchstabe d SGB XI zustehende Sachleistung nur zur Hälfte in Anspruch (572 €/Monat). Er erhält daneben ein anteiliges Pflegegeld (§ 38 in Verbindung mit § 37 SGB XI) in Höhe von monatlich 229 €. Die durch die Pflegeversicherung im Wege der Sachleistung zur Verfügung gestellten regelmäßigen professionellen Pflegeeinsätze werden durch den Steuerpflichtigen durch gelegentliche zusätzliche Beauftragungen eines Pflegedienstes ergänzt. Die Aufwendungen hierfür betragen jährlich 2.400 €; hierfür werden keine Pflegesachleistungen gewährt. Die weiteren Pflege- und Betreuungsdienstleistungen erfolgen durch Freunde des Steuerpflichtigen, von denen eine Person im Rahmen einer geringfügigen Beschäftigung im Sinne des § 8a SGB IV zu einem Monatslohn einschließlich der pauschalen Abgaben in Höhe von 420 € beschäftigt wird. Einen Teil des Pflegegeldes leitet der Steuerpflichtige an die anderen Hilfspersonen weiter.
Die Inanspruchnahme des Pflegedienstes ist nach § 35a Absatz 2 Satz 2 EStG begünstigt. Das Pflegegeld nach § 37 SGB XI ist nicht anzurechnen. Das geringfügige Beschäftigungsverhältnis fällt unter § 35a Absatz 1 EStG.

Die Steuerermäßigung für das geringfügige Beschäftigungsverhältnis wird für den Veranlagungszeitraum 2015 wie folgt berechnet:

420 € x 12 Monate   5.040 €

Davon 20 % = 1.008 €. Der Steuerpflichtige kann 510 € (= Höchstbetrag) als Steuerermäßigung in Anspruch nehmen.
Die Steuerermäßigung für die zusätzlich zu den Sachleistungen der Pflegeversicherung selbst finanzierten externen Pflegeeinsätze wird für den Veranlagungszeitraum 2015 wie folgt berechnet:
20 % von 2.400 € = 480 €. Der Steuerpflichtige kann (510 € + 480 € =) 990 € als Steuerermäßigung in Anspruch nehmen.

43   Wird die Steuerermäßigung für Pflege- und Betreuungsaufwendungen von einem Angehörigen oder einer anderen Person geltend gemacht, ist Rdnr. 42 entsprechend anzuwenden, wenn das Pflegegeld an diese Person weitergeleitet wird.

Beispiel 6:
Eine pflegebedürftige Person der Pflegestufe II nimmt im Veranlagungszeitraum 2015 in ihrem eigenen Haushalt einen professionellen Pflegedienst in Anspruch. Die monatlichen Gesamtaufwendungen hierfür betragen 1.800 €. Durch die Pflegeversicherung werden Pflegesachleistungen nach § 36 Absatz 3 Nummer 2d SGB XI in Höhe von 1.144 € monatlich übernommen. Die darüber hinausgehenden Aufwendungen trägt der Sohn in Höhe von monatlich 656 €.
Es handelt sich um die Inanspruchnahme von Pflege- und Betreuungsleistungen im Sinne des § 35a Absatz 2 Satz 2 EStG, für die der Sohn eine Steuerermäßigung in Anspruch nehmen kann. Die Beträge nach § 36 SGB XI sind anzurechnen.
Die Steuerermäßigung für die Pflege- und Betreuungsleistungen wird für den Veranlagungszeitraum 2015 wie folgt berechnet:
Steuerpflichtiger:

1.800 € x 12 Monate	21.600 €
./. 1.144 € x 12 Monate	− 13.728 €
Eigenleistung des Sohnes	7.872 €

Davon 20 % = 1.574,40 €. Der Sohn kann 1.575 € als Steuerermäßigung in Anspruch nehmen.

Beispiel 7:
Ein pflegebedürftiger Steuerpflichtiger der Pflegestufe II (Schwerbehindertenausweis mit Merkzeichen „H") beantragt anstelle der häuslichen Pflegehilfe (§ 36 SGB XI) ein Pflegegeld nach § 37 SGB XI. Im Veranlagungszeitraum 2015 erhält er monatlich 458 €. Der Steuerpflichtige wird grundsätzlich von seiner Tochter betreut und gepflegt. Er reicht das Pflegegeld an die Tochter weiter. Zu ihrer Unterstützung beauftragt die Tochter gelegentlich zusätzlich einen professionellen Pflegedienst. Die Aufwendungen hierfür haben 2015 insgesamt 2.400 € betragen. Diese Kosten hat die Tochter getragen.
Bei der Beauftragung des Pflegedienstes handelt es sich um die Inanspruchnahme von Pflege- und Betreuungsleistungen im Sinne des § 35a Absatz 2 Satz 2 EStG, für die die Tochter eine Steuerermäßigung in Anspruch nehmen kann. Die an sie weitergeleiteten Beträge nach § 37 SGB XI sind nicht anzurechnen.
Die Steuerermäßigung für die Pflege- und Betreuungsleistungen wird bei der Tochter für den Veranlagungszeitraum 2015 wie folgt berechnet:
20 % von 2.400 € = 480 €. Die Tochter kann 480 € als Steuerermäßigungsbetrag in Anspruch nehmen.
Den Pflege-Pauschbetrag nach § 33b Absatz 6 Satz 1 EStG kann die Tochter nicht in Anspruch nehmen, da sie, durch Weiterleitung des Pflegegeldes durch den Vater an sie, Einnahmen im Sinne des § 33b Absatz 6 Satz 1 und 2 EStG erhält und sie das Pflegegeld nicht nur treuhänderisch für den Vater verwaltet, um daraus Aufwendungen des Pflegebedürftigen zu bestreiten (vgl. H 33b „Pflege-Pauschbetrag" EStH).

Beispiel 8:
Ein pflegebedürftiges Ehepaar lebt mit seiner Tochter in einem Haushalt. Der Vater hat Pflegestufe II, die Mutter Pflegestufe I. Der Vater wird täglich durch einen professionellen Pflegedienst gepflegt und betreut. Die Aufwendungen wurden 2015 von der Pflegeversicherung als Pflegesachleistung in Höhe von monatlich 1.144 € übernommen (§ 36 Absatz 3 Nummer 2 Buchstabe d SGB XI). Die Mutter hat 2015 Pflegegeld nach § 37 SGB XI in Höhe von monatlich 244 € bezogen. Bei ihrer Pflege hilft die Tochter. Sie erhält als Anerkennung das Pflegegeld von der Mutter.

Die monatlichen Aufwendungen für den Pflegedienst des Vaters betragen nach Abzug der Leistungen der Pflegeversicherung 440 €. Zu ihrer Unterstützung beauftragt die Tochter gelegentlich zusätzlich einen Pflegedienst für die Mutter. Die Aufwendungen hierfür haben 2015 insgesamt 1.800 € betragen. Diese Kosten hat die Tochter getragen.

Es handelt sich um die Inanspruchnahme von Pflege- und Betreuungsleistungen im Sinne des § 35a Absatz 2 Satz 2 EStG, für die die Eltern und die Tochter eine Steuerermäßigung in Anspruch nehmen können. Die Beträge nach § 37 SGB XI sind nicht anzurechnen.

Die Steuerermäßigung für die Pflege- und Betreuungsleistungen wird für den Veranlagungszeitraum 2015 wie folgt berechnet:

Eltern: Eigenleistung 440 € x 12 Monate　　　　　　　　　　　　　　　5.280 €

Davon 20 % = 1.056 €. Die Eltern können 1.056 € als Steuerermäßigungsbetrag in Anspruch nehmen.

Tochter: Eigenleistung　　　　　　　　　　　　　　　　　　　　　　　1.800 €

Davon 20 % = 360 €. Die Tochter kann 360 € als Steuerermäßigung in Anspruch nehmen.

Zahlungszeitpunkt

Für die Inanspruchnahme der Steuerermäßigung ist auf den Veranlagungszeitraum der Zahlung abzustellen (§ 11 Absatz 2 EStG). Bei regelmäßig wiederkehrenden Ausgaben (z. B. nachträgliche monatliche Zahlung oder monatliche Vorauszahlung einer Pflegeleistung), die innerhalb eines Zeitraums von bis zu zehn Tagen nach Beendigung bzw. vor Beginn eines Kalenderjahres fällig und geleistet worden sind, werden die Ausgaben dem Kalenderjahr zugerechnet, zu dem sie wirtschaftlich gehören. Bei geringfügigen Beschäftigungsverhältnissen gehören die Abgaben für das in den Monaten Juli bis Dezember erzielte Arbeitsentgelt, die erst am 31. Januar des Folgejahres fällig werden, noch zu den begünstigten Aufwendungen des Vorjahres.

Dienst- oder Werkswohnung

Für vom Arbeitnehmer bewohnte Dienst- oder Werkswohnungen gilt Folgendes: Lässt der Arbeitgeber haushaltsnahe Dienstleistungen oder Handwerkerleistungen von einem (fremden) Dritten durchführen und trägt er hierfür die Aufwendungen, kann der Arbeitnehmer die Steuerermäßigung nach § 35a EStG nur in Anspruch nehmen, wenn er die Aufwendungen – neben dem Mietwert der Wohnung – als Arbeitslohn (Sachbezug) versteuert und der Arbeitgeber eine Bescheinigung erteilt hat, aus der eine Aufteilung der Aufwendungen nach haushaltsnahen Dienstleistungen und Handwerkerleistungen, jeweils unterteilt nach Arbeitskosten und Materialkosten, hervorgeht. Zusätzlich muss aus der Bescheinigung hervorgehen, dass die Leistungen durch (fremde) Dritte ausgeführt worden sind und zu welchem Wert sie zusätzlich zum Mietwert der Wohnung als Arbeitslohn versteuert worden sind. Die Steuerermäßigung kann nicht in Anspruch genommen werden, wenn die haushaltsnahen Dienstleistungen oder Handwerkerleistungen durch eigenes Personal des Arbeitgebers durchgeführt worden sind. Auch pauschale Zahlungen des Mieters einer Dienstwohnung an den Vermieter für die Durchführung von Schönheitsreparaturen sind nicht begünstigt, wenn die Zahlungen unabhängig davon erfolgen, ob und ggf. in welcher Höhe der Vermieter tatsächlich Reparaturen an der Wohnung des Mieters in Auftrag gibt (BFH-Urteil vom 5. Juli 2012, BStBl 2013 II S. 14).

Anhang 27b
II   Steuerermäßigungen

Altenteilerwohnung

46   Für empfangene Sachleistungen, die ein Altenteiler als wiederkehrende Bezüge versteuert, kann er die Steuerermäßigung für Handwerkerleistungen im Haushalt in Anspruch nehmen, soweit sie auf seinen Haushalt entfallen und in der Person des die Sachleistungen erbringenden Altenteilsverpflichteten alle Voraussetzungen für die Gewährung der Steuerermäßigung vorliegen.

Wohnungseigentümer und Mieter

47   Bei Wohnungseigentümern und Mietern ist erforderlich, dass die auf den einzelnen Wohnungseigentümer und Mieter entfallenden Aufwendungen für haushaltsnahe Beschäftigungsverhältnisse und Dienstleistungen sowie für Handwerkerleistungen entweder in der Jahresabrechnung gesondert aufgeführt oder durch eine Bescheinigung des Verwalters oder Vermieters nachgewiesen sind. Aufwendungen für regelmäßig wiederkehrende Dienstleistungen (wie z. B. Reinigung des Treppenhauses, Gartenpflege, Hausmeister) werden grundsätzlich anhand der geleisteten Vorauszahlungen im Jahr der Vorauszahlungen berücksichtigt, einmalige Aufwendungen (wie z. B. Handwerkerrechnungen) dagegen erst im Jahr der Genehmigung der Jahresabrechnung. Soweit einmalige Aufwendungen durch eine Entnahme aus der Instandhaltungsrücklage finanziert werden, können die Aufwendungen erst im Jahr des Abflusses aus der Instandhaltungsrücklage oder im Jahr der Genehmigung der Jahresabrechnung, die den Abfluss aus der Instandhaltungsrücklage beinhaltet, berücksichtigt werden. Wird eine Jahresabrechnung von einer Verwaltungsgesellschaft mit abweichendem Wirtschaftsjahr erstellt, gilt nichts anderes. Es ist aber auch nicht zu beanstanden, wenn Wohnungseigentümer die gesamten Aufwendungen erst in dem Jahr geltend machen, in dem die Jahresabrechnung im Rahmen der Eigentümerversammlung genehmigt worden ist. Für die zeitliche Berücksichtigung von Nebenkosten bei Mietern gelten die vorstehenden Ausführungen entsprechend.

48   Die Entscheidung, die Steuerermäßigung hinsichtlich der Aufwendungen für die regelmäßig wiederkehrenden Dienstleistungen im Jahr der Vorauszahlung und für die einmaligen Aufwendungen im Jahr der Beschlussfassung oder für die gesamten Aufwendungen die Steuerermäßigung erst im Jahr der Beschlussfassung in Anspruch zu nehmen, hat jeder einzelne Eigentümer bzw. Mieter im Rahmen seiner Einkommensteuererklärung zu treffen. Zur Bescheinigung des Datums über die Beschlussfassung s. Rdnr. 26 und Anlage 2. Hat sich der Wohnungseigentümer bei einer Abrechnung mit einem abweichenden Wirtschaftsjahr dafür entschieden, die gesamten Aufwendungen erst in dem Jahr geltend zu machen, in dem die Jahresabrechnung im Rahmen der Eigentümerversammlung genehmigt worden ist, hat das zur Folge, dass hinsichtlich der regelmäßig wiederkehrenden Dienstleistungen die Aufwendungen des abweichenden Wirtschaftsjahres maßgebend sind. Eine davon abweichende andere zeitanteilige Aufteilung der Aufwendungen ist nicht möglich. Auch für den Fall, dass die Beschlussfassungen über die Jahresabrechnungen für zwei Kalenderjahre in einem Kalenderjahr getroffen werden, kann die Entscheidung für alle in einem Jahr genehmigten Abrechnungen, die Steuerermäßigung im Jahr der Vorauszahlung oder in dem der Beschlussfassung in Anspruch zu nehmen, nur einheitlich getroffen werden.

4. Nachweis

49   Die Steuerermäßigung ist davon abhängig, dass der Steuerpflichtige für die Aufwendungen eine Rechnung erhalten hat und die Zahlung auf das Konto des Erbringers der haushaltsnahen Dienstleistung, der Handwerkerleistung oder der Pflege- oder Betreuungsleistung erfolgt ist (§ 35a Absatz 5 Satz 3 EStG). Dies gilt auch für Abschlagszahlungen (vgl. Rdnr. 40). Bei Wohnungseigentümern und Mietern müssen die sich aus Rdnr. 47

ergebenden Nachweise vorhanden sein. Es ist ausreichend, wenn der Steuerpflichtige die Nachweise auf Verlangen des Finanzamtes vorlegen kann.

Zahlungsarten
Die Zahlung auf das Konto des Erbringers der Leistung erfolgt in der Regel durch Überweisung[1]). Beträge, für deren Begleichung ein Dauerauftrag eingerichtet worden ist, die durch eine Einzugsermächtigung oder im SEPA-Lastschriftverfahren abgebucht oder im Wege des Online-Bankings überwiesen wurden, können in Verbindung mit dem Kontoauszug, der die Abbuchung ausweist, anerkannt werden. Das gilt auch bei Übergabe eines Verrechnungsschecks oder der Teilnahme am Electronic-Cash-Verfahren oder am elektronischen Lastschriftverfahren. Barzahlungen, Baranzahlungen oder Barteilzahlungen können nicht anerkannt werden (BFH-Urteil vom 20. November 2008, BStBl 2009 II S. 307). Das gilt selbst dann, wenn die Barzahlung von dem Erbringer der haushaltsnahen Dienstleistung, der Pflege- und Betreuungsleistung oder der Handwerkerleistung tatsächlich ordnungsgemäß verbucht worden ist und der Steuerpflichtige einen Nachweis über die ordnungsgemäße Verbuchung erhalten hat oder wenn eine Barzahlung durch eine später veranlasste Zahlung auf das Konto des Erbringers der Leistung ersetzt wird.

50

Konto eines Dritten
Die Inanspruchnahme der Steuerermäßigung durch den Steuerpflichtigen ist auch möglich, wenn die Aufwendungen für die haushaltsnahe Dienstleistung, Pflege- oder Betreuungsleistung oder die Handwerkerleistung, für die der Steuerpflichtige eine Rechnung erhalten hat, von dem Konto eines Dritten bezahlt worden sind.

51

Vermittlung von Dienst- und Handwerkerleistungen (insbesondere Online-Portale)
Dienst- und Handwerkerleistungen werden auch über Vermittlungsportale angeboten. Diese treten dabei regelmäßig als Vermittler für die ausführenden Leistungskräfte, wie z. B. Reinigungskräfte oder Handwerker auf. Die Leistungskräfte stehen zu den Portalen nicht in einem abhängigen Arbeitsverhältnis. Die Leistungskräfte sind eigenverantwortlich, also gewerblich tätig. Es bestehen keine Bedenken, eine Rechnung, die das Portal im Auftrag der jeweiligen Leistungskraft erstellt, als Nachweis nach § 35a Absatz 5 Satz 3 EStG anzuerkennen, wenn die nachfolgenden Voraussetzungen erfüllt sind. Aus der Rechnung müssen sich der Erbringer und der Empfänger der Leistung, ihre Art, der Zeitpunkt der Erbringung und der Inhalt der Leistung sowie die dafür vom Empfänger der Leistung jeweils geschuldeten Entgelte, ggf. aufgeteilt nach Arbeitszeit und Material, ergeben (BFH-Urteil vom 29. Januar 2009, BStBl 2010 II S. 166). Der Erbringer oder die Erbringerin der Leistung ist mindestens mit Name, Anschrift und Steuernummer zu bezeichnen. Erfolgt die – unbare – Bezahlung der Rechnung nach Maßgabe der Rdnr. 50 an den Betreiber des Portals, steht dies einer Anerkennung der Zahlung gemäß § 35a Absatz 5 Satz 3 EStG nicht entgegen.

52

---

[1]) *Eine Gutschrift des Rechnungsbetrags im Wege der Aufrechnung durch Belastung des Gesellschafterverrechnungskontos des Stpfl. bei der leistungserbringenden GmbH genügt den gesetzlichen Anforderungen an den Zahlungsvorgang nicht (>BFH vom 09.06.2022 – BStBl II S. 666).*

Anhang 27b
II Steuerermäßigungen

VI Haushaltsbezogene Inanspruchnahme der Höchstbeträge
1. Ganzjährig ein gemeinsamer Haushalt

53 Die Höchstbeträge nach § 35a EStG können nur haushaltsbezogen in Anspruch genommen werden (§ 35a Absatz 5 Satz 4 EStG). Leben z. B. zwei Alleinstehende im gesamten Veranlagungszeitraum in einem Haushalt, kann jeder seine tatsächlichen Aufwendungen grundsätzlich nur bis zur Höhe des hälftigen Abzugshöchstbetrages geltend machen. Das gilt auch, wenn beide Arbeitgeber im Rahmen eines haushaltsnahen Beschäftigungsverhältnisses oder Auftraggeber haushaltsnaher Dienstleistungen, von Pflege- und Betreuungsleistungen oder von Handwerkerleistungen sind. Eine andere Aufteilung des Höchstbetrages ist zulässig, wenn beide Steuerpflichtige einvernehmlich eine andere Aufteilung wählen und dies gegenüber dem Finanzamt anzeigen.

Beispiel 9:
Das Ehepaar A und B beschäftigt eine Haushaltshilfe im Rahmen einer geringfügigen Beschäftigung im Sinne des § 8a SGB IV. Die Aufwendungen im Veranlagungszeitraum 2015 betragen einschließlich Abgaben 2.800 €. Darüber hinaus sind Aufwendungen für die Inanspruchnahme von Handwerkerleistungen in Höhe von 4.500 € (Arbeitskosten einschließlich Fahrtkosten) angefallen. Das Ehepaar wird zusammenveranlagt.
Die Steuerermäßigung nach § 35a EStG wird für den Veranlagungszeitraum 2015 wie folgt berechnet:

20 % von 2.800 € (§ 35a Absatz 1 EStG) = 560 €, höchstens	510 €
20 % von 4.500 € (§ 35a Absatz 3 EStG)	900 €
Steuerermäßigung 2015	1.410 €

Für die Steuerermäßigung ist es unerheblich, welcher Ehegatte die Aufwendungen bezahlt hat.

Beispiel 10:
C und D sind allein stehend und leben im gesamten Veranlagungszeitraum 2015 in einem gemeinsamen Haushalt. Sie beschäftigen eine Haushaltshilfe im Rahmen einer geringfügigen Beschäftigung im Sinne des § 8a SGB IV. Dabei tritt D gegenüber der Minijob-Zentrale als Arbeitgeberin auf. Sie bezahlt den Lohn der Haushaltshilfe, und von ihrem Konto werden die Abgaben durch die Minijob-Zentrale abgebucht. Die Aufwendungen im Veranlagungszeitraum 2015 betragen einschließlich Abgaben 2.500 €.
Darüber hinaus sind Aufwendungen für die Inanspruchnahme von Handwerkerleistungen wie folgt angefallen:

Schornsteinfegerkosten	180 €
Tapezieren und Streichen der Wohnräume	2.400 €
(Arbeitskosten einschließlich Fahrtkosten)	
Reparatur der Waschmaschine vor Ort	500 €
(Arbeitskosten einschließlich Fahrtkosten)	
	3.080 €

Das Tapezieren und Streichen der Wohnräume haben C und D je zur Hälfte bezahlt. Beide sind gegenüber dem Handwerksbetrieb als Auftraggeber aufgetreten.
Die Schornsteinfegerkosten hat C, die Waschmaschinenreparatur hat D bezahlt.
Die Steuerermäßigung nach § 35a EStG wird für den Veranlagungszeitraum 2015 für die jeweilige Einzelveranlagung wie folgt berechnet:

C:	20 % von (1/2 von 2.400 € =) 1.200 € (§ 35a Absatz 3 EStG)	240 €
	20 % von 180 € (§ 35a Absatz 3 EStG)	36 €
	Steuerermäßigung 2015 für C	276 €
D:	20 % von 2.500 € (§ 35a Absatz 1 EStG)	500 €
	20 % von (1/2 von 2.400 € =) 1.200 € (§ 35a Absatz 3 EStG)	240 €
	20 % von 500 € (§ 35a Absatz 3 EStG)	100 €
	Steuerermäßigung 2015 für D	840 €

C und D zeigen die abweichende Aufteilung gegenüber dem Finanzamt an.

Beispiel 11:
E und F sind allein stehend und leben im gesamten Veranlagungszeitraum 2015 in einem gemeinsamen Haushalt in einem Haus, das der F gehört. Von Juni bis September wird das Haus aufwendig renoviert. Für den Austausch der Fenster und Türen, das Tapezieren und Streichen der Wände, die Renovierung des Badezimmers und das Austauschen der Küche bezahlen sie an die Handwerker insgesamt 30.000 €. Auf Arbeitskosten einschließlich Fahrtkosten entfallen davon 10.000 €. E und F treten gegenüber den Handwerkern gemeinsam als Auftraggeber auf.

a) E und F teilen sich die Aufwendungen hälftig.
Die Steuerermäßigung nach § 35a EStG wird für den Veranlagungszeitraum 2015 für die jeweilige Einzelveranlagung wie folgt berechnet:

E: 20 % von (1/2 von 10.000 € =) 5.000 € (§ 35a Absatz 3 EStG),
= 1.000 €, höchstens 1/2 von 1.200 € =   <u>600 €</u>

F: Die Steuerermäßigung für F wird ebenso berechnet   <u>600 €</u>

Damit beträgt der haushaltsbezogene in Anspruch genommene Höchstbetrag für die Steuerermäßigung für Handwerkerleistungen 1.200 €.

b) E bezahlt 80 %, F bezahlt 20 % der Aufwendungen.
Die Steuerermäßigung nach § 35a EStG wird für den Veranlagungszeitraum 2015 für die jeweilige Einzelveranlagung grundsätzlich wie folgt berechnet:

E: 20 % von (80 % von 10.000 € =) 8.000 € (§ 35a Absatz 3 EStG),
= 1.600 €, höchstens 1/2 von 1.200 € =   <u>600 €</u>

F: 20 % von (20 % von 10.000 € =) 2.000 € (§ 35a Absatz 3 EStG),
= 400 €, höchstens 1/2 von 1.200 € =   <u>400 €</u>

E und F wählen eine andere Aufteilung des Höchstbetrages, und zwar nach dem Verhältnis, wie sie die Aufwendungen tatsächlich getragen haben. Sie zeigen dies auch gegenüber dem Finanzamt einvernehmlich an.
Die Steuerermäßigung nach § 35a EStG wird für den Veranlagungszeitraum 2015 für die jeweilige Einzelveranlagung wie folgt berechnet:

E: 20 % von (80 % von 10.000 € =) 8.000 € (§ 35a Absatz 3 EStG),
= 1.600 €, höchstens 80 % von 1.200 € =   <u>960 €</u>

F: 20 % von (20 % von 10.000 € =) 2.000 € (§ 35a Absatz 3 EStG),
= 400 €, höchstens 20 % von 1.200 € =   <u>240 €</u>

Damit beträgt der haushaltsbezogene in Anspruch genommene Höchstbetrag für die Steuerermäßigung für Handwerkerleistungen 1.200 €.

c) F bezahlt als Hauseigentümerin die gesamten Aufwendungen.
Die Steuerermäßigung nach § 35a EStG wird für den Veranlagungszeitraum 2015 für die Einzelveranlagung der F grundsätzlich wie folgt berechnet:

20 % von 10.000 € (§ 35a Absatz 3 EStG) = 2.000 €,
höchstens 1/2 von 1.200 € (= hälftiger Höchstbetrag)   <u>600 €</u>

E und F haben jedoch die Möglichkeit, eine andere Aufteilung des Höchstbetrags zu wählen, und zwar nach dem Verhältnis, wie sie die Aufwendungen tatsächlich getragen haben (also zu 100 % auf F und zu 0 % auf E). Sie zeigen dies auch gegenüber dem Finanzamt einvernehmlich an.
Die Steuerermäßigung nach § 35a EStG wird für den Veranlagungszeitraum 2015 für die Einzelveranlagung der F nunmehr wie folgt berechnet:

20 % von 10.000 € (§ 35a Absatz 3 EStG) = 2.000 €,
höchstens   <u>1.200 €</u>

E hat keinen Anspruch auf die Steuerermäßigung, da er keine eigenen Aufwendungen getragen hat.

2. Unterjährige Begründung oder Beendigung eines gemeinsamen Haushalts

54 Begründen zwei bisher alleinstehende Steuerpflichtige mit eigenem Haushalt im Laufe des Veranlagungszeitraums einen gemeinsamen Haushalt oder wird der gemeinsame Haushalt zweier Steuerpflichtiger während des Veranlagungszeitraums aufgelöst und es werden wieder zwei getrennte Haushalte begründet, kann bei Vorliegen der übrigen Voraussetzungen jeder Steuerpflichtige die vollen Höchstbeträge in diesem Veranlagungszeitraum in Anspruch nehmen. Das gilt unabhängig davon, ob im Veranlagungszeitraum der Begründung oder Auflösung des Haushalts auch die Eheschließung bzw. die Begründung der Lebenspartnerschaft, die Trennung oder die Ehescheidung bzw. die Auflösung der Lebenspartnerschaft erfolgt. Grundsätzlich kann jeder Steuerpflichtige seine tatsächlichen Aufwendungen im Rahmen des Höchstbetrags geltend machen. Darauf, in welchem der beiden Haushalte in diesem Veranlagungszeitraum die Aufwendungen angefallen sind, kommt es nicht an. Für die Inanspruchnahme des vollen Höchstbetrages pro Steuerpflichtigen ist maßgebend, dass von dem jeweiligen Steuerpflichtigen zumindest für einen Teil des Veranlagungszeitraums ein alleiniger Haushalt unterhalten worden ist.

Beispiel 12:
G und H begründen im Laufe des Veranlagungszeitraums 2016 einen gemeinsamen Haushalt. Vorher hatten beide jeweils einen eigenen Haushalt. Im Laufe des Jahres sind die folgenden Aufwendungen im Sinne des § 35a EStG angefallen:
Einzelhaushalt des G: Aufwendungen für Renovierungsarbeiten der alten Wohnung im zeitlichen Zusammenhang mit dem Umzug (vgl. Rdnr. 3) in Höhe von 12.000 €. Davon entfallen auf Arbeitskosten einschließlich Fahrtkosten 6.000 €.
Einzelhaushalt der H: Aufwendungen für Renovierungsarbeiten der alten Wohnung im zeitlichen Zusammenhang mit dem Umzug (vgl. Rdnr. 3) in Höhe von 2.500 €. Davon entfallen auf Arbeitskosten einschließlich Fahrtkosten 1.000 €.
Gemeinsamer Haushalt: Handwerkerkosten (Arbeitskosten) für die Montage der neuen Möbel 500 €, für das Verlegen von Elektroanschlüssen 200 €, für den Einbau der neuen Küche 400 €. Für Wohnungsreinigungsarbeiten haben sie ein Dienstleistungsunternehmen beauftragt. Die Aufwendungen betragen (ohne Materialkosten) bis Jahresende 800 €. G und H treten gegenüber den jeweiligen Firmen gemeinsam als Auftraggeber auf. Die Kosten teilen sie sich zu gleichen Teilen.

a) Die Steuerermäßigung nach § 35a EStG wird für den Veranlagungszeitraum 2016 für die jeweilige Einzelveranlagung wie folgt berechnet:

G: 20 % von 6.000 € (§ 35a Absatz 3 EStG)   1.200 €
20 % von (1/2 von 800 € =) 400 € (§ 35a Absatz 2 EStG)   <u>80 €</u>
    <u>1.280 €</u>

Durch die Handwerkerkosten für den Einzelhaushalt hat G seinen Höchstbetrag nach § 35a Absatz 3 EStG ausgeschöpft. Die weiteren Handwerkerkosten in der neuen Wohnung bleiben bei ihm unberücksichtigt. Eine Übertragung des nicht ausgeschöpften Höchstbetrages von H ist nicht möglich.

H: 20 % von 1.000 € (§ 35a Absatz 3 EStG)   200 €
20 % von (1/2 von 1.100 € =) 550 € (§ 35a Absatz 3 EStG)   110 €
20 % von (1/2 von 800 € =) 400 € (§ 35a Absatz 2 EStG)   <u>80 €</u>
    <u>390 €</u>

H kann die durch G nicht nutzbare Steuerermäßigung nicht geltend machen, da sie insoweit nicht die Aufwendungen getragen hat.

b) G und H heiraten im November 2016. Sie beantragen die Zusammenveranlagung.
Die Steuerermäßigung nach § 35a EStG wird für 2016 wie folgt berechnet:

20 % von 800 € (§ 35a Absatz 2 EStG)	160 €
20 % von 6.000 € – Einzelhaushalt des G (§ 35a Absatz 3 EStG)	1.200 €
20 % von 1.000 € – Einzelhaushalt der H (§ 35a Absatz 3 EStG)	200 €
20 % von 1.100 € – gemeinsamer Haushalt (Höchstbetrag für Handwerkerkosten ist bei H noch nicht ausgeschöpft; darauf, wer von beiden die Aufwendungen tatsächlich getragen hat, kommt es nicht an)	220 €
	1.780 €

Wird unmittelbar nach Auflösung eines gemeinsamen Haushalts ein gemeinsamer Haushalt mit einer anderen Person begründet, kann derjenige Steuerpflichtige, der ganzjährig in gemeinsamen Haushalten gelebt hat, seine tatsächlichen Aufwendungen nur bis zur Höhe des hälftigen Abzugshöchstbetrages geltend machen. Hat für die andere Person für einen Teil des Veranlagungszeitraums ein alleiniger Haushalt bestanden, ist die Regelung der Rdnr. 54 sinngemäß anzuwenden mit der Folge, dass diese Person den vollen Höchstbetrag beanspruchen kann. Auch in diesen Fällen gilt, dass jeder Steuerpflichtige nur seine tatsächlichen Aufwendungen im Rahmen seines Höchstbetrages geltend machen kann. Etwas anderes gilt nur dann, wenn Steuerpflichtige, die zumindest für einen Teil des Veranlagungszeitraums zusammen einen Haushalt unterhalten haben, einvernehmlich eine andere Aufteilung des Höchstbetrages wählen und dies gegenüber dem Finanzamt anzeigen. Dabei kann für einen Steuerpflichtigen maximal der volle Höchstbetrag berücksichtigt werden.

55

Beispiel 13:
K und L leben seit Jahren zusammen, sind aber nicht verheiratet. Im Laufe des Veranlagungszeitraums 2016 zieht K aus der gemeinsamen Wohnung aus und zieht in den Haushalt von M ein.
Für den Haushalt von K und L sind die folgenden Aufwendungen angefallen:
Haushaltsnahe Dienstleistungen nach § 35a Absatz 2 EStG in Höhe von 800 €, Aufwendungen für Renovierung und Erhaltung des Haushalts in Höhe von 8.000 €. Es handelt sich jeweils um Arbeitskosten. K und L waren beide Auftraggeber und haben sich die Kosten geteilt.
Für den Haushalt von L sind nach dem Auszug von K die folgenden Aufwendungen angefallen:
Haushaltsnahes Beschäftigungsverhältnis nach § 35a Absatz 1 EStG in Höhe von 700 €, Aufwendungen für Renovierung (Arbeitskosten) 900 €.
Für den Haushalt von M sind bis zum Einzug von K die folgenden Aufwendungen angefallen:
Reparaturkosten der Spülmaschine (Arbeitskosten und Fahrtkostenpauschale) in Höhe von 100 €, Schornsteinfegerkosten (Schornstein-Kehrarbeiten einschließlich Reparatur- und Wartungsaufwand) in Höhe von 120 €.
Für den Haushalt von K und M sind die folgenden Aufwendungen angefallen:
Haushaltsnahe Dienstleistungen nach § 35a Absatz 2 EStG in Höhe von 1.000 € (Arbeitskosten). Die Aufwendungen trägt nur M.
Die Steuerermäßigung nach § 35a EStG wird für den Veranlagungszeitraum 2016 für die jeweilige Einzelveranlagung wie folgt berechnet:

K: 20 % von (1/2 von 800 € =) 400 € (§ 35a Absatz 2 EStG)	80 €
20 % von (1/2 von 8.000 € =) 4.000 € (§ 35a Absatz 3 EStG) = 800 €, höchstens 1/2 von 1.200 €	600 €
Steuerermäßigung 2016 für K	680 €

Durch die Handwerkerkosten für den Haushalt mit L hat K seinen Höchstbetrag nach § 35a Absatz 3 EStG ausgeschöpft.

Anhang 27b
II Steuerermäßigungen

<u>L:</u> 20 % von (1/2 von 800 € =) 400 € (§ 35a Absatz 2 EStG)   80 €
20 % von (1/2 von 8.000 € =) 4.000 € (§ 35a Absatz 3 EStG)   800 €
20 % von 900 € (§ 35a Absatz 3 EStG)   180 €
(Keine Begrenzung auf den hälftigen Höchstbetrag von 600 €, da L ab
dem Auszug von K alleine einen eigenen Haushalt hat.)
20 % von 700 € (§ 35a Absatz 1 EStG)   <u>140 €</u>
Steuerermäßigung 2016 für L   <u>1.200 €</u>

L kann die Aufwendungen in Höhe von 1.000 € für Handwerkerleistungen, die sich bei K nicht als Steuerermäßigung ausgewirkt haben, auch mit dessen Zustimmung nicht geltend machen, da L insoweit die Aufwendungen nicht getragen hat.

<u>M:</u> 20 % von 220 € (§ 35a Absatz 3 EStG)   44 €
20 % von 1.000 € (§ 35a Absatz 2 EStG)   <u>200 €</u>
Steuerermäßigung 2016 für M   <u>244 €</u>

Beispiel 14:
N und O leben seit Jahren zusammen, sind aber nicht verheiratet. Im Laufe des Veranlagungszeitraums 2016 zieht N aus der gemeinsamen Wohnung aus und zieht in den Haushalt von P.
Für den Haushalt von N und O sind die folgenden Aufwendungen angefallen:
Aufwendungen für Renovierung und Erhaltung des Haushalts in Höhe von 5.000 €. Es handelt sich jeweils um Arbeitskosten. N und O waren beide Auftraggeber. Die Kosten wurden zu 80 % von N getragen, 20 % von O.
Für den Haushalt von O sind nach dem Auszug von N die folgenden Aufwendungen angefallen: Aufwendungen für Renovierung (Arbeitskosten) 3.000 €.

a) Die Steuerermäßigung nach § 35a EStG wird für den Veranlagungszeitraum 2016 für die jeweilige Einzelveranlagung wie folgt berechnet:

<u>N:</u> 20 % von (80 % von 5.000 € =) 4.000 € (§ 35a Absatz 3 EStG)
= 800 €, höchstens 1/2 von 1.200 €   <u>600 €</u>

Durch die Handwerkerkosten hat N seinen Höchstbetrag nach § 35a Absatz 3 EStG ausgeschöpft.

<u>O:</u> 20 % von (20 % von 5.000 € =) 1.000 € (§ 35a Absatz 3 EStG)   200 €
20 % von 3.000 € (§ 35a Absatz 3 EStG)   <u>600 €</u>
Steuerermäßigung 2016 für O   <u>800 €</u>

(Keine Begrenzung auf den hälftigen Höchstbetrag, da O ab dem Auszug von N einen eigenen Haushalt hat. Allerdings beträgt der Höchstbetrag nach § 35a Absatz 3 EStG für O insgesamt 1.200 €, dieser ist nicht überschritten.)
O kann die durch N nicht nutzbare Steuerermäßigung nicht geltend machen, da sie für ihren Aufwendungsteil die Steuerermäßigung ausgeschöpft hat und darüber hinaus die Aufwendungen nicht getragen hat.

b) N und O wählen eine andere Aufteilung des Höchstbetrages, und zwar nach dem Verhältnis, wie sie die Aufwendungen tatsächlich getragen haben. Sie zeigen dies auch gegenüber dem Finanzamt einvernehmlich an.

Die Steuerermäßigung nach § 35a EStG wird für den Veranlagungszeitraum 2016 für die jeweilige Einzelveranlagung wie folgt berechnet:

<u>N:</u> 20 % von (80 % von 5.000 € =) 4.000 €, höchstens von
(80 % von 6.000 € =) 4.800 € (§ 35a Absatz 3 EStG)   <u>800 €</u>

N kann seine vollen Aufwendungen nach § 35a Absatz 3 EStG geltend machen.

<u>O:</u> 20 % von (20 % von 5.000 € =) 1.000 € (§ 35a Absatz 3 EStG)   200 €
20 % von 3.000 € (§ 35a Absatz 3 EStG)   <u>600 €</u>
    <u>800 €</u>

(Keine Begrenzung auf den hälftigen Höchstbetrag, da O ab dem Auszug von N einen eigenen Haushalt hat. Allerdings reduziert sich der Höchstbetrag nach § 35a Absatz 3 EStG für O um den auf N übertragenen Anteil von (20 % von 1.000 € =) 200 € auf (20 % von 5.000 € =) 1.000 €. Dieser ist nicht überschritten.)

VII Anrechnungsüberhang

Entsteht bei einem Steuerpflichtigen infolge der Inanspruchnahme der Steuerermäßigung nach § 35a EStG ein sog. Anrechnungsüberhang, kann der Steuerpflichtige weder die Festsetzung einer negativen Einkommensteuer in Höhe dieses Anrechnungsüberhangs noch die Feststellung einer rück- oder vortragsfähigen Steuerermäßigung beanspruchen (BFH-Urteil vom 29. Januar 2009, BStBl II S. 411).

56[1])

VIII Anwendungsregelung

Dieses Schreiben ersetzt das BMF-Schreiben vom 10. Januar 2014 (BStBl I S. 75) sowie das BMF-Schreiben vom 10. November 2015 (BStBl I S. 876) und ist vorbehaltlich der Rdnr. 58 in allen noch offenen Fällen anzuwenden.

57

Rdnrn. 14 bis 16 sind in allen noch offenen Fällen ab dem Veranlagungszeitraum 2009 anzuwenden. Rdnrn. 23 und 24 sind in allen noch offenen Fällen ab dem Veranlagungszeitraum 2011 anzuwenden.

58

---

[1]) Die Steuerermäßigung nach § 35a kann auch nicht auf die gem. § 32d Abs. 3 und 4 veranlagte und dem gesonderten Tarif für Einkünfte aus Kapitalvermögen unterliegende Einkommensteuer beansprucht werden (>BFH vom 28.04.2020 – BStBl II S. 544).

Anhang 27b

Steuerermäßigungen

Anlage 1

Beispielhafte Aufzählung begünstigter und nicht begünstigter haushaltsnaher Dienstleistungen und Handwerkerleistungen

(zu Rdnrn. 1, 2, 11, 19 bis 22)

Maßnahme	begünstigt	nicht begünstigt	Haushaltsnahe Dienstleistung	Handwerkerleistung
Abfallmanagement („Vorsortierung")	Kosten der Maßnahmen innerhalb des Haushalts	Kosten der Maßnahmen außerhalb des Haushalts	X	
Abflussrohrreinigung	X			X
Ablesedienste und Abrechnung bei Verbrauchszählern (Strom, Gas, Wasser, Heizung usw.)		X		
Abriss eines baufälligen Gebäudes mit anschließendem Neubau		X		
Abwasserentsorgung	Kosten der Maßnahmen (Wartung und Reinigung) innerhalb des Haushalts	Kosten der Maßnahmen außerhalb des Haushalts		X
Arbeiten 1. am Dach	X			X
2. an Bodenbelägen	X			X
3. an der Fassade	X			X
4. an Garagen	X			X
5. an Innen- und Außenwänden	X			X
6. an Zu- und Ableitungen	X			X
Architektenleistung		X		
Asbestsanierung	X			X
Aufstellen eines Baugerüstes	Arbeitskosten	Kosten der Miete und des Materials		X
Aufzugnotruf		X		

Anhang 27b

Steuerermäßigungen

II

Maßnahme	begünstigt	nicht begünstigt	Haushaltsnahe Dienstleistung	Handwerkerleistung
Außenanlagen, Errichtung von ~, wie z. B. Wege, Zäune	Arbeitskosten der Maßnahmen innerhalb des Haushalts	– Kosten der Maßnahmen außerhalb des Haushalts oder – im Rahmen einer Neubaumaßnahme (Rdnr. 21) und – Materialkosten		X
Austausch oder Modernisierung				
1. der Einbauküche	X, Rdnr. 39			X
2. von Bodenbelägen (z. B. Teppichboden, Parkett, Fliesen)	X, Rdnr. 39	– Kosten der Maßnahmen außerhalb des Haushalts und		X
3. von Fenstern, Treppen und Türen	X, Rdnr. 39	– Materialkosten		X
Beprobung des Trinkwassers	X			X
Bereitschaft der Erbringung einer ansonsten begünstigten Leistung im Bedarfsfall	als Nebenleistung einer ansonsten begünstigten Hauptleistung	nur Bereitschaft	Abgrenzung im Einzelfall	Abgrenzung im Einzelfall
Brandschadensanierung	soweit nicht Versicherungsleistung	soweit Versicherungsleistung		X
Carport, Terrassenüberdachung	Arbeitskosten	– Materialkosten sowie – Kosten der Errichtung im Rahmen einer Neubaumaßnahme (Rdnr. 21)		X
Chauffeur		X		

Anhang 27b
II Steuerermäßigungen

Maßnahme	begünstigt	nicht begünstigt	Haushaltsnahe Dienstleistung	Handwerkerleistung
Dachgeschossausbau	Arbeitskosten	– Materialkosten sowie – Kosten der Errichtung im Rahmen einer Neubaumaßnahme (Rdnr. 21)		X
Dachrinnenreinigung	X			X
Datenverbindungen	s. Hausanschlüsse	s. Hausanschlüsse		X
Deichabgaben		X		
Dichtheitsprüfung von Abwasseranlagen	X			X
Elektroanlagen	Kosten der Wartung und der Reparatur			X
Energiepass		X, Rdnr. 20		
Entsorgungsleistung	als Nebenleistung (z. B. Bauschutt, Fliesenabfuhr bei Neuverfliesung eines Bades, Grünschnittabfuhr bei Gartenpflege)	als Hauptleistung	Abgrenzung im Einzelfall	Abgrenzung im Einzelfall
Erhaltungsmaßnahmen	Arbeitskosten der Maßnahmen innerhalb des Haushalts	– Kosten der Maßnahmen außerhalb des Haushalts sowie – Materialkosten		X
Erstellung oder Hilfe bei der Erstellung der Steuererklärung		X		
„Essen auf Rädern"		X		
Fäkalienabfuhr		X		
Fahrstuhlkosten	Kosten der Wartung und der Reparatur	Betriebskosten		X

Steuerermäßigungen — Anhang 27b II

Maßnahme	begünstigt	nicht begünstigt	Haushaltsnahe Dienstleistung	Handwerkerleistung
Fertiggaragen	Arbeitskosten	– Kosten der Errichtung im Rahmen einer Neubaumaßnahme (Rdnr. 21) sowie – Materialkosten		X
Feuerlöscher	Kosten der Wartung			X
Feuerstättenschau – s. auch Schornsteinfeger	X			X
Finanzierungsgutachten		X, Rdnr. 20		
Fitnesstrainer		X		
Friseurleistungen	nur soweit sie zu den Pflege- und Betreuungsleistungen gehören, wenn sie im Leistungskatalog der Pflegeversicherung aufgeführt sind und der Behinderten-Pauschbetrag nicht geltend gemacht wird (Rdnrn. 12, 13, 32, 33)	alle anderen Friseurleistungen	X	
Fußbodenheizung	Kosten der Wartung, Spülung, Reparatur und des nachträglichen Einbaus	Materialkosten		X
Gärtner	Kosten der Maßnahmen innerhalb des Haushalts	Kosten der Maßnahmen außerhalb des Haushalts	Abgrenzung im Einzelfall	Abgrenzung im Einzelfall

Anhang 27b
II Steuerermäßigungen

Maßnahme	begünstigt	nicht begünstigt	Haushaltsnahe Dienstleistung	Handwerkerleistung
Gartengestaltung	Arbeitskosten	– Kosten der erstmaligen Anlage im Rahmen einer Neubaumaßnahme (Rdnr. 21) sowie – Materialkosten		X
Gartenpflegearbeiten (z. B. Rasen mähen, Hecken schneiden)	Kosten der Maßnahmen innerhalb des Haushalts einschließlich Grünschnittentsorgung als Nebenleistung	Kosten der Maßnahmen außerhalb des Haushalts	X	
Gemeinschaftsmaschinen bei Mietern (z. B. Waschmaschine, Trockner)	Kosten der Reparatur und der Wartung	Miete		X
Gewerbeabfallentsorgung		X		
Grabpflege		X		
Graffitibeseitigung	X			X
Gutachtertätigkeiten	Abgrenzung im Einzelfall (Rdnr. 20)	Abgrenzung im Einzelfall (Rdnr. 20)		X
Hand- und Fußpflege	nur soweit sie zu den Pflege- und Betreuungsleistungen gehören, wenn sie im Leistungskatalog der Pflegeversicherung aufgeführt sind und der Behinderten-Pauschbetrag nicht geltend gemacht wird (Rdnrn. 12, 13, 32, 33)	alle anderen Kosten	X	

Anhang 27b

Steuerermäßigungen II

Maßnahme	begünstigt	nicht begünstigt	Haushaltsnahe Dienstleistung	Handwerkerleistung
Hausanschlüsse an Ver- und Entsorgungsnetze (Rdnr. 22)	z. B. Arbeitskosten für den Anschluss an das Trink- und Abwassernetz, der stromführenden Leitungen im Haus oder für das Ermöglichen der Nutzung des Fernsehens und des Internets sowie die Kosten der Weiterführung der Anschlüsse, jeweils innerhalb des Haushalts	– Kosten der erstmaligen Anschlüsse im Rahmen einer Neubaumaßnahme (Rdnr. 21) und – die Kosten der Maßnahmen außerhalb des Haushalts sowie – Materialkosten		X
Hausarbeiten, wie Reinigen, Fenster putzen, Bügeln usw. (Rdnr. 5)	X		X	
Haushaltsauflösung		X		
Hauslehrer		X		
Hausmeister, Hauswart	X		X	
Hausnotrufsystem	Kosten innerhalb des sog. „Betreuten Wohnens" im Rahmen einer Seniorenwohneinrichtung	Kosten für Hausnotrufsysteme außerhalb des sog. „Betreuten Wohnens" im Rahmen einer Seniorenwohneinrichtung	X	
Hausreinigung	X		X	
Hausschwammbeseitigung	X			X
Hausverwalterkosten oder -gebühren		X		

Anhang 27b

II Steuerermäßigungen

Maßnahme	begünstigt	nicht begünstigt	Haushaltsnahe Dienstleistung	Handwerkerleistung
Heizkosten:				
1. Verbrauch		X		
2. Gerätemiete für Zähler		X		
3. Garantiewartungsgebühren	X			X
4. Heizungswartung und Reparatur	X			X
5. Austausch der Zähler nach dem Eichgesetz	X			X
6. Schornsteinfeger	X			X
7. Kosten des Ablesedienstes		X		
8. Kosten der Abrechnung an sich		X		
Hilfe im Haushalt (Rdnrn. 14-16) – s. Hausarbeiten				
Insektenschutzgitter	Kosten der Montage und der Reparatur	Materialkosten		X
Kamin-Einbau	Arbeitskosten	– Kosten der Errichtung im Rahmen einer Neubaumaßnahme (Rdnr. 21) sowie – Materialkosten		X
Kaminkehrer – s. Schornsteinfeger				
Kellerausbau	Arbeitskosten	– Kosten der Errichtung im Rahmen einer Neubaumaßnahme (Rdnr. 21) sowie – Materialkosten		X

2130

Anhang 27b

Steuerermäßigungen II

Maßnahme	begünstigt	nicht begünstigt	Haushaltsnahe Dienstleistung	Handwerkerleistung
Kellerschachtabdeckungen	Kosten der Montage und der Reparatur	Materialkosten		X
Kfz. – s. Reparatur		X		
Kinderbetreuungskosten	soweit sie nicht unter § 10 Absatz 1 Nummer 5 EStG fallen und für eine Leistung im Haushalt des Steuerpflichtigen anfallen	im Sinne von § 10 Absatz 1 Nummer 5 EStG (Rdnr. 34)	X	
Klavierstimmer	X			X
Kleidungs- und Wäschepflege und -reinigung	Kosten der Maßnahmen innerhalb des Haushalts	Kosten der Maßnahmen außerhalb des Haushalts (Rdnr. 39)	X	
Kontrollmaßnahmen des TÜV, z. B. für den Fahrstuhl oder den Treppenlift	X, Rdnr. 20			X
Kosmetikleistungen	nur soweit sie zu den Pflege- und Betreuungsleistungen gehören, wenn sie im Leistungskatalog der Pflegeversicherung aufgeführt sind (und der Behinderten-Pauschbetrag nicht geltend gemacht wird; s. Rdnrn. 12, 13, 32, 33)	alle anderen	X	
Laubentfernung	Kosten der Maßnahmen innerhalb des Haushalts	Kosten der Maßnahmen außerhalb des Haushalts	X	
Legionellenprüfung	X, Rdnr. 20			X
Leibwächter		X		
Makler		X		

Anhang 27b
II — Steuerermäßigungen

Maßnahme	begünstigt	nicht begünstigt	Haushaltsnahe Dienstleistung	Handwerkerleistung
Material und sonstige im Zusammenhang mit der Leistung gelieferte Waren einschließlich darauf entfallende Umsatzsteuer		z. B. Farbe, Fliesen, Pflastersteine, Mörtel, Sand, Tapeten, Teppichboden und andere Fußbodenbeläge, Waren, Stützstrümpfe usw. (Rdnr. 39)		
Mauerwerksanierung	X			X
Miete von Verbrauchszählern (Strom, Gas, Wasser, Heizung usw.)		X		
Modernisierungsmaßnahmen (z. B. Erneuerung des Badezimmers oder der Küche)	X, Rdnr. 39	– Kosten der Maßnahmen außerhalb des Haushalts sowie – Materialkosten		X
Montageleistungen im Haushalt, z. B. beim Erwerb neuer Möbel	X			X
Müllabfuhr (Entsorgung steht im Vordergrund)		X		
Müllentsorgungsanlage (Müllschlucker)	Kosten der Wartung und der Reparatur			X
Müllschränke	Kosten der Anlieferung und der Aufstellung	Materialkosten		X
Nebenpflichten der Haushaltshilfe, wie kleine Botengänge oder Begleitung von Kindern, kranken, alten oder pflegebedürftigen Personen bei Einkäufen oder zum Arztbesuch	X		X	

Anhang 27b

Steuerermäßigungen II

Maßnahme	begünstigt	nicht begünstigt	Haushaltsnahe Dienstleistung	Handwerkerleistung
Neubaumaßnahmen		Rdnr. 21		
Notbereitschaft/ Notfalldienste	soweit es sich um eine nicht gesondert berechnete Nebenleistung z. B. im Rahmen eines Wartungsvertrages handelt	alle anderen reinen Bereitschaftsdienste	X	
Öffentlich-rechtlicher Erschließungsbeitrag		X		
Öffentlich-rechtlicher Straßenausbaubeitrag/-rückbaubeitrag		X		
Pflasterarbeiten	Kosten der Maßnahmen innerhalb des Haushalts	− Materialkosten sowie − alle Maßnahmen außerhalb des Haushalts		X
Pflegebett		X		
Pflege der Außenanlagen	innerhalb des Haushalts	Kosten der Maßnahmen außerhalb des Haushalts	X	
Pilzbekämpfung	X			X
Prüfdienste/ Prüfleistung (z. B. bei Aufzügen)	X, Rdnr. 20			X
Rechtsberatung		X		
Reinigung des Haushalts	X		X	

Anhang 27b
II Steuerermäßigungen

Maßnahme	begünstigt	nicht begünstigt	Haushaltsnahe Dienstleistung	Handwerkerleistung
Reparatur, Wartung und Pflege				
1. von Bodenbelägen (z. B. Teppichboden, Parkett, Fliesen)	X		Pflege	Reparatur und Wartung
2. von Fenstern und Türen (innen und außen)	X, Rdnr. 39		Pflege	Reparatur und Wartung
3. von Gegenständen im Haushalt des Steuerpflichtigen (z. B. Waschmaschine, Geschirrspüler, Herd, Fernseher, Personalcomputer und andere	soweit es sich um Gegenstände handelt, die in der Hausratversicherung mitversichert werden können (Rdnr. 39)	Kosten der Maßnahmen außerhalb des Haushalts	Pflege im Haushalt	Reparatur und Wartung im Haushalt
4. von Heizungsanlagen, Elektro-, Gas- und Wasserinstallationen	Kosten der Maßnahmen innerhalb des Haushalts	Kosten der Maßnahmen außerhalb des Haushalts		X
5. von Kraftfahrzeugen (einschließlich TÜV-Gebühren)		X		
6. von Wandschränken	X			X
Schadensfeststellung, Ursachenfeststellung (z. B. bei Wasserschaden, Rohrbruch usw.)	X			X
Schadstoffsanierung	X			X
Schädlings- und Ungezieferbekämpfung	X		Abgrenzung im Einzelfall	Abgrenzung im Einzelfall

Anhang 27b — Steuerermäßigungen

Maßnahme	begünstigt	nicht begünstigt	Haushaltsnahe Dienstleistung	Handwerkerleistung
Schornsteinfeger	X			X
Sekretär; hierunter fallen auch Dienstleistungen in Form von Büroarbeiten (z. B. Ablageorganisation, Erledigung von Behördengängen, Stellen von Anträgen bei Versicherungen und Banken usw.)		X		
Sperrmüllabfuhr		X		
Statiker		X		
Straßenreinigung[1]				
– Fahrbahn		X		
– Gehweg	X		X	
Tagesmutter bei Betreuung im Haushalt des Steuerpflichtigen	soweit es sich bei den Aufwendungen nicht um Kinderbetreuungskosten (Rdnr. 34) handelt	Kinderbetreuungskosten (Rdnr. 34)	X	
Taubenabwehr	X		Abgrenzung im Einzelfall	Abgrenzung im Einzelfall
Technische Prüfdienste (z. B. bei Aufzügen)	X, Rdnr. 20			X
Terrassenüberdachung	Arbeitskosten	– Kosten der Errichtung im Rahmen einer Neubaumaßnahme (Rdnr. 21) sowie – Materialkosten		X
Tierbetreuungs- oder -pflegekosten	Kosten der Maßnahmen innerhalb des Haushalts (z. B. Fellpflege, Ausführen, Reinigungsarbeiten)	Kosten der Maßnahmen außerhalb des Haushalts, z. B. Tierpensionen	X	

---

[1] neu gefasst >BMF vom 01.09.2021 (BStBl I S. 1494), Fußnote zu Rdnr. 22

Anhang 27b
II Steuerermäßigungen

Maßnahme	begünstigt	nicht begünstigt	Haushaltsnahe Dienstleistung	Handwerkerleistung
Trockeneisreinigung	X			X
Trockenlegung von Mauerwerk	Kosten der Maßnahmen innerhalb des Haushalts (Arbeiten mit Maschinen vor Ort)	Kosten, die durch die ausschließliche Maschinenanmietung entstehen		X
Überprüfung von Anlagen (z. B. Gebühr für den Schornsteinfeger oder für die Kontrolle von Blitzschutzanlagen)	X, Rdnr. 20			X
Umzäunung, Stützmauer o. Ä.	Arbeitskosten für Maßnahmen innerhalb des Haushalts	– Kosten der Maßnahmen außerhalb des Haushalts oder – Kosten der Errichtung im Rahmen einer Neubaumaßnahme (Rdnr. 21) sowie – Materialkosten		X
Umzugsdienstleistungen	für Privatpersonen (Rdnrn. 3, 31)		Abgrenzung im Einzelfall	Abgrenzung im Einzelfall
Verarbeitung von Verbrauchsgütern im Haushalt des Steuerpflichtigen	X		X	
Verbrauchsmittel, wie z. B. Schmier-, Reinigungs- oder Spülmittel sowie Streugut	X		als Nebenleistung (Rdnr. 39) – Abgrenzung im Einzelfall	als Nebenleistung (Rdnr.39) – Abgrenzung im Einzelfall
Verwaltergebühr		X		
Wachdienst	Kosten der Maßnahmen innerhalb des Haushalts	Kosten der Maßnahmen außerhalb des Haushalts	X	
Wärmedämmmaßnahmen	X			X

Anhang 27b
Steuerermäßigungen II

Maßnahme	begünstigt	nicht begünstigt	Haushaltsnahe Dienstleistung	Handwerkerleistung
Wartung:				
1. Aufzug	X			X
2. Heizung und Öltankanlagen (einschließlich Tankreinigung)	X			X
3. Feuerlöscher	X			X
4. CO_2-Warngeräte	X			X
5. Pumpen	X			X
6. Abwasser-Rückstau-Sicherungen	X			X
Wasserschadensanierung	X	soweit Versicherungsleistung		X
Wasserversorgung	Kosten der Wartung und der Reparatur			X
Wertermittlung		X, Rdnr. 20		
Winterdienst[1])				
– Fahrbahn		X		
– Gehweg	X		X	
Zubereitung von Mahlzeiten im Haushalt des Steuerpflichtigen	X		X	

[1]) neu gefasst >BMF vom 01.09.2021 (BStBl I S. 1494), Fußnote zu Rdnr. 22

Anhang 27b
II Steuerermäßigungen

Anlage 2

Muster für eine Bescheinigung
(zu Rdnr. 26)

_____   _____
(Name und Anschrift des Verwalters/Vermieters)   (Name und Anschrift des Eigentümers/Mieters)

Anlage zur Jahresabrechnung für das Jahr/Wirtschaftsjahr .....

Ggf. Datum der Beschlussfassung der Jahresabrechnung: _____

In der Jahresabrechnung für das nachfolgende Objekt

_____
(Ort, Straße, Hausnummer und ggf. genaue Lagebezeichnung der Wohnung)

sind Ausgaben im Sinne des § 35a Einkommensteuergesetz (EStG) enthalten, die wie folgt zu verteilen sind:

A) *Aufwendungen für sozialversicherungspflichtige Beschäftigungen* (§ 35a Absatz 2 Satz 1 Alternative 1 EStG)		
Bezeichnung	Gesamtbetrag (in Euro)	Anteil des Miteigentümers/ des Mieters

B) *Aufwendungen für die Inanspruchnahme von haushaltsnahen Dienstleistungen* (§ 35a Absatz 2 Satz 1 Alternative 2 EStG)				
Bezeichnung	Gesamtbetrag (in Euro)	nicht zu berücksichtigende Materialkosten (in Euro)	Aufwendungen bzw. Arbeitskosten (Rdnrn. 39, 40) (in Euro)	Anteil des Miteigentümers/ des Mieters

C) *Aufwendungen für die Inanspruchnahme von Handwerkerleistungen für Renovierungs-, Erhaltungs- und Modernisierungsmaßnahmen* (§ 35a Absatz 3 EStG)				
Bezeichnung	Gesamtbetrag (in Euro)	nicht zu berücksichtigende Materialkosten (in Euro)	Aufwendungen bzw. Arbeitskosten (Rdnrn. 39, 40) (in Euro)	Anteil des Miteigentümers/ des Mieters

_____   _____
(Ort und Datum)   (Unterschrift des Verwalters oder Vermieters)

<u>Hinweis:</u> Die Entscheidung darüber, welche Positionen im Rahmen der Einkommensteuererklärung berücksichtigt werden können, obliegt ausschließlich der zuständigen Finanzbehörde.

1.

Steuerermäßigung für energetische Maßnahmen bei zu eigenen Wohnzwecken genutzten Gebäuden (§ 35c EStG);
Bescheinigung des ausführenden Fachunternehmens;
Bescheinigung für Personen mit Ausstellungsberechtigung nach § 88 Gebäudeenergiegesetz;

BMF vom 26.01.2023 (BStBl I S. 218)
IV C 1 – S 2296-c/20/10003 :006 – 2023/0022545

Inhaltsverzeichnis

	Rn.
I. Allgemeines	1
1. Verwendung der Muster	1
2. Zeitlicher Anwendungsbereich	4
II. Muster für die Bescheinigung des ausführenden Fachunternehmens (Muster I)	7
1. Umfang der zu bescheinigenden Angaben	9
2. Ergänzende Angaben	17
3. Erstmalige Erteilung der Bescheinigung	18
4. Elektronische Übermittlung	20
5. Abweichende Adressierung an einen Bevollmächtigten	21
6. Berichtigung der Bescheinigung	22
7. Erleichterung des Nachweises für die Mindestanforderung bei der Erneuerung der Heizungsanlage nach der ESanMV	25
III. Muster für die Bescheinigung für Personen mit Ausstellungsberechtigung nach § 88 GEG (Muster II)	26
IV. Bescheinigung bei energetischen Maßnahmen für eine Wohnungseigentümergemeinschaft	31
V. Bescheinigung bei unterschiedlicher Nutzung einzelner Gebäudeteile in einem Gebäude	33

Muster I Bescheinigung des ausführenden Fachunternehmens
Muster II Bescheinigung für Personen mit Ausstellungsberechtigung nach § 88 des Gebäudeenergiegesetzes (GEG)

Dieses Schreiben ersetzt das BMF-Schreiben vom 15. Oktober 2021 (BStBl I S. 2026).

Die Steuerermäßigung für energetische Maßnahmen bei zu eigenen Wohnzwecken genutzten Gebäuden kann nur in Anspruch genommen werden, wenn durch eine nach amtlichem Muster erstellte Bescheinigung des ausführenden Fachunternehmens nachgewiesen wird, dass die Voraussetzungen des § 35c Absatz 1 Satz 1 bis 3 Einkommensteuergesetz (EStG) sowie die Anforderungen nach der Verordnung zur Bestimmung von Mindestanforderungen für energetische Maßnahmen bei zu eigenen Wohnzwecken genutzten Gebäuden nach § 35c des Einkommensteuergesetzes (nachfolgend: Energetische Sanierungsmaßnahmen-Verordnung – ESanMV) erfüllt sind (§ 35c Absatz 1 Satz 7 EStG). Personen mit Ausstellungsberechtigung nach § 88 Gebäudeenergiegesetz (GEG) sind zur Erstellung entsprechender Bescheinigungen berechtigt (§ 2 Absatz 2 ESanMV).

Anhang 27b
III — Steuerermäßigungen

Mit der Verordnung zur Änderung der Energetische Sanierungsmaßnahmen-Verordnung vom 14. Juni 2021 (BGBl. I S. 1780) wurde die ESanMV zum 1. Januar 2021 an die neue Bundesförderung für effiziente Gebäude angepasst. Zudem wurde der Begriff des Fachunternehmens auf weitere Gewerke und Unternehmen der Fenstermontage ausgedehnt.

Mit der Zweiten Verordnung zur Änderung der Energetische Sanierungsmaßnahmen-Verordnung vom 19. Dezember 2022 (BGBl. I S. 2414) wurden zum 1. Januar 2023 gasbetriebene Heizungen aus der Förderung herausgenommen und die Anlage 6 der ESanMV entsprechend neu nummeriert. Außerdem wurden die Förderbedingungen für Gebäude- und Wärmenetze sowie Biomasseheizungen angepasst.

Unter Berücksichtigung dieser Änderungen und unter Bezugnahme auf die Erörterungen mit den obersten Finanzbehörden der Länder gilt zur Ausstellung der Bescheinigungen des ausführenden Fachunternehmens und der Personen mit Ausstellungsberechtigung nach § 88 GEG Folgendes:

I. Allgemeines

1. Verwendung der Muster

1 Für die Bescheinigungen sind die anliegenden amtlich vorgeschriebenen Muster I oder II zu verwenden.

2 Auf der Grundlage des Musters erstellt das ausführende Fachunternehmen oder die Person mit Ausstellungsberechtigung nach § 88 GEG eine eigene Bescheinigung mit seinem bzw. ihrem eigenen Layout. Vom Inhalt, vom Aufbau und von der Reihenfolge der Angaben darf dabei nicht abgewichen werden. Erlaubt sind jedoch eine individuelle Gestaltung der Felder für die Bezeichnung des ausführenden Fachunternehmens und des Bauherrn sowie eine Ergänzung der Bescheinigungen um ein zusätzliches Adressfeld.

3 Die Bescheinigung ist für den oder die Eigentümer des Wohngebäudes oder der Wohnung zu erstellen. In Fällen des Miteigentums an einem Wohngebäude oder einer Wohnung müssen in der Bescheinigung die Miteigentumsanteile angegeben werden. Soweit die Angaben hierüber dem Fachunternehmen nicht bekannt sind, sind sie beim Auftraggeber zu erfragen.

2. Zeitlicher Anwendungsbereich

4 Die für die Mindestanforderungen an eine energetische Maßnahme geltende Fassung der ESanMV ist der folgenden Auflistung zu entnehmen:
- Maßnahmenbeginn nach dem 31. Dezember 2019, aber vor dem 1. Januar 2021: Energetische Sanierungsmaßnahmen-Verordnung vom 2. Januar 2020 (BGBl. I S. 3)
- Maßnahmenbeginn nach dem 31. Dezember 2020, aber vor dem 1. Januar 2023: Energetische Sanierungsmaßnahmen-Verordnung vom 2. Januar 2020 (BGBl. I S. 3), geändert durch Artikel 1 der Verordnung vom 14. Juni 2021 (BGBl. I S. 1780)
- Maßnahmenbeginn nach dem 31. Dezember 2022: Energetische Sanierungsmaßnahmen-Verordnung vom 2. Januar 2020 (BGBl. I S. 3), zuletzt geändert durch Artikel 1 der Verordnung vom 19. Dezember 2022 (BGBl. I. S. 2414)

5 Für energetische Maßnahmen, mit denen nach dem 31. Dezember 2020 begonnen wurde, ersetzt dieses Schreiben das BMF-Schreiben vom 31. März 2020 (BStBl I S. 484)[1]. Wurden für nach dem 31. Dezember 2020 begonnene energetische Maßnahmen bis zum 30. November 2021 (Tag der Veröffentlichung des BMF-Schreibens vom 15. Oktober 2021 im BStBl I) Bescheinigungen auf Grundlage der Muster des BMF-Schreibens vom 31. März 2020 oder bis zum Tag der Veröffentlichung des vorliegenden

---

[1] >Anhang 27b III 1 EStH 2020

Schreibens Bescheinigungen auf Grundlage der Muster des BMF-Schreibens vom 15. Oktober 2021 (BStBl I S. 2026) ausgestellt, behalten diese ihre Gültigkeit und wird der mit ihnen geführte Nachweis der Erfüllung der Anforderungen der ESanMV nicht beanstandet.

Nach Rn. 42 des BMF-Schreibens vom 14. Januar 2021 (BStBl I S. 103) ist der Einbau von bereits weitestgehend auf die Einbindung erneuerbarer Energien eingerichteter Gasbrennwerttechnik („Renewable Ready") erst mit der innerhalb von zwei Jahren ab dem Datum der Inbetriebnahme erfolgenden Einbindung des Anteils erneuerbarer Energien („Hybridisierung") abgeschlossen. Daher sind „Renewable Ready"-Heizungsanlagen, mit deren Einbau vor dem 1. Januar 2023 begonnen wurde und deren Hybridisierung innerhalb von zwei Jahren ab Einbau erfolgt, ungeachtet des zum 1. Januar 2023 in Kraft tretenden Förderstopps für Gasheizungen förderfähig.

II. Muster für die Bescheinigung des ausführenden Fachunternehmens (Muster I)

Erstellt das ausführende Fachunternehmen die Bescheinigung, so muss es dafür Muster I verwenden.

Bescheinigungsberechtigt ist jedes ausführende Fachunternehmen, welches die Anforderungen des § 2 Absatz 1 ESanMV erfüllt.

1. Umfang der zu bescheinigenden Angaben

Die Bescheinigung muss vollständig ausgefüllt werden. Soweit einzelne in dem amtlichen Muster enthaltene Sachverhalte nicht gegeben sind, ist es nicht zu beanstanden, wenn die entsprechenden Zeilen oder Teile des Textes einer Zeile des amtlichen Musters in der Bescheinigung nicht aufgeführt sind.

Ebenso ist es zulässig, der Bescheinigung weitere erforderliche Zeilen hinzuzufügen (z. B. weitere Wohnungen in Tabelle V „Kosten der energetischen Maßnahme(n)"). Die Reihenfolge der Angaben ist jedoch entsprechend dem amtlichen Muster beizubehalten.

Die Kosten der jeweiligen energetischen Maßnahme sind grundsätzlich einzeln in der Bescheinigung auszuweisen. Die einzelne Ausweisung der Kosten ist jedoch nicht erforderlich, wenn die der Bescheinigung beigefügte Rechnung so gegliedert ist, dass die Kosten der jeweiligen energetischen Maßnahme zugeordnet werden können.

Als Kosten für die energetische Maßnahme können

- die Aufwendungen für den Einbau bzw. die Installation,
- die Aufwendungen für die Inbetriebnahme von Anlagen,
- die Aufwendungen für notwendige Umfeldmaßnahmen und
- die direkt mit der Maßnahme verbundenen Materialkosten

ausgewiesen werden.

Ist Vertragspartner des Steuerpflichtigen ein Baumarkt oder Generalunternehmer, der seinerseits ein Fachunternehmen mit der Ausführung der energetischen Maßnahme beauftragt, so umfassen die Aufwendungen des Steuerpflichtigen auch die Aufschläge des Baumarkts oder Generalunternehmers, die der Durchführung der energetischen Maßnahme dienen. Die Bescheinigung ist durch das – von dem Baumarkt oder dem Generalvertreter beauftragte – Fachunternehmen zu erstellen.

Zudem können die Kosten ausgewiesen werden, die dem Steuerpflichtigen durch die Beauftragung eines Energieberaters mit der planerischen Begleitung oder der Beaufsichtigung der energetischen Maßnahme entstanden sind, sofern das Bundesamt für Wirtschaft und Ausfuhrkontrolle (BAFA) den Energieberater als fachlich qualifiziert zum

Förderprogramm „Energieberatung für Wohngebäude" zugelassen hat. Dem gleichgestellt ist die Beauftragung eines Energieeffizienz-Experten der Energieeffizienz-Experten-Liste für Förderprogramme des Bundes (www.energie-effizienz-experten.de).

15 Erfüllt eine beratende Person nicht die Voraussetzungen des BAFA und ist sie auch nicht in der Energieeffizienz-Experten-Liste gelistet, können die Aufwendungen für sie nicht berücksichtigt werden, auch wenn sie im Übrigen eine Ausstellungsberechtigung nach § 88 GEG besitzt.

16 Zu den Aufwendungen der energetischen Maßnahmen gehören auch die Kosten für die Erteilung der Bescheinigung.

2. Ergänzende Angaben

17 Auf der Bescheinigung können weitere Erläuterungen aufgenommen werden, sofern sie nach der letzten erforderlichen Angabe des amtlichen Musters stehen und optisch von den erforderlichen Angaben abgesetzt sind.

3. Erstmalige Erteilung der Bescheinigung

18 Die Fachunternehmen, die in einem der in § 2 Absatz 1 Satz 1 Nummer 1 bis 14 ESanMV genannten Gewerke tätig sind, sowie Unternehmen, die sich auf die Fenstermontage spezialisiert haben und in diesem Bereich gewerblich tätig sind, dürfen die Bescheinigung für energetische Maßnahmen ausstellen, mit denen nach dem 31. Dezember 2019 begonnen wurde.

19 Die Fachunternehmen, die in einem der in § 2 Absatz 1 Satz 1 Nummer 15 bis 19 ESanMV genannten Gewerke tätig sind, dürfen die Bescheinigung nur für energetische Maßnahmen erteilen, mit denen nach dem 31. Dezember 2020 begonnen wurde.

4. Elektronische Übermittlung

20 Die Bescheinigung des ausführenden Fachunternehmens kann dem Steuerpflichtigen mit den notwendigen Anlagen auch elektronisch übermittelt werden.

5. Abweichende Adressierung an einen Bevollmächtigten

21 Die Bescheinigung kann bei entsprechender Bevollmächtigung auch an einen Dritten für den oder die Eigentümer versendet werden.

6. Berichtigung der Bescheinigung

22 Ist in der Bescheinigung die Höhe der Aufwendungen zu hoch oder zu niedrig ausgewiesen, muss diese Bescheinigung entweder berichtigt oder eine ergänzende Bescheinigung ausgestellt werden, in die neben den übrigen Angaben nur der Unterschiedsbetrag zwischen der richtigen Höhe der Aufwendungen und den ursprünglich bescheinigten Aufwendungen aufgenommen wird. Die ergänzende Bescheinigung ist als solche zu kennzeichnen. Wird eine ergänzende Bescheinigung ausgestellt, behält die ursprüngliche Bescheinigung weiterhin ihre Gültigkeit.

23 Wird eine Bescheinigung berichtigt, ergänzt oder zurückgefordert, z. B. weil die Mindestanforderungen an die energetischen Maßnahmen nicht eingehalten oder weil zu hohe Aufwendungen ausgewiesen worden sind, hat der Steuerpflichtige dies dem zuständigen Finanzamt umgehend mitzuteilen.

24 Die berichtigte oder ergänzte Bescheinigung muss einen entsprechenden Hinweis auf die Vorlagepflicht beim Finanzamt enthalten.

7. Erleichterung des Nachweises für die Mindestanforderung bei der Erneuerung der Heizungsanlage nach der ESanMV

Bei der Erneuerung der Heizungsanlage sind für die Einhaltung der Mindestanforderungen besondere Nachweise erforderlich (§ 1 Satz 1 Nummer 6 ESanMV und Anlage 6 der ESanMV). Es reicht aus, wenn die Nachweise dem Fachunternehmen bei Erstellung der Bescheinigung vorliegen, mit der Bescheinigung dem Steuerpflichtigen übergeben werden und vom Steuerpflichtigen vorgehalten werden. Der Antragsteller (Eigentümer) muss sie dem Finanzamt nur nach Aufforderung vorlegen. Aus Vereinfachungsgründen kann anstelle der in Anlage 6 bezeichneten besonderen Nachweise zu Beginn der Durchführung der energetischen Maßnahme ein Auszug aus der jeweils gültigen BAFA-Liste erstellt und dem Steuerpflichtigen zusammen mit der Bescheinigung übergeben werden, damit der Steuerpflichtige diesen anstelle der in Anlage 6 bezeichneten besonderen Nachweise vorhält.

III. Muster für die Bescheinigung für Personen mit Ausstellungsberechtigung nach § 88 GEG (Muster II)

Erstellt eine Person mit Ausstellungsberechtigung nach § 88 GEG die Bescheinigung, so muss sie dafür Muster II verwenden. Zu diesem Personenkreis gehören:

– Energieberater, die vom BAFA als fachlich qualifiziert zum Förderprogramm „Energieberatung für Wohngebäude" zugelassen sind,
– Energieeffizienz-Experten, die in der Energieeffizienz-Experten-Liste für Förderprogramme des Bundes (www.energie-effizienz-experten.de) gelistet sind und
– alle weiteren Personen mit Ausstellungsberechtigung nach § 88 GEG (z. B. aufgrund eines in § 88 GEG genannten berufsqualifizierenden Hochschulabschlusses in Verbindung mit einer Schulung im Bereich des energiesparenden Bauens).

Voraussetzung ist, dass die energetische Maßnahme durch ein Fachunternehmen ausgeführt wird, das in einem der in § 2 Absatz 1 Satz 1 ESanMV genannten Gewerke tätig ist. Als Fachunternehmen gilt auch ein Unternehmen, das sich auf die Fenstermontage spezialisiert hat und in diesem Bereich gewerblich tätig ist (§ 2 Absatz 1 Satz 2 ESanMV). Voraussetzung ist ferner, dass die Maßnahme dem Gewerk des Unternehmens zugehörig ist und die Person mit Ausstellungsberechtigung nach § 88 GEG vom Bauherrn oder vom ausführenden Fachunternehmen mit der planerischen Begleitung oder Beaufsichtigung beauftragt wurde. In der Bescheinigung ist der Auftraggeber anzugeben und das Vorliegen der Ausstellungsberechtigung nach § 88 GEG zu bestätigen.

Für jede energetische Maßnahme kann eine eigene Bescheinigung ausgestellt werden; auch eine Zusammenfassung mehrerer energetischer Maßnahmen von verschiedenen Fachunternehmen in einer gemeinsamen Bescheinigung der Person mit Ausstellungsberechtigung nach § 88 GEG ist zulässig.

Stellt eine Person mit Ausstellungsberechtigung nach § 88 GEG eine Bescheinigung für eine energetische Maßnahme aus, bedarf es für dieselbe energetische Maßnahme keiner zusätzlichen Bescheinigung des ausführenden Fachunternehmens.

Die Ausführungen unter II. 1 bis 7 gelten entsprechend.

IV. Bescheinigung bei energetischen Maßnahmen für eine Wohnungseigentümergemeinschaft

Werden energetische Maßnahmen an einem Gebäude durchgeführt, das aus mehreren selbstgenutzten Eigentumswohnungen besteht, ist grundsätzlich für jede einzelne Eigentumswohnung eine Bescheinigung zu erstellen. Es wird jedoch nicht beanstandet, dass aus Vereinfachungsgründen eine Gesamtbescheinigung erstellt wird,

– wenn es sich um Sanierungsaufwendungen handelt, die das Gesamtgebäude betreffen, oder

– wenn die Aufwendungen, die auf das Sondereigentum einzelner Wohnungen entfallen, den einzelnen Wohnungen klar und eindeutig zugeordnet werden können.

32 Hat die Wohnungseigentümergemeinschaft zur Wahrnehmung ihrer Aufgaben und Interessen einen Verwalter bestellt, ist dieser in der Bescheinigung als Auftraggeber zu adressieren. In diesen Fällen reicht es aus, wenn der Verwalter die Aufwendungen, die anteilig auf das Miteigentum entfallen, nach dem Verhältnis des Miteigentumsanteils aufteilt und dem einzelnen Wohnungseigentümer mitteilt. Dazu erstellt der Verwalter eine der Anzahl der Berechtigten entsprechende Anzahl von Abschriften der Bescheinigung des Fachunternehmens. Auf dieser oder auf einer gesonderten Bescheinigung hat der Verwalter die Höhe der anteilig auf den jeweiligen Berechtigten entfallenden Aufwendungen am Gesamtgebäude für den jeweiligen Berechtigten zu vermerken und die auf das Sondereigentum einzelner Wohnungen entfallenden Aufwendungen den konkreten Wohnungseigentümern zuzuweisen.

V. Bescheinigung bei unterschiedlicher Nutzung einzelner Gebäudeteile in einem Gebäude

33 Bescheinigungsfähig sind die Aufwendungen, die entweder anteilig oder direkt den zu eigenen Wohnzwecken genutzten Gebäudeteilen zugeordnet werden können.

Muster I – Bescheinigung des ausführenden Fachunternehmens

Muster II – Bescheinigung für Personen mit Ausstellungsberechtigung nach § 88 des Gebäudeenergiegesetzes (GEG)

– Muster I und Muster II abgedruckt im BStBl 2023 I S. 218 –

2.
Steuerliche Förderung energetischer Maßnahmen an zu eigenen Wohnzwecken genutzten Gebäuden;
Einzelfragen zu § 35c EStG
BMF vom 14.01.2021 (BStBl I S. 103)
IV C 1 – S 2296-c/20/10004 :006 – 2021/0031094

Unter Bezugnahme auf das Ergebnis der Erörterungen mit den obersten Finanzbehörden der Länder gilt für die Anwendung von § 35c EStG und der Verordnung zur Bestimmung von Mindestanforderungen für energetische Maßnahmen bei zu eigenen Wohnzwecken genutzten Gebäuden nach § 35c des Einkommensteuergesetzes (Energetische Sanierungsmaßnahmen-Verordnung – ESanMV) Folgendes:

Inhaltsverzeichnis

		Rz.
1.	Begünstigtes Objekt	1
2.	Begriff der Wohnung	2
3.	Anspruchsberechtigte Person	3
	a) Bürgerlich-rechtlicher Eigentümer	4 – 5
	b) Wirtschaftlicher Eigentümer	6 – 8
4.	Nutzung zu eigenen Wohnzwecken	9 – 11
	a) Gemischte Nutzung einer Wohnung	12 – 15
	b) Unentgeltliche Überlassung von Teilen einer im Übrigen zu eigenen Wohnzwecken genutzten Wohnung	16 – 17
	c) Beginn der erstmaligen Nutzung zu eigenen Wohnzwecken	18
	d) Beendigung der Nutzung zu eigenen Wohnzwecken	19
5.	Alter des Objekts	20 – 23
6.	Beschränkung des Höchstbetrages der Steuerermäßigung	24
7.	Objektförderung	25 – 26
8.	Steuerliche Förderung mehrerer Objekte	27
9.	Miteigentum am begünstigten Objekt	28 – 29
10.	Miteigentum bei Zwei- oder Mehrfamilienhäusern (mehrere begünstigte Objekte)	30
11.	Vorweggenommene Erbfolge und Erbfall	31 – 33
12.	Unterschiedliche Nutzung einzelner Gebäudeteile	34
13.	Wohnungseigentümergemeinschaft	35
14.	Förderfähige Aufwendungen	36 – 41
	a) Begriff und Umfang einer energetischen Maßnahme	42 – 43
	b) Fachgerechte Durchführung	44 – 46
	c) Energieberater	47 – 53
	d) Umfeldmaßnahmen	54 – 55
	e) Nichtförderfähige Maßnahmen	56
15.	Ausschluss der Förderung	57 – 59

Anhang 27b
III Steuerermäßigungen

	Rz.
16. Nachweis der energetischen Maßnahme	60 – 61
17. Konto eines Dritten	62
18. Verhältnis zu § 33 EStG	63
19. Verhältnis zu § 92a EStG	64
20. Antragstellung und Verfahren	65 – 68

Anlage – nicht abschließende Liste förderfähiger Maßnahmen

1. Begünstigtes Objekt

1 Die Steuerermäßigung nach § 35c EStG kann für energetische Maßnahmen an einem in der Europäischen Union oder dem Europäischen Wirtschaftsraum belegenden und zu eigenen Wohnzwecken (vgl. Rzn. 9 ff.) genutzten eigenen Gebäude beantragt werden. Begünstigt sind
- die Wohnung (vgl. Rz. 2) im eigenen Haus,
(sowohl die eigene Wohnung i. S. d. Wohnungseigentumsgesetzes, als auch die rechtlich nicht getrennte Wohnung eines im (Allein- oder Mit-)Eigentum stehenden Zwei- oder Mehrfamilienhauses (vgl. Rz. 30),
- die Wohnung im (Allein- oder Mit-)Eigentum stehenden Ferienhaus oder die im (Allein- oder Mit-)Eigentum stehende Ferienwohnung sowie
- die im Rahmen einer doppelten Haushaltsführung genutzte im (Allein- oder Mit-)Eigentum stehende Wohnung,

wenn das Objekt ausschließlich zu eigenen Wohnzwecken genutzt und nicht – auch nicht kurzfristig – vermietet wird. Gefördert werden auch energetische Maßnahmen an Zubehörräumen eines begünstigten Objekts wie z. B. Kellerräume, Abstellräume, Bodenräume, Trockenräume, Heizungsräume und Garagen, wenn die energetische Maßnahme zusammen mit der energetischen Maßnahme des begünstigten Objekts erfolgt, z. B. Dämmung der Kellerdecke.

2. Begriff der Wohnung

2 Eine Wohnung i. S. d. Rz. 1 ist gemäß § 181 Absatz 9 BewG die Zusammenfassung einer Mehrheit von Räumen, die in ihrer Gesamtheit so beschaffen sein muss, dass die Führung eines selbständigen Haushalts möglich ist. Die Zusammenfassung einer Mehrheit von Räumen muss eine von anderen Wohnungen oder Räumen, insbesondere Wohnräumen, baulich getrennte, in sich abgeschlossene Wohneinheit bilden und einen selbständigen Zugang haben. Außerdem ist es erforderlich, dass die für die Führung eines selbständigen Haushalts notwendigen Nebenräume (Küche, Bad oder Dusche, Toilette) vorhanden sind. Außerhalb der Wohnung belegene Räume werden dabei nicht berücksichtigt. Auf die Art des Gebäudes, in dem sich die Wohnung befindet, kommt es nicht an.

3. Anspruchsberechtigte Person

3 Anspruchsberechtigt ist grundsätzlich der bürgerlich-rechtliche Eigentümer. Übt eine andere Person als der bürgerlich-rechtliche Eigentümer die tatsächliche Herrschaft über das begünstigte Objekt dergestalt aus, dass sie den bürgerlich-rechtlichen Eigentümer für die gewöhnliche Nutzungsdauer von der Einwirkung auf das begünstigte Objekt ausschließen kann (wirtschaftlicher Eigentümer, § 39 Absatz 2 Nummer 1 Satz 1 AO), so ist diese die anspruchsberechtigte Person. Anspruchsberechtigt ist auch, wer durch Über-

gang von Nutzen und Lasten wirtschaftlicher Eigentümer eines neu erworbenen begünstigten Objekts ist und lediglich mangels Grundbucheintragung noch nicht als bürgerlich-rechtlicher Eigentümer des begünstigten Objekts gilt (§ 873 i. V. m. § 925 BGB).

a) Bürgerlich-rechtlicher Eigentümer

Bürgerlich-rechtlicher Eigentümer ist, wer als Eigentümer am Grundstück oder an der Wohnung (Sondereigentum) in Verbindung mit dem Miteigentumsanteil an dem gemeinschaftlichen Eigentum im Grundbuch eingetragen ist. 4

Bürgerlich-rechtliches Eigentum am Gebäude hat auch der Erbbauberechtigte und diejenige Person, die das Gebäude auf einem Grundstück hergestellt hat, an dem ihr ein Nutzungsrecht nach den §§ 287 oder 291 des Zivilgesetzbuches DDR vor dem Wirksamwerden des Beitritts verliehen worden ist. 5

b) Wirtschaftlicher Eigentümer

Wirtschaftliches Eigentum wird durch dinglich (z. B. Nießbrauch) oder schuldrechtlich begründete Nutzungsrechte (z. B. Miete) in der Regel nicht vermittelt (BFH-Urteil vom 24. Juni 2004 – III R 50/01, BStBl 2005 II S. 80). Die dinglich oder schuldrechtlich nutzungsberechtigte Person kann weder wie ein Eigentümer mit der Sache nach Belieben verfahren noch den Eigentümer wirtschaftlich ausschließen. 6

Anspruchsberechtigt ist aber auch, wer auf einem fremden Grundstück mit Zustimmung des Eigentümers auf eigene Rechnung eine Wohnung errichtet hat (BFH-Urteil vom 5. Juli 2018 – VI R 67/15, BStBl II S. 798) und gemäß den im Voraus getroffenen und tatsächlich durchgeführten Vereinbarungen die wirtschaftliche Verfügungsmacht innehat, weil die Wohnung nach voraussichtlicher Dauer des Nutzungsverhältnisses bei normalem, der gewählten Gestaltung entsprechenden Verlauf wirtschaftlich verbraucht ist. Voraussetzung ist, dass die nutzungsberechtigte Person das uneingeschränkte Nutzungsrecht erlangt und frei darüber verfügen kann oder bei Beendigung einen Anspruch auf Entschädigung hat. Gleiches gilt, wenn der nutzungsberechtigten Person für den Fall der Nutzungsbeendigung gegenüber dem Grundstückseigentümer ein Anspruch auf Ersatz des vollen Verkehrswertes der Wohnung zusteht. Ein solcher Anspruch kann sich aus dem Vertrag oder Gesetz ergeben. 7

Der Dauerwohnberechtigte i. S. d. §§ 31 ff. Wohnungseigentumsgesetz ist nur dann als wirtschaftlicher Eigentümer der Wohnung anzusehen, wenn seine Rechte und Pflichten bei wirtschaftlicher Betrachtungsweise den Rechten und Pflichten eines Eigentümers der Wohnung entsprechen und wenn er aufgrund des Dauerwohnrechtsvertrags bei Beendigung des Dauerwohnrechts eine angemessene Entschädigung erhält (BFH-Urteil vom 11. September 1964 – VI 56/63 U, BStBl 1965 III S. 8 und vom 22. Oktober 1985 – IX R 48/82, BStBl 1986 II S. 258). 8

4. Nutzung zu eigenen Wohnzwecken

Eine Wohnung wird zu eigenen Wohnzwecken genutzt, wenn sie zumindest zeitweise vom Eigentümer tatsächlich genutzt wird. Ausreichend ist, wenn die Wohnung im Zusammenhang mit der energetischen Maßnahme nutzbar gemacht wird. Im Bereithalten einer tatsächlich leerstehenden Wohnung liegt grundsätzlich keine Nutzung zu eigenen Wohnzwecken. Ein Leerstand vor Beginn der Nutzung zu eigenen Wohnzwecken ist jedoch unschädlich, wenn er mit der beabsichtigten Nutzung des begünstigten Objekts zu eigenen Wohnzwecken zusammenhängt. Ein Zusammenhang ist regelmäßig gegeben, wenn die energetischen Maßnahmen unmittelbar vor Beginn der Nutzung zu eigenen Wohnzwecken erfolgen (z. B. zwischen dem Erwerb und dem Einzug). Dies gilt auch für 9 mehrjährige Sanierungsmaßnahmen, wenn der Leerstandszeitraum zwischen dem Beginn der energetischen Sanierungsmaßnahme und dem Einzug durch die Gesamtbaumaßnahme bedingt ist.

10 Eine Wohnung wird zu eigenen Wohnzwecken durch die anspruchsberechtigte Person genutzt, wenn diese die Wohnung allein, mit ihren Familienangehörigen oder gemeinsam mit Dritten bewohnt. Eine Wohnung wird auch dann zu eigenen Wohnzwecken genutzt, wenn diese an ein einkommensteuerlich zu berücksichtigendes Kind i. S. d. § 32 Absatz 1 bis 5 EStG unentgeltlich überlassen wird, für das die anspruchsberechtigte Person einen Anspruch auf Kindergeld hat oder die Voraussetzungen für die Gewährung der Freibeträge für Kinder nach § 32 EStG erfüllt. Die unentgeltliche Überlassung der gesamten Wohnung an andere – auch unterhaltsberechtigte – Angehörige oder fremde Dritte stellt keine Nutzung zu eigenen Wohnzwecken dar.

11 Die Steuerermäßigung nach § 35c EStG kann auch in Anspruch genommen werden, wenn nur Teile einer im Übrigen zu eigenen Wohnzwecken genutzten Wohnung unentgeltlich zu Wohnzwecken überlassen werden (vgl. Rz. 16).

a) Gemischte Nutzung einer Wohnung

12 Werden Teile einer Wohnung nicht zu eigenen Wohnzwecken genutzt (z. B. ein häusliches Arbeitszimmer, das ausschließlich oder nahezu ausschließlich für betriebliche oder berufliche Zwecke genutzt wird, andere betrieblich/beruflich genutzte oder vermietete Räume), ist dies für die Gewährung der Steuerermäßigung nach § 35c EStG dem Grunde nach unschädlich. Die Aufwendungen für die energetischen Maßnahmen sind jedoch um den Teil der Aufwendungen zu kürzen, der auf den nicht zu eigenen Wohnzwecken genutzten Teil der Wohnung entfällt. Für die Kürzung ist es unerheblich, ob die Aufwendungen für das häusliche Arbeitszimmer in voller Höhe oder gemäß § 4 Absatz 5 Satz 1 Nummer 6b i. V. m. § 9 Absatz 5 EStG nur begrenzt auf den Höchstbetrag von 1.250 Euro berücksichtigt werden.

13 Aufwendungen, die eindeutig und klar abgrenzbar ausschließlich auf einen Teil der Wohnung entfallen, sind unmittelbar diesem Teil zuzuordnen. Im Übrigen sind die Aufwendungen für energetische Maßnahmen grundsätzlich nach dem Verhältnis der Nutzfläche der eigenen Wohnzwecken dienenden Räume zur gesamten Nutzfläche der Wohnung aufzuteilen. Der auf ein häusliches Arbeitszimmer entfallende Anteil der Aufwendungen bestimmt sich nach dem Verhältnis der Nutzfläche des häuslichen Arbeitszimmers zur gesamten Nutzfläche der Wohnung einschließlich des Arbeitszimmers. Das gilt auch für ein im Keller belegenes häusliches Arbeitszimmer (Rz. 6a des BMF-Schreibens vom 6. Oktober 2017 – BStBl I S. 1320). Der Höchstbetrag der Steuerermäßigung von 40.000 Euro (vgl. Rz. 25) mindert sich hierdurch nicht.

Beispiel 1
A und B lassen die Dachflächen ihres zu eigenen Wohnzwecken genutzten Einfamilienhauses dämmen. Das Einfamilienhaus hat eine Gesamtfläche von 150 m². Im Haus befindet sich ein 15 m² großes Arbeitszimmer, das von A und B beruflich für ihre nichtselbständige Tätigkeit genutzt wird. Die Voraussetzungen für den Vollabzug der Aufwendungen für das Arbeitszimmer nach § 9 Absatz 5 i. V. m. § 4 Absatz 5 Satz 1 Nummer 6b EStG als Werbungskosten sind erfüllt. A und B werden zusammen zur Einkommensteuer veranlagt. Die Aufwendungen für die energetische Maßnahme der Dachdämmung sind um den auf das Arbeitszimmer entfallenden Teil (10 Prozent) zu kürzen (vgl. Rz. 12). Dieser Teil der Aufwendungen ist nach den allgemeinen Grundsätzen für den Werbungskostenabzug bei den Einkünften aus nichtselbständiger Arbeit gemäß § 19 i. V. m. § 9 EStG als Bestandteil der abziehbaren Aufwendungen für das häusliche Arbeitszimmer zu berücksichtigen. Für die übrigen 90 Prozent der Aufwendungen können A und B die Steuerermäßigung nach § 35c EStG beantragen. Eine Kürzung des Höchstbetrages der Steuerermäßigung von 40.000 Euro erfolgt nicht.

Anhang 27b
Steuerermäßigungen III

Werden Teile einer im Übrigen zu eigenen Wohnzwecken genutzten Wohnung vorübergehend vermietet und übersteigen die Einnahmen hieraus nicht 520 Euro im Veranlagungszeitraum (VZ), bedarf es aus Vereinfachungsgründen keiner Aufteilung und Kürzung der Aufwendungen für die energetischen Maßnahmen, wenn nach R 21.2 Absatz 1 EStR 2012 im Einverständnis mit der steuerpflichtigen Person von der Besteuerung der Einkünfte abgesehen wird. 14

Wird auf dem Dach eines zu eigenen Wohnzwecken genutzten Wohngebäudes eine Photovoltaikanlage errichtet und werden mit dieser Anlage gewerbliche Einkünfte gemäß § 15 EStG erzielt, bleibt das Wohngebäude ein begünstigtes Objekt i. S. d. § 35c EStG. Werden im Zuge einer solchen Installation Aufwendungen für eine als energetische Maßnahme geförderte (Dach-)Sanierung getätigt, handelt es sich regelmäßig um gemischt veranlasste Aufwendungen, für die eine Aufteilung mangels geeignetem Aufteilungsmaßstab nicht möglich ist. Die Aufwendungen für die (Dach-)Sanierung sind vollumfänglich nach § 35c EStG begünstigt. Ein (anteiliger) Abzug der Aufwendungen für die (Dach-)Sanierung als Betriebsausgabe bei den gewerblichen Einkünften kommt nicht in Betracht. 15

b) Unentgeltliche Überlassung von Teilen einer im Übrigen zu eigenen Wohnzwecken genutzten Wohnung

Die Aufwendungen für die energetischen Maßnahmen sind nicht zu kürzen, wenn Teile einer im Übrigen zu eigenen Wohnzwecken genutzten Wohnung durch die steuerpflichtige Person unentgeltlich zu Wohnzwecken überlassen werden. Eine unentgeltliche Überlassung zu Wohnzwecken liegt auch vor, wenn an einem Teil der im Übrigen zu eigenen Wohnzwecken genutzten Wohnung ein obligatorisches oder dingliches Zuwendungs- oder Vermächtniswohnrecht zugunsten einer dritten Person besteht. 16

Wird hingegen ein Teil der im Übrigen zu eigenen Wohnzwecken genutzten Wohnung aufgrund eines vorbehaltenen obligatorischen oder dinglichen Wohnrechts durch eine dritte Person genutzt, handelt es sich nicht um eine unentgeltliche Überlassung durch die steuerpflichtige Person. In diesem Fall sind die Aufwendungen für die energetische Maßnahme um die Aufwendungen zu kürzen, die auf den wohnrechtsbelasteten Teil der Wohnung entfallen. Eine Kürzung des Höchstbetrages der Steuerermäßigung von 40.000 Euro erfolgt nicht. 17

c) Beginn der erstmaligen Nutzung zu eigenen Wohnzwecken

Die steuerpflichtige Person kann nur die Aufwendungen für energetische Maßnahmen geltend machen, die ab dem Tag der erstmaligen Nutzung zu eigenen Wohnzwecken (vgl. Rz. 10) entstanden sind. Der Begriff „Nutzung zu eigenen Wohnzwecken" ist nicht in jedem Fall mit „tatsächlichem Bewohnen" gleichzusetzen. Beginn der erstmaligen Nutzung zu eigenen Wohnzwecken ist grundsätzlich der Tag des Einzugs. Beabsichtigt die steuerpflichtige Person umzuziehen und hat sie für diesen Zweck eine Wohnung oder ein Haus erworben und sind in diesem Fall Aufwendungen für energetische Maßnahmen bereits vor dem Tag des Einzugs entstanden, so gilt der Beginn der energetischen Maßnahmen bereits als Tag der erstmaligen Nutzung zu eigenen Wohnzwecken, sofern das Haus/die Wohnung während der Durchführung der energetischen Maßnahmen nicht noch vermietet ist, sondern leer steht (vgl. Rz. 9). 18

War der Eigentümer bisher Mieter oder nutzungsberechtigte Person der Wohnung, ist Tag der erstmaligen Nutzung zu eigenen Wohnzwecken der Zeitpunkt, an dem das wirtschaftliche Eigentum auf ihn übergeht (vgl. Rz. 3).

Beispiel 2
A erwirbt im August 2022 ein über 20 Jahre altes leerstehendes Einfamilienhaus und lässt dieses im Anschluss grundlegend renovieren. Zu den Renovierungskosten gehören auch

nach § 35c EStG begünstigte Aufwendungen. Die Renovierungsarbeiten werden am 15. Dezember 2022 (Tag der Rechnungsstellung) abgeschlossen und noch in 2022 per Banküberweisung bezahlt. A zieht am 2. Januar 2023 in das Einfamilienhaus ein und nutzt es auch in 2024 ausschließlich zu eigenen Wohnzwecken.

Für die im Dezember 2022 abgeschlossene energetische Maßnahme kann A die Steuerermäßigung nach § 35c EStG beginnend ab dem VZ 2022 beanspruchen. Im Hinblick darauf, dass A unmittelbar nach Beendigung der Renovierungsarbeiten in das Einfamilienhaus eingezogen ist, ist der Renovierungszeitraum der erstmaligen Nutzung zu eigenen Wohnzwecken zuzurechnen.

d) Beendigung der Nutzung zu eigenen Wohnzwecken

19   Die Anspruchsvoraussetzungen:
- Nutzung zu eigenen Wohnzwecken (vgl. Rz. 9 und 10) und
- Eigentum (vgl. Rz. 3 ff.) der steuerpflichtigen Person am begünstigten Objekt (vgl. Rz. 1) gemäß § 35c Absatz 1 Satz 1 EStG

müssen in jedem VZ des Förderzeitraumes vorliegen. Gibt die steuerpflichtige Person die Nutzung des begünstigten Objekts zu eigenen Wohnzwecken auf, z. B. durch Auszug, Vermietung oder Veräußerung, kann sie letztmalig im VZ der Aufgabe der Nutzung zu eigenen Wohnzwecken die Steuerermäßigung nach § 35c EStG geltend machen. Dies gilt auch, wenn das Objekt nach Beendigung der Nutzung zu eigenen Wohnzwecken leer steht.

5. Alter des Objekts

20   Das begünstigte Objekt muss gemäß § 35c Absatz 1 Satz 2 EStG bei Durchführung der energetischen Maßnahme älter als zehn Jahre sein. Maßgebend für die Bestimmung des Zehn-Jahreszeitraumes sind der Beginn der Herstellung des Gebäudes (Rz. 21) und der Beginn der energetischen Maßnahme (Rz. 23). Die Frist ist taggenau zu berechnen.

21   Als Beginn der Herstellung gilt bei Objekten, für die eine Baugenehmigung erforderlich ist, der Tag, an dem der erstmalige Bauantrag gestellt wurde; bei baugenehmigungsfreien Objekten, für die Bauunterlagen einzureichen sind, der Tag, an dem die Bauunterlagen eingereicht wurden. Das gilt auch, wenn eine Wohnung erst durch nachträgliche Baumaßnahmen in einem bereits bestehenden Gebäude hergestellt wird.

22   Ist bei vor 2010 errichteten Objekten der Tag der erstmaligen Bauantragstellung nicht bekannt, genügt es, wenn in der Einkommensteuer- oder Feststellungserklärung das Herstellungsjahr angegeben wird. In diesem Fall gilt als Tag der erstmaligen Bauantragstellung der erste Tag im Kalenderjahr des Herstellungsjahres.

Beispiel 3

A bewohnt ein eigenes Einfamilienhaus, das mehrfach den Eigentümer gewechselt hat. Das Datum der erstmaligen Bauantragstellung ist A nicht bekannt. Aus dem Kaufvertrag weiß A, dass das Gebäude 1991 errichtet wurde. Da dem A das Datum der erstmaligen Bauantragstellung nicht bekannt ist, ist es ausreichend, wenn A in der Einkommensteuererklärung den Herstellungsbeginn mit 1991 angibt. Als Tag der erstmaligen Bauantragstellung gilt in diesem Fall der 1. Januar 1991.

23   Als Beginn der energetischen Maßnahme gilt bei Maßnahmen, für die eine Baugenehmigung erforderlich ist, der Tag, an dem der Bauantrag gestellt wurde. Bei baugenehmigungsfreien Maßnahmen, für die Bauunterlagen einzureichen sind, gilt der Tag, an dem die Bauunterlagen eingereicht wurden.

Für energetische Maßnahmen, für die weder eine Baugenehmigung noch eine Kenntnisgabe bei der zuständigen Behörde nach dem Bauordnungsrecht erforderlich ist, gilt als Beginn der energetischen Maßnahme der Zeitpunkt des Beginns der Bauausführung.

Dies gilt auch dann, wenn eine Anzeige- und Genehmigungspflicht für die energetische Maßnahme nach anderen Vorschriften besteht.

Planungs- und Beratungsleistungen sowie der Abschluss von Liefer- und Leistungsverträgen gelten nicht als Beginn der energetischen Maßnahme.

Beispiel 4
In einem seit 1997 zu eigenen Wohnwecken genutzten eigenen Einfamilienhaus lässt A die bestehende Ölheizung durch eine effiziente Erdwärmesondenanlage mit einer Nennleistung von 13,5 kW ersetzen. Die Planungsarbeiten durch das beauftragte Fachunternehmen erfolgten im Herbst 2019. Die für die Erdbohrung erforderlichen (landesspezifischen) Anzeigen und Genehmigungen nach den (landesspezifischen) Regelungen des Wasserrechts, Bergrechts oder Lagerstättenrechts wurden Ende 2019 getätigt/eingeholt. Die Bohrarbeiten, Entsorgung der alten und Installation der neuen Heizungsanlage wurden im März 2020 vorgenommen.

Es ist auf den Zeitpunkt des Beginns der Bauausführung abzustellen. Da die energetische Maßnahme „Erneuerung der Heizungsanlage" erst im März 2020 begonnen und durchgeführt wurde, handelt es sich um eine nach § 35c EStG begünstigte Maßnahme. Unmaßgeblich ist, wann die (landesspezifischen) Anzeigen getätigt oder die für die (landesspezifischen) Genehmigungen erforderlichen Anträge gestellt wurden, die nicht das Baugesetzbuch und das Bauordnungsrecht betreffen.

6. Beschränkung des Höchstbetrages der Steuerermäßigung

Die Steuerermäßigung nach § 35c EStG ist nur im VZ des Abschlusses der energetischen Maßnahmen (vgl. Rz. 43) und in den beiden folgenden VZ möglich. Übersteigt der für die energetische Maßnahme ermittelte Steuerermäßigungsbetrag die tarifliche Einkommensteuer (vermindert um die sonstigen Steuerermäßigungen) der steuerpflichtigen Person (sog. Anrechnungsüberhang), so kann dieser Anrechnungsüberhang weder in anderen VZ steuermindernd berücksichtigt noch innerhalb des dreijährigen Förderzeitraumes auf einen der drei VZ vor- bzw. zurückgetragen werden. Der Anrechnungsüberhang mindert aber auch nicht den Höchstbetrag der Steuerermäßigung.

24

Beispiel 5
A hat das 1973 errichtete und von ihm zu eigenen Wohnzwecken genutzte eigene Einfamilienhaus in der Stadt S in 2020 umfassend energetisch saniert. Einen Energieberater hat A nicht hinzugezogen. Für die Aufwendungen in Höhe von insgesamt 130.000 Euro nimmt A im VZ des Abschlusses der energetischen Maßnahme in 2020 und in den beiden folgenden VZ die steuerliche Förderung in Anspruch, wobei A die Steuerermäßigung von 7 Prozent (9.100 Euro) im VZ 2020 nicht voll ausschöpfen kann. Denn die tarifliche Einkommensteuer, vermindert um die sonstigen Steuerermäßigungen (hier: 0 Euro), beträgt im VZ 2020 6.000 Euro und in den VZ 2021 und 2022 jeweils 9.500 Euro.

Den entstehenden Anrechnungsüberhang im VZ 2020 (3.100 Euro) kann A weder in einem anderen VZ innerhalb des Förderzeitraumes noch in anderen VZ außerhalb des Förderzeitraumes steuermindernd berücksichtigen lassen.

7. Objektförderung

Die steuerliche Förderung ist personen- und objektbezogen. Der Höchstbetrag der Steuerermäßigung von 40.000 Euro kann von jeder steuerpflichtigen Person (unter Berücksichtigung der Rz. 28) für jedes begünstigte Objekt insgesamt nur einmal in Anspruch genommen werden. Objektidentität liegt vor, wenn an einer rechtlich nicht getrennten Wohnung das Wohnungseigentum begründet wird. Die bereits nach § 35c EStG in Anspruch genommene Steuerermäßigung für die rechtlich nicht getrennte Wohnung mindert den Höchstbetrag der Steuerermäßigung für die Eigentumswohnung.

25

Wird das begünstigte Objekt entgeltlich oder unentgeltlich auf eine andere Person übertragen, kann die – die Immobilie ebenfalls zu eigenen Wohnzwecken nutzende – andere

26

Person für ihre eigenen energetischen Aufwendungen die steuerliche Förderung gemäß § 35c EStG ebenfalls bis zu einem Höchstbetrag von 40.000 Euro in Anspruch nehmen.

8. Steuerliche Förderung mehrerer Objekte

27 Der Höchstbetrag der Steuerermäßigung von 40.000 Euro je Objekt kann zeitgleich oder nacheinander für mehrere begünstigte Objekte in Anspruch genommen werden. Im Falle einer zeitgleichen Förderung von mehreren begünstigten Objekten muss zusätzlich die in Anspruch genommene Steuerermäßigung je Objekt ermittelt werden. Hat sich die Steuerermäßigung nach § 35c EStG deshalb nicht in voller Höhe ausgewirkt, weil die tarifliche Einkommensteuer (vermindert um die sonstigen Steuerermäßigungen) der steuerpflichtigen Person niedriger war (sog. Anrechnungsüberhang vgl. Rz. 24), ist die den einzelnen begünstigten Objekten zuzurechnende Steuerermäßigung nach § 35c EStG nach dem Verhältnis der förderfähigen Aufwendungen je Objekt zu der Summe der insgesamt förderfähigen Aufwendungen aller Objekte zu ermitteln.

Beispiel 6
A bewohnt mit seiner Familie ein in 1980 errichtetes eigenes Einfamilienhaus in der Stadt S. An einigen Wochenenden nutzt die Familie ein ebenfalls A gehörendes 20 Jahre altes Ferienhaus außerhalb der Stadt ausschließlich zu eigenen Wohnzwecken. An beiden Objekten lässt A folgende energetische Maßnahmen im Jahr 2020 durchführen:

Einfamilienhaus
Dämmung der Dachflächen	26.000 Euro
Dämmung der Außenwände	58.000 Euro
Gesamt	84.000 Euro

Ferienhaus
Erneuerung der Fenster und Außentüren	13.000 Euro
Dämmung der Geschossdecke	7.000 Euro
Gesamt	20.000 Euro

Für beide Objekte kann A die steuerliche Förderung in Anspruch nehmen. Für beide Objekte steht ein eigener Höchstbetrag der Steuerermäßigung von 40.000 Euro zur Verfügung. Der Höchstbetrag der Steuerermäßigung für die energetischen Maßnahmen am Einfamilienhaus beträgt in 2020 7 Prozent von 84.000 Euro = 5.880 Euro sowie 7 Prozent von 20.000 Euro = 1.400 Euro für das Ferienhaus. Die Steuerbelastung (= tarifliche Einkommensteuer vermindert um die sonstigen Steuerermäßigungen) von A beläuft sich ohne die Berücksichtigung der energetischen Maßnahmen im VZ 2020 auf 6.673 Euro. A kann die für den VZ 2020 ermittelten Beträge der Steuerermäßigung von 7.280 Euro (5.880 Euro + 1.400 Euro) nur in Höhe von 6.673 Euro ausschöpfen. Eine Übertragung des nicht ausgeschöpften Betrages in Höhe von 607 Euro auf andere VZ ist nicht möglich (vgl. Rz. 24).
Nach dem Verhältnis der Aufwendungen für das Ferienhaus zu den insgesamt förderfähigen Aufwendungen (20.000 Euro von 104.000 Euro) entfallen 19,23 Prozent der gewährten Steuerermäßigung nach § 35c EStG = 1.283 Euro auf das Ferienhaus und 80,77 Prozent der gewährten Steuerermäßigung nach § 35c EStG = 5.390 Euro auf das Einfamilienhaus.

9. Miteigentum an einem begünstigten Objekt

28 Steht das Eigentum an einem begünstigten Objekt mehreren Personen zu (Miteigentum), kann der Höchstbetrag der Steuerermäßigung von 40.000 Euro für das Objekt gemäß § 35c Absatz 6 EStG insgesamt nur einmal in Anspruch genommen werden (vgl. Rz. 25). Die auf die energetische Maßnahme entfallenden Aufwendungen sowie der Höchstbetrag der Steuerermäßigung sind den Miteigentümern nach dem Verhältnis ihrer Miteigentumsanteile zuzurechnen. Bei Ehegatten oder Lebenspartnern, die zusammenveranlagt werden, ist eine Aufteilung der Aufwendungen sowie des Höchstbetrages der Steuerermäßigung nach dem Verhältnis ihrer Miteigentumsanteile nicht erforderlich.

Wird das begünstigte Objekt nicht von allen Miteigentümern zu eigenen Wohnzwecken genutzt, sind für die steuerliche Förderung nur die Aufwendungen zu berücksichtigen, die auf den/die Miteigentümer, der/die das Objekt zu eigenen Wohnzwecken nutzt/nutzen, nach dem Verhältnis seines Miteigentumsanteils/ihrer Miteigentumsanteile entfallen.

10. Miteigentum bei Zwei- oder Mehrfamilienhäusern (mehrere begünstigte Objekte)

Besteht ein im Miteigentum mehrerer Personen befindliches Gebäude aus mehreren, rechtlich nicht nach dem Wohnungseigentumsgesetz getrennten Wohnungen und nutzt jeder Miteigentümer eine Wohnung alleine zu eigenen Wohnzwecken, steht jedem Miteigentümer für die von ihm zu eigenen Wohnzwecken genutzte Wohnung jeweils ein eigener Höchstbetrag der Steuerermäßigung von 40.000 Euro nach § 35c EStG zu, soweit der Wert des Miteigentumsanteils den Wert der zu eigenen Wohnzwecken genutzten Wohnung nicht übersteigt. Der Wert einer Wohnung entspricht in der Regel dem Wert des Miteigentumsanteils, wenn der Nutzflächenanteil der Wohnung am Gesamtgebäude dem Miteigentumsanteil entspricht. Weicht der Anteil der Nutzfläche vom Miteigentumsanteil ab, spricht eine widerlegbare Vermutung dafür, dass der Wert der Wohnung dem Miteigentumsanteil entspricht, wenn keine Ausgleichszahlung vereinbart ist. Satz 1 gilt nicht, wenn die Miteigentümer die Wohnungen in gemeinschaftlicher Haushaltsführung nutzen.

Beispiel 7
A ist gemeinsam mit B im VZ 2020 Miteigentümer eines 20 Jahre alten Zweifamilienhauses (Miteigentumsanteile je 50 Prozent) mit zwei gleich großen Wohnungen, von denen A und B jeweils eine Wohnung zu eigenen Wohnzwecken nutzen. Im Jahr 2020 lassen sie gemeinsam das Dach mit Dämmung neu decken, die Kosten von 50.000 Euro tragen A und B jeweils hälftig. A lässt zudem im Jahr 2020 in der von ihm genutzten Wohnung die Fenster austauschen (Kosten: 20.000 Euro).

Sowohl A als auch B haben Anspruch auf die Steuerermäßigung nach § 35c EStG für die jeweils von ihnen getragenen Aufwendungen in Höhe von jeweils 25.000 Euro (1/2 von 50.000 Euro) für die energetische Maßnahme der Dachsanierung. A kann zudem die Steuerermäßigung nach § 35c EStG für die Aufwendungen der Erneuerung der Fenster in Höhe von 20.000 Euro beanspruchen. Für beide Wohnungen kann der Höchstbetrag der Steuerermäßigung von 40.000 Euro beansprucht werden.

11. Vorweggenommene Erbfolge und Erbfall

Überträgt eine anspruchsberechtigte Person ihr Alleineigentum oder ihren Miteigentumsanteil an der bislang zu eigenen Wohnzwecken genutzten Wohnung innerhalb des dreijährigen Abzugszeitraums unentgeltlich auf eine andere Person, kann die andere Person die Steuerermäßigung gemäß § 35c EStG nicht fortführen, da sie keine Aufwendungen i. S. d. § 35c EStG getragen hat.

Bewohnen Miteigentümer gemeinsam eine Wohnung, für die sie die Steuerermäßigung nach § 35c EStG beanspruchen und wird im Falle des Todes eines Miteigentümers der überlebende Miteigentümer durch Gesamtrechtsnachfolge infolge des Erbfalls zum Alleineigentümer, kann der überlebende Miteigentümer die bisher auf den anderen Miteigentümer entfallende Steuerermäßigung innerhalb des dreijährigen Abzugszeitraums fortführen, wenn der überlebende Miteigentümer die Wohnung nunmehr im Alleineigentum zu eigenen Wohnzwecken (vgl. Rzn. 9 ff.) nutzt.

Entsprechendes gilt für den durch Gesamtrechtsnachfolge infolge Erbfalls erwerbenden (Allein-)Eigentümer einer Wohnung, für die der Erblasser eine Steuerermäßigung nach § 35c EStG beansprucht hat, wenn der erwerbende (Allein-)Eigentümer die Wohnung zu eigenen Wohnzwecken (vgl. Rzn. 9 ff.) nutzt.

12. Unterschiedliche Nutzung einzelner Gebäudeteile

34 Die Steuerermäßigung kann auch für Gebäudeteile, die selbständige unbewegliche Wirtschaftsgüter sind, gewährt werden (§ 35c Absatz 5 EStG). Wird ein Gebäude vom Eigentümer unterschiedlich genutzt, z. B. zu eigenen und zu fremden Wohnzwecken, kann für die zu eigenen Wohnzwecken genutzte Wohnung der volle Höchstbetrag der Steuerermäßigung von 40.000 Euro in Anspruch genommen werden. Es sind nur die Aufwendungen berücksichtigungsfähig, die entweder anteilig oder direkt der zu eigenen Wohnzwecken genutzten Wohnung zugeordnet werden können. Zu den anteilig zu berücksichtigenden Aufwendungen gehören beispielsweise die Erneuerung der Heizung oder die energetische Sanierung der Außenfassade.

Beispiel 8
A ist Eigentümer eines Gebäudes in F-Stadt. Die 80 m² große Wohnung im Obergeschoss bewohnt A selbst. Im Erdgeschoss betreibt A eine kleine Buchhandlung mit 85 m². Die Wohnung im Obergeschoss ist über eine kleine von außen angebaute Treppe erreichbar. Im Jahr 2020 lässt A sämtliche Fenster (8 Fenster) sowie die Haustür im Obergeschoss und im Erdgeschoss das Schaufenster sowie die Ladentür austauschen. Außerdem werden die Außenwände und die Dachflächen gedämmt. Sämtliche energetische Maßnahmen wurden von einem Energieberater planerisch begleitet und beaufsichtigt. Für die energetischen Maßnahmen sind folgende Aufwendungen angefallen:

Fenster und Haustür im Obergeschoss:	17.400 Euro
Schaufenster und Ladentür	12.400 Euro
Dämmung Außenwände und Dachflächen	43.000 Euro
Kosten Energieberater	2.500 Euro

Die Aufwendungen für die Fenster im Obergeschoss und die Haustür (17.400 Euro) sind der von A zu eigenen Wohnzwecken genutzten Wohnung direkt zuzuordnen und können in vollem Umfang für die Steuerermäßigung nach § 35c EStG berücksichtigt werden. Die übrigen Aufwendungen – mit Ausnahme der Aufwendungen für die Schaufenster und die Ladentür (12.400 Euro) – in Höhe von 45.500 Euro (43.000 Euro sowie 2.500 Euro) sind auf die zu eigenen Wohnzwecken genutzte Wohnung und den gewerblich genutzten Teil des Gebäudes aufzuteilen. Das Gebäude hat eine gesamte Nutzfläche von 165 m² (Obergeschoss 80 m² und Erdgeschoss 85 m²). Im Verhältnis zur gesamten Nutzfläche des Gebäudes beträgt der Anteil der zu eigenen Wohnzwecken genutzten Wohnung 48,48 Prozent, so dass A für die Aufwendungen für die Außendämmung und für den Energieberater anteilig mit jeweils 48,48 Prozent (Außendämmung 20.846 Euro und Energieberater 1.212 Euro) die Steuerermäßigung gemäß § 35c EStG in Anspruch nehmen kann, wobei sich die Aufwendungen für den Energieberater in Höhe von 50 Prozent (606 Euro) steuerermäßigend auswirken (vgl. Rz. 50). Der Höchstbetrag der Steuerermäßigung von 40.000 Euro kann für die zu eigenen Wohnzwecken genutzte Wohnung in voller Höhe beansprucht werden (§ 35c Absatz 5 EStG).

13. Wohnungseigentümergemeinschaft

35 Die Steuerermäßigung gemäß § 35c EStG von bis zu 40.000 Euro kann auch für energetische Maßnahmen an einer Eigentumswohnung gewährt werden (§ 35c Absatz 5 EStG). Berücksichtigungsfähig sind Aufwendungen, die das Sondereigentum und das gemeinschaftliche Eigentum betreffen. Aufwendungen für energetische Maßnahmen, die das gemeinschaftliche Eigentum betreffen, sind entsprechend dem Miteigentumsanteil zu berücksichtigen. Der Anteil des jeweiligen Wohnungseigentümers an den begünstigten Aufwendungen kann auch durch eine Bescheinigung des Verwalters nachgewiesen werden.

14. Förderfähige Aufwendungen

36 Förderfähig sind die Aufwendungen, die der steuerpflichtigen Person unmittelbar durch die fachgerechte Durchführung der energetischen Maßnahme entstehen (vgl. Rzn. 44 ff.).

Darunter fallen Aufwendungen für das Material sowie den fachgerechten Einbau bzw. die fachgerechte Installation, die Inbetriebnahme von Anlagen und die fachgerechte Verarbeitung durch das jeweilige Fachunternehmen einschließlich notwendiger Umfeldmaßnahmen (vgl. Rz. 54) sowie die Kosten für die Beratungs-, Planungs- und Baubegleitungsleistungen durch den Energieberater. Berücksichtigt werden die Aufwendungen einschließlich Umsatzsteuer. Die Aufwendungen für die energetische Maßnahme sind auch dann gemäß § 35c EStG förderfähig, wenn die Mindestanforderungen gemäß § 1 ESanMV bereits vor der energetischen Maßnahme vorlagen.

Sofern zeitgleich mit der energetischen Maßnahme weitere, nicht förderfähige Maßnahmen durchgeführt werden, sind die den Einzelleistungen nicht direkt zurechenbaren Kosten (Gemeinkosten), z. B. Rüstarbeiten, anhand eines nachvollziehbaren Schlüssels anteilig auf die förderfähigen und nicht förderfähigen Maßnahmen aufzuteilen. In Anspruch genommene Rabatte (auch Skonto) und gegebenenfalls vorgenommene Abzüge (z. B. wegen einer Minderung des Rechnungsbetrages) reduzieren entsprechend anteilig die förderfähigen Aufwendungen. 37

Erwirbt die steuerpflichtige Person das Material für die energetische Maßnahme separat, können die Aufwendungen dafür nur als förderfähige Aufwendungen berücksichtigt werden, wenn die energetische Maßnahme von einem Fachunternehmen durchgeführt wird und dieses die Einhaltung der in der ESanMV aufgeführten Mindestanforderungen bescheinigt (Bescheinigung des Fachunternehmens). 38

Aufwendungen für den Austausch einer Heizungsanlage sind auch dann förderfähig, wenn der Betrieb der Altanlage nicht mehr erlaubt ist (§ 10 Energieeinsparverordnung – EnEV, § 72 Gebäudeenergiegesetz – GEG). Bei Öl-Hybridheizungen ist der auf erneuerbare Energien basierende Anlagenteil förderfähig (z. B. eine Solarthermie-Anlage auf dem Dach, die als sog. „Beistellgerät" zum Ölkessel hinzugeschaltet wird), sofern die Aufwendungen für den auf erneuerbaren Energien basierenden Anlagenteil separat ausgewiesen sind. 39

Die Aufwendungen für die energetische Maßnahme sind auch förderfähig, wenn die steuerpflichtige Person die energetische Maßnahme von ihrem eigenen Fachunternehmen, das in den in § 2 Absatz 1 ESanMV aufgeführten Gewerken tätig ist, durchführen lässt. 40

Eine **nicht abschließende** Liste förderfähiger Maßnahmen ist in diesem BMF-Schreiben als Anlage enthalten. Die als förderfähig aufgeführten Maßnahmen entsprechen den von der Kreditanstalt für Wiederaufbau (KfW) und vom Bundesamt für Wirtschaft und Ausfuhrkontrolle (BAFA) geförderten Maßnahmen. 41

a) Begriff und Umfang einer energetischen Maßnahme

Die energetische Maßnahme kann eine oder mehrere energetische Einzelmaßnahmen i. S. d. § 35c Absatz 1 Satz 3 Nummer 1 bis 8 EStG umfassen. Eine Einzelmaßnahme kann auch schrittweise durch mehrere – voneinander getrennt zu beurteilende – energetische Maßnahmen ausgeführt werden (z. B. im Jahr 2021 Austausch von Fenstern im Erdgeschoss und im Jahr 2022 Austausch von Fenstern im Obergeschoss). Keine voneinander getrennt zu beurteilenden energetischen Maßnahmen liegen vor, wenn die einzelnen Teilschritte für die Erfüllung der Mindestanforderungen gemäß ESanMV notwendig sind, z. B. der Einbau eines effizienten Gasbrennwertgerätes, das für die künftige Einbindung erneuerbarer Energien vorbereitet ist („Renewable Ready") und die gegebenenfalls später – innerhalb von zwei Jahren, gerechnet ab dem Datum der Installation des Gasbrennwertgerätes – erfolgte Einbindung des Anteils erneuerbarer Energien. In diesem Fall ist die energetische Maßnahme erst mit dem letzten Teilschritt abgeschlossen. 42

43 Die Steuerermäßigung ist erstmalig in dem VZ zu gewähren, in dem die energetische Maßnahme abgeschlossen wurde. Voraussetzung ist, dass mit der Durchführung der energetischen Maßnahme nach dem 31. Dezember 2019 begonnen wurde und diese vor dem 1. Januar 2030 abgeschlossen ist. Die energetische (Einzel-)Maßnahme ist dann abgeschlossen, wenn die Leistung tatsächlich erbracht (vollständig durchgeführt) ist, die steuerpflichtige Person eine Rechnung (Schlussrechnung) erhalten und den Rechnungsbetrag auf das Konto des Leistungserbringers eingezahlt hat. Die Erledigung unwesentlicher Restarbeiten, die für die tatsächliche Reduzierung von Emissionen nicht hinderlich sind, ist unschädlich. Auch soweit bei einer mehrteiligen Maßnahme für einzelne Teilleistungen Teilrechnungen erstellt und diese von der steuerpflichtigen Person beglichen wurden, wird die Steuerermäßigung abweichend vom Abflussprinzip gemäß § 11 Absatz 2 Satz 1 EStG erst ab dem VZ des Abschlusses der energetischen Maßnahme gewährt.

b) Fachgerechte Durchführung

44 Von einer fachgerechten Durchführung ist auszugehen, wenn die energetische Maßnahme von einem Fachunternehmen gemäß § 2 Absatz 1 ESanMV vorgenommen wurde. Die fachgerechte Durchführung durch ein Fachunternehmen ist auch in den Fällen zu bejahen, in denen ein angestellter Meister im Fachunternehmen tätig ist und mit der Durchführung der energetischen Maßnahme betraut war. Der Annahme einer fachgerechten Durchführung steht zudem nicht entgegen, wenn das Fachunternehmen ein anderes Unternehmen, das nicht in den in § 2 Absatz 1 ESanMV aufgeführten Gewerken tätig ist, mit der Durchführung einzelner Arbeiten beauftragt hat, z. B. weil dieses Unternehmen über spezielle Fertigkeiten oder Kenntnisse in einem bestimmten Bereich verfügt. Das umfasst sowohl Unternehmen, die in einem anderen als dem in § 2 ESanMV aufgeführten zulassungspflichtigen Gewerk tätig sind, als auch Unternehmen, die in einem nach der Handwerksordnung nicht zulassungspflichtigen Bereich tätig sind (z. B. Einblasdämmung, Fenstermontage). Die Bescheinigung hat das von der steuerpflichtigen Person beauftragte Fachunternehmen auszustellen. Das bescheinigende Fachunternehmen bestätigt damit, dass für die Arbeiten des beauftragten Unternehmens die in der ESanMV aufgeführten Mindestanforderungen eingehalten sind. Werden von der steuerpflichtigen Person mehrere Fachunternehmen beauftragt, stellt jedes Fachunternehmen für die von ihm durchgeführte energetische Maßnahme eine Bescheinigung aus.

45 Unternehmen, welche lose Dämmstoffe maschinell verarbeiten (Einblasdämmstoffe) und vom Hersteller dieser Dämmstoffe zu deren Verarbeitung qualifiziert und zertifiziert werden, gelten als Fachunternehmen i. S. d. § 2 Absatz 1 Nummer 5 ESanMV („Wärme-, Kälte- und Schallisolierungsarbeiten") und sind zur Ausstellung einer Bescheinigung i. S. d. § 35c Absatz 1 Satz 7 EStG berechtigt.

46 Als Fachunternehmen i. S. d. § 35c Absatz 1 Satz 7 EStG gelten zudem Unternehmen, die sich auf die Fenstermontage spezialisiert haben und in diesem Bereich gewerblich tätig sind.

c) Energieberater

47 Die Beauftragung eines Energieberaters mit der planerischen Begleitung oder Beaufsichtigung der energetischen Maßnahmen ist keine zwingende Voraussetzung für die Gewährung der Steuerermäßigung nach § 35c EStG.

48 Die Kosten für einen Energieberater, der von der steuerpflichtigen Person oder mit deren Zustimmung vom Fachunternehmen mit der planerischen Begleitung oder Beaufsichtigung der energetischen Maßnahmen beauftragt wurde, sind im Rahmen des § 35c EStG

begünstigt. Hierzu zählen auch die Kosten der zur Bestandsaufnahme oder zur Qualitätssicherung durchgeführten Infrarot-Thermografie-Aufnahmen und Luftdichtheitsmessungen. Umfassen die Kosten für den Energieberater mehrere energetische Maßnahmen, ist eine Aufteilung der Kosten auf die einzelnen Maßnahmen nicht erforderlich. Jedoch können die Kosten nur einmal steuerermäßigend berücksichtigt werden.

Als Energieberater i. S. d. § 35c Absatz 1 Satz 4 EStG gelten Personen, 49
- die vom BAFA als fachlich qualifiziert zum Förderprogramm „Energieberatung für Wohngebäude" zugelassen oder
- die als Energieeffizienz-Experten für das KfW-Förderprogramm „Energieeffizient Bauen und Sanieren – Wohngebäude" (KfW-Programme Nr. 151/152/153 und 430) gelistet sind.

Personen, die ausschließlich eine Ausstellungsberechtigung nach § 21 EnEV/§ 88 GEG besitzen, fallen nicht darunter.

Die Kosten für den Energieberater sind abweichend von § 35c Absatz 1 Satz 1 EStG in Höhe von 50 Prozent der Aufwendungen im Jahr des Abschlusses der Maßnahme zu berücksichtigen und nicht auf drei Jahre zu verteilen. Die Kosten für den Energieberater als auch die Kosten für die Erteilung der Bescheinigung nach § 35c Absatz 1 Satz 7 EStG sind jeweils – wie die Aufwendungen für die energetische Maßnahme selbst – vom Höchstbetrag der Steuerermäßigung von 40.000 Euro umfasst. 50

Beispiel 9

Aufwendungen für energetische Maßnahmen in 2020:	215.000 Euro
Kosten für den Energieberater in 2020:	3.000 Euro
Steuerermäßigung im VZ 2020:	
Kosten für den Energieberater:	1.500 Euro (50 Prozent)
Energetische Maßnahme:	15.050 Euro (7 Prozent) maximal
	14.000 Euro (Höchstbetrag inklusive Energieberaterkosten)
Steuerermäßigung im VZ 2021:	
Energetische Maßnahme:	15.050 Euro (7 Prozent) maximal
	14.000 Euro (Höchstbetrag)
Steuerermäßigung im VZ 2022:	
Energetische Maßnahme:	12.900 Euro (6 Prozent) maximal
	12.000 Euro (Höchstbetrag)
Steuerermäßigung insgesamt:	40.000 Euro

Zu beachten ist, dass die steuerpflichtige Person die Kosten für den Energieberater insgesamt nur einmal zur Förderung beantragen kann. Ist bereits ein KfW-Zuschuss für die Energieberaterkosten gewährt worden, scheidet eine weitere Förderung über § 35c EStG aus. 51

Werden an einem nicht nur zu eigenen Wohnzwecken genutzten Gebäude energetische Maßnahmen durchgeführt (vgl. Rz. 34), die ein Energieberater begleitet hat, sind die Energieberaterkosten anteilig nach dem Verhältnis der Nutzfläche der zu eigenen Wohnzwecken dienenden Räume zur gesamten Nutzfläche des Gebäudes zu berücksichtigen, es sei denn, die Aufwendungen für die die energetische Maßnahme und damit die Energieberaterkosten sind ausschließlich den zu eigenen Wohnzwecken dienenden Räumen zuzuordnen (z. B. Fensteraustausch ausschließlich in den zu eigenen Wohnzwecken genutzten Räumlichkeiten). 52

Anhang 27b
III Steuerermäßigungen

53 Eine Berücksichtigung der Kosten für den Energieberater ist nur möglich, wenn mindestens eine energetische Maßnahme i. S. d. steuerlich oder außersteuerlich geltenden Förderprogramme durchgeführt wurde. Unerheblich ist, ob für die energetische Maßnahme eine steuerliche Förderung oder eine andere öffentliche Förderung in Anspruch genommen wird.

d) Umfeldmaßnahmen

54 Unter Umfeldmaßnahmen sind Arbeiten und Investitionen zu verstehen, die unmittelbar zur Vorbereitung und Umsetzung einer förderfähigen Maßnahme notwendig sind und/oder deren Energieeffizienz erhöhen bzw. absichern. Als Umfeldmaßnahmen sind insbesondere anzusehen:

- Baustelleneinrichtung wie Bautafel, Schilder, Absperrung von Verkehrsflächen,
- Rüstarbeiten wie Gerüst, Schutzbahnen,
- Baustoffuntersuchungen bestehender Bauteile,
- bautechnische Voruntersuchungen beispielsweise zum Aufbau der Gebäudehülle,
- Verlegungs- und Wiederherstellungsarbeiten,
- Deinstallation und Entsorgung von Altanlagen.

Voraussetzung für die Gewährung der Steuerermäßigung nach § 35c EStG auch für die von der steuerpflichtigen Person beauftragten Umfeldmaßnahmen ist, dass eine Rechnung vorliegt und der Rechnungsbetrag auf das Konto des Leistungserbringers gezahlt wurde.

55 Nicht berücksichtigungsfähig sind die Aufwendungen für die Beschaffung von Finanzierungsmitteln, Fremdfinanzierungsaufwendungen, Aufwendungen für Behörden- und Verwaltungsleistungen sowie Aufwendungen für einen Umzug oder ein Ausweichquartier während der Bauarbeiten.

e) Nicht förderfähige Maßnahmen

56 Übernimmt ein Energielieferant im Rahmen eines Vertrages die Versorgung einer Liegenschaft mit der benötigten Energie (Kälte, Wärme, Strom, Druckluft oder andere Formen von Energie), spricht man von Energie-Contracting. Die aus dem Abschluss eines Energie-Contracting (z. B. Wärmeliefer-Contracting) entstehenden Kosten sind nicht förderfähig. Da der Contracting-Nehmer nicht selbst die energetische Maßnahme tätigt und nicht Eigentümer der eingebauten Anlagen wird, liegen die Voraussetzungen für die Inanspruchnahme des § 35c EStG bereits dem Grunde nach nicht vor.

15. Ausschluss der Förderung

57 Die Steuerermäßigung nach § 35c EStG ist ausgeschlossen, soweit die Aufwendungen für die energetische Maßnahme bereits als Betriebsausgaben, Werbungskosten, Sonderausgaben oder außergewöhnliche Belastung berücksichtigt worden sind.

Beispiel 10

Die steuerpflichtige Person A macht Aufwendungen in Höhe von 23.000 Euro für die energetische Maßnahme einer ihr gehörenden Eigentumswohnung in ihrer Einkommensteuererklärung als Werbungskosten geltend. A nutzt diese Eigentumswohnung zu eigenen Wohnzwecken an ihrem Arbeitsort (Ort der ersten Tätigkeitsstätte) im Rahmen einer doppelten Haushaltsführung. Zudem stellt sie für dieselben Aufwendungen einen Antrag auf Steuerermäßigung nach § 35c EStG.

Erklärungsgemäß werden die Aufwendungen für die energetische Maßnahme im Rahmen des monatlichen Höchstbetrages von 1.000 Euro (12.000 Euro pro Jahr) als Werbungskosten bei der doppelten Haushaltsführung (§ 9 Absatz 1 Satz 3 Nummer 5 Satz 4 EStG) berücksichtigt, mit der Folge, dass die Aufwendungen für die energetische Maßnahme für eine

Steuerermäßigung nach § 35c EStG nur noch anteilig mit 11.000 Euro berücksichtigt werden können.

Die Steuerermäßigung nach § 35c EStG ist vollständig ausgeschlossen, wenn für dieselbe energetische Maßnahme einschließlich der Kosten für den Energieberater
- eine Steuerbegünstigung nach § 10f EStG für zu eigenen Wohnzwecken genutzte Baudenkmale und Gebäude in Sanierungsgebieten und städtebaulichen Entwicklungsbereichen oder
- eine Steuerermäßigung nach § 35a EStG bei Aufwendungen für haushaltsnahe Beschäftigungsverhältnisse, haushaltsnahe Dienstleistungen und Handwerkerleistungen oder
- ein zinsverbilligtes Darlehen oder steuerfreie Zuschüsse

beansprucht werden. Dies gilt auch für sämtliche Umfeldmaßnahmen i. S. d. Rz. 54. Entscheidend ist, ob für die jeweilige energetische Maßnahme an sich (z. B. Erneuerung der Heizungsanlage, Wärmedämmung von Wandflächen, Wärmedämmung von Dachflächen) eine öffentliche Förderung, z. B. durch die KfW, erfolgt ist. Nicht entscheidend ist hierbei, ob sich alle Aufwendungen der jeweiligen energetischen Maßnahme auch tatsächlich im Rahmen der öffentlichen Förderung ausgewirkt haben. Unschädlich ist, wenn die steuerpflichtige Person ausschließlich für die Energieberatung Zuschüsse erhalten hat. In diesem Fall kann für die Kosten der Energieberatung keine Steuerermäßigung nach § 35c EStG beansprucht werden. Wird auf Grund dieser Energieberatung eine energetische Maßnahme durchgeführt und eine andere öffentliche Förderung nicht in Anspruch genommen, kann hierfür die Steuerermäßigung nach § 35c EStG beansprucht werden.

Der Ausschluss der Förderung nach § 35c EStG betrifft den gesamten Begünstigungszeitraum. Das heißt, liegen für die energetische Maßnahme sowohl die Voraussetzungen nach § 10f EStG, § 35a EStG, § 35c EStG als auch für die direkte Förderung (Darlehen/Zuschüsse) vor, ist die steuerpflichtige Person für die jeweilige energetische Maßnahme an die einmal getroffene Entscheidung für den gesamten Förderzeitraum gebunden. Ein Wechsel zwischen den Fördertatbeständen ist nicht möglich.

Die steuerpflichtige Person kann z. B. nicht für den Austausch von Fenstern in einem zu eigenen Wohnzwecken genutzten denkmalgeschützten Einfamilienhaus für den VZ 2020 den Abzug der Aufwendungen unter Vorlage der Bescheinigung der Denkmalschutzbehörde nach § 10f EStG und für den VZ 2021 die Steuerermäßigung nach § 35c EStG unter Vorlage der Bescheinigung des Fachunternehmens beanspruchen. Gleiches gilt entsprechend, wenn im VZ 2020 zunächst die Steuerermäßigung gemäß § 35c EStG gewährt wird und im folgenden VZ 2021 anstelle der Steuerermäßigung gemäß § 35c EStG die Steuerbegünstigung für zu eigenen Wohnzwecken genutzte Baudenkmale und Gebäude in Sanierungsgebieten und städtebaulichen Entwicklungsbereichen gemäß § 10f EStG für dieselbe Maßnahme beantragt wird.

Die Gewährung der Steuerermäßigung nach § 35c EStG ist nicht ausgeschlossen, wenn für das Objekt gleichzeitig Baukindergeld gezahlt wird.

16. Nachweis der energetischen Maßnahme

Energetische Maßnahmen i. S. d. § 35c Absatz 1 Satz 3 EStG sind durch eine vom Fachunternehmen (vgl. Rz. 44) nach amtlich vorgeschriebenem Muster erstellte Bescheinigung nachzuweisen. Die Bescheinigung kann auch von einer Person mit Ausstellungsberechtigung nach § 21 EnEV/§ 88 GEG erstellt werden. Einzelheiten hierzu sind durch BMF-Schreiben vom 31. März 2020 (BStBl I S. 484)[1]) geregelt.

61 Die Steuerermäßigung ist davon abhängig, dass die steuerpflichtige Person für die Aufwendungen der energetischen Maßnahme eine Rechnung in deutscher Sprache erhalten hat und die Zahlung auf das Konto des – die energetische Maßnahme ausführenden – Fachunternehmens erfolgt ist (§ 35c Absatz 4 Nummer 2 EStG). Bei Wohnungseigentümergemeinschaften müssen die sich aus der Rz. 35 ergebenden Nachweise vorhanden sein. Es ist ausreichend, wenn die steuerpflichtige Person die Rechnungen und den Zahlungsnachweis auf Verlangen des Finanzamtes vorlegen kann. Die Bescheinigung des Fachunternehmens oder einer Person mit Ausstellungsberechtigung nach § 21 EnEV/§ 88 GEG als notwendige Voraussetzung ist dem Finanzamt vorzulegen.

Die Zahlung auf das Konto des Fachunternehmens erfolgt in der Regel durch Überweisung. Beträge, die im Wege des Online-Bankings überwiesen wurden, können in Verbindung mit dem Kontoauszug, der die Abbuchung ausweist, anerkannt werden. Das gilt auch bei Übergabe eines Verrechnungsschecks oder der Teilnahme an Electronic-Cash-Verfahren oder am elektronischen Lastschriftverfahren. Barzahlungen, Baranzahlungen oder Barteilzahlungen können nicht anerkannt werden. Das gilt selbst dann, wenn die Barzahlung von dem Fachunternehmen ordnungsgemäß gebucht worden ist und die steuerpflichtige Person einen Nachweis über die ordnungsgemäße Buchung erhalten hat oder wenn eine Barzahlung durch eine später veranlasste Zahlung auf das Konto des Erbringers der Leistung ersetzt wird.

Einer Rechnung in deutscher Sprache gleichzustellen ist eine Rechnung in ausländischer Sprache, die von einem vereidigten Übersetzer übersetzt worden ist. Die Kosten für die Übersetzung sind nicht förderfähig.

Die vorgenannten Ausführungen gelten für die Aufwendungen der steuerpflichtigen Person für die Inanspruchnahme eines Energieberaters entsprechend.

17. Konto eines Dritten

62 Die Inanspruchnahme der Steuerermäßigung durch die steuerpflichtige Person ist auch möglich, wenn die Aufwendungen für die energetischen Maßnahmen, für die die steuerpflichtige Person eine Rechnung erhalten hat, von dem Konto einer dritten Person bezahlt worden sind.

18. Verhältnis zu § 33 EStG

63 Für den Teil der Aufwendungen, der durch den Ansatz der zumutbaren Belastung nach § 33 Absatz 3 EStG oder wegen der Gegenrechnung von Pflegegeld oder Pflegetagegeld nicht als außergewöhnliche Belastung berücksichtigt wird, kann die steuerpflichtige Person die Steuerermäßigung nach § 35c EStG in Anspruch nehmen.

19. Verhältnis zu § 92a EStG

64 Steht eine energetische Maßnahme zugleich im Zusammenhang mit einem barrierereduzierenden Umbau einer zu eigenen Wohnzwecken genutzten Wohnung und wird dafür eine steuerliche Förderung nach § 92a Absatz 1 Satz 1 Nummer 3 EStG beansprucht, ist eine Steuerermäßigung nach § 35c EStG hierdurch nicht ausgeschlossen.

20. Antragstellung und Verfahren

65

---

[1]) *für energetische Maßnahmen, mit denen nach dem 31.12.2020 begonnen wurde >BMF vom 15.10.2021 (BStBl I S. 2026), Anhang 27b III 1*

Anhang 27b
Steuerermäßigungen

Der Antrag auf die Steuerermäßigung nach § 35c EStG kann bis zur Unanfechtbarkeit des betreffenden Einkommensteuerbescheides gestellt werden bzw. solange eine Änderung nach den Vorschriften der AO (z. B. § 164 Absatz 2 AO) oder des EStG möglich ist.

Um für die Aufwendungen die Steuerermäßigung für energetische Maßnahmen gemäß § 35c EStG bereits im laufenden Kalenderjahr beim monatlichen Lohnsteuerabzug mit berücksichtigen zu können, kann beim zuständigen Finanzamt ein Freibetrag als Elektronisches Lohnsteuerabzugsmerkmal nach § 39a Absatz 1 Satz 1 Nummer 5 Buchstabe c EStG in Höhe des Vierfachen der jährlichen Ermäßigung beantragt werden. 66

Voraussetzung für die Steuerermäßigung nach § 35c EStG ist, dass die jeweilige energetische Maßnahme die Mindestanforderungen gemäß der jeweiligen Anlage zur ESanMV erfüllt. Davon ist auszugehen, wenn die steuerpflichtige Person eine Bescheinigung des von ihr beauftragten Fachunternehmens oder eine Bescheinigung einer Person mit Ausstellungsberechtigung nach § 21 EnEV/§ 88 GEG vorlegt, aus der sich ergibt, dass die energetische Maßnahme die Mindestanforderungen erfüllt. 67

Steht das Eigentum am begünstigten Objekt mehreren Personen zu, können die der Steuerermäßigung zugrundeliegenden Aufwendungen gemäß § 35c Absatz 6 Satz 2 EStG gesondert und einheitlich festgestellt werden. 68

Anhang 27b
III   Steuerermäßigungen

Anlage

Die Liste der nachfolgend aufgeführten förderfähigen Maßnahmen ist **nicht abschließend**.

1. **Förderfähige Maßnahmen bei Wärmedämmung von Wänden**
   - Abbrucharbeiten (wie Abklopfen des alten Putzes, Abbruch von nicht thermisch getrennten Balkonen oder Treppenhäusern inklusive dann notwendiger Neuerrichtung) und Entsorgung (inklusive Schadstoffe und Sonderabfälle)
   - Erdaushub bei Dämmung von erdberührten Außenflächen inklusive Sicherungsmaßnahmen
   - notwendige Bauwerkstrockenlegung
   - Erhöhung des Dachüberstandes
   - Bohrungen für Kerndämmungen
   - Ein- beziehungsweise Anbringen der Wärmedämmung, auch in Gebäudetrennfugen
   - Einbringen von Kerndämmung und Einblasdämmung
   - Maßnahmen zur Wärmebrückenreduktion wie thermische Ertüchtigung bestehender Balkone/Loggien inklusive nachträgliche Verglasung von unbeheizten Loggien, Dämmung von Heizkörpernischen und Sanierung kritischer Wärmebrücken im Raum
   - Einbau neuer beziehungsweise Erneuerung der Fensterbänke
   - sommerlicher Wärmeschutz[1]): Einbau neuer beziehungsweise Erneuerung von Rollläden und außen liegenden Verschattungselementen
   - Dämmung und Ertüchtigung von vorhandenen Rollladenkästen
   - Maler- und Putzarbeiten inklusive Stuckateurarbeiten, Fassadenverkleidung, zum Beispiel Klinker
   - Ersatz, Erneuerung und Erweiterung von Außenwänden
   - Einbau von Dämmsteinen
   - Erneuerung von Ausfachungen bei Fachwerkaußenwänden
   - Maßnahmen zum Schlagregenschutz
   - Maßnahmen zur Schalldämmung
   - Austausch von Glasbausteinen durch Mauerwerk
   - Erneuerung der Briefkasten- und Klingelanlage
   - Erneuerung Windfang, Vordachkonstruktionen, Geländer und Eingangsstufen
   - Verlegung der Regenrohre
   - Wiederherstellung der Außenanlage/Rabatte
   - hydraulischer Abgleich des Zentralheizungssystems inklusive Strangregulierung, Ventil und Pumpenerneuerung
   - Erhalt von Nistplätzen für Gebäudebrüter, zum Beispiel durch Einbau von Nistkästen/Niststeinen in die Fassade oder in die Wärmedämmung sowie besondere Konstruktionen in Traufkästen; weitere Informationen unter www.bund-hannover.de "Artenschutz an Gebäuden" und www.bund-dueren.de "Artenschutz"

2. **Förderfähige Maßnahmen bei Wärmedämmung von Dachflächen**
   - Abbrucharbeiten wie alte Dämmung, Dacheindeckung, Dachpappe, Schweißbahnen oder Asbest und deren Entsorgung (inklusive Schadstoffe und Sonderabfälle)
   - Gutachten für Baustoffuntersuchungen bestehender Bauteile
   - Erneuerung der Dachlattung

---

[1]) *Förderung jetzt nach Anlage 4a der Energetischen Sanierungsmaßnahmen-Verordnung*

Anhang 27b
Steuerermäßigungen III

- Einbau von Unterspannbahn, Luftdichtheitsschicht und Dampfsperre
- Ein- beziehungsweise Aufbringen der Wärmedämmung
- Einbringen von Kerndämmung und Einblasdämmung
- Aufdopplung und Verstärkung der Sparren bei Zwischensparrendämmung
- Ersatz, Erneuerung und Erweiterung des Dachstuhls oder von Teilen eines Dachstuhls
- Dämmung/Erneuerung/Erstellung von Dachgauben
- Verkleidung der Dämmung (zum Beispiel Gipskartonplatten) sowie Maler- und Tapezierarbeiten bei ausgebautem Dachgeschoss
- Maßnahmen zur Wärmebrückenreduktion
- Maßnahmen zur Schalldämmung
- Austausch von Dachziegeln inklusive Versiegelung, Abdichtungsarbeiten am Dach, inklusive Dachdurchgangsziegel (zum Beispiel Lüftungs- oder Antennenziegel) und Schneefanggitter
- Neueindeckung des Daches oder Dachabschlusses bei Flachdach mittels Dachpappe, Schweißbahn et cetera
- Dachbegrünungen
- Erneuerung/Einbau von Oberlichtern, Lichtkuppeln
- Einbau von Schornsteinfeger-Ausstiegsluken in unbeheizten Dachräumen
- Änderung des Dachüberstands
- Erneuerung der Dachrinnen, Fallrohre, Einlaufbleche
- notwendige Arbeiten an Antennen, Satellitenschüsseln, Elektrik, Blitzableiter
- Schornsteinkopf neu einfassen, zum Beispiel Kaminabdeckung, Kaminverkleidung
- hydraulischer Abgleich des Zentralheizungssystems inklusive Strangregulierung, Ventil und Pumpenerneuerung
- Erhalt von Nistplätzen für Gebäudebrüter, zum Beispiel durch Einbau von Nistkästen/Niststeinen in besonderen Konstruktionen in Traufkästen, Dachschrägen oder im Giebelbereich; weitere Informationen unter www.bund-hannover.de "Artenschutz an Gebäuden" und www.bund-dueren.de "Artenschutz"

3. **Förderfähige Maßnahmen bei Wärmedämmung von Geschossdecken**
- notwendige Abbrucharbeiten und Entsorgung (inklusive Schadstoffe und Sonderabfälle)
- Bauwerkstrockenlegung
- Aufbringen der Wärmedämmung
- Einbringen von Kerndämmung und Einblasdämmung
- Maßnahmen zur Wärmebrückenreduktion
- notwendige Folgearbeiten an angrenzenden Bauteilen
- notwendige Maler- und Putzarbeiten
- Estrich, Trittschalldämmung, Bodenbelag (sofern Kellerdecke "von oben" gedämmt wird)
- Maßnahmen zur Schalldämmung
- Wiederherstellung der Begehbarkeit des neu gedämmten Bodens
- notwendige Arbeiten an den Versorgungsleitungen, zum Beispiel Verlegung von Elektroanschlüssen
- Erneuerung von energetisch relevanten Türen oder wärmedämmenden Bodentreppen, zum Beispiel zum Keller oder Dachboden, sowie von wärmedämmenden Bodenklappen zum unbeheizten Dachboden
- hydraulischer Abgleich des Zentralheizungssystems inklusive Strangregulierung, Ventil und Pumpenerneuerung

Anhang 27b
III Steuerermäßigungen

4. Förderfähige Maßnahmen bei der Erneuerung der Fenster und Außentüren
- Ausbau und Entsorgung (inklusive Schadstoffe und Sonderabfälle)
- Austausch, Ertüchtigung (Neuverglasung, Überarbeitung der Rahmen, Herstellung von Gang- und Schließbarkeit sowie Verbesserung der Fugendichtheit und der Schlagregendichtheit) und Einbau neuer Fenster, Fenstertüren und Außentüren beziehungsweise deren erstmaliger Einbau
- Einbau von Fensterlüftern und Außenwandluftdurchlässen (Außenwand-Luftdurchlass/lässe)
- Austausch von Glasbausteinen durch neue Fenster
- Maßnahmen zur Wärmebrückenreduktion, auch Dämmung von Heizkörpernischen, Sanierung kritischer Wärmebrücken im Raum
- Maßnahmen zur Schalldämmung
- Abdichtung der Fugen
- Einbau neuer beziehungsweise Erneuerung der Fensterbänke
- sommerlicher Wärmeschutz[1]: Einbau neuer beziehungsweise Erneuerung von Rollläden und außen liegenden Verschattungselementen nach DIN 4108-2
- Dämmung und Ertüchtigung von vorhandenen Rollladenkästen
- Fliegengitter, sofern diese fest eingebaut sind
- Erneuerung des Heizkörpers bei Einbau größerer Fenster und daraus geringerer Brüstungshöhen
- notwendige Putz- und Malerarbeiten im Fensterbereich (gegebenenfalls anteilig)
- Erneuerung Hauseingangstüren sowie anderer Außentüren innerhalb der thermischen Gebäudehülle. Bei Mehrfamilienhäusern zum Beispiel auch Erneuerung von Wohnungseingangstüren zum unbeheizten Treppenhaus, Türen zum unbeheizten Keller oder Dachboden, Bodenklappen zum unbeheizten Dachboden
- notwendige Elektroarbeiten für elektrisch betriebene Fenster und Türen, Anschlüsse an Einbruchsicherungen
- einbruchhemmende Haus- und Wohnungseingangstüren der Widerstandsklasse RC2 nach DIN EN 1627 oder besser (auch ohne Nachweis über die Berücksichtigung der Festigkeit und Ausführung der umgebenden Wände)
- einbruchhemmende Fenster, Fenstertüren und -rahmen sowie Außentüren der Widerstandsklasse RC2 nach DIN EN 1627 oder besser, auch ohne Einhaltung der sicherheitstechnischen Anforderungen an die umgebenden Wandbauteile
- Pilzkopfverriegelungen, drehgehemmter Fenstergriff, Sicherheitsverglasung, selbstverriegelnde Mehrfachverriegelung, Sicherheitsrosette, verdeckt liegender Profilzylinder oder Sicherheitsprofilzylinder, Bandseitensicherung et cetera
- Nachrüstsysteme wie Beschläge und Schlösser nach DIN 18104 Teil 1 oder 2, Mehrfachverriegelungssysteme mit Sperrbügelfunktion nach DIN 18251, Klasse 3 oder besser sowie Einsteckschlösser nach DIN 18251, Klasse 4 oder besser
- Gemäß Anlage 4 „Erneuerung der Fenster oder Außentüren" der ESanMV ist Bedingung für die Förderung von Fenstern und Fenstertüren, dass der U-Wert der Außenwand und/oder des Daches kleiner ist als der UW-Wert der neu eingebauten Fenster und Fenstertüren. Mit dieser Mindestanforderung soll das Risiko des Tauwasserausfalls im Bereich der Außenwände bzw. des Daches weitestgehend und pauschal ausgeschlossen werden. Sie darf nach der ESanMV gleichwertig erfüllt werden, indem durch weitere Maßnahmen Tauwasser- und Schimmelbildung weitestgehend ausgeschlossen werden.

---

[1] *Förderung jetzt nach Anlage 4a der Energetischen Sanierungsmaßnahmen-Verordnung*

Als gleichwertige Maßnahmen gelten dabei:
- Die feuchtetechnische Untersuchung und entsprechende Sanierung der Wärmebrücke am Fensteranschluss und
- die Feststellung, ob lüftungstechnische Maßnahmen zur Gewährleistung eines ausreichenden Luftwechsels notwendig sind.

Der Bauherr ist über das Ergebnis zu informieren. Die Umsetzung von ggf. erforderlichen lüftungstechnischen Maßnahmen verantwortet der Bauherr. Die Einhaltung der Mindestanforderung mit gleichwertigen Maßnahmen ist nachweislich zu dokumentieren.

Die Mindestanforderung bei der Erneuerung von Fenstern gilt auch bei der Erneuerung von Hauseingangstüren. Als gleichwertig gilt dabei die feuchtetechnische Untersuchung und entsprechende Sanierung der Wärmebrücke am Türanschluss.

5. **Förderfähige Maßnahmen bei der Erneuerung oder dem Einbau einer Lüftungsanlage**
- Einbau der Lüftungsanlage, gegebenenfalls müssen Anforderungen an die Luftdichtheit der Gebäudehülle erfüllt werden
- Wand- und Durchbrucharbeiten
- Luftdurchlässe
- Maßnahmen für Außenluft- und Fortluftelement
- Elektroanschlüsse
- Verkleidungen
- notwendige Putz- und Malerarbeiten (gegebenenfalls anteilig)
- bauliche Maßnahmen am Raum für Lüftungszentrale
- Maßnahmen zur Schalldämmung
- Einbau/Errichtung eines Erdwärmetauschers
- Einbau von Solar-Luftkollektoren
- Errichtung eines separaten, schallgedämmten Raumes zur Aufnahme der zentralen Lüftungstechnik einschließlich Berücksichtigung der Erfordernisse für die regelmäßige Hygienewartung
- Luftdichtheitsmessung
- Inbetriebnahme, Einregulierung und Einweisung
- Einbau einer Luftheizung

6. **Förderfähige Maßnahmen bei der Erneuerung der Heizungsanlage**
- Anschaffungskosten Wärmeerzeuger
  - Gas-Brennwertkessel und Gas-Hybridheizungen inklusive Gasanschluss (nur im Gebäudebestand: Gasleitung, Hausanschluss, Armaturen (z. B. Gasströmungswächter, Gaszähler, etc.)
  - Biomasse-Anlagen inklusive sekundäre Bauteile zur Brennwertnutzung zur Partikelabscheidung (elektrostatische Abscheider, filternde Abscheider wie z. B. Gewebefilter und keramische Filter, Abscheider als Abgaswäscher)
  - Solarkollektor-Anlagen
  - Wärmepumpen-Anlagen
    - Gas-Wärmepumpen inklusive Gasanschluss (Gasleitung, Hausanschluss, Armaturen)
    - Wärmepumpen-Anlagen kombiniert mit Lüftungsgeräten inklusive Wärmerückgewinnung sofern förderfähige Wärmepumpen mit Lüftungsgeräten inklusive Wärmerückgewinnung kombiniert und diese Komponenten regelungstechnisch gemeinsam betrieben werden inklusive erforderlicher Lüftungsleitungen und Lüftungszubehör

Anhang 27b

III Steuerermäßigungen

- Montage und Installation inklusive der dafür erforderlichen fachtechnischen Arbeiten und Materialien, z. B. Transport, Baugerüst, Lastenkran, Aufständerung, Unterkonstruktion, Fundament, Einhausung, zum Anschluss des Wärmeerzeugers erforderliche Leitungen und Komponenten bis hin zur Wärmeverteilung (Heizkreisverteiler), Einstellung der Heizkurve
- Inbetriebnahme, Einregulierung und Einweisung des Anlagenbetreibers
- Erschließung und Anschaffung der Wärmequelle einer Wärmepumpenanlage
    - Erdsondenbohrungen (auch Probebohrungen) inklusive verschuldensunabhängige Versicherung
    - Erdflächenkollektoren
    - Grabenkollektoren
    - Erdwärmekörbe
    - Energiepfähle
    - Brunnenbohrungen
    - Energiezäune, Massivabsorber
    - Luft-Sole-Wärmeübertrager
    - unterirdische Eis-, Erd- und Wasserspeicher
    - Solarthermie-Anlagen und der thermische Bestandteil von PVT-Anlagen (Photovoltaik-Solarthermie-Hybridanlagen)
    - PVT-Anlagen (vollständig), sofern der erzeugte Strom zur überwiegenden Eigenversorgung genutzt und keine Vergütung nach dem EEG in Anspruch genommen wird.
    - Abwasserwärmetauscher
    - Abwärmenutzung der Abluft als alleinige oder zusätzliche Wärmequelle einer Wärmepumpe, sofern eine förderfähige Wärmepumpe mit einem Lüftungsgerät inklusive Wärmerückgewinnung kombiniert wird und diese Komponenten zum gemeinsamen Betrieb lüftungs- und regelungstechnisch verbunden sind inklusive erforderlicher Lüftungsleitungen und Lüftungszubehör
- Erstellung und Anbindung an Wärmepumpenanlage
- Brennstoffaustragung, -förderung und -zufuhr (Biomasseanlagen) inklusive Anschaffung Saugsysteme, Förderschneckensysteme, Federblattrührwerke, Schubbodenaustragungen sowie Montage und Installation
- Wärmespeicher
    - Anschaffung, Montage und Installation
        - alle Arten von Warmwasser-Speichern (Heizwasser-, Trinkwarmwasser- und Kombispeicher, etc.)
        - Dämmung bestehender Wärmespeicher
        - Eisspeicher und sonstige Latentwärmespeicher, die den Phasen-Übergang eines Mediums nutzen
        - Wärmespeicherung in Beton, Zeolith oder sonstigen anderen Medien
        - Erdwärmespeicher
        - Tiefen-Aquifer- oder Hohlraum-Wärmespeicher
- Errichtung, Sanierung oder Umgestaltung eines Heiz- bzw. Technikraums, sofern dies für den Betrieb des geförderten Wärmeerzeugers erforderlich ist inklusive der erforderlichen fachtechnischen Arbeiten und Materialien (z. B. Wand- und Deckendurchbrüche inklusive Dämmmaßnahmen, Maler-, Putzarbeiten)
- Anschaffungskosten Flüssiggastanks oder Silos

Anhang 27b
Steuerermäßigungen III

- Errichtung, Sanierung, Umgestaltung Bunker und Lagerräume für Biomassepellets bzw. -hackschnitzel
- Neuerrichtung, Erneuerung und/oder Anpassung bestehender Abgassysteme und Schornsteine (inklusive Verkleidung) in direktem Zusammenhang mit dem Wärmeerzeuger
- Montage und Installation inklusive der erforderlichen fachtechnischen Arbeiten und Materialien (auch Wand- und Deckendurchbrüche inklusive Dämmmaßnahmen, Maler-, Putzarbeiten)
- Anschaffung, Montage und Installation Wärmeverteilung und Wärmeübergabe
  - Flächenheizungen (Decken-, Fußboden- und Wandheizungen) inklusive Dämmung und Estrich, Bodenbelägen, Wandverkleidung, Putzarbeiten
  - Niedertemperatur-Heizkörper/Heizleisten in jeglicher Bauausführung (z. B. auch Gebläsekonvektoren), die eine Reduzierung der Vorlauftemperatur ermöglichen (Vorlauftemperatur ≤ 60 °C)
  - voreinstellbare Thermostatventile
  - Strangdifferenzdruckregler
  - hocheffiziente Umwälzpumpen (Pumpen müssen die zum Zeitpunkt des Einbaus geltenden Anforderungen der Ökodesign-Richtlinie an den Energieeffizienzindex einhalten)
  - in Einrohrsystemen: Maßnahmen zur Volumenstromregelung
  - Umbau von Einrohr- in Zweirohrsysteme
  - Wärmedämmung von Rohrleitungen und sonstigen wärmeverlustbehafteten technischen Komponenten
  - Komponenten zur Entgasung von Heizungswasser
  - Einbau oder Erneuerung des Luftleitungsnetzes einschließlich notwendiger Schalldämmmaßnahmen
  - Einbau oder Erneuerung von Mess-, Steuerungs- und Regelungstechnik, notwendige Elektroarbeiten
  - inklusive der erforderlichen fachtechnischen Arbeiten und Materialien wie z. B. die Durchführung eines hydraulischen Abgleichs
- Warmwasserbereitung
  - Umstellung von einer dezentralen Warmwasserbereitung auf eine zentrale, heizungsintegrierte Warmwasserbereitung (inklusive notwendiger Sanitärarbeiten wie Austausch der Armaturen, Einsatz wassersparender Maßnahmen, Abwasser-Wärmerückgewinnung, etc.)
  - Einbau hocheffizienter Warmwasser-Wärmepumpen
  - Frischwasser- und Wohnungsstationen
  - Kalkschutz- und Wasserenthärtungsanlagen
  - Anschaffung und Einbau hocheffiziente Zirkulationspumpen (Pumpen müssen die zum Zeitpunkt des Einbaus geltenden Anforderungen der Ökodesign-Richtlinie an den Energieeffizienzindex einhalten)
- Demontage
  - Entsorgung eines alten Öl- oder Gastanks und Wiederherstellung der Außenanlagen bei erdbedeckten Tanks
  - Ausbau Altheizung einschließlich Entsorgung (inklusive Schadstoffe und Sonderabfälle)
- Austausch Heizkessel, Pufferspeicher, Rohrnetz (inklusive Trinkwasserversorgung, zum Beispiel auch bei Bleirohren) und Heizflächen (Heizkörper oder Flächenheizung)
- erstmaliger Einbau einer zentralen Gas-Heizungsanlage, inklusive Einbau von Pufferspeicher, Rohrnetz und Heizflächen (Heizkörper oder Flächenheizung)
- Einbau voreinstellbarer oder Austausch von Thermostatventilen

Anhang 27b
III Steuerermäßigungen

- Einbau oder Austausch von Strangdifferenzdruckreglern
- Fußbodenheizung inklusive Estrich, Trittschalldämmung, Bodenbelag und Wandheizung inklusive Putzarbeiten, Heizleisten
- hydraulischer Abgleich des Zentralheizungssystems
- Dämmung des Rohrsystems
- Maßnahmen zur Schalldämmung
- Umstellung des Warmwassersystems, das heißt Integration in die Heizungsanlage, inklusive notwendiger Sanitärarbeiten wie Austausch der Armaturen
- elektronisch geregelte Durchlauferhitzer
- Wohnungsdisplays und Smart Metering-Systeme für Wärme, auch als Multi-Sparten-Systeme inklusive Strom, Gas und Wasser (keine Endgeräte und keine Unterhaltungstechnik)
- Anschluss an eine Breitbandverkabelung
- Leerrohre, Kabel (zum Beispiel Lichtwellenleiter, CAT 7) für Mess-, Steuerungs- und Regelungstechnik sowie für Smart Metering-Systeme
- Einbau von Mess-, Steuerungs- und Regelungstechnik, notwendige Elektroarbeiten
- Wärmemengenzähler
- Inbetriebnahme, Einregulierung und Einweisung
- Anschlusskosten Fernwärme
- Installationskosten inklusive einmaliger Anschlussgebühren bei Anschluss an Versorgungsnetz
- Systeme zur Wärmerückgewinnung aus Abwasser (zum Beispiel Duschwasser)
- Lieferung und Einbau der solarthermischen Anlage
- Anschluss solarthermische Anlage an das Warmwasser- und/oder Heizsystem, inklusive Solarspeicher, Steigleitungen
- Nebenarbeiten wie Austausch oder Anpassung von Fensterbänken und Fensternischen
- notwendige Maler-, Putz- und Wandverkleidungsarbeiten
- Herstellung und Verschließen notwendiger Wand- und Deckendurchbrüche inklusive Dämmmaßnahmen
- Einrichtung oder Neubau eines Heizraums beziehungsweise eines Bevorratungsbehälters für Biomasse
- notwendige bauliche Maßnahmen am Heiz- und Kesselraum
- Probebohrungen sowie die finale Erdwärmebohrung beim Einbau einer Erdwärmepumpe

7. **Förderfähige Maßnahmen beim Einbau digitaler Systeme zur energetischen Betriebs- und Verbrauchsoptimierung**
- Wohnungsdisplay zur Anzeige von aktuellen Daten der Heiz- und Elektroenergie, von Warm- und Kaltwasser
- Smart-Meter, Mess-, Steuerungs- und Regeltechnik für Heizungslüftungs-, Beleuchtungs-, Lüftungs- und Klimatechnik sowie Einbindung von Wetterdaten
- Systeme zur Erfassung und Auswertung von Energieflüssen, Energieverbräuchen, Teilverbräuchen der unterschiedlichen Sparten und Energiekosten
- elektronische Systeme zur Betriebsoptimierung, der Bereitstellung von Nutzerinformation bei nachlassender Systemeffizienz und der Anzeige von notwendigen Wartungsintervallen. Zum Beispiel bei der Wärmeerzeugung, dem hydraulischen Abgleich der Heizungsanlage und den Emissionen aus der Wärmeerzeugung

- elektronische Systeme zur Unterstützung der Netzdienlichkeit von Energieverbräuchen (zum Beispiel für Heizung, Kühlung, Lüftung, Warmwasser, Beleuchtung, Ladeinfrastruktur für Elektromobilität, Verbrauch und Erzeugung von erneuerbaren Energien, Haushaltsgeräte)
- präsenzabhängige Zentralschaltung von Geräten, Steckdosen et cetera
- baugebundene Bedienungs- und Antriebssysteme für Türen, Innentüren, Jalousien, Rollläden, Fenster, Türkommunikation, Beleuchtung, Heizungs- und Klimatechnik
- Integration von Luftqualitätssensoren, Fensterkontakten, Präsenzsensoren, Beleuchtungsaktoren
- elektronische Heizkörperthermostate/Raumthermostate,
- intelligente Türsysteme mit personalisierten Zutrittsrechten
- Energiemanagementsystem inklusive Integration in wohnwirtschaftliche Software
- Systemtechnik für den Datenaustausch hausintern/-extern
- elektronische Heizkostenverteiler, Wasser- und Wärmemengenzähler zur Visualisierung und Analyse von Heizwärmeverbräuchen
- notwendige Verkabelung (zum Beispiel Ethernetkabel) oder kabellose funkbasierte Installationen (zum Beispiel Router) für Kommunikations-/Notrufsysteme und intelligente Assistenzsysteme, USB-Anschlussbuchsen
- Anschluss an eine Breitbandverkabelung. Leerrohre, Kabel (zum Beispiel Lichtwellenleiter, CAT 7) für Mess-, Steuerungs- und Regelungstechnik sowie für Smart Metering-Systeme.

nicht förderfähig sind Endgeräte und Unterhaltungstechnik, wie zum Beispiel Handy, Tablet, Computer, Fernseher, Lautsprecher

8. **Förderfähige Maßnahmen bei Optimierung bestehender Heizungsanlagen, sofern diese älter als zwei Jahre sind**
- Analyse des Ist-Zustandes, zum Beispiel nach DIN EN 15378
- Durchführung des hydraulischen Abgleichs
- Ersatz bestehender Pumpen durch Hocheffizienzpumpen. Pumpen müssen die zum Zeitpunkt des Einbaus geltenden Anforderungen der Ökodesign-Richtlinie an den Energieeffizienzindex einhalten
- Einbau hocheffizienter Trinkwasserzirkulationspumpen
- Einbau voreinstellbarer Heizkörperthermostatventile und von Strangdifferenzdruckreglern
- in Einrohrsystemen Maßnahmen zur Volumenstromregelung
- Umbau von Ein- in Zweirohrsysteme
- Ersatz und erstmaliger Einbau von Pufferspeichern
- Erstmaliger Einbau von Flächenheizsystemen und Heizleisten (System-Vorlauftemperaturen ≤ 35°C) inklusive Anpassung oder Erneuerung von Rohrleitungen
- Austausch von "kritischen" Heizkörpern zur Systemtemperaturreduzierung
- Einbau von zusätzlichen Wärmetauscher(n) zur Aufrüstung eines Gas-Niedertemperaturkessels zu einem Gas-Brennwertkessel einschließlich notwendiger Schornsteinanpassungen
- nachträgliche Dämmung von ungedämmten Rohrleitungen
- Maßnahmen zur Schalldämmung
- Umstellung des Warmwassersystems, das heißt Integration in die Heizungsanlage, inklusive notwendiger Sanitärarbeiten wie Austausch der Armaturen
- elektronisch geregelte Durchlauferhitzer
- Einbau sowie Ersatz von zur Heizungsanlage zugehöriger Mess-, Steuer- und Regelungstechnik und Nutzerinterface

Anhang 27b
III Steuerermäßigungen

- Smart Metering-Systeme ohne Endgeräte und ohne Unterhaltungstechnik
- Wärmemengenzähler
- Anschluss an eine Breitbandverkabelung
- Leerrohre, Kabel (zum Beispiel Lichtwellenleiter, CAT 7) für Mess-, Steuerungs- und Regelungstechnik sowie für Smart Metering-Systeme
- Inbetriebnahme, Einregulierung und Einweisung

Anhang 27c

Tarifbegünstigung

Anwendungsschreiben zur Begünstigung der nicht entnommenen Gewinne (§ 34a EStG)

BMF vom 11.08.2008 (BStBl I S. 838)
IV C 6 – S 2290-a/07/10001 – 2008/0431405

Inhaltsverzeichnis

	Tz.
I. Tarifbegünstigung für nicht entnommene Gewinne	
1. Begünstigte Einkunftsarten	1 – 2
2. Begünstigter Gewinn bei beschränkter Steuerpflicht	3
3. Veräußerungsgewinne	4 – 6
4. Antragstellung	7
a) Antragstellung bei Einzelunternehmern	8
b) Antragstellung bei Mitunternehmern	9
c) Änderung des Antrags	10
II. Nicht entnommener Gewinn	11 – 14
1. Gewinnermittlungsart	15
2. Nicht abzugsfähige Betriebsausgaben	16
3. Steuerfreie Gewinnanteile	17
4. Ausländische Betriebsstätten	18
5. Abweichendes Wirtschaftsjahr	19
6. Nicht entnommener Gewinn bei Personengesellschaften	20
7. Nicht entnommener Gewinn bei doppel- und mehrstöckigen Personengesellschaften	21
III. Begünstigungsbetrag/Nachversteuerungspflichtiger Betrag	22
1. Begünstigungsbetrag	23
2. Nachversteuerungspflichtiger Betrag des Veranlagungszeitraums	24
3. Ermittlung des nachversteuerungspflichtigen Betrags zum Ende des Veranlagungszeitraums	25
IV. Nachversteuerung	26
1. Nachversteuerungsbetrag	27 – 28
2. Verwendungsreihenfolge	29
3. Entnahmen zur Zahlung von Erbschaft-/Schenkungsteuer	30 – 31
V. Übertragungen und Überführungen von einzelnen Wirtschaftsgütern	
1. Entnahmereihenfolge bei Übertragung oder Überführung von einzelnen Wirtschaftsgütern (§ 34a Abs. 5 EStG)	32 – 33
2. Grenzüberschreitende Überführungen und Übertragungen von Wirtschaftsgütern	34 – 40
VI. Nachversteuerungsfälle nach § 34a Abs. 6 EStG	41
1. Betriebsaufgabe, -veräußerung	42
2. Umwandlungsfälle	43
3. Wechsel der Gewinnermittlungsart	44
4. Antrag auf Nachversteuerung	45
5. Stundung	46
VII. Fälle des § 6 Abs. 3 EStG und § 24 UmwStG	47
VIII. Anwendungszeitpunkt	48

Anhang 27c
Tarifbegünstigung

Im Einvernehmen mit den obersten Finanzbehörden der Länder gilt zur Anwendung der Tarifbegünstigung für nicht entnommene Gewinne nach § 34a EStG Folgendes:

I. Tarifbegünstigung für nicht entnommene Gewinne
1. Begünstigte Einkunftsarten

1 Der unbeschränkt oder beschränkt Steuerpflichtige kann die Tarifbegünstigung nach § 34a EStG für Einkünfte aus Land- und Forstwirtschaft (§ 13 EStG), Gewerbebetrieb (§ 15 EStG) und selbständiger Arbeit (§ 18 EStG) für den nicht entnommenen Teil des Gewinns aus einem Einzelunternehmen oder aus einem Mitunternehmeranteil in Anspruch nehmen. Die Ermittlung des zu versteuernden Einkommens (§ 2 Abs. 5 EStG) bleibt durch § 34a EStG unberührt. Damit sind insbesondere die Regelungen über den Verlustausgleich und -abzug vorrangig zu beachten[1]. Der Verlustausgleich und -abzug ist auch dann vorzunehmen, wenn für nicht entnommene Gewinne die Tarifbegünstigung nach § 34a EStG in Anspruch genommen wird. Durch § 34a EStG kann daher kein Verlustvortrag nach § 10d EStG generiert werden.

2 Bei Mitunternehmeranteilen kommt eine Inanspruchnahme des § 34a EStG für den Gewinnanteil des Mitunternehmers aus der Mitunternehmerschaft, d. h. für den Anteil am Gewinn der Gesellschaft sowie aus etwaigen Ergänzungs- und Sonderbilanzen des Mitunternehmers in Betracht. Auch der persönlich haftende Gesellschafter einer Kommanditgesellschaft auf Aktien, der kein Mitunternehmer ist, jedoch wie ein Mitunternehmer zu behandeln ist, kann für seinen nicht entnommenen Gewinnanteil nach § 15 Abs. 1 Satz 1 Nr. 3 EStG die Tarifbegünstigung nach § 34a EStG in Anspruch nehmen.

2. Begünstigter Gewinn bei beschränkter Steuerpflicht

3 Abweichend von der Behandlung der unbeschränkt Steuerpflichtigen gilt für beschränkt Steuerpflichtige Folgendes:

Bei beschränkt Steuerpflichtigen erstreckt sich die Anwendung des § 34a EStG auf die Gewinneinkünfte nach § 49 EStG (ggf. eingeschränkt durch ein Doppelbesteuerungsabkommen). Entnahmen und Einlagen, die nicht diesen Einkünften zugeordnet werden können, bleiben außer Ansatz. Zu grenzüberschreitenden Überführungen und Übertragungen vgl. Tz. 34 ff.

3. Veräußerungsgewinne

4 Für Veräußerungsgewinne, bei denen der Steuerpflichtige den Freibetrag nach § 16 Abs. 4 EStG oder die Tarifermäßigung nach § 34 Abs. 3 EStG in Anspruch nimmt, ist eine Tarifbegünstigung nach § 34a EStG nicht möglich. Dies gilt auch für den Veräußerungsgewinn, der nach Abzug des Freibetrags nach § 16 Abs. 4 EStG zu versteuern ist, der bei Inanspruchnahme des § 34 Abs. 3 EStG die Höchstgrenze überschreitet oder nach § 3 Nr. 40 Satz 1 Buchst. b EStG dem Teileinkünfteverfahren unterliegt.

5 Eine Tarifbegünstigung nach § 34a EStG kommt jedoch in Betracht, soweit es sich um einen Veräußerungsgewinn handelt, der nicht aus dem Unternehmen entnommen worden ist (z. B. bei Veräußerung eines Teilbetriebs oder Veräußerung eines in einem Betriebsvermögen befindlichen Mitunternehmeranteils) und kein Antrag nach § 16 Abs. 4 oder § 34 Abs. 3 EStG gestellt wurde.

6 Sind sowohl die Voraussetzungen für eine Tarifbegünstigung nach § 34a EStG als auch die Voraussetzung für eine Begünstigung nach § 34 Abs. 1 EStG erfüllt, kann der Steuerpflichtige wählen, welche Begünstigung er in Anspruch nehmen will. Dies gilt auch für übrige Tarifermäßigungen (z. B. § 34b EStG).

---

[1] Bestätigt durch BFH vom 20.03.2017 (BStBl II S. 958); danach kann § 34a nicht in Anspruch genommen werden, wenn zwar begünstigungsfähige Einkünfte vorhanden sind, das zu versteuernde Einkommen aber negativ ist.

4. Antragstellung

Der Antrag auf Tarifbegünstigung nach § 34a EStG ist grundsätzlich bei Abgabe der Einkommensteuererklärung für jeden Betrieb oder Mitunternehmeranteil gesondert zu stellen. Dabei kann der Steuerpflichtige für jeden Betrieb oder Mitunternehmeranteil wählen, ob und in welcher Höhe er für den jeweils nicht entnommenen Gewinn die Tarifbegünstigung nach § 34a EStG in Anspruch nimmt. Der Antrag kann für jeden Betrieb oder Mitunternehmeranteil bis zur Höhe des nicht entnommenen Gewinns gestellt werden.

a) Antragstellung bei Einzelunternehmern

Einzelunternehmer können unabhängig von der Höhe des Gewinns nach § 4 Abs. 1 Satz 1 oder § 5 EStG die Tarifbegünstigung nach § 34a EStG ganz oder teilweise in Anspruch nehmen.

b) Antragstellung bei Mitunternehmern

Jeder einzelne Mitunternehmer kann nur dann einen Antrag stellen, wenn die Beteiligung am Gewinn (aus Gesamthands-, Sonder- und Ergänzungsbilanz) nach § 4 Abs. 1 Satz 1 oder § 5 EStG mehr als 10 % oder mehr als 10.000 € beträgt. Der vertraglichen Gewinnverteilungsabrede kommt keine Bedeutung zu. Einer einheitlichen Antragstellung aller Mitunternehmer einer Personengesellschaft bedarf es nicht.

Beispiel:
A und B sind Mitunternehmer der AB-OHG. A ist zu 90 %, B ist nach der getroffenen Gewinnverteilungsabrede zu 10 % am Gesamthandsgewinn beteiligt. Der Gewinn nach § 4 Abs. 1 Satz 1 EStG aus dem Gesamthandsbereich beträgt 200.000 €. Es sind nicht abzugsfähige Betriebsausgaben in Höhe von 30.000 € angefallen. B hat in seiner Sonderbilanz aus der Vermietung eines Grundstücks an die AB-OHG einen Verlust von 12.000 € erzielt.
Der nach § 4 Abs. 1 S. 1 und § 5 EStG ermittelte Gewinn der Mitunternehmerschaft beträgt 188.000 € (200.000 € Gesamthand abzgl. 12.000 € Sonderbilanz des B; die nicht abzugsfähigen Betriebsausgaben haben den Gewinn nach § 4 Abs. 1 Satz 1 EStG gemindert.).
Hieran ist B mit weniger als 10.000 € (20.000 € Gesamthandsbereich abzgl. 12.000 € aus Sonderbilanz = 8.000 €) und nicht zu mehr als 10% (8/188 = 4,25%) beteiligt, so dass die Anwendung des § 34a EStG nur für A (Gewinnanteil 180.000 €) zulässig ist.

c) Änderung des Antrags

Hinsichtlich der Änderung des Antrages nach § 34a Abs. 1 Satz 1 EStG gelten die allgemeinen Grundsätze zur Ausübung von Wahlrechten (vgl. Nr. 8 des AEAO vor §§ 172-177). Danach können nach Eintritt der Unanfechtbarkeit der Steuerfestsetzung Wahlrechte nur noch ausgeübt werden, soweit die Steuerfestsetzung nach §§ 129, 164, 165, 172 ff. AO oder nach entsprechenden Regelungen in den Einzelsteuergesetzen korrigiert werden kann; dabei sind die §§ 177 und 351 Abs. 1 AO zu beachten. Darüber hinaus kann der Antrag jederzeit noch bis zur Unanfechtbarkeit des Einkommensteuerbescheids für den folgenden Veranlagungszeitraum ganz oder teilweise zurückgenommen (§ 34a Abs. 1 Satz 4 EStG) werden.

II. Nicht entnommener Gewinn

Maßgeblich für die Tarifbegünstigung nach § 34a EStG ist der nach § 4 Abs. 1 Satz 1 oder § 5 EStG ermittelte Gewinn[1]) (einschließlich Ergebnisse aus Ergebnisabführungsverträgen in Organschaftsfällen oder steuerfreier Gewinnbestandteile wie z. B. steuerfreie Betriebsstättengewinne, steuerfreie Teileinkünfte oder Investitionszulage). Dieser

---

[1]) Der Übernahmegewinn i. S. d. § 4 Abs. 4 Satz 1 UmwStG ist Bestandteil des Gewinns nach § 4 Abs. 1 oder § 5 (>BFH vom 09.05.2019 – BStBl II S. 754).

Anhang 27c
Tarifbegünstigung

Gewinn ist der Unterschiedsbetrag zwischen dem Betriebsvermögen am Schluss des Wirtschaftsjahrs und dem Betriebsvermögen am Schluss des vorangegangenen Wirtschaftsjahrs (§ 4 Abs. 1 Satz 1, 1. Halbsatz EStG), vermehrt um die Hinzurechnungen der privat veranlassten Wertabgaben, die das Betriebsvermögen gemindert haben (Entnahmen) und vermindert um die privat veranlassten Wertzuführungen, die das Betriebsvermögen erhöht haben (Einlagen, § 4 Abs. 1 Satz 1, 2. Halbsatz EStG). Im Gewinn nach § 4 Abs. 1 Satz 1 EStG sind auch noch die Beträge enthalten, die zur weiteren Ermittlung des steuerpflichtigen Gewinns außerhalb der Bilanz abgezogen (z. B. steuerfreie Gewinnanteile) oder hinzugerechnet (z. B. nicht abzugsfähige Betriebsausgaben) werden.

12 Bei Personengesellschaften umfasst der Gewinn nach § 4 Abs. 1 Satz 1 EStG auch die Korrekturen aufgrund von Ergänzungsbilanzen und die Ergebnisse der Sonderbilanzen der Mitunternehmer.

13 Der nicht entnommene Gewinn i. S. d. § 34a EStG wird durch Abzug des positiven Saldos aus Entnahmen und Einlagen (bei Mitunternehmeranteilen Entnahmen und Einlagen der Gesamthands-, Sonder- und Ergänzungsbilanzen) vom Gewinn nach § 4 Abs. 1 Satz 1 EStG ermittelt (maximaler Begünstigungsbetrag).

14 Entnahmen i. S. d. § 34a EStG sind die Entnahmen nach § 4 Abs. 1 Satz 2 i. V. m. § 6 Abs. 1 Nr. 4 EStG. Es wird nicht zwischen Bar-, Sach- und Nutzungsentnahmen unterschieden. Zur Behandlung von Entnahmen nach § 4 Abs. 1 Satz 3 EStG bei Überführung von Wirtschaftsgütern ins Ausland vgl. Tz. 34 ff.

1. Gewinnermittlungsart

15 Die Tarifbegünstigung nach § 34a EStG kann nur in Anspruch genommen werden, wenn der Gewinn durch Bestandsvergleich (§ 4 Abs. 1 Satz 1 oder § 5 EStG) ermittelt wird. Das Erfordernis der Gewinnermittlung durch Bestandsvergleich erstreckt sich auch auf etwaige im Betriebsvermögen gehaltene Beteiligungen an vermögensverwaltenden, land- und forstwirtschaftlichen, gewerblichen oder freiberuflichen Personengesellschaften (vgl. BFH-Beschluss vom 11. April 2005, BStBl II S. 679). Es ist nicht erforderlich, dass die Untergesellschaft selbst ihren Gewinn nach § 4 Abs. 1 Satz 1 oder § 5 EStG ermittelt. Jedoch muss die Obergesellschaft ihren Gewinn aus der Untergesellschaft nach § 4 Abs. 1 Satz 1 oder § 5 EStG ermitteln.

Bei Gewinnermittlung durch Einnahmenüberschussrechnung (§ 4 Abs. 3 EStG) oder bei pauschalierten Gewinnermittlungen (§§ 5a, 13a EStG) ist eine ermäßigte Besteuerung nicht möglich.

2. Nicht abzugsfähige Betriebsausgaben

16 Die nach § 4 Abs. 4a, 5, 5a und 5b und § 4h EStG nicht abzugsfähigen Betriebsausgaben haben den nach § 4 Abs. 1 Satz 1 oder § 5 EStG ermittelten Gewinn gemindert, da sie außerbilanziell hinzuzurechnen sind. Soweit der steuerpflichtige Gewinn also auf Betriebsausgabenabzugsverboten beruht, kann keine Tarifbegünstigung nach § 34a EStG in Anspruch genommen werden.

Beispiel:
Der Gewinn (§ 4 Abs. 1 Satz 1 oder § 5 EStG) des Unternehmens beträgt 330.000 €. Es sind nicht abzugsfähige Betriebsausgaben (§ 4 Abs. 5 EStG) von 45.000 € angefallen. Der Unternehmer hat 70.000 € entnommen. Einlagen wurden in Höhe von 10.000 € getätigt.
Der nicht entnommene Gewinn beträgt 270.000 € (330.000 € abzgl. Saldo Entnahmen (70.000 €) und Einlagen (10.000 €) (60.000 €)). Der steuerpflichtige Gewinn beträgt 375.000 € (330.000 € zzgl. 45.000 € nicht abzugsfähige Betriebsausgaben). Der Steuerpflichtige kann einen Antrag nach § 34a EStG für einen Gewinn bis zu 270.000 € stellen.

Anhang 27c
Tarifbegünstigung

3. Steuerfreie Gewinnanteile

Steuerfreie Gewinnanteile sind Bestandteil des Steuerbilanzgewinns, können aufgrund ihrer Steuerfreiheit jedoch selbst nicht Gegenstand der Tarifbegünstigung nach § 34a EStG sein. Bei der Ermittlung des nicht entnommenen Gewinns gelten sie jedoch als vorrangig entnommen. 17

Beispiel:
Der Gewinn (§ 4 Abs. 1 Satz 1 oder § 5 EStG) des Unternehmens beträgt 330.000 €. Hierin sind steuerfreie Gewinnanteile (z. B. nach § 3 Nr. 40 EStG) von 50.000 € enthalten. Der Unternehmer hat 70.000 € entnommen. Einlagen wurden nicht getätigt.
Der nicht entnommene Gewinn beträgt 260.000 € (330.000 € abzgl. 70.000 € Entnahmen).
Der steuerpflichtige Gewinn beträgt 280.000 € (330.000 € abzgl. 50.000 € steuerfreie Gewinnanteile). Der Steuerpflichtige kann einen Antrag nach § 34a EStG für einen Gewinn bis zu 260.000 € stellen.

4. Ausländische Betriebsstätten

Einkünfte ausländischer Betriebsstätten sind im Rahmen des Betriebsvermögensvergleichs des Gesamtunternehmens zu erfassen und führen zu einem um die ausländischen Gewinnanteile erhöhten oder verminderten Gewinn nach § 4 Abs. 1 Satz 1 oder § 5 EStG. Damit beeinflussen ausländische Betriebsstättenergebnisse unmittelbar den nicht entnommenen Gewinn des (inländischen) Betriebes. Soweit die Gewinne aus ausländischen Betriebsstätten steuerfrei (z. B. aufgrund eines Doppelbesteuerungsabkommens) gestellt sind, können sie – wie die anderen steuerfreien Gewinnanteile – nicht Gegenstand der Tarifbegünstigung nach § 34a EStG sein. Vergleiche im Übrigen Tz. 34 ff. 18

5. Abweichendes Wirtschaftsjahr

Bei Personenunternehmen, die Einkünfte aus Gewerbebetrieb beziehen und ein abweichendes Wirtschaftsjahr haben, gilt der Gewinn in dem Veranlagungsjahr als bezogen, in dem das Wirtschaftsjahr endet (§ 4a Abs. 2 Nr. 2 EStG). Eine Aufteilung des Gewinns des Wirtschaftsjahrs 2007/2008 sowie der Entnahmen und Einlagen für Zwecke des § 34a EStG ist nicht vorzunehmen. Daher kann die Tarifbegünstigung nach § 34a EStG auch schon für den gesamten Gewinn des Wirtschaftsjahrs 2007/2008 beantragt werden, wenn die übrigen Voraussetzungen erfüllt sind. 19

Dagegen ist der Gewinn bei Personenunternehmen, die Einkünfte aus Land- und Forstwirtschaft erzielen und ein abweichendes Wirtschaftsjahr haben, auf die Kalenderjahre, in denen das Wirtschaftsjahr beginnt und endet, zeitanteilig aufzuteilen (§ 4a Abs. 2 Nr. 1 EStG). Die Entnahmen und Einlagen sind dabei für Zwecke des § 34a EStG ebenfalls zeitanteilig auf die betreffenden Kalenderjahre aufzuteilen. Der Antrag nach § 34a Abs. 1 EStG kann somit auch nur für den danach auf das jeweilige Kalenderjahr entfallenden nicht entnommenen Gewinn gestellt werden.

6. Nicht entnommener Gewinn bei Personengesellschaften

Bei Mitunternehmeranteilen werden sowohl die Entnahmen und Einlagen des Gesamthandsvermögens als auch die des Sonderbetriebsvermögens berücksichtigt. Deren Ermittlung erfolgt für Zwecke des § 34a EStG mitunternehmeranteilsbezogen, d. h. eine Entnahme des Mitunternehmers aus dem Betriebsvermögen der Mitunternehmerschaft mindert den nicht entnommenen Gewinn nur, wenn sie in sein Privatvermögen oder in ein anderes Betriebsvermögen erfolgt. 20

Die Übertragung eines Wirtschaftsguts aus dem Gesamthandsvermögen einer Mitunternehmerschaft in das Sonderbetriebsvermögen eines Mitunternehmers bei derselben

2175

Anhang 27c
Tarifbegünstigung

Mitunternehmerschaft (und umgekehrt) hat keinen Einfluss auf die Höhe des nicht entnommenen Gewinns dieses Mitunternehmeranteils. Die Zahlung von Sondervergütungen i. S. v. § 15 Abs. 1 Satz 1 Nr. 2 Satz 1, 2. Halbsatz EStG an einen Mitunternehmer führt nur dann zu einer Entnahme i. S. d. § 34a EStG, wenn die Zahlung ins Privatvermögen (z. B. auf ein privates Bankkonto des Mitunternehmers) erfolgt.

7. Nicht entnommener Gewinn bei doppel- und mehrstöckigen Personengesellschaften

21 Bei doppel- und mehrstöckigen Personengesellschaften ist für den Mitunternehmer der Obergesellschaft nur ein einheitlicher begünstigter Gewinn zu ermitteln, der neben dem Gewinn aus der Obergesellschaft – einschließlich der Ergebnisse aus Ergänzungs- und Sonderbilanzen – auch die Ergebnisse aus einer etwaigen Sonderbilanz nach § 15 Abs. 1 Satz 1 Nr. 2 Satz 2 EStG bei der Untergesellschaft umfasst. Entnahmen des Mitunternehmers bei der Obergesellschaft sind zu addieren mit Entnahmen, die von ihm aus seinem Sonderbetriebsvermögen bei der Untergesellschaft (§ 15 Abs. 1 Satz 1 Nr. 2 Satz 2 EStG) getätigt werden. Gleiches gilt für Einlagen.

Zahlungen zwischen der Obergesellschaft und der Untergesellschaft haben keinen Einfluss auf das Begünstigungsvolumen.

Beispiel:
An der X-KG (Obergesellschaft) ist A zu 50 % als Mitunternehmer beteiligt. Die X-KG ist ihrerseits an der Y-OHG (Untergesellschaft) beteiligt. Die X-KG erzielt (einschließlich des von der Y-OHG stammenden Gewinnanteils) einen Gewinn von 80.000 €, der A zur Hälfte zugerechnet wird. A erzielt aus einem an die Y-OHG vermieteten Grundstück (Sonderbetriebsvermögen des A bei der Y-OHG) einen Gewinn von 5.000 €. Die gesamten Mietzahlungen der Y-OHG in Höhe von 20.000 € hat A privat verwendet. Aus der X-KG hat A 15.000 € entnommen. Weitere Entnahmen oder Einlagen wurden nicht getätigt.
Der nicht entnommene Gewinn des A beträgt 10.000 € (40.000 € Gewinnanteil Obergesellschaft zzgl. 5.000 € Gewinn aus dem Sonderbetriebsvermögen bei der Untergesellschaft) = 45.000 € Gewinn nach § 4 Abs. 1 Satz 1 EStG abzgl. Saldo aus Entnahmen (15.000 € aus Obergesellschaft zzgl. 20.000 € aus Sonderbetriebsvermögen bei der Untergesellschaft = 35.000 €) und Einlagen (0 €)).

III. Begünstigungsbetrag/Nachversteuerungspflichtiger Betrag

22 Aus der Ausgangsgröße des nicht entnommenen Gewinns werden zunächst der Begünstigungsbetrag (§ 34a Abs. 3 Satz 1 EStG) und daraus der nachversteuerungspflichtige Betrag entwickelt (§ 34a Abs. 3 Satz 2 EStG).

1. Begünstigungsbetrag

23 Der Begünstigungsbetrag ist der Teil des nicht entnommenen Gewinns, für den der Steuerpflichtige einen Antrag nach § 34a Abs. 1 EStG stellen kann und diesen auch gestellt hat. Der Begünstigungsbetrag ist die Bemessungsgrundlage für die Steuer nach § 34a Abs. 1 Satz 1 EStG.

Beispiel:
Der nicht entnommene Gewinn (§ 34a Abs. 2 EStG) beträgt 150.000 €. Der Steuerpflichtige stellt einen Antrag nach § 34a Abs. 1 Satz 1 EStG für 60.000 €.
Der Begünstigungsbetrag (§ 34a Abs. 3 Satz 1 EStG) beträgt 60.000 €.
Der Steuerpflichtige muss 90.000 € mit dem progressiven persönlichen Steuersatz (Bemessungsgrundlage verbleibendes z. v. E. nach Abzug des nach § 34a EStG begünstigt zu versteuernden Gewinns) versteuern. Für den Begünstigungsbetrag zahlt er 16.950 € (28,25 % v. 60.000 €) ESt zzgl. 932,25 € (5,5 % v. 16.950 €) SolZ.

Anhang 27c
Tarifbegünstigung

2. Nachversteuerungspflichtiger Betrag des Veranlagungszeitraums

Der nachversteuerungspflichtige Betrag des Betriebs oder Mitunternehmeranteils für den laufenden Veranlagungszeitraum wird aus dem Begünstigungsbetrag durch Abzug der auf den Begünstigungsbetrag entfallenden Steuerbelastung (ESt und SolZ, nicht jedoch der KiSt) ermittelt. Der Betrag ist Euro und Cent genau zu ermitteln.

24

Beispiel:
Der Steuerpflichtige hat für 60.000 € seines im Jahr 01 nicht entnommenen Gewinns die Tarifbegünstigung nach § 34a EStG beantragt (wie voriges Beispiel).
Der nachversteuerungspflichtige Betrag des Jahres 01 ermittelt sich wie folgt:

Begünstigungsbetrag	60.000,00 €
abzgl. ESt (28,25 % von 60.000 €)	16.950,00 €
abzgl. SolZ (5,5 % von 16.950 €)	932,25 €
Nachversteuerungspflichtiger Betrag	42.117,75 €

3. Ermittlung des nachversteuerungspflichtigen Betrags zum Ende des Veranlagungszeitraums

Der nachversteuerungspflichtige Betrag ist jährlich fortzuschreiben und zum Ende des Veranlagungszeitraums für jeden Betrieb und Mitunternehmeranteil gesondert festzustellen (§ 34a Abs. 3 Satz 3 EStG). In den Fällen des § 34a Abs. 7 EStG (vgl. Tz. 47) ist der nachversteuerungspflichtige Betrag zum Ende des Tages vor dem steuerlichen Übertragungsstichtag festzustellen.

25

Die Ermittlung und Fortschreibung des nachversteuerungspflichtigen Betrags (§ 34a Abs. 3 Satz 2 EStG) wird durch das nachfolgende Schema veranschaulicht:

Nachversteuerungspflichtiger Betrag zum 31.12. des vorangegangenen Veranlagungszeitraums

zzgl. nachversteuerungspflichtiger Betrag des laufenden Veranlagungszeitraums (§ 34a Abs. 3 EStG)

zzgl. auf diesen Betrieb oder Mitunternehmeranteil von einem anderen Betrieb oder Mitunternehmeranteil desselben Steuerpflichtigen übertragener nachversteuerungspflichtiger Betrag (§ 34a Abs. 5 EStG)

abzgl. Nachversteuerungsbetrag des laufenden Veranlagungszeitraums (§ 34a Abs. 4, 5 und 6 EStG)

abzgl. auf einen anderen Betrieb oder Mitunternehmeranteil von diesem Betrieb oder Mitunternehmeranteil übertragener nachversteuerungspflichtiger Betrag (§ 34a Abs. 5 EStG)

= Nachversteuerungspflichtiger Betrag zum 31.12. des Veranlagungszeitraums

IV. Nachversteuerung (§ 34a Abs. 4 EStG)

Liegt in späteren Jahren der positive Saldo von Entnahmen und Einlagen über dem Gewinn dieses Jahres, ist nach § 34a Abs. 4 EStG insoweit eine Nachversteuerung des festgestellten nachversteuerungspflichtigen Betrags durchzuführen.

26

1. Nachversteuerungsbetrag

Es kommt grundsätzlich zur Nachversteuerung, wenn der positive Saldo von Entnahmen und Einlagen im Wirtschaftsjahr den (positiven) Gewinn nach § 4 Abs. 1 Satz 1 oder § 5 EStG dieses Wirtschaftsjahrs übersteigt (Entnahmenüberhang). Im Fall eines Verlustes ist der Entnahmenüberhang so hoch wie der positive Saldo von Entnahmen und Einlagen. In Höhe des Entnahmenüberhangs entsteht ein Nachversteuerungsbetrag (Ausnahme: Entnahmen zur Zahlung von Erbschaft-/Schenkungsteuer, vgl. Tz. 30 und Fälle

27

2177

des § 34a Abs. 5 Satz 2 EStG, vgl. Tz. 32 und 33). Die Nachversteuerung wird in Höhe des Nachversteuerungsbetrags (max. in Höhe des festgestellten nachversteuerungspflichtigen Betrags) mit einem festen Steuersatz von 25 % zzgl. Solidaritätszuschlag und ggf. Kirchensteuer neben der Versteuerung des zu versteuernden Einkommens des laufenden Veranlagungszeitraums mit dem persönlichen Steuersatz vorgenommen[1].

Beispiel:
Der Steuerpflichtige hat im Jahr 04 einen Gewinn nach § 4 Abs. 1 Satz 1 EStG i. H. v. 8.000 €. Die Entnahmen betragen 50.000 €. Der für das Vorjahr festgestellte nachversteuerungspflichtige Betrag beträgt 60.000 €. Einlagen wurden nicht getätigt.
Der Steuerpflichtige muss den laufenden Gewinn des Jahres (8.000 €) nach § 32a EStG versteuern. Der Entnahmenüberhang beträgt 42.000 €, für die er 10.500 € ESt (25 % von 42.000 €) und 577,50 € SolZ zahlen muss. Der nachversteuerungspflichtige Betrag zum 31.12.04 ist i. H. v. 18.000 € festzustellen.

28 Bei der Ermittlung des Entnahmenüberhangs sind außerbilanzielle Hinzurechnungen (z. B. nicht abzugsfähige Betriebsausgaben) nicht zu berücksichtigen.

Beispiel:
Der Steuerpflichtige hat im Jahr 04 einen Gewinn nach § 4 Abs. 1 Satz 1 EStG i. H. v. 60.000 €. Es sind nicht abzugsfähige Betriebsausgaben nach § 4 Abs. 5 EStG i. H. v. 30.000 € entstanden. Die Entnahmen betragen 80.000 €. Der für das Vorjahr festgestellte nachversteuerungspflichtige Betrag beträgt 60.000 €. Einlagen wurden nicht getätigt.
Der Steuerpflichtige muss den laufenden Gewinn des Jahres (90.000 € (60.000 € zzgl. nicht-abzugsfähige Betriebsausgaben von 30.000 €)) nach § 32a EStG versteuern. Der Entnahmenüberhang beträgt 20.000 € (60.000 € abzgl. 80.000 €), für die er 5.000 € ESt (25 % von 20.000 €) und 275 € SolZ zahlen muss. Der nachversteuerungspflichtige Betrag zum 31.12.04 ist i. H. v. 40.000 € festzustellen.

2. Verwendungsreihenfolge

29 Die Verwendungsreihenfolge des positiven Saldos aus Entnahmen und Einlagen ist wie folgt aufgebaut:
1. positiver steuerfreier Gewinn des laufenden Jahres
2. positiver steuerpflichtiger Gewinn des laufenden Jahres
3. nicht entnommene und nach § 34a EStG begünstigte Gewinne der Vorjahre (= Nachversteuerungspflichtiger Gewinn der Vorjahre)
4. steuerfreie und nicht entnommene mit dem persönlichen Steuersatz versteuerte Gewinne der Vorjahre.

3. Entnahmen zur Zahlung von Erbschaft-/Schenkungsteuer

30 Eine Nachversteuerung nach § 34a Abs. 4 Satz 1 EStG ist nicht durchzuführen, soweit sie durch Entnahmen für die Erbschaft-/Schenkungsteuer anlässlich der Übertragung des Betriebs oder Mitunternehmeranteils ausgelöst wird. Die Erbschaft-/Schenkungsteuer anlässlich der Übertragung des Betriebs oder Mitunternehmeranteils berechnet sich wie folgt:

$$\frac{\text{Festgesetzte}}{\text{Erbschaftsteuer}} \times \frac{\text{Erbschaftsteuerbemessungsgrundlage für den Betrieb oder Mitunternehmeranteil}}{\text{Erbschaftsteuerbemessungsgrundlage}}$$

31 Entnahmen für die Erbschaft-/Schenkungsteuer sind bei der Ermittlung des nicht entnommenen Gewinns des laufenden Wirtschaftsjahrs zu berücksichtigen (vgl. Tz. 11). Die Regelung des § 34a Abs. 4 Satz 1 EStG lässt diese nur bei der Ermittlung des Nachversteuerungsbetrags unberücksichtigt.

---

[1] bestätigt durch BFH vom 10.11.2020 (BStBl II 2021 S. 455)

Anhang 27c
Tarifbegünstigung

Eine Entnahme aus einem Betrieb für die Erbschaftsteuer eines anderen Betriebsvermögens desselben Steuerpflichtigen fällt nicht unter die Ausnahmeregelung und führt daher im Fall des Entnahmenüberhangs zur Nachversteuerung beim Betrieb, bei dem die Entnahme getätigt wurde.

Wird die Erbschaft-/Schenkungsteuer nur teilweise aus dem Betrieb entnommen, gilt die Entnahme vorrangig als für die auf den Betrieb oder Mitunternehmeranteil entfallende Erbschaft-/Schenkungsteuer getätigt.

> **Beispiel:**
> Die Erbschaftsteuer beträgt insgesamt 100.000 €, davon entfallen 50.000 € auf den geerbten Gewerbebetrieb. Zur Bezahlung der Erbschaftsteuer entnimmt der Steuerpflichtige 80.000 € aus dem Betrieb. Die restlichen 20.000 € werden aus privaten Mitteln beglichen. Der Gewinn des Betriebs beträgt 0 €. Es wurde ein nachversteuerungspflichtiger Betrag von 60.000 € für diesen Betrieb festgestellt.
> Der Entnahmenüberhang beträgt 80.000 €. Davon entfallen 50.000 € auf die Entnahme für Erbschaftsteuer (§ 34a Abs. 4 Satz 1 EStG). Es sind daher lediglich 30.000 € nachzuversteuern.

V. Übertragungen und Überführungen von einzelnen Wirtschaftsgütern
1. Entnahmereihenfolge bei Übertragung oder Überführung von einzelnen Wirtschaftsgüter (§ 34a Abs. 5 EStG)

Es besteht nach § 34a Abs. 5 Satz 2 EStG die Möglichkeit, bei Übertragungen und Überführungen von einzelnen Wirtschaftsgütern zum Buchwert in ein anderes Betriebsvermögen nach § 6 Abs. 5 EStG statt einer Nachversteuerung beim Ursprungsbetrieb den (anteiligen) nachversteuerungspflichtigen Betrag auf das übernehmende Unternehmen zu übertragen.

§ 34a Abs. 5 Satz 2 EStG ist nicht anzuwenden, wenn Geldbeträge von einem Betrieb oder Mitunternehmeranteil in einen anderen Betrieb oder Mitunternehmeranteil des Steuerpflichtigen unter den Voraussetzungen des § 6 Abs. 5 EStG überführt oder übertragen werden.

Ist in späteren Wirtschaftsjahren nach § 6 Abs. 5 Satz 4 oder 6 EStG für den Übertragungs-/Überführungsvorgang auf Grund eines schädlichen Ereignisses rückwirkend der Teilwert anzusetzen, ist insoweit die Übertragung des nachversteuerungspflichtigen Betrags rückgängig zu machen.

> **Beispiel:**
> Der Steuerpflichtige überführt in 01 ein Grundstück (Buchwert 200.000 €) zum Buchwert von seinem Einzelunternehmen in das Sonderbetriebsvermögen einer Personengesellschaft, an der er beteiligt ist. Der Steuerpflichtige tätigt in 01 übrige Entnahmen i. H. v. 60.000 €. Der Gewinn seines Einzelunternehmens beträgt in 01 40.000 €. Der nachversteuerungspflichtige Betrag des Einzelunternehmens zum 31.12.00 beträgt 300.000 €. Einlagen wurden nicht getätigt.
> Die Gesamtentnahmen des Steuerpflichtigen betragen 260.000 €. Der Nachversteuerungsbetrag nach § 34a Abs. 4 EStG beträgt zunächst 220.000 € (260.000 € Entnahmen abzgl. 40.000 € Gewinn). Auf Antrag des Steuerpflichtigen können 200.000 € (= Buchwert des überführten Grundstücks) auf den nachversteuerungspflichtigen Betrag des Mitunternehmeranteils übertragen werden. Es verbleiben 20.000 €, die der Nachversteuerung mit 25 % unterliegen (= 5.000 €). Der nachversteuerungspflichtige Betrag des Einzelunternehmens zum 31.12.01 beträgt 80.000 € (300.000 € abzgl. 200.000 € Übertragung abzgl. 20.000 € Nachversteuerung).

Der übertragungsfähige nachversteuerungspflichtige Betrag i. S. d. § 34a Abs. 5 EStG ist der nach Berücksichtigung der übrigen Entnahmen und hierauf nach § 34a Abs. 4

Anhang 27c
Tarifbegünstigung

EStG erfolgender Nachversteuerungen verbleibende nachversteuerungspflichtige Betrag, maximal jedoch der Buchwert.

Beispiel:
Der Steuerpflichtige überführt in 01 ein Grundstück (Buchwert 200.000 €) zum Buchwert von seinem Einzelunternehmen in das Sonderbetriebsvermögen einer Personengesellschaft, an der er beteiligt ist. Der Steuerpflichtige tätigt in 01 übrige Entnahmen i. H. v. 60.000 €. Der Gewinn seines Einzelunternehmens beträgt in 01 0 €. Der nachversteuerungspflichtige Betrag des Einzelunternehmens zum 31.12.00 beträgt 150.000 €. Einlagen wurden nicht getätigt.
Die Gesamtentnahmen des Steuerpflichtigen betragen 260.000 €. Der Entnahmenüberhang nach § 34a Abs. 4 EStG beträgt (zunächst) 260.000 €, da ein Gewinn nicht erzielt wurde. Der Steuerpflichtige muss 60.000 € nachversteuern, da der Entnahmenüberhang insoweit auf den übrigen Entnahmen beruht. Auf Antrag des Steuerpflichtigen können 90.000 € (= Buchwert des überführten Grundstücks (200.000 €, maximal jedoch verbleibender nachversteuerungspflichtiger Betrag (150.000 € abzgl. Nachversteuerungsbetrag 60.000 €) auf den nachversteuerungspflichtigen Betrag des Mitunternehmeranteils übertragen werden. Der nachversteuerungspflichtige Betrag des Einzelunternehmens zum 31.12.01 beträgt 0 € (150.000 € abzgl. 60.000 € Nachversteuerungsbetrag abzgl. 90.000 € Übertragungsbetrag).

2. Grenzüberschreitende Überführungen und Übertragungen von Wirtschaftsgütern

34 Entnahmen i. S. d. § 4 Abs. 1 Satz 3 ff. EStG aufgrund der Überführung oder Übertragung von Wirtschaftsgütern aus einem inländischen Betriebsvermögen in ein ausländisches Betriebsvermögen desselben Steuerpflichtigen sind grundsätzlich auch bei der Ermittlung des nicht entnommenen Gewinns und des Entnahmenüberhangs i. S. d. § 34a EStG zu berücksichtigen. Gleiches gilt für Einlagen i. S d. § 4 Abs. 1 Satz 7[1]) EStG aufgrund der Überführung oder Übertragung aus einem ausländischen Betriebsvermögen in ein inländisches Betriebsvermögen desselben Steuerpflichtigen. Dabei sind jedoch folgende Fallgruppen zu unterscheiden:

a. Überführungen innerhalb eines Betriebs oder Mitunternehmeranteils

35 Bei unbeschränkt Steuerpflichtigen wirkt sich die Überführung eines Wirtschaftsguts von einer inländischen in eine ausländische Betriebsstätte nicht auf den Gewinn des Gesamtunternehmens aus, da der Entnahme aus der inländischen Betriebsstätte eine korrespondierende Einlage in die ausländische Betriebsstätte gegenübersteht. Entsprechendes gilt für die Überführung eines Wirtschaftsguts von einer ausländischen in eine inländische Betriebsstätte.

36 Bei beschränkt Steuerpflichtigen ist die Anwendung des § 34a EStG begrenzt auf den nicht entnommenen Gewinn/den Entnahmenüberhang der inländischen Betriebsstätte (vgl. Tz. 3). Die der Einlage in die inländische Betriebsstätte vorhergehende Entnahme aus dem ausländischen Betriebsvermögen oder die der Entnahme aus der inländischen Betriebsstätte nachfolgenden Einlage in das ausländische Betriebsvermögen bleibt infolge der in Satz 1 beschriebenen Begrenzung unberücksichtigt.

b. Überführungen und Übertragungen zwischen mehreren Betrieben oder Mitunternehmeranteilen

37 Die Überführung eines Wirtschaftsguts von einem inländischen Betrieb in einen anderen, im Ausland belegenen Betrieb desselben unbeschränkt Steuerpflichtigen ist eine Entnahme aus dem inländischen und eine Einlage in den ausländischen Betrieb. Eine Zusammenfassung ist – wie bei reinen Inlandsvorgängen – nicht zulässig. Entsprechendes

---
[1]) jetzt § 4 Abs. 1 Satz 8

Anhang 27c
Tarifbegünstigung

gilt für die Überführung eines Wirtschaftsguts von einem ausländischen Betrieb in einen anderen, im Inland belegenen Betrieb desselben unbeschränkt Steuerpflichtigen.

Bei beschränkt Steuerpflichtigen haben derartige Vorgänge nur Bedeutung für den nicht entnommenen Gewinn/den Entnahmenüberhang der inländischen Betriebsstätte. Infolge der in Tz. 36 Satz 1 beschriebenen Begrenzung auf den nicht entnommenen Gewinn/den Entnahmenüberhang der inländischen Betriebsstätte sind die Verhältnisse im Ausland ohne Bedeutung. 38

Die grenzüberschreitende Übertragung eines Wirtschaftsguts aus dem oder in das Gesamthandsvermögen einer Personengesellschaft steht der grenzüberschreitenden Überführung aus einem oder in einen Betrieb gleich. Insoweit gelten die Ausführungen in Tz. 37 entsprechend. 39

c. Grenzüberschreitende Überführungen und Übertragungen bei Einkünften aus Land- und Forstwirtschaft und selbständiger Arbeit

Die vorstehenden Grundsätze gelten sinngemäß für Einkünfte aus Land- und Forstwirtschaft und selbständiger Arbeit. 40

VI. Nachversteuerungsfälle nach § 34a Abs. 6 EStG

Nach § 34a Abs. 6 EStG ist eine Nachversteuerung auch in den folgenden Fällen durchzuführen: 41

- Betriebsaufgaben (einschl. Realteilung nach § 16 Abs. 3 Satz 2 bis 4 EStG), -veräußerungen (vgl. Tz. 42),
- Umwandlungsfälle (vgl. Tz. 43),
- Wechsel der Gewinnermittlungsart (vgl. Tz. 44),
- Antrag des Steuerpflichtigen (freiwillige Nachversteuerung) (vgl. Tz. 45).

1. Betriebsaufgabe, -veräußerung

Wird ein ganzer Betrieb oder ein ganzer Mitunternehmeranteil vollständig aufgegeben, real geteilt oder veräußert (§ 16 EStG), entfällt die Grundlage für die Tarifbegünstigung nach § 34a EStG und damit die Möglichkeit, beim Steuerpflichtigen eine Nachversteuerung durchzuführen (§ 34a Abs. 6 Satz 1 Nr. 1 EStG). Der für diesen Betrieb oder Mitunternehmeranteil festgestellte nachversteuerungspflichtige Betrag ist in voller Höhe aufzulösen und nachzuversteuern. Dies gilt auch für die Fälle des § 16 Abs. 2 Satz 3 EStG. 42

Veräußert der Steuerpflichtige nur einen Teil seines Betriebs oder Mitunternehmeranteils oder einen Teilbetrieb, löst dies hingegen keine Nachversteuerung der zuvor nach § 34a EStG begünstigten Gewinne aus, da eine Nachversteuerung beim Steuerpflichtigen im Rahmen des verbleibenden Teils des Betriebs oder Mitunternehmeranteils weiterhin möglich ist.

2. Umwandlungsfälle

Eine Nachversteuerung in voller Höhe des festgestellten nachversteuerungspflichtigen Betrags ist bei Einbringung eines Betriebs oder Mitunternehmeranteils in eine Kapitalgesellschaft oder eine Genossenschaft sowie in den Fällen des Formwechsels einer Personengesellschaft in eine Kapitalgesellschaft oder Genossenschaft vorzunehmen (§ 34a Abs. 6 Satz 1 Nr. 2 EStG). Bei der Einbringung eines Teils eines Betriebs, eines Teilbetriebs oder eines Teils eines Mitunternehmeranteils gilt Tz. 42 2. Absatz entsprechend. 43

3. Wechsel der Gewinnermittlungsart

44 Beim Übergang von der Gewinnermittlung durch Betriebsvermögensvergleich zur Einnahmenüberschussrechnung oder zu einer pauschalierten Gewinnermittlung (z. B. § 5a EStG, § 13a EStG) ist der festgestellte nachversteuerungspflichtige Betrag ebenfalls in voller Höhe aufzulösen (§ 34a Abs. 6 Satz 1 Nr. 3 EStG).

4. Antrag auf Nachversteuerung

45 Eine Nachversteuerung des gesamten oder eines Teils des festgestellten nachversteuerungspflichtigen Betrags ist zudem durchzuführen, wenn der Steuerpflichtige dies beantragt (§ 34a Abs. 6 Satz 1 Nr. 4 EStG).

5. Stundung

46 Bei Nachversteuerungen nach § 34a Abs. 6 Satz 1 Nr. 1 und 2 EStG besteht die Möglichkeit, die nach § 34a Abs. 4 EStG geschuldete Steuer über einen Zeitraum von bis zu 10 Jahren zinslos zu stunden. Voraussetzung ist jedoch, dass die sofortige Begleichung der Steuer eine erhebliche Härte darstellen würde. Ob eine erhebliche Härte vorliegt, ist nach den Gesamtumständen des jeweiligen Einzelfalls nach den Grundsätzen des § 222 AO zu prüfen.

Eine Stundung nach § 34a Abs. 6 Satz 2 EStG ist bei Wechsel der Gewinnermittlungsart und bei freiwilliger Nachversteuerung nicht vorgesehen. Die Stundungsmöglichkeit nach § 222 AO bleibt unberührt.

VII. Fälle des § 6 Abs. 3 EStG und § 24 UmwStG

47 In den Fällen der unentgeltlichen Übertragung eines ganzen Betriebs oder eines ganzen Mitunternehmeranteils nach § 6 Abs. 3 EStG und den Fällen der Einbringung eines ganzen Betriebs oder eines ganzen Mitunternehmeranteils zu Buchwerten in eine Personengesellschaft nach § 24 UmwStG ist nach § 34a Abs. 7 EStG der für diesen Betrieb oder Mitunternehmeranteil festgestellte nachversteuerungspflichtige Betrag (vgl. Tz. 25) auf den neuen (Mit-)Unternehmer zu übertragen. Bei der Übertragung eines Teils eines Betriebs, eines Teilbetriebs oder eines Teils eines Mitunternehmeranteils verbleibt der nachversteuerungspflichtige Betrag in voller Höhe beim bisherigen (Mit-)Unternehmer. Erfolgt die Einbringung eines ganzen Betriebs oder eines ganzen Mitunternehmeranteils hingegen nicht zu Buchwerten, ist der nachversteuerungspflichtige Betrag im Jahr der Einbringung in voller Höhe nachzuversteuern.

Findet die unentgeltliche Übertragung des Betriebs oder Mitunternehmeranteils nicht zum Ende des Wirtschaftsjahres statt, ist eine Schlussbilanz auf den Zeitpunkt der Übertragung zu erstellen. Geschieht dies nicht, sind die Entnahmen und Einlagen des Wirtschaftsjahres der Übertragung vor dem Übertragungsstichtag dem Rechtsvorgänger und die Entnahmen und Einlagen des Wirtschaftsjahres der Übertragung nach dem Übertragungsstichtag dem Rechtsnachfolger zuzurechnen. Maßgeblich ist der tatsächliche Zeitpunkt der Entnahmen und Einlagen. Der Gewinn des Wirtschaftsjahres der Übertragung ist im Wege der Schätzung auf Rechtsvorgänger und Rechtsnachfolger aufzuteilen. Zur Feststellung des nachversteuerungspflichtigen Betrags vgl. Tz. 25 Satz 2.

Die Übertragung des nachversteuerungspflichtigen Betrags auf den Rechtsnachfolger kann vermieden werden, wenn der Rechtsvorgänger vor der Übertragung die Nachversteuerung nach § 34a Abs. 6 Satz 1 Nr. 4 EStG beantragt.

VIII. Anwendungszeitpunkt

48 Dieses Schreiben ist ab Veranlagungszeitraum 2008 anzuwenden.

Anhang 28

Umwandlungssteuerrecht

Anwendung des Umwandlungssteuergesetzes[1] i. d. F. des Gesetzes über steuerliche Begleitmaßnahmen zur Einführung der Europäischen Gesellschaft und zur Änderung weiterer steuerrechtlicher Vorschriften (SEStEG)

BMF vom 11.11.2011 (BStBl I S. 1314)
IV C 2 – S 1978-b/08/10001 – 2011/0903665
unter Berücksichtigung der Änderungen durch
BMF vom 10.11.2016 (BStBl I S. 1252)
IV C 2 – S 2761/0-01 – 2016/1019067
und vom 23.02.2018 (BStBl I S. 319)[2]
IV C 2 – S 1978-b/16/10001 :001 – 2018/0156048

Inhaltsverzeichnis

		Randnr.
Erstes Kapitel: Anwendungsbereich des UmwStG 2006		
A. Verhältnis des UmwStG 2006 zum UmwStG 1995		00.01
B. Ertragsteuerliche Beurteilung von Umwandlungen und Einbringungen		00.02 – 00.04
Zweites Kapitel: Steuerliche Folgen von Umwandlungen und Einbringungen nach dem UmwStG		
Erster Teil. Allgemeine Vorschriften		
A. Anwendungsbereich und Begriffsbestimmungen (§ 1 UmwStG)		01.01 – 01.02
I. Sachlicher Anwendungsbereich		
1. Zweiter bis Fünfter Teil (§ 1 Absatz 1 UmwStG)		
a) Umwandlungen nach dem UmwG (inländische Umwandlungen)		01.03 – 01.07
aa) Verschmelzung		01.08 – 01.10
bb) Formwechsel		01.11 – 01.12
cc) Spaltung		01.13 – 01.17
dd) Vermögensübertragung		01.18 – 01.19
b) Vergleichbare ausländische Vorgänge		01.20 – 01.22
aa) Zivilrechtliche Wirksamkeit nach ausländischem Recht		01.23
bb) Prüfung der Vergleichbarkeit		01.24 – 01.25
cc) Umwandlungsfähigkeit der beteiligten Rechtsträger		01.26 – 01.28
dd) Strukturmerkmale des Umwandlungsvorgangs		01.29
(1) Verschmelzung		01.30 – 01.32
(2) Aufspaltung		01.33 – 01.35
(3) Abspaltung		01.36 – 01.38
(4) Formwechsel		01.39
ee) Sonstige Vergleichskriterien		01.40 – 01.41
c) Umwandlungen nach der SE-VO bzw. der SCE-VO		01.42
2. Sechster bis Achter Teil (§ 1 Absatz 3 UmwStG)		01.43

---

[1] *abgedruckt im Anhang 10 KStH 2022*
[2] *wird überarbeitet*

Anhang 28
Umwandlungssteuerrecht

	Randnr.
a) Einbringung in eine Kapitalgesellschaft oder Genossenschaft gegen Gewährung von Gesellschaftsrechten (§ 20 UmwStG)	01.44 – 01.45
b) Austausch von Anteilen (§ 21 UmwStG)	01.46
c) Einbringung in eine Personengesellschaft (§ 24 UmwStG)	01.47 – 01.48

  II. Persönlicher Anwendungsbereich
     1. Zweiter bis Fünfter Teil (§ 1 Absatz 2 UmwStG)   01.49 – 01.52
     2. Sechster bis Achter Teil (§ 1 Absatz 4 UmwStG)   01.53 – 01.55
  III. Begriffsbestimmungen
     1. Richtlinien und Verordnungen
        (§ 1 Absatz 5 Nummer 1 bis 3 UmwStG)   01.56
     2. Buchwert (§ 1 Absatz 5 Nummer 4 UmwStG)   01.57

B. Steuerliche Rückwirkung (§ 2 UmwStG)
  I. Steuerlicher Übertragungsstichtag   02.01
     1. Inländische Umwandlungen
        a) Verschmelzung, Aufspaltung, Abspaltung und Vermögensübertragung   02.02 – 02.04
        b) Formwechsel   02.05 – 02.06
     2. Vergleichbare ausländische Vorgänge   02.07 – 02.08
  II. Steuerliche Rückwirkung
     1. Rückwirkungsfiktion
        a) Grundsatz   02.09 – 02.16
        b) Keine Rückwirkungsfiktion für ausscheidende und abgefundene Anteilseigner   02.17 – 02.19
     2. Steuerliche Behandlung von im Rückwirkungszeitraum ausscheidenden und neu eintretenden Anteilseignern
        a) Vermögensübergang auf eine Personengesellschaft oder natürliche Person   02.20 – 02.22
        b) Vermögensübergang auf eine Körperschaft   02.23 – 02.24
     3. Steuerliche Behandlung von Gewinnausschüttungen
        a) Vermögensübergang auf eine Personengesellschaft oder natürliche Person
           aa) Ausschüttungen, die vor dem steuerlichen Übertragungsstichtag abgeflossen sind   02.25 – 02.26
           bb) Ausschüttungen, die nach dem steuerlichen Übertragungsstichtag abgeflossen sind
              (1) Vor dem steuerlichen Übertragungsstichtag begründete Ausschüttungsverbindlichkeiten   02.27 – 02.30
              (2) Nach dem steuerlichen Übertragungsstichtag beschlossene Gewinnausschüttungen sowie verdeckte Gewinnausschüttungen und andere Ausschüttungen im Rückwirkungszeitraum sowie offene Rücklagen i. S. d. § 7 UmwStG   02.31 – 02.33
        b) Vermögensübergang auf eine Körperschaft   02.34 – 02.35

	Randnr.
4. Sondervergütungen bei Umwandlung in eine Personengesellschaft	02.36
5. Aufsichtsratsvergütungen und sonstige Fälle des Steuerabzugs nach § 50a EStG	02.37
6. Vermeidung der Nichtbesteuerung (§ 2 Absatz 3 UmwStG)	02.38
7. Beschränkung der Verlustnutzung (§ 2 Absatz 4 UmwStG)	02.39 – 02.40

Zweiter Teil. Vermögensübergang bei Verschmelzung auf eine Personengesellschaft oder auf eine natürliche Person und Formwechsel einer Kapitalgesellschaft in eine Personengesellschaft

A. Wertansätze in der steuerlichen Schlussbilanz der übertragenden Körperschaft (§ 3 UmwStG)	
I. Pflicht zur Abgabe einer steuerlichen Schlussbilanz	03.01 – 03.03
II. Ansatz und Bewertung der übergehenden Wirtschaftsgüter	
1. Ansatz der übergehenden Wirtschaftsgüter dem Grunde nach	03.04 – 03.06
2. Ansatz der übergehenden Wirtschaftsgüter der Höhe nach	
a) Ansatz der übergehenden Wirtschaftsgüter mit dem gemeinen Wert bzw. dem Teilwert nach § 6a EStG	03.07 – 03.09
b) Ansatz der übergehenden Wirtschaftsgüter mit dem Buchwert	03.10 – 03.13
aa) Übergang in Betriebsvermögen und Sicherstellung der Besteuerung mit Einkommen- oder Körperschaftsteuer (§ 3 Absatz 2 Satz 1 Nummer 1 UmwStG)	03.14 – 03.17
bb) Kein Ausschluss oder Beschränkung des deutschen Besteuerungsrechts (§ 3 Absatz 2 Satz 1 Nummer 2 UmwStG)	03.18 – 03.20
cc) Keine Gegenleistung oder Gegenleistung in Form von Gesellschaftsrechten (§ 3 Absatz 2 Satz 1 Nummer 3 UmwStG)	03.21 – 03.24
c) Ansatz der übergehenden Wirtschaftsgüter mit einem Zwischenwert	03.25 – 03.26
d) Ausübung des Wahlrechts auf Ansatz zum Buch- oder Zwischenwert	03.27 – 03.30
3. Fiktive Körperschaftsteueranrechnung nach § 3 Absatz 3 UmwStG	03.31 – 03.32
B. Auswirkungen auf den Gewinn des übernehmenden Rechtsträgers (§ 4 UmwStG)	
I. Wertverknüpfung	04.01 – 04.04
II. Erweiterte Wertaufholung – Beteiligungskorrekturgewinn	04.05 – 04.08
III. Eintritt in die steuerliche Rechtsstellung (§ 4 Absatz 2 UmwStG)	
1. Absetzungen für Abnutzung	04.09 – 04.11
2. Verlustabzug bei Auslandsbetriebsstätten	04.12
3. Besonderheiten bei Unterstützungskassen (§ 4 Absatz 2 Satz 4 UmwStG)	04.13
4. Sonstige Folgen der Rechtsnachfolge	04.14 – 04.17
IV. Übernahmeergebnis	

Anhang 28

Umwandlungssteuerrecht

	Randnr.
1. Zuordnung der Anteile zum Betriebsvermögen des übernehmenden Rechtsträgers	04.18
2. Personen- sowie ggf. anteilsbezogene Ermittlung	04.19 – 04.22
3. Ausländische Anteilseigner	04.23 – 04.24
4. Anteile, die nicht dem Betriebsvermögen des übernehmenden Rechtsträgers zuzurechnen sind	04.25
5. Entstehungszeitpunkt	04.26
6. Ermittlung des Übernahmeergebnisses	04.27
7. Wert, mit dem die übergegangenen Wirtschaftsgüter zu übernehmen sind	04.28
8. Zuschlag für neutrales Vermögen (Auslandsvermögen)	04.29
9. Anteile an der übertragenden Körperschaft	
a) Zuordnung der Anteile	04.30
b) Folgen bei ausstehenden Einlagen	04.31
c) Steuerliche Behandlung eigener Anteile	04.32 – 04.33
10. Kosten des Vermögensübergangs	04.34 – 04.35
V. Fremdfinanzierte Anteile an der übertragenden Körperschaft	04.36
VI. Weitere Korrekturen gem. § 4 Absatz 5 UmwStG	
1. Sperrbetrag i. S. d. § 50c EStG	04.37
2. Abzug der Bezüge i. S. d. § 7 UmwStG vom Übernahmeergebnis 1. Stufe	04.38
VII. Ermittlung des Übernahmeergebnisses bei negativem Buchwert des Vermögens der übertragenden Körperschaft (überschuldete Gesellschaft)	04.39
VIII. Berücksichtigung eines Übernahmeverlusts (§ 4 Absatz 6 UmwStG)	04.40 – 04.43
IX. Besteuerung eines Übernahmegewinns (§ 4 Absatz 7 UmwStG)	04.44 – 04.45
C. Besteuerung der Anteilseigner der übertragenden Körperschaft (§ 5 UmwStG)	
I. Anschaffung und Barabfindung nach dem steuerlichen Übertragungsstichtag (§ 5 Absatz 1 UmwStG)	05.01 – 05.02
II. Anteilseignerwechsel im Rückwirkungszeitraum	05.03 – 05.04
III. Einlage- und Überführungsfiktion (§ 5 Absatz 2 und 3 UmwStG)	
1. Einlagefiktion nach § 5 Absatz 2 UmwStG	05.05 – 05.07
2. Überführungsfiktion nach § 5 Absatz 3 UmwStG	05.08 – 05.11
IV. Übergangsregelung für einbringungsgeborene Anteile nach § 27 Absatz 3 Nummer 1 UmwStG	05.12
D. Gewinnerhöhung durch Vereinigung von Forderungen und Verbindlichkeiten (§ 6 UmwStG)	
I. Entstehung des Übernahmefolgegewinns oder -verlust aus dem Vermögensübergang	06.01
II. Besteuerung des Übernahmefolgegewinns oder -verlusts	06.02
III. Umgekehrte Maßgeblichkeit	06.03
IV. Pensionsrückstellungen zugunsten eines Gesellschafters der übertragenden Kapitalgesellschaft	06.04 – 06.08

Anhang 28
Umwandlungssteuerrecht

	Randnr.
V. Missbrauchsklausel	
E. Besteuerung offener Rücklagen (§ 7 UmwStG)	06.09 – 06.12
I. Sachlicher und persönlicher Anwendungsbereich	07.01 – 07.02
II. Anteiliges Eigenkapital	07.03 – 07.04
III. Zurechnung der Einkünfte	07.05 – 07.06
IV. Besteuerung und Zufluss der Einkünfte	07.07
V. Kapitalertragsteuerabzug	07.08 – 07.09
F. Vermögensübergang auf einen Rechtsträger ohne Betriebsvermögen (§ 8 UmwStG)	08.01 – 08.04
G. Formwechsel in eine Personengesellschaft (§ 9 UmwStG)	09.01 – 09.02
H. Körperschaftsteuererhöhung (§ 10 UmwStG)	10.01 – 10.02

Dritter Teil. Verschmelzung oder Vermögensübertragung (Vollübertragung) auf eine andere Körperschaft

	Randnr.
A. Wertansätze in der steuerlichen Schlussbilanz der übertragenden Körperschaft (§ 11 UmwStG)	
I. Sachlicher Anwendungsbereich	11.01
II. Pflicht zur Abgabe einer steuerlichen Schlussbilanz	11.02
III. Ansatz und Bewertung der übergehenden Wirtschaftsgüter	
1. Ansatz der übergehenden Wirtschaftsgüter dem Grunde nach	11.03
2. Ansatz der übergehenden Wirtschaftsgüter der Höhe nach	
a) Ansatz der übergehenden Wirtschaftsgüter mit dem gemeinen Wert bzw. dem Teilwert nach § 6a EStG	11.04
b) Ansatz der übergehenden Wirtschaftsgüter mit dem Buchwert	11.05 – 11.06
aa) Sicherstellung der Besteuerung mit Körperschaftsteuer (§ 11 Absatz 2 Satz 1 Nummer 1 UmwStG)	11.07 – 11.08
bb) Kein Ausschluss und keine Einschränkung des deutschen Besteuerungsrechts (§ 11 Absatz 2 Satz 1 Nummer 2 UmwStG)	11.09
cc) Keine Gegenleistung oder Gegenleistung in Form von Gesellschaftsrechten (§ 11 Absatz 2 Satz 1 Nummer 3 UmwStG)	11.10
c) Ansatz der übergehenden Wirtschaftsgüter mit dem Zwischenwert	11.11
d) Ausübung des Wahlrechts auf Ansatz zum Buch- oder Zwischenwert	11.12
3. Fiktive Körperschaftsteueranrechnung nach § 11 Absatz 3 i. V. m. § 3 Absatz 3 UmwStG	11.13
IV. Vermögensübertragung nach §§ 174 ff. UmwG gegen Gewährung einer Gegenleistung an die Anteilsinhaber des übertragenden Rechtsträgers	11.14 – 11.15
V. Landesrechtliche Vorschriften zur Vereinigung öffentlich-rechtlicher Kreditinstitute oder öffentlich-rechtlicher Versicherungsunternehmen	11.16
VI. Beteiligung der übertragenden Kapitalgesellschaft an der übernehmenden Kapitalgesellschaft (Abwärtsverschmelzung)	11.17 – 11.19

Anhang 28
Umwandlungssteuerrecht

	Randnr.
B. Auswirkungen auf den Gewinn der übernehmenden Körperschaft (§ 12 UmwStG)	
I. Wertverknüpfung	12.01 – 12.02
II. Erweiterte Wertaufholung – Beteiligungskorrekturgewinn	12.03
III. Eintritt in die steuerliche Rechtsstellung (§ 12 Absatz 3 UmwStG)	12.04
IV. Übernahmeergebnis	12.05 – 12.07
C. Besteuerung der Anteilseigner der übertragenden Körperschaft (§ 13 UmwStG)	
I. Anwendungsbereich	13.01 – 13.04
II. Veräußerungs- und Anschaffungsfiktion zum gemeinen Wert	13.05 – 13.06
III. Ansatz der Anteile mit dem Buchwert oder den Anschaffungskosten	13.07 – 13.11
IV. Gewährung von Mitgliedschaftsrechten	13.12
Vierter Teil. Auf-, Abspaltung und Vermögensübertragung (Teilübertragung)	
A. Auf-, Abspaltung und Teilübertragung auf andere Körperschaften (§ 15 UmwStG)	
I. Teilbetriebsvoraussetzung des § 15 Absatz 1 UmwStG	15.01
1. Begriff des Teilbetriebs	15.02 – 15.03
2. Mitunternehmeranteil	15.04
3. 100 % – Beteiligung an einer Kapitalgesellschaft	15.05 – 15.06
4. Übertragung eines Teilbetriebs	15.07 – 15.11
5. Fehlen der Teilbetriebsvoraussetzung	15.12 – 15.13
II. Steuerliche Schlussbilanz und Bewertungswahlrecht	15.14
III. Zur Anwendung des § 15 Absatz 2 UmwStG	15.15
1. Erwerb und Aufstockung i. S. d. § 15 Absatz 2 Satz 1 UmwStG	15.16 – 15.21
2. Veräußerung und Vorbereitung der Veräußerung (§ 15 Absatz 2 Satz 2 bis 4 UmwStG)	
a) Veräußerung i. S. d. § 15 Absatz 2 Satz 2 bis 4 UmwStG	15.22 – 15.26
b) Veräußerungssperre des § 15 Absatz 2 Satz 4 UmwStG	15.27 – 15.32
c) Rechtsfolgen einer steuerschädlichen Anteilsveräußerung	15.33 – 15.35
3. Trennung von Gesellschafterstämmen (§ 15 Absatz 2 Satz 5 UmwStG)	
a) Begriff der Trennung von Gesellschafterstämmen	15.36 – 15.37
b) Vorbesitzzeit	15.38 – 15.40
IV. Kürzung verrechenbarer Verluste, verbleibender Verlustvorträge, nicht ausgeglichener negativer Einkünfte, eines Zinsvortrags und eines EBITDA-Vortrags (§ 15 Absatz 3 UmwStG)	15.41
V. Aufteilung der Buchwerte der Anteile gem. § 13 UmwStG in den Fällen der Spaltung	15.42 – 15.43
VI. Umwandlungen mit Wertverschiebungen zwischen den Anteilseignern	15.44

Anhang 28
Umwandlungssteuerrecht

	Randnr.
B. Auf- oder Abspaltung auf eine Personengesellschaft (§ 16 UmwStG)	
I. Entsprechende Anwendung des § 15 UmwStG	16.01
II. Anwendbarkeit des § 3 Absatz 2 UmwStG	16.02
III. Verrechenbare Verluste, verbleibende Verlustvorträge, nicht ausgeglichene negative Einkünfte, Zinsvorträge und EBITDA-Vorträge	16.03
IV. Investitionsabzugbetrag nach § 7g EStG	16.04
Fünfter Teil. Gewerbesteuer	
A. Gewerbesteuer bei Vermögensübergang auf eine Personengesellschaft oder auf eine natürliche Person sowie bei Formwechsel in eine Personengesellschaft (§ 18 UmwStG)	
I. Geltung der §§ 3 bis 9 und 16 UmwStG für die Ermittlung des Gewerbeertrags (§ 18 Absatz 1 UmwStG)	18.01 – 18.02
II. Übernahmegewinn oder -verlust sowie Bezüge i. S. d. § 7 UmwStG (§ 18 Absatz 2 UmwStG)	18.03 – 18.04
III. Missbrauchstatbestand des § 18 Absatz 3 UmwStG	18.05
1. Begriff der Veräußerung und Aufgabe	18.06 – 18.08
2. Aufgabe- oder Veräußerungsgewinn	18.09 – 18.10
3. Übergang auf Rechtsträger, der nicht gewerbesteuerpflichtig ist	18.11
B. Gewerbesteuer bei Vermögensübergang auf eine andere Körperschaft (§ 19 UmwStG)	19.01
Sechster Teil. Einbringung von Unternehmensteilen in eine Kapitalgesellschaft oder Genossenschaft und Anteilstausch	
A. Grundkonzeption der Einbringung nach §§ 20 ff. UmwStG	
I. Allgemeines	E 20.01
II. Grundkonzept	E 20.02
1. Sacheinlage	E 20.03 – E 20.05
2. Anteilstausch	E 20.06 – E 20.08
III. Gewährung neuer Anteile, Gewährung anderer Wirtschaftsgüter	E 20.09 – E 20.11
B. Einbringung von Unternehmensteilen in eine Kapitalgesellschaft oder Genossenschaft (§ 20 UmwStG)	
I. Anwendungsbereich (§ 20 Absatz 1, 5, 6 UmwStG)	20.01
1. Beteiligte der Einbringung	
a) Einbringender	20.02 – 20.03
b) Übernehmende Gesellschaft	20.04
2. Gegenstand der Einbringung	20.05
a) Übertragung eines Betriebs oder Teilbetriebs	20.06 – 20.09
b) Mitunternehmeranteil	20.10 – 20.12
3. Zeitpunkt der Einbringung (§ 20 Absatz 5, 6 UmwStG)	20.13 – 20.16
II. Bewertung durch die übernehmende Gesellschaft (§ 20 Absatz 2 UmwStG)	
1. Inhalt und Einschränkungen des Bewertungswahlrechts	20.17 – 20.19

Anhang 28

Umwandlungssteuerrecht

	Randnr.
2. Verhältnis zum Handelsrecht (§ 20 Absatz 2 UmwStG, § 5 Absatz 1 EStG)	20.20
3. Ausübung des Wahlrechts, Bindung, Bilanzberichtigung	20.21 – 20.24
III. Besteuerung des Einbringungsgewinns (§ 20 Absatz 3 bis 5 UmwStG)	20.25 – 20.27
IV. Besonderheiten bei Pensionszusagen zugunsten von einbringenden Mitunternehmern	
1. Behandlung bei der übertragenden Personengesellschaft	20.28
2. Behandlung bei der übernehmenden Kapitalgesellschaft	20.29 – 20.31
3. Behandlung beim begünstigten Gesellschafter bzw. den ehemaligen Mitunternehmern	20.32 – 20.33
V. Besonderheiten bei grenzüberschreitenden Einbringungen	
1. Anschaffungskosten der erhaltenen Anteile	20.34
2. Anrechnung ausländischer Steuern	20.35
a) Sonderfall der Einbringung einer Betriebsstätte (§ 20 Absatz 7, § 3 Absatz 3 UmwStG)	20.36
b) Sonderfall steuerlich transparenter Gesellschaften (§ 20 Absatz 8 UmwStG)	20.37
VI. Besonderheiten bei der Einbringung einbringungsgeborener Anteile i. S. v. § 21 Absatz 1 UmwStG 1995	20.38 – 20.41
C. Bewertung der Anteile beim Anteilstausch (§ 21 UmwStG)	
I. Allgemeines	21.01 – 21.02
II. Persönlicher Anwendungsbereich	
1. Einbringender	21.03
2. Übernehmende Gesellschaft (§ 21 Absatz 1 Satz 1 UmwStG)	21.04
3. Erworbene Gesellschaft (§ 21 Absatz 1 Satz 1 UmwStG)	21.05 – 21.06
III. Bewertung der eingebrachten Anteile bei der übernehmenden Gesellschaft	
1. Ansatz des gemeinen Werts	21.07 – 21.08
2. Bewertungswahlrecht beim qualifizierten Anteilstausch (§ 21 Absatz 1 Satz 2 UmwStG)	
a) Begriff des qualifizierten Anteilstauschs	21.09
b) Einschränkungen des Bewertungswahlrechts	21.10
c) Verhältnis zum Handelsrecht	21.11
d) Ausübung des Wahlrechts, Bindung, Bilanzberichtigung	21.12
IV. Ermittlung des Veräußerungspreises der eingebrachten Anteile und des Wertansatzes der erhaltenen Anteile beim Einbringenden	21.13 – 21.15
V. Besteuerung des aus dem Anteilstausch resultierenden Gewinns beim Einbringenden	21.16
VI. Steuerlicher Übertragungsstichtag (Einbringungszeitpunkt)	21.17
D. Besteuerung des Anteilseigners (§ 22 UmwStG)	
I. Allgemeines	22.01 – 22.06

	Randnr.
II. Rückwirkende Besteuerung des Einbringungsgewinns (§ 22 Absatz 1 und 2 UmwStG)	
1. Sacheinlage (§ 22 Absatz 1 UmwStG)	22.07 – 22.11
2. Anteilstausch und Miteinbringung von Anteilen an Kapitalgesellschaften oder Genossenschaften bei Sacheinlage (§ 22 Absatz 2 UmwStG)	22.12 – 22.17
III. Die die rückwirkende Einbringungsgewinnbesteuerung auslösenden Ereignisse i. S. d. § 22 Absatz 1 Satz 6 i. V. m. Absatz 2 Satz 6 UmwStG	
1. Allgemeines	22.18 – 22.19
2. Unentgeltliche Übertragungen	22.20
3. Entgeltliche Übertragungen	22.21 – 22.26
4. Wegfall der Voraussetzungen i. S. v. § 1 Absatz 4 UmwStG	22.27
IV. Nachweispflichten (§ 22 Absatz 3 UmwStG)	22.28 – 22.33
V. Juristische Personen des öffentlichen Rechts und von der Körperschaftsteuer befreite Körperschaften als Einbringende (§ 22 Absatz 4 UmwStG)	22.34 – 22.37
VI. Bescheinigung des Einbringungsgewinns und der darauf entfallenden Steuer (§ 22 Absatz 5 UmwStG)	22.38 – 22.40
VII. Unentgeltliche Rechtsnachfolge (§ 22 Absatz 6 UmwStG)	22.41 – 22.42
VIII. Verlagerung stiller Reserven auf andere Gesellschaftsanteile (§ 22 Absatz 7 UmwStG, Mitverstrickung von Anteilen)	22.43 – 22.46
E. Auswirkungen bei der übernehmenden Gesellschaft (§ 23 UmwStG)	
I. Allgemeines	23.01 – 23.04
II. Buchwert- oder Zwischenwertansatz (§ 23 Absatz 1 UmwStG)	23.05 – 23.06
III. Besonderheiten in den Fällen der rückwirkenden Besteuerung des Einbringungsgewinns (§ 23 Absatz 2 UmwStG)	
1. Sacheinlage ohne miteingebrachte Anteile	23.07 – 23.10
2. Anteilstausch und Miteinbringung von Anteilen i. R. einer Sacheinlage	23.11
3. Entrichtung der Steuer	23.12 – 23.13
IV. Besonderheiten beim Zwischenwertansatz (§ 23 Absatz 3 UmwStG)	23.14 – 23.16
V. Ansatz des gemeinen Werts (§ 23 Absatz 4 UmwStG)	23.17 – 23.21
VI. Verlustabzug bei Auslandsbetriebsstätten	23.22

Siebter Teil. Einbringung eines Betriebs, Teilbetriebs oder Mitunternehmeranteils in eine Personengesellschaft (§ 24 UmwStG)

A. Allgemeines	
I. Persönlicher und sachlicher Anwendungsbereich	24.01 – 24.02
II. Entsprechende Anwendung der Regelungen zu §§ 20, 22, 23 UmwStG	24.03 – 24.05
III. Rückbeziehung nach § 24 Absatz 4 UmwStG	24.06
B. Einbringung gegen Gewährung von Gesellschaftsrechten	
I. Allgemeines	24.07

Anhang 28
Umwandlungssteuerrecht

		Randnr.
	II. Einbringung mit Zuzahlung zu Buchwerten	24.08 – 24.11
	III. Einbringung mit Zuzahlung zu gemeinen Werten	24.12
C.	Ergänzungsbilanzen	24.13 – 24.14
D.	Anwendung der §§ 16, 34 EStG bei Einbringung zum gemeinen Wert	24.15 – 24.17
E.	Besonderheiten bei der Einbringung von Anteilen an Körperschaften, Personenvereinigungen und Vermögensmassen (§ 24 Absatz 5 UmwStG)	
	I. Allgemeines	24.18 – 24.22
	II. Anteile an Körperschaften, Personenvereinigungen und Vermögensmassen	24.23
	III. Einbringung durch nicht nach § 8b Absatz 2 KStG begünstigte Personen	24.24
	IV. Veräußerung und gleichgestellte Ereignisse der Weiterübertragung	24.25 – 24.27
	V. Ermittlung und ertragsteuerliche Behandlung des Einbringungsgewinns	24.28
	VI. Nachweispflichten	24.29
	VII. Bescheinigungsverfahren	24.30
	VIII. Unentgeltliche Rechtsnachfolge	24.31
	IX. Mitverstrickung von Anteilen	24.32
	X. Auswirkungen bei der übernehmenden Gesellschaft	24.33
	Achter Teil. Formwechsel einer Personengesellschaft in eine Kapitalgesellschaft oder Genossenschaft (§ 25 UmwStG)	25.01
	Neunter Teil. Verhinderung von Missbräuchen (§ 26 UmwStG)	26.01
	Zehnter Teil. Anwendungsvorschriften und Ermächtigung	
A.	Allgemeines	27.01 – 27.02
B.	Veräußerung der auf einer Sacheinlage beruhenden Anteile	
	I. Grundfall	27.03
	II. Weitereinbringungsfall	27.04 – 27.07
C.	Veräußerung der auf einem Anteilstausch beruhenden Anteile	
	I. Grundfall	27.08 – 27.09
	II. Weitereinbringungsfälle beim Anteilstausch	
	1. Weitereinbringung durch die natürliche Person	27.10
	2. Weitereinbringung durch die aufnehmende (erste) Kapitalgesellschaft	27.11
D.	Wechselwirkung zwischen altem und neuem Recht	27.12
E.	Spezialregelung für die Veräußerung einbringungsgeborener Anteile gem. § 21 Absatz 2 Satz 1 Nummer 2 UmwStG 1995	27.13
F.	Sonstige Anwendungsbestimmungen	S.01 – S.08
	Besonderer Teil zum UmwStG	
A.	Auswirkungen der Umwandlung auf eine Organschaft	
	I. Organträger als übertragender bzw. umzuwandelnder Rechtsträger	
	1. Verschmelzung des Organträgers	Org.01

Anhang 28
Umwandlungssteuerrecht

	Randnr.
a) Fortsetzung einer bestehenden Organschaft im Verhältnis zum übernehmenden Rechtsträger	Org.02
b) Erstmalige Begründung einer Organschaft zum übernehmenden Rechtsträger	Org.03
c) Beendigung der Organschaft bei Abwärtsverschmelzung	Org.04
d) Organschaftliche Ausgleichsposten	Org.05
2. Auf- und Abspaltung, Ausgliederung	Org.06 – Org.09
3. Formwechsel des Organträgers	Org.10
4. Mindestlaufzeit und vorzeitige Beendigung des Gewinnabführungsvertrags	Org.11 – Org.12
5. Begründung einer Organschaft nach Einbringung i. S. d. § 20 UmwStG	Org.13 – Org.14
6. Begründung einer Organschaft nach Anteilstausch i. S. d. § 21 UmwStG	Org.15 – Org.17
7. Anwachsung bei einer Organträger-Personengesellschaft	Org.18
8. Zurechnung des Organeinkommens bei Umwandlung des Organträgers	Org.19
II. Organträger als übernehmender Rechtsträger	Org.20
III. Organgesellschaft als übertragender bzw. umzuwandelnder Rechtsträger	
1. Verschmelzung auf eine andere Gesellschaft	Org.21
2. Auf- und Abspaltung, Ausgliederung	Org.22 – Org.23
3. Formwechsel	Org.24 – Org.25
4. Vorzeitige Beendigung des Gewinnabführungsvertrags	Org.26
5. Zurechnung eines Übertragungsgewinns bzw. -verlusts	Org.27
6. Mehr- und Minderabführungen	Org.28
IV. Organgesellschaft als übernehmender Rechtsträger	
1. Fortgeltung der Organschaft	Org.29
2. Übernahmegewinn bzw. -verlust und Gewinnabführung	Org.30 – Org.32
3. Mehr- und Minderabführungen	Org.33 – Org.34
B. Auswirkungen auf das steuerliche Einlagekonto und den Sonderausweis	
I. Übersicht	K.01
II. Anwendung des § 29 KStG	
1. Sachlicher Anwendungsbereich	K.02
2. Behandlung bei der übertragenden Körperschaft	
a) Fiktive Herabsetzung des Nennkapitals	K.03
b) Verringerung der Bestände beim steuerlichen Einlagekonto	K.04 – K.06
c) Anpassung des Nennkapitals bei Abspaltung	K.07
d) Zusammenfassendes Beispiel	K.08

Anhang 28
Umwandlungssteuerrecht

		Randnr.
3.	Behandlung bei der übernehmenden Körperschaft	
a)	Hinzurechnung des Bestands des steuerlichen Einlagekontos bei der übernehmenden Körperschaft	K.09
b)	Beteiligung der übernehmenden Körperschaft an der übertragenden Körperschaft (Aufwärtsverschmelzung)	K.10 – K.11
c)	Beteiligung der übertragenden Körperschaft an der übernehmenden Körperschaft (Abwärtsverschmelzung)	K.12 – K.14
d)	Erhöhung des Nennkapitals	K.15
e)	Zusammenfassendes Beispiel	K.16
4.	Aufteilungsschlüssel bei Auf- und Abspaltung	K.17
5.	§ 29 Absatz 5 und 6 KStG	K.18 – K.19

Unter Bezugnahme auf das Ergebnis der Erörterungen mit den obersten Finanzbehörden der Länder gilt zur Anwendung des Umwandlungssteuergesetzes i. d. F. des Gesetzes über steuerliche Begleitmaßnahmen zur Einführung der Europäischen Gesellschaft und zur Änderung weiterer steuerrechtlicher Vorschriften vom 7.12.2006, BGBl. I S. 2782, ber. BGBl. 2007 I S. 68, zuletzt geändert durch das Gesetz zur Beschleunigung des Wirtschaftswachstums vom 22.12.2009, BGBl. I S. 3950, Folgendes:

Erstes Kapitel: Anwendungsbereich des UmwStG 2006
A. Verhältnis des UmwStG 2006 zum UmwStG 1995

00.01　Das UmwStG 1995 i. d. F. der Bekanntmachung vom 15.10.2002, BGBl. I S. 4133, ber. BGBl. 2003 I S. 738, ist durch das Gesetz über steuerliche Begleitmaßnahmen zur Einführung der Europäischen Gesellschaft und zur Änderung weiterer steuerrechtlicher Vorschriften (SEStEG) vom 7.12.2006, BGBl. I S. 2782, ber. BGBl. 2007 I S. 68, nicht aufgehoben worden, sondern gilt fort. Hiervon sind insbesondere die Regelungen zu den einbringungsgeborenen Anteilen (§ 21 UmwStG 1995) und zum rückwirkenden Wegfall von Steuererleichterungen (§ 26 UmwStG 1995) betroffen. Insoweit finden auch das BMF-Schreiben vom 25.3.1998, BStBl I S. 268, geändert durch das BMF-Schreiben vom 21.8.2001, BStBl I S. 543, und das BMF-Schreiben vom 16.12.2003, BStBl I S. 786, weiterhin Anwendung.

B. Ertragsteuerliche Beurteilung von Umwandlungen und Einbringungen

00.02　Umwandlungen und Einbringungen stellen auf der Ebene des übertragenden Rechtsträgers sowie des übernehmenden Rechtsträgers Veräußerungs- und Anschaffungsvorgänge hinsichtlich des übertragenen Vermögens dar (BFH vom 15.10.1997, I R 22/96, BStBl 1998 II S. 168, BFH vom 16.5.2002, III R 45/98, BStBl 2003 II S. 10, und BFH vom 17.9.2003, I R 97/02, BStBl 2004 II S. 686). Abweichend von den zivilrechtlichen Wertungen im UmwG gilt dies für ertragsteuerliche Zwecke auch für den Formwechsel einer Kapitalgesellschaft in eine Personengesellschaft und umgekehrt (BFH vom 19.10.2005, I R 38/04, BStBl 2006 II S. 568).

00.03　Auf der Ebene der Anteilseigner einer übertragenden Körperschaft ist die Umwandlung zwischen Körperschaften ebenfalls als Veräußerungs- und Anschaffungsvorgang der Anteile zum gemeinen Wert zu beurteilen (BFH vom 19.8.2008, IX R 71/07, BStBl 2009 II S. 13). Dies gilt z. B. auch für die Aufwärtsverschmelzung.

00.04　Die Umwandlung einer Körperschaft in bzw. auf eine Personengesellschaft führt bei Anteilen im Privatvermögen i. S. d. § 17 EStG zu Einkünften i. S. d. § 17 Absatz 4 EStG (BFH vom 22.2.1989, I R 11/85, BStBl II S. 794).

Anhang 28
Umwandlungssteuerrecht

Zweites Kapitel: Steuerliche Folgen von Umwandlungen und Einbringungen nach dem UmwStG
Erster Teil. Allgemeine Vorschriften
A. Anwendungsbereich und Begriffsbestimmungen (§ 1 UmwStG)

Die Vorschriften des UmwStG regeln ausschließlich die steuerlichen Folgen von Umwandlungen (§§ 3 bis 19 UmwStG) und Einbringungen (§§ 20 bis 25 UmwStG) für die Körperschaft-, Einkommen- und Gewerbesteuer. Steuerliche Folgen für andere Steuerarten (z. B. die Umsatz-, die Grunderwerb- oder die Erbschaftsteuer) regelt das UmwStG nicht. 01.01

Voraussetzung für die Anwendung des UmwStG ist zunächst, dass der sachliche Anwendungsbereich (§ 1 Absatz 1, Absatz 3 UmwStG) und der persönliche Anwendungsbereich (§ 1 Absatz 2, Absatz 4 UmwStG) erfüllt sind. Der sachliche und der persönliche Anwendungsbereich des UmwStG werden durch die in den jeweiligen Einzelsteuergesetzen geregelten Steuerpflichten (§ 1 EStG, §§ 1 bis 4 KStG sowie § 2 GewStG) begrenzt. Umwandlungen und Einbringungen nach den Vorschriften des UmwG müssen zudem zivilrechtlich zulässig und wirksam sein (sog. Maßgeblichkeit des Gesellschaftsrechts). 01.02

I. Sachlicher Anwendungsbereich
1. Zweiter bis Fünfter Teil (§ 1 Absatz 1 UmwStG)
a) Umwandlungen nach dem UmwG (inländische Umwandlungen)

Eine inländische Umwandlung liegt vor, wenn auf den oder die übertragenden Rechtsträger und auf den oder die übernehmenden Rechtsträger bzw. beim Formwechsel auf den sich umwandelnden Rechtsträger das UmwG anzuwenden ist. Dies ist der Fall, wenn der oder die übertragende(n) Rechtsträger und der oder die übernehmende(n) Rechtsträger den statutarischen Sitz im Inland hat oder haben. Bei einer Personengesellschaft als übernehmender Rechtsträger ist deren Sitz der Hauptverwaltung und bei einer natürlichen Person als übernehmender Rechtsträger ist deren Wohnsitz (§ 7 BGB) maßgebend. 01.03

Der sachliche Anwendungsbereich des UmwStG bestimmt sich bei Umwandlungen von inländischen Rechtsträgern nach den Umwandlungsmöglichkeiten des UmwG vom 28.10.1994, BGBl. I S. 3210, ber. BGBl. 1995 I S. 428, zuletzt geändert durch das Dritte Gesetz zur Änderung des Umwandlungsgesetzes vom 11.7.2011, BGBl. I S. 1338, in der jeweils geltenden Fassung. Für Rechtsträger mit Sitz im Inland sind in § 1 Absatz 1 UmwG die folgenden Umwandlungsarten vorgesehen: 01.04

– die Verschmelzung,
– die Spaltung (Aufspaltung, Abspaltung, Ausgliederung),
– die Vermögensübertragung und
– der Formwechsel.

Diese Aufzählung ist abschließend. Eine Umwandlung außer in den im UmwG genannten Fällen ist nur möglich, wenn sie durch ein anderes Bundes- oder ein Landesgesetz ausdrücklich vorgesehen ist (§ 1 Absatz 2 UmwG; vgl. Randnr. 01.07).

Die Möglichkeit zur Umwandlung nach dem UmwG ist auf die jeweils im UmwG abschließend bezeichneten Rechtsträger begrenzt. Die Umwandlungsfähigkeit supranationaler Rechtsformen des europäischen Rechts bestimmt sich nach den Vorgaben des sekundären Unionsrechts ggf. i. V. m. den nationalen Ausführungsgesetzen. Die Umwandlungsfähigkeit einer 01.05

– Europäischen Gesellschaft (SE) entspricht nach Artikel 9 der Verordnung (EG) Nr. 2157/2001 (SE-VO), ABl. EG Nr. L 294 S. 1, der einer AG,

Anhang 28
Umwandlungssteuerrecht

- Europäischen Genossenschaft (SCE) entspricht nach Artikel 8 der Verordnung (EG) Nr. 1435/2003 (SCE-VO), ABl. EG Nr. L 207 S. 1, der einer eG und
- Europäischen wirtschaftlichen Interessenvereinigung (EWIV) entspricht nach Artikel 2 der Verordnung (EWG) Nr. 2137/85 (EWIV-VO), ABl. EG Nr. L 199 S. 1, i. V. m. § 1 EWIV-Ausführungsgesetz, BGBl. 1988 I S. 514, der einer OHG.

01.06 Der sachliche Anwendungsbereich des Zweiten bis Fünften Teils gilt für
- die Verschmelzung (§ 2 UmwG) von Körperschaften auf Körperschaften, Personengesellschaften oder eine natürliche Person,
- die Auf- und Abspaltung (§ 123 Absatz 1 und 2 UmwG) von Körperschaften auf Körperschaften oder Personengesellschaften,
- den Formwechsel (§ 190 Absatz 1 UmwG) einer Kapitalgesellschaft in eine Personengesellschaft sowie
- die Vermögensübertragung (§ 174 UmwG) von Körperschaften auf Körperschaften.

Bei der Frage, ob eine zivilrechtlich wirksame Umwandlung i. S. dieser Bestimmungen vorliegt, ist regelmäßig von der registerrechtlichen Entscheidung auszugehen. Dies gilt jedoch nicht, wenn die registerrechtliche Entscheidung trotz rechtlich gravierender Mängel erfolgte.

01.07 Für Umwandlungen i. S. d. § 1 Absatz 2 UmwG setzt die Anwendung des Zweiten bis Fünften Teils eine durch eine bundes- oder landesgesetzliche Regelung ausdrücklich zugelassene Umwandlungsmöglichkeit (z. B. § 38a LwAnpG, § 6b VermG sowie einzelne Sparkassengesetze der Länder) voraus, die einer Umwandlung i. S. d. § 1 Absatz 1 UmwG entspricht. Die aktive und passive Umwandlungsfähigkeit (vgl. zum Begriff auch Randnr. 01.26) ergibt sich aus dem jeweiligen Bundes- oder Landesgesetz.

Eine Umwandlung aufgrund ausdrücklicher bundes- oder landesgesetzlicher Regelung entspricht einer Umwandlung i. S. d. § 1 Absatz 1 UmwG, wenn sie mit einer der in § 1 Absatz 1 UmwG abschließend aufgezählten Umwandlungsarten vergleichbar ist; zur Prüfung der Vergleichbarkeit vgl. Randnr. 01.24 ff. Insoweit sind die für die jeweils vergleichbare Umwandlungsart einschlägigen Bestimmungen des UmwStG anzuwenden (z. B. § 9 UmwStG für den Formwechsel in eine Personengesellschaft nach § 38a LwAnpG).

aa) Verschmelzung

01.08 Bei der Verschmelzung handelt es sich um die Übertragung des gesamten Vermögens eines Rechtsträgers auf einen anderen schon bestehenden Rechtsträger (Verschmelzung durch Aufnahme) oder zweier oder mehrerer Rechtsträger auf einen neu gegründeten Rechtsträger (Verschmelzung durch Neugründung) im Wege der Gesamtrechtsnachfolge unter Auflösung ohne Abwicklung. Den Anteilsinhabern des übertragenden Rechtsträgers wird dabei im Wege des Anteilstauschs eine Beteiligung am übernehmenden Rechtsträger gewährt.

01.09 In bestimmten Fällen darf bzw. muss das gezeichnete Kapital des übernehmenden Rechtsträgers nicht erhöht werden (z. B. § 54 Absatz 1 Satz 1 und 2 UmwG). Bei notariell beurkundetem Verzicht aller Anteilsinhaber kann auf die Verpflichtung zur Gewährung von Anteilen gänzlich verzichtet werden (z. B. § 54 Absatz 1 Satz 3 UmwG).

01.10 Das UmwG sieht folgende Möglichkeiten der Verschmelzung vor:

Anhang 28
Umwandlungssteuerrecht

von \ auf	PershG/ PartG	GmbH	AG	KGaA	eG	eV/ wirtsch. Verein	gen. Prüfungsverband	VVaG	nat. Person
PershG/ PartG	§§ 2 – 38 §§ 39 – 45	§§ 2 – 38 §§ 39 – 45 §§ 46 – 59	§§ 2 – 38 §§ 39 – 45 §§ 60 – 77	§§ 2 – 38 §§ 39 – 45 § 78	§§ 2 – 38 §§ 39 – 45 §§ 79 – 98	– (§ 99 Absatz 2)	– (§ 105)	– (§ 109)	– (§ 3 Absatz 2 Nummer 1)
GmbH inkl. UG	§§ 2 – 38 §§ 39 – 45 §§ 46 – 59	§§ 2 – 38 §§ 46 – 59	§§ 2 – 38 §§ 46 – 59 §§ 60 – 77	§§ 2 – 38 §§ 46 – 59 § 78	§§ 2 – 38 §§ 46 – 59 §§ 79 – 98	– (§ 99 Absatz 2)	– (§ 105)	– (§ 109)	1)§§ 2 – 38 §§ 46 – 59 §§ 120 – 122
AG	§§ 2 – 38 §§ 39 – 45 §§ 60 – 77	§§ 2 – 38 §§ 46 – 59 §§ 60 – 77	2)§§ 2 – 38 §§ 60 – 77	§§ 2 – 38 §§ 60 – 77 § 78	§§ 2 – 38 §§ 60 – 77 §§ 79 – 98	– (§ 99 Absatz 2)	– (§ 105)	– (§ 109)	1)§§ 2 – 38 §§ 60 – 77 §§ 120 – 122
KGaA	§§ 2 – 38 §§ 39 – 45 § 78	§§ 2 – 38 §§ 46 – 59 § 78	§§ 2 – 38 §§ 60 – 77 § 78	§§ 2 – 38 § 78	§§ 2 – 38 § 78 §§ 79 – 98	– (§ 99 Absatz 2)	– (§ 105)	– (§ 109)	1)§§ 2 – 38 § 78 §§ 120 – 122
eG	§§ 2 – 38 §§ 39 – 45 §§ 79 – 98	§§ 2 – 38 §§ 46 – 59 §§ 79 – 98	§§ 2 – 38 §§ 60 – 77 §§ 79 – 98	§§ 2 – 38 § 78 §§ 79 – 98	§§ 2 – 38 §§ 79 – 98	– (§ 99 Absatz 2)	– (§ 105)	– (§ 109)	– (§ 3 Absatz 2 Nummer 1)
eV/wirtsch. Verein	§§ 2 – 38 §§ 39 – 45 §§ 99 – 104a	§§ 2 – 38 §§ 46 – 59 §§ 99 – 104a	§§ 2 – 38 §§ 99 – 104a	§§ 2 – 38 § 78 §§ 99 – 104a	§§ 2 – 38 §§ 79 – 98 §§ 99 – 104a	§§ 2 – 38 §§ 99 – 104a	3)§§ 2 – 38 §§ 105 – 108	– (§ 109)	– (§ 3 Absatz 2 Nummer 1)
gen. Prüfungsverband	– (§ 105)	– (§ 105)	– (§ 105)	– (§ 105)	– (§ 105)	– (§ 105)	4)§§ 2 – 38 §§ 105 – 108	– (§ 105)	– (§ 3 Absatz 2 Nummer 1)
VVaG	– (§ 109)	– (§ 109)	5)§§ 2 – 38 §§ 60 – 77 §§ 109 – 113	– (§ 109)	– (§ 109)	– (§ 109)	– (§ 109)	§§ 2 – 38 §§ 109 – 119	– (§ 3 Absatz 2 Nummer 1)
nat. Pers.	–	–	–	–	–	–	–	–	–

bb) Formwechsel

Der Formwechsel beschränkt sich auf die Änderung der Rechtsform eines Rechtsträgers unter Wahrung seiner rechtlichen Identität, und zwar grundsätzlich unter Beibehaltung des Kreises der Anteilsinhaber (zur Aufnahme weiterer Gesellschafter i. R. eines Formwechsels vgl. aber BGH vom 9.5.2005, II ZR 29/03, DStR 2005 S. 1539). Zivilrechtlich findet beim Formwechsel keine Vermögensübertragung statt. 01.11

Handelsrechtlich ist der Formwechsel für folgende Rechtsformen zulässig; der Formwechsel innerhalb der Gesamthand richtet sich dabei nach § 190 Absatz 2, § 1 Absatz 2 UmwG i. V. m. §§ 705 ff. BGB, §§ 105, 161 HGB oder §§ 1 ff. PartGG: 01.12

---

1) natürliche Person muss Alleingesellschafter des übertragenden Rechtsträgers sein
2) Verschmelzung zur Gründung einer SE nach Artikel 2 Absatz 1, Artikel 17 bis 31 SE-VO
3) Vorgang ist nur unter den Voraussetzungen des § 105 Satz 2 UmwG möglich
4) Vorgang ist nur zur Aufnahme durch einen übernehmenden Rechtsträger möglich
5) Vorgang ist nur möglich, wenn der aufnehmende Rechtsträger eine Versicherungs-AG ist

Anhang 28

Umwandlungssteuerrecht

von \ auf	GbR	PershG	PartG	GmbH	AG	KGaA	eG
PershG/ PartG	§ 190 Absatz 2, § 191 Absatz 2 Nummer 1 i. V. m. § 1 Absatz 2	§ 190 Absatz 2 i. V. m. § 1 Absatz 2	§ 190 Absatz 2 i. V. m. § 1 Absatz 2	§§ 190 – 213 §§ 214 – 225	§§ 190 – 213 §§ 214 – 225	§§ 190 – 213 §§ 214 – 225	§§ 190 – 213 §§ 214 – 225
GmbH inkl. UG	§§ 190 – 213 § 226 §§ 228 – 237	§§ 90 – 213 § 226 §§ 228 – 237	§§ 190 – 213 § 226 §§ 228 – 237	[1])–	§§ 190 – 213 § 226 §§ 238 – 250	§§ 190 – 213 § 226 §§ 238 – 250	§§ 190 – 213 § 226 §§ 251 – 257
AG	§§ 190 – 213 § 226 §§ 228 – 237	§§ 190 – 213 § 226 §§ 228 – 237	§§ 190 – 213 § 226 §§ 228 – 237	§§ 190 – 213 § 226 §§ 238 – 250	[2])–	§§ 190 – 213 § 226 §§ 238 – 250	§§ 190 – 213 § 226 §§ 251 – 257
KGaA	§§ 190 – 213 §§ 226 – 237	§§ 190 – 213 §§ 226 – 237	§§ 190 – 213 §§ 226 – 237	§§ 190 – 213 §§ 226 – 227 §§ 238 – 250	§§ 190 – 213 §§ 226 – 227 §§ 238 – 250	–	§§ 190 – 213 §§ 226 – 227 §§ 251 – 257
eG	–	–	–	§§ 190 – 213 §§ 258 – 271	§§ 190 – 213 §§ 258 – 271	§§ 190 – 213 §§ 258 – 271	–
eV/wirtsch. Verein	–	–	–	§§ 190 – 213 §§ 272 – 282	§§ 190 – 213 §§ 272 – 282	§§ 190 – 213 §§ 272 – 282	§§ 190 – 213 § 272 §§ 283 – 290
VVaG	–	–	–	–	[3])§§ 190 – 213 §§ 291 – 300	–	–
Körpersch./ Anstalt des öff. Rechts	–	–	–	§§ 190 – 213 §§ 301 – 303	§§ 190 – 213 §§ 301 – 303	§§ 190 – 213 §§ 301 – 303	–

cc) Spaltung

01.13 Das UmwG sieht drei Formen der Spaltung vor:
- die Aufspaltung,
- die Abspaltung und
- die Ausgliederung.

01.14 Bei der Aufspaltung teilt ein Rechtsträger sein Vermögen unter Auflösung ohne Abwicklung auf und überträgt die Teile jeweils als Gesamtheit im Wege der Sonderrechtsnachfolge auf mindestens zwei andere schon bestehende (Aufspaltung zur Aufnahme) oder neu gegründete Rechtsträger (Aufspaltung zur Neugründung). Die Anteilsinhaber des sich aufspaltenden Rechtsträgers erhalten Anteile an den übernehmenden Rechtsträgern.

01.15 Bei der Abspaltung bleibt der übertragende Rechtsträger bestehen. Er überträgt ebenfalls im Wege der Sonderrechtsnachfolge einen Teil oder mehrere Teile seines Vermögens jeweils als Gesamtheit auf einen oder mehrere andere schon bestehende oder neu gegründete Rechtsträger. Die Anteilsinhaber des abspaltenden Rechtsträgers erhalten Anteile am übernehmenden Rechtsträger.

01.16 Die Ausgliederung entspricht im Wesentlichen der Abspaltung. Die Anteile an den übernehmenden Rechtsträgern fallen jedoch in das Vermögen des ausgliedernden Rechtsträgers.

01.17 Das UmwG sieht folgende Spaltungsmöglichkeiten vor:

---

[1]) Die „Umwandlung" einer UG in eine GmbH ist ein Firmen- und kein Formwechsel (§ 5a Absatz 5 GmbHG).
[2]) Formwechsel einer AG in eine SE nach Artikel 2 Absatz 4, 37 SE-VO
[3]) nur große VVaG; zum Vorliegen eines kleinen VVaG >§ 53 VAG

Anhang 28
Umwandlungssteuerrecht

von \ auf	PershG/ PartG	GmbH	AG/KGaA	eG	eV	gen. Prüfungsverband	VVaG
PershG/ PartG	§§ 123 – 137	§§ 123 – 137 §§ 138 – 140	§§ 123 – 137 §§ 141 – 146	§§ 123 – 137 §§ 147 – 148	– (§ 149 Absatz 2)	§§ 123 – 137	– (§ 151)
GmbH inkl. UG	§§ 123 – 137 §§ 138 – 140	§§ 123 – 137 §§ 138 – 140	§§ 123 – 137 §§ 138 – 140 §§ 141 – 146	§§ 123 – 137 §§ 138 – 140 §§ 147 – 148	– (§ 149 Absatz 2)	§§ 123 – 137 §§ 138 – 140	– (§ 151)
AG/KGaA	§§ 123 – 137 §§ 141 – 146	§§ 123 – 137 §§ 138 – 140 §§ 141 – 146	§§ 123 – 137 §§ 141 – 146	§§ 123 – 137 §§ 141 – 146 §§ 147 – 148	– (§ 149 Absatz 2)	§§ 123 – 137	– (§ 151)
eG	§§ 123 – 137 §§ 147 – 148	§§ 123 – 137 §§ 138 – 140 §§ 147 – 148	§§ 123 – 137 §§ 141 – 146 §§ 147 – 148	§§ 123 – 137 §§ 147 – 148	– (§ 149 Absatz 2)	§§ 123 – 137	– (§ 151)
eV/wirtsch. Verein	§§ 123 – 137 § 149	§§ 123 – 137 §§ 138 – 140 § 149 Absatz 1	§§ 123 – 137 §§ 141 – 146 § 149 Absatz 1	§§ 123 – 137 §§ 147 – 149	[1])§§ 123 – 137 § 149 Absatz 2	§§ 123 – 137 §§ 138 – 140 § 149 Absatz 1	– (§ 151)
gen. Prüfungsverband	– (§ 150)	nur Ausgliederung §§ 123 – 137 §§ 138 – 140 § 150	nur Ausgliederung §§ 123 – 137 §§ 141 – 146 § 150	– (§ 150)	– (§ 150)	[2])§§ 123 – 137 § 150	– (§ 150)
VVaG	– (§ 151)	nur Ausgliederung, wenn keine Übertragung von Vers.-Verträgen §§ 123 – 137 §§ 138 – 140 § 151	Auf-/Abspaltung nur auf Vers.-AG; Ausgliederung nur, wenn keine Übertragung von Vers.-Verträgen §§ 123 – 135 §§ 141 – 146 § 151	– (§ 151)	– (§ 151)	– (§ 151)	nur Auf-/Abspaltung §§ 123 – 135 §§ 141 – 146 § 151
Einzelkaufmann	nur Ausgliederung auf PershG [2])§§ 123 – 137 §§ 152 – 160	nur Ausgliederung §§ 123 – 137 §§ 138 – 140 §§ 152 – 160	nur Ausgliederung §§ 123 – 137 §§ 141 – 146 §§ 152 – 160	nur Ausgliederung [2])§§ 123 – 137 §§ 147 – 148 §§ 152 – 160	– (§ 152)	– (§ 152)	– (§ 152)
Stiftungen	nur Ausgliederung auf PershG [2])§§ 123 – 137 §§ 161 – 167	nur Ausgliederung §§ 123 – 137 §§ 138 – 140 §§ 161 – 167	nur Ausgliederung §§ 123 – 137 §§ 141 – 146 §§ 161 – 167	– (§ 161)	– (§ 161)	– (§ 161)	– (§ 161)
Gebiets-Körpersch.	nur Ausgliederung auf PershG [2])§§ 123 – 137 §§ 168 – 173	nur Ausgliederung §§ 123 – 137 §§ 138 – 140 §§ 168 – 173	nur Ausgliederung §§ 123 – 137 §§ 141 – 146 §§ 168 – 173	nur Ausgliederung §§ 123 – 137 §§ 147 – 148 §§ 168 – 173	– (§ 168)	– (§ 168)	– (§ 168)

dd) Vermögensübertragung

Die Vermögensübertragung ist als Vollübertragung und als Teilübertragung zugelassen. Ihre Ausgestaltung entspricht bei der Vollübertragung der Verschmelzung, bei der Teilübertragung der Spaltung. Der Unterschied zu diesen Umwandlungsarten besteht darin, dass die Gegenleistung für das übertragene Vermögen nicht in Anteilen an den übernehmenden oder neuen Rechtsträgern besteht, sondern in einer Gegenleistung anderer Art, insbesondere in einer Barleistung.

01.18

Die Vermögensübertragung ist nach dem UmwG auf folgende Fälle beschränkt:

01.19

---

[1]) nur e. V. als übertragender Rechtsträger
[2]) Vorgang ist nur zur Aufnahme durch einen übernehmenden Rechtsträger möglich

Anhang 28
Umwandlungssteuerrecht

von \ auf	Öffentliche Hand	VVaG	öffentl.-rechtl. Vers.-Unternehmen	Vers.-AG
GmbH				
Vollübertragung	§ 175 Nummer 1, § 176	–	–	–
Teilübertragung	§ 175 Nummer 1, § 177	–	–	–
AG/KGaA				
Vollübertragung	§ 175 Nummer 1, § 176	–	–	–
Teilübertragung	§ 175 Nummer 1, § 177	–	–	–
Vers.-AG				
Vollübertragung	–	§ 175 Nummer 2 Buchstabe a, § 178	§ 175 Nummer 2 Buchstabe a, § 178	–
Teilübertragung	–	§ 175 Nummer 2 Buchstabe a, § 179	§ 175 Nummer 2 Buchstabe a, § 179	–
VVaG				
Vollübertragung	–	–	§ 175 Nummer 2 Buchstabe b, §§ 180 – 183, §§ 185 – 187	§ 175 Nummer 2 Buchstabe b, §§ 180 – 183, §§ 185–187
Teilübertragung	–	–	§ 175 Nummer 2 Buchstabe b, §§ 184 – 187	§ 175 Nummer 2 Buchstabe b, §§ 184 – 187
öffentl.-rechtl. Vers.-Unternehmen				
Vollübertragung	–	§ 175 Nummer 2 Buchstabe c, § 188	–	§ 175 Nummer 2 Buchstabe c, § 188
Teilübertragung	–	§ 175 Nummer 2 Buchstabe c, § 189	–	§ 175 Nummer 2 Buchstabe c, § 189

b) Vergleichbare ausländische Vorgänge

01.20 Der sachliche Anwendungsbereich des Zweiten bis Fünften Teils gilt auch für mit
- einer Verschmelzung,
- einer Auf- oder Abspaltung sowie
- einem Formwechsel

vergleichbare ausländische Vorgänge. Auf die Anzeigepflichten, z. B. nach § 137 oder § 138 Absatz 2 AO, wird hingewiesen.

Ausländische Vorgänge i. S. d. § 1 Absatz 1 Satz 1 Nummer 1 und 2 UmwStG sind Umwandlungen, bei denen auf den übertragenden Rechtsträger oder auf den übernehmenden Rechtsträger bzw. beim Formwechsel auf den umwandelnden Rechtsträger das UmwG nach den allgemeinen Grundsätzen kollisionsrechtlich keine Anwendung findet. Das für die Umwandlung maßgebende Recht bestimmt sich regelmäßig nach dem Gesellschaftsstatut des Staats, in dem der jeweilige Rechtsträger in ein öffentliches Register eingetragen ist. Ist er nicht oder noch nicht in ein öffentliches Register eingetragen, ist das Gesellschaftsstatut des Staats maßgebend, nach dem er organisiert ist.

01.21 Ausländische Vorgänge i. S. d. § 1 Absatz 1 UmwStG sind auch grenzüberschreitende Umwandlungsvorgänge unter Beteiligung von Rechtsträgern, die dem deutschen Gesellschaftsstatut unterliegen. Die grenzüberschreitende Verschmelzung i. S. d. § 122a UmwG ist dabei grundsätzlich ein mit einer Verschmelzung i. S. d. § 2 UmwG vergleichbarer ausländischer Vorgang.

01.22 Ein ausländischer Vorgang kann auch dann gegeben sein, wenn sämtliche beteiligten Rechtsträger im Inland unbeschränkt steuerpflichtig sind.

Beispiel:
Zwei Gesellschaften englischen Rechts (statutarischer Sitz in Großbritannien und effektiver Verwaltungssitz im Inland) sollen zu einer Gesellschaft englischen Rechts mit effektivem Verwaltungssitz im Inland verschmolzen werden. Die Gesellschaften englischen Rechts sind sämtlich im Inland nach § 1 Absatz 1 Nummer 1 KStG unbeschränkt steuerpflichtig.

Lösung:
Es handelt sich um einen ausländischen Vorgang, da für die Umwandlung ausschließlich das englische Gesellschaftsstatut maßgebend ist.

aa) Zivilrechtliche Wirksamkeit nach ausländischem Recht

Für ausländische Vorgänge gilt wie bei den inländischen Umwandlungen der Grundsatz der Maßgeblichkeit des Gesellschaftsrechts. Der ausländische Vorgang muss nach dem jeweiligen Gesellschaftsstatut der beteiligten Rechtsträger gesellschaftsrechtlich zulässig und wirksam sein. Für die gesellschaftsrechtliche Zulässigkeit und Wirksamkeit einer ausländischen Umwandlung ist regelmäßig von der Entscheidung der ausländischen Registerbehörden auszugehen. Das gilt nicht bei gravierenden Mängeln der Umwandlung.

01.23

bb) Prüfung der Vergleichbarkeit

Die Prüfung, ob ein ausländischer Vorgang mit einer inländischen Umwandlung i. S. d. § 1 Absatz 1 Satz 1 Nummer 1 und 2 UmwStG vergleichbar ist, erfolgt durch die im jeweiligen Einzelfall zuständige inländische Finanzbehörde. Ein ausländischer Umwandlungsvorgang ist vergleichbar, wenn er seinem Wesen nach einer Verschmelzung, Auf-, Abspaltung oder einem Formwechsel i. S. d. UmwG entspricht. Für die Beurteilung des ausländischen Vorgangs sind

01.24

– die beteiligten Rechtsträger,
– die Rechtsnatur bzw. Rechtsfolgen des Umwandlungsvorgangs (Strukturmerkmale) und
– sonstige Vergleichskriterien

zu prüfen.

Der Vergleichbarkeitsprüfung unterliegt grundsätzlich der jeweilige ausländische Umwandlungsvorgang in seiner konkreten rechtlichen Ausgestaltung und nicht das ausländische Umwandlungsrecht als solches. Maßgebend ist, dass der nach ausländischem Umwandlungsrecht abgewickelte konkrete Vorgang ungeachtet des Sitzerfordernisses in § 1 Absatz 1 UmwG auch nach den Regelungen des UmwG wirksam abgewickelt werden könnte.

01.25

Beispiel:
Zwei Gesellschaften ausländischer Rechtsform sollen verschmolzen werden. Das ausländische Umwandlungsrecht sieht keine mit § 54 Absatz 4 UmwG vergleichbare Beschränkung barer Zuzahlungen vor. Im Verschmelzungsvertrag wird eine bare Zuzahlung i. H. v. 50 % des Gesamtnennbetrags der gewährten Anteile vereinbart.

Lösung:
Aufgrund der vertraglich vereinbarten baren Zuzahlung von mehr als 10 % des Gesamtnennbetrags der gewährten Anteile ist kein mit einer inländischen Umwandlung vergleichbarer Vorgang gegeben, da der Umwandlungsvorgang ungeachtet des Sitzerfordernisses in § 1 Absatz 1 UmwG nach den Vorschriften des UmwG nicht hätte abgewickelt werden können. Wäre in dem Verschmelzungsvertrag eine bare Zuzahlung i. H. v. max. 10 % des Gesamtnennbetrags der gewährten Anteile vereinbart worden, stünde einer Vergleichbarkeit des ausländischen Umwandlungsvorgangs die fehlende gesetzliche Beschränkung barer Zuzahlungen im ausländischen Umwandlungsrecht nicht entgegen.

cc) Umwandlungsfähigkeit der beteiligten Rechtsträger

Die Prüfung der Umwandlungsfähigkeit der beteiligten Rechtsträger hat bezogen auf die zu beurteilende Umwandlungsart und bezogen auf das jeweilige Gesellschaftsstatut der an dieser Umwandlung beteiligten Rechtsträger zu erfolgen.

01.26

Die Voraussetzungen der Umwandlungsfähigkeit müssen – infolge des auch für ausländische Umwandlungen geltenden Grundsatzes der Maßgeblichkeit des Gesellschaftsrechts (vgl. Randnr. 01.23) – für sämtliche betroffenen Gesellschaftsstatute der beteiligten Rechtsträger geprüft und mit der Umwandlungsfähigkeit nach dem UmwG verglichen werden; dabei ist der Umwandlungsvorgang nach dem jeweiligen Gesellschaftsstatut als Ganzes und nicht nur hinsichtlich eines bestimmten Teilbereichs (z. B. hinsichtlich des übertragenden oder übernehmenden Rechtsträgers) zu prüfen.

01.27 Der ausländische Rechtsträger muss i. R. eines Rechtstypenvergleichs einem vergleichbaren umwandlungsfähigen Rechtsträger inländischen Rechts entsprechen. Allein die steuerliche Einordnung des jeweiligen Rechtsträgers als Körperschaft oder Personengesellschaft ist für die Beurteilung der Umwandlungsfähigkeit nicht ausreichend. Der Rechtstypenvergleich hat grundsätzlich anhand des gesetzlichen Leitbilds der ausländischen Gesellschaft zu erfolgen. Zum Rechtstypenvergleich ausgewählter ausländischer Rechtsformen vgl. Tabellen 1 und 2 des BMF-Schreibens vom 24.12.1999, BStBl I S. 1076. Ist es aufgrund umfassender Dispositionsmöglichkeiten im ausländischen Recht nicht möglich, den jeweils beteiligten Rechtsträger anhand des gesetzlich vorgegebenen Leitbilds abzuleiten, hat der Rechtstypenvergleich anhand der rechtlichen Gegebenheiten des Einzelfalls zu erfolgen. Zu maßgebenden Kriterien für den Rechtstypenvergleich vgl. BMF-Schreiben vom 19.3.2004, BStBl I S. 411.

01.28 Aufgelöste Rechtsträger können sich an ausländischen Umwandlungsvorgängen entsprechend den in § 3 Absatz 3, § 124 Absatz 2 UmwG genannten Voraussetzungen beteiligen.

dd) Strukturmerkmale des Umwandlungsvorgangs

01.29 Neben der Umwandlungsfähigkeit der beteiligten Rechtsträger müssen die Strukturmerkmale einer Verschmelzung, einer Auf- oder Abspaltung oder eines Formwechsels vorliegen.

(1) Verschmelzung

01.30 Strukturmerkmale einer Verschmelzung i. S. d. § 2 UmwG sind:
- die Übertragung des gesamten Aktiv- und Passivvermögens eines übertragenden Rechtsträgers oder mehrerer übertragender Rechtsträger auf einen übernehmenden Rechtsträger,
- aufgrund eines Rechtsgeschäfts,
- kraft Gesetzes,
- gegen Gewährung von Anteilen am übernehmenden Rechtsträger an die Anteilsinhaber des übertragenden Rechtsträgers,
- unter Auflösung ohne Abwicklung des übertragenden Rechtsträgers oder der übertragenden Rechtsträger.

01.31 Rechtsgeschäft i. S. d. Randnr. 01.30 ist der Abschluss eines Verschmelzungsvertrags bzw. die Erstellung eines Verschmelzungsplans. Der notwendige Inhalt des Verschmelzungsvertrags bzw. des Verschmelzungsplans muss bei ausländischen Vorgängen mindestens den Vorgaben der Richtlinie 78/855/EWG, ABl. EG Nr. L 295 S. 36, entsprechen.

Dies gilt auch für die Rechtswirkungen der Verschmelzung. Diese ergeben sich aus Artikel 19 der Richtlinie 78/855/EWG, ABl. EG Nr. L 295 S. 36. Der Übergang des gesamten Vermögens, die Auflösung ohne Abwicklung des übertragenden Rechtsträgers sowie die Beteiligung der Anteilsinhaber des übertragenden Rechtsträgers an dem übernehmenden Rechtsträger müssen nach den ausländischen umwandlungsrechtlichen Bestimmungen kraft Gesetzes und nicht durch Einzelübertragungen erfolgen.

01.32 Bei der Prüfung des Erfordernisses zur Gewährung von Anteilen sind Kapitalerhöhungsverbote und -wahlrechte entsprechend den im UmwG (z. B. § 54 UmwG) enthaltenen vergleichbaren Regelungen zu berücksichtigen, vgl. Randnr. 01.09.

Beispiel:
Eine ausländische Mutter-Kapitalgesellschaft ist alleinige Anteilseignerin zweier ausländischer Tochter-Kapitalgesellschaften. Die eine Tochter-Kapitalgesellschaft wird zur Aufnahme auf die andere Tochter-Kapitalgesellschaft verschmolzen. Auf eine Kapitalerhöhung wird auf Grundlage einer mit § 54 Absatz 1 Satz 3 UmwG vergleichbaren ausländischen Regelung verzichtet.

Lösung:
Bei der Prüfung der Strukturmerkmale des ausländischen Umwandlungsvorgangs ist die Möglichkeit zum Verzicht auf eine Kapitalerhöhung analog § 54 Absatz 1 Satz 3 UmwG zu berücksichtigen.

(2) Aufspaltung

Strukturmerkmale einer Aufspaltung i. S. d. § 123 Absatz 1 UmwG sind: 01.33

- die Übertragung des gesamten Aktiv- und Passivvermögens eines Rechtsträgers auf mindestens zwei übernehmende Rechtsträger,
- aufgrund eines Rechtsgeschäfts,
- kraft Gesetzes,
- gegen Gewährung von Anteilen an den übernehmenden Rechtsträgern an die Anteilsinhaber des übertragenden Rechtsträgers,
- unter Auflösung ohne Abwicklung des übertragenden Rechtsträgers.

Rechtsgeschäft i. S. d. Randnr. 01.33 ist der Abschluss eines Spaltungs- und Übernahmevertrags bzw. die Erstellung eines Spaltungsplans. Der notwendige Inhalt des Spaltungs- und Übernahmevertrags bzw. des Spaltungsplans muss bei ausländischen Umwandlungsvorgängen den Vorgaben der Richtlinie 82/891/EWG, ABl. EG Nr. L 378 S. 47, entsprechen. 01.34

Dies gilt auch für die Rechtswirkungen der Aufspaltung. Diese ergeben sich aus Artikel 17 der Richtlinie 82/891/EWG, ABl. EG Nr. L 378 S. 47. Der Übergang des gesamten Vermögens, die Auflösung ohne Abwicklung des übertragenden Rechtsträgers sowie die Beteiligung der Anteilsinhaber des übertragenden Rechtsträgers an den übernehmenden Rechtsträgern müssen nach den ausländischen umwandlungsrechtlichen Bestimmungen kraft Gesetzes und nicht durch Einzelübertragungen erfolgen.

Bei der Prüfung des Erfordernisses zur Gewährung von Anteilen sind Kapitalerhöhungsverbote und -wahlrechte entsprechend den im UmwG enthaltenen vergleichbaren Regelungen zu beachten, vgl. Randnr. 01.32. 01.35

(3) Abspaltung

Strukturmerkmale einer Abspaltung i. S. d. § 123 Absatz 2 UmwG sind: 01.36

- die Übertragung eines Teils oder mehrerer Teile eines Rechtsträgers auf einen oder mehrere übernehmende Rechtsträger,
- aufgrund eines Rechtsgeschäfts,
- kraft Gesetzes,
- gegen Gewährung von Anteilen am übernehmenden Rechtsträger oder an den übernehmenden Rechtsträgern an die Anteilsinhaber des übertragenden Rechtsträgers,
- ohne Auflösung des übertragenden Rechtsträgers.

Gesellschaftsrechtliche Bestimmungen des sekundären Unionsrechts über die Abspaltung bestehen derzeit nicht. Der notwendige Inhalt des Spaltungs- und Übernahmevertrags bzw. des Spaltungsplans sowie die Rechtswirkungen der Abspaltung müssen daher den Bestimmungen des UmwG entsprechen. 01.37

Anhang 28
Umwandlungssteuerrecht

01.38 Die Möglichkeit des übertragenden Rechtsträgers, die aufgrund einer Vermögensübertragung erhaltenen Anteile an die Anteilseigner des übertragenden Rechtsträgers unentgeltlich zeitnah weiter übertragen zu können, führt nicht dazu, dass ein ausländischer Umwandlungsvorgang mit einer Abspaltung i. S. d. § 123 Absatz 2 UmwG vergleichbar ist; z. B. Teileinbringung nach dem französischen Recht (Apport partiel d'actif). Es kann sich jedoch insoweit um einen mit einer Ausgliederung i. S. d. § 123 Absatz 3 UmwG vergleichbaren ausländischen Vorgang handeln.

(4) Formwechsel

01.39 Es bestehen derzeit keine sekundärrechtlichen Bestimmungen des Unionsrechts zum Formwechsel. Für die Abgrenzung zwischen einer Verschmelzung und einem Formwechsel ist auf das ausländische Umwandlungsrecht abzustellen (BFH vom 22.2.1989, I R 11/85, BStBl II S. 794). Nach §§ 190 ff. UmwG ist der Formwechsel auf die Änderung der rechtlichen Organisation des Rechtsträgers beschränkt. Sieht das ausländische Recht keine rechtliche Kontinuität, sondern eine Auflösung ohne Abwicklung vor, ist daher dieser Vorgang nicht mehr mit einem Formwechsel vergleichbar. Es kann insoweit jedoch ein mit einer Verschmelzung i. S. d. § 2 UmwG vergleichbarer ausländischer Vorgang gegeben sein. Der Umstand, dass eine Verschmelzung zur Neugründung mindestens zwei übertragende Rechtsträger erfordert, stellt insoweit kein Strukturmerkmal (vgl. Randnr. 01.30) dar.

Beispiel:
Eine österreichische GesmbH mit inländischen Anteilseignern wird im Wege einer errichtenden Umwandlung in eine österreichische KG umgewandelt.

Lösung:
Eine errichtende Umwandlung ist die ohne Abwicklung erfolgende Übertragung des Vermögens der GesmbH auf die gleichzeitig neu entstehende KG. Die GesmbH erlischt infolge der Umwandlung. Auch wenn es für eine Verschmelzung zur Neugründung i. S. d. § 2 Nummer 2 UmwG an dem Erfordernis mindestens zweier übertragender Rechtsträger fehlt, ist dennoch ein mit einer Verschmelzung i. S. d. § 1 Absatz 1 Satz 1 Nummer 1 UmwStG vergleichbarer ausländischer Vorgang gegeben, da die Strukturmerkmale einer Verschmelzung erfüllt sind. Infolge der Auflösung und der Vermögensübertragung liegt kein mit einem Formwechsel i. S. d. § 1 Absatz 1 Satz 1 Nummer 2 UmwStG vergleichbarer ausländischer Vorgang vor.

ee) Sonstige Vergleichskriterien

01.40 Ein wesentliches sonstiges Vergleichskriterium ist insbesondere die Höhe der vertraglich vereinbarten Zuzahlungen. Diese müssen grundsätzlich mit den Vorgaben des UmwG (z. B. § 54 Absatz 4 UmwG) vergleichbar sein. Werden Zuzahlungen vereinbart, die diesen Rahmen deutlich überschreiten, ist dieses als Indiz für eine fehlende Vergleichbarkeit zu werten (vgl. das Beispiel in Randnr. 01.25).

01.41 Die Dauer einer gesellschaftsrechtlichen Rückbeziehungsmöglichkeit des Umwandlungsvorgangs stellt kein für die Vergleichbarkeit entscheidendes Merkmal dar.

c) Umwandlungen nach der SE-VO bzw. der SCE-VO

01.42 Verschmelzungen i. S. d. Artikels 17 der Verordnung (EG) Nr. 2157/2001 (SE-VO), ABl. EG Nr. L 294 S. 1, zur Gründung einer Europäischen Gesellschaft und i. S. d. Artikels 19 der Verordnung (EG) Nr. 1435/2003 (SCE-VO), ABl. EG Nr. L 207 S. 1, zur Gründung einer Europäischen Genossenschaft unterfallen dem sachlichen Anwendungsbereich des § 1 Absatz 1 Satz 1 Nummer 1 UmwStG. Diese Verordnungen gelten nicht nur in Bezug zu EU-Mitgliedstaaten, sondern auch in Bezug zu EWR-Staaten.

2. Sechster bis Achter Teil (§ 1 Absatz 3 UmwStG)

Der Anwendungsbereich des Sechsten bis Achten Teils gilt grundsätzlich nur für die in § 1 Absatz 3 Nummer 1 bis 5 UmwStG abschließend aufgezählten Vorgänge; darüber hinaus wird der Anwendungsbereich des § 1 Absatz 3 UmwStG durch die in den § 20 Absatz 1, § 21 Absatz 1 und § 24 Absatz 1 UmwStG enthaltenen Voraussetzungen bezüglich der Rechtsform des übernehmenden Rechtsträgers wie folgt begrenzt:

01.43

- die Verschmelzung i. S. d. § 2 UmwG, die Auf- und die Abspaltung i. S. d. § 123 Absatz 1 und 2 UmwG von Personenhandelsgesellschaften und Partnerschaftsgesellschaften auf eine Kapitalgesellschaft oder Genossenschaft (§ 20 UmwStG) oder auf eine Personengesellschaft (§ 24 UmwStG) oder vergleichbare ausländische Vorgänge;
- die Ausgliederung von Vermögensteilen i. S. d. § 123 Absatz 3 UmwG auf eine Kapitalgesellschaft oder Genossenschaft (§ 20 UmwStG) oder auf eine Personengesellschaft (§ 24 UmwStG) oder vergleichbare ausländische Vorgänge;
- der Formwechsel einer Personengesellschaft in eine Kapitalgesellschaft oder Genossenschaft i. S. d. § 190 Absatz 1 UmwG (§ 25 UmwStG) oder vergleichbare ausländische Vorgänge;
- die Einbringung von Betriebsvermögen durch Einzelrechtsnachfolge in eine Kapitalgesellschaft oder Genossenschaft (§ 20 UmwStG) oder in eine Personengesellschaft (§ 24 UmwStG);
- die Einbringung von Anteilen an einer Kapitalgesellschaft oder Genossenschaft in eine Kapitalgesellschaft oder Genossenschaft (§ 21 UmwStG, Anteilstausch).

Die Übertragung des wirtschaftlichen Eigentums wird der Einzelrechtsnachfolge i. S. d. § 1 Absatz 3 Nummer 4 UmwStG gleichgestellt.

a) Einbringung in eine Kapitalgesellschaft oder Genossenschaft gegen Gewährung von Gesellschaftsrechten (§ 20 UmwStG)

Die Vorschriften über die Einbringung von Betriebsvermögen in eine Kapitalgesellschaft oder Genossenschaft gegen Gewährung von Gesellschaftsrechten gelten insbesondere bei Übertragung:

01.44

aa) im Wege der Gesamtrechtsnachfolge

- durch Verschmelzung von Personenhandelsgesellschaften auf eine bereits bestehende oder neu gegründete Kapitalgesellschaft (vgl. §§ 2 und 3 Absatz 1 Satz 1 UmwG);
- durch Auf- und Abspaltung von Vermögensteilen einer Personenhandelsgesellschaft auf eine bereits bestehende oder neu gegründete Kapitalgesellschaft (vgl. § 123 Absatz 1 und 2 UmwG);
- durch Ausgliederung von Vermögensteilen eines Einzelkaufmanns, einer Personenhandelsgesellschaft, einer Kapitalgesellschaft oder eines sonstigen sowohl in § 1 Absatz 1 KStG als auch in § 124 Absatz 1 zweite Alternative i. V. m. § 3 Absatz 1 UmwG genannten Rechtsträgers auf eine bereits bestehende oder neu gegründete Kapitalgesellschaft;

bb) im Wege des Formwechsels einer Personenhandelsgesellschaft in eine Kapitalgesellschaft nach § 190 UmwG. Der Formwechsel wird ertragsteuerlich wie ein Rechtsträgerwechsel behandelt (vgl. § 25 UmwStG).

cc) im Wege der Einzelrechtsnachfolge

- durch Sacheinlage i. S. v. § 5 Absatz 4 GmbHG bzw. § 27 AktG bei der Gründung einer Kapitalgesellschaft oder

– durch Sachkapitalerhöhung aus Gesellschaftermitteln (vgl. § 56 GmbHG, §§ 183, 194, 205 AktG) bei einer bestehenden Kapitalgesellschaft.

Folge einer Einbringung eines Mitunternehmeranteils, u. a. im Wege der Einzelrechtsnachfolge kann auch eine Anwachsung (§ 738 BGB) sein. Bei einer Bargründung oder -kapitalerhöhung kann auch dann eine Sacheinlage vorliegen, wenn der Gesellschafter zusätzlich zu der Bareinlage gleichzeitig eine Verpflichtung übernimmt, als Aufgeld einen Betrieb, Teilbetrieb oder Mitunternehmeranteil in die Kapitalgesellschaft einzubringen (BFH vom 7.4.2010, I R 55/09, BStBl II S. 1094).

01.45 Eine Einbringung i. S. d. § 20 UmwStG liegt auch bei vergleichbaren ausländischen Vorgängen vor (vgl. Randnr. 01.20 ff.).

b) *Austausch von Anteilen (§ 21 UmwStG)*

01.46 Die Vorschriften über den Austausch von Anteilen an Kapitalgesellschaften oder Genossenschaften gegen Gewährung von Gesellschaftsrechten gelten insbesondere bei Übertragung:

aa) im Wege der Gesamtrechtsnachfolge

durch Ausgliederung von Vermögensteilen eines Einzelkaufmanns, einer Personenhandelsgesellschaft, einer Kapitalgesellschaft oder eines sonstigen sowohl in § 1 Absatz 1 KStG als auch in § 124 Absatz 1 zweite Alternative i. V. m. § 3 Absatz 1 UmwG genannten Rechtsträgers auf eine bereits bestehende oder neu gegründete Kapitalgesellschaft;

bb) im Wege der Einzelrechtsnachfolge

– durch Sacheinlage i. S. v. § 5 Absatz 4 GmbHG bzw. § 27 AktG bei der Gründung einer Kapitalgesellschaft oder

– durch Sachkapitalerhöhung aus Gesellschaftermitteln (vgl. § 56 GmbHG, §§ 183, 194, 205 AktG) bei einer bestehenden Kapitalgesellschaft.

Die Ausführungen zur Bargründung oder -kapitalerhöhung bei Einzelrechtsnachfolge gelten entsprechend (vgl. Randnr. 01.44).

c) *Einbringung in eine Personengesellschaft (§ 24 UmwStG)*

01.47 Die Einbringung eines Betriebs, Teilbetriebs oder Mitunternehmeranteils in eine Personengesellschaft nach § 24 UmwStG ist insbesondere möglich bei Übertragung:

aa) im Wege der Einzelrechtsnachfolge

– durch Aufnahme eines Gesellschafters in ein Einzelunternehmen gegen Geldeinlage oder Einlage anderer Wirtschaftsgüter. Aus Sicht des § 24 UmwStG bringt dabei der Einzelunternehmer seinen Betrieb in die neu entstehende Personengesellschaft ein;

– durch Einbringung eines Einzelunternehmens in eine bereits bestehende Personengesellschaft oder durch Zusammenschluss von mehreren Einzelunternehmen zu einer Personengesellschaft;

– durch Eintritt eines weiteren Gesellschafters in eine bestehende Personengesellschaft gegen Geldeinlage oder Einlage anderer Wirtschaftsgüter. Die bisherigen Gesellschafter der Personengesellschaft bringen in diesem Fall ihre Mitunternehmeranteile an der bisherigen Personengesellschaft in eine neue – durch den neu hinzutretenden Gesellschafter vergrößerte – Personengesellschaft ein. Der bloße Gesellschafterwechsel bei einer bestehenden Personengesellschaft – ein Gesellschafter scheidet aus, ein anderer erwirbt seine Anteile und tritt an seine Stelle – fällt nicht unter § 24 UmwStG;

- infolge Aufstockung eines bereits bestehenden Mitunternehmeranteils (Kapitalerhöhung) durch Geldeinlage oder Einlage anderer Wirtschaftsgüter. Die nicht an der Kapitalerhöhung teilnehmenden Gesellschafter der Personengesellschaft bringen in diesem Fall ihre Mitunternehmeranteile an der bisherigen Personengesellschaft in eine neue – durch die Kapitalerhöhung in den Beteiligungsverhältnissen veränderte – Personengesellschaft ein (BFH vom 25.4.2006, VIII R 52/04, BStBl II S. 847);
- indem die Gesellschafter einer Personengesellschaft I ihre Gesellschaftsanteile (Mitunternehmeranteile) in die übernehmende Personengesellschaft II gegen Gewährung von Gesellschaftsanteilen an dieser Gesellschaft einbringen und das Gesellschaftsvermögen der Personengesellschaft I der übernehmenden Personengesellschaft II anwächst (§ 738 BGB);

bb) im Wege der Gesamtrechtsnachfolge
- durch Verschmelzung von Personenhandels- oder Partnerschaftsgesellschaften nach §§ 2, 39 ff. UmwG auf Personenhandels- oder Partnerschaftsgesellschaften;
- durch Auf- oder Abspaltung von Personenhandels- oder Partnerschaftsgesellschaften nach § 123 Absatz 1 und 2 UmwG auf Personenhandels- oder Partnerschaftsgesellschaften;
- durch Ausgliederung aus Körperschaften, Personenhandelsgesellschaften, Partnerschaftsgesellschaften oder Einzelunternehmen auf Personenhandels- oder Partnerschaftsgesellschaften nach § 123 Absatz 3 UmwG.

§ 24 UmwStG ist nicht anzuwenden auf die formwechselnde Umwandlung einer Personenhandelsgesellschaft in eine Personengesellschaft sowie auf den Eintritt einer GmbH in eine bestehende Personengesellschaft ohne vermögensmäßige Beteiligung. In derartigen Fällen fehlt es an einem Übertragungsvorgang, so dass ein Gewinn i. S. d. § 16 EStG nicht entsteht und eine Wertaufstockung nicht möglich ist (BFH vom 21.6.1994, VIII R 5/92, BStBl II S. 856 und BFH vom 20.9.2007, IV R 70/05, BStBl 2008 II S. 265).

In den Fällen der unentgeltlichen Aufnahme einer natürlichen Person in ein Einzelunternehmen ist § 24 UmwStG für beide Mitunternehmer nicht anzuwenden (§ 6 Absatz 3 Satz 1 zweiter Halbsatz EStG)[1]).

Eine Einbringung i. S. d. § 24 UmwStG liegt auch bei vergleichbaren ausländischen Vorgängen vor (vgl. Randnr. 01.20 ff.).

01.48

II. Persönlicher Anwendungsbereich
1. Zweiter bis Fünfter Teil (§ 1 Absatz 2 UmwStG)

Für die Anwendung der §§ 3 bis 19 UmwStG müssen der übertragende Rechtsträger und der übernehmende Rechtsträger nach dem Recht eines EU-Mitgliedstaats oder eines EWR-Staats gegründet sein und ihren Sitz (§ 11 AO) sowie ihren Ort der Geschäftsleitung (§ 10 AO) in einem dieser Staaten haben (§ 1 Absatz 2 Satz 1 Nummer 1 UmwStG). Es ist nicht erforderlich, dass sich der Sitz (§ 11 AO) und der Ort der Geschäftsleitung (§ 10 AO) in ein und demselben EU-Mitgliedstaat oder EWR-Staat befinden. Beim Formwechsel i. S. d. § 1 Absatz 1 Satz 1 Nummer 2 UmwStG müssen die vorgenannten Voraussetzungen vom umwandelnden Rechtsträger erfüllt werden.

01.49

---

[1]) Überholt durch BFH vom 18.09.2013 (BStBl II 2016 S. 639); bringt der Stpfl. einen Betrieb in eine Mitunternehmerschaft ein und wendet er zugleich Dritten unentgeltlich Mitunternehmeranteile zu, sind auf diesen Vorgang die Vorschriften der § 6 Abs. 3 und § 24 UmwStG nebeneinander anwendbar.

Anhang 28
Umwandlungssteuerrecht

01.50 Der Begriff der Gesellschaft i. S. d. Artikels 54 AEUV (zuvor Artikel 48 EG) bzw. des Artikels 34 des EWR-Abkommens ist ein Begriff des Unionsrechts; es kommt insoweit nicht auf das nationale Recht an. Gesellschaften i. S. d. Artikels 54 AEUV (zuvor Artikel 48 EG) bzw. des Artikels 34 des EWR-Abkommens sind regelmäßig juristische Personen des privaten Rechts (z. B. AG und GmbH) und Personenvereinigungen (z. B. KG und OHG), ausgenommen diejenigen Gesellschaften, die keinen Erwerbszweck verfolgen (Artikel 54 Absatz 2 AEUV (zuvor Artikel 48 Absatz 2 EG), Artikel 34 Absatz 2 EWR-Abkommen). Einen Erwerbszweck in dem vorgenannten Sinne erfüllen regelmäßig die juristischen Personen des öffentlichen Rechts mit ihren Betrieben gewerblicher Art; der jeweilige Betrieb gewerblicher Art ist insofern als Gesellschaft i. S. d. Artikels 54 AEUV (zuvor Artikel 48 EG) bzw. des Artikels 34 des EWR-Abkommens anzusehen.

01.51 Ist übernehmender Rechtsträger eine natürliche Person, muss sich deren Wohnsitz (§ 8 AO) oder deren gewöhnlicher Aufenthalt (§ 9 AO) in einem EU-Mitgliedstaat oder EWR-Staat befinden und sie darf nicht aufgrund eines DBA mit einem dritten Staat als außerhalb des Hoheitsgebiets eines EU-Mitgliedstaats oder EWR-Staats ansässig gelten.

01.52 Die persönlichen Anwendungsvoraussetzungen müssen spätestens am steuerlichen Übertragungsstichtag vorliegen. Wurde ein an der Umwandlung beteiligter Rechtsträger im steuerlichen Rückwirkungszeitraum neu gegründet, ist für diesen Rechtsträger auf den Zeitpunkt der zivilrechtlichen Wirksamkeit der Gründung abzustellen. Bei einer Umwandlung zur Neugründung ist der Zeitpunkt der zivilrechtlichen Wirksamkeit der Umwandlung maßgebend. Zum Beginn der Steuerpflicht in diesen Fällen vgl. Randnr. 02.11.

2. Sechster bis Achter Teil (§ 1 Absatz 4 UmwStG)

01.53 Einbringender Rechtsträger bzw. übertragender Rechtsträger i. S. d. § 1 Absatz 4 UmwStG kann jede natürliche Person sein, die im Hoheitsgebiet eines EU-Mitgliedstaats oder EWR-Staats unbeschränkt steuerpflichtig und auch nach den mit Drittstaaten bestehenden DBA als innerhalb dieses Gebiets ansässig anzusehen ist. Darüber hinaus kann jede nach den Rechtsvorschriften eines EU-Mitgliedstaats oder EWR-Staats gegründete in- und ausländische Gesellschaft i. S. d. Artikels 54 AEUV (zuvor Artikel 48 EG) oder des Artikels 34 des EWR-Abkommens einbringender Rechtsträger, übertragender Rechtsträger oder umwandelnder Rechtsträger sein, wenn sich deren Sitz und Ort der Geschäftsleitung innerhalb des Hoheitsgebiets eines dieser Staaten befinden (§ 1 Absatz 4 Satz 1 Nummer 2, Absatz 2 Satz 1 Nummer 1 und 2 UmwStG).

Ist einbringender oder umwandelnder Rechtsträger eine Personengesellschaft, müssen die unmittelbaren bzw. mittelbaren Mitunternehmer die Voraussetzungen des § 1 Absatz 2 UmwStG erfüllen (§ 1 Absatz 4 Satz 1 Nummer 2 Buchstabe a Doppelbuchstabe aa UmwStG).

Ungeachtet dessen kann auch jede andere natürliche Person oder Gesellschaft einbringender Rechtsträger, übertragender Rechtsträger oder (bei Gesellschaften auch) umwandelnder Rechtsträger sein, wenn das deutsche Besteuerungsrecht an den erhaltenen Anteilen nicht ausgeschlossen oder beschränkt ist (§ 1 Absatz 4 Satz 1 Nummer 2 Buchstabe b UmwStG).

Beispiel
Der im Drittstaat ansässige X unterhält eine inländische Betriebsstätte und bringt einen Teilbetrieb davon in die inländische D-GmbH gegen Gewährung von Anteilen ein. Die Anteile an der D-GmbH sind Betriebsvermögen der verbleibenden inländischen Betriebsstätte und dieser auch funktional zuzuordnen.

Lösung
Der Einbringende X ist zwar nicht im EU-/EWR-Raum ansässig und erfüllt damit nicht die Voraussetzungen des § 1 Absatz 4 Satz 1 Nummer 2 Buchstabe a Doppelbuchstabe bb UmwStG. Da die erhaltenen Anteile aber einem inländischen Betriebsvermögen zugeordnet

werden, sind sie im Inland steuerverstrickt. Damit ist der Anwendungsbereich des § 20 UmwStG eröffnet (§ 1 Absatz 4 Satz 1 Nummer 2 Buchstabe b UmwStG).

Bei der Einbringung eines Betriebs gewerblicher Art ist die juristische Person des öffentlichen Rechts Einbringender.

Übernehmender Rechtsträger i. S. v. §§ 20, 21 UmwStG kann jede Kapitalgesellschaft oder Genossenschaft i. S. d. § 1 Absatz 1 Nummer 1 und 2 KStG sein. Dies gilt unabhängig davon, ob der übernehmende Rechtsträger unbeschränkt körperschaftsteuerpflichtig i. S. v. § 1 KStG ist. Voraussetzung für die Anwendbarkeit der §§ 20, 21 UmwStG ist jedoch nach § 1 Absatz 4 Satz 1 Nummer 1 und Absatz 2 Satz 1 Nummer 1 UmwStG, dass es sich um eine nach den Rechtsvorschriften eines EU-Mitgliedstaats oder eines EWR-Staats gegründete Gesellschaft i. S. v. Artikels 54 AEUV (zuvor Artikel 48 EG) oder des Artikels 34 des EWR-Abkommens handelt, deren Sitz und Ort der Geschäftsleitung sich innerhalb des Hoheitsgebiets eines dieser Staaten befinden. Dies gilt nicht in den Fällen des § 24 UmwStG (§ 1 Absatz 4 Satz 2 UmwStG). 01.54

Die persönlichen Anwendungsvoraussetzungen müssen spätestens am steuerlichen Übertragungsstichtag vorliegen. Randnr. 01.52 gilt entsprechend. Zum Wegfall der persönlichen Anwendungsvoraussetzungen i. S. v. § 1 Absatz 4 UmwStG vgl. Randnr. 22.27. 01.55

III. Begriffsbestimmungen
1. Richtlinien und Verordnungen (§ 1 Absatz 5 Nummer 1 bis 3 UmwStG)

Für die in § 1 Absatz 5 Nummer 1 bis 3 UmwStG genannten Vorschriften des sekundären Unionsrechts sind die jeweils zum Zeitpunkt des steuerlichen Übertragungsstichtags geltenden Fassungen maßgebend. 01.56

2. Buchwert (§ 1 Absatz 5 Nummer 4 UmwStG)

Der Buchwert ermittelt sich nach den am steuerlichen Übertragungsstichtag anwendbaren steuerrechtlichen Regelungen. Unmaßgeblich ist, ob der übernehmende oder übertragende Rechtsträger zu diesem Zeitpunkt eine Bilanz zu erstellen haben. Steuerliche Wahlrechte werden regelmäßig durch die umwandlungssteuergesetzlich vorgegebene Bewertungsobergrenze (gemeiner Wert) eingeschränkt. Der gemeine Wert kann unter dem Buchwert liegen. 01.57

B. Steuerliche Rückwirkung (§ 2 UmwStG)
I. Steuerlicher Übertragungsstichtag

Der steuerliche Übertragungsstichtag i. S. d. § 2 Absatz 1 UmwStG und der handelsrechtliche Umwandlungsstichtag sind nicht identisch. 02.01

1. Inländische Umwandlungen
a) Verschmelzung, Auf-, Abspaltung und Vermögensübertragung

Der handelsrechtliche Umwandlungsstichtag ist der Zeitpunkt, von dem an die Handlungen des übertragenden Rechtsträgers als für Rechnung des übernehmenden Rechtsträgers vorgenommen gelten (vgl. z. B. bei Verschmelzung § 5 Absatz 1 Nummer 6 UmwG oder bei Auf- und Abspaltung § 126 Absatz 1 Nummer 6 UmwG). Der übertragende Rechtsträger hat auf den Schluss des Tages, der dem Umwandlungsstichtag vorangeht, eine handelsrechtliche Schlussbilanz aufzustellen (§ 17 Absatz 2 UmwG). Steuerlicher Übertragungsstichtag ist der Tag, auf den der übertragende Rechtsträger die handelsrechtliche Schlussbilanz aufzustellen hat. 02.02

Beispiel:
Stichtag der handelsrechtlichen Schlussbilanz	31.12.01
handelsrechtlicher Umwandlungsstichtag	1.1.02
steuerlicher Übertragungsstichtag	31.12.01

02.03 Nach § 17 Absatz 2 UmwG darf das Registergericht die Verschmelzung nur eintragen, wenn die Bilanz auf einen höchstens acht Monate[1] vor der Anmeldung liegenden Stichtag aufgestellt worden ist. Die Vorschrift gilt für die Auf- und Abspaltung (§ 125 UmwG) sowie die Vermögensübertragung (§§ 176, 177 UmwG) entsprechend.

Steuerlich sind das Einkommen und das Vermögen der übertragenden Körperschaft sowie des übernehmenden Rechtsträgers so zu ermitteln, als ob das Vermögen der übertragenden Körperschaft mit Ablauf des steuerlichen Übertragungsstichtags ganz oder teilweise auf den übernehmenden Rechtsträger übergegangen wäre (§ 2 Absatz 1 UmwStG). Weitergehende Wirkungen entfaltet die steuerliche Rückwirkungsfiktion nicht. Sie gilt insbesondere nicht für den Anteilseigner der übertragenden Körperschaft, sofern dieser nicht gleichzeitig übernehmender Rechtsträger ist (BFH vom 7.4.2010, I R 96/08, BStBl 2011 II S. 467). Sie gilt auch nicht für die Rechtsbeziehungen gegenüber Rechtsträgern, an denen die übertragende Körperschaft beteiligt ist, oder gegenüber sonstigen Dritten.

Anders als für den Rückbezug nach § 20 Absatz 6 UmwStG besteht für die Anwendung des § 2 UmwStG kein Wahlrecht (BFH vom 22.9.1999, II R 33/97, BStBl 2000 II S. 2).

Ist übernehmender Rechtsträger eine Personengesellschaft, gilt die steuerliche Rückwirkungsfiktion auch für das Einkommen und das Vermögen der Gesellschafter (§ 2 Absatz 2 UmwStG).

02.04 Der Übertragungsgewinn oder -verlust entsteht stets mit Ablauf des steuerlichen Übertragungsstichtags. Dies gilt nach § 2 Absatz 1 i. V. m. § 4 Absatz 1, § 5 Absatz 1 bis 3 UmwStG auch für das Übernahmeergebnis i. S. d. § 4 Absatz 4 bis 6 UmwStG sowie nach § 2 Absatz 2 UmwStG für die Einnahmen i. S. d. § 7 UmwStG i. V. m. § 20 Absatz 1 Nummer 1 EStG. Die Besteuerung des Übertragungsgewinns oder -verlusts, des Übernahmeergebnisses i. S. d. § 4 Absatz 4 bis 6 UmwStG sowie der Einnahmen i. S. d. § 20 Absatz 1 Nummer 1 EStG erfolgt in dem Veranlagungszeitraum, in dem das Wirtschaftsjahr endet, in das der steuerliche Übertragungsstichtag fällt.

Beispiel:
Die X-GmbH und die Y-GmbH werden handelsrechtlich zum 1.10.01 auf die bereits bestehende XY-OHG verschmolzen. Alle Gesellschaften haben ein vom Kalenderjahr abweichendes Wirtschaftsjahr (1.7.-30.6.). Anteilseigner der beiden Gesellschaften sind die jeweils i. S. d. § 17 EStG wesentlich beteiligten Gesellschafter-Geschäftsführer X und Y, die auch Mitunternehmer der XY-OHG sind. Während des gesamten Zeitraums erhalten X und Y Geschäftsführervergütungen von der X-GmbH bzw. Y-GmbH.

Lösung:
X-GmbH und Y-GmbH:
Die X-GmbH und die Y-GmbH haben zum 30.9.01 jeweils eine steuerliche Schlussbilanz zu erstellen. Da der steuerliche Übertragungsstichtag nicht auf das Ende des Wirtschaftsjahrs fällt, entsteht jeweils ein zum 30.9.01 endendes Rumpfwirtschaftsjahr (vgl. Randnr. 03.01). Das Vermögen gilt nach § 2 Absatz 1 UmwStG steuerlich als mit Ablauf des 30.9.01 übergegangen.

Der Übertragungsgewinn/-verlust ist nach § 2 Absatz 1 UmwStG i. V. m. § 4a Absatz 2 Nummer 2 EStG dem Veranlagungszeitraum 01 zuzurechnen.

---

[1] für 2020 Rückwirkung 12 Monate >Artikel 2 des Gesetzes zur Abmilderung der Folgen der COVID-19-Pandemie im Zivil-, Insolvenz- und Strafverfahrensrecht vom 27.03.2020 (BGBl. I S. 569)

XY-OHG:
Die Ermittlung des Übernahmeergebnisses erfolgt nach § 5 Absatz 2 i. V. m. § 4 UmwStG auf der Ebene des übernehmenden Rechtsträgers und führt damit zu Einkünften i. S. d. § 15 Absatz 1 Satz 1 Nummer 2 EStG. Infolge der Einlagefiktion werden Einnahmen i. S. d. § 7 UmwStG i. V. m. § 20 Absatz 1 Nummer 1 EStG i. R. d. gesonderten und einheitlichen Feststellung der XY-OHG erfasst.

Da der steuerliche Übertragungsstichtag im Wirtschaftsjahr 1.7.01 bis 30.6.02 des übernehmenden Rechtsträgers liegt, sind das Übernahmeergebnis i. S. d. § 4 UmwStG sowie die Einnahmen i. S. d. § 7 UmwStG nach § 2 Absatz 1 UmwStG i. V. m. § 4a Absatz 2 Nummer 2 EStG dem Veranlagungszeitraum 02 zuzurechnen.

Nach § 2 Absatz 1 UmwStG erhöhen die für den Zeitraum nach dem 30.9.01 geleisteten Geschäftsführervergütungen den Gewinn der XY-OHG nach § 15 Absatz 1 Satz 1 Nummer 2 EStG des Veranlagungszeitraums 02.

X und Y:
Infolge des § 2 Absatz 2 UmwStG gilt die Rückwirkungsfiktion auch für die bisher im Veranlagungszeitraum 01 von X und Y nach § 19 EStG für den Zeitraum 1.10.01 bis 31.12.01 erfassten Geschäftsführervergütungen. Diese sind als Einkünfte nach § 15 Absatz 1 Satz 1 Nummer 2 EStG im Veranlagungszeitraum 02 zu erfassen. Die infolge der Einlagefiktion i. R. d. gesonderten und einheitlichen Feststellung der XY-OHG erfassten Einnahmen i. S. d. § 7 UmwStG i. V. m. § 20 Absatz 1 Nummer 1 EStG werden ebenfalls im Veranlagungszeitraum 02 erfasst.

b) Formwechsel

Mangels eines handelsrechtlichen Übertragungsvorgangs enthält § 9 UmwStG für den Formwechsel eine eigenständige steuerliche Rückwirkungsregelung.   02.05

Nach § 9 Satz 3 UmwStG können die steuerliche Schlussbilanz sowie die steuerliche Eröffnungsbilanz für einen Stichtag aufgestellt werden, der höchstens acht Monate[1] vor der Anmeldung des Formwechsels zur Eintragung in das zuständige Register liegt. Das Einkommen und das Vermögen der Kapital- bzw. der Personengesellschaft sowie der Gesellschafter der Personengesellschaft sind so zu ermitteln, als ob das Vermögen der Kapitalgesellschaft mit Ablauf dieses Stichtags auf die Personengesellschaft übergegangen wäre. Randnr. 02.03 und 02.04 gelten entsprechend.   02.06

2. Vergleichbare ausländische Vorgänge

Bei ausländischen Umwandlungsvorgängen (vgl. Randnr. 01.20 ff.) gelten Randnr. 02.01–02.06 entsprechend. Der handelsrechtliche Umwandlungsstichtag kann z. B. bei einer Verschmelzung regelmäßig dem Verschmelzungsvertrag oder -plan (vgl. Randnr. 01.31) entnommen werden.   02.07

Für den Formwechsel einer ausländischen Kapitalgesellschaft in eine ausländische Personengesellschaft gilt ebenfalls die steuerliche Rückwirkungsregelung des § 9 UmwStG. Der maßgebende Rückbeziehungszeitraum ergibt sich aus § 9 Satz 3 UmwStG (vgl. Randnr. 09.02).   02.08

II. Steuerliche Rückwirkung
1. Rückwirkungsfiktion

a) Grundsatz

§ 2 UmwStG enthält eine Ausnahme von dem allgemeinen Grundsatz, dass Rechtsvorgänge mit steuerlicher Wirkung nicht rückbezogen werden können.   02.09

---

[1] für 2020 Rückwirkung 12 Monate >Artikel 2 des Gesetzes zur Abmilderung der Folgen der COVID-19-Pandemie im Zivil-, Insolvenz- und Strafverfahrensrecht vom 27.03.2020 (BGBl. I S. 569)

Anhang 28
Umwandlungssteuerrecht

02.10 Der übertragende Rechtsträger besteht zivilrechtlich in der Zeit zwischen dem steuerlichen Übertragungsstichtag und der Eintragung der Umwandlung in das Handelsregister oder das jeweils im Ausland zuständige öffentliche Register (Rückwirkungszeitraum) fort. Steuerlich werden dem übertragenden Rechtsträger jedoch – soweit die Rückwirkungsfiktion vorbehaltlich des § 2 Absatz 3 UmwStG greift – kein Einkommen und kein Vermögen mehr zugerechnet. Zur Behandlung von Gewinnausschüttungen im Rückwirkungszeitraum an Anteilseigner, für die die Rückwirkungsfiktion nicht gilt, vgl. z. B. Randnr. 02.34.

02.11 Die steuerlichen Rückwirkungsfiktionen in § 2 Absatz 1 und § 9 Satz 3 UmwStG setzen nicht voraus, dass der übernehmende Rechtsträger zum steuerlichen Übertragungsstichtag bereits zivilrechtlich besteht. So ist z. B. eine rückwirkende Verschmelzung durch Aufnahme (§§ 4 ff., 39 ff. UmwG) möglich, auch wenn die aufnehmende Gesellschaft am steuerlichen Übertragungsstichtag zivilrechtlich noch nicht besteht. Die Steuerpflicht eines neu gegründeten übernehmenden Rechtsträgers beginnt unabhängig von der zivilrechtlichen Entstehung mit Ablauf des steuerlichen Übertragungsstichtags.

02.12 Bei Übertragung des Vermögens auf eine Personengesellschaft gelten die Rückwirkungsfiktionen in § 2 Absatz 1 und § 9 Satz 3 UmwStG auch für deren Gesellschafter (§ 2 Absatz 2 UmwStG).

Beispiel:
An der XY-GmbH sind die im Ausland ansässigen Gesellschafter-Geschäftsführer A und B zu je 50 % beteiligt. Die XY-GmbH wird in die XY-OHG formwechselnd umgewandelt. Die XY-GmbH erstellt zum 31.12.01 eine Schlussbilanz und die XY-OHG eine Eröffnungsbilanz.

Lösung:
Der XY-GmbH werden mit Ablauf des 31.12.01 kein Einkommen und kein Vermögen mehr zugerechnet. Zum selben Zeitpunkt werden nach § 2 Absatz 1 UmwStG die Gewerbesteuerpflicht der XY-OHG sowie nach § 2 Absatz 2 UmwStG die beschränkte Einkommensteuerpflicht von A und B als Mitunternehmer der XY-OHG begründet.

Ist der Gesellschafter wiederum eine Personengesellschaft, ist insoweit auf die dahinter stehenden Gesellschafter abzustellen.

02.13 Ab dem handelsrechtlichen Umwandlungsstichtag (vgl. Randnr. 02.02) gelten die Handlungen des übertragenden Rechtsträgers als für Rechnung des übernehmenden Rechtsträgers vorgenommen. Die Geschäftsvorfälle im Rückwirkungszeitraum und das Einkommen werden steuerlich dem übernehmenden Rechtsträger zugerechnet. Die Rückwirkungsfiktion betrifft lediglich die Zuordnung des Einkommens und des Vermögens des übertragenden Rechtsträgers.

In den Fällen der Verschmelzung werden Liefer- und Leistungsbeziehungen zwischen dem übertragenden und dem übernehmenden Rechtsträger im Rückwirkungszeitraum für ertragsteuerliche Zwecke nicht berücksichtigt. Soweit nicht ausdrücklich in § 2 Absatz 2 UmwStG etwas anderes bestimmt ist, bleibt die steuerrechtliche Behandlung Dritter, z. B. der Anteilseigner, mit ihren von der übertragenden Körperschaft bezogenen Einkünften von der Rückwirkungsfiktion unberührt (vgl. Randnr. 02.03).

In den Fällen der Auf-, Abspaltung und Ausgliederung hat die Zuordnung von Aufwendungen und Erträgen im Rückwirkungszeitraum zwischen dem übertragenden Rechtsträger und dem übernehmenden Rechtsträger oder den übernehmenden Rechtsträgern nach wirtschaftlichen Zusammenhängen zu erfolgen. Die Rückwirkungsfiktion führt hierbei jedoch nicht dazu, dass im Verhältnis zwischen dem übertragenden und dem übernehmenden Rechtsträger oder zwischen den übernehmenden Rechtsträgern Liefer- und Leistungsbeziehungen fingiert werden.

Anhang 28
Umwandlungssteuerrecht

Für das Vorliegen eines Teilbetriebs kommt es auf die Verhältnisse zum steuerlichen Übertragungsstichtag an. Zu den Teilbetriebsvoraussetzungen im Einzelnen vgl. Randnr. 15.02 ff.   02.14

Das Vorliegen eines Besteuerungsrechts kann nicht rückwirkend fingiert werden. Für die Prüfung des Ausschlusses oder der Beschränkung des deutschen Besteuerungsrechts ist auf die tatsächlichen Verhältnisse zum Zeitpunkt des steuerlichen Übertragungsstichtags abzustellen.   02.15

Der Eintritt der Wirksamkeit einer Umwandlung, deren steuerliche Wirkungen nach § 2 UmwStG zurückbezogen werden, stellt ein rückwirkendes Ereignis i. S. d. § 175 Absatz 1 Satz 1 Nummer 2 AO dar. Steuer- und Feststellungsbescheide der übertragenden Körperschaft sowie Feststellungsbescheide von Mitunternehmerschaften, an denen die übertragende Körperschaft unmittelbar oder mittelbar beteiligt ist, sind ggf. dementsprechend zu ändern.   02.16

b) Keine Rückwirkungsfiktion für ausscheidende und abgefundene Anteilseigner

Die Rückwirkungsfiktion des § 2 Absatz 1 UmwStG betrifft grundsätzlich nur den übertragenden sowie den übernehmenden Rechtsträger und z. B. nicht den Anteilseigner der übertragenden Körperschaft, sofern er nicht auch der übernehmende Rechtsträger ist (vgl. Randnr. 02.03). Bei einer Personengesellschaft als übernehmender Rechtsträger gilt darüber hinaus nach § 2 Absatz 2 UmwStG die Rückwirkungsfiktion auch für die Gesellschafter der übernehmenden Personengesellschaft. Maßgebend ist dabei der Umfang der Beteiligung des Anteilseigners zum Zeitpunkt der Wirksamkeit der Umwandlung (vgl. im Folgenden Randnr. 02.21). Diese Grundsätze gelten für die Rückwirkungsfiktion nach § 9 Satz 3 UmwStG entsprechend (vgl. Randnr. 02.06).   02.17

Von der Rückwirkung nach § 2 Absatz 2 UmwStG sind die Anteilseigner der übertragenden Körperschaft ausgenommen, sofern sie oder im Erbfall deren Gesamtrechtsnachfolger nicht Gesellschafter der übernehmenden Personengesellschaft werden.   02.18

> **Beispiel:**
> Die XY-GmbH soll zum 1.1.02 auf die XY-KG verschmolzen werden. Anteilseigner und Mitunternehmer sind A und B zu je 50 %. Der Umwandlungsbeschluss erfolgte im April 02. Die Anmeldung der Umwandlung zum Handelsregister erfolgte im Mai 02 und die Eintragung im Juli 02.
> A verstirbt am 30.6.02. Alleinerbin ist seine Ehefrau.
>
> **Lösung:**
> Das Vermögen des Erblassers geht auf die Ehefrau im Wege der Gesamtrechtsnachfolge über. Für ertragsteuerliche Zwecke gilt insoweit auch für die Ehefrau die Rückwirkungsfiktion nach § 2 Absatz 2 UmwStG, da die Ehefrau mit Eintragung der Umwandlung Gesellschafterin des übernehmenden Rechtsträgers, der XY-KG, wird.
> Für erbschaftsteuerliche Zwecke gilt die Rückwirkungsfiktion nicht (vgl. Randnr. 01.01).

Die Rückwirkungsfiktion des § 2 Absatz 2 UmwStG gilt nicht für diejenigen Anteilseigner, die in der Zeit zwischen dem steuerlichen Übertragungsstichtag und der Eintragung der Umwandlung in das zuständige Register (Rückwirkungszeitraum) ganz oder teilweise aus der übertragenden Körperschaft (z. B. durch entgeltliche oder unentgeltliche Übertragung) ausscheiden. Soweit sie ausscheiden, sind sie bis zu ihrem Ausscheiden für steuerliche Zwecke als Anteilseigner der übertragenden Körperschaft zu behandeln.

Die vorstehenden Ausführungen gelten auch für Anteilseigner, die aus dem umgewandelten Rechtsträger gegen Barabfindung ausscheiden. Bei Verschmelzung, Auf-, Abspaltung oder Formwechsel eines Rechtsträgers hat der übernehmende Rechtsträger bzw. umgewandelte Rechtsträger jedem Anteilseigner, der gegen den Umwandlungsbeschluss des übertragenden oder umgewandelten Rechtsträgers Widerspruch eingelegt   02.19

hat, den Erwerb seiner Anteile gegen eine angemessene Barabfindung anzubieten (§§ 29, 125 und 207 UmwG). Der abgefundene Anteilseigner scheidet handelsrechtlich erst nach der Eintragung in das jeweils zuständige Register und damit aus dem zivilrechtlich bereits bestehenden übernehmenden bzw. umgewandelten Rechtsträger aus. Steuerlich ist er jedoch so zu behandeln, als ob er nicht Gesellschafter des übernehmenden bzw. umgewandelten Rechtsträgers geworden und damit aus dem übertragenden Rechtsträger ausgeschieden ist.

2. **Steuerliche Behandlung von im Rückwirkungszeitraum ausscheidenden und neu eintretenden Anteilseignern**

   a) *Vermögensübergang auf eine Personengesellschaft oder natürliche Person*

02.20 Veräußert ein Anteilseigner einen Teil seiner Beteiligung an der übertragenden Körperschaft, für den bei ihm die Rückwirkungsfiktion des § 2 Absatz 2 UmwStG insoweit nicht gilt (vgl. Randnr. 02.17 ff.), überträgt er Anteile an einer Körperschaft und keinen Mitunternehmeranteil. Der Veräußerungsgewinn ist beim Anteilseigner nach den für die Veräußerung von Anteilen an Körperschaften geltenden steuerlichen Vorschriften (z. B. § 17 Absatz 1 oder § 20 Absatz 2 Satz 1 Nummer 1 EStG) zu beurteilen. Für die persönliche Zurechnung der Bezüge i. S. d. § 7 UmwStG kommt es auf die Verhältnisse im Zeitpunkt der Wirksamkeit der Umwandlung an, so dass bezogen auf diese Anteile dem Veräußerer keine Bezüge i. S. d. § 7 UmwStG zuzurechnen sind (vgl. Randnr. 07.02).

02.21 Der Erwerber der Anteile wird mit Eintragung der Umwandlung Gesellschafter der übernehmenden Personengesellschaft, so dass für ihn die Rückwirkungsfiktion des § 2 Absatz 2 UmwStG insoweit zur Anwendung kommt. Für ihn ist das Übernahmeergebnis nach § 4 Absatz 4 bis 6 i. V. m. § 5 Absatz 2 und 3 UmwStG zu ermitteln und ihm sind auch insoweit die Bezüge i. S. d. § 7 UmwStG zuzurechnen.

Beispiel:
A ist Alleingesellschafter der X-GmbH und hält seine Anteile im Privatvermögen. Die X-GmbH wird steuerlich rückwirkend zum 31.12.00 auf die bereits bestehende Y-OHG verschmolzen. Die Eintragung im Handelsregister erfolgt am 15.6.01. A veräußert am 1.3.01 die Hälfte seiner Beteiligung an der X-GmbH an B. Beim Erwerber gehört die Beteiligung zum Betriebsvermögen.
A und B sind Geschäftsführer der X-GmbH und erzielen im Rückwirkungszeitraum hierfür bisher Einkünfte i. S. d. § 19 Absatz 1 Satz 1 Nummer 1 EStG.

Lösung:
Soweit A seinen Anteil an der X-GmbH veräußert, findet § 2 Absatz 2 UmwStG keine Anwendung. A veräußert insoweit eine Beteiligung an einer Kapitalgesellschaft.
B erwirbt ungeachtet der Rückwirkungsfiktion einen Anteil an einer Kapitalgesellschaft. Gem. § 5 Absatz 3 UmwStG gilt dieser Anteil als mit den Anschaffungskosten am steuerlichen Übertragungsstichtag (hier: 31.12.00) in das Betriebsvermögen der Personengesellschaft überführt. Das Übernahmeergebnis sowie die Bezüge i. S. d. § 7 UmwStG sind insoweit dem Erwerber anteilig zum steuerlichen Übertragungsstichtag zuzurechnen.
Hinsichtlich ihrer Beteiligungen gilt für A und B die Rückwirkungsfiktion nach § 2 Absatz 2 UmwStG mit der Folge, dass die im Rückwirkungszeitraum erzielten Geschäftsführergehälter als Einkünfte i. S. d. § 15 Absatz 1 Satz 1 Nummer 2 zweiter Halbsatz EStG zu erfassen sind.

02.22 Werden die Anteile von der übernehmenden Personengesellschaft oder natürlichen Person erworben, ist das Übernahmeergebnis nach § 4 Absatz 4 bis 6 UmwStG so zu ermitteln, als hätte die übernehmende Personengesellschaft bzw. die natürliche Person die Anteile bereits am steuerlichen Übertragungsstichtag angeschafft (vgl. § 5 Absatz 1 UmwStG). Diese Anteile gelten damit als innerhalb von fünf Jahren vor dem steuerlichen Übertragungsstichtag i. S. d. § 4 Absatz 6 Satz 6 UmwStG erworben.

b) *Vermögensübergang auf eine Körperschaft*

Veräußert ein Anteilseigner, für den die Rückwirkungsfiktion des § 2 Absatz 1 UmwStG nicht gilt (vgl. Randnr. 02.03), seine Beteiligung an der übertragenden Körperschaft, ist die Veräußerung steuerlich nach den allgemeinen Grundsätzen zu beurteilen (z. B. § 17 Absatz 1 oder § 20 Absatz 2 Satz 1 Nummer 1 EStG). Die Besteuerungsfolgen beim Veräußerer treten zum Zeitpunkt des Übergangs des wirtschaftlichen Eigentums i. S. d. § 39 AO ein. Für die Besteuerung des Erwerbers gilt grundsätzlich § 13 UmwStG, soweit es sich bei dem Erwerber nicht um den übernehmenden Rechtsträger handelt (vgl. Randnr. 02.24). 02.23

Erwirbt die übernehmende Körperschaft im Rückwirkungszeitraum Anteile an der übertragenden Körperschaft, gelten diese von der übernehmenden Körperschaft als am steuerlichen Übertragungsstichtag erworben (§ 12 Absatz 2 Satz 3 i. V. m. § 5 Absatz 1 UmwStG). Die Besteuerungsfolgen beim Veräußerer treten, da für ihn § 12 Absatz 2 Satz 3 i. V. m. § 5 Absatz 1 UmwStG nicht gilt, zum Zeitpunkt des Übergangs des wirtschaftlichen Eigentums i. S. d. § 39 AO ein. Die Ermittlung und Besteuerung des Übernahmeergebnisses ergibt sich gem. § 12 Absatz 2 Satz 1 und 2 UmwStG mit Wirkung zum steuerlichen Übertragungsstichtag. 02.24

3. Steuerliche Behandlung von Gewinnausschüttungen

a) *Vermögensübergang auf eine Personengesellschaft oder natürliche Person*

aa) Ausschüttungen, die vor dem steuerlichen Übertragungsstichtag abgeflossen sind

Übertragende Körperschaft

Die im letzten Wirtschaftsjahr der übertragenden Körperschaft (= Wirtschaftsjahr der Umwandlung) vorgenommenen Ausschüttungen (u. a. abgeflossene Vorabausschüttungen, abgeflossene verdeckte Gewinnausschüttungen) haben das Betriebsvermögen der übertragenden Körperschaft zum steuerlichen Übertragungsstichtag und damit auch das übergehende Vermögen bereits verringert. 02.25

Zuflusszeitpunkt und Besteuerung beim Anteilseigner

Die Ausschüttungen sind beim Anteilseigner als Einnahmen i. S. d. § 20 Absatz 1 Nummer 1 EStG zu erfassen und unterliegen der Besteuerung nach den allgemeinen Grundsätzen (z. B. § 3 Nummer 40 oder § 32d EStG, § 8b KStG). Für den Zufluss beim Anteilseigner gelten die gemeinen Grundsätze. 02.26

bb) Ausschüttungen, die nach dem steuerlichen Übertragungsstichtag abgeflossen sind

(1) Vor dem steuerlichen Übertragungsstichtag begründete Ausschüttungsverbindlichkeiten

Übertragende Körperschaft

Am steuerlichen Übertragungsstichtag bereits beschlossene, aber noch nicht vollzogene offene Gewinnausschüttungen sowie noch nicht abgeflossene verdeckte Gewinnausschüttungen sind in der steuerlichen Schlussbilanz als Schuldposten (z. B. als Ausschüttungsverbindlichkeit oder als passivierte Tantieme) zu berücksichtigen. Das gilt sowohl für offene Gewinnausschüttungen als auch für beschlossene Vorabausschüttungen für das letzte oder frühere Wirtschaftsjahre der übertragenden Körperschaft und auch für verdeckte Gewinnausschüttungen, die erst im Rückwirkungszeitraum oder später abfließen. 02.27

Ausschüttungen, für die ein Schuldposten gebildet worden ist, gelten unabhängig vom Zuflusszeitpunkt beim Anteilseigner (vgl. Randnr. 02.28 f.) für Zwecke der Anwendung des § 27 KStG als am steuerlichen Übertragungsstichtag abgeflossen.

Anhang 28
Umwandlungssteuerrecht

Die Steuerbescheinigung i. S. d. § 27 Absatz 3 KStG ist von der übertragenden Körperschaft oder dem übernehmenden Rechtsträger als deren steuerlicher Rechtsnachfolger (§ 4 Absatz 2 Satz 1 UmwStG) auszustellen.

Zuflusszeitpunkt und Besteuerung beim Anteilseigner

02.28 Für die Besteuerung der Ausschüttungen beim Anteilseigner ist für den Besteuerungszeitpunkt der in der steuerlichen Schlussbilanz als Schuldposten passivierten Ausschüttungsverbindlichkeiten (vgl. Randnr. 02.27) grundsätzlich zu unterscheiden, ob sie Anteilseigner betreffen, für die die Rückwirkungsfiktion gilt oder nicht gilt:

– Anteilseigner, die unter die Rückwirkungsfiktion fallen:

Bei Ausschüttungsverbindlichkeiten gegenüber Anteilseignern, für die die Rückwirkungsfiktion Anwendung findet (vgl. Randnr. 02.03 und 02.17), gelten diese Ausschüttungen dem Anteilseigner nach § 2 Absatz 2 UmwStG bereits als am steuerlichen Übertragungsstichtag zugeflossen; der Ausweis einer Ausschüttungsverbindlichkeit in der steuerlichen Schlussbilanz bleibt hiervon unberührt. Für eine natürliche Person als übernehmender Rechtsträger gilt dies nach § 2 Absatz 1 UmwStG.

Für Anteilseigner, für die ein Übernahmeergebnis nach § 4 UmwStG ermittelt wird (vgl. § 4 Absatz 4 Satz 3 UmwStG), sind die Ausschüttungen als Einkünfte nach § 15 Absatz 1 Satz 1 Nummer 2 EStG i. V. m. § 20 Absatz 1 Nummer 1, Absatz 8 EStG zu erfassen und nach den allgemeinen Grundsätzen zu besteuern (§ 3 Nummer 40 EStG oder § 8b KStG). Für Anteilseigner, für die kein Übernahmeergebnis zu ermitteln ist, sind die Ausschüttungen als Einkünfte nach § 20 Absatz 1 Nummer 1 EStG zu erfassen und nach den allgemeinen Grundsätzen zu versteuern (§ 3 Nummer 40 EStG a. F. oder bei Zufluss nach dem 31.12.2008 § 32d, § 43 Absatz 5 EStG).

– Anteilseigner, die nicht unter die Rückwirkungsfiktion fallen:

Bei Ausschüttungsverbindlichkeiten gegenüber Anteilseignern, für die die Rückwirkungsfiktion nach § 2 Absatz 2 UmwStG nicht gilt (vgl. Randnr. 02.03 und 02.17 ff.), sind die Ausschüttungen nach den allgemeinen Grundsätzen als Einnahmen i. S. d. § 20 Absatz 1 Nummer 1 EStG zu erfassen und zu besteuern (z. B. § 3 Nummer 40 EStG oder § 8b KStG bzw. bei Zufluss nach dem 31.12.2008 auch § 32d, § 43 Absatz 5 EStG).

02.29 Veräußert ein Anteilseigner nur einen Teil seiner Anteile, sind Gewinnausschüttungen bezogen auf die verbliebenen und veräußerten Anteile entsprechend dem gesamten Beteiligungsverhältnis dieses Anteilseigners aufzuteilen und entsprechend den vorstehenden Grundsätzen zu beurteilen.

Behandlung beim übernehmenden Rechtsträger

02.30 Beim übernehmenden Rechtsträger stellt der Abfluss der Gewinnausschüttung im Rückwirkungszeitraum grundsätzlich eine erfolgsneutrale Erfüllung einer Ausschüttungsverbindlichkeit dar. Die übernehmende Personengesellschaft oder natürliche Person ist als steuerlicher Rechtsnachfolger des übertragenden Rechtsträgers (§ 4 Absatz 2 Satz 1 UmwStG) zur Einbehaltung und Abführung der Kapitalertragsteuer nach den allgemeinen Grundsätzen verpflichtet (vgl. §§ 43 ff. EStG):

– Anteilseigner, die unter die Rückwirkungsfiktion fallen:

Bei Ausschüttungsverbindlichkeiten an Anteilseigner, die unter die steuerliche Rückwirkungsfiktion fallen (vgl. Randnr. 02.03 und 02.17), gelten diese Ausschüttungen infolge der Wirksamkeit der Umwandlung als am steuerlichen Übertragungsstichtag zugeflossen. Für die Anwendung des § 44 Absatz 1 Satz 2 EStG gelten sie spätestens mit Eintritt der Wirksamkeit der Umwandlung als zugeflossen.

– Anteilseigner, die nicht unter die Rückwirkungsfiktion fallen:
Bei in der steuerlichen Schlussbilanz ausgewiesenen Ausschüttungsverbindlichkeiten für nicht an der Rückwirkungsfiktion teilnehmende Anteilseigner (vgl. Randnr. 02.03 und 02.17 ff.) ist die Kapitalertragsteuer in dem Zeitpunkt, zu dem die Einnahmen i. S. d. § 20 Absatz 1 Nummer 1 EStG dem Gläubiger i. S. d. § 44 Absatz 1 Satz 2 EStG zufließen, von dem übernehmenden Rechtsträger als steuerlicher Rechtsnachfolger des übertragenden Rechtsträgers (§ 4 Absatz 2 Satz 1 UmwStG) einzubehalten und abzuführen, soweit dieser die Kapitalertragsteuer nicht bereits nach allgemeinen Grundsätzen einbehalten und abgeführt hat.

(2) Nach dem steuerlichen Übertragungsstichtag beschlossene Gewinnausschüttungen sowie verdeckte Gewinnausschüttungen und andere Ausschüttungen im Rückwirkungszeitraum sowie offene Rücklagen i. S. d. § 7 UmwStG

Offene oder verdeckte Gewinnausschüttungen der zivilrechtlich noch bestehenden übertragenden Körperschaft im Rückwirkungszeitraum sind steuerlich – trotz der Rückwirkungsfiktion des § 2 Absatz 1 UmwStG – im Grundsatz weiterhin Ausschüttungen des übertragenden Rechtsträgers, da die Rückwirkungsfiktion des § 2 Absatz 1 UmwStG nicht den Anteilseigner und seine von der übertragenden Körperschaft bezogenen Ausschüttungen betrifft (vgl. Randnr. 02.03). Insoweit ist für diese Ausschüttungen ein passiver Korrekturposten in die steuerliche Schlussbilanz einzustellen, der wie eine Ausschüttungsverbindlichkeit (vgl. Randnr. 02.27) wirkt. Der steuerliche Gewinn der übertragenden Körperschaft mindert sich hierdurch nicht. Er ist ggf. außerhalb der steuerlichen Schlussbilanz entsprechend zu korrigieren. Das nach Vornahme dieser Korrektur in der steuerlichen Schlussbilanz verbliebene Eigenkapital stellt die Ausgangsgröße für die Ermittlung der offenen Rücklagen i. S. d. § 7 UmwStG dar (vgl. Randnr. 07.04). Bei der Zurechnung der offenen Rücklagen i. S. d. § 7 UmwStG gegenüber einem im Rückwirkungszeitraum neu eintretenden Gesellschafter sind die Ausschüttungen an Anteilseigner, für die die Rückwirkungsfiktion gilt, vorweg zu berücksichtigen (rückbezogene Ausschüttungen; vgl. Randnr. 02.33 und 07.06). 02.31

Die Bildung eines passiven Korrekturpostens i. S. d. Randnr. 02.31 kommt insoweit nicht für Ausschüttungen an Anteilseigner in Betracht, soweit für sie die Rückwirkungsfiktion gilt. Dies ist der Fall, wenn 02.32

– der Anteilseigner i. S. d. § 20 Absatz 5 EStG der übertragenden Körperschaft auch der übernehmende Rechtsträger ist (bei Verschmelzung auf eine natürliche Person) oder

– der Anteilseigner Gesellschafter der übernehmenden Personengesellschaft wird.

Im ersten Fall gilt die steuerliche Rückwirkungsfiktion nach § 2 Absatz 1 UmwStG und im zweiten Fall nach § 2 Absatz 2 UmwStG auch für den Anteilseigner der übertragenden Körperschaft, so dass es sich insoweit steuerlich nicht um Einnahmen i. S. d. § 20 Absatz 1 Nummer 1 EStG, sondern um Entnahmen i. S. d. § 4 Absatz 1 Satz 2 EStG der übernehmenden natürlichen Person oder des jeweiligen Gesellschafters handelt. Davon unberührt bleibt die Zurechnung von Bezügen i. S. d. § 7 UmwStG i. V. m. § 20 Absatz 1 Nummer 1 EStG.

Ausschüttungen an Anteilseigner, für die die Rückwirkungsfiktion nicht gilt (vgl. Randnr. 02.03 und 02.17 ff.), sind als Einnahmen nach § 20 Absatz 1 Nummer 1 EStG zu behandeln und nach den allgemeinen Grundsätzen zu besteuern (z. B. § 3 Nummer 40 EStG oder § 8b KStG bzw. bei Zufluss nach dem 31.12.2008 auch § 32d, § 43 Absatz 5 EStG). Zum Abfluss für Zwecke der Anwendung des § 27 KStG vgl. Randnr. 02.27, zum Einbehalt und zur Abführung der Kapitalertragsteuer vgl. Randnr. 02.30 und zum Zeitpunkt der Besteuerung vgl. Randnr. 02.28. 02.33

Anhang 28
Umwandlungssteuerrecht

Beispiel:
An der X-GmbH sind die Gesellschafter A (10 %), B (40 %) und C (50 %) beteiligt. Die X-GmbH wird zum 1.1.01 (steuerlicher Übertragungsstichtag 31.12.00) zusammen mit der Y-GmbH durch Neugründung auf die XY-OHG verschmolzen. Die Gesellschafterversammlung der X-GmbH beschließt am 30.4.01 eine Gewinnausschüttung für 01 i. H. v. 70.000 €. Die Ausschüttung wird am 31.5.01 ausgezahlt. Das steuerliche Eigenkapital i. S. d. § 7 UmwStG beträgt – vor Berücksichtigung eines Korrekturpostens – 100.000 €.
A verkauft seine im Privatvermögen gehaltene Beteiligung an der X-GmbH zum 1.7.01 an D. Die Eintragung der Verschmelzung im Handelsregister erfolgt am 31.8.01.

Lösung:
Für die steuerliche Beurteilung der nach dem steuerlichen Übertragungsstichtag beschlossenen Gewinnausschüttung sowie der Bezüge i. S. d. § 7 UmwStG der Gesellschafter A, B, C und D ist danach zu unterscheiden, welcher Anteilseigner an der Rückwirkungsfiktion nach § 2 Absatz 2 UmwStG teilnimmt:

<u>Anteilseigner A</u>

Da A infolge der Anteilsveräußerung nicht Gesellschafter der übernehmenden Personengesellschaft wird, gilt für ihn zum einen nicht die Rückwirkungsfiktion nach § 2 Absatz 2 UmwStG und zum anderen sind ihm keine Bezüge i. S. d. § 7 UmwStG zuzurechnen (vgl. Randnr. 02.20 und 07.02). In Höhe der dem A zuzurechnenden Gewinnausschüttung ist in der steuerlichen Schlussbilanz ein passiver Korrekturposten i. H. v. 7.000 € steuerneutral zu bilden.
Dem ausgeschiedenen Anteilseigner A fließt die Gewinnausschüttung der übertragenden Körperschaft am 31.5.01 zu. Er hat diese Ausschüttung im Veranlagungszeitraum 01 als Einkünfte aus Kapitalvermögen zu versteuern (§ 20 Absatz 1 Nummer 1 EStG, § 3 Nummer 40 EStG bzw. bei Zufluss nach dem 31.12.2008 auch § 32d, § 43 Absatz 5 EStG).

<u>Anteilseigner B, C und D</u>

Da die Anteilseigner B, C und D der übertragenden X-GmbH Gesellschafter der übernehmenden XY-OHG werden, findet zum einen die Rückwirkungsfiktion nach § 2 Absatz 2 UmwStG Anwendung und zum anderen sind ihnen die Bezüge i. S. d. § 7 UmwStG zuzurechnen. Die Bildung eines passiven Korrekturpostens kommt insoweit nicht in Betracht. Hinsichtlich der am 31.5.01 erfolgten Gewinnausschüttungen handelt es sich um Entnahmen von B und C nach § 4 Absatz 1 Satz 2 EStG.

Für die Zurechnung der Bezüge i. S. d. § 7 UmwStG ergibt sich Folgendes:

Eigenkapital i. S. d. § 7 UmwStG (ohne Korrekturposten)	100.000 €
Passiver Korrekturposten (Ausschüttung an A)	./. 7.000 €
Ausgangsgröße für die Bezüge i. S. d. § 7 UmwStG	93.000 €

Die Bezüge i. S. d. des § 7 UmwStG verteilen sich wie folgt:

	Vorspalte	B	C	D
Bezüge i. S. d. § 7 UmwStG	93.000 €			
Rückbezogene Ausschüttungen an B, C	./. 63.000 €	+ 28.000 €	+ 35.000 €	
Zwischensumme	30.000 €			
Verteilung nach Beteiligung am Nennkapital	./. 30.000 €	+ 12.000 €	+ 15.000 €	+ 3.000 €
Zu versteuernde Bezüge i. S. d. § 7 UmwStG		40.000 €	50.000 €	3.000 €

b) Vermögensübergang auf eine Körperschaft

02.34   Bei Umwandlung auf eine Körperschaft gilt für den Anteilseigner die steuerliche Rückwirkungsfiktion nach § 2 Absatz 1 UmwStG nicht, sofern dieser nicht der übernehmende Rechtsträger ist (vgl. Randnr. 02.03). Ausschüttungen an Anteilseigner, für die die Rückwirkungsfiktion nicht gilt, sind als Ausschüttungen der übertragenden Körperschaft und als Einnahmen nach § 20 Absatz 1 Nummer 1 EStG zu behandeln sowie nach den allgemeinen Grundsätzen zu besteuern (z. B. § 3 Nummer 40 EStG oder § 8b KStG bzw. bei Zufluss nach dem 31.12.2008 auch § 32d, § 43 Absatz 5 EStG). Zum Einbehalt und zur Abführung der Kapitalertragsteuer vgl. Randnr. 02.30 und zum Zeitpunkt der Besteuerung vgl. Randnr. 02.28.

Ausschüttungen der übertragenden Körperschaft, für die entsprechend Randnr. 02.27 ein Schuldposten oder entsprechend Randnr. 02.31 ein passiver Korrekturposten zu bilden ist, gelten für Zwecke der Anwendung des § 27 KStG spätestens im Zeitpunkt der zivilrechtlichen Wirksamkeit der Umwandlung als abgeflossen. Diese Ausschüttungen sind in der gesonderten Feststellung des steuerlichen Einlagekontos zum steuerlichen Übertragungsstichtag zu berücksichtigen.

Aus Vereinfachungsgründen bestehen für im Rückwirkungszeitraum erfolgte Gewinnausschüttungen keine Bedenken, diese so zu behandeln, als hätte der übernehmende Rechtsträger sie vorgenommen, wenn die Verpflichtung zum Einbehalt und zur Abführung der Kapitalertragsteuer nach §§ 43 ff. EStG hierdurch nicht beeinträchtigt wird.

Bei Verschmelzung einer Tochtergesellschaft auf ihre Muttergesellschaft gilt für Gewinnausschüttungen der Tochtergesellschaft an die Muttergesellschaft im Rückwirkungszeitraum die Rückwirkungsfiktion nach § 2 Absatz 1 UmwStG mit der Folge, dass eine steuerlich unbeachtliche Vorwegübertragung von Vermögen an die Muttergesellschaft vorliegt. Die Kapitalertragsteueranmeldung kann insoweit berichtigt werden. 02.35

4. Sondervergütungen bei Umwandlung in eine Personengesellschaft

Im Rückwirkungszeitraum gezahlte Vergütungen für die Tätigkeit im Dienst der Gesellschaft, für die Hingabe von Darlehen oder für die Überlassung von Wirtschaftsgütern an Anteilseigner, die Mitunternehmer der übernehmenden Personengesellschaft werden, sind dem Gewinnanteil der jeweiligen Mitunternehmer der übernehmenden Personengesellschaft in voller Höhe hinzuzurechnen (§ 15 Absatz 1 Satz 1 Nummer 2 zweiter Halbsatz EStG). Eine Aufteilung der Vergütung entsprechend Randnr. 02.29 findet nicht statt (vgl. hierzu auch das Beispiel in Randnr. 02.21). 02.36

5. Aufsichtsratsvergütungen und sonstige Fälle des Steuerabzugs nach § 50a EStG

Aufsichtsratsvergütungen der übertragenden Körperschaft für den Rückwirkungszeitraum werden steuerlich weiterhin vom übertragenden Rechtsträger geleistet. An Dritte gezahlte Vergütungen stellen im Grundsatz Betriebsausgaben des übertragenden Rechtsträgers dar, die nach § 2 Absatz 1 UmwStG dem übernehmenden Rechtsträger rückwirkend zugerechnet werden. Eine Steuerabzugsverpflichtung nach § 50a EStG geht z. B. nach § 4 Absatz 2 Satz 1 UmwStG auf den übernehmenden Rechtsträger über. § 10 Nummer 4 KStG ist bei Umwandlung in eine Personengesellschaft nicht anzuwenden. 02.37

Der Vergütungsgläubiger hat die Einnahmen als Einkünfte i. S. d. § 18 Absatz 1 Nummer 3 EStG zu versteuern. Dies gilt jedoch nicht bei Umwandlung in eine Personengesellschaft, wenn der Vergütungsgläubiger Anteilseigner der übertragenden Körperschaft ist und Gesellschafter der übernehmenden Personengesellschaft wird, insoweit gilt Randnr. 02.36.

Vorstehende Grundsätze gelten für andere steuerabzugspflichtige Vergütungen i. S. d. § 50a EStG entsprechend.

Anhang 28
Umwandlungssteuerrecht

6. Vermeidung der Nichtbesteuerung (§ 2 Absatz 3 UmwStG)

02.38 § 2 Absatz 3 UmwStG schließt die steuerliche Rückwirkung aus, soweit bei ausländischen Umwandlungen (vgl. Randnr. 01.20 ff.) aufgrund abweichender Regelungen zur steuerlichen Rückbeziehung eines in § 1 Absatz 1 UmwStG bezeichneten Vorgangs Einkünfte der Besteuerung in einem anderen Staat entzogen werden. Die Vorschrift soll die Nichtbesteuerung von Einkünften aufgrund abweichender Rückwirkungsregelungen vermeiden. Abweichende Rückwirkungsregelungen liegen insbesondere bei unterschiedlichen Rückwirkungszeiträumen oder unterschiedlicher Ausgestaltung der Rückwirkungsregelungen vor.

7. Beschränkung der Verlustnutzung (§ 2 Absatz 4 UmwStG)

02.39 § 2 Absatz 4 UmwStG enthält eine Verlustnutzungsbeschränkung. Mit dieser Regelung soll verhindert werden, dass aufgrund der steuerlichen Rückwirkungsfiktion in § 2 Absatz 1 und 2 UmwStG gestalterisch eine Verlustnutzung (einschließlich des Erhalts eines Zinsvortrags oder eines EBITDA-Vortrags) erreicht werden kann. Voraussetzung für die Verlustnutzung ist, dass diese auch ohne die steuerliche Rückwirkung nach § 2 Absatz 1 oder 2 UmwStG möglich gewesen wäre. Dabei kommt es nicht darauf an, ob z. B. im Fall des § 8c KStG ein schädlicher Beteiligungserwerb vor dem Umwandlungsbeschluss oder in dem Zeitraum nach dem Umwandlungsbeschluss bis zur Eintragung der Umwandlung erfolgt.

02.40 Nach § 2 Absatz 4 Satz 2 UmwStG gilt die Rechtsfolge in § 2 Absatz 4 Satz 1 UmwStG für Verluste des übertragenden Rechtsträgers im Rückwirkungszeitraum entsprechend. Danach kann z. B. auch ein laufender Verlust des übertragenden Rechtsträgers im Rückwirkungszeitraum insoweit nicht mit den positiven Einkünften des übernehmenden Rechtsträgers ausgeglichen werden.

Zweiter Teil. Vermögensübergang bei Verschmelzung auf eine Personengesellschaft oder auf eine natürliche Person und Formwechsel einer Kapitalgesellschaft in eine Personengesellschaft

A. Wertansätze in der steuerlichen Schlussbilanz der übertragenden Körperschaft (§ 3 UmwStG)

I. Pflicht zur Abgabe einer steuerlichen Schlussbilanz

03.01 Jede übertragende Körperschaft ist nach § 3 Absatz 1 Satz 1 UmwStG zur Erstellung und Abgabe einer steuerlichen Schlussbilanz auf den steuerlichen Übertragungsstichtag verpflichtet. Dies gilt unabhängig davon, ob die übertragende Körperschaft im Inland einer Steuerpflicht unterliegt (§§ 1, 2 KStG), im Inland zur Führung von Büchern verpflichtet ist (§ 5 Absatz 1 EStG, §§ 141 ff. AO) oder überhaupt inländisches Betriebsvermögen besitzt. Für den Formwechsel ergibt sich eine entsprechende Verpflichtung aus § 9 Satz 2 UmwStG. Die steuerliche Schlussbilanz i. S. d. § 3 Absatz 1 Satz 1 UmwStG ist eine eigenständige Bilanz und von der Gewinnermittlung i. S. d. § 4 Absatz 1, § 5 Absatz 1 EStG zu unterscheiden.

Als Abgabe der steuerlichen Schlussbilanz gilt auch die ausdrückliche Erklärung, dass die Steuerbilanz i. S. d. § 4 Absatz 1, § 5 Absatz 1 EStG gleichzeitig die steuerliche Schlussbilanz sein soll, wenn diese Bilanz der steuerlichen Schlussbilanz entspricht; diese Erklärung ist unwiderruflich. In dieser Erklärung ist zugleich ein konkludent gestellter Antrag auf Ansatz des Buchwerts zu sehen (vgl. Randnr. 03.29).

Fällt der steuerliche Übertragungsstichtag nicht auf das Ende des Wirtschaftsjahrs, entsteht insoweit ein Rumpfwirtschaftsjahr (§ 8b Satz 2 Nummer 1 EStDV).

03.02 Die Vorlage einer steuerlichen Schlussbilanz ist nur dann nicht erforderlich, wenn sie nicht für inländische Besteuerungszwecke benötigt wird. Bei Übergang des Vermögens auf eine Personengesellschaft oder natürliche Person ist die Erstellung einer steuerlichen Schlussbilanz für inländische Besteuerungszwecke insbesondere immer dann von Bedeutung, wenn die übertragende Körperschaft, ein Mitunternehmer der übernehmenden Personengesellschaft oder die übernehmende natürliche Person im Inland steuerpflichtig ist.

Der Eintritt der Wirksamkeit einer Umwandlung, deren steuerliche Wirkungen nach § 2 UmwStG zurückbezogen werden, stellt ein rückwirkendes Ereignis i. S. d. § 175 Absatz 1 Satz 1 Nummer 2 AO dar (vgl. Randnr. 02.16). 03.03

II. Ansatz und Bewertung der übergehenden Wirtschaftsgüter
1. Ansatz der übergehenden Wirtschaftsgüter dem Grunde nach

§ 3 UmwStG ist eine eigenständige steuerliche Ansatz- und Bewertungsvorschrift. In der steuerlichen Schlussbilanz sind sämtliche übergehenden aktiven und passiven Wirtschaftsgüter, einschließlich nicht entgeltlich erworbener und selbst geschaffener immaterieller Wirtschaftsgüter, anzusetzen. Steuerfreie Rücklagen (z. B. § 6b EStG oder § 7g EStG a. F.) bzw. ein steuerlicher Ausgleichsposten nach § 4g EStG sind nach § 4 Absatz 2 Satz 1 UmwStG dem Grunde nach anzusetzen, soweit die Buchwerte fortgeführt bzw. die Zwischenwerte angesetzt werden. § 5b EStG gilt für die steuerliche Schlussbilanz entsprechend. 03.04

Zu einzelnen Positionen der steuerlichen Schlussbilanz: 03.05

Ausstehende Einlagen

Das gezeichnete Kapital ist um eingeforderte sowie um nicht eingeforderte ausstehende Einlagen zu kürzen, soweit diese nicht vom gezeichneten Kapital entsprechend § 272 Absatz 1 Satz 3 HGB[1]) abgesetzt wurden. Zu den Folgen bei der Ermittlung des Übernahmegewinns siehe Randnr. 04.31.

Eigene Anteile

Eigene Anteile der übertragenden Körperschaft sind nicht in der steuerlichen Schlussbilanz anzusetzen, da sie nicht auf den übernehmenden Rechtsträger übergehen, sondern mit der Wirksamkeit der Umwandlung untergehen. Dieser Vorgang ist gewinnneutral.

Geschäfts- oder Firmenwert

Nach § 3 Absatz 1 Satz 1 UmwStG ist auch ein originärer Geschäfts- oder Firmenwert der übertragenden Körperschaft anzusetzen.

Forderungen und Verbindlichkeiten

Forderungen und Verbindlichkeiten gegen den übernehmenden Rechtsträger sind in der steuerlichen Schlussbilanz auch anzusetzen, wenn sie durch die Verschmelzung erlöschen. Zum Entstehen eines Übernahmefolgegewinns oder -verlusts bei Bewertungsunterschieden und dessen steuerlicher Behandlung siehe Randnr. 06.01 ff.

Rückstellung für Grunderwerbsteuer

Für aufgrund einer Verschmelzung der übertragenden Körperschaft anfallende Grunderwerbsteuer kann keine Rückstellung gebildet werden, soweit sie vom übertragenden Rechtsträger zu tragen ist (BFH vom 15.10.1997, I R 22/96, BStBl 1998 II S. 168, und BMF-Schreiben vom 18.1.2010, BStBl I S. 70).

---

[1]) i. d. F. des Bilanzrechtsmodernisierungsgesetzes (BilMoG) vom 25.05.2009 (BGBl. I S. 1102)

Anhang 28
Umwandlungssteuerrecht

03.06 Die steuerlichen Ansatzverbote des § 5 EStG gelten nicht für die steuerliche Schlussbilanz (vgl. Randnr. 03.04), es sei denn, die Buchwerte werden fortgeführt. Beim übernehmenden Rechtsträger gelten zu den folgenden Bilanzstichtagen die allgemeinen Grundsätze (vgl. Randnr. 04.16).

2. Ansatz der übergehenden Wirtschaftsgüter der Höhe nach

a) *Ansatz der übergehenden Wirtschaftsgüter mit dem gemeinen Wert bzw. dem Teilwert nach § 6a EStG*

03.07 Die übergehenden aktiven und passiven Wirtschaftsgüter sind in der steuerlichen Schlussbilanz auf den steuerlichen Übertragungsstichtag mit dem gemeinen Wert bzw. bei Pensionsrückstellungen mit dem Teilwert nach § 6a EStG anzusetzen. Die Bewertung nach § 3 Absatz 1 Satz 1 UmwStG zum gemeinen Wert hat dabei nicht bezogen auf jedes einzelne übergehende Wirtschaftsgut, sondern bezogen auf die Gesamtheit der übergehenden aktiven und passiven Wirtschaftsgüter zu erfolgen (Bewertung als Sachgesamtheit).

Die Ermittlung des gemeinen Werts der Sachgesamtheit kann, sofern der gemeine Wert des übertragenden Rechtsträgers nicht aus Verkäufen abgeleitet werden kann, anhand eines allgemein anerkannten ertragswert- oder zahlungsstromorientierten Verfahrens erfolgen, welches ein gedachter Erwerber des Betriebs der übertragenden Körperschaft bei der Bemessung des Kaufpreises zu Grunde legen würde (vgl. § 109 Absatz 1 Satz 2 i. V. m. § 11 Absatz 2 BewG); der Bewertungsvorbehalt für Pensionsrückstellungen nach § 3 Absatz 1 Satz 2 UmwStG ist zu beachten. Zur Bewertung nach § 11 Absatz 2 BewG gelten die gleich lautenden Erlasse der obersten Finanzbehörden der Länder zur Anwendung der §§ 11, 95 bis 109 und 199 ff. BewG in der Fassung des ErbStRG vom 17.5.2011, BStBl I S. 606, für ertragsteuerliche Zwecke entsprechend (vgl. BMF-Schreiben vom 22.9.2011, BStBl I S. 859).

03.08 Aufgrund der Bewertung von Pensionsrückstellungen mit dem Teilwert i. S. d. § 6a EStG nach § 3 Absatz 1 Satz 2 UmwStG mindert ein tatsächlich höherer gemeiner Wert der Versorgungsverpflichtung steuerlich nicht den gemeinen Wert des Unternehmens i. S. d. § 3 Absatz 1 UmwStG.

Beispiel:
Die XY-GmbH soll zum 31.12.00 auf die XY-KG verschmolzen werden. Die Steuerbilanz i. S. d. § 5 Absatz 1 EStG sowie die Werte i. S. d. § 3 Absatz 1 UmwStG stellen sich vereinfacht wie folgt dar:

	gemeiner Wert	Buchwert		*gemeiner Wert*	Buchwert
Aktiva diverse	2.000.000 €	2.000.000 €	Eigenkapital		1.000.000 €
Firmenwert	2.000.000 €		Pensionsrückstellungen	2.000.000 €	1.000.000 €
	(4.000.000 €)	2.000.000 €		(2.000.000 €)	2.000.000 €

Lösung:
Die steuerliche Schlussbilanz der XY-GmbH zum 31.12.00 ergibt sich danach wie folgt:

Aktiva diverse	2.000.000 €	Eigenkapital	3.000.000 €
Firmenwert	2.000.000 €	Pensionsrückstellungen	1.000.000 €
	4.000.000 €		4.000.000 €

Obwohl der gemeine Wert der Sachgesamtheit nur 2.000.000 € beträgt, ist eine Berücksichtigung der Differenz zwischen dem Wert der Pensionsrückstellung i. S. d. § 6a EStG und dem gemeinen Wert dieser Verpflichtung nicht zulässig; vgl. § 3 Absatz 1 Satz 2 UmwStG.

Die Bewertung mit dem gemeinen Wert bzw. mit dem Teilwert i. S. d. § 6a EStG hat nach den Verhältnissen zum steuerlichen Übertragungsstichtag zu erfolgen. Der gemeine Wert der Sachgesamtheit ist analog § 6 Absatz 1 Nummer 7 EStG im Verhältnis der Teilwerte der übergehenden Wirtschaftsgüter auf die einzelnen Wirtschaftsgüter zu verteilen.

03.09

b) Ansatz der übergehenden Wirtschaftsgüter mit dem Buchwert

Auf Antrag können die übergehenden Wirtschaftsgüter einheitlich mit dem Buchwert angesetzt werden, soweit

03.10

– sie Betriebsvermögen der übernehmenden Personengesellschaft oder natürlichen Person werden und sichergestellt ist, dass sie später der Besteuerung mit Einkommen- oder Körperschaftsteuer unterliegen (§ 3 Absatz 2 Satz 1 Nummer 1 UmwStG),
– das Recht der Bundesrepublik Deutschland hinsichtlich der Besteuerung des Gewinns aus der Veräußerung der übertragenen Wirtschaftsgüter bei den Gesellschaftern der übernehmenden Personengesellschaft oder bei der übernehmenden natürlichen Person nicht ausgeschlossen oder beschränkt wird (§ 3 Absatz 2 Satz 1 Nummer 2 UmwStG) und
– eine Gegenleistung nicht gewährt wird oder in Gesellschaftsrechten besteht (§ 3 Absatz 2 Satz 1 Nummer 3 UmwStG).

Für den Ansatz des Buchwerts sind die Ansätze in der Handelsbilanz nicht maßgeblich. Wegen des Begriffs Buchwert vgl. Randnr. 01.57.

Gehört zum übergehenden Vermögen der übertragenden Körperschaft ein Mitunternehmeranteil an der übernehmenden oder einer anderen Personengesellschaft, entspricht der Buchwertansatz dem auf die übertragende Körperschaft entfallenden anteiligen Kapitalkonto – unter Berücksichtigung etwaiger Ergänzungs- und Sonderbilanzen – bei der Mitunternehmerschaft.

Die Prüfung der in Randnr. 03.10 genannten Voraussetzungen erfolgt bezogen auf jeden einzelnen an der steuerlichen Rückwirkungsfiktion beteiligten Anteilseigner der übertragenden Körperschaft – soweit nicht für die Betriebsvermögenseigenschaft i. S. d. § 3 Absatz 2 Satz 1 Nummer 1 UmwStG auf den übernehmenden Rechtsträger abgestellt wird – und bezogen auf die Verhältnisse zum steuerlichen Übertragungsstichtag (vgl. Randnr. 02.15).

03.11

Ist der gemeine Wert der Sachgesamtheit geringer als die Summe der Buchwerte der übergehenden Wirtschaftsgüter, ist ein Ansatz zum Buchwert ausgeschlossen.

03.12

Der Antrag auf Fortführung der Buchwerte der übergehenden Wirtschaftsgüter kann nur einheitlich gestellt werden. Einem solchen Antrag steht nicht entgegen, dass zum Teil Wirtschaftsgüter mit dem gemeinen Wert in der steuerlichen Schlussbilanz anzusetzen sind, weil insoweit die Voraussetzungen des § 3 Absatz 2 Satz 1 Nummer 1 oder 2 UmwStG nicht gegeben sind. Bei Gewährung einer Gegenleistung i. S. d. § 3 Absatz 2 Satz 1 Nummer 3 UmwStG ist eine Fortführung der Buchwerte ausgeschlossen (vgl. Randnr. 03.21 ff.).

03.13

aa) Übergang in Betriebsvermögen und Sicherstellung der Besteuerung mit Einkommen- oder Körperschaftsteuer (§ 3 Absatz 2 Satz 1 Nummer 1 UmwStG)

Wird das Vermögen der übertragenden Körperschaft nicht Betriebsvermögen der übernehmenden Personengesellschaft oder natürlichen Person, sind die aktiven und passiven Wirtschaftsgüter in der steuerlichen Schlussbilanz mit dem gemeinen Wert bzw. bei Pensionsrückstellungen mit dem Teilwert i. S. d. § 6a EStG anzusetzen (vgl. Randnr. 03.07). Der Ansatz eines Geschäfts- oder Firmenwerts erfolgt in diesen Fällen nach § 3 Absatz 1

03.14

Satz 1 UmwStG auch dann, wenn der Betrieb der übertragenden Körperschaft nicht fortgeführt wird.

03.15 Für die Zugehörigkeit der übergehenden Wirtschaftsgüter zu einem Betriebsvermögen des übernehmenden Rechtsträgers ist es unbeachtlich, ob das Betriebsvermögen im In- oder im Ausland belegen ist. Die Beurteilung, ob es sich beim übernehmenden Rechtsträger um Betriebsvermögen handelt, ergibt sich nach den allgemeinen steuerlichen Grundsätzen (§§ 13, 15 oder 18 EStG). Bei Vermögensübergang auf eine gewerblich geprägte Personengesellschaft i. S. d. § 15 Absatz 3 Nummer 2 EStG mit Sitz im In- oder Ausland werden die übertragenen Wirtschaftsgüter in der Regel Betriebsvermögen des übernehmenden Rechtsträgers; ausgenommen z. B. bei privater Nutzung.

03.16 Die übertragenen Wirtschaftsgüter müssen Betriebsvermögen der übernehmenden Personengesellschaft oder der natürlichen Person werden. Diese Voraussetzung liegt auch dann nicht vor, wenn die übernehmende Personengesellschaft keine Einkünfte i. S. d. § 15 EStG erzielt und die Beteiligung an dieser Personengesellschaft zu einem in- oder ausländischen Betriebsvermögen gehört (sog. Zebragesellschaft); vgl. auch Randnr. 08.03.

03.17 Die Besteuerung des übertragenen Vermögens mit Einkommen- oder Körperschaftsteuer ist sichergestellt, wenn das übertragene Vermögen hinsichtlich der Wertsteigerungen bei den Mitunternehmern der übernehmenden Personengesellschaft oder der übernehmenden natürlichen Person weiterhin einer Besteuerung mit Einkommen- oder Körperschaftsteuer unterliegt. Eine Besteuerung mit Gewerbesteuer ist hingegen nicht erforderlich.

Die Besteuerung ist z. B. nicht sichergestellt, soweit Mitunternehmer der übernehmenden Personengesellschaft eine steuerbefreite Körperschaft (z. B. § 16 Absatz 1 Satz 1 REITG) oder auch ein steuerbefreites Zweckvermögen (z. B. § 11 Absatz 1 Satz 2 InvStG) ist.

Eine Besteuerung i. S. d. § 3 Absatz 2 Satz 1 Nummer 1 UmwStG ist auch eine mit der inländischen Einkommen- oder Körperschaftsteuer vergleichbare ausländische Steuer.

bb) Kein Ausschluss oder Beschränkung des deutschen Besteuerungsrechts
(§ 3 Absatz 2 Satz 1 Nummer 2 UmwStG)

03.18 Ein Ansatz der übergehenden Wirtschaftsgüter in der steuerlichen Schlussbilanz mit dem Buchwert ist nicht zulässig, soweit das Recht der Bundesrepublik Deutschland hinsichtlich der Besteuerung des Gewinns aus der Veräußerung der übertragenen Wirtschaftsgüter bei den Gesellschaftern der übernehmenden Personengesellschaft oder bei der übernehmenden natürlichen Person ausgeschlossen oder beschränkt wird (sog. Entstrickung). Die Voraussetzungen des § 3 Absatz 2 Satz 1 Nummer 2 UmwStG sind bei den Gesellschaftern der übernehmenden Personengesellschaft bzw. bei der übernehmenden natürlichen Person subjekt- und objektbezogen zu prüfen und entsprechen insoweit den gleichlautenden Entstrickungstatbeständen in § 4 Absatz 1 Satz 3 EStG und § 12 Absatz 1 KStG. Danach liegt ein Ausschluss oder eine Beschränkung des Besteuerungsrechts des Gewinns aus der Veräußerung eines Wirtschaftsguts insbesondere vor, wenn ein bisher einer inländischen Betriebsstätte des Steuerpflichtigen zuzuordnendes Wirtschaftsgut einer ausländischen Betriebsstätte zuzuordnen ist (vgl. § 4 Absatz 1 Satz 4 EStG und § 12 Absatz 1 Satz 2 KStG).

Allein der Ausschluss oder die Beschränkung des deutschen Besteuerungsrechts für Zwecke der Gewerbesteuer stellt keine Beschränkung i. S. d. § 3 Absatz 2 Satz 1 Nummer 2 UmwStG dar.

03.19 Ein Ausschluss des deutschen Besteuerungsrechts hinsichtlich des Gewinns aus der Veräußerung eines Wirtschaftsguts setzt voraus, dass ein – ggf. auch eingeschränktes –

deutsches Besteuerungsrecht hinsichtlich des Gewinns aus der Veräußerung des übertragenen Wirtschaftsguts bestanden hat und dies in vollem Umfang entfällt.

Beispiel:
Die XY-GmbH soll in die XY-KG durch Formwechsel umgewandelt werden. Anteilseigner und Mitunternehmer sind A und B zu je 50 %. Die XY-GmbH hat u. a. eine Betriebsstätte in einem ausländischen Staat, mit dem kein DBA besteht. A und B haben ihren Wohnsitz und gewöhnlichen Aufenthalt im Ausland.

Lösung:
Aufgrund des Formwechsels der XY-GmbH in die XY-KG wird das deutsche Besteuerungsrecht hinsichtlich des Gewinns aus der Veräußerung der der ausländischen Betriebsstätte zuzurechnenden Wirtschaftsgüter zum steuerlichen Übertragungsstichtag ausgeschlossen, da die beiden Mitunternehmer mit den ausländischen Betriebsstätteneinkünften nicht der beschränkten Einkommen- oder Körperschaftsteuerpflicht i. S. d. § 49 EStG unterliegen.

Zur Aufstellung einer Ergänzungsbilanz bei der übernehmenden Personengesellschaft vgl. Randnr. 04.24.

Sofern jedoch vor der Umwandlung z. B. ein uneingeschränktes Besteuerungsrecht bestand und nach der Umwandlung ein der Höhe oder dem Umfang nach begrenztes deutsches Besteuerungsrecht fortbesteht, ist eine Beschränkung des deutschen Besteuerungsrechts gegeben.

Eine grenzüberschreitende Umwandlung für sich ändert grundsätzlich nicht die abkommensrechtliche Zuordnung von Wirtschaftsgütern zu einer in- oder ausländischen Betriebsstätte (vgl. auch die Entstrickungsregelungen in § 4 Absatz 1 Satz 4 EStG, § 12 Absatz 1 Satz 2 KStG). Für die Beurteilung der Frage, ob eine Änderung der Zuordnung vorliegt, sind die Grundsätze des BMF-Schreibens vom 24.12.1999, BStBl I S. 1076, zuletzt geändert durch BMF-Schreiben vom 25.8.2009, BStBl I S. 888[1]), maßgebend. Darüber hinaus kommt eine Entstrickung infolge der Umwandlung, die sich auf das steuerliche Übertragungsergebnis auswirkt, insbesondere im Zusammenhang mit dem Wechsel der Steuerpflicht in Betracht; vgl. das Beispiel in Randnr. 03.19.

03.20

cc) Keine Gegenleistung oder Gegenleistung in Form von Gesellschaftsrechten
 (§ 3 Absatz 2 Satz 1 Nummer 3 UmwStG)

Ein Ansatz der übergehenden Wirtschaftsgüter in der steuerlichen Schlussbilanz mit dem Buchwert ist nicht zulässig, soweit den verbleibenden Anteilseignern der übertragenden Körperschaft oder diesen nahe stehenden Personen eine Gegenleistung gewährt wird, die nicht in Gesellschaftsrechten besteht. Eine solche Gegenleistung ist insbesondere bei Leistung barer Zuzahlungen (z. B. Spitzenausgleich nach § 54 Absatz 4 oder § 68 Absatz 3 UmwG) oder Gewährung anderer Vermögenswerte (z. B. Darlehensforderungen) durch den übernehmenden Rechtsträger oder eine diesem nahe stehende Personen gegeben. Der Untergang der Beteiligung an der übertragenden Körperschaft (z. B. bei einer Aufwärtsverschmelzung) oder die Berücksichtigung der auf die Einnahmen i. S. d. § 7 UmwStG anfallenden Kapitalertragsteuer, die der übernehmende Rechtsträger als steuerlicher Rechtsnachfolger i. S. d. § 4 Absatz 2 Satz 1 UmwStG zu entrichten hat, als Entnahmen stellen keine Gegenleistung i. S. d. § 3 Absatz 2 Satz 1 Nummer 3 UmwStG dar.

03.21

Für die Beurteilung als Gegenleistung i. S. d. § 3 Absatz 2 Satz 1 Nummer 3 UmwStG ist es nicht erforderlich, dass die Leistung aufgrund umwandlungsgesetzlicher Regelungen (z. B. §§ 15, 126 Absatz 1 Nummer 3 UmwG) erfolgt. Im Übrigen gilt Randnr. 24.11 entsprechend.

---

[1]) zuletzt geändert durch BMF vom 26.09.2014 (BStBl I S. 1258)

Anhang 28
Umwandlungssteuerrecht

Nicht in Gesellschaftsrechten bestehende Gegenleistungen stellen beim Anteilseigner einen Veräußerungserlös für seine Anteile dar. Bei einer nur anteiligen Veräußerung (z. B. Spitzenausgleich) sind zur Ermittlung des Veräußerungsgewinns dem Veräußerungserlös nur die anteiligen Anschaffungskosten dieser Anteile an dem übertragenden Rechtsträger gegenüberzustellen (vgl. auch Randnr. 13.02).

03.22 Zahlungen an ausscheidende Anteilseigner aufgrund Barabfindung nach §§ 29, 125 oder 207 UmwG stellen keine Gegenleistungen i. S. d. § 3 Absatz 2 Satz 1 Nummer 3 UmwStG dar. Beim Übergang des Vermögens des übertragenden Rechtsträgers i. S. d. § 20 Absatz 1 Nummer 1 UmwG auf einen Anteilseigner der übertragenden Körperschaft handelt es sich – hinsichtlich des übernommenen Vermögens – ebenfalls um keine Gegenleistung i. S. d. § 3 Absatz 2 Satz 1 Nummer 3 UmwStG.

03.23 Bei Gewährung einer Gegenleistung, die nicht in Gesellschaftsrechten besteht, sind die übergehenden Wirtschaftsgüter in der steuerlichen Schlussbilanz der übertragenden Körperschaft insoweit mindestens mit dem Wert der Gegenleistung anzusetzen.

I. H. der Differenz zwischen dem Wert der Gegenleistung und den auf die Gegenleistung entfallenden (anteiligen) Buchwerten der übergehenden Wirtschaftsgüter ergibt sich ein Übertragungsgewinn. Der Berechnung des anteiligen Buchwerts ist dabei das Verhältnis des Gesamtwerts der Gegenleistung zum Wert der Sachgesamtheit i. S. d. § 3 Absatz 1 UmwStG zu Grunde zu legen.

I. H. des Übertragungsgewinns sind die Wirtschaftsgüter in der steuerlichen Schlussbilanz aufzustocken. Der jeweilige Aufstockungsbetrag ermittelt sich aus dem Verhältnis des Übertragungsgewinns zu den gesamten stillen Reserven und stillen Lasten, mit Ausnahme der stillen Lasten in Pensionsrückstellungen. I. H. dieses Prozentsatzes sind die in den jeweiligen Wirtschaftsgütern enthaltenen stillen Reserven aufzudecken.

Beispiel:
Die XY-GmbH soll auf die XY-KG verschmolzen werden. Die Steuerbilanz i. S. d. § 5 Absatz 1 EStG sowie die Werte i. S. d. § 3 Absatz 1 UmwStG stellen sich vereinfacht wie folgt dar:

	gemeiner Wert	Buchwert		gemeiner Wert	Buchwert
Anlagevermögen	300.000 €	200.000 €	Eigenkapital		300.000 €
Umlaufvermögen	150.000 €	100.000 €	Drohverlustrückstellung	20.000 €	
Know-how	70.000 €				
Firmenwert	100.000 €				
	(620.000 €)	300.000 €			300.000 €

Die Gesellschafter der XY-GmbH erhalten bare Zuzahlungen i. H. v. insgesamt 60.000 €.

Lösung:
Die baren Zuzahlungen stellen nicht in Gesellschaftsrechten bestehende Gegenleistungen dar. Die Voraussetzungen des § 3 Absatz 2 Satz 1 Nummer 3 UmwStG sind insoweit nicht erfüllt. Der Wert i. S. d. § 3 Absatz 1 UmwStG beträgt 600.000 € (= 620.000 € ./. 20.000 €) und der Wert der sonstigen Gegenleistung beträgt insgesamt 60.000 €. Die Gegenleistungen betragen somit 10 % des Werts i. S. d. § 3 Absatz 1 UmwStG. Der Übertragungsgewinn beträgt 60.000 € ./. 30.000 € (entspricht 10 % der Buchwerte) = 30.000 €. In dieser Höhe entsteht ein Aufstockungsbetrag.

Anhang 28
Umwandlungssteuerrecht

Dieser Aufstockungsbetrag i. H. v. 30.000 € ist entsprechend dem Verhältnis des Übertragungsgewinns zu den gesamten stillen Reserven und stillen Lasten zu verteilen:

	Wert i. S. d. § 3 Absatz 1 UmwStG	Buchwert	stille Reserven und stille Lasten
Anlagevermögen	300.000 €	200.000 €	100.000 €
Umlaufvermögen	150.000 €	100.000 €	50.000 €
Know-how (originär)	70.000 €	0 €	70.000 €
Firmenwert (originär)	100.000 €	0 €	100.000 €
Drohverlustrückstellung	./. 20.000 €	0 €	./. 20.000 €
Σ	600.000 €	300.000 €	300.000 €

Der Aufstockungsbetrag i. H. v. 30.000 € entspricht bezogen auf die gesamten stillen Reserven und stillen Lasten 10 % (entspricht dem Verhältnis 30.000 €/300.000 €). Die auf die jeweiligen Wirtschaftsgüter entfallenden Aufstockungsbeträge ermitteln sich damit wie folgt:

	Buchwert	stille Reserven	Aufstockung (10 %)	Ansatz in der steuerlichen Schlussbilanz
Anlagevermögen	200.000 €	100.000 €	10.000 €	210.000 €
Umlaufvermögen	100.000 €	50.000 €	5.000 €	105.000 €
Know-how (originär)	0 €	70.000 €	7.000 €	7.000 €
Firmenwert (originär)	0 €	100.000 €	10.000 €	10.000 €
Drohverlustrückstellung	0 €	./. 20.000 €	./. 2.000 €	./. 2.000 €
Σ	300.000 €	300.000 €	30.000 €	330.000 €

03.24
Aufgrund der Bewertung von Pensionsrückstellungen mit dem Teilwert i. S. d. § 6a EStG nach § 3 Absatz 1 Satz 2 UmwStG mindert ein tatsächlich höherer gemeiner Wert der Versorgungsverpflichtung steuerlich nicht den gemeinen Wert des Unternehmens i. S. d. § 3 Absatz 1 Satz 1 UmwStG (vgl. Randnr. 03.08). Dies hat auch auf die Wertansätze in der steuerlichen Schlussbilanz bei Gewährung einer nicht in Gesellschaftsrechten bestehenden Gegenleistung Einfluss. Maßgebend für die Wertverhältnisse zur Ermittlung des Aufstockungsbetrags (vgl. Randnr. 03.23) ist insoweit der Wert i. S. d. § 3 Absatz 1 UmwStG.

Beispiel:
Die XY-GmbH soll auf die XY-KG zur Aufnahme verschmolzen werden. Die Steuerbilanz i. S. d. § 5 Absatz 1 EStG sowie die Werte i. S. d. § 3 Absatz 1 UmwStG stellen sich vereinfacht wie folgt dar:

	gemeiner Wert	Buchwert		gemeiner Wert	Buchwert
Anlagevermögen	500.000 €	400.000 €	Eigenkapital		300.000 €
Firmenwert	160.000 €		Pensionsrückstellung	160.000 €	100.000 €
	(660.000 €)	400.000 €			400.000 €

Die Gesellschafter der XY-GmbH erhalten bare Zuzahlungen von der XY-KG i. H. v. insgesamt 28.000 €.

Lösung:
Die baren Zuzahlungen stellen nicht in Gesellschaftsrechten bestehende Gegenleistungen dar. Die Voraussetzungen des § 3 Absatz 2 Satz 1 Nummer 3 UmwStG sind insoweit nicht erfüllt. Der Unternehmenswert beträgt 500.000 € und der Wert der Sachgesamtheit i. S. d. § 3 Absatz 1 UmwStG beträgt 560.000 €. Für die Berechnung des Aufstockungsbetrags ist

Anhang 28
Umwandlungssteuerrecht

der Wert i. S. d. § 3 Absatz 1 UmwStG maßgebend. Die Gegenleistungen betragen somit 5 % des Werts i. S. d. § 3 Absatz 1 UmwStG. Der Übertragungsgewinn beträgt folglich 28.000 € ./. 15.000 € (entspricht 5 % der Buchwerte) = 13.000 €. In dieser Höhe entsteht ein Aufstockungsbetrag.

Dieser Aufstockungsbetrag i. H. v. 13.000 € ist entsprechend dem Verhältnis des Übertragungsgewinns zu den gesamten stillen Reserven und stillen Lasten (ohne Berücksichtigung der stillen Lasten bei der Pensionsrückstellung) zu verteilen:

	Wert i. S. d. § 3 Absatz 1 UmwStG	Buchwert	stille Reserven und stille Lasten
Anlagevermögen	500.000 €	400.000 €	100.000 €
Firmenwert (originär)	160.000 €	0 €	160.000 €
Pensionsrückstellung	./. 100.000 €	./. 100.000 €	0 €
Σ	560.000 €	300.000 €	260.000 €

Der Aufstockungsbetrag i. H. v. 13.000 € entspricht bezogen auf die gesamten stillen Reserven und stillen Lasten 5 % (entspricht dem Verhältnis 13.000 €/260.000 €). Die auf die jeweiligen Wirtschaftsgüter entfallenden Aufstockungsbeträge ermitteln sich damit wie folgt:

	Buchwert	stille Reserven und stille Lasten	Aufstockung (5 %)	Ansatz in der steuerlichen Schlussbilanz
Anlagevermögen	400.000 €	100.000 €	5.000 €	405.000 €
Firmenwert (originär)	0 €	160.000 €	8.000 €	8.000 €
Pensionsrückstellung	./. 100.000 €	0 €	0 €	./. 100.000 €
Σ	300.000 €	260.000 €	13.000 €	313.000 €

c) Ansatz der übergehenden Wirtschaftsgüter mit einem Zwischenwert

03.25 Unter den in Randnr. 03.10 genannten Voraussetzungen können die übergehenden aktiven und passiven Wirtschaftsgüter, einschließlich nicht entgeltlich erworbener und selbst geschaffener immaterieller Wirtschaftsgüter, auf Antrag einheitlich mit einem über dem Buchwert und unter dem gemeinen Wert liegenden Wert angesetzt werden (Zwischenwert). Die in den einzelnen Wirtschaftsgütern ruhenden stillen Reserven und Lasten sind um einen einheitlichen Prozentsatz aufzulösen; zur Bewertung von Pensionsrückstellungen vgl. § 3 Absatz 1 Satz 2 UmwStG. Für den Ansatz eines Zwischenwerts sind die Ansätze in der Handelsbilanz nicht maßgeblich.

03.26 Randnr. 03.11–03.24 gelten entsprechend. Zu der für den Ansatz des Zwischenwerts notwendigen Ermittlung des gemeinen Werts der Sachgesamtheit vgl. Randnr. 03.07–03.09.

d) Ausübung des Wahlrechts auf Ansatz zum Buch- oder Zwischenwert

03.27 Der Antrag auf Ansatz der übergehenden Wirtschaftsgüter mit dem Buch- oder Zwischenwert ist nach § 3 Absatz 2 Satz 2 UmwStG bei dem für die Besteuerung nach §§ 20, 26 AO zuständigen Finanzamt der übertragenden Körperschaft zu stellen. Dies gilt auch, wenn zum übergehenden Vermögen der übertragenden Körperschaft Beteiligungen an in- oder ausländischen Mitunternehmerschaften gehören; zur verfahrensrechtlichen Änderungsmöglichkeit des Feststellungsbescheids der Mitunternehmerschaft vgl. Randnr. 03.03.

Ist bei einer ausländischen Umwandlung (Randnr. 01.20 ff.) kein Finanzamt i. S. d. §§ 20, 26 AO für die Besteuerung der übertragenden Körperschaft zuständig, ist – vorbehaltlich einer anderweitigen Zuständigkeitsvereinbarung nach § 27 AO – bei einer

Personengesellschaft als übernehmender Rechtsträger das für die gesonderte und einheitliche Feststellung der Einkünfte der übernehmenden Personengesellschaft zuständige Finanzamt maßgebend; zur örtlichen Zuständigkeit bei ausländischen Personengesellschaften mit inländischen Gesellschaftern siehe BMF-Schreiben vom 11.12.1989, BStBl I S. 470, und BMF-Schreiben vom 2.1.2001, BStBl I S. 40[1]). Sonderzuständigkeiten der jeweiligen Landesfinanzbehörden für Beteiligungen an ausländischen Personengesellschaften sind zu beachten. § 25 AO gilt entsprechend.

Unterbleibt eine Feststellung der Einkünfte der übernehmenden Personengesellschaft, weil nur ein Gesellschafter im Inland ansässig ist, oder in den Fällen der Verschmelzung auf eine natürliche Person, ist das Finanzamt i. S. d. § 3 Absatz 2 Satz 2 UmwStG zuständig, das nach §§ 19 oder 20 AO für die Besteuerung dieses Gesellschafters oder dieser natürlichen Person zuständig ist.

Der Antrag auf Ansatz eines Buch- oder Zwischenwerts ist von der übertragenden Körperschaft bzw. von dem übernehmenden Rechtsträger als steuerlicher Rechtsnachfolger (§ 4 Absatz 2 Satz 1 UmwStG) spätestens bis zur erstmaligen Abgabe der steuerlichen Schlussbilanz (vgl. Randnr. 03.01) zu stellen. Das Wahlrecht kann von der übertragenden Körperschaft bzw. von deren steuerlichem Rechtsnachfolger für alle übergehenden Wirtschaftsgüter nur einheitlich ausgeübt werden (vgl. Randnr. 03.13). 03.28

Der Antrag bedarf keiner besonderen Form, ist bedingungsfeindlich und unwiderruflich. Aus dem Antrag muss sich ergeben, ob das übergehende Vermögen mit dem Buch- oder einem Zwischenwert anzusetzen ist. Für die Auslegung des Antrags gelten die allgemeinen zivilrechtlichen Auslegungsgrundsätze entsprechend (§§ 133, 157 BGB). Bei Zwischenwertansatz muss jedoch ausdrücklich angegeben werden, in welcher Höhe oder zu welchem Prozentsatz die stillen Reserven aufzudecken sind. Wenn die ausdrückliche Erklärung abgegeben wird, dass die Steuerbilanz i. S. d. § 4 Absatz 1, § 5 Absatz 1 EStG gleichzeitig die steuerliche Schlussbilanz sein soll (vgl. Randnr. 03.01), ist in dieser Erklärung gleichzeitig ein konkludenter Antrag auf Ansatz der Buchwerte zu sehen, sofern kein ausdrücklicher gesonderter anderweitiger Antrag gestellt wurde. 03.29

Setzt die übertragende Körperschaft die übergehenden Wirtschaftsgüter in der steuerlichen Schlussbilanz mit dem gemeinen Wert oder dem Buchwert an und ergibt sich z. B. aufgrund einer späteren Betriebsprüfung, dass die gemeinen Werte oder die Buchwerte höher bzw. niedriger als die von der übertragenden Körperschaft angesetzten Werte sind, ist der Wertansatz in der steuerlichen Schlussbilanz dementsprechend zu berichtigen. Der Bilanzberichtigung steht die Unwiderruflichkeit des Antrags nach § 3 Absatz 2 Satz 2 UmwStG nicht entgegen. Liegt der gemeine Wert unter dem Buchwert, ist Randnr. 03.12 zu beachten. 03.30

Setzt die übertragende Körperschaft hingegen die übergehenden Wirtschaftsgüter in der steuerlichen Schlussbilanz einheitlich zum Zwischenwert an, bleiben vorrangig diese Wertansätze maßgebend, sofern dieser Wert oberhalb des Buchwerts und unterhalb des gemeinen Werts liegt.

3. Fiktive Körperschaftsteueranrechnung nach § 3 Absatz 3 UmwStG

§ 3 Absatz 3 UmwStG gilt insbesondere bei Verschmelzung einer Körperschaft mit Ort der Geschäftsleitung im Inland auf eine Personengesellschaft ausländischer Rechtsform, die die Voraussetzungen des Artikels 3 Richtlinie 2009/133/EG erfüllt, soweit 03.31

– die übertragenen Wirtschaftsgüter einer Betriebsstätte der übertragenden Körperschaft in einem anderen EU-Mitgliedstaat zuzurechnen sind,

---

[1]) jetzt AEAO zu § 18 Nr. 6 AO

Anhang 28

Umwandlungssteuerrecht

- die Bundesrepublik Deutschland die Doppelbesteuerung bei der übertragenden Körperschaft nicht durch Freistellung vermeidet (§ 3 Absatz 3 Satz 2 UmwStG) und
- das Recht der Bundesrepublik Deutschland hinsichtlich der Besteuerung des Gewinns aus der Veräußerung der übertragenen Wirtschaftsgüter bei den Gesellschaftern der übernehmenden Personengesellschaft ausgeschlossen oder beschränkt wird (§ 3 Absatz 2 Satz 1 Nummer 2 UmwStG).

03.32 Zur Ermittlung des Betrags der nach § 3 Absatz 3 UmwStG anrechenbaren ausländischen Körperschaftsteuer ist regelmäßig ein Auskunftsersuchen nach § 117 AO an den ausländischen Betriebsstättenstaat erforderlich.

B. Auswirkungen auf den Gewinn des übernehmenden Rechtsträgers (§ 4 UmwStG)

I. Wertverknüpfung

04.01 Der übernehmende Rechtsträger hat die auf ihn übergehenden Wirtschaftsgüter mit Wirkung zum steuerlichen Übertragungsstichtag (§ 2 UmwStG) mit den Wertansätzen zu übernehmen, die die übertragende Körperschaft in deren steuerlicher Schlussbilanz (§ 3 UmwStG) angesetzt hat. Das gilt auch, wenn übertragender Rechtsträger eine steuerbefreite oder eine ausländische Körperschaft ist. Auch für diejenigen Bilanzansätze, bei denen es an der Wirtschaftsguteigenschaft fehlt (z. B. Rechnungsabgrenzungsposten, Sammelposten nach § 6 Absatz 2a EStG), sind nach § 4 Absatz 2 Satz 1 UmwStG die Wertansätze aus der steuerlichen Schlussbilanz der übertragenden Körperschaft zu übernehmen (vgl. Randnr. 03.04)[1].

04.02 Ist die übertragende Körperschaft an der übernehmenden Personengesellschaft beteiligt, gehören zum übergehenden Vermögen auch die der übertragenden Körperschaft anteilig zuzurechnenden Wirtschaftsgüter der übernehmenden Personengesellschaft. Auf Randnr. 03.10 wird hingewiesen.

04.03 Bei der Verschmelzung durch Aufnahme auf eine bereits bestehende Personengesellschaft stellt die Übernahme des Betriebsvermögens einen laufenden Geschäftsvorfall dar. Bei der Verschmelzung durch Neugründung ist auf den steuerlichen Übertragungsstichtag eine steuerliche Eröffnungsbilanz zu erstellen.

04.04[1] Gilt für einen übernommenen Wertansatz i. S. d. Randnr. 04.01 zu den auf den steuerlichen Übertragungsstichtag folgenden Bilanzstichtagen ein steuerliches Wahlrecht (z. B. Rücklage nach § 6b EStG), kann dieses Wahlrecht auch an den nachfolgenden Bilanzstichtagen unabhängig von der handelsrechtlichen Jahresbilanz ausgeübt werden.

II. Erweiterte Wertaufholung – Beteiligungskorrekturgewinn

04.05 Nach § 4 Absatz 1 Satz 2 UmwStG sind die Anteile des übernehmenden Rechtsträgers an der übertragenden Körperschaft zum steuerlichen Übertragungsstichtag mit dem Buchwert anzusetzen, allerdings erhöht um steuerwirksame Abschreibungen, die in früheren Jahren vorgenommen worden sind, sowie um Abzüge nach § 6b EStG und ähnliche Abzüge, höchstens jedoch bis zum gemeinen Wert.

04.06 Die Hinzurechnung gem. § 4 Absatz 1 Satz 2 UmwStG betrifft ausschließlich die am steuerlichen Übertragungsstichtag im Betriebsvermögen des übernehmenden Rechtsträgers gehaltenen Anteile, bei denen der Buchwert um entsprechende Abzüge steuerwirksam gemindert wurde und am steuerlichen Übertragungsstichtag unter dem gemeinen Wert liegt. Für Anteile, die am steuerlichen Übertragungsstichtag vor Anwendung

---

[1] zur Auflösung der Rücklage nach § 6b wegen Ablaufs der Reinvestitionsfrist beim übertragenden Rechtsträger >BFH vom 29.04.2020 (BStBl II 2021 S. 517)

des § 5 UmwStG zum Betriebsvermögen eines Anteilseigners gehören, enthält § 5 Absatz 3 UmwStG eine entsprechende Regelung (vgl. Randnr. 05.10).

Abweichend vom allgemeinen Wertaufholungsgebot gem. § 6 Absatz 1 Nummer 1 Satz 4 und Nummer 2 Satz 3 EStG sind nach § 4 Absatz 1 Satz 2 UmwStG bzw. nach § 5 Absatz 3 UmwStG ausschließlich die dort aufgeführten Wertminderungen vor Ermittlung des Übernahmeergebnisses bis zum gemeinen Wert wieder hinzuzurechnen. Eine Wertaufholung ist jedoch nicht vorzunehmen, soweit bis zum Ablauf des steuerlichen Übertragungsstichtags eine steuerwirksame Wertaufholung (§ 6 Absatz 1 Nummer 2 Satz 3 i. V. m. § 6 Absatz 1 Nummer 1 Satz 4 EStG) stattgefunden hat oder die Rücklage nach § 6b Absatz 3 EStG gewinnerhöhend aufgelöst worden ist. Steuerwirksame Teilwertabschreibungen sind vor nicht voll steuerwirksamen Teilwertabschreibungen hinzuzurechnen. 04.07

Der Beteiligungskorrekturgewinn gehört nicht zum Übernahmegewinn und ist nach den allgemeinen Grundsätzen zu besteuern. Dies gilt nach § 4 Absatz 1 Satz 2 und 3 UmwStG auch insoweit, als die Anteile in früheren Jahren nur zum Teil steuerwirksam (z. B. anteilig nach § 3c Absatz 2 EStG) abgeschrieben worden sind. Durch die Erhöhung des Buchwerts mindert sich das Übernahmeergebnis (vgl. Randnr. 04.27). 04.08

III. Eintritt in die steuerliche Rechtsstellung (§ 4 Absatz 2 und 3 UmwStG)

1. Absetzungen für Abnutzung

Der übernehmende Rechtsträger tritt in die steuerliche Rechtsstellung der übertragenden Körperschaft auch hinsichtlich ihrer historischen Anschaffungs- oder Herstellungskosten ein. 04.09

Der Eintritt in die steuerliche Rechtsstellung der übertragenden Körperschaft erfolgt nach § 4 Absatz 3 UmwStG auch dann, wenn die übergegangenen Wirtschaftsgüter in der steuerlichen Schlussbilanz der übertragenden Körperschaft mit dem Zwischenwert oder mit dem gemeinen Wert angesetzt worden sind. Die Absetzungen für Abnutzung bemessen sich dann bei dem übernehmenden Rechtsträger: 04.10

– in den Fällen des § 7 Absatz 4 Satz 1 und Absatz 5 EStG nach der bisherigen Bemessungsgrundlage, vermehrt um den Aufstockungsbetrag (= Differenz zwischen dem Buchwert der Gebäude unmittelbar vor Aufstellung der steuerlichen Schlussbilanz und dem Wert, mit dem die Körperschaft die Gebäude in der steuerlichen Schlussbilanz angesetzt hat). Auf diese Bemessungsgrundlage ist der bisherige Prozentsatz weiterhin anzuwenden. Wird in den Fällen des § 7 Absatz 4 Satz 1 EStG die volle Absetzung innerhalb der tatsächlichen Nutzungsdauer nicht erreicht, können die Absetzungen für Abnutzung nach der Restnutzungsdauer des Gebäudes bemessen werden;

– in allen anderen Fällen nach dem Wert, mit dem die Körperschaft die Wirtschaftsgüter in der steuerlichen Schlussbilanz angesetzt hat, und der Restnutzungsdauer dieser Wirtschaftsgüter. Das gilt auch für übergehende entgeltlich erworbene immaterielle Wirtschaftsgüter mit Ausnahme eines Geschäfts- oder Firmenwerts. Die Restnutzungsdauer ist nach den Verhältnissen am steuerlichen Übertragungsstichtag neu zu schätzen (BFH vom 29.11.2007, IV R 73/02, BStBl 2008 II S. 407);

– für die Absetzungen für Abnutzung eines Geschäfts- oder Firmenwerts gilt § 7 Absatz 1 Satz 3 EStG. Auch wenn zum steuerlichen Übertragungsstichtag bereits ein (derivativer) Geschäfts- oder Firmenwert vorhanden ist, bemessen sich die Absetzungen für Abnutzung wegen § 7 Absatz 1 Satz 3 EStG nicht nach der Restnutzungsdauer. In diesen Fällen ist der Geschäfts- oder Firmenwert nach der bisherigen Bemessungsgrundlage ggf. vermehrt um einen Aufstockungsbetrag einheitlich mit 1/15 abzuschreiben.

Anhang 28
Umwandlungssteuerrecht

04.11 Zu späteren Bilanzstichtagen bilden die fortgeführten ursprünglichen Anschaffungs- oder Herstellungskosten (ggf. gemindert um Absetzungen für Abnutzung, Abzüge nach § 6b EStG usw., und erhöht um nachträgliche Anschaffungs- oder Herstellungskosten) oder bei einem am steuerlichen Übertragungsstichtag angesetzten höheren gemeinen Wert oder Zwischenwert dieser fortgeführte Wert die Bewertungsobergrenze i. S. d. § 6 Absatz 1 EStG sowie einer Wertaufholungspflicht i. S. d. § 6 Absatz 1 Nummer 1 Satz 4 oder Nummer 2 Satz 3 EStG.

2. Verlustabzug bei Auslandsbetriebsstätten

04.12 Die entgeltliche oder unentgeltliche Übertragung einer in einem ausländischen Staat belegenen Betriebsstätte führt zur Nachversteuerung von zuvor nach § 2a Absatz 3 EStG a. F. bzw. § 2 Absatz 1 AuslInvG abgezogenen Verlusten (vgl. § 2 Absatz 4 EStG a. F. i. V. m. § 52 Absatz 3 EStG[1]) bzw. § 2 Absatz 2 AuslInvG i. V. m. § 8 Absatz 5 Satz 2 AuslInvG) noch bei der übertragenden Körperschaft. Gleiches gilt nach den genannten Vorschriften im Fall der Umwandlung einer im ausländischen Staat belegenen Betriebsstätte in eine Kapitalgesellschaft.

3. Besonderheiten bei Unterstützungskassen (§ 4 Absatz 2 Satz 4 UmwStG)

04.13 Ist die übertragende Körperschaft eine Unterstützungskasse, erhöht sich der laufende Gewinn des übernehmenden Rechtsträgers in dem Wirtschaftsjahr, in das der Umwandlungsstichtag fällt, um die von ihm, seinen Gesellschaftern oder seinen Rechtsvorgängern an die Unterstützungskasse geleisteten Zuwendungen nach § 4d EStG; § 15 Absatz 1 Satz 1 Nummer 2 Satz 2 EStG gilt sinngemäß. Damit wird der Betriebsausgabenabzug der Zuwendungen an die Unterstützungskasse in der Rechtsform einer Körperschaft wieder rückgängig gemacht, soweit sie von der übernehmenden Personengesellschaft oder einem Mitunternehmer dieser Personengesellschaft getätigt wurden.

4. Sonstige Folgen der Rechtsnachfolge

04.14 Die Vermögensübernahme stellt für Zwecke des § 6b EStG und des § 7g EStG keine begünstigte Anschaffung dar.

04.15 Beim übernehmenden Rechtsträger werden Vorbesitzzeiten (z. B. § 6b EStG, § 9 Nummer 2a und 7 GewStG) angerechnet. Behaltefristen (z. B. nach § 7g EStG oder dem InvZulG) werden durch den Übergang des Vermögens nicht unterbrochen.

04.16 Ein in der steuerlichen Schlussbilanz des übertragenden Rechtsträgers entgegen § 5 EStG angesetztes Wirtschaftsgut (vgl. Randnr. 03.06) ist in der Steuerbilanz des übernehmenden Rechtsträgers auszuweisen und in der Folgezeit unter Anwendung des § 5 EStG ertragswirksam aufzulösen. Ein in der steuerlichen Schlussbilanz nach § 3 Absatz 1 Satz 1 UmwStG anzusetzender originärer Geschäfts- oder Firmenwert der übertragenden Körperschaft wird vom übernehmenden Rechtsträger aufgrund der Umwandlung angeschafft (vgl. Randnr. 00.02). Zu Ansatz- und Bewertungsvorbehalten bei der Übernahme von schuldrechtlichen Verpflichtungen vgl. BMF-Schreiben vom 24.6.2011, BStBl I S. 627[2]).

04.17 Ist die übertragende Körperschaft an einer Mitunternehmerschaft beteiligt und wurden in der steuerlichen Schlussbilanz Wirtschaftsgüter mit einem über dem Buchwert liegenden Wert ausgewiesen, ist der Aufstockungsbetrag in einer Ergänzungsbilanz bei dieser Mitunternehmerschaft für den übernehmenden Rechtsträger auszuweisen.

---

[1]) jetzt § 52 Abs. 2
[2]) ersetzt durch BMF vom 30.11.2017 (BStBl I S. 1619)

Anhang 28
Umwandlungssteuerrecht

IV. Übernahmeergebnis
1. Zuordnung der Anteile zum Betriebsvermögen des übernehmenden Rechtsträgers

Ein Übernahmeergebnis ist nur für die Anteile zu ermitteln, die am steuerlichen Übertragungsstichtag zum Betriebsvermögen (einschließlich Sonderbetriebsvermögen) des übernehmenden Rechtsträgers gehören. Hierzu gehören auch die Anteile, die nach § 5 UmwStG dem Betriebsvermögen des übernehmenden Rechtsträgers zuzuordnen sind (vgl. Randnr. 05.01 ff.). 04.18

2. Personen- sowie ggf. anteilsbezogene Ermittlung

Geht das Vermögen der Körperschaft auf eine Personengesellschaft über, ist das Übernahmeergebnis grundsätzlich unter Berücksichtigung der individuellen Anschaffungskosten bzw. Buchwerte der Beteiligungen und der jeweiligen Höhe eines möglichen Sperrbetrags nach § 50c EStG personenbezogen zu ermitteln. Dadurch kann z. B. bei einem Gesellschafter ein Übernahmegewinn und bei einem anderen Gesellschafter ein Übernahmeverlust entstehen. 04.19

Bei der Ermittlung des Übernahmeergebnisses ist Folgendes zu beachten: 04.20

– Für Anteile, die bereits vor dem steuerlichen Übertragungsstichtag zum Gesamthandsvermögen der übernehmenden Personengesellschaft gehört haben oder nach § 5 Absatz 1 UmwStG als zum steuerlichen Übertragungsstichtag dem Gesamthandsvermögen der Personengesellschaft zugeordnet gelten, ist das (anteilige) Übernahmeergebnis zu ermitteln und auf die bisherigen Mitunternehmer i. R. d. gesonderten und einheitlichen Feststellung der Einkünfte entsprechend ihrer Beteiligung zu verteilen.

– Für Anteile, die bereits vor dem steuerlichen Übertragungsstichtag zu dem Sonderbetriebsvermögen des übernehmenden Rechtsträgers gehören oder nach § 5 Absatz 2 und 3 UmwStG dem Betriebsvermögen der Personengesellschaft zugeordnet werden, ist für jeden dieser Anteilseigner der übertragenden Körperschaft das Übernahmeergebnis gesondert zu ermitteln.

Für die Ermittlung des Übernahmeergebnisses ist grundsätzlich von einer einzigen Beteiligung auszugehen. Ausnahmsweise kann eine anteilsbezogene Betrachtung erforderlich sein, wenn die Anteile unterschiedlichen steuerlichen Bedingungen unterliegen (z. B. einbringungsgeborene Anteile oder Anteile i. S. d. § 4 Absatz 6 Satz 6 UmwStG). 04.21

Über den Beteiligungskorrekturgewinn, die auf die Mitunternehmer der übernehmenden Personengesellschaft entfallenden Anteile am Übernahmegewinn oder -verlust, die anteiligen Erhöhungs- und Minderungsbeträge i. S. d. § 4 Absatz 5 UmwStG sowie die Anwendung des § 4 Absatz 6 und 7 UmwStG entscheidet das für die gesonderte und einheitliche Feststellung der Einkünfte der übernehmenden Personengesellschaft zuständige Finanzamt. 04.22

3. Ausländische Anteilseigner

Ausländische Anteilseigner von Körperschaften, die aufgrund der Umwandlung Mitunternehmer der Personengesellschaft werden, sind in die gesonderte und einheitliche Feststellung nach §§ 180 ff. AO nur insoweit einzubeziehen, als für die Bundesrepublik Deutschland zum steuerlichen Übertragungsstichtag ein Besteuerungsrecht hinsichtlich des Gewinns aus der Veräußerung der Anteile an der Körperschaft oder der Einkünfte i. S. d. § 7 UmwStG bestanden hat (anders bei der Einlagefiktion nach § 5 Absatz 2 und 3 UmwStG; vgl. Randnr. 05.07 und 05.09). Für Anteile i. S. d. § 5 Absatz 2 UmwStG ergibt sich z. B. das abkommensrechtliche Besteuerungsrecht für das Übernahmeergebnis in der Regel aus einer dem Artikel 13 Absatz 5 OECD-MA vergleichbaren Vorschrift 04.23

Anhang 28

Umwandlungssteuerrecht

in einem DBA. Für die Bezüge i. S. d. § 7 UmwStG ergibt sich das deutsche Besteuerungsrecht regelmäßig aus einer dem Artikel 10 OECD-MA vergleichbaren Vorschrift in einem DBA.

04.24 Ist an der übertragenden Körperschaft oder an der übernehmenden Personengesellschaft auch ein ausländischer Anteilseigner bzw. Mitunternehmer beteiligt und verfügt die übertragende Körperschaft über Betriebsvermögen in einem ausländischen Staat, mit dem z. B. kein DBA besteht, geht das Besteuerungsrecht der Bundesrepublik Deutschland an diesem Betriebsvermögen in dem Verhältnis verloren, wie der ausländische Anteilseigner bzw. Mitunternehmer am übernehmenden Rechtsträger beteiligt wird oder ist.

In dem Umfang, in dem stille Reserven im Betriebsvermögen der Betriebsstätte in einem ausländischen Staat, mit dem z. B. kein DBA besteht, aufzudecken sind (vgl. Randnr. 03.19), ist für die inländischen Beteiligten der Aufstockungsbetrag anteilig – entsprechend ihrer Beteiligung am übernehmenden Rechtsträger – in einer negativen Ergänzungsbilanz auszuweisen. Für die ausländischen Beteiligten ergibt sich korrespondierend ein anteiliger Ausweis des Aufstockungsbetrags in einer positiven Ergänzungsbilanz.

Beispiel:
Die X-GmbH soll auf die bestehende Y-OHG (bisherige Mitunternehmer sind C und D zu je 50 %) verschmolzen werden. A und B sind jeweils zu 50 % Anteilseigner der X-GmbH und werden nach der Verschmelzung zu jeweils 30 % Mitunternehmer der Y-OHG. Die X-GmbH hat auch eine Betriebsstätte in einem ausländischen Staat, mit dem kein DBA besteht. Der Buchwert der Wirtschaftsgüter der ausländischen Betriebsstätte beträgt 200.000 € und der gemeine Wert beträgt 700.000 €. A, C und D haben ihren Wohnsitz im Inland und B hat seinen Wohnsitz und gewöhnlichen Aufenthalt im Ausland. Die X-GmbH beantragt den Ansatz der Buchwerte nach § 3 Absatz 2 UmwStG.

Lösung:
Die Voraussetzungen für die Buchwertfortführung gem. § 3 Absatz 2 UmwStG liegen in Bezug auf die (künftigen) Betriebsstätteneinkünfte nur für die auf die Inländer A, C und D entfallenden Anteile (zusammen 70 %) vor. Denn insoweit wird das deutsche Besteuerungsrecht nicht ausgeschlossen oder beschränkt. Soweit die ausländischen Wirtschaftsgüter künftig dem B zuzurechnen sind (30 %), wird das deutsche Besteuerungsrecht hinsichtlich des Gewinns aus deren Veräußerung ausgeschlossen und eine Buchwertfortführung ist nach § 3 Absatz 2 Satz 1 Nummer 2 UmwStG nicht zulässig. In der steuerlichen Schlussbilanz der X GmbH sind die der ausländischen Betriebsstätte zuzuordnenden Wirtschaftsgüter mit 350.000 € (= 200.000 € + 30 % von 500.000 €) anzusetzen. Dieser Aufstockungsbetrag ist anteilig – entsprechend der Beteiligung von A, C und D am übernehmenden Rechtsträger (z. B. A = 30 % von 150.000 € = 45.000 €; insgesamt für A, C und D also 105.000 €) – in negativen Ergänzungsbilanzen bei der übernehmenden Personengesellschaft auszuweisen. Für B ergibt sich ein korrespondierender Ansatz in einer positiven Ergänzungsbilanz i. H. v. 105.000 €.

Wenn in dem Beispiel nicht B, sondern C im Ausland ansässig ist, gilt Entsprechendes.

4. Anteile, die nicht dem Betriebsvermögen des übernehmenden Rechtsträgers zuzurechnen sind

04.25 Für Anteilseigner, deren Anteile an der übertragenden Körperschaft zum steuerlichen Übertragungsstichtag nicht zum Betriebsvermögen des übernehmenden Rechtsträgers gehören und diesem Betriebsvermögen auch nicht nach § 5 UmwStG oder nach § 27 Absatz 3 Nummer 1 UmwStG fiktiv zugerechnet werden, wird ein Übernahmeergebnis nicht ermittelt (vgl. Randnr. 04.18). Die Besteuerung der anteiligen offenen Rücklagen gem. § 7 UmwStG bleibt davon unberührt.

5. Entstehungszeitpunkt

04.26 Das Übernahmeergebnis entsteht mit Ablauf des steuerlichen Übertragungsstichtags (vgl. Randnr. 02.04). Das gilt auch für einen Übernahmefolgegewinn i. S. d. § 6 UmwStG (vgl. Randnr. 06.01 ff.).

Anhang 28
Umwandlungssteuerrecht

6. Ermittlung des Übernahmeergebnisses

Das Übernahmeergebnis ist nach § 4 Absatz 4 und 5 UmwStG wie folgt zu ermitteln: 04.27

	(Anteiliger) Wert, mit dem die übergegangenen Wirtschaftsgüter i. S. d. § 4 Absatz 1 Satz 1 UmwStG zu übernehmen sind (vgl. Randnr. 04.28)
+	Zuschlag für neutrales Vermögen (§ 4 Absatz 4 Satz 2 UmwStG; vgl. Randnr. 04.29)
./.	Wert der Anteile an der übertragenden Körperschaft (ggf. nach Korrektur gem. § 4 Absatz 1 Satz 2 und Absatz 2 Satz 5 UmwStG; vgl. Randnr. 04.30 und 04.05 ff.)
./.	Kosten des Vermögensübergangs (vgl. Randnr. 04.34 f.)
=	Übernahmeergebnis 1. Stufe (§ 4 Absatz 4 Satz 1 und 2 UmwStG)
+	Sperrbetrag nach § 50c EStG (§ 4 Absatz 5 Satz 1 UmwStG; vgl. Randnr. 04.37)
./.	Bezüge, die nach § 7 UmwStG zu den Einkünften aus Kapitalvermögen i. S. d. § 20 Absatz 1 Nummer 1 EStG gehören (§ 4 Absatz 5 Satz 2 UmwStG)
=	Übernahmeergebnis 2. Stufe (§ 4 Absatz 4 und 5 UmwStG)

(Dieser Wert ist Gegenstand der gesonderten und einheitlichen Feststellung)

Beispiel 1:
An einer GmbH sind die natürlichen Personen A mit 50 %, B mit 30 % und C mit 20 % beteiligt. A und B sind im Inland unbeschränkt einkommensteuerpflichtig und abkommensrechtlich ansässig. A hält seinen Anteil (Anschaffungskosten = 400.000 €) an der GmbH im Privatvermögen, der Anteil des B (Buchwert = 100.000 €) wird in dessen Betriebsvermögen gehalten. C ist im Ausland ansässig und hält seinen Anteil (Anschaffungskosten = 100.000 €) im Privatvermögen. Nach dem mit dem Wohnsitzstaat des C abgeschlossenen DBA steht das Besteuerungsrecht für Gewinne aus der Veräußerung von Anteilen an Kapitalgesellschaften nur dem Wohnsitzstaat zu. Für Dividenden sieht das DBA ein Quellensteuerrecht entsprechend dem Artikel 10 OECD-MA vor.

Die GmbH wird durch Formwechsel in eine KG umgewandelt. In der steuerlichen Schlussbilanz der GmbH werden die übergehenden Wirtschaftsgüter auf Antrag zulässigerweise (einheitlich) mit dem Buchwert (Buchwerte insgesamt = 2.000.000 €; davon Nennkapital = 1.400.000 € und offene Rücklagen = 600.000 €) angesetzt und von der KG entsprechend übernommen. Von den Umwandlungskosten entfallen 20.000 € auf die KG. Der gemeine Wert des übertragenen Vermögens beträgt 4.000.000 €.

Steuerlicher Übertragungsstichtag ist der 31.12.01. Das Wirtschaftsjahr der an der Umwandlung beteiligten Rechtsträger entspricht dem Kalenderjahr.

Lösung:
Die KG hat die steuerlichen Buchwerte zu übernehmen (§ 4 Absatz 1 Satz 1 UmwStG). Die bisherigen Anteile von A und C an der GmbH gelten nach § 5 Absatz 2 UmwStG als zu den Anschaffungskosten in das Betriebsvermögen der KG eingelegt. Der bisherige Anteil des B gilt nach § 5 Absatz 3 UmwStG als zum Buchwert in das Betriebsvermögen der Übernehmerin überführt.

Für die Gesellschafter A, B und C erfolgt eine Ermittlung des Übernahmeergebnisses. Der auf den Gesellschafter C entfallende Anteil an einem Übernahmegewinn bleibt allerdings i. R. d. gesonderten und einheitlichen Feststellung außer Ansatz, weil nur steuerpflichtige Einkünfte festzustellen sind. Für die Bundesrepublik Deutschland hat ein Besteuerungsrecht hinsichtlich des Gewinns aus der Veräußerung dieses Anteils an der GmbH nach dem DBA mit dem Wohnsitzstaat des C insoweit nicht bestanden; Gleiches würde auch für einen Übernahmeverlust gelten. Aufgrund des abkommensrechtlichen Quellensteuerrechts sind die Bezüge i. S. d. § 7 UmwStG jedoch in die Feststellung mit einzubeziehen (vgl. Randnr. 07.02). Die auf die Gesellschafter entfallenden Anteile am Übernahmeergebnis i. S. d. § 4 UmwStG und den Bezügen i. S. d. § 7 UmwStG sind für den Veranlagungszeitraum 01 wie folgt zu ermitteln:

Anhang 28
Umwandlungssteuerrecht

	A	B	C	Summe
a) Übernahmeergebnis				
Wert des übernommenen Vermögens	1.000.000 €	600.000 €	400.000 €	2.000.000 €
+ Zuschlag für neutrales Vermögen	0 €	0 €	0 €	0 €
./. Wert der Anteile an der GmbH	400.000 €	100.000 €	100.000 €	600.000 €
./. Kosten des Vermögensübergangs	10.000 €	6.000 €	4.000 €	20.000 €
= **Übernahmeergebnis 1. Stufe**	590.000 €	494.000 €	296.000 €	1.380.000 €
./. Bezüge nach § 7 UmwStG	300.000 €	180.000 €	120.000 €	600.000 €
= **Übernahmeergebnis 2. Stufe**	290.000 €	314.000 €	176.000 €	780.000 €
davon stpfl. Übernahmeergebnis	**290.000 €**	**314.000 €**	**0 €**	**604.000 €**
(= Gegenstand der gesonderten und einheitlichen Feststellung)				
b) Bezüge nach § 7 UmwStG	300.000 €	180.000 €	120.000 €	600.000 €
davon einzubeziehen in das Feststellungsverfahren (vor Anwendung von § 3 Nummer 40 EStG)	300.000 €	180.000 €	120.000 €	600.000 €
anzurechnende Kapitalertragsteuer (25 %)	75.000 €	45.000 €	30.000 € [1]	
[1] DBA-Quellensteuerrecht				
Gesonderte und einheitliche Feststellung:				
a) Übernahmeergebnis gem. § 4 UmwStG	290.000 €	314.000 €	0 €	604.000 €
b) Bezüge gem. § 7 UmwStG	300.000 €	180.000 €	120.000 €	600.000 €
= **Einkünfte aus Gewerbebetrieb**	**590.000 €**	**494.000 €**	**120.000 €**	**1.204.000 €**

Beispiel 2:
Die im EU-Ausland ansässige EU Kapitalgesellschaft (ohne inländische Betriebsstätte) wird auf eine gewerbliche EU Personengesellschaft mit Sitz und Geschäftsleitung im EU-Ausland umgewandelt. Gesellschafter der EU-Kapitalgesellschaft sind die natürlichen Personen A mit 50 %, B mit 30 % und C mit 20 %. A und B sind im Inland unbeschränkt einkommensteuerpflichtig und abkommensrechtlich ansässig. A hält seinen Anteil (Anschaffungskosten = 400.000 €) an der EU-Kapitalgesellschaft im Privatvermögen, der Anteil des B (Buchwert = 100.000 €) wird in dessen Betriebsvermögen gehalten. C ist im Ausland ansässig und hält seinen Anteil (Anschaffungskosten = 100.000 €) im Privatvermögen.

Nach dem mit dem Sitzstaat der EU-Kapitalgesellschaft abgeschlossenen DBA steht das Besteuerungsrecht für Gewinne aus der Veräußerung von Anteilen an Kapitalgesellschaften nur dem Wohnsitzstaat zu. Für Dividenden steht das Besteuerungsrecht dem Wohnsitzstaat des Gesellschafters zu (vgl. Artikel 10 Absatz 1 OECD-MA). Der Sitzstaat der EU-Kapitalgesellschaft hat ein Quellenbesteuerungsrecht (vgl. Artikel 10 Absatz 2 OECD-MA).

Anhang 28
Umwandlungssteuerrecht

In der steuerlichen Schlussbilanz der EU Kapitalgesellschaft werden die übergehenden Wirtschaftsgüter zulässigerweise einheitlich mit dem Buchwert (Buchwerte insgesamt = 2.000.000 €; davon Nennkapital = 1.400.000 € und offene Rücklagen = 600.000 €) angesetzt und von der EU-Personengesellschaft entsprechend übernommen. Von den Umwandlungskosten entfallen 20.000 € auf die EU-Personengesellschaft. Der gemeine Wert des übertragenen Vermögens beträgt 4.000.000 €.
Kapitalertragsteuer wurde im Ausland weder angemeldet noch abgeführt. Steuerlicher Übertragungsstichtag ist der 31.12.01. Das Wirtschaftsjahr der an der Umwandlung beteiligten Rechtsträger entspricht dem Kalenderjahr.

Lösung:
Die EU-Personengesellschaft hat die steuerlichen Schlussbilanzwerte der EU-Kapitalgesellschaft zu übernehmen (§ 4 Absatz 1 Satz 1 UmwStG). Die bisherigen Anteile von A und C an der EU-Kapitalgesellschaft gelten nach § 5 Absatz 2 UmwStG als zu den Anschaffungskosten in das Betriebsvermögen der EU-Personengesellschaft eingelegt, der bisherige Anteil des B gilt nach § 5 Absatz 3 UmwStG als zum Buchwert in das Betriebsvermögen der EU-Personengesellschaft überführt.
Für die Gesellschafter A, B und C erfolgt eine Ermittlung des Übernahmeergebnisses. Der auf den Gesellschafter C entfallende Anteil am Übernahmegewinn i. S. d. § 4 UmwStG und den Bezügen i. S. d. § 7 UmwStG bleibt i. R. d. gesonderten und einheitlichen Feststellung außer Ansatz, weil für C im Inland keine (beschränkte) Steuerpflicht besteht; Gleiches würde auch für einen Übernahmeverlust gelten. Für die Bezüge i. S. d. § 7 UmwStG von A und B ist Artikel 10 OECD-MA maßgeblich.
Die auf die Gesellschafter entfallenden Anteile am Übernahmeergebnis i. S. d. § 4 UmwStG und den Bezügen i. S. d. § 7 UmwStG sind für den Veranlagungszeitraum 01 wie folgt zu ermitteln:

	A	B	C	Summe
a) Übernahmeergebnis				
Wert des übernommenen Vermögens (Buchwert)	1.000.000 €	600.000 €	400.000 €	2.000.000 €
+ Zuschlag für neutrales (Auslands-)Vermögen	1.000.000 €	600.000 €	400.000 €	2.000.000 €
./. Wert der Anteile an der übertragenden GmbH	400.000 €	100.000 €	100.000 €	600.000 €
./. Kosten des Vermögensübergangs	10.000 €	6.000 €	4.000 €	20.000 €
= **Übernahmeergebnis 1. Stufe**	1.590.000 €	1.094.000 €	696.000 €	3.380.000 €
./. Bezüge nach § 7 UmwStG	300.000 €	180.000 €	120.000 €	600.000 €
= **Übernahmeergebnis 2. Stufe**	1.290.000 €	914.000 €	576.000 €	2.780.000 €
davon stpfl. Übernahmeergebnis (= Gegenstand der gesonderten und einheitlichen Feststellung)	**1.290.000 €**	**914.000 €**	**0 €**	**2.204.000 €**

Anhang 28
Umwandlungssteuerrecht

	A	B	C	Summe
b) Bezüge nach § 7 UmwStG	300.000 €	180.000 €	120.000 €	600.000 €
davon einzubeziehen in das Feststellungsverfahren (vor Anwendung von § 3 Nummer 40 EStG)	300.000 €	180.000 €	0 €	480.000 €
Gesonderte und einheitliche Feststellung:				
a) Übernahmeergebnis gem. § 4 UmwStG	1.290.000 €	914.000 €	0 €	2.204.000 €
b) Bezüge gem. § 7 UmwStG	300.000 €	180.000 €	0 €	480.000 €
= Einkünfte aus Gewerbebetrieb	**1.590.000 €**	**1.094.000 €**	**0 €**	**2.684.000 €**

7. Wert, mit dem die übergegangenen Wirtschaftsgüter zu übernehmen sind

04.28 Die übergegangenen Wirtschaftsgüter sind mit den Werten in der steuerlichen Schlussbilanz der übertragenden Körperschaft anzusetzen (vgl. Randnr. 04.01 ff.).

8. Zuschlag für neutrales Vermögen (Auslandsvermögen)

04.29 Gehört zum übernommenen Vermögen auch Betriebsvermögen, für das die Bundesrepublik Deutschland am steuerlichen Übertragungsstichtag kein Besteuerungsrecht hat (z. B. aufgrund eines DBA durch Anwendung der Freistellungsmethode oder weil die übertragende Körperschaft in Deutschland nur beschränkt oder gar nicht steuerpflichtig ist), ist insoweit ausschließlich für Zwecke der Ermittlung des Übernahmeergebnisses der gemeine Wert dieses Vermögens anzusetzen (§ 4 Absatz 4 Satz 2 UmwStG). Der Zuschlag für neutrales Vermögen ist i. H. der Differenz zwischen dem gemeinen Wert des Auslandsvermögens und dessen Wert in der steuerlichen Schlussbilanz des übertragenden Rechtsträgers vorzunehmen.

Beispiel 1:
An der GmbH sind die natürlichen Personen A mit 50 %, B mit 30 % und C mit 20 % beteiligt. A und B sind im Inland unbeschränkt einkommensteuerpflichtig und abkommensrechtlich ansässig. A hält seinen Anteil (Anschaffungskosten = 400.000 €) an der GmbH im Privatvermögen, der Anteil des B (Buchwert = 100.000 €) wird in dessen Betriebsvermögen gehalten. C ist im Ausland ansässig und hält seinen Anteil (Anschaffungskosten = 100.000 €) im Privatvermögen. Nach dem mit dem Wohnsitzstaat des C abgeschlossenen DBA steht das Besteuerungsrecht für Gewinne aus der Veräußerung von Anteilen an Kapitalgesellschaften nur dem Wohnsitzstaat zu. Die GmbH unterhält eine DBA-Freistellungsbetriebsstätte im Ausland. Für Dividenden sieht das DBA ein Quellensteuerrecht entsprechend dem Artikel 10 OECD-MA vor.
Die GmbH wird formwechselnd in eine KG umgewandelt. In der steuerlichen Schlussbilanz der GmbH werden die übergehenden Wirtschaftsgüter zulässigerweise einheitlich mit dem Buchwert (Buchwerte insgesamt = 2.000.000 €; davon Nennkapital = 1.400.000 € und offene Rücklagen = 600.000 €) angesetzt und von der KG entsprechend übernommen. Von den Umwandlungskosten entfallen 20.000 € auf die KG. Die Buchwerte des inländischen Vermögens betragen 1.500.000 € (gemeiner Wert = 2.800.000 €) und des ausländischen Vermögens 500.000 € (gemeiner Wert = 1.200.000 €).
Steuerlicher Übertragungsstichtag ist der 31.12.01. Das Wirtschaftsjahr der an der Umwandlung beteiligten Rechtsträger entspricht dem Kalenderjahr.

Anhang 28
Umwandlungssteuerrecht

Lösung:
Die KG hat die steuerlichen Buchwerte zu übernehmen (§ 4 Absatz 1 Satz 1 UmwStG). Die bisherigen Anteile von A und C an der GmbH gelten nach § 5 Absatz 2 UmwStG als zu den Anschaffungskosten in das Betriebsvermögen der KG eingelegt. Der bisherige Anteil des B gilt nach § 5 Absatz 3 UmwStG als zum Buchwert in das Betriebsvermögen der KG überführt.

Für die Gesellschafter A, B und C erfolgt eine Ermittlung des Übernahmeergebnisses. Der auf den Gesellschafter C entfallende Anteil an einem Übernahmegewinn bleibt allerdings i. R. d. gesonderten und einheitlichen Feststellung außer Ansatz, weil nur steuerpflichtige Einkünfte festzustellen sind. Für die Bundesrepublik Deutschland hat ein Besteuerungsrecht hinsichtlich des Gewinns aus der Veräußerung dieses Anteils an der GmbH nach dem DBA mit dem Wohnsitzstaat des C insoweit nicht bestanden; Gleiches würde auch für einen Übernahmeverlust gelten. Aufgrund des abkommensrechtlichen Quellensteuerrechts sind die Bezüge i. S. d. § 7 UmwStG jedoch in die Feststellung mit einzubeziehen (vgl. Randnr. 07.02).

Nach § 4 Absatz 4 Satz 2 UmwStG ist i. R. d. Ermittlung des Übernahmeergebnisses für die Gesellschafter A, B und C ein Zuschlag für neutrales Vermögen (Auslandsvermögen) anzusetzen (1.200.000 € (= gemeiner Wert) ./. 500.000 € (= Buchwert) = 700.000 €; davon Anteil des A = 350.000 €, Anteil des B = 210.000 € und Anteil des C = 140.000 €).

Die auf die Gesellschafter entfallenden Anteile am Übernahmeergebnis i. S. d. § 4 UmwStG und den Bezügen i. S. d. § 7 UmwStG sind für den Veranlagungszeitraum 01 wie folgt zu ermitteln:

	A	B	C	Summe
a) Übernahmeergebnis				
Wert des übernommenen Vermögens (Buchwert)	1.000.000 €	600.000 €	400.000 €	2.000.000 €
+ Zuschlag für neutrales (Auslands-)Vermögen	350.000 €	210.000 €	140.000 €	700.000 €
./. Wert der Anteile an der übertragenden GmbH	400.000 €	100.000 €	100.000 €	600.000 €
./. Kosten des Vermögensübergangs	10.000 €	6.000 €	4.000 €	20.000 €
= **Übernahmeergebnis 1. Stufe**	940.000 €	704.000 €	436.000 €	2.080.000 €
./. Bezüge nach § 7 UmwStG	300.000 €	180.000 €	120.000 €	600.000 €
= **Übernahmeergebnis 2. Stufe**	640.000 €	524.000 €	316.000 €	1.480.000 €
davon stpfl. Übernahmeergebnis (= Gegenstand der gesonderten und einheitlichen Feststellung)	**640.000 €**	**524.000 €**	**0 €**	**1.060.000 €**
b) Bezüge nach § 7 UmwStG	300.000 €	180.000 €	120.000 €	600.000 €
davon einzubeziehen in das Feststellungsverfahren (vor Anwendung von § 3 Nummer 40 EStG)	300.000 €	180.000 €	120.000 €	600.000 €
anzurechnende Kapitalertragsteuer (25 %)	75.000 €	45.000 €	30.000 € [1]	

[1] DBA-Quellensteuerrecht

Anhang 28

Umwandlungssteuerrecht

	A	B	C	Summe
Gesonderte und einheitliche Feststellung:				
a) Übernahmeergebnis gem. § 4 UmwStG	640.000 €	524.000 €	0 €	1.164.000 €
b) Bezüge gem. § 7 UmwStG	300.000 €	180.000 €	120.000 €	600.000 €
= Einkünfte aus Gewerbebetrieb	**940.000 €**	**704.000 €**	**120.000 €**	**1.764.000 €**

Beispiel 2:

Die im EU-Ausland ansässige EU Kapitalgesellschaft mit einer im Inland befindlichen gewerblichen Betriebsstätte wird auf eine gewerbliche EU-Personengesellschaft mit Sitz und Geschäftsleitung im EU-Ausland umgewandelt. Gesellschafter der EU-Kapitalgesellschaft sind die natürlichen Personen A mit 50 %, B mit 30 % und C mit 20 %. A und B sind im Inland unbeschränkt einkommensteuerpflichtig und abkommensrechtlich ansässig. A hält seinen Anteil (Anschaffungskosten = 400.000 €) an der EU-Kapitalgesellschaft im Privatvermögen, der Anteil des B (Buchwert = 100.000 €) wird in dessen Betriebsvermögen gehalten. C ist im EU-Ausland ansässig und hält seinen Anteil (Anschaffungskosten = 100.000 €) im Privatvermögen.

Nach dem mit dem Wohnsitzstaat des C abgeschlossenen DBA steht das Besteuerungsrecht für Gewinne aus der Veräußerung von Anteilen an Kapitalgesellschaften nur dem Wohnsitzstaat zu. Für Dividenden steht das Besteuerungsrecht dem Wohnsitzstaat des Gesellschafters zu (vgl. Artikel 10 Absatz 1 OECD-MA).

In der steuerlichen Schlussbilanz der EU-Kapitalgesellschaft werden die übergehenden Wirtschaftsgüter auf Antrag zulässigerweise einheitlich mit dem Buchwert angesetzt und von der EU-Personengesellschaft entsprechend übernommen.

Kapitalertragsteuer wurde im Ausland weder angemeldet noch abgeführt. Von den Umwandlungskosten entfallen 20.000 € auf die EU-Personengesellschaft. Die Buchwerte des inländischen Vermögens betragen 500.000 € (gemeiner Wert = 1.200.000 €) und des ausländischen Vermögens 1.500.000 € (gemeiner Wert = 2.800.000 €).

Steuerlicher Übertragungsstichtag ist der 31.12.01. Das Wirtschaftsjahr der an der Umwandlung beteiligten Rechtsträger entspricht dem Kalenderjahr.

Lösung:

Die EU-Personengesellschaft hat die steuerlichen Schlussbilanzwerte der EU-Kapitalgesellschaft zu übernehmen (§ 4 Absatz 1 Satz 1 UmwStG). Die bisherigen Anteile von A und C an der EU-Kapitalgesellschaft gelten nach § 5 Absatz 2 UmwStG als zu den Anschaffungskosten in das Betriebsvermögen der EU-Personengesellschaft eingelegt. Der bisherige Anteil des B gilt nach § 5 Absatz 3 UmwStG als zum Buchwert in das Betriebsvermögen der EU-Personengesellschaft überführt.

Für die Gesellschafter A, B und C erfolgt eine Ermittlung des Übernahmeergebnisses. Nach § 4 Absatz 4 Satz 2 UmwStG ist i. R. d. Ermittlung des Übernahmeergebnisses ein Zuschlag für neutrales Vermögen (Auslandsvermögen) anzusetzen (2.800.000 € (= gemeiner Wert) ./. 1.500.000 € (= Buchwert) = 1.300.000 €; davon Anteil des A = 650.000 €, Anteil des B = 390.000 € und Anteil des C = 260.000 €).

Der auf C entfallende Anteil am Übernahmeergebnis i. S. d. § 4 UmwStG und den Bezügen i. S. d. § 7 UmwStG bleibt i. R. d. gesonderten und einheitlichen Feststellung außer Ansatz, weil für C im Inland keine (beschränkte) Steuerpflicht besteht. Für die Bezüge i. S. d. § 7 UmwStG von A und B ist Artikel 10 OECD-MA maßgeblich.

Die auf die Gesellschafter entfallenden Anteile am Übernahmeergebnis i. S. d. § 4 UmwStG und den Bezügen i. S. d. § 7 UmwStG sind für den Veranlagungszeitraum 01 wie folgt zu ermitteln:

Anhang 28
Umwandlungssteuerrecht

	A	B	C	Summe
a) Übernahmeergebnis				
Wert des übernommenen Vermögens (Buchwert)	1.000.000 €	600.000 €	400.000 €	2.000.000 €
+ Zuschlag für neutrales (Auslands-)Vermögen	650.000 €	390.000 €	260.000 €	1.300.000 €
./. Wert der Anteile an der übertragenden GmbH	400.000 €	100.000 €	100.000 €	600.000 €
./. Kosten des Vermögensübergangs	10.000 €	6.000 €	4.000 €	20.000 €
= **Übernahmeergebnis 1. Stufe**	1.240.000 €	884.000 €	556.000 €	2.680.000 €
./. Bezüge nach § 7 UmwStG	300.000 €	180.000 €	120.000 €	600.000 €
= **Übernahmeergebnis 2. Stufe**	940.000 €	704.000 €	436.000 €	2.080.000 €
davon stpfl. Übernahmeergebnis (= Gegenstand der gesonderten und einheitlichen Feststellung)	940.000 €	704.000 €	0 €	1.644.000 €
b) Bezüge nach § 7 UmwStG	300.000 €	180.000 €	120.000 €	600.000 €
davon einzubeziehen in das Feststellungsverfahren (vor Anwendung von § 3 Nummer 40 EStG)	300.000 €	180.000 €	0 €	480.000 €
Gesonderte und einheitliche Feststellung:				
a) Übernahmeergebnis gem. § 4 UmwStG	940.000 €	704.000 €	0 €	1.644.000 €
b) Bezüge gem. § 7 UmwStG	300.000 €	180.000 €	0 €	480.000 €
= **Einkünfte aus Gewerbebetrieb**	1.240.000 €	884.000 €	0 €	2.124.000 €

9. Anteile an der übertragenden Körperschaft

a) Zuordnung der Anteile

Gehören am steuerlichen Übertragungsstichtag unter Berücksichtigung des § 5 UmwStG nicht alle Anteile an der übertragenden Körperschaft zum Betriebsvermögen des übernehmenden Rechtsträgers, bleibt der auf diese Anteile entfallende Wert der übergegangenen Wirtschaftsgüter bei der Ermittlung des Übernahmeergebnisses insoweit außer Ansatz (§ 4 Absatz 4 Satz 3 UmwStG).

04.30

Beispiel:
80 % der Anteile an der übertragenden Kapitalgesellschaft gehören am steuerlichen Übertragungsstichtag – unter Berücksichtigung des § 5 UmwStG – zum Betriebsvermögen der übernehmenden Personengesellschaft. 20 % der Anteile gehören zum Privatvermögen von Anteilseignern, die jeweils zu weniger als 1 % an der übertragenden Kapitalgesellschaft beteiligt sind.

Anhang 28
Umwandlungssteuerrecht

Lösung:
In Höhe von 20 % bleibt der Wert der übergegangenen Wirtschaftsgüter bei der Ermittlung des Übernahmegewinns oder -verlusts außer Ansatz. Für die 20 % der Anteile entfällt die Ermittlung eines Übernahmegewinns oder -verlusts.

b) *Folgen bei ausstehenden Einlagen*

04.31 Ausstehende Einlagen haben die Anschaffungskosten der Beteiligung unabhängig davon, ob sie eingefordert oder nicht eingefordert sind, bereits erhöht. Die Anschaffungskosten sind daher für Zwecke der Ermittlung des Übernahmeergebnisses um diese Beträge zu mindern (vgl. auch Randnr. 03.05).

c) *Steuerliche Behandlung eigener Anteile*

04.32 Bis zur Geltung des Gesetzes zur Modernisierung des Bilanzrechts (Bilanzrechtsmodernisierungsgesetz – BilMoG) vom 25.5.2009, BGBl. I S. 1102, gilt für die Behandlung eigener Anteile bei Umwandlungen Folgendes:

Bei der übertragenden Körperschaft gehen die eigenen Anteile durch die Umwandlung unter und sind in der steuerlichen Schlussbilanz nicht mehr zu erfassen. Diese sind daher entweder gewinnneutral auszubuchen oder der hierdurch entstehende Buchverlust ist außerhalb der Bilanz bei der Einkommensermittlung hinzuzurechnen (vgl. Randnr. 03.05).

04.33 Der Übernahmegewinn ergibt sich in diesem Fall aus dem Unterschiedsbetrag zwischen dem Wert, mit dem die übergegangenen Wirtschaftsgüter nach § 4 Absatz 1 Satz 1 UmwStG zu übernehmen sind, und dem Buchwert der restlichen Anteile an der übertragenden Körperschaft, wenn sie am steuerlichen Übertragungsstichtag zum Betriebsvermögen des übernehmenden Rechtsträgers gehören (§ 4 Absatz 4 Satz 3 UmwStG). Für den Fall, dass auch nach Berücksichtigung des § 5 UmwStG nicht alle übrigen Anteile zum Betriebsvermögen des übernehmenden Rechtsträgers gehören, wird auf Randnr. 04.30 verwiesen.

Beispiel (Rechtslage bis zur Geltung des BilMoG):
A-GmbH

Gesellschafter B	= 30 %	(Anschaffungskosten	= 30.000 €)
Gesellschafter C	= 30 %	(Anschaffungskosten	= 90.000 €)
Gesellschafter D	= 30 %	(Anschaffungskosten	= 100.000 €)
eigene Anteile A-GmbH	= 10 %	(Anschaffungskosten	= 50.000 €)

Lösung:
Die steuerliche Schlussbilanz der A-GmbH stellt sich wie folgt dar:

	Buchwert		Buchwert
Eigene Anteile	0 €	Stammkapital	100.000 €
Sonstige Aktiva	1.250.000 €	Rücklagen	200.000 €
		Verbindlichkeiten	950.000 €
	1.250.000 €		1.250.000 €

Die Anteile der Gesellschafter B, C und D sind dem Betriebsvermögen der übernehmenden Personengesellschaft gem. § 5 UmwStG zuzuordnen. Danach ergibt sich folgender Übernahmegewinn:

	Gesamt	B	C	D
Buchwert des übergehenden Vermögens	300.000 €	100.000 €	100.000 €	100.000 €
Buchwert der Anteile (Anschaffungskosten)	220.000 €	30.000 €	90.000 €	100.000 €
Übernahmeergebnis 1. Stufe	80.000 €	70.000 €	10.000 €	0 €

Der Buchwert der eigenen Anteile i. H. v. 50.000 € (Anschaffungskosten) ist bei der A-GmbH bei der steuerlichen Gewinnermittlung außerhalb der Bilanz hinzuzurechnen, wenn die Anteile gewinnmindernd ausgebucht worden sind.

10. Kosten des Vermögensübergangs

Als Kosten des Vermögensübergangs i. S. d. § 4 Absatz 4 Satz 1 UmwStG sind nur die nicht objektbezogenen Kosten des übernehmenden Rechtsträgers – unabhängig vom Zeitpunkt der Entstehung – sowie auch die nicht objektbezogenen Kosten, die dem übertragenden Rechtsträger zuzuordnen und nach dem steuerlichen Übertragungsstichtag entstanden sind, zu berücksichtigen. Sie bewirken eine Minderung des Übernahmegewinns bzw. eine Erhöhung des Übernahmeverlusts. Sofern sie als laufender Aufwand beim übernehmenden Rechtsträger berücksichtigt worden sind, hat eine entsprechende außerbilanzielle Korrektur zu erfolgen. Zur ertragsteuerlichen Behandlung der durch einen Umwandlungsvorgang entstandenen objektbezogenen Kosten des Vermögensübergangs vgl. BMF-Schreiben vom 18.1.2010, BStBl I S. 70. Zur ertragsteuerlichen Behandlung von Grunderwerbsteuer bei Anteilsvereinigung (§ 1 Absatz 3 GrEStG) beachte aber auch BFH vom 20.4.2011, I R 2/10, BStBl II S. 761.

04.34

Eine verhältnismäßige Zuordnung zum Übernahmeergebnis und zum Dividendenanteil gem. § 7 UmwStG ist nicht vorzunehmen. Ein Gesellschafter, der nicht der Übernahmegewinnbesteuerung, sondern nur der Besteuerung des Dividendenanteils gem. § 7 UmwStG unterliegt, kann seine Übernahmekosten steuerlich nicht geltend machen.

04.35

V. Fremdfinanzierte Anteile an der übertragenden Körperschaft

Wird ein Anteilseigner, der seine Anteile an der übertragenden Körperschaft fremdfinanziert hat, Mitunternehmer der Personengesellschaft, führen Darlehenszinsen künftig zu Sonderbetriebsausgaben dieses Mitunternehmers bei der Personengesellschaft, die i. R. d. gesonderten und einheitlichen Feststellung der Einkünfte nach allgemeinen Grundsätzen zu berücksichtigen sind. Die Verbindlichkeiten haben keinen Einfluss auf das Übernahmeergebnis.

04.36

VI. Weitere Korrekturen gem. § 4 Absatz 5 UmwStG
1. Sperrbetrag i. S. d. § 50c EStG

Der Sperrbetrag i. S. d. § 50c Absatz 4 EStG (vgl. § 52 Absatz 59 EStG[1])) ist nach § 4 Absatz 5 Satz 1 UmwStG dem Übernahmeergebnis außerhalb der Steuerbilanz hinzuzurechnen, soweit die Anteile an der übertragenden Körperschaft am steuerlichen Übertragungsstichtag zum Betriebsvermögen des übernehmenden Rechtsträgers gehören.

04.37

2. Abzug der Bezüge i. S. d. § 7 UmwStG vom Übernahmeergebnis 1. Stufe

Das Übernahmeergebnis 1. Stufe (vgl. Randnr. 04.27) vermindert sich um die Bezüge, die nach § 7 UmwStG zu den Einkünften aus Kapitalvermögen i. S. d. § 20 Absatz 1 Nummer 1 EStG gehören. Der Abzug erfolgt wegen der personenbezogenen Ermittlung (vgl. Randnr. 04.19 ff.) für jeden Anteilseigner gesondert.

04.38

VII. Ermittlung des Übernahmeergebnisses bei negativem Buchwert des Vermögens der übertragenden Körperschaft (überschuldete Gesellschaft)

Bei der Ermittlung des Übernahmeergebnisses ist keine Begrenzung des übergehenden Vermögens auf 0 € vorgesehen. Ein Negativvermögen führt daher zu einem entsprechend höheren Übernahmeverlust.

04.39

---

[1]) § 52 Abs. 59 i. d. F. vor dem Gesetz zur Anpassung des nationalen Steuerrechts an den Beitritt Kroatiens zur EU und zur Änderung weiterer steuerlicher Vorschriften

VIII. Berücksichtigung eines Übernahmeverlusts (§ 4 Absatz 6 UmwStG)

04.40 Entfällt der Übernahmeverlust auf eine Körperschaft, Personenvereinigung oder Vermögensmasse, bleibt der Übernahmeverlust außer Ansatz.

04.41 Das gilt nicht, soweit der Übernahmeverlust auf eine Körperschaft i. S. d. § 8b Absatz 7 oder Absatz 8 Satz 1 KStG entfällt. Dann ist der Übernahmeverlust bis zur Höhe der Bezüge i. S. d. § 20 Absatz 1 Nummer 1 EStG i. V. m. § 7 UmwStG zu berücksichtigen. Ein danach verbleibender Übernahmeverlust bleibt außer Ansatz.

04.42 Entfällt der Übernahmeverlust auf eine natürliche Person, ist er zu 60 % (bis 2008: zur Hälfte), höchstens i. H. v. 60 % (bis 2008: der Hälfte) der nach § 7 UmwStG anzusetzenden Bezüge i. S. d. § 20 Absatz 1 Nummer 1 EStG zu berücksichtigen. Ein darüber hinausgehender Übernahmeverlust bleibt außer Ansatz.

04.43 Ein Übernahmeverlust bleibt stets außer Ansatz, soweit bei Veräußerung der Anteile an der übertragenden Körperschaft ein Veräußerungsverlust nach § 17 Absatz 2 Satz 6 EStG nicht zu berücksichtigen wäre oder soweit die Anteile an der übertragenden Körperschaft innerhalb der letzten fünf Jahre vor dem steuerlichen Übertragungsstichtag entgeltlich erworben wurden.

Werden Anteile an dem übertragenden Rechtsträger erst nach dem steuerlichen Übertragungsstichtag entgeltlich erworben, bleibt ein Übernahmeverlust nach § 4 Absatz 6 Satz 6 UmwStG auch insoweit außer Ansatz.

IX. Besteuerung eines Übernahmegewinns (§ 4 Absatz 7 UmwStG)

04.44 Entfällt der Übernahmegewinn auf eine Körperschaft, ist darauf § 8b KStG in der jeweils am steuerlichen Übertragungsstichtag geltenden Fassung anzuwenden, also ggf. auch § 8b Absatz 7 und 8 KStG bzw. § 8b Absatz 4 KStG a. F.

04.45 Entfällt der Übernahmegewinn auf eine natürliche Person, sind für Veranlagungszeiträume ab 2009 darauf § 3 Nummer 40 sowie § 3c EStG in der jeweils am steuerlichen Übertragungsstichtag geltenden Fassung anzuwenden (§ 27 Absatz 8 UmwStG i. V. m. § 52a Absatz 3 Satz 1 EStG[1])). Für Veranlagungszeiträume bis 2008 sind auf einen Übernahmegewinn § 3 Nummer 40 Satz 1 und 2 EStG sowie § 3c EStG in der jeweils am steuerlichen Übertragungsstichtag geltenden Fassung anzuwenden.

C. Besteuerung der Anteilseigner der übertragenden Körperschaft (§ 5 UmwStG)

I. Anschaffung und Barabfindung nach dem steuerlichen Übertragungsstichtag (§ 5 Absatz 1 UmwStG)

05.01 Schafft der übernehmende Rechtsträger Anteile an der übertragenden Körperschaft nach dem steuerlichen Übertragungsstichtag an oder findet er einen Anteilseigner ab, ist das Übernahmeergebnis so zu ermitteln, als hätte er die Anteile an dem Übertragungsstichtag angeschafft. Der unentgeltliche Erwerb wird für Zwecke des § 5 Absatz 1 UmwStG der Anschaffung gleichgestellt.

05.02 § 5 Absatz 1 UmwStG gilt für Anteile, die Betriebsvermögen des übernehmenden Rechtsträgers (einschließlich Sonderbetriebsvermögen) werden.

II. Anteilseignerwechsel im Rückwirkungszeitraum

05.03 Die Rückwirkungsfiktion des § 2 UmwStG gilt nicht bzw. insoweit nicht für Anteilseigner, wenn diese Anteile im Rückwirkungszeitraum ganz bzw. teilweise veräußert haben (vgl. Randnr. 02.17 ff.).

---

[1]) § 52a Abs. 3 i. d. F. vor dem Gesetz zur Anpassung des nationalen Steuerrechts an den Beitritt Kroatiens zur EU und zur Änderung weiterer steuerlicher Vorschriften

Anhang 28
Umwandlungssteuerrecht

Veräußert der Anteilseigner Anteile an einen Dritten, erwirbt der Dritte zivilrechtlich Anteile an der übertragenden Körperschaft. Für die Anwendung der §§ 4 bis 10 und 18 UmwStG ist jedoch davon auszugehen, dass er die Anteile am steuerlichen Übertragungsstichtag angeschafft hat. Zur Anwendung des § 10 UmwStG vgl. § 27 Absatz 6 UmwStG i. d. F. des Gesetzes vom 22.12.2009, BGBl. I S. 3950, und Randnr. 10.01 f. Die Anteile gelten unter den Voraussetzungen der Einlage- und Übertragungsfiktionen des § 5 Absatz 2 und 3 UmwStG als in das Betriebsvermögen der übernehmenden Personengesellschaft bzw. der übernehmenden natürlichen Person eingelegt oder überführt. Hat der übernehmende Rechtsträger die Anteile erworben, gilt § 5 Absatz 1 UmwStG.

05.04

III. Einlage- und Überführungsfiktion (§ 5 Absatz 2 und 3 UmwStG)
1. Einlagefiktion nach § 5 Absatz 2 UmwStG

Nach § 5 Absatz 2 UmwStG gelten die Anteile an der übertragenden Körperschaft i. S. d. § 17 EStG für die Ermittlung des Übernahmeergebnisses als zum steuerlichen Übertragungsstichtag mit den Anschaffungskosten in das Betriebsvermögen des übernehmenden Rechtsträgers eingelegt. Im Privatvermögen gehaltene Anteile, die nicht unter § 17 EStG fallen, werden von der Einlagefiktion des § 5 Absatz 2 UmwStG nicht erfasst. Die Einlagefiktion gem. § 5 Absatz 2 UmwStG erfasst auch Anteile an der übertragenden Körperschaft, für die ein Veräußerungsverlust nach § 17 Absatz 2 Satz 6 EStG nicht zu berücksichtigen ist. In diesen Fällen bleibt ein Übernahmeverlust außer Ansatz, siehe § 4 Absatz 6 Satz 6 UmwStG. Im Fall einer vorangegangenen Umwandlung (Verschmelzung, Auf- und Abspaltung) auf die übertragende Körperschaft (§§ 11 bis 13, 15 UmwStG) ist für die Anteile an der übertragenden Körperschaft § 13 Absatz 2 Satz 2 UmwStG zu beachten. § 5 Absatz 2 erfasst auch solche Anteile i. S. d. § 17 EStG, die erst nach dem steuerlichen Übertragungsstichtag entgeltlich oder unentgeltlich erworben werden.

05.05

Werden von der Körperschaft eigene Anteile gehalten, ist bei der Ermittlung der Beteiligungsquote auf das Verhältnis zu dem um die eigenen Anteile der Kapitalgesellschaft verminderten Nennkapital abzustellen (BFH vom 24.9.1970, IV R 138/69, BStBl 1971 II S. 89).

05.06

Beispiel:
Die übertragende Körperschaft hält am steuerlichen Übertragungsstichtag eigene Anteile i. H. v. 20 %. A hält 40 % in seinem Betriebsvermögen, B hält 20 % in seinem Privatvermögen und 40 weitere Anteilseigner halten jeweils 0,5 % in ihrem Privatvermögen. Der Wert der auf die übernehmende Personengesellschaft übergegangenen Wirtschaftsgüter (ohne die eigenen Anteile) beträgt 800.000 €.

Lösung:
Bei Ermittlung des personenbezogenen Übernahmeergebnisses sind für A und B folgende Werte zugrunde zu legen:
A: 40/80 von 800.000 € = 400.000 €,
B: 20/80 von 800.000 € = 200.000 €.

Für die 40 weiteren Anteilseigner ist gem. § 4 Absatz 4 Satz 3 UmwStG kein Übernahmeergebnis zu ermitteln.

Die Einlagefiktion gilt unabhängig davon, ob eine Veräußerung dieser Anteile bei dem Anteilseigner i. R. d. unbeschränkten oder beschränkten Steuerpflicht zu erfassen bzw. ob ein Besteuerungsrecht der Bundesrepublik Deutschland aufgrund eines DBA ausgeschlossen ist. Die Zuordnung einer Beteiligung zum Betriebs- oder Privatvermögen bestimmt sich nach deutschem Steuerrecht. Die Feststellung, ob und in welchem Umfang sich für den Anteilseigner Auswirkungen auf den in der Bundesrepublik Deutschland zu versteuernden Übernahmegewinn oder den zu berücksichtigenden Übernahmeverlust

05.07

Anhang 28
Umwandlungssteuerrecht

und die Besteuerung offener Rücklagen ergeben, ist i. R. d. Ermittlung der Besteuerungsgrundlagen nach den §§ 4 und 7 UmwStG zu treffen.

2. Überführungsfiktion nach § 5 Absatz 3 UmwStG

05.08 Nach § 5 Absatz 3 UmwStG gelten die Anteile, die am steuerlichen Übertragungsstichtag zum Betriebsvermögen eines Anteilseigners gehören, für die Ermittlung des Übernahmeergebnisses als an diesem Stichtag in das Betriebsvermögen des übernehmenden Rechtsträgers überführt. Die Überführungsfiktion nach § 5 Absatz 3 UmwStG gilt auch, wenn die Anteile bei dem Anteilseigner am steuerlichen Übertragungsstichtag zu einem Betriebsvermögen gehören, das den Einkünften nach § 13 oder § 18 EStG zuzurechnen ist oder in den Fällen, in denen der Anteilseigner der übertragenden Körperschaft, der seine Beteiligung zum steuerlichen Übertragungsstichtag in einem Betriebsvermögen hält, erst nach dem steuerlichen Übertragungsstichtag Gesellschafter wird.

05.09 Für die Überführungsfiktion gilt Randnr. 05.07 entsprechend.

05.10 Das Übernahmeergebnis ist so zu ermitteln, als seien die Anteile an dem steuerlichen Übertragungsstichtag zum Buchwert, erhöht um Abschreibungen sowie um Abzüge nach § 6b EStG und ähnliche Abzüge, die in früheren Jahren steuerwirksam vorgenommen worden sind, höchstens mit dem gemeinen Wert, in das Betriebsvermögen des übernehmenden Rechtsträgers überführt worden.

05.11 Die Rechtsfolgen einer steuerwirksamen erweiterten Wertaufholung entsprechend der Regelung in § 4 Absatz 1 Satz 2 und 3 UmwStG (vgl. Randnr. 04.05 ff.) ergeben sich am steuerlichen Übertragungsstichtag noch im Betriebsvermögen des Anteilseigners, zu dem die Anteile an der übertragenden Körperschaft gehören.

IV. Übergangsregelung für einbringungsgeborene Anteile nach § 27 Absatz 3 Nummer 1 UmwStG

05.12 Nach § 27 Absatz 3 Nummer 1 UmwStG ist § 5 Absatz 4 UmwStG 1995 für einbringungsgeborene Anteile i. S. d. § 21 Absatz 1 UmwStG 1995 mit der Maßgabe weiterhin anzuwenden, dass die Anteile zum Wert i. S. d. § 5 Absatz 2 oder 3 UmwStG als zum steuerlichen Übertragungsstichtag in das Betriebsvermögen des übernehmenden Rechtsträgers überführt gelten.

D. Gewinnerhöhung durch Vereinigung von Forderungen und Verbindlichkeiten (§ 6 UmwStG)

I. Entstehung des Übernahmefolgegewinns oder -verlust aus dem Vermögensübergang

06.01 Der Übernahmefolgegewinn oder -verlust aus dem Vermögensübergang entsteht bei dem übernehmenden Rechtsträger mit Ablauf des steuerlichen Übertragungsstichtags. Ein solcher entsteht auch, wenn infolge der Umwandlung Gesellschafter des übernehmenden Rechtsträgers einen Anspruch oder eine Verbindlichkeit gegenüber dem übernehmenden Rechtsträger haben (§ 6 Absatz 2 UmwStG). Ist ein in der steuerlichen Schlussbilanz ausgewiesener Schuldposten beim übernehmenden Rechtsträger infolge Konfusion gewinnerhöhend aufzulösen und ist die dem Schuldposten zugrunde liegende Vermögensminderung beim übertragenden Rechtsträger nach § 8 Absatz 3 Satz 2 KStG korrigiert worden, gelten die Grundsätze des BMF-Schreibens vom 28.5.2002, BStBl I S. 603, entsprechend. Insoweit kommt es ggf. zu keinem Übernahmefolgegewinn, wenn eine Hinzurechnung der verdeckten Gewinnausschüttung nach § 8 Absatz 3 Satz 2 KStG erfolgt ist.

§ 6 UmwStG findet keine Anwendung bei Vermögensübergang auf einen Rechtsträger ohne Betriebsvermögen (vgl. § 8 UmwStG).

II. Besteuerung des Übernahmefolgegewinns oder -verlusts

Der Übernahmefolgegewinn oder -verlust ist ein laufender Gewinn oder Verlust des übernehmenden Rechtsträgers, der auch bei der Gewerbesteuer zu berücksichtigen ist (§ 18 Absatz 1 UmwStG). Er ist nicht Teil des Übernahmeergebnisses i. S. d. § 4 Absatz 4 bis 6 UmwStG. Er ist auch dann in voller Höhe anzusetzen, wenn am steuerlichen Übertragungsstichtag nicht alle Anteile an der übertragenden Körperschaft zum Betriebsvermögen des übernehmenden Rechtsträgers gehören. § 4 Absatz 4 Satz 3 UmwStG gilt für den Übernahmefolgegewinn oder -verlust nicht. Auf den Übernahmefolgegewinn ist § 32c EStG (nur Veranlagungszeitraum 2007) und § 35 EStG anzuwenden. Entsteht der Übernahmefolgegewinn durch eine Vereinigung von Forderungen und Verbindlichkeiten, ist er auch dann in voller Höhe steuerpflichtig, wenn sich die Forderungsabschreibung ganz oder zum Teil (z. B. wegen § 3c Absatz 2 EStG oder § 8b Absatz 3 Satz 4 ff. KStG) nicht ausgewirkt hat.

06.02

III. Umgekehrte Maßgeblichkeit

Die steuerlichen Wahlrechte der Bildung und Auflösung einer Rücklage für den Übernahmefolgegewinn sind nach der Rechtslage bis zum Inkrafttreten des Bilanzrechtsmodernisierungsgesetzes (BilMoG) vom 25.5.2009, BGBl. I S. 1102, jeweils in Übereinstimmung mit der handelsrechtlichen Jahresbilanz auszuüben (vgl. § 5 Absatz 1 Satz 2 EStG a. F. und BMF-Schreiben vom 12.3.2010, BStBl I S. 239, Randnr. 24).

06.03

IV. Pensionsrückstellungen zugunsten eines Gesellschafters der übertragenden Kapitalgesellschaft

Geht das Vermögen einer Kapitalgesellschaft durch Gesamtrechtsnachfolge auf eine Personengesellschaft über, ist die zugunsten des Gesellschafters durch die Kapitalgesellschaft zulässigerweise gebildete Pensionsrückstellung von der Personengesellschaft nicht aufzulösen (BFH vom 22.6.1977, I R 8/75, BStBl II S. 798; Ausnahme: Anwartschaftsverzicht bis zum steuerlichen Übertragungsstichtag).

06.04

Die Personengesellschaft führt die zulässigerweise von der Kapitalgesellschaft gebildete Pensionsrückstellung in ihrer Gesamthandsbilanz fort und hat diese bei fortbestehendem Dienstverhältnis mit dem Teilwert nach § 6a Absatz 3 Satz 2 Nummer 1 EStG zu bewerten.

06.05

Zuführungen nach dem steuerlichen Übertragungsstichtag, soweit sie ihren Grund in einem fortbestehenden Dienstverhältnis haben, sind Sondervergütungen i. S. d. § 15 Absatz 1 Satz 1 Nummer 2 EStG. Sie mindern den steuerlichen Gewinn der Personengesellschaft nicht. Wegen der bilanzsteuerlichen Behandlung einer Pensionszusage einer Personengesellschaft an einen Gesellschafter vgl. im Übrigen das BMF-Schreiben vom 29.1.2008, BStBl I S. 317. Die Pensionszusage ist daher beim begünstigten Mitunternehmer in einen Teil vor und in einen Teil nach der Umwandlung aufzuteilen. Im Versorgungsfall folgt hieraus eine Aufteilung in Einkünfte nach § 19 EStG und § 15 EStG jeweils i. V. m. § 24 Nummer 2 EStG.

06.06

Im Fall des Vermögensübergangs auf eine natürliche Person ist die Pensionsrückstellung von dieser ertragswirksam aufzulösen. Auf einen sich insgesamt ergebenden Auflösungsgewinn ist § 6 Absatz 1 UmwStG anzuwenden.

06.07

Wird im Fall einer Rückdeckungsversicherung die Versicherung von der übernehmenden natürlichen Person fortgeführt, geht der Versicherungsanspruch (Rückdeckungsanspruch) auf diese über und wird dadurch Privatvermögen. Die Entnahme ist mit dem Teilwert zu bewerten. Wird die Rückdeckungsversicherung von der übertragenden Kapitalgesellschaft gekündigt, ist der Rückkaufswert mit dem Rückdeckungsanspruch zu verrechnen. Ein eventueller Restbetrag ist ergebniswirksam aufzulösen. Auf das Urteil des BFH vom 25.2.2004, I R 54/02, BStBl II S. 654 wird hingewiesen.

06.08

Anhang 28
Umwandlungssteuerrecht

V. Missbrauchsklausel

06.09 Betrieb i. S. d. § 6 Absatz 3 UmwStG sind die am steuerlichen Übertragungsstichtag vorhandenen funktional und quantitativ wesentlichen Betriebsgrundlagen des übergegangenen Betriebs. Die Veräußerung, Verschmelzung, Einbringung oder Aufgabe sämtlicher Anteile des übernehmenden Rechtsträgers führt ebenfalls zur Anwendung des § 6 Absatz 3 UmwStG.

Unschädlich ist dagegen die Einbringung, Veräußerung oder Aufgabe nur eines Teilbetriebs des übergegangenen Betriebs. Dasselbe gilt für einen übergegangenen Mitunternehmeranteil, wenn daneben noch (weitere) wesentliche Betriebsgrundlagen zum übergegangenen Betrieb gehören, sowie für die Veräußerung einzelner Anteile des übernehmenden Rechtsträgers.

06.10 Die Fünfjahresfrist beginnt mit Ablauf des steuerlichen Übertragungsstichtags. Für die Fristberechnung ist im Fall der Veräußerung der Übergang des wirtschaftlichen Eigentums und in Einbringungsfällen der steuerliche Übertragungsstichtag i. S. d. § 20 Absatz 5 und 6 UmwStG als Veräußerungs- bzw. Einbringungszeitpunkt maßgebend. Bei einer Betriebsaufgabe ist der Zeitpunkt der ersten Handlung maßgebend, die nach dem Aufgabeentschluss objektiv auf die Auflösung des Betriebs gerichtet ist.

06.11 Die Einbringung in eine Kapitalgesellschaft innerhalb von fünf Jahren nach dem steuerlichen Übertragungsstichtag ist stets unabhängig vom Vorliegen triftiger Gründe sowie unabhängig vom Wertansatz (gemeiner Wert, Zwischen- oder Buchwert) schädlich.

Eine Einbringung in eine andere Körperschaft (z. B. Genossenschaft) oder in eine Mitunternehmerschaft nach § 24 UmwStG ist eine Veräußerung i. S. d. § 6 Absatz 3 UmwStG.

Die Aufgabe oder Veräußerung des übergegangenen Betriebs ist unschädlich, wenn triftige Gründe vorliegen. Dies hängt von den Umständen des Einzelfalls ab. Es muss vom Steuerpflichtigen nachgewiesen werden, dass die nachfolgende Aufgabe oder Veräußerung nicht durch Steuerumgehung (Steuerersparnis, Steuerstundung), sondern durch vernünftige wirtschaftliche Gründe – insbesondere der Umstrukturierung oder der Rationalisierung der beteiligten Gesellschaften – als hauptsächlichen Beweggrund motiviert war.

06.12 § 6 Absatz 3 Satz 2 UmwStG enthält eine eigenständige Änderungsvorschrift. Eine Änderung der entsprechenden Steuer-, Steuermess-, Freistellungs- und Feststellungsbescheide ist auch bei bereits eingetretener Festsetzungs- oder Feststellungsverjährung möglich (§ 175 Absatz 1 Satz 2 AO).

E. Besteuerung offener Rücklagen (§ 7 UmwStG)

I. Sachlicher und persönlicher Anwendungsbereich

07.01 Der Anwendungsbereich des § 7 UmwStG erstreckt sich sachlich auf Umwandlungen und vergleichbare ausländische Vorgänge i. S. d. § 1 Absatz 1 UmwStG.

07.02 Persönlich werden von § 7 UmwStG alle Anteilseigner der übertragenden Körperschaft erfasst, die Gesellschafter der übernehmenden Personengesellschaft werden, und zwar unabhängig davon, ob für diese ein Übernahmeergebnis zu ermitteln ist oder nicht. Auf Bezüge i. S. d. § 7 UmwStG findet in grenzüberschreitenden Sachverhalten in der Regel eine dem Artikel 10 OECD-MA entsprechende Vorschrift in einem DBA Anwendung.

II. Anteiliges Eigenkapital

07.03 Nach § 7 Satz 1 UmwStG ist dem Anteilseigner der Teil des in der Steuerbilanz ausgewiesenen Eigenkapitals abzüglich des Bestands des steuerlichen Einlagekontos, der sich nach Anwendung des § 29 Absatz 1 KStG ergibt, als Einkünfte aus Kapitalvermögen (§ 20 Absatz 1 Nummer 1 EStG) zuzurechnen, der seiner Beteiligung am Nennkapital entspricht.

07.04
Maßgeblich ist das in der steuerlichen Schlussbilanz ausgewiesene um Ausschüttungsverbindlichkeiten und passive Korrekturposten (vgl. Randnr. 02.25 ff.) geminderte Eigenkapital. Ausstehende Einlagen auf das Nennkapital gehören, unabhängig davon, ob sie eingefordert sind oder nicht, ebenso wie Passivposten, die aufgrund steuerrechtlicher Vorschriften erst bei ihrer Auflösung zu versteuern sind (Sonderposten mit Rücklagenanteil i. S. d. § 247 Absatz 3 HGB vor Inkrafttreten des Bilanzrechtsmodernisierungsgesetzes [BilMoG] vom 25.5.2009, BGBl. I S. 1102), nicht zum Eigenkapital[1]). Rückstellungen und Verbindlichkeiten, auch für die nach § 8 Absatz 3 Satz 2 KStG eine außerbilanzielle Einkommenskorrektur erfolgte, bleiben Fremdkapital.

Bei einer ausländischen Körperschaft i. S. d. § 27 Absatz 8 Satz 1 KStG ist der Bestand des steuerlichen Einlagekontos unter sinngemäßer Anwendung der Grundsätze des § 27 Absatz 8 KStG zu ermitteln.

Von dem maßgebenden Eigenkapital laut steuerlicher Schlussbilanz ist der Bestand des steuerlichen Einlagekontos, der sich nach Anwendung des § 29 Absatz 1 und Absatz 6 KStG ergibt, abzuziehen.

III. Zurechnung der Einkünfte

07.05
Ein verbleibender positiver Saldo des maßgebenden Eigenkapitals ist den Anteilseignern nach dem Verhältnis ihrer Anteile zum Nennkapital als Einkünfte i. S. d. § 20 Absatz 1 Nummer 1 EStG zuzurechnen. Hierbei ist auf die Höhe der Beteiligungen im Zeitpunkt des Wirksamwerdens der Umwandlung abzustellen. Eigene Anteile der übertragenden Körperschaft bleiben bei der Ermittlung der Beteiligungsverhältnisse unberücksichtigt.

07.06
Erfolgen im Rückwirkungszeitraum Ausschüttungen an Anteilseigner, für die die Rückwirkungsfiktion gilt, sind bei der Zurechnung der Einkünfte gegenüber neu eintretenden Gesellschaftern die Ausschüttungen an Anteilseigner, für die die Rückwirkungsfiktion gilt, diesen vorab zuzurechnen (vgl. Randnr. 02.31 sowie das Beispiel in Randnr. 02.33).

IV. Besteuerung und Zufluss der Einkünfte

07.07
Die Bezüge i. S. d. § 7 UmwStG i. V. m. § 20 Absatz 1 Nummer 1 EStG gelten bereits mit Ablauf des steuerlichen Übertragungsstichtags als zugeflossen (§ 2 Absatz 2 UmwStG). Sie sind in dem Veranlagungszeitraum, in dem das Wirtschaftsjahr endet, in das der steuerliche Übertragungsstichtag fällt, zu besteuern (vgl. Randnr. 02.04). Ist übernehmender Rechtsträger eine Personengesellschaft, sind die Bezüge i. R. d. gesonderten und einheitlichen Feststellung der Einkünfte zu erfassen, wenn für den betreffenden Anteilseigner ein Übernahmeergebnis zu ermitteln ist.

Die Einnahmen nach § 7 Satz 1 UmwStG unterliegen ab dem 1.1.2009 bei natürlichen Personen als Anteilseigner bei Anteilen im Privatvermögen grundsätzlich der Abgeltungsteuer (§§ 32d, 43 Absatz 5 EStG) und bei Anteilen im Betriebsvermögen (einschließlich der Anteile, die nach § 5 Absatz 2 oder § 27 Absatz 3 Nummer 1 UmwStG als in das Betriebsvermögen eingelegt gelten) dem Teileinkünfteverfahren (§ 3 Nummer 40 Satz 1 Buchstabe d, § 3 Nummer 40 Satz 2, § 20 Absatz 8 EStG). Handelt es sich bei dem Anteilseigner um eine Körperschaft, gilt § 8b KStG. Handelt es sich bei dem Anteilseigner um eine Personengesellschaft, ist für die Frage, ob § 3 Nummer 40 Satz 1 Buchstabe d

---

[1]) Auch ein außerbilanziell abgezogener und dem Gewinn noch nicht hinzugerechneter Investitionsabzugsbetrag mindert das Eigenkapital (>BFH vom 11.04.2019 – BStBl II S. 501).

EStG oder § 8b KStG anzuwenden ist, auf die Gesellschafter dieser Personengesellschaft abzustellen.

Zur gewerbesteuerlichen Behandlung der Ausschüttung nach § 7 UmwStG vgl. Randnr. 18.04.

V. Kapitalertragsteuerabzug

07.08 Die Bezüge i. S. d. § 7 UmwStG unterliegen nach § 43 Absatz 1 Satz 1 Nummer 1 und Nummer 6 EStG dem Kapitalertragsteuerabzug. Die Kapitalertragsteuer hierauf entsteht erst im Zeitpunkt der zivilrechtlichen Wirksamkeit der Umwandlung und ist von dem übernehmenden Rechtsträger bzw. der die Kapitalerträge auszahlenden Stelle bei dem jeweils zuständigen Finanzamt anzumelden und vom übernehmenden Rechtsträger als steuerlichem Rechtsnachfolger (§ 4 Absatz 2 Satz 1 UmwStG) abzuführen.

07.09 Ein Absehen von der Erhebung der Kapitalertragsteuer nach § 43b EStG kommt nicht in Betracht (§ 43b Absatz 1 Satz 4 EStG).

F. Vermögensübergang auf einen Rechtsträger ohne Betriebsvermögen (§ 8 UmwStG)

08.01 Nach § 8 UmwStG sind Wirtschaftsgüter, die nicht Betriebsvermögen des übernehmenden Rechtsträgers werden, in der steuerlichen Schlussbilanz der übertragenden Körperschaft mit dem gemeinen Wert anzusetzen.

08.02 Ob das übertragene Vermögen Betriebsvermögen wird, beurteilt sich nach den Verhältnissen am steuerlichen Übertragungsstichtag. Die bloße Absicht des übernehmenden Rechtsträgers, sich in diesem Zeitpunkt gewerblich zu betätigen, ist nicht ausreichend.

08.03 Bei Vermögensübergang auf eine Zebragesellschaft sind die übergegangenen Wirtschaftsgüter in der steuerlichen Schlussbilanz des übertragenden Rechtsträgers mit dem gemeinen Wert anzusetzen (vgl. Randnr. 03.16).

I. R. d. gesonderten und einheitlichen Feststellung der Einkünfte werden Veräußerungsgewinne nach § 17 EStG und Bezüge i. S. d. § 7 UmwStG i. V. m. § 20 Absatz 1 Nummer 1 EStG festgestellt, dies jedoch ohne Bindungswirkung für die beteiligten Gesellschafter (vgl. GrS des BFH vom 11.4.2005, GrS 2/02, BStBl II S. 679).

08.04 Ein Abzug nach § 7g Absatz 1 EStG ist beim übertragenden Rechtsträger rückgängig zu machen, wenn das übertragene Vermögen nicht Betriebsvermögen des übernehmenden Rechtsträgers wird.

G. Formwechsel in eine Personengesellschaft (§ 9 UmwStG)

09.01 Mangels einer handelsrechtlichen Rückbeziehungsmöglichkeit enthält § 9 UmwStG eine eigenständige steuerliche Rückwirkungsregelung (vgl. Randnr. 02.05); im Übrigen vgl. Randnr. 02.09 ff. Die Übertragungs- bzw. die Eröffnungsbilanz i. S. d. § 9 Satz 2 UmwStG ist grundsätzlich auf den Zeitpunkt der Registereintragung des Formwechsels (§ 202 Absatz 1 Nummer 1 UmwG) aufzustellen.

09.02 Die Achtmonatsfrist nach § 9 Satz 3 UmwStG ist auch dann maßgebend, wenn nach ausländischem Recht eine davon abweichende Regelung besteht. Insoweit ist ggf. § 2 Absatz 3 UmwStG zu beachten. Im Übrigen vgl. auch Randnr. 02.06.

H. Körperschaftsteuererhöhung (§ 10 UmwStG)

10.01 § 10 UmwStG ist grundsätzlich letztmals auf Umwandlungen anzuwenden, deren steuerlicher Übertragungsstichtag vor dem 1.1.2007 liegt (§ 27 Absatz 6 Satz 1 UmwStG).

10.02 § 10 UmwStG ist weiter anzuwenden, wenn von der übertragenden Körperschaft ein Antrag nach § 34 Absatz 16 KStG i. d. F. des Artikels 3 des Gesetzes vom 20.12.2007,

BGBl I S. 3150, gestellt wurde (§ 27 Absatz 6 Satz 2 UmwStG). Auf die Ausführungen im BMF-Schreiben vom 16.12.2003, BStBl I S. 786, Randnr. 11 ff., wird verwiesen.

Dritter Teil. Verschmelzung oder Vermögensübertragung (Vollübertragung) auf eine andere Körperschaft
A. Wertansätze in der steuerlichen Schlussbilanz der übertragenden Körperschaft (§ 11 UmwStG)

I. Sachlicher Anwendungsbereich

Die §§ 11 bis 13 UmwStG sind sowohl auf Auf-, auf Ab- als auch auf Seitwärtsverschmelzungen anzuwenden. 11.01

II. Pflicht zur Abgabe einer steuerlichen Schlussbilanz

Jede übertragende Körperschaft ist nach § 11 Absatz 1 Satz 1 UmwStG zur Erstellung und Abgabe einer steuerlichen Schlussbilanz auf den steuerlichen Übertragungsstichtag verpflichtet. Randnr. 03.01–03.03 gelten entsprechend. Insbesondere bei einer grenzüberschreitenden Hereinverschmelzung muss eine ausländische übertragende Körperschaft eine unter Zugrundelegung des deutschen Steuerrechts aufgestellte steuerliche Schlussbilanz i. S. d. § 11 UmwStG auf den steuerlichen Übertragungsstichtag einreichen. 11.02

III. Ansatz und Bewertung der übergehenden Wirtschaftsgüter

1. Ansatz der übergehenden Wirtschaftsgüter dem Grunde nach

Randnr. 03.04–03.06 gelten entsprechend. Der Ansatz eines Geschäfts- oder Firmenwerts erfolgt nach § 11 Absatz 1 UmwStG auch dann, wenn der Betrieb der übertragenden Körperschaft nicht fortgeführt wird. 11.03

2. Ansatz der übergehenden Wirtschaftsgüter der Höhe nach

a) Ansatz der übergehenden Wirtschaftsgüter mit dem gemeinen Wert bzw. dem Teilwert nach § 6a EStG

Randnr. 03.07–03.09 gelten entsprechend. 11.04

b) Ansatz der übergehenden Wirtschaftsgüter mit dem Buchwert

Auf Antrag können die übergehenden Wirtschaftsgüter einheitlich mit dem Buchwert angesetzt werden, soweit 11.05

– sichergestellt ist, dass sie später der Besteuerung mit Körperschaftsteuer unterliegen (§ 11 Absatz 2 Satz 1 Nummer 1 UmwStG),
– das Recht der Bundesrepublik Deutschland hinsichtlich der Besteuerung des Gewinns aus der Veräußerung der übertragenen Wirtschaftsgüter bei der übernehmenden Körperschaft nicht ausgeschlossen oder beschränkt wird (§ 11 Absatz 2 Satz 1 Nummer 2 UmwStG) und
– eine Gegenleistung nicht gewährt wird oder in Gesellschaftsrechten besteht (§ 11 Absatz 2 Satz 1 Nummer 3 UmwStG).

Für den Ansatz des Buchwerts sind die Ansätze in der Handelsbilanz nicht maßgeblich. Wegen des Begriffs Buchwert vgl. Randnr. 01.57. Die Prüfung der Voraussetzungen des § 11 Absatz 2 Satz 1 UmwStG erfolgt bezogen auf die Verhältnisse zum steuerlichen Übertragungsstichtag.

Gehört zum übergehenden Vermögen der übertragenden Körperschaft ein Mitunternehmeranteil, entspricht der Buchwertansatz dem auf die übertragende Körperschaft entfallenden anteiligen Kapitalkonto – unter Berücksichtigung etwaiger Ergänzungs- und Sonderbilanzen – bei der Mitunternehmerschaft.

11.06 Randnr. 03.12 und 03.13 gelten entsprechend.

    aa) Sicherstellung der Besteuerung mit Körperschaftsteuer
         (§ 11 Absatz 2 Satz 1 Nummer 1 UmwStG)

11.07 Bei Verschmelzung auf eine unbeschränkt steuerpflichtige Körperschaft i. S. d. § 1 Absatz 1 KStG ist die Besteuerung mit Körperschaftsteuer grundsätzlich sichergestellt. Die Besteuerung mit Körperschaftsteuer ist z. B. nicht sichergestellt, wenn die übernehmende Körperschaft von der Körperschaftsteuer befreit ist (z. B. nach § 5 KStG) oder wenn das Vermögen in den nicht steuerpflichtigen Bereich einer juristischen Person des öffentlichen Rechts übergeht. Eine Sicherstellung der Besteuerung mit Körperschaftsteuer ist jedoch insoweit gegeben, als das übergehende Vermögen bei der übernehmenden Körperschaft einen steuerpflichtigen wirtschaftlichen Geschäftsbetrieb bildet oder zu einem bereits vorher bestehenden steuerpflichtigen wirtschaftlichen Geschäftsbetrieb gehört. Vgl. im Übrigen auch Randnr. 03.17.

11.08 Wird eine Körperschaft auf eine Organgesellschaft i. S. d. §§ 14, 17 KStG verschmolzen, ist infolge der Zurechnung des Einkommens an den Organträger insoweit die Besteuerung mit Körperschaftsteuer bei der übernehmenden Körperschaft nur sichergestellt, soweit das so zugerechnete Einkommen der Besteuerung mit Körperschaftsteuer unterliegt. Entsprechendes gilt, wenn der Organträger selbst wiederum Organgesellschaft ist. Soweit das so zugerechnete Einkommen der Besteuerung mit Einkommensteuer unterliegt, können aus Billigkeitsgründen die übergehenden Wirtschaftsgüter dennoch einheitlich mit dem Buchwert angesetzt werden, wenn sich alle an der Verschmelzung Beteiligten (übertragender Rechtsträger, übernehmender Rechtsträger und Anteilseigner des übertragenden und übernehmenden Rechtsträgers) übereinstimmend schriftlich damit einverstanden erklären, dass auf die aus der Verschmelzung resultierenden Mehrabführungen § 14 Absatz 3 Satz 1 KStG anzuwenden ist; die Grundsätze der Randnr. Org.33 und Randnr. Org.34 gelten entsprechend.

    bb) Kein Ausschluss und keine Einschränkung des deutschen Besteuerungsrechts
         (§ 11 Absatz 2 Satz 1 Nummer 2 UmwStG)

11.09 Die übergehenden Wirtschaftsgüter dürfen gem. § 11 Absatz 2 Satz 1 Nummer 2 UmwStG nur insoweit mit dem Buchwert angesetzt werden, als das Recht der Bundesrepublik Deutschland hinsichtlich der Besteuerung des Gewinns aus der Veräußerung der übertragenen Wirtschaftsgüter bei der übernehmenden Körperschaft nicht ausgeschlossen oder beschränkt wird. Randnr. 03.18–03.20 gelten entsprechend.

    cc) Keine Gegenleistung oder Gegenleistung in Form von Gesellschaftsrechten
         (§ 11 Absatz 2 Satz 1 Nummer 3 UmwStG)

11.10 Randnr. 03.21–03.24 gelten entsprechend. Zur steuerlichen Behandlung der Gegenleistung bei den Anteilseignern vgl. Randnr. 13.02.

    c) *Ansatz der übergehenden Wirtschaftsgüter mit dem Zwischenwert*

11.11 Randnr. 03.25 sowie Randnr. 11.05–11.10 gelten entsprechend.

d) Ausübung des Wahlrechts auf Ansatz zum Buch- oder Zwischenwert

Der Antrag auf Ansatz der übergehenden Wirtschaftsgüter mit dem Buch- oder Zwischenwert ist nach § 11 Absatz 3 i. V. m. § 3 Absatz 2 Satz 2 UmwStG bei dem für die Besteuerung nach §§ 20, 26 AO zuständigen Finanzamt der übertragenden Körperschaft spätestens bis zur erstmaligen Abgabe der steuerlichen Schlussbilanz zu stellen. Randnr. 03.27–03.30 gelten entsprechend.

11.12

3. Fiktive Körperschaftsteueranrechnung nach § 11 Absatz 3 i. V. m. § 3 Absatz 3 UmwStG

Randnr. 03.31 sowie 03.32 gelten entsprechend.

11.13

IV. Vermögensübertragung nach §§ 174 ff. UmwG gegen Gewährung einer Gegenleistung an die Anteilsinhaber des übertragenden Rechtsträgers

Nach § 174 UmwG kann ein Rechtsträger unter Auflösung ohne Abwicklung sein Vermögen ganz oder teilweise auf einen anderen bestehenden Rechtsträger (übernehmender Rechtsträger) gegen Gewährung einer Gegenleistung an die Anteilsinhaber des übertragenden Rechtsträgers, die nicht in Anteilen oder Mitgliedschaften besteht, übertragen. Ein Vermögensübergang unter Ansatz der Buch- oder Zwischenwerte i. S. d. § 11 Absatz 2 UmwStG ist daher grundsätzlich nicht möglich bei:

11.14

– Vermögensübertragung einer Kapitalgesellschaft auf eine Gebietskörperschaft oder einen Zusammenschluss von Gebietskörperschaften (§ 175 Nummer 1, §§ 176, 177 UmwG),

– Vermögensübertragung einer Versicherungs-AG auf einen VVaG (§ 175 Nummer 2 Buchstabe a, §§ 178, 179 UmwG),

– Vermögensübertragung eines VVaG auf eine Versicherungs-AG oder auf ein öffentlich-rechtliches Versicherungsunternehmen,

– Vermögensübertragung eines öffentlich-rechtlichen Versicherungsunternehmens auf eine Versicherungs-AG oder auf einen VVaG.

Nach § 176 Absatz 2 UmwG tritt in diesen Fällen an die Stelle des Umtauschverhältnisses der Anteile die Art und Höhe der Gegenleistung. Die übergegangenen Wirtschaftsgüter sind daher nach § 11 Absatz 1 UmwStG mit dem gemeinen Wert anzusetzen.

Ein steuerneutraler Vermögensübergang ist allenfalls möglich, wenn das Vermögen auf den alleinigen Anteilseigner übertragen wird (z. B. von einer Kapitalgesellschaft auf eine Gemeinde, die zu 100 % an der übertragenden Kapitalgesellschaft beteiligt ist) und die übrigen Voraussetzungen des § 11 Absatz 2 UmwStG erfüllt sind, da der Untergang der Beteiligung an der übertragenden Kapitalgesellschaft keine Gegenleistung i. S. d. § 11 Absatz 2 Satz 1 Nummer 3 UmwStG darstellt (vgl. Randnr. 11.10 i. V. m. Randnr. 03.21).

11.15

V. Landesrechtliche Vorschriften zur Vereinigung öffentlich-rechtlicher Kreditinstitute oder öffentlich-rechtlicher Versicherungsunternehmen

Sehen landesrechtliche Vorschriften z. B. die Vereinigung öffentlich-rechtlicher Kreditinstitute oder öffentlich-rechtlicher Versicherungsunternehmen im Wege der Gesamtrechtsnachfolge vor, sind die §§ 11 bis 13 UmwStG bei dieser Vereinigung entsprechend anzuwenden, wenn diese Vereinigung mit einer Verschmelzung i. S. d. § 2 UmwG vergleichbar ist (vgl. Randnr. 01.07).

11.16

VI. Beteiligung der übertragenden Kapitalgesellschaft an der übernehmenden Kapitalgesellschaft (Abwärtsverschmelzung)

11.17 Im Fall der Abwärtsverschmelzung einer Mutter- auf ihre Tochtergesellschaft sind gem. § 11 Absatz 2 Satz 2 UmwStG in der steuerlichen Schlussbilanz der übertragenden Muttergesellschaft die Anteile an der übernehmenden Tochtergesellschaft mindestens mit dem Buchwert, erhöht um in früheren Jahren steuerwirksam vorgenommene Abschreibungen auf die Beteiligung sowie erhöht um steuerwirksame Abzüge nach § 6b EStG und ähnliche Abzüge, höchstens jedoch mit dem gemeinen Wert, anzusetzen. Insoweit erhöht sich der laufende Gewinn der Muttergesellschaft. Steuerwirksame Teilwertabschreibungen sind vor nicht voll steuerwirksamen Teilwertabschreibungen hinzuzurechnen. Eine Wertaufholung ist nach § 11 Absatz 2 Satz 2 UmwStG jedoch nicht vorzunehmen, soweit bis zum Ablauf des steuerlichen Übertragungsstichtags eine steuerwirksame Wertaufholung (§ 6 Absatz 1 Nummer 2 Satz 3 i. V. m. § 6 Absatz 1 Nummer 1 Satz 4 EStG) stattgefunden hat oder die Rücklage nach § 6b Absatz 3 EStG gewinnerhöhend aufgelöst worden ist.

Wegen der in § 12 Absatz 1 Satz 1 i. V. m. § 4 Absatz 1 Satz 2 und 3 UmwStG enthaltenen vergleichbaren Regelung für den Fall der Aufwärtsverschmelzung einer Tochter- auf ihre Muttergesellschaft vgl. Randnr. 12.03.

11.18 Wird eine Mutter- auf ihre Tochtergesellschaft verschmolzen, führt dies auf der Ebene der Tochtergesellschaft nicht zu einem Durchgangserwerb eigener Anteile (BFH vom 28.10.2009, I R 4/09, BStBl 2011 II S. 315).

11.19 Die Anteile an der Tochtergesellschaft können nach § 11 Absatz 2 Satz 2 UmwStG in der steuerlichen Schlussbilanz der Muttergesellschaft nur dann mit einem Wert unterhalb des gemeinen Werts angesetzt werden, wenn die übrigen Voraussetzungen des § 11 Absatz 2 Satz 1 Nummer 2 und 3 UmwStG vorliegen (vgl. Randnr. 11.09–11.10). Statt auf die übernehmende Körperschaft ist hierbei jedoch auf den die Anteile an der Tochtergesellschaft übernehmenden Anteilseigner der Muttergesellschaft abzustellen.

Auf Ebene des Anteilseigners der Muttergesellschaft findet § 13 UmwStG Anwendung. Eine Verknüpfung mit dem Wert in der steuerlichen Schlussbilanz nach § 12 Absatz 1 UmwStG besteht hingegen nicht.

B. Auswirkungen auf den Gewinn der übernehmenden Körperschaft (§ 12 UmwStG)

I. Wertverknüpfung

12.01 Die übernehmende Körperschaft hat das auf sie übergegangene Vermögen in entsprechender Anwendung des § 4 Absatz 1 Satz 1 UmwStG mit dem in der steuerlichen Schlussbilanz der übertragenden Körperschaft enthaltenen Wert zu übernehmen (§ 12 Absatz 1 Satz 1 UmwStG).

12.02 Randnr. 04.01, 04.03 und 04.04 gelten entsprechend.

II. Erweiterte Wertaufholung – Beteiligungskorrekturgewinn

12.03 Im Fall der Aufwärtsverschmelzung einer Tochter- auf ihre Muttergesellschaft sind gem. § 12 Absatz 1 Satz 2 i. V. m. § 4 Absatz 1 Satz 2 UmwStG in der Bilanz der übernehmenden Muttergesellschaft zum steuerlichen Übertragungsstichtag die Anteile an der übertragenden Tochtergesellschaft mindestens mit dem Buchwert, erhöht um in früheren Jahren steuerwirksam vorgenommene Abschreibungen auf die Beteiligung sowie erhöht um steuerwirksame Abzüge nach § 6b EStG und ähnliche Abzüge, höchstens jedoch mit dem gemeinen Wert, anzusetzen. Insoweit erhöht sich der laufende Gewinn der Muttergesellschaft. Das gilt nicht, soweit bereits nach den allgemeinen Regeln bis zum Ablauf des steuerlichen Übertragungsstichtags eine Wertaufholung (§ 6 Absatz 1

Nummer 2 Satz 3 i. V. m. § 6 Absatz 1 Nummer 1 Satz 4 EStG) stattgefunden hat oder die Rücklage nach § 6b Absatz 3 EStG gewinnerhöhend aufgelöst worden ist. Randnr. 04.06–04.08 gelten entsprechend.

III. Eintritt in die steuerliche Rechtsstellung (§ 12 Absatz 3 UmwStG)

Hinsichtlich des Eintritts der übernehmenden Körperschaft in die Rechtsstellung der übertragenden Körperschaft gelten die Randnr. 04.09–04.17 entsprechend. 12.04

IV. Übernahmeergebnis

Nach § 12 Absatz 2 Satz 1 UmwStG bleibt bei der übernehmenden Körperschaft ein Gewinn oder Verlust i. H. des Unterschieds zwischen dem Buchwert der Anteile an der übertragenden Körperschaft und dem Wert, mit dem die übergegangenen Wirtschaftsgüter zu übernehmen sind, abzüglich der Kosten für den Vermögensübergang (vgl. hierzu Randnr. 04.34), außer Ansatz. Der Gewinn ist außerhalb der Steuerbilanz entsprechend zu korrigieren. 12.05

Ein Übernahmeergebnis i. S. d. § 12 Absatz 2 Satz 1 UmwStG ist in allen Fällen der Auf-, Ab- und Seitwärtsverschmelzung – ungeachtet einer Beteiligung an der übertragenden Körperschaft – zu ermitteln. Das Übernahmeergebnis entsteht mit Ablauf des steuerlichen Übertragungsstichtags.

Gem. § 12 Absatz 2 Satz 2 UmwStG ist bei einer Aufwärtsverschmelzung auf einen Übernahmegewinn i. S. d. § 12 Absatz 2 Satz 1 UmwStG in dem Umfang, in dem die übernehmende Muttergesellschaft unmittelbar an der übertragenden Tochtergesellschaft beteiligt ist, § 8b KStG anzuwenden. § 12 Absatz 2 Satz 2 UmwStG findet auf einen Übernahmeverlust keine Anwendung. Bei einer Aufwärtsverschmelzung entsprechen die anteiligen Kosten des Vermögensübergangs i. S. d. § 12 Absatz 2 Satz 2 UmwStG den von der übernehmenden Körperschaft getragenen Aufwendungen. 12.06

Beispiel:
Die übernehmende M-GmbH ist an der übertragenden T-GmbH zu 40 % beteiligt. Der Buchwert der Anteile beträgt 200.000 € und der Buchwert des übertragenen Vermögens beträgt 800.000 €. Die Kosten des Vermögensübergangs i. S. d. § 12 Absatz 2 Satz 2 UmwStG betragen 20.000 €.

Lösung:
Der Übernahmegewinn i. S. d. § 12 Absatz 2 Satz 1 UmwStG der M-GmbH beträgt (800.000 € ./. 200.000 € ./. 20.000 € =) 580.000 €.
Der Gewinn i. S. d. § 12 Absatz 2 Satz 2 UmwStG beträgt (40 % von 580.000 € =) 232.000 €. Auf diesen Betrag ist § 8b KStG anzuwenden. Danach sind die 232.000 € nach § 8b Absatz 2 Satz 1 KStG steuerfrei, es gelten nach § 8b Absatz 3 Satz 1 KStG 5 % von 232.000 € (= 11.600 €) als nicht abziehbare Betriebsausgaben.

Bei der Anwendung des § 12 Absatz 2 Satz 2 UmwStG ist bei einer Aufwärtsverschmelzung auf eine Organgesellschaft § 15 Satz 1 Nummer 2 KStG zu beachten. Ist Organträger eine Personengesellschaft, an der natürliche Personen beteiligt sind, sind insoweit gem. § 15 Satz 1 Nummer 2 Satz 2 KStG die § 3 Nummer 40, § 3c Absatz 2 EStG an Stelle des § 8b KStG anzuwenden. 12.07

C. Besteuerung der Anteilseigner der übertragenden Körperschaft (§ 13 UmwStG)

I. Anwendungsbereich

§ 13 UmwStG ist nur auf Anteile im Betriebsvermögen, Anteile i. S. d. § 17 EStG und einbringungsgeborene Anteile i. S. d. § 21 Absatz 1 UmwStG 1995 anzuwenden. Für alle übrigen Anteile findet bei Verschmelzung einer Körperschaft § 20 Absatz 4a Satz 1 13.01

und 2 EStG Anwendung. In den Fällen der Aufwärtsverschmelzung ist § 13 UmwStG nicht anwendbar, soweit die übernehmende Körperschaft an der übertragenden Körperschaft beteiligt ist; zur Anwendung des § 13 UmwStG bei der Abwärtsverschmelzung vgl. Randnr. 11.19.

13.02　Darüber hinaus findet § 13 UmwStG nur insoweit Anwendung, als dem Anteilsigner der übertragenden Körperschaft keine Gegenleistung oder eine in Gesellschaftsrechten bestehende Gegenleistung gewährt wird. Nicht in Gesellschaftsrechten bestehende Gegenleistungen (vgl. Randnr. 11.10) stellen bei dem Anteilseigner einen Veräußerungserlös für seine Anteile dar. Bei einer nur anteiligen Veräußerung (z. B. Spitzenausgleich) sind dem Veräußerungserlös nur die anteiligen Anschaffungskosten dieser Anteile an dem übertragenden Rechtsträger gegenüberzustellen. In diesen Fällen gilt § 13 UmwStG nur für den übrigen Teil der Anteile.

13.03　§ 13 UmwStG gilt auch nicht, soweit es aufgrund der Umwandlung zu einer Wertverschiebung zwischen den Anteilen der beteiligten Anteilseigner kommt. Insoweit handelt es sich um eine Vorteilszuwendung zwischen den Anteilseignern, für deren steuerliche Beurteilung die allgemeinen Grundsätze gelten. Erhält dabei eine an dem übertragenden Rechtsträger beteiligte Kapitalgesellschaft zugunsten eines ihrer Anteilseigner oder einer diesem nahe stehenden Person eine geringerwertige Beteiligung an dem übernehmenden Rechtsträger, kann die Vorteilsgewährung an den Anteilseigner als verdeckte Gewinnausschüttung zu beurteilen sein; im Umkehrfall kann eine verdeckte Einlage durch den Anteilseigner in die Kapitalgesellschaft anzunehmen sein (BFH vom 9.11.2010, IX R 24/09, BStBl 2011 II S. 799). Bei einer nichtverhältniswahrenden Umwandlung ist zu prüfen, ob die Wertverschiebung zwischen den Anteilseignern eine freigebige Zuwendung darstellt (vgl. auch koordinierter Ländererlass vom 20.10.2010, BStBl I S. 1208 und Randnr. 15.44).

13.04[1])　Wird das Vermögen einer nicht unbeschränkt steuerpflichtigen Körperschaft, Personenvereinigung oder Vermögensmasse als Ganzes durch einen Verschmelzungsvorgang i. S. d. § 12 Absatz 2 Satz 1 KStG nach ausländischem Recht auf eine andere Körperschaft übertragen, gilt nach § 12 Absatz 2 Satz 2 KStG für die Besteuerung der Anteilseigner der übertragenden Körperschaft § 13 UmwStG entsprechend.

II. Veräußerungs- und Anschaffungsfiktion zum gemeinen Wert

13.05　§ 13 Absatz 1 UmwStG enthält eine Veräußerungs- und Anschaffungsfiktion zum gemeinen Wert, die unabhängig davon gilt, ob i. R. d. Umwandlung neue Anteile an der übernehmenden Körperschaft ausgegeben werden. Bei Anteilen an Genossenschaften richtet sich der gemeine Wert nach dem Entgelt, das bei der Übertragung des Geschäftsguthabens erzielt wird.

13.06　Ein Veräußerungsgewinn oder -verlust entsteht im Zeitpunkt der zivilrechtlichen Wirksamkeit der Umwandlung. § 2 Absatz 1 UmwStG gilt grundsätzlich nicht für den Anteilseigner der übertragenden Körperschaft (vgl. Randnr. 02.03).

III. Ansatz der Anteile mit dem Buchwert oder den Anschaffungskosten

13.07　Abweichend von § 13 Absatz 1 UmwStG können auf Antrag die Anteile an der übertragenden Körperschaft mit dem Buchwert oder den Anschaffungskosten angesetzt werden (§ 13 Absatz 2 UmwStG), wenn

– das Recht der Bundesrepublik Deutschland hinsichtlich der Besteuerung des Gewinns aus der Veräußerung der Anteile an der übernehmenden Körperschaft nicht ausgeschlossen oder beschränkt wird oder

---

[1]) Randnr. 13.04 wurde durch BMF vom 10.11.2016 (BStBl I S. 1252) geändert und ist in allen offenen Fällen anzuwenden.

- die EU-Mitgliedstaaten Artikel 8 Richtlinie 2009/133/EG (zuvor Artikel 8 Richtlinie 90/434/EWG) anzuwenden haben.

§ 13 UmwStG ist unabhängig von der Ausübung des Bewertungswahlrechts bei der übertragenden Körperschaft in § 11 UmwStG anzuwenden. Unerheblich ist weiter, ob die übertragende Körperschaft im Inland der Besteuerung unterlegen hat.   13.08

Wird z. B. nach § 54 Absatz 1 Satz 3 UmwG i. R. d. Umwandlung auf die Gewährung neuer Anteile verzichtet, weil der Anteilseigner bereits an der übernehmenden Körperschaft beteiligt ist, sind dem Buchwert bzw. den Anschaffungskosten der Anteile an der übernehmenden Körperschaft der Buchwert bzw. die Anschaffungskosten der Anteile an der übertragenden Körperschaft hinzuzurechnen. Führt die Verschmelzung zu Wertverschiebungen zwischen den Anteilen der beteiligten Anteilseigner, findet § 13 UmwStG insoweit keine Anwendung (vgl. Randnr. 13.03).   13.09

Bei Vorliegen der in § 13 Absatz 2 UmwStG genannten Voraussetzungen ist nur ein Ansatz mit dem Buchwert oder den Anschaffungskosten, nicht jedoch der Ansatz eines Zwischenwerts zulässig. Der Antrag auf Fortführung des Buchwerts oder der Anschaffungskosten bedarf keiner besonderen Form, ist bedingungsfeindlich und unwiderruflich.   13.10

Werden nach § 13 Absatz 2 Satz 1 UmwStG die Anteile an der übernehmenden Körperschaft mit dem Buchwert oder den Anschaffungskosten der Anteile an der übertragenden Körperschaft angesetzt, treten gem. § 13 Absatz 2 Satz 2 UmwStG die Anteile an der übernehmenden Körperschaft steuerlich an die Stelle der Anteile an der übertragenden Körperschaft. Daraus ergeben sich insbesondere folgende Rechtsfolgen: 13.11

- Übergang einer Wertaufholungsverpflichtung nach § 6 Absatz 1 Nummer 2 Satz 3 EStG bei im Betriebsvermögen gehaltenen Anteilen;
- Übergang der Einschränkung nach § 8b Absatz 2 Satz 4 und 5 KStG bzw. § 3 Nummer 40 Satz 1 Buchstabe a Satz 2 und 3 sowie Buchstabe b Satz 3 EStG;
- wenn die Anteile an der übertragenden Körperschaft solche i. S. d. § 17 EStG waren, gelten auch die Anteile an der übernehmenden Körperschaft als Anteile i. S. d. § 17 EStG, selbst wenn die Beteiligungsgrenze nicht erreicht wird (für die Anwendung der 1 %-Grenze ist auf die Beteiligungsquote vor der Verschmelzung abzustellen);
- die Steuerverhaftung nach § 21 UmwStG 1995 verlagert sich auf die Anteile an der übernehmenden Körperschaft;
- ein Sperrbetrag i. S. d. § 50c EStG a. F. verlagert sich auf die Anteile an der übernehmenden Körperschaft;
- die Eigenschaft „verschmelzungsgeborener Anteil" i. S. d. § 13 Absatz 2 Satz 2 UmwStG 1995 verlagert sich auf die Anteile an der übernehmenden Körperschaft;
- Anrechnung der Besitzzeit an den Anteilen an der übertragenden Körperschaft bei den Anteilen an der übernehmenden Körperschaft (insbesondere bei der Prüfung der gewerbesteuerlichen Kürzung nach § 9 Nummer 2a und 7 GewStG und hinsichtlich einer Rücklage nach § 6b Absatz 10 EStG).

IV. Gewährung von Mitgliedschaftsrechten

§ 13 UmwStG ist entsprechend anzuwenden, wenn i. R. d. Umwandlung an die Stelle der Anteile an der übertragenden Körperschaft Mitgliedschaftsrechte an der übernehmenden Körperschaft treten oder umgekehrt (z. B. Vermögensübertragung von einer Versicherungs-AG auf einen VVaG oder umgekehrt). Treten an die Stelle von Mitgliedschaftsrechten Anteile, betragen die Anschaffungskosten der Anteile 0 €.   13.12

Anhang 28

Umwandlungssteuerrecht

Vierter Teil. Auf-, Abspaltung und Vermögensübertragung (Teilübertragung)
A. Auf-, Abspaltung und Teilübertragung auf andere Körperschaften
(§ 15 UmwStG)

I. Teilbetriebsvoraussetzung des § 15 Absatz 1 UmwStG

15.01 § 11 Absatz 2 und § 13 Absatz 2 UmwStG sind auf die Auf- und Abspaltung sowie die Teilübertragung nur entsprechend anzuwenden, wenn auf die Übernehmerinnen bzw. die Übernehmerin ein Teilbetrieb übertragen wird und im Fall der Abspaltung oder der Teilübertragung bei der übertragenden Körperschaft das zurückbleibende Vermögen ebenfalls zu einem Teilbetrieb gehört. Für eine Auf- oder Abspaltung auf eine Personengesellschaft als übernehmender Rechtsträger ist § 16 UmwStG anwendbar.

1. Begriff des Teilbetriebs

15.02 Teilbetrieb i. S. d. § 15 UmwStG ist die Gesamtheit der in einem Unternehmensteil einer Gesellschaft vorhandenen aktiven und passiven Wirtschaftsgüter, die in organisatorischer Hinsicht einen selbstständigen Betrieb, d. h. eine aus eigenen Mitteln funktionsfähige Einheit, darstellen, vgl. Artikel 2 Buchstabe j Richtlinie 2009/133/EG. Zu einem Teilbetrieb gehören alle funktional wesentlichen Betriebsgrundlagen sowie diesem Teilbetrieb nach wirtschaftlichen Zusammenhängen zuordenbaren Wirtschaftsgüter. Die Voraussetzungen eines Teilbetriebs sind nach Maßgabe der einschlägigen Rechtsprechung unter Zugrundelegung der funktionalen Betrachtungsweise aus der Perspektive des übertragenden Rechtsträgers zu beurteilen (EuGH vom 15.1.2002, C-43/00, EuGHE I S. 379; BFH vom 7.4.2010, I R 96/08, BStBl 2011 II S. 467). Zu den funktional wesentlichen Betriebsgrundlagen sowie den nach wirtschaftlichen Zusammenhängen zuordenbaren Wirtschaftsgütern können auch Anteile an Kapitalgesellschaften gehören (vgl. auch Randnr. 15.06). Darüber hinaus gilt für Zwecke des § 15 UmwStG als Teilbetrieb ein Mitunternehmeranteil (vgl. Randnr. 15.04) sowie eine 100 %-Beteiligung an einer Kapitalgesellschaft (vgl. Randnr. 15.05).

Beispiel:
Aus einem Produktionsbetrieb soll ein wertvolles, aber nicht zu den funktional wesentlichen Betriebsgrundlagen gehörendes Betriebsgrundstück „abgesondert" werden. Um dies zu erreichen, wird der Produktionsbetrieb auf eine neue Gesellschaft abgespalten. In der Ursprungsgesellschaft bleiben das Grundstück und eine 100 %-Beteiligung an einer GmbH oder ein geringfügiger Mitunternehmeranteil zurück.

Lösung:
Das zurückbleibende Vermögen erfüllt nicht die Voraussetzungen des § 15 Absatz 1 Satz 2 UmwStG, da das Grundstück weder der 100 %-Beteiligung an der GmbH noch dem Mitunternehmeranteil zugerechnet werden kann (vgl. auch Randnr. 15.11). Eine steuerneutrale Abspaltung ist damit ausgeschlossen.

15.03 Die Teilbetriebsvoraussetzungen müssen zum steuerlichen Übertragungsstichtag vorliegen (vgl. Randnr. 02.14). Ein sog. Teilbetrieb im Aufbau stellt keinen Teilbetrieb i. S. d. § 15 UmwStG dar (vgl. Artikel 2 Buchstabe j Richtlinie 2009/133/EG).

2. Mitunternehmeranteil

15.04 Als Teilbetrieb gelten auch ein Mitunternehmeranteil (§ 15 Absatz 1 Satz 3 UmwStG) sowie der Teil eines Mitunternehmeranteils. Bei der Übertragung eines Teils eines Mitunternehmeranteils muss auch das zu diesem Teilbetrieb gehörende Sonderbetriebsvermögen anteilig mit übertragen werden. Der Mitunternehmeranteil muss zum steuerlichen Übertragungsstichtag vorgelegen haben.

3. 100 %-Beteiligung an einer Kapitalgesellschaft

Als Teilbetrieb gilt nach § 15 Absatz 1 Satz 3 UmwStG auch die Beteiligung an einer Kapitalgesellschaft, die das gesamte Nennkapital umfasst (100 %-Beteiligung). Die 100 %-Beteiligung an der Kapitalgesellschaft muss zum steuerlichen Übertragungsstichtag vorgelegen haben. 15.05

Eine 100 %-Beteiligung stellt keinen eigenständigen Teilbetrieb i. S. d. § 15 Absatz 1 Satz 3 UmwStG dar, wenn sie einem Teilbetrieb als funktional wesentliche Betriebsgrundlage zuzurechnen ist. Wird in diesem Fall die 100 %-Beteiligung übertragen, stellt das zurückbleibende Vermögen keinen Teilbetrieb mehr dar. 15.06

4. Übertragung eines Teilbetriebs

Sämtliche funktional wesentlichen Betriebsgrundlagen sowie die nach wirtschaftlichen Zusammenhängen zuordenbaren Wirtschaftsgüter (vgl. Randnr. 15.02) müssen i. R. d. Auf- oder Abspaltung gem. § 131 Absatz 1 Nummer 1 UmwG übertragen werden. Ergänzend hierzu ist auch die Begründung des wirtschaftlichen Eigentums ausreichend. Die bloße Nutzungsüberlassung ist nicht ausreichend (BFH vom 7.4.2010, I R 96/08, BStBl 2011 II S. 467). 15.07

Wird eine funktional wesentliche Betriebsgrundlage von mehreren Teilbetrieben eines Unternehmens genutzt, liegen die Voraussetzungen für die Steuerneutralität der Spaltung nicht vor (sog. Spaltungshindernis). Grundstücke müssen zivilrechtlich real bis zum Zeitpunkt des Spaltungsbeschlusses aufgeteilt werden. Ist eine reale Teilung des Grundstücks der übertragenden Körperschaft nicht zumutbar, bestehen aus Billigkeitsgründen im Einzelfall keine Bedenken, eine ideelle Teilung (Bruchteilseigentum) im Verhältnis der tatsächlichen Nutzung unmittelbar nach der Spaltung ausreichen zu lassen. 15.08

Betriebsvermögen der übertragenden Körperschaft, das weder zu den funktional wesentlichen Betriebsgrundlagen noch zu den nach wirtschaftlichen Zusammenhängen zuordenbaren Wirtschaftsgütern gehört, kann jedem der Teilbetriebe zugeordnet werden. Die Zuordnung dieser Wirtschaftsgüter kann bis zum Zeitpunkt des Spaltungsbeschlusses erfolgen. Ändert sich nach dem steuerlichen Übertragungsstichtag bei einem nach wirtschaftlichen Zusammenhängen zuordenbaren Wirtschaftsgut aufgrund dauerhafter Änderung des Nutzungszusammenhangs die Zuordnung zu einem der Teilbetriebe, wird es nicht beanstandet, wenn für die wirtschaftliche Zuordnung dieses Wirtschaftsguts zu einem Teilbetrieb auf die Verhältnisse zum Zeitpunkt des Spaltungsbeschlusses abgestellt wird. 15.09

Pensionsrückstellungen sind dem Teilbetrieb zuzuordnen, mit dem sie wirtschaftlich zusammenhängen. Bei noch bestehenden Arbeitsverhältnissen hat gem. § 249 Absatz 1 Satz 1 HGB i. V. m. § 131 Absatz 1 Nummer 1 Satz 1 UmwG derjenige Rechtsträger die Rückstellung zu bilden, der gem. § 613a Absatz 1 Satz 1 BGB in die Rechte und Pflichten aus den am Spaltungsstichtag bestehenden Arbeitsverhältnissen eintritt. In den übrigen Fällen hat gem. § 249 Absatz 1 Satz 1 HGB i. V. m. § 131 Absatz 1 Nummer 1 Satz 1 UmwG der Rechtsträger die Rückstellung zu bilden, der die aus den Pensionszusagen sich ergebenden Verpflichtungen übernimmt. 15.10

Einer 100 %-Beteiligung oder einem Mitunternehmeranteil können nur die Wirtschaftsgüter einschließlich der Schulden zugeordnet werden, die in unmittelbarem wirtschaftlichen Zusammenhang mit der Beteiligung oder dem Mitunternehmeranteil stehen. Dazu gehören bei einer 100 %-Beteiligung alle Wirtschaftsgüter, die für die Verwaltung der Beteiligung erforderlich sind (z. B. Erträgniskonten, Einrichtung). 15.11

5. Fehlen der Teilbetriebsvoraussetzung

15.12 Liegen die Voraussetzungen des § 15 Absatz 1 Satz 2 UmwStG nicht vor, sind die stillen Reserven des übergehenden Vermögens nach § 11 Absatz 1 UmwStG aufzudecken. Auf der Ebene des Anteilseigners gilt in diesen Fällen bei einer Aufspaltung gem. § 13 Absatz 1 UmwStG der gesamte Anteil an der übertragenden Körperschaft als zum gemeinen Wert veräußert. Bei einer Abspaltung gilt gem. § 13 Absatz 1 UmwStG die Beteiligung zu dem Teil als zum gemeinen Wert veräußert, der bei Zugrundelegung des gemeinen Werts dem übertragenen Teil des Betriebsvermögens entspricht. Etwas anderes gilt für den nicht i. S. d. § 17 EStG beteiligten Anteilseigner mit Anteilen i. S. d. § 20 Absatz 2 Satz 1 Nummer 1 EStG; hier ergeben sich die steuerlichen Rechtsfolgen bei einer Aufspaltung aus § 20 Absatz 4a Satz 1 EStG und bei einer Abspaltung aus § 20 Absatz 4a Satz 5 EStG. Zum Anwendungsbereich des § 13 UmwStG vgl. auch Randnr. 13.01.

15.13 Die anderen Vorschriften des UmwStG (insbesondere §§ 2 und 12 UmwStG) bleiben hiervon unberührt.

II. Steuerliche Schlussbilanz und Bewertungswahlrecht

15.14 Die Verpflichtung der übertragenden Körperschaft zur Erstellung und Abgabe einer steuerlichen Schlussbilanz bezieht sich auf das übertragene Vermögen; d. h. bei Abspaltung eines Teilbetriebs ist eine steuerliche Schlussbilanz auf den steuerlichen Übertragungsstichtag isoliert nur für den abgespaltenen Teilbetrieb zu erstellen. Randnr. 11.02–11.04 gelten entsprechend.

Für das Wahlrecht auf Ansatz der Buch- oder Zwischenwerte gelten Randnr. 11.05–11.12 entsprechend.

III. Zur Anwendung des § 15 Absatz 2 UmwStG

15.15 Zur Verhinderung von Missbräuchen enthalten die steuerlichen Spaltungsregelungen über die handelsrechtlichen Regelungen des UmwG hinaus weitere Voraussetzungen.

1. Erwerb und Aufstockung i. S. d. § 15 Absatz 2 Satz 1 UmwStG

15.16 Eine steuerneutrale Spaltung ist nach § 15 Absatz 2 Satz 1 UmwStG ausgeschlossen, wenn der als Teilbetrieb geltende Mitunternehmeranteil oder die 100 %-Beteiligung an einer Kapitalgesellschaft innerhalb von drei Jahren vor dem steuerlichen Übertragungsstichtag durch Übertragung von Wirtschaftsgütern, die kein Teilbetrieb sind, erworben oder aufgestockt worden sind. Hierdurch wird die Umgehung der Teilbetriebsvoraussetzung des § 15 Absatz 1 Satz 2 UmwStG verhindert. Eine Aufstockung in diesem Sinne liegt bei Wirtschaftsgütern, die stille Reserven enthalten, regelmäßig nur vor, wenn die in den übergegangenen Wirtschaftsgütern ruhenden stillen Reserven nicht oder nicht in vollem Umfang aufgedeckt wurden.

15.17 § 15 Absatz 2 Satz 1 UmwStG gilt im Fall der Abspaltung sowohl für das abgespaltene Vermögen als auch für den zurückbleibenden Teil des Vermögens. Das bedeutet, dass § 11 Absatz 2 UmwStG auch nicht anzuwenden ist, wenn ein bei der übertragenden Körperschaft zurückbleibender Mitunternehmeranteil oder eine zurückbleibende 100 %-Beteiligung i. S. d. § 15 Absatz 2 Satz 1 UmwStG innerhalb eines Zeitraums von drei Jahren vor dem steuerlichen Übertragungsstichtag durch Übertragung von Wirtschaftsgütern, die kein Teilbetrieb sind, erworben oder aufgestockt worden ist.

15.18 Bei Mitunternehmeranteilen ist im Ergebnis jede Einlage und Überführung von Wirtschaftsgütern, die stille Reserven enthalten, in das Gesamthands- oder Sonderbetriebsvermögen innerhalb von drei Jahren vor dem steuerlichen Übertragungsstichtag schädlich, da sie zu einer Aufstockung der Beteiligung führt.

§ 15 Absatz 2 Satz 1 UmwStG ist nicht anzuwenden, wenn die Aufstockung der Beteiligung nicht durch die übertragende Kapitalgesellschaft erfolgt.

Beispiel:
Eine GmbH 1 ist zu 60 % an der GmbH 2 beteiligt. Weitere 40 % der Anteile an der GmbH 2 werden von einem Anteilseigner der GmbH 1 nach § 21 UmwStG zum Buchwert in die GmbH 1 eingebracht. Danach ist die GmbH 1 zu 100 % an der GmbH 2 beteiligt. Die 100 %-Beteiligung stellt einen Teilbetrieb i. S. d. § 15 Absatz 1 Satz 2 UmwStG dar.

Lösung:
Der Vorgang ist nicht schädlich i. S. d. § 15 Absatz 2 Satz 1 UmwStG, da die Aufstockung nicht auf einer Zuführung eines Wirtschaftsguts durch die GmbH 1 an die GmbH 2, sondern auf der Zuführung durch einen Dritten (dem Anteilseigner der GmbH 1) beruht.

Bei Mitunternehmeranteilen und bei Anteilen an Kapitalgesellschaften sind der unentgeltliche Erwerb (z. B. Erbfall) und der gewinnrealisierende entgeltliche Erwerb unschädlich. Gleiches gilt für den unentgeltlichen und den gewinnrealisierenden entgeltlichen Hinzuerwerb.

Beispiel:
Die GmbH 1 ist zu 90 % an der GmbH 2 beteiligt. Sie kauft von einem Dritten weitere 10 % der Anteile und ist damit zu 100 % an der GmbH 2 beteiligt.

Lösung:
Der Zukauf ist unschädlich.

§ 15 Absatz 2 UmwStG schließt bei Vorliegen der dort genannten Voraussetzungen eine steuerneutrale Spaltung nach § 11 Absatz 2 UmwStG aus. Diese Rechtsfolge trifft im Fall der Abspaltung nur den abgespaltenen Teil des Betriebsvermögens. Die stillen Reserven in dem bei der übertragenden Körperschaft verbleibenden Betriebsvermögen werden nicht aufgedeckt. Die Anwendung der übrigen Vorschriften des UmwStG (insbesondere der §§ 2, 12 und 13 UmwStG) bleibt hiervon unberührt.

2. Veräußerung und Vorbereitung der Veräußerung (§ 15 Absatz 2 Satz 2 bis 4 UmwStG)

a) Veräußerung i. S. d. § 15 Absatz 2 Satz 2 bis 4 UmwStG

Die Spaltung eines Rechtsträgers soll die Fortsetzung des bisherigen unternehmerischen Engagements in anderer Rechtsform ermöglichen. Die Steuerneutralität wird nicht gewährt, wenn durch die Spaltung die Veräußerung an außenstehende Personen vollzogen wird oder wenn die Voraussetzungen für eine Veräußerung geschaffen werden (§ 15 Absatz 2 Satz 2 bis 4 UmwStG).

Eine unentgeltliche Anteilsübertragung (Erbfolge, Erbauseinandersetzung) ist keine schädliche Veräußerung i. S. d. § 15 Absatz 2 Satz 2 bis 4 UmwStG. Dies gilt nicht für Erbauseinandersetzungen mit Ausgleichszahlungen.

Eine schädliche Veräußerung i. S. d. § 15 Absatz 2 Satz 3 und 4 UmwStG ist jede Übertragung gegen Entgelt. Hierzu gehören insbesondere auch Umwandlungen und Einbringungen; z. B. Verschmelzung, Auf- oder Abspaltung, Formwechsel (vgl. Randnr. 00.02).

Eine Kapitalerhöhung innerhalb von fünf Jahren nach der Spaltung ist schädlich, wenn der Vorgang wirtschaftlich als Veräußerung von Anteilen durch die Gesellschafter zu werten ist. Die Aufnahme neuer Gesellschafter gegen angemessenes Aufgeld ist wirtschaftlich nicht als Veräußerung von Anteilen durch die Anteilseigner anzusehen, wenn die der Kapitalgesellschaft zugeführten Mittel nicht innerhalb der Fünfjahresfrist an die bisherigen Anteilseigner ausgekehrt werden.

Anhang 28
Umwandlungssteuerrecht

15.26 Die Umstrukturierung innerhalb verbundener Unternehmen i. S. d. § 271 Absatz 2 HGB und juristischer Personen des öffentlichen Rechts einschließlich ihrer Betriebe gewerblicher Art stellt ebenso wie eine Anteilsveräußerung innerhalb des bisherigen Gesellschafterkreises nur dann keine schädliche Veräußerung i. S. d. § 15 Absatz 2 Satz 3 und 4 UmwStG dar, wenn im Anschluss an diesen Vorgang keine unmittelbare oder mittelbare Veräußerung an eine außenstehende Person stattfindet.

Für die Beantwortung der Frage, ob eine Anteilsveräußerung an außenstehende Personen vollzogen wird, ist auf den Gesellschafterbestand zum steuerlichen Übertragungsstichtag abzustellen; dabei sind Veränderungen des Gesellschafterbestands im Rückwirkungszeitraum nicht zurückzubeziehen.

b) *Veräußerungssperre des § 15 Absatz 2 Satz 4 UmwStG*

15.27 § 11 Absatz 2 UmwStG ist nach § 15 Absatz 2 Satz 4 UmwStG nicht anzuwenden, wenn innerhalb von fünf Jahren nach dem steuerlichen Übertragungsstichtag Anteile an einer an der Spaltung beteiligten Körperschaft, die mehr als 20 % der vor Wirksamwerden der Spaltung an der Körperschaft bestehenden Anteile ausmachen, veräußert werden (unwiderlegliche gesetzliche Vermutung). § 15 Absatz 2 Satz 4 UmwStG erfasst im Fall der Abspaltung sowohl die Veräußerung der Anteile an der übertragenden als auch die an der übernehmenden Körperschaft (BFH vom 3.8.2005, I R 62/04, BStBl 2006 II S. 391).

15.28 Die Rechtsfolgen des § 15 Absatz 2 Satz 2 bis 4 UmwStG knüpfen an die Veräußerung der Anteile durch die Gesellschafter und nicht an die Veräußerung von Betriebsvermögen durch eine der an der Spaltung beteiligten Körperschaften an.

15.29 Die Quote von 20 % bezieht sich auf die Anteile an der übertragenden Körperschaft vor der Spaltung. Die Quote ist entsprechend dem Verhältnis der übergehenden Vermögensteile zu dem bei der übertragenden Körperschaft vor der Spaltung vorhandenen Vermögen aufzuteilen, wie es in der Regel im Umtauschverhältnis der Anteile im Spaltungs- und Übernahmevertrag oder im Spaltungsplan (§ 126 Absatz 1 Nummer 3, § 136 UmwG) zum Ausdruck kommt. Auf die absolute Höhe des Nennkapitals der an der Spaltung beteiligten alten und neuen Gesellschafter sowie auf die Wertentwicklung der Beteiligungen kommt es nicht an.

15.30 Die nachfolgende Tabelle zeigt für ausgewählte Aufteilungsverhältnisse bei Spaltungen zur Neugründung die Quote der Anteile an den aus der Spaltung hervorgegangenen GmbH A und GmbH B, die – alternativ – höchstens veräußert werden dürfen, ohne die Buchwertfortführung bzw. den Zwischenwertansatz bei der Spaltung zu gefährden:

GmbH A						
Anteil des übergegangenen Vermögens in %	1	10	20	30	40	50
zulässige Quote in %	100	100	100	66,6	50	40
GmbH B						
Anteil des übergegangenen Vermögens in %	99	90	80	70	60	50
zulässige Quote in %	20,2	22,2	25	28,6	33,3	40
Bei Veräußerung von Anteilen an der Gesellschaft A in Höhe der zulässigen Quote verbleiben für die Gesellschafter der Gesellschaft B	19,2	11,1	0	0	0	0

Anhang 28
Umwandlungssteuerrecht

Soweit durch einen oder mehrere Gesellschafter zusammen die 20 %-Quote ausgeschöpft wurde, sind weitere Anteilsveräußerungen durch andere Gesellschafter steuerschädlich. Die Rechtsfolgen einer schädlichen Veräußerung treffen steuerrechtlich immer die übertragende Körperschaft und damit mittelbar auch die übrigen Gesellschafter. — 15.31

Nach Ablauf der fünfjährigen Veräußerungssperre können die Anteile an den an der Spaltung beteiligten Körperschaften veräußert werden, ohne die Steuerneutralität der vorangegangenen Spaltung zu gefährden. — 15.32

c)   Rechtsfolgen einer steuerschädlichen Anteilsveräußerung

Werden innerhalb von fünf Jahren nach dem steuerlichen Übertragungsstichtag Anteile an einer an der Spaltung beteiligten Körperschaft in steuerschädlichem Umfang veräußert, führt dies dazu, dass das gesamte auf den bzw. die übernehmenden Rechtsträger übergegangene Vermögen mit dem gemeinen Wert anzusetzen ist. Die Anwendung der übrigen Vorschriften des UmwStG (insbesondere der §§ 2, 12 und 13 UmwStG) bleibt hiervon unberührt. — 15.33

Entfallen infolge der Anteilsveräußerung innerhalb von fünf Jahren nach dem steuerlichen Übertragungsstichtag die Voraussetzungen des § 15 UmwStG, sind die Körperschaftsteuerbescheide des Veranlagungszeitraums gem. § 175 Absatz 1 Satz 1 Nummer 2 AO zu ändern, in dem der Spaltungsvorgang steuerlich erfasst wurde (rückwirkendes Ereignis). — 15.34

Die Festsetzungsverjährungsfrist beginnt gem. § 175 Absatz 1 Satz 2 AO mit dem Ablauf des Kalenderjahrs, in dem die schädliche Veräußerung erfolgt. Wird der Tatbestand des § 15 Absatz 2 Satz 4 UmwStG durch mehrere zeitlich hintereinander liegende Veräußerungen verwirklicht, beginnt die Verjährung mit dem Ende des Kalenderjahrs, in dem die Veräußerung erfolgt, die letztlich die Rechtsfolge des § 15 Absatz 2 Satz 4 UmwStG auslöst. — 15.35

3.   Trennung von Gesellschafterstämmen (§ 15 Absatz 2 Satz 5 UmwStG)

a)   Begriff der Trennung von Gesellschafterstämmen

Bei der Trennung von Gesellschafterstämmen setzt die Anwendung des § 11 Absatz 2 UmwStG voraus, dass die Beteiligungen an der übertragenden Körperschaft mindestens fünf Jahre bestanden haben (§ 15 Absatz 2 Satz 5 UmwStG). Änderungen in der Beteiligungshöhe innerhalb der Fünfjahresfrist bei Fortdauer der Beteiligung dem Grunde nach sind unschädlich. — 15.36

Eine Trennung von Gesellschafterstämmen liegt vor, wenn im Fall der Aufspaltung an den übernehmenden Körperschaften und im Fall der Abspaltung an der übernehmenden und an der übertragenden Körperschaft nicht mehr alle Anteilsinhaber der übertragenden Körperschaft beteiligt sind. — 15.37

b)   Vorbesitzzeit

Hat die übertragende Körperschaft noch keine fünf Jahre bestanden, ist grundsätzlich eine steuerneutrale Trennung von Gesellschafterstämmen im Wege der Spaltung nicht möglich. — 15.38

Auch innerhalb verbundener Unternehmen i. S. d. § 271 Absatz 2 HGB und juristischer Personen des öffentlichen Rechts einschließlich ihrer Betriebe gewerblicher Art findet eine Anrechnung eines Vorbesitzes eines anderen verbundenen Unternehmens auf die fünfjährige Vorbesitzzeit i. S. d. § 15 Absatz 2 Satz 5 UmwStG nicht statt. — 15.39

Zeiten, in der eine aus einer Umwandlung hervorgegangene Kapitalgesellschaft als Personengesellschaft mit den gleichen Gesellschafterstämmen bestanden hat, werden auf die Vorbesitzzeit i. S. d. § 15 Absatz 2 Satz 5 UmwStG angerechnet. — 15.40

Anhang 28

Umwandlungssteuerrecht

IV. Kürzung verrechenbarer Verluste, verbleibender Verlustvorträge, nicht ausgeglichener negativer Einkünfte, eines Zinsvortrags und eines EBITDA-Vortrags (§ 15 Absatz 3 UmwStG)

15.41[1]) In Abspaltungsfällen verringern sich bei der übertragenden Körperschaft verrechenbare Verluste, ein verbleibender Verlustvortrag, nicht ausgeglichene negative Einkünfte, ein Zinsvortrag sowie ein EBITDA-Vortrag. Nach § 15 Absatz 3 UmwStG erfolgt die Kürzung in dem Verhältnis, in dem bei Zugrundelegung des gemeinen Werts das Vermögen auf eine andere Körperschaft übergeht. In der Regel entspricht das Verhältnis der gemeinen Werte dem Spaltungsschlüssel.

Erfolgt die Abspaltung auf einen unterjährigen steuerlichen Übertragungsstichtag, gelten die Grundsätze in dem BMF-Schreiben vom 28.11.2017, BStBl I S. 1645, Rn. 33 bis Rn. 38, entsprechend. Rn. 37 des BMF-Schreibens vom 28.11.2017, BStBl I S. 1645, ist dabei mit der Maßgabe anzuwenden, dass im Fall einer Abspaltung auf einen unterjährigen steuerlichen Übertragungsstichtag bei einem Organträger das zu diesem Zeitpunkt noch nicht zugerechnete negative Organeinkommen einer Organgesellschaft nicht der Verlustabzugsbeschränkung des § 15 Absatz 3 UmwStG unterliegt.

V. Aufteilung der Buchwerte der Anteile gem. § 13 UmwStG in den Fällen der Spaltung

15.42 Im Fall der Aufspaltung einer Körperschaft können die Anteilseigner der übertragenden Körperschaft Anteile an mehreren übernehmenden Körperschaften, im Fall der Abspaltung neben Anteilen an der übertragenden auch Anteile an der übernehmenden Körperschaft erhalten.

15.43 Die Anwendung des § 15 Absatz 1 i. V. m. § 13 Absatz 1 und 2 UmwStG erfordert eine Aufteilung der Anschaffungskosten bzw. des Buchwerts der Anteile an der übertragenden Körperschaft. Der Aufteilung kann grundsätzlich das Umtauschverhältnis der Anteile im Spaltungs- oder Übernahmevertrag oder im Spaltungsplan zugrunde gelegt werden. Ist dies nicht möglich, ist die Aufteilung nach dem Verhältnis der gemeinen Werte der übergehenden Vermögensteile zu dem vor der Spaltung vorhandenen Vermögen vorzunehmen. Auch nach der Abspaltung eines Teilbetriebs auf die Muttergesellschaft ist der bisherige Buchwert der Beteiligung an der Tochtergesellschaft im Verhältnis des gemeinen Werts des übergegangenen Vermögens zum gesamten Vermögen der Tochtergesellschaft aufzuteilen.

Beispiel:
Die AB-GmbH, an der A und B seit mehr als fünf Jahren als Gründungsgesellschafter zu je 50 % beteiligt sind (Anschaffungskosten der Beteiligung = jeweils 300.000 €), verfügt über zwei Teilbetriebe, wobei der gemeine Wert des Teilbetriebs I = 2.000.000 € und der gemeine Wert des Teilbetriebs II = 1.000.000 € beträgt. Es erfolgt eine Abspaltung in der Weise, dass der Teilbetrieb I bei der AB-GmbH zurückbleibt und der Teilbetrieb II auf die neu gegründete B-GmbH übergeht. B wird Alleingesellschafter der B-GmbH. An der AB-GmbH wird A mit 75 % und B mit 25 % beteiligt.

Lösung:
A hält nach der Spaltung unverändert AB-Anteile mit Anschaffungskosten von 300.000 €. Bei B teilen sich die bisherigen Anschaffungskosten im Verhältnis der auf seine Beteiligung entfallenden gemeinen Werte mit 100.000 € auf die AB-Anteile und mit 200.000 € auf die B-Anteile auf.

---

[1]) Randnr. 15.41 wurde durch BMF vom 23.02.2018 (BStBl I S. 319) geändert und ist in allen offenen Fällen anzuwenden.

Anhang 28
Umwandlungssteuerrecht

VI. Umwandlungen mit Wertverschiebungen zwischen den Anteilseignern
Werden bei einer Auf- oder Abspaltung den Anteilseignern des übertragenden Rechtsträgers oder diesen nahe stehenden Personen Anteile an dem übernehmenden Rechtsträger nicht in dem Verhältnis und/oder nicht mit dem ihrer Beteiligung an dem übertragenden Rechtsträger entsprechenden Wert zugeteilt (vgl. § 128 UmwG), handelt es sich dabei grundsätzlich um eine Vorteilszuwendung zwischen den Anteilseignern. In dem einem Anteilseigner gewährten Mehrwert der Anteile ist keine Gegenleistung i. S. d. § 11 Absatz 2 Satz 1 Nummer 3 UmwStG zu sehen. Auch führt eine solche Quoten- und/oder Wertverschiebung nicht zur Anwendung des § 15 Absatz 2 Satz 2 bis 4 UmwStG, es sei denn, die Beteiligungsquoten verschieben sich zugunsten außenstehender Personen. Zu den steuerlichen Folgen einer nichtverhältniswahrenden Auf- oder Abspaltung vgl. auch Randnr. 13.03.

15.44

B. Auf- oder Abspaltung auf eine Personengesellschaft (§ 16 UmwStG)
I. Entsprechende Anwendung des § 15 UmwStG
Für die Auf- und Abspaltung von Vermögen auf eine Personengesellschaft gilt § 15 UmwStG entsprechend. Die §§ 11 bis 13 UmwStG sind jedoch wegen des Vorrangs des Verweises auf die §§ 3 bis 8 und 10 UmwStG in § 16 Satz 1 UmwStG in diesen Fällen grundsätzlich nicht anzuwenden.

16.01

II. Anwendbarkeit des § 3 Absatz 2 UmwStG
§ 3 Absatz 2 UmwStG ist bei der Übertragung auf eine Personengesellschaft entsprechend anzuwenden,
- wenn jeweils ein Teilbetrieb übergeht,
- wenn im Fall der Abspaltung das der übertragenden Körperschaft verbleibende Vermögen ebenfalls zu einem Teilbetrieb gehört (§ 15 Absatz 1 Satz 2 UmwStG) und
- soweit die Missbrauchsregeln des § 15 Absatz 2 UmwStG beachtet werden; dabei ist § 15 Absatz 2 Satz 2 bis 4 UmwStG auch auf die nach der Auf- bzw. Abspaltung entstehenden Anteile an der Personengesellschaft anzuwenden.

Zum Begriff des Teilbetriebs vgl. Randnr. 15.02 ff.

16.02

III. Verrechenbare Verluste, verbleibende Verlustvorträge, nicht ausgeglichene negative Einkünfte, Zinsvorträge und EBITDA-Vorträge
Im Fall der Abspaltung vermindern sich die in § 15 Absatz 3 UmwStG genannten Beträge bei der übertragenden Körperschaft. Bei einer Aufspaltung gehen diese Beträge unter.

16.03

IV. Investitionsabzugsbetrag nach § 7g EStG
Im Fall der Auf- bzw. Abspaltung wird ein Investitionsabzugsbetrag von dem übernehmenden Rechtsträger fortgeführt, soweit auf diesen ein Teilbetrieb übergeht und der Investitionsabzugsbetrag für Wirtschaftsgüter gebildet wurde, die im Fall ihrer späteren Anschaffung oder Herstellung dem übergehenden Teilbetrieb zuzurechnen wären. Im Fall des § 7g Absatz 3 EStG ist hinsichtlich der übernommenen Investitionsabzugsbeträge der Abzug beim übertragenden Rechtsträger rückgängig zu machen (vgl. BMF-Schreiben vom 8.5.2009, BStBl I S. 633[1]), Randnr. 59).

16.04

---

[1]) ersetzt durch BMF vom **20.03.2017 (BStBl I S. 423); für nach dem 31.12.2019 in Anspruch genommene Investitionsabzugsbeträge >BMF vom 15.06.2022 (BStBl I S. 945), Rn 30 f.**

2265

Fünfter Teil. Gewerbesteuer

A. Gewerbesteuer bei Vermögensübergang auf eine Personengesellschaft oder auf eine natürliche Person sowie bei Formwechsel in eine Personengesellschaft (§ 18 UmwStG)

I. Geltung der §§ 3 bis 9 und 16 UmwStG für die Ermittlung des Gewerbeertrags (§ 18 Absatz 1 UmwStG)

18.01 Die §§ 3 bis 9 und 16 UmwStG gelten auch für die Ermittlung des Gewerbeertrags und betreffen sowohl die Ermittlung des Gewerbeertrags des übertragenden als auch des übernehmenden Rechtsträgers. Die gewerbesteuerliche Erfassung der stillen Reserven (z. B. bei Vermögensübergang von einer GmbH in das Betriebsvermögen eines Freiberuflers i. S. d. § 18 EStG) ist für die Ausübung der Wahlrechte unbeachtlich (vgl. Randnr. 03.17).

18.02 Der Übergang von Fehlbeträgen des laufenden Erhebungszeitraums sowie von vortragsfähigen Fehlbeträgen i. S. d. § 10a GewStG der übertragenden Körperschaft auf den übernehmenden Rechtsträger ist ausgeschlossen (§ 4 Absatz 2 Satz 1, § 18 Absatz 1 Satz 2 UmwStG). Die Beschränkung der Verlustnutzung nach § 2 Absatz 4 UmwStG ist zu beachten.

II. Übernahmegewinn oder -verlust sowie Bezüge i. S. d. § 7 UmwStG (§ 18 Absatz 2 UmwStG)

18.03 Ein Übernahmegewinn oder -verlust ist bei der Gewerbesteuer nicht zu berücksichtigen (§ 18 Absatz 2 Satz 1 UmwStG). Dies gilt nicht für einen Beteiligungskorrekturgewinn sowie einen Übernahmefolgegewinn oder -verlust.

18.04 Bezüge i. S. d. § 7 UmwStG aus Anteilen i. S. d. § 5 Absatz 2 UmwStG sind bei der Gewerbesteuer nicht zu erfassen (§ 18 Absatz 2 Satz 2 UmwStG). Für die Prüfung der Voraussetzungen des § 9 Nummer 2a oder 7 GewStG sind die Verhältnisse zu Beginn des Erhebungszeitraums beim übernehmenden Rechtsträger maßgebend. Das gilt auch dann, wenn die Voraussetzungen beim Anteilseigner des übertragenden Rechtsträgers erfüllt worden sind.

III. Missbrauchstatbestand des § 18 Absatz 3 UmwStG

18.05 Nach § 18 Absatz 3 UmwStG unterliegt ein Gewinn aus der Auflösung oder Veräußerung des Betriebs der Personengesellschaft der Gewerbesteuer, wenn innerhalb von fünf Jahren nach der Umwandlung eine Betriebsaufgabe oder Veräußerung erfolgt. Das gilt entsprechend, soweit ein Teilbetrieb (vgl. hierzu Randnr. 15.02 f.) oder ein Anteil an der Personengesellschaft aufgegeben oder veräußert wird (§ 18 Absatz 3 Satz 2 UmwStG). § 18 Absatz 3 UmwStG gilt nicht für den Übergang des Betriebsvermögens auf einen Rechtsträger ohne Betriebsvermögen (vgl. § 8 UmwStG sowie Randnr. 03.16). Für die Fristberechnung gilt Randnr. 06.10 entsprechend.

1. Begriff der Veräußerung und Aufgabe

18.06 Das Vorliegen einer Aufgabe oder Veräußerung des Betriebs, Teilbetriebs oder Mitunternehmeranteils ist nach allgemeinen Grundsätzen zu beurteilen. Daher erfasst § 18 Absatz 3 UmwStG auch die Veräußerung gegen wiederkehrende Bezüge. Das Wahlrecht nach R 16 Absatz 11 EStR 2010[1]) besteht für Zwecke des § 18 UmwStG nicht. § 18 Absatz 3 Satz 2 UmwStG erfasst auch die Veräußerung des Teils eines Mitunternehmeranteils.

---

[1]) jetzt EStR 2012

Anhang 28
Umwandlungssteuerrecht

Eine Veräußerung des auf den übernehmenden Rechtsträger übergegangenen Betriebs, Teilbetriebs oder Mitunternehmeranteils liegt z. B. auch dann vor, wenn der übergegangene Betrieb in eine Kapital- oder Personengesellschaft gegen Gewährung von Gesellschaftsrechten eingebracht wird (vgl. Randnr. 00.02). 18.07

Wird der Betrieb, Teilbetrieb oder Mitunternehmeranteil nach §§ 20, 24 UmwStG zum Buch- oder Zwischenwert eingebracht, tritt die übernehmende Gesellschaft in die Rechtsstellung des übertragenden Rechtsträgers ein und ist daher für den Rest der Fünfjahresfrist der Vorschrift des § 18 Absatz 3 UmwStG unterworfen (vgl. § 23 Absatz 1, § 24 Absatz 4 UmwStG). Kommt es bei Einbringung zum Zwischenwert zu einem Übertragungsgewinn, unterliegt dieser Gewinn ungeachtet des Eintritts in die steuerliche Rechtsstellung insoweit der Anwendung des § 18 Absatz 3 UmwStG.

Wird der Betrieb, Teilbetrieb oder Mitunternehmeranteil nach §§ 20, 24 UmwStG zum gemeinen Wert eingebracht, findet § 18 Absatz 3 UmwStG auf einen Übertragungsgewinn Anwendung. Anders als in den Fällen der Einbringung im Wege der Einzelrechtsnachfolge (vgl. § 23 Absatz 4 erster Halbsatz UmwStG) wird die Fünfjahresfrist in den Fällen der Gesamtrechtsnachfolge auch bei Einbringung zum gemeinen Wert vom übernehmenden Rechtsträger fortgeführt (§ 23 Absatz 4 zweiter Halbsatz UmwStG).

Soweit der im Wege der Umwandlung übergegangene Betrieb, Teilbetrieb oder Mitunternehmeranteil innerhalb der Fünfjahresfrist unentgeltlich übertragen wird, ist der Rechtsnachfolger für den Rest der Fünfjahresfrist der Vorschrift des § 18 Absatz 3 UmwStG unterworfen; werden die stillen Reserven ganz oder teilweise aufgedeckt, ist § 18 Absatz 3 UmwStG anzuwenden. Findet auf die unentgeltliche Übertragung § 6 Absatz 3 EStG keine Anwendung (z. B. bei verdeckter Einlage in eine Kapitalgesellschaft), liegt eine Betriebsaufgabe vor. 18.08

2. Aufgabe- oder Veräußerungsgewinn

§ 18 Absatz 3 UmwStG erfasst sämtliche stillen Reserven des im Zeitpunkt der Aufgabe oder Veräußerung vorhandenen Betriebsvermögens. Der „Nachversteuerung" unterliegen danach auch neu gebildete stille Reserven. Stille Reserven, die bereits vor der Umwandlung in dem Betrieb des aufnehmenden Rechtsträgers vorhanden waren, unterliegen der Gewerbesteuer, wenn die Anmeldung zur Eintragung in das für die Wirksamkeit der Umwandlung maßgebende öffentliche Register nach dem 31.12.2007 erfolgt ist. Für Umwandlungen vor diesem Stichtag vgl. BFH vom 20.11.2006, VIII R 47/05, BStBl 2008 II S. 69. Unterliegt ein Gewinn sowohl nach § 7 Satz 1 oder 2 GewStG als auch nach § 18 Absatz 3 UmwStG der Gewerbesteuer, ist § 18 Absatz 3 UmwStG vorrangig anzuwenden. 18.09

Ein Aufgabe- oder Veräußerungsverlust ist gewerbesteuerlich nicht zu berücksichtigen. 18.10

3. Übergang auf Rechtsträger, der nicht gewerbesteuerpflichtig ist

§ 18 Absatz 3 UmwStG gilt bei der Umwandlung einer Körperschaft für die übernehmende Personengesellschaft oder die übernehmende natürliche Person. Die Gewerbesteuer ist auch festzusetzen, wenn der übernehmende Rechtsträger nicht gewerbesteuerpflichtig ist. § 18 Absatz 3 UmwStG ist ein Sondertatbestand der Gewerbesteuerpflicht. 18.11

B. Gewerbesteuer bei Vermögensübergang auf eine andere Körperschaft (§ 19 UmwStG)

Die §§ 11 bis 15 UmwStG gelten auch für die Ermittlung des Gewerbeertrags und betreffen sowohl die Ermittlung des Gewerbeertrags des übertragenden als auch des übernehmenden Rechtsträgers sowie der Anteilseigner des übertragenden Rechtsträ- 19.01

gers. Die gewerbesteuerliche Erfassung der stillen Reserven (z. B. bei Vermögensübergang von einer unbeschränkt steuerpflichtigen Körperschaft in ein Betriebsvermögen einer beschränkt steuerpflichtigen Kapitalgesellschaft i. S. d. § 49 Absatz 1 Nummer 2 Buchstabe f Satz 2 EStG[1])) ist für die Ausübung der Wahlrechte unbeachtlich (vgl. Randnr. 03.17).

Sechster Teil. Einbringung von Unternehmensteilen in eine Kapitalgesellschaft oder Genossenschaft und Anteilstausch
A. Grundkonzeption der Einbringung nach §§ 20 ff. UmwStG
I. Allgemeines

E 20.01 Die bisherige Methode der Sonderregelungen für die Besteuerung einbringungsgeborener Anteile (§ 21 UmwStG 1995, § 8b Absatz 4 KStG a. F., § 3 Nummer 40 Satz 3 und 4 EStG a. F.) und die bisherige Missbrauchsklausel (§ 26 Absatz 2 Satz 1 und 2 UmwStG 1995) wurden durch das SEStEG abgelöst und durch eine rückwirkende Besteuerung des zugrunde liegenden Einbringungsvorgangs ersetzt. Die bisher geltenden Regelungen des UmwStG 1995 sind für einbringungsgeborene Anteile i. S. d. § 21 UmwStG 1995 nach § 27 Absatz 3 UmwStG weiterhin anzuwenden.

II. Grundkonzept

E 20.02 Die Regelungen für die Sacheinlage (§§ 20 und 22 Absatz 1 UmwStG) und den Anteilstausch (§§ 21 und 22 Absatz 2 UmwStG) werden systematisch getrennt. Für i. R. einer Sacheinlage (§ 20 UmwStG) miteingebrachte Anteile gelten die Rechtsfolgen des Anteilstauschs (§ 22 Absatz 2 UmwStG).

1. Sacheinlage

E 20.03 Veräußert der Einbringende in den Fällen einer Sacheinlage unter dem gemeinen Wert die erhaltenen Anteile innerhalb eines Zeitraums von sieben Jahren nach der Einbringung oder wird ein der Veräußerung gleichgestellter Ersatzrealisationstatbestand verwirklicht, wird der Einbringungsgewinn I rückwirkend auf den Zeitpunkt der Einbringung besteuert (§ 22 Absatz 1 UmwStG). Zu diesem Zweck ist der gemeine Wert des eingebrachten Betriebsvermögens auf den steuerlichen Übertragungsstichtag (Einbringungszeitpunkt) zu ermitteln. Der zu versteuernde Einbringungsgewinn I verringert sich innerhalb des Siebenjahreszeitraums jährlich um 1/7 (§ 22 Absatz 1 Satz 3 UmwStG).

E 20.04 Die schädliche Anteilsveräußerung oder die einer Veräußerung gleichgestellten Ersatzrealisationstatbestände (§ 22 Absatz 1 Satz 6 UmwStG) stellen in Bezug auf die Steuerfestsetzung beim Einbringenden im Einbringungsjahr ein rückwirkendes Ereignis i. S. v. § 175 Absatz 1 Satz 1 Nummer 2 AO dar.

E 20.05 Der zu versteuernde Einbringungsgewinn I erhöht die Anschaffungskosten der erhaltenen Anteile (§ 22 Absatz 1 Satz 4 UmwStG). Dadurch wird erreicht, dass die bis zum Einbringungszeitpunkt entstandenen stillen Reserven der vollen Besteuerung nach § 16 EStG und die nach der Einbringung entstandenen stillen Reserven der Veräußerungsgewinnbesteuerung von Anteilen und damit der vollen bzw. teilweisen Steuerfreistellung nach § 8b KStG oder § 3 Nummer 40 EStG unterliegen. Auf der Ebene der übernehmenden Gesellschaft kommt es auf Antrag zu einer Buchwertaufstockung i. H. des versteuerten Einbringungsgewinns I (§ 23 Absatz 2 UmwStG).

---

[1]) *jetzt Satz 3*

Anhang 28
Umwandlungssteuerrecht

Beispiel:
Die natürliche Person A bringt zum steuerlichen Übertragungsstichtag 31.12.01 ihr bisheriges Einzelunternehmen auf Antrag zu Buchwerten in die B-GmbH ausschließlich gegen Gewährung neuer Anteile an der B-GmbH ein. Der Buchwert des übertragenen Betriebsvermögens beträgt 2.000.000 €, der gemeine Wert 9.000.000 €. A hat entsprechende Anschaffungskosten für den Anteil an der B-GmbH i. H. v. 2.000.000 €. Der Anteil an der B-GmbH ist als sperrfristbehaftet i. S. d. § 22 Absatz 1 UmwStG anzusehen. Nunmehr veräußert A den erhaltenen GmbH-Anteil am 30.6.07 zum Kaufpreis von 10.000.000 €.

Lösung:
In einem ersten Schritt ist der zu versteuernde Einbringungsgewinn I zu ermitteln. Der Einbringungsgewinn I ergibt sich aus der Differenz zwischen dem gemeinen Wert des eingebrachten Betriebsvermögens zum Zeitpunkt der Einbringung (hier 9.000.000 €) und dem Buchwert des übertragenen Betriebsvermögens bei der B-GmbH (hier 2.000.000 €) und beträgt somit 7.000.000 €. Die schädliche Anteilsveräußerung stellt nach § 22 Absatz 1 Satz 2 UmwStG in Bezug auf die Steuerfestsetzung beim Einbringenden im Einbringungsjahr ein rückwirkendes Ereignis i. S. d. § 175 Absatz 1 Satz 1 Nummer 2 AO dar. Als Bewertungszeitpunkt ist der Einbringungszeitpunkt maßgebend. Dies gilt sowohl für die Bewertung des übertragenen Betriebsvermögens als auch für den Ansatz der Beteiligung an der B-GmbH. Der Betrag von 7.000.000 € ist für jedes seit dem Einbringungszeitpunkt abgelaufene Zeitjahr um 1/7 zu mindern. Vorliegend sind seit dem 31.12.01 bis 30.6.07 fünf volle Jahre abgelaufen (Jahre 31.12.01 bis 31.12.06). Daraus ergibt sich ein zu versteuernder Einbringungsgewinn I von 7.000.000 € ./. 5.000.000 € = 2.000.000 €. Der Einbringungsgewinn I gilt als Gewinn des Einbringenden i. S. d. § 16 EStG und unterliegt bei A unabhängig von der späteren Wertentwicklung der Beteiligung an der B-GmbH der Einkommensteuer; § 16 Absatz 4 und § 34 EStG sind nicht anzuwenden (§ 22 Absatz 1 Satz 1 UmwStG). Der Einbringungsgewinn I unterliegt bei A nicht der Gewerbesteuer.

In einem zweiten Schritt erhöhen sich die Anschaffungskosten der Beteiligung an der B-GmbH um den steuerpflichtigen Einbringungsgewinn I. Es ergeben sich für A Anschaffungskosten i. H. v. 2.000.000 € aus der ursprünglichen Buchwerteinbringung + nachträgliche Anschaffungskosten aus dem zu versteuernden Einbringungsgewinn I von 2.000.000 € = 4.000.000 €. A erzielt ferner Einkünfte nach § 17 EStG i. H. v. 6.000.000 € (Veräußerungspreis in 07: 10.000.000 € ./. erhöhte Anschaffungskosten 4.000.000 €). Der Veräußerungsgewinn unterliegt im Veranlagungszeitraum 07 dem Teileinkünfteverfahren gem. § 3 Nummer 40 EStG. Nach § 23 Absatz 2 UmwStG kann außerdem eine Buchwertaufstockung der Wirtschaftsgüter bei der B-GmbH um 2.000.000 € im Veranlagungszeitraum 07 erfolgen, soweit der Einbringende die auf den Einbringungsgewinn I entfallende Steuer entrichtet hat und dies durch eine Bescheinigung des für A zuständigen Finanzamts nachgewiesen wird.

2. Anteilstausch

Veräußert die übernehmende Gesellschaft in den Fällen des Anteilstauschs, bei dem nach § 21 Absatz 1 Satz 2 UmwStG der Buch- oder Zwischenwert angesetzt worden ist, die eingebrachten Anteile innerhalb eines Zeitraums von sieben Jahren nach der Einbringung und wäre die unmittelbare Veräußerung der Anteile durch den Einbringenden nicht nach § 8b Absatz 2 KStG begünstigt gewesen, wird der Einbringungsgewinn II rückwirkend auf den Zeitpunkt der Einbringung versteuert (§ 22 Absatz 2 UmwStG). Zu diesem Zweck ist der gemeine Wert der eingebrachten Anteile auf den Einbringungszeitpunkt zu ermitteln. Der zu versteuernde Einbringungsgewinn II verringert sich innerhalb des Siebenjahreszeitraums jährlich um 1/7 (§ 22 Absatz 2 Satz 3 UmwStG). E 20.06

Die Anteilsveräußerung innerhalb des Siebenjahreszeitraums oder die einer Veräußerung gleichgestellten Ersatzrealisationstatbestände (§ 22 Absatz 2 Satz 6 i. V. m. Absatz 1 Satz 6 Nummer 1 bis 5 UmwStG) stellen in Bezug auf die Steuerfestsetzung beim Einbringenden im Einbringungsjahr ein rückwirkendes Ereignis i. S. v. § 175 Absatz 1 Satz 1 Nummer 2 AO dar. E 20.07

Anhang 28

Umwandlungssteuerrecht

E 20.08 Der zu versteuernde Einbringungsgewinn II erhöht die Anschaffungskosten der erhaltenen Anteile (§ 22 Absatz 2 Satz 4 UmwStG). Gleichzeitig kommt es auf Ebene der übernehmenden Gesellschaft auf Antrag zu einer Buchwertaufstockung i. H. des versteuerten Einbringungsgewinns II (§ 23 Absatz 2 Satz 2 UmwStG). Dadurch wird erreicht, dass die bis zum Einbringungszeitpunkt entstandenen stillen Reserven beim Einbringenden im Teileinkünfteverfahren oder in voller Höhe versteuert werden und die nach der Einbringung entstandenen stillen Reserven bei der übernehmenden Gesellschaft nach § 8b Absatz 2 KStG begünstigt sind.

Beispiel:
Die natürliche Person A hält 80 % der Anteile an der B-GmbH und bringt diese ausschließlich gegen Gewährung eines neuen Anteils an der C-GmbH zum Buchwert (3.000.000 €) in die C-GmbH ein. Die von A eingebrachten Anteile hatten zum Einbringungszeitpunkt einen gemeinen Wert von 10.000.000 €. Im sechsten Jahr nach der Einbringung veräußert die C-GmbH die von A eingebrachten Anteile an der B-GmbH.

Lösung:
Die Einbringung des Anteils an der B-GmbH zum Buchwert ist zulässig, da es sich um eine mehrheitsvermittelnde Beteiligung i. S. v. § 21 Absatz 1 Satz 2 UmwStG handelt (qualifizierter Anteilstausch). Die von A eingebrachten Anteile an der B-GmbH unterliegen der siebenjährigen Sperrfrist, da die unmittelbare Veräußerung der Anteile durch A nicht von § 8b Absatz 2 KStG begünstigt gewesen wäre.
Die Veräußerung der Anteile an der B-GmbH durch die C-GmbH innerhalb der siebenjährigen Sperrfrist führt somit zu einer nachträglichen Besteuerung des Einbringungsgewinns II bei A nach § 22 Absatz 2 UmwStG im Einbringungszeitpunkt (= Übergang des wirtschaftlichen Eigentums). Die schädliche Anteilsveräußerung durch die C-GmbH stellt nach § 22 Absatz 2 Satz 2 UmwStG in Bezug auf die Steuerfestsetzung beim Einbringenden für das Einbringungsjahr ein rückwirkendes Ereignis i. S. d. § 175 Absatz 1 Satz 1 Nummer 2 AO dar.
Der von A zu versteuernde Einbringungsgewinn II errechnet sich aus dem gemeinen Wert der von A eingebrachten Anteile an der B-GmbH im Zeitpunkt der Einbringung von 10.000.000 € ./. dem Buchwert der Anteile von 3.000.000 € ./. der Minderung des Einbringungsgewinns II für fünf abgelaufene Zeitjahre von 5.000.000 € = 2.000.000 €. Der Einbringungsgewinn II gilt als Gewinn des Einbringenden aus der Veräußerung von Anteilen i. S. d. § 17 EStG. Bei der Versteuerung des Einbringungsgewinns II kommt das Teileinkünfteverfahren nach § 3 Nummer 40 EStG zur Anwendung. I. H. des zu versteuernden Einbringungsgewinns II entstehen nachträgliche Anschaffungskosten des A auf die Beteiligung an der C-GmbH (§ 22 Absatz 2 Satz 4 UmwStG). Gleichzeitig kann auf Antrag der übernehmenden Gesellschaft der Buchwert der Anteile an der B-GmbH bei der C-GmbH um den versteuerten Einbringungsgewinn II aufgestockt werden (§ 23 Absatz 2 Satz 3 UmwStG).

III. Gewährung neuer Anteile, Gewährung anderer Wirtschaftsgüter

E 20.09 Voraussetzung für die Anwendung der §§ 20 bis 23, 25 UmwStG ist, dass die Gegenleistung der übernehmenden Gesellschaft für das eingebrachte Vermögen zumindest zum Teil in neuen Gesellschaftsanteilen besteht, wobei es ausreichend ist, dass die Sacheinlage als Aufgeld erbracht wird (vgl. Randnr. 01.44).

E 20.10 Neue Anteile entstehen nur im Fall der Gesellschaftsgründung oder einer Kapitalerhöhung. Insbesondere folgende Vorgänge fallen mangels Gewährung neuer Anteile nicht in den Anwendungsbereich von § 20 UmwStG:
– die verdeckte Einlage,
– die verschleierte Sachgründung oder die verschleierte Sachkapitalerhöhung (vgl. BFH vom 1.7.1992, I R 5/92, BStBl 1993 II S. 131),
– das Ausscheiden der Kommanditisten aus einer Kapitalgesellschaft & Co. KG unter Anwachsung ihrer Anteile gem. § 738 BGB, ohne dass die Kommanditisten einen Ausgleich in Form neuer Gesellschaftsrechte an der Kapitalgesellschaft erhalten,

Anhang 28
Umwandlungssteuerrecht

– die Fälle des § 54 Absatz 1 und § 68 Absatz 1 und 2 UmwG.

Neben den Gesellschaftsanteilen können in begrenztem Umfang auch andere Wirtschaftsgüter gewährt werden (vgl. § 20 Absatz 2 Satz 4, Absatz 3 Satz 3, § 21 Absatz 1 Satz 3, Absatz 2 Satz 6 UmwStG). Die Möglichkeit, das eingebrachte Betriebsvermögen

E 20.11[1])

---

[1]) Beispiel zu § 20 Absatz 2 Satz 2 Nr. 4 UmwStG (i. d. F. des Steueränderungsgesetzes 2015 vom 02.11.2015 – BGBl. I S. 1834 entsprechend BT-Drs. 18/4902 S. 49 ff.):

Das eingebrachte Betriebsvermögen hat einen Buchwert von 2.000.000 € und einen gemeinen Wert von 5.000.000 €. Der Einbringende erhält neue Anteile, die einem gemeinen Wert von 4.000.000 € entsprechen, und eine Barzahlung von 1.000.000 €. Es wird ein Antrag auf Fortführung der Buchwerte gestellt; die übrigen Voraussetzungen für einen Buchwertansatz in § 20 Abs. 2 Satz 2 Nr. 1 bis 3 und Abs. 2 Satz 3 UmwStG liegen vor.

Die Möglichkeit zur Buchwertfortführung besteht nur, soweit die Grenzen des § 20 Abs. 2 Satz 2 Nr. 4 UmwStG nicht überschritten sind:

<u>Wertansatz bei der Übernehmerin</u>
1. Schritt
Prüfung der Grenze des § 20 Abs. 2 Satz 2 Nr. 4 UmwStG und Ermittlung des übersteigenden Betrags:
Gemeiner Wert der sonstigen Gegenleistung 1.000.000 €
Höchstens 25 Prozent des Buchwerts des eingebrachten Betriebsvermögens
(= 500.000 €) oder die absolute Grenze von 500.000 €, höchstens jedoch der Buchwert, – vorliegend 500.000 €.
Übersteigender Betrag 500.000 €

2. Schritt
Ermittlung des Verhältnisses des Werts des Betriebsvermögens, für das nach § 20 Abs. 2 Satz 2 UmwStG in Abweichung von § 20 Abs. 2 Satz 1 UmwStG die Buchwerte fortgeführt werden können:

$$\frac{(\text{Gesamtwert des eingebrachten Betriebsvermögens} - \text{übersteigende Gegenleistung})}{(\text{Gesamtwert des eingebrachten Betriebsvermögens})}$$

Also $\dfrac{(5.000.000\ € - 500.000\ €)}{5.000.000\ €} = 90\ \%$

3. Schritt
<u>Ermittlung des Wertansatzes des eingebrachten Betriebsvermögens bei der Übernehmerin:</u>
Buchwertfortführung: 90 % von 2.000.000 € =   1.800.000 €
Sonstige Gegenleistung, soweit § 20 Abs. 2 Satz 2 Nr. 4 UmwStG überschritten   + 500.000 €
Ansatz des eingebrachten Betriebsvermögens bei der Übernehmerin   2.300.000 €

4. Schritt
<u>Folgen beim Einbringenden</u>
Ermittlung des Übertragungsgewinns beim Einbringenden
Veräußerungspreis (§ 20 Absatz 3 Satz 1 UmwStG)   2.300.000 €
Buchwert des eingebrachten Betriebsvermögens   – 2.000.000 €
Einbringungsgewinn   300.000 €

5. Schritt
Ermittlung der Anschaffungskosten der erhaltenen Anteile
Anschaffungskosten der erhaltenen Anteile
(§ 20 Abs. 3 Satz 1 UmwStG)   2.300.000 €
Wert der (gesamten) sonstigen Gegenleistungen
(§ 20 Abs. 3 Satz 3 UmwStG)   – 1.000.000 €
Anschaffungskosten der erhaltenen Anteile   1.300.000 €

Würden die erhaltenen neuen Anteile später zu ihrem gemeinen Wert von 4.000.000 € veräußert, entstünde ungeachtet § 22 UmwStG ein Veräußerungsgewinn von 2.700.000 €. Dies entspricht den auf die Übernehmerin übergegangenen stillen Reserven (5.000.000 € – 2.300.000 € = 2.700.000 €).

teilweise statt durch Ausgabe neuer Anteile durch Zuführung zu den offenen Rücklagen zu belegen, bleibt hiervon unberührt (vgl. § 272 Absatz 2 Nummer 4 HGB).

Beispiel:
Die GmbH bilanziert die Sacheinlage mit 20.000 €. Als Gegenleistung gewährt sie neue Gesellschaftsrechte im Nennwert von 15.000 € (vgl. § 5 Absatz 1 zweiter Halbsatz, § 56 GmbHG) und einen Spitzenausgleich in bar von 4.000 €. Der Restbetrag von 1.000 € wird den Kapitalrücklagen zugewiesen.

B. Einbringung von Unternehmensteilen in eine Kapitalgesellschaft oder Genossenschaft (§ 20 UmwStG)

I. Anwendungsbereich (§ 20 Absatz 1, 5, 6 UmwStG)

20.01 Die Einbringung von Betriebsvermögen in eine Kapitalgesellschaft oder Genossenschaft ist aus ertragsteuerlicher Sicht ein Veräußerungsvorgang, bei dem die übernehmende Gesellschaft als Gegenleistung für das eingebrachte Betriebsvermögen neue Gesellschaftsanteile gewährt (vgl. Randnr. 00.02).

1. Beteiligte der Einbringung

a) Einbringender

20.02 Einbringender Rechtsträger ist der Rechtsträger, dem die Gegenleistung zusteht. Zu den persönlichen Anwendungsvoraussetzungen beim einbringenden Rechtsträger vgl. Randnr. 01.53 ff.

20.03 Wird Betriebsvermögen einer Personengesellschaft eingebracht, ist die Frage, wer Einbringender i. S. d. § 20 UmwStG ist, grundsätzlich danach zu entscheiden, ob die einbringende Personengesellschaft infolge der Einbringung fortbesteht. Wird die Personengesellschaft, deren Betriebsvermögen übertragen wird, infolge der Einbringung aufgelöst und stehen die Anteile am übernehmenden Rechtsträger daher zivilrechtlich den Mitunternehmern zu (z. B. bei einer Verschmelzung i. S. d. § 2 UmwG), sind diese als Einbringende anzusehen (vgl. auch BFH vom 16.2.1996, I R 183/94, BStBl II S. 342).

Handelt es sich in diesem Fall bei der Personengesellschaft, deren Betriebsvermögen übertragen wird, um die Untergesellschaft einer doppelstöckigen Personengesellschaft, sind deren unmittelbare Gesellschafter und nicht die nur mittelbar über die Obergesellschaft beteiligten natürlichen oder juristischen Personen Einbringende i. S. d. § 20 UmwStG. Dies gilt für mehrstöckige Personengesellschaften entsprechend. Besteht die übertragende Personengesellschaft dagegen auch nach der Einbringung als Mitunternehmerschaft fort und werden ihr die Anteile am übernehmenden Rechtsträger gewährt (z. B. bei einer Ausgliederung i. S. d. § 123 Absatz 3 UmwG), ist die übertragende Personengesellschaft selbst als Einbringende anzusehen. Demgegenüber stehen bei einer Abspaltung i. S. d. § 123 Absatz 2 UmwG die Anteile an der übernehmenden Gesellschaft zivilrechtlich den Mitunternehmern der bisherigen Gesellschaft zu, so dass diese selbst als Einbringende anzusehen sind.

Der Einbringungsgegenstand bestimmt sich nach dem zugrunde liegenden Rechtsgeschäft (vgl. Randnr. 20.05).

b) Übernehmende Gesellschaft

20.04 Zu den persönlichen Anwendungsvoraussetzungen beim übernehmenden Rechtsträger vgl. Randnr. 01.54 f.

2. Gegenstand der Einbringung

Der Gegenstand der Einbringung richtet sich nach dem zugrunde liegenden Rechtsgeschäft. Z. B. ist bei Verschmelzung einer Personengesellschaft Einbringungsgegenstand der Betrieb.

20.05

a) Übertragung eines Betriebs oder Teilbetriebs

Zum Begriff des Teilbetriebs gelten die Randnr. 15.02 f. und zur Übertragung dieses Teilbetriebs gelten die Randnr. 15.07–15.10 entsprechend. Die Einbringung eines Betriebs i. S. v. § 20 UmwStG liegt nur vor, wenn sämtliche Wirtschaftsgüter, die zu den funktional wesentlichen Betriebsgrundlagen des Betriebs gehören[1]), auf die übernehmende Gesellschaft übertragen werden; zum Zeitpunkt des Vorliegens eines Betriebs[2]) gilt Randnr. 15.03 und zur Übertragung des Betriebs gilt Randnr. 15.07 entsprechend. Es genügt nicht, der Kapitalgesellschaft diese Wirtschaftsgüter nur zur Nutzung zu überlassen. Dies gilt auch für solche dem Betrieb oder Teilbetrieb dienenden Wirtschaftsgüter, die zum Sonderbetriebsvermögen eines Gesellschafters gehören. Bei der Einbringung eines Betriebs oder Teilbetriebs sind auch die dazugehörenden Anteile an Kapitalgesellschaften miteinzubringen, sofern diese funktional wesentliche Betriebsgrundlagen des Betriebs oder Teilbetriebs sind oder im Fall der Einbringung eines Teilbetriebs zu den nach wirtschaftlichen Zusammenhängen zuordenbaren Wirtschaftsgütern gehören.

20.06

Liegen die Voraussetzungen einer Betriebs- oder Teilbetriebsübertragung nicht vor, sind die im eingebrachten Vermögen ruhenden stillen Reserven aufzudecken und zu versteuern. Werden z. B. funktional wesentliche Betriebsgrundlagen oder nach wirtschaftlichen Zusammenhängen zuordenbare Wirtschaftsgüter im zeitlichen und wirtschaftlichen Zusammenhang mit der Einbringung eines Teilbetriebs in ein anderes Betriebsvermögen überführt oder übertragen, ist die Anwendung der Gesamtplanrechtsprechung zu prüfen (BFH vom 11.12.2001, VIII R 23/01, BStBl 2004 II S. 474, und BFH vom 25.2.2010, IV R 49/08, BStBl II S. 726).

20.07

Bei der Einbringung zurückbehaltene Wirtschaftsgüter sind grundsätzlich als entnommen zu behandeln mit der Folge der Versteuerung der in ihnen enthaltenen stillen Reserven, es sei denn, dass die Wirtschaftsgüter weiterhin Betriebsvermögen sind[3]). Dies gilt z. B. auch für Wirtschaftsgüter, die keine funktional wesentlichen Betriebsgrundlagen des eingebrachten Betriebs oder Teilbetriebs bilden, und für Wirtschaftsgüter, die dem Sonderbetriebsvermögen eines Gesellschafters zuzurechnen sind. Der Entnahmezeitpunkt ist in diesen Fällen der steuerliche Übertragungsstichtag (BFH vom 28.4.1988, IV R 52/87, BStBl II S. 829).

20.08

Gehören zum Betriebsvermögen des eingebrachten Betriebs oder Teilbetriebs Anteile an der übernehmenden Gesellschaft, werden diese Anteile, wenn sie in die Kapitalgesellschaft miteingebracht werden, zu sog. eigenen Anteilen der Kapitalgesellschaft. Der

20.09

---

[1]) Der Anwendbarkeit des § 24 Abs. 1 UmwStG steht weder § 42 AO noch die Rechtsfigur des Gesamtplans entgegen, wenn vor der Einbringung eine wesentliche Betriebsgrundlage des einzubringenden Betriebs unter Aufdeckung der stillen Reserven veräußert wird und die Veräußerung auf Dauer angelegt ist (>BFH vom 09.11.2011 – BStBl II 2012 S. 638).

[2]) Maßgeblicher Zeitpunkt für die Beurteilung, ob ein Wirtschaftsgut eine wesentliche Betriebsgrundlage des einzubringenden Betriebs im Rahmen des § 24 Abs. 1 UmwStG darstellt, ist in Fällen der Einbringung durch Einzelrechtsnachfolge der Zeitpunkt der Einbringung (>BFH vom 09.11.2011 – BStBl II 2012 S. 638).

[3]) Honorarforderungen können als unwesentliche Betriebsgrundlagen bei einer Einbringung zurückbehalten werden. Die zurückbehaltenen Forderungen verbleiben ohne ausdrückliche Entnahme im Restbetriebsvermögen des einbringenden Stpfl. Die zur Ermittlung des Einbringungsgewinns erforderliche Übergangsgewinnermittlung erstreckt sich nur auf tatsächlich eingebrachte Wirtschaftsgüter (>BFH vom 04.12.2012 – BStBl II 2014 S. 22).

Anhang 28
Umwandlungssteuerrecht

Erwerb eigener Anteile durch eine Kapitalgesellschaft unterliegt handelsrechtlichen Beschränkungen. Soweit die Anteile an der Kapitalgesellschaft miteingebracht werden, würde der Einbringende dafür als Gegenleistung neue Anteile an der Kapitalgesellschaft erhalten.

In diesem Fall ist es nicht zu beanstanden, wenn die Anteile an der Kapitalgesellschaft auf unwiderruflichen Antrag des Einbringenden nicht miteingebracht werden. Der Einbringende muss sich damit einverstanden erklären, dass die zurückbehaltenen Anteile an der übernehmenden Gesellschaft künftig in vollem Umfang als Anteile zu behandeln sind, die durch eine Sacheinlage erworben worden sind (erhaltene Anteile). Es ist dementsprechend auch für diese Anteile § 22 Absatz 1 UmwStG anzuwenden. Besteht in diesen Fällen hinsichtlich des Gewinns aus der Veräußerung der zurückbehaltenen Anteile durch den Einbringenden kein deutsches Besteuerungsrecht, ist § 22 Absatz 1 Satz 5 zweiter Halbsatz UmwStG anzuwenden. Der Antrag ist bei dem Finanzamt zu stellen, bei dem der Antrag nach § 20 Absatz 2 Satz 2 UmwStG zu stellen ist. Als Anschaffungskosten der erhaltenen Anteile (Neu- und Altanteile) gilt der Wertansatz des eingebrachten Vermögens zuzüglich des Buchwerts der zurückbehaltenen Anteile. § 20 Absatz 2 Satz 2 Nummer 2 UmwStG ist im Hinblick auf das eingebrachte (Rest-)Vermögen zu beachten.

Beispiel:
A ist zu 80 % an der X-GmbH (Stammkapital 25.000 €, Buchwert 50.000 €, gemeiner Wert 85.000 €) beteiligt und hält die Beteiligung im Betriebsvermögen seines Einzelunternehmens. Zum 1.1.08 bringt er das Einzelunternehmen zu Buchwerten (Buchwert 170.000 €, gemeiner Wert 345.000 €; jeweils einschließlich der Beteiligung) nach § 20 UmwStG in die X-GmbH gegen Gewährung von Anteilen (Kapitalerhöhung 20.000 €) ein. Die Beteiligung an der X-GmbH soll zurückbehalten werden, um das Entstehen eigener Anteile auf Ebene der X-GmbH zu vermeiden. Zum 1.3.10 werden sämtliche Anteile des A zum Preis von 400.000 € veräußert.

Lösung:
Stellt die Beteiligung eine funktional wesentliche Betriebsgrundlage des Einzelunternehmens dar, würde der Zurückbehalt der Beteiligung grundsätzlich die Anwendung von § 20 UmwStG ausschließen. Andernfalls kann sie zwar zurückbehalten werden, aber die Beteiligung würde als entnommen gelten. Auf unwiderruflichen Antrag des Einbringenden können diese Anteile zurückbehalten werden und stehen damit einer Einbringung zum Buchwert nicht entgegen, mit der Folge, dass diese als Anteile i. S. d. § 22 Absatz 1 UmwStG zu behandeln sind. Die Veräußerung der Anteile im Jahr 10 löst die rückwirkende Besteuerung des Einbringungsgewinns I zum 1.1.08 aus:

gemeiner Wert des eingebrachten Betriebsvermögens (ohne Beteiligung)	260.000 €
./. Buchwert des eingebrachten Betriebsvermögens (ohne Beteiligung)	120.000 €
stille Reserven im Einbringungszeitpunkt	140.000 €
./. 2/7 Abschmelzungsbetrag	40.000 €
zu versteuernder Einbringungsgewinn I	100.000 €

Darüber hinaus erzielt A zum 1.3.10 einen Veräußerungsgewinn nach § 17 EStG:

Veräußerungspreis der Anteile	400.000 €
./. Anschaffungskosten der Anteile (Buchwert eingebrachtes Betriebsvermögen zzgl. Buchwert der zurückbehaltenen Anteile)	170.000 €
./. Einbringungsgewinn I	100.000 €
Veräußerungsgewinn nach § 17 EStG	130.000 €

Alternative:
Wäre der Einbringende A in Frankreich ansässig und damit beschränkt steuerpflichtig, ist der Einbringungsgewinn I unter Anwendung von § 22 Absatz 1 Satz 5 zweiter Halbsatz UmwStG wie folgt zu berechnen:

gemeiner Wert des eingebrachten BV (mit Beteiligung)	345.000 €
./. Buchwert des eingebrachten BV (mit Beteiligung)	170.000 €
stille Reserven im Einbringungszeitpunkt gesamt	175.000 €
./. 2/7 Abschmelzungsbetrag	50.000 €
zu versteuernder Einbringungsgewinn I	125.000 €

Ein Veräußerungsgewinn nach § 17 EStG kann nach dem DBA mit Frankreich nicht besteuert werden, da Deutschland insoweit kein Besteuerungsrecht hat. Soweit der Einbringungsgewinn I auf die Beteiligung entfällt (35.000 € ./. 2/7 Abschmelzungsbetrag = 25.000 €), findet § 3 Nummer 40 EStG Anwendung (vgl. Randnr. 22.11).

b) *Mitunternehmeranteil*

Die Grundsätze der vorstehenden Randnr. 20.05–20.09 gelten sinngemäß auch für die Einbringung von Mitunternehmeranteilen.	20.10
Die Einbringung eines Mitunternehmeranteils i. S. v. § 20 Absatz 1 UmwStG ist auch dann anzunehmen, wenn ein Mitunternehmer einer Personengesellschaft nicht seinen gesamten Mitunternehmeranteil an der Personengesellschaft, sondern nur einen Teil dieses Anteils überträgt.	20.11
§ 20 UmwStG gilt auch für die Einbringung von Mitunternehmeranteilen, die zum Betriebsvermögen eines Betriebs gehören. Werden mehrere zu einem Betriebsvermögen gehörende Mitunternehmeranteile eingebracht, liegt hinsichtlich eines jeden Mitunternehmeranteils ein gesonderter Einbringungsvorgang vor. Wird auch der Betrieb eingebracht, zu dessen Betriebsvermögen der oder die Mitunternehmeranteile gehören, sind die Einbringung des Betriebs und die Einbringung des bzw. der Mitunternehmeranteile jeweils als gesonderte Einbringungsvorgänge zu behandeln; Entsprechendes gilt bei Einbringung eines Teilbetriebs. Wird dagegen ein Anteil an einer Mitunternehmerschaft eingebracht, zu deren Betriebsvermögen die Beteiligung an einer anderen Mitunternehmerschaft gehört (mehrstöckige Personengesellschaft), liegt ein einheitlich zu beurteilender Einbringungsvorgang vor. Die nur mittelbare Übertragung des Anteils an der Untergesellschaft stellt in diesem Fall keinen gesonderten Einbringungsvorgang i. S. d. § 20 UmwStG dar.	20.12

3. Zeitpunkt der Einbringung (§ 20 Absatz 5, 6 UmwStG)

Die Einbringung i. S. v. § 20 UmwStG erfolgt steuerlich grundsätzlich zu dem Zeitpunkt, zu dem das wirtschaftliche Eigentum an dem eingebrachten Vermögen auf die übernehmende Gesellschaft übergeht (steuerlicher Übertragungsstichtag bzw. Einbringungszeitpunkt). Die Übertragung des wirtschaftlichen Eigentums erfolgt in den Fällen der Einzelrechtsnachfolge regelmäßig zu dem im Einbringungsvertrag vorgesehenen Zeitpunkt des Übergangs von Nutzen und Lasten. In Fällen der Gesamtrechtsnachfolge geht das wirtschaftliche Eigentum spätestens im Zeitpunkt der Eintragung in das Register über.	20.13
Abweichend von den vorstehenden Grundsätzen darf der steuerliche Übertragungsstichtag gem. § 20 Absatz 5 und 6 UmwStG auf Antrag der übernehmenden Gesellschaft um bis zu acht Monate[1]) zurückbezogen werden. Der Zeitpunkt des Übergangs des eingebrachten Betriebsvermögens i. S. v. § 20 Absatz 6 Satz 3 UmwStG ist der Zeitpunkt, zu dem das wirtschaftliche Eigentum übergeht (vgl. Randnr. 20.13). Aus der Bilanz oder der Steuererklärung muss sich eindeutig ergeben, welchen Einbringungszeitpunkt die übernehmende Gesellschaft wählt.	20.14

---

[1]) für 2020 Rückwirkung 12 Monate >Artikel 2 des Gesetzes zur Abmilderung der Folgen der COVID-19-Pandemie im Zivil-, Insolvenz- und Strafverfahrensrecht vom 27.03.2020 (BGBl. I S. 569) und § 27 Abs. 15 UmwStG i. d. F. des Artikels 3 des Corona-Steuerhilfegesetzes

Die Betriebs- oder Teilbetriebsvoraussetzungen müssen bereits am steuerlichen Übertragungsstichtag vorgelegen haben; Randnr. 15.03 gilt entsprechend. Ein Mitunternehmeranteil muss ebenfalls bereits zum steuerlichen Übertragungsstichtag vorgelegen haben; Randnr. 15.04 gilt entsprechend. Die Rückbeziehung nach § 20 Absatz 5 und 6 UmwStG hat zur Folge, dass auch die als Gegenleistung für das eingebrachte Vermögen gewährten Anteile mit Ablauf des steuerlichen Übertragungsstichtags dem Einbringenden zuzurechnen sind.

20.15 Zum steuerlichen Übertragungsstichtag geht die Besteuerung des eingebrachten Betriebs usw. von dem Einbringenden auf die übernehmende Gesellschaft über. Randnr. 02.11 gilt entsprechend.

20.16 Die Rückbeziehung hat nicht zur Folge, dass auch Verträge, die z. B. die übernehmende Gesellschaft mit einem Gesellschafter abschließt, insbesondere Dienst-, Miet-, Pacht- und Darlehensverträge, als bereits im Zeitpunkt der Einbringung abgeschlossen gelten. Ab wann derartige Verträge der Besteuerung zugrunde gelegt werden können, ist nach den allgemeinen Grundsätzen zu entscheiden. Werden die Anteile an einer Personengesellschaft eingebracht und sind Vergütungen der Gesellschaft an einen Mitunternehmer bislang gem. § 15 Absatz 1 Satz 1 Nummer 2 EStG dem Gewinnanteil des Gesellschafters hinzugerechnet worden, führt die steuerliche Rückbeziehung der Einbringung dazu, dass § 15 Absatz 1 Satz 1 Nummer 2 EStG bereits im Rückwirkungszeitraum auf die Vergütungen der Gesellschaft nicht mehr anwendbar ist. Die Vergütungen sind Betriebsausgaben der übernehmenden Gesellschaft, soweit sie als angemessenes Entgelt für die Leistungen des Gesellschafters anzusehen sind; Leistungen der Gesellschaft, die über ein angemessenes Entgelt hinausgehen, sind Entnahmen, für die § 20 Absatz 5 Satz 3 UmwStG gilt.

Die steuerliche Rückwirkungsfiktion gilt nicht für einen Mitunternehmer, der im Rückwirkungszeitraum aus einer Personengesellschaft ausscheidet, da ihm keine Gegenleistung in Form von Anteilen an der übernehmenden Gesellschaft aufgrund der Einbringung zusteht und er somit nicht als Einbringender i. S. d. § 20 UmwStG anzusehen ist (vgl. Randnr. 20.03).

II. Bewertung durch die übernehmende Gesellschaft (§ 20 Absatz 2 UmwStG)
1. Inhalt und Einschränkungen des Bewertungswahlrechts

20.17 Gem. § 20 Absatz 2 Satz 1 UmwStG hat die übernehmende Gesellschaft das eingebrachte Betriebsvermögen mit dem gemeinen Wert anzusetzen. Für die Bewertung von Pensionsrückstellungen gilt § 6a EStG. Randnr. 03.07–03.09 gelten entsprechend.

20.18 Auf Antrag kann die übernehmende Gesellschaft das eingebrachte Vermögen einheitlich mit dem Buchwert (vgl. Randnr. 01.57) ansetzen. Randnr. 03.12–03.13 gelten entsprechend. Zum Buchwertansatz bei Einbringung eines Mitunternehmeranteils gilt Randnr. 03.10 entsprechend. Auf Antrag kann die übernehmende Gesellschaft das eingebrachte Vermögen auch einheitlich mit einem Zwischenwert ansetzen; Randnr. 03.25 f. gelten entsprechend. Der Ansatz der Pensionsrückstellungen ist auf den Wert nach § 6a EStG begrenzt.

20.19 Der Buch- oder Zwischenwertansatz setzt voraus, dass bei der übernehmenden Gesellschaft das Recht der Bundesrepublik Deutschland hinsichtlich der Besteuerung des Gewinns aus der Veräußerung des eingebrachten Betriebsvermögens weder ausgeschlossen noch eingeschränkt wird (§ 20 Absatz 2 Satz 2 Nummer 3 UmwStG) und sichergestellt ist, dass es später bei der übernehmenden Körperschaft der Besteuerung mit Körperschaftsteuer unterliegt (§ 20 Absatz 2 Satz 2 Nummer 1 UmwStG). Randnr. 03.18–03.20 gelten entsprechend.

Hinsichtlich der Sicherstellung der Besteuerung mit Körperschaftsteuer bei der übernehmenden Gesellschaft gilt Randnr. 03.17 entsprechend. Handelt es sich bei der übernehmenden Gesellschaft um eine Organgesellschaft i. S. d. §§ 14, 17 KStG, ist eine Besteuerung mit Körperschaftsteuer nur sichergestellt, soweit das dem Organträger zugerechnete Einkommen der Besteuerung mit Körperschaftsteuer unterliegt. Entsprechendes gilt, wenn der Organträger selbst wiederum Organgesellschaft ist. Soweit das so zugerechnete Einkommen der Besteuerung mit Einkommensteuer unterliegt, können aus Billigkeitsgründen die übergehenden Wirtschaftsgüter dennoch einheitlich mit dem Buch- oder Zwischenwert angesetzt werden, wenn sich alle an der Einbringung Beteiligten übereinstimmend schriftlich damit einverstanden erklären, dass auf die aus der Einbringung resultierenden Mehrabführungen § 14 Absatz 3 Satz 1 KStG anzuwenden ist; die Grundsätze der Randnr. Org.33 und Org.34 gelten entsprechend (vgl. auch Randnr. 11.08).

Ein Zwang zum Ansatz von Zwischenwerten kann sich nach § 20 Absatz 2 Satz 2 Nummer 2 oder Satz 4 UmwStG ergeben. Das eingebrachte Betriebsvermögen darf auch durch Entnahmen während des Rückbeziehungszeitraums nicht negativ werden; deshalb ist eine Wertaufstockung nach § 20 Absatz 5 i. V. m. Absatz 2 Satz 2 Nummer 2 UmwStG ggf. auch vorzunehmen, soweit das eingebrachte Betriebsvermögen ohne Aufstockung während des Rückwirkungszeitraums negativ würde.

2. Verhältnis zum Handelsrecht (§ 20 Absatz 2 UmwStG, § 5 Absatz 1 EStG)

Das steuerliche Bewertungswahlrecht des § 20 Absatz 2 Satz 2 UmwStG kann unabhängig vom Wertansatz in der Handelsbilanz ausgeübt werden. Die steuerlichen Ansatzverbote des § 5 EStG gelten nicht für die übergehenden Wirtschaftsgüter im Einbringungszeitpunkt, es sei denn, die Buchwerte werden fortgeführt; Randnr. 03.04 gilt entsprechend. Für den Ansatz dieser Wirtschaftsgüter in einer steuerlichen Schlussbilanz i. S. d. § 4 Absatz 1, § 5 Absatz 1 EStG zu den dem Einbringungszeitpunkt folgenden Bilanzstichtagen gilt Randnr. 04.16 entsprechend.

20.20

Beispiel:
A möchte sein Einzelunternehmen (Buchwert 20.000 €, gemeiner Wert 600.000 €) in der Rechtsform einer GmbH fortführen.

Lösung:
Gem. § 5 Absatz 1 GmbHG muss die GmbH bei der Gründung ein Mindeststammkapital von 25.000 € ausweisen, was dazu führt, dass handelsrechtlich mindestens 5.000 € stille Reserven der Sacheinlage aufgedeckt werden müssen. Ungeachtet des handelsrechtlichen Wertansatzes können hier gem. § 20 Absatz 2 Satz 2 UmwStG steuerlich die Buchwerte i. H. v. 20.000 € fortgeführt werden. I. H. v. 5.000 € ist in diesem Fall in der Steuerbilanz der GmbH ein Ausgleichsposten auszuweisen.

Die Aktivierung eines Ausgleichspostens ist nur dann erforderlich, wenn der Buchwert des eingebrachten Betriebs, Teilbetriebs oder Mitunternehmeranteils niedriger ist als das in der Handelsbilanz ausgewiesene gezeichnete Kapital. Der Ausgleichsposten, der in den vorgenannten Fällen ausgewiesen werden muss, um den Ausgleich zu dem in der Handelsbilanz ausgewiesenen Eigenkapital herbeizuführen, ist kein Bestandteil des Betriebsvermögens i. S. v. § 4 Absatz 1 Satz 1 EStG; er nimmt am Betriebsvermögensvergleich nicht teil. Er hat infolgedessen auch auf die spätere Auflösung und Versteuerung der im eingebrachten Betriebsvermögen enthaltenen stillen Reserven keinen Einfluss und ist daher nicht aufzulösen oder abzuschreiben. Mindert sich die durch den Ausgleichsposten gedeckte Differenz zwischen der Aktiv- und der Passivseite der Bilanz, insbesondere durch Aufdeckung stiller Reserven, so fällt der Ausgleichsposten in entsprechender Höhe erfolgsneutral weg. Bei der Anwendung des § 20 Absatz 3 Satz 1 UmwStG sind Veräußerungspreis für den Einbringenden und Anschaffungskosten für die Kapitalgesellschaft der Betrag, mit dem das eingebrachte Betriebsvermögen in der Steuerbilanz angesetzt worden ist.

3. Ausübung des Wahlrechts, Bindung, Bilanzberichtigung

20.21 Der Antrag auf Buch- oder Zwischenwertansatz ist von der übernehmenden Gesellschaft spätestens bis zur erstmaligen Abgabe ihrer steuerlichen Schlussbilanz, in der das übernommene Betriebsvermögen erstmals anzusetzen ist, bei dem für sie für die Besteuerung örtlich zuständigen Finanzamt zu stellen (§ 20 Absatz 2 Satz 3 UmwStG). Das Betriebsvermögen ist bei der übernehmenden Gesellschaft erstmals zum steuerlichen Übertragungsstichtag anzusetzen. Nach diesem Zeitpunkt gestellte Anträge sind unbeachtlich. Randnr. 03.29 f. gelten entsprechend.

20.22 Auch bei der Einbringung von Mitunternehmeranteilen ist der Antrag durch die übernehmende Gesellschaft bei dem für sie zuständigen Finanzamt zu stellen. Die Mitunternehmerschaft, deren Anteile eingebracht werden, hat bei einem Wertansatz zum gemeinen Wert oder zum Zwischenwert durch die übernehmende Gesellschaft diese Werte i. R. einer entsprechenden Ergänzungsbilanz für die übernehmende Gesellschaft zu berücksichtigen.

20.23 Für die Besteuerung der übernehmenden Gesellschaft und des Einbringenden ist ausschließlich der sich aus § 20 Absatz 2 UmwStG ergebende Wertansatz bei der übernehmenden Gesellschaft maßgebend. Bereits durchgeführte Veranlagungen des Einbringenden sind ggf. gem. § 175 Absatz 1 Satz 1 Nummer 2 AO zu ändern.

20.24 Eine Änderung oder der Widerruf eines einmal gestellten Antrags ist nicht möglich (vgl. auch Randnr. 03.29 f.).

Setzt die übernehmende Gesellschaft das eingebrachte Betriebsvermögen mit dem gemeinen Wert an und ergibt sich später, z. B. aufgrund einer Betriebsprüfung, dass die gemeinen Werte der eingebrachten Wirtschaftsgüter des Betriebsvermögens höher bzw. niedriger als die von der übernehmenden Gesellschaft angesetzten Werte sind, sind die Bilanzwerte der übernehmenden Gesellschaft dementsprechend i. R. d. allgemeinen Vorschriften zu berichtigen. Der Bilanzberichtigung (§ 4 Absatz 2 Satz 1 EStG) steht das Verbot der anderweitigen Wahlrechtsausübung im Wege der Bilanzänderung nicht entgegen. Denn das Wahlrecht bezieht sich nur auf die Möglichkeit, für alle Wirtschaftsgüter entweder den gemeinen Wert, den Buch- oder einen Zwischenwert anzusetzen. Hat die übernehmende Gesellschaft sich für den Ansatz der gemeinen Werte entschieden, diese jedoch nicht richtig ermittelt, sind die gemeinen Werte i. R. d. allgemeinen Vorschriften zu berichtigen. Veranlagungen des Einbringenden sind ggf. gem. § 175 Absatz 1 Satz 1 Nummer 2 AO zu korrigieren.

Setzt die übernehmende Gesellschaft auf wirksamen Antrag die übergehenden Wirtschaftsgüter in der steuerlichen Schlussbilanz einheitlich zum Zwischenwert an, bleiben vorrangig die Wertansätze maßgebend, sofern diese oberhalb des Buchwerts und unterhalb des gemeinen Werts liegen.

III. Besteuerung des Einbringungsgewinns (§ 20 Absatz 3 bis 5 UmwStG)

20.25 Setzt die übernehmende Gesellschaft die gemeinen Werte oder Zwischenwerte an, ist der beim Einbringenden entstehende Gewinn nach § 20 Absatz 3 bis 5 UmwStG i. V. m. den für die Veräußerung des Einbringungsgegenstandes geltenden allgemeinen Vorschriften (insbesondere §§ 15, 16 Absatz 1 EStG) zu versteuern. Werden i. R. einer Sacheinlage auch Beteiligungen an Kapitalgesellschaften und Genossenschaften miteingebracht, kommt insoweit § 8b KStG oder § 3 Nummer 40 EStG zur Anwendung.

Auf einen sich hieraus ergebenden Einbringungsgewinn ist auch die Vorschrift des § 6b EStG anzuwenden, soweit der Gewinn auf begünstigte Wirtschaftsgüter i. S. dieser Vorschrift entfällt. Auf § 34 Absatz 1 Satz 4 EStG wird hingewiesen. 20.26

§ 34 EStG ist nur in den Fällen des § 20 Absatz 4 Satz 1 UmwStG anzuwenden. Auf einen Einbringungsgewinn sowie ggf. einen Gewinn aus der Entnahme z. B. funktional unwesentlicher Wirtschaftsgüter ist § 34 EStG somit grundsätzlich nicht anwendbar, wenn die Einbringung nicht einheitlich zum gemeinen Wert durch eine natürliche Person erfolgt. Zum nach § 34 EStG begünstigten Veräußerungsgewinn können auch Gewinne gehören, die sich bei der Veräußerung eines Betriebs aus der Auflösung von steuerfreien Rücklagen ergeben (BFH vom 17.10.1991, IV R 97/89, BStBl 1992 II S. 392). 20.27

IV. Besonderheiten bei Pensionszusagen zugunsten von einbringenden Mitunternehmern

1. Behandlung bei der übertragenden Personengesellschaft

Die Behandlung der Pensionszusage an den Mitunternehmer der übertragenden Mitunternehmerschaft richtet sich nach den Grundsätzen des BMF-Schreibens vom 29.1.2008, BStBl I S. 317. Wird von der Übergangsregelung i. S. d. Randnr. 20 des BMF-Schreibens vom 29.1.2008, BStBl I S. 317, kein Gebrauch gemacht oder wird die Übergangsregelung angewendet und eine Aktivierung der Ansprüche in den Sonderbilanzen aller Gesellschafter vorgenommen, steht der in der steuerlichen Schlussbilanz der übertragenden Mitunternehmerschaft nach § 6a EStG gebildeten Pensionsrückstellung eine Forderung in der Sonderbilanz des übertragenden Mitunternehmers bzw. der übertragenden Mitunternehmer gegenüber. Im Zuge der Umwandlung der Personengesellschaft auf eine Kapitalgesellschaft gilt diese Forderung auf Antrag als nicht entnommen, sondern bleibt Restbetriebsvermögen des ehemaligen Mitunternehmers bzw. der ehemaligen Mitunternehmer i. S. v. § 15 EStG (BFH vom 10.2.1994, IV R 37/92, BStBl II S. 564). 20.28

2. Behandlung bei der übernehmenden Kapitalgesellschaft

Die Übernahme der in der Gesamthandsbilanz der Mitunternehmerschaft ausgewiesenen Pensionsverpflichtung durch die übernehmende Kapitalgesellschaft stellt keine zusätzliche Gegenleistung i. S. d. § 20 Absatz 2 Satz 4 UmwStG dar. 20.29

Nach dem BMF-Schreiben vom 29.1.2008, BStBl I S. 317, ist die Pensionszusage der Personengesellschaft zugunsten des Mitunternehmers nicht als Gewinnverteilungsabrede anzusehen.

Die Pensionsverpflichtung geht als unselbstständige Bilanzposition des eingebrachten Betriebs auf die übernehmende Kapitalgesellschaft über. Die übernehmende Körperschaft vollzieht mit der Übernahme der Verpflichtung keine Gewinnverteilungsentscheidung, sondern übernimmt im Zuge der Einbringung eine dem Betrieb der übertragenden Personengesellschaft zuzurechnende betriebliche Verbindlichkeit (sog. Einheitstheorie).

Wenn die übertragende Personengesellschaft unter Berufung auf die Randnr. 20 des BMF-Schreibens vom 29.1.2008, BStBl I S. 317, die Weiteranwendung der alten Rechtsgrundsätze (Übergangsregelung) beantragt und die Pensionszusage als steuerlich unbeachtliche Gewinnverteilungsabrede behandelt hat, gelten die Randnr. 20.41–20.47 des BMF-Schreibens vom 25.3.1998, BStBl I S. 268, weiter fort (Annahme einer sonstigen Gegenleistung).

Die übernommene Pensionsverpflichtung ist in den Fällen des Formwechsels oder der Verschmelzung bei der Übernehmerin gem. § 6a Absatz 3 Satz 1 Nummer 1 EStG so zu bewerten, als wenn das Dienstverhältnis unverändert fortgeführt worden wäre (§ 20 20.30

2279

Anhang 28
Umwandlungssteuerrecht

Absatz 2 Satz 1 zweiter Halbsatz UmwStG). Dies gilt auch für die der Umwandlung nachfolgenden Bilanzstichtage.

20.31 Wird von der Übergangsregelung i. S. d. Randnr. 20 des BMF-Schreibens vom 29.1.2008, BStBl I S. 317, kein Gebrauch gemacht oder wird die Übergangsregelung angewendet und eine Aktivierung der Ansprüche in den Sonderbilanzen aller Gesellschafter vorgenommen, ist bei der übernehmenden Kapitalgesellschaft nicht von einer Neuzusage im Zeitpunkt der Einbringung auszugehen. Für Zwecke der Erdienensdauer können in diesem Fall die Dienstzeiten in der Mitunternehmerschaft mit berücksichtigt werden. Wird die Übergangsregelung beantragt und die Pensionszusage als steuerlich unbeachtliche Gewinnverteilungsabrede behandelt, gelten die Randnr. 20.41–20.47 des BMF-Schreibens vom 25.3.1998, BStBl I S. 268, weiter fort. In diesem Fall beginnt der Erdienenszeitraum am steuerlichen Übertragungsstichtag neu zu laufen.

3. Behandlung beim begünstigten Gesellschafter bzw. den ehemaligen Mitunternehmern

20.32 Unter der Voraussetzung, dass bei der übertragenden Mitunternehmerschaft die Anwendung der Übergangsregelung gem. Randnr. 20 des BMF-Schreibens vom 29.1.2008, BStBl I S. 317, nicht beantragt wird oder die Übergangsregelung angewendet wird und eine Aktivierung der Ansprüche in den Sonderbilanzen aller Gesellschafter erfolgt und ein Antrag i. S. d. Randnr. 20.28 gestellt wird, gilt Folgendes:

Wenn der frühere Mitunternehmer Arbeitnehmer der Kapitalgesellschaft wird und er die Pensionsanwartschaft nach der Umwandlung in die Kapitalgesellschaft weiter erdient, muss jede nach Eintritt des Versorgungsfalls an den Gesellschafter-Geschäftsführer geleistete laufende Ruhegehaltzahlung für steuerliche Zwecke aufgeteilt werden.

Soweit die spätere Pensionsleistung rechnerisch auf in der Zeit nach der Umwandlung (Kapitalgesellschaft) erdiente Anwartschaftsteile entfällt, erzielt der pensionierte Gesellschafter-Geschäftsführer steuerpflichtige Versorgungsleistungen i. S. d. §§ 19, 24 Nummer 2 EStG.

Soweit die Pensionsleistung rechnerisch auf in der Zeit vor der Umwandlung (Mitunternehmerschaft) erdiente Anwartschaftsteile entfällt, erzielt der pensionierte Gesellschafter-Geschäftsführer Einkünfte i. S. d. § 15 Absatz 1 Satz 2 i. V. m. Satz 1 Nummer 2 i. V. m. § 24 Nummer 2 EStG. Diese steuerlichen Auswirkungen treten allerdings erst ein, sobald die auf die Zeit vor der Umwandlung entfallenden Pensionszahlungen die als Restbetriebsvermögen zurückbehaltene Pensionsforderung (vgl. Randnr. 20.28) des Gesellschafters übersteigen.

Die Aufteilung der laufenden Pensionszahlungen in nachträgliche Einnahmen aus der ehemaligen Mitunternehmerstellung einerseits und Einnahmen i. S. d. §§ 19, 24 EStG andererseits hat grundsätzlich nach versicherungsmathematischen Grundsätzen zu erfolgen. Soweit die Pensionsanwartschaft nach der Umwandlung unverändert bleibt, ist es nicht zu beanstanden, wenn die Pensionsleistung nach dem Verhältnis der Erdienenszeiträume vor und nach der Umwandlung („pro-rata-temporis") aufgeteilt wird.

Beispiel:
Die Personengesellschaft erteilt einem Mitunternehmer im Jahr 03 im Alter von 35 Jahren eine Pensionszusage (Diensteintritt im Alter von 30 Jahren), wonach ein Altersruhegeld von monatlich 10.000 € ab Vollendung des 65. Lebensjahres zu zahlen ist (Gesamtdienstzeit 35 Jahre). Die Personengesellschaft wird zum 31.12.08 in eine GmbH formwechselnd umgewandelt. Der Mitunternehmer ist zu diesem Zeitpunkt 40 Jahre alt (Restdienstzeit 25 Jahre). Die Personengesellschaft passiviert die Pensionsrückstellung in ihrer Steuerbilanz zum 31.12.08 mit 150.000 €. Der Mitunternehmer aktiviert einen entsprechenden Anspruch in seiner Sonderbilanz.

Anhang 28
Umwandlungssteuerrecht

Lösung:
Die übernehmende GmbH passiviert die Pensionsrückstellung mit dem bei der Personengesellschaft zuletzt passivierten Betrag. Der Aktivposten in der Sonderbilanz wird entsprechend dem Antrag nicht entnommen, sondern mit dem Wert von 150.000 € „eingefroren" und als Restbetriebsvermögen des ehemaligen Mitunternehmers behandelt. Die späteren Pensionszahlungen an den Gesellschafter-Geschäftsführer sind aufzuteilen. Aus Vereinfachungsgründen ist davon auszugehen, dass von der jeweiligen Jahrespensionsleistung i. H. v. 120.000 € 10/35 (also 34.285 € p. a.) auf die Zeit der Mitunternehmerschaft und 25/35 (also 85.715 € p. a.) auf die Zeit der GmbH entfallen.

Da die als Restbetriebsvermögen zurückbehaltene Forderung des ehemaligen Mitunternehmers von 150.000 € nur den in der Personengesellschaft erdienten Anwartschaftsteil betrifft, muss sie mit den jährlich darauf entfallenden Leistungen i. H. v. 34.285 € verrechnet werden und ist damit erst im fünften Jahr „verbraucht". Im ersten bis vierten Jahr nach der Pensionierung versteuert der ehemalige Mitunternehmer/Gesellschafter-Geschäftsführer also ausschließlich je 85.715 € nach §§ 19, 24 Nummer 4 EStG. Im fünften Pensionsjahr (nach Verbrauch der Forderung) erzielt er neben den Einkünften i. S. d. §§ 19, 24 EStG noch nachträgliche Einkünfte i. S. d. § 15 Absatz 1 Satz 2 i. V. m. Satz 1 Nummer 2 i. V. m. § 24 Nummer 2 EStG i. H. v. 34.285 € x 5 ./. 150.000 € = 21.425 €. Hierbei handelt es sich um den die nunmehr verbrauchte Forderung übersteigenden Betrag. Ab dem sechsten Jahr entstehen folglich nachträgliche Einkünfte i. S. d. § 15 EStG i. H. v. je 34.285 €.

Falls bei der übertragenden Mitunternehmerschaft die Anwendung der Übergangsregelung gem. Randnr. 20 des BMF-Schreibens vom 29.1.2008, BStBl I S. 317, beantragt und die Pensionszusage als steuerlich unbeachtliche Gewinnverteilungsabrede behandelt wird, gelten dagegen die Randnr. 20.46–20.47 des BMF-Schreibens vom 25.3.1998, BStBl I S. 268, weiter fort.

Falls bei der übertragenden Mitunternehmerschaft die Anwendung der Übergangsregelung gem. Randnr. 20 des BMF-Schreibens vom 29.1.2008, BStBl I S. 317, beantragt und eine Aktivierung der Ansprüche in den Sonderbilanzen aller Gesellschafter vorgenommen wird, gilt die obige Lösung mit der Maßgabe, dass eine anteilige Verrechnung mit den als Restbetriebsvermögen zurückbehaltenen Forderungen der ehemaligen Mitunternehmer vorzunehmen ist. Der begünstigte Gesellschafter erzielt dabei nachträgliche Einkünfte i. S. d. § 15 Absatz 1 Satz 2 i. V. m. Satz 1 Nummer 2 i. V. m. § 24 Nummer 2 EStG, soweit der auf die Zeit der Mitunternehmerschaft entfallende Teil der jährlichen Pensionszahlung die anteilige Auflösung seiner Restforderung übersteigt. Die übrigen ehemaligen Mitunternehmer erzielen i. H. des jeweiligen anteiligen Auflösungsbetrages ihrer Restforderung bis zu deren vollständigen Auflösung nachträgliche Betriebsausgaben.

20.33
Wird kein Antrag i. S. d. Randnr. 20.28 gestellt, ist die Pensionszahlung entsprechend Randnr. 20.32 aufzuteilen und, soweit sie auf die Zeit der Mitunternehmerschaft entfällt, den Einkünften i. S. v. § 22 Satz 1 Nummer 1 EStG des begünstigten Gesellschafters zuzurechnen.

Wird die Übergangsregelung i. S. d. Randnr. 20 des BMF-Schreibens vom 29.1.2008, BStBl I S. 317, angewendet und eine Aktivierung der Ansprüche in den Sonderbilanzen aller Gesellschafter vorgenommen, entsteht im Umwandlungszeitpunkt beim begünstigten Gesellschafter durch die Entnahme seines anteilig aktivierten Anspruchs ein Gewinn i. H. der Summe des bei den übrigen Gesellschaftern aktivierten Anspruchs, da nur ihm die Pensionsleistung im Versorgungsfall zufließt und somit zuzurechnen ist. Entsprechend entsteht bei den übrigen Gesellschaftern ein Verlust, da ihnen die Pensionsleistung nicht zuzurechnen ist. Aus Billigkeitsgründen wird es nicht beanstandet, wenn der begünstigte Gesellschafter entsprechend Randnr. 5 des BMF-Schreibens vom 29.1.2008, BStBl I S. 317, seinen Entnahmegewinn auf 15 Wirtschaftsjahre verteilt.

V. Besonderheiten bei grenzüberschreitenden Einbringungen

1. Anschaffungskosten der erhaltenen Anteile

20.34 Ist das Besteuerungsrecht der Bundesrepublik Deutschland hinsichtlich des Gewinns aus der Veräußerung des eingebrachten Betriebsvermögens sowohl vor als auch nach der Einbringung ausgeschlossen, gelten gem. § 20 Absatz 3 Satz 2 UmwStG die erhaltenen Anteile insoweit als mit dem gemeinen Wert des Betriebsvermögens im Einbringungszeitpunkt angeschafft (Verstrickung mit dem gemeinen Wert). Die Regelung hat nur in den Fällen Bedeutung, in denen die aufnehmende Gesellschaft auf Antrag Buch- oder Zwischenwerte angesetzt hat.

2. Anrechnung ausländischer Steuern

20.35 Der Begriff der Betriebsstätte ist im abkommensrechtlichen Sinne zu verstehen. Auf die Mitteilungspflichten des Steuerpflichtigen nach § 138 Absatz 2 AO wird hingewiesen.

a) Sonderfall der Einbringung einer Betriebsstätte
(§ 20 Absatz 7, § 3 Absatz 3 UmwStG)

20.36 Wird i. R. einer grenzüberschreitenden Einbringung eine in einem anderen EU-Mitgliedstaat liegende Betriebsstätte eingebracht, verzichtet der Mitgliedstaat der einbringenden Gesellschaft endgültig auf seine Besteuerungsrechte aus dieser Betriebsstätte (Artikel 10 Absatz 1 Satz 1 Richtlinie 2009/133/EG). Wendet er ein System der Welteinkommensbesteuerung an, darf er den auf die Betriebsstätte entfallenden Veräußerungsgewinn besteuern, wenn er die fiktiv im Betriebsstättenstaat auf den Einbringungsgewinn entfallende Steuer anrechnet (Artikel 10 Absatz 2 Richtlinie 2009/133/EG). Wird einer Betriebsstätte in einem anderen EU-Mitgliedstaat zuzurechnendes Betriebsvermögen, für die die Bundesrepublik Deutschland die Doppelbesteuerung beim Einbringenden durch Anwendung der Anrechnungsmethode vermeidet, in eine in einem anderen EU-Mitgliedstaat ansässige Gesellschaft eingebracht, wird das Besteuerungsrecht der Bundesrepublik Deutschland im Hinblick auf diese Betriebsstätte ausgeschlossen. Das der ausländischen Betriebsstätte zuzurechnende Betriebsvermögen ist deshalb zwingend mit dem gemeinen Wert anzusetzen (§ 20 Absatz 2 Satz 2 Nummer 3 UmwStG). Es kommt folglich insoweit zu einer Besteuerung des Einbringungsgewinns. Darüber hinaus ist die Steuer, die im Betriebsstättenstaat im Veräußerungsfall anfallen würde, fiktiv auf die auf den Einbringungsgewinn entfallende Steuer anzurechnen (§ 20 Absatz 7, § 3 Absatz 3 UmwStG).

> **Beispiel:**
> Eine in Deutschland ansässige GmbH mit portugiesischer Betriebsstätte (keine aktiven Einkünfte) bringt diese in eine spanische SA gegen Gewährung von Anteilen ein.
>
> **Lösung:**
> Im Hinblick auf die portugiesische Betriebsstätte steht Deutschland nach dem DBA Portugal ein Besteuerungsrecht mit Anrechnungsverpflichtung (Aktivitätsklausel) zu. Durch die Einbringung der Betriebsstätte in die spanische SA wird das deutsche Besteuerungsrecht an der Betriebsstätte in Portugal ausgeschlossen. Der deutschen GmbH sind nunmehr stattdessen anteilig die i. R. d. Einbringung gewährten Anteile an der spanischen SA zuzurechnen. Da das deutsche Besteuerungsrecht an der Betriebsstätte durch die Einbringung ausgeschlossen wird, kommt es insoweit zu einer Besteuerung des Einbringungsgewinns (§ 20 Absatz 2 Satz 2 Nummer 3 UmwStG). Dies ist nach Artikel 10 Absatz 2 Richtlinie 2009/133/EG auch zulässig, da Deutschland ein System der Welteinkommensbesteuerung hat. Allerdings ist die fiktive Steuer, die im Fall der Veräußerung der Wirtschaftsgüter der Betriebsstätte in Portugal anfallen würde, auf die deutsche Steuer anzurechnen (§ 20 Absatz 7, § 3 Absatz 3 UmwStG).

b) Sonderfall steuerlich transparenter Gesellschaften (§ 20 Absatz 8 UmwStG)

Wird in den Fällen einer grenzüberschreitenden Einbringung eine gebietsfremde einbringende Gesellschaft im Inland als steuerlich transparent angesehen, muss die FusionsRL auf die Veräußerungsgewinne der Gesellschafter dieser Gesellschaft nicht angewendet werden (Artikel 11 Absatz 1 Richtlinie 2009/133/EG, zuvor Artikel 10a Absatz 1 Richtlinie 90/434/EWG). Allerdings ist die Steuer, die auf die Veräußerungsgewinne der steuerlich transparenten Gesellschaft ohne Anwendung der FusionsRL erhoben worden wäre, fiktiv auf die auf den Einbringungsgewinn der Gesellschafter entfallende Steuer anzurechnen (Artikel 11 Absatz 2 Richtlinie 2009/133/EG, zuvor Artikel 10a Absatz 2 Richtlinie 90/434/EWG). Der Vorgang ist nach deutschem Recht als Sacheinlage i. S. v. § 20 Absatz 1 UmwStG zu behandeln. Wird einer Betriebsstätte in einem anderen EU-Mitgliedstaat zuzurechnendes Betriebsvermögen, für die die Bundesrepublik Deutschland die Doppelbesteuerung beim Einbringenden durch Anwendung der Anrechnungsmethode vermeidet, in eine in einem anderen EU-Mitgliedstaat ansässige Gesellschaft eingebracht, wird das Besteuerungsrecht der Bundesrepublik Deutschland für im Inland ansässige Gesellschafter der transparenten Gesellschaft im Hinblick auf diese Betriebsstätte ausgeschlossen. Das der ausländischen Betriebsstätte zuzurechnende Betriebsvermögen ist deshalb zwingend mit dem gemeinen Wert anzusetzen (§ 20 Absatz 2 Satz 2 Nummer 3 UmwStG). Es kommt folglich insoweit zu einer Besteuerung des Einbringungsgewinns. Darüber hinaus ist die Steuer, die im Betriebsstättenstaat im Veräußerungsfall anfallen würde, beim Einbringenden fiktiv auf die auf den Einbringungsgewinn entfallende Steuer anzurechnen (§ 20 Absatz 8 UmwStG). Bei der anzurechnenden Steuer kann es sich sowohl um Einkommensteuer als auch um Körperschaftsteuer handeln.

20.37

Beispiel:
Eine in Deutschland ansässige natürliche Person X ist an einer in Frankreich ansässigen SC mit portugiesischer Betriebsstätte (keine aktiven Einkünfte) beteiligt. Die französische SC wird auf eine spanische SA verschmolzen.

Lösung:
Die französische SC ist eine von der FusionsRL geschützte Gesellschaft (vgl. Anlage zur FusionsRL), die in Frankreich als Kapitalgesellschaft behandelt wird. Nach deutschem Recht ist sie jedoch als transparent anzusehen. X gilt deshalb für deutsche Besteuerungszwecke als Mitunternehmer der französischen SC und damit auch der portugiesischen Betriebsstätte. Im Hinblick auf die Betriebsstätte kommt deshalb das DBA Portugal zur Anwendung, wonach Deutschland ein Besteuerungsrecht mit Anrechnungsverpflichtung (Aktivitätsklausel) zusteht.
Durch die Verschmelzung der SC auf die spanische SA endet die Mitunternehmerstellung des X im Hinblick auf die Betriebsstätte in Portugal. Ihm sind nunmehr stattdessen anteilig die i. R. d. Einbringung gewährten Anteile an der spanischen SA zuzurechnen. Da das deutsche Besteuerungsrecht an der Betriebsstätte in Portugal durch die Einbringung ausgeschlossen wird, kommt es insoweit zu einer Besteuerung des Einbringungsgewinns (§ 20 Absatz 2 Satz 2 Nummer 3 UmwStG). Dies ist nach Artikel 11a Absatz 1 Richtlinie 2009/133/EG (zuvor Artikel 10a Absatz 1 Richtlinie 90/434/EWG) auch zulässig. Allerdings ist die fiktive Steuer, die im Fall der Veräußerung der Wirtschaftsgüter der portugiesischen Betriebsstätte anfallen würde, auf die deutsche Steuer anzurechnen (§ 20 Absatz 8 UmwStG).

VI. Besonderheiten bei der Einbringung einbringungsgeborener Anteile i. S. v. § 21 Absatz 1 UmwStG 1995

Nach § 27 Absatz 3 Nummer 3 UmwStG ist § 21 UmwStG 1995 auf einbringungsgeborene Anteile alten Rechts weiterhin anzuwenden. Werden i. R. einer Sacheinlage zum gemeinen Wert oder Zwischenwert einbringungsgeborene Anteile alten Rechts miteingebracht, sind bei der Ermittlung des Einbringungsgewinns § 8b Absatz 4 KStG a. F.

20.38

Anhang 28
Umwandlungssteuerrecht

oder § 3 Nummer 40 Satz 3 und 4 EStG a. F. anzuwenden. Darüber hinaus sind auch nach Ablauf der Siebenjahresfrist (zeitlich unbegrenzt) die Regelungen des § 21 UmwStG 1995 weiter anzuwenden; vgl. Randnr. 27.01 ff.

20.39 Werden einbringungsgeborene Anteile i. S. d. § 21 UmwStG 1995 i. R. einer Sacheinlage miteingebracht, gelten die erhaltenen Anteile insoweit ebenfalls als einbringungsgeborene Anteile i. S. d. § 21 UmwStG 1995 (§ 20 Absatz 3 Satz 4 UmwStG). Dies bedeutet, dass bei einer Veräußerung der (infizierten) Anteile innerhalb der Siebenjahresfrist die Steuerfreistellung nach § 8b Absatz 4 KStG a. F. oder § 3 Nummer 40 Satz 3 und 4 EStG a. F. insoweit ausgeschlossen ist. Die Weitereinbringung der einbringungsgeborenen Anteile i. S. d. § 21 UmwStG 1995 im zeitlichen Anwendungsbereich des UmwStG 2006 löst allerdings keine neue Siebenjahresfrist i. S. v. § 8b Absatz 4 KStG a. F. oder § 3 Nummer 40 Satz 3 und 4 EStG a. F. aus.

20.40 Im Fall der Veräußerung der mit der Einbringungsgeborenheit infizierten erhaltenen Anteile kommt das neue Recht (rückwirkende Einbringungsgewinnbesteuerung) nicht zur Anwendung, soweit die Steuerfreistellung nach § 8b Absatz 4 KStG a. F. oder § 3 Nummer 40 Satz 3 und 4 EStG a. F. ausgeschlossen ist (§ 27 Absatz 4 UmwStG). Die Anwendung alten Rechts geht somit innerhalb des für den ursprünglichen Einbringungsvorgang (nach altem Recht) geltenden Siebenjahreszeitraums vor. Erfolgt die Veräußerung der Anteile hingegen nach Ablauf der Sperrfrist für die einbringungsgeborenen Anteile i. S. d. § 21 UmwStG 1995, aber noch innerhalb des für die erhaltenen Anteile geltenden Siebenjahreszeitraums, kommt es in vollem Umfang zur rückwirkenden Einbringungsgewinnbesteuerung. Für die Ermittlung des Veräußerungsgewinns aus den erhaltenen Anteilen ist aber insoweit weiterhin § 21 UmwStG 1995 anzuwenden mit der Folge, dass der Veräußerungsgewinn teilweise nach § 16 EStG und teilweise nach § 17 EStG zu ermitteln ist.

20.41 Soweit die Vorschriften des Umwandlungssteuergesetzes in der Fassung der Bekanntmachung vom 15.10.2002, BGBl. I S. 2002, zuletzt geändert durch Artikel 3 des Gesetzes vom 16.5.2003, BGBl. I S. 660, weiterhin anzuwenden sind (§ 27 Absatz 3 UmwStG), ist auch das BMF-Schreiben vom 25.3.1998, BStBl I S. 268, weiterhin anzuwenden (vgl. Randnr. 00.01).

Beispiel:
A ist Inhaber eines Einzelunternehmens, das aus zwei Teilbetrieben (Teilbetrieb 1 und 2) besteht. In 02 bringt A den Teilbetrieb 1 in eine neu gegründete GmbH 1 ein (Buchwert 100.000 €, gemeiner Wert 800.000 €). Die GmbH 1 setzt das übernommene Vermögen mit dem Buchwert an. Die neuen Anteile an der GmbH 1 (einbringungsgeborene Anteile i. S. d. § 21 Absatz 1 UmwStG 1995) befinden sich im Betriebsvermögen des Einzelunternehmens des A. Im Januar 07 bringt A sein verbliebenes Einzelunternehmen (einschließlich der einbringungsgeborenen Anteile an der GmbH 1) in die GmbH 2 gegen Gewährung von neuen Anteilen ein. Die übernehmende GmbH 2 setzt das übernommene Betriebsvermögen mit den Buchwerten an (Buchwert 300.000 €, gemeiner Wert 2.400.000 €; davon GmbH 1 Buchwert 100.000 €, gemeiner Wert 800.000 €) an. Im Juni 10 veräußert A die Anteile an der GmbH 2 für 3.000.000 €.

Lösung:
Die Anteile an der GmbH 2 gelten insoweit auch als einbringungsgeborene Anteile nach § 20 Absatz 3 Satz 3 UmwStG, als zu dem eingebrachten Betriebsvermögen einbringungsgeborene Anteile gehört haben (1/3). Insoweit entsteht zwar grundsätzlich ein Gewinn nach § 21 UmwStG 1995 i. V. m. § 16 EStG. Auf diesen ist jedoch das Teileinkünfteverfahren anzuwenden, weil die Veräußerung in 10 außerhalb der Sperrfrist des § 3 Nummer 40 Satz 3 ff. EStG a. F. (abgelaufen in 09) erfolgt. Die Veräußerung erfolgt aber innerhalb der Sperrfrist des § 22 Absatz 1 UmwStG, so dass insoweit rückwirkend die gemeinen Werte zum Zeitpunkt der Einbringung – gekürzt um je 1/7 für die inzwischen verstrichenen Zeitjahre – anzusetzen sind.

Anhang 28
Umwandlungssteuerrecht

Nach § 22 Absatz 1 Satz 5 UmwStG gilt für i. R. einer Sacheinlage miteingebrachte Anteile an einer Kapitalgesellschaft oder Genossenschaft § 22 Absatz 2 UmwStG. Ein Einbringungsgewinn I entsteht insoweit nicht. Auch ein Einbringungsgewinn II entsteht insoweit nicht, da nach dem Sachverhalt die übernehmende GmbH 2 die eingebrachten Anteile an der GmbH 1 (noch) nicht veräußert hat. In dem dargestellten Beispiel entsteht also nur ein zu versteuernder Einbringungsgewinn I i. H. v. 800.000 €, der wie folgt zu ermitteln ist:

gemeiner Wert im Zeitpunkt der Einbringung	2.400.000 €
./. gemeiner Wert der Anteile an der GmbH 1	800.000 €
Zwischensumme	1.600.000 €
./. Buchwert im Zeitpunkt der Einbringung (bereits gekürzt um 100.000 € Buchwert Anteile an der GmbH 1)	200.000 €
Einbringungsgewinn I	1.400.000 €
./. Minderung um 3/7 wegen Ablaufs von drei Zeitjahren	600.000 €
zu versteuernder Einbringungsgewinn I	800.000 €

A muss zunächst rückwirkend für 07 einen Einbringungsgewinn I i. H. v. 800.000 € versteuern. Durch die Veräußerung der erhaltenen Anteile an der GmbH 2 entsteht in 10 außerdem ein Veräußerungsgewinn nach §§ 16 und 17 EStG i. H. v. insgesamt 1.900.000 € (Verkaufspreis 3.000.000 € ./. 300.000 € Anschaffungskosten aus Einbringung ./. 800.000 € Einbringungsgewinn I), der nach § 3 Nummer 40 Satz 1 Buchstabe c EStG zu 40 % steuerfrei ist. Die Veräußerung der erhaltenen Anteile an der GmbH 2 löst also nicht nur die rückwirkende Einbringungsgewinnbesteuerung, sondern gleichzeitig auch die Besteuerung des Gewinns nach § 17 Absatz 2 EStG (2/3 des Verkaufspreises = 2.000.000 € ./. Anschaffungskosten 200.000 € ./. Einbringungsgewinn I 800.000 € = 1.000.000 €) und nach § 21 UmwStG 1995 i. V. m. § 16 EStG (1/3 des Verkaufspreises = 1.000.000 € ./. Anschaffungskosten 100.000 € = 900.000 €) aus.

C. Bewertung der Anteile beim Anteilstausch (§ 21 UmwStG)
I. Allgemeines

§ 21 UmwStG betrifft den Tausch von Anteilen an einer in- oder ausländischen Kapitalgesellschaft oder Genossenschaft (erworbene Gesellschaft) gegen Gewährung von neuen Anteilen der erwerbenden in- oder ausländischen Kapitalgesellschaft oder Genossenschaft (übernehmende Gesellschaft). Werden Anteile an einer Kapitalgesellschaft oder Genossenschaft, die zum Betriebsvermögen eines Betriebs, Teilbetriebs oder Mitunternehmeranteils gehören, mit den Wirtschaftsgütern dieses Unternehmensteils in eine Kapitalgesellschaft oder Genossenschaft eingebracht, geht die Regelung des § 20 UmwStG der des § 21 UmwStG vor. Zur Frage der rückwirkenden Einbringungsgewinnbesteuerung bei miteingebrachten Anteilen vgl. Randnr. 22.02. 21.01

§ 21 UmwStG ist nur auf Anteile im Betriebsvermögen, Anteile im Privatvermögen i. S. d. § 17 EStG und einbringungsgeborene Anteile i. S. d. § 21 Absatz 1 UmwStG 1995 anzuwenden. Für alle übrigen Anteile gilt § 20 Absatz 4a Satz 1 und 2 EStG. 21.02

II. Persönlicher Anwendungsbereich
1. Einbringender

Hinsichtlich der Person des Einbringenden bestehen keine Beschränkungen (Umkehrschluss aus § 1 Absatz 4 Satz 1 Nummer 2 UmwStG). 21.03

2. Übernehmende Gesellschaft (§ 21 Absatz 1 Satz 1 UmwStG)

Randnr. 20.04 gilt entsprechend. 21.04

3. Erworbene Gesellschaft (§ 21 Absatz 1 Satz 1 UmwStG)

21.05 Erworbene Gesellschaft ist die Kapitalgesellschaft oder Genossenschaft, deren Anteile i. R. d. Anteilstauschs in die übernehmende Gesellschaft eingebracht werden. Gesellschaft kann eine in § 1 Absatz 1 Nummer 1 und 2 KStG aufgezählte Kapitalgesellschaft oder Genossenschaft einschließlich der ausländischen Gesellschaften (EU-/EWR- oder Drittstaat) sein, soweit diese nach den Wertungen des deutschen Steuerrechts als Kapitalgesellschaften oder Genossenschaften anzusehen sind (vgl. Randnr. 01.27).

21.06 Die Anteile müssen dem Einbringenden vor Durchführung des Anteilstauschs steuerlich zuzurechnen sein. Maßgebend hierfür ist das wirtschaftliches Eigentum an den Anteilen (§ 39 Absatz 2 Nummer 1 AO).

III. Bewertung der eingebrachten Anteile bei der übernehmenden Gesellschaft
1. Ansatz des gemeinen Werts

21.07 Die eingebrachten Anteile werden durch die übernehmende Gesellschaft i. R. eines Veräußerungs- und Anschaffungsvorgangs erworben. Daher hat – soweit kein Fall des sog. qualifizierten Anteilstauschs vorliegt (vgl. hierzu Randnr. 21.09) – die übernehmende Gesellschaft nach § 21 Absatz 1 Satz 1 UmwStG die eingebrachten Anteile zwingend mit dem gemeinen Wert anzusetzen. Dabei ist der in der Handelsbilanz ausgewiesene Wert für die Steuerbilanz unbeachtlich.

21.08 Der gemeine Wert ist auf den Einbringungszeitpunkt zu ermitteln. Für die Ermittlung des gemeinen Werts gilt § 11 BewG. Zur Bewertung nach § 11 Absatz 2 BewG gelten die gleich lautenden Erlasse der obersten Finanzbehörden der Länder zur Anwendung der §§ 11, 95 bis 109 und 199 ff. BewG in der Fassung des ErbStRG vom 17.5.2011, BStBl I S. 606, auch für ertragsteuerliche Zwecke entsprechend (vgl. BMF-Schreiben vom 22.9.2011, BStBl I S. 859).

2. Bewertungswahlrecht beim qualifizierten Anteilstausch (§ 21 Absatz 1 Satz 2 UmwStG)

a) Begriff des qualifizierten Anteilstauschs

21.09 Ein qualifizierter Anteilstausch liegt vor, wenn die übernehmende Gesellschaft nach der Einbringung nachweisbar unmittelbar die Mehrheit der Stimmrechte an der erworbenen Gesellschaft hält (mehrheitsvermittelnde Beteiligung). In diesem Fall kann die übernehmende Gesellschaft anstatt des gemeinen Werts auf Antrag die eingebrachten Anteile mit dem Buch- oder Zwischenwert ansetzen. Liegt der gemeine Wert unterhalb des Buchwerts der eingebrachten Anteile, ist der gemeine Wert anzusetzen. Gehören die Anteile zum Privatvermögen des Einbringenden, treten an die Stelle des Buchwerts die Anschaffungskosten (§ 21 Absatz 2 Satz 5 UmwStG).

Begünstigt ist sowohl der Fall, dass eine mehrheitsvermittelnde Beteiligung erst durch den Einbringungsvorgang entsteht, als auch der Fall, dass eine zum Übertragungsstichtag bereits bestehende mehrheitsvermittelnde Beteiligung weiter aufgestockt wird. Es genügt, wenn mehrere Personen Anteile einbringen, die nicht einzeln, sondern nur insgesamt die Voraussetzungen des § 21 Absatz 1 Satz 2 UmwStG erfüllen, sofern die Einbringungen auf einem einheitlichen Vorgang beruhen.

Beispiel:
a) die Y-AG erwirbt von A 51 % der Anteile an der X-GmbH, an der die Y-AG bislang noch nicht beteiligt war;
b) die Y-AG erwirbt von B 10 % der Anteile an der X-GmbH, an der die Y-AG bereits 51 % hält;

Anhang 28
Umwandlungssteuerrecht

c) die Y-AG hält bereits 40 % der Anteile an der X-GmbH. I. R. eines einheitlichen Kapitalerhöhungsvorgangs bringen C und D jeweils weitere 6 % der Anteile an der X-GmbH ein.

b) Einschränkungen des Bewertungswahlrechts

Eine Einschränkung des Bewertungswahlrechtes sieht § 21 Absatz 1 Satz 3 UmwStG für den Fall vor, dass neben den neuen Anteilen auch andere Wirtschaftsgüter, deren gemeiner Wert den Buchwert der eingebrachten Anteile übersteigt, für die eingebrachten Anteile gewährt werden. Insoweit ist bei der übernehmenden Gesellschaft mindestens der gemeine Wert der anderen Wirtschaftsgüter anzusetzen. 21.10

c) Verhältnis zum Handelsrecht

Der Ansatz eines Buch- oder Zwischenwerts in der Steuerbilanz der übernehmenden Gesellschaft ist nicht davon abhängig, dass in der Handelsbilanz der übernehmenden Gesellschaft ein übereinstimmender Wertansatz ausgewiesen wird (kein Maßgeblichkeitsgrundsatz; Randnr. 21.07 und 20.20 gelten entsprechend). 21.11

d) Ausübung des Wahlrechts, Bindung, Bilanzberichtigung

Randnr. 20.21, 20.23 und 20.24 gelten entsprechend. 21.12

IV. Ermittlung des Veräußerungspreises der eingebrachten Anteile und des Wertansatzes der erhaltenen Anteile beim Einbringenden

Gem. § 21 Absatz 2 Satz 1 UmwStG gilt der Wert, mit dem die übernehmende Gesellschaft die Anteile ansetzt, beim Einbringenden als Veräußerungspreis der eingebrachten Anteile und gleichzeitig als Anschaffungskosten der im Gegenzug erhaltenen Anteile. Randnr. 20.23 gilt entsprechend. 21.13

Ist hingegen das Besteuerungsrecht der Bundesrepublik Deutschland hinsichtlich des Gewinns aus der Veräußerung der eingebrachten Anteile ausgeschlossen oder beschränkt, erfolgt die Bewertung der eingebrachten Anteile beim Einbringenden nach § 21 Absatz 2 Satz 2 erster Halbsatz UmwStG mit dem gemeinen Wert. Die gleiche Rechtsfolge tritt im Fall des § 21 Absatz 2 Satz 2 zweiter Halbsatz UmwStG ein, wenn das Besteuerungsrecht der Bundesrepublik Deutschland hinsichtlich des Gewinns aus der Veräußerung der erhaltenen Anteile ausgeschlossen oder beschränkt ist. 21.14

Unter den Voraussetzungen des § 21 Absatz 2 Satz 3 UmwStG ist hingegen eine Rückausnahme von § 21 Absatz 2 Satz 2 UmwStG vorgesehen: Dem Einbringenden wird ein Wahlrecht eingeräumt, als Veräußerungspreis für die eingebrachten Anteile und als Anschaffungskosten der erhaltenen Anteile den Buch- oder Zwischenwert anzusetzen. Voraussetzung hierfür ist ein Antrag des Einbringenden nach § 21 Absatz 2 Satz 4 UmwStG. Zudem 21.15

– darf das Besteuerungsrecht der Bundesrepublik Deutschland hinsichtlich des Gewinns aus der Veräußerung der erhaltenen Anteile nicht ausgeschlossen oder beschränkt sein (vgl. Beispiel 1)

oder

– ein Einbringungsgewinn wird aufgrund Artikel 8 Richtlinie 2009/133/EG nicht besteuert (vgl. Beispiel 2).

Auf den Wertansatz bei der übernehmenden Gesellschaft kommt es in diesen Fällen nicht an (keine doppelte Buchwertverknüpfung).

Anhang 28
Umwandlungssteuerrecht

Beispiel 1:
Kein Ausschluss oder keine Beschränkung des Besteuerungsrechts
Der in Deutschland ansässige Gesellschafter A (natürliche Person) ist alleiniger Gesellschafter der inländischen A-GmbH. Er bringt seine Anteile an der A-GmbH in die in Großbritannien ansässige X-Ltd. ausschließlich gegen Gewährung neuer Gesellschaftsrechte ein.

Lösung:
Die Einbringung fällt nach § 1 Absatz 4 Nummer 1 UmwStG in den Anwendungsbereich des UmwStG, weil die aufnehmende X-Ltd. eine Gesellschaft i. S. v. § 1 Absatz 2 UmwStG ist. Auf die Ansässigkeit des Einbringenden und die Ansässigkeit der Gesellschaft, deren Anteile eingebracht werden, kommt es nicht an.
Nach § 21 Absatz 1 Satz 1 UmwStG sind die i. R. eines Anteilstauschs eingebrachten Anteile bei der übernehmenden Gesellschaft grundsätzlich mit dem gemeinen Wert anzusetzen. Dies gilt nach § 21 Absatz 1 Satz 2 UmwStG allerdings dann nicht, wenn eine mehrheitsvermittelnde Beteiligung eingebracht wird. In diesem Fall können die eingebrachten Anteile auch mit dem Buch- oder Zwischenwert angesetzt werden. Nach § 21 Absatz 2 Satz 1 UmwStG gilt grundsätzlich der Wert, mit dem die aufnehmende Gesellschaft die eingebrachten Anteile ansetzt, beim Einbringenden als Veräußerungspreis und als Anschaffungskosten der neuen Anteile.
In Abweichung hiervon sieht § 21 Absatz 2 Satz 2 erster Halbsatz UmwStG zwingend den Ansatz der eingebrachten Anteile mit dem gemeinen Wert vor, wenn das deutsche Besteuerungsrecht hinsichtlich des Gewinns aus der Veräußerung der eingebrachten Anteile nach der Einbringung ausgeschlossen oder beschränkt ist. In Rückausnahme zu § 21 Absatz 2 Satz 2 UmwStG können allerdings nach § 21 Absatz 2 Satz 3 Nummer 1 UmwStG auf Antrag des Einbringenden die erhaltenen Anteile mit dem Buch- oder Zwischenwert bewertet werden, wenn das Recht Deutschlands hinsichtlich des Gewinns aus der Veräußerung der erhaltenen Anteile nicht ausgeschlossen oder beschränkt ist.
Im Beispielsfall steht Deutschland nach dem DBA Großbritannien das alleinige Besteuerungsrecht für Gewinne aus der Veräußerung der erhaltenen (neuen) Anteile an der britischen X-Ltd., welche auch eine EU-Kapitalgesellschaft ist, zu. Überdies hält die X-Ltd. nach der Einbringung alle Anteile an der inländischen A-GmbH und hat hierfür als Gegenleistung dem A nur neue Anteile gewährt. Der Einbringende A kann somit nach § 21 Absatz 2 Satz 3 Nummer 1 UmwStG die Buchwertfortführung oder den Zwischenwertansatz auch dann wählen, wenn bei der aufnehmenden Gesellschaft (hier: Großbritannien) nicht der Buch- oder Zwischenwert angesetzt wird. Der Buch- oder Zwischenwert gilt dann als Anschaffungskosten der neuen Anteile.

Beispiel 2:
Ausschluss oder Beschränkung des Besteuerungsrechts
Fall wie oben, jedoch wird die Beteiligung an der inländischen A-GmbH durch die in Deutschland ansässige B-GmbH in die tschechische X s. r. o. eingebracht.

Lösung:
In diesem Fall wird zwar das Besteuerungsrecht an den eingebrachten Anteilen weder ausgeschlossen noch beschränkt, da nach dem DBA Tschechien weiterhin dem Sitzstaat der A-GmbH – das ist Deutschland – das Besteuerungsrecht hinsichtlich des Gewinns aus der Veräußerung der eingebrachten Anteile zusteht. Aber eine Beschränkung ergibt sich aus dem DBA Tschechien hinsichtlich des Gewinns aus der Veräußerung der erhaltenen Anteile, da das Besteuerungsrecht auch dem Sitzstaat der X s. r. o. – das ist Tschechien – zusteht. Der Buchwertansatz ist somit grundsätzlich nach § 21 Absatz 2 Satz 2 zweiter Halbsatz UmwStG ausgeschlossen.
In Rückausnahme zu § 21 Absatz 2 Satz 2 zweiter Halbsatz UmwStG können allerdings nach § 21 Absatz 2 Satz 3 Nummer 2 UmwStG auf Antrag des Einbringenden die erhaltenen Anteile mit dem Buch- oder Zwischenwert bewertet werden, wenn der Gewinn aufgrund Artikel 8 der Richtlinie 2009/133/EG nicht besteuert werden darf. Dies ist dann der Fall, wenn neben der übernehmenden Gesellschaft auch die eingebrachte Gesellschaft in einem Mitgliedstaat der EU/EWR ansässig ist und die Zuzahlung 10 % des Nennwerts der ausgegebenen Anteile nicht überschreitet. Die Einbringung der Anteile an der A-GmbH durch die B-

GmbH in die tschechische X s.r.o. im Wege des qualifizierten Anteilstauschs fällt in den Anwendungsbereich der FusionsRL. Die einbringende B-GmbH kann folglich nach § 21 Absatz 2 Satz 3 Nummer 2 UmwStG den Buch- oder Zwischenwertansatz wählen.

V. Besteuerung des aus dem Anteilstausch resultierenden Gewinns beim Einbringenden

Die steuerliche Behandlung des aus dem Anteilstausch resultierenden Gewinns beim Einbringenden erfolgt nach den allgemeinen Vorschriften über die Veräußerung von Kapitalanteilen (z. B. §§ 13, 15, 16, 17 und 18 i. V. m. § 3 Nummer 40 und §§ 20, 32d Absatz 1 EStG, § 8b KStG).

21.16

VI. Steuerlicher Übertragungsstichtag (Einbringungszeitpunkt)

Für die Bestimmung des Zeitpunkts des Anteilstauschs ist auf den Zeitpunkt der Übertragung des wirtschaftlichen Eigentums der eingebrachten Anteile auf die übernehmende Gesellschaft abzustellen. §§ 2 und 20 Absatz 5 und 6 UmwStG sind nicht anzuwenden.

21.17

D. Besteuerung des Anteilseigners (§ 22 UmwStG)

I. Allgemeines

Erfolgt die Sacheinlage oder der Anteilstausch nicht zum gemeinen Wert, ist in den Fällen der Veräußerung der erhaltenen Anteile oder der eingebrachten Anteile innerhalb eines Zeitraums von sieben Jahren nach dem Einbringungszeitpunkt § 22 UmwStG anzuwenden.

22.01

Dabei führt in den Fällen der Sacheinlage die Veräußerung der erhaltenen Anteile zur Anwendung von § 22 Absatz 1 UmwStG (Besteuerung des Einbringungsgewinns I), soweit diese nicht auf miteingebrachte Anteile an Kapitalgesellschaften oder Genossenschaften entfallen (§ 22 Absatz 1 Satz 5 erster Halbsatz UmwStG).

22.02

Ist Einbringender eine Personengesellschaft (vgl. Randnr. 20.03), ist wegen des Transparenzprinzips sowohl eine Veräußerung der sperrfristbehafteten Anteile durch die Personengesellschaft selbst als auch der Veräußerung eines Mitunternehmeranteils, zu dessen Betriebsvermögen die sperrfristbehafteten Anteile gehören, durch den Mitunternehmer ein Veräußerungsvorgang i. S. v. § 22 Absatz 1 Satz 1 UmwStG. Dies gilt infolge des Transparenzprinzips auch, wenn bei doppel- oder mehrstöckigen Personengesellschaften eine mittelbare Veräußerung eines Mitunternehmeranteils erfolgt. Die Voraussetzungen des § 1 Absatz 4 und des § 22 UmwStG sind gesellschafterbezogen zu prüfen.

In den Fällen des Anteilstauschs sowie in den Fällen der Sacheinlage unter Miteinbringung von Anteilen an Kapitalgesellschaften oder Genossenschaften führt die Veräußerung der eingebrachten Anteile durch die übernehmende Gesellschaft zur Anwendung von § 22 Absatz 2 UmwStG (Besteuerung des Einbringungsgewinns II), soweit die eingebrachten Anteile im Zeitpunkt der Einbringung nicht nach § 8b Absatz 2 KStG hätten steuerfrei veräußert werden können.

In den Fällen der Sacheinlage gelten die erhaltenen Anteile als Anteile i. S. d. § 22 Absatz 1 UmwStG und in den Fällen des Anteilstauschs die eingebrachten Anteile als Anteile i. S. d. § 22 Absatz 2 UmwStG (sog. sperrfristbehaftete Anteile).

Die Veräußerung der sperrfristbehafteten Anteile sowie die nach § 22 Absatz 1 Satz 6 und Absatz 2 Satz 6 UmwStG der Veräußerung gleichgestellten Ersatzrealisationstatbestände lösen die rückwirkende Besteuerung des Einbringungsgewinns I oder II beim Einbringenden im Einbringungszeitpunkt aus (siehe Randnr. 22.18 ff.). Dies gilt auch in den Fällen der unentgeltlichen Rechtsnachfolge (§ 22 Absatz 6 UmwStG; vgl. Randnr. 22.41 f.) und in den Fällen der Mitverstrickung von Anteilen (§ 22 Absatz 7

22.03

UmwStG; vgl. Randnr. 22.43–22.46). Die Veräußerung der Anteile und die gleichgestellten Tatbestände gelten dabei im Hinblick auf die Steuerbescheide des Einbringenden für das Einbringungsjahr als rückwirkendes Ereignis i. S. v. § 175 Absatz 1 Satz 1 Nummer 2 AO.

22.04 Wird nur ein Teil der sperrfristbehafteten Anteile veräußert oder ist nur hinsichtlich eines Teils der sperrfristbehafteten Anteile ein der Veräußerung der Anteile gleichgestellter Tatbestand i. S. v. § 22 Absatz 1 Satz 6 und Absatz 2 Satz 6 UmwStG erfüllt, erfolgt auch die rückwirkende Einbringungsgewinnbesteuerung nur anteilig (§ 22 Absatz 1 Satz 1 und Absatz 2 Satz 1 UmwStG).

Beispiel:
X bringt sein Einzelunternehmen (gemeiner Wert 170.000 €) am 1.1.08 gegen Gewährung von Anteilen zum Buchwert 100.000 € in die neu gegründete A-GmbH (Stammkapital 50.000 €) ein. Am 1.7.09 veräußert X 10 % der Anteile an der A-GmbH für 20.000 €.

Lösung:
Die Veräußerung der sperrfristbehafteten Anteile in 09 führt anteilig (10 %) zu einer rückwirkenden Einbringungsgewinnbesteuerung zum 1.1.08 (§ 22 Absatz 1 Satz 1 UmwStG):

anteiliges eingebrachtes Betriebsvermögen: 10 % von 170.000 € =	17.000 €
./. anteiliger Buchwert der Anteile: 10 % von 100.000 € =	10.000 €
anteiliger Einbringungsgewinn I vor Siebtelregelung	7.000 €
./. 1/7 (§ 22 Absatz 1 Satz 3 UmwStG)	1.000 €
zu versteuernder Einbringungsgewinn I	<u>6.000 €</u>

Ermittlung des Veräußerungsgewinns aus den Anteilen an der A-GmbH zum 1.7.09:

Veräußerungspreis	20.000 €
./. ursprüngliche Anschaffungskosten	10.000 €
./. nachträgliche Anschaffungskosten aus Einbringungsgewinn I	6.000 €
Veräußerungsgewinn nach § 17 EStG	4.000 €
davon steuerpflichtig (Teileinkünfteverfahren) 60 %	<u>2.400 €</u>

22.05 Die steuerliche Behandlung der Veräußerung der sperrfristbehafteten Anteile erfolgt nach den allgemeinen Vorschriften über die Veräußerung von Kapitalanteilen (z. B. §§ 13, 15, 16, 17 und 18 i. V. m. § 3 Nummer 40 sowie § 20, § 32d Absatz 1 EStG, § 8b KStG).

22.06 Hält der Einbringende oder der unentgeltliche Rechtsnachfolger i. R. einer Sacheinlage oder eines Anteilstauschs unter dem gemeinen Wert erhaltene Anteile im Privatvermögen, erzielt er aus der Veräußerung der Anteile auch dann Einkünfte aus Gewerbebetrieb i. S. v. § 17 Absatz 1 EStG, wenn er innerhalb der letzten fünf Jahre am Kapital der Gesellschaft nicht unmittelbar oder mittelbar zu mindestens 1 % beteiligt war (§ 17 Absatz 6 EStG). In den Fällen des Anteilstauschs gilt dies nur, wenn der Einbringende zum Einbringungszeitpunkt innerhalb der letzten fünf Jahre am Kapital der eingebrachten Gesellschaft unmittelbar oder mittelbar zu mindestens 1 % beteiligt war (§ 17 Absatz 6 Nummer 2 erste Alternative EStG). § 17 Absatz 6 EStG ist unabhängig vom Ablauf des in § 22 Absatz 1 und 2 UmwStG geregelten Siebenjahreszeitraums anzuwenden.

II. Rückwirkende Besteuerung des Einbringungsgewinns (§ 22 Absatz 1 und 2 UmwStG)

1. Sacheinlage (§ 22 Absatz 1 UmwStG)

22.07 Im Fall der Veräußerung erhaltener Anteile durch den Einbringenden oder der Verwirklichung eines nach § 22 Absatz 1 Satz 6 UmwStG der Veräußerung gleichgestellten Ersatzrealisationstatbestands innerhalb des Siebenjahreszeitraums ist rückwirkend auf

Anhang 28
Umwandlungssteuerrecht

den Einbringungszeitpunkt der Einbringungsgewinn I als Gewinn des Einbringenden i. S. v. § 16 EStG zu versteuern. Dabei sind § 16 Absatz 4 und § 34 EStG nicht anzuwenden. Dies gilt auch beim Eintritt eines schädlichen Ereignisses innerhalb des ersten Zeitjahres nach der Einbringung. Hinsichtlich der Zugehörigkeit des Einbringungsgewinns I zum Gewerbeertrag gelten die allgemeinen Grundsätze (vgl. § 7 Satz 2 GewStG). Werden nicht sämtliche erhaltenen Anteile in einem Vorgang veräußert, ist für Zwecke des § 7 Satz 2 GewStG nicht mehr von der Veräußerung eines Betriebs, Teilbetriebs etc. auszugehen. § 6b EStG findet auf den Einbringungsgewinn I keine Anwendung. Die sukzessive Veräußerung der erhaltenen Anteile führt deshalb dazu, dass der dadurch jeweils ausgelöste Einbringungsgewinn I zum Gewerbeertrag gehört.

Veräußerung ist jede Übertragung gegen Entgelt. Hierzu gehören insbesondere auch Umwandlungen und Einbringungen; z. B. Verschmelzung, Auf- oder Abspaltung, Formwechsel (vgl. Randnr. 00.02).

Für Zwecke der Berechnung des Einbringungsgewinns I ist (ggf. nachträglich) der gemeine Wert des eingebrachten Betriebsvermögens (ohne miteingebrachte Anteile an Kapitalgesellschaften und Genossenschaften) auf den Einbringungszeitpunkt zu ermitteln. Der Einbringungsgewinn I vermindert sich für jedes seit dem Einbringungszeitpunkt abgelaufene Zeitjahr um 1/7. 22.08

Der Einbringungsgewinn I berechnet sich demnach wie folgt (§ 22 Absatz 1 Satz 3 UmwStG):

	Gemeiner Wert des eingebrachten Betriebsvermögens (ohne miteingebrachte Anteile an Kapitalgesellschaften und Genossenschaften)
./.	Kosten des Vermögensübergangs (vgl. Randnr. 22.09)
./.	Wertansatz bei der übernehmenden Gesellschaft
=	Einbringungsgewinn I vor Siebtelregelung
./.	Verringerung um je 1/7 pro abgelaufenes Zeitjahr seit Einbringung
=	zu versteuernder Einbringungsgewinn I

Im Jahr der Einbringung ist der laufende Gewinn um die bei der Ermittlung des rückwirkend zu versteuernden Einbringungsgewinns abgezogenen Kosten des Vermögensübergangs zu erhöhen, soweit diese (zutreffend) den laufenden Gewinn oder den Einbringungsgewinn (wenn die Einbringung z. B. zu Zwischenwerten erfolgte) gemindert haben. 22.09

Der Einbringungsgewinn I gilt nach § 22 Absatz 1 Satz 4 UmwStG als nachträgliche Anschaffungskosten der erhaltenen Anteile im Einbringungszeitpunkt. Wurden die erhaltenen Anteile durch einen Vorgang i. S. v. § 22 Absatz 1 Satz 6 UmwStG zum Buchwert weitereingebracht, erhöhen sich auch die Anschaffungskosten der auf den erhaltenen Anteilen beruhenden Anteile entsprechend (§ 22 Absatz 1 Satz 7 UmwStG). Damit vermindert sich der Gewinn aus der Veräußerung der erhaltenen Anteile ebenso wie der Gewinn aus der Veräußerung der auf den erhaltenen Anteilen beruhenden Anteile nach z. B. §§ 13, 15, 16, 17 und 18 EStG entsprechend. 22.10

Ist das Besteuerungsrecht der Bundesrepublik Deutschland hinsichtlich des Gewinns aus der Veräußerung der erhaltenen Anteile ausgeschlossen oder beschränkt, umfasst der Einbringungsgewinn I auch die stillen Reserven der i. R. d. Sacheinlage miteingebrachten Anteile (§ 22 Absatz 1 Satz 5 zweiter Halbsatz UmwStG). 22.11

Beispiel:
Der in Frankreich ansässige X bringt seine inländische Betriebsstätte, zu der Anteile an der inländischen Y-GmbH gehören, in 01 in die Z-GmbH ein. In 02 veräußert er die im Privatvermögen gehaltenen Anteile an der Z-GmbH.

Lösung:
Durch die Anteilsveräußerung in 02 entsteht gem. § 22 Absatz 1 Satz 3 UmwStG ein Einbringungsgewinn I i. H. d. stillen Reserven des Betriebsvermögens der inländischen Betriebsstätte. Dabei ist gem. § 22 Absatz 1 erster Halbsatz UmwStG die Beteiligung an der Y-GmbH grundsätzlich auszunehmen. Da durch das DBA Frankreich jedoch das deutsche Besteuerungsrecht hinsichtlich des Gewinns aus der Veräußerung der erhaltenen Anteile ausgeschlossen ist, sind nach § 22 Absatz 1 Satz 5 zweiter Halbsatz UmwStG auch die auf die Anteile an der Y-GmbH entfallenden stillen Reserven in die Besteuerung des Einbringungsgewinns I einzubeziehen; insoweit ist § 3 Nummer 40 EStG anzuwenden.

2. Anteilstausch und Miteinbringung von Anteilen an Kapitalgesellschaften oder Genossenschaften bei Sacheinlage (§ 22 Absatz 2 UmwStG)

22.12 Im Fall der Veräußerung eingebrachter Anteile durch die übernehmende Gesellschaft oder der Verwirklichung eines nach § 22 Absatz 2 Satz 6 i. V. m. Absatz 1 Satz 6 UmwStG der Veräußerung gleichgestellten Ersatzrealisationstatbestands innerhalb des Siebenjahreszeitraums ist beim Einbringenden rückwirkend auf den Einbringungszeitpunkt der Einbringungsgewinn II als Gewinn des Einbringenden aus der Veräußerung von Anteilen (z. B. nach §§ 13, 15, 16, 17 und 18 i. V. m. § 3 Nummer 40 sowie §§ 20, 32d Absatz 1 EStG, § 8b KStG) zu versteuern. Dies gilt nur insoweit, als beim Einbringenden der Gewinn aus der Veräußerung dieser Anteile im Einbringungszeitpunkt nicht nach § 8b Absatz 2 KStG steuerfrei gewesen wäre. Dies ist insbesondere dann der Fall, wenn der Einbringende eine natürliche Person oder ein Kreditinstitut oder ein Lebens- oder Krankenversicherungsunternehmen in der Rechtsform einer Körperschaft ist, bei der die Steuerbefreiung hinsichtlich der eingebrachten Anteile nach § 8b Absatz 7 oder 8 KStG ausgeschlossen ist, sowie bei Anteilen i. S. v. § 8b Absatz 4 KStG a. F. (§ 22 Absatz 2 Satz 1 UmwStG, vgl. Randnr. 27.02).

22.13 Bei der rückwirkenden Einbringungsgewinnbesteuerung kommt der Freibetrag nach § 16 Absatz 4 EStG nicht zur Anwendung. Dies gilt auch beim Eintritt eines schädlichen Ereignisses innerhalb des ersten Zeitjahres nach der Einbringung. Der Einbringungsgewinn II gehört bei Anteilen im Betriebsvermögen zum Gewerbeertrag. § 6b EStG findet auf den Einbringungsgewinn II keine Anwendung.

22.14 Für Zwecke der Berechnung des Einbringungsgewinns II ist (ggf. nachträglich) der gemeine Wert der eingebrachten Anteile auf den Einbringungszeitpunkt zu ermitteln. Der Einbringungsgewinn II vermindert sich für jedes seit dem Einbringungszeitpunkt abgelaufene Zeitjahr um 1/7.

Der Einbringungsgewinn II berechnet sich demnach wie folgt (§ 22 Absatz 2 Satz 3 UmwStG):

Gemeiner Wert der eingebrachten Anteile
./. Kosten des Vermögensübergangs (vgl. Randnr. 22.09)
./. Wertansatz der erhaltenen Anteile beim Einbringenden
= Einbringungsgewinn II vor Siebtelregelung
./. Verringerung um je 1/7 pro abgelaufenes Zeitjahr seit Einbringung
= zu versteuernder Einbringungsgewinn II

22.15 Bei der Berechnung des Einbringungsgewinns II ist der Wertansatz der erhaltenen Anteile um den gemeinen Wert der sonstigen Gegenleistung (§ 20 Absatz 3 Satz 3 i. V. m. § 21 Absatz 2 Satz 6 UmwStG) zu erhöhen.

22.16 Der Einbringungsgewinn II gilt nach § 22 Absatz 2 Satz 4 UmwStG als nachträgliche Anschaffungskosten der erhaltenen Anteile. Wurden die erhaltenen Anteile durch einen Vorgang i. S. v. § 22 Absatz 1 Satz 6 Nummer 2 UmwStG zum Buchwert weitereingebracht, erhöhen sich auch die Anschaffungskosten der auf den erhaltenen Anteilen beruhenden Anteile beim Einbringenden und der übernehmenden Gesellschaft entsprechend (§ 22 Absatz 2 Satz 7 i. V. m. Absatz 1 Satz 7 UmwStG). Damit vermindert sich der Gewinn aus einer nachfolgenden Veräußerung der erhaltenen Anteile und der auf diesen Anteilen beruhenden Anteile entsprechend.

Hat der Einbringende die erhaltenen Anteile bereits ganz oder teilweise veräußert, kommt es insoweit nicht zur rückwirkenden Einbringungsgewinnbesteuerung (§ 22 Absatz 2 Satz 5 UmwStG). Dies gilt auch, soweit aufgrund eines Vorgangs i. S. v. § 6 AStG die erhaltenen Anteile der Wegzugsbesteuerung zu unterwerfen sind, wenn und soweit die Steuer nicht gestundet wird (§ 22 Absatz 2 Satz 5 zweiter Halbsatz UmwStG). 22.17

III. Die die rückwirkende Einbringungsgewinnbesteuerung auslösenden Ereignisse i. S. d. § 22 Absatz 1 Satz 6 i. V. m. Absatz 2 Satz 6 UmwStG)

1. Allgemeines

Zu einer rückwirkenden Besteuerung des Einbringungsgewinns I kommt es auch, wenn durch den Einbringenden oder dessen Rechtsnachfolger innerhalb des Siebenjahreszeitraums ein Vorgang i. S. v. § 22 Absatz 1 Satz 6 Nummer 1 bis 5 UmwStG verwirklicht wird. Dies gilt auch, wenn beim Einbringenden, bei der übernehmenden Gesellschaft oder bei deren unentgeltlichen Rechtsnachfolgern die Voraussetzungen des § 1 Absatz 4 UmwStG nicht mehr erfüllt sind (§ 22 Absatz 1 Satz 6 Nummer 6 UmwStG). 22.18

In den Fällen des Anteilstauschs löst die Verwirklichung eines Vorgangs i. S. v. § 22 Absatz 1 Satz 6 Nummer 1 bis 5 UmwStG innerhalb des Siebenjahreszeitraums durch die übernehmende Gesellschaft oder deren unentgeltlichen Rechtsnachfolger die rückwirkende Besteuerung des Einbringungsgewinns II aus (§ 22 Absatz 2 Satz 6 UmwStG). Dies gilt auch, wenn bei der übernehmenden Gesellschaft oder bei deren unentgeltlichem Rechtsnachfolger die Voraussetzungen des § 1 Absatz 4 UmwStG nicht mehr erfüllt sind (§ 22 Absatz 2 Satz 6 zweiter Halbsatz UmwStG). 22.19

2. Unentgeltliche Übertragungen

Die unmittelbare oder mittelbare unentgeltliche Übertragung der sperrfristbehafteten Anteile (z. B. im Wege der verdeckten Einlage, der verdeckten Gewinnausschüttung, der Realteilung oder die unentgeltliche Übertragung nach § 6 Absatz 3 und 5 EStG) auf eine Kapitalgesellschaft oder Genossenschaft stellt ein die rückwirkende Einbringungsgewinnbesteuerung auslösendes Ereignis dar (§ 22 Absatz 1 Satz 6 Nummer 1 UmwStG). 22.20

3. Entgeltliche Übertragungen

Die entgeltliche Übertragung der sperrfristbehafteten Anteile führt grundsätzlich zur rückwirkenden Einbringungsgewinnbesteuerung nach § 22 Absatz 1 Satz 1 oder Absatz 2 Satz 1 UmwStG beim Einbringenden. 22.21

Umwandlungen und Einbringungen stellen grundsätzlich Veräußerungen i. S. v. § 22 Absatz 1 Satz 1 UmwStG dar (vgl. Randnr. 22.07 und Randnr. 00.02), die die rückwirkende Einbringungsgewinnbesteuerung auslösen. Dies gilt jedoch dann nicht, wenn der Einbringende oder dessen unentgeltlicher Rechtsnachfolger nachweist, dass die sperrfristbehafteten Anteile im Wege der Sacheinlage (§ 20 Absatz 1 UmwStG) oder des Anteilstauschs (§ 21 Absatz 1 UmwStG) bzw. aufgrund mit diesen Vorgängen vergleichbaren ausländischen Vorgängen zum Buchwert übertragen wurden (§ 22 Absatz 1 Satz 6 Nummer 2 UmwStG). Eine Übertragung zum Buchwert liegt vor, wenn beim Einbringenden stille Reserven nicht aufzudecken sind. 22.22

Beispiel:
Der in Deutschland ansässige X bringt sein inländisches Einzelunternehmen in 01 zum Buchwert in die österreichische A-GmbH gegen Gewährung von Anteilen ein. In 03 bringt er die sperrfristbehafteten Anteile an der A-GmbH im Wege des Anteilstauschs gegen Gewährung von Anteilen auf Antrag zum Buchwert in die französische F-SA ein.

Lösung:
Die Einbringung des Einzelunternehmens zum Buchwert in die österreichische A-GmbH ist nach § 20 Absatz 2 Satz 2 UmwStG möglich, wenn das Besteuerungsrecht der Bundesrepublik Deutschland hinsichtlich des Gewinns aus der Veräußerung des eingebrachten Betriebsvermögens nicht ausgeschlossen oder beschränkt wird. Die Weitereinbringung der sperrfristbehafteten Anteile an der A-GmbH in 03 im Wege des Anteilstauschs (§ 21 Absatz 1 UmwStG) in die F-SA stellt grundsätzlich einen die rückwirkende Einbringungsgewinnbesteuerung auslösenden Veräußerungsvorgang dar (§ 22 Absatz 1 Satz 1 UmwStG). Da die Weitereinbringung auf Antrag nach § 21 Absatz 2 Satz 3 Nummer 1 UmwStG zum Buchwert erfolgt, ist diese jedoch nach § 22 Absatz 1 Satz 6 Nummer 2 unschädlich. Eine rückwirkende Einbringungsgewinnbesteuerung der Sacheinlage 01 wird somit durch die grenzüberschreitende Weitereinbringung der sperrfristbehafteten Anteile nicht ausgelöst.

22.23 Grundsätzlich führt jede der Einbringung in eine Kapitalgesellschaft nachfolgende Umwandlung oder Einbringung sowohl des Einbringenden als auch der übernehmenden Kapitalgesellschaft sowie die umwandlungsbedingte Übertragung der sperrfristbehafteten Anteile zu einer Veräußerung i. S. d. § 22 Absatz 1 Satz 1 oder Absatz 2 Satz 1 UmwStG (vgl. Randnr. 22.07 und Randnr. 00.02), die die Einbringungsgewinnbesteuerung nach § 22 Absatz 1 bzw. Absatz 2 UmwStG auslöst. Nach § 22 Absatz 1 Satz 6 Nummer 2, 4 und 5 jeweils zweiter Halbsatz UmwStG kann jedoch eine Ausnahme von diesem allgemeinen ertragsteuerlichen Grundsatz nur erfolgen, wenn eine nachfolgende Einbringung der sperrfristbehafteten Anteile nach § 20 Absatz 1, § 21 Absatz 1 UmwStG bzw. aufgrund eines mit diesen Vorgängen vergleichbaren ausländischen Vorgangs zum Buchwert erfolgt.

Aus Billigkeitsgründen kann im Einzelfall auch bei Umwandlungen zu Buchwerten auf übereinstimmenden Antrag aller Personen, bei denen ansonsten infolge des Umwandlungsvorgangs ein Einbringungsgewinn rückwirkend zu versteuern wäre, von einer rückwirkenden Einbringungsgewinnbesteuerung abgesehen werden. Dies setzt zumindest voraus, dass

– keine steuerliche Statusverbesserung eintritt (d. h. die Besteuerung eines Einbringungsgewinns I bzw. II nicht verhindert wird),

– sich keine stillen Reserven von den sperrfristbehafteten Anteilen auf Anteile eines Dritten verlagern,

– deutsche Besteuerungsrechte nicht ausgeschlossen oder eingeschränkt werden und

– die Antragsteller sich damit einverstanden erklären, dass auf alle unmittelbaren oder mittelbaren Anteile an einer an der Umwandlung beteiligten Gesellschaft § 22 Absatz 1 und 2 UmwStG entsprechend anzuwenden ist, wobei Anteile am Einbringenden regelmäßig nicht einzubeziehen sind (vgl. zu einer vergleichbaren Problematik die Randnr. 22 des BMF-Schreibens vom 16.12.2003, BStBl I S. 786).

Bei der Prüfung eines solchen Antrags ist die gesetzgeberische Grundsatzentscheidung zu berücksichtigen, dass § 22 UmwStG keine Generalklausel enthält, wonach unter bestimmten allgemeinen Voraussetzungen bei nachfolgenden Umwandlungen von der Einbringungsgewinnbesteuerung abgesehen werden kann. § 22 Absatz 1 und 2 UmwStG lassen lediglich punktuelle Ausnahmen zu (vgl. § 22 Absatz 1 Satz 6 Nummer 2, 4 und 5 UmwStG). Von der Einbringungsgewinnbesteuerung kann deswegen nur dann aus Billigkeitsgründen abgesehen werden, wenn der konkrete Einzelfall in jeder Hinsicht mit den in § 22 Absatz 1 Satz 6 Nummer 2, 4 und 5 UmwStG enthaltenen Ausnahmetatbeständen vergleichbar ist. Dabei ist auch die gesetzgeberische Grundentscheidung zu berücksichtigen, dass § 22 UmwStG anders als für Einbringungen i. S. d. §§ 20, 21 UmwStG keine Rückausnahme für Einbringungen i. S. d. § 24 UmwStG vorgesehen hat. Nicht vergleichbar sind Umwandlungen z. B. dann, wenn sie ohne Gewährung von Anteilen oder Mitgliedschaften an Kapitalgesellschaften oder Genossenschaften erfolgen (z. B. in den Fällen des § 54 Absatz 1 Satz 3 UmwG).

Die Billigkeitsregelung kann nicht in Anspruch genommen werden, wenn in einer Gesamtschau die Umwandlung der Veräußerung des eingebrachten Vermögens dient. Hiervon ist auszugehen, wenn der Einbringende nach der Umwandlung an dem ursprünglich eingebrachten Betriebsvermögen nicht mehr unmittelbar oder mittelbar beteiligt ist (z. B. bei der Trennung von Gesellschafterstämmen, auch wenn diese nach § 15 UmwStG steuerneutral erfolgen kann).

Beispiel 1 (Seitwärtsverschmelzung des Einbringenden):
Die GmbH 1 bringt ihren Betrieb zu Buchwerten in die GmbH 2 ein. Anschließend wird die GmbH 1 auf die GmbH 3 innerhalb der Siebenjahresfrist zu Buchwerten verschmolzen.

Lösung:
Die Anteile an der GmbH 2 sind sperrfristbehaftet. Die Übertragung der Anteile an der GmbH 2 i. R. d. Verschmelzung der GmbH 1 stellt einen Veräußerungsvorgang i. S. d. § 22 Absatz 1 Satz 1 UmwStG dar.
Werden i. R. d. Verschmelzung nach § 11 Absatz 2 UmwStG die Buchwerte angesetzt, kann i. R. d. Billigkeitsregelung je nach Lage des Einzelfalls und bei Vorliegen der obigen Voraussetzungen von der Anwendung des § 22 Absatz 1 Satz 1 UmwStG bei der GmbH 1 abgesehen werden.

Alternative:
Sachverhalt wie Beispiel 1. Es erfolgt jedoch eine Verschmelzung der GmbH 1 auf eine Personengesellschaft.

Lösung Alternative:
Bei einer Seitwärtsverschmelzung der GmbH 1 nach §§ 3 ff. UmwStG ist die gesetzgeberische Grundentscheidung zu berücksichtigen, dass eine Weitereinbringung sperrfristbehafteter Anteile nach § 24 UmwStG nicht von den Ausnahmetatbeständen nach § 22 Absatz 1 Satz 6 Nummer 2, 4 und 5 UmwStG erfasst wird. Für die Umwandlung des Einbringenden nach §§ 3 ff. UmwStG kommt ein Absehen von der Anwendung des § 22 Absatz 1 Satz 1 UmwStG i. R. d. Billigkeitsregelung deshalb nicht in Betracht.

Beispiel 2 (Seitwärtsverschmelzung der übernehmenden Gesellschaft):
Die GmbH 1 bringt ihren Betrieb zu Buchwerten in die GmbH 2 ein. Anschließend wird die GmbH 2 zu Buchwerten auf die GmbH 3 innerhalb der Siebenjahresfrist gegen Gewährung von Gesellschaftsrechten verschmolzen.

Lösung:
Die Anteile an der GmbH 2 sind sperrfristbehaftet. Die Verschmelzung der GmbH 2 stellt einen Veräußerungsvorgang i. S. d. § 22 Absatz 1 Satz 1 UmwStG dar. Wenn die aufgrund der Verschmelzung erhaltenen Anteile an der übernehmenden GmbH 3 nach § 13 Absatz 2 Satz 2 UmwStG mit dem Buchwert angesetzt werden, kann i. R. d. Billigkeitsregelung je nach Lage des Einzelfalls und bei Vorliegen der obigen Voraussetzungen von der Anwendung des § 22 Absatz 1 Satz 1 UmwStG bei der GmbH 1 abgesehen werden.
Werden von der übernehmenden Gesellschaft im zeitlichen Zusammenhang mit der Umwandlung Gewinnausschüttungen getätigt, kann es jedoch z. B. zu einer Statusverbesserung kommen, wenn infolge der Umwandlung (z. B. aufgrund einer unterjährigen Zuführung eines Bestands des steuerlichen Einlagekontos beim übernehmenden Rechtsträger) das Auslösen eines Ersatzrealisationstatbestands nach § 22 Absatz 1 Satz 6 Nummer 3 UmwStG verhindert werden soll.

Anhang 28
Umwandlungssteuerrecht

Alternative:
Sachverhalt wie Beispiel 2. Es erfolgt jedoch eine Verschmelzung der GmbH 2 auf eine Personengesellschaft.

Lösung Alternative:
Bei einer Seitwärtsverschmelzung der GmbH 2 nach §§ 3 ff. UmwStG liegt infolge des Untergangs der sperrfristbehafteten Anteile insoweit bereits kein mit einer Weitereinbringung i. S. d. § 22 Absatz 1 Satz 6 Nummer 2, 4 und 5 UmwStG vergleichbarer Vorgang vor. Ein Absehen von der Anwendung des § 22 Absatz 1 Satz 1 UmwStG i. R. d. Billigkeitsregelung kommt deshalb nicht in Betracht.

Beispiel 3 („Rückumwandlung"):
Die GmbH 1 bringt ihren Betrieb zu Buchwerten in die GmbH 2 ein. Anschließend wird die GmbH 2 auf die GmbH 1 innerhalb der Siebenjahresfrist zu Buchwerten verschmolzen, wodurch die sperrfristbehafteten Anteile untergehen.

Lösung:
Die Aufwärtsverschmelzung stellt einen Veräußerungsvorgang i. S. d. § 22 Absatz 1 Satz 1 UmwStG dar und löst damit die rückwirkende Einbringungsgewinnbesteuerung i. S. d. § 22 Absatz 1 Satz 1 UmwStG aus.

Aufgrund des Untergangs der sperrfristbehafteten Anteile liegt kein mit einer Weitereinbringung vergleichbarer Vorgang vor. Im Übrigen widerspricht dies der Wertungsentscheidung des Gesetzgebers in § 22 Absatz 1 Satz 6 Nummer 3 UmwStG betreffend die Auflösung und Abwicklung der übernehmenden Gesellschaft. Ein Absehen von der Anwendung des § 22 Absatz 1 Satz 1 UmwStG i. R. d. Billigkeitsregelung kommt deshalb nicht in Betracht.

22.24 Die Auflösung und Abwicklung einer Kapitalgesellschaft, an der die sperrfristbehafteten Anteile bestehen, löst in vollem Umfang die rückwirkende Einbringungsbesteuerung (§ 22 Absatz 1 Satz 6 Nummer 3 und Absatz 2 Satz 6 UmwStG) auf den Zeitpunkt der Schlussverteilung des Vermögens aus. Dies gilt unabhängig davon, wer in diesem Zeitpunkt Gesellschafter der Kapitalgesellschaft ist. Das Insolvenzverfahren löst mangels Abwicklung (§ 11 Absatz 7 KStG) den Ersatztatbestand nicht aus.

In den Fällen der Kapitalherabsetzung und der Einlagenrückgewähr (§ 27 KStG), kommt es nur insoweit zu einer rückwirkenden Einbringungsgewinnbesteuerung, als der tatsächlich aus dem steuerlichen Einlagekonto i. S. v. § 27 KStG ausgekehrte Betrag den Buchwert bzw. die Anschaffungskosten der sperrfristbehafteten Anteile im Zeitpunkt der Einlagenrückgewähr übersteigt. Der übersteigende Betrag gilt dabei unter Anwendung der Siebtelregelung als Einbringungsgewinn, wenn dieser den tatsächlichen Einbringungsgewinn (§ 22 Absatz 1 Satz 3 und Absatz 2 Satz 3 UmwStG) nicht übersteigt. Dies gilt auch in den Fällen von Mehrabführungen i. S. d. § 14 Absatz 3 oder 4 KStG, soweit dafür das steuerliche Einlagekonto i. S. v. § 27 KStG als verwendet gilt. In den Fällen organschaftlicher Mehrabführungen ist dabei der Buchwert der sperrfristbehafteten Anteile im Zeitpunkt der Mehrabführung um aktive und passive Ausgleichsposten i. S. v. § 14 Absatz 4 KStG zu korrigieren.

Die vorstehenden Grundsätze gelten auch in den Fällen der Ketteneinbringung.

Beispiel:
A ist seit der Gründung zu 100 % an der A-GmbH beteiligt (Nennkapital 50.000 €, Anschaffungskosten inkl. nachträglicher Anschaffungskosten 500.000 €, gemeiner Wert des Betriebsvermögens 240.000 €). Zum 31.12.07 bringt er sein Einzelunternehmen (Buchwert 100.000 €, gemeiner Wert 240.000 €) gegen Gewährung von Gesellschaftsrechten zum Nennwert von 50.000 € in die A-GmbH ein; der übersteigende Betrag wurde der Kapitalrücklage zugeführt. Die A-GmbH führt die Buchwerte fort. Im Juni 09 erhält A eine Ausschüttung der A-GmbH i. H. v. 700.000 €, für die i. H. v. 550.000 € das steuerliche Einlagekonto als verwendet gilt.

Anhang 28
Umwandlungssteuerrecht

Lösung:
Nach § 22 Absatz 1 Satz 6 Nummer 3 UmwStG kommt es im Fall der Einlagenrückgewähr grundsätzlich zu einer rückwirkenden Besteuerung des Einbringungsgewinns I. Dabei entfällt die Ausschüttung aus dem steuerlichen Einlagekonto anteilig (zu 50 %) auf die sperrfristbehafteten Anteile. Zunächst mindern sich aufgrund der (anteiligen) Verwendung des steuerlichen Einlagekontos für die Ausschüttung an A (steuerneutral) die Anschaffungskosten der sperrfristbehafteten Anteile des A i. H. v. 100.000 € bis auf 0 €. Soweit die Hälfte der aus dem steuerlichen Einlagekonto an A ausgekehrten Beträge die Anschaffungskosten des A für die sperrfristbehafteten Anteile übersteigt, entsteht ein Einbringungsgewinn I, der rückwirkend in 07 als Gewinn nach § 16 EStG zu versteuern ist:

Auf die sperrfristbehafteten Anteile entfallende Auskehrung aus dem steuerlichen Einlagekonto (50 % von 550.000 €)	275.000 €
./. Buchwert der sperrfristbehafteten Anteile	100.000 €
= Einbringungsgewinn I vor Siebtelung	175.000 €
davon 6/7	150.000 €

Der zu versteuernde Betrag darf aber den Einbringungsgewinn I i. S. v. § 22 Absatz 1 Satz 3 UmwStG nicht übersteigen (Deckelung):

gemeiner Wert des eingebrachten Betriebsvermögens im Zeitpunkt der Einbringung (31.12.07)	240.000 €
./. Buchwert der sperrfristbehafteten Anteile	100.000 €
= Einbringungsgewinn I vor Siebtelung	140.000 €
davon 6/7 = höchstens zu versteuernder Einbringungsgewinn I	120.000 €

Somit kommt es in 07 zu einer rückwirkenden Einbringungsgewinnbesteuerung i. H. v. 120.000 €. In derselben Höhe (120.000 €) entstehen nachträgliche Anschaffungskosten auf die sperrfristbehafteten Anteile des A. Damit ergibt sich in 09 im Hinblick auf die sperrfristbehafteten Anteile i. H. v. 55.000 € (Ausschüttung aus dem steuerlichen Einlagekonto 275.000 € ./. ursprüngliche Anschaffungskosten 100.000 € ./. nachträgliche Anschaffungskosten 120.000 €) ein Gewinn nach § 17 Absatz 4 EStG, auf den § 3 Nummer 40 EStG Anwendung findet.

Werden die sperrfristbehafteten Anteile mittels Sacheinlage oder Anteilstausch zum Buchwert nach § 22 Absatz 1 Satz 6 Nummer 2 UmwStG steuerunschädlich weiterübertragen (Ketteneinbringung), löst auch die unmittelbare oder mittelbare Veräußerung der sperrfristbehafteten Anteile durch die übernehmende Gesellschaft die rückwirkende Einbringungsgewinnbesteuerung beim Einbringenden aus (§ 22 Absatz 1 Satz 6 Nummer 4 und Absatz 2 Satz 6 und § 23 Absatz 1 UmwStG). Dies gilt nicht, wenn der Einbringende oder dessen unentgeltlicher Rechtsnachfolger nachweist, dass die sperrfristbehafteten Anteile im Wege der Sacheinlage (§ 20 Absatz 1 UmwStG) oder des Anteilstauschs (§ 21 Absatz 1 UmwStG) zum Buchwert oder durch einen vergleichbaren ausländischen Vorgang zum Buchwert übertragen wurden (§ 22 Absatz 1 Satz 6 Nummer 4 UmwStG). Randnr. 22.22 Satz 3 gilt entsprechend.

22.25

Beispiel:
X bringt sein Einzelunternehmen (gemeiner Wert 170.000 €) am 1.1.08 gegen Gewährung von Anteilen zum Buchwert 100.000 € in die neu gegründete A-GmbH (Stammkapital 50.000 €) ein. Am 1.3.09 überträgt er die sperrfristbehafteten Anteile an der A-GmbH (gemeiner Wert 220.000 €) i. R. eines qualifizierten Anteilstauschs (§ 21 Absatz 1 UmwStG) gegen Gewährung neuer Anteile zum Buchwert und damit steuerunschädlich (§ 22 Absatz 1 Satz 6 Nummer 2 UmwStG) auf die B-GmbH. Die B-GmbH überträgt ihrerseits zum 1.10.09 die sperrfristbehafteten Anteile an der A-GmbH (gemeiner Wert 275.000 €) i. R. eines qualifizierten Anteilstauschs (§ 21 Absatz 1 UmwStG) gegen Gewährung neuer Anteile zum Buchwert und damit steuerunschädlich (§ 22 Absatz 1 Satz 6 Nummer 4 UmwStG) auf die C-GmbH. Die C-GmbH veräußert die sperrfristbehafteten Anteile an der A-GmbH am 1.7.10 zum Preis von 300.000 €.

Anhang 28
Umwandlungssteuerrecht

Lösung:
Die Veräußerung der sperrfristbehafteten Anteile an der A-GmbH durch die übernehmende C-GmbH am 1.7.10 löst nach § 22 Absatz 1 Satz 1 i. V. m. Satz 6 Nummer 4 UmwStG zum einen die rückwirkende Besteuerung des Einbringungsgewinns I bei X zum 1.1.08 aus. Dabei wird der Einbringungsgewinn I i. H. v. 5/7 versteuert. Dieser gilt sowohl als nachträgliche Anschaffungskosten des X für die Anteile an der A-GmbH (§ 22 Absatz 1 Satz 4 UmwStG) als auch für die Anteile an der B-GmbH (§ 22 Absatz 1 Satz 7 i. V. m. Satz 4 UmwStG). Bei der B-GmbH und der C-GmbH liegen insoweit ebenfalls nachträgliche Anschaffungskosten auf die Anteile an der A-GmbH sowie bei der B-GmbH auf die Anteile an der C-GmbH vor. Die A-GmbH kann darüber hinaus nach § 23 Absatz 2 Satz 1 UmwStG auf Antrag beim übernommenen Betriebsvermögen einen Erhöhungsbetrag i. H. des versteuerten Einbringungsgewinns I ansetzen.

gemeiner Wert des eingebrachten Betriebsvermögens im Zeitpunkt der Einbringung (1.1.08)	170.000 €
./. Buchwert der sperrfristbehafteten Anteile	100.000 €
= Einbringungsgewinn I vor Siebtelung	70.000 €
davon 5/7 = von X zu versteuernder Einbringungsgewinn I	50.000 €

Zum anderen löst die Veräußerung der sperrfristbehafteten Anteile an der A-GmbH durch die C-GmbH im Hinblick auf den Anteilstausch des X i. H. v. 6/7 auch die Besteuerung des Einbringungsgewinns II (§ 22 Absatz 2 Satz 1 UmwStG) zum 1.3.09 aus. Die nachträglichen Anschaffungskosten aus der Besteuerung des Einbringungsgewinns I vermindern dabei den Einbringungsgewinn II. Dieser gilt sowohl als nachträgliche Anschaffungskosten des X für die Anteile an der B-GmbH (§ 22 Absatz 1 Satz 4 UmwStG) als auch als nachträgliche Anschaffungskosten der B-GmbH und der C-GmbH für die Anteile an der A-GmbH (§ 23 Absatz 2 Satz 3 UmwStG) sowie der Anschaffungskosten der B-GmbH für die Anteile an der C-GmbH (§ 23 Absatz 2 Satz 3 i. V. m. § 22 Absatz 1 Satz 7 UmwStG).

gemeiner Wert der eingebrachten Anteile an der A-GmbH im Zeitpunkt des Anteilstauschs (1.3.09)	220.000 €
./. ursprünglicher Buchwert der sperrfristbehafteten Anteile	100.000 €
./. nachträgliche Anschaffungskosten aus versteuertem Einbringungsgewinn I	50.000 €
= Einbringungsgewinn II vor Siebtelung	70.000 €
davon 6/7 = von X zu versteuernder Einbringungsgewinn II	60.000 €

Die rückwirkende Einbringungsbesteuerung bei X löst auf der Ebene der B-GmbH im Hinblick auf die steuerliche Behandlung der Einbringung der Anteile an der A-GmbH in die C-GmbH zum Buchwert keine Änderung aus, da sich sowohl die Anschaffungskosten der Anteile an der A-GmbH als auch der Veräußerungspreis der Anteile (§ 21 Absatz 2 Satz 1 UmwStG) um den von X zu versteuernden Einbringungsgewinn I und II erhöhen.

Auf der Ebene der C-GmbH verringern die nachträglichen Anschaffungskosten den zu versteuernden Veräußerungsgewinn aus den Anteilen an der A-GmbH:

Veräußerungspreis Anteile A-GmbH (1.7.10)	300.000 €
./. ursprünglicher Buchwert der sperrfristbehafteten Anteile	100.000 €
./. nachträgliche Anschaffungskosten aus versteuertem Einbringungsgewinn I und II	110.000 €
= Veräußerungsgewinn aus Beteiligung A-GmbH	90.000 €
steuerfrei gem. § 8b Absatz 2 KStG	90.000 €
nichtabziehbare Betriebsausgaben (§ 8b Absatz 3 Satz 3 KStG)	4.500 €

22.26 Werden die sperrfristbehafteten Anteile mittels Sacheinlage oder Anteilstausch zum Buchwert nach § 22 Absatz 1 Satz 6 Nummer 2 UmwStG steuerneutral weiter übertragen, löst auch die unmittelbare oder mittelbare Veräußerung der auf der Einbringung der sperrfristbehafteten Anteile beruhenden Anteile die rückwirkende Einbringungsgewinnbesteuerung beim Einbringenden aus (§ 22 Absatz 1 Satz 6 Nummer 5 und Absatz 2

Satz 6 UmwStG). Dies gilt bei einem Ereignis i. S. d. § 22 Absatz 1 Satz 6 Nummer 3 UmwStG entsprechend.

Beispiel:
X bringt sein Einzelunternehmen (gemeiner Wert 170.000 €) am 1.1.08 gegen Gewährung von Anteilen zum Buchwert 100.000 € in die neu gegründete A-GmbH (Stammkapital 50.000 €) ein. Am 1.3.09 überträgt er die sperrfristbehafteten Anteile an der A-GmbH i. R. eines qualifizierten Anteilstauschs gegen Gewährung neuer Anteile zum Buchwert auf die B-GmbH. X veräußert die sperrfristbehafteten Anteile an der B-GmbH am 1 7.10.

Lösung:
Die Einbringung der sperrfristbehafteten Anteile an der A-GmbH in die B-GmbH zum Buchwert nach § 21 Absatz 1 Satz 2 UmwStG löst nicht die rückwirkende Besteuerung des Einbringungsgewinns I aus (§ 22 Absatz 1 Satz 6 Nummer 2 UmwStG). Damit gelten auch die Anteile an der B-GmbH als sperrfristbehaftet.
Die Veräußerung der sperrfristbehafteten Anteile an der B-GmbH durch X am 1.7.10 löst nach § 22 Absatz 1 Satz 6 Nummer 5 UmwStG die rückwirkende Einbringungsgewinnbesteuerung bei X zum 1.1.08 aus. Dabei wird der Einbringungsgewinn I i. H. v. 5/7 versteuert.
Der zu versteuernde Einbringungsgewinn I gilt sowohl als nachträgliche Anschaffungskosten der B-GmbH für die Anteile an der A-GmbH (§ 22 Absatz 1 Satz 4 UmwStG) als auch als nachträgliche Anschaffungskosten des X für die Anteile an der B-GmbH (§ 22 Absatz 1 Satz 7 i. V. m. Satz 4 UmwStG). Die nachträglichen Anschaffungskosten aus der Besteuerung des Einbringungsgewinns I vermindern somit den Gewinn aus der Veräußerung der Anteile an der B-GmbH i. S. v. § 17 EStG zum 1.7.10 entsprechend. Die A-GmbH kann darüber hinaus nach § 23 Absatz 2 Satz 1 UmwStG auf Antrag beim übernommenen Betriebsvermögen einen Erhöhungsbetrag i. H. des versteuerten Einbringungsgewinns I ansetzen.

4. Wegfall der Voraussetzungen i. S. v. § 1 Absatz 4 UmwStG

Erfüllt der Einbringende oder in den Fällen der Ketteneinbringung auch die übernehmende Gesellschaft oder der jeweilige unentgeltliche Rechtsnachfolger in den Fällen der Sacheinlage aufgrund Wegzugs, Sitzverlegung oder Änderung eines DBA die Voraussetzungen von § 1 Absatz 4 UmwStG innerhalb des Siebenjahreszeitraums nicht mehr, führt dies zur rückwirkenden Besteuerung des Einbringungsgewinns I (§ 22 Absatz 1 Satz 6 Nummer 6 UmwStG). Satz 1 gilt in den Fällen des Anteilstauschs im Hinblick auf die übernehmende Gesellschaft entsprechend (§ 22 Absatz 2 Satz 6 zweiter Halbsatz UmwStG).

22.27

IV. Nachweispflichten (§ 22 Absatz 3 UmwStG)

Um die Besteuerung des Einbringungsgewinns in den Fällen eines schädlichen Ereignisses sicherzustellen, ist der Einbringende (vgl. Randnr. 20.02 f. und 22.02) nach § 22 Absatz 3 Satz 1 UmwStG verpflichtet, jährlich bis zum 31.5. nachzuweisen, wem die sperrfristbehafteten Anteile und im Fall der Einbringung durch eine Personengesellschaft als Einbringende auch ihre Mitunternehmeranteile (vgl. Randnr. 22.02) an dem Tag, der dem maßgebenden Einbringungszeitpunkt entspricht, zuzurechnen sind. Dies gilt auch für die auf einer Weitereinbringung der erhaltenen oder eingebrachten Anteile beruhenden Anteile. Im Fall der unentgeltlichen Rechtsnachfolge (§ 22 Absatz 6 UmwStG) ist der Nachweis vom Rechtsnachfolger und im Fall der Mitverstrickung von Anteilen (§ 22 Absatz 7 UmwStG) neben dem Einbringenden auch vom Anteilseigner der mitverstrickten Anteile zu erbringen. Wird der Nachweis nicht erbracht, gelten die Anteile als zu Beginn des jeweiligen jährlichen Überwachungszeitraums innerhalb der siebenjährigen Sperrfrist veräußert.

22.28

Beispiel:
A hat seinen Betrieb zum 1.3.07 (Einbringungszeitpunkt) zu Buchwerten gegen Gewährung von Anteilen in die X-GmbH eingebracht (§ 20 Absatz 2 UmwStG). Den Nachweis, wem die

Anteile an der X-GmbH zum 1.3.08 zuzurechnen sind, hat er zum 31.5.08 erbracht. Ein Nachweis, wem die Anteile an der X-GmbH zum 1.3.09 zuzurechnen sind, wurde bis zum 31.5.09 nicht vorgelegt.

Lösung:
Nach § 22 Absatz 3 Satz 1 UmwStG hat A erstmals bis zum 31.5.08 nachzuweisen, wem die Anteile an der X-GmbH zum 1.3.08 zuzurechnen sind. Dieser Nachweis wurde erbracht (Überwachungszeitraum vom 2.3.07 bis zum 1.3.08). Da A jedoch den bis zum 31.5.09 vorzulegenden Nachweis, wem die Anteile an der X-GmbH zum 1.3.09 zuzurechnen sind (Überwachungszeitraum vom 2.3.08 bis 1.3.09), nicht erbracht hat, gelten die Anteile nach § 22 Absatz 3 Satz 2 UmwStG als am 2.3.08 veräußert. Als Folge hiervon ist zum einen eine rückwirkende Besteuerung des Einbringungsgewinns zum 1.3.07 (Einbringungszeitpunkt) und zum anderen eine Besteuerung des Gewinns aus der – fiktiven – Veräußerung der Anteile zum 2.3.08 durchzuführen.

22.29 Im Fall eines schädlichen Ereignisses treten die Besteuerungsfolgen (rückwirkende Einbringungsgewinnbesteuerung nach § 22 Absatz 1 oder 2 UmwStG) sowohl in den Fällen der Sacheinlage als auch in den Fällen des Anteilstauschs beim Einbringenden ein. Der Einbringende hat deshalb in beiden Fällen den Nachweis (§ 22 Absatz 3 Satz 1 UmwStG) bei dem für ihn zuständigen Finanzamt zu erbringen. Scheidet der Einbringende nach der Einbringung aus der unbeschränkten Steuerpflicht aus, ist der Nachweis bei dem Finanzamt i. S. v. § 6 Absatz 7 Satz 1 AStG zu erbringen. War der Einbringende vor der Einbringung im Inland beschränkt steuerpflichtig, hat er den Nachweis bei dem für den Veranlagungszeitraum der Einbringung zuständigen Finanzamt zu erbringen.

22.30 In den Fällen der Sacheinlage hat der Einbringende eine schriftliche Erklärung darüber abzugeben, wem seit der Einbringung die erhaltenen Anteile als wirtschaftlichem Eigentümer zuzurechnen sind. Sind die Anteile zum maßgebenden Zeitpunkt dem Einbringenden zuzurechnen, hat er darüber hinaus eine Bestätigung der übernehmenden Gesellschaft über seine Gesellschafterstellung vorzulegen. In allen anderen Fällen hat er nachzuweisen, an wen und auf welche Weise die Anteile übertragen worden sind.

In den Fällen des Anteilstauschs ist eine entsprechende Bestätigung der übernehmenden Gesellschaft über das wirtschaftliche Eigentum an den eingebrachten Anteilen und zur Gesellschafterstellung ausreichend; die Gesellschafterstellung kann auch durch Vorlage der Steuerbilanz der übernehmenden Gesellschaft nachgewiesen werden.

Der Nachweis der Gesellschafterstellung kann auch anderweitig, z. B. durch Vorlage eines Auszugs aus dem Aktienregister (§ 67 AktG), einer Gesellschafterliste (§ 40 GmbHG) oder einer Mitgliederliste (§ 30 GenG), zum jeweiligen Stichtag erbracht werden.

22.31 Der Nachweis ist jährlich bis zum 31.5. zu erbringen. Er ist erstmals zu erbringen, wenn das erste auf den Einbringungszeitpunkt folgende Zeitjahr bereits vor dem 31.5. abgelaufen ist.

22.32 Erbringt der Einbringende den Nachweis nicht, gelten die sperrfristbehafteten Anteile als veräußert mit der Folge, dass beim Einbringenden auf den Einbringungszeitpunkt eine rückwirkende Einbringungsgewinnbesteuerung durchzuführen ist. Darüber hinaus ist auf den Zeitpunkt i. S. v. § 22 Absatz 3 Satz 2 UmwStG eine Besteuerung des Veräußerungsgewinns für die Anteile durchzuführen. Im Fall der Fristversäumnis ist deshalb der Einbringende aufzufordern, Angaben zum gemeinen Wert des eingebrachten Betriebsvermögens oder der eingebrachten Anteile zum Einbringungszeitpunkt und den Einbringungskosten zu machen. Dasselbe gilt für die als veräußert geltenden Anteile zum Zeitpunkt der Veräußerungsfiktion und die entsprechenden Veräußerungskosten. Macht er keine verwertbaren Angaben, sind der gemeine Wert des eingebrachten Betriebsvermögens oder der eingebrachten Anteile und der als veräußert geltenden Anteile sowie die jeweiligen Kosten zu schätzen (§ 162 AO).

Die Nachweisfrist kann nicht verlängert werden. Erbringt der Einbringende den Nachweis erst nach Ablauf der Frist, können allerdings die Angaben noch berücksichtigt werden, wenn eine Änderung der betroffenen Bescheide verfahrensrechtlich möglich ist. Dies bedeutet, dass im Fall eines Rechtsbehelfsverfahrens der Nachweis längstens noch bis zum Abschluss des Klageverfahrens erbracht werden kann. 22.33

V. Juristische Personen des öffentlichen Rechts und von der Körperschaftsteuer befreite Körperschaften als Einbringende (§ 22 Absatz 4 UmwStG)

Ist der Einbringende eine juristische Person des öffentlichen Rechts, lösen die Veräußerung der erhaltenen Anteile oder die nach § 22 Absatz 1 Satz 6 UmwStG gleichgestellten Tatbestände die rückwirkende Besteuerung des Einbringungsgewinns I nach § 22 Absatz 1 UmwStG aus. Der Einbringungsgewinn I ist als Gewinn i. S. v. § 16 EStG beim einbringenden Betrieb gewerblicher Art nach den Grundsätzen des § 22 Absatz 1 UmwStG zu versteuern. 22.34

Daneben gilt nach § 22 Absatz 4 Nummer 1 UmwStG innerhalb des Siebenjahreszeitraums auch der Gewinn aus der Veräußerung der erhaltenen Anteile als in einem Betrieb gewerblicher Art der juristischen Person des öffentlichen Rechts entstanden. Dieser ist nach § 8b Absatz 2 und 3 KStG von der Körperschaftsteuer freigestellt, unterliegt jedoch unter den Voraussetzungen des § 20 Absatz 1 Nummer 10 Buchstabe b EStG dem Kapitalertragsteuerabzug. 22.35

Ist der Einbringende eine von der Körperschaftsteuer befreite Körperschaft, ist Randnr. 22.34 hinsichtlich des wirtschaftlichen Geschäftsbetriebs entsprechend anzuwenden. 22.36

Daneben gilt nach § 22 Absatz 4 Nummer 2 UmwStG auch der Gewinn aus der Veräußerung der erhaltenen Anteile innerhalb des Siebenjahreszeitraums als in einem wirtschaftlichen Geschäftsbetrieb entstanden. Dieser ist nach § 8b Absatz 2 und 3 KStG von der Körperschaftsteuer freigestellt, unterliegt jedoch unter den Voraussetzungen des § 20 Absatz 1 Nummer 10 Buchstabe b EStG dem Kapitalertragsteuerabzug (§ 20 Absatz 1 Nummer 10 Buchstabe b Satz 4 EStG). 22.37

VI. Bescheinigung des Einbringungsgewinns und der darauf entfallenden Steuer (§ 22 Absatz 5 UmwStG)

Die übernehmende Gesellschaft kann in den Fällen der Sacheinlage nach § 23 Absatz 2 Satz 1 UmwStG auf Antrag den auf das eingebrachte Betriebsvermögen (ohne Anteile an Kapitalgesellschaften und Genossenschaften) entfallenden Einbringungsgewinn I als Erhöhungsbetrag ansetzen, wenn durch Vorlage einer Bescheinigung des für den Einbringenden zuständigen Finanzamts nachgewiesen ist, dass der Einbringende die auf den Einbringungsgewinn I entfallende Einkommen- oder Körperschaftsteuer auch entrichtet hat (vgl. Randnr. 23.08–23.10). In den Fällen der Einbringung von Anteilen erhöhen sich nach § 23 Absatz 2 Satz 3 UmwStG bei der übernehmenden Gesellschaft auf Antrag die Anschaffungskosten der eingebrachten Anteile, wenn eine entsprechende Bescheinigung hinsichtlich der Versteuerung des Einbringungsgewinns II vorliegt (vgl. Randnr. 23.11). 22.38

Das für den Einbringenden zuständige Finanzamt hat nach § 22 Absatz 5 erster Halbsatz UmwStG auf Antrag der übernehmenden Gesellschaft den zu versteuernden Einbringungsgewinn, die darauf entfallende festgesetzte Steuer und den darauf entrichteten Steuerbetrag zu bescheinigen. Zur Entrichtung der Steuer vgl. Randnr. 23.12 f. 22.39

Die Antragstellung kann aus Vereinfachungsgründen auch durch den Einbringenden erfolgen.

Mindern sich die bescheinigten Beträge – beispielsweise aufgrund eines Rechtsbehelfsverfahrens – nachträglich, hat das die Bescheinigung ausstellende Finanzamt dem für 22.40

Anhang 28
Umwandlungssteuerrecht

die übernehmende Gesellschaft zuständigen Finanzamt von Amts wegen die Minderungsbeträge mitzuteilen (§ 22 Absatz 5 zweiter Halbsatz UmwStG).

VII. Unentgeltliche Rechtsnachfolge (§ 22 Absatz 6 UmwStG)

22.41 Werden sperrfristbehaftete Anteile beispielsweise durch Schenkung, Erbfall, unentgeltliche vorweggenommene Erbfolge, verdeckte Gewinnausschüttung, unentgeltliche Übertragung oder Überführung nach § 6 Absatz 3 oder § 6 Absatz 5 EStG oder Realteilung unmittelbar oder mittelbar unentgeltlich übertragen, gilt der Erwerber insoweit als unentgeltlicher Rechtsnachfolger i. S. v. § 22 Absatz 6 UmwStG. Dies gilt nicht in den Fällen der unentgeltlichen Übertragung auf eine Kapitalgesellschaft oder Genossenschaft nach § 22 Absatz 1 Satz 6 Nummer 1 UmwStG (vgl. auch Randnr. 22.20).

Beispiel:
A ist zu 100 % an der M-GmbH beteiligt. Die M-GmbH bringt am 1.1.07 einen Teilbetrieb nach § 20 Absatz 2 Satz 2 UmwStG zu Buchwerten (Buchwert 100.000 €, gemeiner Wert 450.000 €) in die T-GmbH ein. In 08 überträgt die M-GmbH die Anteile an der T-GmbH (gemeiner Wert 520.000 €) unentgeltlich auf den Alleingesellschafter A. Dieser veräußert am 1.7.09 die sperrfristbehafteten Anteile an der T-GmbH für 550.000 €.

Lösung:
Die unentgeltliche Übertragung der sperrfristbehafteten Anteile an der T-GmbH auf den Alleingesellschafter A stellt eine verdeckte Gewinnausschüttung i. S. v. § 8 Absatz 3 Satz 2 KStG dar. Die Einkommenshinzurechnung aus der verdeckten Gewinnausschüttung (gemeiner Wert 520.000 € ./. Buchwert 100.000 € = 420.000 €) ist nach § 8b Absatz 2 KStG steuerfrei. Gleichzeitig sind nach § 8b Absatz 3 Satz 1 KStG 5 % des Veräußerungsgewinns als nichtabziehbare Betriebsausgabe außerhalb der Bilanz hinzuzurechnen. Die rückwirkende Besteuerung des Einbringungsgewinns I bei der M-GmbH wird durch die unentgeltliche Übertragung der Anteile auf die natürliche Person A nicht ausgelöst (§ 22 Absatz 1 Satz 6 Nummer 1 UmwStG). A gilt jedoch im Hinblick auf die sperrfristbehafteten Anteile an der T-GmbH als unentgeltlicher Rechtsnachfolger i. S. v. § 22 Absatz 6 UmwStG.
Die Veräußerung der sperrfristbehafteten Anteile an der T-GmbH durch A in 09 löst die rückwirkende Besteuerung des Einbringungsgewinns I bei der M-GmbH in 07 aus (§ 22 Absatz 1 i. V. m. Absatz 6 UmwStG):

gemeiner Wert des eingebrachten Betriebsvermögens im Zeitpunkt der Einbringung (1.1.07)	450.000 €
./. Buchwert der sperrfristbehafteten Anteile	100.000 €
= Einbringungsgewinn I vor Siebtelung	350.000 €
davon 5/7 = von der M-GmbH zu versteuernder Einbringungsgewinn I	250.000 €

Der Einbringungsgewinn I gilt als nachträgliche Anschaffungskosten der sperrfristbehafteten Anteile an der T-GmbH (§ 22 Absatz 1 Satz 4 UmwStG). Die in 08 durch die unentgeltliche Übertragung der sperrfristbehafteten Anteile auf A bei der M-GmbH entstandene (steuerfreie) Einkommenszurechnung vermindert sich entsprechend von 420.000 € auf 170.000 €. Die nichtabziehbaren Betriebsausgaben nach § 8b Absatz 3 Satz 1 KStG vermindern sich auf 5 % von 170.000 €. Die Höhe der Bezüge i. S. v. § 20 Absatz 1 Nummer 1 Satz 2 EStG aus der verdeckten Gewinnausschüttung bei A ändert sich hierdurch nicht.
Der Einbringungsgewinn I gilt grundsätzlich auch beim unentgeltlichen Rechtsnachfolger A als nachträgliche Anschaffungskosten der sperrfristbehafteten Anteile (§ 22 Absatz 6 i. V. m. Absatz 1 Satz 4 UmwStG). Diese wirken sich jedoch bei A nicht mehr aus, da wegen der Besteuerung der verdeckten Gewinnausschüttung als Beteiligungsertrag bei A die Anteile an der T-GmbH mit dem gemeinen Wert im Zeitpunkt der verdeckten Gewinnausschüttung (520.000 €) zum Ansatz kommen. Der Veräußerungsgewinn aus den Anteilen an der T-GmbH in 09 ermittelt sich bei A demnach wie folgt:

Veräußerungspreis der sperrfristbehafteten Anteile am 1.7.09	550.000 €
./. Anschaffungskosten der sperrfristbehafteten Anteile	520.000 €
= Veräußerungsgewinn nach § 17 Absatz 2 EStG	30.000 €

Der Veräußerungsgewinn ist anteilig steuerfrei (§ 3 Nummer 40 Satz 1 Buchstabe c i. V. m. § 3c Absatz 2 EStG).

Sind beim unentgeltlichen Rechtsnachfolger die Voraussetzungen des § 1 Absatz 4 UmwStG nicht erfüllt, löst die unentgeltliche Übertragung die Besteuerung des Einbringungsgewinns nach § 22 Absatz 1 Satz 6 Nummer 6 UmwStG aus (vgl. Randnr. 22.27). 22.42

VIII. Verlagerung stiller Reserven auf andere Gesellschaftsanteile (§ 22 Absatz 7 UmwStG, Mitverstrickung von Anteilen)

Gehen i. R. d. Gesellschaftsgründung oder einer Kapitalerhöhung aus Gesellschaftermitteln stille Reserven aus einer Sacheinlage (§ 20 Absatz 1 UmwStG) oder einem Anteilstausch auf andere Anteile desselben Gesellschafters oder unentgeltlich auf Anteile Dritter über, tritt insoweit zwar weder eine Einbringungsgewinnbesteuerung noch eine Gewinnverwirklichung ein; diese Anteile werden aber nach § 22 Absatz 7 UmwStG ebenfalls von der Steuerverstrickung nach § 22 Absatz 1 und 2 UmwStG erfasst. 22.43

Beispiel:
Das Stammkapital der X-GmbH soll in 09 von 50.000 € auf 100.000 € erhöht werden. Der gemeine Wert der GmbH vor Kapitalerhöhung beläuft sich auf 400.000 €. Den neu gebildeten Geschäftsanteil von nominell 50.000 € übernimmt S gegen Bareinlage von 100.000 €. Die Altanteile von ebenfalls nominell 50.000 € werden von V, dem Vater des S, gehalten, der sie in 08 gegen Sacheinlage seines Einzelunternehmens (gemeiner Wert 400.000 €) zum Buchwert erworben hatte. Die Anschaffungskosten des V nach § 20 Absatz 3 UmwStG betragen 40.000 €.

Lösung:
Durch die Einlage steigt der gemeine Wert der GmbH auf 500.000 €. Davon entfallen 50 % = 250.000 € auf den jungen Geschäftsanteil des S, der jedoch nur 100.000 € für seinen Anteil aufgewendet hat. Die Wertverschiebung ist darauf zurückzuführen, dass von den Anteilen des V 150.000 € stille Reserven unentgeltlich auf den Geschäftsanteil des S übergegangen sind. Dementsprechend ist der Anteil des S zu 60 % (150.000 €/250.000 €) gem. § 22 Absatz 1 UmwStG steuerverstrickt. Da ein (teilweise) unentgeltlicher Vorgang vorliegt, sind S anteilig die Anschaffungskosten seines Rechtsvorgängers V zuzurechnen i. H. v. 15.000 € (40.000 € x 150.000 €/400.000 €), so dass sich die bei V zu berücksichtigenden Anschaffungskosten entsprechend auf 25.000 € mindern.
Veräußern V und S ihre Anteile für jeweils 250.000 €, löst dies bei V in 08 eine rückwirkende Einbringungsgewinnbesteuerung nach § 22 Absatz 1 UmwStG i. H. v. 400.000 € ./. 40.000 € = 360.000 € aus. I. H. des versteuerten Einbringungsgewinns erhöhen sich nachträglich die Anschaffungskosten der Anteile von S und V:
Bei V erhöhen sich die Anschaffungskosten von 25.000 € um 360.000 € x 250.000 €/ 400.000 € = 225.000 € auf 250.000 € und bei S von 115.000 € um 360.000 € x 150.000 €/ 400.000 € = 135.000 € auf 250.000 €. Damit ergibt sich bei S und V in 09 ein Veräußerungsgewinn aus den Anteilen nach § 17 EStG von jeweils 0 €.

Randnr. 22.42 gilt entsprechend.	22.44
Die entgeltliche Veräußerung von Bezugsrechten führt zu einer Anwendung von § 22 Absatz 1 Satz 1 und Absatz 2 Satz 1 UmwStG (BFH vom 8.4.1992, I R 128/88, BStBl II S. 761, und BFH vom 13.10.1992, VIII R 3/89, BStBl 1993 II S. 477).	22.45
Wird eine Kapitalerhöhung aus Gesellschaftsmitteln vorgenommen, gelten die jungen Anteile als sperrfristbehaftete Anteile, soweit sie ihrerseits auf sperrfristbehaftete Altanteile entfallen.	22.46

E. Auswirkungen bei der übernehmenden Gesellschaft (§ 23 UmwStG)
I. Allgemeines

23.01 Objektbezogene Kosten – hierzu gehört grundsätzlich auch eine bei der Einbringung anfallende Grunderwerbsteuer – können auch nicht aus Vereinfachungsgründen sofort als Betriebsausgaben abgezogen werden, sondern sind als zusätzliche Anschaffungskosten der Wirtschaftsgüter zu aktivieren, bei deren Erwerb (Einbringung) sie angefallen sind. Zur Behandlung von Grunderwerbsteuer bei Anteilsvereinigung (§ 1 Absatz 3 GrEStG) beachte aber auch BFH vom 20.4.2011, I R 2/10, BStBl II S. 761.

23.02 Bei Einbringungsvorgängen geht ein verbleibender Verlustabzug i. S. d. § 10d Absatz 4 Satz 2 EStG nicht auf die übernehmende Gesellschaft über, sondern verbleibt beim Einbringenden. Denn der Verlustabzug bezieht sich auf den Einbringenden persönlich und kann deshalb nicht Bestandteil des Einbringungsgegenstands sein.

Gem. § 23 Absatz 5 UmwStG geht ein vortragsfähiger Gewerbeverlust (Fehlbetrag nach § 10a GewStG) nicht auf die übernehmende Gesellschaft über. Dies gilt entsprechend für den Zinsvortrag und einen EBITDA-Vortrag des eingebrachten Betriebs (§ 20 Absatz 9 UmwStG).

23.03[1]) Wegen der Anwendung von § 8c KStG auf nicht genutzte Verluste und den Zinsvortrag der übernehmenden Gesellschaft vgl. BMF-Schreiben vom 28.11.2017, BStBl I S. 1645, und vom 4.7.2008, BStBl I S. 718.

23.04 Bei Begünstigung des Einbringungsfolgegewinns gem. § 23 Absatz 6 i. V. m. § 6 Absatz 1 UmwStG ist die fünfjährige Sperrfrist des § 6 Absatz 3 UmwStG zu beachten.

II. Buchwert- oder Zwischenwertansatz (§ 23 Absatz 1 UmwStG)

23.05 Zum Begriff Buchwert vgl. Randnr. 01.57. Bei der Einbringung von Anteilen an einer Kapitalgesellschaft oder einer Genossenschaft (Anteilstausch) aus einem Privatvermögen treten an die Stelle des Buchwerts die Anschaffungskosten der Anteile.

23.06 In den Fällen der Sacheinlage und des Anteilstauschs zu Buch- oder Zwischenwerten tritt die übernehmende Gesellschaft in die steuerliche Rechtsstellung des Einbringenden ein. In den Fällen der Gesamtrechtsnachfolge nach den Vorschriften des UmwG gilt dies auch bei Ansatz des gemeinen Werts (vgl. § 23 Absatz 4 zweiter Halbsatz UmwStG). In den Fällen der Sacheinlage ist die übernehmende Gesellschaft beispielsweise an die bisherige Abschreibungsbemessungsgrundlage der übertragenen Wirtschaftsgüter, die bisherige Abschreibungs-Methode und die vom Einbringenden angenommene Nutzungsdauer gebunden. Steuerfreie Rücklagen können bei Buchwertansatz von der übernehmenden Gesellschaft fortgeführt werden. Die Regelung des § 12 Absatz 3 erster Halbsatz UmwStG gilt auch für das Nachholverbot des § 6a Absatz 4 EStG. Zur Besitzzeitanrechnung nach § 23 Absatz 1 i. V. m. § 4 Absatz 2 Satz 3 UmwStG vgl. Randnr. 04.15.

III. Besonderheiten in den Fällen der rückwirkenden Besteuerung des Einbringungsgewinns (§ 23 Absatz 2 UmwStG)

1. Sacheinlage ohne miteingebrachte Anteile

23.07 Kommt es in den Fällen der Sacheinlage zu einer rückwirkenden Besteuerung des Einbringungsgewinns I (§ 22 Absatz 1 UmwStG), kann die übernehmende Gesellschaft auf Antrag in der Steuerbilanz des Wirtschaftsjahrs, in das das schädliche Ereignis i. S. v. § 22 Absatz 1 UmwStG fällt, eine Buchwertaufstockung i. H. des versteuerten Einbringungsgewinns vornehmen. Aus dem Antrag müssen die Höhe und die Zuordnung des

---

[1]) Randnr. 23.03 wurde durch BMF vom 23.02.2018 (BStBl I S. 319) geändert und ist in allen offenen Fällen anzuwenden.

Aufstockungsbetrags eindeutig erkennbar sein. Die Buchwertaufstockung ist zunächst mit dem Ausgleichsposten i. S. d. Randnr. 20.20 zu verrechnen. Ein übersteigender Betrag führt zu einer Erhöhung des Steuerbilanzgewinns, der durch eine Kürzung außerhalb der Bilanz zu neutralisieren ist. Gleichzeitig ergibt sich ein Zugang beim steuerlichen Einlagekonto nach § 27 Absatz 1 KStG i. H. des Aufstockungsbetrags, soweit dieser nicht Korrekturbetrag zum Stammkapital ist.

Beispiel:
Sacheinlage in 01 zum Buchwert von 15.000 €. Stammkapitalerhöhung um 22.000 €. I. H. d. Differenz (7.000 €) ist in der Steuerbilanz 01 ein aktiver Ausgleichsposten anzusetzen. In 03 wird eine rückwirkende Einbringungsgewinnbesteuerung in 01 i. H. v. 10.000 € ausgelöst.

Lösung:
Unter den Voraussetzungen des § 23 Absatz 2 UmwStG kann die übernehmende GmbH eine Aufstockung i. H. v. insgesamt 10.000 € vornehmen. I. H. v. 7.000 € erfolgt eine Verrechnung mit dem steuerlichen Ausgleichsposten. Darüber hinaus kommt es zu einer Erhöhung des Steuerbilanzgewinns i. H. v. 3.000 €, der durch eine Kürzung außerhalb der Bilanz zu neutralisieren ist. Das steuerliche Einlagekonto i. S. v. § 27 KStG erhöht sich um 3.000 €.

Eine Buchwertaufstockung ist nur zulässig, soweit der Einbringende die auf den Einbringungsgewinn entfallende Steuer entrichtet hat und dies durch Vorlage einer Bescheinigung des zuständigen Finanzamts i. S. v. § 22 Absatz 5 UmwStG (vgl. Randnr. 22.39) nachgewiesen wurde (§ 23 Absatz 2 Satz 1 UmwStG). Die Buchwertaufstockung ist einheitlich nach dem Verhältnis der stillen Reserven und stillen Lasten im Einbringungszeitpunkt bei den einzelnen Wirtschaftsgütern vorzunehmen. 23.08

Eine Buchwertaufstockung kommt nur in Betracht, wenn das jeweilige Wirtschaftsgut im Zeitpunkt des schädlichen Ereignisses noch zum Betriebsvermögen der übernehmenden Gesellschaft gehört. Etwas anderes gilt nur, wenn dieses zwischenzeitlich zum gemeinen Wert übertragen wurde (§ 23 Absatz 2 Satz 2 UmwStG) oder untergegangen ist. In diesen Fällen stellt der auf das zum gemeinen Wert übertragene Wirtschaftsgut entfallende Aufstockungsbetrag im Zeitpunkt des schädlichen Ereignisses eine sofort abziehbare Betriebsausgabe dar. Wurde das jeweilige Wirtschaftsgut nicht zum gemeinen Wert übertragen, ist ein Abzug des Aufstockungsbetrags als sofort abziehbarer Aufwand ausgeschlossen. Im Fall der unentgeltlichen Übertragung (z. B. im Wege einer verdeckten Gewinnausschüttung oder einer verdeckten Einlage) ist eine Aufstockung möglich, wenn für steuerliche Zwecke der gemeine Wert bzw. der Teilwert angesetzt wurde. Im Fall der Weitereinbringung der Wirtschaftsgüter zum Buch- oder Zwischenwert scheidet eine Buchwertaufstockung aus. 23.09

Die Bescheinigung nach § 22 Absatz 5 UmwStG stellt einen Grundlagenbescheid i. S. d. § 175 Absatz 1 Satz 1 Nummer 1 AO dar. 23.10

2. Anteilstausch und Miteinbringung von Anteilen i. R. einer Sacheinlage

Kommt es in den Fällen einer (Mit-)Einbringung von Anteilen (§ 20 Absatz 1 oder § 21 Absatz 1 UmwStG) zu einer rückwirkenden Besteuerung des Einbringungsgewinns II (§ 22 Absatz 2 UmwStG), erhöhen sich auf Antrag der übernehmenden Gesellschaft bei dieser die Anschaffungskosten der eingebrachten Anteile (§ 23 Absatz 2 Satz 3 UmwStG). Dadurch verringert sich bei der übernehmenden Gesellschaft der Gewinn aus der Veräußerung der eingebrachten Anteile entsprechend. Dies gilt in den Fällen der Weitereinbringung der eingebrachten Anteile zum Buchwert auch im Hinblick auf die auf der Weitereinbringung beruhenden Anteile (§ 23 Absatz 2 Satz 3, § 22 Absatz 1 Satz 7 UmwStG). Die Ausführungen zu Randnr. 23.07–23.10 gelten entsprechend. 23.11

Anhang 28
Umwandlungssteuerrecht

Beispiel:
X bringt am 1.1.01 Anteile an der A-GmbH (Anschaffungskosten 55.000 €, gemeiner Wert 90.000 €) nach § 21 Absatz 1 Satz 2 UmwStG zum Buchwert gegen Gewährung von Anteilen in die B-GmbH ein. Diese wiederum bringt in 03 die sperrfristbehafteten Anteile an der A-GmbH nach § 21 Absatz 1 Satz 2 UmwStG zum Buchwert gegen Gewährung von Anteilen in die C-GmbH ein. Die C-GmbH veräußert die Anteile an der A-GmbH am 1.7.04 für 100.000 €.

Lösung:
Die Weitereinbringung der sperrfristbehafteten Anteile an der A-GmbH in 03 durch die B-GmbH zum Buchwert löst keine rückwirkende Einbringungsgewinnbesteuerung bei A in 01 aus, da sie zum Buchwert erfolgt ist (§ 22 Absatz 2 Satz 6 i. V. m. Absatz 1 Satz 6 Nummer 2 UmwStG). Die Veräußerung der sperrfristbehafteten Anteile an der A-GmbH in 04 führt nach § 22 Absatz 2 Satz 1 UmwStG zu einer rückwirkenden Besteuerung des Einbringungsgewinns II i. H. v. 20.000 € (4/7 x [gemeiner Wert 90.000 € ./. Anschaffungskosten 55.000 €]) zum 1.1.01. Der Einbringungsgewinn II gilt bei X nach § 22 Absatz 2 Satz 4 UmwStG als nachträgliche Anschaffungskosten der Anteile an der B-GmbH.

Darüber hinaus erhöhen sich auf Antrag sowohl die Anschaffungskosten der C-GmbH für die Anteile an der A-GmbH (§ 23 Absatz 2 Satz 3 UmwStG) sowie die Anschaffungskosten der B-GmbH für die Anteile an der C-GmbH (§ 23 Absatz 2 Satz 3 i. V. m. § 22 Absatz 1 Satz 7 UmwStG). Bei der C-GmbH vermindert sich damit der nach § 8b Absatz 2 KStG begünstigte Veräußerungsgewinn aus den Anteilen an der A-GmbH entsprechend. Gleichzeitig sind nur noch 5 % des verminderten Veräußerungsgewinns nach § 8b Absatz 3 Satz 1 KStG als nichtabziehbare Betriebsausgabe außerhalb der Bilanz hinzuzurechnen. Bei der B-GmbH vermindert sich ein künftiger nach § 8b Absatz 2 KStG begünstigter Veräußerungsgewinn aus den Anteilen an der C-GmbH entsprechend.

3. Entrichtung der Steuer

23.12 Eine Buchwertaufstockung ist nur zulässig, soweit der Einbringende die auf den Einbringungsgewinn entfallende Steuer entrichtet hat. Ergibt sich im Wirtschaftsjahr der Einbringung für den Einbringenden auch nach Einbeziehung des Einbringungsgewinns I oder II ein Verlust, gilt die Steuer grundsätzlich mit Bekanntgabe des (geänderten) Verlustfeststellungsbescheids als entrichtet. Ist das Einkommen in dem für die Einbringung maßgeblichen Veranlagungszeitraum zwar positiv, ergibt sich jedoch aufgrund eines Verlustvor- oder -rücktrags keine festzusetzende Steuer, gilt die Steuer ebenfalls mit Bekanntgabe des (geänderten) Verlustfeststellungsbescheids als entrichtet. Auf die Entrichtung der sich aufgrund der Verringerung des rück- oder vortragsfähigen Verlusts im Verlustrück- oder -vortragsjahr beim Einbringenden ergebenden Steuer kommt es nicht an. Entsprechendes gilt auch bei der Verrechnung des Einbringungsgewinns mit Verlusten aus anderen Einkunftsarten, soweit nicht ein Verlustverrechnungsverbot besteht.

Ist oder wird die Steuer aus der Steuerfestsetzung, die den Einbringungsgewinn beinhaltet, nur teilweise getilgt, entfällt die Tilgung anteilig auch auf den Einbringungsgewinn.

23.13 Ist der Einbringende eine Organgesellschaft, ist Voraussetzung für die Buchwertaufstockung die Entrichtung der Steuer durch den Organträger; in Verlustfällen kommt es auf die Berücksichtigung des Einbringungsgewinns im jeweiligen Verlustfeststellungsbescheid des Organträgers an.

IV. Besonderheiten beim Zwischenwertansatz (§ 23 Absatz 3 UmwStG)

23.14 Bei Ansatz von Zwischenwerten sind die in den Wirtschaftsgütern, Schulden und steuerfreien Rücklagen ruhenden stillen Reserven um einen einheitlichen Prozentsatz aufzulösen; vgl. Randnr. 03.25 f.

23.15 Für die Absetzungen für Abnutzung der zu einem Zwischenwert eingebrachten Wirtschaftsgüter gilt Folgendes:

a) In den Fällen des § 23 Absatz 3 Satz 1 Nummer 1 UmwStG erhöht sich die bisherige AfA-Bemessungsgrundlage um den Aufstockungsbetrag. Der bisher geltende Abschreibungssatz ist weiter anzuwenden. Absetzungen für Abnutzung (AfA) können nur bis zur Höhe des Zwischenwerts abgezogen werden.

Beispiel:
Für eine Maschine mit Anschaffungskosten von 100.000 € und einer Nutzungsdauer von 10 Jahren wird AfA nach § 7 Absatz 1 EStG von jährlich 10.000 € vorgenommen. Bei Einbringung nach drei Jahren beträgt der Restbuchwert 70.000 €, die Restnutzungsdauer sieben Jahre. Die übernehmende Gesellschaft setzt die Maschine mit 90.000 € an.

Lösung:
Ab dem Zeitpunkt der Einbringung ist für die Maschine jährlich AfA von 10 % von (100.000 € + 20.000 € =) 120.000 € = 12.000 € vorzunehmen (7 x 12.000 € = 84.000 €). Im letzten Jahr der Nutzungsdauer ist zusätzlich zu der linearen AfA i. H. v. 12.000 € auch der Restwert i. H. v. 6.000 € (= 90.000 € ./. 84.000 €) abzuziehen.
In den Fällen, in denen das AfA-Volumen vor dem Ablauf der Nutzungsdauer verbraucht ist, kann in dem verbleibenden Nutzungszeitraum keine AfA mehr abgezogen werden.
Wird in den Fällen des § 7 Absatz 4 Satz 1 EStG auf diese Weise die volle Absetzung innerhalb der tatsächlichen Nutzungsdauer nicht erreicht, kann die AfA nach der Restnutzungsdauer des Gebäudes bemessen werden (BFH vom 7.6.1977, VIII R 105/73, BStBl II S. 606).

b) In den Fällen des § 23 Absatz 3 Satz 1 Nummer 2 UmwStG ist der Zwischenwert die Bemessungsgrundlage der weiteren Absetzungen für Abnutzung (AfA). Der Abschreibungssatz richtet sich nach der neu zu schätzenden Restnutzungsdauer im Zeitpunkt der Einbringung.

Beispiel:
Für eine Maschine mit einer Nutzungsdauer von 12 Jahren wird AfA nach § 7 Absatz 2 EStG von jährlich 20,83 % vorgenommen. Der Restbuchwert bei Einbringung beträgt 70.000 €. Die übernehmende Gesellschaft setzt die Maschine mit 90.000 € an und schätzt die Restnutzungsdauer auf acht Jahre.

Lösung:
Ab dem Zeitpunkt der Einbringung ist für die Maschine jährlich AfA von 25 % vom jeweiligen Buchwert vorzunehmen.

Bei Erhöhung der Anschaffungs- oder Herstellungskosten aufgrund rückwirkender Besteuerung des Einbringungsgewinns (§ 23 Absatz 2 UmwStG) ist § 23 Absatz 3 Satz 1 UmwStG entsprechend anzuwenden. Die Buchwertaufstockung erfolgt in diesen Fällen zu Beginn des Wirtschaftsjahrs, in welches das die Besteuerung des Einbringungsgewinns auslösende Ereignis fällt (§ 23 Absatz 3 Satz 2 UmwStG). 23.16

V. Ansatz des gemeinen Werts (§ 23 Absatz 4 UmwStG)

Gemeiner Wert des Betriebsvermögens ist der Saldo der gemeinen Werte der aktiven und passiven Wirtschaftsgüter. Beim Ansatz des gemeinen Werts sind alle stillen Reserven aufzudecken, insbesondere auch steuerfreie Rücklagen aufzulösen und selbst geschaffene immaterielle Wirtschaftsgüter, einschließlich des Firmen- oder Geschäftswerts, anzusetzen. Dies gilt auch für die Fälle der Einbringung im Wege der Gesamtrechtsnachfolge; § 23 Absatz 4 zweite Alternative UmwStG begründet insoweit keine Besonderheiten, sondern setzt den durch § 20 Absatz 2 Satz 1 UmwStG vorgegebenen Begriff des gemeinen Werts voraus. Vgl. hierzu Randnr. 20.17 sowie Randnr. 03.07 f. 23.17

Als Wert einer Pensionsverpflichtung ist anzusetzen (in den Fällen der Einzelrechtsnachfolge und der Gesamtrechtsnachfolge) 23.18
- bei Pensionsanwartschaften vor Beendigung des Dienstverhältnisses des Pensionsberechtigten der nach § 6a Absatz 3 Satz 2 Nummer 1 EStG zu berechnende Wert; dabei ist als Beginn des Dienstverhältnisses des Pensionsberechtigten der Eintritt in den Betrieb des Einbringenden maßgebend,

Anhang 28
Umwandlungssteuerrecht

– bei aufrechterhaltenen Pensionsanwartschaften nach Beendigung des Dienstverhältnisses des Pensionsberechtigten oder bei bereits laufenden Pensionszahlungen der Barwert der künftigen Pensionsleistungen (§ 6a Absatz 3 Satz 2 Nummer 2 EStG).

23.19 Die Rechtsfolgen bei Ansatz des gemeinen Werts unterscheiden sich für die übernehmende Gesellschaft danach, ob die Einbringung im Wege der Einzelrechtsnachfolge (§ 23 Absatz 4 erste Alternative UmwStG) oder der Gesamtrechtsnachfolge (§ 23 Absatz 4 zweite Alternative UmwStG) erfolgt. Bei Gesamtrechtsnachfolge gilt § 23 Absatz 3 UmwStG entsprechend.

23.20 Erfolgt eine Einbringung sowohl im Wege der Gesamtrechtsnachfolge als auch im Wege der Einzelrechtsnachfolge (z. B. bei Verschmelzung einer KG auf eine GmbH mit gleichzeitigem Übergang des Sonderbetriebsvermögens im Wege der Einzelrechtsnachfolge), ist der Vorgang für Zwecke des § 23 Absatz 4 UmwStG einheitlich als Gesamtrechtsnachfolge zu beurteilen.

23.21 Im Fall der Einzelrechtsnachfolge wird der Einbringungsvorgang für die übernehmende Gesellschaft als Anschaffung zum gemeinen Wert behandelt. Dies hat u. a. zur Folge, dass für die Absetzungen für Abnutzung der eingebrachten Wirtschaftsgüter ausschließlich die Verhältnisse der übernehmenden Gesellschaft maßgebend sind. Zu den Auswirkungen auf die Investitionszulage vgl. Randnr. 10 des BMF-Schreibens vom 8.5.2008, BStBl I S. 590.

VI. Verlustabzug bei Auslandsbetriebsstätten

23.22 Für die Nachversteuerung von Verlusten gem. § 2a Absatz 4 EStG a. F. bzw. § 2 Absatz 2 AuslInvG gilt Randnr. 04.12 entsprechend.

Siebter Teil. Einbringung eines Betriebs, Teilbetriebs oder Mitunternehmeranteils in eine Personengesellschaft (§ 24 UmwStG)
A. Allgemeines
I. Persönlicher und sachlicher Anwendungsbereich

24.01 Zu den zivilrechtlichen Formen der Einbringung eines Betriebs, Teilbetriebs oder Mitunternehmeranteils in eine Personengesellschaft siehe Randnr. 01.47 f.

24.02 Für Zwecke des § 24 UmwStG gilt auch eine zu einem Betriebsvermögen gehörende, das gesamte Nennkapital umfassende Beteiligung an einer Kapitalgesellschaft als Teilbetrieb. Randnr. 15.05 f. gelten entsprechend.

II. Entsprechende Anwendung der Regelungen zu §§ 20, 22, 23 UmwStG

24.03 Die vorstehenden Ausführungen zu §§ 20, 22, 23 UmwStG gelten für Einbringungen in eine Personengesellschaft nach § 24 UmwStG, soweit im Folgenden nichts anderes bestimmt ist, entsprechend. Insbesondere gelten folgende Randnr. entsprechend:
– Randnr. 20.03 betreffend die Person des Einbringenden,
– Randnr. 20.05–20.08 und Randnr. 20.10 ff. betreffend die Einbringung von Betrieben, Teilbetrieben und Mitunternehmeranteilen,
– Randnr. 20.17 ff. betreffend die Bewertung des eingebrachten Betriebsvermögens,
– Randnr. 20.25 ff. betreffend die Besteuerung des Einbringungsgewinns,
– Randnr. 23.01 ff., 23.05 f., 23.14 f., 23.17 ff. betreffend die Auswirkungen bei der übernehmenden Gesellschaft und
– Randnr. 23.22 betreffend die Nachversteuerung von Verlusten.

Hat die übernehmende Personengesellschaft für das Wirtschaftsjahr, in dem die Einbringung erfolgt ist, keine steuerliche Schlussbilanz zu erstellen, weil sie nach der Einbringung zulässigerweise zur Gewinnermittlung nach § 4 Absatz 3 EStG zurückkehrt, muss

Anhang 28
Umwandlungssteuerrecht

der Antrag i. S. d. § 24 Absatz 2 Satz 2 UmwStG in entsprechender Anwendung des § 20 Absatz 2 Satz 3 UmwStG spätestens bis zur erstmaligen Abgabe der entsprechend R 4.5 (6) EStR zu erstellenden Bilanz i. S. d. § 24 Absatz 2 UmwStG bei dem für die Besteuerung der übernehmenden Personengesellschaft zuständigen Finanzamt gestellt werden.

Die Einbringung in eine Personengesellschaft nach § 24 UmwStG ist – im Gegensatz zur Einbringung in eine Kapitalgesellschaft nach § 20 UmwStG – auch dann zum Buchwert möglich, wenn das eingebrachte Betriebsvermögen negativ ist. Denn in § 24 UmwStG fehlt eine § 20 Absatz 2 Satz 2 Nummer 2 UmwStG entsprechende Regelung. 24.04

I. R. d. § 24 UmwStG ist es ausreichend, wenn das eingebrachte Betriebsvermögen teilweise Sonderbetriebsvermögen des Einbringenden bei der übernehmenden Mitunternehmerschaft wird. 24.05

III. Rückbeziehung nach § 24 Absatz 4 UmwStG

§ 24 Absatz 4 zweiter Halbsatz UmwStG eröffnet die Möglichkeit einer Rückbeziehung der Einbringung für den Fall der Gesamtrechtsnachfolge nach den Vorschriften des UmwG oder vergleichbarer ausländischer Vorgänge, also nicht für den Fall der Anwachsung. Stellt sich die Einbringung als Kombination von Gesamtrechtsnachfolge und Einzelrechtsnachfolge dar, nimmt auch die Einzelrechtsnachfolge an der Rückbeziehung teil. Bei Vorgängen im Wege der Einzelrechtsnachfolge ist eine Rückbeziehung nicht möglich. Randnr. 20.13–20.16 gelten entsprechend. 24.06

B. Einbringung gegen Gewährung von Gesellschaftsrechten
I. Allgemeines

§ 24 UmwStG ist nur anwendbar, soweit der Einbringende als Gegenleistung für die Einbringung Gesellschaftsrechte erwirbt, d. h. soweit er durch die Einbringung die Rechtsstellung eines Mitunternehmers erlangt oder seine bisherige Mitunternehmerstellung erweitert (BFH vom 16.12.2004, III R 38/00, BStBl 2005 II S. 554 und BFH vom 25.4.2006, VIII R 52/04, BStBl II S. 847). Das erfordert als Gegenleistung die Erhöhung des die Beteiligung widerspiegelnden Kapitalkontos oder die Einräumung weiterer Gesellschaftsrechte (BFH vom 25.4.2006, VIII R 52/04, BStBl II S. 847 und BFH vom 15.6.1976, I R 17/74, BStBl II S. 748). Ist ein Mitunternehmer bereits zu 100 % an einer Personengesellschaft beteiligt (Ein-Personen-GmbH & Co. KG), muss sein Kapitalkonto bei einer weiteren Einbringung eines Betriebs, Teilbetriebs oder Mitunternehmeranteils erhöht werden. Die teilweise Buchung auf einem Kapitalkonto und auf einem gesamthänderisch gebundenen Rücklagenkonto ist für die Anwendung des § 24 UmwStG ebenso unschädlich wie die ausschließliche Buchung auf einem variablen Kapitalkonto (z. B. Kapitalkonto II). Die Buchung auf einem bloßen Darlehenskonto reicht dagegen nicht aus (vgl. hierzu im Einzelnen BMF-Schreiben vom 11.7.2011, BStBl I S. 713). Zur Abgrenzung zwischen Darlehens- und Kapitalkonto vgl. das BMF-Schreiben vom 30.5.1997, BStBl I S. 627[1]). 24.07

---

[1]) insoweit überholt, als danach sowohl eine Buchung, die ausschl. auf einem variablen Kapitalkonto (insbesondere dem Kapitalkonto II) erfolgt, als auch eine Buchung, die teilweise auf einem variablen Kapitalkonto (insbesondere dem Kapitalkonto II) und teilweise auf einem gesamthänderisch gebundenen Rücklagenkonto erfolgt, zu einer Gewährung von Gesellschaftsrechten und damit zu einem entgeltlichen Vorgang führt

Auf gemeinsamen Antrag des Übertragenden oder des Einbringenden und der übernehmenden Personengesellschaft kann in noch offenen Fällen die bisherige Verwaltungsauffassung, wonach auch eine Buchung auf dem Kapitalkonto II zu einer Gewährung von Gesellschaftsrechten führt, für Übertragungen und Einbringungen bis zum 31.12.2016 weiterhin angewendet werden (>BMF vom 26.07.2016 – BStBl I S. 684).

Erfolgt die Einbringung gegen ein Mischentgelt, d. h. gegen Gewährung von Gesellschaftsrechten und sonstige Ausgleichsleistungen, kann die Einbringung auf Antrag (§ 24 Absatz 2 Satz 2 UmwStG) entsprechend dem Verhältnis der jeweiligen Teilleistungen (Wert der erlangten Gesellschaftsrechte einerseits und Wert der sonstigen Gegenleistungen andererseits) zum gemeinen Wert des eingebrachten Betriebsvermögens teilweise zu Buchwerten und teilweise zum gemeinen Wert vollzogen werden (BFH vom 11.12.2001, VIII R 58/98, BStBl 2002 II S. 420)[1]).

Stellt sich der Einbringungsvorgang bei wirtschaftlicher Betrachtung als Veräußerung gegen ein nicht in Gesellschaftsrechten bestehendes Entgelt dar, ist § 24 UmwStG nicht anzuwenden.

Beispiel:
A betreibt (u. a.) den Teilbetrieb I, dessen Wirtschaftsgüter erhebliche stille Reserven aufweisen. Der Teilbetrieb I soll an B veräußert werden. Um die dabei eintretende Gewinnverwirklichung zu vermeiden, bringt A seinen gesamten Betrieb nach § 24 UmwStG zu Buchwerten in eine KG mit B ein, der eine Geldeinlage leistet. Kurze Zeit später kommt es zur Realteilung, bei der B den Teilbetrieb erhält, um ihn auf eigene Rechnung fortzuführen.

Lösung:
Der Vorgang ist nicht steuerneutral. Es handelt sich um die verdeckte Veräußerung des Teilbetriebs I nach § 16 Absatz 1 Satz 1 Nummer 1 i. V. m. § 34 EStG (vgl. auch BFH vom 11.12.2001, VIII R 23/01, BStBl 2004 II S. 474).

II. Einbringung mit Zuzahlung zu Buchwerten

24.08 Erhält der Einbringende neben dem Mitunternehmeranteil an der Personengesellschaft eine Zuzahlung, die nicht Betriebsvermögen der Personengesellschaft wird, ist davon auszugehen, dass

- der Einbringende Eigentumsanteile an den Wirtschaftsgütern des Betriebs veräußert und
- die ihm verbliebenen Eigentumsanteile für eigene Rechnung, sowie die veräußerten Eigentumsanteile für Rechnung des zuzahlenden Gesellschafters in das Betriebsvermögen der Personengesellschaft einlegt (vgl. BFH vom 18.10.1999, GrS 2/98, BStBl 2000 II S. 123).

24.09 Der Gewinn, der durch eine Zuzahlung in das Privatvermögen des Einbringenden entsteht, kann nicht durch Erstellung einer negativen Ergänzungsbilanz vermieden werden (BFH vom 8.12.1994, IV R 82/92, BStBl 1995 II S. 599 und BFH vom 16.12.2004, III R 38/00, BStBl 2005 II S. 554). Eine Zuzahlung liegt auch vor, wenn mit ihr eine zugunsten des Einbringenden begründete Verbindlichkeit der Gesellschaft getilgt wird (BFH vom 8.12.1994, IV R 82/92, BStBl 1995 II S. 599) oder durch die Einbringung private Verbindlichkeiten (z. B. Pflichtteilsansprüche) abgegolten werden (BFH vom 16.12.2004, III R 38/00, BStBl 2005 II S. 554).

24.10 Die Veräußerung der Anteile an den Wirtschaftsgütern ist ein Geschäftsvorfall des einzubringenden Betriebs. Der hierbei erzielte Veräußerungserlös wird vor der Einbringung aus dem Betriebsvermögen entnommen. Anschließend wird der Betrieb so eingebracht, wie er sich nach der Entnahme des Veräußerungserlöses darstellt.

Beispiel:
A und B gründen eine OHG, die das Einzelunternehmen des A zu Buchwerten fortführen soll. Das Einzelunternehmen hat einen Buchwert von 100.000 € und einen gemeinen Wert

---

[1]) Teilweise überholt durch § 24 Abs. 2 UmwStG i. d. F. des Steueränderungsgesetzes 2015; für Einbringungen nach dem 31.12.2014 ist die gesetzliche Begrenzung der Gewährung von sonstigen Gegenleistungen zu beachten (>Beispiel zu E 20.11).

von 300.000 €. A und B sollen an der OHG zu je 50 % beteiligt sein. A erhält von B eine Zuzahlung i. H. v. 150.000 €, die nicht Betriebsvermögen der OHG wird.

Lösung:
Die Zahlung der 150.000 € durch B an A ist die Gegenleistung für den Verkauf von je 1/2 Miteigentumsanteilen an den Wirtschaftsgütern des Einzelunternehmens. Infolge dieser Vereinbarungen bringt A sein Einzelunternehmen sowohl für eigene Rechnung als auch für Rechnung des B in die OHG ein.

Der bei der Veräußerung der Anteile an den Wirtschaftsgütern erzielte Gewinn ist als laufender, nicht nach §§ 16, 34 EStG begünstigter Gewinn zu versteuern. Die Veräußerung eines Betriebs (§ 16 Absatz 1 Satz 1 Nummer 1 EStG) liegt nicht vor, weil nur Miteigentumsanteile an den Wirtschaftsgütern des Betriebs veräußert werden; die Veräußerung eines Mitunternehmeranteils (§ 16 Absatz 1 Satz 1 Nummer 2 EStG) liegt nicht vor, weil eine Mitunternehmerschaft im Zeitpunkt der Veräußerung der Miteigentumsanteile noch nicht bestand, sondern durch den Vorgang erst begründet wurde (BFH vom 18.10.1999, GrS 2/98, BStBl 2000 II S. 123).

Unter Berücksichtigung der Umstände des Einzelfalls kann es geboten sein, nach den vorstehenden Grundsätzen auch dann zu verfahren, wenn die Zuzahlung zunächst Betriebsvermögen der Personengesellschaft wird und erst später entnommen wird. Bei wirtschaftlicher Betrachtungsweise kann die Zuführung der Zuzahlung zum Betriebsvermögen der Personengesellschaft und die Entnahme der Zuzahlung durch den Einbringenden nach den Vereinbarungen der Parteien den gleichen wirtschaftlichen Gehalt haben, wie eine Zuzahlung, die unmittelbar an den Einbringenden erfolgt (so auch BFH vom 8.12.1994, IV R 82/92, BStBl 1995 II S. 599). Insbesondere wenn der Einbringende im Anschluss an die Einbringung größere Entnahmen tätigen darf und bei der Bemessung seines Gewinnanteils auf seinen ihm dann noch verbleibenden Kapitalanteil abgestellt wird, kann es erforderlich sein, den Zuzahlungsbetrag als unmittelbar in das Privatvermögen des Einbringenden geflossen anzusehen. 24.11

III. Einbringung mit Zuzahlung zu gemeinen Werten

Für den Fall der Aufnahme eines Gesellschafters in ein bestehendes Einzelunternehmen sind bei einer Einbringung zu gemeinen Werten – vorbehaltlich der Regelung des § 24 Absatz 3 Satz 3 UmwStG – die Begünstigungen des § 24 Absatz 3 Satz 2 UmwStG i. V. m. § 16 Absatz 4, § 34 EStG auch insoweit anzuwenden, als eine Zuzahlung in das Privatvermögen des Einbringenden erfolgt (BFH vom 21.9.2000, IV R 54/99, BStBl 2001 II S. 178). Entsprechendes gilt im Fall der Aufnahme eines weiteren Gesellschafters in eine bestehende Personengesellschaft. 24.12

C. Ergänzungsbilanzen

Nach § 24 Absatz 2 Satz 2 UmwStG kann die Personengesellschaft das eingebrachte Betriebsvermögen in ihrer Bilanz einschließlich der Ergänzungsbilanzen für ihre Gesellschafter abweichend vom Grundsatz des § 24 Absatz 2 Satz 1 UmwStG auf Antrag mit seinem Buch- oder Zwischenwert ansetzen. Werden die Buchwerte des eingebrachten Betriebsvermögens aufgestockt, gilt Randnr. 03.25 f. entsprechend. Der Wert, mit dem das eingebrachte Betriebsvermögen in der Bilanz der Personengesellschaft einschließlich der Ergänzungsbilanzen für ihre Gesellschafter angesetzt wird, gilt nach § 24 Absatz 3 Satz 1 UmwStG für den Einbringenden als Veräußerungspreis. 24.13

Bei der Einbringung eines Betriebs, Teilbetriebs oder Mitunternehmeranteils in eine Personengesellschaft werden in der Praxis die Buchwerte des eingebrachten Betriebsvermögens in der Bilanz der Personengesellschaft aufgestockt, um die Kapitalkonten der Gesellschafter im richtigen Verhältnis zueinander auszuweisen (Bruttomethode). Es kommt auch vor, dass ein Gesellschafter als Gesellschaftseinlage einen höheren Beitrag 24.14

Anhang 28

Umwandlungssteuerrecht

leisten muss, als ihm in der Bilanz der Personengesellschaft als Kapitalkonto gutgeschrieben wird (Nettomethode). In diesen Fällen haben die Gesellschafter der Personengesellschaft Ergänzungsbilanzen zu bilden, soweit ein Antrag nach § 24 Absatz 2 Satz 2 UmwStG gestellt wird und dadurch die sofortige Versteuerung eines Veräußerungsgewinns für den Einbringenden vermieden werden soll.

Beispiel:
A unterhält ein Einzelunternehmen mit einem buchmäßigen Eigenkapital von 100.000 €. In den Wirtschaftsgütern des Einzelunternehmens sind stille Reserven von 200.000 € enthalten. Der gemeine Wert des Unternehmens beträgt 300.000 €. Die Schlussbilanz des A im Zeitpunkt der Einbringung sieht wie folgt aus:

	Gemeiner Wert	Buchwert		Gemeiner Wert	Buchwert
Aktiva diverse	300.000 €	100.000 €	Kapital		100.000 €
	(300.000 €)	100.000 €			100.000 €

In das Einzelunternehmen des A tritt B als Gesellschafter ein; A bringt also sein Einzelunternehmen in die neue von ihm und B gebildete Personengesellschaft ein. A und B sollen an der neuen Personengesellschaft zu je 50 % beteiligt sein. B leistet deshalb eine Bareinlage von 300.000 €. Die Kapitalkonten von A und B sollen in der Bilanz der Personengesellschaft gleich hoch sein. Die Personengesellschaft stellt den Antrag auf Ansatz der Buchwerte nach § 24 Absatz 2 Satz 2 UmwStG.

Die Eröffnungsbilanz der Personengesellschaft lautet wie folgt:

	Buchwert		Buchwert
Aktiva diverse (A)	100.000 €	Kapital A	200.000 €
Bank (Bareinlage B)	300.000 €	Kapital B	200.000 €
	400.000 €		400.000 €

Lösung:
Da B eine Einlage von 300.000 € geleistet hat, hat er 100.000 € mehr gezahlt, als sein buchmäßiges Kapital in der Bilanz der neuen Personengesellschaft beträgt (B hat mit diesen 100.000 € praktisch dem A die Hälfte der stillen Reserven „abgekauft"). Er muss in diesem Fall sein in der Bilanz der Personengesellschaft nicht ausgewiesenes Mehrkapital von 100.000 € in einer Ergänzungsbilanz ausweisen. Auf diese Weise wird sichergestellt, dass die aktivierungspflichtigen Anschaffungskosten des B (300.000 € x 1/2 = 150.000 €) für die erlangten Anteile an den Wirtschaftsgütern des bisherigen Einzelunternehmens i. R. d. Gewinnverteilung berücksichtigt werden (BFH vom 25.4.2006, VIII R 52/04, BStBl II S. 847).

Die positive Ergänzungsbilanz des B hat den folgenden Inhalt:

	Buchwert		Buchwert
Aktiva diverse	100.000 €	Mehrkapital B	100.000 €
	100.000 €		100.000 €

Das von A in die Personengesellschaft eingebrachte Betriebsvermögen ist danach in der Bilanz der Personengesellschaft einschließlich der Ergänzungsbilanz des Gesellschafters B mit insgesamt 200.000 € ausgewiesen (mit 100.000 € in der Gesamthandsbilanz der Personengesellschaft und mit 100.000 € in der Ergänzungsbilanz des B). Es war bisher bei A nur mit 100.000 € angesetzt. Es würde sich danach für A ein Veräußerungsgewinn von 100.000 € ergeben.

A muss diesen Veräußerungsgewinn dadurch neutralisieren, dass er seinerseits eine Ergänzungsbilanz aufstellt und in dieser dem in der Ergänzungsbilanz des B ausgewiesenen Mehrwert für die Aktiva von 100.000 € einen entsprechenden Minderwert gegenüberstellt, sog. negative Ergänzungsbilanz.

Anhang 28
Umwandlungssteuerrecht

Diese negative Ergänzungsbilanz des A sieht wie folgt aus:

	Buchwert		Buchwert
Minderkapital A	100.000 €	Aktiva diverse	100.000 €
	100.000 €		100.000 €

Das eingebrachte Betriebsvermögen ist nunmehr in der Bilanz der Personengesellschaft und den Ergänzungsbilanzen ihrer Gesellschafter insgesamt wie folgt ausgewiesen: mit 100.000 € in der Bilanz der Personengesellschaft zuzüglich 100.000 € in der Ergänzungsbilanz des B abzüglich 100.000 € in der Ergänzungsbilanz des A, insgesamt also mit 100.000 €. Dieser Wert ist nach § 24 Absatz 3 UmwStG für die Ermittlung des Veräußerungsgewinns des A bei der Einbringung maßgebend.

Da der Buchwert des eingebrachten Betriebsvermögens in der Schlussbilanz des A ebenfalls 100.000 € betragen hat, entsteht für A kein Veräußerungsgewinn.

Die Ergänzungsbilanzen für A und B sind auch bei der künftigen Gewinnermittlung zu berücksichtigen und korrespondierend weiterzuentwickeln. Dabei ergibt sich z. B. gegenüber der Bilanz der Personengesellschaft für den Gesellschafter B aus seiner (positiven) Ergänzungsbilanz ein zusätzliches AfA-Volumen und für den Gesellschafter A aus seiner (negativen) Ergänzungsbilanz eine Minderung seines AfA-Volumens (vgl. hierzu auch BFH vom 28.9.1995, IV R 57/94, BStBl 1996 II S. 68)[1]). Die aus der korrespondierend zur positiven Ergänzungsbilanz des einbringenden Mitunternehmers spiegelbildlich fortlaufend jährlich vorzunehmende Auflösung der negativen Ergänzungsbilanz ist als laufender Gewinn zu erfassen (BFH vom 25.4.2006, VIII R 52/04, BStBl II S. 847).

Würde das von A eingebrachte Betriebsvermögen in der Eröffnungsbilanz der Personengesellschaft nicht mit seinem Buchwert von 100.000 €, sondern mit seinem wahren Wert von 300.000 € angesetzt werden und würden demgemäß die Kapitalkonten von A und B mit je 300.000 € ausgewiesen werden (Bruttomethode), müsste A bei Beantragung der Buchwertfortführung durch die übernehmende Personengesellschaft eine negative Ergänzungsbilanz mit einem Minderkapital von 200.000 € aufstellen; für B entfiele in diesem Fall eine Ergänzungsbilanz.

D. Anwendung der §§ 16, 34 EStG bei Einbringung zum gemeinen Wert

Auf einen bei der Einbringung eines Betriebs, Teilbetriebs oder gesamten Mitunternehmeranteils in eine Personengesellschaft entstehenden Veräußerungsgewinn sind § 16 Absatz 4 und § 34 EStG nur anzuwenden, wenn das eingebrachte Betriebsvermögen in der Bilanz der Personengesellschaft einschließlich der Sonder- und Ergänzungsbilanzen der Gesellschafter mit dem gemeinen Wert angesetzt wird; dabei ist auch ein vorhandener Firmen- oder Geschäftswert mit auszuweisen (vgl. Randnr. 23.17). 24.15

Durch die Verweisung auf § 16 Absatz 2 Satz 3 EStG in § 24 Absatz 3 Satz 3 UmwStG ist klargestellt, dass der Einbringungsgewinn stets als laufender, nicht nach §§ 16, 34 EStG begünstigter Gewinn anzusehen ist, soweit der Einbringende wirtschaftlich gesehen „an sich selbst" veräußert. 24.16

§ 24 Absatz 3 Satz 3 UmwStG stellt bei der Betrachtung, ob eine Veräußerung an sich selbst vorliegt, nicht auf den einzelnen Gesellschafter, sondern auf die einbringenden Gesellschafter in ihrer gesamthänderischen Verbundenheit ab.

Beispiel:
An einer OHG sind vier Gesellschafter zu je 1/4 beteiligt. Es soll gegen Bareinlage in das Betriebsvermögen ein fünfter Gesellschafter so aufgenommen werden, dass alle Gesellschafter anschließend zu je 1/5 beteiligt sind.

Lösung:
Wirtschaftlich gesehen gibt jeder der Altgesellschafter 1/5 an den Neuen ab; er veräußert also zu 4/5 „an sich selbst". Ein bei Ansatz der gemeinen Werte entstehender Gewinn ist

---
[1]) >auch BMF vom 19.12.2016 (BStBl I 2017 S. 34), Tz. 2

Anhang 28

Umwandlungssteuerrecht

nach der Regelung in § 24 Absatz 3 Satz 3 UmwStG i. V. m. § 16 Absatz 2 Satz 3 EStG daher zu 4/5 nicht begünstigt.

24.17 Gewinne, die i. R. einer Betriebsveräußerung oder Betriebseinbringung nach § 16 Absatz 2 Satz 3 EStG bzw. § 24 Absatz 3 Satz 3 UmwStG kraft gesetzlicher Anordnung als laufende Gewinne behandelt werden, sind gewerbesteuerpflichtig. Die gesetzliche Fiktion der Behandlung als laufender Gewinn erstreckt sich in diesen Fällen auch auf die Gewerbesteuer (BFH vom 15.6.2004, VIII R 7/01, BStBl II S. 754).

E. Besonderheiten bei der Einbringung von Anteilen an Körperschaften, Personenvereinigungen und Vermögensmassen (§ 24 Absatz 5 UmwStG)

I. Allgemeines

24.18 Werden Anteile an Körperschaften, Personenvereinigungen oder Vermögensmassen von einem Einbringenden, bei dem der Gewinn aus der Veräußerung der Anteile im Einbringungszeitpunkt nicht nach § 8b Absatz 2 KStG steuerfrei gewesen wäre, gem. § 24 Absatz 1 UmwStG unter dem gemeinen Wert in eine Personengesellschaft eingebracht und werden die eingebrachten Anteile innerhalb eines Zeitraums von sieben Jahren nach dem Einbringungszeitpunkt veräußert, ist § 24 Absatz 5 UmwStG anzuwenden. Die eingebrachten Anteile gelten insoweit als sperrfristbehaftete Anteile. Der Veräußerung der sperrfristbehafteten Anteile ist deren Weiterübertragung durch die in § 22 Absatz 1 Satz 6 Nummer 1 bis 5 UmwStG genannten Vorgänge gleichgestellt.

24.19 Die Veräußerung der sperrfristbehafteten Anteile oder deren Weiterübertragung durch einen Vorgang i. S. d. § 22 Absatz 1 Satz 6 Nummer 1 bis 5 UmwStG lösen grundsätzlich die rückwirkende Besteuerung eines Einbringungsgewinns beim Einbringenden im Einbringungszeitpunkt durch Ansatz der eingebrachten Anteile mit dem gemeinen Wert aus. Die Veräußerung der Anteile und die gleichgestellten Vorgänge gelten dabei im Hinblick auf die Steuerfestsetzung des Einbringenden im Einbringungsjahr als rückwirkendes Ereignis i. S. d. § 175 Absatz 1 Satz 1 Nummer 2 AO.

24.20 Wird nur ein Teil der sperrfristbehafteten Anteile veräußert oder durch einen der Veräußerung gleichgestellten Vorgang weiterübertragen, erfolgt auch die rückwirkende Einbringungsgewinnbesteuerung nur anteilig.

24.21 Ein rückwirkender Einbringungsgewinn ist nur zu ermitteln, soweit beim Einbringenden der Gewinn aus der Veräußerung der sperrfristbehafteten Anteile im Einbringungszeitpunkt nicht nach § 8b Absatz 2 KStG steuerfrei gewesen wäre und die bis zum Einbringungszeitpunkt entstandenen stillen Reserven infolge der Veräußerung der Anteile oder der Weiterübertragung der Anteile durch einen gleichgestellten Vorgang i. S. d. § 22 Absatz 1 Satz 6 Nummer 1 bis 5 UmwStG der Steuerbefreiung nach § 8b Absatz 2 KStG unterliegen (= Statusverbesserung). Wird Betriebsvermögen einer Personengesellschaft eingebracht oder ist Mitunternehmer der aufnehmenden Personengesellschaft eine Personengesellschaft, ist für die Anwendung des § 8b Absatz 2 KStG auf Ebene der Personengesellschaft und die Zurechnung der stillen Reserven auf die dahinter stehenden Steuersubjekte abzustellen (Transparenzprinzip).

24.22 Die steuerliche Behandlung der Veräußerung oder Weiterübertragung der sperrfristbehafteten Anteile bei der Personengesellschaft erfolgt nach den allgemeinen ertragsteuerlichen Vorschriften (insbesondere §§ 13, 15, 16, 18 i. V. m. § 3 Nummer 40 EStG oder § 8b Absatz 2 und 3 KStG).

II. Anteile an Körperschaften, Personenvereinigungen und Vermögensmassen

Der Anwendungsbereich des § 24 Absatz 5 UmwStG umfasst Anteile an Körperschaften, Personenvereinigungen oder Vermögensmassen, deren Leistungen beim Empfänger zu Einnahmen i. S. d. § 20 Absatz 1 Nummer 1, 2, 9 oder 10 Buchstabe a EStG führen. 24.23

§ 24 Absatz 5 UmwStG ist bei einbringungsgeborenen Anteilen i. S. d. § 21 Absatz 1 UmwStG 1995 nicht anzuwenden, wenn der Gewinn aus der Veräußerung oder einem gleichgestellten Ereignis i. S. d. § 22 Absatz 1 Satz 6 Nummer 1 bis 5 UmwStG nicht der Steuerbefreiung nach § 3 Nummer 40 Satz 1 Buchstabe a oder b EStG oder § 8b Absatz 2 KStG unterliegt, weil § 3 Nummer 40 Satz 3 und 4 EStG a. F. bzw. § 8b Absatz 4 KStG a. F. weiter anzuwenden sind (§ 27 Absatz 4 UmwStG i. V. m. § 52 Absatz 4b Satz 2 EStG[1]) bzw. § 34 Absatz 7a KStG[2])).

Sind die Fristen der § 3 Nummer 40 Satz 4 EStG a. F. bzw. § 8b Absatz 4 Satz 2 KStG a. F. im Zeitpunkt der Veräußerung bzw. des gleichgestellten Ereignisses abgelaufen, findet § 24 Absatz 5 UmwStG Anwendung. Ist im Zeitpunkt der Einbringung nach § 24 UmwStG die ursprüngliche Siebenjahresfrist noch nicht abgelaufen, gilt Randnr. 20.39 entsprechend.

III. Einbringung durch nicht nach § 8b Absatz 2 KStG begünstigte Personen

Die rückwirkende Besteuerung eines Einbringungsgewinns setzt voraus, dass der Einbringende keine durch § 8b Absatz 2 KStG begünstigte Person ist (vgl. Randnr. 22.12). 24.24

Zum Umfang der Anwendung des § 8b Absatz 2 KStG bei der Miteinbringung von Anteilen durch eine Personengesellschaft vgl. Randnr. 24.21.

IV. Veräußerung und gleichgestellte Ereignisse der Weiterübertragung

Die übernehmende Personengesellschaft oder deren Rechtsnachfolger bzw. die Personen, bei denen sich die Zurechnung der stillen Reserven mittelbar auf den Gewinn auswirkt, können durch Veräußerung oder Weiterübertragung der eingebrachten Anteile innerhalb des Siebenjahreszeitraums die rückwirkende Besteuerung eines Einbringungsgewinns auslösen. Als Veräußerung gilt auch die Aufgabe des Betriebs der Personengesellschaft (§ 16 Absatz 3 Satz 1 EStG). 24.25

Im Hinblick auf die Frage der Auslösung der rückwirkenden Einbringungsgewinnbesteuerung durch der Veräußerung gleichgestellte Ersatzrealisationstatbestände gelten die vorstehenden Ausführungen zu § 22 UmwStG (vgl. insbesondere Randnr. 22.20, 22.21 ff., 22.28 ff., 22.38 ff., 22.41 f. und 22.43 ff.) entsprechend. 24.26

Werden die im Zuge der (Mit-)Einbringung von Anteilen erhaltenen Mitunternehmeranteile nach § 24 Absatz 1 UmwStG mit einem Wert unterhalb des gemeinen Werts in eine Personengesellschaft eingebracht und wird die übernehmende Personengesellschaft dadurch Mitunternehmerin der Personengesellschaft, deren Anteile eingebracht worden sind, liegt eine Einbringung i. S. d. § 24 Absatz 5 UmwStG vor, die einen neuen Siebenjahreszeitraum auslöst. Auch die (mittelbare) Veräußerung oder Weiterübertragung der (mit-)eingebrachten Anteile durch eine Untergesellschaft löst innerhalb dieses Siebenjahreszeitraums die rückwirkende Einbringungsgewinnbesteuerung aus. 24.27

---

[1]) § 52 Abs. 4b i. d. F. vor dem Gesetz zur Anpassung des nationalen Steuerrechts an den Beitritt Kroatiens zur EU und zur Änderung weiterer steuerlicher Vorschriften

[2]) § 34 Abs. 7a KStG i. d. F. vor dem Gesetz zur Anpassung des nationalen Steuerrechts an den Beitritt Kroatiens zur EU und zur Änderung weiterer steuerlicher Vorschriften

V. Ermittlung und ertragsteuerliche Behandlung des Einbringungsgewinns

24.28 In entsprechender Anwendung des § 22 Absatz 2 Satz 3 UmwStG ist durch (anteiligen) Ansatz des gemeinen Werts abweichend von § 24 Absatz 2 Satz 2 UmwStG für die sperrfristbehafteten Anteile rückwirkend ein Einbringungsgewinn zu ermitteln, der vermindert um jeweils ein Siebtel für jedes seit dem Einbringungszeitpunkt abgelaufene Zeitjahr im Wirtschaftsjahr der Einbringung beim Einbringenden der Besteuerung zu Grunde zu legen ist. Die Steuerfestsetzung bzw. Feststellung des Gewinns ist insoweit gem. § 175 Absatz 1 Satz 1 Nummer 2 AO zu ändern (§ 22 Absatz 2 Satz 2 UmwStG). Der Einbringungsgewinn ermittelt sich nach § 24 Absatz 5 i. V. m. § 22 Absatz 2 Satz 3 UmwStG wie folgt:

	Anteiliger gemeiner Wert der Anteile
./.	anteilige Kosten für Vermögensübergang
./.	anteiliger Einbringungswert (§ 24 Absatz 2 Satz 2 UmwStG)
=	Einbringungsgewinn vor Siebtelregelung
./.	je 1/7 für seit dem Einbringungszeitpunkt abgelaufene Zeitjahre
=	Einbringungsgewinn

Soweit der Einbringungsgewinn einer natürlichen Person zuzurechnen ist, führt er zu einem laufenden Gewinn i. S. d. § 3 Nummer 40 Satz 1 Buchstabe b EStG. § 16 Absatz 4 EStG und § 34 EStG sind nicht anzuwenden (§ 22 Absatz 2 Satz 1 zweiter Halbsatz UmwStG). Hinsichtlich der Zugehörigkeit des Einbringungsgewinns zum Gewerbeertrag gelten die allgemeinen Grundsätze (vgl. § 7 Satz 2 GewStG; R 7 Absatz 3 GewStR). D. h., soweit er auf eine natürliche Person als Einzelunternehmer oder als unmittelbar beteiligter Mitunternehmer entfällt, gehört er nur anteilig zum Gewerbeertrag (§ 24 Absatz 3 Satz 3 UmwStG). Der Einbringungsgewinn erhöht unter den Voraussetzungen des § 23 Absatz 2 UmwStG die Anschaffungskosten der von § 8b Absatz 2 KStG begünstigten Person. Der Einbringungsgewinn erhöht das Kapitalkonto des Einbringenden i. S. d. § 16 EStG (§ 22 Absatz 2 Satz 4 UmwStG).

Die Randnr. 22.09 f. und 22.13 gelten entsprechend.

VI. Nachweispflichten

24.29 In entsprechender Anwendung des § 22 Absatz 3 Satz 1 Nummer 2 UmwStG hat der Einbringende in den dem Einbringungszeitpunkt folgenden sieben Jahren jährlich spätestens bis zum 31.5. den Nachweis darüber zu erbringen, wem mit Ablauf des Tages, der dem maßgebenden Einbringungszeitpunkt entspricht, die eingebrachten Anteile und die auf diesen Anteilen beruhenden Anteile zuzurechnen sind.

In den Fällen des Eintritts eines weiteren Gesellschafters in eine bestehende Personengesellschaft gegen Einlage in das Gesamthandsvermögen sowie der Kapitalerhöhung kann auch die Personengesellschaft den Nachweis gegenüber dem für sie zuständigen Finanzamt mit befreiender Wirkung für die Einbringenden erbringen. Im Übrigen gelten die Randnr. 22.28 ff. entsprechend.

VII. Bescheinigungsverfahren

24.30 Randnr. 22.38 ff. gelten entsprechend.

VIII. Unentgeltliche Rechtsnachfolge

24.31 Randnr. 22.41 gilt entsprechend.

Anhang 28
Umwandlungssteuerrecht

IX. Mitverstrickung von Anteilen
Gehen i. R. einer Kapitalerhöhung aus Gesellschaftermitteln bei der Gesellschaft, deren Anteile eingebracht worden sind, stille Reserven auf andere (neue) Anteile der übernehmenden Personengesellschaft über, gelten insoweit auch diese anderen Anteile als sperrfristbehaftet (§ 22 Absatz 7 UmwStG). Randnr. 22.46 gilt entsprechend. 24.32

X. Auswirkungen bei der übernehmenden Gesellschaft
Randnr. 23.12 f. gelten entsprechend. 24.33

Achter Teil. Formwechsel einer Personengesellschaft in eine Kapitalgesellschaft oder Genossenschaft (§ 25 UmwStG)
Im UmwStG wird der Formwechsel gem. § 25 UmwStG durch den Verweis auf die entsprechende Anwendung der §§ 20 bis 23 UmwStG wie eine übertragende Umwandlung behandelt. Die Ausführungen zu den Randnr. 20.01–23.21 sind daher in den Fällen des Formwechsels gem. § 25 UmwStG entsprechend anzuwenden. 25.01

Neunter Teil. Verhinderung von Missbräuchen (§ 26 UmwStG)
[unbesetzt] 26.01

Zehnter Teil. Anwendungsvorschriften und Ermächtigung
A. Allgemeines
Zu Besonderheiten bei der Behandlung einbringungsgeborener Anteile i. S. d. § 21 UmwStG 1995 siehe auch die Randnr. 20.38 ff. 27.01

Nach § 27 Absatz 3 UmwStG ist auf die einbringungsgeborenen Anteile i. S. d. § 21 UmwStG 1995 weiterhin das alte Recht anzuwenden. Dies gilt sowohl in den Fällen der Sacheinlage als auch in den Fällen des Anteilstauschs. Bei einer Veräußerung von sperrfristbehafteten Anteilen ist deshalb auch zu prüfen, ob einbringungsgeborene Anteile i. S. d. § 21 UmwStG 1995 vorliegen. Ist dies der Fall, kommt es zu einem Nebeneinander der alten und der neuen Steuerverhaftungsvorschriften. Beruhen die veräußerten Anteile auf einer Sacheinlage oder einem Anteilstausch vor dem Stichtag 13.12.2006 und liegen deshalb einbringungsgeborene Anteile i. S. d. § 21 UmwStG 1995 vor, sind zusätzlich die alten Steuerverhaftungsregelungen zu beachten. Diese sehen – genauso wie das neue Recht – eine siebenjährige Sperrfrist vor. Nach § 52 Absatz 4d Satz 2 EStG[1]) und § 34 Absatz 7a KStG[2]) gelten § 3 Nummer 40 Satz 3 und 4 EStG a. F. und § 8b Absatz 4 KStG a. F. auch weiterhin für einbringungsgeborene Anteile i. S. d. § 21 UmwStG 1995. Werden also einbringungsgeborene Anteile innerhalb der siebenjährigen Sperrfrist veräußert, ist z. B. bei natürlichen Personen das Halb- bzw. Teileinkünfteverfahren nicht anwendbar. 27.02

B. Veräußerung der auf einer Sacheinlage beruhenden Anteile
I. Grundfall
Veräußert eine natürliche Person einbringungsgeborene Anteile i. S. d. § 21 UmwStG 1995, die sie für die Einbringung eines Betriebs, Teilbetriebs oder Mitunternehmeranteils erhalten hat, dann richten sich die steuerlichen Folgen gem. § 3 Nummer 40 Satz 3 und 4 EStG a. F. i. V. m. § 52 Absatz 4d Satz 2 EStG[1]) weiterhin nach dem alten Recht. Sofern die siebenjährige Sperrfrist des alten Rechts im Veräußerungszeitpunkt noch 27.03

---

[1]) jetzt § 52 Abs. 4 Satz **11**
[2]) § 34 Abs. 7a KStG i. d. F. vor dem Gesetz zur Anpassung des nationalen Steuerrechts an den Beitritt Kroatiens zur EU und zur Änderung weiterer steuerlicher Vorschriften

nicht abgelaufen ist, ist der Veräußerungsgewinn in voller Höhe zu versteuern. Nach Ablauf der siebenjährigen Sperrfrist alten Rechts sind gem. § 3 Nummer 40 Satz 1 Buchstabe b EStG i. V. m. § 3 Nummer 40 Satz 3 und 4 Buchstabe a EStG 50 % bzw. 60 % des Veräußerungsgewinns zu versteuern. Bei der Berechnung der Sperrfrist ist auf den steuerlichen Übertragungsstichtag (§ 20 Absatz 7 und 8 UmwStG 1995) abzustellen. Es kommt nicht zusätzlich zu einer Einbringungsgewinnbesteuerung, auch wenn der Veräußerungsgewinn i. S. d. § 3 Nummer 40 Satz 3 und 4 EStG a. F. bzw. § 8b Absatz 4 KStG a. F. niedriger als ein Einbringungsgewinn ist (vgl. Randnr. 27.07).

II. Weitereinbringungsfall

27.04 Die siebenjährige Sperrfrist alten Rechts ist auch dann anwendbar, wenn einbringungsgeborene Anteile i. S. d. § 21 UmwStG 1995 nach dem 12.12.2006 – also im zeitlichen Anwendungsbereich des neuen Rechts – in eine Kapitalgesellschaft eingebracht werden und anschließend die auf dieser Weitereinbringung beruhenden Anteile veräußert werden. Zwar ist die Weitereinbringung in diesem Fall grundsätzlich nach neuem Recht zu beurteilen. Nach § 21 Absatz 2 Satz 6 i. V. m. § 20 Absatz 3 Satz 4 UmwStG gelten allerdings die als Gegenleistung für die Einbringung von einbringungsgeborenen Anteilen erhaltenen Anteile ebenfalls als einbringungsgeborene Anteile i. S. d. § 21 UmwStG 1995. Infolgedessen sind sowohl die für die Weitereinbringung erhaltenen Anteile als auch die zuvor eingebrachten Anteile einbringungsgeborene Anteile i. S. d. § 21 UmwStG 1995, auf welche jeweils die Sperrfristregelungen des alten Rechts anzuwenden sind.

27.05 Der Gewinn aus der Veräußerung der erhaltenen und ebenfalls als einbringungsgeboren geltenden Anteile innerhalb der siebenjährigen Sperrfrist des alten Rechts ist deshalb sowohl bei einer natürlichen Person als Einbringendem (§ 3 Nummer 40 Satz 3 und 4 a. F. i. V. m. § 52 Absatz 4d Satz 2 EStG[1])) als auch bei einer Körperschaft als Einbringendem (§ 8b Absatz 4 Satz 1 Nummer 1, Satz 2 Nummer 1 KStG a. F. i. V. m. § 34 Absatz 7a KStG[2])) in voller Höhe zu versteuern. Dabei beginnt für die aufgrund der Weitereinbringung erhaltenen und aufgrund der Gesetzesfiktion ebenfalls als einbringungsgeboren geltenden Anteile keine neue siebenjährige Sperrfrist nach altem Recht zu laufen, sondern diese Anteile treten in die bereits laufende Sperrfrist der zuvor eingebrachten Anteile ein (vgl. Randnr. 20.39). Erst nach Ablauf der siebenjährigen Sperrfrist bezüglich der eingebrachten Anteile kommt für den Gewinn aus der Veräußerung der durch die Weitereinbringung erhaltenen Anteile bei natürlichen Personen die hälftige bzw. 40 %ige und bei Kapitalgesellschaften die volle Steuerbefreiung (§ 3 Nummer 40 Satz 1 EStG, § 8b Absatz 2 KStG) zur Anwendung. Die grundsätzliche Steuerverhaftung der als einbringungsgeboren geltenden Anteile bleibt unabhängig von der Höhe der Beteiligung zeitlich unbegrenzt bestehen (vgl. Randnr. 20.38).

27.06 Die Kapitalgesellschaft, in die die einbringungsgeborenen Anteile eingebracht wurden, tritt insoweit in die Rechtsstellung der einbringenden natürlichen Person ein und muss nach § 8b Absatz 4 Satz 1 Nummer 1, Satz 2 Nummer 1 KStG a. F. i. V. m. § 34 Absatz 7a KStG[2]) den Gewinn aus der Veräußerung dieser Anteile innerhalb der siebenjährigen Sperrfrist alten Rechts ebenfalls in voller Höhe versteuern. Erst nach Ablauf der siebenjährigen Sperrfrist ist der Gewinn aus der Veräußerung der eingebrachten Anteile nach § 8b Absatz 2, Absatz 3 Satz 1 KStG bei der Kapitalgesellschaft steuerfrei.

27.07 Die Weitereinbringung der einbringungsgeborenen Anteile beinhaltet zwar gleichzeitig auch einen dem neuen Recht unterliegenden Anteilstausch gem. § 21 UmwStG. Nach

---

[1]) jetzt § 52 Abs. 4 Satz **11**
[2]) § 34 Abs. 7a KStG i. d. F. vor dem Gesetz zur Anpassung des nationalen Steuerrechts an den Beitritt Kroatiens zur EU und zur Änderung weiterer steuerlicher Vorschriften

§ 27 Absatz 4 UmwStG kommt aber die für den Anteilstausch geltende Sperrfristregelung des neuen Rechts gem. § 22 Absatz 2 UmwStG gleichwohl nicht zur Anwendung, weil für diesen Fall in § 27 Absatz 4 UmwStG ausdrücklich ein Vorrang der Sperrfristregelungen nach altem Recht festgelegt wurde. Die innerhalb der siebenjährigen Frist des alten Rechts in voller Höhe steuerpflichtige Veräußerung der eingebrachten Anteile durch die aufnehmende Kapitalgesellschaft oder Genossenschaft führt daher nicht zur zusätzlichen Entstehung eines Einbringungsgewinns II i. S. d. § 22 Absatz 2 UmwStG.

C. Veräußerung der auf einem Anteilstausch beruhenden Anteile
I. Grundfall

Veräußert eine natürliche Person oder eine Körperschaft Anteile, die sie i. R. eines Anteilstauschs (§ 21 UmwStG 1995) erhalten hat und die ebenfalls als einbringungsgeboren i. S. d. § 21 UmwStG 1995 gelten (siehe § 21 Absatz 2 Satz 6 i. V. m. § 20 Absatz 3 Satz 4 UmwStG), richtet sich die Behandlung dieses Vorgangs auch hier weiterhin nach altem Recht. Wenn die i. R. d. Anteilstauschs hingegebenen Anteile nicht mittelbar auf eine Sacheinlage innerhalb der siebenjährigen Sperrfrist zurückzuführen sind, sind die Beschränkungen der § 3 Nummer 40 Satz 3 und 4 EStG a. F. und § 8b Absatz 4 KStG a. F. nicht anwendbar.

27.08

Bei der Veräußerung der durch den Anteilstausch in die Kapitalgesellschaft eingebrachten Anteile muss die Kapitalgesellschaft den Gewinn aus der Veräußerung der eingebrachten Anteile innerhalb der siebenjährigen Sperrfrist des alten Rechts in voller Höhe versteuern, wenn die Anteile von einer natürlichen Person eingebracht wurden. Denn es handelt sich um eingebrachte Anteile i. S. d. § 8b Absatz 4 Satz 1 Nummer 2 KStG a. F., die gem. § 8b Absatz 4 Satz 1 Nummer 2, Satz 2 Nummer 1 KStG a. F. i. V. m. § 34 Absatz 7a KStG[1]) auf einer Übertragung bis zum 12.12.2006 beruhen.

27.09

II. Weitereinbringungsfälle beim Anteilstausch
1. Weitereinbringung durch die natürliche Person

Werden die nach altem Recht von einer natürlichen Person im Wege des Anteilstauschs erhaltenen einbringungsgeborenen Anteile i. S. d. § 21 UmwStG 1995 von der natürlichen Person nach dem 12.12.2006 – also im zeitlichen Anwendungsbereich des neuen Rechts – in eine zweite Kapitalgesellschaft eingebracht, unterliegt die Veräußerung der aus dieser Weitereinbringung erhaltenen sperrfristbehafteten Anteile durch die natürliche Person innerhalb der siebenjährigen Sperrfrist des alten Rechts dem Halb- bzw. Teileinkünfteverfahren.

27.10

Beispiel:
Die natürliche Person A hält 100 % der Anteile an der A-GmbH, die sie durch eine Bargründung erworben hat. Zum 31.12.2005 hat A die Anteile an der A-GmbH steuerneutral in die B-GmbH eingebracht und als Gegenleistung hierfür neue Anteile an der B-GmbH erhalten (Anteilstausch in Inland). Zum 31.12.2007 bringt A die Anteile an der B-GmbH steuerneutral gem. § 21 UmwStG in die C-GmbH ein. Am 30.9.2008 veräußert A die Anteile an der C-GmbH.

Lösung:
A veräußert im Jahre 2008 einbringungsgeborene Anteile, da die Anteile an der C-GmbH gem. § 21 Absatz 2 Satz 6 i. V. m. § 20 Absatz 3 Satz 4 UmwStG n. F. zu 100 % als einbringungsgeborene Anteile i. S. d. § 21 UmwStG 1995 gelten. Nach § 3 Nummer 40 Satz 3 EStG a. F., der noch anzuwenden ist, wäre der Veräußerungsgewinn im Jahre 2008 in voller Höhe steuerpflichtig, da die siebenjährige Sperrfrist des § 3 Nummer 40 Satz 4 Buchstabe a

---

[1]) § 34 Abs. 7a KStG i. d. F. vor dem Gesetz zur Anpassung des nationalen Steuerrechts an den Beitritt Kroatiens zur EU und zur Änderung weiterer steuerlicher Vorschriften

erster Halbsatz EStG a. F. im Zeitpunkt der Veräußerung noch nicht abgelaufen ist. Fraglich ist, ob die Rückausnahme des § 3 Nummer 40 Satz 4 Buchstabe b erster Halbsatz EStG a. F. eingreift, denn die Anteile wurden nicht aufgrund eines Anteilstauschs nach § 20 Absatz 1 Satz 2 UmwStG 1995, sondern aufgrund eines Anteilstauschs nach § 21 UmwStG n. F. erworben. § 21 UmwStG n. F. nennt § 3 Nummer 40 Satz 4 Buchstabe b erster Halbsatz EStG a. F. aber nicht, so dass nach dem Wortlaut der Vorschrift der Veräußerungsgewinn innerhalb der siebenjährigen Sperrfrist in voller Höhe steuerpflichtig wäre. Aus Billigkeitsgründen kommt aber in diesem Fall die 40 %ige Steuerbefreiung gem. dem Teileinkünfteverfahren zur Anwendung.

2. Weitereinbringung durch die aufnehmende (erste) Kapitalgesellschaft

27.11 Werden die nach altem Recht von einer natürlichen Person im Wege des Anteilstauschs in eine Kapitalgesellschaft eingebrachten Anteile anschließend von dieser Kapitalgesellschaft nach dem 12.12.2006 – also im zeitlichen Anwendungsbereich des neuen Rechts – in eine zweite Kapitalgesellschaft weiter eingebracht und anschließend von der zweiten Kapitalgesellschaft veräußert, ist die alte Sperrfrist des § 8b Absatz 4 Satz 1 Nummer 2 KStG a. F. für Anteile, die auf einer Einbringung durch eine natürliche Person innerhalb der letzten sieben Jahre beruhen, gem. § 34 Absatz 7a KStG[1]) auch weiterhin anzuwenden, weil es sich um eingebrachte Anteile i. S. v. § 8b Absatz 4 Satz 1 Nummer 2 KStG a. F. handelt, die auf einer Übertragung bis zum 12.12.2006 beruhen. Dabei ist nicht auf die Übertragung i. R. d. Weitereinbringung, sondern auf die Übertragung i. R. d. (ursprünglichen) Anteilstauschs abzustellen.

D. Wechselwirkung zwischen altem und neuem Recht

27.12 Ein Einbringungsgewinn II, der auf die Einbringung von einbringungeborenen Anteilen i. S. d. § 21 UmwStG 1995 entfällt, die erst nach Ablauf der siebenjährigen Sperrfrist des alten Rechts veräußert werden, ist voll steuerpflichtig und nicht nach den Regelungen des Halb- bzw. Teileinkünfteverfahrens voll oder teilweise steuerfrei, wenn der Einbringungszeitpunkt innerhalb der für die einbringungsgeborenen Anteile alten Rechts geltenden siebenjährigen Sperrfrist liegt.

Beispiel:
A ist Inhaber eines Einzelunternehmens, das er in 2002 in eine neu gegründete GmbH 1 (Buchwert 100.000 €, gemeiner Wert 800.000 €) einbringt. Die GmbH 1 setzt das übernommene Vermögen mit dem Buchwert an. Die neuen Anteile an der GmbH 1 sind einbringungsgeborene Anteile i. S. d. § 21 Absatz 1 UmwStG 1995. Im Januar 2007 bringt A die Anteile an der GmbH 1 in die GmbH 2 gegen Gewährung von neuen Anteilen ein. Die übernehmende GmbH 2 setzt die eingebrachten Anteile an der GmbH 1 mit dem bisherigen Buchwert an (Buchwert 100.000 €, gemeiner Wert 900.000 €). Im Juni 2010 veräußert die GmbH 2 die eingebrachten einbringungsgeborenen Anteile an der GmbH 1 für 1.100.000 €.

Lösung:
Die von der GmbH 2 veräußerten Anteile an der GmbH 1 sind zwar gem. § 23 Absatz 1 UmwStG Anteile i. S. v. § 21 UmwStG 1995 Der erzielte Veräußerungsgewinn ist jedoch nach § 8b Absatz 2 KStG steuerfrei, da die siebenjährige Sperrfrist nach § 8b Absatz 4 KStG a. F. zum Zeitpunkt der Veräußerung in 2010 abgelaufen ist. Da somit kein Anwendungsfall von § 8b Absatz 4 KStG a. F. vorliegt, kommen nach § 27 Absatz 4 UmwStG die §§ 22 und 23 UmwStG zur Anwendung. Im Beispielsfall muss A gem. § 22 Absatz 2 UmwStG im Veranlagungszeitraum 2007 rückwirkend einen Einbringungsgewinn II nach § 16 EStG i. V. m. § 21 UmwStG a. F. versteuern. Dieser Gewinn unterliegt nicht der teilweisen Steuerbefreiung nach § 3 Nummer 40 EStG, da die Weitereinbringung der einbringungsgeborenen Anteile innerhalb der siebenjährigen Sperrfrist alten Rechts erfolgt ist.

---

[1]) § 34 Abs. 7a KStG i. d. F. vor dem Gesetz zur Anpassung des nationalen Steuerrechts an den Beitritt Kroatiens zur EU und zur Änderung weiterer steuerlicher Vorschriften

Anhang 28
Umwandlungssteuerrecht

Die Einbringung im Januar 2007 ist ein entgeltlicher Vorgang, der aufgrund der Buchwertfortführung zunächst nicht zum Entstehen eines Einbringungsgewinns führt. Aufgrund der Veräußerung der eingebrachten Anteile durch die GmbH 2 in 2010 entsteht rückwirkend im Jahr 2007, d. h. innerhalb von sieben Jahren nach der ersten Einbringung, ein Einbringungsgewinn II aufgrund der nunmehr rückwirkend vorzunehmenden höheren Bewertung. Damit ergibt sich hinsichtlich der vollen Steuerpflicht des Einbringungsgewinns das gleiche Ergebnis, wie wenn die Einbringung in 2007 von vornherein zum gemeinen Wert oder Zwischenwert erfolgt wäre. Die nachträgliche Besteuerung der im Zeitpunkt der Einbringung vorhandenen stillen Reserven soll durch die Systemumstellung des Einbringungsteils nicht verloren gehen. Die nachträgliche Besteuerung umfasst daher auch die Nichtgewährung der 40 %igen Steuerbefreiung nach § 3 Nummer 40 Satz 3 und 4 EStG a. F.

E. Spezialregelung für die Veräußerung einbringungsgeborener Anteile gem. § 21 Absatz 2 Satz 1 Nummer 2 UmwStG 1995

Nach § 27 Absatz 3 Nummer 3 UmwStG erfolgt bei Ausschluss des deutschen Besteuerungsrechts gem. § 21 Absatz 2 Satz 1 Nummer 2 UmwStG a. F. von Amts wegen eine zinslose Stundung der festgesetzten Steuer ohne Sicherheitsleistung gem. § 6 Absatz 5 AStG i. d. F. des Gesetzes vom 7.12.2006, BGBl. I S. 2782, wenn die Einkommensteuer insoweit noch nicht bestandskräftig festgesetzt ist. Eine Stundung der Steuer ist danach in allen noch offenen Fällen und unabhängig von dem konkreten Veräußerungszeitpunkt von Amts wegen auszusprechen.

27.13

Beispiel:
Die natürliche Person A ist Inhaber einbringungsgeborener Anteile i. S. d. § 21 UmwStG 1995, die sie im Jahre 2005 durch eine Sacheinlage in eine inländische Kapitalgesellschaft erworben hatte. Am 30.9.2009 verlegt A seinen Wohnsitz nach Frankreich, ohne dass es bis zu diesem Zeitpunkt zu einer Veräußerung der einbringungsgeborenen Anteile gekommen ist.

Lösung:
Zwar richtet sich grundsätzlich die Veräußerung einbringungsgeborener Anteile i. S. d. § 21 UmwStG 1995 weiterhin nach dem alten Recht. Der Wegzug nach Frankreich führt aber gleichwohl – entgegen dem Wortlaut des § 21 Absatz 2 Satz 1 Nummer 2 UmwStG 1995 – nicht zu einer Besteuerung eines Gewinns aus einer fiktiven Veräußerung der einbringungsgeborenen Anteile. Vielmehr wird die auf den fiktiven Veräußerungsgewinn i. S. § 21 Absatz 2 Satz 1 Nummer 2 UmwStG 1995 entfallende Einkommensteuer von dem zuständigen Finanzamt lediglich festgesetzt und zunächst von Amts wegen zinslos und ohne Sicherheitsleistung gestundet. Zu einer tatsächlichen Erhebung der entsprechenden Einkommensteuer kommt es erst dann, wenn A die Anteile zu einem späteren Zeitpunkt tatsächlich veräußert bzw. ein Veräußerungsersatztatbestand vorliegt.

F. Sonstige Anwendungsbestimmungen

Die Grundsätze dieses Schreibens gelten für alle noch nicht bestandskräftigen Fälle, auf die das Umwandlungssteuergesetz i. d. F. des Gesetzes über steuerliche Begleitmaßnahmen zur Einführung der Europäischen Gesellschaft und zur Änderung weiterer steuerlicher Vorschriften (SEStEG) vom 7.12.2006, BGBl. I S. 2782, mit seinen weiteren Änderungen anzuwenden ist.

S.01

Die Randnr. 21.01–21.16[1]) des BMF-Schreibens vom 25.3.1998, BStBl I S. 268, sind für einbringungsgeborene Anteile i. S. v. § 21 Absatz 1 UmwStG 1995 und für Anteile, die aufgrund eines Einbringungsvorgangs nach dem 12.12.2006 nach § 20 Absatz 3 Satz 4, § 21 Absatz 2 Satz 6 UmwStG als einbringungsgeborene Anteile i. S. v. § 21 Absatz 1 UmwStG 1995 gelten, weiterhin anzuwenden.

---

[1]) Tz. 21.12 und 21.13 des BMF-Schreibens vom 25.03.1998 (BStBl I S. 268) sind teilweise überholt (>BFH vom 12.10.2011 – BStBl II 2012 S. 445).

Anhang 28
Umwandlungssteuerrecht

S.02 Ergibt sich aus den Gesamtumständen des Einzelfalls, dass bis zum 31.12.2011 ein unwiderruflicher Antrag zum Ansatz der Buchwerte gemäß § 3 Absatz 2, § 9 Satz 1 i. V. m. § 3 Absatz 2, § 11 Absatz 2, § 15 Absatz 1 i. V. m. § 11 Absatz 2, § 16 Satz 1 i. V. m. § 3 Absatz 2 UmwStG (vgl. z. B. Randnr. 03.27 ff.) gestellt worden ist, kann auf die gesonderte Abgabe einer steuerlichen Schlussbilanz (vgl. z. B. § 3 Absatz 1 UmwStG, Randnr. 03.01) verzichtet werden, wenn eine Bilanz i. S. d. § 4 Absatz 1, § 5 Absatz 1 EStG auf den steuerlichen Übertragungsstichtag bis zum 31.12.2011 eingereicht worden ist und diese der steuerlichen Schlussbilanz entspricht.

S.03 Bei Umwandlungen und Einbringungen, die nicht zum gemeinen Wert erfolgen, kann eine Aufstockung (vgl. z. B. Randnr. 03.23) abweichend von den gesetzlichen Regelungen des UmwStG in einer ersten Stufe bei bereits bilanzierten Wirtschaftsgütern erfolgen und erst in einer zweiten Stufe auch bei bisher in der Steuerbilanz nicht anzusetzenden selbst geschaffenen immateriellen Wirtschaftsgütern, wenn das gesamte übertragene bzw. eingebrachte Vermögen im Inland belegen ist. Dies gilt nur, wenn in den Fällen der Gesamtrechtsnachfolge der Umwandlungsbeschluss bis zum 31.12.2011 erfolgt ist oder in den anderen Fällen der Einbringungsvertrag bis zum 31.12.2011 geschlossen worden ist.

S.04 Bei Umwandlungen und Einbringungen ist es, abweichend von z. B. Randnr. 02.14, ausreichend, wenn die Teilbetriebsvoraussetzungen spätestens bis zum Zeitpunkt des Umwandlungsbeschlusses oder des Abschlusses des Einbringungsvertrags vorliegen. Dies gilt nur, wenn in den Fällen der Gesamtrechtsnachfolge der Umwandlungsbeschluss bis zum 31.12.2011 erfolgt ist oder in den anderen Fällen der Einbringungsvertrag bis zum 31.12.2011 geschlossen worden ist.

S.05 Bei Umwandlungen und Einbringungen ist es hinsichtlich des Vorliegens der Teilbetriebsvoraussetzungen, abweichend von Randnr. 15.02 f., ausreichend, wenn die Anforderungen an den Begriff des Teilbetriebs i. S. d. BMF-Schreibens vom 16.8.2000, BStBl I S. 1253, sowie der Randnr. 15.10 einschließlich der Randnr. 15.07–15.09 des BMF-Schreibens vom 25.3.1998, BStBl I S. 268, erfüllt werden. Dies gilt nur, wenn in den Fällen der Gesamtrechtsnachfolge der Umwandlungsbeschluss bis zum 31.12.2011 erfolgt ist oder in den anderen Fällen der Einbringungsvertrag bis zum 31.12.2011 geschlossen worden ist. Vorstehende Sätze gelten nicht für die Anwendung von §§ 15, 16 i. V. m. § 3 Absatz 3, § 15 i. V. m. § 13 Absatz 2 Satz 1 Nummer 2 und § 20 Absatz 8 UmwStG.

S.06 Abweichend von Randnr. 11.08 und 20.19 gilt die Besteuerung mit Körperschaftsteuer bei Umwandlung auf bzw. Einbringung in eine unbeschränkt körperschaftsteuerpflichtige, nicht nach § 5 KStG steuerbefreite Organgesellschaft i. S. d. § 1 Absatz 1, §§ 14, 17 KStG als sichergestellt. Dies gilt nur, wenn in den Fällen der Gesamtrechtsnachfolge der Umwandlungsbeschluss bis zum 31.12.2011 erfolgt ist oder in den anderen Fällen der Einbringungsvertrag bis zum 31.12.2011 geschlossen worden ist.

S.07 Abweichend von Randnr. 15.26 ist Randnr. 15.26 des BMF-Schreibens vom 25.3.1998, BStBl I S. 268, anzuwenden, wenn die unmittelbare oder mittelbare Veräußerung der Anteile einer an der Spaltung beteiligten Körperschaften bis zum 31.12.2011 erfolgt ist.

S.08 Die BMF-Schreiben vom 4.9.2007, BStBl I S. 698, und vom 20.5.2009, BStBl I S. 671, werden mit Wirkung der Veröffentlichung dieses Schreibens aufgehoben.

Anhang 28
Umwandlungssteuerrecht

Besonderer Teil zum UmwStG
A. Auswirkungen der Umwandlung auf eine Organschaft
I. Organträger als übertragender bzw. umzuwandelnder Rechtsträger
1. Verschmelzung des Organträgers

Geht das Vermögen des Organträgers und damit auch die Beteiligung an der Organgesellschaft durch Verschmelzung auf ein anderes gewerbliches Unternehmen i. S. d. § 14 Absatz 1 Satz 1 Nummer 2 KStG über, tritt der übernehmende Rechtsträger grundsätzlich in den Gewinnabführungsvertrag ein. — Org.01

a) Fortsetzung einer bestehenden Organschaft im Verhältnis zum übernehmenden Rechtsträger

Infolge des in § 12 Absatz 3 Satz 1 UmwStG angeordneten Eintritts des übernehmenden Rechtsträgers in die steuerliche Rechtsstellung des übertragenden Rechtsträgers ist dem übernehmenden Rechtsträger mit Wirkung ab dem steuerlichen Übertragungsstichtag eine im Verhältnis zwischen dem übertragenden Rechtsträger und der Organgesellschaft bestehende finanzielle Eingliederung zuzurechnen (BFH vom 28.7.2010, I R 89/09, BStBl 2011 II S. 528). Die Voraussetzungen einer Organschaft sind danach vom Beginn des Wirtschaftsjahres der Organgesellschaft an erfüllt, wenn dem übernehmenden Rechtsträger z. B. nach §§ 2, 20 Absatz 5 und 6 oder § 24 Absatz 4 UmwStG auch die Beteiligung an der Organgesellschaft steuerlich rückwirkend zum Beginn des Wirtschaftsjahrs der Organgesellschaft zuzurechnen ist (vgl. z. B. Randnr. 02.03). — Org.02

b) Erstmalige Begründung einer Organschaft zum übernehmenden Rechtsträger

Eine noch gegenüber dem übertragenden Rechtsträger bestehende finanzielle Eingliederung zum steuerlichen Übertragungsstichtag ist dem übernehmenden Rechtsträger infolge des in § 12 Absatz 3 Satz 1 UmwStG angeordneten Eintritts in die steuerliche Rechtsstellung mit Wirkung ab dem steuerlichen Übertragungsstichtag zuzurechnen (vgl. Randnr. Org.02). Eine Organschaft kann durch den übernehmenden Rechtsträger mit steuerlicher Rückwirkung nur begründet werden, wenn diesem auch die Anteile an der künftigen Organgesellschaft steuerlich rückwirkend (z. B. nach §§ 2, 20 Absatz 5 und 6 oder § 24 Absatz 4 UmwStG) zum Beginn des Wirtschaftsjahrs der Organgesellschaft zuzurechnen sind. Werden die Voraussetzungen der finanziellen Eingliederung erst infolge der Umwandlung geschaffen (z. B. übertragender Rechtsträger und übernehmender Rechtsträger besitzen vor der Umwandlung eine Beteiligung von jeweils unter 50 %), ist die rückwirkende erstmalige Begründung einer Organschaft mangels Eintritt in die steuerliche Rechtsstellung hinsichtlich einer beim übertragenden Rechtsträger zum steuerlichen Übertragungsstichtag bestehenden finanziellen Eingliederung somit nicht möglich. — Org.03

c) Beendigung der Organschaft bei Abwärtsverschmelzung

Wird der Organträger auf die Organgesellschaft verschmolzen, endet die Organschaft mit Wirkung zum steuerlichen Übertragungsstichtag. Bei Beendigung des Gewinnabführungsvertrags vor Ablauf von fünf Jahren ist in diesen Fällen ein wichtiger Grund i. S. d. § 14 Absatz 1 Satz 1 Nummer 3 Satz 2 KStG anzunehmen. — Org.04

d) Organschaftliche Ausgleichsposten

Die Verschmelzung des Organträgers stellt einen Veräußerungsvorgang i. S. d. § 14 Absatz 4 KStG hinsichtlich der Beteiligung an der Organgesellschaft dar (vgl. — Org.05

Randnr. 00.02). Auf dieses Organschaftsverhältnis entfallende organschaftliche Ausgleichsposten sind nach § 14 Absatz 4 Satz 2 KStG zum steuerlichen Übertragungsstichtag aufzulösen.

Wird die Organschaft vom übernehmenden Rechtsträger zulässigerweise fortgeführt, sind die organschaftlichen Ausgleichsposten abweichend davon nicht aufzulösen, wenn die Verschmelzung zum Buchwert erfolgt. Der übernehmende Rechtsträger hat die organschaftlichen Ausgleichsposten fortzuführen. Erfolgt die Verschmelzung zum gemeinen Wert, sind die organschaftlichen Ausgleichsposten in voller Höhe, bei Verschmelzung zum Zwischenwert anteilig aufzulösen.

In den Fällen der Abwärtsverschmelzung sind die organschaftlichen Ausgleichsposten stets in voller Höhe aufzulösen, da eine Fortführung der Organschaft ausscheidet (vgl. Randnr. Org.04).

2. Auf- und Abspaltung, Ausgliederung

Org.06 Geht das Vermögen des Organträgers durch Aufspaltung auf ein anderes gewerbliches Unternehmen i. S. d. § 14 Absatz 1 Satz 1 Nummer 2 KStG über, tritt der übernehmende Rechtsträger nach Maßgabe des Spaltungsvertrags oder -plans (§ 131 Absatz 1 Nummer 1 UmwG) in den bestehenden Gewinnabführungsvertrag ein. Dem die Beteiligung an der Organgesellschaft übernehmenden Rechtsträger ist eine gegenüber dem übertragenden Rechtsträger zum steuerlichen Übertragungsstichtag bestehende finanzielle Eingliederung zuzurechnen; Randnr. Org.02 f. gelten entsprechend.

Organschaftliche Ausgleichsposten sind nach § 14 Absatz 4 Satz 2 KStG aufzulösen. Randnr. Org.05 gilt entsprechend. Bleiben die organschaftlichen Ausgleichsposten danach ganz oder teilweise bestehen, sind sie vom übernehmenden Rechtsträger fortzuführen, auf den die Organbeteiligung übergeht.

Org.07 Geht die Beteiligung an der Organgesellschaft im Wege der Abspaltung auf ein anderes gewerbliches Unternehmen i. S. d. § 14 Absatz 1 Satz 1 Nummer 2 KStG über, wird dem übernehmenden Rechtsträger eine gegenüber dem übertragenden Rechtsträger zum steuerlichen Übertragungsstichtag bestehende finanzielle Eingliederung zugerechnet. Randnr. Org.02 f. gelten entsprechend.

Auf dieses Organschaftsverhältnis entfallende organschaftliche Ausgleichsposten sind nach § 14 Absatz 4 Satz 2 KStG aufzulösen. Randnr. Org.05 gilt entsprechend. Bleiben die organschaftlichen Ausgleichsposten danach ganz oder teilweise bestehen, sind sie vom übernehmenden Rechtsträger fortzuführen, auf den die Organbeteiligung übergeht.

Org.08 Geht die Beteiligung an der Organgesellschaft im Wege der Ausgliederung auf ein anderes gewerbliches Unternehmen i. S. d. § 14 Absatz 1 Satz 1 Nummer 2 KStG über, wird dem übernehmenden Rechtsträger eine gegenüber dem übertragenden Rechtsträger bestehende finanzielle Eingliederung mit Wirkung ab dem steuerlichen Übertragungsstichtag zugerechnet. Steuerlicher Übertragungsstichtag ist in den Fällen des Anteilstauschs i. S. d. § 21 UmwStG der Zeitpunkt, zu dem das wirtschaftliche Eigentum an den Anteilen an der Organgesellschaft übergeht (vgl. Randnr. 21.17). In den Fällen der Einbringung von Anteilen i. S. d. § 21 UmwStG an der Organgesellschaft ist eine Fortsetzung der Organschaft deshalb nur möglich, wenn das betreffende Wirtschaftsjahr der Organgesellschaft nach dem steuerlichen Übertragungsstichtag beginnt.

Auf dieses Organschaftsverhältnis entfallende organschaftliche Ausgleichsposten sind nach § 14 Absatz 4 Satz 2 KStG aufzulösen. Randnr. Org.05 gilt entsprechend. Bleiben die organschaftlichen Ausgleichsposten danach ganz oder teilweise bestehen, sind sie vom übernehmenden Rechtsträger fortzuführen, auf den die Organbeteiligung übergeht.

Verbleibt bei einer Abspaltung oder Ausgliederung eine die Mehrheit der Stimmrechte vermittelnde Beteiligung an der Organgesellschaft beim bisherigen Organträger, wird das bestehende Organschaftsverhältnis durch die Umwandlung nicht berührt. Org.09

3. Formwechsel des Organträgers

Der Formwechsel des Organträgers hat auf den Fortbestand eines Gewinnabführungsvertrags keinen Einfluss und berührt daher das Organschaftsverhältnis nicht, wenn beim Organträger neuer Rechtsform die Voraussetzungen des § 14 Absatz 1 Satz 1 Nummer 2 KStG vorliegen. Beim Formwechsel i. S. d. § 1 Absatz 1 Satz 1 Nummer 2 und Absatz 3 Nummer 3 UmwStG gelten Randnr. Org.02 und Org.05 entsprechend. Im Fall der erstmaligen Begründung der Organschaft im Anschluss an einen Formwechsel i. S. d. § 1 Absatz 1 Satz 1 Nummer 2 und Absatz 3 Nummer 3 UmwStG gilt Randnr. Org.03 entsprechend. Org.10

4. Mindestlaufzeit und vorzeitige Beendigung des Gewinnabführungsvertrags

Für die Prüfung der Mindestlaufzeit des Gewinnabführungsvertrags nach § 14 Absatz 1 Satz 1 Nummer 3 KStG ist die Laufzeit bei dem bisherigen und dem künftigen Organträger (übernehmender Rechtsträger bzw. Organträger neuer Rechtsform) zusammenzurechnen, wenn der übernehmende Rechtsträger aufgrund der Umwandlung in den bestehenden Gewinnabführungsvertrag eintritt. Org.11

Die Umwandlung des Unternehmens des Organträgers ist ein wichtiger Grund, einen noch nicht fünf aufeinander folgende Jahre durchgeführten Gewinnabführungsvertrag zu kündigen oder im gegenseitigen Einvernehmen zu beenden. Das gilt nicht für den Formwechsel i. S. d. § 190 UmwG (vgl. R 60 Absatz 6 Satz 2 KStR 2004[1])). Org.12

5. Begründung einer Organschaft nach Einbringung i. S. d. § 20 UmwStG

Die im Zuge einer Einbringung i. S. d. § 20 UmwStG erhaltenen Anteile an einer Kapitalgesellschaft (übernehmender Rechtsträger) sind dem Einbringenden (übertragender Rechtsträger) steuerlich mit Ablauf des steuerlichen Übertragungsstichtags zuzurechnen (vgl. Randnr. 20.14). Eine Organschaft zwischen dem übertragenden Rechtsträger und dem übernehmenden Rechtsträger kann daher grundsätzlich bereits ab diesem Zeitpunkt begründet werden. Weitere Voraussetzung hierfür ist jedoch, dass das eingebrachte Vermögen dem übertragenden Rechtsträger zum Einbringungszeitpunkt auch steuerlich zuzurechnen war (vgl. Randnr. 20.14 sowie BFH vom 28.7.2010, I R 89/09, BStBl 2011 II S. 528). Die steuerliche Anerkennung der Organschaft erfordert zudem, dass der Gewinnabführungsvertrag bis zum Ende des betreffenden Wirtschaftsjahrs der Organgesellschaft wirksam wird. Fällt der steuerliche Übertragungsstichtag zugleich auf das Ende des Wirtschaftsjahrs des übernehmenden Rechtsträgers, kann die Organschaft daher frühestens für das Wirtschaftsjahr des übernehmenden Rechtsträgers begründet werden, das nach dem steuerlichen Übertragungsstichtag beginnt. Org.13

Wird mit steuerlicher Rückwirkung z. B. ein Teilbetrieb, zu dessen funktional wesentlichen Betriebsgrundlagen eine Mehrheitsbeteiligung gehört, in eine Kapitalgesellschaft (übernehmender Rechtsträger) eingebracht, ist wegen des in § 23 Absatz 1 i. V. m. § 12 Absatz 3 erster Halbsatz UmwStG geregelten Eintritts in die steuerliche Rechtsstellung eine zum steuerlichen Übertragungsstichtag noch gegenüber dem übertragenden Rechtsträger bestehende finanzielle Eingliederung mit Wirkung ab dem steuerlichen Übertragungsstichtag dem übernehmenden Rechtsträger zuzurechnen. Org.14

---

[1]) jetzt R 14.5 Abs. 6 Satz 2 KStR **2022**

6. Begründung einer Organschaft nach Anteilstausch i. S. d. § 21 UmwStG

Org.15 Wird eine die Mehrheit der Stimmrechte vermittelnde Beteiligung an einer Kapitalgesellschaft (erworbene Gesellschaft) in eine andere Kapitalgesellschaft (übernehmende Gesellschaft) nach § 21 UmwStG eingebracht, kann die Einbringung steuerlich nicht rückwirkend erfolgen (vgl. Randnr. 21.17). Eine Organschaft zwischen der übernehmenden Gesellschaft und der erworbenen Gesellschaft kann daher frühestens ab dem Beginn des auf die Einbringung folgenden Wirtschaftsjahrs der erworbenen Gesellschaft begründet werden.

Org.16 Bestand bei einem Anteilstausch i. S. d. § 21 UmwStG bisher zwischen dem Einbringenden und der erworbenen Gesellschaft eine Organschaft, kann bei Vorliegen der in § 14 Absatz 1 Satz 1 Nummer 1 Satz 2 KStG genannten Voraussetzungen das bestehende Organschaftsverhältnis in Form einer mittelbaren Organschaft fortgeführt werden.

Die auf das bisherige unmittelbare Organschaftsverhältnis entfallenden organschaftlichen Ausgleichsposten sind nach § 14 Absatz 4 Satz 2 KStG aufzulösen. Randnr. Org.05 gilt entsprechend. Bleiben die organschaftlichen Ausgleichsposten danach ganz oder teilweise bestehen, sind sie vom Organträger fortzuführen.

Org.17 Bringt bei einer zweistufigen Organschaft, bei der die Tochter-Kapitalgesellschaft Organträgerin im Verhältnis zur Enkel-Kapitalgesellschaft und Organgesellschaft im Verhältnis zur Muttergesellschaft ist, die Tochter-Kapitalgesellschaft ihre Beteiligung an der Enkel-Kapitalgesellschaft in die Muttergesellschaft ein, ist eine sich unmittelbar anschließende Begründung der Organschaft zwischen der Enkel-Kapitalgesellschaft und der Muttergesellschaft möglich, denn die Enkel-Kapitalgesellschaft war durchgängig in die Muttergesellschaft finanziell eingegliedert (zunächst mittelbar und anschließend unmittelbar).

Die auf das bisherige Organschaftsverhältnis entfallenden organschaftlichen Ausgleichsposten in der Steuerbilanz der Tochter-Kapitalgesellschaft sind nach § 14 Absatz 4 Satz 2 KStG stets in voller Höhe aufzulösen.

7. Anwachsung bei einer Organträger-Personengesellschaft

Org.18 Erfolgt bei einer Organträger-Personengesellschaft wegen des Ausscheidens des vorletzten Gesellschafters eine Anwachsung des Vermögens auf den verbleibenden Gesellschafter, ist für die Beurteilung des Vorliegens der finanziellen Eingliederung – sofern die Organgesellschaft beim verbleibenden Gesellschafter nicht bereits mittelbar finanziell eingegliedert war – wie folgt zu unterscheiden:

- Ist die Anwachsung Folge einer übertragenden Umwandlung mit steuerlicher Rückwirkung, ist dem verbleibenden Gesellschafter die Beteiligung an der Organgesellschaft auch mit steuerlicher Rückwirkung zuzurechnen.
- Ist die Anwachsung Folge einer Übertragung, für die die steuerliche Rückwirkung nach dem UmwStG nicht gilt (z. B. Veräußerung der Mitunternehmerbeteiligung), ist die Beteiligung an der Organgesellschaft dem verbleibenden Gesellschafter erst mit Übergang des wirtschaftlichen Eigentums zuzurechnen.

Die organschaftlichen Ausgleichsposten sind von dem verbleibenden Gesellschafter in unveränderter Höhe fortzuführen.

8. Zurechnung des Organeinkommens bei Umwandlung des Organträgers

Org.19 Das Einkommen der Organgesellschaft ist dem Organträger für das Kalenderjahr (Veranlagungszeitraum) zuzurechnen, in dem die Organgesellschaft das Einkommen bezogen hat (BFH vom 29.10.1974, I R 240/72, BStBl 1975 II S. 126). Bei Fortsetzung einer bestehenden Organschaft (vgl. z. B. Randnr. Org.02) ist das Organeinkommen demjenigen Rechtsträger zuzurechnen, der zum Schluss des Wirtschaftsjahrs der Organgesellschaft als Organträger anzusehen ist.

II. Organträger als übernehmender Rechtsträger

Eine Umwandlung auf den Organträger als übernehmender Rechtsträger hat auf den Fortbestand eines Gewinnabführungsvertrags keinen Einfluss und berührt daher das Organschaftsverhältnis nicht.   Org.20

III. Organgesellschaft als übertragender bzw. umzuwandelnder Rechtsträger

1. Verschmelzung auf eine andere Gesellschaft

Wird die Organgesellschaft auf einen anderen Rechtsträger verschmolzen, wird ein bestehender Gewinnabführungsvertrag beendet. Die Verschmelzung stellt auf der Ebene des Organträgers eine Veräußerung der Beteiligung an der Organgesellschaft (vgl. Randnr. 00.03 f.) im Zeitpunkt der Wirksamkeit der Verschmelzung bzw. bei Aufwärtsverschmelzung mit Ablauf des steuerlichen Übertragungsstichtags dar. Eine finanzielle Eingliederung zwischen dem bisherigen Organträger und dem übernehmenden Rechtsträger kann frühestens ab dem Zeitpunkt der Wirksamkeit der Verschmelzung bestehen (vgl. Randnr. 13.06).   Org.21

Auf dieses Organschaftsverhältnis entfallende organschaftliche Ausgleichsposten sind nach § 14 Absatz 4 Satz 2 KStG stets in voller Höhe aufzulösen.

2. Auf- und Abspaltung, Ausgliederung

Die Organgesellschaft bleibt bei der Abspaltung und bei der Ausgliederung bestehen und die Organschaft kann unverändert fortgeführt werden. Der Gewinnabführungsvertrag wird dadurch nicht berührt.   Org.22

Die Abspaltung stellt auf der Ebene des Organträgers eine anteilige Veräußerung der Beteiligung an der Organgesellschaft (vgl. § 15 i. V. m. § 13 UmwStG) im Zeitpunkt der Wirksamkeit der Abspaltung dar. Auf dieses Organschaftsverhältnis entfallende organschaftliche Ausgleichsposten sind nach § 14 Absatz 4 Satz 2 KStG nach Maßgabe des Wertverhältnisses in § 15 Absatz 3 UmwStG anteilig aufzulösen. Randnr. Org.05 gilt entsprechend. Bleiben die organschaftlichen Ausgleichsposten danach ganz oder teilweise bestehen, sind sie vom Organträger fortzuführen.

Wird die Organgesellschaft aufgespaltet, endet der Gewinnabführungsvertrag. Randnr. Org.21 gilt entsprechend.   Org.23

3. Formwechsel

Der Formwechsel einer Organgesellschaft in eine Kapitalgesellschaft anderer Rechtsform berührt die steuerliche Anerkennung der Organschaft nicht.   Org.24

Beim Formwechsel in eine Personengesellschaft endet das Organschaftsverhältnis. Auf dieses Organschaftsverhältnis entfallende organschaftliche Ausgleichsposten sind nach § 14 Absatz 4 Satz 5 KStG stets in voller Höhe aufzulösen.

Wird eine Tochter-Personengesellschaft mit steuerlicher Rückwirkung formwechselnd in eine Tochter-Kapitalgesellschaft umgewandelt, ist dem Einbringenden die Beteiligung an der Tochter-Kapitalgesellschaft mit Ablauf des steuerlichen Übertragungsstichtags zuzurechnen; Randnr. Org.13 gilt entsprechend. Zum rückwirkenden Formwechsel vgl. auch BFH vom 17.9.2003, I R 55/02, BStBl 2004 II S. 534.   Org.25

4. Vorzeitige Beendigung des Gewinnabführungsvertrags

Org.26 Die Beendigung eines Gewinnabführungsvertrags infolge der Umwandlung der Organgesellschaft ist ein wichtiger Grund i. S. d. § 14 Absatz 1 Satz 1 Nummer 3 Satz 2 KStG, es sei denn, es handelt sich um einen Formwechsel einer Kapitalgesellschaft in eine Kapitalgesellschaft anderer Rechtsform (vgl. R 60 Absatz 6 Satz 2 KStR 2004[1])).

5. Zurechnung eines Übertragungsgewinns bzw. -verlusts

Org.27 Bei Verschmelzung oder Aufspaltung ist ein steuerlicher Übertragungsgewinn von der Organgesellschaft selbst zu versteuern. Bei Abspaltung oder Ausgliederung ist ein steuerlicher Übertragungsgewinn bei weiter bestehender Organgesellschaft dem Organträger zuzurechnen.

6. Mehr- und Minderabführungen

Org.28 Wenn bei einer Sach- oder Anteilseinbringung durch die Organgesellschaft in eine andere Kapitalgesellschaft oder Genossenschaft das eingebrachte Vermögen steuerlich mit dem Buchwert, in der Handelsbilanz jedoch mit dem Verkehrswert angesetzt wird, ist auf die sich daraus ergebende Mehrabführung § 14 Absatz 4 KStG anzuwenden.

IV. Organgesellschaft als übernehmender Rechtsträger
1. Fortgeltung der Organschaft

Org.29 Ein bestehendes Organschaftsverhältnis wird durch die Umwandlung einer anderen Gesellschaft auf die Organgesellschaft nicht berührt, wenn die finanzielle Eingliederung auch nach der Umwandlung fortbesteht.

2. Übernahmegewinn bzw. -verlust und Gewinnabführung

Org.30 Entsteht bei der Organgesellschaft i. R. d. Umwandlung ein handelsrechtlicher Übernahmegewinn, ist hinsichtlich der handelsrechtlichen Abführungsverpflichtung wie folgt zu unterscheiden:

1. Bei der Aufwärtsverschmelzung einer der Organgesellschaft nachgeordneten Gesellschaft auf die Organgesellschaft erstreckt sich die Gewinnabführungsverpflichtung der Organgesellschaft auch auf einen handelsrechtlichen Übernahmegewinn.

2. Bei der Seitwärtsverschmelzung einer Schwestergesellschaft auf die Organgesellschaft unterliegt ein handelsrechtlicher Übernahmegewinn insoweit nicht der Pflicht zur Gewinnabführung, als er zur Aufstockung des Nennkapitals verwendet oder in die Kapitalrücklage eingestellt wird.

Org.31 Gewährt die übernehmende Organgesellschaft als Gegenleistung nach der Rechtslage in § 272 HGB i. d. F. vor Inkrafttreten des Bilanzrechtsmodernisierungsgesetzes (BilMoG) vom 25.5.2009, BGBl. I S. 1102, bilanzierte eigene Anteile, ist der handelsrechtliche Übernahmegewinn in dem Betrag, der nach § 301 AktG an den Organträger abzuführen ist, enthalten.

Org.32 Entsteht bei der Organgesellschaft ein handelsrechtlicher Übernahmeverlust, unterliegt dieser der Verlustübernahme nach § 302 AktG bzw. mindert den Betrag, der nach § 301 AktG an den Organträger abzuführen ist.

3. Mehr- und Minderabführungen

Org.33 Geht das Vermögen einer anderen Gesellschaft durch Umwandlung oder Einbringung auf eine Organgesellschaft über und setzt die übernehmende Organgesellschaft das auf sie übergehende Vermögen in der Steuerbilanz mit den Buchwerten, handelsrechtlich

---

[1]) jetzt R 14.5 Abs. 6 Satz 2 KStR **2022**

jedoch mit den Verkehrswerten an, ist auf die sich daraus ergebende Mehrabführung § 14 Absatz 3 Satz 1 KStG anzuwenden.

Bestanden bereits bei dem übertragenden Rechtsträger Bewertungsunterschiede zwischen Handels- und Steuerbilanz, führen sowohl der Unterschiedsbetrag zwischen dem handelsrechtlichen und dem steuerlichen Übernahmegewinn als auch die spätere Auflösung der Bewertungsunterschiede bei der Organgesellschaft zu Mehr- bzw. Minderabführungen i. S. d. § 14 Absatz 3 KStG.

Org.34

B. Auswirkungen auf das steuerliche Einlagekonto und den Sonderausweis

I. Übersicht

Eine Verschmelzung sowie eine Auf- und Abspaltung führt zu folgenden Kapitalveränderungen bei der übertragenden und bei der übernehmenden Körperschaft; dies gilt für die übertragende Körperschaft auch bei Umwandlung auf ein Personenunternehmen:

K.01

	Übertragende Körperschaft	Übernehmende Körperschaft
Verschmelzung und Aufspaltung	Fiktive Herabsetzung des Nennkapitals und damit Auflösung eines eventuell bestehenden Sonderausweises i. S. d. § 28 Absatz 1 Satz 3 KStG (§ 29 Absatz 1, § 28 Absatz 2 KStG). Erhöhung des steuerlichen Einlagekontos um den Betrag des Nennkapitals abzüglich des Sonderausweises.	Bei einer Abwärtsverschmelzung bzw. -spaltung gilt Nebenstehendes gem. § 29 Absatz 1 i. V. m. Absatz 2 Satz 3 bzw. Absatz 3 Satz 3 KStG auch für die übernehmende Körperschaft.
		Zurechnung der – in den Fällen der Aufwärtsverschmelzung bzw. -spaltung nach § 29 Absatz 2 Satz 2 ggf. i. V. m. Absatz 3 Satz 3 KStG anteilig gekürzten – Bestände des steuerlichen Einlagekontos (§ 29 Absatz 2 bzw. 3 KStG).
		Anpassung des Nennkapitals und ggf. Neubildung oder Anpassung eines Sonderausweises (§ 29 Absatz 4, § 28 Absatz 1 und 3 KStG). Bei Abwärtsverschmelzung bzw. -spaltung: Erhöhung des fiktiv auf 0 € herabgesetzten Nennkapitals und ggf. Neubildung eines Sonderausweises (§ 29 Absatz 4, § 28 Absatz 1 KStG).
Abspaltung	Fiktive Herabsetzung des Nennkapitals und Auflösung eines eventuell bestehenden Sonderausweises i. S. d. § 28 Absatz 1 Satz 3 KStG (§ 29 Absatz 1, § 28 Absatz 2 KStG). Erhöhung des steuerlichen Einlagekontos um den Betrag des Nennkapitals abzüglich des Sonderausweises.	Bei einer Abwärtsabspaltung gilt Nebenstehendes gemäß § 29 Absatz 1 i. V. m. Absatz 2 Satz 3 i. V. m. Absatz 3 Satz 3 KStG auch für die übernehmende Körperschaft.

Anhang 28
Umwandlungssteuerrecht

Übertragende Körperschaft	Übernehmende Körperschaft
Anteilige Verringerung des steuerlichen Einlagekontos (§ 29 Absatz 3 KStG).	Anteilige Hinzurechnung des – in den Fällen der Aufwärtsabspaltung nach § 29 Absatz 1 i. V. m. Absatz 2 Satz 2 i. V. m. Absatz 3 Satz 3 KStG anteilig gekürzten – steuerlichen Einlagekontos (§ 29 Absatz 3 KStG).
Erhöhung des fiktiv auf 0 € herabgesetzten Nennkapitals und ggf. Neubildung eines Sonderausweises (§ 29 Absatz 4, § 28 Absatz 1 KStG).	Anpassung des Nennkapitals und ggf. Neubildung bzw. Anpassung eines Sonderausweises (§ 29 Absatz 4, § 28 Absatz 1 und 3 KStG). Bei Abwärtsabspaltung: Erhöhung des fiktiv auf 0 € herabgesetzten Nennkapitals und ggf. Neubildung eines Sonderausweises (§ 29 Absatz 4, § 28 Absatz 1 KStG).

II. Anwendung des § 29 KStG
1. Sachlicher Anwendungsbereich

K.02 § 29 KStG gilt für Umwandlungen i. S. d. § 1 UmwG. Wegen fehlender betragsmäßiger Auswirkung kommt § 29 KStG für Fälle der Ausgliederung i. S. d. § 123 Absatz 3 UmwG nicht zur Anwendung.

2. Behandlung bei der übertragenden Körperschaft
a) Fiktive Herabsetzung des Nennkapitals

K.03 Bei der übertragenden Körperschaft gilt im ersten Schritt das Nennkapital zum steuerlichen Übertragungsstichtag als in vollem Umfang herabgesetzt. Auf die fiktive Kapitalherabsetzung ist § 28 Absatz 2 Satz 1 KStG entsprechend anzuwenden. Danach verringert sich zunächst ein bestehender Sonderausweis auf 0 €. Der den Sonderausweis übersteigende Betrag erhöht den Bestand des steuerlichen Einlagekontos. Maßgebend ist der Bestand des Sonderausweises, der sich am steuerlichen Übertragungsstichtag ergibt. Die fiktive Herabsetzung des Nennkapitals gilt auch für den Fall der Abspaltung i. S. d. § 123 Absatz 1 und 2 UmwG.

b) Verringerung der Bestände beim steuerlichen Einlagekonto

K.04 Bei einer Verschmelzung nach § 2 UmwG sowie bei einer Aufspaltung nach § 123 Absatz 1 UmwG verringert sich das steuerliche Einlagekonto der übertragenden Körperschaft in vollem Umfang (§ 29 Absatz 2 Satz 1, Absatz 3 Satz 1 und 2 KStG). In der letzten gesonderten Feststellung auf den steuerlichen Übertragungsstichtag ist der Bestand nach Berücksichtigung von Zu- und Abgängen (z. B. bei Gewinnausschüttungen im Rückwirkungszeitraum, vgl. z. B. Randnr. 02.34) und vor dem Vermögensübergang anzusetzen.

K.05 Bei einer Abspaltung nach § 123 Absatz 2 UmwG verringert sich der Bestand des steuerlichen Einlagekontos anteilig in dem in § 29 Absatz 3 Satz 1, 2 und 4 KStG genannten Umfang. Maßgebend für die Verringerung ist der nach Berücksichtigung von Zu- und Abgängen ermittelte (ggf. fiktive) Bestand des steuerlichen Einlagekontos zum steuerlichen Übertragungsstichtag; dies gilt auch dann, wenn der steuerliche Übertragungsstichtag nicht auf den Schluss des Wirtschaftsjahrs des übertragenden Rechtsträgers fällt. Für nach dem steuerlichen Übertragungsstichtag erfolgende Leistungen ist der um den Verringerungsbetrag geminderte (ggf. fiktive) Bestand des steuerlichen Einlagekontos zum steuerlichen Übertragungsstichtag maßgebend.

Die Verringerung des Bestands erfolgt unabhängig von der Rechtsform des übernehmenden Rechtsträgers. Sie ist auch vorzunehmen, soweit eine Hinzurechnung des steuerlichen Einlagekontos bei der übernehmenden Körperschaft nach § 29 Absatz 2 Satz 2 KStG unterbleibt.

K.06

c)   Anpassung des Nennkapitals bei Abspaltung

Bei einer Abspaltung gilt das nach § 29 Absatz 1 KStG als auf 0 € herabgesetzt geltende Nennkapital des übertragenden Rechtsträgers (vgl. Randnr. K.03) als auf den Stand unmittelbar nach der Übertragung erhöht. Für die fiktive Kapitalerhöhung gilt § 28 Absatz 1 KStG entsprechend. Das Nennkapital verringert damit vorrangig das steuerliche Einlagekonto bis zu dessen Verbrauch, ein übersteigender Betrag ist als Sonderausweis zu erfassen. Maßgeblich ist dabei der Bestand des steuerlichen Einlagekontos, der sich nach Anwendung des § 29 Absatz 1 bis 3 KStG ergeben hat.

K.07

d)   Zusammenfassendes Beispiel

Beispiel:
Die X-GmbH (voll eingezahltes Nennkapital 300.000 €, davon Sonderausweis 100.000 €) wird hälftig abgespalten. Das Nennkapital nach Abspaltung soll 50.000 € betragen. Das steuerliche Einlagekonto beträgt 0 €.

K.08

Lösung:

	Vorspalte	Einlagekonto	Sonderausweis
Anfangsbestand		0 €	100.000 €
Betrag der fiktiven Kapitalherabsetzung	300.000 €		
Verringerung des Sonderausweises	./. 100.000 €		./. 100.000 €
Rest, Zugang beim steuerlichen Einlagekonto	200.000 €	+ 200.000 €	
Zwischenergebnis		200.000 €	0 €
Abgang vom steuerlichen Einlagekonto (= 50 %)		./. 100.000 €	
Zwischenergebnis		100.000 €	0 €
Betrag der fiktiven Kapitalerhöhung	50.000 €		
Verringerung des steuerlichen Einlagekontos	./. 50.000 €	./. 50.000 €	
Schlussbestände		50.000 €	0 €

3. Behandlung bei der übernehmenden Körperschaft

a)   Hinzurechnung des Bestands des steuerlichen Einlagekontos bei der übernehmenden Körperschaft

Soweit das Vermögen einer Körperschaft auf eine andere unbeschränkt steuerpflichtige Körperschaft übergeht, erhöht sich der Bestand des steuerlichen Einlagekontos der übernehmenden Körperschaft nach Maßgabe des § 29 Absatz 2 bzw. 3 KStG zum Schluss des Wirtschaftsjahrs, in das der steuerliche Übertragungsstichtag fällt. Bei Verschmelzungen sowie bei Auf- und Abspaltungen kann sich das steuerliche Einlagekonto der übernehmenden Körperschaft nur in dem in § 29 Absatz 2 und 3 KStG geregelten Umfang erhöhen. § 29 KStG ist insoweit gegenüber § 27 KStG die speziellere Vorschrift.

K.09

Anhang 28

Umwandlungssteuerrecht

b) *Beteiligung der übernehmenden Körperschaft an der übertragenden Körperschaft (Aufwärtsverschmelzung)*

K.10 Ist die übernehmende Körperschaft (Muttergesellschaft) an der übertragenden Körperschaft (Tochtergesellschaft) beteiligt, unterbleibt bei der übernehmenden Muttergesellschaft eine Hinzurechnung des Bestands des steuerlichen Einlagekontos der übertragenden Tochtergesellschaft in dem Verhältnis der Beteiligung der Muttergesellschaft an der Tochtergesellschaft (§ 29 Absatz 2 Satz 2 und Absatz 3 Satz 3 KStG).

Beispiel:
Die Muttergesellschaft hält 80 % der Anteile an einer Tochtergesellschaft. Das steuerliche Einlagekonto der Tochtergesellschaft beträgt nach Anwendung des § 29 Absatz 1 KStG 100.000 €.
Die Tochtergesellschaft wird auf die Muttergesellschaft verschmolzen.

Lösung:
Nach § 29 Absatz 2 Satz 2 KStG erhöht sich das steuerliche Einlagekonto der Muttergesellschaft nur um 20.000 € (= 20 % von 100.000 €).

Alternative:
Die Tochtergesellschaft wird hälftig auf die Muttergesellschaft abgespalten.

Lösung:
Nach § 29 Absatz 3 Satz 3 i. V. m. Absatz 2 Satz 2 KStG erhöht sich das steuerliche Einlagekonto der Muttergesellschaft um 10.000 € (= 50 % x 20 % von 100.000 €).

K.11 Die Regelung gilt entsprechend, wenn die übernehmende Körperschaft (Muttergesellschaft) mittelbar, z. B. über eine andere Körperschaft (Tochtergesellschaft), an der übertragenden Körperschaft (Enkelgesellschaft) beteiligt ist.

c) *Beteiligung der übertragenden Körperschaft an der übernehmenden Körperschaft (Abwärtsverschmelzung)*

K.12 Bei Beteiligung der übertragenden Körperschaft (Muttergesellschaft) an der übernehmenden Körperschaft (Tochtergesellschaft) verringert sich nach § 29 Absatz 2 Satz 3 bzw. Absatz 3 Satz 3 KStG das steuerliche Einlagekonto der Tochtergesellschaft in dem Verhältnis der Beteiligung der übertragenden Muttergesellschaft an der übernehmenden Tochtergesellschaft.

K.13 Bei einer Abwärtsverschmelzung finden die Regelungen des § 29 Absatz 1 und Absatz 2 Satz 1 KStG Anwendung. Bei der Ermittlung des steuerlichen Einlagekontos der übernehmenden Tochtergesellschaft auf den Schluss des Umwandlungsjahrs ist daher wie folgt vorzugehen:

1. fiktive Herabsetzung des Nennkapitals der Tochtergesellschaft auf 0 € (§ 29 Absatz 1 KStG),
2. Verringerung des nach 1. erhöhten steuerlichen Einlagekontos im Verhältnis der Beteiligung der Muttergesellschaft an der Tochtergesellschaft (§ 29 Absatz 2 Satz 3 KStG),
3. fiktive Herabsetzung des Nennkapitals der Muttergesellschaft auf 0 € (§ 29 Absatz 1 KStG),
4. Hinzurechnung des nach 3. erhöhten steuerlichen Einlagekontos der Muttergesellschaft (§ 29 Absatz 2 Satz 1 KStG) sowie
5. fiktive Erhöhung des nach 1. auf 0 € herabgesetzten Nennkapitals der Tochtergesellschaft auf den Stand unmittelbar nach der Übertragung (§ 29 Absatz 4 KStG; Randnr. K.15).

Beispiel:
Die Muttergesellschaft M (Nennkapital 120.000 €, steuerliches Einlagekonto 80.000 € und Sonderausweis 0 €) wird auf ihre 100%ige Tochtergesellschaft T (Nennkapital 120.000 €, steuerliches Einlagekonto 0 € und Sonderausweis 50.000 €) verschmolzen. Das Nennkapital der T nach Verschmelzung beträgt 240.000 €.

Lösung:
Für das steuerliche Einlagekonto und den Sonderausweis der T ergibt sich danach folgende Entwicklung:

	Vorspalte	Einlagekonto	Sonderausweis
Bestand vor der Verschmelzung		0 €	50.000 €
Fiktive Kapitalherabsetzung auf Null	120.000 €		
Verringerung des Sonderausweises	./. 50.000 €		./. 50.000 €
Rest, Zugang beim steuerlichen Einlagekonto	70.000 €	+ 70.000 €	
Zwischenergebnis		70.000 €	0 €
Verringerung i. H. des prozentualen Umfangs der Beteiligung M an T		./. 70.000 €	
Zwischenergebnis		0 €	0 €
Zugang des steuerlichen Einlagekontos der M (nach Anwendung des § 29 Absatz 1 KStG)		+ 200.000 €	
Zwischenergebnis		200.000 €	0 €
Betrag der fiktiven Kapitalerhöhung	240.000 €		
Verringerung des steuerlichen Einlagekontos	./. 200.000 €	./. 200.000 €	
Rest, Zugang beim Sonderausweis	40.000 €	0 €	40.000 €
Bestände nach der Verschmelzung		0 €	40.000 €

Die Regelung gilt entsprechend, wenn die übertragende Körperschaft (Muttergesellschaft) mittelbar, z. B. über eine andere Körperschaft (Tochtergesellschaft), an der übernehmenden Körperschaft (Enkelgesellschaft) beteiligt ist.

K.14

d) Erhöhung des Nennkapitals

Erhöht die übernehmende Körperschaft i. R. d. Umwandlung ihr Nennkapital, finden darauf die Regelungen des § 28 Absatz 1 KStG entsprechend Anwendung (§ 29 Absatz 4 KStG). Das gilt nicht, soweit die Kapitalerhöhung auf baren Zuzahlungen bzw. Sacheinlagen beruht.

K.15

e) Zusammenfassendes Beispiel

Beispiel:
Auf die M-GmbH wird die T-GmbH, an der sie zu 50 % beteiligt ist, verschmolzen. Das nach § 29 Absatz 2 Satz 1 KStG zuzurechnende steuerliche Einlagekonto der T-GmbH beträgt 400.000 €. Der Sonderausweis der M-GmbH beträgt 100.000 €, der Bestand des steuerlichen Einlagekontos 0 €. I. R. d. Umwandlung wird das Nennkapital um 120.000 € erhöht, wovon 70.000 € auf bare Zuzahlungen entfallen. Nach der Verschmelzung wird das Nennkapital der M-GmbH durch Umwandlung von Rücklagen um weitere 100.000 € erhöht.

K.16

Anhang 28
Umwandlungssteuerrecht

Lösung:

	Vorspalte	Einlagekonto	Sonderausweis
Bestand vor Umwandlung		0 €	100.000 €
Zugang steuerliches Einlagekonto der T-GmbH	400.000 €		
Kürzung nach § 29 Absatz 2 Satz 2 KStG (= 50 %)	./. 200.000 €		
Rest, Zugang steuerliches Einlagekonto	200.000 €	+ 200.000 €	
Zwischenergebnis		200.000 €	100.000 €
Anpassung des Nennkapitals (Erhöhung um insgesamt 220.000 € abzgl. bare Zuzahlungen i. H. v. 70.000 €)	150.000 €		
Vorrangige Verwendung des steuerlichen Einlagekontos	./. 150.000 €	./. 150.000 €	
Zwischenergebnis		50.000 €	100.000 €
Verrechnung des Sonderausweises mit dem positiven steuerlichen Einlagekonto zum Schluss des Wirtschaftsjahrs (§ 28 Absatz 3 KStG)		./. 50.000 €	./. 50.000 €
Schlussbestände		0 €	50.000 €

4. Aufteilungsschlüssel bei Auf- und Abspaltung

K.17 Das steuerliche Einlagekonto, das sich nach der Anwendung des § 29 Absatz 1 KStG ergibt, ist in dem Verhältnis der gemeinen Werte der übergehenden Vermögensteile zu dem vor der Auf- oder Abspaltung bestehenden Vermögen auf die übernehmenden Körperschaften, im Fall der Abspaltung auch auf die übertragende Körperschaft aufzuteilen. Dieses Verhältnis (Aufteilungsschlüssel) ergibt sich in der Regel aus den Angaben zum Umtauschverhältnis der Anteile im Spaltungs- und Übernahmevertrag oder im Spaltungsplan. Die Ermittlung der gemeinen Werte ist deshalb nur erforderlich, wenn der Spaltungs- und Übernahmevertrag oder der Spaltungsplan keine Angaben zum Umtauschverhältnis der Anteile enthält oder dieses nicht dem Verhältnis der übergehenden Vermögensteile zu dem vor der Spaltung bestehenden Vermögen entspricht.

5. § 29 Absatz 5 und 6 KStG

K.18 Die Randnr. K.01 bis K.17 gelten in den Fällen des § 29 Absatz 5 und 6 KStG entsprechend.

K.19 In den Fällen des § 29 Absatz 6 KStG ist das Finanzamt der übernehmenden Körperschaft örtlich zuständig. Die Ermittlung der nicht in das Nennkapital geleisteten Einlagen hat in Abstimmung mit dem Bundeszentralamt für Steuern zu erfolgen.

Übersicht

I. Zweifelsfragen zu § 15a EStG;
   hier: Saldierung von Gewinnen und Verlusten aus dem Gesellschaftsvermögen mit Gewinnen und Verlusten aus dem Sonderbetriebsvermögen
   BMF vom 15.12.1993 (BStBl I S. 976)
II. § 15a EStG;
    hier: Umfang des Kapitalkontos im Sinne des § 15a Abs. 1 Satz 1 EStG
    BMF vom 30.05.1997 (BStBl I S. 627)
III. Anwendungsschreiben § 15b EStG
     BMF vom 17.07.2007 (BStBl I S. 542)
IV. Anwendungsschreiben zur Verlustabzugsbeschränkung nach § 15 Abs. 4 Satz 6 bis 8 EStG
    BMF vom 19.11.2008 (BStBl I S. 970)

Zweifelsfragen zu § 15a EStG;
hier: Saldierung von Gewinnen und Verlusten aus dem Gesellschaftsvermögen mit Gewinnen und Verlusten aus dem Sonderbetriebsvermögen
BMF vom 15.12.1993 (BStBl I S. 976)
IV B 2 – S 2241a – 57/93

Zur Frage der Saldierung von Gewinnen und Verlusten aus dem Gesellschaftsvermögen mit Gewinnen und Verlusten aus dem Sonderbetriebsvermögen wird unter Bezugnahme auf das Ergebnis der Erörterungen mit den obersten Finanzbehörden der Länder wie folgt Stellung genommen:

Nach dem Urteil des Bundesfinanzhofs vom 14. Mai 1991 (BStBl 1992 II S. 167) sind das Gesellschaftsvermögen laut Gesellschaftsbilanz einschließlich einer etwaigen Ergänzungsbilanz und das Sonderbetriebsvermögen für die Anwendung des § 15a EStG zu trennen. Deshalb ist das Sonderbetriebsvermögen eines Kommanditisten nicht in die Ermittlung seines Kapitalkontos im Sinne des § 15a EStG einzubeziehen (vgl. BMF-Schreiben vom 20. Februar 1992 – BStBl I S. 123).

Aus der Trennung der beiden Vermögensbereiche folgt, daß

– in die Ermittlung der ausgleichs- und abzugsfähigen Verluste nach § 15a Abs. 1 EStG nur die Verluste aus dem Gesellschaftsvermögen einschließlich einer etwaigen Ergänzungsbilanz ohne vorherige Saldierung mit Gewinnen aus dem Sonderbetriebsvermögen einbezogen werden können; nur ein nach Anwendung des § 15a Abs. 1 EStG verbleibender ausgleichs- und abzugsfähiger Verlust ist mit Gewinnen aus dem Sonderbetriebsvermögen zu saldieren,

– Gewinne späterer Jahre aus dem Gesellschaftsvermögen einschließlich einer etwaigen Ergänzungsbilanz mit verrechenbaren Verlusten der Vorjahre verrechnet werden müssen (§ 15a Abs. 2 EStG) und Verluste aus dem Sonderbetriebsvermögen nur mit einem danach verbleibenden Gewinn aus dem Gesellschaftsvermögen einschließlich einer etwaigen Ergänzungsbilanz ausgeglichen werden können.

Die Abgrenzung zwischen dem Anteil am Gewinn oder Verlust der KG und dem Sonderbilanzgewinn bzw. -verlust richtet sich nach der Abgrenzung zwischen Gesellschafts- und Sonderbetriebsvermögen. Dem Kommanditisten gutgeschriebene Tätigkeitsvergütungen beruhen im Hinblick auf § 164 HGB mangels anderweitiger Vereinbarungen im Zweifel auf schuldrechtlicher Basis und sind damit als Sondervergütungen zu behandeln. Sie zählen hingegen zum Gewinnanteil aus der Personengesellschaft, wenn die Tätigkeit auf gesellschaftsrechtlicher Basis geleistet wird (vgl. BFH-Urteile vom 14. November 1985 – BStBl 1986 II S. 58, vom 7. April 1987 – BStBl II S. 707 und vom 10. Juni 1987 – BStBl II S. 816).

Anhang 29

Verluste

Solange für einen Kommanditisten aufgrund der Übergangsregelung in dem BMF-Schreiben vom 20. Februar 1992 (BStBl I S. 123) das positive Sonderbetriebsvermögen in die Ermittlung des Kapitalkontos i. S. des § 15a EStG einbezogen wird, können weiterhin Verluste aus dem Gesellschaftsvermögen unter Einbeziehung einer etwaigen Ergänzungsbilanz mit Gewinnen des Kommanditisten aus dem Sonderbetriebsvermögen verrechnet werden, so daß nur der verbleibende Verlust der Beschränkung des § 15a Abs. 1 EStG unterliegt. In diesen Fällen können Gewinne aus dem Sonderbetriebsvermögen auch mit verrechenbaren Verlusten der Vorjahre verrechnet werden (§ 15a Abs. 2 EStG).

Für Entnahmen aus dem Sonderbetriebsvermögen während der Anwendung der Übergangsregelung in dem BMF-Schreiben vom 20. Februar 1992 (BStBl I S. 123) kommt auch eine Gewinnzurechnung aufgrund von Einlageminderungen unter den Voraussetzungen des § 15a Abs. 3 EStG in Betracht.

§ 15a EStG;
hier: Umfang des Kapitalkontos im Sinne des § 15a Abs. 1 Satz 1 EStG

BMF vom 30.05.1997 (BStBl I S. 627)
IV B 2 – S 2241a – 51/93 II

Mit Urteil vom 14. Mai 1991 (BStBl 1992 II S. 167) hat der BFH entschieden, daß bei der Ermittlung des Kapitalkontos i. S. des § 15a EStG das – positive und negative – Sonderbetriebsvermögen des Kommanditisten außer Betracht zu lassen ist. Nach dem Urteil ist für die Anwendung des § 15a EStG das Kapitalkonto nach der Steuerbilanz der KG unter Berücksichtigung etwaiger Ergänzungsbilanzen maßgeblich. Die bisherige Verwaltungsauffassung, wonach auch das Sonderbetriebsvermögen des Kommanditisten in die Ermittlung des Kapitalkontos i. S. des § 15a EStG einzubeziehen war (vgl. Abschnitt 138 d Abs. 2 EStR 1990), ist überholt (vgl. BMF-Schreiben vom 20. Februar 1992, BStBl I S. 123 – nebst der darin getroffenen Übergangsregelung).

Zu der Frage, wie der Umfang des Kapitalkontos i. S. des § 15a Abs. 1 Satz 1 EStG unter Zugrundelegung dieser Rechtsprechung zu bestimmen ist, nehme ich unter Bezugnahme auf das Ergebnis der Erörterungen mit den obersten Finanzbehörden der Länder wie folgt Stellung:

Das Kapitalkonto i. S. des § 15a Abs. 1 Satz 1 EStG setzt sich aus dem Kapitalkonto des Gesellschafters in der Steuerbilanz der Gesellschaft und dem Mehr- oder Minderkapital aus einer etwaigen positiven oder negativen Ergänzungsbilanz[1]) des Gesellschafters (BFH-Urteil vom 30. März 1993, BStBl II S. 706) zusammen. Bei der Ermittlung des Kapitalkontos sind im einzelnen folgende Positionen zu berücksichtigen:

1. Geleistete Einlagen; hierzu rechnen insbesondere erbrachte Haft- und Pflichteinlagen, aber auch z. B. verlorene Zuschüsse zum Ausgleich von Verlusten. Pflichteinlagen gehören auch dann zum Kapitalkonto i. S. des § 15a Abs. 1 Satz 1 EStG, wenn sie unabhängig von der Gewinn- oder Verlustsituation verzinst werden.

2. In der Bilanz ausgewiesene Kapitalrücklagen. Wenn eine KG zur Abdeckung etwaiger Bilanzverluste ihr Eigenkapital vorübergehend durch Kapitalzuführung von außen im Wege der Bildung einer Kapitalrücklage erhöht, so verstärkt sich das steuerliche Eigenkapital eines jeden Kommanditisten nach Maßgabe seiner Beteiligung an der Kapitalrücklage.

3. In der Bilanz ausgewiesene Gewinnrücklagen. Haben die Gesellschafter einer KG durch Einbehaltung von Gewinnen Gewinnrücklagen in der vom Gesellschaftsvertrag hierfür vorgesehenen Weise gebildet, so verstärkt sich das steuerliche Eigenkapital eines jeden Kommanditisten nach Maßgabe seiner Beteiligung an der Gewinnrücklage.

   Der Umstand, daß durch die Bildung von Kapital- (siehe Nr. 2) und Gewinnrücklagen das steuerliche Eigenkapital der KG nur vorübergehend verstärkt und die Haftung im Außenverhältnis nicht nachhaltig verbessert wird, ist für die Zugehörigkeit ausgewiesener Kapital- und Gewinnrücklagen zum Kapitalkonto i. S. des § 15a Abs. 1 Satz 1 EStG ohne Bedeutung.

4. **Beteiligungskonto in Abgrenzung zu einem Forderungskonto (Darlehenskonto)**

   Nach § 167 Abs. 2 HGB wird der Gewinnanteil des Kommanditisten seinem Kapitalanteil nur so lange gutgeschrieben, wie dieser die Höhe der vereinbarten Pflichteinlage nicht erreicht. Nach § 169 HGB sind nicht abgerufene Gewinnanteile des Kommanditisten, soweit sie seine Einlage übersteigen, außerhalb seines Kapitalanteils gutzuschreiben. In diesem Fall sind die auf einem weiteren Konto (Forderungskonto oder Darlehenskonto) ausgewiesenen Gewinnanteile dem Sonderbetriebsvermögen des Kommanditisten zuzuordnen, weil sie ein selbständiges Forderungsrecht des Kommanditisten gegenüber der Gesellschaft begründen.

---

[1]) bestätigt durch BFH vom 18.05.2017 (BStBl II S. 905) zu einer negativen Ergänzungsbilanz, die in Folge der Wahlrechtsausübung nach § 6b aufzustellen ist

§ 169 HGB kann jedoch durch Gesellschaftsvertrag abbedungen werden. Die Vertragspraxis hat daher ein System kombinierter Kapitalanteile mit geteilten Kapitalkonten entwickelt. Die Kapitalbeteiligung, das Stimmrecht und die Gewinn- bzw. Verlustbeteiligung richten sich regelmäßig nach dem Verhältnis der festen Kapitalanteile, wie sie auf dem sog. Kapitalkonto I ausgewiesen werden. Auf diesem Konto wird in der Regel die ursprünglich vereinbarte Pflichteinlage gebucht. Daneben wird ein zweites variables Gesellschafterkonto geführt, das eine Bezeichnung wie Kapitalkonto II, Darlehenskonto, Kontokorrentkonto o. a. zu tragen pflegt. Dieses Konto dient dazu, über das Kapitalkonto I hinausgehende Einlagen, Entnahmen oder Gewinn- und Verlustanteile auszuweisen. Es kann aber auch Gesellschafterdarlehen aufnehmen (BFH-Urteil vom 3. Februar 1988 – BStBl II S. 551). Soweit deshalb ein Gesellschaftsvertrag die Führung mehrerer Gesellschafterkonten vorschreibt, kann nicht mehr die Rechtslage nach dem HGB zugrunde gelegt werden. Vielmehr ist entscheidend darauf abzustellen, welche Rechtsnatur das Guthaben auf dem gesellschaftsvertraglich vereinbarten zweiten Gesellschafterkonto hat (BFH-Urteil vom 3. Februar 1988, a. a. O.)[1]).

Werden auch Verluste auf dem separat geführten Gesellschafterkonto verrechnet, so spricht dies grundsätzlich für die Annahme eines im Gesellschaftsvermögen gesamthänderisch gebundenen Guthabens. Denn nach § 120 Abs. 2 HGB besteht der Kapitalanteil begrifflich aus der ursprünglichen Einlage und den späteren Gewinnen, vermindert um Verluste sowie Entnahmen. Damit werden stehengelassene Gewinne wie eine Einlage behandelt, soweit vertraglich nicht etwas anderes vereinbart ist; sie begründen keine Forderung des Gesellschafters gegen die Gesellschaft. Verluste mindern die Einlage und mindern nicht eine Forderung des Gesellschafters gegen die Gesellschaft. Insoweit fehlt es an den Voraussetzungen der §§ 362 bis 397 BGB. Die Einlage einschließlich der stehengelassenen Gewinne und abzüglich der Verluste und der Entnahmen stellt damit für die Gesellschaft Eigen- und nicht Fremdkapital dar. Deshalb läßt sich die Verrechnung von Verlusten auf dem separat geführten Gesellschafterkonto mit der Annahme einer individualisierten Gesellschafterforderung nur vereinbaren, wenn der Gesellschaftsvertrag dahin verstanden werden kann, daß die Gesellschafter im Verlustfall eine Nachschußpflicht trifft und die nachzuschießenden Beträge durch Aufrechnung mit Gesellschafterforderungen zu erbringen sind (BFH-Urteil vom 3. Februar 1988, a. a. O.).

Sieht der Gesellschaftsvertrag eine Verzinsung der separat geführten Gesellschafterkonten im Rahmen der Gewinnverteilung vor, so spricht dies weder für noch gegen die Annahme individualisierter Gesellschafterforderungen, weil eine Verzinsung von Fremdkapital (§ 110, § 111 HGB) und eine Verzinsung der Kapitalanteile im Rahmen der Gewinnverteilung (§ 121 Abs. 1 und 2, § 168 Abs. 1 HGB) gleichermaßen üblich und typisch sind. Sieht der Gesellschaftsvertrag eine Ermäßigung der Verzinsung entsprechend der Regelung in § 121 Abs. 1 Satz 2 HGB vor, so spricht dies allerdings für die Annahme eines noch zum Gesellschaftsvermögen gehörenden Guthabens (BFH-Urteil vom 3. Februar 1988, a. a. O.).

Ob ein Gesellschafterdarlehen zum steuerlichen Eigenkapital der Gesellschaft oder zum steuerlichen Sonderbetriebsvermögen des Gesellschafters gehört, läßt sich danach nur anhand der Prüfung der Gesamtumstände des Einzelfalls anhand der vom BFH aufgezeigten Kriterien entscheiden. Ein wesentliches Indiz für die Abgrenzung eines Beteiligungskontos von einem Forderungskonto ist, ob – nach der gesellschaftsvertraglichen Vereinbarung – auf dem jeweiligen Kapitalkonto auch Verluste verbucht werden[2]).

5. **Verlustvortrag in Abgrenzung zu Darlehen der Gesellschaft an den Gesellschafter**

Nach § 167 Abs. 3 HGB nimmt der Kommanditist an dem Verlust nur bis zum Betrag seines Kapitalanteils und seiner noch rückständigen Einlage teil. Getrennt geführte Verlustvortragskonten mindern regelmäßig das Kapitalkonto des Kommanditisten i. S. des § 15a Abs. 1 Satz 1

---

[1]) >BFH vom 26.06.2007 (BStBl II 2008 S. 103)
[2]) bestätigt durch BFH vom 15.05.2008 (BStBl II S. 812)

EStG. Dies gilt **auch**, wenn die Regelung des § 167 Abs. 3 HGB von den Gesellschaftern abbedungen wird, so daß den Gesellschafter **im Verlustfall** eine Nachschußpflicht trifft. Derartige Verpflichtungen berühren die Beschränkung des Verlustausgleichs nach § 15a EStG nicht. Die Forderung der Gesellschaft gegen den Gesellschafter auf Übernahme bzw. Ausgleich des Verlustes entspricht steuerlich einer Einlageverpflichtung des Kommanditisten (BFH-Urteil vom 14. Dezember 1995, BStBl 1996 II S. 226) und ist damit erst bei tatsächlicher Erbringung in das Gesamthandsvermögen zu berücksichtigen (BFH-Urteil vom 11. Dezember 1990, BStBl 1992 II S. 232). Dem zur Verlustübernahme verpflichteten Gesellschafter ist steuerlich zum Bilanzstichtag im Verlustentstehungsjahr ein Verlustanteil zuzurechnen, der zu diesem Stichtag auch sein Kapitalkonto i. S. des § 15a Abs. 1 Satz 1 EStG vermindert. Eine Berücksichtigung der Verpflichtung im Sonderbetriebsvermögen ist nicht möglich (BFH-Urteil vom 14. Dezember 1995, a. a. O.).

6. Außer Betracht zu lassen sind kapitalersetzende Darlehen. Handels- und steuerrechtlich sind eigenkapitalersetzende Darlehen als Fremdkapital zu behandeln; eine Gleichbehandlung mit Eigenkapital ist nicht möglich (BFH-Urteil vom 5. Februar 1992 – BStBl II S. 532)[1])[2]

Dieses Schreiben ersetzt mein Schreiben vom 24. November 1993 – IV B 2 – S 2241a – 51/93 – (BStBl I S. 934).

---

[1]) bestätigt durch BFH vom 28.03.2000 (BStBl II S. 347)
[2]) Finanzplandarlehen erhöhen das Kapitalkonto i. S. d. § 15a >H 15a (Kapitalkonto).

Anhang 29

III Verluste

Anwendungsschreiben § 15b EStG

BMF vom 17.07.2007 (BStBl I S. 542)
IV B 2 – S 2241-b/07/0001 – 2007/0299270

Durch das Gesetz zur Beschränkung der Verlustverrechnung im Zusammenhang mit Steuerstundungsmodellen vom 22. Dezember 2005 (BGBl. I S. 3683, BStBl 2006 I S. 80) wurde § 15b EStG eingeführt. Danach sind Verluste im Zusammenhang mit Steuerstundungsmodellen nicht mehr mit den übrigen Einkünften des Steuerpflichtigen im Jahr der Verlustentstehung, sondern lediglich mit Gewinnen aus späteren Veranlagungszeiträumen aus dem nämlichen Steuerstundungsmodell verrechenbar, wenn die prognostizierten Verluste mehr als 10 % des gezeichneten und aufzubringenden oder eingesetzten Kapitals betragen. § 15b EStG ist auch bei den Einkünften aus Land- und Forstwirtschaft (§ 13 EStG), selbständiger Arbeit (§ 18 EStG), Kapitalvermögen (§ 20 EStG, vgl. hierzu auch Ausführungen unter Tz. 28), Vermietung und Verpachtung (§ 21 EStG) und sonstigen Einkünften i. S. v. § 22 Nr. 1 Satz 1 EStG anzuwenden.

Im Einvernehmen mit den obersten Finanzbehörden der Länder gilt für die Anwendung der Verlustverrechnungsbeschränkung im Zusammenhang mit Steuerstundungsmodellen (§ 15b EStG) Folgendes:

I. Sachlicher Anwendungsbereich

1 § 15b EStG gilt für negative Einkünfte aus Steuerstundungsmodellen. § 15b EStG findet auf Anlaufverluste von Existenz- und Firmengründern hingegen grundsätzlich keine Anwendung.

2 Die Anwendung des § 15b EStG setzt eine einkommensteuerrechtlich relevante Tätigkeit voraus. Daher ist vorrangig das Vorliegen einer Gewinn- oder Überschusserzielungsabsicht zu prüfen (BFH vom 12. Dezember 1995, BStBl 1996 II S. 219; BMF-Schreiben vom 8. Oktober 2004, BStBl I S. 933[1]) (zu Einkünften aus Vermietung und Verpachtung)); denn nur dann entsteht überhaupt ein Steuerstundungseffekt. Liegt bereits keine Gewinn- oder Überschusserzielungsabsicht vor, handelt es sich um eine einkommensteuerrechtlich nicht relevante Tätigkeit.

3 Für die Anwendung des § 15b EStG ist es ohne Belang, auf welchen Ursachen die negativen Einkünfte aus dem Steuerstundungsmodell beruhen (§ 15b Abs. 2 Satz 3 EStG).

4 Die Einkünfte sind nach den allgemeinen Regelungen zu ermitteln. Für geschlossene Fonds und Anleger im Rahmen von Gesamtobjekten (§ 1 Abs. 1 Satz 1 Nr. 2 der Verordnung zu § 180 Abs. 2 AO) gelten die BMF-Schreiben vom 20. Oktober 2003 (BStBl I S. 546)[2] (sog. Fondserlass) und vom 23. Februar 2001 (BStBl I S. 175), geändert durch BMF-Schreiben vom 5. August 2003 (BStBl I S. 406) (sog. Medienerlass) unverändert fort.

5 Das BMF-Schreiben vom 13. Juli 1992 (BStBl I S. 404) unter Berücksichtigung der Änderungen durch das BMF-Schreiben vom 28. Juni 1994 (BStBl I S. 420) – sog. Verfahrenserlass – ist auch in den Fällen des § 15b EStG anzuwenden.

6 Die Prüfung, ob § 15b EStG Anwendung findet, ist bei Gesellschaften und Gemeinschaften auch anlegerbezogen vorzunehmen (vgl. Tz. 8).

---

[1]) >Anhang 30 II
[2]) >Anhang 30 I

II. Tatbestandsmerkmale der Verlustverrechnungsbeschränkung im Einzelnen
1. Definition des Steuerstundungsmodells

Ein Steuerstundungsmodell i. S. v. § 15b EStG liegt vor, wenn aufgrund einer modellhaften Gestaltung (vgl. Tz. 8 ff.) steuerliche Vorteile in Form negativer Einkünfte erzielt werden sollen (§ 15b Abs. 2 Satz 1 EStG).

Bei Beteiligung an einer Gesellschaft oder Gemeinschaft kann als Indiz für die Annahme eines Steuerstundungsmodells auch gesehen werden, dass der Anleger vorrangig eine kapitalmäßige Beteiligung ohne Interesse an einem Einfluss auf die Geschäftsführung anstrebt. Geschlossene Fonds in der Rechtsform einer Personengesellschaft, die ihren Anlegern in der Anfangsphase steuerliche Verluste zuweisen, sind regelmäßig als Steuerstundungsmodell zu klassifizieren, auch wenn die Gesellschafter in ihrer gesellschaftsrechtlichen Verbundenheit die Möglichkeit haben, auf die Vertragsgestaltung Einfluss zu nehmen (vgl. RdNr. 33 bis 37 des BMF-Schreibens vom 20. Oktober 2003, BStBl I S. 546)[1]). Hierzu gehören insbesondere Medienfonds, Gamefonds, New Energy Fonds, Lebensversicherungszweitmarktfonds und geschlossene Immobilienfonds. Entsprechendes gilt für Gesamtobjekte i. S. d. RdNr. 1.3. des BMF-Schreibens vom 13. Juli 1992 (BStBl I S. 404), sofern in der Anfangsphase einkommensteuerrechtlich relevante Verluste erzielt werden.

§ 15b EStG erfasst aber auch modellhafte Anlage- und Investitionstätigkeiten einzelner Steuerpflichtiger außerhalb einer Gesellschaft oder Gemeinschaft. Es ist nicht erforderlich, dass mehrere Steuerpflichtige im Hinblick auf die Einkünfteerzielung gemeinsam tätig werden. Es sind demnach auch Investitionen mit modellhaftem Charakter von Einzelpersonen betroffen. Ein Steuerstundungsmodell im Rahmen von Einzelinvestitionen ist z. B. die mit Darlehen gekoppelte Lebens- und Rentenversicherung gegen Einmalbetrag.

2. Modellhafte Gestaltung
a) Grundsatz

Für die Frage der Modellhaftigkeit sind vor allem folgende Kriterien maßgeblich:
- vorgefertigtes Konzept (vgl. Tz. 10),
- gleichgerichtete Leistungsbeziehungen, die im Wesentlichen identisch sind (vgl. Tz. 1).

Für die Modellhaftigkeit typisch ist die Bereitstellung eines Bündels an Haupt-, Zusatz- und Nebenleistungen. Zusatz- oder Nebenleistungen führen dann zur Modellhaftigkeit eines Vertragswerkes, wenn sie es nach dem zugrunde liegenden Konzept ermöglichen, den sofort abziehbaren Aufwand zu erhöhen. In Betracht kommen hierfür grundsätzlich alle nach dem BMF-Schreiben vom 20. Oktober 2003 (sog. Fondserlass, BStBl I S. 546)[1]) sofort abziehbaren Aufwendungen.

Wird den Anlegern neben der Hauptleistung ein Bündel von Neben- oder Zusatzleistungen gegen besonderes Entgelt angeboten, verzichtet ein Teil der Anleger jedoch darauf, liegen unterschiedliche Vertragskonstruktionen vor, die jeweils für sich auf ihre Modellhaftigkeit geprüft werden müssen (anlegerbezogene Betrachtungsweise).

> **Beispiel:**
> Ein Bauträger verkauft Wohnungen in einem Sanierungsgebiet, die von ihm auch saniert werden. Der Bauträger bietet daneben jeweils gegen ein gesondertes Entgelt eine Mietgarantie sowie die Übernahme einer Bürgschaft für die Endfinanzierung – entsprechend RdNr. 18 des BMF-Schreibens vom 20. Oktober 2003 (BStBl I S. 546)[1]) – an.

---

[1]) >Anhang 30 I

Anleger A kauft lediglich eine Wohnung, nimmt aber weder die Mietgarantie noch die Bürgschaft in Anspruch.
Anleger B kauft eine Wohnung und nimmt sowohl die Mietgarantie als auch die Bürgschaft in Anspruch.
Anleger C kauft eine Wohnung und nimmt lediglich die Mietgarantie in Anspruch.
Bei Anleger A liegt keine modellhafte Gestaltung vor.
Bei Anleger B ist aufgrund der Inanspruchnahme aller Nebenleistungen eine modellhafte Gestaltung gegeben.
Bei Anleger C liegt wegen der Annahme einer der angebotenen Nebenleistungen eine modellhafte Gestaltung vor (vgl. Tz. 9).

b) Erwerb von Wohnungen von einem Bauträger

9   Der Erwerb einer Eigentumswohnung vom Bauträger zum Zwecke der Vermietung stellt grundsätzlich keine modellhafte Gestaltung dar, es sei denn, der Anleger nimmt modellhafte Zusatz- oder Nebenleistungen (z. B. Vermietungsgarantien)

– vom Bauträger selbst,
– von dem Bauträger nahe stehenden Personen sowie von Gesellschaften, an denen der Bauträger selbst oder diesem nahe stehende Personen beteiligt sind, oder
– auf Vermittlung des Bauträgers von Dritten

in Anspruch, die den Steuerstundungseffekt ermöglichen sollen. Zur Annahme einer Modellhaftigkeit ist es nicht erforderlich, dass der Anleger mehrere Nebenleistungen in Anspruch nimmt. Bereits die Inanspruchnahme einer einzigen Nebenleistung (wie z. B. Mietgarantie oder Bürgschaft für die Endfinanzierung) führt daher zur Modellhaftigkeit der Anlage. Unschädlich sind jedoch die Vereinbarungen über Gegenleistungen, welche die Bewirtschaftung und Verwaltung des Objekts betreffen (z. B. Aufwendungen für die Hausverwaltung, Vereinbarung über den Abschluss eines Mietpools, Tätigkeit als WEG-Verwalter), soweit es sich nicht um Vorauszahlungen für mehr als 12 Monate handelt.

Keine modellhafte Gestaltung liegt vor, wenn der Bauträger mit dem Erwerber zugleich die Modernisierung des Objekts ohne weitere modellhafte Zusatz- oder Nebenleistungen vereinbart. Dies gilt insbesondere für Objekte in Sanierungsgebieten und Baudenkmale, für die erhöhte Absetzungen nach §§ 7h, 7i EStG geltend gemacht werden können, und bei denen die Objekte vor Beginn der Sanierung an Erwerber außerhalb einer Fondskonstruktion veräußert werden.

c) Vorgefertigtes Konzept

10[1])   Für die Modellhaftigkeit spricht das Vorhandensein eines vorgefertigten Konzepts, das die Erzielung steuerlicher Vorteile aufgrund negativer Einkünfte ermöglichen soll. Typischerweise, wenn auch nicht zwingend, wird das Konzept mittels eines Anlegerprospekts oder in vergleichbarer Form (z. B. Katalog, Verkaufsunterlagen, Beratungsbögen usw.) vermarktet. Auch Blindpools haben typischerweise ein vorgefertigtes Konzept i. S. d. § 15b EStG. Blindpools sind Gesellschaften oder Gemeinschaften, bei denen

---

[1]) Das bloße Aufgreifen einer bekannten Gestaltungsidee führt nicht ohne Weiteres zur Annahme eines Steuerstundungsmodells.
Das vorgefertigte Konzept muss von einer vom Stpfl. verschiedenen Person (Anbieter/Initiator) erstellt worden sein. Charakteristisch ist insoweit die Passivität des Stpfl. Setzt der Stpfl. eine von ihm selbst oder dem in seinem Auftrag tätigen Berater entwickelte oder modifizierte und individuell angepasste Investition um, liegt kein vorgefertigtes Konzept vor. Beruhen Investitionen nicht auf einem vorgefertigten Konzept, sondern auf einer individuellen Gestaltung, sind sie weder von § 15b erfasst, noch als vom Gesetz missbilligte Gestaltung i. S. d. § 42 Abs. 1 AO zur Vermeidung der Verlustverrechnungsbeschränkung des § 15b anzusehen (>BFH vom 17.01.2017 – BStBl II S. 700).

zum Zeitpunkt des Beitritts der Anleger das konkrete Investitionsobjekt noch nicht bestimmt ist. Nur wenn der Anleger die einzelnen Leistungen und Zusatzleistungen sowie deren Ausgestaltung vorgibt, handelt es sich nicht um ein vorgefertigtes Konzept[1]).

d) Gleichgerichtete Leistungsbeziehungen

Gleichgerichtete Leistungsbeziehungen liegen vor, wenn gleichartige Verträge mit mehreren identischen Vertragsparteien abgeschlossen werden, z. B. mit demselben Treuhänder, demselben Vermittler, derselben Finanzierungsbank. Werden Zusatz- und Nebenleistungen, die den Steuerstundungseffekt ermöglichen sollen, unmittelbar vom Modellinitiator angeboten, kann dies ebenfalls zur Anwendung des § 15b EStG führen.

11

e) Steuerliche Vorteile

§ 15b EStG ist nur anzuwenden, wenn steuerliche Vorteile in Form von negativen Einkünften erzielt werden sollen.

12[2])

Bei vermögensverwaltenden Venture Capital und Private Equity Fonds steht die Erzielung nicht steuerbarer Veräußerungsgewinne im Vordergrund, so dass § 15b EStG auf diese Fonds regelmäßig keine Anwendung findet, weil die Erzielung negativer Einkünfte grundsätzlich nicht Gegenstand des Fondskonzepts ist.

Bleiben Einkünfte im Inland aufgrund von Doppelbesteuerungsabkommen außer Ansatz, ist dies für sich gesehen kein Steuervorteil i. S. d. § 15b EStG. Zur Berücksichtigung eines negativen Progressionsvorbehalts vgl. Tz. 24.

f) Einkunftsquelle

Einkunftsquelle ist die Beteiligung am jeweiligen Steuerstundungsmodell. Soweit es sich bei dem Steuerstundungsmodell um eine Gesellschaft oder Gemeinschaft in der Rechtsform einer gewerblichen oder gewerblich geprägten Personengesellschaft handelt, bildet der Mitunternehmeranteil (Gesamthands- und Sonderbetriebsvermögen) die Einkunftsquelle. Bei vermögensverwaltenden Personengesellschaften sind neben der Beteiligung an der Personengesellschaft für die Einkunftsquelle die Sondereinnahmen und Sonderwerbungskosten der einzelnen Gesellschafter einzubeziehen (vgl. Tzn. 18 und 19).

13

Erzielt der Anleger aus einer vermögensverwaltenden Gesellschaft oder Gemeinschaft nebeneinander Einkünfte aus verschiedenen Einkunftsarten (z. B. § 20 und § 21 EStG), handelt es sich für Zwecke des § 15b EStG dennoch nur um eine Einkunftsquelle. Eine Aufteilung in mehrere Einkunftsquellen ist nicht vorzunehmen.

Maßgeblich ist bei Beteiligungen an Gesellschaften oder Gemeinschaften nicht das einzelne Investitionsobjekt. Soweit also in einer Gesellschaft oder Gemeinschaft Überschüsse erzielende und verlustbringende Investitionen kombiniert werden oder die Gesellschaft oder Gemeinschaft in mehrere Projekte investiert, sind diese für die Ermittlung der 10 %-Verlustgrenze (vgl. Tz. 16) zu saldieren.

---

[1]) bestätigt durch BFH vom 06.02.2014 (BStBl II S. 465)
[2]) Es ist nicht erforderlich, dass die Erzielung negativer Einkünfte im Vordergrund steht. Zudem ist nicht erforderlich, dass der Anbieter im Rahmen des Konzeptvertriebs mit den entsprechenden Steuervorteilen positiv wirbt. Insoweit kommt es auch nicht darauf an, in welchem Verhältnis der Umfang steuerlicher Erläuterungen eines Prospekts zu dessen Gesamtumfang steht. Es ist ohne Belang, auf welchen Vorschriften die negativen Einkünfte beruhen. Auch prognostizierte Verluste, die auf gesetzlichen Abschreibungsmethoden beruhen, führen zur Anwendung des § 15b. Zudem ist für die Anwendung des § 15b nicht Voraussetzung, dass es sich um eine betriebswirtschaftlich nicht oder wenig sinnvolle Investition handelt (>BFH vom 06.06.2019 – BStBl II S. 513).

Beispiel:
Anleger X hat in einen Windkraftfonds investiert, der zwei Windkraftparks mit jeweils 100 Windrädern betreibt. Für den Windkraftpark A werden aufgrund der dort herrschenden guten Windverhältnisse Überschüsse erwartet. Für den Windkraftpark B werden hingegen hohe Verluste prognostiziert.
Die Beteiligung an dem Windkraftfonds stellt eine einzige Einkunftsquelle dar.

Handelt es sich bei dem Steuerstundungsmodell nicht um eine Beteiligung an einer Gesellschaft oder Gemeinschaft, sondern um eine modellhafte Einzelinvestition, stellt die Einzelinvestition die Einkunftsquelle dar. Tätigt der Steuerpflichtige mehrere gleichartige Einzelinvestitionen, stellt jede für sich betrachtet eine Einkunftsquelle dar. Dies gilt grundsätzlich auch für stille Beteiligungen.

Auch eventuelles Sonderbetriebsvermögen oder Sondervermögen ist – unabhängig davon, ob dieses modellhaft ist oder nicht – Bestandteil der Einkunftsquelle (vgl. Tzn. 18 und 19).

g) Prognostizierte Verluste/10 %-Grenze

14 Die Verlustverrechnung ist nur zu beschränken, wenn bei Gesellschaften oder Gemeinschaften innerhalb der Anfangsphase die prognostizierten Verluste 10 % des gezeichneten und nach dem Konzept auch aufzubringenden Kapitals übersteigen. Bei Einzelinvestoren führt ein konzeptbedingter Verlust von mehr als 10 % des eingesetzten Eigenkapitals zur Anwendung des § 15b EStG.

aa) Anfangsphase

15 Die Anfangsphase i. S. d. § 15b EStG ist der Zeitraum, in dem nach dem zugrunde liegenden Konzept nicht nachhaltig positive Einkünfte erzielt werden, und ist damit im Regelfall identisch mit der Verlustphase. Der Abschluss der Investitionsphase ist zur Bestimmung der Anfangsphase ohne Bedeutung

Die Anfangsphase endet, wenn nach der Prognoserechnung des Konzepts ab einem bestimmten Veranlagungszeitraum dauerhaft und nachhaltig positive Einkünfte erzielt werden.

bb) Summe der prognostizierten Verluste

16 Maßgeblich für die Berechnung der 10 %-Grenze des § 15b EStG sind die prognostizierten Verluste, nicht jedoch die letztlich tatsächlich erzielten Verluste. Dies bedeutet, dass Aufwendungen (z. B. für die Erhaltung des Gebäudes), die im Zeitpunkt der Prognose nicht vorhersehbar sind, nicht in die Berechnung einzubeziehen sind.

Enthält die Prognoserechnung Unrichtigkeiten, ist sie bei der Berechnung der 10 %-Grenze nicht zugrunde zu legen. Wird trotz Aufforderung eine berichtigte Prognoseberechnung nicht vorgelegt, können die fehlerhaften Angaben im Schätzungswege geändert werden. Eine Schätzung ist auch vorzunehmen, wenn keine Prognoserechnung vorgelegt wird.

cc) Maßgebendes Kapital bei Beteiligung an einer Gesellschaft

17 Für die Beteiligung an Gesellschaften ist auf das gezeichnete und nach dem Konzept auch aufzubringende Kapital abzustellen. Regelmäßig ist das sog. gezeichnete Eigenkapital, welches die Beteiligungssumme am Gesellschaftskapital darstellt, auch das aufzubringende Kapital.

Als Ausschüttungen gestaltete planmäßige Eigenkapitalrückzahlungen sind für Zwecke der Berechnung der 10 %-Grenze vom gezeichneten Eigenkapital abzuziehen, soweit sie die aus dem normalen Geschäftsbetrieb planmäßig erwirtschafteten Liquiditätsüberschüsse übersteigen.

Soweit das aufzubringende Kapital in Teilbeträgen zu leisten ist (z. B. bei Zahlungen nach dem Baufortschritt oder dem Fortschritt der Dreharbeiten), ist die Summe der geleisteten Teilbeträge zugrunde zu legen, soweit diese in der Anfangsphase zu leisten sind. Gleiches gilt für Nachschüsse, wenn diese bereits bei Begründung der Einkunftsquelle feststehen und in der Anfangsphase zu leisten sind.

Wird ein Teil des aufzubringenden Kapitals modellhaft fremdfinanziert, ist das maßgebende Kapital um die Fremdfinanzierung zu kürzen (vgl. Beispiel zu Tz. 18). Es ist unerheblich, ob die Fremdfinanzierung auf der Ebene der Gesellschaft vorgenommen wird oder der Gesellschafter seine Einlage modellhaft finanziert.

dd) Sonderbetriebsvermögen

Sind modellhaft Sonderbetriebsausgaben oder Sonderwerbungskosten (z. B. bei modellhafter Finanzierung der Einlage) vorgesehen, ist das Sonderbetriebsvermögen oder Sondervermögen Bestandteil des Steuerstundungsmodells. Die Verluste des Sonderbetriebsvermögens oder die Sonderwerbungskosten stehen somit im Zusammenhang mit dem Steuerstundungsmodell und sind demnach auch Bestandteil der prognostizierten Verluste (vgl. auch Umfang der Verlustverrechnungsbeschränkung, Tz. 19). Die modellhaften Sonderbetriebsausgaben oder Sonderwerbungskosten sind daher bei der Berechnung der Verlustgrenze einzubeziehen. 18

Beispiel:
Anleger A beteiligt sich an einem Windkraftfonds mit 100.000 €. Das Konzept sieht eine 20 %ige Finanzierung der Einlage vor. Die restlichen 80.000 € erbringt A aus seinem Barvermögen. Die Verluste aus dem Gesamthandsvermögen betragen in der Anfangsphase 7.500 €, die modellhaften Zinsen für die Fremdfinanzierung (Sonderbetriebsausgaben) 1.500 €.
Der steuerliche Verlust des A beträgt insgesamt 9.000 € und liegt damit oberhalb von 10 % der aufzubringenden Einlage (80.000 €). Die Verlustverrechnungsbeschränkung des § 15b EStG ist anzuwenden.

3. Umfang der Verlustverrechnungsbeschränkung

Findet § 15b EStG dem Grunde nach Anwendung, erstreckt sich die Verlustverrechnungsbeschränkung auf sämtliche Verluste aus diesem Steuerstundungsmodell (Gesamthands- und Sondervermögen). Auch nicht modellhafte Sonderbetriebsausgaben oder Sonderwerbungskosten (z. B. bei individueller Finanzierung der Anlage durch den Anleger) und nicht prognostizierte Aufwendungen (z. B. bei unerwartetem Erhaltungsaufwand) unterliegen demnach der Verlustverrechnungsbeschränkung. 19

Beispiel:
Anleger A beteiligt sich modellhaft an einem Medienfonds mit einer Einlage von 100.000 €, die er zu 80 % bei seiner „Hausbank" fremdfinanziert (= nicht modellhafte Fremdfinanzierung). Die prognostizierten Verluste betragen 100.000 €. Aufgrund unvorhersehbarer Ereignisse steigen die Produktionskosten für den Film um 20 %, so dass A einen Verlust aus dem Gesamthandsvermögen von 120.000 € erzielt. Daneben hat A in der Verlustphase für die Finanzierung Zinsen i. H. v. 15.000 € zu bezahlen.
Der Gesamtverlust aus der Anlage beträgt 135.000 €. Dieser unterliegt in voller Höhe der Verlustverrechnungsbeschränkung.

4. Anwendung bei im Betriebsvermögen gehaltenen Anteilen an vermögensverwaltenden Personengesellschaften (sog. Zebragesellschaften)

20 Auf Ebene der vermögensverwaltenden Personengesellschaft sind lediglich Überschusseinkünfte festzustellen. Diese werden auf Ebene der Gesellschafter in gewerbliche Einkünfte umqualifiziert (vgl. BMF-Schreiben vom 29. April 1994, BStBl I S. 282[1]), BFH-Beschluss vom 11. April 2005, BStBl II S. 679). Ob ein Steuerstundungsmodell vorliegt, ist bereits auf Ebene der vermögensverwaltenden Personengesellschaft zu entscheiden. Die Umqualifizierung der Einkunftsart auf Ebene des Anteilseigners berührt die Einordnung als Steuerstundungsmodell grundsätzlich jedoch nicht. Dies gilt auch dann, wenn sich die Höhe der erzielten Einkünfte aufgrund der Umqualifizierung ändert.

5. Regelung bei mehrstöckigen Gesellschaften

21 Bei mehrstöckigen Personengesellschaften ist bereits auf Ebene der Untergesellschaften zu prüfen, ob § 15b EStG anzuwenden ist. Wird die Anwendung des § 15b EStG bereits auf Ebene der Untergesellschaften bejaht, ist ein Verlustausgleich mit anderen Einkünften auf Ebene der Obergesellschaft nicht möglich.

Es sind folgende Fälle zu unterscheiden:

1. Untergesellschaft und Obergesellschaft sind Steuerstundungsmodelle. In diesem Fall werden die Verluste der Untergesellschaft für den Gesellschafter „Obergesellschaft" festgestellt und von dieser als § 15b-Verluste an ihre Gesellschafter weitergegeben. Da die Obergesellschaft selbst ebenfalls ein Steuerstundungsmodell darstellt, sind die Voraussetzungen für die Anwendung des § 15b EStG (z. B. 10 %-Grenze) ohne Berücksichtigung der § 15b-Verluste der Untergesellschaft zu prüfen.
2. Die Untergesellschaft ist ein Steuerstundungsmodell, die Obergesellschaft jedoch nicht. In diesem Fall werden die Verluste der Untergesellschaft für den Gesellschafter „Obergesellschaft" festgestellt und von dieser als § 15b-Verluste an ihre Gesellschafter weitergegeben. Verluste, die nicht aus der Untergesellschaft stammen, sind beim Gesellschafter im Rahmen der übrigen Verlustverrechnungsregelungen (z. B. § 10d EStG) ausgleichsfähig.
3. Die Untergesellschaft ist kein Steuerstundungsmodell; die Obergesellschaft ist ein Steuerstundungsmodell. In diesem Fall wird geprüft, ob auf die saldierten Einkünfte der Obergesellschaft (d. h. einschließlich der Einkünfte aus der Untergesellschaft) § 15b EStG anzuwenden ist.

6. Verhältnis § 15b EStG zu anderen Vorschriften

a) § 15 Abs. 4 EStG

22 § 15b EStG geht als die speziellere Norm der Anwendung des § 15 Abs. 4 EStG vor.

b) § 15a EStG

23 Die Anwendung des § 15b EStG geht der Anwendung des § 15a EStG vor (§ 15b Abs. 1 Satz 3 EStG).

7. Nach DBA steuerfreie Einkünfte

24 Bei Einkünften, die nach einem Abkommen zur Vermeidung der Doppelbesteuerung dem Progressionsvorbehalt unterliegen (§ 32b Abs. 1 Nr. 3 EStG), gilt Folgendes:

Die Höhe der ausländischen Einkünfte ist nach deutschem Steuerrecht zu ermitteln (BFH-Urteil vom 22. Mai 1991, BStBl 1992 II S. 94). Ein negativer Progressionsvorbehalt nach § 32b Abs. 1 Nr. 3 EStG ist ungeachtet § 2a EStG nicht zu berücksichtigen,

---

[1] >Anhang 30 III

wenn die ausländischen Verluste aus einem Steuerstundungsmodell i. S. d. § 15b EStG herrühren (vorrangige Anwendung des § 15b EStG).

8. Behandlung der Verluste aus Steuerstundungsmodellen bei unentgeltlichem Beteiligungsübergang

Bei unentgeltlichem Erwerb einer Beteiligung gehen die beim Rechtsvorgänger nach § 15b EStG verrechenbaren Verluste auf den oder die Rechtsnachfolger über. Ist der Rechtsvorgänger vor dem 11. November 2005 dem Steuerstundungsmodell beigetreten und unterliegen die Verluste daher nicht der Verlustverrechnungsbeschränkung des § 15b EStG, gilt dies insoweit auch für den Rechtsnachfolger und zwar auch dann, wenn dieser zuvor bereits selbst nach dem 10. November 2005 dem Steuerstundungsmodell beigetreten ist.

25

9. Feststellungsverfahren[1)][2)]

Der nicht ausgleichsfähige Verlust ist jährlich gesondert festzustellen (§ 15b Abs. 4 EStG). Zuständig für den Erlass des Feststellungsbescheids ist bei Gesellschaften oder Gemeinschaften das für die gesonderte und einheitliche Feststellung der Einkünfte aus dem Steuerstundungsmodell zuständige Finanzamt.

26

10. Übergangsregelungen

Nach § 52 Abs. 33a EStG[4)] ist § 15b EStG auf Verluste aus Steuerstundungsmodellen anzuwenden, denen der Steuerpflichtige nach dem 10. November 2005 beigetreten ist oder für die nach dem 10. November 2005 mit dem Außenvertrieb begonnen wurde. Der Außenvertrieb beginnt in dem Zeitpunkt, in dem die Voraussetzungen für die Veräußerung der konkret bestimmbaren Fondsanteile erfüllt sind und die Gesellschaft selbst oder über ein Vertriebsunternehmen mit Außenwirkung an den Markt herangetreten ist. Zur Vermeidung von Umgehungsgestaltungen ist bei Fonds, die bereits vor dem 11. November 2005 mit dem Außenvertrieb begonnen haben, dem Beginn des Außenvertriebs der Beschluss von Kapitalerhöhungen und die Reinvestition von Erlösen in neue Projekte gleichgestellt. Bei Einzelinvestitionen ist § 15b EStG auf Investitionen anzuwenden, die nach dem 10. November 2005 rechtsverbindlich getätigt wurden.

27[3)]

Durch das Jahressteuergesetz 2007 vom 13. Dezember 2006 (BGBl. I S. 2878, BStBl 2007 I S. 28) wurde die bislang auf § 20 Abs. 1 Nr. 4 EStG (Einkünfte aus typisch stiller Beteiligung) beschränkte analoge Anwendung des § 15b EStG bei den Einkünften aus Kapitalvermögen durch die Einführung von § 20 Abs. 2b EStG[5)] mit Wirkung vom 1. Januar 2006 auf alle Einkünfte aus Kapitalvermögen ausgedehnt.

28

[1)] Ist nicht von vornherein ausgeschlossen, dass eine bestimmte Gestaltung die Voraussetzungen des § 15b erfüllt, ist hierüber im Verfahren der gesonderten Feststellung nach § 15b Abs. 4 zu entscheiden (>BFH vom 07.02.2018 – BStBl II S. 630).

[2)] Die gem. § 15b Abs. 4 Satz 1 vorgesehene gesonderte Feststellung des gem. § 15b Abs. 1 nicht ausgleichsfähigen Verlustes ist auch für Einzelinvestitionen durchzuführen. Die gesonderte Feststellung des nicht ausgleichsfähigen Verlustes umfasst bei Einzelinvestitionen verschiedene Elemente. Ist dem Feststellungsbescheid nicht mit hinreichender Deutlichkeit zu entnehmen, dass (auch) ein nicht ausgleichsfähiger Verlust gem. § 15b Abs. 1 festgestellt wird, fehlt es an einer für die Einkommensteuerfestsetzung des Verlustentstehungsjahres bindenden Feststellung (>BFH vom 11.11.2015 – BStBl II 2016 S. 388).

[3)] Als geschlossener Fonds i. S. d. § 52 Abs. 25 Satz 4 i. V. m. Satz 1 ist ein Fonds anzusehen, der mit einem festen Anlegerkreis gegründet wird. Ein Außenvertrieb ist nicht notwendiger Bestandteil geschlossener Fonds. Bei fehlendem Außenvertrieb ist für die Anwendung von § 15b der Zeitpunkt des Beitritts der Gesellschafter maßgeblich (>BFH vom 01.09.2016 – BStBl II S. 1003).

[4)] jetzt § 52 Abs. 25

[5)] jetzt § 20 Abs. 7

Anhang 29

	Verluste

29　Bei Anteilsübertragungen zwischen Gesellschaftern einer Personengesellschaft, bei der § 15b EStG nicht anzuwenden ist, ist bei der Ermittlung des Beitrittszeitpunktes insoweit auf den Zeitpunkt des Vertragsabschlusses und nicht auf den Zeitpunkt der ggf. erforderlichen Zustimmung der übrigen Gesellschafter abzustellen.

30　Wurden Anteile an einer Personengesellschaft, bei der § 15b EStG nicht anzuwenden ist, vor dem Stichtag von einem Treuhänder erworben und nach dem Stichtag an einzelne Anleger weiter veräußert, ist zur Ermittlung des Beitrittszeitpunkts auf die Veräußerung der Anteile durch den Treuhänder abzustellen.

31　Nach § 52 Abs. 15 Satz 3 und 4[1]) i. V. m. § 5a Abs. 3 a. F. EStG können Schifffonds den Antrag auf Gewinnermittlung nach § 5a Abs. 1 EStG im Jahr der Anschaffung oder Herstellung des Handelsschiffes oder in einem der beiden folgenden Wirtschaftsjahre stellen. Für die Anwendung des § 15b EStG ist – analog zu § 15a EStG – der nach § 4 Abs. 1 oder § 5 EStG ermittelte Gewinn zu Grunde zu legen. Verluste i. S. d. § 15b EStG sind nicht mit Gewinnen i. S. d. § 5a Abs. 1 EStG verrechenbar, Tz. 32 des BMF-Schreibens vom 12. Juni 2002 (BStBl I S. 614) gilt entsprechend.

---

[1]) jetzt § 52 Abs. 10 Satz 2 und 3

Anhang 29

Verluste III

Prüfschema § 15b EStG

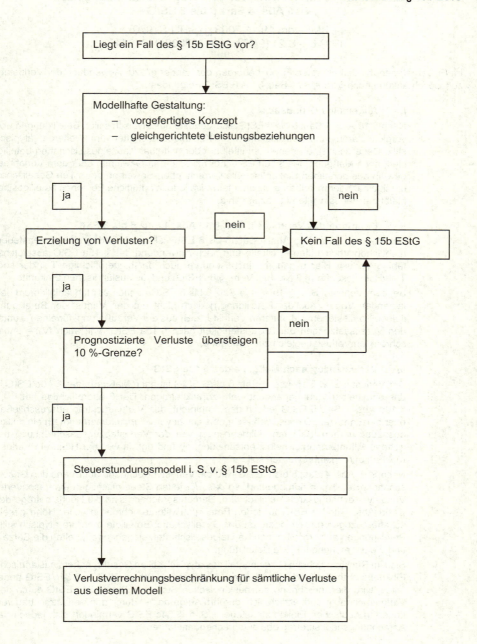

Anhang 29
Verluste

Anwendungsschreiben zur Verlustabzugsbeschränkung nach § 15 Abs. 4 Satz 6 bis 8 EStG

BMF vom 19.11.2008 (BStBl I S. 970)
IV C 6 – S 2119/07/10001 – 2008/0498934

Im Einvernehmen mit den obersten Finanzbehörden der Länder gilt zur Anwendung der Verlustabzugsbeschränkung nach § 15 Abs. 4 Satz 6 bis 8 EStG Folgendes:

I. Allgemeine Grundsätze

1 Nach § 15 Abs. 4 Satz 6 bis 8 EStG sind Verluste aus atypisch stillen Beteiligungen und vergleichbaren Innengesellschaften an Kapitalgesellschaften (im Weiteren: atypisch stille Gesellschaft), an denen unmittelbar oder mittelbar Kapitalgesellschaften beteiligt sind, nach Maßgabe des § 10d EStG nur mit späteren Gewinnen oder dem Vorjahresgewinn aus derselben Einkunftsquelle verrechenbar. Soweit an der stillen Gesellschaft unmittelbar oder mittelbar, ganz oder teilweise jedoch natürliche Personen beteiligt sind, bleibt der Verlust weiterhin abzugsfähig.

II. Definition des Verlustes i. S. v. § 15 Abs. 4 Satz 6 bis 8 EStG

2 Der Verlust i. S. v. § 15 Abs. 4 Satz 6 bis 8 EStG ist der nach den einkommensteuerrechtlichen Vorschriften ermittelte und nach Anwendung des § 15a EStG ausgleichsfähige Verlust. Hierzu gehören insbesondere auch der steuerpflichtige Teil der sog. Teil-/Halbeinkünfte (§ 3 Nr. 40 i. V. m. § 3c EStG) und die ausländischen Einkünfte.

3 Bei dem Verlust i. S. v. § 15 Abs. 4 Satz 6 bis 8 EStG handelt es sich lediglich um den laufenden Verlust aus der Beteiligung, jedoch nicht um den Verlust der Beteiligung selbst. Somit stehen alle anderen Verluste, z. B. aus der Veräußerung, für einen – unter den Voraussetzungen der Abzugsfähigkeit nach § 15a EStG (vgl. auch IV.) – unbeschränkten Verlustausgleich zur Verfügung.

III. Verlustabzug nach Maßgabe des § 10d EStG

4 Der Verlust i. S. v. § 15 Abs. 4 Satz 6 bis 8 EStG ist nach Maßgabe des § 10d EStG in das unmittelbar vorangegangene Jahr zurückzutragen. Der Steuerpflichtige hat nach § 10d Abs. 1 Satz 5 EStG jedoch das Wahlrecht, den Verlustrücktrag auszuschließen oder einzugrenzen. Dieses Wahlrecht muss nicht von allen Mitunternehmern einheitlich ausgeübt werden. Es kann vielmehr jeder von der Verlustabzugsbeschränkung betroffene Mitunternehmer selbst entscheiden, ob und ggf. in welcher Höhe ein Verlustrücktrag durchgeführt werden soll.

5 Nach § 15 Abs. 4 Satz 6 bis 8 EStG wird die Verlustverrechnung auf Ebene des Gesellschafters/Beteiligten durchgeführt, so dass für jeden Steuerpflichtigen ein gesonderter Verlustverrechnungskreis gebildet wird. Dementsprechend sind die Höchstbeträge des § 10d Abs. 1 und 2 EStG für jeden Beteiligten/Mitunternehmer in voller Höhe gesellschafterbezogen anzuwenden. Ist der Gesellschafter/Beteiligte mehrere atypisch stille Beteiligungen an verschiedenen Kapitalgesellschaften eingegangen, gelten die Sätze 1 und 2 entsprechend für jede Beteiligung.

6 Sind im Rücktragsjahr im Gewinnanteil des atypisch stillen Gesellschafters ausländische Einkünfte enthalten und anrechenbare ausländische Steuern i. S. v. § 34c EStG angefallen, wird die Anrechnung der ausländischen Steuern i. S. v. § 34c EStG durch den Verlustrücktrag grundsätzlich nicht berührt. Aufgrund der durch den Verlustrücktrag verringerten deutschen Einkommensteuer i. S. d. § 34c EStG vermindert sich jedoch der Anrechnungshöchstbetrag des entsprechenden Jahres.

IV. Verhältnis der Verlustabzugsbeschränkung für atypisch stille Gesellschaften (§ 15 Abs. 4 Satz 6 bis 8 EStG) zur Verlustabzugsbeschränkung bei Verlusten aus beschränkter Haftung (§ 15a EStG)

1. Verhältnis zu § 15a EStG

Die Verlustabzugsbeschränkung nach § 15 Abs. 4 Satz 6 bis 8 EStG findet auf den nach Anwendung des § 15a EStG noch abzugsfähigen Verlust Anwendung. Soweit der Verlust bereits nach §15a EStG lediglich verrechenbar ist, ist für die Anwendung von § 15 Abs. 4 Satz 6 bis 8 EStG kein Raum mehr.

2. Verfahren bei festgestellten verrechenbaren Verlusten nach § 15a EStG und § 15 Abs. 4 Satz 6 bis 8 EStG

Liegen sowohl verrechenbare Verluste i. S. v. § 15a EStG als auch verrechenbare Verluste i. S. v. § 15 Abs. 4 Satz 6 bis 8 EStG vor, sind spätere Gewinne vorrangig mit den nach § 15a EStG verrechenbaren Verlusten auszugleichen. Erst wenn keine nach §15a EStG verrechenbaren Verluste mehr verbleiben, sind verbleibende Gewinne mit den nach § 15 Abs. 4 Satz 6 bis 8 EStG verrechenbaren Verlusten auszugleichen.

3. Verlustrücktrag nach Maßgabe des § 10d EStG

Nach § 15 Abs. 4 Satz 6 bis 8 EStG ist ein Verlustrücktrag nach Maßgabe des § 10d EStG möglich. Dieser Verlustrücktrag ist nach Anwendung des §15a EStG im Rücktragsjahr durchzuführen.

Beispiel 1

Veranlagungszeitraum (VZ) 01:
Die A-GmbH geht eine atypisch stille Beteiligung an der B-GmbH ein. Sie tätigt eine Einlage von 100.000 € und es wird ihr in 01 ein Verlust von 180.000 € zugerechnet.
Nach § 15a EStG sind von dem Verlust 100.000 € ausgleichsfähig und 80.000 € verrechenbar. Der ausgleichsfähige Verlust nach § 15a EStG wird i. H. v. 100.000 € auf Ebene der stillen Beteiligung (A-GmbH) als verrechenbarer Verlust nach § 15 Abs. 4 Satz 6 bis 8 EStG gesondert festgestellt.

VZ 01	Verlustanteil	– 180.000 €
	davon verrechenbar nach § 15a EStG	– 80.000 €
	nach Anwendung des § 15a EStG verbleibender Verlustanteil	– 100.000 €
	davon verrechenbar nach § 15 Abs. 4 Satz 6 EStG	– 100.000 €
	bei der Veranlagung anzusetzen	0 €
31.12.01:	Feststellung des verbleibenden Verlustvortrags nach § 15 Abs. 4 Satz 7 i. V. m. § 10d EStG:	
	nach Anwendung des § 15a EStG verbleibender Verlustanteil	– 100.000 €
	Rücktrag in den VZ 00	0 €
	Verbleibender Verlustvortrag	– 100.000 €

VZ 02:
In 02 werden der A-GmbH Einkünfte nach § 15 Abs. 4 Satz 6 bis 8 EStG in Höhe von + 1.000.000 € zugerechnet.
Der verrechenbare § 15a-Verlust aus 01 wird mit dem Gewinn aus 02 verrechnet. Danach beträgt der verrechenbare Verlust nach § 15a EStG 0 € (31.12.02). Der verbleibende Gewinn von 920.000 € muss mit dem verrechenbaren Verlust nach § 15 Abs. 4 Satz 6 bis 8 EStG verrechnet werden.

Anhang 29
Verluste

VZ 02	Gewinnanteil	+ 1.000.000 €
	davon Verrechnung mit § 15a Abs. 2 EStG	− 80.000 €
	nach Anwendung des § 15a EStG verbleibender Gewinnanteil	+ 920.000 €
	davon Verrechnung nach § 15 Abs. 4 Satz 7 EStG	− 100.000 €
	bei der Veranlagung anzusetzen	+ 820.000 €
31.12.02:	Feststellung des verbleibenden Verlustvortrags nach § 15 Abs. 4 Satz 7 i. V. m. § 10d EStG:	
	verbleibender Verlustabzug am 31.12.01	− 100.000 €
	im VZ 02 abgezogener Verlust	− 100.000 €
	Verbleibender Verlustvortrag	0 €

VZ 03:

In 03 werden der A-GmbH Einkünfte nach § 15 Abs. 4 Satz 6 bis 8 EStG in Höhe von − 1.500.000 € zugerechnet.

In Höhe von 580.000 führt der Verlust aus 03 zu einem negativen Kapitalkonto, so dass nach § 15a EStG verrechenbare Verluste in dieser Höhe festzustellen sind. Der verbleibende Verlust ist nach § 15 Abs. 4 Satz 6 bis 8 EStG nicht ausgleichsfähig. Es besteht jedoch nach Maßgabe des § 10d EStG die Möglichkeit eines Verlustrücktrags i. H. v. 511.500 € nach 02. In diesem Fall vermindert sich der bei der Veranlagung 02 anzusetzende Gewinnanteil auf 308.500 € (= 820.000 € − 511.500 €). Die in 02 vorgenommene Verlustverrechnung nach § 15a EStG bleibt unberührt.

VZ 03	Verlustanteil	− 1.500.000 €
	davon verrechenbar nach § 15a EStG	− 580.000 €
	nach Anwendung des § 15a EStG verbleibender Verlustanteil	− 920.000 €
	davon verrechenbar nach § 15 Abs. 4 Satz 6 EStG	− 920.000 €
	bei der Veranlagung anzusetzen	0 €
31.12.03:	Feststellung des verbleibenden Verlustvortrags nach § 15 Abs. 4 Satz 7 i. V. m. § 10d EStG:	
	nach Anwendung des § 15a EStG verbleibender Verlustanteil	− 920.000 €
	Rücktrag in den VZ 02	− 511.500 €
	Verbleibender Verlustvortrag	− 408.500 €

Beispiel 2

VZ 01:

Die A-GmbH ist atypisch still an der B-GmbH beteiligt. Zum 31.12.01 wurde ein nach § 15a EStG verrechenbarer Verlust i. H. v. 100.000 € festgestellt.

VZ 02:

Der A-GmbH werden aus der atypisch stillen Beteiligung Einkünfte i. H. v. − 80.000 € zugerechnet. Einlagen und Entnahmen wurden nicht getätigt, so dass sich das negative Kapitalkonto der A-GmbH um 80.000 € erhöht.

Der nach § 15a EStG verrechenbare Verlust erhöht sich um 80.000 €. Zum 31.12.02 wird daher ein verrechenbarer Verlust i. H. v. − 180.000 € festgestellt. Eine Feststellung nach § 15 Abs. 4 Satz 6 bis 8 EStG ist nicht erforderlich, da keine bei der Veranlagung verbleibenden Einkünfte entstanden sind.

VZ 03:

Der A-GmbH werden aus der atypisch stillen Beteiligung Einkünfte i. H. v. 50.000 € zugerechnet.

Der Gewinn ist nach § 15a Abs. 2 EStG mit dem verrechenbaren Verlust aus den Vorjahren zu saldieren. Eine Feststellung nach § 15 Abs. 4 Satz 6 bis 8 EStG ist weiterhin nicht erforderlich. Der verrechenbare Verlust nach § 15a EStG zum 31.12.03 beträgt − 130.000 €.

V. Auswirkung von § 15 Abs. 4 Satz 6 bis 8 EStG auf die Gewerbesteuer

Die Verlustabzugsbeschränkung des § 15 Abs. 4 Satz 6 bis 8 EStG hat keine Auswirkung auf die Festsetzung des Gewerbesteuermessbetrags der atypisch stillen Gesellschaft, da gewerbesteuerlich das Ergebnis der atypisch stillen Gesellschaft besteuert wird und beim Mitunternehmer (wenn er selbst der Gewerbesteuer unterliegt und die Beteiligung zum Betriebsvermögen gehört) ein positiver Gewinnanteil nach § 9 Nr. 2 GewStG oder ein Verlustanteil nach § 8 Nr. 8 GewStG neutralisiert wird.

VI. Feststellungsverfahren

Die Verlustverrechnung nach § 15 Abs. 4 Satz 6 bis 8 EStG wird erst auf Ebene des Gesellschafters/Beteiligten durchgeführt (vgl. Rn. 5). Im Bescheid über die gesonderte und einheitliche Feststellung der gemeinschaftlichen Einkünfte der Beteiligten der atypisch stillen Gesellschaft (§ 180 Abs. 1 Nr. 2 Buchstabe a AO[1])) ist der Gewinn oder Verlust daher ohne Anwendung des § 15 Abs. 4 Satz 6 bis 8 EStG festzustellen.

Das für die Gewinnfeststellung nach § 180 Abs. 1 Nr. 2 Buchstabe a AO[1]) für die atypisch stille Gesellschaft zuständige Finanzamt hat dem für die Besteuerung des atypisch stillen Gesellschafters zuständigen Finanzamt die als Grundlagen für die Verlustverrechnung maßgebenden Beträge nachrichtlich mitzuteilen.

Handelt es sich bei dem atypisch stillen Gesellschafter um eine Mitunternehmerschaft (Obergesellschaft), an der unmittelbar oder mittelbar eine Kapitalgesellschaft beteiligt ist, ist der Verlustanteil nur insoweit nach § 15 Abs. 4 Satz 6 bis 8 EStG verrechenbar, als er mittelbar auf diese Kapitalgesellschaft entfällt. Das für die Gewinnfeststellung nach § 180 Abs. 1 Nr. 2 Buchstabe a AO[1]) für die Obergesellschaft zuständige Finanzamt hat dem für die Besteuerung der Kapitalgesellschaft zuständigen Finanzamt die als Grundlagen für die Verlustverrechnung maßgebenden Beträge nachrichtlich mitzuteilen.

Der nach § 15 Abs. 4 Satz 6 bis 8 EStG verbleibende Verlustvortrag ist auf Ebene des Gesellschafters/Beteiligten an der atypisch stillen Gesellschaft nach Durchführung eines eventuellen Verlustrücktrags in das Vorjahr gesondert festzustellen. Zuständig für die gesonderte Feststellung ist das für die Einkommensbesteuerung des Gesellschafters/Beteiligten zuständige Finanzamt (§ 15 Abs. 4 Satz 6 i. V. m. § 10d Abs. 4 Satz 3 EStG).

VII. Anwendung auf typisch stille Gesellschaften i. S. v. § 20 Abs. 1 Nr. 4 EStG

Die Grundsätze dieses Schreibens unter I. bis IV. sind auf typisch stille Gesellschaften i. S. v. § 20 Abs. 1 Nr. 4 und Abs. 3 EStG (ab VZ 2009: Abs. 8) entsprechend anzuwenden. Allerdings liegen bei dem Inhaber des Handelsgeschäfts und dem typisch stillen Gesellschafter keine gemeinschaftlich erzielten Einkünfte vor, die folglich auch nicht gesondert und einheitlich festgestellt werden. Die gesonderte Feststellung des nach § 15 Abs. 4 Satz 6 bis 8 EStG verrechenbaren Verlustes erfolgt auch in diesen Fällen ausschließlich auf Ebene des Gesellschafters.

VIII. Zeitliche Anwendung

Dieses Schreiben ist in allen noch offenen Fällen anzuwenden.

---

[1]) jetzt § 180 Abs. 1 Satz 1 Nr. 2 Buchst. a AO

Anhang 30

Vermietung und Verpachtung

Übersicht

I. Einkommensteuerrechtliche Behandlung von Gesamtobjekten, von vergleichbaren Modellen mit nur einem Kapitalanleger und von gesellschafts- sowie gemeinschaftsrechtlich verbundenen Personenzusammenschlüssen (geschlossene Fonds)
BMF vom 20.10.2003 (BStBl I S. 546)

II. Einkunftserzielung bei den Einkünften aus Vermietung und Verpachtung
BMF vom 08.10.2004 (BStBl I S. 933)

III. Einkunftsermittlung bei im Betriebsvermögen gehaltenen Beteiligungen an vermögensverwaltenden Personengesellschaften
BMF vom 29.04.1994 (BStBl I S. 282)

IV. Schuldzinsen als nachträgliche Werbungskosten bei den Einkünften aus Vermietung und Verpachtung nach Veräußerung des Mietobjekts oder nach Wegfall der Einkünfteerzielungsabsicht; Anwendung der BFH-Urteile vom 21. Januar 2014 – IX R 37/12 – (BStBl 2015 II S. 631), vom 11. Februar 2014 – IX R 42/13 – (BStBl 2015 II S. 633) und vom 8. April 2014 – IX R 45/13 – (BStBl 2015 II S. 635)
BMF vom 27.07.2015 (BStBl I S. 581)

V. 1. Abgrenzung von Anschaffungskosten, Herstellungskosten und Erhaltungsaufwendungen bei der Instandsetzung und Modernisierung von Gebäuden;
BFH-Urteile vom 9.5.1995 – BStBl 1996 II S. 628, 630, 632, 637 –; vom 10.5.1995 – BStBl 1996 II S. 639 – und vom 16.7.1996 – BStBl II S. 649 – sowie vom 12.9.2001 – BStBl 2003 II S. 569, S. 574 – und vom 22.1.2003 – BStBl II S. 596
BMF vom 18.07.2003 (BStBl I S. 386)

2. Anschaffungsnahe Herstellungskosten im Sinne von § 6 Absatz 1 Nummer 1a EStG;
BFH-Urteile vom 14. Juni 2016 IX R 25/14 (BStBl II S. 992), IX R 15/15 (BStBl II S. 996) und IX R 22/15 (BStBl II S. 999)
BMF vom 20.10.2017 (BStBl I S. 1447)

VI. Einkommensteuerrechtliche Behandlung des Nießbrauchs und anderer Nutzungsrechte bei Einkünften aus Vermietung und Verpachtung
BMF vom 30.09.2013 (BStBl I S. 1184)

VII. Schuldzinsen bei einem Darlehen für die Anschaffung oder Herstellung eines teilweise vermieteten und teilweise selbstgenutzten Gebäudes bei den Einkünften aus Vermietung und Verpachtung;
BFH-Urteil vom 25.3.2003 (BStBl 2004 II S. 348)
BMF vom 16.04.2004 (BStBl I S. 464)

Einkommensteuerrechtliche Behandlung von Gesamtobjekten, von vergleichbaren Modellen mit nur einem Kapitalanleger und von gesellschafts- sowie gemeinschaftsrechtlich verbundenen Personenzusammenschlüssen (geschlossene Fonds)

BMF vom 20.10.2003 (BStBl I S. 546)[1])
IV C 3 – S 2253a – 48/03

Unter Bezugnahme auf das Ergebnis der Erörterungen mit den obersten Finanzbehörden der Länder wird zu der Frage der einkommensteuerrechtlichen Behandlung von Einkünften im Rahmen von Gesamtobjekten (§ 1 Abs. 1 Nr. 2 der Verordnung zu § 180 Abs. 2 AO), von vergleichbaren Modellen mit nur einem Kapitalanleger sowie von sog. geschlossenen Fonds wie folgt Stellung genommen:

---

[1]) wird derzeit betreffend § 6e überarbeitet

Anhang 30

Vermietung und Verpachtung

I. Gesamtobjekte und vergleichbare Modelle mit nur einem Kapitalanleger

1. Abgrenzung der Eigenschaft als Bauherr oder Erwerber bei der Errichtung, Sanierung, Modernisierung oder des Erwerbs von Gebäuden und Eigentumswohnungen

1   Ein Anleger, der sich auf Grund eines von den Projektanbietern vorformulierten Vertragswerks an einem Projekt beteiligt und sich bei den damit zusammenhängenden Rechtsgeschäften durch die Projektanbieter oder von ihnen eingeschalteten sonstigen Personen (z. B. Treuhänder, Geschäftsbesorger, Betreuer) umfassend vertreten lässt, ist regelmäßig nicht Bauherr, sondern Erwerber des bebauten und gegebenenfalls sanierten oder modernisierten Grundstücks (BFH-Urteil vom 14. November 1989, BStBl 1990 II S. 299, m. w. N.). Das gilt auch, wenn der Anleger unter Verzicht auf eine dazu bevollmächtigte Person die Verträge selbst unterzeichnet, falls die Verträge vorher vom Projektanbieter bereits ausgehandelt oder vorformuliert worden sind, oder wenn die vertraglichen Vereinbarungen vorsehen, dass einzelne der in dem Vertragswerk angebotenen Leistungen abgewählt werden können.

2   Der Anleger ist nur Bauherr, wenn er auf eigene Rechnung und Gefahr ein Gebäude baut oder bauen lässt und das Baugeschehen beherrscht (BFH-Urteil vom 14. November 1989, a. a. O., vgl. auch BFH-Urteil vom 13. September 1989, BStBl II S. 986). Der Bauherr muss das umfassend zu verstehende Bauherrenwagnis, d. h. wirtschaftlich das für die Durchführung des Bauvorhabens auf seinem Grundstück typische Risiko, tragen, sowie rechtlich und tatsächlich die Planung und Ausführung in der Hand haben. Das ist regelmäßig nicht der Fall, wenn eine Vielzahl von Wohnungen oder gleichförmig ausgestalteten Wohngebäuden nach einem bereits vor Beitritt des einzelnen Anlegers ausgearbeiteten Vertragswerk errichtet wird und der einzelne Anleger demzufolge weder die Vertragsgestaltung noch die Vertragsdurchführung wesentlich beeinflussen kann.

3   Die Entscheidung darüber, ob die Voraussetzungen für die Erwerber- oder Bauherreneigenschaft vorliegen, ist nach dem Gesamtbild unter Berücksichtigung aller Umstände des Einzelfalls zu treffen, und zwar unabhängig von den in den Verträgen gewählten Bezeichnungen nach dem wirklichen Gehalt der von den Beteiligten getroffenen Vereinbarungen und deren tatsächlicher Durchführung.

4   Wird für den Gesamtaufwand (einschließlich der bis zur Fertigstellung des Bauobjekts angefallenen Finanzierungskosten) ein Höchstpreis vereinbart, über den nach Abschluss der Bauarbeiten nicht gegenüber dem Beteiligten selbst detailliert Rechnung gelegt zu werden braucht, ist der Beteiligte ebenfalls Erwerber. Das gilt auch, wenn die tatsächlichen Baukosten zwar abgerechnet werden, der Unterschiedsbetrag zu dem vereinbarten Höchstpreis jedoch als Gebühr für die Höchstpreisgarantie beansprucht wird.

a) Allgemeines zur rechtlichen Einordnung der aufzubringenden Kosten

5   Die mit der Errichtung und dem Vertrieb der Objekte befassten Personen sind regelmäßig bestrebt, möglichst hohe Werbungskosten auszuweisen. Hierzu wird der Gesamtaufwand durch eine Vielzahl von Verträgen und durch Einschaltung zahlreicher, zum Teil finanziell und personell verbundener Unternehmen aufgespalten. Die geltend gemachten Aufwendungen können, auch wenn sie im Einzelfall nach dem Wortlaut der Vereinbarungen Werbungskosten sind, nicht als solche anerkannt werden, wenn sie in Wirklichkeit für andere als die in den Verträgen bezeichneten Leistungen gezahlt werden, die nicht zu Werbungskosten führen können. Die vereinbarten Kosten sind deshalb nicht nach der vertraglichen Bezeichnung, sondern nach dem tatsächlichen wirtschaftlichen Gehalt der erbrachten Leistungen zu beurteilen (vgl. BFH-Urteil vom 29. Oktober 1986, BStBl II S. 217). Diese Beurteilung ist auch vorzunehmen, wenn Leistungen, die zu Anschaffungs- oder Herstellungskosten führen, nicht oder zu niedrig berechnet wer-

Anhang 30
Vermietung und Verpachtung

den. Erfahrungsgemäß erfolgt in diesen Fällen ein Ausgleich, der dem tatsächlichen wirtschaftlichen Gehalt der Leistungen entspricht. Die Beurteilung nach dem tatsächlichen wirtschaftlichen Gehalt ist auch dann maßgebend, wenn für den Teil der Aufwendungen, der den Werbungskosten zuzurechnen ist, im Folgenden Vom-Hundert-Sätze oder Bruchteile angegeben werden.

Der Anleger muss im Einzelnen nachweisen, welche tatsächlichen Leistungen an ihn erbracht worden sind und welches Entgelt er dafür leisten musste. 6

Soweit für Werbungskosten nachfolgend Vom-Hundert-Sätze oder Bruchteile angegeben sind, handelt es sich um Nettobeträge (ohne Umsatzsteuer). 7

b) Rechtliche Einordnung der vom Erwerber aufzubringenden Kosten

Die Kosten, die der Erwerber im Zusammenhang mit der Errichtung, Sanierung oder Modernisierung des Gebäudes oder der Eigentumswohnung aufzubringen hat, können Anschaffungskosten des Grund und Bodens, Anschaffungskosten des Gebäudes oder der Eigentumswohnung oder sofort abziehbare Werbungskosten sein. Zu den einzelnen Aufwendungen gilt Folgendes: 8

aa) Anschaffungskosten

Zu den Anschaffungskosten gehören grundsätzlich alle auf Grund des vorformulierten Vertragswerks an die Anbieterseite geleisteten Aufwendungen, die auf den Erwerb des Grundstücks mit dem bezugsfertigen Gebäude gerichtet sind, insbesondere die Baukosten für die Errichtung oder Modernisierung des Gebäudes, die Baubetreuungsgebühren, Treuhandgebühren, Finanzierungsvermittlungsgebühren, Zinsfreistellungsgebühren, Gebühren für die Vermittlung des Objekts oder Eigenkapitals und des Treuhandauftrags, Abschlussgebühren, Courtage, Agio, Beratungs- und Bearbeitungsgebühren, Platzierungsgarantiegebühren, Kosten für die Ausarbeitung der technischen, wirtschaftlichen und steuerlichen Grundkonzeption, für die Werbung der Bauinteressenten, für die Prospektprüfung und sonstige Vorbereitungskosten sowie Gebühren für die Übernahme von Garantien und Bürgschaften (vgl. BFH-Urteil vom 14. November 1989, a. a. O.). Eine Aufspaltung dieser Aufwendungen in sofort abziehbare Werbungskosten und Anschaffungskosten danach, ob sie auf die Finanzierung, die steuerliche Beratung oder die Errichtung des Gebäudes entfallen, kommt nicht in Betracht (vgl. BFH vom 14. November 1989, a. a. O.). 9[1])

– Besonderheit bei Baumaßnahmen i. S. der §§ 7h und 7i EStG

Der Gesamtaufwand ist, soweit das eindeutig möglich ist, unmittelbar dem Grund und Boden, der Altbausubstanz des Gebäudes, den bescheinigten Baumaßnahmen i. S. der §§ 7h, 7i EStG, den übrigen Baumaßnahmen und den sofort abziehbaren Werbungskosten zuzuordnen. Aufwendungen, die sich nicht eindeutig zuordnen lassen, sind auf die Kostenarten, mit denen sie zusammenhängen, aufzuteilen. Die Aufteilung erfolgt im Verhältnis der auf diese Kostenarten eindeutig entfallenden Kosten. Die eindeutig den bescheinigten Baumaßnahmen i. S. der §§ 7h, 7i EStG zuzuordnenden Aufwendungen zuzüglich der nach den vorstehenden Grundsätzen ermittelten Anteile der nicht eindeutig zuzuordnenden Anschaffungskosten, die den Aufwendungen für bescheinigte Baumaßnahmen i. S. der §§ 7h, 7i EStG zuzurechnen sind, ergeben die begünstigten Anschaffungskosten i. S. der §§ 7h, 7i EStG. Ist der Erwerber dem Gesamtobjekt erst nach Beginn der begünstigten Baumaßnahmen i. S. der §§ 7h, 7i EStG beigetreten, gehören die Aufwendungen für Baumaßnahmen, soweit sie bis zu seinem Beitritt durchgeführt worden sind, zu den nicht begünstigten Anschaffungskosten. Der Erwerber hat die Aufteilung darzulegen. Ist er später beigetreten, hat er darzulegen, inwieweit die anteilig den 10

---

[1]) bestätigt durch BFH vom 14.04.2011 (BStBl II S. 706)

Anhang 30
Vermietung und Verpachtung

Baumaßnahmen i. S. der §§ 7h, 7i EStG zuzurechnenden Aufwendungen auf Maßnahmen entfallen, die nach dem rechtswirksamen Abschluss des obligatorischen Erwerbsvertrags oder eines gleichstehenden Rechtsakts durchgeführt worden sind.

bb) Werbungskosten

11 Aufwendungen, die nicht auf den Erwerb des Grundstücks mit dem bezugsfertigen Gebäude gerichtet sind und die auch der Erwerber eines bebauten Grundstücks außerhalb eines Gesamtobjekts als Werbungskosten abziehen könnte, sind nicht den Anschaffungskosten des Objekts zuzurechnen. Werden sie an die Anbieterseite geleistet, sind sie unter den nachfolgenden Voraussetzungen Werbungskosten (vgl. BFH-Urteil vom 14. November 1989, a. a. O.):

– Bereits vor der Zahlung müssen klare Vereinbarungen über den Grund und die Höhe dieser Aufwendungen bestehen.

– Die vereinbarten Leistungen und das jeweils zugehörige Entgelt müssen den tatsächlichen Gegebenheiten entsprechen; der Rechtsgedanke des § 42 AO darf dem Werbungskostenabzug in der begehrten Höhe nicht entgegenstehen.

– Die Aufwendungen müssen von den übrigen Aufwendungen, die mit der Anschaffung des Erwerbsgegenstandes in Zusammenhang stehen, einwandfrei abgrenzbar sein.

– Die Vergütung darf nur dann zu zahlen sein, wenn der Anleger die Gegenleistung in Anspruch nimmt.

– Die rechtliche und tatsächliche Abwahlmöglichkeit der Leistung und die dann eintretende Ermäßigung des Gesamtpreises muss in dem Vertrag klar und eindeutig zum Ausdruck kommen.

– Zinsen der Zwischen- und Endfinanzierung

12 Zinsen und Bearbeitungskosten des Kreditinstituts sind, wenn der Anleger sie aufgrund eigener Verpflichtung gegenüber dem Darlehensgeber zahlt, Entgelt für die Überlassung des Kredits und damit Werbungskosten. Eine andere Beurteilung ist jedoch z. B. dann geboten, wenn hinsichtlich der Bauzeitzinsen eine Vereinbarung mit der Anbieterseite besteht, nach der eine bestimmte Zinsbelastung garantiert wird, und hierbei höhere Zinsen vom Garantiegeber getragen, niedrigere Zinsen jedoch dem Erwerber nicht erstattet werden. In einem derartigen Fall stellen die vom Darlehensnehmer zu zahlenden Zinsen und die Gebühr für die Zinsgarantie lediglich einen Kalkulationsbestandteil des Gesamtpreises und damit Anschaffungskosten dar.

– Vorauszahlung von Schuldzinsen

13 Zinsen sind im Regelfall spätestens am Ende des jeweiligen Jahres zu entrichten. Bei einer Vorauszahlung liegt ein im Jahr der Zahlung zu berücksichtigender Zahlungsabfluss nur vor, wenn für die Vorauszahlung ein wirtschaftlich vernünftiger Grund maßgebend ist. Hiervon kann ausgegangen werden, wenn Schuldzinsen für einen Zeitraum von nicht mehr als 12 Monaten vorausgezahlt werden. Bei einer Vorauszahlung für einen Zeitraum von mehr als 12 Monaten ist der wirtschaftlich vernünftige Grund vom Steuerpflichtigen im Einzelfall darzulegen. Bestehen für die Vorauszahlung von Schuldzinsen für einen Zeitraum von mehr als einem Jahr keine vernünftigen wirtschaftlichen Gründe, sind die vorausgezahlten Schuldzinsen anteilig in den Jahren als Werbungskosten abziehbar, zu denen sie wirtschaftlich gehören.

– Zinsfreistellungsgebühren

14 Vereinbarungen, nach denen der Anleger für mehrere Jahre von Zinszahlungsverpflichtungen gegenüber dem Darlehensgläubiger gegen Entrichtung von Gebühren an diesen

freigestellt wird, haben den Charakter eines zusätzlichen Darlehens. Die gezahlten Gebühren sind deshalb anteilig in den Jahren als Werbungskosten abziehbar, für die der Anleger von Zinszahlungsverpflichtungen freigestellt worden ist.

– Damnum, Disagio, Bearbeitungs- und Auszahlungsgebühren

Diese Aufwendungen sind in Höhe des vom jeweiligen Darlehensnehmer an das Kreditinstitut gezahlten Betrags als Werbungskosten abziehbar, soweit unter Berücksichtigung der jährlichen Zinsbelastung die marktüblichen Beträge nicht überschritten werden. Der über die marktüblichen Beträge hinausgehende Teil ist auf den Zinsfestschreibungszeitraum oder bei dessen Fehlen auf die Laufzeit des Darlehens zu verteilen. Eine Zinsvorauszahlung ist regelmäßig anzunehmen, wenn der Nominalzins ungewöhnlich niedrig und das Damnum entsprechend hoch bemessen ist. Aus Vereinfachungsgründen kann von der Marktüblichkeit ausgegangen werden, wenn für ein Darlehen mit einem Zinsfestschreibungszeitraum von mindestens 5 Jahren ein Damnum in Höhe von bis zu 5 v. H. vereinbart worden ist[1]). Ist ein Damnum nicht mehr als 3 Monate vor Auszahlung der Darlehensvaluta oder einer ins Gewicht fallenden Teilauszahlung des Darlehens (mindestens 30 v. H. der Darlehensvaluta einschließlich Damnum) geleistet worden, kann davon ausgegangen werden, dass ein wirtschaftlich vernünftiger Grund besteht (BFH-Urteil vom 3. Februar 1987, BStBl II S. 492).

15

– Kosten der Darlehenssicherung

Die anteiligen Notariats- und Grundbuchkosten für die Darlehenssicherung sind in der Höhe sofort abziehbare Werbungskosten, in der sie an den Notar und das Grundbuchamt abgeführt worden sind.

16

– Gebühren im Zusammenhang mit der Vermietung

Gebühren für die erstmalige Vermietung des Objekts sind Werbungskosten, soweit sie die ortsübliche Maklerprovision nicht überschreiten. Im Allgemeinen kann eine Gebühr in Höhe von bis zu 2 Monatsmieten als angemessen angesehen werden. An einer wirtschaftlich ernsthaften Gegenleistung fehlt es, wenn z. B. das Objekt schon von der Planung her für einen ganz bestimmten Mieter errichtet werden soll oder wenn bereits zum Beitrittszeitpunkt des Anlegers ein Mietvertrag oder eine entsprechende Vorvereinbarung mit dem Mieter bestand. Eine Mietervermittlungsgebühr ist auch nicht anzuerkennen, wenn der Vermittler mit dem Mieter identisch oder wirtschaftlich verflochten ist, der Anleger das Objekt selbst bezieht oder aus anderen Gründen die angebotenen Leistungen nicht in Anspruch nimmt. In diesen Fällen stellen die erhobenen Gebühren anteilig Anschaffungskosten des Grund und Bodens und des Gebäudes oder der Eigentumswohnung dar.

17

Die Anerkennung von Gebühren für die Übernahme von Garantien und Bürgschaften als Werbungskosten setzt stets voraus, dass das vom Garantiegeber oder Bürgen getragene Risiko im Verhältnis zu der dafür erhobenen Gebühr als eine wirtschaftlich ernsthafte Gegenleistung anzusehen ist. Außerdem muss der Garantiegeber oder Bürge wirtschaftlich (einkommens- und vermögensmäßig) in der Lage sein, die Garantieverpflichtung zu erfüllen. Alle diese Voraussetzungen sind vom Anleger darzulegen.

Gebühren für die Mietgarantie sind Werbungskosten, wenn tatsächlich ein Mietausfallwagnis besteht. Bei dem üblicherweise vereinbarten Garantiezeitraum von 5 Jahren kann das wirtschaftliche Risiko durch eine Gebühr bis zur Höhe von 4 Monatsmieten als abgedeckt angesehen werden. War das Objekt im Zeitpunkt des Vertragsabschlusses

---

[1]) Für Damnum und Disagio von mehr als 5 % trifft die Nichtbeanstandungsgrenze keine Aussage zur Marktüblichkeit und dem Werbungskostenabzug (>BFH vom 08.03.2016 – BStBl II S. 646).

bereits vermietet, muss das Risiko entsprechend geringer bewertet werden; es ist regelmäßig mit einer Gebühr in Höhe von bis zu 2 Monatsmieten angemessen abgegolten. Soweit höhere Gebühren vereinbart und gezahlt worden sind, stellen diese anteilig Anschaffungskosten des Grund und Bodens und des Gebäudes oder der Eigentumswohnung dar.

– Gebühren im Zusammenhang mit der Endfinanzierung

18 Geldbeschaffungskosten, Bürgschafts- und Garantiegebühren für die Endfinanzierung sind unter den Voraussetzungen der RdNr. 1 2. Absatz sowie der RdNr. 22 und RdNr. 27 als Werbungskosten abzuziehen. Die RdNr. 22 und RdNr. 27 sind für die Bestimmung der Höhe des abziehbaren Betrags entsprechend anzuwenden.

– Vergütungen an Steuer- und Rechtsberater

19 Beratungskosten im Zusammenhang mit der Anschaffung des Grund und Bodens oder der Errichtung oder Modernisierung des Gebäudes oder der Eigentumswohnung sind den jeweiligen Anschaffungskosten zuzurechnen. Soweit auch der Erwerber eines bebauten Grundstücks außerhalb eines Gesamtobjekts die Gebühren sofort als Werbungskosten abziehen könnte, können sie, insbesondere soweit die Leistungen den Zeitraum nach Bezugsfertigkeit betreffen (z. B. Abgabe von Feststellungserklärungen, Rechtsbehelfsverfahren), als Werbungskosten berücksichtigt werden. Ist der Steuer- und Rechtsberater zugleich Vermittler, Initiator oder Treuhänder, ist bei vereinbarter gesonderter Berechnung der Gebühren zu prüfen, ob die Gebühren dem jeweiligen Leistungsumfang angemessen sind. Ist für die Vermittler-, Initiatoren- oder Treuhandtätigkeit und die Steuer- und Rechtsberatungstätigkeit ein Gesamthonorar vereinbart, gehören die Gebühren zu den Anschaffungskosten. Das gilt auch, wenn ein pauschales Steuer- und Rechtsberatungshonorar, das die Zeit vor und nach Bezugsfertigkeit umfasst, vereinbart worden ist und die Tätigkeit vor Bezugsfertigkeit mit der Anschaffung des bebauten Grundstücks wirtschaftlich zusammenhängt.

– Beiträge zu Sach- und Haftpflichtversicherungen

20 Beiträge zu den Sach- und Haftpflichtversicherungen für während der Bauzeit eintretende Schäden sind Werbungskosten, soweit sie der Erwerber als Versicherungsnehmer gezahlt hat.

c) Rechtliche Einordnung der vom Bauherrn aufzubringenden Kosten

21 Die Kosten, die der Bauherr im Zusammenhang mit der Errichtung des Gebäudes oder der Eigentumswohnung aufzubringen hat, können Anschaffungskosten des Grund und Bodens und – bei Beitritt nach Baubeginn – des bereits erstellten Teils des Gebäudes oder der Eigentumswohnung, Herstellungskosten des Gebäudes oder der Eigentumswohnung oder sofort abziehbare Werbungskosten sein. Zu den nachstehenden Aufwendungen gilt Folgendes:

– Gebühren für die Vermittlung und die damit verbundene Bearbeitung der Zwischen- und Endfinanzierung

22 Diese Geldbeschaffungskosten sind in Höhe der marktüblichen Konditionen als Werbungskosten abziehbar. Erfahrungsgemäß betragen sie insgesamt 2 v. H. des jeweils vermittelten Darlehens. Der darüber hinausgehende Teil ist den Herstellungskosten des Gebäudes oder der Eigentumswohnung und den Anschaffungskosten anteilig hinzuzurechnen. Hat der Bauherr derartige Gebühren gezahlt, obwohl er die Finanzierung selbst beschafft, sind diese in vollem Umfang auf die Herstellungskosten des Gebäudes oder der Eigentumswohnung und die Anschaffungskosten aufzuteilen.

Anhang 30
Vermietung und Verpachtung

— Gebühren für die Vermittlung des Objekts oder Eigenkapitals und des Treuhandauftrags, Abschlussgebühren, Courtage, Agio, Beratungs- und Bearbeitungsgebühren sowie Platzierungsgarantiegebühren

Diese Kosten sollen Leistungen des Anlageberaters an den Bauherrn abgelten. Sie sind auf die Erlangung des Bauobjekts gerichtet und gehören deshalb anteilig zu den Herstellungskosten des Gebäudes oder der Eigentumswohnung und zu den Anschaffungskosten (vgl. BFH-Urteil vom 13. Oktober 1983, BStBl 1984 II S. 101). 23

— Kosten für die Ausarbeitung der technischen, wirtschaftlichen und steuerlichen Grundkonzeption, für die Werbung der Bauinteressenten, für die Prospektprüfung und sonstige Vorbereitungskosten

Diese Kosten decken regelmäßig Kosten der Initiatoren des Bauvorhabens ab. Werden solche Aufwendungen vom Bauherrn übernommen, gehören sie anteilig zu den Herstellungskosten des Gebäudes oder der Eigentumswohnung und zu den Anschaffungskosten. 24

— Treuhandgebühren

Die Leistungen des Treuhänders betreffen zum Teil die Geldbeschaffung und die spätere Vermietung. Die hierauf entfallenden Teile der Treuhandgebühren können als Werbungskosten abgezogen werden. Zum Teil betreffen die Leistungen des Treuhänders die Anschaffung des Grund und Bodens. Deshalb gehört z. B. das Entgelt für die Mitwirkung beim Abschluss des Grundstückskaufvertrags oder für die Bewirkung der Grundbuchumschreibung bezüglich des Grunderwerbs im Namen des Bauherrn zu den Anschaffungskosten des Grund und Bodens. Zum Teil stehen die Leistungen des Treuhänders mit der Herstellung des Gebäudes oder der Eigentumswohnung im Zusammenhang. Die darauf entfallenden Teile der Treuhandgebühren gehören deshalb zu den Anschaffungs- oder Herstellungskosten des Gebäudes oder der Eigentumswohnung. Hierzu rechnen z. B. Entgeltsanteile für 25

— die Vergabe der Gebäudeplanung durch den Treuhänder im Namen des Bauherrn,
— die Vertretung des Bauherrn gegenüber Baubehörden,
— die sachliche und zeitliche Koordination aller für die Durchführung des Bauvorhabens erforderlichen Leistungen,
— die Stellung des Antrags auf Baugenehmigung für den Bauherrn oder für die Abgabe der zur Begründung des Wohnungseigentums von den künftigen Eigentümern erforderlichen Erklärungen,
— die Entgegennahme und Verwaltung der Geldmittel,
— die Beaufsichtigung des Baubetreuers.

Erfahrungsgemäß betrifft die Tätigkeit des Treuhänders überwiegend den Herstellungsbereich, während auf den Finanzierungsbereich und den Bereich der späteren Vermietung nur ein geringer Teil seiner gesamten Tätigkeit entfällt. Deshalb kann ein Viertel der Kosten für die Leistungen des Treuhänders, in aller Regel jedoch nicht mehr als 0,5 v. H. der Gesamtaufwendungen den Werbungskosten zugeordnet werden. Nicht zu den Gesamtaufwendungen gehören die in RdNr. 15 und RdNr. 23 genannten Aufwendungen. Der nicht als Werbungskosten anzuerkennende Teil der Treuhandgebühr ist anteilig den Herstellungskosten des Gebäudes oder der Eigentumswohnung und den Anschaffungskosten zuzuordnen.

— Baubetreuungskosten

Leistungen im Rahmen der technischen Baubetreuung (z. B. Beschaffung der Baugenehmigung, Erstellen von Leistungsverzeichnissen und Baufristenplänen, Bauaufsicht, 26

Bauabnahme und dergleichen) sind dem Herstellungsbereich zuzuordnen. Im Rahmen der wirtschaftlichen Baubetreuung ist eine Vielzahl von unterschiedlichen Leistungen zu erbringen. Auch hierbei ist stets zu prüfen, ob die Aufwendungen des Bauherrn zu den Herstellungskosten des Gebäudes oder der Eigentumswohnung, den Anschaffungskosten oder den sofort abziehbaren Werbungskosten gehören. Anschaffungskosten des Grund und Bodens sind z. B. Kosten für die Regelung der eigentums- und bauplanungsrechtlichen Verhältnisse am Grundstück, z. b. betreffend Abtretung von Straßenland, Vorbereitung und Abschluss von Erschließungs- und Versorgungsverträgen sowie für Maßnahmen bei Vermessung und Erschließung des Grundstücks. Im Wesentlichen betreffen die Leistungen die Herstellung des Gebäudes oder der Eigentumswohnung.

Zu den Herstellungskosten gehören z. B. Entgeltsanteile für

- die Vertretung des Bauherrn gegenüber Baubehörden, den an der Baudurchführung beteiligten Architekten, Ingenieuren und bauausführenden Unternehmen,
- Vorbereitung und Abschluss der mit der technischen Abwicklung des Bauprojekts zusammenhängenden Verträge,
- die Aufstellung eines Geldbedarfs- und Zahlungsplans in Koordination mit dem Baufristenplan,
- die Führung eines Baugeld-Sonderkontos für den Bauherrn,
- die Vornahme des gesamten das Bauobjekt betreffenden Zahlungsverkehrs,
- die laufende Unterrichtung des Treuhänders,
- die Übersendung von Auszügen des Baukontos,
- die Erstellung der Schlussabrechnung und die Erteilung der dazu erforderlichen Informationen an den Treuhänder,
- die sachliche und zeitliche Koordination aller für die Durchführung des Bauvorhabens erforderlichen Leistungen,
- eine Wirtschaftlichkeitsberechnung, die zur Beurteilung der Wirtschaftlichkeit des Herstellungsvorgangs für den Bauherrn erstellt worden ist.

Zu den sofort abziehbaren Werbungskosten gehören z. B. Entgeltsanteile für

- eine Wirtschaftlichkeitsberechnung, die Finanzierungszwecken des Bauherrn zu dienen bestimmt ist,
- Leistungen, die den Vermietungsbereich betreffen,
- Leistungen, die den Betreuungsbereich nach Fertigstellung des Objekts (z. B. Abschluss von Wartungsverträgen) betreffen.

Nach allgemeiner Erfahrung können den Werbungskosten ein Achtel der Gebühren für die wirtschaftliche Betreuung, in aller Regel jedoch nicht mehr als 0,5 v. H. des Gesamtaufwands genannten Aufwendungen zugeordnet werden. Nicht zu den Gesamtaufwendungen gehören die in den RdNr. 15 und RdNr. 23 genannten Aufwendungen. Der nicht als Werbungskosten anzuerkennende Teil der Gebühren für die wirtschaftliche Baubetreuung ist anteilig den Herstellungskosten des Gebäudes oder der Eigentumswohnung und den Anschaffungskosten zuzuordnen.

27   –   Bürgschaftsgebühren für die Zwischen- und Endfinanzierung, Ausbietungsgarantie

Neben den Voraussetzungen der RdNr. 17 2. Absatz ist eine weitere vom Anleger darzulegende Voraussetzung für die Anerkennung der im Zusammenhang mit der Finanzierung stehenden Gebühren, dass die selbstschuldnerische Garantie oder Bürgschaft vom Darlehensgläubiger nachweislich gefordert und bei diesem auch hinterlegt worden ist. Gebühren für die Übernahme von Bürgschaftsverpflichtungen gegenüber dem Kreditgeber zur Sicherstellung der Zwischenfinanzierung können unabhängig von der Zahl der Bürgen in Höhe einer banküblichen Avalprovision (insgesamt 2 v. H. jährlich des verbürgten und zugesagten Betrags) den Werbungskosten zugerechnet werden. Mit Rücksicht auf die übrigen bestehenden Sicherungen können Gebühren für die Übernahme der Bürgschaft für die Endfinanzierung und der Ausbietungsgarantie einmalig, d. h. für den gesamten Zeitraum und unabhängig von der Zahl der Bürgen und Garantiegeber, in Höhe von insgesamt 0,5 v. H. der in Anspruch genommenen Darlehensmittel den Werbungskosten zugerechnet werden. Der nicht als Werbungskosten anzuerkennende Teil dieser Gebühren ist anteilig den Herstellungskosten des Gebäudes oder der Eigentumswohnung und den Anschaffungskosten zuzuordnen.

– Gebühren für die Preissteigerungs-, Kosten-, Vertragsdurchführungs-(Fertigstellungs-)Garantie

Vergütungen für die Übernahme solcher Garantien gegenüber dem Bauherrn sind keine sofort abziehbaren Werbungskosten. Sie sind grundsätzlich den Herstellungskosten des Gebäudes oder der Eigentumswohnung zuzurechnen. Gebühren für die Vertragsdurchführungsgarantie gehören in den Fällen, in denen die Garantie z. B. auf die Werbung von Bauinteressenten gerichtet ist, anteilig zu den Herstellungskosten des Gebäudes oder der Eigentumswohnung und den Anschaffungskosten. Bezieht sich bei der Herstellung von Eigentumswohnungen die Garantie auf die Finanzierung des gesamten Bauvorhabens, handelt es sich in der Regel um eine Vertragsdurchführungsgarantie, so dass die Kosten hierfür anteilig zu den Herstellungskosten des Gebäudes oder der Eigentumswohnung und den Anschaffungskosten gehören. 28

Als Werbungskosten kommen darüber hinaus Aufwendungen in Betracht, die nach den Grundsätzen der RdNr. 12 bis 20 sofort abziehbar sind. Soweit Gebühren im Sinne von RdNr. 17 bis RdNr. 19 nicht als Werbungskosten anerkannt werden können, gehören die Kosten anteilig zu den Herstellungskosten des Gebäudes oder der Eigentumswohnung und den Anschaffungskosten. 29

2. Anwendung der Grundsätze bei anderen Wirtschaftsgütern

Die vorstehenden Grundsätze gelten entsprechend, wenn Gegenstand des Gesamtobjekts oder des vergleichbaren Modells mit nur einem Kapitalanleger nicht eine Immobilie, sondern ein anderes Wirtschaftsgut ist. 30

II. Geschlossene Fonds[1)][2)]

Die nachstehenden Regelungen gelten im Grundsatz für alle Fonds. Die ertragsteuerliche Behandlung von Film- und Fernsehfonds richtet sich im Einzelnen nach den BMF-Schreiben vom 23. Februar 2001 (BStBl I S. 175) und vom 5. August 2003 (BStBl I S. 406). 31

1. Einkunftserzielung

Erfüllt ein geschlossener Fonds in der Rechtsform der Personengesellschaft in der gesellschaftsrechtlichen Verbundenheit seiner Gesellschafter den Tatbestand der Einkunftserzielung, ist auf der Ebene der Gesellschaft zu entscheiden, ob Aufwendungen, die die Gesellschaft trägt, Herstellungskosten, Anschaffungskosten, Betriebsausgaben oder Werbungskosten sind. Der auf der Ebene der Gesellschaft ermittelte Überschuss der Einnahmen über die Werbungskosten oder der Gewinn ist den einzelnen Gesellschaftern zuzurechnen (vgl. BFH-Beschluss vom 19. August 1986, BStBl 1987 II S. 212 m. w. N.). 32

[1)] zu Windkraftfonds >auch BFH vom 14.04.2011 (BStBl II S. 706)
[2)] zu Schiffsfonds >auch BFH vom 14.04.2011 (BStBl II S. 709)

2. Erwerbereigenschaft eines Fonds auf Grund fehlender wesentlicher Einflussnahmemöglichkeiten

33 Ein geschlossener Fonds ist nach den Grundsätzen der BFH-Urteile zur ertragsteuerlichen Behandlung der Eigenkapitalvermittlungsprovision und anderer Gebühren vom 8. Mai 2001 (BStBl II S. 720) und vom 28. Juni 2001 (BStBl II S. 717) immer dann als Erwerber anzusehen, wenn der Initiator der Gesellschaft ein einheitliches Vertragswerk vorgibt und die Gesellschafter in ihrer gesellschaftsrechtlichen Verbundenheit keine Möglichkeit besitzen, hierauf Einfluss zu nehmen.

34 Für die Herstellereigenschaft ist es wegen der besonderen Konzeption geschlossener Fonds bei gewerblichen Fonds erforderlich, dass die Mitwirkungsrechte der Gesellschafter über die zur Anerkennung der Mitunternehmereigenschaft nach § 15 Abs. 1 Satz 1 Nr. 2 EStG geforderte Initiative hinausgehen; auch bei vermögensverwaltenden Fonds müssen die Mitwirkungsrechte weiter gehen als die einem Kommanditisten nach dem HGB zustehenden Rechte. Wesentliche Einflussnahmemöglichkeiten entstehen nicht bereits dadurch, dass der Initiator als Gesellschafter oder Geschäftsführer für den Fonds gehandelt hat oder handelt. Die Einflussnahmemöglichkeiten müssen den Gesellschaftern selbst gegeben sein, die sie innerhalb des Fonds im Rahmen der gesellschaftsrechtlichen Verbundenheit ausüben. Eine Vertretung durch bereits konzeptionell vorbestimmte Dritte (z. B. Treuhänder, Beiräte) reicht nicht aus. Einem von den Gesellschaftern selbst aus ihrer Mitte bestimmten Beirat oder einem vergleichbaren Gremium dürfen weder der Initiator noch Personen aus dessen Umfeld angehören. Über die Einrichtung und Zusammensetzung eines Beirats dürfen allein die Gesellschafter frühestens zu einem Zeitpunkt entscheiden, in dem mindestens 50 v. H. des prospektierten Kapitals eingezahlt sind.

35 Eine ausreichende Einflussnahmemöglichkeit ist gegeben, wenn der Fonds rechtlich und tatsächlich in der Lage ist, wesentliche Teile des Konzepts zu verändern. Das kann auch dann bejaht werden, wenn Entscheidungsalternativen für die wesentlichen Konzeptbestandteile angeboten werden. Allein die Zustimmung zu den vom Initiator vorgelegten Konzepten oder Vertragsentwürfen bedeutet keine ausreichende Einflussnahme. Die Gesellschafter müssen vielmehr über die wesentlichen Vertragsgestaltungen und deren Umsetzung tatsächlich selbst bestimmen können.

36 Die Einflussnahmemöglichkeiten dürfen auch faktisch nicht ausgeschlossen sein.

37 Die Umsetzung der wesentlichen Konzeptbestandteile und Abweichungen hiervon sind durch geeignete Unterlagen vollständig zu dokumentieren.

3. Rechtliche Einordnung der von einem Fonds ohne wesentliche Einflussnahmemöglichkeiten der Anleger aufzubringenden Kosten

a) Anschaffungskosten

38 Zu den Anschaffungskosten des Fonds gehören grundsätzlich alle Aufwendungen, die im wirtschaftlichen Zusammenhang mit der Abwicklung des Projekts in der Investitionsphase anfallen. RdNr. 9 gilt entsprechend. Ohne Bedeutung ist in diesem Zusammenhang, ob diese Aufwendungen von dem Gesellschafter unmittelbar geleistet werden oder ob ein Teil seiner Einlage mit oder ohne sein Wissen für diese Zahlungen verwendet wird. Unbeachtlich ist weiterhin, ob diese Aufwendungen an den Initiator des Projektes oder an Dritte gezahlt werden. Zu den Anschaffungskosten gehören darüber hinaus stets Haftungs- und Geschäftsführungsvergütungen für Komplementäre, Geschäftsführungsvergütungen bei schuldrechtlichem Leistungsaustausch und Vergütungen für Treuhandkommanditisten, soweit sie auf die Investitionsphase entfallen.

Anhang 30

Vermietung und Verpachtung

b) Betriebsausgaben oder Werbungskosten

Aufwendungen, die nicht auf den Erwerb des ggf. sanierten oder modernisierten Wirtschaftsguts gerichtet sind und die auch der (Einzel-)Erwerber außerhalb einer Fondsgestaltung als Betriebsausgaben oder Werbungskosten abziehen könnte, sind nicht den Anschaffungskosten des Objekts zuzurechnen. 39

Für den Abzug von Betriebsausgaben oder Werbungskosten gelten RdNrn. 5 bis 7 und 11 bis 20 entsprechend. Die in RdNr. 11 (letzter Gliederungspunkt) aufgeführte rechtliche und tatsächliche Abwahlmöglichkeit der Leistung muss den Anlegern in ihrer gesellschaftsrechtlichen Verbundenheit gegeben sein. 40

4. Rechtliche Einordnung der von einem Fonds mit wesentlichen Einflussnahmemöglichkeiten der Anleger aufzubringenden Kosten

Haben die Anleger eines geschlossenen Fonds wesentliche Einflussnahmemöglichkeiten im Sinne der RdNr. 33 bis 37, richtet sich die Abgrenzung zwischen Erwerber- und Herstellereigenschaft nach den allgemeinen Grundsätzen zu § 6 Abs. 1 Nr. 1 EStG. 41

a) Herstellungs-, Modernisierungs- oder Sanierungsfonds

Für die Abgrenzung der Anschaffungskosten, Herstellungskosten und sofort abziehbaren Werbungskosten sowie Betriebsausgaben bei einem Fonds, der ein Wirtschaftsgut herstellt oder modernisiert sowie saniert, gelten die Ausführungen in RdNr. 5 bis 7 sowie 21 bis 29 entsprechend. In Fällen der Instandsetzung und Modernisierung von Gebäuden gilt zusätzlich das BMF-Schreiben vom 18. Juli 2003, BStBl I S. 386[1]). Ferner können insbesondere folgende Aufwendungen sofort abziehbare Werbungskosten sein: 42

aa) Eigenkapitalvermittlungsprovisionen

Provisionen, die die Fondsgesellschaft für die Vermittlung des Eintritts von Gesellschaftern zahlt, sind in der Regel Betriebsausgaben oder Werbungskosten (BFH-Urteil vom 24. Juli 1987, BStBl II S. 810). Bemessungsgrundlage ist das jeweils vermittelte Eigenkapital. Hierzu gehören neben der Einlage des Gesellschafters auch ein an die Gesellschaft zu leistendes Agio sowie ein Gesellschafterdarlehen, wenn es eigenkapitalähnlichen Charakter hat. Das ist grundsätzlich der Fall, wenn das Darlehen derselben zeitlichen Bindung wie die Gesellschaftereinlage unterliegt und zur Erreichung des Gesellschaftszwecks notwendig ist. Ist bei Refinanzierung der Einlage oder des Gesellschafterdarlehens das Refinanzierungsdarlehen durch Gesellschaftsvermögen gesichert, gehören die Beträge nur zum Eigenkapital, soweit das Refinanzierungsdarlehen gleichzeitig durch Vermögen des Gesellschafters tatsächlich gesichert ist. Provisionen von bis zu insgesamt höchstens 6 v. H. des vermittelten Eigenkapitals können den Betriebsausgaben oder Werbungskosten zugerechnet werden. Damit sind sämtliche Vertriebsleistungen Dritter, die auf die Werbung von Gesellschaftern gerichtet und nicht den Anschaffungs- oder Herstellungskosten zuzurechnen sind, abgegolten. Hierzu gehören insbesondere die Aufwendungen für die Prospekterstellung, Prospektprüfung und Übernahme der Prospekthaftung, für den Außenvertrieb, für Werbung und für Marketing. Der nicht als Betriebsausgaben oder Werbungskosten anzuerkennende Teil der Eigenkapitalvermittlungsprovision ist gegebenenfalls anteilig den Anschaffungs- oder Herstellungskosten des Objekts zuzuordnen. 43[2])

bb) Haftungs- und Geschäftsführungsvergütungen für Komplementäre

Vergütungen, die der Komplementär für die Übernahme der Haftung oder Geschäftsführung aufgrund gesellschaftsrechtlich wirksamer Vereinbarung erhält, mindern, soweit sie 44

---

[1]) Anhang 30 V
[2]) bestätigt durch BFH vom 14.04.2011 (BStBl II S. 706)

nicht unangemessen sind, die Ergebnisanteile der übrigen Gesellschafter (vgl. BFH-Urteil vom 7. April 1987, BStBl II 707). Die Haftungsvergütungen können wie Bürgschaftsgebühren entsprechend RdNr. 27 behandelt werden, soweit die dort genannten Höchstbeträge noch nicht ausgeschöpft sind. Wegen der steuerlichen Behandlung der Geschäftsführungsvergütung vgl. RdNr. 45.

cc) Geschäftsführungsvergütungen bei schuldrechtlichem Leistungsaustausch

45 Vergütungen, die ein Gesellschafter für die Übernahme der Geschäftsführung erhält, können wie entsprechende Leistungen an einen Nichtgesellschafter auf einem schuldrechtlichen Leistungsaustausch beruhen (zur Abgrenzung vgl. BFH, Urteil vom 13. Oktober 1998, BStBl 1999 II S. 284, und Urteil vom 23. Januar 2001, BStBl II S. 621). In diesem Fall kommt ein Betriebsausgaben- oder Werbungskostenabzug auf der Gesellschaftsebene in Betracht. Die Geschäftsführung während der Investitionsphase betrifft im wesentlichen die Tätigkeiten i. S. der RdNr. 25 und 26. Hierzu zählen z. B. auch die „Verwaltung" der Gesellschaft, die Mittelverwaltung und die „Buchführung", die Unterrichtung der Beteiligten über den Fortgang des Projekts und die Einberufung von Gesellschafterversammlungen (Gesellschafterbetreuung). Diese Tätigkeiten sind untrennbar mit der Erstellung des Fondsobjekts verbunden. Die während der Investitionsphase geleisteten Geschäftsführungsvergütungen einschließlich der auf die Zeit nach Abschluss der Investition entfallenden Beträge sind in dem Verhältnis aufzuteilen, in dem die Geschäftsführungstätigkeit die Baubetreuung und die Treuhandtätigkeit im Sinne der RdNr. 25 und 26 betrifft. Die jeweiligen Anteile sind gegebenenfalls mit weiteren für die Baubetreuung oder Treuhandtätigkeit gezahlten Gebühren zusammenzufassen und nach den Grundsätzen der RdNr. 25 und 26 zu behandeln.

b) Erwerberfonds

46 Für die Abgrenzung der Anschaffungskosten von den sofort abziehbaren Werbungskosten oder Betriebsausgaben bei einem Fonds, der ein fertig gestelltes und nutzungsbereites Wirtschaftsgut erwirbt, gelten die Ausführungen in RdNr. 38 bis 40 entsprechend. Die von der Gesellschaft zu zahlende Eigenkapitalvermittlungsprovision ist nach den Grundsätzen der RdNr. 43 zu behandeln.

c) Konzeptionsgebühren und Platzierungsgarantiegebühren

47 Konzeptionsgebühren und Platzierungsgarantiegebühren gehören nicht zu den Betriebsausgaben oder Werbungskosten (vgl. RdNr. 23 und 24 sowie BFH-Beschluss vom 19. August 1986, a. a. O.).

d) Kosten für die Vertretung der Gesellschafter

48 Vergütungen, die Gesellschafter für die Wahrnehmung ihrer Interessen in der Gesellschaft an Dritte zahlen, sind entsprechend der tatsächlichen Gegenleistung in Anschaffungskosten, Herstellungskosten und sofort abziehbaren Werbungskosten oder Betriebsausgaben aufzuteilen. Soweit sie den Anschaffungskosten oder Herstellungskosten zuzuordnen sind, sind sie in einer Ergänzungsrechnung zu erfassen oder in einer Ergänzungsbilanz zu aktivieren. Soweit sie sofort abziehbare Werbungskosten oder Betriebsausgaben darstellen, sind sie Sonderwerbungskosten oder Sonderbetriebsausgaben des betreffenden Gesellschafters. Werden diese Kosten gemäß Gesellschafterbeschluss von der Gesellschaft übernommen, ist die Aufteilung auf der Ebene der Gesamthand vorzunehmen.

e) Späterer Beitritt von Gesellschaftern

49 Aufwendungen, die vor dem Beitritt eines Gesellschafters zu einer Fondsgesellschaft rechtlich entstanden und gezahlt worden sind, gehören bei dem Gesellschafter zu den

Anschaffungskosten. Rechtlich entstandene Aufwendungen, die nach dem Beitritt eines Gesellschafters von der Gesellschaft gezahlt werden und bei der Ermittlung der Einkünfte auf der Ebene der Gesellschaft den Betriebsausgaben oder Werbungskosten zuzurechnen sind, sind bei dem neu eintretenden Gesellschafter Betriebsausgaben oder Werbungskosten, wenn er mit ihnen belastet wird (vgl. BFH-Beschluss vom 19. August 1986, a. a. O.).

III. Erstmalige Anwendung

Dieses Schreiben ist in allen Fällen anzuwenden, in denen ein bestandskräftiger Steuerbescheid noch nicht vorliegt. Soweit die Anwendung der RdNr. 15 und 26 dieses Schreibens zu einem Nachteil gegenüber der bisherigen Verwaltungsauffassung bei der Steuerfestsetzung führt, ist dieses Schreiben erstmals für Darlehensverträge und Baubetreuungsverträge anzuwenden, die nach dem 31. Dezember 2003 abgeschlossen werden. Soweit die Anwendung dieser Grundsätze im übrigen zu einer Verschärfung der Besteuerung gegenüber der bisher geltenden Verwaltungspraxis führt, sind die Grundsätze nicht anzuwenden, wenn der Außenvertrieb der Fondsanteile vor dem 1. September 2002 begonnen hat und der Steuerpflichtige dem Fonds vor dem 1. Januar 2004 beitritt. Der Außenvertrieb beginnt in dem Zeitpunkt, in dem die Voraussetzungen für die Veräußerung der konkret bestimmbaren Fondsanteile erfüllt sind und die Gesellschaft selbst oder über ein Vertriebsunternehmen mit Außenwirkung an den Markt herangetreten ist.

Die BMF-Schreiben vom 31. August 1990 (BStBl I S. 366), vom 1. März 1995 (BStBl I S. 167), vom 24. Oktober 2001 (BStBl I S. 780) und vom 29. November 2002 (BStBl I S. 1388) werden aufgehoben.

Einkunftserzielung bei den Einkünften aus Vermietung und Verpachtung

BMF vom 08.10.2004 (BStBl I S. 933)
IV C 3 – S 2253 – 91/04

Nach dem Beschluss des Großen Senats vom 25. Juni 1984 (BStBl II S. 751) setzt eine einkommensteuerrechtlich relevante Betätigung oder Vermögensnutzung im Bereich der Überschusseinkünfte die Absicht voraus, auf Dauer gesehen nachhaltig Überschüsse zu erzielen.

1   Bei den Einkünften aus Vermietung und Verpachtung ist nach ständiger Rechtsprechung des Bundesfinanzhofs (vgl. BFH-Urteil vom 30. September 1997, BStBl 1998 II S. 771, m. w. N.) bei einer auf Dauer angelegten Vermietungstätigkeit grundsätzlich ohne weitere Prüfung vom Vorliegen der Einkunftserzielungsabsicht auszugehen[1].

2   Dies gilt nur dann nicht, wenn besondere Umstände oder Beweisanzeichen gegen das Vorliegen einer Einkunftserzielungsabsicht sprechen oder besondere Arten der Nutzung für sich allein Beweisanzeichen für eine private, nicht mit der Erzielung von Einkünften zusammenhängende Veranlassung sind[2][3][4][5][6].

3   Zur einkommensteuerlichen Ermittlung der Einkünfte aus Vermietung und Verpachtung hat der Bundesfinanzhof mit Urteilen vom 21. November 2000 (BStBl 2001 II S. 705), 6. November 2001 (BStBl II 2002 S. 726), 9. Juli 2002 (BStBl 2003 II S. 580 u. S. 695), 5. November 2002 (BStBl 2003 II S. 646 u. S. 914), 9. Juli 2003 (BStBl II S. 940) und vom 22. Juli 2003 (BStBl II S. 806) seine Rechtsprechung weiter präzisiert.

Unter Bezugnahme auf das Ergebnis der Erörterungen mit den obersten Finanzbehörden des Bundes und der Länder sind die Grundsätze dieser Urteile mit folgender Maßgabe anzuwenden:

---

[1] Diese Grundsätze gelten nur für die Vermietung von Wohnungen (auch wenn der Mieter das Objekt nicht zu Wohnzwecken nutzt), nicht indes für die Vermietung von Gewerbeobjekten (>BFH vom 20.07.2010 – BStBl II S. 1038, vom 19.02.2013 – BStBl II S. 436 und vom 09.10.2013 – BStBl II 2014 S. 527) und für die Vermietung unbebauter Grundstücke (>BFH vom 01.04.2009 – BStBl II S. 776).

[2] zu einer Wohnung in einem aufwändig gestalteten oder ausgestatteten Wohnhaus, deren besonderen Wohnwert die Marktmiete nicht angemessen berücksichtigt >BFH vom 06.10.2004 (BStBl II 2005 S. 386)

[3] Auch der Umstand, dass der Stpfl. die Anschaffungskosten oder Herstellungskosten des Vermietungsobjekts sowie anfallende Schuldzinsen mittels Darlehen finanziert, die zwar nicht getilgt, indes bei Fälligkeit durch den Einsatz von parallel laufenden Lebensversicherungen abgelöst werden sollen, führt nicht dazu, dass bei einer auf Dauer angelegten Vermietungstätigkeit die Einkünfteerzielungsabsicht zu prüfen ist (>BFH vom 19.04.2005 – BStBl II S. 692) und vom 19.04.2005 – BStBl II S. 754).

[4] Die Einkunftserzielungsabsicht ist bei langfristiger Vermietung jedoch zu prüfen, wenn der Stpfl. die Anschaffungs- oder Herstellungskosten des Vermietungsobjekts sowie anfallende Schuldzinsen fremdfinanziert und somit Zinsen auflaufen lässt, ohne dass durch ein Finanzierungskonzept von vornherein deren Kompensation durch spätere positive Ergebnisse vorgesehen ist (>BFH vom 10.05.2007 – BStBl II S. 873).

[5] Bei der Vermietung mehrerer Objekte (Gebäude und Gebäudeteile), die sich auf einem Grundstück befinden, bezieht sich die Prüfung der Einkünfteerzielungsabsicht auf jedes einzelne Objekt (>BFH vom 01.04.2009 – BStBl II S. 776 und vom 09.10.2013 – BStBl II 2014 S. 527). Auch bei Vorliegen eines einheitlichen Mietvertrags ist die Einkünfteerzielungsabsicht für jedes einzelne vermietete Objekt gesondert zu prüfen (>BFH vom 26.11.2008 – BStBl II 2009 S. 370).

[6] Maßgeblich ist die Einkünfteerzielungsabsicht des jeweiligen Stpfl., der den Handlungstatbestand der Vermietung verwirklicht. Es erfolgt keine Zurechnung der Einkünfteerzielungsabsicht seines Rechtsvorgängers (>BFH vom 22.01.2013 – BStBl II S. 533).

Anhang 30
Vermietung und Verpachtung II

1. Auf Dauer angelegte Vermietungstätigkeit

Eine Vermietungstätigkeit ist auf Dauer angelegt, wenn sie nach den bei Beginn der Vermietung ersichtlichen Umständen keiner Befristung unterliegt (vgl. aber RdNr. 28). Hat der Steuerpflichtige den Entschluss, auf Dauer zu vermieten, endgültig gefasst, gelten die Grundsätze des Urteils vom 30. September 1997 (RdNr. 1) für die Dauer seiner Vermietungstätigkeit auch dann, wenn er das bebaute Grundstück später auf Grund eines neu gefassten Entschlusses veräußert (BFH-Urteil vom 9. Juli 2002, BStBl 2003 II S. 580, m. w. N.).

4

2. Gegen die Einkunftserzielungsabsicht sprechende Beweisanzeichen
a) Nicht auf Dauer angelegte Vermietungstätigkeit

Hat sich der Steuerpflichtige nur für eine vorübergehende Vermietung entschieden, wie es regelmäßig bei der Beteiligung an einem Mietkaufmodell (BFH-Urteil vom 9. Februar 1993, BStBl 1993 II S. 658) oder einem Bauherrenmodell mit Rückkaufangebot oder Verkaufsgarantie (BFH-Urteil vom 22. April 1997, BStBl II S. 650, m. w. N.) der Fall ist, bildet dies ein gegen die Einkunftserzielungsabsicht sprechendes Beweisanzeichen, wenn voraussichtlich Werbungskostenüberschüsse erzielt werden. Gleiches gilt auch außerhalb modellhafter Gestaltungen, wenn sich der Steuerpflichtige bei der Anschaffung oder Herstellung noch nicht endgültig entschieden hat, ob er das Grundstück langfristig vermieten will[1]).

5

Liegen Umstände vor, aus denen geschlossen werden kann, dass sich der Steuerpflichtige die Möglichkeit ausbedungen oder offen gehalten hat, das Mietobjekt innerhalb einer bestimmten Frist, innerhalb der er einen positiven Gesamtüberschuss nicht erzielen kann, unabhängig von einer Zwangslage zu verkaufen oder nicht mehr zur Einkunftserzielung zu nutzen, ist die Einkunftserzielungsabsicht zu verneinen. Beweisanzeichen hierfür können zum Beispiel der Abschluss eines entsprechenden Zeitmietvertrages, einer entsprechenden kurzen Fremdfinanzierung oder die Suche nach einem Käufer schon kurze Zeit nach Anschaffung oder Herstellung des Gebäudes sein. Gleiches gilt für den Fall der Kündigung eines bestehenden Mietverhältnisses, in das der Steuerpflichtige mit der Anschaffung des Objekts eingetreten ist (zur Anwendung vgl. RdNr. 41)[2]). Die Inanspruchnahme von Sonderabschreibungen oder erhöhten Absetzungen bei Gebäuden reicht zur Widerlegung der Einkunftserzielungsabsicht allein nicht aus.

6

Ein gegen die Einkunftserzielungsabsicht sprechendes Beweisanzeichen liegt auch dann vor, wenn der Steuerpflichtige ein bebautes Grundstück oder eine Wohnung innerhalb eines engen zeitlichen Zusammenhangs – von in der Regel bis zu fünf Jahren – seit der Anschaffung oder Herstellung veräußert oder selbst nutzt und innerhalb dieser Zeit nur einen Werbungskostenüberschuss erzielt[3]). Je kürzer der Abstand zwischen der Anschaffung oder Errichtung des Objekts und der nachfolgenden Veräußerung oder

7

---

[1]) Soll nach dem Konzept eines geschlossenen Immobilienfonds in der Rechtsform einer Personengesellschaft die Vermietungstätigkeit des Fonds nur 20 Jahre umfassen, ist sie nicht auf Dauer ausgerichtet (>BFH vom 02.07.2008 – BStBl II S. 815).

[2]) Wird mit dem Eigentumserwerb eine Vermietung mit einem noch drei Jahre und vier Monate dauerndem Mietverhältnis begonnen, kann dies als nicht auf Dauer angelegt gewertet werden (>BFH vom 22.01.2013 – BStBl II S. 533).

[3]) Auch die Veräußerung innerhalb eines engen zeitlichen Zusammenhangs seit der Anschaffung/Herstellung an eine die Vermietung der Immobilie fortführende gewerblich geprägte Personengesellschaft, an der der bisherige Vermieter selbst beteiligt ist, spricht gegen die Einkünfteerzielungsabsicht (>BFH vom 09.03.2011 – BStBl II S. 704).

Selbstnutzung ist, umso mehr spricht dies gegen eine auf Dauer angelegte Vermietungstätigkeit und für eine von vornherein bestehende Veräußerungs- oder Selbstnutzungsabsicht (BFH-Urteile vom 9. Juli 2002)[1]).

Beispiel:
A erwirbt mit Wirkung vom Januar 01 eine gebrauchte Eigentumswohnung, die er zunächst fremdvermietet. Ende Juli 03 kündigt er das Mietverhältnis mit Ablauf des 31. Dezember 03 wegen Eigenbedarf. Nach Durchführung von Renovierungsarbeiten für insgesamt 30.000 € zieht A selbst in das Objekt ein.

Dass A das Mietobjekt innerhalb von fünf Jahren seit der Anschaffung tatsächlich selbst nutzt, spricht gegen eine auf Dauer angelegte Vermietungstätigkeit. Kann A keine Umstände darlegen und nachweisen, die dafür sprechen, dass er den Entschluss zur Selbstnutzung erst nachträglich (neu) gefasst hat, ist anhand einer Prognose zu prüfen, ob er aus der befristeten Vermietung einen Totalüberschuss erzielen kann. Diese Prognose bezieht sich grundsätzlich auf die Zeit bis einschließlich Dezember 03. Die Kosten der erst nach Beendigung der Vermietungstätigkeit durchgeführten Renovierungsmaßnahme können nicht als Werbungskosten abgezogen werden und sind daher auch nicht zusätzlich in diese Prüfung einzubeziehen.

8 Selbstnutzung ist gegeben, wenn der Steuerpflichtige die Wohnung selbst nutzt oder sie unentgeltlich Dritten zur Nutzung überlässt.

9 Die objektive Beweislast (Feststellungslast) für das Vorliegen der Einkunftserzielungsabsicht trägt der Steuerpflichtige. Er kann das gegen die Einkunftserzielungsabsicht sprechende Beweisanzeichen erschüttern, indem er Umstände schlüssig darlegt und ggf. nachweist, die dafür sprechen, dass er den Entschluss zur Veräußerung oder zur Selbstnutzung erst nachträglich gefasst hat (BFH-Urteil vom 9. Juli 2002, BStBl 2003 II S. 695).

10 Stellt sich das Fehlen einer Einkunftserzielungsabsicht (als Haupttatsache) erst zu einem späteren Zeitpunkt heraus, etwa durch nachträglich bekannt gewordene oder entstandene negative Beweisanzeichen (als Hilfstatsachen), kommt eine Änderung bestandskräftiger Steuerbescheide nach § 173 Abs. 1 Nr. 1 AO in Betracht (vgl. BFH-Urteil vom 6. Dezember 1994, BStBl 1995 II S. 192).

b) Verbilligte Überlassung einer Wohnung

11 Nach § 21 Abs. 2 EStG ist die Nutzungsüberlassung in einen entgeltlichen und in einen unentgeltlichen Teil aufzuteilen, wenn das Entgelt für die Überlassung einer Wohnung zu Wohnzwecken (Kaltmiete und gezahlte Umlagen) weniger als 56 v. H.[2]) (bis einschließlich Veranlagungszeitraum 2003: 50 v. H.) der ortsüblichen Marktmiete[3]) beträgt. Der Bundesfinanzhof hat mit Urteil vom 5. November 2002 (BStBl 2003 II S. 646) eine Aufteilung auch für Mieten von mindestens 50 v. H. der ortsüblichen Marktmiete (vgl. R 162 EStR[4])) vorgenommen, wenn die auf Grund einer verbilligten Vermietung angezeigte Überschussprognose zur Überprüfung der Einkunftserzielungsabsicht negativ ist.

---

[1]) Allein der Abschluss eines Mietvertrages auf eine bestimmte Zeit rechtfertigt noch nicht den Schluss, auch die Vermietungstätigkeit sei nicht auf Dauer ausgerichtet. Wird bereits im Mietvertrag die Befristung mit einer ausdrücklich erklärten Selbstnutzungs- oder Verkaufsabsicht verknüpft, spricht dies gegen eine auf Dauer angelegte Vermietung (>BFH vom 14.12.2004 – BStBl II 2005 S. 211).

[2]) ab VZ 2012 bis VZ 2020 66 %, ab VZ 2021 50 %

[3]) >BFH vom 10.05.2016 (BStBl II S. 835)

[4]) jetzt R 21.3 EStR

Anhang 30
Vermietung und Verpachtung II

Bei einer langfristigen Vermietung ist grundsätzlich vom Vorliegen einer Einkunftserzielungsabsicht auszugehen, wenn das Entgelt nicht weniger als 75 v. H.[1]) der ortsüblichen Marktmiete beträgt. **12**

Beträgt das Entgelt 56 v. H. und mehr, jedoch weniger als 75 v. H. der ortsüblichen Marktmiete, ist die Einkunftserzielungsabsicht anhand einer Totalüberschussprognose zu prüfen (vgl. RdNr. 37). Führt diese zu positiven Ergebnissen, sind die mit der verbilligten Vermietung zusammenhängenden Werbungskosten in voller Höhe abziehbar. Ist die Überschussprognose negativ, muss die Vermietungstätigkeit in einen entgeltlichen und einen unentgeltlichen Teil aufgeteilt werden. Die anteilig auf den entgeltlichen Teil entfallenden Werbungskosten sind abziehbar. **13**[2])[3])

Bei Überlassung eines Mietobjekts zu einem Entgelt, das unter 56 v. H.[4]) der ortsüblichen Marktmiete liegt, ist die Nutzungsüberlassung in einen entgeltlichen und in einen unentgeltlichen Teil aufzuteilen. Die geltend gemachten Aufwendungen sind insoweit zu berücksichtigen, als sie auf den entgeltlichen Teil entfallen. In diesem Fall entfällt die Prüfung der Einkunftserzielungsabsicht in Bezug auf die verbilligte Miete (BFH-Urteil vom 22. Juli 2003, BStBl II S. 806)[5]). **14**

Für die Beurteilung der Einkunftserzielungsabsicht ist es ohne Belang, ob an fremde Dritte oder an Angehörige verbilligt vermietet wird. **15**

c) Vermietung von Ferienwohnungen
– **Ausschließliche Vermietung**

Bei einer ausschließlich an wechselnde Feriengäste vermieteten und in der übrigen Zeit hierfür bereit gehaltenen Ferienwohnung ist ohne weitere Prüfung von der Einkunftserzielungsabsicht des Steuerpflichtigen auszugehen. Diese Grundsätze gelten unabhängig davon, ob der Steuerpflichtige die Ferienwohnung in Eigenregie oder durch Einschalten eines fremden Dritten vermietet (BFH-Urteile vom 21. November 2000 – BStBl 2001 II S. 705 – und vom 5. November 2002 – BStBl 2003 II S. 914 –)[6]). **16**

Dem Steuerpflichtigen obliegt die Feststellungslast, dass ausschließlich eine Vermietung der Ferienwohnung vorliegt. Davon kann ausgegangen werden, wenn der Steuerpflichtige einen der folgenden Umstände glaubhaft macht: **17**

– Der Steuerpflichtige hat die Entscheidung über die Vermietung der Ferienwohnung einem ihm nicht nahe stehenden Vermittler (überregionaler Reiseveranstalter, Kurverwaltung o. a.) übertragen und eine Eigennutzung vertraglich für das gesamte Jahr ausgeschlossen.

– Die Ferienwohnung befindet sich im ansonsten selbst genutzten Zwei- oder Mehrfamilienhaus des Steuerpflichtigen oder in unmittelbarer Nähe zu seiner selbst genutzten Wohnung. Voraussetzung ist jedoch, dass die selbst genutzte Wohnung nach Größe und Ausstattung den Wohnbedürfnissen des Steuerpflichtigen entspricht. Nur

---

[1]) ab VZ 2012 66 %
[2]) ab VZ 2012 bis VZ 2020 keine Anwendung >§ 21 Abs. 2 a. F.
[3]) ab VZ 2021 Anwendung der RdNr. 13 mit der Maßgabe, dass 56 % durch 50 % und 75 % durch 66 % ersetzt wird
[4]) ab VZ 2012 bis VZ 2020 66 %, ab VZ 2021 50 %
[5]) >aber RdNr. 2
[6]) Bei einer ausschl. an wechselnde Feriengäste vermieteten und in der übrigen Zeit hierfür bereitgehaltenen Ferienwohnung ist die Einkünfteerzielungsabsicht des Stpfl. ausnahmsweise anhand einer Prognose zu überprüfen, wenn das Vermieten die ortsübliche Vermietungszeit von Ferienwohnungen – ohne dass Vermietungshindernisse gegeben sind – erheblich unterschreitet; hiervon ist bei einem Unterschreiten von mindestens 25 % auszugehen; insoweit ist die in RdNr. 16 erwähnte Rechtsprechung überholt (>BFH vom 26.10.2004 – BStBl II 2005 S. 388, vom 24.08.2006 – BStBl II 2007 S. 256 und vom 26.05.2020 – BStBl II S. 548).

wenn die selbst genutzte Wohnung die Möglichkeit zur Unterbringung von Gästen bietet, kann davon ausgegangen werden, dass der Steuerpflichtige die Ferienwohnung nicht selbst nutzt.

– Der Steuerpflichtige hat an demselben Ort mehr als eine Ferienwohnung und nutzt nur eine dieser Ferienwohnungen für eigene Wohnzwecke oder in Form der unentgeltlichen Überlassung. Hiervon kann ausgegangen werden, wenn Ausstattung und Größe einer Wohnung auf die besonderen Verhältnisse des Steuerpflichtigen zugeschnitten sind.

– Die Dauer der Vermietung der Ferienwohnung entspricht zumindest dem Durchschnitt der Vermietungen in der am Ferienort üblichen Saison[1]).

18 In den übrigen Fällen muss der Steuerpflichtige das Fehlen der Selbstnutzung schlüssig darlegen und ggf. nachweisen. Bei einer zu geringen Zahl der Vermietungstage muss der Steuerpflichtige die Absicht einer auf Dauer angelegten Vermietungstätigkeit durch entsprechend gesteigerte Werbemaßnahmen – z. B. durch häufige Zeitungsanzeigen – nachweisen.

19 Keine Selbstnutzung sind kurzfristige Aufenthalte des Steuerpflichtigen in der Ferienwohnung zu Wartungsarbeiten, Schlüsselübergabe an Feriengäste, Reinigung bei Mieterwechsel, Beseitigung von durch Mieter verursachten Schäden, allgemeiner Kontrolle, Durchführung von Schönheitsreparaturen oder Teilnahme an Eigentümerversammlungen. Begleiten den Steuerpflichtigen jedoch dabei Familienmitglieder oder Dritte oder dauert der Aufenthalt mehr als einen Tag, sind die dafür maßgebenden Gründe zu erläutern. Dabei ist schlüssig darzulegen und ggf. nachzuweisen, dass der (mehrtägige) Aufenthalt während der normalen Arbeitszeit vollständig mit Arbeiten für die Wohnung ausgefüllt war (BFH-Urteil vom 25. November 1993, BStBl 1994 II S. 350). Dies gilt insbesondere dann, wenn es sich um Aufenthalte während der am Ferienort üblichen Saison handelt.

20 Wird in einem späteren Veranlagungszeitraum die Ferienwohnung vermietet und (zeitweise) selbst genutzt (vgl. RdNr. 21), muss ab diesem Zeitpunkt eine Prüfung der Einkunftserzielungsabsicht erfolgen.

– **Zeitweise Vermietung und zeitweise Selbstnutzung**

21 Selbstnutzung ist gegeben, wenn der Steuerpflichtige die Wohnung selbst nutzt oder sie unentgeltlich Dritten zur Nutzung überlässt. Wird eine Ferienwohnung zeitweise vermietet und zeitweise selbst genutzt oder behält sich der Steuerpflichtige eine zeitweise Selbstnutzung vor, ist diese Art der Nutzung Beweisanzeichen für eine auch private, nicht mit der Einkunftserzielung zusammenhängende Veranlassung der Aufwendungen. In diesen Fällen ist die Einkunftserzielungsabsicht stets zu prüfen[2]). Der Steuerpflichtige muss im Rahmen der ihm obliegenden Feststellungslast für die Anerkennung dieser Absicht objektive Umstände vortragen, auf Grund derer im Beurteilungszeitraum ein Totalüberschuss (s. RdNr. 39) erwartet werden konnte.

---

[1]) Bei einer ausschl. an wechselnde Feriengäste vermieteten und in der übrigen Zeit hierfür bereitgehaltenen Ferienwohnung ist die Einkünfteerzielungsabsicht des Stpfl. ausnahmsweise anhand einer Prognose zu überprüfen, wenn das Vermieten die ortsübliche Vermietungszeit von Ferienwohnungen – ohne dass Vermietungshindernisse gegeben sind – erheblich unterschreitet; hiervon ist bei einem Unterschreiten von mindestens 25 % auszugehen; insoweit ist die in RdNr. 16 erwähnte Rechtsprechung überholt (>BFH vom 26.10.2004 – BStBl II 2005 S. 388, vom 24.08.2006 – BStBl II 2007 S. 256 und vom 26.05.2020 – BStBl II S. 548).

[2]) bestätigt durch BFH vom 16.04.2013 (BStBl II S. 613)

– **Zuordnung der Leerstandszeiten**

Hat der Steuerpflichtige die Selbstnutzung zeitlich beschränkt (z. B. bei der Vermietung durch einen Dritten), ist nur die vorbehaltene Zeit der Selbstnutzung zuzurechnen; im Übrigen ist die Leerstandszeit der Vermietung zuzuordnen. Ist die Selbstnutzung dagegen jederzeit möglich, sind die Leerstandszeiten im Wege der Schätzung entsprechend dem Verhältnis der tatsächlichen Selbstnutzung zur tatsächlichen Vermietung aufzuteilen.

Lässt sich der Umfang der Selbstnutzung nicht aufklären, ist davon auszugehen, dass die Leerstandszeiten der Ferienwohnung zu gleichen Teilen durch das Vorhalten zur Selbstnutzung und das Bereithalten zur Vermietung entstanden sind und damit die hierauf entfallenden Aufwendungen zu je 50 v. H. der Selbstnutzung und der Vermietung zuzuordnen sind.

d) Leerstehende Immobilie

Ein gegen die Einkunftserzielungsabsicht sprechendes Beweisanzeichen liegt dann vor, wenn sich der Steuerpflichtige bei Erwerb eines Objekts noch nicht entschieden hat, ob er dieses veräußern, selbst nutzen oder dauerhaft vermieten will (vgl. RdNr. 5). Sind zum Beispiel bei mehrjähriger Renovierung Bemühungen zur Fertigstellung der Baumaßnahmen nicht erkennbar, kann dies Beweisanzeichen für einen fehlenden Entschluss zur dauerhaften Vermietung sein. Hat sich der Steuerpflichtige jedoch zur dauerhaften Vermietung einer leer stehenden Wohnung entschlossen, gilt RdNr. 1 auch dann, wenn er die leer stehende Immobilie aufgrund eines neu gefassten Beschlusses selbst nutzt oder veräußert (siehe auch RdNr. 6).

Eine Einkunftserzielungsabsicht kann schon vor Abschluss eines Mietvertrags über eine leer stehende Wohnung vorliegen. Dementsprechend können bereits vor dem Anfall von Einnahmen Aufwendungen als vorab entstandene Werbungskosten abgezogen werden, sofern anhand objektiver Umstände festgestellt werden kann, dass der Steuerpflichtige den Entschluss zur dauerhaften Vermietung endgültig gefasst hat[1]).

---

[1]) Bestätigt durch BFH vom 28.10.2008 (BStBl II 2009 S. 848), wonach Aufwendungen für eine zunächst selbst bewohnte, anschließend leer stehende und noch nicht vermietete Wohnung als vorab entstandene Werbungskosten anerkannt werden können, wenn der endgültige Entschluss, diese Wohnung zu vermieten, durch ernsthafte und nachhaltige Vermietungsbemühungen belegt wird. *Es* steht dem Stpfl. frei, die Bewerbung des Mietobjekts selbst zu bestimmen (>BFH vom 11.12.2012 – BStBl II 2013 S. 367).

Anhang 30
II Vermietung und Verpachtung

26[1)][2)][3)][4)] Steht eine Wohnung nach vorheriger auf Dauer angelegter Vermietung leer, sind Aufwendungen als Werbungskosten so lange abziehbar, wie der Steuerpflichtige den Entschluss, mit dieser Wohnung Einkünfte zu erzielen, nicht endgültig aufgegeben hat[5)]. Solange sich der Steuerpflichtige ernsthaft und nachhaltig um eine Vermietung der leer stehenden Wohnung bemüht – z. B. durch Einschaltung eines Maklers, fortgesetzte Zeitungsinserate u. ä. –, kann regelmäßig nicht von einer endgültigen Aufgabe der Einkunftserzielungsabsicht ausgegangen werden, selbst wenn er – z. B. wegen mehrjähriger Erfolglosigkeit einer Vermietung – die Wohnung zugleich zum Verkauf anbietet (BFH-Urteil vom 9. Juli 2003, BStBl II S. 940, m. w. N.).

27[6)] Für die Ernsthaftigkeit und Nachhaltigkeit der Vermietungsbemühungen als Voraussetzungen der fortbestehenden Einkunftserzielungsabsicht trägt der Steuerpflichtige die Feststellungslast[7)].

Beispiel:
B ist Eigentümer einer seit 15 Jahren zu ortsüblichen Konditionen vermieteten Eigentumswohnung. Nach dem Auszug des Mieters bemüht er sich nicht ernsthaft und nachhaltig um einen Nachmieter. Nach einer Leerstandszeit von zwei Jahren vermietet B die Wohnung zu einem auf 60 v. H. der ortsüblich erzielbaren Miete ermäßigten Mietzins an seine Schwester. Während der Leerstandszeit fehlt es an einem ausreichend bestimmten wirtschaftlichen Zusammenhang mit der Erzielung von Einkünften aus Vermietung und Verpachtung. Als Folge der objektiven Ungewissheit über die Einkunftserzielungsabsicht muss der Werbungskostenabzug daher in diesem Zeitraum entfallen. Die spätere und auf Dauer angelegte Vermietung an die Schwester begründet zwar eine erneute Vermietungstätigkeit, die auf die vorangehende Leerstandszeit aber nicht zurückwirkt. Werbungskosten sind daher erst wieder von dem Zeitpunkt an abziehbar, zu dem sich der auf einer Absichtsänderung beruhende endgültige Vermietungsentschluss anhand objektiver Umstände feststellen lässt.

[1)] Lässt sich nach einem längeren Zeitraum des Wohnungsleerstandes nicht absehen, ob und wann das Objekt im Rahmen der Einkunftsart Vermietung und Verpachtung genutzt werden kann und wurden keine nachhaltigen Vermietungsbemühungen entfaltet, kann ein wirtschaftlicher Zusammenhang zwischen den Aufwendungen und der Einkunftsart sowie die Einkünfteerzielungsabsicht zu verneinen sein (>BFH vom 11.08.2010 – BStBl II 2011 S. 166).

[2)] Ein besonders lang andauernder Leerstand kann auch nach vorheriger auf Dauer angelegter Vermietung dazu führen, dass eine vom Stpfl. aufgenommene Einkünfteerzielungsabsicht wegfällt, wenn erkennbar ist, dass das maßgebliche Objekt in absehbarer Zeit nicht wieder vermietet werden kann (>BFH vom 11.12.2012 – BStBl II 2013 S. 279 und vom 09.07.2013 – BStBl II S. 693).

[3)] Befindet sich die Wohnung in einem nicht vermietbaren Zustand und kann sie aus tatsächlichen und/oder rechtlichen Gründen dauerhaft nicht in einen betriebsbereiten/vermietbaren Zustand versetzt werden, ist die Einkünfteerzielungsabsicht zu verneinen (>BFH vom 31.01.2017 – BStBl II S. 633).

[4)] Vorübergehende Leerstandszeiten im Rahmen der Untervermietung einzelner Räume innerhalb der Wohnung des Stpfl. können der Vermietungstätigkeit zuzuordnen sein, wenn die einzelnen Räumlichkeiten nach vorheriger, auf Dauer angelegter Vermietung leer stehen und feststeht, dass sie weiterhin für eine Neuvermietung bereit gehalten werden (>BFH vom 22.01.2013 – BStBl II S. 376 und vom 12.06.2013 – BStBl II S. 1013).

[5)] Von einer teilweisen Aufgabe der Vermietungsabsicht ist hingegen auszugehen, wenn einzelne Räume der Wohnung nicht mehr zur Vermietung bereitgehalten werden, weil sie anderweitig genutzt und damit in einen neuen Nutzungs- und Funktionszusammenhang gestellt werden (>BFH vom 12.06.2013 – BStBl II S. 1013).

[6)] Eine erfolgreiche eigenverantwortliche Mietersuche, die zu einer dauerhaften Vermietung geführt hat, kann unter erschwerten Vermietungsbedingungen (z. B. bei einer Vermietung im strukturschwachen ländlichen Raum) ein geeignetes und hinreichendes Beweisanzeichen für die Ernsthaftigkeit und Nachhaltigkeit der Vermietungsabsicht sein (>BFH vom 11.12.2012 – BStBl II 2013 S. 367).

[7)] bestätigt durch BFH vom 11.12.2012 (BStBl II 2013 S. 279) und vom 09.07.2013 (BStBl II S. 693)

Infolge der gewährten Verbilligung ist zusätzlich festzustellen, ob B über die Dauer dieses Mietverhältnisses, regelmäßig innerhalb eines Zeitraums von 30 Jahren seit Abschluss des Mietvertrags ein positives Gesamtergebnis erzielen kann. Weder die aus der ursprünglichen Fremdvermietung erzielten Erträge noch die der Leerstandszeit zuzurechnenden und steuerrechtlich irrelevanten Aufwendungen fließen in diese Prüfung ein (vgl. RdNr. 34, 1. Tiret)[1]).

e) Entstehen oder Wegfall der Einkunftserzielungsabsicht

Die Einkunftserzielungsabsicht kann zu einem späteren Zeitpunkt sowohl begründet werden als auch wegfallen (BFH-Urteil vom 5. November 2002, BStBl 2003 II S. 914, m. w. N.). Deshalb ist z. B. bei Umwandlung eines ausdrücklich mit Veräußerungs- oder Selbstnutzungsabsicht vereinbarten befristeten Mietvertrags in ein unbefristetes Mietverhältnis oder bei erneuter Vermietung dieser Immobilie nach Auszug des Mieters erneut zu prüfen, ob eine dauernde Vermietungsabsicht vorliegt. Entsprechend ist bei Vereinbarung eines befristeten Mietverhältnisses im Anschluss an eine unbefristete Vermietung oder bei verbilligter Überlassung einer Wohnung nach vorheriger nicht verbilligter Überlassung die Einkunftserzielungsabsicht zu prüfen.

28[2])

Beispiel:
Wie Beispiel zu RdNr. 27, allerdings vermietet B die Wohnung nach Auszug des Mieters aufgrund eines mit Selbstnutzungsabsicht begründeten Zeitmietvertrags für vier Jahre an einen weiteren Mieter.

Die an das Dauermietverhältnis anschließende, nicht auf Dauer angelegte Fremdvermietung ist gesondert daraufhin zu untersuchen, ob Einkunftserzielungsabsicht gegeben ist (vgl. RdNrn. 6 und 36).

3. Unbebaute Grundstücke

– Verpachtung unbebauter Grundstücke

Die Grundsätze des BFH-Urteils vom 30. September 1997 zur Einkunftserzielungsabsicht bei auf Dauer angelegter Vermietung (RdNr. 1) gelten nicht für die dauerhafte Vermietung und Verpachtung von unbebautem Grundbesitz (BFH-Beschluss vom 25. März 2003, BStBl II S. 479)[3][4]). Für die Ermittlung des Totalüberschusses ist RdNr. 33 ff. entsprechend anzuwenden.

29

4. Personengesellschaften und -gemeinschaften

Bei Grundstücksverwaltungsgesellschaften oder -gemeinschaften mit Einkünften aus Vermietung und Verpachtung von Grundstücken sowie bei geschlossenen Immobilienfonds gelten die Grundsätze zu RdNr. 1 ff. entsprechend.

30

---

[1]) ab VZ 2012 überholt >§ 21 Abs. 2, Aufteilung der verbilligten Vermietung in einen entgeltlichen und einen unentgeltlich vermieteten Teil mit anteiligem Werbungskostenabzug ohne Totalüberschussprognoseprüfung

[2]) Bei unbebauten Grundstücken ist die Beurteilung der Vermietungsabsicht im Hinblick auf die vor der Vermietung erforderliche Bebauung großzügiger zu handhaben als bei bebauten Grundstücken, bei denen eine abschließende negative Beurteilung regelmäßig erst dann nicht zu beanstanden ist, wenn ein Mietvertrag über mehr als zehn Jahre nicht zustande gekommen ist. Ein vorsichtiges, auf das Ansparen von Eigenkapital gerichtetes Finanzierungsverhalten spricht nicht gegen eine behauptete Bebauungsabsicht (>BFH vom 01.12.2015 – BStBl II 2016 S. 335).

[3]) >BFH vom 28.11.2007 (BStBl II 2008 S. 515) und vom 01.04.2009 (BStBl II S. 776)

[4]) Vermietet ein Stpfl. aufgrund eines einheitlichen Mietvertrags ein bebautes zusammen mit einem unbebauten Grundstück, gilt die Typisierung der Einkünfteerzielungsabsicht bei auf Dauer angelegter Vermietungstätigkeit nicht für die Vermietung des unbebauten Grundstücks (>BFH vom 26.11.2008 – BStBl II 2009 S. 370).

31[1]) Bei einer Personengesellschaft mit Einkünften aus Vermietung und Verpachtung, bei der die Einkünfte zunächst auf der Ebene der Gesellschaft zu ermitteln und sodann auf die Gesellschafter zu verteilen sind, muss die Einkunftserzielungsabsicht sowohl auf der Ebene der Gesellschaft als auch auf der Ebene des einzelnen Gesellschafters gegeben sein. Im Regelfall bedarf es insoweit allerdings keiner getrennten Beurteilung (BFH-Urteil vom 8. Dezember 1998, BStBl 1999 II S. 468). Insbesondere können den einzelnen Gesellschaftern keine steuerrechtlich relevanten Einkünfte zugerechnet werden, wenn (bereits) auf der Gesellschaftsebene keine Einkunftserzielungsabsicht besteht. Liegt hingegen auf der Gesellschaftsebene Einkunftserzielungsabsicht vor, kann gleichwohl diese Absicht eines Gesellschafters dann zweifelhaft sein, wenn er sich z. B. nur kurzfristig zur Verlustmitnahme an einer Gesellschaft beteiligt hat (BFH-Urteil vom 21. November 2000, BStBl 2001 II S. 789, m. w. N.).

32 Soweit es sich bei der Personengesellschaft jedoch um eine Verlustzuweisungsgesellschaft handelt, besteht zunächst die Vermutung der fehlenden Einkunftserzielungsabsicht (BFH-Urteil vom 21. November 2000). Bei einer Verlustzuweisungsgesellschaft liegt in der Regel eine Einkunftserzielungsabsicht erst von dem Zeitpunkt an vor, in dem nach dem Urteil eines ordentlichen Kaufmanns mit großer Wahrscheinlichkeit ein Totalüberschuss erzielt werden kann. Zur Ermittlung des Totalüberschusses vgl. RdNr. 33 ff.

5. Ermittlung des Totalüberschusses (Überschussprognose)
a) Allgemeine Grundsätze zur Ermittlung des Totalüberschusses

33 Sprechen Beweisanzeichen gegen das Vorliegen der Einkunftserzielungsabsicht (vgl. RdNr. 5 ff.), ist stets zu prüfen, ob ein Totalüberschuss zu erzielen ist. Ob die jeweilige Vermietungstätigkeit einen Totalüberschuss innerhalb des Zeitraums der tatsächlichen Vermögensnutzung erwarten lässt, hängt von einer vom Steuerpflichtigen zu erstellenden Prognose über die voraussichtliche Dauer der Vermögensnutzung, die in dieser Zeitspanne voraussichtlich erzielbaren steuerpflichtigen Einnahmen und anfallenden Werbungskosten ab. In diese Prognose sind alle objektiv erkennbaren Umstände einzubeziehen, zukünftig eintretende Faktoren jedoch nur dann, wenn sie bei objektiver Betrachtung vorhersehbar waren. Die Verhältnisse eines bereits abgelaufenen Zeitraums können wichtige Anhaltspunkte liefern. Dies gilt umso mehr, wenn die zukünftige Bemessung eines Faktors unsicher ist (BFH-Urteil vom 6. November 2001).

34 Dabei ist nach folgenden Grundsätzen zu verfahren:
– Für die Prognose ist nicht auf die Dauer der Nutzungsmöglichkeit des Gebäudes, sondern auf die voraussichtliche Dauer der Nutzung durch den Nutzenden und ggf. seiner unentgeltlichen Rechtsnachfolger abzustellen. Der Prognosezeitraum umfasst – sofern nicht von einer zeitlich befristeten Vermietung auszugehen ist – einen Zeitraum von 30 Jahren (s. auch BFH-Urteile vom 9. Juli 2003)[2]. Dieser beginnt grundsätzlich mit der Anschaffung oder Herstellung des Gebäudes; in Fällen der RdNr. 28 mit dem Zeitpunkt, zu dem wegen Veränderung der Verhältnisse der nachträgliche Wegfall oder die nachträgliche Begründung der Einkunftserzielungsabsicht

---

[1]) Vermietet eine vermögensverwaltende Personengesellschaft die ihr vom Gesellschafter veräußerten Grundstücke weiter, erfüllt der Gesellschafter gemeinschaftlich mit anderen nach wie vor den objektiven und subjektiven Tatbestand der Einkunftsart der Vermietung und Verpachtung, den er zuvor allein verwirklicht hat. Er hat dann kontinuierlich Einkünfteerzielungsabsicht, vor der Veräußerung allein und nach der Veräußerung zusammen mit anderen. Diese Kontinuität wird unterbrochen, wenn die Personengesellschaft, die die Grundstücke weiterhin vermietet, gewerblich geprägt ist und Einkünfte aus Gewerbebetrieb erzielt (>BFH vom 09.03.2011 – BStBl II S. 704).

[2]) Der Prognosezeitraum beträgt auch bei einer Verpachtung unbebauten Grundbesitzes 30 Jahre (>BFH vom 28.11.2007 – BStBl II 2008 S. 515).

zu prüfen ist, und im Fall der Vermietung nach vorheriger Selbstnutzung mit Beendigung der Selbstnutzung.

- Bei der Ermittlung des Totalüberschusses ist von den Ergebnissen auszugehen, die sich nach den einkommensteuerrechtlichen Vorschriften voraussichtlich ergeben werden. Die Einkunftserzielungsabsicht ist für jede Einkunftsart gesondert zu ermitteln[1]); private Veräußerungsgewinne sind nicht in die auf eine Vermietungstätigkeit bezogene Prognose einzubeziehen, unabhängig davon, ob und ggf. in welcher Höhe sie nach § 23 Abs. 1 Satz 1 Nr. 1 EStG der Besteuerung unterliegen.

- Die Einkunftserzielungsabsicht ist in der Regel jeweils für das einzelne Mietverhältnis gesondert zu prüfen. Abweichend hiervon ist bei der Vermietung von Ferienwohnungen eine objekt-, d. h. wohnungsbezogene Prüfung durchzuführen.

Beispiel 1:
C tritt im Mai 01 durch den Erwerb eines vollständig vermieteten Zweifamilienhauses in die bestehenden Mietverträge ein. Dem Mieter der Erdgeschosswohnung kündigt er wegen Eigenbedarf. In Wahrung der im Einzelfall geltenden Kündigungsschutzfrist besteht das Mietverhältnis allerdings noch bis einschließlich Mai 02 fort, so dass C die Wohnung erst zum 1. Juni 02 bezieht.
Infolge der gegen eine auf Dauer angelegte Vermietung sprechenden Beweisanzeichen ist zu prüfen, ob Einkunftserzielungsabsicht besteht. Hierzu ist zu ermitteln, ob C über die von vorne herein befristete Vermietung der Erdgeschosswohnung in der Zeit bis einschließlich Mai 02 einen Totalüberschuss erzielen kann. Die aus der auf Dauer angelegten Vermietung der Obergeschosswohnung erzielten Erträge fließen nicht in diese Prüfung ein.

Beispiel 2:
Wie Beispiel 1, allerdings bezieht nicht C, sondern sein Sohn zum 1. Juni 02 die Erdgeschosswohnung. Grundlage dieser Nutzungsüberlassung bildet ein zwischen den beiden abgeschlossener und einem Fremdvergleich standhaltender Mietvertrag, der aber einen auf 60 v. H. der ortsüblich erzielbaren Miete ermäßigten Mietzins vorsieht.
Wie im Beispiel 1 ist zunächst eigenständig zu prüfen, ob C über die nach wie vor von vorne herein befristete Vermietung der Erdgeschosswohnung in der Zeit bis einschließlich Mai 02 einen Totalüberschuss erzielen kann.
Für die Zeit ab Juni 02 ist entsprechend Beispiel zu RdNr. 27 festzustellen, ob C über die Dauer dieses Mietverhältnisses, regelmäßig innerhalb eines Zeitraums von 30 Jahren seit Abschluss des Mietvertrags mit seinem Sohn, ein positives Gesamtergebnis erzielen kann. Hier sind also weder die aus der Vermietung der Obergeschosswohnung noch die aus der vorangegangenen Vermietung der Erdgeschosswohnung erzielten Erträge zu berücksichtigen[2]).

- Bei der Totalüberschussprognose ist für die Gebäudeabschreibung allgemein von der AfA nach § 7 Abs. 4 EStG auszugehen. Die tatsächlich in Anspruch genommenen Absetzungen (also auch Sonderabschreibungen, erhöhte Absetzungen und degressive AfA nach § 7 Abs. 5 EStG) sind regelmäßig nicht anzusetzen (vgl. aber RdNr. 36).

- Die im Prognosezeitraum zu erwartenden Einnahmen und Ausgaben sind zu schätzen. Sofern der Steuerpflichtige keine ausreichenden objektiven Umstände über die zukünftige Entwicklung vorträgt, sind die zu erwartenden Überschüsse anhand des Durchschnitts der in der Vergangenheit in einem bestimmten Zeitraum (in der Regel in den letzten fünf Veranlagungszeiträumen) angefallenen Einnahmen und Wer-

---

[1]) bestätigt durch BFH vom 09.03.2011 (BStBl II S. 704)
[2]) ab VZ 2012 überholt >§ 21 Abs. 2, Aufteilung der verbilligten Vermietung in einen entgeltlichen und einen unentgeltlichen vermieteten Teil mit anteiligem Werbungskostenabzug ohne Totalüberschussprognoseprüfung

Anhang 30
II   Vermietung und Verpachtung

bungskosten zu schätzen. Künftig anfallende Instandhaltungsaufwendungen können in Anlehnung an § 28 der Zweiten Berechnungsverordnung vom 12. Oktober 1990 in die Schätzung einbezogen werden.

– Legt der Steuerpflichtige dar, dass er auf die in der Vergangenheit entstandenen Werbungskostenüberschüsse reagiert und die Art und Weise der weiterhin ausgeübten Vermietungstätigkeit geändert hat, ist der Schätzung der Durchschnitt der Einnahmen und Werbungskosten der zukünftigen (in der Regel ebenfalls fünf) Veranlagungszeiträume zu Grunde zu legen, in denen sich die im (jeweiligen) Streitjahr objektiv erkennbar angelegten Maßnahmen erstmals ausgewirkt haben. Die sich so ergebenden Überschüsse sind auf den Rest des Prognosezeitraums hochzurechnen.

– Wegen der Unsicherheitsfaktoren, denen eine Prognose über einen Zeitraum von bis zu 30 Jahren unterliegt, ist bei der Gesamtsumme der geschätzten Einnahmen ein Sicherheitszuschlag von 10 v. H. und bei der Gesamtsumme der geschätzten Werbungskosten ein Sicherheitsabschlag von 10 v. H. vorzunehmen.

Beispiel:
Bei der im Oktober 14 erfolgenden Einkommensteuerveranlagung für das das Jahr 13 stellt das Finanzamt fest, dass D eine von ihm im Juli 01 für umgerechnet 100.000 € (Bodenwertanteil 20 %) angeschaffte und degressiv nach § 7 Abs. 5 EStG abgesetzte Eigentumswohnung für nach wie vor monatlich 400 € (einschließlich gezahlter Umlagen) an seinen Sohn vermietet. Der für den Veranlagungszeitraum 13 erklärte Verlust hieraus beträgt 1.100 €. Die ortsübliche Miete für dieses Jahr (einschließlich umlagefähiger Nebenkosten) beläuft sich auf monatlich 600 €.

Die in den Vorjahren berücksichtigten Verluste belaufen sich auf insgesamt 41.800 €, davon 8.500 € in den Jahren 08 bis 12. Schuldzinsen und Bewirtschaftungskosten wurden darin mit 20.500 € berücksichtigt. Nachdem das Finanzamt darauf hingewiesen hat, dass für das Jahr 13 infolge der Verbilligung eine Überschussprognose durchzuführen ist, teilt D mit, er hätte die monatliche Miete mit Wirkung ab dem Jahr 15 auf nunmehr 500 € angepasst. Ferner macht er glaubhaft, dass sich die Schuldzinsen ab dem Jahr 14 auf jährlich im Mittel 2.000 € und die Bewirtschaftungskosten auf 1.800 € belaufen würden. Für das Jahr 14 erklärt D einen Verlust von 1.000 €.

Die Mieterhöhung kann bei der für den Veranlagungszeitraum 13 erforderlichen Überschussprognose noch nicht berücksichtigt werden, weil sie in diesem Jahr noch nicht objektiv erkennbar angelegt war. Die auf der Grundlage von 13 geschätzten Mieteinnahmen von jährlich 4.800 € (12 x 400 €) sind daher lediglich um den Sicherheitszuschlag von 10 % zu erhöhen (geschätzte Jahreseinnahmen somit 5.280 €).

Bei den Werbungskosten sind die durchschnittlichen Schuldzinsen und Bewirtschaftungskosten von insgesamt 3.800 € zu berücksichtigen. Daneben die nach § 7 Abs. 4 EStG bemessene Jahres-AfA von 1.600 € (2 % von 80.000 €). Die gesamten Werbungskosten von 5.400 € sind um den Sicherheitsabschlag von 10 % zu kürzen (prognostizierte Werbungskosten somit 4.860 €). Der durchschnittlich prognostizierte Jahresüberschuss beträgt daher 420 € (5.280 – 4.860 €).

Der Prognosezeitraum umfasst die Jahre 01 bis einschließlich 30. Der auf die Jahre 14 bis 30 (17 Jahre) hochgerechnete Jahresüberschuss von 7.140 € (17 x 420 €) ist dem um die degressive AfA bereinigten Verlust der Jahre 01 bis 13 gegenüberzustellen:

angesetzte Verluste 01 bis 12:	– 41.800 €
erklärter Verlust 13:	– 1.100 €
Gesamtverlust	– 42.900 €
abzüglich degressive AfA nach § 7 Abs. 5 EStG:	
8 Jahre 5 % aus 80.000 €	+ 32.000 €
5 Jahre 2,5 % aus 80.000 €	+ 10.000 €
zuzüglich lineare AfA nach § 7 Abs. 4 EStG:	
12,5 Jahre 2 % aus 80.000 €	– 20.000 €
bereinigter Verlust:	= – 20.900 €

Für den Prognosezeitraum errechnet sich somit ein insgesamt negatives Gesamtergebnis von 13.760 € (7.140 – 20.900 €). Für die Besteuerung im Jahr 13 ist die Vermietung daher in einen entgeltlichen und einen unentgeltlichen Teil aufzuteilen mit der Folge, dass den Einnahmen von 4.800 € nur 66,66 % der Werbungskosten von 5.900 € (= 3.933 €) entgegengerechnet werden können. Hieraus ergeben sich positive Einkünfte von 867 €.

Auch für das Jahr 14 ist eine Überschussprognose anzustellen, wobei hier allerdings die Mieterhöhung ab dem Jahr 15 berücksichtigt werden kann. Einschließlich des Sicherheitszuschlages von 10 % kann daher nunmehr von geschätzten Mieteinnahmen von jährlich 6.600 € ausgegangen werden. Die geschätzten Werbungskosten bleiben mit 4.860 € unverändert, so dass ein durchschnittlich prognostizierter Jahresüberschuss von nunmehr 1.740 € (6.600 – 4.860 €) angesetzt werden kann. Hochgerechnet auf die Jahre 15 bis 30 (16 Jahre) ermittelt sich dann ein positiver Betrag von insgesamt 27.840 € (1.740 € x 16).

Bereits bei Gegenüberstellung mit den bereinigten Verlusten aus 01 bis 13 (20.900 €) ergibt sich ein insgesamt positives Gesamtergebnis. Der für 14 geltend gemachte Verlust von 1.000 € kann daher berücksichtigt werden. Im Jahr 15 beträgt die vereinbarte Miete mehr als 75 % der Marktmiete. Es ist daher ohne weitere Prüfung vom Vorliegen einer Einkunftserzielungsabsicht auszugehen (vgl. RdNr. 12).

b) Ermittlung des Totalüberschusses in Sonderfällen

– **Einbeziehung der Investitionszulage**

Die Investitionszulage ist in die Beurteilung der Einkunftserzielungsabsicht einzubeziehen.   35

– **Totalüberschussprognose bei befristeter Vermietung**

Bei zeitlich befristeter Vermietung ist bei der Prüfung der Einkunftserzielungsabsicht wie folgt zu verfahren (BFH-Urteile vom 9. Juli 2002):   36

- Ob ein Totalüberschuss zu erzielen ist, ergibt sich – abweichend von RdNr. 34 – aus der den Zeitraum der abgekürzten Vermögensnutzung umfassenden Totalüberschussprognose, d. h. nur die während des befristeten Vermietungszeitraums zufließenden Einnahmen und abfließenden Werbungskosten sind gegenüber zu stellen.

- Negative Einkünfte aufgrund von steuerrechtlichen Subventions- und Lenkungsnormen sind in die befristete Totalüberschussprognose einzubeziehen, wenn der jeweilige Zweck der Subventions- und Lenkungsnorm sowie die Art der Förderung dies gebieten. Dies hat zur Folge, dass – anders als bei auf Dauer angelegter Vermietung (vgl. RdNr. 34) – die jeweils tatsächlich in Anspruch genommenen Absetzungen (also auch Sonderabschreibungen, erhöhte Absetzungen und degressive AfA nach § 7 Abs. 5 EStG) und nicht die in fiktiver Anwendung des § 7 Abs. 4 EStG zu ermittelnden linearen Absetzungen anzusetzen sind[1]).

– **Totalüberschussprognose bei verbilligter Überlassung**

Ist bei verbilligter Überlassung einer Wohnung die Einkunftserzielungsabsicht zu prüfen (vgl. RdNr. 13), gelten für die Erstellung der Totalüberschussprognose die Grundsätze der RdNr. 34f.   37[2])

Eine Totalüberschussprognose ist auch erforderlich, wenn die Miethöhe im Lauf eines Mietverhältnisses die ortsübliche Marktmiete um mehr als 25 v. H. unterschreitet. In   38[2])

---

[1]) >aber BFH vom 25.06.2009 (BStBl II 2010 S. 127), wonach geltend gemachte Sonderabschreibungen nach den §§ 1, 3 und 4 FördG dann nicht in die befristete Totalüberschussprognose einzubeziehen sind, wenn die nachträglichen Herstellungskosten innerhalb der voraussichtlichen Dauer der befristeten Vermietungstätigkeit gem. § 4 Abs. 3 FördG vollständig abgeschrieben werden.

[2]) ab VZ 2012 überholt >§ 21 Abs. 2

diese Prognose sind auch die in früheren Veranlagungszeiträumen durch Vermietung erzielten Entgelte einzubeziehen.

– **Totalüberschussprognose bei zeitweise vermieteter und zeitweise selbstgenutzter Ferienwohnung**

39 In die Prognose sind als Werbungskosten nur die Aufwendungen einzubeziehen, die (ausschließlich oder anteilig) auf Zeiträume entfallen, in denen die Ferienwohnung an Feriengäste tatsächlich vermietet oder zur Vermietung angeboten und bereitgehalten worden ist (der Vermietung zuzurechnende Leerstandszeiten), dagegen nicht die auf die Zeit der nicht steuerbaren Selbstnutzung entfallenden Aufwendungen. Der Steuerpflichtige trägt die Feststellungslast dafür, ob und in welchem Umfang die Wohnung selbst genutzt oder zur Vermietung angeboten und bereitgehalten wird.

40 Aufwendungen, die sowohl durch die Selbstnutzung als auch durch die Vermietung veranlasst sind (z. B. Schuldzinsen, Grundbesitzabgaben, Erhaltungsaufwendungen, Gebäudeabschreibungen oder Versicherungsbeiträge), sind im Verhältnis der Zeiträume der jeweiligen Nutzung zueinander aufzuteilen.

6. Anwendungsregelung

41 Dieses Schreiben ersetzt die BMF-Schreiben vom 23. Juli 1992 (BStBl I S. 434), 29. Juli 2003 (BStBl I S. 405), 15. August 2003 (BStBl I S. 427) und vom 20. November 2003 (BStBl I S. 640).

Die Grundsätze der RdNr. 5 ff. zur Einkunftserzielungsabsicht bei befristeter Vermietung mit anschließender Selbstnutzung sind erstmals auf Mietverträge anzuwenden, die nach dem 31. Dezember 2003 abgeschlossen werden. In Fällen der Anschaffung von vermieteten bebauten Grundstücken oder Wohnungen sind diese Grundsätze anzuwenden, wenn das Grundstück oder die jeweilige Wohnung auf Grund eines nach dem 8. Oktober 2004 rechtswirksam abgeschlossenen Kaufvertrags oder gleichstehenden Rechtsakts angeschafft wird. Der Zeitpunkt des Abschlusses des Mietvertrages ist in diesen Fällen ohne Bedeutung.

Die Grundsätze der RdNr. 11 ff. zur Einkunftserzielungsabsicht bei verbilligter Überlassung einer Wohnung sind erstmals für den Veranlagungszeitraum 2004 anzuwenden.

Soweit die Anwendung der Grundsätze dieses Schreibens bei geschlossenen Immobilienfonds zu einer Verschärfung der Besteuerung gegenüber der bisher geltenden Verwaltungspraxis führt, sind diese Grundsätze nicht anzuwenden, wenn der Außenvertrieb der Fondsanteile vor dem 8. Oktober 2004 begonnen hat. Dies gilt nicht bei konzeptionellen Änderungen des Fonds. Der Außenvertrieb beginnt in dem Zeitpunkt, in dem die Voraussetzungen für die Veräußerung der konkret bestimmbaren Fondsanteile erfüllt sind und die Gesellschaft selbst oder über ein Vertriebsunternehmen mit Außenwirkung an den Markt herangetreten ist.

Anhang 30

Vermietung und Verpachtung   III

Einkunftsermittlung bei im Betriebsvermögen gehaltenen Beteiligungen an vermögensverwaltenden Personengesellschaften

BMF vom 29.04.1994 (BStBl I S. 282)
IV B 2 – S 2241 – 9/94
IV A 4 – S 0361 – 11/94

Unter Bezugnahme auf das Ergebnis der Erörterungen mit den obersten Finanzbehörden der Länder gilt für die Ermittlung von Einkünften aus Beteiligungen an vermögensverwaltenden Personengesellschaften, die im Betriebsvermögen gehalten werden, folgendes:

1. Allgemeines

Eine vermögensverwaltende Personengesellschaft, die die Voraussetzungen des § 15 Abs. 3 Nr. 2 EStG nicht erfüllt (nicht gewerblich geprägte Personengesellschaft), erzielt Einkünfte aus Vermietung und Verpachtung oder Kapitalvermögen, die als Überschuß der Einnahmen über die Werbungskosten (§ 2 Abs. 2 Nr. 2 EStG) ermittelt werden. 1

Schwierigkeiten ergeben sich, wenn Anteile an einer vermögensverwaltenden, nicht gewerblich geprägten Personengesellschaft von einem oder mehreren Gesellschaftern im Betriebsvermögen gehalten werden. Nach der BFH-Rechtsprechung (BFH-Beschlüsse vom 25. Juni 1984, BStBl II S. 751 und vom 19. August 1986, BStBl 1987 II S. 212 sowie BFH-Urteil vom 20. November 1990, BStBl 1991 II S. 345) ist den betrieblich beteiligten Gesellschaftern ein Anteil an den Einkünften aus Vermietung und Verpachtung oder Kapitalvermögen zuzurechnen und anschließend auf der Ebene des Gesellschafters in betriebliche Einkünfte umzuqualifizieren. 2[1])

2. Gesonderte und einheitliche Feststellung

Die Einkünfte aller Beteiligten werden auf der Ebene der Gesellschaft als Überschuß der Einnahmen über die Werbungskosten ermittelt. Die Einkünfte aus Vermietung und Verpachtung oder aus Kapitalvermögen werden gesondert und einheitlich festgestellt. Gewinne aus der Veräußerung von Wirtschaftsgütern des Gesellschaftsvermögens sind nur dann im Rahmen der gesonderten und einheitlichen Feststellung zu berücksichtigen, wenn ein Fall des § 17 EStG (Veräußerung einer wesentlichen Beteiligung) oder des § 23 EStG (Spekulationsgeschäft) vorliegt. Gewinne aus der Veräußerung der Beteiligung selbst bleiben bei der gesonderten und einheitlichen Feststellung unberücksichtigt, auch wenn diese Veräußerung ein Spekulationsgeschäft i. S. des § 23 EStG darstellt (vgl. BFH-Urteil vom 13. Oktober 1993 – BStBl 1994 II S. 86). Die vorstehenden Grundsätze gelten unabhängig davon, ob die Beteiligung im Privat- oder Betriebsvermögen gehalten wird. Sie gelten auch für den Fall, daß sämtliche Beteiligungen im Betriebsvermögen gehalten werden, es sei denn, daß die vermögensverwaltende Personengesellschaft von sich aus betriebliche Einkünfte erklärt und durch Betriebsvermögensvergleich ermittelt hat. 3

3. Folgebescheid

Gehören die Gesellschaftsanteile zum Betriebsvermögen des Gesellschafters, sind die gesondert und einheitlich festgestellten Überschußeinkünfte im Folgebescheid wie folgt zu behandeln: 4

a) Der Gesellschafter hat grundsätzlich alle Wirtschaftsgüter der Personengesellschaft anteilig im Rahmen seines eigenen Buchführungswerks zu erfassen und den Ge- 5

---

[1]) bestätigt durch BFH vom 11.04.2005 (BStBl II S. 679)

winnanteil, der sich für ihn aus den einzelnen Geschäftsvorfällen der Personengesellschaft ergibt, nach den Grundsätzen der Gewinnermittlung zu berechnen und anzusetzen. Diese Verfahrensweise ist vor allem im Hinblick darauf geboten, daß der Anteil an der Personengesellschaft steuerlich kein selbständiges Wirtschaftsgut ist (vgl. BFH-Beschluß vom 25. Juni 1984, BStBl II S. 751 [763]). Hinsichtlich der anteiligen Berücksichtigung von AfA, erhöhten Absetzungen und Sonderabschreibungen gilt § 7a Abs. 7 EStG (vgl. auch Abschnitt 44 Abs. 7 EStR[1])).

6   b) Ermittelt die Personengesellschaft freiwillig ergänzend zur Überschußrechnung den Gewinnanteil des Gesellschafters nach § 4 Abs. 1, § 5 EStG, so bestehen keine Bedenken dagegen, den in der Feststellungserklärung angegebenen Anteil am Gewinn oder Verlust dem für den Erlaß des Folgebescheids zuständigen Finanzamt als nachrichtlichen Hinweis zu übermitteln und die Angabe dort bei der Veranlagung zur Einkommen- oder Körperschaftsteuer auszuwerten. Weist der Steuerpflichtige den übermittelten Anteil am Gewinn oder Verlust gesondert in seinem Jahresabschluß aus, so kann aus Vereinfachungsgründen auf die Einzelberechnung nach Randnummer 5 verzichtet werden, wenn der angegebene Betrag nicht offensichtlich unzutreffend ist.

7   c) Ist der Steuerpflichtige an der Gesellschaft zu weniger als 10 v. H. beteiligt, so ist regelmäßig davon auszugehen, daß er die zur Durchführung der Gewinnermittlung nach § 4 Abs. 1, § 5 EStG erforderlichen Angaben von der Gesellschaft nur unter unverhältnismäßigem Aufwand erlangen kann. Außerdem ist bei einer Beteiligung von weniger als 10 v. H. die in Tz. 15 des BMF-Schreibens vom 20. Dezember 1990, BStBl I S. 884[2]), für den gewerblichen Grundstückshandel bestimmte Beteiligungsgrenze nicht erreicht. Vor diesem Hintergrund bestehen keine Bedenken dagegen, in einem solchen Fall den Anteil am Gewinn oder Verlust aus Vereinfachungsgründen in Höhe des Ergebnisanteils zu schätzen, der vom Betriebsfinanzamt nach den Grundsätzen der Überschußrechnung gesondert und einheitlich festgestellt worden ist. Der geschätzte Anteil am Gewinn oder Verlust ist auf einem „Beteiligungs"-Konto erfolgswirksam zu buchen. Auf dem Konto sind außerdem alle Vermögenszuführungen des Beteiligten in die Personengesellschaft und alle Vermögensauskehrungen an den Beteiligten zu erfassen.

8   Wird der Anteil an der Personengesellschaft veräußert, so ist als Gewinn der Unterschied zwischen dem Veräußerungserlös (nach Abzug von Veräußerungskosten) und dem bis dahin fortentwickelten Buchwert der „Beteiligung" anzusetzen. Auf diese Weise werden Gewinne aus der Veräußerung von Wirtschaftsgütern der Personengesellschaft spätestens im Zeitpunkt der Veräußerung der Beteiligung versteuert. Der Gewinn aus der Veräußerung des Anteils an der vermögensverwaltenden Personengesellschaft ist als laufender Gewinn aus Gewerbebetrieb zu behandeln. Diese Ausführungen gelten für den Fall der Entnahme des Gesellschaftsanteils, der Beendigung der Gesellschaft oder in anderen gleichzustellenden Fällen sinngemäß.

9   Voraussetzung für die dargestellte Verfahrensweise ist ein entsprechender Antrag des Steuerpflichtigen und die im Benehmen mit dem Betriebsfinanzamt zu erteilende Zustimmung des Wohnsitzfinanzamts, die im Fall des Drohens ungerechtfertigter Steuervorteile versagt bzw. mit Wirkung für den nächsten Veranlagungszeitraum widerrufen werden kann.

---

[1]) jetzt H 7a (Mehrere Beteiligte)
[2]) jetzt BMF vom 26.03.2004 (BStBl I S. 434), Tz. 17, Anhang 17

Ein ungerechtfertigter Steuervorteil droht vor allem dann, wenn
- die Vermögensauskehrungen von der Gesellschaft an den Gesellschafter zu einem Negativsaldo auf dem Beteiligungskonto führen bzw. einen bereits vorhandenen Negativsaldo erhöhen,

  oder

- die aus der Veräußerung von Wirtschaftsgütern des Gesellschaftsvermögens stammenden Gewinne offenkundig so hoch sind, daß ein Aufschub ihrer Besteuerung unvertretbar erscheint.

Der gesondert und einheitlich festgestellte Anteil an den Überschußeinkünften der Personengesellschaft, die Entwicklung des Kontos „Beteiligung" sowie der Gewinn aus einer etwaigen Veräußerung des Anteils an der Personengesellschaft sind im Jahresabschluß des Gesellschafters gesondert auszuweisen. Ein Wechsel zu der Ermittlungsmethode nach Randnummer 5 oder 6 ist nur einmal möglich; durch Ansatz eines entsprechenden Übergangsgewinns oder -verlusts ist beim Wechsel sicherzustellen, daß der Totalgewinn zutreffend erfaßt wird. 10

Beispiel: 11
An der vermögensverwaltenden X-KG ist die Y-GmbH seit dem 1. Januar 01 als Kommanditistin mit einer Einlage von 25.000 DM beteiligt. Der Anteil der Y-GmbH an den Werbungskostenüberschüssen der Jahre 01-03 beträgt − 5.000, − 4.000 und − 3.000 DM. Im Jahr 02 veräußert die X-KG außerhalb der Spekulationsfrist ein unbebautes Grundstück. Der Erlös wird an die Gesellschafter ausgekehrt; auf die Y-GmbH entfallen 1.500 DM. Zum 31. Dezember 03 veräußert die Y-GmbH ihre Beteiligung für 40.000 DM.
Der Buchwert des „Beteiligungs"-Kontos im Zeitpunkt der Beteiligungsveräußerung ist wie folgt zu ermitteln:

	DM
Kapitaleinlage 01	25.000
Verlustanteil 01	− 5.000
Verlustanteil 02	− 4.000
Anteil an Auskehrung 02	− 1.500
Verlustanteil 03	− 3.000
Buchwert	11.500

Die Y-GmbH hat die Verlustanteile 01 und 02 in den entsprechenden Jahren jeweils mit positiven Einkünften aus ihrer übrigen Tätigkeit ausgeglichen.
Bei der Körperschaftsteuer-Veranlagung der Y-GmbH für das Jahr 03 sind anzusetzen:

	DM
Verlustanteil 03	− 3.000
+ Veräußerungserlös	40.000
./. Buchwert	− 11.500
Einkünfte aus Gewerbebetrieb	25.500

d) Ermittelt der Gesellschafter seinen Gewinn nach § 4 Abs. 3 EStG, so kann sinngemäß nach den oben dargestellten Regelungen verfahren werden. Dabei ist ein dem Konto „Beteiligung" entsprechender Posten im Anlageverzeichnis des Gesellschafters zu führen und fortzuentwickeln. 12

Anhang 30

Schuldzinsen als nachträgliche Werbungskosten bei den Einkünften aus Vermietung und Verpachtung nach Veräußerung des Mietobjekts oder nach Wegfall der Einkünfteerzielungsabsicht; Anwendung der BFH-Urteile vom 21. Januar 2014 – IX R 37/12 – (BStBl 2015 II S. 631), vom 11. Februar 2014 – IX R 42/13 – (BStBl 2015 II S. 633) und vom 8. April 2014 – IX R 45/13 – (BStBl 2015 II S. 635)

BMF vom 27.07.2015 (BStBl I S. 581)
IV C 1 – S 2211/11/10001 – 2015/0644430

Mit Urteil vom 20. Juni 2012 – IX R 67/10 – (BStBl 2013 II S. 275) hatte der BFH unter Aufgabe seiner früheren Rechtsauffassung zur Frage der Abziehbarkeit nachträglicher Schuldzinsen bei den Einkünften aus Vermietung und Verpachtung entschieden, dass Schuldzinsen für ein zur Anschaffung eines Mietobjekts aufgenommenes Darlehen auch nach einer gemäß § 23 Absatz 1 Satz 1 Nummer 1 EStG steuerbaren Veräußerung der Immobilie weiter als (nachträgliche) Werbungskosten abgezogen werden können, wenn und soweit der Veräußerungserlös nicht zur Tilgung der Darlehensverbindlichkeit ausreicht[1]).

Der BFH hat in dem Urteil vom 21. Januar 2014 – IX R 37/12 – (BStBl 2015 II S. 631) die Rechtsauffassung vertreten, dass ein fortdauernder Veranlassungszusammenhang von nachträglichen Schuldzinsen mit früheren Einkünften i. S. d. § 21 EStG nicht anzunehmen ist, wenn der Steuerpflichtige zwar ursprünglich mit Einkünfteerzielungsabsicht gehandelt hat, seine Absicht zu einer (weiteren) Einkünfteerzielung jedoch bereits vor der Veräußerung des Mietobjekts aus anderen Gründen weggefallen ist.

Mit Urteil vom 11. Februar 2014 – IX R 42/13 – (BStBl 2015 II S. 633) hat der BFH zur steuerlichen Behandlung von Vorfälligkeitsentschädigungen bei den Einkünften aus Vermietung und Verpachtung entschieden, dass ein Steuerpflichtiger die für die vorzeitige Ablösung seiner Darlehensschuld zwecks lastenfreier Veräußerung seines Mietobjekts zu entrichtende Vorfälligkeitsentschädigung auch dann nicht „ersatzweise" als Werbungskosten aus Vermietung und Verpachtung abziehen kann, wenn der Veräußerungsvorgang nicht nach § 23 Absatz 1 Satz 1 Nummer 1 EStG steuerbar ist. Seine bisherige Rechtsprechung, wonach in Veräußerungsfällen wegen Beurteilung der Vorfälligkeitsentschädigung als Finanzierungskosten eines neu erworbenen Mietobjekts ausnahmsweise ein Werbungskostenabzug für zulässig erachtet wurde, gab der BFH mit dieser Entscheidung ausdrücklich auf.

Den Abzug von nachträglichen Schuldzinsen bei den Einkünften aus Vermietung und Verpachtung im Falle der nicht nach § 23 Absatz 1 Satz 1 Nummer 1 EStG steuerbaren Veräußerung der Immobilie hat der BFH mit Urteil vom 8. April 2014 – IX R 45/13 – (BStBl 2015 II S. 635) für den Fall bejaht, dass der Grundsatz des Vorranges der Schuldentilgung beachtet wurde[1]). Für den nachträglichen Werbungskostenabzug ist nach Ansicht des BFH entscheidungserheblich, wie der Veräußerungserlös verwendet wird. Bei Einsatz des Veräußerungserlöses für die Anschaffung einer neuen Einkunftsquelle (z. B. eine neue zur Vermietung bestimmte Immobilie) besteht der Zusammenhang am neuen Mietobjekt fort (Surrogationsbetrachtung[2])). Wird hingegen keine neue Immobilie oder anderweitige Einkunftsquelle angeschafft, kommt es für den Werbungskostenabzug darauf an, ob der Veräußerungserlös ausreicht, um das Darlehen zu tilgen.

Unter Bezugnahme auf das Ergebnis der Erörterung mit den obersten Finanzbehörden der Länder gelten zur Abziehbarkeit von Schuldzinsen als nachträgliche Werbungskosten bei den Einkünften

---

[1]) bestätigt durch BFH vom 01.12.2015 (BStBl II 2016 S. 332)
[2]) Die nicht durch eine tatsächliche Verwendung begründete (angebliche) Reinvestitionsabsicht des Veräußerungserlöses in ein noch zu erwerbendes Vermietungsobjekt reicht nicht aus, um der Surrogationsbetrachtung zu genügen und den notwendigen wirtschaftlichen Zusammenhang der Schuldzinsen mit der Einkunftsart Vermietung und Verpachtung zu begründen (>BFH vom 06.12.2017 – BStBl II 2018 S. 268).

Anhang 30
Vermietung und Verpachtung IV

aus Vermietung und Verpachtung nach Veräußerung des Mietobjekts oder nach Wegfall der Einkünfteerzielungsabsicht sowie von Vorfälligkeitsentschädigungen unter Anwendung der vorgenannten Urteile folgende Rechtsgrundsätze[1]):

1. Schuldzinsen für fremdfinanzierte Anschaffungs-/Herstellungskosten eines Mietobjekts nach dessen Veräußerung

1.1. Rechtswirksam nach dem 31. Dezember 1998 getätigte Grundstücksveräußerungen

Schuldzinsen, die auf Verbindlichkeiten entfallen, welche der Finanzierung von Anschaffungskosten oder Herstellungskosten einer zur Erzielung von Einkünften aus Vermietung und Verpachtung genutzten Immobilie dienten, können nach deren Veräußerung weiter als nachträgliche Werbungskosten abgezogen werden, wenn und soweit die Verbindlichkeiten nicht durch den Veräußerungserlös hätten getilgt werden können (sog. Grundsatz des Vorrangs der Schuldentilgung)[2]). Der Grundsatz des Vorrangs der Schuldentilgung gilt jedoch so lange nicht, als der Schuldentilgung Auszahlungshindernisse hinsichtlich des Veräußerungserlöses oder Rückzahlungshindernisse entgegenstehen. Voraussetzung ist, dass die Absicht, (weitere) Einkünfte aus Vermietung und Verpachtung zu erzielen, nicht bereits vor der Veräußerung der Immobilie aus anderen Gründen weggefallen ist (BFH vom 21. Januar 2014, a. a. O.).

Es ist für den Werbungskostenabzug unmaßgeblich, ob die Veräußerung innerhalb der zehnjährigen Veräußerungsfrist erfolgt und gemäß § 23 Absatz 1 Satz 1 Nummer 1 EStG steuerbar ist (BFH-Urteil vom 8. April 2014, a. a. O.[3])).

Bestehen im Zusammenhang mit dem veräußerten Mietobjekt mehrere Darlehensverbindlichkeiten, ist für die steuerliche Anerkennung der Verwendung des Veräußerungserlöses zur Tilgung der Verbindlichkeiten – entsprechend der Beurteilung durch einen ordentlichen und gewissenhaften Geschäftsmann – entscheidend, dass die Darlehen nach Maßgabe der konkreten Vertragssituationen marktüblich und wirtschaftlich unter Berücksichtigung der Zinskonditionen abgelöst werden.

Die vorgenannten Rechtsgrundsätze zum nachträglichen Schuldzinsenabzug sind entsprechend auf Refinanzierungs- oder Umschuldungsdarlehen anzuwenden, soweit die Valuta des Umschuldungsdarlehens nicht über den abzulösenden Restdarlehensbetrag hinausgeht und die Umschuldung sich im Rahmen einer üblichen Finanzierung bewegt (BFH-Urteil vom 8. April 2014, a. a. O.).

1.2. Rechtswirksam vor dem 1. Januar 1999 getätigte Grundstücksveräußerungen

Bei Grundstücksveräußerungen, bei denen die Veräußerung auf einem vor dem 1. Januar 1999 rechtswirksam abgeschlossenen obligatorischen Vertrag oder gleichstehenden Rechtsakt beruht, ist für Schuldzinsen, die auf die Zeit nach der Veräußerung oder dem Wegfall der Einkünfteerzielungsabsicht entfallen, kein nachträglicher Werbungskostenabzug bei den Einkünften aus Vermietung und

---

[1]) Für die Berücksichtigung von nachträglichem Zinsaufwand als Werbungskosten bei den Einkünften aus Vermietung und Verpachtung ist es nicht von Bedeutung, dass dieser nicht aufgrund der ursprünglichen darlehensvertraglichen Verpflichtung (oder einer damit einhergehenden vertraglichen Haftung), sondern aufgrund einer gesetzlich geregelten Gesellschafterhaftung geleistet wurde. Die Entscheidung des Stpfl., seine Beteiligung an einer Einkünfte aus Vermietung und Verpachtung erzielenden Personengesellschaft zu veräußern, beinhaltet i. d. R. den Entschluss, die Absicht zu einer (weiteren) Einkünfteerzielung aufzugeben. Unbeschadet dessen führt eine Inanspruchnahme im Zuge der Nachhaftung (§ 736 Abs. 2 BGB i. V. m. § 160 HGB) bei einem Stpfl., der seine Beteiligung an der GbR gerade zur Vermeidung einer solchen persönlichen Haftung weiterveräußert hat, zu berücksichtigungsfähigem Aufwand, soweit er diesen endgültig selbst trägt (>BFH vom 01.12.2015 – BStBl II 2016 S. 332).

[2]) Zu dem aus einer Veräußerung erzielten „Erlös" zählt auch eine vom Stpfl. vereinnahmte Versicherungssumme aus einer Kapitallebensversicherung, wenn diese in die Finanzierung der Anschaffungskosten einer fremdvermieteten Immobilie einbezogen und damit wesentlicher Bestandteil der Darlehensvereinbarung geworden ist. Der Grundsatz des Vorrangs der Schuldentilgung verpflichtet den Stpfl. allerdings nicht, die Beendigung eines der Anschaffungsfinanzierung dienenden Kapitallebensversicherungsvertrages von sich aus herbeizuführen, wenn die Versicherung weiterhin die Rückführung des verbliebenen Darlehensrestbetrags absichert (>BFH vom 16.09.2015 – BStBl II 2016 S. 78).

[3]) bestätigt durch BFH vom 16.09.2015 (BStBl II 2016 S. 78)

Verpachtung zulässig. Denn die Schuldzinsen stehen nicht mehr mit dieser Einkunftsart in wirtschaftlichem Zusammenhang i. S. v. § 9 Absatz 1 Satz 3 Nummer 1 EStG. Sie sind vielmehr als Gegenleistung für die Überlassung von Kapital anzusehen, das im privaten Vermögensbereich nicht mehr der Erzielung von Einkünften dient (BFH-Urteil vom 12. November 1991 – IX R 15/90 – BStBl 1992 II S. 289).

2. **Im Zuge der Veräußerung gezahlte Vorfälligkeitsentschädigung für die Ablösung einer Fremdfinanzierung der Anschaffungs-/Herstellungskosten des Mietobjekts**

Eine Vorfälligkeitsentschädigung ist wirtschaftlich betrachtet das Ergebnis einer auf vorzeitige Ablösung gerichteten Änderung des Darlehensvertrages. Der ursprünglich durch die Darlehensaufnahme zur Finanzierung der Anschaffungs- oder Herstellungskosten eines Mietobjekts begründete wirtschaftliche Zusammenhang mit der bisherigen Vermietungstätigkeit wird bei Leistung einer Vorfälligkeitsentschädigung im Zuge der Veräußerung überlagert bzw. von einem neuen, durch die Veräußerung ausgelösten Veranlassungszusammenhang ersetzt (BFH-Urteil vom 11. Februar 2014, a. a. O.).

Eine Vorfälligkeitsentschädigung stellt in diesem Fall infolge des Veranlassungszusammenhangs mit der Veräußerung keine nachträglichen Werbungskosten bei den Einkünften aus Vermietung und Verpachtung, sondern Veräußerungskosten bei der Ermittlung der Einkünfte i. S. d. § 23 Absatz 3 i. V. m. § 23 Absatz 1 Satz 1 Nummer 1 EStG dar.

Die bisherige Rechtsprechung, wonach der BFH in der Vergangenheit ausnahmsweise einen Werbungskostenabzug im Bereich der Vermietungseinkünfte zugelassen hat (vgl. BFH-Urteil vom 23. April 1996 – IX R 5/94 –, BStBl II S. 595), ist durch das Urteil vom 11. Februar 2014 (a. a. O.) überholt.

Diese bisherigen Rechtsgrundsätze sind letztmals auf Vorfälligkeitsentschädigungen anzuwenden, wenn das obligatorische Veräußerungsgeschäft des Mietobjekts vor dem 27. Juli 2015 rechtswirksam abgeschlossen wurde.

3. **Schuldzinsen für fremdfinanzierte Anschaffungs-/Herstellungskosten eines Mietobjekts nach Wegfall der Einkünfteerzielungsabsicht**

Für Schuldzinsen, die in der Zeit nach Aufgabe der Einkünfteerzielungsabsicht vor der Veräußerung des Mietobjekts gezahlt werden, ist kein nachträglicher Werbungskostenabzug bei den Einkünften aus Vermietung und Verpachtung zulässig. Derartige Schuldzinsen stehen nicht mehr mit den Einkünften gemäß § 21 Absatz 1 Nummer 1 EStG in wirtschaftlichem Zusammenhang, sondern sind Gegenleistung für die Kapitalüberlassung, die im privaten Vermögensbereich nicht mehr der Erzielung von Einkünften dient (BFH-Urteil vom 21. Januar 2014, a. a. O.). Der Anwendungsbereich des § 23 EStG ist mangels eines Veräußerungstatbestandes nicht gegeben.

4. **Schuldzinsen für fremdfinanzierte laufende sofort abziehbare Werbungskosten (Erhaltungsaufwendungen) nach Veräußerung des Mietobjekts**

4.1. **Rechtswirksamer Abschluss des Veräußerungsgeschäfts nach dem 31. Dezember 2013**

Voraussetzung für den nachträglichen Werbungskostenabzug von Schuldzinsen bei fremdfinanzierten sofort abziehbaren Werbungskosten (Erhaltungsaufwendungen) ist, dass der Erlös aus der Veräußerung des Mietobjekts nicht ausreicht, um die Darlehensverbindlichkeit zu tilgen. Der durch die tatsächliche Verwendung des Darlehens zur Finanzierung sofort abziehbarer Werbungskosten geschaffene Zusammenhang mit der Einkunftsart Vermietung und Verpachtung bleibt zwar grundsätzlich nach Beendigung der Einkünfteerzielung bestehen. Wird der Veräußerungserlös aber nicht zur Tilgung dieses Darlehens verwendet, kann eine daneben bestehende bzw. neu entstehende relevante private Motivation für die Beibehaltung des Darlehens den ursprünglich gesetzten wirtschaftlichen Zusammenhang überlagern und damit durchbrechen.

Zum Bestehen mehrerer Darlehensverbindlichkeiten im Zusammenhang mit dem veräußerten Mietobjekt siehe Tz. 1.1.

4.2. Rechtswirksamer Abschluss des Veräußerungsgeschäfts vor dem 1. Januar 2014

Wurde das obligatorische Veräußerungsgeschäft des Mietobjekts vor dem 1. Januar 2014 rechtswirksam abgeschlossen, bleibt das BMF-Schreiben vom 3. Mai 2006 (BStBl I S. 363) weiter anwendbar. Danach kommt es in diesen Fällen unter Zugrundelegung der zwischenzeitlich überholten Rechtsgrundsätze (BFH-Urteil vom 12. Oktober 2005 – IX R 28/04 – BStBl 2006 II S. 407) aus Gründen des Vertrauensschutzes nicht darauf an, ob ein bei einer Veräußerung des Objekts erzielbarer Erlös zur Tilgung des Darlehens ausgereicht hätte, da der durch die tatsächliche Verwendung des Darlehens geschaffene Zusammenhang auch nach Aufgabe der Einkünfteerzielung für bestehen bleibend erachtet wurde.

5. Im Zuge der Veräußerung gezahlte Vorfälligkeitsentschädigung für die Ablösung einer Fremdfinanzierung sofort abziehbarer Werbungskosten (Erhaltungsaufwendungen) des Mietobjekts

Die Rechtsgrundsätze unter Tz. 2 zu den Vorfälligkeitsentschädigungen für die Ablösung einer Restschuld fremdfinanzierter Anschaffungs-/Herstellungskosten eines Mietobjekts im Zuge dessen Veräußerung gelten in analoger Anwendung des BFH-Urteils vom 11. Februar 2014 (a. a. O.) entsprechend.

6. Schuldzinsen für fremdfinanzierte laufende sofort abziehbare Werbungskosten (Erhaltungsaufwendungen) eines Mietobjekts nach Wegfall der Einkünfteerzielungsabsicht

Die Rechtsgrundsätze unter 3.) zu Schuldzinsen für fremdfinanzierte Anschaffungs-/Herstellungskosten eines Mietobjekts nach Wegfall der Einkünfteerzielungsabsicht gelten in analoger Anwendung des BFH-Urteils vom 21. Januar 2014 (a. a. O.) entsprechend.

Sie sind erstmals auf Schuldzinszahlungen anzuwenden, wenn die Einkünfteerzielungsabsicht nach dem 31. Dezember 2014 aufgegeben wurde. Wurde die Einkünfteerzielungsabsicht vorher aufgegeben, bleibt das BMF-Schreiben vom 3. Mai 2006 (a. a. O.) weiter auf entsprechende Schuldzinszahlungen anwendbar.

Dieses BMF-Schreiben ersetzt die BMF-Schreiben vom 28. März 2013 (BStBl I S. 508) und vom 15. Januar 2014 (BStBl I S. 108) und ist vorbehaltlich besonderer Regelungen in den einzelnen Tz. in allen offenen Fällen anzuwenden.

Anhang 30
V Vermietung und Verpachtung

1.
Abgrenzung von Anschaffungskosten, Herstellungskosten und Erhaltungsaufwendungen bei der Instandsetzung und Modernisierung von Gebäuden;
BFH-Urteile vom 9. Mai 1995 – BStBl 1996 II S. 628, 630, 632, 637 –; vom 10. Mai 1995 – BStBl 1996 II S. 639 – und vom 16. Juli 1996 – BStBl II S. 649 – sowie vom 12. September 2001 – BStBl 2003 II S. 569, S. 574 – und vom 22. Januar 2003 – BStBl II S. 596

BMF vom 18.07.2003 (BStBl I S. 386)[1])
IV C 3 – S 2211 – 94/03

Mit o. a. Urteilen hat der Bundesfinanzhof zur Abgrenzung von Anschaffungskosten, Herstellungskosten und sofort abziehbaren Erhaltungsaufwendungen bei Instandsetzung und Modernisierung eines Gebäudes entschieden. Unter Bezugnahme auf das Ergebnis der Erörterung mit den obersten Finanzbehörden der Länder nehme ich zur Anwendung der Urteilsgrundsätze wie folgt Stellung:

I. Anschaffungskosten zur Herstellung der Betriebsbereitschaft

1 Anschaffungskosten eines Gebäudes sind die Aufwendungen, die geleistet werden, um das Gebäude zu erwerben und es in einen betriebsbereiten Zustand zu versetzen, soweit sie dem Gebäude einzeln zugeordnet werden können, ferner die Nebenkosten und die nachträglichen Anschaffungskosten (§ 255 Abs. 1 HGB).

2 Ein Gebäude ist betriebsbereit, wenn es entsprechend seiner Zweckbestimmung genutzt werden kann. Die Betriebsbereitschaft ist bei einem Gebäude für jeden Teil des Gebäudes, der nach seiner Zweckbestimmung selbständig genutzt werden soll, gesondert zu prüfen. Dies gilt auch für Gebäudeteile (z. B. die einzelnen Wohnungen eines Mietwohngebäudes), die als Folge des einheitlichen Nutzungs- und Funktionszusammenhangs mit dem Gebäude keine selbständigen Wirtschaftsgüter sind (vgl. § 7 Abs. 5a EStG und R 13 Abs. 3 EStR 2001[2])).

3 Nutzt der Erwerber das Gebäude ab dem Zeitpunkt der Anschaffung (d. h. ab Übergang von Besitz, Gefahr, Nutzungen und Lasten) zur Erzielung von Einkünften oder zu eigenen Wohnzwecken, ist es ab diesem Zeitpunkt grundsätzlich betriebsbereit. Instandsetzungs- und Modernisierungsaufwendungen können in diesem Fall keine Anschaffungskosten im Sinne des § 255 Abs. 1 Satz 1 HGB sein (vgl. jedoch Rz. 6). Dies gilt nicht, wenn der Erwerber ein vermietetes Gebäude erworben hat und umgehend die Mietverträge kündigt, weil das Gebäude aus der Sicht des Erwerbers nicht zur Erzielung der vor der Veräußerung erwirtschafteten Einkünfte aus Vermietung und Verpachtung bestimmt war, auch wenn diese während einer kurzen Übergangszeit tatsächlich erzielt wurden[3]).

4 Wird das Gebäude im Zeitpunkt der Anschaffung nicht genutzt, ist zunächst offen, ob es aus Sicht des Erwerbers betriebsbereit ist. Führt der Erwerber im Anschluss an den Er-

---

[1]) Änderungen gegenüber BMF vom 16.12.1996 (BStBl I S. 1442) sind durch Kursivdruck hervorgehoben.

[2]) jetzt R 4.2 Abs. 3 EStR

[3]) Plant der Erwerber eines vermieteten Gebäudes bereits im Zeitpunkt der Anschaffung die Eigennutzung und nicht die weitere Vermietung, machen die von vornherein geplanten und nach Beendigung des Mietverhältnisses durchgeführten Baumaßnahmen das Gebäude betriebsbereit, wenn dadurch ein höherer Standard erreicht wird. Die betreffenden Aufwendungen sind daher Anschaffungskosten (>BFH vom 22.01.2003 – BStBl II S 596).

werb und vor der erstmaligen Nutzung Baumaßnahmen durch, um das Gebäude entsprechend seiner Zweckbestimmung nutzen zu können, sind die Aufwendungen hierfür Anschaffungskosten. Zweckbestimmung bedeutet die konkrete Art und Weise, in der der Erwerber das Gebäude zur Erzielung von Einnahmen im Rahmen einer Einkunftsart nutzen will (z. B. ob er das Gebäude zu Wohnzwecken oder als Büroraum nutzen will).

1. Herstellung der Funktionstüchtigkeit

Die Betriebsbereitschaft setzt die objektive und subjektive Funktionstüchtigkeit des Gebäudes voraus.

1.1 Objektive Funktionsuntüchtigkeit

Ein Gebäude ist objektiv funktionsuntüchtig, wenn für den Gebrauch wesentliche Teile objektiv nicht nutzbar sind. Dies gilt unabhängig davon, ob das Gebäude im Zeitpunkt der Anschaffung bereits genutzt wird oder leer steht. Mängel, vor allem durch Verschleiß, die durch laufende Reparaturen beseitigt werden, schließen die Funktionstüchtigkeit hingegen nicht aus. Werden für den Gebrauch wesentliche Teile des Gebäudes funktionstüchtig gemacht, führen die Aufwendungen zu Anschaffungskosten[1]).

1.2 Subjektive Funktionsuntüchtigkeit

Ein Gebäude ist subjektiv funktionsuntüchtig, wenn es für die konkrete Zweckbestimmung des Erwerbers nicht nutzbar ist. Aufwendungen für Baumaßnahmen, welche zur Zweckerreichung erforderlich sind, führen zu Anschaffungskosten.

Beispiele:
– *Die Elektroinstallation eines Gebäudes, die für Wohnzwecke, jedoch nicht für ein Büro brauchbar ist, wird für die Nutzung als Bürogebäude erneuert.*
– *Büroräume, die bisher als Anwaltskanzlei genutzt wurden, werden zu einer Zahnarztpraxis umgebaut.*

2. Hebung des Standards

Zur Zweckbestimmung gehört auch die Entscheidung, welchem Standard das Gebäude künftig entsprechen soll (sehr einfach, mittel oder sehr anspruchsvoll). Baumaßnahmen, die das Gebäude auf einen höheren Standard bringen, machen es betriebsbereit; ihre Kosten sind Anschaffungskosten.

Der Standard eines Wohngebäudes bezieht sich auf die Eigenschaften einer Wohnung. Wesentlich sind vor allem Umfang und Qualität der Heizungs-, Sanitär- und Elektroinstallationen sowie der Fenster (zentrale Ausstattungsmerkmale). Führt ein Bündel von Baumaßnahmen bei mindestens <u>drei</u> Bereichen der zentralen Ausstattungsmerkmale zu einer Erhöhung und Erweiterung des Gebrauchwertes, hebt sich der Standard eines Gebäudes[2]).

2.1 Sehr einfacher Standard

Sehr einfacher Wohnungsstandard liegt vor, wenn die zentralen Ausstattungsmerkmale im Zeitpunkt der Anschaffung nur im nötigen Umfang oder in einem technisch überholten Zustand vorhanden sind.

---

[1]) Befindet sich ein Wohngebäude vor der erstmaligen Nutzung nach dem Erwerb wegen eines Schadens (hier: Funktionsuntüchtigkeit der Heizung) nicht in einem vermietbaren Zustand, dann führen die Aufwendungen zur Behebung des Schadens zu Anschaffungskosten i. S. d. § 255 Abs. 1 HGB (>BFH vom 20.08.2002 – BStBl II 2003 S. 585).

[2]) Auch Aufwendungen für die Beseitigung versteckter Mängel können den Nutzungswert des Gebäudes steigern und zu Anschaffungs- oder Herstellungskosten i. S. d. § 255 HGB führen (>BFH vom 22.01.2003 – BStBl II S. 596).

Anhang 30
Vermietung und Verpachtung

Beispiele:
- *Das Bad besitzt kein Handwaschbecken.*
- *Das Bad ist nicht beheizbar.*
- *Eine Entlüftung ist im Bad nicht vorhanden.*
- *Die Wände im Bad sind nicht überwiegend gefliest.*
- *Die Badewanne steht ohne Verblendung frei.*
- *Es ist lediglich ein Badeofen vorhanden.*
- *Die Fenster haben nur eine Einfachverglasung.*
- *Es ist eine technisch überholte Heizungsanlage vorhanden (z. B. Kohleöfen).*
- *Die Elektroversorgung ist unzureichend.*

2.2 Mittlerer Standard

12 *Mittlerer Standard liegt vor, wenn die zentralen Ausstattungsmerkmale durchschnittlichen und selbst höheren Ansprüchen genügen.*

2.3 Sehr anspruchsvoller Standard (Luxussanierung)

13 *Sehr anspruchsvoller Standard liegt vor, wenn bei dem Einbau der zentralen Ausstattungsmerkmale nicht nur das Zweckmäßige, sondern das Mögliche, vor allem durch den Einbau außergewöhnlich hochwertiger Materialien, verwendet wurde (Luxussanierung).*

2.4 Standardhebung und Erweiterung im Sinne des § 255 Abs. 2 Satz 1 HGB

14 *Treffen Baumaßnahmen, die ihrer Art nach – z. B. als Erweiterung im Sinne von § 255 Abs. 2 Satz 1 HGB (vgl. Rz. 19 bis 24) – stets zu Herstellungskosten führen und einen der den Nutzungswert eines Gebäudes bestimmenden Bereiche der zentralen Ausstattungsmerkmale betreffen, mit der Verbesserung von mindestens <u>zwei</u> weiteren Bereichen der zentralen Ausstattungsmerkmale zusammen, ist ebenfalls eine Hebung des Standards anzunehmen.*

Beispiel:
Im Anschluss an den Erwerb eines leerstehenden, bisher als Büro genutzten Einfamilienhauses, das für eine Vermietung zu fremden Wohnzwecken vorgesehen ist, wird im bisher nicht ausgebauten Dachgeschoss ein zusätzliches Badezimmer eingerichtet. Außerdem werden einfach verglaste Fenster durch isolierte Sprossenfenster ersetzt und die Leistungskapazität der Elektroinstallation durch den Einbau dreiphasiger an Stelle zweiphasiger Elektroleitungen maßgeblich aufgebessert sowie die Zahl der Anschlüsse deutlich gesteigert.
Neben die Erweiterung des Gebäudes als Herstellungskosten im Sinne des § 255 Abs. 2 Satz 1 HGB durch den Einbau des Badezimmers tritt die Verbesserung von zwei weiteren Bereichen der zentralen Ausstattungsmerkmale ein. Die hierdurch verursachten Aufwendungen führen zu Anschaffungskosten des Gebäudes.

3. Unentgeltlicher oder teilentgeltlicher Erwerb

15 *Aufwendungen für Baumaßnahmen, die das Gebäude in einen betriebsbereiten Zustand versetzen, führen bei einem unentgeltlichen Erwerb mangels Anschaffung im Sinne des § 255 Abs. 1 HGB nicht zu Anschaffungskosten; vielmehr handelt es sich um Erhaltungsaufwendungen oder, sofern die Voraussetzungen des § 255 Abs. 2 HGB erfüllt sind (vgl. Rz. 17 bis 32), um Herstellungskosten.*

16 *Bei einem teilentgeltlichen Erwerb können Anschaffungskosten zur Herstellung der Betriebsbereitschaft nur im Verhältnis zum entgeltlichen Teil des Erwerbvorganges gegeben sein. Im Übrigen liegen Erhaltungsaufwendungen oder, sofern die Voraussetzungen des § 255 Abs. 2 HGB erfüllt sind (vgl. Rz. 17 bis 32), Herstellungskosten vor.*

II. Herstellungskosten

Herstellungskosten eines Gebäudes sind nach § 255 Abs. 2 Satz 1 HGB Aufwendungen für die Herstellung eines Gebäudes sowie Aufwendungen, die für die Erweiterung oder für die über den ursprünglichen Zustand hinausgehende wesentliche Verbesserung eines Gebäudes entstehen.

1. Herstellung[1])

Instandsetzungs- und Modernisierungsarbeiten können ausnahmsweise auch im Zusammenhang mit der (Neu-)Herstellung eines Gebäudes stehen. Dies ist der Fall, wenn das Gebäude so sehr abgenutzt ist, dass es unbrauchbar geworden ist (Vollverschleiß), und durch die Instandsetzungsarbeiten unter Verwendung der übrigen noch nutzbaren Teile ein neues Gebäude hergestellt wird. *Ein Vollverschleiß liegt vor, wenn das Gebäude schwere Substanzschäden an den für die Nutzbarkeit als Bau und die Nutzungsdauer des Gebäudes bestimmenden Teilen hat.*

2. Erweiterung

Instandsetzungs- und Modernisierungsaufwendungen bilden unabhängig von ihrer Höhe Herstellungskosten, wenn sie für eine Erweiterung i. S. von § 255 Abs. 2 Satz 1 HGB entstehen. R 157 Abs. 3 Satz 2 EStR 2001[2]) bleibt unberührt.

Eine Erweiterung liegt in folgenden Fällen vor:

2.1 Aufstockung oder Anbau

Ein Gebäude wird aufgestockt oder ein Anbau daran errichtet.

2.2 Vergrößerung der nutzbaren Fläche

Die nutzbare Fläche des Gebäudes wird vergrößert. Hierfür reicht es aus, wenn die Baumaßnahmen zu einer – wenn auch nur geringfügigen – Vergrößerung der Nutzfläche führen. Die Nutzfläche ist in sinngemäßer Anwendung der §§ 42 und 44 der II. Berechnungsverordnung zu ermitteln. Von Herstellungskosten ist z. B. auszugehen, wenn die Nutzfläche durch eine zuvor nicht vorhandene Dachgaube, den Anbau eines Balkons oder einer Terrasse über die ganze Gebäudebreite vergrößert wird oder durch ein das Flachdach ersetzendes Satteldach erstmals ausbaufähiger Dachraum geschaffen wird (vgl. BFH-Urteil vom 19. Juni 1991 BStBl 1992 II S. 73)[3]).

2.3 Vermehrung der Substanz

Ein Gebäude wird in seiner Substanz vermehrt, ohne dass zugleich seine nutzbare Fläche vergrößert wird, z. B. bei Einsetzen von zusätzlichen Trennwänden[4]), bei Errichtung einer Außentreppe, bei Einbau einer Alarmanlage (vgl. BFH-Urteil vom 16. Februar 1993 – BStBl II S. 544), einer Sonnenmarkise (vgl. BFH-Urteil vom 29. August 1989 –

---

[1]) Bei der Prüfung, ob Herstellungsaufwand vorliegt, darf nicht auf das gesamte Gebäude abgestellt werden, sondern nur auf den entsprechenden Gebäudeteil, wenn das Gebäude in unterschiedlicher Weise genutzt wird und deshalb mehrere Wirtschaftsgüter umfasst (>BFH vom 25.09.2007 – BStBl II 2008 S. 218).

[2]) jetzt R 21.1 Abs. 2 Satz 2 EStR

[3]) Auch eine nur geringfügige Vergrößerung der nutzbaren Fläche ist ausreichend. Auf die tatsächliche Nutzung dieser Fläche kommt es nicht an. Die nutzbare Fläche umfasst nicht nur die reine Wohnfläche, sondern auch die zur Wohnung/zum Gebäude gehörenden Grundflächen der Zubehörräume sowie die den Anforderungen des Bauordnungsrechts nicht genügenden Räume (>BFH vom 15.05.2013 – BStBl II S. 732).

[4]) Aufwendungen für den Umbau eines Großraumbüros in Einzelbüros unter Verwendung von Rigips-Ständerwerk sowie für die Anpassung der Elektroinstallation im hierdurch notwendigen Umfang sind sofort abziehbare Erhaltungsaufwendungen (>BFH vom 16.01.2007 – BStBl II S. 922).

BStBl 1990 II S. 430), einer Treppe zum Spitzboden, eines Kachelofens oder eines Kamins[1]).

23 Keine zu Herstellungsaufwendungen führende Substanzmehrung liegt dagegen vor, wenn der neue Gebäudebestandteil oder die neue Anlage die Funktion des bisherigen Gebäudebestandteils für das Gebäude in vergleichbarer Weise erfüllen. Erhaltungsaufwendungen können daher auch angenommen werden, wenn der neue Gebäudebestandteil für sich betrachtet nicht die gleiche Beschaffenheit aufweist wie der bisherige Gebäudebestandteil oder die Anlage technisch nicht in der gleichen Weise wirkt, sondern lediglich entsprechend dem technischen Fortschritt modernisiert worden ist. Von einer Substanzmehrung ist danach regelmäßig z. B. nicht auszugehen bei

– Anbringen einer zusätzlichen Fassadenverkleidung (z. B. Eternitverkleidung oder Verkleidung mit Hartschaumplatten und Sichtklinker) zu Wärme- oder Schallschutzzwecken (vgl. BFH-Urteil vom 13. März 1979 – BStBl II S. 435),

– Umstellung einer Heizungsanlage von Einzelöfen auf eine Zentralheizung (vgl. BFH-Urteil vom 24. Juli 1979 – BStBl 1980 II S. 7),

– Ersatz eines Flachdaches durch ein Satteldach, wenn dadurch lediglich eine größere Raumhöhe geschaffen wird, ohne die nutzbare Fläche und damit die Nutzungsmöglichkeit zu erweitern,

– Vergrößern eines bereits vorhandenen Fensters oder

– Versetzen von Wänden.

24 Ein neuer Gebäudebestandteil erfüllt auch dann regelmäßig die Funktion des bisherigen Gebäudebestandteils in vergleichbarer Weise, wenn er dem Gebäude lediglich deshalb hinzugefügt wird, um bereits eingetretene Schäden zu beseitigen oder einen konkret drohenden Schaden abzuwenden. Das ist z. B. der Fall bei Anbringung einer Betonvorsatzschale zur Trockenlegung der durchfeuchteten Fundamente (insoweit entgegen BFH-Urteil vom 10. Mai 1995 – BStBl 1996 II S. 639), bei Überdachung von Wohnungszugängen oder einer Dachterrasse mit einem Glasdach zum Schutz vor weiteren Wasserschäden (vgl. BFH-Urteil vom 24. Februar 1981 – BStBl II S. 468).

3. Über den ursprünglichen Zustand hinausgehende wesentliche Verbesserung

25 Instandsetzungs- oder Modernisierungsaufwendungen sind, *soweit sie nicht als Folge der Herstellung der Betriebsbereitschaft bereits zu den Anschaffungskosten gehören, nach § 255 Abs. 2 Satz 1 HGB als Herstellungskosten zu behandeln, wenn sie zu einer über den ursprünglichen Zustand hinausgehenden wesentlichen Verbesserung führen. Dies gilt auch, wenn oder soweit das Gebäude unentgeltlich erworben wurde*[2]).

3.1 Ursprünglicher Zustand

26 Ursprünglicher Zustand i. S. von § 255 Abs. 2 Satz 1 HGB ist grundsätzlich der Zustand des Gebäudes im Zeitpunkt der Herstellung oder Anschaffung durch den Steuerpflichtigen oder seinen Rechtsvorgänger im Fall des unentgeltlichen Erwerbs. Erforderlich ist danach ein Vergleich des Zustands des Gebäudes, in dem es sich bei Herstellung oder Anschaffung befunden hat, mit dem Zustand, in den es durch die vorgenommenen

---

[1]) Aufwendungen für den Einbau neuer Gegenstände in vorhandene Installationen eines Wohnhauses können nur dann zu Herstellungskosten i. S. d. § 255 Abs. 2 Satz 1 HGB führen, wenn sie eine wesentliche Verbesserung zur Folge haben (>BFH vom 20.08.2002 – BStBl II 2003 S. 604). Der Einbau einer Solaranlage zur Brauchwassererwärmung in eine vorhandene Gaswärmeversorgung ist keine solche Verbesserung (>BFH vom 14.07.2004 – BStBl II S. 949).

[2]) Ursprünglicher Zustand i. S. d. § 255 Abs. 2 Satz 1 HGB ist bei Erwerb eines Wohngebäudes durch Schenkung oder Erbfall der Zustand im Zeitpunkt der Anschaffung oder Herstellung durch den Schenker oder Erblasser (>BFH vom 03.12.2002 – BStBl II 2003 S. 590).

Instandsetzungs- oder Modernisierungsarbeiten versetzt worden ist. Hiervon abweichend ist in Fällen, in denen die ursprünglichen Herstellungs- oder Anschaffungskosten zwischenzeitlich z. B. durch anderweitige Herstellungs- oder Anschaffungskosten, durch Absetzungen für außergewöhnliche Abnutzung nach § 7 Abs. 4 Satz 3 i. V. m. Abs. 1 Satz 5 EStG oder durch Teilwertabschreibung verändert worden sind, für den Vergleich auf den für die geänderte AfA-Bemessungsgrundlage maßgebenden Zustand abzustellen. Wird ein Gebäude dem Betriebsvermögen entnommen oder in das Betriebsvermögen eingelegt, kommt es für die Bestimmung des ursprünglichen Zustandes auf den Zeitpunkt der Entnahme oder der Einlage an.

3.2 Wesentliche Verbesserung

Eine wesentliche Verbesserung i. S. von § 255 Abs. 2 Satz 1 HGB liegt nicht bereits dann vor, wenn ein Gebäude generalüberholt wird, d. h. Aufwendungen, die für sich genommen als Erhaltungsaufwendungen zu beurteilen sind, in ungewöhnlicher Höhe zusammengeballt in einem Veranlagungszeitraum *oder Wirtschaftsjahr* anfallen[1]). 27

Eine wesentliche Verbesserung i. S. von § 255 Abs. 2 Satz 1 HGB und damit Herstellungskosten sind vielmehr erst dann gegeben, wenn die Maßnahmen zur Instandsetzung und Modernisierung eines Gebäudes in ihrer Gesamtheit über eine zeitgemäße substanzerhaltende (Bestandteil-)Erneuerung hinausgehen, den Gebrauchswert des Gebäudes insgesamt deutlich erhöhen und damit für die Zukunft eine erweiterte Nutzungsmöglichkeit geschaffen wird[2]). *Von einer deutlichen Erhöhung des Gebrauchswerts ist z. B. auszugehen, wenn der Gebrauchswert des Gebäudes (Nutzungspotential) von einem sehr einfachen auf einen mittleren oder von einem mittleren auf einen sehr anspruchsvollen Standard gehoben wird. Zum Standard des Wohngebäudes vgl. Rz. 9 bis 14.* 28

Instandsetzungs- oder Modernisierungsmaßnahmen, die über eine substanzerhaltende Erneuerung nicht hinausgehen, sind bei dieser Prüfung grundsätzlich außer Betracht zu lassen. 29

Eine substanzerhaltende (Bestandteil-)Erneuerung liegt vor, wenn ein Gebäude durch die Ersetzung einzelner Bestandteile oder Instandsetzungs- oder Modernisierungsmaßnahmen an dem Gebäude als Ganzem lediglich in ordnungsgemäßem Zustand entsprechend seinem ursprünglichen Zustand erhalten oder dieser in zeitgemäßer Form wiederhergestellt wird. Dem Gebäude wird in diesem Fall nur der zeitgemäße Wohnkomfort wiedergegeben, den es ursprünglich besessen, aber durch den technischen Fortschritt und die Veränderung der Lebensgewohnheiten verloren hat. 30

Beispiel:
Der Eigentümer eines bewohnten verwahrlosten Wohnhauses lässt die alten Kohleöfen durch eine moderne Heizungsanlage ersetzen. Er baut an Stelle der einfach verglasten Fenster Isolierglasfenster ein. Er modernisiert das Bad, wobei er neben der Badewanne separat eine Dusche einbaut. Außerdem lässt er es durchgängig fliesen. Im Übrigen lässt er Schönheitsreparaturen durchführen.

Hinsichtlich der Aufwendungen für die zentralen Ausstattungsmerkmale liegen Herstellungskosten als wesentliche Verbesserung i. S. von § 255 Abs. 2 Satz 1 HGB vor. Bei den Schönheitsreparaturen handelt es sich um sofort abziehbare Erhaltungsaufwendungen (vgl. aber Rz. 33 bis 35).

---

[1]) >Fußnote zu Rz. 22
[2]) Bei betrieblich genutzten Gebäuden/Gebäudeteilen kommt es dabei weniger auf die Kernbereiche der Ausstattung an, als vielmehr darauf, ob die Baumaßnahmen vor dem Hintergrund der betrieblichen Zielsetzung zu einer höherwertigen Nutzbarkeit führt (>BFH vom 25.09.2007 – BStBl II 2008 S. 218).

3.3. Sanierung in Raten

31 Aufwendungen für Baumaßnahmen innerhalb eines Veranlagungszeitraumes oder Wirtschaftsjahres sind Herstellungskosten i. S. von § 255 Abs. 2 Satz 1 HGB, wenn die Baumaßnahmen zwar für sich gesehen noch nicht zu einer wesentlichen Verbesserung führen, wenn sie aber Teil einer Gesamtmaßnahme sind, die sich planmäßig in zeitlichem Zusammenhang über mehrere Veranlagungszeiträume erstreckt und die insgesamt zu einer Hebung des Standards führt (Sanierung in Raten). Von einer Sanierung in Raten ist grundsätzlich auszugehen, wenn die Maßnahmen innerhalb eines Fünfjahreszeitraumes durchgeführt worden sind.

3.4 Baumaßnahmen, die nur einen Teil des Gebäudes betreffen

32 Wird ein Gebäude in der Weise saniert, dass von einer Vielzahl von Wohnungen nur der Gebrauchswert einer oder mehrerer Wohnungen erhöht wird, sind die dafür entstandenen Aufwendungen Herstellungskosten i. S. von § 255 Abs. 2 Satz 1 HGB.

III. Zusammentreffen von *Anschaffungs-* oder Herstellungskosten mit Erhaltungsaufwendungen

33 Sind im Rahmen einer umfassenden Instandsetzungs- und Modernisierungsmaßnahme sowohl Arbeiten *zur Schaffung eines betriebsbereiten Zustandes,* zur Erweiterung des Gebäudes oder Maßnahmen, die über eine zeitgemäße substanzerhaltende Erneuerung hinausgehen, als auch Erhaltungsarbeiten durchgeführt worden, sind die hierauf jeweils entfallenden Aufwendungen grundsätzlich – ggf. im Wege der Schätzung – in *Anschaffungs- oder* Herstellungskosten und Erhaltungsaufwendungen aufzuteilen, die mit den jeweiligen Aufwendungsarten im Zusammenhang stehen.

Beispiel:
Ein für die Gesamtmaßnahme geleistetes Architektenhonorar oder Aufwendungen für Reinigungsarbeiten sind entsprechend dem Verhältnis von *Anschaffungs- oder* Herstellungskosten und Erhaltungsaufwendungen aufzuteilen.

34 Aufwendungen für ein Bündel von Einzelmaßnahmen, die für sich genommen teils Anschaffungskosten oder Herstellungskosten, teils Erhaltungsaufwendungen darstellen, sind insgesamt als *Anschaffungskosten* oder Herstellungskosten zu beurteilen, wenn die Arbeiten *im sachlichen Zusammenhang* stehen.

35 Ein sachlicher Zusammenhang in diesem Sinne liegt vor, wenn die einzelnen Baumaßnahmen – die sich auch über mehrere Jahre erstrecken können – bautechnisch ineinander greifen. Ein bautechnisches Ineinandergreifen ist gegeben, wenn die Erhaltungsarbeiten

– *Vorbedingung für Schaffung des betriebsbereiten Zustandes oder für die Herstellungsarbeiten*

oder

– durch Maßnahmen, welche den betriebsbereiten Zustand schaffen, oder durch Herstellungsarbeiten veranlasst (verursacht) worden

sind.

Beispiel 1:
Um eine Überbauung zwischen zwei vorhandenen Gebäuden durchführen zu können, sind zunächst Ausbesserungsarbeiten an den Fundamenten des einen Gebäudes notwendig (vgl. BFH-Urteil vom 9. März 1962 – BStBl III S. 195).
Ein solcher Zusammenhang wird nicht dadurch gelöst, dass die Arbeiten in verschiedenen Stockwerken des Gebäudes ausgeführt werden.

Beispiel 2:
Im Dachgeschoss eines mehrgeschossigen Gebäudes werden erstmals Bäder eingebaut. Diese Herstellungsarbeiten machen das Verlegen von größeren Fallrohren bis zum Anschluss an das öffentliche Abwassernetz erforderlich. Die hierdurch entstandenen Aufwendungen sind ebenso wie die Kosten für die Beseitigung der Schäden, die durch das Verlegen der größeren Fallrohre in den Badezimmern der darunter liegenden Stockwerke entstanden sind, den Herstellungskosten zuzurechnen.

Von einem bautechnischen Ineinandergreifen ist nicht allein deswegen auszugehen, weil der Steuerpflichtige solche Herstellungsarbeiten zum Anlass nimmt, auch sonstige anstehende Renovierungsarbeiten vorzunehmen. Allein die gleichzeitige Durchführung der Arbeiten, z. B. um die mit den Arbeiten verbundenen Unannehmlichkeiten abzukürzen, reicht für einen solchen sachlichen Zusammenhang nicht aus. Ebenso wird ein sachlicher Zusammenhang nicht dadurch hergestellt, dass die Arbeiten unter dem Gesichtspunkt der rationellen Abwicklung eine bestimmte zeitliche Abfolge der einzelnen Maßnahmen erforderlich machen die Arbeiten aber ebenso unabhängig voneinander hätten durchgeführt werden können.

Beispiel 3:
Wie Beispiel 2, jedoch werden die Arbeiten in den Bädern der übrigen Stockwerke zum Anlass genommen, diese Bäder vollständig neu zu verfliesen und neue Sanitäranlagen einzubauen. Diese Modernisierungsarbeiten greifen mit den Herstellungsarbeiten (Verlegung neuer Fallrohre) nicht bautechnisch ineinander. Die Aufwendungen führen daher zu Erhaltungsaufwendungen. Die einheitlich in Rechnung gestellten Aufwendungen für die Beseitigung der durch das Verlegen der größeren Fallrohre entstandenen Schäden und für die vollständige Neuverfliesung sind dementsprechend in Herstellungs- und Erhaltungsaufwendungen aufzuteilen.

Beispiel 4:
Durch das Aufsetzen einer Dachgaube wird die nutzbare Fläche des Gebäudes geringfügig vergrößert. Diese Maßnahme wird zum Anlass genommen, gleichzeitig das alte, schadhafte Dach neu einzudecken. Die Erneuerung der gesamten Dachziegel steht insoweit nicht in einem bautechnischen Zusammenhang mit der Erweiterungsmaßnahme. Die Aufwendungen für Dachziegel, die zur Deckung der neuen Gauben verwendet werden, sind Herstellungskosten, die Aufwendungen für die übrigen Dachziegel sind Erhaltungsaufwendungen.

Beispiel 5:
Im Zusammenhang mit einer Erweiterungsmaßnahme erhält ein Gebäude ein zusätzliches Fenster. Zudem wird die Einfachverglasung der schon vorhandenen Fenster durch Isolierverglasung ersetzt. Die Erneuerung der bestehenden Fenster ist nicht durch die Erweiterungsmaßnahme und das Einsetzen des zusätzlichen Fensters veranlasst, greift daher nicht bautechnisch mit diesen Maßnahmen ineinander (insoweit entgegen BFH-Urteil vom 9. Mai 1995 – IX R 2/94 –, BStBl 1996 II S. 637). Die auf die Fenstererneuerung entfallenden Aufwendungen können demnach als Erhaltungsaufwendungen abgezogen werden.

IV. Feststellungslast

Die Feststellungslast für die Tatsachen, die eine Behandlung als Anschaffungs- oder Herstellungskosten begründen (wie z. B. die Herstellung der Betriebsbereitschaft oder eine wesentliche Verbesserung über den ursprünglichen Zustand hinaus), trägt das Finanzamt. Soweit das Finanzamt nicht in der Lage ist, den Zustand des Gebäudes im Zeitpunkt der Anschaffung (vgl. Rz. 5 bis 16) oder den ursprünglichen Zustand im Sinne des § 255 Abs. 2 HGB (vgl. Rz. 25 bis 32) festzustellen, trifft den Steuerpflichtigen hierbei eine erhöhte Mitwirkungspflicht (§ 90 Abs. 1 Satz 3 AO). Kann der maßgebliche Zustand des Wohngebäudes nicht sicher festgestellt werden, kann das Finanzamt aus Indizien auf die Hebung des Standards eines Gebäudes und somit auf Anschaffungs- oder Herstellungskosten schließen.

36

Anhang 30

V Vermietung und Verpachtung

37 Indizien für die Hebung des Standards liegen vor, wenn
- ein Gebäude in zeitlicher Nähe zum Erwerb im Ganzen und von Grund auf modernisiert wird,
- hohe Aufwendungen für die Sanierung der zentralen Ausstattungsmerkmale getätigt werden,
- auf Grund dieser Baumaßnahmen der Mietzins erheblich erhöht wird.

38[1]) Ob eine Hebung des Standards vorliegt, ist für die ersten drei Jahre nach Anschaffung des Gebäudes nicht zu prüfen, wenn die Aufwendungen für die Instandsetzung und Modernisierung des Gebäudes insgesamt 15 % der Anschaffungskosten des Gebäudes nicht übersteigen. Dies gilt nicht, wenn sich bei Erwerb des Gebäudes mit mehreren Wohnungen der Standard für einzelne Wohnungen hebt oder die Instandsetzungsmaßnahme der Beginn einer Sanierung in Raten sein kann. Veranlagungen sind vorläufig durchzuführen, solange in diesem Zeitraum die Instandsetzungsarbeiten 15 % der Anschaffungskosten des Gebäudes nicht übersteigen oder wenn eine Sanierung in Raten zu vermuten ist.

V. Anwendungsregelung

39 Dieses Schreiben ersetzt das BMF-Schreiben vom 16. Dezember 1996 (BStBl I S. 1442), welches hiermit aufgehoben wird.

Die Grundsätze dieses Schreibens sind in allen noch offenen Fällen anzuwenden.

Auf Antrag ist dieses Schreiben nicht anzuwenden, wenn mit Baumaßnahmen vor dem Tag der Veröffentlichung des Schreibens im Bundessteuerblatt begonnen wurde.

---

[1]) zu anschaffungsnahen Herstellungskosten >BMF vom 20.10.2017 (BStBl I S. 1447), Anhang 30 V 2

2.
Anschaffungsnahe Herstellungskosten im Sinne von § 6 Absatz 1 Nummer 1a EStG; BFH-Urteile vom 14. Juni 2016 IX R 25/14 (BStBl II S. 992), IX R 15/15 (BStBl II S. 996) und IX R 22/15 (BStBl II S. 999)

BMF vom 20.10.2017 (BStBl I S. 1447)
IV C 1 – S 2171-c/09/10004 :006 – 2017/0397458

Der BFH hat mit seinen Urteilen IX R 25/14, IX R 15/15 und IX R 22/15 vom 14. Juni 2016 entschieden, dass zu den anschaffungsnahen Herstellungskosten nach § 6 Absatz 1 Nummer 1a i. V. m. § 9 Absatz 5 Satz 2 EStG sämtliche Aufwendungen für bauliche Maßnahmen gehören, die im Rahmen einer Instandsetzung und Modernisierung im Zusammenhang mit der Anschaffung des Gebäudes anfallen. Dazu zählen sowohl originäre Aufwendungen zur Herstellung der Betriebsbereitschaft durch Wiederherstellung funktionsuntüchtiger Gebäudeteile sowie Aufwendungen für eine über den ursprünglichen Zustand hinausgehende wesentliche Verbesserung des Gebäudes i. S. d. § 255 Absatz 2 Satz 1 HGB als auch Schönheitsreparaturen. Soweit der BFH bisher bei Schönheitsreparaturen einen engen räumlichen, zeitlichen und sachlichen Zusammenhang mit den Modernisierungs- und Instandsetzungsmaßnahmen gefordert hatte (vgl. auch BFH vom 25. August 2009, BStBl 2010 II S. 125), hält er daran nicht mehr fest.

Der BFH hat zudem klargestellt, dass bei der Prüfung, ob die Aufwendungen für Instandsetzungs- und Modernisierungsmaßnahmen zu anschaffungsnahen Herstellungskosten im Sinne von § 6 Absatz 1 Nummer 1a EStG führen, bei einem aus mehreren Einheiten bestehenden Gebäude nicht auf das gesamte Gebäude, sondern auf den jeweiligen selbständigen Gebäudeteil abzustellen ist, wenn das Gesamtgebäude in unterschiedlicher Weise genutzt wird. Maßgeblich ist insoweit, ob die einzelnen Gebäudeteile in verschiedenen Nutzungs- und Funktionszusammenhängen stehen.

Im Einvernehmen mit den obersten Finanzbehörden der Länder sind die Grundsätze der BFH-Urteile IX R 25/14, IX R 15/15 und IX R 22/15 – unter Beachtung des § 176 Absatz 1 Nummer 3 AO – in allen offenen Fällen anzuwenden.

Es wird jedoch nicht beanstandet, wenn auf Antrag des Steuerpflichtigen abweichend hiervon
- die bisherige BFH-Rechtsprechung zur Behandlung der Schönheitsreparaturen im Zusammenhang mit anschaffungsnahen Herstellungskosten und
- die bisher von der Finanzverwaltung vertretene Rechtsauffassung, dass eine gebäudebezogene Prüfung der Aufwendungen nach § 6 Absatz 1 Nummer 1a EStG vorzunehmen ist,

auf Sachverhalte weiter angewendet wird, bei denen der Kaufvertrag bzw. ein ihm gleichstehender Rechtsakt vor dem 1. Januar 2017 abgeschlossen wurde.

Anhang 30

VI	Vermietung und Verpachtung

Einkommensteuerrechtliche Behandlung des Nießbrauchs und anderer Nutzungsrechte bei Einkünften aus Vermietung und Verpachtung

BMF vom 30.09.2013 (BStBl I S. 1184)
IV C 1 – S 2253/07/10004 – 2013/0822518

Inhaltsverzeichnis

	Rz.
A. Allgemeines	
I. Zurechnung von Einkünften	1
II. Bestellung eines dinglichen Nutzungsrechts zugunsten naher Angehöriger	2 – 5
III. Obligatorische Nutzungsrechte und „fehlgeschlagener" Nießbrauch	6 – 8
IV. Sicherungsnießbrauch	9
B. Zurechnung von Einkünften im Einzelnen	
I. Zugewendete Nutzungsrechte	
1. Zuwendungsnießbrauch	
a) Abgrenzung zwischen entgeltlicher, teilweise entgeltlicher und unentgeltlicher Bestellung	10 – 13
b) Allgemeine Grundsätze	14 – 17
c) Unentgeltlich bestellter Nießbrauch	
aa) Behandlung beim Nießbraucher	18 – 22
bb) Behandlung beim Eigentümer	23 – 25
d) Entgeltlich bestellter Nießbrauch	
aa) Behandlung beim Nießbraucher	26 – 27
bb) Behandlung beim Eigentümer	28 – 30
e) Teilweise entgeltlich bestellter Nießbrauch	31
2. Vermächtnisnießbrauch	32
3. Zugewendetes dingliches Wohnrecht	33 – 34
4. Zugewendetes obligatorisches Nutzungsrecht	
a) Allgemein	35
b) Behandlung beim Nutzenden	36
c) Behandlung beim Eigentümer	37 – 38
II. Vorbehaltene Nutzungsrechte	
1. Vorbehaltsnießbrauch	
a) Allgemeines	39 – 40
b) Behandlung beim Nießbraucher	41 – 44
c) Behandlung beim Eigentümer	45 – 48
2. Vorbehaltenes dingliches Wohnrecht	49 – 50
3. Vorbehaltenes obligatorisches Nutzungsrecht	
a) Allgemeines	51
b) Behandlung beim Nutzenden	52
c) Behandlung beim Eigentümer	53 – 54

Anhang 30

Vermietung und Verpachtung VI

	Rz.
C. Ablösung von Nutzungsrechten	
1. Vorbehaltsnießbrauch	
a) Allgemein	55
b) Ablösung im Zusammenhang mit einer Vermögensübergabe	
aa) Allgemeines	56
bb) Behandlung beim Eigentümer	57
cc) Behandlung beim Nießbraucher	58
c) Ablösung im Zusammenhang mit sonstigen Vermögensübertragungen	
aa) Behandlung beim Eigentümer	59
bb) Behandlung beim Nießbraucher	60
2. Zuwendungsnießbrauch	
a) Unentgeltlicher Zuwendungsnießbrauch	61 – 62
b) Entgeltlicher Zuwendungsnießbrauch	63 – 64
3. Vermächtnisnießbrauch	65
4. Dingliches Wohnrecht	66
5. Obligatorisches Nutzungsrecht	67
D. Anwendungsregelung	68 – 74

Unter Bezugnahme auf das Ergebnis der Erörterung mit den obersten Finanzbehörden der Länder nehme ich zur einkommensteuerrechtlichen Behandlung des Nießbrauchs und anderer Nutzungsrechte bei den Einkünften aus Vermietung und Verpachtung wie folgt Stellung:

A. Allgemeines

I. Zurechnung von Einkünften

Einkünfte aus Vermietung und Verpachtung sind demjenigen zuzurechnen, der den Tatbestand der Einkunftsart Vermietung und Verpachtung (§ 21 EStG) verwirklicht und dadurch Einkünfte erzielt (BFH-Urteil vom 7. April 1987 – BStBl II S. 707 m. w. N.). Den Tatbestand der Einkunftsart Vermietung und Verpachtung verwirklicht derjenige, der Träger der Rechte und Pflichten eines Vermieters ist (BFH-Urteil vom 31. Oktober 1989 – BStBl II 1992 S. 506 m. w. N.) und mit diesen Rechten und Pflichten Sachen und Rechte i. S. d. § 21 Abs. 1 EStG an andere zur Nutzung gegen Entgelt überlässt (BFH-Urteil vom 26. April 1983 – BStBl II S. 502). Einem Nutzungsberechtigten sind bei Vermietung des Grundstücks die Einkünfte im Sinne von § 21 Abs. 1 Satz 1 Nr. 1 EStG zuzurechnen, wenn ihm die volle Besitz- und Verwaltungsbefugnis zusteht, er die Nutzungen tatsächlich zieht, das Grundstück in Besitz hat und es verwaltet. Den Tatbestand der Einkunftsart Vermietung und Verpachtung erfüllt auch der am Gesellschaftsanteil einer Gesellschaft des bürgerlichen Rechts mit Einkünften aus Vermietung und Verpachtung Nießbrauchsberechtigte, wenn ihm kraft seines Nießbrauchs eine Stellung eingeräumt ist, die der eines Gesellschafters entspricht. Hierfür genügt die bloße Einräumung eines Anspruchs auf Gewinnbezug nicht (BFH-Urteil vom 9. April 1991 – BStBl II S. 809).

1

II. Bestellung eines dinglichen Nutzungsrechts zugunsten naher Angehöriger

Bürgerlich-rechtliche Gestaltungen zwischen nahen Angehörigen sind steuerrechtlich nur dann anzuerkennen, wenn sie klar vereinbart, ernsthaft gewollt und tatsächlich durchgeführt werden.

2

2399

3 Aus der Bestellung eines Nießbrauchs oder eines anderen dinglichen Nutzungsrechts zugunsten naher Angehöriger können somit steuerrechtliche Folgerungen nur gezogen werden, wenn ein bürgerlich-rechtlich wirksames Nutzungsrecht begründet worden ist und die Beteiligten die zwischen ihnen getroffenen Vereinbarungen auch tatsächlich durchführen (BFH-Urteil vom 11. März 1976 – BStBl II S. 421 und vom **16. Januar 2007 – BStBl II S. 579 m. w. N.**). An der tatsächlichen Durchführung fehlt es, wenn äußerlich alles beim Alten bleibt und etwa nur die Erträge an den Nutzungsberechtigten abgeführt werden.

4 Räumen Eltern ihren minderjährigen Kindern einen Nießbrauch an einem Grundstück ein, bedarf es in der Regel der Mitwirkung eines Pflegers, weil das mit dem Nießbrauch regelmäßig verbundene gesetzliche Schuldverhältnis zwischen Eigentümer und Nießbraucher neben Rechten auch Pflichten des Nießbrauchers begründet und der Nießbraucher daher nicht lediglich einen rechtlichen Vorteil erlangt (BFH-Urteil vom 13. Mai 1980 – BStBl II 1981 S. 297). Insbesondere der Eintritt des Nießbrauchers in die Vermieterstellung ist insoweit als rechtlich nachteilig anzusehen. Daher ist auch in den Fällen des Bruttonießbrauchs (Rz. 14) die Mitwirkung des Ergänzungspflegers erforderlich, wenn der Nießbraucher in bestehende Mietverhältnisse eintreten oder zur Vermietung verpflichtet sein soll. **Die Anordnung einer Ergänzungspflegschaft ist nur für die Bestellung, nicht für die Dauer des Nießbrauchs erforderlich (BFH-Urteil vom 13. Mai 1980 – BStBl II 1981 S. 295).**

5 Die Bestellung des Nießbrauchs ohne Mitwirkung eines Ergänzungspflegers ist in diesen Fällen einkommensteuerrechtlich jedoch anzuerkennen, wenn das **Familiengericht** die Mitwirkung eines Ergänzungspflegers für entbehrlich **gehalten** hat).

III. Obligatorische Nutzungsrechte und „fehlgeschlagener" Nießbrauch

6 Den Tatbestand der Erzielung von Einkünften aus Vermietung und Verpachtung kann auch ein obligatorisch Nutzungsberechtigter erfüllen, wenn er eine gesicherte Rechtsposition erlangt hat und tatsächlich selbst die Stellung des Vermieters oder Verpächters einnimmt. Eine gesicherte Rechtsposition ist gegeben, wenn der Eigentümer dem Nutzenden den Gebrauch des Grundstücks für eine festgelegte Zeit nicht entziehen kann (BFH-Urteil vom 29. November 1983 – BStBl II 1984 S. 366).

7 Obligatorische Nutzungsrechte zugunsten naher Angehöriger sind nur anzuerkennen, wenn die Voraussetzungen der Rz. 2 bis **5** erfüllt sind. Ein unentgeltlich begründetes Nutzungsrecht kann regelmäßig nur anerkannt werden, wenn der Überlassungsvertrag schriftlich abgeschlossen und das Nutzungsrecht für einen festgelegten Zeitraum vereinbart worden ist. Bei einem teilweise entgeltlich begründeten Nutzungsrecht ist grundsätzlich ein schriftlicher Mietvertrag erforderlich. **Die Befristung eines dinglichen Nutzungsrechts führt zu dessen Erlöschen kraft Gesetzes, die des schuldrechtlichen Nutzungsrechts zur Beendigung der Rechtswirkungen dieses Rechtsgeschäfts. Dies gilt nicht, wenn ein Fortbestehen des schuldrechtlichen Nutzungsrechts ausdrücklich oder konkludent auch für den Zeitraum nach Ablauf der (Bedingungs-) Frist vereinbart wird (BFH-Urteil vom 16. Januar 2007 – BStBl II S. 579).**

8 Ist ein Nießbrauch mangels Eintragung im Grundbuch bürgerlich-rechtlich nicht wirksam bestellt worden, sind die Grundsätze zu den obligatorischen Nutzungsrechten (Rz. 35 bis 38 und 51 bis 54) anzuwenden.

IV. Sicherungsnießbrauch

9 Ein Nießbrauch, der lediglich zu Sicherungszwecken eingeräumt wird, ist, soweit er nicht ausgeübt wird, einkommensteuerrechtlich unbeachtlich. Ein Sicherungsnießbrauch liegt vor, wenn die Vereinbarung des dinglichen Nutzungsrechts lediglich dazu bestimmt ist, die dem Berechtigten versprochenen Leistungen dinglich abzusichern, ohne dass der

Berechtigte selbst auf Art und Umfang Einfluss nehmen kann (zum Sicherungsnießbrauch vgl. auch Rz. **81 ff.** des BMF-Schreibens vom **11. März 2010** – BStBl I S. **227**[1])
i. V. m. **Rz. 18 des BMF-Schreibens vom 16. September 2004** – BStBl I S. **922**[2])).

B. Zurechnung von Einkünften im Einzelnen
I. Zugewendete Nutzungsrechte
a) Abgrenzung zwischen entgeltlicher, teilweise entgeltlicher und unentgeltlicher Bestellung

Ein Nießbrauch, der vom Eigentümer dem Berechtigten bestellt ist (Zuwendungsnießbrauch), ist als entgeltlich bestellt anzusehen, wenn der Wert des Nießbrauchs und der Wert der Gegenleistung nach wirtschaftlichen Gesichtspunkten gegeneinander abgewogen sind. Beim Vergleich von Leistung und Gegenleistung sind die von den Vertragsparteien jeweils insgesamt zu erbringenden Leistungen gegenüberzustellen. — 10

Ist zwischen Personen, die nicht durch verwandtschaftliche oder sonstige enge Beziehungen miteinander verbunden sind, ein Nießbrauch gegen Entgelt vereinbart worden, ist davon auszugehen, dass der Wert des Nießbrauchs und der Wert der Gegenleistung nach wirtschaftlichen Gesichtspunkten abgewogen sind. — 11

Sind der Wert des Nießbrauchs und der Wert der Gegenleistung nicht nach wirtschaftlichen Gesichtspunkten abgewogen, ist von einem teilweise entgeltlich bestellten Nießbrauch auszugehen. Der Vorgang ist in einen entgeltlichen und in einen unentgeltlichen Teil aufzuteilen. Dabei berechnen sich der entgeltlich und der unentgeltlich erworbene Teil des Nießbrauchs nach dem Verhältnis des Entgelts zu dem Kapitalwert des Nießbrauchs. — 12

Ist der Wert der Gegenleistung im Verhältnis zum Wert des Nießbrauchs so bemessen, dass bei Zugrundelegung einer zwischen Fremden üblichen Gestaltung nicht mehr von einer Gegenleistung ausgegangen werden kann, liegt ein unentgeltlich bestellter Nießbrauch vor. Davon ist regelmäßig auszugehen, wenn der Wert der Gegenleistung weniger als 10 v. H. des Werts des Nießbrauchs beträgt. — 13

b) Allgemeine Grundsätze

Nach § 567 BGB tritt der Nießbraucher in die Rechtsstellung des Eigentümers als Vermieter ein. Die Ausgestaltung eines Nießbrauchs als Bruttonießbrauch beeinträchtigt die Vermieterstellung eines Nießbrauchers grundsätzlich nicht (BFH-Urteil vom 13. Mai 1980 – BStBl II 1981 S. 299). Es handelt sich dabei um einen Nießbrauch, bei dem sich der Nießbrauchbesteller verpflichtet, die den Nießbraucher nach §§ 1041, 1045, 1047 BGB treffenden Kosten und Lasten zu tragen, so dass dem Nießbraucher die Bruttoerträge verbleiben. — 14

Mietzahlungen sind an den Nießbraucher zu leisten. Vertreten Eltern ihre minderjährigen Kinder, müssen die Willenserklärungen im Namen der Kinder abgegeben werden (BFH-Urteil vom 13. Mai 1980 – BStBl II 1981 S. 295). — 15

Bei einem Quotennießbrauch und einem Bruchteilsnießbrauch gelten für die Gemeinschaft von Nießbraucher und Eigentümer die Grundsätze in Rz. 14 und 15 entsprechend. Ein Quotennießbrauch liegt vor, wenn dem Nießbraucher ein bestimmter Anteil an den Einkünften des Grundstücks zusteht; ein Bruchteilsnießbrauch liegt vor, wenn der Nießbrauch an einem Bruchteil eines Grundstücks bestellt wird. Mietzahlungen auf ein gemeinsames Konto beeinträchtigen die Vermieterstellung des Quotennießbrauchers oder Bruchteilsnießbrauchers nicht, wenn sichergestellt ist, dass der anteilige Überschuss in die alleinige Verfügungsmacht des Nießbrauchers gelangt. — 16

---
[1]) >Anhang 13 IV
[2]) >Anhang 13 IV EStH 2008

17 Hat der Nießbraucher das Gebäude oder eine Wohnung in Ausübung seines Nießbrauchsrechts an den Eigentümer vermietet, so kann darin die Rückgängigmachung des Nießbrauchs oder ein Missbrauch von rechtlichen Gestaltungsmöglichkeiten (§ 42 AO) liegen. Bestellen Eltern ihrem Kind einen befristeten Nießbrauch an einem Grundstück und vermietet das Kind den Grundbesitz anschließend an die Eltern zurück, stellt eine solche Gestaltung regelmäßig einen Missbrauch von rechtlichen Gestaltungsmöglichkeiten i. S. d. § 42 AO dar (BFH-Urteil vom 18. Oktober 1990 – BStBl II 1991 S. 205). Eine missbräuchliche Gestaltung kann auch in der Unkündbarkeit eines in zeitlichem Zusammenhang mit der Nießbrauchsbestellung mit dem Nießbrauchbesteller vereinbarten Mietverhältnisses oder darin liegen, dass die Dauer eines befristeten Nießbrauchs auf die Unterhaltsbedürftigkeit des Nießbrauchers abgestimmt ist.

c) Unentgeltlich bestellter Nießbrauch
aa) Behandlung beim Nießbraucher

18 Bei der Vermietung des nießbrauchbelasteten Grundstücks sind die Grundsätze der Rz. 14 bis 17 maßgebend.

19 AfA auf das Gebäude darf der Nießbraucher nicht abziehen (BFH-Urteil vom 24. April 1990 – BStBl II S. 888). Von den Herstellungskosten für in Ausübung des Nießbrauchs eingebaute Anlagen und Einrichtungen im Sinne des § 95 Abs. 1 Satz 2 BGB darf der Nießbraucher AfA in Anspruch nehmen. Ferner darf er AfA für Aufwendungen für Einbauten zu vorübergehendem Zweck im Sinne des § 95 Abs. 1 Satz 1 BGB abziehen.

20 Auf das unentgeltlich erworbene Nießbrauchrecht darf der Nießbraucher keine AfA vornehmen (BFH-Urteil vom 28. Juli 1981 – BStBl II 1982 S. 454).

21 Andere Werbungskosten darf der Nießbraucher abziehen, soweit er sie im Rahmen der Nießbrauchsbestellung vertraglich übernommen und tatsächlich getragen hat oder – bei Fehlen einer vertraglichen Regelung – aufgrund der gesetzlichen Lastenverteilung getragen hat. Aufwendungen, zu denen der Nießbraucher nicht verpflichtet, aber nach § 1043 BGB berechtigt ist und die in seinem Interesse erfolgen, sind ebenfalls abzuziehen. Verzichtet der Nießbraucher jedoch gegenüber dem Eigentümer von vornherein auf den Ersatzanspruch nach § 1049 BGB oder steht schon bei der Aufwendung fest, dass der Ersatzanspruch nicht zu realisieren ist, ist von einer Zuwendung gemäß § 12 Nr. 2 EStG durch die Erhaltungsmaßnahme auszugehen (vgl. BFH-Urteil vom 14. November 1989 – BStBl II 1990 S. 462 und vom 5. September 1991 – BStBl II 1992 S. 192).

22 Hat der Nießbraucher größeren Erhaltungsaufwand nach § 82b EStDV auf mehrere Jahre verteilt und endet der Nießbrauch vor Ablauf des Verteilungszeitraums **(z. B. durch Tod des Nießbrauchers)**, darf der Nießbraucher den noch nicht berücksichtigten Teil des Erhaltungsaufwands nur noch im Jahr der Beendigung des Nießbrauchs abziehen. **Die von einem Steuerpflichtigen geleisteten Aufwendungen sind nach seinem Tod in der für ihn durchzuführenden Veranlagung zu berücksichtigen; eine spätere Verteilung nach § 82b EStDV durch den Rechtsnachfolger ist ausgeschlossen.**

bb) Behandlung beim Eigentümer

23 Dem Eigentümer sind keine Einkünfte aus dem nießbrauchbelasteten Grundstück zuzurechnen.

24 Der Eigentümer darf AfA auf das Gebäude und Grundstücksaufwendungen, die er getragen hat, nicht als Werbungskosten abziehen, da er keine Einnahmen erzielt.

25 Bei einem Bruchteilsnießbrauch darf der Eigentümer AfA auf das Gebäude nicht abziehen, soweit sie auf den mit dem Nießbrauch belasteten Eigentumsanteil entfallen. Entsprechendes gilt für den Abzug anderer Aufwendungen. Die Sätze 1 und 2 gelten beim Quotennießbrauch sinngemäß.

d) Entgeltlich bestellter Nießbrauch
aa) Behandlung beim Nießbraucher

Im Falle der Nutzung durch Vermietung **sind Einmalzahlungen für die Einräumung eines Nießbrauchs als Werbungskosten im Zeitpunkt der Zahlung abzuziehen, sofern die Vorauszahlung für einen Zeitraum von bis zu fünf Jahren geleistet wird. Auf die Vorausleistung des für mehr als fünf Jahre geltenden Nießbrauchrechts ist § 11 Abs. 2 Satz 3 EStG anzuwenden und mithin auf den Zeitraum gleichmäßig zu verteilen, für den sie geleistet wird.** Ist der Nießbrauch für die Lebenszeit des Berechtigten oder einer anderen Person eingeräumt, sind die Aufwendungen für den Erwerb des Nießbrauchs **nach § 11 Abs. 2 Satz 3 EStG** auf die mutmaßliche Lebenszeit der betreffenden Person zu verteilen, **sofern diese mehr als fünf Jahre beträgt** (**zur Lebenserwartung ist auf die jeweils aktuelle Sterbetafel des Statistischen Bundesamtes abzustellen, § 14 Abs. 1 BewG, für Bewertungsstichtage ab 1. Januar 2011 siehe BMF-Schreiben vom 8. November 2010 – BStBl I S. 1288, für Bewertungsstichtage ab dem 1. Januar 2012 siehe BMF-Schreiben vom 26. September 2011 – BStBl I S. 834 und für Bewertungsstichtage ab dem 1. Januar 2013 siehe BMF-Schreiben vom 26. Oktober 2012 – BStBl I S. 950**). Leistet der Nießbraucher als Gegenleistungen für die Einräumung des Nießbrauchs ausschließlich gleichmäßige laufende Zahlungen, **sind** die laufend gezahlten Beträge **für das Kalenderjahr** als Werbungskosten **abzusetzen, in dem sie geleistet worden sind.** 26

Nutzt der Nießbraucher das Gebäude durch Vermietung, darf er Aufwendungen, die er aufgrund vertraglicher Bestimmungen getragen hat, als Werbungskosten abziehen. Haben die Vertragsparteien bei Einräumung des Nießbrauchs keine besonderen Regelungen getroffen, sind Aufwendungen des Nießbrauchers als Werbungskosten zu berücksichtigen, soweit er sie nach den gesetzlichen Bestimmungen (§§ 1041, 1045, 1047 BGB) getragen hat. Zur Abziehbarkeit der Aufwendungen im Einzelnen vgl. Rz. 21. 27

bb) Behandlung beim Eigentümer

Beim Eigentümer ist das für die Bestellung des Nießbrauchs gezahlte Entgelt **grundsätzlich** im Jahr des Zuflusses als Einnahme aus Vermietung und Verpachtung zu erfassen. Das gilt unabhängig davon, ob beim Nießbraucher Einkünfte aus Vermietung und Verpachtung anfallen. **Bei Vorausleistung des Entgelts durch den Nießbraucher für mehr als 5 Jahre können die Einnahmen auf den Zeitraum verteilt werden, für den die Zahlung geleistet wird (§ 11 Abs. 1 Satz 3 EStG).** 28

(weggefallen) 29

Der Eigentümer ist – da ihm Einnahmen aus Vermietung und Verpachtung zuzurechnen sind – zur Vornahme von AfA berechtigt. Daneben darf er die von ihm aufgrund vertraglicher Vereinbarungen, bei fehlenden Vereinbarungen die aufgrund der gesetzlichen Lastenverteilung (§§ 1041, 1045, 1047 BGB), getragenen Aufwendungen für das belastete Grundstück abziehen. 30

e) Teilweise entgeltlich bestellter Nießbrauch

Bei einem teilweise entgeltlich bestellten Nießbrauch sind die Grundsätze der Rz. 26 bis 30 anzuwenden. Rz. 30 ist nicht anzuwenden, soweit der Nießbrauch unentgeltlich bestellt worden ist. Zur Aufteilung der Aufwendungen vgl. Rz. 12. 31

2. Vermächtnisnießbrauch

Ein Vermächtnisnießbrauch liegt vor, wenn aufgrund einer letztwilligen Verfügung des Grundstückseigentümers durch dessen Erben einem Dritten der Nießbrauch an dem Grundstück eingeräumt worden ist. Für den Vermächtnisnießbrauch gelten die Ausführungen zum unentgeltlichen Zuwendungsnießbrauch (Rz. 18 bis 25) entsprechend. Der 32

Vermächtnisnehmer ist nicht berechtigt, die AfA für das vom Erblasser hinterlassene Gebäude in Anspruch zu nehmen (BFH-Urteil vom 28. September 1993 – BStBl II 1994 S. 319).

3. Zugewendetes dingliches Wohnrecht

33 Ist das Grundstück in der Weise belastet, dass an einer Wohnung ein im Grundbuch eingetragenes Wohnrecht zugunsten eines anderen begründet worden ist, sind die für **einen** Zuwendungsnießbrauch geltenden Grundsätze insoweit entsprechend anzuwenden. Zur Abgrenzung von unentgeltlich, entgeltlich und teilentgeltlich zugewendeten dinglichen Wohnrechten vgl. Rz. 10 bis 13. **Die Übertragung** eines Grundstücks gegen die Verpflichtung, dieses mit einem Wohngebäude zu bebauen und dem Veräußerer ein dingliches Wohnrecht an einer Wohnung zu bestellen, **stellt keine entgeltliche Überlassung des Wohnrechts, sondern ein auf die Anschaffung des Grundstücks gerichtetes Rechtsgeschäft dar.**

34 Der Eigentümer darf AfA auf den mit dem Wohnrecht belasteten Gebäudeteil nur in Anspruch nehmen, soweit das Wohnrecht entgeltlich zugewendet worden ist. Entsprechendes gilt für den Abzug anderer Aufwendungen.

4. Zugewendetes obligatorisches Nutzungsrecht

a) Allgemeines

35 Zur Abgrenzung zwischen der entgeltlichen, teilweise entgeltlichen und unentgeltlichen Einräumung eines Nutzungsrechts vgl. Rz. 10 bis 13.

b) Behandlung beim Nutzenden

36 Vermietet der Nutzungsberechtigte das Grundstück, hat er die erzielten Einnahmen zu versteuern. Er darf die vertraglich übernommenen und von ihm getragenen Aufwendungen einschließlich des an den Eigentümer gezahlten Entgelts als Werbungskosten absetzen. Bei bereits bestehenden Nutzungsverträgen kann der Nutzungsberechtigte nur durch eine rechtsgeschäftliche Vertragsübernahme in die Vermieterstellung eintreten (vgl. BFH-Urteil vom 26. April 1983 – BStBl II S. 502). Im Übrigen gelten die Ausführungen in Rz. 14 bis 22, 26 bis 27 und 31 entsprechend.

c) Behandlung beim Eigentümer

37 Beim Eigentümer ist das für die Einräumung eines Nutzungsrechts gezahlte Entgelt im Jahr des Zuflusses als Einnahme aus Vermietung und Verpachtung zu erfassen. Im Übrigen gelten die Ausführungen in Rz. 14 bis 17, 23 bis 25, 28 bis 31 entsprechend.

38 Nutzt der Berechtigte eine ihm unentgeltlich überlassene Wohnung aufgrund einer gesicherten Rechtsposition, darf der Eigentümer AfA auf das Gebäude nicht in Anspruch nehmen, soweit sie auf den Gebäudeteil entfallen, auf den sich das Nutzungsrecht erstreckt. Entsprechendes gilt für den Abzug anderer Aufwendungen.

II. Vorbehaltene Nutzungsrechte

1. Vorbehaltsnießbrauch

a) Allgemeines

39 Ein Vorbehaltsnießbrauch liegt vor, wenn bei der Übertragung eines Grundstücks gleichzeitig ein Nießbrauchrecht für den bisherigen Eigentümer an dem übertragenen Grundstück bestellt wird. Einem Vorbehaltsnießbraucher ist ein Schenker gleichzustellen, der mit dem Beschenkten im Voraus eine klare und eindeutige Schenkungsabrede über den Erwerb eines bestimmten Grundstücks und die Bestellung eines Nießbrauchrechts an diesem Grundstück trifft (BFH-Urteil vom 15. Mai 1990 – BStBl II 1992 S. 67). Gleiches gilt für einen vorläufigen Erben, der die Erbschaft mit der Maßgabe ausgeschlagen hat,

dass ihm ein Nießbrauchrecht an den zum Nachlass gehörenden Gegenständen eingeräumt wird (BFH-Urteil vom 4. Juni 1996 – BStBl II 1998 S. 431).

Die Bestellung des Nießbrauchs ist keine Gegenleistung des Erwerbers (BFH-Urteil vom 28. Juli 1981 – BStBl II 1982 S. 378, vom 10. April 1991 – BStBl II S. 791 und vom 24. April 1991 – BStBl II S. 793), unabhängig davon, ob das Grundstück entgeltlich oder unentgeltlich übertragen wird. 40

b) Behandlung beim Nießbraucher

Ist das mit dem Vorbehaltsnießbrauch belastete Grundstück vermietet, erzielt der Nießbraucher Einkünfte aus Vermietung und Verpachtung. Dies gilt auch, wenn der Nießbraucher das Grundstück dem Grundstückseigentümer entgeltlich zur Nutzung überlässt. 41

Der Vorbehaltsnießbraucher darf im Falle der Nutzung durch Vermietung die AfA für das Gebäude wie zuvor als Eigentümer in Anspruch nehmen (BFH-Urteil vom 28. Juli 1981 – BStBl II 1982 S. 380, vom 24. September 1985 – BStBl II 1986 S. 12 und vom 30. Januar 1995 – BStBl II S. 281). Rz. 25 ist entsprechend anzuwenden. 42

Der Vorbehaltsnießbraucher ist berechtigt, die von ihm getragenen Aufwendungen auf das Grundstück nach Maßgabe der Rz. 21 und 22 als Werbungskosten abzuziehen. 43

Ist das Grundstück unter Vorbehalt des Nießbrauchs entgeltlich übertragen worden, ist die Bemessungsgrundlage für die AfA nicht um die Gegenleistung des Erwerbers zu kürzen. 44

c) Behandlung beim Eigentümer

Sind dem Eigentümer aus dem nießbrauchbelasteten Grundstück keine Einnahmen zuzurechnen, darf er Aufwendungen auf das Grundstück nicht als Werbungskosten abziehen. Sind dem Eigentümer Einnahmen aus dem nießbrauchbelasteten Grundstück zuzurechnen, ist Rz. 25 entsprechend anzuwenden. 45

Nach Erlöschen des Nießbrauchs stehen dem Eigentümer die AfA auf das gesamte Gebäude zu. 46

Ist das Grundstück entgeltlich unter Vorbehalt des Nießbrauchs übertragen worden, bemessen sich die AfA nach den Anschaffungskosten des Eigentümers. Der Kapitalwert des Nießbrauchs gehört nicht zu den Anschaffungskosten. Die AfA-Bemessungsgrundlage erhöht sich um die zusätzlichen Herstellungskosten, die der Eigentümer getragen hat (BFH-Urteil vom 7. Juni 1994 – BStBl II S. 927). Das AfA-Volumen ist um die AfA-Beträge zu kürzen, die von den Anschaffungskosten des Eigentümers auf den Zeitraum zwischen Anschaffung des Grundstücks und dem Erlöschen des Nießbrauchs entfallen. 47

Ist das Grundstück unentgeltlich unter Vorbehalt des Nießbrauchs übertragen worden, führt der Eigentümer nach Erlöschen des Nießbrauchs die AfA nach § 11d EStDV fort. Bei teilentgeltlichem Erwerb gelten die Grundsätze der Tz. 14 **des BMF-Schreibens vom 26. Februar 2007 (BStBl I S. 269)** und 15 des BMF-Schreibens vom 13. Januar 1993 – BStBl I S. 80 entsprechend. 48[1])

2. Vorbehaltenes dingliches Wohnrecht

Ist das Grundstück gegen Einräumung eines vorbehaltenen dinglichen Wohnrechts übertragen worden, sind die für den Vorbehaltsnießbrauch geltenden Grundsätze entsprechend anzuwenden. 49

Der Eigentümer darf AfA auf das entgeltlich erworbene Gebäude nur in Anspruch nehmen, soweit sie auf den unbelasteten Teil entfällt (BFH-Urteil vom 7. Juni 1994 – BStBl II 50

---

[1]) >Anhang 13 II

S. 927). In diesen Fällen ist die AfA-Bemessungsgrundlage nur für den unbelasteten Gebäudeteil zu ermitteln, und zwar wie folgt: Die Einräumung des Wohnrechts stellt kein Entgelt für die Übertragung des Grundstücks dar. Der Übernehmer erhält lediglich das von vornherein um das Nutzungsrecht geminderte Vermögen. Der Kaufpreis zuzüglich der Nebenkosten ist auf die beiden Wirtschaftsgüter Grund und Boden sowie Gebäude nach dem Verhältnis der Verkehrswerte aufzuteilen. Da sich das Wohnrecht nicht auf den Grund und Boden bezieht, ist nur der Verkehrswert des Gebäudes um den kapitalisierten Wert des Wohnrechts zu mindern. Der Anteil des unbelasteten Gebäudeteils an den tatsächlichen Gebäudeanschaffungskosten ergibt sich dann aus dem Verhältnis des Verkehrswerts des unbelasteten Teils zum Verkehrswert des gesamten Gebäudes abzüglich des kapitalisierten Werts des Nutzungsrechts (**BFH-Urteil vom 31. Mai 2000 – BStBl II 2001 S. 594**). **Eine von den Vertragsparteien vorgenommene Aufteilung des Kaufpreises auf einzelne Wirtschaftsgüter ist grundsätzlich – auch in den Fällen einer gemischten Schenkung – der Besteuerung zu Grunde zu legen, soweit der Verkehrswert des jeweiligen Wirtschaftsguts nicht überschritten wird** (**BFH-Urteil vom 27. Juli 2004 – BStBl II 2006 S. 9**).

Beispiel 1:
V überträgt sein Zweifamilienhaus gegen Übernahme der Verbindlichkeiten in Höhe von **175.000 €** an K. Dabei behält V sich ein lebenslängliches dingliches Wohnrecht an der Wohnung im Obergeschoss vor (Kapitalwert des Wohnrechts im Erwerbszeitpunkt **75.000 €**). Die Erdgeschosswohnung ist weiterhin vermietet. Beide Wohnungen sind gleich groß. Die Verkehrswerte betragen für das Gebäude **250.000 €** und für den Grund und Boden **50.000 €** (ohne Berücksichtigung des Wohnrechts). **Im notariellen Vertrag erfolgte keine konkrete Zuordnung der Schuldübernahme als Kaufpreis auf die Wohnungen sowie den Grund und Boden.**

Die AfA-Bemessungsgrundlage für die unbelastete Wohnung ist wie folgt zu ermitteln:

1. Schritt: Aufteilung der Anschaffungskosten in Höhe von 175.000 € auf Grund und Boden und Gebäude im Verhältnis der Verkehrswerte:

Verkehrswert Grund und Boden	50.000 €	= 22,22 v. H.
Verkehrswert Gebäude	250.000 €	
abzügl. Kapitalwert Nutzungsrecht	75.000 €	
	175.000 €	= 77,78 v. H.
Damit entfällt der Kaufpreis von **175.000 €** auf	22,22 v. H.	
den Grund und Boden von	175.000 €	38.885 €
	77,78 v. H.	
das Gebäude von	175.000 €	136.115 €

2. Schritt: Ermittlung der AfA-Bemessungsgrundlage:

		unbelastete Wohnung (50 v. H.)	wohnrechtsbelastete Wohnung (50 v. H.)
Wohnwert Gebäude	250.000 €	125.000 €	125.000 €
abzügl. Kapitalwert Nutzungsrecht	75.000 €		75.000 €
	175.000 €	125.000 €	50.000 €
Kaufpreisanteil	175/175	125/175	50/175
Gebäude	136.115 €	97.225 €	38.890 €

Da es sich hier um einen teilentgeltlichen Erwerb handelt, ist § 11d EStDV auf den unentgeltlich erworbenen und unbelasteten Anteil anzuwenden.

Beispiel 2 (Abwandlung):
Sachverhalt wie Beispiel 1, allerdings ist im Kaufvertrag folgendes vereinbart: Die wohnrechtsbelastete Wohnung geht unentgeltlich über. Als Kaufpreis werden für den

Grund und Boden 50.000 € und für die vermietete Wohnung 125.000 € bestimmt. Die Kaufpreiszahlung erfolgt durch Schuldübernahme in entsprechender Höhe.

Lösung:
Die im Kaufvertrag vorgenommene Kaufpreiszuordnung ist steuerlich anzuerkennen, wenn sie weder zum Schein getroffen noch missbräuchlich vorgenommen wurde (BFH-Urteil vom 1. April 2009 – BStBl II S. 663). Die AfA-Bemessungsgrundlage für die vermietete Wohnung beträgt hiernach 125.000 €.

3. Vorbehaltenes obligatorisches Nutzungsrecht

a) Allgemeines

Behält sich der bisherige Eigentümer bei der Übertragung des Grundstücks ein obligatorisches Nutzungsrecht vor, stellt die Einräumung des Nutzungsrechts keine Gegenleistung des Erwerbers dar. — 51

b) Behandlung beim Nutzenden

Der Nutzungsberechtigte hat bei Vermietung des Grundstücks die Einnahmen zu versteuern. Er darf die von ihm getragenen Aufwendungen einschließlich des an den Eigentümer gezahlten Entgelts als Werbungskosten absetzen. Der Nutzende darf wie zuvor als Eigentümer die AfA für das Gebäude in Anspruch nehmen (BFH-Urteil vom 28. März 1995 – BStBl II 1997 S. 121). — 52

c) Behandlung beim Eigentümer

Die für den Eigentümer geltenden Grundsätze des Vorbehaltsnießbrauchs nach Rz. 45 bis 48 sind entsprechend anzuwenden. — 53

Zur AfA-Berechtigung des Eigentümers auf das Gebäude und zur Ermittlung der Bemessungsgrundlage vgl. Rz. 50. — 54

C. Ablösung von Nutzungsrechten

1. Vorbehaltsnießbrauch

a) Allgemeines

Unbeachtlich ist, ob der Nießbrauch anlässlich einer entgeltlichen oder einer unentgeltlichen Grundstücksübertragung vorbehalten wurde. Bei der Ablösung ist zu unterscheiden zwischen Vermögensübertragungen im Rahmen der vorweggenommenen Erbfolge (Vermögensübergabe) und sonstigen Vermögensübertragungen. Zur Abgrenzung der Vermögensübergabe von sonstigen Vermögensübertragungen vgl. Rz. **2, 3, 5 und 57** des BMF-Schreibens vom **11. März 2010** – a. a. O[1]). — 55

b) Ablösung im Zusammenhang mit einer Vermögensübergabe

aa) Allgemeines

Zum Begriff der vorweggenommenen Erbfolge und den Arten der Vermögensübertragung durch vorweggenommene Erbfolge vgl. BMF-Schreiben vom 13. Januar 1993 – BStBl I S. 80. — 56

bb) Behandlung beim Eigentümer

Einmalige Zahlungen zur Ablösung des Vorbehaltsnießbrauchs sind Abstandszahlungen an den Vermögensübergeber und erhöhen die Bemessungsgrundlage für die AfA des Grundstückseigentümers (BFH-Urteil vom 28. November 1991 – BStBl II 1992 S. 381, vom 21. Juli 1992 – BStBl II 1993 S. 484 und vom 21. Juli 1992 – BStBl II 1993 — 57

---

[1]) >Anhang 13 IV

S. 486). Zur Ablösung des Vorbehaltsnießbrauchs durch wiederkehrende Leistungen vgl. **Rz. 85 des** BMF-Schreibens vom **11. März 2010** – a. a. O[1]).

cc) Behandlung beim Nießbraucher

58 Die Ablösung des Vorbehaltsnießbrauchs gegen Einmalzahlung ist beim Nießbraucher eine nicht steuerbare Vermögensumschichtung (für den Fall eines vorbehaltenen Wohnrechts vgl. BFH-Urteil vom 9. August 1990 – BStBl II S. 1026). Zur Beurteilung der zur Ablösung empfangenen wiederkehrenden Leistungen vgl. **Rz. 85, 89 des** BMF-Schreibens vom **11. März 2010** – a. a. O[1]).

c) Ablösung im Zusammenhang mit sonstigen Vermögensübertragungen
aa) Behandlung beim Eigentümer

59 Eine Einmalzahlung führt in voller Höhe, wiederkehrende Leistungen führen mit ihrem Barwert (§§ 13, 14 BewG i. V. m. Anlage 9, 9a zum BewG) zu Anschaffungskosten (BFH-Urteil vom 9. Februar 1994 – BStBl II 1995 S. 47 und vom 18. Oktober 1994 – BStBl II 1995 S. 169 – für dauernde Lasten –). Ist die Einmalzahlung bzw. der Barwert der wiederkehrenden Leistungen höher als der Wert des übertragenen Vermögens, ist Entgeltlichkeit in Höhe des angemessenen Kaufpreises anzunehmen. Der übersteigende Betrag ist eine Zuwendung i. S. d. § 12 Nr. 2 EStG. Ist der Barwert der wiederkehrenden Leistungen mehr als doppelt so hoch wie der Wert des übertragenen Vermögens, liegt insgesamt eine Zuwendung i. S. d. § 12 Nr. 2 EStG vor. Wiederkehrende Leistungen in Zusammenhang mit einer privaten Vermögensumschichtung dürfen weder als Rente noch als dauernde Last abgezogen werden (BFH-Urteil vom 25. November 1992 – BStBl II 1996 S. 663 m. w. N.). Der in den wiederkehrenden Leistungen enthaltene Zinsanteil, der in entsprechender Anwendung der Ertragsanteilstabellen der §§ 22 EStG, 55 EStDV zu ermitteln ist, ist im Falle der Vermietung gem. § 9 Abs. 1 Satz 3 Nr. 1 Satz 2 EStG als Werbungskosten bei den Einkünften aus Vermietung und Verpachtung abzuziehen.

bb) Behandlung beim Nießbraucher

60 Die Ablösung eines vorbehaltenen Nießbrauchs gegen Einmalzahlung ist eine beim Nießbraucher nicht steuerbare Vermögensumschichtung. Wiederkehrende Leistungen, die nicht als Versorgungsleistungen im Rahmen einer Vermögensübergabe erbracht werden, sind mit ihrem Zinsanteil nach § 20 Abs. 1 Nr. 7 EStG oder bei Veräußerungsleibrenten mit dem Ertragsanteil nach § 22 Nr. 1 Satz 3 Buchst. a **Doppelbuchst. bb** EStG steuerbar (vgl. Rz. **75** des BMF-Schreibens vom **11. März 2010** – a. a. O.[2])).

2. Zuwendungsnießbrauch
a) Unentgeltlicher Zuwendungsnießbrauch

61 Zahlungen zur Ablösung eines unentgeltlich eingeräumten Zuwendungsnießbrauchs sind grundsätzlich als Zuwendungen i. S. d. § 12 Nr. 2 EStG zu beurteilen (vgl. bei fehlender tatsächlicher Änderung der rechtlichen oder wirtschaftlichen Verhältnisse BFH-Urteil vom 13. Oktober 1993 – BStBl II 1994 S. 451 und beim Missbrauch von rechtlichen Gestaltungsmöglichkeiten nach § 42 AO BFH-Urteil vom 6. Juli 1993 – BStBl II 1998 S. 429). Sie gehören daher beim Nießbraucher nicht zu den Einkünften aus Vermietung und Verpachtung. Der Eigentümer kann sie nicht als Werbungskosten abziehen; sie erhöhen auch nicht seine Anschaffungskosten für das Grundstück. Ein

---

[1]) Rz. 85 geändert durch BMF vom 06.05.2016 (BStBl I S. 476), Anhang 13 IV
[2]) >Anhang 13 IV

anstelle des bisherigen Nießbrauchs eingeräumter Ersatznießbrauch ist als neu bestellter unentgeltlicher Zuwendungsnießbrauch zu behandeln.

Rz. 61 gilt nicht für die Fälle, in denen der ablösende Eigentümer das Grundstück selbst bereits mit der Belastung des Nießbrauchs erworben hat (vgl. BFH-Urteil vom 15. Dezember 1992 – BStBl II 1993 S. 488). In einem solchen Fall vollzieht sich die Ablösung im Rahmen eines entgeltlichen Veräußerungsgeschäfts. Eine Einmalzahlung ist in voller Höhe, wiederkehrende Leistungen sind mit ihrem Barwert Anschaffungskosten. 62

b) Entgeltlicher Zuwendungsnießbrauch

Zahlungen zur Ablösung eines entgeltlich bestellten Zuwendungsnießbrauchs sind beim Eigentümer im Jahr der Zahlung als negative Einnahmen bei den Einkünften aus Vermietung und Verpachtung zu erfassen. Ist das für die Bestellung des Nießbrauchs gezahlte Entgelt nach **§ 11 Absatz 1 Satz 3 EStG** auf mehrere Jahre verteilt worden, ist der noch nicht versteuerte Restbetrag beim Eigentümer als Einnahme aus Vermietung und Verpachtung zu erfassen. Besteht die Abfindung in wiederkehrenden Leistungen, sind diese jeweils im Jahr der Zahlung als negative Einnahmen anzusetzen. 63

Die Ablösungszahlungen sind beim Nießbraucher **grundsätzlich** der privaten Vermögensebene zuzuordnen (BFH-Urteil vom 9. August 1990 – BStBl II S. 1026). 64

3. Vermächtnisnießbrauch

Aufwendungen zur Ablösung eines zugewendeten Vermächtnisnießbrauchs sind nachträgliche Anschaffungskosten des Grundstückseigentümers (BFH-Urteil vom 21. Juli 1992 – BStBl II 1993 S. 484). Die Ablösung eines Vermächtnisnießbrauchs gegen Einmalzahlung ist eine beim Nießbraucher nicht steuerbare Vermögensumschichtung. Zur Ablösung gegen wiederkehrende Leistungen vgl. Tz. **85, 86** des BMF-Schreibens vom **11. März 2010** – a. a. O[1]). 65

4. Dingliches Wohnrecht

Für die Behandlung von Ablösungszahlungen des Eigentümers an den dinglich Wohnberechtigten sind die für die Ablösung von Nießbrauchrechten geltenden Grundsätze entsprechend anzuwenden. Aufwendungen zur Ablösung eines vom Rechtsvorgänger eingeräumten dinglichen Wohnrechts entfallen, soweit sie nachträgliche Anschaffungskosten des Grundstückseigentümers sind, in vollem Umfang auf das Gebäude (BFH-Urteil vom 21. Juli 1992 – BStBl II 1993 S. 484). 66

5. Obligatorisches Nutzungsrecht

Für die Behandlung von Aufwendungen für die Ablösung obligatorischer Nutzungsrechte gelten die Grundsätze zur Ablösung eines Vorbehalts- und Zuwendungsnießbrauchs (Rz. 55 bis 64) entsprechend. 67

D. Anwendungsregelung

Dieses BMF-Schreiben tritt an die Stelle des BMF-Schreibens vom 24. Juli 1998 – BStBl I S. 914. Die Grundsätze dieses Schreibens sind in allen noch offenen Fällen anzuwenden. **Die BMF-Schreiben vom 9. Februar 2001 – BStBl I S. 171 und vom 29. Mai 2006 – BStBl I S. 392 werden aufgehoben.** 68

Die Grundsätze in Rz. 4 und 5 **sind** in allen Fällen anzuwenden, in denen der Nießbrauch nach dem 30. Juni 1992 notariell beurkundet oder der Überlassungsvertrag nach dem 30. Juni 1992 abgeschlossen worden ist. Ist der Nießbrauch vor dem 1. Juli 1992 beurkundet oder der Überlassungsvertrag vor dem 1. Juli 1992 abgeschlossen worden, 69

---

[1]) Rz. 85 geändert durch BMF vom 06.05.2016 (BStBl I S. 476), Anhang 13 IV

ist Rz. 4 bzw. Rz. 53 des BMF-Schreibens vom 15. November 1984 – BStBl I S. 561 weiter anzuwenden.

70 **Die Grundsätze in Rz. 26 und 28 sind erstmals auf Vorausleistungen anzuwenden, die nach dem 31. Dezember 2003 geleistet wurden. Auf vor dem 1. Januar 2004 getätigte Vorausleistungen finden die Rz. 26 und 28 sowie die Billigkeitsregelung gem. Rz. 29 des BMF-Schreibens vom 24. Juli 1998 – BStBl I S. 914 weiter Anwendung.**

71 Die Grundsätze in Rz. 32 **sind** in den Fällen anzuwenden, in denen der Vermächtnisnießbrauch nach dem 31. Mai 1994 notariell beurkundet worden ist. Ist der Vermächtnisnießbrauch vor dem 1. Juni 1994 notariell beurkundet worden, ist der Nießbraucher weiterhin zum Abzug der Gebäude-AfA nach Maßgabe der Rz. 51, 41 des BMF-Schreibens vom 15. November 1984 – BStBl I S. 561 – berechtigt.

72 **Die Grundsätze der Rz. 33 sind in allen noch offenen Fällen anzuwenden. Soweit die Anwendung der Randziffer zu einem Nachteil gegenüber der bisherigen Verwaltungsauffassung führt, sind die Grundsätze erstmals anzuwenden, wenn die Bestellung eines dinglichen Nutzungsrechts gegen Übertragung eines Grundstücks im privaten Bereich nach dem 31. Mai 2006 erfolgt ist.**

73 **Wurden wiederkehrende Leistungen im Zusammenhang mit der Ablösung eines Zuwendungsnießbrauchs vor dem 1. Januar 2008 vereinbart, können diese als Sonderausgaben nach § 10 Absatz 1 Nummer 1a EStG[1] abgezogen werden, soweit die übrigen Voraussetzungen für eine begünstigte Vermögensübergabe vorliegen (Rz. 81 des BMF-Schreibens vom 11. März 2010 a. a. O.[2]); BFH-Urteil vom 13. Dezember 2005 – BStBl II 2008 S. 16).**

74 In Fällen der Ermittlung des Nutzungswerts als Überschuss des Mietwerts über die Werbungskosten gelten die Rz. 68 bis 75 des BMF-Schreibens vom 24. Juli 1998 – a. a. O.[3] fort.

---

[1] jetzt § 10 Abs. 1a Nr. 2
[2] >Anhang 13 IV
[3] >Anhang 30 VI EStH 2012

Schuldzinsen bei einem Darlehen für die Anschaffung oder Herstellung eines teilweise vermieteten und teilweise selbstgenutzten Gebäudes bei den Einkünften aus Vermietung und Verpachtung; BFH-Urteil vom 25.3.2003 (BStBl 2004 II S. 348)

BMF vom 16.04.2004 (BStBl I S. 464)

IV C 3 – S 2211 – 36/04

Der BFH hat mit den Urteilen vom 27. Oktober 1998 (BStBl 1999 II S. 676, 678 und 680) sowie vom 9. Juli 2002 (BStBl 2003 II S. 389) und zuletzt vom 25. März 2003 (BStBl 2004 II S. 348) zum Abzug von Schuldzinsen bei Darlehen für die Anschaffung oder Herstellung eines teilweise vermieteten und teilweise selbstgenutzten Gebäudes entschieden[1]). Unter Bezugnahme auf das Ergebnis der Erörterung mit den obersten Finanzbehörden der Länder nehme ich zur Anwendung der Urteilsgrundsätze wie folgt Stellung:

Ein Steuerpflichtiger, der ein teilweise vermietetes und teilweise selbstgenutztes Gebäude mit Eigenmitteln und Fremdmitteln finanziert, kann Darlehenszinsen als Werbungskosten bei den Einkünften aus Vermietung und Verpachtung abziehen, soweit er die Darlehensmittel tatsächlich zur Finanzierung der Anschaffungs- oder Herstellungskosten des vermieteten Gebäudeteils verwendet.

1. Zuordnung der Anschaffungs- oder Herstellungskosten

Der Abzug von Schuldzinsen als Werbungskosten setzt zunächst voraus, dass die Anschaffungs- oder Herstellungskosten den Gebäudeteilen, die eigenständige Wirtschaftsgüter bilden, zugeordnet werden. Hierbei ist Folgendes zu beachten:

a) Anschaffungskosten, Anschaffungsnebenkosten

- Einer nach außen hin erkennbaren Zuordnung der Anschaffungskosten durch den Steuerpflichtigen, z. B. durch Aufteilung des zivilrechtlich einheitlichen Kaufpreises im notariellen Kaufvertrag, ist steuerrechtlich zu folgen, soweit die Aufteilung nicht zu einer unangemessenen wertmäßigen Berücksichtigung der einzelnen Gebäudeteile führt.
- Trifft der Steuerpflichtige keine nach außen hin erkennbare Zuordnungsentscheidung, sind die Anschaffungskosten den einzelnen Gebäudeteilen nach dem Verhältnis der Wohn-/Nutzflächen anteilig zuzuordnen.

b) Herstellungskosten

- In Rechnung gestellte Entgelte für Lieferungen und Leistungen, die ausschließlich einen bestimmten Gebäudeteil betreffen (z. B. Aufwendungen für Bodenbeläge, Malerarbeiten oder Sanitärinstallationen in einer einzelnen Wohnung), sind diesem Gebäudeteil gesondert zuzuordnen. Diese Aufwendungen müssen entweder durch den Unternehmer gesondert abgerechnet oder durch den Steuerpflichtigen in einer gleichartigen Aufstellung gesondert aufgeteilt und ausgewiesen werden.
- Kosten, die das Gesamtgebäude betreffen (z. B. Aufwendungen für den Aushub der Baugrube, den Rohbau, die Dacheindeckung, den Außenanstrich), sind den einzelnen Gebäudeteilen nach dem Verhältnis der Wohn-/Nutzflächen anteilig zuzuordnen. Dies gilt auch, wenn der Steuerpflichtige die Kosten für die Errichtung des gesamten Gebäudes einheitlich abgerechnet hat, ohne die auf die jeweiligen Gebäudeteile entfallenden Kosten gesondert auszuweisen.

---

[1]) Diese Grundsätze gelten entsprechend für die anteilige Zuordnung von Darlehen zur Herstellung oder Anschaffung eines Gebäudes, das teilweise vermietet und teilweise veräußert werden soll (>BFH vom 04.02.2020 – BStBl II S. 311).

2. Wirtschaftlicher Zusammenhang zwischen Schuldzinsen und Anschaffungs- oder Herstellungskosten

Für den Werbungskostenabzug ist darüber hinaus ein wirtschaftlicher Zusammenhang zwischen den Schuldzinsen und den zugeordneten Anschaffungs- oder Herstellungskosten für den vermieteten Gebäudeteil unabdingbar. Dieser liegt nur dann vor, wenn dieser Teil der Anschaffungs- oder Herstellungskosten tatsächlich mit den dafür aufgenommenen Darlehensmitteln bezahlt worden ist. Hieraus folgt für Anschaffungs- und Herstellungsvorgänge:

a) Anschaffung eines Gebäudes[1]

Eine gesonderte Zahlung der zugeordneten Anschaffungskosten liegt auch vor, wenn der Steuerpflichtige diese Kosten mittels eines eigenständigen Darlehens auf ein Notaranderkonto überweist und der Notar den gesamten Kaufpreis vom Notaranderkonto auskehrt.

b) Herstellung eines Gebäudes

- Von einem wirtschaftlichen Zusammenhang ist auszugehen, wenn der Steuerpflichtige ein Baukonto ausschließlich mit Darlehensmitteln ausstattet und die Zahlungen der zugeordneten Herstellungskosten zu Lasten dieses Kontos ergehen.

- Versäumt es der Steuerpflichtige, die den unterschiedlich genutzten Gebäudeteilen gesondert zugeordneten Aufwendungen getrennt mit Eigen-/Darlehensmitteln zu finanzieren, sind die Schuldzinsen nach dem Verhältnis der Baukosten der einzelnen Gebäudeteile schätzungsweise aufzuteilen.

- Werden die Kosten für die Errichtung des gesamten Gebäudes einheitlich abgerechnet und bezahlt, ist grundsätzlich davon auszugehen, dass auch die Darlehensmittel nach dem Verhältnis der Wohn-/Nutzflächen verwendet worden sind. Etwas anderes gilt nur dann, wenn der Steuerpflichtige durch eigene Aufstellung die Herstellungskosten anteilig dem vermieteten Gebäudeteil zuordnet und die sich danach ergebenden Herstellungskosten mit Darlehensmitteln bezahlt (BFH-Urteil vom 25. März 2003[2]).

3. Anwendungsregelungen

Die vorstehenden Grundsätze sind auch für ein vom Steuerpflichtigen beruflich genutztes häusliches Arbeitszimmer anwendbar, das als selbständiger Gebäudeteil zu behandeln ist.

Die vom Steuerpflichtigen vorgenommene tatsächliche Zuordnung von Darlehen bleibt auch maßgebend, wenn er die vormals selbstgenutzte Wohnung später vermietet.

Dieses BMF-Schreiben, das gleichzeitig mit dem BFH-Urteil vom 25. März 2003[2] im Bundessteuerblatt veröffentlicht wird, ersetzt die BMF-Schreiben vom 10. Dezember 1999 (BStBl I S. 1130) und vom 24. April 2003 (BStBl I S. 287).

Anhang 31 und 32
– unbesetzt –

---

[1] Fehlt es an der gesonderten Bezahlung der dem vermieteten Gebäudeteil zugeordneten Anschaffungskosten, sind die Darlehenszinsen nach dem Verhältnis des – im Kaufvertrag gesondert ausgewiesenen – auf den vermieteten Grundstücksteil entfallenden Kaufpreises zum Gesamtkaufpreis aufzuteilen und die entstandenen Schuldzinsen in Höhe des hiernach auf den vermieteten Grundstücksteil entfallenden Anteils abzuziehen (>BFH vom 01.04.2009 – BStBl II S. 663).

[2] >BStBl II 2004 S. 348

Einkommensteuerrechtliche Behandlung von Ausgleichszahlungen im Rahmen des Versorgungsausgleichs nach § 10 Absatz 1 Nummer 1b EStG[1]) und § 22 Nummer 1c EStG[2])

BMF vom 09.04.2010 (BStBl I S. 323)
IV C 3 – S 2221/09/10024 – 2010/0267359

Inhaltsverzeichnis

	Rz.
A. Anwendungsbereich	1 – 4
B. Korrespondenzprinzip	5 – 8
I. Behandlung beim Ausgleichsverpflichteten	5
II. Behandlung beim Ausgleichsberechtigten	6
III. Unbeschränkte Steuerpflicht	7 – 8
C. Formen der Ausgleichszahlungen	9 – 22
I. Anspruch auf schuldrechtliche Ausgleichsrente, § 20 VersAusglG/§ 1587g BGB a. F.; Rente auf Lebenszeit des Berechtigten, § 1587k Absatz 2 BGB a. F.	9 – 14
1. Laufende Versorgung in Form einer Basisversorgung	10 – 11
2. Laufende Versorgung in Form eines Versorgungsbezugs i. S. des § 19 EStG	12
3. Laufende Versorgung in Form einer Leibrente i. S. des § 22 Nummer 1 Satz 3 Buchstabe a Doppelbuchstabe bb EStG	13
4. Laufende Versorgung aus einem Pensionsfonds, einer Pensionskasse, einer Direktversicherung oder einem Riester-Vertrag	14
II. Abtretung von Versorgungsansprüchen, § 21 VersAusglG/§ 1587i BGB a. F.	15 – 17
III. Anspruch auf Ausgleich von Kapitalzahlungen, § 22 VersAusglG	18
IV. Anspruch auf Abfindung, § 23 VersAusglG/§ 1587l BGB a. F.	19 – 21
V. Anspruch gegen die Witwe oder den Witwer, § 26 VersAusglG	22
D. Anwendungsregelungen	23 – 24

A. Anwendungsbereich

Im Zuge der Scheidung von Ehegatten oder der Aufhebung einer eingetragenen Lebenspartnerschaft (§ 20 Absatz 1 Lebenspartnerschaftsgesetz) kommt es im Regelfall zur Durchführung eines Versorgungsausgleichs. Hierbei werden die in der Ehezeit erworbenen Anrechte geteilt (§ 1 Absatz 1 Versorgungsausgleichsgesetz – VersAusglG; bei eingetragenen Lebenspartnern gemäß § 20 Absatz 1 Lebenspartnerschaftsgesetz). Diese Anrechte werden grundsätzlich intern (also innerhalb des jeweiligen Versorgungssystems) oder ausnahmsweise extern geteilt (§§ 10 bis 13 und §§ 14 bis 19 VersAusglG). Anrechte, die am Ende der Ehezeit noch nicht ausgleichsreif sind (z. B. weil ein Anrecht i. S. des Betriebsrentengesetzes noch verfallbar ist oder weil das Anrecht bei einem ausländischen, zwischenstaatlichen oder überstaatlichen Versorgungsträger besteht, § 19 Absatz 2 VersAusglG), sind von der internen und externen Teilung ausgeschlossen. Insoweit kommen gemäß § 19 Absatz 4 VersAusglG Ausgleichsansprüche nach der

1

---

[1]) jetzt § 10 Abs. 1a Nr. 4
[2]) jetzt § 22 Nr. 1a

Anhang 33
Versorgungsausgleich

Scheidung in Betracht. Entsprechendes gilt, wenn die Ehegatten bzw. eingetragenen Lebenspartner gemäß § 6 Absatz 1 Nummer 3 VersAusglG den Versorgungsausgleich ganz oder teilweise Ausgleichsansprüchen nach der Scheidung vorbehalten haben.

2 Schuldrechtliche Ausgleichszahlungen des Ausgleichsverpflichteten an den Ausgleichsberechtigten in Form einer schuldrechtlichen Ausgleichsrente (§ 20 VersAusglG, §§ 1587f, 1587g BGB a. F.; zur Abtretung von Versorgungsansprüchen: § 21 VersAusglG, § 1587i BGB a. F.) oder in Form von Kapitalzahlungen (§ 22 VersAusglG) kann der Ausgleichsverpflichtete unter den nachfolgend aufgeführten Voraussetzungen als Sonderausgaben nach § 10 Absatz 1 Nummer 1b EStG geltend machen.

3 Der Sonderausgabenabzug nach § 10 Absatz 1 Nummer 1b EStG kommt auch in Betracht, wenn ein noch nicht ausgeglichenes Anrecht bei einem ausländischen, zwischenstaatlichen oder überstaatlichen Versorgungsträger besteht und die Witwe oder der Witwer des Ausgleichsverpflichteten gegenüber dessen geschiedenen Ehegatten zum Ausgleich verpflichtet ist (§ 26 VersAusglG, § 3a des Gesetzes zur Regelung von Härten im Versorgungsausgleich – VAHRG a. F.).

4 Der Sonderausgabenabzug nach § 10 Absatz 1 Nummer 1b EStG kommt indes nicht in Betracht, wenn statt einer schuldrechtlichen Ausgleichszahlung ein Anrecht nach § 23 VersAusglG abgefunden wird. Der Abfindung nach § 23 VersAusglG liegt – im Gegensatz zu den schuldrechtlichen Ausgleichszahlungen – kein steuerbarer Zufluss beim Ausgleichsverpflichteten zu Grunde. Der wirtschaftliche Wertetransfer zwischen den Eheleuten, realisiert durch einen Zahlungsfluss zwischen dem Ausgleichsverpflichteten und dem aufnehmenden Versorgungsträger findet auf der privaten Vermögensebene statt und führt zu keinem steuerbaren Zufluss beim Ausgleichsberechtigten aus dem auszugleichenden Anrecht.

B. Korrespondenzprinzip
I. Behandlung beim Ausgleichsverpflichteten

5 Ausgleichszahlungen im Rahmen des Versorgungsausgleichs (Rz. 2, 3) können vom Ausgleichsverpflichteten in dem Umfang als Sonderausgaben nach § 10 Absatz 1 Nummer 1b EStG geltend gemacht werden, in dem die den Ausgleichszahlungen zugrunde liegenden Einnahmen bei ihm der Besteuerung unterliegen. Sind die zu Grunde liegenden Einnahmen nicht steuerbar oder steuerfrei, kommt ein Sonderausgabenabzug nach § 10 Absatz 1 Nummer 1b EStG nicht in Betracht.

II. Behandlung beim Ausgleichsberechtigten

6 Ausgleichszahlungen im Rahmen des Versorgungsausgleichs (Rz. 2, 3) sind vom Ausgleichsberechtigten als Einkünfte nach § 22 Nummer 1c EStG zu versteuern, soweit die Leistungen beim Ausgleichsverpflichteten als Sonderausgaben nach § 10 Absatz 1 Nummer 1b EStG abgezogen werden können. Bei der Ermittlung der Einkünfte nach § 22 Nummer 1c EStG ist § 9a Satz 1 Nummer 3 EStG anzuwenden.

III. Unbeschränkte Steuerpflicht

7 Einstweilen frei

8 Ist der Ausgleichsverpflichtete nicht unbeschränkt einkommensteuerpflichtig (§ 1 Absatz 4 EStG), kann er die Ausgleichszahlungen im Rahmen des Versorgungsausgleichs (Rz. 2, 3) nicht als Sonderausgaben nach § 10 Absatz 1 Nummer 1b EStG abziehen. In diesem Fall hat der Ausgleichsberechtigte diese Leistungen nicht zu versteuern.

Anhang 33
Versorgungsausgleich

C. Formen der Ausgleichszahlungen
I. Anspruch auf schuldrechtliche Ausgleichsrente, § 20 VersAusglG/§ 1587g BGB a. F.; Rente auf Lebenszeit des Berechtigten, § 1587k Absatz 2 BGB a. F.

Befindet sich das Anrecht bereits in der Leistungsphase und wird eine Ausgleichsrente an den Ausgleichsberechtigten gezahlt (§ 20 VersAusglG; § 1587g BGB a. F.; Rente auf Lebenszeit des Berechtigten, § 1587k Absatz 2 BGB a. F.), kann der Ausgleichsverpflichtete die Zahlungen nach § 10 Absatz 1 Nummer 1b EStG abziehen, soweit die ihnen zugrunde liegenden Einnahmen bei ihm der Besteuerung unterliegen. Der Ausgleichsberechtigte hat die entsprechenden Leistungen nach § 22 Nummer 1c EStG zu versteuern.

1. Laufende Versorgung in Form einer Basisversorgung

Liegt der Ausgleichsrente eine Leibrente zugrunde, die beim Ausgleichspflichtigen nach § 22 Nummer 1 Satz 3 Buchstabe a Doppelbuchstabe aa EStG steuerpflichtig ist (Leistungen aus der gesetzlichen Rentenversicherung, berufsständischen Versorgungseinrichtung, landwirtschaftlichen Alterskasse, Basisversorgung i. S. des § 10 Absatz 1 Nummer 2 Buchstabe b EStG), ist der Teil der Ausgleichsrente als Sonderausgabe nach § 10 Absatz 1 Nummer 1b EStG anzusetzen, der dem steuerpflichtigen Teil der zu Grunde liegenden Leistung entspricht.

In gleicher Höhe unterliegt die Ausgleichsrente beim Ausgleichsberechtigten als Leistung aufgrund schuldrechtlicher Ausgleichszahlungen der Besteuerung nach § 22 Nummer 1c EStG.

Beispiel 1:
Die Ausgleichsverpflichtete A bezieht seit dem Jahr 2009 eine Leibrente aus der gesetzlichen Rentenversicherung. Laut Rentenbezugsmitteilung für das Jahr 2011 beträgt der Leistungsbetrag 10.000 € und der darin enthaltene Anpassungsbetrag 1.000 €. Als Ausgleichsrente zahlt A 50 Prozent ihrer Leibrente – und somit insgesamt im Jahr 2011 einen Betrag in Höhe von 5.000 € – an den Ausgleichsberechtigten B.

Lösung:
B1 Die Leibrente unterliegt für das Jahr 2011 bei der Ausgleichsverpflichteten nach § 22 Nummer 1 Satz 3 Buchstabe a Doppelbuchstabe aa EStG in Höhe von 6.220 € der Besteuerung (58 Prozent von 9.000 € = 5.220 € zzgl. Anpassungsbetrag von 1.000 €). Nach § 10 Absatz 1 Nummer 1b EStG kann A von den an B geleisteten 5.000 € einen Betrag in Höhe von 3.110 € (50 Prozent von 6.220 €, da die Ausgleichsrente 50 Prozent der Leibrente beträgt) als Sonderausgaben geltend machen. B muss korrespondierend hierzu 3.008 € (= 3.110 € ./. 102 € Werbungskostenpauschbetrag bzw. ggf. abzüglich tatsächlicher Werbungskosten) nach § 22 Nummer 1c EStG versteuern.

2. Laufende Versorgung in Form eines Versorgungsbezugs i. S. des § 19 EStG

Wird im Wege der schuldrechtlichen Ausgleichsrente ein Anrecht auf einen Versorgungsbezug nach § 19 EStG (z. B. Beamtenpension oder Werkspension) ausgeglichen, kann anteilig der an den Versorgungsempfänger geleistete Teil der Bezüge, die nach Abzug des Versorgungsfreibetrags und des Zuschlags zum Versorgungsfreibetrag nach § 19 Absatz 2 EStG der Besteuerung unterliegen, als Sonderausgaben nach § 10 Absatz 1 Nummer 1b EStG geltend gemacht werden. Der Ausgleichsberechtigte hat die Leistungen in entsprechendem Umfang nach § 22 Nummer 1c EStG zu versteuern.

Beispiel 2:
Der Ausgleichsverpflichtete A bezieht im Jahr 2011 (Versorgungsbeginn 1. Januar 2011) eine Beamtenpension i. H. v. 20.000 €. Die Ausgleichsberechtigte B erhält eine Ausgleichsrente in Höhe von 10.000 € jährlich.

Anhang 33
Versorgungsausgleich

Lösung:
B2 Nach Abzug der Freibeträge für Versorgungsbezüge nach § 19 Absatz 2 EStG in Höhe von 2.964 €, wird ein Betrag von 17.036 €, bei A der Besteuerung zugrunde gelegt. A kann einen Betrag in Höhe von 8.518 € (= 50 Prozent von 17.036 €) als Sonderausgaben geltend machen. B hat einen Betrag in Höhe von 8.416 € (= 8.518 € ./. 102 € Werbungskostenpauschbetrag bzw. ggf. abzüglich tatsächlicher Werbungskosten) nach § 22 Nummer 1c EStG zu versteuern.

3. Laufende Versorgung in Form einer Leibrente i. S. des § 22 Nummer 1 Satz 3 Buchstabe a Doppelbuchstabe bb EStG

13 Soweit der Ausgleichsrente eine mit dem Ertragsanteil nach § 22 Nummer 1 Satz 3 Buchstabe a Doppelbuchstabe bb EStG steuerbare Leibrente zu Grunde liegt, sind die Ausgleichszahlungen in Höhe des Ertragsanteils als Sonderausgaben nach § 10 Absatz 1 Nummer 1b EStG zu berücksichtigen. Korrespondierend hierzu hat der Ausgleichsberechtigte die Ausgleichsrente in entsprechender Höhe nach § 22 Nummer 1c EStG zu versteuern.

Beispiel 3:
Der Ausgleichsverpflichtete A bezieht seit Vollendung des 63. Lebensjahres eine nach § 22 Nummer 1 Satz 3 Buchstabe a Doppelbuchstabe bb EStG nur mit dem Ertragsanteil zu versteuernde Leibrente. Laut Rentenbezugsmitteilung für das Jahr 2011 beträgt der Leistungsbetrag 10.000 €. Im Rahmen des Versorgungsausgleichs leistet A als Ausgleichsrente 50 Prozent seiner Leibrente an die Ausgleichsberechtigte B. A zahlt im Jahr 2011 dementsprechend an B eine Ausgleichsrente in Höhe von 5.000 €.

Lösung:
B3 Die Leibrente unterliegt beim Ausgleichsverpflichteten nach § 22 Nummer 1 Satz 3 Buchstabe a Doppelbuchstabe bb EStG in Höhe von 2.000 € (Ertragsanteil: 20 Prozent/Jahresrente 10.000 €) der Besteuerung. Als Sonderausgabe nach § 10 Absatz 1 Nummer 1b EStG kann A 50 Prozent von 2.000 €, somit einen Betrag in Höhe von 1.000 €, geltend machen. B muss korrespondierend hierzu einen Betrag in Höhe von 898 € (= 1.000 € ./. 102 € Werbungskostenpauschbetrag bzw. ggf. abzüglich tatsächlicher Werbungskosten) nach § 22 Nummer 1c EStG versteuern.

4. Laufende Versorgung aus einem Pensionsfonds, einer Pensionskasse, einer Direktversicherung oder einem Riester-Vertrag

14 Liegt der Ausgleichsrente eine Leistung aus einem Pensionsfonds, einer Pensionskasse, einer Direktversicherung oder einem Altersvorsorgevertrag (Vertrag, der nach § 5 des Gesetzes über die Zertifizierung von Altersvorsorgeverträgen – AltZertG – zertifiziert ist, sog. Riester-Vertrag) zu Grunde, kann beim Ausgleichsverpflichteten der Teil der Ausgleichsrente als Sonderausgaben nach § 10 Absatz 1 Nummer 1b EStG berücksichtigt werden, der nach § 22 Nummer 5 EStG bei ihm der Besteuerung unterliegt. Dabei ist es unerheblich, ob die zu Grunde liegende Leistung in Form einer Rentenzahlung oder eines Auszahlungsplans mit anschließender Teilkapitalverrentung ausgezahlt wird. Der Ausgleichsberechtigte hat die Leistung in entsprechendem Umfang nach § 22 Nummer 1c EStG zu versteuern. Eine schädliche Verwendung nach § 93 EStG tritt nicht ein, da das geförderte Altersvorsorgevermögen unter den Voraussetzungen des AltZertG an den Ausgleichsverpflichteten gezahlt wird.

Beispiel 4:
Der Ausgleichsverpflichtete A erhält nach Vollendung des 60. Lebensjahres aus dem Auszahlungsplan seines Riester-Vertrags eine monatliche Leistung in Höhe von 600 € bzw. eine jährliche Leistung in Höhe von 7.200 €. Bei der erstmaligen Auszahlung der Leistung waren bereits mehr als 12 Jahre seit dem Vertragsabschluss vergangen. Die Leistung beruht zu 70 Prozent auf geförderten und zu 30 Prozent auf ungeförderten Beiträgen; die ungeförder-

ten Beiträge betragen 2.000 €. A hat die auf geförderten Beiträgen beruhende anteilige Leistung von 70 Prozent nach § 22 Nummer 5 Satz 1 EStG in Höhe von 5.040 € im Rahmen der sonstigen Einkünfte zu versteuern. Die auf ungeförderten Beiträgen beruhende anteilige Leistung von 30 Prozent hat er nach § 22 Nummer 5 Satz 2 Buchstabe c EStG mit der Hälfte des Unterschiedsbetrags zwischen der Leistung und der Summe der auf sie entrichteten Beiträge zu versteuern. Der Unterschiedsbetrag zwischen der Leistung in Höhe von 2.160 € und der Summe der auf sie entrichteten ungeförderten Beiträge in Höhe von 2.000 € beträgt 160 €. Die ausgezahlte Leistung hat A in Höhe von 80 € (Hälfte des Unterschiedsbetrags, § 22 Nummer 5 Satz 2 Buchstabe c EStG) zu versteuern. Im Rahmen des Versorgungsausgleichs zahlt A 50 Prozent seiner (gesamten) Leistungen aus dem Riester-Vertrag an den Ausgleichsberechtigten B.

Lösung:
B4 Beim Ausgleichsverpflichteten unterliegt die Leistung aus dem Auszahlungsplan zunächst in Höhe von 5.120 € (= 5.040 € + 80 €) der Besteuerung. Als Sonderausgaben nach § 10 Absatz 1 Nummer 1b EStG kann A einen Betrag in Höhe von 2.560 € geltend machen, da er 50 Prozent der von ihm bezogenen Leistungen als Ausgleichsrente an B zahlt. B muss korrespondierend hierzu 2.458 € (= 2.560 € ./. 102 € Werbungskostenpauschbetrag bzw. ggf. abzüglich tatsächlicher Werbungskosten) nach § 22 Nummer 1c EStG versteuern.

II. Abtretung von Versorgungsansprüchen, § 21 VersAusglG/§ 1587i BGB a. F.

Hat der Ausgleichsverpflichtete dem Ausgleichsberechtigten seinen Anspruch gegen den Versorgungsträger in Höhe der Ausgleichsrente abgetreten (§ 21 VersAusglG; § 1587i BGB a. F.), sind die Versorgungsleistungen in der Auszahlungsphase beim Ausgleichsverpflichteten auch insoweit steuerlich zu erfassen, als sie wegen der Abtretung nicht an ihn, sondern unmittelbar an den Ausgleichsberechtigten geleistet werden. Der Ausgleichsverpflichtete kann den jeweils abgetretenen und bei ihm der Besteuerung unterliegenden Teil der Versorgungsleistungen als Sonderausgaben nach § 10 Absatz 1 Nummer 1b EStG abziehen. Der Ausgleichsberechtigte hat die Ausgleichszahlungen im Rahmen des Versorgungsausgleichs nach § 22 Nummer 1c EStG zu versteuern. 15

Die Ausführungen in den Rz. 10 bis 14 gelten entsprechend. 16

Bei einem zertifizierten Altersvorsorgevertrag führt die Abtretung des Leistungsanspruchs in der Auszahlungsphase im Rahmen einer Ausgleichsrente nicht zu einer schädlichen Verwendung i. S. von § 93 EStG. Dies gilt auch, wenn die Abtretung bereits vor Beginn der Auszahlungsphase vorgenommen wird. Es handelt sich insoweit lediglich um einen abgekürzten Zahlungsweg. Die Leistung gilt steuerrechtlich weiterhin als dem Ausgleichsverpflichteten zugeflossen. 17

III. Anspruch auf Ausgleich von Kapitalzahlungen, § 22 VersAusglG

Zahlt der Ausgleichsverpflichtete einen Ausgleichswert für Kapitalzahlungen aus einem noch nicht ausgeglichenen Anrecht (§ 22 VersAusglG), ist die Zahlung beim Ausgleichsverpflichteten nach § 10 Absatz 1 Nummer 1b EStG in dem Umfang zu berücksichtigen, wie die dem Ausgleichswert zu Grunde liegenden Kapitalzahlungen beim Ausgleichsverpflichteten zu versteuern sind. Der Ausgleichsberechtigte hat die Zahlung korrespondierend hierzu nach § 22 Nummer 1c EStG zu versteuern. Hierbei wird es sich meist um betriebliche Anrechte handeln, die eine (Teil-)Kapitalisierung vorsehen, oder aber um Anrechte i. S. des AltZertG, soweit eine Teilkapitalisierung vereinbart ist. 18

Beispiel 5:
Der Ausgleichsverpflichtete A hat auf seinem zertifizierten Altersvorsorgevertrag gefördertes Altersvorsorgevermögen in Höhe von 50.000 € angespart. Zu Beginn der Auszahlungsphase lässt sich A im Rahmen einer förderunschädlichen Teilkapitalauszahlung 30 Prozent des vorhandenen geförderten Altersvorsorgekapitals auszahlen (15.000 €). A zahlt dem Ausgleichsberechtigten B einen Ausgleichswert in Höhe von 7.500 € (50 Prozent von 15.000 €).

Anhang 33

Versorgungsausgleich

Lösung:

B5 Die Auszahlung unterliegt bei A nach § 22 Nummer 5 Satz 1 EStG in Höhe von 15.000 € der vollen nachgelagerten Besteuerung. Als Sonderausgaben nach § 10 Absatz 1 Nummer 1b EStG kann A einen Betrag in Höhe von 7.500 € (50 Prozent von 15.000 €) ansetzen. B muss korrespondierend hierzu 7.398 € (= 7.500 € ./. 102 € Werbungskostenpauschbetrag bzw. ggf. abzüglich tatsächlicher Werbungskosten) nach § 22 Nummer 1c EStG versteuern.

IV. Anspruch auf Abfindung, § 23 VersAusglG/§ 1587I BGB a. F.

19 Verlangt der Ausgleichsberechtigte vom Ausgleichsverpflichteten für ein noch nicht ausgeglichenes Anrecht eine zweckgebundene Abfindung (§ 23 VersAusglG; § 1587I BGB a. F.), scheidet beim Ausgleichsverpflichteten ein Sonderausgabenabzug nach § 10 Absatz 1 Nummer 1b EStG aus. Der Ausgleichsberechtigte muss die Leistungen nicht als Einkünfte nach § 22 Nummer 1c EStG versteuern. Gleiches gilt für Abfindungszahlungen, die im Rahmen eines Scheidungsfolgenvergleichs gezahlt werden, um den Versorgungsausgleich auszuschließen (§ 6 Absatz 1 Nummer 2 VersAusglG; §§ 1408 Absatz 2 und 1587o BGB a. F.).

20 Die Zahlung der Abfindung (§ 23 VersAusglG; § 1587I BGB a. F.) ist ein Vorgang auf der privaten Vermögensebene. Daher scheidet auch eine Steuerermäßigung wegen außergewöhnlicher Belastung nach § 33 EStG aus.

21 Die Besteuerung der dem Ausgleichsberechtigten aufgrund der Abfindung nach § 23 VersAusglG (§ 1587I BGB a. F.) – später – zufließenden Versorgungsleistungen richtet sich nach der Rechtsnatur dieser Leistungen. Handelt es sich z. B. um Rentenzahlungen aus der gesetzlichen Rentenversicherung sind diese bei ihm als Leibrenten nach § 22 Nummer 1 Satz 3 Buchstabe a Doppelbuchstabe aa EStG zu versteuern.

V. Anspruch gegen die Witwe oder den Witwer, § 26 VersAusglG

22 Stirbt der Ausgleichsverpflichtete und besteht ein noch nicht ausgeglichenes Anrecht bei einem ausländischen, zwischenstaatlichen oder überstaatlichen Versorgungsträger und leistet der Versorgungsträger eine Hinterbliebenenversorgung, kann die Witwe oder der Witwer zu Leistungen an den ausgleichsberechtigten, geschiedenen Ehegatten des Verstorbenen verpflichtet sein (§ 26 VersAusglG; § 3a Absatz 5 VAHRG a. F.). Die Witwe oder der Witwer kann die Leistungen an den Ausgleichsberechtigten als Sonderausgaben nach § 10 Absatz 1 Nummer 1b EStG geltend machen. Der Ausgleichsberechtigte hat die Leistungen nach § 22 Nummer 1c EStG zu versteuern.

Beispiel 6:

Die Witwe W (zweite Ehefrau des verstorbenen Ausgleichsverpflichteten) bezieht seit dem Jahr 2010 eine Hinterbliebenenrente in Höhe von 10.000 € jährlich von einem Versorgungsträger in der Schweiz. Die Hinterbliebenenrente ist wie eine (große) Witwenrente aus der deutschen gesetzlichen Rentenversicherung nach § 22 Nummer 1 Satz 3 Buchstabe a Doppelbuchstabe aa EStG zu versteuern. Die geschiedene erste Ehefrau E des Verstorbenen hat gegen W einen Anspruch nach § 26 Absatz 1 VersAusglG auf Versorgungsausgleich in Höhe von 50 Prozent der Rente. W zahlt daher im Jahr 2010 an E eine Ausgleichsrente in Höhe von 5.000 €.

Lösung:

B6 Die Leibrente unterliegt bei der Ausgleichsverpflichteten W nach § 22 Nummer 1 Satz 3 Buchstabe a Doppelbuchstabe aa EStG in Höhe von 6.000 € der Besteuerung (60 Prozent von 10.000 €). Nach § 10 Absatz 1 Nummer 1b EStG kann W von 5.000 € einen Betrag in Höhe von 3.000 € (50 Prozent von 6.000 €) als Sonderausgaben geltend machen. E muss korrespondierend hierzu 2.898 € (= 3.000 € ./. 102 € Werbungskostenpauschbetrag bzw. ggf. abzüglich tatsächlicher Werbungskosten) nach § 22 Nummer 1c EStG versteuern.

D. Anwendungsregelungen

Die steuerrechtlichen Regelungen zum schuldrechtlichen Versorgungsausgleich wurden mit dem Jahressteuergesetz 2008 (JStG 2008, BGBl. I 2007, Seite 3150) in § 10 Absatz 1 Nummer 1b EStG niedergelegt. Außerdem wurden die zivilrechtlichen Regelungen zum Versorgungsausgleich mit dem Gesetz zur Strukturreform des Versorgungsausgleichs (VAStrRefG, BGBl. I. Seite 700) mit Wirkung zum 1. September 2009 geändert. Die bisherige zivilrechtliche Systematik der Ausgleichsansprüche nach der Scheidung (bisher: schuldrechtlicher bzw. verlängerter schuldrechtlicher Versorgungsausgleich nach den §§ 1587f bis 1587n BGB a. F. sowie § 3a VAHRG) wurde hierbei weitgehend beibehalten.

Ab dem Veranlagungszeitraum 2008 findet für Ausgleichsansprüche nach der Scheidung § 10 Absatz 1 Nummer 1b EStG in der ab dem 1. Januar 2008 geltenden Fassung und dieses BMF-Schreiben Anwendung. Die Ausführungen in diesem Schreiben sind sowohl für die – zivilrechtliche – Rechtslage bis zum 31. August 2009 als auch ab diesem Zeitpunkt anwendbar. Das BMF-Schreiben vom 20. Juli 1981 (BStBl I Seite 567) findet ab dem Veranlagungszeitraum 2008 keine Anwendung mehr.

Anhang 34 bis 36
– unbesetzt –

Anhang 37

Zuwendungen nach §§ 10b, 34g EStG

Übersicht

I. Muster für Zuwendungsbestätigungen (§ 10b EStG)
   BMF vom 07.11.2013 (BStBl I S. 1333) ergänzt durch BMF vom 26.03.2014 (BStBl I S. 791)

II. Steuerbegünstigte Zwecke (§ 10b EStG);
   Gesetz zur Stärkung des Ehrenamtes (Ehrenamtsstärkungsgesetz) vom 21. März 2013
   Anwendungsschreiben zu § 10b Absatz 1a EStG
   BMF vom 15.09.2014 (BStBl I S. 1278)

III. Steuerliche Anerkennung von Spenden durch den Verzicht auf einen zuvor vereinbarten Aufwendungsersatz (Aufwandsspende) bzw. einen sonstigen Anspruch (Rückspende)
   BMF vom 25.11.2014 (BStBl I S. 1584) unter Berücksichtigung der Änderungen durch BMF vom 24.08.2016 (BStBl I S. 994)

Muster für Zuwendungsbestätigungen (§ 10b EStG)

BMF vom 07.11.2013 (BStBl I S. 1333)
IV C 4 – S 2223/07/0018 :005 – 2013/0239390
ergänzt durch BMF vom 26.03.2014 (BStBl I S. 791)
IV C 4 – S 2223/07/0018 :005 – 2014/0288766

Im Einvernehmen mit den obersten Finanzbehörden der Länder sind die in der Anlage beigefügten Muster für Zuwendungen an inländische Zuwendungsempfänger zu verwenden.

Für die Verwendung der aktualisierten Muster für Zuwendungsbestätigungen gilt Folgendes:

1. Die in der Anlage beigefügten Muster für Zuwendungsbestätigungen sind verbindliche Muster (vgl. § 50 Absatz 1 EStDV). Die Zuwendungsbestätigungen können weiterhin vom jeweiligen Zuwendungsempfänger anhand dieser Muster selbst hergestellt werden. In einer auf einen bestimmten Zuwendungsempfänger zugeschnittenen Zuwendungsbestätigung müssen nur die Angaben aus den veröffentlichten Mustern übernommen werden, die im Einzelfall einschlägig sind. Die in den Mustern vorgesehenen Hinweise zu den haftungsrechtlichen Folgen der Ausstellung einer unrichtigen Zuwendungsbestätigung und zur steuerlichen Anerkennung der Zuwendungsbestätigung sind stets in die Zuwendungsbestätigungen zu übernehmen.

2. Die Wortwahl und die Reihenfolge der vorgegebenen Textpassagen in den Mustern sind beizubehalten, Umformulierungen sind unzulässig. Auf der Zuwendungsbestätigung dürfen weder Danksagungen an den Zuwendenden noch Werbung für die Ziele der begünstigten Einrichtung angebracht werden. Entsprechende Texte sind jedoch auf der Rückseite zulässig. Die Zuwendungsbestätigung darf die Größe einer DIN A 4-Seite nicht überschreiten.

3. **Gegen optische Hervorhebungen von Textpassagen beispielsweise durch Einrahmungen und/oder vorangestellte Ankreuzkästchen bestehen keine Bedenken. Ebenso ist es zulässig, den Namen des Zuwendenden und dessen Adresse so untereinander anzuordnen, dass die gleichzeitige Nutzung als Anschriftenfeld möglich ist. Fortlaufende alphanumerische Zeichen mit einer oder mehreren Reihen, die zur Identifizierung der Zuwendungsbestätigung geeignet sind, können vergeben werden; die Verwendung eines Briefpapiers mit einem Logo, Emblem oder Wasserzeichen der Einrichtung ist zulässig.**

4. Es bestehen keine Bedenken, wenn der Zuwendungsempfänger in seinen Zuwendungsbestätigungen alle ihn betreffenden steuerbegünstigten Zwecke nennt. Aus steuerlichen Gründen bedarf es keiner Kenntlichmachung, für welchen konkreten steuerbegünstigten Zweck die Zuwendung erfolgt bzw. verwendet wird.

Anhang 37
Zuwendungen nach §§ 10b, 34g EStG

5. Der zugewendete Betrag ist sowohl in Ziffern als auch in Buchstaben zu benennen. Für die Benennung in Buchstaben ist es nicht zwingend erforderlich, dass der zugewendete Betrag in einem Wort genannt wird; ausreichend ist die Buchstabenbenennung der jeweiligen Ziffern. So kann z. B. ein Betrag in Höhe von 1.322 Euro als „eintausenddreihundertzweiundzwanzig" oder „eins – drei – zwei – zwei" bezeichnet werden. In diesen Fällen sind allerdings die Leerräume vor der Nennung der ersten Ziffer und hinter der letzten Ziffer in geeigneter Weise (z. B. durch „X") zu entwerten.

6. Handelt es sich um eine Sachspende, so sind in die Zuwendungsbestätigung genaue Angaben über den zugewendeten Gegenstand aufzunehmen (z. B. Alter, Zustand, historischer Kaufpreis, usw.). Für die Sachspende zutreffende Sätze sind in den entsprechenden Mustern anzukreuzen.

    <u>Sachspende aus dem Betriebsvermögen:</u>
    Stammt die Sachzuwendung nach den Angaben des Zuwendenden aus dessen Betriebsvermögen, **bemisst sich die Zuwendungshöhe nach dem Wert, der bei der Entnahme angesetzt wurde und nach der Umsatzsteuer, die auf die Entnahme entfällt (§ 10b Absatz 3 Satz 2 EStG)**. In diesen Fällen braucht der Zuwendungsempfänger keine zusätzlichen Unterlagen in seine Buchführung aufzunehmen, ebenso sind Angaben über die Unterlagen, die zur Wertermittlung gedient haben, nicht erforderlich. Der Entnahmewert ist grundsätzlich der Teilwert. Der Entnahmewert kann auch der Buchwert sein, wenn das Wirtschaftsgut unmittelbar nach der Entnahme für steuerbegünstigte Zwecke gespendet wird (sog. Buchwertprivileg § 6 Absatz 1 Nummer 4 Satz 4 und 5 EStG).

    <u>Sachspende aus dem Privatvermögen:</u>
    Handelt es sich um eine Sachspende aus dem Privatvermögen des Zuwendenden, ist der gemeine Wert des gespendeten Wirtschaftsguts maßgebend, wenn dessen Veräußerung im Zeitpunkt der Zuwendung keinen Besteuerungstatbestand erfüllen würde (§ 10b Absatz 3 Satz 3 EStG). Ansonsten sind die fortgeführten Anschaffungs- oder Herstellungskosten als Wert der Zuwendung auszuweisen. Dies gilt insbesondere bei Veräußerungstatbeständen, die unter § 17 oder § 23 EStG fallen (z. B. Zuwendung einer mindestens 1%igen Beteiligung an einer Kapitalgesellschaft (§ 17 EStG), einer Immobilie, die sich weniger als zehn Jahre im Eigentum des Spenders befindet (§ 23 Absatz 1 Satz 1 Nummer 1 EStG), eines anderen Wirtschaftsguts im Sinne des § 23 Absatz 1 Satz 1 Nummer 2 EStG mit einer Eigentumsdauer von nicht mehr als einem Jahr). Der Zuwendungsempfänger hat anzugeben, welche Unterlagen er zur Ermittlung des angesetzten Wertes herangezogen hat. In Betracht kommt in diesem Zusammenhang z. B. ein Gutachten über den aktuellen Wert der zugewendeten Sache oder der sich aus der ursprünglichen Rechnung ergebende historische Kaufpreis unter Berücksichtigung einer Absetzung für Abnutzung. Diese Unterlagen hat der Zuwendungsempfänger zusammen mit der Zuwendungsbestätigung in seine Buchführung aufzunehmen.

7. **Die Zeile: „Es handelt sich um den Verzicht auf die Erstattung von Aufwendungen Ja ☐ Nein ☐" ist stets in die Zuwendungsbestätigungen über Geldzuwendungen/Mitgliedsbeiträge zu übernehmen und entsprechend anzukreuzen. Dies gilt auch für Sammelbestätigungen und in den Fällen, in denen ein Zuwendungsempfänger grundsätzlich keine Zuwendungsbestätigungen für die Erstattung von Aufwendungen ausstellt.**

8. Werden Zuwendungen an eine juristische Person des öffentlichen Rechts von dieser an andere juristische Personen des öffentlichen Rechts weitergeleitet und werden von diesen die steuerbegünstigten Zwecke verwirklicht, so hat der „Erstempfänger" die in den amtlichen Vordrucken enthaltene Bestätigung wie folgt zu fassen:

Die Zuwendung wird entsprechend den Angaben des Zuwendenden an .... [Name des Letztempfängers verbunden mit dem Hinweis auf dessen öffentlich-rechtliche Organisationsform] weitergeleitet.

9. Erfolgt der Nachweis in Form der Sammelbestätigung, so ist der bescheinigte Gesamtbetrag auf der zugehörigen Anlage in sämtliche Einzelzuwendungen aufzuschlüsseln. Es bestehen keine Bedenken, auf der Anlage zur Sammelbestätigung entweder den Namen des Zuwendenden oder ein fortlaufendes alphanumerisches Zeichen anzubringen, um eine sichere Identifikation zu gewährleisten.

10. Für maschinell erstellte Zuwendungsbestätigungen ist R 10b.1 Absatz 4 EStR zu beachten.

11. Nach § 50 Absatz 4 EStDV hat die steuerbegünstigte Körperschaft ein Doppel der Zuwendungsbestätigung aufzubewahren. Es ist in diesem Zusammenhang zulässig, das Doppel in elektronischer Form zu speichern. Die Grundsätze ordnungsmäßiger DV-gestützter Buchführungssysteme (BMF-Schreiben vom 7. November 1995, BStBl I Seite 738) sind zu beachten.

12. Für Zuwendungen nach dem 31. Dezember 1999 ist das Durchlaufspendenverfahren keine zwingende Voraussetzung mehr für die steuerliche Begünstigung von Spenden. Seit 1. Januar 2000 sind alle steuerbegünstigten Körperschaften im Sinne des § 5 Absatz 1 Nummer 9 KStG zum unmittelbaren Empfang und zur Bestätigung von Zuwendungen berechtigt. Dennoch dürfen juristische Personen des öffentlichen Rechts oder öffentliche Dienststellen auch weiterhin als Durchlaufstelle auftreten und Zuwendungsbestätigungen ausstellen (vgl. R 10b.1 Absatz 2 EStR). Sie unterliegen dann aber auch – wie bisher – der Haftung nach § 10b Absatz 4 EStG. Dach- und Spitzenorganisationen können für die ihnen angeschlossenen Vereine dagegen nicht mehr als Durchlaufstelle fungieren.

13. **Mit dem Gesetz zur Stärkung des Ehrenamtes vom 21. März 2013 (BGBl. I Seite 556) wurde mit § 60a AO die Feststellung der satzungsmäßigen Voraussetzungen eingeführt. Nach § 60a AO wird die Einhaltung der satzungsmäßigen Voraussetzungen gesondert vom Finanzamt festgestellt. Dieses Verfahren löst die so genannte vorläufige Bescheinigung ab. Übergangsweise bleiben die bislang ausgestellten vorläufigen Bescheinigungen weiterhin gültig und die betroffenen Körperschaften sind übergangsweise weiterhin zur Ausstellung von Zuwendungsbestätigungen berechtigt. Diese Körperschaften haben in ihren Zuwendungsbestätigungen anzugeben, dass sie durch vorläufige Bescheinigung den steuerbegünstigten Zwecken dienend anerkannt worden sind. Die Bestätigung ist wie folgt zu fassen:**

Wir sind wegen Förderung (Angabe des begünstigten Zwecks/der begünstigten Zwecke) durch vorläufige Bescheinigung des Finanzamtes(Name), StNr. (Angabe) vom (Datum) ab (Datum) als steuerbegünstigten Zwecken dienend anerkannt.

Außerdem sind die Hinweise zu den haftungsrechtlichen Folgen der Ausstellung einer unrichtigen Zuwendungsbestätigung und zur steuerlichen Anerkennung der Zuwendungsbestätigung folgendermaßen zu fassen:

Wer vorsätzlich oder grob fahrlässig eine unrichtige Zuwendungsbestätigung erstellt oder veranlasst, dass Zuwendungen nicht zu den in der Zuwendungsbestätigung angegebenen steuerbegünstigten Zwecken verwendet werden, haftet für die entgangene Steuer (§ 10b Absatz 4 EStG, § 9 Absatz 3 KStG, § 9 Nummer 5 GewStG).

Diese Bestätigung wird nicht als Nachweis für die steuerliche Berücksichtigung der Zuwendung anerkannt, wenn das Datum der vorläufigen Bescheinigung länger als 3 Jahre seit Ausstellung der Bestätigung zurückliegt (BMF vom 15.12.1994 – BStBl I Seite 884)[1].

---

[1] überholt durch § 63 Abs. 5 AO

Anhang 37
Zuwendungen nach §§ 10b, 34g EStG

In Fällen, in denen juristische Personen des öffentlichen Rechts oder Stiftungen des öffentlichen Rechts Zuwendungen an Körperschaften im Sinne des § 5 Absatz 1 Nummer 9 KStG weiterleiten, ist ebenfalls anzugeben, ob die Empfängerkörperschaft durch vorläufige Bescheinigung als steuerbegünstigten Zwecken dienend anerkannt worden ist. Diese Angabe ist hierbei in den Zuwendungsbestätigungen folgendermaßen zu fassen:

entsprechend den Angaben des Zuwendenden an (Name) weitergeleitet, die/der vom Finanzamt (Name) StNr. (Angabe) mit vorläufiger Bescheinigung (gültig ab: Datum) vom (Datum) als steuerbegünstigten Zwecken dienend anerkannt ist.

Die Hinweise zu den haftungsrechtlichen Folgen der Ausstellung einer unrichtigen Zuwendungsbestätigung und zur steuerlichen Anerkennung der Zuwendungsbestätigung sind dann folgendermaßen zu fassen:

Wer vorsätzlich oder grob fahrlässig eine unrichtige Zuwendungsbestätigung erstellt oder veranlasst, dass Zuwendungen nicht zu den in der Zuwendungsbestätigung angegebenen steuerbegünstigten Zwecken verwendet werden, haftet für die entgangene Steuer (§ 10b Absatz 4 EStG, § 9 Absatz 3 KStG, § 9 Nummer 5 GewStG).

Nur in den Fällen der Weiterleitung an steuerbegünstigte Körperschaften im Sinne von § 5 Absatz 1 Nummer 9 KStG:

Diese Bestätigung wird nicht als Nachweis für die steuerliche Berücksichtigung der Zuwendung anerkannt, wenn das Datum der vorläufigen Bescheinigung länger als 3 Jahre seit Ausstellung der Bestätigung zurückliegt.

14. Ist der Körperschaft, Personenvereinigung oder Vermögensmasse bisher weder ein Freistellungsbescheid noch eine Anlage zum Körperschaftsteuerbescheid erteilt worden und sieht der Feststellungsbescheid nach § 60a AO die Steuerbefreiung erst für den nächsten Veranlagungszeitraum vor (§ 60 Absatz 2 AO), sind Zuwendungen erst ab diesem Zeitpunkt nach § 10b EStG abziehbar. Zuwendungen, die vor Beginn der Steuerbefreiung nach § 5 Absatz 1 Nummer 9 KStG erfolgen, sind steuerlich nicht nach § 10b EStG begünstigt, da die Körperschaft, Personenvereinigung oder Vermögensmasse in diesem Zeitraum nicht die Voraussetzungen des § 10b Absatz 1 Satz 2 Nummer 2 EStG erfüllt. Zuwendungsbestätigungen, die für Zeiträume vor der Steuerbefreiung ausgestellt werden, sind daher unrichtig und können – bei Vorliegen der Voraussetzungen des § 10b Absatz 4 EStG – eine Haftung des Ausstellers auslösen.

15.[1]) Die neuen Muster für Zuwendungsbestätigungen werden als ausfüllbare Formulare unter https://www.formulare-bfinv.de zur Verfügung stehen.

16. Für den Abzug steuerbegünstigter Zuwendungen an nicht im Inland ansässige Empfänger wird auf das BMF-Schreiben vom 16. Mai 2011 – IV C 4 – S 2223/07/0005 :008, 2011/0381377 –, (BStBl I Seite 559) hingewiesen.

---

[1]) Erläuterung des Haftungshinweises >BMF vom 26.03.2014 (BStBl I S. 791):
„Die tatsächliche Geschäftsführung umfasst auch die Ausstellung steuerlicher Zuwendungsbestätigungen. Zuwendungsbestätigungen dürfen nur dann ausgestellt werden, wenn die Voraussetzungen des § 63 Absatz 5 Abgabenordnung (AO) vorliegen.
Die Erlaubnis wird an die Erteilung eines Feststellungsbescheides nach § 60a Absatz 1 AO, eines Freistellungsbescheides oder eine Anlage zum Körperschaftsteuerbescheid geknüpft. Ist der Bescheid nach § 60a AO älter als drei Kalenderjahre oder ist der Freistellungsbescheid – beziehungsweise sind die Anlagen zum Körperschaftsteuerbescheid – älter als fünf Jahre, darf die Körperschaft keine Zuwendungsbestätigungen mehr ausstellen (Nummer 3 des AEAO zu § 63)."

Anhang 37

Zuwendungen nach §§ 10b, 34g EStG

Das BMF-Schreiben vom 30. August 2012 – IV C 4 – S 2223/07/0018 :005, 2012/0306063 –, (BStBl I Seite 884) wird hiermit aufgehoben.

Es wird seitens der Finanzverwaltung nicht beanstandet, wenn bis zum 31. Dezember 2013 die bisherigen Muster für Zuwendungsbestätigungen verwendet werden.

Anlagenverzeichnis:

Anlage 1:	Muster für Geldzuwendungen an inländische juristische Personen des öffentlichen Rechts
Anlage 2:	Muster für Sachzuwendungen an inländische juristische Personen des öffentlichen Rechts
Anlage 3:	Muster für Geldzuwendungen/Mitgliedsbeitrag an eine steuerbegünstigte Einrichtung
Anlage 4:	Muster für Sachzuwendungen an eine steuerbegünstigte Einrichtung
Anlage 5:	Muster für Geldzuwendungen/Mitgliedsbeitrag an eine Partei
Anlage 6:	Muster für Sachzuwendungen an eine Partei
Anlage 7:	Muster für Geldzuwendungen/Mitgliedsbeitrag an eine unabhängige Wählervereinigung
Anlage 8:	Muster für Sachzuwendungen an eine unabhängige Wählervereinigung
Anlage 9:	Muster für Geldzuwendungen an eine inländische Stiftung des öffentlichen Rechts
Anlage 10:	Muster für Sachzuwendungen an eine inländische Stiftung des öffentlichen Rechts
Anlage 11:	Muster für Geldzuwendungen an eine inländische Stiftung des privaten Rechts
Anlage 12:	Muster für Sachzuwendungen an eine inländische Stiftung des privaten Rechts
Anlage 13:	Sammelbestätigung für Geldzuwendungen an inländische juristische Personen des öffentlichen Rechts
Anlage 14:	Sammelbestätigung für Geldzuwendungen/Mitgliedsbeiträge an eine steuerbegünstigte Einrichtung
Anlage 15:	Sammelbestätigung für Geldzuwendungen/Mitgliedsbeiträge an eine Partei
Anlage 16:	Sammelbestätigung für Geldzuwendungen/Mitgliedsbeiträge an eine unabhängige Wählervereinigung
Anlage 17:	Sammelbestätigung für Geldzuwendungen an eine inländische Stiftung des öffentlichen Rechts
Anlage 18:	Sammelbestätigung für Geldzuwendungen an eine inländische Stiftung des privaten Rechts

Anlagen 1 bis 18 letztmals abgedruckt im EStH 2019

Zum Abruf der Formulare >Tz. 15

Steuerbegünstigte Zwecke (§ 10b EStG);
Gesetz zur Stärkung des Ehrenamtes (Ehrenamtsstärkungsgesetz) vom 21. März 2013
Anwendungsschreiben zu § 10b Absatz 1a EStG

BMF vom 15.09.2014 (BStBl I S. 1278)

IV C 4 – S 2223/07/0006 :005 – 2014/0761691

Unter Bezugnahme auf das Ergebnis der Erörterungen mit den obersten Finanzbehörden der Länder gilt für die Anwendung des § 10b Absatz 1a EStG ab dem Veranlagungszeitraum 2013 Folgendes:

1. Spenden in das zu erhaltende Vermögen

a) Zu erhaltendes Vermögen (Vermögensstock)

aa) Definition

Zum zu erhaltenden Vermögen einer Stiftung zählen insbesondere:
- Vermögenswerte, die anlässlich der Errichtung der Stiftung zugewendet werden und die nicht zum Verbrauch bestimmt sind,
- Zuwendungen nach Errichtung der Stiftung mit der ausdrücklichen Bestimmung, dass die Zuwendung der Vermögensausstattung zugute kommen soll (Zustiftungen).

Entscheidend ist die Zweckbestimmung zur dauerhaften Ausstattung bzw. Erhöhung des Stiftungsvermögens.

bb) Verbrauchsstiftung

Verbrauchsstiftungen verfügen nicht über zu erhaltendes Vermögen i. S. d. § 10b Absatz 1a EStG, da das Vermögen der Stiftung zum Verbrauch innerhalb eines vorgegebenen Zeitraums bestimmt ist.

Spenden in das Vermögen einer Verbrauchsstiftung sind nach den allgemeinen Grundsätzen des § 10b Absatz 1 EStG zu behandeln.

cc) Besonderheiten

Gliedert sich das Vermögen einer Stiftung in einen Teil, der zu erhalten ist und einen Teil, der verbraucht werden kann, dann gilt Folgendes:

Die Spenden in den Teil des Vermögens, der zu erhalten ist und nicht für den Verbrauch bestimmt ist, sind nach § 10b Absatz 1a EStG abziehbar. Die Spenden in den Teil des Vermögens, der verbraucht werden kann, sind dagegen nach § 10b Absatz 1 EStG abziehbar. Der Spender muss daher gegenüber der Stiftung deutlich machen, für welchen Teil des Vermögens seine Zuwendung erfolgt.

Enthält die Satzung der Stiftung eine Klausel, nach der das zu erhaltende Vermögen in Ausnahmefällen vorübergehend zur Verwirklichung der steuerbegünstigten Zwecke verwendet werden kann, aber der Betrag dem zu erhaltenden Vermögen unverzüglich wieder zugeführt werden muss, liegt kein verbrauchbares Vermögen vor. Das gilt auch dann, wenn die Stiftungsaufsicht den Verbrauch des Vermögens unter der Bedingung des unverzüglichen Wiederaufholens genehmigt.

Sind in der Stiftungssatzung Gründe verankert, die eine Auflösung der Stiftung und den anschließenden Verbrauch des Vermögens für die steuerbegünstigten satzungsmäßigen Zwecke der Stiftung bestimmen, so liegt kein verbrauchbares Vermögen vor.

b) Zuwendungen von Ehegatten/Lebenspartnern

Werden Ehegatten/Lebenspartner nach §§ 26, 26b EStG zusammenveranlagt, gilt für diese ein Höchstbetrag von 2 Mio. Euro. Es muss dabei nicht nachgewiesen werden, dass die Spende von beiden wirtschaftlich getragen wurde.

Wird innerhalb des 10 Jahreszeitraums zur Einzelveranlagung gewechselt, dann ist der verbleibende Spendenvortrag aufzuteilen. Maßgeblich ist dabei, wer die Spende wirtschaftlich getragen hat. Die bisher abgezogenen Beträge werden dem Ehegatten/Lebenspartner zugerechnet, der die Spende wirtschaftlich getragen hat. Überstieg die Spende den Höchstbetrag für Einzelveranlagte, ist der davon noch verbleibende Anteil nach § 10b Absatz 1 EStG abzuziehen.

2. Anwendungsregelung
Dieses Schreiben ist ab dem Veranlagungszeitraum 2013 anzuwenden.

Anhang 37
III Zuwendungen nach §§ 10b, 34g EStG

Steuerliche Anerkennung von Spenden durch den Verzicht auf einen zuvor vereinbarten Aufwendungsersatz (Aufwandsspende) bzw. einen sonstigen Anspruch (Rückspende)

BMF vom 25.11.2014 (BStBl I S. 1584)
IV C 4 – S 2223/07/0010 :005 – 2014/0766502
unter Berücksichtigung der Änderungen durch
BMF vom 24.08.2016 (BStBl I S. 994)
IV C 4 – S 2223/07/0010 :007 – 2016/0528723

Im Einvernehmen mit den obersten Finanzbehörden der Länder gilt zur steuerlichen Anerkennung von Aufwandsspenden und Rückspenden als Sonderausgabe nach § 10b EStG Folgendes:

1. Aufwendungsersatzansprüche können Gegenstand sogenannter Aufwandsspenden gemäß § 10b Absatz 3 Satz 5 und 6 EStG sein. Das gilt auch im Verhältnis eines Zuwendungsempfängers zu seinen ehrenamtlich tätigen Mitgliedern. Nach den Erfahrungen spricht aber eine tatsächliche Vermutung dafür, dass Leistungen ehrenamtlich tätiger Mitglieder und Förderer des Zuwendungsempfängers unentgeltlich und ohne Aufwendungsersatzanspruch erbracht werden. Diese Vermutung ist allerdings widerlegbar. Dafür ist bei vertraglichen Ansprüchen eine schriftliche Vereinbarung zwischen Zuwendendem und Zuwendungsempfänger vorzulegen, die vor der zum Aufwand führenden Tätigkeit getroffen sein muss.

2. Hat der Zuwendende einen Aufwendungsersatzanspruch gegenüber dem Zuwendungsempfänger und verzichtet er darauf, ist ein Spendenabzug nach § 10b Absatz 3 Satz 5 EStG allerdings nur dann rechtlich zulässig, wenn der entsprechende Aufwendungsersatzanspruch durch einen Vertrag oder die Satzung eingeräumt worden ist, und zwar bevor die zum Aufwand führende Tätigkeit begonnen worden ist. Die Anerkennung eines Aufwendungsersatzanspruches ist auch in den Fällen eines rechtsgültigen Vorstandsbeschlusses möglich, wenn der Vorstand dazu durch eine Regelung in der Satzung ermächtigt wurde. Eine nachträgliche rückwirkende Begründung von Ersatzpflichten des Zuwendungsempfängers, zum Beispiel durch eine rückwirkende Satzungsänderung, reicht nicht aus. Aufwendungsersatzansprüche aus einer auf einer entsprechenden Satzungsermächtigung beruhenden Vereinsordnung (z. B. Reisekostenordnung) sind Ansprüche aus einer Satzung im Sinne des § 10b Absatz 3 Satz 5 EStG. Der Verzicht auf bestehende sonstige Ansprüche (Rückspende), wie z. B. Lohn- oder Honorarforderungen oder gesetzliche Ansprüche (die keine Aufwendungsersatzansprüche sind), ist unter den nachstehend unter 3. aufgeführten Voraussetzungen als Spende im Sinne des § 10b EStG abziehbar.

3.[1]) Ansprüche auf einen Aufwendungsersatz oder **auf** eine Vergütung müssen ernsthaft eingeräumt sein und dürfen nicht von vornherein unter der Bedingung des Verzichts stehen. Wesentliche Indizien für die Ernsthaftigkeit von Ansprüchen auf Aufwendungsersatz oder **auf** eine Vergütung sind auch die zeitliche Nähe der Verzichtserklärung zur Fälligkeit des Anspruchs und die wirtschaftliche Leistungsfähigkeit des Zuwendungsempfängers. Die Verzichtserklärung ist dann noch zeitnah, wenn bei einmaligen Ansprüchen innerhalb von drei Monaten und bei **Ansprüchen aus einer regelmäßigen Tätigkeit innerhalb eines Jahres nach Fälligkeit des Anspruchs der Verzicht** erklärt wird. **Regelmäßig ist eine Tätigkeit, wenn sie gewöhnlich monatlich ausgeübt wird.** Die wirtschaftliche Leistungsfähigkeit ist anzunehmen, wenn der Zuwendungsempfänger ungeachtet eines späteren Verzichts durch den Zuwendenden bei prognostischer Betrachtung zum Zeitpunkt der Einräumung des Anspruchs auf den Aufwendungsersatz oder die Vergütung wirtschaftlich in der Lage ist, die eingegangene Verpflichtung zu erfüllen. Wird auf einen Anspruch verzichtet, muss dieser auch im Zeitpunkt des Verzichts

---
[1]) Tz. 3 neu gefasst durch BMF vom 24.08.2016 (BStBl I S. 994)

tatsächlich werthaltig sein. Nur dann kommt ein Abzug als steuerbegünstigte Zuwendung in Betracht.

Sofern der Verein im Zeitpunkt der Einräumung des Anspruchs auf einen Aufwendungsersatz oder eine Vergütung wirtschaftlich in der Lage ist, die eingegangene Verpflichtung zu erfüllen, kann regelmäßig davon ausgegangen werden, dass der Anspruch im Zeitpunkt des Verzichts noch werthaltig ist. Etwas anderes gilt nur dann, wenn sich die finanziellen Verhältnisse des Vereins im Zeitraum zwischen der Einräumung des Anspruchs und dem Verzicht wesentlich verschlechtert haben.

Von der wirtschaftlichen Leistungsfähigkeit ist immer dann auszugehen, wenn die Körperschaft offensichtlich über genügend liquide Mittel bzw. sonstiges Vermögen verfügt, das zur Begleichung der eingegangenen Verpflichtung herangezogen wird. Dabei ist keine Differenzierung nach steuerbegünstigtem Tätigkeitsbereich (ideelle Tätigkeit, Zweckbetrieb), steuerfreier Vermögensverwaltung oder steuerpflichtigem wirtschaftlichen Geschäftsbetrieb vorzunehmen.

4. Der Abzug einer Spende gemäß § 10b EStG setzt voraus, dass die Ausgabe beim Spender zu einer endgültigen wirtschaftlichen Belastung führt. Eine endgültige wirtschaftliche Belastung liegt nicht vor, soweit der Wertabgabe aus dem Vermögen des Steuerpflichtigen ein entsprechender Zufluss – im Falle der Zusammenveranlagung auch beim anderen Ehegatten/Lebenspartner – gegenübersteht (BFH-Urteil vom 20. Februar 1991, BStBl II Seite 690). Die von der spendenempfangsberechtigten Einrichtung erteilten Aufträge und die mit deren Ausführung entstehenden Aufwendungen dürfen nicht, auch nicht zum Teil, im eigenen Interesse des Zuwendenden ausgeführt bzw. getätigt werden. Die Auszahlung von Aufwendungsersatz an den Spender führt insoweit nicht zu einem schädlichen Rückfluss, als der Aufwendungsersatz aufgrund eines ernsthaft eingeräumten Ersatzanspruchs geleistet wird, der nicht unter der Bedingung einer vorhergehenden Spende steht.

5. Bei dem nachträglichen Verzicht auf den Ersatz der Aufwendungen bzw. auf einen sonstigen Anspruch handelt es sich um eine Geldspende, bei der entbehrlich ist, dass Geld zwischen dem Zuwendungsempfänger und dem Zuwendenden tatsächlich hin und her fließt. Dem Zuwendenden ist deshalb eine Zuwendungsbestätigung über eine Geldzuwendung zu erteilen, in der auch ausdrückliche Angaben darüber zu machen sind, ob es sich um den Verzicht auf die Erstattung von Aufwendungen handelt.

6. Eine Zuwendungsbestätigung darf nur erteilt werden, wenn sich der Ersatzanspruch auf Aufwendungen bezieht, die zur Erfüllung der satzungsmäßigen Zwecke des Zuwendungsempfängers erforderlich waren. Für die Höhe der Zuwendung ist der vereinbarte Ersatzanspruch maßgeblich; allerdings kann ein unangemessen hoher Ersatzanspruch zum Verlust der Gemeinnützigkeit des Zuwendungsempfängers führen (§ 55 Absatz 1 Nummer 3 AO). Der Zuwendungsempfänger muss die zutreffende Höhe des Ersatzanspruchs, über den er eine Zuwendungsbestätigung erteilt hat, durch geeignete Unterlagen im Einzelnen belegen können.

7. Dieses BMF-Schreiben ist ab 1. Januar 2015 anzuwenden.

Das BMF-Schreiben vom 7. Juni 1999 – IV C 4 – S 2223 – 111/99 – (BStBl I Seite 591) findet weiter Anwendung auf alle Zusagen auf Aufwendungsersatz sowie auf alle Zusagen auf Vergütungen, die bis zum 31. Dezember 2014 erteilt werden.

Wird bei einer Körperschaft, die vor dem 1. Januar 2015 gegründet wurde, Aufwendungsersatz lediglich aufgrund eines rechtsgültigen Vorstandsbeschlusses ohne ausdrückliche Satzungsermächtigung eingeräumt, so muss die Satzung nicht allein zur Einräumung dieser Ermächtigung geändert werden.

D.
Stichwortverzeichnis

Stichwortverzeichnis

Es bezeichnen:
Zahlen **fett**	=	Paragraphen des EStG
Zahlen ***fett kursiv***	=	Paragraphen der EStDV
R	=	EStR
Anlage	=	Anlage zu den EStR
H	=	Hinweise
Anh.	=	Anhänge
Zahlen in Klammern	=	Absätze der Paragraphen, Richtlinien oder Hinweise

A

Abbauland
55 (2), R 15.5 (3), R 13.2 (3), Anh. 20 V

Abbruchkosten
- eines Gebäudes H 6.4, H 6b.1, H 7.4

Abfärbe
- -regelung H 15.8 (5), Anh. 13 I
- -theorie H 15.8 (5)
- -wirkung H 15.8 (5)

Abfindung
- an den Mieter einer Wohnung H 22.8
- an Arbeitnehmer H 24.1, H 34.4
- unter Buchwert H 4.3, H 16 (4)
- weichender (künftiger) Erben, Anh. 13 I, II, III
- für Wohnungsaufgabe H 22.6
- Kapital- von Unterhaltsansprüchen H 33.1-33.4, H 33a.1
- in Fällen mit Doppelbesteuerungsabkommen **50d (12)**
- einer Kleinbetragsrente **92a (2)**, **93 (3)**, Anh. 1a I
- von Anwartschaften auf betriebliche Altersversorgung Anh. 1a II
- einer Rente Anh. 1a II
- Kapitaleinkünfte Anh. 19 II
- bei Realteilung Mitunternehmerschaft Anh. 24 III
- bei privaten Veräußerungsgeschäften Anh. 26
- Bar- bei Umwandlungsvorgängen Anh. 28
- auf Nießbrauchsrecht Anh. 30 VI
- im Rahmen eines Versorgungsausgleichs Anh. 33
- siehe „Entschädigungen, tarifbegünstigte"

Abfindungsklauseln H 6a (3), (4)

Abfließen/Abfluss
- von Ausgaben **11 (2)**, R 4.5 (2), H 10.1, R 10b.1 (1), H 11
- negative Einnahmen H 21.2
- Rückzahlung von Einnahmen H 22.8
- Werbungskosten bei privaten Veräußerungsgeschäften H 23
- beim Progressionsvorbehalt R 32b (3)
- Entlassungsentschädigungen H 34.3
- Altersversorgung Anh. 1a II
- außergewöhnliche Belastungen R 33.4 (5), Anh. 3 I
- Steuerberatungskosten Anh. 16 XIII
- Stückzinsen Anh. 19 II
- Steuerermäßigung § 35a EStG bei WEG Anh. 27b II

Abgeltung
- der Steuer durch Steuerabzug bei Kapitaleinkünften **32d**, **43 (5)**
- der Steuer durch Steuerabzug bei Lohneinkünften **46 (4)**
- der Steuer durch Steuerabzug bei beschränkter Steuerpflicht **50 (5)**

Abgeltungsteuer
- Allgemeines H 20.1, H 32d, H 43, H 44, H 44a, H 44b.1, Anh. 19 I, II, Anh. 20 V
- Zuflusszeitpunkt H 44

Abgeordnetengesetz 22, R 22.9, Anh. 1a II
- Amtszulagen aufgrund des – **22**

Abgrenzung
- der selbständigen von den unselbständigen Gebäudeteilen R 4.2 (5)
- Betriebsvorrichtungen zu Gebäuden H 6.4, R 7.1 (3), H 7.1
- Betriebsverpachtung/Betriebsaufgabe H 16 (5)
- der Gewinnerzielungsabsicht zur Liebhaberei H 15.3
- von Anschaffungs-, Herstellungskosten und Erhaltungsaufwendungen R 21.1, H 21.1, Anh. 30 V
- der Anschaffungskosten vom Erhaltungsaufwand beim Grund und Boden H 6.4
- zwischen Land- und Forstwirtschaft und Gewerbe R 13.2, R 15.5

2433

Stichwortverzeichnis

- zwischen privater Vermögensverwaltung und gewerblichem Grundstückshandel H 15.7 (1), Anh. 17
- zwischen selbständiger Arbeit und Gewerbe H 15.6, R 18.1
- des Veräußerungsgewinns vom laufenden Gewinn R 16 (9)
- der wesentlichen Betriebsgrundlagen H 16 (8), Anh. 28
- der Kosten der Lebensführung von den Betriebsausgaben und Werbungskosten H 4.7, R 12.1, H 12.1, H 12.2

Abkommen
- Amtshilfe- **44a (4)**
- Doppelbesteuerungs- **50d**, **50i**, H 1a, H 34c (5), H 49.1, H 50, H 50a.2, Anh. 12 II
- Freizügigkeits- der EU-/EWR-Staaten mit der Schweiz H 10.10
- zwischenstaatliche – H 31
- Pool- **49**, R 49.1, H 49.1

Ablösezahlungen im Profifußball H 6.2

Ablösung
- eines Erbbaurechts H 6.4
- einer dauernden Last H 10.3, H 34.3
- von Kosten der Anstaltsunterbringung H 33.1-33.4
- eines Nutzungsrechts, Nießbrauchs H 7.3, H 7.4, H 10.3, Anh. 13 I, IV, Anh. 30 VI
- eines Vorbehaltsnießbrauchs H 17 (5)
- einer Rente H 6a (19), H 10.3, H 24.2, H 34.3
- einer Schuld H 4.2 (15), H 21.2
- der Verpflichtung zur Errichtung von Stellplätzen H 6.4
- eines Wohnrechts durch Miterben H 6.4
- Darlehen Anh. 30 IV

Abnutzungsentschädigung
- Steuerfreiheit der – für Dienstbekleidung **3 Nr. 4**

Abraumbeseitigung
- Rückstellung für – R 5.7 (11), H 5.7 (11)

Abraumvorrat H 6.3

Abrechnungen
- bei Wechsel der Gewinnermittlungsart R 4.6, H 4.6, Anlage
- außerbilanzielle – **3c (2)**, Anh. 9 XI

Abschlussgebühren für Bausparvertrag
- keine Rechnungsabgrenzung H 5.6

Abschlusszahlung
- Entrichtung der – **36 (4)**

Abschöpfung
- bei Geldbuße R 4.13, H 4.13, R 12.3

Abschreibungs- oder Buchverluste H 15.10

Absetzungen, allgemein
siehe „AfA"

Absetzungen, erhöhte
- auf Anzahlungen und Teilherstellungskosten **7a (2)**, R 7a, H 7a
- Bemessungsgrundlage für – R 7.3, H 7.3, R 21.2
- Berücksichtigung von – bei nachträglichen Anschaffungs- oder Herstellungskosten R 7a (3)
- bei Gebäuden in Sanierungs- und Entwicklungsgebieten **7h**, R 7h, H 7h
- gemeinsame Vorschriften für – **7a**, R 7a, H 7a
- von Herstellungskosten bei Baudenkmalen **7i**, R 7i, H 7i
- von Herstellungskosten bei bestimmten Baumaßnahmen i. S. d. Baugesetzbuchs **7h**, R 7h, H 7h
- innerhalb des Begünstigungszeitraums **7a**, R 7a, H 7a
- Kumulationsverbot – **7a (5)**, R 7a (7)
- bei mehreren Beteiligten **7a (7)**, H 7a
- bei Personengesellschaften nach Ausscheiden eines Gesellschafters H 7a, H 7h, H 7i
- bei unentgeltlich erworbenen Wirtschaftsgütern **11d (1)**, R 7.3 (3)
- Verlustklausel bei – R 7a (8)
- für Wirtschaftsgebäude H 7.2
- für Gebäude und andere abnutzbare Wirtschaftsgüter Anh. 1

Absetzungen für außergewöhnliche technische oder wirtschaftliche Abnutzung
7 (1), **11c (2)**, R 7.4 (11), H 7.4

Absetzungen für Substanzverringerung
7 (6), **11d (2)**, R 4.5 (3), R 7.5, H 7.5

Abstandszahlungen
- zur Ablösung von Nutzungsrechten H 21.2, H 24.1
- zur vorzeitigen Wohnungsräumung H 21.2
- an (künftige) Miterben Anh. 13 II
- an Mieter oder Pächter H 6.4

Abtretung
- eines Auszahlungsanspruchs aus der Altersvorsorge Anh. 1a I, II
- bei Darlehen zwischen Angehörigen Anh. 2 I
- Zinsschranke Anh. 16 XIV
- bei Kapitaleinkünften Anh. 19 II
- von Ansprüchen auf Anrechnung von Steuerabzugsbeträgen H 36

2434

Stichwortverzeichnis

- von Ansprüchen aus einem Versicherungsvertrag **10 (5)**, **30**, H 4.2 (1), R 4b, Anh. 22a I
- von Rückkaufsrechten an Grundstücken H 22.8
- Zurechnung von Zinsen bei Abtretung H 20.2
- beim Versorgungsausgleich Anh. 33

Abwasser H 6.4

Abweichendes Wirtschaftsjahr
4a, **8b**, R 4a, H 4a, H 11

Abweichung
- des Steuerbilanzgewinns vom Handelsbilanzgewinn R 6.6 (1), R 6.8, R 6.9, R 6b.2, H 15.8 (3), Anh. 9 III
- Datenerhebung und Datenabgleich **91**, Anh. 1a I

Abzinsung
- von Rückstellungen **6 (1)**, H 6.11
- von Verbindlichkeiten **6 (1)**, H 6.7, H 6.10, Anh. 9 V
- Zinsschranke **4h**, Anh. 16 XIV
- Pensionsrückstellung **6a**, H 6a (3)
- bei Verpflichtungsübernahme **4f**, **5 (7)**, Anh. 9 XI
- eiserne Verpachtung Anh. 16 VII

Abzugsteuer
- Entlastung von deutscher – **50d**, H 50d
- Freistellung von deutscher – aufgrund DBA H 1a

Abzugsverbot
- von Betriebsausgaben **4 (5)**, **4 (5b)**, R 4.10- R 4.15, H 4.10-H 4.15
- von Vorteilen **4 (5)**, R 4.13, H 4.13
- von Geldstrafen **12**, H 4.13

Adoptionskosten H 33.1-33.4

ähnliche Zwecke 4 (5), H 4.10 (1)

Ärzte-GbR H 15.6

AfA
- als Werbungskosten **9 (1)**
- Beginn der – R 7.4 (1), H 7.4, R 7a
- bei abnutzbaren Anlagegütern **7**, R 4.5 (3), R 6.3, R 7.3, H 7.3
- bei Ausbauten und Erweiterungen an Gebäuden R 7.3, H 7.3, R 7.4, H 7.4
- bei Außenanlagen H 7.1
- bei Betriebsvorrichtungen R 7.1, H 7.1
- bei Eigentumswohnungen **7 (5)**, **11**, R 7.3, H 7.4
- bei Einbauten in Gebäuden R 7.1 (6), H 7.1
- bei Einlage eines Wirtschaftsguts **7 (1)**, Anh. 1
- bei Ermittlung der Herstellungskosten R 6.3, R 21.5
- bei Gebäuden **7 (4)**, **(5)**, **10**, R 7.1, R 7.2, R 7.4 (6)
- bei Gebäudeteilen **7 (5)**, R 7.1, H 7.1, R 7.2, R 7.3, H 7.3, H 7.4
- bei gemischt genutzten Grundstücken R 7.2, R 7.4 (6)
- bei Gewinnermittlung nach § 4 Abs. 3 EStG **6 (7)**, **10**, R 4.5
- bei im Teileigentum stehenden Räumen **7 (5)**, R 7.4 (7), H 7.4
- bei immateriellen Wirtschaftsgütern R 7.1, H 7.1
- bei Ladeneinbauten und -umbauten R 7.1 (6)
- bei Maschinen R 7.4 (5)
- bei Mietereinbauten H 4.2 (3), R 7.1, H 7.1, H 7.4
- bei Miteigentum R 7.4, H 7.4, R 21.6
- bei Schiffen R 7.1
- bei Tieren R 7.1 (2), H 7.3, H 13.3, Anh. 9 IV
- bei unbeweglichen Wirtschaftsgütern R 7.1, H 7.1
- bei unentgeltlich erworbenen Wirtschaftsgütern **7**, **11d**, R 7.3 (3)
- bei vom oder ins Privatvermögen überführten Gebäuden R 7.3 (6), H 7.3
- bei vor dem 21.06.1948 angeschafften oder hergestellten nicht betrieblichen Wirtschaftsgütern **10a**
- bei Wirtschaftsgütern bis zur Einlage R 6.12, H 6.12, R 7.4 (2)
- bei Wirtschaftsüberlassungsvertrag H 7.1
- Bemessung der – allgemein **5 (6)**, **7**, R 7.2, R 7.3, H 7.3, R 7.4, H 7.4, R 21.5
- Bemessung der – bei nachträglichen Anschaffungs- und Herstellungskosten R 6.5 (3), R 7.3, H 7.3, R 7.4 (10), H 7.4, R 7a, H 7a
- beweglicher Anlagegüter **7 (2)**, R 7.1, H 7.1, R 7.3
- degressive – **7 (2)**, R 7.2, R 7.4, H 7.4, Anh. 1
- degressive – bei Nutzungsänderung H 7.4
- degressive – in Erwerbsfällen H 7.4
- degressive – nach Einlage H 7.4
- einheitliche – bei Gebäuden und Gebäudeteilen H 7.1, R 7.3, H 7.3
- Ende der – R 7.4 (9)
- für außergewöhnliche technische oder wirtschaftliche Abnutzung (AfaA) **7 (1)**, R 7.4 (12), H 7.4
- Höhe der – R 7.4
- im Anschluss an erhöhte Absetzungen/Sonderabschreibungen **7a (9)**, R 7.4 (11), R 7a (9)
- im Jahr der Anschaffung, Fertigstellung, Einlage **7 (1)**, R 7.4 (2), H 7.4
- lineare – **7 (1)**
- Methode R 7.4, H 7.4
- nach Ablauf des Begünstigungszeitraums **7h**, R 7a, H 7a (9)
- nach Ansatz des Teilwerts 11c (2)

2435

Stichwortverzeichnis

- nach Einlage/Entnahme **7 (1)**, H 4.7, R 7.3, R 7.4 (11)
- nach Maßgabe der Leistung **7 (1)**, R 7.4 (5)
- Nachholung von – R 7h
- Tabellen H 7.4, H 13.5, Anh. 1 I
- unterlassene/überhöhte – H 4.4, H 4.5 (3), H 7.4
- Verlustzuweisungsgesellschaft, längere Nutzungsdauer eines Wirtschaftsgutes H 7.4
- vom Firmenwert u. ä. **7 (1)**, H 5.5, H 7.1, Anh. 9 I
- Volumen H 7.4
- von Bodenbefestigungen H 7.1
- von Fahrstuhl-, Heizungs-, Be- und Entlüftungsanlagen H 7.1
- von Garagen H 7.1, R 7.2 (2)
- von Wirtschaftsgebäuden bei Sonderabschreibungen R 7.2, R 7a, H 7a
- Wahl der – Methode R 7.4 (5), (7)
- Wechsel der – Verfahren **7 (3)**, R 7.4 (8), H 7.4 (8)
- zeitanteilige – R 7.4, H 7.4
- Zuschüsse bei der Bemessung der – R 6.5, R 7.3 (4), R 21.5, H 21.5
- bei Bilanzberichtigung H 4.4
- Drittaufwand H 4.7
- Eigenaufwand fremdes Wirtschaftsgut H 4.7

Agio
- Darlehen H 6.10
- weitere Einlage H 15a
- private Kapitalbeteiligung H 17 (4)

Aktien 20 (1), H 20.2, Anh. 19 II

Aktienoption H 18.2

Aktivierung
- von Forderungen H 4.2 (1), H 5.6
- des Rückdeckungsanspruchs H 4.5 (2), R 4d, H 6a (3), (9), (23)
- unentgeltlich erworbener immaterieller Wirtschaftsgüter H 4.6, R 5.5 (2), H 5.5, Anh. 9 I
- von Holzvorräten H 34b.3, R 34b.7

Aktivitätsklausel
2a (2), R 2a (3), H 2a, Anh. 28

Alleingesellschafter
- Sonderbetriebseinnahmen H 15.8 (3)
- Auflösung einer Kapitalgesellschaft H 16 (3)
- Dividendenzufluss H 20.2

Altenheim
- Aufwendungen für Unterbringung im – R 33.3, H 33.1-33.4, H 33a.1

Altenteilerwohnung
- Entnahme einer – **13 (4)**, H 4.3 (2-4)
- Nutzungswert **13 (4)**
- eigene Wohnzwecke bei privatem Veräußerungsgeschäft Anh. 26

Altenteilsleistungen
H 10.3, H 22.1, Anh. 13 II, IV

Altersentlastungsbetrag
2 (3), **24a**, R 2, R 10d (1), R 24a, H 24a, H 32b, H 34c

Altersruhegeld R 22.4, H 22.4

Alterssicherung
- Gesetz über eine – für Landwirte **3 Nr. 17**

Altersteilzeitgesetz
3 Nr. 28, **3 Nr. 65**, **41 (1)**, **41b (1)**, **42b (1)**, H 5.7 (5), H 6.11

Altersteilzeitverpflichtungen H 5.7 (5)

Altersübergangsgeld 3 Nr. 28, **32b (1)**

Altersvermögensgesetz (AVmG)
H 6a (1), (11), H 22.1, H 79, Anh. 1a I

Altersversorgung
- betriebliche – **4b**, **4c**, **4d**, **6a**, R 4b, R 4c, R 4d, R 6a, H 22.10

Altersvorsorge
- private – **10a**, **79**, R 2 (2), H 22.8, H 22.10, Anh. 1a I

Altlastenverdacht H 16 (10)

Altzusagen
- bei Pensionsverpflichtungen R 6a (1), Anh. 9 III

Anbau H 4.2 (1), (4), R 6b.3 (3), H 7.3

Anbauverzeichnis H 13.5, R 13.6

Anderer Dienst im Ausland im Sinne des § 14b ZDG H 32.8

Änderung
- der Bilanz **4 (2)**
- des Steuerbescheids H 16, R 26a (2)
- des Verlustabzugs **10d (1)**, R 10d (5)
- der Veranlagung **26 (2)**, R 26a (2)

Anerkennung
- Arbeitsverhältnis mit Kindern H 4.8
- Arbeitsverhältnisse zwischen Ehegatten H 4.8

Stichwortverzeichnis

Angehörige
- eines Gesellschafters H 4.2 (12)
- Rechtsverhältnisse zwischen – R 4.8, H 4.8, R 15.9, R 21.4, H 21.4, Anh. 2 I

Angemessenheit der Gewinnverteilung
- bei stiller Beteiligung von Schwesterpersonengesellschaften H 15.8 (2), (3)

Anlage EÜR H 25

Anlageberater H 15.6

Anlagevermögen
- Begriff und Umfang R 6.1, H 6.1
- bestandsmäßige Erfassung des beweglichen – R 5.4, H 5.4
- Bewertungsfreiheit für geringwertige Anlagegüter **6 (2)**, R 6.13, H 6.13, Anh. 16 IX
- Bewertung von Wirtschaftsgütern des – **6 (1)**, R 4.5
- Dauer der Zugehörigkeit von Wirtschaftsgütern zum – **6b (4)**, R 6.1, R 7.4
- Grundsätze R 6.1, H 6.1
- immaterielle Wirtschaftsgüter des – R 5.5 (1), (2), H 5.5
- zum – gehörendes Vieh R 13.3, Anh. 9 IV

Anlaufverluste H 15.3

Annahme als Kind H 32.1

Anrechnung
- eigener Einkünfte und Bezüge H 32.9, H 32.10, R 33a.1, H 33a.1, R 33a.3, H 33a.3
- von Vorauszahlungen und Steuerabzugsbeträgen auf die Einkommensteuer **36**, **37 (3)**, R 36, H 36

Ansammlungsrückstellung R 6.11, H 6.11

Anschaffung
- Rückgängigmachung einer – H 7.4
- von Gebäuden (Gleichstellung mit Erweiterung, Ausbau und Umbau) **6b (1)**, R 6b.2
- von Haushaltsgeräten H 33.1-33.4
- Zeitpunkt der – R 7.4 (1), H 7.4

Anschaffungskosten R 6.2, H 6.2
- Abwehrkosten als – H 7.3
- Abzug des Gewinns aus der Veräußerung bestimmter Anlagegüter bei den – anderer Wirtschaftsgüter **6b**, R 6b.2, H 6b.2
- AfA von – R 7.3 (1), H 7.3
- Aufteilung der – aufgrund und Boden sowie Gebäude R 4.2 (6), R 7.3 (1), H 7.3
- Barwert der Rentenverpflichtung R 6.2
- Begriff und Umfang H 6.2
- bei Einkünften aus privaten Veräußerungsgeschäften H 23, Anh. 26
- bei Einlage von Wirtschaftsgütern R 6.12
- bei Erwerb gegen Leibrente R 4.5 (4)
- bei Gebäuden H 6.4
- bei unentgeltlichem Erwerb **6 (3)**, *11d (1)*, R 7.3 (3)
- bei wohnrechtsbelasteten Gebäuden H 7.3
- Berücksichtigung von Zuschüssen bei – R 6.5, R 7.3 (4)
- bestimmter Anteile an Kapitalgesellschaften *53*, R 17 (5)
- Bewertung mit den – **6 (1)**, R 6.5, H 6.7, R 6.8, H 6.8, H 6.12
- der Anteile an Kapitalgesellschaften H 6.2, H 17 (5)
- des Grund und Bodens bei Veräußerung nach einer Verpachtung H 16
- eines Waldes R 34b.2, H 34b.2
- eines Wirtschaftsguts bei Abzug des Gewinns aus der Veräußerung eines anderen Wirtschaftsguts (Rücklage) **6b (5)**, R 6b.2
- im Zwangsversteigerungsverfahren H 6.2
- innerhalb und nach Ablauf des Begünstigungszeitraums für Sonderabschreibungen **7a**, R 7a, H 7a
- Minderung der – R 7a (4), (5), H 7a
- Mitunternehmeranteil H 6.2
- nachträgliche – R 7.3 (4), (5), R 7.4 (10), H 7.4, R 7a, H 7a, R 17 (4), (5), H 23,
- Nebenkosten H 6.2
- Rückstellungen für – **5 (4b)**
- von Verbindlichkeiten H 6.10, R 6.11
- von Vieh R 13.3, H 13.3, Anh. 9 V, IX, XI
- Vorauszahlungen auf – H 6.4
- Zurechnung von Umsatzsteuer zu den – **9b**, R 9b, H 9b

Anschaffungsnahe Herstellungskosten
6 (1) Nr. 1a, 6 (7), R 6.4 (1), H 6.4, H 21.1, Anh. 30 V 2

Anschlusskosten (Gebühren)
- Kanal-, Gas-, Strom-, Wasser- H 6.4

Ansiedlungsbeiträge H 6.4

Anteile
- an Kapitalgesellschaften, Gewinne aus der Veräußerung von – **6b (1)**, **16**, **17**, H 6.12, R 6b.2 (1), R 16 (3), R 17, H 17
- an Kapitalgesellschaften als Sonderbetriebsvermögen II H 4.2 (2)
- Anschaffungskosten H 6.2
- Einbringung von – in eine Mitunternehmerschaft Anh. 24 II

2437

- einbringungsgeborene – H 17 (2)
- Veräußerung von – an Kapitalgesellschaften als privates Veräußerungsgeschäft **23**, H 23
- Veräußerung von – an Kapitalgesellschaften gegen wiederkehrende Leistungen H 17 (7)
- Veräußerung von – an Grundstücksgesellschaften als gewerblicher Grundstückshandel H 15.7 (1)
- Wertminderung von – durch Gewinnausschüttungen **50c**, R 50c

Anteilseigner
20 (2), **36 (2)**, R 36, H 36, R 44b.2

Anteilsrotation H 17 (2)

Anteilstausch H 17 (7)

Anteilsveräußerung nach Wegzug ins EU-/EWR-Ausland H 49.1

Anteilsvereinigung bei verdeckter Einlage H 6.12

Antizipative Posten R 5.6 (3)

Antrag
- auf Realsplitting R 10.2, H 10.2
- auf Steuerermäßigung **34**, R 34.5, H 34.5
- auf Veranlagung **46 (2)**, R 46.2
- Kindergeld 67

Antragsveranlagung 46 (2), R 46.2, H 46.2

Anwaltskosten H 21.2

Anwartschaft auf Hinterbliebenenversorgung bei Betriebsaufspaltung H 4.2 (1)

Anzahlungen
- auf Anschaffungskosten **7a (2)**, R 7a (5), H 7a
- Leistung von – durch Hingabe von Wechsel oder Scheck **7a (2)**, H 7a
- Sonderabschreibungen auf – **7a (2)**, *81 (4)*, *82f (4)*

Anzeigepflicht
- bei Versicherungsverträgen **29**

Apotheken
- Inventurbüros H 15.6
- Rezeptabrechner H 15.6

Arbeiterwohnheim H 15.7 (2)

Arbeitgeberanteile
- zur Sozialversicherung eines Mitunternehmers H 15.8 (3), (4)

Arbeitnehmer
- als Gesellschafter H 15.8 (3)
- Verlustrücktrag R 10d (4)

Arbeitnehmererfindungen 42b (2), R 18.1

Arbeitnehmer-Pauschbetrag
9a, **32b (2)**, H 32b, H 33a.4, H 34.1, R 34.4 (4)

Arbeitnehmer-Sparzulage
- keine Einnahmen oder Einkünfte H 2
- als anzurechnende eigene Bezüge unterstützter Personen H 33a.1

Arbeitnehmerüberlassungsgesetz 42d (6)

Arbeitsförderungsgesetz 3 Nr. 2, **32b**, H 33a.2

Arbeitsfreistellung H 5.7 (4)

Arbeitslohn R 24a, H 50d

Arbeitslosengeld
3 Nr. 2, **32b**, R 3.2, R 32b (1), (4)

Arbeitslosenhilfe 3 Nr. 2, **32b**

Arbeitslosigkeit H 32.4

Arbeitsmittel
- Aufwendungen für – **9 (1)**, R 10.9

Arbeitsplatzschutzgesetz 3 Nr. 47, R 6a (12)

Arbeitsstätte
siehe „Erste Tätigkeitsstätte"

Arbeitszimmer
- häusliches – **4 (5)**, H 4.7, H 4.10 (1), H 4.11, R 7.2 (3), H 7.2, H 10.9, H 16 (1), H 21.2, Anh. 16 XVII, Anh. 26, Anh. 27b III

Architekt 18 (1), H 4.4 (3), H 15.6, H 18.2

Architekt/Bauunternehmer H 15.3, H 15.7 (2)

Artisten H 15.6, R 49.1

Arzneimittel H 33.1-33.4, R 33.4 (1)

Arzneimittelzulassungen H 5.5, H 7.1

Ärzte
- Facharzt für Laboratoriumsmedizin H 15.6
- freiberufliche Tätigkeit der – **18 (1)**, H 15.6, R 18.1 (1)
- Gemeinschaft von – H 15.6
- Propagandisten H 15.6

Stichwortverzeichnis

Ärztemuster R 6.8 (2)

Arztvertreter H 15.1

Asbestbeseitigung H 33.1-33.4
siehe auch „Gesundheitsgefährdung"

Asthma H 33.4

Atypisch stille Gesellschaft
H 15.8 (1), (5), (6), H 15.9 (1)

Atypisch stille Unterbeteiligung
H 15.8 (2), (5)

Aufbewahrungspflicht
– für Buchführungsunterlagen etc. R 5.2, H 5.2, H 13.5

Aufbewahrung von Geschäftsunterlagen H 6.11

Aufenthaltsrecht H 33.1-33.4

Auffüllen
– abgebauter Hohlräume R 6.11 (2)

Auffüllrecht H 4.2 (1), H 5.5

Aufgabe
– der Geschäftsführertätigkeit H 24.1
– der selbständigen Tätigkeit **18** (3), H 15.6, R 18.3, H 18.3
– der bisherigen Tätigkeit H 16 (1)
– eines Betriebs oder Mitunternehmeranteils **14**, **16** (3), **18** (3), *6 (2)*, R 14, H 14, R 16, H 16 (2), R 18.3 (1)
– zeitliche Erfassung bei Aufgabe eines Betriebs oder eines Mitunternehmeranteils R 4a (5)

Aufgabegewinn H 16 (2), R 18.3 (3)

Auflagenbuchführung R 4.5 (1)

Aufnahme eines Gesellschafters in ein Einzelunternehmen 6 (3), H 16 (4), Anh. 9 VII, Anh. 28

Aufrundung
– anzurechnender Vorauszahlungen und Steuerabzugsbeträge **36** (3)

Aufsichtsrat
– Aktienoption H 18.2
– sonstige selbständige Tätigkeit **18** (1), H 15.6
– Steuerabzug bei beschränkt Steuerpflichtigen **50a** (1), 73c, 73d, 73e

Aufstockungsbeträge
– Aufzeichnungspflichten beim Lohnsteuerabzug **41** (1)

– nach dem Altersteilzeitgesetz **3 Nr. 28**, **3 Nr. 32b**
– zum Transferkurzarbeitergeld H 24.1

Aufteilung
– Behinderten- oder Hinterbliebenen-Pauschbetrag für ein Kind **33b (5)**, H 33b
– Beiträge an ausländische Sozialversicherungsträger H 10.5
– der Anschaffungs- und Herstellungskosten bei Gebäudeteilen R 4.2 (6)
– der außergewöhnlichen Belastungen bei einem Elternpaar 33a (2), 46 (2), H 33a.2
– der eigenen Einkünfte und Bezüge H 32.10, R 33a.3
– des Freibetrags im Lohnsteuerabzugsverfahren **39a (2)**, **39a (3)**
– des Gewinns des Wj. auf Kj. **4a (2)**, H 4a
– Kaufpreis H 7.3
– Personalcomputer H 12.1
– von Bewirtungsaufwendungen in einen betrieblichen und einen privaten Teil H 4.10 (5-9)
– von Gebäuden in Eigentumswohnungen R 6.1 (1)

Aufwandsentschädigungen
– eines Abgeordneten **22 Nr. 4**, H 22.9
– für nebenberufliche Tätigkeiten als Übungsleiter, Ausbilder, Erzieher u. a. **3 Nr. 26**, **3 Nr. 26a**, R 3.26a, H 3.26
– steuerfreie – aus öffentlichen Kassen **3 Nr. 12**, H 3.12
– Vormund **3 Nr. 26b**

Aufwandsbeiträge bei Franchiseverträgen
H 4.2 (15)

Aufwandsrückstellungen R 5.7 (3)

Aufwandsspenden
R 10b.1 (4), H 10b.1, Anh. 37 III

Aufwuchs auf Grund und Boden
6b, **6c**, **13a (7)**, H 6b.1, Anh. 20 V

Aufzeichnungen
– beim Lohnsteuerabzug **41**
– der Geschäftsvorfälle R 5.2, H 5.2
– des Vergütungsschuldners *73d*
– durch Angehörige freier Berufe H 18
– getrennte – der Aufwendungen i. S. d. § 4 (5) **4 (7)**, R 4.11, H 4.11
– im Inland **50 (1)**, **73**
– über die Bildung und Auflösung von Ausgleichsposten **4g (4)**
– über Inventur R 5.3
– bei Land- und Forstwirten R 13.6

Stichwortverzeichnis

Aufzeichnungs-/Buchführungspflichten
H 4.1, H 5.1

Augen-Laser-Operation R 33.4 (1)

Ausbilder 3 Nr. 26, H 3.26

Ausbildung
- Beruf **4 (9)**, **9 (6)**, **10 (1)** 33a (1), R 10.9, H 10.9, H 12.1, R 33a.1, H 33a.1
- von Kindern **31**, **32 (6)**, H 4.8, H 32.5, H 32.6, R 32.7, H 32.7, H 32.11, H 33.1-33.4
- Freibetrag für Sonderbedarf 33a (2), R 33a.2, H 33a.2, R 33a.4
- Katalogberufen ähnliche Berufe H 15.6
- Steuerfreiheit von Stipendien zur Förderung der wissenschaftlichen oder künstlerischen – **3 Nr. 44**, H 3.44
- von Pferden H 13.2

Ausbildungsabschnitt 32 (4), H 32.6

Ausbildungsbeihilfen H 3.11

Ausbildungshilfen
- aus öffentlichen Mitteln **33a (2)**, H 33a.1

Ausbildungsplatz R 32.7

Ausbildungs-/Fortbildungsaufwendungen
- für Kinder H 12.1

Ausbildungszeitraum H 32.5, H 32.6, R 33a.2

Auseinandersetzung
- einer Zugewinngemeinschaft H 16 (4)
- von Erbengemeinschaften H 4.3 (2-4), H 6.2, H 6b.3, H 7.3, H 15.6, H 16 (4), (6), Anh. 13 I
- von Mitunternehmern **16 (3)**, H 24.2

Ausgaben
- im Zusammenhang mit steuerfreien Einnahmen **3c**, H 3c
- nicht abzugsfähige – **12**
- Rechnungsabgrenzung **5 (5)**, R 5.6
- Umsatzsteuer als – **9b**, R 9b (3)
- Förderung steuerbegünstigter Zwecke i. S. d. § 10b Abs. 1 und 1a EStG R 10b.1, H 10b.1
- zeitliche Erfassung **11 (2)**

Ausgleichsanspruch
- eines Handelsvertreters **24**, H 5.7 (5), R 6a (16), H 16 (9), H 24.1, H 34.3
- eines Kommanditisten H 4.2 (2), H 15.8 (1)

Ausgleichsbetrag
- in bestimmten Veranlagungsfällen **46 (3)**, *70*
- nach § 154 BauGB H 6.4

Ausgleichsgeld nach dem FELEG 3 Nr. 27

Ausgleichsleistungen
- nach dem LAG 3 Nr. 7, H 3.7
- zur Vermeidung eines Versorgungsausgleichs **10 (1a)**

Ausgleichszahlungen
- an geschädigte Tatopfer zur Wiedergutmachung H 12.3
- an Handelsvertreter **24 Nr. 1**, H 24.1
- aus der Auflösung von Zinsswapgeschäften H 21.2
- im Rahmen des Versorgungsausgleichs **10 (1a)**, H 10.3a
- in den Fällen der §§ 14 und 17 KStG an außenstehende Anteilseigner **4 (5)**

Ausgliederung
- einer 100 %-Beteiligung an einer Kapitalgesellschaft H 34.5

Aushilfstätigkeit
- Abgrenzung zwischen selbständiger und nichtselbständiger Tätigkeit H 15.1
- von Kindern H 4.8

Auskunfts-/Beratungspflicht
- der Familienkassen H 67

Auslagenersatz
- steuerfreier – eines Arbeitgebers **3 Nr. 13**, **3 Nr. 16**, **3 Nr. 50**, H 3.13, H 3.50

Ausland
- Dienste im – H 32.11
- ins – entsandte deutsche Staatsangehörige **1 (2)**, R 1

Ausländer
- Anspruch auf Kindergeld **62**
- Deutschkurs H 10.9, H 12.1, R 33.4

Ausländische(r/s)
- Anrechnung und Abzug – Steuern **32d**, **34c**, **68a**, R 2, R 34c, H 34c, R 50
- Einkünfte **2a**, **32b**, **34c**, **34d**, **68a**, **68c**, R 2a, H 32b, R 34c, H 34c, H 34d
- Entlastungsberechtigung – Gesellschaften **50d**, H 50d
- Gericht H 4.13
- Kapitalgesellschaft H 15.8 (6), H 17 (2)
- Kulturvereinigungen H 50, H 50a.2
- Personengesellschaft R 4.1, H 15.8 (3), H 32b
- Renteneinkünfte H 32b
- Sozialversicherungsbeiträge H 10.5, H 32b

Stichwortverzeichnis

- Steuer vom Einkommen **34c**, ***68b***, ***68c***, R 2, R 34c, H 34c, R 50
- vergleichbare – Leistungen beim Anspruch auf Kindergeld **65**, H 31, H 65
- Verleiher **38**
- Verluste **2a**, R 15a (5), H 32b
- Verluste bei Zusammenveranlagung von Ehegatten R 2a (7)
- Währung H 6.2

Auslandskorrespondent H 1a, H 50a.2

Auslandslehrkräfte H 1a

Auslandsschulen
- Entgelt als Sonderausgaben R 10.10
- Lehrkräfte an – H 1a

Ausscheiden
- von Anlagegütern durch höhere Gewalt R 6.6, R 6b.1, R 6b.3 (4)
- eines Anwärters R 6a (19)
- eines Miterben Anh. 13 I
- einzelner Gesellschafter H 4a
- von Wirtschaftsgütern aus Betriebsvermögen bei Änderung der tatsächlichen Beziehungen, bei Strukturänderungen R 4.3 (2)

Ausschüttung
- auf die Kommanditaktien H 15.8 (4)
- aus dem steuerlichen Einlagekonto i. S. d. § 27 KStG H 6.2, H 20
- von Eigenkapital **20 (1)**, H 20.2

Außenanlagen
- AfA bei – H 7.1
- zu einem Gebäude H 6.4, H 7.1

Außergewöhnliche Belastung
- Allgemeines **33**, R 2, R 33.1, H 33.1-33.4
- bei Ehegatten **26a (2)**, ***61***, H 26a
- Berücksichtigung von – bei Bemessung der Vorauszahlungen **37 (3)**
- Drittaufwand bei – H 33.1-33.4
- durch Aufwendungen für auswärtige Unterbringung eines Kindes in Berufsausbildung **33a (2)**, R 33a.2, H 33a.2
- durch Aufwendungen für Unterhalt und Berufsausbildung bestimmter Personen **33a (1)**, R 33a.1, H 33a.1
- durch Aufwendungen wegen Pflegebedürftigkeit R 33.3
- Eltern-Kind-Verhältnis H 33.1-33.4
- Pauschbeträge für Menschen mit Behinderungen **33b**, R 33b, H 33b
- Pauschbeträge für Hinterbliebene **33b (4)**, R 33b, H 33b
- Pflege-Pauschbetrag **33b (6)**, R 33b, H 33b
- wegen Wiederbeschaffung von Hausrat und Kleidung R 33.2, H 33.1-33.4
- unabwendbares Ereignis R 33.2
- zumutbare Belastung **33 (3)**, H 33.1-33.4

Außerordentliche Einkünfte
34, R 34.1, H 34.1, R 34.2, H 34.2, R 34.3, H 34.3, R 34.4, H 34.4

Aussetzungszinsen H 6.4, H 12.4, H 21.2

Aussteuer H 33.1-33.4

Auswärtige Unterbringung
- eines Kindes in Berufsausbildung **33a (2)**, R 33a.2, H 33a.2
- eines Studenten H 10.9
- medizinisch erforderliche – eines Kindes H 33.1-33.4

Auszahlung
- der Altersvorsorgezulage **90 (2)**
- des Altersvorsorge-Eigenheimbetrages **92b (2)**
- einer Steuerüberzahlung an Ehegatten **36 (4)**
- von Gewinnanteilen bei stillen Gesellschaften zwischen Familienangehörigen H 15.9 (4)

Autodidakt H 15.6

B

Bagatellgrenze
- bei der Bilanzierung von Grundstücksteilen ***8***, R 4.2 (8), H 4.2 (8)
- beim Steuerabzug bei Bauleistungen **48 (2)**
- bei Steuerstundungsmodellen **15b (3)**
- bei der Umqualifizierung in Einkünfte aus Gewerbebetrieb H 15.8 (5)

Bankangestellter H 15.2

Bankier H 15.7 (9)

Banküberweisung
- Leistung der Einlage durch – H 4.3 (1)
- Zeitpunkt des Abflusses H 11

Barausgleich Anh. 19 II

Bargebotszinsen H 34.3

Barrengold H 4.2 (1)

2441

Stichwortverzeichnis

Barunterhalt
- zivilrechtlicher Ausgleich bei – H 31
- Mietzinsverrechung mit dem – bei Vermietung an Unterhaltsberechtigte H 21.4
- Verpflichtung R 32.13

Barwert
- als Anschaffungskosten R 6.2
- bei Entgeltumwandlungen R 6a (12)
- bei Ratenzahlungen H 16 (11)
- bei übernommenen Pensionsverpflichtungen **5 (7)**, R 6a (13)
- einer Leibrentenverpflichtung R 4.5 (4), H 6.2, H 6.10, R 16 (11)
- von Pensionsverpflichtungen **6a**

Bauabzugsbesteuerung
48, **48a**, **48b**, **48c**, **48d**, H 48

Bauantrag
7 (4), **(5)**, **7b (2)**, **52 (15)**, **(35b)**, R 7.2, H 7.2, Anh 1 IV, Anh. 27b III

Baudenkmale
7i, **10f**, **11b**, **13 (2)**,**51 (1)**, R 2, R 4.2 (10), R 7i, H 7i, R 10f, H 10f, R 11b, H 11b, H 13.5

Baugenehmigung
- Bedeutung der – R 7.2

Baugesetzbuch 6b (8), **7h**, **11a**, H 6.2, Anh. 5 I

Bauhandwerker H 15.1

Bauherr 15

Bauherrenmodelle H 7h, H 7i, H 21.2, Anh. 30 I

Baukostenobergrenze 7b (2)

Baukostenzuschüsse R 21.5
- Behandlung von – R 21.5
- bei Energieversorgungsunternehmen H 6.5

Baulandumlegung H 6b.1

Baumängel
- als höhere Gewalt H 6.6 (2)
- Beseitigung H 6.4
- vor Fertigstellung des Gebäudes H 7.4

Baumaßnahmen
- an einem Dachgeschoss H 7.3
- an Gebäuden in einem Sanierungsgebiet **7h**, H 7h
- behinderungsbedingte – R 33.4
- bestimmte – an Baudenkmalen **7i**, R 7i
- des Nutzungsberechtigten H 5.7

- wesentliche Verbesserung durch – an einem betrieblich genutzten Gebäude H 6.4

Baumbestand
- als Wirtschaftsgut des nichtabnutzbaren Anlagevermögens H 6.1, H 13.3, Anh. 20 III
- Bewertung H 34b.1, Anh. 20 III

Baumschule
13a Anlage 1a,**55 (2)**, H 6b.1, R 13.2 (3), H 13.3, R 13.6, H 15.5

Bauplanungskosten H 6.4

Bausparverträge
- Abschlussgebühren H 5.6, H 6.12, H 20.1, H 21.2

Bauwerk
1 (1), **48 (1)**, H 4.2 (4), R 7.1 (5), H 48

Bauzeitversicherung H 6.4

Bauzeitzinsen H 21.2

Beendigung
- einer ausländischen Tätigkeit R 2a (3)
- der betrieblichen Tätigkeit H 16 (3)
- einer Betriebsaufspaltung H 15.7 (6), H 16 (2)
- eines Dienstverhältnisses **3 Nr. 19**, **3 Nr. 63**, **6a (3)**, **39e**, **40b**, **41b**, **50d (12)**
- eines Genussrechtsverhältnisses H 24.1
- kurze Zeit nach – des Kalenderjahres **11 (1)**
- der Montage R 7.4
- der unbeschränkten Steuerpflicht H 2a, H 17 (4)

Beerdigungskosten H 10.3, H 22.6

Befristete Gesellschafterstellung H 15.9 (2)

Beginn
- der AfA R 7.4 (1)
- einer ausländischen Tätigkeit R 2a (3)
- der Auszahlungsphase bei Altersvorsorgeverträgen **90 (2)**, **92a**, **92b**
- der Berufsausbildung H 32.5
- der Betriebsverpachtung H 15.7 (1)
- der Buchführungspflicht **13a (1)**
- der Herstellung **35c (1)**, **51 (2)**, H 6b.2
- kurze Zeit vor – **11**
- der Rente H 22.4
- der sachlichen Verflechtung H 15.7 (5)

Begleitperson 19 (1), H 33.1-33.4

Begünstigung der nicht entnommenen Gewinne
34a, R 2 (2), R 34.1 (1), H 34.1, R 34.2 (2), H 34a, Anh. 27c

2442

Stichwortverzeichnis

Begünstigungszeitraum
- für erhöhte Absetzungen und Sonderabschreibungen **7a**, **7b**, R 7a, H 7a, R 7i, Anh. 1 IV

Beherbergung
- von Fremden R 15.5 (13), H 15.7 (2)
- in Gaststätten R 15.7 (2)
- von Geschäftsfreunden **4 (5)**, R 4.10 (3), (10), (11), H 4.10 (10-11)
- von Personen R 7.2 (1)

Beherrschungsidentität H 15.7 (6)

Behindertengerechte Ausstattung H 33.1-33.4

Behinderung
- von Kindern **32 (4)**, H 22.4, R 32.2, H 32.5, R 32.9, H 32.9, H 32.13, R 33.1, H 33.1-33.4, R 33.3, R 33.4, R 33a.3, R 33b, H 33b
- Krankheit R 33a.3 (2)
- Nachweis der – **65**, H 32.9, R 33b, H 33b
- schwere – **33a (3)**, R 32.5, R 32.9, R 33a.3, H 33b

Behinderungsbedingter Mehraufwand
H 32.9, H 32.10, H 33.1-33.4

Beihilfen
- als Herstellungskosten R 6.3 (3)
- an Arbeitnehmer H 3.11
- an Pensionäre H 5.7 (5), H 6a (1)
- an Vollzeitpflegeeltern H 3.11
- Anrechnung von – auf außergewöhnliche Belastungen H 33.1-33.4
- aufgrund der Corona-Krise **3 Nr.11a**
- De-minimis- **7b (2)**, Anh 1 IV
- Mitteilungspflicht bei – aus öffentlichen Mitteln **52**
- Pauschalierung der Lohnsteuer bei Erholungs- **40 (2)**
- Tarifermäßigung bei Einkünften aus Land- und Forstwirtschaft als – **32c**
- zu Lebenshaltungskosten H 3.11
- zu Krankheitskosten R 33.4 (1), H 33.1-33.4
- zum Lebensunterhalt H 3.44
- zur Berufsausbildung H 3.11
- zur Betreuung von Kindern **3 Nr. 33**, **3 Nr. 34a**
- zur Förderung der Erziehung, Ausbildung, Kunst und Wissenschaft **3 Nr. 11**, **3 Nr. 44**, H 3.11, H 3.44

Beiträge
- an Berufsstände und Berufsverbände **9 (1)**
- an Pensionsfonds **3 Nr. 63**, **4e**, **19 (1)**
- an politische Parteien **10b**, **34g**, R 2 (2), R 10b.2, H 10b.2, H 34g
- an Religionsgemeinschaften R 10.7 (1), H 10.7
- an Versicherungen **10 (1)**, R 4.8, R 4b, H 33.1-33.4, H 33a.1
- der Ärzte zu Versorgungseinrichtungen H 18.3
- des Trägers der Insolvenzsicherung **3 Nr. 65**, R 3.65

Beitrittsgebiet R 13.5 (3), (4), R 14 (5), Anh. 1a I

Beitrittsspende H 10b.1

Belastung
- außergewöhnliche – **33**, **33a**, **33b**, **39a (1)**, R 33.1, R 33.2, R 33.3, R 33.4, H 33.1-33.4, R 33a.1, H 33a.1, R 33a.2, H 33a.2, R 33a.3, H 33a.3, R 33b, H 33b, Anh 3
- dingliche – H 6.4, H 21.2
- mit Erbschaftsteuer **35b**, H 35b
- Steuer- **4j (3)**, **34a (3)**
- wirtschaftliche – H 5.7 (13)
- zumutbare – **33 (1)**, **(3)**, R 33.1 (2)

Beleihung
- von Ansprüchen aus einem Versicherungsvertrag **4b**, **29**, H 4b, H 4d (6-10)

Beleuchtungsanlagen H 4.2 (5)

Belieferungsrechte
- aus Abonnentenverträgen H 5.5

Bemessungsgrundlage
- des Altersentlastungsbetrages R 24a, H 24a
- bei beschränkt Steuerpflichtigen **50**, R 50, H 50
- der Kapitalertragsteuer **43a**
- bei Leibrenten **22 Nr. 1**, H 22.3
- der ausländischen Einkünfte H 34c
- für die AfA **7g (2)**, H 4.7, R 7.3, H 7.3, R 7.4, H 7.4, R 7a, R 7h, R 21.5
- für die Kürzung des Vorwegabzugs H 10.11
- für die tarifliche Einkommensteuer **2 (5)**, R 2
- für Pensionsrückstellungen **6a**, H 6a (17)
- bei Sachprämien **37a (1)**
- bei Sachzuwendungen **37b (1)**
- für Sonderabschreibungen **7b (3)**
- den Versorgungsfreibetrag **19 (2)**

Bemühungen
- ernsthafte – um einen Ausbildungsplatz R 32.7, H 32.7
- Vermietungs- Anh. 30 II

Beratungsstellenleiter eines Lohnsteuerhilfevereins H 15.1, H 15.6

Beratungsvertrag
- Abfindung wegen Auflösung eines – H 24.1

2443

Stichwortverzeichnis

Berechnung
- der Abfindungshöhe H 6a (3), H 6a.4
- des besonderen Steuersatzes H 32b
- des Gewinnzuschlags H 6b.2
- des Mindesteigenbetrags **86**
- der Nettotonnage **5a (2)**
- der Nutzungsentnahme bei Elektro- und Hybridelektrofahrzeugen **6 (1)**
- der regelmäßigen wöchentlichen Arbeitszeit H 32.10
- retrograde – H 6.2
- des Steuerabzugs in besonderen Fällen H 50a.2
- der Tarifermäßigung R 34.2, H 34.2, R 34.5
- des Veräußerungsgewinns H 4.10 (2), H 17 (7)
- der Zuwendung zum Deckungskapital H 4d (3)

Berechnungsschema
- für zu versteuerndes Einkommen R 2 (1)

Berechtigte
- in den neuen Bundesländern, Sonderregelung H 78
- mehrere – **64**, H 64
- Mitwirkungspflicht des – H 67

Bergbauunternehmen 7 (6), 15 (1)

Berichtigung
- einer Bilanz **4 (2)**, R 4.4 (1), H 4.4
- des Gewinns beim Wechsel der Gewinnermittlungsart R 4.6, H 4.6
- der Veranlagung bei Nachversteuerung von Versicherungsbeiträgen **30**, R 10.6
- unterlassener oder überhöhter AfA H 7.4

Berufsausbildung
- Abbruch der – H 32.5
- Aufwendungen für die eigene – **9 (6), 10 (1)**, R 10.9, H 10.9, H 12.1
- Beginn und Ende der – H 32.5
- Begriff H 32.5, H 32.10
- freiwillige Maßnahmen zur – H 32.5
- von Kindern **32 (4), 33a (2)**, H 32.5, H 32.7, R 33a.2, H 33a.2, H 33a.4
- Praktikum H 32.5
- Schulbesuch H 32.5
- Sprachaufenthalt im Ausland H 32.5
- Umfang der zeitlichen Inanspruchnahme durch die – H 32.5
- Unterbrechungszeiten H 32.5
- von unterhaltsberechtigten Personen **33a (1)**, R 33a.1, H 33a.1
- Verzögerungen beim Beginn bzw. bei der Fortsetzung der – R 32.7, H 32.7
- als Voraussetzung für die Ausübung einer freiberuflichen Tätigkeit H 15.6

Berufsausbildung oder Weiterbildung in einem nicht ausgeübten Beruf 10 (1)

Berufsausbildungskosten
- als Betriebsausgaben H 4.16
- als Sonderausgaben oder Kosten der Lebensführung H 10.9, H 12.1

Berufskleidung
- als Betriebsausgaben H 4.7
- steuerfreie Überlassung von – **3 Nr. 4, 3 Nr. 31**
- als Werbungskosten **9 (1)**, H 12.1

Berufssportler
49 (1), H 15.1, H 15.6

Berufsständische Versorgungseinrichtungen
- Leistung von Vorsorgeaufwendungen an – **10 (2)**, H 10.4, Anh. 1a III

Berufsunfähigkeit
- Aufgabe oder Veräußerung eines Betriebs wegen – **16 (4), 18 (3), 34 (3)**, R 16 (14), H 16.14, R 34.5 (3)
- Absicherung bei Direktversicherung R 4b (1)
- Absicherung der – als Sonderausgaben **10 (1)**, Anh. 1a II
- -rente **22 Nr. 5**

Beschädigung
- existenziell notwendiger Gegenstände R 33.2
- von Wirtschaftsgütern infolge höherer Gewalt u. ä. R 6.6 (7), H 6.6 (7)

Beschäftigungsverhältnisse
- geringfügige – **32 (4)**, H 32.10
- haushaltsnahe – **35a**, H 35a, Anh. 27b II
- zwischen Angehörigen R 4.8, H 4.8

Bescheinigung
- als Voraussetzung für die Inanspruchnahme von erhöhten Absetzungen **7h, 7i**, R 7h, H 7h, R 7i, H 7i
- bei Altersvorsorgeverträgen **92**
- bei der Begünstigung für selbstgenutztes Wohneigentum H 10f
- Dauerüberzahler- **44a (5)**
- der ausländischen Steuerbehörde **1 (3)**, H 1a
- des Beihilfewertes der Sonderabschreibungen nach § 7g Anh. 1 IV
- der Kapitalertragsteuer **45a**, R 36, H 45a, Anh. 19 I

2444

Stichwortverzeichnis

- des Fachunternehmens bei energetischen Gebäudemodernisierungsmaßnahmen **35 (1)**, H 35c, Anh. 27b III
- elektronische Lohnsteuer- **41b**
- Freistellungs- **48b**
- über den Grad der Behinderung **65**, H 32.9, H 33.1-33.4, R 33b, H 33b
- über dauernde Berufsunfähigkeit R 16 (14), R 34.5 (3)
- Bindungswirkung der – H 7h, H 7i, H 10f, H 11a, H 11b
- der Gesundheitsbehörden **64**
- Objektbezogenheit der – H 7h, H 7i
- Übereinstimmungs- **6 (1)**
- über das Kindergeld **68 (3)**, H 68
- über Krankheit/Kur R 33.4 (1)
- über Nichtveranlagung **44a (2)**, R 44b.2, H 44a
- über die Pflegebedürftigkeit R 33.3
- über Spenden (Zuwendungen) **10b**, **50**, R 10b.1
- über Steuer H 34c (1-2), R 36, R 44a, R 44b.2
- zu Stipendien R 3.44

Bescheinigungsbehörde H 7i, H 10f, H 10g, H 11b

Bescheinigungsrichtlinien
R 7h, H 7h, H 7i, H 10f, H 10g, H 11a, H 11b

Beschränkte Steuerpflicht
- nach ausländischem Recht H 1a
- Besteuerungsmerkmale im Ausland **49 (2)**, R 49.3
- erweiterte – H 1a
- Pauschbeträge bei – H 9a
- Sondervorschriften **50**, R 50, H 50
- Steuerabzug **50a**
- Umfang **1 (4)**

Besitzpersonengesellschaft
- umfassend gewerbliche – H 15.7 (4)

Besitzunternehmen H 15.7 (4), (5), (6), H 16 (2)

Besserungsoption H 17 (7)

Bestandsaufnahme
- für Abschluss R 4.1
- des beweglichen Anlagevermögens R 5.4
- von Pensionsverpflichtungen R 6a (18)
- des Vorratsvermögens R 5.3

Bestandsverzeichnis R 5.4, H 5.4

Bestattungskosten H 33.1-33.4

Bestechungsgelder
- Abzugsverbot R 4.14, H 4.14
- als Einnahmen H 22.8

Besuch
- im Krankenhaus R 33.4 (1)
- kultureller Veranstaltungen H 12.1
- von Privatschulen H 10.10, R 33.4 (2), H 33.1-33.4, H 33b

Beteiligung
- am allgemeinen wirtschaftlichen Verkehr **15 (2)**, H 13.5, H 15.4, H 15.7 (9)
- an einer ausländischen Personengesellschaft R 4.1 (4), H 4.1, H 15.8 (3)
- als (Sonder-)Betriebsvermögen H 4.2 (1), (2)
- Einlage einer wertgeminderten – H 6.12, H 17.8
- Entnahme einer – H 16.3
- am Firmenwert H 15.9 (1)
- Gewinne aus der Veräußerung von – **13a (7)**
- Handel mit – als gewerbliche Tätigkeit H 15.7 (1)
- an Kapitalgesellschaften **17**, **32d (2)**, H 4.2 (1), H 6.2, H 6.14, H 16, H 17, H 34.5, Anh. 6 II
- kurzfristige H 17 (2)
- Mitarbeiter- **3 Nr. 39**, **19a**
- mittelbare – H 15.7 (6), H 17 (2)
- nominelle – H 17 (2)
- an Personengesellschaften H 15.7 (1), H 15.8 (5), R 15a
- stille – **20**, H 4.8, H 15.8 (1), H 15.9 (4), (5), H 20.2
- an stillen Reserven H 15.9 (3)
- an einer Zwischengesellschaft **3 Nr. 41**
- Bewertung einer – **6 (1)**, H 6.12
- Teilwert bei – H 6.7
- unmittelbare – H 43b
- Unter- H 15.8 (2), R 15.9 (2), H 15.9 (2), (3)
- an vermögensverwaltender Gesellschaft H 15a
- Wertaufholungsgebot bei – H 6.2
- zeitliche Begrenzung der – H 15.3

Beteiligungsgrenze
- Absenken der – H 17 (5)

Beteiligungskonto/Forderungs- Anh. 29 II

Betrachtungsweise
- isolierende H 2a, R 49.3 (1)
- funktionale H 16 (5), (8)
- konkrete H 12.6, R 33a.1 (1), H 33a.1

Betreuer
- -vergütung H 4.7, H 21.2, H 33.1-33.4
- Berufs- H 15.6
- Bau- H 15.6
- nebenberufliche – **3 Nr. 26**
- Pflege-Pauschbetrag H 33b

2445

Stichwortverzeichnis

Betreuung
- eines Kindes **3 Nr. 33**, **3 Nr. 34a**, **10 (1)**, **31**, **32 (6)**, H 32.9
- von Menschen mit Behinderungen **3 Nr. 10**
- Nach- abgeschlossener Versicherungsverträge H 6.11

Betrieb
- Aufgabe, Eröffnung, Erwerb, Veräußerung eines – **14**, **16**, **18 (3)**, *6 (1)*, R 4.5 (6), R 14, H 14, R 16, H 16 (2)
- der Land- und Forstwirtschaft R 4.1, H 4.2 (7), H 13.3, R 15.5
- funktionsfähiger – H 16 (1)
- gemischter – H 15.10
- gewerblicher – R 4.1
- Gewinn aus Aufgabe oder Veräußerung eines – **14**, **16**, **18 (3)**, R 4.6, R 14, R 16, R 18.3, H 18.3, H 34.1
- von Handelsschiffen im internationalen Verkehr **5a**, H 5a
- als selbständiger Organismus H 16 (2)
- unentgeltliche Übertragung eines – **6 (3)**
- unrentabler – H 6.7

Betriebs-AG H 15.7 (6)

Betriebsaufgabe
- Aufgabegewinn **16 (3)**, **18 (3)**, R 16 (2), H 16 (2), R 18.3 (3), H 34.1
- -erklärung H 16 (5)
- Form und Inhalt H 16 (5)
- Insolvenz des Betriebsunternehmens H 15.7 (6)
- keine – bei Betriebsverkleinerung **14 (2)**
- keine Verteilung des Übergangsgewinns bei – H 4.6
- Rücklage für Ersatzbeschaffung bei – H 6.6 (4), H 16 (9)
- Schadensersatzforderung nach – H 4.2 (1)
- bei unentgeltlicher Betriebsübertragung H 16 (6)
- Verbindlichkeiten H 4.2 (15)
- zeitlich gestreckte – H 16 (2)
- Zeitraum für die – H 16 (2)
- zwangsweise – H 16 (2)

Betriebsaufspaltung
- Anwartschaften auf Hinterbliebenenversorgung bei – H 4.2 (1)
- Beendigung einer – H 16 (2)
- mitunternehmerische – H 15.7 (4)
- personelle Verflechtung H 15.7 (6), (7), (8), Anh. 8 II
- Rückerwerb von Betriebsteilen H 15.7 (3)
- sachliche Verflechtung H 15.7 (5)
- Sonderbetriebsvermögen bei – H 15.7 (4)

- Verhältnis zum Verpächterwahlrecht Anh. 8 I
- Wirtschaftsjahr bei – H 4a

Betriebsausgaben
- Abfluss von – bei Überschussrechnung R 4.5 (2)
- Absetzung von Anschaffungs- und Herstellungskosten ausgeschiedener Wirtschaftsgüter als – R 6.6 (8)
- Aufwendungen für nicht abnutzbare Anlagegüter als – R 4.5 (3)
- Begriff der – **4 (4)**
- bei beschränkter Steuerpflicht **50 (1)**
- bei Betriebsgrundstücken R 4.7 (2), H 4.7
- bei gemischt genutzten Wirtschaftsgütern R 4.7 (1)
- bei geschlossenen Fonds H 4.7, Anh. 30 I
- Gewerbesteuer **4 (5b)**
- im Zusammenhang mit steuerfreien Einnahmen **3c**, H 3c
- nachträgliche – H 4.5 (6), H 4.7, H 24.2
- nicht/beschränkt abziehbare – **4 (5)**, **4d**, **4e**, R 4.10, H 4.10, R 4.12, H 4.12, R 4.13, H 4.13, H 5.7, R 6.3 (6)
- pauschale Abgeltung der – in der Forstwirtschaft **51**
- Schätzung von – H 4.7
- Schuldzinsen **4 (4a)**, H 4.7, Anh 16 I
- Teilabzugsverbot bei Mitunternehmerschaften H 3c
- bei Vorsteuerberichtigung **9b (2)**, **13a (7)**
- für teilweise betrieblich genutzte Wirtschaftsgüter R 4.7
- vorweggenommene – H 4.7

Betriebsausgabenpauschale H 18.2, Anh. 19b

Betriebsbesichtigungen R 4.10 (9)

Betriebseinnahmen
- aus Betriebsgrundstücken R 4.7, H 4.7
- bei gemischt genutzten Wirtschaftsgütern R 4.7
- bei Überschussrechnung R 4.5, H 4.5
- Druckbeihilfen H 4.7
- Entschädigungen als – H 4.7
- veruntreute – H 4.7
- zeitliche Erfassung von – R 4.5 (2)
- Zufluss von – H 4.5 (2)

Betriebseröffnung
- Bewertung von Wirtschaftsgütern bei – **6 (1)**, H 6.12
- Gewinnermittlung bei – **6**
- Sonderabschreibungen nach **7g** bei –

Betriebsfortführung
- Betriebsmittel H 16 (1)

2446

Stichwortverzeichnis

Betriebsfortführungsfiktion H 16 (5), Anh. 8 III

Betriebsführung H 15.3

Betriebsgrundlage H 15.7, R 16, H 16, Anh. 28

Betriebsgutachten
68, R 34b, R 34b.6, Anh. 10, Anh. 20 III

Betriebskapitalgesellschaft
- Anteile an einer – H 6.14
- Bürgschaft für die – H 15.7 (4)
- Kapitalerhöhung bei der – H 15.7 (4)
- Pensionsanspruch gegenüber der – H 15.7 (4)
- Stimmrechtsausschluss bei – H 15.7 (6)

Betriebsprüfungskosten
- künftige – H 5.7 (4)

Betriebsrentengesetz
3 Nr. 55, 3 Nr. 63, 3 Nr. 63a, 3 Nr. 65, 6a, 82, 93, 97, R 4b (1), (5), R 4c (1), H 4d (1), R 4d (2), (8), (15), H 4e, H 5.5, R 6a (7), (11), (12), (17), (23), Anh. 1a II, Anh. 33

Betriebsschuld H 4.2 (15)

Betriebsstätte
- ausländische – **2a**, R 2a (2), H 2a, H 4.3 (2-4), H 34d
- Fahrten/Wege zwischen Wohnung und – (Tätigkeitsstätte) **4** (2.5), R 4.12, H 4.12
- inländische – **49**, R 6b.1, R 6b.3 (6), R 49.1, H 49.1
- für Lohnsteuerabzug maßgebende – **41 (2)**
- Verlust R 2a

Betriebsstoffe
- Bewertung der – R 6.1, R 6.8, Anh. 9 II, XIII

Betriebstypische Erzeugnisse R 15.5

Betriebsüberlassungsvertrag H 16 (5)

Betriebsübernahme Anh. 20 V

Betriebsübertragung
6 (3), R 16 (6), (7), Anh. 13 II

Betriebsunterbrechung H 15.8 (6), H 16 (2)

Betriebsunterbrechungsversicherung H 6.5

Betriebsunternehmen
H 15.7 (6), (7), H 16 (2)

Betriebsveräußerung
6 (3), 14, 16, 18, R 4.5, H 6.6, R 6b.2 (11), R 14, R 16, H 16, H 18.3, H 24.2, H 34.1, H 34.2

Betriebsverfassungsgesetz H 4.14, R 5.7 (9)

Betriebsverlegung H 16 (2)

Betriebsvermögen
- Ausweis von Grundstücken als – in der Buchführung R 4.2
- bei Aufgabe, Eröffnung, Erwerb, Veräußerung eines Betriebs **6**
- Beteiligungen als – H 4.2 (1)
- bei Einnahme-Überschuss-Rechnung R 4.2 (16)
- bei Personengesellschaften R 4.2 (2), R 6b.2 (8), H 15.8 (4), H 15.9 (2), H 15a
- bei Selbständigkeit R 15.1, H 15.1
- einer atypisch stillen Gesellschaft H 15.8 (1)
- Einheitswert des – **7g**
- Genossenschaftsanteile H 4.2 (1)
- gewillkürtes – R 4.2, H 4.2 (1), R 4.5 (6), Anh. 16 X
- gewillkürtes – bei land- und forstwirtschaftlichen Betrieben H 4.2 (9), R 4.2 (16)
- Grundstücke als – einer Personengesellschaft R 4.2 (11)
- Grundstücke als – unbeschadet der Einheits- oder Bedarfsbewertung R 4.2 (13)
- Grundstücksteile von untergeordnetem Wert im – R 4.2 (8)
- land- und forstwirtschaftliches – R 13.3, H 13.3
- notwendiges – R 4.2
- notwendiges – bei Betriebsaufspaltung H 15.7 (4)
- Sonder- R 4.2 (2), (12), H 4.2 (2), R 15a
- Übergang von – R 6b.1, R 6b.2, R 6b.3 (5)
- Wegfall der Voraussetzungen für – R 4.2 (8)
- Wohnung eines Land- und Forstwirts als – R 13.5 (3), H 13.5
- Zeitpunkt der erstmaligen Zugehörigkeit vom – H 4.2 (7)
- Zugehörigkeit von Grundstücken zum – R 4.2 (7)
- Zugehörigkeit von Verbindlichkeiten zum – R 4.2 (15)
- Zugehörigkeit von WG zum – R 4.2, H 4.7, R 6b.1, R 6b.3, R 7.2, R 7.3 (6), R 7.4, H 36

Betriebsvermögensvergleich
- durchlaufende Posten bei – H 4.2 (1)
- bei gewerblichen Betrieben R 4.1 (2), H 5.1, H 16 (1)
- bei Land- und Forstwirten R 13.5
- bei Personengesellschaften R 4.1 (3)
- Wechsel zum/vom – R 4.5 (1), R 4.6, H 4.6, R 13.5

Betriebsverpachtung
R 4a (3), H 6b.1, H 15.7 (1), H 16 (5), (8), Anh. 8 I

2447

Stichwortverzeichnis

Betriebsvorrichtungen
– Abgrenzung von – zu Gebäuden H 6.4, R 7.1 (3), H 7.1
– AfA bei – R 7.1, H 7.1

Betriebswerk
– zur Festsetzung des Nutzungssatzes **68**, R 34b.4, H 34b.4, H 34b.5, R 34b.6,

Betriebszweck H 15.7 (5)

Betriebszweige H 15.3

Bewertbarkeit
– selbstständige – H 6.13

Bewertung
– Berücksichtigung von Zuschüssen bei der – R 6.5, H 6.5
– der Einlage von Anteilen an Kapitalgesellschaften H 6.12
– des Anlagevermögens **6 (1)**
– des Umlaufvermögens **6 (1)**, R 6.8
– des Vorratsvermögens R 6.8, H 6.8, R 6.9, H 6.9
– Durchschnitts- R 6.8 (3)
– Gruppen- R 6.8 (4)
– mit Anschaffungs- und Herstellungskosten **6 (1)**
– mit dem Teilwert **6 (1)**, R 6.12, H 6.12
– nach unterstellten Verbrauchs- und Veräußerungsfolgen **6 (1)**, R 6.9, H 6.9
– retrograde Bewertungsmethode H 6.8
– retrograde Wertermittlung H 6.7
– von Beteiligungen **6 (1)**, H 6.12
– von Einlagen **6 (1)**, R 6.12, H 6.12
– von Entnahmen **6 (1)**, R 6.12, H 6.12
– von Grund und Boden **6 (1)**
– von mehrjährigen Baumschulkulturen H 13.3
– von Rückstellungen **6 (1)**, R 6.11, H 6.11
– von Tieren H 13.3, Anh. 9 IV
– von Unternehmen und Anteilen an Kapitalgesellschaften H 16.2
– von Verbindlichkeiten **6 (1)**, H 6.10, Anh. 9 V
– von Vieh H 13.3, Anh. 9 IV
– von Wirtschaftsgütern bei Betriebseröffnung **6 (1)**
– Wechsel der – Methode R 6.9 (5)

Bewertungsfreiheit
– für Anlagegüter zur Forschung und Entwicklung **51 (1)**
– für geringwertige Wirtschaftsgüter **6 (2)**, R 6.13, H 6.13, R 7a, R 9b (5), Anh. 16 IX
– für Handelsschiffe, Fischereischiffe und Luftfahrzeuge **51 (1)**, *82f*

Bewertungsstetigkeit R 14, H 14

Bewertungswahlrecht H 4.6, H 6.9, H 13.3, R 14

Bewirtungsaufwendungen
4 (5), R 4.10, H 4.10 (5-9), R 4.11, Anh. 16 II

Bezirksschornsteinfeger H 15.6

Bezirksstellenleiter einer Lotto- und Totogesellschaft H 15.1

Bezüge
– bei Abgeordneten R 22.7
– anzurechnende eigene – unterstützter Personen R 32.2, R 32.9, R 32.10, R 33a.1, H 33a.4
– Aufteilung der – H 32.10, R 33a.4
– von Arbeitnehmern **42 (4)**, R 34.4, H 34.4
– für besondere Ausbildungszwecke **32 (4)**, H 32.10
– zur Förderung der Aus-/Weiterbildung R 10.9
– bei Kapitalherabsetzung **20 (1)**
– Kostenpauschale für – R 33a.1 (3)
– steuerfreie – **3**, R 3.2, H 3.5, H 3.6, R 3.29
– wiederkehrende – **22**, H 16, R 22.1, H 22.1, R 22.2, H 22.2, H 22.4, R 22.5, R 24a, H 34.3

Bezugsgrößen
– für Pensionsrückstellung R 6a (17)

Bezugsrechte R 17 (2), (4), H 17 (4), (5)

Bibliothek als GWG H 6.13

Bilanz
– Änderung der – **4 (2)**, R 4.4 (2), H 4.4, Anh. 9 III, IV
– Anmerkungen zur – **60**
– -ansatz R 4.4 (3), H 4.4
– Aufgabe/Veräußerungsbilanz H 4.5
– Berichtigung der – **4 (2)**, R 4.4 (1), H 4.4, H 4.5 (1)
– DM-Eröffnungs- H 5.4
– Einreichung der – **60**
– -stichtag R 5.3, R 5.7
– Währung R 4.1 (4)

Bilanzierung Anh. 9
– Wahlrecht H 4.4, R 4a, H 4a, R 4d, R 5.7, R 6.3, R 6.5, R 6a, R 6b.2, R 7.3, R 7.4, Anh. 9 III
– unterlassene – H 4.3 (1), H 4.4

Bildberichterstatter 18 (1), H 15.6

Bindungswirkung H 10d

Stichwortverzeichnis

Binnenfischerei 13 (1)

Binnenschiffe 6b

Biogasanlagen H 7.1, R 15.5, H 15.5

Blinde Menschen
- Blindengeld R 32.9
- Pauschbetrag **33b (3)**, H 33b

Blockheizkraftwerk
- Gewinnerzielungsabsicht Anh. 16 VIII
- Entnahme von Wärmeenergie H 6.7

Blumenbau 55 (2), R 13.1 (3)

Blumengeschenke R 4.10 (3)

Bodenbewirtschaftung
- Einkünfte aus – **15 (1)**

Bodengewinnbesteuerung 55, H 55

Bodenschatz
2a (2), H 4.2 (1), H 6.12, R 6b.1 (1), H 7.4, R 7.5, H 7.5, H 21.7

Bodenschätzungsgesetz 55 (2)

Börse H 15.7 (9)

Börsennotierte Aktien
- Ansatz mit dem niedrigeren Teilwert Anh. 9 VI

Börsenpreis
- Ansatz von Wirtschaftsgütern mit dem – **43 (2)**, R 6.8 (2), Anh. 19 I

Bond-Stripping H 20.1

Bonuszahlungen
- aus gesetzlicher Krankenversicherung Anh. 1a II 1
- aus privater Krankenversicherung H 10.4

Bootshandel H 15 (3)

Brand
- als höhere Gewalt **34b**, R 6.6 (2), (3), H 7.4, H 16, R 33.2

Brauerei H 16 (3)

Bruchteilsgemeinschaft
R 4.2 (12), R 7.4 (7), H 15.8 (1)

Brüterei H 15.5, H 15.10

Buchführung
- AfA nach Übergang zur – R 7.4 (11)
- im Beitrittsgebiet H 5.4
- bei Betriebsvermögensvergleich R 4.1
- Beweiskraft der – H 5.2
- auf Datenträgern H 5.2
- bei Gartenbau-, Saatzuchtbetrieben, Baumschulen u. ä. R 13.6, Anh. 10
- bei Freiberuflern H 18
- im Inland **50 (1)**, **73**
- landwirtschaftliche – **8c (3)**, H 4.1, R 13.3, R 13.5, R 13.6, R 34b.2, R 34b.3, Anh. 10
- Mängel in der – R 4.1 (2), H 4a, R 5.2 (6), R 5.3 (5), H 5.4
- ordnungsmäßige – nach handelsrechtlichen Grundsätzen **5 (1)**, R 4.1 (4), (5), R 4.9 (2), R 5.1, H 5.1, R 5.2, R 5.3, R 5.7, R 6.6, R 6.9, R 6.13
- Pflicht zur – bei Gewerbetreibenden **7a (6)**, R 5.1, H 5.1
- Pflicht zur – bei Land- und Forstwirten **13a (1)**, H 4.1, Anh. 20 V
- Pflicht zur – bei Personengesellschaften R 4.1 (3)
- Verfolgung von Bildung und Auflösung einer Rücklage in der – **6b (4)**, R 6b.2 (4)
- Buchhalter H 15.6

Buchmacher H 15.6

Buchprüfer 18 (1), H 15.6

Buchwert
- Begriff des – **6b (2)**, R 6b.1 (3)
- einer Beteiligung H 16 (4)
- Ermittlung des – H 6b.2
- fiktiver – bei Übergang zum Betriebsvermögensvergleich R 4.6 (1)
- Fortführung des – R 6b.3 (5), R 13.5, H 16 (3)

Buchwertabfindung H 15.9 (1), (3)

Buchwertprivileg R 6.12 (3), H 16 (2)

Buchwertübertragung
- von wesentlichen Betriebsgrundlagen H 16 (4)
- eines Mitunternehmeranteils H 16 (4)

Bühnenvermittler H 15.6

Bürgschaft H 15.7 (3), (4), H 15a, H 17 (5), Anh. 6 I

Bürgschaftsprovisionen 34d, H 22.8

Büro-/Praxisgemeinschaft H 15.8 (1)

Bundeserziehungsgeldgesetz 3 Nr. 67

Bundeskindergeldgesetz
- Leistungen nach dem – **3 Nr. 24**, **63 (1)**

2449

Stichwortverzeichnis

Bundespräsident
- steuerfreie Zuwendungen des – an verdiente Personen **3 Nr. 20**

Bundesversorgungsgesetz
32b, **33b (4)**, *65*, R 32.9, H 33b

Bußgeld R 4.13 (3)

C

Campingplatz H 15.7 (2)

Cash-Pool H 21.2

Chefzimmer R 4.10 (12)

Computer
- Hardware und Software H 6.1, H 7.4, Anh. 1 V
- Peripheriegeräte H 6.13
- Personalcomputer H 12.1
- Programme R 5.5

D

Dachgeschoss H 7.3, H 7.4, H 16 (8)

Damnum H 6.10, H 11, H 20.2, H 21.2

Darlehen
- Abgrenzung von Ausgaben bei – H 5.6
- als Betriebsschuld H 4.2 (15)
- als Betriebsvermögen R 4.2 (1), H 4.2 (1)
- an Angehörige H 4.8, Anh. 2 I
- an Gesellschafter H 4.2 (2)
- Ausbildungsdarlehen/Studiendarlehen H 10.9
- bei Betriebsaufspaltung H 15.7 (4)
- bei Überschussrechnung R 4.5 (2), H 4.5 (2)
- bei Verlusten H 4.5 (2)
- Bewertung von – H 6.10
- des Gesellschafters an die Gesellschaft **15 (1)**
- kapitalersetzende – H 6.7, H 15a, H 17 (5)
- mit fallenden Zinssätzen H 5.6
- Mieterzuschüsse R 21.5 (3)
- partiarisches – **2a**, **20 (1)**
- Rückzahlung von – als außergewöhnliche Belastung H 33.1-33.4
- und Mitunternehmer H 15.8 (3), H 15.9 (2)
- Umschuldung **4 (4a)**
- Verlust eines – H 17 (5), Anh. 6 I, II
- Verrechnung von Zuschüssen auf – R 6.5
- Zinsen für – **4 (4a)**, H 10.9, H 21.2, Anh. 30 IV

Datenfernübertragung
siehe „Elektronische Übermittlungspflicht"

Datensammlung H 5.5

Datenschutzbeauftragter H 15.6

Datenübermittlung
10, **10a**, **13a (3)**, **22a**, **39e**, **41b**, **69**, **92**, H 32b

Datenverarbeitungs-Berater H 15.6
siehe „EDV-Berater"

Dauernde Last
- beim Durchschnittssatzgewinn Anh. 20 V
- als Sonderausgaben **10 (1)**, R 10.3

Dauernde Wertminderung
- für Teilwertansatz **6 (1)**, R 6.8, Anh. 9 VI

Dauerschuldverhältnis H 5.6

DDR
- besondere Anwendungsregeln aus Anlass der Herstellung der Einheit Deutschlands **57**

Deckungskapital 4d, R 4b, R 4d, H 4d, H 6a

Deponien H 6.11

Detektive H 15.6

Deutschkurs H 10.9, H 12.1

Devisentermingeschäfte
15 (4), **23**, H 15.7 (9), H 22.6

Diätverpflegung 33 (2), H 33.1-33.4

Diebstahl
- als höhere Gewalt R 6.6 (2)
- eines betrieblichen Pkw H 4.3 (2-4)
- Leistungen der Kaskoversicherung R 4.7 (1)
- von Geld H 4.5 (2)

Dienstantritt
- tatsächlicher – H 6a (10)

Dienstanweisung
- zur Durchführung von Rechtsbehelfsverfahren H 77

Dienstkleidung
- Steuerfreiheit des Geldwerts der – bei Uniformträgern **3 Nr. 4**

Dienstleistungen
- Absatz eigener Erzeugnisse i. V. m. – R 15.5
- haushaltsnahe – **35a**, H 35a, Anh. 27b II
- land- und forstwirtschaftliche – R 15.5, H 15.5, Anh. 20 V

Stichwortverzeichnis

Dienstwohnung
– keine Steuerermäßigung für pauschale Zahlungen H 35a, Anh. 27b II

Dingliche Belastungen H 6.4

Diplomatische Vertreter
3 Nr. 29, R 1, H 1a, H 3.29

Direktvermarktung R 15.5

Direktversicherung
4b, R 4b, H 4b, R 6.3 (3), R 6a, R 10.5 (1)

Disagio
H 5.6, H 6.2, H 6.10, H 11, H 20.2

Diskontbeträge von Wechseln 20 (1)

Dividenden
– anzurechnende ausländische Steuer bei – H 34c (5)
– Rückzahlung von – H 44b.1
– Steuerpflicht der – **20 (1)**, H 20.1

Dividendenansprüche
– phasengleiche Aktivierung von – H 4.2 (1), H 15.7 (4)

Dolmetscher 18 (1)

Domain-Namen H 5.5, H 7.1

Doppelbesteuerungsabkommen
– Anrechnung ausländischer Steuern **34c (2)**, **(6)**, R 34c, H 34c
– bei beschränkter Haftung R 15a
– Entlastung (Erstattung und Freistellung) von deutschen Abzugsteuern aufgrund von – H 50d
– Progressionsvorbehalt bei – **32b**, H 32b
– bei Sonderausgaben H 10.2
– steuerfreie Einkünfte aufgrund von – R 10.3 (1)
– Überführung von Wirtschaftsgütern in ausländische Betriebsstätte bei – R 4.3 (2), H 4.3 (2-4)
– Überführung von Wirtschaftsgütern in inländische Betriebsstätte bei – R 4.3 (1)
– bei Unterhaltsleistungen aus dem Ausland R 22.2
– bei Veranlagung **46 (2)**
– Verhältnis der – zur beschränkten Steuerpflicht **50d**, R 50.2, H 50a.2, R 50d, H 50d
– Verhältnis der – zur unbeschränkten Steuerpflicht H 1a
– bei Verlusten im Ausland **2a**, H 2a
– Verzeichnis der – H 1a, H 34c (5), H 49.1, H 50

Doppelte Haushaltsführung
3 Nr. 16, 4 (6a), 9 (1), R 4.12 (3), H 4.12
– Mehraufwendungen bei – **3c**, **4 (5)**, **9 (1)**, R 4.12, H 4.12, Anh. 16 XVII

Drittaufwand
H 4.7, H 10.1, H 17 (5), H 21.2, H 33.1-33.4

Drohverlust H 5.7 (1)

Druckbeihilfen H 4.7

Düsseldorfer Tabelle R 32.13

Durchlaufende Gelder 3 Nr. 50

Durchlaufende Posten
4 (3), H 4.2 (1), H 4.5 (2)

Durchlaufspenden R 10b.1 (2), H 10b.1, Anh. 37 I

E

EDV-Berater H 15.6

Ehe
– Auflösung der – R 26 (2)
– Aufhebung der – oder Scheidung der Ehegatten H 26, H 32a
– eheliches Güterrecht H 4.8 (4)
– Nichtigkeit der – H 26, H 32a

Ehegatte
– Arbeitsverhältnisse zwischen – R 4.8, H 4.8
– ausländischer Ehegatte H 26
– außergewöhnliche Belastungen bei – **26a (2)**, *61*
– dauerndes Getrenntleben von – R 26, H 26
– Einkommensteuerermittlung bei – **32a (5)**, H 32a
– gesonderte Ermittlung der Einkünfte H 26b
– gesonderte und einheitliche Feststellung der Einkünfte R 26b. (2)
– im Ausland H 26
– Miteigentum von – H 7.4
– ohne Einkünfte H 26
– Sonderausgaben bei – **26a (2)**, R 10.1, R 10.2
– Tod/Todeserklärung eines – H 26
– Unterhaltspflichtverletzung gegenüber dem – H 74
– Unterhaltsverträge zwischen geschiedenen – R 10.2, H 10.2, H 21.4, H 22.4
– Verfahren bei der Einzelveranlagung von – R 25
– Verlustausgleich und Verlustabzug **2 (3)**, **2b**, **10d**, R 2 (2), R 10d, H 10d
– Verträge zwischen – R 4.8, H 4.8, R 6a (10), H 6a (10)
– Zurechnung von Einkünften bei – **26a (1)**

2451

Stichwortverzeichnis

Ehegattensplitting
– bei fiktiver unbeschränkter Steuerpflicht H 1a

Ehrenamtliche Tätigkeit
– zur Förderung steuerbegünstigter Zwecke R 3.26a, H 3.26a

Ehrensold 3 Nr. 43

Eigenaufwand
– für ein fremdes Wirtschaftsgut H 4.7, H 6b.2

Eigenbetriebliches Interesse H 5.7 (3)

Eigene Anteile H 17 (2)

Eigenkapitalvermittlungsprovisionen
– bei geschlossenen Immobilienfonds H 4.7, H 6.4, H 21.2, Anh. 30 I

Eigenprovisionen H 4.7, H 22.6

Eigentum
– Mit- H 4.2 (4), H 21.6
– – des Besitzunternehmens H 15.7 (5)
– gemeinsames – von Pächter und Verpächter an wesentlichen Betriebsgrundlagen H 16 (5)
– wirtschaftliches – R 6b.1 (2), H 17 (4)
– wirtschaftliches – an einem Mitunternehmeranteil H 15.8 (1)
– Zeitpunkt des Übergangs des wirtschaftlichen – H 6b.1

Eigentümergemeinschaft H 15.7 (3), (4)

Eigentumswohnung
– AfA bei – **7 (5)**, H 7.3
– Haushalt des Kindes in der – des Stpfl. H 33a.2

Einbaumöbel H 6.4

Einbauküche H 6.4, H 21.2

Einbauten
– als Herstellungskosten eines Gebäudes H 5.5, H 6.4, R 7.1, H 7.1

Einbringung H 17 (2), R 18.3 (2), H 18.3
– in ein Gesamthandsvermögen Anh. 24 II,
– von Miteigentumsanteilen H 21.6

Einbringungsgewinn
H 4.5 (6), H 18.3, Anh. 16 XVI

Einbringungsgeborene Anteile R 3.40, H 17 (2)

Einfriedungen/Umzäunungen H 6.4, H 7.1

Einbürgerungskosten H 12.1

Eingriff
– behördlicher – R 6.6 (2), H 6.6 (2), R 6b.1 (1), R 6b.3 (4), R 34b.2 (3)

Einheitsbewertung
– von Grundstücken ohne Bindung für die Einkommensteuer R 4.2 (13)

Einheitstheorie H 16 (7)

Einkaufszentrum H 15.7 (2)

Einkleidungsbeihilfen
– Steuerfreiheit der – **3 Nr. 4**

Einkommen
– Begriff des – **2 (4)**, R 2
– zu versteuerndes – **2 (5)**, R 2

Einkommensersatzleistungen R 32b

Einkommensteuer
– als Jahressteuer **2 (7)**
– auf außerordentliche Einkünfte **34**, R 34, H 34
– Bemessungsgrundlage für die – **2 (5)**, R 2
– Entstehung und Tilgung der – **36**
– festzusetzende – **2 (6)**, R 2 (2)
– pauschalierte – **37a, 37b**
– -pflicht siehe „Steuerpflicht"
– tarifliche – **2 (5), 32a**, R 2 (2)

Einkommensteuererklärung 25 (3), 56
– elektronische Übermittlungspflicht **25 (4)**, H 25

Einkommensteuertarif 32a

Einkünfte
– Anknüpfen anderer Rechtsnormen an den Begriff der – **2 (5a), (5b)**
– aus außerordentlichen Holznutzungen **34b**, R 34b.2
– aus Gewerbebetrieb **15, 15a, 16, 17, 34d Nr. 2, 49 (1) Nr. 2**, R 15.5, H 15.6, R 15.7, R 17 (1), H 34d, R 49.1, H 49.1
– aus Kapitalvermögen **20, 34d Nr. 6, 49 (1) Nr. 5**, H 20.1, R 20.2, H 20.2
– aus Land- und Forstwirtschaft **13, 13a, 14, 34d Nr. 1, 49 (1) Nr. 1, 51**, R 13.2, R 15.5
– aus nichtselbständiger Arbeit **19, 34d Nr. 5, 49 (1) Nr. 4**
– aus privaten Veräußerungsgeschäften **22 (1) Nr. 2, 23, 34d Nr. 8, 49 (1) Nr. 8**, H 23
– aus selbständiger Arbeit **18, 34d Nr. 3, 49 (1) Nr. 3**, H 15.6, H 18.1, R 18.3, R 49.2

Stichwortverzeichnis

- aus Unterhaltsleistungen **22**, **34d** Nr. **8**
- aus Vermietung und Verpachtung **21**, **34d** Nr. **7**, **49 (1)** Nr. **6**, R 21.2, H 21.2, H 49.1
- außerordentliche – **34**, R 34.1, R 34.4, R 34b.3
- ausländische – **2a**, **34c**, **34d**, **49**, *68a*, R 2a, H 34d, R 49, H 49
- beschränkt steuerpflichtige – **49**, R 49, H 49
- Gesamtbetrag der – **2 (3)**, R 2
- Gewinn **2 (2)**
- nachträgliche – **15 (1)**, **24**, R 24.2, H 24.2, H 34d, H 49.1
- negative ausländische – **2a**, R 2a, H 2a
- negative – **10d**
- sonstige – **22**, **23**, **34d** Nr. **8**, **49 (1)** Nr. **7-10**, R 22, H 22, Anh. 33
- Summe der – **2 (3)**, R 2, H 46.2
- von unterhaltsberechtigten Personen R 33a.1 (3), H 33a.1
- Zurechnung von – bei Ehegatten **26a (1)**
- Zusammenballung von – H 34.3, H 34.4

Einkünfteermittlung H 1a, R 2, H 2a

Einkunftserzielungsabsicht/Einkünfte-
15 (2), H 15.8 (6), H 21.2, Anh. 30 II, IV

Einkunftsarten
2 (1), H 2a, R 15.5, H 15.6, R 15.7, R 18.1

Einlage(n)
- AfA nach – eines Wirtschaftsguts R 7.3 (6), H 7.3, R 7.4 (10), Anh. 1 II
- Begriff der – **4 (1)**, R 4.3 (1)
- bei Ausbuchung einer Verbindlichkeit H 6.12
- Bewertung von – **6 (1) Nr. 5**, H 6.7, R 6.12, H 6.12, R 7.3 (6)
- einer wertgeminderten Beteiligung H 17 (8)
- negative Tilgungsbestimmung von – H 15a
- Sach- R 4.3 (1)
- unterlassene Erfassung einer – H 4.4
- verdeckte – **17 (1)**, H 4.3 (1), H 6.12, H 16 (1), (6), H 17 (5), Anh. 24 II
- von Anteilen an Kapitalgesellschaften H 6.12
- von Grund und Boden **55 (7)**, H 4.2 (8)
- von immateriellen Wirtschaftsgütern R 5.5 (3)
- von Wirtschaftsgütern als gewillkürtes (Sonder-)Betriebsvermögen H 4.2 (1), (2)
- zum Ausgleich des negativen Kapitalkontos H 15a

Einlageminderung
- Begriff **15a (3)**
- Verlustverrechnung bei – H 15a
- Zusammentreffen mit Haftungsminderung R 15a (1)

Einlagenrückgewähr H 6.2, H 20.2

Einmann-GmbH & Co. KG
- Überführung oder Übertragung von Einzelwirtschaftsgütern H 6.15

Einnahmen
- aus Vermietung und Verpachtung H 21.2
- Begriff der – **8**
- Betriebs- R 4.5 (2), R 4.7, H 4.7
- steuerfreie – **3**, *4*, H 3c
- Umsatzsteuer als – **9b (2)**, H 9b

Einnahmenüberschussrechnung
4 (3), **6 (7)**, R 4.5, H 4.5, R 6.6 (5), R 6c, H 9b, Anh. 16 X

Einstandspflicht H 6a (1)

Einstellung/Aufgabe des Gewerbebetriebs
16 (3), R 16 (2), H 16 (2), Anh. 8 III

Einstimmigkeitsabreden
- bei Betriebsaufspaltung Anh. 8 II

Eintrittskarten H 23, Anh. 16 XI

Einzelbewertung R 6.8 (3), Anh. 9 IV

Einzelne Wirtschaftsgüter
- Überführung oder Übertragung **6 (4)**, **(5)**, **(6)**, R 6.15, Anh. 9 VIII

Einzelveranlagung
- von Ehegatten **26**, **26a**, *61*, *62d*, R 25, H 26

Eiserne Verpachtung H 14, Anh. 16 VII

Elektro-/Hybridelektro-/Brennstoffzellenfahrzeug
- private Fahrzeugnutzung **6 (1) Nr. 4**, H 6.12, Anh. 16 III

Elektronische Übermittlungspflicht
- Bilanz sowie Gewinn- und Verlustrechnung **5b (1)**
- Einkommensteuererklärung **25 (4)**, H 25
- Einnahmeüberschussrechnung **60 (4)**, H 25
- Gewinnermittlung nach Durchschnittssätzen **13a (3)**
- unbillige Härte H 5b

Elterngeld 3 Nr. 67, **32b (1) Nr. 1**, H 33a.1

Eltern-Kind-Verhältnis R 32.2, H 32.2, H 33.1-33.4

Elternleistungen an gemeinnützige Schulvereine und entsprechende Fördervereine H 10b.1

2453

Stichwortverzeichnis

Emissionsberechtigungen
- nach dem Treibhausgas-Emissionshandelsgesetz H 5.5

Energieerzeugung bei Land-/Forstwirten
R 15.5 (12)

Enteignung
R 6.6 (2), H 6.6 (2), H 23, R 34b.2 (3)

Entfernungspauschale
9 (1), (2), R 4.12 (1), Anh. 16 XVII

Entgeltumwandlung R 6a (12), H 6a (12)

Entlassungsentschädigung H 34.3

Entlastung
- von deutschen Abzugsteuern aufgrund von DBA **50d**, H 50d
- von deutscher Kapitalertragsteuer aufgrund der Mutter-/Tochter-Richtlinie **43b, 50d**
- vom Steuerabzug bei Zinsen und Lizenzgebühren **50g**

Entlastungsbetrag für Alleinerziehende
24b, R 10d (1)

Entnahme(n)
- AfA nach – R 7.3 (6), H 7.3, R 7.4 (10), H 7.4
- Begriff der – **4 (1)**, R 4.3 (2), H 4.3 (2-4), H 6b.1
- bei Erbauseinandersetzung Anh. 13 I, II
- bei Personengesellschaften H 4.3 (2-4)
- bei privater Kraftfahrzeug-Nutzung **6 (1)**, H 4.3 (2-4), H 6.12, Anh. 16 III
- Bewertung der – **6 (1)**, R 6.12
- durch Wegfall der Nutzungswertbesteuerung **13 (4)**, H 4.3 (2-4)
- einer Beteiligung H 16 (3)
- im Zusammenhang mit Zuwendungen (Spenden) **10b (3)**, R 10b.1 (1)
- Finanzierung von – H 4.2 (15)
- Gewinn bei der – eines Wirtschaftsguts H 4.3 (2-4)
- -handlung R 4.3 (3), H 4.3 (2-4)
- Nachweispflicht bei -handlung H 4.3 (2-4)
- Über- **4 (4a)**, Anh. 16 I
- Umsatzsteuer für – **12 Nr. 3**
- unterlassene Erfassung einer – H 4.4
- Veräußerung nach Entnahme **23 (1)**
- von Grund und Boden für selbstgenutzte Wohnung oder Altenteilerwohnung **13 (4), (5), 15 (1), 18 (4)**, R 13.5 (3), H 13.5
- von Grundstücken durch Nutzungsänderung H 4.3 (2-4)

- von landwirtschaftlichem Grund und Boden **13 (5), 13a (7)**, H 4.3 (2-4), R 13.5 (4), H 16 (5), Anh. 20 V

Entschädigungen
- Besteuerung bestimmter – **24, 34**, R 24.1, H 24.1, R 34.3, H 34.3
- als Herstellungskosten H 6.4
- aufgrund des Abgeordnetengesetzes **22 Nr. 4**, R 22.9, H 22.9
- aus Holznutzungen R 34b.3 (4)
- für Aufgabe eines Betriebs R 14 (1)
- für ausgeschiedene oder beschädigte Wirtschaftsgüter R 6.6, H 6.6
- für entgangene Einnahmen H 4.7, H 21.7, H 24.1
- nach dem Infektionsschutzgesetz **3 Nr. 25, 32b (1)**
- tarifbegünstigte **34**, R 34.3, H 34.3
- für Flutungsrecht H 4.7, H 11

Entschädigungsrente 3 Nr. 7, H 3.7

Entstrickung R 4.3 (2-4), H 4.3 (2-4), R 6.12 (2)

Entwicklungshelfer
3 Nr. 61, 32 (4), (5), H 32.6, H 32.11

Entwicklungsmaßnahmen
4 (8), 6b (8), (9), 7h, 10f, 11a

ERA-Anspassungsfonds in der Metall-/Elektroindustrie H 5.7 (1)

Erbauseinandersetzung
H 16 (4), H 23, Anh. 13 I, II

Erbbaurecht
- Anschaffungskosten eines – H 6.2, H 6.4, H 21.2
- aufgrund – errichtete Gebäude R 4.2 (14), H 6.2, H 6.4
- bei Betriebsaufspaltung H 15.7 (5)
- Bilanzierung eines – H 5.5, H 5.6, H 6.2, H 6.4
- Einkünfte aus – **21 (1), 23 (1) Nr. 1**, H 21.2, Anh. 26
- gewerblicher Grundstückshandel H 16 (2)

Erbe
- Aufwendungen eines – H 10.2, H 10.3, H 10.7, H 10b.1, H 22.6

Erbengemeinschaft H 15.8 (1), (5), Anh. 13 I

Erbfall
- Verlustabzug im – H 2a, R 10d (9), H 10d
- Verpachtung nach – H 15.6
- Wirksamwerden der Veräußerung nach – H 16 (13)

Stichwortverzeichnis

Erbfolge
- Veräußerungsfreibetrag H 16 (14), Anh. 16 XII
- vorweggenommene – H 16 (6), H 22.1, Anh. 13 II, IV

Erbfolgeregelungen H 4.8, Anh. 13 I, II

Erbschaft
- als Betriebseinnahme H 4.7
- keine Anschaffung durch – H 23

Erbschaftsteuer
- Entnahmen zur Zahlung von – **34a (4)**, Anh. 27c
- Steuerermäßigung bei Belastung mit – **35b**, H 35b

Erbschaftsteuerversicherung H 10.5

Erbstreitigkeiten H 12.1

Erfinder H 15.3, R 18.1 (2), H 18.1, R 49.2

Erfüllungsrückstand R 5.7 (8), (10), H 5.7 (8)

Ergänzungsbilanz Anh. 1 III

Ergänzungspfleger R 4.8 (3), H 4.8, H 33.1-33.4

Ergänzungsrechnung H 4.5 (1)

Ergänzungsschule 10 (1) Nr. 9, Anh. 27a

Erhaltungsaufwand
- nach Beendigung der Vermietung H 21.2
- bei Gebäuden R 21.1, H 21.1, H 21.2
- Sonderbehandlung für bestimmten – bei Baudenkmalen **4 (8)**, **10f**, **11b**, **51 (1) Nr. 2**, R 7i, R 11b
- Sonderbehandlung für bestimmten – in Sanierungsgebieten u. ä. **4 (8)**, **10f**, **11a**, **51 (1) Nr. 2**, R 7h, R 11a, R 11b
- Verteilung von – bei Gebäuden, *82b*, R 11a, H 11a, R 11b, H 11b, H 21.1, Anh. 30 V
- Zuschüsse zur Finanzierung von – R 21.5

Erlass
- der auf ausländische Einkünfte entfallenden Einkommensteuer **34c (5)**

Erlösbeteiligung H 18.1

Ermittlung
- der eigenen Einkünfte und Bezüge R 33a.1 (3), H 33a.1
- Ermittlung der Summe der Einkünfte H 46.2
- des Veräußerungsgewinns (-verlusts) H 16 (4), R 17 (7), H 17 (7)

Erpressungsgelder H 33.1-33.4

Ersatz von dritter Seite/Ersatzanspruch R 33.2 Nr. 6, H 33.1-33.4

Ersatzflächenpool H 13.5

Ersatzschule 10 (1) Nr. 9, Anh. 27a

Ersatzwirtschaftsgut
- Rücklagen R 6.6 (4), H 6.6 (1), R 6b.3 (4)
- Übertragung stiller Reserven R 6.6, H 6.6

Erschließungskosten H 6.4, H 21.2

Erstattung
- von Steueransprüchen H 4.2 (1)
- von Beiträgen zu Versicherungen **3 Nr. 3**, **10 (4b)**, H 10.1, H 10.4
- von deutschen Abzugsteuern aufgrund von DBA – **50d**
- von Kapitalertragsteuer **44b**, **45**, H 36, Anh. 19 II

Erstattungsüberhang **10 (4b)**, R 2 (1), H 2, H 10.1

Erstattungszinsen nach § 233a AO **20 (1) Nr. 7**, H 20.2, H 34.4

Erstaufforstung R 4.5 (3), R 14, R 34b.2

Erste Tätigkeitsstätte 9 (4)

Erstmalige Berufsausbildung/Erststudium **32 (4)**, H 32.10

Ertragsanteil
- von Renten **22**, *55*, R 22.4, H 22.4, Anh. 1a I

Erwerb
- entgeltlicher – eines Betriebs **6 (1)**, *6 (1)*
- entgeltlicher – eines immateriellen Wirtschaftsguts R 5.5 (2), H 5.5, R 7.3 (1)
- unentgeltlicher – **6 (3)**, **(4)**, *11d*, R 7.3, R 17 (3), H 23
- mit betrieblichen Mitteln H 4.2 (1)
- von Wirtschaftsgütern kurz vor Betriebsveräußerung H 6.1

Erwerbsfähigkeit
- Renten wegen verminderter – **3 Nr. 8a**, R 22.4 (5), H 22.4

Erwerbsobliegenheit Anh. 3 I

Erzieher 3 Nr. 26, H 15.6

Erziehungsbeihilfen H 3.11

Erziehungsgeld 3 Nr. 67

2455

EU-Geldbußen H 4.13

EU-Tagegeld H 32b

Europaabgeordnetengesetz
– Bezüge aufgrund des – **22 Nr. 4**, R 22.9

Europäischer Wirtschaftsraum H 1a

Europäische wirtschaftliche Interessenvereinigung (EWIV) H 15.8 (1)

Existentiell notwendige Gegenstände R 33.2

Existenzgründerzuschuss H 3.2

Existenzgrundlage 33 (2), H 33.1-33.4

F

Fachtagung H 4.7

Fahrten/Wege
– zwischen Wohnung und Arbeits-, Betriebs-, Tätigkeitsstätte **4 (5) Nr. 6, 6 (1) Nr. 4, 8 (2), 9 (1) Nr. 4, 9 (2)**, R 4.12, H 4.12, R 21.2 (4), Anh. 16 III, XVII

Fahrtenbuch Anh. 16 III

Fahrtkosten
– als außergewöhnliche Belastung **33 (2a)**, H 33.1-33.4
– als Betriebsausgaben/Werbungskosten siehe „Fahrten/Wege"
– als Herstellungskosten H 6.4
– behinderungsbedingte – R 33.4 (4)

Faktische Beherrschung H 15.7 (6), Anh. 8 II

Faktorverfahren 39f

Familienangehörige
– Beteiligung H 15.9 (3)
– als Mitunternehmer H 13.4, H 15.9 (1), (4)

Familienähnliches Band H 32.2

Familiengericht
– Begründung der Annahme als Kind durch – H 32.1
– Genehmigung des – bei Beteiligungen mit minderjährigen Kindern H 15.9 (2), (4)

Familiengesellschaft H 13.4, R 15.9, H 15.9

Familienheimfahrten
– Allgemeines **4 (5) Nr. 6, 8 (2), 9 (1)**, Anh. 16 III
– verheirateter Wehrpflichtiger H 33.1-33.4

Familienkassen
– Abstimmung zwischen Finanzämtern und – R 31 (4)
– Auskunfts- und Beratungspflicht der – **67, 68**, H 67

Familienpersonengesellschaft H 15.9 (1)

Fehlmaßnahme H 6.7

Feier
– mit beruflicher und privater Veranlassung H 12.1

Feiertagsarbeit
– Zuschläge für – **3b**

Feldinventar H 14

Ferienhäuser/-wohnungen
– als notwendiges Betriebsvermögen H 4.2 (7)
– Aufwendungen für – H 4.10 (1)
– Überlassung an Aktionäre H 20.2
– Überlassung an Arbeitnehmer H 4.10 (10-11)
– Vermietung von – H 15.3, H 15.7 (2), H 16 (3), H 21.2, Anh. 30 II

Fertigstellung
– von Teilen eines Gebäudes zu verschiedenen Zeitpunkten R 7.3 (2), H 7.3
– Zeitpunkt der – H 7.4

Fertigungskosten/-gemeinkosten R 6.3

Festlandsockel 1 (1)

Feststellung
– eines Unterschiedsbetrags H 5a
– gemeinsamer Einkünfte H 26b
– gesonderte – von Besteuerungsgrundlagen **35 (3), 55 (5)**, R 16 (13), R 26b (2), H 26b
– von Tierbeständen R 13.2
– von Verlusten **10d (4), 15a (4), 15b (4)**, R 10d, H 10d

Festwert R 5.4 (3), H 6.8, Anh. 9 II

Fiktive ausländische Steuern 34c (6)

Filialen/Zweigniederlassungen H 16 (3)

Filme H 6.1
– Film- und Fernsehfonds H 5.6
– Filmrechte H 5.5
siehe auch „Immaterielle Wirtschaftsgüter"

Finanzierungskosten H 5.6, H 21.2, Anh. 30 IV

Firmenjubiläum
– Zuwendungen aus Anlass eines – H 5.7 (5)

Stichwortverzeichnis

Firmenwert
- Absetzung des – **7 (1)**, H 7.1, Anh. 9 I
- bei Betriebsaufgabe mit anschließender Betriebsverpachtung H 16 (5)
- bei Betriebsaufgabe H 34.1
- Entnahme H 4.3 (2-4)
- immaterielles Wirtschaftsgut R 5.5 (3), H 5.5, H 6.1, Anh. 9 I
- verdeckte Einlage H 4.3 (1), H 5.5

Fischerei
- Aufwendungen für – **4 (5) Nr. 4**
- Aufzeichnungspflicht **4 (7)**, H 4.11

Fischzucht 13 (1)

Flächenbeiträge H 6.4

Flächengrenze
- bei Durchschnittssatzgewinnermittlung **13a (1)**

Flaschen
- ABC der selbständig nutzungsfähigen Wirtschaftsgüter H 6.13

Flüchtlingshilfegesetz 3 Nr. 7, H 3.7

Flugzeug
- Aufwendungen für – R 4.10 (12)
- als bewegliches Wirtschaftsgut R 7.1 (2)
- Vermietung eines – R 15.7 (3)

Flutkatastrophe H 7i

Flutungsrecht
- Entschädigung für – H 11

Fondsbeteiligung bei Schrottimmobilien H 23

Fonds, geschlossene H 4.7, Anh. 30 I

Fördermittel
- öffentliche H 21.2, H 21.5

Fondsgebundene Lebensversicherung
- Sonderausgaben **10 (1)**

Forderungen
- Realisierung H 4.2 (1)
- umstrittene – H 4.2 (1)

Forderungsausfall H 16 (10)

Forderungsverzicht im Zusammenhang mit einem Gesellschafterwechsel H 15.8 (3)

Formaldehydemission H 33.1-33.4

Formelmethode R 6.8 (2), H 6.8

Formwechsel mit steuerlicher Rückwirkung H 15a

Forschungszulage H 4.3 (1), H 4.7, H 36

Forstbetrieb H 13.3, H 14, H 15.3, Anh. 20 II

Forstschäden-Ausgleichsgesetz 2 (6), 34b (5)

Forstwirtschaft
- Anh. 20 II, III
- Gewinnerzielungsabsicht H 15.3

Fortbildungskongresse H 12.2

Fortführung
- der Buchwerte bei Überführung eines Wirtschaftsguts von einem Betrieb in einen anderen **6 (4)**, R 6b.3 (5)
- eines Betriebs H 16 (5)

Fotograf H 15.6

Fotomodell H 15.1, H 15.6, H 50a.2

Fotovoltaikanlage
R 4.2 (3), R 4.3 (4), H 4.7, H 48

Freiberufliche Tätigkeit
18 (1), H 4a, H 15.6, R 18.3, H 24.2

Freibetrag
- für Land- und Forstwirte **13 (3)**, R 2, R 10d (1), R 13.1, H 13.1
- für Veräußerungsgewinne **14, 16 (4), 17 (3), 18 (3)**, R 16 (13), H 16 (13), R 17 (9), R 18.3 (4)

Freibleibender Betrag
- bei veranlagten Einkünften aus nichtselbständiger Arbeit **46 (3)**, R 2

Freie Mitarbeit H 15.1

Freigrenze
- bei der Besteuerung für Geschenke **4 (5)**, R 4.10 (2-4), H 4.10 (2-4), R 9b (2), H 9b
- bei der Besteuerung von Leistungen **22**
- bei der Besteuerung von privaten Veräußerungsgeschäften **23**, Anh. 26

Freistellung
- von deutschen Abzugsteuern aufgrund von DBA **50d**, H 50d
- von deutscher Kapitalertragsteuer aufgrund der Mutter-/Tochter-Richtlinie **43b, 50d**, H 50d

2457

Stichwortverzeichnis

Freistellungsauftrag
44a (2), **45d**, **51 (4)**, R 44a, H 44a, R 44b.2

Freistellungsbescheinigung
– bei Bauleistungen **48b**

Freistellungsverfahren 43b, **50d**, H 50d

Fremdenpension H 15.7 (2)

Fremdenverkehr
– in ausländischer Betriebsstätte **2a (2)**

Fremdvergleich
– bei Pensionszusagen H 6a (9)
– bei Rechtsverhältnissen unter Angehörigen R 4.8, H 4.8, H 4b, H 4d (6-10), H 15.8 (3), H 21.4
– bei Verträgen einer Personengesellschaft unter nahen Angehörigen H 4.8

Fremdwährung H 17 (7)

Fremdwährungsdarlehen H 4.5 (2)
– Schuldzinsen bei – H 21.2
– Rückzahlung eines – H 6.2

Fremdwährungsgeschäfte H 23, Anh. 19 II

Fremdwährungsverbindlichkeiten H 6.10, Anh. 9 VI

Fristberechnung bei privaten Veräußerungsgeschäften H 23, Anh. 26

Führerschein H 12.1

Fünfjahreszeitraum H 17 (2), Anh. 6 II

Fulbright-Abkommen 3 Nr. 42, H 3.42

Fußball-Nationalspieler H 15.1

Fußpfleger
– medizinischer – H 15.6

G

Gästehäuser
– Aufwendungen für – **4 (5)**, R 4.10, R 4.11
– Abgrenzung Gewinnerzielungsabsicht/Liebhaberei H 15.3

Garagen
– AfA von – R 7.2 (2)
– als selbständige Wirtschaftsgüter H 7.1
– zu Wohnzwecken dienende Räume R 7.2 (3)

Garantierückstellungen H 5.7 (5)

Gartenanlage R 21.1 (3)
– Außenanlage H 6.4

Gartenbau 13 (1), R 13.6

Gaststätte
– Bewirtungskosten R 4.10 (5), Anh. 16 II
– Einbauten in – R 4.2
– als Teilbetrieb H 16 (3)

Gaststättenverpachtung H 16 (5), (9)

GbR H 15.8 (5), Anh. 24

Gebäude
– Abbruchkosten H 6.4, H 6b.1, H 7.4
– Abgrenzung von Betriebsvorrichtungen R 7.1, H 7.1
– AfA bei – **7 (4)**, **11d**, R 7.2, R 7.4, R 7a
– als wesentliche Betriebsgrundlage H 15.7 (5), H 16 (8)
– Ausbau eines – **6b (1)**, R 6b.2 (1)
– Begriff des – R 7.1 (5)
– Erhaltungs- und Herstellungsaufwand bei – H 6.4, H 21.1
– Erweiterung von – **6b (1)**, R 21.1 (2), Anh. 30 V
– Erwerb eines nicht fertiggestellten – R 7.3, H 7.4
– Herstellungskosten eines – H 6.4
– Sanierung eines selbst genutzten – H 33.1-33.4
– Veräußerung betrieblicher – **6b**, **6c**

Gebäudeteile
– AfA von – **7 (5a)**, R 7.1, R 7.4
– als selbständige Wirtschaftsgüter H 4.2 (2), R 7.1, H 7.4, R 21.1
– unselbständige – H 4.2 (5)

Gebühren für verbindliche Auskünfte H 12.4

Gebrauchsmuster
– immaterielles Wirtschaftsgut H 5.5

Gebrauchtwagen H 6.9

Gegenleistung H 10b.1

Gegenrechnung
– von Vorteilen bei Rückstellungsbewertung **6 (1)**, R 6.11 (1)

Gegenwert
– Berücksichtigung des – H 33.1-33.4

Gehalt
– steuerfreies – von diplomatischen und konsularischen Vertretern **3 Nr. 29**, H 3.29

Stichwortverzeichnis

Gehaltsumwandlung/-verzicht
- bei Arbeitsverhältnissen zwischen Ehegatten H 4.8

Geldbußen 4 (5), R 4.13

Geldgeschäfte
- bei Freiberuflern H 18.2

Geldstrafen 12, H 4.13, R 12.3, H 12.3

Gemeiner Wert
- Ansatz von Wirtschaftsgütern mit dem – **6 (4)**, **(6)**, **16 (3)**, R 5.5, H 6.12, R 7.3, H 16
- Betriebsaufgabe **16 (3)**, H 16 (2), H 16 (10)
- von als Spenden zugewendeten Wirtschaftsgütern **10b (3)**, H 10b.1

Gemeinkosten R 6.3, H 6.11, R 9b

Gemeinnützige Zwecke
3 Nr. 26, 3 Nr. 26a, **10b**, R 3.26a, R 10b.1, H 10b.1

Gemeinsames Eigentum
- von Pächter und Verpächter an wesentlichen Betriebsgrundlagen H 16 (5)

Gemeinschaften
- negative Einkünfte **2a**
- Reinvestitionen **6b (10)**

Gemeinschaftliche Tierhaltung 13 (6), R 13.2 (4)

Gemischte Aufwendungen H 12.1

Gemüsebau 13 (1), **55 (2)**, R 13.2 (3)

Generalagent H 15.1

Genossenschaftsanteile
H 4.2 (1), R 4.5 (3)

Genussrechte 20 (1), H 17 (2)
- Zinsansprüche aus – H 4.2 (1)

Gerichtsreferendar H 15.1

Geringes Vermögen 33a (1), R 33a.1, H 33a.1

Geringstland 55 (2)

Geringwertige Wirtschaftsgüter
- Aufnahme von – in besonderes Verzeichnis **6 (2)**, R 5.4 (1)
- Bewertungsfreiheit für – **6 (2)**, R 6.13, R 13.5 (2), Anh. 16 IX
- Umsatzsteuer und GWG-Grenze bei – R 9b (2)

Gerüst-/Schalungsteile H 6.13

Gesamtbetätigung
- einheitliche – H 15.8 (5)

Gesamtbetrag der Einkünfte
2 (3), R 2, H 32b, R 34.1 (1), H 34.2, R 34b.4, H 34c

Gesamtgut H 26a

Gesamthandsvermögen
6 (5), **6b (10)**, R 4.2 (11), H 6b.1, H 6b.2, H 15.8 (1), R 15a, H 17 (2)

Gesamtrechtsnachfolge R 2a (4)

Geschäftsjubiläum
- Zuwendung aus Anlass eines – H 5.7 (4)

Geschäftskonzept
- einheitliches H 16 (9)

Geschäftswert
- bei Betriebsaufspaltung H 15.7 (4)
siehe „Firmenwert"

Gesellschaft bürgerlichen Rechts
- zwischen Eltern und Kindern in der Land- und Forstwirtschaft H 13.4
- Familiengesellschaft H 15.9 (1)
- zwischen Freiberuflern H 15.6
- gewerbliche Prägung Anh. 24 II
- Haftung von Gesellschaftern einer – **15a (5)**, H 15.8 (6)
- Verlustausgleich/-abzug R 15a, H 15.9 (3), Anh. 24

Gesellschaft, stille
- Einkünfte/Einnahmen aus – **15a (5)**, **20 (1)**, H 20.2
- mit Familienangehörigen R 15.9 (4)

Gesellschafter
- einer Personengesellschaft H 15.8 (1), (3)
- einer typisch stillen Gesellschaft H 15.9 (4)
- Zufluss bei beherrschendem –/Allein- H 20.2
- Wechsel der Rechtsstellung eines – H 15a

Gesellschafterdarlehen
- keine sachliche Verflechtung bei – H 15.7 (5)
- nachträgliche Anschaffungskosten bei Verlusten aus – **17 (2a)**, H 17 (5), Anh. 6 I
- private Vermögensverwaltung bei – H 15.7 (1)
- Verzicht auf – H 20.7

Stichwortverzeichnis

Gesellschafterforderungen
- bei Ausscheiden H 16 (4)
- gegen die Personengesellschaft H 4.2 (2)

Gesellschafter-Fremdfinanzierung H 15.8 (3)

Gesellschafter-Geschäftsführer
- Direktversicherung H 4b
- als Mitunternehmer H 15.8 (3)
- Kürzung des Vorwegabzugs H 10.11
- Pensionszusage R 6a, H 6a
- selbständige Nebentätigkeit H 15.1
- Bewertung einer Pensionsrückstellung bei einem beherrschenden – einer Kapitalgesellschaft H 6a (12)

Gesellschaftsrechte
- Übertragung von Wirtschaftsgütern gegen Gewährung/Minderung von – H 4.3 (1), (2-4), Anh. 24 II

Gesellschaftsverhältnis H 15.8 (3)

Gesellschaftsvermögen H 15a

Gesellschaftsverträge zwischen Angehörigen
- in einem landwirtschaftlichen Betrieb H 13.4
- steuerliche Anerkennung von Familiengesellschaften R 15.9

Gesetz
- gegen Wettbewerbsbeschränkungen H 4.14
- über das Zivilschutzkorps H 33b
- über die Bundespolizei H 33b
- über die Entschädigung für Opfer von Gewalttaten H 33b
- über die Krankenversicherung der Landwirte **3 Nr. 1c**
- über die Unterhaltsbeihilfe für Angehörige von Kriegsgefangenen H 33b
- über eine Altershilfe für Landwirte **3 Nr. 17**
- über Ordnungswidrigkeiten R 4.13
- zur Förderung der Einstellung der landwirtschaftlichen Erwerbstätigkeit **3 Nr. 27**, **13 (2)**
- zur Förderung eines freiwilligen ökologischen/sozialen Jahres **32 (4) Nr. 2d**
- zur Regelung der Rechtsverhältnisse der unter Artikel 131 GG fallenden Personen H 33b

Gesonderte Feststellung
- des verbleibenden Verlustabzugs R 10d (7)

Gesundheitsgefährdung H 33.1-33.4

Getränke
- Absatz von selbst erzeugten – in Verbindung mit besonderen Leistungen R 15.5

Gewerbebetrieb
- Abgrenzung des – gegenüber der Land- und Forstwirtschaft R 15.5
- Abgrenzung des – gegenüber der selbständigen Arbeit R 15.1, H 15.6
- Abgrenzung des – gegenüber der Vermögensverwaltung H 15.7 (2), (4), (9), Anh. 17
- Betriebsvermögensvergleich bei – R 4.1 (2)
- Einkünfte aus – **2a**, **15**, **17**, **34d**, **49 (1)**
- Mitunternehmerschaft H 15.8 (1)
- Steuerermäßigung bei Einkünften aus – **35**
- Tierzucht und Tierhaltung als – **15 (4)**, R 4.9, R 13.2, R 15.10

Gewerbesteuer 35, H 4.15, R 5.7 (1), R 6.3 (6), H 16 (12), Anh. 27b I

Gewerbesteueranrechnung Anh. 27b I

Gewerblich geprägte Personengesellschaft **15 (3)**, H 15.3, H 15.8 (6), H 16 (1), Anh. 24 I 2

Gewerbliche Tätigkeit
- geringfügige –, Bagatellgrenze H 15.8 (5)
- im Sonderbereich des Gesellschafters H 15.8 (5)

Gewerblicher Grundstückshandel H 6.1, H 15.2, H 15.7 (1), H 16 (2), Anh. 17

Gewillkürtes Betriebsvermögen
- Begriff R 4.2 (1), (2), (11), (12), (16), H 4.2 (1), (9), (11), (12), (16), Anh. 16 X
- Beibehaltung nach Wechsel der Gewinnermittlungsart oder Nutzungsänderung H 4.2 (16)

Gewillkürtes Sonderbetriebsvermögen H 4.2 (12)

Gewinnabhängige Pensionsleistungen H 6a (1)

Gewinnanteile
- aus geschenkter typisch stiller Beteiligung H 4.8
- des stillen Gesellschafters H 4.7
- Zuflusszeitpunkt von – H 20.2

Gewinnausschüttung
- an das Besitzunternehmen H 15.7 (4)
- aus Personengesellschaft H 15.8 (3)
- verdeckte – **20 (1)**
- Zuflusszeitpunkt von Gewinnanteilen H 20.2

Gewinnbeteiligung
- bei typischer stiller Beteiligung H 15.8 (1), H 15.9 (5)

Gewinneinkünfte
- Tarifermäßigung bei – H 34.4

Stichwortverzeichnis

Gewinnentnahme-/Kontrollrechte H 15.9 (2)

Gewinnermittlung
- bei abweichendem Wirtschaftsjahr **4a**, R 4a
- bei beschränkt steuerpflichtigen Schifffahrt- und Luftfahrtunternehmen **49 (3)**
- durch Betriebsvermögensvergleich **4 (1), 5 (1),** *6*, R 4.1, H 4.1, R 4.2, R 4.5, R 4.6, H 5.7, R 6.6 (5), R 7a (4), H 16
- nach Durchschnittssätzen **13a**, R 4.2 (16), R 4.5, H 6.6, H 6b.2, R 6c, R 7.3, H 7.4, R 14, Anh. 20 V
- bei forstwirtschaftlichen Betrieben **51**, R 34b.2
- bei Gewerbetreibenden **5**, H 5.1, Anh. 16 VI
- bei Gewinnschätzung H 4.1
- bei Handelsschiffen im internationalen Verkehr **5a**, H 4.1, H 5a
- in der Land- und Forstwirtschaft **13a**, R 13.5, H 14, R 34b.2, Anh. 20 V
- durch Überschussrechnung **4 (3)**, R 4.5, H 4.5, R 4.6, H 6.6, R 6c
- bei Veräußerung eines Betriebs H 16 (1)
- bei Veräußerung einer Beteiligung i. S. d. § 17 EStG R 17 (7), H 17 (7)
- bei Vollkaufleuten und bestimmten anderen Gewerbetreibenden **5 (1)**, R 4.1, H 5.1

Gewinnermittlungsart
- bei Personengesellschaft H 15.8 (4)
- erneuter Wechsel der – H 4.6
- Wahl der – H 4.5 (1)
- Wechsel der – H 4.5 (1), (2), R 4.6, H 4.6, H 6b.2, H 7.1, R 13.5 (2), Anlage

Gewinnerzielungsabsicht
15 (2), R 15.3, H 15.3, H 15.7 (9), H 15.8 (1), (5), H 18.1

Gewinnkorrekturen H 4.6

Gewinnrealisierung 6 (5), (6), H 4.2 (1), H 13 (1)

Gewinnschätzung
R 4.1 (2), H 4.1, H 4.5 (1), R 4.6, R 6.6 (6), H 6.6, R 6b.2, R 13.5 (1)

Gewinnverteilung H 15.9 (1)
- bei Familiengesellschaften H 15.9 (1), R 15.9 (3)
- bei GmbH und atypischer stiller Gesellschaft R 15.8 (3)
- bei Mitunternehmerschaft R 15.8 (3), H 15.8 (3)
- bei typischer stiller Gesellschaft R 15.9 (5)
- fehlerhafte – bei Personengesellschaften H 4.4
- Mehrgewinne eines ausgeschiedenen Gesellschafters aufgrund späterer Betriebsprüfung H 15.8 (3)

Gewinnverteilungsabrede H 15.9 (5)

Gewinnverteilungsschlüssel H 15.8 (3)

Gewinnzurechnung H 15.8 (3), H 15a

Gewinnzuschlag 6b (6), 7g (5), R 6b.2 (6)

Gewöhnlicher Aufenthalt 1
- in der Schweiz H 1a

Girosammelverwahrung R 17 (5)

Gleichgestellte Personen H 33a.1

Globalbeitrag
- Aufteilung eines einheitlichen Sozialversicherungsbeitrags H 10.5, Anh. 1a IV

GmbH-Beteiligung
- einer Personengesellschaft H 15.8 (3)
- eines Steuerberaters als Betriebsvermögen H 4.2 (1)
- wertloser GmbH-Anteil H 17 (4)

GmbH & Co. KG H 6a

Goethe-Institut
- Steuerpflicht von Mitarbeitern des – H 1a

Gold H 4.2 (1), H 4.5 (2)

Goldhandel H 15.7

Golfturnier H 4.10 (1)

Grad der Behinderung 33b

Gratifikationen 19 (1), H 6.11

Gratisaktien H 17 (5)

Großhandelsunternehmen H 15.3

Grundbesitz
- Grundvermögen H 15.7 (2)
- Steuern vom – **9 (1)**
- umfangreicher – H 15.7 (2)

Grundbetrag
- der Produktionsaufgaberente **3 Nr. 27**
- Durchschnittssätze **13a**, Anh. 20 V

Grundbuchaufzeichnungen H 5.2

Grunderwerbsteuer H 6.2, H 6.4, H 21.2, Anh. 28

Stichwortverzeichnis

Grundfreibetrag 32a, H 32b

Grundlagenforschung 51 (1)

Grundstücke (Grundstücksteile)
- Aufwendungen bei – R 6.4, H 6.4
- als gewillkürtes Betriebsvermögen R 4.2 (9)
- als notwendiges Betriebsvermögen R 4.2 (7)
- Betriebseinnahmen und Betriebsausgaben bei betrieblichen – R 4.7 (2)
- eigenbetrieblich genutzte – *8*, R 4.7 (2)
- einheitliche Behandlung des – R 4.2 (10)
- einkommensteuerliche Behandlung von – R 4.2 (13)
- Entnahme von – durch Nutzungsänderung H 4.3 (2-4), H 4.7
- gemischt genutzte – H 4.2 (15)
- Handel mit – H 15.7 (1), H 16 (2), Anh. 17
- Herstellungskosten bei – R 6.4
- im Gesamthandsvermögen einer Personengesellschaft R 4.2 (11)
- im Sonderbetriebsvermögen R 4.2 (12), H 4.2 (12)
- keine Entnahme des – H 4.3 (2-4)
- landwirtschaftlich genutzte – H 4.3 (2-4)
- teilentgeltliche Überlassung von – H 4.7
- von untergeordnetem Wert *8*, R 4.2 (8)
- Veräußerungsgeschäfte bei – 23 (1), Anh. 26
- Verkauf von – durch Landwirt H 15.5
- als Teilbetriebsaufgabe H 16 (3)
- verlustbringende – H 4.2 (9)
- Vermietung und Verpachtung von – **21 (1)**, H 21.2
- wesentliche Betriebsgrundlage H 16 (8)

Grundstückshandel
siehe „gewerblicher Grundstückshandel"

Grundstücksgeschäfte/-verkäufe
H 15.5, H 23, Anh. 17, Anh. 26

Grundstücksverwaltung H 16 (3)

Grund und Boden
- Anschaffungskosten des – **55**, H 6.4, H 7.3, R 7a, Anh. 30 I
- Aufwuchs auf – **6b**, R 6b.2 (1), R 6c (1)
- Bewertung von – **6 (1)**, 55
- eines land- und forstwirtschaftlichen Betriebes H 6.1
- Einlage von – **55 (7)**
- Entnahme von – **13 (5)**, **15 (1)**, **18 (4)**, H 4.3 (2-4), R 13.5 (4), H 13.5
- Gebäude auf fremdem – R 7.1 (5)
- freiwilliger Landtausch H 6b.1

- Teilwertabschreibung H 55
- Trennung stehendes Holz vom – R 34b.1 (1), R 34b.2 (1), Anh. 20 III
- Verlustausschlussklausel **55 (6)**, H 55
- Veräußerung von – **6b**, **6c**, **13a (7)**, R 6b.1, H 6b.1, Anh. 20 V
- Verzeichnis **4 (3)**, R 4.5 (3)
- Wertminderung des – H 21.7
- Zugehörigkeit zum Betriebsvermögen R 4.2 (7), H 4.2 (7)
- Zugehörigkeit zum Gebäude H 4.2 (7)
- zur Wohnung eines Land- und Forstwirts gehörender – **13 (4)**, H 13.5

Grundvermögen
- beim Durchschnittssatzgewinn Anh. 20 V
- Vermietung und Verpachtung von – R 15.7 (2)

Gruppenbewertung
- von Vieh, Anh. 9 IV
- bei Vorratsvermögen R 6.8 (4), H 6.8

Güterfernverkehrskonzession H 5.5

Gütergemeinschaft
- zwischen Ehegatten R 4.2 (12), H 15.7 (6), R 15.8 (5), R 15.9 (1), H 26a
- Besteuerung bei fortgesetzter – **28**

Güternah-/Güterfernverkehr
- Teilbetriebe H 16 (3)

Gütertrennung H 26a

Gutachtenkosten H 20.1

Gutachter H 15.6, H 33.1-33.4

Gutscheine *8*, H 5.7 (5)

Gutschrift
- aus Schneeballsystemen H 20.2
- von Gewinnanteilen H 15.9 (4)
- Zeitpunkt der – **73c**, H 11, Anh. 1a II

GWG H 6.12, R 6.13, H 6.13

H

Habilitation H 10.9

Häftlingshilfegesetz
- steuerfreie Leistungen nach dem – **3 Nr. 23**

Härteausgleich 46 (3), *70*, R 2, H 46.3

Härtefonds
- Leistungen aus dem – H 3.7

Stichwortverzeichnis

Härteregelung – H 5b, H 25

Haftpflichtversicherung
- Kfz – R 10.5
- Beiträge zur – als Vorsorgeaufwendungen 10 (1), Anh. 1a II
- Beiträge zur – während der Bauzeit Anh. 30 I

Haftung
- bei GbR H 15.8 (6), H 15a
- bei Spenden H 10b.1
- beschränkte – von Kommanditisten **15a**, R 15a
- für Lohnsteuer **42d**

Haftungsbescheid 48a (3), *73g*

Haftungsbetrag 15a (3), H 15a

Haftungsminderung 15a (3)
- Zusammentreffen mit Einlageminderung R 15a (1)

Halbfertige Bauten H 6.1, H 6.7

Handel
- mit Beteiligungen als gewerbliche Tätigkeit H 15.7 (1), H 17 (1)
- mit Optionskontrakten H 15.7 (9)

Handelsbilanz
- Maßgeblichkeit der – **5 (1)**, H 5.1, H 6.11, R 6a (1), Anh. 9 III

Handelschemiker 18 (1)

Handelsrechtliche Grundsätze ordnungsmäßiger Buchführung 5 (1), 6 (1), H 5.1, R 5.2, H 5.2, R 6.9 (2), H 6.9, Anh. 9 III

Handelsrechtliche Rechnungslegungsvorschriften H 5.2

Handelsregister
- Eintragung der Kommanditeinlage im – **15a (1)**, R 15a (3)
- Eintragung von Gewerbetreibenden im – H 5.1
- Personengesellschaft H 5.1, H 15.8 (6)
- Wirtschaftsjahr bei Eintragung im – **4a**, H 4a

Handelsschiffe
- Bewertungsfreiheit für Handelsschiffe *82f*
- im internationalen Verkehr **5a**, R 4.1 (2), H 4 (1)
- langfristiger Betrieb von – H 5a
- Sonderabschreibungen bei Handelsschiffen **51 (1)**
- Veräußerung eines – als Hilfsgeschäft H 5a

Handelsvertreter
- als ständiger Vertreter eines ausländischen Unternehmens R 49.1 (1)
- Ausgleichsanspruch eines – H 5.7, R 6a (16), H 16 (9)
- Ausgleichszahlung an – **24**, H 24.1
- Betriebsaufgabe eines – H 16 (2)
- Pensionszusage an – R 6a (16)
- Provisionsanspruch des – H 4.2 (1)
- Provisionsfortzahlungen an einen – H 5.7 (3)
- Selbständigkeit oder Unselbständigkeit eines – H 15.1
- Teilbetrieb H 16 (3)
- Vertreterrecht eines – H 5.5
- Vorabentschädigungen H 34.3

Handelsware R 15.5, Anh. 9 XIII

Handwerksmeister
- nebenberufliche Lehrtätigkeit eines – H 18.1

Hauptentschädigung nach dem LAG H 3.7

Hausgewerbetreibende R 15.1 (2), H 15.1, Anh. 1a I

Haushalt
- Aufnahme des Kindes in den – **32 (1)**, **(6)**, **63 (1)**, **64 (2)**, **(3)**, R 32.2 (1), H 32.2
- auswärtige Unterbringung R 33a.2 (2)
- des Kindes in Eigentumswohnung des Stpfl. H 33a.2
- Führung eines – Anh. 27b II
- getrennte – beider Elternteile H 33a.2
- nicht abzugsfähige Ausgaben für den – **12**
- Steuerpflicht zum – gehörender Angehöriger **1 (2)**, R 1
- Zugehörigkeit zum – **24b**, Anh. 19a

Haushaltsersparnis
- bei Heimunterbringung R 33.3 (2), H 33.1-33.4
- bei Krankenhausunterbringung H 33.1-33.4
- bei Kuren R 33.4 (3)

Haushaltsnahe Beschäftigungsverhältnisse 35a, H 35a, Anh. 27b II

Haushaltszugehörigkeit
- des Kindes **24b**, **63 (1)**, **64 (2)**, **(3)**, R 32.2 (1), R 33a.2 (2), H 64, Anh. 19a

Hausrat
- Wiederbeschaffung von – R 33.2, H 33.1-33.4

Hausratsversicherung H 10.5, H 33.1-33.4

2463

Havariesachverständige H 15.6

Hebamme H 15.6, Anh. 1a I, Anh. 17b

Heileurhythmist H 33.1-33.4

Heilfürsorge
- Steuerfreiheit der – **3 Nr. 4**, **3 Nr. 5**

Heilkur *64 (1)*, R 33.4 (1), H 33.1-33.4, H 33b

Heilmasseur H 15.6, Anh. 17b

Heilpraktiker
- Tätigkeit **18 (1)**, H 15.6, Anh. 17b
- Verordnungen eines – *64 (1)*, H 33.1-33.4

Heil-/Heilhilfsberufe 18 (1), H 15.6, Anh. 17b

Heil-/Pflegeanstalt
- Aufwendungen für Unterbringung in – R 33.3, H 33.1-33.4

Heimarbeiter R 15.1 (2), H 15.1

Heimunterbringung
- altersbedingte – H 33a.1
- des nicht pflegebedürftigen Ehegatten H 33.1-33.4
- erwachsener Menschen mit Behinderungen H 33.1-33.4

Heizungsanlagen 35c (1), H 4.2 (5), H 6.4, H 7a, Anh. 27b III

Hektarberechnung H 13.2

Hellseher H 15.6

Herabsetzung des Kaufpreises H 16 (10)

Herstellung
- Beginn der – von Gebäuden H 6b.2, R 7.2 (4), R 7.4 (1)
- von Gebäuden (Gleichstellung mit Erweiterung, Ausbau und Umbau) **6b (1)**, R 6b.2, R 6b.3 (3)
- Zeitpunkt/Jahr der – **4 (3)**, **5 (1)**, **9a**, R 5.4 (4), R 7.4 (2)

Herstellungsaufwand
- nach Fertigstellung eines Gebäudes R 21.1, H 21.1

Herstellungskosten
- ABC der Aufwendungen bei Gebäuden H 6.4
- Abzug des Gewinns aus Veräußerung bestimmter Anlagegüter bei den – anderer Wirtschaftsgüter **6b**, **6c**
- Allgemeines R 6.3

- anschaffungsnahe – H 6.4
- Aufteilung der – bei Gebäuden R 4.2 (6)
- Bemessung der AfA bei nachträglichen – R 7.3 (5), H 7.3, R 7a (3)
- Bemessungsgrundlage für die AfA R 7.3, H 7.3, R 7.4
- Berücksichtigung von Zuschüssen – R 6.5, H 6.5, R 21.5
- Bewertung mit den – **6 (1)**, **(2)**, R 6.3, R 6.5, R 6.8
- des steuerpflichtigen Veräußerungsgewinns Anh. 26
- von Filmen H 5.6
- bei Gebäuden R 6.4, H 6.4, R 7.3, R 21.1, Anh. 30 V, VII
- Sonderabschreibungen **7a**, **7b**, **7g**, **7h**, R 7a, H 7a, Anh. 1 IV
- Geldbeschaffungskosten gehören nicht zu den – H 6.3
- Minderung der – H 6.3, R 7a (4), Anh. 18
- nachträgliche – bei Gebäuden R 7.3 (5), R 7.4 (9), R 7a
- Rückstellungen für – **5 (4b)**, H 5.7 (1)
- Steuern als – R 6.3 (6)
- von Tieren Anh. 9 IV
- eines Waldes R 34b.1
- eines Wirtschaftsguts bei Abzug einer Rücklage **6b (5)**, **6c**
- Zurechnung von Umsatzsteuern zu den – **9b**, R 9b
- Zuschüsse zu – R 7.3 (4), R 7a (4), R 21.5, H 21.5

Hilfe im Haushalt
- Aufwendungen für eine – **35a (2)**, Anh. 27b II

Hilflosigkeit 33b (3), **(6)**, **65**, H 32.9, H 33.1-33.4, H 33b

Hilfsstoffe
- Bewertung der – R 6.8, Anh. 9 II, XIII
- eigene und fremde Erzeugnisse R 15.5 (5)
- Zuordnung zum Umlaufvermögen R 6.1 (2)

Hinterbliebene
- Bezugsberechtigung aus einer Direktversicherung **4b**, R 4b
- Pensionskassen/Pensionszusage R 4c (1), H 6a (1), H 15.8 (3), Anh. 9 X
- steuerfreie Einnahmen **3 Nr. 6**, **3 Nr. 20**, **3 Nr. 65**, H 3.6

Hinterbliebenenbezüge 3 Nr. 6, **19 (2)**, **33b (4)**, H 3.6, Anh. 1a II

Stichwortverzeichnis

Hinterbliebenen-Pauschbetrag 33b (4), (5), H 32.13, R 33b (1), H 33b, Anh. 19c I

Hinterbliebenenversorgung
- für den Lebensgefährten H 4b, H 4c, H 4d (1), H 6a (1)
- Anwartschaft auf – bei Betriebsaufspaltung H 4.2 (1)
- Pensionszusage R 6a (3)
- sonstige Einkünfte **22**, H 22.4, Anh. 1a I, II
- steuerfreie Einnahmen **3 Nr. 56, 3 Nr. 63**
- Zuwendungen/Beiträge des Arbeitgebers **10 (1)**
- Zuwendung an Unterstützerkassen **4d (1)**, R 4d (2), (4), (5), (8)

Hinzurechnung/-sbetrag
- bei Ermittlung der Lohnsteuer **38 (4), 39 (4), 39a, 39b, 39f, 42b**
- betrieblicher Schuldzinsenabzug **4 (4a)**, Anh. 16 I
- des Kindergeldanspruchs **31**, H 2, H 31
- des vorläufigen Verlustrücktrags **111 (6)**
- einer Sondervergütung **5a (4a)**, H 5a
- eines Unterschiedsbetrags **5a (4)**, H 5a
- Familienleistungsausgleich **31**, H 31
- Kirchensteuer-Erstattungsüberhang bei Verlustvortrag **10 (4b)** R 2, H 10.1
- nach dem AIG R 2, H 2a
- nach § 52 Abs. 2 Satz 3 EStG R 2 (1)
- nach §§ 7, 10 AStG, **3 Nr. 41**, H 3c
- von Investitionsabzugsbeträgen **7g (2)**, Anh. 18
- Wechsel der Gewinnermittlungsart R 4.6 (2), H 4.6, Anlage

Hochwasserschäden R 33.2

Hofübergabe H 13.4, H 22.8, Anh. 13 II, IV

Höhere Gewalt
- Ausscheiden eines Wirtschaftsguts infolge – R 6.6, H 6.6, R 6b.3 (4)
- Beschädigung eines Wirtschaftsguts infolge – R 6.6 (7)
- Holznutzungen infolge – **34b**, R 34b.2, H 34b.2

Hörgeräte-Akustiker
- Nachbetreuungsleistungen bei – H 5.7 (5)

Hofbefestigungen H 6.4, H 7.1

Holz
- Bestandsvergleich für das stehende – R 14
- Buchführung Anh 10
- stehendes Holz Anh. 20 III
- Veräußerung von stehendem – R 14 (5), Anh. 20 V

Holzeinschlag H.45 (3), Anh. 20 III

Holznutzungen
- außerordentliche – **32c (4), 34b, *68*,** R 34b.1, H 34b.1, R 34b.2, R 34b.3, R 34b.4, R 34b.5, R 34b.6
- infolge höherer Gewalt **34b (1)**, R 34b.2, H 34b.2, Anh. 20 III
- in Form von Kahlschlägen Anh. 20 III
- ordentliche – R 34b.2
- pauschale Ermittlung der Gewinne aus – *51*, R 34b.1 (2), R 34b.3 (3), Anh. 20 V
- vorzeitige – durch militärische Übungen R 34b.2 (5)

Honorare
- für nicht erbrachte Leistungen H 6.4, H 21.2
- im Voraus gezahlte – H 4.5 (2), H 5.6
- Rückzahlungsverpflichtung H 5.7 (3), (4)
- Zufluss – von Privatpatienten R 11, H 11

Honorarforderungen
- Sicherung von – durch Darlehensgewährung H 4.2 (1), H 18.2
- Tod eines Gesellschafters H 4.5 (6), H 15.8 (3), H 16 (4)

Hopfenbau 55 (2), Anh. 20 V

Horizontaler Verlustabzug 10d, R 10d, H 10d

Horizontaler Verlustausgleich 2 (3), Anh. 1a I

Hotel H 15.7 (2), H 16 (3)

Hundezucht H 15.5

I

Immaterielle Wirtschaftsgüter
- Allgemeines **5 (2)**, R 4.3 (4), H 4.6, R 5.5, H 5.5, R 7.1 (1), H 7.1, H 15.7 (5), H 16 (8)
- beim Durchschnittssatzgewinn Anh. 20 V
- Einlage von – R 4.3 (1), H 4.3 (1), R 5.5 (2)
- Sachanlagen, Finanzanlagen R 6.1 (1)

Immobilienfonds Anh. 19 I, II, Anh. 30 II
- Eigenkapitalvermittlungsprovisionen bei – H 4.7, H 6.4, H 21.2
- Einkünfteerzielungsabsicht bei – H 21.2

Immobilien-Leasing H 5.6, Anh. 21

Incentive-Reisen H 4.3 (2-4), H 4.7, H 12.2

Industriepropagandisten H 15.6

Stichwortverzeichnis

Infektionsschutzgesetz
3 Nr. 25, 32b (1), 41 (1), 41b (1), 42b (1), H 33b

Ingenieur 18 (1), H 15.6

Inkassotätigkeit
– Gewinn aus einer – H 4.2 (1)

Inländische öffentliche Kassen
– Einkünfte aus – H 49.4

Innengesellschaft
15 (4), H 15.8 (1), H 15.10, H 15a, Anh. 29 IV

Insolvenz
– aufschiebend bedingte Abtretung des Rückdeckungsanspruchs bei – R 6a (23)
– des Betriebsunternehmens H 15.7 (6)
– Vergütung des Treuhänders bei Verbraucher- H 33.1 – 33.4
– Zinsabschlag bei – H 43, H 44a

Insolvenzgeld 3 Nr. 2b, 32b (1), (3), H 32b

Insolvenzsicherung
– einer Pensionsverpflichtung R 6a (23)
– steuerfreie Beiträge zur – 3 Nr. 65, H 3.65

Insolvenzverfahren H 10d, H 15.7 (6), H 16 (2)

Insolvenzverwalter H 4.2 (1), H 15.6, H 44a, Anh 19 II

Instandsetzungsmaßnahmen 7h (1), 51 (1), H 6.4, R 7h (4), (7), H 7h, Anh. 5 I, Anh. 30 V

Instandhaltung
– Anspruch H 4.2 (1)
– Rücklage R 21.2 (2), H 21.2, Anh. 19 I
– Rückstellung H 4.2 (1), R 5.7 (11)

Instrumentarium
– eines Arztes als GWG H 6.13

Interessengegensätze H 15.7 (6), Anh. 24 I

Internetplattform
– Veräußerung über – H 15.7 (1)

Interprofessionelle Freiberufler-Personengesellschaft H 15.6

Internat H 15.6, H 33.1-33.4

Inventar
– Aufbewahrungsfrist H 5.2
– Bestandsaufnahme des – R 5.3, H 5.3

Inventur R 5.3, H 5.3, R 5.4 (4), R 6.8 (4), R 6a (18)

Investitionsabzugsbetrag
– Auf-/Abspaltung auf eine Personengesellschaft Anh. 28
– aus außerordentlichen Holznutzungen R 34b.3 (2)
– bei Handelsschiffen im internationalen Verkehr 5a (5)
– nach Durchschnittssätzen 13a (3), Anh. 20 V
– zur Förderung kleiner und mittlerer Betriebe 7g, Anh. 18

Investitionszulage
– Einbeziehung in die Einkunftserzielungsabsicht Anh. 30 II
– keine Einnahmen oder Einkünfte H 2
– keine Zuschüsse H 6.5

Investitionszuschüsse H 5.6, H 6.5, H 6.7

Investmentanteile H 20.2, H 36, Anh. 19 I, II

IT-Projektleiter H 15.6

J

Jacht 4 (5), H 4.10 (1), H 4.12

Jagd
– Aufwendungen für eine – 4 (5), H 4.10 (1)
– Einkünfte aus – 13 (1), H 13.3

Jahresabschluss
– Aufstellungsfrist H 5.2, H 5.7 (4)
– gesetzliche Vorschriften für den – 5 (1), H 5.1, H 5.7 (4)
– Pflicht zur Prüfung des – H 5.7 (3)

Jahressteuerbescheinigung Anh. 19 I

Jahreszusatzleistungen
– Rückstellungen für – H 5.7 (5), H 6.11, H 6a (1)

Journalisten 18 (1), H 4.10 (5-9), H 18.2

Jubiläum
– Anlass eines persönlichen – Anh. 16 XI

Jubiläumszuwendungen
– Steuerermäßigung für steuerpflichtige – H 34.4
– Rückstellung für – 5 (4), H 5.7 (1), (5), H 6.11

Jugendfreiwilligendienst 32 (4), H 32.8

Stichwortverzeichnis

K

Kalamitätsfolgehiebe H 34b.2

Kalamitätsmeldung R 34b.6 (6)

Kalamitätsnutzungen
34b **(1)**, H 13.5, H 34b.2 (4), R 34b.7, Anh. 20 III

Kameramann H 15.6

Kanalbaubeitrag/-anschlussgebühr
H 5.6, H 6.4

Kapazitätsausnutzung
– Schwankungen in der – R 6.3 (7), H 6.3

Kapitalabfindung
– einer Rente H 22.4
– Steuerfreiheit der – aufgrund gesetzlicher Rentenversicherung, Knappschaftsversicherung, Beamten-Gesetze 3 **Nr. 3**
– von Unterhaltsansprüchen H 33.1-33.4
– von Unterhaltsverpflichtungen H 33a.1

Kapitalanlage
– Einlagewert für – Anh. 19 II
– mit Einfluss auf die Geschäftsführung H 15.7 (9)

Kapitalbeteiligung H 4.2 (1), H 15.9 (5), Anh. 16 XV

Kapitaleinlage H 15.8 (1)

Kapitalerhöhung
– Anschaffungskosten **17 (2a)**, R 17 (5), H 17 (5)
– bei der Betriebskapitalgesellschaft H 15.7 (4)
– gegen Einlage **20 (4a)**, H 17 (5), Anh. 19 II
– nach unentgeltlichem Erwerb von Anteilen R 17 (3), H 17 (3)
– Veräußerungsgewinn bei – H 17 (7)
– Veräußerung und Ausübung von Teilrechten bei einer – Anh. 19 II

Kapitalerträge
– Abstandnahme vom Steuerabzug **44a**, Anh. 19 II
– Ausstellung von Steuerbescheinigungen für – **45a**, H 45a, Anh. 19 I
– Bemessung **43a**, Anh. 19 II
– Beschränkung der Anrechenbarkeit **36a**
– Entrichtung **44**
– bei beschränkter Steuerpflicht **49 (1)**
– gesonderter Steuertarif **32d**
– mit Steuerabzug **43**, Anh. 19 II

Kapitalertragsteuer
– Abstandnahme vom Steuerabzug **44a**, H 44a, Anh. 19 II

– Anmeldung und Bescheinigung der – **45a**, Anh. 19 I, II
– Anrechnung von – R 36, H 36
– Ausschluss der Erstattung von – **45**
– Bemessung der – **43a, 43b**
– Beschränkung der Anrechenbarkeit der – **36a**, H 36
– Entrichtung der – **44**, Anh. 19 II
– Entlastung vom Steuerabzug **50g, 50j**
– Erstattung der – **44b**, Anh. 19 II
– Kirchensteuer als Zuschlag zur – **51a**
– Lebensversicherungen Anh. 22a I
– Steuerabzug von – **43**, H 43, Anh. 19 II
– bei typischer Unterbeteiligung H 43

Kapitalgesellschaft
– Anteile an – als Sonderbetriebsvermögen H 4.2 (2)
– Anschaffungskosten/Einlage – **6 (1)**, **(6)**, *53*, H 6.2, H 6.12
– ausländische – H 15.8 (6), H 17 (2)
– Beteiligung an – H 6.2, H 6.14, Anh. 6 II
– Bewertung von Anteilen an – H 16 (2), H 17 (7)
– Drittstaaten – **2a**, H 2a
– Einbringung in eine – Anh. 16 I, Anh. 28
– Formwechsel einer – in eine Personengesellschaft Anh. 28
– Sacheinlage in eine – H 4.3 (1)
– steuerfreie Einnahmen/Ausschüttungen 3 **Nr. 40**, 3 **Nr. 41**, 3 **Nr. 71**, Anh. 16 IV, XV
– Steuertarif **32d**
– Veräußerung/Auflösung **6b (10)**, **16 (1)**, **17**, **23**, **34d**, R 6b.2 (12), (13), H 6b.2, R 6b.3 (6), R 16 (3), H 16, R 17, H 17, Anh. 16 XVI
– Vermietung an unterhaltsberechtigte – H 21.4
– zeitliche Zuordnung von Gewinnen aus der Veräußerung von – H 6b.2

Kapitalherabsetzung
– Auflösung und – H 17 (7)
– aus dem Einlagenkonto Anh. 19 II
– durch Einziehung von Aktien H 6.2
– Einkünfte aus Kapitalvermögen **20 (1)**, Anh. 19 I
– Rückzahlung aus – H 6.2, H 17 (5), (7)
– negative Einkünfte aus der – **2a (1)**
– Veräußerung durch – **17 (4)**, H 17 (7)

Kapitalkonto
– zum – I und II Anh. 24 II
– Auflösung des negativen – H 15a
– Behandlung von Abfindungen, die das – unterschreiten Anh. 13 I
– nachträgliche Auflösung des negativen – eines Kommanditisten H 4.4

2467

Stichwortverzeichnis

- nachträgliche Erhöhung des – eines ausgeschiedenen Kommanditisten H 15.8 (3)
- negatives – **15a**, H 4.4, H 15.8 (1), H 15a, H 16 (4), **(7)**, Anh. 13 II, Anh. 18, Anh. 29 II
- Veräußerungsentgelt Anh. 13 II
- Verluste bei beschränkter Haftung **15a**, R 15a, H 15a

Kapitalkontenverzinsung H 15.8 (3)

Kapitalrücklage H 17 (5)

Kapitalvermögen
- Ausschüttungen aus Kommanditaktien H 15.8 (4)
- Durchschnittssatzgewinn **13a (3)**, Anh. 20 V
- Einkünfte aus – **2 (1)**, **20**, **34d**, **49 (1)**, R 20.2, H 20.2, R 21.2 (2), H 22.3, Anh. 19 I, II
- gesonderter Steuertarif für Einkünfte aus – **32d**, R 32d, Anh. 19 II
- Werbungskosten – R 20.1, H 20.1

Kapitallebensversicherung
- Direktversicherung R 4b (1), H 4b
- Leistungsarten R 4d (2)
- Rückdeckungsanspruch H 6a (23)
- steuerfreie – **20 (1)**, H 20.2
- Sonderausgaben **10 (1)**
- Umwandlung einer – Anh 22 I
- Werbungskosten H 21.2

Kapitalwert der Rente 22, H 16 (11)

Kaskoversicherung
- bei Diebstahl R 4.7 (1)
- keine Sonderausgabe H 10.5

Kassettendecken H 6.4

Katalogberufe 18 (1), H 15.6, Anh. 17b

Kaufangebot
- Entgelt für die Abgabe eines zeitlich befristeten – H 22.8
- gleichstehender Rechtsakt H 7h

Kaufeigenheime H 22.8

Kaufkraftausgleich
- steuerfreier – **3 Nr. 64**

Kaufoption
H 5.5, Anh. 19 II, Anh. 21 I, II, IV

Kaufpreisaufteilung H 7.3, Anh. 1 IV

Kaufpreisforderung
- Abtretung einer – R 7a (5)
- uneinbringliche – R 4.5 (5), H 16 (10)

Kaufpreisraten R 4.5 (5), H 20.2
- unverzinsliche – H 20.2

Kaufpreisstundung H 16 (11)

Kennzeichnung
- der Steuerbescheinigung Anh. 19 I
- als Nennbetragsaktien H 17 (2)
- von Werbeträgern R 4.10 (3)

Kernkraftwerk
- Rückstellungen für – **5 (4b)**, **6 (1)**

Kinder
- andere Leistungen für – **65**, H 65
- Arbeitsverhältnis zwischen Eltern und – R 4.8, H 4.8
- Ausbildungs-/Fortbildungsaufwendungen für – H 12.1
- Aushilfstätigkeiten von – H 4.8
- auswärtige Unterbringung von – **33a (2)**, R 33a.2 (2), H 33a.2
- Begriff **32**, **63**
- mit Behinderungen **32 (4)**, **33b (5)**, H 32.5, R 32.9, H 32.9, H 33b
- Berücksichtigung von – **32 (2)**, **(3)**, **63**, R 32.3, H 32.4, H 32.5, H 63
- Betriebsaufspaltung R 15.7 (8), R 16 (2)
- Bildungsaufwendungen für – H 4.8
- die Arbeit suchen **32 (4)**, H 32.4
- Erkrankung und Mutterschutz H 32 (7)
- Erwerbstätigkeit H 32.10
- Förderung von Jugendfreiwilligendiensten **32 (4)**, H 32.6, H 32.8, H 32.11, H 33a.2
- im ersten Grad verwandte – H 32.1
- in Berufsausbildung **32 (4)**, H 32.5, R 33a.2, H 33a.2
- in Vollzeitpflege H 3.11
- medizinisch notwendige Unterbringung H 33.1-33.4
- minderjährige – H 4.8
- ohne Ausbildungsplatz **32 (4)**, R 32.7, H 32.7
- Pflege- **32 (2)**, R 32.2
- schenkweise begründete Beteiligungen von – R 15.9 (2), H 15.9 (2), (3)
- Übergangszeit zwischen zwei Ausbildungsabschnitten **32 (4)**, H 32.6, H 33a.2
- Übertragung der Freibeträge für Kinder R 32.13, H 32.13, Anh. 19c II
- Vermietung an unterhaltsberechtigte – H 21.4
- Weiterzahlung des – für Berechtigte in den neuen Ländern **78**, H 78

Kinderbetreuungskosten 10 (1), H 10.8, Anh. 19a

Stichwortverzeichnis

Kinderhaus H 3.11, H 32.2

Kindererholungsheim H 15.6

Kindererziehung
– Leistungen für – **3 Nr. 11**, **3 Nr. 67**

Kinderfreibetrag
2 (5), **32 (6)**, R 2, R 32.13, H 32.13

Kindergeld
– an Angehörige des öffentlichen Dienstes **72**, H 72
– Anspruch auf – **62**
– Anspruchsberechtigte H 62
– Aufrechnung von – **75**
– Festsetzung von – **70**
– Hinzurechnung des – H 2
– Höhe des – **66**, H 66
– Leistungen, die – ausschließen H 65
– Mitwirkungspflichten **68**, H 67
– Pfändung des Anspruchs auf – **76**, H 76
– rückwirkende Zahlung **66**
– steuerfreie Leistung **3 Nr. 24**
– als Steuervergütung **31**
– Übergangsregelungen **78**
– Zählkinder H 66
– Zahlung in Sonderfällen **74**, H 74
– Zahlungszeitraum **66**, **71**, H 66
– Zusammentreffen mehrerer Ansprüche H 64
– Zuständigkeit für den Antrag auf – H 67

Kindergeldfestsetzung
– Erstattung von Kosten im Vorverfahren **77**

Kindergeldansprüche
– Bescheinigungen für Finanzämter H 68

Kinder-/Jugendlichenpsychotherapeuten H 15.6

Kindertagespflege
H 3.11, H 18.1, Anh. 19b

Kinderzulagen 65

Kirchensteuer/-beiträge
– als Sonderausgabe **10 (1)**, R 10.7 (1), H 10.7

Kirchliche Zwecke 10b, R 10b.1

Kläranlage H 5.5, H 6.4

Klärschlamm H 15.5

Klassenfahrt
– eines Berufsschülers H 10.9

Kleidung
– als Sachspende H 10b.1
– Arbeits- und Berufs- **3 Nr. 31**
– nicht abziehbare Aufwendungen für – **12**, H 12.1
– Trauer- H 33.1-33.4
– Wiederbeschaffung von – R 33.2, H 33.1-33.4, H 33a.1

Kleintierzucht H 15.5

Klimaanlagen H 4.2 (5)

Knappschaftsarzt H 15.1

Know-how
– Aktivitätsklausel **2a (2)**, R 2a (3)
– Wirtschaftsgut H 5.5

Körperpflegemittel H 12.1

Körperschaft des öffentlichen Rechts
– als Erbin von Betriebsvermögen H 16 (2)

Kohlen-/Erzbergbau
– Bewertungsfreiheit für bestimmte Wirtschaftsgüter im – **51 (1)**, *81*

Kommanditaktien H 15.8 (4)

Kommanditeinlage H 15.9 (2)

Kommanditgesellschaft
– freie Berufstätigkeit im Rahmen einer – H 15.6
– Verlustbeschränkung bei – **15a**, R 15a, H 15a
– schenkweise Übertragung R 15.9 (2), H 15.9 (2)

Kommanditgesellschaft auf Aktien H 15.8 (4)

Kommanditist
H 15.8 (1), H 15.9 (1), (2), (4), H 15a, Anh. 29 I, II

Kommunale Unternehmen
– Kapitalertragsteuerabzug H 44a

Komplementär R 15.8 (6), H 15.8 (1)

Komplementär-GmbH H 4.2 (1)

Kongress H 12.2

Konsulatsangehörige 3 Nr. 29, H 3.29

Kontaktlinsen
– Verkauf von – durch Ärzte H 15.6

2469

Stichwortverzeichnis

Kontokorrentbuch H 5.2

Kontokorrentschulden 4 (4a)

Kontrollmeldeverfahren H 50d

Kontrollrechte H 15.8 (1)

Konzessionen H 5.5

Kosmetika H 12.1

Kosten bei Inanspruchnahme von Finanzbehörden H 12.4

Kostenüberdeckung H 5.7 (3)

Kostkinder R 32.2 (1)

Kostpflanzen H 15.5

Kraftfahrzeug
- Haftpflichtversicherung für – **10 (1)**, R 10.5
- Kosten eines – **4 (5)**, H 4.3 (2-4), R 4.12, H 4.12, H 33.1-33.4, H 33b, Anh. 16 III
- Nutzung für Familienheimfahrten H 4.12
- private Nutzung eines – **6 (1)**, H 4.3 (2-4), H 6.12, Anh. 16 III
- Sachverständige H 15.6

Kraftfahrzeugsteuer H 5.6

Krankengymnasten 18 (1), H 15.6

Krankengeld H 32b

Krankenhaus
- eines Arztes H 15.6
- Kosten der Unterbringung im – H 33.1-33.4

Krankenhaustagegeldversicherung H 33.1-33.4

Krankenpfleger H 15.6

Krankenschwester H 15.6

Krankentagegeldversicherung H 10.5, H 33.1-33.4, Anh. 1a II 1

Krankenversicherung
- Beiträge zur – **10 (1)**, H 33.1-33.4, H 33a.1
- Ersatzleistungen einer – H 33.1-33.4
- steuerfreie Leistungen aus – **3 Nr. 1**, **22**, H 3.1
- Zuschüsse zur – der Rentner **3 Nr. 14**, H 3.14

Krankheitskosten
- als außergewöhnliche Belastung H 33.1-33.4, H 33a.1

Kreditbedingungen H 6.10

Kreditgeschäfte
- Erfassung der – R 5.2

Kreditgrundlage H 4.2 (1)

Kreditinstitute
- Termingeschäfte **15 (4)**
- Zuwendungen H 10b.3

Kriegsbeschädigte 3 Nr. 6, H 3.6

Kriegsschadenrente
- nach dem LAG H 3.7

Kühlkanäle H 6.13

Kündigung H 15.9 (2)

Künstler
50a (1), H 15.1, H 15.3, H 15.6, H 50a.2, H 50d

Künstliche Befruchtung H 33.1-33.4

Künstleragenten H 15.6

Künstlerhilfe
- steuerfreie Zuwendungen der Deutschen – **3 Nr. 43**

Künstlerische Tätigkeit H 15.6

Künstlersozialkasse 3 Nr. 57

Künstlersozialversicherungsgesetz 3 Nr. 57

Kürzung des Vorwegabzugs H 10.11

Kulanzleistungen R 5.7 (12)

Kulturelle Veranstaltungen H 12.1

Kumulationsverbot
- für Sonderabschreibungen und Förderungsmaßnahmen aufgrund mehrerer Vorschriften **7a (5)**, R 7a (7)

Kundenkreis H 15.4

Kundenstamm
- Erwerb eines – H 5.5

Kunsthandwerker H 15.6

2470

Stichwortverzeichnis

Kur R 33.4 (1), (3), H 33.1-33.4

Kurheim H 15.6

Kursgarantie H 20.2

Kursmakler
– vereidigte – H 15.6

Kurzarbeitergeld
3 Nr. 2, 32b, 41 (1), 41b (2), 46 (2)

Kurzfristige Beteiligung H 17 (2)

L

Laborleistungen H 15.6

Laden
– -einbauten und -umbauten als selbständige Gebäudeteile R 4.2 (3), R 7.1 (6)

Lagenvergleichszahl 55 (2)

Lagerbücher/-karteien
– Bestandsvergleich durch – R 5.3 (2)

Ländergruppeneinteilung
H 1a, R 33a.1 (4), H 33a.1, H 33a.2, Anh. 2 III

Land-/Forstwirtschaft
– Abgrenzung der – gegenüber dem Gewerbebetrieb R 15.5, H 15.5,
– Betriebsaufgabe **14**, H 26 (2)
– Betriebsvermögen R 4.2 (16), H 4.2 (7)
– Betriebsvermögensvergleich bei – R 4.1 (1)
– Betriebszweige in der – H 15.3
– Bilanzberichtigung R 4.4 (1)
– Buchführung Anh. 10
– Eigenbetrieb, Pachtbetrieb H 15.3
– Einkünfte aus – **13**, **13a**, **14**, **34d**, **49 (1)**, *51*, R 13.5, R 13.6, R 14, H 14, Anh. 20 V
– Einnahmen aus dem Grunde nach gewerblichen Tätigkeiten **13a (7)**, Anh. 20 V
– Freibetrag in der – **13 (3)**, R 2, R 10d (1), R 13.1
– Gewinnermittlung nach Durchschnittssätzen bei – **13a**, R 4.2 (16), Anh. 20 V
– Holznutzungen **34b**, R 34b.1, H 34b.1, R 34b.2, H 34b.2, R 34b.3, R 34b.4, R 34b.5
– Rücklage für Ersatzbeschaffung R 6.6 (6)
– Tierzucht und Tierhaltung als – **13**, R 13.2
– Verlust aus gewerblicher Tierzucht **15 (4)**, R 15.10, H 15.10
– Wirtschaftsjahr bei – **4a**, *8c*, R 4a, H 4a
– Wohnung des – als Betriebsvermögen **13 (2)**, **(4)**, R 13.5, H 13.5

Lastenausgleichsgesetz 3 Nr. 7, H 3.7

Leasing
– degressive Leasingraten H 5.6, Anh. 21
– Forfaitierung von Forderungen H 5.6
– Zurechnung des Leasing-Gegenstandes H 4.2 (1), Anh. 21 III

Lebensführung
– Allgemeines **4 (5)**, **12**, R 4.10, R 12.1
– Abgrenzung der Kosten der – von Betriebsausgaben/Werbungskosten H 12.1, H 12.2

Lebensgemeinschaft
– der Ehegatten H 26
– Hinterbliebenenversorgung H 4b, H 4c, H 4d, H 6a (1)
– Verträge zwischen Partnern einer nichtehelichen – H 4.8, R 21.4

Lebenspartner/-schaft
2 **(8)**, *1*, H 2, Anh. 3 II, Anh. 19c II

Lebensunterhalt
– Bestreitung des – (bei Stipendien) H 3.44

Lebensversicherung
– Ansprüche aus Lebensversicherungsverträgen H 4.2 (1), Anh. 22a I
– Beiträge zur – als Vorsorgeaufwendungen H 10.5
– Erwerb von gebrauchten – H 15.7 (1)
– Zinsen aus Lebensversicherungen **20 (1)**, H 20.2

Leergut H 6.1, H 6.13

Lehrtätigkeit
– als freier Beruf H 15.6
– nebenberufliche – von Handwerksmeistern und Lehrkräften H 18.1

Leibrente
– abgekürzte – *55 (2)*, R 22.3, R 22.4, H 22.4
– als anrechenbarer Bezug R 33a.1 (3), H 33a.1
– als Betriebsausgabe R 4.5 (4)
– Begriff der – R 22.3, H 22.3
– Besteuerung einer – **22**, *55*, H 18.2, R 22.4, H 22.4
– Betriebsveräußerung gegen – R 16 (11), H 16 (11)
– Erhöhung und Herabsetzung einer – R 22.4 (1), (4)
– Ertragsanteil einer – H 22.4
– Erwerb von Anlage- und Umlaufvermögen gegen – R 4.5 (4)
– als Gegenleistung für anwaltliche Betreuung H 18.2

2471

Stichwortverzeichnis

- aufgrund von Erbvertrag, Testament oder Vermächtnis Anh. 13 IV
- Progressionsvorbehalt H 32b
- als Sonderausgabe **10 (1)**
- Veräußerung eines Patentes gegen – H 18.1
- Veräußerung einer Beteiligung i. S. d. § 17 EStG gegen – R 17 (7)
- Wertsicherungsklausel bei – H 22.4
- Witwenrente R 22.4
- Zinsanteil einer – **22**, *55*, R 4.5 (4)

Leihweise Überlassung
- wesentlicher Betriebsgrundlagen H 15.7 (5)

Leistungen
- Besteuerung von – **22**, **34d**
- der Krankenkasse H 32b
- steuerfreie – **3**, H 3

Leistungsbescheid R 33.3 (1)

Liebhaberei H 2, H 15.3, H 16 (2)

Liegenschaftskataster *55*, Anh. 20 V

Lifo-Methode
R 6.9, H 6.9, Anh. 9 XIII

Liquidation
- Schuldzinsen nach – H 20.1
- Verluste bei fehlgeschlagener Gründung H 17 (7)
- Verluste bei negativem Kapitalkonto H 15a

Liquiditätsreserve H 4.2 (1)

Lizenzen H 5.5

Lizenzgebühren 50g, R 50a.1

Lizenzschranke H 4j

Lizenzspieler H 5.5

Logopäde H 15.6, Anh. 17b

Lohnersatzleistungen 32b, H 32b, H 46.3

Lohnmast H 15.10

Lohnsteuer
- Abschluss des -abzugs **41b**
- Abzugsmerkmale **39**
- Änderung des -abzugs **41c**
- Anmeldung und Abführung der – **41a**
- Anrufungsauskunft **42e**
- Aufzeichnungspflicht beim -abzug **41**
- Außenprüfung **42f**
- Durchführung des -abzugs **39b**, **39c**

- Erhebung der – **38**
- Freibetrag beim -abzug **39a**
- Haftung des Arbeitgebers für – **42d**
- Höhe der – **38a**
- Klassen **38b**
- Pauschalierung der – **40**, **40a**, **40b**
- Regelungen im Veranlagungsverfahren *4*
- Zuständigkeit im -verfahren **39 (2)**

Lohnsteuerbescheinigung R 46.2 (4)

Losveranstaltungen H 4.7

Lotse 18 (1), R 4.12 (1)

Lüftungsanlagen H 4.2 (5)

Luftfahrzeuge
34d, **49 (1)**, **(3)**, **51 (1)**, *82f (6)*, R 49.1 (2), H 49.1

Luftfahrzeugrolle 82f (6), R 7.1 (2), H 22.8

M

Makler H 15.1, H 15.6, R 49.1 (1), Anh. 27b II

Maklerprovision H 5.6

Marke
siehe „Warenzeichen"

Markenrechte H 5.5

Marktmiete 21 (2), R 21.3, H 21.3

Marktpreis R 6.8 (2)

Maschinen/Einrichtungsgegenstände H 16 (8)

Masseur H 15.6, Anh. 17b

Maßgeblicher Zeitpunkt
- Betriebsveräußerung im Ganzen H 16 (1)
- Teilbetrieb H 16 (3)
- Veräußerung eines Mitunternehmeranteils H 16 (4)
- wissenschaftliche Anerkennung einer Behandlungsmethode H 33.1-33.4

Maßgeblichkeit der Handelsbilanz
H 5.1, H 6.11, R 6a (1)

Maßstabsteuer
- Einkommensteuer als – **51a**

Materialgemeinkosten R 6.3

Medizinische Hilfsmittel *64 (1)*, H 33.1-33.4

Stichwortverzeichnis

Mehrentschädigung H 6.6 (3)

Mehrere Kontokorrentkonten
– Schuldzinsenabzug Anh. 16 I

Mehrerlöse R 4.13

Mehrheit der Stimmrechte H 15.7 (6)

Mehrjährige Tätigkeit
– Entlohnung für – **34**, R 34.4, H 34.4

Mehrstöckige Personengesellschaft
R 15.8 (2), R 16 (13), R 34.5 (2)

Menschen mit Behinderungen
– Einnahmen einer Gastfamilie für die Aufnahme von – **3 Nr. 10**
– Fahrtkosten **9 (2)**, **33 (2a)**, H 4.12
– für – zu berücksichtigende Aufwendungen H 33.1-33.4
– Pauschbeträge für – **33b**, **39a**, H 26a, R 33.3, R 33b, H 33b

Merkblatt 50a (4), H 50d

Messtechnische Anlagen
– Einbau von – R 21.1 (1)

Mietereinbauten
R 4.2 (3), H 4.2 (3), H 5.5, R 7.1 (6), H 7.1, H 7.4

Mieterzuschüsse R 21.5 (3)

Mietpreisbindung R 21.5 (2)

Mietverhältnisse
– Beurteilung von – H 4.8, R 21.4, H 21.4

Mietwohngrundstücke R 4.2 (9)

Mietzahlungen H 33.1-33.4

Mikrofilmaufnahmen H 5.2

Mildtätige Zwecke 10b

Minderjährige Kinder
– Ergänzungspfleger H 4.8
– schwebend unwirksame Verträge, Insichgeschäfte H 4.8

Minderungsbetrag DBA Belgien R 2

Mindestbesteuerung
– bei Verlusten **10d**, R 10d, H 10d

Mindestpensionsalter R 6a (8)

Mineralgewinnung 21 (1), **23 (1)**, H 6.3

Missbrauch
– bei Beteiligung i. S. d. § 17 EStG H 17 (2)

Mitarbeit
– eines angestellten Berufsträgers H 15.6
– von Kindern im elterlichen Betrieb R 4.8, H 4.8

Miteigentum
– an einem Grundstück H 4.2 (4), (7), (12)
– an Grundbesitz R 21.6, H 21.6

Miteigentumsanteile
– Einbringung eines – H 21.6

Mitgliedschaftsrechte an einer AG H 17 (2)

Mitreeder 15a (5)

Mittagsheimfahrt
– keine außergewöhnliche Belastung H 33.1-33.4

Mittelbare Beteiligung H 15.7 (6), H 17 (2)

Mittelbare Grundstücksschenkung H 6b.2, H 7.3

Mitunternehmer 15 (1), H 15.8 (1), Anh. 24

Mitunternehmeranteil
– Buchwertübertragung eines – H 16 (4)
– Veräußerung und Aufgabe eines – **14**, **16**, R 4a (5), H 16 (4)

Mitunternehmerinitiative H 15.8 (1)

Mitunternehmerrisiko H 15.8 (1)

Mitunternehmerschaft
13 (7), **15 (1)**, **15a (5)**, H 4.4, H 15.7 (4), H 15.8 (1), (5)

Mobilfunkdienstleistungsverträge H 4.7, H 5.6

Moderator von Verkaufssendungen H 15.6

Modernisierung
– Abgrenzung vom Neubau H 7.4
– Nachweis für – R 7h
– von Gebäuden H 6.4, Anh. 30 V 1

Modeschöpfer H 15.6

Möblierungszuschlag H 21.3

Motoren
– für Drehbänke, Webstühle H 6.13

Motorboot
– Wege zwischen Wohnung und Betriebsstätte H 4.12

Stichwortverzeichnis

Motorjacht
- Betriebsausgabenabzug **4 (5)**, H 4.10 (1)

Müllschluckanlagen H 4.2 (5)

Musterhäuser H 6.1, H 7.1, H 7.4

Mutterschaftsgeld 3 Nr. **1**, 32b **(1)**

Mutterschutzgesetz 3 Nr. **1**, 32b **(1)**

Mutter-/Tochter-Richtlinie 43b

N

Nachbetreuung
- abgeschlossener Versicherungen H 5.7 (8), H 6.11

Nachhaltigkeit H 15.2

Nachholverbot H 6a (20)

Nachsteuer *30*, R 2 (2), R 10 (6), H 10 (6)

Nachversteuerung
- nach ausländischen Verlusten H 2a
- des negativen Kapitalkontos H 15.8 (1)
- von Versicherungsbeiträgen **10 (5)**, *30*, R 10.6, H 10.6

Nachweis
- von Ausgaben für steuerbegünstigte Zwecke (Zuwendungen) *50*, R 10b.1 (3), (4), Anh. 37 I
- bei außergewöhnlicher Belastung R 33.3 (1), R 33.4 (1), H 33.1-33.4
- der Behinderung *65*, R 32.9, H 32.9, R 33.3, H 33b
- der betrieblichen Veranlassung R 4.10 (8)
- der dauernden Berufsunfähigkeit R 16 (14), R 34.5
- der Zwangsläufigkeit von krankheitsbedingten Aufwendungen H 33.1-33.4
- über die Höhe ausländischer Einkünfte und Steuern *68b*
- der Vorbildung für selbständige Berufe H 15.6

Nachzahlung
- von Ruhegehaltsbezügen und Renten H 22.3, R 34.4 (1), H 34.4
- von Zinsen und Nutzungsvergütungen R 34.3 (2), H 34.3

Näherungsverfahren
- bei Bewertung von Sozialversicherungsrenten H 4d (4), H 6a (14)

Namensrecht H 4.3 (1), H 5.5, H 7.1

NATO-Bedienstete H 22.4

Natürliche Ressourcen
- der Gewässer des Meeresbodens und seines Untergrunds **1 (1)**

Nebenberufliche Lehrkraft
- Selbständigkeit H 15.1

Nebenberufliche Tätigkeit
- Aufwandsentschädigungen bei – 3 Nr. **26**, 3 Nr. **26a**, R 3.26a, H 3.26a

Nebenberufliche Vertrauensleute einer Buchgemeinschaft
- Selbständigkeit H 15.1

Nebenbetrieb
- land- und forstwirtschaftlicher – **13 (2), 15 (1)**, R 15.5, H 15.10, Anh. 20 V

Nebenkosten
- Bewirtung R 4.10 (5)
- Anschaffungskosten H 6.2, H 20.1
- Umlagen und Nebenentgelte H 21.2

Nebenleistung
- aus einer durch Versteigerung realisierten Grundschuld H 20.2

Nebentätigkeit H 3.26a, H 15.1, H 18.1

Negative Einkünfte
- ausländische – **2a**, R 2a, H 2a
- aus Beteiligung an Steuerstundungsmodellen **15b**, Anh. 29 III
- und Steuerermäßigung R 34.1 (3)
- aus Vermietung und Verpachtung Anh. 30

Nennwert
- bei Beteiligung als stiller Gesellschafter H 15.9 (5)
- Bewertung von Verbindlichkeiten mit dem – R 6.10 (1), Anh. 9 V, VI

Nerzzucht H 15.5

Neubau H 7i

Nichtabziehbare Betriebsausgaben
- Rückstellungen für – H 4.13, H 5.7 (1)

Nichteheliche Lebensgemeinschaft
- Verträge H 4.8
- Mietverhältnis H 21.4

Stichwortverzeichnis

Nichtselbständige Arbeit
- Abgrenzung der – gegenüber dem Gewerbebetrieb R 15.1, H 15.1
- Abgrenzung der – gegenüber der selbständigen Arbeit H 18.1
- Einkünfte **19**, **34d**, **49 (1)**

Niederstwertprinzip R 6.8 (1)

Nießbrauch
- an betrieblichen Wirtschaftsgütern H 4.2 (2)
- an Grundstücken H 4.7, H 7.1, Anh. 30 VI
- an Kapitalvermögen **20 (5)**
- an Personengesellschaft H 15.8 (1)
- Entstehung von zwei Betrieben H 13.3
- Vorbehalts- H 16 (6)

Notaranderkonto R 7a (5)

Notare 18 (1)

Notariatsverweser H 15.1

Notfallkoffer
- ABC der selbständigen Wirtschaftsgüter H 6.3

Notwendiges Betriebsvermögen R 4.2

Novation H 11, H 20.2

Nur-Pensionszusagen H 6a (1)

Nutzfläche
- Aufteilung nach – R 4.2 (6), (8)
- eines Gebäudes, Maßgeblichkeit für erhöhte Absetzungen R 4.2 (8)
- eines Grundstücks, Maßgeblichkeit für Betriebsvermögen R 4.2 (8)
- Ermittlung der – R 4.2 (6)

Nutzung
- baurechtliche Möglichkeit H 4.2 (1), H 6b.1
- betriebliche R 4.2, R 4.7 (1)
- dauernde – H 7.1
- zu eigenen Wohnzwecken R 21.5 (4)
- einheitliche/unterschiedliche – von Gebäuden R 4.2, R 7.3 (2), H 7.3
- von Gebäudeteilen im Rahmen mehrerer Betriebe H 4.2 (4)
- Holz- **34b**, H 34b.1
- landwirtschaftliche – **13a (1)**, Anh. 20 V
- private – von Personenkraftwagen **4 (5)**, **6 (1)**, R 4.12, H 4.12, H 33.1-33.4
- private – von Wirtschaftsgütern H 4.2 (11), R 4.7 (1), H 4.12
- von Räumen zu beruflichen, gewerblichen und Wohnzwecken R 7.2 (1)

- selbständige – R 6.13, H 6.13
- von Vermögen R 15.7 (1)

Nutzungsänderung
- eines Gebäudeteils H 4.2 (4), H 4.3 (2-4)
- durch Entnahmehandlung R 4.3 (3), H 4.3 (2-4)
- eines Kfz H 4.3 (2-4)
- AfA nach einer – R 7.3 (6), R 7.4 (9), H 7.4

Nutzungsausfallentschädigung H 4.7

Nutzungsbefugnisse
- bei der Bodengewinnbesteuerung **55**, R 55

Nutzungsdauer
- betriebsgewöhnliche – **7**, **11c (1)**, R 6b.1 (1), R 7.4 (3), H 7.4, H 7a
- eines Firmenwerts **7 (1)**, H 7.4
- von Computerhardware und Software H 7.4, Anh. 1 V
- von Gartenanlagen R 21.1 (3)
- von Gebäuden **7 (4)**, R 7.4 (3)
- Rest- R 7.4 (3), (9), H 7.4, R 7a (10)
- bei Scheinbestandteilen H 7.1

Nutzungsentnahme H 4.3 (2-4), R 4.7 (1)

Nutzungsfähigkeit
- selbstständige Bewertbarkeit bzw. – H 6.13

Nutzungsrecht
- durch Baumaßnahmen eines Nutzungsberechtigten geschaffenes – H 4.2 (1), (7), H 5.5
- Berücksichtigung von Eigen- und Drittaufwand H 4.7
- als Betriebsvermögen H 4.2 (1), (7)
- bei Einkünften aus Vermietung und Verpachtung H 7.1, Anh. 30 VI
- an Gebäuden H 4.2 (1), (7), H 7.1
- immaterielles Wirtschaftsgut H 5.5
- bei Land- und Forstwirtschaft H 13.4, R 13.5
- Nießbrauch und anderes – H 7.1, H 16 (6), Anh. 30 VI

Nutzungssatz
- für einen Wald **34b**, **68**

Nutzungsüberlassung
- Wohnung H 10.7
- Ehegatten H 13.4, H 20.2, Anh. 20 V

Nutzungs-/Funktionszusammenhang
R 4.2 (3), (5), R 7.1 (3), H 7.1

Nutzungsvergütungen
24, **34 (2)**, H 22.6, R 34.3, H 34.3, R 34.4, R 49.3 (2), R 50a.1

2475

Stichwortverzeichnis

Nutzungsvorteil
- als Betriebsvermögen H 4.2 (1)
- Einlage von – H 4.3 (1)
- als immaterielles Wirtschaftsgut H 5.5

Nutzungswert
- der Wohnung eines Land- und Forstwirts **13 (4)**, R 13.5 (3), H 13.5
- einer verbilligt überlassenen Wohnung **21 (2)**, H 10.2, R 21.3

Nutzung zu eigenen Wohnzwecken
- Aufteilung von Aufwendungen bei gemischter Nutzung R 21.1 (5)

O

Objekt
- -beschränkung **10f (3)**
- Drei-Objekt-Grenze H 15.7

Obligatorischer Vertrag
- Maßgeblichkeit des – **7h (1)**, **7i (1)**, R 7.2 (5), H 7.2

Obstbau 13 (1), **55 (2)**

Öffentlich private Partnerschaft (Private Public Partnership) H 5.6

Öffentliche Leitsätze H 5.7 (4)

Ökologisches Jahr, freiwilliges 32 (4), H 32.8

Offene Handelsgesellschaft
- Betriebsvermögen R 4.2 (2)
- Buchführungspflicht/Gewinnermittlung einer – H 5.1
- Einkünfte **15 (1)**, **(3)**, H 15.9 (1)
- freie Berufstätigkeit im Rahmen einer – H 5.1, H 15.6

Offene-Posten-Buchhaltung H 5.2

Opfergrenze H 33a.1, R 33a.1 (4)

Optionsgeschäfte
23 (1), H 4.2 (1), H 15.7 (9), H 23

Optionsprämie
H 4.2 (15), H 5.7 (1), H 6.2

Optionsrechte H 5.5, H 17 (2)

Ordnungsgelder
4 (5), R 4.13 (1), (4)

Ordnungswidrigkeit R 4.13 (2)

Organgesellschaft H 15.8 (1), H 16 (4)

Organschaft
- bei Veräußerung von Teilbetrieben H 16 (9)
- Verlustabzug R 10d (1)
- Zuwendungen (Spenden) H 10b.3

Organträger-Personengesellschaft
H 15.8 (3), H 16 (4)

Orthoptist H 15.6

P

Pachtzahlungen in der Land-/Forstwirtschaft
H 11

Pachtzins 13a (3), H 4.8, H 34.4, Anh. 20 V

Pächter
H 4a, R 7.1 (4), R 14, H 14, H 16, H 49.1

Parkplatz
- Betrieb eines – für Kurzparker H 15.7 (2)

Parteien
- Zuwendungen an politische – **10b**, **34g**, R 2 (2), R 10b.2, H 10b.2

Parteiengesetz 10b, R 10b.2, H 10b.2

Partner
- einer nichtehelichen Lebensgemeinschaft H 4.8, H 4b, H 4c, H 6a (1), R 21.4

Partnerschaftsgesellschaft H 15.8 (1)

Parzellenweise Verpachtung H 16 (5)

Parzellierung von Grundstücken
R 6.1 (1), Anh. 17

Passagen
- Einbau von – R 4.2 (3)

Passivierungsverbot
H 4.2 (15), H 5.1, H 6.10

Patentanwälte 18 (1), R 4.13 (2)

Patentberichterstatter H 15.6

Patente 5 (3), **73a**
- kein entgeltlicher Erwerb H 5.5
- -veräußerung gegen Leibrente H 18.1
- Steuerabzug bei Lizenzgebühren R 50a.1

Patronatserklärungen H 5.7 (6)

Stichwortverzeichnis

Pauschalierung
- bei ausländischen Einkünften **34c (5)**, H 34c (6)
- bei beschränkter Steuerpflicht **49 (3)**, **50 (7)**, H 49.1
- bei Land- und Forstwirten **13a**
- bei Sachzuwendungen **37b**
- des Gewinns aus Holznutzungen, Anh. 20 V
- von Sachbezügen **8 (3)**

Pauschbetrag
- für Arbeitnehmer **9a**, H 32b, R 34.4
- für Aufwendungen für Wege zwischen Wohnung und Betriebsstätte und für Familienheimfahrten **4 (5)**, **9a**, R 4.11, R 4.12
- für Menschen mit Behinderungen, Hinterbliebene und Pflegepersonen **33b**, H 26a, H 32.13, R 33.3, R 33.4 (2), H 33.1-33.4, R 33b, H 33b
- für Sonderausgaben **10c**
- für Verpflegungsmehraufwendungen **4**, **9**, R 4.11, R 4.12
- für Werbungskosten **9a**, R 34.4

Pelztierzucht H 15.10

Pensionsanspruch
- gegenüber der Betriebskapitalgesellschaft H 15.7 (4)
- Abfindung eines – H 6a (3), H 16 (9)

Pensionsanwartschaften 6a, R 6a

Pensionsfonds 4e
- Übertragung eines – H 4d (1), H 4e

Pensionskassen
- Renten aus – H 22.4
- Zuwendungen an – **3 Nr. 62**, **4c**, R 4c, R 6.3 (3), R 6a (17)

Pensionsrückstellung
6a, R 5.7 (1), R 6.3 (3), R 6a, H 6a
- Nachholverbot H 6a (20)
- Schriftformerfordernis R 6a (7), H 6a (7)

Pensionstierhaltung Anh. 20 V

Pensionsverpflichtung
- innerhalb einer GmbH & Co. KG H 6a (1)

Pensionszusagen
- Allgemeines **6a**, H 5.5, R 6a, H 6a, H 15.8 (3)
- Übertragung auf eine Unterstützungskasse H 6a (3)
- Versorgungsleistung H 34.4
- wertpapiergebundene H 6a (2), (17)

Personelle Verflechtung
H 15.7 (4), (6), (8)

Personenaufzüge H 4.2 (5)

Personengesellschaft
- Abtretung H 4.8
- Arbeitsverhältnisse zwischen Ehegatten R 4.8, H 4.8
- ausländische – H 15.8 (3), H 32b
- beteiligungsidentische – H 6.15
- Betriebsvermögen bei – R 4.2 (2)
- Betriebsvermögensvergleich bei – R 4.1 (3), (4)
- doppelstöckige – H 4a, H 15.10, Anh. 27b I
- Einbringung von Wirtschaftsgütern des Privatvermögens in eine – Anh. 24 II
- fehlerhafte Gewinnverteilung bei – H 4.4
- gewerblich geprägte – **15 (3)**, R 15.8 (6)
- Gewinnerzielungsabsicht bei – H 15.8 (5)
- Grundstücke bei einer – R 4.2 (11), (12)
- mehrstöckige – R 15.8 (2)
- Mietverhältnisse zwischen – und Gesellschafter R 21.6
- Realteilung **16 (3)**, Anh. 24 III
- Reinvestitionen **6b (10)**
- Überführung von Wirtschaftsgütern **6 (5)**
- Übertragung stiller Rücklagen bei einer – **6b (10)**, R 6b.2 (6), (7)
- umfassend gewerbliche – **15 (3)**, R 15.8 (5)
- Umwandlung einer – R 6b.2 (9)
- Veräußerung oder Verpachtung H 16 (1), (5)
- Verlust aus gewerblicher Tierzucht H 15.10
- Vermögen einer – H 4.8
- vermögensverwaltende – H 15.7 (1), H 15.8
- von Familienangehörigen R 15.9, H 15.9 (2), (3)

Personengruppentheorie H 15.7 (6)

Personenhandelsgesellschaft H 15.8 (3)

Pfändung
- des Anspruchs auf Kindergeld **76**

Pfandbriefe H 15.7 (9)

Pfandgläubiger 20 (2)

Pfandverbindlichkeit H 6.10

Pferdehaltung H 13.2

Pferdezucht H 15.3

Pflege
- nebenberufliche – **3 Nr. 26**, H 3.26

2477

Stichwortverzeichnis

Pflegeaufwendungen
- eigene H 33.1-33.4
- für Dritte H 33.1-33.4

Pflegebedürftigkeit
- Altersunterschied R 32.2 (3)
- Aufwendungen wegen – R 33.3, H 33.1-33.4, H 33a.1, H 33b

Pflegeeltern
- Zuschüsse/Pflegegeld des Jugendamtes an – H 3.11

Pflegegeld 3 Nr. 36, H 3.11, H 33b

Pflegekinder 32 (1), R 32.2, H 32.2
- Obhut- und Pflegeverhältnis bei – H 32.2

Pflegekraft
- ambulante – **33b (6)**, R 33.3 (1), H 33b

Pflegekrankenversicherung H 10.5, Anh. 1a II 1

Pflegeleistungen
- Entgelt für – **3 Nr. 36**

Pflegepauschbetrag
33b (6), H 33.1-33.4, R 33b, H 33b

Pflegerentenversicherung H 10.5, Anh. 1a II 1

Pflegeversicherung
- Beiträge zur – **10 (1)**
- Leistungen aus – **3 Nr. 1**

Pflichtversicherte
- Kürzung des Vorwegabzugs für – H 10.11

Photovoltaikanlage
R 4.2 (3), R 4.3 (4), H 4.7, H 15.3, Anh. 16 VIII

Pilot H 15.6

Podologe H 15.6

Politikberater H 15.6

Pool-Abkommen 49 (1), R 49.1 (2)

Prägung
- gewerbliche – durch andere Personengesellschaften H 15.8 (6)

Praktikum H 32.5

Praxis
- Aufgabe/Fortführung einer freiberuflichen – R 4.3 (2), H 15.6

Praxisausfallversicherung H 4.7

Praxiseinbringung R 18.3 (2), H 18.3

Praxisveräußerung 18 (3), R 18.3, H 18.3

Praxisverpachtung H 15.6, H 18.3

Praxiswert
R 4.5 (3), R 5.5 (3), H 5.5, H 6.1, H 7.4, Anh. 9 I

Preise anlässlich eines Preisausschreibens
R 4.10 (4)

Preisgelder H 2, H 22.8

Private Equity Fonds H 15.7 (1)

Private Lebensführung H 12.1

Private Veräußerungsgeschäfte 23, H 23

Privatschule
H 10.10, H 15.6, R 33.4 (2), H 33.1-33.4, H 33b

Privatstraße H 6.4

Privatvermögen
- Erbauseinandersetzung über – H 7.3, Anh. 13 I
- Überführung von Wirtschaftsgütern aus – oder in – R 7.3 (6), H 7.3 (6), H 16 (2), H 23
- Zurechnung eines Grundstücks und anderer Wirtschaftsgüter zum – R 4.2, H 4.3 (2-4), R 4.7 (1), R 6.6 (3), R 7.3 (2), H 7.4

Probenehmer H 15.6

Produktionsaufgaberente 3 Nr. 27, 13 (1)

Produktionsunternehmen H 16 (8)

Progressionsvorbehalt
32b, R 4, R 4.1 (4), R 15a (5), R 32b, H 32b, H 34.2, H 34.4, R 46.2

Promotion H 32.5

Prostituierte H 15.4

Provisionen
- aus der ringweisen Vermittlung von Lebensversicherungen H 22.8
- Fortzahlungen von – bei Handelsvertretern H 5.7 (3)
- für Kreditvermittlung H 22.4

Prozesskosten
33 (2), H 4.7, H 6.4, H 21.2, H 33.1-33.4

Stichwortverzeichnis

Prüfingenieur H 15.6

Prüfungsrecht
- der Finanzbehörde bei Anrechnung, Vergütung, Erstattung von KapSt **50b**

Prüfungstätigkeit
- nebenberufliche – H 18.1

Psychologische Psychotherapeuten H 15.6

Public Private Partnership – PPP H 5.6

Q

Quotentreuhand H 17 (2)

R

Räumungsverkauf H 16 (9)

Rangrücktrittsvereinbarung
H 4.2 (15), H 6.10, Anh. 9 IX

Ratenzahlungen H 16 (11)

Realgemeinden 13 (1)

Realteilung
H 6.14, H 6.15, H 16 (2), (4), Anh. 24 III
- Berichtigung eines Bilanzierungsfehlers H 4.4
- Gewinnrealisierung **16 (3)**
- Reinvestitionen R 6b.2 (9)

Rechnungsabgrenzungsposten
4d (2), **5 (5)**, R 4b (3), R 5.6, H 5.6, H 6.10, H 16 (9)

Rechte
- Entschädigungen H 24.1
- immaterielles Wirtschaftsgut R 5.5 (1)
- Kapitaleinkünfte H 20.2
- Leistungen H 22.6
- nachträgliche Einkünfte H 24.2
- Rückstellungen R 5.7 (8)
- Überlassung von – im Ausland **2a (2)**

Rechteüberlassung H 50a.1
- Aufwendungen für – **4j**, H 4j

Rechtsmittel
- Rückstellungen für – H 5.7 (13)

Rechtsanwälte
- freiberufliche Tätigkeit der – **18 (1)**, H 15.1, H 15.3, H 15.6

- Gemeinschaft von – H 15.6
- Schweigepflicht von – aus Anlass einer Bewirtung H 4.10 (5-9)

Rechtsbehelfsverfahren
- Dienstanweisung zur Durchführung von – H 77

Rechtsbeistände H 15.6

Rechtsformwechsel
- Verlustverrechnung bei – R 15a (1)

Rechtsnachfolger
- Bemessung der AfA beim – **11d (1)**, R 7.3 (3)
- Betriebsverpachtung H 16 (5)
- nachträgliche Einkünfte des – **24**, R 24.2 (2), H 24.2
- Reinvestitionen R 6b.3 (5)

Rechts-/wirtschaftsberatende Berufe H 15.6

Rechtsverhältnisse zwischen Angehörigen
- Arbeitsverhältnis R 4.8, H 4.8, R 4c (4), R 4d (5)
- Gewinnverteilung bei Familiengesellschaften R 15.9 (3)
- Schenkung unter Auflage H 20.2
- Miet- und Pachtverhältnisse R 21.4, H 21.4
- Außergewöhnliche Belastung R 33.1, H 33.1-33.4, R 33a.1

Rechtswidrige Handlung
- Betriebsausgaben für – **4 (5)**

Rehabilitierungsgesetz 3 Nr. 23

Reihenfolge
- beim Verlustabzug R 10d (3)
- bei Vorliegen steuerbegünstigter Einkünfte R 34.1

Reinvestitionsfrist
6b (3), R 6.6 (4), R 6b.2 (5)

Reisekosten
4 (5), **9**, R 4.12 (2)

Reisekostenvergütungen
- steuerfreie – aus öffentl. Kassen oder im privaten Dienst **3 Nr. 13**, **3 Nr. 16**, H 3.13

Reisevertreter H 15.1

Reitpferde H 15.5

Rekultivierung
- Verpflichtung zur – R 6.11
- von Deponien H 6.11

Stichwortverzeichnis

Religionsgemeinschaften
– Beiträge/Kirchensteuern an – als Sonderausgaben R 10.7, H 10.7

Rente(n)
– abgekürzte Leib- **55 (2)**, R 22.3 (2), H 22.3, R 22.4, H 22.4
– Ablösung der – H 6a (19)
– Abzug von – als Sonderausgaben **10 (1)**, R 10.3
– Abzug von – als Werbungskosten **9 (1)**
– Anwendung des § 34 auf Nachzahlungen von – R 34.4 (1)
– Altenteilsleistung(en) H 10.3, H 22.1
– Beginn der – H 22.4
– Begriff der (Leib-) – R 22.3, H 22.3, R 22.4 (7), H 22.4
– Besteuerung von Leibrenten **22**, **55**, R 22.3, H 22.3, R 22.4, H 22.4
– Erhöhung aufgrund Wertsicherungsklausel H 4.5 (4)
– Erhöhung und Herabsetzung von – R 22.4 (1), (4), H 22.4
– Ertragsanteil von (Leib-) – **22**, **55 (2)**, R 22.4, H 22.4
– wegen verminderter Erwerbsfähigkeit **3 Nr. 8a**, R 22.4 (5), H 22.4
– Kindererziehungszeiten **3 Nr. 67**
– nach dem Umstellungsgesetz R 22.5
– Nachzahlung von – H 22.3, R 34.4 (1)
– Pensionsanwartschaften R 6a, H 6a
– Veräußerung gegen Leib- R 4.5 (4), (5), R 16 (11), H 24.2
– Waisen-/Waisenversorgung **10 (1)**, R4d (2), H 6a (9), H 22.4, Anh. 1a II 1, Anh. 9 X
– Witwen-/Witwenversorgung H 6a (7), (9), R 22.4 (6), Anh. 9 X
– Zeit- H 16 (11), H 22.4, Anh. 13 IV, Anh. 22a I
– Zinsanteil von -zahlungen **9 (1)**, R 4.5 (4), H 24.2
– Zinsen aus -nachzahlungen H 20.2, H 22.3
siehe „Leibrente"

Rentenberater H 15.6

Rentenverpflichtung
– Ablösung einer – als Veräußerungskosten H 16 (12)
– Behandlung einer – bei Überschussrechnung R 4.5 (4), (5)
– Fortfall der – H 4.2 (15), H 4.5 (4)
– als Betriebsschuld H 4.2 (15)
– Wert einer – H 6.2, H 6.10

Rentenversicherung
– Beiträge zur – als Vorsorgeaufwendungen **10 (1)**

– Beiträge zur – als außergewöhnliche Belastung H 33.1-33.4
– als Direktversicherung R 4b (1)
– fremdfinanzierte – gegen Einmalbeitrag H 22.4
– Leistungen aus der – als sonstige Einkünfte **22**
– Kinderzuschüsse aus der gesetzlichen – **3 Nr. 1**, **65**
– in der Unterstützungskasse R 4d (2)

Reparationsschädengesetz 3 Nr. 7

Repräsentationskosten R 4.10 (1), (12), H 4.10 (1)

Restaurator H 15.6

Restitutionsverfahren/-berechtigter/-anspruch nach dem VermG
H 6.4, H 21.2, H 23, H 24.1

Restschuldbefreiung H 3a, H 16 (9)

Restwert
7 (2), (3), **7a (9)**, **7h (1)**, H 4.7, H 5.7 (8), H 6.4, R 7.3 (4), (5), H 7.3, H 7.4, R 7a (9), (10), H 7a, R 33.2, Anh. 1 IV

Restwertmethode H 7.3

Retrograde Bewertungsmethode/Wertermittlung
H **6.7**, H 6.8

Rettungsassistent H 15.6, Anh. 17b

Richtigkeit
– sachliche – der Buchführung H 5.2
– Vertrauen in die – einer Zuwendungsbestätigung **10b (4)**, H 10b.1

Richtlinien für die Bemessung von Nutzungssätzen H 34b.4

Richtsätze
R 4.1 (2), H 4.1, R 13.5, H 13.5, Anh. 10

Riester-Vertrag 10a, **79**, Anh 1a I, Anh. 33

Risikolebensversicherung
H 4.7, H 21.2, Anh. 1a II 1, Anh. 22a I

Risikoversicherung 10 (1), R 4b (1), Anh. 22a I

Rohstoff
R 6.1 (2), H 6.1, R 6.8 (1), H 6.11, R 15.5 (3), (5), Anh. 9 II, XIII

Rolltreppen H 4.2 (5)

Rotfäule H 34b.2

Stichwortverzeichnis

Rückabwicklung
- eines Anschaffungsgeschäfts H 23
- eines Kaufvertrags H 17 (4)
- Nutzungsersatz bei – von Darlehensverträgen Anh. 19 II
- Rückstellung bei – von Kaufverträgen H 5.7 (1)
- von Immobilienfonds mit Schrottimmobilien H 23
- von Investitionsabzugsbeträgen **7g (4)**, Anh. 18

siehe auch „Rückgängigmachung"

Rückdeckungsanspruch
R 6a (11), (26), H 6a (23), (26)

Rückdeckungsversicherung
H 4.5 (2), R 6a (11), (23), H 6a (23)

Rückfallklausel H 15.9 (2)

Rückgängigmachung
- des Anschaffungsvorgangs H 7.4
- einer Gewinnausschüttung H 20.2
- des Nießbrauchs Anh. 30 VI
- der Sonderabschreibung nach § 7b EStG, Anh. 1 IV
- von Investitionsabzugsbeträgen **7g (3)**, Anh. 18

siehe auch „Rückabwicklung"

Rückgewährschuldverhältnis H 5.7 (1)

Rückkaufsrecht
- Abtretung von – H 22.8
- bei Beteiligung i. S. d. § 17 EStG H 17 (7)

Rückverkaufsoption im Kfz-Handel
H 4.2 (15), H 5.5

Rückkaufswert
- bei Lebensversicherungen Anh. 22a I
- einer Rückdeckungsversicherung H 6a (23), Anh. 28

Rückkehr zur Gewinnermittlung nach Durchschnittssätzen Anh. 20 V

Rücklage(n)
- Akkumulations- **58 (2)**
- Antrag auf – H 6c
- für die Auflösung einer – **6b (3)**, R 6.6 (6), R 6c
- Aufstockung der – bei nachträglicher Erhöhung des Veräußerungspreises H 6b.2
- bei Betriebsveräußerung R 6b.2, H 16 (9)
- -bildung R 6b.2, H 6b.2
- für Ersatzbeschaffung R 6.6, H 6.6
- bei Gewinnermittlung nach § 4 Abs. 3 EStG R 6.6 (5)
- gewinnerhöhende Auflösung von – **6b (3)**, **6c**, **13a (7)**, R 6.6 (4), R 6b.2 (4), (10), R 6c, H 16 (9)
- gewinnmindernde – bei Veräußerung bestimmter Anlagegüter **6b (3)**, **6c**, R 6b.2, R 6c
- nach dem Forstschäden-Ausgleichsgesetz R 34b.8
- Instandhaltungs- H 21.2
- Verfolgung der Bildung und Auflösung der – in der Buchführung **6b (4)**
- bei Verpflichtungsübernahmen **5 (7)**, Anh. 9 XI
- bei im Voraus gewährten Zuschüssen R 6.5 (4)
- Zeitpunkt der – bei Übertragung in einen anderen Betrieb H 6b.2
- für die Zugehörigkeit von Wirtschaftsgütern zum Anlagevermögen **6b (4)**, R 6b.3

Rückstellung(en)
- aufgrund eines Sozialplans R 5.7 (9)
- Auflösung von – R 5.7 (13), H 5.7 (13)
- bei Betriebsveräußerung H 16 (9)
- bei Rechtsmitteln H 5.7 (13)
- Bewertung von – **6 (1)**, R 6.11, H 6.11
- entstandene Verpflichtungen H 5.7 (5)
- Garantie- R 5.7 (12), H 5.7 (5), (12)
- für Aufbewahrung der Geschäftsunterlagen H 5.7 (4), H 6.11
- für Buchung laufender Geschäftsvorfälle des Vorjahres H 5.7 (4)
- für Deponien H 6.11
- für Erstellung der Steuererklärung H 5.7 (4)
- für künftige Steuernachforderungen H 4.9
- für (unterlassene) Instandhaltung H 4.2 (1), R 5.7 (11), H 7.3
- für Jahresabschlusskosten H 5.77 (3), (4)
- für Jahreszusatzleistungen H 6a (1)
- für Jubiläumszuwendungen **5 (4)**, H 5.7 (1), H 6.11
- für Lagebericht H 5.7 (4)
- für Lohnfortzahlung im Krankheitsfall H 5.7 (8)
- für öffentlich-rechtliche Verpflichtungen R 5.7 (4), H 5.7 (4)
- für Pensionsverpflichtungen bei Arbeitsverhältnissen zwischen Ehegatten H 4.8
- für Sachleistungsverpflichtungen **6 (1)**, Anh. 9 V
- für schwebende Geschäfte R 5.7 (7)
- für Sparprämie H 6.11
- für ungewisse Verbindlichkeiten R 5.7, H 5.7
- für Verpflichtung zur Wiederaufbereitung und Entsorgung von Bauschutt H 5.7 (4)
- für Zuwendungen an Pensionskassen **4c**, R 4c (5), R 4d (1)
- für Zuwendungen an Unterstützungskassen **4d (2)**, R 4d (1)
- Gegenrechnung von Vorteilen bei der Bewertung einer – **6 (1)**, R 6.11 (1)

- wegen Verletzung fremder Rechte **5 (3)**,
  R 5.7 (10), H 5.7 (10)
- wegen drohender Vertragsauflösung H 5.7 (1)

siehe auch „Pensionsrückstellung"

Rückübertragung
- einer Beteiligung H 17 (4)
- von enteignetem Grundbesitz H 23

Rückübertragungsverpflichtung
R 15.9 (2), H 15.9 (1)

Rückwirkende Bewilligung von Rente statt Krankengeld
R 32b (4), Anh. 1a II

Rückwirkende Schenkung H 17 (2)

Rückwirkendes Ereignis
- bei Anerkennung der Vaterschaft H 32.1
- bei Antrag auf Realsplitting H 10.2
- bei Besserungsoption H 17 (7)
- bei Bürgschaftsinanspruchnahme H 17 (5)
- bei Lohnrückzahlung H 34.3
- bei nachträglichen Änderungen des Veräußerungspreises H 6b.2, H 16 (10)
- bei Tod des Rentenberechtigten H 16 (11)
- bei Verstößen gegen EU-Verordnung **32c (7)**
- bei Zuwendungsbescheinigung H 10b.1

Rückwirkung
- bei Arbeitsverhältnissen zwischen Ehegatten H 4.8
- Formwechsel mit steuerlicher – H 15a

Rückzahlung
- einer Dividende H 44b.1
- von Altersvorsorgezulage **93-95**, Anh. 1a I
- von Arbeitslohn H 4b
- von Einnahmen H 22.8
- von Entgelt-, Lohn- oder Einkommensersatzleistungen R 32b (3)
- aus Kapitalherabsetzung **17 (4)**, H 6.2, H 17 (5)
- einer offenen Gewinnausschüttung H 17 (5)
- der Vorsteuererstattung H 9b

Rückzahlungsverpflichtung
- Honorar – H 5.7 (3), (4)
- des Pfandgeldes für Leergut H 6.1

Ruhegehaltsbezüge
- Anwendung des § 34 auf Nachzahlungen von –
  R 34.4 (1)

Ruhegeld 19 (1), (2)

Rumpfwirtschaftsjahr *8b*, H 4a, Anh. 20 V

Rundfunkermittler H 15.1, H 15.6

Rundfunksprecher H 15.6

S

Saatzuchtbetrieb R 13.6

Sachbezüge 8 (2)
- steuerfreie – **3 Nr. 5, 3 Nr. 11a**

Sacheinlage
- in das Vermögen einer Kapitalgesellschaft H 4.3 (1)
- nach §§ 20, 22 (1) UmwStG Anh. 28

Sachgüter H 16 (10)

Sachinbegriffe 2a, **21 (1)**, **34d**, **49 (1)**

Sachleistungen R 22.3 (1)

Sachleistungen, steuerfreie
- an Arbeitnehmer **8 (3)**
- aus Versicherungen **3 Nr. 1**, H 3.1

Sachliche Verflechtung H 15.7 (4), (5)

Sachspenden R 10b.1 (4), H 10b.1, Anh. 37 I

Sachzuwendungen
- Pauschalierung von – **37b**

Säumniszuschläge
- zur Grunderwerbsteuer als Anschaffungskosten H 6.4
- als nicht abziehbare Nebenleistungen H 12.4

Saldierung
- von Ergebnissen aus Gesellschafts-/Sonderbetriebsvermögen H 15a, Anh. 29 I

Sammelbeförderung
- unentgeltliche/verbilligte – von Arbeitnehmern **3 Nr. 32**

Sammelposten
6 (2a), R 5.4 (1), R 6.13, R 13.5 (2), Anh. 16 IX, Anh. 20 V

Sammel-Steuerbescheinigung 44a (10), H 44a

Stichwortverzeichnis

Sanatorium H 15.6, H 33.1-33.4

Sanierungsgebiete
- Aufwendungen für Gebäude in – **4 (8)**, **7h**, **10f**, **11a**, **51**, R 7h, R 10f, R 11a

Sanierungserträge 3a

Sanierungsmaßnahmen 4 (8), 6b (8), (9), 7h, 10f, 11a

Sanierungsverpflichtungen H 5.7 (4)

Sanktionen
- Abzugsverbot für – **4 (5)**, R 4.13

Schadenrückstellung H 6.11

Schadensersatz
- Auflösung einer Rückstellung H 5.7 (13)
- als Betriebseinnahme H 4.7
- für betriebliche Schäden nach Betriebsaufgabe H 16 (10)
- Bildung einer Rückstellung H 5.7 (6)
- bei Erwerb von Gesellschaftsanteilen H 17 (5)
- eines Mitunternehmers bei Prospekthaftung H 16 (9)
- -forderung H 4.2 (1), R 4.7 (1)
- für entgangene Gehalts- und Rentenansprüche H 24.1
- für GmbH-Verbindlichkeiten H 4.2 (15)
- Inanspruchnahme H 5.7 (5)
- Renten H 22.1
- infolge verweigerter Wiedereinstellung H 22.1
- wegen Verstoß gegen das Wettbewerbsverbot H 4.3 (2-4)
- Zwangsläufigkeit von – H 33.1-33.4

Schadensregulierer H 15.6

Schadenswiedergutmachung
4 (5) Nr. 8, **12 Nr. 4**, R 4.13 (1)

Schadstoffgutachten
- Aufwendungen für ein – H 21.2

Schalterhallen R 4.2 (3)

Schalungsteile H 6.13

Schätzung nach Richtsätzen
R 4.1 (2), H 4.1, H 13.5

Schaufensteranlagen
- als selbständige Gebäudeteile R 4.2 (3), H 4.2 (3)

Schätzungsbescheid H 46.2

Scheck
- Zeitpunkt der Leistung **7a (2)**
- Zufluss/Abfluss H 11

Scheidung
- Einkommensteuertarif bei Auflösung der Ehe H 32a
- Art der Veranlagung H 26
- Kosten H 33.1-33.4

Scheidungsklausel H 4.8

Scheinbestandteile eines Gebäudes
R 4.2 (3), R 7.1 (4), H 7.1

Scheingesellschafter H 15.8 (1)

Schenkung
H 4.3 (2-4), H 4.8, R 4.10 (2), H 10b.1, R 15.9 (2), H 15.9 (5), H 17 (2), H 20.2, H 23

Schenkweise
- in eine KG aufgenommene Kinder H 15.9 (2)
- eingeräumte stille Beteiligung H 15.9 (5)
- übertragene Gesellschaftsanteile H 15.9 (3)

Schifffahrt H 49.1

Schiffe
- AfA bei – R 7.1 (2), H 7.3
- Bewertungsfreiheit für Handels- und Fischerei- **51 (1)**, *82f*
- Gewinnermittlung bei beschränkter Steuerpflicht **49 (3)**
- Inlandsbegriff H 1a
- im internationalen Verkehr **5a**
- Teilbetrieb H 16 (3)
- Vermietung von – **21 (1)**, R 15.7 (3)
siehe auch „Binnenschiffe", „Handelsschiffe", „Seeschiffe"

Schlachtwert H 7.3, Anh. 9 IV

Schlossbesichtigung H 15.5

Schneeballsystem H 11, H 20.2, H 43

Schonvermögen H 33a.1

Schornsteinfegerleistungen Anh. 27b II

Schriftenminima als GWG H 6.13

Schriftformerfordernis
- bei Pensionsrückstellung **6a**, R 6a (7), H 6a (7), Anh. 9 III

2483

Stichwortverzeichnis

Schriftsteller H 15.3

Schriftstellerische Tätigkeit 18 (1), H 15.6

Schrottwert H 7.3

Schuhe H 12.1

Schulbesuch
10 (1) Nr. 9, R 10.10 (2), H 32.5, H 33.1-33.4

Schuldbeitritt
4f, H 4f, H 5.8, H 6a (1), (10), Anh. 9 XI

Schulden
– Ablösung von – H 4.2 (15)
– bei Betriebsaufgabe/-veräußerung H 4.2 (15)
– Betriebsschuld H 4.2 (15)

Schuldenübernahme durch Erwerber H 16 (10)

Schuldzinsen
siehe „Zinsen"

Schulgeld 10 (1) Nr. 9, R 10.10, R 33.4 (2), Anh. 27a

Schulungsveranstaltung H 4.10 (5-9)

Schutzrechte
– Begriff der gewerblichen – *73a (3)*
– beschränkte Steuerpflicht/Steuerabzug **49**, **50a**, R 50a.1
– Rückstellung wegen Verletzung fremder – **5 (3)**, H 5.7 (10)

Schwebende Geschäfte/– Verträge
H 5.5, R 5.7 (7)

Schwesterpersonengesellschaft
H 4.2 (12), H 4.3 (2-4), H 15.7 (4), H 15.8 (1), (3), Anh. 24 I

Schwimmbecken/-hallen H 4.2 (5)

Seeschiffe 5a, **34d**, **49**, *82f*

See-/Hafenlotse R 4.12 (1)

Segel-/Motorjachten
– Aufwendungen für – **4 (5) Nr. 4**, H 4.10 (1)
– behindertengerechte Ausstattung H 33.1-33.4
siehe auch „Motorboot"

Sehhilfe
– Nachweis für die Notwendigkeit einer – R 33.4 (1)

Sekundärfolgenrechtsprechung
H 4.2 (15), Anh. 13 III

Selbständige Arbeit
– Abgrenzung der – gegenüber dem Gewerbebetrieb H 15.6
– Abgrenzung der – gegenüber der nichtselbständigen Arbeit R 18.1
– beschränkt steuerpflichtige – R 49.1
– Einkünfte aus – **2 (1)**, **18**, **34d Nr. 3**, **49 (1) Nr. 3**
– sonstige – **18 (1)**, H 15.6

Selbständigkeit
15 (2), R 15.1, H 15.1, H 49.2

Selbsterzeugte Waren H 16 (9)

Selbstkosten
– bei retrograder Bewertungsmethode H 6.7, H 6.8
– Bewertung Nutzungsentnahme mit den – H 6.12

Selbstkostendeckung H 15.3

Serienfabrikate H 15.7 (5)

Sexuelle Dienstleistungen H 15.4

Sicherung
– betrieblicher Kredite H 4.2 (1)
– des Darlehensanspruchs H 4.8
– Zuordnung von Sicherheiten zum passiven Sonderbetriebsvermögen H 4.2 (2)

Sicherheits-Kompakt-Rente H 20.1, H 22.4

Sinngemäße Anwendung des § 15a EStG
H 20.1, H 21.2

Sittliche Pflicht 3 Nr. 36, R 33.1, H 33.1-33.4

Skonto H 6.2

Software
– -entwicklung als schriftstellerische Tätigkeit H 15.6
– grenzüberschreitende Überlassung H 49.1
siehe auch „Computer"

Soldat in Aus-/Weiterbildung H 32.5

Soldatenversorgungsgesetz
3 Nr. 2c, 3 Nr. 3, 3 Nr. 6, 3 Nr. 67d, 32b (1)

Sonderabschreibungen
– auf Anzahlungen und Teilherstellungskosten **7a (2)**, R 7a (5)
– bei mehreren Beteiligten **7a (7)**, H 7a
– Berücksichtigung von – für Buchführungsgrenzen **7a (6)**
– für Elektronutzfahrzeuge und elektrisch betriebene Lastenfahrräder **7c**

Stichwortverzeichnis

- für Handelsschiffe, Schiffe der Seefischerei und Luftfahrzeuge **82f**
- für Mietwohnungsneubau **7b**, H 7b, H 21.2, Anh. 1 IV
- Geltendmachung bei Bilanzänderung H 4.4
- gemeinsame Vorschriften für – **7a**, R 7a
- im Kohlen- und Erzbergbau **81**
- Kumulationsverbot bei – **7a (5)**, R 7a (7)
- neben degressiver AfA R 7a (10)
- und Begünstigungszeitraum **7a**, R 7a (2), (9)
- Verlustklausel bei – R 7a (8)
- zur Förderung kleiner und mittlerer Betriebe **7g**, Anh. 18

Sonderausgaben
- Abzug von Aufwendungen für selbstbewohnte Baudenkmale und Gebäude in Sanierungsgebieten u. ä. wie – **10f**
- Abzugshöhe/-zeitpunkt H 10.1
- Aufwendungen **10**
- Allgemeines zu – R 10.1, H 10.1
- private Altersvorsorge als – **10a**, Anh. 1a I
- bei beschränkter Steuerpflicht **50 (1)**
- Beiträge/Kirchensteuern an Religionsgemeinschaften als – R 10.7, H 10.7
- Berücksichtigung von – bei Bemessung von Vorauszahlungen **37 (3)**
- Drittaufwand bei – H 10.1
- Pauschbetrag **10c**
- Spenden und Mitgliedsbeiträge als – **10b**, R 10b.1
- Unterhaltsleistungen der Erben H 10.2
- von Ehegatten R 10.1
- willkürlich gezahlte Kirchensteuer H 10.7

Sonderbetriebsausgaben
4i, H 4.2 (2), H 4.7, H 15.8 (4), H 15.9 (2)

Sonderbetriebseinnahmen
H 4.2 (2), H 4.7, H 15.8 (4)

Sonderbetriebsvermögen
- Allgemeines R 4.2 (2), H 4.2 (2), H 5.1, H 15.8 (4)
- Anteile an Kapitalgesellschaften als – H 4.2 (2)
- als Gegenstand der Betriebsverpachtung H 16 (5)
- bei beschränkter Haftung R 15a (2), H 15a, Anh. 29 I
- bei Betriebsaufspaltung H 4.2 (12), H 15.7 (4)
- bei Betriebseinbringung H 16 (9)
- bei Betriebsveräußerung H 16 (3), (4)
- bei Vermietung an eine Schwesterpersonengesellschaft, Anh. 24 I 1
- gewillkürtes H 4.2 (12)

- Grundstücke als – einer Personengesellschaft R 4.2 (12)
- Grundstücksteile von untergeordneter Bedeutung im – R 4.2 (12)
- im Rahmen einer Bilanzänderung H 4.4
- Reinvestitionen R 6b.2 (6), (7)
- Überlassung zu Wohnzwecken H 4.2 (12)
- Zuordnung von Sicherheiten zum passiven – H 4.2 (2)

Sondergewinne
- bei der Gewinnermittlung nach Durchschnittssätzen **13a (7)**, Anh. 20 V

Sonderkulturen Anh. 20 V

Sondernutzungen 13a (1), (6), Anh. 20 V
- Gewinn der – **13a (6)**, Anh. 20 V

Sonderregelung
- für Berechtigte in den neuen Bundesländern H 78

Sondervergütungen H 3.40, H 5a, H 15.8 (4)

Sondervorschriften aufgrund des Einigungsvertrages 56-58

Sonderzahlungen
- an Versorgungseinrichtungen H 5.7 (5)
- des Arbeitgebers **19**, **40b (4)**

Sonderzuwendungen
- bei Arbeitsverhältnissen zwischen Ehegatten H 4.8

Sonstige Einkünfte
2 (1) Nr. 7, 22, 23, 34d Nr. 8, 49 (1), R 22, H 22, H 23

Soziales Jahr, freiwilliges 32 (4), H 33a.2

Sozialpädagogische Lebensgemeinschaft H 21.2

Sozialplan R 5.7 (3)

Sozialversicherungspflicht
- von arbeitnehmerähnlichen Selbständigen R 15.1 (3)

Sozietätspraxiswert H 6.1

Spargelanlagen 55 (2), H 6b.1

Spargeschenkgutscheine
- von Kreditinstituten R 4.10 (4)

Sparprämie
- Rückstellung für zu leistende – H 6.11

Stichwortverzeichnis

Spediteur H 16 (3)

Spenden
- Allgemeines zu – **10b**, R 10b.1, R 10b.3, H 10b.3, R 12.5
siehe „Zuwendungen i. S. d. §§ 10b, 34g"

Spendenhaftung H 10b.1

Sperrkonto H 11

Spezialwissen H 50a.1

Spielerberater
- von Berufsfußballspielern H 15.6

Spinnkannen als GWG H 6.13

Spitzensportler H 15.1

Splitting-Verfahren 32a (5), (6), H 32a

Sponsoring
H 4.7, H 10b.1, H 12.1, Anh. 16 IV

Sportler
49, **50a**, H 49.1, H 50a.1, H 50d
siehe auch „Berufssportler"

Sprachaufenthalt im Ausland H 32.5

Staatsangehörige
- deutsche – im Ausland **1 (2)**, R 1, H 1a
- eines Mitgliedstaates der EU oder des EWR **1a**, H 1a

Städtebauförderung
6b (8), 7h, 10f, 11a, 51 (1)

Ständiger Vertreter H 49.1

Stahlregalteile H 6.13

Stammkapital einer GmbH H 17 (4), (7)

Steinbrüche
- Absetzungen für Substanzverringerung bei – **7 (6)**

Stellplätze H 6.4

Sterbegelder
- Zahlungen von – aufgrund des Abgeordnetengesetzes **22**

Steuerabzug
- Abstandnahme vom – bei abgesetzten Beständen H 50d
- bei Bauleistungen **48**, H 48, H 50a.2

- bei beschränkter Steuerpflicht **50a**, *73a*, *73g*, R 50a.1, H 50a.1, H 50a.2

Steuerabzugsbeträge
- Anrechnung der – auf die Einkommensteuer **36 (2)**, R 36, H 36
- Berichtigung der Anrechnung von – H 36

Steuerbefreiung für nebenberufliche Tätigkeiten
3 Nr. 26, 3 Nr. 26a, H 3.26, R 3.26a

Steuerbefreiungen nach anderen Gesetzen, Verordnungen und Verträgen R 3.0, H 3.0

Steuerbegünstigte Zwecke
10b, R 10b.1, H 10b.1, R 10b.3
- Anwendungsschreiben Anh. 37 II

Steuerberatungskosten
4, H 4.7, H 12.1, Anh. 16 XIII

Steuerbescheinigung 45a, 50a (5), H 45a, H 50a.2
- Ausstellung von Steuerbescheinigungen für Kapitalerträge Anh. 19 I

Steuererklärung
- Unterlagen zur – **60**

Steuererklärungspflicht 25 (3), 51 (1), **56**, H 25

Steuerermäßigung
- bei ausländischen Einkünften **34c**, **34d**, *68a*, *68b*, R 34c, H 34c, R 50
- bei Belastung mit Erbschaftsteuer **35b**, R 2 (2)
- bei Einkünften aus Gewerbebetrieb **35**, R 2 (2), H 35, Anh. 27b I
- bei haushaltsnahen Beschäftigungsverhältnissen und für die Inanspruchnahme haushaltsnaher Dienstleistungen **35a**, R 2 (2), H 35a, Anh. 27b II
- bei Zuwendungen an politische Parteien und an unabhängige Wählervereinigungen **34g**, R 2 (2), H 34g
- bei Veräußerungsgewinnen **34**, R 14 (5), R 34.1 (2), R 34.5, H 34.5
- Berechnung **34 (3)**, R 34.2, H 34.2, R 34.5
- für außerordentliche Einkünfte **34**, **34b**, R 14 (5), R 34.1, H 34.1, R 34.4, H 34.4, R 34.5, R 34b.1, H 34b.1, R 34b.2, R 34b.3, R 34b.4
- für energetische Maßnahmen an zu eigenen Wohnzwecken genutzten Gebäuden **35c**, H 35c, Anh. 27b III

Steuererstattungsansprüche H 4.2 (1)

Steuerfreistellung
- ausländischer Einkünfte **50d (8)**, H 50d

Stichwortverzeichnis

Steuern
- abziehbare – R 4.9, H 4.9, R 6.3 (6)
- Abzug ausländischer – **34c (2)**, **(3)**, R 34c, H 34c
- Anrechnung ausländischer – **34c (1)**, R 2 (2), R 34c, H 34c
- ausländische – vom Einkommen **34c**, ***68b***, ***68c***, R 2, R 34c, H 34c, Anh. 12 II
- Nebenleistungen von – H 12.4
- nicht abziehbare – **12 Nr. 4**

Steuerpause H 4a

Steuerpflicht 1, **1a**, R 1
- beschränkte – **1 (4)**, **36e**, **49**, **73**, H 1a, R 34c, R 49.1
- erweiterte beschränkte – H 1a
- erweiterte unbeschränkte – H 1a
- beschränkte und unbeschränkte – während eines Kalenderjahres **2 (7)**
- unbeschränkte **1 (1)**, **(2)**, **(3)**, H 1a
- Wechsel der – H 1a

Steuersatz
- bei beschränkter Steuerpflicht **50a (7)**
- durchschnittlicher – R 34.4
- bei Kalamitätsnutzungen **34b (3)**, R 34b.4

Steuersatzbegrenzung H 2

Stichtagsbewertung H 17 (7)

Stiftung H 20.2
- Begriff der öffentlichen – H 3.11
- Zuwendungen an eine – **10b (1a)**, R 10b.3

Stiller Gesellschafter H 11
- Beteiligung als – H 15.8 (1), H 15.9 (4), H 20.1, H 20.2

Stille Reserven H 15.7 (5), H 15a
- Aufdeckung – **6 (5)**, H 16 (2)
- Auflösung – **6 (5)**, **(6)**, H 16 (3)
- Übertragung aufgedeckter – R 6.6 (3), H 6.6
- Beteiligung an – H 15.9 (3)

Stimmrechtsausschluss H 15.7 (6)

Stipendien 3 Nr. 44, R 3.44, H 3.44, H 22.1

Straßenbaukostenbeiträge H 6.4

Straßenleuchten als GWG H 6.13

Strukturänderung
- eines Betriebs R 4.3 (2)

Strukturwandel
R 14 (3), R 15.5 (2), H 15.5, H 16 (2)

Stückzinsen H 20.2

Studiengebühren H 33.1-33.4, H 33a.2
- nachlaufende – R 10.9 (2)

Studienreisen R 12.2, H 12.2

Studienzuschüsse
- als wiederkehrende Bezüge R 22.1 (1)

Substanzausbeuterecht H 21.7

Substanzverringerung
- Absetzungen für – **7 (6)**, R 7.5

Subtraktionsmethode R 6.8 (2), H 6.8

Summe der Einkünfte 2 (3), R 2

Synchronsprecher H 15.6

Systemhalle H 15.7 (5)

T

Tage-/Sitzungsgelder R 22.9

Tageszeitung H 12.1

Tankstellen
- als Teilbetrieb H 16 (3)

Tantiemen 19 (1) Nr. 1, H 34.4
- Verzicht auf -anspruch H 24.1
- Aufgabe eines gewinnabhängigen -anspruchs H 24.1

Tarifermäßigung 34, R 34.2, R 34.5
- bei Einkünften aus Land- und Forstwirtschaft **32c**, H 32c

Tätigkeit
- aktive – **2a (2)**, R 2a (3)
- Aufwandsentschädigungen für nebenberufliche – **3 Nr. 26**, H 3 Nr. 26
- Einkünfte als Entlohnung für mehrjährige – **34**, R 34.4, H 34.4
- Einkünfte aus einer ehemaligen – **24**, R 24.2, H 24.4
- Einkünfte aus freiberuflicher – **18 (1)**, H 15.6
- erzieherische – H 15.6
- gemischte – H 15.6
- der Gesellschafter für die Gesellschaft **15 (1)**
- gewerbliche – **15**, H 15.6
- künstlerische – H 15.6
- nachhaltige – **15 (2)**, H 15.2
- unterrichtende – H 15.6
- wissenschaftliche – H 15.6

Stichwortverzeichnis

Tätigkeitsvergütung
15 (1) Nr. 2, H 6.2, H 6.4, H 15.8 (3)

Tausch/-vorgänge H 4.5 (2)
- Anteilstausch H 17 (7)
- bei Bilanzberichtigung und Bilanzänderung H 4.4
- von Grundstücken R 6.6 (2)
- freiwilliger Landtausch H 6b.1
- von Mitunternehmeranteilen H 16 (4)
- von Wirtschaftsgütern **6 (6)**, H 4.2 (1), R 6b.1 (2), H 6b.1

Taxonomie H 5b

Technische Sicherheitseinrichtung – TSE H 4.7, H 6.13, H 7.4

Teilabzugsverbot bei Mitunternehmerschaften H 3c

Teilbetrieb
- unentgeltliche Übertragung **6 (3)**
- Veräußerung eines gewerblichen – **16 (1)**, R 4.5 (7), R 16 (3), H 16 (3)
- Veräußerung eines land- und forstwirtschaftlichen – **14**, R 14, H 14
- Veräußerung eines der selbständigen Arbeit dienenden – **18 (3)**, H 18.3
- Verpachtung eines gewerblichen – H 15.7 (1), R 16 (5)

Teilbetriebsaufgabe R 16 (3), H 16 (3)

Teileinkünfteverfahren
- bei Veräußerung einbringungsgeborener Anteile R 3.40
- in der steuerlichen Gewinnermittlung H 15.7 (4), Anh. 16 XV
- und Freibetrag für Veräußerungsgewinne H 16 (13)
- zur Anwendung bei der Zuflussbesteuerung bei Betriebsveräußerung gegen wiederkehrende Bezüge H 16 (11)
- zur Aufteilung von Werbungskosten bei Einkünften aus Kapitalvermögen H 3c, H 20.1

Teilentgeltliche Überlassung R 4.7 (2), H 4.7

Teilentgeltliche Übertragung H 17 (4)

Teilherstellungskosten
- Abschreibungen auf – **7a (2)**, **81 (4)**, **82f (4)**, R 7a (6), H 7a
- bei Baudenkmalen H 7i

Teilkindergeld H 65

Teilbetriebsveräußerung H 16 (9)

Teilwert R 6.7, H 6.7
- Abschreibung auf den – **6 (1)**, H 5.7 (1), R 6.3 (4), R 6.6 (5), R 6.7, H 6.7, R 6.9 (6), H 6a (24), Anh. 9 VI
- Ansatz von Wirtschaftsgütern mit dem – **2a (1)**, **6 (1)**, R 6.7, R 6.8, R 6.9 (6), R 6b.1 (1)
- bei der Bewertung von Vieh H 13.3, Anh. 9 IV
- bei einer Beteiligung H 6.7
- bei halbfertigen Bauten auf fremdem Grund und Boden H 6.7
- einer Pensionsverpflichtung **6a (3)**, R 4, H 6a (24)
- Feststellung des höheren – bei Grund und Boden H 55
- retrograde Bewertungsmethode H 6.7, H 6.8
- retrograde Wertermittlung H 6.7
- von Verbindlichkeiten H 6.10, R 6.11, Anh. 9
- Zeitpunkt der Teilwertabschreibung H 6.7

Telefonanschluss in einer Wohnung H 12.1

Telefonsex H 15.4

Tennisplätze H 15.7 (2)

Termingeschäfte 23, H 4.2 (1), H 15.10, H 22.6
- Verluste aus – **15 (4)**

Testamentsvollstrecker H 15.7 (6)

Testamentsvollstreckung H 15.8 (1)
- Kosten der – H 21.2

Tiere
- Bewertung von – R 13.3, H 13.3, Anh. 9 IV

Tierhaltung/-zucht
13 (1), **15 (4)**, R 13.2, H 15.5, R 15.10, H 15.10,
- Zuschlag für – **13a (4)**, Anh. 20 V

Tilgung
- der Einkommensteuer **36**

Tod
- eines Gesellschafters H 16 (4)
- des Rentenberechtigten H 16 (11)

Token
H 4.2 (1), H 4.5 (2), H 15.7 (1), H 20.2, H 22.8, H 23

Stichwortverzeichnis

Tonnagebesteuerung 5a, H 5a

Tontechniker H 15.6

Totalgewinn H 15.3

Trägerunternehmen 4c, 4d, R 4c, R 4d

Transitorische Posten R 5.6 (1)

Trennungsgeld
- steuerfreies – **3 Nr. 13**, H 3.13

Trennwände
- als selbständige Wirtschaftsgüter R 4.2 (3)

Treugeber H 15.8 (1)

Treuhandverhältnis H 20.2

Treu und Glauben H 15.3

Trinkgelder
- als außergewöhnliche Belastung H 33.1-33.4
- steuerfreie – ohne Rechtsanspruch **3 Nr. 51**

Trivialprogramme
- immaterielle, abnutzbare, bewegliche und selbständige Wirtschaftsgüter R 5.5 (1)

Trockenräume R 7.2 (2)

TSE – Technische Sicherheitseinrichtung H 4.7, H 6.13, H 7.4

U

Überführung
- von Wirtschaftsgütern in eine ausländische Betriebsstätte R 4.3 (2)
- von Wirtschaftsgütern aus Betriebsvermögen in Privatvermögen und umgekehrt R 7.3 (6), H 7.3, H 16, H 23
- von Wirtschaftsgütern von einem Betrieb (Betriebsstätte) in einen anderen **6 (4), (5)**, R 6b.1 (2), H 16
- von Einzelwirtschaftsgütern R 6.15

Übergangsgelder/-beihilfen
- aufgrund des Abgeordnetengesetzes **22 Nr. 4**
- steuerfreie – **32b**, R 32b (1)

Übergangsgewinn/-verlust
- keine Verteilung des – H 4.6

Überpreis H 7.6

Übersendung
- von Urkunden durch die Notare **54**

Übersetzer 18 (1)
- der mit Übersetzungen handelt H 15.6

Übersetzungsbüro
- Unterhaltung eines – als gewerbliche Tätigkeit H 15.6

Überspannung
- Einnahme aus einmaliger Entschädigung für ein Recht auf – eines im Privatvermögen befindlichen Grundstücks mit einer Stromleitung H 21.2, H 22.6

Überstundenvergütung H 34.4

Übertragung
- aufgedeckter stiller Reserven **6b, 6c**, R 6.6, R 6b.2, R 6c, R 7.3 (4)
- der Freibeträge für Kinder **32 (6)**, R 32.13, H 32.13
- des Behinderten-Pauschbetrags **33b (5)**, R 33b, H 33b
- teilentgeltliche – eines Betriebs, Teilbetriebs usw. R 16 (7)
- unentgeltliche – an Dritte H 16 (4)
- unentgeltliche – eines Betriebs, Teilbetriebs usw. **6 (3)**, R 4.6 (3), R 5.5 (3), H 5.5, R 6b.3 (5), H 15a, R 16 (6), H 16 (6)
- Vermögens- von Eltern auf Kinder R 15.9 (2), H 22.1, Anh. 13 II, IV
- von Mitunternehmeranteilen mit Sonderbetriebsvermögen H 6.14, Anh. 9 VII
- von Pensionszusagen auf Pensionsfonds H 6a (12)
- von Wirtschaftsgütern zwischen Personengesellschaften und Gesellschaftern **6 (5)**, R 4.3 (2), R 6.15
- zwischen Ehegatten H 16 (6)

Über- und zwischenstaatliche Rechtsvorschriften H 31

Überversorgung H 4b, H 4d (1), H 6a (17)

Übungsleiter 3 Nr. 26, H 3 Nr. 26

Umbau
- von Gebäuden als nachträgliche Herstellungskosten H 7.3, H 7.4

Umdeutung H 4.8

Umgestaltung
- wesentlicher Betriebsgrundlagen H 16 (5)

Stichwortverzeichnis

Umlagen H 21.2

Umlaufvermögen
– Begriff H 6.1
– bei Betriebsveräußerung H 16 (8), (9)
– Bewertung des – **6 (1)**, R 6.8, H 6.8
– Erwerb von – gegen Leibrente R 4.5 (4)
– Grundsätze R 6.1
– zum – gehörende Pflanzenbestände H 13.3
– zum – gehörendes Vieh R 13.3, H 13.3, Anh. 9 IV

Umlegungsverfahren H 4.2 (7), (9)

Umrechnung
– ausländischer Steuern R 34c

Umsätze H 10b.3

Umsatzgrenzen R 15.5

Umsatzsteuer
– als Betriebsausgaben (Werbungskosten) R 9b (4), H 9b
– als Betriebseinnahme **9b**, R 4.5 (3), R 9b (4)
– als Teil der Anschaffungs- und Herstellungskosten **9b**, R 4.10 (2), R 9b
– als Teil der Rücklage H 6.6 (1)
– als Vertriebskosten R 6.3 (6)
– auf Anzahlungen **5 (5)**
– bei der Ermittlung der Sondergewinne Anh. 20 V
– für Umsätze, die Entnahmen sind **12**, R 9b (5)
– zu Unrecht ausgewiesene – H 4.2 (15)

Umsatzsteuererstattungsansprüche H 4.2 (1)

Umsatzsteuervorauszahlungen/-erstattungen H 11

Umschuldung H 6.10
– Privatschuld in Betriebsschuld H 4.2 (15)

Umschulungskosten H 10.9, H 33.1-33.4

Umstellung des Wirtschaftsjahrs **4a (1)**, *8b*, R 4a, H 4a

Umstellungsgesetz R 22.5

Umstrukturierungsmaßnahmen
– als Indiz für eine Gewinnerzielungsabsicht H 15.3

Umwandlung
– ausländische Verluste R 2a (5)
– einbringungsgeborene Anteile aus – vor dem 31.12.2006 H 17 (2)
– nach ausländischem Recht H 17 (4)
– von Einzelunternehmen und Personengesellschaften H 4a, R 6b.2 (9), R 15a (1)
– von Renten R 22.4 (5)
– von Rücklagen in Nennkapital H 2

Umwandlungssteuergesetz
R 6b.3 (1), H 17 (2), R 18.3 (2), H 18.3

Umweltauditor H 15.6

Umzäunung
– als Gebäudeherstellungskosten H 7.1, R 21.1 (3)

Umzugskosten H 33.1-33.4

Umzugskostenvergütungen
– steuerfreie – aus öffentlichen Kassen **3 Nr. 16**
– steuerfreie – im privaten Dienst **3 Nr. 13**, H 3.13

Unentgeltlicher Erwerb
– von Anteilen oder Anwartschaften R 17 (3), H 17 (3)

Unentgeltliche Übertragung
– eines Betriebs, Teilbetriebs **6 (3)**
– von Einzelwirtschaftsgütern **6 (5)**
– eines Mitunternehmeranteils H 16 (6)

Unentgeltliche Wohnungsüberlassung H 10.2

Unfall
– auf Privatfahrt – als Nutzungsentnahme H 4.3 (2-4)
– unverschuldeter – als höhere Gewalt R 6.6 (2)

Unfallkosten H 4.3 (2-4)

Unfallversicherung
– Beiträge zur – **10 (1)**, H 10.5
– steuerfreie Leistungen aus – **3 Nr. 1**, H 3.1

Unland 55 (2)

Unrichtigkeit eines Bilanzansatzes H 4.4

Unterarbeitsverhältnis
– bei Arbeitsverhältnissen zwischen Ehegatten H 4.8

Unterbeteiligung
H 15.8 (2), R 15.9 (2), H 15.9 (2), (3), H 21.6
– Kapitalertragsteuer bei typischer – H 43

Unterbeteiligungsgesellschaft
– als Personengesellschaft i. S. d. § 15 Abs. 3 Nr. 1 EStG R 15.8 (5)

Unterbrechungszeiten
– bei Kindern, die für einen Beruf ausgebildet werden H 32.5

Stichwortverzeichnis

Unterbringung
- auswärtige – **33a (2)**, R 10.9, H 33.1-33.4, R 33a.2 (3), H 33a.2
- in einem Heim oder dauernd zur Pflege **33a (3)**, R 33.3, H 33.1-33.4, H 33a.1, H 33a.4
- Kosten der – von Geschäftsfreunden R 4.10 (10)
- von nicht schulpflichtigen Kindern **3 Nr. 33**, H 3.33

Unterhalt
- eines geschiedenen oder dauernd getrenntlebenden Ehegatten H 10.2, H 33a.1
- von Angehörigen **12**, **33a (1)**, R 10.3 (2), R 33a.1, H 33a.1
- von gesetzlich unterhaltsberechtigten Personen **33a (1)**, R 33a.1, H 33a.1, Anh. 3 I
- von Kindern R 32.13, H 33a.1
- von Personen, die der gesetzlich unterhaltsberechtigten Person gleichgestellt sind **33a (1)**, H 33a.1
- Personen im Ausland Anh. 3 I
- zwischen Partnern einer nichtehelichen Lebensgemeinschaft H 33a.1

Unterhaltsansprüche
- der Mutter des nichtehelichen Kindes H 33a.1

Unterhaltsberechtigte Personen
- Zuwendungen an – **12**, R 10.3 (2), H 12.6

Unterhaltsberechtigung H 33a.1

Unterhaltshilfe
- nach dem LAG H 3.7

Unterhaltsleistungen H 10.2, H 12.6
- an den geschiedenen oder dauernd getrenntlebenden Ehegatten **10 (1a)**, R 10.2
- an nicht unbeschränkt steuerpflichtigen Empfänger H 10.2
- Ehegattenveranlagung, Haushaltsfreibetrag, **1a**
- des Ehegatten des Kindes H 33a.2
- der Eltern H 33a.2
- des Erben H 10.2
- Rechtsanwaltskosten wegen Zustimmung zum Realsplitting H 10.2
- Sachleistungen H 10.2
- von geschiedenen oder dauernd getrenntlebenden Ehegatten H 22.1

Unterhaltspflicht
- Basisversicherung eines Kindes Anh. 1a II 2
- Freistellung von der – H 32.13
- gesetzliche – **12**, R 32.13, H 33a.1
- Kindergeldzahlung **74**

Unterhaltsrente
- Zahlung einer – an ein Kind **64**

Unterhaltssicherungsgesetz
- steuerfreie Leistungen nach dem – **3 Nr. 48**, **32b (1)**

Unterhaltsverpflichtung H 32.13, H 33.1-33.4

Unterhaltszahlungen
12, **33a (1)**, H 12.6, R 32.13, H 32.13, R 33a.1, H 33a.1
- Beurteilungszeitraum für – H 32.13

Unterhaltung
- von Geschäftsfreunden R 4.10, R 4.11 (1)

Unternehmen
- Begriff des inländischen – **73a (1)**

Unternehmensform
- Geschäftswert bei Änderung der – H 5.5
- Rücklage bei Änderung der – R 6b.2 (9)

Unterrichtsanstalt H 15.6

Unterschiedsbetrag zum Kindergeld 65

Unterschrift
- auf Bewirtungsrechnung H 4.10 (5-9)

Unterstützung
- von Angehörigen **33a (1)**, H 33.1-33.4
- von Personen im erwerbsfähigen Alter Anh. 3 I

Unterstützungskassen
- Nachweispflicht R 4d (10)
- Rückstellung **4d (2)**, R 4d (1)
- Zuwendungen an – **4d (1)**, R 4d, H 4d (1), R 6.3 (3), R 6a (15), H 6a (15)
- nach § 4 (2) UmwStG Anh. 28

Unverzinsliche Kaufpreisraten H 20.2

Unwahrscheinlichkeit der Inanspruchnahme H 15a, H 21.2

Unwetterschäden
- als außergewöhnliche Belastung R 33.2, H 33.1-33.4

Urheberrecht
- Aufwendungen für Rechteüberlassungen **4j**
- Begriff der – **73a (2)**
- als immaterielle Wirtschaftsgüter H 5.5
- Einkünfte aus Überlassung von – **21 (1)**, **50a (1)**, **(6)**, **73f**, R 50a.1
- -gesetz **73a (2)**

2491

Stichwortverzeichnis

V

Vaterschaft
- Anerkennung der – H 32.1

VBL-Rente H 22.4

Venture Capital Fonds H 15.7 (1), Anh. 29 III

Veräußerung
- abnutzbarer Wirtschaftsgüter R 4.5 (5), H 4.5 (3)
- aufgrund behördlichen Zwangs R 6.6 (2), R 6b.1 (1), R 6b.3 (4), H 23
- Begriff der – R 6b.1 (1)
- bestimmter Anlagegüter des Betriebsvermögens **6b**, **6c**, R 6b.1, R 6b.2, H 6b.2, R 6c, H 6c
- des der selbständigen Arbeit dienenden Vermögens **18 (3)**, R 18.3, H 18.3
- des gewerblichen Betriebs (Teilbetriebs, Anteils) **16**, R 16 (1), H 16 (1)
- einer Beteiligung an Kapitalgesellschaft **16 (1) Nr. 1**, **17**, R 16 (3), R 17 (1), (2), H 17 (2), R 49.3 (1)
- einer Zufallserfindung H 22.8
- eines Baudenkmals H 7i
- eines land- und forstwirtschaftlichen Betriebs (Teilbetriebs) **14**, R 14, H 14
- eines Mitunternehmeranteils H 16 (4)
- fehlgeschlagene – H 17 (6)
- im Zuzugsfall H 17 (5)
- infolge einer behördlichen Anordnung H 6.6 (1)
- nach Überführung in das Privatvermögen H 17 (5)
- über eine Internetplattform H 15.7 (1)
- von Anlagevermögen bei Gewinnermittlung nach Einnahmenüberschussrechnung R 4.5 (3), (5), H 4.5 (3), H 16 (1)
- von Anteilen an Kapitalgesellschaften gegen wiederkehrende Leistungen H 17 (7)
- von Dividendenansprüchen H 49.1
- von Dividendenscheinen **3 Nr. 40**, **20 (2) Nr. 2**
- von Grund und Boden eines land- und forstwirtschaftlichen Betriebs **13a (7) Nr. 1**, R 4.5 (3), H 6.1, H 55, Anh. 20 V
- von Grundstücken des Privatvermögens Anh. 26
- von Schutzrechten R 50a.1
- von teils privat genutzten Wirtschaftsgütern H 4.10 (1)
- von Wirtschaftsgütern gegen Kaufpreisraten oder Rente R 4.5 (5)
- zwischen Gesellschaft und Gesellschafter H 4.3 (2-4)

Veräußerungsfrist 23, H 23

Veräußerungsgeschäfte 23, **34d**, H 23, Anh. 26

Veräußerungsgewinn
- Allgemeines **16**, H 16 (1), (4), (7)
- Aufgabe der bisherigen Tätigkeit H 16 (1)
- bei Land- und Forstwirten **14**
- bei selbständiger Arbeit **18 (3)**, R 18.3
- Beteiligung i. S. d. § 17 EStG R 17 (1), (7), H 17 (7)
- Entstehung eines – H 17 (4)
- Ermittlung des – H 16 (4)
- Freibetrag **14**, **16 (4)**, **17 (3)**, **18 (3)**, R 16 (13), H 16 (13), R 34.1
- Tarifermäßigung **34 (2)**, R 34.5 (2), H 34.5
- verrechenbare Verluste, Aufgabegewinn H 15a

Veräußerungskosten
6b (2), **16 (2)**, **17 (2)**, H 16 (12), R 17 (6), R 34.1 (4), Anh. 19 II

Veräußerungspreis
6b (2), H 6b.2, R 6c, R 14, H 16 (4), (10), H 17 (7), H 23

Veräußerungssperre H 17 (4), Anh. 28

Veräußerungsverlust
H 16.4, H 17 (7)

Veranlagung
- Antrag auf – **46 (2)**, R 46.2, H 46.2
- bei Bezug von Einkünften aus nichtselbständiger Arbeit **46**, R 46.1, R 46.2
- zur beschränkten Steuerpflicht auf Antrag **50 (2)**, H 50
- Zeitraum **25**

Veranlagung von Ehegatten
- Allgemeines **26**, **46 (2)**, R 25, R 26, H 26
- besondere – für den VZ der Eheschließung **25 (3)**, **26c**, **46 (2)**, *56 (1)*, H 2, R 26 (4), H 26c, H 32a
- bei Bezug von Einkünften aus nichtselbständiger Arbeit **46**, **70**, R 46.2
- Einzelveranlagung – **26**, **26a**, **46 (2)**, *61*, *62d*, R 25, R 26 (3), H 26a
- Ermittlung des zu versteuernden Einkommens bei – R 2, R 25 (1)
- Zusammen- **26**, **26b**, *62d*, R 9a, R 10d (6), R 26 (3), R 26b

Stichwortverzeichnis

Veranlassung, betriebliche H 4.2 (15)

Verausgabung 11 (2), R 11, H 33.1-33.4

Verbesserungsvorschläge H 34.4

Verbilligte Wohnungsüberlassung
21 (2), R 21.3, H 21.3, Anh. 30 II

Verbindlichkeiten
- Bewertung von – **6 (1)**, H 6.10, R 6.11, Anh. 9 V, VI, IX
- bei Bilanzberichtigung und Bilanzänderung H 4.4
- Schadensersatz für GmbH – H 4.2 (15)
- ungewisse – R 5.7 (2), (5)
- Zuordnung von – zum Betriebs-/Privatvermögen R 4.2 (15)

Verbraucherinsolvenz
- Vergütung des Treuhänders bei – H 21.2, H 33.1-33.4

Verbrauchsteuern
- Aktivierung von – **5 (5)**

Vercharterung
- von Handelsschiffen **5a (2)**
- eines Motorbootes H 15.3

Verdeckte Einlage
- Anschaffungskosten **6 (6)**
- Begriff H 4.3 (1)
- Bewertung einer verdeckt eingelegten Beteiligung i. S. d. § 17 EStG H 6.12, H 17 (5)
- eines Geschäfts- oder Firmenwerts H 4.3 (1)
- und Betriebsveräußerung H 16 (1), (6)

Verdeckte Gewinnausschüttung
- an nahestehende Personen **20 (1)** Nr. 1, H 20.2

Verdeckte Mitunternehmerschaft H 15.8 (1)

Verdienstausfallentschädigung
- nach dem Infektionsschutzgesetz und nach dem Unterhaltssicherungsgesetz 3 Nr. 25, 3 Nr. 48, **32b (1)**
- als Einnahmen i. S. d. § 24 Nr. 1 Buchst. a EStG H 24.1

Vereinbarungen, zwischenstaatliche
- und Steuerbefreiungen H 3.0
- und unbeschränkte Steuerpflicht H 1a

Vereinbarungstreuhand H 17 (4)

Vereinnahmung
- Allgemeines **11 (1)**, R 11
- von Durchlaufspenden R 10b.1 (3)

Verfahren
- Überlassung von – im Ausland **2a (2)**

Verfahrenspfleger H 15.6

Verfassungsmäßigkeit
- Abzug der Kapitalertragsteuer bei hohen Verlustvorträgen H 44a
- Beschränkung der Verlustausgleichsbeschränkung H 22.8
- Beschränkung des Verlustausgleichs bei privaten Veräußerungsgeschäften H 23
- Besteuerung der Altersrente H 22.3
- Verluste bei beschränkter Haftung – H 15a
- Tatbestandsmerkmal „modellhafte Gestaltung" – H 15b
- elektronische Übermittlungspflicht H 5b

Verfügungsbeschränkungen H 15.9 (2), (3)

Verfügungsmacht H 5.7

Vergleichbare Leistungen für Kinder
31, **65**, R 31(2)

Vergleichbare ausländische Leistungen H 31, H 65

Vergütung(en)
- an Gesellschafter **15 (1)**
- für mehrjährige Tätigkeit **34**, R 34.4, H 34.4
- für die Nutzung beweglicher Sachen, Rechte usw. **50a (4)**, **73f**
- für die Rücknahme des Widerspruchs gegen Baumaßnahmen H 22.8
- für die Verpfändung eines GmbH-Anteils zur Sicherung eines Darlehens H 22.1, H 22.8
- für vertragswidrige Behandlung einer Miet- oder Pachtsache H 21.2

Verhältnis von Betriebsausgaben und Werbungskostenpauschale H 4.7

Verhältnis zu § 34b EStG R 34b.5, H 34.2

Verklammerung zu einer einheitlichen Tätigkeit H 15.7 (2), (3)

Verlängerte Berücksichtigung von Kindern 32 (5)

Verlängertes Wirtschaftsjahr *8c (2)*, Anh. 20 V

Verlängerungstatbestände
- bei Kindern, die Arbeit suchen H 32.11
- bei Kindern in Berufsausbildung H 32.11

Stichwortverzeichnis

Verlagsrechte H 5.5

Verlagswert H 4.3 (2-4)

Verletztengeld 32b, Anh. 1a I

Verlorene Aufwendungen
- bei gescheitertem Immobilienerwerb H 21.2

Verlustabzug
- Allgemeines **10d**, R 10d, H 10d
- Änderung von Steuerbescheiden infolge – R 10d (9), H 10d
- bei ausländischen Verlusten **2a**, R 2a, H 2a
- bei beschränkter Haftung **15a**, H 15a
- bei beschränkter Steuerpflicht **50 (1)**
- bei Ehegatten **26a (3)**, *62d*, R 26b
- bei gewerblicher Tierzucht **15 (4)**
- bei Steuerstundungsmodellen **15b**, Anh. 29 III
- bei Termingeschäften **15 (4)**, **23**
- bei Zusammenveranlagung von Ehegatten – R 10d (6)
- Feststellung des verbleibenden – **10d (4)**, R 10d (7), (8)
- im Erbfall H 2a, R 10d (9), H 10d
- Insolvenzverfahren H 10d
- Nachinsolvenzverfahren H 10d
- Rücktrag aus verjährtem Verlustentstehungsjahr H 10d
- verbleibender – **10d (3)**, H 10d
- Unterbrechung der (un-)beschränkten Steuerpflicht R 10d (8)
- Zusammentreffen mit steuerbegünstigten Einkünften H 10d

Verlustabzugsbeschränkungen
15 (4), **15b**, **22**, **23**, R 15.10, H 15.10, H 15a, H 22.6, H 22.7, H 23, Anh. 28, Anh. 29 I, IV

Verlustanteile H 15a

Verlustausgleich
2 (3), **2a**, **10d (1)**. **15 (4)**, **15a**, **23**, R 2, R 2a, R 10d, R 15a, H 15a, H 22, H 23, Anh. 1a I, Anh. 19 I, II, Anh. 27b I, Anh. 27c Anh. 29 II, III, IV

Verlustausschlussklausel H 55

Verlustbeteiligung
- eines schenkweise still beteiligten minderjährigen Kindes H 15.9 (4)

Verlustdeckung
- bei einer Schwester-KG H 4.3 (2-4)

Verluste
- im Ausland **2a**, R 2, R 2a, H 2a, R 15a (5), H 32b

- bei beschränkter Haftung **13 (5)**, **15a**, **18 (4)**, **20 (1)**, **21 (1)**, R 15a, H 15a
- drohende – R 5.7
- aus Entnahme oder Veräußerung von Grundstücken **55 (6)**
- aus gewerblicher Tierzucht (Tierhaltung) **15 (4)**, R 15.10, H 15.10, H 15a
- aus privaten Veräußerungsgeschäften **23 (4)**
- aus Termingeschäften **15 (4)**
- aus Beteiligung an Steuerstundungsmodellen **15b**, Anh. 29 III
- verrechenbare – **15a (4)**, H 2a, R 15a, Anh. 29 I
- bei Vorauszahlungen **37 (3)**

Verlustklausel
- bei Sonderabschreibungen R 7a (8), Anh. 13 II

Verlustprodukte
- Teilwertabschreibung bei – H 6.7

Verlustrücktrag 10d (1), R 10d, H 10d
- vorläufiger – für 2020 und 2021 **111**

Verlustverrechnung
H 2a, Anh. 19 II, Anh. 26, Anh. 29 III, IV
- bei Einlageminderung H 15a

Verlustzurechnung R 15a (6)

Verlustzuweisungsgesellschaft
H 7.4, H 15.3, Anh. 30 II

Vermächtnisnehmer H 15.6, H 18.3, H 20.2, Anh. 1a I, Anh. 13 I

Vermächtnisrenten H 22.4

Vermächtniszuwendungen als Spenden H 10b.1

Vermessungsingenieure 18 (1)

Vermietung
- an Angehörige H 21.4
- an Schwestergesellschaft H 15.8 (6), Anh. 24 I 1
- an obdachlose Suchtkranke H 7.2
- an Unterhaltsberechtigte H 21.4
- Austausch von Wirtschaftsgütern vor Ablauf der Nutzungsdauer H 15.7 (3)
- eines Zimmers R 15.5 (13), R 21.2 (1)
- möblierter Zimmer H 15.7 (2)
- Unter- H 4.2 (12), H 15.7 (2), R 21.2 (1), Anh. 1 IV
- von Ferienwohnungen H 16 (3), Anh. 30 II
- von Parkplätzen H 15.7 (2)
- von Wohnmobilen R 15.7 (3), H 15.7 (3), H 22.8
- wechselseitige – H 21.4

2494

Stichwortverzeichnis

Vermietung/Verpachtung
- Abgrenzung des Gewerbebetriebes von der Vermögensverwaltung R 15.7, H 15.7 (1), (2), (3), (4), (9), Anh. 17
- Einkünfte aus – **2 (1)**, **2a**, **21**, **21a**, **34d**, **49 (1)**, H 9b, R 21.2, H 21.2, H 21.7, Anh. 30
- Einnahmen aus – **13a (3)**, Anh. 20 V

Vermittlungen
- gelegentliche – **22**, H 22.8

Vermittlungsprovisionen
- bei Darlehensaufnahme H 6.10

Vermögen
- geringfügiges – R 33a.1

Vermögensbildungsgesetz
82 (4), H 2, H 4.8

Vermögensebene H 33.1-33.4

Vermögensübersicht 4 (2), **60**

Vermögensübertragung im Zusammenhang mit Versorgungsleistungen H 10.3, H 22.4, Anh. 13 IV

Verrechenbare Werbungskostenüberschüsse H 21.2, Anh. 30 II

Vermögensverwaltende Personengesellschaften H 15.7 (4), H 15.8 (5), H 15a, Anh. 8 II
- Beteiligung an – Anh. 30 III
- Zwischenschaltung einer – H 43b

Vermögensverwaltung
- Abgrenzung der – gegenüber dem Gewerbebetrieb R 15.7, H 15.7 (1), (2), (3), (4), (9), H 15.8 (6), Anh. 17

Vermögenswirksame Leistungen
- an Arbeitnehmer-Ehegatten H 4.8
- keine Altersvorsorgebeiträge **82 (4)**

Vermögenszuwachs 17 (2), R 49.1 (4)

Verpachtung 21, Anh. 30
- Beginn der – H 15.7 (1)
- Betriebsaufgabe im Fall einer – R 14
- branchenfremde – H 16 (5)
- eiserne – Anh. 16 VII
- eines gewerblichen Betriebs R 4a (3), R 15.7 (1), H 15.7 (1), R 16, H 16, Anh. 8
- eines land- und forstwirtschaftlichen Betriebs **13a (3)**, **14 (3)**, H 4a, R 14, H 14
- einer Praxis H 15.6, H 18.3

Verpächterwahlrecht
H 14, H 16 (5), Anh. 8 I, Anh. 24 III

Verpfändung
- einer Rückdeckungsversicherung R 4d (6)
- eines GmbH-Anteils H 22.1

Verpflegungsmehraufwendungen
3 Nr. 13, **3 Nr. 16**, **4 (5)**, R 33.4 (3)

Verpflegungszuschüsse, steuerfreie 3 Nr. 4

Verpflichtung
- zur Abführung von Mehrerlösen R 4.13
- zur Aufbewahrung der Inventurunterlagen R 5.3 (2)
- zur Aufstellung der Jahresabschlüsse H 5.7 (4)
- zur Aufbewahrung von Buchführungsunterlagen H 5.2
- zur Aufbewahrung von Geschäftsunterlagen H 5.7 (4)
- zur Aufstellung einer Aufgabe- oder Veräußerungsbilanz H 16
- zur Bestandsaufnahme R 5.3, R 5.4
- zur Buchführung R 4.1 (2), R 5.1, R 13.5
- zur Buchung laufender Geschäftsvorfälle H 5.7 (4)
- zur Entsorgung nach dem Elektronikgerätegesetz H 5.7 (4)
- zur Prüfung der Jahresabschlüsse H 5.7 (3), (4)
- gesellschaftsrechtlich begründete – H 5.7 (3)
- öffentlich-rechtliche – H 5.7 (4)
- Übertragung und Übernahme H 4f, H 5.8, H 6a (1)
- zur Wiederaufbereitung und Entsorgung von Bauschutt H 5.7 (4)

Verpflichtungsübernahmen/Schuldbeitritte/ Erfüllungsübernahmen
4f, H 5.8, H 6a (1), (10), Anh. 9 XI

Verrechnung
- des Kindergeldes **31**
- von Verlusten R 34.1 (3)

Verschmelzung
20, Anh. 13 IV, Anh. 19 II

Verschollene H 26, H 32a

Verschulden
- bei Schäden an Vermögensgegenständen H 33.1-33.4

Versicherungen
- ausländische – **10 (2)**

2495

Stichwortverzeichnis

- Beiträge zu – als Vorsorgeaufwendungen (Sonderausgaben) **10 (1)**, R 10.5, H 10.5, Anh. 1a II 1
- Unterlassen einer Versicherungsmöglichkeit R 33.2, H 33.1-33.4
- Zinsen aus – R 20.2, H 20.2

Versicherungen auf den Erlebens- oder Todesfall
- als Einnahmen aus Kapitalvermögen R 20.2

Versicherungsbeiträge
- Aufwendungen für ein zur Finanzierung von – aufgenommenes Darlehen H 21.2
- bei der Ermittlung der anrechenbaren Einkünfte **33a**, R 33a.1, H 33a.1
- des Kindes R 10.4
- Nachversteuerung für – **30**, R 10.6, H 10.6
- als Sonderausgaben **10 (1)**, R 10.5, H 10.5, Anh. 1a IV

Versicherungsberater H 15.6

Versicherungsleistungen
3 Nr. 1, **20**, H 4b, R 4d (2), H 6.6, H 16 (9), Anh. 22, Anh. 22a I

Versicherungsprovisionen
- an Versicherungsnehmer weitergeleitete – H 22.8

Versicherungsvertreter
- Aufgabe der bisherigen Tätigkeit H 16 (1)
- Einkünfte H 15.6
- Selbständigkeit R 15.1 (1), H 15.1
- Abfindung für Bezirksverkleinerung H 24.1

Versicherungswirtschaft
- Schadenrückstellungen H 6.11

Versorgungsabfindungen
- aufgrund des Abgeordnetengesetzes **22 Nr. 4**

Versorgungsausgleich
10 (1a), H 4d.1, H 6a (1), H 10.3a, H 22.7, Anh. 1a I, II, Anh. 33

Versorgungsbeiträge Selbständiger H 10.5

Versorgungsbezüge Anh. 1a II
- aufgrund des Abgeordnetengesetzes **22 Nr. 4**
- Nachzahlung von – **34**, H 34.4
- Steuerfreiheit der – aufgrund gesetzlicher Vorschriften **3 Nr. 6**
- Veranlagung bei – aus mehreren Dienstverhältnissen **46 (2)**

Versorgungseinrichtungen der Ärztekammern Anh. 1a III

Versorgungsfreibetrag
19 (2), **22**, R 34.4 (3), Anh. 1a I, II

Versorgungskassen
- Beiträge an – als Vorsorgeaufwendungen H 18.2

Versorgungskrankengeld 32b, Anh. 1a I

Versorgungsleistungen 10 (1a), R 10.3, H 22.6, Anh. 13 II, IV

Versorgungsrente H 22.4, H 24.2

Versorgungsträger H 6a (3)

Verständigungsverfahren
- Aufwendungen für – H 17 (6)

Versteigerer H 15.6

Verstorbene Personen
- Ermittlung der Einkommensteuer bei – **32a (6)**, H 32a
- Wahl der Veranlagungsart H 26

Verstrickung R 4.3 (1)

Verteilung
- des Hinzurechnungsbetrags bei Wechsel der Gewinnermittlungsart R 4.6 (1), H 4.6
- von Erhaltungsaufwand bei Gebäuden **82b**, R 11a, H 11a, R 11b, R 21.1 (6)

Verteilungszeitraum bei Wechsel der Gewinnermittlungsart R 4.6 (1)

Vertikaler Verlustausgleich 2 (3)

Verträge
- mehrere – zwischen Angehörigen H 4.8
- zwischen Angehörigen R 4.8, H 4.8, R 21.4
- zwischen Ehegatten R 4.8, H 4.8, H 6a (9)

Vertraglicher Haftungsausschluss H 15a

Vertragsarztzulassung H 5.5, H 7.1

Vertragsstrafe
- Zahlung einer in einem Ausbildungsverhältnis begründeten – H 4.7

Vertrauensschutz H 10b.1

Vertreterrecht H 5.5

Vertriebskosten R 6.3 (6)

Verwaltungskosten
- als Herstellungskosten R 6.3 (3)

2496

Stichwortverzeichnis

Verwarnungsgelder
4 (5), R 4.13 (1), (5)

Verwendung
- von Wirtschaftsgütern H 6.11
- von Zuwendungen (Spenden) R 10b.1, H 10b.1

Verwitwete
- Ermittlung der Einkommensteuer **32a (6)**, H 32a

Verzeichnis
- Anbau- H 13.5, H 13.6
- besonderes, laufend zu führendes – **13a (7)**, H 5.1, Anh. 9 III, Anh. 20 V
- der betrieblichen Wirtschaftsgüter bei erhöhten Absetzungen und Sonderabschreibungen **7a (8)**, H 7a
- der sofort abgesetzten GWG **6 (2)**, R 6.13 (2), (3)
- der Wirtschaftsgüter des Anlagevermögens **4 (3)**, **6c (2)**, R 4.6 (1), R 5.4
- ausländischer Steuern in Nicht-DBA-Staaten Anh. 12 II
- der ausländischen Versicherungsunternehmen mit begünstigtem Versicherungszweig H 10.5

Verzicht
- auf Einkünfte und Bezüge **32 (4)**, H 32.10
- auf Pensionsansprüche H 24.1

Verzögerungsgelder H 12.4

Vieh
- Bewertung von – R 13.2, R 13.3, H 13.3, Anh. 9 IV

Vieheinheiten
13 (1), **13a (1)**, **(4)**, R 13.2, Anh. 20 V

Viehvermögen Anh. 9 IV

VIP-Logen H 4.7, H 4.10 (1), Anh. 16 XI 1

Virtuelle Währungen
H 4.2 (1), H 4.5 (2), H 15.7 (1), H 20.2, H 22.8, H 23

Volkshochschuldozent H 18.1

Vollzeiterwerbstätigkeit H 32.5, H 32.10

Volontariat H 32.5

Vorabanteile H 15.8 (3)

Vorauszahlungen
- Allgemeines 37, R 37, H 37
- Anrechnung auf die Einkommensteuer – **36 (2)**
- Bemessung der – **37 (3)**, R 37
- Entstehung der – **37 (1)**

Vorbehaltsnießbrauch
- Ablösung eines – H 17 (5)
- bei Einlage H 4.3 (1)
- bei Entnahme H 4.3 (2-4)
- bei Übertragung von Anteilen an Kapitalgesellschaften H 17 (4)
- bei Vermietung und Verpachtung H 21.4, Anh. 30 VI

Vordienstzeiten R 6a (10), H 6a (10)

Vordruck EÜR *60 (4)*

Vordruckmuster 51 (4)

Vorfälligkeitsentschädigung
H 16 (12), H 21.2, H 23, Anh. 30 IV

Vorführwagen H 6.1

Vorkaufsrecht
- Entgelt für die Einräumung eines – H 22.8

Vorratsvermögen
- Bestandsaufnahme des – R 5.3, H 5.3
- Bewertung des – **6 (1)**, R 6.8, H 6.8, R 6.9, H 6.9, Anh. 9 II, XIII

Vorruhestandsgelder
- aufgrund Manteltarifvertrag H 24.1

Vorschüsse
- als Betriebseinnahmen oder Betriebsausgaben R 4.5 (2)

Vorsorgeaufwendungen
- Allgemeines **10 (2)**, R 10.4, H 10.4, Anh. 1a II
- Aufteilung eines einheitlichen Sozialversicherungsbeitrags (Globalbeitrag) H 10.5, Anh. 1a II, IV
- ausländische Versicherungsunternehmen – H 10.5
- bei Gesellschafter-Geschäftsführern von Kapitalgesellschaften H 10.11, Anh. 1a II
- beschränkt abziehbare – H 10.4

Vorsorgepauschale 39b

Vorsteuer
6 (2), **9b**, **12**, R 9b, H 9b
- -ansprüche H 4.2 (1)
- -berichtigung als Sondergewinn Anh. 20 V

Vorteilszuwendung
4 (5) Nr. 10, R 4.14, H 4.14, Anh. 28

Vortragswerber H 15.6

2497

Stichwortverzeichnis

W

Wählervereinigung
34g, R 2 (2), H 10b.2, H 34g, Anh. 37 I

Währung
- Umrechnung einer in ausländischer – aufgestellten Bilanz R 4.1 (4)
- -klauseln H 22.3, H 22.4

Wärmeenergie H 6.7

Wärmerückgewinnungsanlage H 6.4

Wahl
- der Gewinnermittlungsart H 16 (1)
- der Veranlagungsart H 26

Wahlkampfkosten 22, H 4.7, H 22.9

Wahlkonsuln R 3.29

Wahlrecht
- auf Steuerermäßigung 34, R 34.5
- bei Gewinnermittlung von Land- und Forstwirten H 13.3, Anh. 20 V
- beim Verlustrücktrag R 10d (4), H 10d
- der Gewinnübertragung H 6c
- eines Mitunternehmers H 4.1, H 4.4, H 6b.2
- für Abzug oder Anrechnung ausländischer Steuern R 34c
- für die Behandlung von Zuschüssen R 6.5, H 34
- für Veranlagungsart **26**, H 10d, H 26, H 32a
- für die Versteuerung einer Veräußerungsrente R 16 (11), H 16 (11), R 18.3 (4)
- für die Versteuerung stiller Reserven bei Verpachtung R 16 (5), H 16 (5)
- zur Bestimmung des Wirtschaftsjahrs R 4a (2), H 4a
- gewillkürtes Betriebsvermögen H 4.2 (1)
- zur Bildung einer Rückstellung H 5.7 (1), Anh. 9 III

Waisenrenten R 4d (2), R 6a, H 22.6

Wald 13, *51*, *68*
- Anschaffungs- oder Herstellungskosten eines – R 34b.2, H 34b.2
- Aufwendungen für – bei Überschussrechnung R 4.5 (3)
- als Betriebsvermögen eines Forstbetriebes H 4.2 (7), H 13.3
- bei Gewinnermittlung nach Durchschnittssätzen **13a (5)**, Anh. 20 V
- Immissionsschäden an -beständen H 34b.1
- Kalamitätsnutzungen **34b**, R 34b.1

- Nutzungssatz für einen – **34b (4)**, R 34b.1, H 34b.1, R 34b.2, R 34b.3, H 34b.3, H 34b.4
- -verkäufe Anh. 20 V

Wanderschäferei 13a Anlage 1a

Wareneingangsbuch R 5.2

Warenzeichen (Marke)
- AfA H 5.5, H 7.1

Warmwasseranlage H 4.2 (5)

Wartegelder 19 (1)

Wartungsverpflichtung H 5.7 (4)

Waschmaschine H 6.4, H 33.1-33.4

Wechsel
- der AfA-Methode bei Gebäuden R 7.4 (7), H 7.4
- der Bewertungsmethoden R 6.9 (5)
- der Gewinnermittlungsart R 4.2 (16), R 4.5 (6), R 4.6, H 4.6, R 4.8, R 6b.2 (12), H 6c, R 13.5 (2), Anlage
- Zeitpunkt der Leistung bei Hingabe von – H 7a
- der Rechtsstellung eines Gesellschafters H 15a
- Zufluss, Abfluss H 11

Wegfall
- der Durchschnittssatzgewinnermittlung **13a (1)**, Anh. 20 V
- des negativen Kapitalkontos H 15.8 (1), H 15a

Wegzugsbesteuerung Anh. 28

Wehrdienst
- Grund- **3 Nr. 5**, **32 (5)**, H 3.5, H 32.9, Anh. 1a I
- freiwilliger – **32 (4)**, **52 (4)**, H 32.5, H 32.6, H 32.7

Wehrdienstbeschädigte 3 Nr. 6, H 3.6

Wehrpflichtige
H 3.5, H 33.1-33.4

Wehrsoldgesetz 3 Nr. 5, H 33a.1

Weinbau 13 (1), 55 (2)
- Wiederbepflanzungsrechte im – H 5.5, H 13.3

Werbeberater H 15.6

Werbedame H 15.1

Werbeleistung eines ausländischen Motorsport-Rennteams H 50a.1

Werbungskosten
- Abgrenzung der – von den Lebensführungskosten **12**, R 12.1

Stichwortverzeichnis

- Begriff der – **9 (1)**
- bei beschränkter Steuerpflicht **50 (1)**
- bei Einkünften aus Kapitalvermögen R 20.1, H 20.1
- bei sonstigen Einkünften H 22.4, H 22.6, H 22.7, H 22.8, H 22.9, H 23
- bei Vermietung und Verpachtung H 9b, R 21.2, H 21.2
- beim Steuerabzug H 50a.2
- im Zusammenhang mit steuerfreien Einnahmen H 3c
- Pauschbeträge für – **9a**, H 91, R 34.4 (4)
- vorab entstandene – H 32b
- nachträgliche – H 24.2

Werkzeug H 6.13

Werkzeuggeld
- steuerfreies – **3 Nr. 30**

Werkzeugkostenzuschuss H 5.7 (3)

Wertaufhellende Umstände H 5.2

Wertaufholung H 3.40, H 16 (9)

Wertaufholungsgebot
H 6.2, H 6.7, R 6b.1, Anh. 9 I, VI

Wertberichtigung
- von Forderungen H 6.7

Wertguthabenvereinbarung
- bei Arbeitsverhältnissen zwischen Ehegatten H 4.8

Wertminderungen
- des Grund und Bodens H 21.7, H 55
- und Teilwertabschreibung **6 (1)**, R 6.7, H 6.7
- des Vorratsvermögens R 6.8
- bei rückwirkender Absenkung der Beteiligungsgrenze Anh. 6 II

Wertpapierdepot Anh. 19 I

Wertpapiere Anh. 19 II
- An- und Verkauf von – als gewerbliche Tätigkeit oder Vermögensverwaltung H 15.2, R 15.7 (9), H 15.7
- auf-/abgezinste – H 20.2
- Betriebsvermögen H 4.2 (1)
- Emissionsdisagio festverzinslicher – H 20.2
- festverzinsliche – H 20.1
- Pensionsgeschäfte mit – H 22.6
- private Veräußerungsgeschäfte mit – **23 (1)**

Wertpapierfonds
- Anspruch auf Ausschüttungen H 4.2 (1)

Wertsicherungsklauseln
H 6.2, H 22.3, R 22.4 (3), H 22.4

Wertverzehr des Anlagevermögens
- als Teil der Herstellungskosten R 6.3 (1), (4)

Wesentliche Betriebsgrundlagen
H 15.7 (4), (5), R 16 (2), H 16 (1-6), (8), (9), Anh. 28

Wesentliche Verbesserung R 21.1 (2)

Wesentlichkeitsgrenze
- Absenken der – H 17 (5)

Wettbewerbsverbot
H 4.3 (2-4), R 16 (9), H 17 (7), H 22.6, H 24.1, H 34.3

Wiederaufforstungskosten *51 (3)*, R 34b.2 (1)

Wiederbeschaffungskosten
R 5.7 (11), R 6.7, H 6.7, R 6.8 (2)

Wiederbeschaffung
- von Hausrat oder Kleidung R 33.2, H 33.1-33.4, H 33a.1

Wiedergutmachungsleistungen 3 Nr. 8, H 3.8

Wiederherstellung R 33.2

Wiederholungsabsicht H 15.2

Wiederholungshonorar H 18.1

Wiederkaufsrecht R 6.6 (2)

Wiener Übereinkommen
- über diplomatische und konsularische Beziehungen H 3.29

Wiesbadener Modell H 15.7 (7)

Wildtierschäden H 33.1-33.4

Windkraftanlagen 51 (1)

Wirtschaftliche Bedeutung H 15.8 (1)

Wirtschaftliches Eigentum
H 15.8 (1), H 16 (1), H 17 (2), (4)

Wirtschaftsgebäude 7 (4), R 7.2, R 7.4

Wirtschaftsgemeinschaft der Ehegatten H 26

Wirtschaftsgüter
- Abgrenzung zwischen materiellen und immateriellen – H 5.5
- abnutzbare – R 7.1
- Ausscheiden von – aus dem Betriebsvermögen infolge höherer Gewalt R 6.6, H 6.6

Stichwortverzeichnis

- Begriff H 4.2 (1)
- bei der Bodengewinnbesteuerung **55**, R 55
- bewegliche – R 7.1 (2), H 7.1
- Bewertung von – **6 (1)**, R 6.7, R 6.8
- des Anlage- oder Umlaufvermögens R 6.1, H 6.1
- digitale – H 6.1, Anh. 1 V
- eingetauschte – H 4.2 (1), H 6b.1
- Einheitlichkeit eines – R 7.2 (4)
- Einlage von – R 5.5 (2)
- Entnahme von – H 7.3
- firmenwertähnliche – Anh. 9 I
- Gebäudeteile als – R 4.2 (4), H 4.2 (4), R 7.1 (5), H 7.1
- geringwertige – **6 (2)**, R 6.13, H 6.13, R 9b (2), Anh. 16 IX
- immaterielle – **5 (2)**, H 4.3 (1), R 4.3 (4), R 5.5, H 5.5, R 7.1, H 7.1, H 15.7 (5), H 16 (8)
- selbständige – H 4.2 (4)
- teilweise betrieblich genutzte – R 4.5 (6), R 4.7
- Überführung von – ins Ausland H 4.3 (2-4)
- Übertragung von – R 4.3 (2), (3), R 5.5 (3)
- unbewegliche – H 7.1
- unentgeltlich erworbene – **11d (1)**, R 7.3 (3), H 23
- Veräußerung bestimmter betrieblicher – **6b**, **6c**, R 6b.1, H 6b.2, R 6c, H 6c
- verlustbringende – H 4.2 (1)
- vertretbare –, Einzelbewertung R 6.8 (3)
- Verwendung von – außerhalb des Betriebs R 15.5
- wertlose – H 20 (2), Anh. 19 I
- zu Unrecht bilanzierte – des Privatvermögens H 4.4
- Zugehörigkeit von – zum Betriebsvermögen R 4.2

Wirtschaftsjahr
- abweichendes – **4a**, **8b**, R 4a, H 4a, H 11
- bei Betriebsverpachtung R 4a (3), H 4a
- bei Freiberufler H 4a
- Gewinnermittlung bei abweichendem – R 4a, H 4a
- bei KGaA H 15.8 (4)
- bei Land- und Forstwirten **4a**, **13a**, **8c**, H 4.4, R 4a (3), H 4a, Anh. 20 V
- im Fall der unentgeltlichen Betriebsübernahme H 6b.2
- Umstellung des – **4a (1)**, **8b**, R 4a, H 4a
- Zeitraum des – **4a (1)**, **8b**

Wirtschaftsprüfer 18 (1), H 15.6

Wirtschaftsstrafgesetz R 4.13 (1)

Wirtschaftsüberlassungsvertrag
H 4.8, H 7.1, H 13.4, Anh. 13 IV

Wirtschaftswissenschaftler H 15.6

Wissenschaftlich nicht anerkannte Behandlungsmethoden *64 (1)*, H 33.1-33.4

Wissenschaftliche Tätigkeit
18 (1), H 15.6

Wissenschaftliche Zwecke
10b, *48*, R 10b.1, R 10b.3

Witwen-/Waisengelder 19 (1), **(2)**

Witwen-/Witwerrente R 22.4 (6), Anh. 1a II 1

Wochenendhaus
- Errichtung eines – auf betrieblichem Grundstück H 4.3 (2-4)

Wohnflächenverordnung R 4.2 (6), Anh. 1 IV, Anh. 5 II

Wohngebäude
- privates Veräußerungsgeschäft **23 (1)**
- energetische Maßnahmen an – Anh. 27b III
- Vermietung und Verpachtung – Anh. 30 V

Wohngeld
- Steuerfreiheit von – **3 Nr. 58**, **3 Nr. 59**

Wohngeldgesetz 3 Nr. 58

Wohngemeinschaft H 33.1-33.4

Wohnmobil H 15.7 (3)
- zeitweise Vermietung eines – H 22.8

Wohnsitz
- in der Schweiz H 1a
- unbeschränkte Steuerpflicht **1**
- Verlegung des – ins Ausland H 18.1
- bei ausländischen Einkünften **34d**
- bei der Erhebung der Lohnsteuer **38**
- für den Anspruch auf Kindergeld **62 (1)**, **63 (1)**

Wohnsitzstaat
- Verhältnisse im – **32 (6)**, **33a (1)**, H 32.10, Anh. 2 III

Wohnung
- eines Land- und Forstwirts **13 (4)**, H 13.5
- nicht abziehbare Aufwendungen für – **12**
- als Tätigkeitsstätte (Büroräume) R 21.2 (4)
- unentgeltliche Überlassung einer – H 10.2
- Überlassung einer – an geschiedenen Ehegatten H 10.2, H 21.4
- Veräußerungsgewinn **13 (4)**
- Versteuerung des Nutzungswerts einer – **13 (4)**

2500

Stichwortverzeichnis

Wohnungsbau-
- darlehen, Abzinsung H 6.10
- gesetz **51 (1)**, Anh. 5 II
- prämien H 2
- unternehmen H 16 (3)

Wohnungseigentümergemeinschaft
H 15.7 (4), H 15.8 (1), Anh. 19 I

Wohnungseigentumsgesetz R 4.2 (14)

Wohnzwecke R 7.2 (1-3), H 7.2
- eigene – H 23

Z

Zahlungseinstellung des Emittenten H 20.2

Zahngold H 4.2 (1), H 4.5 (2)

Zahnpraktiker H 15.6, Anh. 17b

Zebragesellschaft H 15.7 (1), H 15a

Zeitpunkt
- der Aufwendungen bei Anzahlungen, Hingabe von Schecks und Wechseln **7a (2)**, H 7a
- der Gewinnverwirklichung H 17 (7)

Zeitrente H 16 (11)

Zierpflanzenbau R 13.2 (3)

Zinsabschlag
- Allgemeines **43, 43a, 44**, H 43
- Abstandnahme vom – **44a**
- bei Insolvenz des Gläubigers H 43

Zinsen
- Abziehbarkeit privater – H 21.2, H 33.1-33.4
- Abzug von – als Betriebsausgaben **4 (4a)**, Anh. 16 I
- Abzug von – als Werbungskosten **9**, H 24.2
- Abzug von – als Sonderausgaben H 10.3, H 10.9
- als außergewöhnliche Belastung H 33.1-33.4
- als Herstellungskosten R 6.3 (5)
- als nachträgliche Betriebsausgaben H 24.2
- als nachträgliche Werbungskosten bei den Einkünften aus Vermietung und Verpachtung H 24.2
- auf Bausparguthaben H 21.2, Anh. 30 IV
- auf hinterzogene Steuern **4 (5) Nr. 8a**
- aus einer durch Versteigerung realisierten Grundschuld H 20.2
- Bargebotszinsen H 34.3
- bei der Gewinnermittlung nach Durchschnittssätzen Anh. 20 V
- bei privaten Veräußerungsgeschäften H 23

- Kontokorrentzinsen **4 (4a)**, Anh. 16 I
- nach Betriebsveräußerung oder Betriebsaufgabe R 4.2 (15), H 4.2 (15), H 24.2
- Nachzahlung von – für mehr als 3 Jahre R 34.3 (2), H 34.3
- rechnungsmäßige und außerrechnungsmäßige – aus Sparanteilen von Versicherungsverträgen **20 (1), 49 (1)**, R 20.2, H 20.2
- Schuldzinsen **4 (4a)**, H 4.7, Anh. 16 I
- Schuldzinsenabzug nach § 4 Abs. 4a, H 4.2 (15), Anh. 16 I
- steigende Zinssätze H 5.7 (8), H 6.10
- steuerfreie – aus Schuldbuchforderungen **3 Nr. 54, 20 (2), 43 (1), 43a (4)**
- Steuerfreiheit bestimmter – H 20.2
- Steuerpflicht der – **20 (1), 49 (1)**, R 20.2, H 20.2
- Werbungkostenabzugsverbot nach Veräußerung/Aufgabe wesentlicher Beteiligung, H 20.1
- Zuschüsse zu – R 21.5 (1)

Zinszuschuss H 5.6

Zivildienst
3 Nr. 5, 32 (4), (5), H 3.5, H 32.6

Zivildienstbeschädigte 3 Nr. 6, H 3.6

Zivildienstgesetz – ZDG
3 Nr. 5, H 3.5, H 32.6

Zivilrechtlicher Ausgleich H 31

Zölle
- Aktivierung der – **5 (5)**

Zubehörräume R 4.2 (8), H 4.2 (8)

Zufallserfindung H 18.1, H 22.8

Zufluss
- von Aufsichtsratsvergütungen und Vergütungen i. S. d. § 50a EStG **73c**
- von Betriebseinnahmen bei Überschussrechnung R 4.5 (2), H 4.5 (2)
- von Einnahmen **11 (1)**, H 11
- von Entschädigungen H 34.3
- von Gewinnausschüttungen H 20.2
- von Provisionszahlungen H 11

Zuflusszeitpunkt H 44

Zugewinnausgleich H 21.2

Zugewinngemeinschaft H 16 (4), H 26a

Zukauf fremder Erzeugnisse R 15.5 (5), (6)

Stichwortverzeichnis

Zukunftssicherung
- bei Ehegatten-Arbeitsverhältnissen H 4.8, H 6a (9)
- steuerfreie Leistungen des Arbeitgebers für die – **3 Nr. 62**, **10 (3)**

Zukunftssicherungsleistungen H 10.11

Zulassungskosten H 5.7 (4)

Zumutbare Belastung 33 (3)

Zurechnung der Tätigkeit eines Anderen H 15.2

Zurechnung des Kindergelds/zivilrechtlicher Ausgleich R 31 (3), H 31

Zurückbehaltene Wirtschaftsgüter H 16 (1), (3), (6)

Zusammenrechnung
- der Anteile von Eltern und Kindern bei Betriebsaufspaltung R 15.7 (8)
- von Ehegattenanteilen bei Betriebsaufspaltung H 15.7 (7)

Zusammentreffen
- mehrerer Ansprüche **64**, H 64
- mehrerer Verträge **87**, Anh. 1a I
- von Einlage- und Haftungsminderung R 15a (1)
- von Erwerben von Todes wegen und Vorerwerben H 35b
- von Steuerermäßigungen R 34.1 (1), R 34b.5

Zuschläge für Sonntags-, Feiertags- oder Nachtarbeit 3b

Zuschlag wegen der Nichtvorlage oder Unbrauchbarkeit von Aufzeichnungen H 12.4

Zuschreibung
6 (1), **7 (1)**, **11c (2)**, R 6.5 (2), R 6.6 (5)

Zuschüsse
- zu Ausbildungskosten H 33a.1, H 33a.3
- bei der Bewertung von Anlagegütern R 6.5, R 7.3 (4), R 7a (4)
- zu Erhaltungsaufwendungen R 21.5, H 21.5
- zur Finanzierung von Baumaßnahmen R 7h (4), R 7i (2), H 21.5
- zu Herstellungskosten R 21.5, H 21.5
- Investitions- H 6.5
- zu Krankenversicherungsbeiträgen aufgrund des Abgeordnetengesetzes **22 Nr. 4**, Anh. 1a II
- zur Krankenversicherung der Rentner **3 Nr. 14**, H 3.14
- steuerfreie – des Arbeitgebers **3 Nr. 62**
- zu Studienkosten H 33a.3
- verlorene – R 5.5 (2)

- wiederkehrende – R 22.1 (2)
- zu Baudenkmalen H 10f
- zu Belegungs- oder Mietpreisbindungen H 21.2, R 21.5 (2), H 21.5
- zu Zinsaufwendungen R 21.5 (1)

Zustimmung
- zum Antrag auf Sonderausgabenabzug von R 10.2, H 10.2
- zur Lifo-Methode R 6.9 (5), Anh. 9 XIII
- zur Übertragung der Freibeträge für Kinder **32 (6)**, H 32.13, Anh. 19c I
- zur Umstellung des Wirtschaftsjahrs **4a (1)**, **8b**, R 4a (2), H 4a

Zuwendungen
- Abgrenzung zwischen Unterhalts- und Versorgungsleistungen – H 12.6, Anh. 13 IV
- Abzugsverbot H 4.13, H 4.14, H 4.14
- aufgrund einer freiwillig begründeten Rechtspflicht **12**, R 10.3 (2)
- an gesetzlich unterhaltsberechtigte Personen H 12.6
- Leibrenten H 12.6
- an Pensionskassen **4c**, R 4c
- Renten und dauernde Lasten, die freiwillig oder aufgrund einer freiwillig begründeten Rechtspflicht geleistet werden H 12.6
- unentgeltliche – R 4.10 (2-4), H 4.10 (2-4)
- an unterhaltsberechtigte Personen **12**, R 10.3 (2), H 12.6
- Unterhaltsleistungen **33a (1)**, H 12.6
- an Unterstützungskassen **4d (1)**, R 4d, H 4d (1), R 6.3 (3), R 6a (15), H 6a (15)
- von Vorteilen **4 (5) Nr. 10**, R 4.14, H 4.14

Zuwendungen i. S. d. §§ 10b, 34g
- Allgemeines zu – **10b**, R 10b.1, R 10b.3, H 10b.3, R 12.5, Anh. 37 I
- an Empfänger im EU-Ausland H 10b.1
- an politische Parteien **4 (6)**, **10b**, **34g**, R 10b.2, H 10b.2, H 34g, Anh. 37 I
- an Wählervereinigungen **34g**, H 34g
- aus Anlass eines Geschäfts- oder Firmenjubiläums H 5.7 (5)
- Haftung H 10b.1
- in das zu erhaltende Vermögen H 10b.1, Anh. 37 II

Zuwendungsbestätigung R 10b.1, H 10b.1, H 10b.2
- Muster für – **50**, H 10b.1, Anh. 37 I
- Vertrauensschutz H 10b.1

Stichwortverzeichnis

Zuwendungsgesetz R 4d (3)

Zuzahlung des Veräußerers H 4.2 (1), H 6.2

Zwangsgelder R 4.13 (4), H 12.4

Zwangsläufigkeit R 33.1, R 33.4 (1), H 33.1-33.4
- Nachweis der – **64**

Zwangslage
- Veräußerung aufgrund behördlichen Zwangs R 6.6 (2)
- Veräußerung in einer – R 6b.1 (1), H 23
- Veräußerung infolge wirtschaftlicher – R 6.6 (2)

Zwangspause
- zwischen zwei Ausbildungsabschnitten H 32.6

Zwangsräumung H 6.4

Zwangsversteigerung H 6.2, R 6b.1 (1)

Zwangsverwalter H 15.6

Zweifelsfragen zu § 6b
H 6b. 4, H 6c, H 16 (13), H 34.1, Anh. 16 VI

Zweigunternehmen/-niederlassung
R 4.10 (10), H 16 (3)

Zweitwohnungssteuer H 21.2

Zwischenbilanz H 5.2

Zwischenheimfahrten
- als außergewöhnliche Belastung H 33.1-33.4

Zwischenmeister R 4b (5), R 15.1 (2), H 15.1

Zwischenstaatliche Rechtsvorschriften H 31

Zwischenstaatliche Vereinbarungen
- Verhältnis – zur unbeschränkten Steuerpflicht H 1a, H 3.0